PONS

Schülerwörterbuch

Englisch – Deutsch
Deutsch – Englisch

Vollständige
Neubearbeitung 2007

Ernst Klett Sprachen
Stuttgart

PONS Schülerwörterbuch
Englisch

Bearbeitet von: Evelyn Agbaria, Katja Hald, Gregor Vetter

Landkarten: Klett-Perthes, Justus Perthes Verlag, Leipzig

Bearbeitet auf Basis des PONS Kompaktwörterbuches Englisch,
ISBN 3-12-517137-7.

Dieses Werk folgt der amtlichen Regelung der deutschen Rechtschreibung in der Fassung von 2006.

1. Auflage 2007 (1,02 – 2008)

Internet: www.pons.de
E-Mail: info@pons.de

Projektleitung: Helen Blocksidge

Sprachdatenverarbeitung: Andreas Lang, conTEXT AG
für Informatik und Kommunikation, Zürich
Einbandgestaltung: Schmidt & Dupont, Stuttgart
Logoentwurf: Erwin Poell, Heidelberg
Logoüberarbeitung: Sabine Redlin, Ludwigsburg
Satz: Dörr + Schiller GmbH, Stuttgart
Druck: Clausen & Bosse, Leck
Printed in Germany

ISBN 978-3-12-517028-5

Inhaltsverzeichnis

Table of Contents

Infokästen im englisch-deutschen Wörterbuchteil
Info-boxes in the English-German dictionary

Aussprache

ache
acid
action
answer
assign
behalf
biscuit
bow
bristle
bruise
bury
busy
carriage
colleague
column
comb
cough
cupboard
debt
delicious
diaphragm
disguise
doubt
drawer
edge
feign
fridge
fright
gauge
guidance
hustle
iron
island
knack
leopard
live
London
management
minute
mission
muscle
neighbour
paradigm
passion
pencil
phlegm
pretty
prove
rare
raspberry
read
row
salmon
scare
science
seize
shriek
sponge
sugar
suite
sword
tear
thought
thumb
vicious
wind
wonder
worry
wound
wraith
xenophobe
xylophone

Land und Leute

ABC
ACT
AEA
agony column
A level
Angles
Ascot
Australia Day
Bachelor's degree
bank holiday
baseball
BBC
best man
Big Ben
Blue Peter
Boat Race
Man Booker Prize
Boxing Day
British Library
broadsheet
Buckingham Palace
Burns Night
Cabinet
Celts
Channel Islands
Christmas Eve
cities
Civil Service
cockney
coins
college
Columbus Day
Commonwealth of Nations
comprehensive school
Confederation Day
Conservative Party
cricket
Dáil
Democratic Party
devolution
doctorate
Downing Street
dreamtime
Edinburgh International Festival
Estuary English
ethnic minorities
FA Cup
float trips
flying doctor
football
Fourth of July
freshman
GCSE
Grand National
Great Britain
Groundhog Day
Guy Fawkes
Haka
Halloween
Higher Grade
high school
homecoming
independent school
Irish Republic
Isle of Man
ITV
junior high school
kilt
knighthood
Labor Day
Labour Party

Grammatik

Falsche Freunde

secret
sensible
serious
slip
smoking
spend
spot
stay
stool
strand
tablet
taste
tramp
undertaker
warehouse

Formulierungshilfe

agreement

• expressing agreement	• zustimmen

aversion

• expressing antipathy	• Antipathie ausdrücken
• expressing boredom	• Langeweile ausdrücken
• expressing disgust	• Abscheu ausdrücken

comforting somebody

contradicting

• contradicting	• einwenden
• objecting	• widersprechen

deciding

• asking about strength of opinion	• nach Entschlossenheit fragen
• expressing determination	• Entschlossenheit ausdrücken
• expressing indecision	• Unentschlossenheit ausdrücken

displeasure

• expressing dissatisfaction	• Unzufriedenheit ausdrücken
• expressing annoyance	• Verärgerung ausdrücken

fear

• expressing fear/anxiety	• Befürchtungen/Angst ausdrücken
• expressing concern	• Sorge ausdrücken

saying goodbye

• saying goodbye	• sich verabschieden
• saying goodbye on the phone	• sich am Telefon verabschieden

hesitating

intent

• enquiring about intent	• nach Absicht fragen
• expressing intent	• Absicht ausdrücken
• expressing lack of intent	• Absichtslosigkeit ausdrücken

inviting

offering and responding

• asking people what they want, offering something	• nach Wünschen fragen, etwas anbieten
• accepting offers	• Angebote annehmen
• turning down offers	• Angebote ablehnen

permission

• asking for permission	• um Erlaubnis bitten
• granting permission	• erlauben

praise
- giving praise — loben, positiv bewerten
- expressing regard — Wertschätzung ausdrücken

relief
- expressing relief — Erleichterung ausdrücken

requiring and demanding
- asking someone — jemanden auffordern
- inviting a shared activity — zu gemeinsamem Handeln auffordern
- demanding — verlangen

sadness and disappointment
- expressing sadness — Bestürzung ausdrücken
- expressing disappointment — Traurigkeit ausdrücken
- expressing dismay — Enttäuschung ausdrücken

understanding
- signalling understanding — Verstehen signalisieren
- signalling non-comprehension — Nicht-Verstehen signalisieren

Infokästen im deutsch-englischen Wörterbuchteil
Info-boxes in the German-English dictionary

Land und Leute

Abitur
Abiball
ARD
Autobahn
Berufsakademie
Berufsschule
Bescherung
Brezeln
Bundeskanzler
Bundesländer
Bundespräsident
Bundesrat
Bundestag
CDU
Christstollen
Diplom
Tag der deutschen Einheit
Fastnacht
Gesamtschule
Glühwein
Grundgesetz
Grundschule
Gymnasium
Hanse
Hauptschule
Hochdeutsch
Kantone
Kehrwoche
Kindergarten
Kirchensteuer
Landtag
Lindenstrasse
Lizenziat
Magister Artium
Matura
Ministerpräsident/-in
Mitfahrzentrale
Numerus clausus
Orientierungsstufe
Osterhase
Personalausweis
Polterabend
Primarschule
Raclette
Realschule
Reichstag
Reinheitsgebot
Rösti
Salzburger Festspiele
Scheine
Schultüte
Sonderschule
SPD
Sponsion
Staatsexamen
Stammtisch
Strandkorb
Studentenwerk
Tracht
TÜV
Volksfest
Volkshochschule
Vorschule
Watt
Weihnachtsmarkt
ZDF
Zivildienst

Falsche Freunde

aktuell
bekommen
blinken
brav
breit
Chef
eventuell
Fabrik
flicken
Flur
Formular
Fotograf
Gift
Glanz
glänzen
inkonsequent
Kabine
Kind
Kindergarten
kochen
Konzept
Kraft
Labor
Lack
List
Mappe
Marmelade
Meinung
Mist
Mittel
Mode
nobel
Note
ordinär
Petroleum
Physiker
Pickel
quittieren
Rakete
Reklamation
reklamieren
rentieren
Rezept
rüstig
Schema
sensibel
seriös
skrupellos
Slip
Smoking
spenden
spotten
stehen
Strand
Stuhl
Taste
überhören
übersehen
Übersicht
Unternehmer
Warenhaus

Formulierungshilfe

bitten

- bitten — requesting
- um Hilfe bitten — asking for help

danken

- sich bedanken — thanking
- auf Dank reagieren — reacting to being thanked
- dankend anerkennen — acknowledging gratefully

einwilligen

sich entschuldigen

- zugeben, eingestehen — admitting, confessing
- sich entschuldigen — apologizing
- auf Entschuldigungen reagieren — accepting apologies

fragen

- Informationen erfragen — obtaining information
- um Erlaubnis bitten — asking permission
- nach Meinungen fragen — asking someone's opinion

Freude/Begeisterung ausdrücken

- Freude ausdrücken — expressing pleasure
- Begeisterung ausdrücken — expressing enthusiasm

Geringschätzung ausdrücken

- Geringschätzung/Missfallen ausdrücken — expressing disdain/displeasure

glauben

- Glauben ausdrücken — expressing belief
- Vermutungen ausdrücken — expressing assumption

Kritik äußern

- kritisieren, negativ bewerten — criticizing, evaluating negatively
- missbilligen — disapproving

Meinungen äußern

- Meinungen/Ansichten ausdrücken — expressing opinions/views
- Meinungen erfragen, um Beurteilung bitten — asking for opinions and assessments

rückfragen

- rückfragen — checking
- kontrollieren, ob Inhalt/Zweck eigener Äußerungen verstanden werden — ascertaining whether something has been understood

unterbrechen

- jemanden unterbrechen — interrupting someone
- anzeigen, dass man weitersprechen will — indicating that you wish to continue speaking
- ums Wort bitten — asking to speak

vergewissern

- sich vergewissern — making sure
- jemandem versichern, beteuern — assuring someone of something

vorschlagen

nicht wissen

- Nichtwissen ausdrücken — expressing ignorance

Zuständigkeit ausdrücken

• nach Zuständigkeit fragen	• asking about responsibility
• Zuständigkeit ausdrücken	• expressing responsibility
• Nicht-Zuständigkeit ausdrücken	• expressing non-responsibility

zweifeln

• Zweifel ausdrücken	• expressing doubt

Benutzerhinweise
Using your dictionary

1. Die Stichwörter

Das Wörterbuch führt nicht nur Wörter, sondern auch einzelne Buchstaben und Abkürzungen als Stichwörter auf, ebenso Kurzwörter, Akronyme, Mehrwortausdrücke und Eigennamen.

A <*pl* -'s *or* -s>, **a** <*pl* -'s> [eɪ] *n* ① (*letter*) A *nt*, a *nt*; ~ **for Andrew** [*or* AM **as in Abel**] A wie Anton …

BBC [ˌbiːbiːˈsiː] *n* BRIT *abbrev of* **British Broadcasting Corporation**: ■**the** ~ die BBC

'cof·fee bar *n* Café *nt*

Abi <-s, -s> ['abi] *nt pl selten* (*fam*), **Abitur** <-s, -e> [abi'tuːɐ̯] *nt pl selten* ≈ A-Levels …

Donau <-> ['doːnau̯] *f* ■**die** ~ the Danube

NATO, Nato <-> ['naːto] *f kein pl Akr von* **North Atlantic Treaty Organization**: ■**die** ~ NATO

2. Die alphabetische Anordnung

Bindestriche, Schrägstriche und Punkte zählen nicht als Buchstaben; sie werden bei der alphabetischen Einordnung ignoriert.

'stick in·sect *n* Gespenstheuschrecke *f*
'stick-in-the-mud **I.** *n* (*fam*) Muffel *m*, Spaßverderber(in) *m(f) pej* **II.** *adj attr* altmodisch, rückständig
stick·le·back ['stɪk|bæk] *n* ZOOL Stichling *m*

Co [kəʊ, AM koʊ] *n abbrev of* **company**
c/o *abbrev of* **care of** c/o, bei
coach [kəʊtʃ, AM koʊtʃ] **I.** *n* ① BRIT (*private bus*) Reisebus *m*; **by** ~ mit dem Bus …

Hiobsbotschaft ['hiːops-] *f* bad news *no pl, no indef art*
Hip-Hop <-s> ['hɪphɔp] *m kein pl* MUS MODE hip-hop *no pl, no art*
Hippie <-s, -s> ['hɪpi] *m* hippie

aalglatt ['aːl'glat] **I.** *adj* slippery **II.** *adv* artfully
a. a. O. *Abk von* **am angegebenen Ort** loc. cit.
Aargau <-s> ['aːɐ̯gau̯] *m* Aargau

Eingeklammerte Buchstaben werden bei der alphabetischen Einordnung berücksichtigt. Die Klammern zeigen an, dass das Wort auch in einer Variante ohne den betreffenden Buchstaben existiert.

wag·gly ['wæg|i] *adj* wack[e]lig
wag·(g)on ['wægən] *n* ① (*cart*) Wagen *m*; (*wooden*) Karren *m* ② AUS, BRIT (*freight*) Wagon *m*
'wag·on train *n* Planwagenzug *m*

Dutzend <-s, -e> ['dʊtsn̩t, *pl* 'dʊtsn̩də] *nt* dozen
dutzend(e)mal *adv* (*fam*) dozens of times
dutzendfach **I.** *adj* dozens of **II.** *adv* dozens of times

Kommt in einem Stichwort eine arabische Zahl oder ein anderes Symbol vor, werden die Stichwörter so angeordnet wie die ausgeschriebene Form des Symbols.

'Band-Aid® *n* AM Hansaplast® *nt*
B & 'B *n* BRIT *abbrev of* **bed and breakfast**
bandit ['bændɪt] *n* Bandit(in) *m(f)*

twen·ty ['twenti, AM -t̬i-] **I.** *adj* zwanzig; *see also* **eight II.** *n* Zwanzig *f*; *see also* **eight**
24/7 [ˌtwentifɔː'sevᵊn, AM -fɔːr-] (*24 hours per day, 7 days per week*) rund um die Uhr [und sieben Tage die Woche]
twerp [twɜːp, AM twɜːrp] *n* (*pej sl*) Blödmann *m fam*

2.1 Amerikanische Schreibvarianten

Die amerikanische Schreibung wird an alphabetischer Stelle aufgeführt mit einem Verweis auf die britische Schreibung.

gray *adj* AM *see* **grey**
gray·ing *adj* AM *see* **greying**
gray·ish *adj* AM *see* **greyish**

Wenn nur wenige Einträge zwischen der richtigen alphabetischen Stelle und dem Eintrag mit der britischen Schreibung stehen, wird die amerikanische Schreibung neben der britischen Schreibung aufgeführt.

hon·our, AM **hon·or** ['ɒnəʳ, AM 'ɑːnɚ] **I.** *n* ① *no pl* Ehre *f*; ■ **in ~ of sb/sth** zu Ehren einer Person/einer S. *gen*; **to be** [*or* **feel**] **~ bound to do sth** es als seine Pflicht ansehen, etw zu tun ② (*award*) Auszeichnung *f* **II.** *vt* ① *person* ehren ② (*fulfil*) *obligation* erfüllen
hon·our·able, AM **hon·or·able** ['ɒnᵊrəbl̩, AM 'ɑːnɚ-] *adj* (*worthy*) ehrenhaft; *agreement* ehrenvoll; *person* ehrenwert

2.2 Phrasal Verbs

Feste Verbindungen von Verb und Adverb bzw. Präposition (sog. *phrasal verbs*) werden am Ende des Eintrags für das Grundverb in einer eigenen, in sich alphabetisch geordneten Kategorie zusammengefasst. Um ein Auffinden des jeweiligen *phrasal verbs* zu erleichtern, ist jeder *phrasal verb* Eintrag mit einer Raute markiert und gänzlich ausgeschrieben. In den Kontextangaben steht für das Verb eine Tilde (~), die Ergänzung wird wiederholt.

ask [ɑːsk, AM æsk] **I.** *vt* ① (*request information*) fragen; **to ~ a question [about sth]** [zu etw *dat*] eine Frage stellen; **may I ~ you a question?** darf ich Sie etwas fragen?
◆**ask after** *vi* ■**to ~ after sb** sich nach jdm erkundigen ◆**ask around** *vi* herumfragen *fam* ◆**ask out** *vt* **to ~ sb out for dinner** jdn ins Restaurant einladen; **I'd like to ~ her out** ich würde gern mit ihr ausgehen ◆**ask over**, BRIT *a.* **ask round** *vt* (*fam*) ■**to ~ sb over [*or* round]** jdn [zu sich *dat*] einladen

3. Besondere Zeichen in und an den Stichwörtern

3.1 Silbentrennung und Betonungszeichen

Im englisch-deutschen Teil wird die Silbentrennung im Stichwort angegeben. Die Worttrennung wird jeweils durch einen Trennungspunkt markiert.

syl·la·ble [ˈsɪləbl] *n* Silbe *f*

poly·syl·la·ble [ˌpɒlɪˈsɪləbl, AM ˌpɑː-] *n* LING mehrsilbiges Wort, Polysyllabum *nt fachspr*

Bei Stichwörtern ohne Phonetikangabe wird die Betonung direkt im Stichwort durch das Zeichen ' markiert.

acid 'rain *n no pl* saurer Regen **'acid test** *n* ① CHEM Säureprobe *f* ② (*fig*) Feuerprobe *f*

3.2 Die Phonetikzeichen

Die Aussprache eines Stichworts ist in eckigen Klammern angegeben. Zur Bezeichnung der Aussprache wurden die Lautschriftzeichen des IPA (International Phonetic Code) verwendet. Ganz vorn und ganz hinten im Wörterbuch befinden sich ausklappbare Seiten mit einer Übersicht über die phonetischen Zeichen.

bleach·ers [ˈbliːtʃɚz] *npl* AM unüberdachte [Zuschauer]tribüne
bleak [bliːk] *adj* kahl, öde; (*fig*) trostlos

Pentagon[1] <-s, -e> [pɛntaˈgoːn] *nt* (*Fünfeck*) pentagon
Pentagon[2] <-s> [ˈpɛntagɔn] *nt kein pl* (*US-Verteidigungsministerium*) ■**das ~** the Pentagon

3.3 Grammatische Zeichen

Im deutsch-englischen Teil zeigt das hochgestellte Sternchen, dass das Partizip Perfekt des Verbs ohne *ge-* gebildet wird.

> **halbieren*** [hal'bi:rən] *vt* 1 (*teilen*) to divide in half 2 (*um die Hälfte vermindern*) to halve

Der feine Strich kennzeichnet den ersten Teil bei trennbaren Verben.

> **durch|atmen** ['dʊrçʔa:tmən] *vi* to breathe deeply

Hochgestellte arabische Ziffern machen gleich geschriebene Wörter mit unterschiedlichen Bedeutungen (Homographen) kenntlich.

> **dove**[1] [dʌv] *n* Taube *f a. fig*
> **dove**[2] [doʊv] *vi* AM *pt of* **dive**

> **Jura**[1] ['ju:ra] *kein art* SCH law
> **Jura**[2] <-s> ['ju:ra] *m* GEOL Jurassic [period/system]

Unregelmäßige Pluralformen, Verb- und Steigerungsformen werden in spitzen Klammern angegeben.

> **cac·tus** <*pl* -es *or* cacti> ['kæktəs, *pl* -taɪ] *n* Kaktus *m*

> **com·mon** ['kɒmən, AM 'kɑ:-] **I.** *adj* <-er, -est *or* more ~, most ~> 1 (*often encountered*) üblich, gewöhnlich; *disease* weit verbreitet; *name* gängig …

> **empfangen** <empfing, empfangen> [ɛm'pfaŋən] *vt* 1 RADIO, TV to receive …

3.4 Besondere Zeichen im Eintrag

Die Tilde (~) ersetzt in Anwendungsbeispielen und Redewendungen das vorhergehende Stichwort. Ändert sich die Groß- bzw. Kleinschreibung, steht vor der Tilde der entsprechende Groß- bzw. Kleinbuchstabe.

> **fa·cul·ty** ['fækəlti, AM -t̬i] *n* 1 (*university department*) **the F~ of Arts/Law** die philosophische/juristische Fakultät …

> **smile** [smaɪl] **I.** *n* Lächeln *nt;* **to be all ~s** über das ganze Gesicht strahlen; **to give sb a ~** jdm zulächeln …

> **abschreckend I.** *adj* deterrent; **ein ~es Beispiel** a warning **II.** *adv* **~ wirken** to act as a deterrent

> **folgend** ['fɔlgn̩t] *adj* following; ■**F~es** the following; ■**im F~en** in the following

Grammatische Konstruktionen sind mit einem Kästchensymbol markiert.

> **scared** [skeəd, AM skerd] *adj* verängstigt; ■**to be ~ of sth/sb** vor etw/jdm Angst haben; ■**to be ~ that …** [be]fürchten, dass …

> **leicht|machen** *vt impers* ■**es jdm ~** to make it easy for sb; ■**es sich** *dat* **~** to make it easy for oneself

Phrasal verb Einträge im englisch-deutschen Teil sind durch eine Raute markiert. Das Symbol ⊂ gibt an, dass die Reihenfolge von Objekt und Ergänzung auch vertauscht werden kann. Im Beispiel unten sind möglich: *to leave on sth/to leave sth on* und *to pass along sth/ to pass sth along.*

◆**leave on** *vt* ■**to ~ on** ⊂ **sth** *light, radio* etw anlassen

◆**pass along I.** *vt* ■**to ~ along** ⊂ **sth** etw weitergeben **II.** *vi* vorbeigehen

4. Aufbau der Einträge

4.1. Römische Ziffern

Römische Ziffern untergliedern ein Stichwort in verschiedene Wortarten und Verben in transitiven, intransitiven und reflexiven Gebrauch.

doze [dəʊz, AM doʊz] **I.** *n* Nickerchen *nt;* **to have a ~** ein Nickerchen machen **II.** *vi* dösen

tischlern ['tɪʃlɐn] **I.** *vi* (*fam*) to do woodwork **II.** *vt* ■**etw ~** to make sth from wood

4.2. Arabische Ziffern

Die arabischen Ziffern kennzeichnen die unterschiedlichen Bedeutungen des Stichworts innerhalb einer Wortart.

juicy ['dʒu:si] *adj* ❶ (*succulent*) saftig ❷ (*fam: plentiful*) saftig; *profit* fett ❸ (*fam: suggestive*) *joke, story* schlüpfrig; *details, scandal* pikant

ordentlich ['ɔrdn̩tlɪç] **I.** *adj* ❶ (*aufgeräumt*) tidy ❷ (*ordnungsliebend*) *Person* orderly, tidy ❸ (*anständig*) *Leute* respectable; *Benehmen* proper ❹ (*fam: tüchtig*) proper; *Portion* decent …

4.3. Phraseologischer Block

Ein graues Dreieck leitet den Block der festen Wendungen ein. Dies sind in der Regel bildhafte Redewendungen, die sich nur schwer oder gar nicht auf die Grundbedeutung (oder -bedeutungen) des Stichworts zurückführen lassen. Die Unterstreichung dient der besseren Orientierung im Wendungsblock.

heart [hɑ:t, AM hɑ:rt] *n* ❶ ANAT Herz *nt* … ▶PHRASES: **at ~** im Grunde seines/ihres Herzens; **by ~** auswendig; **to have a change of ~** sich anders besinnen; **in my ~ of ~s** im Grunde meines Herzens

Feuer <-s, -> ['fɔyɐ] *nt* ❶ (*Flamme*) fire; **das olympische ~** the Olympic flame; **~ speien** to spit fire; *Vulkan* to spew out fire; *Drachen* to breathe fire; … ▶WENDUNGEN: **~ und Flamme [für etw] sein** (*fam*) to be enthusiastic [about sth]; **wie ~ brennen** to sting like mad; **für jdn durchs ~ gehen** to go through hell and high water for sb; **mit dem ~ spielen** to play with fire

5. Wegweiser zur richtigen Übersetzung

Übersetzungen, die, nur durch Kommas getrennt, nebeneinanderstehen, sind gleichbedeutend und somit austauschbar.

per·mis·sible [pəˈmɪsəbl̩, AM pɚˈ-] *adj* gestattet, zulässig

Angeber(in) <-s, -> *m(f)* show-off, poser

5.1 Sachgebietsangaben

Sachgebietsangaben zeigen an, auf welchen Wissensbereich sich die vorliegende Wortbedeutung und ihre Übersetzung beziehen. Die in diesem Wörterbuch verwendeten Sachgebiete sind auf der Innenseite des hinteren Buchdeckels aufgeführt.

pi·lot [ˈpaɪlət] **I.** *n* 1 AVIAT Pilot(in) *m(f)*; NAUT Lotse(in) *m(f)* 2 TV Pilotfilm *f* 3 TECH (*pilot light*) Kontrolllampe *f*; (*flame*) Zündflamme *f* **II.** *vt* 1 AVIAT, NAUT *aircraft* fliegen; *ship* lotsen …

Klammeraffe *m* 1 ZOOL spider monkey 2 INET at sign

5.2 Bedeutungshinweise

Bedeutungshinweise sind notwendig bei Stichwörtern, die mehr als eine Bedeutung – mit jeweils unterschiedlichen Übersetzungen – haben. Sie geben an, für welche Bedeutung des Stichworts die Übersetzung gilt.

en·chant [ɪnˈtʃɑːnt, AM enˈtʃænt] *vt* (*delight*) entzücken; (*bewitch*) verzaubern

Linienrichter *m* (*beim Fußball*) referee's assistant; (*beim Tennis*) line-judge; (*beim Rugby*) touch-judge

5.3 Kursive Angaben

Mitunter ist es nicht möglich, für das Stichwort eine einzige, allgemein gültige Übersetzung anzugeben, weil es je nach Kontext anders übersetzt werden muss. In diesem Fall werden die verschiedenen Übersetzungen des Stichworts aufgeführt, wobei kursive Wörter den jeweiligen Kontext angeben, von dem die einzelne Übersetzung abhängt. Diese kursiven, nicht übersetzten Wörter nennt man Kollokatoren; darunter versteht man Wörter, die mit dem Stichwort eine enge, typische Verbindung eingehen und oft mit ihm zusammen vorkommen. Folgende Typen von Kollokatoren führen in diesem Werk zur richtigen Übersetzung.

In Verbeinträgen: typische Subjekte des Verbs oder des verbalen Ausdrucks

buzz [bʌz] **I.** *vi bee, buzzer* summen; *fly* brummen; *ears* dröhnen; **the room was ~ing with conversation** das Zimmer war von Stimmengewirr erfüllt …

klaffen [ˈklafn̩] *vi* to yawn; *Schnitt, Wunde* to gape

In Verbeinträgen: typische direkte Objekte des Verbs

◆**copy down** *vt text* abschreiben; *spoken words* niederschreiben

ein|schweißen *vt Nahrungsmittel, Bücher* to seal, to shrink-wrap

In Adjektiveinträgen: Substantive, die typischerweise zusammen mit dem Adjektiv vorkommen

en·dear·ing [ɪnˈdɪəʳɪŋ, AM enˈdɪr-] *adj* lieb[enswert]; *smile* gewinnend

kalkhaltig *adj* chalky; *Wasser* hard

In Substantiveinträgen: typische Genitivanschlüsse

abo·li·tion [ˌæbəˈlɪʃᵊn] *n no pl* Abschaffung *f*; *of a law* Aufhebung *f*

Rumpf <-[e]s, Rümpfe> [rʊmpf, *pl* ˈrʏmpfə] *m* ① (*Torso*) torso ② *eines Flugzeugs* fuselage; *eines Schiffes* hull

6. Beschreibende Angaben zu Quell- und Zielsprache

6.1 Stilangaben

Weicht ein Stichwort von der neutralen Standardsprache ab, so wird dies grundsätzlich angegeben. Stilangaben zu Beginn eines Eintrags oder einer Kategorie (d. h. eines römisch oder arabisch bezifferten Absatzes) beziehen sich auf den gesamten Eintrag oder auf den gesamten Absatz.

derb bezeichnet im Deutschen einen sehr saloppen Sprachgebrauch, der nur von meist jüngeren Sprechern untereinander verwendet wird. Dieser Stil wirkt leicht flapsig und kann daher Anstoß erregen.

fam bezeichnet umgangssprachlichen Sprachgebrauch, wie er zwischen Familienmitgliedern und Freunden in zwangloser Unterhaltung und in privaten Briefen verwendet wird.

fam! bezeichnet im Englischen stark umgangssprachlichen, saloppen Sprachgebrauch.

form bezeichnet im Englischen gehobenen Sprachgebrauch, wie er bei gewählter Ausdrucksweise üblich ist.

form bezeichnet im Deutschen förmlichen Sprachgebrauch, wie er im amtlichen Schriftverkehr, auf Formularen oder in formellen Ansprachen üblich ist.

geh bezeichnet im Deutschen gehobenen Sprachgebrauch, sowohl in der gesprochenen wie der geschriebenen Sprache, wie er bei gewählter Ausdrucksweise üblich ist.

liter bezeichnet literarischen Sprachgebrauch, wie er nur in Romanen zu finden ist.

poet bezeichnet im Englischen poetischen Sprachgebrauch, wie er nur in der Lyrik vorkommt.

sl bezeichnet im Englischen Slang.

sl bezeichnet im Deutschen stark umgangssprachlichen, saloppen Sprachgebrauch oder die Ausdrucksweise bestimmter Gruppen, z. B. Jugendliche.

vulg bezeichnet Wörter, die allgemein als vulgär gelten und daher tabu sind. Ihr Gebrauch erregt meist Anstoß.

6.2 Altersangaben

Es wird in beiden Sprachen grundsätzlich angegeben, wenn ein Wort oder Ausdruck nicht mehr dem heutigen Sprachgebrauch entspricht.

dated bezeichnet im Englischen Wörter, die noch im Gebrauch sind, die aber etwas altmodisch klingen.

hist für Wörter, die gar nicht mehr im Gebrauch sind.

old bezeichnet im Englischen ein Wort oder einen Ausdruck, der heutzutage nicht benutzt, aber durchaus noch verstanden wird.

veraltend bezeichnet im Deutschen Wörter, die noch im Gebrauch sind, die aber etwas altmodisch klingen.

veraltet bezeichnet im Deutschen ein Wort oder einen Ausdruck, der heutzutage nicht benutzt, aber durchaus noch verstanden wird.

6.3 Rhetorische Angaben

Viele Wörter und Wendungen können in einer bestimmten Sprechabsicht verwendet werden. Dies wird durch folgende Abkürzungen vermerkt:

approv bezeichnet aufwertende, bejahende Wörter und Ausdrücke, die zeigen, dass der Sprecher eine positive Einstellung gegenüber einer Person oder Sache hat.

emph bezeichnet emphatischen Sprachgebrauch.

euph bezeichnet verhüllenden Sprachgebrauch; statt des eigentlichen Worts wird stellvertretend dieser beschönigende Ausdruck gebraucht.

fig bezeichnet übertragenen Sprachgebrauch. Das Wort oder die Wendung dient – im übertragenen Sinn- als Bild für das, was man ausdrücken will.

hum bezeichnet scherzhaften Sprachgebrauch.

iron bezeichnet ironischen Sprachgebrauch. Der Sprecher meint eigentlich das Gegenteil dessen, was er sagt.

pej bezeichnet einen abwertenden Sprachgebrauch. Der Sprecher drückt damit seine abschätzige Haltung aus.

pej! bezeichnet im Englischen einen beleidigenden Sprachgebrauch.

prov bezeichnet ein Sprichwort.

6.4 Regionale Angaben

Die im Wörterbuch verwendete „Grundsprache“ ist das Deutsch aus Deutschland bzw. das britische Englisch. Weitere Angaben werden zu beiden Sprachen gemacht, wenn der Gebrauch eines Wortes auf eine bestimmte Region beschränkt ist.

6.4.1 Englisch-deutscher Teil

Amerikanisches Englisch wird berücksichtigt.

alu·min·ium [ˌæləˈmɪniəm, -jʊˈmɪnjəm], AM **alu·mi·num** [əˈluːmɪnəm] *n no pl* Aluminium *nt*

anemia *n* AM *see* **anaemia**

ˈcross·walk *n* AM Fußgängerübergang *m*

trail·er [ˈtreɪləʳ, AM -ɚ] *n* ❶ (*wheeled container*) Anhänger *m* ❷ AM (*caravan*) Wohnwagen *m* ❸ (*advertisement*) Trailer *m*

Australisches Englisch wird hauptsächlich auf der Wortschatzebene aufgeführt.

tuck·er [ˈtʌkəʳ, AM -ɚ] (*fam*) **I.** *n no pl* AUS Essen *nt* **II.** *vt* AM fix und fertig machen

Die wichtigsten kanadischen Wörter wurden ebenfalls aufgenommen.

Dis·ˈcov·ery Day *n no pl* CAN *Feiertag in Neufundland und Labrador*

6.4.2 Deutsch-englischer Teil

Außer dem Deutschen Deutschlands werden das Deutsche von Österreich und der Schweiz berücksichtigt.

> **servus** ['zɛrvʊs] *interj* ÖSTERR, SÜDD (*hallo*) hi; (*tschüs*) [good]bye
>
> **Spital** <-s, Spitäler> [ʃpi'ta:l, *pl* -'tɛ:lɐ] *nt* ÖSTERR, SCHWEIZ hospital
>
> **Bezirksschule** *f* SCHWEIZ district school

Deutsche Wörter und Wendungen, die ausschließlich regional Verwendung finden, werden entsprechend markiert.

> **Stulle** <-, -n> ['ʃtʊlə] *f* NORDD piece of bread and butter; (*belegt*) sandwich
>
> **Vesperbrot** *nt* SÜDD (*Pausenbrot*) sandwich

In der Zielsprache wird amerikanisches Englisch auch berücksichtigt.

> **Warteschlange** *f* queue, line AM
>
> **Bürgersteig** <-[e]s, -e> *m* pavement BRIT, sidewalk AM

6.4.3 Übersicht über die verwendeten regionalen Abkürzungen

AM	nur in USA gebrauchter Ausdruck
AUS	nur in Australien gebrauchter Ausdruck
BRD	v. a. typisch bundesrepublikanische Phänomene
BRIT	nur in Großbritannien gebrauchter Ausdruck
CAN	nur in Kanada gebrauchter Ausdruck
DIAL	regional begrenzt gebrauchter Ausdruck
IRISH	Ausdruck aus dem Irischen
NENG	nur in Nordengland gebrauchter Ausdruck
NORDD	nur im Norden Deutschlands gebrauchter Ausdruck
NZ	nur in Neuseeland gebrauchter Ausdruck
ÖSTERR	nur in Österreich gebrauchter Ausdruck
SA	nur in Südafrika gebrauchter Ausdruck
SCHWEIZ	Ausdruck, der nur in der Schweiz gebraucht wird
SCOT	nur im Schottischen gebrauchter Ausdruck
SÜD	nur im Süden Deutschlands gebrauchter Ausdruck

6.5 Sonstige Angaben

Weitere Angaben werden zu beiden Sprachen gemacht, wenn der Gebrauch eines Wortes auf eine bestimmte Altersgruppe, Sprechsituation oder Zeit beschränkt ist.

fachspr	bezeichnet einen von Laien nicht benutzten Fachausdruck.
Kindersprache	bezeichnet einen Ausdruck, der nur im Gespräch mit kleinen Kindern benutzt wird.
selten	bezeichnet selten gebrauchte Sprache.

7. Die Rechtschreibreform

Dieses Wörterbuch berücksichtigt die im August 2006 in Kraft getretene Neuregelung der deutschen Rechtschreibung mit den vom Rat für deutsche Rechtschreibung vorgeschlagenen Änderungen.

A

Aa

A *<pl -'s or -s>*, **a** *<pl -'s>* [eɪ] *n* ① *(letter)* A *nt,* a *nt;* ~ **for Andrew** [*or* AM **as in Abel**] A wie Anton ② MUS A *nt,* a *nt;* ~ **major** A-Dur *nt;* ~ **minor** a-Moll *nt* ③ *(school mark)* ≈ Eins *f;* **to get** [**an**] ~ eine Eins schreiben

a [eɪ, ə], *before vowel* **an** *art indef* ① *(undefined)* ein(e) ② *after neg* ■**not** ~ kein(e); **there was not ~ person to be seen** es war niemand zu sehen ③ *(one)* ein(e); **can I have ~ knife and fork please?** kann ich bitte Messer und Gabel haben?; **for half ~ mile** eine halbe Meile; **to count to ~ thousand** bis tausend zählen; **one and ~ half** eineinhalb ④ *before profession, nationality* **she's ~ teacher** sie ist Lehrerin ⑤ *(per)* **three times ~ day** dreimal täglich

aback [ə'bæk] *adv* **to be taken ~** erstaunt sein; *(sad)* betroffen sein

aba·cus *<pl -es>* ['æbəkəs] *n* MATH Abakus *m*

aban·don [ə'bændən] **I.** *vt* ① *(leave)* verlassen; *baby* aussetzen; **to ~ sb to his/her fate** jdn seinem Schicksal überlassen ② *(leave behind)* zurücklassen; *car* stehen lassen ③ *(give up)* aufgeben; *attempt, football match* abbrechen; *plan* fallen lassen; *search* einstellen **II.** *n no pl* **with ~** mit Leib und Seele

aban·doned [ə'bændənd] *adj* ① *(discarded)* verlassen; *baby* ausgesetzt ② *(empty) building* leer stehend; *property* herrenlos

abashed [ə'bæʃt] *adj* verlegen

abate [ə'beɪt] *vi rain* nachlassen; *storm, anger* abflauen; *pain, fever* abklingen

abate·ment [ə'beɪtmənt] *n no pl* ① *(lessening)* Nachlassen *nt; of storm, anger also* Abflauen *nt* ② *(reducing)* Verminderung *f;* **noise ~** Lärmbekämpfung *f*

ab·at·toir ['æbətwɑːʳ] *n* BRIT Schlachthof *m*

ab·bess *<pl -es>* ['æbes, AM -əs] *n* Äbtissin *f*

ab·bey ['æbi] *n* Abtei[kirche] *f*

ab·bot ['æbət] *n* Abt *m*

ab·bre·vi·ate [ə'briːvieɪt] *vt* abkürzen; **Susan is often ~d to Sue** Susan wird oft mit Sue abgekürzt

ab·bre·via·tion [əˌbriːvi'eɪʃᵊn] *n* Abkürzung *f*

ABC [ˌeɪbiː'siː] *n* ① *(alphabet)* ABC *nt;* **as easy as ~** kinderleicht ② *(rudiments)* ABC *nt,* Einmaleins *nt*

> **Land und Leute**
>
> Mit Hauptsitz in New York, ist die **ABC** (*American Broadcasting Company*) einer der größten Fernsehsender der USA. Sie gehört zur *Walt Disney Company.* Ebenso mit **ABC** bezeichnet, wird die *Australian Broadcasting Corporation.* Sie ist Australiens einziger nationaler, nichtkommerzieller Sender.

ab·di·cate ['æbdɪkeɪt] *vi monarch* abdanken; *pope* zurücktreten

ab·di·ca·tion [ˌæbdɪ'keɪʃᵊn] *n* Abdankung *f*

ab·do·men ['æbdəmən, æb'dəʊ-] *n* ① MED Unterleib *m* ② ZOOL Hinterleib *m*

ab·domi·nal [æb'dɒmɪnᵊl, AM -'dɑːmə-] *adj* Unterleibs-; **~ wall** Bauchdecke *f*

ab·duct [əb'dʌkt] *vt* entführen

ab·duc·tion [əb'dʌkʃᵊn] *n* Entführung *f*

ab·er·ra·tion [ˌæbə'reɪʃᵊn] *n (deviation)* Abweichung *f*

abet <-tt-> [ə'bet] *vt* unterstützen, Beihilfe leisten

abey·ance [ə'beɪən(t)s] *n no pl* **in ~** [vorübergehend] außer Kraft [gesetzt]; *hostilities* eingestellt; *issue* auf Eis gelegt

ab·hor <-rr-> [əb'hɔːʳ, AM æb'hɔːr] *vt* verabscheuen

ab·hor·rence [əb'hɒrᵊn(t)s, AM æb'hɔːr-] *n no pl* Abscheu *f* (**of** vor)

ab·hor·rent [əb'hɒrᵊnt, AM æb'hɔːr-] *adj* abscheulich; **I find his cynicism ~** sein Zynismus ist mir zuwider

abide [ə'baɪd] **I.** *vt usu neg (not like)* ausstehen; *(not endure)* ertragen **II.** *vi (continue)* fortbestehen ◆**abide by** *vi rule* befolgen; **to ~ by a law** sich an ein Gesetz halten

abid·ing [ə'baɪdɪŋ] *adj* beständig; *love* immer während; *values* bleibend

abil·ity [ə'bɪləti, AM -ət̬i] *n* ① *(capability)* Fähigkeit *f;* **to the best of my ~** so gut ich kann ② *(talent)* Talent *nt;* **a woman of ~** eine fähige Frau; **mixed abilities** SCH unterschiedliche Leistungsstufen

ab·ject ['æbdʒekt] *adj* ① *(extreme)* äußerste(r, s); *coward* elend; *failure* komplett; *poverty* bitter ② *(humble)* unterwürfig; *apology a.* demütig; *failure* kläglich

ablaze [ə'bleɪz] *adj* ① *(burning)* ■**to be ~** in Flammen stehen ② *(bright)* **to be ~ with lights** hell erleuchtet sein ③ *(fig: impassioned)* **to be ~ with anger** vor Zorn glühen

able ['eɪbl̩] *adj* ① <more *or* better ~, most *or* best ~> (*can do*) ■ **to** [**not**] **be ~ to do sth** etw [nicht] tun können ② <abler *or* more ~, ablest *or* most ~> (*clever*) talentiert; *mind* fähig

able-bodied [ˌeɪbl̩'bɒdɪd, AM -'bɑːdɪd] *adj* gesund; MIL [wehr]tauglich

ABM [ˌeɪbi'em] *n abbrev of* **anti-ballistic missile** Antiraketenrakete *f*

ab·nor·mal [æb'nɔːmᵊl, AM -'nɔːr-] *adj* anormal; *weather a.* ungewöhnlich

ab·nor·mal·ity [ˌæbnɔː'mæləti, AM -nɔːr'mælət̬i] *n* ① MED Anomalie *f* ② *no pl* (*unusualness*) Abnormität *f; of a situation* Außergewöhnlichkeit *f*

aboard [ə'bɔːd, AM ə'bɔːrd] *adv, prep* (*on plane, ship*) an Bord; (*on train*) im Zug; **all ~!** (*on train, bus*) alles einsteigen!; (*on plane, ship*) alle Mann an Bord!

abode [ə'bəʊd, AM ə'boʊd] *n* ① (*hum: home*) Wohnung *f* ② *no pl* (*residence*) Wohnsitz *m;* **of no fixed ~** ohne festen Wohnsitz

abol·ish [ə'bɒlɪʃ, AM -'bɑːl-] *vt* abschaffen; *law* aufheben

abo·li·tion [ˌæbə'lɪʃᵊn] *n no pl* Abschaffung *f; of a law* Aufhebung *f*

abomi·nable [ə'bɒmɪnəbl̩, AM -'bɑːm-] *adj* furchtbar; *noise* grässlich; *smell* widerwärtig; *weather* scheußlich

abomi·nate [ə'bɒmɪneɪt, AM -'bɑːm-] *vt* verabscheuen

abomi·na·tion [əˌbɒmɪ'neɪʃᵊn, AM -ˌbɑːm-] *n* ① *no pl* (*loathing*) Abscheu *m* (**of** vor *+dat*) ② (*detestable thing*) Abscheulichkeit *f*

Abo·rigi·nal [ˌæbə'rɪdʒᵊnᵊl] *adj* der Aborigines *nach n*

Abo·rigi·ne [ˌæbə'rɪdʒᵊni] *n* Aborigine *m, f*

abort [ə'bɔːt, AM ə'bɔːrt] *vt* ① (*prevent birth*) *baby, foetus* abtreiben; *pregnancy* abbrechen ② (*stop*) abbrechen

abor·tion [ə'bɔːʃᵊn, AM ə'bɔːr-] *n* Schwangerschaftsabbruch *m,* Abtreibung *f*

abor·tive [ə'bɔːtɪv, AM ə'bɔːrt̬-] *adj attempt* gescheitert; *plan* misslungen

abound [ə'baʊnd] *vi* [sehr] zahlreich sein; **rumours ~ that ...** zahlreiche Gerüchte kursieren, dass ...; ■ **to ~ in sth** reich sein an etw *dat*

about [ə'baʊt] **I.** *prep* ① (*on the subject of*) über *+akk;* **anxiety ~ the future** Angst *f* vor der Zukunft; **what's that book ~?** worum geht es in dem Buch?; **a phobia ~ spiders** eine Spinnenphobie; **to ask sb ~ sth/sb** jdn nach etw/jdm fragen ② (*affecting*) gegen *+akk;* **to do something ~ sth** etw gegen etw machen ③ (*surrounding*) um *+akk* ④ *after vb* (*expressing movement*) **to wander ~ the house** im Haus herumlaufen ⑤ (*expressing location*) **she must be ~ the place somewhere** sie muss hier irgendwo sein ▸ PHRASES: **how ~ sb/sth?** wie wäre es mit jdm/etw?; **what ~ it?** was ist damit? **II.** *adv* ① (*approximately*) ungefähr; **~ eight** [**o'clock**] [so] gegen acht [Uhr]; **~ two days ago** vor etwa zwei Tagen ② (*almost*) fast ③ (*barely*) **we just ~ made it** wir haben es gerade noch [so] geschafft ④ (*intending*) **we're just ~ to have supper** wir wollen gerade zu Abend essen ▸ PHRASES: **that's ~ all** [*or* **it**] das wär's

about-'face, about-'turn *n* ① *esp* MIL Kehrtwendung *f* ② (*fig*) **they've done a complete ~** sie haben ihre Meinung um 180° geändert

above [ə'bʌv] **I.** *prep* ① (*over*) über *+dat;* **~ the spectators** über den Zuschauern ② (*greater than*) über *+akk;* **to be barely ~ freezing** kaum über dem Gefrierpunkt sein; **to be ~ and beyond all expectation** weit über allen Erwartungen *dat* liegen ③ (*more importantly than*) **they value freedom ~ all else** für sie ist die Freiheit wichtiger als alles andere; **~ all** vor allem ▸ PHRASES: **that's ~ me** das ist mir zu hoch **II.** *adv* ① (*on higher level*) oberhalb, darüber; **they live in the flat ~** sie wohnen in der Wohnung darüber; (*above oneself*) sie wohnen in der Wohnung über mir/uns ② (*overhead*) **from ~** von oben ③ (*in the sky*) am Himmel; **he looked up to the stars ~** er blickte hinauf zu den Sternen ④ (*earlier in text*) oben; **the address given ~** die oben genannte Adresse **III.** *adj* obige(r, s); **the ~ address** die oben genannte Adresse **IV.** *n* ■ **the ~** (*thing*) das Obengenannte; (*person*) der/die Obengenannte

above 'board *adj* (*fam*) einwandfrei

above-'men·tioned *adj* oben genannte(r, s)

abra·sion [ə'breɪʒᵊn] *n* (*injury*) Abschürfung *f*

abra·sive [ə'breɪsɪv] **I.** *adj* ① (*rubbing*) abreibend; **~ cleaner** Scheuermittel *nt* ② (*unpleasant*) aggressiv **II.** *n* MECH Schleifmittel *nt*

abreast [ə'brest] *adv* ① (*side by side*) nebeneinander ② (*up to date*) **to keep ~ of sth** sich über etw *akk* auf dem Laufenden halten

abridge [ə'brɪdʒ] *vt* kürzen

abridge·ment, *esp* AM **abridg·ment** [ə'brɪdʒmənt] *n* gekürzte Ausgabe

abroad [ə'brɔːd, AM ə'brɑːd] *adv* (*in foreign*

country) im Ausland; **to go ~** ins Ausland fahren; **from ~** aus dem Ausland

ab·rupt [əˈbrʌpt] *adj* ① (*sudden*) abrupt; *departure* plötzlich; **to come to an ~ end** ein jähes Ende finden ② (*brusque*) schroff

ABS [ˌeɪbiːˈes] *n no pl abbrev of* **anti-lock braking system** ABS *nt*

ab·scess <*pl* -es> [ˈæbses] *n* Abszess *m; see also* **muscle**

ab·scond [əbˈskɒnd, AM -ˈskɑːnd] *vi* (*run away*) sich davonmachen; ■**to ~ with sb** mit jdm durchbrennen *fam*

ab·seil [ˈæbseɪl] *vi* [sich] abseilen

ab·seil·ing [ˈæbseɪlɪŋ] *n no pl esp* BRIT, AUS (*in rock climbing*) Abseilen *nt*

ab·sence [ˈæbsᵊn(t)s] *n* ① *no pl* (*non-appearance*) Abwesenheit *f;* (*from school, work*) Fehlen *nt* ② *no pl* (*lack*) Fehlen *nt;* ■**in the ~ of sth** in Ermangelung einer S. *gen* ▶ PHRASES: **~ makes the heart grow fonder** (*prov*) die Liebe wächst mit der Entfernung

ab·sent I. *adj* [ˈæbsᵊnt] ① (*not there*) abwesend; **to be ~ from work/school** auf der Arbeit/in der Schule fehlen ② (*lacking*) ■**to be ~** fehlen **II.** *vt* [æbˈsent] ■**to ~ oneself** sich zurückziehen

ab·sen·tee [ˌæbsᵊnˈtiː] *n* Abwesende(r) *f(m),* Fehlende(r) *f(m)*

ab·sen·tee ˈbal·lot *n* AM (*postal vote*) Briefwahl *f*

ab·sen·tee·ism [ˌæbsᵊnˈtiːɪzᵊm] *n no pl* häufiges Fernbleiben

ab·sen·tee ˈland·lord *n nicht ortsansässiger Vermieter oder Verpächter* **ab·sen·tee ˈvot·ing** *n* AM Briefwahl *f*

ab·sent-ˈminded *adj* (*momentarily*) geistesabwesend; (*habitually*) zerstreut

ab·so·lute [ˌæbsəˈluːt] *adj* ① absolut ② *angel* wahr; *disaster, mess* einzig; *idiot* ausgemacht; *nonsense* komplett; *ruler* unumschränkt; **in ~ terms** absolut gesehen

ab·so·lute·ly [ˌæbsəˈluːtli] *adv* absolut; **you're ~ right** Sie haben vollkommen Recht; **~ not!** nein, überhaupt nicht!; **~ delicious** einfach köstlich; **~ nothing** überhaupt nichts; **to trust sb ~** jdm bedingungslos vertrauen

ab·so·lu·tion [ˌæbsəˈluːʃᵊn] *n no pl* REL Absolution *f*

ab·so·lut·ism [ˌæbsəˈluːtɪzᵊm, AM -t̬ɪz-] *n no pl* POL Absolutismus *m*

ab·solve [əbˈzɒlv, AM -ˈzɑː(l)v] *vt from blame* freisprechen; *from sins* lossprechen

ab·sorb [əbˈzɔːb, -sɔːb, AM -ˈsɔːrb, -zɔːrb] *vt* ① (*soak up*) aufnehmen; *attention* in Anspruch nehmen ② (*reduce*) *blow* abfangen; *light* absorbieren; *noise* dämpfen ③ ■**to be ~ed in sth** in etw *akk* vertieft sein

ab·sorbed [əbˈzɔːbd, -ˈsɔːbd, AM -ˈsɔːrbd,-ˈzɔːrbd] *adj usu pred* ■**to be ~** vertieft sein; **to be ~ in one's thoughts** [ganz] in Gedanken versunken sein

ab·sorb·ent [əbˈzɔːbənt, -ˈsɔː-, AM -ˈsɔːr-, -ˈzɔːr-] *adj* absorptionsfähig; *cotton, paper* saugfähig

ab·sorb·ing [əbˈzɔːbɪŋ, -ˈsɔː-, AM -ˈsɔːr-, -ˈzɔːr-] *adj* fesselnd; *problem* kniffelig

ab·sorp·tion [əbˈzɔːpʃᵊn, -ˈsɔːp-, AM -ˈsɔːrp-, -ˈzɔːrp-] *n no pl* ① (*absorbing*) Aufnahme *f;* **power of ~** Absorptionsfähigkeit *f* ② (*engrossment*) Vertieftsein *nt*

ab·stain [əbˈsteɪn] *vi* ① (*eschew*) ■**to ~ [from sth]** sich [einer S. *gen*] enthalten ② (*not vote*) sich der Stimme enthalten

ab·ste·mi·ous [æbˈstiːmiəs] *adj* enthaltsam

ab·sten·tion [əbˈsten(t)ʃᵊn] *n* POL [Stimm]enthaltung *f*

ab·sti·nence [ˈæbstɪnən(t)s] *n no pl* Abstinenz *f*

ab·stract I. *adj* [ˈæbstrækt] abstrakt; **~ noun** Abstraktum *nt* **II.** *n* [ˈæbstrækt] ① (*summary*) Zusammenfassung *f* ② (*generalized form*) ■**the ~** das Abstrakte; **in the ~** abstrakt **III.** *vt* (*summarize*) zusammenfassen

ab·stract·ed [æbˈstræktɪd] *adj* gedankenverloren

ab·strac·tion [æbˈstrækʃᵊn] *n* ① (*generalization*) Abstraktion *f* ② *no pl* (*distraction*) [Geistes]abwesenheit *f*

ab·struse [æbˈstruːs] *adj* abstrus

ab·surd [əbˈzɜːd, -ˈsɜːd, AM -ˈsɜːrd, -ˈzɜːrd] *adj* absurd; **don't be ~!** sei nicht albern!; **to look ~** lächerlich aussehen

ab·surd·ity [əbˈzɜːdəti, -ˈsɜː-, AM -ˈsɜːrdət̬i, -ˈzɜːr-] *n* Absurdität *f*

abun·dance [əˈbʌndən(t)s] *n no pl* Fülle *f;* **to have an ~ of sth** reich an etw *dat* sein; **in ~** in Hülle und Fülle

abun·dant [əˈbʌndənt] *adj* reichlich; *harvest* reich; *vegetation* üppig

abuse I. *n* [əˈbjuːs] ① *no pl* (*affront*) [**verbal**] **~** Beschimpfung[en] *f[pl]*; **a term of ~** ein Schimpfwort *nt* ② *no pl* (*maltreatment*) Missbrauch *m;* **child ~** Kindesmissbrauch *m* ③ *no pl* (*misuse*) Missbrauch *m;* **drug ~** Drogenmissbrauch *m* **II.** *vt* [əˈbjuːz] ① (*verbally*) beschimpfen ② (*maltreat*) missbrauchen, misshandeln ③ (*exploit*) *authority, trust* missbrauchen; *kindness* ausnützen

abu·sive [əˈbjuːsɪv] *adj* ① (*insulting*) beleidigend; **~ language** Beleidigungen *pl* ② (*maltreating*) misshandelnd

abut <-tt-> [əˈbʌt] *vt, vi* ■**to ~ [on] sth** an

A

A

etw *akk* grenzen

abys·mal [əˈbɪzməl] *adj* entsetzlich

abyss [əˈbɪs] *n* (*a. fig*) Abgrund *m*

AC [ˌeɪˈsiː] *n* ❶ AM *abbrev of* **air conditioning** ❷ *abbrev of* **alternating current** WS

a/c, AM *a.* **A/C** *n abbrev of* **account** Kto.

aca·dem·ic [ˌækəˈdemɪk] **I.** *adj* akademisch; ~ **year** Studienjahr *nt* **II.** *n* Lehrkraft *f* an der Universität

acad·emy [əˈkædəmi] *n* ❶ Akademie *f* ❷ *esp* AM, SCOT (*school*) [höhere] Schule

ac·cede [ækˈsiːd] *vi* ❶ (*agree*) ■**to ~ to sth** etw *dat* zustimmen; *demand* nachgeben ❷ (*assume*) übernehmen; **to ~ to the throne** den Thron besteigen

ac·cel·er·ate [əkˈseləreɪt] **I.** *vi* ❶ (*go faster*) beschleunigen; *driver* Gas geben *fam* ❷ (*increase*) zunehmen **II.** *vt* beschleunigen

ac·cel·era·tion [əkˌseləˈreɪʃən] *n no pl* Beschleunigung *f*

ac·cel·era·tor [əkˈseləreɪtəʳ, AM -t̬ɚ] *n* (*in car*) Gas[pedal] *nt*

ac·cent [ˈæksənt, AM -sent] *n* ❶ LING Akzent *m* ❷ (*stress*) Betonung *f;* **to put the ~ on sth** etw in den Mittelpunkt stellen

ac·cen·tu·ate [əkˈsentʃueɪt] *vt* ❶ betonen ❷ MUS, LING akzentuieren

ac·cept [əkˈsept] *vt* ❶ (*take*) annehmen; *award* entgegennehmen; *bribe* sich bestechen lassen; **do you ~ credit cards?** kann man bei Ihnen mit Kreditkarte zahlen? ❷ (*believe*) glauben ❸ (*acknowledge*) anerkennen; *blame* auf sich *akk* nehmen; *decision* akzeptieren; *fate* sich abfinden mit +*dat; responsibility* übernehmen; ■**to ~ [that]** ... akzeptieren, dass ...

ac·cept·able [əkˈseptəbl̩] *adj* ❶ (*satisfactory*) akzeptabel (**to** für +*akk*) ❷ (*welcome*) willkommen; **to make an ~ gift** als Mitbringsel gut ankommen

ac·cept·ance [əkˈseptən(t)s] *n* ❶ *no pl* (*accepting*) Annahme *f; of idea* Zustimmung *f* ❷ (*positive answer*) Zusage *f;* **letter of ~** schriftliche Zusage ❸ *no pl* (*recognition*) Anerkennung *f*

ac·cept·ed [əkˈseptɪd] *adj* anerkannt

ac·cess [ˈækses] **I.** *n no pl* Zugang *m;* (*to room, building*) Zutritt *m;* **the only ~ to the village is by boat** das Dorf ist nur mit dem Boot zu erreichen; BRIT **'~ only'** „Anlieger frei"; **~ to information** Zugriff *m* auf Informationen **II.** *vt* COMPUT *data* zugreifen auf +*akk; file* öffnen

ac·ces·sibil·ity [əkˌsesəˈbɪləti, AM -ət̬i] *n no pl* Zugänglichkeit *f*

ac·ces·sible [əkˈsesəbl̩] *adj* ❶ (*approachable*) [leicht] erreichbar ❷ ■**to be ~ to sb** jdm zugänglich sein

ac·ces·sion [əkˈseʃən] *n no pl* Antritt *m;* **~ to the throne** Thronbesteigung *f*

ac·ces·so·ry [əkˈsesəri] *n* ❶ FASHION Accessoire *nt* ❷ (*equipment*) Zubehör *nt* ❸ (*criminal*) Helfershelfer(in) *m(f);* **he became an ~ to the crime** er machte sich am Verbrechen mitschuldig

ac·ci·dent [ˈæksɪdənt] *n* ❶ (*with injury*) Unfall *m;* **road ~** Verkehrsunfall *m;* **~ and emergency unit** Notaufnahme *f* ❷ (*chance*) Zufall *m;* **by ~** zufällig ❸ (*mishap*) Missgeschick *nt;* **by ~** aus Versehen ▶ PHRASES: **~s will happen** so was kommt vor; *see also* **pencil**

ac·ci·den·tal [ˌæksɪˈdentəl, AM -t̬əl] *adj* ❶ (*unintentional*) unbeabsichtigt; **it was ~** es war ein Versehen ❷ TRANSP Unfall- ❸ (*chance*) zufällig

ac·claim [əˈkleɪm] **I.** *vt* ■**to be ~ed** gefeiert werden **II.** *n no pl* Anerkennung *f*

ac·cla·ma·tion [ˌækləˈmeɪʃən] *n no pl* Beifall *m*

ac·cli·ma·ti·za·tion [əˌklaɪmətaɪˈzeɪʃən, AM -t̬əˈ-], AM **ac·cli·ma·tion** [ˌæklɪˈmeɪʃən] *n no pl* Akklimatisation *f;* **~ to a new environment** Eingewöhnung *f* in eine neue Umgebung

ac·cli·ma·tize [əˈklaɪmətaɪz], AM **ac·cli·mate** [ˈækləmeɪt] *vt, vi* sich akklimatisieren (**to** an +*akk*); *to new conditions* sich gewöhnen

ac·co·lade [ˈækəleɪd] *n* Anerkennung *f*

ac·com·mo·date [əˈkɒmədeɪt, AM əˈkɑːm-] *vt* (*have room for*) unterbringen; **the chalet ~s up to 6 people** die Hütte bietet Platz für bis zu 6 Personen

ac·com·mo·dat·ing [əˈkɒmədeɪtɪŋ, AM əˈkɑːmədeɪt̬-] *adj* entgegenkommend

ac·com·mo·da·tion [əˌkɒməˈdeɪʃən, AM əˌkɑːm-] *n* ❶ *no pl* BRIT, AUS (*lodging*) Unterkunft *f;* **'~ wanted'** „Zimmer gesucht" ❷ AM (*lodging*) ■**~s** *pl* Unterkunft *f* ❸ (*compromise*) Einigung *f*

ac·com·pa·ni·ment [əˈkʌmpənɪmənt] *n* Begleitung *f;* **to be the perfect ~ to ...** ideal passen zu ...; **to the ~ of** begleitet von +*dat*

ac·com·pa·nist [əˈkʌmpənɪst] *n* MUS Begleiter(in) *m(f)*

ac·com·pa·ny <-ie-> [əˈkʌmpəni] *vt* ❶ begleiten ❷ (*occur together*) ■**to be accompanied by sth** mit etw *dat* einhergehen

ac·com·plice [əˈkʌmplɪs, AM *also* -ˈkɑːm-] *n* Komplize *m*, Komplizin *f*

ac·com·plish [əˈkʌmplɪʃ, AM *also* -ˈkɑːm-] *vt* schaffen; *goal* erreichen; *task* erledigen

ac·com·plished [əˈkʌmplɪʃt, AM *also* -ˈkɑːm-] *adj* fähig; *actor* versiert; *performance* gelungen

ac·com·plish·ment [ə'kʌmplɪʃmənt, AM *also* -'kɑːm-] *n* ① *no pl* (*completion*) Vollendung *f; of an aim* Erreichen *nt; of a task* [erfolgreiche] Beendigung ② *usu pl* (*skill*) Fähigkeit *f* ③ (*achievement*) Leistung *f*

ac·cord [ə'kɔːd, AM -'kɔːrd] **I.** *n* ① (*treaty*) Vereinbarung *f* ② *no pl* (*agreement*) Übereinstimmung *f* ▶ PHRASES: **of one's/its own ~** (*voluntarily*) von sich *dat* aus; (*without external cause*) von alleine **II.** *vt* gewähren

ac·cord·ance [ə'kɔːdən(t)s, AM -'kɔːrd-] *prep* **in ~ with** gemäß +*dat*

ac·cord·ing·ly [ə'kɔːdɪŋli, AM -'kɔːrd-] *adv* ① (*appropriately*) [dem]entsprechend ② (*thus*) folglich

ac·cord·ing to [ə'kɔːdɪŋ, AM -'kɔːrd-] *prep* nach +*dat;* **~ the weather report** dem Wetterbericht zufolge

ac·cor·di·on [ə'kɔːdiən, AM -'kɔːr-] *n* Akkordeon *nt*

ac·cost [ə'kɒst, AM -'kɑːst] *vt* ansprechen; (*more aggressively*) anpöbeln

ac·count [ə'kaʊnt] *n* ① (*description*) Bericht *m;* **by** [*or* **from**] **all ~s** nach allem, was man so hört; **by his own ~** eigenen Aussagen zufolge ② (*bank service*) Konto *nt* (**with** bei +*dat*) ③ (*bill*) Rechnung *f* ④ (*records*) ■**~s** *pl* [Geschäfts]bücher *pl;* **to keep the ~s** die Buchhaltung machen ⑤ *no pl* (*consideration*) **to take into ~** berücksichtigen ⑥ (*reason*) ■**on ~ of** aufgrund +*gen;* **on my ~** meinetwegen; **on no ~** auf keinen Fall ⑦ *no pl* (*importance*) **to be of no ~** keinerlei Bedeutung haben ▶ PHRASES: **to be brought to ~** zur Rechenschaft gezogen werden; **to settle ~s with sb** mit jdm abrechnen ◆**account for** *vt* ① (*explain*) erklären; **there's no ~ing for taste[s]** über Geschmack lässt sich streiten ② (*represent*) ausmachen

ac·count·abil·ity [əˌkaʊntə'bɪləti, AM -t̬ə'bɪlət̬i] *n no pl* Verantwortlichkeit *f* (**to** gegenüber +*dat*)

ac·count·able [ə'kaʊntəbl̩, AM -t̬ə-] *adj* verantwortlich

ac·count·an·cy [ə'kaʊntən(t)si, AM -t̬ən(t)-] *n no pl* Buchhaltung *f*

ac·count·ant [ə'kaʊntənt] *n* [Bilanz]buchhalter(in) *m(f)*

ac·'count book *n* Kassenbuch *nt*

ac·cred·it [ə'kredɪt] *vt* ① (*approve*) ■**to have been ~ed** *certificate* anerkannt worden sein ② (*authorize*) ■**to be ~ed to sb/sth** *ambassador* bei jdm/etw akkreditiert sein

ac·crue [ə'kruː] *vi* ① FIN zuwachsen; *interest* auflaufen ② (*be due*) ■**to ~ to sb/sth** jdm/etw zukommen

ac·cu·mu·late [ə'kjuːmjəleɪt] *vt, vi* [sich] ansammeln

ac·cu·mu·la·tion [əˌkjuːmjə'leɪʃən] *n* (*quantity*) Ansammlung *f; of sand* Anhäufung *f*

ac·cu·mu·la·tor [ə'kjuːmjəleɪtəʳ] *n* BRIT, AUS Akkumulator *m,* Akku *m fam*

ac·cu·ra·cy ['ækjərəsi, AM -jɚ-] *n no pl* Genauigkeit *f*

ac·cu·rate ['ækjərət, AM -jɚ-] *adj* ① (*precise*) genau ② (*correct*) richtig; *report* getreu

ac·cu·sa·tion [ˌækjʊ'zeɪʃən] *n* ① (*charge*) Anschuldigung *f;* LAW Anklage *f* (**of** wegen +*gen*); **to make an ~ against sb** jdn beschuldigen ② *no pl* (*accusing*) Vorwurf *m*

ac·cu·sa·tive [ə'kjuːzətɪv, AM -t̬ɪv] *n no pl* **~ [case]** Akkusativ *m*

ac·cu·sa·tory [ə'kjuːzətəri, AM -tɔːri] *adj look* anklagend; *tone* vorwurfsvoll

ac·cuse [ə'kjuːz] *vt* ① (*charge*) ■**to ~ sb [of sth]** jdn [wegen einer S. *gen*] anklagen ② (*claim*) ■**to ~ sb of sth** jdn einer S. *gen* beschuldigen; **I'm often ~d of ...** mir wird oft vorgeworfen, dass ...

ac·cused <*pl* -> [ə'kjuːzd] *n* ■**the ~** die/der Angeklagte

ac·cus·tom [ə'kʌstəm] *vt* ■**to ~ sb/oneself to sth** jdn/sich an etw *akk* gewöhnen

ac·cus·tomed [ə'kʌstəmd] *adj* ■**to be ~ to sth** etw gewohnt sein; **to become ~ to sth** sich an etw *akk* gewöhnen

AC/DC [ˌeɪsiː'diːsiː] **I.** *n abbrev of* **alternating current/direct current** WS/GS **II.** *adj* (*fam: bisexual*) bi *fam*

ace [eɪs] **I.** *n* (*all meanings*) Ass *nt;* **~ of spades** Pikass *nt* **II.** *adj* (*fam*) klasse

ac·etate ['æsɪteɪt] *n no pl* CHEM Acetat *nt*

acetic 'acid *n no pl* Essigsäure *f*

acety·lene [ə'setɪliːn, AM -t̬ə-] *n no pl* CHEM Acetylen *nt*

ache [eɪk] **I.** *n* (*pain*) Schmerz[en] *m[pl];* **~s and pains** Wehwehchen *pl* **II.** *vi* (*feel pain*) schmerzen; **I'm aching all over** mir tut alles weh

Aussprache

Manche Wörter, welche die Buchstabenfolge **ch** enthalten, werden mit [k], wie in cat [kæt], ausgesprochen, anstatt mit [tʃ], wie in **church** [tʃɜːtʃ]. Hier einige Beispiele:

ache	[eɪk]	(*Schmerz[en]*)
bronchitis	[brɒŋ'kaɪtɪs]	(*Bronchitis*)
chaos	['keɪɒs]	(*Chaos*)
choir	[kwaɪəʳ]	(*Chor*)
echo	['ekəʊ]	(*Echo*)
mechanics	[mɪ'kænɪks]	(*Mechanik*)
melancholy	['melənkəli]	(*Schwermut*)

A

achieve [əˈtʃiːv] *vt* erreichen; *fame* erlangen; *success* erzielen; *victory* erringen
achieve·ment [əˈtʃiːvmənt] *n* ❶ (*feat*) Leistung *f* ❷ *no pl* (*achieving*) Erreichen *nt*
acid [ˈæsɪd] **I.** *n* ❶ CHEM Säure *f* ❷ *no pl* (*sl: LSD*) Acid *nt sl* **II.** *adj* ❶ CHEM sauer; ~ **soil** saurer Boden; ~ **solution** saure Lösung ❷ (*sour*) sauer

Aussprache

Die Buchstabenfolge **ci** wird oft als [s], wie in **sun** [sʌn], ausgesprochen: **acid** = [ˈæsɪd]. Andere Beispiele hierfür sind:

circle	[ˈsɜːkḷ]	(*Kreis*)
conciliate	[kənˈsɪlieɪt]	(*schlichten*)
criticism	[ˈkrɪtɪsɪzᵊm]	(*Kritik*)
participate	[pɑːˈtɪsɪpeɪt]	(*teilnehmen*)
precise	[prɪˈsaɪs]	(*genau*)
reconcile	[ˈrekᵊnsaɪl]	(*versöhnen*)

ˈacid house *n no pl* Acid House *nt*
acid·ic [əˈsɪdɪk] *adj* ❶ CHEM säurehaltig ❷ (*sour*) sauer
acidi·fy <-ie-> [əˈsɪdɪfaɪ] **I.** *vt* übersäuern **II.** *vi water* sauer werden; *soil* versauern
acid·ity [əˈsɪdəti, AM -ət̬i] *n no pl* ❶ CHEM Säuregehalt *m* ❷ (*sourness*) Säure *f*
acid ˈrain *n no pl* saurer Regen **ˈacid test** *n* ❶ CHEM Säureprobe *f* ❷ (*fig*) Feuerprobe *f*
ac·knowl·edge [əkˈnɒlɪdʒ, AM -ˈnɑːl-] *vt* ❶ (*admit*) zugeben ❷ (*respect*) anerkennen; **he was generally ~d to be an expert** er galt allgemein als Experte ❸ (*reply to*) *greeting* erwidern; *receipt* bestätigen
ac·knowl·edg(e)·ment [əkˈnɒlɪdʒmənt, AM -ˈnɑːl-] *n* ❶ *no pl* (*admission*) Bekenntnis (**of** zu +*dat*); ~ **of guilt** Schuldeingeständnis *nt* ❷ *no pl* (*respect*) Anerkennung *f* ❸ *no pl* (*reply*) Erwiderung *f*
acne [ˈækni] *n no pl* Akne *f*
acorn [ˈeɪkɔːn, AM -kɔːrn] *n* Eichel *f*
acous·tic [əˈkuːstɪk] *adj* akustisch
acous·tic ˈcou·pler *n* Akustikkoppler *m*
acous·tic gui·ˈtar *n* Akustikgitarre *f*
acous·tic ˈnerve *n* [Ge]hörnerv *m*
ac·quaint [əˈkweɪnt] *vt* vertraut machen
ac·quaint·ance [əˈkweɪntᵊn(t)s] *n* ❶ (*friend*) Bekannte(r) *f(m)* ❷ *no pl* (*relationship*) Bekanntschaft *f*
ac·qui·esce [ˌækwiˈes] *vi* ■**to ~ [to sth]** [in etw *akk*] einwilligen
ac·qui·es·cence [ˌækwiˈesᵊn(t)s] *n no pl* Einwilligung *f* (**to** in +*akk*)
ac·qui·es·cent [ˌækwiˈesᵊnt] *adj* fügsam
ac·quire [əˈkwaɪəʳ, AM -ɚ] *vt* erwerben; *habit* annehmen; *knowledge* sich *dat* aneignen; *reputation* bekommen; **to be an ~d taste** gewöhnungsbedürftig sein
ac·qui·si·tion [ˌækwɪˈzɪʃᵊn] *n* ❶ (*purchase*) Anschaffung *f* ❷ *no pl* (*acquiring*) Erwerb *m*; *of firm* Übernahme *f*; *of knowledge* Aneignung *f*
ac·quisi·tive [əˈkwɪzɪtɪv, AM -ət̬ɪv] *adj* (*pej*) habgierig
ac·quit <-tt-> [əˈkwɪt] *vt* ❶ (*free*) freisprechen ❷ (*perform*) **to ~ oneself well** seine Sache gut machen
ac·quit·tal [əˈkwɪtᵊl, AM -t̬-] *n* Freispruch *m* (**on** von +*dat*)
acre [ˈeɪkəʳ, AM -ɚ] *n* (*unit*) ≈ Morgen *m*
acre·age [ˈeɪkᵊrɪdʒ, AM -krɪdʒ] *n no pl* ≈ Morgen *m*
ac·rid [ˈækrɪd] *adj smell* stechend; *smoke* beißend; *taste* bitter
ac·ri·mo·ni·ous [ˌækrɪˈməʊniəs, AM -ˈmoʊ-] *adj* erbittert
ac·ri·mo·ny [ˈækrɪməni, AM -moʊni] *n no pl* Verbitterung *f*; *of row* Schärfe *f*
ac·ro·bat [ˈækrəbæt] *n* Akrobat(in) *m(f)*
ac·ro·bat·ic [ˌækrəˈbætɪk, AM -t̬-] *adj* akrobatisch
ac·ro·nym [ˈækrə(ʊ)nɪm, AM -rənɪm] *n* Akronym *nt*
across [əˈkrɒs, AM -ˈkrɑːs] **I.** *prep* ❶ (*on other side of*) über +*dat*; ~ **town** am anderen Ende der Stadt ❷ (*from one side to other*) über +*akk*; ~ **country** über Land ▶ PHRASES: ~ **the board** allgemein **II.** *adv* ❶ (*to other side*) hinüber; (*from other side*) herüber ❷ (*on other side*) drüben; ~ **from sb/sth** jdm/etw gegenüber ❸ (*wide*) breit; *of circle* im Durchmesser ▶ PHRASES: **to get one's point ~** sich verständlich machen
acryl·ic [əˈkrɪlɪk] *n no pl* (*fibre*) Acryl *nt*
act [ækt] **I.** *n* ❶ (*deed*) Tat *f*; ~ **of kindness** Akt *m* der Güte; **an ~ of God** höhere Gewalt; **to catch sb in the ~** jdn auf frischer Tat ertappen ❷ (*of a play*) Akt *m*; **one-~ play** Einakter *m* ❸ *no pl* (*pretence*) Schau *f*; **to put on an ~** Theater spielen ▶ PHRASES: **to get in on the ~** mitmischen; **to get one's ~ together** sich am Riemen reißen **II.** *vi* ❶ (*take action*) handeln; (*proceed*) vorgehen; **to ~ [up]on sb's advice** jds Rat befolgen ❷ (*represent*) ■**to ~ for** [*or* **on behalf of**] **sb** jdn vertreten ❸ (*behave*) sich benehmen; ~ **your age!** benimm dich gefälligst deinem Alter entsprechend!; ■**to ~ as if ...** so tun, als ob ... ❹ (*play*) spielen; (*be an actor*) Schauspieler(in) sein ❺ (*take effect*) ■**to ~ [on sth]** [auf etw *akk*] wirken **III.** *vt* spielen ▶ PHRASES: **to ~ a part** (*pej*) schauspielern; **to ~ the part** überzeugend sein ◆**act out**

vt ① (*realize*) ausleben ② (*perform*) nachspielen ◆**act up** *vi* (*fam*) ① *person* Theater machen ② *thing* Ärger machen

Land und Leute

Der **ACT** (*American College Test*) ist eine Prüfung, die in manchen Gegenden von Schulabsolventen abgelegt werden muss, die auf eine höhere Schulbildung hoffen. Er beurteilt die allgemeine schulische Entwicklung der Schüler einer *high school* und ob sie in der Lage sind, die fürs *college* notwendigen Leistungen zu erbringen.

act·ing ['æktɪŋ] **I.** *adj* stellvertretend **II.** *n no pl* Schauspielerei *f*

ac·tion ['ækʃᵊn] *n* ① *no pl* (*activeness*) Handeln *nt;* (*proceeding*) Vorgehen *nt;* (*measures*) Maßnahmen *pl;* **we need ~** wir brauchen Taten; **decisive ~** ein entschlossenes Vorgehen; **course of ~** Vorgehensweise *f;* **a man of ~** ein Mann der Tat; **to spring into ~** in Aktion treten; **to put into ~** in die Tat umsetzen; **to take ~** etwas unternehmen; **industrial ~** Streik *m* ② (*act*) Handlung *f,* Tat *f* ③ LIT **external ~** äußere Handlung; **falling ~** fallende Handlung; **internal ~** innere Handlung; **rising ~** steigende Handlung ④ *no pl* FILM Action *f* ⑤ *no pl* (*combat*) Einsatz *m;* **to go into ~** ins Gefecht ziehen; **to be killed in ~** fallen; **to see ~** im Einsatz sein ⑥ *no pl* (*function*) **in/out of ~** in/außer Betrieb ⑦ LAW Klage *f* ▶ PHRASES: **~s speak louder than words** (*prov*) Taten sagen mehr als Worte; **to want a piece of the ~** eine Scheibe vom Kuchen abhaben wollen

Aussprache

action = ['ækʃᵊn]
Im Deutschen wird das **A** in **A**ction als [ɛ] ausgesprochen, im Englischen aber als [æ], wie in **a**pple ['æpl̩] oder p**a**n [pæn]

'ac·tion-packed *adj* spannungsgeladen

ac·tion 're·play *n* BRIT, AUS TV Wiederholung *f*

ac·ti·vate ['æktɪveɪt] *vt* aktivieren; *alarm* auslösen

ac·tive ['æktɪv] *adj* aktiv; *children* lebhaft

ac·tive·ly ['æktɪvli] *adv* aktiv

ac·tiv·ist ['æktɪvɪst] *n* Aktivist(in) *m(f)*

ac·tiv·ity [æk'tɪvəti, AM -əṭi] *n* ① (*activeness*) Aktivität *f* ② *usu pl* (*pastime*) Aktivität *f;* **classroom activities** schulische Tätigkeiten

ac·tor ['æktəʳ, AM -ɚ] *n* Schauspieler *m*

ac·tress <*pl* -es> ['æktrəs] *n* Schauspielerin *f*

ac·tual ['æktʃuəl] *adj* (*real*) eigentlich; *facts* konkret; **in ~ fact** tatsächlich

Falsche Freunde

Nicht verwechseln mit aktuell — *topical!*

ac·tu·al·ly ['æktʃuəli] *adv* ① (*in fact*) eigentlich ② (*really*) wirklich; **did you ~ say that?** hast du das tatsächlich gesagt?

ac·tu·ary ['æktʃuəri] *n* FIN Versicherungsmathematiker(in) *m(f),* Aktuar(in) *m(f) fachspr*

ac·tu·ate ['æktʃueɪt] *vt* in Gang setzen

acu·men ['ækjʊmən, AM ə'kju:-] *n no pl* Scharfsinn *m;* **business ~** Geschäftssinn *m*

acu·punc·ture ['ækjʊpʌŋ(k)tʃəʳ, AM -ɚ] *n no pl* Akupunktur *f*

acute [ə'kju:t] *adj* ① (*serious*) akut; *difficulties* ernst; *anxiety* ernsthaft; *pain* heftig ② *hearing* fein; *sense of smell* ausgeprägt ③ MATH *angle* spitz

acute·ly [ə'kju:tli] *adv* ① (*extremely*) äußerst; **to be ~ aware of sth** sich *dat* einer S. *gen* sehr bewusst sein ② (*shrewdly*) scharfsinnig

ad [æd] *n* (*fam*) *short for* **advertisement** Anzeige *f*

AD [ˌeɪ'di:] *adj abbrev of* **Anno Domini** n. Chr.

ad·age ['ædɪdʒ] *n* Sprichwort *nt*

ada·gio [ə'dɑ:(d)ʒiəʊ, AM -(d)ʒoʊ] MUS **I.** *adv* adagio **II.** *n* Adagio *nt*

Adam ['ædəm] *n* Adam *m* ▶ PHRASES: **to not know sb from ~** jdn überhaupt nicht kennen

ada·mant ['ædəmənt] *adj* unnachgiebig; ■**to be ~ about sth** auf etw *dat* beharren

Ad·am's 'ap·ple *n* Adamsapfel *m*

adapt [ə'dæpt] **I.** *vt* ① (*modify*) anpassen (**to** an *+akk*); *machine* umstellen ② (*rewrite*) bearbeiten **II.** *vi* ■**to ~** [**to sth**] sich [einer S. *dat*] anpassen

adapt·abil·ity [əˌdæptə'bɪləti, AM -əṭi] *n no pl* Anpassungsfähigkeit *f*

adapt·able [ə'dæptəbl̩] *adj* anpassungsfähig; *machine* vielseitig

ad·ap·ta·tion [ˌædæp'teɪʃᵊn] *n* ① *no pl* (*adapting*) Anpassung *f* (**to** an *+akk*) ② *no pl* (*modifying*) Umbau *m* (**to** *+gen*); *of machine* Umstellung *f* (**to** auf *+akk*) ③ (*work*) Bearbeitung *f*

adapt·er, adap·tor [ə'dæptəʳ, AM -ɚ] *n* ELEC Adapter *m*

add [æd] *vt* ① hinzufügen ② MATH ■**to ~** [**together**] addieren; ■**to ~ sth to sth** etw zu etw *dat* [dazu]zählen ◆**add up I.** *vi*

① (*do sums*) addieren ② (*total*) ■**to ~ up to sth** *bill* sich auf etw *akk* belaufen ③ (*fam: make sense*) **it doesn't ~ up** es macht keinen Sinn **II.** *vt* addieren

ad·den·dum <*pl* -da> [əˈdendəm, *pl* -də] *n* ① (*addition*) Nachtrag *m* ② (*in book*) ■**addenda** *pl* Addenda *pl*

ad·der [ˈædəʳ, AM -ɚ] *n* Otter *f*

ad·dict [ˈædɪkt] *n* Süchtige(r) *f(m)*; **drug ~** Drogenabhängige(r) *f(m)*

ad·dict·ed [əˈdɪktɪd] *adj* süchtig (**to** nach +*dat*)

ad·dic·tion [əˈdɪkʃən] *n no pl* Sucht *f* (**to** nach +*dat*)

ad·dic·tive [əˈdɪktɪv] *adj* süchtig; **~ substance** Suchtmittel *nt*

ad·di·tion [əˈdɪʃən] *n* ① *no pl* (*adding*) Addition *f* ② *no pl* (*attaching*) Hinzufügen *nt* (**to** an +*akk*) ③ (*extra*) Ergänzung *f* ④ ■**in ~** außerdem; ■**in ~ to** zusätzlich zu +*dat*

ad·di·tion·al [əˈdɪʃənəl] *adj* zusätzlich; **~ charge** Aufpreis *m*

ad·di·tion·al·ly [əˈdɪʃənəli] *adv* außerdem

ad·di·tive [ˈædɪtɪv, AM -t̬ɪv] *n* Zusatz *m*

add-on [ˈædɒn, AM -ɑːn] **I.** *n* COMPUT Zusatzgerät *f*; (*several*) Zubehör *nt* **II.** *adj attr* zusätzlich, Zusatz-; **~ charge** Zusatzgebühr *f*

ad·dress **I.** *n* <*pl* -es> [əˈdres, AM ˈæd-] ① COMPUT *a.* Adresse *f*; **not known at this ~** Empfänger unbekannt ② (*speech*) Rede *f* (**to** an +*akk*) **II.** *vt* [əˈdres] ① (*write address*) adressieren (**to** an +*akk*) ② (*direct*) *remark* richten (**to** an +*akk*) ③ (*speak to*) anreden

ad·ˈdress book *n* Adressbuch *nt*

ad·dressee [ˌædresˈiː] *n* Empfänger(in) *m(f)*

ad·ˈdress la·bel *n* Adress[en]aufkleber *m*

ad·enoids [ˈædɪnɔɪdz, AM -dən-] *npl* (*in throat*) Rachenmandelwucherungen *pl*; (*in nose*) Polypen *pl*

ad·eno·ma <*pl* -s *or* -ata> [ˌædɪˈnəʊmə, *pl* -mətə, AM -ˈnoʊ-, *pl* -mət̬ə] *n* MED Adenom *nt*

adept [əˈdept] *adj* geschickt (**at** in +*dat*)

ad·equa·cy [ˈædɪkwəsi] *n no pl* ① (*sufficiency*) Angemessenheit *f* ② (*suitability*) Tauglichkeit *f*

ad·equate [ˈædɪkwət] *adj* ① (*sufficient*) ausreichend ② (*barely sufficient*) zulänglich

ad·here [ədˈhɪəʳ, AM -ˈhɪr] *vi* ① (*stick*) kleben (**to** an +*akk*) ② (*follow*) *rules* sich halten (**to** an +*akk*)

ad·her·ence [ədˈhɪərən(t)s, AM -ˈhɪr-] *n no pl* Festhalten *nt* (**to** an +*dat*); *of rule* Befolgung *f* (**to** +*gen*)

ad·her·ent [ədˈhɪərənt, AM -ˈhɪr-] *n* Anhänger(in) *m(f)*

ad·he·sive [ədˈhiːsɪv] **I.** *adj* haftend **II.** *n no pl* Klebstoff *m*

ad hoc [ˌædˈhɒk, AM -ˈhɑːk] *adv* ad hoc

adi·pose ˈtis·sue *n no pl* MED Fettgewebe *nt*

ad·ja·cent [əˈdʒeɪsənt] *adj* angrenzend; **her room was ~ to mine** ihr Zimmer lag neben meinem

ad·jec·ti·val [ˌædʒɪkˈtaɪvəl] *adj* adjektivisch; **~ ending** Adjektivendung *f*

ad·jec·tive [ˈædʒɪktɪv] *n* Adjektiv *nt*, Eigenschaftswort *nt*

ad·join [əˈdʒɔɪn] *vt* angrenzen an +*akk*

ad·join·ing [əˈdʒɔɪnɪŋ] *adj* angrenzend

ad·journ [əˈdʒɜːn, AM -ɜːrn] **I.** *vt* (*interrupt*) unterbrechen; (*suspend*) verschieben; LAW vertagen **II.** *vi* (*stop temporarily*) eine Pause einlegen

ad·ju·di·cate [əˈdʒuːdɪkeɪt] *vi, vt* ■**to ~ [on] sth** über etw *akk* entscheiden; LAW über etw *akk* ein Urteil fällen

ad·just [əˈdʒʌst] **I.** *vt* ① (*set*) [richtig] einstellen; *lever* verstellen ② *clothing* in Ordnung bringen **II.** *vi* (*adapt*) ■**to ~ to sth** sich an etw *akk* anpassen; (*feel comfortable with*) sich an etw *akk* gewöhnen

ad·just·able [əˈdʒʌstəbl̩] *adj* verstellbar

ad·just·able ˈspan·ner *n* Engländer *m*

ad·just·ment [əˈdʒʌstmənt] *n* ① (*mental*) Anpassung *f*; **to make an ~ to sth** sich auf etw *akk* umstellen ② (*mechanical*) Einstellung *f*

ad·ju·tant [ˈædjʊtənt] *n* Adjutant *m*

ad-lib <-bb-> [ˌædˈlɪb] *vi, vt* improvisieren

ˈad·man *n* Werbefachmann *m*

ad·min [ˈædmɪn] *n short for* **administration**

ad·min·is·ter [ədˈmɪnɪstəʳ, AM -ɚ] *vt* ① (*manage*) verwalten ② (*dispense*) geben; (*issue*) ausgeben; **to ~ first aid [to sb]** [bei jdm] erste Hilfe leisten

ad·min·is·tra·tion [ədˌmɪnɪˈstreɪʃən] *n* ① *no pl* Verwaltung *f* ② *esp* AM (*term in office*) Amtszeit *f* ③ (*government*) Regierung *f*

ad·min·is·tra·tive [ədˈmɪnɪstrətɪv] *adj* administrativ, Verwaltungs-

ad·min·is·tra·tor [ədˈmɪnɪstreɪtəʳ, AM -t̬ɚ] *n* ① (*person in charge*) Leiter(in) *m(f)* ② (*clerk*) Verwaltungsbeamte(r) *m*/-beamtin *f*

ad·mi·rable [ˈædmərəbl̩] *adj* bewundernswert; *job* hervorragend

ad·mi·ral [ˈædmərəl] *n* Admiral(in) *m(f)*

ad·mi·ra·tion [ˌædməˈreɪʃən] *n no pl* ① (*respect*) Hochachtung *f* (**for** vor +*dat*) ② (*wonderment*) Bewunderung *f*

ad·mire [ədˈmaɪəʳ, AM -ɚ] *vt* bewundern

ad·mir·er [ədˈmaɪərəʳ, AM -ˈmaɪrɚ] *n*

❶ (*with romantic interest*) Verehrer(in) *m(f)* ❷ (*supporter*) Anhänger(in) *m(f)*

ad·mis·sible [əd'mɪsəbl] *adj* zulässig

ad·mis·sion [əd'mɪʃən] *n* ❶ *no pl* (*entering*) Eintritt *m;* (*acceptance*) Zutritt *m;* (*into university*) Zulassung *f;* (*into hospital*) Einlieferung *f* ❷ *no pl* (*entrance fee*) Eintritt[spreis] *m* ❸ (*acknowledgment*) Eingeständnis *nt; see also* **mission**

ad·mit <-tt-> [əd'mɪt] **I.** *vt* ❶ (*acknowledge*) zugeben; *defeat* eingestehen ❷ (*allow entrance*) hereinlassen/hineinlassen; **this ticket ~s one person only** diese Eintrittskarte ist nur für eine Person gültig; ■**to ~ sb to** [AM **the**] **hospital** jdn ins Krankenhaus einliefern **II.** *vi* ■**to ~ to sth** etw zugeben

ad·mit·tance [əd'mɪtən(t)s] *n no pl* (*entrance*) Zutritt *m; to club* Aufnahme *f;* **'no ~'** „Betreten verboten"

ad·mit·ted·ly [əd'mɪtɪdli, AM -t̬ɪd-] *adv* zugegebenermaßen

ad·mon·ish [əd'mɒnɪʃ, AM -'mɑːnɪʃ] *vt* ermahnen

ad·mon·ish·ment [əd'mɒnɪʃmənt, AM -'mɑːnɪʃ-] *n,* **ad·mo·ni·tion** [ˌædmə'nɪʃən] *n* Ermahnung *f*

ado [ədu:] *n no pl* großer Aufwand; **without** [**further**] **~** ohne [weitere] Umstände

ado·les·cence [ˌædə'lesən(t)s] *n no pl* Jugend[zeit] *f*

ado·les·cent [ˌædə'lesənt] **I.** *adj* ❶ (*of teenagers*) heranwachsend, jugendlich ❷ (*pej: immature*) pubertär **II.** *n* Jugendliche(r) *f(m)*

adopt [ə'dɒpt, AM -'dɑːpt] *vt* ❶ (*raise*) adoptieren; **to have one's child ~ed** sein Kind zur Adoption freigeben ❷ (*sponsor*) die Patenschaft übernehmen ❸ (*put into practice*) annehmen; *pose* einnehmen; *strategy* verfolgen

adop·tion [ə'dɒpʃən, AM -'dɑːp-] *n* ❶ Adoption *f* ❷ *no pl* (*taking on*) Annahme *f; of a technology* Übernahme *f; of a method* Aneignung *f*

ador·able [ə'dɔːrəbl] *adj* entzückend

ado·ra·tion [ˌædə'reɪʃən] *n no pl* Verehrung *f*

adore [ə'dɔːr, AM -'dɔːr] *vt* ❶ (*love*) über alles lieben; (*admire*) aufrichtig bewundern ❷ (*like very much*) ■**to ~ sb** für jdn schwärmen; **to** [**absolutely**] **~ sth** etw [einfach] wunderbar finden; **I ~ chocolate** ich liebe Schokolade

ador·ing [ə'dɔːrɪŋ] *adj* (*loving*) liebend; (*devoted*) hingebungsvoll

adorn [ə'dɔːn, AM -'dɔːrn] *vt* schmücken

adorn·ment [ə'dɔːnmənt, AM -'dɔːrn-] *n* ❶ (*ornament*) Schmuck *m* ❷ *no pl* (*act*) Verschönerung *f*

adrena·lin(e) [ə'drenəlɪn] *n no pl* Adrenalin *nt*

Adri·at·ic [ˌeɪdri'ætɪk, AM -'æt̬-] *n* ■**the ~** [**Sea**] Adria *f*

adrift [ə'drɪft] **I.** *adv* **to cut ~** losmachen **II.** *adj* **to be ~** treiben

adroit [ə'drɔɪt] *adj* geschickt

adu·la·tion [ˌædjʊ'leɪʃən, AM ˌædʒə-] *n no pl* (*admiration*) Vergötterung *f;* (*flattery*) Schmeichelei *f*

adult ['ædʌlt, ə'dʌlt] **I.** *n* ❶ (*grown-up*) Erwachsene(r) *f(m);* ■**to be an ~** erwachsen sein ❷ (*animal*) ausgewachsenes Tier **II.** *adj* ❶ (*grown-up*) erwachsen; *animal* ausgewachsen; *behaviour* reif ❷ (*sexually explicit*) [nur] für Erwachsene

adult edu·'ca·tion *n no pl* Erwachsenenbildung *f;* **~ institute** ≈ Volkshochschule *f*

adul·ter·ate [ə'dʌltəreɪt, AM -təreɪt] *vt* verfälschen; *wine* panschen

adul·ter·er [ə'dʌltərər, AM -tɚɚ] *n* Ehebrecher *m*

adul·ter·ess <*pl* -es> [ə'dʌltərəs, AM -tɚ-] *n* Ehebrecherin *f*

adul·ter·ous [ə'dʌltərəs, AM -tɚ-] *adj* ehebrecherisch

adul·tery [ə'dʌltəri, AM -tɚi] *n no pl* Ehebruch *m*

adult·hood ['ædʌlthʊd, AM *and Brit also* ə'dʌlt-] *n no pl* (*state*) Erwachsensein *nt,* (*period*) Erwachsenenalter *nt*

ad·vance [əd'vɑːn(t)s, AM -'væːn(t)s] **I.** *vi* ❶ (*make progress*) Fortschritte machen ❷ (*move forward*) sich vorwärtsbewegen; MIL vorrücken **II.** *vt* ❶ (*develop*) voranbringen; *career* vorantreiben ❷ (*make earlier*) vorverlegen; *money* vorschießen **III.** *n* ❶ *no pl* (*forward movement*) Vorrücken *nt* ❷ (*progress*) Fortschritt *m* ❸ (*ahead of time*) **in ~** im Voraus ❹ (*payment*) Vorschuss *m* (**on** auf +*akk*) **IV.** *adj* vorherig; **~ booking** Reservierung *f*

ad·vanced [əd'vɑːn(t)st, AM -'væːn(t)st] *adj* ❶ (*in skills*) fortgeschritten; **~ mathematics** höhere Mathematik ❷ (*in development*) fortschrittlich ❸ (*in time*) fortgeschritten; *age* vorgerückt

ad·vance·ment [əd'vɑːn(t)smənt, AM -'væːn(t)s-] *n* ❶ *no pl* (*improvement*) Verbesserung *f;* (*furtherance*) Förderung *f* ❷ *no pl* (*in career*) Aufstieg *m*

ad·vance 'notice *n no pl* Vorankündigung *f*

ad·vance 'payment *n* Vorauszahlung *f*

ad·van·tage [əd'vɑːntɪdʒ, AM -'væːnt̬ɪdʒ] *n* Vorteil *m;* **to take ~ of sb** (*pej*) jdn ausnutzen; **to take ~ of sth** (*approv*) etw nutzen

A

ad·van·ta·geous [ˌædvəːnˈteɪdʒəs, AM *esp* -væːn-] *adj* günstig
ad·vent [ˈædvent] *n no pl* REL ■**A~** Advent *m*
ad·ven·ture [ədˈventʃəʳ, AM -tʃɚ] *n* Abenteuer *nt;* **to have an ~** ein Abenteuer erleben; **~ holiday** Abenteuerurlaub *m*
ad·ven·tur·er [ədˈventʃəʳrəʳ, AM -tʃɚɚ] *n* Abenteurer(in) *m(f)*
ad·ven·tur·ous [ədˈventʃərəs] *adj* ① (*filled with adventures*) abenteuerlich ② (*daring*) abenteuerlustig
ad·verb [ˈædvɜːb, AM -vɜːrb] *n* Adverb *nt*
ad·ver·bial [ədˈvɜːbiəl, AM -ˈvɜːrb-] *adj* adverbial
ad·ver·sary [ˈædvəːsəri, AM -vɚseri] *n* Gegner(in) *m(f)*
ad·verse [ˈædvɜːs, AM ædˈvɜːrs] *adj* ungünstig; *criticism, effect* negativ; *conditions* widrig
ad·ver·sity [ədˈvɜːsəti, AM -ˈvɜːrsəṭi] *n no pl* Not *f*
ad·vert [ˈædvɜːt] *n* BRIT (*fam*) *short for* **advertisement**
ad·ver·tise [ˈædvətaɪz, AM -vɚ-] **I.** *vt* ① Werbung machen für +*akk;* (*in a newspaper*) inserieren; (*on a noticeboard*) in einem Aushang anbieten ② (*announce*) ankündigen **II.** *vi* ① (*publicize*) werben ② (*in a newspaper*) inserieren; (*on a noticeboard*) einen Aushang machen; ■**to ~ for sb/sth** jdn/etw per Inserat suchen
ad·ver·tise·ment [ədˈvɜːtɪsmənt, AM ˌædvɚˈtaɪzmənt] *n* Werbung *f;* (*in a newspaper*) Anzeige *f;* (*on a notice board*) Aushang *m;* **TV ~** Werbespot *m;* (*fig*) Reklame *f*
ad·ver·tis·er [ˈædvətaɪzəʳ, AM -vɚtaɪzɚ] *n* Werbungtreibende(r) *f(m);* (*in a newspaper*) Inserent(in) *m(f)*
ad·ver·tis·ing [ˈædvətaɪzɪŋ, AM -vɚ-] *n no pl* Werbung *f*
ˈad·ver·tis·ing agen·cy *n* Werbeagentur *f*
ˈad·ver·tis·ing cam·paign *n* Werbekampagne *f*
ad·vice [ədˈvaɪs] *n no pl* (*recommendation*) Rat *m;* **some ~** ein Rat[schlag] *m;* **to take legal ~** sich juristisch beraten lassen; **to take sb's ~** jds Rat[schlag] *m* befolgen

Grammatik

advice mit **c** ist ein Substantiv und wird nie im Plural gebraucht: *a piece of advice, some advice*
advise mit **s** ist ein Verb: *Jane advised him to go to Birmingham*

ad·vis·able [ədˈvaɪzəbl̩] *adj* ratsam
ad·vise [ədˈvaɪz] **I.** *vt* beraten; ■**to ~ sb against sth** jdm von etw *dat* abraten; ■**to ~ sb to do sth** jdm [dazu] raten, etw zu tun **II.** *vi* raten; ■**to ~ against sth** von etw *dat* abraten; ■**to ~ on sth** bei etw *dat* beraten
ad·vis·er, ad·vis·or [ədˈvaɪzəʳ, AM -zɚ] *n* Berater(in) *m(f)*
ad·vi·so·ry [ədˈvaɪzəri] *adj* beratend; **~ committee** Beratungsausschuss *m*
ad·vo·cate **I.** *vt* [ˈædvəkeɪt] befürworten **II.** *n* [ˈædvəkət, -keɪt] ① Befürworter(in) *m(f)* ② LAW [Rechts]anwalt *m,* [Rechts]anwältin *f*

Land und Leute

Die **Advanced Extension Awards** (**AEAs**) wurden im Sommer 2002 für *A Level*-Studenten in England, Wales and Nordirland eingeführt. Die **AEAs** wurden entwickelt um die begabtesten *A Level*-Schüler zu fordern und sicher zu gehen, dass sie auf einem mit anderen Ländern vergleichbar hohen Niveau geprüft werden. Die Schüler werden auf ihre Begabung zur kritischen Analyse, Bewertung und Synthese getestet und auf ihre Fähigkeit, Wissen effektiv anzuwenden und zu vermitteln. Außerdem unterstützen die *AEAs* die Universitäten bei der Bewertung der begabtesten Absolventen.

Aegean [iːˈdʒiːən] *n* ■**the ~** [**Sea**] die Ägäis *f;* **~ Islands** Ägäische Inseln *pl*
aegis [ˈiːdʒɪs] *n no pl* Schirmherrschaft *f*
aeon *n* Äon *m*
aer·ate [eəˈreɪt, AM erˈeɪt] *vt* durchlüften; *soil* auflockern; *liquid* mit Kohlensäure versetzen; *blood* Sauerstoff zuführen
aer·ial [ˈeəriəl, AM ˈeri-] **I.** *adj* Luft- **II.** *n* Antenne *f*
aero·bat·ic [ˌeərə(ʊ)ˈbætɪk, AM ˌeroʊˈbæṭ-] *adj* Kunstflug-
aero·bat·ics [ˌeərə(ʊ)ˈbætɪks, AM ˌeroʊˈbæṭ-] *npl* ① (*manoeuvres*) Flugkunststücke *pl* ② + *sing vb* (*stunt flying*) Kunstflug *m*
aero·bics [eəˈrəʊbɪks, AM eˈroʊ-] *n no pl* (*exercise*) Aerobic *nt*
aero·drome [ˈeərədrəʊm] *n* Flugplatz *m*
aero·dy·nam·ic [ˌeərə(ʊ)daɪˈnæmɪk, AM ˌeroʊ-] *adj* aerodynamisch
aero·dy·nam·ics [ˌeərə(ʊ)daɪˈnæmɪks, AM ˌeroʊ-] *n* Aerodynamik *f*
aero·naut·ic [ˌeərə(ʊ)ˈnɔːtɪk, AM ˌerəˈnɑːṭɪk] *adj* aeronautisch
aero·naut·ics [ˌeərə(ʊ)ˈnɔːtɪks, AM ˌerəˈnɑːṭɪks] *n* + *sing vb* Luftfahrt[technik] *f*
aero·plane [ˈeərə(ʊ)pleɪn] Flugzeug *nt*
aero·sol [ˈeərəsɒl, AM ˈerəsɑːl] *n* ① (*mixture*)

Aerosol *nt* ② (*spray container*) Spraydose *f*

aero·space ['eərə(ʊ)speɪs, AM 'eroʊ-] *n no pl* (*technology*) Luft und Raumfahrt *f*

'aero·space in·dus·try *n* Raumfahrtindustrie *f* **'aero·space re·search** *n* Raumforschung *f*

aes·thet·ic *adj* ästhetisch

aes·thet·ics *n no pl* Ästhetik *f*

afar [ə'fɑːʳ, AM ə'fɑːr] *adv* **from ~** aus der Ferne

af·fable ['æfəbl̩] *adj* freundlich

af·fair [ə'feəʳ, AM -'fer] *n* ① (*matter, event*) Angelegenheit *f*; **that's my own ~** das ist ganz allein meine Sache; **the state of ~s** der Stand der Dinge; **to handle sb's ~s** jds Geschäfte *pl* besorgen ② (*controversial situation, relationship*) Affäre *f*

af·fect [ə'fekt] *vt* ① (*have effect on*) ■**to ~ sb/sth** sich auf jdn/etw auswirken; (*negatively*) **to ~ one's health** seiner Gesundheit schaden; (*concern*) jdn/etw betreffen ② (*move*) ■**to be ~ed by sth** von etw *dat* bewegt sein

af·fec·ta·tion [ˌæfek'teɪʃᵊn] *n* Affektiertheit *f*

af·fect·ed [ə'fektɪd] *adj* ① (*insincere*) affektiert ② (*influenced*) betroffen

af·fec·tion [ə'fekʃᵊn] *n no pl* Zuneigung *f* (**for** zu +*dat*)

af·fec·tion·ate [ə'fekʃᵊnət] *adj* liebevoll; **your ~ daughter** (*in a letter*) deine dich liebende Tochter

af·fi·da·vit [ˌæfɪ'deɪvɪt] *n* [schriftliche] eidesstattliche Erklärung

af·fili·ate **I.** *vt* [ə'fɪlieɪt] ■**to be ~d with sth** mit etw *dat* assoziiert sein; (*in subordinate position*) etw *dat* angeschlossen sein **II.** *n* [ə'fɪliət] Konzernunternehmen *nt*

af·filia·tion [əˌfɪli'eɪʃᵊn] *n* Angliederung *f*; **political ~s** politische Zugehörigkeit

af·fin·ity [ə'fɪnəti, AM -əţi] *n* ① (*solidarity*) Verbundenheit *f*; **to feel an ~ for sb** sich jdm verbunden fühlen ② (*similarity*) Gemeinsamkeit *f*

af·firm [ə'fɜːm, AM -'fɜːrm] *vt* beteuern

af·fir·ma·tion [ˌæfə'meɪʃᵊn, AM -fɚ'meɪ-] *n* ① (*positive assertion*) Bekräftigung *f* ② (*declaration*) Beteuerung *f*

af·firma·tive [ə'fɜːmətɪv, AM -'fɜːrməţɪv] **I.** *adj* zustimmend; *answer* positiv **II.** *n* Bejahung *f*; **to answer in the ~** mit Ja antworten **III.** *interj* **~!** *esp* AM jawohl!

af·fix [ə'fɪks, 'æfɪks] *vt* (*attach*) befestigen (**to** an +*dat*); (*stick on*) ankleben (**to** an +*akk*); (*clip on*) anheften (**to** an +*akk*)

af·flict [ə'flɪkt] *vt* plagen; **he is ~ed with severe rheumatism** er leidet an schwerem Rheumatismus

af·flic·tion [ə'flɪkʃᵊn] *n* ① (*illness*) Leiden *nt* ② *no pl* (*distress*) Kummer *m*

af·flu·ence ['æfluən(t)s] *n no pl* Wohlstand *m*

af·flu·ent ['æfluənt] *adj* reich; **~ society** Wohlstandsgesellschaft *f*

af·ford [ə'fɔːd, AM ə'fɔːrd] *vt* (*have money, time for*) sich *dat* leisten; **you can't ~ to miss this opportunity** diese Gelegenheit darfst du dir nicht entgehen lassen

af·ford·able [ə'fɔːdəbl̩, AM -'fɔːrd-] *adj* erschwinglich

af·for·esta·tion [əˌfɒrɪ'steɪʃᵊn, AM -ˌfɔːrə'st-] *n no pl* [Wieder]aufforstung *f*

af·front [ə'frʌnt] **I.** *n* Beleidigung *f* **II.** *vt* beleidigen

Af·ghan ['æfgæn] **I.** *n* ① (*person*) Afghane *m*, Afghanin *f* ② (*dog*) Afghane *m* **II.** *adj* afghanisch

Af·ghani·stan [æf'gænɪstæn, AM -nəstæn] *n* Afghanistan *nt*

afield [ə'fiːld] *adv* entfernt

afloat [ə'fləʊt, AM -'floʊt] *adj* (*a. fig*) über Wasser; ■**to be ~** schwimmen

afoot [ə'fʊt] **I.** *adj* im Gange **II.** *adv* AM zu Fuß

afore·men·tioned [ə'fɔːmen(t)ʃᵊnd, AM ə'fɔːr-], **afore·said** [ə'fɔːsed, AM ə'fɔːr-] *adj* (*form*) oben erwähnt

afraid [ə'freɪd] *adj* ① (*frightened*) verängstigt; **to [not] be ~ [of]** [keine] Angst haben [vor +*dat*]; **to be ~ that ...** befürchten, dass ... ② (*expressing regret*) **I'm ~ not/so** leider nicht/ja

afresh [ə'freʃ] *adv* [noch einmal] von vorn

Af·rica ['æfrɪkə] *n* Afrika *nt*

Af·ri·can ['æfrɪkən] **I.** *n* Afrikaner(in) *m(f)* **II.** *adj* afrikanisch

Af·ri·can Ameri·can [ˌæfrɪkənə'merɪkən] *n* Afroamerikaner(in) *m(f)*

Af·ri·kaans [ˌæfrɪ'kɑːn(t)s] *n no pl* Afrikaans *nt*

Afro-Ameri·can [ˌæfrəʊə'merɪkən, AM -roʊ-] **I.** *n* Afroamerikaner(in) *m(f)* **II.** *adj* afroamerikanisch **Afro-Car·ib·bean** [ˌæfrəʊkærɪ'biːən, AM -roʊkerɪ'-] *adj* afrokaribisch

af·ter ['ɑːftəʳ, AM 'æftɚ] **I.** *prep* ① (*later time*) nach +*dat*; **~ lunch** nach dem Mittagessen; **[a] quarter ~ six** AM [um] Viertel nach Sechs ② (*in pursuit of*) ■**to be ~ sb/sth** hinter jdm/etw her sein ③ (*following*) nach +*dat*; **~ you!** nach Ihnen! ④ (*behind*) **he shut the door ~ them** er machte die Tür hinter ihnen zu ⑤ **~ all** schließlich; (*in spite of*) trotz +*gen*; **he couldn't come ~ all** er konnte doch nicht kommen; **she promised it, ~ all** sie hat es immerhin versprochen **II.** *adv* danach; **shortly ~** kurz darauf

A

agreement

expressing agreement	zustimmen
Yes, I think so too.	Ja, das denke ich auch.
I completely agree with you there.	Da bin ich ganz Ihrer Meinung.
I endorse that. (*form*)	Dem schließe ich mich an. (*form*)
I absolutely agree with you.	Ich stimme Ihnen voll und ganz zu.
Yes, that's exactly what I think.	Ja, das denke ich auch.
That's exactly how I see it.	Das sehe ich ganz genauso.
You're absolutely right.	Du hast vollkommen Recht.
I can only agree with you there.	Da kann ich Ihnen nur Recht geben.
That's (just/exactly) what I said.	(Genau) das habe ich auch gesagt.
I think so too.	Finde ich auch.
Exactly!/(That's) right!	Genau!/Stimmt!

'after·care *n no pl* Nachbehandlung *f* **'after·din·ner** *adj* ~ **nap** Mittagsschläfchen *nt;* ~ **speech** Tischrede *f* **'after-ef·fect** *n* Nachwirkung *f* **'after·life** *n no pl* Leben *nt* nach dem Tod **'after·math** [-mɑːθ, AM -mæθ] *n no pl* Folgen *pl;* ■**in the ~ of** infolge *+gen*

after·noon [ˌɑːftəˈnuːn, AM ˌæftɚ-] *n* Nachmittag *m;* **good ~!** guten Tag!; **early/late ~** am frühen/späten Nachmittag; **this ~** heute Nachmittag; **in the ~** am Nachmittag, nachmittags; **on the ~ of May 23rd** am Nachmittag des 23. Mai; **on Wednesday ~** [am] Mittwochnachmittag

after·noon 'tea *n no pl* BRIT [Nachmittags]tee *m*

af·ters [ˈɑːftəz] *n no pl* BRIT (*fam*) Nachtisch *m*

after-sales 'ser·vice *n no pl* Kundendienst *m*

'after·shave *n no pl* Aftershave *nt* **'after·shock** *n usu pl* GEOL Nachbeben *nt* **'after·taste** *n* Nachgeschmack *m* **'after·thought** *n* **as an ~** im Nachhinein; **sth was added as an ~** etw kam erst später hinzu

after·ward [ˈɑːftəwəd, AM ˈæftɚ-], **after·wards** [ˈɑːftəwədz, AM ˈæftɚ-] *adv* (*later*) später; (*after something*) danach; **shortly ~** kurz danach

again [əˈgen, əgeɪn] *adv* ❶ (*as a repetition*) wieder; (*one more time*) noch einmal; **~ and ~** immer wieder; **what's her name ~?** wie ist nochmal ihr Name? ❷ (*anew*) noch einmal

against [əˈgen(t)st] **I.** *prep* gegen *+akk;* **~ one's better judgement** wider besseres Wissen; **the dollar rose ~ the euro** der Dollar stieg gegenüber dem Euro **II.** *adv* gegen; **only 14 voted ~** es gab nur 14 Gegenstimmen

ag·ate [ˈægət] *n* Achat *m*

age [eɪdʒ] **I.** *n* ❶ (*length of existence*) Alter *nt;* **he's about your ~** er ist ungefähr so alt wie du; **to be 45 years of ~** 45 [Jahre alt] sein; **to feel one's ~** die Jahre spüren; **sb looks their ~** man sieht jdm sein Alter an; **at the ~ of 80** mit achtzig [Jahren]; **at your ~** in deinem Alter; **to come of ~** volljährig werden ❷ (*era*) Zeitalter *nt;* **in this day and ~** heutzutage ❸ (*long time*) ■**an ~** eine Ewigkeit, Ewigkeiten; **the meeting took ~s** die Besprechung dauerte ewig [lang] **II.** *vi* ❶ altern ❷ FOOD reifen **III.** *vt* ❶ FOOD reifen lassen; *wine* ablagern lassen ❷ (*make look older*) älter machen; *strain, suffering* altern lassen

'age-band·ing *n no pl* Altersklasseneinteilung *f*

'age brack·et *n* Altersgruppe *f*

aged[1] [eɪdʒd] *adj* **children ~ 8 to 12** Kinder [im Alter] von 8 bis 12 Jahren

aged[2] [ˈeɪdʒɪd] **I.** *adj* (*old*) alt **II.** *n* ■**the ~** *pl* die alten Menschen *pl*

'age group *n* Altersgruppe *f*

age·ing *adj person* alternd; *machinery* veraltend

age·ism *n no pl* Diskriminierung *f* älterer Menschen

age·less [ˈeɪdʒləs] *adj* zeitlos

'age lim·it *n* Altersgrenze *f*

agen·cy [ˈeɪdʒᵊn(t)si] *n* ❶ (*private business*) Agentur *f* ❷ (*of government*) Behörde *f*

agen·da [əˈdʒendə] *n* ❶ (*for a meeting*) Tagesordnung *f* ❷ (*for action*) Programm *nt;*

to have a hidden ~ geheime Pläne haben

agent ['eɪdʒᵊnt] *n* ① (*representative*) [Stell]vertreter(in) *m(f)*; (*for artists*) Agent(in) *m(f)* ② (*of a secret service*) Agent(in) *m(f)*

'age spot *n* Altersfleck *m*

ag·glom·er·ate [ə'glɒmᵊrət, AM -'glɑːmɚ-], **ag·glom·era·tion** [əˌglɒmə'reɪʃᵊn, AM -glɑːmə-] *n* Anhäufung *f*

ag·gra·vate ['ægrəveɪt] *vt* ① (*worsen*) verschlechtern ② (*fam: annoy*) auf die Nerven gehen

ag·gra·vat·ing ['ægrəveɪtɪŋ, AM -t̬-] *adj* (*fam: annoying*) ärgerlich

ag·gra·va·tion [ˌægrə'veɪʃᵊn] *n no pl* ① (*worsening*) Verschlimmerung *f* ② (*fam: annoyance*) Ärger *m*

ag·gre·gate **I.** *n* ['ægrɪgət] ① (*totality*) Gesamtmenge *f* ② SPORTS Gesamtergebnis *nt* **II.** *adj* ['ægrɪgeɪt] Gesamt-

ag·gres·sion [ə'greʃᵊn] *n no pl* Aggression *f*; **act of ~** Angriffshandlung *f*; *see also* **passion**

ag·gres·sive [ə'gresɪv] *adj* aggressiv; *salesman* aufdringlich

ag·gres·sor [ə'gresəʳ, AM -ɚ] *n* Angreifer(in) *m(f)*

ag·grieved [ə'griːvd] *adj* gekränkt (**at** wegen +*akk*)

ag·gro ['ægrəʊ] *n no pl* BRIT, AUS (*sl*) Zoff *m fam*

aghast [ə'gɑːst, AM -'gæst] *adj* entsetzt (**at** über +*akk*)

ag·ile ['ædʒaɪl, AM -ᵊl] *adj* geschickt; *fingers* flink; *mind* rege

ag·il·ity [ə'dʒɪləti, AM -t̬i] *n no pl* Flinkheit *f*; **mental ~** geistige Beweglichkeit

ag·ing *adj* AM, AUS *see* **ageing**

ag·ism *n no pl* AM, AUS *see* **ageism**

agi·tate ['ædʒɪteɪt] *vt* ① (*make nervous*) aufregen; **■to get ~d** sich aufregen ② (*shake*) schütteln; (*stir*) [um]rühren

agi·ta·tion [ˌædʒɪ'teɪʃᵊn] *n no pl* ① (*nervousness*) Aufregung *f* ② (*of a liquid*) [Auf]rühren *nt*

agi·ta·tor ['ædʒɪteɪtəʳ, AM -t̬ɚ] *n* (*person*) Agitator(in) *m(f)*

AGM [ˌeɪdʒiː'em] *n* BRIT, AUS *abbrev of* **annual general meeting**

ag·nos·tic [æg'nɒstɪk, AM -'nɑː-] **I.** *n* Agnostiker(in) *m(f)* **II.** *adj* agnostisch

ago [ə'gəʊ, AM ə'goʊ] *adv* **a year ~** vor einem Jahr; [**not**] **long ~** vor [nicht] langer Zeit; **how long ~ was that?** wie lange ist das her?

agog [ə'gɒg, AM ə'gɑːg] *adj* gespannt; **to be ~ with curiosity** vor Neugierde fast platzen

ago·nize ['ægənaɪz] *vi* **■to ~ about** [*or* **over**] **sth** sich über etw *akk* den Kopf zermartern

ago·niz·ing ['ægənaɪzɪŋ] *adj* qualvoll; *pain* unerträglich

ago·ny ['ægəni] *n* ① Todesqualen *pl*; **■to be in ~** große Schmerzen leiden ② (*fig*) **to be in an ~ of indecision/suspense** von qualvoller Unentschlossenheit/Ungewissheit geplagt werden ▶ PHRASES: **to pile on the ~** dick auftragen

ago·ny 'aunt *n* BRIT (*fam*) Briefkastentante *f*

Land und Leute

Agony column nennt man eine Rubrik in einer Zeitung oder einer Zeitschrift, in der Briefe von Lesern veröffentlicht werden, die Rat für ihre persönlichen Probleme suchen. Eine *agony aunt*, oder ganz selten auch ein *agony uncle*, gibt dann Ratschläge zur Lösung dieser Probleme.

agrar·ian [ə'greəriən, AM -'greri-] *adj* landwirtschaftlich, agrarisch

agree [ə'griː] **I.** *vi* ① (*have same opinion*) zustimmen; **to be unable to ~** sich nicht einigen können; **■to ~ with sb** mit jdm einer Meinung sein; **■to ~ on sth** über etw *akk* einer Meinung sein ② (*consent to*) zustimmen; **~d!** einverstanden!; **let's ~ to disagree** [*or* **differ**] ich fürchte, wir können uns nicht einigen ③ **■to ~ with sb** *food* jdm [gut] bekommen **II.** *vt* **■to ~ sth** mit etw *dat* einverstanden sein; *date* vereinbaren; **■to ~ that ...** sich darauf einigen, dass ...

agree·able [ə'griːəbl̩] *adj* ① (*pleasant*) angenehm; *weather* freundlich ② (*acceptable*) **■to be ~ to sb** für jdn akzeptabel sein

agree·ment [ə'griːmənt] *n* ① *no pl* (*same opinion*) Übereinstimmung *f*; **to reach an ~** zu einer Einigung kommen; **■to be in ~ with sb** mit jdm übereinstimmen ② (*approval*) Zustimmung *f* ③ (*contract*) Vertrag *m*

ag·ri·busi·ness ['ægriˌbɪznɪs] *n no pl* Agroindustrie *f*

ag·ri·cul·tur·al [ˌægri'kʌltʃᵊrᵊl] *adj* landwirtschaftlich; **~ land** Agrarland *nt*

ag·ri·cul·ture ['ægri'kʌltʃəʳ, AM -tʃɚ] *n no pl* Landwirtschaft *f*

ag·ro·'ter·ror·ism *n no pl* Agroterrorismus *m*

ag·ro·'tour·ism *n no pl* Ferien *pl* auf dem Bauernhof

aground [ə'graʊnd] **I.** *adv* **to run ~** auf

A

Grund laufen **II.** *adj after n* auf Grund gelaufen

ah [ɑː] *interj* (*in realization*) ach so; (*in happiness*) ah; (*in sympathy*) oh; (*in pain*) au[tsch]

aha [ɑːˈhɑː] *interj* (*in understanding*) aha; (*in glee*) haha

ahead [əˈhed] *adv* ① (*in front*) vorn; **the road ~** die Straße vor uns; **full speed ~** volle Kraft voraus; **to go ~** *project* vorangehen ② (*more advanced*) **to be way ~ of sb** jdm um einiges voraus sein ③ (*in the future*) **he has a lonely year ~** es liegt ein einsames Jahr vor ihm; **to look ~** nach vorne sehen

ahoy [əˈhɔɪ] *interj* ahoi

AI [ˌeɪˈaɪ] *n no pl* ① COMPUT *abbrev of* **artificial intelligence** künstliche Intelligenz ② SCI *abbrev of* **artificial insemination** künstliche Befruchtung

aid [eɪd] **I.** *n* ① *no pl* (*assistance*) Hilfe *f;* **to come to sb's ~** jdm zu Hilfe kommen ② (*helpful tool*) [Hilfs]mittel *nt;* **hearing ~** Hörgerät *nt* **II.** *vt* helfen +*dat* ▶ PHRASES: **to ~ and abet** LAW begünstigen

ˈaid con·voy *n* Hilfskonvoi *m*

aide [eɪd] *n* Berater(in) *m(f)*

AIDS, Aids [eɪdz] *n no pl abbrev of* **acquired immune deficiency syndrome** Aids *nt*

ail [eɪl] *vt* plagen; **what ~s you?** was fehlt dir?

aileron [ˈeɪlərɒn, AM -ərɑːn] *n* AVIAT Querruder *nt*

ail·ing [ˈeɪlɪŋ] *adj* kränkelnd

ail·ment [ˈeɪlmənt] *n* Leiden *nt*

aim [eɪm] **I.** *vi* ① (*point*) zielen (**at** auf +*akk*) ② (*try to achieve*) ■**to ~ at** [*or* **for**] **sth** etw zum Ziel haben; **to ~ for next week** nächste Woche anpeilen; **to ~ to please** gefallen wollen ▶ PHRASES: **to ~ high** hoch hinaus wollen **II.** *vt* ① (*point*) ■**to ~ sth at sb/sth** mit etw *dat* auf jdn/etw zielen; **to ~ a camera at sb/sth** eine Kamera auf jdn/etw richten; **to ~ a punch at sb** nach jdm schlagen ② (*direct at*) *remark* richten (**at** an +*akk*) **III.** *n* ① *no pl* (*skill*) Zielen *nt;* **to take ~** [**at sb/sth**] [auf jdn/etw] zielen ② (*goal*) Ziel *nt;* ■**with the ~ of doing sth** in der Absicht etw zu tun

aim·less [ˈeɪmləs] *adj* ziellos

ain't [eɪnt] (*sl*) ① = **has not, have not** *see* **have** ② = **am not, is not, are not** *see* **be**

air [eəʳ, AM er] **I.** *n* ① *no pl* Luft *f;* **by ~** mit dem Flugzeug; **to be** [**up**] **in the ~** (*fig*) in der Schwebe sein ② *no pl* TV, RADIO Äther *m;* **on/off the ~** auf Sendung/nicht mehr auf Sendung sein ③ *no pl* (*facial expression*) Miene *f;* (*manner*) Auftreten *nt;* **she has an ~ of confidence** [**about her**] sie strahlt eine gewisse Selbstsicherheit aus **II.** *vt* ① (*ventilate*) lüften; *clothes* auslüften [lassen] ② (*express*) *feelings, thoughts* äußern ③ AM (*broadcast*) senden **III.** *vi* ① AM TV, RADIO gesendet werden ② (*ventilate*) auslüften

air ˈam·bu·lance *n* Rettungshubschrauber *m* **ˈair bag** *n* Airbag *m* **ˈair·base** *n* Luftwaffenstützpunkt *m* **ˈair bed** *n* BRIT, AUS Luftmatratze *f*

ˈair·borne *adj* ① (*transported by air*) in der Luft befindlich; *disease* durch die Luft übertragen; **~ troops** Luftlandetruppen *pl* ② (*flying*) ■**to be ~** in der Luft sein

ˈair brake *n* AUTO Druckluftbremse *f;* AVIAT Luftbremse *f* **ˈair·brushed** *adj* (*fig*) geschönt; **an ~ situation** eine beschönigt dargestellte Situation; **an ~ person** eine hochgestylte Person **ˈair bub·ble** *n* Luftblase *f* **air-con·ˈdi·tioned** *adj* klimatisiert **air con·ˈdi·tion·er** *n* Klimaanlage *f* **air con·ˈdi·tion·ing** *n no pl* ① (*process*) Klimatisierung *f* ② (*plant*) Klimaanlage *f* **ˈair-cooled** *adj* luftgekühlt **air ˈcor·ri·dor** *n* Luftkorridor *m*

ˈair·craft <*pl* -> *n* Luftfahrzeug *nt;* **commercial ~** Verkehrsflugzeug *nt* **ˈair·craft car·ri·er** *n* Flugzeugträger *m* **ˈair·craft in·dus·try** *n no pl* Flugzeugindustrie *f*

ˈair·crew *n* + *sing/pl vb* Crew *f,* Flugpersonal *nt* **ˈair cush·ion** *n* Luftkissen *nt* **ˈair·field** *n* Flugplatz *m* **ˈair fil·ter** *n* Luftfilter *m* **ˈair force** *n* Luftwaffe *f* **ˈair freight** *n no pl* Luftfracht *f* **ˈair·gun** *n* Luftgewehr *nt* **ˈair hole** *n* Luftloch *nt* **ˈair hostess** *n* BRIT, AUS (*dated*) Stewardess *f,* Flugbegleiterin *f*

air·ing [ˈeərɪŋ, AM ˈer-] *n* [Durch]lüften *nt*

ˈair·ing cup·board *n* BRIT [Wäsche]trockenschrank *m*

air·less [ˈeələs, AM ˈer-] *adj* stickig

ˈair·lift **I.** *n* Luftbrücke *f* **II.** *vt sth in* über eine Luftbrücke befördern; *sb out* per Flugzeug evakuieren

ˈair·line *n* Fluggesellschaft *f* **ˈair·lin·er** *n* Verkehrsflugzeug *nt*

ˈair·mail **I.** *n no pl* Luftpost *f* **II.** *vt* per Luftpost schicken

ˈair·man *n* MIL Flieger *m* **ˈair·plane** *n* AM Flugzeug *nt* **ˈair pol·lut·ant** *n* Luftschadstoff *m* **ˈair pol·lu·tion** *n* Luftverschmutzung *f* **ˈair·port** *n* Flughafen *m;* **~ bus** Flughafenbus *m;* **~ tax** Flughafengebühr *f* **ˈair qual·ity** *n* Luftqualität *f* **ˈair rage** *n no* *pl* (*fam*) Randale *f* im Flugzeug; **flight attendants are concerned about passengers' ~** Flugbegleiter sind beunruhigt über randalierende Passagiere **'air raid** *n* Luftangriff *m* **'air·sick** *adj* luftkrank **'air·space** *n no pl* Luftraum *m* **'air stew·ard** *n*, **'air stew·ard·ess** *n* Flugbegleiter(in) *m(f)* **'air·strip** *n* Start- und Landebahn *f* **'air ter·mi·nal** *n* Terminal *nt o m* **'air tick·et** *n* Flugschein *m*

'air·tight *adj* luftdicht; (*fig*) hieb- und stichfest

'air traf·fic *n no pl* Flugverkehr *m;* **high volume of ~** hohes Flugaufkommen **air traf·fic con·'trol** *n no pl* ① (*job*) Flugsicherung *f* ② (*facility*) Flugleitung *f* **air traf·fic con·'trol·ler** *n* Fluglotse *m,* Fluglotsin *f*

'air·way *n* ① ANAT Luftröhre *f* ② (*airline company*) Fluggesellschaft *f*

'air·worthy *adj* flugtüchtig

airy ['eəri, AM 'eri] *adj* ① ARCHIT luftig ② (*lacking substance*) leichtfertig

airy-fairy [ˌeəri'feəri, AM ˌeri'feri] *adj* (*fam*) wirklichkeitsfremd

aisle [aɪl] *n* Gang *m; of church* Seitenschiff *nt* ▶ PHRASES: **to have sb rolling in the ~s** jdn dazu bringen, sich vor Lachen zu kugeln

ajar [əʤɑːʳ, AM -ʤɑːr] *adj* einen Spalt offen

aka [ˌeɪkeɪ'eɪ] *abbrev of* **also known as** alias

akim·bo [ə'kɪmbəʊ, AM -boʊ] *adj* [**with**] **arms ~** die Arme in die Hüften gestemmt

akin [ə'kɪn] *adj* ähnlich

à la carte [ˌælə'kɑːt, AM ˌɑːlə'kɑːrt] *adj* à la carte

alac·rity [ə'lækrəti, AM -t̬i] *n no pl* (*speed*) Schnelligkeit *f;* (*eagerness*) Eilfertigkeit *f;* **with ~** (*speedily*) schnell; (*eagerly*) bereitwillig

alarm [ə'lɑːm, AM -'lɑːrm] **I.** *n* ① *no pl* (*worry*) Angst *f;* **to give sb cause for ~** jdm einen Grund zur Sorge geben ② (*signal*) Alarm *m* ③ (*device*) Alarmanlage *f* **II.** *vt* ① (*worry*) beunruhigen; (*frighten*) erschrecken ② (*warn of danger*) alarmieren

'alarm clock *n* Wecker *m*

alarm·ing [ə'lɑːmɪŋ, AM -'lɑːrm-] *adj* (*worrying*) beunruhigend; (*frightening*) erschreckend

alarm·ist [ə'lɑːmɪst, AM -'lɑːrm-] (*pej*) **I.** *adj* schwarzseherisch **II.** *n* Schwarzseher(in) *m(f)*

Albania [æl'beɪniə] *n* Albanien *nt*

Al·ba·nian [æl'beɪniən] **I.** *n* ① (*person*) Albaner(in) *m(f)* ② (*language*) Albanisch *nt* **II.** *adj* albanisch

al·ba·tross <*pl* -es> ['ælbətrɒs, AM -trɑːs] *n* Albatros *m*

al·be·it [ɔːl'biːɪt, AM *also* ɑːl-] *conj* wenn auch

al·bi·no [æl'biːnəʊ, AM -'baɪnoʊ] **I.** *adj* Albino- **II.** *n* Albino *m*

al·bum ['ælbəm] *n* Album *nt*

al·co·hol ['ælkəhɒl, AM -hɑːl] *n no pl* Alkohol *m*

al·co·hol-free [ˌælkəhɒl'friː, AM hɑːl'] *adj* alkoholfrei

al·co·hol·ic [ˌælkə'hɒlɪk, AM -'hɑːlɪk] **I.** *n* Alkoholiker(in) *m(f)* **II.** *adj person* alkoholsüchtig; *drink* alkoholisch

al·co·hol·ism ['ælkəhɒlɪzᵊm, AM -hɑːlɪ-] *n no pl* Alkoholismus *m*

al·cove ['ælkəʊv, AM -koʊv] *n* (*niche*) Nische *f;* (*for sleeping*) Alkoven *m*

al·der ['ɔːldəʳ, AM -ɚ] *n* Erle *f*

al·der·man ['ɔːldəmən, AM -dɚ-, *pl* mən] *n* Alderman *m*

ale [eɪl] *n* Ale *nt*

alert [ə'lɜːt, AM -'lɜːrt] **I.** *adj* ① (*mentally*) aufgeweckt ② (*watchful*) wachsam; (*attentive*) aufmerksam; (*conscious*) bewusst **II.** *n* ① (*alarm*) Alarmsignal *nt* ② *no pl* (*period of watchfulness*) Alarmbereitschaft *f;* **on full ~** *army* in Gefechtsbereitschaft; ■**to be on the ~** [**for sth**] [vor etw] auf der Hut sein **III.** *vt* ■**to ~ sb to sth** ① (*notify*) jdn auf etw *akk* aufmerksam machen ② (*warn*) jdn vor etw *dat* warnen

A lev·el ['eɪlevᵊl] *n* BRIT ≈ Abitur *nt;* **to take one's ~s** das Abitur machen

Land und Leute

Das **A level** (*Advanced level*) ist eine Abschlussprüfung, die Schüler der 12. Klasse in England, Wales und Nordirland ablegen. Die **A levels** wurden in den frühen 50er-Jahren eingeführt, und bestehen seit September 2000 in einer überarbeiteten Version. Alle **A levels** wurden vereinheitlicht und die Prüflinge werden nun im Verlauf des Schuljahrs in ihren Fächern über einzelne Lerneinheiten geprüft, anstatt am Ende eine einzige Prüfung abzulegen. Das neue **A level** besteht aus zwei Teilen, dem *AS* und dem *A2*. Der *Advanced Subsidiary* (*AS*) ist ein eigenständiger Abschluss und wird wie ein halbes **A level** bewertet. Der *A2* ist der zweite Teil der Abschlussprüfung, der für ein volles **A level** notwendig ist. Die meisten Schüler wählen drei Prüfungsfächer, aber es ist auch möglich, jeweils nur ein Fach zu nehmen. Mit den bestandenen **A levels** können die Schulabgänger dann an einer Universität studieren.

alga <*pl* -e> ['ælgə, *pl* -dʒiː, -dʒaɪ] *n* Alge *f*

al·gal bloom [ˌælgəl'bluːm] *n* ECOL Algenbefall *m*

al·ge·bra ['ældʒɪbrə] *n no pl* Algebra *f*

al·ge·bra·ic [ˌældʒɪ'breɪɪk] *adj* algebraisch

Al·ge·ria [æl'dʒɪəriə, AM -'dʒɪr-] *n* Algerien *nt*

Al·ge·rian [æl'dʒɪəriən, AM -'dʒɪr-] **I.** *n* Algerier(in) *m(f)* **II.** *adj* algerisch

al·go·rithm ['ælgərɪðəm] *n* Algorithmus *m*

ali·as ['eɪliəs] **I.** *n* Deckname *m* **II.** *adv* alias

ali·bi ['ælɪbaɪ] *n* Alibi *nt*

Alice band ['ælɪs-] *n* BRIT Haarband *nt*

al·ien ['eɪliən] **I.** *adj* ① (*foreign*) ausländisch ② (*strange*) fremd **II.** *n* ① (*foreigner*) Ausländer(in) *m(f)* ② (*from space*) Außerirdische(r) *f(m)*

al·ien·ate ['eɪliəneɪt] *vt* befremden

al·iena·tion [ˌeɪliə'neɪʃən] *n no pl* Entfremdung *f*

alight¹ [ə'laɪt] *adj* (*on fire*) **to be ~** brennen; **to set ~** in Brand stecken

alight² [ə'laɪt] *vi* ① (*from train, bus*) aussteigen (**from** aus +*dat*) ② *bird, butterfly* landen (**on** auf +*dat*); (*fig*) *eyes, glance* fallen (**on** auf +*akk*) ◆**alight on** *vi* ■**to ~ on sth** auf etw *akk* stoßen

align [ə'laɪn] *vt* ① (*move into line*) ■**to ~ sth** [**with sth**] etw [auf etw *akk*] ausrichten ② (*fig: support*) ■**to ~ oneself with sb/sth** sich hinter jdn/etw stellen; *see also* **assign**

align·ment [ə'laɪnmənt] *n* Ausrichten *nt;* **the wheels are out of ~** die Spur ist falsch eingestellt

alike [ə'laɪk] **I.** *adj* ① (*identical*) gleich ② (*similar*) ähnlich **II.** *adv* ① (*similarly*) gleich; **to look ~** sich *dat* ähnlich sehen; **to think ~** gleicher Ansicht sein ② (*both*) gleichermaßen

ali·men·ta·ry ca·nal [ælɪˌmentərikə'-] *n* Verdauungskanal *m,* Verdauungstrakt *m*

ali·mony ['ælɪməni, AM -moʊ-] *n no pl* Unterhalt *m*

A-list ['eɪlɪst] *n* ■**to be on the ~** auf der In-Liste stehen

A-lister ['eɪlɪstər, AM -ɚ] *n* Promi *m fam,* Publikumsliebling *m*

alive [ə'laɪv] *adj* ① (*not dead*) lebendig, lebend; ■**to be ~** leben, am Leben sein; **to keep sb ~** jdn am Leben erhalten; **to make sth come ~** *story* etw lebendig werden lassen ② (*swarming*) **to be ~ with sth** von etw *dat* wimmeln

al·ka·li <*pl* -s *or* -es> ['ælkəlaɪ] *n* Alkali *nt*

al·ka·line ['ælkəlaɪn] *adj* alkalisch

all [ɔːl, AM *also* ɑːl] **I.** *adj* ① + *pl n* (*every one of*) alle; **~ her children** alle ihre Kinder; **on ~ fours** auf allen Vieren; **~ the people** alle [Leute]; **why her, of ~ people?** warum ausgerechnet sie?; **of ~ the stupid things to do!** das ist ja wohl zu blöd! ② + *sing n* (*the whole* (*amount*) *of*) der/die/das ganze; **~ her life** ihr ganzes Leben; **~ the time** die ganze Zeit; **~ week** die ganze Woche ③ (*the greatest possible*) all; **in ~ honesty** ganz ehrlich; **with ~ due respect, ...** bei allem Respekt, ...; **beyond ~ doubt** jenseits allen Zweifels **II.** *pron* ① (*every one*) alle; **we saw ~ of them** wir haben [sie] alle gesehen; **the best of ~** der Beste von allen ② (*everything*) alles; **tell me ~ about it** erzähl mir alles darüber; **what with the fog and ~** bei dem Nebel und so; **~ it takes is a bit of luck** man braucht nur etwas Glück; **that's ~ I need right now** das hat mir jetzt gerade noch gefehlt; **for ~ I know, ...** soviel ich weiß ...; **first of ~** zuerst; (*most importantly*) vor allem; **most of ~** am meisten; **~ in one** alles in einem; **and ~** (*fam*) und all dem ③ (*for emphasis*) **at ~** überhaupt; **nothing at ~** überhaupt nichts ④ **and ~** (*sl: as well*) auch; **get one for me and ~** bring mir auch einen; **in ~/~ told** insgesamt ▶PHRASES: **~'s well that ends well** (*prov*) Ende gut, alles gut **III.** *adv* ① (*entirely*) ganz; **she's been ~ over the world** sie war schon überall auf der Welt; **~ along** die ganze Zeit; **to be ~ over** aus und vorbei sein; **to be ~ for doing sth** ganz dafür sein, etw zu tun; **to be ~ ears** ganz Ohr sein ② ■**~ the ...** umso ...; **~ the better!** umso besser!; **~ but** fast ③ (*for emphasis*) **that's ~ very well, but ...** das ist ja schön und gut, aber ...; **~ too ...** nur zu ...; **to go ~ out for sth** alles für etw *akk* tun; **~ in** (*exhausted*) völlig erledigt; BRIT (*including everything*) alles inklusive; **that's Bill ~ over!** typisch Bill!; **a good performance ~ round** eine rundum gelungene Vorstellung; **not ~ there** (*fam*) nicht ganz richtig [im Kopf]

Allah ['ælə] *n* Allah **all-'around** *adj attr* AM *see* **all-round**

allay [ə'leɪ] *vt* beschwichtigen; *suspicions* zerstreuen

all-'clear *n* Entwarnung *f*

al·le·ga·tion [ælə'geɪʃən] *n* Behauptung *f;* **to make an ~ against sb** jdn beschuldigen

al·lege [ə'ledʒ] *vt* behaupten

al·leged [ə'ledʒd, -dʒɪd] *adj* angeblich

al·leg·ed·ly [ə'ledʒɪdli] *adv* angeblich

al·le·giance [ə'liːdʒən(t)s] *n* Loyalität *f;* **to**

pledge ~ to sb jdm Treue schwören

al·le·gori·cal [ælə'gɒrɪkəl, AM -'gɔːr-] *adj* allegorisch

al·le·go·ry ['ælɪgəri, AM -gɔːri] *n* Allegorie *f*

al·le·luia [ˌælɪ'luːjə] **I.** *interj* halleluja **II.** *n* Halleluja *nt*

al·ler·gen ['ælədʒen, AM -ɚ-] *n* Allergen *nt*

al·ler·gen·ic [ælə'dʒenɪk, AM -ɚ'-] *adj* allergen

al·ler·gic [ə'lɜːdʒɪk, AM -'lɜːr-] *adj* allergisch (**to** gegen +*akk*)

al·ler·gy ['ælədʒi, AM -ɚ-] *n* Allergie *f* (**to** gegen +*akk*)

al·le·vi·ate [ə'liːvieɪt] *vt fears* abbauen; *pain* lindern; *stress* verringern

al·ley ['æli] *n* (*between buildings*) Gasse *f;* **blind ~** (*a. fig*) Sackgasse *f*

al·li·ance [ə'laɪən(t)s] *n* Allianz *f;* **to form an ~** ein Bündnis schließen

al·lied ['ælaɪd] *adj* ① (*united*) verbündet; MIL alliiert ② (*related*) verwandt

al·li·ga·tor ['ælɪgeɪtəʳ, AM -t̬ɚ] *n* Alligator *m*

all-'in *adj* alles inbegriffen; **~ rate** Inklusivpreis *m*

al·lit·era·tion [ˌəlɪtə'reɪʃən, AM -lɪt̬-] *n no pl* Alliteration *f,* Stabreim *m*

'all-news *adj attr* [reine(r, s)] Nachrichten-

al·lo·cate ['æləkeɪt] *vt* zuteilen; *funds* bereitstellen

al·lo·ca·tion [ˌælə'keɪʃən] *n usu sing* (*assignment*) Zuteilung *f;* (*distribution*) Verteilung *f; of funds* Bereitstellung *f*

al·lot <-tt-> [ə'lɒt, AM -'lɑːt] *vt* zuteilen; *time* vorsehen

al·lot·ment [ə'lɒtmənt, AM -'lɑːt-] *n* ① (*assignment*) Zuteilung *f;* (*distribution*) Verteilung *f* ② BRIT (*plot of land*) Schrebergarten *m*

all-'out *adj* umfassend; **~ attack** Großangriff *m*

al·low [ə'laʊ] **I.** *vt* ① (*permit*) erlauben; *access* gewähren; *goal* anerkennen; **~ me** erlauben Sie; ■**to ~ oneself sth** sich *dat* etw gönnen ② (*allocate*) einplanen **II.** *vi* **if time ~s** wenn die Zeit es zulässt ◆**allow for** *vi* berücksichtigen; *error, delay* einkalkulieren

al·low·able [ə'laʊəbl̩] *adj* zulässig

al·low·ance [ə'laʊən(t)s] *n* ① (*permitted amount*) Zuteilung *f* ② *no pl* (*for student*) Ausbildungsbeihilfe *f; esp* AM (*pocket money*) Taschengeld *nt* ③ **to make ~s for sth** etw berücksichtigen; **to make ~s for sb** mit jdm nachsichtig sein

al·loy *n* ['ælɔɪ] Legierung *f;* **~ wheels** Alu-Felgen *pl*

all-'pur·pose *adj* Allzweck-

all right **I.** *adj* ① (*OK*) in Ordnung; **that's ~** (*apologetically*) das macht nichts; (*you're welcome*) keine Ursache; **it was ~, nothing special** na ja, es war nichts Besonderes; **it'll be ~ to leave your car here** du kannst deinen Wagen ruhig hierlassen; ■**to be ~ with sb** jdm recht sein ② (*healthy*) gesund; (*safe*) gut **II.** *interj* ① (*in agreement*) o.k., in Ordnung ② (*approv fam*) bravo **III.** *adv* ① (*doubtless*) auf jeden Fall ② (*quite well*) ganz gut

all-'round *adj* Allround-

all-round·er [-'raʊndəʳ, AM -dɚ] *n* BRIT, AUS Multitalent *nt;* SPORTS Allroundsportler(in) *m(f)*

All 'Saints' Day *n* Allerheiligen *nt*

All 'Souls' Day *n* Allerseelen *nt*

'all-time *adj attr* Rekord-, unübertroffen; **~ high/low** Rekordhoch *nt/*-tief *nt*

'all-too-brief *adj* allzu [*o* viel zu] kurz

'all-too-real *adj* (*highly likely*) realistisch; **~ consequences** reale Folgen; **he has an ~ chance of losing** es ist sehr gut möglich, dass er verliert

al·lude [ə'luːd] *vi* ■**to ~ to sth** auf etw *akk* anspielen

al·lure [ə'ljʊəʳ, AM -'lʊr] *n no pl* (*attractiveness*) Anziehungskraft *f,* Reiz *m;* (*enticing charm*) Verführungskraft *f*

al·lur·ing [ə'ljʊəʳɪŋ, AM -'lʊr-] *adj* (*attractive*) anziehend; (*enticing*) verführerisch

al·lu·sion [ə'luːʒən] *n* Anspielung *f* (**to** auf +*akk*)

'all-weath·er *adj* Allwetter-

ally ['ælaɪ] **I.** *n* Verbündete(r) *f(m);* HIST Alliierte(r) *m* **II.** *vt* <-ie-> ■**to ~ oneself with** sich verbünden mit +*dat*

al·ma·nac(k) ['ɔːlmənæk, 'æl-] *n* Almanach *m*

al·mighty [ɔːl'maɪti, AM -t̬i] *adj* ① REL allmächtig ② (*fam: huge*) Riesen-

al·mond ['ɑːmənd, AM *also* 'ɑːl-] *n* (*nut*) Mandel *f;* (*tree*) Mandelbaum *m*

al·most ['ɔːlməʊst, AM -moʊst] *adv* fast, beinahe; **we're ~ there** wir sind gleich da

alms [ɑːmz] *npl* Almosen *pl*

aloe vera [ˌæləʊ'vɪərə, AM -oʊ'vɪrə] *n* Aloe vera *f*

alone [ə'ləʊn, AM -'loʊn] *adj, adv* allein; **am I ~ in thinking that ...** bin ich als Einzige der Meinung, dass ...; **to leave sb ~** jdn in Ruhe lassen ▶PHRASES: **to go it ~** sich selbständig machen; (*act independently*) etw im Alleingang machen

along [ə'lɒŋ, AM -'lɑːŋ] **I.** *prep* entlang; *before n + dat;* **the trees ~ the river** die Bäume entlang dem Fluss; *after n + akk;* **~ the way** unterwegs, auf dem Weg **II.** *adv* **go on ahead – I'll be ~ in a minute** geh du vor – ich komme gleich nach; ■**~ with** [zusammen] mit +*dat;* **to bring ~**

A

mitbringen
along·side [əˌlɒŋˈsaɪd, AM -ˈlɑːŋ-] **I.** *prep* neben +*dat;* NAUT längsseits +*gen* **II.** *adv* daneben; **the lorry pulled up ~** der Laster fuhr heran; **a tanker with a tugboat ~** ein Tanker und ein Schleppboot Bord an Bord
aloof [əˈluːf] **I.** *adj* zurückhaltend **II.** *adv* **to remain ~** [**from sth**] sich [von etw *dat*] fernhalten
aloud [əˈlaʊd] *adv* laut
al·pha [ˈælfə] *n* ❶ (*Greek letter*) Alpha *nt* ❷ BRIT UNIV (*mark*) Eins *f*
al·pha·bet [ˈælfəbet] *n* Alphabet *nt*
al·pha·beti·cal [ælfəˈbetɪkᵊl, AM -ˈbet̬-] *adj* alphabetisch
alpha-hy·droxy acid [ˌælfəhaɪˌdrɒksiˈæsɪd, AM -drɑːk-] *n* CHEM AHA-Fruchtsäure *f*
al·pha·nu·mer·ic [ˌælfənjuːˈmerɪk, AM *also* -nuː-] *adj* alphanumerisch
ˈal·pha par·ti·cle *n* PHYS Alphateilchen *nt*
al·pine [ˈælpaɪn] **I.** *adj* alpin **II.** *n* BOT [Hoch]gebirgspflanze *f*
Alps [ælps] *npl* ▪**the ~** die Alpen
al·ready [ɔːlˈredi, AM *also* ɑːl-] *adv* ❶ schon ❷ AM (*fam: indicating impatience*) endlich
al·right [ɔːlˈraɪt, AM *also* ɑːl-] *adj, adv, interj* *see* **all right**
Al·sace [ælˈsæs] *n* Elsass *nt*
Al·sa·tian [ælˈseɪʃᵊn] **I.** *n* (*dog*) [deutscher] Schäferhund **II.** *adj* elsässisch
also [ˈɔːlsəʊ, AM -soʊ] *adv* ❶ (*too*) auch ❷ (*furthermore*) außerdem
al·tar [ˈɔːltəʳ, AM -tɚ] *n* Altar *m*
ˈal·tar boy *n* Ministrant *m*
al·ter [ˈɔːltəʳ, AM -t̬ɚ] **I.** *vt* ändern; **that doesn't ~ the fact that ...** das ändert nichts an der Tatsache, dass ... **II.** *vi* sich ändern
al·ter·able [ˈɔːltəʳəbl̩, AM -t̬ɚ-] *adj* veränderbar
al·tera·tion [ˌɔːltᵊʳˈreɪʃᵊn, AM ˌɔːlt̬əˈreɪ-] *n* Änderung *f;* (*to house*) Umbau *m*
al·ter·ca·tion [ˌɔːltəˈkeɪʃᵊn, AM *also* ˈɑːl-] *n* heftige Auseinandersetzung
al·ter·nate I. *vi* [ˈɔːltəneɪt, AM -t̬ɚ-] abwechseln **II.** *vt* **he ~d working in the office with working at home** abwechselnd arbeitete er mal im Büro und mal zu Hause **III.** *adj* [ɔːlˈtɜːnət, AM -ˈtɜːr-] *attr* ❶ (*by turns*) abwechselnd; **on ~ days** jeden zweiten Tag ❷ (*alternative*) alternativ
al·ter·nat·ing [ˈɔːltəneɪtɪŋ, AM -tɚneɪt̬-, ˈɑːl-] *adj* alternierend
al·ter·na·tive [ɔːlˈtɜːnətɪv, AM -ˈtɜːrnet̬-] **I.** *n* Alternative *f* (**to** zu +*dat*) **II.** *adj* alternativ; **~ date** Ausweichtermin *m*
al·ter·na·tive·ly [ɔːlˈtɜːnətɪvli, AM -ˈtɜːrnət̬-] *adv* statt dessen
al·ter·na·tor [ˈɔːltəneɪtəʳ, AM -tɚneɪt̬ɚ, *also* ˈɑːl-] *n* [Drehstrom]generator *m*
al·though [ɔːlˈðəʊ, AM -ðoʊ, *also* ˈɑːl] *conj* obwohl
al·time·ter [ˈæltɪmiːtəʳ, AM ælˈtɪmət̬ɚ] *n* Höhenmesser *m*
al·ti·tude [ˈæltɪtjuːd, AM -tətuːd] *n* Höhe *f;* **at high ~** in großer Höhe
alto [ˈæltəʊ, AM -toʊ] **I.** *n* ❶ (*singer*) Altist(in) *m(f)* ❷ (*vocal range*) Altstimme *f;* **to sing ~** Alt singen **II.** *adj* Alt-
al·to·geth·er [ˌɔːltəˈgeðəʳ, AM -ɚ, *also* ɑːl-] *adv* ❶ (*completely*) völlig, ganz ❷ (*in total*) insgesamt
al·tru·ism [ˈæltruɪzᵊm] *n no pl* Altruismus *m*
al·tru·ist [ˈæltruɪst] *n* Altruist(in) *m(f)*
al·tru·is·tic [ˌæltruˈɪstɪk] *adj* altruistisch
alu·min·ium [ˌæləˈmɪniəm, -jʊˈmɪnjəm], AM **alu·mi·num** [əˈluːmɪnəm] *n no pl* Aluminium *nt*
alu·min·ium ˈfoil *n* Alufolie *f* **alu·min·ium ˈox·ide** *n* Aluminiumoxid *nt*
al·ways [ˈɔːlweɪz, AM *also* ˈɑːl-] *adv* ❶ (*at all times*) immer ❷ (*as last resort*) immer noch
am [æm, əm] *vi first pers. sing of* **be**
a.m. [ˌeɪˈem] *abbrev of* **ante meridiem: at 6 ~** um sechs Uhr morgens
amal·gam [əˈmælgəm] *n* Mischung *f* (**of** aus +*dat*)
amal·gam·ate [əˈmælgəmeɪt] **I.** *vt companies* fusionieren; *departments* zusammenlegen **II.** *vi* sich zusammenschließen
amal·gama·tion [əˌmælgəˈmeɪʃᵊn] *n* Vereinigung *f*
amass [əˈmæs] *vt* anhäufen
ama·teur [ˈæmətəʳ, AM -mətʃɚ] **I.** *n* Amateur(in) *m(f);* (*pej*) Dilettant(in) *m(f)* **II.** *adj* Hobby-; SPORTS Amateur-; **~ dramatics** Laienspiel *nt*
ama·teur·ish [ˈæmətᵊrɪʃ, AM *also* ˌæməˈtɜːrɪʃ] *adj* (*pej*) dilettantisch
amaze [əˈmeɪz] *vt* erstaunen
amaze·ment [əˈmeɪzmənt] *n no pl* Verwunderung *f*
amaz·ing [əˈmeɪzɪŋ] *adj* ❶ (*very surprising*) erstaunlich ❷ (*fam: excellent*) toll
Ama·zon [ˈæməzᵊn, AM -zɑːn] *n* ▪**the** [**River**] **~** der Amazonas
am·bas·sa·dor [æmˈbæsədəʳ, AM -ɚ] *n* (*of a country*) Botschafter(in) *m(f)* (**to** in +*dat*)
am·ber [ˈæmbəʳ, AM -ɚ] *n no pl* ❶ (*fossil*) Bernstein *m* ❷ (*colour*) Bernsteingelb *nt;* BRIT (*traffic light*) Gelb *nt*
am·bi·dex·trous [ˌæmbɪˈdekstrəs] *adj* beidhändig
am·bi·gu·ity [ˌæmbɪˈgjuːəti, AM -bəˈgjuːət̬i]

n Zweideutigkeit *f*
am·bigu·ous [æm'bɪgjuːəs] *adj* zweideutig, mehrdeutig; *feelings* gemischt
am·bi·tion [æm'bɪʃᵊn] *n* ❶ *no pl* (*wish to succeed*) Ehrgeiz *m* ❷ (*aim*) Ambition[en] *f*[*pl*]
am·bi·tious [æm'bɪʃəs] *adj* ehrgeizig; *target* hochgesteckt
am·biva·lent [æm'bɪvələnt] *adj* zwiespältig; *attitude* ambivalent; *feelings* gemischt
am·ble ['æmbḷ] *vi* schlendern
am·bu·lance ['æmbjələn(t)s] *n* Krankenwagen *m;* ~ **service** Rettungsdienst *m*
am·bush ['æmbʊʃ] **I.** *vt* ■**to be ~ed** aus dem Hinterhalt überfallen werden **II.** *n* Überfall *m* aus dem Hinterhalt; **to lie in ~ for sb** jdm auflauern
ame·ba <*pl* -s *or* -bae> *n* AM *see* **amoeba**
ame·bic *adj* AM *see* **amoebic**
ame·lio·rate [ə'miːliᵊreɪt, AM -liə-] *vt* verbessern; *symptoms* lindern
ame·lio·ra·tion [əˌmiːliᵊ'reɪʃᵊn, AM -liə-] *n* Verbesserung *f*
amen [ˌɑː'men, ˌeɪ-] *interj* Amen; ~ **to that!** Gott sei's gedankt!
ame·nable [ə'miːnəbḷ] *adj* aufgeschlossen (**to** gegenüber +*dat*)
amend [ə'mend] *vt* [ab]ändern
amend·ment [ə'men(d)mənt] *n* Änderung *f;* **the fifth ~** AM der Fünfte Zusatzartikel [zur Verfassung]
amends [ə'mendz] *npl* **to make ~ for sth** etw wiedergutmachen
amen·ity [ə'miːnəti, AM ə'menəṭi] *n* (*facilities*) ■**amenities** *pl* Freizeiteinrichtungen *pl;* **accommodation with basic amenities** Unterkunft *f* mit einfachstem Komfort; **public amenities** öffentliche Einrichtungen
Ameri·ca [ə'merɪkə] *n* Amerika *nt;* ■**the ~s** Nord-, Süd- und Mittelamerika *nt*
Ameri·can [ə'merɪkən] **I.** *adj* amerikanisch; ~ **English** amerikanisches Englisch **II.** *n* Amerikaner(in) *m(f)*
Ameri·can 'foot·ball *n* American Football *m* **Ameri·can 'In·dian** *n* Indianer(in) *m(f)*
Ameri·can·ism [ə'merɪkənɪzᵊm] *n* Amerikanismus *m*
Ameri·ca·nize [ə'merɪkənaɪz] *vt* amerikanisieren
am·ethyst ['æməθɪst] **I.** *n* Amethyst *m* **II.** *adj* amethystfarben
ami·abil·ity [ˌeɪmiə'bɪləti, AM -ṭi] *n* Freundlichkeit *f*
ami·able ['eɪmiəbḷ] *adj* freundlich
ami·cable ['æmikəbḷ] *adj* freundlich; *divorce* einvernehmlich; *settlement* gütlich
amid [ə'mɪd], **amidst** [ə'mɪdst] *prep* inmitten +*gen*
ami·no acid [əˌmiːnəʊ'-, AM -noʊ'-] *n* Aminosäure *f*
amiss [ə'mɪs] **I.** *adj* **there's something ~** etwas stimmt nicht **II.** *adv* **to take sth ~** etw übel nehmen
am·meter ['æmɪtəʳ, AM -ṭɚ] *n* Amperemeter *nt*
am·mo·nia [ə'məʊniə, AM -moʊnjə] *n* ❶ (*gas*) Ammoniak *nt* ❷ (*liquid*) Salmiakgeist *m*
am·mu·ni·tion [ˌæmjə'nɪʃᵊn] *n no pl* Munition *f*
am·ne·sia [æm'niːzɪə, AM -ʒə] *n* Amnesie *f*
am·nes·ty [æm'nəsti] *n* Amnestie *f*
amoe·ba <*pl* -s *or* -bae> *pl n* Amöbe *f*
amoe·bic *adj* Amöben-
amok [ə'mɒk, AM ə'mʌk] *adv* **to run ~** Amok laufen
among [ə'mʌŋ], **amongst** [ə'mʌŋst] *prep* ❶ (*between*) unter +*dat;* **[just] one ~ many** [nur] eine(r, s) von vielen; ~ **other things** unter anderem ❷ (*in midst of*) inmitten +*gen*
amor·al [ˌeɪ'mɒrəl, AM -'mɑː-] *adj* amoralisch
amo·rous ['æmᵊrəs] *adj* amourös; *look* verliebt
amor·phous [ə'mɔːfəs, AM -mɔːr-] *adj* amorph, formlos
amor·ti·za·tion [əˌmɔːtɪ'zeɪʃᵊn, AM æˌmɔːr'ṭə-] *n* Amortisation *f*
amor·tize [ə'mɔːtaɪz, AM æ'mɔːr-] *vt* amortisieren
amount [ə'maʊnt] **I.** *n* (*quantity*) Menge *f; of land* Fläche *f; of money* Betrag *m* **II.** *vi* (*add up to*) ■**to ~ to sth** sich auf etw *akk* belaufen; (*fig*) etw *dat* gleichkommen
amp [æmp] ❶ *short for* **ampere** Ampere *nt* ❷ *short for* **amplifier** Verstärker *m*
am·pere ['æmpeəʳ, AM -pɪr] *n* Ampere *nt*
am·pheta·mine [æm'fetəmiːn, AM -feṭ-] *n* Amphetamin *nt*
am·phib·ian [æm'fɪbiən] *n* ❶ (*animal*) Amphibie *f* ❷ (*vehicle*) Amphibienfahrzeug *nt*
am·phibi·ous [æm'fɪbiəs] *adj* amphibisch; ~ **vehicle** Amphibienfahrzeug *nt*
am·phi·thea·tre, AM **am·phi·thea·ter** ['æmfɪˌθɪətəʳ, AM 'æmfəˌθiːəṭɚ] *n* Amphitheater *nt*
am·ple <-r, -st> ['æmpḷ] *adj* ❶ (*plentiful*) reichlich; (*enough*) genügend ❷ (*large*) groß
am·pli·fi·ca·tion [ˌæmplɪfɪ'keɪʃᵊn] *n* (*making loud*) Verstärkung *f*
am·pli·fi·er ['æmplɪfaɪəʳ, AM -ɚ] *n* Verstärker *m*
am·pli·fy <-ie-> ['æmplɪfaɪ] *vt* ❶ (*make

A

louder) verstärken ② (*enlarge upon*) weiter ausführen
am·pli·tude ['æmplɪtju:d, AM *also* -tu:d] *n* (*breadth*) Weite *f;* (*range*) Umfang *m*
am·poule ['æmpu:l], AM **am·pul(e)** ['æmpju:l] *n* Ampulle *f*
am·pu·tate ['æmpjəteɪt] *vt, vi* amputieren
am·pu·ta·tion [ˌæmpjə'teɪʃ°n] *n* Amputation *f*
am·pu·tee [ˌæmpjə'ti:] *n* Amputierte(r) *f(m)*
amuck *adv see* **amok**
amu·let ['æmjʊlət] *n* Amulett *nt*
amuse [ə'mju:z] **I.** *vt* amüsieren; ■**to be ~d by sth** sich über etw *akk* amüsieren **II.** *vi* unterhalten
amuse·ment [ə'mju:zmənt] *n* Belustigung *f;* [**much**] **to her ~** [sehr] zu ihrem Vergnügen
a'muse·ment ar·cade *n* BRIT Spielhalle *f*
a'muse·ment park *n* Freizeitpark *m*
amus·ing [ə'mju:zɪŋ] *adj* amüsant; **that's** [**not**] **very ~** das ist [nicht] sehr witzig
an [æn, °n] *art indef* ein(e) (*unbestimmter Artikel vor Vokalen oder stimmlosem h*); *see also* **a**
ana·bol·ic ster·oid [ˌænəbɒlɪk'-, AM -bɑ:l-] *n* anaboles Steroid
anach·ron·ism [ə'nækrənɪz°m] *n* Anachronismus *m*
anach·ro·nis·tic [əˌnækrə'nɪstɪk] *adj* anachronistisch
ana·con·da [ˌænə'kɒndə, AM -'kɑ:n-] *n* Anakonda *f*
anaemia *n* Anämie *f*
anaemic *adj* anämisch; (*fig*) saft- und kraftlos
an·aes·the·sia *n* Anästhesie *f*
an·aes·thet·ic **I.** *n* Betäubungsmittel *nt;* **under ~** in Narkose **II.** *adj* betäubend
anaes·the·tist *n* Anästhesist(in) *m(f)*
anaes·the·tize *vt* betäuben
ana·gram ['ænəgræm] *n* Anagramm *nt*
anal ['eɪn°l] *adj* ① ANAT anal ② (*fam*) hyperordentlich
an·alge·sic [ˌæn°l'dʒi:zɪk] **I.** *adj* schmerzlindernd **II.** *n* Analgetikum *nt*
analo·gous [ə'næləgəs] *adj* analog; ■**to be ~ to sth** etw *dat* entsprechen
ana·logue, AM **ana·log** ['ænəlɒg, AM -lɑ:g] **I.** *n* Entsprechung *f* **II.** *adj* analog; **~ computer** Analogrechner *m*
anal·ogy [ə'nælədʒi] *n* (*similarity*) Analogie *f;* **by ~** [**with**] in Analogie [zu +*dat*]
ana·lyse, AM **ana·lyze** ['æn°laɪz] *vt* analysieren
analy·sis <*pl* -ses> [ə'næləsɪs, *pl* -si:z] *n* ① Analyse *f* ② PSYCH [Psycho]analyse *f* ▶ PHRASES: **in the final ~** letzten Endes
ana·lyst ['ænəlɪst] *n* Analytiker(in) *m(f);* FIN Analyst(in) *m(f);* (*psychoanalyst*) Psychoanalytiker(in) *m(f)*
ana·lyti·cal [ˌænə'lɪtɪk°l] *adj* analytisch
an·aph·ro·dis·i·ac [ˌænæfrə(ʊ)'dɪziæk, AM -froʊ'-] *adj* antiaphrodisisch
an·ar·chic(al) [æn'ɑ:kɪk(°l), AM æn'ɑ:r-] *adj* anarchisch
an·ar·chism ['ænəkɪz°m, AM -ɚ-] *n* Anarchismus *m*
an·ar·chist ['ænəkɪst, AM -ɚ-] **I.** *n* Anarchist(in) *m(f)* **II.** *adj* anarchistisch
an·ar·chis·tic [ˌænə'kɪstɪk, AM -ɚ'-] *adj* anarchistisch
an·ar·chy ['ænəki, AM -ɚ-] *n* Anarchie *f*
anath·ema [ə'næθəmə] *n* Gräuel *m*
ana·tomi·cal [ˌænə'tɒmɪk°l, AM -tɑ:-] *adj* anatomisch
anato·my [ə'nætəmi, AM -'næt̬-] *n* Anatomie *f*
an·ces·tor ['ænsestəʳ, AM -ɚ] *n* Vorfahr[e] *m,* Vorfahrin *f*
an·ces·tral [æn'sestr°l] *adj* Ahnen-; *rights* angestammt; **~ home** Stammsitz *m*
an·ces·try ['ænsestri] *n* Abstammung *f*
an·chor ['æŋkəʳ, AM -kɚ] **I.** *n* Anker *m;* **to be at ~** vor Anker liegen **II.** *vt* ① verankern ② *radio/TV programme* moderieren **III.** *vi* vor Anker gehen
an·chor·age ['æŋk°rɪdʒ] *n* Ankerplatz *m*
'an·chor·man *n* TV Moderator *m* **'an·chor·woman** *n* TV Moderatorin *f*
an·cho·vy ['æntʃəvi, AM -oʊvi] *n* An[s]chovis *f,* Sardelle *f*
an·cient ['eɪn(t)ʃ°nt] *adj* alt; (*fam: very old*) uralt; **~ Rome** das antike Rom ▶ PHRASES: **to be ~ history** ein alter Hut sein; *see also* **delicious**
an·cil·lary [æn'sɪl°ri, AM 'æntsəleri] *adj* (*additional*) zusätzlich; (*of secondary importance*) zweitrangig; **~ staff** Hilfspersonal *nt*
and [ænd, ənd] *conj* und; **four hundred ~ twelve** vierhundert[und]zwölf; **nice ~ hot** schön heiß; **more ~ more** immer mehr; **~ so on** und so weiter; **let's wait ~ see** warten wir mal ab
An·des ['ændi:z] *npl* ■**the ~** die Anden *pl*
'AND gate *n* COMPUT UND-Gatter *nt*
An·dor·ra [æn'dɔ:rə] *n* Andorra *nt*
an·drogy·nous [æn'drɒdʒɪnəs, AM -'drɑ:dʒ°n-] *adj* androgyn
an·droid ['ændrɔɪd] *n* Androide *m*
an·ec·do·tal [ænɪk'dəʊt°l, AM -'doʊt̬°l] *adj* anekdotisch
an·ec·dote ['ænɪkdəʊt, AM -doʊt] *n* Anekdote *f*
anemia *n* AM *see* **anaemia**
anemic *adj* AM *see* **anaemic**

A

anemo·ne [ə'neməni] *n* Anemone *f*
an·es·thesia *n* AM *see* **anaesthesia**
an·es·thet·ic *n* AM *see* **anaesthetic**
an·es·the·tist *n* AM *see* **anaesthetist**
an·es·the·tize *vt* AM *see* **anaesthetize**
anew [ə'nju:, AM -'nu:] *adv* aufs Neue
an·gel ['eɪndʒᵊl] *n* Engel *m*
an·gel·ic [æn'dʒelɪk] *adj* engelhaft
an·ger ['æŋgəʳ, AM -ɚ] **I.** *n no pl* Ärger *m* (**at** über +*akk*); (*fury*) Wut *f* (**at** auf +*akk*); (*wrath*) Zorn *m* **II.** *vt* ärgern; (*more violently*) wütend machen
an·gi·na, an·gi·na pec·to·ris [æn'dʒaɪnə'pektərɪs] *n* MED Angina pectoris *f*
an·gle ['æŋgl̩] *n* ① Winkel *m;* **at an ~ of 20°** in einem Winkel von 20° ② (*perspective*) Blickwinkel *m;* **from all ~s** von allen Seiten

Land und Leute

Die **Angles** (*Angeln*) waren ein germanischer Stamm, der von Dänemark aus zusammen mit den *Saxons* (*Sachsen*) im 5. und 6. Jh. im Süden Britanniens einwanderte und ihn besiedelte. Der Name England bedeutet *land of the Angles* und die Bezeichnung *Anglo-Saxons* (*Angelsachsen*) sollte die *Saxons of England* von den *Saxons of Germany* unterscheiden.

an·gler ['æŋgləʳ, AM -glɚ] *n* Angler(in) *m(f)*
An·gli·can ['æŋglɪkən] **I.** *adj* anglikanisch **II.** *n* Anglikaner(in) *m(f)*
an·gli·cize ['æŋglɪsaɪz] *vt* anglisieren
an·gling ['æŋglɪŋ] *n* Angeln *nt*
An·glo ['æŋgləʊ, AM -gloʊ] *adj* englisch, Anglo-
Anglo-A'merican **I.** *n* Angloamerikaner(in) *m(f)* **II.** *adj* angloamerikanisch
an·glo·phile ['æŋglə(ʊ)faɪl, AM -glə-] **I.** *n* Englandliebhaber(in) *m(f)* **II.** *adj* anglophil
an·glo·phobe ['æŋglə(ʊ)fəʊb, AM -gləfoʊb] **I.** *n* Englandhasser(in) *m(f)* **II.** *adj* anglophob
Anglo-'Saxon **I.** *n* ① (*person*) Angelsachse *m,* Angelsächsin *f* ② (*language*) Angelsächsisch *nt* **II.** *adj* angelsächsisch
an·go·ra [æŋ'gɔ:rə] *n* Angorawolle *f*
an·gry ['æŋgri] *adj* ① (*annoyed*) verärgert; (*stronger*) zornig; (*enraged*) wütend; **to make sb ~** jdn verärgern; (*stronger*) jdn wütend machen ② (*fig*) *sky* bedrohlich; *wound* böse
angst [æŋ(k)st] *n* [neurotische] Angst
an·guish ['æŋgwɪʃ] *n no pl* Qual *f*
an·gu·lar ['æŋgjʊləʳ, AM -lɚ] *adj* kantig; (*bony*) knochig
ani·mal ['ænɪmᵊl] *n* Tier *nt;* **~ fat** tierisches Fett
ani·mal 'hus·band·ry *n* Viehzucht *f* **ani·mal 'king·dom** *n* Tierreich *nt* **ani·mal 'rights** *npl das Recht der Tiere auf Leben und artgerechte Haltung;* **~ activist** Tierschützer(in) *m(f)* **ani·mal 'train·er** *n* Dompteur *m,* Dompteuse *f* **ani·mal 'wel·fare** *n* ≈ Tierschutz *m*
ani·mate **I.** *adj* ['ænɪmət] belebt **II.** *vt* ['ænɪmeɪt] beleben
ani·mat·ed ['ænɪmeɪtɪd, AM -t̬ɪd] *adj* ① *discussion* lebhaft ② **~ cartoon** [Zeichen]trickfilm *m*
ani·ma·tion [ænɪ'meɪʃᵊn] *n* ① (*energy*) Lebhaftigkeit *f* ② FILM Animation *f*
ani·ma·tor ['ænɪmeɪtəʳ, AM -t̬ɚ] *n* Trickfilmzeichner(in) *m(f)*
ani·mos·ity [ˌænɪ'mɒsəti, AM -mɑ:sət̬i] *n* Feindseligkeit *f* (**towards** gegenüber +*dat*)
an·ise ['ænɪs, AM æn'i:s] *n* Anis *m*
ani·seed [ænɪsi:d] *n* Anis[samen] *m*
an·kle ['æŋkl̩] *n* [Fuß]knöchel *m*
'an·kle bone *n* Sprungbein *nt* **'an·kle-deep** *adj* knöcheltief **'an·kle sock** *n* BRIT Söckchen *nt*
an·klet ['æŋklət] *n* ① (*chain*) Fußkettchen *nt* ② AM (*sock*) Söckchen *nt*
an·nals ['ænᵊlz] *npl* Annalen *pl*
an·nex ['æneks] **I.** *vt* annektieren **II.** *n* <*pl* -es> AM *see* **annexe**
an·nexa·tion [ˌænek'seɪʃᵊn] *n* Annektierung *f*
an·nexe, AM **an·nex** ['æneks] *n* Anbau *m*
an·ni·hi·late [ə'naɪɪleɪt, AM -əleɪt] *vt* vernichten
an·ni·hi·la·tion [əˌnaɪɪ'leɪʃᵊn, AM -ə'-] *n* Vernichtung *f*
an·ni·ver·sa·ry [ænɪ'vɜ:sᵊri, AM -'vɜ:r-] *n* Jahrestag *m;* **~ party** Jubiläumsparty *f*
an·no·tate ['ænə(ʊ)teɪt, AM -əteɪt] *vt* kommentieren
an·no·ta·tion [ˌænə(ʊ)'teɪʃᵊn, AM -nə'-] *n* ① *no pl* (*act*) Kommentierung *f* ② (*note*) Kommentar *m*
an·no·ta·tor ['ænə(ʊ)teɪtəʳ, AM -əteɪt̬ɚ] *n* Kommentator(in) *m(f)*
an·nounce [ə'naʊn(t)s] *vt* bekannt geben; *result* verkünden
an·nounce·ment [ə'naʊn(t)smənt] *n* Bekanntmachung *f;* (*on train, at airport*) Durchsage *f;* (*on radio*) Ansage *f;* (*in newspaper*) Anzeige *f*
an·nounc·er [ə'naʊn(t)səʳ, AM -sɚ] *n* [Radio-/Fernseh]sprecher(in) *m(f)*
an·noy [ə'nɔɪ] *vt* ärgern
an·noy·ance [ə'nɔɪən(t)s] *n* ① (*anger*) Ärger *m;* (*weaker*) Verärgerung *f* ② (*pest*) Är-

A

gernis *nt*

an·noy·ing [əˈnɔɪɪŋ] *adj* ärgerlich; *habit* lästig

an·nual [ˈænjuəl] **I.** *adj* jährlich; *event* alljährlich; ~ **income** Jahreseinkommen *nt* **II.** *n* ❶ (*publication*) Jahrbuch *nt* ❷ (*plant*) einjährige Pflanze

an·nual ge·ne·ral ˈmeet·ing *n* BRIT, AUS Jahreshauptversammlung *f*

an·nu·al·ly [ˈænjuəli] *adv* [all]jährlich

an·nu·ity [əˈnju:əti, AM -nu:ət̬i] *n* Jahresrente *f*

an·nul <-ll-> [əˈnʌl] *vt* annullieren; *contract* auflösen

an·nul·ment [əˈnʌlmənt] *n* Annullierung *f*; *of a contract* Auflösung *f*

An·nun·cia·tion [əˌnʌn(t)siˈeɪʃᵊn] *n* REL ■**the** ~ (*event*) die Verkündigung

an·ode [ˈænəʊd, AM -oʊd] *n* Anode *f*

ano·dyne [ˈænə(ʊ)daɪn, AM -oʊd-] *adj* einlullend; *music* unauffällig; *approach* neutral

anoint [əˈnɔɪnt] *vt* (*with oil*) einölen

aˈnoint·ing [əˈnɔɪntɪŋ, AM t̬] *n* Salbung *f*

anoma·lous [əˈnɒmələs, AM -ˈnɑ:-] *adj* anomal

anoma·ly [əˈnɒməli, AM -ˈnɑ:-] *n* ❶ (*irregularity*) Anomalie *f* ❷ (*state*) Absonderlichkeit *f*

ano·nym·ity [ˌænəˈnɪməti, AM -ət̬i] *n* Anonymität *f*

anony·mous [əˈnɒnɪməs, AM -ˈnɑ:nə-] *adj* anonym

ano·rak [ˈænəræk] *n* (*jacket*) Anorak *m*

ano·rexia, ano·rexia ner·vo·sa [ˌænəˈreksiənɜ:ˈvəʊzə, AM -nɜ:rˈvoʊ-] *n no pl* Magersucht *f*

ano·rex·ic [ˌænəˈreksɪk] **I.** *adj* magersüchtig **II.** *n* Magersüchtige(r) *f(m)*

an·other [əˈnʌðəʳ, AM -ðɚ] **I.** *adj* ❶ (*one more*) noch eine(r, s); ~ **piece of cake** noch ein Stück Kuchen ❷ (*similar to*) ein zweiter/zweites/eine zweite; **the Gulf War could have been ~ Vietnam** der Golfkrieg hätte ein zweites Vietnam sein können ❸ (*not the same*) ein anderer/anderes/eine andere; **that's ~ story** das ist eine andere Geschichte **II.** *pron no pl* ❶ (*different one*) ein anderer/eine andere/ein anderes; **one way or ~** irgendwie ❷ (*additional one*) noch eine(r, s); **yet ~** noch eine(r, s) ❸ (*each other*) **one ~** einander

an·swer [ˈɑ:n(t)səʳ, AM ˈæn(t)sɚ] **I.** *n* ❶ (*reply*) Antwort *f* (**to** auf +*akk*); (*reaction a.*) Reaktion *f* ❷ MATH Ergebnis *nt*; ~ **to a problem** Lösung *f* eines Problems **II.** *vt* beantworten, antworten auf +*akk*; *door* öffnen; **to ~ the telephone** ans Telefon gehen; ■**to ~ sb** jdm antworten **III.** *vi* antworten; **nobody ~ed** (*telephone*) es ist keiner rangegangen; (*doorbell*) es hat keiner aufgemacht

Aussprache

Das **w** in **answer** wird nicht gesprochen: [ˈɑ:n(t)səʳ]

◆**answer back** *vi* widersprechen; **don't ~ back!** keine Widerrede! ◆**answer for** *vi* Verantwortung tragen für +*akk* ◆**answer to** *vi* ❶ (*take orders*) ■**to ~ to sb** jdm Rede und Antwort stehen ❷ *description* entsprechen +*dat* ❸ **to ~ to the name of ...** auf den Namen ... hören

an·swer·able [ˈɑ:n(t)sᵊrəbl̩, AM ˈæn(t)-] *adj* ❶ (*responsible*) verantwortlich ❷ (*accountable*) **be ~ to sb** jdm gegenüber haftbar sein

ˈan·swer·ing ma·chine *n* Anrufbeantworter *m* **ˈan·swer·ing ser·vice** *n* Fernsprechauftragsdienst *m*

an·swer·phone [ˈɑ:n(t)səfəʊn] *n* BRIT Anrufbeantworter *m*

ant [ænt] *n* Ameise *f*

an·tago·nism [ænˈtægᵊnɪzmᵊ] *n* Feindseligkeit *f* (**towards** gegenüber +*dat*)

an·tago·nis·tic [ænˌtægəˈnɪstɪk] *adj* ■**to be ~ toward[s] sb** jdm gegenüber feindselig eingestellt sein

an·tago·nize [ænˈtægənaɪz] *vt* sich *dat* zum Feind machen

Ant·arc·tic [ænˈtɑ:ktɪk, AM -ˈtɑ:rk-] **I.** *n* ■**the ~** die Antarktis **II.** *adj* antarktisch; *expedition, explorer* Antarktis-; ~ **Circle** südlicher Polarkreis

Ant·arc·ti·ca [ænˈtɑ:ktɪkə, AM -ˈtɑ:rkt̬ɪ-] *n* die Antarktis

ante [ˈænti, AM -t̬i] *n* **to up the ~** den Einsatz erhöhen

ant·eater [ˈæntˌi:təʳ, AM -t̬ɚ] *n* Ameisenbär *m*

ante·ced·ent [ˌæntɪˈsi:dᵊnt] *n* (*forerunner*) Vorläufer(in) *m(f)*

ante·cham·ber [ˈæntɪˌtʃeɪmbəʳ, AM -t̬ɪˌtʃeɪmbɚ] *n* Vorzimmer *nt*

ante·di·lu·vian [ˌæntɪdɪˈlu:viən, AM -t̬ɪdəˈ-] *adj* vorsintflutlich

ante·lope <*pl* -s *or* -> [ˈæntɪləʊp, AM -t̬ᵊloʊp] *n* Antilope *f*

ante·na·tal [ˌæntɪˈneɪtᵊl, AM -t̬ɪˈneɪt̬ᵊl] *adj* pränatal; ~ **clinic** Klinik *f* für Schwangere

an·ten·na [ænˈtenə] *n* ❶ <*pl* antennae> *of an insect* Fühler *m* ❷ <*pl* -s> (*aerial*) Antenne *f*

ante·ri·or [ænˈtɪəriəʳ, AM -ˈtɪrɪɚ] *adj* vordere(r, s)

ante·room ['æntɪruːm, AM -t̬ɪruːm] *n* Vorzimmer *nt*

an·them ['æn(t)θəm] *n* Hymne *f*

ant·hill ['ænthɪl] *n* Ameisenhaufen *m*

an·thol·ogy [æn'θɒlədʒi, AM -θɑːlə-] *n* Anthologie *f*

an·thra·cite ['æn(t)θrəsaɪt] *n* Anthrazit *m*

an·thrax ['æn(t)θræks] *n no pl* MED Milzbrand *m*, Anthrax *m fachspr*

'an·thrax at·tack *n* Milzbrandattentat *nt*

an·thro·poid ['æn(t)θrə(ʊ)pɔɪd, AM -θrə-] *n* Anthropoid[e] *m;* ~ **ape** Menschenaffe *m*

an·thro·po·logi·cal [ˌæn(t)θrəpə'lɒdʒɪkəl, AM -'lɑː-] *adj* anthropologisch

an·thro·polo·gist [ˌæn(t)θrə'pɒlədʒɪst, AM -'pɑːlə-] *n* Anthropologe, Anthropologin *m, f*

an·thro·pology [ˌæn(t)θrə'pɒlədʒi, AM -'pɑːlə-] *n* Anthropologie *f*

anti ['ænti, AM -t̬i, -taɪ] **I.** *n* Gegner(in) *m(f)* **II.** *adj* ■**to be ~** dagegen sein **III.** *prep* gegen +*akk*

anti-a'bor·tion·ist *n* Abtreibungsgegner(in) *m(f)*

anti-'air·craft *adj* Flugabwehr- *f*

anti·bi·ot·ic [-baɪ'ɔtɪk, AM -'ɑːt̬ɪk] **I.** *n* Antibiotikum *nt* **II.** *adj* antibiotisch

'anti·body *n* Antikörper *m*

anti-'cak·ing agent *n* Antiklumpmittel *nt*

an·tici·pate [æn'tɪsɪpeɪt, AM -'tɪsə-] *vt* ❶ (*expect*) erwarten; (*foresee*) vorhersehen ❷ (*act in advance*) vorgreifen

an·tici·pa·tion [ænˌtɪsɪ'peɪʃən, AM -sə'-] *n no pl* (*expecting*) Erwartung *f;* (*pleasure in advance*) Vorfreude *f;* **thank you in ~** vielen Dank im Voraus

an·tici·pa·tory [ænˌtɪsɪ'peɪtəri, AM æn'tɪsəpətɔːri] *adj* vorwegnehmend

anti·'cleri·cal *adj* kirchenfeindlich

anti·cli·'mac·tic *adj* enttäuschend

anti·'cli·max *n* Enttäuschung *f;* LIT Antiklimax *m*

anti·'clock·wise *adv* BRIT, AUS gegen den Uhrzeigersinn

anti·co·agu·lant [-kəʊ'ægjʊlənt, AM -koʊ'ægjə-] **I.** *n* Antikoagulans *nt* **II.** *adj* [blut]gerinnungshemmend

anti-cor·'ro·sive *adj* Korrosionsschutz-

an·tics ['æntɪks] *npl* Kapriolen *pl*

anti·'cy·clone *n* Hochdruckgebiet *nt*

anti·'dazzle *adj* blendfrei

anti·de·'pres·sant *n* Antidepressivum *nt*

anti·dote ['æntɪdəʊt, AM -t̬ɪdoʊt] *n* Gegenmittel *nt*

'anti·freeze *n* Frostschutzmittel *nt*

anti·gen ['æntɪdʒən, AM -t̬ɪ-] *n* Antigen *nt*

'anti-hero *n* Antiheld *m*

anti'his·ta·mine *n* Antihistamin *nt*

'anti-knock *n* Antiklopfmittel *nt*

anti-lock 'brak·ing sys·tem *n* Antiblockiersystem *nt*

'anti·mat·ter *n* Antimaterie *f*

anti-'mis·sile *adj* Antiraketen-

anti·'oxi·dant *n* Antioxidationsmittel *nt*

an·tipa·thy [ˌæn'tɪpəθi] *n* Antipathie *f*

anti·per·spi·rant [ˌæntɪ'pɜːspərənt, AM -t̬ɪ'pɜːrspɚ-] *n* Antitranspirant *nt*

An·tipo·des [æn'tɪpədiːz] *npl* BRIT ■**the ~** Australien *nt* und Neuseeland *nt*

anti·quar·ian [ˌæntɪ'kweəriən, AM -t̬ə'kweri-] **I.** *n* Antiquitätensammler(in) *m(f)* **II.** *adj* antiquarisch

anti·quar·ian 'bookshop *n* Antiquariat *nt*

anti·quat·ed ['æntɪkweɪtɪd, AM -t̬ə-] *adj* antiquiert

an·tique [æn'tiːk] **I.** *n* (*iron a.*) Antiquität *f;* ~ **dealer** Antiquitätenhändler(in) *m(f)* **II.** *adj* antik

an·tiq·uity [æn'tɪkwəti, AM -t̬i] *n* ❶ *no pl* (*ancient times*) Altertum *nt* ❷ (*relics*) ■**antiquities** *pl* Altertümer

anti-'rac·ist **I.** *adj* antirassistisch **II.** *n* Antirassist(in) *m(f)* **anti-'rust** *adj* Rostschutz- **anti-'Se·mite** *n* Antisemit(in) *m(f)* **anti-'Se·mit·ic** *adj* antisemitisch **anti-'Se·mi·tism** *n* Antisemitismus *m*

anti·'sep·tic **I.** *n* Antiseptikum *nt* **II.** *adj* antiseptisch; (*fig*) steril

anti·'so·cial *adj* ❶ (*harmful*) unsozial; (*alienated*) asozial ❷ (*not sociable*) ungesellig **an·ti-'spam** *adj attr* COMPUT, INET anti-Spam- **anti-'stat·ic** *adj* antistatisch **anti-'tank** *adj* Panzerabwehr-

an·tith·esis <*pl* -ses> [æn'tɪθəsɪs, *pl* -siːz] *n* Gegenteil *nt*

anti·thet·ic(al) [ˌæntɪ'θetɪk(əl), AM -t̬ɪθet̬-] *adj* gegensätzlich

anti·'tox·in *n* Gegengift *nt* **anti-'vi·rus** *adj* COMPUT ~ **programme** Virenschutzprogramm *nt* **anti-'war** *adj march, speech* Antikriegs- **anti-'wrin·kle** *adj* Antifalten-; ~ **cream** Faltencreme *f*

ant·ler ['æntləʳ, AM -ɚ] *n* Geweihstange *f;* **pair of ~s** Geweih *nt*

an·to·nym ['æntənɪm, AM -tən-] *n* Antonym *nt*

anus ['eɪnəs] *n* Anus *m*

an·vil ['ænvɪl, AM -vəl] *n* Amboss *m*

anxi·ety [æŋ'zaɪəti, AM -ət̬i] *n* ❶ *no pl* (*feeling of concern*) Sorge *f* ❷ (*concern*) Angst *f* ❸ *no pl* (*desire*) Verlangen *nt*

anx·ious ['æŋ(k)ʃəs] *adj* ❶ (*concerned*) besorgt ❷ (*eager*) bestrebt; ■**to be ~ for sth** ungeduldig auf etw *akk* warten

any [eni, əni] **I.** *adj* ❶ (*in questions, condi-*

A

tional) [irgend]ein(e); *(with uncountables)* etwas; **do you have ~ brothers and sisters?** haben Sie Geschwister?; **if I had ~ money ...** wenn ich [etwas] Geld hätte, ... ❷ *(with negative)* **I haven't [got] ~ money** ich habe kein Geld ❸ *(every)* jede(r, s); **~ time** jederzeit; **in ~ case** *(whatever happens)* auf jeden Fall; *(anyway)* außerdem ❹ *(whichever you like)* jede(r, s) [beliebige]; *(with uncountables, pl n)* alle; *(not important which)* irgendein(e); *(with pl n)* irgendwelche; **~ number** beliebig viele **II.** *pron* ❶ *(some of many)* welche; *(one of many)* eine(r, s); **do you have ~ [at all]?** haben Sie [überhaupt] welche?; **did ~ of you hear anything?** hat jemand von euch etwas gehört? ❷ *(some of a quantity)* welche(r, s); **~ at all** überhaupt welche(r, s); **hardly ~** kaum etwas ❸ *(with negative)* **don't you have ~ at all?** haben Sie denn überhaupt keine? ❹ *(not important which)* irgendeine(r, s); *(replacing pl n)* irgendwelche; **~ will do** egal welche **III.** *adv* ❶ *(emphasizing)* noch; *(a little)* etwas; *(at all)* überhaupt; **if I have to stay here ~ longer, ...** wenn ich noch länger hierbleiben muss, ...; **are you feeling ~ better?** fühlst du dich [denn] etwas besser?; **~ more** noch mehr ❷ *(expressing termination)* **not ~ longer/more** nicht mehr

any·body ['eni,bɒdi, AM -,bɑːdi] *pron* ❶ *(each person)* jede(r, s) ❷ *(someone)* jemand; **~ else for coffee?** möchte noch jemand Kaffee?

any·how ['enihaʊ] *adv* ❶ *(in any case)* sowieso ❷ *(in a disorderly way)* irgendwie

any·one ['eniwʌn] *pron* ❶ *(each person)* jede(r, s) ❷ *(someone)* jemand; **~ else for coffee?** möchte noch jemand Kaffee?

any·place ['enipleɪs] *adv* AM irgendwo

any·thing ['eniθɪŋ] *pron* ❶ *(each thing)* alles ❷ *(something)* **is there ~ I can do to help?** kann ich irgendwie helfen?; **hardly ~** kaum etwas ❸ *(nothing)* **not ~** nichts; **not ~ like ...** nicht annähernd ...; **you don't have to sing or ~** du musst weder singen noch sonst was ▶ PHRASES: **[as] ... <u>as</u> ~** ausgesprochen ...; **not <u>for</u> ~ [in the world]** um nichts in der Welt

any·time ['enitaɪm] *adv* jederzeit

any·way ['eniweɪ], AM *a.* **any·ways** ['eniweɪz] *adv (fam)* ❶ *(in any case)* sowieso; **what's he doing there ~?** was macht er dort überhaupt? ❷ *(well)* jedenfalls; **~!** na ja!

any·where ['eni(h)weəʳ, AM -(h)wer] *adv* ❶ *(in any place)* überall; **~ else** irgendwo anders ❷ *(some place)* irgendwo; **I'm not getting ~** ich komme einfach nicht weiter; **to go ~** irgendwohin gehen; **miles from ~** am Ende der Welt

AOB [,eɪəʊ'biː] *n no pl* BRIT *abbrev of* **any other business** Diverses

aor·ta [eɪ'ɔːtə, AM -'ɔːrt̬ə] *n* Aorta *f*

apart [ə'pɑːt, AM -'pɑːrt] *adv* ❶ *(not together)* auseinander; **to live ~** getrennt leben ❷ ■ **~ from** abgesehen von +*dat*

apart·heid [ə'pɑːteɪt, AM ə'pɑːrthaɪt, -heɪt] *n no pl* Apartheid *f*

apart·ment [ə'pɑːtmənt, AM ə'pɑːr-] *n* Wohnung *f; (smaller)* Ap[p]art[e]ment *nt*

a'part·ment build·ing, AM **a'part·ment house** *n* Wohnhaus *nt; (with smaller flats)* Ap[p]art[e]menthaus *nt*

apa·thet·ic [,æpə'θetɪk, AM -'θet̬-] *adj* apathisch

apa·thy ['æpəθi] *n no pl* Apathie *f*

ape [eɪp] **I.** *n* [Menschen]affe *m* **II.** *vt* nachahmen

ape·ri·tif [ə,perə'tiːf, AM ɑː,perɪ'-] *n* Aperitif *m*

ap·er·ture ['æpətʃəʳ, AM -ɚtʃʊr] *n* [kleine] Öffnung; PHOT Blende *f*

apex <*pl* -es *or* apices> ['eɪpeks, *pl* 'eɪpɪsiːz] *n* Spitze *f*

aphid ['eɪfɪd, AM *also* 'æf-] *n* Blattlaus *f*

apho·rism ['æfᵊrɪzᵊm, AM -ɚɪzᵊm] *n* Aphorismus *m*

aph·ro·disi·ac [,æfrə(ʊ)'dɪziæk, AM -rə'-] *n* Aphrodisiakum *nt*

apia·rist ['eɪpiərɪst] *n* Imker(in) *m(f)*

api·ary ['eɪpiəri, AM -eri] *n* Bienenhaus *nt*

api·cul·ture ['eɪpɪkʌltʃəʳ, AM -ɚ] *n* Bienenzucht *f*

apiece [ə'piːs] *adv* das Stück; *(per person)* jeder

aplenty [ə'plenti, AM -t̬i] *adj* in [Hülle und] Fülle

aplomb [ə'plɒm, AM -ɑːm] *n* Aplomb *m*

apoca·lypse [ə'pɒkəlɪps, AM -'pɑːk-] *n* Apokalypse *f*

apoca·lyp·tic [ə,pɒkə'lɪptɪk, AM -,pɑːk-] *adj* apokalyptisch

apo·gee ['æpə(ʊ)dʒiː, AM -ədʒi] *n no pl* Apogäum *nt*

apolo·get·ic [ə,pɒlə'dʒetɪk, AM ə,pɑːlə'dʒet̬ɪk] *adj* ❶ *(showing regret)* entschuldigend; ■ **to be ~ about** sich entschuldigen für +*akk* ❷ *(diffident)* bescheiden

apolo·geti·cal·ly [ə,pɒlə'dʒetɪkli, AM ə,pɑːlə'dʒet̬ɪk-] *adv* entschuldigend; **to smile ~** zaghaft lächeln

apolo·gize [ə'pɒlədʒaɪz, AM -'pɑːl-] *vi* sich entschuldigen (**to** bei +*dat*)

A

apo·logy [əˈpɒlədʒi, AM -ˈpɑːl-] *n* Entschuldigung *f;* **to make an ~** um Entschuldigung bitten; **to send one's apologies** sich entschuldigen lassen

apo·plec·tic [ˌæpəˈplektɪk] *adj* ① MED apoplektisch ② (*fig*) **to be ~ with rage** vor Wut schäumen

apos·tle [əˈpɒsl̩, AM əˈpɑːsl̩] *n* Apostel *m*

ap·os·tol·ic [ˌæpəˈstɒlɪk, AM -ˈstɑːl-] *adj* apostolisch

apos·tro·phe [əˈpɒstrəfi, AM -ˈpɑːs-] *n* Apostroph *m*

ap·pal <-ll->, AM *usu* **ap·pall** [əˈpɔːl] *vt* entsetzen; ■**to be ~led at** [*or* **by**] **sth** über etw *akk* entsetzt sein

ap·pal·ling [əˈpɔːlɪŋ] *adj* entsetzlich

ap·pal·ling·ly [əˈpɔːlɪŋli] *adv* schockierend

ap·pa·ra·tus [ˌæpᵊrˈeɪtəs, AM -əˈræţəs] *n* ① *no pl* (*equipment*) [**piece of**] ~ Gerät *nt* ② (*system*) Apparat *m*

ap·par·el [əˈpærᵊl, AM *esp* -ˈper-] *n no pl* Kleidung *f*

ap·par·ent [əˈpærᵊnt, AM *esp* -ˈper-] *adj* ① (*obvious*) offensichtlich; **for no ~ reason** aus keinem ersichtlichen Grund ② (*seeming*) scheinbar

ap·par·ent·ly [əˈpærᵊntli, AM *esp* -ˈper-] *adv* (*evidently*) offensichtlich; (*it seems*) anscheinend

ap·pa·ri·tion [ˌæpᵊrˈɪʃᵊn, AM -pəˈr-] *n* (*ghost*) Erscheinung *f*

ap·peal [əˈpiːl] **I.** *vi* ① (*attract*) ■**to ~ to sb/sth** jdn/etw reizen; (*aim to please*) jdn/etw ansprechen ② (*protest formally*) Einspruch einlegen (**against** gegen +*akk*) ③ (*plead*) bitten; **to ~ to sb's conscience** an jds Gewissen *nt* appellieren **II.** *n* ① (*attraction*) Reiz *m* ② (*formal protest*) Einspruch *m* (**against** gegen +*akk*); **court of ~** Berufungsgericht *nt* ③ (*request*) Appell *m;* **to make an ~** appellieren (**to** an +*akk*)

ap·peal·ing [əˈpiːlɪŋ] *adj* ① (*attractive*) attraktiv; *idea* verlockend; ■**to be ~** [**to sb**] [für jdn] verlockend sein ② (*beseeching*) flehend

ap·peal·ing·ly [əˈpiːlɪŋli] *adv* ① (*attractively*) reizvoll ② (*beseechingly*) flehend

ap·pear [əˈpɪəʳ, AM əˈpɪr] *vi* ① (*become visible*) erscheinen; (*be seen a.*) sich *dat* zeigen; (*arrive a.*) auftauchen; (*come out a.*) herauskommen ② (*come out*) *film* anlaufen; *newspaper* erscheinen; (*perform*) auftreten ③ (*seem*) scheinen; **to ~** [**to be**] **calm** ruhig erscheinen

ap·pear·ance [əˈpɪərᵊn(t)s, AM -ˈpɪr-] *n* ① (*instance of appearing*) Erscheinen *nt;* (*on TV, theatre*) Auftritt *m;* **to make an ~** auftreten ② *no pl* (*looks*) Aussehen *nt;* **neat ~** gepflegtes Äußeres ▸ PHRASES: **to** [*or* AM **from**] **all ~s** allem Anschein nach; **to keep up ~s** den Schein wahren

ap·pease [əˈpiːz] *vt* besänftigen

ap·pease·ment [əˈpiːzmənt] *n* Besänftigung *f*

ap·pel·la·tion [ˌæpəˈleɪʃᵊn] *n* Bezeichnung *f*

ap·pend [əˈpend] *vt* hinzufügen

ap·pend·age [əˈpendɪdʒ] *n* Anhang *m*

ap·pen·di·ces [əˈpendɪsiːz] *n pl of* **appendix**

ap·pen·di·ci·tis [əˌpendɪˈsaɪtɪs, AM -ţ-] *n* Blinddarmentzündung *f*

ap·pen·dix [əˈpendɪks, *pl* -dɪsiːz] *n* ① <*pl* -es> (*body part*) Blinddarm *m* ② <*pl* -dices *or* -es> (*in book*) Anhang *m*

ap·per·tain [ˌæpəˈteɪn, AM -ɚ-] *vi no passive* ■**to ~ to sth** (*form*) zu etw *dat* gehören

ap·pe·tite [ˈæpɪtaɪt, AM -pə-] *n* Appetit *m;* **to give sb an ~** jdn hungrig machen

ap·pe·tiz·er [ˈæpɪtaɪzəʳ, AM -pətaɪzɚ] *n* (*before meal*) Appetithappen *m*

ap·pe·tiz·ing [ˈæpɪtaɪzɪŋ, AM -pə-] *adj* (*enticing*) appetitlich; (*fig: attractive*) reizvoll

ap·plaud [əˈplɔːd, AM *esp* -ˈplɑːd] **I.** *vi* applaudieren, Beifall klatschen **II.** *vt* ① (*clap*) ■**to ~ sb** jdm applaudieren ② (*praise*) loben; *decision* begrüßen

ap·plause [əˈplɔːz, AM *esp* -ˈplɑːz] *n no pl* [**a round of**] ~ Applaus *m*

ap·ple [ˈæpl̩] *n* Apfel *m*

ˈap·ple juice *n* Apfelsaft *m* **ˈap·ple or·chard** *n* [Obst]garten *m* mit Apfelbäumen **ap·ple ˈpie** *n* FOOD gedeckter Apfelkuchen **ap·ple ˈsauce** *n* Apfelmus *nt* **ap·ple ˈtart** *n* [ungedeckter] Apfelkuchen **ˈap·ple tree** *n* Apfelbaum *m*

ap·pli·ance [əˈplaɪən(t)s] *n* ① Gerät *nt* ② (*fire engine*) [Feuer]löschfahrzeug *nt*

ap·pli·cable [əˈplɪkəbl̩] *adj* anwendbar (**to** auf +*akk*); (*on application form*) **not ~** nicht zutreffend

ap·pli·cant [ˈæplɪkənt] *n* Bewerber(in) *m(f)* (**for** für +*akk*)

ap·pli·ca·tion [ˌæplɪˈkeɪʃᵊn] *n* ① *for a job* Bewerbung *f* (**for** um +*akk*); *for a permit* Antrag *m* (**for** auf +*akk*) ② (*implementation*) Anwendung *f* ③ (*coating*) Anstrich *m; of ointment* Auftragen *nt* ④ COMPUT Anwendung *f*

ap·pli·ˈca·tion form *n* (*for job*) Bewerbungsformular *nt;* (*for permit*) Antragsformular *nt*

ap·plied [əˈplaɪd] *adj* angewandt

ap·pli·qué [æpˈliːkeɪ, AM ˈæplə-] *n no pl* FASHION Applikation *f*

ap·ply <-ie-> [əˈplaɪ] **I.** *vi* ① (*formally request*) ■**to ~ [to sb] [for sth]** (*for a job*) sich [bei jdm] [um etw *akk*] bewerben; (*for permission, passport*) etw [bei jdm] beantragen ② (*pertain*) gelten; ■**to ~ to** betreffen **II.** *vt* ① (*put on*) anwenden (**to** auf +*akk*); *cream, make-up* auftragen ② (*use*) gebrauchen; *force* anwenden; *sanctions* verhängen; **to ~ the brakes** bremsen; **to ~ pressure to sth** auf etw *akk* drücken

ap·point [əˈpɔɪnt] *vt* ■**to ~ sb [to do sth]** jdn [dazu] berufen[, etw zu tun]; ■**to ~ sb [as] sth** jdn zu etw *dat* ernennen

ap·point·ed [əˈpɔɪntɪd, AM -t̬-] *adj* ① (*selected*) ernannt ② (*designated*) vereinbart

ap·poin·tee [əˌpɔɪnˈtiː] *n* Ernannte(r) *f(m)*

ap·point·ment [əˈpɔɪntmənt] *n* ① *no pl* (*being selected*) Ernennung *f* (**as** zu +*dat*) ② (*selection*) Einstellung *f* ③ (*official meeting*) Verabredung *f;* **dental ~** Zahnarzttermin *m;* **by ~ only** nur nach Absprache

apˈpoint·ment book *n* Terminbuch *nt*

ap·por·tion [əˈpɔːʃən, AM əˈpɔːr-] *vt* aufteilen; *blame* zuweisen

ap·po·site [ˈæpəzɪt] *adj* passend; *remark* treffend

ap·po·si·tion [ˌæpəˈzɪʃən] *n* Apposition *f*

ap·prai·sal [əˈpreɪzəl] *n* ① (*evaluation*) Bewertung *f,* Beurteilung *f* ② (*estimation*) [Ab]schätzung *f*

ap·praise [əˈpreɪz] *vt* ① (*evaluate*) bewerten; *situation* einschätzen ② (*estimate*) schätzen

ap·pre·ci·able [əˈpriːʃəbl̩] *adj* beträchtlich; *difference* nennenswert

ap·pre·ci·ate [əˈpriːʃieɪt] **I.** *vt* ① (*value*) schätzen; (*be grateful for*) zu schätzen wissen ② (*understand*) Verständnis haben für +*akk;* ■**to ~ that ...** verstehen, dass ... **II.** *vi* **to ~ in value** im Wert steigen

ap·pre·cia·tion [əˌpriːʃiˈeɪʃən] *n no pl* ① (*gratitude*) Anerkennung *f* ② (*understanding*) Verständnis *nt* (**of** für +*akk*) ③ (*increase in value*) [Wert]steigerung *f*

ap·pre·cia·tive [əˈpriːʃiətɪv, AM -ət̬ɪv] *adj* ① (*grateful*) dankbar (**of** für +*akk*) ② (*showing appreciation*) anerkennend; *audience* dankbar

ap·pre·hend [ˌæprɪˈhend] *vt* festnehmen

ap·pre·hen·sion [ˌæprɪˈhen(t)ʃən] *n no pl* ① (*arrest*) Festnahme *f* ② (*anxiety*) Besorgnis *f*

ap·pre·hen·sive [ˌæprɪˈhen(t)sɪv] *adj* besorgt; (*scared*) ängstlich; ■**to be ~ about sth** vor etw *dat* Angst haben

ap·pren·tice [əˈprentɪs, AM -t̬ɪs] **I.** *n* Auszubildende(r) *f(m);* **~ carpenter** Tischlerlehrling *m* **II.** *vt* ■**to be ~d to sb** bei jdm in die Lehre gehen

ap·pren·tice·ship [əˈprentɪsʃɪp, AM -t̬ɪs-] *n* ① (*training*) Ausbildung *f;* **to do an ~** eine Lehre machen ② (*period of training*) Lehrzeit *f*

ap·proach [əˈprəʊtʃ, AM -ˈproʊ-] **I.** *vt* ① (*come closer*) ■**to ~ sb/sth** sich jdm/etw nähern; (*come towards*) auf jdn/etw zukommen; **it's ~ing lunchtime** es geht auf Mittag zu ② (*ask*) ■**to ~ sb** jdn ansprechen (**about** wegen +*gen*); ■**to ~ sb for sth** jdn um etw *akk* bitten ③ (*handle*) *problem, issue* angehen **II.** *vi* sich nähern **III.** *n* ① (*coming*) Nähern *nt;* **at the ~ of winter ...** wenn der Winter naht, ... ② (*preparation to land*) [Lande]anflug *m* ③ (*proposal*) Vorstoß *m;* **to make an ~ to sb** sich an jdn wenden ④ (*methodology*) Ansatz *m*

ap·proach·able [əˈprəʊtʃəbl̩, AM -ˈproʊ-] *adj* *person* umgänglich; *place* zugänglich

ap·pro·ba·tion [ˌæprə(ʊ)ˈbeɪʃən, AM -prəˈ-] *n* Zustimmung *f*

ap·pro·pri·ate **I.** *adj* [əˈprəʊpriət, AM -proʊ-] ① (*suitable*) angemessen, angebracht; *words* richtig ② (*relevant*) entsprechend **II.** *vt* [əˈprəʊprieɪt, AM -ˈproʊ-] sich *dat* aneignen

ap·pro·pria·tion [əˌprəʊpriˈeɪʃən, AM -ˌproʊ-] *n* Aneignung *f*

ap·prov·al [əˈpruːvəl] *n* ① (*praise*) Anerkennung *f* ② (*consent*) Zustimmung *f* ▶PHRASES: **on ~** ECON zur Ansicht; (*to try*) zur Probe

ap·prove [əˈpruːv] **I.** *vi* ① (*agree with*) ■**to ~ of sth** etw *dat* zustimmen ② (*like*) ■**to ~/not ~ of sb** etwas/nichts von jdm halten; ■**to ~ of sth** etw gutheißen **II.** *vt* (*permit*) genehmigen; (*consent*) billigen; *minutes* annehmen

ap·proved [əˈpruːvd] *adj* ① (*agreed*) bewährt ② (*sanctioned*) [offiziell] anerkannt

ap·prov·ing [əˈpruːvɪŋ] *adj* zustimmend

ap·prov·ing·ly [əˈpruːvɪŋli] *adv* anerkennend, zustimmend

approx *adv abbrev of* **approximately** ca.

ap·proxi·mate **I.** *adj* [əˈprɒksɪmət, AM əˈprɑːk-] ungefähr; **~ number** [An]näherungswert *m* **II.** *vt* [əˈprɒksɪmeɪt, AM əˈprɑːk-] sich nähern **III.** *vi* [əˈprɒksɪmeɪt, AM əˈprɑːk-] ■**to ~ to sth** etw *dat* annähernd gleichkommen

ap·proxi·mate·ly [əˈprɒksɪmətli, AM əˈprɑːk-] *adv* ungefähr

ap·proxi·ma·tion [əˌprɒksɪˈmeɪʃən, AM əˌprɑːk-] *n* Annäherung *f;* **that's only an ~** das ist nur eine grobe Schätzung

APR [ˌeɪpiːˈɑːʳ, AM -ˈɑːr] *n* FIN *abbrev of* **annual percentage rate** Jahreszinssatz *m*
apri·cot [ˈeɪprɪkɒt, AM -kɑːt, ˈæp-] **I.** *n (fruit)* Aprikose *f,* Marille *f* ÖSTERR **II.** *adj* aprikosenfarben, apricot
April [ˈeɪprəl] *n* April *m; see also* **February**
April 'Fools' Day *n* der erste April
apron [ˈeɪprən] *n* Schürze *f*
ap·ro·pos [ˌæprəˈpəʊ, AM -ˈpoʊ] *adv, prep* apropos
apse [æps] *n* Apsis *f*
apt [æpt] *adj* ❶ *(appropriate)* passend; *description, remark* treffend; *moment* geeignet ❷ *(likely)* ■ **to be ~ to do sth** dazu neigen, etw zu tun
ap·ti·tude [ˈæptɪtjuːd, AM *esp* -tuːd] *n* Begabung *f*
'ap·ti·tude test *n* Eignungstest *m*
aqua·cul·ture [ˌækwəˈkʌltʃəʳ, AM ˌɑːkwəˈkʌltʃɚ] *n* Aquakultur *f*
aqua jog·ging [ˈækwədʒɒgɪŋ, AM ˈɑːkwədʒɑːg-] *n no pl* Aquajogging *nt*
aqua·lung [ˌækwəˈlʌŋ, AM ˌɑːk-] *n* Tauchgerät *nt*
aqua·marine [ˌækwəməˈriːn, AM ˌɑːk-] *n no pl* ❶ *(stone)* Aquamarin *m* ❷ *(colour)* Aquamarinblau *nt*
aqua·plan·ing [ˈækwəpleɪnɪŋ, AM ˈɑːk-] *n* ❶ SPORTS Skurfen *nt* ❷ AUTO Aquaplaning *nt*
aquar·ium <*pl* -s *or* -ria> [əˈkweəriəm, AM əˈkwer-, *pl* -riə] *n* Aquarium *nt*
Aquar·ius [əˈkweəriəs, AM -ˈkwer-] *n* ASTROL Wassermann *m*
aqua·ro·bics [ˌækwəˈrəʊbɪks, AM -ˈroʊ-] *npl* Aquarobic *nt*
aquat·ic [əˈkwætɪk, AM -t̬-] *adj* Wasser-
aque·duct [ˈækwɪdʌkt] *n* Aquädukt *m o nt*
aqui·fer [ˈækwɪfəʳ, AM ˈɑːkwəfɚ] *n* GEOG Aquifer *m,* Grundwasserleiter *m*
aqui·line [ˈækwɪlaɪn, AM -lən] *adj* adlerähnlich
Arab [ˈærəb, AM *esp* ˈer-] **I.** *n* Araber(in) *m(f)* **II.** *adj* arabisch
ara·besque [ˌærəˈbesk, AM *esp* ˌer-] *n* Arabeske *f*
Ara·bian [əˈreibiən] *adj* arabisch
Ara·bic [ˈærəbɪk, AM *esp* ˈer-] **I.** *n* Arabisch *nt* **II.** *adj* arabisch
ar·able [ˈærəbl̩, AM *esp* ˈer-] *adj* anbaufähig; ~ **land** Ackerland
arach·nid [əˈræknɪd] *n* Spinnentier *nt*
ar·bi·ter [ˈɑːbɪtəʳ, AM ˈɑːrbɪt̬ɚ] *n* Vermittler(in) *m(f)*
ar·bi·trage [ˌɑːbɪˈtrɑːʒ, AM ˈɑːrbɪtrɑːdʒ] *n* FIN Arbitrage *f*
ar·bi·trari·ness [ˈɑːbɪtrərɪnəs, AM ˈɑːrbətrer-] *n* Willkür *f*
ar·bi·trary [ˈɑːbɪtrəri, AM ˈɑːrbətreri] *adj* willkürlich
ar·bi·trate [ˈɑːbɪtreɪt, AM ˈɑːrbə-] **I.** *vt* schlichten **II.** *vi* vermitteln
ar·bi·tra·tion [ˌɑːbɪˈtreɪʃən, AM ˌɑːrbəˈ-] *n no pl* Schlichtung *f;* **to go to ~** einen Schlichter anrufen
ar·bi·tra·tor [ˈɑːbɪtreɪtəʳ, AM ˈɑːrbətreɪt̬ɚ] *n* Schlichter(in) *m(f)*
ar·bori·cul·ture [ˈɑːbərɪˌkʌltʃəʳ, AM ˈɑːrbɚɪˌkʌltʃɚ] *n* Baumzucht *f*
ar·bour, AM **ar·bor** [ˈɑːbəʳ, AM ˈɑːrbɚ] *n* Laube *f*
arc [ɑːk, AM ɑːrk] **I.** *n* Bogen *m* **II.** *vi* einen Bogen beschreiben
ar·cade [ɑːˈkeɪd, AM ɑːrˈ-] *n* Arkade *f;* **[shopping] ~** [Einkaufs]Passage *f*
arch [ɑːtʃ, AM ɑːrtʃ] **I.** *n* Bogen *m;* **~ of the foot** Fußgewölbe *nt* **II.** *vi* sich wölben **III.** *vt back* krümmen; *eyebrows* heben
ar·chaeo·logi·cal *adj* archäologisch; **~ dig** [Aus]grabungsort *m*
ar·chae·olo·gist *n* Archäologe, Archäologin *m, f*
ar·chae·ol·ogy *n* Archäologie *f*
ar·cha·ic [ɑːˈkeɪɪk, AM ɑːrˈ-] *adj* veraltet
arch·angel [ˈɑːkeɪndʒəl, AM ˈɑːr-] *n* Erzengel *m*
arch·'bishop *n* Erzbischof *m*
arch·'deacon *n* Erzdiakon *m* **arch·'dio·cese** *n* Erzdiözese *f* **arch-'en·emy** *n* Erzfeind(in) *m(f)*
ar·cheo·logi·cal *adj* AM *see* **archaeological**
ar·che·olo·gist *n* AM *see* **archaeologist**
ar·che·ol·ogy *n* AM *see* **archaeology**
arch·er [ˈɑːtʃəʳ, AM ˈɑːrtʃɚ] *n* Bogenschütze *m,* Bogenschützin *f*
ar·chery [ˈɑːtʃtəri, AM ˈɑːr-] *n* Bogenschießen *nt*
ar·che·type [ˈɑːkɪtaɪp, AM ˈɑːr-] *n* Archetyp *m*
archi·pela·go <*pl* -s *or* -es> [ˌɑːkɪˈpeləgəʊ, AM ˌɑːrkəˈpeləgoʊ] *n* Archipel *m*
archi·tect [ˈɑːkɪtekt, AM ˈɑːrkə-] *n* Architekt(in) *m(f)*
archi·tec·ture [ˈɑːkɪtektʃəʳ, AM ˈɑːrkətektʃɚ] *n* Architektur *f*
ar·chive [ˈɑːkaɪv, AM ˈɑːr-] *n* Archiv *nt*
ar·chi·vist [ˈɑːkɪvɪst, AM ˈɑːrkaɪ-] *n* Archivar(in) *m(f)*
'arch·way *n* Torbogen *m*
'arc lamp, 'arc light *n* Bogenlampe *f*
Arc·tic [ˈɑːktɪk, AM ˈɑːrk-] **I.** *n* ■ **the ~** die Arktis **II.** *adj* arktisch; *expedition, explorer* Arktis-
Arc·tic 'Circle *n* nördlicher Polarkreis **Arc·tic 'Ocean** *n* Nördliches Eismeer

A

arc 'weld·ing *n no pl* Lichtbogenschweißung *f*
ar·dent ['ɑ:dənt, AM 'ɑ:r-] *adj* leidenschaftlich; *admirer* glühend
ar·dour, AM, AUS **ar·dor** ['ɑ:dəʳ, AM 'ɑ:rdɚ] Leidenschaft *f*
ar·du·ous ['ɑ:djuəs, AM 'ɑ:rdʒuəs] *adj* anstrengend
are [ɑ:ʳ, AM ɑ:r] *vi, vt see* **be**
area ['eəriə, AM 'eri-] *n* ❶ Gebiet *nt;* ~ **of the brain** Hirnregion *f* ❷ (*surface measure*) Fläche *f* ❸ (*approximately*) ■**in the ~ of ...** ungefähr ...
area 'code *n* AM, AUS Vorwahl *f*
arena [ə'ri:nə] *n* Arena *f*
aren't [ɑ:nt, AM ɑ:rnt] = **are not** *see* **be**
Ar·gen·ti·na [ˌɑ:dʒən'ti:nə, AM 'ɑ:r-] *n* Argentinien *nt*
Ar·gen·tine ['ɑ:dʒəntaɪn, AM 'ɑ:r-], **Ar·gen·tin·ian** [ˌɑ:dʒən'tɪniən, AM ˌɑ:r-] **I.** *adj* argentinisch **II.** *n* Argentinier(in) *m(f)*
ar·gu·able ['ɑ:gjuəbl̩, AM 'ɑ:rg-] *adj* fragwürdig
ar·gu·ably ['ɑ:gjuəbli, AM 'ɑ:rg-] *adv* wohl
ar·gue ['ɑ:gju:, AM 'ɑ:rg-] **I.** *vi* ❶ (*disagree*) [sich] streiten ❷ (*reason*) argumentieren; ■**to ~ for sth** sich für etw *akk* aussprechen **II.** *vt* erörtern; ■**to ~ that ...** dafür sprechen, dass ...
ar·gu·ment ['ɑ:gjəmənt, AM 'ɑ:rg-] *n* ❶ (*heated discussion*) Auseinandersetzung *f* ❷ (*case*) Argument *nt*
ar·gu·men·ta·tive [ˌɑ:gjə'mentətɪv, AM ˌɑ:rgjə'mentət̬ɪv] *adj* streitsüchtig
aria ['ɑ:riə] *n* Arie *f*
arid ['ærɪd, AM 'er-] *adj* dürr
Aries ['eəri:z, AM 'eri:z] *n* ASTROL Widder *m*
arise <arose, arisen> [ə'raɪz] *vi* (*come about*) sich ergeben; **should the need ~, ...** sollte es notwendig werden, ...
arisen [ə'rɪzən] *pp of* **arise**
ar·is·to·cra·cy [ˌærɪ'stɒkrəsi, AM ˌerə'stɑ:-] *n* + *pl/sing vb* Aristokratie *f*
aris·to·crat ['ærɪstəkræt, AM ə'rɪs-] *n* Aristokrat(in) *m(f)*
aris·to·crat·ic [ˌærɪstə'krætɪk, AM əˌrɪstə'kræt̬ɪk] *adj* aristokratisch
arith·me·tic **I.** *n* [ə'rɪθmətɪk] Arithmetik *f* **II.** *adj* [ˌærɪθ'metɪk, AM ˌerɪθ'met̬ɪk] arithmetisch
arith·meti·cal [ˌærɪθ'metɪkəl, AM ˌerɪθ'met̬ɪk-] *adj* Rechen-
ark [ɑ:k, AM ɑ:rk] *n* Arche *f*
arm¹ [ɑ:m, AM ɑ:rm] *n* ❶ ANAT, GEOG Arm *m;* **on one's ~** am Arm ❷ (*armrest*) Armlehne *f* ❸ (*division*) Abteilung *f* ▶ PHRASES: **to cost an ~ and a leg** Unsummen kosten; **to keep sb at ~'s length** jdn auf Distanz halten
arm² [ɑ:m, AM ɑ:rm] **I.** *vt* ❶ (*supply with weapons*) bewaffnen; ■**to ~ oneself** (*fig*) sich wappnen ❷ (*prime*) *bomb* scharf machen **II.** *n* ■**~s** *pl* ❶ (*weapons*) Waffen *pl;* **under ~s** kampfbereit ❷ (*heraldic insignia*) Wappen *nt*
ar·ma·da [ɑ:'mɑ:də, AM ɑ:r'-] *n* Kriegsflotte *f;* **the Spanish A~** die spanische Armada
ar·ma·ment ['ɑ:məmənt, AM 'ɑ:r-] *n usu pl* Waffen *pl*
'ar·ma·ments pro·gramme *n* Rüstungsprogramm *nt*
'arm·band *n* ❶ (*on sleeve*) Armbinde *f* ❷ (*swimming aid*) Schwimmflügel *m*
'arm candy *n* (*fam*) *vorzeigbare(r) Begleiter(in) bei gesellschaftlichen Anlässen*
'arm·chair *n* Sessel *m;* ~ **politician** Stammtischpolitiker(in) *m(f)*
armed [ɑ:md, AM ɑ:rmd] *adj* bewaffnet
armed 'forces *npl* Streitkräfte *pl*
Ar·me·nia [ɑ:'mi:niə, AM ɑ:r'-] *n* Armenien *nt*
Ar·me·nian [ɑ:'mi:niən, AM ɑ:r'-] **I.** *adj* armenisch **II.** *n* ❶ (*person*) Armenier(in) *m(f)* ❷ (*language*) Armenisch *nt*
arm·ful *n* Armvoll *m*
arm·hole *n* Armloch *nt*
ar·mi·stice ['ɑ:mɪstɪs, AM 'ɑ:rmə-] *n* Waffenstillstand *m*
ar·mour, AM **ar·mor** ['ɑ:məʳ, AM 'ɑ:rmɚ] *n no pl* HIST Rüstung *f;* **suit of ~** Panzerkleid *nt;* ~ **plate** Panzerplatte *f*
ar·moured, AM **ar·mored** ['ɑ:məd, AM 'ɑ:rmɚd] *adj* gepanzert; ~ **car** Panzer[späh]wagen *m*
ar·mour-'plat·ed *adj* gepanzert
'arm·pit *n* Achselhöhle *f*
'arm·rest *n* Armlehne *f*
'arms con·trol, arms 'limi·ta·tion *n* Abrüstung *f* **'arms race** *n* Wettrüsten *nt* **'arms re·duc·tion** *n* Rüstungsabbau *m*
army ['ɑ:mi, AM 'ɑ:rmi] *n* ❶ Armee *f;* ■**the ~** das Heer; **to join the ~** zum Militär gehen ❷ (*fig*) Heer *nt*

Grammatik

Wenn man von **the army** im Sinne von einer Einheit spricht, wird es mit einem Verb im Singular gebraucht: *the army was sent to help earthquake victims*
Wenn man jedoch von den einzelnen Gruppenmitgliedern sprechen will, wird **the army** mit einem Verb im Plural gebraucht: *the army are pulling out of the war zone*

A-road ['eɪrəʊd] *n* Bundesstraße *f*

aro·ma [əˈrəʊmə, AM -ˈroʊ-] *n* Duft *m*
aroma·ˈthera·py [əˌrəʊməˈθerəpi, AM -ˌroʊ-] *n* Aromatherapie *f*
aro·mat·ic [ˌɑrə(ʊ)ˈmætɪk, AM ˌerəˈmæt̬-] *adj* aromatisch
arose [əˈrəʊz, AM -ˈroʊz] *pt of* **arise**
around [əˈraʊnd] **I.** *adv* ❶ (*round*) herum; **to get ~ to doing sth** endlich dazu kommen, etw zu tun; **to show sb ~** jdn herumführen ❷ (*round about*) rundum; **from miles ~** von weither ❸ (*in different directions*) umher; **to wave one's arms ~** mit den Armen [herum]fuchteln; **to get ~** herumkommen ▶ PHRASES: **see you ~** bis demnächst mal **II.** *prep* ❶ um +*akk;* **~ the table** um den Tisch herum; **from all ~ the world** aus aller Welt ❷ ungefähr; **~ 12:15** um ungefähr 12.15 Uhr
arouse [əˈraʊz] *vt* ❶ (*stir*) erwecken; *suspicion* erregen ❷ (*sexually excite*) erregen
arr. **I.** *n abbrev of* **arrival** Ank. **II.** *adj* MUS *abbrev of* **arranged** arr.
ar·range [əˈreɪndʒ] **I.** *vt* ❶ (*organize*) arrangieren; *date* vereinbaren; *matters* regeln ❷ (*put in order*) ordnen; *flowers* arrangieren ❸ MUS arrangieren **II.** *vi* festlegen; ■**to ~ to do sth** etw vereinbaren; ■**to ~ for sb to do sth** etw für jdn organisieren
ar·range·ment [əˈreɪndʒmənt] *n* ❶ ■**~s** *pl* (*preparations*) Vorbereitungen *pl* ❷ (*agreement*) Abmachung *f;* **by [prior] ~** nach [vorheriger] Absprache ❸ (*ordering, a. music*) Arrangement *nt;* **an ~ of dried flowers** ein Gesteck *nt* von Trockenblumen
ar·ray [əˈreɪ] **I.** *n* stattliche Reihe **II.** *vt* (*display*) aufreihen
ar·rears [əˈrɪəz, AM -ˈrɪrz] *npl* Rückstände *pl;* **in ~** in Verzug
ar·rest [əˈrest] **I.** *vt* (*apprehend*) verhaften **II.** *n* Verhaftung *f;* **to place under ~** in Haft nehmen
ar·rest·ing [əˈrestɪŋ] *adj* ❶ (*striking*) faszinierend; *account* fesselnd; *performance* eindrucksvoll ❷ **~ officer** Polizeibeamter/-beamtin, der/die eine Festnahme durchführt
ar·ri·val [əˈraɪvəl] *n* ❶ (*at a destination*) Ankunft *f;* *of a baby* Geburt *f* ❷ (*person*) Ankommende(r) *f(m);* **new ~** Baby *nt*
ar·rive [əˈraɪv] *vi* ❶ *bus* ankommen; *baby, mail, season* kommen; **to ~ at a conclusion** zu einem Schluss gelangen ❷ (*establish one's reputation*) es schaffen
ar·ri·viste [ˌæriːˈviːst, AM ˌer-] *n* Emporkömmling *m*
ar·ro·gance [ˈærəgən(t)s, AM ˈer-] *n* Arroganz *f*
ar·ro·gant [ˈærəgənt, AM ˈer-] *adj* arrogant
ar·row [ˈærəʊ, AM ˈeroʊ] *n* Pfeil *m*
ˈarrow·head *n* Pfeilspitze *f*
arse [ɑːs] BRIT, AUS **I.** *n* (*vulg*) Arsch *m* **II.** *vi* (*vulg*) ■**to ~ about** herumblödeln
arse·hole *n* BRIT, AUS (*vulg*) Arschloch *nt vulg*
ar·senic [ˈɑːsənɪk, AM ˈɑːr-] *n* Arsen *nt*
ar·son [ˈɑːsən, AM ˈɑːr-] *n* Brandstiftung *f*
art [ɑːt, AM ɑːrt] *n* Kunst *f;* ■**the ~s** *pl* die Kunst; UNIV Geisteswissenschaften *pl*
ar·te·fact [ˈɑːtɪfækt, AM ˈɑːrt̬ə-] *n* Artefakt *nt*
ar·te·rial [ɑːˈtɪəriəl, AM ɑːrˈtɪri-] *adj* ❶ ANAT arteriell ❷ TRANSP Haupt-
ar·te·rio·sclero·sis [ɑːˌtɪəriəʊskleˈrəʊsɪs, AM ɑːrˌtɪrioʊskleroʊsəs] *n* Arterienverkalkung *f*
ar·tery [ˈɑːtəri, AM ˈɑːrt̬əˑi] *n* ❶ ANAT Arterie *f* ❷ TRANSP Hauptverkehrsader *f*
art·ful [ˈɑːtfəl, AM ˈɑːrt-] *adj* geschickt; **~ dodger** durchtriebenes Bürschchen
ˈart gal·lery *n* Kunsthalle *f*
ar·thrit·ic [ɑːˈθrɪtɪk, AM ɑːrθrɪt̬ɪk] *adj* arthritisch
ar·thri·tis [ɑːˈθraɪtɪs, AM ɑːrθraɪt̬əs] *n* Gelenkentzündung *f*
ar·ti·choke [ˈɑːtɪtʃəʊk, AM ˈɑːrt̬ətʃoʊk] *n* Artischocke *f*
ar·ti·cle [ˈɑːtɪkl̩, AM ˈɑːrt̬ɪ-] *n* ❶ Artikel *m;* **~ of clothing** Kleidungsstück *nt* ❷ LAW Paragraph *m*
ar·ticu·late **I.** *adj* [ɑːˈtɪkjələt, AM ɑːrˈ-] ❶ *person* redegewandt ❷ *speech* verständlich **II.** *vt* [ɑːˈtɪkjəleɪt, AM ɑːrˈ-] ❶ (*express*) aussprechen; *idea* äußern ❷ (*pronounce*) artikulieren; *sound* bilden
arˈticu·lat·ed lor·ry *n* Sattelschlepper *m*
ar·ticu·la·tion [ɑːˌtɪkjəˈleɪʃən, AM ɑːrˌ-] *n* ❶ (*expression*) deutliche Formulierung ❷ (*pronunciation*) Artikulation *f*
ar·ti·fact [ˈɑːtɪfækt, AM ˈɑːrt̬ə-] *n* AM *see* **artefact**
ar·ti·fice [ˈɑːtɪfɪs, AM ˈɑːrt̬ə-] *n* List *f*
ar·ti·fi·cial [ˌɑːtɪˈfɪʃəl, AM ˌɑːrt̬əˈ-] *adj* ❶ (*not natural*) künstlich; **~ colour[ing]** Farbstoff *m;* **~ leg** Beinprothese *f;* **~ sweetener** Süßstoff *m* ❷ (*pej: not genuine*) aufgesetzt; *smile* unecht; *see also* **delicious**
ar·ti·fi·cial in·semi·ˈna·tion *n* künstliche Befruchtung **ar·ti·fi·cial in·ˈtel·li·gence** *n* künstliche Intelligenz
ar·til·lery [ɑːˈtɪləri, AM ɑːrˈ-] *n* Artillerie *f*
arˈtil·lery·man *n* Artillerist *m*
ar·ti·san [ˈɑːtɪzæn, AM ˈɑːrt̬əzən] *n* Handwerker(in) *m(f)*
art·ist [ˈɑːtɪst, AM ˈɑːrt̬əst] *n* Künstler(in) *m(f)*
ar·tiste [ɑːˈtiːst, AM ɑːrˈ-] *n* THEAT, TV Artist(in) *m(f)*

A

ar·tis·tic [ɑː'tɪstɪk, AM ɑːr'-] *adj* künstlerisch; *arrangement* kunstvoll

art·ist·ry ['ɑːtɪstri, AM 'ɑːrt̬ə-] *n* Kunstfertigkeit *f*

art·less ['ɑːtləs, AM 'ɑːrt-] *adj* ungekünstelt

'art·work *n no pl* Illustrationen *pl*

arty ['ɑːti], AM **artsy** ['ɑːrtsi] *adj* gewollt bohemienhaft

Aryan ['eəriən, AM 'eriən] **I.** *n* Arier(in) *m(f)* **II.** *adj* arisch

as [æz, əz] **I.** *conj* ❶ (*while*) während ❷ (*in the way that, like*) wie; **do ~ I say!** mach, was ich sage!; **~ it were** sozusagen; **~ it happens** rein zufällig; **~ if** [*or* **though**] als ob; **~ if!** wohl kaum! ❸ (*because*) weil ▶ PHRASES: **~ for ...** was ... betrifft; **~ from** [*or* **of**] ab; **~ to ...** was ... angeht; **~ and when** sobald **II.** *prep* als; **~ a child** als Kind; **dressed ~ a banana** als Banane verkleidet; **the news came ~ no surprise** die Nachricht war keine Überraschung; **such big names ~ ...** so große Namen wie ...; **~ a matter of principle** aus Prinzip **III.** *adv* ❶ (*in comparisons*) wie; ■ [**just**] **~ ... ~ ...** [genau]so ... wie ...; **if you play ~ well ~ that, ...** wenn du so gut spielst, ... ❷ (*indicating an extreme*) **~ tall ~ 8 ft** bis zu 8 Fuß hoch; **~ little ~** nur

asap [ˌeɪeseɪ'piː, 'eɪsæp] *adv abbrev of* **as soon as possible** baldmöglichst

as·bes·tos [æs'bestɒs, AM -təs] *n* Asbest *m*

as·bes·to·sis [ˌæsbes'təʊsɪs, AM -'toʊ-] *n* Asbestose *f*

ASBO, asbo ['æzbəʊ] *n acr for* **antisocial behaviour order** gerichtliche Verfügung wegen Erregung öffentlichen Ärgernisses

as·cend [ə'send] **I.** *vt* hinaufsteigen; (*fig*) *throne* besteigen **II.** *vi* ❶ (*move upwards*) aufsteigen; *lift* hinauffahren; **in ~ing order of importance** nach zunehmender Wichtigkeit ❷ (*lead up*) *path* hinaufführen

as·cend·ancy, as·cend·ency [ə'sendən(t)si] *n* Vormachtstellung *f*

as·cend·ant, as·cend·ent [ə'sendənt] *n* **to be in the ~** (*be gaining influence*) im Kommen sein; (*have supremacy*) beherrschenden Einfluss haben

as·cen·sion [ə'sen(t)ʃᵊn] *n* ❶ (*going up*) Aufstieg *m* ❷ REL ■ **the A~** Christi Himmelfahrt

As·'cen·sion Day *n* Himmelfahrtstag *m*

as·cent [ə'sent] *n* ❶ (*upward movement*) Aufstieg *m; of a mountain* Besteigung *f* ❷ (*slope*) Anstieg *m; see also* **science**

as·cer·tain [ˌæsə'teɪn, AM -ɚ'-] *vt* feststellen

as·cet·ic [ə'setɪk, AM -t̬ɪk] **I.** *n* Asket(in) *m(f)* **II.** *adj* asketisch

as·ceti·cism [ə'setɪsɪzᵊm, AM ə'set̬ə-] *n* Askese *f*

ASCII ['æskiː] *n acr for* **American Standard Code for Information Interchange** ASCII *m*

> **Land und Leute**
>
> **Ascot** ist ein Dorf in Berkshire, in dem 1711 auf Wunsch von Queen Anne eine runde Rennbahn gebaut wurde. Das **Royal Ascot** ist eine viertägige Rennveranstaltung, die jedes Jahr im Juni stattfindet und meistens von der Königin besucht wird. Der **Ascot Gold Cup** ist ein 4-km-Rennen für Pferde, die älter als drei Jahre sind. Das **Royal Ascot** ist auch wegen der dort getragenen ausgefallenen Mode berühmt.

as·cribe [ə'skraɪb] *vt* zurückführen (**to** auf); **to ~ a play to sb** jdm ein Bühnenstück zuschreiben

as·crip·tion [ə'skrɪpʃᵊn] *n* Zuschreibung *f*

asexu·al [ˌeɪ'sekʃʊəl, AM -ʃuəl] *adj* asexuell; *reproduction* ungeschlechtlich

ash[1] [æʃ] *n* (*from burning*) Asche *f;* ■ **~es** *pl* Asche *f kein pl;* **to reduce to ~es** völlig niederbrennen

ash[2] [æʃ] *n* (*tree*) Esche *f;* (*wood*) Eschenholz *nt*

ashamed [ə'ʃeɪmd] *adj* ■ **to be ~** [**of sb/sth**] sich [für jdn/etw] schämen; **that's nothing to be ~ of!** deswegen brauchst du dich [doch] nicht zu schämen!

ashore [ə'ʃɔːʳ, AM -'ʃɔːr] *adv* an Land; **to swim ~** ans Ufer schwimmen

'ash·tray *n* Aschenbecher *m*

Ash 'Wednes·day *n* Aschermittwoch *m*

Asia ['eɪʃə, AM 'eɪʒə] *n* Asien *nt* **Asia 'Mi·nor** *n* Kleinasien *nt*

Asian ['eɪʃᵊn, AM 'eɪʒᵊn] **I.** *n* Asiat *m,* Asiatin *f;* BRIT *Abkömmling des indischen Subkontinents* **II.** *adj* asiatisch

Asi·at·ic [ˌeɪʃi'ætɪk, AM -ʒi'æt̬ɪk] (*esp pej*) **I.** *n* Asiate, Asiatin *m, f;* BRIT *Abkömmling des indischen Subkontinents* **II.** *adj* asiatisch

aside [ə'saɪd] **I.** *adv* zur Seite; **to take sb ~** jdn beiseitenehmen; **to leave sth ~** etw [weg]lassen **II.** *n* Nebenbemerkung *f*

aside from *prep* abgesehen von +*dat*

ask [ɑːsk, AM æsk] **I.** *vt* ❶ (*request information*) fragen; **to ~ a question** [**about sth**] [zu etw *dat*] eine Frage stellen; **may I ~ you a question?** darf ich Sie etwas fragen? ❷ (*request*) *favour* bitten [um +*dat*]; **she ~ed me for help** sie bat mich, ihr zu helfen ❸ (*invite*) einladen **II.** *vi* ❶ (*request information*) fragen; **you may well ~** gute Frage; ■ **to ~ about sb** nach

A

jdm fragen; **I was only ~ing!** war ja nur 'ne Frage! ② (*request*) bitten ③ (*fig: take a risk*) ■**to be ~ing for sth** etw geradezu herausfordern; **you're ~ing for trouble** du willst wohl Ärger haben! ◆**ask after** *vi* ■**to ~ after sb** sich nach jdm erkundigen ◆**ask around** *vi* herumfragen *fam* ◆**ask out** *vt* **to ~ sb out for dinner** jdn ins Restaurant einladen; **I'd like to ~ her out** ich würde gern mit ihr ausgehen ◆**ask over**, BRIT *a.* **ask round** *vt* (*fam*) ■**to ~ sb over** [*or* **round**] jdn [zu sich *dat*] einladen

askance [ə'skæn(t)s] *adv* misstrauisch

askew [ə'skjuː] **I.** *adj* schief **II.** *adv* ① (*not level*) schief ② (*wrong*) **to go ~** schieflaufen

ask·ing ['ɑːskɪŋ, AM 'æsk-] *n* **it's yours for the ~** du kannst es gerne haben

'ask·ing price *n* (*fam*) Angebotspreis *m*

asleep [e'sliːp] *adj* ① (*sleeping*) ■**to be ~** schlafen; **to fall ~** einschlafen ② (*numb*) eingeschlafen

as·para·gus [ə'spærəgəs, AM -'sper-] *n* Spargel *m*

as·pect ['æspekt] *n* ① Aspekt *m* ② (*outlook*) Lage *f*

as·pen ['æspən] *n* Espe *f*

as·per·sion [ə'spɜːʃᵊn, AM ə'spɜːrʒᵊn] *n* **to cast ~s on sb** jdn verleumden

as·phalt ['æsfælt, AM -fɑːlt] **I.** *n* Asphalt *m* **II.** *vt* asphaltieren

as·phyxia [əs'fɪksiə] *n* Asphyxie *f*

as·phyxi·ate [əs'fɪksieɪt] *vi, vt* ersticken

as·phyxia·tion [əsˌfɪksi'eɪʃᵊn] *n* Erstickung *f*

as·pir·ant ['æspɪrᵊnt, AM -pɚ-] *n* Aspirant(in) *m(f)*

as·pi·ra·tion [ˌæspᵊr'eɪʃᵊn, AM -pə'reɪ-] *n* Ambition *f*

as·pire [ə'spaɪəʳ, AM -ɚ] *vi* anstreben; **to ~ to be president** danach trachten, Präsident zu werden

as·pi·rin ['æspᵊrɪn] *n* Aspirin® *nt*

as·pir·ing [ə'spaɪərɪŋ, AM -ɚɪŋ] *adj* aufstrebend

ass <*pl* -es> [æs] *n* ① Esel *m;* **to make an ~ of oneself** sich lächerlich machen ② AM (*fam!: arse*) Arsch *m* ◆**ass about** *vi* AM herumblödeln

as·sail [ə'seɪl] *vt* ① (*attack*) angreifen ② **to be ~ed by doubts** von Zweifeln geplagt werden

as·sail·ant [ə'seɪlənt] *n* Angreifer(in) *m(f)*

as·sas·sin [ə'sæsɪn, AM -ən] *n* Mörder(in) *m(f);* (*esp political*) Attentäter(in) *m(f)*

as·sas·si·nate [ə'sæsɪneɪt, AM -əneɪt] *vt* ■**to ~ sb** ein Attentat auf jdn verüben

as·sas·si·na·tion [əˌsæsɪ'neɪʃᵊn] *n* Attentat *nt* (**of** auf +*akk*)

as·sault [ə'sɔːlt] **I.** *n* Angriff *m* (**on** auf +*akk*) **II.** *vt* angreifen

as·'sault course *n* MIL Übungsgelände *nt*

as·sem·ble [ə'sembḷ] **I.** *vi* sich versammeln **II.** *vt* zusammenbauen

as·sem·bly [ə'sembli] *n* ① (*gathering*) Versammlung *f;* AM Unterhaus *nt* ② TECH Montage *f;* **~ line** Fließband *nt*

as·sent [ə'sent] *n* Zustimmung *f;* **royal ~** königliche Genehmigung

as·sert [ə'sɜːt, AM -'sɜːrt] *vt* ① (*state firmly*) beteuern ② *independence* behaupten ③ (*act confidently*) ■**to ~ oneself** sich durchsetzen

as·ser·tion [ə'sɜːʃᵊn, AM -'sɜːr-] *n* ① (*claim*) Behauptung *f; of innocence* Beteuerung *f* ② *no pl of authority* Geltendmachung *f*

as·ser·tive [ə'sɜːtɪv, AM -'sɜːrṱɪv] *adj* ■**to be ~** Durchsetzungsvermögen zeigen

as·ser·tive·ness [ə'sɜːtɪvnəs, AM -'sɜːrṱɪv-] *n* Durchsetzungsvermögen *nt*

as·sess [ə'ses] *vt* ① (*evaluate*) einschätzen; *cost* veranschlagen; *damage* schätzen [**at** auf +*akk*] ② (*tax*) ■**to be ~ed** *person* steuerlich geschätzt werden

as·sess·ment [ə'sesmənt] *n* ① *of damage* Schätzung *f* ② *of tax* Veranlagung *f* ③ *no pl* (*evaluation*) Beurteilung *f*

as·ses·sor [ə'sesəʳ, AM -ɚ] *n* Taxator(in) *m(f)*, Schätzer(in) *m(f)*

as·set ['æset] *n* ① (*good quality*) Pluspunkt *m* ② (*valuable person*) Bereicherung *f;* (*useful thing*) Vorteil *m* ③ FIN ■**~s** *pl* Vermögenswerte *pl*

ass·hole ['æshoʊl] *n* AM (*vulg: arsehole*) Arschloch *nt vulg*

as·sidu·ous [ə'sɪdjuəs, AM -'sɪdʒu-] *adj* gewissenhaft, eifrig

as·sign [ə'saɪn] *vt* zuweisen; *task* zuteilen; ■**to ~ sb to do sth** jdn damit betrauen, etw zu tun

Aussprache

Bei vielen Wörtern, welche die Buchstabenfolge **gn** enthalten, wird das **g** nicht gesprochen: **assign** = [ə'saɪn]. Andere Beispiele hierfür sind:

align	[ə'laɪn]	(*ausrichten*)
champagne	[ʃæm'peɪn]	(*Champagner*)
design	[dɪ'zaɪn]	(*entwerfen*)
foreign	['fɒrɪn]	(*fremd*)
gnat	[næt]	(*[Stech]mücke*)
reign	[reɪn]	(*regieren*)

as·sign·ment [ə'saɪnmənt] *n* (*task*) Aufgabe *f;* (*job*) Auftrag *m*

as·simi·late [ə'sɪmɪleɪt, AM -əleɪt] **I.** *vt* integrieren; *information* aufnehmen **II.** *vi* sich

A

eingliedern

as·simi·lation [əˌsɪmɪˈleɪʃᵊn, AM -əˈleɪ-] *n* (*integration*) Eingliederung *f*

as·sist [əˈsɪst] *vt, vi* helfen (**with** bei +*dat*)

as·sist·ance [əˈsɪstᵊn(t)s] *n* Hilfe *f;* **can I be of any ~?** kann ich Ihnen irgendwie behilflich sein?

as·sis·tant [əˈsɪstᵊnt] **I.** *n* Assistent(in) *m(f);* (*in shop*) Verkäufer(in) *m(f)* **II.** *adj* stellvertretend

as·so·ci·ate **I.** *n* [əˈsəʊʃiət, AM -ˈsoʊ-] (*friend*) Gefährte *m,* Gefährtin *f;* (*colleague*) Kollege *m,* Kollegin *f;* (*of criminals*) Komplize *m,* Komplizin *f;* **business ~** Geschäftspartner(in) *m(f)* **II.** *vt* [əˈsəʊʃieɪt, AM -ˈsoʊ-] in Verbindung bringen; ■**to be ~d with sth** in Zusammenhang mit etw *dat* stehen **III.** *vi* verkehren

as·so·ci·ate pro·ˈfes·sor *n* AM außerordentlicher Professor

as·so·cia·tion [əˌsəʊʃiˈeɪʃᵊn, AM -ˌsoʊ-] *n* ❶ (*organization*) Vereinigung *f;* (*corporation*) Verband *m* ❷ *no pl* (*involvement*) Verbundenheit *f;* **in ~ with** in Verbindung mit +*dat* ❸ (*mental connection*) Assoziation *f*

as·so·nance [ˈæsᵊnən(t)s] *n no pl* LIT Assonanz *f*

as·sort·ed [əˈsɔːtɪd, AM -ˈsɔːrt̬ɪd] *adj* gemischt; *colours* verschieden

as·sort·ment [əˈsɔːtmənt, AM -ˈsɔːrt-] *n* Sortiment *nt*

as·suage [əˈsweɪdʒ] *vt grief* besänftigen; *pain* lindern; *thirst* stillen

as·sume [əˈsjuːm, AM -suːm] *vt* ❶ (*regard as true*) annehmen; **to ~ sb's guilt** jdn für schuldig halten ❷ (*adopt*) annehmen; *role* übernehmen ❸ (*take on*) **to ~ office** sein Amt antreten; *power* ergreifen; *responsibility* übernehmen

as·sumed [əˈsjuːmd, AM -suːmd] *adj* **under an ~ name** unter einem Decknamen

as·sump·tion [əˈsʌm(p)ʃᵊn] *n* (*supposition*) Annahme *f;* (*presupposition*) Voraussetzung *f;* **on the ~ that ...** wenn man davon ausgeht, dass ...

as·sur·ance [əˈʃʊərᵊn(t)s, AM -ˈʃʊr-] *n* ❶ (*self-confidence*) Selbstsicherheit *f* ❷ (*promise*) Zusicherung *f*

as·sure [əˈʃʊəʳ, AM -ˈʃʊr] *vt* ❶ (*confirm certainty*) zusichern; ■**to ~ oneself of sth** sich *dat* etw sichern ❷ (*promise*) ■**to ~ sb of sth** jdm etw zusichern; *see also* **sugar**

as·sured [əˈʃʊəʳd, AM -ˈʃʊrd] *adj* ❶ (*confident*) selbstsicher ❷ (*certain*) sicher

as·sur·ed·ly [əˈʃʊəʳɪdli, AM -ˈʃʊr-] *adv* ❶ (*confidently*) selbstsicher ❷ (*certainly*) sicher[lich]

as·ter·isk [ˈæstᵊrɪsk] **I.** *n* Sternchen *nt* **II.** *vt* mit einem Sternchen versehen

astern [əˈstɜːn, AM -ˈstɜːrn] *adv* ❶ NAUT achtern; **to go ~** achteraus fahren ❷ (*behind*) hinter

as·ter·oid [ˈæstᵊrɔɪd, AM -tər-] *n* Asteroid *m*

asth·ma [ˈæsθmə, AM ˈæzmə] *n* Asthma *nt*

asth·mat·ic [æsθˈmætɪk, AM æzˈmæt̬ɪk] **I.** *n* Asthmatiker(in) *m(f)* **II.** *adj* asthmatisch

aston·ish [əˈstɒnɪʃ, AM -ˈstɑːn-] *vt* erstaunen

aston·ish·ing [əˈstɒnɪʃɪŋ, AM -ˈstɑːn-] *adj* erstaunlich

aston·ish·ment [əˈstɒnɪʃmənt, AM -ˈstɑːnɪʃ-] *n* Erstaunen *nt;* **to stare in ~** verblüfft starren

astound [əˈstaʊnd] *vt* verblüffen

astound·ing [əˈstaʊndɪŋ] *adj* erstaunlich; *fact* verblüffend

astray [əˈstreɪ] *adv* verloren; **to lead sb ~** (*fig*) jdn auf Abwege bringen

astride [əˈstraɪd] *prep* rittlings auf +*dat*

as·trolo·ger [əˈstrɒlədʒəʳ, AM əˈstrɑːlədʒɚ] *n* Astrologe, Astrologin *m, f*

as·tro·logi·cal [ˌæstrəˈlɒdʒɪkᵊl, AM -ˈlɑːdʒɪk-] *adj* astrologisch

as·trol·ogy [əˈstrɒlədʒi, AM əˈstrɑːlə-] *n* Astrologie *f*

as·tro·naut [ˈæstrənɔːt, AM *also* -nɑːt] *n* Astronaut(in) *m(f)*

as·trono·mer [əˈstrɒnəməʳ, AM əˈstrɑːnəmɚ] *n* Astronom(in) *m(f)*

as·tro·nomi·cal [ˌæstrəˈnɒmɪkᵊl, AM -ˈnɑːm-] *adj* (*a. fig*) astronomisch

as·trono·my [əˈstrɒnəmi, AM əˈstrɑːnə-] *n* Astronomie *f*

as·tute [əˈstjuːt, AM əˈstuːt] *adj* scharfsinnig

as·tute·ness [əˈstjuːtnəs, AM əˈstuːt-] *n* Scharfsinn *m*

asy·lum [əˈsaɪləm] *n* (*protection*) Asyl *nt;* **~ seeker** Asylbewerber(in) *m(f)*

asym·met·ric(al) [ˌeɪsɪˈmetrɪk(ᵊl)] *adj* asymmetrisch

at [æt, ət] *prep* ❶ (*in location of*) an +*dat;* **~ the baker's** beim Bäcker; **~ home** zu Hause; **~ the party** auf der Party; **~ school** in der Schule; **~ work** bei der Arbeit ❷ (*during time of*) **~ the weekend** am Wochenende; **~ night** in der Nacht, nachts; **~ 10:00** um 10:00 Uhr; **~ the moment** im Moment; **~ this stage** bei diesem Stand; **several things ~ a time** mehrere Sachen auf einmal; **~ the time** zu diesem Zeitpunkt; **~ the same time** (*simultaneously*) zur gleichen Zeit; (*on the other hand*) auf der anderen Seite ❸ (*to amount of*) **~ a distance of 50 metres** auf eine Entfernung von 50 Metern; **~ 50**

kilometres per hour mit 50 km/h; ~ **a gallop** im Galopp; ~ **regular intervals** in regelmäßigen Abständen ④ (*in state of*) ~ **war** im Krieg; ~ **a disadvantage** im Nachteil; ~ **fault** im Unrecht ⑤ (*in ability to*) bei +*dat*; **good** ~ **maths** gut in Mathematik ▶PHRASES: ~ **all** überhaupt; **I haven't been** ~ **all well** mir ging es gar nicht gut; **did she suffer** ~ **all?** hat sie denn gelitten?; **not** ~ **all** (*polite response*) gern geschehen; (*definitely not*) keineswegs

ata·vis·tic [ˌætəˈvɪstɪk, AM ˌæt̬əˈ-] *adj* atavistisch

ate [et, eɪt, AM eɪt] *pt of* **eat**

athe·ism [ˈeɪθiɪzᵊm] *n* Atheismus *m*

athe·ist [ˈeɪθiɪst] **I.** *n* Atheist(in) *m(f)* **II.** *adj* atheistisch

athe·is·tic(al) [ˌeɪθiˈɪstɪk(ᵊl)] *adj* atheistisch

Ath·ens [ˈæθᵊnz] *n* Athen *nt*

ath·lete [ˈæθliːt] *n* Athlet(in) *m(f)*

ath·let·ic [æθˈletɪk, AM -ˈlet̬ɪk] *adj* athletisch, sportlich

ath·let·ics [æθˈletɪks, AM -ˈlet̬-] *n no pl* Leichtathletik *f*

At·lan·tic [ətˈlæntɪk, AM -t̬ɪk] *n* ■**the** ~ [**Ocean**] der Atlantik

at·las <*pl* -es> [ˈætləs] *n* Atlas *m*

ATM [ˌeɪtiːˈem] *n abbrev of* **automated teller machine** Geldautomat *m*, Bankomat *m bes* SCHWEIZ

at·mos·phere [ˈætməsfɪəʳ, AM -fɪr] *n* Atmosphäre *f a. fig*

at·mos·pher·ic [ˌætməsˈferɪk] *adj* ① atmosphärisch ② (*fig*) stimmungsvoll

at·oll [ˈætɒl, AM ˈætɑːl] *n* Atoll *nt*

atom [ˈætəm, AM ˈæt̬-] *n* PHYS Atom *nt*; (*fig*) Bisschen *nt*

ˈatom bomb *n* Atombombe *f*

atom·ic [əˈtɒmɪk, AM -ˈɑːm-] *adj* Atom-, atomar

at·om·ize [ˈætəmaɪz, AM ˈæt̬-] *vt* zerstäuben

at·om·iz·er [ˈætəmaɪzəʳ, AM ˈæt̬əmaɪzɚ] *n* Zerstäuber *m*

atone [əˈtəʊn, AM əˈtoʊn] *vi* **to** ~ **one's sins** für seine Sünden büßen

atone·ment [əˈtəʊnmənt, AM əˈtoʊn-] *n no pl* Buße *f*

atro·cious [əˈtrəʊʃəs, AM -troʊ-] *adj* grässlich; *weather, food* scheußlich; *conditions* grauenhaft

atroc·ity [əˈtrɒsəti, AM əˈtrɑːsət̬i] *n* Gräueltat *f*

at·ro·phy [ˈætrəfi] **I.** *n* Atrophie *f* **II.** *vi* <-ie-> atrophieren

at·tach [əˈtætʃ] *vt* ① (*fix*) befestigen (**to** an +*dat*) ② (*connect*) verbinden (**to** mit +*dat*) ③ (*send as enclosure*) ■**to** ~ **sth** [**to sth**] etw [etw *dat*] beilegen ④ (*join*) ■**to** ~ **oneself to sb** sich jdm anschließen ⑤ (*assign*) ■**to be** ~**ed to sth** etw *dat* zugeteilt sein

at·ta·ché [əˈtæʃeɪ, AM *also* ˌæt̬əˈʃeɪ] *n* Attaché *m*

at·ˈta·ché case *n* Aktenkoffer *m*

at·tach·ment [əˈtætʃmənt] *n* ① (*fondness*) Sympathie *f*; **to form an** ~ **to sb** sich mit jdm anfreunden ② *no pl* (*support*) Unterstützung *f* ③ (*for appliances*) Zusatzgerät *nt* ④ COMPUT Anhang *m*

at·tack [əˈtæk] **I.** *n* ① (*assault*) Angriff *m* (**on** auf +*akk*) ② (*bout*) Anfall *m* **II.** *vt* ① angreifen; *by criminal* überfallen ② (*fig*) anpacken **III.** *vi* angreifen

at·tack·er [əˈtækəʳ, AM -ɚ] *n* Angreifer(in) *m(f)*

at·tain [əˈteɪn] *vt* erreichen; *independence* erlangen

at·tain·able [əˈteɪnəbl̩] *adj* erreichbar

at·tain·ment [əˈteɪnmənt] *n* ① Leistung *f* ② ■~**s** *pl* (*accomplishments*) Fertigkeiten *pl*

at·tempt [əˈtem(p)t] **I.** *n* Versuch *m*; **make an** ~ **on sb's life** einen Mordanschlag auf jdn verüben **II.** *vt* versuchen

at·tend [əˈtend] **I.** *vt* ① (*be present at*) besuchen; **to** ~ **a wedding** zu einer Hochzeit gehen ② (*care for*) [ärztlich] behandeln **II.** *vi* (*be present*) teilnehmen

at·tend·ance [əˈtendᵊn(t)s] *n* ① (*being present*) Anwesenheit *f*; **in** ~ anwesend ② (*number of people present*) Besucherzahl *f*

at·tend·ant [əˈtendᵊnt] *n* Aufseher(in) *m(f)*; (*in swimming pool*) Bademeister(in) *m(f)*; **flight** ~ Flugbegleiter(in) *m(f)*

at·ten·tion [əˈten(t)ʃᵊn] *n* ① (*notice*) Aufmerksamkeit *m*; ~! Achtung!; **to pay** ~ **to sb** jdm Aufmerksamkeit schenken; **to pay** ~ **to sth** auf etw *akk* achten ② (*care*) Pflege *f*; MED Behandlung *f* ③ (*in letters*) **for the** ~ **of** zu Händen von ④ MIL **to stand at** ~ stillstehen

at·ˈten·tion span *n* Konzentrationsvermögen *f*

at·ten·tive [əˈtentɪv, AM -t̬ɪv] *adj* ① (*caring*) fürsorglich ② (*listening*) aufmerksam

at·test [əˈtest] **I.** *vt* ① (*demonstrate*) *support, excellence* beweisen ② LAW bestätigen **II.** *vi* ■**to** ~ **to sth** *competence, fact* etw beweisen

at·tic [ˈætɪk, AM ˈæt̬-] *n* Dachboden *m*; **in the** ~ auf dem Dachboden

at·tire [əˈtaɪəʳ, AM -ˈtaɪɚ] *n* Kleidung *f*

at·ti·tude [ˈætɪtjuːd, AM ˈæt̬ətuːd, *also* -tjuːd] *n* (*way of thinking*) Haltung *f*; **to take the** ~ **that ...** die Meinung vertreten, dass ...

A

at·tor·ney [əˈtɜːrni] *n* AM Anwalt *m,* Anwältin *f*
at·tract [əˈtrækt] *vt* anziehen; *attention* erregen; *criticism* stoßen auf
at·trac·tion [əˈtrækʃᵊn] *n* ❶ *no pl* PHYS Anziehungskraft *f* ❷ *no pl* (*between people*) Anziehung *f;* **she felt an ~ to him** sie fühlte sich zu ihm hingezogen ❸ (*appeal*) Reiz *m*
at·trac·tive [əˈtræktɪv] *adj* attraktiv
at·tri·bute **I.** *vt* [əˈtrɪbjuːt] ❶ (*ascribe*) zurückführen (**to** auf +*dat*) ❷ (*give credit for*) zuschreiben (**to** +*dat*) **II.** *n* [ˈætrɪbjuːt] Eigenschaft *f*
at·tribu·tive [əˈtrɪbjətɪv, AM -jət̬-] *adj* attributiv
at·tri·tion [əˈtrɪʃᵊn] *n* ❶ Zermürbung *f* ❷ AM, AUS *Personalabbau durch Einstellungsstopp*
auber·gine [ˈəʊbəʒiːn, AM ˈoʊbɚ-] *n* Aubergine *f*
auburn [ˈɔːbən, AM ˈɑːbɚn] *adj* rotbraun
auc·tion [ˈɔːkʃᵊn, AM *esp* ˈɑːk-] **I.** *n* Auktion *f,* Versteigerung *f;* **to be sold at ~** versteigert werden **II.** *vt* ■**to ~ [off]** versteigern
auc·tion·eer [ˌɔːkʃᵊnˈɪəʳ, AM ˌɑːkʃᵊnˈɪr] *n* Auktionator(in) *m(f)*
auda·cious [ɔːˈdeɪʃəs, AM ɑː-] *adj* ❶ (*bold*) kühn ❷ (*impudent*) dreist
auda·cious·ness [ɔːˈdeɪʃəsnəs, AM ɑː-], **audac·ity** [ɔːˈdæsəti, AM ɑːˈdæsət̬i] *n* ❶ (*boldness*) Kühnheit *f* ❷ (*impudence*) Dreistigkeit *f*
audible [ˈɔːdəbl̩, AM ˈɑː-] *adj* hörbar
audi·ence [ˈɔːdiən(t)s, AM ˈɑː-] *n* ❶ + *sing/pl vb* (*at performance*) Publikum *nt;* THEAT *a.* Besucher *pl;* TV Zuschauer *pl;* RADIO [Zu]hörer *pl* ❷ (*formal interview*) Audienz *f* (**with** bei +*dat*)

Grammatik

Wenn man von **the audience** im Sinne von einer Einheit spricht, wird es mit einem Verb im Singular gebraucht: *the audience was spellbound*
Wenn man jedoch von den einzelnen Gruppenmitgliedern sprechen will, wird **the audience** mit einem Verb im Plural gebraucht: *the audience have queued for hours to see the performance*

audio [ˈɔːdiəʊ, AM ˈɑːdioʊ] *adj* Audio-; **~ book** Hörbuch *nt;* **~ tape** Tonband *nt*
audit [ˈɔːdɪt, AM ˈɑː-] **I.** *n* Rechnungsprüfung *f* **II.** *vt* ❶ [amtlich] prüfen ❷ AM, AUS UNIV *class* [nur] als Gasthörer besuchen
audi·tion [ɔːˈdɪʃᵊn, AM ɑː-] **I.** *n* (*for actor*) Vorsprechen *nt;* (*for singer*) Vorsingen *nt;* (*for dancer*) Vortanzen *nt;* (*for instrumentalist*) Vorspielen *nt* **II.** *vi* vorsprechen, vorsingen, vortanzen **III.** *vt* vorsprechen/vorsingen/vortanzen lassen
audi·tor [ˈɔːdɪtəʳ, AM ˈɑːdɪt̬ɚ] *n* Rechnungsprüfer(in) *m(f)*
audi·to·rium <*pl* -s *or* -ria> [ˌɔːdɪˈtɔːriəm, AM ˌɑːdəˈ-, *pl* -riə] *n* THEAT Zuschauerraum *m;* (*hall*) Zuhörersaal *m;* (*for concerts*) Konzerthalle *f*
aug·ment [ɔːgˈment, AM ɑːgˈ-] *vt* vergrößern; *income* verbessern
augur [ˈɔːgəʳ, AM ˈɑːgɚ] **I.** *vi* **to ~ ill/well** ein schlechtes/gutes Zeichen sein **II.** *vt* verheißen
August [ˈɔːgəst, AM ˈɑː-] *n* August *m; see also* **February**
aunt [ɑːnt, AM ænt] *n* Tante *f*
au pair [ˌəʊˈpeəʳ, AM oʊˈper] *n* au pair *nt*
aura [ˈɔːrə] *n* Aura *f*
aural [ˈɔːrᵊl] *adj* akustisch; MED aural
auri·cle [ˈɔːrɪkl̩] *n* ❶ (*of heart*) Herzohr *nt* ❷ (*of ear*) Ohrmuschel *f*
auricu·lar [ɔːˈrɪkjʊləʳ, AM -jələ] *adj* aurikulär
auro·ra [ɔːˈrɔːrə] *n* Polarlicht *nt*
aus·pices [ˈɔːspɪsɪz, AM ˈɑː-] *npl* Schirmherrschaft *f*
aus·pi·cious [ɔːˈspɪʃəs, AM ɑːˈ-] *adj* viel versprechend
Aus·sie [ˈɒzi, AM ˈɑːzi] (*fam*) **I.** *n* Australier(in) *m(f)* **II.** *adj* australisch
aus·tere [ɒsˈtɪəʳ, AM ɑːˈstɪr] *adj* ❶ (*without comfort*) karg; (*severely plain*) nüchtern; *room* schmucklos; (*ascetic*) asketisch ❷ (*joyless and strict*) streng
aus·ter·ity [ɒsˈterəti, AM ˈɑːsterət̬i] *n* ❶ *no pl* (*absence of comfort*) Rauheit *f* ❷ *no pl* (*sparseness*) Kargheit *f;* (*asceticism*) Askese *f;* **~ measures** Sparmaßnahmen *pl* ❸ *no pl* (*strictness*) Strenge *f*
Aus·tralia [ɒsˈtreɪliə, AM ɑːˈstreɪljə] *n* Australien *nt*

Land und Leute

Der **Australia Day** am 26. Januar ist ein nationaler Feiertag zum Gedenken an die Gründung der ersten britischen Siedlung auf australischem Boden 1788 in Sydney Cove. Für die *Aborigines – die Ureinwohner Australiens* ist das der Tag der Invasion ihres Landes. An diesem Tag finden viele kulturelle Veranstaltungen statt, die schwarze und weiße Australier zusammenbringen sollen.

Aus·tral·ian [ɒsˈtreɪliən, AM ɑːˈstreɪljən] **I.** *n* ❶ (*person*) Australier(in) *m(f)* ❷ (*language*) australisches Englisch **II.** *adj* australisch

Aus·tria ['ɒstriə, AM 'ɑː-] *n* Österreich *nt*

Aus·trian ['ɒstriən, AM 'ɑː-] **I.** *n* ❶ (*person*) Österreicher(in) *m(f)* ❷ (*language*) Österreichisch *nt* **II.** *adj* österreichisch

authen·tic [ɔː'θentɪk, AM ɑː'θent̬ɪk] *adj* authentisch

authen·ti·cate [ɔː'θentɪkeɪt, AM ɑː'θent̬ɪ-] *vt* [die Echtheit] bestätigen; LAW beglaubigen

authen·ti·ca·tion [ɔːˌθentɪ'keɪʃən, AM ɑːˌθent̬ɪ'-] *n* Bestätigung *f* [der Echtheit]; LAW Beglaubigung *f*

au·then·tic·ity [ˌɔːθen'tɪsəti, AM ˌɑːθentɪsət̬i] *n* Echtheit *f*

author ['ɔːθəʳ, AM 'ɑːθɚ] *n* (*profession*) Schriftsteller(in) *m(f); of particular book* Autor(in) *m(f)*

author·ess <*pl* -es> ['ɔːθəres, AM 'ɑːθɚɪs] *n* Autorin *f*

authori·tar·ian [ˌɔːθɒrɪ'teəriən, AM əˌθɔːrə'teri-] *adj* autoritär

authori·ta·tive [ɔː'θɒrɪtətɪv, AM ə'θɔːrəteɪt̬ɪv] *adj* ❶ (*definitive*) maßgebend ❷ (*commanding*) Respekt einflößend

author·ity [ɔː'θɒrəti, AM ə'θɔːrət̬i] *n* ❶ *no pl* (*right of control*) Autorität *f;* **in ~** verantwortlich ❷ *no pl* (*permission*) Befugnis *f;* (*to act on sb's behalf*) Vollmacht *f;* **to have the ~ to do sth** befugt/bevollmächtigt sein, etw zu tun; **on whose ~?** wer hat das genehmigt? ❸ (*expert*) **an ~ on microbiology** eine Autorität auf dem Gebiet der Mikrobiologie ❹ (*organization*) Behörde *f;* **education ~** Schulamt *nt*

authori·za·tion [ˌɔːθəraɪ'zeɪʃən, AM ˌɑːθɚɪ'-] *n* (*approval*) Genehmigung *f;* (*delegation of power*) Bevollmächtigung *f*

author·ize ['ɔːθəraɪz, AM 'ɑː-] *vt* genehmigen; ■**to ~ sb** jdn bevollmächtigen

author·ship ['ɔːθəʃɪp, AM 'ɑːθɚ-] *n* Autorschaft *f*

autis·tic [ɔː'tɪstɪk, AM ɑː'-] *adj* autistisch

auto ['ɔːtəʊ, AM 'ɑːt̬oʊ] **I.** *n* Auto *nt* **II.** *adj* (*concerning cars*) Auto-; (*automatic*) automatisch; **~ restart** COMPUT Selbstanlauf *m*

auto·bio·gra·phi·cal [ˌɔːtəˌbaɪə(ʊ)'græfɪkəl, AM ˌɑːt̬əˌbaɪə'-] *adj* autobiografisch

auto·bi·og·ra·phy [ˌɔːtəbaɪ'ɒgrəfi, AM ˌɑːt̬əbaɪ'ɑː-] *n* Autobiografie *f*

autoc·ra·cy [ɔː'tɒkrəsi, AM ɑː'tɔːk-] *n* Autokratie *f*

auto·crat ['ɔːtəkræt, AM 'ɑːt̬ə-] *n* Autokrat(in) *m(f)*

auto·crat·ic [ˌɔːtə'krætɪk, AM ˌɑːt̬ə'kræt̬-] *adj* autokratisch

auto·cue® ['ɔːtə(ʊ)kjuː] *n* BRIT TV Teleprompter® *m*

auto·graph ['ɔːtəgrɑːf, AM 'ɑːtəgræf] **I.** *n* Autogramm *nt* **II.** *vt* signieren

auto·mate ['ɔːtəmeɪt, AM 'ɑːt̬ə-] *vt* automatisieren

auto·mat·ed ['ɔːtəmeɪtɪd, AM 'ɑːt̬ə-] *adj* automatisiert

auto·mat·ed 'tell·er ma·chine *n* AM Geldautomat *m*

auto·mat·ic [ˌɔːtə'mætɪk, AM ˌɑːt̬ə'mæt̬ɪk] **I.** *adj* automatisch; **~ washing machine** Waschautomat *m* **II.** *n* ❶ (*non-manual machine*) Automat *m* ❷ (*car*) Automatikwagen *m* ❸ (*rifle*) Selbstladegewehr *nt*

auto·mat·ic ·pi·lot *n* Autopilot *m*

auto·ma·tion [ˌɔːtə'meɪʃən, AM ˌɑːtə'-] *n* Automatisierung *f*

automa·ton <*pl* -mata *or* -s> [ɔː'tɒmətən, AM ɑː'tɑːmə-, *pl* -mətə] *n* Automat *m*

auto·mo·bile ['ɔːtəmə(ʊ)biːl, AM 'ɑːt̬əmoʊ-] *n esp* AM Auto *nt*

auto·mo·tive [ˌɔːtə'məʊtɪv, AM ˌɑːt̬ə'moʊt̬ɪv] *adj* Auto-

autono·mous [ɔː'tɒnəməs, AM ɑː'tɑːnə-] *adj* autonom

autono·my [ɔː'tɒnəmi, AM ɑː'tɑː-] *n* Autonomie *f*

auto·pi·lot ['ɔːtəʊpaɪlət, AM 'ɑːt̬oʊ-] *n* Autopilot *m;* **to be on ~** mit Autopilot fliegen

autop·sy ['ɔːtɒpsi, AM 'ɑːtɑːp-] *n* Autopsie *f*

'auto·tune *n* Autotuner-System *nt* (*bei* [*Auto*]*radios*)

autumn ['ɔːtəm, AM 'ɑːt̬əm] *n* Herbst *m;* **in [the] ~** im Herbst; *see also* **column**

autum·nal [ɔː'tʌmnəl, AM ɑː'-] *adj* herbstlich; **~ colours** Herbstfarben *pl*

aux·ilia·ry [ɔːg'zɪliəri, AM ɑːg'zɪljə-] **I.** *n* ❶ Hilfskraft *f;* (*soldier*) Soldat(in) *m(f)* der Hilfstruppen; (*nurse*) Hilfsschwester *f* ❷ LING Hilfsverb *nt* **II.** *adj* Hilfs-; (*additional*) Zusatz-

avail [ə'veɪl] *n* Nutzen *m;* **to no ~** vergeblich

avail·able [ə'veɪləbl] *adj* ❶ (*free for use*) verfügbar; **in the time ~** in der vorhandenen Zeit; **to make ~** zur Verfügung stellen ❷ (*not busy*) abkömmlich ❸ ECON erhältlich; (*in stock*) lieferbar; *size* vorrätig

ava·lanche ['ævəlɑːn(t)ʃ, AM -æntʃ] *n* Lawine *f*

avant-garde [ˌævɑ̃ː(ŋ)'gɑːd, AM ˌɑːvɑːnt'gɑːrd] **I.** *n* Avantgarde *f* **II.** *adj* avantgardistisch

ava·rice ['ævərɪs] *n* Habgier *f*

ava·ri·cious [ˌævər'ɪʃəs, AM -ə'rɪ-] *adj* habgierig

Ave. *n abbrev of* **Avenue**

avenge [ə'vendʒ] *vt* rächen; ■**to ~ oneself on sb** sich an jdm rächen

A

aversion

expressing antipathy	Antipathie ausdrücken
I don't like him **(very much).**	**Ich mag** ihn **nicht (besonders).**
I think that bloke **is just impossible.**	**Ich finde** diesen Typ **unmöglich.**
He's an (a real) arsehole. (*sl*)**/She's a (real) bitch.** (*sl*)	**Das ist ein (richtiges) Arschloch.** (*sl*)
I can't stand/bear him.	**Ich kann** ihn **nicht ausstehen.**
That woman **gets on my nerves/drives me mad.** (*fam*)	Diese Frau **geht mir auf den Geist/Wecker/Keks.** (*fam*)

expressing boredom	Langeweile ausdrücken
How boring!/Talk about boring!	**Wie langweilig!/So was von langweilig!**
I'll fall asleep/nod off in a minute!	**Ich schlaf gleich ein!**
It's enough to send you to sleep!	**Das ist ja zum Einschlafen!**
The film **is (just) one big yawn.**	Der Film **ist ja eine Schlaftablette.**
This nightclub **is dead boring.** (*sl*)	Diese Disco **ist total öde.** (*sl*)

expressing disgust	Abscheu ausdrücken
Yuk!	**Igitt!**
You **make me sick!**	Du **widerst mich an!**
That **is absolutely revolting!**	Das **ist geradezu widerlich!**
That is **(quite) disgusting!**	Das **ist (ja) ekelhaft!**
That **disgusts me!**	Das **ekelt mich an!**
That makes me (want to) puke! (*sl*)	**Ich find' das zum Kotzen!** (*sl*)

av·enue ['ævənju:, AM *esp* -nu:] *n* ① (*broad street*) Avenue *f*; ~ **of lime trees** Lindenallee *f* ② (*fig: possibility*) Weg *m*

av·er·age ['ævᵊrɪdʒ] **I.** *n* Durchschnitt *m*; **on ~** im Durchschnitt; [**to be**] [**well**] **below ~** [weit] unter dem Durchschnitt [liegen]; **law of ~s** Gesetz *nt* der Serie **II.** *adj* durchschnittlich; **~ income** Durchschnittseinkommen *nt* **III.** *vt* im Durchschnitt betragen; **to ~ 40 hours a week** durchschnittlich 40 Stunden pro Woche arbeiten

averse [ə'vɜ:s, AM -'vɜ:rs] *adj* ■**to be ~ to sth** etw *dat* abgeneigt sein

aver·sion [ə'vɜ:ʃᵊn, AM -'vɜ:rʒᵊn] *n* ① (*intense dislike*) Abneigung *f* (**to** gegen +*akk*) ② (*hated thing*) Gräuel *m*

avert [ə'vɜ:t, AM -'vɜ:rt] *vt* ① (*turn away*) abwenden ② (*prevent*) verhindern

avian *adj* Vogel-; **~ flu** Vogelgrippe *f*

aviary ['eɪviᵊri, AM -eri] *n* Vogelhaus *nt*

avia·tion [ˌeɪvi'eɪʃᵊn] *n* Luftfahrt *f*; **~ industry** Flugzeugindustrie *f*

avid ['ævɪd] *adj* eifrig, begeistert

avo·ca·do <*pl* -s *or* -es> [ˌævə'kɑ:dəʊ, AM -doʊ] *n* Avocado *f*

avoid [ə'vɔɪd] *vt* ① (*stay away from*) meiden ② (*prevent sth happening*) vermeiden; **to narrowly ~ sth** etw *dat* knapp entgehen ③ (*not hit*) ausweichen +*dat*

avoid·able [ə'vɔɪdəbl] *adj* vermeidbar

avoid·ance [ə'vɔɪdᵊn(t)s] *n* Vermeidung *f*; *of taxes* Umgehung *f*

avow [ə'vaʊ] *vt* bekennen

await [ə'weɪt] *vt* erwarten; **long ~ed** lang ersehnt

awake [ə'weɪk] **I.** *vi* <awoke *or* AM *a.* awaked, awoken> (*stop sleeping*) erwachen **II.** *vt* <awoke *or* AM *a.* awaked, awoken *or* AM *a.* awaked> (*from sleep*) [auf]wecken **III.** *adj* (*not asleep*) wach

awak·en [ə'weɪkᵊn] **I.** *vt* ① (*wake up*) ■**to be ~ed** geweckt werden ② (*fig: start*) [er]wecken ③ (*fig: make aware*) bewusst machen **II.** *vi* erwachen

awak·en·ing [ə'weɪkᵊnɪŋ] *n* **rude ~** böses Erwachen

award [ə'wɔ:d, AM -'wɔ:rd] **I.** *vt* ■**to ~ sb**

sth *damages* jdm etw zusprechen; *grant* jdm etw gewähren; *prize* jdm etw verleihen **II.** *n* ① (*prize*) Auszeichnung *f* ② (*compensation*) Entschädigung *f*

award-win·ning [ə'wɔːdwɪnɪŋ, AM -'wɔːrd-] *adj attr* preisgekrönt

aware [ə'weəʳ, AM -'wer] *adj* ① (*knowing*) ■**to be ~ of sth** sich *dat* einer S. *gen* bewusst sein; **as far as I'm ~** soviel ich weiß ② (*physically sensing*) ■**to be ~ of sb/sth** jdn/etw [be]merken ③ (*well informed*) informiert; **environmentally ~** umweltbewusst

aware·ness [ə'weəʳnəs, AM -'wer-] *n* Bewusstsein *nt*

awash [ə'wɒʃ, AM -'wɑːʃ] *adj* ① ■**to be ~** unter Wasser stehen ② (*fig*) ■**to be ~ with sth** voll von etw *dat* sein; **to be ~ with money** im Geld schwimmen

away [ə'weɪ] **I.** *adv* ① (*distant*) weg; **to be ~ on business** geschäftlich unterwegs sein; **~ from each other** voneinander entfernt; **two days ~** in zwei Tagen ② **you're dreaming your life ~** du verträumst noch dein ganzes Leben; **to be laughing ~** ständig am Lachen sein; **to write ~** drauflosschreiben ③ SPORTS auswärts **II.** *adj* SPORTS auswärts; **~ game** Auswärtsspiel *nt*

awe [ɔː, AM ɑː] **I.** *n* Ehrfurcht *f;* **to hold sb in ~** großen Respekt vor jdm haben **II.** *vt* <BRIT **aweing** *or* AM **awing**> einschüchtern

awe-in·spir·ing *adj* Ehrfurcht gebietend

awe·some ['ɔːsəm, AM 'ɑː-] *adj* ① (*impressive*) beeindruckend ② (*intimidating*) beängstigend ③ AM (*sl: very good*) spitze

awe·strick·en ['ɔːˌstrɪkᵊn, AM 'ɑː-], **awe·struck** ['ɔːˌstrʌk, AM 'ɑː-] *adj* [von Ehrfurcht] ergriffen; *expression* ehrfurchtsvoll

aw·ful ['ɔːfᵊl, AM 'ɑː-] *adj* ① (*extremely bad*) furchtbar; **what an ~ thing to say!** das war aber gemein von dir!; **to look ~** schrecklich aussehen ② (*great*) außerordentlich; **an ~ lot** eine riesige Menge

aw·ful·ly ['ɔːfᵊli, AM 'ɑː-] *adv* furchtbar; **not ~ good** nicht besonders gut; **an ~ long way** ein schrecklich weiter Weg

awhile [ə'(h)waɪl] *adv* eine Weile

awk·ward ['ɔːkwəd, AM 'ɑːkwɚd] *adj* ① (*difficult*) schwierig ② (*embarrassing*) peinlich; **to feel ~** sich unbehaglich fühlen ③ (*inconvenient*) ungünstig ④ (*clumsy*) unbeholfen

awn·ing ['ɔːnɪŋ, AM 'ɑː-] *n* (*on house*) Markise *f;* (*on caravan*) Vorzelt *nt*

awoke [ə'wəʊk, AM -'woʊk] *pt of* **awake**

awok·en [ə'wəʊkᵊn, AM -'woʊk-] *pp of* **awake**

awry [ə'raɪ] *adj* schief

axe, AM **ax** [æks] **I.** *n* Axt *f* ▶ PHRASES: **to get the ~** *workers* entlassen werden; *projects* gestrichen werden **II.** *vt things* streichen; *people* entlassen

axi·om ['æksiəm] *n* Axiom *nt*

axis <*pl* axes> ['æksɪs, *pl* -siːz] *n* Achse *f*

axle ['æksl̩] *n* Achse *f*

aya·tol·lah [ˌaɪə'tɒlə, AM -'toʊlə] *n* Ayatollah *m*

aye [aɪ] **I.** *interj* ① SCOT, NENG (*yes*) ja ② NAUT **~, ~, sir!** zu Befehl, Herr Kapitän! **II.** *n* POL Jastimme *f*

azalea [ə'zeɪliə, AM ə'zeɪljə] *n* Azalee *f*

Azer·bai·jan [ˌæzəbaɪ'dʒɑːn, AM ˌɑːzɚ-] *n no pl* Aserbaidschan *nt*

Az·tec ['æztek] **I.** *n* Azteke *m,* Aztekin *f* **II.** *adj* aztekisch; **~ language** Aztekisch *nt*

az·ure ['æʒəʳ, AM 'æʒɚ] **I.** *n* Azur[blau] *nt* **II.** *adj* azur[blau]

Bb

B <*pl* -'s *or* -s>, **b** <*pl* -'s> [biː] *n* ① (*letter*) B *nt,* b *nt;* **~ for Benjamin**, AM **as in Baker** B wie Berta ② MUS H *nt,* h *nt*

BA [ˌbiː'eɪ] *n* ① *abbrev of* **Bachelor of Arts** B. ② *abbrev of* **British Airways** BA *f*

bab·ble ['bæbl̩] **I.** *n* ① (*confused speech*) Geplapper *nt* ② *of water* Plätschern *nt* **II.** *vi* ① (*talk incoherently*) plappern; *baby* babbeln ② *water* plätschern **III.** *vt* stammeln

babe [beɪb] *n* (*fam*) ① (*address*) Schatz *m* ② (*person*) Süße(r) *f(m)*

ba·boon [bə'buːn, AM *also* bæ-] *n* Pavian *m*

baby ['beɪbi] **I.** *n* ① (*child*) Baby *nt;* **to have a ~** ein Baby bekommen ② (*youngest person*) Jüngste(r) *f(m)* ③ (*fam: address*) Baby *nt* ▶ PHRASES: **to throw the ~ out with the bathwater** das Kind mit dem Bade ausschütten **II.** *adj* klein; **~ carrots** Babymöhren *pl* **III.** *vt* <-ie-> ■**to ~ sb** jdn wie ein kleines Kind behandeln

'baby car·riage *n* AM Kinderwagen *m*

'baby food *n* Babynahrung *f*

ba·by·hood ['beɪbihʊd] *n* Säuglingsalter *nt*

ba·by·ish ['beɪbiɪʃ] *adj* kindisch

'baby-mind·er *n* BRIT Tagesmutter *f;* (*profession*) Kinderpfleger(in) *m(f)*

'baby sign·ing *n no pl, no art* SOCIOL, PSYCH Gebärdensprache *f* für Kleinkinder

B

'baby·sit·ter *n* Babysitter(in) *m(f)* **'baby·sit·ting** *n* Babysitting *nt*

bach·elor ['bætʃᵊləʳ, AM -ᵊlɚ] *n* ① (*unmarried man*) Junggeselle *m* ② UNIV **B~ of Arts/Science** Bakkalaureus *m* der philosophischen/naturwissenschaftlichen Fakultät

Land und Leute

Ein **Bachelor's degree** ist in der Regel ein erster Universitätsabschluss, den Studenten nach drei, in einigen Fächern erst nach vier oder fünf Jahren Studium erhalten. Die wichtigsten Abschlüsse sind *BA* (*Bachelor of Arts*) für geisteswissenschaftliche Fächer, *BSc* (*Bachelor of Science*) für naturwissenschaftliche Fächer, *BEd* (*Bachelor of Education*) für die pädagogische Ausbildung, *LLB* (*Bachelor of Laws*) für die Rechtswissenschaft und *BMus* (*Bachelor of Music*) für die Musikwissenschaft.

ba·cil·lus <*pl* bacilli> [bə'sɪləs, *pl* bə'sɪlaɪ] *n* Bazillus *m*

back [bæk] **I.** *n* ① (*of body*) Rücken *m;* **to put one's ~ out** sich verheben; **~ to ~** Rücken an Rücken ② *of building, page* Rückseite *f; of car* Heck *nt; of chair* Lehne *f;* (*in car*) Rücksitz[e] *m[pl];* **at the ~ of the theatre** hinten im Theater; **~ to front** verkehrt herum; **~ of the hand/head/leg** Handrücken *m*/Hinterkopf *m*/Wade *f* ③ FBALL Verteidiger(in) *m(f)* ▶ PHRASES: **to get sb's ~ up** jdn wütend machen; **in** [*or* **at**] **the ~ of one's mind** im Hinterkopf **II.** *adj* ① <backmost> (*rear*) Hinter-; **~ pocket** Gesäßtasche *f* ② (*of body*) Rücken- **III.** *adv* ① (*to previous place*) [wieder] zurück; **there and ~** hin und zurück; **~ and forth** hin und her ② (*to past*) **that was ~ in 1950** das war [schon] 1950; **two months ~** vor zwei Monaten **IV.** *vt* ① (*support*) unterstützen; **to ~ a horse** auf ein Pferd setzen ② (*drive*) **she ~ed the car into the garage** sie fuhr rückwärts in die Garage **V.** *vi car* zurücksetzen ◆**back away** *vi* zurückweichen (**from** vor +*dat*) ◆**back down** *vi* nachgeben ◆**back into** *vi* ■**to ~ into sb** *person* mit jdm zusammenstoßen; ■**to ~ into sth** *vehicle* rückwärts gegen [*o* in] etw *akk* fahren ◆**back off** *vi* sich zurückziehen; **~ off!** lass mich in Ruhe! ◆**back onto** *vi* ■**to ~ onto sth** hinten an etw *akk* [an]grenzen ◆**back out** *vi* einen Rückzieher machen ◆**back up I.** *vi traffic* sich stauen **II.** *vt* ① (*support*) unterstützen; (*confirm*) bestätigen ② COMPUT sichern ③ (*reverse*) zurücksetzen

'back·ache *n no pl* Rückenschmerzen *pl*

back·'bench·er *n* BRIT POL *einfaches Mitglied des Unterhauses*

'back·biting *n* Lästern *nt* **'back·bone** *n* Rückgrat *nt a. fig* **'back·chat** *n* Widerrede *f* **'back·cloth** *n* THEAT Prospekt *m* **'back·comb** *vt esp* BRIT **to ~ one's hair** sich das Haar toupieren **back 'door** *n* Hintertür *f*

'back·drop *n* Hintergrund *m a. fig*

back·er [bækəʳ, AM -ɚ] *n* Förderer, Förderin *m, f*

'back·fire *vi* ① AUTO frühzünden ② (*go wrong*) fehlschlagen

back·ground ['bækgraʊnd] *n* ① Hintergrund *m;* **~ noise** Geräuschkulisse *f* ② **with a ~ in ...** mit Erfahrung in ...

'back·hand *n* Rückhand *f*

'back·hand·ed *adj action* unredlich; **a ~ compliment** ein zweifelhaftes Kompliment

'back·hand·er *n* BRIT (*fam*) Schmiergeld *nt*

back·ing ['bækɪŋ] *n* ① (*support*) Unterstützung *f* ② (*stiffener*) Verstärkung *f*

'back·lash *n* Gegenreaktion *f* **'back·log** *n usu sing* Rückstand *m* **back 'num·ber** *n* alte Ausgabe **'back·pack I.** *n* Rucksack *m* **II.** *vi* mit dem Rucksack reisen **'back·pack·er** *n* Rucksackreisende(r) *f(m)* **'back pay** *n* (*of wages*) Lohnnachzahlung *f;* (*of salaries*) Gehaltsnachzahlung *f* **'back seat** *n* ① Rücksitz *m* ② (*fig*) **to take a ~** in den Hintergrund treten **'back·side** *n* (*fam*) Hintern *m* ▶ PHRASES: **to get off one's ~** seinen Hintern in Bewegung setzen **'back·slash** *n* Backslash *m* **'back·space, 'backs·pace key** *n* Backspace-Taste *f* **'back·stage I.** *n* Garderobe *f* **II.** *adj, adv* hinter der Bühne **'back·stroke** *n* Rückenschwimmen *nt* **'back talk** *n* AM (*fam*) Widerrede *f* **back-to-'school** *adj shopping, spending, merchandise* zum Schulbeginn *nach n* **'back·track** *vi* ① (*go back*) [wieder] zurückgehen ② (*change opinion*) einlenken

'back·up ['bækʌp] *n* ① (*support*) Unterstützung *f;* **~ generator** Notstromaggregat *nt* ② COMPUT Sicherung *f,* Backup *nt*

back·ward ['bækwəd, AM -wɚd] **I.** *adj* ① (*facing rear*) rückwärtsgewandt; (*reversed*) Rück[wärts]-; **a ~ step** ein Schritt *m* nach hinten ② (*slow in learning*) zurückgeblieben ③ (*underdeveloped*) rückständig **II.** *adv see* **backwards**

back·wards ['bækwədz, AM -wɚdz] *adv* ① (*towards the back*) nach hinten; **to walk ~ and forwards** hin- und hergehen

B

② (*in reverse*) rückwärts; **to know sth ~** etw in- und auswendig kennen ③ (*into past*) zurück

'back·water *n* ① (*of river*) stehendes Gewässer ② (*isolated place*) toter Fleck

'back·woods *npl* hinterste Provinz

'back·woodsman *n* Hinterwäldler(in) *m(f)*

back·'yard *n* BRIT (*courtyard*) Hinterhof *m* ▶PHRASES: **in one's own ~** vor der eigenen Haustür

ba·con ['beɪkᵊn] *n* [Schinken]speck *m*

bac·te·ria [bæk'tɪəriə, AM -'tɪr-] *n pl of* **bacterium** Bakterien *pl*

bac·te·ri·olo·gist [bækˌtɪəri'ɒləʤɪst, AM -ˌtɪriə'ɑːlə-] *n* Bakteriologe, Bakteriologin *m, f*

bac·te·rium <*pl* -ria> [bæk'tɪəriəm, AM -'tɪriəm] *n* Bakterie *f*

bad <worse, worst> [bæd] **I.** *adj* schlecht; *dream* böse; *smell* übel; *cold* schlimm; *storm* heftig; **~ at maths** schlecht in Mathe; **~ blood** böses Blut; **~ language** Kraftausdrücke *pl;* **~ luck** Pech *nt;* **too ~** zu schade **II.** *adv* (*fam*) sehr **III.** *n no pl* **to take the ~ with the good** auch das Schlechte in Kauf nehmen

badge [bæʤ] *n* Abzeichen *nt;* (*on car*) Plakette *f; see also* **fridge**

badg·er ['bæʤəʳ, AM -ɚ] **I.** *n* Dachs *m* **II.** *vt* bedrängen

bad·ly <worse, worst> ['bædli] *adv* schlecht; **to be ~ in need of sth** etw dringend benötigen; **~ hurt** schwer verletzt

bad·min·ton ['bædmɪntən] *n* Federball *m*

bad-'tem·pered *adj* (*easily irritated*) leicht aufbrausend; (*in a bad mood*) schlecht gelaunt

baf·fle ['bæfl̩] *vt* verwirren

baf·fling ['bæfl̩ɪŋ] *adj* (*confusing*) verwirrend; (*mysterious*) rätselhaft

bag [bæg] **I.** *n* ① (*container*) Tasche *f;* (*drawstring*) Beutel *m;* (*sack*) Sack *m;* **paper/plastic ~** Papier-/Plastiktüte *f* ② (*handbag*) Handtasche *f;* (*travelling*) Reisetasche *f;* **to pack one's ~s** die Koffer packen ③ **to have ~s under one's eyes** Ringe unter den Augen haben **II.** *vt* <-gg-> eintüten

ba·gel ['beɪgᵊl] *n* Bagel *m*

bag·gage ['bægɪʤ] *n no pl* Gepäck *nt;* **excess ~** Übergepäck *nt*

Grammatik

baggage ist unzählbar; d.h. es wird nicht mit *a* oder im Plural gebraucht: *her baggage is clearly labelled*
Wenn man von einem Einzelstück redet, sagt man: a **piece/item of** baggage: *you may take one piece of baggage onto the aeroplane*

'bag·gage al·low·ance *n* Freigepäck *nt* **'bag·gage car** *n* AM, AUS Gepäckwagen *m* **'bag·gage check** *n* Gepäckkontrolle *f* **'bag·gage claim** *n* Gepäckausgabe *f* **'bag·gage rack** *n* Gepäckablage *f;* (*net*) Gepäcknetz *nt* **'bag·gage room** *n* Gepäckaufbewahrung[sstelle] *f*

bag·gy ['bægi] *adj* [weit] geschnitten

'bag lady *n* Obdachlose *f* **'bag·pip·er** *n* Dudelsackspieler(in) *m(f)* **'bag·pipes** *npl* Dudelsack *m*

Ba·ha·mas [bə'hɑːməz] *npl* ■**the ~** die Bahamas

Ba·ha·mian [bə'heɪmiən] **I.** *n* Bahamaer(in) *m(f)* **II.** *adj* bahamaisch

bail [beɪl] **I.** *n* Kaution *f;* **to grant ~** die Freilassung gegen Kaution gewähren **II.** *vt* (*release*) ■**to ~ sb** jdn gegen Kaution freilassen ◆**bail out I.** *vt* ① (*pay*) ■**to ~ out** ◯ **sb** für jdn [die] Kaution stellen ② (*help*) ■**to ~ sb out** jdm aus der Klemme helfen **II.** *vi* ① (*jump*) [mit dem Fallschirm] abspringen ② (*fig*) aussteigen

bail·iff ['beɪlɪf] *n* ① BRIT Verwalter(in) *m(f)* ② AM (*at court*) Justizwachtmeister(in) *m(f)*

bait [beɪt] **I.** *n* Köder *m a. fig;* **to take the ~** anbeißen **II.** *vt* ① (*put bait on*) mit einem Köder versehen ② (*harass*) *person* schikanieren

bake [beɪk] **I.** *vi* ① (*cook*) backen ② (*fam*) **it's baking outside** draußen ist es wie im Backofen **II.** *vt* ① (*cook*) [im Ofen] backen ② *pottery* brennen

bak·er ['beɪkəʳ, AM -kɚ] *n* Bäcker(in) *m(f)*

bak·ery ['beɪkᵊri] *n* Bäckerei *f*

bak·ing ['beɪkɪŋ] *n no pl* Backen *nt;* (*pottery*) Brennen *nt*

'bak·ing pow·der *n no pl* Backpulver *nt*

bal·ance ['bælən(t)s] **I.** *n* ① *no pl* Gleichgewicht *nt a. fig;* **to hang** [*or* **be**] **in the ~** (*fig*) in der Schwebe sein; **to strike a ~** den goldenen Mittelweg finden ② FIN Kontostand *m;* **~ of payments** Zahlungsbilanz *f* ③ (*scales*) Waage *f* ④ (*harmony*) Ausgewogenheit *f* **II.** *vt* ① (*compare*) abwägen ② (*keep steady*) balancieren ③ (*achieve equilibrium*) ein Gleichgewicht herstellen ④ FIN *account* ausgleichen **III.** *vi* ① (*a. fig: keep steady*) das Gleichgewicht halten ② FIN ausgeglichen sein ◆**balance out I.** *vt* aufwiegen **II.** *vi* sich aufwiegen

bal·anced ['bæləntst] *adj* ausgewogen; *personality* ausgeglichen

'bal·ance sheet *n* Bilanz *f*

bal·co·ny [ˈbælkəni] *n* Balkon *m*

bald [bɔ:ld] *adj* ① (*hairless*) glatzköpfig; **to go ~** eine Glatze bekommen ② *tyre* abgefahren

bald-ˈhead·ed *adj* glatzköpfig *attr,* kahlköpfig *attr;* **a ~ man** ein Glatzkopf *m*

bald·ly [ˈbɔ:ldli] *adv* unumwunden

bald·ness [ˈbɔ:ldnəs] *n* Kahlheit *f*

bale [beɪl] **I.** *n* Ballen *m* **II.** *vt* bündeln

bale·ful [ˈbeɪlfəl] *adj* böse

balk [bɔ:k, BRIT *also* bɔ:lk] *vi* ① (*stop*) *horse* scheuen ② (*be unwilling*) zurückschrecken (**at** vor +*dat*)

Bal·kans [ˈbɔ:lkənz] *npl* ■**the ~** der Balkan

Bal·kan States [ˌbɔ:lkənˈsteɪts] *npl* ■**the ~** die Balkanstaaten

ball [bɔ:l] *n* ① Ball *m* ② (*ball-shaped*) *of wool* Knäuel *m o nt; of dough* Kugel *f* ③ **~ of the foot** Fußballen *m* ④ (*dance*) Ball *m* ▶ PHRASES: **to be __on__ the ~** auf Zack sein; **to __have__ a ~** Spaß haben; **to __play__ ~** mitmachen

bal·lad [ˈbæləd] *n* Ballade *f*

bal·lad·eer [ˌbæləˈdɪər, AM -dɪr] *n* Liedermacher(in) *m(f)*

bal·last [ˈbæləst] *n no pl* ① Ballast *m* ② RAIL Schotter *m*

ball ˈbear·ing *n* Kugellager *nt*

ˈball-break·er *n* (*fam: sexually demanding woman who destroys men's self-confidence*) Femme Fatale *f*

bal·le·ri·na [bæləˈri:nə] *n* Ballerina *f*

bal·let [ˈbæleɪ, AM bæˈleɪ] *n no pl* Ballett *nt*

ˈbal·let danc·er *n* Balletttänzer(in) *m(f)*

ˈball game *n* AM Baseballspiel *nt* ▶ PHRASES: **that's a whole __new__ ~** das ist eine ganz andere Sache

bal·lis·tic [bəˈlɪstɪk] *adj* ballistisch ▶ PHRASES: **to __go__ ~** (*fam*) ausflippen *fam*

bal·loon [bəˈlu:n] *n* Ballon *m*

bal·loon·ist [bəˈlu:nɪst] *n* Ballonfahrer(in) *m(f)*

bal·lot [ˈbælət] **I.** *n* [geheime] Abstimmung; (*election*) Geheimwahl *f;* **to hold a ~** abstimmen; (*elect*) wählen **II.** *vi* abstimmen **III.** *vt* ■**to ~ sb [on sth]** jdn [über etw] abstimmen lassen

ˈbal·lot box *n* Wahlurne *f* **ˈbal·lot pa·per** *n* Stimmzettel *m*

ˈball·park *n* AM Baseballstadion *nt* **ˈball play·er** *n* AM Baseballspieler(in) *m(f)*

ˈball·point, ball·point ˈpen *n* Kugelschreiber *m*

ˈball·room *n* Ballsaal *m*

ball·room ˈdanc·ing *n no pl* Gesellschaftstanz *m*

balls [ˈbɔ:lz] *n pl* (*vulg, sl*) Eier *pl derb*

ˈballs-up *n* BRIT (*vulg, sl*) Scheiß *m pej derb;* (*confusion*) Durcheinander *nt*

balm [bɑ:m] *n* Balsam *m; see also* **behalf**

balmy [ˈbɑ:mi] *adj* mild

ba·lo·ney [bəˈləʊni, AM -ˈloʊni] *n no pl* ① AM (*Bologna sausage*) ≈ Fleischwurst *f* ② (*fam: nonsense*) Quatsch *m*

Bal·tic [ˈbɔ:ltɪk] **I.** *adj* baltisch **II.** *n* ■**the ~** die Ostsee

bam·boo [bæmˈbu:] *n* Bambus *m*

bam·boo·zle [bæmˈbu:zl̩] *vt* ① (*confuse*) verwirren ② (*trick*) übers Ohr hauen

ban [bæn] **I.** *n* Verbot *nt;* **~ on smoking** Rauchverbot *nt* **II.** *vt* <-nn-> ■**to ~ sth** etw verbieten; ■**to ~ sb** jdn ausschließen

ba·nal [bəˈnɑ:l] *adj* banal

ba·nal·ity [bəˈnæləti, AM -t̬i] *n* Banalität *f*

ba·na·na [bəˈnɑ:nə, AM -ˈnænə] *n* Banane *f*

ba·na·na re·ˈpub·lic *n* (*pej*) Bananenrepublik *f usu pej* **ba·ˈna·na tree** *n* Bananenstaude *f*

band [bænd] **I.** *n* ① *of metal, cloth* Band *nt* ② *of colour* Streifen *m;* (*section a.*) Abschnitt *m* ③ (*range*) Bereich *m;* **tax ~** Steuerklasse *f* ④ MUS (*modern*) Band *f;* (*traditional*) Kapelle *f* **II.** *vt* BRIT SCH einstufen ◆**band together** *vi* sich vereinigen

band·age [ˈbændɪdʒ] **I.** *n* Verband *m;* (*of cloth*) Binde *f;* (*for support*) Bandage *f* **II.** *vt limb* bandagieren; *wound* verbinden

ˈBand-Aid® *n* AM Hansaplast® *nt*

B & ˈB *n* BRIT *abbrev of* **bed and breakfast**

bandit [ˈbændɪt] *n* Bandit(in) *m(f)*

ˈband mem·ber, ˈbands·man *n* Mitglied *nt* einer Kapelle/Band

ˈband·stand *n* Musikpavillon *m* **ˈband·wagon** *n* ▶ PHRASES: **to __jump__ on the ~** auf den fahrenden Zug aufspringen **band·width** [ˈbændwɪtθ] *n* Bandbreite *f*

ban·dy [ˈbændi] **I.** *adj* **~ legs** O-Beine **II.** *vt* ■**to be bandied about** verbreitet werden

bang [bæŋ] **I.** *n* ① (*loud sound*) Knall *m* ② (*blow*) Schlag *m* ③ ■**~s** *pl* AM (*fringe*) [kurzer] Pony ▶ PHRASES: **to go** [AM **over**] **__with__ a ~** ein echter Knaller sein **II.** *adv* ① (*precisely*) genau; **~ on** BRIT (*fam*) genau richtig; **~ up-to-date** topaktuell ② **to go ~** [mit einem lauten Knall] explodieren ③ **~ goes my pay rise** das war's dann wohl mit meiner Gehaltserhöhung **III.** *interj* ■**~!** peng! **IV.** *vi* Krach machen; *door* knallen **V.** *vt* ① (*hit*) *door* zuschlagen; **to ~ the phone down** den Hörer auf die Gabel knallen ② AM **to ~ one's hair** sich *dat* einen Pony schneiden ◆**bang about** *vi* (*fam*) Krach machen ◆**bang away** *vi* herumhämmern

bang·er [ˈbæŋər, AM -ɚ] *n* ① BRIT (*car*) Klapperkiste *f* ② (*firework*) Knaller *m* ③ BRIT (*fam: sausage*) [Brat]wurst *f*

Ban·gla·deshi [ˌbæŋglə'deʃi] **I.** *n* Bangale(in) *m(f)* **II.** *adj* bangalisch

ban·gle ['bæŋgl] *n* Armreif[en] *m*

ban·ish ['bænɪʃ] *vt* verbannen (**from** aus +*dat*); *from country* ausweisen

ban·ish·ment ['bænɪʃmənt] *n* Verbannung *f*

ban·is·ter ['bænɪstəʳ, AM -əstɚ] *n usu pl* [Treppen]geländer *nt*

ban·jo ['bændʒəʊ, AM -dʒoʊ] *n* <*pl* -s *or* -es> Banjo *nt*

bank¹ [bæŋk] **I.** *n* ❶ *of river* Ufer *nt;* (*elevated area*) Abhang *m* ❷ ~ **of fog** Nebelbank *f* ❸ (*row*) Reihe *f* **II.** *vi* AVIAT in die Querlage gehen **III.** *vt* AVIAT in die Querlage bringen

bank² [bæŋk] **I.** *n* ❶ (*financial institution*) Bank *f;* **in[to] the ~** auf der Bank ❷ (*storage place*) Bank *f* **II.** *vi* ■**to ~ with sb** bei jdm ein Konto haben **III.** *vt* [auf der Bank] einzahlen ◆**bank on** *vi* (*rely on*) zählen (auf +*dat*); (*expect*) rechnen (mit +*dat*) ◆**bank up I.** *vi* sich anhäufen **II.** *vt* ■**to ~ sth up** ❶ *earth* aufschütten; *tracks, mountainside* mit einer Böschung versehen ❷ *money* ansammeln

'bank ac·count *n* Bankkonto *nt* **'bank bal·ance** *n* Kontostand *m* **'bank book** *n* Sparbuch *nt* **'bank card** *n* AM Bankkarte *f* **'bank charges** *npl* Bankgebühren **'bank clerk** *n* Bankangestellte(r) *f(m)*

bank·er ['bæŋkəʳ, AM -kɚ] *n* ❶ (*in bank*) Banker(in) *m(f)* ❷ (*in gambling*) Bankhalter(in) *m(f)*

bank 'holi·day *n* ❶ BRIT öffentlicher Feiertag ❷ AM Bankfeiertag *m*

Land und Leute

Ein **bank holiday** ist einer der ursprünglich etwa 30 Feiertage, die von der Bank of England als Urlaubstage gerechnet wurden. Heute ist ein **bank holiday** ein *public holiday* (*gesetzlicher Feiertag*).

bank·ing ['bæŋkɪŋ] *n* Bankwesen *nt;* **to be in ~** bei einer Bank arbeiten

'bank·ing hours *npl* Schalterstunden

bank 'man·ag·er *n* Filialleiter(in) *m(f)* einer Bank **'bank·note** *n* Banknote *f* **'bank rate** *n* Diskontsatz *m* **'bank rob·ber** *n* Bankräuber(in) *m(f)* **'bank rob·bery** *n* Banküberfall *m*

bank·rupt ['bæŋkrʌpt] **I.** *adj* bankrott; **to go ~** in Konkurs gehen **II.** *vt* [finanziell] ruinieren **III.** *n* Konkursschuldner(in) *m(f)*

bank·rupt·cy ['bæŋkrʌp(t)si] *n* ❶ *no pl* (*insolvency*) Konkurs *m* ❷ (*individual case*) Konkursfall *m*

bank 'sort code *n* BRIT Bankleitzahl *f*

'bank state·ment *n* Kontoauszug *m*

'bank trans·fer *n* Überweisung *f*

ban·ner ['bænəʳ, AM -ɚ] *n* ❶ (*sign*) Transparent *nt* ❷ (*flag*) Banner *nt*

ban·ner 'ad·vert *n* INET Bannerwerbung *f*

banns [bænz] *npl* **to publish the ~** das Aufgebot verkünden

ban·quet ['bæŋkwɪt] **I.** *n* Bankett *nt* **II.** *vi* festlich speisen

ban·tam ['bæntəm, AM -t̬əm] *n* Bantamhuhn *nt*

ban·ter ['bæntəʳ, AM -t̬ɚ] **I.** *n* scherzhaftes Gerede **II.** *vi* herumscherzen

bap·tism ['bæptɪzᵊm] *n* Taufe *f*

bap·tis·mal [bæp'tɪzmᵊl] *adj* Tauf-

Bap·tist ['bæptɪst] *n* Baptist(in) *m(f)*

bap·tize [bæp'taɪz, AM 'bæp-] *vt* taufen

bar [bɑːʳ, AM bɑːr] **I.** *n* ❶ (*rod*) Stange *f; of cage* Gitterstab *m;* **to be behind ~s** hinter Schloss und Riegel sein ❷ *of chocolate* Riegel *m; of soap* Stück *nt;* **~ of gold** Goldbarren *m* ❸ BRIT (*heater*) *Heizelement in künstlichen Kaminen* ❹ (*for drinking*) Lokal *nt,* Bar *f;* (*counter*) Bar *f,* Theke *f* **II.** *vt* <-rr-> ❶ (*fasten*) verriegeln ❷ (*obstruct*) blockieren ❸ (*prohibit*) *something* verbieten; *somebody* ausschließen **III.** *prep* außer; **~ none** [alle] ohne Ausnahme

Bar [bɑːʳ, AM bɑːr] *n* LAW **to be called to the ~** als Anwalt/Anwältin [vor Gericht] zugelassen werden

barb [bɑːb, AM bɑːrb] *n* ❶ *of hook, arrow* Widerhaken *m* ❷ (*insult*) Gehässigkeit *f*

bar·bar·ian [bɑː'beəriən, AM bɑːr'ber-] *n* Barbar(in) *m(f)*

bar·bar·ic [bɑː'bærɪk, AM bɑːr'ber-] *adj* barbarisch

bar·bar·ity [bɑː'bærəti, AM bɑːr'bærət̬i] *n* Barbarei *f*

bar·ba·rous ['bɑːbᵊrəs, AM 'bɑːr-] *adj* grausam

bar·be·cue ['bɑːbɪkjuː, AM 'bɑːr-] **I.** *n* (*utensil*) Grill *m;* (*event*) Grillparty *f* **II.** *vt* grillen

barbed [bɑːbd, AM bɑːrbd] *adj* ❶ *hook, arrow* mit Widerhaken *nach n* ❷ (*fig: hurtful*) bissig

barbed 'wire *n* Stacheldraht *m*

bar·ber ['bɑːbəʳ, AM 'bɑːrbɚ] *n* [Herren]friseur *m*

'bar·ber·shop *n* AM Friseurgeschäft *nt*

bar·bi·tu·rate [bɑː'bɪtʃᵊrət, AM bɑːr-] *n* Barbiturat *nt*

'bar chart *n* Histogramm *nt* **'bar code** *n* Strichcode *m*

bard [bɑːd, AM bɑːrd] *n* (*liter*) Barde *m;* **the B~ of Avon** Shakespeare

B

bare [beəʳ, AM ber] **I.** *adj* ① (*unclothed*) nackt; **with one's ~ hands** (*fig*) mit seinen bloßen Händen ② (*uncovered*) *branch* kahl; *landscape* karg ③ (*unadorned*) nackt; *room* karg ④ (*basic*) **the ~ minimum** das absolute Minimum; **the ~ essentials** das Allernotwendigste **II.** *vt* entblößen; **to ~ one's heart/soul to sb** jdm sein Herz ausschütten

'bare·back I. *adj rider* auf ungesatteltem Pferd *nach n* **II.** *adv* ohne Sattel **'bare·faced** *adj* unverschämt **'bare·foot, bare·'foot·ed I.** *adj* barfüßig **II.** *adv* barfuß

bare·ly ['beəli, AM 'ber-] *adv* ① (*hardly*) kaum ② (*scantily*) karg

barf [bɑ:f, AM bɑ:rf] *vi* AM (*fam!*) kotzen

bar·gain ['bɑ:gɪn, AM 'bɑ:r-] **I.** *n* ① (*agreement*) Handel *m;* **to drive a hard ~** hart verhandeln ② (*good buy*) guter Kauf; **a real ~** ein echtes Schnäppchen **II.** *vi* (*negotiate*) [ver]handeln; (*haggle*) feilschen (**for** um +*akk*) ◆**bargain for** *vi* rechnen mit; **to get more than one ~ed for** eine unangenehme Überraschung erleben ◆**bargain on** *vi* zählen auf +*akk*

bar·gain 'base·ment *n* AM Untergeschoss *nt* mit Sonderangeboten **'bar·gain price** *n* Sonderpreis *m* **'bar·gain-priced** *adj* stark reduziert, zum Schleuderpreis *nach n* **'bar·gain sale** *n* Ausverkauf *m*

barge [bɑ:dʒ, AM bɑ:rdʒ] **I.** *n* (*for cargo*) Lastkahn *m;* (*for pleasure*) Prunkschiff *nt* **II.** *vi* ■**to ~ into sb** jdn anrempeln **III.** *vt* **to ~ one's way to the front** sich nach vorne drängeln ◆**barge in** *vi* (*enter*) hinein-/hereinplatzen; (*interrupt*) ins Wort fallen

'bar·hop·ping *n esp* AM *no pl* Kneipentour *f*

bari·tone ['bærɪtəʊn, AM 'berətoʊn] *n* Bariton *m*

bark¹ [bɑ:k, AM bɑ:rk] *n no pl* (*rind*) [Baum]rinde *f*

bark² [bɑ:k, AM bɑ:rk] **I.** *n* Bellen *nt;* (*fig*) Anblaffen *nt* **II.** *vi* bellen ◆**bark out** *vt* [barsch] bellen

'bar·keep·er, AM **'bar·keep** *n* ① (*owner*) Barbesitzer(in) *m(f)* ② (*server*) Barkeeper(in) *m(f)*

bar·ley ['bɑ:li, AM 'bɑ:r-] *n no pl* Gerste *f*

'bar·maid *n* Bardame *f* **'bar·man** *n* Barmann *m*

bar·my ['bɑ:mi, AM 'bɑ:r-] *adj esp* BRIT (*fam*) bekloppt

barn [bɑ:n, AM bɑ:rn] *n* Scheune *f*

bar·na·cle ['bɑ:nəkl̩, AM 'bɑ:rn-] *n* Rankenfußkrebs *m*

bar·net ['bɑ:nɪt] *n* BRIT (*rhyming sl: a person's hair*) Haare *pl*

'barn owl *n* ORN Schleiereule *f*

'barn·yard *n esp* AM [Bauern]hof *m*

ba·rom·eter [bə'rɒmɪtəʳ, AM -'rɑ:məţɚ] *n* Barometer *nt*

bar·on ['bærən, AM 'ber-] *n* Baron *m,* Freiherr *m;* **press ~** Pressezar *m*

bar·on·ess ['bærᵊnəs, AM 'ber-] *n* Baronin *f*

ba·ro·nial [bə'rəʊniəl, AM -'roʊ-] *adj* ① (*great*) fürstlich ② (*of baron*) Barons-

ba·roque [bə'rɒk, AM -'roʊk] **I.** *adj* barock **II.** *n no pl* ■**the ~** der [*o* das] Barock

bar·rack ['bærək] *vt* BRIT ausbuhen

bar·racks ['bærəks, AM 'ber-] *npl + sing/pl vb* Kaserne *f*

bar·rage ['bærɑ:(d)ʒ, AM bə'rɑ:(d)ʒ] *n* ① MIL Sperrfeuer *nt* ② (*fig*) **~ of questions** Schwall *m* von Fragen ③ BRIT (*barrier*) Wehr *nt*

bar·rel ['bærᵊl, AM *also* 'ber-] *n* ① (*container*) Fass *nt* ② (*measure*) Barrel *nt* ③ *of gun* Lauf *m; of cannon* Rohr *nt*

'bar·rel or·gan *n* Drehorgel *f*

bar·ren ['bærᵊn, AM *esp* 'ber-] *adj* ① unfruchtbar; *landscape* karg ② (*fig*) unproduktiv; *years* mager

bar·ri·cade ['bærɪkeɪd, ˌbærə'keɪd, AM 'berə-] **I.** *n* Barrikade *f* **II.** *vt* verbarrikadieren

bar·ri·er ['bæriər, AM 'beriɚ] *n* Barriere *f;* (*manmade*) Absperrung *f;* (*at level crossing*) Schranke *f*

bar·ring ['bɑ:rɪŋ] *prep* ausgenommen; **~ any delays** wenn es keine Verspätungen gibt

bar·ris·ter ['bærɪstəʳ] *n* BRIT, AUS Rechtsanwalt *m*/Rechtsanwältin *f* [bei höheren Gerichten]

bar·row ['bærəʊ, AM 'beroʊ] *n* ① (*wheelbarrow*) Schubkarren *m* ② (*cart*) Karren *m*

bar·tend·er ['bɑ:ˌtendəʳ, AM 'bɑ:rˌtendɚ] *n* Barkeeper *m*

bar·ter ['bɑ:təʳ, AM 'bɑ:rtɚ] **I.** *n* Tausch[handel] *m* **II.** *vi* Tauschhandel [be]treiben; **to ~ for sth** um etw *akk* handeln **III.** *vt* ■**to ~ sth for** etw tauschen gegen +*akk*

base¹ [beɪs] **I.** *n* ① (*bottom*) Fuß *m; of spine* Basis *f* ② (*HQ*) Hauptsitz *m;* MIL Basis *f* ③ (*ingredient*) Hauptbestandteil *m* ④ (*substrate*) Grundlage *f;* (*for painting*) Grundierung *f* ⑤ SPORTS Base *f* ▶ PHRASES: **to touch ~** sich kurz mit jdm in Verbindung setzen **II.** *vt* ① ■**to be ~d** *firm* seinen Sitz haben; *soldier* stationiert sein ② (*taken from*) ■**to be ~d on sth** auf etw *dat* basieren

base² [beɪs] *adj* ① (*immoral*) niederträchtig ② (*menial*) niedrig

'base·ball *n* Baseball *m o nt*

Land und Leute

Baseball ist der amerikanische Nationalsport. Zwei Mannschaften zu je neun Spielern sind abwechselnd *up*, d.h. sie versuchen, *runs* (*Punkte*) zu machen, indem die Spieler vier *bases* (*Platten*) nacheinander berühren, die in einem *diamond* (*Innenfeld*) angeordnet sind. Der *pitcher* (*Werfer*) der Gegenseite wirft den Ball, und der *batter* (*Schlagmann*) der Gegenmannschaft versucht, den Ball mit seinem Schläger zu treffen. Der *batter* muss mindestens die erste Platte erreichen, bevor die Gegenseite den Ball unter Kontrolle bekommt.

'base camp *n* Basislager *nt*
'base·less *adj* unbegründet
base·ment ['beɪsmənt] *n* (*living area*) Untergeschoss *nt;* (*cellar*) Keller *m*
'base rate *n* FIN Leitzins *m*
bases[1] ['beɪsiz] *n pl of* **base**
bases[2] ['beɪsi:z] *n pl of* **basis**
bash [bæʃ] (*fam*) **I.** *n* <*pl* -es> ① (*blow*) [heftiger] Schlag ② BRIT Versuch *m;* **to have a ~ at sth** etw [einmal] probieren **II.** *vi* ■**to ~ into** zusammenstoßen mit +*dat* **III.** *vt* ■**to ~ sb** jdn verhauen ◆**bash on** *vi* BRIT (*fam*) ■**to ~ on** [**with sth**] [mit etw *dat*] weitermachen ◆**bash out** *vt* **to ~ out a report** schnell mal einen Bericht zusammenschreiben *fam;* **to ~ out a tune on the piano** ein bisschen auf dem Klavier herumklimpern
bash·ful ['bæʃfᵊl] *adj* schüchtern
ba·sic ['beɪsɪk] *adj* ① (*fundamental*) grundlegend; **~ requirements** Grundvoraussetzungen *pl;* ■**the ~s** *pl* die Grundlagen; **to go back to** [**the**] **~s** zum Wesentlichen zurückkehren ② (*very simple*) [sehr] einfach
ba·si·cal·ly ['beɪsɪkᵊli] *adv* im Grunde
ba·sic 'pay *n* Grundlohn *m* **ba·sic 'sala·ry** *n* Grundgehalt *nt* **ba·sic vo·'cabu·lary** *n* Grundwortschatz *m*
bas·il ['bæzᵊl, AM 'beɪzᵊl] *n* Basilikum *nt*
ba·sili·ca [bə'zɪlɪkə, AM -sɪl-] *n* ARCHIT Basilika *f*
ba·sin ['beɪsᵊn] *n* ① (*in kitchen*) Schüssel *f;* (*washbasin*) Waschbecken *nt* ② GEOG Becken *nt*
ba·sis <*pl* bases> ['beɪsɪs, *pl* -si:z] *n* Basis *f;* ■**to be the ~ for sth** als Grundlage für etw *akk* dienen; **on a regular ~** regelmäßig
bask [bɑ:sk, AM bæsk] *vi* ① **to ~ in the sun** sich in der Sonne aalen ② (*fig*) ■**to ~ in sth** *success* sich in etw *dat* sonnen
bas·ket ['bɑ:skɪt, AM 'bæskət] *n* Korb *m*
'bas·ket·ball *n* Basketball *m* **'bas·ket case** *n* (*fam*) hoffnungsloser Fall
bask·ing shark ['bɑ:skɪŋʃɑ:k, AM 'bæskɪŋʃɑ:rk] *n* Riesenhai *m*
Basque [bæsk] **I.** *n* ① (*person*) Baske, Baskin *m, f* ② (*language*) Baskisch *nt* **II.** *adj* baskisch
bass[1] [beɪs] *n* MUS Bass *m*
bass[2] [bæs] *n* (*fish*) Barsch *m*
bas·soon [bə'su:n] *n* Fagott *nt*
bas·tard ['bɑ:stəd, AM 'bæstəd] *n* ① (*fam*) Dreckskerl *m* ② (*pej old: illegitimate*) uneheliches Kind
baste [beɪst] *vt* ① FOOD mit [Braten]saft beträufeln ② AM (*tack*) [an]heften
bas·ti·on ['bæstiən, AM -tʃən] *n* Bollwerk *nt a. fig*
bat[1] [bæt] *n* ① (*animal*) Fledermaus *f* ② (*fam*) **old ~** alte Schrulle ▶PHRASES: [**as**] **blind as a ~** blind wie ein Maulwurf
bat[2] [bæt] *vt* **to not ~ an eyelid** (*fig*) nicht mal mit der Wimper zucken
bat[3] [bæt] **I.** *n* SPORTS Schläger *m* ▶PHRASES: [**right**] **off the ~** AM prompt; **to do sth off one's own ~** BRIT etw auf eigene Faust tun **II.** *vi, vt* <-tt-> SPORTS schlagen
batch [bætʃ] *n* <*pl* -es> Stapel *m; of bread* Schub *m*
'batch file *n* COMPUT Batchdatei *f*
bat·ed ['beɪtɪd, AM -t̬ɪd] *adj* **with ~ breath** mit angehaltenem Atem
bath [bɑ:θ, AM bæθ] **I.** *n* ① (*tub*) [Bade]wanne *f* ② (*water*) Bad[ewasser] *nt;* **to run** [**sb**] **a ~** [jdm] ein Bad einlassen; **~ essence** Badezusatz *m* ③ (*washing*) Bad *nt;* **to have** [*or* **take**] **a ~** ein Bad nehmen, baden **II.** *vi, vt* [sich] baden
bathe [beɪð] **I.** *vi* ① BRIT (*swim*) schwimmen ② AM (*bath*) ein Bad nehmen **II.** *vt* ① MED baden; **to ~ one's eyes** ein Augenbad machen ② AM (*bath*) baden ③ (*fig: cover*) tauchen; **to be ~d in sweat** schweißgebadet sein
bath·er ['beɪðəʳ, AM -ðə] *n* Badende(r) *f(m)*
bath·ing ['beɪðɪŋ] *n no pl* Baden *nt;* **to go ~** baden gehen
'bath·ing cap *n* Bademütze *f* **'bath·ing cos·tume** *n* BRIT, AUS (*dated*), AM **'bath·ing suit** *n* Badeanzug *m* **'bath·ing trunks** *npl* Badehose *f*
'bath·robe *n* Bademantel *m* **'bath·room** *n* Bad[ezimmer] *nt;* **to go to the ~** AM, AUS auf die Toilette gehen **'bath tow·el** *n* Bade[hand]tuch *nt* **'bath·tub** *n esp* AM Badewanne *f*
ba·ton ['bætᵊn, AM bə'tɑ:n] *n* ① (*in conducting*) Taktstock *m* ② (*in relay races*) Staffelholz *nt;* **~ change** Stabwechsel *m* ③ (*trun-*

B

cheon) Schlagstock *m*

bats·man *n* Schlagmann *m*

bat·tal·ion [bəˈtæliən, AM -ljən] *n* Bataillon *nt*

bat·ten [ˈbætᵊn] *n* Latte *f* ◆ **batten down** *vt* mit Latten befestigen; **to ~ down the hatches** (*fig*) sich auf etwas gefasst machen

bat·ter¹ [ˈbætəʳ, AM ˈbæt̬ɚ] FOOD **I.** *n* [Back]teig *m* **II.** *vt* panieren

bat·ter² [ˈbætəʳ, AM ˈbæt̬ɚ] **I.** *n* SPORTS Schlagmann *m* **II.** *vt* ■**to ~ sb** jdn verprügeln; ■**to ~ sth** auf etw *akk* einschlagen **III.** *vi* schlagen; (*with fists*) hämmern

bat·tered [ˈbætəd, AM ˈbæt̬ɚd] *adj* ① (*beaten*) misshandelt ② (*damaged*) böse zugerichtet; *car* verbeult; *equipment* schadhaft; *furniture, image* ramponiert ③ (*covered in batter*) paniert

bat·ter·ing [ˈbætᵊrɪŋ, AM ˈbæt̬-] *n* ① (*attack*) Prügel *pl* ② (*fam: defeat*) Niederlage *f*

ˈbat·ter·ing ram *n* Rammbock *m*

bat·tery [ˈbætᵊri, AM ˈbæt̬-] *n* ① (*power*) Batterie *f* ② MIL Batterie *f*

ˈbat·tery charg·er *n* [Batterie]ladegerät *nt*

ˈbat·tery hen *n* BRIT, AUS Batteriehuhn *nt*

bat·tery-op·er·at·ed [ˈbætᵊriˌɒpᵊreɪtɪd, AM ˈbæt̬ᵊriˌɑːpᵊr-], **bat·tery-pow·ered** [ˈbætᵊriˌpaʊəd, AM ˈbæt̬ᵊriˌpaʊɚd] *adj* batteriebetrieben

bat·tle [ˈbætl̩, AM ˈbæt̬l̩] **I.** *n* Kampf *m*; **~ of wills** Machtkampf *m* ▶ PHRASES: **to fight a <u>losing</u> ~** auf verlorenem Posten kämpfen **II.** *vi* kämpfen *a. fig* **III.** *vt* AM ■**to ~ sth** gegen etw *akk* [an]kämpfen

ˈbat·tle·axe, AM **ˈbat·tle·ax** *n* ① (*hist*) Streitaxt *f* ② (*fam: woman*) Schreckschraube *f* **ˈbat·tle cry** *n* Schlachtruf *m* **ˈbat·tle·dress** *n no pl* Kampfanzug *m* **ˈbat·tle·field**, **ˈbat·tle·ground** *n* ① Schlachtfeld *nt* ② (*fig*) Reizthema *nt*

bat·tle·ments [ˈbætl̩mənts, AM ˈbæt̬l̩-] *npl* Zinnen

ˈbat·tle·ship *n* Schlachtschiff *nt*

bat·ty [ˈbæti, AM -t̬i] *adj* (*fam*) bekloppt

baulk [bɔːk, AM *also* bɑːk] *vi see* **balk**

baux·ite [ˈbɔːksaɪt, AM *also* ˈbɑːk-] *n* Bauxit *m*

Ba·varia [bəˈveəriə, AM ˈveriə] *n no pl* GEOG Bayern *nt*

Ba·var·ian [bəˈveəriən, AM -ˈveri-] **I.** *adj* bay[e]risch **II.** *n* Bayer(in) *m(f)*

bawdy [ˈbɔːdi, AM *also* ˈbɑː-] *adj* schlüpfrig, zweideutig

bawl [bɔːl, AM bɑːl] **I.** *vi* ① (*bellow*) brüllen ② (*weep*) heulen **II.** *vt* schreien; *song* grölen

bay [beɪ] **I.** *n* ① GEOG Bucht *f*; **the B~ of Biscay** der Golf von Biskaya ② (*for parking*) Parkbucht *f*; (*for unloading*) Ladeplatz *m* ③ FOOD **~ leaf** Lorbeerblatt *nt* ▶ PHRASES: **<u>at</u> ~** in die Enge getrieben; **to keep sb <u>at</u> ~** sich *dat* jdn vom Leib halten **II.** *vi* bellen; HUNT melden; **to ~ for blood** (*fig*) nach Blut lechzen

bayo·net [ˈbeɪənət, AM ˌbeɪəˈnet] **I.** *n* Bajonett *nt* **II.** *vt* mit dem Bajonett aufspießen

bay ˈwin·dow *n* Erkerfenster *nt*

ba·zaar [bəˈzɑːʳ, AM -ˈzɑːr] *n* Basar *m*

ba·zil·lion [bəˈzɪljən] *n* AM (*fam*) jede Menge

BBC [ˌbiːbiːˈsiː] *n* BRIT *abbrev of* **British Broadcasting Corporation:** ■**the ~** die BBC

Land und Leute

Die **BBC** wurde 1922 gegründet und ist heute einer der wichtigsten Fernseh- und Radiosender Großbritanniens. Sie bietet eine Vielzahl von Radio- und Fernsehprogrammen und wird durch Anmeldegebühren finanziert.

BC [biːˈsiː] *adv abbrev of* **before Christ** v. Chr.

be <was, been> [biː, bi] *vi + n/adj* ① (*describes*) sein; **what is that?** was ist das?; **she's a doctor** sie ist Ärztin; **what do you want to ~ when you grow up?** was willst du einmal werden, wenn du erwachsen bist?; **to ~ [all] for sth** [ganz] für etw *akk* sein ② (*location*) sein; *town, country* liegen; **the keys are in that box** die Schlüssel befinden sich in der Schachtel; **to ~ in a fix** in der Klemme stecken ③ (*do*) **to ~ on benefit** [*or* AM **welfare**] Sozialhilfe bekommen; **to ~ on a diet** auf Diät sein; **to ~ on the pill** die Pille nehmen; ■**to ~ up to sth** etw im Schild[e] führen ④ (*exist*) **to ~ or not to ~, that is the question** Sein oder Nichtsein, das ist die Frage; **there is/are ...** es gibt ... ⑤ (*expressing future*) **we are [going] to visit Australia in the spring** im Frühling reisen wir nach Australien; (*expressing future in past*) **she was never to see her brother again** sie sollte ihren Bruder nie mehr wiedersehen; **what are we to do?** was sollen wir tun?; (*in conditionals*) **if I were you, I'd ...** an deiner Stelle würde ich ... ⑥ (*impersonal use*) **what's it to ~?** (*what are you drinking*) was möchten Sie trinken?; (*please decide now*) was soll es denn [nun] sein?; **is it true that ...?** stimmt es, dass ...?; **as it were** sozusagen ⑦ (*expressing imperatives*) **~ quiet or I'll ...!** sei still oder ich ...!; **~ seated!** setzen Sie sich! ⑧ (*expressing *continuation*) **while I'm eating** während ich beim Essen bin; **it's raining** es regnet; **you're always complaining** du beklagst dich dauernd ⑨ (*expressing passive*) **to ~ asked** gefragt werden; **to ~ left speechless** sprachlos sein; **what is to ~ done?** was kann getan werden? ▶ PHRASES: **~ that as it may** wie dem auch sei; **so ~ it** so sei es; **to ~ off** (*go away*) weggehen; (*begin spoiling*) schlecht sein; **~ off with you!** hau ab!; **let her ~!** lass sie in Ruhe!

beach [bi:tʃ] **I.** *n* <*pl* -es> Strand *m* **II.** *vt* auf [den] Strand setzen

'beach ball *n* Wasserball *m* **'beach·wear** *n* Strandkleidung *f*

bea·con ['bi:kən] *n* ① (*signal*) Leuchtfeuer *nt* ② (*fig: inspiration*) Leitstern *m*

bead [bi:d] *n* ① Perle *f* ② (*fig*) **~s of perspiration** Schweißtropfen *pl* ③ REL ■ **~s** *pl* Rosenkranz *m*

bead·ing ['bi:dɪŋ] *n* Perlstab *m*

beady ['bi:di] *adj* **~ eyes** [glänzende] Knopfaugen; **to have one's ~ eye on** (*fig*) ein wachsames Auge haben auf +*akk*

beak [bi:k] *n* Schnabel *m*

beak·er ['bi:kəʳ, AM -ɚ] *n* ① (*mug*) Becher *m* ② SCI Becherglas *nt*

beam [bi:m] **I.** *n* ① (*light*) [Licht]strahl *m*; **full ~** Fernlicht *nt* ② (*baulk*) Balken *m* ③ SPORTS Schwebebalken *m* **II.** *vt* ausstrahlen **III.** *vi* strahlen

beam·ing ['bi:mɪŋ] *adj* strahlend

bean [bi:n] *n* (*seed*) Bohne *f*; (*pod*) [Bohnen]hülse *f*; **baked ~s** Baked Beans *pl* ▶ PHRASES: **full of ~s** putzmunter

beanie ['bi:ni] *n* [Beanie-]mütze *f*

'bean sprouts *npl* Sojabohnensprossen *pl*

bear[1] [beəʳ, AM ber] *n* (*animal*) Bär(in) *m(f)*; **she ~** Bärin *f*

bear[2] <bore, borne *or* AM *a.* born> [beəʳ, AM ber] **I.** *vt* ① (*carry*) tragen; *gifts* mitbringen; (*liter*) *tidings* überbringen; **to ~ the blame** die Schuld auf sich *akk* nehmen ② (*endure*) ertragen; *suspense* aushalten; *criticism* vertragen; **it doesn't ~ thinking about** man darf gar nicht daran denken ③ (*harbour*) **to ~ sb a grudge** einen Groll gegen jdn hegen ④ (*keep*) **I'll ~ that in mind** ich werde das berücksichtigen ⑤ (*give birth to*) gebären; **his wife bore him a son** seine Frau schenkte ihm einen Sohn ⑥ BOT **to ~ fruit** Früchte tragen *a. fig* **II.** *vi* ① (*tend*) **to ~ right** sich rechts halten ② (*be patient*) ■ **to ~ with sb** mit jdm Geduld haben ③ (*approach*) ■ **to ~ down on** zusteuern auf +*akk* ④ (*be relevant*) ■ **to ~ on** betreffen; (*have affect on*) beeinflussen ◆**bear off** *vt* ① (*defend against*) abwehren ② (*carry away*) wegtragen ◆**bear up** *vi* standhalten; **she's ~ing up** sie lässt sich nicht unterkriegen

bear·able ['beərəbl̩, AM 'berə-] *adj* erträglich

beard [bɪəd, AM bɪrd] *n* Bart *m*; **to have a ~** einen Bart tragen [*o* haben]

beard·ed ['bɪədɪd, AM 'bɪrd-] *adj* bärtig

beard·less ['bɪədləs, AM 'bɪrd-] *adj* bartlos

bear·er ['beərəʳ, AM 'berɚ] *n* Überbringer(in) *m(f)*

bear·ing ['beəʳɪŋ, AM 'ber-] *n* ① NAUT Peilung *f*; **to take a ~ on sth** etw anpeilen; ■ **~s** *pl* (*position*) Lage *f*; (*direction*) Kurs *m*; **to lose one's ~s** die Orientierung verlieren ② *no pl* (*deportment*) Benehmen *nt*; (*posture*) Haltung *f* ③ TECH Lager *nt*

'bear·skin *n* ① (*fur*) Bärenfell *nt* ② (*hat*) Bärenfellmütze *f*

beast [bi:st] *n* ① (*animal*) Tier *nt*; **~ of burden** Lasttier *nt* ② (*person*) Biest *nt*; (*cruel*) Bestie *f*

beast·ly ['bi:s(t)li] *adj* BRIT (*fam*) ① (*disappointing, nasty*) scheußlich, ekelhaft ② (*unfair, unpleasant*) gemein, fies

beat [bi:t] **I.** *n* ① (*throb*) Schlag *m* ② *no pl* (*act*) Schlagen *nt*; *of heart* Klopfen *nt* ③ *no pl* MUS Takt *m* ④ *usu sing* (*patrol*) Runde *f* **II.** *adj* (*fam*) fix und fertig; **dead ~** total geschafft **III.** *vt* <beat, beaten *or* beat> ① (*hit*) schlagen; ■ **to ~ sth** gegen/auf etw *akk* schlagen; *carpet* [aus]klopfen; **to ~ sb to death** jdn totschlagen; **to ~ a drum** trommeln ② FOOD schlagen ③ (*defeat*) schlagen, besiegen; (*score better*) übertreffen; ■ **to ~ sb to sth** jdm bei etw *dat* zuvorkommen; **you simply can't ~ their prices** (*fam*) ihre Preise sind schlichtweg nicht zu unterbieten; **it ~s me** [*or* **what ~s me is**] **how/why ...** (*fam*) es ist mir ein Rätsel, wie/warum ... ▶ PHRASES: **~ it!** (*fam*) hau ab!; **to ~ a** [**hasty**] **retreat** [schnell] einen Rückzieher machen **IV.** *vi* <beat, beaten *or* beat> ① (*throb*) schlagen; *heart a.* klopfen, pochen; *drum* dröhnen ② (*strike*) ■ **to ~ against/on sth** gegen etw *akk* schlagen ③ *rain* prasseln; *sun* [nieder]brennen; *waves* schlagen ▶ PHRASES: **to ~ about** [*or* AM **around**] **the bush** um den heißen Brei herumreden ◆**beat back** *vt* abwehren; MIL zurückschlagen ◆**beat down** **I.** *vi* *rain* [her]niederprasseln; *sun* [her]niederbrennen **II.** *vt* herunterhandeln (**to** auf +*akk*) ◆**beat off** *vt* abwehren; MIL zurückschlagen ◆**beat out** *vt* ① (*extinguish*) ausschlagen ② (*drum*) schlagen ▶ PHRASES: **to ~ sb's brains out** (*fam*) jdm den Schädel einschlagen ◆**beat up** **I.** *vt* verprügeln, zusammenschlagen **II.** *vi* AM

B

B

■**to ~ up on** verprügeln

beat·en ['bi:tᵊn, AM -t̬ᵊn] *adj* geschlagen; *metal* gehämmert ▶PHRASES: **off the ~ track** abgelegen

beat·er ['bi:təʳ, AM -t̬ɚ] *n* (*for cookery*) Rührbesen *m*

be·ati·fi·ca·tion [biˌætɪfɪ'keɪʃᵊn, AM -ˌæt̬ə-] *n* Seligsprechung *f*

be·ati·fy [bi'ætɪfaɪ, AM -'æt̬ə-] *vt* selig sprechen

beat·ing ['bi:tɪŋ, AM -t̬-] *n* ① (*smacking*) Prügel *pl* ② (*defeat*) Niederlage *f*

'beat poet *n* Beatpoet(in) *m(f)* **beat 'poetry** *n* Beatlyrik *f*

beau·ti·cian [bju:'tɪʃᵊn] *n* Kosmetiker(in) *m(f)*

beau·ti·ful ['bju:tɪfᵊl, AM -t̬ə-] *adj* ① (*attractive*) schön; **extremely ~** wunderschön ② (*uplifting*) herrlich, großartig

beau·ti·fy ['bju:tɪfaɪ, AM -t̬ə-] *vt* verschönern; (*hum*) **to ~ oneself** sich schön machen

beau·ty ['bju:ti, AM -t̬i] *n* ① *no pl* (*attractiveness*) Schönheit *f* ② (*woman*) Schönheit *f* ③ *no pl* (*attraction*) **the ~ of our plan ...** das Schöne an unserem Plan ...

'beau·ty con·test, **'beau·ty pag·eant** *n* Schönheitswettbewerb *m*

'beau·ty par·lour, AM **'beau·ty par·lor** *n* Schönheitssalon *m*, Kosmetiksalon *m*

'beau·ty spot *n* ① (*in countryside*) schönes Fleckchen [Erde] ② (*on face*) Schönheitsfleck *m*

bea·ver ['bi:vəʳ, AM -vɚ] **I.** *n* ① Biber *m* ② (*fig*) Arbeitstier *nt* **II.** *vi* (*fam*) **to ~ away** schuften

be·calmed [bɪ'kɑ:md] *adj* in eine Flaute geraten

be·came [bɪ'keɪm] *pt of* **become**

be·cause [bɪ'kɒz, AM -'kɑ:z] **I.** *conj* weil; (*since*) da; (*for*) denn ▶PHRASES: **just ~!** [einfach] nur so! **II.** *prep* ■**~ of** wegen +*gen*

beck [bek] *n* BRIT [Wild]bach *m* ▶PHRASES: **to be at sb's ~ and call** nach jds Pfeife tanzen

beck·on ['bekᵊn] **I.** *vt* ■**to ~ sb over** jdn herüberwinken **II.** *vi* winken *a. fig*

be·come <became, become> [bɪ'kʌm] **I.** *vi* werden; **to ~ extinct** aussterben; **what became of ...?** was ist aus ... geworden?; **to ~ interested in sb/sth** anfangen, sich für jdn/etw zu interessieren **II.** *vt* ① werden; **she wants to ~ an actress** sie will Schauspielerin werden ② (*look good*) ■**sth ~s sb** etw steht jdm

> **Falsche Freunde**
>
> Nicht verwechseln mit bekommen — *to get*!

be·com·ing [bɪ'kʌmɪŋ] *adj dress, hat* vorteilhaft

bed [bed] *n* ① (*furniture*) Bett *nt*; **to go to ~** zu [*o* ins] Bett gehen ② (*flower patch*) Beet *nt* ③ (*base*) **sea~** Meeresgrund *m*; **served on a ~ of rice** auf Reis serviert ▶PHRASES: **as you make your ~ so you must lie on it** (*prov*) wie man sich bettet, so liegt man ◆**bed down** *vi* ① **to ~ down on the couch** auf dem Sofa kampieren ② (*reach state of normality*) sich legen

BEd [bi:'ed] *n* BRIT *abbrev of* **Bachelor of Education** Bakkalaureus *m* der Erziehungswissenschaften

bed and 'break·fast *n* Übernachtung *f* mit Frühstück **'bed·bug** *n* [Bett]wanze *f* **'bed·clothes** *npl* Bettzeug *nt kein pl*

bed·ding ['bedɪŋ] *n no pl* ① Bettzeug *nt* ② AGR [Ein]streu *f*; **~ plant** Freilandpflanze *f*

be·dev·il <BRIT -ll- *or* AM *usu* -l-> [bɪ'devᵊl] *vt* ■**to be ~ed by sth** von etw *dat* geplagt werden

'bed·fel·low *n* Verbündete(r) *f(m)*; **the priest and the politician made strange ~s** der Pfarrer und der Politiker gaben ein merkwürdiges Gespann ab

bed·lam ['bedləm] *n* Chaos *nt*

'bed lin·en *n* Bettwäsche *f*

be·drag·gled [bɪ'drægl̩d] *adj* durchnässt [und verdreckt]

'bed·rid·den *adj* bettlägerig

'bed·rock *n* Grundgestein *nt*; (*fig*) Fundament *nt* **'bed·room** *n* Schlafzimmer *nt*

'bed·side *n* Seite *f* des Bett[e]s; **to be at sb's ~** an jds Bett sitzen

bed·side 'lamp *n* Nachttischlampe *f* **bed·side 'rug** *n* Bettvorleger *m* **bed·side 'table** *n* Nachttisch *m*

'bed·sit, bed·'sit·ter *n* BRIT Einzimmerappartement *nt* **'bed·sore** *n* wund gelegene Stelle **'bed·spread** *n* Tagesdecke *f* **'bed·stead** *n* Bettgestell *nt* **'bed·time** *n* Schlafenszeit *f*; **it's ~** Zeit fürs Bett!; **at ~** vor dem Schlafengehen

bee [bi:] *n* ① (*insect*) Biene *f* ② AM, AUS (*meet*) Treffen *nt*; **sewing ~** Nähkränzchen *nt* ▶PHRASES: **to have a ~ in one's bonnet** einen Tick haben; **to be a busy ~** fleißig wie eine Biene sein

beech [bi:tʃ] *n* Buche *f*

'beech·nut *n* Buchecker *f*

beef [bi:f] **I.** *n* ① *no pl* (*meat*) Rindfleisch *nt*; **minced** [*or* AM **ground**] **~** Rinderhack[fleisch] *nt* ② (*fam: complaint*) Beschwerde *f* **II.** *vi* (*fam*) sich beschweren (**about** über +*akk*)

'beef·bur·ger *n* Beefburger *m* **'beef·cake**

n no pl (*fam*) Muskelpakete *pl* **'beef·steak** *n* Beefsteak *nt*
beefy ['bi:fi] *adj* ① (*fam: muscular*) muskulös ② (*like beef*) Rindfleisch-
'bee·hive *n* ① (*of bees*) Bienenstock *m;* (*rounded*) Bienenkorb *m* ② (*hairstyle*) toupierte Hochfrisur **'bee-keep·er** *n* Imker(in) *m(f)* **'bee·line** *n no pl* **to make a ~ for sb/sth** schnurstracks auf jdn/etw zugehen
been [bi:n, AM bɪn] *pp of* **be**
beep [bi:p] **I.** *vt* ① (*make brief noise*) **to ~ one's horn** hupen ② AM (*on pager*) ■**to ~ sb** jdn anpiepen **II.** *vi* piepen; (*in car*) hupen **III.** *n* Piep[s]ton *m; of car* Hupen *nt*
beep·er ['bi:pəʳ, AM -pɚ] *n* Piepser *m*
beer [bɪər, AM bɪr] *n* Bier *nt*
'beer gar·den *n* Biergarten *m* **'beer mat** *n* Bierdeckel *m*
'bees·wax *n no pl* Bienenwachs *nt*
beet [bi:t] *n* ① (*plant*) [Runkel]rübe *f* ② AM (*beetroot*) Rote Bete
bee·tle ['bi:tl̩, AM -t̬l̩] *n* Käfer *m*
beet·root ['bi:tru:t] *n* BRIT Rote Bete
be·fit <-tt-> [bɪ'fɪt] *vt* **as ~s a princess** wie es einer Prinzessin geziemt
be·fore [bɪ'fɔ:ʳ, AM -'fɔ:r] **I.** *prep* ① (*earlier*) vor +*dat;* **~ everything else** zuallererst; **~ long** in Kürze; **the day ~ yesterday** vorgestern ② (*in front of*) vor +*dat; with verbs of motion* vor +*akk;* **the letter K comes ~ L** der Buchstabe K kommt vor dem L; **the task ~ us** die Aufgabe, vor der wir stehen **II.** *conj* ① (*at previous time*) bevor; **just ~ ...** kurz bevor ...; **but ~ I knew it, she was gone** doch ehe ich mich versah, war sie schon verschwunden ② (*rather than*) bevor, ehe ③ (*until*) bis; ■**not ~** erst wenn ④ (*so that*) damit **III.** *adv* zuvor, vorher; **I have never seen that ~** das habe ich noch nie gesehen; **she has seen it all ~** sie kennt das alles schon; **life went on as ~** das Leben ging wieder seinen gewohnten Gang; **~ and after** davor und danach **IV.** *adj after n* zuvor; **it had rained the day ~** tags zuvor hatte es geregnet
before·hand [bɪ'fɔ:hænd, AM -'fɔ:r-] *adv* vorher
be·friend [bɪ'frend] *vt* ① (*become friends with*) sich anfreunden mit ② (*look after*) sich annehmen
beg <-gg-> [beg] **I.** *vt* (*request*) bitten; **to ~ sb's forgiveness** jdn um Verzeihung bitten; **I ~ your pardon** entschuldigen Sie bitte ▶ PHRASES: **to go ~ging** noch zu haben sein **II.** *vi* ① (*seek charity*) betteln (**for** um +*akk*) ② (*request*) ■**to ~ of sb** jdn anflehen; **to ~ for mercy** um Gnade flehen; **I ~ to inform you that ...** ich möchte Ihnen mitteilen, dass... ③ *dog* Männchen machen
be·gan [bɪ'gæn] *pt of* **begin**
beg·gar ['begəʳ, AM -ɚ] **I.** *n* ① (*poor person*) Bettler(in) *m(f)* ② + *adj esp* BRIT **lucky ~** Glückspilz *m* **II.** *vt* ▶ PHRASES: **to ~ belief** [einfach] unglaublich sein
be·gin <-nn-, began, begun> [bɪ'gɪn] *vt, vi* anfangen, beginnen; **I began this book two months ago** ich habe mit diesem Buch vor zwei Monaten angefangen; **to ~ work** mit der Arbeit beginnen; **I began to think he'd never come** ich dachte schon, er würde nie kommen; **it doesn't ~ to do him justice** es wird ihm nicht [einmal] annähernd gerecht; **she was ~ning to get angry** sie wurde allmählich wütend; **to ~ to roll/stutter** ins Rollen/Stottern kommen; **I don't know where to ~** ich weiß nicht, wo ich anfangen soll; **before school ~s** vor Schulanfang; **to ~ again** neu anfangen; **to ~ with, I want to ...** zunächst einmal möchte ich ...; **there were six of us to ~ with** anfangs waren wir noch zu sechst; **he began by saying ...** zunächst einmal sagte er ...
be·gin·ner [bɪ'gɪnəʳ, AM -nɚ] *n* Anfänger(in) *m(f)*
be·gin·ning [bɪ'gɪnɪŋ] *n* ① (*starting point*) Anfang *m;* (*in time*) Beginn *m;* **at** [*or* **in**] **the ~** am Anfang, zu Beginn; **from ~ to end** (*place*) von vorn bis hinten; (*temporal*) von Anfang bis Ende ② ■**~s** *pl* (*origin*) Anfänge *pl;* (*start*) erste Anzeichen
be·grudge [bɪ'grʌdʒ] *vt* ■**to ~ sb sth** jdm etw missgönnen; **I don't ~ him his freedom** ich gönne ihm seine Freiheit
be·gun [bɪ'gʌn] *pp of* **begin**
be·half [bɪ'hɑ:f, AM -'hæf] *n no pl* **on ~ of sb** [*or* **on sb's ~**] (*speaking for*) im Namen einer Person; (*as authorized by*) im Auftrag von jdm

Aussprache

behalf wird ohne **l** gesprochen: [bɪ'hɑ:f]. Auch in diesen Wörtern wird das **l** nicht gesprochen:

balm	[bɑ:m]	(*Balsam*)
calf	[kɑ:f]	(*Kalb*)
chalk	[tʃɔ:k]	(*Kreide*)
qualm	[kwɑ:m]	(*ungutes Gefühl*)
yolk	[jəʊk]	(*Eigelb*)
palm	[pɑ:m]	(*Palme*)

be·have [bɪ'heɪv] **I.** *vi* ① *people* sich verhalten; **to ~ badly** sich schlecht benehmen;

~! benimm dich! ② *object, substance* sich verhalten **II.** *vt* ▪**to ~ oneself** sich [anständig] benehmen

be·hav·iour, AM **be·'hav·ior** *n* ① *of person* Benehmen *nt,* Verhalten *nt;* **to be on one's best ~** sich von seiner besten Seite zeigen; **~ pattern** Verhaltensmuster *nt* ② *of car* [Fahr]verhalten *nt*

be·hav·iour·al, AM **be·'hav·ior·al** *adj* Verhaltens-

be·head [bɪ'hed] *vt* köpfen

be·hind [bɪ'haɪnd] **I.** *prep* ① hinter *+dat; with verbs of motion* hinter *+akk;* **~ the wheel** hinterm Lenkrad; **to fall ~ sb** hinter jdn zurückfallen; **~ schedule** in Verzug ② *(fig)* **I'm ~ you all the way** ich stehe voll hinter dir; **who's ~ [all] this?** wer steckt dahinter? ▸PHRASES: **~ the times** hinter der Zeit zurück[geblieben] **II.** *adv* hinten **III.** *adj* ① *(in arrears)* im Rückstand ② *(slow)* **to be [a long way] ~** [weit] zurück sein **IV.** *n (fam)* Hintern *m*

be·hind·hand [bɪ'haɪndhænd] *adj* im Rückstand

be·hold <beheld, beheld> [bɪ'həʊld, AM -'hoʊld] *vt (liter or old)* erblicken

beige [beɪʒ] *adj* beige[farben]

be·ing ['bi:ɪŋ] **I.** *n* ① *(creature)* Wesen *nt* ② *(existence)* Dasein *nt;* **to come into ~** entstehen **II.** *adj* **for the time ~** vorerst **III.** *see* **be**

Be·la·rus [belə'ru:s] *n* Belarus *nt,* Weißrussland *nt*

be·lat·ed [bɪ'leɪtɪd, AM -t̬ɪd] *adj* verspätet; **~ birthday greetings** nachträgliche Geburtstagsgrüße

belch [beltʃ] **I.** *n* <*pl* -es> Rülpser *m* **II.** *vi* rülpsen **III.** *vt* ausstoßen; *volcano* ausspeien

bel·fry ['belfri:] *n* Glockenturm *m* ▸PHRASES: **to have bats in the ~** einen Vogel haben

Bel·gian ['beldʒən] **I.** *n* Belgier(in) *m(f)* **II.** *adj* belgisch

Bel·gium ['beldʒəm] *n* Belgien *nt*

be·lief [bɪ'li:f] *n* ① *(faith)* Glaube *m kein pl* (**in** an *+akk*); **to be beyond ~** [einfach] unglaublich sein ② *(view)* Überzeugung *f;* **it is my firm ~ that ...** ich bin der festen Überzeugung, dass ...; **to the best of my ~** nach bestem Wissen und Gewissen

be·liev·able [bɪ'li:vəbl̩] *adj* glaubwürdig

be·lieve [bɪ'li:v] **I.** *vt* ① *(presume true)* glauben; **would you ~ it?** kannst du dir das vorstellen?; **I couldn't ~ my luck** ich konnte mein Glück [gar] nicht fassen; **I can't ~ how ...** ich kann gar nicht verstehen, wie ...; ▪**to ~ sb to be sth** jdn für etw *akk* halten ② *(pretend)* **to make ~ [that]** ... so tun, als ob ... ▸PHRASES: **seeing is believing** was ich sehe, glaube ich **II.** *vi* ① *(be certain of)* glauben (**in** an *+akk*) ② *(have confidence)* ▪**to ~ in sb/sth** auf jdn/etw vertrauen ③ *(support sincerely)* ▪**to ~ in sth** viel von etw *dat* halten ④ *(think)* glauben; **we have [every] reason to ~ that ...** wir haben [allen] Grund zu der Annahme, dass ...; **I ~ so** ich glaube schon

be·liev·er [bɪ'li:vəʳ, AM -ɚ] *n* ① REL Gläubige(r) *f(m)* ② *(enthusiast)* [überzeugter] Anhänger/[überzeugte] Anhängerin; **to be a [great] ~ in sth** [sehr] viel von etw *dat* halten

be·lit·tle [bɪ'lɪtl̩, AM -t̬l̩] *vt* herabsetzen; *successes* schmälern

bell [bel] *n* ① *(for ringing)* Glocke *f;* *(small one)* Glöckchen *nt;* **door ~** Türklingel *f* ② *(signal)* Läuten *nt kein pl,* Klingeln *nt kein pl;* **there's the ~ for lunch** es läutet zur Mittagspause ▸PHRASES: **sth rings a ~ [with sb]** etw kommt jdm bekannt vor

'bell·boy *n* [Hotel]page *m*

bel·li·cose ['belɪkəʊs, AM -koʊs] *adj* kriegerisch

bel·lig·er·ent [bə'lɪdʒᵊrənt] *adj* kampflustig

'bell jar *n* Glasglocke *f*

bel·low ['beləʊ, AM -loʊ] **I.** *vt, vi* brüllen **II.** *n* Gebrüll *nt*

bel·lows ['beləʊz, AM -loʊz] *npl* **[pair of] ~s** Blasebalg *m*

'bell-push *n* BRIT Klingel *f*

bel·ly ['beli] *n* Bauch *m* ▸PHRASES: **his eyes are bigger than his ~** bei ihm sind die Augen größer als der Magen

'bel·ly·ache *(fam)* **I.** *n* Bauchschmerzen *pl,* Bauchweh *nt kein pl* **II.** *vi* jammern **'bel·ly bar** *n* Nabelstecker *m* **'bel·ly but·ton** *n (fam)* [Bauch]nabel *m* **'bel·ly-danc·er** *n* Bauchtänzerin *f* **'bel·ly flop I.** *n* Bauchklatscher *m* **II.** *vi* <-pp-> einen Bauchklatscher machen **'bel·ly land·ing** *n* AVIAT Bauchlandung *f*

be·long [bɪ'lɒŋ, AM -'lɑ:ŋ] *vi* ① *(be owned)* gehören (**to** *+dat*); *(be in right place)* hingehören; **where do these spoons ~?** wohin gehören diese Löffel? ② *(be welcome)* **you don't ~ here** Sie haben hier nichts zu suchen ③ *(fit in)* [dazu]gehören; **she doesn't really ~ here** sie passt eigentlich nicht hierher

be·long·ings [bɪ'lɒŋɪŋz, AM -'lɑ:ŋ-] *npl* Hab und Gut *nt kein pl;* **personal ~** persönliche Sachen

Be·lo·'rus·sian I. *n* ① *(person)* Belarusse, -russin *m, f,* Weißrusse, -russin *m, f* ② *no pl* LING Belarussisch *nt,* Weißrussisch *nt*

II. *adj* belarussisch, weißrussisch

be·loved [bɪˈlʌvɪd] **I.** *n no pl* Geliebte(r) *f(m)* **II.** *adj* geliebt

be·low [bɪˈləʊ, AM -ˈloʊ] **I.** *adv* ① (*lower*) unten, darunter; **down ~** NAUT unter Deck ② (*on page*) unten; **see ~** siehe unten **II.** *prep* ① unter *+dat; with verbs of motion* unter *+akk;* **~ average** unter dem Durchschnitt; **~ zero** *temperature* unter Null ② (*south of*) unterhalb *+gen*

belt [belt] **I.** *n* ① (*for waist*) Gürtel *m;* **below the ~** unter der Gürtellinie ② (*conveyor*) Band *nt* ③ (*area*) Gebiet *nt;* **commuter ~** Einzugsbereich *m* [einer Großstadt]; **green ~** Grüngürtel *m* ▶ PHRASES: **to <u>tighten</u> one's ~** den Gürtel enger schnallen **II.** *vt* hauen; *ball* knallen **III.** *vi* (*fam*) **to ~ along** [*or* **down**] entlangrasen ◆**belt out** *vt song* schmettern ◆**belt up** *vi esp* BRIT, AUS (*fam*) ① (*be quiet*) die Klappe halten ② AUTO sich anschnallen

be·moan [bɪˈməʊn, AM -ˈmoʊn] *vt* beklagen

be·mused [bɪˈmjuːzd] *adj* verwirrt

bench <*pl* -es> [bentʃ] *n* ① Bank *f* ② LAW ■**the ~** die [Richter]bank

ˈbench·mark *n* ① (*in surveying*) Höhenmarke *f* ② (*standard*) Maßstab *m*

bend [bend] **I.** *n* ① (*in road*) Kurve *f;* (*in pipe*) Krümmung *f;* (*in river*) Biegung *f* ② ■**the ~s** *pl* MED die Caissonkrankheit *kein pl* ▶ PHRASES: **to <u>go</u> round** [*or* AM **around**] **the ~** (*fam*) durchdrehen **II.** *vi* <bent, bent> ① (*turn*) *road* biegen; **to ~ forwards** sich vorbeugen; **to be bent double** sich krümmen ② (*be flexible*) sich biegen; *tree* sich neigen **III.** *vt* biegen; (*deform*) verbiegen; **to ~ the rules** (*fig*) sich nicht ganz an die Regeln halten ◆**bend back I.** *vt* zurückbiegen; **to ~ sth back into shape** etw wieder in [die ursprüngliche] Form bringen **II.** *vi* sich nach hinten beugen ◆**bend down** *vi* sich niederbeugen ◆**bend over, bend forward** *vi* sich vorbeugen ▶ PHRASES: **to ~ over <u>backwards</u>** sich *dat* die allergrößte Mühe geben

bend·ed [ˈbendɪd] *adj* (*form*) **on ~ knee**[**s**] auf Knien *a. fig*

be·neath [bɪˈniːθ] **I.** *prep* unter *+dat; with verbs of motion* unter *+akk;* **to be ~ sb** (*lower rank than*) unter jdm stehen; (*lower standard than*) unter jds Würde sein **II.** *adv* unten, darunter

ben·edic·tion [ˌbenɪˈdɪkʃᵊn] *n* Segnung *f*

ben·efac·tor [ˈbenɪfæktəʳ, ˈbenə-, AM -tɚ] *n* Wohltäter(in) *m(f)*

ben·efac·tress <*pl* -es> [ˈbenɪfæktrəs, ˈbenə-, AM ˈbenə-] *n* Wohltäterin *f*

be·nefi·cent [bɪˈnefɪsᵊnt] *adj* (*form: kindly*) gütig; (*charitable*) wohltätig

ben·efi·cial [ˌbenɪˈfɪʃᵊl] *adj* (*approv*) nützlich; **~ effect** positive Auswirkung, Nutzen *m; see also* **delicious**

bene·fi·ciary [ˌbenɪˈfɪʃᵊri, AM *also* -ˈfɪʃieri] *n* Nutznießer(in) *m(f)*

ben·efit [ˈbenɪfɪt] **I.** *n* ① (*advantage*) Vorteil *m;* (*profit*) Nutzen *m;* **to derive** [*or* **get**] [**much**] **~ from sth** einen [großen] Nutzen aus etw *dat* ziehen; **to give sb the ~ of the doubt** im Zweifelsfall zu jds Gunsten entscheiden ② (*welfare*) Beihilfe *f;* **unemployment ~** Arbeitslosengeld *nt;* **to be on ~** Sozialhilfe bekommen **II.** *vi* <-t- *or* -tt-> ■**to ~ from sth** von etw *dat* profitieren, aus etw *dat* Nutzen ziehen **III.** *vt* <-t- *or* -tt-> ■**to ~ sb/sth** jdm/etw nützen

be·nign [bɪˈnaɪn] *adj* ① (*approv: kind*) gütig ② MED **~ polyp/tumour** gutartiger Polyp/Tumor

bent [bent] **I.** *pt, pp of* **bend II.** *n* Neigung *f;* ■**a** [**natural**] **~ for sth** ein [natürlicher] Hang zu etw *dat* **III.** *adj* ① (*curved*) umgebogen; *wire* verbogen; *person* gekrümmt ② BRIT (*fam: corrupt*) korrupt

ben·zene [ˈbenziːn] *n* Benzol *nt*

ben·zine [ˈbenziːn] *n* Benzin *nt*

be·queath [bɪˈkwiːð] *vt* hinterlassen

be·quest [bɪˈkwest] *n* Vermächtnis *nt*

be·reaved [bɪˈriːvd] **I.** *adj* trauernd **II.** *n* ■**the ~** *pl* die Hinterbliebenen

be·reave·ment [bɪˈriːvmənt] *n* (*death*) Trauerfall *m;* (*loss*) schmerzlicher Verlust

be·ret [ˈbereɪ, AM bəˈreɪ] *n* Baskenmütze *f;* MIL Barett *nt*

Ber·mu·da [bəˈmjuːdə, AM bɚˈ-] *n* Bermuda *nt*

Ber·mu·da shorts [bəˌmjuːdəˈʃɔːts, AM bɚˌmjuːdəˈʃɔːrts] *npl* Bermudas *pl*

ber·ry [ˈberi] *n* Beere *f*

ber·serk [bəˈzɜːk, AM bɚˈzɜːrk] *adj* außer sich *dat;* **to go ~** [fuchsteufels]wild werden

berth [bɜːθ, AM bɜːrθ] **I.** *n* ① (*bed*) NAUT [Schlaf]koje *f;* RAIL Schlafwagenbett *nt* ② (*for ship*) Liegeplatz *m* **II.** *vt, vi* festmachen

be·seech <beseeched *or* besought, beseeched *or* besought> [bɪˈsiːtʃ] *vt* (*liter*) anflehen

be·seech·ing [bɪˈsiːtʃɪŋ] *adj* flehentlich

be·set <-tt-, beset, beset> [bɪˈset] *vt usu passive* ■**to be ~ by sth** von etw *dat* bedrängt werden; *by worries* von etw *dat* geplagt werden

be·side [bɪˈsaɪd] *prep* ① (*next to*) neben *+dat; with verbs of motion* neben *+akk;* **~ the sea** am Meer ② (*irrelevant to*) **~ the**

point nebensächlich

be·sides [bɪˈsaɪdz] **I.** *adv* außerdem; **many more ~** noch viele mehr **II.** *prep* ① (*in addition to*) außer +*dat* ② (*except for*) abgesehen von +*dat*

be·siege [bɪˈsiːdʒ] *vt* ① MIL (*surround*) belagern ② (*overwhelm*) überschütten

be·sot·ted [bɪˈsɒtɪd, AM -ˈsɑːt̬ɪd] *adj* ■**~ with sb** in jdn völlig vernarrt

be·sought [bɪˈsɔːt, AM -ˈsɑːt] *pt, pp of* **beseech**

best [best] **I.** *adj superl of* **good** ① (*finest*) ■**the ~ ...** der/die/das beste ...; **the ~ days of my life** die schönste Zeit meines Lebens; **~ regards** [*or* **wishes**] viele [*o* herzliche] Grüße; **give my ~ wishes to your wife** richten Sie Ihrer Frau herzliche Grüße von mir aus ② (*most favourable*) **he is acting in her ~ interests** er handelt nur zu ihrem Besten; **what's the ~ way to the station?** wie komme ich am besten zum Bahnhof?; ■**to be ~** am besten sein ③ (*most*) **the ~ part of sth** der Großteil einer S. *gen;* **it took the ~ part of an hour** es dauerte fast eine Stunde ▶ PHRASES: **sb's ~ bet** (*fam*) **your ~ bet would be to take a taxi** am besten nehmen Sie ein Taxi **II.** *adv superl of* **well** am besten; **to do as one thinks ~** tun, was man für richtig hält; **~ of all** am allerbesten **III.** *n no pl* ① (*finest person, thing*) ■**the ~** der/die/das Beste; **at its ~** vom Feinsten; **the ~ of friends** die besten Freunde; **in the ~ of health** bei bester Gesundheit; **to the ~ of my knowledge** meines Wissens; **at one's ~** (*performance*) in Höchstform; (*condition*) in bester Verfassung ② (*most favourable*) **all the ~!** (*fam*) alles Gute!; **to send one's ~** seine besten [Glück]wünsche senden; **at ~** bestenfalls ▶ PHRASES: **to make the ~ of things** [*or* **it**] das Beste daraus machen; **the ~ of both worlds** das Beste von beidem

bes·tial [ˈbestiəl, AM ˈbestʃəl] *adj* bestialisch

bes·ti·al·ity [ˌbestiˈæləti, AM ˌbestʃiˈælət̬i] *n* Bestialität *f*

best ˈman *n* Trauzeuge *m* (*des Bräutigams*)

Land und Leute

Der **best man**, der Trauzeuge, ist oft der beste Freund des Bräutigams. Bei einer typischen Hochzeit begleitet er den Bräutigam zur Kirche und bleibt während der ganzen Zeremonie neben ihm; dann gibt er ihm den Ehering für die Braut. Bei der *wedding reception*, der Hochzeitsfeier, hält er eine möglichst witzige Rede über den Bräutigam.

be·stow [bɪˈstəʊ, AM -ˈstoʊ] *vt* (*form*) ■**to ~ sth [up]on sb** jdm etw verleihen

best-ˈsell·er *n* Bestseller *m*

bet [bet] **I.** *n* ① (*gamble*) Wette *f;* **to lay** [*or* **make**] **a ~ on sth** auf etw *akk* wetten; **to make a ~ with sb** mit jdm wetten ② (*fig: guess*) Tipp *m;* **all ~s are off** alles ist möglich **II.** *vt, vi* <-tt-, bet *or* -ted, bet *or* -ted> wetten; **I ~ you £25 that ...** ich wette mit dir um 25 Pfund, dass ...; **to ~ heavily** hoch wetten ▶ PHRASES: **you ~!** (*fam*) das kannst du mir aber glauben!

beta [ˈbiːtə, AM ˈbeɪt̬ə] *n* Beta *nt*

ˈbeta-block·er *n* PHARM Betablocker *m*

ˈbeta test·ing *n* COMPUT Beta-Testing *nt*

ˈbeta ver·sion *n* COMPUT Betaversion *f*

be·tray [bɪˈtreɪ] *vt* ① (*be disloyal*) verraten; *trust* missbrauchen; ■**to ~ sb** (*be unfaithful*) jdm untreu sein; (*deceive*) jdn betrügen ② (*reveal*) *feelings* zeigen; *ignorance* verraten

be·tray·al [bɪˈtreɪəl] *n* Verrat *m; of trust* Enttäuschung *f*

bet·ter[1] [ˈbetəʳ, AM ˈbet̬ɚ] **I.** *adj comp of* **good** ① (*superior*) besser; **~ luck next time** vielleicht klappt's ja beim nächsten Mal; **she is much ~ at tennis than I am** sie spielt viel besser Tennis als ich ② (*healthier*) besser; **to get ~** sich erholen ③ (*most*) **the ~ part** der größte Teil; **the ~ part of an hour** fast eine Stunde [lang] ▶ PHRASES: **to go one ~** noch einen draufsetzen **II.** *adv comp of* **well** ① (*in superior manner*) besser; **or ~ still ...** oder noch besser ... ② (*to a greater degree*) mehr; *like* lieber; **she is much ~-looking** sie sieht viel besser aus; **to think ~ of sth** sich *dat* etw anders überlegen **III.** *n no pl* ① (*improvement*) **to change for the ~** sich zum Guten wenden; **all** [*or* **so much**] **the ~** umso besser ② ■**one's ~s** *pl* (*hum dated*) *Leute, die über einem stehen* ▶ PHRASES: **to get the ~ of sb** über jdn die Oberhand gewinnen **IV.** *vt* verbessern; **to ~ oneself** (*improve social position*) sich verbessern; (*further one's knowledge*) sich weiterbilden

bet·ter[2] [ˈbetəʳ, AM ˈbet̬ɚ] *n jd, der eine Wette abschließt*

bet·ting [ˈbetɪŋ, AM ˈbet̬-] *n no pl* Wetten *nt*

ˈbet·ting of·fice, ˈbet·ting shop *n* BRIT Wettbüro *nt*

bet·tor [ˈbetəʳ, AM ˈbet̬ɚ] *n esp* AM *see* **better**[2]

be·tween [bɪˈtwiːn] **I.** *prep* zwischen +*dat;*

with verbs of motion zwischen +*akk;* **halfway ~ Rome and Florence** auf halbem Weg zwischen Rom und Florenz; **~ you and me** unter uns gesagt **II.** *adv* ■**[in]** ~ dazwischen

bev·er·age ['bevᵊrɪdʒ] *n* Getränk *nt*

bevy ['bevi] *n* Schar *f*

be·ware [bɪ'weəʳ, AM -'wer] *vi, vt* sich in Acht nehmen (**of** vor +*dat*); **~!** Vorsicht!; **'~ of the dog'** „[Vorsicht,] bissiger Hund!"; ■**to ~ of doing sth** sich davor hüten, etw zu tun

be·wil·der [bɪ'wɪldəʳ, AM -dɚ] *vt* verwirren

be·wil·dered [bɪ'wɪldəd, AM -ɚd] *adj* verwirrt

be·wil·der·ing [bɪ'wɪldᵊrɪŋ, AM -ɚɪŋ] *adj* verwirrend

be·wil·der·ment [bɪ'wɪldəmənt, AM -ɚmənt] *n* Verwirrung *f*

be·witch [bɪ'wɪtʃ] *vt* ❶ (*put under spell*) verzaubern ❷ (*enchant*) bezaubern

be·witch·ing [bɪ'wɪtʃɪŋ] *adj* bezaubernd

be·yond [bi'ɒnd, AM -'(j)ɑːnd] **I.** *prep* ❶ (*on the other side of*) über +*akk*, jenseits +*gen* ❷ (*after*) nach +*dat* ❸ (*further than*) über +*akk;* **to be ~ the reach of sb** außerhalb jds Reichweite sein; **to see ~ sth** über etw *akk* hinaus sehen ❹ (*surpassing*) **damaged ~ repair** irreparabel beschädigt; **~ help** nicht mehr zu helfen **II.** *adv* (*in space*) jenseits; (*in time*) darüber hinaus; **with the mountains ~** mit den Bergen dahinter; **to go ~** hinausgehen über +*akk*

bi·an·nual [baɪ'ænjuəl] *adj* halbjährlich; **~ report** Halbjahresbericht *m*

bias ['baɪəs] **I.** *n usu sing* ❶ (*prejudice*) Vorurteil *nt* ❷ *no pl* (*one-sidedness*) Befangenheit *f* (**against** gegenüber +*dat*) ❸ (*predisposition*) Neigung *f* (**towards** für +*akk*) **II.** *vt* <-ss- *or* -s-> ■**to ~ sth** etw einseitig darstellen; ■**to ~ sb against sth** jdn gegen etw *akk* einnehmen

bi·ased ['baɪəst] *adj* voreingenommen

bib [bɪb] *n* Lätzchen *nt*

Bi·ble ['baɪbl̩] *n* Bibel *f*

bib·li·cal ['bɪblɪkᵊl] *adj* biblisch

bib·li·og·ra·pher [ˌbɪbli'ɒgrəfəʳ, AM -ɚ] *n* Bibliograf(in) *m(f)*

bib·lio·graph·ic [ˌbɪbliə(ʊ)'græfɪk, AM -oʊ'-], **bib·lio·graphi·cal** [ˌbɪbliə(ʊ)'græfɪkəl, AM -oʊ'-] *adj* bibliografisch

bib·li·og·ra·phy [ˌbɪbli'ɒgrəfi, AM -'ɑːgrə-] *n* Bibliografie *f*

bib·lio·phile ['bɪbliə(ʊ)faɪl, AM -əfaɪl] *n* Bibliophile(r) *f(m)*

bi·car·bo·nate, bi·car·bo·nate of 'so·da [ˌbaɪ'kɑːbᵊnət-, AM -'kɑːr-] *n* Natriumbikarbonat *nt;* (*in cookery*) Natron *nt*

bi·cen·tenary [ˌbaɪsen'tiːnᵊri], AM **bi·cen·ten·nial** [ˌbaɪsen'teniəl] **I.** *n* zweihundertjähriges Jubiläum; **the ~ of Goethe's birth/death** Goethes zweihundertster Geburtstag/Todestag **II.** *adj attr* Zweihundertjahr-; **~ celebration** Zweihundertjahrfeier *f*

bi·ceps <*pl* -> ['baɪseps] *n* Bizeps *m*

bick·er ['bɪkəʳ, AM -ɚ] *vi* sich zanken

bick·er·ing ['bɪkᵊrɪŋ] *n no pl* Gezänk *nt*

bi·cy·cle ['baɪsɪkl̩] *n* Fahrrad *nt;* **by ~** mit dem Fahrrad

'bi·cy·cle lane *n* Fahrradweg *m*

bid[1] <-dd-, bid *or* bade, bid *or* bidden> [bɪd] *vt* **to ~ sb farewell** jdm Lebewohl sagen; **to ~ sb welcome** jdn willkommen heißen

bid[2] [bɪd] **I.** *n* ❶ (*offer*) Angebot *nt;* (*at auction*) Gebot *nt* ❷ (*attempt*) Versuch *m;* **to make a ~ for power** nach der Macht greifen **II.** *vi* <-dd-, bid, bid> ❶ (*offer money*) bieten ❷ (*tender*) ein Angebot unterbreiten; **to ~ for a contract** sich um einen Auftrag bewerben **III.** *vt* <-dd-, bid, bid> bieten

bid·der ['bɪdəʳ, AM -ɚ] *n* Bieter(in) *m(f);* **highest ~** Meistbietende(r) *f(m)*

bid·ding ['bɪdɪŋ] *n no pl* Bieten *nt;* (*at auction*) Steigern *nt*

bide [baɪd] *vt* **to ~ one's time** den rechten Augenblick abwarten

bi·det ['biːdeɪ, AM bɪ'deɪ] *n* Bidet *nt*

bi·en·na·le [biːɜ'nɑːleɪ] *n* Biennale *f*

bi·en·nial [baɪ'eniəl] **I.** *adj* zweijährlich **II.** *n* zweijährige Pflanze

bier [bɪəʳ, AM bɪr] *n* Bahre *f*

bi·fo·cal [baɪ'fəʊkᵊl, AM 'baɪˌfoʊ-] *adj* Bifokal-

bi·fo·cals [baɪ'fəʊkᵊlz, AM 'baɪˌfoʊ-] *npl* Bifokalbrille *f*

big <-gg-> [bɪg] *adj* ❶ (*of size, amount*) groß; *meal* üppig; *tip* großzügig; **the ~ger the better** je größer desto besser ❷ (*significant*) bedeutend; *decision* schwerwiegend ▶PHRASES: **a ~ fish in a small pond** der Hecht im Karpfenteich

biga·mist ['bɪgəmɪst] *n* Bigamist(in) *m(f)*

biga·my ['bɪgəmi] *n* Bigamie *f*

Big 'Ap·ple *n* (*fam*) ■**the ~** New York *nt*

big 'bang *n* Urknall *m*

Land und Leute

Big Ben war ursprünglich der Spitzname der großen, 1856 gegossenen Glocke im Turm der *Houses of Parliament*, benannt nach Sir Benjamin Hall, dem damaligen *Chief Commissioner of Works*. Heute wird der Name für die große Uhr und den Turm verwendet. Das Schlagen der vollen

Stunden des **Big Ben** wird außerdem vor bestimmten Radio- und Fernsehnachrichten eingespielt.

'big-bucks *adj* AM (*fam*) teuer **big 'business** *n no pl* ■**to be ~** ein lukratives Geschäft sein **Big 'Easy** *n* ■**the ~** New Orleans *nt* **big 'game** *n no pl* Großwild *nt*

big·ot ['bɪgət] *n* Eiferer, Eiferin *m, f*

big·ot·ed ['bɪgətɪd, AM -t̬ɪd] *adj* fanatisch

big·ot·ry ['bɪgətri] *n* Fanatismus *m*

'big shot *n* (*fam*) hohes Tier **big 'top** *n* großes Zirkuszelt **big 'wheel** *n* BRIT Riesenrad *nt* **'big·wig** *n* (*fam*) hohes Tier

bike [baɪk] (*fam*) **I.** *n* ① (*bicycle*) [Fahr]rad *nt;* **by ~** mit dem [Fahr]rad ② (*motorcycle*) Motorrad *nt* ▶ PHRASES: **on your** [*or* **yer**] **~!** BRIT hau ab! **II.** *vi* mit dem Fahrrad fahren

'bike lane *n* [Fahr]radweg *m*

bik·er ['baɪkəʳ, AM -kɚ] *n* (*fam*) Motorradfahrer(in) *m(f);* (*in gang*) Rocker(in) *m(f)*

'bike shed *n esp* BRIT Fahrradschuppen *m*

bi·ki·ni [bɪ'ki:ni] *n* Bikini *m*

bi·lat·er·al [baɪ'lætᵊrᵊl, AM -'læt̬ɚ-] *adj* bilateral

bil·berry ['bɪlbᵊri, AM -ber-] *n* Heidelbeere *f*

bile [baɪl] *n no pl* ① Galle *f;* **~ duct** Gallengang *m meist pl* ② (*fig*) Bitterkeit *f*

bil·har·zia [bɪl'hɑ:ziə, AM -'hɑ:rziə] *n* Bilharziose *f*

bi·lin·gual [baɪ'lɪŋgwᵊl] *adj* zweisprachig

bili·ous ['bɪliəs, AM -jəs] *adj* ① MED **~ attack** Gallenkolik *f* ② (*fig: bad-tempered*) übellaunig

bill¹ [bɪl] **I.** *n* ① (*invoice*) Rechnung *f;* **could we have the ~, please?** zahlen bitte! ② AM (*bank note*) Geldschein *m;* [**one-**]**dollar ~** Dollarschein *m* ③ (*placard*) Plakat *nt* ▶ PHRASES: **to fit the ~** der/die/das Richtige sein **II.** *vt* ■**to ~ sb** jdm eine Rechnung ausstellen; ■**to ~ sb for sth** jdm etw in Rechnung stellen

bill² [bɪl] *n of bird* Schnabel *m*

'bill·board *n* Reklamefläche *f*

bil·let ['bɪlɪt, AM -ət] MIL **I.** *n* Quartier *nt* **II.** *vt usu passive* ■**to be ~ed** einquartiert werden

'bill·fold *n* AM Brieftasche *f*

bil·liards ['bɪliədz, AM -jɚdz] *n + sing vb* Billard *nt*

bill·ing ['bɪlɪŋ] *n no pl* Programm *nt*

bil·lion ['bɪliən, AM -jən] *n* Milliarde *f*

bil·low ['bɪləʊ, AM -oʊ] **I.** *vi cloth* sich blähen; *smoke* in Schwaden aufsteigen; *skirt* sich bauschen **II.** *n usu pl* Schwaden *m*

'bill post·er *n* Plakat[an]kleber(in) *m(f)* **'bill post·ing** *n no pl* Plakatkleben *nt* **'bill stick·er** *n* Plakat[an]kleber(in) *m(f)*

'bil·ly·can *n* BRIT, AUS Kochgeschirr *nt* (*zum Campen*)

'bil·ly goat *n* Ziegenbock *m*

bim·bo <*pl* -es *or* -s> ['bɪmbəʊ, AM -boʊ] *n* (*pej fam*) Puppe *f*

bi-'month·ly *adj, adv* ① (*twice a month*) zweimal im Monat ② (*every two months*) zweimonatlich

bin [bɪn] **I.** *n* BRIT, AUS ① (*for waste*) Mülleimer *m,* Mülltonne *f* ② (*for storage*) Behälter *m;* **bread ~** Brotkasten *m* **II.** *vt* (*fam*) wegwerfen

bi·na·ry ['baɪnᵊri] *adj* binär

bind [baɪnd] **I.** *n* (*fam*) ① **to be** [**a bit of**] **a ~** [ziemlich] lästig sein ② **to be in a bit of a ~** in der Klemme stecken **II.** *vi* <bound, bound> binden **III.** *vt* <bound, bound> (*fasten*) ■**to ~ sb** jdn fesseln (**to** an +*akk*); ■**to ~ sth** etw festbinden (**to** an +*akk*); *feet* einbinden ◆**bind up** *vt* ① (*bandage*) verbinden; *hair* hochbinden ② *usu passive* (*connect*) ■**to be bound up with sth** mit etw *dat* zusammenhängen

bind·er ['baɪndəʳ, AM -dɚ] *n* Einband *m*

bind·ing ['baɪndɪŋ] **I.** *n* ① *no pl* (*covering*) Einband *m* ② *no pl* (*act*) Binden *nt* ③ (*on ski*) Bindung *f* **II.** *adj* verbindlich

bind·weed ['baɪndwi:d] *n no pl* BOT Winde *f*

binge [bɪndʒ] (*fam*) **I.** *n* Gelage *nt;* **shopping ~** Kaufrausch *m* **II.** *vi* ■**to ~ on sth** sich mit etw *dat* vollstopfen

binger ['bɪndʒəʳ] *n jd, der etw bis zum Exzess tut*

bin·go ['bɪŋgəʊ, AM -goʊ] **I.** *n* Bingo *nt* **II.** *interj* ■**~!** bingo!

bin·ocu·lars [bɪ'nɒkjələz, AM -'nɑ:kjəlɚz] *npl* [**pair of**] **~** Fernglas *nt*

Grammatik

binoculars wird im Plural gebraucht: *binoculars are essential for bird watching*
a pair of binoculars wird aber im Singular verwendet: *she watched the birds through a pair of binoculars*

'bio-attack *n* Bioangriff *m*

'bio-chem *adj short for* **biological-chemical** biochemisch

bio·'chemi·cal *adj* biochemisch **bio·'chem·ist** *n* Biochemiker(in) *m(f)* **bio·'chem·is·try** *n no pl* Biochemie *f* **'bio·de·fence**, AM **'bio·de·fense** *n* Verteidigung *f* gegen Biowaffen **bio·de·'grad·able** *adj* biologisch abbaubar **bio·de·'grade** *vi* sich zersetzen **bio·di·'ver·sity** *n* Artenvielfalt *f* **bio·en·gi·'neered** *adj* genmanipuliert **bio·en·gi·'neer·ing** *n* Biotechnik *f*

bio·'feed·back *n* Biofeedback *nt* **'bio·fuel** *n no pl* Biotreibstoff *m* **'bio·gas** *n* Biogas *nt*

bi·og·raph·er [baɪ'ɒgrəfəʳ, AM -'ɑːgrəfɚ] *n* Biograf(in) *m(f)*

bio·graphi·cal [ˌbaɪəʊ'græfɪkəl] *adj* biografisch

bi·og·ra·phy [baɪ'ɒgrəfi, AM -'ɑːgrəfi] *n* Biografie *f*

bio·logi·cal [ˌbaɪə'lɒdʒɪkəl, AM -'lɑːdʒɪkəl] *adj* biologisch

bio·logi·cal 'in·di·ca·tor *n* biologischer Indikator

bi·olo·gist [baɪ'ɒlədʒɪst, AM -'ɑːlə-] *n* Biologe, Biologin *m, f*

bi·ol·ogy [baɪ'ɒlədʒi, AM -'ɑːlə-] *n* Biologie *f*

bio·mass [ˌbaɪəʊ'mæs, AM ˌbaɪoʊ-] *n* Biomasse *f*

bio·met·ric [baɪə(ʊ)'metrɪk] **I.** *n* ■ **~s** + *sing vb* Biometrie *f* **II.** *adj* biometrisch

bio·'phys·ics *n* + *sing vb* Biophysik *f*

bi·op·sy ['baɪɒpsi, AM -ɑːpsi] *n* Biopsie *f*

'bio·rhythm *n* Biorhythmus *m* **bio·se·'cu·rity** *n no pl* Sicherheitsvorkehrung[en] *f*[*pl*] gegen Bioangriffe **'bio·sphere** *n no pl* Biosphäre *f* **bio·tech·'nol·ogy** *n* Biotechnologie *f* **bio·'ter·ror·ist** *n* Bioterrorist(in) *m(f)*

bio·tope ['baɪə(ʊ)təʊp, AM ˌbaɪoʊtoʊp] *n* Biotop *m o nt*

bio·'vil·lage *n* Biovillage *nt,* sanfte Entwicklungshilfe (*Kombination von neuester biologischer Technologie mit traditionellen Methoden für die Landbevölkerung*)

bi·par·ti·san [ˌbaɪpɑːtɪ'zæn, AM baɪ'pɑːrt̬əzən] *adj* von zwei Parteien getragen

bi·ped ['baɪped] *n* Zweifüß[l]er(in) *m(f)*

bi·plane [baɪpleɪn] *n* Doppeldecker *m*

bi·po·lar [baɪ'pəʊləʳ, AM -'poʊlɚ] *adj* bipolar

birch [bɜːtʃ, AM bɜːrtʃ] *n* <*pl* -es> Birke *f*

bird [bɜːd, AM bɜːrd] *n* Vogel *m* ▸ PHRASES: **a ~ in the <u>hand</u> is worth two in the bush** (*prov*) besser ein Spatz in der Hand als eine Taube auf dem Dach; **the <u>early</u> ~ catches the worm** (*prov*) Morgenstunde hat Gold im Munde; [**strictly**] **<u>for</u> the ~s** (*fam*) für die Katz

'bird·cage *n* Vogelkäfig *m*

'bird flu *n no pl* Vogelgrippe *f*

birdie ['bɜːdi, AM 'bɜːrdi] *n* (*esp childspeak*) Piepmatz *m*

bird of 'para·dise <*pl* birds of paradise> *n* Paradiesvogel *m* **'bird·seed** *n no pl* Vogelfutter *nt*

bird's-eye 'view *n* Vogelperspektive *f* **'bird's nest** *n* Vogelnest *nt*

'bird ta·ble *n* BRIT Futterplatz *m* (*für Vögel*) **'bird·watch·ing** *n no pl* das Beobachten von Vögeln

Biro®, biro® ['baɪ(ə)rəʊ] *n* BRIT Kuli *m*

birth [bɜːθ, AM bɜːrθ] *n* ❶ (*event of being born*) Geburt *f;* **date of ~** Geburtsdatum *nt;* **to give ~ to a child** ein Kind zur Welt bringen ❷ *no pl* (*family*) Abstammung *f;* **English by ~** gebürtiger Engländer/gebürtige Engländerin

'birth cer·tifi·cate *n* Geburtsurkunde *f* **'birth con·trol** *n* Geburtenkontrolle *f;* **~ pill** Antibabypille *f*

birth·day ['bɜːθdeɪ, AM 'bɜːr-] *n* Geburtstag *m;* **happy ~** [**to you**]! alles Gute zum Geburtstag!

'birth·day cake *n* Geburtstagstorte *f* **'birth·day card** *n* Geburtstagskarte *f* **'birth·day par·ty** *n* Geburtstagsparty *f* **'birth·day pres·ent** *n* Geburtstagsgeschenk *nt* **'birth·day suit** *n* ▸ PHRASES: **<u>in</u> one's ~** (*hum*) im Adamskostüm

'birth·mark *n* Muttermal *nt* **'birth·place** *n* Geburtsort *m* **'birth rate** *n* Geburtenrate *f* **'birth·right** *n* Geburtsrecht *nt*

bis·cuit ['bɪskɪt] *n* ❶ BRIT, AUS Keks *m;* **dog ~** Hundekuchen *m* ❷ AM (*bread type*) Brötchen *nt*

Aussprache

Das **ui** in bisc**ui**t wird wie das **i** in k**i**t ausgesprochen:

biscuit	['bɪskɪt]
kit	[kɪt]

bi·sect [baɪ'sekt, AM 'baɪsekt] *vt* zweiteilen

bi·sex·ual [baɪ'sekʃʊəl] **I.** *n* Bisexuelle(r) *f(m)* **II.** *adj* bisexuell

bish·op ['bɪʃəp] *n* ❶ REL Bischof *m* ❷ CHESS Läufer *m*

bish·op·ric ['bɪʃəprɪk] *n* ❶ (*term*) Amtszeit *f* (*eines Bischofs*) ❷ (*diocese*) Bistum *nt*

bi·son <*pl* -s *or* -> ['baɪsən, -zən] *n* (*American*) Bison *m;* (*European*) Wisent *m*

bit[1] [bɪt] *n* ❶ (*piece*) Stück *nt;* (*fig: some*) **~ of advice** Rat *m;* **~s of glass** Glasscherben *pl;* **~s of paper** Papierfetzen *pl;* **to fall to ~s** kaputtgehen; **to smash sth to ~s** etw zerschmettern ❷ (*part*) Teil *m; of a story, film* Stelle *f;* **~ by ~** Stück für Stück ❸ (*a little*) ■ **a ~** ein bisschen; **just a ~** ein klein bisschen ❹ (*rather*) ■ **a ~** ziemlich; **he's a ~ of a bore** er ist ein ziemlicher Langweiler; **that was a ~ much** das war ein starkes Stück; **to be a ~ of a nuisance** ziemlich lästig sein; [**quite**] **a ~ of money** ziemlich viel Geld ❺ (*short time*) **I'm just going out for a ~** ich gehe mal kurz raus; **hold on** [*or* **wait**] **a ~** warte mal [kurz] ❻ (*in negations*) ■ **not a ~** kein bisschen

▶ PHRASES: **thrilled to ~s** (*fam*) ganz aus dem Häuschen

bit[2] [bɪt] *vt, vi pt of* **bite**

bit[3] [bɪt] *n* COMPUT Bit *nt*

bitch [bɪtʃ] **I.** *n* <*pl* -es> ① (*dog*) Hündin *f* ② (*pej fam: woman*) Miststück *nt* **II.** *vi* (*fam*) ■**to ~ about sb/sth** über jdn/etw lästern

bitchy ['bɪtʃi] *adj* (*fam*) gehässig

bite [baɪt] **I.** *n* ① (*using teeth*) Biss *m; of insect* Stich *m;* **~ mark** Bisswunde *f;* **to have a ~ to eat** (*fam*) eine Kleinigkeit essen ② (*fig: sharpness*) Biss *m* ③ *no pl* (*pungency*) Schärfe *f* **II.** *vt* <bit, bitten> beißen; *insect* stechen; **to ~ one's nails** an seinen Nägeln kauen; **to ~ one's tongue** sich *dat* auf die Zunge beißen *a. fig* **III.** *vi* <bit, bitten> *dog, snake* beißen; *insect* stechen ◆**bite off** *vt* ■**to ~ sth** ⟲ **off** etw abbeißen ▶ PHRASES: **to ~ sb's head off** (*fam*) jdm den Kopf abreißen *fig*

'bite-sized *adj* mundgerecht; (*fig fam: small*) winzig

bit·ing ['baɪtɪŋ, AM -t̬-] *adj* beißend *a. fig*

bit·ten ['bɪtᵊn] *vt, vi pp of* **bite**

bit·ter ['bɪtəʳ, AM -t̬ɚ] **I.** *adj* <-er, -est> ① (*sour*) *taste* bitter ② (*fig: painful*) bitter ③ (*resentful*) verbittert **II.** *n* BRIT, AUS **a glass of ~** ein Glas *nt* Bitter

bit·ter·ly ['bɪtəli, AM -t̬ɚli] *adv* bitter; **~ cold** bitterkalt; **~ disappointed** schwer enttäuscht

bit·ter·ness ['bɪtənəs, AM -t̬ɚ-] *n no pl* ① (*rancour*) Verbitterung *f* (**towards** gegenüber +*dat*) ② FOOD Bitterkeit *f*

bi·tu·men ['bɪtʃəmɪn, AM bɪ'tuːmən] *n no pl* Bitumen *nt*

bi·tu·mi·nous [bɪ'tʃuːmɪnəs, AM -'tuːm-] *adj* bituminös

bi·valve ['baɪvælv] *n* zweischalige Muschel

bivou·ac ['bɪvuæk] **I.** *n* Biwak *nt* **II.** *vi* <-ck-> biwakieren

bi·week·ly [baɪ'wiːkli] *adj, adv* ① (*every two weeks*) zweiwöchentlich ② (*twice a week*) zweimal wöchentlich

bi·zarre [bɪ'zɑːʳ, AM -'zɑːr] *adj* bizarr; *behaviour* seltsam

blab <-bb-> [blæb] (*fam*) **I.** *vt* ausplaudern **II.** *vi* plaudern; ■**to ~ to sb** jdm gegenüber nicht dichthalten

black [blæk] **I.** *adj* schwarz *a. fig;* **~ and blue** grün und blau **II.** *n* ① (*person*) Schwarze(r) *f(m)* ② (*colour*) Schwarz *nt* ③ (*not in debt*) **in the ~** in den schwarzen Zahlen ◆**black out I.** *vi* [kurz] das Bewusstsein verlieren **II.** *vt* verdunkeln

black and 'white I. *adj* ① (*documented*) [**down**] **in ~** schwarz auf weiß ② (*not in colour*) schwarzweiß ③ (*clear-cut*) sehr einfach [*o* klar] **II.** *n* ① (*in film, photography*) Schwarzweißtechnik *f* ② (*oversimplified view*) Vereinfachung *f*

'black·ball *vt* ■**to ~ sb** (*vote against*) gegen jdn stimmen; (*reject*) jdn ausschließen **black·berry** ['blækbᵊri, AM -ˌberi] *n* Brombeere *f* **'black·bird** *n* Amsel *f* **'black·board** *n* Tafel *f* **'black book** *n* (*fig*) schwarze Liste; **to be in sb's ~s** bei jdm schlecht angeschrieben sein **black 'box** *n* AEROSP Flugschreiber *m* **black·cur·rant** [ˌblæk'kʌrᵊnt, AM 'blækˌkɜːr-] *n* schwarze Johannisbeere

black·en ['blækᵊn] **I.** *vt* ① (*make black*) schwärzen ② (*malign*) anschwärzen; **to ~ sb's name** dem Ruf einer Person schaden **II.** *vi* schwarz werden

black 'eye *n* blaues Auge

black·guard ['blægɑːd, AM -gɑːrd] *n* Bösewicht *m*

'black·head *n* Mitesser *m* **black 'hole** *n* schwarzes Loch *a. fig* **black 'ice** *n* Glatteis *nt*

black·ish ['blækɪʃ] *adj* schwärzlich

black·jack ['blækdʒæk] *n* CARDS Siebzehnundvier *nt*

'black·leg *n* BRIT (*pej*) Streikbrecher(in) *m(f)*

'black·list I. *vt* auf die schwarze Liste setzen **II.** *n* schwarze Liste

'black·mail I. *n* Erpressung *f;* **open to ~** erpressbar **II.** *vt* erpressen

'black·mail·er *n* Erpresser(in) *m(f)* **black 'mark** *n* Tadel *m;* SCH Verweis *m* **black 'mar·ket** *n* Schwarzmarkt *m* **black mar·ke·'teer** *n* Schwarzhändler(in) *m(f)*

black·ness ['blæknəs] *n no pl* Schwärze *f*

black·out ['blækaʊt] *n* ① (*unconsciousness*) Ohnmachtsanfall *m* ② ELEC [Strom]ausfall *m* ③ (*censor*) Sperre *f;* **news ~** Nachrichtensperre *f*

black 'pud·ding *n* BRIT Blutwurst *f* **Black 'Sea** *n* ■**the ~** das Schwarze Meer **black 'sheep** *n* (*fig*) schwarzes Schaf **'black·smith** *n* [Huf]schmied(in) *m(f)*

blad·der ['blædəʳ, AM -ɚ] *n* [Harn]blase *f*

blade [bleɪd] *n* Klinge *f;* **~ of grass** Grashalm *m;* **~ of an oar** Ruderblatt *nt*

blame [bleɪm] **I.** *vt* ■**to ~ sb/sth for sth** [*or* **sth on sb/sth**] jdm/etw die Schuld an etw *dat* geben; ■**to ~ sb for doing sth** jdn beschuldigen, etw getan zu haben **II.** *n no pl* ① (*guilt*) Schuld *f;* **to take the ~** die Schuld auf sich nehmen ② (*censure*) Tadel *m*

blame·less ['bleɪmləs] *adj* schuldlos; *life* untadelig

blanch [blɑːn(t)ʃ, AM blæn(t)ʃ] **I.** *vi* erblassen **II.** *vt* ① (*cause to whiten*) bleichen ② (*parboil*) blanchieren

blanc·mange [bləˈmɒn(d)ʒ, AM -ˈmɑːn(d)ʒ] *n no pl* Pudding *m*

bland [blænd] *adj* fade; (*fig*) vage

blan·dish·ments [ˈblændɪʃmᵊnts] *npl* Schmeicheleien *pl*

blank [blæŋk] **I.** *adj* ① (*empty*) leer; **~ tape** Leerband *nt;* **my mind went ~** ich hatte ein Brett vor dem Kopf ② (*without emotion*) ausdruckslos; (*without comprehension*) verständnislos **II.** *n* ① (*empty space*) Leerstelle *f,* Lücke *f* ② (*mental void*) Gedächtnislücke *f* ▶ PHRASES: **to draw a ~** kein Glück haben **III.** *vt* ■**to ~ out** ausstreichen

blan·ket [ˈblæŋkɪt] **I.** *n* [Bett]decke *f;* (*fig*) Decke *f* **II.** *vt* bedecken **III.** *adj* umfassend; *coverage* ausführlich

blank·ly [ˈblæŋkli] *adv* (*without expression*) ausdruckslos; (*without comprehension*) verständnislos

blank ˈverse *n* LIT Blankvers *m*

blare [bleəʳ, AM bler] **I.** *n no pl* Geplärr[e] *nt* **II.** *vi radio* plärren; *music* dröhnen; *trumpets* schmettern

blas·pheme [ˌblæsˈfiːm, AM ˈblæsfiːm] *vi* [Gott] lästern

blas·phem·er [ˌblæsˈfiːməʳ, AM ˈblæsfiːmɚ] *n* Gotteslästerer, -lästerin *m, f*

blas·phe·mous [ˈblæsfəməs] *adj* blasphemisch

blas·phe·my [ˈblæsfəmi] *n no pl* Blasphemie *f*

blast [blɑːst, AM blæst] **I.** *n* ① (*explosion*) Explosion *f* ② (*air*) **~ of air** Luftstoß *m* ③ (*noise*) **~ of music** Schwall *m* Musik; **a ~ from the past** (*fam*) eine Begegnung mit der Vergangenheit; **at full ~** *radio* in voller Lautstärke ④ AM (*fam: fun*) tolle Zeit **II.** *interj* BRIT (*fam*) verdammt! **III.** *vt* ① (*explode*) sprengen ② (*fig*) heftig angreifen

blast·ed [ˈblɑːstɪd, AM ˈblæst-] *adj attr* (*fam*) verdammt

ˈblast fur·nace *n* Hochofen *m* **blast-off** [ˈblɑːstɒf, AM ˈblæstɑːf] *n no pl* [Raketen]start *m* **ˈblast wave** *n* Detonationswelle *f*

bla·tant [ˈbleɪtᵊnt] *adj* offensichtlich; *lie* unverfroren; *racism* unverhohlen

blaze [bleɪz] **I.** *n* ① (*fire*) Brand *m* ② (*light*) Glanz *m;* (*fig*) **~ of colour** Farbenpracht *f* **II.** *vi* glühen; *eyes* glänzen; *fire* [hell] lodern; *sun* brennen ◆**blaze away** *vi* ① (*shine*) [nicht aufhören zu] strahlen ② (*shoot*) drauflosfeuern ◆**blaze up** *vi* aufflammen

blaz·er [ˈbleɪzəʳ, AM -ɚ] *n* Blazer *m*

blaz·ing [ˈbleɪzɪŋ] *adj fire* lodernd; *row* heftig; *sun* grell

bleach [bliːtʃ] **I.** *vt* bleichen **II.** *n* <*pl* -es> (*chemical*) Bleichmittel *nt;* (*for hair*) Blondierungsmittel *nt*

bleach·ers [ˈbliːtʃɚz] *npl* AM unüberdachte [Zuschauer]tribüne

bleak [bliːk] *adj* kahl, öde; (*fig*) trostlos

bleary [ˈblɪəri, AM ˈblɪri] *adj* (*sleepy*) verschlafen; **~ eyes** müde Augen

bleary-ˈeyed *adj* mit müden Augen *nach n;* **to look ~** verschlafen aussehen

bleat [bliːt] **I.** *vi sheep* blöken; *goat* meckern; *person* jammern **II.** *n of sheep* Blöken *nt; of goat* Meckern *nt*

bled [bled] *pt, pp of* **bleed**

bleed [bliːd] **I.** *vi* <bled, bled> bluten **II.** *vt* <bled, bled> ① (*hist: take blood*) ■**to ~ sb** jdn zur Ader lassen ② *brakes, radiator* entlüften

bleed·er [ˈbliːdəʳ, AM -ɚ] *n* (*fam*) ① BRIT **you lucky ~!** du Glückspilz! ② (*haemophiliac*) Bluter(in) *m(f)*

bleed·ing [ˈbliːdɪŋ] *adj* BRIT (*fam*) verdammt

bleep [bliːp] BRIT **I.** *n* TECH Piepton *m* **II.** *vi* piepsen **III.** *vt* ■**to ~ sb** jdn über einen Piepser rufen

bleep·er [ˈbliːpəʳ, AM -ɚ] *n* BRIT Piepser *m*

blem·ish [ˈblemɪʃ] *n* <*pl* -es> Makel *m*

blench [blen(t)ʃ] *vi* bleich werden; (*fig*) **to ~ at a thought** vor einem Gedanken zurückschrecken

blend [blend] **I.** *n* Mischung *f; of wine* Verschnitt *m* **II.** *vt* [miteinander] vermischen **III.** *vi* ① (*match*) ■**to ~ with sb/sth** zu jdm/etw passen; MUS mit jdm/etw harmonisieren ② (*not be noticeable*) ■**to ~ into sth** mit etw *dat* verschmelzen

blend·er [ˈblendəʳ, AM -ɚ] *n* Mixer *m*

bless <-ed *or liter* blest, -ed *or liter* blest> [bles] *vt* segnen ▶ PHRASES: **~ him/her!** der/die Gute!; **~ you!** (*after a sneeze*) Gesundheit!; (*as thanks*) das ist lieb von dir!

bless·ed [ˈblesɪd] *adj* ① gesegnet ② (*fam*) **not a ~ soul** keine Menschenseele

bless·ing [ˈblesɪŋ] *n* Segen *m* ▶ PHRASES: **to count one's ~s** für das dankbar sein, was man hat

blew [bluː] *pt of* **blow**

blight [blaɪt] **I.** *vt* vernichten; (*fig*) zunichtemachen **II.** *n* Pflanzenkrankheit *f;* (*fig*) Plage *f*

blight·er [ˈblaɪtəʳ] *n* BRIT (*fam*) Luder *nt,* Lümmel *m*

bli·mey [ˈblaɪmi] *interj* BRIT (*fam*) [ach] du liebe Zeit!

blind [blaɪnd] **I.** *n* ① (*for window*) Jalousie *f;* **roller ~** Rollo *nt* ② (*people*) ■**the ~** *pl* die Blinden **II.** *vt* ① (*permanently*) blind machen; (*temporarily*) blenden; **~ed by tears** blind vor Tränen ② (*fig: impress*) **to ~ sb with science** jdn mit seinem Wissen beeindrucken **III.** *adj* ① (*sightless*) blind; **to go ~** blind werden ② (*fig: unable to perceive*) blind; ■**to be ~ to sth** etw nicht bemerken ③ (*fig: unprepared*) unvorbereitet ④ (*fig: lacking judgement*) blind; *acceptance* bedingungslos ⑤ (*concealed*) *bend* schwer einsehbar ▶PHRASES: **to turn a ~ eye to sth** vor etw *dat* die Augen verschließen

blind 'al·ley *n* Sackgasse *f a. fig*

blind·er ['blaɪndəʳ, AM -ɚ] *n* BRIT (*fam*) SPORTS **to play a ~** ein Superspiel hinlegen

blind·fold ['blaɪn(d)fəʊld, AM -foʊld] **I.** *n* Augenbinde *f* **II.** *vt* ■**to ~ sb** jdm die Augen verbinden **III.** *adv* ① (*eyes covered*) mit verbundenen Augen ② (*without thinking*) ■**to be able to do sth ~** etw im Schlaf tun können

blind·ing ['blaɪndɪŋ] *adj flash* blendend; *light a.* grell; *headache* rasend

blind man's 'buff, *esp* AM **blind man's 'bluff** *n* Blindekuh

blind·ness ['blaɪndnəs] *n no pl* Blindheit *f*

'blind spot *n* ① MED blinder Fleck ② TRANSP toter Winkel ③ (*weakness*) Schwachpunkt *m*

bling [blɪŋ] **I.** *adj pred look* glamourös; *person* aufgedonnert *fam,* goldbehängt; *outfit* protzig **II.** *vt* ■**to ~ out** ⟲ **sth** etw schmücken

bling-bling ['blɪŋblɪŋ] *n* (*fam*) Klunker *m,* Brillies *pl*

blink [blɪŋk] **I.** *vt* **to ~ one's eyes** mit den Augen zwinkern; **to ~ back tears** die Tränen zurückhalten **II.** *vi* ① (*as protective reflex*) blinzeln; (*intentionally*) zwinkern ② *of light* blinken **III.** *n* Blinzeln *nt;* (*intentionally*) Zwinkern *nt* ▶PHRASES: **to be on the ~** (*fam*) kaputt sein

Falsche Freunde

Nicht verwechseln mit blinken — *to indicate (beim Fahren)*!

blink·er ['blɪŋkəʳ, AM -ɚ] *n* ① AUTO Blinker *m* ② *esp* BRIT ■**~s** *pl* Scheuklappen *pl a. fig*

blink·ered ['blɪŋkəd, AM -ɚd] *adj* ■**to be ~** Scheuklappen tragen *a. fig*

blink·ing ['blɪŋkɪŋ] *adj esp* BRIT (*fam*) verflixt

bliss [blɪs] *n no pl* [Glück]seligkeit *f;* **what ~!** herrlich!

bliss·ful ['blɪsfᵊl] *adj* glückselig; *couple* glücklich; *smile* selig

blis·ter ['blɪstəʳ, AM -ɚ] **I.** *n* Blase *f* **II.** *vt* Blasen hervorrufen auf +*dat* **III.** *vi paint* Blasen werfen; *skin* Blasen bekommen

blis·ter·ing ['blɪstᵊrɪŋ, AM -ɚ-] *adj* Wahnsinns-; *attack* massiv; *heat* brütend; *pace* mörderisch

blith·er·ing ['blɪðᵊrɪŋ, AM -ɚ-] *adj* **~ idiot** [Voll]idiot(in) *m(f)*

blitz [blɪts] **I.** *n no pl* ① (*air attack*) [plötzlicher] Luftangriff *m;* ■**the B~** *deutsche Luftangriffe auf britische Städte im Zweiten Weltkrieg* ② (*fig*) **to have a ~ on sth** etw in Angriff nehmen **II.** *vt* ① **to ~ a city** Luftangriffe auf eine Stadt fliegen ② (*fig*) in Angriff nehmen

bliz·zard ['blɪzəd, AM -ɚd] *n* Schneesturm *m*

bloat·ed ['bləʊtɪd, AM 'bloʊt̬-] *adj* ① (*swollen*) aufgedunsen ② (*overindulgence*) vollgestopft

blob [blɒb, AM blɑːb] *n* ① (*spot*) Klecks *m* ② (*mass*) Klümpchen *nt*

bloc [blɒk, AM blɑːk] *n* POL Block *m*

block [blɒk, AM blɑːk] **I.** *n* ① (*lump*) Block *m;* **~ of wood** Holzklotz *m* ② (*toy*) **building ~** Bauklötzchen *nt* ③ (*for executions*) Richtblock *m;* **to be sent to the ~** hingerichtet werden ④ SPORTS Startblock *m* ⑤ BRIT (*building*) Hochhaus *nt;* **~ of flats** Wohnblock *m* ⑥ *esp* AM, AUS (*neighbourhood*) [Häuser]block *m* **II.** *adj* **to make ~ bookings** blockweise reservieren **III.** *vt* blockieren; *artery, pipeline* verstopfen; *exit, passage* versperren; *progress* aufhalten; *account* sperren; *ball* abblocken ◆**block off** *vt* [ver]sperren ◆**block out** *vt* ① (*ignore*) *emotions, thoughts* verdrängen; *noise, pain* ausschalten ② (*obscure*) **to ~ out the light** das Licht nicht durchlassen [*o* abhalten] ③ (*suppress*) etw unterdrücken ◆**block up** *vt* ① (*obstruct*) blockieren; (*clog*) verstopfen ② (*fill in*) zumauern

block·ade [blɒk'eɪd, AM blɑː'keɪd] **I.** *n* Blockade *f* **II.** *vt* abriegeln

block·age ['blɒkɪdʒ, AM 'blɑː-] *n* Verstopfung *f*

'block·bust·er *n* (*book*) Bestseller *m;* (*film*) Kassenschlager *m fam*

block 'capi·tals *npl* Blockbuchstaben; **in ~** in Blockschrift

'block·house *n* Blockhaus *nt*

block 'let·ters *npl* Blockbuchstaben *pl*

blog [blɒg, AM blɑːg] *n* COMPUT, INET Blog *nt,* Internettagebuch *nt*

blog·ging ['blɒgɪŋ, AM 'blɑːg-] *n no pl, no art* COMPUT, INET Blogging *nt* (*das Schreiben* *von Internet-Tagebüchern*)

blogo·sphere [ˈblɒgə(ʊ)sfɪəʳ, AM ˈblɑːgoʊ-sfɪr] *n* INET Blogwelt *f*

bloke [bləʊk] *n* BRIT (*fam*) Typ *m*, Kerl *m*

blond(e) [blɒnd, AM blɑːnd] **I.** *adj* blond **II.** *n* (*person*) Blonde(r) *f(m)*; (*woman a.*) Blondine *f*

blood [blʌd] *n no pl* Blut *nt* ▸ PHRASES: **~ is thicker than water** (*prov*) Blut ist dicker als Wasser; **in cold ~** kaltblütig; **to be after sb's ~** es jdm heimzahlen wollen

ˈblood bank *n* Blutbank *f* **ˈblood·bath** *n* Blutbad *nt* **ˈblood clot** *n* Blutgerinnsel *nt* **ˈblood·curdling** *adj* markerschütternd **ˈblood do·nor** *n* Blutspender(in) *m(f)* **ˈblood group** *n* Blutgruppe *f* **ˈblood·hound** *n* Bluthund *m*

bloodless [ˈblʌdləs] *adj* ① (*without violence*) unblutig ② (*pale*) blutleer

blood ˈor·ange *n* Blutorange *f* **ˈblood poi·son·ing** *n no pl* Blutvergiftung *f* **ˈblood pres·sure** *n no pl* Blutdruck *m* **ˈblood prod·uct** *n* MED Blutprodukt *nt* **blood re·ˈla·tion** *n* Blutsverwandte(r) *f(m)*

ˈblood·shed *n no pl* Blutvergießen *nt*

ˈblood·shot *adj* blutunterlaufen

ˈblood sport *n usu pl Sportarten, bei denen Tiere getötet werden, z.B. Hetzjagden und Hahnenkämpfe* **ˈblood·stained** *adj* blutbefleckt **ˈblood·stock** *n + sing/pl vb* Vollblutpferde *pl* **ˈblood·stream** *n* Blutkreislauf *m* **ˈblood·suck·er** *n* Blutsauger *m a. fig* **ˈblood sug·ar** *n* Blutzucker *m* **ˈblood test** *n* Bluttest *m* **ˈblood·thirsty** *adj* blutrünstig **ˈblood transfusion** *n* [Blut]transfusion *f* **ˈblood type** *n* Blutgruppe *f* **ˈblood ves·sel** *n* Blutgefäß *nt*; **to burst a ~** (*fig*) ausflippen *fam*

bloody [ˈblʌdi] **I.** *adj* ① (*with blood*) blutig; **to give sb a ~ nose** jdm die Nase blutig schlagen ② BRIT, AUS (*fam: emphasis*) verdammt; **~ hell!** (*in surprise*) Wahnsinn!; (*in anger*) verdammt [nochmal]; **not a ~ thing** überhaupt nichts **II.** *adv* BRIT, AUS (*fam*) total, verdammt; **not ~ likely!** kommt nicht in Frage!; **to be ~ useless** zu gar nichts taugen

bloody-ˈmind·ed *adj* BRIT (*fam*) stur

bloom [bluːm] **I.** *n no pl* Blüte *f*; **to come into ~** aufblühen **II.** *vi* ① (*produce flowers*) blühen ② (*fig: flourish*) seinen Höhepunkt erreichen

bloom·er [ˈbluːməʳ, AM -ɚ] *n* BRIT (*dated fam*) Fehler *m*

bloom·ing[1] [ˈbluːmɪŋ] *adj* blühend

bloom·ing[2] [ˈbluːmɪŋ], **bloomin'** [ˈbluːmɪn] *adj, adv* BRIT (*fam*) verdammt

blos·som [ˈblɒsᵊm, AM ˈblɑːs-] **I.** *n no pl* [Baum]blüte *f* **II.** *vi* blühen *a. fig*

blot [blɒt, AM blɑːt] *n* ① (*mark*) Klecks *m* ② (*ugly feature*) **~ on the landscape** Schandfleck *m* in der Landschaft

blotch [blɒtʃ, AM blɑːtʃ] *n* <*pl* -es> Fleck *m*

blotchy [ˈblɒtʃi, AM ˈblɑːtʃi] *adj* fleckig

blot·ter [ˈblɒtəʳ, AM ˈblɑːt̬ɚ] *n* [Tinten]löscher *m*

ˈblot·ting pa·per *n no pl* Löschpapier *nt*

blot·to [ˈblɒtəʊ, AM ˈblɑːt̬oʊ] *adj* (*sl*) stinkbesoffen

blouse [blaʊz, AM *esp* blaʊs] *n* Bluse *f*

blow[1] [bləʊ, AM bloʊ] **I.** *vi* <blew, blown> ① *wind* wehen; **the window blew open** das Fenster wurde aufgeweht ② (*exhale*) blasen, pusten ③ *whale* spritzen; **there she ~s!** Wal in Sicht! ④ (*break*) *fuse* durchbrennen; *gasket* undicht werden; *tyre* platzen **II.** *vt* <blew, blown> ① (*propel*) blasen; *wind* wehen ② (*send*) **to ~ sb a kiss** jdm ein Küsschen zuwerfen ③ (*play*) blasen; **to ~ the whistle** (*start a match*) [das Spiel] anpfeifen; (*stop, end a match*) [das Spiel] abpfeifen ④ (*clear*) **to ~ one's nose** sich *dat* die Nase putzen ⑤ (*create*) **to ~ bubbles** [Seifen]blasen machen ⑥ (*destroy*) **we blew a tyre** uns ist ein Reifen geplatzt; **to ~ a safe [open]** einen Safe [auf]sprengen ⑦ (*fam: squander*) verpulvern ⑧ (*fam: bungle*) vermasseln **III.** *n no pl* **to have a [good] ~** sich *dat* [gründlich] die Nase putzen

◆**blow about, blow around** *vi* herumgewirbelt werden ◆**blow away** *vt* ① *wind* wegwehen ② (*fam: kill*) wegpusten ◆**blow back** *vi, vt* zurückwehen ◆**blow down** **I.** *vi* umgeweht werden **II.** *vt* umwehen ◆**blow in** **I.** *vi* ① *window* eingedrückt werden ② *sand* hineinwehen **II.** *vt* *window* eindrücken ◆**blow off** **I.** *vt* ① (*remove*) wegblasen; *wind* wegwehen ② (*rip off*) wegreißen **II.** *vi* (*blow away*) weggeweht werden ◆**blow out** **I.** *vt* ① (*extinguish*) ausblasen ② **to ~ out ↻ one's brains** sich *dat* eine Kugel durch den Kopf jagen ③ (*fill*) *cheeks* aufblasen **II.** *vi* ① *candle* verlöschen ② *tyre* platzen ◆**blow over** **I.** *vi* ① (*fall*) umstürzen ② (*stop*) *storm* sich legen **II.** *vt* umwerfen ◆**blow up** **I.** *vi* ① (*come up*) *storm* [her]aufziehen ② (*explode*) explodieren; (*fig: get angry*) an die Decke gehen **II.** *vt* ① (*inflate*) aufblasen ② (*fig: exaggerate*) hochspielen ③ (*enlarge*) vergrößern ④ (*destroy*) [in die Luft] sprengen

blow[2] [bləʊ, AM bloʊ] *n* ① (*hit*) Schlag *m*; **to come to ~s over sth** sich wegen einer S. *gen* prügeln ② (*misfortune*) [Schicksals]schlag *m* (**against** gegen +*akk*, **to, for** für +*akk*)

blow-by-'blow *adj, adv description* haarklein

'blow-dry I. *vt* <-ie-> fönen **II.** *n* Fönen *nt*

blow·er ['bləʊəʳ] *n* BRIT, AUS (*fam*) Telefon *nt*

'blow·fly *n* Schmeißfliege *f* **'blow·hole** *n* Atemloch *nt* **'blow·lamp** *n* Lötlampe *f*

blown [bləʊn, AM bloʊn] *vt, vi pp of* **blow**

blow·out ['bləʊaʊt, AM 'bloʊ-] *n* ① (*fam: meal*) Schlemmerei *f* ② AM (*party*) Fete *f* ③ (*of tyre*) Platzen *nt* [eines Reifens]

'blow·pipe *n* Blasrohr *nt* **'blow·torch** *n* Lötlampe *f* **'blow-up I.** *n* ① PHOT Vergrößerung *f* ② (*fam: quarrel*) Krach *m* **II.** *adj* aufblasbar

blub <-bb-> [blʌb] *vi* (*fam*) plärren

blub·ber[1] ['blʌbəʳ, AM -ɚ] *vi* (*fam*) flennen

blub·ber[2] ['blʌbəʳ, AM -ɚ] *n no pl* Speck *m a. fig*

bludg·eon ['blʌdʒᵊn] **I.** *n* Schlagstock *m* **II.** *vt* verprügeln

blue [bluː] **I.** *adj* <-r, -st> ① (*colour*) blau ② (*depressed*) traurig ③ (*fam*) **~ movie** Pornofilm *m* ▶ PHRASES: **once in a ~ moon** alle Jubeljahre einmal **II.** *n* Blau *nt* ▶ PHRASES: **out of the ~** aus heiterem Himmel

'blue·bell *n* [blaue Wiesen]glockenblume **'blue·berry** ['bluːbᵊri, AM -ˌberi] *n* Heidelbeere *f*

'blue·bot·tle *n* Schmeißfliege *f*

blue 'cheese *n* [Blau]schimmelkäse *m* **'blue chip** *n* FIN Blue Chip *m* **blue-'col·lar** *adj* **~ worker** Arbeiter(in) *m(f)*

Land und Leute

Blue Peter ist eine Kindersendung, die 1958 zum ersten Mal gesendet wurde und jetzt dreimal pro Woche im Fernsehen gezeigt wird. Auf dem Programm stehen Abenteuer in der Natur, Bastelstunden, Tierpflege und andere praktische Dinge. Es werden außerdem Wettbewerbe und Sammlungen für gute Zwecke organisiert. Die Sendung möchte den Kindern soziale Verantwortung näher bringen.

'blue·print *n* Blaupause *f;* (*fig*) Plan *m* **blue-rinse bri·gade** [ˌbluː'rɪn(t)s-] *n* (*fam or pej: elderly and conservative women*) Omis *pl*

blues [bluːz] *npl* ① (*fam*) **to have the ~** melancholisch gestimmt sein ② (*music*) Blues *m*

'blue-sky *adj* **~ thinking** zukunftsorientiertes Denken **blue 'whale** *n* Blauwal *m*

bluff[1] [blʌf] **I.** *vi* bluffen **II.** *vt* täuschen; **to ~ one's way into sth** sich in etw *akk* hineinmogeln **III.** *n* Bluff *m;* **to call sb's ~** jdn bloßstellen

bluff[2] [blʌf] **I.** *n* (*bank*) Steilhang *m;* (*shore*) Steilküste *f* **II.** *adj manner* direkt

bluff·er ['blʌfəʳ, AM -ɚ] *n* Bluffer(in) *m(f)* **bluff·er's guide** [blʌfəz'gaɪd, AM -fɚz-] *n* Ratgeber *m* für Bluffer

blu·ish ['bluːɪʃ] *adj* bläulich

blun·der ['blʌndəʳ, AM -ɚ] **I.** *n* schwer[wiegend]er Fehler **II.** *vi* ① (*make a bad mistake*) einen groben Fehler machen ② ■**to ~ into sth** in etw *akk* hineinplatzen

blunt [blʌnt] **I.** *adj* ① (*not sharp*) stumpf ② (*outspoken*) direkt **II.** *vt* ① stumpf machen ② (*fig*) *enthusiasm* dämpfen

blunt·ly ['blʌntli] *adv* direkt

blunt·ness ['blʌntnəs] *n* Direktheit *f*

blur [blɜːʳ, AM blɜːr] **I.** *vi* <-rr-> verschwimmen **II.** *vt* <-rr-> verschwimmen lassen **III.** *n no pl* undeutliches Bild; ■**to be a ~** verschwimmen; (*fig*) **it's all just a ~ to me now** ich erinnere mich nur noch vage daran

blurb [blɜːb, AM blɜːrb] *n* Klappentext *m*

blurred [blɜːd, AM blɜːrd] *adj* ① (*vague*) verschwommen; *picture* unscharf ② (*not clearly separated*) nicht klar voneinander getrennt

blurt [blɜːt, AM blɜːrt] *vt* ■**to ~ out** ↻ **sth** mit etw *dat* herausplatzen *fam*

blush [blʌʃ] **I.** *vi* erröten **II.** *n* ① **to spare sb's ~es** jdn nicht verlegen machen ② AM (*blusher*) Rouge *nt*

blush·er ['blʌʃəʳ, AM -ɚ] *n* Rouge *nt*

blush·ing ['blʌʃɪŋ] *adj* errötend

blus·ter ['blʌstəʳ, AM -ɚ] **I.** *vi* ① (*speak angrily*) poltern ② *wind* toben **II.** *n no pl* Theater *nt*

BNP [ˌbiːen'piː] *n* POL *abbrev of* **British National Party** Britische Nationalpartei

BO [ˌbiː'əʊ, AM -'oʊ] *n no pl abbrev of* **body odour** Körpergeruch *m*

boa ['bəʊə, AM 'boʊə] *n* Boa *f*

boar [bɔːʳ, AM bɔːr] *n* Eber *m,* Keiler *m;* **wild ~** Wildschwein *nt*

board [bɔːd, AM bɔːrd] **I.** *n* ① Brett *nt;* (*blackboard*) Tafel *f;* (*notice board*) Schwarzes Brett; (*signboard*) [Aushänge]schild *nt;* (*floorboard*) Diele *f* ② + *sing/pl vb* ADMIN Behörde *f;* **~ of directors** Vorstand *m;* **supervisory ~** Aufsichtsrat *m;* **B~ of Trade** BRIT Handelsministerium *nt;* AM Handelskammer *f* ③ *no pl* (*in hotel*) **full/half ~** Voll-/Halbpension *f* ④ TRANSP **on ~** an Bord *a. fig* ▶ PHRASES: **to let sth go by the ~** etw unter den Tisch fallen lassen; **to sweep the ~** alles gewinnen; **across the ~** rundum **II.** *vt* ❶ ■**to ~ up** mit Brettern vernageln ❷ *plane, ship* besteigen; *bus, train* einsteigen **III.** *vi* ❶ TOURIST wohnen (*als Pensionsgast*) ❷ SCH im Internat wohnen ❸ AVIAT **flight BA345 is now ~ing at Gate 2** die Passagiere für Flug BA345 können jetzt über Gate 2 zusteigen

board·er ['bɔːdəʳ, AM 'bɔːrdɚ] *n* ❶ SCH Internatsschüler(in) *m(f)* ❷ (*lodger*) Pensionsgast *m*

'board game *n* Brettspiel *nt*

board·ing ['bɔːdɪŋ, AM 'bɔːrd-] *n* Unterbringung *f* in einem Internat

'board·ing card *n* Bordkarte *f*

'board·ing fees *npl* Internatsgebühren *pl*

'board·ing house *n* Pension *f* **'board·ing ken·nels** *npl* Tierpension *f*

'board·ing pass *n* Bordkarte *f*

'board·ing school *n* Internat *nt*

'board meet·ing *n of executives* Vorstandssitzung *f; of owners' representatives* Aufsichtsratssitzung *f* **'board·room** *n* Sitzungssaal *m* **'board·walk** *n* AM Uferpromenade *f* (*aus Holz*)

boast [bəʊst, AM boʊst] **I.** *vi* prahlen; ■**to ~ about** [*or* **of**] **sth** mit etw *dat* angeben **II.** *n* großspurige Behauptung

boast·ful ['bəʊstfᵊl, AM 'boʊst-] *adj* großspurig; ■**to be ~** prahlen

boat [bəʊt, AM boʊt] *n* Boot *nt;* (*bigger*) Schiff *nt;* **to travel by ~** mit dem Schiff fahren ▶ PHRASES: **to be in the same ~** im selben Boot sitzen; **to miss the ~** den Anschluss verpassen

'boat hook *n* Bootshaken *m* **'boat house** *n* Bootshaus *nt*

boating ['bəʊtɪŋ, AM 'boʊt̬-] *n no pl* Bootfahren *nt;* **~ lake** See *m* mit Wassersportmöglichkeiten

'boat·man *n* Bootsführer *m*

'boat race *n* Bootsrennen *nt*

Land und Leute

Das alljährliche **Boat Race** (*Regatta*) wird an einem Samstag im März auf der *Thames* (*Themse*) von jeweils acht Ruderern der Universitäten Oxford und Cambridge ausgetragen. Das erste Rennen auf der heute noch genutzten 7,2 km langen Strecke fand 1845 statt.

boat·swain ['bəʊsᵊn, 'bəʊtsweɪn, AM 'boʊsᵊn] *n* NAUT [Hoch]bootsmann *m*

'boat train *n* Zug *m* mit Fährenanschluss **'boat trip** *n* Bootsfahrt *f*

bob[1] [bɒb, AM bɑːb] *n* Bubikopf *m*

bob[2] [bɒb, AM bɑːb] *n abbrev of* **bobsleigh** Bob *m*

bob[3] <-bb-> [bɒb, AM bɑːb] **I.** *vi* ❶ (*move*) ■**to ~ [up and down]** sich auf und ab bewegen; ■**to ~ [up]** [plötzlich] auftauchen *a. fig* ❷ (*curtsy*) knicksen **II.** *n* [angedeuteter] Knicks

bob·bin ['bɒbɪn, AM 'bɑːb-] *n* Spule *f*

'bob·ble hat *n* BRIT Pudelmütze *f*

bob·by ['bɒbi] *n* BRIT (*dated fam*) Polizist(in) *m(f)*

'bob·sled *n* Bob[schlitten] *m*

'bob·sleigh *n* Bob[sleigh] *m* **'bob·tail** *n* kupierter Schwanz

bode [bəʊd, AM boʊd] *vi, vt* **to ~ well** etwas Gutes bedeuten

bod·ice ['bɒdɪs, AM 'bɑːd-] *n* Oberteil *nt*

bodi·ly ['bɒdɪli, AM 'bɑːdᵊli] **I.** *adj* körperlich; **[grievous] ~ harm** [schwere] Körperverletzung **II.** *adv* gewaltsam

body ['bɒdi, AM 'bɑːdi] *n* ❶ (*physical structure*) Körper *m;* **~ and soul** mit Leib und Seele ❷ + *sing/pl vb* (*organized group*) Gruppe *f;* **advisory ~** beratendes Gremium; **governing ~** Leitung *f* ❸ (*central part*) Hauptteil *m; of church* Hauptschiff *nt; of plane, ship* Rumpf *m* ❹ AUTO Karosserie *f* ❺ (*corpse*) Leiche *f;* (*of animal*) Kadaver *m;* SCI Körper *m;* **foreign ~** Fremdkörper *m* ❻ (*substance*) *of hair* Fülle *f* ▶ PHRASES: **over my dead ~** nur über meine Leiche

'body bag *n* Leichensack *m* **'body build·er** *n* Bodybuilder(in) *m(f)* **'body-build·ing** *n no pl* Bodybuilding *nt* **'body·guard** *n* ❶ (*person*) Bodyguard *m* ❷ + *sing/pl vb* (*group*) Leibwache *f* **'body im·age** *n* Körperwahrnehmung *f* **'body jew·el·lery** *n* Körperschmuck *m* **'body lan·guage** *n no pl* Körpersprache *f* **'body lo·tion** *n* Körperlotion *f* **'body sculpt·ing** [-skʌlptɪŋ, AM -skʌlpt̬ɪŋ] *n no pl* Bodysculpting *nt* **'body search** *n* Leibesvisitation *f* **'body·suit** *n* Body[suit] *m* **'body·work** *n no pl* AUTO Karosserie *f*

bog [bɒg, AM bɑːg] *n* ❶ (*wet ground*) Sumpf *m* ❷ BRIT, AUS (*fam*) Klo *nt* ◆**bog down** *vt* ■**to be ~ged down** stecken bleiben; **to get ~ged down** sich verheddern *a. fig*

bo·gey ['bəʊgi, AM 'boʊ-] *n* ❶ (*fear*) Schreckgespenst *nt* ❷ (*golf score*) Bogey *nt*

bog·gle ['bɒgḷ, AM 'bɑː-] *vi* sprachlos sein; **the mind ~s** man fasst sich an den Kopf

bog·gy ['bɒgi, AM 'bɑːgi] *adj* morastig

bo·gie *n* AM *see* **bogey**

bo·gus ['bəʊgəs, AM 'boʊ-] *adj* unecht;

documents, name falsch; ~ **company** Scheinfirma *f*

bogy *n see* **bogey**

Bo·he·mian [bə(ʊ)ˈhiːmiən, AM boʊˈ-] **I.** *n* Bohemien *m* **II.** *adj* ~ **life** Künstlerleben *nt*

boil [bɔɪl] **I.** *n* ❶ *no pl* **to let sth come to the** [*or* AM **a**] ~ etw aufkochen lassen ❷ MED Furunkel *m o nt* ▸ PHRASES: **to go off the** ~ BRIT das Interesse verlieren **II.** *vi* ❶ kochen; **to** ~ **dry** verkochen ❷ CHEM den Siedepunkt erreichen ❸ (*fig: be angry*) **to** ~ **with rage** vor Wut kochen; (*be hot*) **I'm** ~**ing** ich schwitze mich zu Tode **III.** *vt* ❶ (*heat*) kochen ❷ (*bring to boil*) zum Kochen bringen ❸ *laundry* [aus]kochen ◆**boil away** *vi* verkochen ◆**boil down I.** *vi* (*reduce*) *sauce* einkochen ▸ PHRASES: **it all** ~**s down to ...** es läuft auf ... hinaus **II.** *vt* ❶ (*reduce*) einkochen ❷ (*fig: condense*) zusammenfassen ◆**boil over** *vi* ❶ überkochen ❷ (*fig*) *situation* außer Kontrolle geraten; *person* ausrasten ◆**boil up I.** *vt* aufkochen **II.** *vi* *trouble* sich *akk* anstauen [*o* zusammenbrauen]

boiled-down [ˈbɔɪldaʊn] *adj* gekürzt

boil·er [ˈbɔɪləʳ, AM -ɚ] *n* Boiler *m*

ˈboiler·house *n* Kesselhaus *nt* **ˈboil·er room** *n* Kesselraum *m* **ˈboil·er suit** *n* BRIT, AUS Overall *m*

boil·ing [ˈbɔɪlɪŋ] *adj* ❶ *water* kochend ❷ *weather* sehr heiß; **I'm** ~ ich komme um vor Hitze; ~ [**hot**] **weather** unerträgliche Hitze

ˈboil·ing point *n* Siedepunkt *m a. fig*

bois·ter·ous [ˈbɔɪstᵊrəs] *adj* ❶ (*rough*) wild; (*noisy*) laut ❷ (*exuberant*) übermütig

bold [bəʊld, AM boʊld] *adj* ❶ (*brave*) mutig; **to take a** ~ **step** ein Wagnis eingehen ❷ *colour* kräftig; *pattern* auffällig; *handwriting* schwungvoll; ~ **type** Fettdruck *m* ▸ PHRASES: **as** ~ **as brass** frech wie Oskar

bold·ness [ˈbəʊldnəs, AM ˈboʊld-] *n* Mut *m*

bo·lero [ˈbɒlərəʊ, AM bəˈleroʊ] *n* Bolero *m*

bol·lard [ˈbɒlɑːd, AM ˈbɑːlɚd] *n* Poller *m*

Bol·ly·wood [ˈbɒliwʊd, AM ˈbɑːli-] *n* (*fam*) Bollywood *nt* (*in Bombay angesiedelte Unterhaltungsfilmindustrie*)

bol·ster [ˈbəʊlstəʳ, AM ˈboʊlstɚ] **I.** *n* Nackenrolle *f* **II.** *vt* ❶ (*prop up*) stützen ❷ (*increase*) erhöhen

bolt [bəʊlt, AM boʊlt] **I.** *vi* ❶ (*move quickly*) rasen ❷ (*run away*) ausreißen; *horse* durchgehen **II.** *vt* ❶ (*gulp down*) ■**to** ~ [**down** ↻] **sth** etw hinunterschlingen ❷ (*lock*) verriegeln ❸ (*fix*) ■**to** ~ **sth on**[**to**] **sth** etw mit etw *dat* verbolzen **III.** *n* ❶ ~ **of lightning** Blitz[schlag] *m* ❷ (*lock*) Riegel *m* ❸ (*screw*) Schraubenbolzen *m* ❹ (*cloth*) [Stoff]ballen *m* ▸ PHRASES: **to be a** ~ **from the blue** aus heiterem Himmel kommen

ˈbolt-hole *n* Unterschlupf *m*

bomb [bɒm, AM bɑːm] **I.** *n* ❶ (*explosive*) Bombe *f*; **unexploded** ~ Blindgänger *m* ❷ (*fam*) Flop ▸ PHRASES: **to go down a** ~ BRIT (*fam*) ein Bombenerfolg sein; **to go like a** ~ BRIT (*fam*) abgehen wie ein geölter Blitz **II.** *vt* bombardieren **III.** *vi* (*fam*) [völlig] danebengehen; *see also* **comb**

bom·bard [bɒmˈbɑːd, AM bɑːmˈbɑːrd] *vt* bombardieren *a. fig*

bom·bard·ment [bɒmˈbɑːdmənt, AM bɑːmˈbɑːrd-] *n* Bombardierung *f*

bom·bast [ˈbɒmbæst, AM ˈbɑːm-] *n no pl* Schwulst *m*

bom·bas·tic [bɒmˈbæstɪk, AM bɑːmˈ-] *adj* bombastisch

ˈbomb cra·ter *n* Bombentrichter *m* **ˈbomb dis·pos·al unit** *n* BRIT Bombenräumkommando *nt*

bombed [bɑːmd] *adj* (*fam: on drugs*) total zu; (*on alcohol*) voll

bomb·er [ˈbɒməʳ, AM ˈbɑːmɚ] *n* ❶ (*plane*) Bombenflugzeug *nt* ❷ (*person*) Bombenleger(in) *m(f)*

bomb·ing [ˈbɒmɪŋ, AM ˈbɑːm-] *n* MIL Bombardierung *f*; (*terrorist attack*) Bombenanschlag *m*

ˈbomb·proof *adj* bombensicher **ˈbomb·shell** *n* Bombe *f a. fig*; **to drop a** ~ (*fig*) die Bombe platzen lassen

bona fide [ˌbəʊnəˈfaɪdi, -deɪ, AM ˌboʊnəˈ-] *adj* echt; *offer* seriös

bo·nan·za [bəˈnænzə] *n* Goldgrube *f*

bond [bɒnd, AM bɑːnd] **I.** *n* ❶ (*emotional connection*) Bindung *f* ❷ FIN Schuldschein *m*; **government** ~ Staatsanleihe *f* ❸ LAW schriftliche Verpflichtung ❹ CHEM Bindung *f* ▸ PHRASES: **my word is my** ~ (*saying*) auf meine Zusage ist Verlass **II.** *vt* ❶ (*unite emotionally*) verbinden ❷ (*stick together*) ■**to** ~ **together** zusammenfügen **III.** *vi* haften

bond·age [ˈbɒndɪdʒ, AM ˈbɑːn-] *n no pl* ❶ (*slavery*) Sklaverei *f* ❷ (*sexual act*) Fesseln *nt*

bond·ed [ˈbɒndɪd, AM ˈbɑːn-] *adj* **a** ~ **travel agent/tour operator** BRIT *Reisebüro/Reiseunternehmen, das sich im Interesse seiner Kunden gegen den eigenen Bankrott versichert hat*

bone [bəʊn, AM boʊn] **I.** *n* ❶ Knochen *m*; *of fish* Gräte *f*; FOOD **off the** ~ *fish* entgrätet;

meat entbeint ② *no pl* (*material*) Bein *nt* ▶ PHRASES: **to work one's fingers to the ~** sich abrackern; **to be close to the ~** unter die Haut gehen; **to feel sth in one's ~s** etw instinktiv fühlen; **to make no ~s about sth** kein Geheimnis aus etw *dat* machen **II.** *vt fish* entgräten; *meat* ausbeinen

'bone den·sity *n* MED Knochendichte *f* **'bone frac·ture** *n* Knochenbruch *m*

'bone·head *n* (*fam*) Holzkopf *m* **'bone idle, bone lazy** *adj* BRIT stinkfaul **'bone mar·row** *n no pl* Knochenmark *nt* **'bone·shak·er** *n* BRIT (*hum fam*) Klapperkiste *f* **'bone·yard** ['bəʊnjɑːd, AM 'boʊnjɑːrd] *n* (*sl*) Friedhof *m*

bon·fire ['bɒnfaɪəʳ, AM 'bɑːnfaɪɚ] *n* Freudenfeuer *nt*

bonk·ers ['bɒŋkəz, AM 'bɑːŋkɚz] *adj pred* (*fam*) verrückt

bon·net ['bɒnɪt, AM 'bɑːn-] *n* ① (*hat*) Mütze *f*; (*dated*) Haube *f* ② BRIT, AUS AUTO Motorhaube *f*

bon·ny ['bɒni] *adj* NENG, SCOT strahlend gesund; *baby* prächtig; *lass* hübsch

bo·nus ['bəʊnəs, AM 'boʊ-] *n* ① FIN Prämie *f*; **productivity ~** Ertragszulage *f*; **~ share** Gratisaktie *f* ② (*fig: sth extra*) Bonus *m*

bony ['bəʊni, AM 'boʊ-] *adj* ① (*with prominent bones*) knochig ② (*full of bones*) *fish* voller Gräten; *meat* knochig

boo [buː] **I.** *interj* ① (*to surprise*) huh ② (*to show disapproval*) buh **II.** *vi* buhen **III.** *vt* ausbuhen; **to ~ sb off the stage** jdn von der Bühne wegbuhen **IV.** *n* Buhruf *m*

boob [buːb] (*fam*) **I.** *n* ① *usu pl* (*breast*) **big ~s** große Titten *derb* ② (*blunder*) Schnitzer *m* ③ AM (*fool*) Trottel *m* **II.** *vi* einen Schnitzer machen

boo·by ['buːbi] *n* Trottel *m*

'boo·by prize *n* Trostpreis *m* **'boo·by trap** *n* getarnte Bombe

book [bʊk] **I.** *n* ① Buch *nt*; **to be in the ~** im Telefonbuch stehen; **~ of stamps** Briefmarkenheftchen *nt* ② *pl* FIN ■**the ~s** die [Geschäfts]bücher *pl* ▶ PHRASES: **to do sth by the ~** etw nach Vorschrift machen; **to throw the ~ at sb** jdm gehörig den Kopf waschen **II.** *vt* ① (*reserve*) buchen; ■**to ~ sth for sb** etw für jdn reservieren; **to be fully ~ed** *hotel* ausgebucht sein ② *police* verwarnen; **to be ~ed for speeding** eine Verwarnung wegen erhöhter Geschwindigkeit bekommen **III.** *vi* buchen, reservieren ◆**book in I.** *vi* einchecken **II.** *vt* ■**to ~ in ↔ sb** für jdn ein Hotel buchen ◆**book up** *vi* buchen; ■**to be ~ed up** ausgebucht sein

book·able ['bʊkəbḷ] *adj* ① (*able to be reserved*) erhältlich ② SPORTS **a ~ offence** ein Regelverstoß, der zu ahnden ist

'book·bind·er *n* Buchbinder(in) *m(f)* **'book·bind·ing** *n no pl* Buchbinderhandwerk *nt* **'book·case** *n* Bücherschrank *m* **'book club** *n* Buchklub *m* **'book·end** *n* Buchstütze *f*

Land und Leute

Der **Man Booker Prize** wurde 1969 von der Maschinenbaufirma Booker McConnell ins Leben gerufen. Der angesehene Literaturpreis wird jedes Jahr im Herbst für den besten auf Englisch erschienenen Roman des Vorjahres vergeben. 2006 gewann Kiran Desai mit ihrem Roman *The Inheritance of Loss* den **Booker Prize.**

bookie ['bʊki] *n* (*fam*) *short for* **bookmaker** Buchmacher(in) *m(f)*

book·ing ['bʊkɪŋ] *n* ① (*reservation*) Reservierung *f*; **advance ~s** Vorreservierung[en] *f[pl]*; **to make a ~** etw buchen ② SPORTS Verwarnung *f*

'book·ing clerk *n* Schalterbeamte(r) *m*, Schalterbeamte [*o* -in] *f* **'book·ing of·fice** *n* Theaterkasse *f*

book·ish ['bʊkɪʃ] *adj* ① (*studious*) streberhaft ② (*unworldly*) weltfremd

'book·keep·er *n* Buchhalter(in) *m(f)* **'book·keep·ing** *n no pl* Buchhaltung *f*

book·let ['bʊklət] *n* Broschüre *f*

'book·mak·er *n* Buchmacher(in) *m(f)* **'book·mark** *n* Lesezeichen *nt* **'book re·view** *n* Buchbesprechung *f* **'book re·view·er** *n* Buchkritiker(in) *m(f)* **'book·seller** *n* Buchhändler(in) *m(f)* **'book·shelf** *n* Bücherregal *nt* **'book·shop** *n* Buchgeschäft *nt* **'book·stall** *n* Bücherstand *m* **'book·store** *n* AM Buchgeschäft *nt* **'book to·ken** *n* Büchergutschein *m* **'book·worm** *n* Bücherwurm *m*

boom¹ [buːm] ECON **I.** *vi* florieren **II.** *n* Boom *m*, Aufschwung *m* **III.** *adj* florierend; *town* aufstrebend

boom² [buːm] **I.** *n* Dröhnen *nt kein pl* **II.** *vi* ■**to ~ [out]** dröhnen **III.** *vt* ■**to ~ [out ↔] sth** etw mit dröhnender Stimme befehlen

boom³ [buːm] *n* ① (*barrier*) Baum *m* ② FILM, TV Galgen *m*

boom·er·ang ['buːmᵊræŋ, AM -mər-] **I.** *n* Bumerang *m* **II.** *vi* (*fig*) ■**to ~ on sb** *plan* sich für jdn als Bumerang erweisen

boon [buːn] *n usu sing* Segen *m fig*

boor [bɔːʳ, AM bʊr] *n* Rüpel *m*

boor·ish ['bɔːrɪʃ, AM 'bʊr-] *adj* rüpelhaft

boost [buːst] **I.** *n* Auftrieb *m* **II.** *vt* ansteigen

B

B

lassen; *morale* heben; ELEC verstärken

boost·er ['buːstəʳ, AM -ɚ] *n* ① (*improvement*) Verbesserung *f;* **to be a confidence ~** das Selbstvertrauen heben ② MED **~ vaccination** [*or fam* **shot**] Auffrischungsimpfung *f*

'boost·er rock·et *n* Trägerrakete *f* **'boost·er seat** *n* AUTO Kindersitz *m*

boot [buːt] **I.** *n* ① (*shoe*) Stiefel *m* ② (*fam: kick*) Stoß *m;* **to get the ~** (*fig fam*) hinausfliegen; **to give sb the ~** (*fig fam*) jdn hinauswerfen ③ BRIT AUTO Kofferraum *m;* AM Wegfahrsperre *f* ▶ PHRASES: **to be too big for one's ~s** (*fam*) hochnäsig sein **II.** *vt* ■**to ~ sth** etw *dat* einen Tritt versetzen ◆**boot out** *vt* (*fam*) rausschmeißen

bootee ['buːti, AM -t̬i] *n* gestrickter Babyschuh

booth [buːð, buːθ, AM buːθ] *n* ① (*cubicle*) Kabine *f;* (*in restaurant*) Sitzecke *f* ② (*at fair*) Stand *m*

'boot·lace *n* Schnürsenkel *m*

'boot·leg *adj* ① (*sold illegally*) geschmuggelt ② (*illegally made*) illegal hergestellt; **~ alcohol** schwarz gebrannter Alkohol; **~ tapes** Raubkopien

'boot·lick·er *n* (*fam*) Kriecher(in) *m(f)*

'boot·mak·er *n* Schuhmacher(in) *m(f)*

boo·ty ['buːti, AM -t̬i] *n* Beutegut *nt*

'booty call *n* AM (*sl*) *überraschender Besuch bei jdm mit sexuellen Absichten*

booze [buːz] (*fam*) **I.** *n* ① *no pl* (*alcohol*) Alk *m;* **to be off the ~** nicht mehr trinken ② (*activity*) **to go out on the ~** auf Sauftour gehen **II.** *vi* saufen

booz·er ['buːzəʳ, AM -ɚ] *n* (*fam*) ① BRIT (*pub*) Kneipe *f* ② (*person*) Säufer(in) *m(f)*

boozy ['buːzi] *adj* (*fam*) versoffen

bor·der ['bɔːdəʳ, AM 'bɔːrdɚ] **I.** *n* ① (*frontier*) Grenze *f;* **~ dispute** Grenzstreit *m* ② (*edge*) Begrenzung *f; of picture* Umrahmung *f;* FASHION Borte *f* ③ (*in garden*) Rabatte *f* **II.** *vt* ① (*be or act as frontier*) grenzen an +*akk* ② (*bound*) begrenzen ◆**border on** *vi* grenzen an *akk*

bor·der·ing ['bɔːdərɪŋ, AM 'bɔːrdɚ-] *adj* angrenzend

bor·der·land ['bɔːdəlænd, AM 'bɔːrdɚ-] *n* ① GEOG Grenzgebiet *nt* ② (*fig*) Grenzbereich *m* **bor·der·line** ['bɔːdəlaɪn, AM 'bɔːrdɚ-] **I.** *n* Grenze *f* **II.** *adj* Grenz-

bore¹ [bɔːʳ, AM bɔːr] *n* Flutwelle *f*

bore² [bɔːʳ, AM bɔːr] *pt of* **bear**

bore³ [bɔːʳ, AM bɔːr] **I.** *n* ① (*thing*) langweilige Sache; **what a ~** wie langweilig ② (*person*) Langweiler(in) *m(f)* **II.** *vt* langweilen

bore⁴ [bɔːʳ, AM bɔːr] **I.** *n* ① *of pipe* Innendurchmesser *m* ② *of gun* Kaliber *nt* **II.** *vt* bohren **III.** *vi* ■**to ~ through/into sth** etw durchbohren

bored [bɔːd, AM bɔːrd] *adj* gelangweilt

bore·dom ['bɔːdəm, AM 'bɔːr-] *n no pl* Langeweile *f*

bor·ing ['bɔːrɪŋ] *adj* langweilig

born [bɔːn, AM bɔːrn] *adj* geboren; (*fig*) *idea* entstanden; **English-~** in England geboren

'born-again *adj* überzeugt

borne [bɔːn, AM bɔːrn] *vi pt of* **bear**

bor·ough ['bʌrə, AM 'bɜːroʊ] *n* Verwaltungsbezirk *m*

bor·row ['bɒrəʊ, AM 'bɑːroʊ] **I.** *vt* ① (*take temporarily*) leihen; (*from library*) ausleihen ② LING entlehnen ③ MATH borgen **II.** *vi* Geld leihen

bor·row·er ['bɒrəʊəʳ, AM 'bɑːroʊɚ] *n* ① (*from bank*) Kreditnehmer(in) *m(f)* ② (*from library*) Entleiher(in) *m(f)*

bor·row·ing ['bɒrəʊɪŋ, AM 'bɑːroʊ-] *n* ① *no pl* (*take temporarily*) Ausleihen *nt* ② LING Entlehnen *nt* ③ FIN **public ~** Staatsverschuldung *f*

Bos·nia ['bɒzniə, AM 'bɑːz-] *n* Bosnien *nt*

Bos·nian ['bɒzniən, AM 'bɑːz] **I.** *adj* bosnisch **II.** *n* Bosnier(in) *m(f)*

bos·om ['bʊzəm] *n usu sing* ① (*breasts*) Busen *m* ② (*fig*) **in the ~ of one's family** im Schoß der Familie

bos·om 'bud·dy *n* Busenfreund(in) *m(f)*

boss [bɒs, AM bɑːs] **I.** *n* Chef(in) *m(f);* **to be one's own ~** sein eigener Herr sein **II.** *vt* ■**to ~** [**about** [*or* **around**] ↻] **sb** jdn herumkommandieren

bossy ['bɒsi, AM 'bɑːsi] *adj* (*fam*) herrschsüchtig

bosun ['bəʊsən, AM 'boʊ-] *n* NAUT Hochbootsmann *m*

bot [bɒt, AM bɑːt] *n* COMPUT, INET *short for* **robot** Bot *nt*

bo·tani·cal [bə'tænɪkəl] *adj* botanisch

bota·nist ['bɒtənɪst, AM 'bɑːt-] *n* Botaniker(in) *m(f)*

bota·ny ['bɒtəni, AM 'bɑːt-] *n* Botanik *f*

botch [bɒtʃ, AM bɑːtʃ] (*fam*) **I.** *n* Pfusch *m;* **to make a ~ of sth** etw verpfuschen **II.** *vt* ■**to ~** [**up** ↻] **sth** etw verpfuschen

botch-up ['bɒtʃʌp, AM 'bɑːtʃ-] *n* (*fam*) Pfusch *m*

both [bəʊθ, AM boʊθ] **I.** *adj, pron* beide; **~ sexes** Männer und Frauen; **a picture of ~ of us** ein Bild von uns beiden **II.** *adv* **to be competitive in terms of ~ quality and price** sowohl bei der Qualität als auch beim Preis wettbewerbsfähig sein; **~ men and women** sowohl Männer als auch Frauen

B

both·er ['bɒðəʳ, AM 'bɑːðɚ] **I.** *n no pl* ① (*effort*) Mühe *f;* (*work*) Aufwand *m;* **it is no ~ [at all]**! [überhaupt] kein Problem!; **to be not worth the ~** kaum der Mühe wert sein ② (*trouble*) Ärger *m;* (*difficulties*) Schwierigkeiten *pl;* (*problem*) Problem[e] *nt*[*pl*]; **to get oneself into a spot of ~** sich in Schwierigkeiten bringen ③ (*nuisance*) **to be a ~** lästig sein **II.** *interj esp* BRIT **[oh] ~!** [so ein] Mist! **III.** *vi* **shall I wait? – no, don't ~** soll ich warten? – nein, nicht nötig; **you needn't have ~ed** du hättest dir die Mühe sparen können; **he hasn't even ~ed to write** er hat sich nicht mal die Mühe gemacht, zu schreiben; **do they ~ about punctuality in your job?** wird bei deiner Arbeit Wert auf Pünktlichkeit gelegt? **IV.** *vt* ① (*worry*) beunruhigen; **what's ~ing you?** was hast du?; **you shouldn't let that ~ you** du solltest dir darüber keine Gedanken machen ② (*concern*) **it doesn't ~ me** das macht mir nichts aus; **I'm not ~ed about what he thinks** es ist mir egal, was er denkt ③ (*disturb*) stören; **don't ~ me [with that]**! verschone mich damit!; **I'm sorry to ~ you, but ...** entschuldigen Sie bitte [die Störung], aber ... ④ (*annoy*) belästigen; **my tooth is ~ing me** mein Zahn macht mir zu schaffen

both·era·tion [ˌbɒðəʳ'eɪʃən, AM ˌbɑːðə'reɪ-] *interj* (*dated*) verflixt! *fam*

both·er·some ['bɒðəsəm, AM 'bɑːðɚ-] *adj* lästig

Bo·tox® ['bəʊtɒks, AM 'boʊtɑːks] *n* Botox *nt*

bot·tle ['bɒtl̩, AM 'bɑːt̬l̩] **I.** *n* ① (*container*) Flasche *f;* **baby's ~** Fläschchen *nt* ② *no pl* BRIT (*fam: courage*) Mumm *m* **II.** *vt* abfüllen ◆**bottle up** *vt feelings, anger* unterdrücken

'bot·tle bank *n* BRIT Altglascontainer *m* **'bot·tle brush** *n* Flaschenbürste *f*

bottled ['bɒtl̩d, AM 'bɑːt̬l̩d] *adj* in Flaschen abgefüllt; **~ beer** Flaschenbier *nt*

'bot·tle-fed *adj* mit der Flasche gefüttert **'bot·tle-feed** *vt* mit der Flasche füttern **'bottle-feeding** *n no pl* Fütterung *f* mit der Flasche **'bot·tle-green** *adj* flaschengrün **'bot·tle·neck** *n* Engpass *m a. fig* **'bot·tle open·er** *n* Flaschenöffner *m*

bot·tom ['bɒtəm, AM 'bɑːt̬-] **I.** *n* ① (*lowest part*) Boden *m; on chair* Sitz *m; in valley* Talsohle *f;* **pyjama ~s** Pyjamahose *f;* **rock ~** (*fig*) Tiefststand *m;* **from top to ~** von oben bis unten; **to sink to the ~** auf den Grund sinken ② (*end*) **at the ~ of the street** am Ende der Straße ③ ANAT Hinterteil *nt* ▶PHRASES: **to get to the ~ of sth** einer Sache *dat* auf den Grund gehen **II.** *adj* untere(r, s); **in ~ gear** BRIT im ersten Gang; **the ~ shelf** das unterste Regal **III.** *vi* ECON ■**to ~ out** seinen Tiefstand erreichen

bot·tom·less ['bɒtəmləs, AM 'bɑːt̬-] *adj* ① (*without limit*) unerschöpflich ② (*fig: very deep*) unendlich; **~ pit** Fass *nt* ohne Boden

bot·tom 'line *n usu sing* ① FIN Bilanz *f* ② (*fig: main point*) Wahrheit *f*

botu·lism ['bɒtjʊlɪzəm, AM ˌbɑːtʃə-] *n no pl* MED Nahrungsmittelvergiftung *f*

bough [baʊ] *n* (*liter*) Ast *m*

bought [bɔːt, AM *esp* bɑːt] *vt pp, pt of* **buy**

boul·der ['bəʊldəʳ, AM 'boʊldɚ] *n* Felsbrocken *m*

boule·vard ['buːləvɑːd, AM 'bʊləvɑːrd] *n* Boulevard *m*

bounce [baʊn(t)s] **I.** *n* ① *of ball* Aufprall ② *no pl* (*spring*) Sprungkraft *f; hair* Elastizität ③ (*fig: vitality*) Schwung *m* **II.** *vi* ① *ball* aufspringen ② (*bob*) hüpfen ③ FIN (*fam*) *cheque* platzen **III.** *vt* aufspringen lassen; *baby* schaukeln ◆**bounce back** *vi* ① (*rebound*) zurückspringen ② (*fig: recover*) wieder auf die Beine kommen ◆**bounce off** *vi* abprallen, abspringen *a. fig; echo, sound* widerhallen; *radio waves* reflektieren

bounc·er ['baʊn(t)səʳ, AM -ɚ] *n* Rausschmeißer(in) *m(f)*

bounc·ing ['baʊn(t)sɪŋ] *adj* lebhaft; **~ baby boy** strammer Junge

bouncy ['baʊn(t)si] *adj* ① *mattress* federnd; **~ castle** Hüpfburg *f* ② (*lively*) frisch und munter

bound¹ [baʊnd] **I.** *vi* springen; *kangaroo* hüpfen **II.** *n* Sprung *m*

bound² [baʊnd] **I.** *vt usu passive* (*border*) ■**to be ~ed by sth** von etw *dat* begrenzt werden **II.** *npl* Grenzen *pl;* **to be out of ~s** *ball* im Aus sein; *area* Sperrgebiet sein

bound³ [baʊnd] *adj* ■**to be ~ for X** unterwegs nach X sein

bound⁴ [baʊnd] **I.** *pt, pp of* **bind II.** *adj* **to be ~ to happen** zwangsläufig geschehen; **it was ~ to happen** das musste so kommen

bounda·ry ['baʊndəri] *n* Grenze *f*

bound·less ['baʊndləs] *adj* grenzenlos

boun·ty ['baʊnti, AM -t̬i] *n* ① Kopfgeld *nt* ② *no pl* (*liter: generosity*) Freigebigkeit *f*

bou·quet [bʊ'keɪ, AM boʊ'-] *n* Bukett *nt*

bour·bon ['bɜːbən, AM 'bɜːr-] *n* Bourbon *m*

bour·geois ['bɔːʒwɑː, AM 'bʊrʒ-] *adj* bürgerlich, spießbürgerlich

bout [baʊt] *n* ① (*short attack*) Anfall *m;* **drinking ~** Trinkgelage *nt* ② (*in boxing*)

B

Boxkampf *m;* (*in wrestling*) Ringkampf *m*

bou·tique [buːˈtiːk] *n* Boutique *f*

bou·tique ho·ˈtel *n* Boutique-Hotel *nt*

bo·vine [ˈbəʊvaɪn, AM ˈboʊ-] *adj* Rinder-

bow¹ [bəʊ, AM boʊ] *n* ❶ (*weapon*) Bogen *m* ❷ (*for instrument*) Bogen *m* ❸ (*knot*) Schleife *f*

bow² [baʊ] **I.** *vi* sich verbeugen (**to** vor +*dat*) **II.** *vt* **to ~ one's head** den Kopf senken **III.** *n* ❶ (*bending over*) Verbeugung *f;* **to take a ~** sich [unter Applaus] verbeugen ❷ NAUT Bug *m*

Aussprache

Die Aussprache von **bow** ändert sich entsprechend der Bedeutung:

bow	[bəʊ]	(*Bogen*)
bow	[baʊ]	(*sich verbeugen*)

◆**bow down** *vi* ❶ (*to show reverence*) sich verbeugen ❷ (*obey sb*) ■**to ~ down to sb** sich jdm fügen ◆**bow out** *vi* sich verabschieden

bow·el [ˈbaʊəl] *n usu pl* MED ■**~s** Darm *m*

ˈbow·el move·ment *n* Stuhl[gang] *m*

bowl¹ [bəʊl, AM boʊl] *n* (*dish*) Schüssel *f;* (*shallower*) Schale *f;* **~ of soup** Tasse *f* Suppe

bowl² [bəʊl, AM boʊl] SPORTS **I.** *vi* ❶ (*in cricket*) werfen ❷ (*tenpins*) bowlen, Bowling spielen; (*skittles*) kegeln; (*bowls*) Bowls spielen **II.** *vt* SPORTS (*bowling, cricket*) werfen; (*bowls*) rollen **III.** *n* Kugel *f;* ■**~s** + *sing vb* Bowls *pl* ◆**bowl out** *vt* (*in cricket*) ausschlagen ◆**bowl over** *vt* umwerfen *a. fig*

bow-leg·ged [bəʊˈlegɪd, AM boʊ-] *adj* O-beinig

bowl·er [ˈbəʊləʳ, AM ˈboʊlɚ] *n* ❶ (*cricket*) Werfer *m* ❷ (*bowls*) Bowlsspieler(in) *m(f);* (*bowling*) Bowlingspieler(in) *m(f)* ❸ (*hat*) Bowler *m,* Melone *f*

bowl·ing [ˈbəʊlɪŋ, AM ˈboʊ-] *n no pl* ❶ (*tenpins*) Bowling *nt;* (*skittles*) Kegeln *nt* ❷ (*in cricket*) Werfen *nt*

ˈbowl·ing al·ley *n* (*tenpins*) Bowlingbahn *f;* (*skittles*) Kegelbahn *f* **ˈbowl·ing green** *n* Rasenfläche *f* für Bowls

bow·man [ˈbəʊmən, AM ˈboʊ-] *n* Bogenschütze *m* **ˈbow·string** *n* Bogensehne *f*

bow ˈtie *n* Fliege *f*

bow ˈwin·dow *n* Erkerfenster *nt*

bow-wow **I.** *interj* [ˌbaʊˈwaʊ] wauwau **II.** *n* [ˈbaʊˌwaʊ] (*childspeak: dog*) Wauwau *m* *Kindersprache*

box¹ [bɒks, AM bɑːks] **I.** *vi* boxen **II.** *vt* ❶ ■**to ~ sb** gegen jdn boxen ❷ (*slap*) **to ~ sb's ears** jdn ohrfeigen

box² [bɒks, AM bɑːks] **I.** *n* ❶ (*container*) Kiste *f; carton* Karton *m; of chocolates, cigars, matches* Schachtel *f* ❷ (*space*) Kästchen *nt;* ■**the ~** FBALL der Strafraum ❸ BRIT (*fam: TV*) ■**the ~** die [Flimmer]kiste **II.** *vt* ■**to ~ [up** ↻**] sth** etw [in einen Karton/eine Schachtel] verpacken

box³ [bɒks, AM bɑːks] *n* (*tree*) Buchsbaum *m* ◆**box in** *vt car* einparken; **to feel ~ed in** (*fig*) sich eingeengt fühlen ◆**box up** *vt* [in Kartons] einpacken

box·er [ˈbɒksəʳ, AM ˈbɑːksɚ] *n* ❶ (*dog*) Boxer *m* ❷ (*person*) Boxer(in) *m(f)*

box·ers [ˈbɒksəz, AM ˈbɑːksɚz], **ˈbox·er shorts** *npl* Boxershorts *pl*

box·ing [ˈbɒksɪŋ, AM ˈbɑːks-] *n no pl* Boxen *nt*

ˈBox·ing Day *n* BRIT, CAN zweiter Weihnachtsfeiertag, der 26. Dezember

Land und Leute

In Großbritannien wird der 26. Dezember **Boxing Day** genannt. Der Name stammt aus einer Zeit als Lehrlinge nach dem ersten Weihnachtstag in *boxes* (*Schachteln*) Trinkgelder bei den Kunden ihrer Meister einsammelten. Früher wurde auch das Geld, das man einem Lieferanten oder Angestellten zu Weihnachten gab, als *Christmas box* bezeichnet.

In Irland heißt der 26. Dezember *St Stephen's Day.*

ˈbox·ing gloves *npl* Boxhandschuhe *pl* **ˈbox·ing match** *n* Boxkampf *m* **ˈbox·ing ring** *n* Boxring *m*

box ˈjunc·tion *n markierter Kreuzungsbereich, der bei Stau nicht befahren werden darf*

ˈbox num·ber *n* Chiffre[nummer] *f* **ˈbox of·fice** *n* Kasse *f* (*im Theater oder Kino*)

boy [bɔɪ] **I.** *n* ❶ Junge *m* ❷ (*fam: friends*) ■**the ~s** *pl* die Kumpels *pl* ►PHRASES: **the big ~s** die Großen; **~s will be ~s** Jungs sind nun mal so **II.** *interj* [**oh**] **~!** Junge, Junge!

ˈboy band *n* Boygroup *f*

boy·cott [ˈbɔɪkɒt, AM -kɑːt] **I.** *vt* boykottieren **II.** *n* Boykott *m*

ˈboy·friend *n* Freund *m*

boy·hood [ˈbɔɪhʊd] *n no pl* Kindheit *f*

boy·ish [ˈbɔɪɪʃ] *adj* jungenhaft

boy ˈscout *n* Pfadfinder *m*

bozo [ˈbəʊzəʊ, AM ˈboʊzoʊ] *n esp* AM (*sl*) Depp *m pej*

bra [brɑː] *n* BH *m*

brace [breɪs] **I.** *n* ❶ (*for teeth*) Zahnspange *f;* (*for back*) Stützapparat *m* ❷ BRIT, AUS (*for trousers*) ■ ~**s** *pl* Hosenträger *pl* **II.** *vt* ❶ (*prepare for*) ■ **to ~ oneself for sth** sich auf etw *akk* vorbereiten ❷ (*support*) [ab]stützen; (*horizontally*) verstreben

brace·let ['breɪslət] *n* Armband *nt*

brack·en ['brækᵊn] *n no pl* Adlerfarn *m*

brack·et ['brækɪt] **I.** *n* ❶ *usu pl* (*in writing*) **in [round/square/angle] ~s** in [runden/eckigen/spitzen] Klammern ❷ (*class*) **age ~** Altersgruppe *f;* **income ~** Einkommensstufe *f* ❸ (*support*) [Winkel]stütze *f* **II.** *vt* in Klammern setzen

brack·ish ['brækɪʃ] *adj* brackig

brag <-gg-> [bræg] *vi, vt* ■ **to ~ [about sth]** [mit etw] prahlen

braid [breɪd] **I.** *n* ❶ *no pl* (*on cloth*) Borte *f;* (*on uniform*) Litze *f;* (*with metal threads*) Tresse[n] *f[pl]* ❷ *esp* AM (*plait*) Zopf *m* **II.** *vt, vi esp* AM flechten

Braille [breɪl] *n no pl* Blindenschrift *f*

brain [breɪn] **I.** *n* ❶ (*organ*) Gehirn *nt;* ■ ~**s** *pl* [Ge]hirn *nt* ❷ (*intelligence*) Verstand *m;* ■ ~**s** *pl* Intelligenz *f kein pl* ❸ (*fam: intelligent person*) heller Kopf; **the best ~s** die fähigsten Köpfe ▶ PHRASES: **to have sth on the ~** (*fam*) immer nur an etw *akk* denken **II.** *vt* (*fam*) ■ **to ~ sb** jdm den Schädel einschlagen

'brain buck·et *n* AM (*sl*) Helm *m*

'brain·child *n* genialer Einfall **'brain dam·age** *n* [Ge]hirnschaden *m* **'brain dead** *adj* [ge]hirntot **'brain death** *n* [Ge]hirntod *m* **'brain drain** *n* Braindrain *m* **'brain-drain·ing** *adj* (*fig: mentally exhausting*) nervig, stressig

brain·less ['breɪnləs] *adj* hirnlos

'brain·pan *n* (*fam*) Schädel *m* **'brain scan** *n* Computertomographie *f* des Schädels

'brain·storm **I.** *vi* ein Brainstorming machen **II.** *n* ❶ BRIT (*fam: brain shutdown*) Anfall *m* geistiger Umnachtung ❷ AM (*fam: idea*) Geistesblitz *m*

'brain·storm·ing *n no pl* Brainstorming *nt*

'brain teas·er *n* (*sth puzzling*) Rätsel *nt;* (*puzzle*) Denksportaufgabe *f* **'brain tu·mour** *n* [Ge]hirntumor *m* **'brain·wash** *vt* ■ **to ~ sb** jdn einer Gehirnwäsche unterziehen **'brain·wash·ing** *n* Gehirnwäsche *f* **'brain·wave** *n* Geistesblitz *m* **'brain·work** *n no pl* Kopfarbeit *f*

brainy ['breɪni] *adj* gescheit

braise [breɪz] *vt* FOOD schmoren

brake [breɪk] **I.** *n* Bremse *f* **II.** *vi* bremsen

'brake fluid *n* Bremsflüssigkeit *f* **'brake shoe** *n* Bremsklotz *f*

brak·ing ['breɪkɪŋ] *n no pl* Bremsen *nt*

'brak·ing dis·tance *n* Bremsweg *m*

bram·ble ['bræmbl̩] *n* ❶ Brombeerstrauch *m* ❷ *esp* AM Dornenstrauch *m*

bran [bræn] *n no pl* Kleie *f*

branch [brɑːn(t)ʃ, AM bræn(t)ʃ] **I.** *n* ❶ *of bough* Zweig *m; of trunk* Ast *m* ❷ **~ of a river** Flussarm *m* ❸ (*office*) Zweigstelle *f,* Filiale *f* **II.** *vi* ❶ (*form branches*) Zweige treiben ❷ (*fig: fork*) sich gabeln ◆**branch off** **I.** *vi* sich verzweigen **II.** *vt* **to ~ off a subject** vom Thema abkommen ◆**branch out** *vi* seine Aktivitäten ausdehnen; *socially* gesellschaftlich mehr unternehmen; **to ~ out on one's own** sich selbstständig machen

'branch line *n* Nebenstrecke *f* **'branch of·fice** *n* Filiale *f*

brand [brænd] **I.** *n* ❶ (*product*) Marke *f;* **own [or** AM **store] [or** AUS **generic] ~** Hausmarke *f* ❷ (*fig: type*) Art *f* ❸ (*mark*) Brandzeichen *nt* **II.** *vt* ❶ (*label*) ■ **to be ~ed [as] sth** als etw gebrandmarkt sein ❷ *animal* mit einem Brandzeichen versehen

bran·dish ['brændɪʃ] *vt* [drohend] schwingen

'brand name *n* Markenname *m* **brand 'new** *adj* [funkel]nagelneu

bran·dy ['brændi] *n* Weinbrand *m*

'bran·dy snap *n dünnes, oft mit Schlagsahne gefülltes Ingwerteigröllchen*

brash [bræʃ] *adj* ❶ (*cocky*) dreist ❷ (*gaudy*) grell

brass [brɑːs, AM bræs] *n* ❶ (*metal*) Messing *nt* ❷ + *sing/pl vb* MUS ■ **the ~** die Blechinstrumente *pl*

brass 'band *n* + *sing/pl vb* Blaskapelle *f*

bras·siere ['bræsɪəʳ, AM brə'zɪr] *n* (*dated form*) Büstenhalter *m*

brass 'plate *n* Messingschild *nt* **'brass·ware** *n no pl* Messinggegenstände *pl*

brassy ['brɑːsi, AM 'bræsi] *adj* ❶ (*like brass*) messingartig ❷ *sound* blechern

brat [bræt] *n* (*hum o pej*) Balg *m o nt*

brat·tish·ness ['brætɪʃnəs] *n* kindisches Getue

bra·va·do [brə'vɑːdəʊ, AM -doʊ] *n no pl* Draufgängertum *nt*

brave [breɪv] **I.** *adj* ❶ (*fearless*) mutig ❷ (*stoical*) tapfer ▶ PHRASES: **to put on a ~ face** sich *dat* nichts anmerken lassen **II.** *vt* trotzen + *dat*

brav·ery ['breɪvᵊri] *n no pl* Tapferkeit *f,* Mut *m*

brawl [brɔːl, AM *esp* brɑːl] **I.** *n* [lautstarke] Schlägerei **II.** *vi* sich [lautstark] schlagen

brawn [brɔːn, AM *esp* brɑːn] *n no pl* ❶ (*strength*) Muskelkraft *f* ❷ BRIT, AUS FOOD Schweinskopfsülze *f*

brawny ['brɔːni, AM *esp* 'brɑː-] *adj* muskulös

bray [breɪ] **I.** *vi donkey* schreien; *person* kreischen **II.** *n* [Esels]schrei *m*

bra·zen ['breɪzᵊn] *adj* unverschämt ◆**brazen out** *vt* ■**to ~ it out** es durchhalten

bra·zi·er ['breɪziəʳ, AM -ʒɚ] *n* ❶ (*heater*) [große, flache] Kohlenpfanne ❷ AM (*barbecue*) [Grill]rost *m*

Bra·zil [brə'zɪl] *n* Brasilien *nt*

Bra·zil·ian [brə'zɪliən, AM -'ziljən] **I.** *n* Brasilianer(in) *m(f)* **II.** *adj* brasilianisch

Bra·'zil nut *n* Paranuss *f*

breach [bri:tʃ] **I.** *n* ❶ (*infringement*) Verletzung *f;* **~ of confidence** Vertrauensbruch *m;* **~ of contract** Vertragsbruch *m;* **security ~** Verstoß *m* gegen die Sicherheitsbestimmungen ❷ (*estrangement*) Bruch *m* **II.** *vt* ❶ (*break*) verletzen; *contract* brechen ❷ *defence* durchbrechen

bread [bred] *n no pl* Brot *nt* ▶PHRASES: **to know which side one's ~ is buttered** seinen Vorteil kennen

bread and 'but·ter *n* ❶ Butterbrot *nt;* **~ pudding** Brotauflauf *m* ❷ (*fig: income*) Lebensunterhalt *m;* (*job*) Broterwerb *m*

'bread bas·ket *n* ❶ (*container*) Brotkorb *m* ❷ (*region*) Kornkammer *f* **'bread bin** *n* BRIT, AUS Brotkasten *m* **'bread·crumb** *n* Brotkrume *f;* ■**~s** *pl* (*for coating food*) Paniermehl *nt kein pl;* **to coat with ~s** panieren **'bread·mak·er** *n* Brotbackautomat *m*

breadth [bretθ, bredθ] *n no pl* ❶ Breite *f* ❷ (*fig*) Ausdehnung *f*

'bread·win·ner *n* Ernährer(in) *m(f)*

break [breɪk] **I.** *n* ❶ (*fracture*) Bruch *m* ❷ (*gap*) Lücke *f* ❸ (*interruption*) Unterbrechung *f; esp* BRIT SCH Pause *f;* **coffee ~** Kaffeepause *f;* **Christmas ~** Weihnachtsferien *pl;* **~ in the weather** Wetterumschwung *m* ❹ (*end of relationship*) **to make a clean ~** einen sauberen Schlussstrich ziehen ❺ (*opportunity*) Chance *f* **II.** *vt* <broke, broken> ❶ (*shatter*) zerbrechen; (*in two pieces*) entzweibrechen; (*damage*) kaputtmachen; *window* einschlagen; (*fracture*) brechen; **to ~ one's arm** sich *dat* den Arm brechen ❷ (*momentarily interrupt*) unterbrechen; *fall* abfangen ❸ (*put an end to*) brechen; *habit* aufgeben; **to ~ camp** das Lager abbrechen; **to ~ a deadlock** einen toten Punkt überwinden ❹ (*violate*) *agreement* verletzen; *law* übertreten; *promise* brechen; *treaty* verstoßen (gegen +*akk*) ❺ *code* entschlüsseln ❻ *bad news* ■**to ~ sth to sb** jdm etw mitteilen **III.** *vi* <broke, broken> ❶ (*stop working*) kaputtgehen; (*collapse*) zusammenbrechen; (*fall apart*) auseinanderbrechen; (*shatter*) zerbrechen ❷ *voice* **the boy's voice is ~ing** der Junge ist [gerade] im Stimmbruch ❸ METEO *weather* umschlagen; *dawn, day* anbrechen; *storm* losbrechen ❹ *news* bekannt werden ❺ (*snooker*) anstoßen; (*boxing*) sich trennen ▶PHRASES: **to ~ even** kostendeckend arbeiten; **to ~ free** ausbrechen ◆**break away** *vi* ❶ (*move away forcibly*) sich losreißen ❷ (*split off*) sich absetzen ◆**break down** **I.** *vi* ❶ (*stop working*) stehen bleiben; *engine* versagen ❷ (*dissolve*) sich auflösen; *marriage* scheitern ❸ (*emotionally*) zusammenbrechen **II.** *vt* ❶ (*force open*) aufbrechen; (*with foot*) eintreten ❷ (*separate into parts*) aufgliedern; CHEM aufspalten; *figures* aufschlüsseln ◆**break in** **I.** *vi* ❶ (*enter by force*) einbrechen ❷ (*interrupt*) unterbrechen **II.** *vt* ❶ (*condition*) *shoes* einlaufen ❷ (*tame*) zähmen; (*train*) abrichten; *horse* zureiten ◆**break into** *vi* ❶ (*forcefully enter*) einbrechen in +*akk; car* aufbrechen ❷ (*start doing sth*) **to ~ into a run** [plötzlich] zu laufen anfangen ◆**break off** **I.** *vt* ❶ (*separate forcefully*) abbrechen ❷ (*terminate*) beenden; *engagement* lösen; *talks* abbrechen **II.** *vi* abbrechen ◆**break out** *vi* ❶ (*escape*) ausbrechen ❷ (*begin*) ausbrechen; *storm* losbrechen ❸ **to ~ out in a rash** einen Ausschlag bekommen; **to ~ out in a sweat** ins Schwitzen kommen ◆**break through** *vi* ❶ (*make one's way*) sich durchdrängen ❷ (*be successful*) einschlagen ◆**break up** **I.** *vt* ❶ (*end*) beenden; *marriage* zerstören; (*dissolve*) auflösen ❷ (*split up*) aufspalten; *gang, monopoly* zerschlagen; *coalition* auflösen; *collection, family* auseinanderreißen; **~ it up, you two!** auseinander, ihr beiden! **II.** *vi* ❶ (*end relationship*) sich trennen ❷ (*come to an end*) enden; *meeting* sich auflösen; *marriage* scheitern ❸ (*fall apart*) auseinandergehen; *coalition* auseinanderbrechen; *aircraft, ship* zerschellen; (*in air*) zerbersten

break·able ['breɪkəbl̩] *adj* zerbrechlich

break·age ['breɪkɪdʒ] *n* Bruch *m;* **~s must be paid for** zerbrochene Ware muss bezahlt werden

'break·away **I.** *n* ❶ Lossagung *f;* (*splitting off*) Absplitterung *f* ❷ FBALL Konter *m* **II.** *adj* Splitter-

'break-danc·ing *n no pl* Breakdance *m*

'break·down *n* ❶ (*collapse*) Zusammenbruch *m;* (*failure*) Scheitern *nt;* (*decomposition*) Zersetzung *f* ❷ AUTO Panne *f* ❸ (*list*) Aufgliederung *f,* Aufschlüsselung *f*

❹ PSYCH [Nerven]zusammenbruch *m*
'break·down lor·ry *n* BRIT Abschleppwagen *m* **'break·down ser·vice** *n* Abschleppdienst *m*
break·er ['breɪkəʳ, AM -ɚ] *n* (*wave*) Brecher *m*
break·fast ['brekfəst] *n* Frühstück *nt;* **to have ~** frühstücken
'break·fast bar *n* Frühstückstheke *f*
'break-in *n* Einbruch *m*
'break·ing point *n* Belastungsgrenze *f*
'break·neck *adj* **at ~ speed** mit halsbrecherischer Geschwindigkeit **'break·out** *n* Ausbruch *m* **'break·through** *n* Durchbruch *m* (**in** bei +*dat*) **'break-up** *n* Auseinanderbrechen *nt; of marriage* Scheitern *nt; of group* Auflösung *f* **'break·wa·ter** *n* Wellenbrecher *m*
breast [brest] *n* ❶ (*mammary gland*) Brust *f;* (*bust*) Busen *m* ❷ (*of bird*) Brust *f* ▶ PHRASES: **to make a clean ~ of sth** etw gestehen
'breast·bone *n* Brustbein *nt* **'breast can·cer** *n* Brustkrebs *m* **'breast-feed** <-fed, -fed> *vi, vt* stillen **'breast-feed·ing** *n no pl* Stillen *nt* **breast 'pock·et** *n* Brusttasche *f* **'breast·stroke** *n no pl* Brustschwimmen *nt*
breath [breθ] *n* ❶ (*air*) Atem *m;* (*inhalation*) Atemzug *m;* **bad ~** Mundgeruch *m;* **out of ~** außer Atem; **to catch one's ~** [*or* **get one's ~ back**] verschnaufen; **to take a deep ~** tief Luft holen; **to take sb's ~ away** jdm den Atem rauben ❷ *no pl* (*wind*) **~ of air** Hauch *m;* **to go out for a ~ of fresh air** frische Luft schnappen gehen
breatha·lyse, *esp* AM **breathalyze** ['breθəlaɪz] *vt* blasen lassen
breatha·lys·er®, *esp* AM **Breatha·lyz·er®** ['breθəlaɪzəʳ, AM -ɚ] *n* Alcotest® *m,* Alkoholtestgerät *nt*
breathe [bri:ð] **I.** *vi* atmen; **to ~ again/more easily** (*fig*) [erleichtert] aufatmen ▶ PHRASES: **to ~ down sb's neck** jdm im Nacken sitzen **II.** *vt* ❶ (*exhale*) [aus]atmen; **to ~ a sigh of relief** erleichtert aufatmen ❷ (*whisper*) flüstern ▶ PHRASES: **to not ~ a word** kein Sterbenswörtchen sagen ◆**breathe in** *vi, vt* einatmen
breath·er ['bri:ðəʳ, AM -ɚ] *n* [Verschnauf]pause *f*
breath·ing ['bri:ðɪŋ] *n no pl* Atmung *f*
'breath·ing ap·pa·rat·us *n* Sauerstoffgerät *nt* **'breath·ing room**, **'breath·ing space** *n* (*fig*) Bewegungsfreiheit *f*
breath·less ['breθləs] *adj* atemlos
'breath·tak·ing *adj* atemberaubend
'breath test *n* Alkoholtest *m*
bred [bred] *pt, pp of* **breed**
breech [bri:tʃ] *n* ❶ (*of gun*) Verschluss *m* ❷ MED **~ birth** Steißgeburt *f*
breeches ['brɪtʃɪz, 'bri:-] *npl* Kniehose *f;* **riding ~** Reithose *f*
breed [bri:d] **I.** *vt* <bred, bred> züchten; (*fig*) *crime* hervorbringen; *resentment* hervorrufen **II.** *vi* <bred, bred> sich fortpflanzen; *birds* brüten; *rabbits* sich vermehren **III.** *n* (*of animal*) Rasse *f;* (*of plant*) Sorte *f*
breed·er ['bri:dəʳ, AM -ɚ] *n* Züchter(in) *m(f)*
breed·ing ['bri:dɪŋ] *n no pl* ❶ (*of animals*) Zucht *f* ❷ (*of people*) Erziehung *f*
'breed·ing ground *n* Brutstätte *f a. fig*
breeze [bri:z] **I.** *n* ❶ (*light wind*) Brise *f* ❷ (*fam: sth very easy*) Kinderspiel *nt* **II.** *vi* (*fam*) ■**to ~ through sth** etw spielend schaffen ◆**breeze in** *vi* [fröhlich] hereinschneien *fam*
'breeze block *n* Bimsstein *m*
breezy ['bri:zi] *adj* ❶ (*windy*) windig ❷ (*jovial*) unbeschwert
brev·ity ['brevəti, AM -ət̬i] *n no pl* Kürze *f*
brew [bru:] **I.** *n* Gebräu *nt;* (*fig*) Mischung *f* **II.** *vi* ❶ *tea* ziehen ❷ (*fig*) *trouble* sich zusammenbrauen **III.** *vt* brauen ◆**brew up** *vi* BRIT (*fam*) sich *dat* einen Tee machen
brew·er ['bru:əʳ, AM -ɚ] *n* [Bier]brauer(in) *m(f)*
brew·ery ['bru:ᵊri, AM -ɚi] *n* Brauerei *f*
bri·ar ['braɪəʳ, AM 'braɪɚ] *n* Dornbusch *m*
bribe [braɪb] **I.** *vt* bestechen **II.** *n* Bestechung *f;* **to take a ~** sich bestechen lassen
brib·ery ['braɪbᵊri] *n no pl* Bestechung *f*
bric-a-brac ['brɪkəˌbræk] *n no pl* Nippes *pl*
brick [brɪk] *n* Ziegel[stein] *m,* Backstein *m* ◆**brick in** *vt* einmauern ◆**brick up** *vt* zumauern
'brick·lay·er *n, esp* BRIT, AUS *fam* **brickie** ['brɪki] *n* Maurer(in) *m(f)*
brick 'wall *n* [Ziegelstein]mauer *f,* [Backstein]mauer *f* ▶ PHRASES: **to be talking to a ~** gegen eine Wand reden
'brick·work *n no pl* Mauerwerk *nt*
'brick·works *n + sing/pl vb,* **'brick·yard** *n* Ziegelei *f*
brid·al ['braɪdᵊl] *adj* (*of wedding*) Hochzeits-; (*of bride*) Braut-
bride [braɪd] *n* Braut *f*
bride·groom ['braɪdgrʊm, -gru:m] *n* Bräutigam *m*
'brides·maid *n* Brautjungfer *f*
bridge [brɪdʒ] **I.** *n* ❶ Brücke *f* ❷ (*for teeth*) [Zahn]brücke *f* ❸ *of nose* Nasenrücken *m* ❹ *of glasses* Brillensteg *m;* (*of instrument*) Steg *m* ❺ (*on ship*) Kommandobrücke *f* ❻ *no pl* (*card game*) Bridge *nt* **II.** *vt valley*

eine Brücke schlagen (über +*akk*); (*fig*) *gap* überwinden; *see also* **edge**

'bridg·ing loan *n* BRIT, AUS Überbrückungskredit *m*

bri·dle ['braɪdl̩] **I.** *n* Zaumzeug *nt* **II.** *vt* aufzäumen **III.** *vi* ■**to ~ at sth** sich über etw *akk* entrüsten

'bri·dle path, **'bri·dle·way** *n* Reitweg *m*

brief [bri:f] **I.** *adj* kurz; ■**to be ~** sich kurzfassen; **in ~** kurz gesagt **II.** *n* ❶ BRIT, AUS (*instructions*) Anweisungen *pl* ❷ ■**~s** *pl* (*underpants*) Slip *m* **III.** *vt* informieren

brief·case ['bri:fkeɪs] *n* Aktentasche *f*

brief·ing ['bri:fɪŋ] *n* ❶ (*meeting*) [Einsatz]besprechung *f* ❷ (*information*) Anweisung[en] *f*[*pl*]

brief·ly ['bri:fli] *adv* kurz

brief·ness ['bri:fnəs] *n no pl* Kürze *f*

bri·gade [brɪ'geɪd] *n* Brigade *f*

briga·dier 'ge·ne·ral *n* MIL Brigadegeneral *m*

bright [braɪt] **I.** *adj* ❶ (*shining*) *light* hell; (*blinding*) grell; *star* leuchtend; *sunshine* strahlend ❷ (*vivid*) **~ blue** strahlend blau; **~ red** leuchtend rot ❸ (*intelligent*) intelligent; *child* aufgeweckt; *idea* glänzend *a. iron* ❹ (*promising*) viel versprechend ▶ PHRASES: **to look on the ~ side** [**of sth**] etw positiv sehen **II.** *n* AM AUTO ■**~s** *pl* Fernlicht *nt*

Falsche Freunde

Nicht verwechseln mit breit — *broad, wide*!

bright·en ['braɪtᵊn] **I.** *vt* ❶ (*make brighter*) heller machen ❷ (*make more cheerful*) auflockern **II.** *vi* ■**to ~** [**up**] ❶ (*become cheerful*) fröhlicher werden; *eyes* aufleuchten ❷ METEO sich aufklären

bright·ness ['braɪtnəs] *n no pl of light* Helligkeit *f; of sun* Strahlen *nt; of eyes* Leuchten *nt*

brill [brɪl] *adj* BRIT, AUS (*fam*) toll

bril·liance ['brɪliən(t)s] *no pl* ❶ (*ability*) Brillanz *f*; (*cleverness*) Scharfsinn *m; of idea* Genialität *f* ❷ (*brightness*) *of sun* Strahlen *nt; of stars, eyes* Funkeln *nt; of snow* Glitzern *nt*

bril·liant ['brɪliənt] *adj* ❶ (*shining*) *colour, eyes* leuchtend; *smile, sun* strahlend ❷ (*clever*) *person* hoch begabt; *plan* brillant; *idea* glänzend ❸ BRIT (*fam: excellent*) hervorragend

brim [brɪm] **I.** *n* ❶ *of hat* Krempe *f* ❷ (*top*) Rand *m*; **filled** [*or* **full**] **to the ~** randvoll **II.** *vi* <-mm-> **her eyes ~med with tears** ihr standen die Tränen in den Augen; **to be ~ming with confidence** vor Selbstbewusstsein nur so strotzen

brim·ful ['brɪmfʊl] *adj* **~ of ideas** voller Ideen

brine [braɪn] *n* [Salz]lake *f*

bring <brought, brought> [brɪŋ] *vt* ❶ (*convey*) mitbringen; **I didn't ~ my keys with me** ich habe meine Schlüssel nicht mitgenommen; **to ~ sth to sb's attention** jdn auf etw *akk* aufmerksam machen; **to ~ news** Nachrichten überbringen ❷ (*cause to come, happen*) bringen; **to ~ sb luck** jdm Glück bringen; **so what ~s you here to London?** was hat dich hier nach London verschlagen?; (*fig*) **this ~s me to the second part of my talk** damit komme ich zum zweiten Teil meiner Rede ❸ LAW **to ~ charges against sb** Anklage gegen jdn erheben ◆**bring about** *vt* verursachen ◆**bring along** *vt* mitbringen ◆**bring back** *vt* ❶ (*return*) zurückbringen ❷ (*reintroduce*) wieder einführen ❸ (*call to mind*) *memories* wecken ◆**bring down** *vt* ❶ (*fetch down*) herunterbringen ❷ (*trip*) zu Fall bringen ❸ (*shoot down*) abschießen ❹ (*depose*) stürzen ❺ (*reduce*) senken ▶ PHRASES: **to ~ the house down** einen Beifallssturm auslösen ◆**bring forth** *vt* (*form o liter*) hervorbringen ◆**bring forward** *vt* vorverlegen ◆**bring in** *vt* ❶ (*fetch in*) hereinbringen; *harvest* einbringen ❷ (*introduce*) einführen ❸ (*earn*) [ein]bringen ◆**bring off** *vt* zustande bringen ◆**bring on** *vt* herbeiführen; MED verursachen; **she brought disgrace on the whole family** sie brachte Schande über die ganze Familie ◆**bring out** *vt* ❶ (*fetch out*) herausbringen ❷ (*encourage*) ■**to ~ out ↻ sb** jdm die Hemmungen nehmen ❸ COMM (*launch*) herausbringen ◆**bring over** *vt* ❶ (*fetch over*) herbeibringen ❷ (*persuade*) **to ~ sb over to one's side** jdn auf seine Seite bringen ◆**bring round** *vt esp* BRIT ❶ (*fetch round*) mitbringen ❷ (*bring back to consciousness*) wieder zu Bewusstsein bringen ❸ (*persuade*) überreden ◆**bring to** *vt* wieder zu Bewusstsein bringen ◆**bring up** *vt* ❶ (*carry up*) heraufbringen ❷ (*rear*) großziehen ❸ (*mention*) zur Sprache bringen; **to ~ up ↻ sth for discussion** etw zur Diskussion stellen ❹ COMPUT aufrufen ▶ PHRASES: **to ~ up the rear** das Schlusslicht bilden

brink [brɪŋk] *n no pl* Rand *m a. fig*

briny ['braɪni] *adj* salzig

bri·quet(te) [brɪ'ket] *n* Brikett *nt*

brisk [brɪsk] *adj* ❶ (*quick*) zügig; *walk*

stramm ❷ (*busy*) lebhaft ❸ *wind* frisch

brisk·ness ['brɪsknəs] *n no pl of pace* Zügigkeit *f; of trade* Lebhaftigkeit *f*

bris·tle ['brɪsl̩] **I.** *n* Borste *f;* (*on face*) [Bart]stoppel *f meist pl* **II.** *vi* ❶ *fur* sich sträuben ❷ (*fig*) ■**to ~** [**at sth**] sich [über etw *akk*] empören

Aussprache

bristle wird ohne **t** gesprochen: ['brɪsl̩]. Auch in diesen Wörtern wird das **t** nicht gesprochen:

fasten	['fɑːsᵊn]	(*befestigen*)
jostle	['dʒɒsl̩]	(*[an]rempeln*)
nestle	['nesl̩]	(*sich anschmiegen*)
whistle	['(h)wɪsl̩]	(*pfeifen*)

brist·ly ['brɪsl̩i] *adj* borstig; *chin* stoppelig

Brit [brɪt] *n* (*fam*) Brite(in) *m(f)*

Brit·ain ['brɪtᵊn] *n* Großbritannien *nt*

Brit·ish ['brɪtɪʃ, AM -t̬-] **I.** *adj* britisch **II.** *npl* ■**the ~** die Briten *pl*

Brit·ish 'Broad·cast·ing Cor·po·ra·tion, BBC *n no pl, + sing/pl vb* ■**the ~** die BBC (*britische Rundfunkgesellschaft*)

Brit·ish 'Isles *npl* **the ~** die Britischen Inseln

Land und Leute

Die **British Library**, die britische Staatsbibliothek, die 1994 vom *British Museum* in einen Neubau bei St Pancras in London umgezogen ist, beherbergt rund 18 Millionen Bücher.

Brit·ish 'Na·tion·al Par·ty, BNP *n* POL Britische Nationalpartei

Brit·on ['brɪtᵊn] *n* Brite(in) *m(f)*

Brit·ta·ny ['brɪtᵊni] *n* die Bretagne *f*

brit·tle ['brɪtl̩, AM -t̬-] *adj* ❶ (*fragile*) zerbrechlich; *bones* brüchig ❷ (*fig*) *laugh* schrill

broach [brəʊtʃ, AM broʊtʃ] **I.** *vt subject* anschneiden **II.** *n* <*pl* -es> AM (*brooch*) Brosche *f*

broad [brɔːd, AM *also* brɑːd] *adj* ❶ (*wide*) breit; *expanse* weit ❷ (*general*) allgemein; *generalization* grob ❸ (*wide-ranging*) weitreichend; *interests* vielseitig ❹ (*strong*) *accent, grin* breit ▶ PHRASES: **in ~ daylight** am helllichten Tag[e]

B-road ['biːrəʊd, AM -roʊd] *n* BRIT ≈ Landesstraße *f*

'broad bean *n* dicke Bohne

broad·cast ['brɔːdkɑːst, AM 'brɑːdkæst] **I.** *n* Übertragung *f;* (*programme*) Sendung *f* **II.** *vi, vt* <broadcast, broadcast *or* broadcasted> senden; *match* übertragen; *rumour* [überall] verbreiten

broad·cast·er ['brɔːdkɑːstəʳ, AM 'brɑːdkæstɚ] *n* (*announcer*) Sprecher(in) *m(f);* (*presenter*) Moderator(in) *m(f)*

broad·cast·ing ['brɔːdkɑːstɪŋ, AM 'brɑːdkæst-] *n no pl* (*radio*) Rundfunk *m;* (*TV*) Fernsehen *nt*

'broad·cast·ing sta·tion *n* Rundfunkstation *f*

broad·en ['brɔːdᵊn, AM *also* 'brɑːd-] **I.** *vi* breiter werden **II.** *vt* ❶ (*make wider*) verbreitern ❷ (*fig*) vergrößern; *discussion* ausweiten; **to ~ one's mind** seinen Horizont erweitern

broad·ly ['brɔːdli, AM *also* 'brɑːdli] *adv* ❶ (*widely*) breit ❷ (*generally*) *agree* weitgehend; **~ speaking, ...** ganz allgemein gesehen, ...

broad·'mind·ed *adj* tolerant

'broad·sheet *n* großformatige [seriöse] Zeitung

Land und Leute

Traditionell bezieht sich der Begriff **broadsheet** auf großformatige Zeitungen von ungefähr 38 x 61 cm. Im Gegensatz zu den *tabloids*, die circa halb so groß sind, zählen **broadsheet** Zeitungen normalerweise zur seriösen Presse. In letzter Zeit haben einige dieser Zeitungen ihr Format auf eine kompaktere Größe verkleinert und nur *The Daily Telegraph* und *The Financial Times* werden immer noch im traditionellen *broadsheet*-Format gedruckt. Da dieser Begriff aber ebenso den Inhalt bezeichnet, können Zeitungen wie *The Times* und *The Guardian* auch dieser Gruppe zugerechnet werden.

'broad·side *n* Breitseite *f a. fig*

bro·cade [brə(ʊ)'keɪd, AM broʊ'-] *n no pl* Brokat *m*

broc·co·li ['brɒkᵊli, AM 'brɑː-] *n no pl* Brokkoli *m*

bro·chure ['brəʊʃəʳ, AM broʊ'ʃʊr] *n* Broschüre *f*

brogue[1] [brəʊg, AM broʊg] *n* LING *irischer oder schottischer Akzent*

brogue[2] [brəʊg, AM broʊg] *n* (*shoe*) Brogue *m*

broil [brɔɪl] *vt* AM grillen

broil·er ['brɔɪləʳ, AM -ɚ] *n* ❶ (*chicken*) [Brat]hähnchen *nt* ❷ AM (*grill*) Grill[rost] *m*

broke [brəʊk, AM broʊk] **I.** *pt of* **break** **II.** *adj pred* (*fam*) pleite

bro·ken ['brəʊkᵊn, AM 'broʊk-] **I.** *pp of* **break** **II.** *adj* ❶ *arm* gebrochen; *bottle* zerbrochen; *watch* kaputt; ~ **glass** Glasscherben *pl* ❷ **in ~ English** in gebrochenem Englisch

'bro·ken-down *adj* ❶ (*not working*) kaputt ❷ (*dilapidated*) verfallen **bro·ken-'heart·ed** *adj* untröstlich

bro·ker ['brəʊkəʳ, AM 'broʊkɚ] **I.** *n* ❶ ECON [Börsen]makler(in) *m(f)* ❷ (*negotiator*) Vermittler(in) *m(f)* **II.** *vt* aushandeln

bro·ker·age ['brəʊkərɪdʒ, AM 'broʊ-] *n* ECON ❶ *no pl* (*activity*) Maklergeschäft *nt* ❷ (*fee*) Maklergebühr *f*

brol·ly ['brɒli] *n* BRIT, AUS (*fam*) Schirm *m*

bro·mide ['brəʊmaɪd, AM 'broʊ-] *n* CHEM Bromid *nt*

bro·mine ['brəʊmi:n, AM 'broʊ-] *n no pl* CHEM Brom *nt*

bron·chi ['brɒŋki:, AM 'brɑ:ŋ-] *n pl of* **bronchus**

bron·chial ['brɒŋki:əl, AM 'brɑ:ŋ-] *adj* Bronchial-

bron·chi·tis [brɒŋ'kaɪtɪs, AM brɑ:ŋ'kaɪt̬ɪs] *n no pl* Bronchitis *f; see also* **ache**

bron·chus <*pl* -chi> ['brɒŋkəs, AM 'brɑ:ŋ-, *pl* ki:] *n* MED Bronchus *m fachspr*

bronze [brɒnz, AM brɑ:nz] **I.** *n* Bronze *f* **II.** *adj* **the B~ Age** die Bronzezeit; ~ **medal** Bronzemedaille *f*

'Bronze Age *n no pl* HIST ■**the ~** die Bronzezeit **bronze 'med·al** *n* Bronzemedaille *f*

brooch <*pl* -es> [brəʊtʃ, AM broʊtʃ] *n* Brosche *f*

brood [bru:d] **I.** *n* Brut *f a. fig* **II.** *vi* ■**to ~ on** [*or* **over**] **sth** über etw *dat* brüten

broody ['bru:di] *adj* ZOOL brütig

brook [brʊk] *n* Bach *m*

broom [bru:m, brʊm] *n* ❶ (*brush*) Besen *m* ❷ *no pl* BOT Ginster *m*

'broom han·dle, **'broom·stick** ['bru:mstɪk, 'brʊm-] *n* Besenstiel *m*

Bros. [*usu* 'brʌðəz, *hum fam* brɒs] *npl* ECON *abbrev of* **brothers** Gebr.

broth [brɒθ, AM brɑ:θ] *n no pl* Brühe *f*

broth·el ['brɒθəl, AM 'brɑ:θ-] *n* Bordell *nt*

broth·er ['brʌðəʳ, AM -ɚ] **I.** *n* ❶ Bruder *m;* **~s and sisters** Geschwister *pl* ❷ *esp* AM (*fam*) Kumpel *m* **II.** *interj esp* AM Mann!

broth·er·hood ['brʌðəhʊd, AM -ɚ-] *n* ❶ + *sing/pl vb* (*group*) Bruderschaft *f* ❷ *no pl* (*feeling*) Brüderlichkeit *f*

'broth·er-in-law <*pl* brothers-in-law> *n* Schwager *m*

broth·er·ly ['brʌðəli, AM -ɚli] *adj* brüderlich

brought [brɔ:t, AM brɑ:t] *pp, pt of* **bring**

brow [braʊ] *n* Stirn *f; of hill* Bergkuppe *f*

brow·beat <-beat, -beaten> ['braʊbi:t] *vt* einschüchtern; ■**to ~ sb into doing sth** jdn so unter Druck setzen, dass er etw tut

brown [braʊn] **I.** *n* Braun *nt* **II.** *adj* braun **III.** *vt onion* [an]bräunen; *meat* anbraten ◆**brown off** *vt* BRIT, AUS (*fam*) ■**to be ~ed off with sth** etw satthaben

brown 'bread *n no pl locker gebackenes Brot aus dunklerem Mehl, etwa wie Mischbrot*

'brown·field *adj* ~ **site** aus gewerblichen Brachflächen hervorgegangenes Bauland

brownie ['braʊni] *n kleiner Schokoladenkuchen mit Nüssen*

brown·ish ['braʊnɪʃ] *adj* bräunlich

brown 'pa·per *n no pl* Packpapier *nt* **brown 'rice** *n no pl* ungeschälter Reis **'brown·stone** *n* AM ❶ *no pl* (*stone*) rötlich brauner Sandstein ❷ (*house*) [rotbraunes] Sandsteinhaus

browse [braʊz] **I.** *vi* ❶ **to ~ through a magazine** eine Zeitschrift durchblättern ❷ **to ~ [around a shop]** sich [in einem Geschäft] umsehen ❸ (*graze*) grasen **II.** *vt* INET **to ~ files** in Dateien browsen

brows·er ['braʊzəʳ, AM -ɚ] *n* COMPUT Browser *m*

bruise [bru:z] **I.** *n* blauer Fleck, Prellung *f;* (*on fruit*) Druckstelle *f* **II.** *vt* **to ~ one's arm** sich am Arm stoßen **III.** *vi* einen blauen Fleck bekommen; *fruit* Druckstellen bekommen

Aussprache

Das **ui** in br**ui**se wird wie das **oo** in choose ausgesprochen:

bruise	[bru:z]
choose	[tʃu:z]

bruis·er ['bru:zəʳ, AM -zɚ] *n* (*pej fam*) Schläger[typ] *m*

brunch <*pl* -es> [brʌntʃ] *n* Brunch *m*

bru·nette [bru:'net] **I.** *n* Brünette *f* **II.** *adj* brünett

brunt [brʌnt] *n no pl* **to bear the ~ of sth** etw am stärksten zu spüren bekommen

brush [brʌʃ] **I.** *n* <*pl* -es> ❶ (*for hair, cleaning*) Bürste *f;* (*broom*) Besen *m;* (*for painting*) Pinsel *m* ❷ *no pl* (*act*) Bürsten *nt;* **to give one's teeth a ~** sich *dat* die Zähne putzen ❸ (*encounter*) Zusammenstoß *m;* **to have a ~ with the law** mit dem Gesetz in Konflikt geraten ❹ *no pl* AM, AUS (*brushwood*) Unterholz *nt* **II.** *vt* ❶ (*clean*) abbürsten; **to ~ one's hair** sich *dat* die Haare bürsten ❷ (*touch lightly*) leicht berühren ❸ (*apply a substance*) bestreichen **III.** *vi* ■**to ~ against sb/sth** jdn/etw streifen; ■**to ~ by sb/sth** an jdm/etw vorbeieilen ◆**brush aside** *vt* ❶ (*move aside*) wegschieben ❷ (*dismiss*) *thing* abtun; *per-*

son ignorieren ◆**brush away** *vt* wegwischen; *fly* verscheuchen; *tears* sich *dat* abwischen ◆**brush off** *vt* ① (*remove with brush*) abbürsten ② (*ignore*) *person* abblitzen lassen; *thing* zurückweisen ◆**brush up I.** *vi* ■**to ~ up on sth** etw auffrischen **II.** *vt* auffrischen

'brush-off *n no pl* **to get the ~ from sb** von jdm einen Korb bekommen **'brush·wood** *n no pl* Reisig *nt*

brusque [bru:sk, AM brʌsk] *adj* schroff

brusque·ness ['bru:sknəs, AM 'brʌsk-] *n no pl* Schroffheit *f*

Brus·sels ['brʌsəlz] *n no pl* Brüssel *nt*

Brus·sel(s) 'sprout *n* ■**~s** *pl* Rosenkohl *m kein pl*

bru·tal ['bru:təl, AM -t̬-] *adj* brutal *a. fig; honesty* schonungslos; *truth* ungeschminkt

bru·tal·ity [bru:'tæləti, AM -əṱi] *n no pl* Brutalität *f*

bru·tal·ize ['bru:təlaɪz, AM -t̬-] *vt* ① (*treat cruelly*) brutal behandeln ② (*make brutal*) brutalisieren

brute [bru:t] **I.** *n* ① (*savage*) Bestie *f* ② (*person*) brutaler Kerl **II.** *adj* **~ force** rohe Gewalt

brut·ish ['bru:tɪʃ, AM -t̬-] *adj* brutal

BSc [ˌbi:es'si:] *n abbrev of* **Bachelor of Science** Bakkalaureus *m* der Naturwissenschaften

BSE [ˌbi:es'i:] *n no pl abbrev of* **bovine spongiform encephalopathy** BSE *f*

BST [ˌbi:es'ti:] *n no pl abbrev of* **British Summer Time** britische Sommerzeit

bub·ble ['bʌbl̩] **I.** *n* Blase *f* **II.** *vi* kochen *a. fig; coffee, stew* brodeln; *water, fountain* sprudeln; *champagne* perlen; (*make bubbling sound*) blubbern ◆**bubble over** *vi* ■**to ~ over with sth** vor etw *dat* [über]sprudeln

'bub·ble bath *n* Schaumbad *nt* **'bub·ble·gum** *n* Bubblegum *m o nt*

bub·bly ['bʌbl̩i] **I.** *n no pl* (*fam*) Schampus *m* **II.** *adj* ① *drink* sprudelnd ② *person* temperamentvoll

bu·bon·ic plague [bju:ˌbɒnɪk'pleɪg, AM -ˌbɑ:-] *n no pl* Beulenpest *f*

buc·ca·neer [ˌbʌkə'nɪəʳ, AM -'nɪr] *n* Seeräuber(in) *m(f)*

buck[1] [bʌk] *n* AM, AUS (*fam*) Dollar *m;* **to make a fast** [*or* **an easy**] **~** eine schnelle Mark machen

buck[2] [bʌk] **I.** *n* <*pl* - *or* -s> (*deer*) Bock *m;* (*rabbit*) Rammler *m;* (*antelope*) Antilope *f* **II.** *vi* bocken

buck[3] [bʌk] *n no pl* (*fam*) **to pass the ~** [**to sb**] die Verantwortung [auf jdn] abwälzen ◆**buck up I.** *vi* ① (*cheer up*) [wieder] Mut fassen; **~ up!** Kopf hoch! ② (*hurry up*) sich beeilen **II.** *vt* ① aufmuntern ② **to ~ up** ⊃ **one's ideas** sich zusammenreißen

buck·et ['bʌkɪt] **I.** *n* ① (*pail*) Eimer *m;* **champagne ~** Sektkübel *m* ② (*fam: large amounts*) ■**~s** *pl* Unmengen *pl* ▸PHRASES: **to kick the ~** (*fam*) ins Gras beißen **II.** *vi* BRIT, AUS (*fam*) ■**to ~ down** wie aus Eimern gießen

'buck·et·ful <*pl* -s *or* bucketsful> *n* Eimer *m*

'buck·et hat *n* Bucket-Hat *m* (*weicher Hut, der die Form eines flachen, umgestülpten Eimers hat*)

Land und Leute

Der **Buckingham Palace** ist der Londoner Wohnsitz des britischen Monarchen. Der Palast wurde von 1821 bis 1830 von John Nash für King George IV. gebaut und hat über 600 Räume. Die Einweihung fand 1837 zur Thronbesteigung Queen Victorias statt.

buck·le ['bʌkl̩] **I.** *n* Schnalle *f* **II.** *vt* ① *belt* [zu]schnallen ② (*bend*) verbiegen **III.** *vi* sich verbiegen; **my knees began to ~** ich bekam weiche Knie ◆**buckle down** *vi* sich dahinterklemmen *fam* ◆**buckle in** *vt* anschnallen

Buck's Fizz [bʌks'fɪz] *n* Orangensaft *m* mit Sekt [*o* Champagner *m*]

buck·shot *n no pl* grobkörniger Schrot

buck·skin ['bʌkskɪn] *n no pl* Wildleder *nt*

'buck·wheat *n no pl* Buchweizen *m*

bud [bʌd] **I.** *n* Knospe *f* **II.** *vi* <-dd-> knospen

Bud·dhism ['bʊdɪzəm, AM 'bu:-] *n no pl* Buddhismus *m*

Bud·dhist ['bʊdɪst, AM 'bu:-] **I.** *n* Buddhist(in) *m(f)* **II.** *adj* buddhistisch

bud·ding ['bʌdɪŋ] *adj* (*fig*) angehend

bud·dy ['bʌdi] *n* AM (*fam*) Kumpel *m*

budge [bʌdʒ] **I.** *vi* ① (*move*) sich [vom Fleck] rühren ② (*change mind*) nachgeben **II.** *vt* ① (*move*) [von der Stelle] bewegen ② (*cause to change mind*) umstimmen

budg·eri·gar ['bʌdʒərɪgɑ:ʳ, AM -gɑ:r] *n* Wellensittich *m*

budg·et ['bʌdʒɪt] **I.** *n* Budget *nt;* ■**the B~** der öffentliche Haushalt[splan] **II.** *vi* ■**to ~ for sth** etw [im Budget] vorsehen **III.** *adj* preiswert; **~ travel** Billigreisen *pl*

budg·et 'defi·cit *n* Haushaltsdefizit *nt*

budgie ['bʌdʒi] *n* (*fam*) Wellensittich *m*

buff [bʌf] **I.** *n* (*fam*) Fan *m* ▸PHRASES: **in the ~** (*fam*) nackt **II.** *adj* gelbbraun **III.** *vt* ■**to**

B

~ [**up**] polieren

buf·fa·lo <*pl* - *or* -oes> ['bʌfələʊ, AM -əloʊ] *n* Büffel *m*

buff·er ['bʌfəʳ, AM -ɚ] *n* Puffer *m;* (*railway*) Prellbock *m*

'buff·er zone *n* Pufferzone *f*

buf·fet¹ ['bʊfeɪ, 'bʌ-, AM bə'feɪ] *n* ❶ (*food*) Büfett *nt* ❷ BRIT (*restaurant*) [Bahnhofs]imbiss *m*

buf·fet² ['bʌfɪt] *vt* [heftig] hin und her bewegen

'buf·fet car *n esp* BRIT ≈ Speisewagen *m*

buf·foon [bə'fu:n] *n* Clown *m*

bug [bʌg] **I.** *n* ❶ (*insect*) ■ **~s** *pl* Ungeziefer *nt kein pl;* **bed ~** Bettwanze *f* ❷ (*fam*) MED Bazillus *m* ❸ COMPUT (*fault*) Bug *m* ❹ (*listening device*) Wanze *f* **II.** *vt* <-gg-> ❶ (*install bugs*) verwanzen ❷ (*eavesdrop on*) abhören ❸ (*fam: annoy*) ■ **to ~ sb [about sth]** jdm [mit etw *dat*] auf die Nerven gehen; **stop ~ging me!** hör auf zu nerven!

'bug·bear *n* Ärgernis *nt*

bug·ger ['bʌgəʳ, AM -ɚ] **I.** *n* BRIT, AUS (*vulg, sl*) Scheißkerl *m;* **you lucky ~!** du hast vielleicht ein Schwein! ▸ PHRASES: **he knows ~ <u>all</u> about computers** er hat keinen blassen Schimmer von Computern **II.** *interj* BRIT, AUS (*vulg, sl*) **~!** Scheiße! **III.** *vt* BRIT, AUS (*vulg, sl*) ❶ (*ruin*) ruinieren ❷ *person* Analverkehr haben (mit +*dat*) ◆**bugger off** *vi* BRIT, AUS (*vulg, sl*) abhauen ◆**bugger up** *vt* BRIT, AUS (*vulg, sl*) versauen

bug·gery ['bʌgəri] *n no pl* Analverkehr *m*

bug·gy ['bʌgi] *n* ❶ (*pushchair*) Buggy *m* ❷ (*pram*) Kinderwagen *m* ❸ (*small vehicle*) Buggy *m*

bu·gle ['bju:gl̩] *n* Horn *nt*

bu·gler ['bju:gləʳ, AM -glɚ] *n* Hornist(in) *m(f)*

build [bɪld] **I.** *n no pl* Körperbau *m* **II.** *vt* <built, built> ❶ (*construct*) bauen; *building a.* errichten; *fire* machen; *wall* ziehen ❷ (*fig*) aufbauen **III.** *vi* <built, built> ❶ (*construct*) bauen ❷ (*increase*) zunehmen; *tension* steigen ◆**build in** *vt* einbauen ◆**build on** *vi* ❶ (*take advantage of*) bauen auf +*akk* ❷ (*add extension*) anbauen ◆**build up I.** *vt* aufbauen; *lead* ausbauen; *speed* erhöhen **II.** *vi* (*increase*) zunehmen; *traffic* sich verdichten; *backlog* größer werden; *pressure* sich erhöhen

build·er ['bɪldəʳ, AM -ɚ] *n* (*worker*) Bauarbeiter(in) *m(f);* (*contractor*) Bauherr(in) *m(f)*

build·ing ['bɪldɪŋ] *n* Gebäude *nt*

'build·ing con·trac·tor *n* Bauunternehmer(in) *m(f)* **'build·ing regu·la·tions** *npl* Baugesetze *pl* **'build·ing site** *n* Baustelle *f* **'build·ing so·ci·ety** *n* BRIT, AUS Bausparkasse *f*

'build qual·ity *n no pl of car, computer* Verarbeitungsqualität *f*

'build-up *n* ❶ (*increase*) Zunahme *f;* **~ of traffic** Verkehrsverdichtung *f* ❷ (*hype*) Werbung *f* ❸ (*preparations*) Vorbereitung *f*

built [bɪlt] *pp, pt of* **build**

built-in ['bɪltɪn] *adj* eingebaut; **~ cupboard** Einbauschrank *m*

built-up ['bɪltʌp] *adj* ❶ *area* verbaut ❷ *shoes* erhöht

bulb [bʌlb] *n* ❶ BOT Zwiebel *f* ❷ ELEC [Glüh]birne *f*

bulb·ous ['bʌlbəs] *adj* knollig

Bul·garia [bʌl'geəriə, AM -'geri-] *n* Bulgarien *nt*

Bul·gar·ian [bʌl'geəriən, AM -'geri-] **I.** *adj* bulgarisch **II.** *n* ❶ (*person*) Bulgare(in) *m(f)* ❷ (*language*) Bulgarisch *nt*

bulge [bʌldʒ] **I.** *n* (*protrusion*) Wölbung *f;* (*in tyre*) Wulst *m* **II.** *vi* sich runden; *eyes* hervortreten

bulg·ing ['bʌldʒɪŋ] *adj* ❶ (*full*) *container* zum Bersten voll; *stomach, wallet* prall gefüllt ❷ (*protruding*) *eyes* hervorquellend

bu·limia *n,* **bu·limia ner·vo·sa** [bʊ,lɪmiənɜ:'vəʊsə, -li:-, AM bju:,lɪmiənɜ:r'voʊsə, bu:-] *n no pl* Bulimie *f*

bulk [bʌlk] *n* ❶ *no pl* (*mass*) Masse *f* ❷ (*size*) Ausmaß *nt* ❸ (*quantity*) **in ~** in großen Mengen ❹ *no pl* (*largest part*) Großteil *m;* **the ~ of the work** die meiste Arbeit

bulk 'buy·ing *n no pl* Großeinkauf *m*

'bulk·head *n* Schott *nt*

bulky ['bʌlki] *adj* ❶ *person* massig ❷ *luggage* sperrig

bull [bʊl] *n* ❶ (*steer*) Stier *m;* **elephant, walrus also** Bulle *m* ❷ (*fig*) Bulle *m* ❸ STOCKEX Haussier *m* ▸ PHRASES: **like a ~ in a <u>china</u> <u>shop</u>** wie ein Elefant im Porzellanladen; **to be [like] a red <u>rag</u> to a ~** [wie] ein rotes Tuch sein

'bull·dog *n* Bulldogge *f*

bull·doze ['bʊldəʊz, AM -doʊz] *vt* ❶ (*level off*) einebnen; (*clear*) räumen; (*tear down*) abreißen ❷ (*fig*) **to ~ through** ↻ **sth** etw durchboxen

bull·doz·er ['bʊldəʊzəʳ, AM -doʊzɚ] *n* Bulldozer *m*

bul·let ['bʊlɪt] *n* ❶ Kugel *f;* **~ wound** Schusswunde *f* ❷ TYPO großer Punkt ▸ PHRASES: **to <u>bite</u> the ~** in den sauren Apfel beißen

B

bul·letin ['bʊlətɪn, AM -ət̬ɪn] *n* Bulletin *nt;* (*update*) [kurzer] Lagebericht; [**news**] ~ [Kurz]nachrichten *pl*
'bul·letin board *n* schwarzes Brett
'bul·let·proof *adj* kugelsicher
'bull·fight *n* Stierkampf *m* **'bull·fight·er** *n* Stierkämpfer(in) *m(f)* **'bull·finch** *n* Dompfaff *m*
bul·lion ['bʊliən, AM *and Brit also* -jən] *n no pl* **gold** ~ Goldbarren *pl*
bull·ock ['bʊlək] *n* Ochse *m*
'bull·ring *n* Stierkampfarena *f*
'bull's eye *n* Zentrum *nt* der Zielscheibe; **to hit the** ~ einen Volltreffer landen *a. fig*
'bull·shit (*vulg, sl*) **I.** *n no pl* Schwachsinn *m;* **don't give me that** ~ komm mir nicht mit so 'nem Scheiß *pej derb* **II.** *vt* <-tt-> verscheißern **III.** *vi* <-tt-> Scheiß erzählen *pej derb*
bul·ly ['bʊli] **I.** *n* Rabauke *m* **II.** *vt* <-ie-> tyrannisieren; ■**to** ~ **sb into doing sth** jdn so weit einschüchtern, dass er etw tut
bul·rush <*pl* -es> ['bʊlrʌʃ] *n* [große] Binse
bul·wark ['bʊlwək, AM -wərk] *n* Bollwerk *nt*
bum [bʌm] (*fam*) **I.** *n* ❶ (*good-for-nothing*) Penner(in) *m(f)* ❷ *esp* BRIT, AUS (*bottom*) Hintern *m* **II.** *adj attr* mies; ~ **steer** AM, AUS Verschaukelung *f* **III.** *vt* <-mm-> ■**to** ~ **sth off sb** etw von jdm schnorren ◆**bum around** *vi* (*fam*) herumgammeln
bum·ble ['bʌmbl̩] *vi* ■**to** ~ **through sth** sich durch etw *akk* wursteln
bum·ble·bee ['bʌmbl̩biː] *n* Hummel *f*
bum·bling ['bʌmblɪŋ] *adj* tollpatschig; ~ **idiot** ausgemachter Volltrottel
bumf [bʌm(p)f] *n no pl esp* BRIT, AUS (*fam*) Papierkram *m*
bump [bʌmp] **I.** *n* ❶ (*on head*) Beule *f;* (*in road*) Unebenheit *f;* **speed** ~ Bodenschwelle *f* ❷ (*light blow*) leichter Stoß ❸ (*thud*) Bums *m;* **to go** ~ rumsen **II.** *vt* ❶ AUTO zusammenstoßen mit +*dat* ❷ ■**to** ~ **oneself** sich [an]stoßen ❸ *usu passive* **to get** ~**ed from a flight** von der Passagierliste gestrichen werden **III.** *vi* ■**to** ~ **along** entlangrumpeln ◆**bump into** *vi* ■**to** ~ **into sb** ❶ (*knock*) mit jdm zusammenstoßen; ■**to** ~ **into sth** gegen etw *akk* stoßen ❷ (*fig: meet*) jdm [zufällig] in die Arme laufen ◆**bump off** *vt* (*fam*) umlegen
bump·er ['bʌmpəʳ, AM -ɚ] *n* Stoßstange *f*
'bump·er car *n* [Auto]skooter *m* **'bump·er stick·er** *n* Autoaufkleber *m* **bumper-to-'bumper** *adv attr* Haube an Haube
bumph [bʌm(p)f] *n no pl see* **bumf**
bump·kin ['bʌmpkɪn] *n* **country** ~ Bauerntölpel *m*
bump·tious ['bʌmpʃəs] *adj* überheblich
bumpy ['bʌmpi] *adj* holp[e]rig; *flight, ride* unruhig
bun [bʌn] *n* ❶ (*pastry*) [rundes] Gebäckstück; (*bread roll*) Brötchen *nt* ❷ (*hair style*) [Haar]knoten *m*
bunch <*pl* -es> [bʌn(t)ʃ] **I.** *n* ❶ (*group*) *of bananas* Büschel *m; of carrots, parsley, keys* Bund *m; of files* Bündel *nt; of flowers* Strauß *m; of people* Haufen *m;* ~ **of grapes** Weintraube *f;* **a whole** ~ **of problems** jede Menge Probleme ❷ (*wad*) **in a** ~ aufgebauscht ▶ PHRASES: **to be the best of the** ~ der/die/das Beste von allen sein **II.** *vt* bündeln **III.** *vi* sich bauschen
bun·dle ['bʌndl̩] **I.** *n* Bündel *nt* **II.** *vt* **to** ~ **sb into a car** jdn in ein Auto verfrachten ◆**bundle up** *vt* bündeln
bung [bʌŋ] **I.** *n* ❶ Pfropfen *m* ❷ (*fam: payment*) Schmiergeld *nt* **II.** *vt* ■**to be** ~**ed up** verstopft sein
bun·ga·low ['bʌŋgələʊ, AM -oʊ] *n* Bungalow *m*
'bun·gee jump·ing *n no pl* Bungeespringen *nt*
bun·gle ['bʌŋgl̩] **I.** *vt* verpfuschen **II.** *vi* Mist bauen
bun·gler ['bʌŋgləʳ, AM -ɚ] *n* (*pej*) Pfuscher(in) *m(f)*
bun·gling ['bʌŋgl̩ɪŋ] **I.** *n no pl* Stümperei *f* **II.** *adj attr* ungeschickt; ~ **idiot** ausgemachter Trottel
bunk [bʌŋk] **I.** *n* ❶ (*in boat*) Koje *f* ❷ (*part of bed*) **bottom/top** ~ unteres/oberes Bett (*eines Etagenbetts*) ▶ PHRASES: **to do a** ~ BRIT, AUS (*sl*) [heimlich] abhauen **II.** *vi* (*fam*) ■**to** ~ [**down**] sich aufs Ohr legen
bunk 'bed *n* Etagenbett *nt*
bun·ker ['bʌŋkəʳ, AM -ɚ] *n* Bunker *m*
bun·ny ['bʌni] *n* Häschen *nt*
bunt·ing ['bʌntɪŋ, AM -t̬ɪŋ] *n no pl* Schmücken *nt* mit Fähnchen
buoy [bɔɪ, AM *also* 'buːi] **I.** *n* Boje *f* **II.** *vt* ■**to** ~ **up** ⊂ **sb** jdm Auftrieb geben
buoy·an·cy ['bɔɪən(t)si] *n no pl* Schwimmfähigkeit *f*
buoy·ant ['bɔɪənt] *adj* ❶ (*able to float*) schwimmfähig ❷ (*cheerful*) **to be in a** ~ **mood** in bester Stimmung sein ❸ ECON lebhaft
bur·ble ['bɜːbl̩, AM 'bɜːr-] **I.** *vi water* plätschern **II.** *vt* brabbeln ◆**burble away** *vi* drauflosplappern; *baby* vor sich *akk* hin brabbeln ◆**burble on** *vi* drauflosquasseln *fam*
bur·den ['bɜːdᵊn, AM 'bɜːr-] **I.** *n* ❶ Last *f* ❷ (*fig*) Belastung *f* (**to** für +*akk*) **II.** *vt* ❶ (*load*) beladen ❷ (*bother*) belasten
bur·den·some ['bɜːdᵊnsəm, AM 'bɜːr-] *adj*

belastend

bu·reau <*pl* -x *or* -s> ['bjʊərəʊ, AM 'bjʊroʊ] *n* ① (*government department*) Amt *nt,* Behörde *f* ② (*office*) [Informations]büro *nt* ③ BRIT (*desk*) Sekretär *m;* AM (*chest of drawers*) Kommode *f*

bu·reau·cra·cy [bjʊə'rɒkrəsi, AM bjʊ'rɑː-] *n* Bürokratie *f*

bu·reau·crat ['bjʊərə(ʊ)kræt, AM 'bjʊrə-] *n* Bürokrat(in) *m(f)*

bu·reau·crat·ic [ˌbjʊərə(ʊ)'krætɪk, AM ˌbjʊrə'kræt̬-] *adj* bürokratisch

bu·reaux, *usu* AM, AUS **bu·reaus** *n pl of* **bureau**

bur·geon·ing ['bɜːdʒənɪŋ, AM 'bɜːr-] *adj* rasch wachsend

bur·ger ['bɜːgər, AM 'bɜːrgɚ] *n short for* **hamburger** [Ham]burger *m*

bur·glar ['bɜːglər, AM 'bɜːrglɚ] *n* Einbrecher(in) *m(f)*

'bur·glar alarm *n* Alarmanlage *f*

'bur·glar·proof *adj* einbruchsicher

bur·gla·ry ['bɜːgləri, AM 'bɜːrg-] *n* Einbruch[diebstahl] *m*

bur·gle ['bɜːgl̩, AM 'bɜːrgl̩] BRIT, AUS, AM **bur·glar·ize** ['bɜrgləraɪz] *vt* einbrechen in +*akk;* **they were ~d** bei ihnen wurde eingebrochen

bur·ial ['beriəl] *n* Beerdigung *f;* **~ at sea** Seebestattung *f*

'bur·ial ground *n* Friedhof *m* **'bur·ial ser·vice** *n* Trauerfeier *f*

bur·lesque [bɜː'lesk, AM bɜːr-] *n* ① (*written*) Parodie *f* ② *no pl* (*genre*) Burleske *f*

bur·ly ['bɜːli, AM 'bɜːr-] *adj* kräftig [gebaut]

burn[1] [bɜːn, AM bɜːrn] *n* NENG, SCOT Bächlein *nt*

burn[2] [bɜːn, AM bɜːrn] **I.** *n* ① (*injury*) Verbrennung *f,* Brandwunde *f;* (*sunburn*) Sonnenbrand *m* ② (*damage*) Brandfleck *m* **II.** *vi* <burned *or* BRIT *esp* burnt, burned *or* BRIT *esp* burnt> ① (*be in flames*) brennen; *house* in Flammen stehen; **to ~ to death** verbrennen ② FOOD anbrennen ③ (*sunburn*) einen Sonnenbrand bekommen **III.** *vt* <burned *or* BRIT *esp* burnt, burned *or* BRIT *esp* burnt> ① (*damage with heat*) verbrennen; *village* niederbrennen; **I've ~t my tongue** ich habe mir die Zunge verbrannt; **to ~ one's fingers** (*a. fig*) sich *dat* die Finger verbrennen ② FOOD anbrennen lassen ③ (*use up*) *calories* verbrennen; *oil* verbrauchen ④ COMPUT brennen ◆**burn away** **I.** *vi* herunterbrennen; (*continuously*) vor sich hinbrennen **II.** *vt* abbrennen ◆**burn down** **I.** *vt* abbrennen **II.** *vi building* niederbrennen; *forest* abbrennen; *candle, fire* herunterbrennen ◆**burn out** **I.** *vi* ① *fire, candle* herunterbrennen ② *rocket* ausbrennen ③ *bulb* durchbrennen; (*slowly*) durchschmoren **II.** *vt* ① (*stop burning*) **the candle ~t itself out** die Kerze brannte herunter ② (*person*) ■**to ~ [oneself] out** sich völlig verausgaben ◆**burn up** **I.** *vi* ① verbrennen ② (*fig: be feverish*) glühen ③ *rocket* verglühen **II.** *vt* verbrauchen; *calories* verbrennen

burn·er ['bɜːnər, AM 'bɜːrnɚ] *n* Brenner *m;* AM *a.* Kochplatte *f*

burn·ing ['bɜːnɪŋ, AM 'bɜːrn-] **I.** *adj* ① (*on fire, stinging*) brennend; *face* glühend ② (*fig: intense*) brennend ③ (*controversial*) *issue* heiß diskutiert; *question* brennend **II.** *n no pl* **there's a smell of ~** es riecht verbrannt

'burn·out *n no pl* (*exhaustion*) Erschöpfung; **to suffer ~** [völlig] ausgebrannt sein *sl*

Land und Leute

Die **Burns Night** am 25. Januar, dem Geburtstag des schottischen Dichters Robert Burns (1759–96), wird weltweit von Schotten und anderen Burns-Anhängern gefeiert. Zu dieser Feier gibt es ein besonderes Essen, das *Burns Supper,* zu dem *haggis,* eine Art Hackbraten aus gewürzten Eingeweiden eines Schafes, vermischt mit Hafer und Zwiebeln, die im Schafsmagen gekocht und später im Ofen gebraten werden, *neeps* (*Rüben*) und *mashed tatties* (*Kartoffelbrei*) gehören.

burnt [bɜːnt, AM bɜːrnt] **I.** *vt, vi pt, pp of* **burn** **II.** *adj* (*completely*) verbrannt; (*partly*) *food* angebrannt; (*from sun*) verbrannt

burp [bɜːp, AM bɜːrp] **I.** *n* Rülpser *m; of baby* Bäuerchen *nt* **II.** *vi* aufstoßen, rülpsen *fam; baby* ein Bäuerchen machen **III.** *vt baby* aufstoßen lassen

burr [bɜːr, AM bɜːr] *n* BOT Klette *f*

bur·row ['bʌrəʊ, AM 'bɜːroʊ] **I.** *n* Bau *m* **II.** *vt* graben **III.** *vi* einen Bau graben

bur·sar ['bɜːsər, AM 'bɜːrsɚ] *n* Finanzverwalter(in) *m(f)*

bur·sa·ry ['bɜːsəri, AM 'bɜːr-] *n esp* BRIT Stipendium *nt*

burst [bɜːst, AM bɜːrst] **I.** *n* **~ of activity** plötzliche Geschäftigkeit; **~ of speed** Spurt *m* **II.** *vi* <burst *or* AM *a.* bursted, burst *or* AM *a.* bursted> ① (*explode*) platzen *a. fig; bubble* zerplatzen; *dam* bersten ② (*fig*) ■**to be ~ing to do sth** darauf brennen, etw zu tun ③ (*be full*) *suitcase* zum Bersten voll sein; **to be ~ing with pride** vor Stolz platzen; **to be ~ing with energy** vor Kraft [nur so] strotzen **III.** *vt* <burst *or* AM *a.* bursted, burst *or* AM *a.* bursted> zum Platzen bringen; *balloon* platzen lassen; **the river ~ its banks** der Fluss trat über die Ufer ◆**burst in** *vi* herein-/hineinstürzen; **to ~ in on a meeting** in eine Versammlung hineinplatzen ◆**burst out** *vi* ❶ (*hurry out*) herausstürzen ❷ (*speak*) losplatzen ❸ **to ~ out crying/laughing** in Tränen/Gelächter ausbrechen ◆**burst through** *vi* durchbrechen

bury <-ie-> ['beri] *vt person* begraben; *thing* vergraben *a. fig*

Aussprache

Das **u** in b**u**ry wird wie das **e** in ch**e**rry ausgesprochen:

bury	['beri]
cherry	['tʃeri]

bus [bʌs] **I.** *n* <*pl* -es *or* AM *a.* -ses> [Omni]bus *m;* **to go by ~** mit dem Bus fahren **II.** *vt* <-ss- *or* -s-> mit dem Bus befördern

'bus driv·er *n* Busfahrer(in) *m(f)*

bush <*pl* -es> [bʊʃ] *n* ❶ Busch *m;* **in the ~es** im Gebüsch *nt* ❷ *no pl* (*in Africa, Australia*) Busch *m* ►PHRASES: **to beat about the ~** um den heißen Brei herumreden

bush·el [bʊʃᵊl] *n* Bushel *m* ►PHRASES: **to hide one's light under a ~** sein Licht unter den Scheffel stellen

'bush·man *n esp* AUS (*inhabitant*) Buschbewohner *m;* (*expert*) Buschkenner *m*

bushy ['bʊʃi] *adj* buschig

busi·ly ['bɪzɪli] *adv* eifrig; **~ engaged on sth** intensiv mit etw *dat* beschäftigt

busi·ness <*pl* -es> ['bɪznɪs] *n* ❶ *no pl* (*commerce*) Handel *m;* **to do ~ with sb** mit jdm Geschäfte machen; **to go out of ~** das Geschäft aufgeben; **on ~** beruflich, dienstlich, geschäftlich ❷ (*profession*) Branche *f* ❸ (*company*) Unternehmen *nt* ❹ *no pl* (*matter*) Angelegenheit *f;* **that's none of your ~** das geht dich nichts an; **to have no ~ doing sth** nicht das Recht haben, etw zu tun ►PHRASES: **~ before pleasure** (*prov*) erst die Arbeit, dann das Vergnügen; **to get down to ~** zur Sache kommen

'busi·ness ad·dress *n* Geschäftsadresse *f* **'busi·ness card** *n* Visitenkarte *f* **'busi·ness class** *n no pl* Businessclass *f* **'busi·ness hours** *npl* Geschäftszeiten *pl* **'busi·ness let·ter** *n* Geschäftsbrief *m*

'busi·ness·like *adj* geschäftsmäßig

'busi·ness·man *n* Geschäftsmann *m* **'busi·ness park** *n* Industriepark *m* **'busi·ness trip** *n* Dienstreise *f,* Geschäftsreise *f* **'busi·ness·wom·an** *n* Geschäftsfrau *f*

busk [bʌsk] *vi* Straßenmusik machen

busk·er ['bʌskəʳ, AM -ɚ] *n* Straßenmusikant(in) *m(f)*

'bus lane *n* Busspur *f* **'bus·load** *n* Busladung *f* **'bus ser·vice** *n* Busverbindung *f* **'bus sta·tion** *n* Busbahnhof *m* **'bus stop** *n* Bushaltestelle *f*

bust¹ [bʌst] *n* ❶ (*statue*) Büste *f* ❷ (*breasts*) Büste *f;* (*measurement*) Oberweite *f*

bust² [bʌst] (*fam*) **I.** *n* ❶ (*recession*) [wirtschaftlicher] Niedergang ❷ (*raid*) Razzia *f* **II.** *adj* ❶ (*broken*) kaputt ❷ (*bankrupt*) **to go ~** Pleite machen **III.** *vt* <bust *or* busted, bust *or* busted> ❶ (*break*) kaputtmachen ❷ AM (*arrest*) festnehmen

bus·tle ['bʌsl̩] **I.** *n no pl* Getriebe *nt* **II.** *vi* **the street ~d with activity** auf der Straße herrschte reger Betrieb; ■**to ~ about** herumwuseln; *see also* **hustle**

bus·tling ['bʌslɪŋ] *adj place* belebt

bust-up ['bʌstʌp] *n* BRIT, AUS (*fam*) Krach *m*

busy ['bɪzi] **I.** *adj* ❶ (*occupied*) beschäftigt; **I'm very ~ this week** ich habe diese Woche viel zu tun; **to keep oneself ~** sich beschäftigen ❷ (*active*) *day* arbeitsreich; *life* bewegt; *street* verkehrsreich; **the busiest time of year** die Jahreszeit, in der am meisten los ist ❸ AM TELEC besetzt **II.** *vt* <-ie-> ■**to ~ oneself with sth** sich mit etw *dat* beschäftigen

Aussprache

Das **u** in b**u**sy wird wie das **i** in h**i**s ausgesprochen:

busy	['bɪzi]
his	[hɪz]

'busy·body *n* Wichtigtuer(in) *m(f)*

but [bʌt, bət] **I.** *conj* ❶ (*although, however*) aber; **~ then I'm no expert** ich bin allerdings keine Expertin ❷ (*except*) als ❸ (*rather*) sondern; **not only ... ~ also ...** [too] nicht nur[,] ... sondern auch ... **II.** *prep* außer; **last ~ one** vorletzte(r, s); **nothing ~ trouble** nichts als Ärger **III.** *n* **no [ifs and] ~s about it** da gibt es kein Wenn und Aber ►PHRASES: **~ for** bis auf; **~ for the storm, ...** wäre der Sturm nicht gewesen, ...

bu·tane ['bjuːteɪn] *n no pl* Butan[gas] *nt*

butch [bʊtʃ] *adj* maskulin

butch·er ['bʊtʃəʳ, AM -ɚ] **I.** *n* Metzger(in) *m(f)* **II.** *vt* ❶ (*slaughter*) schlachten

② (*murder*) niedermetzeln

butch·ery ['bʊtʃəri, AM -ɚi] *n no pl* Abschlachten *nt*

but·ler ['bʌtləʳ, AM -lɚ] *n* Butler *m*

but'n'ben [ˌbʌtən'ben] *n* SCOT kleines [*o* armseliges] Häuschen

butt [bʌt] **I.** *n* ① *of rifle* Kolben *m; of cigarette* Stummel *m* ② AM (*fam*) Hintern *m;* **to get off one's ~** seinen Hintern in Bewegung setzen ③ (*hit with head*) Stoß *m* [mit dem Kopf] **II.** *vt* ■**to ~ sb/sth** jdm/etw einen Stoß mit dem Kopf versetzen **III.** *vi person* mit dem Kopf stoßen; *goat* mit den Hörnern stoßen ◆**butt in** *vi* (*fam*) dazwischenplatzen ◆**butt into** *vi* (*fam*) **to ~ into sb's business/conversation** sich *akk* in jds Geschäfte/Unterhaltung einmischen

but·ter ['bʌtəʳ, AM -t̬ɚ] **I.** *n no pl* Butter *f* **II.** *vt* mit Butter bestreichen ◆**butter up** *vt* ■**to ~ up** ↔ **sb** jdm Honig um den Bart schmieren

'but·ter·cup *n* Butterblume *f* **'but·ter-dish** *n* Butterdose *f* **'but·ter·fin·gers** <*pl* -> *n* (*fam*) Tollpatsch *m*

but·ter·fly ['bʌtəflaɪ, AM -t̬ɚ-] *n* ① Schmetterling *m* ② (*in swimming*) Butterfly *m* ▶PHRASES: **to have butterflies [in one's stomach]** ein flaues Gefühl [im Magen] haben

'but·ter·milk *n no pl* Buttermilch *f*

but·tery ['bʌtəri, AM -t̬ɚ-] *adj* butt[e]rig

but·tock ['bʌtək, AM -t̬-] *n* [Hinter]backe *f;* ■**~s** *pl* Gesäß *nt*

but·ton ['bʌtən] **I.** *n* ① Knopf *m* ② AM (*badge*) Button *m* ▶PHRASES: **at the push of a ~** auf Knopfdruck; **to be right on the ~** den Nagel auf den Kopf treffen **II.** *vt garment* zuknöpfen **III.** *vi* **to ~ down the front/at** [*or* AM **in**] **the back** sich vorn/hinten knöpfen lassen ◆**button up** *vt garment* zuknöpfen

'but·ton·hole **I.** *n* ① Knopfloch *nt* ② BRIT Blume *f* im Knopfloch **II.** *vt* (*fam*) zu fassen kriegen

but·tress ['bʌtrəs] *n* <*pl* -es> ARCHIT Strebepfeiler *m*

bux·om ['bʌksəm] *adj* vollbusig

buy [baɪ] **I.** *n* Kauf *m* **II.** *vt* <bought, bought> ① ■**to ~ sb sth** [*or* **sth for sb**] jdm etw kaufen; ■**to ~ sth from** [*or fam* **off**] **sb** jdm etw abkaufen; *silence* erkaufen; *time* gewinnen ② (*fam: believe*) abkaufen ◆**buy back** *vt* zurückkaufen ◆**buy off** *vt* kaufen ◆**buy out** *vt company* aufkaufen; *person* auszahlen ◆**buy up** *vt* aufkaufen

buy·er ['baɪəʳ, AM -ɚ] *n* Käufer(in) *m(f);* (*as job*) Einkäufer(in) *m(f)*

'buy·out ['baɪaʊt] *n* Übernahme *f*

buzz [bʌz] **I.** *vi bee, buzzer* summen; *fly* brummen; *ears* dröhnen; **the room was ~ing with conversation** das Zimmer war von Stimmengewirr erfüllt **II.** *vt* (*fam: telephone*) anrufen **III.** *n* <*pl* -es> ① *of bee, buzzer* Summen *nt; of fly* Brummen *nt;* **~ of conversation** Stimmengewirr *nt* ② (*fam: call*) **to give sb a ~** jdn anrufen ③ (*fam: high feeling*) Kick *m;* (*from alcohol*) Rausch *m* ◆**buzz off** *vi* (*fam*) abzischen

buz·zard ['bʌzəd, AM -ɚd] *n* ① (*hawk*) Bussard *m* ② AM (*vulture*) Truthahngeier *m*

'buzz cut *n* Stoppelhaare *pl,* kurz geschorene Haare

buzz·er ['bʌzəʳ, AM -ɚ] *n* Summer *m*

'buzz word *n* Schlagwort *nt*

buzzy ['bʌzi] *adj* (*fam*) *club, pub, resort* voller Leben *nach n; atmosphere* lebhaft; **there are ~ cafés on the square** in den Cafés am Platz ist viel los

by [baɪ] **I.** *prep* ① (*beside*) neben *+akk/dat;* **come and sit ~ me** komm und setz dich zu mir ② (*not later than*) bis *+akk;* **~ 14 February** [spätestens] bis zum 14.02.; **~ now** [*or* **this time**] inzwischen ③ (*during*) bei *+dat;* **~ day/night** tagsüber/nachts ④ (*happening progressively*) **bit ~ bit** nach und nach; **day ~ day** Tag für Tag ⑤ (*agent*) von *+dat;* **a painting ~ Picasso** ein Gemälde von Picasso ⑥ (*by means of*) durch *+akk,* mit *+dat;* **you switch it on ~ pressing this button** man schaltet es ein, indem man auf diesen Knopf drückt; **~ the hand** bei der Hand; **~ boat/bus** mit dem Schiff/Bus; **~ chance** durch Zufall; **~ cheque** mit einem Scheck; **~ contrast** im Gegensatz; **to travel ~ sea** auf dem Seeweg reisen ⑦ (*quantity*) **~ the hour** stundenweise; **~ the metre** am Meter; **~ the thousand** zu Tausenden ⑧ (*margin*) um *+akk;* **to go up ~ 20%** um 20 % steigen **II.** *adv* ① (*past*) vorbei; **excuse me, I can't get ~** Entschuldigung, ich komme nicht vorbei ② **close ~** ganz in der Nähe ▶PHRASES: **~ and large** im Großen und Ganzen; **~ oneself** (*alone*) allein; (*unaided*) selbst

bye [baɪ] *interj* (*fam*) tschüs

bye-bye [ˌbaɪ'baɪ] *interj* (*fam*) tschüs

'by(e)-law *n* Gemeindeverordnung *f*

'by-elec·tion *n* BRIT, CAN Nachwahl *f*

'by·gone **I.** *adj attr* vergangen **II.** *n* ▶PHRASES: **to let ~s be ~s** die Vergangenheit ruhen lassen

'by-·law *n* Gemeindeverordnung *f*

'by·pass **I.** *n* ① TRANSP Umgehungsstraße *f* ② MED Bypass *m* **II.** *vt* ① (*detour*) umfahren ② (*not consult*) übergehen
'by·play *n no pl* Nebenhandlung *f* **'by·prod·uct** *n* Nebenprodukt *nt;* (*fig*) Begleiterscheinung *f* **'by·road** *n* Nebenstraße *f* **'by·stand·er** *n* Zuschauer(in) *m(f)*
byte [baɪt] *n* COMPUT Byte *nt*
'by·way *n* Seitenweg *m* **'by·word** *n* Musterbeispiel *nt*

C c

C <*pl* -'s *or* -s>, **c** <*pl* -'s> [siː] *n* ① (*letter*) C *nt,* c *nt;* ~ **for Charlie** C wie Cäsar ② MUS C *nt,* c *nt;* ~ **flat** ces *nt,* Ces *nt;* ~ **sharp** Cis *nt,* cis *nt*
C [siː] *after n abbrev of* **Celsius** C
c *abbrev of* **circa** ca.
cab [kæb] *n* ① (*of a truck*) Führerhaus *nt* ② (*taxi*) Taxi *nt*
caba·ret ['kæbəreɪ, AM ˌkæbə'reɪ] *n* (*performance*) Varietee *nt;* (*satirical*) Kabarett *nt*
cab·bage ['kæbɪdʒ] *n* Kohl *m kein pl,* Kraut *nt kein pl bes* SÜDD
cab·bie, cab·by ['kæbi] *n* (*fam*) Taxifahrer(in) *m(f)*
'cab·driv·er *n esp* AM Taxifahrer(in) *m(f)*
cab·in ['kæbɪn] *n* ① (*on ship*) Kabine *f* ② (*wooden house*) [Block]hütte *f;* (*for holidays*) Ferienhütte *f*

Falsche Freunde

Nicht verwechseln mit [Umkleide]kabine *f* — *changing room!*

'cab·in class *n* zweite Klasse **'cab·in cruis·er** *n* Kajütboot *nt*
cabi·net ['kæbɪnət] *n* ① (*storage place*) Schrank *m* ② + *sing/pl vb* POL Kabinett *nt*

Land und Leute

In Großbritannien ist das **Cabinet** (*Kabinett*) ein Gremium wichtiger Minister, das regelmäßig mit dem *Prime Minister* (*Premierminister*) zusammenkommt. Das **Shadow Cabinet** (*Schattenkabinett*) ist ein Gremium wichtiger Mitglieder der Opposition.

ca·ble ['keɪbl̩] **I.** *n* ① *no pl* NAUT Tau *nt* ② ELEC [Leitungs]kabel *nt,* Leitung *f* ③ *no pl* TV Kabelfernsehen *nt* ④ TELEC Telegramm *nt* **II.** *vt* (*send a telegram*) ein Telegramm schicken
'ca·ble car *n* Drahtseilbahn *f;* (*on street*) Kabelbahn *f* **'ca·ble net·work** *n* TV Kabelnetz *nt* **ca·ble 'rail·way** *n* Kabelbahn *f* **'ca·ble stitch** *n* Zopfmuster *nt* **ca·ble 'tele·vi·sion, ca·ble T'V** *n no pl* Kabelfernsehen *nt*
'cab rank *n,* **'cab stand** *n* Taxistand *m*
cab·rio·let ['kæbriə(ʊ)leɪ, AM ˌkæbriə'leɪ] *n* Kabrio[lett] *nt*
ca·cao [kæ'kaʊ, AM kə'kɑːoʊ] *n no pl* Kakaobaum *m*
cache [kæʃ] *n* ① (*hiding place*) Versteck *nt;* ~ **of weapons** geheimes Waffenlager ② COMPUT Cache *m*
ca·chet ['kæʃeɪ, AM kæ'ʃeɪ] *n no pl* Ansehen *nt*
cack·le ['kækl̩] **I.** *vi* gackern **II.** *n* ① (*chicken noise*) Gackern *nt kein pl* ② (*laughter*) Gegacker *nt*
ca·copho·ny [kə'kɒfəni, AM -'kɑː-] *n no pl* (*form*) Missklang *m*
cac·tus <*pl* -es *or* cacti> ['kæktəs, *pl* -taɪ] *n* Kaktus *m*
CAD [kæd] *n no pl abbrev of* **Computer-Aided Design** CAD *nt*
ca·dav·er [kə'dɑːvəʳ, AM -'dævɚ] *n* (*form*) *of humans* Leiche *f; of an animal* Kadaver *m*
cad·die ['kædi], **cad·dy** ['kædi] **I.** *n* Caddie *m* **II.** *vi* ▪**to ~ for sb** jds Caddie sein
ca·dence ['keɪdᵊn(t)s] *n* Tonfall *m;* (*rhythm*) Rhythmus *m*
ca·det [kə'det] *n* MIL Kadett *m*
cadge [kædʒ] *vt, vi* (*fam*) schnorren (**from, off** von +*dat*)
cadg·er ['kædʒəʳ, AM -ɚ] *n* (*pej*) Schnorrer(in) *m(f)*
Cae·sar·ean [sɪ'zeəriən] MED **I.** *adj* ~ **section** Kaiserschnitt *m* **II.** *n* Kaiserschnitt *m*
café, cafe ['kæfeɪ, AM kæ'feɪ] *n* Café *nt*
caf·eteria [ˌkæfə'tɪəriə, AM -'tɪriə] *n* Cafeteria *f*
caf·fein(e) ['kæfiːn, AM -'iːn] *n no pl* Koffein *nt*
cage [keɪdʒ] *n* Käfig *m*
cag·ey ['keɪdʒi] *adj* (*fam: secretive*) verschlossen
ca·goul(e) [kə'guːl] *n* BRIT Regenjacke *f* [mit Kapuze]
cairn [keən, AM kern] *n* Steinhaufen *m*
ca·jole [kə'dʒeʊl, AM -'dʒoʊl] *vt* beschwatzen
cake [keɪk] **I.** *n* ① (*in baking*) Kuchen *m;* (*layered*) Torte *f* ② (*patty*) Küchlein *nt;* **fish** ~ Fischfrikadelle *f* ▸ PHRASES: **a piece of** ~ (*fam*) ein Klacks **II.** *vt* **~d with mud**

dreckverkrustet

cal. *n abbrev of* **calorie** cal

ca·lam·ity [kəˈlæməti, AM -ət̬i] *n* Katastrophe *f*

cal·ci·fy <-ie-> [ˈkælsɪfaɪ] *vt, vi* verkalken

cal·cium [ˈkælsiəm] *n no pl* Kalzium *nt*

cal·cu·lable [ˈkælkjələbl̩] *adj* ① MATH kalkulierbar ② AM (*reliable*) verlässlich

cal·cu·late [ˈkælkjəleɪt] **I.** *vt* berechnen; (*estimate*) veranschlagen **II.** *vi* ■**to ~ [on sth]** [mit etw *dat*] rechnen

cal·cu·lat·ed [ˈkælkjəleɪtɪd, AM -t̬ɪd] *adj* beabsichtigt; *risk* kalkuliert

cal·cu·lat·ing [ˈkælkjəleɪtɪŋ, AM -t̬ɪŋ] *adj* berechnend

cal·cu·la·tion [ˌkælkjəˈleɪʃᵊn] *n* ① MATH Berechnung *f;* (*estimate*) Schätzung *f* ② *no pl* (*process*) Rechnen *nt* ③ *no pl* (*pej: selfish planning*) Berechnung *f*

cal·cu·la·tor [ˈkælkjəleɪtəʳ, AM -t̬ɚ] *n* Rechner *m*

cal·cu·lus [ˈkælkjələs] *n no pl* MATH Differenzialrechnung *f*

cal·en·dar [ˈkæləndəʳ, AM -dɚ] *n* Kalender *m*

cal·en·dar ˈmonth *n* Kalendermonat *m*

calf <*pl* calves> [kɑːf, *pl* kɑːvz, AM kæf, *pl* kævz] *n* ① (*animal*) Kalb *nt* ② ANAT Wade *f; see also* **behalf**

cali·brate [ˈkælɪbreɪt] *vt* eichen

cali·bre, AM **cali·ber** [ˈkælɪbəʳ, AM -ləbɚ] *n* ① *no pl* (*quality*) Niveau *nt* ② *no pl* (*diameter*) Kaliber *nt*

Cali·for·nia [ˌkælɪˈfɔːniə, AM -əˈfɔːrnʒə] *n* Kalifornien *nt*

call [kɔːl, AM *esp* kɑːl] **I.** *n* ① (*on the telephone*) [Telefon]anruf *m,* [Telefon]gespräch *nt;* **to make a ~** telefonieren; **to return sb's ~** jdn zurückrufen ② (*visit*) Besuch *m; of a doctor, nurse* Hausbesuch *m* ③ (*request to come*) **to be on ~** Bereitschaftsdienst haben ④ (*shout*) Ruf *m;* **a ~ for help** ein Hilferuf *m;* **to give sb a ~** jdn rufen ⑤ (*summoning*) Aufruf *m* (**for** zu +*dat*) **II.** *vt* ① (*on the telephone*) anrufen ② (*name*) nennen; **what's that actor ~ed again?** wie heißt dieser Schauspieler nochmal?; **to ~ sb names** jdn beschimpfen ③ (*shout*) rufen; ■**to ~ sth at [*or* to] sb** jdm etw zurufen ④ (*summon*) [auf]rufen; **to ~ a doctor** einen Arzt kommen lassen; **to ~ sb into a room** jdn in ein Zimmer bitten ⑤ (*bring*) **to ~ attention to oneself** auf sich aufmerksam machen; **to ~ into question** in Frage stellen ⑥ (*wake*) wecken ⑦ LAW *witness* aufrufen; **to ~ sb as a witness** jdn als Zeugen benennen **III.** *vi* ① (*shout*) rufen; *animal* schreien; ■**to ~ to sb** jdm zurufen ② (*telephone*) anrufen; **who's ~ing, please?** wer ist am Apparat? ③ (*drop by*) vorbeischauen ◆**call after I.** *vi* ■**to ~ after sb** jdm nachrufen **II.** *vt* **he's ~ed after his grandfather** er ist nach seinem Großvater benannt ◆**call at** *vi* ① (*visit*) ■**to ~ at sth** bei etw *dat* vorbeigehen ② NAUT anlaufen; TRANSP **to ~ at a town/station** in einer Stadt/an einem Bahnhof halten ◆**call away** *vt* wegrufen ◆**call back I.** *vt* zurückrufen **II.** *vi* ① (*phone*) zurückrufen ② (*return*) wiederkommen ◆**call by** *vi* vorbeischauen ◆**call for** *vi* ① (*order*) *taxi, food* kommen lassen, bestellen ② (*collect*) abholen ③ (*shout*) **to ~ for help** um Hilfe rufen ④ (*demand*) **this ~s for a celebration** das muss gefeiert werden ◆**call forth** *vt* (*form*) hervorrufen ◆**call in I.** *vt* (*consult*) *specialist, expert* hinzuziehen **II.** *vi* ■**to ~ in on sb** bei jdm vorbeischauen ◆**call off** *vt* ① (*cancel*) absagen; (*stop*) abbrechen ② (*order back*) *dog* zurückrufen ◆**call on** *vt* ① (*appeal to*) ■**to ~ on sb to do sth** jdn dazu auffordern, etw zu tun ② (*visit*) ■**to ~ on sb** bei jdm vorbeischauen ◆**call out I.** *vt* ① (*shout*) rufen; **to ~ out ⊂ sth to sb** jdm etw zurufen; ■**to ~ out ⊂ sb's name** jdn [*o* jds Namen] aufrufen ② (*summon*) *fire brigade* alarmieren ③ **to ~ out on strike** zum Streik aufrufen **II.** *vi* (*shout*) rufen; (*yell*) aufschreien ◆**call over** *vt* ■**to ~ sb over** jdn zu sich herüber-/hinüberrufen ◆**call round** *vi* BRIT vorbeischauen ◆**call up** *vt* ① *esp* AM (*telephone*) anrufen ② COMPUT aufrufen ③ MIL einberufen ◆**call upon** *vi* ① (*appeal to*) ■**to ~ upon sb to do sth** jdn dazu auffordern, etw zu tun ② (*use*) in Anspruch nehmen; *courage* zusammennehmen

ˈcall box *n* BRIT Telefonzelle *f*

call di·ˈver·sion *n no pl* Rufumleitung *f*

call·er [ˈkɔːləʳ, AM ˈkɑːlɚ] *n* ① (*on telephone*) Anrufer(in) *m(f)* ② (*visitor*) Besucher(in) *m(f)*

cal·lig·ra·phy [kəˈlɪgrəfi] *n no pl* Kalligraphie *f*

call-in [ˈkɔːlɪn, AM *esp* ˈkɑːl-] *n* Anruf *m*

call·ing [ˈkɔːlɪŋ, AM *esp* ˈkɑːl-] *n* ① (*profession*) Beruf *m* ② (*inner impulse*) Berufung *f*

ˈcall·ing card *n* ① AM (*for telephone*) Telefon[kredit]karte *f* ② *esp* AM (*personal*) Visitenkarte *f,* Visitkarte *f* ÖSTERR

cal·lous [ˈkæləs] *adj* hartherzig

ˈcall sign, ˈcall sig·nal *n* [Funk]rufzeichen *nt*

ˈcall-up *n* MIL Einberufung *f*

ˈcall wait·ing *n no pl* Anklopfen *nt,*

Anklopffunktion *f*

calm [kɑːm, AM kɑː(l)m] **I.** *adj* ruhig **II.** *n* ① (*calmness*) Ruhe *f* ② METEO Windstille *f* ▶ PHRASES: **the ~ before the storm** die Ruhe vor dem Sturm **III.** *vt* beruhigen; *see also* **salmon** ◆**calm down** *vi, vt* beruhigen

calm·ness [ˈkɑːmnəs, AM ˈkɑː(l)m-] *n no pl* Ruhe *f*

calo·rie [ˈkælᵊri] *n* Kalorie *f;* **low in ~s** kalorienarm

calo·rif·ic [ˌkæləˈrɪfɪk] *adj* ① PHYS kalorisch; **~ value** Heizwert *m;* FOOD Brennwert *m* ② (*fam: high-calorie*) kalorienreich

cal·um·ny [ˈkæləmni] *n* (*form*) *no pl* Verleumdung *f*

calve [kɑːv, AM kæv] *vi* kalben

calves [kɑːvz, AM kævz] *n pl of* **calf**

CAM [kæm] *n abbrev of* **computer assisted manufacture** CAM

ca·ma·ra·derie [ˌkæməˈrɑːdᵊri, AM -ɚi] *n no pl* Kameradschaft *f*

cam·ber [ˈkæmbəʳ, AM -ɚ] *n* [Straßen]wölbung *f*

Cam·bo·dia [ˌkæmˈbəʊdiə, AM -ˈboʊ-] *n no pl* Kambodscha *nt*

cam·cord·er [ˈkæmˌkɔːdəʳ, AM -ˌkɔːrdɚ] *n* Camcorder *m*

came [keɪm] *vi pt of* **come**

cam·el [ˈkæmᵊl] *n* Kamel *nt*

cameo <*pl* -os> [ˈkæmiəʊ, AM -oʊ] *n* ① (*stone*) Kamee *f* ② FILM Miniaturrolle *f*

cam·era [ˈkæmᵊrə] *n* Kamera *f*

ˈcam·era an·gle *n* Aufnahmewinkel *m* **ˈcam·era dock** *n* PHOT, COMPUT Kameradock *nt* **ˈcam·era·man** *n* Kameramann *m* **cam·era-phone** [ˈkæmᵊrəˌfəʊn, AM -foʊn] *n* Kameraphon *nt* (*Mobiltelefon mit eingebauter Digital-Kamera*) **ˈcam·era-shy** *adj* kamerascheu **ˈcam·era·wom·an** *n* Kamerafrau *f*

cami [ˈkæmi] *n short for* **camisole** Mieder *nt*

camo·mile [ˈkæmə(ʊ)maɪl, AM -məmiːl] *n* Kamille *f*

camou·flage [ˈkæməflɑːʒ, AM -flɑː(d)ʒ] **I.** *n no pl* (*a. fig*) Tarnung *f* **II.** *vt* (*a. fig*) tarnen

camp¹ [kæmp] **I.** *n* MIL [Feld]lager *nt;* **prison ~** Gefangenenlager *nt* **II.** *vi* ■**to ~ [out]** zelten; **to go ~ing** campen gehen

camp² [kæmp] **I.** *adj* ① (*pej: theatrical*) manieriert ② (*effeminate*) tuntenhaft **II.** *vt* ■**to ~ sth ↻ up** bei etw *dat* zu dick auftragen

cam·paign [kæmˈpeɪn] **I.** *n* ① Kampagne *f* ② (*for election*) [**election**] **~** Wahlkampf *m;* **~ pledge** Wahlversprechen *nt* ③ MIL Feldzug *m* **II.** *vi* kämpfen, sich engagieren

cam·paign·er [kæmˈpeɪnəʳ, AM -ɚ] *n* ① (*in election*) Wahlwerber(in) *m(f)* ② (*advocate*) Kämpfer(in) *m(f);* **environmental ~** Umweltschützer(in) *m(f)*

camp ˈbed *n* Campingliege *f*

camp·er [ˈkæmpəʳ, AM -ɚ] *n* ① (*person*) Camper(in) *m(f)* ② (*vehicle*) Wohnmobil *nt*

ˈcamp·fire *n* Lagerfeuer *nt*

cam·phor [ˈkæm(p)fəʳ, AM -ɚ] *n no pl* Kampfer *m*

camp·ing [ˈkæmpɪŋ] *n no pl* Camping *nt;* **to go ~** zelten gehen

ˈcamp·ing site, AUS, NZ **ˈcamp·ing ground** *n* Campingplatz *m,* Zeltplatz *m* **ˈcamp·ing van** *n* Wohnmobil *nt*

ˈcamp·site *n* Campingplatz *m*

cam·pus [ˈkæmpəs] *n* Campus *m;* **on ~** auf dem Campus

cam·shaft [ˈkæmʃɑːft, AM -ʃæft] *n* AUTO Nockenwelle *f*

can¹ [kæn] **I.** *n* ① (*container*) Dose *f,* Büchse *f;* **petrol ~** Benzinkanister *m* ② AM (*sl: toilet*) Klo *nt* ▶ PHRASES: **in the ~** FILM im Kasten; **a ~ of worms** eine verzwickte Angelegenheit **II.** *vt* (*package*) *Obst* einmachen

can² <could, could> [kæn, kən] *aux vb* (*be able to*) können; (*be allowed to*) dürfen; (*less formal*) können; **~ you hear me?** kannst du mich hören?, hörst du mich?; **you ~'t park here** hier dürfen [*o* können] Sie nicht parken; **you could [always] try** du könntest es ja mal versuchen; **you ~'t** [*or* **cannot**] **be serious!** das ist nicht dein Ernst!; **you could have told me before!** das hättest du mir auch schon vorher sagen können!; **who ~ blame her?** wer will es ihr verdenken?; **no ~ do** tut mir leid

Cana·da [ˈkænədə] *n no pl* Kanada *nt*

Ca·na·dian [kəˈneɪdiən] **I.** *n* Kanadier(in) *m(f)* **II.** *adj* kanadisch

ca·nal [kəˈnæl] *n* Kanal *m*

cana·li·za·tion [ˌkænᵊlaɪˈzeɪʃᵊn, AM -lɪˈ-] *n no pl* Kanalisierung *f*

ca·nary [kəˈneəri, AM -ˈneri] *n* Kanarienvogel *m*

Ca·ˈnary Is·lands *npl* Kanarische Inseln

can·cel <BRIT -ll- *or* AM *usu* -l-> [ˈkæn(t)sᵊl] **I.** *vt* ① (*call off*) absagen ② (*remove from schedule*) streichen ③ (*annul*) annullieren; *ticket* entwerten; *cheque, reservation* stornieren; (*revoke*) widerrufen ④ (*discontinue*) beenden; *subscription* kündigen; COMPUT abbrechen **II.** *vi* absagen

can·cel·la·tion [ˌkæn(t)sᵊlˈeɪʃᵊn] *n* ① (*calling off*) Absage *f* ② (*from schedule*) Streichung *f* ③ (*annulling*) Annullierung *f; of a* *ticket* Entwertung *f;* (*revocation*) Widerruf *m; of a debt* Erlass *m* ❹ (*discontinuation*) Kündigung *f; of a subscription* Abbestellung *f* ❺ FIN Stornierung *f*

can·cer ['kæn(t)sər, AM -ər] *n* ❶ *no pl* (*disease*) Krebs *m;* ~ **of the stomach** Magenkrebs *m;* ~ **research** Krebsforschung *f* ❷ (*growth*) Krebsgeschwulst *f*

Can·cer ['kæn(t)sər, AM -ər] *n no art, no pl* Krebs *m*

can·cer·ous ['kæn(t)sərəs] *adj* krebsartig

can·de·la·bra <*pl* - *or* -s> [ˌkændəl'ɑːbrə, AM -də'lɑː-] *n* Leuchter *m*

can·did ['kændɪd] *adj* offen

can·di·da·cy ['kændɪdəsi] *n no pl* Kandidatur *f*

can·di·date ['kændɪdət] *n* ❶ POL, SCH Kandidat(in) *m(f)* ❷ (*possible choice*) [möglicher] Kandidat

can·di·da·ture ['kændɪdətʃər, AM 'kændədətʃʊr] *n no pl* Kandidatur *f*

can·died ['kændid] *adj* kandiert

can·dle ['kændl] *n* Kerze *f;* ~ **bulb** Kerze[nbirne] *f* ▸ PHRASES: **to burn the ~ at both ends** Raubbau mit seiner Gesundheit treiben

'can·dle·light *n no pl* Kerzenlicht *nt* **'can·dle·stick** *n* Kerzenständer *m*

can·dour, AM **can·dor** ['kændər, AM -dər] *n no pl* Offenheit *f*

can·dy ['kændi] *n* ❶ *no pl* (*sugar*) Kandiszucker *m* ❷ AM (*sweets*) Süßigkeiten *pl;* (*sweet*) Bonbon *m o nt*

'can·dy·floss *n no pl* BRIT Zuckerwatte *f*

'can·dy store *n* AM Süßwarenladen *m*

cane [keɪn] **I.** *n* ❶ *no pl* (*of plant*) Rohr *nt;* ~ **furniture** Rattanmöbel *pl;* ~ **sugar** Rohrzucker *m* ❷ (*stick*) [Rohr]stock *m* **II.** *vt* [mit einem Stock] züchtigen

cane 'chair *n* Rattanstuhl *m* **cane 'sug·ar** *n no pl* Rohrzucker *m*

ca·nine ['keɪnaɪn] *adj* ❶ (*of dogs*) Hunde- ❷ ANAT ~ **tooth** Eckzahn *m*

can·is·ter ['kænɪstər, AM -əstər] *n* Behälter *m;* (*for oil, petrol*) Kanister *m*

can·na·bis ['kænəbɪs] *n no pl* Cannabis *m*

canned [kænd] *adj* ❶ FOOD Dosen- ❷ MEDIA ~ **music** Musik *f* aus der Konserve ❸ AM (*fam: fired*) entlassen

can·nery ['kænəri] *n* Konservenfabrik *f*

can·ni·bal ['kænɪbəl] *n* Kannibale *m,* Kannibalin *f*

can·ni·bal·ism ['kænɪbəlɪzəm] *n no pl* Kannibalismus *m*

can·ni·bal·ize ['kænɪbəlaɪz, AM -bəl-] *vt car* ausschlachten

can·ning ['kænɪŋ] *n no pl* Konservierung *f;* ~ **factory** Konservenfabrik *f*

can·non ['kænən] **I.** *n* MIL Kanone *f* **II.** *vi* BRIT (*collide*) ■ **to ~ into sb/sth** mit jdm/etw zusammenprallen

'can·non ball *n* Kanonenkugel *f* **'can·non fod·der** *n* Kanonenfutter *nt*

can·not ['kænɒt, AM -nɑːt] *aux vb see* **can not: we ~ but succeed** wir können nur gewinnen

can·ny ['kæni] *adj* ❶ (*clever*) schlau ❷ NENG (*approv: nice*) nett ❸ (*cautious*) vorsichtig

ca·noe [kə'nuː] *n* Kanu *nt*

ca·noe·ing [kə'nuːɪŋ] *n no pl* Paddeln *nt;* SPORTS Kanufahren *nt*

ca·noe·ist [kə'nuːɪst] *n* Kanufahrer(in) *m(f)*

can·on¹ ['kænən] *n* Grundregel *f*

can·on² ['kænən] *n* (*priest*) Kanoniker *m*

can·oni·za·tion [ˌkænənaɪ'zeɪʃən, AM -nɪ'-] *n* Heiligsprechung *f*

can·on·ize ['kænənaɪz] *vt* heiligsprechen

'can open·er *n* Dosenöffner *m*

cano·py ['kænəpi] *n* ❶ (*awning*) Überdachung *f;* (*over throne, bed*) Baldachin *m* ❷ (*sunshade*) Sonnendach *nt*

cant [kænt] *n no pl* Scheinheiligkeit *f*

can't [kɑːnt, AM kænt] (*fam*) = **cannot**

can·tan·ker·ous [ˌkæn'tæŋkərəs] *adj* streitsüchtig

can·ta·ta [kæn'tɑːtə, AM kən'tɑːt̬ə] *n* Kantate *f*

can·teen [kæn'tiːn] *n* (*restaurant*) Kantine *f;* UNIV Mensa *f*

can·ter ['kæntər, AM -t̬ər] **I.** *n* (*gait*) Handgalopp *m* **II.** *vi* leicht galoppieren

can·ti·lever ['kæntɪliːvər, AM -t̬əliːvər] *n* ~ **bridge** Auslegerbrücke *f*

can·vas ['kænvəs] *n* <*pl* -es> ❶ *no pl* (*cloth*) Segeltuch *nt;* (*for painting*) Leinwand *f;* **under ~** im Zelt ❷ (*painting*) [Öl]gemälde *nt*

can·vass ['kænvəs] **I.** *vt* ❶ (*gather opinion*) befragen ❷ POL werben **II.** *vi* POL ~ **for votes** um Stimmen werben

can·vass·er ['kænvəsər, AM -ər] *n* POL Wahlhelfer(in) *m(f)*

can·vass·ing ['kænvəsɪŋ] *n* POL Wahlwerbung *f*

can·yon ['kænjən] *n* Schlucht *f*

CAP [ˌsiːeɪ'piː] *n* EU *abbrev of* **Common Agricultural Policy** GAP *f*

cap [kæp] **I.** *n* ❶ (*hat*) Mütze *f* ❷ (*top*) Verschlusskappe *f;* (*on tooth*) Schutzkappe *f;* **lens ~** PHOT Objektivdeckel *m* ❸ (*limit*) Obergrenze *f* ❹ BRIT (*contraceptive*) Pessar *nt* ▸ PHRASES: **to go ~ in hand** kleinlaut auftreten; **if the ~ fits, wear it** (*prov*) wem der Schuh passt, der soll ihn sich anziehen **II.** *vt* <-pp-> ❶ (*limit*) begrenzen

❷ (*cover*) bedecken; *teeth* überkronen ❸ (*outdo*) überbieten; **and to ~ it all ...** und allem dann die Krone aufzusetzen ...

ca·pa·bil·ity [ˌkeɪpəˈbɪləti, AM -t̬i] *n no pl* Fähigkeit *f*

ca·pable [ˈkeɪpəbl̩] *adj* ❶ (*competent*) fähig; *worker* tüchtig ❷ (*able*) fähig; ■ **to be ~ of doing sth** in der Lage sein, etw zu tun

ca·pac·ity [kəˈpæsəti, AM -ət̬i] *n* ❶ (*available space*) Fassungsvermögen *nt* ❷ *no pl* (*maximum*) Kapazität *f*; **at full ~** voll ausgelastet; **a ~ crowd** ein volles Haus ❸ (*position*) Funktion *f*; (*role*) Eigenschaft *f*

cape¹ [keɪp] *n* Kap *nt*; **C~ Horn** Kap Hoorn

cape² [keɪp] *n* Umhang *m*, Cape *nt*

ca·per [ˈkeɪpəʳ, AM -ɚ] **I.** *n* ❶ *usu pl* FOOD Kaper *f* ❷ (*dubious activity*) krumme Sache **II.** *vi* Luftsprünge machen

ca·pil·lary [kəˈpɪlᵊri, AM ˈkæpəleri] *n* Kapillare *f*

capi·tal [ˈkæpɪtᵊl, AM -ət̬ᵊl] *n* ❶ (*city*) Hauptstadt *f* ❷ (*letter*) Großbuchstabe *m* ❸ *no pl* FIN Kapital *nt*

capi·tal ˈas·sets *npl* FIN Kapitalvermögen *nt kein pl* **capi·tal ˈcity** *n* Hauptstadt *f* **capi·tal ˈcrime** *n* Kapitalverbrechen *nt* **capi·tal ˈgains tax** *n no pl* Kapitalgewinnsteuer *f* **capi·tal in·ˈvest·ment** *n* FIN Kapitalanlage *f* **capital inˈvestment company** *n* Kapitalanlagegesellschaft *f*

capi·tal·ism [ˈkæpɪtᵊlɪzᵊm, AM -ət̬ᵊl-] *n no pl* Kapitalismus *m*

capi·tal·ist [ˈkæpɪtᵊlɪst, AM -ət̬ᵊl-] **I.** *n* Kapitalist(in) *m(f)* **II.** *adj* kapitalistisch

capi·tal·ist·ic [ˌkæpɪtᵊlˈɪstɪk, AM -ət̬əˈlɪs-] *adj* kapitalistisch

capi·tali·za·tion [ˌkæpɪtᵊlaɪˈzeɪʃᵊn, AM -ət̬ᵊlɪˈ-] *n no pl* ❶ LING Großschreibung *f* ❷ FIN Kapitalisierung *f*

capi·tal·ize [ˈkæpɪtᵊlaɪz, AM -ət̬əl-] *vt* ❶ LING großschreiben ❷ FIN kapitalisieren

capi·tal ˈlet·ter *n* Großbuchstabe *m* **capi·tal ˈpun·ish·ment** *n no pl* Todesstrafe *f*

ca·pitu·late [kəˈpɪtjʊleɪt, AM -ˈpɪtʃəleɪt] *vi* kapitulieren (**to** vor +*dat*)

ca·pitu·la·tion [kəˌpɪtjʊˈleɪʃᵊn, AM -ˌpɪtʃəˈ-] *n* Kapitulation *f* (**to** vor +*dat*)

cap·puc·ci·no <*pl* -s> [ˌkæpʊˈtʃiːnəʊ, AM -əˈtʃiːnoʊ] *n* Cappuccino *m*

ca·pri·cious [kəˈpriːʃəs] *adj* (*liter*) *person* launisch; *weather* wechselhaft

Cap·ri·corn [ˈkæprɪkɔːn, AM -rəkɔːrn] *n no art, no pl* Steinbock *m*

cap·size [kæpˈsaɪz, AM ˈkæpsaɪz] NAUT **I.** *vi* kentern **II.** *vt* zum Kentern bringen

cap·stan [ˈkæpstən] *n* NAUT [Anker]winde *f*

cap·sule [ˈkæpsjuːl, AM -sᵊl] *n* Kapsel *f*

cap·sule ˈward·robe *n* Grundgarderobe *f*

cap·tain [ˈkæptɪn, AM -tᵊn] **I.** *n* Kapitän(in) *m(f)*; (*in army*) Hauptmann *m* **II.** *vt* anführen; MIL befehligen

cap·tain·cy [ˈkæptɪnsi] *n* Führung *f*

cap·tion [ˈkæpʃᵊn] *n* ❶ (*heading*) Überschrift *f* ❷ (*under illustration*) Bildunterschrift *f*

cap·ti·vate [ˈkæptɪveɪt, AM -tə-] *vt* faszinieren

cap·tive [ˈkæptɪv] **I.** *n* Gefangene(r) *f(m)* **II.** *adj* gefangen; **be taken ~** gefangen genommen werden

cap·tiv·ity [kæpˈtɪvəti, AM -ət̬i] *n no pl* Gefangenschaft *f*

cap·ture [ˈkæptʃəʳ, AM -ɚ] **I.** *vt* ❶ (*take prisoner*) gefangen nehmen; *person* festnehmen; *city* einnehmen ❷ COMPUT erfassen **II.** *n of a person* Gefangennahme *f*; (*by police*) Festnahme *f*; *of a city* Einnahme *f*

car [kɑːʳ, AM kɑːr] *n* ❶ (*vehicle*) Auto *nt*, Wagen *m*; **by ~** mit dem Auto ❷ RAIL Waggon *m*, Wagen *m*

car ac·ˈces·so·ry *n* Autozubehörteil *nt* **car ˈaer·ial** *n* BRIT, AM **car an·ˈten·na** *n* Autoantenne *f*

ca·rafe [kəˈræf] *n* Karaffe *f*

cara·mel [ˈkærəmᵊl, AM *esp* ˈkɑːrmᵊl] *n* ❶ (*toffee*) Karamellbonbon *nt* ❷ (*burnt sugar*) Karamell *m*

car·at [ˈkærət, AM ˈker-] *n* <*pl* -s *or* -> Karat *nt*; **24-~ gold** 24-karätiges Gold

cara·van [ˈkærəvæn, AM ˈker-] *n* BRIT (*vehicle*) Wohnwagen[anhänger] *m*

cara·way [ˈkærəweɪ, AM ˈker-] *n no pl* Kümmel *m*

ˈcarb-con·trol·led *adj attr short for* **carbohydrate-controlled** *diet* kohlenhydratarm

car·bine [ˈkɑːbaɪn, AM ˈkɑːr-] *n* MIL Karabiner *m*

ˈcar body *n* Karosserie *f*

car·bo·hy·drate [ˌkɑːbə(ʊ)ˈhaɪdreɪt, AM ˈkɑːrboʊˈ-] *n* Kohle[n]hydrat *nt*

car·bol·ic [kɑːˈbɒlɪk, AM kɑːrˈbɑː-] *adj* Karbol-

ˈcar bomb *n* Autobombe *f*

car·bon [ˈkɑːbᵊn, AM ˈkɑːr-] *n no pl* CHEM Kohlenstoff *m*

car·bon·at·ed [ˈkɑːbᵊneɪtɪd, AM ˈkɑːrbᵊneɪt̬-] *adj* kohlensäurehaltig

ˈcar·bon copy *n* Durchschlag *m*; (*fig*) Ebenbild *nt* **car·bon ˈdat·ing** *n no pl* Radiokarbonmethode *f* **car·bon di·ˈox·ide** *n no pl* Kohlendioxid *nt*

car·bon·ize [ˈkɑːbᵊnaɪz, AM ˈkɑːr-] *vt, vi* verkohlen

car·bon mon·'ox·ide *n no pl* Kohlenmonoxid *nt* **'car·bon pa·per** *n no pl* (*dated*) Kohlepapier *nt*

car-'boot sale *n* BRIT *privater Flohmarkt, bei dem der Kofferraum als Verkaufsfläche dient*

car·bun·cle ['kɑːbʌŋkl̩, AM 'kɑːr-] *n* MED Karbunkel *m*

car·bu·ret·tor, AM **car·bu·retor** [ˌkɑːbjə'retəʳ, AM 'kɑːrbəreɪt̬ɚ] *n* AUTO Vergaser *m*

car·cass <*pl* -es> *n* ① (*of an animal*) Tierleiche *f;* (*of a meat animal*) Rumpf *m;* (*of poultry*) Gerippe *nt* ② (*of a vehicle*) [Auto]wrack *nt*

car·cino·gen [kɑː'sɪnədʒən, AM kɑːr'-] *n* Krebserreger *m*

car·cino·gen·ic [ˌkɑːsɪnə(ʊ)'dʒenɪk, AM ˌkɑːrsənoʊ'-] *adj* Krebs erregend

card [kɑːd, AM kɑːrd] *n* ① Karte *f;* (*postcard*) [Post]karte *f,* Ansichtskarte *f;* (*with a message*) [Glückwunsch]karte *f;* **anniversary ~** Jubiläumskarte *f;* (*game*) [Spiel]karte *f;* **[game of] ~s** *pl* Kartenspiel *nt;* (*for ID*) Ausweis *m* ② *no pl* (*material*) Pappe *f* ▶ PHRASES: **to have a ~ up one's sleeve** noch etwas in petto haben; **to play one's ~s right** geschickt vorgehen; **on** [*or* AM **in**] **the ~s** zu erwarten

'card·board *n no pl* Pappe *f,* [Papp]karton *m*

'car deck *n* NAUT, TRANSP Wagendeck *nt*

car·di·ac ['kɑːdiæk, AM 'kɑːr-] *adj* Herz-

car·di·gan ['kɑːdɪgən, AM 'kɑːr-] *n* Strickjacke *f*

car·di·nal ['kɑːdɪnəl, AM 'kɑːr-] **I.** *n* Kardinal *m* **II.** *adj* **~ rule** Grundregel *f;* **~ sin** Todsünde *f*

car·di·nal 'num·ber *n* Kardinalzahl *f,* Grundzahl *f*

'card in·dex *n* Kartei *f*

car·dio ['kɑːdiəʊ, AM 'kɑːrdioʊ] *n* AM (*fam*) *short for* **cardiovascular** Kardio-

card-key ID [ˌkɑːdkiːaɪ'diː, AM ˌkɑːrd-] *n no pl* Schlüsselkarte *f*

car 'door *n* Autotür *f*

'card·phone *n* Kartentelefon *nt* **'card read·er** *n* Kartenleser *m* **'card ta·ble** *n* Kartentisch *m*

care [keəʳ, AM ker] **I.** *n* ① *no pl* (*looking after*) Betreuung *f;* (*of children, the elderly*) Pflege *f;* (*in hospital*) Versorgung *f;* **to be taken** [*or* **put**] **into ~** in Pflege gegeben werden; **to take good ~ of sth** etw schonen; **take ~ [of yourself]!** pass auf dich auf!; **let me take ~ of it** lass mich das übernehmen; **~ of ...** c/o ..., zu Händen von ... ② (*carefulness*) Sorgfalt *f;* **to do sth with ~** etw sorgfältig machen; **to handle sth with ~** mit etw *dat* vorsichtig umgehen; **'handle with ~'** „Vorsicht, zerbrechlich!" ③ (*worry*) Sorge *f;* **to not have a ~ in the world** keinerlei Sorgen haben **II.** *vi* ① (*be concerned*) betroffen sein; **I think he ~s quite a lot** ich glaube, es macht ihm eine ganze Menge aus; **as if I ~d** als ob mir das etwas ausmachen würde; **for all I ~** meinetwegen; **who ~s?** (*it's not important*) wen interessiert das schon?; (*so what*) was soll's? ② (*want*) ■**to ~ for sth** etw mögen ③ (*look after*) ■**to ~ for sb/sth** sich um jdn/etw kümmern **III.** *vt* ■**sb does not ~ what/who/whether ...** jdm ist es egal, was/wer/ob ...

ca·reer [kə'rɪəʳ, AM -'rɪr] **I.** *n* ① (*profession*) Beruf *m;* **~ politician** Berufspolitiker(in) *m(f)* ② (*working life*) Karriere *f,* Laufbahn *f* **II.** *vi* rasen; **to ~ out of control** außer Kontrolle geraten

ca·reer·ist [kə'rɪərɪst, AM -'rɪr-] *n* (*usu pej*) Karrierist(in) *m(f)*

ca·'reer wom·an *n* Karrierefrau *f*

'care·free *adj* sorgenfrei

care·ful ['keəfəl, AM 'ker-] *adj* ① (*cautious*) vorsichtig; *driver* umsichtig; **to be ~ with sth** mit etw *dat* vorsichtig umgehen; ■**to be ~ [that] ...** darauf achten, dass ... ② (*meticulous*) sorgfältig; *analysis* umfassend; *consideration* reiflich; *examination* gründlich; *worker* gewissenhaft

care·ful·ness ['keəfəlnəs, AM 'ker-] *n no pl* ① (*caution*) Vorsicht *f* ② (*meticulousness*) Sorgfalt *f*

care·less ['keələs, AM 'ker-] *adj* ① (*lacking attention*) unvorsichtig; *driver* leichtsinnig ② (*unthinking*) *remark* unbedacht; *talk* gedankenlos ③ (*not painstaking*) nachlässig

care·less·ness ['keələsnəs, AM 'ker-] *n no pl* ① (*lack of care*) Nachlässigkeit *f* ② (*lack of carefulness*) Unvorsichtigkeit *f*

car·er ['keərəʳ] *n* BRIT Betreuer(in) *m(f)*

ca·ress [kə'res] **I.** *n* <*pl* -es> Streicheln *nt;* ■**~es** *pl* Zärtlichkeiten *pl* **II.** *vt* streicheln **III.** *vi* Zärtlichkeiten austauschen

'care·tak·er **I.** *n* BRIT Hausmeister(in) *m(f);* AM Hausverwalter(in) *m(f)* **II.** *adj* **~ government** Übergangsregierung *f*

'care·worn *n* vergrämt

'car fer·ry *n* Autofähre *f*

car·go ['kɑːgəʊ, AM 'kɑːrgoʊ] *n* <*pl* -s *or* -es> ① *no pl* (*goods*) Fracht *f* ② (*load*) Ladung *f*

'car hire *n no pl esp* BRIT Autovermietung *f*

Car·ib·bean [ˌkærɪ'biːən, kə'rɪbi-, AM ˌkerɪ'-, kə'rɪbi-] **I.** *n no pl* ■**the ~** die Karibik **II.** *adj* karibisch; **the ~ Islands** die Karibischen

Inseln

cari·ca·ture ['kærɪkətʃʊəʳ, AM 'kerəkətʃʊr] **I.** *n* Karikatur *f* **II.** *vt* (*draw*) karikieren; (*parody*) parodieren

cari·ca·tur·ist ['kærɪkətʃʊərɪst, AM 'kerəkətʃʊr-] *n* Karikaturist(in) *m(f)*

car·ing ['keərɪŋ, AM 'ker-] *adj* warmherzig; *person* fürsorglich; *society* sozial

'car in·sur·ance *n no pl* Kfz-Versicherung *f*

'car·jack·ing *n* Autoentführung *f* **'car li·cence** *n* BRIT Kfz-Zulassung *f*

car·nage ['kɑːnɪdʒ, AM 'kɑːr-] *n no pl* Gemetzel *nt*

car·nal ['kɑːnəl, AM 'kɑːr-] *adj* sinnlich

car·na·tion [kɑː'neɪʃən, AM kɑːr'-] *n* Nelke *f*; ~ **pink** zartrosa

car·ni·val ['kɑːnɪvəl, AM 'kɑːrnə-] **I.** *n* ❶ (*festival*) Volksfest *nt*; AM (*funfair*) Jahrmarkt *m* ❷ (*pre-Lent*) Karneval *m*, Fasching *m bes* SÜDD, ÖSTERR **II.** *adj* Fest-, Karnevals-; ~ **atmosphere** ausgelassene Stimmung

car·ni·vore ['kɑːnɪvɔːʳ, AM 'kɑːrnəvɔːr] *n* Fleischfresser *m*

car·nivo·rous [kɑː'nɪvərəs, AM kɑːr'nɪ-] *adj* Fleisch fressend

car·ol ['kærəl, AM 'ker-] *n* [**Christmas**] ~ Weihnachtslied *nt*; ~ **concert** Weihnachtssingen *nt*

'car·ol sing·er, AM **car·ol·er** ['kærələʳ, AM 'kerələ˞] *n* Sternsinger(in) *m(f)* **'car·ol·sing·ing** *n no pl* Weihnachtssingen *nt*, Sternsingen *nt*

caro·tene ['kærətiːn, AM 'ker-] *n no pl* Karotin *nt*

carou·sel [ˌkærə'sel, AM 'kerəsel, 'kær-] *n* ❶ AM (*merry-go-round*) Karussell *nt* ❷ AVIAT [Gepäck]ausgabeband *nt*

'car own·er *n* Autobesitzer(in) *m(f)*

carp <*pl* - *or* -s> [kɑːp, AM kɑːrp] **I.** *n* Karpfen *m* **II.** *vi* meckern

'car park *n* BRIT, AUS Parkplatz *m*; (*multistorey*) Parkhaus *nt*; (*underground*) Tiefgarage *f*

car·pen·ter ['kɑːpəntəʳ, AM 'kɑːrpəntə˞] *n* Zimmermann *m*, Schreiner(in) *m(f)*, Tischler(in) *m(f)*

car·pen·try ['kɑːpəntri, AM 'kɑːr-] *n no pl* (*activity*) Zimmer-/Schreiner-/Tischlerhandwerk *nt*

car·pet ['kɑːpɪt, AM 'kɑːrpət] **I.** *n* Teppich *m a. fig*; (*fitted*) Teppichboden *m* **II.** *vt* ❶ [mit einem Teppich] auslegen ❷ (*fam: reprimand*) zusammenstauchen

'car·pet·bag·ger *n esp* AM (*pej*) politischer Abenteurer (*insbesondere Politiker aus dem Norden der USA, der nach dem Amerikanischen Bürgerkrieg in den Südstaaten Karriere machen wollte*)

car·pet·ing ['kɑːpɪtɪŋ, AM 'kɑːrpət̬-] *n no pl* Teppich[boden] *m*

'car·pet sweep·er *n* Teppichkehrer *m*

'car·pool *n* Fahrgemeinschaft *f*

car·riage ['kærɪdʒ, AM 'ker-] *n* ❶ (*horse-drawn*) Kutsche *f* ❷ BRIT (*train wagon*) Personenwagen *m* ❸ *no pl* BRIT (*transport costs*) Transportkosten *pl*

Aussprache

Das **ia** in carr**ia**ge wird wie das **a** in blockage ausgesprochen:

carriage	['kærɪdʒ]
blockage	['blɒkɪdʒ]

'car·riage re·turn *n* Wagenrücklauftaste *f*

'car·riageway *n* BRIT Fahrbahn *f*

car·ri·er ['kæriəʳ, AM 'keriə˞] *n* ❶ (*person*) Träger(in) *m(f)*; MED [Über]träger(in) *m(f)* ❷ (*company*) Transportunternehmen *nt*, Spedition *f*; (*person*) Frachtunternehmer(in) *m(f)*, Spediteur(in) *m(f)*

'car·ri·er bag *n* BRIT Tragetasche *f*, Tragetüte *f*

car·ri·on ['kæriən, AM 'ker-] *n no pl* Aas *nt*

'car·ri·on 'crow *n* Rabenkrähe *f*

car·rot ['kærət, AM 'ker-] *n* ❶ (*vegetable*) Möhre *f*, Karotte *f*, Mohrrübe *f* NORDD, gelbe Rübe SÜDD, Rüebli *nt* SCHWEIZ ❷ (*fam: reward*) Belohnung *f*; **the ~ and [the] stick** Zuckerbrot und Peitsche

car·roty ['kærəti, AM 'kerət̬i] *adj* karottenrot; ~ **hair** feuerrotes Haar

car·ry <-ie-> ['kæri, AM 'keri] **I.** *vt* ❶ (*bear*) tragen *a. fig*; ■**to ~ sth around** etw mit sich herumtragen; **to be carried downstream** flussabwärts treiben ❷ (*transport*) transportieren ❸ (*have, incur*) **all cigarette packets ~ a warning** auf allen Zigarettenpäckchen steht eine Warnung; **to ~ a penalty** eine [Geld]strafe nach sich ziehen; **to ~ weight with sb** Einfluss auf jdn haben ❹ (*transmit*) MED übertragen; *electricity, oil* leiten ❺ *usu passive* (*approve*) *motion* annehmen ❻ MATH *number* übertragen; (*in one's head*) behalten **II.** *vi* (*reach*) *sound* zu hören sein ◆**carry along** *vt* mitnehmen; *water, food* bei sich *dat* haben ◆**carry away** *vt* ❶ (*take away*) wegtragen; *current* wegtreiben; (*stronger*) [mit sich] fortreißen ❷ *usu passive* ■**to be carried away** (*be overcome by*) sich mitreißen lassen; (*be enchanted by*) hingerissen sein ◆**carry forward** *vt* FIN übertragen ◆**carry off** *vt* ❶ (*take away*) wegtragen; SPORTS vom Spielfeld tragen ❷ (*succeed*) hinbekommen ◆**carry on I.** *vt* ❶ (*continue*) fortführen; *discussion* fortsetzen;

~ **on the good work!** weiter so!; **to ~ on reading** weiterlesen ❷ (*conduct*) führen; **to ~ on one's work** arbeiten **II.** *vi* ❶ (*continue*) weitermachen ❷ (*fam: behave uncontrolledly*) sich danebenbenehmen; (*make a fuss*) ein [furchtbares] Theater machen ◆**carry out** *vt* ❶ hinaus-/heraustragen; *current* hinaustreiben ❷ (*perform*) durchführen; *order, plan* ausführen; *threat* wahr machen ◆**carry over** *vt* ❶ (*postpone*) verschieben (**to** auf +*akk*) ❷ FIN vortragen ◆**carry through** *vt* ❶ (*sustain*) durchbringen ❷ (*complete*) durchführen **'car·ry-all** *n* AM Reisetasche *f* **'car·ry-cot** *n* BRIT Babytragetasche *f*

'car·ry·ing ca·pac·ity *n* Nutzlast *f*

car·ry·ing-'on <*pl* carryings-on> *n* (*fam*) Machenschaft[en] *f*[*pl*]

cart [kɑːt, AM kɑːrt] **I.** *n* ❶ (*pulled vehicle*) Wagen *m*, Karren *m* ❷ AM (*supermarket trolley*) Einkaufswagen *m* ▸ PHRASES: **to put the ~ before the horse** das Pferd beim Schwanz aufzäumen **II.** *vt* (*fam*) schleppen ◆**cart away** *vt* abtransportieren ◆**cart off** *vt* ■**to ~ sb** ⊂ **off** jdn [mit Gewalt] wegbringen

carte blanche [ˌkɑːtˈblɑ̃(nt)ʃ, AM ˌkɑːrtˈblɑː(n)ʃ] *n no pl* **to give sb ~** jdm freie Hand geben

car·tel [kɑːˈtel, AM kɑːrˈ-] *n* Kartell *nt*

cart·horse [ˈkɑːthɔːs, AM ˈkɑːrthɔːrs] *n* Zugpferd *nt*

car·ti·lage [ˈkɑːtɪlɪdʒ, AM ˈkɑːrt̬əl-] *n no pl* MED Knorpel *m*

car·tog·ra·pher [kɑːˈtɒɡrəfəʳ, AM kɑːrˈtɑːɡrəfɚ] *n* Kartograph(in) *m(f)*

car·tog·ra·phy [kɑːˈtɒɡrəfi, AM kɑːrˈtɑːɡ-] *n no pl* Kartographie *f*

car·ton [ˈkɑːtən, AM ˈkɑːr-] *n* Karton *m*; (*small*) Schachtel *f*; **milk ~** Milchtüte *f*

car·toon [kɑːˈtuːn, AM kɑːrˈ-] *n* ❶ (*drawing*) Cartoon *m o nt* ❷ FILM Zeichentrickfilm *m*

car·'toon·ist [kɑːˈtuːnɪst, AM kɑːrˈ-] *n* ❶ ART Karikaturist(in) *m(f)* ❷ FILM Trickzeichner(in) *m(f)*

car·tridge [ˈkɑːtrɪdʒ, AM ˈkɑːr-] *n* ❶ (*for ink, ammunition*) Patrone *f* ❷ (*for film*) Kassette *f*; *see also* **fridge**

'car·tridge case *n* Patronenhülse *f* **'car·tridge pa·per** *n* Zeichenpapier *nt*

'cart·wheel **I.** *n* ❶ (*wheel*) Wagenrad *nt* ❷ SPORTS Rad *nt*; **to do a ~** ein Rad schlagen **II.** *vi* Rad schlagen

carve [kɑːv, AM kɑːrv] **I.** *vt* ❶ (*cut a figure*) schnitzen; (*with a chisel*) meißeln; (*cut a pattern*) [ein]ritzen ❷ FOOD tranchieren **II.** *vi* tranchieren ◆**carve up** *vt* ■**to ~ sth** ⊂ **up** etw [auf]teilen

carv·er [ˈkɑːvəʳ, AM ˈkɑːrvɚ] *n* ❶ (*person*) Bildhauer(in) *m(f)*; *wood* Holzschnitzer(in) *m(f)* ❷ (*knife*) Tranchiermesser *nt*

car·very [ˈkɑːvəri] *n* BRIT *offene Fleischzubereitung in einem Restaurant*

carv·ing [ˈkɑːvɪŋ, AM ˈkɑːrv-] *n* ART *of wood* Schnitzerei *f*; *in/from stone* Skulptur *f*

'carv·ing knife *n* Tranchiermesser *nt*

'car wash *n* Autowaschanlage *f*

cas·cade [kæsˈkeɪd] **I.** *n* (*natural*) Wasserfall *m*; (*artificial*) Kaskade *f a. fig* **II.** *vi* sich ergießen

case¹ [keɪs] *n* ❶ (*situation, instance*) Fall *m*; **in ~ of an emergency** im Notfall; **in most ~s** meistens; **in ~ ...** falls ...; **in any ~** (*regardless*) jedenfalls ❷ LAW [Rechts]fall *m*; (*suit*) Verfahren *nt*; **there was no ~ against her** es lag nichts gegen sie vor ❸ MED Fall *m* ❹ LING Fall *m*, Kasus *m*; **to be in the accusative ~** im Akkusativ stehen

case² [keɪs] *n* ❶ (*suitcase*) Koffer *m* ❷ (*packaging plus contents*) Kiste *f* ❸ (*small container*) Schatulle *f*; (*for hat*) Schachtel *f*; (*for spectacles*) Etui *nt*; (*for musical instrument*) Kasten *m*; (*for CD, umbrella*) Hülle *f* ❹ TYPO **written in lower/upper ~** klein-/großgeschrieben

case³ [keɪs] *vt* (*fam*) **to ~ the joint** sich *dat* den Laden mal ansehen

'case study *n* Fallstudie *f*

cash [kæʃ] **I.** *n no pl* Bargeld *nt*; **to pay by** [*or* **in**] **~** bar bezahlen **II.** *vt* ■**to ~** [**in**] ⊂ **sth** etw einlösen; *chips* eintauschen ◆**cash in** *vi* ■**to ~ in on sth** von etw *dat* profitieren

cash and 'car·ry *n* Discountladen *m* **'cash box** *n* Geldkassette *f* **'cash card** *n esp* BRIT Geldautomatenkarte *f* **'cash crop** *n* AM *ausschließlich zum Verkauf bestimmte Agrarprodukte* **'cash desk** *n* BRIT Kassenschalter *m* **'cash dis·pens·er** *n* BRIT Geldautomat *m* **cash 'down** *adv* COMM **to pay ~** bar bezahlen

cash·ew, **'cash·ew nut** [ˈkæʃuː-] *n* Cashewnuss *f*

'cash flow *n* Cashflow *m*

cash·ier [kæʃɪəʳ, AM -ˈɪr] *n* Kassierer(in) *m(f)*

'cash ma·chine *n esp* BRIT Geldautomat *m*

cash·mere [ˈkæʃmɪəʳ, AM ˈkæʒmɪr, -ʃ-] *n* FASHION Kaschmir *m*

cash 'over(s) *n* AM FIN Kassenüberschuss *m* **'cash pay·ment** *n* Barzahlung *f* **'cash·point** *n* BRIT Geldautomat *m* **'cash reg·is·ter** *n* Registrierkasse *f*

cas·ing [ˈkeɪsɪŋ] *n* Hülle *f*; *of a machine* Verkleidung *f*

ca·si·no <*pl* -os> [kəˈsiːnəʊ, AM -noʊ] *n*

[Spiel]kasino *nt*

cask [kɑːsk, AM kæsk] *n* Fass *nt*

cas·ket [ˈkɑːskɪt, AM ˈkæsk-] *n* ① (*box*) Kästchen *nt* ② AM (*coffin*) Sarg *m*

Cas·pian Sea [ˌkæspiənˈ-] *n* Kaspisches Meer, Kaspisee *m*

cas·se·role [ˈkæsᵊrəʊl, AM -əroʊl] *n* ① (*pot*) Schmortopf *m* ② (*stew*) ≈ Eintopf *m*

cas·sette [kəˈset] *n* Kassette *f*

cas·ˈsette deck *n* Kassettendeck *nt* **cas·ˈsette play·er, cas·ˈsette re·cord·er** *n* Kassettenrecorder *m*

cast [kɑːst, AM kæst] **I.** *n* ① + *sing/pl vb* THEAT, FILM Besetzung *f* ② (*moulded object*) [Ab]guss *m* ③ (*plaster*) Gips[verband] *m* **II.** *vt* <cast, cast> ① (*throw*) werfen *a. fig; fishing line* auswerfen; **to ~ doubt on sth** etw zweifelhaft erscheinen lassen ② (*give*) *vote* abgeben ③ (*make in a mould*) gießen ◆**cast about, cast around** *vi* auf der Suche sein ◆**cast aside** *vt* sich befreien von +*dat* ◆**cast away** *vt* ① (*discard*) wegwerfen ② NAUT irgendwo stranden ◆**cast off** NAUT **I.** *vt* losmachen **II.** *vi* ablegen ◆**cast out** *vt* vertreiben

cas·ta·nets [ˌkæstəˈnets] *npl* Kastagnetten *pl*

cast·away [ˈkɑːstəweɪ, AM ˈkæst-] *n* Schiffbrüchige(r) *f(m)*

caste [kɑːst, AM kæst] *n* Kaste *f*

cast·er [ˈkɑːstəʳ, AM ˈkæstɚ] *n see* **castor**

ˈcast·er sug·ar *n* BRIT, AUS Streuzucker *m*

cast·ing [ˈkɑːstɪŋ, AM ˈkæst-] *n* ① (*mould*) Guss *m; no pl* (*moulding*) Gießen *nt* ② THEAT Casting *nt*

ˈcast·ing vote *n* entscheidende Stimme

cast ˈiron I. *n no pl* Gusseisen *nt* **II.** *adj* ① aus Gusseisen ② (*fig*) *alibi* wasserdicht; *guarantee* sicher

cas·tle [ˈkɑːsl̩, AM ˈkæsl̩] *n* ① (*fortress*) Burg *f;* (*mansion*) Schloss *nt* ② (*fam*) CHESS Turm *m; see also* **hustle**

ˈcast-off I. *n* ■ **~s** *pl* abgelegte Kleidung **II.** *adj* (*second-hand*) gebraucht; (*discarded*) abgelegt

cas·tor [ˈkɑːstəʳ, AM ˈkæstɚ] *n* (*wheel*) Laufrolle *f*

ˈcas·tor stand *n* AM [*Silber*]*gestell für Salz, Pfeffer und Öl oder Pickles* **ˈcast·or sug·ar** *n* Streuzucker *m*

cas·trate [kæsˈtreɪt, AM ˈkæstreɪt] *vt* kastrieren

cas·ual [ˈkæʒjuəl, AM ˈkæʒuəl] *adj* ① (*not planned*) zufällig; *acquaintance, glance* flüchtig ② (*irregular*) gelegentlich; **~ sex** Gelegenheitssex *m* ③ (*informal*) lässig, salopp; *clothes* leger; **~ shirt** Freizeithemd *nt*

cas·ual·ly [ˈkæʒjuəli, AM ˈkæʒuəli] *adv* ① (*accidentally*) zufällig ② (*informally*) lässig, leger; **~ dressed** salopp gekleidet ③ (*without seriousness*) beiläufig

cas·ual·ty [ˈkæʒjuəlti, AM -ʒuːl-] *n* ① (*accident victim*) [Unfall]opfer *nt;* (*injured person*) Verletzte(r) *f(m);* (*dead person*) Todesfall *m* ② *no pl* BRIT (*hospital department*) Unfallstation *f*

cat [kæt] *n* Katze *f* ▶ PHRASES: **to look like the ~ that got the <u>cream</u>** *esp* BRIT sich freuen wie ein Schneekönig; **to rain ~s and <u>dogs</u>** wie aus Eimern schütten; **to put the ~ among the <u>pigeons</u>** BRIT für die Katze im Taubenschlag sorgen

CAT [kæt] *n no pl* MED *abbrev of* **computerized axial tomography** Computertomographie *f*

cata·clys·mic [ˌkætəˈklɪzmɪk, AM -t̬-] *adj* (*liter*) verheerend

cata·comb [ˈkætəkuːm, -kəʊm, AM -t̬əkoʊm] *n usu pl* Katakombe *f*

cata·logue, AM **cata·log** [ˈkætᵊlɒg, AM ˈkæt̬əlɑːg] **I.** *n* Katalog *m* **II.** *vt* katalogisieren

ca·taly·sis [kəˈtæləsɪs] *n no pl* CHEM Katalyse *f*

cata·lyst [ˈkætᵊlɪst, AM -t̬-] *n* ① AUTO, CHEM Katalysator *m* ② (*fig*) Auslöser *m*

cata·lyt·ic [ˌkætəˈlɪtɪk, AM -t̬əˈlɪt̬-] *adj* katalytisch

cata·lyt·ic con·ˈvert·er *n* AUTO Katalysator *m*

cata·ma·ran [ˌkætəməˈræn, AM -t̬-] *n* Katamaran *m*

cata·pult [ˈkætəpʌlt, AM -t̬-] **I.** *n* Katapult *nt* **II.** *vt* katapultieren

cata·ract[1] [ˈkætᵊrækt, AM -t̬ər-] *n* MED grauer Star

cata·ract[2] [ˈkætᵊrækt, AM -t̬ər-] *n* GEOG Katarakt *m*

ca·tarrh [kəˈtɑːʳ, AM -ˈtɑːr] *n no pl* Schleimhautentzündung *f*

ca·tas·tro·phe [kəˈtæstrəfi] *n* Katastrophe *f*

cata·stroph·ic [ˌkætəˈstrɒfɪk, AM -t̬əˈstrɑːf-] *adj* katastrophal

ˈcat·call I. *n* Hinterherpfeifen *nt* **II.** *vi* pfeifen

catch [kætʃ] **I.** *n* <*pl* -es> ① (*ball*) Fang *m;* **good ~!** gut gefangen!; **to miss a ~** den Ball nicht fangen ② (*fish*) Fang *m kein pl* ③ (*fastener*) Verschluss *m;* (*bolt*) Riegel *m;* (*hook*) Haken *m;* **window ~** Fensterverriegelung *f* ④ *no pl* (*trick*) Haken *m* **II.** *vt* <caught, caught> ① (*intercept*) fangen; *light* einfangen; *person, liquid* auffangen ② (*capture*) *person* ergreifen; (*arrest*) festnehmen; *animal* fangen; *escaped animal* einfangen; (*fig*) **the virus was caught**

in time das Virus wurde rechtzeitig erkannt ③ (*surprise, get hold of*) erwischen; **have I caught you at a bad time?** komme ich ungelegen?; **to ~ sb in the act** jdn auf frischer Tat ertappen; **to be caught in a thunderstorm** von einem Gewitter überrascht werden; ■**to ~ sb/oneself doing sth** jdn/sich bei etw *dat* ertappen ④ MED ■**to ~ sth from sb** sich bei jdm mit etw *dat* anstecken; **to ~ a cold** sich erkälten ⑤ ■**to ~ sth in sth** (*trap*) etw in etw *akk* einklemmen; (*entangle*) mit etw *dat* in etw *dat* hängen bleiben; ■**to get caught [in sth]** sich [in etw *dat*] verfangen; (*fig: become involved*) in etw *akk* verwickelt werden; ■**to get caught on sth** an etw *dat* hängen bleiben ⑥ (*take*) *bus/train* nehmen; (*be in time for*) kriegen; **to ~ the post** rechtzeitig zur Post kommen ⑦ (*attract*) *attention* erregen; *imagination* anregen ⑧ (*notice*) bemerken; **to ~ sight** [*or* **a glimpse**] **of sb/sth** etw [kurz] sehen; (*by chance*) etw [zufällig] sehen; (*hear*) mitbekommen ⑨ (*burn*) **to ~ fire** [*or* **light**] Feuer fangen ▸PHRASES: **to ~ it** (*fam*) Ärger kriegen **III.** *vi* <caught, caught> ① BRIT, AUS (*grab*) ■**to ~ at sth** nach etw *dat* greifen ② (*entangle*) sich in etw *dat* verfangen; ■**to ~ on sth** an etw *dat* hängen bleiben ③ (*ignite*) Feuer fangen; *engine* zünden ◆**catch on** *vi* (*fam*) ① (*become popular*) sich durchsetzen ② (*understand*) kapieren ◆**catch out** *vt* BRIT ① (*detect*) ertappen ② (*trick*) hereinlegen ◆**catch up I.** *vi* ① ■**to ~ up with** (*reach*) einholen *a. fig;* **she's ~ing up!** sie holt auf! ② (*fig: complete*) ■**to ~ up with** [*or* **on**] **sth** etw aufarbeiten; *sleep* nachholen **II.** *vt* ① (*reach*) ■**to ~ sb up** jdn einholen ② *usu passive* **to get caught up [in sth]** sich [in etw *dat*] verfangen; (*fig*) in etw *akk* verwickelt werden

catch·er ['kætʃəʳ, AM -ɚ] *n* Fänger(in) *m(f)*

catch·ing ['kætʃɪŋ, AM 'kæetʃ-] *adj* ansteckend

'catch·ment area *n* Einzugsgebiet *nt*

'catch·phrase *n* Slogan *m* **'catch ques·tion** *n* Fangfrage *f*

catch·up ['kætʃʌp, 'ketʃ-] *n* FOOD *see* **ketchup**

'catch·word *n* Schlagwort *nt*

catchy ['kætʃi] *adj* eingängig; **~ tune** Ohrwurm *m*

cat·egori·cal [ˌkætə'gɒrɪkᵊl, AM -t̬ə'gɔːr-] *adj* kategorisch

cat·ego·rize ['kætəgᵊraɪz, AM -t̬əgə-] *vt* kategorisieren

cat·ego·ry ['kætəgᵊri, AM -t̬əgɔːri] *n* Kategorie *f*

ca·ter ['keɪtəʳ, AM -t̬ɚ] *vi* ① (*serve food, drink*) für Speise und Getränke sorgen; *firm* Speisen und Getränke liefern ② (*provide for*) sich kümmern (**for** um +*akk*)

ca·ter·er ['keɪtᵊrəʳ, AM -t̬ɚɚ] *n* (*company*) Cateringservice *m;* (*for parties*) Partyservice *m*

ca·ter·ing ['keɪtᵊrɪŋ, AM -t̬ɚ-] *n no pl* ① (*trade*) Catering *nt* ② (*service*) Cateringservice *m;* (*for parties*) Partyservice *m*

cat·er·pil·lar ['kætəpɪləʳ, AM -t̬ɚpɪlɚ] *n* Raupe *f*

cat·er·pil·lar® 'trac·tor *n* Raupenfahrzeug *nt*

'cat·gut *n no pl* MUS [Darm]saite *f;* MED Katgut *nt*

ca·thar·tic [kə'θɑːtɪk, AM -'θɑːrt̬-] *adj* kathartisch

ca·thedral [kə'θiːdrᵊl] *n* Kathedrale *f,* Dom *m,* Münster *nt*

cath·ode ['kæθəʊd, AM -oʊd] *n* Kat[h]ode *f*

catho·lic ['kæθᵊlɪk] **I.** *n* ■**C~** Katholik(in) *m(f)* **II.** *adj* (*Roman Catholic*) ■**C~** katholisch

Ca·tholi·cism [kə'θɒlɪsɪzᵊm, AM -'θɑːlə-] *n no pl* Katholizismus *m*

'cat·kin *n* BOT Kätzchen *nt*

'cat lit·ter *n no pl* Katzenstreu *f* **'cat·nap** (*fam*) **I.** *n* **to have a ~** ein Nickerchen machen **II.** *vi* <-pp-> kurz schlafen

cat·sup ['kætsəp, 'ketʃəp] *n* AM Ketchup *m o nt*

cat·tery ['kætᵊri, AM -t̬eri] *n* ZOOL ① (*for boarding*) Katzenpension *f* ② (*for breeding*) Katzenzucht *f*

cat·tle ['kætl̩, AM -t̬l̩] *npl* Rinder *pl*

'cat·tle breed·er *n* Rinderzüchter(in) *m(f)*

'cat·tle thief *n* Viehdieb(in) *m(f)*

cat·ty ['kæti, AM 'kæt̬i] *adj* gehässig; *remark* bissig

'cat·walk *n* FASHION Laufsteg *m*

Cau·ca·sian [kɔː'keɪʒən, AM *esp* kɑː'-] **I.** *n* (*white person*) Weiße(r) *f(m)* **II.** *adj* ① (*white-skinned*) weiß ② (*of Caucasus*) kaukasisch

caught [kɔːt, AM *esp* kɑːt] *pt, pp of* **catch**

caul·dron ['kɔːldrᵊn, AM *esp* 'kɑːl-] *n* (*pot*) [großer] Kessel

cau·li·flow·er ['kɒliflaʊəʳ, AM 'kɑːliflaʊɚ] *n* Blumenkohl *m,* Karfiol *m* SÜDD, ÖSTERR

caus·al ['kɔːzᵊl, AM *esp* 'kɑː-] *adj* (*form*) kausal

cau·sal·ity [kɔː'zæləti, AM kɑː'zælət̬i] *n* (*form*) Kausalität *f*

cau·sa·tive ['kɔːzətɪv, AM 'kɑːzət̬ɪv] *adj* (*form*) kausativ

cause [kɔːz, AM *esp* kɑːz] **I.** *n* ① (*of effect*)

Ursache *f*; ~ **of death** Todesursache *f* ② *no pl* (*reason*) Grund *m*; ~ **for concern** Anlass *m* zur Sorge; ■ **to be the ~ of sth** der Grund für etw *akk* sein ③ (*object of support*) Sache *f*; **a good ~** ein guter Zweck; **a lost ~** eine verlorene Sache **II.** *vt* verursachen; *trouble* stiften; ■ **to ~ sb to do sth** jdn veranlassen, etw zu tun; **the bright light ~d her to blink** das helle Licht ließ sie blinzeln

'cause [kəz] *conj* (*sl*) *short for* **because**

cause·way ['kɔːzweɪ, AM *esp* kɑːz-] *n* Damm *m*

caus·tic ['kɔːstɪk, AM *esp* 'kɑː-] *adj* ätzend *a. fig; humour* beißend; ~ **soda** Ätznatron *nt*

cau·tion ['kɔːʃᵊn, AM 'kɑː-] **I.** *n* ① *no pl* (*carefulness*) Vorsicht *f*; **to treat sth with ~** etw mit Vorbehalt aufnehmen ② BRIT (*legal warning*) Verwarnung *f* **II.** *vt* (*form*) ① (*warn*) ■ **to ~ sb [against sth]** jdn [vor etw] warnen ② *esp* BRIT, AUS (*warn officially*) verwarnen

cau·tion·ary ['kɔːʃᵊnᵊri, AM 'kɑːʃᵊneri] *adj* warnend; ~ **tale** Geschichte *f* mit einer Moral

cau·tious ['kɔːʃəs, AM *esp* 'kɑː-] *adj* (*careful*) vorsichtig; (*prudent*) umsichtig; *optimism* verhalten

cav·al·cade [ˌkævᵊl'keɪd] *n* Kavalkade *f*

cava·lier [ˌkævᵊl'ɪəʳ, AM -ə'lɪr] **I.** *n* Kavalier *m* **II.** *adj* unbekümmert

cav·al·ry ['kævᵊlri] *n no pl, usu + pl vb* ■ **the ~** die Kavallerie

cav·al·ry·man *n* Kavallerist *m*

cave [keɪv] *n* Höhle *f* ◆**cave in** *vi* ① (*collapse*) einstürzen ② (*give in*) kapitulieren; ■ **to ~ in to sth** sich etw *dat* beugen

'cave art *n* HIST Höhlenmalereien *pl*

ca·veat ['kæviæt] *n* (*form*) Vorbehalt *m*; ~ **emptor** Ausschluss *m* der Gewährleistung

'cave-in *n* Einsturz *m*

'cave·man *n* Höhlenmensch *m* **'cave paint·ing** *n* Höhlenmalerei *f*

'cav·er ['keɪvəʳ] *n* BRIT, AUS Höhlensportler(in) *m(f)*

cav·ern ['kævᵊn, AM -ɚn] *n* Höhle *f*

cav·ern·ous ['kævᵊnəs, AM -ɚn-] *adj* ① (*cave-like*) höhlenartig ② (*fig*) *cheeks* hohl; *eyes* tiefliegend

cavi·ar(e) ['kæviɑːʳ, AM -iɑːr] *n no pl* Kaviar *m*

cav·ity ['kævəti, AM -əṱi] *n* (*hole*) Loch *nt*; (*hollow space*) Hohlraum *m*

ca·vort [kə'vɔːt, AM -'vɔːrt] *vi* ① (*poet: move*) [herum]toben *fam* ② (*hum, euph fam: have sex*) herumspielen

caw [kɔː, AM *esp* kɑː] **I.** *n* Krächzen *nt* **II.** *vi* krächzen

cay·enne, cay·enne 'pep·per [keɪ'en-, AM *also* kaɪ-] *n no pl* Cayennepfeffer *m*

CB [ˌsiː'biː] *n no pl abbrev of* **Citizens' Band** CB-Funk *m*

CBT [ˌsiːbiː'tiː] *abbrev of* **Computer Based Training** computergestütztes Lernen

cc <*pl* - *or* -s> [ˌsiː'siː] *n abbrev of* **cubic centimetre** cm^3

CCTV [ˌsiːsiːtiː'viː] *n abbrev of* **closed-circuit television** Überwachungskamera *f*

ccw. *adv abbrev of* **counterclockwise** gegen den Uhrzeigersinn

CD [ˌsiː'diː] *n abbrev of* **compact disc** CD *f*

C'D play·er *n* CD-Spieler *m* **CD-ROM** [ˌsiːdiː'rɒm, AM -'rɑːm] *n abbrev of* **compact disc read-only memory** CD-ROM *f* **CD-'ROM drive** *n* CD-ROM-Laufwerk *nt* **CD-RW** [ˌsiːdiːɑ'dʌbljuː, AM -ɑːr-] *n abbrev of* **Compact Disc-Rewritable** CD-RW *f*

cease [siːs] (*form*) **I.** *vi* aufhören **II.** *vt* beenden; *fire* einstellen

'cease·fire *n* Waffenruhe *f*

cease·less ['siːsləs] *adj* endlos; *noise* ständig

ce·dar ['siːdəʳ, AM -ɚ] *n* Zeder *f*

ceil·ing ['siːlɪŋ] *n* [Zimmer]decke *f*; (*fig*) Obergrenze *f*

ce·leb [sə'leb] *n short for* **celebrity** Berühmtheit *f*

cel·ebrate ['seləbreɪt] *vi, vt* feiern

cel·ebrat·ed ['seləbreɪtɪd, AM -ṱ-] *adj* berühmt

cel·ebra·tion [ˌselə'breɪʃᵊn] *n* Feier *f*; **cause for ~** Grund *m* zum Feiern

cel·ebra·tory [ˌselə'breɪtᵊri, AM 'seləbrəˌtɔːr] *adj* Fest-

ce·leb·rity [sə'lebrəti, AM -ṱi] *n* ① (*person*) berühmte Persönlichkeit ② *no pl* (*fame*) Ruhm *m*

ce·leri·ac [sə'leriæk] *n no pl* [Knollen]sellerie *m o f*

cel·ery ['selᵊri] *n no pl* [Stangen]sellerie *m o f*

ce·les·tial [sə'lestiəl, AM -tʃᵊl] *adj* ASTRON Himmels-

celi·ba·cy ['seləbəsi] *n no pl* Zölibat *m o nt*

celi·bate ['seləbət] **I.** *n* Zölibatär *m* **II.** *adj* zölibatär

cell [sel] *n* Zelle *f*

cel·lar ['seləʳ, AM -ɚ] *n* Keller *m*

cel·list ['tʃelɪst] *n* Cellist(in) *m(f)*

cel·lo <*pl* -s> ['tʃeləʊ, AM -oʊ] *n* Cello *nt*

cel·lo·phane® ['seləfeɪn] *n no pl* Cellophan® *nt*

'cell phone *n* AM Mobiltelefon *nt*

cel·lu·lar ['seljələʳ, AM -ɚ] *adj* zellular

cel·lu·lar 'phone *n* AM Mobiltelefon *nt*

cel·lu·lite ['seljəlaɪt] *n no pl* Zellulitis *f*
cel·lu·loid ['seljəlɔɪd] *n no pl* Zelluloid *nt*
cel·lu·lose ['seljələʊs, AM -loʊs] *n no pl* Zellulose *f*
Celsius ['selsiəs] *n* Celsius
Celt [kelt, selt] *n* Kelte(in) *m(f)*

C

Land und Leute

Als die Römer vor rund 2000 Jahren Britannien besetzten, war es von den **Celts** (*Kelten*) bewohnt. Nachdem die Römer wieder abgezogen waren, wanderten von Dänemark und Germanien aus die *Angles* (Angeln) und *Saxons* (*Sachsen*) im Süden Britanniens ein. Die Kelten blieben jedoch in Wales und Cornwall und ihre Sprache wird noch heute in Wales gesprochen. In der Zwischenzeit ließ sich auf der Insel Man und im Westen Schottlands ein anderer Keltenstamm aus Irland nieder, so dass dort eine Form des *Irish Gaelic* (*Gälisch*) gesprochen wird.

Celt·ic ['keltɪk, 'sel-] *adj* keltisch
ce·ment [sɪ'ment] **I.** *n no pl* Zement *m* **II.** *vt* ① (*with concrete*) betonieren; (*with cement*) zementieren ② (*a. fig: bind*) festigen
ce·'ment mix·er *n* Betonmischmaschine *f*
cem·etery ['semətᵊri, AM -teri] *n* Friedhof *m*
cen·ser ['sen(t)səʳ, AM -ɚ] *n* Räuchergefäß *nt*
cen·sor ['sen(t)səʳ, AM -ɚ] **I.** *n* Zensor(in) *m(f)* **II.** *vt* zensieren
cen·so·ri·ous [sen(t)'sɔːriəs] *adj* [übertrieben] kritisch
cen·sor·ship ['sen(t)səʃɪp, AM -sɚ-] *n no pl* Zensur *f*
cen·sure ['sen(t)sjəʳ, AM 'sen(t)ʃɚ] **I.** *n no pl* Tadel *m* **II.** *vt* tadeln
cen·sus ['sen(t)səs] *n* Zählung *f*
cent [sent] *n* Cent *m;* **to not be worth a ~** keinen Pfifferling wert sein
cen·te·nar·ian [ˌsentɪ'neəriən, AM -tᵊn'eriən] *n* Hundertjährige(r) *f(m)*
cen·te·nary [sen'tiːnᵊri, AM sen'tenəri], AM **cen·ten·nial** [sen'teniəl] *n* Hundertjahrfeier *f;* **~ celebrations** Feierlichkeiten *pl* zum hundertsten Jahrestag
'cen·ter *n, vt* AM *see* **centre**
cen·ti·grade ['sentɪgreɪd, AM 'sent̬ə-] *n no pl* Celsius
cen·ti·gram, *esp* BRIT **cen·ti·gramme** ['sentɪgræm, AM 'sent̬ə-] *n* Zentigramm *nt*
cen·ti·me·tre, AM **cen·ti·me·ter** ['sentɪmiːtəʳ, AM 'sent̬əmiːt̬ɚ] *n* Zentimeter *m*
cen·ti·pede ['sentɪpiːd, AM -t̬ə-] *n* Tausendfüßler *m*
cen·tral ['sentrᵊl] *adj* ① (*in the middle*) zentral ② (*paramount*) wesentlich
cen·tral 'heat·ing *n no pl* Zentralheizung *f*
cen·trali·za·tion [ˌsentrᵊlaɪ'zeɪʃᵊn, AM -lɪ'-] *n no pl* Zentralisierung *f*
cen·tral·ize ['sentrᵊlaɪz] *vt* zentralisieren
cen·tral 'lock·ing *n no pl* Zentralverriegelung *f* **cen·tral res·er·'va·tion** *n* BRIT Grünstreifen *m*
cen·tre **I.** *n* ① Zentrum *nt; of chocolates* Füllung *f;* POL Mitte *f* ② SPORTS Mittelfeldspieler(in) *m(f);* (*basketball*) Center *m* **II.** *vt* zentrieren **III.** *vi* ■**to ~ upon sth** sich um etw *akk* drehen
'cen·trepiece *n* ① (*on table*) Tafelaufsatz *m* ② (*central feature*) Kernstück *nt*
cen·trifu·gal [ˌsentrɪ'fjuːgᵊl, AM sen'trɪfjəgᵊl] *adj* zentrifugal
cen·trip·etal [sen'trɪpɪtᵊl, AM -ət̬ᵊl] *adj* zentripetal
cen·tu·ry ['sen(t)ʃᵊri] *n* (*period*) Jahrhundert *nt;* **turn of the ~** Jahrhundertwende *f*
CEO [ˌsiːiː'əʊ, AM -'oʊ] *n abbrev of* **chief executive officer** Generaldirektor(in) *m(f)*
ce·ram·ic [sə'ræmɪk] *adj* keramisch
ce·ram·ics [sə'ræmɪks] *n + sing vb* Keramik *f*
ce·real ['sɪəriəl, AM 'sɪr-] *n* ① Getreide *nt* ② (*for breakfast*) Frühstückszerealien *pl* (*Cornflakes, Müsli ...*)
'ce·real bar *n* Müsliriegel *m*
cer·ebel·lum <*pl* -s *or* -la> [ˌserɪ'beləm, AM -rə'-, *pl* -lə] *n* ANAT Kleinhirn *nt*
cer·ebral ['serəbrᵊl, sə'riː-] *adj* ① ANAT Gehirn- ② (*intellectual*) hochgeistig
cer·ebrum <*pl* -s *or* -bra> [sə'riːbrəm, AM 'serə-, *pl* -brə] *n* ANAT Großhirn *nt*
cer·emo·nial [ˌserɪ'məʊniəl, AM -ə'moʊ-] **I.** *adj* zeremoniell **II.** *n* (*form*) Zeremoniell *nt*
cer·emo·ni·ous [ˌserɪ'məʊniəs, AM -ə'moʊ-] *adj* förmlich
cer·emo·ny ['serɪməni, AM -əmoʊni] *n* Zeremonie *f,* Feier *f;* **to stand on ~** förmlich sein
cert [sɜːt] *n usu sing* BRIT (*fam*) *short for* **certainty:** ■**to be a dead ~** eine todsichere Sache sein
cer·tain ['sɜːtᵊn, AM 'sɜːrt-] **I.** *adj* ① (*sure*) sicher; (*unavoidable*) bestimmt; **to mean ~ death** den sicheren Tod bedeuten; **to make ~ [that ...]** darauf achten[, dass ...]; **to make ~ of sth** sich einer S. *gen* vergewissern; ■**for ~** ganz sicher ② (*particular*) **at a ~ age** in einem bestimmten Alter; **in ~ circumstances** unter gewissen Umständen **II.** *pron* (*form*) einige
cer·tain·ly ['sɜːtᵊnli, AM 'sɜːrt-] *adv* ① (*surely*)

sicher[lich]; (*without a doubt*) bestimmt, gewiss ❷ (*gladly*) gern[e]; (*of course*) [aber] selbstverständlich; ~ **not** auf [gar] keinen Fall

cer·tain·ty ['sɜːtᵊnti, AM 'sɜːrt-] *n* Gewissheit *f;* **with** ~ mit Sicherheit

cer·ti·fi·able [ˌsɜːtɪ'faɪəbl̩, AM ˌsɜːrt̬ə-] *adj* ❶ (*officially admissible*) nachweisbar ❷ (*psychologically ill*) unzurechnungsfähig

cer·tifi·cate [sə'tɪfɪkət, AM sɚ'-] *n* ❶ (*official document*) Urkunde *f;* (*attestation*) Bescheinigung *f;* **doctor's** [*or* **medical**] ~ ärztliches Attest; **examination** ~ Prüfungszeugnis *nt;* **marriage** ~ Trauschein *m* ❷ FILM **an 18** ~ [Film]freigabe *f* ab 18 Jahre

cer·ti·fi·ca·tion [ˌsɜːtɪfɪ'keɪʃᵊn, AM ˌsɜːrt̬ə-] *n no pl* ❶ (*state*) Qualifikation *f;* (*process*) Qualifizierung *f* ❷ (*document*) Zertifikat *nt;* (*attestation*) Beglaubigung *f*

cer·ti·fy <-ie-> ['sɜːtɪfaɪ, AM 'sɜːrt̬ə-] *vt* ❶ (*declare as true*) bescheinigen, bestätigen; LAW beglaubigen; **to ~ sb** [**as**] **dead** jdn für tot erklären ❷ (*declare mentally ill*) für unzurechnungsfähig erklären

cer·ti·tude ['sɜːtɪtjuːd, AM 'sɜːrt̬ətuːd] *n no pl* Sicherheit *f*

cer·vi·cal ['sɜːvɪkᵊl, AM 'sɜːr-] *adj* ANAT ❶ (*of neck*) zervikal ❷ (*of cervix*) Gebärmutterhals-

cer·vix <*pl* -es *or* -vices> ['sɜːvɪks, AM 'sɜːr-, *pl* -vɪsiːz] *n* ANAT Gebärmutterhals *m*

ces·sa·tion [se'seɪʃᵊn] *n no pl* (*form: end*) Ende *nt;* (*process*) Beendigung *f; of hostilities* Einstellung *f*

cess·pit ['sespɪt], **cess·pool** ['sespuːl] *n* Jauchegrube *f;* (*fig, pej*) Sumpf *m*

CET [ˌsiːiː'tiː] *n abbrev of* **Central European Time** MEZ *f*

cf ['siː'ef] *vt* (*form*) *abbrev of* **compare** vgl.

CFC [ˌsiːef'siː] *n abbrev of* **chlorofluorocarbon** FCKW *nt*

c/h *n abbrev of* **central heating** ZH *f*

chafe [tʃeɪf] **I.** *vi* (*make sore*) sich [wund]scheuern; *hands* wund werden **II.** *vt* ❶ (*rub sore*) [wund]scheuern ❷ (*rub warm*) warm reiben

chaff [tʃæːf, *Brit also* tʃɑːf] *n no pl* Spreu *f*

chaf·finch <*pl* -es> ['tʃæːfɪn(t)ʃ] *n* Buchfink *m*

cha·grin ['ʃægrɪn, AM ʃə'grɪn] *n no pl* (*form*) ❶ (*sorrow*) Kummer *m* ❷ (*annoyance*) Verdruss *m*

chain [tʃeɪn] **I.** *n* ❶ Kette *f; of prisoner;* ■ **~s** *pl* Fesseln *pl* ❷ (*fig: series*) Reihe *f; of mishaps* Verkettung *f; of shops* Kette *f;* ~ **of command** Hierarchie *f* **II.** *vt* ■ **to** ~ [**up**] [an]ketten (**to** an +*akk*) ◆**chain up** *vt* anketten

'chain let·ter *n* Kettenbrief *m* **'chain mail** *n no pl* Kettenhemd *nt* **chain re·'ac·tion** *n* Kettenreaktion *f* **'chain saw** *n* Kettensäge *f* **'chain-smok·er** *n* Kettenraucher(in) *m(f)* **'chain store** *n* Kettenladen *m*

chair [tʃeəʳ, AM tʃer] **I.** *n* ❶ (*seat*) Stuhl *m;* **easy** ~ Sessel *m;* ■ **the** ~ der elektrische Stuhl ❷ UNIV Lehrstuhl *m;* **to be** ~ den Lehrstuhl innehaben ❸ (*head*) Vorsitzende(r) *f(m)* **II.** *vt* (*be leader*) ■ **to ~ sth** bei etw *dat* den Vorsitz führen

'chair lift *n* Sessellift *m* **'chair·man** *n* Vorsitzende(r) *m* **'chair·man·ship** *n* Vorsitz *m* **'chair·per·son** *n* Vorsitzende(r) *f(m)* **'chair·wom·an** *n* Vorsitzende *f*

cha·let ['ʃæleɪ, AM ʃæ'leɪ] *n* Chalet *nt*

chalk [tʃɔːk, AM *also* tʃɑːk] **I.** *n no pl* ❶ (*type of stone*) Kalkstein *m* ❷ (*for writing*) Kreide *f* ▶PHRASES: [**as different as**] ~ **and <u>cheese</u>** [so verschieden wie] Tag und Nacht **II.** *vt* mit Kreide schreiben/zeichnen; *see also* **behalf** ◆**chalk out** *vt design* entwerfen; *strategy* planen ◆**chalk up** *vt* ❶ (*write*) [mit Kreide] aufschreiben ❷ (*fig: achieve*) *victory* verbuchen können

'chalk·board *n* AM, AUS (*blackboard*) Tafel *f*

chalky ['tʃɔːki, AM *also* 'tʃɑː-] *adj* ❶ (*of chalk*) kalk[halt]ig ❷ (*chalk-like*) kreideartig

chal·lenge ['tʃælɪndʒ] **I.** *n* Herausforderung *f;* **to find sth a** ~ etw schwierig finden **II.** *vt* ❶ (*ask to compete*) herausfordern ❷ (*call into question*) in Frage stellen

chal·lenged ['tʃæləndʒd] *adj* (*euph o iron*) **physically** ~ behindert; **vertically** ~ kurz geraten

chal·leng·er ['tʃælɪndʒəʳ, AM -ɚ] *n* Herausforderer *m,* Herausforderin *f;* ~ **for a title** Titelanwärter(in) *m(f)*

chal·leng·ing ['tʃælɪndʒɪŋ] *adj* [heraus]fordernd

cham·ber ['tʃeɪmbəʳ, AM -ɚ] *n* ❶ (*old: room*) [Schlaf]gemach *nt geh* ❷ (*lawyer's offices*) ■ **~s** *pl* Anwaltsbüro *nt,* Kanzlei *f* ❸ (*cavity*) Kammer *f*

cham·ber·lain ['tʃeɪmbᵊlɪn, AM -bɚ-] *n* HIST Kammerherr *m*

'cham·ber·maid *n* Zimmermädchen *nt* **'cham·ber mu·sic** *n no pl* Kammermusik *f* **'cham·ber pot** *n* Nachttopf *m*

cha·me·le·on [kə'miːliən] *n* Chamäleon *nt a. fig*

cham·ois[1] <*pl* -> ['ʃæmwɑː, AM 'ʃæmiː] *n* Gämse *f*

cham·ois[2], **cham·ois 'leath·er** ['ʃæmiː-] *n* Fensterleder *nt*

champ [tʃæmp] **I.** *n short for* **champion** Champion *m* **II.** *vi, vt* [geräuschvoll] kauen

C

▸PHRASES: **to ~ at the bit** vor Ungeduld fiebern

cham·pagne [ʃæmˈpeɪn] *n* Champagner *m; see also* **assign**

cham·pi·on [ˈtʃæmpiːən] **I.** *n* ① SPORTS Champion *m;* **world ~** Weltmeister(in) *m(f);* **defending ~** Titelverteidiger(in) *m(f)* ② (*supporter*) Verfechter(in) *m(f)* (**of**) **II.** *vt* verfechten; *cause* eintreten (für +*akk*) **III.** *adj* **~ boxer** Boxchampion *m*

cham·pi·on·ship [ˈtʃæmpiːənʃɪp] *n* SPORTS Meisterschaft *f*

chance [tʃɑːn(t)s, AM tʃæːn(t)s] **I.** *n* ① *no pl* Zufall *m;* **by ~** zufällig ② (*prospect*) Chance *f;* **to be in with** [*or* **stand**] **a ~** eine Chance haben; **no ~!** BRIT (*fam*) niemals!; **the ~ of a lifetime** eine einmalige Chance ③ (*risk*) Risiko *nt;* **to take ~s** [*or* **a ~**] etwas riskieren **II.** *vt* (*fam*) riskieren; **to ~ one's luck** sein Glück versuchen
◆**chance on, chance upon** *vi person* zufällig treffen; *thing* zufällig stoßen (auf +*akk*)

chan·cel·lor *n* Kanzler(in) *m(f);* (*of federal state*) [Bundes]kanzler(in) *m(f)*

chancy [ˈtʃɑːn(t)si, AM ˈtʃæn(t)si] *adj* riskant

chan·de·lier [ˌʃændəˈlɪəʳ, AM -ˈlɪr] *n* Kronleuchter *m*

change [tʃeɪndʒ] **I.** *n* ① (*alteration*) [Ver]änderung *f;* **~ of direction** Richtungsänderung *f a. fig;* **~ in the weather** Wetterumschwung *m;* **to be a ~ for the better/worse** eine Verbesserung/eine Verschlechterung darstellen ② *no pl* (*substitution*) Wechsel *m;* **~ of government** Regierungswechsel *m;* **~ of scene** THEAT Szenenwechsel *m;* (*fig*) Tapetenwechsel *m* ③ *no pl* (*variety*) Abwechslung *f;* **for a ~** zur Abwechslung ④ *no pl* (*coins*) Kleingeld *nt;* (*money returned*) Wechselgeld *nt,* Retourgeld *nt* SCHWEIZ; **to have the correct ~** es passend haben; **to give the wrong ~** falsch herausgeben **II.** *vi* ① (*alter*) sich [ver]ändern; *traffic light* umspringen; *weather* umschlagen; *wind* sich drehen; **nothing [ever] ~s** alles bleibt beim Alten; **to ~ into sth** sich in etw *akk* verwandeln ② (*substitute, move*) ■**to ~ [over] to sth** zu etw *dat* wechseln; **to ~ [over] from gas heating to electric** die Heizung von Gas auf Strom umstellen ③ TRANSP umsteigen ④ (*dress*) sich umziehen **III.** *vt* ① (*make different*) [ver]ändern; (*transform*) verwandeln; **to ~ one's mind** seine Meinung ändern ② (*exchange, move*) wechseln; (*in a shop*) umtauschen (**for** gegen +*akk*); (*replace*) auswechseln; **to ~ places with sb** mit jdm den Platz tauschen; (*fig*) mit jdm tauschen ③ (*make fresh*) *baby* [frisch] wickeln; *bed* neu beziehen; **to ~ one's clothes** sich umziehen ④ (*money*) wechseln; **to ~ £100 into euros** £100 in Euros umtauschen ⑤ TRANSP *buses, trains* umsteigen
◆**change down** *vi* AUTO herunterschalten
◆**change up** *vi* AUTO hochschalten

change·able [ˈtʃeɪndʒəbl̩] *adj* unbeständig; *moods* wechselnd; *weather* wechselhaft

ˈchange ma·chine *n* [Geld]wechselautomat *m*

ˈchange·over *n usu sing* Umstellung *f* (**to** auf +*akk*)

chang·ing [ˈtʃeɪndʒɪŋ] *adj* wechselnd

ˈchang·ing room *n* Umkleidekabine *f*

chan·nel [ˈtʃænəl] **I.** *n* ① RADIO, TV Programm *nt;* **cable ~** Kabelkanal *m;* **to change ~s** umschalten; **to turn to ~ two** ins zweite Programm umschalten ② (*waterway*) [Fluss]bett *nt;* (*artificial*) Kanal *m;* **navigable ~** schiffbare Fahrrinne; **the [English] C~** der Ärmelkanal ③ (*means*) Weg *m;* **to go through the official ~s** den Dienstweg gehen **II.** *vt* <BRIT -ll- *or* AM *usu* -l-> (*direct*) leiten; *one's energies, money* stecken

ˈchan·nel con·trol·ler *n* Intendant(in) *m(f)* eines Fernsehsenders

> **Land und Leute**
>
> **The Channel Islands** (*die Kanalinseln*) liegen vor der französischen Küste, westlich der Halbinsel Cotentin, und gehörten 1066, zur Zeit der normannischen Invasion Englands, den Dukes of Normandy. Seither sind sie ein Schutzgebiet der britischen Krone, gehören jedoch, wie auch die *Isle of Man*, nicht zum *United Kingdom* (*Vereinigten Königreich*). Sie sind in die zwei *bailiwicks* (*Verwaltungseinheiten*) *Guernsey* (von wo aus die Inseln *Alderney* und *Sark* verwaltet werden) und *Jersey* unterteilt. Sie haben ihre eigene Rechtsprechung, erheben ihre eigenen Steuern und gelten als *tax haven* (*Steuerparadies*). Man spricht dort Englisch und Französisch und vereinzelt auch einen normannisch-französischen Dialekt.

Chan·nel ˈTun·nel *n no pl* ■**the ~** der [Ärmel]kanaltunnel

chant [tʃɑːnt, AM tʃænt] **I.** *n* ① REL [Sprech]gesang *m* ② SPORTS Sprechchor *m* **II.** *vi* ① REL einen Sprechgesang anstimmen ② *crowd* im Sprechchor rufen

chan·te·relle [ˌʃɑ̃ː(n)təˈrel, AM ʃæntə-] *n* Pfifferling *m*

cha·os [ˈkeɪɒs, AM -ɑːs] *n no pl* Chaos *nt*, Durcheinander *nt; see also* **ache**

cha·ot·ic [keɪˈɒtɪk, AM -ˈɑːt̬-] *adj* chaotisch

chap¹ [tʃæp] *n* BRIT (*fam*) Typ *m*

chap² <-pp-> [tʃæp] *vi skin* aufspringen

chap³ *n abbrev of* **chapter** Kap.

chap·el [ˈtʃæpᵊl] *n* Kapelle *f*

chap·er·on(e) [ˈʃæpᵊrəʊn, AM -roʊn] **I.** *n* ① Anstandsdame *f* ② AM (*adult supervisor*) Aufsichtsperson *f* **II.** *vt* ① (*dated: accompany*) begleiten ② AM (*supervise*) beaufsichtigen

chap·lain [ˈtʃæplɪn] *n* Kaplan *m*

chapped [tʃæpt] *adj* (*cracked*) aufgesprungen; (*rough*) spröde

chap·ter [ˈtʃæptəʳ, AM -ɚ] *n* ① Kapitel *nt;* **to quote ~ and verse** den genauen Wortlaut [einer S. *gen*] wiedergeben ② *esp* AM (*of organization*) Zweig *m*

ˈchap·ter house *n* Kapitelsaal *m*

char <-rr-> [tʃɑːʳ] *vi, vt* verkohlen

char·ac·ter [ˈkærəktəʳ, AM ˈkerəktɚ] *n* ① *no pl* Charakter *m;* **out of ~** ungewöhnlich ② LIT Figur *f;* **flat ~** typisierte Figur; **round ~** runde Figur ③ TYPO Zeichen *nt*

ˈchar·ac·ter ac·tor *n* Charakterdarsteller *m*

char·ac·ter·is·tic [ˌkærəktəˈrɪstɪk, AM ˌkerəktɚˈ-] **I.** *n* charakteristisches Merkmal **II.** *adj* charakteristisch; ■**to be ~ of sth** typisch (**of** für +*akk*)

char·ac·ter·is·ti·cal·ly [ˌkærəktəˈrɪstɪkᵊli, AM ˌkerəktɚˈ-] *adv* typisch

char·ac·teri·za·tion [ˌkærəktᵊraɪˈzeɪʃᵊn, AM ˌkerəktɚɪˈ-] *n no pl* ① LIT [Personen]beschreibung *f;* **explicit** [*or* **direct**] **~** explizite Characterisierung; **implicit** [*or* **indirect**] **~** implizite Characterisierung ② FILM Darstellung *f*

char·ac·ter·ize [ˈkærəktᵊraɪz, AM ˈkerəktə-] *vt* kennzeichnen

cha·rade [ʃəˈrɑːd, AM -ˈreɪd] *n* ① *usu pl* (*game*) Scharade *f* ② (*lie*) Farce *f*

char·coal [ˈtʃɑːkəʊl, AM ˈtʃɑːrkoʊl] *n no pl* ① (*fuel*) Holzkohle *f* ② (*for drawing*) Kohle *f*

charge [tʃɑːdʒ, AM tʃɑːrdʒ] **I.** *n* ① (*cost*) Gebühr *f;* **free of ~** kostenlos ② LAW Anklage *f* (**of** wegen +*gen*); ■**~s** *pl* Anklagepunkte *pl;* (*in civil cases*) Ansprüche *pl;* **to bring ~s against sb** Anklage gegen jdn erheben ③ *no pl* (*responsibility*) Verantwortung *f;* (*care*) Obhut *f;* **to be in ~** die Verantwortung tragen; **who's in ~ here?** wer ist hier zuständig?; **she's in ~ of the department** sie leitet die Abteilung ④ *no pl* ELEC Ladung *f;* **to put on ~** BRIT aufladen ⑤ (*attack*) Angriff *m* **II.** *vi* ① (*attack*) [vorwärts]stürmen; **~!** vorwärts! ② (*move quickly*) stürmen (**in, into** in +*akk*) **III.** *vt* ① (*demand payment*) berechnen; **to ~ for admission** Eintritt verlangen; **how much do you ~ for that?** was [*o* wie viel] kostet das bei Ihnen?; ■**to ~ sth to sb** jdm etw in Rechnung stellen ② LAW **to ~ sb with murder** jdn des Mordes anklagen ③ ELEC *battery* aufladen

charge·able [ˈtʃɑːdʒəbl̩, AM ˈtʃɑːrdʒ-] *adj* ① LAW strafbar ② COMM, FIN anrechenbar; **to be ~ to ...** zu Lasten gehen von ... ③ ELEC aufladbar; **re-~ battery** wiederaufladbare Batterie

ˈcharge ac·count *n* Kreditkonto *nt*

ˈcharge card *n* [Kunden]kreditkarte *f*

charged *adj* geladen

charg·er [ˈtʃɑːdʒəʳ, AM -ɚ] *n* Ladegerät *nt*

ˈcharg·er plate *n* Unterteller *m*

chari·ot [ˈtʃæriət, AM ˈtʃer-] *n* Streitwagen *m*

cha·ris·ma [kəˈrɪzmə] *n no pl* Charisma *nt*

chari·table [ˈtʃærɪtəbl̩, AM ˈtʃer-] *adj* ① (*generous*) großzügig; (*uncritical*) gütig ② (*of charity*) karitativ; **~ organization** Wohltätigkeitsorganisation *f*

char·ity [ˈtʃærɪti, AM ˈtʃerət̬i] *n* ① *no pl* (*generosity*) Barmherzigkeit *f;* **human ~** Nächstenliebe *f* ② *no pl* (*assistance*) **the proceeds go to ~** die Erträge sind für wohltätige Zwecke bestimmt; **to accept ~** Almosen annehmen ③ (*organization*) Wohltätigkeitsorganisation *f*

ˈchar·ity or·gani·za·tion *n* Hilfsorganisation *f* **ˈchar·ity shop** *n* BRIT *Laden, in dem gespendete, meist gebrauchte Waren verkauft werden, um Geld für wohltätige Zwecke zu sammeln*

char·la·tan [ˈʃɑːlətᵊn, AM ˈʃɑːr-] *n* Scharlatan *m*

charm [tʃɑːm, AM tʃɑːrm] **I.** *n* ① *no pl* (*attractive quality*) Charme *m* ② (*jewellery*) Anhänger *m;* **lucky ~** Glücksbringer *m* **II.** *vt* bezaubern

charmed [tʃɑːmd, AM tʃɑːrmd] *adj* ① (*delighted*) bezaubert ② (*fortunate*) vom Glück gesegnet; **to lead a ~ life** ein [richtiges] Glückskind sein

charm·er [ˈtʃɑːməʳ, AM ˈtʃɑːrmɚ] *n* (*pej*) Schmeichler(in) *m(f)*

charm·ing [ˈtʃɑːmɪŋ, AM ˈtʃɑːr-] *adj* (*approv*) bezaubernd, reizend

charred [tʃɑːd, AM tʃɑːrd] *adj* verkohlt

chart [tʃɑːt, AM tʃɑːrt] **I.** *n* ① (*visual*) Diagramm *nt;* **medical ~** Krankenblatt *nt* ② ■**the ~s** *pl* die Charts; **to top the ~s** ein Nummer eins Hit sein **II.** *vt* (*plot*) aufzeichnen; (*register*) erfassen

char·ter [ˈtʃɑːtəʳ, AM ˈtʃɑːrt̬ɚ] **I.** *n* ① (*constitution*) Charta *f;* (*of society*) Satzung *f*

C

❷ (*exclusive right*) Freibrief *m* ❸ TRANSP Charter *m* **II.** *vt* chartern

'char·ter com·pa·ny *n* Chartergesellschaft *f*

char·tered ['tʃɑːtəd, AM 'tʃɑːrt̬ɚd] *adj* ❶ (*rented out*) gechartert; ~ **plane** Chartermaschine *f* ❷ BRIT, AUS (*officially qualified*) staatlich geprüft

char·ter·er ['tʃɑːtᵊrəʳ, AM 'tʃɑːrt̬ɚɚ] *n* (*company*) Verleih *m;* (*person*) Verleiher(in) *m(f)*

'char·ter flight *n* Charterflug *m*

chase [tʃeɪs] **I.** *n* ❶ (*pursuit*) Verfolgungsjagd *f;* **to give ~ to sb** jdm hinterherrennen ❷ HUNT Jagd *f* **II.** *vi* ■**to ~ after sb** hinter jdm herlaufen **III.** *vt* ❶ (*pursue*) verfolgen ❷ (*scare away*) ■**to ~ away** vertreiben; ■**to ~ off** verscheuchen

chasm ['kæzᵊm] *n* Kluft *f a. fig*

chas·sis <*pl* -> ['ʃæsi, AM *also* 'tʃæsi, *pl* -siz, -siːz] *n* Fahrgestell *nt*

chaste [tʃeɪst] *adj* (*form*) keusch

chas·ten [tʃeɪstᵊn] *vt* ■**to be ~ed by sth** durch etw *akk* zur Einsicht gelangen

chas·tise [tʃæs'taɪz, AM *also* 'tʃæstaɪz] *vt* (*form*) züchtigen

chas·tity ['tʃæstəti, AM -ət̬i] *n no pl* Keuschheit *f*

chat [tʃæt] **I.** *n* ❶ (*informal conversation*) Unterhaltung *f;* **to have a ~** plaudern ❷ *no pl* (*gossip*) Gerede *nt* **II.** *vi* <-tt-> ❶ (*talk informally*) plaudern; (*gossip*) schwätzen ❷ COMPUT chatten ◆**chat up** *vt* BRIT, AUS (*fam*) anbaggern *sl*

'chat room *n* COMPUT Chatroom *m* **'chat show** *n* Talkshow *f*

chat·ter ['tʃætəʳ, AM -t̬ɚ] **I.** *n* Geschwätz *nt* **II.** *vi* ❶ (*converse*) plaudern; ■**to ~ away** endlos schwätzen ❷ (*make clacking noises*) *teeth* klappern; *machines* knattern; *birds* zwitschern

chat·ty ['tʃæti, AM -t̬i] *adj* (*fam: person*) gesprächig; *letter* unterhaltsam; (*pej*) geschwätzig

chauf·feur ['ʃəʊfəʳ, AM 'ʃoʊfɜːr] **I.** *n* Chauffeur(in) *m(f)* **II.** *vt* ■**to ~ sb around** jdn herumfahren

chau·vin·ism ['ʃəʊvɪnɪzᵊm, AM 'ʃoʊ-] *n no pl* Chauvinismus *m*

chau·vin·ist ['ʃəʊvɪnɪst, AM 'ʃoʊ-] *n* Chauvinist(in) *m(f)*

chau·vin·is·tic [ʃəʊvɪ'nɪstɪk, AM ʃoʊ-] *adj* (*pej*) chauvinistisch

chav [tʃæv], **chav·ster** ['tʃævstəʳ, AM -ɚ] *n* (*pej sl*) Proll *m*

cheap [tʃiːp] *adj* billig *a. fig;* (*reduced*) ermäßigt ▶ PHRASES: **a ~ shot** ein Schuss *m* unter die Gürtellinie; **to get sth on the ~** etw für 'nen Appel und 'n Ei bekommen

cheap·en ['tʃiːpᵊn] *vt* schlechtmachen

cheap·ly ['tʃiːpli] *adv* billig

cheap·ness ['tʃiːpnəs] *n no pl* ❶ (*low price*) Billigkeit *f* ❷ (*fam: miserliness*) Geiz *m*

'cheap·skate *n* (*pej fam*) Geizkragen *m*

cheat [tʃiːt] **I.** *n* ❶ (*person*) Betrüger(in) *m(f);* (*in game*) Mogler(in) *m(f);* (*in school*) Schummler(in) *m(f)* ❷ (*fraud*) Täuschung *f* **II.** *vi* betrügen; (*in exam, game*) mogeln (**at, in** bei +*dat*); ■**to ~ on sb** jdn betrügen **III.** *vt* (*treat dishonestly*) täuschen; (*financially*) betrügen (**out of** um +*akk*)

check¹ [tʃek] *n* AM *see* **cheque**

check² [tʃek] **I.** *n* ❶ (*inspection*) Kontrolle *f* ❷ (*search for information*) Suchlauf *m* ❸ *no pl* (*restraint*) Kontrolle *f;* **to keep in ~** unter Kontrolle halten ❹ (*pattern*) Karo[muster] *nt* ❺ CHESS Schach *nt;* **to be in ~** im Schach stehen ❻ AM (*tick*) Haken *m* **II.** *adj* Karo- **III.** *vt* ❶ (*inspect*) überprüfen ❷ (*prevent*) *attack* aufhalten ❸ CHESS Schach bieten **IV.** *vi* ❶ (*examine*) nachsehen, nachschauen *bes* SÜDD, ÖSTERR, SCHWEIZ ❷ (*consult*) ■**to ~ with sb** bei jdm nachfragen ◆**check in I.** *vi* (*at airport*) einchecken; (*at hotel*) sich [an der Rezeption] anmelden **II.** *vt* (*at airport*) *person* abfertigen; (*at hotel*) anmelden; *luggage* einchecken ◆**check off** *vt* abhaken ◆**check out I.** *vi* sich abmelden; **to ~ out of a room** ein [Hotel]zimmer räumen **II.** *vt* ❶ (*investigate*) untersuchen ❷ (*sl: observe*) **~ it out!** schau dir bloß mal das an! ◆**check up** *vt* ■**to ~ up on sb/sth** jdn/etw überprüfen [*o* kontrollieren]

'check·book *n* AM Scheckheft *nt,* Scheckbuch *nt*

'check card *n* AM Scheckkarte *f*

checked [tʃekt] *adj* kariert

'check·er·board *n* AM Damebrett *nt*

check·ered *adj* AM *see* **chequered**

'check-in *n* ❶ (*registration for flight*) Einchecken *nt,* Abfertigung *f* ❷ (*place in airport*) Abfertigungsschalter *m;* (*in hotel*) Rezeption *f*

'check-in count·er, 'check-in desk *n* Abfertigungsschalter *m*

'check·ing ac·count *n* AM Girokonto *nt*

'check-in time *n* Eincheckzeit *f*

'check·list *n* Checkliste *f*

'check·mate I. *n no pl* ❶ CHESS Schachmatt *nt* ❷ (*fig*) das Aus **II.** *vt* CHESS schachmatt setzen

'check·out *n* Kasse *f* **'check·out count·er** *n* [Supermarkt]kasse *f* **'check·point** *n* Kontrollpunkt *m* **'check room** *n* AM ❶ (*for coats*) Garderobe *f* ❷ (*for luggage*)

Gepäckaufbewahrung *f* **'check-up** *n* [Kontroll]untersuchung *f;* **to go for a ~** einen Check-up machen lassen

ched·dar ['tʃedəʳ, AM -ɚ] *n no pl* Cheddar[käse] *m*

cheek [tʃi:k] *n* ❶ (*of face*) Backe *f* ❷ *no pl* (*impertinence*) Frechheit *f;* **to give sb ~** frech zu jdm sein

'cheek·bone *n usu pl* Backenknochen *m*

cheeky ['tʃi:ki] *adj* frech

cheep [tʃi:p] **I.** *n* ❶ (*of bird*) Piepser *m;* (*act*) Piepen *nt* ❷ (*any small noise*) Pieps *m* **II.** *vi* piep[s]en

cheer [tʃɪəʳ, AM tʃɪr] **I.** *n* ❶ (*shout*) Beifallsruf *m;* (*cheering*) Jubel *m;* **three ~s for the champion!** ein dreifaches Hoch auf den Sieger! ❷ *no pl* (*joy*) Freude *f* **II.** *vi* ■**to ~ for sb** jdn anfeuern ◆**cheer on** *vt* anfeuern ◆**cheer up** **I.** *vi* **~ up!** Kopf hoch! **II.** *vt* aufmuntern

cheer·ful ['tʃɪəfᵊl, AM 'tʃɪr-] *adj* ❶ (*happy*) fröhlich, heiter; **in a ~ mood** gut gelaunt ❷ (*bright*) heiter; *colour, tune* fröhlich

cheer·ful·ly ['tʃɪəfᵊli, AM 'tʃɪr-] *adv* vergnügt

cheer·ful·ness ['tʃɪəfᵊlnəs, AM 'tʃɪr-] *n no pl* Fröhlichkeit *f*

cheer·ing ['tʃɪəʳɪŋ, AM 'tʃɪrɪŋ] **I.** *n no pl* Jubel *m* **II.** *adj* jubelnd

cheerio ['tʃɪəriəʊ] *interj* BRIT (*fam*) tschüs[s]

'cheer·lead·er *n* Cheerleader *m*

cheer·less ['tʃɪələs, AM 'tʃɪr-] *adj* (*gloomy*) düster, trüb; (*joyless*) freudlos

cheers [tʃɪərz, AM tʃɪrz] *interj* BRIT (*fam*) ❶ (*good health*) prost ❷ (*thanks*) danke [schön]

cheery ['tʃɪəri, AM 'tʃɪri] *adj* fröhlich

cheese [tʃi:z] *n no pl* Käse *m*

'cheese·burg·er *n* Cheeseburger *m* **'cheese·cake** *n* Käsekuchen *m* **'cheese·cloth** *n no pl* indische Baumwolle

cheesed off [ˌtʃi:zd'ɒf] *adj* BRIT, AUS (*fam*) angeödet; ■**to be ~ with sb** auf jdn sauer sein

cheesy ['tʃi:zi] *adj* ❶ (*with cheese flavour*) käsig ❷ (*fam: not genuine*) **~ grin** Zahnpastalächeln *nt*

chee·tah ['tʃi:tə, AM -t̬ə] *n* Gepard *m*

chef [ʃef] *n* Koch *m,* Köchin *f*

Falsche Freunde

Nicht verwechseln mit Chef *m* — *the boss*!

chem-bio [ˌkem'baɪəʊ, AM -'baɪoʊ] *adj short for* **chemical-biological** bio-chemisch

chemi·cal ['kemɪkᵊl] **I.** *n* (*substance*) Chemikalie *f;* (*additive*) chemischer Zusatz **II.** *adj* chemisch

chem·ist ['kemɪst] *n* ❶ (*student of chemistry*) Chemiker(in) *m(f)* ❷ BRIT, AUS (*pharmacist*) Drogist(in) *m(f),* Apotheker(in) *m(f)* ❸ BRIT, AUS (*shop*) **~'s** *Drogerie, in der man auch Medikamente erhält*

chem·is·try ['kemɪstri] *n no pl* ❶ Chemie *f a. fig* ❷ (*make-up*) chemische Zusammensetzung

chemo·pre·'ven·ta·tive *adj* MED, CHEM chemopräventiv

chemo·thera·'peu·tic *adj* MED, CHEM chemotherapeutisch

chemo·thera·py [ˌki:mə(ʊ)'θerəpi, AM ˌki:moʊ-] *n no pl* Chemotherapie *f*

cheque *n* Scheck *m* (**for** über +*akk*)

'cheque ac·count *n* Girokonto *nt*

'cheque·book *n* Scheckheft *nt,* Scheckbuch *nt* **'cheque card** *n* Scheckkarte *f*

cheq·uered *adj* ❶ (*patterned*) kariert ❷ (*inconsistent*) bewegt

cher·ish ['tʃerɪʃ] *vt* hegen

cher·ry ['tʃeri] *n* ❶ (*fruit*) Kirsche *f* ❷ (*tree*) Kirschbaum *m*

'cher·ry blos·som *n* Kirschblüte *f* **cher·ry 'bran·dy** *n no pl* Kirschlikör *m* **'cher·ry stone** *n* Kirschkern *m*

cher·ub <*pl* -s *or* -im> ['tʃerəb, *pl* -bɪm] *n* ART Putte *f,* Putto *m*

cher·vil ['tʃɜ:vɪl, AM 'tʃɜ:r-] *n no pl* Kerbel *m*

chess [tʃes] *n no pl* Schach[spiel] *nt*

'chess·board *n* Schachbrett *nt* **'chess·man, 'chess·piece** *n* Schachfigur *f*

chest [tʃest] *n* ❶ (*torso*) Brust *f* ❷ (*trunk*) Truhe *f;* (*box*) Kiste *f* ▶ PHRASES: **to get sth off one's ~** sich *dat* etw von der Seele reden

'chest·nut **I.** *n* ❶ (*nut, tree*) Kastanie *f* ❷ **old ~** (*fam: joke*) Witz *m* mit Bart **II.** *adj* (*colour*) kastanienbraun

chesty ['tʃesti] *adj* erkältet; **~ cough** tief sitzender Husten

chew [tʃu:] **I.** *n* **to have a ~ on sth** auf etw *dat* herumkauen **II.** *vt, vi* kauen; **to ~ one's fingernails** an den Nägeln kauen ▶ PHRASES: **to bite off more than one can ~** sich zu viel zumuten

'chew·ing gum *n no pl* Kaugummi *m o nt*

chewy ['tʃu:i] *adj meat* zäh; *toffee* weich

chic [ʃi:k] **I.** *n* Schick *m* **II.** *adj* schick

chi·cane [ʃɪ'keɪn] *n* SPORTS Schikane *f*

chick [tʃɪk] *n* ❶ (*baby chicken*) Küken *nt* ❷ (*sl: young female*) Mieze *f*

chick·en ['tʃɪkɪn] **I.** *n* ❶ (*farm bird*) Huhn *nt* ❷ *no pl* (*meat*) Hähnchen *nt* ❸ (*pej sl: coward*) Angsthase *m;* **to play ~** eine Mutprobe machen ▶ PHRASES: **don't count your ~s before they're hatched** (*prov*) man soll den Tag nicht vor dem Abend loben

II. *adj* (*pej sl*) feige ◆**chicken out** *vi* (*pej sl*) kneifen *fam;* ■**to ~ out of sth** vor etw *dat* kneifen *fam*
chick·en 'broth *n no pl* Hühnerbrühe *f*
'chick·en farm *n* Hühnerfarm *f* **'chick·en·feed** *n no pl* ① (*fodder*) Hühnerfutter *nt* ② (*of money*) nur ein paar Groschen
'chick·en·pox *n* Windpocken *pl* **'chick·en run** *n* [Hühner]auslauf *m*
'chick lit *n* (*fam*) Chick Lit *f* (*Frauenromane für trendy, erfolgreiche Mittzwanziger- bis Mittdreißigerinnen*) **'chick-mag·net** *n* AM (*sl*) Teenie-Idol *nt*
chick·pea [ˈtʃɪkpiː] *n* Kichererbse *f*
chico·ry [ˈtʃɪkəri] *n no pl* ① (*vegetable*) Chicorée *m o f* ② (*in drink*) Zichorie *f*
chief [tʃiːf] **I.** *n* ① (*head of organization*) Chef(in) *m(f)* ② (*leader of people*) Führer(in) *m(f);* (*head of clan*) Oberhaupt *nt;* (*head of tribe*) Häuptling *m* **II.** *adj* ① (*main*) Haupt- ② (*head*) ~ **administrator** Verwaltungschef(in) *m(f)*
chief ex·'ecu·tive *n* ① AM (*head of state*) Präsident(in) *m(f)* ② (*head of organization*) ~ [**officer**] Generaldirektor(in) *m(f)* **chief 'jus·tice** *n* Oberrichter(in) *m(f)*
chief·ly [ˈtʃiːfli] *adv* hauptsächlich
chief·tain [ˈtʃiːftən] *n* (*head of a tribe*) Häuptling *m;* (*of a clan*) Oberhaupt *nt*
chif·fon [ˈʃɪfɒn, AM ʃɪˈfɑːn] *n no pl* Chiffon *m*
chil·blain [ˈtʃɪlbleɪn] *n* Frostbeule *f*
child <*pl* -dren> [tʃaɪld, *pl* tʃɪldrən] *n* Kind *nt*
'child abuse *n no pl* Kindesmisshandlung *f;* (*sexually*) Kindesmissbrauch *m* **'child·bear·ing** **I.** *n no pl* [Kinder]gebären *nt* **II.** *adj* **of ~ age** im gebärfähigen Alter **child 'ben·efit** *n* BRIT Kindergeld *nt* **'child·birth** *n no pl* Geburt *f* **'child·care** *n no pl* Kinderpflege *f;* (*social services department*) Kinderfürsorge *f;* (*for older children*) Jugendfürsorge *f*
child·hood [ˈtʃaɪldhʊd] *n no pl* Kindheit *f*
child·ish [ˈtʃaɪldɪʃ] *adj* (*pej*) kindisch
child·less [ˈtʃaɪldləs] *adj* kinderlos
'child·like *adj* kindlich
'child·mind·er *n* Tagesmutter *f* **'child·proof** *adj* kindersicher
chil·dren [ˈtʃɪldrən] *n pl of* **child**
'child's play *n* **to be ~** ein Kinderspiel sein
child sup·'port *n* Unterhalt *m*
chili <*pl* -es> [ˈtʃɪli] *n esp* AM *see* **chilli**
chill [tʃɪl] **I.** *n* ① *no pl* (*coldness*) Kühle *f;* (*feeling of coldness*) Kältegefühl *nt* ② (*cold*) Erkältung *f;* **to catch a ~** sich erkälten **II.** *vi* ① abkühlen; **~ed to the bone** ganz durchgefroren ② *esp* AM (*fam: relax*) ~ [**out**] chillen *sl* **III.** *vt* [ab]kühlen [lassen] ◆**chill out** *vi esp* AM (*sl*) ① (*relax*) sich entspannen ② (*calm down*) **man, you really need to ~** [**out**]! Mensch, jetzt reg dich doch mal ab! *fam*
chil·li <*pl* -es> [ˈtʃɪli] *n* Chili *m*
chill·ing [ˈtʃɪlɪŋ] *adj* ① (*making cold*) eisig ② (*causing fear*) abschreckend
chill-out [ˈtʃɪlaʊt] *adj attr room, area* Ruhe-
chil·ly [ˈtʃɪli] *adj* kühl *a. fig;* **to feel ~** frösteln
chime [tʃaɪm] **I.** *n* (*bell tones*) Geläute *nt;* (*single one*) Glockenschlag *m;* (*of doorbell*) Läuten *nt kein pl* **II.** *vi* klingen; *church bells* läuten **III.** *vt* **the clock ~d eleven** die Uhr schlug elf ◆**chime in** *vi* sich einschalten; MUS einstimmen
chim·ney [ˈtʃɪmni] *n* ① Schornstein *m;* (*of factory*) Schlot *m;* (*of stove*) Rauchfang *m* ② (*in rock*) Kamin *m*
'chim·ney·pot *n* Schornsteinaufsatz *m* **'chim·ney·stack** *n* BRIT Schornstein *m; of factory* Schlot *m* **'chim·ney·sweep** *n* Schornsteinfeger(in) *m(f)*
chim·pan·zee [ˌtʃɪmpənˈziː, AM tʃɪmˈpænziː] *n* Schimpanse *m*
chin [tʃɪn] *n* Kinn *nt* ▶PHRASES: **to keep one's ~ up** sich nicht unterkriegen lassen
chi·na [ˈtʃaɪnə] *n no pl* ① (*porcelain*) Porzellan *nt* ② (*tableware*) Geschirr *nt*
Chi·na [ˈtʃaɪnə] *n no pl* China *nt*
Chi·nese <*pl* -> [tʃaɪˈniːz] **I.** *n* ① (*person*) Chinese(in) *m(f);* ■**the ~** *pl* die Chinesen ② *no pl* (*language*) Chinesisch *nt* **II.** *adj* chinesisch
Chi·nese 'cab·bage *n* Chinakohl *m* **Chi·nese 'lan·tern** *n* Lampion *m* **Chi·nese 'res·tau·rant** *n* Chinarestaurant *nt*
chink [tʃɪŋk] **I.** *n* ① (*opening*) Spalt *m;* **a ~ in sb's armour** (*fig*) jds Schwachstelle *f* ② (*noise*) Klirren *nt;* (*of coins, keys*) Klimpern *nt* **II.** *vi* klirren; (*with coins, keys*) klimpern
chintz [tʃɪnts] *n no pl* Chintz *m*
'chin·wag [ˈtʃɪnwæg] *n* (*dated fam*) Schwatz *m;* **to have a good ~ with sb** mit jdm ein nettes Schwätzchen halten
chip [tʃɪp] **I.** *n* ① (*broken-off piece*) Splitter *m;* (*of wood*) Span *m* ② (*crack*) ausgeschlagene Ecke; (*on blade*) Scharte *f;* **this cup has got a ~ in it** diese Tasse ist angeschlagen ③ BRIT (*fried potato*) ■**~s** *pl* Pommes frites *pl* ④ AM (*crisps*) ■**~s** *pl* Chips *pl* ⑤ COMPUT Chip *m* ▶PHRASES: **to be a ~ off the old block** ganz der Vater/die Mutter sein; **when the ~s are down** wenn es drauf ankommt **II.** *vt* <-pp-> ① (*damage*) abschlagen; (*break off*) abbrechen ② SPORTS chippen **III.** *vi* <-pp-> [leicht] abbrechen

◆**chip away** *vi* ■**to ~ away at sth** an etw *dat* nagen ◆**chip in** *vi* (*fam*) ① (*pay*) beisteuern; **to ~ in with 10 pounds** sich mit 10 Pfund beteiligen ② (*help*) mithelfen ③ BRIT (*interrupt*) dazwischenreden

'chip·bas·ket *n* BRIT Frittiersieb *nt*

chip-en'hanced *adj* mit einem Mikrochip ausgestattet; **~ online security** Online-Sicherheit durch eingepflanzten Mikrochip

chip·munk ['tʃɪpmʌŋk] *n* Backenhörnchen *nt*

'chip pan *n* BRIT Fritteuse *f*

chipped [tʃɪpt] *adj* abgeschlagen; (*of blade*) schartig; *plate* angeschlagen; *tooth* abgebrochen

chip·ping ['tʃɪpɪŋ] *n usu pl* BRIT Schotter *m*

chip·py ['tʃɪpi] *n* ① BRIT (*fam: food outlet*) Frittenbude *f* ② AM (*pej! sl: female prostitute*) [billiges] Flittchen ③ BRIT (*fam: carpenter*) Schreiner(in) *m(f)*

chi·ropo·dist [kɪ'rɒpədɪst, ʃɪ-, AM -'rɑːpə-] *n* Fußpfleger(in) *m(f)*

chi·ropo·dy [kɪ'rɒpədi, ʃɪ-, AM -'rɑːpə-] *n no pl* Fußpflege *f*

chi·ro·prac·tic ['kaɪ(ə)rə(ʊ)præktɪk, AM 'kaɪroʊ-] *n no pl* Chiropraktik *f*

chi·ro·prac·tor ['kaɪ(ə)rə(ʊ),præktəʳ, AM 'kaɪroʊ,præktɚ] *n* Chiropraktiker(in) *m(f)*

chirp [tʃɜːp, AM tʃɜːrp] **I.** *n* Zwitschern *nt* **II.** *vi, vt* <-pp-> zwitschern

chirpy ['tʃɜːpi, AM 'tʃɜːrpi] *adj* aufgekratzt

chis·el ['tʃɪzᵊl] **I.** *n* Meißel *m;* (*for wood*) Beitel *m* **II.** *vt* <BRIT -ll- *or* AM *usu* -l-> meißeln; *wood* hauen

chit [tʃɪt] *n* BRIT Bescheinigung *f;* (*from doctor*) Krankmeldung *f*

chit-chat ['tʃɪtʃæt] *n no pl* (*fam*) Geplauder *nt*

chiv·al·rous ['ʃɪvᵊlrəs] *adj* ritterlich

chiv·al·ry ['ʃɪvᵊlri] *n no pl* Ritterlichkeit *f*

chive [tʃaɪv] *n* ■**~s** *pl* Schnittlauch *m kein pl*

chlo·ride ['klɔːraɪd] *n no pl* Chlorid *nt*

chlo·rin·ate ['klɔːrɪneɪt] *vt* chloren

chlo·rine ['klɔːriːn] *n no pl* Chlor *nt*

chloro·fluoro·car·bon [ˌklɔːrə(ʊ)flʊərə(ʊ)'kɑːbᵊn, AM ˌklɔːroʊflʊroʊ'kɑːrbᵊn] *n* Fluorchlorkohlenwasserstoff *m*

chlo·ro·form ['klɔːrəfɔːm, AM -fɔːrm] **I.** *n no pl* Chloroform *nt* **II.** *vt* chloroformieren

chlo·ro·phyll ['klɔːrəfɪl] *n no pl* Chlorophyll *nt*

choc-ice ['tʃɒkaɪs] *n* BRIT *Eis*[*riegel*] *mit Schokoladenüberzug*

chock [tʃɒk, AM tʃɑːk] *n* Bremsklotz *m*

chock-a-block [ˌtʃɒkə'blɒk, AM ˌtʃɑːkə'blɑːk] *adj* (*fam*) vollgestopft **chock-'full** *adj* (*fam: full*) proppenvoll

choco·late ['tʃɒkᵊlət, AM 'tʃɑːklət] *n* ① *no pl* Schokolade *f;* **dark ~** Zartbitterschokolade *f* ② (*sweet*) Praline *f*

choice [tʃɔɪs] **I.** *n* ① *no pl* (*selection*) Wahl *f;* **to make a ~** eine Wahl treffen ② *no pl* (*variety*) **a wide ~ of sth** eine reiche Auswahl an etw *dat* ▸PHRASES: **to be spoilt for ~** die Qual der Wahl haben **II.** *adj* ① (*top quality*) erstklassig ② (*iron: abusive*) *language* deftig; *words* beißend

choir [kwaɪəʳ, AM kwaɪɚ] *n* Chor *m; see also* **ache**

'choir·mas·ter *n* Chorleiter(in) *m(f)* **'choir stalls** *npl* Chorgestühl *nt*

choke [tʃəʊk, AM tʃoʊk] **I.** *n no pl* AUTO Choke *m* **II.** *vt* ① (*strangle*) erwürgen; (*suffocate*) ersticken ② (*block*) *pipe, gutter* verstopfen **III.** *vi* (*have problems breathing*) keine Luft bekommen; **to ~ to death** ersticken ◆**choke back** *vt* unterdrücken ◆**choke down** *vt* hinunterschlucken ◆**choke off** *vt* drosseln ◆**choke up** *vt* überwältigen

chok·er ['tʃəʊkəʳ, AM 'tʃoʊkɚ] *n* (*necklace*) eng anliegende Halskette; (*ribbon*) Halsband *nt*

chol·era ['kɒlᵊrə, AM 'kɑːlɚə] *n no pl* Cholera *f*

cho·les·ter·ol [kə'lestᵊrɒl, AM -tərɑːl] *n no pl* Cholesterin *nt*

choose <chose, chosen> [tʃuːz] **I.** *vt* [aus]wählen; **they chose her to lead the project** sie haben sie zur Projektleiterin gewählt **II.** *vi* (*select*) wählen; (*decide*) sich entscheiden; **you can ~ from these prizes** Sie können sich etwas unter diesen Preisen aussuchen ▸PHRASES: **there is little to ~ between them** sie unterscheiden sich kaum

choos(e)y ['tʃuːzi] *adj* (*fam*) wählerisch (**about** bei +*dat*)

chop [tʃɒp, AM tʃɑːp] **I.** *vt* <-pp-> ① (*cut*) ■**to ~ sth** ↻ [**up**] etw klein schneiden; *wood* hacken ② (*reduce*) kürzen **II.** *vi* <-pp-> hacken ▸PHRASES: **to ~ and change** BRIT, AUS ständig die Meinung ändern **III.** *n* ① (*meat*) Kotelett *nt* ② (*hit*) Schlag *m* ◆**chop away** *vt* abschlagen; (*fig*) kürzen ◆**chop down** *vt* fällen ◆**chop off** *vt* abhacken

chop-chop [ˌtʃɒp'tʃɒp, AM ˌtʃɑːp'tʃɑːp] *interj* (*fam*) hopphopp

chop·per ['tʃɒpəʳ, AM 'tʃɑːpɚ] *n* ① (*sl: helicopter*) Hubschrauber *m* ② BRIT (*for meat*) Hackbeil *nt;* (*for wood*) Hackmesser *nt*

'chop·ping block *n* Hackklotz *m* **'chop·ping board** *n* Hackbrett *nt*

C

C

chop·py [ˈtʃɒpi, AM ˈtʃɑːpi] *adj* NAUT bewegt
ˈchop·stick *n usu pl* [Ess]stäbchen *nt* **chop suey** [ˌtʃɒpˈsuːi, AM ˌtʃɑːpˈ-] *n* Chopsuey *nt*
cho·ral [ˈkɔːrəl] *adj* Chor-; ~ **society** Gesangverein *m*
chord [kɔːd, AM kɔːrd] *n* Akkord *m* ▶PHRASES: **to strike a ~ with sb** jdn berühren
chore [tʃɔːʳ, AM tʃɔːr] *n* Routinearbeit *f*, lästige Aufgabe
cho·reo·graph [ˈkɒriəgrɑːf, AM ˈkɔːriəgræf] *vt* **to ~ a ballet** ein Ballett choreografieren
cho·reog·ra·pher [ˌkɒriˈɒgrəfəʳ, AM ˌkɔːriˈɑːgrəfɚ] *n* Choreograf(in) *m(f)*
cho·reog·ra·phy [ˌkɒriˈɒgrəfi, AM ˌkɔːriˈɑːgrə-] *n no pl* Choreografie *f*
chor·is·ter [ˈkɒrɪstəʳ, AM ˈkɔːrɪstɚ] *n* Chormitglied *nt*; (*in cathedral choir*) Kirchenchorsänger(in) *m(f)*
cho·rus [ˈkɔːrəs] **I.** *n* <*pl* -es> ❶ (*refrain*) Refrain *m* ❷ + *sing/pl vb* (*group of singers*) Chor *m* **II.** *vi* im Chor sprechen
chose [tʃəʊz, AM tʃoʊz] *pt of* **choose**
cho·sen [tʃəʊzən, AM -oʊz-] *pp of* **choose**
chow [tʃaʊ] *n* AM (*sl: food*) Futter *nt*
chow·der [ˈtʃaʊdɚ] *n no pl* AM *sämige Suppe mit Fisch, Muscheln etc.*
Christ [kraɪst] **I.** *n* Christus *m* **II.** *interj* (*sl*) ~ **almighty!** Herrgott noch mal!
chris·ten [krɪsən] *vt* ❶ (*give name to*) taufen; (*give nickname to*) einen Spitznamen geben ❷ (*use for first time*) einweihen
chris·ten·ing, **ˈchris·ten·ing cer·emo·ny** [ˈkrɪsənɪŋ-] *n* Taufe *f*
Chris·tian [ˈkrɪstʃən] **I.** *n* Christ(in) *m(f)* **II.** *adj* christlich *a. fig*; (*decent*) anständig
Chris·ti·an·ity [ˌkrɪstiˈænɪti, AM -tʃiˈænəṭi] *n no pl* Christentum *nt*
ˈChris·tian name *n esp* BRIT Vorname *m*
Christ·mas <*pl* -es *or* -ses> [ˈkrɪs(t)məs, AM ˈkrɪsməs] *n* Weihnachten *nt*; **Happy** [*or* **Merry**] **~!** Frohe [*o* Fröhliche] Weihnachten!
ˈChrist·mas card *n* Weihnachtskarte *f* **ˈChrist·mas carol** *n* Weihnachtslied *nt* **Christ·mas ˈcrack·er** *n* BRIT Knallbonbon *nt* **Christ·mas ˈDay** *n* erster Weihnachtsfeiertag **Christ·mas ˈEve** *n* Heiligabend *m*

Land und Leute

Am **Christmas Eve** (*Heiligabend*), der in Großbritannien und Irland ein normaler Werktag ist, hängen Kinder vor dem Schlafengehen *Christmas stockings* (*strumpfförmige Tüten*) oder auch Kopfkissenbezüge auf, damit diese in der Nacht mit Geschenken gefüllt werden.
Am **Christmas Day**, dem 25. Dezember, gibt es bei den meisten Familien einen mit Brät gefüllten Truthahn, mit Röstkartoffeln und Preiselbeersoße. Anschließend gibt es den *Christmas pudding* oder *plum pudding*, einen im Wasserbad gegarten Kuchen mit Korinthen, Rosinen und Sultaninen.

Christ·mas ˈpud·ding *n* BRIT Plumpudding *m* **ˈChrist·mas tree** *n* Weihnachtsbaum *m*
chrome [krəʊm, AM -oʊ-], **chro·mium** [ˈkrəʊmiəm, AM -oʊ-] *n no pl* Chrom *nt*; **~-plated** verchromt
chro·mo·some [ˈkrəʊməsəʊm, AM ˈkroʊməsoʊm] *n* Chromosom *nt*
chron·ic [ˈkrɒnɪk, AM ˈkrɑː-] *adj* ❶ (*continual*) chronisch; *liar* notorisch ❷ BRIT, AUS (*fam: extremely bad*) furchtbar
chroni·cle [ˈkrɒnɪkl, AM ˈkrɑː-] **I.** *vt* aufzeichnen **II.** *n* Chronik *f*
chrono·logi·cal [ˌkrɒnəˈlɒdʒɪkəl, AM ˌkrɑːnəˈlɑː-] *adj* chronologisch
chro·nol·ogy [krɒnˈɒlədʒi, AM krənˈɑː-] *n no pl* Chronologie *f*
chrysa·lis <*pl* -es> [ˈkrɪsəlɪs] *n* BIOL Puppe *f*
chub·by [ˈtʃʌbi] *adj* pummelig; *face* pausbäckig
chuck [tʃʌk] *vt* (*fam*) ❶ (*throw*) schmeißen ❷ (*end a relationship*) Schluss machen (mit +*dat*) ❸ (*fam: give up*) [hin]schmeißen ◆**chuck away** *vt* (*fam*) wegschmeißen ◆**chuck in** *vt* (*fam*) hinschmeißen ▶PHRASES: **to ~ in the towel** das Handtuch schmeißen *fig fam* ◆**chuck out** *vt* (*fam*) ❶ (*throw away*) wegschmeißen ❷ (*force to leave*) an die [frische] Luft setzen ◆**chuck up** (*fam*) **I.** *vt* hinschmeißen **II.** *vi* kotzen
chuck·er-ˈout <*pl* chuckers-out> *n* BRIT (*fam*) Rausschmeißer *m*
chuck·ing-out time [ˌtʃʌkɪŋˈaʊttaɪm] *n* (*fam*) *of pub* Polizeistunde *f*
chuck·le [tʃʌkl] **I.** *n* Gekicher *nt kein pl* **II.** *vi* in sich hineinlachen
chuffed [tʃʌft] *adj* BRIT, AUS (*fam*) froh
chug [tʃʌg] **I.** *vi* <-gg-> tuckern **II.** *n* Tuckern *nt* ◆**chug along** *vi* (*fam*) sich dahinschleppen
chum [tʃʌm] *n* (*fam*) Freund(in) *m(f)*
chum·my [ˈtʃʌmi] *adj* (*fam*) freundlich
chump [tʃʌmp] *n* (*fam*) Trottel *m* ▶PHRASES: **to be off one's ~** seinen Verstand verloren haben
chunk [tʃʌŋk] *n* ❶ (*thick lump*) Brocken *m*; **~ of bread** [großes] Stück Brot ❷ (*fig fam: large part of sth*) großer Batzen
chunky [ˈtʃʌŋki] *adj garment* grob; *jewellery* klobig; *person* stämmig

Chun·nel [ˈtʃʌnᵊl] *n* (*fam*) ■**the ~** der Kanaltunnel
church [tʃɜːtʃ, AM tʃɜːrtʃ] *n* <*pl* -es> Kirche *f;* **to go to** [*or* **attend**] **~** in die [*o* zur] Kirche gehen; **~ wedding** kirchliche Trauung
ˈchurch·goer *n* Kirchgänger(in) *m(f)* **Church of ˈEng·land** *n* BRIT Kirche *f* von England **church·ˈward·en** *n* BRIT (*in Anglican Church*) Gemeindevorsteher(in) *m(f);* AM (*administrator*) Vermögensverwalter(in) *m(f)* einer Kirche **ˈchurch·yard** *n* Friedhof *m*
churl·ish [ˈtʃɜːlɪʃ, AM ˈtʃɜːr-] *adj* ungehobelt
churn [tʃɜːn, AM tʃɜːrn] **I.** *n* Butterfass *nt;* **milk ~** Milchkanne *f* **II.** *vt ground, sea* aufwühlen; *milk* quirlen **III.** *vi* (*fig*) sich heftig drehen
chute[1] [ʃuːt] *n* Rutsche *f;* **rubbish** [*or* AM **garbage**] **~** Müllschlucker *m*
chute[2] [ʃuːt] *n short for* **parachute** Fallschirm *m*
chut·ney [ˈtʃʌtni] *n* Chutney *nt*
CIA [ˌsiːaɪˈeɪ] *n* AM *abbrev of* **Central Intelligence Agency** CIA *m o f*
CID [ˌsiːaɪˈdiː] *n* BRIT *abbrev of* **Criminal Investigation Department** Oberste Kriminalpolizeibehörde, ≈ Kripo *f*
ci·der [ˈsaɪdəʳ, AM -ɚ] *n no pl* Apfelwein *m,* Apfelmost *m*
ci·gar [sɪˈgɑːʳ, AM -ˈgɑːr] *n* Zigarre *f*
ci·ˈgar·box *n* Zigarrenkiste *f* **ci·ˈgar·case** *n* Zigarrenetui *nt* **ci·ˈgar-cut·ter** *n* Zigarrenabschneider *m*
ciga·rette [ˌsɪgᵊrˈet, AM -gəˈret] *n* Zigarette *f*
ciga·ˈrette butt *n* Zigarettenkippe *f* **ciga·ˈrette case** *n* Zigarettenetui *nt* **ciga·ˈrette end** *n* BRIT Zigarettenkippe *f* **ciga·ˈrette hold·er** *n* Zigarettenspitze *f* **ciga·ˈrette pa·per** *n* Zigarettenpapier *nt*
ciga·ril·lo [ˌsɪgəˈrɪləʊ, AM -oʊ] *n* Zigarillo *m o nt, fam a. f*
ci·lan·tro [sɪˈlæntroʊ] *n* AM *no pl* frischer Koriander
cinch <*pl* -es> [sɪntʃ] *n usu sing* ■**a ~** ein Kinderspiel *nt*
cin·der [ˈsɪndəʳ, AM -ɚ] *n* Zinder *m;* ■**~s** *pl* Asche *f kein pl;* **~ track** Aschenbahn *f*
Cinderella [ˌsɪndᵊrˈelə] *n* Aschenputtel *nt*
ˈcine-cam·era *n* Filmkamera *f* **ˈcine-film** *n* Schmalfilm *m*
cin·ema [ˈsɪnəmə] *n* Kino *nt*
ˈcin·ema·goer *n* Kinogänger(in) *m(f)*
cin·emat·ic [ˌsɪnɪˈmætɪk, AM -əˈmæt̬ɪk] *adj* Film-
ˈcine-pro·jec·tor *n* Filmprojektor *m*
cin·na·mon [ˈsɪnəmən] *n no pl* Zimt *m*
ci·pher [ˈsaɪfəʳ, AM -ɚ] *n* ① (*secret code*) [Geheim]code *m;* (*sign*) Chiffre *f* ② AM (*zero*) Null *f*
ˈci·pher code *n no pl* Geheimcode *m*
cir·ca [ˈsɜːkə, AM ˈsɜːr-] *prep* (*form*) circa
cir·cle [ˈsɜːkl̩, AM ˈsɜːr-] **I.** *n* ① Kreis *m;* **to go round in ~s** sich im Kreis drehen *a. fig;* **vicious ~** Teufelskreis *m* ② *no pl* (*in theatre*) Rang *m* **II.** *vt* ① (*draw*) umkringeln ② (*walk*) umkreisen **III.** *vi* kreisen; *see also* **acid**
cir·cuit [ˈsɜːkɪt, AM ˈsɜːr-] *n* ① ELEC Schaltsystem *nt* ② SPORTS Rennstrecke *f;* **to do a ~** eine Runde drehen ③ (*circular route*) Rundgang *m* (**of** um, durch +*akk*)
ˈcir·cuit board *n* Schaltbrett *nt* **ˈcir·cuit break·er** *n* Schutzschalter *m*
cir·cui·tous [səˈkjuːɪtəs, AM sɚˈkjuːət̬əs] *adj* umständlich; **~ route** Umweg *m*
ˈcir·cuit train·ing *n* Circuittraining *nt*
cir·cu·lar [ˈsɜːkjələʳ, AM ˈsɜːrkjəlɚ] **I.** *adj* [kreis]rund **II.** *n* Rundschreiben *nt;* (*advertisement*) Wurfsendung *f*
cir·cu·lar ˈlet·ter *n* Rundschreiben *nt* **cir·cu·lar ˈsaw** *n* Kreissäge *f* **cir·cu·lar ˈtour, cir·cu·lar ˈtrip** *n* Rundreise *f,* Rundfahrt *f*
cir·cu·late [ˈsɜːkjəleɪt, AM ˈsɜːrkjə-] **I.** *vt news* in Umlauf bringen; *petition* herumgehen lassen **II.** *vi* zirkulieren; *rumours* kursieren
cir·cu·la·tion [ˌsɜːkjəˈleɪʃᵊn, AM ˌsɜːr-] *n no pl* ① MED [Blut]kreislauf *m,* Durchblutung *f;* **poor ~** Durchblutungsstörungen *pl* ② (*copies sold*) Auflage *f* ▶ PHRASES: **to be back in ~** wieder mitmischen
cir·cu·la·tory [ˌsɜːkjəˈleɪtᵊri, AM ˈsɜːrkjələtɔːri] *adj attr* Kreislauf-; **the ~ system** der [Blut]kreislauf
cir·cum··cise [ˈsɜːkəmsaɪz, AM ˈsɜːr-] *vt* beschneiden
cir·cum··ci·sion [ˌsɜːkəmˈsɪʒᵊn, AM ˌsɜːr-] *n* Beschneidung *f*
cir·cum·fer·ence [səˈkʌm(p)fᵊrᵊn(t)s, AM sɚˈ-] *n* Umfang *m*
cir·cum·navi·gate [ˌsɜːkəmˈnævɪgeɪt, AM ˌsɜːr-] *vt* umfahren; (*by sailing boat*) umsegeln
cir·cum·navi·ga·tion [ˌsɜːkəmnævɪˈgeɪʃᵊn, AM ˌsɜːr-] *n* Umschiffung *f;* (*by sailing boat*) Umseg[e]lung *f*
cir·cum·spect [ˈsɜːkəmspekt, AM ˈsɜːr-] *adj* umsichtig
cir·cum·stance [ˈsɜːkəmstæn(t)s, AM ˈsɜːr-] *n* Umstände *pl;* **in reduced ~s** in beschränkten Verhältnissen; **in** [*or* **under**] **no/these ~s** unter keinen/diesen Umständen
cir·cum·stan·tial [ˌsɜːkəmˈstæn(t)ʃᵊl, AM ˌsɜːr-] *adj* indirekt; **~ evidence** Indizienbeweis *m*
cir·cum·vent [ˌsɜːkəmˈvent, AM ˌsɜːr-] *vt* um-

gehen

cir·cus ['sɜːkəs, AM 'sɜːr-] *n* Zirkus *m a. fig*

cir·rus <*pl* -ri> ['sɪrəs, *pl* -ri] *n* METEO Zirrus *m*

cis·tern ['sɪstən, AM -ɚn] *n* (*of toilet*) Spülkasten *m;* (*in roof*) Wasserspeicher *m*

cita·del ['sɪtədᵊl, AM -t̬-] *n* Zitadelle *f*

ci·ta·tion [ˌsaɪ'teɪʃᵊn] *n* ① (*quotation*) Zitat *nt* ② AM (*commendation*) lobende Erwähnung

cite [saɪt] *vt* ① (*mention*) anführen ② (*quote*) zitieren

citi·zen ['sɪtɪzᵊn, AM -t̬-] *n* [Staats]bürger(in) *m(f)*

Citi·zens' Band 'ra·dio *n* CB-Funk *m*

citi·zen·ship ['sɪtɪzᵊnʃɪp, AM -t̬-] *n no pl* (*national status*) Staatsbürgerschaft *f*

cit·ric ['sɪtrɪk] *adj* Zitrus-

cit·ric 'acid *n* Zitronensäure *f*

cit·rus ['sɪtrəs] *n* <*pl* - *or* -es> Zitrusgewächs *nt;* ~ **fruit** Zitrusfrucht *f*

city ['sɪti, AM -t̬-] *n* ① [Groß]stadt *f* ② ■**the C~** BRIT *das Londoner Banken- und Börsenviertel*

Land und Leute

Viele amerikanische **cities** (*Großstädte*) haben Spitznamen. New York heißt *Gotham* oder *The Big Apple.* In Anspielung auf Letzteres nennen manche Los Angeles *The Big Orange*, andere bevorzugen den Namen *The City of the Angels.* Chicago ist *The Windy City* und New Orleans heißt *The Big Easy. The City of Brotherly Love* bezieht sich auf Philadelphia. Denver wird wegen seiner Höhenlage *The Mile-High City* genannt und Detroit wird als Sitz der Autoindustrie als *Motor City* bezeichnet.

city 'fath·er *n* (*dated*) Stadtverordnete(r) *f(m)* **city 'hall** *n* AM Rathaus *nt;* ■**C~** Stadtverwaltung *f*

civ·ic ['sɪvɪk] *adj* städtisch; (*of citizenship*) bürgerlich; ~ **authorities** Stadtverwaltung *f*

civ·il ['sɪvᵊl] *adj* ① (*non-military*) zivil; (*of ordinary citizens*) bürgerlich ② (*courteous*) höflich

civ·il 'court *n* Zivilgericht *nt* **civ·il de·'fence** *n no pl* Zivilschutz *m* **civ·il dis·o'bedi·ence** *n no pl* ziviler Ungehorsam **civ·il en·gi·'neer** *n* Bauingenieur(in) *m(f)*

ci·vil·ian [sɪ'vɪliən, AM -jən] **I.** *n* Zivilist(in) *m(f)* **II.** *adj* Zivil-

ci·vil·ity [sɪ'vɪlətiz, AM -t̬iz] *n no pl* (*politeness*) Höflichkeit *f*

civi·li·za·tion [ˌsɪvᵊlaɪ'zeɪʃᵊn, AM -ᵊlɪ'-] *n* Zivilisation *f*

civi·lize ['sɪvᵊlaɪz, AM -əl-] *vt* zivilisieren

civ·il 'law *n* Zivilrecht *nt* **civ·il 'lib·er·ties** *npl* [bürgerliche] Freiheitsrechte *pl* **civ·il 'mar·riage** *n* Zivilehe *f;* (*ceremony*) Ziviltrauung *f* **civ·il 'rights** *npl* Bürgerrechte *pl* **civ·il 'serv·ant** *n* [Staats]beamte(r) *m,* [Staats]beamte [*o* -in] *f*

civ·il 'ser·vice *n* öffentlicher Dienst

Land und Leute

Der **Civil Service** in Großbritannien ist Teil der Zentralverwaltung des Landes; zu ihm gehören der diplomatische Dienst, das *Inland Revenue* (*Finanzamt*), das Gesundheits- und Sozialamt und auch staatliche Bildungseinrichtungen. Die *civil servants* (*Staatsbeamte*) sind fest angestellt und sind von einem Regierungswechsel nicht betroffen.

civ·il 'war *n* Bürgerkrieg *m*

civ·vies ['sɪviz] *npl esp* BRIT (*dated fam*) Zivil *nt kein pl*

ckw. *adv abbrev of* **clockwise** im Uhrzeigersinn

clack [klæk] *vi* klappern

clad [klæd] *adj* gekleidet; **ivy-~** efeubewachsen

claim [kleɪm] **I.** *n* ① (*assertion*) Behauptung *f* ② (*demand for money*) Forderung *f* ③ (*right*) Anspruch *m* (**to** auf +*akk*) ④ (*insurance*) Versicherungsanspruch *m* **II.** *vt* ① (*assert*) behaupten; *responsibility* übernehmen; *victory* für sich in Anspruch nehmen ② (*declare ownership*) auf etw *akk* Anspruch erheben; *diplomatic immunity* sich berufen auf; *luggage* abholen; *throne* beanspruchen ③ (*require*) in Anspruch nehmen ④ (*demand in writing*) beantragen; *damages, a refund* fordern **III.** *vi* seine Ansprüche geltend machen; ■**to ~ for sth** etw fordern ◆**claim back** *vt* zurückfordern

claim·ant ['kleɪmənt] *n* Anspruchsteller(in) *m(f);* (*for benefits*) Antragsteller(in) *m(f); to throne* Thronanwärter(in) *m(f)*

clair·voy·ance [ˌkleə'vɔɪən(t)s, AM ˌkler-] *n no pl* Hellsehen *nt*

clair·voy·ant [ˌkleə'vɔɪənt, AM ˌkler-] **I.** *n* Hellseher(in) *m(f)* **II.** *adj* hellseherisch; ■**to be ~** hellsehen können

clam [klæm] **I.** *n* Venusmuschel *f* **II.** *vi* <-mm-> ■**to ~ up** keinen Piep[s] mehr sagen

clam·ber ['klæmbəʳ, AM -ɚ] *vi* klettern

clam 'chow·der *n* [sämige] Muschelsuppe

clam·my ['klæmi] *adj* feuchtkalt

cla·mour, AM **cla·mor** ['klæmər, AM -ɚ] **I.** *vi* (*demand*) schreien (**for** nach +*dat*); (*protest*) protestieren **II.** *n* ❶ (*popular outcry*) Aufschrei *m;* (*demand*) lautstarke Forderung ❷ (*loud noise*) Lärm *m*

clamp [klæmp] **I.** *n* Klammer *f;* (*screwable*) Klemme *f* **II.** *vt* ❶ (*fasten together*) ■**to ~ sth to sth** [*or* **sth together**] etw zusammenklammern ❷ (*hold tightly*) fest halten; **he ~ed his hand over her mouth** er hielt ihr mit der Hand den Mund zu ◆**clamp down** *vi* scharf vorgehen (**on** gegen +*akk*)

clan [klæn] *n* + *sing/pl vb* SCOT Clan *m;* (*hum fam: family*) Sippschaft *f*

clan·des·tine [klæn'destɪn] *adj* heimlich

clang [klæŋ] **I.** *vi* scheppern; *bell* [laut] läuten **II.** *n usu sing* Scheppern *nt; bell* [lautes] Läuten

clang·er ['klæŋər, AM -ɚ] *n* BRIT (*fam*) Fauxpas *m*

clank [klæŋk] **I.** *vi* klirren; *chain* rasseln **II.** *vt* klirren mit **III.** *n usu sing* Klirren *nt*

clap [klæp] **I.** *n* ❶ (*act*) Klatschen *nt;* **to give sb a ~** jdm applaudieren ❷ (*noise*) Krachen *nt;* **~ of thunder** Donner[schlag] *m* **II.** *vt* <-pp-> ❶ **to ~ one's hands** [**together**] in die Hände klatschen; ■**to ~ sb** jdm Beifall klatschen ❷ (*place quickly*) **she ~ped her hand over her mouth** sie hielt sich schnell den Mund zu; **to ~ handcuffs on sb** jdm Handschellen anlegen ▸PHRASES: **to ~ eyes on** [erstmals] zu sehen bekommen **III.** *vi* <-pp-> [Beifall] klatschen

'clap doc·tor *n* (*sl*) Facharzt, -ärztin *m, f* für Geschlechtskrankheiten

clapped-out ['klæptaʊt] *adj* BRIT, AUS (*fam*) klapprig

clap·per ['klæpər, AM -ɚ] *n* Klöppel *m*

clap·trap ['klæptræp] *n no pl* (*pej fam*) Unsinn *m*

clar·et ['klærət, AM 'kle-] *n* ❶ (*wine*) roter Bordeaux ❷ (*colour*) Weinrot *nt*

clari·fi·ca·tion [ˌklærɪfɪ'keɪʃən, AM *esp* ˌkler-] *n* Klarstellung *f*

clari·fy <-ie-> ['klærɪfaɪ, AM *esp* 'kler-] *vt* klarstellen

clari·net [ˌklærɪ'net, AM *also* ˌkler-] *n* Klarinette *f*

clar·ity ['klærəti, AM 'klerəṭi] *n no pl* Klarheit *f*

clash [klæʃ] **I.** *vi* ❶ (*come into conflict*) zusammenstoßen; *esp* BRIT, AUS *dates, events* sich überschneiden ❷ (*compete against*) aufeinandertreffen ❸ (*contradict*) im Widerspruch stehen ❹ (*be discordant*) nicht harmonieren; *colours* sich beißen **II.** *vt* *cymbals* gegeneinanderschlagen **III.** *n* <*pl* -es> ❶ (*hostile encounter*) Zusammenstoß *m* ❷ (*contest*) Aufeinandertreffen *nt* ❸ (*conflict*) Konflikt *m; esp* BRIT, AUS (*coincidence*) unglückliches Zusammentreffen ❹ (*incompatibility*) Unvereinbarkeit *f*

clasp [klɑːsp, AM klæsp] **I.** *n* ❶ (*firm grip*) Griff *m* ❷ (*fastening device*) Verschluss *m* **II.** *vt* umklammern; **to ~ one's hands** die Hände ringen

'clasp knife *n* Klappmesser *nt*

class [klɑːs, AM klæs] **I.** *n* <*pl* -es> ❶ + *sing/pl vb* (*pupils*) [Schul]klasse *f* ❷ (*lesson*) [Unterrichts]stunde *f;* SPORTS Kurs[us] *m* ❸ + *sing/pl vb* (*stratum*) Klasse *f,* Schicht *f* ❹ (*category, quality*) Klasse *f* **II.** *adj* erstklassig **III.** *vt* einstufen

class-'con·scious *adj* klassenbewusst

clas·sic ['klæsɪk] **I.** *adj* klassisch **II.** *n* Klassiker *m*

clas·si·cal ['klæsɪkəl] *adj* klassisch

clas·si·cist ['klæsɪsɪst] *n* Altphilologe, -philologin *m, f*

clas·sics ['klæsɪks] *n* + *sing vb* Altphilologie *f*

clas·si·fi·ca·tion [ˌklæsɪfɪ'keɪʃən, AM ˌklæsə-] *n no pl* Klassifikation *f*

clas·si·fied ['klæsɪfaɪd] *adj* geheim

clas·si·fy <-ie-> ['klæsɪfaɪ] *vt* klassifizieren

class·less ['klɑːsləs, AM 'klæs-] *adj* klassenlos

'class·mate *n* Klassenkamerad(in) *m(f)*

class re·'un·ion *n* Klassentreffen *nt*

'class·room *n* Klassenzimmer *nt*

classy ['klɑːsi, AM 'klæsi] *adj* erstklassig

clat·ter ['klætər, AM -ṭɚ] **I.** *vt* klappern mit **II.** *vi* ❶ (*rattle*) klappern ❷ *hooves* trappeln **III.** *n no pl* Klappern *nt; hooves* Getrappel *nt*

clause [klɔːz, AM klɑːz] *n* ❶ (*part of sentence*) Satzglied *nt* ❷ (*in a contract*) Klausel *f*

claus·tro·pho·bia [ˌklɔːstrə'fəʊbiə, AM ˌklɑːstrə'foʊ-] *n no pl* Klaustrophobie *f*

claus·tro·pho·bic [ˌklɔːstrə'fəʊbɪk, AM ˌklɑːstrə'foʊ-] *adj person* klaustrophobisch

claw [klɔː, AM *also* klɑː] **I.** *n* Kralle *f; of birds of prey, big cats* Klaue[n] *f[pl];* (*of sea creatures*) Schere[n] *f[pl]* **II.** *vt* [zer]kratzen

clay [kleɪ] *n no pl* ❶ (*earth*) Lehm *m;* (*for pottery*) Ton *m* ❷ TENNIS Sand *m*

clay 'pig·eon *n* Tontaube *f*

clean [kliːn] **I.** *adj* ❶ (*not dirty*) sauber; *sheet* frisch ❷ LAW **~ driving licence** Führerschein *m* ohne Strafpunkte; **to have a ~ record** nicht vorbestraft sein ❸ *joke* anständig; *living* makellos ❹ MED *break* glatt *dat* **II.** *adv* total, glatt; **to get ~ away** spur-

C

los verschwinden **III.** *vt* (*remove dirt*) sauber machen; *car* waschen; *floor* wischen; *furniture* reinigen; *shoes, teeth* putzen; *wound* reinigen **IV.** *vi* sich reinigen lassen **V.** *n* **to give sth a [good] ~** etw [gründlich] sauber machen; *shoes, teeth, room* [gründlich] putzen; *furniture, carpet* [gründlich] reinigen **◆clean down** *vt esp* BRIT waschen; *walls* abwaschen; *windows* putzen **◆clean out** *vt* ① (*clean thoroughly*) [gründlich] sauber machen; (*with water*) auswaschen; (*throw away*) entrümpeln ② (*fam: take all resources*) *person* [wie eine Weihnachtsgans] ausnehmen; (*in games*) sprengen; **to be completely ~ed out** völlig blank sein **◆clean up I.** *vt* ① (*make clean*) sauber machen; *building* reinigen; *room, mess* aufräumen ② (*fig*) säubern **II.** *vi* ① (*make clean*) aufräumen; (*freshen oneself*) sich frisch machen; ■**to ~ up after sb** jdm hinterherräumen ② (*sl: make profit*) absahnen

'clean-cut *adj* klar umrissen

clean·er ['kli:nəʳ, AM -ɚ] *n* ① (*person*) Reinigungskraft *f*, Putzfrau *f* ② *no pl* (*substance*) Reiniger *m*

clean·ing ['kli:nɪŋ] *n no pl* Reinigung *f*; **to do the ~** sauber machen

'clean·ing lady, **'clean·ing wom·an** *n* Putzfrau *f*

clean·li·ness ['klenlɪnəs] *n no pl* Sauberkeit *f*

clean·ly ['kli:nli] *adv* sauber

'clean room *n* Reinraum *m*

cleanse [klenz] *vt* reinigen

cleans·er ['klenzəʳ, AM -ɚ] *n* Reiniger *m*; (*for skin*) Reinigungscreme *f*

clean-'shav·en *adj* glatt rasiert

'cleans·ing cream *n* Reinigungscreme *f*

'cleans·ing tis·sue *n* Kosmetiktuch *nt*

'clean-up *n* Reinigung *f*

clear [klɪəʳ, AM klɪr] **I.** *adj* ① (*understandable*) klar; (*definite*) eindeutig; *signs* deutlich; *picture* scharf; **to make oneself ~** sich deutlich ausdrücken ② (*obvious*) klar; **he's got a ~ lead** er führt eindeutig; ■**to be ~ about sth** sich *dat* über etw *akk* im Klaren sein; **to make oneself ~** sich verständlich machen ③ (*guilt-free*) *conscience* rein ④ (*unobstructed*) frei ⑤ (*transparent*) *glass* durchsichtig; *liquid* klar ⑥ (*pure*) rein; *sound* klar ⑦ (*of weather*) klar **II.** *n* ■**to be in the ~** außer Verdacht sein **III.** *adv* ① (*away from*) **to be thrown ~ of sth** aus etw *dat* herausgeschleudert werden ② (*distinctly*) **loud and ~** klar und deutlich **IV.** *vt* ① (*remove doubts*) klären ② **to ~ one's head** einen klaren Kopf bekommen ③ (*remove obstruction*) [weg]räumen; **to ~ one's throat** sich räuspern ④ (*remove blemish*) reinigen ⑤ (*empty*) ausräumen; *building* räumen; *table* abräumen ⑥ (*acquit*) freisprechen; *name* reinwaschen ⑦ FIN *debts* begleichen ⑧ (*give permission*) genehmigen; **to ~ a plane for take-off** ein Flugzeug zum Start freigeben ▶ PHRASES: **to ~ the decks** klar Schiff machen **V.** *vi* ① (*delete*) löschen ② (*become transparent*) sich klären ③ (*weather*) sich [auf]klären; *fog* sich auflösen **◆clear away I.** *vt* wegräumen **II.** *vi* abräumen **◆clear off** *vi* (*fam*) verschwinden **◆clear out I.** *vt* ausräumen; *attic* entrümpeln **II.** *vi* (*fam*) verschwinden **◆clear up I.** *vt* ① (*explain*) klären; *mystery* aufklären ② (*clean*) aufräumen **II.** *vi* ① (*tidy*) aufräumen; ■**to ~ up after sb** hinter jdm herräumen ② (*become cured*) verschwinden, sich legen ③ (*stop raining*) aufhören zu regnen; (*brighten up*) sich aufklären

clear·ance ['klɪərᵊn(t)s, AM 'klɪr-] *n no pl* ① (*act of clearing*) Beseitigung *f*; *of slums* Sanierung *f* ② (*space*) Spielraum *m*; *of a door* lichte Höhe ③ (*official permission*) Genehmigung *f*; (*for take-off*) Starterlaubnis *f*; (*for landing*) Landeerlaubnis *f*

'clear·ance sale *n* Räumungsverkauf *m*

'clear-cut *adj* ① (*sharply outlined*) scharf geschnitten; *features* markant ② (*definite*) klar; *case* eindeutig

clear-'head·ed *adj* ■**to be ~** einen klaren Kopf haben

clear·ing ['klɪərɪŋ, AM 'klɪr-] *n* Lichtung *f*

'clear·ing of·fice *n* BRIT Abrechnungsstelle *f*

clear·ly ['klɪəli, AM 'klɪr-] *adv* ① (*distinctly*) klar, deutlich ② (*obviously*) offensichtlich; (*unambiguously*) eindeutig; (*undoubtedly*) zweifellos

clear·ness ['klɪənəs, AM 'klɪr-] *n no pl* Klarheit *f*; (*unambiguousness*) Eindeutigkeit *f*

clear-'sight·ed *adj* scharfsichtig

cleav·age ['kli:vɪʤ] *n no pl* Dekolletee *nt*

cleav·er ['kli:vəʳ, AM -ɚ] *n* Hackbeil *nt*

clef [klef] *n* [Noten]schlüssel *m*

cleft [kleft] **I.** *adj* gespalten; **~ palate** Gaumenspalte *f* **II.** *n* Spalt *m*

clema·tis <*pl* -> ['klemətɪs, AM -ţəs] *n* Klematis *f*

clem·en·cy ['klemən(t)si] *n no pl* Milde *f*

clem·en·tine ['kleməntiːn, AM *esp* -taɪn] *n* Klementine *f*

clench [klen(t)ʃ] *vt* [fest] umklammern; *fist* ballen; *teeth* fest zusammenbeißen; *between one's teeth* klemmen

cler·gy ['klɜ:ʤi, AM 'klɜ:r-] *n + pl vb* ■**the ~**

die Geistlichkeit; **to join the ~** Geistliche(r) werden

'cler·gy·man *n* Geistliche(r) *m* **'cler·gy·wom·an** *n* Geistliche *f*

cler·ic ['klerɪk] *n* Kleriker(in) *m(f)*

cleri·cal ['klerɪkᵊl] *adj* ❶ (*of the clergy*) geistlich ❷ (*of offices*) Büro-; **~ error** Versehen *nt*

'cleri·cal staff *n + sing/pl vb* Büropersonal *nt* **'cleri·cal work** *n no pl* Büroarbeit *f*

clerk [klɑːk, AM klɜːrk] *n* Büroangestellte(r) *f(m);* AM (*hotel receptionist*) Empfangschef *m*/Empfangsdame *f;* **sales ~** AM Verkäufer(in) *m(f)*

clev·er ['klevəʳ, AM -ɚ] *adj* ❶ (*intelligent*) klug ❷ (*skilful*) geschickt (**at** in *+dat*); (*showing intelligence*) clever *a. pej; trick* raffiniert

'clev·er clogs <*pl* -> *n* BRIT, **'clev·er dick** *n* BRIT (*pej*) Klugscheißer *m sl*

clev·er·ness ['klevənəs, AM -ɚ-] *n no pl* ❶ (*quick-wittedness*) Schlauheit *f* ❷ (*skill*) Geschick *nt*

cliché ['kliːʃeɪ, AM kliː'ʃeɪ] *n* Klischee *nt*

click [klɪk] **I.** *n* ❶ (*short, sharp sound*) Klicken *nt; of fingers* Knipsen *nt; of heels* Zusammenklappen *nt; of lock* Einschnappen *nt; of tongue* Schnalzen *nt* ❷ COMPUT Klick *m* **II.** *vi* ❶ (*short, sharp sound*) klicken; *lock* einschnappen ❷ (*fam: become friendly*) sich auf Anhieb verstehen ❸ (*fam: become understandable*) [plötzlich] klar werden ❹ COMPUT klicken; ■**to ~ on sth** etw anklicken **III.** *vt* ❶ (*make sound*) **to ~ one's fingers** [mit den Fingern] schnippen; *heels* zusammenklappen ❷ COMPUT anklicken

cli·ent ['klaɪənt] *n* Kunde *m,* Kundin *f;* LAW Klient(in) *m(f)*

cli·en·tele [ˌkliːɑ̃(n)'tel, AM ˌklaɪən'-] *n + sing/pl vb* Kundschaft *f*

cliff [klɪf] *n* Klippe *f*

'cliff·hang·er *n* Thriller *m*

cli·mac·tic [klaɪ'mæktɪk] *adj* sich steigernd

cli·mate ['klaɪmət] *n* Klima *nt a. fig;* **the ~ of opinion** die allgemeine Meinung

'cli·mate change *n no pl* Klimaveränderung *f* **'cli·mate change levy** *n* BRIT Klimaschutzabgabe *f* (*Abgabe auf den Stromverbrauch im nicht-privaten Sektor*)

cli·mat·ic [klaɪ'mætɪk, AM -t̬ɪk] *adj* klimatisch

cli·ma·tolo·gist [ˌklaɪmə'tɒləʤɪst, AM -'tɑːlə-] *n* Klimatologe, Klimatologin *m, f*

cli·ma·tol·ogy [ˌklaɪmə'tɒləʤi, AM -'tɑːlə-] *n no pl* Klimatologie *f*

cli·max ['klaɪmæks] **I.** *n* Höhepunkt *m* **II.** *vi* ❶ (*reach a high point*) einen Höhepunkt erreichen; ■**to ~ in sth** in etw *dat* gipfeln ❷ (*achieve orgasm*) einen Orgasmus haben

climb [klaɪm] **I.** *n* ❶ (*ascent*) Aufstieg *m a. fig* ❷ (*increase*) Anstieg *m* (**in** *+gen*) **II.** *vt* ❶ (*ascend*) **to ~ [up] a hill** auf einen Hügel [hinauf]steigen; **to ~ [up] a tree** auf einen Baum [hoch]klettern ❷ (*conquer*) ersteigen **III.** *vi* ❶ (*ascend*) [auf]steigen *a. fig;* ■**to ~ up** *path* sich hochschlängeln; *plant* hochklettern ❷ (*increase rapidly*) [an]steigen ❸ (*get out*) herausklettern (**out of** aus *+dat*); *see also* **comb** ◆**climb down** *vi* ❶ (*descend*) heruntersteigen; *from summit* absteigen; *from tree* herunterklettern (von *+dat*) ❷ BRIT, AUS (*give in*) klein beigeben

'climb-down *n* BRIT [Ein]geständnis *nt*

climb·er ['klaɪməʳ, AM -ɚ] *n* ❶ (*mountaineer*) Bergsteiger(in) *m(f); of rock faces* Kletterer *m,* Kletterin *f* ❷ (*climbing plant*) Kletterpflanze *f* ❸ AM (*climbing frame*) Klettergerüst *nt*

climb·ing ['klaɪmɪŋ] **I.** *n no pl mountains* Bergsteigen *nt; rock faces* Klettern *nt* **II.** *adj* Kletter-; **~ irons** Steigeisen *pl*

clinch [klɪn(t)ʃ] **I.** *n* <*pl* -es> Umschlingung *f* **II.** *vt* entscheiden; *deal* perfekt machen

clinch·er [klɪn(t)ʃəʳ, AM -ɚ] *n* (*fam*) entscheidender Faktor

cling <clung, clung> [klɪŋ] *vi* ❶ (*hold tightly*) [sich] klammern (**to** an *+akk*) ❷ (*stick*) kleben; *smell* hängen bleiben

'cling·film *n no pl* BRIT Frischhaltefolie *f*

cling·ing ['klɪŋɪŋ] *adj* ❶ (*close-fitting*) eng anliegend ❷ (*emotionally*) klammernd

clingy ['klɪŋi] *adj* klammernd

clin·ic ['klɪnɪk] *n* Klinik *f;* BRIT *doctor, MP* Sprechstunde *f*

clini·cal ['klɪnɪkᵊl] *adj* ❶ klinisch ❷ (*emotionless*) distanziert

cli·ni·cian [klɪ'nɪʃᵊn] *n* Kliniker(in) *m(f)*

clink [klɪŋk] **I.** *vt, vi* klirren [mit]; *esp metal* klimpern [mit] **II.** *n no pl* Klirren *nt; coins* Klimpern *nt*

clip¹ [klɪp] **I.** *n* ❶ (*fastener*) Klipp *m;* (*for wires*) Klemme *f;* **hair ~** [Haar]spange *f;* **paper ~** Büroklammer *f* ❷ (*for gun*) Ladestreifen *m* **II.** *vt* <-pp-> ■**to ~ together** zusammenklammern

clip² [klɪp] **I.** *n* ❶ (*trim*) Schneiden *nt* ❷ FILM Ausschnitt *m* ❸ (*sharp blow*) Schlag *m;* **to get a ~ round the ear** eins hinter die Ohren bekommen **II.** *vt* <-pp-> ❶ (*trim*) *dog* trimmen; *hedge* stutzen; *sheep* scheren; *nails* schneiden ❷ (*fig: reduce*) verkürzen ❸ (*attach*) anheften (**to** an *+akk*) ▸PHRASES: **to ~ sb's wings**

C

(*fig*) jdm die Flügel stutzen
'clip·board *n* Klemmbrett *nt*
clipped [klɪpt] *adj* ① (*trimmed*) gestutzt ② (*cut short*) *way of speaking* abgehackt
clip·ping ['klɪpɪŋ] *n* **nail ~s** abgeschnittene Nägel; **newspaper ~** Zeitungsausschnitt *m*
clique [kliːk, AM *also* klɪk] *n + sing/pl vb* (*pej*) Clique *f*
cli·quey ['kliːki, AM *also* klɪki], **cli·quish** ['kliːkɪʃ, AM *also* klɪk-] *adj* (*pej*) cliquenhaft
clito·ris ['klɪtᵊrɪs, AM -t̬ɚəs] *n* Klitoris *f*, Kitzler *m*
cloak [kləʊk, AM kloʊk] **I.** *n* ① (*garment*) Umhang *m* ② (*fig*) Deckmantel *m* **II.** *vt* verhüllen
'cloak·room *n* ① (*for coats*) Garderobe *f* ② BRIT (*lavatory*) Toilette *f*
clob·ber ['klɒbəʳ, AM 'klɑːbɚ] (*fam*) **I.** *vt* ① (*strike*) verprügeln ② (*defeat*) vernichtend schlagen **II.** *n no pl* BRIT, AUS Zeug *nt*
clock [klɒk, AM klɑːk] **I.** *n* ① (*for time*) Uhr *f*; **to work against the ~** gegen die Zeit arbeiten; **round the ~** rund um die Uhr ② (*speedometer*) Tacho[meter] *m o nt* **II.** *vt* ① (*measure speed*) **the police ~ed him doing 90 mph** die Polizei blitzte ihn mit 145 km/h ② (*fam: strike*) ■**to ~ sb [one]** jdm eine kleben ◆**clock in** *vi* stechen *fam*, den Arbeitsbeginn registrieren ◆**clock out** *vi* stechen *fam*, das Arbeitsende registrieren
'clock·face *n* Zifferblatt *nt* **clock 'ra·dio** *n* Radiowecker *m* **'clock tow·er** *n* Uhrenturm *m* **'clock-watch·er** *n* (*pej*) *jd, der ständig auf die Uhr sieht*
clock·wise ['klɒkwaɪz, AM 'klɑːk-] *adj, adv* im Uhrzeigersinn
'clock·work *n no pl* Uhrwerk *nt*; **everything is going like ~** alles läuft wie am Schnürchen; **regular as ~** pünktlich wie ein Uhrwerk
clod [klɒd, AM klɑːd] *n* Klumpen *m*
clog [klɒg, AM klɑːg] **I.** *n* Holzschuh *m*; (*modern*) Clog[s] *m[pl]* **II.** *vi, vt* <-gg-> ■**to ~ [up]** verstopfen
clois·ter ['klɔɪstəʳ, AM -ɚ] *n usu pl* Kreuzgang *m*
clone [kləʊn, AM kloʊn] **I.** *n* Klon *m* **II.** *vt* klonen
clon·ing ['kləʊnɪŋ, AM 'kloʊn-] *n no pl* Klonen *nt*
close¹ [kləʊs, AM kloʊs] **I.** *adj* ① (*near*) nah[e]; **the ~st pub** das nächste Pub gehen; ■**to be ~ to sth** in der Nähe einer S. *gen* liegen ② (*intimate*) eng; *relatives* nah; ■**to be ~ to sb** jdm nahestehen ③ (*almost equal*) knapp; **~ race** Kopf-an-Kopf-Rennen *nt* ④ (*exact*) genau; **to pay ~ attention to sb** jdm gut zuhören; **to keep a ~ eye on sth** etw gut im Auge behalten ⑤ (*airless*) schwül; (*in room*) stickig **II.** *adv* (*near*) nahe; **please come ~r** kommen Sie doch näher!; **she came ~ to getting that job** fast hätte sie die Stelle bekommen; **to come ~ to tears** den Tränen nahekommen; **to hold sb ~** jdn fest an sich drücken; ■**~ by** in der Nähe; ■**~ together** dicht beieinander **III.** *n* BRIT Hof *m*; (*in street names*) *Straßenname für Sackgassen*
close² [kləʊz, AM kloʊz] **I.** *vt* ① (*shut*) schließen; *book, door, mouth* zumachen; *curtains* zuziehen; *road* sperren ② (*end*) abschließen; *bank account* auflösen; *meeting* beenden **II.** *vi* ① (*shut*) *wound* sich schließen; *door, lid* zugehen; *shop* schließen; *eyes* zufallen ② (*shut down*) schließen; *shop* zumachen; *factory* a. stilllegen ③ (*end*) zu Ende gehen; *meeting* schließen; **the pound ~d at $1.62** das Pfund schloss mit 1,62 Dollar **III.** *n no pl* Ende *nt*, Schluss *m*; **to come to a ~** zu Ende gehen, enden; **~ of business** Geschäftsschluss *m*

Aussprache

Die Aussprache von **close** ändert sich entsprechend der Bedeutung:

close	[kləʊs]	(*nah[e]*)
close	[kləʊz]	(*schließen*)

◆**close down I.** *vi business* schließen, zumachen; *factory* stillgelegt werden **II.** *vt* schließen; *factory* stilllegen ◆**close in** *vi* *darkness* hereinbrechen; *days* kürzer werden; ■**to ~ in on sb/sth** sich jdm/etw nähern; (*surround*) jdn/etw umzingeln ◆**close off** *vt* absperren ◆**close up I.** *vi* ① (*shut*) *flower, oyster, wound* sich schließen ② (*get nearer*) *people* zusammenrücken; *troops* aufrücken ③ (*lock up*) abschließen **II.** *vt* [ab]schließen
closed [kləʊzd, AM kloʊzd] *adj* geschlossen, zu; **behind ~ doors** (*fig*) hinter verschlossenen Türen
closed-'door *adj* geheim; **~ meeting** Besprechung *f* hinter verschlossenen Türen
'close-down *n* [Geschäfts]schließung *f*; *of a factory* Stilllegung *f* **'close-knit** *adj* eng verbunden
close·ly ['kləʊsli, AM 'kloʊ-] *adv* ① (*near*) dicht ② (*intimately*) eng ③ (*carefully*) sorgfältig ④ (*exactly*) genau
close·ness ['kləʊsnəs, AM 'kloʊ-] *n* ① *no pl* (*nearness*) Nähe *f* ② *no pl* (*intimacy*) Ver-

trautheit *f*
'close sea·son *n* Schonzeit *f*
clos·et ['klɒzɪt, AM 'klɑ:-] *n esp* AM (*cupboard*) [Wand]schrank *m* ▶PHRASES: **to come out of the ~** seine Homosexualität bekennen
'close-up *n* Nahaufnahme *f*
clos·ing ['kləʊzɪŋ, AM 'kloʊ-] **I.** *adj* abschließend; **~ speech** Schlussrede *f* **II.** *n* ① (*bringing to an end*) Beenden *nt kein pl;* (*action of closing*) Schließung *f* ② (*end of business hours*) Geschäftsschluss *m*
'clos·ing date *n* Schlusstermin *m;* (*for competition*) Einsendeschluss *m;* (*for work due*) Abgabetermin *m* **clos·ing 'down** *n* Schließung *f* **clos·ing-'down sale** *n* Räumungsverkauf *m* **'clos·ing price** *n* Schlussnotierung *f* **'clos·ing time** *n* (*for shop*) Ladenschluss *m;* (*for staff*) Feierabend *m;* (*of pub*) Sperrstunde *f*
clo·sure ['kləʊʒəʳ, AM 'kloʊʒɚ] *n* ① *of institution* Schließung *f; of street* Sperrung *f; of pit* Stilllegung *f* ② **to have ~** (*end*) etw verarbeiten
clot [klɒt, AM klɑ:t] **I.** *n* MED [**blood**] ~ [Blut]gerinnsel *nt* **II.** *vi* <-tt-> gerinnen
cloth [klɒθ, AM klɑ:θ] *n* ① *no pl* (*material*) Tuch *nt,* Stoff *m* ② (*for cleaning*) Lappen *m*
clothe [kləʊð, AM kloʊð] *vt* [be]kleiden *a. fig*
clothes [kləʊ(ð)z, AM kloʊ(ð)z] *npl* Kleider *pl;* (*collectively*) Kleidung *f kein pl*

Grammatik

clothes wird immer im Plural gebraucht: *warm clothes are essential in cold weather; he loves to buy new clothes*
clothing dagegen, wird nie im Plural gebraucht: *warm clothing is essential in cold weather, he loves to buy shirts, trousers and other items of clothing*

'clothes-hang·er *n* Kleiderbügel *m* **'clothes horse** *n* Wäscheständer *m* **'clothes line** *n* Wäscheleine *f* **'clothes-moth** *n* [Kleider]motte *f* **'clothes peg,** AM **'clothes pin** *n* Wäscheklammer *f*
cloth·ing ['kləʊðɪŋ, AM 'kloʊ-] *n no pl* Kleidung *f*
cloud [klaʊd] **I.** *n* Wolke *f; of insects* Schwarm *m* ▶PHRASES: **every ~ has a silver lining** (*prov*) jedes Unglück hat auch sein Gutes **II.** *vt issue* verschleiern ◆**cloud over** *vi* ① *sky* sich bewölken ② (*fig*) *face* sich verfinstern
'cloud bank *n* Wolkenbank *f*
'cloud·burst *n* Wolkenbruch *m*
'cloud-capped *adj* wolkenverhangen
cloud 'cuckoo land *n* (*pej*) Wolkenkuckucksheim *nt*
cloud·ed ['klaʊdɪd] *adj* ① (*cloudy*) bewölkt, bedeckt ② *liquid* trüb ③ *mind* vernebelt, getrübt
cloud·less ['klaʊdləs] *adj* wolkenlos
cloudy ['klaʊdi] *adj* ① (*overcast*) bewölkt, bedeckt ② *liquid* trüb
clout [klaʊt] (*fam*) **I.** *n* ① (*hit*) Schlag *m;* **to give sb a ~** jdm eine runterhauen; **to give sth a ~** auf etw *akk* schlagen ② *no pl* (*power*) Schlagkraft *f* **II.** *vt* ■**to ~ sb** jdm eine schmieren; ■**to ~ sth** auf etw *akk* schlagen
clove [kləʊv, AM kloʊv] *n* ① Gewürznelke *f* ② **~ of garlic** Knoblauchzehe *f*
clo·ven ['kləʊvᵊn, AM 'kloʊ-] *adj* Spalt-
clo·ver ['kləʊvəʳ, AM 'kloʊvɚ] *n no pl* Klee *m* ▶PHRASES: **to live in ~** wie Gott in Frankreich leben
clown [klaʊn] **I.** *n* ① (*entertainer*) Clown *m* ② (*funny person*) Kasper *m;* (*pej*) Trottel *m* **II.** *vi* ■**to ~ around** [*or* **about**] herumalbern
clown·ish ['klaʊnɪʃ] *adj* albern
club [klʌb] **I.** *n* ① (*group*) Klub *m,* Verein *m* ② (*golf*) Schläger *m* ③ (*weapon*) Knüppel *m* ④ CARDS Kreuz *nt;* **queen of ~s** Kreuzdame *f* **II.** *vt* <-bb-> einknüppeln auf; **to ~ to death** erschlagen ◆**club together** *vi* sich zusammentun
club·ber ['klʌbəʳ, AM -ɚ] *n* Discobesucher(in) *m(f),* Nachtklubbesucher(in) *m(f);* **~s** Nachtschwärmer *pl*
club·bing ['klʌbɪŋ] *n no pl* **to go ~** clubben gehen
'club car *n* AM Zugrestaurant *nt* **club 'foot** *n* MED Klumpfuß *m* **'club·house** *n* Klubhaus *nt* **club 'mem·ber** *n* Klubmitglied *nt* **club 'sand·wich** *n* Klubsandwich *nt* **club 'soda** *n* AM Sodawasser *nt*
cluck [klʌk] *vi* gackern
clue [klu:] *n* ① (*evidence*) Hinweis *m;* (*hint*) Tipp *m;* (*in criminal investigation*) Spur *f* ② (*idea*) Ahnung *f;* **I haven't a ~!** [ich hab'] keine Ahnung! ◆**clue up** *vt* ■**to ~ sb up** [**on sth**] jdn [über etw] informieren
clue·less ['klu:ləs] *adj* (*fam*) ahnungslos; ■**to be ~ about sth** von etw *dat* keine Ahnung haben
clump [klʌmp] **I.** *n* ① (*group*) Gruppe *f;* **~ of bushes** Gebüsch *nt* ② (*lump*) Klumpen *m* ③ *no pl* (*sound*) Sta[m]pfen *nt* **II.** *vi* ■**to ~ around** herumtrampeln
clum·si·ness ['klʌmzɪnəs] *n* Ungeschicktheit *f*
clum·sy ['klʌmzi] *adj* ① (*bungling*) unge-

C

schickt, unbeholfen; *attempt* plump ② *(ungainly)* klobig

clung [klʌŋ] *pp, pt of* **cling**

clunk [klʌŋk] *n* dumpfes Geräusch

clus·ter ['klʌstəʳ, AM -ɚ] **I.** *n* Bündel *nt; of people* Traube *f; of eggs* Gelege *nt; of islands* Gruppe *f;* ~ **of stars** Sternhaufen *m* **II.** *vi* ■**to ~ around sth** sich um etw *akk* scharen

'clus·ter bomb *n* Splitterbombe *f*

clutch [klʌtʃ] **I.** *vi* sich klammern (**at** an +*akk*) **II.** *vt* umklammern **III.** *n* ① *usu sing* AUTO Kupplung *f;* **to let the ~ in/out** ein-/auskuppeln ② *(group)* ~ **of eggs** Gelege *nt; (fig)* Schar *f* ③ *(control)* **to fall into the ~es of sb** jdm in die Klauen fallen

'clutch bag *n* Unterarmtasche *f*

'clutch hit·ter *n* AM *sehr zuverlässiger Schläger im Baseball*

clut·ter ['klʌtəʳ, AM -t̬ɚ] **I.** *n no pl* ① *(mess)* Durcheinander *nt* ② *(unorganized stuff)* Kram *m* **II.** *vt* durcheinanderbringen ◆**clutter up** *vt* ■**to be ~ed up** vollgestopft sein, übersät sein

cm <*pl* -> *n abbrev of* **centimetre** cm

c'mon [kə'mɒn, AM -'mɑːn] *(fam) see* **come on**

CO [ˌsiː'əʊ, AM -'oʊ] *n* MIL *abbrev of* **Commanding Officer** Befehlshaber(in) *m(f)*

Co [kəʊ, AM koʊ] *n abbrev of* **company**

c/o *abbrev of* **care of** c/o, bei

coach [kəʊtʃ, AM koʊtʃ] **I.** *n* ① BRIT *(private bus)* Reisebus *m;* **by ~** mit dem Bus ② *horse-drawn* Kutsche *f;* RAIL [Eisenbahn]wagen *m* ③ *(teacher)* Nachhilfelehrer(in) *m(f);* SPORTS Trainer(in) *m(f)* **II.** *vt* ① SPORTS trainieren ② *(help to learn)* Nachhilfe geben

coach·ing ['kəʊtʃɪŋ, AM 'koʊtʃ-] *n no pl* ① SPORTS Training *nt* ② *(teaching)* Nachhilfe *f*

'coach·ing staff *n* SPORTS Trainingspersonal *nt*

'coach·man *n* Kutscher *m* **'coach sta·tion** *n* BRIT Busbahnhof *m*

co·agu·late [kəʊ'ægjəleɪt, AM koʊ'-] **I.** *vi* gerinnen **II.** *vt* gerinnen lassen

co·agu·la·tion [kəʊˌægjə'leɪʃən, AM koʊˌ-] *n no pl* Gerinnung *f*

coal [kəʊl, AM koʊl] *n* Kohle *f* ▸PHRASES: **to carry ~s to Newcastle** Eulen nach Athen tragen

'coal-black *adj* kohlrabenschwarz **'coal bun·ker** *n* Kohlenbunker *m*

coa·lesce [kəʊə'les, AM koʊ-] *vi (form)* sich verbinden

coa·les·cence [kəʊə'lesən(t)s, AM koʊ-] *n no pl (form)* Vereinigung *f*

'coal-fired *adj* kohlebeheizt

coa·li·tion [ˌkəʊə'lɪʃən, AM ˌkoʊ-] *n* Koalition *f*

'coal mine *n* Kohlenbergwerk *nt* **'coal min·er** *n* Bergmann *m* **'coal min·ing** *n* Kohle[n]bergbau *m* **'coal scut·tle** *n* Kohleneimer *m*

coarse [kɔːs, AM kɔːrs] *adj* ① *(rough)* grob ② *(vulgar)* derb

coarse·ly ['kɔːsli, AM 'kɔːrs-] *adv* derb

coars·en ['kɔːsən, AM 'kɔːrs-] **I.** *vt* rau machen **II.** *vi* rau werden

coarse·ness ['kɔːsnəs, AM 'kɔːrs-] *n no pl* Grobheit *f*

coast [kəʊst, AM koʊst] **I.** *n* Küste *f;* **off the ~** vor der Küste ▸PHRASES: **the ~ is clear** die Luft ist rein **II.** *vi* dahinrollen; **to ~ [along]** mühelos vorankommen

coast·al ['kəʊstəl, AM 'koʊ-] *adj* Küsten-

coast·er ['kəʊstəʳ, AM 'koʊstɚ] *n* ① *(boat)* Küstenmotorschiff *nt* ② *(table mat)* Untersetzer *m*

'coast·guard *n* Küstenwache *f* **'coast·line** *n no pl* Küste[nlinie] *f* **coast-to-'coast** *adj* von Küste zu Küste

coat [kəʊt, AM koʊt] **I.** *n* ① *(outer garment)* Mantel *m* ② *(animal's fur)* Fell *nt* ③ *(layer)* Schicht *f;* ~ **of paint** Farbanstrich *m* **II.** *vt* überziehen; ■**to ~ sth with breadcrumbs** etw *akk* panieren

coat·ed ['kəʊtɪd, AM 'koʊt̬-] *adj* überzogen; *tongue* belegt; *textiles* imprägniert; *glass* getönt; *wire* isoliert

'coat hang·er *n* Kleiderbügel *m* **'coat hook** *n* Kleiderhaken *m*

coat·ing ['kəʊtɪŋ, AM 'koʊt̬-] *n* Schicht *f,* Überzug *m; of paint* Anstrich *m*

coat of 'arms *n* Wappen *nt*

'coat peg *n* BRIT Kleiderhaken *m* **'coat-tails** *npl* Frackschöße *pl* ▸PHRASES: **to hang onto sb's ~** auf der Erfolgswelle eines anderen mitschwimmen

co-author [kəʊ'ɔːθəʳ, AM koʊ'ɑːθɚ] **I.** *n* Mitautor(in) *m(f)* **II.** *vt* gemeinsam verfassen

coax [kəʊks, AM koʊks] *vt* ■**to ~ sb into doing sth** jdn dazu bringen, etw zu tun; **to ~ a smile out of sb** jdm ein Lächeln entlocken

coax·ing ['kəʊksɪŋ, AM 'koʊks-] **I.** *n no pl* Zuspruch *m* **II.** *adj* schmeichelnd **coax·ing·ly** ['kəʊksɪŋli, AM 'koʊks-] *adv* schmeichelnd

cob[1] [kɒb, AM kɑːb] *n short for* **corncob** Kolben *m*

cob[2] [kɒb, AM kɑːb] *n* BRIT *(bread)* Laib *m*

cob·ble ['kɒbl̩, AM 'kɑːbl̩] *n* Kopfstein *m* ◆**cobble together** *vt* zusammenschustern

cob·bled ['kɒbl̩d, AM 'kɑːbl̩d] *adj* ~ **streets** Straßen *pl* mit Kopfsteinpflaster

cob·bler ['kɒbləʳ, AM 'kɑːblɚ] *n* [Flick]schuster *m*

'cob·ble·stone *n* Kopfstein *m*

'cob·nut *n* Haselnuss *f*

co·bra ['kəʊbrə, AM 'koʊ-] *n* Kobra *f*

cob·web ['kɒbweb, AM 'kɑːb-] *n* (*web*) Spinnetz *nt;* (*single thread*) Spinn[en]webe *f*

co·caine [kə(ʊ)'keɪn, AM koʊ'-] *n no pl* Kokain *nt*

co·citi·zen [kəʊ'sɪtɪzᵊn, AM koʊ'sɪt̬-] *n* verantwortungsbewusster Mitbürger *m*/verantwortungsbewusste Mitbürgerin *f*

cock [kɒk, AM kɑːk] **I.** *n* ❶ (*male chicken*) Hahn *m* ❷ (*vulg: penis*) Schwanz *m* **II.** *adj* ORN männlich **III.** *vt* ❶ *ears* spitzen; *head* auf die Seite legen ❷ **to ~ a gun** den Hahn spannen

cock-a-doodle-doo [ˌkɒkədu:dl̩'du:, AM ˌkɑːk-] *n* Kikeriki *nt* **cock-and-bull 'sto·ry** *n* Lügenmärchen *nt*

cocka·tiel [ˌkɒkə'ti:l, AM ˌkɑːkə'-] *n* Nymphensittich *m*

cocka·too <*pl* -s *or* -> [ˌkɒkə'tu:, AM 'kɑːkətu:] *n* Kakadu *m*

cock·chafer ['kɒkˌtʃeɪfər, AM 'kɑːkˌtʃeɪfɚ] *n* Maikäfer *m*

cocked [kɒkt, AM kɑːkt] *adj hat* aufgestülpt

cock·er·el ['kɒkᵊrᵊl, AM 'kɑːkɚᵊl] *n* junger Hahn

cock·er 'span·iel *n* Cockerspaniel *m*

cock·eyed ['kɒkaɪd, AM 'kɑːk-] *adj* ❶ (*not straight*) schief ❷ (*ridiculous*) verrückt

'cock fight *n* Hahnenkampf *m*

cocki·ness ['kɒkinəs, AM 'kɑːk-] *n* Großspurigkeit *f*

cock·le ['kɒkl̩, AM 'kɑːkl̩] *n* Herzmuschel *f*

Cock·ney ['kɒkni, AM 'kɑːk-] *n* Cockney *m*

Land und Leute

Als **Cockney** wurde ursprünglich ein verweichlichter Städter bezeichnet. Im 17. Jh. wurde jeder, der innerhalb der historischen Grenzen der City of London geboren wurde, so genannt. Der **Cockney**-Dialekt wird jetzt hauptsächlich mit dem Londoner East End in Verbindung gebracht. Er zeichnet sich besonders durch den *rhyming slang* aus, in dem ein Wort durch ein Reimpaar ersetzt wird; so sagt man z.B. *apples and pears* statt *stairs.*

cock·pit ['kɒkpɪt, AM 'kɑːk-] *n* Cockpit *nt*

cock·roach ['kɒkrəʊtʃ, AM 'kɑːkroʊtʃ] *n* Küchenschabe *f*

cock·tail ['kɒkteɪl, AM 'kɑːk-] *n* Cocktail *m;* **~ of gases** Gasgemisch *nt*

'cock·tail cabi·net *n* Hausbar *f* **'cock·tail dress** *n* Cocktailkleid *nt* **'cock·tail lounge** *n* Cocktailbar *f* **'cock·tail stick** *n* Spießchen *nt*

cock-up ['kɒkʌp, AM 'kɑːk-] *n* (*sl*) Schlamassel *m;* **to make a ~ of sth** bei etw *dat* Scheiße bauen

cocky ['kɒki, AM 'kɑːki] *adj* (*fam*) großspurig

co·coa ['kəʊkəʊ, AM 'koʊkoʊ] *n no pl* Kakao *m*

coco·nut ['kəʊkənʌt, AM 'koʊ-] *n* Kokosnuss *f;* **grated ~** Kokosraspel *pl,* Kokosette *nt* ÖSTERR

coco·nut 'but·ter *n* Kokosfett *nt* **coco·nut 'mat·ting** *n* Kokosmatte *f* **coco·nut 'milk** *n* Kokosmilch *f* **coco·nut 'oil** *n* Kokosöl *nt* **coco·nut 'palm** *n* Kokospalme *f*

'coco·nut shy *n* BRIT Wurfbude *f*

co·coon [kə'ku:n] **I.** *n* Kokon *m* **II.** *vt* (*fig*) abschirmen

cod <*pl* - *or* -s> [kɒd, AM kɑːd] *n* Kabeljau *m; in Baltic* Dorsch *m*

coda ['kəʊdə, AM 'koʊ-] *n* MUS Koda *f*

cod·dle ['kɒdl̩, AM 'kɑːdl̩] *vt* ❶ (*cook gently*) langsam köcheln lassen; *eggs* pochieren ❷ (*treat tenderly*) verhätscheln

cod·dler ['kɒdləʳ, AM 'kɑːdlɚ] *n* Eierkocher *m* (*Porzellangefäß zum Zuschrauben zum Pochieren von Eiern*)

code [kəʊd, AM koʊd] **I.** *n* ❶ (*ciphered language*) Kode *m;* **to write sth in ~** etw verschlüsseln ❷ LAW Kodex *m* **II.** *vt* chiffrieren

co·deine ['kəʊdi:n, AM 'koʊ-] *n* Kodein *nt*

'code name *n* Deckname *m* **'code num·ber** *n* Kodenummer *f;* ADMIN Kennziffer *f* **code of 'con·duct** *n* Verwaltungsvorschrift[en] *f*[*pl*] **code of 'prac·tice** *n* Verhaltensregeln *pl*

co-de·ter·mi·na·tion [ˌkəʊdɪtɜːmɪ'neɪʃᵊn, AM ˌkoʊdɪtɜːr-] *n* Mitbestimmung *f*

'code word *n* Kennwort *nt*

codg·er ['kɒdʒəʳ, AM 'kɑːdʒɚ] *n* [alter] Knacker

co·di·cil ['kəʊdɪsɪl, AM 'kɑːdəsᵊl] *n* Kodizill *nt*

codi·fy ['kəʊdɪfaɪ, AM 'kɑː-] *vt* ■ **to ~ sth** LAW etw kodifizieren; **to ~ grammar** LING Grammatikregeln festlegen

cod·ing ['kəʊdɪŋ, AM 'koʊd] *n* Kodierung *f*

cod liv·er 'oil *n* Lebertran *m*

cod·piece ['kɒdpi:s, AM 'kɑːd-] *n* (*hist*) Hosenbeutel *m*

cods·wal·lop ['kɒdzˌwɒləp] *n no pl* BRIT, AUS (*fam*) Quatsch *m*

co-ed [ˌkəʊ'ed, AM ˌkoʊ-] *adj* SCH (*fam*) gemischt

co-edu·ca·tion [ˌkəʊedʒu:'keɪʃᵊn, AM ˌkoʊ-] *n no pl* Koedukation *f* **co-edu·ca·tion·al** [ˌkəʊedʒu:'keɪʃᵊnᵊl, AM ˌkoʊ-] *adj* koedukativ

co·ef·fi·cient [ˌkəʊɪ'fɪʃᵊnt, AM ˌkoʊ-] *n* Koeffizient *m*

C

co·erce [kəʊ'ɜːs, AM koʊ'ɜːrs] *vt (form)* ■**to ~ sb into doing sth** jdn dazu zwingen, etw zu tun

co·er·cion [kəʊ'ɜːʃ^ən, AM koʊ'ɜːrʒ^ən] *n no pl (form)* Zwang *m*

co·er·cive [kəʊ'ɜːsɪv, AM koʊ'ɜːr-] *adj* Zwangs-

co·ex·ist [ˌkəʊɪg'zɪst, AM ˌkoʊ-] *vi* nebeneinander bestehen

co·ex·ist·ence [ˌkəʊɪg'zɪst^ən(t)s, AM ˌkoʊ-] *n no pl* Koexistenz *f*

co·ex·ist·ent [ˌkəʊɪg'zɪst^ənt, AM ˌkoʊ-] *adj* koexistent

C of E ['siːəviː] *n abbrev of* **Church of England**

cof·fee ['kɒfiː, AM 'kɑː-] *n* Kaffee *m*

'cof·fee bar *n* Café *nt* **'cof·fee bean** *n* Kaffeebohne *f* **'cof·fee break** *n* Kaffeepause *f*; **to have a ~** eine Kaffeepause machen **'cof·fee cake** *n* ❶ BRIT, AUS *(cake)* Mokkakuchen *m* ❷ AM, AUS *(sweet bread)* Stuten *m* **'cof·fee cup** *n* Kaffeetasse *f* **'cof·fee-grind·er** *n* Kaffeemühle *f* **'cof·fee grounds** *npl* Kaffeesatz *m kein pl* **'cof·fee house** *n* Café *nt* **'cof·fee ma·chine** *n* Kaffeemaschine *f* **'cof·fee mill** *n* Kaffeemühle *f* **'cof·fee morn·ing** *n* BRIT Morgenkaffee *m (Wohltätigkeitsveranstaltung)* **'cof·fee pot** *n* Kaffeekanne *f* **'cof·fee shop** *n (for drinking)* Café *nt*; *(for selling)* Kaffeegeschäft *nt* **'cof·fee ta·ble** *n* Couchtisch *m* **'cof·fee-ta·ble book** *n* Bildband *m*

cof·fer ['kɒfə^r, AM 'kɑːfɚ] *n pl (money reserves)* Rücklagen *pl*; *of the state* Staatssäckel *nt*

cof·fin ['kɒfɪn, AM 'kɑː-] *n* Sarg *m*

cog [kɒg, AM kɑːg] *n* ❶ *(part of wheel)* Zahn *m* ❷ *(wheel)* Zahnrad *nt* ❸ *(fig)* Rädchen *nt*

co·gency ['kəʊdʒ^ən(t)si, AM 'koʊ-] *n no pl (form)* Stichhaltigkeit *f*

co·gent ['kəʊdʒ^ənt, AM 'koʊ-] *adj (form)* stichhaltig

co·gent·ly ['kəʊdʒ^əntli, AM 'koʊ-] *adv (form)* stichhaltig

cog·nac ['kɒnjæk, AM 'koʊnjæk] *n* Cognac *m*

cog·ni·tive ['kɒgnətɪv, AM 'kɑːgnət̬ɪv] *adj (form)* kognitiv; **~ therapy** Kognitionstherapie *f*

co·gno·scen·ti [ˌkɒnjə(ʊ)'ʃenti, AM ˌkɑːg'nə'ʃenti] *npl (form)* Kenner *pl*/Kennerinnen

cog·wheel ['kɒgwiːl, AM 'kɑːg-] *n* Zahnrad *nt*

co·hab·it [kəʊ'hæbɪt, AM koʊ-] *vi (form)* zusammenleben; LAW in eheähnlicher Gemeinschaft leben

co·hab·it·ant [kəʊ'hæbɪt^ənt, AM koʊ'hæbɪt̬^ənt] *n (form)* Lebensgefährte, -gefährtin *m, f*

co·habi·ta·tion [kəʊˌhæbɪ'teɪʃ^ən, AM koʊˌ-] *n no pl* Zusammenleben *nt*; LAW eheähnliche Gemeinschaft

co·hab·itee [kəʊhæbɪ'tiː, AM koʊ-] *n (form)* Lebensgefährte, -gefährtin *m, f*

co·here [kə(ʊ)'hɪə^r, AM koʊ'hɪr] *vi (form)* zusammenhängen

co·her·ence [kə(ʊ)'hɪər^ən(t)s, AM koʊ'hɪr-] *n no pl* Zusammenhang *m*

co·her·ent [kə(ʊ)'hɪər^ənt, AM koʊ'hɪr-] *adj* zusammenhängend

co·her·ent·ly [kə(ʊ)'hɪər^əntli, AM koʊ'hɪr-] *adv* zusammenhängend; *speak* verständlich

co·he·sion [kə(ʊ)'hiːʒ^ən, AM koʊ'-] *n no pl* Zusammenhalt *m*

co·he·sive [kə(ʊ)'hiːsɪv, AM koʊ'-] *adj* geschlossen

co·he·sive·ness [kə(ʊ)'hiːsɪvnəs, AM koʊ'-] *n no pl (in physics)* Kohäsionskraft *f*; *(in group)* Zusammenhalt *m*

co·hort ['kə(ʊ)hɔːt, AM 'koʊhɔːrt] *n* ❶ *(subgroup)* [Personen]gruppe *f* ❷ *esp* AM *(pej: crony)* ■**~s** *pl* Konsorten *pl*

coil [kɔɪl] **I.** *n* ❶ *(wound spiral)* Rolle *f*; ELEC Spule *f* ❷ *(contraceptive)* Spirale *f* **II.** *vi* sich winden **III.** *vt* aufwickeln; ■**to ~ oneself around sth** sich um etw *akk* winden

coiled [kɔɪld] *adj* gewunden; **~ spring** Sprungfeder *f*

coin [kɔɪn] **I.** *n* Münze *f* **II.** *vt* ▶ PHRASES: **to ~ it [in]** BRIT, **to ~ money** AM *(fam)* Geld scheffeln; **to ~ a phrase ...** ich will mal so sagen ...

Land und Leute

Die **coins** *(Münzen)* der USA haben spezielle Namen. Ein *dollar* besteht aus 100 *cents*. Eine Ein-Cent-Münze wird *penny* und eine Fünf-Cent-Münze *nickel* genannt. Eine Zehn-Cent-Münze wird als *dime* bezeichnet und eine 25-Cent-Münze als *quarter (Vierteldollar)*. Außerdem gibt es noch *half dollars* und *dollar coins*.

coin·age ['kɔɪnɪdʒ] *n no pl (set of coins)* Münzen *pl*; *(act)* Prägung *f*

coin-box 'tele·phone *n* Münzfernsprecher *m*

co·in·cide [ˌkəʊɪn'saɪd, AM ˌkoʊ-] *vi subjects* übereinstimmen; *events* zusammenfallen; **our views ~ on a range of subjects** wir sind in vielen Dingen einer Meinung

co·in·ci·dence [kəʊ'ɪn(t)sɪd^ən(t)s, AM koʊ-] *n* ❶ *(instance)* Zufall *m* ❷ *(agreement)* Übereinstimmung *f*; *of events* Zusammenfallen *nt; see also* **pencil**

co·in·ci·dent·al [kəʊˌɪn(t)sɪ'dᵊntᵊl, AM koʊˌɪn(t)sɪ'dᵊnt̬ᵊl] *adj* zufällig

co·in·ci·dent·al·ly [kəʊˌɪn(t)sɪ'dᵊntᵊli, AM koʊˌɪn(t)sɪ'dᵊnt̬ᵊli] *adv* zufällig[erweise]

coke [kəʊk, AM koʊk] *n no pl* Koks *m*

Coke® [kəʊk, AM koʊk] *n short for* **Coca Cola®** Cola *f*

col *n abbrev of* **column** Sp.

Col *n abbrev of* **colonel**

col·an·der ['kʌləndəʳ, 'kɒ-, AM -ɚ, 'kɑː-] *n* Sieb *nt*

col·can·non [kɒl'kænən] *n* FOOD *irisches und schottisches Gericht: gekochter Kohl und gekochte Kartoffeln werden zerstampft und vermischt*

cold [kəʊld, AM koʊld] **I.** *adj* kalt; **as ~ as ice** eiskalt; **to be** [*or* **feel**] **~** frieren; **I'm ~** mir ist kalt; **to go ~** kalt werden ▶ PHRASES: **to pour ~ water on sth** etw *dat* einen Dämpfer versetzen **II.** *n* ① (*low temperature*) Kälte *f;* **with ~** vor Kälte ② MED Erkältung *f,* Schnupfen *m;* **to have a ~** erkältet sein

'cold bag *n* BRIT Kühltasche *f* **cold-blood·ed** [ˌkəʊld'blʌdɪd, AM ˌkoʊld-] *adj* kaltblütig **'cold call** *n* unangemeldeter Vertreterbesuch **cold 'com·fort** *n* schwacher Trost **'cold cream** *n* Cold Cream *f* (*halbfette Feuchtigkeitscreme*) **'cold cuts** *npl* Aufschnitt *m kein pl* **'cold-eyed** *adj* **she gave him a ~ stare** sie blickte ihn kalt an **'cold frame** *n* Frühbeet *nt* **'cold front** *n* Kaltfront *f* **cold-'heart·ed** *adj* kaltherzig

cold·ish ['kəʊldɪʃ, AM 'koʊld-] *adj* kühl

cold·ness ['kəʊldnəs, AM 'koʊld-] *n no pl* Kälte *f*

cold 'shoul·der *n* (*fig*) **to give sb the ~** jdn schneiden **cold-'shoul·der** *vt* schneiden *fig* **'cold snap** *n* kurze Kälteperiode **'cold sore** *n* Bläschenausschlag *m* **cold 'start** *n* Kaltstart *m* **cold 'stor·age** *n* **to put in ~** kühl lagern; (*fig*) auf Eis legen **'cold store** *n* Kühlhalle *f* **cold 'sweat** *n* kalter Schweiß **cold 'truth** *n* nackte Wahrheit **cold 'tur·key** *n* (*sl*) kalter Entzug **'cold war** *n* kalter Krieg

cole·slaw ['kəʊlslɔː, AM 'koʊlslɑː] *n no pl* Krautsalat *m*

col·ey <-(s)> ['kəʊli] *n* BRIT Seelachs *m*

col·ic ['kɒlɪk, AM 'kɑː-] *n no pl* Kolik *f*

col·labo·rate [kə'læbᵊreɪt] *vi* ① zusammenarbeiten (**on** an +*dat*) ② (*with enemy*) kollaborieren

col·labo·ra·tion [kəˌlæbᵊ'reɪʃᵊn] *n* ① Zusammenarbeit *f* ② *no pl* (*with enemy*) Kollaboration *f*

col·labo·ra·tive [kə'læbᵊrətɪv, AM -ərət̬ɪv] *adj effort* gemeinsam

col·labo·ra·tor [kə'læbəreɪtəʳ, AM -t̬ɚ] *n* ① (*colleague*) Mitarbeiter(in) *m(f)* ② (*pej: traitor*) Kollaborateur(in) *m(f)*

col·lage ['kɒlɑːʒ, AM kə'lɑːʒ] *n* Collage *f*

col·lapse [kə'læps] **I.** *vi* ① (*fall down*) *things, buildings* zusammenbrechen, einstürzen; *people* zusammenbrechen; **to ~ with laughter** [**at a joke**] (*fig*) sich [über einen Witz] kaputtlachen ② (*fail*) zusammenbrechen; *enterprise* zugrunde gehen; *government* stürzen; *hopes* sich zerschlagen; *prices* einbrechen; *society* zerfallen; *talks* scheitern **II.** *n* ① (*act of falling down*) Einsturz *m,* Zusammenbruch *m* ② (*failure*) Zusammenbruch *m; of marriage* Scheitern *nt* ③ MED Kollaps *m*

col·laps·ible [kə'læpsɪbl̩] *adj* zusammenklappbar

col·lar ['kɒləʳ, AM 'kɑːlɚ] **I.** *n* Kragen *m;* (*for animals*) Halsband *nt* **II.** *vt* (*fam*) ■**to ~ sb** jdn schnappen

'col·lar bone *n* Schlüsselbein *nt*

col·late [kə'leɪt] *vt* ① (*analyse*) vergleichen ② (*arrange*) zusammenstellen

col·lat·er·al [kə'lætᵊrᵊl, AM kə'læt̬-] *n* FIN [zusätzliche] Sicherheit

col·lat·er·al 'dam·age *n* Kollateralschaden *m*

col·league ['kɒliːg, AM 'kɑː-] *n* [Arbeits]kollege, -kollegin *m, f*

Aussprache

Die Buchstabenfolge **gue** wird meistens als [g], wie in bag [bæg], ausgesprochen: **colleague** = ['kɒliːg]. Andere Beispiele hierfür sind:

fatigue	[fə'tiːg]	(*Ermüdung*)
intrigue	['ɪntriːg]	(*Intrige*)
league	[liːg]	(*Liga*)
plague	[pleɪg]	(*Plage*)
Prague	[prɑːg]	(*Prag*)
rogue	[rəʊg]	(*Gauner(in)*)
synagogue	['sɪnəgɒg]	(*Synagoge*)
vague	[veɪg]	(*vage*)

col·lect ['kɒ'lekt, AM 'kɑːlekt] **I.** *adj* AM TELEC **~ call** R-Gespräch *nt* **II.** *adv* AM TELEC **to call ~** ein R-Gespräch führen **III.** *vi* (*gather*) sich versammeln; (*accumulate*) sich ansammeln **IV.** *vt* ① (*gather*) einsammeln; *money/stamps* sammeln ② (*pick up*) abholen ◆**collect up** *vt belongings* zusammenpacken; *empties* aufsammeln; *tickets* einsammeln

col·lect·able [kə'lektəbl̩] **I.** *adj* sammelbar **II.** *n* Sammlerstück *nt*

col·'lect call *n* AM R-Gespräch *nt*

C

C

col·lect·ed [kə'lektɪd] *adj* (*calm*) beherrscht

col·lect·ible [kə'lektəbḷ] *adj, n see* **collectable**

col·lec·tion [kə'lekʃən] *n* ① *of money, objects* Sammlung *f;* (*in church*) Kollekte *f* ② *of people* Ansammlung *f* ③ FASHION Kollektion *f* ④ (*act of collecting*) Abholung *f;* **rubbish ~** Müllabfuhr *f;* BRIT (*from letterbox*) [Briefkasten]leerung *f*

col·lec·tive [kə'lektɪv] **I.** *adj* gemeinsam; *leadership* kollektiv; **~ interests** Gesamtinteressen *pl* **II.** *n* Gemeinschaft *f;* POL Kollektiv *nt;* ECON Genossenschaftsbetrieb *m*

col·lec·tive 'bar·gain·ing *n* Tarifverhandlungen *pl* **col·lec·tive 'farm** *n* landwirtschaftliche Produktionsgenossenschaft **col·lec·tive 'noun** *n* LING Sammelbegriff *m*

col·lec·tor [kə'lektəʳ, AM -ɚ] *n* Sammler(in) *m(f);* **tax ~** Steuereintreiber(in) *m(f)*

col·'lec·tor's item, col·'lec·tor's piece *n* Sammlerstück *nt*

col·leen ['kɒli:n, kɒ'li:n] *n* IRISH [junges] Mädchen

col·lege ['kɒlɪdʒ, AM 'kɑ:-] *n* ① (*school*) Gymnasium *nt;* (*privately funded*) Kolleg *nt* ② (*university*) Universität *f,* Hochschule *f;* (*privately funded*) College *nt;* **art ~** Kunstakademie *f;* **to go to ~** auf die Universität gehen, studieren

> **Land und Leute**
>
> In Großbritannien bezieht sich der Begriff **college** normalerweise auf weiterführende Schulen, die hauptsächlich von Schülern zwischen 16 und 18 Jahren besucht werden. Nach dem Abschluss können Schüler eines **college** für die *A levels* weiterlernen oder berufsorientierte Kurse wie die *NVQs* besuchen.

col·lege 'gradu·ate *n* AM Hochschulabsolvent(in) *m(f)*

col·legi·ate [kə'li:dʒiət, AM -dʒɪt] *adj* **Cambridge is a ~ university** die Universität von Cambridge ist in mehrere Colleges untergliedert; **~ sports** Hochschulsport *m*

col·lide [kə'laɪd] *vi* zusammenstoßen

col·lie ['kɒli, AM 'kɑ:-] *n* Collie *m*

col·li·er ['kɒliəʳ, AM 'kɑ:ljɚ] *n* (*form*) ① (*man*) Kohlenarbeiter *m* ② (*ship*) Kohlenschiff *nt*

col·liery ['kɒljəri, AM 'kɑ:ljɚi] *n* Bergwerk *nt*

col·li·sion [kə'lɪʒən] *n* Zusammenstoß *m*

col·lo·cate ['kɒləkeɪt, AM 'kɑ:l-] *vi* LING kollokieren

col·lo·ca·tion [ˌkɒlə'keɪʃən, AM ˌkɑ:l-] *n* LING Kollokation *f*

col·lo·quial [kə'ləʊkwiəl, AM -'loʊ-] *adj* umgangssprachlich; **~ language** Umgangssprache *f*

col·lo·qui·al·ism [kə'ləʊkwiəlɪzəm, AM -'loʊ-] *n* umgangssprachlicher Ausdruck

col·lude [kə'lu:d] *vi* unter einer Decke stecken

col·lu·sion [kə'lu:ʒən] *n no pl* geheime Absprache; **to act in ~ with sb** mit jdm gemeinsame Sache machen

col·ly·wob·bles ['kɒliwɒbḷz, AM 'kɑ:liwɑ:-] *npl* (*hum fam*) Muffensausen *nt*

co·logne [kə'ləʊn, AM -'loʊn] *n no pl* Kölnischwasser *nt*

co·lon ['kəʊlɒn, AM 'koʊlən] *n* ① ANAT Dickdarm *m* ② LING Doppelpunkt *m*

colo·nel ['kɜ:nəl, AM 'kɜ:r-] *n* Oberst *m*

co·lo·nial [kə'ləʊniəl, AM -'loʊ-] **I.** *adj* Kolonial- **II.** *n* Kolonist(in) *m(f)*

co·lo·ni·al·ism [kə'ləʊniəlɪzəm, AM -'loʊ-] *n no pl* Kolonialismus *m*

co·lo·ni·al·ist [kə'ləʊniəlɪst, AM -'loʊ-] **I.** *n* Kolonialist(in) *m(f)* **II.** *adj* kolonialistisch

colo·nist ['kɒlənɪst, AM 'kɑ:-] *n* Kolonist(in) *m(f)*

colo·ni·za·tion [ˌkɒlənaɪ'zeɪʃən, AM ˌkɑ:lənɪ-] *n no pl esp* AM Kolonisation *f*

colo·nize ['kɒlənaɪz, AM 'kɑ:-] *vt* kolonisieren

colo·niz·er ['kɒlənaɪzəʳ, AM 'kɑ:lənaɪzɚ] *n* Kolonisator *m*

colo·ny ['kɒləni, AM 'kɑ:-] *n* Kolonie *f*

col·or *n, adj, vi, vt* AM *see* **colour**

col·ora·tion [ˌkʌlə'reɪʃən] *n no pl* Färbung *f*

col·ored *n no pl* AM *see* **coloured**

col·or·ful *adj* AM *see* **colourful**

col·or·ing *n no pl* AM *see* **colouring**

col·or·less *adj* AM *see* **colourless**

co·los·sal [kə'lɒsəl, AM -lɑ:-] *adj* ungeheuer, riesig

co·los·sus <*pl* -es *or* colossi> [kə'lɒsəs, AM -lɑ:-, *pl* -aɪ] *n* (*person*) Gigant(in) *m(f)*

col·our **I.** *n* ① Farbe *f;* **~ photos** Farbfotos *pl* ② *of complexion* Gesichtsfarbe *f; of skin* Hautfarbe *f; of hair* Haarfarbe *f* ③ (*flag*) ■**~s** *pl* Fahne *f* ▸ PHRASES: **to pass with flying ~s** glänzend abschneiden; **to show one's true ~s** sein wahres Gesicht zeigen **II.** *vt* ① (*change colour of*) färben ② (*distort*) beeinflussen **III.** *vi face* rot werden; *leaves* sich *akk* verfärben

'col·our bar *n* Rassenschranke *f* **'col·our blind** *adj* farbenblind **'col·our blind·ness** *n no pl* Farbenblindheit *f*

col·oured *adj* farbig; **~ pencil** [*or* **crayon**] Buntstift *m*

'col·our-fast *adj* farbecht **'col·our fil·ter** *n* Farbfilter *m o nt*

col·our·ful *adj* ① (*full of colour*) *paintings* farbenfroh; *clothing* bunt ② (*vivid*) lebendig; *description* anschaulich ③ (*interest-*

ing) [bunt] schillernd; *past* bewegt
col·our·ing *n no pl* ❶ (*complexion*) Gesichtsfarbe *f* ❷ (*chemical*) Farbstoff *m*
col·our·less *adj* farblos
col·our·safe ['kʌləseɪf] *adj detergent, bleach* mit Farbschutz *nach n;* ~ **detergents** Colorwaschmittel *nt* **'col·our scheme** *n* Farbzusammenstellung *f* **'col·our slide** *n* Farbdia *nt* **col·our 'tele·vi·sion** *n* Farbfernseher *m* **'colour-themed** *adj table-setting, window display* farblich aufeinander abgestimmt
colt [kəʊlt, AM koʊlt] *n* [Hengst]fohlen *nt*

Land und Leute

Columbus Day ist der Jahrestag der Entdeckung der Neuen Welt durch den genuesischen Seefahrer Christoph Kolumbus am 12. Oktober 1492. In den USA wird seit 1971 der **Columbus Day** immer am zweiten Montag im Oktober gefeiert. Die Hauptfeierlichkeiten finden in New York statt, wo jedes Jahr ein großer Festumzug veranstaltet wird.

col·umn ['kɒləm, AM 'kɑː-] *n* ❶ (*pillar*) Säule *f* ❷ (*article*) Kolumne *f,* Spalte *f* ❸ (*vertical row*) Kolonne *f,* Reihe *f*

Aussprache

Bei Wörtern, die auf **mn** enden, wird das **n** nicht gesprochen: **column** = ['kɒləm]. Andere Beispiele hierfür sind:

autumn	['ɔːtəm]	(*Herbst*)
condemn	[kən'dem]	(*verurteilen*)
damn	[dæm]	(*verdammt*)
hymn	[hɪm]	(*Hymne*)
solemn	['sɒləm]	(*feierlich*)

col·umn·ist ['kɒləmnɪst, AM 'kɑː-] *n* Kolumnist(in) *m(f)*
coma ['kəʊmə, AM 'koʊ-] *n* MED Koma *nt*
co·ma·tose ['kəʊmətəʊs, AM 'koʊmətoʊs] *adj* ❶ MED komatös ❷ (*fig*) apathisch
comb [kəʊm, AM koʊm] **I.** *n* Kamm *m* **II.** *vt* ❶ kämmen ❷ (*search thoroughly*) durchkämmen

Aussprache

Bei Wörtern, die auf **mb** enden, wird das **b** nicht gesprochen: **comb** = [kəʊm]. Andere Beispiele hierfür sind:

bomb	[bɒm]	(*Bombe*)
climb	[klaɪm]	(*[auf]steigen, klettern*)
limb	[lɪm]	(*Glied*)
numb	[nʌm]	(*taub*)
tomb	[tuːm]	(*Grab, Gruft*)

com·bat **I.** *n* ['kɒmbæt, AM 'kɑːm-] *no pl* Kampf *m* **II.** *vt* <-tt- *or* -t-> ['kɒmbæt, AM kəm'bæt] bekämpfen
com·bat·ant ['kɒmbətᵊnt, AM kəm'bætᵊnt, 'kɑːm-] *n* Kämpfer(in) *m(f)*
com·bat·ive ['kɒmbətɪv, AM kəm'bæt̬ɪv, 'kɑːm-] *adj* angriffslustig
com·bi·na·tion [ˌkɒmbɪ'neɪʃᵊn, AM ˌkɑːmbə'-] *n* Kombination *f* (**of** aus +*dat*)
com·bine [kəm'baɪn] **I.** *vt* verbinden; **to ~ family life with a career** Familie und Karriere unter einen Hut bringen **II.** *vi* ❶ (*mix together*) sich verbinden ❷ (*work together*) sich verbünden
com·bined [kəm'baɪnd] *adj* vereint; **~ total** Gesamtsumme *f*
com·bine 'har·ves·ter *n* Mähdrescher *m*
com·bus·tible [kəm'bʌstəbl̩] *adj* (*form*) ❶ brennbar ❷ (*fig*) reizbar
com·bus·tion [kəm'bʌstʃᵊn] *n no pl* Verbrennung *f*
come [kʌm] *vi* <came, come> ❶ (*move towards*) kommen; **~ here a moment** kommst du mal einen Moment [her]?; **my sister came rushing out of the room** meine Schwester stürmte aus dem Zimmer; **have you ~ straight from the airport?** kommen Sie direkt vom Flughafen?; ■**to ~ towards sb** auf jdn zugehen ❷ (*arrive*) ankommen; **has she ~ yet?** ist sie schon da?; **Christmas is coming** bald ist Weihnachten; **~ March, I will have been married for two years** im März bin ich zwei Jahre verheiratet; **I think the time has ~ to ...** ich denke, es ist an der Zeit, ...; **the year to ~** das kommende Jahr; **I've ~ to read the gas meter** ich soll den Gaszähler ablesen; ■**to ~ for sb/sth** jdn/etw abholen ❸ (*accompany someone*) mitkommen; **do you want to ~ to the pub with us?** kommst du mit einen trinken? ❹ (*originate from*) stammen; **where is that awful smell coming from?** wo kommt dieser schreckliche Gestank her? ❺ (*have priority*) **to ~ before sth** wichtiger als etw sein; **to ~ first** [bei jdm] an erster Stelle stehen ❻ (*happen*) geschehen; **~ what may** komme, was wolle; **you could see it coming** das war ja zu erwarten; **how ~?** wieso? ❼ (*be, become*) **to ~ under pressure** unter Druck geraten; **to ~ loose** sich [ab]lösen; **to ~ open** sich öffnen; *door* aufgehen; **all my dreams came true** all meine Träume haben sich erfüllt; **nothing came of it** daraus ist nichts geworden ▸ PHRASES: **~ again?** [wie] bitte?; **to be as stupid as they ~** dumm wie Stroh sein; **don't ~ it with me!**

C

komm mir jetzt bloß nicht so! **◆come about** *vi* (*happen*) passieren **◆come across I.** *vi* ❶ (*be evident*) *feelings* zum Ausdruck kommen ❷ (*create an impression*) wirken; **how did her explanation ~ across?** wie ist ihre Erklärung angekommen? **II.** *vt* ❶ (*by chance*) *person* [zufällig] begegnen +*dat; thing* [zufällig] stoßen (auf +*akk*) ❷ (*encounter*) **have you ever ~ across anything like this before?** ist dir so etwas schon einmal begegnet? **◆come along** *vi* ❶ (*hurry*) **~ along!** jetzt komm [endlich]! ❷ (*go too*) mitgehen, mitkommen; **I'll ~ along later** ich komme später nach ❸ (*progress*) Fortschritte machen; *person* sich gut machen; **how is the project coming along?** wie geht's mit dem Projekt voran? **◆come apart** *vi* auseinanderfallen **◆come around** *vi see* **come round** **◆come at** *vi* ▪**to ~ at sb** auf jdn losgehen; **the ball was coming straight at me** der Ball kam genau auf mich zu **◆come away** *vi* ❶ (*leave*) weggehen ❷ (*become detached*) sich lösen **◆come back** *vi* ❶ (*return*) zurückkommen ❷ (*be remembered*) *name* wieder einfallen ❸ SPORTS aufholen **◆come by** *vi* ❶ (*visit*) vorbeikommen ❷ (*obtain*) kriegen; **how did you ~ by that black eye?** wie bist du denn zu dem blauen Auge gekommen? **◆come down** *vi* ❶ (*fall*) fallen; *trousers* rutschen; *plane* [not]landen; (*crash*) abstürzen ❷ (*collapse*) einstürzen; **the building will have to ~ down** das Gebäude muss abgerissen werden ❸ (*move down*) herunterkommen ❹ (*become less*) sinken ❺ (*depend on*) ankommen (**to** auf +*akk*) ❻ (*amount to*) hinauslaufen (**to** auf +*akk*) ❼ (*be taken ill*) ▪**to ~ down with sth** sich *dat* etw eingefangen haben **◆come forward** *vi* sich melden **◆come in** *vi* ❶ (*enter*) hereinkommen; **~ in!** herein! ❷ (*arrive*) ankommen, eintreffen; *ship* einlaufen; *train* einfahren; *plane* landen; *fruit, vegetables* geerntet werden; *tide* kommen; *money* reinkommen; *news* hereinkommen ❸ (*become fashionable*) in Mode kommen ❹ + *adj* (*be*) **to ~ in handy** gelegen kommen; **to ~ in useful** sich als nützlich erweisen ❺ (*play a part*) **where do I ~ in?** welche Rolle spiele ich dabei?; **and that's where you ~ in** und hier kommst du dann ins Spiel ❻ (*begin to participate*) sich *akk* einschalten; ▪**to ~ in on sth** sich *akk* an etw *dat* beteiligen **◆come into** *vi* ❶ (*inherit*) erben ❷ (*be involved*) **love doesn't ~ into it** Liebe spielt dabei keine Rolle **◆come off** *vi* ❶ (*fam: succeed*) klappen ❷ (*take place*) stattfinden ❸ (*end up*) abschneiden; **to always ~ off worse** immer den Kürzeren ziehen ❹ (*become detached*) abgehen ❺ (*fall off*) [he]runterfallen **◆come on** *vi* ❶ **~ on!** (*impatient*) komm jetzt!; (*encouraging*) komm schon!; (*annoyed*) jetzt hör aber auf! ❷ (*improve*) vorankommen; **how's your English coming on?** wie geht's mit deinem Englisch voran? ❸ (*appear*) *actor* auftreten ❹ (*begin*) *film* anfangen; (*start to work*) *heating* angehen **◆come out** *vi* ❶ (*go outside*) herauskommen; (*go out socially*) ausgehen ❷ (*be released*) *book* herauskommen; (*onto the market*) auf den Markt kommen; *results* bekannt gegeben werden; *film* anlaufen; **to ~ out of prison** aus dem Gefängnis kommen ❸ (*become known*) bekannt werden ❹ (*end up*) herauskommen; **these figures have ~ out wrong** diese Zahlen haben sich als falsch herausgestellt ❺ PHOT [gut] herauskommen ❻ (*tell*) ▪**to ~ out with sth** *truth* mit etw *dat* herausrücken; **to ~ out with a remark** eine Bemerkung loslassen ❼ (*appear*) *flowers, buds* herauskommen; *stars* zu sehen sein; *rash, spots* ausbrechen ❽ (*be covered*) **to come out in a rash** einen Ausschlag bekommen ❾ (*reveal homosexuality*) sich outen ❿ (*remove itself*) *tooth* herausfallen ⓫ (*fade*) *stain* herausgehen **◆come over** *vi* ❶ (*to a place*) [her]überkommen; (*to sb's home*) vorbeischauen ❷ (*create impression*) wirken **◆come round** *vi esp* BRIT, AUS ❶ (*visit sb's home*) vorbeikommen ❷ (*regain consciousness*) [wieder] zu sich kommen ❸ (*change one's mind*) seine Meinung ändern; **to ~ round to sb's point of view** sich jds Standpunkt *m* anschließen **◆come through** *vi* ❶ durchkommen ❷ (*survive*) überleben ❸ BRIT, AUS (*arrive*) *results, visa* eintreffen; *call* eingehen; **my divorce still hasn't ~ through** meine Scheidung ist noch nicht durch **◆come to** *vi* ❶ (*regain consciousness*) [wieder] zu sich kommen ❷ (*amount to*) sich belaufen auf +*akk*; **that ~s to £25** das macht 25 Pfund ❸ (*reach*) **what is the world coming to?** wo soll das alles nur hinführen?; **he won't ~ to any harm** ihm wird nichts passieren; **he will never ~ to much** er wird es nie zu viel bringen; **it ~s to the same thing** das läuft auf dasselbe raus; **to ~ to the conclusion ...** zu dem Schluss kommen, dass ...; **to ~ to nothing** zu nichts führen;

comforting somebody

comforting somebody	jemanden beruhigen
Don't panic!	**Nur keine Panik!**
Don't you worry about a thing.	**Machen Sie sich da keine Sorgen.**
Don't worry; we'll manage it **all right.**	**Keine Angst,** das werden wir **schon** hinkriegen.
We'll just have to wait and see (what happens).	**Abwarten und Tee trinken!**
It'll be all right.	**Es wird schon werden.**
It's not as bad as all that.	**Alles halb so schlimm.**
Stay calm!/Relax!/Keep cool!	**Immer mit der Ruhe!**

to ~ to the point zum Punkt kommen ④ (*concern*) **when it ~s to travelling ...** wenn's ums Reisen geht, ... ◆**come under** *vi* ① (*be listed under*) stehen unter; **soups ~ under 'starters'** Suppen sind als Vorspeisen aufgeführt ② (*subject to*) **to ~ under fire** unter Beschuss geraten ◆**come up** *vi* ① (*to higher place*) hochkommen; *sun, moon* aufgehen; **do you ~ up to Edinburgh often?** kommen Sie oft nach Edinburgh? ② (*be mentioned*) aufkommen; *topic* angeschnitten werden; *name* erwähnt werden ③ LAW *case* verhandelt werden ④ (*happen*) passieren ⑤ (*become vacant*) *job* frei werden ⑥ (*of plants*) herauskommen ◆**come upon** *vi thing* [zufällig] stoßen (auf +*akk*); *person* [zufällig] begegnen +*dat*

come·back ['kʌmbæk] *n* ① (*return*) Comeback *nt* ② (*retort*) Reaktion *f*

co·median [kə'mi:diən] *n* ① (*professional*) Komiker(in) *m(f)* ② (*amateur*) Clown *m*

co·medi·enne [kəˌmi:di'en] *n* ① (*professional*) Komikerin *f* ② (*amateur*) Clown *m*

come·down ['kʌmdaʊn] *n no pl* (*fam*) Abstieg *m*

com·edy ['kɒmədi, AM 'kɑ:-] *n* Komödie *f*

come-on ['kʌmɒn, AM -ɑ:n] *n* (*fam*) Anmache *f*

com·et ['kɒmɪt, AM 'kɑ:-] *n* Komet *m*

come-up·pance [kʌm'ʌpən(t)s] *n no pl* **to get one's ~** die Quittung kriegen

com·fort ['kʌm(p)fət, AM -fɚt] **I.** *n* ① *no pl* (*comfortable feeling*) Bequemlichkeit *f;* **the deadline is getting too close for ~** der Termin rückt bedrohlich näher ② *no pl* (*consolation*) Trost *m* ③ (*pleasurable things in life*) ■**~s** *pl* Komfort *m kein pl* **II.** *vt* trösten

com·fort·able ['kʌm(p)ftəbl̩, AM -fɚṭəbl̩] *adj* ① (*offering comfort*) bequem; *house, room* komfortabel; *income* ausreichend; *temperature* angenehm ② (*at ease*) **to be** [*or* **feel**] **~** sich wohl fühlen; **are you ~?** sitzt du bequem?; **to make oneself ~** es sich *dat* bequem machen ③ MED wohlauf

com·fort·ably ['kʌm(p)ftəbli, AM -fɚṭəbli] *adv* ① (*in a comfortable manner*) bequem ② (*easily*) leicht ③ (*in financially stable manner*) **they are ~ off** es geht ihnen [finanziell] gut

com·fort·er ['kʌm(p)fətəʳ, AM -fɚṭɚ] *n* AM (*duvet*) Oberbett *nt*

com·fort·ing ['kʌm(p)fətɪŋ, AM -fɚṭɪŋ] *adj thought* beruhigend; *word* tröstend

com·fort·less ['kʌm(p)fətləs, AM -fɚt-] *adj* (*form*) trostlos

'com·fort sta·tion *n* AM öffentliche Toilette

com·fy ['kʌm(p)fi] *adj* (*fam*) bequem

com·ic ['kɒmɪk, AM 'kɑ:-] **I.** *n* ① (*magazine*) Comicheft *nt* ② (*comedian*) *amateur* Clown *m; professional* Komiker(in) *m(f)* **II.** *adj* komisch

comi·cal ['kɒmɪkᵊl, AM 'kɑ:-] *adj* komisch

'com·ic book *n* AM Comicbuch *nt* **'com·ic strip** *n* Comic *m* (*in einer Zeitung*)

com·ing ['kʌmɪŋ] **I.** *adj* (*next*) kommend; (*approaching*) herannahend; *elections* anstehend; **this ~ Friday** nächsten Freitag **II.** *n* ① *no pl* (*arrival*) Ankunft *f* ② **~s and goings** ein Kommen und Gehen *nt*

com·ing 'out <*pl* comings out> *n* Outing *nt,* Coming-out *nt*

com·ma [ˌkɒmə, AM 'kɑ:mə] *n* Komma *nt*

com·mand [kə'mɑ:nd, AM -'mænd] **I.** *vt* ① (*order*) ■**to ~ sb** jdm einen Befehl geben ② MIL ■**to ~ sth** den Oberbefehl über etw *akk* haben; *company* leiten; *ship* befehligen **II.** *vi* Befehle erteilen **III.** *n* ① (*order*) Befehl *m* ② *no pl* (*authority*) Kommando *nt;* **to be in ~ of** befehligen; ■**to be at sb's ~** (*hum*) jdm zur Verfügung stehen ③ *no pl* (*knowledge*) Beherrschung *f*

com·man·dant ['kɒməndænt, AM 'kɑː-] *n* Kommandant(in) *m(f)*

com·'mand chain *n* Befehlskette *f,* Befehlshierarchie *f*

com·man·deer [ˌkɒmən'dɪəʳ, AM ˌkɑːmən'dɪr] *vt* beschlagnahmen

com·mand·er [kə'mɑːndəʳ, AM -'mændɚ] *n* ① MIL Kommandant(in) *m(f)* ② BRIT NAUT Fregattenkapitän(in) *m(f)*

com·mand·ing [kə'mɑːndɪŋ, AM -'mænd-] *adj* ① (*authoritative*) gebieterisch ② (*dominant*) *position* beherrschend

com·'mand key *n* COMPUT Befehlstaste *f*

com·mand·ment [kə'mɑːn(d)mənt, AM -'mæn(d)-] *n* REL **the Ten C~s** die Zehn Gebote *pl*

com·'mand mod·ule *n* Kommandokapsel *f*

com·man·do <*pl* -s *or* -es> [kə'mɑːndəʊ, AM -'mændoʊ] *n* MIL ① + *sing/pl vb* (*group*) Kommando *nt* ② (*member*) Angehörige(r) *f(m)* eines Kommandotrupps

com·'mand post *n* MIL Kommandoposten *m* **com·'mand prompt** *n* COMPUT Befehlsaufforderung *f*

com·memo·rate [kə'meməreɪt] *vt* gedenken +*gen*

com·memo·ra·tion [kəˌmemə'reɪʃᵊn] *n no pl* **in ~ of sb** zum Gedenken an jdn; **in ~ of sth** zur Erinnerung an etw *akk*

com·memo·ra·tive [kə'memᵊrətɪv, AM -ət̬ɪv] *adj* **~ issue** Gedächtnisausgabe *f;* **~ plaque** Gedenktafel *f*

com·mence [kə'men(t)s] *vi* (*form*) beginnen, anfangen

com·mence·ment [kə'men(t)smənt] *n* (*form: beginning*) Beginn *m,* Anfang *m*

com·mend [kə'mend] *vt* ① (*praise*) loben ② (*recommend*) empfehlen

com·mend·able [kə'mendəbl̩] *adj* lobenswert

com·men·da·tion [ˌkɒmen'deɪʃᵊn, AM ˌkɑːmən'-] *n* ① *no pl, no indef art* (*praise*) Belobigung *f* ② (*honour*) Auszeichnung *f*

com·ment ['kɒment, AM 'kɑː-] **I.** *n* Kommentar *m* **II.** *vi* einen Kommentar abgeben, bemerken; ■**to ~ on sth** sich zu etw *dat* äußern

com·men·tary ['kɒmentᵊri, AM 'kɑːmənteri] *n* Kommentar *m* (**on** über +*akk*)

com·men·tate ['kɒmənteɪt, AM 'kɑː-] *vi* TV, RADIO ■**to ~ on sth** etw kommentieren

com·men·ta·tor ['kɒmənteɪtəʳ, AM 'kɑːmənteɪt̬ɚ] *n* Kommentator(in) *m(f),* Reporter(in) *m(f)*

com·merce ['kɒmɜːs, AM 'kɑːmɜːrs] *n* Handel *m*

com·mer·cial [kə'mɜːʃᵊl, AM -'mɜːr-] **I.** *adj* ① (*relating to commerce*) kaufmännisch, Handels- ② (*profit-orientated*) kommerziell **II.** *n* Werbespot *m*

com·mer·cial·ism [kə'mɜːʃᵊlɪzᵊm, AM -'mɜːr-], **com·mer·ciali·za·tion** [kəˌmɜːʃᵊlaɪ'zeɪʃᵊn, AM -ˌmɜːrʃə-] *n no pl* Kommerzialisierung *f*

com·mer·cial·ize [kə'mɜːʃᵊlaɪz, AM -'mɜːrʃə-] *vt* kommerzialisieren

com·mis·er·ate [kə'mɪzᵊreɪt] *vi* mitfühlen

com·mis·era·tion [kəˌmɪzᵊ'reɪʃᵊn] *n* ① *no pl* (*sympathy*) Mitgefühl *nt* ② (*expression of sympathy*) ■**~s** *pl* Beileid *nt kein pl*

com·mis·sion [kə'mɪʃᵊn] **I.** *vt* (*order*) ■**to ~ sth** etw in Auftrag geben; ■**to ~ sb [to do sth]** jdn beauftragen[, etw zu tun] **II.** *n* ① (*order*) Auftrag *m* ② (*system of payment*) Provision *f* ③ + *sing/pl vb* (*investigative body*) Kommission *f* ④ *no pl* **in/out of ~** *machine* in/außer Betrieb; *battleship* in/außer Dienst; (*fig*) außer Gefecht; *see also* **passion**

com·mis·sion·aire [kəˌmɪʃᵊn'eəʳ] *n esp* BRIT Portier(in) *m(f)*

com·mis·sioned 'of·fic·er *n* Offizier(in) *m(f)*

com·mis·sion·er [kə'mɪʃᵊnəʳ, AM -ɚ] *n* Beauftragte(r) *f(m);* **police ~** Polizeipräsident(in) *m(f)*

com·mit <-tt-> [kə'mɪt] **I.** *vt* ① (*carry out*) begehen ② (*bind*) *money* bereitstellen; *soldiers* entsenden; **to ~ oneself to a relationship** sich auf eine Beziehung einlassen; ■**to ~ oneself to doing sth** sich verpflichten, etw zu tun **II.** *vi* (*bind oneself*) ■**to ~ to sth** sich auf etw *akk* festlegen

com·mit·ment [kə'mɪtmənt] *n* ① *no pl* (*dedication*) Engagement *nt* ② (*obligation*) Verpflichtung *f* (**to** gegenüber +*dat*); **with absolutely no ~ to buy!** es besteht keinerlei Kaufzwang!

com·mit·ted [kə'mɪtɪd, AM -'mɪt̬ɪd] *adj* ① (*obliged*) verpflichtet; ■**to be ~ to sth** auf etw *akk* festgelegt sein ② (*dedicated*) engagiert; *Christian* überzeugt; ■**to be ~ to sth** sich für etw *akk* engagieren

com·mit·tee [kə'mɪti, AM -'mɪt̬i] *n* + *sing/pl vb* Ausschuss *m,* Komitee *nt*

Grammatik

Wenn man von **the committee** im Sinne von einer Einheit spricht, wird es mit einem Verb im Singular gebraucht: *the committe is meeting this afternoon* Wenn man jedoch von den einzelnen Gruppenmitgliedern sprechen will, wird

C

the committee mit einem Verb im Plural gebraucht: *the committee are unable to agree*

com·mode [kə'məʊd, AM -'moʊd] *n* ❶ (*chair with toilet*) Nachtstuhl *m* ❷ (*chest of drawers*) [dekorative] Kommode

com·mod·ity [kə'mɒdəti, AM -'mɑːdəţi] *n* (*product*) Ware *f;* (*raw material*) Rohstoff *m*

com·mo·dore ['kɒmədɔːʳ, AM 'kɑːmədɔːr] *n* (*in navy*) Kommodore *m*

com·mon ['kɒmən, AM 'kɑː-] **I.** *adj* <-er, -est *or* more ~, most ~> ❶ (*often encountered*) üblich, gewöhnlich; *disease* weit verbreitet; *name* gängig ❷ (*normal*) normal; **it is ~ knowledge/practice ...** es ist allgemein bekannt/üblich ... ❸ (*shared*) gemeinsam; **by ~ consent** mit allgemeiner Einwilligung; **for the ~ good** für das Gemeinwohl; **in ~** gemeinsam ❹ <-er, -est> (*pej: vulgar*) vulgär **II.** *n* Gemeindeland *nt*

com·mon de·'nomi·na·tor *n* gemeinsamer Nenner

com·mon·er ['kɒmənəʳ, AM 'kɑːmənɚ] *n* Bürgerliche(r) *f(m)*

com·mon 'land *n* Gemeindeland *nt* **com·mon 'law** *n no pl* [ungeschriebenes englisches] Gewohnheitsrecht **'com·mon-law** *adj* **~ marriage** eheähnliche Gemeinschaft, Konsensehe *f;* **~ husband/wife** Lebensgefährte *m*/Lebensgefährtin *f*

com·mon·ly ['kɒmənli, AM 'kɑː-] *adv* ❶ (*often*) häufig; (*usually*) gemeinhin; **a ~ held belief** eine weit verbreitete Annahme; **~ known as ...** oft auch ... genannt ❷ (*pej: vulgarly*) gewöhnlich

com·mon-or-'gar·den *adj* BRIT (*fam*) stinknormal

'com·mon·place I. *adj* ❶ (*normal*) alltäglich ❷ (*pej: trite*) banal **II.** *n* Gemeinplatz *m*

'com·mon room *n* BRIT SCH Gemeinschaftsraum *m*

Com·mons ['kɒmənz, AM 'kɑː-] *n + sing/pl vb* POL ■**the ~** das Unterhaus

com·mon 'sense *n no pl* gesunder Menschenverstand **com·mon 'stocks** *npl* AM STOCKEX Stammaktien *pl*

Com·mon·wealth ['kɒmənwelθ, AM 'kɑːm-] *n* (*Commonwealth of Nations*) ■**the ~** das [*o* ÖSTERR, SÜDD, SCHWEIZ der] Commonwealth

Com·mon·wealth of 'Na·tions *n* ■**the ~** das Commonwealth

Land und Leute

Das **Commonwealth of Nations** (früher *British Commonwealth*) ist eine freiwillige Organisation unabhängiger Staaten, die nach und nach aus dem alten *British Empire* hervorgegangen ist. 1931 wurde es offiziell mit dem *Statute of Westminster* gegründet. Zu diesem Zeitpunkt waren Kanada, Australien, Südafrika und Neuseeland bereits selbstverwaltet und bildeten zusammen mit dem Vereinigten Königreich die ersten Mitglieder. Die meisten der anderen früher von Großbritannien regierten Länder haben sich mit ihrer Unabhängigkeit entschieden, dem Commonwealth beizutreten. Heutzutage verbindet die Organisation in erster Linie die kulturelle und wirtschaftliche Zusammenarbeit. Die Staatsoberhäupter der Commonwealth-Länder treffen sich zweimal im Jahr.

com·mo·tion [kə'məʊʃən, AM -'moʊ-] *n usu no pl* ❶ (*fuss*) Theater *nt* (**over** um *+akk*) ❷ (*noisy confusion*) Spektakel *m*

com·mu·nal ['kɒmjʊnəl, kə'mjuː-, AM kə'mjuː-, 'kɑːmjə-] *adj* ❶ (*shared*) gemeinsam; **~ bathroom** Gemeinschaftsbad *nt* ❷ (*of racial communities*) Rassen- ❸ (*of religious communities*) Gemeinde-

com·mune ['kɒmjuːn, AM 'kɑː-] *n + sing/pl vb* Kommune *f*

com·mu·ni·cable [kə'mjuːnɪkəbl] *adj* vermittelbar; *disease* übertragbar

com·mu·ni·cate [kə'mjuːnɪkeɪt] **I.** *vt* ❶ (*pass on*) mitteilen; *knowledge* vermitteln ❷ *disease* übertragen auf *+akk* **II.** *vi* ❶ (*give information*) kommunizieren ❷ (*be in touch*) in Verbindung stehen; (*socially*) sich verstehen

com·mu·ni·ca·tion [kə,mjuːnɪ'keɪʃən] *n no pl* ❶ (*being in touch*) Kommunikation *f;* **~ gap** Informationslücke *f* ❷ (*passing on*) *of ideas* Vermittlung *f; of information* Übermittlung *f; of emotions* Ausdruck *m* ❸ (*form: thing communicated*) Mitteilung *f*

com·mu·ni·ca·tive [kə'mjuːnɪkətɪv, AM *esp* -nəkeɪţɪv] *adj* gesprächig; **~ skills** kommunikatives Talent

Com·mun·ion [kə'mjuːniən, AM -njən] *n no pl* ■[**Holy**] **~** (*Protestant*) das [heilige] Abendmahl; (*Catholic*) die [heilige] Kommunion

com·mu·ni·qué [kə'mjuːnikeɪ, AM kə,mjuːni'keɪ] *n* Kommuniqué *nt*

com·mun·ism ['kɒmjənɪzəm, AM 'kɑː-] *n no pl* Kommunismus *m*

com·mun·ist [ˈkɒmjənɪst, AM ˈkɑː-] **I.** *n* Kommunist(in) *m(f)* **II.** *adj* kommunistisch

com·mu·nity [kəˈmjuːnəti, AM -nət̬i] *n* ① ADMIN Gemeinde *f* ② (*group*) **the business ~** die Geschäftswelt ③ *no pl* (*public*) ■**the ~** die Allgemeinheit

> **Grammatik**
>
> Wenn man von **community** im Sinne von einer Einheit spricht, wird es mit einem Verb im Singular gebraucht: *the internet community is growing constantly*
> Wenn man jedoch von den einzelnen Gruppenmitgliedern sprechen will, wird **the community** mit einem Verb im Plural gebraucht: *most of the community are opposed to the plans*

com·ˈmu·nity cen·tre, AM **com·ˈmu·nity cen·ter** *n* Gemeindezentrum *nt* **com·mu·nity ˈhome** *n* Fürsorgeanstalt *f* **com·mu·nity ˈser·vice** *n no pl* gemeinnützige Arbeit **com·ˈmu·nity work·er** *n* Sozialarbeiter(in) *m(f)*

com·mu·ˈta·tion tick·et *n* AM RAIL Zeitkarte *f*

com·mute [kəˈmjuːt] **I.** *n* (*fam*) Pendelstrecke *f* **II.** *vi* pendeln

com·mut·er [kəˈmjuːtəʳ, AM -t̬ɚ] *n* Pendler(in) *m(f)*

com·ˈmut·er belt *n* städtischer Einzugsbereich **com·ˈmut·er traf·fic** *n* Pendelverkehr *m* **com·ˈmut·er train** *n* Pendlerzug *m*

com·pact **I.** *adj* [kəmˈpækt] kompakt; *snow* fest; *style* knapp **II.** *vt* [kəmˈpækt] (*form: by a person*) festtreten; (*by a vehicle*) festfahren **III.** *n* [ˈkɒmpækt, AM ˈkɑː-] ① (*cosmetics*) Puderdose *f* ② AM, AUS AUTO Kompaktwagen *m*

com·pact ˈdisc, AM *a.* **com·pact ˈdisk** *n* Compactdisc *f*

com·pact·ness [kəmˈpæktnəs] *n no pl* Kompaktheit *f; of style* Knappheit *f*

com·pan·ion [kəmˈpænjən] *n* (*person accompanying sb*) Begleiter(in) *m(f);* (*associate*) Gefährte(in) *m(f)*

com·pan·ion·able [kəmˈpænjənəbl̩] *adj* angenehm

com·pan·ion·ship [kəmˈpænjənʃɪp] *n no pl* (*company*) Gesellschaft *f;* (*friendship*) Kameradschaft *f*

com·pa·ny [ˈkʌmpəni] *n* ① COMM Firma *f,* Unternehmen *nt;* **shipping ~** Reederei *f;* **~ policy** Firmenpolitik *f* ② *no pl* (*companionship*) Gesellschaft *f;* **to keep sb ~** jdm Gesellschaft leisten ③ *no pl* (*visitors*) Besuch *m kein pl,* Gäste *pl* ④ (*group*) THEAT Schauspieltruppe *f;* MIL Kompanie *f*

> **Grammatik**
>
> Wenn man von **the company** im Sinne von einer Einheit spricht, wird es mit einem Verb im Singular gebraucht: *the company is involved in overseas projects*
> Wenn man jedoch von den einzelnen Gruppenmitgliedern sprechen will, wird **the company** mit einem Verb im Plural gebraucht: *his company are considering a number of changes*

com·pa·rable [ˈkɒmpᵊrəbl̩, AM ˈkɑːm-] *adj* vergleichbar (**to, with** mit +*dat*)

com·para·tive [kəmˈpærətɪv, AM -ˈperət̬ɪv] **I.** *n* Komparativ *m* **II.** *adj* ① (*involving comparison*) vergleichend ② (*relative*) relativ

com·para·tive·ly [kəmˈpærətɪvli, AM -ˈperət̬ɪv-] *adv* ① (*relatively*) verhältnismäßig ② (*by comparison*) im Vergleich

com·pare [kəmˈpeəʳ, AM -ˈper] **I.** *vt* vergleichen (**to, with** mit); **to ~ notes on sth** (*fig*) Meinungen über etw *akk* austauschen **II.** *vi* vergleichbar sein; **to ~ favourably** vergleichsweise gut abschneiden

com·pari·son [kəmˈpærɪsᵊn, AM -ˈper-] *n* Vergleich *m;* **by ~ with** verglichen mit; **to draw** [*or* **make**] **a ~** einen Vergleich anstellen; **there's no ~ between them** man kann sie nicht vergleichen

com·part·ment [kəmˈpɑːtmənt, AM -ˈpɑːrt-] *n* ① RAIL [Zug]abteil *nt,* Coupé *nt* ÖSTERR ② (*section*) Fach *nt*

com·pass <*pl* -es> [ˈkʌmpəs] *n* ① (*for showing direction*) Kompass *m;* **they took a ~ reading** sie lasen den Kompass ab ② (*for drawing circles*) Zirkel *m*

com·pas·sion [kəmˈpæʃᵊn] *n no pl* **to feel ~ for** [*or* **towards**] **sb** Mitleid mit jdm haben; **to show ~ for** [*or* **towards**] **sb** Mitgefühl für jdn zeigen

com·pas·sion·ate [kəmˈpæʃᵊnət] *adj* mitfühlend

com·pat·ibil·ity [kəmˌpætəˈbɪləti, AM -ˌpæt̬əˈbɪlət̬i] *n no pl* Vereinbarkeit *f;* COMPUT, MED Kompatibilität *f*

com·pat·ible [kəmˈpætɪbl̩, AM -ˈpæt̬-] *adj* ① ■**to be ~** zusammenpassen ② COMPUT, MED kompatibel ③ (*consistent*) vereinbar

com·pat·ri·ot [kəmˈpætriət, AM -ˈpeɪ-] *n* (*form*) Landsmann, -männin *m, f*

com·pel <-ll-> [kəmˈpel] *vt* ■**to ~ sb to do sth** jdn [dazu] zwingen, etw zu tun

com·pel·ling [kəmˈpelɪŋ] *adj reason* zwingend; *performance* fesselnd

com·pen·sate [ˈkɒmpənseɪt, AM ˈkɑːm-] **I.** *vt*

[finanziell] entschädigen **II.** *vi* kompensieren; ■**to ~ for sth** etw ausgleichen

com·pen·sa·tion [ˌkɒmpənˈseɪʃən, AM ˌkɑːm-] *n no pl* Entschädigung[sleistung] *f,* Schadenersatz *m*

com·père [ˈkɒmpeər] BRIT **I.** *n* Showmaster(in) *m(f)* **II.** *vt* konferieren

com·pete [kəmˈpiːt] *vi* ■**to ~ [with sb]** [gegen jdn] kämpfen (**for** um +*akk*); **~ in a race** an einem Rennen teilnehmen

com·pe·tence [ˈkɒmpɪtən(t)s, AM ˈkɑːm-], **com·pe·ten·cy** [ˈkɒmpɪtən(t)si, AM ˈkɑːm-] *n no pl* ① (*ability*) Fähigkeiten *pl,* Kompetenz *f* ② LAW Zuständigkeit *f*

com·pe·tent [ˈkɒmpɪtənt, AM ˈkɑːm-] *adj* ① (*capable*) fähig; (*qualified*) kompetent ② LAW zuständig

com·pe·ti·tion [ˌkɒmpəˈtɪʃən, AM ˌkɑːm-] *n* ① *no pl* (*state of competing*) COMM Konkurrenz *f,* Wettbewerb *m;* ■**to be in ~ with sb** mit jdm konkurrieren ② (*contest*) Wettbewerb *m*

com·peti·tive [kəmˈpetɪtɪv, AM -ˈpet̬ət̬ɪv] *adj* ① (*characterized by competition*) konkurrierend; (*eager to compete*) kampfbereit; **~ sports** Leistungssport *m* ② COMM konkurrenzfähig, wettbewerbsfähig; **~ edge** Wettbewerbsvorteil *m*

com·peti·tive·ness [kəmˈpetɪtɪvnəs, AM -ˈpet̬ət̬ɪv-] *n no pl* ① (*ambition*) Konkurrenzdenken *nt* ② COMM Wettbewerbsfähigkeit *f*

com·peti·tor [kəmˈpetɪtər, AM -ˈpet̬ət̬ɚ] *n* ① (*one who competes*) [Wett-kampf]gegner(in) *m(f);* (*participant*) [Wettbewerbs]teilnehmer(in) *m(f)* ② COMM Konkurrent(in) *m(f)*

com·pi·la·tion [ˌkɒmprˈleɪʃən, AM ˌkɑːmpə-] *n* ① *no pl* (*act of compiling*) Zusammenstellung *f* ② (*collection*) Sammlung *f*

com·pile [kəmˈpaɪl] *vt* ① (*put together*) *list* erstellen ② (*gather*) *facts* zusammentragen ③ COMPUT kompilieren

com·pil·er [kəmˈpaɪlər, AM -ɚ] *n* ① Sammler(in) *m(f)* ② COMPUT Compiler *m*

com·pla·cence [kəmˈpleɪsən(t)s], **com·pla·cen·cy** [kəmˈpleɪsən(t)si] *n no pl* (*pej*) Selbstzufriedenheit *f*

com·pla·cent [kəmˈpleɪsənt] *adj* (*pej*) selbstzufrieden

com·plain [kəmˈpleɪn] *vi* klagen, sich beklagen (**about, of** über +*akk*)

com·plaint [kəmˈpleɪnt] *n* ① (*expression of displeasure*) Beschwerde *f,* Klage *f* ② LAW Klageschrift *f;* **to lodge** [*or* **make**] **a ~ against sb** jdn verklagen; AM gegen jdn Anzeige erstatten ③ COMM Mängelrüge *f*

com·ple·ment [ˈkɒmplɪmənt, AM ˈkɑːm-] **I.** *vt* ergänzen; **to ~ each other** sich [gegenseitig] ergänzen **II.** *n* ① Ergänzung *f* ② *no pl* **a full ~ of staff** eine komplette Ersatzmannschaft

com·ple·men·tary [ˌkɒmplɪˈmentəri, AM ˌkɑːmpləˈment̬ɚi] *adj* [einander] ergänzend

com·plete [kəmˈpliːt] **I.** *vt* ① (*add what is missing*) vervollständigen; *form* [vollständig] ausfüllen ② (*finish*) fertigstellen; *course* absolvieren; *studies* zu Ende bringen **II.** *adj* ① (*with nothing missing*) vollständig, komplett ② (*including*) **~ with** inklusive ③ (*total*) absolut; *breakdown* total; *darkness, stranger, surprise* völlig; **a ~ fool** ein Vollidiot *m*

com·plete·ly [kəmˈpliːtli] *adv* völlig; **~ certain** absolut sicher; **to be ~ convinced** der vollen Überzeugung sein

com·plete·ness [kəmˈpliːtnəs] *n no pl* Vollständigkeit *f*

com·ple·tion [kəmˈpliːʃən] *n no pl* Fertigstellung *f;* **on ~ of the project** nach Abschluss des Projekts

com·plex **I.** *adj* [ˈkɒmpleks, AM kɑːmˈpleks] komplex; (*complicated*) kompliziert; *issue, personality* vielschichtig; *plot* verwickelt **II.** *n* <*pl* -es> [ˈkɒmpleks, AM ˈkɑːm-] ① ARCHIT Komplex *m;* **sports and leisure ~** Sport- und Freizeitzentrum *nt* ② PSYCH Komplex *m* (**about** wegen +*dat*)

com·plex·ion [kəmˈplekʃən] *n* Teint *m;* **clear ~** reine Haut

com·plex·ity [kəmˈpleksəti, AM -ət̬i] *n no pl* (*intricacy*) Komplexität *f*

com·pli·ance [kəmˈplaɪən(t)s] *n no pl* (*form: conformity*) Übereinstimmung *f;* **in ~ with the regulations** unter Einhaltung der Bestimmungen

com·pli·ant [kəmˈplaɪənt] *adj* (*form*) gefügig

com·pli·cate [ˈkɒmplɪkeɪt, AM ˈkɑːmplə-] *vt* [noch] komplizierter machen

com·pli·cat·ed [ˈkɒmplɪkeɪtɪd, AM ˈkɑːmpləkeɪt̬ɪd] *adj* kompliziert

com·pli·ca·tion [ˌkɒmplɪˈkeɪʃən, AM ˌkɑːmpləˈ-] *n* Komplikation *f*

com·plic·ity [kəmˈplɪsəti, AM -ət̬i] *n no pl* (*form*) Mittäterschaft *f*

com·pli·ment [ˈkɒmplɪmənt, AM ˈkɑːmplə-] **I.** *n* Kompliment *nt;* **to pay sb a ~** jdm ein Kompliment machen ► PHRASES: **to be fishing for ~s** auf Komplimente aus sein **II.** *vt* ■**to ~ sb** jdm ein Kompliment machen

com·pli·men·tary [ˌkɒmplɪˈmentəri, AM ˈkɑːmpləment̬ɚi] *adj* ① (*expressing a compliment*) schmeichelhaft ② (*free*) Frei-

com·ply [kəmˈplaɪ] *vi* sich fügen; **to ~ with the regulations** die Bestimmungen erfüllen

com·po·nent [kəm'pəʊnənt, AM -'poʊ-] *n* [Bestand]teil *m*

com·po·nent 'parts *npl* Einzelteile *pl*

com·pose [kəm'pəʊz, AM -'poʊz] **I.** *vi* komponieren **II.** *vt* ① MUS komponieren ② LIT verfassen; *letter* aufsetzen ③ (*comprise*) ■**to be ~d of sth** aus etw *dat* bestehen

com·posed [kəm'pəʊzd, AM -'poʊzd] *adj* gefasst

com·pos·er [kəm'pəʊzəʳ, AM -'poʊzɚ] *n* Komponist(in) *m(f)*

com·po·site ['kɒmpəzɪt, AM kəm'pɑːzɪt] **I.** *n* Gemisch *nt* **II.** *adj* zusammengesetzt

com·po·si·tion [ˌkɒmpə'zɪʃᵊn, AM ˌkɑːm-] *n* ① *no pl* (*in music*) Komponieren *nt;* (*in literature*) Verfassen *nt* ② (*piece*) Komposition *f* ③ (*arrangement*) Gestaltung *f;* (*of painting*) Komposition *f* ④ *no pl* (*make-up*) Zusammenstellung *f;* CHEM Zusammensetzung *f*

com·post ['kɒmpɒst, AM 'kɑːmpoʊst] **I.** *n no pl* Kompost *m* **II.** *vt* kompostieren

com·po·sure [kəm'pəʊʒəʳ, AM -'poʊʒɚ] *n no pl* Fassung *f*

com·pound¹ [kəm'paʊnd, AM *esp* kɑːm'-] *vt* verschlimmern

com·pound² ['kɒmpaʊnd, AM 'kɑːm-] **I.** *n* ① (*combination*) Mischung *f* ② CHEM Verbindung *f* ③ MIL Truppenlager *nt;* **embassy ~** Botschaftsgelände *nt* **II.** *adj* zusammengesetzt

com·pound 'frac·ture *n* MED komplizierter Bruch **com·pound 'in·ter·est** *n* FIN Zinseszins *m meist pl*

com·pre·hend [ˌkɒmprɪ'hend, AM ˌkɑːm-] *vi, vt* begreifen, verstehen

com·pre·hen·sible [ˌkɒmprɪ'hen(t)səbl̩, AM ˌkɑːm-] *adj* verständlich (**to** für +*akk*)

com·pre·hen·sion [ˌkɒmprɪ'hen(t)ʃᵊn, AM ˌkɑːm-] *n no pl* Verständnis *nt;* **to be beyond sb's ~** jdm unbegreiflich sein

com·pre·hen·sive [ˌkɒmprɪ'hen(t)sɪv, AM ˌkɑːmprə-] **I.** *adj* umfassend; *answer* ausführlich; *list* vollständig; **~ insurance** BRIT Vollkaskoversicherung *f* **II.** *n* BRIT Gesamtschule *f*

com·pre·hen·sive·ly [ˌkɒmprɪ'hen(t)sɪvli, AM ˌkɑːmprə-] *adv* umfassend

com·pre·hen·sive 'school *n* BRIT Gesamtschule *f*

Land und Leute

Die meisten staatlich geführten *secondary schools* (weiterführende Schulen) in Großbritannien sind **comprehensive schools** für Schüler zwischen 11 und 18 Jahren. An den **comprehensive schools** werden unterschiedlich lernstarke Kinder unterrichtet. Das *streaming* (Einteilung in Leistungsgruppen) unterteilt die Kinder jedoch entsprechend ihrer Begabung für verschiedene Fächer in Schuljahresgruppen mit 3, 6 oder sogar 8 Leistungsstufen. Es ist zum Beispiel möglich, in Mathe in der ersten und in Geschichte in der letzten Gruppe zu sein. Mit 16 machen die meisten Schüler ihre *GCSE* Prüfung und diejenigen mit den besten Noten bleiben oft auf der Schule, um mit *A Level*-Kursen weiterzumachen. Andere wiederum entscheiden sich am *college* weiter zu lernen oder beginnen zu arbeiten.

com·press¹ [kəm'pres] *vt* ① (*squeeze together*) zusammendrücken ② (*condense*) zusammenfassen

com·press² <*pl* -es> ['kɒmpres, AM 'kɑːm-] *n* MED Kompresse *f*

com·pressed [kəm'prest] *adj* komprimiert

com·pres·sion [kəm'preʃᵊn] *n no pl* Kompression *f; see also* **mission**

com·pres·sor [kəm'presəʳ, AM -ɚ] *n* Kompressor *m*, Verdichter *m*

com·prise [kəm'praɪz] *vt* (*form*) ■**to ~ sth** aus etw *dat* bestehen

com·pro·mise ['kɒmprəmaɪz, AM 'kɑːm-] **I.** *n* Kompromiss *m* **II.** *vi* Kompromisse eingehen **III.** *vt* etw *dat* schaden; ■**to ~ oneself** sich kompromittieren

com·pro·mis·ing ['kɒmprəmaɪzɪŋ, AM 'kɑːm-] *adj* kompromittierend

com·pul·sion [kəm'pʌlʃᵊn] *n no pl* Zwang *m*

com·pul·sive [kəm'pʌlsɪv] *adj* ① (*obsessive*) zwanghaft; *liar* notorisch ② (*captivating*) fesselnd; **~ viewing** TV Pflichttermin *m*

com·pul·so·ry [kəm'pʌlsᵊri] *adj* obligatorisch; **~ subject** Pflichtfach *nt*

com·punc·tion [kəm'pʌŋ(k)ʃᵊn] *n no pl* Schuldgefühle *pl;* ■**to have no ~ about sth** keine Skrupel wegen einer S. *gen* haben

com·pu·ta·tion [ˌkɒmpjə'teɪʃᵊn, AM ˌkɑːm-] *n* Berechnung *f*

com·pute [kəm'pjuːt] *vt* berechnen ▸PHRASES: **that doesn't ~** AM das ergibt keinen Sinn

com·put·er [kəm'pjuːtəʳ, AM -t̬ɚ] *n* Computer *m*

com·put·er-'aid·ed, com·put·er-as·'sist·ed *adj* COMPUT computergestützt, rechnerunterstützt **com·'put·er cen·tre**, AM **com·'put·er cen·ter** *n* Rechenzentrum *nt* **com·'put·er game** *n* Computerspiel *nt* **com·put·er 'graph·ics** *n + sing/pl vb* Computergrafik *f*

com·put·eri·za·tion [kəmˌpjuːtəraɪˈzeɪʃən, AM -t̬ərɪ'-] *n no pl* ① (*computer storage*) Computerisierung *f* ② (*equipping with computers*) Ausrüstung *f* mit Computern

com·put·er·ize [kəm'pjuːtəraɪz, AM -t̬əraɪz] **I.** *vt* ① (*store on computer*) [im Computer] speichern ② (*equip with computers*) computerisieren **II.** *vi* auf EDV umstellen

com·put·er 'net·work *n* Rechnernetz *nt* **com·put·er 'pro·gram·mer** *n* Programmierer(in) *m(f)* **com·put·er 'sci·ence** *n no pl* Informatik *f* **com·put·er 'sci·en·tist** *n* Informatiker(in) *m(f)* **com·'put·er search** *n* Recherche *f* am Computer **com·put·er 'vi·rus** *n* Virus *m*

com·put·ing [kəm'pjuːtɪŋ, AM -t̬ɪŋ] *n no pl* ① (*calculating*) Berechnen *nt* ② COMPUT EDV *f*

com·rade ['kɒmreɪd, AM 'kɑːmræd] *n* ① (*friend*) Kamerad(in) *m(f)* ② POL Genosse, Genossin *m, f*

com·rade·ship ['kɒmreɪdʃɪp, AM 'kɑːmræd-] *n no pl* Kameradschaft *f*

con[1] [kɒn, AM kɑːn] (*fam*) **I.** *vt* <-nn-> *person* reinlegen; **to ~ sb into believing** [*or* **thinking**] **that ...** jdm weismachen wollen, dass ... **II.** *n* ① (*trick*) Schwindel *m kein pl* ② (*convict*) Knacki *m*

con[2] [kɒn, AM kɑːn] *n usu pl* (*fam*) **the pros and ~s** das Pro und Kontra

'con art·ist *n* Schwindler(in) *m(f)*

con·cave ['kɒnkeɪv, AM kɑːn'keɪv] *adj* konkav

con·ceal [kən'siːl] *vt* verbergen (**from** vor +*dat*)

con·ceal·ment [kən'siːlmənt] *n no pl* Verheimlichung *f; of feelings* Verbergen *nt*

con·cede [kən'siːd] **I.** *vt* ① (*acknowledge*) zugeben; **to ~ defeat** sich geschlagen geben ② (*grant*) einräumen ③ SPORTS *goal* kassieren; *point, match* abgeben **II.** *vi* sich geschlagen geben

con·ceit [kən'siːt] *n no pl* Einbildung *f*

con·ceit·ed [kən'siːtɪd, AM -t̬-] *adj* eingebildet

con·ceiv·able [kən'siːvəbl̩] *adj* vorstellbar

con·ceive [kən'siːv] **I.** *vt* ① (*conceptualize*) kommen auf +*akk* ② (*imagine*) sich *dat* vorstellen ③ (*become pregnant with*) empfangen **II.** *vi* ① (*imagine*) ■**to ~ of sth** sich *dat* etw vorstellen ② (*become pregnant*) empfangen

con·cen·trate ['kɒn(t)səntreɪt, AM 'kɑːn(t)-] **I.** *vi* ① (*focus one's thoughts*) sich konzentrieren ② (*come together*) sich sammeln **II.** *vt* konzentrieren; **to ~ one's mind on sth** sich auf etw *akk* konzentrieren **III.** *n* Konzentrat *nt*

con·cen·trat·ed ['kɒn(t)səntreɪtɪd, AM 'kɑːn(t)səntreɪt̬-] *adj* konzentriert; *attack* geballt; *effort* gezielt

con·cen·tra·tion [ˌkɒn(t)sən'treɪʃən, AM ˌkɑːn(t)-] *n* ① *no pl* (*mental focus*) Konzentration *f* (**on** auf +*akk*) ② (*accumulation*) Konzentrierung *f; of troops* Zusammenziehung *f* ③ CHEM Konzentration *f*

con·cen·'tra·tion camp *n* Konzentrationslager *nt*

con·cen·tric [kən'sentrɪk] *adj* konzentrisch

con·cept ['kɒnsept, AM 'kɑːn-] *n* ① (*abstract idea*) Vorstellung *f* ② (*plan*) Entwurf *m*, Konzept *nt* (**of** für +*akk*)

Falsche Freunde

Nicht verwechseln mit Konzept *nt* — (*für Aufsatz*) *rough copy*!

con·cep·tion [kən'sepʃən] *n* ① (*basic understanding*) Vorstellung *f* ② (*idea*) Idee *f*, Konzept *nt;* (*creation*) Konzeption *f* ③ *no pl* BIOL Empfängnis *f*

con·cep·tual [kən'septʃuəl] *adj* begrifflich

con·cep·tu·al·ize [kən'septʃuəlaɪz] **I.** *vi* [begrifflich] denken **II.** *vt* begrifflich erfassen

con·cern [kən'sɜːn, AM -'sɜːrn] **I.** *n* ① (*interest*) Anliegen *nt;* (*preoccupation*) Sorge *f* ② (*worry*) Sorge *f*, Besorgnis *f* (**about** um +*akk*); **my ~ is that ...** ich mache mir Sorgen, dass ...; **there's no cause for ~** es besteht kein Grund zur Sorge ③ (*business*) Angelegenheit *f;* **that's none of your ~** das geht dich nichts an *m* **II.** *vt* ① (*apply to, be sb's business*) angehen; (*affect*) betreffen; **as far as I'm ~ed** was mich betrifft ② (*take an interest in*) ■**to ~ oneself with sth** sich mit etw *dat* befassen ③ (*be about*) handeln von

con·cerned [kən'sɜːnd, AM -'sɜːrnd] *adj* ① (*involved*) betroffen; **I'd like to thank everyone ~** ich möchte allen Beteiligten danken; **the parties ~** die Beteiligten ② (*worried*) besorgt; **I'm a bit ~ about your health** ich mache mir Gedanken um deine Gesundheit; **he was ~ to hear that ...** er vernahm mit Sorge, dass ...

con·cerning [kən'sɜːnɪŋ, AM -'sɜːrn-] *prep* bezüglich +*gen*

con·cert ['kɒnsət, AM 'kɑːnsət] *n* MUS Konzert *nt;* **in ~** live

con·cert·ed [kən'sɜːtɪd, AM -'sɜːrt̬ɪd] *adj* (*joint*) gemeinsam

con·cert 'grand *n* Konzertflügel *m*

con·cer·ti·na [ˌkɒn(t)sə'tiːnə, AM 'kɑːn(t)sə-] **I.** *n* Ziehharmonika *f* **II.** *vi* BRIT, AUS sich [ziehharmonikaförmig] zusammen-

C

schieben

'con·cert·mas·ter *n* AM Konzertmeister(in) *m(f)*

con·cer·to <*pl* -s *or* -ti> [kən'tʃeətəʊ, *pl* -ti, AM -'tʃerţoʊ, *pl* -ţi] *n* Konzert *nt*

con·ces·sion [kən'seʃᵊn] *n* ❶ Zugeständnis *nt;* **as a ~** als Ausgleich; **to make no ~ to sth** auf etw *akk* keine Rücksicht nehmen ❷ (*admission of defeat*) Eingeständnis *nt* [einer Niederlage] ❸ ECON Konzession *f*

con·cili·ate [kən'sɪlieɪt] **I.** *vi* schlichten **II.** *vt* (*placate*) besänftigen; *see also* **acid**

con·cili·ation [kən,sɪli'eɪʃᵊn] *n no pl* (*form*) ❶ (*reconciliation*) Besänftigung *f* ❷ (*mediation*) Schlichtung *f*

con·cili·'ation board *n* Schlichtungskommission *f*

con·cilia·tory [kən'sɪliətᵊri, AM -tɔːri] *adj* versöhnlich; (*mediating*) beschwichtigend

con·cise [kən'saɪs] *adj* präzise; *answer* kurz und bündig; *style a.* knapp; *see also* **pencil**

con·cise·ness [kən'saɪsnəs] *n,* **con·ci·sion** [kən'sɪʒᵊn] *n no pl* Prägnanz *f*

con·clude [kən'kluːd] **I.** *vi* enden, schließen; **'that's all I have to say,' he ~d** „mehr habe ich nicht zu sagen", meinte er abschließend **II.** *vt* ❶ (*finish*) [ab]schließen ❷ (*infer*) ■**to ~ [from sth] that ...** [aus etw] schließen, dass ...

con·clud·ing [kən'kluːdɪŋ] *adj* abschließend; **~ remark** Schlussbemerkung *f*

con·clu·sion [kən'kluːʒᵊn] *n* ❶ (*end*) Abschluss *m; of a story* Schluss *m;* **in ~** zum Abschluss, abschließend ❷ (*decision*) **to come to a ~** einen Beschluss fassen ❸ (*inference*) Schluss *m,* Schlussfolgerung *f;* **to draw** [*or* **reach**] **the ~ that ...** zu dem Schluss gelangen, dass ...

con·clu·sive [kən'kluːsɪv] *adj* ❶ (*convincing*) schlüssig ❷ (*decisive*) eindeutig; *evidence* stichhaltig

con·coct [kən'kɒkt, AM -'kɑːkt] *vt dish* zusammenstellen; *drink* mixen; *excuse* sich *dat* zurechtbasteln; *plan* aushecken; *story* sich *dat* ausdenken

con·coc·tion [kən'kɒkʃᵊn, AM -'kɑːk-] *n* (*dish*) Kreation *f;* (*drink*) Gebräu *nt*

con·course ['kɒŋkɔːs, AM 'kɑːnkɔːrs] *n* Halle *f*

con·crete ['kɒŋkriːt, AM 'kɑːn-] **I.** *n no pl* Beton *m* **II.** *adj* ❶ *path* betoniert ❷ *proof* eindeutig ❸ *suggestion* konkret **III.** *vt* betonieren

'con·crete mix·er *n* Betonmischmaschine *f*

con·cu·bine ['kɒŋkjuːbaɪn, AM 'kɑːŋ-] *n* Konkubine *f*

con·cur <-rr-> [kən'kɜːʳ, AM -'kɜːr] *vi* übereinstimmen; **to ~ with sb's opinion** jds Meinung *f* zustimmen; ■**to ~ with sb** [**in** [*or* **on**] **sth**] jdm [in etw *dat*] beipflichten

con·cur·rent [kən'kʌrᵊnt] *adj* gleichzeitig

con·cuss [kən'kʌs] *vt* ■**to be ~ed** eine Gehirnerschütterung erleiden

con·cus·sion [kən'kʌʃᵊn] *n no pl* Gehirnerschütterung *f*

con·demn [kən'dem] *vt* ❶ verurteilen; (*fig*) verdammen ❷ (*declare unsafe*) für unbrauchbar erklären; *food* für den Verzehr als ungeeignet erklären; *building* für unbewohnbar erklären; *see also* **column**

con·dem·na·tion [ˌkɒndem'neɪʃᵊn, AM ˌkɑːn-] *n* Verurteilung *f;* (*fig*) Verdammung *f*

con·den·sa·tion [ˌkɒnden'seɪʃᵊn, AM 'kɑːn-] *n* ❶ *no pl* (*process*) Kondensation *f* ❷ *no pl* (*droplets*) Kondenswasser *nt*

con·dense [kən'den(t)s] **I.** *vt* ❶ (*concentrate*) *gas* komprimieren; *liquid* eindicken; **~d milk** Kondensmilch *f* ❷ (*form droplets from*) kondensieren ❸ (*shorten*) zusammenfassen **II.** *vi* kondensieren

con·dens·er [kən'den(t)səʳ, AM -ɚ] *n* CHEM Kondensator *m*

con·de·scend [ˌkɒndɪ'send, AM ˌkɑːn-] *vi* ■**to ~ to do sth** sich herablassen, etw zu tun

con·de·scend·ing [ˌkɒndɪ'sendɪŋ, AM ˌkɑːn-] *adj* herablassend

con·de·scen·sion [ˌkɒndɪ'senʃᵊn, AM ˌkɑːn-] *n no pl* herablassende Haltung

con·di·ment ['kɒndɪmənt, AM 'kɑːndə-] *n* Gewürz *nt*

con·di·tion [kən'dɪʃᵊn] **I.** *n* ❶ (*state*) Zustand *m; person* Verfassung *f* ❷ (*circumstances*) ■**~s** *pl* Bedingungen *pl* ❸ (*stipulation*) Bedingung *f;* ■**on the ~ that ...** unter der Bedingung, dass ... **II.** *vt* ❶ (*train*) konditionieren ❷ (*accustom*) gewöhnen; *hair* eine Pflegespülung machen

con·di·tion·al [kən'dɪʃᵊnᵊl] **I.** *adj* bedingt; ■**to be ~ [up]on sth** von etw *dat* abhängen **II.** *n* LING ■**the ~** der Konditional

con·di·tion·al·ly [kən'dɪʃᵊnᵊli] *adv* unter Vorbehalt

con·di·tioned [kən'dɪʃᵊnd] *adj* (*trained*) konditioniert; (*accustomed*) anerzogen

con·di·tion·er [kən'dɪʃᵊnəʳ, AM -ɚ] *n no pl* ❶ (*for hair*) Pflegespülung *f* ❷ (*for clothes*) Weichspüler *m*

con·do ['kɑːndoʊ] *n* AM (*fam*) *short for* **condominium** Eigentumswohnung *f*

con·do·lence [kən'dəʊlən(t)s, AM -'doʊ-] *n* ■**~s** Beileid *nt kein pl*

con·dom ['kɒndɒm, AM 'kɑːndəm] *n* Kondom *nt*

con·do·min·ium [ˌkɒndə'mɪniəm, AM ˌkɑːn-]

n AM (*owned apartment*) Eigentumswohnung *f;* (*apartment building*) Wohnblock *m* [mit Eigentumswohnungen]

con·done [kən'dəʊn, AM -'doʊn] *vt* [stillschweigend] dulden

con·du·cive [kən'dju:sɪv, AM *esp* -'du:-] *adj* förderlich

con·duct **I.** *vt* [kən'dʌkt] ① (*carry out*) durchführen; *negotiations* führen; *service* abhalten ② (*direct*) leiten; *orchestra* dirigieren; *traffic* [um]leiten ③ (*guide*) führen; **~ed tour** Führung *f* ④ ELEC leiten **II.** *vi* [kən'dʌkt] MUS dirigieren **III.** *n* ['kɒndʌkt, AM 'kɑ:n-] *no pl* (*behaviour*) Benehmen *nt,* Verhalten *nt*

con·duc·tive [kən'dʌktɪv] *adj* ELEC leitfähig

con·duc·tor [kən'dʌktəʳ, AM -ɚ] *n* ① MUS Dirigent(in) *m(f)* ② PHYS Leiter *m* ③ BRIT (*on bus*) Schaffner(in) *m(f);* AM (*on train*) Zugführer(in) *m(f)*

con·duc·tress [kən'dʌktrəs] *n* BRIT Schaffnerin *f*

con·duit ['kɒndjuɪt, AM 'kɑ:nduɪt] *n* (*pipe*) [Rohr]leitung *f;* (*channel*) Kanal *m*

cone [kəʊn, AM koʊn] *n* ① MATH Kegel *m;* **traffic ~** Leitkegel *m;* **ice cream ~** Eistüte *f* ② BOT Zapfen *m*

con·fec·tion·er [kən'fekʃᵊnəʳ, AM -ɚ] *n* Süßwarenhändler(in) *m(f)*

con·fec·tion·ery [kən'fekʃᵊnᵊri, AM -ʃᵊneri] *n no pl* (*sweets*) Süßwaren *pl;* (*chocolate*) Konfekt *nt*

con·fed·era·cy [kən'fedᵊrəsi] *n + sing/pl vb* Konföderation *f;* ■**the C~** AM HIST die Konföderierten Staaten *pl* von Amerika

con·fed·er·ate [kən'fedᵊrət] **I.** *n* Komplize(in) *m(f)* **II.** *adj* AM HIST ■**C~** Südstaaten-

con·fed·era·tion [kən,fedəreɪʃᵊn] *n + sing/pl vb* ① POL Bund *m* ② ECON Verband *m*

Land und Leute

Der **Confederation Day** oder *Canada Day* ist der Nationalfeiertag Kanadas und wird am 1. Juli gefeiert.

con·fer <-rr-> [kən'fɜ:ʳ, AM -'fɜ:r] **I.** *vt* ■**to ~ sth [up]on sb** jdm etw verleihen; *rights* übertragen **II.** *vi* ■**to ~ with sb** sich mit jdm beraten

con·fer·ence ['kɒnfᵊrᵊn(t)s, AM 'kɑ:nfɚ-] *n* Konferenz *f,* Tagung *f* (**on** über +*akk*); **in ~** in einer Besprechung

'con·fer·ence call *n* Konferenzschaltung *f*

con·fess [kən'fes] *vi, vt* ① (*admit*) zugeben; ■**to ~ to sth** etw gestehen ② REL beichten

con·fes·sion [kən'feʃᵊn] *n* ① (*admission*) Geständnis *nt;* **to have a ~ to make** etw gestehen müssen ② REL Beichte *f; see also* **passion**

con·fes·sion·al [kən'feʃᵊnᵊl] *n* Beichtstuhl *m*

con·fes·sor [kən'fesəʳ, AM -ɚ] *n* Beichtvater *m*

con·fet·ti [kən'feti, AM -t̬i] *n no pl* Konfetti *nt*

con·fi·dant ['kɒnfɪdant, AM 'kɑ:nfə-] *n* Vertraute(r) *m*

con·fi·dante ['kɒnfɪdant, AM 'kɑ:nfə-] *n* Vertraute *f*

con·fide [kən'faɪd] **I.** *vt* gestehen; ■**to ~ [to sb] that ...** jdm anvertrauen, dass ... **II.** *vi* ■**to ~ in sb** sich jdm anvertrauen

con·fi·dence ['kɒnfɪdᵊn(t)s, AM 'kɑ:nfə-] *n* ① *no pl* (*trust*) Vertrauen *nt;* **to have no ~ in sb** kein Vertrauen zu jdm haben; **in ~** im Vertrauen ② (*secrets*) ■**~s** *pl* Vertraulichkeiten *pl* ③ *no pl* (*self-assurance*) Selbstvertrauen *nt*

con·fi·dent ['kɒnfɪdᵊnt, AM 'kɑ:nfə-] *adj* ① (*certain*) zuversichtlich; ■**to be ~ of sth** von etw *dat* überzeugt sein ② (*self-assured*) selbstbewusst

con·fiden·tial [,kɒnfɪ'dən(t)ʃᵊl, AM ,kɑ:nfə'-] *adj* vertraulich

con·fi·den·tial·ly [,kɒnfɪ'dən(t)ʃᵊli, AM ,kɑ:nfə'-] *adv* vertraulich

con·fid·ing [kən'faɪdɪŋ] *adj* vertrauensvoll

con·figu·ra·tion [kən,fɪgə'reɪʃᵊn, AM *and* BRIT *also* -,fɪgjə-] *n* Konfiguration *f*

con·fig·ure [kən'fɪgəʳ, AM -'fɪgjɚ] *vt* konfigurieren

con·fine **I.** *vt* [kən'faɪn] ① (*restrict*) beschränken (**to** auf +*akk*) ② (*shut in*) einsperren; **to be ~d to quarters** MIL Ausgangssperre haben **II.** *n* ['kɒnfaɪn, AM 'kɑ:n-] ■**the ~s** *pl* die Grenzen *pl*

con·fine·ment [kən'faɪnmənt] *n* ① *no pl* Einsperrung *f;* **solitary ~** Einzelhaft *f;* (*restriction*) Gebundenheit *f* ② MED Niederkunft *f*

con·firm [kən'fɜ:m, AM -'fɜ:rm] **I.** *vt* ① (*verify*) bestätigen ② REL ■**to be ~ed** (*Catholic*) gefirmt werden; (*Protestant*) konfirmiert werden **II.** *vi* bestätigen

con·fir·ma·tion [,kɒnfə'meɪʃᵊn, AM ,kɑ:nfɚ-] *n* ① (*verification*) Bestätigung *f* ② REL (*Catholic*) Firmung *f;* (*Protestant*) Konfirmation *f*

con·firmed [kən'fɜ:md, AM -'fɜ:rmd] *adj* erklärt; *atheist* überzeugt; *bachelor* eingefleischt

con·fis·cate ['kɒnfɪskeɪt, AM 'kɑ:nfə-] *vt* beschlagnahmen

con·flict **I.** *n* ['kɒnflɪkt, AM 'kɑ:n-] ① (*clash*) Konflikt *m;* **to be in ~ with sb** mit jdm im Streit liegen ② (*battle*) Kampf *m* **II.** *vi* [kən'flɪkt] ■**to ~ with sth** im Widerspruch

C

zu etw *dat* stehen

con·flict·ing [kənˈflɪktɪŋ] *adj* widersprüchlich; *claims* entgegengesetzt

con·flu·ence [ˈkɒnfluən(t)s, AM ˈkɑːn-] *n* Zusammenfluss *m*

con·form [kənˈfɔːm, AM -ˈfɔːrm] *vi* sich einfügen; (*agree*) übereinstimmen; ■**to ~ to** [*or* **with**] **sth** etw *dat* entsprechen

con·form·ist [kənˈfɔːmɪst, AM -ˈfɔːr-] **I.** *n* Konformist(in) *m(f)* **II.** *adj* konformistisch

con·form·ity [kənˈfɔːməti, AM -ˈfɔːrməṱi] *n no pl* (*uniformity*) Konformismus *m*

con·found [kənˈfaʊnd] *vt* ❶ (*astonish*) verblüffen ❷ (*confuse*) verwirren

con·found·ed [kənˈfaʊndɪd] *adj* (*fam*) verflixt

con·front [kənˈfrʌnt] *vt* ❶ (*face*) ■**to ~ sth** sich etw *dat* stellen; *danger* ins Auge sehen; *enemy* entgegentreten ❷ (*compel to deal with*) konfrontieren

con·fron·ta·tion [ˌkɒnfrʌnˈteɪʃən, AM ˌkɑːnfrənˈ-] *n* Konfrontation *f;* (*during inquiry*) Gegenüberstellung *f*

con·fron·ta·tion·al [ˌkɒnfrʌnˈteɪʃənəl, AM ˌkɑːnfrənˈ-] *adj* herausfordernd

con·fuse [kənˈfjuːz] *vt* ❶ (*perplex*) verwirren, durcheinanderbringen ❷ (*misidentify*) verwechseln

con·fused [kənˈfjuːzd] *adj* ❶ *people* verwirrt, durcheinander ❷ *situation* verworren, konfus

con·fus·ing [kənˈfjuːzɪŋ] *adj* verwirrend

con·fu·sion [kənˈfjuːʒən] *n no pl* ❶ (*perplexity*) Verwirrung *f* ❷ (*mix-up*) Verwechslung *f* ❸ (*disorder*) Durcheinander *nt;* ■**in ~** durcheinander

con·geal [kənˈdʒiːl] *vi fat* fest werden

con·gen·ial [kənˈdʒiːniəl, AM ˈ-njəl] *adj* angenehm; *people* sympathisch

con·geni·tal [kənˈdʒenɪtəl, AM -əṱəl] *adj* angeboren; **~ defect** Geburtsfehler *m*

con·gest·ed [kənˈdʒestɪd] *adj* ❶ (*overcrowded*) überfüllt; *road* verstopft ❷ MED verstopft

con·ges·tion [kənˈdʒestʃən] *n no pl* (*overcrowding*) Überfüllung *f;* (*on roads*) Stau *m;* **nasal ~** verstopfte Nase

con·ˈges·tion charge *n* City-Maut *f,* Innenstadtmaut *f*

con·glom·er·ate [kənˈglɒmərɪt, AM -ˈglɑːmərɪt] *n* Konglomerat *nt*

con·glom·era·tion [kənˌglɒməˈreɪʃən, AM -ˌglɑːməˈ-] *n* Ansammlung *f*

con·gratu·late [kənˈgrætʃʊleɪt, AM -ˈgrætʃə-] *vt* ■**to ~ sb [on sth]** (*wish well*) jdm [zu etw] gratulieren

con·gratu·la·tion [kənˌgrætʃʊˈleɪʃən, AM -əˈ-] *n no pl* Gratulation *f,* Glückwunsch *m;* **~!** herzlichen Glückwunsch!

con·gre·gate [ˈkɒŋgrɪgeɪt, AM ˈkɑːŋ-] *vi* sich [ver]sammeln

con·gre·ga·tion [ˌkɒŋgrɪˈgeɪʃən, AM ˌkɑːŋ-] *n* + *sing/pl vb* REL [Kirchen]gemeinde *f*

con·gress [ˈkɒŋgres, AM ˈkɑːŋ-] *n* Kongress *m;* **C~** AM POL der Kongress

con·gres·sion·al [kənˈgreʃənəl, AM kəŋˈ-] *adj* **~ elections** Wahlen *pl* zum US-Kongress

ˈcon·gress·man *n* [Kongress]abgeordneter *m* **ˈcon·gress·wom·an** *n* [Kongress]abgeordnete *f*

con·gru·ence [ˈkɒŋgruːən(t)s, AM ˈkɑːŋ-] *n no pl* MATH Kongruenz *f*

con·gru·ent [ˈkɒŋgruːənt, AM ˈkɑːŋ-] *adj* MATH kongruent

coni·cal [ˈkɒnɪkəl, AM ˈkɑː-] *adj* konisch, kegelförmig

co·ni·fer [ˈkɒnɪfəʳ, AM ˈkɑːnəfɚ] *n* Nadelbaum *m*

co·nif·er·ous [kə(ʊ)ˈnɪfərəs, AM koʊˈ-, kəˈ-] *adj* Nadel-

con·jec·ture [kənˈdʒektʃəʳ, AM -ɚ] **I.** *n* Vermutung *f* **II.** *vt, vi* vermuten

con·ju·gal [ˈkɒndʒʊgəl, AM ˈkɑːndʒə-] *adj* (*form*) ehelich; **~ bed** Ehebett *nt*

con·ju·gate [ˈkɒndʒʊgeɪt, AM ˈkɑːndʒə-] LING **I.** *vi* konjugiert werden **II.** *vt* konjugieren

con·ju·ga·tion [ˌkɒndʒʊˈgeɪʃən, AM ˌkɑːndʒəˈ-] *n* LING Konjugation *f*

con·junc·tion [kənˈdʒʌŋkʃən] *n* ❶ LING Bindewort *nt* ❷ (*combination*) ■**in ~ with sth** in Verbindung mit etw *dat;* ■**in ~ with sb** zusammen mit jdm

con·junc·ti·vi·tis [kənˌdʒʌŋ(k)tɪˈvaɪtɪs, AM -təˈvaɪṱɪs] *n no pl* Bindehautentzündung *f*

con·jure [ˈkʌndʒəʳ, AM ˈkɒndʒɚ] **I.** *vi* zaubern **II.** *vt* hervorzaubern ◆**conjure up** *vt* ❶ (*call upon*) beschwören ❷ (*fig: produce*) hervorzaubern; *meal* zaubern

con·jur·er [ˈkʌndʒərəʳ, AM ˈkɒndʒərɚ] *n* Zauberkünstler(in) *m(f)*

con·jur·ing [ˈkʌndʒərɪŋ, AM ˈkɒn-] *n no pl* Zaubern *nt,* Zauberei *f*

ˈcon·jur·ing trick *n* Zaubertrick *m*

con·juror *n see* **conjurer**

conk [kɒŋk, AM kɑːŋk] **I.** *n* BRIT, AUS (*hum sl: nose*) Zinken *m* **II.** *vt* (*hum fam*) hauen ◆**conk out** *vi* (*fam*) den Geist aufgeben

conk·er [ˈkɒŋkəʳ] *n* BRIT Rosskastanie *f*

ˈcon man *n* Schwindler *m*

con·nect [kəˈnekt] **I.** *vi* ❶ (*plug in*) ■**to ~ [up] to sth** an etw *akk* angeschlossen werden ❷ (*feel affinity*) ■**to ~ with sb** sich auf Anhieb gut mit jdm verstehen ❸ (*join*) miteinander verbunden sein **II.** *vt* ❶ ELEC verbinden (**to, with** mit +*dat*); (*plug in*) anschließen (**to, with** an +*akk*) ❷ (*associ-

ate) in Verbindung bringen; ■**to be ~ed with sth** mit etw *dat* zusammenhängen ③ TELEC verbinden

con·nect·ed [kəˈnektɪd] *adj pred* ① (*joined together*) verbunden (**to, with** mit); (*plugged in*) angeschlossen (**to, with** an) ② (*having to do with*) ■**to be ~** zusammenhängen

con·nect·ing [kəˈnektɪŋ] *adj* **~ door** Verbindungstür *f;* **~ flight** Anschlussflug *m*

con·nec·tion [kəˈnekʃᵊn] *n* ① *no pl* (*joining, link*) Verbindung *f* (**to, with** mit +*dat*); ELEC Anschluss *m* (**to** an +*akk*); **to get a ~** TELEC [zu jdm] durchkommen; **there was no ~ between the two phenomena** die beiden Phänomene hingen nicht zusammen ② TRANSP Verbindung *f;* (*connecting train, flight*) Anschluss *m* ③ (*contacts*) ■**~s** *pl* Beziehungen *pl* (**with** zu +*dat*) ④ (*reference*) **in that/this ~** in diesem Zusammenhang *m*

con·nec·tiv·ity [ˌkənekˈtɪvəti, AM ˌkɑːnekˈtɪvət̬i] *n* COMPUT Netzwerkfähigkeit *f*

con·nect·or [kəˈnektəʳ, AM -ɚ] *n* ELEC Verbindungselement *nt*

con·niv·ance [kəˈnaɪvᵊn(t)s] *n no pl* stillschweigende Billigung

con·nive [kəˈnaɪv] *vi* sich verschwören; (*condone*) ■**to ~ at sth** etw [stillschweigend] dulden, vor etw *dat* die Augen verschließen

con·niv·ing [kəˈnaɪvɪŋ] *adj* hinterhältig

con·nois·seur [ˌkɒnəˈsɜːʳ, AM ˌkɑːnəˈsɜːr] *n* Kenner(in) *m(f)*

con·no·ta·tion [ˌkɒnə(ʊ)ˈteɪʃᵊn, AM ˌkɑːnəˈ-] *n* Konnotation *f*

con·quer [ˈkɒŋkəʳ, AM ˈkɑːŋkɚ] *vt person, disease* besiegen; *thing* erobern *a. fig; mountain* bezwingen ▶ PHRASES: **I came, I saw, I ~ed** (*saying*) ich kam, sah und siegte

con·quer·or [ˈkɒŋkᵊrəʳ, AM ˈkɑːŋkɚɚ] *n* (*of sth*) Eroberer, Eroberin *m, f;* (*of sb*) Sieger(in) *m(f)* (**of** über +*akk*)

con·quest [ˈkɒŋkwest, AM ˈkɑːn-] *n* ① *no pl of a thing* Eroberung *f; of a person* Sieg *m* (**of** über +*akk*) ② *no pl* (*climbing*) Bezwingung *f*

con·science [ˈkɒn(t)ʃᵊn(t)s, AM ˈkɑːn-] *n* Gewissen *nt;* **to do sth with a clear ~** ruhigen Gewissens etw tun

con·sci·en·tious [ˌkɒn(t)ʃiːˈen(t)ʃəs, AM ˌkɑːn-] *adj* ① (*thorough*) gewissenhaft; (*with sense of duty*) pflichtbewusst; *work* gründlich ② (*moral*) **on ~ grounds** aus Gewissensgründen

con·sci·en·tious·ness [ˌkɒn(t)ʃiːˈen(t)ʃəsnəs, AM ˌkɑːn-] *n no pl* (*thoroughness*) Gewissenhaftigkeit *f;* (*sense of duty*) Pflichtbewusstsein *nt*

con·scious [ˈkɒn(t)ʃəs, AM ˈkɑːn-] *adj* ① MED ■**to be [fully] ~** bei [vollem] Bewusstsein sein ② (*deliberate*) bewusst ③ (*aware*) bewusst; **fashion ~** modebewusst

con·scious·ness [ˈkɒn(t)ʃəsnəs, AM ˈkɑːn-] *n no pl* Bewusstsein *nt a. fig;* **to lose ~** das Bewusstsein verlieren

con·script **I.** *n* [ˈkɒnskrɪpt, AM ˈkɑːn-] Wehrpflichtige(r) *m* **II.** *vt* [kənˈskrɪpt] *soldier* einziehen, einberufen

con·scrip·tion [kənˈskrɪpʃᵊn] *n no pl* MIL Wehrpflicht *f;* (*act of conscripting*) Einberufung *f*

con·se·crate [ˈkɒn(t)sɪkreɪt, AM ˈkɑːn-] *vt* weihen

con·se·cra·tion [ˌkɒn(t)sɪˈkreɪʃᵊn, AM ˌkɑːn-] *n no pl* Weihe *f*

con·secu·tive [kənˈsekjʊtɪv, AM -jət̬ɪv] *adj* (*following*) *days, months* aufeinanderfolgend; *numbers* fortlaufend

con·secu·tive·ly [kənˈsekjʊtɪvli, AM -jət̬ɪv-] *adv* hintereinander; **~ numbered** fortlaufend nummeriert

con·sen·sus [kənˈsen(t)səs] *n no pl* Übereinstimmung *f;* **to reach a ~ on sth** sich in etw *dat* einigen

con·sent [kənˈsent] (*form*) **I.** *n no pl* Zustimmung *f;* **by common ~** nach allgemeiner Auffassung; **by mutual ~** im gegenseitigen Einverständnis **II.** *vi* ■**to ~ to sth** etw *dat* zustimmen; ■**to ~ to do sth** einwilligen, etw zu tun

con·se·quence [ˈkɒn(t)sɪkwən(t)s, AM ˈkɑːn(t)-] *n* ① (*result*) Folge *f;* **as a** [*or* **in**] **~** folglich; **as a ~ of sth** als Folge einer S. *gen* ② *no pl* (*significance*) Bedeutung *f;* **of no ~** unwichtig

con·se·quent [ˈkɒn(t)sɪkwənt, AM ˈkɑːn(t)-], **con·se·quen·tial** [ˌkɒn(t)sɪˈkwentʃᵊl, AM ˌkɑːn(t)-] *adj* daraus folgend

con·se·quent·ly [ˈkɒn(t)sɪkwəntli, AM ˈkɑːn(t)-] *adv* folglich

con·ser·va·tion [ˌkɒn(t)səˈveɪʃᵊn, AM ˌkɑːn(t)sɚ-] *n no pl* (*protection*) Schutz *m;* (*preservation*) Erhaltung *f*

con·ser·va·tion·ist [ˌkɒn(t)səˈveɪʃᵊnɪst, AM ˌkɑːn(t)sɚ-] *n* Naturschützer(in) *m(f);* **~ groups** Umweltschutzgruppen *pl*

con·serva·tism [kənˈsɜːvətɪzᵊm, AM -ˈsɜːr-] *n no pl* ① (*conservative attitude*) konservative Einstellung ② POL ■**C~** Konservatismus *m*

con·serva·tive [kənˈsɜːvətɪv, AM -ˈsɜːrvət̬ɪv] **I.** *adj* ① (*in dress, opinion*) konservativ ② (*low*) *estimate* vorsichtig ③ POL ■**C~** konservativ **II.** *n* POL ■**C~** Konservative(r)

C

f(m)

Land und Leute

Die **Conservative Party** ist in Großbritannien die Partei der rechten Mitte. Die *Conservatives* werden umgangssprachlich oft als *Tories* bezeichnet. Im vergangenen Jahrhundert hat die Partei vor allem eine liberale Wirtschaftspolitik verfolgt (z. B. die Privatisierungen). Die bedeutendsten *Conservative* Premierminister waren Neville Chamberlain, Winston Churchill und Margaret Thatcher.

C

con·serva·toire [kən'sɜːvətwɑːʳ] *n* MUS Konservatorium *nt*

con·serva·tory [kən'sɜːvətri, AM -'sɜːrvətɔːri] *n* ❶ (*for plants*) Wintergarten *m* ❷ MUS Konservatorium *nt*

con·serve **I.** *vt* [kən'sɜːv, AM -'sɜːrv] (*save*) sparen; *strength* schonen **II.** *n* [kən'sɜːv, AM 'kɑːnsɜːrv] Eingemachtes *nt kein pl*

con·sid·er [kən'sɪdəʳ, AM -ɚ] *vt* ❶ (*contemplate*) sich *dat* überlegen; ■**to ~ doing sth** daran denken, etw zu tun ❷ (*look at*) betrachten; (*think of*) denken an +*akk;* (*take into account*) bedenken; **all things ~ed** alles in allem ❸ (*regard as*) ■**to ~ sb/sth** [**as** [*or* **to be**]] **sth** jdn/etw für etw *akk* halten; **~ it done!** schon erledigt!; ■**to be ~ed** [**to be**] **sth** als etw gelten

con·sid·er·able [kən'sɪdᵊrəbl̩] *adj* erheblich, beträchtlich

con·sid·er·ate [kən'sɪdᵊrət] *adj* rücksichtsvoll

con·sid·era·tion [kən,sɪdᵊr'eɪʃᵊn] *n* ❶ *no pl* (*thought*) Überlegung *f;* **to give sth one's ~** etw in Erwägung ziehen; ■**to be under ~** geprüft werden ❷ *no pl* (*account*) **to take into ~** berücksichtigen ❸ (*factor*) Gesichtspunkt *m* ❹ *no pl* (*regard*) Rücksicht *f* (**for** auf +*akk*)

con·sid·ered [kən'sɪdəd, AM -ɚd] *adj* *opinion* wohl überlegt

con·sid·er·ing [kən'sɪdᵊrɪŋ] **I.** *prep* ■**~ how/what ...** wenn man bedenkt, wie/was ... **II.** *conj* ■**~ that ...** dafür, dass ...

con·sign [kən'saɪn] *vt* (*form*) senden; *goods, articles* verschicken

con·sign·ment [kən'saɪnmənt] *n* Warensendung *f*

con·sist [kən'sɪst] *vi* (*comprise*) ■**to ~ of sth** aus etw *dat* bestehen

con·sist·en·cy [kən'sɪstᵊn(t)si] *n no pl* ❶ (*firmness*) Konsistenz *f* ❷ *no pl* (*constancy*) Beständigkeit *f*

con·sist·ent [kən'sɪstᵊnt] *adj* ❶ (*compatible*) vereinbar ❷ (*steady*) beständig; *way of doing sth* gleich bleibend; *improvement* ständig

con·so·la·tion [,kɒnsə'leɪʃᵊn, AM ,kɑːn-] *n no pl* Trost *m;* **that's not much ~!** das ist ein schwacher Trost!

con·so·'la·tion prize *n* Trostpreis *m*

con·sola·tory [kən'sɒlətᵊri, AM -'sɑːlətɔːri] *adj* tröstend

con·sole[1] [kən'səʊl, AM -'soʊl] *vt* trösten

con·sole[2] ['kɒnsəʊl, AM 'kɑːnsoʊl] *n* ❶ (*control desk*) Schaltpult *nt* ❷ COMPUT Konsole *f*

con·soli·date [kən'sɒlɪdeɪt, AM -'sɑːlə-] *vi, vt* ❶ (*improve*) [sich] festigen ❷ (*unite*) [sich] vereinigen

con·soli·dat·ed [kən'sɒlɪdeɪtɪd, AM -'sɑːlədeɪt̬-] *adj* vereint

con·soli·da·tion [kən,sɒlɪ'deɪʃᵊn, AM -'sɑːlə-] *n no pl* ❶ (*improvement*) Festigung *f* ❷ (*merging*) Fusion *f*

con·som·mé [kən'sɒmeɪ, AM ,kɑːn(t)sə'meɪ] *n no pl* Kraftbrühe *f*

con·so·nance ['kɒn(t)sᵊnən(t)s, AM 'kɑːn(t)-] *n no pl* ❶ MUS, LIT Konsonanz *f fachspr* ❷ (*fig form: correspondence*) **in ~ with sth** in Einklang *geh* mit etw *dat*

con·so·nant ['kɒn(t)sᵊnənt, AM 'kɑːn(t)-] *n* Konsonant *m*

con·sort **I.** *vi* [kən'sɔːt, AM -'sɔːrt] verkehren **II.** *n* ['kɒnsɔːt, AM 'kɑːnsɔːrt] Gemahl(in) *m(f)*

con·sor·tium <*pl* -s *or* -tia> [kən,sɔːtiəm, *pl* -tiə, AM -'sɔːrt̬iəm, *pl* -t̬iə] *n* Konsortium *nt*

con·spicu·ous [kən'spɪkjuːəs] *adj* (*noticeable*) auffallend; (*clearly visible*) unübersehbar; *behaviour, clothes* auffällig

con·spira·cy [kən'spɪrəsi] *n* Verschwörung *f*

con·spira·tor [kən'spɪrətəʳ, AM -ət̬ɚ] *n* Verschwörer(in) *m(f)*

con·spire [kən'spaɪəʳ, AM -'spaɪɚ] *vi* (*a. fig*) sich verschwören; ■**to ~ [together] to do sth** heimlich planen, etw zu tun

con·sta·ble ['kʌn(t)stəbl̩] *n* BRIT Polizist(in) *m(f)*

con·stabu·lary [kən'stæbjʊlᵊri] *n* + *sing/pl vb* BRIT Polizei *f kein pl*

con·stan·cy ['kɒn(t)stən(t)si, AM 'kɑːn(t)-] *n no pl* (*form*) Beständigkeit *f*

con·stant ['kɒn(t)stənt, AM 'kɑːn(t)-] **I.** *n* MATH Konstante *f* **II.** *adj* ❶ (*continuous*) ständig ❷ (*unchanging*) gleich bleibend; MATH konstant

con·stant·ly ['kɒn(t)stəntli, AM 'kɑːn(t)-] *adv* ständig

con·stel·la·tion [,kɒn(t)stə'leɪʃᵊn, AM 'kɑːn(t)-] *n* Sternbild *nt*

con·ster·na·tion [,kɒn(t)stə'neɪʃᵊn, AM

ˌkɑːn(t)stə-] *n no pl* Bestürzung *f;* **in ~** bestürzt

con·sti·pate ['kɒn(t)stɪpeɪt, AM 'kɑːn(t)stə-] *vt* MED zu Verstopfung führen bei +*dat*

con·sti·pat·ed ['kɒn(t)stɪpeɪtɪd, AM 'kɑːn(t)stəpeɪt̬ɪd] *adj* verstopft; **to be ~** [eine] Verstopfung haben

con·sti·pa·tion [ˌkɒn(t)stɪ'peɪʃən, AM ˌkɑːn(t)stə-] *n no pl* Verstopfung *f*

con·stitu·en·cy [kən'stɪtjuən(t)si, AM -'stɪtʃu-] *n* POL Wahlkreis *m;* (*voters a.*) Wählerschaft *f* eines Wahlkreises

con·stitu·ent [kən'stɪtjuənt, AM -'stɪtʃu-] **I.** *n* ① (*voter*) Wähler(in) *m(f)* ② (*part*) Bestandteil *m* **II.** *adj* (*component*) einzeln; **~ part** Bestandteil *m*

con·sti·tute ['kɒn(t)stɪtjuːt, AM 'kɑːn(t)stətuːt] *vt* ① (*make up*) bilden ② (*form: be*) sein

con·sti·tu·tion [ˌkɒn(t)stɪ'tjuːʃən, AM ˌkɑːn(t)stə'tuː-] *n* ① (*structure*) Zusammensetzung *f* ② POL Verfassung *f* ③ (*health*) Konstitution *f*

con·sti·tu·tion·al [ˌkɒn(t)stɪ'tjuːʃənəl, AM ˌkɑːn(t)stə'tuː-] **I.** *adj* konstitutionell; **~ right** Grundrecht *nt* **II.** *n* (*hum*) [regelmäßiger] Spaziergang *m*

con·strain [kən'streɪn] *vt* ① (*restrict*) einschränken ② (*compel*) zwingen

con·straint [kən'streɪnt] *n* ① (*compulsion*) Zwang *m* ② (*restriction*) Beschränkung *f*

con·strict [kən'strɪkt] **I.** *vt* ① (*narrow*) verengen; (*squeeze*) einschnüren ② (*hinder*) behindern **II.** *vi* sich zusammenziehen

con·stric·tion [kən'strɪkʃən] *n* ① *no pl* (*narrowing*) Verengung *f;* (*squeezing*) Einschnüren *nt* ② (*hindrance*) Behinderung *f*

con·struct [kən'strʌkt] *vt* ① (*build*) bauen; *dam* errichten ② (*develop*) *theory* entwickeln

con·struc·tion [kən'strʌkʃən] *n* ① *no pl* (*act of building*) Bau *m;* **the ~ industry** die Bauindustrie; **~ site** Baustelle *f;* **under ~** im Bau ② (*how sth is built*) Bauweise *f* ③ (*object*) Konstruktion *f;* (*architectural feature*) Bau *m,* Bauwerk *nt;* (*building*) Gebäude *nt*

con·struc·tive [kən'strʌktɪv] *adj* konstruktiv

con·struc·tor [kən'strʌktər, AM -ər] *n* (*tech*) Konstrukteur(in) *m(f);* ARCHIT Erbauer(in) *m(f)*

con·strue [kən'struː] *vt* (*form*) auffassen

con·sul ['kɒn(t)səl, AM 'kɑːn(t)-] *n* Konsul(in) *m(f)*

con·su·lar ['kɒn(t)sjulər, AM 'kɑːn(t)sjulər] *adj* konsularisch

con·sulate ['kɒn(t)sjulət, AM 'kɑːn(t)-] *n* ① (*building*) Konsulat *nt* ② + *sing/pl vb* (*staff*) Konsulatsbelegschaft *f*

'con·sul gen·er·al <*pl* consuls-> *n* Generalkonsul(in) *m(f)*

con·sult [kən'sʌlt] **I.** *vi* sich beraten **II.** *vt* ① (*ask*) ■**to ~ sb** [**about** [*or* **on**] **sth**] jdn [bezüglich einer S. *gen*] um Rat fragen; *doctor, lawyer, specialist* konsultieren, zu Rate ziehen ② (*look at*) *dictionary* nachschlagen in +*dat; diary, list* nachsehen in +*dat; map* nachsehen auf +*dat; oracle* befragen

con·sul·tan·cy [kən'sʌltən(t)si] *n* (*firm*) Beratungsdienst *m*

con·sult·ant [kən'sʌltənt] *n* ① (*adviser*) Berater(in) *m(f)* ② BRIT MED Facharzt, -ärztin *m, f*

con·sul·ta·tion [ˌkɒnsəl'teɪʃən, AM 'kɑːn-] *n* ① *no pl* Beratung *f* (**on** über +*akk*); **in ~ with** in Absprache mit; *with lawyer, accountant* Rücksprache *f* ② MED Konsultation *f*

con·sul·ta·tive [kən'sʌltətɪv, AM -t̬ət̬ɪv] *adj* beratend, Beratungs-; **~ committee** Beratungsgremium *nt*

con·sult·ing [kən'sʌltɪŋ] *adj* beratend

con·sume [kən'sjuːm, AM -'suːm] *vt* ① (*eat, drink*) konsumieren; *food a.* verzehren; (*fig*) **to be ~d by jealousy** vor Eifersucht [fast] vergehen ② *fire* zerstören ③ (*use up*) verbrauchen

con·sum·er [kən'sjuːmər, AM -'suːmər] *n* Verbraucher(in) *m(f)*

con·sum·er·ism [kən'sjuːmərɪzəm, AM -'suːmər-] *n no pl* Konsumdenken *nt*

con·sum·mate **I.** *adj* ['kɒn(t)semət, kən'sʌmət, AM 'kɑːn(t)səmɪt] *attr* (*form*) vollendet; **~ athlete** Spitzensportler(in) *m(f); liar* ausgebufft **II.** *vt* ['kɒn(t)səmeɪt, AM 'kɑːn(t)sə-] (*form*) vollenden; *marriage* vollziehen

con·sum·ma·tion [ˌkɒn(t)sə'meɪʃən, AM ˌkɑːn(t)sə'-] *n no pl* (*form*) ① (*completion*) Erfüllung *f; of a career* Höhepunkt *m* ② *of a marriage* Vollzug *m*

con·sump·tion [kən'sʌm(p)ʃən] *n no pl* ① (*using up*) Verbrauch *m;* (*using*) Konsum *m* ② (*eating, drinking*) Konsum *m; of food a.* Verzehr *m* ③ (*fig: use*) **for internal ~** zur internen Nutzung

con·sump·tive [kən'sʌm(p)tɪv] *adj* MED (*hist*) schwindsüchtig

con·tact ['kɒntækt, AM 'kɑːn-] **I.** *n* ① *no pl* (*communication*) Kontakt *m,* Verbindung *f;* **to be in ~** [**with sb**] [mit jdm] in Verbindung stehen; **to make ~ with sb** sich mit jdm in Verbindung setzen ② (*person*) Kontaktperson *f;* **business ~s** Geschäftskontakte *pl* ③ *no pl* (*touch*) Kontakt *m;* **to**

C

come into ~ with sth mit etw *dat* in Berührung kommen *a. fig* ④ ELEC Kontakt *m* **II.** *vt* ■**to ~ sb** sich mit jdm in Verbindung setzen; (*by phone*) jdn [telefonisch] erreichen

'con·tact-break·er *n* ELEC Unterbrecher *m* **con·tact 'lens** *n* Kontaktlinse *f* **'con·tact man** *n* Kontaktperson *f*

con·ta·gion [kən'teɪdʒᵊn] *n no pl* Ansteckung *f*; **risk of ~** Ansteckungsgefahr *f*

con·ta·gious [kən'teɪdʒəs] *adj* ansteckend *a. fig*

con·tain [kən'teɪn] *vt* ① (*hold, include*) enthalten ② (*limit*) in Grenzen halten; (*hold back*) aufhalten; (*suppress*) zurückhalten; **she could barely ~ herself** sie konnte kaum an sich halten

con·tain·er [kən'teɪnəʳ, AM -ɚ] *n* ① Behälter *m* ② TRANSP Container *m*

con·tain·er·ize [kən'teɪnᵊraɪz, AM -nəraɪz] *vt* in Container verpacken

con·tain·ment [kən'teɪnmənt] *n no pl* (*limit*) Eindämmung *f*

con·tami·nate [kən'tæmɪneɪt] *vt* verunreinigen; (*with radioactivity, a. food*) verseuchen

con·tami·na·tion [kənˌtæmɪ'neɪʃᵊn] *n no pl* Verunreinigung *f*; (*by radioactivity, a. of food*) Verseuchung *f*

con·tem·plate ['kɒntəmpleɪt, AM 'kɑːn-] **I.** *vi* nachdenken **II.** *vt* ① (*gaze at*) betrachten ② (*consider*) in Erwägung ziehen; (*reflect upon*) über etw *akk* nachdenken; *suicide* denken an +*akk*

con·tem·pla·tion [ˌkɒntəm'pleɪʃᵊn, AM 'kɑːn-] *n no pl* ① (*gazing*) Betrachtung *f* ② (*thought*) Nachdenken *nt* (**of** über +*akk*)

con·tem·pla·tive [kən'templətɪv, AM -t̬-] *adj* ① (*reflective*) *mood* nachdenklich ② REL besinnlich; *life* beschaulich

con·tem·po·rary [kən'tempᵊrᵊri, AM -pᵊreri] **I.** *n* ① (*from same period*) Zeitgenosse(in) *m(f)* ② (*of same age*) Altersgenosse(in) *m(f)* **II.** *adj* zeitgenössisch

con·tempt [kən'tem(p)t] *n no pl* ① (*scorn*) Verachtung *f*; (*disregard*) Geringschätzung *f* (**for** +*gen*); **beneath ~** unter aller Kritik; **to treat sb/sth with ~** jdn/etw mit Verachtung strafen ② LAW **~ [of court]** Missachtung *f* [des Gerichts]

con·tempt·ible [kən'tem(p)təbl̩] *adj* verachtenswert

con·temp·tu·ous [kən'tem(p)tʃuəs] *adj* verächtlich; *look, remark a.* geringschätzig

con·tend [kən'tend] **I.** *vi* ① (*compete*) kämpfen (**for** um +*akk*) ② (*cope*) ■**to ~ with sth** mit etw *dat* fertigwerden müssen **II.** *vt* ■**to ~ that ...** behaupten, dass ...

con·tend·er [kən'tendəʳ, AM -ɚ] *n* Bewerber(in) *m(f)* (**for** für +*akk*), Anwärter(in) *m(f)* (**for** auf +*akk*)

con·tent¹ ['kɒntent, AM 'kɑːn-] *n* ① (*what is inside*) Inhalt *m* ② (*amount contained*) Gehalt (**of** an +*dat*); **to have a high/low fat ~** einen hohen/niedrigen Fettgehalt aufweisen

con·tent² [kən'tent] **I.** *adj* zufrieden **II.** *vt* **to be easily ~ed** leicht zufriedenzustellen sein; ■**to ~ oneself with sth** sich mit etw *dat* zufriedengeben

con·tent·ed [kən'tentɪd, AM -t̬-] *adj* zufrieden

con·ten·tion [kən'ten(t)ʃᵊn] *n* ① *no pl* (*dispute*) Streit *m* ② *no pl* SPORTS **in/out of ~ for sth** [noch] im/aus dem Rennen um etw *akk* ▸ PHRASES: **bone of ~** Zankapfel *m*

con·ten·tious [kən'ten(t)ʃəs] *adj* umstritten

con·tent·ment [kən'tentmənt] *n no pl* Zufriedenheit *f*

con·tents ['kɒntents, AM 'kɑːn-] *npl* Inhalt *m*; **[table of] ~** Inhaltsverzeichnis *nt*

con·test I. *n* ['kɒntest, AM 'kɑːn-] ① (*event*) Wettbewerb *m*; SPORTS Wettkampf *m*; **dance ~** Tanzturnier *nt* ② *a.* POL Wettstreit *m* (**for** um +*akk*) ▸ PHRASES: **no ~** ungleicher Kampf **II.** *vt* [kən'test] ① (*compete for*) kämpfen um ② POL kandidieren für; **to ~ a seat** um einen Wahlkreis kämpfen ③ (*dispute*) bestreiten; *decision* in Frage stellen

con·test·ant [kən'testᵊnt] *n* ① (*in a competition*) Wettbewerbsteilnehmer(in) *m(f)*; SPORTS Wettkampfteilnehmer(in) *m(f)*; (*in a quiz*) Kandidat(in) *m(f)* ② POL Kandidat(in) *m(f)*

con·text ['kɒntekst, AM 'kɑːn-] *n* Kontext *m*; **to use [*or* take] sth out of ~** etw aus dem Zusammenhang reißen

con·ti·nent ['kɒntɪnənt, AM 'kɑːntᵊnənt] **I.** *n* ① (*land*) Kontinent *m*, Erdteil *m* ② *no pl* ■**the C~** Kontinentaleuropa *nt* **II.** *adj* MED ■**to be ~** seine Blase und Darmtätigkeit kontrollieren können

con·ti·nent·al [ˌkɒntɪ'nentᵊl, AM ˌkɑːntᵊ'nentᵊl] **I.** *adj* ① kontinental; **~ breakfast** kontinentales Frühstück ② (*European*) europäisch **II.** *n* Europäer(in) *m(f)*

con·tin·gen·cy [kən'tɪndʒᵊn(t)si] *n* (*form*) Eventualität *f*

con·tin·gent [kən'tɪndʒᵊnt] **I.** *n* ① (*group*) Gruppe *f* ② MIL [Truppen]kontingent *nt* **II.** *adj* ■**to be ~ [up]on sth** von etw *dat* abhängig sein

con·tin·ual [kən'tɪnjuəl] *adj* ständig, andau-

ernd
con·tin·ual·ly [kən'tɪnjuəli] *adv* ständig, [an]dauernd
con·tinu·ation [kən,tɪnju'eɪʃᵊn] *n no pl* Fortsetzung *f*
con·tinue [kən'tɪnju] **I.** *vi* ① (*persist*) andauern; (*go on*) weitergehen; *rain* anhalten; (*in an activity*) weitermachen; ■**to ~ doing/to do sth** weiter[hin] etw tun; ■**to ~ with sth** mit etw *dat* weitermachen ② (*remain*) bleiben; **to ~ in power** an der Macht bleiben ③ (*resume*) weitergehen; *speaking* fortfahren; **~ overleaf** Fortsetzung *f* umseitig; **to ~ on one's way** seinen Weg fortsetzen; ■**to ~ doing sth** weiter etw tun; ■**to ~ with sth** mit etw *dat* weitermachen **II.** *vt* ① (*keep up, carry on*) fortführen; *an action* mit etw *dat* weitermachen; *career* weiterverfolgen; *education* fortsetzen ② (*resume*) fortsetzen; **to be ~d on the next page** auf der nächsten Seite weitergehen
con·tinued [kən'tɪnju:d] *adj* fortwährend; **~ existence** Weiterbestehen *nt*
con·ti·nu·ity [,kɒntɪn'ju:əti, AM ,kɑ:ntᵊn'u:əṯi] *n no pl* ① (*consistency*) Kontinuität *f* ② FILM Drehbuch *nt*
con·tinu·ous [kən'tɪnjuəs] *adj* (*permanent*) ununterbrochen; (*steady*) stetig; (*unbroken*) durchgehend; *line a.* durchgezogen; *pain* anhaltend
con·tort [kən'tɔ:t, AM -'tɔ:rt] **I.** *vi* (*in pain*) sich verzerren; (*in displeasure*) sich verziehen **II.** *vt* **to ~ one's body** sich verrenken
con·tor·tion [kən'tɔ:ʃᵊn, AM -'tɔ:r-] *n* Verrenkung *f*
con·tor·tion·ist [kən'tɔ:ʃᵊnɪst, AM -'tɔ:r-] *n* Schlangenmensch *m*
con·tour ['kɒntʊəʳ, AM 'kɑ:ntʊr] *n* ① (*outline*) Kontur *f meist pl* ② GEOG **~ [line]** Höhenlinie *f*
contra·band ['kɒntrəbænd, AM 'kɑ:n-] **I.** *n no pl* Schmuggelware *f* **II.** *adj* geschmuggelt
contra·cep·tion [,kɒntrə'sepʃᵊn, AM ,kɑ:n-] *n no pl* [Empfängnis]verhütung *f*
contra·cep·tive [,kɒntrə'septɪv, AM ,kɑ:n-] **I.** *n* Verhütungsmittel *nt* **II.** *adj* empfängnisverhütend
con·tract¹ ['kɒntrækt, AM 'kɑ:n-] **I.** *n* Vertrag *m;* **to be under ~ [to** [*or* **with**] **sb]** [bei jdm] unter Vertrag stehen **II.** *vi* ■**to ~ to do sth** sich vertraglich verpflichten, etw zu tun **III.** *vt* vertraglich vereinbaren; ■**to ~ sb to do sth** jdn vertraglich dazu verpflichten, etw zu tun ◆**contract in** *vi* (*opt for involvement*) sich anschließen ◆**contract out** *vt* vergeben (**to** an +*akk*)
con·tract² [kən'trækt] **I.** *vi* (*shrink*) sich zusammenziehen; *pupils* sich verengen **II.** *vt* ① (*tense*) zusammenziehen ② MED bekommen; *pneumonia* sich *dat* zuziehen
con·trac·tion [kən'trækʃᵊn] *n* ① *no pl* (*shrinkage*) Zusammenziehen *nt; of pupils* Verengung *f* ② *no pl of a muscle* Kontraktion *f* ③ LING Kontraktion *f*
con·trac·tor [kən'træktəʳ, AM 'kɑ:ntræktɚ] *n* (*person*) Auftragnehmer(in) *m(f);* (*firm*) beauftragte Firma; **building ~** Bauunternehmer *m*
con·trac·tual [kən'træktʃuᵊl] *adj* vertraglich
contra·dict [,kɒntrə'dɪkt, AM ,kɑ:n-] *vt* ■**to ~ sb/sth** jdm/etw widersprechen; ■**to ~ oneself** sich *dat* [selbst] widersprechen
contra·dic·tion [,kɒntrə'dɪkʃᵊn, AM ,kɑ:n-] *n* Widerspruch *m* (**of** gegen +*akk*); **isn't that a bit of a ~?** widerspricht sich das nicht irgendwie?
contra·dic·tory [,kɒntrə'dɪktᵊri, AM ,kɑ:n-] *adj* widersprüchlich; ■**to be ~ to sth** etw *dat* widersprechen
con·tral·to <*pl* -s *or* -ti> [kən'træltəʊ, *pl* -ti, AM -ṯoʊ, *pl* -ṯi] *n* ① (*singer*) Altist(in) *m(f)* ② (*voice*) Alt *m*
con·trap·tion [kən'træpʃᵊn] *n* Apparat *m;* (*vehicle*) Vehikel *nt*
con·tra·ry¹ ['kɒntrᵊri, AM 'kɑ:ntrɚi] **I.** *n no pl* ■**the ~** das Gegenteil; **on the ~** ganz im Gegenteil **II.** *adj* ① (*opposite*) entgegengesetzt; **~ to [all] expectations** wider Erwarten; **~ to popular opinion** im Gegensatz zur allgemeinen Meinung ② (*contradictory*) widersprüchlich
con·tra·ry² [kən'treəri, AM -'treri] *adj* (*argumentative*) widerspenstig
con·trast **I.** *n* ['kɒntrɑ:st, AM 'kɑ:ntræst] ① (*difference*) Gegensatz *m,* Kontrast *m* (**to, with** zu +*dat*); **to be in stark ~ to sth** in krassem Gegensatz zu etw *dat* stehen ② TV Kontrast *m* **II.** *vt* [kən'trɑ:st, AM -'træst] ■**to ~ sth with sth** etw etw *dat* gegenüberstellen **III.** *vi* [kən'trɑ:st, AM -'træst] kontrastieren
'con·trast con·trol *n* TV Kontrastregler *m*
con·trast·ing [kən'trɑ:stɪŋ, AM -'træst-] *adj* gegensätzlich; *colours/flavours* konträr; *techniques* unterschiedlich
contra·vene [,kɒntrə'vi:n, AM ,kɑ:n-] *vt* (*form*) ■**to ~ sth** gegen etw *akk* verstoßen
contra·ven·tion [,kɒntrə'venʃᵊn, AM ,kɑ:n-] *n* (*form*) Verstoß *m* (**of** gegen)
con·trib·ute [kən'trɪbju:t, *Brit also* 'kɒntrɪbju:t] *vi, vt money, food, equipment* beisteuern; *ideas* beitragen; *article* schreiben (**to** für +*akk*); (*pay in*) *to pension etc.* einen

C

C

contradicting

contradicting	widersprechen
That's not right!/true at all!	Das stimmt doch gar nicht!
Stuff and nonsense! (*fam*)	Ach was!/Unsinn!/Blödsinn! (*fam*)
(What a load of) rubbish! (*fam*)	(So ein) Quatsch! (*fam*)
I see things differently.	Das sehe ich anders.
No, I don't think so.	Nein, das finde ich nicht.
I have to contradict you there.	Da muss ich Ihnen aber widersprechen.
That doesn't fit the facts.	Das entspricht nicht den Tatsachen.
You can't look at it like that.	So kann man das nicht sehen.
There can be no question of that.	Davon kann gar nicht die Rede sein.
objecting	**einwenden**
Yes, but …	Ja, aber …
You have forgotten that …	Du hast vergessen, dass …
You're completely wrong about that.	Das siehst du aber völlig falsch.
You may well be right, but don't forget …	Sie haben schon Recht, aber vergessen Sie nicht, dass …
That's all well and good but …	Das ist ja alles schön und gut, aber …
I've got several objections to that.	Ich habe dagegen einiges einzuwenden.
That's rather far-fetched.	Das ist aber weit hergeholt.

Beitrag leisten

con·tri·bu·tion [ˌkɒntrɪˈbjuːʃᵊn, AM ˌkɑːn-] *n* Beitrag *m* (**to, towards** zu +*dat*); (*to charity*) Spende *f* (**to, towards** für +*akk*)

con·tribu·tor [kənˈtrɪbjuːtəʳ, AM -jət̬ɚ] *n* ❶ (*donor*) Spender(in) *m(f)* ❷ (*writer*) Mitarbeiter(in) *m(f)* (**to** bei +*dat*)

con·tribu·tory [kənˈtrɪbjuːtᵊri, AM -jətɔːri] *adj* ❶ (*joint*) **~ pension scheme** [*or* AM **plan**] beitragspflichtige Rentenversorgung ❷ (*causing*) **to be a ~ factor to sth** ein Faktor sein, der zu etw *dat* beiträgt

con·trite [kənˈtraɪt] *adj* (*form*) zerknirscht; *apology* reuevoll

con·tri·tion [kənˈtrɪʃᵊn] *n no pl* (*form*) Reue *f*; **act of ~** Buße *f*

con·trive [kənˈtraɪv] **I.** *vt* ❶ (*devise*) sich *dat* ausdenken ❷ (*arrange*) arrangieren **II.** *vi* ▪**to ~ to do sth** es schaffen, etw zu tun

con·trived [kənˈtraɪvd] *adj* (*pej: artificial*) gestellt, gekünstelt

con·trol [kənˈtrəʊl, AM -ˈtroʊl] **I.** *n* ❶ *no pl* Kontrolle *f*; *of a country* Gewalt *f*; *of a company* Leitung *f*; **to be in ~ of sth** etw unter Kontrolle haben; *a territory* etw in seiner Gewalt haben; **out of ~** außer Kontrolle sein; **to get** [*or* **go**] **out of ~** außer Kontrolle geraten; **arms ~** Rüstungsbegrenzung *f*; **birth ~** Geburtenkontrolle *f*; **passport ~** Passkontrolle *f*; **price ~s** Preiskontrollen *pl* ❷ TECH Schalter *m*, Regler *m*; **volume ~** Lautstärkeregler *m*; **~ column** Steuerknüppel *m* ❸ COMPUT Steuerung *f* **II.** *vt* <-ll-> ❶ (*direct*) kontrollieren; *car* steuern; *company* leiten ❷ (*limit*) TECH *valve, volume* regulieren; *inflation* eindämmen; *pain* in Schach halten ❸ *emotions* beherrschen; *temper* zügeln

con·ˈtrol desk *n* Schaltpult *nt*

con·trol·lable [kənˈtrəʊləbl̩, AM -ˈtroʊl-] *adj* kontrollierbar, steuerbar

con·trolled [kənˈtrəʊld, AM -ˈtroʊld] *adj* ❶ kontrolliert; *voice* beherrscht ❷ MED verschreibungspflichtig

con·trol·ler [kənˈtrəʊləʳ, AM -ˈtroʊlɚ] *n* ❶ (*director*) Leiter(in) *m(f)*; (*of a radio station*) Intendant(in) *m(f)*; (*supervisor*) Aufseher(in) *m(f)* ❷ AVIAT **air-traffic** [*or* **flight**] **~** Fluglotse, Fluglotsin *m, f* ❸ FIN Controller(in) *m(f)*

con·ˈtrol or·der *n* BRIT gerichtliche Verfügung zur Einschränkung der Bewegungs-

und Kommunikationsfreiheit **con·'trol pan·el** *n* Schalttafel *f;* COMPUT Betriebspult *nt* **con·'trol point** *n* Kontrollpunkt *m* **con·'trol tow·er** *n* Kontrollturm *m*

con·tro·ver·sial [ˌkɒntrəˈvɜːʃəl, AM ˌkɑːntrə-ˈvɜːr-] *adj* umstritten

con·tro·ver·sy [kənˈtrɒvəsi, ˈkɒntrəvɜːsi, AM ˈkɑːntrəvɜːrsi] *n* Kontroverse *f*

con·tu·sion [kənˈtjuːʒən, AM *esp* -ˈtuː-] *n* Quetschung *f,* Prellung *f*

co·nun·drum [kəˈnʌndrʌm] *n* ❶ (*puzzle*) Rätsel *nt* ❷ (*problem*) Problem *nt*

con·ur·ba·tion [ˌkɒnɜːˈbeɪʃən, AM ˌkɑːnɜːrˈ-] *n* (*form*) Ballungsgebiet *nt*

con·va·lesce [ˌkɒnvəˈles, AM ˌkɑːn-] *vi* genesen

con·va·les·cence [ˌkɒnvəˈlesən(t)s, AM ˌkɑːn-] *n* ❶ (*recovery*) Genesung *f* ❷ (*time*) Genesungszeit *f*

con·va·les·cent [ˌkɒnvəˈlesənt, AM ˌkɑːn-] **I.** *n* Genesende(r) *f(m)* **II.** *adj* ❶ *person* genesend ❷ *for convalescents* Genesungs-

con·vec·tion [kənˈvekʃən] *n no pl* Konvektion *f*

con·'vec·tion oven *n* Heißluftherd *m*

con·vec·tor *n,* **con·'vec·tor heat·er** [kənˈvektəʳ-, AM -ɚ-] *n* Heizlüfter *m*

con·vene [kənˈviːn] (*form*) **I.** *vi* sich versammeln; *committee* zusammentreten **II.** *vt people* zusammenrufen; *committee, meeting* einberufen

con·veni·ence [kənˈviːniən(t)s, AM -ˈviːnjən(t)s] *n* ❶ *no pl* (*comfort*) Annehmlichkeit *f;* **at your earliest ~** baldmöglichst ❷ (*device*) Annehmlichkeit *f;* **with all modern ~s** mit allem Komfort

con·'veni·ence store *n* AM Laden *m* an der Ecke

con·veni·ent [kənˈviːniənt, AM -ˈviːnjənt] *adj* ❶ (*useful*) zweckmäßig; (*comfortable*) bequem; *excuse* passend; ■**it is [very] ~ that ...** es ist [sehr] praktisch, dass ... ❷ *date, time* passend, günstig; **if it's ~ for you** wenn es Ihnen passt ❸ (*accessible*) *location* günstig gelegen

con·vent [ˈkɒnvənt, AM ˈkɑːn-] *n* [Nonnen]kloster *nt*

con·ven·tion [kənˈven(t)ʃən] *n* ❶ (*custom*) Brauch *m;* (*social code*) Konvention *f;* **~ dictates that ...** es ist Brauch, dass ... ❷ (*agreement*) Abkommen *nt; of human rights* Konvention *f* ❸ (*assembly*) [Mitglieder]versammlung *f;* (*conference*) Konferenz *f;* **~ centre** Tagungszentrum *nt*

con·ven·tion·al [kənˈven(t)ʃənəl] *adj* konventionell; **~ medicine** Schulmedizin *f*

con·verge [kənˈvɜːdʒ, AM -ˈvɜːrdʒ] *vi* ❶ *lines* zusammenlaufen ❷ *people* **to ~ on a city** scharenweise in eine Stadt kommen ❸ MATH konvergieren

con·ver·gence [kənˈvɜːdʒən(t)s, AM -ˈvɜːrdʒ-] *n no pl* ❶ *of lines* Zusammenlaufen *nt;* **point of ~** Schnittpunkt *m* ❷ MATH Konvergenz *f*

con·ver·gent [kənˈvɜːdʒənt, AM -ˈvɜːrdʒ-] *adj* ❶ *lines* konvergent ❷ (*similar*) ähnlich; *opinions* konvergierend ❸ MATH konvergierend

con·ver·sant [kənˈvɜːsənt, AM -ˈvɜːr-] *adj* ■**to be ~ with sth** mit etw *dat* vertraut sein

con·ver·sa·tion [ˌkɒnvəˈseɪʃən, AM ˌkɑːnvɚˈ-] *n* Gespräch *nt,* Unterhaltung *f;* **to be in** [*or* **have a**] **~** [**with sb**] sich [mit jdm] unterhalten; **to carry on** [*or* **hold**] **a ~** sich unterhalten, ein Gespräch führen; **to make ~** (*small talk*) Konversation machen

con·ver·sa·tion·al [ˌkɒnvəˈseɪʃənəl, AM ˌkɑːnvɚˈ-] *adj* Gesprächs-, Unterhaltungs-; **~ tone** Plauderton *m*

con·ver·sa·tion·al·ly [ˌkɒnvəˈseɪʃənəli, AM ˌkɑːnvɚˈ-] *adv* im Plauderton

con·verse [kənˈvɜːs, AM -ˈvɜːr-] (*form*) **I.** *n* ■**the ~** das Gegenteil **II.** *adj* gegenteilig

con·verse·ly [kənˈvɜːsli, AM -ˈvɜːr-] *adv* umgekehrt

con·ver·sion [kənˈvɜːʃən, AM -ˈvɜːrʒən] *n* ❶ *no pl* (*change of form or function*) Umwandlung *f* (**into** in +*akk*); ARCHIT Umbau *m* (**into** zu +*dat*); TECH Umrüstung *f* (**into** zu +*dat*) ❷ REL Konversion *f,* Übertritt *m,* Bekehrung *f* ❸ *no pl* MATH Umrechnung *f* ❹ SPORTS Verwandlung *f*

con·vert **I.** *n* [ˈkɒnvɜːt, AM ˈkɑːnvɜːrt] REL Bekehrte(r) *f(m),* Konvertit(in) *m(f);* **to become a ~ to Islam** zum Islam übertreten **II.** *vi* [kənˈvɜːt, AM -ˈvɜːrt] ❶ REL übertreten; **he ~ed to his wife's religion** er nahm die Religion seiner Frau an ❷ (*change in function*) sich verwandeln lassen **III.** *vt* [kənˈvɜːt, AM -ˈvɜːrt] ❶ REL (*a. fig*) bekehren ❷ (*change in form or function*) ■**to ~ sth** [**into**] etw umwandeln [in] +*akk;* ARCHIT etw umbauen [zu]; *attic* ausbauen [zu]; TECH etw umrüsten [zu] ❸ (*calculate*) umrechnen; (*exchange*) umtauschen ❹ SPORTS verwandeln

con·vert·er [kənˈvɜːtəʳ, AM -ˈvɜːrt̬ɚ] *n* ❶ ELEC Umwandler *m* ❷ AUTO Katalysator *m*

con·vert·ible [kənˈvɜːtɪbl̩, AM -ˈvɜːrt̬əbl̩] **I.** *n* Kabrio[lett] *nt,* Kabriole *nt* ÖSTERR **II.** *adj* ❶ (*changeable*) verwandelbar ❷ FIN konvertierbar

con·vex [ˈkɒnveks, AM ˈkɑːn-] *adj* konvex

con·vey [kənˈveɪ] *vt* ❶ (*transport*) befördern ❷ (*transmit*) überbringen; (*impart*) vermitteln; (*make clear*) deutlich machen

C

con·vey·ance [kən'veɪən(t)s] *n* (*form: vehicle*) Verkehrsmittel *nt*

con·vey·anc·ing [kən'veɪən(t)sɪŋ] *n no pl* LAW Eigentumsübertragung *f*

con·vey·or, con·vey·er [kən'veɪəʳ, AM -ɚ] *n* ❶ (*bearer*) Überbringer(in) *m(f)* ❷ ~ [**belt**] Förderband *nt;* (*in factory*) Fließband *nt*

con·vict I. *n* ['kɒnvɪkt, AM 'kɑːn-] Strafgefangene(r) *f(m)* **II.** *vi* [kən'vɪkt] auf schuldig erkennen **III.** *vt* [kən'vɪkt] verurteilen

con·vic·tion [kən'vɪkʃᵊn] *n* ❶ (*judgement*) Verurteilung *f* (**for** wegen +*dat*); **previous ~s** Vorstrafen *pl;* **to have no previous ~s** nicht vorbestraft sein ❷ (*belief*) Überzeugung *f;* **to have a deep ~ that ...** der festen Überzeugung sein, dass ...

con·vince [kən'vɪn(t)s] *vt* überzeugen (**of** von +*dat*)

con·vinc·ing [kən'vɪn(t)sɪŋ] *adj* überzeugend

con·vo·lut·ed [ˌkɒnvə'luːtɪd, AM ˌkɑːnvə'luːt̬-] *adj* (*form*) ❶ (*twisted*) verwickelt ❷ (*difficult*) *sentences* verschachtelt; *plot* verschlungen

con·voy ['kɒnvɔi, AM 'kɑːn-] **I.** *n* Konvoi *m* **II.** *vt* eskortieren

con·vulse [kən'vʌls] **I.** *vi* **to ~ with laughter** sich vor Lachen biegen **II.** *vt* erschüttern; **to be ~d with laughter** sich vor Lachen biegen

con·vul·sion [kən'vʌlʃᵊn] *n usu pl* Krampf *m;* **to go into ~s** Krämpfe bekommen

coo [kuː] *vi* gurren

cook [kʊk] **I.** *n* Koch, Köchin *m, f* **II.** *vi* ❶ (*make meals*) kochen ❷ (*in water*) kochen; *fish, meat* garen; (*fry, roast*) braten; *pie* backen ▶ PHRASES: **what's ~ing?** (*sl*) was ist los? **III.** *vt* ❶ (*make*) kochen; **how do you ~ this fish?** wie wird dieser Fisch zubereitet? ❷ (*heat*) kochen; *fish, meat* garen; (*fry, roast*) braten

Falsche Freunde

Nicht verwechseln mit kochen — *to boil!*

'cook·book *n* Kochbuch *nt*

cooked-to-'or·der *adj* nach Wunsch gekocht

cook·er ['kʊkəʳ] *n* BRIT ❶ (*stove*) Herd *m* ❷ (*fam: cooking apple*) Kochapfel *m*

cook·ery ['kʊkᵊri, AM -ɚi] **I.** *n no pl* (*cooking*) Kochen *nt* **II.** *adj* Koch-

'cook·ery book *n* BRIT, AUS Kochbuch *nt*

cookie ['kʊki] *n esp* AM ❶ (*biscuit*) Keks *m,* Plätzchen *nt* ❷ COMPUT Cookie *nt* ▶ PHRASES: **that's the way the ~ crumbles** (*saying*) so ist das nun mal im Leben

cookie 'sand·wich *n* AM *Sandwich aus Keksen mit süßem Belag, meist Eis*

cook·ing ['kʊkɪŋ] **I.** *n no pl* ❶ (*act*) Kochen *nt;* **to do the ~** kochen ❷ (*style*) **French ~** die französische Küche **II.** *adj* Koch-

cool [kuːl] **I.** *adj* ❶ (*pleasantly cold*) kühl; (*unpleasantly cold*) kalt; *clothing, material* luftig; *colour* kühl ❷ (*calm*) ruhig, cool *sl;* (*level-headed*) besonnen; **to keep a ~ head** einen kühlen Kopf bewahren ❸ (*unfriendly, unfeeling*) kühl; (*not showing interest*) abweisend ❹ (*fam: trendy, great*) cool *sl,* geil *sl* **II.** *interj* (*fam*) cool *sl,* geil *sl* **III.** *n no pl* ❶ (*cold*) Kühle *f;* **in the ~ of the evening** in der Abendkühle ❷ (*calm*) Ruhe *f* **IV.** *vi* ❶ (*lose heat*) abkühlen (**to** auf +*akk*) ❷ (*die down*) nachlassen **V.** *vt* ❶ (*make cold*) kühlen; (*cool down*) abkühlen ❷ (*sl: calm down*) [**just**] **~ it!** reg dich ab!

cool·er ['kuːləʳ, AM -ɚ] *n* Kühlbox *f; for wine bottle* Kühler *m*

cool·'head·ed *adj* besonnen

cool·ing ['kuːlɪŋ] *adj* [ab]kühlend

'cool·ing tow·er *n* Kühlturm *m*

cool·ly ['kuːlli] *adv* (*coldly*) kühl, distanziert; (*in a relaxed manner*) cool *sl,* gelassen

cool·ness ['kuːlnəs] *n no pl* ❶ (*low temperature*) Kühle *f* ❷ (*unfriendliness*) Kühle *f,* Distanziertheit *f*

coop [kuːp] **I.** *n* Hühnerstall *m* **II.** *vt* ■**to ~ up** einsperren

co-op ['kəʊɒp, AM 'koʊɑːp] *n abbrev of* **cooperative I**

coop·er ['kuːpəʳ, AM -ɚ] *n* Böttcher *m,* Küfer *m*

co·oper·ate [kəʊ'ɒpᵊreɪt, AM koʊ'ɑːpəreɪt] *vi* ❶ (*help*) kooperieren; (*comply a.*) mitmachen ❷ (*act jointly*) kooperieren, zusammenarbeiten (**in** bei +*dat*)

co·opera·tion [ˌkəʊɒpə'reɪʃᵊn, AM ˌkoʊɑːpə'-] *n no pl* ❶ (*assistance*) Kooperation *f,* Mitarbeit *f* (**in** bei +*dat*) ❷ (*joint work*) Zusammenarbeit *f,* Kooperation *f* (**in** bei +*dat*)

co·opera·tive [kəʊ'ɒpᵊrətɪv, AM koʊ'ɑːpərət̬ɪv] **I.** *n* Genossenschaft *f,* Kooperative *f* **II.** *adj* ❶ ECON genossenschaftlich, kooperativ; **~ farm** landwirtschaftliche Genossenschaft ❷ (*willing*) kooperativ

co-opt [kəʊ'ɒpt, AM koʊ'ɑːpt] *vt* kooptieren; ■**to ~ sb on to sth** jdn durch Kooptation in etw *akk* wählen

co·or·di·nate I. *n* [kəʊ'ɔːdɪnət, AM koʊ'ɔːrdᵊn-] *usu pl* MATH Koordinate *f* **II.** *vi* [kəʊ'ɔːdɪneɪt, AM koʊ'ɔːrdᵊn-] [gut] zusammenarbeiten **III.** *vt* [kəʊ'ɔːdɪneɪt, AM koʊ'ɔːrdᵊn-] koordinieren

co·or·di·na·tion [kəʊˌɔːdɪn'eɪʃᵊn, AM koʊˌɔːrdᵊn'-] *n no pl* ❶ (*coordinating*) Koordination *f* ❷ (*cooperation*) Zusammenarbeit *f* ❸ (*dexterity*) Sinn *m* für Koordination

co·or·di·na·tor [kəʊ'ɔːdɪneɪtəʳ, AM koʊ'ɔːrdᵊneɪtɚ] *n* Koordinator(in) *m(f)*

coot [kuːt] *n* (*bird*) Blässhuhn *nt* ▶PHRASES: **as bald as a ~** völlig kahl

cop [kɒp, AM kɑːp] **I.** *n* (*fam: police officer*) Bulle *m* **II.** *vt* <-pp-> ❶ BRIT, AUS (*sl*) **to ~ it** (*be in trouble*) dran sein; (*get killed*) gekillt werden ❷ **to ~ a plea** LAW *sich schuldig bekennen und dafür eine mildere Strafe aushandeln*

cope [kəʊp, AM koʊp] *vi* ❶ (*mentally*) zurechtkommen; **to ~ with a problem** ein Problem bewältigen ❷ (*physically*) gewachsen sein

Co·pen·ha·gen [ˌkəʊpᵊn'heɪgᵊn, -'hɑː-, AM 'koʊpᵊnˌheɪ-, -'hɑː-] *n* Kopenhagen *nt*

copi·er ['kɒpiəʳ, AM 'kɑːpiɚ] *n* (*machine*) Kopiergerät *nt*

co-pi·lot [ˌkəʊ'paɪlət, AM ˌkoʊ'-] *n* Kopilot(in) *m(f)*

co·pi·ous ['kəʊpiəs, AM 'koʊ-] *adj* zahlreich; **~ amounts of** Unmengen von

cop·per ['kɒpəʳ, AM 'kɑːpɚ] *n* ❶ *no pl* (*metal*) Kupfer *nt* ❷ (*fam: police officer*) Bulle *m*

cop·per 'beech *n* Blutbuche *f* **'cop·per·plate** *n* (*engraving*) Kupferstichplatte *f*; (*print*) Kupferstechen *nt* **'cop·per·smith** *n* Kupferschmied(in) *m(f)*

cop·pice ['kɒpɪs, AM 'kɑːp-] **I.** *n* zurückgeschnittenes Waldstück **II.** *vt trees* stutzen

'cop show *n* Polizeiserie *f*

copu·late ['kɒpjəleɪt, AM 'kɑːp-] *vi* kopulieren

copu·la·tion [ˌkɒpjə'leɪʃᵊn, AM ˌkɑːp-] *n no pl* Kopulation *f*

copy ['kɒpi, AM 'kɑːpi] **I.** *n* ❶ (*duplicate*) Kopie *f*; (*of a document*) Abschrift *f*; (*of a photo*) Abzug *m* ❷ (*issue*) Exemplar *nt*; **hard ~** COMPUT [Computer]ausdruck *m* ❸ *no pl* PUBL Manuskript *nt*; (*in advertising*) Werbetext *m* **II.** *vt* <-ie-> ❶ (*duplicate*) kopieren; (*write down*) ~ [**down**] *from text* abschreiben; *from words* niederschreiben ❷ (*imitate*) *person* nachmachen; *style* nachahmen; *picture* abmalen ❸ (*plagiarize*) abschreiben *f* **III.** *vi* <-ie-> ❶ (*imitate*) nachahmen ❷ (*in school*) abschreiben ◆**copy down** *vt text* abschreiben; *spoken words* niederschreiben

'copy·book *adj* beispielhaft; **~ manoeuvre** [*or* AM **maneuver**] Bilderbuchmanöver *nt*

'copy·cat **I.** *n* (*pej fam*) Nachmacher(in) *m(f)*; (*of written work*) Abschreiber(in) *m(f)* **II.** *adj* imitiert

'copy·desk *n* AM JOURN Redaktionstisch *m*

'copy edi·tor *n* Manuskriptbearbeiter(in) *m(f)*; (*press*) Redakteur(in) *m(f)*; (*publishing house*) Lektor(in) *m(f)*

copy·ing ink ['kɒpiɪŋ-, AM 'kɑːpiɪŋ-] *n no pl* Kopiertinte *f* **'copy·ing ma·chine** *n* (*dated*) Kopiergerät *nt* **'copy·ing pa·per** *n* Kopierpapier *nt*

copy pro·'tec·tion *n no pl* COMPUT Kopierschutz *m*

'copy read·er *n* Manuskriptbearbeiter(in) *m(f)*; (*press*) Redakteur(in) *m(f)*; (*publishing house*) Lektor(in) *m(f)*

copy·right ['kɒpiraɪt, AM 'kɑːpi-] **I.** *n* Copyright *nt*, Urheberrecht *nt*; **out of ~** nicht [mehr] urheberrechtlich geschützt **II.** *vt* urheberrechtlich schützen

'copy·writ·er *n* [Werbe]texter(in) *m(f)*

cor·al ['kɒrəl, AM 'kɔːr-] *n no pl* Koralle *f*

cor·al 'reef *n* Korallenriff *nt*

cord [kɔːd, AM kɔːrd] **I.** *n* ❶ (*for parcel*) Schnur *f*; (*for curtain*) Kordel *f*; AM, AUS (*electrical cord*) Kabel *nt* ❷ (*trousers*) ■**~s** *pl* Cordhose *f* **II.** *adj* Cord-

cor·dial ['kɔːdiəl, AM 'kɔːrdʒəl] **I.** *adj* ❶ (*friendly*) freundlich, herzlich; *relations* freundschaftlich ❷ (*form: strong*) heftig; *dislike* tief **II.** *n* BRIT, AUS (*drink*) Sirup *m*; AM Likör *m*

cord·less ['kɔːdləs, AM 'kɔːr-] *adj* schnurlos

cor·don ['kɔːdᵊn, AM 'kɔːr-] **I.** *n* Kordon *m* **II.** *vt* ■**to ~ off** ◌ **sth** etw absperren

cor·du·roy ['kɔːdjərɔɪ, AM 'kɔːrdə-] *n* ❶ *no pl* (*material*) Cordsamt *m*; **~ jacket** Cordjacke *f* ❷ (*trousers*) ■**~s** *pl* Cordhose *f*

core [kɔːʳ, AM kɔːr] **I.** *n* ❶ (*centre*) *of apple* Kerngehäuse *nt*; *of rock* Innere[s] *nt*; *of planet* Mittelpunkt *m*; *of reactor* [Reaktor]kern *m* ❷ (*fig*) Kern *m*; **rotten to the ~** bis ins Mark verdorben ❸ ELEC Leiter *m* **II.** *adj* zentral **III.** *vt* entkernen

core 'sub·ject *n* SCH Hauptfach *nt* **'core time** *n* Kernzeit *f*

co·ri·an·der [ˌkɒri'ændəʳ, AM 'kɔːriændɚ] *n no pl* Koriander *m*

cork [kɔːk, AM kɔːrk] **I.** *n* ❶ *no pl* (*material*) Kork *m* ❷ (*stopper*) Korken *m* **II.** *vt* zukorken

cork·age ['kɔːkɪdʒ, AM 'kɔːr-] *n no pl*, AM **'cork charge** *n* Korkengeld *nt*

corked [kɔːkt, AM kɔːr-] *adj* korkig

'cork·screw *n* Korkenzieher *m*

corn[1] [kɔːn, AM kɔːrn] *n* ❶ *no pl* BRIT (*cereal in general*) Getreide *nt*; **field of ~** Kornfeld *nt* ② *no pl* AM, AUS (*maize*) Mais *m*

Falsche Freunde
Nicht verwechseln mit Korn *nt* — *seed, grain*!

C

corn² [kɔːn, AM kɔːrn] *n* MED Hühnerauge *nt*
'corn·cob *n* Maiskolben *m*
cor·nea ['kɔːniə, AM 'kɔːr-] *n* (*in eye*) Hornhaut *f*
cor·ner ['kɔːnəʳ, AM 'kɔːrnɚ] **I.** *n* ① Ecke *f*; **on the ~ of the street** an der Straßenecke; **to cut a ~** eine Kurve schneiden; *of table* Kante *f*; **to fold the ~ of a page** ein Eselsohr machen; **the four ~s of the world** alle vier Himmelsrichtungen; **out of the ~ of one's eye** aus dem Augenwinkel ② (*in hockey, football*) Ecke *f*, Eckball *m* ▶ PHRASES: **to be in a tight ~** in der Klemme stecken; **to cut ~s** (*financially*) Kosten sparen; (*in procedure*) das Verfahren abkürzen **II.** *adj* Eck- **III.** *vt* ① (*trap*) in die Enge treiben ② COMM monopolisieren; *market* beherrschen **IV.** *vi vehicle* eine Kurve/Kurven nehmen; **to ~ well** gut in der Kurve liegen
'cor·nered *adj attr* in die Enge getriebene(r, s)
'cor·ner house *n* Eckhaus *nt* **'cor·ner kick** *n* SPORTS Eckball *m* **'cor·ner seat** *n* Eckplatz *m* **'cor·ner shop** *n* BRIT Tante-Emma-Laden *m fam* **'cor·ner·stone** *n* ARCHIT (*a. fig*) Eckstein *m*
cor·net ['kɔːnɪt, AM kɔːr'net] *n* ① MUS Kornett *nt* ② BRIT FOOD **ice cream ~** Eistüte *f*
'corn·field *n* BRIT Getreidefeld *nt*; AM Maisfeld *nt* **'corn·flakes** *npl* Cornflakes *pl* **'corn·flour** *n no pl* BRIT, AUS Maisstärke *f* **'corn·flow·er** *n* Kornblume *f*
cor·nice ['kɔːnɪs, AM 'kɔːr-] *n* ARCHIT [Kranz]gesims *nt*
Cor·nish ['kɔːnɪʃ, AM 'kɔːr-] **I.** *adj* kornisch **II.** *n* ■**the ~** *pl* die Bewohner von Cornwall
Cor·nish 'pas·ty *n* BRIT *Gebäck aus Blätterteig mit Fleischfüllung*
Corn·wall ['kɔːnwəl, AM 'kɔːrn-] *n* Cornwall *nt*
corny ['kɔːni, AM 'kɔːrni] *adj* (*fam: sentimental*) kitschig; (*dopey*) blöd
coro·nary ['kɒrənᵊri, AM 'kɔːrəneri] **I.** *n* Herzinfarkt *m* **II.** *adj* koronar, Herzkranz-
coro·na·tion [ˌkɒrə'neɪʃᵊn, AM ˌkɔːr-] *n* Krönung[szeremonie] *f*
coro·ner ['kɒrənəʳ, AM 'kɔːrᵊnɚ] *n* Coroner *m* (*Beamter, der unter verdächtigen Umständen eingetretene Todesfälle untersucht*)

Corp [kɔːp, AM kɔːrp] *n* ① *short for* **corporation** ② *short for* **corporal**
cor·po·ral ['kɔːpᵊrᵊl, AM 'kɔːr-] *n* Unteroffizier *m*
cor·po·rate ['kɔːpᵊrət, AM 'kɔːr-] *adj* (*of corporation*) körperschaftlich; **~ policy** Firmenpolitik *f*
cor·po·ra·tion [ˌkɔːpᵊr'eɪʃᵊn, AM ˌkɔːrpə'reɪ-] *n* ① BRIT COMM öffentlich-rechtliche Körperschaft; AM [Kapital]gesellschaft *f* ② BRIT (*local council*) Stadtverwaltung *f*
cor·po·'ra·tion tax *n* Körperschaftssteuer *f*
corps <*pl* -> [kɔːʳ, AM kɔːr] *n + sing/pl vb* Korps *nt*; **medical ~** Sanitätstruppe *f*
corps de bal·let <*pl* -> [ˌkɔːdə'bæleɪ, AM ˌkɔːrdəbæl'eɪ] *n + sing/pl vb* Ballettkorps *nt*
corpse [kɔːps, AM kɔːrps] *n* Leiche *f*
cor·pus <*pl* -pora *or* -es> ['kɔːpəs, *pl* -pᵊrə, AM 'kɔːr-, *pl* -pɚə] *n* Korpus *nt*
cor·pus·cle ['kɔːpʌsl̩, AM 'kɔːr-] *n* Blutkörperchen *nt*
cor·ral [kə'ræl] AM **I.** *n* [Fang]gehege *nt* **II.** *vt* <-ll-> *animals* in den Korral treiben; ■**to ~ sth off** etw absperren
cor·rect [kə'rekt] **I.** *vt* korrigieren; **I stand ~ed** ich nehme alles zurück **II.** *adj* (*accurate*) richtig; *proper a.* korrekt; **that is ~** das stimmt
cor·rec·tion [kə'rekʃᵊn] *n* ① (*change*) Korrektur *f*; **subject to ~** ohne Gewähr ② *no pl* (*improvement*) Verbesserung *f*, Berichtigung *f*
cor·'rec·tion flu·id *n no pl* Korrekturflüssigkeit *f*
cor·rec·tive [kə'rektɪv] **I.** *adj* ① (*counteractive*) korrigierend; **~ surgery** Korrekturoperation *f* ② (*improving behaviour*) Besserungs- **II.** *n* Korrektiv *nt*
cor·rect·ly [kə'rektli] *adv* korrekt, richtig
cor·rect·ness [kə'rektnəs] *n no pl* Korrektheit *f*, Richtigkeit *f*
cor·re·late ['kɒrəleɪt, AM 'kɔːr-] **I.** *vt* in Beziehung setzen **II.** *vi* sich *dat* entsprechen
cor·re·la·tion [ˌkɒrə'leɪʃᵊn, AM ˌkɔːr-] *n* ① [Wechsel]beziehung *f*, Zusammenhang *m* ② (*in statistics*) Korrelation *f*
cor·re·spond [ˌkɒrɪ'spɒnd, AM ˌkɔːrə'spaːnd] *vi* ① (*be equivalent of*) entsprechen (**to** *+dat*); (*be same as*) übereinstimmen (**with** mit *+dat*) ② (*write*) korrespondieren
cor·re·spond·ence [ˌkɒrɪ'spɒndən(t)s, AM ˌkɔːrə'spaːn-] *n no pl* (*letter-writing*) Korrespondenz *f*
cor·re·spond·ent [ˌkɒrɪ'spɒndənt, AM ˌkɔːrə'spaːn-] *n* ① (*of letters*) Briefeschreiber(in) *m(f)* ② (*journalist*) Berichter-

statter(in) *m(f)*, Korrespondent(in) *m(f)*

cor·re·spond·ing [ˌkɒrɪˈspɒndɪŋ, AM ˌkɔːrəˈspɑːn-] *adj* ① (*same*) entsprechend ② (*accompanying*) dazugehörig

cor·ri·dor [ˈkɒrɪdɔːʳ, AM ˈkɔːrɪdɚ, -dɔːr] *n* ① (*inside*) Flur *m*, Gang *m*, Korridor *m* ② (*strip of land, air space*) Korridor *m*

cor·robo·rate [kəˈrɒbᵊreɪt, AM -ˈrɑːbər-] *vt* bestätigen

cor·robo·ra·tion [kəˌrɒbəˈreɪʃᵊn, AM -ˌrɑːbəˈ-] *n* Bestätigung *f*

cor·robo·ra·tive [kəˈrɒbᵊrətɪv, AM -ˈrɑːbərət̬ɪv] *adj* bestätigend

cor·rode [kəˈrəʊd, AM -ˈroʊd] **I.** *vi* korrodieren **II.** *vt metal* korrodieren; (*fig*) zerstören

cor·ro·sion [kəˈrəʊʒᵊn, AM -ˈroʊ-] *n no pl* ① Korrosion *f* ② (*fig*) Verfall *m*

cor·ro·sive [kəˈrəʊsɪv, AM -ˈroʊ-] *adj* ① korrosiv; *acid* ätzend ② (*fig*) zerstörerisch

cor·ru·gat·ed [ˈkɒrəgeɪtɪd, AM ˈkɔːrəgeɪt̬-] *adj iron, cardboard* gewellt

cor·rupt [kəˈrʌpt] **I.** *adj* ① (*dishonest*) korrupt; (*bribable*) bestechlich ② (*ruined*) *text* entstellt; *file* unlesbar; *disk* kaputt **II.** *vt* ① (*debase ethically*) korrumpieren; (*morally*) [moralisch] verderben; (*influence by bribes*) bestechen ② (*change*) entstellen; *text* verfälschen ③ COMPUT *file* ruinieren

cor·rup·tion [kəˈrʌpʃᵊn] *n* ① *no pl* (*action*) *of moral standards* Korruption *f*; *of a text* Entstellung *f*; *of computer file* Zerstörung *f* ② *no pl* (*dishonesty*) Unehrenhaftigkeit *f*; (*bribery*) Korruption *f* ③ (*decay*) Zersetzung *f*

cor·set [ˈkɔːsət, AM ˈkɔːr-] *n* (*undergarment*) Korsett *nt*; MED Stützkorsett *nt*

Cor·si·ca [ˈkɔːsɪkə, AM ˈkɔːr-] *n* Korsika *nt*

Cor·si·can [ˈkɔːsɪkən, AM ˈkɔːr-] **I.** *adj* korsisch **II.** *n* ① (*person*) Korse(in) *m(f)* ② *no pl* (*language*) Korsisch *nt*

cos¹ *conj* BRIT (*fam*) *abbrev of* **because**

cos² [kəz, kɒz] *n* BRIT, AUS Romagnasalat *m*

co·sec [ˈkəʊsek, AM ˈkoʊ-] MATH *abbrev of* **cosecant** cosec

co-sig·na·tory [ˌkəʊˈsɪgnətᵊri, AM ˌkoʊˈsɪgnətɔːri] *n* Mitunterzeichner(in) *m(f)*

co·sine [ˈkəʊsaɪn, AM ˈkoʊ-] *n* MATH Kosinus *m*

co·si·ness [ˈkəʊzɪnəs, AM ˈkoʊ-] *n no pl* Gemütlichkeit *f*

cos·met·ic [kɒzˈmetɪk, AM kɑːzˈmet̬-] **I.** *n* Kosmetik *f*; **~s** *pl* Kosmetika *pl* **II.** *adj* kosmetisch *a. fig*

cos·me·ti·cian [ˌkɒzməˈtɪʃᵊn, AM ˌkɑːz-] *n* Kosmetiker(in) *m(f)*

cos·mic [ˈkɒzmɪk, AM ˈkɑːz-] *adj* kosmisch *a. fig*

cos·mol·ogy [ˌkɒzˈmɒlədʒi, AM ˌkɑːzˈmɑːl-] *n no pl* Kosmologie *f*

cos·mo·naut [ˈkɒzmənɔːt, AM ˈkɑːzmənɑːt] *n* Kosmonaut(in) *m(f)*

cos·mo·poli·tan [ˌkɒzməˈpɒlɪtᵊn, AM ˌkɑːzməˈpɑːlɪt̬ᵊn] *adj* kosmopolitisch

cos·mos [ˈkɒzmɒs, AM ˈkɑːzmoʊs] *n no pl* Kosmos *m*

cost [kɒst, AM kɑːst] **I.** *vt* ① <cost, cost> kosten; **drinking and driving ~s lives** Trunkenheit am Steuer fordert Menschenleben ② <-ed, -ed> FIN ■**to ~** [**out**] [durch]kalkulieren **II.** *n* ① (*price*) Preis *m*, Kosten *pl* (**of** für +*akk*); **at no extra ~** ohne Aufpreis; **at ~** zum Selbstkostenpreis ② (*fig*) Aufwand *m kein pl*; **at no ~ to the environment** ohne Beeinträchtigung für die Umwelt; **at all ~**[**s**] [*or* **at any ~**] um jeden Preis; **to learn sth to one's ~** etw am eigenen Leib erfahren ③ ■**~s** *pl* Kosten *pl* (**of** für +*akk*); LAW Prozesskosten *pl*

co-star [ˌkəʊˈstɑːʳ, AM ˌkoʊˈstɑːr] **I.** *n* einer der Hauptdarsteller; **to be sb's ~** neben jdm die Hauptrolle spielen **II.** *vt, vi* <-rr-> ■**to ~** [**with**] **sb** neben jdm die Hauptrolle spielen

cost·ly [ˈkɒstli, AM ˈkɑːst-] *adj* kostspielig *a. fig*

ˈ**cost price** *n* Selbstkostenpreis *m*

cos·tume [ˈkɒstjuːm, AM ˈkɑːstuːm, -stjuːm] *n* ① (*national dress*) Tracht *f*; **historical ~** historisches Kostüm ② (*decorative dress*) Kostüm *nt*; **to wear a witch**[**'s**] **~** Hexe verkleidet sein

cosy [ˈkəʊzi, AM ˈkoʊ-] **I.** *adj* ① gemütlich, behaglich; (*nice and warm*) mollig warm; *atmosphere* heimelig; *relationship* traut ② (*pej*) bequem; **~ deal** Kuhhandel *m* **II.** *n* **tea ~** Teewärmer *m* **III.** *vi* <-ie-> ■**to ~ up to sb/sth** ① (*snuggle up to*) sich an jdn/etw anschmiegen ② (*make deal with*) mit jdm/etw einen Kuhhandel machen

cot *n* ① BRIT (*baby's bed*) Kinderbett *nt* ② AM (*camp bed*) Feldbett *nt*; (*fold-out bed*) Klappbett *nt*

co·tan·gent [ˌkəʊˈtændʒənt, AM ˌkoʊˈ-] *n* MATH Kotangens *m*

ˈ**cot death** *n* BRIT plötzlicher Kindstod

cot·tage [ˈkɒtɪdʒ, AM ˈkɑːt̬-] *n* Cottage *nt*

cot·tage ˈ**cheese** *n no pl* Hüttenkäse *m*

cot·tage ˈ**in·dus·try** *n* BRIT Heimindustrie *f*

cot·ton [ˈkɒtᵊn, AM ˈkɑː-] **I.** *n* ① (*material, plant*) Baumwolle *f* ② (*thread*) Garn *nt* **II.** *adj* Baumwoll- **III.** *vi* ① (*fam: understand*) ■**to ~ on** [**to sth**] [etw] kapieren ② AM (*like*) ■**to ~ to sth/sb** mit etw/jdm sympathisieren

C

'cot·ton bud *n* BRIT Wattestäbchen *nt* **'cot·ton-grow·er** *n* Baumwollpflanzer(in) *m(f)* **'cot·ton mill** *n* Baumwollspinnerei *f* **'cot·ton seed** *n* Baumwollsamen *m* **cot·ton 'wool** *n no pl* ① BRIT Watte *f* ② AM [Roh]baumwolle *f*

couch [kaʊtʃ] **I.** *n* <*pl* -es> Couch *f* **II.** *vt* formulieren

cou·chette [ku:'ʃet] *n* BRIT RAIL Liege *f* (*in einem Schlafwagen*)

couch po·'ta·to *n* (*fam*) Couchpotato *f*, Fernsehglotzer(in) *m(f)*

cough [kɒf, AM kɑ:f] **I.** *n* Husten *m;* **to give a ~** (*as warning*) hüsteln **II.** *vi* ① *person* husten ② *motor* stottern ③ BRIT (*fam: reveal information*) singen **III.** *vt blood* husten

Aussprache

Die Buchstabenfolge **gh** wird manchmal als [f], wie in stuff [stʌf], ausgesprochen. Hier einige Beispiele:

cough	[kɒf]	(*husten*)
enough	[ɪ'nʌf]	(*genug*)
laugh	[lɑ:f]	(*lachen*)
rough	[rʌf]	(*rau*)
tough	[tʌf]	(*robust*)

◆**cough up** **I.** *vt* ① husten ② (*fam: pay*) herausrücken **II.** *vi* (*fam*) herausrücken

'cough drop, **'cough sweet** *n* Hustenbonbon *nt* **'cough medi·cine** *n no pl*, **'cough mix·ture** *n* BRIT Hustensaft *m*

could [kʊd, kəd] *pt, subjunctive of* **can**

couldn't ['kʊdᵊnt] = **could not** *see* **can**

coun·cil ['kaʊn(t)sᵊl] *n + sing/pl vb* Rat *m;* **town ~** Stadtrat *m; see also* **pencil**

Grammatik

Wenn man von **the council** im Sinne von einer Einheit spricht, wird es mit einem Verb im Singular gebraucht: *a new council has been elected*

Wenn man jedoch von den einzelnen Gruppenmitgliedern sprechen will, wird **the council** mit einem Verb im Plural gebraucht: *the council are planning to build a new leisure centre*

coun·cil es·'tate *n* BRIT Siedlung *f* mit Sozialwohnungen **coun·cil 'flat**, **'coun·cil house** *n* BRIT Sozialwohnung *f* **coun·cil 'hous·ing** *n no pl* BRIT sozialer Wohnungsbau

coun·cil·lor, AM **coun·ci·lor** ['kaʊn(t)sᵊləʳ, AM -ɚ] *n* Ratsmitglied *nt;* **town ~** Stadtrat, -rätin *m, f*

Coun·cil of 'Europe *n* Europarat *m* **Coun·cil of 'Min·is·ters** *n* Ministerrat *m* **'coun·cil tax** *n no pl* BRIT Gemeindesteuer *f*

coun·sel ['kaʊn(t)sᵊl] **I.** *vt* <BRIT -ll- *or* AM *usu* -l-> empfehlen; ■**to ~ sb about** [*or* **on**] **sth** jdn bei etw *dat* beraten; ■**to ~ sb against sth** jdm von etw *dat* abraten **II.** *n* (*lawyer*) Anwalt, Anwältin *m, f;* **~ for the defence** Verteidiger(in) *m(f)*

coun·sel·ling, AM **coun·sel·ing** ['kaʊn(t)sᵊlɪŋ] **I.** *n no pl* psychologische Betreuung **II.** *adj* Beratungs-

coun·sel·lor, AM **coun·se·lor** ['kaʊn(t)sᵊləʳ, AM -ɚ] *n* ① (*advisor*) Berater(in) *m(f)* ② AM (*lawyer*) Anwalt *m*, Anwältin *f*

count[1] [kaʊnt] *n* Graf *m*

count[2] [kaʊnt] **I.** *n* ① (*totalling up*) Zählung *f;* POL Auszählung *f;* **to lose ~** beim Zählen durcheinanderkommen; **on the ~ of three** bei drei ② (*measured amount*) [An]zahl *f*, Ergebnis *nt;* SPORTS Punktestand *m* ③ LAW Anklagepunkt *m;* **on all ~s** in allen [Anklage]punkten ▸ PHRASES: **to be out for the ~** k.o. sein **II.** *vt* ① (*number*) zählen; *change* nachzählen; **~ [off]** abzählen ② (*consider*) **to ~ sb as a friend** jdn als Freund betrachten; **to ~ oneself lucky** sich glücklich schätzen ▸ PHRASES: **to ~ the cost [of sth]** [etw] bereuen **III.** *vi* zählen; ■**to ~ against sb** gegen jdn sprechen; ■**to be ~ed as sth** als etw gelten; **that's what ~s** darauf kommt es an ◆**count down** *vi* rückwärts bis Null zählen; AEROSP den Countdown durchführen ◆**count in** *vt* ■**to ~ sb in** jdn mitrechnen; **~ me in** ich bin dabei ◆**count on** *vi* ① (*depend on*) ■**to ~ on sb/sth** auf jdn/etw zählen ② (*reckon with*) ■**to ~ on sb doing sth** davon ausgehen, dass jd etw tut ◆**count out** **I.** *vi* ① BRIT (*number off aloud*) abzählen ② (*exclude*) **you can ~ me out** ich mache nicht mit **II.** *vt* (*fam*) ■**to ~ sb out** jdn nicht einplanen; **~ me out!** ohne mich! ◆**count up** *vt* zusammenzählen

count·able 'noun *n* zählbares Substantiv

count·down ['kaʊntdaʊn] *n* Countdown *m* (**to** +*gen*)

coun·te·nance ['kaʊntᵊnən(t)s] **I.** *n* ① (*liter: face*) Antlitz *nt* ② *no pl* (*composure*) Haltung *f* **II.** *vt* (*form*) gutheißen; ■**to not ~** nicht dulden

count·er ['kaʊntəʳ, AM -t̬ɚ] **I.** *n* ① (*service point*) Theke *f;* (*in bank, post office*) Schalter *m;* [**kitchen**] **~** AM [Küchen]arbeitsplatte *f;* **over the ~** *medication* rezeptfrei; **under the ~** (*fig*) unterm Ladentisch ② (*person*) Zähler(in) *m(f);* (*machine*) Zählwerk *nt* ③ (*disc*) Spielmarke *f* **II.** *vt* ausgleichen; *arguments* widersprechen; *orders* aufheben **III.** *vi* kontern **IV.** *adv* entgegen; **to run ~ to sth** etw *dat* zuwiderlaufen

coun·ter·'act *vt* entgegenwirken +*dat; poison* neutralisieren **coun·ter·'ac·tive** *adj* ① (*working against*) entgegenwirkend ② (*neutralizing*) neutralisierend

'coun·ter·at·tack **I.** *n* Gegenangriff *m* **II.** *vt* im Gegenzug angreifen **III.** *vi* zurückschlagen; SPORTS kontern

coun·ter·bal·ance **I.** *n* ['kaʊntəˌbælən(t)s, AM -t̬ɚˌ-] Gegengewicht *nt* **II.** *vt* [ˌkaʊntə'bælən(t)s, AM -t̬ɚ'-] ausgleichen; (*fig*) ein Gegengewicht zu etw *dat* darstellen

'coun·ter·charge *n* LAW Gegenklage *f*

'coun·ter·check **I.** *n* ① (*restraint*) Hemmnis *nt* ② (*second check*) Gegenprüfung *f* **II.** *vt* gegenprüfen **coun·ter·'clock·wise** *adj* AM gegen den Uhrzeigersinn **'count·er·dem·on·stra·tion** *n* Gegendemonstration *f* **coun·ter-'es·pio·nage** *n no pl* Spionageabwehr *f*

coun·ter·feit ['kaʊntəfɪt, AM -t̬ɚ-] **I.** *adj* gefälscht; **~ money** Falschgeld *nt* **II.** *vt* fälschen **III.** *n* Fälschung *f*

'coun·ter·foil *n* BRIT FIN [Kontroll]abschnitt *m*

coun·ter-in·'tel·li·gence *n* Spionageabwehr *f*

coun·ter·mand [ˌkaʊntə'mɑːnd, AM -t̬ɚ'mænd] *vt* rückgängig machen; *order* widerrufen

'coun·ter·meas·ure *n* Gegenmaßnahme *f*

'coun·ter·part *n* Gegenstück *nt*, Pendant *nt;* POL Amtskollege(in) *m(f)*

'coun·ter·point *n* MUS Kontrapunkt *m*

'coun·ter·poise *n* (*form*) Gegengewicht *nt*

coun·ter·pro·'duc·tive *adj* kontraproduktiv **'coun·ter-re·cruit·er** *n* [Armee-]Rekrutierungsgegner(in) *m(f)* **'coun·ter-re·cruit·ing** *n no pl* Behinderung *f* von [Armee-]Rekrutierung **coun·ter-revo·'lu·tion** *n* Gegenrevolution *f* **'coun·ter·sign** *vt* gegenzeichnen **'coun·ter·sink** <-sank, -sunk> *vt screw* versenken **coun·ter-'ter·ror·ism** *n no pl* Terrorismusbekämpfung *f*

count·ess <*pl* -es> ['kaʊntɪs, AM -t̬ɪs] *n* Gräfin *f*

count·less ['kaʊntləs] *adj* zahllos

coun·try ['kʌntri] **I.** *n* ① (*nation*) Land *nt;* **~ of origin** Herkunftsland *nt;* **native ~** Heimat *f*, Heimatland *nt* ② *no pl* (*rural areas*) **town and ~** Stadt und Land; ■**in the ~** auf dem Land ③ *no pl* (*land*) Land *nt*, Gebiet *nt;* **open ~** freies Land; **across ~** (*not on roads*) querfeldein; (*avoiding towns*) über Land ④ *no pl* (*music*) Countrymusic *f* **II.** *adj* ① (*rural*) *cottage, lane* Land-; *customs* ländlich ② MUS volkstümlich

coun·try 'bump·kin *n* (*pej*) Bauerntölpel *m;* (*woman*) Bauerntrampel *m* **'coun·try club** *n* Country Club *m* **coun·try 'dance** *n* BRIT [englischer] Volkstanz **'coun·try folk** *npl* Landbevölkerung *f* **coun·try 'house** *n* Landhaus *nt* **'coun·try·man** *n* ① (*of same nationality*) [**fellow**] **~** Landsmann *m* ② (*from rural area*) Landbewohner *m* **coun·try 'road** *n* Landstraße *f*

'coun·try·side *n no pl* Land *nt;* (*scenery*) Landschaft *f*

'coun·try·wide **I.** *adj* landesweit **II.** *adv* im ganzen Land **'coun·try·wom·an** *n* ① (*of same nationality*) [**fellow**] **~** Landsmännin *f* ② (*from rural area*) Landbewohnerin *f*

coun·ty ['kaʊnti, AM -t̬-] *n* ① BRIT Grafschaft *f* ② AM [Verwaltungs]bezirk *m*

coun·ty 'coun·cil *n + sing/pl vb* BRIT Grafschaftsrat *m* **coun·ty 'court** *n + sing/pl vb* ≈ Amtsgericht *nt* **coun·ty 'seat** *n* AM Bezirkshauptstadt *f* **coun·ty 'town** *n* BRIT Hauptstadt *f* einer Grafschaft

coup [kuː] *n* ① (*unexpected achievement*) Coup *m* ② POL Staatsstreich *m*

coup de grâce <*pl* coups de grâce> [ˌkuːdə'grɑːs] *n* Gnadenstoß *m* **coup d'état** <*pl* coups d'état> [ˌkuːdeɪ'tɑː] *n* Staatsstreich *m*

coupé ['kuːpeɪ, AM kuː'peɪ] *n* Coupé *nt*

cou·ple ['kʌpl̩] **I.** *n* ① *no pl* (*a few*) ■**a ~ of ...** einige ..., ein paar ...; **every ~ of days** alle paar Tage; **in a ~ more minutes** in wenigen Minuten; **the first ~ of weeks** die ersten Wochen ② *+ sing/pl vb* (*two people*) Paar *nt;* **courting** [*or* AM **dating**] **~** Liebespaar *nt* **II.** *vt* ① (*join*) koppeln (**to** mit +*dat*) ② *usu passive* (*put together*) ■**to be ~d with sth** mit etw *dat* verbunden sein

cou·plet ['kʌplət] *n* Verspaar *nt;* **rhyming ~** Reimpaar *nt*

cou·pling ['kʌplɪŋ] *n* RAIL Kupplung *f*

cou·pon ['kuːpɒn, AM -pɑːn] *n* Coupon *m*, Gutschein *m*

cour·age ['kʌrɪdʒ, AM *also* 'kɜːr-] *n no pl* Mut *m;* **to have/lack the ~ to do sth** den Mut haben/nicht den Mut haben etw zu tun

cou·ra·geous [kə'reɪdʒəs] *adj* mutig

cour·gette [kɔː'ʒet, AM kʊr'-] *n esp* BRIT Zucchino *m*

cou·ri·er ['kʊriəʳ, AM -ɚ] *n* ① (*delivery person*) Kurier(in) *m(f);* **motorcycle ~** Motorradbote(in) *m(f)* ② (*tour guide*) Reiseführer(in) *m(f)*

course [kɔːs, AM kɔːrs] **I.** *n* ① (*of aircraft, ship*) Kurs *m;* **to change ~** den Kurs ändern; **off** ~ nicht auf Kurs; (*fig*) aus der Bahn geraten; **on** ~ auf Kurs; (*fig*) auf dem [richtigen] Weg ② (*of road*) Verlauf *m;* (*of river, history, justice*) Lauf *m;* **to follow a winding** ~ kurvig verlaufen; **to change** ~ einen anderen Verlauf nehmen ③ (*way of acting*) ~ [**of action**] Vorgehen *nt;* **of the three ~s open to us ...** von den drei Wegen, die uns offenstehen, ...; **the wisest** ~ das Vernünftigste ④ **in the ~ of sth** (*during*) im Verlauf einer S. *gen;* **in the normal ~ of events** normalerweise ⑤ (*series*) *of classes* Kurs *m;* **to do** [*or* **take**] **a** ~ [**in sth**] einen Kurs [für etw] besuchen; **training** ~ Lehrgang *m;* MED ~ [**of treatment**] Behandlung *f* ⑥ [**golf**] ~ Golfplatz *m* ⑦ (*part of meal*) Gang *m* ▸ PHRASES: **in due** ~ zu gegebener Zeit; **of** ~ natürlich; **of ~ not** natürlich nicht; **to be par for the** ~ normal sein; **to take its** ~ seinen Weg gehen **II.** *vi* (*flow*) strömen

'course book *n esp* BRIT SCH Lehrbuch *nt*

'course·ware *n no pl* COMPUT Kursmaterial *nt,* [webbasierte] Courseware

court [kɔːt, AM kɔːrt] **I.** *n* ① (*judicial body*) Gericht *nt;* **to go to** ~ vor Gericht gehen; **out of** ~ außergerichtlich; **to take sb to** ~ jdn vor Gericht bringen ② (*room*) Gerichtssaal *m* ③ (*playing area*) [Spiel]platz *m;* **badminton** ~ Badmintoncourt *m;* **grass** ~ Rasenplatz *m* ④ (*of king, queen*) Hof *m;* ■**at** ~ bei Hof **II.** *vt* ① (*dated: woo*) umwerben ② (*ingratiate oneself*) hofieren ③ (*fig: try to gain*) suchen

cour·teous ['kɜːtiəs, AM 'kɜːrt̬-] *adj* höflich

cour·tesy ['kɜːtəsi, AM 'kɜːrt̬-] *n* ① *no pl* (*politeness*) Höflichkeit *f* ② (*courteous gesture*) Höflichkeit *f* ▸ PHRASES: [**by**] ~ **of sb/sth** (*with the permission of*) mit freundlicher Genehmigung von jdm/etw; (*thanks to*) dank jdm/etw

'cour·tesy bus *n* BRIT kostenfreier Bus *m*

'cour·tesy light *n* AUTO Innenleuchte *f*

'cour·tesy ti·tle *n* Ehrentitel *m*

'court hear·ing *n* [Gerichts]verhandlung *f*

'court·house *n* AM Gerichtsgebäude *nt*

cour·ti·er ['kɔːtiəʳ, AM 'kɔːrt̬iə] *n* Höfling *m*

court 'mar·tial I. *n* <*pl* -s *or form* courts martial> Kriegsgericht *nt* **II.** *vt* <BRIT -ll- *or* AM *usu* -l-> vor ein Kriegsgericht stellen

'court·room *n* Gerichtssaal *m*

court·ship ['kɔːtʃɪp, AM 'kɔːr-] *n no pl* Werben *nt* (**of** um +*akk*); ~ **dance** ZOOL Balztanz *m*

'court·yard *n* Hof *m;* (*walled-in*) Innenhof *m;* ■**in the** ~ auf dem Hof

cous·in ['kʌzən] *n* Vetter *m,* Cousin, Cousine *m, f*

cove [kəʊv, AM koʊv] *n* kleine Bucht

cov·enant ['kʌvənənt] **I.** *n* ① (*legal agreement*) vertragliches Abkommen; **restrictive** ~ restriktive Vertragsklausel ② REL Bündnis *nt* **II.** *vt, vi* vertraglich vereinbaren

Cov·en·try ['kɒvəntri, AM 'kʌv-] *n no pl* ▸ PHRASES: **to send sb to** ~ BRIT jdn schneiden

cov·er ['kʌvəʳ, AM -ɚ] **I.** *n* ① (*covering*) Abdeckung *f;* (*of flexible plastic*) Plane *f;* (*for smaller objects*) Hülle *f;* (*for clothes*) Kleiderhülle *f;* (*protective top*) Deckel *m;* (*for bed*) [Bett]decke *f;* (*for furniture*) [Schon]bezug *m;* **quilt** [*or* **duvet**] ~ Bettdeckenbezug *m;* ■**the ~s** *pl* das Bettzeug ② (*of a book*) Einband *m; of a magazine* Titelseite *f,* Cover *nt* ③ (*envelope*) **under separate** ~ mit getrennter Post ④ *no pl* (*shelter*) Schutz *m;* **under** ~ überdacht; (*concealed*) in Deckung; **to take** ~ (*from rain*) sich unterstellen; (*from danger*) sich verstecken ⑤ *no pl* MIL Deckung *f* ⑥ *no pl esp* BRIT (*insurance*) Versicherungsschutz *m* ⑦ *no pl* (*substitute*) Vertretung *f;* **to provide emergency** ~ einen Notdienst aufrechterhalten ▸ PHRASES: **never judge a book by its** ~ man sollte niemals nur nach dem Äußeren urteilen **II.** *vt* ① (*put over*) bedecken; (*against dust a.*) überziehen; **to be ~ed** [**in** [*or* **with**] **sth**] [mit etw] bedeckt sein; **~ed in ink** voller Tinte ② (*to protect*) abdecken; **to ~ one's eyes with one's hands** die Augen mit den Händen bedecken ③ (*to hide*) verdecken; (*fig*) *one's confusion* überspielen ④ (*extend over*) sich erstrecken über +*akk;* (*fig*) zuständig sein ⑤ (*travel*) fahren; **to ~ a lot of ground** eine große Strecke zurücklegen; (*make progress*) gut vorankommen *a. fig;* (*be wide-ranging*) sehr umfassend sein ⑥ (*deal with*) sich befassen mit ⑦ (*report on*) berichten über +*akk* ⑧ (*insure*) versichern (**against, for** gegen +*akk*) ⑨ MIL decken; ~ **me!** gib mir Deckung! ⑩ MUS covern ▸ PHRASES: **to ~ one's tracks** seine Spuren verwischen **III.** *vi* **to ~ well** *paint* gut decken ◆**cover for** *vi* ■**to ~ for sb** ① (*do sb's job*) jds Arbeit übernehmen ② (*make excuses*) jdn decken ◆**cover up I.** *vt* ① (*protect*) ■**to ~** [**oneself**] **up** sich bedecken ② (*hide*) verdecken; *spot* abdecken ③ (*keep secret*) vertuschen **II.** *vi* alles vertuschen; ■**to ~ up for sb** jdn decken

cov·er·age ['kʌvərɪdʒ] *n no pl* ① (*reporting*) Berichterstattung *f* (**of** über +*akk*) ② (*dealing with*) Behandlung *f;* **to give comprehensive ~ of sth** etw ausführlich behandeln ③ AM (*insurance*) Versicherungsschutz *m*

'cov·er·alls *npl* AM Overall *m*

'cov·er charge *n* (*in a restaurant*) Kosten *pl* für das Gedeck; (*in a nightclub*) Eintritt *m*

cov·ered ['kʌvəd, AM -ɚd] *adj* ① (*roofed over*) überdacht; ~ **wagon** Planwagen *m* ② (*insured*) versichert

'cov·er girl *n* Covergirl *nt*

cov·er·ing ['kʌvᵊrɪŋ, AM -ɚ-] *n* Bedeckung *f;* **floor** ~ Bodenbelag *m;* **a light ~ of snow** eine dünne Schneeschicht

cov·er·ing 'fire *n* MIL Feuerschutz *m* **cov·er·ing 'let·ter** *n* BRIT Begleitbrief *m*

'cov·er note *n* AM, AUS Begleitschreiben *nt;* BRIT (*insurance*) Deckungskarte *f* **'cov·er sto·ry** *n* Coverstory *f,* Titelgeschichte *f*

cov·ert I. *adj* ['kʌvət, AM 'koʊvɜːrt] verdeckt, geheim; *glance* verstohlen II. *n* ['kʌvət, AM -vɚt] Dickicht *nt kein pl*

'cov·er-up *n* Vertuschung *f*

cov·et ['kʌvɪt] *vt* begehren

cow [kaʊ] *n* ① Kuh *f a. pej;* ~ **elephant** Elefantenkuh *f* ② AUS (*fam: unpleasant thing*) **it's been a ~ of a day** das war ein blöder Tag ▶ PHRASES: **until/till the ~s come home** bis in alle Ewigkeit

cow·ard ['kaʊəd, AM -ɚd] *n* Feigling *m;* **moral** ~ Duckmäuser *m*

cow·ard·ice ['kaʊədɪs, AM -ɚd-], **cow·ard·li·ness** ['kaʊədlɪnəs, AM -ɚd-] *n no pl* Feigheit *f;* **moral** ~ Duckmäuserei *f*

cow·ard·ly ['kaʊədli, AM -ɚd-] *adj* feige

'cow·boy *n* ① (*cattle hand*) Cowboy *m* ② (*fam: dishonest tradesperson*) Pfuscher(in) *m(f)*

cow·er ['kaʊəʳ, AM -ɚ] *vi* kauern; **to ~ behind sb/sth** sich hinter jdn/etw ducken

'cow·hand *n,* **'cow·herd** *n* Kuhhirt(in) *m(f)*

'cow·hide *n no pl* Rindsleder *nt*

cowl [kaʊl] *n* ① (*hood*) Kapuze *f* ② (*on chimney*) Schornsteinkappe *f*

cowl·ing ['kaʊlɪŋ] *n* AVIAT Motorhaube *f*

'cow·man *n* ① (*cowherd*) Rinderhirt *m* ② AUS (*farm manager*) Rinderfarmer *m*

co-work·er [ˌkəʊ'wɜːkəʳ, AM ˌkoʊ'wɜːrkɚ] *n* Mitarbeiter(in) *m(f)*

'cow·pat *n* BRIT Kuhfladen *m*

'cow·shed *n* Kuhstall *m*

'cow·slip *n* ① BRIT Schlüsselblume *f* ② AM Sumpfdotterblume *f*

cox [kɒks, AM kɑːks] I. *n* Steuermann *m* (*beim Rudern*) II. *vi, vt* [ein Ruderboot] steuern

cox·swain ['kɒksᵊn, AM 'kɑːk-] *n* Steuermann *m*

coy [kɔɪ] *adj* ① (*secretive*) geheimnistuerisch; ■ **to be ~ about sth** aus etw *dat* ein Geheimnis machen ② (*pretending to be shy*) geziert; *glance* [gespielt] unschuldig

coy·ote [kɔɪ'əʊti, AM kaɪ'oʊt̬i] *n* (*animal*) Kojote *m*

cozy *adj* AM *see* **cosy**

CPU [ˌsiːpiː'juː] *n* COMPUT *abbrev of* **central processing unit** CPU *f*

crab [kræb] I. *n* Krebs *m* II. *vi* <-bb-> (*fam*) nörgeln

'crab ap·ple *n* Holzapfel[baum] *m*

crab·bed [kræbd] *adj* ① *handwriting* eng ② (*bad-tempered*) mürrisch

crab·by ['kræbi] *adj* (*fam*) nörglerisch

crack [kræk] I. *n* ① (*fissure*) Riss *m;* **there was a ~ in the teacup** die Teetasse hatte einen Sprung; (*fig*) Sprung *m* ② (*narrow space*) Ritze *f;* **to open sth [just] a ~** etw [nur] einen Spalt öffnen ③ (*sharp noise*) *of a breaking branch* Knacken *nt; of breaking ice, thunder* Krachen *nt; of a rifle* Knall *m* ④ (*sharp blow*) Schlag *m;* **to give sb a ~ over the head** jdm eins überziehen ⑤ *no pl* (*illegal drug*) Crack *nt o m* ▶ PHRASES: **at the ~ of dawn** im Morgengrauen II. *adj* erstklassig; ~ **shot** Meisterschütze(in) *m(f);* ~ **regiment** Eliteregiment *nt* III. *vt* ① (*break*) **to ~ sth** einen Sprung in eine S. *akk* machen ② (*open*) ■ **to ~ sth** ⊂ **[open]** etw aufbrechen; *bottle* aufmachen; *egg* aufschlagen; *nuts, safe* knacken ③ (*hit*) **to ~ sb on** [*or* **over**] **the head** jdm eins auf/über den Schädel geben; **to ~ one's head on sth** sich *dat* den Kopf an etw *dat* anschlagen ④ (*make noise*) **to ~ one's knuckles** mit den Fingern knacken; **to ~ a whip** mit einer Peitsche knallen ▶ PHRASES: **to ~ a joke** einen Witz reißen IV. *vi* ① (*break*) [zer]brechen, zerspringen; *lips, paintwork* aufspringen, rissig werden ② (*break down*) zusammenbrechen; *relationship* zerbrechen; *facade* abbröckeln; *voice* versagen ③ (*make noise*) *ice, thunder* krachen; *branch* knacken; *shot, whip* knallen ▶ PHRASES: **to get ~ing** (*fam*) loslegen ◆**crack down** *vi* vorgehen (**on** gegen +*akk*) ◆**crack up** I. *vi* (*fam*) ① (*find sth hilarious*) lachen müssen ② (*have nervous breakdown*) zusammenbrechen; (*go crazy*) durchdrehen II. *vt* ① (*assert*) ■ **to ~ sth up to be sth** etw als etw herausstellen; **it's not all it's ~ed up to be** es hält nicht alles, was es verspricht ② (*fam: amuse*) zum Lachen bringen; **it ~s me up** ich könnte mich kaputtlachen

'crack·down *n* scharfes Vorgehen (**on** gegen +*akk*)

cracked [krækt] *adj* (*having cracks*) rissig; *cup/glass* gesprungen; *lips* aufgesprungen

crack·er ['krækər, AM -ɚ] *n* ① (*biscuit*) Kräcker *m* ② (*firework*) Kracher *m* ③ (*at Christmas*) Knallbonbon *nt*

crack·ers ['krækəz, AM -ɚz] *adj* (*fam*) verrückt

crack·le ['krækl̩] **I.** *vi* knistern *a. fig; telephone line* knacken **II.** *vt* ■**to ~ sth** mit etw *dat* knistern **III.** *n* (*on a telephone line, radio*) Knacken *nt; of paper* Knistern *nt; of fire a.* Prasseln *nt*

crack·ling ['kræklɪŋ] *n* ① *no pl of paper* Knistern *nt;* (*of fire a.*) Prasseln *nt;* (*on the radio*) Knacken *nt* ② (*pork skin*) [Braten]kruste *f*

'crack·pot **I.** *n* (*fam*) Spinner(in) *m(f)* **II.** *adj* (*fam*) bescheuert

'crack-up *n* (*fam*) Zusammenbruch *m*

cra·dle ['kreɪdl̩] **I.** *n* ① (*baby's bed*) Wiege *f a. fig* ② BRIT (*hanging platform*) Hängebühne *f* **II.** *vt* [sanft] halten; *sb's head* betten

craft [krɑːft, AM kræft] **I.** *n* ① <*pl* -> (*ship*) Schiff *nt;* (*boat*) Boot *nt;* (*plane*) Flugzeug *nt* ② (*trade*) Handwerk *nt kein pl;* (*handmade objects*) ■**~s** *pl* Kunsthandwerk *nt kein pl* ③ *no pl* (*skill*) Kunst *f* **II.** *vt* kunstvoll fertigen; **a cleverly ~ed poem** ein geschickt verfasstes Gedicht

Falsche Freunde

Nicht verwechseln mit Kraft *f* — *force, power*!

crafti·ness ['krɑːftɪnəs, AM 'kræft-] *n no pl* Gerissenheit *f*

'craft shop *n* Kunstgewerbeladen *m*

'crafts·man *n* gelernter Handwerker; **master ~** Handwerksmeister *m* **'crafts·per·son** <*pl* -s *or* craftspeople> *n* Handwerker(in) *m(f)*

crafty ['krɑːfti, AM 'kræfti] *adj* schlau, gerissen

crag [kræg] *n* Felsmassiv *nt*

crag·gy ['krægi] *adj* zerklüftet; *features* markant

cram <-mm-> [kræm] **I.** *vt* stopfen; **six children were ~med into the back of the car** sechs Kinder saßen gedrängt auf dem Rücksitz des Autos **II.** *vi* büffeln, pauken

'cram-full *adj* vollgestopft

cram·mer ['kræmər, AM -ɚ] *n* BRIT (*fam: book*) Paukbuch *nt;* (*school*) Paukschule *f*

cram·ming ['kræmɪŋ] *n* Büffeln *nt fam*

cramp [kræmp] **I.** *n* [Muskel]krampf *m;* **to get ~** [*or* AM **~s**] einen Krampf bekommen **II.** *vt* einengen ▸PHRASES: **to ~ sb's style** jdn nicht zum Zug kommen lassen

cramped [kræmpt] *adj* beengt; **to be [rather] ~ for space** [ziemlich] wenig Platz haben

cram·pon ['kræmpɒn, AM -pɑːn] *n* Steigeisen *nt*

cran·ber·ry ['krænbəri, AM -ˌberi] *n* Kranichbeere *f*

crane [kreɪn] **I.** *n* ① (*device*) Kran *m* ② (*bird*) Kranich *m* **II.** *vt* **to ~ one's neck** den Hals recken **III.** *vi* ■**to ~ forward** sich vorbeugen

'crane fly *n* [Erd]schnake *f*

cra·nium <*pl* -s *or* -nia> ['kreɪniəm, *pl* -niə] *n* Schädel *m*

crank [kræŋk] **I.** *n* (*fam*) ① (*eccentric*) Spinner(in) *m(f);* **~ call** Juxanruf *m* ② AM (*bad-tempered person*) Griesgram *m* ③ MECH Kurbel *f* **II.** *vt* ankurbeln ◆**crank up** *vt engine* ankurbeln

'crank·case *n* Kurbelgehäuse *nt*

'crank·shaft *n* Kurbelwelle *f*

cranky ['kræŋki] *adj* (*fam*) ① (*eccentric*) verschroben ② AM, AUS (*bad-tempered*) mürrisch

cran·ny ['kræni] *n* Ritze *f*

crap [kræp] **I.** *vi* <-pp-> (*fam!*) kacken **II.** *n usu sing* (*vulg*) Scheiße *f a. fig;* **to have** [*or* AM **take**] **a ~** kacken **III.** *adj* (*fam!*) mies

crape *n see* **crêpe**

crap·py ['kræpi] *adj* (*fam!*) Scheiß-

crash [kræʃ] **I.** *n* <*pl* -es> ① (*accident*) Unfall *m; of plane* Absturz *m* ② (*noise*) Krach *m kein pl* ③ COMM Zusammenbruch *m;* **stock market ~** Börsenkrach *m* ④ COMPUT Absturz *m* **II.** *vi* ① (*have an accident*) *driver, car* verunglücken; *plane* abstürzen ② (*collide with*) ■**to ~ into sb/sth** mit etw/jdm zusammenstoßen ③ (*make loud noise*) *cymbals, thunder* donnern; *door* knallen; (*move noisily*) poltern; **the dog came ~ing through the bushes** der Hund preschte durch die Büsche; **to come ~ing to the ground** auf den Boden knallen; ■**to ~ against sth** gegen etw *akk* knallen; *waves* schlagen ④ COMM *stock market* zusammenbrechen; *company* Pleite machen ⑤ COMPUT abstürzen **III.** *vt* ① (*damage in accident*) zu Bruch fahren; *plane* eine Bruchlandung machen; (*deliberately*) einen Unfall/Absturz absichtlich verursachen; **to ~ sth into sth** etw gegen eine S. *akk* fahren/in eine S. *akk* fliegen ② (*make noise*) knallen ③ (*fam: gatecrash*) **to ~ a party** uneingeladen zu einer Party kommen

'crash bar·ri·er *n* BRIT, AUS Leitplanke *f* **'crash course** *n* Intensivkurs *m,* Crashkurs *m* **'crash diet** *n* radikale Abmagerungskur, Crashdiät *f* **'crash hel·met** *n* Sturzhelm *m*

crash·ing ['kræʃɪŋ] *adj* (*fam*) total

crash-'land *vi* bruchlanden **crash-'land·ing** *n* Bruchlandung *f* **'crash pro·gramme**, AM **'crash pro·gram** *n* Intensivkurs *m*

crass [kræs] *adj* krass, grob; *behaviour* derb; *ignorance* haarsträubend

crate [kreɪt] **I.** *n* (*open box*) Kiste *f;* (*for bottles*) [Getränke]kasten *m* **II.** *vt* ■**to ~ [up]** in eine Kiste einpacken

cra·ter ['kreɪtəʳ, AM -t̬ɚ] *n* Krater *m; of bomb* Trichter *m*

cra·vat [krə'væt] *n* Halstuch *nt*

crave [kreɪv] **I.** *vt* begehren; **to ~ attention** sich nach Aufmerksamkeit sehnen **II.** *vi* ■**to ~ for sth** sich nach etw *dat* sehnen

crav·ing ['kreɪvɪŋ] *n* heftiges Verlangen (**for** nach +*dat*)

craw·fish ['krɔːfɪʃ, AM *esp* 'krɑː-] *n* Languste *f*

crawl [krɔːl, AM *esp* krɑːl] **I.** *vi* ❶ (*go on all fours*) krabbeln ❷ (*move slowly*) kriechen ❸ (*fam or pej: be obsequious*) kriechen **II.** *n no pl* ❶ (*slow pace*) **to move at a ~** im Schneckentempo fahren ❷ (*style of swimming*) Kraulen *nt*

crawl·er ['krɔːləʳ, AM 'krɑːlɚ] *n* (*pej fam: obsequious person*) Kriecher(in) *m(f)*

'crawl·er lane *n* (*fam*) Kriechspur *f*

cray·fish ['kreɪfɪʃ] *n* Flusskrebs *m*

cray·on ['kreɪɒn, AM -ɑːn] **I.** *n* Buntstift *m* **II.** *vt* ■**to ~ [in]** ◌ **sth** etw [mit Buntstift] ausmalen **III.** *vi* [mit Buntstift] malen

craze [kreɪz] *n* Mode[erscheinung] *f,* Fimmel *m pej;* ■**~ for sth** Begeisterung *f* für etw *akk*

crazed [kreɪzd] *adj* wahnsinnig

crazi·ness ['kreɪzɪnəs] *n no pl* Verrücktheit *f*

crazy ['kreɪzi] **I.** *adj* verrückt (**about** nach +*dat*); **to drive sb ~** jdn zum Wahnsinn treiben **II.** *n* AM (*sl*) Verrückte(r) *f(m)*

creak [kriːk] **I.** *vi furniture* knarren; *door* quietschen; *bones* knirschen **II.** *n of furniture* Knarren *nt; of a door* Quietschen *nt; of bones* Knirschen *nt*

cream [kriːm] **I.** *n* ❶ *no pl* FOOD Sahne *f,* Obers *nt* ÖSTERR; **~ of asparagus soup** Spargelcremesuppe *f* ❷ (*cosmetic*) Creme *f* ❸ *no pl* (*colour*) Creme *nt* ❹ (*fig: the best*) Creme *f,* Elite *f* **II.** *adj* cremefarben **III.** *vt* ❶ (*beat*) cremig rühren; **~ed potatoes** Kartoffelpüree *nt* ❷ (*apply lotion*) eincremen

cream 'cheese *n* [Doppelrahm]frischkäse *m* **'cream-col·oured**, AM **'cream-col·ored** *adj* cremefarben

cream·ery ['kriːməri, AM -ɚi] *n* Molkerei *f*

creamy ['kriːmi] *adj* ❶ (*smooth*) cremig, sahnig ❷ (*off-white*) cremefarben

crease [kriːs] **I.** *n* (*fold*) [Bügel]falte *f* **II.** *vt* zerknittern **III.** *vi* knittern

cre·ate [kri'eɪt] *vt* ❶ (*make*) erschaffen ❷ (*cause*) erzeugen; *confusion* stiften; *impression* erwecken; *precedent* schaffen; *sensation* erregen

crea·tion [kri'eɪʃᵊn] *n* ❶ *no pl* (*making*) [Er]schaffung *f;* (*founding*) Gründung *f;* REL Schöpfung *f* ❷ (*product*) Produkt *nt,* Erzeugnis *nt;* FASHION Kreation *f;* (*of arts a.*) Werk *nt*

crea·tive [kri'eɪtɪv, AM -t̬-] *adj* kreativ, schöpferisch; **~ ability** [*or* **talent**] Kreativität *f*

crea·tive e'cono·my *n* ■**the ~** *Teil der Wirtschaft, der auf geistigem Eigentum beruht*

crea·tor [kri'eɪtəʳ, AM -t̬ɚ] *n* Schöpfer(in) *m(f)*

crea·ture ['kriːtʃəʳ, AM -ɚ] *n* ❶ (*being*) Kreatur *f,* Wesen *nt;* **living ~s** Lebewesen *pl* ❷ (*person*) Kreatur *f,* Geschöpf *nt;* **~ of habit** Gewohnheitstier *nt*

crea·ture 'com·forts *npl* (*fam*) leibliches Wohl

creche [kreʃ] *n* ❶ BRIT, AUS Kinderkrippe *f* ❷ AM Kinderheim *nt*

cre·dence ['kriːdᵊn(t)s] *n no pl* (*form*) Glaube *m;* **to add** [*or* **lend**] **~ to sth** etw glaubwürdig machen

cre·den·tials [krɪ'den(t)ʃᵊlz] *npl* ❶ (*letter of introduction*) Empfehlungsschreiben *nt* ❷ (*documents*) Zeugnisse *pl*

cred·ibil·ity [ˌkredə'bɪləti, AM -ət̬i] *n no pl* Glaubwürdigkeit *f*

cred·ible ['kredəbl̩] *adj* glaubwürdig

cred·it ['kredɪt] **I.** *n* ❶ *no pl* (*recognition, praise*) Anerkennung *f;* (*respect*) Achtung *f;* (*honour*) Ehre *f;* (*standing*) Ansehen *nt;* **to do sb/sth ~** jdm/etw Ehre machen; **it is to sb's ~ that ...** es ist jds Verdienst, dass ... ❷ *no pl* COMM Kredit *m;* **on ~** auf Kredit ❸ *no pl* FIN Haben *nt;* **to be in ~** im Plus sein ❹ (*contributors*) ■**~s** *pl* FILM, TV Abspann *m* **II.** *vt* ❶ (*believe*) glauben ❷ (*attribute*) zuschreiben; **I ~ed her with more determination** ich hatte ihr mehr Entschlossenheit zugetraut ❸ FIN gutschreiben

cred·it·able ['kredɪtəbl̩, AM -t̬ə-] *adj* ehrenwert; *result* verdient

'cred·it card *n* Kreditkarte *f* **'cred·it col·umn** *n* Habenseite *f* **'cred·it en·try** *n* Gutschrift *f* **'cred·it lim·it** *n* Kre-

C

dit[höchst]grenze *f* **'cred·it note** *n* BRIT, AUS Gutschrift *f*
credi·tor ['kredɪtəʳ, AM -t̬ɚ] *n* Gläubiger(in) *m(f)*
'cred·it rat·ing *n* Kreditwürdigkeit *f kein pl* **'cred·it side** *n* Habenseite *f* **'cred·it terms** *npl* Kreditbedingungen *pl* **'cred·itwor·thy** *adj* kreditwürdig
cre·du·lity [krə'dju:ləti, AM -'du:lət̬i, -'dju:-] *n no pl* (*form*) Leichtgläubigkeit *f*
credu·lous ['kredjʊləs, AM 'kredʒə-] *adj* (*form*) leichtgläubig
creed [kri:d] *n* Glaubensbekenntnis *nt*
creek [kri:k] *n* ① BRIT (*coastal inlet*) kleine Bucht; (*narrow waterway*) Wasserlauf *m* ② AM, AUS (*stream*) Bach *m;* (*tributary*) Nebenfluss *m* ▶ PHRASES: **to be up the ~ [without a paddle]** in der Patsche sitzen
creep [kri:p] **I.** *n* (*fam*) ① (*unpleasant person*) Mistkerl *m* ② (*unpleasant feeling*) ■**the ~s** *pl* das Gruseln *kein pl;* **that gives me the ~s** das ist mir nicht ganz geheuer **II.** *vi* <crept, crept> ① kriechen; *water* steigen; **the traffic was ~ing along at a snail's pace** der Verkehr bewegte sich im Schneckentempo voran ② (*fig*) **doubts began to ~ into people's minds** den Menschen kamen langsam Zweifel ◆**creep in** *vi* sich hineinschleichen; (*fig*) *doubts, mistakes* einschleichen ◆**creep up** *vi* ① (*increase steadily*) [an]steigen ② (*sneak up on*) sich anschleichen *a. fig* (**behind, on** an +*akk*)
creep·er ['kri:pəʳ, AM -ɚ] *n* BOT (*along ground*) Kriechgewächs *nt;* (*up a wall*) Kletterpflanze *f*
creep·ing ['kri:pɪŋ] *adj* schleichend
creepy ['kri:pi] *adj* (*fam*) grus[e]lig, schaurig
creepy-'crawly *n* (*fam*) Krabbeltier *nt*
cre·mate [krɪ'meɪt, AM 'kri:meɪt] *vt* verbrennen, einäschern
cre·ma·tion [krɪ'meɪʃᵊn] *n* Einäscherung *f*
crema·to·rium <*pl* -s *or* -ria> [ˌkremə'tɔ:riəm, AM ˌkri:mə'tɔ:r-, *pl* -riə], AM **crema·tory** ['kremətᵊri, AM 'kri:mətɔ:ri] *n* Krematorium *nt*
crêpe [kreɪp] *n* ① FOOD Crêpe *f* ② (*fabric*) Krepp *m* ③ (*rubber*) Kreppgummi *m*
crept [krept] *pp, pt of* **creep**
cre·scen·do [krɪ'ʃendəʊ, AM -doʊ] *n* ① MUS Crescendo *nt* ② (*fig*) Anstieg *m;* **to reach a ~** einen Höhepunkt erreichen
cres·cent ['kresᵊnt] **I.** *n* ① (*moon*) Mondsichel *f* ② *halbkreisförmige Straße/Häuserreihe* **II.** *adj* sichelförmig; *see also* **science**
cress [kres] *n no pl* Kresse *f*
crest [krest] **I.** *n* ① (*peak*) Kamm *m;* **~ of a hill** Hügelkuppe *f;* **~ of a wave** Wellenkamm *m* ② ZOOL *of a cock* Kamm *m; of a bird* Schopf *m;* **~ed tit** Haubenmeise *f* ③ (*insignia*) Emblem *nt;* **family ~** Familienwappen *nt* **II.** *vt hill* erklimmen
'crest·fall·en *adj* niedergeschlagen
Crete [kri:t] *n* Kreta *nt*
cret·in ['kretɪn, AM 'kri:tᵊn] *n* (*pej fam*) Schwachkopf *m*
Creutzfeldt-Jakob dis·ease [ˌkrɔɪtsfelt'jækɒb-, AM -kəb-] *n* Creutzfeldt-Jakob-Syndrom *nt*
cre·vasse [krə'væs] *n* Gletscherspalte *f*
crev·ice ['krevɪs] *n* Spalte *f*
crew [kru:] **I.** *n* + *pl/sing vb* ① AVIAT, NAUT Crew *f,* Besatzung *f;* **ambulance/lifeboat ~** Rettungsmannschaft *f;* **film ~** Filmteam *nt;* **ground ~** Bodenpersonal *nt* ② (*fam: gang*) Bande *f* **II.** *vt, vi* Mannschaftsmitglied sein; ■**to ~ for sb** zu jds Mannschaft gehören

Grammatik

Wenn man von **the crew** im Sinne von einer Einheit spricht, wird es mit einem Verb im Singular gebraucht: *the crew is ready for take-off*
Wenn man jedoch von den einzelnen Gruppenmitgliedern sprechen will, wird **the crew** mit einem Verb im Plural gebraucht: *the crew have been working together for years*

'crew cut *n* Bürstenschnitt *m* **'crew·man, 'crew·mem·ber** *n* Besatzungsmitglied *nt*
crib [krɪb] **I.** *n* ① AM (*cot*) Gitterbett *nt;* REL Krippe *f* ② (*fam: crib sheet*) Spickzettel *m,* Schummler *m* ÖSTERR **II.** *vt, vi* <-bb-> (*pej fam*) abschreiben
crick [krɪk] **I.** *n* ■**to get a ~ in one's neck** einen steifen Hals bekommen **II.** *vt* ■**to ~ one's neck** einen steifen Hals bekommen
crick·et¹ ['krɪkɪt] *n* ZOOL Grille *f*
crick·et² ['krɪkɪt] *n no pl* SPORTS Kricket *nt*

Land und Leute

Cricket entstand sehr wahrscheinlich im 16. Jh. als eine Sportart der Schäfer und wurde während des 17. Jhs. bei den Aristokraten beliebt. Die ersten *Test Matches* zwischen England und Australien wurden bereits 1877 ausgetragen. Beim **Cricket** gibt es zwei Teams mit je elf Spielern, die abwechselnd als *batsmen* (*Schlagmänner*) und *fielders* (*Fänger*) spielen, mit zwei *bowlers* (*Werfer*) – einen an jedem Ende des Cricketfeldes. *Batsmen* machen Punkte, indem sie nach dem Schlagen *runs* (*Punkte*) zwischen den beiden *wickets* (*Pfostentore*) erzielen.

'crick·et bat *n* Kricketschläger *m*
crick·et·er ['krɪkɪtəʳ, AM -ɚ] *n* Kricketspieler(in) *m(f)*
'crick·et field, **'crick·et ground** *n* Kricketplatz *m* **'crick·et pitch** *n* Kricket[spiel]feld *nt*
cri·er ['kraɪəʳ, AM -ɚ] *n* Ausrufer(in) *m(f)*
cri·key ['kraɪki:] *interj* BRIT (*fam*) [ach] du liebe Zeit!
crime [kraɪm] *n* ① (*illegal act*) Verbrechen *nt* ② *no art, no pl* (*criminality*) Kriminalität *f*; **to lead a life of ~** das Leben eines/einer Kriminellen führen
crime pre·'ven·tion *n no pl* Verbrechensverhütung *f* **'crime-rid·den** *adj* mit einer besonders hohen Kriminalitätsrate **'crime wave** *n* Welle *f* der Kriminalität
crimi·nal ['krɪmɪnᵊl] **I.** *n* Verbrecher(in) *m(f)* **II.** *adj* ① (*illegal*) verbrecherisch; *behaviour* kriminell; *offence* strafbar ② (*fig*) schändlich; **it's ~ to charge so much** es ist eine Schande, so viel Geld zu verlangen
crimi·nal·ity [ˌkrɪmɪ'næləti, AM -ə'næləṭi] *n no pl* Kriminalität *f*
crimi·nolo·gist [ˌkrɪmɪ'nɒlədʒɪst, AM -'nɑ:lə-] *n* Kriminologe, Kriminologin *m, f*
crimi·nol·ogy [ˌkrɪmɪ'nɒlədʒi, AM -'nɑ:lə-] *n no pl* Kriminologie *f*
crimp [krɪmp] *vt* ① kräuseln ② **to ~ one's hair** sich *dat* das Haar wellen
crim·son ['krɪmzᵊn] **I.** *n no pl* Purpur[rot] *nt* **II.** *adj* purpurrot
cringe [krɪndʒ] *vi* ① (*cower*) sich ducken ② (*shiver*) schaudern; (*feel uncomfortable*) **we all ~d with embarrassment** das war uns allen furchtbar peinlich
crin·kle ['krɪŋkl̩] **I.** *vt* [zer]knittern **II.** *vi* *dress, paper* knittern; *face, skin* [Lach]fältchen bekommen **III.** *n* [Knitter]falte *f*; (*in hair*) Krause *f*
crin·kly ['krɪŋkli] *adj* ① (*full of wrinkles*) *paper* zerknittert; *skin* knittrig ② (*wavy and curly*) gekräuselt
crip·ple ['krɪpl̩] **I.** *n* Krüppel *m* **II.** *vt* *person* zum Krüppel machen; *thing* gefechtsunfähig machen; (*fig*) lahmlegen
crip·pling ['krɪplɪŋ] *adj* *debts* erdrückend; *pain* lähmend
cri·sis <*pl* -ses> ['kraɪsɪs, *pl* -si:z] *n* Krise *f*; **to be in ~** in einer Krise stecken; **~ of confidence** Vertrauenskrise *f*
cri·sis 'man·age·ment *n no pl* Krisenmanagement *nt*
crisp [krɪsp] **I.** *adj* ① (*hard and brittle*) knusprig; *snow* knirschend ② (*firm and fresh*) *apple, lettuce* knackig ③ (*stiff and smooth*) *paper, tablecloth* steif; *banknote* druckfrisch ④ (*quick and precise*) *manner, style* präzise; *answer, reply* knapp **II.** *n* ① BRIT (*potato crisp*) Chip *m*; **burnt to a ~** verkohlt ② AM (*crumble*) Obstdessert *nt* (*mit Streuseln überbacken*)
'crisp·bread *n* Knäckebrot *nt*
crispy ['krɪspi] *adj* (*approv*) knusprig
'criss-cross **I.** *vt* durchqueren **II.** *vi* sich kreuzen
cri·teri·on <*pl* -ria> [kraɪ'tɪəriən, AM -'tɪriən, *pl* -riə] *n* Kriterium *nt*
crit·ic ['krɪtɪk, AM -ṭ-] *n* Kritiker(in) *m(f)*
criti·cal ['krɪtɪkᵊl, AM -ṭ-] *adj* ① (*judgemental*) kritisch; **~ success** Erfolg *m* bei der Kritik; ■**to be ~ of sb** an jdm etwas auszusetzen haben ② (*crucial*) entscheidend ③ MED kritisch
criti·cism ['krɪtɪsɪzᵊm, AM -ṭ-] *n* Kritik *f*; *see also* **acid**
criti·cize ['krɪtɪsaɪz, AM -ṭ-] **I.** *vt* kritisch beurteilen; ■**to ~ sb/sth for sth** jdn/etw wegen einer S. *gen* kritisieren **II.** *vi* kritisieren
cri·tique ['krɪti:k] *n* Kritik *f*
croak [krəʊk, AM kroʊk] **I.** *vi* ① *crow, person* krächzen; *frog* quaken ② (*sl: die*) abkratzen **II.** *vt* krächzen **III.** *n* *of a crow, person* Krächzen *nt*; *of a frog* Quaken *nt*
Croa·tia ['krəʊ'eɪʃə, AM 'kroʊ-] *n* Kroatien *nt*
cro·chet ['krəʊʃeɪ, AM kroʊ'ʃeɪ] **I.** *n no pl* Häkelarbeit *f* **II.** *vi, vt* häkeln **'cro·chet hook**, **'cro·chet nee·dle** *n* Häkelnadel *f*
crock [krɒk, AM krɑ:k] *n* ① (*clay container*) [Ton]topf *m* ② (*hum*) **old ~** kauziger Alter/kauzige Alte ③ *no pl* AM (*fam: nonsense*) ■**a ~** ein absoluter Schwachsinn
crock·ery ['krɒkəri, AM 'krɑ:kɚi] *n no pl* Geschirr *nt*
croco·dile <*pl* - *or* -s> ['krɒkədaɪl, AM 'krɑ:k-] *n* ZOOL Krokodil *nt*; **~ skin** Krokodilleder *nt*
croco·dile 'tears *n pl* Krokodilstränen *pl*
cro·cus ['krəʊkəs, AM 'kroʊ-] *n* Krokus *m*
croft [krɒft, AM krɑ:ft] *n* *esp* SCOT kleiner [gepachteter] Bauernhof
croft·er ['krɒftəʳ, AM 'krɑ:ftɚ] *n* *esp* SCOT Kleinpächter(in) *m(f)*
crois·sant ['krwæsɑ̃(ŋ), AM krwɑ:'sɑ̃] *n* Croissant *nt*
cro·ny ['krəʊni, AM 'kroʊni] *adj* (*esp pej fam*) Spießgeselle *m*, Haberer *m* ÖSTERR
crook [krʊk] **I.** *n* ① (*fam: rogue*) Gauner *m* ② (*of a shepherd*) Hirtenstab *m*; (*of a bishop*) Bischofsstab *m* **II.** *adj* AUS (*fam*) ① (*ill*) krank; **to be ~ with a cold** erkältet

C

C

sein ② (*annoyed*) ■**to be ~ on sb** auf jdn wütend sein ③ (*illegal*) krumm **III.** *vt arm* beugen; *finger* krümmen

crook·ed ['krʊkɪd] *adj* ① (*fam: dishonest*) unehrlich; *police officer, politician* korrupt; *salesman* betrügerisch ② (*not straight*) krumm; *grin, teeth* schief

croon [kruːn] *vt* mit schmachtender Stimme singen

croon·er ['kruːnəʳ, AM -ɚ] *n* Schnulzensänger(in) *m(f)*

crop [krɒp, AM krɑːp] **I.** *n* ① (*plant*) Feldfrucht *f;* (*harvest*) Ernte *f* ② (*short hair cut*) Kurzhaarschnitt *m* ③ (*whip*) Reitgerte *f* **II.** *vt* <-pp-> ① AM (*plant*) bestellen ② (*shorten*) *sheep, horses* abgrasen; *photo* zurechtschneiden; *hair* kurz schneiden **III.** *vi* wachsen ◆**crop up** *vi* (*fam*) auftauchen; **something's ~ped up** es ist etwas dazwischengekommen

crop·per ['krɒpəʳ, AM 'krɑːpɚ] *n* AGR Nutzpflanze *f* ▸PHRASES: **to come a ~** (*fail miserably*) auf die Nase fallen

'crop ro·'ta·tion *n* Fruchtfolge *f*

'crop top *n* FASHION bauchfreies Top

cro·quet ['krəʊkeɪ, AM 'kroʊ-] *n no pl* Krocket[spiel] *nt*

cross [krɒs, AM krɑːs] **I.** *n* ① Kreuz *nt a. fig;* **to mark sth with a [red] ~** etw [rot] ankreuzen; **to put a ~ next to sth** neben etw *dat* ein Kreuz machen ② (*hybrid*) Kreuzung *f;* (*fig*) Mittelding *nt* (**between** zwischen +*dat*); (*person*) Mischung *f* (**between** aus +*dat*) ③ FBALL Flanke *f* **II.** *adj* verärgert; ■**to be ~ with sb** auf jdn böse [*o* sauer] sein; ■**to get ~ with sb** sich über jdn ärgern **III.** *vt* ① (*cross over*) überqueren; (*a. on foot*) *bridge, road* gehen über; *border* passieren; *threshold* überschreiten; (*traverse*) durchqueren; **the bridge ~es the estuary** die Brücke führt über die Flussmündung ② FBALL flanken ③ (*place crosswise*) [über]kreuzen; *arms* verschränken; *legs* übereinanderschlagen ④ REL ■**to ~ oneself** sich bekreuz[ig]en ⑤ (*breed*) kreuzen ▸PHRASES: **to keep** [*or* **have**] **one's fingers ~ed [for sb]** [jdm] die Daumen drücken; **to ~ one's mind** jdm einfallen **IV.** *vi* ① (*intersect*) sich kreuzen ② (*traverse a road*) die Straße überqueren; (*on foot*) über die Straße gehen; **to ~ into a country** die Grenze in ein Land passieren ③ (*meet*) **our paths have ~ed several times** wir sind uns schon mehrmals über den Weg gelaufen ◆**cross off** *vt* streichen [von] ◆**cross out** *vt* ausstreichen ◆**cross over I.** *vi* hinübergehen; (*on boat*) übersetzen; **don't ~ over on a red light** geh nicht bei Rot über die Straße **II.** *vt* überqueren

'cross·bar *n* SPORTS Querlatte *f; of bicycle* [Quer]stange *f* **'cross·beam** *n* Querbalken *m* **'cross·bow** *n* Armbrust *f*

'cross·breed I. *n* ZOOL Kreuzung *f;* (*half-breed*) Mischling *m* **II.** *vt* kreuzen

'cross-channel *adj ferry* Kanal-

'cross·check I. *n* Gegenprobe *f* **II.** *vt* nachprüfen

cross-'coun·try I. *adj* Querfeldein-; **~ race** Geländerennen *nt;* **~ skiing** Langlauf *m;* **~ skiing course** Loipe *f* **II.** *adv* ① (*across a country*) quer durchs Land ② (*across countryside*) querfeldein

'cross-cur·rent *n* Gegenströmung *f* **cross-ex·ami·'na·tion** *n* Kreuzverhör *nt;* **under ~** im Kreuzverhör **cross-ex·'am·ine** *vt* ■**to ~ sb** jdn ins Kreuzverhör nehmen *a. fig* **'cross-eyed** *adj* schielend; ■**to be ~** schielen **'cross·fade** *n* MUS Kreuzblende *f,* Überblendung *f* **cross-fer·ti·li·'za·tion** *n no pl* BOT Kreuzbefruchtung *f* **'cross·fire** *n no pl* Kreuzfeuer *nt;* **to be caught in the ~** ins Kreuzfeuer geraten *a. fig* **cross-gen·e'ra·tion·al** *adj appeal, interest, event* für alle Altersgruppen; **will it have ~ appeal?** wird es alle Altersgruppen ansprechen?; **a ~ event** eine Veranstaltung für Jung und Alt

cross·ing ['krɒsɪŋ, AM 'krɑːs-] *n* ① (*place to cross*) Übergang *m;* (*crossroads*) [Straßen]kreuzung *f* ② (*journey*) Überfahrt *f*

cross-'legged I. *adj* **in a ~ position** mit gekreuzten Beinen **II.** *adv* **to sit ~** im Schneidersitz [da]sitzen

'cross·over *n* ① (*place*) Übergang *m;* RAIL Gleisverbindung *f* ② (*mixed styles*) [Stil]mix *m*

cross-pro·'mote *vt* ECON ■**to ~ sth** für etw *akk* im Einzel-, Versand- und Internethandel werben **cross-'pur·poses** *npl* ▸PHRASES: **to be talking at ~** aneinander vorbeireden **cross-'ref·er·ence** *n* Querverweis *m* (**to** auf +*akk*) **'cross·roads** <*pl* -> *n* Kreuzung *f;* (*fig*) Wendepunkt *m;* ■**at a** [*or* **the**] **~** am Scheideweg **cross-'sec·tion** *n* ① (*cut*) Querschnitt *m* (**of** durch +*akk*) ② (*sample*) repräsentative Auswahl **'cross·walk** *n* AM Fußgängerübergang *m* **'cross·ways** *adv* quer **'cross·wind** *n* Seitenwind *m* **'cross·wise I.** *adj* Quer- **II.** *adv* quer **'cross·word**, **'cross·word puz·zle** *n* Kreuzworträtsel *nt*

crotch [krɒtʃ, AM krɑːtʃ] *n* Unterleib *m; of trousers* Schritt *m*

crotch·et ['krɒtʃɪt, AM 'krɑːtʃət] *n* MUS Viertelnote *f*

crotch·ety ['krɒtʃɪti, AM 'krɑːtʃət̬i] *adj* (*fam*) quengelig
crouch [kraʊtʃ] **I.** *n usu sing* Hocke *f* **II.** *vi* sich kauern
croup [kruːp] *n no pl* MED Krupp *m*
crou·pi·er ['kruːpiəʳ, AM -ieɪ] *n* Croupier *m*
crow [krəʊ, AM kroʊ] **I.** *n* Krähe *f* ▶ PHRASES: **as the ~ flies** [in der] Luftlinie **II.** *vi* <crowed, crowed> ❶ (*cry*) *baby, cock* krähen ❷ (*express happiness*) jauchzen; (*gloatingly*) triumphieren
'crow·bar *n* Brecheisen *nt*
crowd [kraʊd] **I.** *n* + *pl/sing vb* ❶ (*throng*) [Menschen]menge *f;* SPORTS, MUS Zuschauermenge *f;* (*fig*) **to follow the ~** mit der Masse gehen ❷ (*fam: clique*) Clique *f;* **a bad ~** ein übler Haufen **II.** *vt* ❶ (*fill*) *stadium* füllen; *streets* bevölkern ❷ (*fam: pressure*) ■**to ~ sb** jdn [be]drängen **III.** *vi* ■**to ~ into sth** sich in etw *akk* hineindrängen ◆**crowd out** *vt* herausdrängen
crowd·ed ['kraʊdɪd] *adj* überfüllt; *timetable* übervoll
'crowd-pull·er *n* Massenattraktion *f*
crown [kraʊn] **I.** *n* ❶ (*of a monarch, a. FIN*) Krone *f* ❷ (*top of head*) Scheitel *m;* (*of hill*) Kuppe *f;* (*of tooth, tree, hat*) Krone *f* **II.** *vt* krönen; **to ~ sb world champion** jdn zum Weltmeister krönen; *teeth* überkronen ▶ PHRASES: **to ~ it all** BRIT, AUS (*iron*) zur Krönung des Ganzen
crown 'colo·ny *n* Kronkolonie *f* **crown 'court** *n* BRIT höheres Gericht für Strafsachen
crown·ing ['kraʊnɪŋ] *adj* krönend; **the ~ achievement** die Krönung
crown 'jew·els *npl* Kronjuwelen *pl* **crown 'prince** *n* Kronprinz *m*
'crow's feet *npl* (*wrinkles*) Krähenfüße *pl*
'crow's nest *n* NAUT Krähennest *nt*
cru·cial ['kruːʃəl] *adj* (*decisive*) entscheidend (**to** für +*akk*); (*critical*) kritisch; (*very important*) äußerst wichtig; *see also* **vicious**
cru·ci·ble ['kruːsɪbl̩] *n* TECH Schmelztiegel *m*
cru·ci·fix ['kruːsɪfɪks] *n* Kruzifix *nt*
cru·ci·fix·ion [ˌkruːsə'fɪkʃən] *n* Kreuzigung *f*
cru·ci·fy ['kruːsɪfaɪ] *vt* kreuzigen; (*fig fam*) verreißen
crud·dy ['krʌdi] *adj* (*fam*) mies
crude [kruːd] **I.** *adj* ❶ (*rudimentary*) primitiv ❷ (*vulgar*) derb; *manners* rau ❸ (*unprocessed*) roh; **~ oil** Rohöl *nt* **II.** *n* Rohöl *nt*
cru·el <BRIT -ll- *or* AM *usu* -l-> ['kruːəl] *adj* ❶ (*deliberately mean*) grausam; *remark* gemein ❷ (*harsh*) hart; *disappointment* schrecklich ▶ PHRASES: **to be ~ to be kind** (*saying*) jdm beinhart die Wahrheit sagen
cru·el·ty ['kruːəlti, AM -t̬-] *n* Grausamkeit *f* (**to** gegen +*akk*); **~ to animals** Tierquälerei *f;* **~ to children** Kindesmisshandlung *f*
cruise [kruːz] **I.** *n* Kreuzfahrt *f;* **to go on a ~** eine Kreuzfahrt machen **II.** *vi* ❶ (*take a cruise*) eine Kreuzfahrt machen; (*ship*) kreuzen ❷ (*travel at constant speed*) *aeroplane* [mit Reisegeschwindigkeit] fliegen; *car* [konstante Geschwindigkeit] fahren ❸ (*fam: drive around aimlessly*) herumfahren **III.** *vt* (*sl*) **to ~ the bars** in den Bars aufreißen gehen
cruise 'mis·sile *n* Marschflugkörper *m*
cruis·er ['kruːzəʳ, AM -ɚ] *n* ❶ (*warship*) Kreuzer *m* ❷ (*pleasure boat*) Motoryacht *f*
'cruise ship *n* Kreuzfahrtschiff *nt*
cruis·ing ['kruːzɪŋ] *n* AM Herumfahren *nt kein pl fam*
crumb [krʌm] *n* ❶ Krümel *m,* Brösel *m* ÖSTERR *a. nt; of bread a.* Krume *f* ❷ (*fig*) **a small ~ of comfort** ein kleiner Trost; *see also* **thumb**
crum·ble ['krʌmbl̩] **I.** *vt* zerkrümeln; (*break into bits*) zerbröckeln **II.** *vi* ❶ (*disintegrate*) zerbröckeln ❷ (*fig*) *empire* zerfallen; *opposition* [allmählich] zerbrechen; *resistance* schwinden; *support* abbröckeln **III.** *n* BRIT *mit Streuseln überbackenes Obstdessert*
crum·bly ['krʌmbli] *adj food* krümelig; *stone* bröckelig
crum·my ['krʌmi] *adj* (*fam*) mies; *house* schäbig; *idea* blöd
crum·pet ['krʌmpɪt] *n* BRIT *flaches rundes Hefeküchlein zum Auftoasten*
crum·ple ['krʌmpl̩] **I.** *vt* zerknittern; *paper* zerknüllen **II.** *vi* ❶ (*become wrinkled*) sich verziehen ❷ (*collapse*) zusammenbrechen
crunch [krʌntʃ] **I.** *n* ❶ *usu sing* (*noise*) Knirschen *nt kein pl* ❷ *no pl* (*fam: difficult situation*) Krise *f* ▶ PHRASES: **when it comes to the ~** wenn es darauf ankommt **II.** *vt* FOOD geräuschvoll verzehren **III.** *vi gravel, snow* knirschen
crunchy ['krʌntʃi] *adj apple* knackig; *cereal, toast* knusprig; *snow* verharscht
cru·sade [kruː'seɪd] **I.** *n* Kreuzzug *m;* ■**the C~s** *pl* HIST die Kreuzzüge *pl* **II.** *vi* ■**to ~ for/against sth** einen Kreuzzug für/gegen etw *akk* führen
cru·sad·er [kruː'seɪdəʳ, AM -ɚ] *n* ❶ (*campaigner*) ■**a ~ against sth** jd, der gegen etw *akk* zu Felde zieht ❷ HIST Kreuzritter *m*
crush [krʌʃ] **I.** *vt* ❶ (*compress*) zusammendrücken; (*causing serious damage*) zerquetschen; MED [sich] etw quetschen

C

C

❷ FOOD zerdrücken; *grapes* zerstampfen; *ice* zerstoßen ❸ (*defeat*) vernichten; *hopes* zunichtemachen; *rebellion* niederschlagen; *resistance* zerschlagen **II.** *n* ❶ *no pl* (*crowd*) Gedränge *nt* ❷ *no pl* (*drink*) Fruchtsaft *m* mit zerstoßenem Eis ◆**crush up** *vt* zusammenquetschen; *herbs, spices* zerstoßen

'crush bar·ri·er *n* BRIT Absperrung *f*

crush·ing ['krʌʃɪŋ] *adj* schrecklich; *blow* hart; *defeat* vernichtend

crust [krʌst] *n* Kruste *f*

crus·ta·cean [krʌs'teɪʃən] *n* Krustentier *nt*

crusty ['krʌsti] *adj bread* knusprig

crutch [krʌtʃ] *n* ❶ MED Krücke *f* ❷ *no pl* (*fig*) Stütze *f*, Halt *m*

crux [krʌks] *n no pl* Kernfrage *f*

cry <-ie-> [kraɪ] **I.** *n* ❶ *no pl* (*act of shedding tears*) Weinen *nt*; **to have a ~** sich ausweinen ❷ (*loud emotional utterance*) Schrei *m*; (*shout a.*) Ruf *m* (**for** nach +*dat*); **~ for help** Hilferuf *m*; **a ~ of pain** ein Schmerzensschrei *m* ❸ ZOOL, ORN Schreien *nt kein pl*, Geschrei *nt kein pl* ▶ PHRASES: **to be in full ~** in voller Jagd sein **II.** *vi* weinen (**for** nach +*dat*); *baby* schreien **III.** *vt* ❶ (*shed tears*) weinen ❷ (*exclaim*) rufen ◆**cry off** *vi* (*fam*) einen Rückzieher machen ◆**cry out** **I.** *vi* ❶ (*shout*) aufschreien ❷ (*fig: need*) schreien (**for** nach +*dat*) ▶ PHRASES: **for ~ing out loud** (*fam*) verdammt nochmal! **II.** *vt* rufen; (*scream*) schreien

cry·ing ['kraɪɪŋ] *n no pl* Weinen *nt*; (*screaming*) Schreien *nt*

crypt [krɪpt] *n* Krypta *f*

cryp·tic ['krɪptɪk] *adj* rätselhaft; *message a.* geheimnisvoll; *look* unergründlich; **~ crossword** *Kreuzworträtsel, bei dem man um die Ecke denken muss*

crys·tal ['krɪstəl] **I.** *n* ❶ CHEM Kristall *m* ❷ *no pl* (*glass*) Kristallglas *nt* ❸ AM (*on a watch, clock*) [Uhr]glas *nt* **II.** *adj* ❶ CHEM kristallin ❷ (*made of crystal*) Kristall-

crys·tal 'ball *n* Kristallkugel *f* **crys·tal 'clear** *adj* ❶ (*transparent*) *water* kristallklar ❷ (*obvious*) glasklar; **she made it ~ that ...** sie stellte unmissverständlich klar, dass ...

crys·tal·line ['krɪstəlaɪn] *adj* ❶ CHEM kristallin ❷ (*liter: crystal clear*) kristallklar

crys·tal·li·za·tion [ˌkrɪstəlaɪ'zeɪʃən, AM -lɪ'-] *n no pl* CHEM Kristallisation *f*

crys·tal·lize ['krɪstəlaɪz] **I.** *vi* CHEM kristallisieren; (*fig*) *feelings* fassbar werden **II.** *vt* (*fig*) herausbilden

ct. *abbrev of* **cent** ct

cub [kʌb] *n* ❶ ZOOL Junge[s] *nt* ❷ (*cub scout*) Wölfling *m*

Cuba ['kju:bə] *n* Kuba *nt*

cubby·hole ['kʌbihəʊl, AM -hoʊl] *n* Kämmerchen *nt*

cube [kju:b] **I.** *n* ❶ (*shape*) Würfel *m* ❷ MATH Kubikzahl *f* **II.** *vt* ❶ FOOD in Würfel schneiden ❷ MATH hoch drei nehmen; **2 ~d equals 8** 2 hoch 3 ist 8

cub·ic ['kju:bɪk] *adj* MATH Kubik-

cu·bi·cle ['kju:bɪkl̩] *n* ❶ (*for changing*) [Umkleide]kabine *f* ❷ (*for sleeping*) Schlafzelle *f*

cuckoo ['kʊku:, AM *also* 'ku:ku:] **I.** *n* ORN Kuckuck *m* **II.** *adj* (*fam*) übergeschnappt

'cuckoo clock *n* Kuckucksuhr *f*

cu·cum·ber ['kju:kʌmbəʳ, AM -ɚ] *n* [Salat]gurke *f* ▶ PHRASES: **to be [as] cool as a ~** immer einen kühlen Kopf behalten

cud·dle ['kʌdl̩] **I.** *n* [liebevolle] Umarmung; **to give sb a ~** jdn umarmen **II.** *vt* liebkosen **III.** *vi* kuscheln

cud·dly ['kʌdl̩i] *adj* knuddelig

cud·gel ['kʌdʒəl] **I.** *n* Knüppel *m* **II.** *vt* <BRIT -ll- *or* AM *usu* -l-> niederknüppeln

cue [kju:] **I.** *n* ❶ THEAT Stichwort *nt*; (*fig a.*) Zeichen *nt*; **to take one's ~ from sb** jds Beispiel *nt* folgen ❷ (*billiards*) Queue *nt* ÖSTERR *a. m*, Billardstock *m* ▶ PHRASES: **[right] on ~** wie gerufen **II.** *vt* ■**to ~ in** ⊂ **sb** jdm das Stichwort geben

cuff [kʌf] **I.** *n* ❶ (*of sleeve*) Manschette *f* ❷ AM, AUS (*of trouser leg*) [Hosen]aufschlag *m* ❸ (*fam*) LAW ■**~s** *pl* Handschellen *pl* ▶ PHRASES: **off the ~** aus dem Stegreif **II.** *vt* ■**to ~ sb** ❶ (*strike*) jdm einen Klaps geben ❷ (*fam: handcuff*) jdm Handschellen anlegen

'cuff link *n* Manschettenknopf *m*

cui·sine [kwɪ'zi:n] *n no pl* Küche *f*

cul-de-sac <*pl* -s *or* culs-de-sac> ['kʌldəsæk] *n* Sackgasse *f a. fig*

culi·nary ['kʌlɪnəri, AM -ləneri] *adj* kulinarisch; **~ skills** Kochkünste *pl*

cull [kʌl] **I.** *vt* ❶ (*kill*) erlegen (*um den Bestand zu reduzieren*) ❷ (*select*) herausfiltern **II.** *n* Abschlachten *nt kein pl*; (*fig*) Abschuss *m kein pl*

cul·mi·nate ['kʌlmɪneɪt] *vi* gipfeln (**in** in +*dat*)

cul·mi·na·tion [ˌkʌlmɪ'neɪʃən] *n no pl* Höhepunkt *m*

cu·lottes [kju:'lɒts, AM ku:'lɑ:ts] *npl* Hosenrock *m*

cul·pable ['kʌlpəbl̩] *adj* (*form*) schuldig; **to hold sb ~ for sth** jdm die Schuld an etw *dat* geben

cul·prit ['kʌlprɪt] *n* Schuldige(r) *f(m)*; (*hum*) Missetäter(in) *m(f)*

C

cult [kʌlt] *n* Kult *m*
'cult fig·ure *n* Kultfigur *f*
cul·ti·vate ['kʌltɪveɪt, AM -tə-] *vt* ① *crops* anbauen; *land* bestellen ② (*fig form*) entwickeln; *accent, contacts* pflegen; *sb's talent* fördern
cul·ti·vat·ed ['kʌltɪveɪtɪd, AM -təveɪt̬ɪd] *adj* ① *field* bestellt; *land, soil a.* bebaut ② (*fig*) kultiviert
cul·ti·va·tion [ˌkʌltɪ'veɪʃᵊn, AM -tə'-] *n no pl of crops, vegetables* Anbau *m; of land* Bebauung *m,* Bestellung *m*
cul·ti·va·tor ['kʌltɪveɪtəʳ, AM -təveɪt̬ɚ] *n* Grubber *m*
cul·tur·al ['kʌltʃᵊrᵊl] *adj* kulturell; ~ **revolution** Kulturrevolution *f*
cul·ture ['kʌltʃəʳ, AM -tʃɚ] **I.** *n* Kultur *f* **II.** *vt* BIOL züchten
cul·tured ['kʌltʃəd, AM -tʃɚd] *adj* kultiviert
'cul·ture vul·ture *n* BRIT (*pej fam*) [Kunst-und] Kulturfreak *m*
cum·ber·some ['kʌmbəsəm, AM -bɚ-] *adj luggage* unhandlich; *clothing* unbequem; *style* schwerfällig
cum·in ['kʌmɪn, 'kju:-] *n no pl* Kreuzkümmel *m*
cu·mu·la·tive ['kju:mjələtɪv, AM -t̬-] *adj* kumulativ; ~ **total** Gesamtbetrag *m*
cu·mu·lus <*pl* -li> ['kju:mjələs, *pl* li:] *n* Kumulus *m*
cun·ning ['kʌnɪŋ] **I.** *adj* (*ingenious*) *idea* clever, raffiniert; *person a.* schlau, gerissen; *device* ausgeklügelt; *look* listig **II.** *n no pl* Cleverness *f,* Gerissenheit *f*
cunt [kʌnt] *n* (*vulg*) Fotze *f vulg*
cup [kʌp] **I.** *n* ① (*container*) Tasse *f;* **a ~ of coffee** eine Tasse Kaffee; (*of paper, plastic*) Becher *m* ② SPORTS Pokal *m;* **the World C~** der Weltcup ③ (*part of bra*) Körbchen *nt;* (*size*) Körbchengröße *f* ▶ PHRASES: **that's [just] my ~ of tea** das ist genau mein Fall **II.** *vt* <-pp-> **to ~ one's hands** mit den Händen eine Schale bilden; **she ~ped her hands around her mug** sie legte die Hände um den Becher
cup·board ['kʌbəd, AM -ɚd] *n* Schrank *m,* Kasten *m* ÖSTERR

Aussprache

Das **p** in cu**p**board wird nicht gesprochen: ['kʌbəd]

Cup 'Fi·nal *n* Pokalendspiel *nt*
cup·ful <*pl* -s *or esp* AM cupsful> ['kʌpfʊl] *n* Tasse *f*
cu·po·la ['kju:pᵊlə] *n* Kuppel *f*
cup·pa ['kʌpə] *n* BRIT (*fam*) Tasse *f* Tee
'cup tie *n* Pokalspiel *nt* **'cup win·ner** *n* SPORTS Pokalsieger(in) *m(f)*
cur [kɜ:ʳ, AM kɜr] *n* (*pej liter*) ① (*dog*) [gefährlicher] Köter ② (*person*) fieser Hund *fam*
cur·able ['kjʊərəbl̩, AM 'kjʊr-] *adj* heilbar
cu·rate ['kjʊərət, AM 'kjʊr-] *n* REL Kurat *m*
cu·ra·tor [kjʊə'reɪtəʳ, AM kjʊ'reɪt̬ɚ] *n* Konservator(in) *m(f)*
curb [kɜ:b, AM kɜ:rb] **I.** *vt* zügeln; **to ~ one's dog** AM seinen Hund an der Leine führen; *expenditure* senken; *inflation* bremsen **II.** *n* Beschränkung *f;* **to keep a ~ on sth** etw im Zaum halten
'curb bit *n* Kandare *f*
'curb·stone *n* AM Randstein *m*
curd [kɜ:d, AM kɜ:rd] *n* ~ **cheese** Weißkäse *m*
cur·dle [kɜ:dl̩, AM kɜ:rdl] **I.** *vi* gerinnen ▶ PHRASES: **to make sb's blood ~** jdm das Blut in den Adern gerinnen lassen **II.** *vt* gerinnen lassen
cure [kjʊər, AM kjʊr] **I.** *vt* ① (*heal*) heilen *a. fig* (**of** von +*dat*); *cancer* besiegen ② FOOD haltbar machen; (*by smoking*) räuchern; (*by salting*) pökeln; (*by drying*) trocknen **II.** *n* ① (*remedy*) [Heil]mittel *nt* (**for** gegen +*akk*) ② *no pl* (*recovery*) Heilung *f;* (*fig: solution*) Lösung *f*
'cure-all *n* Allheilmittel *nt* (**for** gegen +*akk*)
cur·few ['kɜ:fju:, AM 'kɜ:r-] *n* Ausgangssperre *f;* **what time is the ~?** wann ist Sperrstunde?
cu·ri·os·ity [ˌkjʊəri'ɒsəti, AM ˌkjʊri'ɑ:sət̬i] *n* ① *no pl* (*desire to know*) Neugier[de] *f* ② (*object*) Kuriosität *f*
cu·ri·ous ['kjʊəriəs, AM 'kjʊri-] *adj* ① (*inquisitive*) neugierig (**about** auf +*akk*); **to be ~ to see sb/sth** neugierig darauf sein, jdn/etw zu sehen ② (*peculiar*) seltsam, merkwürdig
curl [kɜ:l, AM kɜ:rl] **I.** *n* ① (*loop of hair*) Locke *f* ② (*spiral*) Kringel *m* ③ SPORTS Hantelübung *f* **II.** *vi* ① (*of hair*) sich locken ② (*of a road*) sich schlängeln **III.** *vt* ① **to ~ one's hair** sich *dat* Locken drehen ② *lips, leaves* kräuseln ◆**curl up** *vi leaf* sich einrollen; *animal, person* sich zusammenrollen; *paper* sich wellen ▶ PHRASES: **to want to ~ up and die** am liebsten im Erdboden versinken wollen
curl·er ['kɜ:ləʳ, AM 'kɜ:rlɚ] *n* Lockenwickler *m*
cur·lew ['kɜ:lju:, AM 'kɜ:rlu:] *n* ORN Brachvogel *m*
curl·ing ['kɜ:lɪŋ, AM 'kɜ:r-] *n no pl* SPORTS Curling *nt,* Eisstockschießen *nt*
'curl·ing iron, 'curl·ing tongs *npl* Lockenstab *m*

curly ['kɜ:li, AM 'kɜ:r-] *adj leaves* gewellt, gekräuselt; *hair a.* lockig
cur·rant ['kʌrənt, AM 'kɜ:r-] *n* ① (*dried grape*) Korinthe *f* ② (*berry*) Johannisbeere *f*, Ribisel *f* ÖSTERR
cur·ren·cy ['kʌrən(t)si, AM 'kɜ:r-] *n* ① (*money*) Währung *f*; [**foreign**] ~ Devisen *pl* ② *no pl* (*acceptance*) [weite] Verbreitung *f*; **to gain** ~ sich verbreiten
cur·rent ['kʌrənt, AM 'kɜ:r-] **I.** *adj* gegenwärtig; *issue* aktuell; **in** ~ **use** gebräuchlich **II.** *n* ① (*of air, water*) Strömung *f*; **to swim against the** ~ gegen dem Strom schwimmen *a. fig* ② ELEC Strom *m*
cur·rent ac·'count *n* BRIT Girokonto *nt* **cur·rent af·'fairs, cur·rent e'vents** *npl* POL Zeitgeschehen *nt kein pl*
cur·rent·ly ['kʌrəntli, AM 'kɜ:r-] *adv* zur Zeit **cur·rent o'pin·ion** *n* aktuelle öffentliche Meinung **cur·rent 'rate** *n* aktueller Kurs
cur·ricu·lum <*pl* -la> [kə'rɪkjələm, *pl* -lə] *n* Lehrplan *m*
cur·ricu·lum vi·tae <*pl* -s *or* curricula vitae> [-'vi:taɪ] *n* Lebenslauf *m*
cur·ry ['kʌri, AM 'kɜ:ri] FOOD **I.** *n* Curry *nt o m*; ~ **paste** Currypaste *f* **II.** *vt* <-ie-> *meat, vegetables* als Curry zubereiten
curse [kɜ:s, AM kɜ:rs] **I.** *vi* fluchen **II.** *vt* ① (*swear at*) verfluchen ② (*put a magic spell on*) verwünschen **III.** *n* Fluch *m*; **to put a** ~ **on sb** jdn verwünschen
curs·ed ['kɜ:sɪd, AM 'kɜ:r-] *adj* ① (*under a curse*) verhext ② (*fig: afflicted*) ▪**to be** ~ **with sth** mit etw *dat* geschlagen sein
cur·sor ['kɜ:sər, AM 'kɜ:rsɚ] *n* COMPUT Cursor *m*
cur·sory ['kɜ:səri, AM 'kɜ:r-] *adj glance* flüchtig; *examination* oberflächlich
curt [kɜ:t, AM kɜ:rt] *adj* (*pej*) schroff, barsch; ▪**to be** ~ **with sb** zu jdm kurz angebunden sein
cur·tail [kɜ:'teɪl, AM kɚ'-] *vt* ① (*reduce*) kürzen ② (*shorten*) verkürzen; *holiday* frühzeitig abbrechen
cur·tain ['kɜ:tən, AM 'kɜ:r-] *n* ① Vorhang *m*; [**net**] ~ Gardine *f* ② (*fig*) Schleier *m*, Vorhang *m*; ~ **of smoke** Rauchwand *f*
'cur·tain call *n* THEAT Vorhang *m*; **to take a** ~ einen Vorhang bekommen **'cur·tain rais·er** *n* THEAT [kurzes] Vorspiel
curt·sey, curt·sy ['kɜ:tsi, AM 'kɜ:rt-] **I.** *vi* knicksen (**to** vor +*dat*) **II.** *n* [Hof]knicks *m*; **to make a** ~ **to sb** einen [Hof]knicks vor jdm machen
cur·va·ture ['kɜ:vətʃər, AM 'kɜ:rvətʃɚ] *n no pl* Krümmung *f*; ~ **of the spine** Rückgratverkrümmung *f*
curve [kɜ:v, AM kɜ:rv] **I.** *n* ① (*bending line*) *of a figure, vase* Rundung *f*, Wölbung *f*; *of a road* Kurve *f*; *of a river* Bogen *m* ② MATH Kurve *f* **II.** *vi river, road* eine Kurve machen; *line* eine Kurve beschreiben **III.** *vt* biegen
cush·ion ['kʊʃən] **I.** *n* ① (*pillow*) Kissen *nt*, Polster *m* ÖSTERR ② (*fig: buffer*) Polster *nt o* ÖSTERR *a. m*; ~ **of air** Luftkissen *nt* **II.** *vt* dämpfen *a. fig*
cushy ['kʊʃi] *adj* (*pej fam*) bequem; *job* ruhig; **to have a** ~ **time** sich *dat* kein Bein ausreißen
cuss [kʌs] *vi* (*fam*) fluchen
cus·tard ['kʌstəd, AM -tɚd] *n no pl* (*sauce*) ≈ Vanillesoße *f*; (*set*) ≈ Vanillepudding *m*
cus·to·dial [kʌs'təʊdiəl, AM -'toʊ-] *adj* Wach-; ~ **sentence** Freiheitsstrafe *f*
cus·to·dian [kʌs'təʊdiən, AM -'toʊ-] *n* ① (*keeper*) Aufseher(in) *m(f)*; *of museum* Wärter(in) *m(f)*; *of valuables* Hüter(in) *m(f)* ② AM (*caretaker*) Hausmeister(in) *m(f)*
cus·to·dy ['kʌstədi] *n no pl* ① (*guardianship*) Obhut *f*; LAW Sorgerecht *nt* (**of** für +*akk*) ② (*detention*) Haft *f*; **to hold sb in** ~ jdn in Gewahrsam halten; **to take sb into** ~ jdn verhaften; **protective** ~ Schutzhaft *f*
cus·tom ['kʌstəm] *n* ① (*tradition*) Brauch *m*, Sitte *f* ② *no pl* (*usual behaviour*) Gewohnheit *f* ③ *no pl* (*patronage*) Kundschaft *f*; **to withdraw one's** ~ [*or* **take one's** ~ **elsewhere**] anderswohin gehen
cus·tom·ary ['kʌstəməri, AM -meri] *adj* üblich
'cus·tom-built *adj* spezialangefertigt **cus·tom 'clothes** *npl* AM maßgeschneiderte Kleidung
cus·tom·er ['kʌstəmər, AM -ɚ] *n* ① (*buyer, patron*) Kunde(in) *m(f)* ② (*fam: person*) Typ *m*
'cus·tom·er num·ber *n* Kundennummer *f* **cus·tom·er 'ser·vice** *n usu pl* Kundenbetreuung *f*
cus·tom·ize ['kʌstəmaɪz] *vt* nach Kundenwünschen anfertigen
cus·tom-'made *adj* auf den Kunden zugeschnitten; *shirt* maßgeschneidert; *shoes* maßgefertigt; ~ **suit** Maßanzug *m*
cus·toms ['kʌstəmz] *npl* Zoll *m*
'cus·toms clear·ance *n* Zollabfertigung *f* **'cus·toms dec·la·ra·tion** *n* Zollerklärung *f* **'cus·toms dues, 'cus·toms duties** *npl* Zollabgaben *pl* **'cus·toms ex·ami·na·tion** *n* Zollkontrolle *f* **'cus·tom(s) house** *n* Zollamt *nt* **'cus·toms of·fic·er, 'cus·toms of·fi·cial** *n* Zollbeamte(r)(in) *m(f)* **'cus·toms un·ion** *n* Zollunion *f*

C

cut [kʌt] **I.** *n* ① (*act*) Schnitt *m;* **my hair needs a ~** mein Haar muss geschnitten werden; **to make a ~ [in sth]** [in etw *akk*] einen Einschnitt machen ② (*piece of meat*) Stück *nt;* **cold ~s** Aufschnitt *m* ③ (*fit*) [Zu]schnitt *m; of shirt, trousers* Schnitt *m* ④ (*wound*) Schnittwunde *f;* **to get a ~** sich schneiden ⑤ (*decrease*) Senkung *f;* **~ in emissions** Abgasreduzierung *f;* **~ in production** Produktionseinschränkung *f;* **~ in staff** Personalabbau *m* ⑥ (*less spending*) ■ **~s** *pl* Kürzungen *pl* ⑦ *in film* Schnitt *m; in book* Streichung *f* ▶ PHRASES: **to be a ~ above sb/sth** jdm/etw um einiges überlegen sein **II.** *adj* ① (*removed*) abgeschnitten; (*sliced*) *bread* [auf]geschnitten; **~ flowers** Schnittblumen *pl* ② (*fitted*) *glass, jewel* geschliffen **III.** *interj* FILM **~!** Schnitt! **IV.** *vt* <-tt-, cut, cut> ① (*slice*) schneiden (**in** in +*akk*); *bread* aufschneiden; *slice of bread* abschneiden; **to ~ sth in[to] several pieces** etw in mehrere Teile zerschneiden; **to ~ open** aufschneiden ② (*sever*) durchschneiden ③ (*trim*) [ab]schneiden; *hair, fingernails* schneiden; *grass* mähen; **to have [*or* get] one's hair ~** sich *dat* die Haare schneiden lassen ④ (*decrease*) *costs* senken; *prices* herabsetzen; *overtime* reduzieren; *wages* kürzen (**by** um +*akk*) ⑤ *film* kürzen; *scene* herausschneiden; **to ~ sb short** jdn unterbrechen ⑥ (*shape*) *diamond* schleifen ⑦ AUTO *corner* schneiden ⑧ *tooth* bekommen ⑨ CARDS abheben ⑩ COMPUT ausschneiden ▶ PHRASES: **to ~ sb dead** jdn schneiden; **to [not] ~ it** [k]ein hohes Niveau erreichen **V.** *vi* <-tt-, cut, cut> ① (*slice*) *knife* schneiden ② (*slice easily*) *material* sich schneiden lassen ③ (*take short cut*) eine Abkürzung nehmen ④ (*withdraw*) ■ **to ~ loose** sich trennen (**from** von +*dat*); (*fig*) alle Hemmungen verlieren ▶ PHRASES: **to ~ to the chase** AM (*fam*) auf den Punkt kommen; **to ~ and run** Reißaus nehmen ◆**cut across** *vi* ① (*to other side*) hinüberfahren ② (*take short cut*) durchqueren; **to ~ across country** querfeldein fahren ③ (*fig: affect*) quer durch ◆**cut away** *vt* wegschneiden ◆**cut back I.** *vt* ① HORT zurückschneiden ② FIN kürzen; *production* zurückschrauben **II.** *vi* ① (*return*) zurückgehen ② (*reduce*) ■ **to ~ back on sth** etw kürzen; **to ~ back on spending** die Ausgaben reduzieren ◆**cut down I.** *vt* ① (*fell*) *tree* umhauen ② (*reduce*) einschränken; *labour force* abbauen; *production* zurückfahren ③ (*abridge*) kürzen ▶ PHRASES: **to ~ sb down to size** jdn in seine Schranken verweisen **II.** *vi* ■ **to ~ down on sth** *smoking, spending* etw einschränken ◆**cut in I.** *vi* ① (*interrupt*) unterbrechen ② (*activate*) sich einschalten ③ AUTO einscheren; ■ **to ~ in in front of sb** jdn schneiden ④ (*jump queue*) sich vordrängeln; ■ **to ~ in on [*or* in front of] sb** sich vor jdn drängeln **II.** *vt* ■ **to ~ sb in** ① (*share with*) jdn [am Gewinn] beteiligen ② (*include*) jdn teilnehmen lassen; (*in a game*) jdn mitspielen lassen ◆**cut into** *vi* ① (*slice*) anschneiden ② (*decrease*) verkürzen ③ (*interrupt*) unterbrechen ◆**cut off** *vt* ① (*remove*) abschneiden; ■ **to ~ sth off sth** etw von etw *dat* abschneiden ② (*silence*) unterbrechen; **to ~ sb off in mid-sentence [*or* mid-flow]** jdm den Satz abschneiden ③ (*disconnect*) unterbinden; *electricity* abstellen; *escape route* abschneiden; *gas supply* abdrehen; *phone conversation* unterbrechen ④ (*isolate*) abschneiden; ■ **to ~ oneself off** sich zurückziehen ◆**cut out I.** *vt* ① (*excise*) herausschneiden ② (*from paper*) ausschneiden ③ (*abridge*) streichen ④ (*fam: desist*) aufhören mit; **~ it [*or* that] out!** hör auf damit! ⑤ (*block*) *light* abschirmen ⑥ (*disinherit*) **to ~ sb out of one's will** jdn aus seinem Testament streichen ▶ PHRASES: **to have one's work ~ out** alle Hände voll zu tun haben; **to be ~ out for sth** für etw *akk* geeignet sein **II.** *vi* ① (*stop operating*) sich ausschalten; *plane's engine* aussetzen ② AM AUTO ausscheren; **to ~ out of traffic** plötzlich die Spur wechseln ③ AM (*depart*) sich davonmachen; **he ~ out after dinner** nach dem Essen schwirrte er ab ◆**cut up I.** *vt* ① (*slice*) zerschneiden; *food for a child* klein schneiden ② (*injure*) ■ **to ~ up** ↻ **sb** jdm Schnittwunden zufügen ③ (*fig: sadden*) schwer treffen; ■ **to be ~ up [about sth]** [über etw *akk*] zutiefst betroffen sein **II.** *vi* AM sich danebenbenehmen ▶ PHRASES: **to ~ up rough** BRIT grob werden

cut-and-'dried *adj* ① (*fixed*) abgemacht; *decision* klar ② (*simple*) eindeutig; **~ solution** Patentlösung *f*

cut and 'paste *adj* Textumstellungs-; **~ plagiarism** durch Textumstellung hergestellte Plagiate

cut·back ['kʌtbæk] *n* Kürzung *f*

cute <-r, -st> [kju:t] *adj* ① (*sweet*) süß, niedlich ② AM (*clever*) schlau

cutey *n* AM (*fam*) *see* **cutie**

'cut-glass *adj* (*fig*) *accent, voice* kristallklar

cu·ti·cle ['kju:tɪkl̩, AM -t̬ə-] *n* Nagelhaut *f*

cutie ['kju:t̬i] *n,* **cutie·pie** ['kju:t̬ipaɪ] *n* AM (*fam: woman*) dufte Biene; **hi there, ~!**

D

hallo, Süße!
cut·lass <*pl* -es> [ˈkʌtləs] *n* Entermesser *nt*
cut·lery [ˈkʌtlᵊri] *n no pl* Besteck *nt*
cut·let [ˈkʌtlət] *n* ❶ (*meat*) Kotelett *nt* ❷ (*patty*) Frikadelle *f*
cut·off [ˈkʌtɒf, AM ˈkʌṭɑːf] *n* ❶ (*limit*) Obergrenze *f* ❷ (*stop*) Beendigung *f*; ~ **date** Endtermin *m*
cut·off ˈjeans, ˈcut·offs *npl* abgeschnittene Jeans *f*
cut·out [ˈkʌtaʊt, AM ˈkʌṭ-] **I.** *n* ❶ (*shape*) Ausschneidefigur *f* ❷ (*stereotype*) **cardboard** ~ [Reklame]puppe *f* ❸ (*switch*) Unterbrecher *m* **II.** *adj* ausgeschnitten
ˈcut-price **I.** *adj product, store* Billig-; *clothes* herabgesetzt; *ticket* ermäßigt **II.** *adv* zu Schleuderpreisen **ˈcut-rate** *adj attr* herabgesetzt; ~ **offer** Billigangebot *nt*
cut·ter [ˈkʌtəʳ, AM ˈkʌṭɚ] *n* ❶ (*tool*) Schneider *m* ❷ (*person*) [Zu]schneider(in) *m(f)*; FILM Cutter(in) *m(f)* ❸ NAUT Kutter *m*
ˈcut·throat *adj competition, pricing* gnadenlos
cut·ting [ˈkʌtɪŋ, AM -ṭ-] **I.** *n* ❶ JOURN Ausschnitt *m* ❷ HORT Ableger *m* **II.** *adj comment* scharf; *remark* beißend
cut·ting ˈedge *n* ❶ (*blade*) Schneide *f* ❷ *no pl* (*latest stage*) ■**to be at the** ~ an vorderster Front stehen **cutting-ˈedge** *adj* supermodern, Hightech-, Spitzen-
cut·tle·fish <*pl* - *or* -es> *n* Tintenfisch *m*
cuz [kəz] *conj* AM (*sl*) *short for* **because** weil
CV [ˌsiːˈviː] *n abbrev of* **curriculum vitae**
cwt <*pl* - *or* -s> *abbrev of* **hundredweight**
cya·nide [ˈsaɪənaɪd] *n no pl* Zyanid *nt*
cy·ber- [ˈsaɪbə, AM -bɚ] *in compounds* Cyber-, Internet-
ˈcy·ber·beg·ging *n no pl, no art* COMPUT, INET Betteln *nt* im Internet **ˈcy·ber·cafe** *n* INET Cybercafe *nt* **ˈcy·ber cash** *n no pl* INET Cybergeld *nt* **ˈcyber·growth** *n no pl* INET Zunahme *f* an Internetbenutzern **cy·ber-re·ˈsponse** *n* INET Internet-Nachfrage *f*, Internet-Response *f* **ˈcy·ber·sex** *n* Cybersex *m* **ˈcy·ber·space** *n* Cyberspace *m* **ˈcy·ber·ver·sion** *n* INET Internet-Version *f*
cy·cle¹ [ˈsaɪkḷ] *short for* **bicycle** **I.** *n* [Fahr]rad *nt* **II.** *vi* Rad fahren
cy·cle² [ˈsaɪkḷ] *n* Zyklus *m*; *of washing machine* Arbeitsgang *m*; ~ **of life** Lebenskreislauf *m*
cyc·li·cal [ˈsaɪklɪkᵊl, ˈsɪk-] *adj* zyklisch
cy·cling [ˈsaɪklɪŋ] *n no pl* Radfahren *nt*; SPORTS Radrennsport *m*
cy·clist [ˈsaɪklɪst] *n* Radfahrer(in) *m(f)*
cy·clone [ˈsaɪkləʊn, AM -kloʊn] *n* METEO Zyklon *m*
cyg·net [ˈsɪgnət] *n* junger Schwan
cyl·in·der [ˈsɪlɪndəʳ, AM -ɚ] *n* ❶ AUTO, MATH Zylinder *m* ❷ TECH Walze *f* ❸ (*vessel*) Flasche *f*
ˈcyl·in·der block *n* TECH Zylinderblock *m*
cy·lin·dri·cal [səˈlɪndrɪkᵊl] *adj* zylindrisch
cym·bal [ˈsɪmbᵊl] *n usu pl* Beckenteller *m*; ■~**s** Becken *nt*
cyn·ic [ˈsɪnɪk] *n* Zyniker(in) *m(f)*
cyni·cal [ˈsɪnɪkᵊl] *adj* zynisch
cyni·cism [ˈsɪnɪsɪzᵊm] *n no pl* Zynismus *m*
cy·pher *n see* **cipher**
cy·press [ˈsaɪprəs] *n* Zypresse *f*
Cy·prus [ˈsaɪprəs] *n no pl* Zypern *nt*
cyst [sɪst] *n* MED Zyste *f*
cys·ti·tis [sɪˈstaɪtɪs, AM -ṭ-] *n no pl* Blasenentzündung *f*
czar *n esp* AM *see* **tsar**
cza·ri·na *n esp* AM *see* **tsarina**
Czech [tʃek] **I.** *n* ❶ (*person*) Tscheche(in) *m(f)* ❷ *no pl* (*language*) Tschechisch *nt* **II.** *adj* tschechisch
Czecho·slo·va·kia [ˌtʃekə(ʊ)slə(ʊ)ˈvækiə, AM -oʊsloʊˈvɑː-] *n no pl* (*hist*) die Tschechoslowakei
Czech Re·ˈpub·lic *n no pl* ■**the** ~ die Tschechische Republik

Dd

D <*pl* -ʼs *or* -s>, **d** <*pl* -ʼs> [diː] *n* ❶ (*letter*) D *nt*, d *nt*; ~ **for David** [*or* AM **as in Dog**] D wie Dora ❷ MUS D *nt*, d *nt*
d. *abbrev of* **died** gest.
DA [ˌdiːˈeɪ] *n* AM LAW *abbrev of* **district attorney**
dab [dæb] **I.** *vt* <-bb-> betupfen; **to** ~ **one's eyes** sich *dat* die Augen [trocken] tupfen **II.** *vi* <-bb-> ■**to** ~ **at sth** etw betupfen
dab·ble [ˈdæbḷ] **I.** *vi* dilettieren; ■**to** ~ **in** [*or* **with**] **sth** sich nebenbei mit etw *dat* beschäftigen **II.** *vt* **to** ~ **one's feet in the water** mit den Füßen im Wasser planschen
dachs·hund [ˈdæksᵊnd, AM ˈdɑːkshʊnd] *n* Dackel *m*
dad [dæd] *n* (*fam*) Papa *m*
dad·dy [ˈdædi] *n* (*fam*) Vati *m*, Papi *m*
dad·dy-ˈlong-legs <*pl* -> *n* (*fam*) ❶ (*crane fly*) Schnake *f* ❷ AM (*harvestman*) Weberknecht *m*
daf·fo·dil [ˈdæfədɪl] *n* Osterglocke *f*
daft [dɑːft, AM dæft] *adj* (*fam*) doof

dag·ger ['dægəʳ, AM -ɚ] *n* Dolch *m*

Land und Leute

Das **Dáil** ist das Unterhaus des *Oireachtas*, des Parlaments der *Irish Republic*. Es hat 166 Abgeordnete, die für fünf Jahre demokratisch gewählt werden. Das Oberhaus, der *Seanad* (*Senat*) hat 60 Abgeordnete, von denen 11 vom *taoiseach* (*Premierminister*) ernannt werden, 6 werden von den irischen Universitäten gewählt, und 43 werden gewählt, um eine Reihe von wirtschaftlichen, kulturellen und berufsbezogenen Interessen zu vertreten.

dai·ly ['deɪli] **I.** *adj, adv* täglich; ~ **routine** Alltagsroutine *f* **II.** *n* Tageszeitung *f*

dain·ty ['deɪnti, AM -t̬-] *adj* fein

dairy ['deəri, AM 'deri] *n* ❶ (*company*) Molkerei *f;* ~ **products** Molkereiprodukte *pl* ❷ AM (*farm*) Milchbetrieb *m;* ~ **farmer** Milchbauer, Milchbäuerin *m, f*

'dairy cat·tle *npl* Milchvieh *nt*

dais ['deɪɪs] *n* Podium *nt*

dai·sy ['deɪzi:] *n* Gänseblümchen *nt* ▶ PHRASES: **as <u>fresh</u> as a** ~ putzmunter

'daisy-cut·ter *n* ❶ (*in cricket*) Daisycutter *m* (*am Boden entlang rollender Ball*) ❷ MIL Flächenbombe *f*

dal·ly <-ie-> ['dæli] *vi* [herum]trödeln

dam [dæm] **I.** *n* [Stau]damm *m* **II.** *vt* <-mm-> stauen ◆**dam up** *vt* ❶ *river* [auf]stauen ❷ *emotions, feelings* unterdrücken

dam·age ['dæmɪdʒ] **I.** *vt* ■**to** ~ **sth** ❶ (*wreck*) etw [be]schädigen ❷ (*blemish*) etw *dat* schaden **II.** *n no pl* Schaden *m* (**to** an +*dat*); **brain** ~ Gehirnschaden *m* ▶ PHRASES: **<u>what's</u> the** ~**?** (*fam*) was kostet der Spaß?

'dam·age limi·ta·tion *n no pl* ❶ POL Schadensbegrenzung *f* ❷ MIL Vermeidung *f* von Verlusten

dame [deɪm] *n* ❶ AM (*dated sl: woman*) Dame *f* ❷ BRIT (*title*) Freifrau *f*

damn [dæm] **I.** *interj* (*sl*) ■~ [**it**]! verdammt! **II.** *adj* (*sl*) ❶ (*cursed*) Scheiß-; ~ **fool** Vollidiot *m* ❷ (*emph*) verdammt; **to be a** ~ **sight better** entschieden besser sein ❸ **to know** ~ **all about sth** von etw *dat* überhaupt keine Ahnung haben **III.** *vt* ❶ (*sl: curse*) verfluchen; ~ **you!** hol dich der Teufel! ❷ (*condemn*) verurteilen ▶ PHRASES: **<u>I'm</u>** ~**ed if I'm going to invite her** es fällt mir nicht im Traum ein, sie einzuladen **IV.** *adv* (*fam!*) verdammt; *see also* **column**

dam·na·tion [dæm'neɪʃᵊn] *n no pl* Verdammnis *f*

damned [dæmd] **I.** *adj* (*fam!*) ❶ (*cursed*) Scheiß- ❷ (*emph: extreme*) verdammt **II.** *adv* (*fam!*) verdammt

damn·ing ['dæmɪŋ] *adj comment* vernichtend; *evidence* erdrückend; *report* belastend

damp [dæmp] **I.** *adj* feucht **II.** *n no pl* BRIT, AUS Feuchtigkeit *f*

'damp course *n* [Feuchtigkeits]dämmschicht *f*

damp·en ['dæmpən] *vt* ❶ (*wet*) befeuchten, anfeuchten ❷ (*suppress*) dämpfen

damp·ness ['dæmpnəs] *n no pl* Feuchtigkeit *f*

dance [dɑ:n(t)s, AM dæn(t)s] **I.** *vi, vt* tanzen *a. fig* **II.** *n* Tanz *m*

'dance band *n* Tanzkapelle *f* **'dance mu·sic** *n no pl* Tanzmusik *f*

danc·er ['dɑ:n(t)səʳ, AM 'dæn(t)sɚ] *n* Tänzer(in) *m(f)*

danc·ing ['dɑ:n(t)sɪŋ, AM 'dæn(t)s-] *n no pl* Tanzen *nt*

'danc·ing mas·ter *n* Tanzlehrer(in) *m(f)* **'danc·ing part·ner** *n* Tanzpartner(in) *m(f)* **'danc·ing shoes** *npl* Tanzschuhe *pl*

dan·de·lion ['dændɪlaɪən, AM -də-] *n* Löwenzahn *m*

dan·druff ['dændrʌf, AM -drəf] *n no pl* [Kopf]schuppen *pl*

Dane [deɪn] *n* Däne(in) *m(f)*

dan·ger ['deɪndʒəʳ, AM -dʒɚ] *n* Gefahr *f;* ~**! keep out!** Zutritt verboten! Lebensgefahr!; **to be in** ~ **of extinction** vom Aussterben bedroht sein; ■**to be in** ~ **of doing sth** Gefahr laufen, etw zu tun

'dan·ger area *n* Gefahrenzone *f* **'dan·ger mon·ey** *n no pl* BRIT, AUS Gefahrenzulage *f*

dan·ger·ous ['deɪndʒᵊrəs] *adj* gefährlich

dan·gle ['dæŋgl] **I.** *vi* herabhängen; *earrings* baumeln (**from** an +*dat*) **II.** *vt* ❶ (*swing*) **to** ~ **one's feet** mit den Füßen baumeln ❷ (*tempt with*) ■**to** ~ **sth before** [*or* **in front of**] **sb** jdm etw [verlockend] in Aussicht stellen

Dan·ish ['deɪnɪʃ] **I.** *n* <*pl* -es> ❶ *no pl* (*language*) Dänisch *nt* ❷ (*people*) ■**the** ~ *pl* die Dänen ❸ AM (*cake*) *see* **Danish pastry II.** *adj* dänisch

Dan·ish 'pas·try *n* Blätterteiggebäck *nt*

dank [dæŋk] *adj* nasskalt

Dan·ube ['dænju:b] *n no pl* ■**the** ~ die Donau

dap·per <-er, -est> ['dæpəʳ, AM -ɚ] *adj* adrett

dap·pled ['dæpl̩d] *adj horse* scheckig; *light* gesprenkelt

dare [deəʳ, AM der] **I.** *vt* herausfordern; **I** ~

D

you! trau dich! **II.** *vi* sich trauen; ■**to ~ [to] do sth** es wagen, etw zu tun ▸PHRASES: **~ I say [it]** ... ich wage zu behaupten, ...; **[just [*or* don't]] you ~!** untersteh dich!; **I ~ say** (*supposing*) ich nehme an; (*confirming*) das glaube ich gern **III.** *n* Mutprobe *f;* **it's a ~!** sei kein Frosch!

'dare·dev·il (*fam*) **I.** *n* Draufgänger(in) *m(f)* **II.** *adj* tollkühn; *stunt* halsbrecherisch

dar·ing ['deərɪŋ, AM 'der-] **I.** *adj person* kühn, wagemutig; *action* waghalsig **II.** *n no pl* Kühnheit *f*

dark [dɑ:k, AM dɑ:rk] **I.** *adj* ① (*unlit*) dunkel, finster; (*gloomy*) düster ② (*in colour*) dunkel ③ (*fig*) *chapter* dunkel; *look* finster; **to look on the ~ side of things** schwarzsehen **II.** *n no pl* ■**the ~** die Dunkelheit; **to see in the ~** im Dunkeln sehen; **after ~** nach Einbruch der Dunkelheit ▸PHRASES: **to keep sb in the ~** jdn im Dunkeln lassen

'Dark Ages *npl* HIST ■**the ~** das frühe Mittelalter

dark·en ['dɑ:kᵊn, AM 'dɑ:r-] **I.** *vi* ① *sky* dunkel werden ② *face, mood* sich verdüstern **II.** *vt* verdunkeln; *room* abdunkeln

dark 'horse *n* ① BRIT, AUS (*talent*) unbekannte Größe ② AM (*victor*) erfolgreicher Außenseiter

dark·ly ['dɑ:kli, AM 'dɑ:rk-] *adv* ① (*dimly*) dunkel, finster ② (*ominously*) böse

dark·ness ['dɑ:knəs, AM 'dɑ:rk-] *n no pl* ① (*no light*) Dunkelheit *f* ② (*night*) Finsternis *f*

'dark·room *n* Dunkelkammer *f* **'dark-skinned** <darker-, darkest-> *adj* dunkelhäutig

dar·ling ['dɑ:lɪŋ, AM 'dɑ:r-] **I.** *n* Liebling *m,* Schatz *m,* Schätzchen *nt;* ■**to be sb's ~** jds Liebling *nt* sein; ■**be a ~ and ...** sei so lieb und ... **II.** *adj* entzückend

darn [dɑ:n, AM dɑ:rn] **I.** *vt* stopfen **II.** *n* gestopfte Stelle

darn·ing ['dɑ:nɪŋ, AM 'dɑ:rn-] *n no pl* Stopfen *nt*

'darn·ing nee·dle *n* Stopfnadel *f*

dart [dɑ:t, AM dɑ:rt] **I.** *n* ① (*weapon*) Pfeil *m* ② SPORTS Wurfpfeil *m;* **~s** *+ sing vb* (*game*) Darts *nt* **II.** *vi* flitzen

'dart·board *n* Dartscheibe *f*

dash [dæʃ] **I.** *n* <*pl* -es> ① (*rush*) Hetze *f;* **to make a ~ for the door** zur Tür stürzen ② AM SPORTS Kurzstreckenlauf *m* ③ (*little bit*) ■**a ~ [of]** ein kleiner Zusatz; *spice* eine Messerspitze; *of salt* eine Prise; *of originality* ein Hauch von; *alcohol* ein Schuss ④ (*punctuation*) Gedankenstrich *m* **II.** *vi* (*hurry*) sausen; **I've got to ~** ich muss fort; **to ~ out of the room** aus dem Zimmer stürmen; ■**to ~ about** herumrennen; ■**to ~ off** davonjagen **III.** *vt* ① (*strike forcefully*) schleudern; **to ~ to pieces** zerschmettern ② (*destroy*) *hopes* zunichtemachen

'dash·board *n* Armaturenbrett *nt*

dash·ing ['dæʃɪŋ] *adj* schneidig

data ['deɪtə, AM -t̬ə] *npl + sing/pl vb* Daten *pl*

'data·bank *n* Datenbank *f* **'data·base** *n* Datenbestand *m* **'data file** *n* Datei *f* **'data log·ger** *n* ELEC, TECH Datalogger *m,* Datenspeichergerät *nt* **'data min·ing** *n no pl* COMPUT Extrahieren *nt* von Informationen aus großen Datenbeständen **data 'pro·cess·ing** *n no pl* Datenverarbeitung *f* **data pro·'tec·tion** *n no pl* BRIT Datenschutz *m*

date¹ [deɪt] **I.** *n* ① (*calendar day*) Datum *nt;* **out of ~** überholt; **up to ~** *technology* auf dem neuesten Stand; *style* zeitgemäß ② (*on coins*) Jahreszahl *f* ③ *business* Termin *m; social* Verabredung *f; romantic* Date *nt;* **to make a ~** sich verabreden; **to go out on a ~** ausgehen ④ (*person*) Date *nt* **II.** *vt* ① (*have relationship*) ■**to ~ sb** mit jdm gehen ② (*establish the age of*) datieren; **that sure ~s you!** daran merkt man, wie alt du bist!; **a letter ~d November 2nd** ein Brief vom 2. November **III.** *vi* ① (*have a relationship*) miteinander gehen ② (*go back to*) ■**to ~ from [*or* back to] sth** auf etw *akk* zurückgehen; *tradition* aus etw *dat* stammen

date² [deɪt] *n* FOOD Dattel *f*

dat·ed ['deɪtɪd, AM -t̬ɪd] *adj* überholt

'date·line *n* JOURN Datumszeile *f* **'date-stamp** *n* Datumsstempel *m*

dat·ing agency, AM, AUS **'dat·ing ser·vice** *n* Partnervermittlungsagentur *f*

da·tive ['deɪtɪv, AM -t̬ɪv] **I.** *n no pl* LING Dativ *m;* **to be in the ~** im Dativ stehen **II.** *adj* **the ~ case** der Dativ

daub [dɔ:b, AM *esp* dɑ:b] **I.** *vt* beschmieren **II.** *n* Spritzer *m;* **~ of paint** Farbklecks *m*

daugh·ter ['dɔ:təʳ, AM 'dɑ:t̬ɚ] *n* Tochter *f a. fig*

'daugh·ter-in-law <*pl* daughters-> *n* Schwiegertochter *f*

daunt [dɔ:nt, AM *esp* dɑ:nt] *vt usu passive* entmutigen

daunt·ing ['dɔ:ntɪŋ, AM *esp* 'dɑ:nt-] *adj* entmutigend

daw·dle ['dɔ:dl̩, AM *esp* 'dɑ:-] *vi* trödeln

daw·dler ['dɔ:dl̩əʳ, AM 'dɑ:dl̩ɚ] *n* Trödler(in) *m(f)*

dawn [dɔ:n, AM *esp* dɑ:n] **I.** *n* ① *no pl* (*day-*

break) [Morgen]dämmerung *f;* **at [the break of]** ~ bei Tagesanbruch, im Morgengrauen ❷ (*fig*) Anfang *m* **II.** *vi* ❶ (*start*) anbrechen *a. fig* ❷ (*become apparent*) bewusst werden, dämmern

day [deɪ] *n* Tag *m;* **ten ~s from now** heute in zehn Tagen; **any ~ [now]** jeden Tag; **from one ~ to the next** (*suddenly*) von heute auf morgen; (*in advance*) im Voraus; **one ~** eines Tages; **the other ~** neulich; **some ~** irgendwann [einmal]; **from that ~ on[wards]** von dem Tag an; **the ~ after tomorrow** übermorgen; **the ~ before yesterday** vorgestern; **from ~ to ~** von Tag zu Tag; **to the ~** auf den Tag genau; **to this ~** bis heute; **these ~s** (*recently*) in letzter Zeit; (*nowadays*) heutzutage; (*at the moment*) zur Zeit; **one of these ~s** eines Tages; (*soon*) demnächst [einmal]; **those were the ~s** das waren noch Zeiten; **in the good old ~s** in der guten alten Zeit; **in those ~s** damals; **in this ~ and age** heutzutage ▶ PHRASES: **to call it a ~** Schluss machen [für heute]; **at the end of the ~** (*in the final analysis*) letzten Endes; (*eventually*) schließlich; **to make sb's ~** jds Tag retten; **to pass the time of ~** plaudern; **that will be the ~!** das möchte ich zu gern[e] einmal erleben!

'day·break *n no pl* **at ~** bei Tagesanbruch

'day care *n no pl of pre-schoolers* Vorschulkinderbetreuung *f; of the elderly* Altenbetreuung *f;* **~ centre** (*for pre-schoolers*) Kindertagesstätte *f;* (*for the elderly*) Altentagesstätte *f* **'day·dream I.** *vi* vor sich *akk* hinträumen **II.** *n* Tagtraum *m*

'day·light *n no pl* Tageslicht *nt;* **in broad ~** am helllichten Tag[e] ▶ PHRASES: **to scare the living ~s out of sb** jdn zu Tode erschrecken

'day nurse·ry *n* Kindertagesstätte *f* **'day re·turn** *n* BRIT Tagesrückfahrkarte *f* **'day shift** *n* Tagschicht *f* **'day·time I.** *n no pl* Tag *m;* **in [or during] the ~** tagsüber **II.** *adj* Tages- **day-to-'day** *adj* (*daily*) [tag]täglich; (*normal*) alltäglich; **on a ~ basis** tageweise **'day trip** *n* Tagesausflug *m*

daze [deɪz] **I.** *n no pl* Betäubung *f;* **in a ~** ganz benommen **II.** *vt* ■ **to be ~d** wie betäubt sein

daz·zle ['dæzl̩] **I.** *vt* blenden **II.** *n no pl* ❶ blendendes Licht ❷ (*fig*) Glanz *m*

'daz·zled *adj* geblendet *a.fig,* überwältigt *fig*

DC [ˌdiː'siː] *n no pl* ❶ ELEC *abbrev of* **direct current** Gleichstrom *m* ❷ *abbrev of* **District of Columbia** D.C.

'D-Day *n no art* ❶ HIST *6.Juni 1944, Tag der Landung der Alliierten in der Normandie* ❷ (*fig*) der Tag X

deacon ['diːkən] *n* Diakon(in) *m(f)*

dea·con·ess [ˌdiːkə'nes] *n* Diakonisse *f*

dead [ded] **I.** *adj* ❶ (*not alive*) tot; **~ body** Leiche *f;* **to drop ~** tot umfallen ❷ *custom* ausgestorben; *feelings* erloschen; *fire, match, volcano* erloschen; *language* tot ❸ (*numb*) *limbs* taub ❹ (*deserted*) *city* [wie] ausgestorben; *party* öde ❺ (*fig fam: exhausted*) **to be ~ on one's feet** zum Umfallen müde sein ❻ (*not functioning*) *phone* tot ❼ (*fig: used up*) verbraucht; *battery* leer ❽ (*totally*) völlig; **~ calm** METEO Windstille *f* ▶ PHRASES: **I wouldn't be seen ~ in that dress** so ein Kleid würde ich nie im Leben anziehen **II.** *adv* ❶ (*fam: totally*) absolut; **you're ~ right** du hast vollkommen Recht!; **'~ slow'** „Schritt fahren"; **~ drunk** stockbetrunken; **~ easy** kinderleicht; **to be ~ set against sth** absolut gegen etw *akk* sein; **to be ~ set on sth** etw felsenfest vorhaben; **~ silent** totenstill; **~ tired** todmüde ❷ (*exactly*) genau; **the town hall is ~ ahead** die Stadthalle liegt direkt da vorne; **~ on time** auf die Minute genau ▶ PHRASES: **to stop sth ~ in its tracks** etw völlig zum Stillstand bringen **III.** *n* ❶ (*people*) ■ **the ~** *pl* die Toten ❷ (*in the middle*) **in the ~ of night** mitten in der Nacht; **in the ~ of winter** im tiefsten Winter

'dead·beat (*fam*) **I.** *n esp* AM, AUS (*lazy person*) Faulpelz *m;* (*chronic debtor*) Schnorrer(in) *m(f);* (*feckless person*) Gammler(in) *m(f)* **II.** *adj* säumig

dead 'cen·tre, AM **dead 'cen·ter** *n* genaue Mitte

dead·en ['dedᵊn] *vt* ❶ (*numb*) *pain* abtöten *a. fig* ❷ (*diminish*) dämpfen

dead-'end I. *n* Sackgasse *f a. fig* **II.** *adj* **~ street** Sackgasse *f;* (*fig*) aussichtslos

dead 'heat *n* totes Rennen; **the race ended in a ~** das Rennen ging unentschieden aus **'dead·line** *n* letzter Termin, Deadline *f* **dead·lock** ['dedlɒk, AM -lɑːk] *n no pl* toter Punkt; **to end in ~** an einem toten Punkt enden

dead·ly ['dedli] **I.** *adj* ❶ (*capable of killing*) tödlich ❷ (*total*) **~ enemies** Todfeinde *pl;* **in ~ earnest** todernst ❸ (*pej fam: very boring*) todlangweilig ▶ PHRASES: **the seven ~ sins** die sieben Todsünden *pl* **II.** *adv* **~ serious** todernst

'dead·pan *adj* ausdruckslos; *humour* trocken **Dead 'Sea** *n* ■ **the ~** das Tote Meer **dead 'wood** *n no pl* ❶ BOT totes Holz

D

② (*fig*) Ballast *m*

deaf [def] **I.** *adj* (*unable to hear*) taub; (*hard of hearing*) schwerhörig; **to go ~** taub werden; ■**to be ~ to sth** (*fig*) taube Ohren für etw *akk* haben **II.** *n* ■**the ~** *pl* die Tauben

deaf·en ['defᵊn] *vt* taub machen; (*fig*) betäuben

D

deaf·en·ing ['defᵊnɪŋ] *adj* ohrenbetäubend

deaf-'mute *n* Taubstumme(r) *f(m)*

deaf·ness ['defnəs] *n no pl* (*complete*) Taubheit *f;* (*partial*) Schwerhörigkeit *f*

deal¹ [di:l] *n no pl* Menge *f;* **a great** [*or* **good**] **~** eine Menge

deal² <-t, -t> [di:l] **I.** *n* ① (*in business*) Geschäft *nt,* Deal *m sl;* **we got a good ~ on that computer** mit dem Rechner haben wir ein gutes Geschäft gemacht; **to do** [*or* **make**] **a ~ with sb** mit jdm ein Geschäft abschließen ② (*general agreement*) Abmachung *f;* **it's a ~** abgemacht; **to make** [*or* **do**] **a ~** [**with sb**] eine Vereinbarung [mit jdm] treffen ③ (*treatment*) **a raw** [*or* **rough**] **~** eine ungerechte Behandlung ④ CARDS Geben *nt* ▶ PHRASES: **big ~!**, **what's the big ~?** (*fam*) was soll's?, na und? **II.** *vi* ① CARDS geben ② (*sl: sell drugs*) dealen **III.** *vt* ① (*give*) ■**to ~** [**out**] verteilen; **to ~ sb a blow** jdm einen Schlag versetzen *a. fig* ② *esp* AM (*sell*) ■**to ~ sth** mit etw *dat* dealen ◆**deal in** *vi* ■**to ~ in sth** mit etw *dat* handeln ◆**deal with** *vi* ① (*handle*) sich befassen mit, sich kümmern um ② (*treat*) handeln von ③ (*do business*) Geschäfte machen mit

deal·er ['di:ləʳ, AM -ɚ] *n* ① COMM Händler(in) *m(f);* *of drugs* Dealer(in) *m(f)* ② CARDS [Karten]geber(in) *m(f)*

deal·er·ship ['di:ləʃɪp, AM -lɚ-] *n* Verkaufsstelle *f*

deal·ing ['di:lɪŋ] *n* ① ■**~s** *pl* (*transactions*) Geschäfte *pl;* (*contact*) Umgang *m kein pl* ② *no pl* (*way of behaving*) Verhalten *nt;* (*in business*) Geschäftsgebaren *nt* ③ BRIT STOCKEX Effektenhandel *m*

dealt [delt] *pt, pp of* **deal**

dean [di:n] *n* Dekan(in) *m(f)*

dear [dɪəʳ, AM dɪr] **I.** *adj* ① (*much loved*) lieb; (*lovely*) *baby, kitten* süß; *thing a.* entzückend ② (*in letters*) **D~ Mr Jones** Sehr geehrter Herr Jones; **D~ Jane** Liebe Jane ③ (*costly*) teuer **II.** *interj* **~ me!** du liebe Zeit!; **oh ~!** du meine Güte! **III.** *n* ① (*nice person*) Schatz *m* ② (*term of endearment*) **my ~**[**est**] [mein] Liebling *m*

dearie ['dɪəri, AM 'dɪri] *interj* **~ me!** ach du meine Güte!

dear·ly ['dɪəli, AM 'dɪrli] *adv* von ganzem Herzen; **to pay ~** (*fig*) teuer bezahlen

dearth [dɜ:θ, AM dɜ:rθ] *n no pl* (*form*) Mangel *m* (**of** an +*dat*)

deary *n see* **dearie**

death [deθ] *n* Tod *m;* **to be bored to ~** sich zu Tode langweilen; **to be put to ~** getötet werden ▶ PHRASES: **to be at ~'s door** an der Schwelle des Todes stehen; **to be the ~ of sb** jdn das Leben kosten; **to look like ~ warmed up** wie eine Leiche auf Urlaub aussehen

'death·bed *n* Sterbebett *nt* **'death blow** *n* Todesstoß *m* **'death cer·ti·fi·cate** *n* Sterbeurkunde *f* **'death duties** *npl* Erbschaftssteuern *pl*

death·ly ['deθli] *adj, adv* tödlich; **~ hush** [*or* **silence**] Totenstille *f*

'death pen·al·ty *n* Todesstrafe *f;* **to receive the ~** zum Tode verurteilt werden **'death rate** *n* Sterblichkeitsziffer *f* **death 'row** *n* AM Todestrakt *m* **'death sen·tence** *n* Todesurteil *nt* **'death squad** *n* Todesschwadron *f* **'death threat** *n* Morddrohung *f* **'death trap** *n* Todesfalle *f*

de·ba·cle [deɪ'bɑ:kl̩, AM dɪ'-] *n* Debakel *nt*

de·bar <-rr-> [ˌdi:'bɑ:ʳ, AM -'bɑ:r] *vt* ausschließen

de·base [dɪ'beɪs] *vt* ① *thing* herabsetzen; *currency* schmälern ② *person* entwürdigen

de·bat·able [dɪ'beɪtəbl̩, AM -ţ-] *adj* umstritten; ■**it's ~ whether ...** es ist fraglich, ob ...

de·bate [dɪ'beɪt] **I.** *n* Debatte *f* **II.** *vt, vi* debattieren

de·bauch [dɪ'bɔ:tʃ, AM *esp* -'bɑ:tʃ] *vt* [sittlich] verderben

de·bauch·ery [dɪ'bɔ:tʃᵊri:, AM *also* -'bɑ:-] *n no pl* Ausschweifungen *pl*

de·bili·tate [dɪ'bɪlɪteɪt] *vt* schwächen

de·bili·tat·ing [dɪ'bɪlɪteɪtɪŋ, AM -ţɪŋ] *adj* schwächend

de·bil·ity [dɪ'bɪləti, AM -əţi] *n no pl* Schwäche *f*

deb·it ['debɪt] **I.** *n* Debet *nt,* Soll *nt;* **to be in ~** im Minus sein **II.** *vt* abbuchen

'deb·it card *n* Debitkarte *f*

de·bris ['debri:, 'deɪ-, AM də'bri:] *n no pl* Trümmer *pl*

debt [det] *n* Schuld *f;* **to be** [**heavily**] **in ~ to sb** [große] Schulden bei jdm haben

Aussprache

Das **b** in **debt** wird nicht gesprochen: [det]

'debt col·lec·tor *n* Schuldeneintreiber(in) *m(f)*

debt·or ['detəʳ, AM 'deṱɚ] *n* Schuldner(in) *m(f)*

'debt·or coun·try, **'debt·or na·tion** *n* Schuldnerstaat *m*

'debt re·lief *n* Schuldenerlass *m*

de·bug <-gg-> [ˌdiː'bʌg] *vt* ■**to ~ sth** ① COMPUT bei etw *dat* die Fehler beseitigen; **to ~ a program** ein Programm auf Viren hin absuchen ② (*remove hidden microphones*) etw entwanzen

de·but ['deɪbjuː] **I.** *n of a performer* Debüt *nt* **II.** *vi* debütieren

debu·tante ['debjuːtɑ̃ːnt, AM -tɑːnt] *n* Debütantin *f a. fig*

dec·ade ['dekeɪd, dɪ'keɪd] *n* Jahrzehnt *nt*

deca·dence ['dekədᵊn(t)s] *n no pl* Dekadenz *f*

deca·dent ['dekədᵊnt] *adj* dekadent; (*hum*) üppig

de·caf ['diːkæf] (*fam*) **I.** *adj abbrev of* **decaffeinated** entkoffeiniert, koffeinfrei **II.** *n abbrev of* **decaffeinated coffee** entkoffeinierter Kaffee

de·caf·fein·at·ed [dɪ'kæfɪneɪtɪd, AM -ṱɪd] *adj* entkoffeiniert, koffeinfrei

de·cant [dɪ'kænt] *vt* umfüllen

de·cant·er [dɪ'kæntəʳ, AM -ṱɚ] *n* Karaffe *f*

de·capi·tate [dɪ'kæpɪteɪt] *vt* köpfen

de·capi·ta·tion [dɪˌkæpɪ'teɪʃᵊn] *n no pl* Enthauptung *f*

de·cath·lete [dɪ'kæθliːt] *n* Zehnkämpfer(in) *m(f)*

de·cath·lon [dɪ'kæθlɒn, AM -lɑːn] *n* Zehnkampf *m*

de·cay [dɪ'keɪ] **I.** *n no pl* ① (*deterioration*) Verfall *m;* **to fall into ~** verfallen ② BIOL Verwesung *f;* BOT Fäulnis *f;* PHYS Zerfall *m;* **dental** [*or* **tooth**] **~** Zahnfäule *f* **II.** *vi* ① (*deteriorate*) verfallen ② BIOL verwesen, [ver]faulen; BOT verblühen; PHYS zerfallen

de·ceased [dɪ'siːst] (*form*) **I.** *n* <*pl* -> ■**the ~** der/die Verstorbene, die Verstorbenen *pl* **II.** *adj* verstorben

de·ceit [dɪ'siːt] *n no pl* Betrug *m*

de·ceit·ful [dɪ'siːtfᵊl] *adj* [be]trügerisch

de·ceive [dɪ'siːv] *vt* betrügen; ■**to ~ oneself** sich [selbst] täuschen; ■**to be ~d by sth** von etw *dat* getäuscht werden

de·ceiv·er [dɪ'siːvəʳ, AM -ɚ] *n* Betrüger(in) *m(f)*

de·cel·er·ate [ˌdiː'selᵊreɪt, AM -ləreɪt] *vi* sich verlangsamen; *vehicle, driver* langsamer fahren

De·cem·ber [dɪ'sembəʳ, AM -ɚ] *n* Dezember *m; see also* **February**

de·cen·cy ['diːsᵊn(t)si] *n* ① *no pl* (*respectability*) Anstand *m;* (*goodness*) Anständigkeit *f* ② (*approved behaviour*) ■**decencies** *pl* Anstandsformen *pl*

de·cent ['diːsᵊnt] *adj* ① (*socially acceptable*) anständig ② (*good*) nett ③ (*appropriate*) angemessen; **to do the ~ thing** das [einzig] Richtige tun ④ (*good-sized*) anständig; *helping* ordentlich ⑤ (*acceptable*) annehmbar

D

de·cen·trali·za·tion [diːˌsentrᵊlaɪ'zeɪʃᵊn, AM -lɪ'-] *n no pl* Dezentralisierung *f*

de·cen·tral·ize [ˌdiː'sentrᵊlaɪz] *vt* dezentralisieren

de·cep·tion [dɪ'sepʃᵊn] *n no pl* Täuschung *f*

de·cep·tive [dɪ'septɪv] *adj* täuschend

deci·bel ['desɪbel] *n* Dezibel *nt*

de·cide [dɪ'saɪd] **I.** *vi* sich entscheiden (**on** für +*akk*); ■**to ~ to do sth** beschließen [*o* sich entschließen], etw zu tun **II.** *vt* entscheiden; *sb's fate* entscheiden über +*akk*

de·cid·ed [dɪ'saɪdɪd] *adj* (*definite*) entschieden; *dislike* ausgesprochen

de·cid·ing [dɪ'saɪdɪŋ] *adj* entscheidend; *reason, vote* ausschlaggebend

de·cidu·ous [dɪ'sɪdjuəs] *adj* **oak trees are ~** Eichenbäume werfen alljährlich ihr Laub ab; **~ tree** Laubbaum *m*

deci·mal ['desɪmᵊl] *n* Dezimalzahl *f,* Dezimale *f;* **~ place** Dezimalstelle *f;* **~ point** Komma *nt*

deci·mate ['desɪmeɪt] *vt* dezimieren

de·ci·pher [dɪ'saɪfəʳ, AM -ɚ] *vt* entziffern; *code* entschlüsseln

de·ci·sion [dɪ'sɪʒᵊn] *n* Entscheidung *f* (**about, on** über +*akk*), Entschluss *m;* **to come to** [*or* **reach**] **a ~** zu einer Entscheidung gelangen; **to make a ~** eine Entscheidung treffen

de·'ci·sion-mak·ing *n no pl* Entscheidungsfindung *f*

de·ci·sive [dɪ'saɪsɪv] *adj* ① (*determining*) bestimmend; *battle* entscheidend; *part* maßgeblich ② (*firm*) *measure* entschlossen

deck [dek] **I.** *n* ① (*on a ship, bus*) Deck *nt;* **on ~** an Deck ② (*raised porch*) Veranda *f* ③ CARDS **~ of cards** Spiel *nt* Karten ④ MUS **tape ~** Tapedeck *nt* ▸ PHRASES: **to clear the ~s** klar Schiff machen **II.** *vt* ① (*adorn*) ■**to ~ sth** [**out**] etw [aus]schmücken ② (*sl: knock down*) ■**to ~ sb** jdm eine verpassen

'deck·chair *n* Liegestuhl *m;* (*on ship*) Deckchair *m*

de·claim [dɪ'kleɪm] *vt, vi* (*form*) deklamieren

dec·la·ra·tion [ˌdeklə'reɪʃᵊn] *n* Erklärung *f;* **to make a ~** eine Erklärung abgeben

de·clare [dɪ'kleəʳ, AM -'kler] **I.** *vt* ① (*make known*) verkünden; *intention* kundtun; *support* zusagen; **to ~ one's love for**

deciding

asking about strength of opinion	nach Entschlossenheit fragen
Are you sure that's what you want?	**Sind Sie sicher, dass** Sie das wollen?
Have you considered it carefully?	**Haben Sie sich das gut überlegt?**
Wouldn't you rather have this model?	**Wollen Sie nicht lieber** dieses Modell?
expressing determination	**Entschlossenheit ausdrücken**
I have decided to give the celebration a miss.	**Ich habe mich nun entschieden** und werde an der Feier nicht teilnehmen.
I have made up my mind to tell her everything.	**Ich habe mich dazu durchgerungen,** ihr alles zu sagen.
We are (absolutely) determined to emigrate to Australia.	**Wir haben uns (endgültig) entschlossen,** nach Australien auszuwandern.
Nothing/Nobody is going to stop me doing it.	**Ich lasse mich von nichts/niemandem davon abbringen,** es zu tun.
On no account shall I hand in my notice.	Ich werde **auf keinen Fall** kündigen.
expressing indecision	**Unentschlossenheit ausdrücken**
I don't know what I should do.	**Ich weiß nicht** was ich tun soll.
I cannot decide whether or not to take the flat.	**Ich bin mir noch unschlüssig, ob** ich die Wohnung nehmen soll oder nicht.
I haven't decided yet.	**Ich habe mich noch nicht entschieden.**
I haven't reached a decision about it yet.	**Ich bin noch zu keinem Entschluss darüber gekommen.**
We are still unsure about what we are going to do.	**Wir sind uns noch nicht im Klaren darüber** was wir tun werden.

sb jdm eine Liebeserklärung machen ② (*state*) erklären; **to ~ war on sb** jdm den Krieg erklären ③ (*for customs, tax*) deklarieren; **have you anything to ~?** haben Sie etwas zu verzollen? **II.** *vi* sich aussprechen

de·clared [dɪˈkleəd, AM -ˈklerd] *adj* erklärt

de·clen·sion [dɪˈklen(t)ʃᵊn] *n* LING Fall *m*

de·cline [dɪˈklaɪn] **I.** *n* ① (*decrease*) Rückgang *m* ② (*deterioration*) Verschlechterung *f;* **industrial ~** Niedergang *m* der Industrie **II.** *vi* ① (*diminish*) *interest, popularity* sinken, nachlassen; *health* sich verschlechtern; *strength* abnehmen ② (*sink in position*) abfallen ③ (*refuse*) ablehnen **III.** *vt* ① (*refuse*) ablehnen ② LING deklinieren, beugen

de·code· [dɪˈkəʊd, AM -ˈkoʊd] *vt* entschlüsseln

de·cod·er [dɪˈkəʊdəʳ, AM -ˈkoʊdɚ] *n* Decoder *m*

de·com·pose [ˌdiːkəmˈpəʊz, AM -ˈpoʊz] *vi* sich zersetzen

de·com·po·si·tion [ˌdiːkɒmpəˈzɪʃᵊn, AM -kɑːm-] *n no pl* Zersetzung *f*

de·com·press [ˌdiːkəmˈpres] *vt, vi* dekomprimieren

de·com·pres·sion [ˌdiːkəmˈpreʃᵊn] *n no pl* Dekompression *f;* COMPUT Entpacken *nt*

de·con·tami·nate [ˌdiːkənˈtæmɪneɪt] *vt* entseuchen

de·con·tami·na·tion [ˌdiːkəntæmɪˈneɪʃᵊn] *n no pl* Entseuchung *f*

de·cor [ˈdeɪkɔːʳ, AM ˈdeɪkɔːr] *n no pl* Ausstattung *f;* THEAT Dekor *m o nt*

deco·rate [ˈdekəreɪt] **I.** *vt* ① (*adorn*) schmücken; *cake, shop window* dekorieren ② (*paint*) streichen; (*wallpaper*) tapezieren; (*paint and wallpaper*) renovieren **II.** *vi* (*paint*) streichen; (*wallpaper*) tapezieren

deco·ra·tion [ˌdekəˈreɪʃᵊn] *n* ① (*for party*) Dekoration *f;* (*for Christmas tree*) Schmuck *m kein pl* ② *no pl* (*process*) Dekorieren *nt,* Schmücken *nt;* (*with paint*) Streichen *nt;* (*with wallpaper*) Tapezieren *nt* ③ (*medal*) Auszeichnung *f*

deco·ra·tive ['dekᵊrətɪv, AM -t̬ɪv] *adj* dekorativ

deco·ra·tor ['dekᵊreɪtəʳ, AM -t̬ɚ] *n* BRIT Maler(in) *m(f)*

de·co·rum [dɪ'kɔːrəm] *n no pl* (*form*) Schicklichkeit *f*

de·coy ['diːkɔɪ] *n* Lockvogel *m*

de·crease I. *vi* [dɪ'kriːs, 'diːkriːs] abnehmen, zurückgehen **II.** *vt* [dɪ'kriːs, 'diːkriːs] reduzieren; *production* drosseln **III.** *n* Abnahme *f; numbers* Rückgang *m*

de·cree [di'kriː] **I.** *n* (*form*) Erlass *m* **II.** *vt* verfügen

de·cree 'ab·so·lute <*pl* **decrees absolute**> *n* BRIT LAW endgültiges Scheidungsurteil

de·crep·it [di'krepɪt] *adj* klapprig

de·crimi·nal·ize [diː'krɪmɪnᵊlaɪz] *vt* legalisieren

de·di·cate ['dedɪkeɪt] *vt* ■**to ~ sth to sb** jdm etw *akk* widmen; ■**to ~ oneself to sth** sich etw *dat* widmen

de·di·cat·ed ['dedɪkeɪtɪd, AM -t̬ɪd] *adj* engagiert

de·di·ca·tion [ˌdedɪ'keɪʃᵊn] *n* ① (*hard work*) Engagement *nt* (**to** für *+akk*) ② (*in book*) Widmung *f*

de·duce [dɪ'djuːs, AM *esp* -duːs] *vt* folgern; ■**to ~ whether ...** feststellen, ob ...

de·duct [dɪ'dʌkt] *vt* abziehen

de·duct·ible, AUS *a.* **de·duct·able** [dɪ'dʌktəbl̩] *adj* absetzbar

de·duc·tion [dɪ'dʌkʃᵊn] *n* ① (*inference*) Schlussfolgerung *f* ② (*subtraction*) Abzug *m*

deed [diːd] *n* ① (*action*) Tat *f;* **dirty ~s** Drecksarbeit *f;* **to do a good ~** eine gute Tat vollbringen ② *usu pl* LAW Urkunde *f*

dee·jay ['diːdʒeɪ] *n* (*fam*) Discjockey *m,* Diskjockey *m*

deem [diːm] *vt* (*form*) ■**to be ~ed sth** als etw gelten

deep [diːp] **I.** *adj, adv* tief; *disappointment* schwer; *regret* groß; **the snow was 1 m ~** der Schnee lag einen Meter hoch; **to take a ~ breath** tief Luft holen; **to be ~ in conversation** in ein Gespräch vertieft sein; **they were standing four ~** sie standen zu viert hintereinander; **~ in debt** hoch verschuldet; **to be in ~ trouble** in großen Schwierigkeiten stecken; **~ blue** tiefblau **II.** *n* (*liter*) ■**the ~** die Tiefe

deep-con'di·tion·ing *adj* mit pflegender Tiefenwirkung *nach n*

deep·en ['diːpᵊn] **I.** *vt* ① (*make deeper*) tiefer machen ② (*intensify*) vertiefen **II.** *vi* ① *voice, water* tiefer werden ② (*intensify*) sich vertiefen; *crisis* sich verschärfen

'deep-freeze *n* Tiefkühlschrank *m;* (*chest*) Tiefkühltruhe *f* **deep-'froz·en** *adj* tiefgefroren **deep-'fry** *vt* frittieren

deep·ly ['diːpli] *adv* tief, äußerst; **to be ~ insulted** zutiefst getroffen sein; **to ~ regret sth** etw sehr bereuen

deep-'pocketed *adj* wohlhabend **deep-sea 'ani·mal** *n* Tiefseetier *nt* **deep-'seat·ed** *adj* tief sitzend **deep 'space** *n* ASTRON äußerer Weltraum *fachspr* (*außerhalb unseres Sonnensystems*)

deer <*pl* -> [dɪəʳ, AM dɪr] *n* Hirsch *m;* (*roe deer*) Reh *nt*

de·face [dɪ'feɪs] *vt* verunstalten; *building* verschandeln

defa·ma·tion [ˌdefə'meɪʃᵊn] *n no pl* (*form*) Diffamierung *f*

de·fama·tory [dɪ'fæmətᵊri, AM -tɔːri] *adj* (*form*) diffamierend

de·fame [dɪ'feɪm] *vt* (*form*) diffamieren

de·fault [dɪ'fɔːlt, AM -'fɑːlt] **I.** *vi* ① (*failure to pay*) in Verzug geraten (**on** mit *+dat*) ② COMPUT ■**to ~ to sth** standardmäßig eingestellt sein **II.** *n* ① *of contract* Nichterfüllung *f;* (*failure to pay debt*) Versäumnis *nt;* **in ~ of payment ...** bei Zahlungsverzug ... ② *no pl* ■**by ~** automatisch ③ COMPUT Voreinstellung *f* **III.** *adj* Standard-; **~ programme** Standardprogramm *nt*

de·feat [dɪ'fiːt] **I.** *vt* besiegen; (*at games, sport*) schlagen; *hopes* zerschlagen; *proposal, government bill* ablehnen **II.** *n* Niederlage *f*

de·feat·ism [dɪ'fiːtɪzᵊm, AM -t̬-] *n no pl* (*pej*) Defätismus *m,* Defaitismus *m* SCHWEIZ

de·feat·ist [dɪ'fiːtɪst, AM -t̬ɪst] **I.** *adj* defätistisch, defaitistisch SCHWEIZ **II.** *n* Defätist(in) *m(f),* Defaitist(in) *m(f)* SCHWEIZ

def·ecate ['defəkeɪt] *vi* (*form*) den Darm entleeren

def·eca·tion [ˌdefəkeɪʃᵊn] *n no pl* (*form*) Stuhlentleerung *f*

de·fect¹ ['diːfekt] *n* Fehler *m;* TECH Defekt *m* (**in** an *+dat*)

de·fect² [dɪ'fekt] *vi* POL überlaufen (**to** in *+akk*)

de·fec·tion [dɪ'fekʃᵊn] *n* Flucht *f;* POL Überlaufen *nt*

de·fec·tive [dɪ'fektɪv] *adj* fehlerhaft; TECH defekt

de·fence, AM **de·fense** [dɪ'fen(t)s] *n* ① Verteidigung *f a. fig;* **witness for the ~** Zeuge(in) *m(f)* der Verteidigung ② SPORTS Abwehr *f;* **to play in** [*or* AM **on**] **~** Abwehrspieler/Abwehrspielerin sein; CHESS Verteidigungsstellung *f* ③ MED ■**~s** *pl* Abwehrkräfte *pl*

de·fence·less [dɪ'fen(t)sləs] *adj* wehrlos

De·'fence Min·is·ter *n* Verteidigungsminister(in) *m(f)*

de·fend [dɪ'fend] *vt, vi* verteidigen; (*fight off*) ■**to ~ oneself** sich wehren

de·fend·ant [dɪ'fendənt] *n* LAW Angeklagte(r) *f(m)*

de·fend·er [dɪ'fendəʳ, AM -ɚ] *n* ① (*protector*) Beschützer(in) *m(f)*; (*supporter*) Verfechter(in) *m(f)* ② SPORTS Verteidiger(in) *m(f)*

de·fen·sible [dɪ'fen(t)səbl̩] *adj* vertretbar

de·fen·sive [dɪ'fen(t)sɪv] **I.** *adj* defensiv **II.** *n* Defensive *f*; **to be on the ~** in der Defensive sein

de·fer <-rr-> [dɪ'fɜːʳ, AM -'fɜːr] **I.** *vi* (*form*) ■**to ~ to sb/sth** sich jdm/etw beugen; *to sb's judgement* sich fügen **II.** *vt* verschieben; FIN, LAW aufschieben; *decision* vertagen

def·er·ence ['defᵊrᵊn(t)s] *n no pl* (*form*) Respekt *m*; **in ~ to** aus Respekt vor

def·er·en·tial [ˌdefᵊ'ren(t)ʃᵊl] *adj* respektvoll

de·fer·ment [dɪ'fɜːmənt, AM -'fɜːr-] *n*, **de·fer·ral** [dɪ'fɜːrᵊl, AM -'fɜr-] *n* Aufschub *m*; LAW Vertagung *f*

de·fi·ance [dɪ'faɪən(t)s] *n no pl* Aufsässigkeit *f*; ■**in ~ of sb/sth** jdm/etw zum Trotz

de·fi·ant [dɪ'faɪənt] *adj* aufsässig

de·fi·cien·cy [dɪ'fɪʃᵊn(t)si] *n* Mangel *m* (**in** an +*dat*)

de·fi·cient [dɪ'fɪʃᵊnt] *adj* unzureichend; ■**to be ~ in sth** an etw *dat* mangeln

defi·cit ['defɪsɪt] *n* Defizit *nt* (**in** in +*dat*)

de·file [dɪ'faɪl] **I.** *vt* (*form*) beschmutzen; *tomb* schänden **II.** *n* Hohlweg *m*

de·fine [dɪ'faɪn] *vt* ① (*give definition*) definieren (**by** über +*akk*) ② (*specify*) festlegen

defi·nite ['defɪnət] *adj* sicher; *answer* klar; *decision* definitiv; *improvement, increase* eindeutig; *place, time limit* bestimmt; **there's nothing ~ yet** es steht noch nichts fest; ■**to be ~ about sth** sich *dat* einer S. *gen* sicher sein

defi·nite 'ar·ti·cle *n* LING bestimmter Artikel

defi·nite·ly ['defɪnətli] *adv* eindeutig; **to decide sth ~** etw endgültig beschließen

defi·ni·tion [ˌdefɪ'nɪʃᵊn] *n* ① (*meaning*) Definition *f* ② *no pl* (*distinctness*) Schärfe *f*; **to lack ~** unscharf sein

de·fini·tive [dɪ'fɪnətɪv, AM -t̬-] *adj* ① (*conclusive*) endgültig; *proof* eindeutig ② (*most authoritative*) ultimativ

de·flate [dɪ'fleɪt] **I.** *vt* ① Luft ablassen aus ② (*fig*) zunichtemachen ③ ECON deflationieren **II.** *vi* Luft verlieren

de·fla·tion [dɪ'fleɪʃᵊn] *n no pl* ECON Deflation *f*

de·fla·tion·ary [dɪ'fleɪʃᵊnᵊri, AM -eri] *adj* deflationär

de·flect [dɪ'flekt] **I.** *vt* ablenken; ■**to ~ sth** etw ablenken; *ball* abfälschen; *blow* abwehren; PHYS *light* beugen; ■**to ~ sb from doing sth** jdn davon abbringen, etw zu tun **II.** *vi* ■**to ~ off sth** *ball* von etw *dat* abprallen

de·flec·tion [dɪ'flekʃᵊn] *n* Ablenkung *f*; SPORTS Abpraller *m*

de·for·est [diː'fɒrɪst, AM -'fɔːr-] *vt* abholzen

de·for·esta·tion [diːˌfɒrɪ'steɪʃᵊn, AM -ˌfɔːr-] *n no pl* Abholzung *f*, Entwaldung *f*

de·form [dɪ'fɔːm, AM -'fɔːrm] **I.** *vt* deformieren **II.** *vi* sich verformen

de·for·ma·tion [diːˌfɔː'meɪʃᵊn, 'defə-, AM -ˌfɔːrm-] *n no pl* Deformation *f*, Verformung *f*

de·formed [dɪ'fɔːmd, AM -'fɔːrmd] *adj* verformt; *face* entstellt

de·form·ity [dɪ'fɔːməti, AM -'fɔːrmət̬i] *n* Missbildung *f*

de·fraud [dɪ'frɔːd, AM -'frɑːd] *vt* betrügen (**of** um +*akk*)

de·fray [dɪ'freɪ] *vt* (*form*) *costs* tragen

de·frost [diː'frɒst, AM -'frɑːst] *vt, vi* auftauen; *fridge* abtauen; *window, windscreen* enteisen

deft [deft] *adj* geschickt

de·funct [dɪ'fʌŋ(k)t] *adj* (*form*) gestorben; (*hum*) hinüber *fam*; *institution* ausgedient; *process* überholt

de·fuse [diː'fjuːz] *vt* entschärfen *a. fig*

defy <-ie-> [dɪ'faɪ] *vt* ① (*disobey*) ■**to ~ sb/sth** sich jdm/etw widersetzen; (*fig: resist, withstand*) sich etw *dat* entziehen; **to ~ description** jeder Beschreibung spotten ② (*challenge*) auffordern

deg. *n abbrev of* **degree**

de·gen·er·ate **I.** *vi* [dɪ'dʒenəreɪt] degenerieren; ■**to ~ into sth** zu etw *dat* entarten **II.** *adj* [dɪ'dʒenᵊrət] degeneriert **III.** *n* [dɪ'dʒenᵊrət] *jd, der keine moralischen Werte mehr hat*

de·gen·era·tion [dɪˌdʒenə'reɪʃᵊn] *n no pl* Degeneration *f*

de·grade [dɪ'greɪd] **I.** *vt* ① *person* erniedrigen ② CHEM abbauen **II.** *vi* CHEM ■**to ~ into sth** zu etw *dat* abgebaut werden

de·gree [dɪ'griː] *n* ① (*amount*) Maß *nt*; (*extent*) Grad *m*; **a high ~ of skill** ein hohes Maß an Können; **by ~s** nach und nach; **to some ~** bis zu einem gewissen Grad ② MATH, METEO Grad *m* ③ UNIV Abschluss *m*

de·'gree course *n Studiengang, der mit einem ‚bachelor's degree' abschließt* **de·'gree day** *n* Wert-Tag *m*, Grad-Tag-Faktor *m (Einheit für die Zu- oder Abnahme der Tages-Durchschnittstemperaturen über einen ganzen Tag)*

de·hu·man·ize [ˌdiːˈhjuːmənaɪz] *vt* entmenschlichen

de·hy·drate [ˌdiːhaɪˈdreɪt] **I.** *vt* ■**to ~ sth** etw *dat* das Wasser entziehen; **to become ~d** austrocknen **II.** *vi* MED dehydrieren

de·hy·drat·ed [ˌdiːhaɪˈdreɪtɪd, AM -t̬ɪd] *adj food* getrocknet; *skin* ausgetrocknet

de·hy·dra·tion [ˌdiːhaɪˈdreɪʃᵊn] *n no pl* MED Dehydration *f*

de-ice [ˌdiːˈaɪs] *vt* enteisen

deign [deɪn] *vi* ■**to ~ to do sth** sich [dazu] herablassen, etw zu tun

de·ity [ˈdeɪɪti, AM ˈdiːət̬i] *n* Gottheit *f*

de·ject·ed [dɪˈdʒektɪd] *adj* niedergeschlagen

de·jec·tion [dɪˈdʒekʃᵊn] *n no pl* Niedergeschlagenheit *f*

de·lay [dɪˈleɪ] **I.** *vt* ❶ *(postpone)* verschieben ❷ *(hold up)* **to be ~ed [by 10 minutes]** [zehn Minuten] Verspätung haben; **I was ~ed** ich wurde aufgehalten **II.** *vi* verschieben **III.** *n* Verzögerung *f;* TRANSP Verspätung *f*

de·layed-'ac·tion *adj* zeitverzögert; **~ fuse** Zeitzünder *m*

de·lay·ing [dɪˈleɪɪŋ] *adj* verzögernd; **~ tactics** Verzögerungstaktiken *pl*

de·lec·table [dɪˈlektəbl̩] *adj food, drink* köstlich; *(esp hum) person* bezaubernd

de·lec·ta·tion [ˌdɪlekˈteɪʃᵊn] *n no pl (form or hum)* Vergnügen *nt*

del·egate **I.** *n* [ˈdelɪɡət] Delegierte(r) *f(m)* **II.** *vt* [ˈdelɪɡeɪt] ❶ *(appoint)* als Vertreter(in) [aus]wählen; ■**to ~ sb to do sth** jdn dazu bestimmen, etw zu tun ❷ *(assign)* ■**to ~ sth to sb** etw auf jdn übertragen; ■**to ~ sb to do sth** jdn zu etw *dat* ermächtigen **III.** *vi* delegieren

del·ega·tion [ˌdelɪˈɡeɪʃᵊn] *n* Delegation *f*

de·lete [dɪˈliːt] **I.** *vt* ❶ *(in writing)* streichen (**from** aus *+dat*) ❷ COMPUT löschen **II.** *vi* löschen; **please ~ as appropriate** Nichtzutreffendes bitte streichen

de·'lete key *n* COMPUT Löschtaste *f*

de·le·tion [dɪˈliːʃᵊn] *n* Streichung *f*, Löschung *f; of a file* Löschen *nt*

deli [ˈdeli] *n (fam) short for* **delicatessen** Feinkostgeschäft *nt*

de·lib·er·ate **I.** *adj* [dɪˈlɪbᵊrət] ❶ *(intentional)* absichtlich; *decision, lie* bewusst ❷ *(careful)* vorsichtig **II.** *vi* [dɪˈlɪbəreɪt] *(form)* [gründlich] nachdenken (**on** über *+akk*) **III.** *vt* [dɪˈlɪbəreɪt] *(form: consider)* ■**to ~ whether ...** überlegen, ob ...

de·lib·er·ate·ly [dɪˈlɪbᵊrətli] *adv* absichtlich

de·lib·era·tion [dɪˌlɪbəˈreɪʃᵊn] *n* ❶ *no pl (carefulness)* Bedächtigkeit *f* ❷ *(form: consideration)* Überlegung *f*

deli·ca·cy [ˈdelɪkəsi] *n* ❶ FOOD Delikatesse *f* ❷ *no pl (discretion)* Feingefühl *nt* ❸ *no pl (fineness)* Feinheit *f; of features* Zartheit *f*

deli·cate [ˈdelɪkət] *adj* ❶ *(sensitive)* empfindlich; *china* zerbrechlich ❷ *(tricky)* heikel ❸ *(fine)* fein; *aroma, colour* zart; **~ cycle** Feinwaschgang *m*

deli·ca·tes·sen [ˌdelɪkəˈtesᵊn] *n* Feinkostgeschäft *nt*

de·li·cious [deˈlɪʃəs] *adj* köstlich, lecker

Aussprache

Die Buchstabenfolge **ci** + **Vokal** wird oft als [ʃ], wie in **sh**ow [ʃəʊ], ausgesprochen: **delicious** = [deˈlɪʃəs]. Andere Beispiele hierfür sind:

ancient	[ˈeɪn(t)ʃᵊnt]	*(uralt)*
artificial	[ˌɑːtɪˈfɪʃᵊl]	*(künstlich)*
beneficial	[ˌbenɪˈfɪʃᵊl]	*(nützlich)*
paediatrician	[ˌpiːdiəˈtrɪʃᵊn]	*(Kinderarzt/-ärztin)*
precious	[ˈpreʃəs]	*(wertvoll)*
social	[ˈsəʊʃᵊl]	*(gesellschaftlich)*

de·light [dɪˈlaɪt] **I.** *n* Freude *f;* **in ~** vor Freude **II.** *vt* erfreuen **III.** *vi* ■**to ~ in sth** Vergnügen bei etw *dat* empfinden

de·light·ed [dɪˈlaɪtɪd, AM -t̬-] *adj* hocherfreut; *smile* vergnügt; ■**to be ~ to do sth** etw mit [großem] Vergnügen tun; **I was ~ to meet you** es hat mich sehr gefreut, Sie kennen zu lernen

de·light·ful [dɪˈlaɪtfᵊl] *adj* wunderbar; *evening, village* reizend; *smile, person* charmant

de·lin·quen·cy [dɪˈlɪnkwən(t)si] *n no pl* Straffälligkeit *f*

de·lin·quent [dɪˈlɪnkwənt] **I.** *n* Delinquent(in) *m(f)* **II.** *adj* straffällig

de·liri·ous [dɪˈlɪriəs] *adj* ❶ im Delirium ❷ *(extremely happy) crowd* taumelnd

de·liri·ous·ly [dɪˈlɪriəsli] *adv* ❶ *(incoherently)* im Delirium ❷ *(extremely)* wahnsinnig

de·lir·ium [dɪˈlɪriəm] *n no pl* MED Delirium *nt*

de·liv·er [dɪˈlɪvəʳ, AM -ɚ] **I.** *vt* ❶ *(bring)* liefern; *(by post)* zustellen; *newspapers* austragen; *(by car)* ausfahren; **to ~ a message to sb** jdm eine Nachricht überbringen ❷ *(recite) speech* halten; *verdict* verkün-

D

den ③ (*direct*) *blow* geben; *rebuke* halten ④ SPORTS *ball* werfen; *punch* landen ⑤ (*give birth*) zur Welt bringen; (*aid in giving birth*) entbinden **II.** *vi* ① (*supply*) liefern ② (*fulfil*) ■**to ~ on sth** etw einhalten

de·liv·er·ance [dɪˈlɪvərən(t)s] *n no pl* (*form*) Erlösung *f*

de·liv·er·er [dɪˈlɪvərəʳ, AM -vɚɚ] *n* (*form*) Erlöser *m*

de·liv·ery [dɪˈlɪvəri] *n* ① (*of goods*) Lieferung *f;* (*of mail*) Zustellung *f;* **on ~** bei Lieferung ② (*manner of speaking*) Vortragsweise *f* ③ (*birth*) Entbindung *f*

de·ˈliv·ery room *n* Kreißsaal *m*

de·ˈliv·ery ser·vice *n* Zustelldienst *m*

de·ˈliv·ery suite *n,* **de·ˈliv·ery unit** *n* Kreißsaal *m*

de·ˈliv·ery van *n* Lieferwagen *m*

del·ta [ˈdeltə, AM -t̬ə] *n* Delta *nt*

de·lude [dɪˈlu:d] *vt* täuschen; ■**to ~ oneself** sich *dat* etwas vormachen

del·uge [ˈdelju:dʒ] **I.** *n* ① (*downpour*) Regenguss *m;* (*flood*) Flut *f* ② (*fig*) Flut *f* **II.** *vt* ■**to be ~d** überflutet werden; (*fig*) überschüttet werden

de·lu·sion [dɪˈlu:ʒən] *n* Täuschung *f;* **to suffer from** [*or* **be under**] **the ~ that ...** sich *dat* einbilden, dass ...

de luxe [dɪˈlʌks] *adj* Luxus-

delve [delv] *vi* suchen (**for** nach +*dat*); **to ~ into sb's past** in jds Vergangenheit nachforschen

dema·gogue, AM *a.* **dema·gog** [ˈdeməgɒg, AM -gɑ:g] *n* (*pej*) Demagoge, Demagogin *m, f*

de·mand [dɪˈmɑ:nd, AM -ˈmænd] **I.** *vt* ① (*insist upon*) verlangen ② (*need*) erfordern **II.** *n* ① (*insistent request*) Forderung *f* (**for** nach +*dat*) ② (*requirement*) Bedarf *m;* COMM Nachfrage *f;* **in ~** gefragt ③ (*expectations*) **to make ~s on sb** Anforderungen *pl* an jdn stellen; **she's got many ~s on her time** sie ist zeitlich sehr beansprucht

de·mand·ing [dɪˈmɑ:ndɪŋ, AM -ˈmænd-] *adj child, journey, work* anstrengend; *job, person, test* anspruchsvoll

de·mar·ca·tion, AM *a.* **de·mar·ka·tion** [ˌdi:mɑ:ˈkeɪʃən, AM -mɑ:r-] *n* Abgrenzung *f*

de·mean [dɪˈmi:n] *vt* erniedrigen

de·mean·ing [dɪˈmi:nɪŋ] *adj* erniedrigend

de·mean·our, AM **de·mean·or** [dɪˈmi:nəʳ, AM -nɚ] *n no pl* (*form: behaviour*) Verhalten *nt;* (*bearing*) Erscheinungsbild *nt*

de·ment·ed [dɪˈmentɪd, AM -t̬-] *adj* verrückt

dem·erara, dem·erara ˈsug·ar [deməˈreərə-, AM -rɑ:rə-] *n no pl* Demerara-Zucker *m* (*brauner Rohrzucker mit groben Kristallen*)

de·mer·it [ˌdi:ˈmerɪt, AM dɪˈmer-] *n* ① (*fault*) Schwäche *f* ② AM SCH (*black mark*) Minuspunkt *m*

demi·god [ˈdemigɒd, AM -gɑ:d] *n* Halbgott *m a. fig*

de·mili·ta·rize [di:ˈmɪlɪtəraɪz, AM -t̬-] *vt* entmilitarisieren

de·mise [dɪˈmaɪz] *n no pl* (*form*) Ableben *nt;* (*fig*) Niedergang *m*

de·mist [dɪˈmɪst] *vt* BRIT *windscreen* frei machen

de·mist·er [dɪˈmɪstəʳ] *n* BRIT AUTO Gebläse *nt*

demo (*fam*) **I.** *n* Demo *f;* **to go on a ~** auf eine [*o* zu einer] Demo gehen **II.** *adj* Demo- **III.** *vt* <-'d, -'d> (*demonstrate*) ■**to ~ sth** etw demonstrieren

de·mo·bi·lize [di:ˈməʊbəlaɪz, AM -ˈmoʊ-] **I.** *vt people* aus dem Kriegsdienst entlassen; *things* demobilisieren **II.** *vi* demobilisieren

de·moc·ra·cy [dɪˈmɒkrəsi, AM -ˈmɑ:-] *n* Demokratie *f*

demo·crat [ˈdeməkræt] *n* Demokrat(in) *m(f)*

demo·crat·ic [ˌdeməˈkrætɪk, AM -t̬-] *adj* demokratisch

Land und Leute

Die **Democratic Party** ist eine der beiden großen Parteien im Zwei-Parteien-System der Vereinigten Staaten, die andere Partei ist die *Republican Party.* Historisch unterstützt die **Democratic Party** ethnische Minderheiten und progressive Reformen. Sie spricht sich für eine größere staatliche Intervention in die Wirtschaft und gegen Konservatismus in sozialen Belangen aus.

de·moc·ra·ti·za·tion [dɪˌmɒkrətaɪˈzeɪʃən, AM -mɑ:krət̬ɪ-] *n no pl* Demokratisierung *f*

de·moc·ra·tize [dɪˈmɒkrətaɪz, AM -mɑ:krə-] *vt* demokratisieren

de·mog·ra·phy [dɪˈmɒgrəfi, AM -mɑ:-] *n no pl* Demographie *f*

de·mol·ish [dɪˈmɒlɪʃ, AM -mɑ:-] *vt* ① *building* abreißen; *wall* einreißen ② (*refute, defeat*) zunichtemachen; *argument* widerlegen

demo·li·tion [ˌdeməlɪʃən] *n* Abriss *m;* (*fig*) Widerlegung *f*

de·mon [ˈdi:mən] *n* (*evil spirit*) Dämon *m;* (*fig: wicked person*) Fiesling *m*

de·mon·ic [dɪˈmɒnɪk, AM -ˈmɑ:-] *adj* ① (*devilish*) dämonisch ② (*evil*) bösartig

de·mon·strable [dɪˈmɒn(t)strəbl̩, AM -ˈmɑ:n(t)-] *adj* nachweislich

dem·on·strate ['demənstreɪt] **I.** *vt* ① (*show*) zeigen; *operation* vorführen; *authority, knowledge* demonstrieren; *loyalty* beweisen ② (*prove*) nachweisen **II.** *vi* demonstrieren

dem·on·stra·tion [ˌdemən'streɪʃ^ə^n] *n* ① (*act of showing*) Demonstration *f*, Vorführung *f* ② (*open expression*) Ausdruck *m* ③ (*protest march*) Demonstration *f*

de·mon·stra·tive [dɪ'mɒn(t)strətɪv, AM dɪ'mɑːn(t)strəţɪv] *adj* ① (*form: illustrative*) schlüssig ② (*expressing feelings*) offen

dem·on·stra·tor ['demənstreɪtəʳ, AM -ţɚ] *n* ① (*of a product*) Vorführer(in) *m(f)* ② (*protester*) Demonstrant(in) *m(f)*

de·mor·al·ize [dɪ'mɒr^ə^laɪz, AM -'mɔːr-] *vt* demoralisieren

de·mote [dɪ'məʊt, AM -'moʊt] *vt* zurückstufen; MIL degradieren

de·mure [dɪ'mjʊəʳ, AM -'mjʊr] *adj* ① (*shy*) [sehr] schüchtern ② (*composed and reserved*) gesetzt

den [den] *n* ① (*lair*) Bau *m* ② (*children's playhouse*) Verschlag *m* ③ (*study*) Arbeitszimmer *nt;* (*private room*) Bude *f; esp* AM Hobbyraum *m*

de·na·tion·al·ize [ˌdiː'næʃ^ə^n^ə^laɪz] *vt* privatisieren

de·natu·ral·ize [diː'nætʃ^ə^r^ə^laɪz, AM -ɚ^ə^l-] *vt* ■**to ~ sb** jdn entstaatlichen, jdm die Staatsbürgerschaft entziehen

de·ni·al [dɪ'naɪəl] *n* ① (*statement*) Dementi *nt;* (*action*) Leugnen *nt kein pl* ② *no pl* (*refusal*) Ablehnung *f* ③ PSYCH **to be in ~** sich der Realität verschließen

deni·grate ['denɪgreɪt] *vt* verunglimpfen

den·im ['denɪm] **I.** *n* ① *no pl* (*material*) Denim® *m* ② (*fam*) ■**~s** *pl* Jeans *f[pl]* **II.** *adj* Jeans-

Den·mark ['denmɑːk, AM -mɑːrk] *n* Dänemark *nt*

de·nomi·na·tion [dɪˌnɒmɪ'neɪʃ^ə^n, AM -ˌnɑːmə-] *n* ① (*religious group*) Konfessionsgemeinschaft *f* ② (*unit of value*) Währungseinheit *f*

de·nomi·na·tion·al [dɪˌnɒmɪ'neɪʃ^ə^n^ə^l, AM -ˌnɑːmə-] *adj* Konfessions-

de·nomi·na·tor [dɪ'nɒmɪneɪtəʳ, AM -'nɑːməneɪţɚ] *n* MATH Nenner *m*

de·note [dɪ'nə(ʊ)t, AM -'noʊt] *vt* bedeuten

de·noue·ment [dəɪ'nuːmɑ̃] *n* (*form*) Ende *nt; film* Ausgang *m*

de·nounce [dɪ'naʊn(t)s] *vt* ① (*criticize*) anprangern ② (*accuse*) entlarven; ■**to ~ sb to sb** jdn bei jdm denunzieren

dense <-r, -st> [den(t)s] *adj* ① (*thick*) dicht ② (*fig fam: stupid*) dumm

dense·ly ['den(t)sli] *adv* dicht

den·sity ['den(t)sɪti, AM -səţi] *n* Dichte *f*

dent [dent] **I.** *n* ① (*hollow*) Beule *f*, Delle *f* ② (*fig*) Loch *nt* **II.** *vt* (*put a dent in*) einbeulen

den·tal ['dent^ə^l, AM -ţ-] *adj* Zahn-

den·tal prac·'ti·tion·er, 'den·tal sur·geon *n* Zahnarzt, Zahnärztin *m, f*

den·tist ['dentɪst, AM -ţ-] *n* Zahnarzt, Zahnärztin *m, f*

den·tis·try ['dentɪstri, AM -ţ-] *n no pl* Zahnmedizin *f*

den·tures ['den(t)ʃəz, AM -ʃɚz] *npl* [Zahn]prothese *f*

de·nude [dɪ'njuːd, AM *esp* -'nuːd] *vt* kahl werden lassen [*o* kahl machen]

de·nun·cia·tion [dɪˌnʌn(t)si'eɪʃ^ə^n] *n* ① (*condemnation*) Anprangerung *f* ② (*denouncing*) Denunziation *f*

deny <-ie-> [dɪ'naɪ] *vt* ① (*declare untrue*) abstreiten; *accusation* zurückweisen ② (*refuse to grant*) ■**to ~ sth to sb** [*or* **sb sth**] jdm etw verweigern; *request* ablehnen

de·odor·ant [di'əʊd^ə^r^ə^nt, AM -'oʊ-] *n* Deo[dorant] *nt*

dep. *n abbrev of* **departure** Abf. *f; aircraft* Abfl. *m*

de·part [dɪ'pɑːt, AM -'pɑːrt] *vi* ① (*leave*) fortgehen; *plane* abfliegen, starten; *train* abfahren; *ship a.* ablegen ② (*differ*) abweichen

de·part·ed [dɪ'pɑːtɪd, AM -'pɑːrţ-] (*form*) **I.** *adj* verstorben **II.** *n pl* ■**the ~** die Verstorbenen

de·part·ment [dɪ'pɑːtmənt, AM -'pɑːrt-] *n* ① UNIV Institut *nt* ② COMM Abteilung *f* ③ POL Ministerium *nt* ④ ADMIN Amt *nt*

de·part·men·tal [ˌdɪpɑːt'ment^ə^l, AM -'pɑːrt-] *adj* ① UNIV Instituts- ② COMM Abteilungs- ③ POL Ministerial- ④ ADMIN Amts-

de·'part·ment store *n* Kaufhaus *nt*

de·par·ture [dɪ'pɑːtʃəʳ, AM -'pɑːrtʃɚ] *n* ① (*on a journey*) Abreise *f*, Abfahrt *f; plane* Abflug *m; ship* Ablegen *nt*, Abfahrt *f* ② (*deviation*) Abweichung *f; from policy* Abkehr *f*

de·'par·ture gate *n* Flugsteig *m* **de·'par·ture lounge** *n* Abfahrthalle *f;* AVIAT Abflughalle *f* **de·'par·ture time** *n* Abfahrtzeit *f*, AVIAT Abflugzeit *f*

de·pend [dɪ'pend] *vi* ① (*rely on circumstance*) ■**to ~ on sth** von etw *dat* abhängen; **that ~s** kommt darauf an ② (*get help from*) ■**to ~ on sb/sth** von jdm/etw abhängig sein; *financially* finanziell auf jdn/etw angewiesen sein ③ (*rely on*) ■**to ~ [up]on sb/sth** sich auf jdn/etw verlassen

de·pend·abil·ity [dɪˌpendə'bɪləti, AM -əţi] *n no pl* Zuverlässigkeit *f*, Verlässlichkeit *f*

D

de·pend·able [dɪ'pendəbl̩] *adj* zuverlässig, verlässlich
de·pend·ant [dɪ'pendənt] *n* [finanziell] abhängige(r) Angehörige(r) *f(m)*
de·pend·ence [dɪ'pendən(t)s] *n no pl* Abhängigkeit *f*
de·pend·ency [dɪ'pendən(t)si] *n* ❶ *no pl* Abhängigkeit *f* ❷ (*dependent state*) Territorium *nt*
de·pend·ent [dɪ'pendənt] **I.** *adj* ❶ (*conditional*) ■**to be ~ [up]on sth** von etw *dat* abhängen ❷ (*relying on*) ■**to be ~ on sth** von etw *dat* abhängig sein; *help, goodwill* auf etw *akk* angewiesen sein **II.** *n* AM *see* **dependant**
de·pict [dɪ'pɪkt] *vt* (*form*) darstellen
de·pic·tion [dɪ'pɪkʃən] *n* Darstellung *f*
de·pila·tory [dɪ'pɪlətəri, AM -tɔːri] *n* Enthaarungsmittel *nt*
de·plete [dɪ'pliːt] *vt* vermindern
de·plet·ed [dɪ'pliːtɪd, AM -t̬ɪd] *adj* verbraucht
de·ple·tion [dɪ'pliːʃən] *n* Abbau *m; of resources, capital* Erschöpfung *f*
de·plor·able [dɪ'plɔːrəbl̩] *adj* beklagenswert; *conditions* erbärmlich
de·plore [dɪ'plɔːʳ, AM -'plɔːr] *vt* ❶ (*disapprove*) verurteilen ❷ (*regret*) beklagen
de·ploy [dɪ'plɔɪ] *vt* einsetzen
de·ploy·ment [dɪ'plɔɪmənt] *n no pl* Einsatz *m*
de·popu·late [ˌdiː'pɒpjəleɪt, AM -'pɑːp-] *vt* entvölkern
de·port [dɪ'pɔːt, AM -'pɔːrt] *vt* ausweisen; *prisoner* deportieren
de·por·ta·tion [ˌdiːpɔː'teɪʃən, AM -pɔːr'-] *n* Ausweisung *f*, Abschiebung *f; of prisoner* Deportation *f*
de·por·tee [ˌdiːpɔː'tiː, AM -pɔːr'-] *n* (*waiting to be deported*) Abzuschiebende(r) *f(m);* (*already deported*) Abgeschobene(r) *f(m)*
de·port·ment [dɪ'pɔːtmənt, AM -'pɔːrt-] *n no pl* (*form*) Benehmen *nt*
de·pose [dɪ'pəʊz, AM -'poʊz] *vt* absetzen; *monarch* entthronen
de·pos·it [dɪ'pɒzɪt, AM -'pɑː-] **I.** *vt* ❶ (*leave*) *person* absetzen; *thing* ablegen, abstellen; *luggage* deponieren ❷ (*in bank*) einzahlen; (*pay as first instalment*) anzahlen **II.** *n* ❶ (*sediment*) Bodensatz *m;* (*layer*) Ablagerung *f;* (*underground layer*) Vorkommen *nt* ❷ (*first instalment*) Anzahlung *f;* (*security*) Kaution *f;* (*on a bottle*) Pfand *nt*
de·'pos·it ac·count *n* BRIT Sparkonto *nt*
depo·si·tion [ˌdepə'zɪʃən] *n* ❶ *no pl* (*form: removal from power*) Absetzung *f; of dictator* Sturz *m* ❷ (*written statement*) Aussage *f*
de·posi·tor [dɪ'pɒzɪtəʳ, AM -'pɑːzɪt̬ɚ] *n* Anleger(in) *m(f)*
de·pot ['depəʊ, AM 'diːpoʊ] *n* Depot *nt*
de·praved [dɪ'preɪvd] *adj* verdorben
de·prav·ity [dɪ'prævəti, AM -ət̬i] *n no pl* Verdorbenheit *f*
dep·re·cate ['deprəkeɪt] *vt* (*form*) ❶ (*show disapproval of*) missbilligen ❷ (*disparage*) schlechtmachen
dep·re·cat·ing ['deprəkeɪtɪŋ, AM -t̬-] *adj* (*form*) ❶ (*strongly disapproving*) missbilligend; *stare* strafend ❷ (*disparaging*) herablassend; (*apologetic*) entschuldigend
de·pre·ci·ate [dɪ'priːʃieɪt] **I.** *vi* an Wert verlieren **II.** *vt* entwerten
de·pre·cia·tion [dɪˌpriːʃi'eɪʃən] *n no pl* Wertminderung *f; of currencies* Entwertung *f*
de·press [dɪ'pres] *vt* ❶ (*deject*) deprimieren ❷ (*reduce*) drücken
de·press·ant [dɪ'presənt] **I.** *n* Beruhigungsmittel *nt* **II.** *adj* beruhigend
de·pressed [dɪ'prest] *adj* ❶ (*dejected*) deprimiert (**about, at, by, over** wegen +*gen*); **to feel ~** sich niedergeschlagen fühlen ❷ ECON heruntergekommen
de·press·ing [dɪ'presɪŋ] *adj* deprimierend
de·pres·sion [dɪ'preʃən] *n* ❶ *no pl* (*sadness*) Depression *f;* **to suffer from ~** unter Depressionen leiden ❷ ECON Wirtschaftskrise *f* ❸ METEO Tiefdruckgebiet *nt; see also* **passion**
de·pres·sive [dɪ'presɪv] **I.** *n* Depressive(r) *f(m)* **II.** *adj* depressiv
dep·ri·va·tion [ˌdeprɪ'veɪʃən] *n* Entbehrung *f*
de·prive [dɪ'praɪv] *vt* ■**to ~ sb of sth** jdm etw entziehen [*o* vorenthalten]
de·prived [dɪ'praɪvd] *adj* sozial benachteiligt
dept. *n abbrev of* **department** Abt.
depth [depθ] *n* Tiefe *f a. fig;* **in the ~s of the forest** mitten im Wald; **in the ~s of despair** zutiefst verzweifelt; **in ~** gründlich ▸ PHRASES: **to be <u>out</u> of one's ~** für jdn zu hoch sein
'depth charge *n* Wasserbombe *f*
depu·ta·tion [ˌdepjə'teɪʃən] *n* + *sing/pl vb* Abordnung *f*
depu·tize ['depjətaɪz] *vi* ■**to ~ for sb** für jdn einspringen, jdn vertreten
depu·ty ['depjəti, -jʊ-, AM -t̬-] **I.** *n* Stellvertreter(in) *m(f)* **II.** *adj* stellvertretend
de·rail [dɪ'reɪl] *vt* entgleisen lassen; ■**to be ~ed** entgleisen
de·rail·ment [dɪ'reɪlmənt] *n* Entgleisung *f*
de·ranged [dɪ'reɪndʒd] *adj* geistesgestört
der·by ['dɑːbi, AM 'dɜːrbi] *n* ❶ SPORTS Derby *nt* ❷ AM (*bowler hat*) Melone *f*
de·regu·late [diː'regjuːleɪt] *vt* deregulieren

de·regu·la·tion [diːˌregjuːˈleɪʃᵊn] *n no pl* Deregulierung *f*
der·elict [ˈderəlɪkt] *adj* verlassen; **to lie ~** brachliegen
der·elic·tion [ˌderəˈlɪkʃᵊn] *n* ① *no pl* (*dilapidation*) Verwahrlosung *f* ② (*negligence*) **~ of duty** Pflichtvernachlässigung *f*
de·ride [dɪˈraɪd] *vt* (*form*) verspotten
de·ri·sion [dɪˈrɪʒᵊn] *n no pl* Spott *m*
de·ri·sive [dɪˈraɪsɪv] *adj* spöttisch
de·ri·sory [dɪˈraɪsᵊri] *adj* ① (*derisive*) spöttisch ② (*ridiculously small*) lächerlich
deri·va·tion [ˌderɪˈveɪʃᵊn] *n* ① (*origin*) Ursprung *m* ② (*process of evolving*) Ableitung *f*
de·riva·tive [dɪˈrɪvətɪv, AM -t̬-] **I.** *adj* (*pej*) nachgemacht **II.** *n* Ableitung *f*, Derivat *nt*
de·rive [dɪˈraɪv] **I.** *vt* gewinnen; **sb ~s pleasure from doing sth** etw bereitet jdm Vergnügen **II.** *vi* ▪**to ~ from sth** sich von etw *dat* ableiten [lassen]
der·ma·ti·tis [ˌdɜːməˈtaɪtɪs, AM ˌdɜːrməˈtaɪt̬əs] *n no pl* Hautreizung *f*, Dermatitis *f*
der·ma·tolo·gist [ˌdɜːməˈtɒlədʒɪst, AM ˌdɜːrməˈtɑːl-] *n* Dermatologe, Dermatologin *m, f*, Hautarzt, Hautärztin *m, f*
der·ma·tol·ogy [ˌdɜːməˈtɒlədʒi, AM ˌdɜːrməˈtɑːl-] *n no pl* Dermatologie *f*
de·roga·tory [dɪˈrɒgətᵊri, AM -ˈrɑːgətɔːri] *adj* abfällig
der·rick [ˈderɪk] *n* ① (*crane*) Lastkran *m* ② (*over oil well*) Bohrturm *m*
de·sali·nate [diːˈsælɪneɪt] *vt* entsalzen
de·sali·na·tion [diːˌsælɪˈneɪʃᵊn] *n no pl* Entsalzung *f*
de·scale [diːˈskeɪl] *vt* entkalken
des·cant [ˈdeskænt] *n* Diskant *m*
de·scend [dɪˈsend] **I.** *vi* ① (*go down*) *path* herunterführen; *person* heruntergehen ② (*fall*) herabsinken ③ (*fig: deteriorate*) ▪**to ~ into sth** in etw *akk* umschlagen **II.** *vt* hinuntersteigen
de·scend·ant [dɪˈsendənt] *n* Nachkomme *m*
de·scent [dɪˈsent] *n* ① (*landing approach*) [Lande]anflug *m* ② (*way down*) Abstieg *m kein pl* ③ *no pl* (*fig: ancestry*) Abstammung *f*; *see also* **muscle**
de·scribe [dɪˈskraɪb] *vt* beschreiben; *experience* schildern
de·scrip·tion [dɪˈskrɪpʃᵊn] *n* Beschreibung *f*; **of every ~** jeglicher Art
de·scrip·tive [dɪˈskrɪptɪv] *adj* beschreibend
des·ecrate [ˈdesɪkreɪt] *vt* schänden
des·ecra·tion [ˈdesɪkreɪʃᵊn] *n no pl* Schändung *f*
de·seg·re·ga·tion [diːˈsegrɪgeɪʃᵊn] *n no pl* Aufhebung *f* der Rassentrennung
de·sen·si·tize [diːˈsen(t)sɪtaɪz] *vt* ① (*make less sensitive to*) abstumpfen ② MED desensibilisieren
de·sert¹ [dɪˈzɜːt, AM dɪˈzɜːrt] **I.** *vi* MIL desertieren **II.** *vt* verlassen
de·sert² [ˈdezət, AM -ɚt] *n* Wüste *f a. fig*
de·sert·ed [dɪˈzɜːtɪd, AM -ˈzɜːrt̬ɪd] *adj* verlassen; *of town* ausgestorben
de·sert·er [dɪˈzɜːtəʳ, AM -ˈzɜːrt̬ɚ] *n* Deserteur(in) *m(f)*
de·ser·ti·fi·ca·tion [dɪˌzɜːtɪfɪˈkeɪʃᵊn, AM -ˌzɜːrt̬ə-] *n no pl* Desertifikation *f*
de·ser·tion [dɪˈzɜːʃᵊn, AM dɪˈzɜːr-] *n* Verlassen *nt*; MIL Desertion *f*
des·ert ˈis·land *n* einsame Insel
de·serts [dɪˈzɜːtz, AM dɪˈzɜːrtz] *npl* ▪**to get one's [just] ~** seine Quittung bekommen
de·serve [dɪˈzɜːv, AM dɪˈzɜːrv] *vt* (*merit*) verdienen
de·serv·ed·ly [dɪˈzɜːvɪdli, AM dɪˈzɜːr-] *adv* verdientermaßen
de·serv·ing [dɪˈzɜːvɪŋ, AM dɪˈzɜːr-] *adj* verdienstvoll; **a ~ cause** eine gute Sache
de·sign [dɪˈzaɪn] **I.** *vt* ① (*plan*) entwerfen; *books* gestalten; *cars* konstruieren ② (*intend*) ▪**to be ~ed for sb** für jdn konzipiert sein; **these measures are ~ed to reduce pollution** diese Maßnahmen sollen die Luftverschmutzung verringern **II.** *n* ① (*plan or drawing*) Entwurf *m* ② *no pl* (*art*) Design *nt*; *of building* Bauart *f*; *of machine* Konstruktion *f*; (*pattern*) Muster *nt* **III.** *adj* Konstruktions-; *see also* **assign**
des·ig·nate [ˈdesɪgneɪt] **I.** *vt* ▪**to ~ sb** jdn ernennen (**as** zu +*dat*); ▪**to ~ sb to do sth** jdn mit etw *dat* beauftragen **II.** *adj after n* designiert
des·ig·na·tion [ˌdesɪgˈneɪʃᵊn] *n* ① (*title*) Bezeichnung *f* ② (*act of designating*) Festlegung *f*
de·sign·er [dɪˈzaɪnəʳ, AM -nɚ] *n* Designer(in) *m(f)*
de·sign·ing [dɪˈzaɪnɪŋ] *n* Design *nt*
de·sir·able [dɪˈzaɪərəbl̩, AM dɪˈzaɪrəbl̩] *adj* ① (*worth having*) erstrebenswert; (*popular*) begehrt; *advantageous* erwünscht; **'knowledge of English ~'** „Englischkenntnisse erwünscht" ② (*sexually attractive*) begehrenswert
de·sire [dɪˈzaɪəʳ, AM dɪˈzaɪɚ] **I.** *vt* ① (*want*) wünschen ② (*be sexually attracted to*) begehren **II.** *n* ① (*strong wish*) Verlangen *nt*; (*stronger*) Sehnsucht *f*; (*request*) Wunsch *m* ② (*sexual need*) Begierde *f*
de·ˈsired *adj* erwünscht
de·sist [dɪzɪst] *vi* (*form*) einhalten; ▪**to ~ from doing sth** davon absehen, etw zu

tun

desk [desk] *n* ❶ (*table for writing*) Schreibtisch *m* ❷ (*service counter*) Schalter *m*

'desk lamp *n* Schreibtischlampe *f*

'desk·top *n* Desktop *m*

deso·late ['desᵊlət] **I.** *adj* ❶ (*barren*) trostlos ❷ (*unhappy*) niedergeschlagen **II.** *vt country* verwüsten

deso·la·tion ['desᵊleɪʃᵊn] *n no pl* ❶ (*barrenness*) Trostlosigkeit *f* ❷ (*sadness*) Verzweiflung *f*

des·pair [dɪ'speəʳ, AM -'sper] **I.** *n no pl* (*feeling of hopelessness*) Verzweiflung *f;* **in ~** verzweifelt **II.** *vi* verzweifeln (**at, of** an +*dat*); **to ~ of doing sth** die Hoffnung aufgeben, etw zu tun

des·pair·ing [dɪ'speərɪŋ, AM -'sperɪŋ] *adj* verzweifelt

des·patch [dɪ'spætʃ] *n, vt see* **dispatch**

des·per·ate ['despᵊrət] *adj* verzweifelt; (*great*) dringend; **I'm in a ~ hurry** ich hab's wahnsinnig eilig; ■**to be ~ for sth** etw dringendst brauchen

des·pera·tion [ˌdespᵊ'reɪʃᵊn] *n no pl* Verzweiflung *f;* **in** [*or* **out of**] **~** aus Verzweiflung

des·pic·able [dɪ'spɪkəbl̩] *adj* abscheulich

des·pise [dɪ'spaɪz] *vt* verachten

de·spite [dɪ'spaɪt] *prep* trotz +*gen*

de·spond·ent [dɪ'spɒndənt, AM -'spaːn-] *adj* niedergeschlagen

des·sert [dɪ'zɜːt, AM dɪ'zɜːrt] *n* Nachtisch *m,* Dessert *nt*

des·'sert·spoon *n* (*small*) Dessertlöffel *m;* (*larger*) Esslöffel *m*

de·sta·bi·li·za·tion [diːˌsteɪbᵊlaɪ'zeɪʃᵊn, AM -lɪ'-] *n no pl* Destabilisierung *f*

de·sta·bi·lize [diː'steɪbᵊlaɪz] *vt* destabilisieren

des·ti·na·tion [ˌdestɪ'neɪʃᵊn] *n* Ziel *nt; of journey* Reiseziel *nt; of letter* Bestimmungsort *m*

des·tined ['destɪnd] *adj pred* ❶ (*intended*) ■**to be ~ for sth** für etw *akk* bestimmt sein ❷ (*bound for*) bestimmt ❸ (*hum: meant to be*) vorherbestimmt

des·ti·ny ['destɪniː] *n* Schicksal *nt*

des·ti·tute ['destɪtjuːt, AM *esp* -tuːt] **I.** *adj* mittellos **II.** *n* ■**the ~** *pl* die Bedürftigen

des·ti·tu·tion [ˌdestɪ'tjuːʃᵊn, AM *esp* -'tuː-] *n no pl* Armut *f*

de-'stress *vi* Stress abbauen

de·stroy [dɪ'strɔɪ] *vt* ❶ (*demolish*) zerstören ❷ (*do away with*) vernichten ❸ (*kill*) auslöschen; *herd* abschlachten; *pet* einschläfern ❹ (*ruin*) zunichtemachen; *reputation* ruinieren

de·stroy·er [dɪ'strɔɪəʳ, AM -ɚ] *n* MIL Zerstörer *m*

de·struct·ible [dɪ'strʌktəbl̩] *adj* zerstörbar

de·struc·tion [dɪ'strʌkʃᵊn] *n no pl* Zerstörung *f;* **mass ~** Massenvernichtung *f*

de·struc·tive [dɪ'strʌktɪv] *adj* zerstörerisch; *influence, person* destruktiv

de·struc·tive·ness [dɪ'strʌktɪvnəs] *n no pl of person* Zerstörungswut *f; of explosive* Sprengkraft *f*

des·ul·tory ['desᵊltᵊri, AM -tɔːr-] *adj* halbherzig

de·tach [dɪ'tætʃ] *vt* abnehmen; (*without reattaching*) abtrennen

de·tach·able [dɪ'tætʃəbl̩] *adj* abnehmbar

de·tached [dɪ'tætʃt] *adj* ❶ (*separated*) abgelöst ❷ (*aloof*) distanziert

de·tach·ment [dɪ'tætʃmənt] *n* ❶ *no pl* (*aloofness*) Distanziertheit *f* ❷ (*of soldiers*) Einsatztruppe *f*

de·tail ['diːteɪl, AM dɪ'teɪl] **I.** *n* ❶ (*item of information*) Detail *nt,* Einzelheit *f;* **further ~s** nähere Informationen; **to go into ~** ins Detail gehen, auf die Einzelheiten eingehen; **in ~** im Detail ❷ (*unimportant item*) Kleinigkeit *f* ❸ ■**~s** *pl* (*vital statistics*) Personalien *pl* **II.** *vt* ❶ (*explain*) ausführlich erläutern ❷ (*specify*) einzeln aufführen

de·tailed ['diːteɪld, AM dɪ'teɪld] *adj* detailliert; *description, report* ausführlich; *study* eingehend

de·tain [dɪ'teɪn] *vt* ❶ LAW in Haft nehmen ❷ (*form: delay*) aufhalten

de·tainee [ˌdɪteɪ'niː] *n* Häftling *m*

de·tect [dɪ'tekt] *vt* ❶ (*catch in act*) ertappen ❷ (*discover presence of*) entdecken; *disease* feststellen; *mine* aufspüren; *smell* bemerken; *sound* wahrnehmen

de·tect·able [dɪ'tektəbl̩] *adj* feststellbar; *change* wahrnehmbar

de·tec·tion [dɪ'tekʃᵊn] *n no pl* ❶ Entdeckung *f; of cancer* Feststellung *f* ❷ (*by detective*) Ermittlungsarbeit *f*

de·tec·tive [dɪ'tektɪv] *n* ❶ (*in police*) Kriminalbeamte(r) *m,* Kriminalbeamte [*o* -in] *f* ❷ (*private*) [Privat]detektiv(in) *m(f)*

de·tec·tive in·'spect·or *n* BRIT Polizeiinspektor(in) *m(f)* **de·'tec·tive nov·el** *n* Kriminalroman *m,* Krimi *m fam* **de·tec·tive super·in·'tend·ent** *n* BRIT Kriminalkommissar(in) *m(f)*

de·tec·tor [dɪ'tektəʳ, AM -ɚ] *n* Detektor *m*

de·ten·tion [dɪ'ten(t)ʃᵊn] *n* ❶ *no pl* (*state*) Haft *f* ❷ (*act*) Festnahme *f* ❸ SCH Nachsitzen *nt kein pl;* **to get** [*or* **have**] **~** nachsitzen müssen

de·'ten·tion cen·tre, AM **de·'ten·tion home** *n* Jugendstrafanstalt *f*

de·ter <-rr-> [dɪ'tɜːʳ, AM -'tɜːr] *vt* verhindern; (*put off*) *person* abschrecken, abhalten

de·ter·gent [dɪ'tɜːdʒᵊnt, AM -'tɜːr-] *n* Reinigungsmittel *nt*

de·terio·rate [dɪ'tɪəriᵊreɪt, AM -'tɪriə-] *vi* ① (*become worse*) sich verschlechtern; *sales* zurückgehen ② (*disintegrate*) verfallen; *leather, wood* sich zersetzen

de·terio·ra·tion [dɪˌtɪəriᵊ'reɪʃᵊn, AM -ˌtɪriə-] *n no pl* ① (*worsening*) Verschlechterung *f* ② ECON, TECH Qualitätsverlust *m* ③ (*disintegration*) Verfall *m; of metal, wood* Zersetzung *f*

de·ter·mi·na·tion [dɪˌtɜːmɪ'neɪʃᵊn, AM -ˌtɜːr-] *n no pl* ① (*resolve*) Entschlossenheit *f* ② (*determining*) Bestimmung *f*

de·ter·mine [dɪ'tɜːmɪn, AM -'tɜːr-] *vt* ① (*decide*) entscheiden; ■**to ~ that ...** beschließen, dass ... ② (*find out*) ermitteln, feststellen, herausfinden ③ (*influence*) bestimmen; **genetically ~d** genetisch festgelegt

de·ter·mined [dɪ'tɜːmɪnd, AM -'tɜːr-] *adj* entschlossen

de·ter·rence [dɪ'terᵊn(t)s] *n no pl* Abschreckung *f*

de·ter·rent [dɪ'terᵊnt] **I.** *n* Abschreckung *f,* Abschreckungsmittel *nt* **II.** *adj* abschreckend

de·test [dɪ'test] *vt* verabscheuen

de·test·able [dɪ'testəbl̩] *adj* abscheulich

de·throne [diː'θrəʊn, AM dɪ'θroʊn] *vt* entthronen

deto·nate ['detᵊneɪt] *vi, vt* detonieren

deto·na·tion [ˌdetᵊn'eɪʃᵊn] *n* Detonation *f*

deto·na·tor ['detᵊneɪtəʳ, AM -t̬ɚ] *n* [Spreng]zünder *m*

de·tour ['diːtʊəʳ, AM -tʊr] *n* Umweg *m*

de·tox [ˌdiː'tɒks, AM diː'tɑːks] *n short for* **detoxification** Entzug *m;* ■**to be in ~** auf Entzug sein

de·toxi·fi·ca·tion [diːˌtɒksɪfɪ'keɪʃᵊn, AM -ˌtɑːk-] *n no pl* ① (*remove poison*) Entgiftung *f* ② (*treatment for addiction*) Entzug *m fam*

de·toxi·fi·'ca·tion cen·tre, AM **de·toxi·fi·'ca·tion cen·ter** *n* Entziehungsanstalt *f*

de·toxi·fi·'ca·tion pro·gramme, AM **de·toxi·fi·'ca·tion pro·gram** *n* Entziehungskur *f*

de·toxi·fy <-ie-> [ˌdiː'tɒksɪfaɪ, AM diː'tɑːk-] *vt* entgiften; *addict* einer Entziehungskur unterziehen

de·tract [dɪ'trækt] *vi* ■**to ~ from sth** etw beeinträchtigen; **to ~ from sb's achievements** jds Leistungen *pl* schmälern

de·trac·tor [dɪ'træktəʳ, AM -ɚ] *n* Kritiker(in) *m(f)*

det·ri·ment ['detrɪmənt] *n no pl* Nachteil *m*

det·ri·men·tal [ˌdetrɪ'mentᵊl] *adj* schädlich

deuce [djuːs, AM *esp* duːs] *n* ① AM (*cards, dice*) Zwei *f* ② TENNIS Einstand *m*

de·valua·tion [ˌdiːvæljuː'eɪʃᵊn] *n no pl* Abwertung *f*

de·value [ˌdiː'væljuː] *vt* abwerten

dev·as·tate ['devəsteɪt] *vt* vernichten; *region* verwüsten; (*fam*) umhauen

dev·as·tat·ing ['devəsteɪtɪŋ, AM -t̬ɪŋ] *adj* ① (*destructive*) verheerend, vernichtend *a. fig* ② (*fig fam: positively overwhelming*) umwerfend; *smile* unwiderstehlich; (*negatively*) niederschmetternd

dev·as·ta·tion [ˌdevə'steɪʃᵊn] *n no pl* ① (*destruction*) Verwüstung *f* ② (*of person*) Verzweiflung *f*

de·vel·op [dɪ'veləp] **I.** *vi* sich entwickeln (**into** zu +*dat*); *abilities* sich entfalten **II.** *vt* ① entwickeln; *habit* annehmen; *plan* ausarbeiten; *skills* weiterentwickeln ② ARCHIT erschließen [und bebauen] ③ PHOT entwickeln

de·vel·oped [dɪ'veləpt] *adj* ① entwickelt ② ARCHIT erschlossen

de·vel·op·er [dɪ'veləpəʳ, AM -ɚ] *n* ① **late ~** Spätentwickler(in) *m(f)* ② (*person*) Bauunternehmer(in) *m(f);* (*company*) Baufirma *f,* Bauunternehmen *nt* ③ PHOT Entwickler *m*

de·vel·op·ing [dɪ'veləpɪŋ] *adj* sich entwickelnd

de·vel·op·ment [dɪ'veləpmənt] *n* ① *no pl* (*act, event, process*) Entwicklung *f* ② *no pl* ARCHIT Bau *m;* (*area*) Baugebiet *nt*

de·vi·ant ['diːviənt] SOCIOL **I.** *n* **to be a** [**sexual**] **~** [im sexuellen Verhalten] von der Norm abweichen **II.** *adj behaviour* abweichend

de·vi·ate ['diːvieɪt] *vi* abweichen; *from route* sich entfernen

de·via·tion [ˌdiːvi'eɪʃᵊn] *n* Abweichung *f*

de·vice [dɪ'vaɪs] *n* ① (*machine*) Gerät *nt,* Vorrichtung *f* ② (*method*) Verfahren *nt;* **stylistic ~** Stilmittel *nt;* **marketing ~** absatzförderndes Mittel ③ (*bomb*) **incendiary ~** Brandsatz *m*

dev·il ['devᵊl] *n* ① Teufel *m;* ■**the D~** der Teufel ② (*fig*) Teufel(in) *m(f)* ③ (*fam: sly person*) alter Fuchs; (*daring person*) Teufelskerl *m;* [**go on,**] **be a ~!** nur zu, sei kein Frosch! ④ (*fam: affectionately*) **cheeky ~** Frechdachs *m;* **lucky ~** Glückspilz *m* ▸ PHRASES: **~ take the hindmost** den Letzten beißen die Hunde; **to be between the ~ and the deep blue sea** sich in einer Zwickmühle befinden; **like the ~** wie besessen

dev·il·ish ['devəlɪʃ] *adj* teuflisch; *situation* verteufelt

'dev·il-may-care *adj attr* sorglos-leichtsinnig

de·vi·ous ['diːviəs] *adj* ① (*dishonest*) *person* verschlagen; *scheme* krumm ② (*roundabout*) gewunden; **to take a ~ route** einen Umweg fahren

de·vise [dɪ'vaɪz] *vt* erdenken; *scheme* aushecken

de·void [dɪ'vɔɪd] *adj* ■ **to be ~ of sth** ohne etw sein

de·vo·lu·tion [ˌdiːvə'luːʃən, AM ˌdevə'-] *n no pl* POL Dezentralisierung *f*

Land und Leute

Devolution heißt in Großbritannien ein Prozess der Verteilung der zentralen Staatsgewalt an Teile des Landes. Das *Scottish Parliament*, die *Northern Ireland Assembly* und die *Welsh Assembly* haben in regionalen Angelegenheiten alle Befugnisse. Nur England hat kein eigenes Parlament. Das *Parliament of the United Kingdom* in London ist die oberste gesetzgebende Gewalt für alle Teile des Landes.

de·volve [dɪ'vɒlv, AM -'vaːlv] (*form*) **I.** *vi* übergehen (**on** auf +*akk*) **II.** *vt* übertragen (**on** auf +*akk*)

de·vote [dɪ'vəʊt, AM -'voʊt] *vt* widmen; *one's time* opfern

de·vot·ed [dɪ'vəʊtɪd, AM -'voʊt̬ɪd] *adj* *admirer* begeistert; *dog* anhänglich; *follower, friend* treu; *friendship* aufrichtig; *husband, mother* hingebungsvoll; *servant* ergeben

devo·tee [ˌdevə(ʊ)'tiː, AM -və'-] *n of an artist* Verehrer(in) *m(f)*; *of a leader* Anhänger(in) *m(f)*; *of a cause* Verfechter(in) *m(f)*; *of music* Liebhaber(in) *m(f)*; *of a sport* Fan *m*

de·vo·tion [dɪ'vəʊʃən, AM -'voʊ-] *n no pl* ① (*loyalty*) Ergebenheit *f* ② (*dedication*) Hingabe *f* (**to** an +*akk*) ③ (*affection*) *of husband, wife* Liebe *f*; *of children* Anhänglichkeit *f*; *of an admirer* Verehrung *f*

de·vo·tion·al [dɪ'vəʊʃənəl, AM -'voʊ-] *adj* Andachts-, andächtig

de·vour [dɪ'vaʊər, AM -ɚ] *vt* verschlingen *a. fig*

de·vour·ing [dɪ'vaʊərɪŋ, AM -ɚɪŋ] *adj* verzehrend

de·vout [dɪ'vaʊt] *adj* REL fromm; (*fig*) [sehr] engagiert; *hope, wish* sehnlich

dew [djuː, AM duː] *n no pl* Tau *m*

'dew·drop *n* Tautropfen *m*

dex·ter·ity [dek'sterəti, AM -ət̬i] *n no pl* ① (*of hands*) Geschicklichkeit *f* ② (*cleverness*) Gewandtheit *f*; (*of speech*) Redegewandtheit *f*

dex·ter·ous ['dekstərəs] *adj* gewandt; *fingers* geschickt

dex·trose ['dekstrəʊs, AM -troʊs] *n no pl* Traubenzucker *m*

dex·trous ['dekstrəs] *adj see* **dexterous**

DHS [ˌdiːeɪtʃ'es] *n no pl* AM *abbrev of* **Department of Homeland Security** Ministerium *nt* für innere Sicherheit

dia·be·tes [ˌdaɪə'biːtiːz, AM -t̬əs] *n no pl* Zuckerkrankheit *f*

dia·bet·ic [ˌdaɪə'betɪk, AM -'bet̬-] **I.** *n* Diabetiker(in) *m(f)* **II.** *adj* ① (*having diabetes*) zuckerkrank ② (*for diabetics*) Diabetiker-

dia·bol·ic [ˌdaɪə'bɒlɪk, AM -'bɑː-] *adj* ① (*of Devil*) Teufels- ② (*evil*) teuflisch

dia·boli·cal [ˌdaɪə'bɒlɪkəl, AM -'bɑː-] *adj* ① (*evil*) teuflisch ② (*fam*) grässlich

dia·dem ['daɪədem] *n* Diadem *nt*

di·ag·nose ['daɪəgnəʊz, AM ˌdaɪəg'noʊs] *vt* ① MED diagnostizieren ② (*discover*) erkennen; *fault* feststellen

di·ag·no·sis <*pl* -ses> [ˌdaɪəg'nəʊsɪs, AM -'noʊ-, *pl* -siːz] *n* ① *of a disease* Diagnose *f* ② *of a problem* Beurteilung *f*

di·ag·nos·tic [ˌdaɪəg'nɒstɪk, AM -'nɑː-] *adj* diagnostisch

di·ago·nal [daɪ'ægənəl] **I.** *adj line* diagonal, schräg **II.** *n* Diagonale *f*

dia·gram ['daɪəgræm] *n* schematische Darstellung; MATH Diagramm *nt*

dial [daɪəl, AM daɪ(ə)l] **I.** *n of clock* Zifferblatt; *of instrument, radio* Skala *f*; *of telephone* Wählscheibe *f* **II.** *vi, vt* <BRIT -ll- *or* AM *usu* -l-> wählen; **to ~ the wrong number** sich verwählen

dia·lect ['daɪəlekt] *n* Dialekt *m*

dial·ling ['daɪəlɪŋ, AM 'daɪ(ə)l-] *n no pl* Wählen *nt*

'dial·ling code *n* BRIT Vorwahl *f* **'dial·ling tone** *n* BRIT Wählton *m*

dia·logue, AM **dia·log** ['daɪəlɒg, AM -lɑːg] *n* Dialog *m*

di·aly·sis [daɪ'æləsɪs] *n no pl* Dialyse *f*

di·am·eter [daɪ'æmətər, AM -t̬ɚ] *n* Durchmesser *m*

dia·met·ri·cal·ly [daɪə'metrɪkəli] *adv* **~ opposed** völlig entgegengesetzt

dia·mond ['daɪəmənd] *n* ① (*stone*) Diamant *m* ② MATH Raute *f*, Rhombus *m* ③ CARDS Karo *nt*

dia·mond 'wed·ding *n* diamantene Hochzeit

dia·per ['daɪəpər, AM -ɚ] *n* AM Windel *f*

di·apha·nous [daɪ'æfənəs] *adj* (*liter*) durchscheinend

dia·phragm [ˈdaɪəfræm] *n* Diaphragma *nt*

Aussprache

Das **g** in **diaphragm** wird nicht gesprochen: [ˈdaɪəfræm]

dia·rist [ˈdaɪərɪst] *n* Tagebuchschreiber(in) *m(f)*

di·ar·rhoea, *esp* AM **di·ar·rhea** [ˌdaɪəˈrɪə, AM -ˈriːə] *n no pl* Durchfall *m*

dia·ry [ˈdaɪəriː] *n* ① (*book*) Tagebuch *nt* ② (*schedule*) [Termin]kalender *m*

dia·ton·ic [daɪəˈtɒnɪk, AM -ˈtɑː-] *adj* MUS diatonisch

dia·tribe [ˈdaɪətraɪb] *n* (*form: verbal*) Schmährede *f;* (*written*) Schmähschrift *f*

dice [daɪs] **I.** *n* <pl -> (*object*) Würfel *m;* (*game*) Würfelspiel *nt* **II.** *vi* würfeln **III.** *vt* FOOD würfeln

dicey [ˈdaɪsi] *adj* (*fam*) riskant

dick [dɪk] *n* ① (*pej!: stupid man*) Idiot *m* ② (*vulg: penis*) Schwanz *m*

dick·ens [ˈdɪkɪnz] *n* (*fam*) **what the ~ ...?** was zum Teufel ...?

dicky [ˈdɪki] *adj* BRIT, AUS (*sl*) *heart* schwach

Dic·ta·phone® [ˈdɪktəfəʊn, AM -foʊn] *n* Diktaphon® *nt*

dic·tate [dɪkˈteɪt, AM ˈdɪk-] **I.** *vt* ① (*command*) befehlen ② *a letter, memo* diktieren **II.** *vi* ■**to ~ to sb** jdm Vorschriften machen

dic·ta·tion [dɪkˈteɪʃᵊn] *n* Diktat *nt*

dic·ta·tor [dɪkˈteɪtəʳ, AM -t̬ɚ] *n* ① POL (*a. fig*) Diktator *m* ② (*of text*) Diktierende(r) *f(m)*

dic·ta·tor·ial [ˌdɪktəˈtɔːriəl] *adj* diktatorisch

dic·ta·tor·ship [dɪkˈteɪtəʃɪp, AM -t̬ɚ-] *n* Diktatur *f*

dic·tion [ˈdɪkʃᵊn] *n no pl* Ausdrucksweise *f*

dic·tion·ary [ˈdɪkʃᵊnᵊri, AM -eri] *n* Wörterbuch *nt*

did [dɪd] *pt of* **do**

di·dac·tic [daɪˈdæktɪk] *adj* didaktisch

did·dle [ˈdɪdl̩] (*fam*) **I.** *vt* (*cheat*) übers Ohr hauen; ■**to ~ sb out of sth** jdm etw abgaunern **II.** *vi* AM (*tinker*) ■**to ~ [around] with sth** an etw *dat* [he]rummachen

didn't [ˈdɪdᵊnt] = **did not** *see* **do**

die¹ [daɪ] *n* <pl dice> (*for games*) Würfel *m* ▶PHRASES: **the ~ is cast** die Würfel sind gefallen

die² <-y-> [daɪ] **I.** *vi* ① (*cease to live*) sterben, umkommen (**of** vor +*dat*); **to ~ of** [*or* **from**] **cancer** an Krebs sterben; **to ~ laughing** sich totlachen; **to ~ of hunger** verhungern ② (*fig: end*) vergehen; *love* sterben ③ (*fam: stop functioning*) kaputtgehen; *engine* stehen bleiben; *battery* leer werden; *flames, lights* [v]erlöschen ▶PHRASES: **to be dying to do sth** darauf brennen, etw zu tun; **I'm dying to hear the news** ich bin wahnsinnig gespannt, die Neuigkeiten zu erfahren; **to be dying for sth** großes Verlangen nach etw *dat* haben **II.** *vt* sterben ◆**die away** *vi* schwinden; *anger, enthusiasm, wind* sich allmählich legen; *sound* verhallen ◆**die back** *vi* absterben ◆**die down** *vi noise* leiser werden; *rain, wind* schwächer werden; *storm* sich legen; *excitement* abklingen ◆**die off** *vi* aussterben; BOT absterben ◆**die out** *vi* aussterben

ˈdie·back *n* [Ab]sterben *nt* [von Bäumen oder Ästen]

ˈdie·hard I. *n* (*pej*) Dickschädel *m* **II.** *adj* unermüdlich; *reactionary* Erz-

die·sel [ˈdiːzᵊl, AM *also* -sᵊl] *n no pl* ① (*fuel*) Diesel[kraftstoff] *m;* **to run on ~** mit Diesel fahren ② (*vehicle*) Dieselfahrzeug *nt,* Diesel *m*

ˈdie·sel en·gine *n* Dieselmotor *m* **ˈdie·sel oil** *n* Dieselöl *nt*

diet [daɪət] **I.** *n* ① (*food and drink*) Nahrung *f;* **balanced ~** ausgewogene Kost ② MED Diät *f,* Schonkost *f;* **on a ~** auf Diät ③ (*scheme for losing weight*) Diät *f,* Schlankheitskur *f;* **to go on a ~** eine Diät machen **II.** *vi* Diät halten **III.** *adj* Diät-

di·etary [ˈdaɪətᵊri, AM -teri] *adj* ① (*of usual food*) Ernährungs-, Ess- ② (*of medical diet*) Diät-

di·etary ˈfi·bre, AM **di·etary ˈfi·ber** *n no pl* Ballaststoffe *pl*

di·etet·ics [ˌdaɪəˈtetɪks, AM -ˈtet̬-] *n + sing vb* Ernährungslehre *f*

di·eti·cian, di·eti·tian [ˌdaɪəˈtɪʃᵊn] *n* Diätassistent(in) *m(f)*

dif·fer [ˈdɪfəʳ, AM -ɚ] *vi* ① (*be unlike*) sich unterscheiden ② (*not agree*) verschiedener Meinung sein

dif·fer·ence [ˈdɪfᵊrᵊn(t)s] *n* ① Unterschied *m;* **to make all the ~** die Sache völlig ändern; **for all the ~ it** [*or* **that**] **will make** auch wenn sich dadurch nichts ändert ② FIN Differenz *f;* MATH (*after subtraction*) Rest *m* ③ (*disagreement*) **~ [of opinion]** Meinungsverschiedenheit *f*

dif·fer·ent [ˈdɪfᵊrᵊnt] *adj* ① anders *präd,* andere(r, s) *attr;* ■**to be ~ from sb/sth** sich von jdm/etw unterscheiden ② (*unusual*) ungewöhnlich; **to do something ~** etwas Außergewöhnliches tun

dif·fer·en·tial [ˌdɪfᵊˈren(t)ʃᵊl] **I.** *n* ① (*difference*) Unterschied *m;* ECON Gefälle *nt* ② MATH Differenzial *nt* ③ MECH Differenzial[getriebe] *nt* **II.** *adj* ① (*different*) unterschiedlich; **~ treatment** Ungleichbehand-

lung *f* ② MATH, MECH Differenzial-
dif·fer·en·ti·ate [ˌdɪfəˈren(t)ʃieɪt] *vi, vt* unterscheiden
dif·fer·en·tia·tion [ˌdɪfəren(t)ʃiˈeɪʃən] *n* Differenzierung *f*
dif·fi·cult [ˈdɪfɪkəlt] *adj* schwierig, schwer; **to find it ~ to do sth** es schwer finden, etw zu tun; *job, trip* beschwerlich

D

dif·fi·cul·ty [ˈdɪfɪkəlti] *n* ① *no pl* (*effort*) **with ~** mit Mühe ② *no pl* (*problematic nature*) *of a task* Schwierigkeit *f* ③ (*trouble*) Problem *nt*, Schwierigkeit *f*; **to have ~ doing sth** Schwierigkeiten dabei haben, etw zu tun
dif·fi·dent [ˈdɪfɪdənt] *adj* ① (*shy*) zaghaft ② (*modest*) zurückhaltend
dif·fract [dɪˈfrækt] *vt* PHYS beugen
dif·fu·sion [dɪˈfjuːʒən] *n no pl* Verbreitung *f*; SOCIOL Ausbreitung *f*; CHEM, PHYS Diffusion *f*
dif·ˈfu·sion line *n* Pret-à-porter-Kollektion *f*
dig [dɪg] **I.** *n* ① ARCHEOL Ausgrabung *f* ② (*thrust*) Stoß *m*; **~ in the ribs** Rippenstoß *m*; (*fig: cutting remark*) Seitenhieb *m* (**at** auf +*akk*) **II.** *vi* <-gg-, dug, dug> graben (**for** nach +*dat*); **her nails dug into his palm** ihre Nägel gruben sich in seine Hand; **to ~ in one's pocket** in der Tasche graben **III.** *vt* <-gg-, dug, dug> ① (*with a shovel*) graben; *ditch* ausheben ② ARCHEOL ausgraben ③ **to ~ sb in the ribs** jdn [mit dem Ellenbogen] anstoßen ◆**dig in I.** *vi* MIL sich eingraben **II.** *vt fertilizer* untergraben ◆**dig out** *vt* ausgraben *a. fig* ◆**dig up** *vt* ① (*turn over*) umgraben ② (*remove*) ausgraben; ARCHEOL freilegen ③ (*fig: find out*) herausfinden
di·gest I. *vt* [daɪˈdʒest] ① verdauen *a. fig* ② CHEM auflösen **II.** *n* [ˈdaɪdʒest] Auswahl *f* (**of** aus +*dat*)
di·gest·ible [dɪˈdʒestəbl̩] *adj* verdaulich
di·ges·tion [dɪˈdʒestʃən] *n* Verdauung *f*
di·ges·tive [daɪˈdʒestɪv] *adj* Verdauungs-
dig·ger [ˈdɪgəʳ, AM -ɚ] *n* ① (*machine*) Bagger *m* ② (*sb who digs*) Gräber(in) *m(f)*; ARCHEOL Ausgräber(in) *m(f)* ③ AUS (*fam: buddy*) Kumpel *m*
digi·cam [ˈdɪdʒɪkæm] *n short for* **digital camera** Digitalkamera *f*
dig·it [ˈdɪdʒɪt] *n* ① MATH Ziffer *f*; **three-~ number** dreistellige Zahl ② (*finger*) Finger *m*; (*toe*) Zehe *f*
digi·tal [ˈdɪdʒɪtəl, AM -t̬əl] *adj* digital, Digital-
digi·tal·ize [ˈdɪdʒɪtəlaɪz, AM -t̬ə-] *vt* digitalisieren
digi·tal ˈpen *n* COMPUT Digital-Pen *f* **digi·tal ˈra·dio** *n no pl* Digitalradio *nt*
digi·tiz·er [ˈdɪdʒɪtaɪzəʳ, AM -ɚ] *n* COMPUT Digitalisierer *m*
dig·ni·fied [ˈdɪgnɪfaɪd] *adj* würdig, würdevoll; *silence* ehrfürchtig
dig·ni·fy <-ie-> [ˈdɪgnɪfaɪ] *vt* Würde verleihen
dig·ni·tary [ˈdɪgnɪtəri, AM -nəteri] *n* Würdenträger(in) *m(f)*
dig·ni·ty [ˈdɪgnɪti, AM -t̬-] *n no pl* Würde *f*
di·gress [daɪˈgres] *vi* abschweifen
di·gres·sion [daɪˈgreʃən] *n* Abschweifung *f*
dike *n see* **dyke**
di·lapi·da·ted [dɪˈlæpɪdeɪtɪd, AM -t̬-] *adj house* verfallen; *estate* heruntergekommen; *car* klapprig
di·late [daɪˈleɪt, AM ˈdaɪleɪt] **I.** *vi* sich weiten **II.** *vt* erweitern
di·la·tion [daɪˈleɪʃən] *n no pl* Erweiterung *f*
di·lemma [dɪˈlemə] *n* Dilemma *nt*
dil·et·tante [ˌdɪlɪˈtænti, AM -əˈtɑːnt] **I.** *n* <*pl* -s *or* -ti> [*pl* -taɪ] Dilettant(in) *m(f)* **II.** *adj* dilettantisch
dili·gence [ˈdɪlɪdʒən(t)s] *n no pl* ① (*effort*) Eifer *m* ② (*industriousness*) Fleiß *m*
dili·gent [ˈdɪlɪdʒənt] *adj* ① (*hard-working*) fleißig, eifrig ② (*painstaking*) sorgfältig
dill [dɪl] *n no pl* Dill *m*
di·lute [daɪˈluːt] **I.** *vt* ① (*mix*) verdünnen ② (*fig*) abschwächen **II.** *adj* verdünnt
di·lu·tion [daɪˈluːʃən] *n* ① *no pl* (*act*) Verdünnen *nt* ② (*liquid*) Verdünnung *f*
dim <-mm-> [dɪm] **I.** *adj* ① (*not bright*) schwach, trüb; (*poorly lit*) schumm[e]rig ② (*indistinct*) undeutlich; *recollection, shape* verschwommen ③ (*slow to understand*) schwer von Begriff **II.** *vt* abdunkeln; **to ~ the lights** das Licht dämpfen **III.** *vi lights* dunkler werden; *hopes* schwächer werden
dime [daɪm] *n* AM Dime *m*, Zehncentstück *nt* ▶ PHRASES: **a ~ a dozen** spottbillig ◆**dime out** *vt* AM (*fam*) ■ **to ~ out sb** jdn gegen eine Belohnung verpfeifen *fam*
di·men·sion [ˌdaɪˈmen(t)ʃən, AM dɪˈ-] *n* Dimension *f*
-di·men·sion·al [ˌdaɪˈmen(t)ʃənəl, AM dɪˈ-] *in compounds* (*1-, 2-, 3-*) -dimensional
di·min·ish [dɪˈmɪnɪʃ] **I.** *vt* vermindern **II.** *vi* sich vermindern; *pain* nachlassen; *influence, value* abnehmen
dimi·nu·tion [ˌdɪmɪˈnjuːʃən, AM -əˈnuː-] *n* Verringerung *f*
di·minu·tive [dɪˈmɪnjətɪv, AM -t̬-] **I.** *adj* ① (*small*) winzig ② LING diminutiv **II.** *n* LING Verkleinerungsform *f*
dim·mer, ˈdim·mer switch [ˈdɪməʳ-, AM -ɚ-] *n* Dimmer *m*, Helligkeitsregler *m*
dim·ness [ˈdɪmnəs] *n no pl* ① (*lack of light*) Trübheit *f*; *of a lamp* Mattheit *f*; *of a memory* Undeutlichkeit *f*; *of an outline* Un-

schärfe *f; of a room* Düsterkeit *f* ❷ (*lack of intelligence*) Beschränktheit *f*
dim·ple ['dɪmpl] **I.** *n* (*in cheeks, chin*) Grübchen *nt* **II.** *adj* **~d** mit Grübchen
'dim-wit·ted *adj* dämlich *fam*
din [dɪn] *n no pl* Lärm *m;* **to make a ~** Krach machen
dine [daɪn] *vi* (*form*) speisen
din·er ['daɪnəʳ, AM -ɚ] *n* ❶ (*person*) Speisende(r) *f(m);* (*in restaurant*) Gast *m* ❷ RAIL Speisewagen *m* ❸ AM *Restaurant am Straßenrand mit Theke und Tischen*
din·ghy ['dɪŋgi, AM -ŋi] *n* Ding[h]i *nt*
din·gy ['dɪndʒi] *adj* düster, schmuddelig; *colour* trüb
din·ing car ['daɪnɪŋ,-] *n* RAIL Speisewagen *m* **'din·ing room** *n* (*in house*) Esszimmer *nt;* (*in hotel*) Speisesaal *m* **'din·ing ta·ble** *n* Esstisch *m*
dinky ['dɪŋki] *adj* ❶ BRIT, AUS (*approv*) niedlich ❷ AM (*pej*) klein
din·ner ['dɪnəʳ, AM -ɚ] *n* ❶ (*evening meal*) Abendessen *nt;* (*warm lunch*) Mittagessen *nt;* **to go out for ~** essen gehen; **to make ~** das Essen zubereiten; **for ~** zum Essen ❷ (*formal meal*) Diner *nt,* Festessen *nt*
'din·ner jack·et *n* Smoking *m* **'din·ner lady** *n* BRIT SCH *servierende Aufseherin an Schulen* **'din·ner par·ty** *n* Abendgesellschaft *f* [mit Essen] **'din·ner ser·vice, 'din·ner set** *n* Tafelservice *nt* **'din·ner ta·ble** *n* (*in house*) Esstisch *m;* (*at formal event*) Tafel *f* **'din·ner·time** *n no pl* Essenszeit *f*
di·no·saur ['daɪnəsɔːʳ, AM -sɔːr] *n* Dinosaurier *m a. fig*
dio·cese ['daɪəsɪs, -sɪz] *n* Diözese *f*
di·ox·ide [daɪ'ɒksaɪd, AM -'ɑːk-] *n no pl* Dioxyd *nt*
di·ox·in [daɪ'ɒksɪn, AM -'ɑːk-] *n* Dioxin *nt*
dip [dɪp] **I.** *n* ❶ (*dipping*) [kurzes] Eintauchen *kein pl* ❷ FOOD Dip *m* ❸ (*brief swim*) kurzes Bad; **to go for a ~** kurz reinspringen ❹ *in the road* Vertiefung *f,* Senke *f* **II.** *vi* <-pp-> ❶ (*go down*) [ver]sinken; (*lower*) sich senken ❷ (*decline*) fallen; *profits* zurückgehen ❸ (*go under water*) eintauchen **III.** *vt* <-pp-> ❶ (*immerse*) [ein]tauchen; FOOD [ein]tunken ❷ (*put into*) [hinein]stecken; **to ~ [one's hand] into sth** [mit der Hand] in etw *akk* hineingreifen ❸ (*lower*) senken; *flag* dippen ❹ BRIT, AUS (*dim*) *headlights* abblenden
◆**dip into** *vi* ❶ (*study casually*) ■**to ~ into sth** einen kurzen Blick auf etw *akk* werfen ❷ *savings* angreifen
diph·theria [dɪf'θɪəriə, AM -'θɪriə] *n no pl* MED Diphtherie *f*
diph·thong [dɪf'θɒŋ, AM -'θɑːŋ] *n* LING Doppellaut *m*
di·plo·ma [dɪ'pləʊmə, AM -'ploʊ-] *n* ❶ SCH, UNIV Diplom *nt* ❷ (*honorary document*) [Ehren]urkunde *f*
di·plo·ma·cy [dɪ'pləʊməsi, AM -'ploʊ-] *n no pl* Diplomatie *f a. fig*
dip·lo·mat ['dɪpləmæt] *n* Diplomat(in) *m(f) a. fig*
dip·lo·mat·ic [,dɪplə'mætɪk, AM -t̬-] *adj* diplomatisch *a. fig*
dip·lo·mati·cal·ly [,dɪplə'mætɪkli, AM -t̬-] *adv* diplomatisch; POL *a.* auf diplomatischem Weg[e]
dip·py ['dɪpi] *adj* (*sl*) verrückt *fam*
'dip·stick *n* AUTO [Öl]messstab *m* **'dip switch** *n* BRIT AUTO Abblendschalter *m*
dire ['daɪəʳ, AM -ɚ] *adj* ❶ (*dreadful*) entsetzlich, furchtbar; *poverty* äußerst; *situation* aussichtslos; **in ~ straits** in einer ernsten Notlage ❷ (*ominous*) *warning* unheilvoll ❸ (*fam: very bad*) grässlich
di·rect [dɪ'rekt] **I.** *adj* direkt; **~ route** kürzester Weg; **the ~ opposite** das genaue Gegenteil **II.** *adv* direkt; **to dial ~** durchwählen **III.** *vt* ❶ (*control*) leiten, führen; *traffic* regeln ❷ (*aim*) richten (**at, to** an +*akk*); *attention* lenken (**at, to** auf +*akk*); **to ~ a blow at sb** nach jdm schlagen ❸ (*give directions*) ■**to ~ sb to sth** jdm den Weg zu etw *dat* zeigen ❹ THEAT, FILM Regie führen bei; MUS dirigieren **IV.** *vi* THEAT, FILM Regie führen; MUS dirigieren
di·rect 'cur·rent *n no pl* ELEC Gleichstrom *m* **di·rect 'deb·it** *n no pl* BRIT, CAN Einzugsermächtigung *f* **di·rect 'dial·ling** *n no pl* Direktwahl *f,* Durchwahl *f* **di·rect 'hit** *n* Volltreffer *m*
di·rec·tion [dɪ'rekʃᵊn] *n* ❶ (*course taken*) Richtung *f;* **in the ~ of the bedroom** in Richtung Schlafzimmer; **sense of ~** Orientierungssinn *m;* **to lack ~** orientierungslos sein; **in opposite ~s** in entgegengesetzter Richtung; **to give sb ~s** jdm den Weg beschreiben ❷ *no pl* (*supervision*) Leitung *f,* Führung *f* ❸ (*instructions*) ■**~s** *pl* Anweisungen *pl*
di·rec·tion·al [dɪ'rekʃᵊnᵊl] *adj* RADIO Richt-
di·rec·tive [dɪ'rektɪv] *n* [An]weisung *f*
di·rect·ly [dɪ'rektli] *adv* direkt; **~ after/before ...** unmittelbar danach/davor ...
di·rect 'ob·ject *n* direktes Objekt
di·rec·tor [dɪ'rektəʳ, AM -ɚ] *n* ❶ *of company* Direktor(in) *m(f); of information centre* Leiter(in) *m(f)* ❷ (*member of board*) Mitglied *nt* des Board of Directors ❸ FILM, THEAT Regisseur(in) *m(f); of orchestra* Dirigent(in) *m(f); of choir* Chorleiter(in) *m(f)*
di·rec·to·rate [dɪ'rektᵊrət, AM -t̬ɚət] *n*

D

+ *sing/pl vb* ① ADMIN Direktorat *nt* ② (*board*) Direktorium *nt*

di·rec·tor·ship [dɪˈrektəʃɪp, AM -tɚ-] *n* Direktorenstelle *f*

di·rec·tory [dɪˈrektəri, AM -əri] *n* Telefonbuch *nt;* (*list*) Verzeichnis *nt*

di·re·ctory en·ˈquiries *npl,* AM, AUS **di·re·ctory as·ˈsist·ance** *n no pl* [Telefon]auskunft *f kein pl*

D

dirt [dɜːt, AM dɜːrt] *n no pl* ① (*filth*) Schmutz *m,* Dreck *m* ② (*soil*) Erde *f* ③ (*scandal*) **to dig for ~** nach Skandalen suchen ▶ PHRASES: **to treat sb like ~** jdn wie [den letzten] Dreck behandeln

dirt ˈcheap I. *adj* (*fam*) spottbillig **II.** *adv* **to sell sth ~** etw verschleudern **ˈdirt road** *n* Schotterstraße *f*

dirty [ˈdɜːti, AM ˈdɜːrt̬i] **I.** *adj* ① (*unclean*) dreckig, schmutzig; *needle* benutzt ② (*fam: nasty*) gemein; *liar* dreckig; *rascal* gerissen ③ (*fam: lewd*) schmutzig; *language* vulgär ④ (*unfriendly*) **to give sb a ~ look** jdm einen bösen Blick zuwerfen **II.** *adv* ① BRIT, AUS (*sl*) **~ great** riesig ② (*dishonestly*) **to play ~** unfair spielen ③ (*obscenely*) **to talk ~** sich vulgär ausdrücken **III.** *vt* beschmutzen

ˈdirty bomb *n* schmutzige Bombe **ˈdirty bomb·er** *n* Bombenattentäter(in) *m(f)* mit einer schmutzigen Bombe

dis·abil·ity [ˌdɪsəˈbɪləti, AM -əţi] *n* Behinderung *f;* **~ benefit** Erwerbsunfähigkeitsrente *f*

dis·able [dɪˈseɪbl̩] *vt person* arbeitsunfähig machen; *thing* funktionsunfähig machen

dis·abled [dɪˈseɪbl̩d] **I.** *adj* ① (*handicapped*) behindert ② (*for the handicapped*) Behinderten- **II.** *n* ■**the ~** *pl* die Behinderten

dis·ad·vant·age [ˌdɪsədˈvɑːntɪdʒ, AM -ˈvæn-] **I.** *n* Nachteil *m;* (*state*) Benachteiligung *f;* **to put sb at a ~** jdn benachteiligen **II.** *vt* benachteiligen

dis·ad·van·taged [ˌdɪsədˈvɑːntɪdʒd, AM -ˈvænţ-] **I.** *adj* benachteiligt **II.** *n* ■**the ~** *pl* die Benachteiligten

dis·ad·van·ta·geous [ˌdɪsˌædvənˈteɪdʒəs, AM -vænˈ-] *adj* nachteilig

dis·af·fect·ed [ˌdɪsəˈfektɪd] *adj* (*dissatisfied*) unzufrieden; (*estranged*) entfremdet

dis·af·fec·tion [ˌdɪsəˈfekʃən] *n no pl* (*dissatisfaction*) Unzufriedenheit *f* (**with** mit +*dat*); (*estrangement*) Entfremdung *f* (**with** von +*dat*)

dis·agree [ˌdɪsəˈgriː] *vi* ① (*dissent*) nicht übereinstimmen; (*with plan, decision*) nicht einverstanden sein; (*with sb else*) anderer Meinung sein ② (*quarrel*) eine Auseinandersetzung haben ③ FOOD **I must have eaten something that ~d with me** ich muss etwas gegessen haben, das mir nicht bekommt

dis·agree·able [ˌdɪsəˈgriːəbl̩] *adj* ① (*unpleasant*) unangenehm ② (*unfriendly*) unsympathisch

dis·agree·ment [ˌdɪsəˈgriːmənt] *n* ① *no pl* (*lack of agreement*) Uneinigkeit *f* ② (*argument*) Meinungsverschiedenheit *f* (**over, about** um, über +*akk*)

dis·al·low [ˌdɪsəˈlaʊ] *vt* ① (*rule out*) nicht erlauben; SPORTS nicht anerkennen; *goal* annullieren ② LAW abweisen

dis·ap·pear [ˌdɪsəˈpɪəʳ, AM -ˈpɪr] *vi* ① (*vanish*) verschwinden ② (*become extinct*) aussterben

dis·ap·pear·ance [ˌdɪsəˈpɪərən(t)s, AM -ˈpɪr-] *n no pl* ① (*vanishing*) Verschwinden *nt* ② (*becoming extinct*) Aussterben *nt*

dis·ap·point [ˌdɪsəˈpɔɪnt] *vt* enttäuschen

dis·ap·point·ed [ˌdɪsəˈpɔɪntɪd, AM -ţ-] *adj* enttäuscht (**at, about** über +*akk,* **in, with** mit +*dat*)

dis·ap·point·ing [ˌdɪsəˈpɔɪntɪŋ, AM -ţ-] *adj* enttäuschend; **how ~!** so eine Enttäuschung!

dis·ap·point·ment [ˌdɪsəˈpɔɪntmənt] *n* Enttäuschung *f* (**in** über +*akk*)

dis·ap·prov·al [ˌdɪsəˈpruːvəl] *n no pl* Missbilligung *f*

dis·ap·prove [ˌdɪsəˈpruːv] *vi* dagegen sein; ■**to ~ of sth** etw missbilligen; ■**to ~ of sb** jdn ablehnen

dis·arm [dɪˈsɑːm, AM -ɑːrm] **I.** *vt person* entwaffnen *a. fig; bomb* entschärfen **II.** *vi* abrüsten

dis·arma·ment [dɪˈsɑːməmənt, AM -ɑːrm-] *n no pl* Abrüstung *f*

dis·arm·ing [dɪˈsɑːmɪŋ, AM -ɑːrm-] *adj* entwaffnend

dis·ar·ray [ˌdɪsəˈreɪ] *n no pl* ① (*disorder*) Unordnung *f* ② (*confusion*) Verwirrung *f*

dis·as·ter [dɪˈzɑːstəʳ, AM -ˈzæstɚ] *n* Katastrophe *f a. fig*

dis·as·trous [dɪˈzɑːstrəs, AM -ˈzæs-] *adj* katastrophal; *decision, impact* verhängnisvoll

dis·band [dɪsˈbænd] **I.** *vi* sich auflösen **II.** *vt meeting, club* auflösen

dis·be·lief [ˌdɪsbɪˈliːf] *n no pl* Unglaube *m*

dis·be·lieve [ˌdɪsbɪˈliːv] *vt* (*form*) ■**to ~ sb** jdm nicht glauben; ■**to ~ sth** etw bezweifeln

dis·be·liev·er [ˌdɪsbɪˈliːvəʳ, AM -ɚ] *n* Ungläubige(r) *f(m)*

dis·burse [dɪsˈbɜːs, AM -ˈbɜːrs] *vt* auszahlen

disc *n* ① (*shape, object*) Scheibe *f;* MED Bandscheibe *f* ② MUS [Schall]platte *f;* (*CD*)

CD *f* ③ COMPUT Diskette *f*
dis·card [dɪ'skɑːd, AM -kɑːrd] *vt* ① (*throw away*) wegwerfen; (*throw down*) *coat* ablegen; (*fig*) *idea* fallen lassen ② CARDS abwerfen
'disc brake *n* Scheibenbremse *f*
dis·cern [dɪ'sɜːn, AM -'sɜːrn] *vt* (*form*) wahrnehmen
dis·cern·ible [dɪ'sɜːnəbl̩, AM -'sɜːrn-] *adj* wahrnehmbar, erkennbar
dis·cern·ing [dɪ'sɜːnɪŋ, AM -'sɜːrn-] *adj* urteilsfähig; *palate* fein; *reader* kritisch
dis·cern·ment [dɪ'sɜːnmənt, AM -'sɜːrn-] *n no pl* (*good judgement*) Urteilskraft *f*
dis·charge **I.** *vt* [dɪs'tʃɑːdʒ, AM -ɑːrdʒ] ① (*release*) entlassen (**from** aus +*dat*); *accused* freisprechen; *soldier* verabschieden ② (*emit*) absondern; *sewage* ablassen ③ (*pay off*) *debt* begleichen ④ PHYS entladen **II.** *vi* [dɪs'tʃɑːdʒ, AM -ɑːrdʒ] sich ergießen; *wound* eitern **III.** *n* ['dɪstʃɑːdʒ, AM -ɑːrdʒ] ① *no pl of person* Entlassung *f* ② (*discharging of liquid*) Ausströmen *nt kein pl* ③ (*liquid emitted*) Ausfluss *m kein pl; from wound* Absonderung *f* ④ *of debt* Begleichung *f* ⑤ PHYS Entladung *f*
dis·ci·ple [dɪ'saɪpl̩] *n* Anhänger(in) *m(f)*; (*of Jesus*) Jünger *m; see also* **science**
dis·ci·pli·nary [ˌdɪsə'plɪnᵊri, AM 'dɪsəplɪneri] *adj* Disziplinar-
dis·ci·pline ['dɪsəplɪn] **I.** *n* Disziplin *f* **II.** *vt* ① (*have self-control*) ■**to ~ oneself** sich disziplinieren ② (*punish*) bestrafen; *see also* **muscle**
'disc jock·ey *n* Diskjockey *m*
dis·claim [dɪs'kleɪm] *vt* abstreiten; *responsibility* ablehnen
dis·claim·er [dɪs'kleɪməʳ, AM -ɚ] *n* Verzichtserklärung *f*
dis·close [dɪs'kləʊz, AM -'kloʊz] *vt* ① (*reveal*) bekannt geben ② (*uncover*) enthüllen
dis·clo·sure [dɪs'kləʊʒəʳ, AM -'kloʊʒɚ] *n* (*form*) *no pl of information, news* Bekanntgabe *f; of secret* Enthüllung *f*
dis·co ['dɪskəʊ, AM -koʊ] *n short for* **discotheque** Disco *f*, Disko *f*
dis·col·our, AM **dis·col·or** [dɪ'skʌləʳ, AM -əʳ] **I.** *vi* sich verfärben **II.** *vt* verfärben
dis·com·fit [dɪ'skʌm(p)fɪt] *vt* (*form*) ■**to ~ sb** jdm Unbehagen bereiten
dis·com·fi·ture [dɪ'skʌm(p)fɪtʃəʳ, AM -ɚ] *n no pl* (*form*) Unbehagen *nt*
dis·com·fort [dɪ'skʌm(p)fət, AM -fɚt] *n* ① *no pl* (*slight pain*) Beschwerden *pl* (**in** mit +*dat*) ② (*inconvenience*) Unannehmlichkeit *f*
dis·con·cert [ˌdɪskən'sɜːt, AM -'sɜːrt] *vt* beunruhigen
dis·con·nect [ˌdɪskə'nekt] *vt* trennen; *electricity, gas, phone* abstellen; ■**to ~ sb** jdn nicht mehr versorgen
dis·con·nect·ed [ˌdɪskə'nektɪd] *adj* ① (*turned off*) [ab]getrennt; (*left without supply*) abgestellt ② (*incoherent*) zusammenhang[s]los
dis·con·so·late [dɪ'skɒn(t)sᵊlət, AM -'skɑːn(t)-] *adj* (*dejected*) niedergeschlagen; (*inconsolable*) untröstlich
dis·con·tent [dɪskən'tent] *n no pl* Unzufriedenheit *f*
dis·con·tent·ed [dɪskən'tentɪd, AM -t̬ɪd] *adj* unzufrieden (**with, about** mit +*dat*)
dis·con·tent·ment [dɪskən'tentmənt] *n no pl see* **discontent**
dis·con·tinue [ˌdɪskən'tɪnjuː] *vt* abbrechen; *product* auslaufen lassen; *service* einstellen; *subscription* kündigen; *visits* aufgeben
dis·con·tinu·ity [ˌdɪsˌkɒntɪ'njuːəti, AM -ˌkɑːntᵊn'uːət̬i] *n* (*form*) Diskontinuität *f*
dis·cord ['dɪskɔːd, AM -kɔːrd] *n no pl* (*form*) Uneinigkeit *f*, Zwietracht *f*
dis·cord·ant [dɪ'skɔːdᵊnt, AM -'skɔːrd-] *adj* ① (*disagreeing*) entgegengesetzt; *views* gegensätzlich ② MUS disharmonisch
dis·co·theque ['dɪskəːtek] *n* Diskothek *f*
dis·count **I.** *n* ['dɪskaʊnt] Rabatt *m;* **~ for cash** Skonto *nt o m* **II.** *vt* [dɪ'skaʊnt] ① (*disregard*) unberücksichtigt lassen; *possibility* nicht berücksichtigen; *testimony* nicht einbeziehen ② (*reduce*) *article* herabsetzen; *price* reduzieren
'dis·count store *n* Discountladen *m*
dis·cour·age [dɪ'skʌrɪdʒ, AM -'skɜːr-] *vt* ① (*dishearten*) entmutigen ② (*dissuade*) ■**to ~ sth** von etw *dat* abraten; ■**to ~ sb from doing sth** jdm davon abraten, etw zu tun ③ (*stop*) abhalten; ■**to ~ sb from doing sth** jdn davon abhalten, etw zu tun
dis·cour·age·ment [dɪ'skʌrɪdʒmənt, AM -'skɜːr-] *n* ① *no pl* (*action*) Entmutigung *f*; (*feeling*) Mutlosigkeit *f* ② *no pl* (*deterrence*) Abschreckung *f*; (*dissuasion*) Abraten *nt*
dis·cour·ag·ing [dɪ'skʌrɪdʒɪŋ, AM -'skɜːr-] *adj* entmutigend
dis·cour·teous [dɪ'skɜːtiəs, AM -'skɜːrt̬i-] *adj* (*form*) unhöflich
dis·cour·tesy [dɪ'skɜːtəsi, AM -'skɜːrt̬ə-] *n* (*form*) Unhöflichkeit *f*
dis·cov·er [dɪ'skʌvəʳ, AM -ɚ] *vt* ① (*find out*) herausfinden ② (*find first*) entdecken *a. fig* ③ (*find*) finden
dis·cov·er·er [dɪ'skʌvᵊrəʳ, AM -ɚɚ] *n* Entdecker(in) *m(f)*
dis·cov·ery [dɪ'skʌvᵊri, AM -əri] *n* Entdeckung *f a. fig*

Dis·'cov·ery Day *n no pl* CAN *Feiertag in Neufundland und Labrador*
dis·cred·it [dɪ'skredɪt] **I.** *vt* ① *(disgrace)* in Verruf bringen, diskreditieren ② *(cause to appear false)* unglaubwürdig machen **II.** *n no pl* Misskredit *m*
dis·creet [dɪ'skri:t] *adj* ① *(unobtrusive)* diskret; *colour, pattern* dezent ② *(tactful)* taktvoll
dis·crep·an·cy [dɪ'skrepᵊn(t)si] *n (form)* Diskrepanz *f*
dis·crete [dɪ'skri:t] *adj* eigenständig
dis·cre·tion [dɪ'skreʃᵊn] *n no pl* ① *(behaviour)* Diskretion *f* ② *(good judgement)* **to use one's ~** nach eigenem Ermessen handeln
dis·crimi·nate [dɪ'skrɪmɪneɪt] *vi* ① *(differentiate)* unterscheiden ② *(be prejudiced)* diskriminieren; **to ~ in favour of sb** jdn bevorzugen; ■**to ~ against sb** jdn diskriminieren
dis·crimi·nat·ing [dɪ'skrɪmɪneɪtɪŋ, AM -t̬-] *adj (approv)* kritisch; *palate* fein
dis·crimi·na·tion [dɪˌskrɪmɪ'neɪʃᵊn] *n no pl* ① *(prejudice)* Diskriminierung *f* ② *(taste)* [kritisches] Urteilsvermögen ③ *(ability to differentiate)* Unterscheidung *f*
dis·crimi·na·tory [dɪ'skrɪmɪnətᵊri, AM -tɔ:ri] *adj* diskriminierend
dis·cus <*pl* -es> ['dɪskəs] *n* SPORTS Diskus *m; (event)* Diskuswerfen *nt*
dis·cuss [dɪ'skʌs] *vt* ① *(talk about)* besprechen ② *(debate)* erörtern, diskutieren
dis·cus·sion [dɪ'skʌʃᵊn] *n* Diskussion *f;* **to be open to/under ~** zur Diskussion stehen
dis·'cus·sion board *n* COMPUT, INET Diskussionsforum *nt*
'dis·cus throw·er *n* Diskuswerfer(in) *m(f)*
dis·dain [dɪs'deɪn] **I.** *n no pl* Verachtung *f* **II.** *vt (despise)* verachten; *(reject)* verschmähen
dis·dain·ful [dɪs'deɪnfᵊl] *adj (form)* verächtlich
dis·ease [dɪ'zi:z] *n* Krankheit *f a. fig*
dis·eased [dɪ'zi:zd] *adj* krank; *plant* befallen
dis·em·bark [ˌdɪsɪm'bɑ:k, AM -'bɑ:rk] *vi* von Bord gehen
dis·em·bar·ka·tion [ˌdɪsɪmbɑ:'keɪʃᵊn, AM -bɑ:r'-] *n of boat* Ausschiffung *f; of passengers* Aussteigen *nt kein pl*
dis·em·bod·ied [ˌdɪsɪm'bɒdid, AM -'bɑ:did] *adj* körperlos; *voice* geisterhaft
dis·en·chant [ˌdɪsɪn'tʃɑ:nt, AM -'tʃænt] *vt* ernüchtern
dis·en·fran·chise [ˌdɪsɪn'fræn(t)ʃaɪz] *vt* ■**to ~ sb** jdm das Wahlrecht entziehen
dis·en·gage [ˌdɪsɪn'geɪdʒ] **I.** *vt* ① ■**to ~ oneself** sich lösen ② MECH entkuppeln; **to ~ the clutch** auskuppeln ③ MIL *troops* abziehen **II.** *vi* ① sich lösen ② MIL sich zurückziehen
dis·en·gage·ment [ˌdɪsɪn'geɪdʒmənt] *n no pl* ① MECH Lösung *f; of a clutch* Auskuppeln *nt* ② MIL Absetzen *nt*
dis·en·tan·gle [ˌdɪsɪn'tæŋgl̩] *vt* ① *(untangle)* entwirren; *(fig)* herauslösen (**from** aus +*dat*) ② ■**to ~ oneself** sich befreien
dis·fa·vour, AM **dis·fa·vor** [-əʳ, AM ˌdɪs'feɪvɚ] *n no pl* Missfallen *nt;* **to be in ~ with sb** bei jdm in Ungnade stehen
dis·fig·ure [dɪs'fɪgəʳ, AM -gjɚ] *vt* entstellen
dis·fig·ure·ment [dɪs'fɪgəmənt, AM -'fɪgjɚ-] *n* Entstellung *f*
dis·fran·chise [ˌdɪs'fræn(t)ʃaɪz] *vt see* **disenfranchise**
dis·gorge [dɪs'gɔ:dʒ, AM -'gɔ:rdʒ] *vt* ausspucken *a. fig*
dis·grace [dɪs'greɪs] **I.** *n no pl* Schande *f* **II.** *vt* Schande bringen (über +*akk*)
dis·graced [dɪs'greɪst] *adj* beschämt
dis·grace·ful [dɪs'greɪsfᵊl] *adj* schändlich; *behaviour* skandalös
dis·grun·tled [dɪs'grʌntl̩d, AM -t̬l̩d] *adj* verstimmt (**with** über +*akk*)
dis·guise [dɪs'gaɪz] **I.** *vt* ■**to ~ oneself** sich verkleiden; ■**to ~ sth** etw verbergen; *voice* verstellen **II.** *n (for body)* Verkleidung *f; (for face)* Maske *f;* **in ~** verkleidet

Aussprache
Das **u** in **disguise** wird nicht gesprochen: [dɪs'gaɪz]

dis·gust [dɪs'gʌst] **I.** *n no pl* ① *(revulsion)* Ekel *m;* **sth fills sb with ~** etw ekelt jdn an ② *(indignation)* Empörung *f* (**at** über +*akk*); **in ~** entrüstet, empört **II.** *vt* ① *(sicken)* anwidern, anekeln ② *(appal)* entrüsten, empören
dis·gust·ed [dɪs'gʌstɪd] *adj* ① *(sickened)* angeekelt, angewidert (**at, by** von +*dat*) ② *(indignant)* empört, entrüstet (**at, with** über +*akk*)
dis·gust·ing [dɪs'gʌstɪŋ] *adj* ① *(unacceptable)* empörend ② *(repulsive)* widerlich
dish [dɪʃ] *n* <*pl* -es> ① *(for serving)* Schale *f;* AM *(plate)* Teller *m* ② *(crockery)* ■**the ~es** *pl* das Geschirr *kein pl;* **to do** [*or* **wash**] **the ~es** [ab]spülen ③ *(meal)* Gericht *nt;* **side ~** Beilage *f* ④ TELEC Schüssel *f*
◆**dish out** *vt* ① *(give freely)* großzügig verteilen (**to** an +*akk*); **to ~ out punishment** [be]strafen ② *(serve)* servieren ◆**dish up** *(fam)* **I.** *vt* auftischen **II.** *vi* anrichten

dis·har·mo·ny [dɪsˈhɑːməni, AM -ˈhɑːr-] *n no pl* (*form*) Disharmonie *f*
ˈdish·cloth *n* Geschirrtuch *nt*
dis·heart·en [dɪsˈhɑːtᵊn, AM -ˈhɑːr-] *vt* entmutigen
di·shev·eled, AM *usu* **di·shev·elled** [dɪˈʃevᵊld] *adj* unordentlich; *hair* zerzaust
dis·hon·est [dɪˈsɒnɪst, AM -ˈsɑːn-] *adj* unehrlich
dis·hon·es·ty [dɪˈsɒnɪsti, AM -ˈsɑːn-] *n no pl* (*deceitfulness*) Unehrlichkeit *f*
dis·hon·our, AM **dis·hon·or** [dɪˈsɒnəʳ, AM -ˈsɑːnɚ] (*form*) **I.** *n no pl* Schande *f* (**to** für +*akk*) **II.** *vt* ❶ (*disgrace*) ■**to ~ sb/sth** dem Ansehen einer Person/Sache schaden ❷ (*not respect*) *agreement* verletzen; *promise* nicht einlösen
dis·hon·our·able, AM **dis·hon·or·able** [dɪˈsɒnərəbl̩, AM -ˈsɑːnɚ-] *adj* unehrenhaft
ˈdish·rag *n* AM Geschirrtuch *nt* **ˈdish tow·el** *n* AM Geschirrtuch *nt* **ˈdish·wash·er** *n* ❶ (*machine*) Geschirrspülmaschine *f* ❷ (*person*) Tellerwäscher(in) *m(f)* **ˈdish·wa·ter** *n no pl* Spülwasser *nt a. fig*
dishy [ˈdɪʃi] *adj* BRIT, AUS (*sl*) sexy *fam*
dis·il·lu·sion [dɪsɪˈluːʒᵊn] **I.** *vt* desillusionieren **II.** *n no pl* Ernüchterung *f*
dis·il·lu·sioned [dɪsɪˈluːʒᵊnd] *adj* desillusioniert
dis·il·lu·sion·ment [dɪsɪˈluːʒᵊnmənt] *n no pl* Ernüchterung *f* (**with** über +*akk*)
dis·in·cli·na·tion [ˌdɪsɪnklɪˈneɪʃᵊn] *n no pl* Abneigung *f*
dis·in·clined [ˌdɪsɪnˈklaɪnd] *adj* abgeneigt
dis·in·fect [ˌdɪsɪnˈfekt] *vt* desinfizieren
dis·in·fect·ant [ˌdɪsɪnˈfektənt] *n* Desinfektionsmittel *nt*
dis·in·genu·ous [ˌdɪsɪnˈdʒenjuəs] *adj* (*form*) unaufrichtig; *manner, smile* verlogen
dis·in·her·it [ˌdɪsɪnˈherɪt] *vt* enterben
dis·in·te·grate [dɪˈsɪntɪgreɪt, AM -t̬ə-] *vi* zerfallen; (*fig*) *marriage* zerbrechen
dis·in·te·gra·tion [dɪˌsɪntɪˈgreɪʃᵊn, AM -t̬əˈ-] *n no pl* Zerfall *m*
dis·in·ter·est·ed [dɪˌsɪntrəstɪd, -trɪst-, AM -trɪst-] *adj* ❶ (*impartial*) unparteiisch; **~ party** Unbeteiligte(r) *f(m)* ❷ (*uninterested*) desinteressiert
dis·joint·ed [dɪsˈdʒɔɪntɪd, AM -t̬-] *adj* zusammenhanglos
disk [dɪsk] *n* ❶ COMPUT Diskette *f*; **~ drive** Laufwerk *nt* ❷ AM *see* **disc**
ˈdisk drive *n* COMPUT Laufwerk *nt*
disk·ette [dɪˈsket] *n* Diskette *f*
disk ˈop·er·at·ing sys·tem *n*, **DOS** *n* COMPUT Plattenbetriebssystem *nt*
dis·like [dɪsˈlaɪk] **I.** *vt* nicht mögen; *doing sth* nicht gern tun **II.** *n* Abneigung *f* (**of, for** gegen +*akk*)
dis·lo·cate [ˈdɪslə(ʊ)keɪt, AM dɪsˈloʊ-] *vt* ■**to ~ sth** sich *dat* etw ausrenken
dis·lo·ca·tion [ˌdɪslə(ʊ)ˈkeɪʃᵊn, AM -loʊ-] *n* Verrenkung *f*; *of shoulder* Auskugeln *nt kein pl*
dis·lodge [dɪˈslɒdʒ, AM -ˈslɑːdʒ] *vt thing* lösen; *person* verdrängen
dis·loy·al [dɪˈslɔɪəl] *adj* illoyal (**to** gegenüber +*dat*)
dis·loy·al·ty [dɪˈslɔɪəlti, AM -t̬i] *n no pl* Illoyalität *f* (**to** gegenüber +*dat*); **to demonstrate ~ to sb/sth** jdm/etw gegenüber illoyal sein
dis·mal [ˈdɪzməl] *adj* ❶ (*gloomy*) düster ❷ (*dreary*) trostlos; *outlook, weather* trüb
dis·man·tle [dɪsˈmæntl̩, AM -t̬l̩] *vt* zerlegen; (*fig*) demontieren
dis·may [dɪsˈmeɪ] **I.** *n no pl* Bestürzung *f* (**at, with** über +*akk*) **II.** *vt* schockieren
dis·mayed [dɪsˈmeɪd] *adj* bestürzt; *expression* betroffen (**at, with** über +*akk*)
dis·mem·ber [dɪsˈmembəʳ, AM -ɚ] *vt* zerstückeln; (*fig*) *country* zersplittern
dis·miss [dɪsˈmɪs] *vt* ❶ (*ignore*) abtun; *idea* aufgeben; **to ~ a thought [from one's mind]** sich *dat* einen Gedanken aus dem Kopf schlagen ❷ (*send away*) wegschicken; *class* gehen lassen ❸ (*sack*) entlassen
dis·miss·al [dɪsˈmɪsᵊl] *n* ❶ *no pl* (*disregard*) Abtun *nt* ❷ (*the sack*) Entlassung *f* (**from** aus +*dat*) ❸ *of an assembly* Auflösung *f*
dis·mis·sive [dɪsˈmɪsɪv] *adj* geringschätzig
dis·mount [dɪsˈmaʊnt] *vi* absteigen
dis·obedi·ence [ˌdɪsə(ʊ)ˈbiːdiən(t)s, AM -səˈ-] *n no pl* Ungehorsam *m* (**to** gegenüber +*dat*)
dis·obedi·ent [ˌdɪsə(ʊ)ˈbiːdiənt, AM -səˈ-] *adj* ungehorsam
dis·obey [ˌdɪsə(ʊ)ˈbeɪ, AM -səˈ-] **I.** *vt person* nicht gehorchen; *orders* nicht befolgen; *rules* sich nicht halten an +*akk* **II.** *vi* ungehorsam sein
dis·or·der [dɪˈsɔːdəʳ, AM -ɔːrdɚ] *n* ❶ *no pl* (*disarray*) Unordnung *f* ❷ MED [Funktions]störung *f*; **kidney ~** Nierenleiden *nt*; **skin ~** Hautirritation *f* ❸ *no pl* (*riot*) Aufruhr *m*; **civil ~** Bürgerunruhen *pl*
dis·or·der·ed [dɪsˈɔːdəd, AM ˈɔːrdɚd] *adj* unordentlich
dis·or·der·ly [dɪˈsɔːdəli, AM -ɔːrdɚli] *adj* ❶ (*untidy*) unordentlich ❷ (*unruly*) aufrührerisch
dis·or·gan·ized [dɪˈsɔːgənaɪzd, AM -ɔːr-] *adj* schlecht organisiert
dis·ori·en·tate [dɪˈsɔːrɪənteɪt], AM *usu* **dis·ori·ent** [dɪˈsɔːrɪənt] *vt usu passive* ❶ (*lose

bearings) **to be/get** [*or* **become**] [**totally**] **~d** [völlig] die Orientierung verloren haben/verlieren ② (*be confused*) ■**to be ~d** orientierungslos sein

dis·'ori·ent·ed *adj* desorientiert

dis·own [dɪ'səʊn, AM -soʊn] *vt* verleugnen; (*hum a.*) nicht mehr kennen

D

dis·par·age [dɪ'spærɪdʒ, AM -per-] *vt* diskreditieren

dis·par·ag·ing [dɪ'spærɪdʒɪŋ, AM -per-] *adj* geringschätzig

dis·par·ate [dɪ'spᵊrət] *adj* (*form*) [grund]verschieden

dis·par·ity [dɪ'spærəti, AM -t̬i] *n* Ungleichheit *f*

dis·pas·sion·ate [dɪ'spæʃᵊnət] *adj* objektiv

dis·patch [dɪ'spætʃ] **I.** *n* <*pl* -es> ① (*something sent*) Sendung *f* ② *no pl* (*sending*) Verschicken *nt; of a person* Entsendung *f* ③ (*press report*) [Auslands]bericht *m;* MIL [Kriegs]bericht **II.** *vt* ① (*send*) *thing* senden; *person* entsenden ② (*kill*) töten

dis·pel <-ll-> [dɪ'spel] *vt* zerstreuen

dis·pen·sable [dɪ'spen(t)səbl̩] *adj* entbehrlich

dis·pen·sa·ry [dɪ'spen(t)sᵊri] *n* ① (*room*) [Krankenhaus]apotheke *f* ② (*clinic*) Dispensarium *nt*

dis·pen·sa·tion [dɪˌspen'seɪʃᵊn] *n* (*form*) Befreiung *f;* REL Dispens *f*

dis·pense [dɪ'spens] **I.** *vt* austeilen (**to** an +*akk*); *advice* erteilen; *medicine* ausgeben **II.** *vi* ■**to ~ with sth** auf etw *akk* verzichten

dis·pens·er [dɪ'spensəʳ, AM -ɚ] *n* Automat *m*

dis·pens·ing chem·ist [dɪˌspen(t)sɪŋ'-] *n* BRIT, AUS Apotheker(in) *m(f);* ■**~'s** Apotheke *f* **dis·'pens·ing ma·chine** *n* Automat *m* **dis·pens·ing op·'ti·cian** *n* BRIT Optiker(in) *m(f);* **at the ~'s** beim Optiker

dis·per·sal [dɪ'spɜːsəl, AM -pɜːr-] *n no pl* ① (*scattering*) Zerstreuung *f; of a crowd* Auflösung *f;* (*migration*) Verbreitung *f* ② (*spread*) Verstreutheit *f*

dis·perse [dɪ'spɜːs, AM -pɜːrs] **I.** *vt* ① (*dispel*) auflösen; *crowd* zerstreuen ② (*distribute*) verteilen **II.** *vi crowd* auseinandergehen; *mist* sich auflösen

dis·per·sion [dɪ'spɜːʃᵊn, AM -pɜːrʒ-] *n no pl* (*spread*) Verbreitung *f*

dis·pir·it·ed [dɪ'spɪrɪtɪd, AM -t̬-] *adj* entmutigt

dis·place [dɪs'pleɪs] *vt* ① (*force out*) vertreiben ② (*replace*) ersetzen

dis·place·ment [dɪs'pleɪsmənt] *n no pl* ① (*expulsion*) Vertreibung *f* ② (*relocation*) Umsiedlung *f* ③ (*replacement*) Ablösung *f*

dis·play [dɪ'spleɪ] **I.** *vt* ① (*on a noticeboard*) aushängen; (*in a shop window*) auslegen ② (*demonstrate*) zeigen **II.** *n* ① (*in a museum, shop*) Auslage *f;* **to be on ~** ausgestellt sein ② (*performance*) Vorführung ③ (*demonstration*) Demonstration *f;* **~ of anger** Wutausbruch *m* ④ COMPUT Display *nt*

dis·'play cabi·net, dis·'play case *n* Vitrine *f* **dis·'play window** *n* Schaufenster *nt*

dis·please [dɪs'pliːz] *vt* ■**to ~ sb** jdm missfallen

dis·pleas·ing [dɪs'pliːzɪŋ] *adj* ärgerlich

dis·pleas·ure [dɪs'pleʒəʳ, AM -ʒɚ] *n no pl* Missfallen *nt* (**at** über +*akk*)

dis·pos·able [dɪ'spəʊzəbl̩, AM -'spoʊ-] **I.** *adj* ① *articles* Wegwerf-; **~ razor** Einwegrasierer *m* ② FIN verfügbar **II.** *n* ■**~s** *pl* Wegwerfartikel *pl*

dis·pos·al [dɪ'spəʊzᵊl, AM -'spoʊ-] *n* ① *no pl* Beseitigung *f; of waste* Entsorgung *f* ② AM Müllschlucker *m* ③ (*control*) Verfügung *f;* ■**to be at sb's ~** zu jds Verfügung stehen

dis·pose [dɪ'spəʊz, AM -'spoʊ-] *vt* (*form*) ■**to ~ sb to**[**wards**] **sth** jdn zu etw *dat* bewegen ◆**dispose of** *vt* (*get rid of*) beseitigen; (*sell*) veräußern

dis·posed [dɪ'spəʊzd, AM -'spoʊ-] *adj* **to be** [*or* **feel**] **well ~ towards sb/sth** jdm/etw wohlgesonnen sein

dis·po·si·tion [ˌdɪspə'zɪʃᵊn] *n* ① (*nature*) Art *f* ② (*tendency*) Veranlagung *f*

dis·pos·sess [ˌdɪspə'zes] *vt* enteignen

dis·pro·por·tion·ate [ˌdɪsprə'pɔːʃᵊnət, AM -'pɔːr-] *adj* unangemessen

dis·prove [dɪ'spruːv] *vt* widerlegen

dis·put·able [dɪ'spjuːtəbl̩, AM -t̬-] *adj* strittig

dis·pute I. *vt* [dɪ'spjuːt] ① (*argue*) sich streiten über +*akk* ② (*oppose*) bestreiten ③ SPORTS **to ~ the lead** um die Führungsposition kämpfen **II.** *vi* [dɪ'spjuːt] streiten **III.** *n* [dɪ'spjuːt, 'dɪspjuːt] (*argument*) Streit *m* (**over** über +*akk*); **that is open to ~** darüber lässt sich streiten; **to be beyond ~** außer Frage stehen

dis·quali·fi·ca·tion [dɪˌskwɒlɪfɪ'keɪʃᵊn, AM -kwɑːlə-] *n* Ausschluss *m;* SPORTS Disqualifikation *f*

dis·quali·fy <-ie-> [dɪ'skwɒlɪfaɪ, AM -kwɑːlə-] *vt* ① ausschließen; SPORTS disqualifizieren ② LAW **to ~ sb from driving** jdm den Führerschein entziehen

dis·qui·et [dɪ'skwaɪət] (*form*) **I.** *n no pl* Besorgnis *f* (**about** um +*akk,* **over** über +*akk*) **II.** *vt* beunruhigen

dis·qui·et·ing [dɪ'skwaɪətɪŋ, AM -t̬-] *adj* (*form*) beunruhigend

dis·re·gard [ˌdɪsrɪ'gɑːd, AM -gɑːrd] **I.** *vt* igno-

displeasure

expressing dissatisfaction	Unzufriedenheit ausdrücken
That doesn't come up to my expectations.	**Das entspricht nicht meinen Erwartungen.**
I would have expected you to take more trouble.	**Ich hätte erwartet, dass** Sie sich nun mehr Mühe geben.
That's not what we agreed.	**So hatten wir es nicht vereinbart.**
expressing annoyance	**Verärgerung ausdrücken**
That's an outrage!	**Das ist ja unerhört!**
That's outrageous!	**Eine Unverschämtheit ist das!**
What a cheek!	**So eine Frechheit!**
That's the limit!	**Das ist doch wohl die Höhe!**
That can't be true!	**Das darf doch wohl nicht wahr sein!**
I can't take/stand it anymore!	**Das ist ja nicht mehr zum Aushalten!**
It's a pain in the neck. (*fam*)	**Das nervt!** (*fam*)

rieren **II.** *n no pl* Gleichgültigkeit *f* (**for** gegenüber +*dat*); (*for a rule, the law*) Missachtung *f* (**for, of** +*gen*)

dis·re·pair [ˌdɪsrɪˈpeəʳ, AM -per] *n no pl* Baufälligkeit *f*; **to fall into ~** verfallen

dis·repu·table [dɪsˈrepjətəbl̩, AM -t̬-] *adj* verrufen

dis·re·pute [ˌdɪsrɪˈpjuːt] *n* Verruf *m kein pl*

dis·re·spect [ˌdɪsrɪˈspekt] **I.** *n no pl* Respektlosigkeit *f* (**for** gegenüber +*dat*); **to intend no ~** nicht respektlos sein wollen **II.** *vt* AM (*fam*) beleidigen

dis·re·spect·ful [ˌdɪsrɪˈspektfəl] *adj* respektlos

dis·rupt [dɪsˈrʌpt] *vt* (*disturb*) stören

dis·rup·tion [dɪsˈrʌpʃən] *n* ❶ (*interruption*) Unterbrechung *f* ❷ *no pl* (*disrupting*) Störung *f*

dis·rup·tive [dɪsˈrʌptɪv] *adj* störend; **~ influence** Störelement *nt*; (*person*) Unruhestifter *m*

dis·sat·is·fac·tion [dɪsˌsætɪsˈfækʃən, AM -t̬əs-] *n no pl* Unzufriedenheit *f*

dis·sat·is·fied [dɪsˈsætɪsfaɪd, AM -t̬əs-] *adj* unzufrieden

dis·sect [dɪˈsekt, daɪ-] *vt* ❶ (*cut open*) sezieren ❷ (*fig*) analysieren

dis·sec·tion [dɪˈsekʃən, daɪ-] *n* ❶ *no pl* (*dissecting*) Sezieren *nt* ❷ (*instance*) Sektion *f* ❸ (*fig*) Analyse *f*

dis·sem·ble [dɪˈsembl̩] *vi* sich verstellen

dis·semi·nate [dɪˈsemɪneɪt] *vt* (*form*) verbreiten

dis·semi·na·tion [dɪˌsemɪˈneɪʃən] *n no pl* (*form*) Verbreitung *f*

dis·sen·sion [dɪˈsen(t)ʃən] *n* (*form*) Meinungsverschiedenheit[en] *m*[*pl*]

dis·sent [dɪˈsent] **I.** *n no pl* ❶ (*disagreement*) Meinungsverschiedenheit *f* ❷ (*protest*) Widerspruch *m* **II.** *vi* dagegen stimmen; (*disagree*) anderer Meinung sein

dis·sent·er [dɪˈsentəʳ, AM -t̬ɚ] *n* Andersdenkende(r) *f(m)*; POL Dissident(in) *m(f)*

dis·ser·ta·tion [ˌdɪsəˈteɪʃən, AM -sɚ-] *n* Dissertation *f* (**on** über +*akk*)

dis·ser·vice [dɪsˈsɜːvɪs, AM -sɜːr-] *n no pl* **to do sb a ~** jdm einen schlechten Dienst erweisen

dis·si·dent [ˈdɪsɪdənt] **I.** *n* Dissident(in) *m(f)* **II.** *adj* regimekritisch

dis·simi·lar [dɪsˈsɪmɪləʳ, AM -lɚ] *adj* unterschiedlich

dis·simi·lar·ity [dɪsˌsɪmɪˈlærəti, AM -ˈlerət̬i] *n* Unterschied *m*

dis·si·pate [ˈdɪsɪpeɪt] **I.** *vi* allmählich verschwinden; *crowd, mist* sich auflösen **II.** *vt* ❶ (*disperse*) auflösen ❷ (*squander*) verschwenden

dis·si·pat·ed [ˈdɪsɪpeɪtɪd, AM -t̬-] *adj* (*liter*) ausschweifend

dis·si·pa·tion [ˌdɪsɪˈpeɪʃən] *n* (*form*) ❶ (*squandering*) Verschwendung *f* ❷ (*indulgence*) Übermäßigkeit *f*

dis·so·ci·ate [dɪˈsəʊsieɪt, AM -soʊ-] *vt* getrennt betrachten; ■**to ~ oneself from sb/sth** sich von jdm/etw distanzieren

dis·so·lute [ˈdɪsəluːt] *adj* (*liter*) *life* ausschweifend; *person* zügellos

dis·so·lu·tion [ˌdɪsəˈluːʃən] *n* ❶ *no pl* (*annulment*) Auflösung *f* ❷ (*liter: debauchery*)

Ausschweifung *f*

dis·solve [dɪˈzɒlv, AM -zɑːlv] **I.** *vi* ① (*be absorbed*) sich auflösen ② (*subside*) **to ~ in[to] tears** in Tränen ausbrechen ③ (*dissipate*) verschwinden; *tension* sich lösen **II.** *vt* ① (*liquefy*) [auf]lösen ② (*annul*) auflösen; *marriage* scheiden

dis·suade [dɪˈsweɪd] *vt* abbringen

dis·tance [ˈdɪstᵊn(t)s] **I.** *n* ① (*route*) Strecke *f*; **to close [up] the ~ [to sth]** den Abstand [zu etw] verringern ② (*linear measure*) Entfernung *f*; **within shouting ~** in Rufweite ③ *no pl* (*remoteness*) Ferne *f*; **from [*or* at] a distance** von weitem **II.** *vt* ■**to ~ oneself** sich distanzieren

dis·tant [ˈdɪstᵊnt] *adj* ① (*far away*) fern; **from the dim and ~ past** aus der fernen Vergangenheit; (*fig*) *look* abwesend; *relative* entfernt ② (*aloof*) unnahbar

dis·tant·ly [ˈdɪstᵊntli] *adv* ① (*far away*) in der Ferne ② (*absently*) abwesend ③ **~ related** entfernt verwandt (**to** mit +*dat*)

dis·taste [dɪˈsteɪst] *n no pl* Widerwille *m* (**for** gegen +*akk*)

dis·taste·ful [dɪˈsteɪstfᵊl] *adj* abscheulich

dis·tend [dɪˈstend] MED **I.** *vt* ■**to be ~ed** aufgebläht sein **II.** *vi* sich [auf]blähen

dis·ten·sion [dɪˈstenʃᵊn] *n no pl* MED [Auf]blähung *f*

dis·til <-ll->, AM, AUS **dis·till** [dɪˈstɪl] *vt* ① CHEM destillieren; *brandy* brennen ② (*fig*) zusammenfassen

dis·til·la·tion [ˌdɪstɪˈleɪʃᵊn] *n* ① *no pl* CHEM Destillation *f* ② (*fig*) Quintessenz *f*

dis·till·er [dɪˈstɪləʳ, AM -ɚ] *n* ① (*company*) Destillerie *f* ② (*person*) Destillateur *m*

dis·till·ery [dɪˈstɪlᵊri] *n* Brennerei *f*

dis·tinct [dɪˈstɪŋ(k)t] *adj* ① (*different*) verschieden; **as ~ from sth** im Unterschied zu etw *dat* ② (*clear*) deutlich

dis·tinc·tion [dɪˈstɪŋ(k)ʃᵊn] *n* ① (*difference*) Unterschied *m* ② *no pl* (*eminence*) **of [great] ~** von hohem Rang ③ (*award*) Auszeichnung *f*; ■**with ~** ausgezeichnet

dis·tinc·tive [dɪˈstɪŋ(k)tɪv] *adj* charakteristisch

dis·tin·guish [dɪˈstɪŋgwɪʃ] **I.** *vi* unterscheiden **II.** *vt* ① (*tell apart*) unterscheiden; (*positively*) abheben ② (*discern*) ausmachen [können] ③ (*excel*) ■**to ~ oneself in sth** sich in etw *dat* auszeichnen

dis·tin·guish·able [dɪˈstɪŋgwɪʃəbl] *adj* unterscheidbar

dis·tin·guished [dɪˈstɪŋgwɪʃt] *adj* ① (*eminent*) *career* hervorragend; *person* von hohem Rang ② (*stylish*) distinguiert

dis·tort [dɪˈstɔːt, AM -ɔːrt] *vt* ① (*out of shape*) verzerren; *face* entstellen ② (*fig*) verdrehen; *history/a result* verfälschen

dis·tor·tion [dɪˈstɔːʃᵊn, AM -ɔːr-] *n* ① (*twisting*) Verzerrung *f*; *of a face* Entstellung *f* ② (*fig*) Verdrehung *f*

dis·tract [dɪˈstrækt] *vt* ablenken

dis·tract·ed [dɪˈstræktɪd] *adj* verwirrt; (*worried*) besorgt

dis·trac·tion [dɪˈstrækʃᵊn] *n* ① (*disturbance*) Störung *f*; **sb finds sth a ~** etw stört jdn ② (*diversion*) Ablenkung *f* ③ *no pl* (*confusion*) Aufregung *f* ▸ PHRASES: **to drive sb to ~** jdn zum Wahnsinn treiben

dis·traught [dɪˈstrɔːt, AM -ɑːt] *adj* verzweifelt, außer sich *dat*

dis·tress [dɪˈstres] **I.** *n no pl* ① (*pain*) Leid *nt*; (*anguish*) Kummer *m*, Sorge *f* (**at** über +*akk*) ② (*despair*) Verzweiflung *f* ③ (*emergency*) Not *f*; **vessels in ~** Schiffe *pl* in Seenot **II.** *vt* quälen

dis·tressed [dɪˈstrest] *adj* ① (*unhappy*) bekümmert ② (*shocked*) erschüttert (**at** über +*dat*)

dis·tress·ing [dɪˈstresɪŋ], AM *a.* **dis·tress·ful** [dɪˈstresfᵊl] *adj* ① (*worrying*) erschreckend ② (*painful*) schmerzlich

dis·tri·bute [dɪˈstrɪbjuːt, *Brit also* ˈdɪstrɪ-] *vt* verteilen; **widely ~d** weit verbreitet; *goods* vertreiben

dis·tri·bu·tion [ˌdɪstrɪˈbjuːʃᵊn] *n no pl* ① (*sharing*) Verteilung *f* ② (*scattering*) Verbreitung *f* ③ ECON Vertrieb *m*

dis·tri·ˈbu·tion chain *n* Vertriebsnetz *nt*

dis·tribu·tor [dɪˈstrɪbjətəʳ, AM -t̬ɚ] *n* ① COMM Vertriebsgesellschaft *f* ② AUTO Verteiler *m*

dis·trict [ˈdɪstrɪkt] *n* (*area*) Gebiet *nt*; (*within a town/country*) Bezirk *m*

dis·trict at·ˈtor·ney *n* AM Staatsanwalt, Staatsanwältin *m, f* **dis·trict ˈcoun·cil** *n* BRIT Bezirksamt *nt* **dis·trict ˈcourt** *n* AM [Bundes]bezirksgericht *nt*

dis·trust [dɪˈstrʌst] **I.** *vt* misstrauen +*dat* **II.** *n no pl* Misstrauen *nt* (**of** gegen +*akk*)

dis·trust·ful [dɪˈstrʌstfᵊl] *adj* misstrauisch (**of** gegen +*akk*)

dis·turb [dɪˈstɜːb, AM -tɜːrb] **I.** *vt* ① (*interrupt*) stören ② (*worry*) beunruhigen **II.** *vi* stören; **'do not ~'** „bitte nicht stören"

dis·turb·ance [dɪˈstɜːbᵊn(t)s, AM -tɜːrb-] *n* ① *no pl* (*annoyance*) Belästigung *f* ② (*riot*) **to cause a ~** Unruhe stiften

dis·turbed [dɪˈstɜːbd, AM -tɜːr-] *adj* ① (*worried*) beunruhigt ② PSYCH [geistig] verwirrt; **mentally ~** psychisch gestört

dis·turb·ing [dɪˈstɜːbɪŋ, AM -tɜːr-] *adj* beunruhigend

dis·unity [dɪsˈjuːnɪti, AM -ɪt̬i] *n no pl* Uneinigkeit *f*

dis·use [dɪsˈjuːs] *n no pl* Nichtgebrauch *m*;

to fall into ~ nicht mehr benutzt werden

dis·used [dɪs'ju:zd] *adj* ungenutzt; *building* leer stehend; *warehouse* stillgelegt

ditch [dɪtʃ] **I.** *n* <*pl* -es> Graben *m* **II.** *vt* (*fam*) ① (*discard*) wegwerfen; *getaway car* stehen lassen; *proposal* aufgeben ② (*sack*) feuern ③ (*end relationship*) ■**to ~ sb** jdm den Laufpass geben ④ *plane* im Bach landen **III.** *vi* AVIAT auf dem Wasser landen

dith·er ['dɪðəʳ, AM -ɚ] **I.** *n no pl* **in** [*or* **all of**] **a ~** ganz aufgeregt **II.** *vi* schwanken

dit·to ['dɪtəʊ, AM 'dɪt̬oʊ] *adv* (*likewise*) dito; (*me too*) ich auch

dit·ty ['dɪti, AM 'dɪt̬i] *n* [banales] Liedchen

di·ur·nal [ˌdaɪ'ɜ:nəl, AM -'ɜ:r-] *adj* SCI ① (*daily*) Tages- ② (*opp: nocturnal*) tagaktiv

di·van [dɪ'væn] *n* Diwan *m*

dive [daɪv] **I.** *n* ① (*into water*) [Kopf]sprung *m* ② *of a plane* Sturzflug *m* ③ (*sudden movement*) **to make a ~ at sb** auf jdn zuspringen ④ (*drop in price*) [Preis]sturz *m* ⑤ (*fam: dingy place*) Spelunke *f* **II.** *vi* <dived *or* AM dove, dived *or* AM dove> ① (*into water*) einen Kopfsprung ins Wasser machen; (*underwater*) tauchen ② *plane, bird* einen Sturzflug machen ③ (*move quickly*) ■**to ~ for sth** nach etw *dat* hechten; **to ~ for cover** schnell in Deckung gehen ◆**dive in** *vi* [mit dem Kopf voran] ins Wasser springen ◆**dive into** *vi* ■**to ~ into sth** in etw *akk* hineinspringen; **to ~ into a car** schnell in ein Auto einsteigen

div·er ['daɪvəʳ, AM -ɚ] *n* ① (*in ocean, lake*) Taucher(in) *m(f)*; SPORTS Turmspringer(in) *m(f)* ② (*bird*) Taucher *m*

di·verge [daɪ'vɜ:dʒ, AM dɪ'vɜrdʒ] *vi* auseinandergehen

di·ver·gence [daɪ'vɜ:dʒən(t)s, AM dɪ'vɜr-] *n* ① (*difference*) Divergenz *f* ② (*deviation*) Abweichung *f*

di·ver·gent [daɪ'vɜ:dʒənt, AM dɪ'vɜr-] *adj* ① (*differing*) abweichend; *opinions* auseinandergehend ② MATH divergent

di·verse ['daɪvɜ:s, AM 'dɪvɜ:rs] *adj* ① (*varied*) vielfältig ② (*not alike*) unterschiedlich

di·ver·si·fi·ca·tion [daɪˌvɜ:sɪfɪ'keɪʃən, AM dɪˌvɜ:r-] *n no pl* Diversifikation *f*

di·ver·si·fy <-ie-> [daɪ'vɜ:sɪfaɪ, AM dɪ'vɜ:r-] **I.** *vi* vielfältiger werden **II.** *vt* umfangreicher machen

di·ver·sion [daɪ'vɜ:ʃən, AM dɪ'vɜ:r-] *n* ① *no pl* (*rerouting*) Verlegung *f*; **traffic ~** Umleitung *f* ② (*distraction*) Ablenkung *f*

di·ver·sity [daɪ'vɜ:səti, AM dɪ'vɜ:rsət̬i] *n no pl* Vielfalt *f*

di·vert [daɪ'vɜ:t, AM dɪ'vɜ:rt] *vt* ① (*reroute*) verlegen; *traffic* umleiten ② (*reallocate*) anders einsetzen ③ (*distract*) ablenken

di·vert·ing [daɪ'vɜ:tɪŋ, AM dɪ'vɜ:rt-] *adj* unterhaltsam

di·vest [daɪ'vest, AM dɪ'-] *vt* ① (*deprive*) berauben ② (*sell*) verkaufen

di·vide [dɪ'vaɪd] **I.** *n* ① (*gulf*) Kluft *f* ② (*boundary*) Grenze *f* ③ AM (*watershed*) Wasserscheide *f* **II.** *vt* ① (*split*) teilen ② (*share*) aufteilen ③ MATH teilen **by** durch +*akk* ④ (*separate*) trennen **III.** *vi* ① (*split*) sich teilen; **to ~ equally** [*or* **evenly**] in gleiche Teile zerfallen ② (*separate*) sich trennen ◆**divide off** *vt* [ab]teilen ◆**divide up** **I.** *vt* aufteilen **II.** *vi* sich teilen

di·vid·ed [dɪ'vaɪdɪd] *adj* uneinig

divi·dend ['dɪvɪdend] *n* FIN Dividende *f*; (*fig*) **to pay ~s** sich bezahlt machen

di·vid·ers [dɪ'vaɪdəz, AM -dɚz] *npl* [**a pair of**] **~** [ein] Zirkel *m*

di·'vid·ing line *n* Trennlinie *f*

di·vine [dɪ'vaɪn] **I.** *adj* ① (*of God*) göttlich; **~ intervention** Gottes Hilfe; **~ right** heiliges Recht ② (*splendid*) himmlisch; *voice* göttlich **II.** *vt* erraten; *future* vorhersehen

div·ing ['daɪvɪŋ] *n no pl* ① (*into water*) Tauchen *nt*; SPORTS Turmspringen *nt* ② (*underwater*) Tauchen *nt*; **to go ~** tauchen gehen

'div·ing bell *n* Taucherglocke *f* **'div·ing board** *n* Sprungbrett *nt* **'div·ing suit** *n* Taucheranzug *m*

di·'vin·ing rod *n* Wünschelrute *f*

di·vin·ity [dɪ'vɪnəti, AM -ət̬i] *n* ① *no pl* (*godliness*) Göttlichkeit *f* ② (*god*) Gottheit *f*

di·vi·sible [dɪ'vɪzəbl̩] *adj* teilbar (**by** durch +*akk*)

di·vi·sion [dɪ'vɪʒən] *n* ① *no pl* (*sharing*) Verteilung *f* ② *no pl* (*break-up*) Teilung *f* ③ (*section*) Teil *m* ④ (*disagreement*) Meinungsverschiedenheit *f* ⑤ *no pl* MATH Division *f* ⑥ (*department*) Abteilung *f* ⑦ (*league*) Liga *f*

di·vi·sive [dɪ'vaɪsɪv] *adj* entzweiend; **~ issue** Streitfrage *f*

di·vorce [dɪ'vɔ:s, AM -'vɔ:rs] **I.** *n* ① LAW Scheidung *f* ② *no pl* (*fig*) Trennung *f* **II.** *vt* ① (*annul marriage*) ■**to ~ sb** [*or* **get ~d from sb**] sich von jdm scheiden lassen ② (*distance*) ■**to ~ oneself from sth** sich selbst von etw *dat* trennen **III.** *vi* sich scheiden lassen

di·vorced [dɪ'vɔ:st, AM -'vɔ:rst] *adj* ① (*ceased to be married*) geschieden ② (*out of touch*) ■**to be ~ from sth** keinen Bezug zu etw *dat* haben

di·vor·cee [dɪ'vɔ:si:, AM -'vɔ:rsi:] *n* Geschiedene(r) *m(f)*

di·vulge [daɪ'vʌldʒ, AM *usu* dɪ'-] *vt* enthüllen;

information weitergeben

DIY [ˌdiːaɪˈwaɪ] *n no pl* Brit, Aus *abbrev of* **do-it-yourself** Heimwerken *nt*

diz·zi·ness [ˈdɪzɪnəs] *n no pl* Schwindel *m*

diz·zy [ˈdɪzi] *adj* ① (*unsteady*) schwindlig; **~ spells** Schwindelanfälle *pl* ② (*rapid*) atemberaubend

DJ [ˈdiːˌdʒeɪ] *n* ① *abbrev of* **disc jockey** DJ *m* ② Brit *abbrev of* **dinner jacket**

DNA [ˌdiːenˈeɪ] *n no pl abbrev of* **deoxyribonucleic acid** DNS *f*

do [duː] **I.** *aux vb* <does, did, done> ① (*negating verb*) **Frida ~esn't like olives** Frida mag keine Oliven; **I ~n't want to go yet!** ich will noch nicht gehen!; **I ~n't smoke** ich rauche nicht; **~n't be silly** sei nicht albern! ② (*forming question*) **~ you like children?** magst du Kinder?; **what did you say?** was hast du gesagt?; **~ I like cheese? – I love cheese!** ob ich Käse mag? – ich liebe Käse! ③ (*for emphasis*) **~ come to our party** ach komm doch zu unserer Party; **can I come? – please ~!** kann ich mitkommen? – aber bitte!; **you ~ look tired** du siehst wirklich müde aus; **~ tell me!** sag's mir doch! ④ (*replacing verb*) **she runs much faster than he ~es** sie läuft viel schneller als er; **who ate the cake? – I did!/didn't!** wer hat den Kuchen gegessen? – ich!/ich nicht!; **... so ~ I** ... ich auch; **so you don't like her – I ~!** du magst sie also nicht – doch! **II.** *vt* <does, did, done> ① tun, machen; **just ~ it!** mach's einfach!; **that was a stupid thing to ~** das war dumm!; **what have you done with my coat?** wo hast du meinen Mantel hingetan?; **what am I going to ~ with myself?** was soll ich nur die ganze Zeit machen?; **what are you going to ~ with that hammer?** was hast du mit dem Hammer vor?; **what ~es your mum ~?** was macht deine Mutter beruflich?; **today we're going to ~ Chapter 4** heute beschäftigen wir uns mit Kapitel 4; **can you ~ me 20 photocopies of this report?** kannst du mir diesen Bericht 20 mal abziehen?; **to ~ the shopping** einkaufen; **to ~ the dishes** das Geschirr abspülen; **to ~ the flowers** die Blumen arrangieren; **where ~ you get your hair done?** zu welchem Friseur gehst du?; **let me ~ the talking** überlass mir das Reden; **to ~ one's teeth** sich *dat* die Zähne putzen ② (*study*) studieren; **Diane did History at London University** Diane hat an der London University Geschichte [im Hauptfach] studiert ③ (*fam: finish*) **are you done?** bist du jetzt fertig? ④ (*travel*) fahren ⑤ (*suffice*) ■**to ~ sb** jdm genügen; **that'll ~ me nicely, thank you** das reicht mir dicke, danke! ⑥ (*provide*) **~ you ~ travel insurance as well?** bieten Sie auch Reiseversicherungen an? ⑦ (*put on*) *play* aufführen ⑧ (*impersonate*) nachmachen; (*fig*) **I hope she won't ~ a Anna and ...** ich hoffe, sie macht es nicht wie Anna und ... ⑨ (*fam: cheat*) übers Ohr hauen ⑩ *esp* Brit (*fam: punish*) fertigmachen; **to get done for sth** (*by the police*) wegen einer S. *gen* von der Polizei angehalten werden; (*by a court*) für etw *akk* verurteilt werden ⑪ (*fam: impress*) **that film really did something to me** dieser Film hat mich wirklich beeindruckt ▶ Phrases: <u>**that**</u> **~es it!** so, das war's jetzt!; <u>**that's**</u> **done it!** jetzt haben wir die Bescherung! **III.** *vi* <does, did, done> ① (*behave*) tun; **to ~ well to do sth** gut daran tun, etw zu tun; **~ as you're told** tu, was man dir sagt ② (*fare*) **sb is ~ing fine** jdm geht es gut; **mother and baby are ~ing well** Mutter und Kind sind wohlauf; **our daughter is ~ing well at school** unsere Tochter ist gut in der Schule ③ (*fam: finish*) **have you done?** bist du fertig?; **I haven't done with you yet** ich bin noch nicht fertig mit dir ④ (*be acceptable, suffice*) **that'll ~** das ist o.k. so; **this kind of behaviour just won't ~!** so ein Verhalten geht einfach nicht an!; **this will ~ just fine as a table** das wird einen guten Tisch abgeben; **will this room ~?** ist dieses Zimmer o.k. für Sie?; **that will never ~** das geht einfach nicht ▶ Phrases: <u>**that**</u> **will ~** jetzt reicht's aber!; <u>**how**</u> **~ you ~?** (*form: as introduction*) angenehm **IV.** *n* ① *esp* Brit, Aus (*fam: party*) Fete *f* ② (*allowed, not allowed*) **the ~s and ~n'ts** was man tun und was man nicht tun sollte ◆**do away** *vi* ① (*discard*) ■**to ~ away with sth** etw loswerden ② (*fam: kill*) ■**to ~ away with sb** jdn um die Ecke bringen *fam* ◆**do by** *vi* **to ~ badly/well by sb** (*form*) jdn schlecht/gut behandeln; **to be hard done by** vom Schicksal stiefmütterlich behandelt werden ◆**do down** *vt* schlechtmachen ◆**do for** *vi* Brit (*fam*) ■**to be done for** fertig sein; (*tired*) müde sein ◆**do in** *vt* (*sl*) ① (*kill*) kaltmachen; ■**to ~ oneself in** sich umbringen ② (*tire*) schaffen ◆**do out** *vt* dekorieren ◆**do over** *vt* (*fam*) ① Brit, Aus (*beat up*) zusammenschlagen ② Brit (*rob*) ausrauben ③ Am (*redo*) noch einmal machen ◆**do up I.** *vt* ① (*close*) zumachen; *shoes* zubinden; *zip* zuziehen ② (*adorn*) herrichten; *house* renovieren ③ (*dress*)

■ **to ~ oneself up** sich zurecht machen **II.** *vi dress* zugehen ◆**do with** *vi* ❶ BRIT (*fam: need*) brauchen; **I could ~ with a sleep** ich könnte jetzt etwas Schlaf gebrauchen ❷ (*be related to*) um etw *akk* gehen; **to be** [*or* **have**] **nothing to ~ with sth** mit etw *dat* nichts zu tun haben ❸ (*concern*) **sth has nothing to ~ with sb** etw geht jdn nichts an ◆**do without** *vi* ❶ (*not have*) auskommen ohne ❷ (*prefer not to have*) verzichten auf +*akk*

doc [dɒk, AM dɑːk] *n* (*fam*) *short for* **doctor** Arzt, Ärztin *m, f*

doc·ile ['dəʊsaɪl, AM 'dɑːsəl] *adj* sanftmütig

dock[1] [dɒk, AM dɑːk] **I.** *n* ❶ (*wharf*) Dock *nt;* ■ **the ~s** *pl* die Hafenanlagen *pl;* **dry ~** Trockendock *nt* ❷ AM (*pier*) Kai *m* **II.** *vi* ❶ NAUT anlegen ❷ AEROSP andocken (**with** an +*akk*) **III.** *vt* ■ **to ~ sth** etw eindocken; AEROSP etw aneinanderkoppeln

dock[2] [dɒk, AM dɑːk] *n no pl esp* BRIT LAW Anklagebank *f*

dock[3] [dɒk, AM dɑːk] *vt* ❶ (*reduce*) kürzen (**by** um +*akk*); (*deduct*) abziehen ❷ (*cut off*) [den Schwanz] kupieren

dock·er ['dɒkəʳ, AM 'dɑːkɚ] *n* Hafenarbeiter(in) *m(f)*

dock·et ['dɒkɪt, AM 'dɑːkɪt] *n* ❶ BRIT, AUS (*delivery note*) Lieferschein *m* ❷ AM LAW Terminplan *m*

'dock·yard *n* Werft *f*

doc·tor ['dɒktəʳ, AM 'dɑːktɚ] **I.** *n* ❶ (*medic*) Arzt, Ärztin *m, f;* **good morning, D~ Smith** guten Morgen, Herr/Frau Doktor Smith ❷ (*academic*) Doktor *m* ▶ PHRASES: **to be just what the ~ ordered** genau das Richtige sein **II.** *vt* ❶ (*falsify*) fälschen ❷ (*poison*) vergiften ❸ BRIT, AUS (*fam: neuter*) sterilisieren

doc·tor·ate ['dɒktərət, AM 'dɑːk-] *n* Doktor[titel] *m*

Land und Leute

Ein **doctorate** (*Doktorwürde*) oder ein *doctor's degree* in einem Fach ist der höchste akademische Grad, den man in der Regel für eine wissenschaftliche Arbeit von einer Universität verliehen bekommt. Der am häufigsten verliehene **doctorate** ist ein *PhD* oder ein *DPhil* (*Doctor of Philosophy*) für eine Doktorarbeit in geisteswissenschaftlichen Fächern.

doc·tor-re·com·'mend·ed *adj* ärztlich empfohlen

doc·tri·naire [ˌdɒktrɪ'neəʳ, AM ˌdɑːktrə'ner] *adj* (*form*) doktrinär

doc·trine ['dɒktrɪn, AM 'dɑːk-] *n* ❶ *no pl* (*set of beliefs*) Doktrin *f* ❷ (*belief*) Grundsatz *m*

docu·ment ['dɒkjəmənt, AM 'dɑːk-] **I.** *n* Dokument *nt;* **travel ~s** Reisepapiere *pl* **II.** *vt* dokumentieren

docu·men·tary [ˌdɒkjə'mentəri, AM ˌdɑːkjə'menţɚi] **I.** *n* Dokumentation *f,* Dokumentarfilm *m* (**on** über +*akk*) **II.** *adj* ❶ (*factual*) dokumentarisch, Dokumentar- ❷ (*official*) urkundlich, Urkunden-

docu·men·ta·tion [ˌdɒkjəmen'teɪʃən, AM ˌdɑːk-] *n no pl* ❶ (*proof*) [dokumentarischer] Nachweis ❷ (*manual*) Informationsmaterial *nt* ❸ (*papers*) Ausweispapiere *pl*

docu·soap ['dɒkjuːsəʊp, AM 'dɑːkjuːsoʊp] *n* Doku-Soap *f*

dod·der ['dɒdəʳ, AM 'dɑːdɚ] *vi* (*fam*) wacklig gehen; **to ~ along** dahinwackeln

dod·der·ing ['dɒdərɪŋ, AM 'dɑːd-], **dod·dery** ['dɒdəri, AM 'dɑːdɚi] *adj* (*fam*) tattrig

dodge [dɒdʒ, AM dɑːdʒ] **I.** *vt* ❶ (*duck*) ausweichen +*dat* ❷ (*evade*) sich entziehen; *military service* sich drücken vor; *question* ausweichend beantworten **II.** *vi* ausweichen **III.** *n* (*fam*) Trick *m*

Dodg·em®, Dodg·em car® ['dɒdʒəm-, AM 'dɑːdʒ-] *n* Autoscooter *m*

dodg·er ['dɒdʒəʳ, AM 'dɑːdʒɚ] *n* (*pej*) Drückeberger(in) *m(f);* **fare ~** Trittbrettfahrer(in) *m(f)*

dodgy ['dɒdʒi, AM 'dɑːdʒi] *adj* BRIT, AUS (*fam*) ❶ (*unreliable*) zweifelhaft ❷ (*dishonest*) unehrlich

dodo <*pl* -s *or* -es> ['dəʊdəʊ, AM 'doʊdoʊ] *n* (*hist*) Dodo *m* ▶ PHRASES: **to be as dead as a ~** völlig überholt sein

doe [dəʊ, AM doʊ] *n* ❶ (*deer*) Hirschkuh *f,* [Reh]geiß *f* ❷ (*hare or rabbit*) Häsin *f*

doer ['duːəʳ, AM 'duːɚ] *n* (*approv*) Macher *m*

does [dʌz, dəz] *vt, vi, aux vb 3rd pers. sing of* **do**

doesn't [dʌzənt] = **does not** *see* **do I, II**

dog [dɒg, AM dɑːg] **I.** *n* ❶ (*canine*) Hund *m* ❷ *pl* (*fam: dog races*) ■ **the ~s** das Hunderennen ❸ (*pej: nasty man*) **the** [**dirty**] **~!** der [gemeine] Hund!; (*pej sl: ugly woman*) Bratze *f* ▶ PHRASES: **every ~ has its day** (*prov*) auch ein blindes Huhn findet mal ein Korn; **~ eat ~** jeder gegen jeden; **to go to the ~s** vor die Hunde gehen **II.** *vt* <-gg-> ❶ (*follow*) ständig verfolgen ❷ (*beset*) begleiten

'dog bis·cuit *n* Hundekuchen *m* **'dog col·lar** *n* ❶ (*of a dog*) Hundehalsband *nt* ❷ (*fam: of a vicar*) Halskragen *m* [eines Geistlichen] **'dog-eared** *adj* mit Eselsohren

D

dog·ged ['dɒgɪd, AM 'dɑ:g-] *adj* verbissen, zäh

dog·ger·el ['dɒgᵊrᵊl, AM 'dɑ:gɚᵊl] *n no pl* Knittelvers *m*

'dog·gy bag *n Beutel für Speisereste*

'dog·gy pad·dle *n hundeartige Schwimmbewegungen*

'dog·house *n* AM Hundehütte *f* ▶ PHRASES: **to be in the ~** in Ungnade gefallen sein

dog·ma ['dɒgmə, AM 'dɑ:g-] *n* Dogma *nt*

dog·mat·ic [dɒg'mætɪk, AM dɑ:g'mæţ-] *adj* dogmatisch (**about** in +*dat*)

'do-good·er *n* (*esp pej*) Weltverbesserer, Weltverbesserin *m, f*

'dogs·body *n* BRIT, AUS (*fam*) Kuli *m;* **general ~** Mädchen *nt* für alles

dog-'tired *adj* (*fam*) hundemüde **'dog walk·er** *n* Hundeausführer(in) *m(f)*

doi·ly ['dɔɪli] *n* Zierdeckchen *nt*

do·ing ['du:ɪŋ] *n* ❶ *no pl* (*sb's work*) **to be sb's ~** jds Werk sein; **to take some** [*or* **a lot of**] **~** ganz schön anstrengend sein ❷ *pl* (*activities*) ■ **~s** Tätigkeiten *pl*

do-it-your·self [,du:ɪtjɔ:'self, AM -jɚ'-] *n no pl see* **DIY**

dol·drums ['dɒldrəmz, AM 'doʊl-] *npl* ❶ Kalmenzone *f* ❷ (*fig*) **to be in the ~** (*be in low spirits*) deprimiert sein; (*be in stagnant state*) in einer Flaute stecken

dole [dəʊl, AM doʊl] **I.** *n* Arbeitslosengeld *nt,* Arbeitslosenunterstützung *f,* Stütze *f fam;* **to go on the ~** stempeln gehen **II.** *vt* ■ **to ~ out** sparsam austeilen (**to** an +*akk*)

dole·ful ['dəʊlfᵊl, AM 'doʊl-] *adj* traurig

doll [dɒl, AM dɑ:l] **I.** *n* ❶ (*toy*) Puppe *f* ❷ (*fam: attractive woman*) Puppe *f* **II.** *vt* ■ **to ~ oneself up** sich herausputzen

dol·lar ['dɒləʳ, AM 'dɑ:lɚ] *n* Dollar *m*

'dol·lar store *n* AM Ramschladen *m*

dol·lop ['dɒləp, AM 'dɑ:l-] *n* Klacks *m kein pl*

dol·ly ['dɒli, AM 'dɑ:li] *n* (*doll*) Püppchen *nt*

dol·phin ['dɒlfɪn, AM 'dɑ:l-] *n* Delphin *m*

dolt [dəʊlt, AM doʊlt] *n* (*pej*) Tollpatsch *m*

do·main [də(ʊ)'meɪn, AM doʊ'-] *n* ❶ Reich *nt,* Gebiet *nt* ❷ COMPUT Domäne *f;* TELEC Domain *f*

dome [dəʊm, AM doʊm] *n* Kuppel *f*

do·mes·tic [də'mestɪk] *adj* ❶ (*household*) häuslich; **~ appliance** [elektrisches] Haushaltsgerät; **~ violence** Gewalt *f* in der Familie ❷ ECON, POL inländisch; **~ airline** Inlandsfluggesellschaft *f;* **~ market** Binnenmarkt *m;* **~ policy** Innenpolitik *f;* **gross ~ product** Bruttoinlandsprodukt *nt*

do·mes·ti·cate [də'mestɪkeɪt] *vt* ❶ (*tame*) zähmen ❷ (*accustom to home life*) häuslich machen

do·mes·ti·city [,dəʊmes'tɪsəti, AM ,doʊmes'tɪsəţi] *n no pl* Häuslichkeit *f,* häusliches Leben

do·mes·tic 'sci·ence *n* Hauswirtschaftslehre *f*

do·mes·tic 'vio·lence *n* Gewalt *f* in der Familie, häusliche Gewalt

domi·cile ['dɒmɪsaɪl, AM 'dɑ:mə-] (*form*) **I.** *n* Wohnsitz *m* **II.** *vi* **to be ~d in ...** in ... ansässig sein

domi·nance ['dɒmɪnən(t)s, AM 'dɑ:mə-] *n no pl* ❶ (*superior position*) Vormacht[stellung] *f* ❷ (*being dominant*) Dominanz *f,* Vorherrschaft *f* (**over** über +*akk*)

domi·nant ['dɒmɪnənt, AM 'dɑ:mə-] *adj* ❶ (*controlling*) *colour, culture* vorherrschend; *issue, position* beherrschend; *personality* dominierend ❷ BIOL, MUS dominant

domi·nate ['dɒmɪneɪt, AM 'dɑ:mə-] **I.** *vt* ❶ beherrschen ❷ PSYCH dominieren **II.** *vi* dominieren

domi·na·tion [,dɒmɪ'neɪʃᵊn, AM ,dɑ:mə'-] *n no pl* ❶ (*state of dominating*) [Vor]herrschaft *f;* **world ~** Weltherrschaft *f* ❷ (*controlling position*) Vormachtstellung *f*

domi·neer·ing [,dɒmɪ'nɪərɪŋ, AM ,dɑ:mə'nɪr-] *adj* herrschsüchtig, herrisch

Domi·ni·ca [,də'mɪnɪkə, AM ,dɑ:mɪ'ni:-] *n* Dominica *nt*

Do·mini·can [də'mɪnɪkən, AM doʊ'-] **I.** *adj* ❶ REL Dominikaner- ❷ (*relating to Dominican Republic*) dominikanisch **II.** *n* Dominikaner(in) *m(f)*

Do·mini·can Re·'pub·lic *n* Dominikanische Republik

do·min·ion [də'mɪnjən] *n* ❶ *no pl* (*form: sovereignty*) Herrschaft *f* (**over** über +*akk*) ❷ (*realm*) Herrschaftsgebiet *nt*

domi·no <*pl* -es> ['dɒmɪnəʊ, AM 'dɑ:mənoʊ] *n* ❶ (*piece*) Dominostein *m* ❷ (*game*) ■ **~es** + *sing vb, no art* Domino[spiel] *nt*

don [dɒn, AM dɑ:n] *n* ❶ BRIT (*university teacher, esp at Oxford or Cambridge*) [Universitäts]dozent(in) *m(f)* ❷ (*sl: mafia boss*) Mafiaboss *m*

do·nate [də(ʊ)'neɪt, AM 'doʊneɪt] *vt, vi* spenden (**to** für +*akk*)

do·na·tion [də(ʊ)'neɪʃᵊn, AM doʊ'-] *n* ❶ (*contribution*) [Geld]spende *f;* (*endowment*) Stiftung *f;* LAW Schenkung *f;* **charitable ~s** Spenden *pl* für wohltätige Zwecke ❷ *no pl* (*act of donating*) Spenden *nt*

done [dʌn] *pp of* **do**

don·key ['dɒŋki, AM 'dɑ:ŋ-] *n* Esel *m a. fig*

'don·key jack·et *n* BRIT *gefütterte, wasserdichte Jacke* **'don·key work** *n no pl* (*fam*) Dreck[s]arbeit *f*

do·nor ['dəʊnəʳ, AM 'doʊnɚ] *n* Spender(in) *m(f); (for large sums)* Stifter(in) *m(f);* LAW Schenker(in) *m(f)*

don't [dəʊnt, AM doʊnt] *see* **do not** *see* **do I, II**

do·nut *n* AM, AUS *see* **doughnut**

doo·dah ['du:dɑ:] *n* BRIT, AUS Dings[bums] *nt kein pl*

doo·dle ['du:dḷ] **I.** *vi* vor sich *akk* hinkritzeln **II.** *n* Gekritzel *nt kein pl*

doom [du:m] **I.** *n* ❶ *(grim destiny)* Verhängnis *nt kein pl,* [schlimmes] Schicksal ❷ *(disaster)* Unheil *nt* **II.** *vt* verdammen

doomed [du:md] *adj* ❶ *(destined to end badly)* verdammt ❷ *(condemned)* verurteilt

dooms·day ['du:mzdeɪ] *n no pl* der Jüngste Tag

door [dɔ:ʳ, AM dɔ:r] *n* ❶ *(entrance)* Tür *f;* **out of ~s** im Freien, draußen ❷ *(house)* **two ~s away** zwei Häuser weiter; **next ~** nebenan ❸ *(fig)* **to close the ~ on sth** etw ausschließen; **to open the ~ to sth** etw ermöglichen

'door·bell *n* Türklingel *f* **'door·frame** *n* Türrahmen *m* **'door·keep·er** *n* Portier *m* **'door·knob** *n* Türknauf *m* **'door·man** *n* Portier *m* **'door·mat** *n* ❶ *(thing)* Fußmatte *f,* Fußabstreifer *m bes* SÜDD ❷ *(fig, pej: person)* Waschlappen *m* **'door·nail** *n* **as dead as a ~** mausetot **'door poli·cy** *n of a club, bar etc* Einlasskriterien *pl*

'door·step I. *n (step outside a house door)* Türstufe *f;* **right on the ~** *(fig)* direkt vor der Haustür **II.** *vt* <-pp-> BRIT JOURN *(fam)* ■**to ~ sb** jdm [vor der Haustür] auflauern

door-to-'door *adj* von Haus zu Haus **'door·way** *n* [Tür]eingang *m*

dope [dəʊp, AM doʊp] **I.** *n* ❶ *no pl (fam: illegal drug)* Rauschgift *nt,* Stoff *m sl* ❷ *(sl: stupid person)* Trottel *m* **II.** *vt* dopen

dopey ['dəʊpi, AM 'doʊpi] *adj* ❶ *(drowsy)* benebelt ❷ *(pej: silly)* blöd

dorm [dɔ:m, AM dɔ:rm] *n short for* **dormitory** ❶ *(sleeping quarters)* Schlafsaal *m* ❷ *esp* AM *(student housing)* Studentenwohnheim *nt*

dor·mant ['dɔ:mənt, AM 'dɔ:r-] *adj* ❶ *(inactive) volcano* untätig; *talents* brachliegend ❷ BOT, BIOL ■**to be ~** ruhen; **to lie ~** schlafen; *seeds* ruhen

dor·mer, dor·mer 'win·dow ['dɔ:məʳ-, AM 'dɔ:rmɚ-] *n* Mansardenfenster *nt*

dor·mi·tory ['dɔ:mɪtəri, AM 'dɔ:rmətɔ:ri] *n* ❶ *(sleeping quarters)* Schlafsaal *m* ❷ AM *(student hostel)* Studentenwohnheim *nt*

Dor·mo·bile® ['dɔ:məbi:l, AM 'dɔ:r-] *n* Campingbus *m,* Wohnmobil *nt*

dor·mouse ['dɔ:maʊs, AM 'dɔ:r-] *n* Haselmaus *f*

dor·sal ['dɔ:səl, AM 'dɔ:r-] *adj* Rücken-

DOS [dɒs, AM dɑ:s] *n no pl, no art acr for* **disk operating system** DOS *nt*

dos·age ['dəʊsɪdʒ, AM 'doʊ-] *n (size of dose)* Dosis *f*

dose [dəʊs, AM doʊs] **I.** *n (dosage)* Dosis *f a. fig* **II.** *vt* [medizinisch] behandeln

dosh [dɒʃ] *n no pl* BRIT, AUS *(sl: money)* Kohle *f*

doss [dɒs] *vi* BRIT, AUS *(fam)* pennen

doss around *vi* BRIT rumhängen *fam* ◆**doss down** *vi* BRIT pennen *fam*

doss·er ['dɒsəʳ] *n* BRIT *(pej sl)* Penner(in) *m(f)*

'doss·house *n* BRIT *(sl)* Penne *f*

dos·si·er ['dɒsieɪ, AM 'dɑ:s-] *n* Dossier *nt*

dot [dɒt, AM dɑ:t] **I.** *n* Punkt *m; (on material)* Tupfen *m* **II.** *vt* <-tt-> ❶ *(make a dot)* mit einem Punkt versehen ❷ *usu passive (scatter)* ■**to be ~ted with sth** mit etw *dat* übersät sein

dote [dəʊt, AM doʊt] *vi* ■**to ~ on sb** in jdn [ganz] vernarrt sein

dot·ing ['dəʊtɪŋ, AM 'doʊt̬-] *adj* vernarrt

dot-'ma·trix print·er *n* Matrixdrucker *m*

dot·ty ['dɒti, AM 'dɑ:t̬i] *adj* verschroben, schrullig

dou·ble ['dʌbḷ] **I.** *adj* ❶ *(twice, two)* doppelt; **my telephone number is ~ three, one, five** meine Telefonnummer ist zweimal die drei, eins, fünf; **~ the price** doppelt so teuer ❷ *(of two equal parts, layers)* Doppel-; **~ door[s]** *(with two parts)* Flügeltür *f; (twofold)* Doppeltür *f; pneumonia* doppelseitig; **~ life** Doppelleben *nt* **II.** *adv* ❶ *(twice as much)* doppelt so viel; **to charge sb ~** jdm das Doppelte berechnen ❷ *(two times)* **to see ~** doppelt sehen ❸ *(in the middle)* **to be bent ~** sich niederbeugen; *(with laughter, pain)* sich krümmen **III.** *n* ❶ *no pl (double quantity)* ■**the ~** das Doppelte [*o* Zweifache] ❷ *(whisky, gin)* Doppelte(r) *m* ❸ *(duplicate person)* Doppelgänger(in) *m(f);* FILM Double *nt* ❹ SPORTS ■**~s** *pl* Doppel *nt;* **mixed ~s** gemischtes Doppel ▶ PHRASES: **on** [*or* **at**] **the ~** im Eiltempo **IV.** *vt* ❶ verdoppeln ❷ *(make two layers)* doppelt nehmen **V.** *vi* ❶ *(increase twofold)* sich verdoppeln ❷ *(serve a second purpose)* eine Doppelfunktion haben; *(play)* FILM, THEAT eine Doppelrolle spielen; **the kitchen table ~s as my desk** der Küchentisch dient auch als mein Schreibtisch ◆**double back** *vi* kehrtmachen ◆**double over** *vi* sich krümmen (**in, with** vor +*dat*)

D

◆**double up** *vi* ① (*bend over*) sich krümmen (**in, with** vor +*dat*) ② (*share a room*) sich *dat* ein Zimmer teilen
dou·ble-'bar·relled, AM **dou·ble-'bar·reled** *adj* ① (*having two barrels*) doppelläufig ② AM, AUS (*having two purposes*) zweideutig
dou·ble 'bass *n* Kontrabass *m* **dou·ble 'bed** *n* Doppelbett *nt* **dou·ble-'breast·ed** *adj* zweireihig; ~ **suit** Zweireiher *m* **dou·ble-'check** *vt* noch einmal überprüfen **dou·ble 'chin** *n* Doppelkinn *nt*
dou·ble-'click COMPUT **I.** *vt* doppelt anklicken **II.** *vi* doppelklicken
dou·ble-'cross I. *vt* ■**to** ~ **sb** mit jdm ein falsches Spiel treiben **II.** *n* <*pl* -es> Doppelspiel *nt*
dou·ble-'deal·ing (*pej*) **I.** *n no pl* Betrügerei *f* **II.** *adj* betrügerisch **dou·ble-'deck·er** *n* Doppeldecker *m* **dou·ble 'Dutch** *n no pl* (*fam: incomprehensible words*) Kauderwelsch *nt;* **it sounds like ~ to me** ich verstehe nur Bahnhof **dou·ble-'edged** *adj* zweischneidig *a. fig* **dou·ble 'fea·ture** *n* FILM Doppelprogramm *nt* **dou·ble-'glaze** *vt* doppelt verglasen **dou·ble-'glaz·ing** *n no pl* Doppelverglasung *f* **dou·ble-'joint·ed** *adj* äußerst gelenkig **dou·ble-'park** *vt, vi* in der zweiten Reihe parken
dou·ble-'quick I. *adv* sehr schnell **II.** *adj* sofortig; **in ~ time** in null Komma nichts
dou·ble 'stand·ard *n* Doppelmoral *f kein pl;* **to apply ~s** mit zweierlei Maß messen **dou·ble 'take** *n* verzögerte Reaktion; ■**to do a ~** zweimal hinschauen **dou·ble 'time** *n no pl* ① (*double pay*) doppelter Stundenlohn ② MIL Laufschritt *m*
dou·bly ['dʌbl̩i] *adv* doppelt
doubt [daʊt] **I.** *n* ① *no pl* (*lack of certainty*) Zweifel *m* (**about** an +*dat*); ■**to be in ~ about sth** über etw *akk* im Zweifel sein; **no ~** zweifellos; **open to ~** fraglich, unsicher; **to cast ~ on sth** etw in Zweifel ziehen ② (*feeling of uncertainty*) Ungewissheit *f,* Bedenken *pl* **II.** *vt* ① (*be unwilling to believe*) ■**to ~ sb** jdm misstrauen; ■**to ~ sth** Zweifel an etw *dat* haben ② (*call in question*) ■**to ~ sb** jdm nicht glauben; **to ~ sb's abilities** an jds Fähigkeiten zweifeln ③ (*feel uncertain*) ■**to ~ that ...** bezweifeln, dass ...

Aussprache
Das **b** in **doubt** wird nicht gesprochen: [daʊt]

doubt·er ['daʊtəʳ, AM -t̬ɚ] *n* Zweifler(in) *m(f)*
doubt·ful ['daʊtfᵊl] *adj* ① (*expressing doubt*) zweifelnd; **the expression on her face was ~** sie blickte skeptisch ② (*uncertain, undecided*) unsicher, unschlüssig; ■**to be ~ about sth** über etw *akk* im Zweifel sein ③ (*questionable*) fragwürdig, zweifelhaft
doubt·less ['daʊtləs] *adv* sicherlich
dough [dəʊ, AM doʊ] *n* ① (*for baking*) Teig *m* ② *no pl esp* AM (*sl: money*) Knete *f; see also* **fright**
dough·nut ['doʊnʌt] *n* Donut *m*
doughy ['dəʊi, AM 'doʊi] *adj* teigig *a. fig*
dour ['dʊəʳ, 'daʊəʳ, AM 'dʊr, 'daʊɚ] *adj person* mürrisch; *face* düster; *expression* finster; *struggle* hart[näckig]
douse [daʊs] *vt* ① (*drench*) übergießen ② (*extinguish*) ausmachen; *fire* löschen
dove¹ [dʌv] *n* Taube *f a. fig*
dove² [doʊv] *vi* AM *pt of* **dive**
dove·cot(e) ['dʌvkɒt, AM -kɑːt] *n* Taubenschlag *m*
'dove·tail I. *vi* übereinstimmen **II.** *vt* TECH *in wood* verschwalben; *in metal* verzinken **III.** *n* (*wood*) Schwalbenschwanz *m;* (*metal*) Zinken *m*
dowa·ger ['daʊədʒəʳ, AM -ɚ] *n* [adlige] Witwe
dow·dy ['daʊdi] *adj* (*pej*) ohne jeden Schick
down¹ [daʊn] **I.** *adv* ① (*movement to a lower position*) hinunter; (*towards the speaker*) herunter; **'~!'** (*to a dog*) „Platz!" ② (*downwards*) nach unten; **head ~** mit dem Kopf nach unten ③ (*in a lower position*) unten; **~ there** dort unten ④ (*in the south*) im Süden, unten *fam;* (*towards the south*) in den Süden, runter *fam* ⑤ (*ill*) **to be ~ with sth** an etw *dat* erkrankt sein ⑥ SPORTS im Rückstand ⑦ (*including*) **from the mayor ~** angefangen beim Bürgermeister ⑧ (*on paper*) **to have sth ~ in writing** [*or* **on paper**] etw schriftlich haben ⑨ (*as initial payment*) als Anzahlung; **to pay** [*or* **put**] **£100 ~** 100 Pfund anzahlen ⑩ (*in crossword puzzles*) senkrecht **II.** *prep* ① (*in a downward/downhill direction*) hinunter; (*towards the speaker*) herunter; **up and ~ the stairs** die Treppe rauf und runter; **she poured the milk ~ the sink** sie schüttete die Milch in den Abfluss ② **to come/go ~ the mountain** den Berg herunter-/hinuntersteigen ③ (*along*) entlang; **go ~ the street** gehen Sie die Straße entlang; **~ the river** flussabwärts ④ (*through time*) **~ the centuries** die Jahrhunderte hindurch **III.** *adj* <more ~, most ~> ① (*moving downward*) abwärts-

führend; **the ~ escalator** die Rolltreppe nach unten ② (*fam: unhappy*) niedergeschlagen, down *fam* ③ (*not functioning*) außer Betrieb; *telephone lines* tot **IV.** *vt* ① (*knock down*) *person* zu Fall bringen ② (*shoot down*) *plane* abschießen ③ AM, AUS SPORTS (*beat*) schlagen **V.** *n* ① (*bad fortune*) **we've had our ups and ~s** wir haben schon Höhen und Tiefen durchgemacht ② *no pl* (*fam: dislike*) ■ **to have a ~ on sb** jdn auf dem Kieker haben ③ AM FBALL Versuch *m* **VI.** *interj* **~ with the dictator!** nieder mit dem Diktator!

down² [daʊn] *n no pl* (*soft feathers*) Daunen *pl*

down-and-'out **I.** *adj* heruntergekommen **II.** *n* (*pej*) Penner(in) *m(f)*

'down·cast *adj* ① (*sad*) niedergeschlagen ② (*looking down*) gesenkt

'down·fall *n* ① (*ruin*) Untergang *m*, Fall *m fig; of government* Sturz *m* ② (*cause of ruin*) Ruin *m*

'down·grade **I.** *vt person* degradieren; *thing* herunterstufen **II.** *n* ① (*case of demotion*) Degradierung *f* ② AM (*downward slope*) Gefälle *nt*

down·'heart·ed *adj* niedergeschlagen

'down·hill **I.** *adv* (*downwards*) bergab, abwärts; **to go ~** *person* heruntergehen; *vehicle* herunterfahren; *road, path* bergab führen; (*fig*) *person* bergab gehen; *situation* sich verschlechtern **II.** *adj* **it's all ~ from here** von hier geht es nur noch bergab; **to be ~** [**all the way**] leichter werden

Down·ing Street ['daʊnɪŋ,-] *n no art* Downing Street *f*

Land und Leute

Die **Number 10 Downing Street** ist der offizielle Wohnsitz des britischen *prime minister* (*Premierminister*). Das Haus stammt aus dem 17. Jh. und wurde von Sir George Downing, einem Politiker, Immobilienspekulanten und Spion, gebaut. Der Premierminister wohnt in einem oberen Stockwerk, im übrigen Gebäude befinden sich die Regierungsbüros sowie die Sitzungsräume des Kabinetts. Der *Chancellor of the Exchequer* (*Finanzminister*) wohnt im Haus nebenan, in *Number 11.*

'down·light·er *n* Lampe *f* mit Lichtaustritt nach unten

down·'load *vt* COMPUT herunterladen (**to** auf +*akk*)

down·'mar·ket **I.** *adj* weniger anspruchsvoll, für den Massenmarkt **II.** *adv* auf den Massenmarkt ausgerichtet **down 'pay·ment** *n* Anzahlung *f* **down·'play** *vt* herunterspielen

'down·pour *n* Regenguss *m*, Platzregen *m*

'down·right **I.** *adj* völlig; *disgrace* ausgesprochen; *lie* glatt; *nonsense* komplett **II.** *adv* (*completely*) ausgesprochen; **~ dangerous** schlichtweg gefährlich

'down·side *n no pl* Kehrseite *f* **'down·size** *vi* ECON Personal abbauen

'down·stairs **I.** *adv* treppab, die Treppe hinunter, nach unten; **there's a man ~** unten steht ein Mann **II.** *adj* ① (*one floor down*) im unteren Stockwerk ② (*on the ground floor*) im Erdgeschoss **III.** *n no pl* Erdgeschoss *nt*

'down·stream **I.** *adv* stromabwärts **II.** *adj* stromabwärts gelegen

'down·time *n no pl* MECH Ausfallzeit *f*

down-to-'earth *adj* nüchtern **'down·town** AM **I.** *n no pl, no art* Innenstadt *f* **II.** *adj, adv* in der Innenstadt; *go* in die Innenstadt **'down·trod·den** *adj* unterdrückt

'down·turn *n* ECON Rückgang *m* **down 'un·der** *n* BRIT, AM Australien *nt*

down·ward ['daʊnwəd, AM -wɚd] **I.** *adj* nach unten [gerichtet]; **on a ~ trend** im Abwärtstrend **II.** *adv esp* AM *see* **downwards**

down·wards ['daʊnwədz, AM -wɚdz] *adv* ① (*in/toward a lower position*) abwärts, nach unten, hinunter ② (*to a lower number*) nach unten

dow·ry ['daʊri] *n* Mitgift *f*

dowse [daʊz] *vt see* **douse**

dows·er ['daʊzəʳ, AM -ɚ] *n* [Wünschel]rutengänger(in) *m(f)*

dows·ing ['daʊzɪŋ] *n no pl* Wünschelrutengehen *nt;* **~ rod** Wünschelrute *f*

doy·en ['dɔɪen] *n* Altmeister *m*

doy·enne [dɔɪ'en] *n* Altmeisterin *f*

doz. *abbrev of* **dozen** Dtzd.

doze [dəʊz, AM doʊz] **I.** *n* Nickerchen *nt;* **to have a ~** ein Nickerchen machen **II.** *vi* dösen ◆**doze off** *vi* einnicken *fam*

doz·en ['dʌzᵊn] *n* Dutzend *nt;* **half a ~** ein halbes Dutzend

dozy ['dəʊzi, AM 'doʊzi] *adj* ① (*drowsy*) schläfrig ② BRIT (*fam: stupid*) dumm

Dr *n abbrev of* **doctor** Dr.

drab <-bb-> [dræb] *adj* trist; *colours* trüb; *person* farblos; *surroundings* trostlos

dra·co·nian [drə'kəʊniən, AM -'koʊ-] *adj* drakonisch

draft [drɑːft, AM dræft] **I.** *n* ① (*preliminary version*) Entwurf *m* ② *no pl* MIL Einberufung *f;* **~ card** Einberufungsbescheid *m* ③ AM *see* **draught** **II.** *adj* ① (*preliminary*) Entwurfs-; **~ contract** Vertragsentwurf *m*

D

❷ (*relating to military conscription*) Einberufungs-; ~ **board** Wehrersatzbehörde *f* **III.** *vt* ❶ (*prepare*) entwerfen; *bill* verfassen; *contract* aufsetzen; *proposal* ausarbeiten ❷ MIL **to ~ sb into the army** jdn zum Wehrdienst einberufen

'draft dodg·er *n* (*conscientious objector*) Wehrdienstverweigerer(in) *m(f);* (*shirker*) Drückeberger(in) *m(f)*

draftee [ˌdrɑːfˈtiː, AM ˌdræf-] *n* Wehrpflichtige(r) *f(m)*

drafts·man *n* AM, AUS *see* **draughtsman**

drafty *adj* AM *see* **draughty**

drag [dræg] **I.** *n* ❶ *no pl* PHYS Widerstand *m;* AVIAT Luftwiderstand *m;* NAUT Wasserwiderstand *m* ❷ *no pl* (*fig: impediment*) Hemmschuh *m* ❸ *no pl* (*fam: bore*) langweilige Sache; **what a ~!** so'n Mist! *sl* ❹ *no pl* (*fam: cross dress*) Fummel *m;* ~ **artist** *Künstler, der in Frauenkleidern auftritt* **II.** *vt* <-gg-> ❶ (*pull along the ground*) ziehen; **to ~ one's heels** [*or* **feet**] schlurfen; (*fig*) sich *dat* Zeit lassen; **to ~ sth behind one** etw hinter sich *dat* herziehen ❷ (*take despite resistance*) schleifen; **I don't want to ~ you away** ich will dich hier nicht wegreißen ❸ (*force*) ■**to ~ sth out of sb** etw aus jdm herausbringen; **to ~ the truth out of sb** jdm die Wahrheit entlocken **III.** *vi* <-gg-> ❶ (*trail along*) schleifen ❷ (*pej: proceed tediously*) sich [da]hinziehen; **to ~ to a close** schleppend zu Ende gehen ◆**drag along** *vi thing* wegschleppen; *person* mitschleppen; **to ~ oneself along** sich dahinschleppen ◆**drag away** *vt* wegschleppen ◆**drag behind** *vi* hinterherbummeln ◆**drag down** *vt* ■**to ~ sb down** ❶ (*force sb to a lower level*) jdn herunterziehen ❷ (*make sb depressed*) jdn zermürben ◆**drag in** *vt person* hineinziehen; *thing* aufs Tapet bringen ◆**drag on** *vi* (*pej*) sich [da]hinziehen ◆**drag out** *vt* in die Länge ziehen ◆**drag up** *vt* (*fig: mention*) wieder ausgraben

'drag lift *n* Schlepplift *m*

drag·on [ˈdrægᵊn] *n* ❶ (*mythical creature*) Drache *m* ❷ (*woman*) Drachen *m* ❸ AUS (*lizard*) Eidechse *f*

'drag·on·fly *n* Libelle *f*

dra·goon [drəˈguːn] **I.** *n* (*hist*) Dragoner *m* **II.** *vt* zwingen

'drag queen *n* Transvestit *m,* Tunte *f pej sl*

drain [dreɪn] **I.** *n* ❶ (*pipe*) Rohr *nt;* (*under sink*) Abflussrohr *nt;* (*at roadside*) Gully *m;* **to go down the ~** (*fig*) vor die Hunde gehen ❷ (*plumbing system*) ■**~s** *pl* Kanalisation *f* ❸ (*constant outflow*) Belastung *f;* ■**to be a ~ on sth** eine Belastung für etw *akk* darstellen **II.** *vt* ❶ (*remove liquid*) entwässern; *liquid* ablaufen lassen; *vegetables* abgießen; *noodles/rice* abtropfen lassen; *pond* ablassen; *abscess* drainieren ❷ (*form: empty*) austrinken ❸ (*exhaust*) [völlig] auslaugen **III.** *vi* ❶ (*flow away*) ablaufen ❷ (*become dry*) *food, washing-up* abtropfen ◆**drain away** *vi liquid* ablaufen; (*fig*) [dahin]schwinden ◆**drain off** *vt water* abgießen; *noodles/rice* abtropfen lassen

drain·age [ˈdreɪnɪdʒ] **I.** *n no pl* ❶ (*water removal*) Entwässerung *f* ❷ (*system*) *for land* Entwässerungssystem *nt; for houses* Kanalisation *f* **II.** *adj* Entwässerungs-

drain·ing board [ˈdreɪnɪŋ-] *n* Abtropfbrett *nt*

'drain·pipe *n* (*for rainwater*) Regenrohr *nt;* (*for sewage*) Abflussrohr *nt*

drain·pipe 'trou·sers *npl* Röhrenhose *f*

drake [dreɪk] *n* Enterich *m,* Erpel *m*

dram [dræm] *n* SCOT Schluck *m*

dra·ma [ˈdrɑːmə] **I.** *n* ❶ *no pl* (*theatre art*) Schauspielkunst *f* ❷ (*play, dramatic event*) Drama *nt a. fig;* **television ~** Fernsehspiel *nt* ❸ *no pl* (*dramatic quality*) Dramatik *f* **II.** *adj* ~ **critic** Theaterkritiker(in) *m(f)*

dra·mat·ic [drəˈmætɪk, AM -t̬-] *adj* ❶ dramatisch ❷ (*pej: theatrical*) theatralisch ❸ (*in theatre*) ~ **irony** tragische Ironie; ~ **work** [Theater]stück *nt*

dra·mat·ics [drəˈmætɪks, AM -t̬-] *npl* ❶ + *sing vb* (*art of acting*) Dramaturgie *f;* **amateur ~** Laientheater *nt* ❷ (*usu pej: behaviour*) theatralisches Getue

drama·tist [ˈdræmətɪst, AM -t̬-, ˈdrɑːm-] *n* Dramatiker(in) *m(f)*

drama·ti·za·tion [ˌdræmətaɪˈzeɪʃᵊn, AM -t̬ɪ-, ˌdrɑːm-] *n* ❶ (*dramatizing of a work*) Dramatisierung *f;* THEAT Bühnenbearbeitung *f;* FILM Kinobearbeitung *f;* TV Fernsehbearbeitung *f* ❷ *no pl* (*usu pej: exaggeration*) Dramatisieren *nt*

drama·tize [ˈdræmətaɪz, AM *also* ˈdrɑːm-] *vt* ❶ (*adapt*) bearbeiten ❷ (*usu pej: exaggerate*) dramatisieren

drank [dræŋk] *pt of* **drink**

drape [dreɪp] **I.** *vt* ❶ (*cover loosely*) bedecken (**in, with** mit +*dat*) ❷ (*place on*) drapieren, legen **II.** *n* ■**~s** *pl* Vorhänge *pl*

drap·er [ˈdreɪpəʳ] *n* BRIT **~'s shop** Textilgeschäft *nt*

dras·tic [ˈdræstɪk] *adj* drastisch; *change* radikal

drat [dræt] *interj* (*fam*) verflixt!

draught **I.** *n* ❶ (*air current*) [Luft]zug *m kein pl;* **to sit in a ~** im Zug sitzen ❷ *no pl* **on ~** vom Fass ❸ BRIT, AUS (*game*) ■**~s** *pl* Damespiel *nt* **II.** *adj* ❶ ~ **beer** Fassbier *nt*

2 **~ animal** Zugtier *nt*

'draught board *n* BRIT, AUS Damebrett *nt*

'draughts·man *n* [technischer] Zeichner

draughty *adj* zugig

draw [drɔː, AM *also* drɑː] **I.** *n* **1** (*celebrity*) Publikumsmagnet *m;* (*popular film, play, etc.*) Kassenschlager *m* **2** (*drawn contest*) Unentschieden *nt* **3** (*drawing lots*) Verlosung *f* **II.** *vt* <drew, -n> **1** (*make a picture*) zeichnen; *line* ziehen **2** (*depict*) darstellen **3** (*pull*) ziehen; (*close*) *curtains* zuziehen; (*open*) aufziehen; **to ~ sb aside** jdn beiseitenehmen **4** (*attract*) anlocken; **to ~ [sb's] attention [to sb/sth]** [jds] Aufmerksamkeit *f* [auf jdn/etw] lenken; ■**to feel ~n to** [*or* **toward[s]**] **sb** sich zu jdm hingezogen fühlen **5** (*involve in*) ■**to ~ sb into sth** jdn in etw *akk* hineinziehen **6** (*elicit*) hervorrufen; *confession* entlocken **7** (*formulate*) *comparison* anstellen; *conclusion, parallel* ziehen **8** (*pull out*) ziehen **9** (*earn, get from source*) beziehen **10** (*select by chance*) ziehen, auslosen; **to ~ lots for sth** um etw *akk* losen **11** FIN *money* abheben; *cheque* ausstellen **12** (*inhale*) **to ~ a [deep] breath** [tief] Luft holen **III.** *vi* <drew, -n> **1** (*make pictures*) zeichnen **2** (*proceed*) sich bewegen; *vehicle, ship* fahren; **to ~ alongside** [*or* **level with**] **sth** mit etw *dat* gleichziehen; **to ~ away** wegfahren **3** (*make use of*) ■**to ~ on sb** auf jdn zurückkommen; ■**to ~ on sth** auf etw *akk* zurückgreifen; **she ~s on personal experience in her work** sie schöpft bei ihrer Arbeit aus persönlichen Erfahrungen **4** SPORTS unentschieden spielen; **they drew 1–1** sie trennten sich 1:1 unentschieden ◆**draw aside** *vt* ■**to ~ sb aside** jdn beiseitenehmen; ■**to ~ sth aside** etw zur Seite ziehen ◆**draw in I.** *vi* **1** (*arrive and stop*) *train* einfahren; *car* anhalten **2** (*shorten*) *days* kürzer werden **II.** *vt* **1** (*involve*) hineinziehen **2** (*inhale*) **to ~ in a [deep] breath** [tief] Luft holen ◆**draw off** *vt* **1** *liquid* ablassen **2** *gloves* ausziehen ◆**draw on I.** *vt* anziehen **II.** *vi* **1** (*pass slowly*) *evening, summer* vergehen; **as time drew on, ...** mit der Zeit ... **2** (*form: approach* [*in time*]) **winter ~s on** der Winter naht ◆**draw out I.** *vt* in die Länge ziehen; *vowels* dehnen **II.** *vi* **1** (*depart*) *train* ausfahren; *car, bus* herausfahren **2** (*lengthen*) *days* länger werden ◆**draw together I.** *vt people* zusammenbringen; *things* zusammenziehen **II.** *vi* zusammenrücken ◆**draw up I.** *vt* **1** (*draft*) aufsetzen; *agenda, list* aufstellen; *guidelines* festlegen; *plan* entwerfen; *proposal, questionnaire* ausarbeiten; *report* erstellen; *will* errichten **2** (*pull toward one*) heranziehen; **~ up a chair!** hol dir doch einen Stuhl! **II.** *vi car* vorfahren; *train* einfahren

'draw·back *n* Nachteil *m*

'draw·bridge *n* Zugbrücke *f*

draw·er¹ ['drɔːʳ, AM 'drɔːr] *n* Schublade *f;* **chest of ~s** Kommode *f*

D

Aussprache

Das **w** in **drawer** wird nicht gesprochen: ['drɔːʳ]

draw·er² ['drɔːəʳ, AM 'drɑːɚ] *n* (*of a cheque*) Aussteller(in) *m(f)*

draw·ing ['drɔːɪŋ, AM *also* 'drɑː-] *n* **1** *no pl* (*art*) Zeichnen *nt* **2** (*picture*) Zeichnung *f*

'draw·ing board *n* Zeichenbrett *nt;* **to go back to the ~** (*fig*) noch einmal von vorn anfangen **'draw·ing pin** *n* BRIT, AUS Reißzwecke *f* **'draw·ing room** *n* (*form*) Wohnzimmer *nt*

drawl [drɔːl, AM *also* drɑːl] **I.** *n* schleppende Sprache **II.** *vi* schleppend sprechen

drawn [drɔːn, AM *also* drɑːn] **I.** *pp of* **draw** **II.** *adj* **1** (*showing tiredness and strain*) abgespannt **2** SPORTS unentschieden

'draw·string *n* Zugband *nt*

draw·string 'pants *npl* Tunnelzughose *f*

dread [dred] **I.** *vt* ■**to ~ sth** sich vor etw *dat* [sehr] fürchten; ■**to ~ doing sth** [große] Angst haben, etw zu tun **II.** *n no pl* Furcht *f*

dread·ful ['dredfᵊl] *adj* **1** (*awful*) schrecklich, furchtbar; **I feel ~** (*unwell*) ich fühle mich scheußlich; (*embarrassed*) es ist mir furchtbar peinlich **2** (*of very bad quality*) miserabel, erbärmlich

dread·ful·ly ['dredfᵊli] *adv* **1** (*in a terrible manner*) schrecklich, entsetzlich **2** (*very poorly*) mies, grauenhaft **3** (*extremely*) schrecklich, furchtbar

dream [driːm] **I.** *n* Traum *m a. fig;* ■**to be in a ~** vor sich *akk* hinträumen; **in your ~s!** du träumst wohl! **II.** *adj* Traum- **III.** *vi, vt* <dreamt *or* dreamed, dreamt *or* dreamed> träumen *a. fig;* ■**to not ~ of sth** nicht [einmal] im Traum an etw *akk* denken; **I wouldn't ~ of asking him for money!** es würde mir nicht im Traum einfallen, ihn um Geld zu bitten ◆**dream up** *vt* sich *dat* ausdenken

dream·er ['driːməʳ, AM -ɚ] *n* Träumer(in) *m(f) a. fig*

dream·less ['driːmləs] *adj* traumlos

'dream·like *adj* traumhaft

dreamt [drem(p)t] *pt, pp of* **dream**

D

Land und Leute

Die **dreamtime** ist nach der Mythologie der *Aborigines* (Ureinwohner Australiens) die Zeit der Erschaffung der Welt und ihrer Gesetze. Die Erzählungen aus dieser **dreamtime**, die seit Jahrhunderten mündlich überliefert werden, bilden den Kern ihrer Stammesrechte.

dreamy ['dri:mi] *adj* ❶ (*gorgeous*) zum Träumen ❷ (*daydreaming*) verträumt

dreary [drɪəri, AM drɪri] *adj* ❶ (*depressing*) trostlos; *day* trüb ❷ (*monotonous*) eintönig

dredge [dredʒ] **I.** *n* [Schwimm]bagger *m* **II.** *vt* (*dig out*) *river* ausbaggern

dredg·er ['dredʒəʳ, AM -ɚ] *n* ❶ (*digger*) [Schwimm]bagger *m* ❷ FOOD Streuer

dregs [dregz] *npl* ❶ (*drink sediment*) [Boden]satz *m kein pl* ❷ (*fig*) Abschaum *m kein pl*

drench [dren(t)ʃ] *vt* durchnässen; **~ed in sweat** schweißgebadet

dress [dres] **I.** *n* <*pl* -es> ❶ (*woman's garment*) Kleid *nt* ❷ *no pl* (*clothing*) Kleidung *f* **II.** *vi* ❶ (*put on clothing*) ■**to ~** [*or* **get ~ed**] sich anziehen ❷ (*wear clothing*) sich kleiden; **to ~ casually** sich leger anziehen **III.** *vt* ❶ (*put on clothing*) ■**to ~ sb/oneself** jdn/sich anziehen ❷ FOOD *salad* anmachen ❸ (*treat*) *wound* verbinden ◆**dress down** **I.** *vi* sich leger anziehen **II.** *vt* zurechtweisen ◆**dress up** **I.** *vi* ❶ (*wear nice clothes*) sich fein anziehen ❷ (*disguise oneself*) sich verkleiden **II.** *vt* ❶ (*in a costume*) verkleiden ❷ (*improve*) verschönern

dress 'cir·cle *n* THEAT erster Rang **dress 'coat** *n* Frack *m*

dress·er ['dresəʳ, AM -ɚ] *n* ❶ THEAT Garderobier(e) *m(f)* ❷ (*sideboard*) Anrichte *f*

dress·ing ['dresɪŋ] *n* ❶ *no pl* (*of clothes*) Anziehen *nt* ❷ (*for salad*) Dressing *nt* ❸ (*for injury*) Verband *m*

dress·ing-'down *n* (*fam*) Standpauke *f*

'dress·ing gown *n* Bademantel *m* **'dress·ing room** *n* (*in theatre*) [Künstler]garderobe *f*; SPORTS Umkleidekabine *f* **'dress·ing ta·ble** *n* Frisierkommode *f*

'dress·mak·er *n* [Damen]schneider(in) *m(f)* **'dress·mak·ing** *n no pl* Schneidern *nt* **dress re·'hears·al** *n* THEAT Generalprobe *f* **dress 'shirt** *n* Smokinghemd *nt* **dress 'suit** *n* Abendanzug *m* **dress 'uni·form** *n* Galauniform *f*

dressy ['dresi] *adj* (*fam*) ❶ (*stylish*) elegant ❷ (*requiring formal clothes*) vornehm

drew [dru:] *pt of* **draw**

drib·ble ['drɪbl̩] **I.** *vi* ❶ *baby* sabbern ❷ (*trickle*) tropfen ❸ SPORTS dribbeln **II.** *vt* SPORTS dribbeln mit **III.** *n* ❶ *no pl* (*saliva*) Sabber *m* ❷ SPORTS Dribbling *nt kein pl*

dribs [drɪbz] *npl* **in ~ and drabs** kleckerweise

dried [draɪd] **I.** *pt, pp of* **dry** **II.** *adj* getrocknet; **~ fruit** Dörrobst *nt*

'dried-up *adj attr* ausgetrocknet

drift [drɪft] **I.** *vi* treiben; *balloon* schweben; *mist, fog, clouds* ziehen; *snow* angeweht werden; **to ~ along** (*fig*) sich treiben lassen; **to ~ away** *people* davonschlendern; *fog* verwehen; **to ~ with the tide** mit dem Strom schwimmen **II.** *n* ❶ (*slow movement*) Strömen *nt* ❷ (*slow trend*) Trend *m* ❸ *of snow* Verwehung *f* ◆**drift apart** *vi* einander fremd werden ◆**drift off** *vi* einschlummern

drift·er ['drɪftəʳ, AM -ɚ] *n* Gammler(in) *m(f)*

'drift ice *n no pl* Treibeis *nt*

'drift·wood *n no pl* Treibholz *nt*

drill[1] [drɪl] **I.** *n* Bohrer *m* **II.** *vt, vi* bohren; ■**to ~ through sth** etw durchbohren **III.** *adj* Bohr-

drill[2] [drɪl] **I.** *n* ❶ (*exercise*) Übung *f*; MIL Drill *m* ❷ (*fam: routine procedure*) **to know the ~** wissen, wie es geht **II.** *vt* MIL, SCH drillen **III.** *vi* MIL exerzieren

'drill·ing rig *n* (*on land*) Bohrturm *m*; (*offshore*) Bohrinsel *f*

drink [drɪŋk] **I.** *n* ❶ Getränk *nt*; **can I get you a ~?** kann ich Ihnen etwas zu trinken bringen?; **to have a ~** etw trinken ❷ (*alcoholic drink*) Drink *m*, Gläschen *nt* ❸ *no pl* (*alcohol*) Alkohol *m*; **smelling of ~** mit einer [Alkohol]fahne; **to drive sb to ~** jdn zum Trinker/zur Trinkerin machen **II.** *vi, vt* <drank, drunk> trinken; **to ~ and drive** unter Alkoholeinfluss fahren; **I'll ~ to that** darauf trinke ich; (*fig*) dem kann ich nur zustimmen ◆**drink in** *vt* [begierig] in sich *akk* aufnehmen ◆**drink up** *vt* austrinken

drink·able ['drɪŋkəbl̩] *adj* trinkbar

drink-'driv·ing *n no pl* BRIT, AUS Trunkenheit *f* am Steuer

drink·er ['drɪŋkəʳ, AM -ɚ] *n* Trinker(in) *m(f)*

drink·ing ['drɪŋkɪŋ] **I.** *n no pl* Trinken *nt*; **this water is not for ~** das ist kein Trinkwasser **II.** *adj* Trink-; **~ bout** Sauftour *f*

'drink·ing foun·tain *n* Trinkwasserbrunnen *m* **'drink·ing song** *n* Trinklied *nt* **'drink·ing straw** *n* Trinkhalm *m* **'drink·ing wa·ter** *n no pl* Trinkwasser *nt*

drip [drɪp] **I.** *vi* <-pp-> (*continually*) tropfen; (*in individual drops*) tröpfeln **II.** *vt* <-pp-> [herunter]tropfen lassen; **to ~**

blood Blut verlieren **III.** *n* ① *no pl* (*act of dripping*) Tropfen *nt; of rain* Tröpfeln *nt* ② (*drop*) Tropfen *m* ③ MED Tropf *m;* **to be on a ~** am Tropf hängen

'drip-dry **I.** *vt* <-ie-> tropfnass aufhängen **II.** *adj* bügelfrei

drip·ping ['drɪpɪŋ] **I.** *adj* ① (*dropping drips*) tropfend; ■**to be ~** tropfen ② (*extremely wet*) klatschnass ③ (*hum, iron: be covered with sth*) ■**to be ~ with sth** über und über mit etw *dat* behängt sein **II.** *adv* **~ wet** klatschnass **III.** *n* FOOD Schmalz *nt*

drive [draɪv] **I.** *n* ① (*trip*) Fahrt *f;* **to go for a ~** eine Spazierfahrt machen; **it is a 20-minute ~ to the airport** zum Flughafen sind es [mit dem Auto] 20 Minuten ② (*to small building*) Einfahrt *f;* (*to larger building*) Auffahrt *f;* (*approach road*) Zufahrt *f* ③ *no pl* TECH Antrieb *m* ④ *no pl* AUTO **left-/right-hand ~** Links-/Rechtssteuerung *f* ⑤ *no pl* (*energy*) Tatkraft *f;* (*élan, vigour*) Schwung *m,* Elan *m,* Drive *m;* (*motivation*) Tatendrang *m;* PSYCH Trieb *m* ⑥ (*campaign*) Aktion *f;* **economy ~** Sparmaßnahmen *pl* ⑦ COMPUT Laufwerk *nt;* **hard ~** Festplatte *f* **II.** *vt* <drove, -n> ① fahren; **to ~ a bus** einen Bus lenken; (*as a job*) Busfahrer(in) *m(f)* sein ② (*force onwards*) antreiben; (*fig*) **to ~ oneself too hard** sich *dat* zu viel zumuten; **he was ~n by greed** Gier bestimmte sein Handeln; **to ~ sb to suicide** jdn in den Selbstmord treiben; **to ~ sb mad** jdn wahnsinnig machen ③ (*power*) *engine* antreiben; COMPUT treiben **III.** *vi* <drove, -n> ① fahren; **to learn to ~** den Führerschein machen ② *rain, snow* peitschen; *clouds* jagen ◆**drive at** *vi* **what are you driving at?** worauf wollen Sie [eigentlich] hinaus? ◆**drive away** **I.** *vt* ① (*transport*) wegfahren ② (*expel*) vertreiben ③ (*fig: dispel*) zerstreuen **II.** *vi* wegfahren ◆**drive back** **I.** *vt* ① (*in a vehicle*) zurückfahren ② (*force back*) zurückdrängen; *animals* zurücktreiben; *enemy* zurückschlagen **II.** *vi* zurückfahren ◆**drive off** **I.** *vt* ① (*expel*) vertreiben ② (*repel*) zurückschlagen **II.** *vi* wegfahren ◆**drive out** **I.** *vt* hinausjagen; (*fig*) austreiben **II.** *vi* hinausfahren; (*come out*) herausfahren ◆**drive up** **I.** *vt price* hochtreiben **II.** *vi* vorfahren

'drive-in *esp* AM, AUS **I.** *adj* Drive-in- **II.** *n* ① (*restaurant*) Drive-in *nt* ② (*cinema/movie*) Autokino *nt*

drive-in 'bank *n esp* AM, AUS Bank *f* mit Autoschalter

driv·el ['drɪvᵊl] *n no pl* (*pej*) Gefasel *nt*

driv·en ['drɪvᵊn] **I.** *pp of* **drive** **II.** *adj* ① (*very ambitious*) ehrgeizig ② (*powered*) angetrieben

driv·er ['draɪvəʳ, AM -ɚ] *n* ① Fahrer(in) *m(f); of locomotive* Führer(in) *m(f)* ② (*golf club*) Driver *m*

'driv·er's li·cense *n* AM Führerschein *m*

'drive·time ['draɪvtaɪm] *n* Hauptverkehrszeit *f* für Autopendler; (*programme*) Rush-Hour *f*

'drive·way *n* ① (*to small building*) Einfahrt *f;* (*to larger building*) Auffahrt *f* ② (*approach road*) Zufahrt[sstraße] *f*

driv·ing ['draɪvɪŋ] **I.** *n* (*of vehicle*) Fahren *nt* **II.** *adj* ① (*on road*) Fahr-; **~ conditions** Straßenverhältnisse *pl* ② (*lashing*) *rain* peitschend ③ (*powerfully motivating*) treibend; *ambition* stark

'driv·ing ban *n* Fahrverbot *nt*

'driv·ing force *n no pl* treibende Kraft

'driv·ing in·struc·tor *n* Fahrlehrer(in) *m(f)*

'driv·ing les·son *n* Fahrstunde *f;* ■**~s** *pl* Fahrunterricht *m kein pl* **'driv·ing li·cence** *n* BRIT Führerschein *m* **'driv·ing pool** *n* Fuhrpark *m* **'driv·ing school** *n* Fahrschule *f* **'driv·ing test** *n* Fahrprüfung *f*

driz·zle ['drɪzl̩] **I.** *n no pl* ① (*light rain*) Nieselregen *m* ② (*small amount of liquid*) ein paar Spritzer **II.** *vi* nieseln **III.** *vt* FOOD träufeln

driz·zly ['drɪzl̩i] *adj* Niesel-; **it was a ~ afternoon** es hat den ganzen Nachmittag genieselt

droll [drəʊl, AM droʊl] *adj* drollig

drom·edary [drɒmədᵊri, AM drɑːməderi] *n* Dromedar *nt*

drone [drəʊn, AM droʊn] **I.** *n no pl* ① (*sound*) *of a machine* Brummen *nt; of insects* Summen *nt;* (*pej*) *of a person* Geleier *nt* ② (*male bee*) Drohne *f* **II.** *vi* ① (*make sound*) summen; *engine* brummen ② (*speak monotonously*) leiern

drool [druːl] **I.** *vi* ① (*dribble*) sabbern ② (*fig*) ■**to ~ over sb/sth** von jdm/etw hingerissen sein **II.** *n no pl* Sabber *m*

droop [druːp] **I.** *vi* ① (*hang down*) schlaff herunterhängen; *flowers* die Köpfe hängen lassen; *eyelids* zufallen ② (*lack energy*) schlapp sein **II.** *n* Herunterhängen *nt; of body* Gebeugtsein *nt; of eyelids* Schwere *f*

drop [drɒp, AM drɑːp] **I.** *n* ① (*vertical distance*) Gefälle *nt;* (*difference in level*) Höhenunterschied *m* ② (*decrease*) Rückgang *m;* **~ in temperature** Temperaturrückgang *m* ③ *of liquid* Tropfen *m;* **~s of paint** Farbspritzer *pl;* ■**~s** *pl* MED Tropfen *pl* ④ (*collection point*) [Geheim]versteck *nt* **II.** *vt* <-pp-> ① (*cause to fall*) fallen lassen; *anchor* [aus]werfen; *bomb, leaflets* abwer-

D

fen; **to ~ a bombshell** (*fig*) eine Bombe platzen lassen ② (*lower*) senken ③ (*dismiss*) entlassen ④ (*give up*) aufgeben; *charges* fallen lassen; *demand* abgehen von; **to ~ everything** alles stehen und liegen lassen ⑤ (*abandon*) ■**to ~ sb** (*fig*) jdn fallen lassen; (*end a relationship*) mit jdm Schluss machen ⑥ (*fam: tell indirectly*) **to ~ [sb] a hint** [jdm gegenüber] eine Anspielung machen **III.** *vi* <-pp-> ① (*descend*) [herunter]fallen; *jaw* herunterklappen ② (*become lower*) *land* sinken; *prices, temperatures, water level* fallen ③ (*fam: become exhausted*) umfallen; **~ dead!** (*fam*) scher dich zum Teufel! ◆**drop across** *vi* (*fam*) vorbeischauen ◆**drop behind** *vi* zurückfallen ◆**drop by** *vi* (*fam*) vorbeischauen ◆**drop in** *vi* (*fam*) vorbeischauen (**on** bei +*dat*) ◆**drop off I.** *vt* (*fam*) *person* abliefern; *thing* absetzen **II.** *vi* ① (*fall off*) abfallen ② (*decrease*) zurückgehen; *support, interest* nachlassen ③ (*fam: fall asleep*) einschlafen ◆**drop out** *vi* ① (*give up membership*) ausscheiden; **to ~ out of university** das Studium abbrechen ② *of society* aussteigen ◆**drop round** BRIT **I.** *vi* (*fam*) vorbeischauen **II.** *vt* (*fam*) vorbeibringen

drop-down 'menu *n* COMPUT Pull-down-Menü *nt*

'drop-in cen·tre, AM **'drop-in cen·ter**, **'drop-in fa·cil·ity** *n* Beratungsstelle *f*

drop·let ['drɒplət, AM 'drɑ:p-] *n* Tröpfchen *nt*

'drop·out *n* ① (*from university*) [Studien]abbrecher(in) *m(f)*; (*from school*) Schulabgänger(in) *m(f)* ② (*from conventional lifestyle*) Aussteiger(in) *m(f)*

drop·per ['drɒpəʳ, AM 'drɑ:pɚ] *n* Tropfer *m*

drop·pings ['drɒpɪŋz, AM 'drɑ:p-] *npl of bird* Vogeldreck *m*; (*of horse*) Pferdeäpfel *pl*; *of rodents, sheep* Köttel *pl*

'drop shot *n* TENNIS Stopp[ball] *m*

dross [drɒs, AM drɑ:s] *n no pl* Schrott *m a. fig*

drought [draʊt] *n* Dürre[periode] *f*

drove [drəʊv, AM droʊv] *pt of* **drive**

drov·er ['drəʊvəʳ, AM 'droʊvɚ] *n* Viehtreiber(in) *m(f)*

drown [draʊn] **I.** *vt* ① (*kill*) ertränken; ■**to be ~ed** ertrinken ② (*make inaudible*) übertönen **II.** *vi* ertrinken *a. fig*

drown·ing ['draʊnɪŋ] *n* Ertrinken *nt*

drowse [draʊz] *vi* dösen

drowsy ['draʊzi] *adj* schläfrig; (*after waking up*) verschlafen

drudge [drʌdʒ] *n* (*person*) Kuli *m*

drudg·ery ['drʌdʒəri, AM -ɚi] *n no pl* Schufterei *f*

drug [drʌg] **I.** *n* ① (*medicine*) Medikament *nt* ② (*narcotic*) Droge *f*, Rauschgift *nt* **II.** *vt* <-gg-> ① MED ■**to ~ sb** jdm Beruhigungsmittel verabreichen ② (*secretly*) ■**to ~ sb** jdn unter Drogen setzen

'drug abuse *n* Drogenmissbrauch *m* **'drug ad·dict** *n* Drogensüchtige(r) *f(m)* **'drug ad·dic·tion** *n no pl* Drogenabhängigkeit *f* **'drug deal·er** *n* Drogenhändler(in) *m(f)*, Dealer(in) *m(f)*

drug·gist ['drʌgɪst] *n* AM (*pharmacist*) Apotheker(in) *m(f)* **'drug manu·fac·tur·er** *n* Arzneimittelhersteller *m* **'drug push·er** *n* (*fam*) Drogenhändler(in) *m(f)*, Dealer(in) *m(f)* **'drug rape** *n* Vergewaltigung *f* mit Hilfe von K.-o.-Tropfen **'drug squad**, BRIT **'drugs squad** *n* Drogenfahndung *f* **'drug·store** *n* AM Drogerie *f* **'drug tak·ing** *n no pl* Einnahme *f* von Drogen **'drug traf·fick·er** *n* Drogenhändler(in) *m(f)* **'drug traf·fick·ing** *n no pl* Drogenhandel *m*

dru·id ['dru:ɪd] *n* Druide *m*

drum [drʌm] **I.** *n* ① MUS Trommel *f*; ■**~s** *pl* (*drum kit*) Schlagzeug *nt* ② (*for storage, machine part*) Trommel *f*; **oil ~** Ölfass *nt* **II.** *vi* <-mm-> ① MUS trommeln; (*on a drum kit*) Schlagzeug spielen ② (*strike repeatedly*) trommeln (**on** auf +*akk*) **III.** *vt* <-mm-> (*fam*) ① (*make noise*) **to ~ one's fingers [on the table]** [mit den Fingern] auf den Tisch trommeln ② (*repeat*) ■**to ~ sth into sb** jdm etw einhämmern ◆**drum up** *vt* (*fam*) *business* anbahnen; *clients* auftreiben; *enthusiasm* entfachen *geh*

'drum·beat *n* Trommelschlag *m*

drum·mer ['drʌməʳ, AM -ɚ] *n* MUS Trommler(in) *m(f)*; (*playing a drum kit*) Schlagzeuger(in) *m(f)*

'drum·stick *n* ① MUS Trommelstock *m* ② FOOD Keule *f*, Schlegel *m* SÜDD, ÖSTERR

drunk [drʌŋk] **I.** *adj* ① (*inebriated*) betrunken; **blind** [*or* **dead**] **~** stockbetrunken; **to get ~** sich betrinken ② (*fig: overcome*) trunken **II.** *n* (*pej*) Betrunkene(r) *f(m)* **III.** *vt, vi pp of* **drink**

drunk·ard ['drʌŋkəd, AM -ɚd] *n* (*pej*) Trinker(in) *m(f)*

drunk·en ['drʌŋkᵊn] *adj* (*pej*) ① *person* betrunken ② (*involving alcohol*) **~ brawl** Streit *m* zwischen Betrunkenen; **~ driving** AM Trunkenheit *f* am Steuer

drunk·en·ness ['drʌŋkᵊnnəs] *n no pl* Betrunkenheit *f*

dry [draɪ] **I.** *adj* <-ier, -iest *or* -er, -est> ① trocken; **as ~ as a bone** knochentrocken ② (*without alcohol*) alkoholfrei **II.** *vt*

<-ie-> trocknen; *fruit, meat* dörren; (*dry out*) austrocknen; (*dry up*) abtrocknen; ~ **your eyes!** wisch dir die Tränen ab!; **to ~ one's hands** sich *dat* die Hände abtrocknen **III.** *vi* <-ie-> ❶ (*lose moisture*) trocknen ❷ (*dry up*) abtrocknen ◆**dry out** *vi, vt* austrocknen ◆**dry up I.** *vi* ❶ (*become dry*) austrocknen; *spring, well* versiegen ❷ (*dry the dishes*) abtrocknen ❸ (*evaporate*) *liquid* trocknen ❹ (*fig: run out*) *funds* schrumpfen; *source* versiegen; *supply* ausbleiben; *conversation* versiegen **II.** *vt* ❶ (*after washing-up*) abtrocknen ❷ (*dry out*) austrocknen

'dry-clean *vt* chemisch reinigen **dry 'clean·er's** *n* Reinigung *f* **dry 'clean·ing** *n no pl* [chemische] Reinigung **'dry dock** *n* Trockendock *nt*

dry·er ['draɪəʳ, AM -ɚ] *n* ❶ (*for laundry*) [Wäsche]trockner *m* ❷ (*for hair*) Fön *m;* (*overhead*) Trockenhaube *f*

dry 'ice *n no pl* Trockeneis *nt* **dry 'land** *no pl n* Festland *nt*

dry·ness ['draɪnəs] *n no pl* ❶ Trockenheit *f* ❷ (*drought*) Dürre *f*

dry 'rot *n no pl* ❶ (*in timber*) Hausschwamm *m* ❷ (*in plants*) Trockenfäule *f* **dry·stone 'wall** *n* BRIT Trockensteinmauer *f*

DSL [ˌdiːes'el] *n* INET, COMPUT, TELEC *acr for* **digital subscriber line** DSL *kein art*

DTP [ˌdiːtiː'piː] *n abbrev of* **desktop publishing** DTP *nt*

dual ['djuːəl, AM *esp* 'duːəl] *adj* (*double*) doppelt; (*two different*) zweierlei; ~ **ownership** Miteigentümerschaft *f;* ~ **role** Doppelrolle *f*

dual 'car·riage·way *n* BRIT ≈ Schnellstraße *f*

dub <-bb-> *vt* FILM synchronisieren; **to ~ into English** ins Englische übersetzen

dub·bing ['dʌbɪŋ] *n* FILM Synchronisation *f*

du·bi·ous ['djuːbiəs, AM *esp* 'duː-] *adj* ❶ (*questionable*) zweifelhaft, fragwürdig ❷ (*unsure*) unsicher; **to be/feel ~ about** [*or* **as to**] **whether …** bezweifeln, ob …

duch·ess <*pl* -es> ['dʌtʃɪs] *n* Herzogin *f*

duchy ['dʌtʃi] *n* Herzogtum *nt*

duck¹ [dʌk] *n* Ente *f* ►PHRASES: **to take to sth like a ~ to water** bei etw *dat* gleich in seinem Element sein

duck² [dʌk] **I.** *vi* ❶ **to ~ [down]** sich ducken ❷ **to ~ under water** [unter]tauchen ❸ **to ~ out of sight** sich verstecken **II.** *vt* ❶ **to ~ one's head** den Kopf einziehen; **to ~ one's head under water** den Kopf unter Wasser tauchen ❷ (*avoid*) ■**to ~ sth** etw *dat* ausweichen *a. fig*

'duck·boards *npl* Lattenrost *m*

duck·ling ['dʌklɪŋ] *n* ❶ (*animal*) Entenküken *nt,* Entchen *nt* ❷ (*meat*) junge Ente

duct [dʌkt] *n* ❶ (*pipe*) [Rohr]leitung *f;* **air ~** Luftkanal *m* ❷ ANAT **tear ~** Tränenkanal *m*

dud [dʌd] (*fam*) **I.** *n* ❶ (*bomb*) Blindgänger *m* ❷ (*useless thing*) **this pen is a ~** dieser Füller taugt nichts ❸ (*failure*) Reinfall *m* **II.** *adj* ❶ (*useless*) mies ❷ (*forged*) gefälscht

dude [duːd] *n esp* AM (*fam*) ❶ (*smartly dressed urbanite*) feiner Pinkel ❷ (*fellow*) Typ *m,* Kerl *m*

due [djuː, AM *esp* duː] **I.** *adj* ❶ (*payable*) fällig; ~ **date** Fälligkeitstermin *m* ❷ (*appropriate*) gebührend; **with ~ care** mit der nötigen Sorgfalt; **after ~ consideration** nach reiflicher Überlegung; **with [all] ~ respect** bei allem [gebotenen] Respekt ❸ (*expected*) **their baby is ~ in January** sie erwarten ihr Baby im Januar; **in ~ course** zu gegebener Zeit ❹ (*because of*) ■**~ to sth** wegen [*o* auf Grund] einer S. *gen;* ■**to be ~ to sb/sth** jdm/etw zuzuschreiben sein **II.** *n* ❶ (*fair treatment*) **to give sb his/her ~** jdm Gerechtigkeit widerfahren lassen ❷ (*fees*) ■**~s** *pl* Gebühren *pl* **III.** *adv* ~ **north** genau nach Norden

duel ['djuːəl, AM *esp* 'duː-] **I.** *n* Duell *nt* **II.** *vi* <BRIT -ll- *or* AM *usu* -l-> sich duellieren

duet [dju'et, AM *esp* du'-] *n* (*for instruments*) Duo *nt;* (*for voices*) Duett *nt*

duf·fel bag ['dʌfəlˌ-] *n* Matchbeutel *m;* NAUT Seesack *m* **'duf·fel coat** *n* Dufflecoat *m*

dug [dʌg] *pt, pp of* **dig**

'dug·out *n* ❶ MIL Schützengraben *m* ❷ (*in football*) überdachte Trainerbank; AM (*in baseball*) überdachte Spielerbank ❸ AM, AUS (*canoe*) Einbaum *m*

duke [djuːk, AM duːk] *n* Herzog *m*

dull [dʌl] **I.** *adj* ❶ (*pej: boring*) langweilig, eintönig; **as ~ as ditchwater** stinklangweilig ❷ (*not bright*) *animal's coat* glanzlos; *weather* trüb; *colour* matt; *light* schwach, trübe ❸ AM (*not sharp*) stumpf **II.** *vt* (*lessen*) schwächen; *pain* betäuben

dull·ness ['dʌlnəs] *n no pl* Langweiligkeit *f,* Eintönigkeit *f*

duly ['djuːli, AM *esp* 'duː-] *adv* ❶ (*appropriately*) gebührend ❷ (*at the expected time*) wie erwartet

dumb [dʌm] *adj* ❶ (*mute*) stumm ❷ (*pej fam: stupid*) dumm; *see also* **thumb**

'dumb·bell *n* SPORTS Hantel *f*

dumb·'found *vt* verblüffen **dumb·'found·ed** *adj* sprachlos

'dumb·show *n no pl* (*fam*) Zeichensprache

f **'dumb·strick·en, 'dumb·struck** *adj* sprachlos **dumb 'wait·er** *n* Speiseaufzug *m*, stummer Diener

dum·found [dʌm'faʊnd] *vt see* **dumbfound**

dum·my ['dʌmi] **I.** *n* ① (*mannequin*) Schaufensterpuppe *f*; (*crash test dummy*) Dummy *m*; (*ventriloquist's doll*) [Bauchredner]puppe *f* ② BRIT, AUS (*for baby*) Schnuller *m* ③ (*pej: fool*) Dummkopf *m* **II.** *adj* (*duplicate*) nachgemacht; (*false*) falsch; ~ **run** Probelauf *m* **III.** *vi* AM (*fam*) ■**to ~ up** dichthalten

dump [dʌmp] **I.** *n* ① (*for rubbish*) Müll[abladen]platz *m*; (*fig, pej: messy place*) Dreckloch *nt*; (*badly run place*) Sauladen *m* ② (*storage place*) Lager *nt* ③ COMPUT Speicherabzug *m* **II.** *vt* ① (*offload*) abladen ② (*put down carelessly*) hinknallen ③ (*fam: abandon*) *plan* fallen lassen; *sth unwanted* loswerden ④ (*fam: leave sb*) ■**to ~ sb** jdm den Laufpass geben ⑤ COMPUT ausgeben **III.** *vi* AM (*fam: treat unfairly*) ■**to ~ on sb** jdn fertigmachen

dump·er ['dʌmpəʳ] *n* ① AUS (*in surfing*) Brecher *m* ② BRIT (*truck*) Kipper *m*

dump·ing ['dʌmpɪŋ] *n no pl* ECON Dumping *nt fachspr*

'dump·ing ground *n* Müll[ablade]platz *m*

dump·ling ['dʌmplɪŋ] *n* Knödel *m*, Kloß *m*

dumpy ['dʌmpi] *adj* pummelig

dunce [dʌns] *n* (*pej: poor pupil*) schlechter Schüler, schlechte Schülerin; (*stupid person*) Dummkopf *m*

dune [dju:n, AM *esp* du:n] *n* Düne *f*

dung [dʌŋ] *n no pl* Dung *m*

dun·ga·rees [ˌdʌŋgə'ri:z] *npl* BRIT Latzhose *f*; AM Jeans[hose] *f*

Grammatik

dungarees wird im Plural gebraucht: *dungarees are out of fashion*
a pair of dungarees wird aber im Singular verwendet: *Samantha wore a pair of dungarees and a baggy jumper*

dun·geon ['dʌndʒᵊn] *n* Verlies *nt*, Kerker *m*

'dung·hill *n* Misthaufen *m*

dunk [dʌŋk] *vt* [ein]tunken

duo ['dju:ə(ʊ), AM 'du:oʊ, 'dju:-] *n* Duo *nt*

duo·denum <*pl* -na *or* -s> [ˌdju:ə(ʊ)'di:nəm, AM ˌdu:ə'-, ˌdju:ə'-, *pl* -nə] *n* Zwölffingerdarm *m*

dup. *n abbrev of* **duplicate** Duplikat *nt*

dupe [dju:p, AM *esp* du:p] **I.** *n* Betrogene(r) *f(m)* **II.** *vt* betrügen

du·plex ['dju:pleks, AM *esp* 'du:-] **I.** *n* <*pl* -es> ① AM, AUS Doppelhaus *nt* ② AM (*flat having two floors*) Maisonette[wohnung] *f* **II.** *adj* Doppel-

du·pli·cate - **I.** *vt* ['dju:plɪkeɪt, AM *esp* 'du:-] ■**to ~ sth** eine zweite Anfertigung von etw *dat* machen; (*repeat an activity*) etw noch einmal machen **II.** *adj* ['dju:plɪkət, AM 'du:-] Zweit-; ~ **key** Nachschlüssel *m* **III.** *n* ['dju:plɪkət, AM 'du:-] Duplikat *nt*; *of a document* Zweitschrift *f*; **in ~** in zweifacher Ausfertigung

du·plic·ity [djʊ'plɪsəti, AM du:'plɪsət̬i, dju:-] *n no pl* (*pej: speech*) Doppelzüngigkeit *f*; (*action*) Doppelspiel *nt*

du·rabil·ity [ˌdjʊərə'bɪləti, AM ˌdʊrə'bɪlət̬i, ˌdjʊr-] *n no pl* ① (*endurance*) Dauerhaftigkeit *f* ② *of a product* Haltbarkeit *f*; *of a machine* Lebensdauer *f*

du·rable ['djʊərəbl̩, AM 'dʊrə-, 'djʊrə-] *adj* ① (*hard-wearing*) strapazierfähig ② (*long-lasting*) dauerhaft; *goods* langlebig

du·ra·tion [ˌdjʊ(ə)'reɪʃᵊn, AM ˌdʊ'-, ˌdjʊ'-] *n no pl* Dauer *f*; *of a film* Länge *f*

du·ress [djʊ'res, AM *esp* dʊ'-] *n no pl* (*form*) Zwang *m*

dur·ing ['djʊərɪŋ, AM 'dʊr-, 'djʊr-] *prep* während *+gen*

dusk [dʌsk] *n no pl* [Abend]dämmerung *f*

dusky ['dʌski] *adj* dunkel

dust [dʌst] **I.** *n no pl* Staub *m*; **covered in ~** (*outside*) staubbedeckt; (*inside*) völlig verstaubt ▸ PHRASES: **to let the ~ settle, to wait till the ~ has settled** [ab]warten, bis sich die Wogen wieder geglättet haben; **to bite the ~** ins Gras beißen **II.** *vt* ① (*clean*) *objects* abstauben; *rooms* Staub wischen in ② (*spread over finely*) bestäuben; (*using grated material*) bestreuen **III.** *vi* Staub wischen

'dust·bin *n* BRIT Mülltonne *f* **'dust·cart** *n* BRIT Müllwagen *m* **'dust·coat** *n* Kittel *m* **'dust cov·er** *n* (*for furniture*) Schonbezug *m*; (*for devices*) Abdeckhaube *f*; (*on a book*) Schutzumschlag *m*; (*for clothes*) Staubschutz *m kein pl*

dust·er ['dʌstəʳ, AM -ɚ] *n* Staubtuch *nt*; **feather ~** Staubwedel *m*

'dust jack·et *n* Schutzumschlag *m* **'dust·man** *n* BRIT Müllmann *m* **'dust mite** *n* Hausmilbe *f* **'dust·pan** *n* Schaufel *f* **'dust storm** *n* Staubsturm *m* **'dust-up** *n* (*fam*) ① (*fight*) Schlägerei *f* ② (*dispute*) Krach *m*

dusty ['dʌsti] *adj* staubig; *objects* verstaubt

Dutch [dʌtʃ] **I.** *adj* holländisch, niederländisch **II.** *n* ① *no pl* (*language*) Holländisch *nt*, Niederländisch *nt* ② (*people*) ■**the ~** *pl* die Holländer **III.** *adv* **to go ~** getrennte Kasse machen

'Dutch·man *n* Holländer *m*

'Dutch·wom·an *n* Holländerin *f*

du·ti·able ['dju:tiəbl̩, AM 'du:ţi-, 'dju:ţi-] *adj* zollpflichtig

du·ti·ful ['dju:tɪfᵊl, AM 'du:ţɪ-, 'dju:ţɪ-] *adj* ❶ *person* pflichtbewusst; (*obedient*) gehorsam ❷ *act* pflichtschuldig

duty ['dju:ti, AM 'du:ţi, 'dju:ţi] **I.** *n* ❶ *no pl* (*obligation*) Pflicht *f;* **to do sth out of ~** etw aus Pflichtbewusstsein tun ❷ *no pl* (*work*) Dienst *m;* **to be off ~** [dienst]frei haben; **to be on ~** Dienst haben; **to come/go on ~** seinen Dienst antreten ❸ (*revenue*) Zoll *m* (**on** auf +*akk*); **customs duties** Zollabgaben *pl;* **to pay ~ on sth** etw verzollen **II.** *adj* (*nurse, officer*) diensthabend

'duty call *n* Pflichtbesuch *m* **duty-'free** **I.** *adj* zollfrei **II.** *n* ■ **~s** *pl* zollfreie Waren

'duty ros·ter *n* Dienstplan *m*

du·vet ['dju:veɪ, 'du:-, AM du:'veɪ, dju:'-] *n* Steppdecke *f,* Daunendecke *f*

DVD [ˌdi:vi:'di:] *n abbrev of* **digital video disk** DVD *f*

DV'D play·er *n* DVD-Player *m*

DVR [ˌdi:vi:'ɑ:ʳ, AM -'ɑ:r] *n abbrev of* **digital video recorder** digitaler Videorecorder

dwarf [dwɔ:f, AM dwɔ:rf] **I.** *n* <*pl* -s *or* dwarves> Zwerg(in) *m(f)* **II.** *adj* Zwerg- **III.** *vt* überragen; (*fig*) in den Schatten stellen

dwell <dwelt *or* -ed, dwelt *or* -ed> [dwel] *vi* (*form*) wohnen

dwell·er ['dweləʳ, AM -ɚ] *n* (*form*) Bewohner(in) *m(f)*

dwell·ing ['dwelɪŋ] *n* (*form*) Wohnung *f*

dwelt [dwelt] *pp, pt of* **dwell**

dwin·dle ['dwɪndl̩] *vi* abnehmen; *numbers* zurückgehen; *money, supplies* schrumpfen

dye [daɪ] **I.** *vt* färben **II.** *n* Färbemittel *nt*

dyed-in-the-'wool *adj* Erz-

'dye-works *n* Färberei *f*

dy·ing ['daɪɪŋ] *adj* sterbend; (*fig*) aussterbend

dyke [daɪk] *n* ❶ (*wall*) Deich *m* ❷ (*drainage channel*) [Abfluss]graben *m* ❸ (*pej! sl: lesbian*) Lesbe *f*

dy·nam·ic [daɪ'næmɪk] *adj* dynamisch

dy·nam·ics [daɪ'næmɪks] *n* Dynamik *f*

dy·na·mite ['daɪnəmaɪt] **I.** *n no pl* Dynamit *nt a. fig* **II.** *vt* mit Dynamit sprengen

dy·na·mo ['daɪnəməʊ, AM -moʊ] *n* ❶ BRIT (*generator*) Dynamo *m; of a car* Lichtmaschine *f* ❷ (*fig: person*) Energiebündel *nt*

dyn·as·ty ['dɪnəsti, AM 'daɪ-] *n* Dynastie *f*

d'you [dʒu:, dju:, dʒə, djə] (*fam*) = **do you** *see* **do**

dys·en·tery ['dɪsᵊntᵊri, AM -teri] *n no pl* Ruhr *f*

dys·func·tion·al [dɪs'fʌŋ(k)ʃᵊnᵊl] *adj* SOCIOL gestört

dys·lexia [dɪ'sleksiə] *n no pl* Legasthenie *f*

dys·lex·ic [dɪ'sleksɪk] *adj* legasthenisch

Ee

E <*pl* -'s *or* -s>, **e** <*pl* -'s> [i:] *n* ❶ E *nt,* e *nt;* **~ for Edward** [*or* AM **as in Easy**] E wie Emil ❷ (*school mark*) ≈ Fünf *f,* ≈ mangelhaft

E *n* ❶ *no pl abbrev of* **east** O ❷ (*fam: drug*) *abbrev of* **ecstasy** Ecstasy *f*

each [i:tʃ] *adj, adv, pron* jede(r, s); **500 miles ~ way** 500 Meilen in eine Richtung; **~ one of the books** jedes einzelne Buch; **there are five leaflets – please take one of ~** hier sind fünf Broschüren – nehmen Sie bitte von jeder eine

each 'oth·er *pron after vb* einander; **to be made for ~** füreinander bestimmt sein

eager <-er, -est *or* more ~, most ~> ['i:gəʳ, AM -ɚ] *adj* ❶ (*hungry*) begierig (**for** auf +*akk*) ❷ (*zealous*) eifrig; **~ to learn** lernbegierig ❸ (*expectant*) *face* erwartungsvoll; *anticipation* gespannt

eager·ness ['i:gənəs, AM -ɚ-] *n no pl* Eifer *m*

eagle ['i:gl̩] *n* Adler *m*

eagle-'eyed *adj* scharfsichtig

ear[1] [ɪəʳ, AM ɪr] *n* ANAT Ohr *nt;* **~, nose and throat specialist** Hals-Nasen-Ohren-Arzt, -Ärztin *m, f;* **from ~ to ~** von einem Ohr zum anderen ▶ PHRASES: **to be up to one's ~s in work** bis über die Ohren in Arbeit stecken; **to have** [*or* **keep**] **an ~ to the ground** auf dem Laufenden bleiben [*o* sein]; **to be all ~s** ganz Ohr sein; **to be out on one's ~** rausgeflogen sein; **sb's ~s are burning** jdm klingen die Ohren; **to have the ~ of sb** jds Vertrauen *nt* haben

ear[2] [ɪəʳ, AM ɪr] *n* AGR Ähre *f*

'ear·ache *n no pl* Ohrenschmerzen *pl* **'ear·drum** *n* Trommelfell *nt* **'ear in·fec·tion** *n* Ohrenentzündung *f*

earl [3:l, AM 3:rl] *n* Graf *m*

'ear·lobe *n* Ohrläppchen *nt*

ear·ly <-ier, -iest *or* more ~, most ~> ['3:li, AM '3:r-] **I.** *adj* ❶ (*in the day*) früh; **she usually has an ~ breakfast** sie frühstückt meistens zeitig; **the ~ hours** die frühen Morgenstunden; **~ morning call** Weckruf *m* ❷ (*of a period*) früh, Früh-; **she is in**

E

her ~ thirties sie ist Anfang dreißig; **from an ~ age** von klein auf; **in the ~ 15th century** Anfang des 15. Jahrhunderts ③ (*ahead of time*) vorzeitig; (*comparatively early*) [früh]zeitig; **I took an earlier train** ich habe einen früheren Zug genommen; **to take ~ retirement** vorzeitig in den Ruhestand gehen **II.** *adv* ① (*in the day, of a period*) früh; **~ next week** Anfang nächster Woche ② (*ahead of time*) vorzeitig; (*prematurely*) zu früh; (*comparatively early*) [früh]zeitig

'ear·mark *vt* ① (*mark*) kennzeichnen ② (*allocate*) vorsehen; *money* bereitstellen

'ear·muffs *npl* Ohrenschützer *pl*

earn [ɜːn, AM ɜːrn] *vt* ① verdienen; *respect* gewinnen ② FIN (*yield*) einbringen

earned au'tono·my *n* BRIT durch Verdienste erzielte Autonomie *f* (*gut geführten Schulen, Stadtbezirken und Trusts des NHS wird auf bestimmten Gebieten größere Entscheidungsfreiheit gewährt*) **earned in·come** [ɜːnd'-, AM ɜːrnd'-] *n* FIN Arbeitseinkommen *nt*

earn·er ['ɜːnəʳ, AM 'ɜːrnɚ] *n* ① (*person*) Verdiener(in) *m(f)* ② (*fam: income source*) Einnahmequelle *f*

ear·nest ['ɜːnɪst, AM 'ɜːr-] **I.** *adj* ernst[haft] **II.** *n no pl* Ernst *m;* **to be in [deadly] ~** es [tod]ernst meinen

ear·nest·ly ['ɜːnɪstli, AM 'ɜːr-] *adv* ernsthaft

earn·ings ['ɜːnɪŋz, AM 'ɜːr-] *npl* Einkommen *nt; of business* Ertrag *m*

'ear·phone *n* Kopfhörer *m* **'ear·piece** *n* Hörer *m* **'ear·plug** *n usu pl* Ohrenstöpsel *nt* **'ear·ring** *n* Ohrring *m* **'ear·shot** *n no pl* **[with]in/out of ~** in/außer Hörweite

earth [ɜːθ, AM ɜːrθ] **I.** *n* ① *no pl* (*planet*) Erde *f;* **how/what/who on earth ...** wie/was/wer um alles in der Welt ... ② *no pl* (*soil*) Erde *f,* Boden *m* ③ *no pl* BRIT, AUS ELEC Erdung *f* ▶ PHRASES: **to be down to ~** ein natürlicher und umgänglicher Mensch sein **II.** *vt* BRIT erden

earth·en·ware ['ɜːθᵊnweəʳ, AM 'ɜːrθᵊnwer] **I.** *n no pl* Tonwaren *pl* **II.** *adj* Ton-

earth·ly ['ɜːθli, AM 'ɜːr-] *adj* ① (*on Earth*) irdisch ② (*fam: possible*) möglich; **to be of no ~ use to sb** jdm nicht im Geringsten nützen

'earth·quake *n* Erdbeben *nt* **'earth-shak·ing, 'earth-shat·ter·ing** *adj* welterschütternd **'earth·work** *n* Erdwall *m* **'earth·worm** *n* Regenwurm *m*

earthy <-ier, -iest *or* more ~, most ~> ['ɜːθi, AM 'ɜːr-] *adj* ① erdig ② (*coarse*) derb

'ear·wax *n no pl* Ohrenschmalz *m* **'ear·wig** *n* Ohrwurm *m*

ease [iːz] **I.** *n no pl* ① (*effortlessness*) Leichtigkeit *f* ② (*comfort*) **to be [or feel] at ~** sich wohl fühlen **II.** *vt* ① (*relieve*) *pain* lindern; *strain* mindern; **to ~ the tension** die Anspannung lösen; (*fig*) die Lage entspannen ② (*move*) **she ~d the lid off** sie löste den Deckel behutsam ab **III.** *vi* nachlassen; *tension* sich beruhigen ◆**ease off** *vi* ① (*decrease*) nachlassen ② (*work less*) **to ~ off [at work]** [auf der Arbeit] kürzertreten ◆**ease up** *vi* ① (*abate*) nachlassen ② (*relax*) sich entspannen ③ (*be less severe*) ■**to ~ up on sb** zu jdm weniger streng sein

easel ['iːzᵊl] *n* Staffelei *f*

easi·ly ['iːzɪli] *adv* ① (*without difficulty*) leicht; (*effortlessly*) mühelos; **to win ~** spielend gewinnen ② (*by far*) ■**to be ~ the ...** + *superl* bei weitem der/die/das ... sein ③ (*probably*) [sehr] leicht

easi·ness ['iːzɪnəs] *n no pl* Leichtigkeit *f;* (*effortlessness a.*) Mühelosigkeit *f; of question* Einfachheit *f*

east [iːst] **I.** *n no pl* ① (*direction*) Osten *m;* **to the ~** nach Osten ② (*part of region*) ■**the E~** der Osten **II.** *adj* östlich, Ost-; **~ wind** Ostwind *m* **III.** *adv* ostwärts, nach Osten; **~ of Heidelberg** östlich von Heidelberg

'east·bound *adj* nach Osten; **~ train** Zug *m* in Richtung Osten

East·er ['iːstəʳ, AM -ɚ] *n no art* Ostern *nt*

East·er 'Day *n* Ostersonntag *m* **'East·er egg** *n* Osterei *nt* **East·er 'holi·days** *npl* Osterferien *pl*

east·er·ly ['iːstᵊli, AM -ɚ-] **I.** *adj* östlich, Ost- **II.** *n* Ostwind *m*

East·er 'Mon·day *n* Ostermontag *m*

east·ern ['iːstᵊn, AM -ɚn] *adj* ① *location* östlich, Ost-; **the ~ seaboard** die Ostküste ② (*Asian*) orientalisch

east·ern·er ['iːstᵊnəʳ, AM -ɚnɚ] *n* Oststaatler(in) *m(f)*

east·ern·most ['iːstᵊnməʊst, AM -ɚnmoʊst] *adj* ■**the ~ ...** der/die/das östlichste ...

East·er 'Sun·day *n* Ostersonntag *m*

East 'Ger·ma·ny *n no pl* HIST Ostdeutschland *nt*

eastward ['iːstwəd, AM -wɚd] **I.** *adj* östlich, nach Osten **II.** *adv* ostwärts, nach Osten

eastwards ['iːstwədz, AM -wɚdz] *adv see* **eastward II**

easy <-ier, -iest *or* more ~, most ~> ['iːzi] **I.** *adj* ① (*simple*) leicht, einfach; **he is ~ to get on with** mit ihm kann man gut auskommen; **~ money** leicht verdientes Geld; **within ~ reach** leicht erreichbar ② (*effortless*) leicht, mühelos; *walk* bequem ❸ (*trouble-free*) angenehm; (*comfortable*) bequem; *life* sorglos ❹ (*fam: indifferent*) **I'm ~** mir ist es egal **II.** *adv* ❶ (*cautiously*) vorsichtig; **to go ~ on sb** nicht zu hart mit jdm umgehen ❷ (*in a relaxed manner*) [**take it**] ~ [**now**]! immer mit der Ruhe!; **to take things** [*or* **it**] ~ (*fam: for one's health*) sich schonen; (*rest*) sich *dat* keinen Stress machen **III.** *interj* (*fam*) locker

'easy-care *adj* pflegeleicht **'easy chair** *n* Sessel *m* **easy-'go·ing** *adj* (*straightforward*) unkompliziert; (*relaxed*) gelassen

easy-peasy [ˌiːzi'piːzi] *adj* BRIT (*fam*) babyleicht

eat <ate, eaten> [iːt] **I.** *vt* essen; *animal* fressen; **to ~ breakfast** frühstücken ▸ PHRASES: **to ~ one's heart out** sich [vor Kummer] verzehren; **what's ~ing you?** was bedrückt dich? **II.** *vi* essen; *animal* fressen ◆**eat away** *vt, vi* ■**to ~ away at sth** etw zerfressen; *river, sea* etw auswaschen ◆**eat into** *vi* ■**to ~ into sth** ❶ (*dig into*) sich in etw *akk* hineinfressen ❷ (*corrode*) etw angreifen ❸ (*use up*) *savings* etw angreifen ◆**eat out** *vi* auswärts essen, essen gehen ◆**eat up I.** *vt* ❶ (*finish*) aufessen; *animal* auffressen ❷ (*consume*) *money, resources* verschlingen **II.** *vi* aufessen; *animals* auffressen

eat·able ['iːtəbl̩, AM 'iːt̬-] *adj* essbar, genießbar

'eat·ables *npl* Lebensmittel *nt meist pl*

eat·en ['iːtᵊn] *pp of* **eat**

eat·er ['iːtəʳ, AM -t̬ɚ] *n* Esser(in) *m(f)*; (*animal*) Fresser

eat·ery ['iːt̬ɚi] *n* (*fam*) Esslokal *nt*

eat·ing ['iːtɪŋ, AM -t̬-] **I.** *n* das Essen **II.** *adj* Ess-

'eat·ing ap·ple *n* Speiseapfel *m* **'eat·ing dis·or·der** *n* Essstörung *f*

eats [iːts] *npl* (*fam*) Häppchen *pl*

eau de co·logne [ˌəʊdəkə'ləʊn, AM ˌoʊdəkə'loʊn] *n no pl* Kölnischwasser *nt*

eaves [iːvz] *npl* Dachvorsprung *m*

eaves·drop <-pp-> ['iːvzdrɒp, AM -drɑːp] *vi* [heimlich] lauschen; ■**to ~ on sb/sth** jdn/etw belauschen **eaves·drop·per** ['iːvz'drɒpəʳ, AM -drɑːpɚ] *n* Lauscher(in) *m(f)*

ebb [eb] **I.** *n no pl* ❶ Ebbe *f* ❷ (*fig*) **to be at a low ~** auf einem Tiefstand sein; *funds* knapp bei Kasse sein **II.** *vi* ❶ *tide* zurückgehen ❷ (*fig: lessen*) schwinden

eb·ony ['ebᵊni] *n no pl* Ebenholz *nt*

EC [ˌiː'siː] *n no pl, + sing/pl vb* HIST *abbrev of* **European Community**: ■**the ~** die EG

e-car ['iːkɑːʳ, AM -kɑːr] *n short for* **electric car** Elektroauto *nt*

ec·cen·tric [ɪk'sentrɪk] **I.** *n* Exzentriker(in) *m(f)* **II.** *adj* exzentrisch; *clothes* ausgefallen

ec·cen·tri·city [ˌeksen'trɪsəti, AM -ət̬i] *n* Exzentrizität *f*

ec·cle·si·as·tic [ɪˌkliːzi'æstɪk, AM ɪˌkliː-, ekˌliː-] (*form*) **I.** *n* Geistliche(r) *m* **II.** *adj* kirchlich, geistlich

ec·cle·si·as·ti·cal [ɪˌkliːzi'æstɪkᵊl, AM ɪˌkliː-, ekˌliː-] *adj see* **ecclesiastic II**

ECG [ˌiːsiː'dʒiː] *n abbrev of* **electrocardiogram** EKG *nt*

eche·lon ['eʃəlɒn, AM -lɑːn] *n* Rang *m*

echo ['ekəʊ, AM -oʊ] **I.** *n* <*pl* -es> ❶ Echo *nt* ❷ (*fig*) Anklang *m* (**of** an +*akk*) **II.** *vi* ❶ [wider]hallen ❷ (*fig: repeat*) wiederholen **III.** *vt* ❶ (*copy*) wiedergeben; (*reflect*) widerspiegeln ❷ (*resemble*) ähneln ❸ (*parrot*) wiederholen; *see also* **ache**

'echo cham·ber *n* Hallraum *m* **'echo sound·er** *n* Echolot *nt*

ec·lec·tic [ek'lektɪk] *adj* eklektisch

eclipse [ɪ'klɪps] **I.** *n* ❶ Finsternis *f* ❷ *no pl* (*fig: decline*) Niedergang *m* **II.** *vt* ❶ verfinstern ❷ (*fig: overshadow*) in den Schatten stellen

'eco-con·scious *adj* umweltbewusst **'eco-doom** *n no pl* Öko-Pessimismus *m* **'eco-drive** *adj attr* mit Eco-Drive-Antrieb *nach n* **eco-'friend·ly** <more ~, most ~> *adj* umweltfreundlich

eco·logi·cal [ˌiːkə'lɒdʒɪkᵊl, AM -'lɑːdʒ-] *adj* ökologisch; ~ **catastrophe** [*or* **disaster**] Umweltkatastrophe *f*

eco·logi·cal·ly [ˌiːkə'lɒdʒɪkᵊli, AM -'lɑːdʒ-] *adv* ökologisch; ~ **friendly** umweltfreundlich

ecolo·gist [iː'kɒlədʒɪst, AM -'kɑːl-] *n* ❶ (*expert*) Ökologe, Ökologin *m, f* ❷ POL Umweltbeauftragte(r) *f(m)*

ecol·ogy [iː'kɒlədʒi, AM -'kɑːl-] *n no pl* Ökologie *f*

e'col·ogy move·ment *n* Umweltbewegung *f* **e'col·ogy par·ty** *n* Umweltpartei *f*, Ökopartei *f*

e-com·merce [ˌiː'kɒmɜːs, AM -'kɑːmɜːrs] *n no pl short for* **electronic commerce** E-Commerce *m*

eco·nom·ic [ˌiːkə'nɒmɪk, AM -'nɑːm-] *adj* ❶ ökonomisch, wirtschaftlich; ~ **downturn/upturn** Konjunkturabschwächung *f*/-aufschwung *f* ❷ (*profitable*) rentabel

eco·nomi·cal [ˌiːkə'nɒmɪkᵊl, AM -'nɑːm-] *adj* ❶ (*cost-effective*) wirtschaftlich, ökonomisch; *car* sparsam ❷ (*thrifty*) sparsam

eco·nom·ics [ˌiːkə'nɒmɪks, AM -'nɑːm-] *npl* ❶ + *sing vb* (*science*) Wirtschaftswissenschaft[en] *f[pl]*; (*management studies*) Betriebswirtschaft *f* ❷ (*economic aspects*) wirtschaftlicher Aspekt

econo·mist [ɪ'kɒnəmɪst, AM -'kɑːn-] *n* Wirtschaftswissenschaftler(in) *m(f);* (*in industrial management*) Betriebswirtschaftler(in) *m(f)*

econo·mize [ɪ'kɒnəmaɪz, AM -'kɑːn-] *vi* sparen (**on** an +*dat*)

econo·my [ɪ'kɒnəmi, AM -'kɑːn-] *n* ❶ (*system*) Wirtschaft *f* ❷ (*thriftiness*) Sparsamkeit *f kein pl;* **to make economies** Einsparungen machen ❸ *no pl* (*sparing use*) Ökonomie *f*

e'cono·my class *n* Touristenklasse *f* **e'cono·my drive** *n* **to be on an ~** auf dem Spartrip sein **e'cono·my pack, e'cono·my size** *n* Sparpackung *f*

eco·sys·tem ['iːkə(ʊ)-, AM 'ekoʊ,-] *n* Ökosystem *nt* **'eco·tour·ism** *n* Ökotourismus *m* **'eco-tour·ist** *n* Ökotourist(in) *m(f)* **'eco-war·ri·or** *n* militanter Umweltschützer/militante Umweltschützerin

ec·sta·sy ['ekstəsi] *n* ❶ (*bliss*) Ekstase *f* ❷ *no pl* (*drug*) ■ **E~** Ecstasy *f*

ec·stat·ic [ɪk'stætɪk, AM -t̬-] *adj* ekstatisch

ecu·meni·cal [ˌiːkjʊ'menɪkəl, AM ˌek-] *adj* ökumenisch

ec·ze·ma ['eksɪmə, AM -sə-] *n no pl* Ekzem *nt*

ed. ❶ *abbrev of* **edition** Aufl. ❷ *abbrev of* **edited** ediert

eddy ['edi] **I.** *vi* <-ie-> wirbeln; *water* strudeln **II.** *n* Wirbel *m; of water* Strudel *m*

Eden ['iːdən] *n no pl* Eden *nt;* **the garden of ~** der Garten Eden

edge [edʒ] **I.** *n* ❶ (*boundary*) Rand *m a. fig; of lake* Ufer *nt;* **the ~ of the table** die Tischkante ❷ (*sharp side*) Kante *f;* (*blade*) Schneide *f* ❸ *no pl* (*sharpness*) Schärfe *f;* **to take the ~ off sb's appetite** jdm den Appetit nehmen ❹ (*superiority*) ■ **the ~** Überlegenheit *f;* **to have the ~ over sb** jdm überlegen sein ▸ PHRASES: **to live on the ~** ein extremes Leben führen **II.** *vt* **to ~ one's way forward** sich langsam vorwärtsbewegen **III.** *vi* **to ~ forward** langsam voranrücken

Aussprache

Die Buchstabenfolge **dge** wird als [dʒ] wie in **j**acket ['dʒækɪt], ausgesprochen. Hier einige Beispiele:

bridge	[brɪdʒ]	(*Brücke*)
edge	[edʒ]	(*Rand*)
fidget	['fɪdʒɪt]	(*zappeln*)
judge	[dʒʌdʒ]	(*Richter(in)*)
porridge	['pɒrɪdʒ]	(*Haferbrei*)
wedge	[wedʒ]	(*Keil*)

◆**edge forward** *vi* langsam voranrücken

edge·ways ['edʒweɪz], **edge·wise** ['edʒwaɪz] *adv* **to not get a word in ~** nicht zu Wort kommen

edgy ['edʒi] *adj* (*fam*) nervös

ed·ible ['edɪbl̩] *adj* essbar, genießbar

edi·fi·ca·tion [ˌedɪfɪ'keɪʃən] *n no pl* (*form*) **for sb's ~** zu jds Erbauung *f*

edi·fice ['edɪfɪs] *n* Gebäude *nt*

edi·fy·ing ['edɪfaɪɪŋ] *adj* erbaulich

Land und Leute

Seit 1947 findet jedes Jahr für drei Wochen ab Mitte August in Edinburgh, der Hauptstadt Schottlands, das **Edinburgh International Festival** mit vielen Theater-, Musik-, Opern-, Tanz- und Kunstveranstaltungen statt. Gleichzeitig gibt es ein großes *Film Festival*, ein *Jazz Festival* und ein *Book Festival*. Neben dem offiziellen Festival hat sich ein sehr großes, lebendiges und innovatives *Festival Fringe* (*Alternativfestival*) mit über 1.000 verschiedenen Veranstaltungen entwickelt.

edit ['edɪt] *vt* redigieren; COMPUT editieren; FILM, TV, RADIO cutten ◆**edit out** *vt* [heraus]streichen; FILM, TV, RADIO herausschneiden

edi·tion [ɪ'dɪʃən] *n* ❶ (*issue*) Ausgabe *f* ❷ (*broadcast*) Folge *f* ❸ (*print run*) Auflage *f*

edi·tor ['edɪtəʳ, AM -t̬ɚ] *n* ❶ (*of publication*) Herausgeber(in) *m(f)* ❷ (*of press department*) Redakteur(in) *m(f)* ❸ FILM Cutter(in) *m(f)*

edi·tor-at-'large <*pl* editors-at-large> *n* [*oft früherer*] *Chefredakteur zur besonderen Verwendung, der nicht für das Tagesgeschäft verantwortlich ist, aber an Redaktionssitzungen teilnimmt*

edi·to·rial [ˌedɪ'tɔːriəl, AM -ə'-] **I.** *n* Leitartikel *m* **II.** *adj* Redaktions-, redaktionell; **~ staff** + *sing/pl vb* Redaktion *f*

edi·tor-in-chief [ˌedɪtərɪn'tʃiːf, AM -t̬ɚɪn'-] *n* (*of newspaper*) Chefredakteur(in) *m(f);* (*at publishing house*) Herausgeber(in) *m(f)*

EDP [ˌiːdiː'piː] *n no art, no pl abbrev of* **electronic data processing** EDV *f*

edu·cate ['edʒʊkeɪt] *vt* ❶ (*teach*) unterrichten; (*train*) ausbilden ❷ (*enlighten*) aufklären

edu·cat·ed ['edʒʊkeɪtɪd, AM -t̬-] *adj* gebildet; **to be Cambridge-/Harvard-~** in Cambridge/Harvard studiert haben

edu·ca·tion [ˌedʒʊ'keɪʃən] *n no pl* ❶ (*teaching*) Bildung *f;* (*training*) Ausbildung *f*

❷ (*system*) Erziehungswesen *nt*

edu·ca·tion·al [ˌedʒʊ'keɪʃənəl] *adj* ❶ Bildungs-, pädagogisch; ~ **qualifications** schulische Qualifikationen ❷ (*enlightening*) lehrreich

edu·ca·tion·al·ist [ˌedʒʊ'keɪʃənəlɪst] *n* Erziehungswissenschaftler(in) *m(f)*

edu·ca·tor ['edʒukeɪtəʳ, AM -t̬ɚ] *n* Erzieher(in) *m(f)*

Ed·ward·ian [ed'wɔːdiən, AM -'wɑːr-] *adj* aus der Zeit Edwards VII. *nach n* (*1901-1910*)

eel [iːl] *n* Aal *m*

eerie <-r, -st> ['ɪəri, AM 'ɪri] *adj* unheimlich

ef·fect [ɪ'fekt] **I.** *n* ❶ (*consequence*) Auswirkung *f* ([**up**]**on** auf +*akk*), Folge *f* ([**up**]**on** für +*akk*) ❷ *no pl* (*influence*) Einfluss *m* (**on** auf +*akk*) ❸ *no pl* (*force*) **to come into** [*or* **take**] ~ in Kraft treten; **with ~ from 1 January** mit Wirkung vom 1. Januar ❹ (*result*) Wirkung *f;* (*success*) Erfolg *m;* **in ~** eigentlich ❺ (*summarizing*) **to say something to the ~ that ...** sinngemäß sagen, dass ... ❻ FILM, THEAT, TV ■ **~s** *pl* Effekte *pl* **II.** *vt* bewirken

ef·fec·tive [ɪ'fektɪv] *adj* ❶ (*competent*) fähig ❷ (*efficacious*) wirksam, effektiv; (*successful*) erfolgreich ❸ (*real*) tatsächlich, wirklich

ef·fec·tive·ly [ɪ'fektɪvli] *adv* ❶ (*efficaciously*) wirksam, effektiv; (*successfully*) erfolgreich ❷ (*basically*) eigentlich

ef·fec·tive·ness [ɪ'fektɪvnəs] *n no pl* Wirksamkeit *f,* Effektivität *f*

ef·femi·nate [ɪ'femɪnət] *adj* unmännlich

ef·fer·ves·cence [ˌefə'vesən(t)s, AM -ɚ'-] *n no pl* Sprudeln *nt*

ef·fer·ves·cent [ˌefə'vesənt, AM -ɚ'-] *adj* sprudelnd *a. fig*

ef·fi·cien·cy [ɪ'fɪʃən(t)si] *n no pl* Leistungsfähigkeit *f;* *of person* Tüchtigkeit *f;* (*of machine*) Wirkungsgrad *m*

ef·fi·cient [ɪ'fɪʃənt] *adj* ❶ (*productive*) leistungsfähig; *person* fähig, tüchtig ❷ (*economical*) wirtschaftlich

ef·fi·gy ['efɪdʒi] *n* Bild[nis] *nt*

ef·flu·ent ['efluənt] *n* Abwasser *nt*

ef·fort ['efət, AM -ɚt] *n* Mühe *f,* Anstrengung *f;* **to make an ~** (*physically*) sich anstrengen; (*mentally*) sich bemühen; **a poor ~** eine schwache Leistung

ef·fort·less ['efətləs, AM -ɚt-] *adj* mühelos; *grace* natürlich

ef·fu·sive [ɪ'fjuːsɪv] *adj* überschwänglich

EFL [ˌiːef'el] *n no pl abbrev of* **English as a Foreign Language** Englisch *nt* als Fremdsprache

e.g. [ˌiː'dʒiː] *abbrev of* **exempli gratia** (*Latin: for the sake of example*), z. B.

egali·tar·ian [ɪˌɡælɪ'teəriən, AM -'teri-] **I.** *n* Verfechter(in) *m(f)* des Egalitarismus **II.** *adj* egalitär

e-gen·era·tion ['iːdʒenəreɪʃən] *n* Internetgeneration *f*

egg [eɡ] **I.** *n* ❶ Ei *nt* ❷ (*cell*) Eizelle *f* ▶ PHRASES: **to put all one's ~s in one basket** alles auf eine Karte setzen **II.** *vt* ■ **to ~ on** ↻ **sb** jdn anstacheln

'egg cell *n* Eizelle *f* **'egg cup** *n* Eierbecher *m* **'egg·head** *n* (*fam*) Eierkopf *m* **'egg·plant** *n* AM, AUS Aubergine *f* **'egg·shell** *n* Eierschale *f* **'egg spoon** *n* Eierlöffel *m* **'egg tim·er** *n* Eieruhr *f* **'egg yolk** *n* Eigelb *nt*

ego ['iːɡəʊ, AM -oʊ] *n* Ego *nt*

ego·cen·tric [ˌiːɡə(ʊ)'sentrɪk, AM -ɡoʊ'-] *adj* egozentrisch

ego·ism ['iːɡəʊɪzəm, AM -ɡoʊ-] *n no pl* Egoismus *m*

ego·ist ['iːɡəʊɪst, AM -ɡoʊ-] *n* Egoist(in) *m(f)*

ego·is·tic [ˌiːɡəʊ'ɪstɪk, AM -ɡoʊ'-] *adj* egoistisch

'ego surf *vi* INET, COMPUT ego-surfen (*im Internet den eigenen Namen eingeben*)

'ego surf·ing *n no pl, no art* INET, COMPUT Ego-Surfen *nt* (*Eingabe des eigenen Namens im Internet*)

ego·tism ['iːɡəʊtɪzəm, AM -ɡoʊ-] *n no pl* Egotismus *m*

ego·tist ['iːɡəʊtɪst, AM -ɡoʊ-] *n* Egotist(in) *m(f)*

ego·tis·tic [ˌiːɡəʊ'tɪstɪk, AM -ɡoʊ'-] *adj* egoistisch

'ego trip *n* Egotrip *m*

Egypt ['iːdʒɪpt] *n no pl* Ägypten *nt*

Egyp·tian [ɪ'dʒɪpʃən] **I.** *n* Ägypter(in) *m(f)* **II.** *adj* ägyptisch

eh [eɪ] *interj* ■ **~?** (*expressing confusion*) was?, hä?; (*expressing surprise a.*) wie bitte?; (*asking for repetition*) wie bitte?, was?; (*inviting response to statement*) nicht [wahr]?

eider·down ['aɪdədaʊn, AM -dɚ-] *n* ❶ (*feathers*) [Eider]daunen *pl* ❷ (*quilt*) Daunenbett *nt*

Eiffel Tow·er [ˌaɪfəl'-] *n* ■ **the ~** der Eiffelturm

eight [eɪt] **I.** *adj* acht; **~ times three is 24** acht mal drei ist 24; **the score is ~ three** es steht acht zu drei; **there are ~ of us** wir sind [zu] acht; **in packets of ~** in einer Achterpackung; **~ times** achtmal; **a family of ~** eine achtköpfige Familie; **~ and a quarter/half** achteinviertel/achteinhalb; **one in ~ [people]** jeder Achte; **a boy of ~** ein achtjähriger Junge; **at the age of ~** mit acht Jahren; **at ~**

E

[**o'clock**] um acht [Uhr]; [**at**] **about** [*or* **around**] ~ [**o'clock**] gegen acht [Uhr]; **half past** ~ [*or* BRIT *fam* **half** ~] halb neun; **at ~ thirty** um halb neun, um acht Uhr dreißig *gesprochen,* um 8.30 Uhr *geschrieben;* **at ~ twenty/forty-five** um zwanzig nach acht [*o* acht Uhr zwanzig]/Viertel vor neun [*o* drei viertel neun] **II.** *n* ① Acht *f;* **a figure of** ~ eine Acht ② SPORTS (*boat*) Achter *m;* (*crew a.*) Achtermannschaft *f* ③ CARDS Acht *f;* ~ **of clubs** Kreuzacht *f; see also* **fright**

eight·een [eɪ'tiːn] **I.** *adj* ① achtzehn; **there are ~ of us** wir sind achtzehn ② (*time*) ~ **hundred hours** *spoken* achtzehn Uhr; **1800 hrs** *written* 18:00 **II.** *n* Achtzehn *f; see also* **eight**

eight·eenth [eɪ'tiːnθ] **I.** *adj* achtzehnte(r, s) **II.** *n* ■**the** ~ der/die/das Achtzehnte

'eight·fold *adj* achtfach

eighth [eɪtθ] **I.** *adj* achte(r, s); **the ~ person** der/die Achte; **every ~ person** jeder Achte; **in ~ place** an achter Stelle; **the ~ largest ...** der/die/das achtgrößte ... **II.** *n no pl* ① (*order*) ■**the** ~ der/die/das Achte; ~ [**in line**] als Achter an der Reihe; **to be/finish ~** [**in a race**] [bei einem Rennen] Achter sein/werden ② (*date*) ■**the** ~ [**of the month**] *spoken* der Achte [des Monats]; ■**the 8th** [**of the month**] *written* der 8. [des Monats]; **on the ~ of February** am achten Februar ③ (*in titles*) **Henry the E~** *spoken* Heinrich der Achte; **Henry VIII** *written* Heinrich VIII. ④ (*fraction*) Achtel *nt*

'eight-hour *adj* achtstündig; ~ **day** Achtstundentag *m*

eighti·eth ['eɪtiəθ, AM -t̬i-] **I.** *adj* achtzigste(r, s) **II.** *n* ① (*order*) ■**the** ~ der/die/das Achtzigste ② (*fraction*) achtzigstel *nt; see also* **eighth**

eighty ['eɪti, AM -t̬i] **I.** *adj* achtzig; *see also* **eight II.** *n* ① Achtzig *f* ② (*age*) **in one's eighties** in den Achtzigern; **to be in one's early/mid/late eighties** Anfang/Mitte/Ende achtzig sein ③ (*decade*) ■**the eighties** *pl* die achtziger [*o* 80er] Jahre

Eire ['eərə, AM 'erə] *n* Eire *nt,* Irland *nt*

either ['aɪðəʳ, 'iː-, AM 'iːðɚ, 'aɪ-] **I.** *conj* ~ **... or ...** entweder ... oder ... **II.** *adv* ① + *neg* (*as well*) **she doesn't/hasn't** ~ sie auch nicht ② + *neg* (*moreover*) **it's really good and not very expensive** ~ es ist wirklich gut – und nicht einmal sehr teuer **III.** *adj* ① (*each of two*) **on ~ side** auf beiden Seiten ② (*one of two*) eine(r, s) [von beiden]; ~ **way** so oder so **IV.** *pron no pl* ~ **of you** eine(r) von euch beiden

ejacu·late **I.** *vi* [ɪ'dʒækjəleɪt] ejakulieren **II.** *n* [ɪ'dʒækjələt] Ejakulat *nt fachspr,* Samen *m*

ejacu·la·tion [ɪˌdʒækjə'leɪʃᵊn] *n* Ejakulation *f*

eject [ɪ'dʒekt] **I.** *vt person* hinauswerfen (**from** aus +*dat*); *thing* auswerfen **II.** *vi* AVIAT den Schleudersitz betätigen

e'jec·tor seat *n* Schleudersitz *m*

elabo·rate **I.** *adj* [ɪ'læbᵊrət, AM -ɚət] *design* kompliziert; *decorations* kunstvoll [gearbeitet]; *writing* ausgefeilt; *banquet* üppig; *plan* ausgeklügelt **II.** *vi* [ɪ'læbᵊreɪt, AM -ɚeɪt] ins Detail gehen; ■**to ~ on sth** etw näher ausführen

elabo·ra·tion [ɪˌlæbə'reɪʃᵊn] *n* ① *no pl of style* Ausfeilung *f; of plan* Ausarbeitung *f* ② (*explanation*) [nähere] Ausführung

elapse [ɪ'læps] *vi* vergehen

elas·tic [ɪ'læstɪk] **I.** *adj* elastisch **II.** *n* elastisches Material, Gummi *m*

elas·tic 'band *n* Gummiband *nt*

elas·tici·ty [ˌɪlæs'tɪsəti, AM -ət̬i] *n no pl* Elastizität *f a. fig*

elat·ed [ɪ'leɪtɪd, AM -t̬-] *adj* **to be ~ at** [*or* **by**] **sth** über etw *akk* hocherfreut sein

ela·tion [ɪ'leɪʃᵊn] *n no pl* Hochstimmung *f*

el·bow ['elbəʊ, AM -boʊ] **I.** *n* ① Ellbogen *m* ② (*fig: in pipe, river*) Knie *nt;* (*in road, river*) Biegung *f* ▶ PHRASES: **to give sb the ~** jdm den Laufpass geben **II.** *vt* **she ~ed him in the ribs** sie stieß ihm den Ellbogen in die Rippen; **to ~ sb out** jdn hinausdrängeln

'el·bow grease *n* Muskelkraft *f* **'el·bow room** *n* ① Ellbogenfreiheit *f* ② (*fig*) Bewegungsfreiheit *f*

el·der¹ ['eldəʳ, AM -ɚ] **I.** *n* Ältere(r) *f(m);* **church/village ~** Kirchen-/Dorfälteste(r) *f(m)* **II.** *adj* ältere(r, s); *statesman* erfahren

el·der² ['eldəʳ, AM -ɚ] *n* BOT Holunder *m*

el·der·ber·ry ['eldəˌberi, AM -ɚˌ-] *n* ① (*berry*) Holunderbeere *f* ② (*tree*) Holunder[strauch] *m*

el·der·ly ['eldᵊli, AM -ɚli] **I.** *adj* ältere(r, s), ältlich **II.** *n* ■**the** ~ *pl* ältere Menschen

eld·est ['eldɪst] **I.** *adj* älteste(r, s) **II.** *n no pl* ■**the** ~ der/die Älteste

elect [ɪ'lekt] *vt* ① (*vote*) wählen (**to** in +*akk*); **to ~ sb as chairman** jdn zum Vorsitzenden wählen; **the president ~** der designierte Präsident ② (*opt for*) ■**to ~ to do sth** sich [dafür] entscheiden, etw zu tun

elec·tion [ɪ'lekʃᵊn] *n* Wahl *f*

e'lec·tion ad·dress *n* Wahlrede *f* **e'lec·tion booth** *n* Wahlkabine *f* **e'lec·tion cam·paign** *n* Wahlkampf *m* **e'lec·tion day** *n* Wahltag *m* **e'lec·tion de·feat** *n* Wahlniederlage *f*

elec·tion·eer [ɪˌlekʃəˈnɪəʳ, AM -ˈnɪr] *n* Wahlhelfer(in) *m(f)*
elec·tion·eer·ing [ɪˌlekʃəˈnɪərɪŋ, AM -ˈnɪr-] *n no pl* Wahlpropaganda *f*
elec·tion mani·ˈfes·to *n* Wahlprogramm *nt* **eˈlec·tion meet·ing** *n* Wahlversammlung *f* **eˈlec·tion post·er** *n* Wahlplakat *nt* **eˈlec·tion re·sult** *n usu pl* Wahlergebnis *nt meist pl* **eˈlec·tion re·turns** *npl* Wahlergebnisse *pl* **eˈlec·tion speech** *n* Wahlrede *f*
elec·tive [ɪˈlektɪv] *adj* Wahl-
elec·tor [ɪˈlektəʳ] *n* Wähler(in) *m(f)*
elec·tor·al [ɪˈlektᵊrᵊl] *adj* Wahl-
elec·tor·ate [ɪˈlektᵊrət] *n + sing/pl vb* Wählerschaft *f*
elec·tric [ɪˈlektrɪk] *adj* ❶ (*powered*) elektrisch; ~ **motor** Elektromotor *m* ❷ (*live*) Strom- ❸ (*fig: exciting*) elektrisierend; *atmosphere* spannungsgeladen; *performance* mitreißend
elec·tri·cal [ɪˈlektrɪkᵊl] *adj* elektrisch
elec·tri·cian [ˌelɪkˈtrɪʃᵊn, ˌiːlek'-, AM ɪˌlek'-, ˌiːlek'-] *n* Elektriker(in) *m(f)*
elec·tric·ity [ˌelɪkˈtrɪsəti, ˌiːlek'-, AM ɪˌlek-ˈtrɪsət̬i, ˌiːlek'-] *n no pl* Elektrizität *f,* [elektrischer] Strom; **heated by ~** elektrisch beheizt
elec·ˈtric·ity board *n* BRIT Stromanbieter *m*
elec·tri·fy [ɪˈlektrɪfaɪ] *vt* ❶ TECH elektrifizieren ❷ (*fig*) elektrisieren
elec·tro·cute [ɪˈlektrəkjuːt] *vt* ❶ (*accidentally*) durch einen Stromschlag töten ❷ (*execute*) auf dem elektrischen Stuhl hinrichten
elec·tro·cu·tion [ɪˌlektrəˈkjuːʃᵊn] *n* ❶ (*accidentally*) Tötung *f* durch Stromschlag ❷ LAW Hinrichtung *f* durch den elektrischen Stuhl
elec·trode [ɪˈlektrəʊd, AM -troʊd] *n* Elektrode *f*
elec·troly·sis [ˌelɪkˈtrɒləsɪs, ˌiːlek'-, AM ɪˌlek-ˈtrɑːl-, ˌiːlek'-] *n no pl* Elektrolyse *f*
elec·tro·ˈmag·net *n* Elektromagnet *m*
elec·tro·mag·ˈnet·ic *adj* elektromagnetisch
elec·tron [ɪˈlektrɒn, AM -trɑːn] *n* Elektron *nt*
elec·tron·ic [ˌelekˈtrɒnɪk, ˌiːlek'-, AM ɪˌlek-ˈtrɑːn-, ˌiːlek'-] *adj* elektronisch
elec·tron·ics [ˌelekˈtrɒnɪks, ˌiːlek'-, AM ɪˌlek-ˈtrɑːn-, ˌiːlek'-] *n + sing/pl vb* Elektronik *f*
elec·tro·plate [ɪˈlektrə(ʊ)pleɪt, AM -troʊ-] *vt* galvanisieren; *cutlery* versilbern
el·egance [ˈelɪgᵊn(t)s] *n no pl* Eleganz *f*
el·egant [ˈelɪgᵊnt] *adj* elegant
el·egy [ˈelɪdʒi] *n* Elegie *f*
el·ement [ˈelɪmənt] *n* Element *nt*
el·ement·al [ˌelɪˈmentᵊl, AM -əˈment̬ᵊl] *adj* (*liter*) elementar
el·emen·ta·ry [ˌelɪˈmentᵊri, AM -əˈment̬ɚi] *adj* elementar; *mistake* grob
el·ephant [ˈelɪfənt] *n* Elefant *m*
el·ephan·tine [ˌelɪˈfæntaɪn] *adj* massig
el·evate [ˈelɪveɪt] *vt* ❶ (*lift*) [empor]heben; (*raise*) erhöhen ❷ (*fig*) erheben
el·evat·ed [ˈelɪveɪtɪd, AM -t̬-] *adj* ❶ (*raised*) erhöht, höher liegend ❷ (*important*) gehoben
el·eva·tion [ˌelɪˈveɪʃᵊn] *n* ❶ (*raised area*) [Boden]erhebung *f* ❷ (*promotion*) Beförderung *f;* (*to peerage*) Erhebung *f*
el·eva·tor [ˈelɪveɪt̬ɚ] *n* AM Aufzug *m,* Lift *m*
elev·en [ɪˈlevᵊn] **I.** *adj* elf **II.** *n* Elf *f; see also* **eight**
elev·en·ses [ɪˈlevᵊnzɪz] *npl* BRIT (*fam*) zweites Frühstück
elev·enth [ɪˈlevᵊnθ] **I.** *adj* elfte(r, s) **II.** *n* ❶ **the ~** der/die/das Elfte ❷ (*fraction*) Elftel *nt; see also* **eighth**
elf <*pl* elves> [elf] *n* Elf *m,* Elfe *f*
elic·it [ɪˈlɪsɪt] *vt* ❶ (*obtain*) ■**to ~ sth from sb** jdm etw entlocken ❷ (*provoke*) hervorrufen
eli·gibil·ity [ˌelɪdʒəˈbɪləti, AM -ət̬i] *n no pl* ❶ (*for job*) Eignung *f;* (*fitness*) Qualifikation *f* ❷ (*entitlement*) Berechtigung *f*
eli·gible [ˈelɪdʒəbl̩] *adj* ❶ (*qualified*) ■**to be ~** in Frage kommen; ■**to be ~ for** [*or* **to**] **sth** für etw *akk* qualifiziert sein ❷ (*entitled*) ■**to be ~ for** [*or* **to**] **sth** zu etw *dat* berechtigt sein ❸ (*desirable*) begehrt
elimi·nate [ɪˈlɪmɪneɪt] *vt* ❶ (*remove*) beseitigen; (*euph sl: murder*) eliminieren ❷ (*exclude*) ausschließen ❸ SPORTS ■**to be ~d** ausscheiden
elimi·na·tion [ɪˌlɪmɪˈneɪʃᵊn] *n no pl* Beseitigung *f;* **process of ~** Ausleseverfahren *nt*
elimi·ˈna·tion con·test *n* Wettbewerb *m* durch Ausscheidung **elimi·ˈna·tion tour·na·ment** *n* AM Ausscheidungswettkampf *m*
elite [ɪˈliːt] **I.** *n* Elite *f* **II.** *adj* Elite-
elit·ism [ɪˈliːtɪzᵊm, AM -t̬-] *n no pl* Elitedenken *nt*
elit·ist [ɪˈliːtɪst, AM -t̬-] *adj* elitär
elk <*pl* - *or* -s> [elk] *n* Elch *m*
el·lipse [ɪˈlɪps] *n* Ellipse *f*
el·lip·sis <*pl* -ses> [ɪˈlɪpsɪs, *pl* -siːz] *n* LIT, LING Ellipse *f*
el·lip·tic(al) [ɪˈlɪptɪk(ᵊl)] *adj* elliptisch
elm [elm] *n* Ulme *f*
elo·cu·tion [ˌeləˈkjuːʃᵊn] *n no pl* Sprechtechnik *f*
elon·gate [ˈiːlɒŋgeɪt, AM ɪˈlɑːŋ-] **I.** *vt* strecken **II.** *vi* länger werden
elope [ɪˈləʊp, AM -oʊp] *vi* durchbrennen *fam*
elope·ment [ɪˈləʊpmənt, AM -oʊp-] *n* Durchbrennen *nt fam*

E

E

elo·quence ['eləkwən(t)s] *n* Sprachgewandtheit *f*
elo·quent ['eləkwənt] *adj* sprachgewandt
El Sal·va·dor [ˌel'sælvədɔːʳ, AM -dɔːr] *n* El Salvador *nt*
else [els] *adv* ❶ (*other*) **I didn't tell anybody ~** ich habe es niemand anders erzählt; **anyone ~ would have left** jeder andere wäre gegangen; **anywhere ~** irgendwo anders; **she doesn't want to live anywhere ~** sie will nirgendwo anders leben; **everybody ~** alle anderen; **everything ~** alles andere; **everywhere ~** überall sonst; **nobody/nothing ~** niemand/nichts anders; **someone ~** jemand anders; **something ~** etwas anderes; **somewhere ~** woanders; **how/what/where/who/why ~ ...?** wie/was/wo/wer/warum sonst ...? ❷ (*additional*) sonst noch; **I don't want anyone ~ but you to come** ich will, dass außer dir [sonst] keiner kommt; **there's nothing ~ for me to do here** es gibt hier nichts mehr für mich zu tun; **nobody/nothing ~** sonst niemand/nichts; **someone/something ~** sonst noch jemand/etwas; **somewhere ~** noch woanders ❸ (*otherwise*) sonst; **or ~!** (*fam*) sonst gibt's was!
else·where ['els(h)weəʳ, AM -(h)wer] *adv* woanders
elu·ci·date [ɪ'luːsɪdeɪt] *vt* erklären
elude [ɪ'luːd] *vt* ❶ ■**to ~ sb** jdm entkommen ❷ (*fig*) ■**to ~ sb/sth** sich jdm/etw entziehen
elu·sive [ɪ'luːsɪv] *adj* ❶ (*evasive*) ausweichend ❷ (*hard to find*) schwer zu fassen
elves [elvz] *n pl of* **elf**
ema·ci·at·ed [ɪ'meɪsieɪtɪd, -ʃieɪ-, AM -sieɪt̬ɪd] *adj* [stark] abgemagert
email *n*, **e-mail** ['iːmeɪl] **I.** *n* E-Mail *f o* ÖSTERR, SCHWEIZ *nt* **II.** *vt* ■**to ~ sb sth** jdm etw [e-]mailen [*o* per E-Mail schicken]
'email ad·dress *n* E-Mail-Adresse *f*
ema·nate ['eməneɪt] **I.** *vi heat, light* ausstrahlen; *odour* ausgehen; *documents* stammen **II.** *vt* ausstrahlen; *confidence* verströmen
eman·ci·pat·ed [ɪ'mæn(t)sɪpeɪtɪd, AM -t̬-] *adj* ❶ SOCIOL emanzipiert ❷ POL frei[gelassen]
eman·ci·pa·tion [ɪˌmæn(t)sɪ'peɪʃᵊn] *n no pl* ❶ SOCIOL Emanzipation *f* ❷ POL Befreiung *f*
em·balm [ɪm'bɑːm, em'-, AM *esp* -em'-] *vt* [ein]balsamieren; *see also* **salmon**
em·bank·ment [ɪm'bæŋkmənt, em'-, AM *esp* em-] *n* Damm *m; of road* [Straßen]damm *m*, Böschung *f; of river* Uferdamm *m*
em·bar·go [ɪm'bɑːgəʊ, em'-, AM em'bɑːrgoʊ, ɪm-] **I.** *n* <*pl* -es> Embargo *nt* **II.** *vt* ■**to ~ sth** über etw *akk* ein Embargo verhängen
em·bark [ɪm'bɑːk, em'-, AM em'bɑːrk, ɪm'-] *vi* ❶ (*board*) sich einschiffen ❷ (*begin*) ■**to ~ [up]on sth** etw in Angriff nehmen
em·bar·ka·tion [ˌembɑː'keɪʃᵊn, AM -bɑːr'-] *n* Einschiffung *f*
em·bar·rass [ɪm'bærəs, AM em'ber-] *vt* in Verlegenheit bringen
em·bar·rassed [ɪm'bærəst, AM em'ber-] *adj* verlegen; **to feel ~** verlegen sein
em·bar·rass·ing [ɪm'bærəsɪŋ, AM em'ber-] *adj* peinlich; *generosity* beschämend
em·bar·rass·ment [ɪm'bærəsmənt, AM em'ber-] *n* (*instance*) Peinlichkeit *f;* (*feeling*) Verlegenheit *f;* ■**to be an ~ [to sb]** [jdm] peinlich sein; **to cause sb ~** jdn verlegen machen
em·bassy ['embəsi] *n* Botschaft *f*
em·bed <-dd-> [ɪm'bed, em'-, AM *esp* em'-] *vt* einlassen; (*fig*) verankern
em·bed·ded [ɪm'bedɪd, em'-, AM *esp* em'-] *adj* MIL, TV *journalist* eingebettet
em·bed·ding [em'bedɪŋ] *n no pl* MIL, TV **~ of journalists** Einbettung *f* von Journalisten
em·bel·lish [ɪm'belɪʃ, em'-, AM *esp* em'-] *vt* ❶ (*decorate*) schmücken ❷ (*fig*) *story* ausschmücken; *truth* beschönigen
em·bers ['embəz, AM 'embɚz] *npl* Glut *f*
em·bez·zle [ɪm'bezl̩, em'-, AM *esp* em'-] *vt* unterschlagen
em·bez·zle·ment [ɪm'bezl̩mənt, em'-, AM *esp* em'-] *n no pl* Unterschlagung *f*
em·bez·zler [ɪm'bezl̩əʳ, em'-, AM em'bezl̩ɚ, ɪm'-] *n* Veruntreuer(in) *m(f)*
em·bit·ter [ɪm'bɪtəʳ, em'-, AM em'bɪt̬ɚ, ɪm'-] *vt* verbittern
em·blem ['embləm] *n* Emblem *nt*
em·bodi·ment [ɪm'bɒdɪmənt, em'-, AM em'bɑːd-, ɪm'-] *n no pl* Verkörperung *f;* **the ~ of virtue** die Tugend selbst
em·body [ɪm'bɒdi, em'-, AM em'bɑːdi, ɪm'-] *vt* ❶ (*show*) zum Ausdruck bringen ❷ (*be incarnation of*) verkörpern
em·boss [ɪm'bɒs, em'-, AM em'bɑːs, ɪm'-] *vt* prägen
em·brace [ɪm'breɪs, em'-, AM *esp* em'-] **I.** *vt* ❶ umarmen ❷ (*fig*) [bereitwillig] übernehmen; *idea* aufgreifen **II.** *n* Umarmung *f*
em·bro·ca·tion [ˌembrə(ʊ)'keɪʃᵊn, AM -broʊ'-] *n* Einreibemittel *nt*
em·broi·der [ɪm'brɔɪdəʳ, em'-, AM em'brɔɪdɚ, ɪm'-] *vt, vi* sticken; *cloth* besticken; (*fig*) *story* ausschmücken
em·broi·dery [ɪm'brɔɪdᵊri, AM em'brɔɪdəri] *n* ❶ Stickerei *f* ❷ *no pl* (*fig*) Ausschmü-

ckungen *pl*

em·broil [ɪm'brɔɪl, em'-, AM *esp* em'-] *vt* verwickeln

em·bryo ['embriəʊ, AM -oʊ] *n* Embryo *m* ÖSTERR *a. nt*

em·bry·on·ic [ˌembri'ɒnɪk, AM -'ɑːn-] *adj* embryonal; (*fig*) unentwickelt

em·cee [ˌem'siː] *n* AM (*fam*) Conférencier *m;* TV Showmaster *m*

emend [ɪ'mend, iː'-] *vt* berichtigen

em·er·ald ['emərəld] *n* Smaragd *m*

emerge [ɪ'mɜːdʒ, iː'-, AM ɪ'mɜːrdʒ, iː'-] *vi* ① (*come out*) herauskommen (**from** aus +*dat*); ■**to ~ from behind sth** hinter etw *dat* hervorkommen ② (*surface*) auftauchen (**from** aus +*dat*) ③ (*fig: become known*) sich herausstellen; *truth* an den Tag kommen

emer·gence [ɪ'mɜːdʒən(t)s, iː'-, AM ɪ'mɜːr-, iː'-] *n no pl* Auftauchen *nt* (**from** aus +*dat*); *of circumstances* Auftreten *nt; of country* Entstehung *f; of facts* Bekanntwerden *nt; of ideas, trends* Aufkommen *nt*

emer·gen·cy [ɪ'mɜːdʒən(t)si, iː'-, AM ɪ'mɜːr-, iː'-] **I.** *n* ① Notfall *m* ② POL Notstand *m;* **state of ~** Ausnahmezustand *m* ③ AM (*emergency room*) Notaufnahme *f* **II.** *adj* Not-; **~ measures** Krisenmaßnahmen

emer·gent [ɪ'mɜːdʒənt, AM ɪ'mɜːr-] *adj* aufstrebend

e'merg·ing [ɪ'mɜːdʒɪŋ, iː'-, AM ɪ'mɜːr-] *adj* ① (*become known*) *problems* auftauchend ② (*developing*) *markets* aufstrebend

'em·ery board *n* Nagelfeile *f* **'em·ery pa·per** *n* Schmirgelpapier *nt*

emet·ic [ɪ'metɪk, AM -t̬-] *n* Brechmittel *nt*

emi·grant ['emɪgrənt] *n* Auswanderer(in) *m(f);* (*esp political*) Emigrant(in) *m(f)*

emi·grate ['emɪgreɪt] *vi* auswandern; (*esp political*) emigrieren

emi·gra·tion [ˌemɪ'greɪʃən] *n* Auswanderung *f;* (*esp political*) Emigration *f*

emi·nence ['emɪnən(t)s] *n no pl* hohes Ansehen

emi·nent ['emɪnənt] *adj* [hoch] angesehen

emi·nent·ly ['emɪnəntli] *adv* überaus

em·is·sary ['emɪsəri, AM -seri] *n* Emissär(in) *m(f)*

emis·sion [ɪ'mɪʃən, iː'-] *n* Emission *f,* Ausstoß *m; of gas, liquid, odour* Ausströmen *nt; of heat, light* Ausstrahlen *nt; of sparks* Versprühen *nt; of steam* Ablassen *nt; see also* **passion**

emit <-tt-> [ɪ'mɪt, iː-] *vt* abgeben; *fumes, smoke, cry* ausstoßen; *gas, odour* verströmen; *heat, radiation, sound* abgeben; *liquid* absondern; *rays* aussenden; *sparks* [ver]sprühen; *steam* ablassen

emolu·ment [ɪ'mɒljʊmənt, AM -'mɑːl-] *n* (*form*) Vergütung *f*

emo·ti·con [ɪ'məʊtɪkɒn, AM -'moʊt̬ɪkɑːn] *n* INET Emoticon *nt*

emo·tion [ɪ'məʊʃən, AM -'moʊ-] *n* Gefühl *nt*

emo·tion·al [ɪ'məʊʃənəl, AM -'moʊ-] *adj* ① emotional; *decision* gefühlsmäßig; *experience* erregend; *reception* herzlich; *speech* gefühlsbetont; *voice* gefühlvoll ② PSYCH *development* seelisch; *blackmail* psychologisch; *person* leicht erregbar

emo·tion·less [ɪ'məʊʃənləs, AM -'moʊ-] *adj* emotionslos; *face* ausdruckslos; *voice* gleichgültig

emo·tive [ɪ'məʊtɪv, AM -'moʊt̬-] *adj* emotional; **~ term** Reizwort *nt*

em·pa·thy ['empəθi] *n no pl* Empathie *f*

em·per·or ['empərəʳ, AM -ɚ] *n* Kaiser *m*

em·pha·sis <*pl* -ses> ['em(p)fəsɪs] *n* Betonung *f*

em·pha·size ['em(p)fəsaɪz] *vt* betonen

em·phat·ic [ɪm'fætɪk, em'-, AM em'fæt̬-, ɪm'-] *adj* nachdrücklich; *denial* entschieden; *victory* deutlich

em·phati·cal·ly [ɪm'fætɪkli, em'-, AM em'fæt̬-, ɪm'-] *adv* nachdrücklich; *reject* entschieden

em·pire ['empaɪəʳ, AM -ɚ] *n* Imperium *nt a. fig*

em·piri·cal [ɪm'pɪrɪkəl, em'-, AM *esp* em'-] *adj* erfahrungsmäßig

em·ploy [ɪm'plɔɪ, AM em'-] *vt* ① *worker* beschäftigen; (*staff*) einstellen ② (*fig: use*) anwenden; *means* einsetzen

em·ployee [ɪm'plɔiː, AM em'-] *n* Angestellte(r) *f(m);* (*vs employer*) Arbeitnehmer(in) *m(f);* ■**~s** *pl* (*in company*) Belegschaft *f*

em·ploy·er [ɪm'plɔɪəʳ, AM em'plɔɪɚ] *n* Arbeitgeber(in) *m(f)*

em·ploy·ment [ɪm'plɔɪmənt, AM em'-] *n no pl* ① (*having work*) Beschäftigung *f;* (*taking on*) Anstellung *f;* **in ~** erwerbstätig ② (*profession*) Beruf *m* ③ (*fig: use*) *of skill* Anwendung *f; of means* Einsatz *m; of concept* Verwendung *f*

em·'ploy·ment bu·reau *n* Stellenvermittlung *f*

em·po·rium <*pl* -s *or* -ia> [em'pɔːriəm, *pl* -riə] *n* (*shop*) Kaufhaus *nt;* (*market*) Handelszentrum *nt*

em·pow·er [ɪm'paʊəʳ, AM em'paʊɚ] *vt* ① (*strengthen*) [mental] stärken ② (*enable*) befähigen; (*authorize*) ermächtigen

em·pow·er·ment [ɪm'paʊəmənt, AM em'paʊɚ-] *n no pl* Bevollmächtigung *f;* (*strengthening*) Stärkung *f*

E

em·press <*pl* -es> ['emprəs] *n* Kaiserin *f*
emp·ti·ness ['em(p)tɪnəs] *n no pl* Leere *f*
emp·ty ['em(p)ti] **I.** *adj* leer *a. fig; house* leer stehend; *seat* frei; *stomach* nüchtern **II.** *vt* <-ie-> [ent]leeren; (*pour*) schütten; *bottle* ausleeren **III.** *vi* <-ie-> sich leeren **IV.** *n* ■**empties** *pl* Leergut *nt* ◆**empty out I.** *vt* ausleeren **II.** *vi* sich leeren
emp·ty-'hand·ed *adj* mit leeren Händen *nach n* **emp·ty-'head·ed** *adj* hohlköpfig
emp·ty 'weight *n* Leergewicht *nt*
emu <*pl* - *or* -s> ['iːmjuː] *n* Emu *m*
EMU [ˌiːem'juː] *n no pl, + sing/pl vb* ECON *abbrev of* **European Monetary Union** EWU *f*
emu·late ['emjəleɪt] *vt* nacheifern +*dat*
emu·la·tion [ˌemjə'leɪʃᵊn] *n no pl* Nacheifern *nt;* COMPUT Emulation *f*
emul·si·fier [ɪ'mʌlsɪfaɪəʳ, AM -ɚ] *n* Emulgator *m*
emul·sion [ɪ'mʌlʃᵊn] *n* ❶ (*mixture*) Emulsion *f* ❷ BRIT (*paint*) Dispersionsfarbe *f*
en·able [ɪ'neɪbl̩] *vt* ❶ ■**to ~ sb to do sth** jdm ermöglichen, etw zu tun ❷ COMPUT aktivieren
en·act [ɪ'nækt] *vt* ❶ LAW erlassen ❷ (*perform*) ausführen ❸ THEAT *part* spielen; *play* aufführen
enam·el [ɪ'næmᵊl] **I.** *n* ❶ (*substance*) Email *nt;* (*paint*) Emaillelack *m* ❷ (*dental*) Zahnschmelz *m* **II.** *vt* <BRIT -ll- *or* AM *usu* -l-> emaillieren
en·am·oured, AM **en·am·ored** [ɪ'næməʳd, AM -ɚd] *adj* begeistert (**of, with** von +*dat*)
enc. *see* **encl.**
en·camp [ɪn'kæmp, AM en'-] *vi* das Lager aufschlagen
en·camp·ment [ɪn'kæmpmənt, AM en'-] *n* Lager *nt*
en·cap·su·late [ɪn'kæpsjəleɪt, AM en'-] *vt* ❶ ummanteln ❷ (*fig*) zusammenfassen
en·case [ɪn'keɪs, AM en'-] *vt* ■**to be ~d** ummantelt sein; *waste* eingeschlossen sein
en·cash [ɪn'kæʃ] *vt* ECON, FIN *cheque* einlösen
en·cepha·li·tis [ˌenkefə'laɪtɪs, AM enˌsefə'laɪt̬ɪs] *n* Gehirnentzündung *f*
en·chant [ɪn'tʃɑːnt, AM en'tʃænt] *vt* (*delight*) entzücken; (*bewitch*) verzaubern
en·chant·ing [ɪn'tʃɑːntɪŋ, AM en'tʃænt̬-] *adj* (*delightful*) bezaubernd; (*bewitching*) entzückend
en·chant·ment [ɪn'tʃɑːntmənt, AM en'tʃænt-] *n* (*delight*) Entzücken *nt;* (*charm*) Zauber *m*
en·chant·ress <*pl* -es> [ɪn'tʃɑːntrɪs, AM en'tʃænt-] *n* Zauberin *f*
en·ci·pher [ɪn'saɪfəʳ, AM en'saɪfɚ] *vt* chiffrieren
en·cir·cle [ɪn'sɜːkl̩, AM en'sɜːr-] *vt* umgeben; MIL einkesseln, umzingeln
encl. *adj, n abbrev of* **enclosed, enclosure** Anl.
en·close [ɪn'kləʊz, AM en'kloʊz] *vt* ❶ (*surround*) umgeben; (*shut in*) einschließen ❷ *mail* beilegen
en·closed [ɪn'kləʊzd, AM en'kloʊzd] *adj* (*separated*) abgegrenzt; (*surrounded by fence*) eingezäunt, eingefriedet; (*shut in*) eingeschlossen
en·clo·sure [ɪn'kləʊʒəʳ, AM en'kloʊʒɚ] *n* ❶ (*area*) eingezäuntes Grundstück; (*for animals*) Gehege *nt* ❷ (*item*) Anlage *f*
en·code [ɪn'kəʊd, AM en'koʊd] *vt* kodieren
en·com·pass [ɪn'kʌmpəs, AM en'-] *vt* umfassen
en·core ['ɒŋkɔːʳ, AM 'ɑːnkɔːr] *n* Zugabe *f*
en·coun·ter [ɪn'kaʊntəʳ, AM en'kaʊnt̬ɚ] **I.** *vt* ❶ (*experience*) stoßen (auf +*akk*) ❷ (*meet*) [unerwartet] treffen **II.** *n* Begegnung *f;* MIL Zusammenstoß *m*
en·cour·age [ɪn'kʌrɪdʒ, AM en'kɜːr-] *vt* ❶ (*give courage*) zusprechen +*dat;* (*give confidence*) ermutigen; (*give hope*) unterstützen ❷ (*urge*) ■**to ~ sb to do sth** jdn [dazu] ermuntern, etw zu tun; (*advise*) jdm [dazu] raten, etw zu tun ❸ (*promote*) fördern
en·cour·age·ment [ɪn'kʌrɪdʒmənt, AM en'kɜːr-] *n no pl* (*incitement*) Ermutigung *f;* (*urging*) Ermunterung *f;* SPORTS Anfeuerung *f;* (*support*) Unterstützung *f;* **to give sb ~** jdn ermutigen
en·cour·ag·ing [ɪn'kʌrɪdʒɪŋ, AM en'kɜːr-] *adj* ermutigend
en·croach [ɪn'krəʊtʃ, AM en'kroʊ-] *vi* ■**to ~ [up]on sb** zu jdm vordringen; ■**to ~ [up]on sth** in etw *akk* eindringen
en·croach·ment [ɪn'krəʊtʃmənt, AM en'kroʊ-] *n* Übergriff *m* (**on** auf +*akk*); (*interference*) Eingriff *m* (**on** in +*akk*); (*intrusion*) Eindringen *nt* (**on** in +*akk*)
en·cryp·tion [ɪn'krɪpʃᵊn, AM en'-] *n no pl* Verschlüsselung *f*
en·cum·ber [ɪn'kʌmbəʳ, AM en'kʌmbɚ] *vt* ■**to be ~ed with sth** (*burdened*) mit etw *dat* belastet sein; (*impeded*) durch etw *akk* behindert sein
en·cy·clo·pae·dia, AM **en·cy·clo·pe·dia** [ɪnˌsaɪklə'piːdiə, AM en'-] *n* Lexikon *nt*
en·cyc·lo·pae·dic, AM **en·cyc·lo·pe·dic** [ɪnˌsaɪklə'piːdɪk, AM en'-] *adj* universal
end [end] **I.** *n* ❶ Ende *nt;* (*completion*) Schluss *m;* **for hours on ~** stundenlang; **at the ~ of one's patience** mit seiner Geduld am Ende; **no ~ of trouble** reichlich

Ärger; ~ **to** ~ der Länge nach; ~ **on** [*or* **on** ~] hochkant ② *usu pl* (*aims*) Ziel *nt;* (*purpose*) Zweck *m* ③ SPORTS [Spielfeld]hälfte *f* ▶ PHRASES: **to become an ~ in itself** [zum] Selbstzweck werden; **at the ~ of the day** [*or* **in the ~**] (*all considered*) letzten Endes; (*finally*) schließlich; **to go off the deep ~** hochgehen; **to make ~s meet** mit seinem Geld zurechtkommen; **~ of story** [und] Schluss; **to throw sb in at the deep ~** jdn ins kalte Wasser werfen **II.** *vt* beenden **III.** *vi* enden; **to ~ in a draw** unentschieden ausgehen ◆**end up** *vi* enden; **to ~ up teaching** schließlich Lehrer/Lehrerin werden; **to ~ up in prison** [schließlich] im Gefängnis landen

en·dan·ger [ɪn'deɪndʒəʳ, AM en'deɪndʒɚ] *vt* gefährden; **an ~ed species** eine vom Aussterben bedrohte Art

en·dear [ɪn'dɪəʳ, AM en'dɪr] *vt* ■**to ~ oneself to sb** sich bei jdm beliebt machen

en·dear·ing [ɪn'dɪəʳɪŋ, AM en'dɪr-] *adj* lieb[enswert]; *smile* gewinnend

en·dear·ment [ɪn'dɪəʳmənt, AM en'dɪr-] *n* Zärtlichkeit *f*

en·deav·our, AM **en·deav·or** [ɪn'devəʳ, AM en'devɚ] **I.** *vi* sich bemühen **II.** *n* Bemühung *f*

en·dem·ic [en'demɪk] *adj* endemisch

end·ing ['endɪŋ] *n* ① (*last part*) Ende *nt,* Schluss *m; of day* Abschluss *m; of story, book* Ausgang *m;* **happy ~** Happyend *nt* ② LING Endung *f*

en·dive ['endaɪv, -dɪv, AM 'endaɪv] *n* ① Endivie *f* ② AM Chicorée *m*

end·less ['endləs] *adj* endlos; (*countless*) unzählig

en·dor·phin [en'dɔːfɪn, AM -'dɔːr-] *n* Endorphin *nt;* **~ rush** Endorphinausschüttung *f*

en·dorse [ɪn'dɔːs, AM en'dɔːrs] *vt* (*approve*) billigen; (*promote*) unterstützen

en·dorse·ment [ɪn'dɔːsmənt, AM en'dɔːrs-] *n* ① (*support*) Billigung *f;* COMM Befürwortung *f* ② BRIT LAW Strafvermerk *m* (*im Führerschein*)

en·dow [ɪn'daʊ, AM en'-] *vt* ① (*give income to*) über eine Stiftung finanzieren; *prize* stiften ② (*give feature*) ■**to be ~ed with sth** mit etw *dat* ausgestattet sein

en·dow·ment [ɪn'daʊmənt, AM en'-] *n* FIN Stiftung *f*

end 'prod·uct *n* Endprodukt *nt;* (*fig*) Resultat *nt*

en·dur·able [ɪn'djʊərəbl̩, AM en'dʊrə-, -djʊr-] *adj* erträglich

en·dur·ance [ɪn'djʊərᵊn(t)s, AM en'dʊrᵊn(t)s, -djʊr-] *n no pl* Ausdauer *f,* Durchhaltevermögen *nt*

en·dure [ɪn'djʊəʳ, AM en'dʊr, -djʊr] **I.** *vt* (*tolerate*) ertragen; (*suffer*) erleiden **II.** *vi* fortdauern

en·dur·ing [ɪn'djʊəʳɪŋ, AM en'dʊr-, -djʊr-] *adj* dauerhaft

end 'user *n* Endverbraucher(in) *m(f)*

ENE *abbrev of* **east-north-east** ONO

en·ema <*pl* -s *or* -ta> ['enɪmə, *pl* ɪ'nemətə] *n* MED Einlauf *m*

en·emy ['enəmi] **I.** *adj* feindlich; **~ action** Feindeinwirkung *f* **II.** *n* Feind(in) *m(f)*

Grammatik

Wenn man von **the enemy** im Sinne von einer Einheit spricht, wird es mit einem Verb im Singular gebraucht: *the enemy has fallen*
Wenn man jedoch von den einzelnen Gruppenmitgliedern sprechen will, wird **the enemy** mit einem Verb im Plural gebraucht: *they are the new enemy*

en·er·get·ic [ˌenə'dʒetɪk, AM -ɚ'dʒet̬-] *adj* ① voller Energie *nach n,* energiegeladen, schwungvoll; (*resolute*) energisch ② (*overactive*) anstrengend

en·er·gize ['enədʒaɪz, AM 'enɚ-] *vt* ① ELEC unter Strom setzen ② (*fig*) neue Energie geben +*dat*

en·er·gy ['enədʒi, AM 'enɚ-] *n* ① *no pl* (*vigour*) Energie *f,* Kraft *f* ② SCI Energie *f;* **~ crisis** Energiekrise *f;* **sources of ~** Energiequellen *pl*

'en·er·gy re·sources *npl* Energieressourcen *pl* **'en·er·gy-sav·ing** *adj* energiesparend

en·force [ɪn'fɔːs, AM en'fɔːrs] *vt* durchsetzen, erzwingen

en·force·able [ɪn'fɔːsəbl̩, AM en'fɔːr-] *adj* durchsetzbar

en·force·ment [ɪn'fɔːsmənt, AM en'fɔːr-] *n no pl* Erzwingung *f; of regulation* Durchsetzung *f; of law* Vollstreckung *f*

en·fran·chise [ɪn'fræn(t)ʃaɪz, AM en'-] *vt* ■**to ~ sb** jdm das Wahlrecht verleihen

en·gage [ɪn'geɪdʒ, AM en'-] **I.** *vt* ① (*employ*) anstellen; *actor* engagieren; **to ~ a lawyer** sich *dat* einen Anwalt nehmen ② (*involve*) **to ~ sb in a conversation** jdn in ein Gespräch verwickeln ③ (*mesh*) einschalten; TECH greifen; **to ~ a gear** einen Gang einlegen ④ MIL angreifen **II.** *vi* ① ■**to ~ in sth** sich an etw *dat* beteiligen; **to ~ in conversation** sich unterhalten; **to ~ in espionage** Spionage betreiben ② TECH eingreifen

en·gaged [ɪn'geɪdʒd, AM en'-] *adj* ① (*busy*) beschäftigt; *toilet, phone* besetzt ② (*fiancé*) verlobt; **to get** [*or* **become**] ~

E

E

[**to sb**] sich [mit jdm] verloben
en·gage·ment [ɪn'geɪdʒmənt, AM en'-] *n* ❶ (*appointment*) Verabredung *f* ❷ (*to marry*) Verlobung *f* (**to** mit +*dat*)
en·'gage·ment book, en·'gage·ment dia·ry *n* Terminkalender *m* **en·'gage·ment ring** *n* Verlobungsring *m*
en·gag·ing [ɪn'geɪdʒɪŋ, AM en'-] *adj* bezaubernd; *manner* einnehmend; *smile* gewinnend
en·gine ['endʒɪn] *n* Motor *m;* AVIAT Triebwerk *nt;* RAIL Lok[omotive] *f*
en·gi·neer [ˌendʒɪ'nɪəʳ, AM -'nɪr] **I.** *n* ❶ Ingenieur(in) *m(f);* MIL Pionier *m;* **civil/electrical/mechanical ~** Bau-/Elektro-/Maschinenbauingenieur(in) *m(f)* ❷ AM (*train driver*) Lok[omotiv]führer(in) *m(f)* **II.** *vt* ❶ (*build*) konstruieren ❷ (*fig: contrive*) arrangieren
en·gi·neer·ing [ˌendʒɪ'nɪəʳɪŋ, AM -'nɪrɪŋ] *n no pl* Technik *f,* Ingenieurwissenschaft *f;* (*mechanical engineering*) Maschinenbau *m*
Eng·land ['ɪŋglənd] *n* England *nt*
Eng·lish ['ɪŋglɪʃ] **I.** *n* ❶ *no pl* (*language*) Englisch *nt* ❷ (*people*) ▪**the ~** *pl* die Engländer **II.** *adj* englisch; **~ department** UNIV Institut *nt* für Anglistik
Eng·lish 'break·fast *n typisch englisches Frühstück mit Frühstückszerealien, Spiegeleiern, gebratenen Tomaten, Pilzen, Speck, Würstchen sowie Toast und Marmelade* **'Eng·lish·man** *n* Engländer *m* **English-'speak·ing** *adj* englischsprachig **'Eng·lish·wom·an** *n* Engländerin *f*
en·grave [ɪn'greɪv, AM en'-] *vt* [ein]gravieren; (*on stone*) einmeißeln; (*on wood*) einschnitzen; (*fig*) sich *dat* einprägen
en·grav·er [ɪn'greɪvəʳ, AM en'greɪvɚ] *n* Graveur(in) *m(f);* (*of stone*) Steinhauer(in) *m(f);* (*of wood*) Holzschneider(in) *m(f)*
en·grav·ing [ɪn'greɪvɪŋ, AM en'-] *n* ❶ (*print*) Stich *m;* (*from wood*) Holzschnitt *m* ❷ (*design*) Gravierung *f,* Gravur *f* ❸ *no pl* (*art*) Gravierkunst *f*
en·gross [ɪn'grəʊs, AM en'groʊs] *vt* fesseln; **to be ~ed in sth** in etw *akk* vertieft sein
en·gulf [ɪn'gʌlf, AM en'-] *vt* verschlingen
en·hance [ɪn'hɑːn(t)s, AM -'hæn(t)s] *vt* (*improve*) verbessern; (*intensify*) hervorheben
enig·ma [ɪ'nɪgmə] *n* Rätsel *nt*
en·ig·mat·ic(al) [ɪ'nɪgmætɪk(əl), AM -mæt̬-] *adj* rätselhaft
en·jamb(e)·ment [ɪn'dʒæm(b)mənt, AM en'-] *n* LIT Enjambement *nt*
en·joy [ɪn'dʒɔɪ, AM en'-] *vt* genießen; **did you ~ the film?** hat dir der Film gefallen?; ▪**to ~ doing sth** etw gern[e] tun; ▪**to ~ oneself** sich amüsieren; **~ yourself!** viel Spaß!
en·joy·able [ɪn'dʒɔɪəbl̩, AM en'-] *adj* angenehm, nett; (*entertaining*) unterhaltsam
en·joy·ment [ɪn'dʒɔɪmənt, AM en'-] *n no pl* Vergnügen *nt,* Spaß *m* (**of** an +*dat*)
en·large [ɪn'lɑːdʒ, AM en'lɑːrdʒ] **I.** *vt* vergrößern; (*expand*) erweitern **II.** *vi* ❶ ▪**to ~ [up]on sth** sich zu etw *dat* ausführlich äußern ❷ (*grow*) sich vergrößern
en·large·ment [ɪn'lɑːdʒmənt, AM en'lɑːrdʒ-] *n* Vergrößerung *f;* (*expansion*) Erweiterung *f*
en·light·en [ɪn'laɪtən, AM en'-] *vt* aufklären
en·light·ened [ɪn'laɪtənd, AM en'-] *adj* aufgeklärt
en·light·en·ment [ɪn'laɪtənmənt, AM en'-] *n no pl* ❶ PHILOS ▪**the E~** die Aufklärung ❷ (*information*) aufklärende Information
en·list [ɪn'lɪst, AM en'-] **I.** *vi* MIL sich melden **II.** *vt person* anwerben; *support* gewinnen
en·liv·en [ɪn'laɪvən, AM en'-] *vt* beleben
en masse [ɑ̃(m)'mæs, AM ɑːn'-] *adv* alle zusammen
en·mesh [ɪn'meʃ, AM en'-] *vt* ▪**to become ~ed in sth** sich in etw *akk* verfangen *a. fig*
en·mity ['enməti, AM -t̬-] *n* Feindschaft *f*
enor·mity [ɪ'nɔːməti, AM -'nɔːrmət̬i] *n* ungeheures Ausmaß; *of task* ungeheure Größe
enor·mous [ɪ'nɔːməs, AM -'nɔːr-] *adj* enorm; *size* riesig; *mountain* gewaltig; *difficulties* ungeheuer
enough [ɪ'nʌf] **I.** *adj* genug, genügend; **that should be ~** das dürfte reichen; **just ~ room** gerade Platz genug **II.** *adv* ❶ (*adequately*) genug; **are you warm ~?** ist es dir warm genug? ❷ (*quite*) **he seems nice ~** er scheint so weit recht nett zu sein; **curiously ~** seltsamerweise **III.** *pron no pl* ❶ (*sufficient quantity*) genug; **there's ~ for everybody** es ist für alle genug da ❷ (*too much*) **that is quite ~** das ist mehr als genug; **that's ~!** jetzt reicht es!; *see also* **cough**
en·quire [ɪn'kwaɪəʳ, AM en'kwaɪɚ] *vi* sich erkundigen (**about, after** nach +*dat*); ▪**to ~ into sth** etw untersuchen
en·quiry [ɪn'kwaɪəri, AM en'-] *n* ❶ (*question*) Anfrage *f,* Erkundigung *f;* **on ~** auf Anfrage ❷ (*investigation*) Untersuchung *f;* **to make enquiries** Nachforschungen anstellen
en·rage [ɪn'reɪdʒ, AM en'-] *vt* wütend machen
en·raged [ɪn'reɪdʒd, AM en'-] *adj* wütend
en·rich [ɪn'rɪtʃ, AM en'-] *vt* ❶ (*improve*) bereichern ❷ (*make richer*) reich machen;

■**to ~ oneself** sich bereichern

en·rol <-ll->, AM **en·roll** [ɪn'rəʊl, AM en'roʊl] **I.** *vi* sich einschreiben; *for course* sich anmelden **II.** *vt* aufnehmen

en·rol·ment, AM **en·roll·ment** [ɪn'rəʊl-, AM en'roʊlmənt] *n* ❶ (*act*) Einschreibung *f;* (*for course*) Anmeldung *f* ❷ AM (*students*) Studentenzahl *f*

en route [ˌɑ̃:(n)'ru:t, AM ˌɑ:n'-] *adv* unterwegs

en·sem·ble [ɑ̃:(n)'sɑ̃:(m)bəl, AM ɑ:n'sɑ:m-] *n* Ensemble *nt*

en·sign ['ensaɪn] *n* ❶ (*flag*) Schiffsflagge *f* ❷ MIL Fähnrich *m* zur See

en·slave [ɪn'sleɪv, AM en'-] *vt* zum Sklaven machen

en·snare [ɪn'sneəʳ, AM en'sner] *vt* (*liter*) fangen

en·sue [ɪn'sju:, AM en'su:] *vi* folgen

en·su·ing [ɪn'sju:ɪŋ, AM en'su:-] *adj* [darauf]folgend

en suite [ˌɑ̃:(n)'swi:t, AM ˌɑ:n'-] **I.** *adv* **room with a bathroom ~** Zimmer *nt* mit eigenem Bad **II.** *n* Zimmer *nt* mit Bad

en suite 'bath·room *n* angeschlossenes Badezimmer

en·sure [ɪn'ʃɔ:ʳ, AM en'ʃʊr] *vt* sicherstellen; (*guarantee*) garantieren

en·tail [ɪn'teɪl, AM en'-] *vt* mit sich bringen

en·tan·gle [ɪn'tæŋgḷ, AM en'-] *vt* **to get** [*or* **become**] **~d in sth** sich in etw *dat* verfangen; (*fig*) sich in etw *akk* verwickeln

en·tan·gle·ment [ɪn'tæŋgḷmənt, AM en'-] *n* Verfangen *nt;* (*fig*) Verwicklung *f*

en·ter ['entəʳ, AM -ɚ] **I.** *vt* ❶ (*go into*) hineingehen in *+akk; building, room* betreten; *phase* eintreten in *+akk;* (*penetrate*) eindringen in *+akk* ❷ (*insert*) *data* eingeben; (*in register*) eintragen ❸ (*join*) beitreten *+dat;* ■**to ~ sb for sth** jdn für etw *akk* anmelden **II.** *vi* ❶ THEAT auftreten ❷ (*register*) ■**to ~ for sth** sich für etw *akk* [an]melden ❸ (*bind oneself to*) **to ~ into an alliance** ein Bündnis schließen; **to ~ into negotiations** in Verhandlungen eintreten

'en·ter key *n* COMPUT Eingabetaste *f*

en·ter·prise ['entəpraɪz, AM -t̬ɚ-] *n* ❶ Unternehmen *nt;* **private ~** Privatwirtschaft *f* ❷ *no pl* (*initiative*) Unternehmungsgeist *m*

en·ter·pris·ing ['entəpraɪzɪŋ, AM -t̬ɚ-] *adj* (*adventurous*) unternehmungslustig; (*ingenious*) einfallsreich; *businessman* rührig; *idea* kühn

en·ter·tain [ˌentə'teɪn, AM -t̬ɚ'-] **I.** *vt* ❶ (*amuse*) unterhalten ❷ (*invite*) zu sich einladen; (*give meal*) bewirten **II.** *vi* Gäste haben

en·ter·tain·er [ˌentə'teɪnəʳ, AM -t̬ɚ'teɪnɚ] *n* Entertainer(in) *m(f)*

en·ter·tain·ing [ˌentə'teɪnɪŋ, AM -t̬ɚ'-] **I.** *adj* unterhaltsam **II.** *n no pl* **to do a lot of ~** häufig Leute bewirten

en·ter·tain·ment [ˌentə'teɪnmənt, AM -t̬ɚ'-] *n* Unterhaltung *f*

en·thral <-ll->, AM *usu* **en·thrall** [ɪn'θrɔ:l, AM en'-] *vt* packen

en·thuse [ɪn'θju:z, AM en'θu:z] **I.** *vi* schwärmen (**about, over** von *+dat*) **II.** *vt* begeistern (**with** für *+akk*)

en·thu·si·asm [ɪn'θju:ziæzəm, AM en'θu:-] *n* Begeisterung *f*

en·thu·si·ast [ɪn'θju:ziæst, AM en'θu:-] *n* Enthusiast(in) *m(f)*

en·thu·si·as·tic [ɪn'θju:ziæstɪk, AM en'θu:-] *adj* enthusiastisch, begeistert (**about** von *+dat*)

en·tice [ɪn'taɪs, AM en'-] *vt* ■**to ~ sb** [**away from sth**] jdn [von etw *akk* weg]locken; ■**to ~ sb to do sth** jdn dazu verleiten, etw zu tun

en·tice·ment [ɪn'taɪsmənt, AM en'-] *n* (*allurement*) Verlockung *f;* (*lure*) Lockmittel *nt*

en·tic·ing [ɪn'taɪsɪŋ, AM en'-] *adj* verlockend

en·tire [ɪn'taɪəʳ, AM en'taɪɚ] *adj* (*whole*) ganz; (*complete*) vollständig

en·tire·ly [ɪn'taɪəʳli, AM en'taɪɚli] *adv* ganz; *agree* völlig

en·tirety [ɪn'taɪ(ə)rəti, AM en'taɪrət̬i] *n no pl* Gesamtheit *f*

en·ti·tle [ɪn'taɪtḷ, AM en'taɪt̬ḷ] *vt* ■**to be ~d to do sth** dazu berechtigt sein, etw zu tun

en·ti·tle·ment [ɪn'taɪtḷmənt, AM en'taɪt̬ḷ-] *n no pl* (*right*) Berechtigung *f* (**to** zu *+dat*); (*claim*) Anspruch *m* (**to** auf *+akk*)

en·tity ['entɪti, AM -t̬ət̬i] *n* Einheit *f*

ento·mol·ogy [ˌentə'mɒlədʒi, AM -t̬ə'mɑ:lə-] *n no pl* Insektenkunde *f*

en·tou·rage ['ɒntʊrɑ:ʒ, AM ˌɑ:ntʊ'rɑ:ʒ] *n* Gefolge *nt*

en·trails ['entreɪlz] *npl* Eingeweide *pl*

en·trance[1] ['entrən(t)s] *n* ❶ (*door*) Eingang *m;* (*for vehicle*) Einfahrt *f* ❷ *no pl* (*entering*) Eintritt *m* ❸ THEAT Auftritt *m;* **to make one's ~** auftreten *a. fig* ❹ (*right to enter*) Eintritt *m;* (*right to admission*) Aufnahme *f*

en·trance[2] [ɪn'trɑ:n(t)s, AM en'træn(t)s] *vt* entzücken

'en·trance ex·ami·na·tion *n* Aufnahmeprüfung *f* **'en·trance fee** *n* Eintritt *m,* ÖSTERR *a.* Entree *nt;* (*for competition*) Teilnahmegebühr *f;* (*for membership*) Aufnahmegebühr *f* **'en·trance form** *n* Antragsformular *nt;* (*for competition*) Teilnahmeformular *nt* **'en·trance hall** *n* Eingangshalle *f* **'en·trance re·quire·ment** *n* Aufnahmebedingung *f*

en·trant ['entrənt] *n* Teilnehmer(in) *m(f)*

en·treat [ɪn'tri:t, AM en'-] *vt* anflehen

en·trée ['ɑ̃:(n)treɪ, AM 'ɑ:n-] *n* ❶ BRIT Vorspeise *f* ❷ AM Hauptgericht *nt*

en·trenched [ɪn'tren(t)ʃt, AM en'-] *adj* verwurzelt; *prejudice* festgesetzt; *behaviour* eingebürgert

E

en·tre·pre·neur [ˌɒntrəprə'nɜ:ʳ, AM ˌɑ:ntrəprə'nɜ:r] *n* Unternehmer(in) *m(f)*

en·tre·pre·neur·ial [ˌɒntrəprə'nɜ:riəl, AM ˌɑ:ntrəprə'nɜ:r-] *adj* unternehmerisch

en·tre·pre·neur·ial 'spir·it *n no pl* Unternehmergeist *m*

en·tre·pre·neur·ship [ˌɒntrəprə'nɜ:rʃɪp, AM ˌɑ:ntrəprə'nɜ:r-] *n* Unternehmertum *nt*

en·trust [ɪn'trʌst, AM en'-] *vt* ■**to ~ sth to sb** [*or* **sb with sth**] jdm etw anvertrauen; **to ~ a task to sb** jdn mit einer Aufgabe betrauen

en·try ['entri] *n* ❶ (*entering*) Eintritt *m;* (*by car*) Einfahrt *f;* (*into country*) Einreise *f;* (*into organization or activity*) Aufnahme *f;* **'no ~'** „Zutritt verboten" ❷ (*entrance*) Eingang *m;* (*by car*) Einfahrt *f* ❸ (*right of entry*) Zugang *m,* Zutritt *m* (**into** zu +*dat*) ❹ (*data*) Eintrag *m*

'en·try fee *n* Eintritt *m,* ÖSTERR *a.* Entree *nt;* (*for competition*) Teilnahmegebühr *f;* (*for membership*) Aufnahmegebühr *f* **'en·try form** *n* Antragsformular *nt;* (*for competition*) Teilnahmeformular *nt* **'en·try per·mit** *n* Passierschein *m;* (*into country*) Einreiseerlaubnis *f,* Einreisegenehmigung *f* **'en·try·phone** *n* BRIT [Tür]sprechanlage *f* **'en·try test** *n* Zulassungstest *m*

en·twine [ɪn'twaɪn, AM *esp* en'-] *vt* [miteinander] verflechten

enu·mer·ate [ɪ'nju:mᵊreɪt, AM ɪ'nu:mər-] *vt* aufzählen

enun·ci·ate [ɪ'nʌn(t)sieɪt] **I.** *vi* sich artikulieren; **to ~ clearly** deutlich sprechen **II.** *vt* aussprechen

en·vel·op [ɪn'veləp, en'-, AM en'-, ɪn'-] *vt* einhüllen

en·velope ['envələʊp, AM -loʊp] *n* Briefumschlag *m*

en·vi·able ['enviəbl̩] *adj* beneidenswert

en·vi·ous ['enviəs] *adj* neidisch (**of** auf +*akk*)

en·vi·ron·ment [ɪn'vaɪ(ə)rᵊnmənt, AM en'vaɪrᵊn-] *n* ❶ *no pl* ECOL ■**the ~** die Umwelt ❷ (*surroundings*) Umgebung *f; social* Milieu *nt*

en·vi·ron·men·tal [ɪnˌvaɪ(ə)rᵊn'mentᵊl, AM enˌvaɪrən'men t̬ᵊl] *adj* Umwelt-

en·vi·ron·men·tal·ist [ɪnˌvaɪ(ə)rᵊn'mentᵊlɪst, AM enˌvaɪrən'ment̬ᵊl-] *n* Umweltschützer(in) *m(f)*

en·vi·ron·men·tal·ly [ɪnˌvaɪ(ə)rᵊn'mentᵊli, AM enˌvaɪrən'ment̬ᵊli] *adv* ~ **damaging** umweltschädlich

en·vi·ron·ment-'friend·ly *adj* umweltfreundlich

en·vi·rons [ɪn'vaɪ(ə)rᵊnz, AM en'vaɪrᵊnz] *npl* (*form*) Umgebung *f kein pl*

en·vis·age [ɪn'vɪzɪdʒ, en'-, AM en'-, ɪn'-], **en·vi·sion** [ɪn'vɪʒᵊn, en'-, AM en'-, ɪn'-] *vt* sich *dat* vorstellen; ■**to ~ doing sth** vorhaben, etw zu tun

en·voy ['envɔɪ, AM 'ɑ:n-] *n* Gesandte(r) *f(m);* **special ~** Sonderbeauftragte(r) *f(m)*

envy ['envi] **I.** *n no pl* Neid *m* (**of** auf +*akk*); **to feel ~ towards sb** auf jdn neidisch sein; **he's the ~ of the school with his new car** die ganze Schule beneidet ihn um sein neues Auto **II.** *vt* <-ie-> ■**to ~ sb sth** [*or* **sb for sth**] jdn um etw *akk* beneiden

en·zyme ['enzaɪm] *n* Enzym *nt*

ephem·er·al [ɪ'femᵊrᵊl, AM -əᵊl] *adj* kurzlebig

epic ['epɪk] **I.** *n* Epos *nt* **II.** *adj* ❶ episch; *poem* erzählend; **~ poet** Epiker(in) *m(f)* ❷ (*fig*) schwierig und abenteuerlich; *struggle* heroisch

epi·cen·tre, AM **epi·cen·ter** ['epɪsentəʳ, AM -t̬ə] *n* Epizentrum *nt*

epi·dem·ic [ˌepɪ'demɪk, AM -ə'-] **I.** *n* Epidemie *f* **II.** *adj* epidemisch *a. fig*

epi·gram ['epɪgræm, AM -pə-] *n* Epigramm *nt*

epi·lep·sy ['epɪlepsi] *n no pl* Epilepsie *f*

epi·lep·tic [ˌepɪ'leptɪk] **I.** *n* Epileptiker(in) *m(f)* **II.** *adj* epileptisch

epi·logue, AM *a.* **epi·log** [-ɪlɒg, AM 'epəlɑ:g] *n* Epilog *m*

Epipha·ny [ɪ'pɪfᵊni, AM -fəni] *n* Dreikönigsfest *nt*

epi·sode ['epɪsəʊd, AM -əsoʊd] *n* ❶ (*event*) Episode *f* ❷ *of series* Folge *f*

epi·sod·ic [ˌepɪ'sɒdɪk, AM -'sɑ:d-] *adj* episodisch

epis·tle [ɪ'pɪsl̩] *n* Epistel *f*

epi·taph ['epɪtɑ:f, AM -ətæf] *n* Grabinschrift *f*

epito·me [ɪ'pɪtəmi, AM -t̬-] *n* Inbegriff *m;* **the ~ of elegance** die Eleganz selbst

epito·mize [ɪ'pɪtəmaɪz, AM -t̬-] *vt* verkörpern

epoch ['i:pɒk, AM 'epək] *n* Epoche *f*

'epoch-mak·ing *adj* epochemachend

epony·mous [ɪ'pɒnɪməs, AM ɪ'pɑ:nə-] *adj* namensgebend

eq·uable ['ekwəbl̩] *adj* ausgeglichen

equal ['i:kwəl] **I.** *adj* ❶ (*same*) gleich; **of ~ size** gleich groß; **~ in volume** vom Umfang her gleich ❷ (*able*) **to be ~ to a task** einer Aufgabe gewachsen sein ▶ PHRASES: **all things being ~** unter ansonsten gleichen Bedingungen **II.** *n* Gleichgestellte(r) *f(m)*; **to have no ~** unübertroffen sein **III.** *vt* <BRIT -ll- *or* AM *usu* -l-> ❶ MATH ergeben ❷ (*match*) herankommen an *+akk*; *record* erreichen

equali·ty [ɪ'kwɒləti, AM -ɑ:ləṭi] *n no pl* Gleichberechtigung *f*; **racial ~** Rassengleichheit *f*

equali·za·tion [ˌi:kwəlaɪ'zeɪʃən, AM -lɪ'-] *n* Gleichmachung *f*

equal·ize ['i:kwəlaɪz, AM -kwəl-] **I.** *vt* gleichmachen; *pressure* ausgleichen; *standards* einander angleichen **II.** *vi* BRIT, AUS SPORTS den Ausgleich erzielen

equal·iz·er ['i:kwəlaɪzər] *n* BRIT, AUS Ausgleichstor *nt*, Ausgleichstreffer *m*

equal·ly ['i:kwəli] *adv* ebenso; **~ good** gleich gut; **to divide** [*or* **share**] **sth ~** etw gleichmäßig aufteilen

equal op·por·'tu·nities *npl* BRIT, AM **equal op·por·'tu·nity** *n* Chancengleichheit *f*

'equal(s) sign *n* MATH Gleichheitszeichen *nt*

equa·nim·ity [ˌekwə'nɪməti, AM -əṭi] *n no pl* Gleichmut *m*

equate [ɪ'kweɪt] **I.** *vt* gleichsetzen (**with** mit *+dat*) **II.** *vi* ■**to ~ to sth** etw *dat* entsprechen

equa·tion [ɪ'kweɪʒən] *n* MATH Gleichung *f*

equa·tor [ɪ'kweɪtər, AM -ṭɚ] *n no pl* Äquator *m*; **on the ~** am Äquator

equa·to·rial [ˌekwə'tɔ:riəl] *adj* äquatorial

eques·trian [ɪ'kwestriən] **I.** *adj* Reit[er]- **II.** *n* Reiter(in) *m(f)*

equi·dis·tant [ˌi:kwɪ'dɪstənt] *adj* gleich weit entfernt (**from** von *+dat*)

equi·lat·eral [ˌi:kwɪ'lætərəl, AM -'læṭ-] *adj* MATH gleichseitig

equi·lib·rium [ˌi:kwɪ'lɪbriəm] *n no pl* Gleichgewicht *nt*

equi·nox <*pl* -es> ['i:kwɪnɒks, 'ek-, AM -nɑ:ks] *n* Tagundnachtgleiche *f*

equip <-pp-> [ɪ'kwɪp] *vt* ❶ ausstatten; *with special equipment* ausrüsten ❷ (*fig*) rüsten

equip·ment [ɪ'kwɪpmənt] *n no pl* Ausrüstung *f*, Ausstattung *f*

Grammatik

equipment ist nicht zählbar; d.h. es wird nicht mit *an* oder im Plural gebraucht: *the equipment in the gym is old and rusty; the school's science department invested in some new equipment*

Wenn man von einem Einzelstück redet, sagt man: a **piece of** equipment: *this piece of equipment costs £100,000*

equi·table ['ekwɪtəbl̩, AM -ṭ-] *adj* gerecht

equi·ty ['ekwɪti, AM -ṭ-] *n no pl* ❶ (*fairness*) Gerechtigkeit *f* ❷ FIN Eigenkapital *nt*; ■**equities** *pl* [Stamm]aktien *pl*

eq(uiv). *abbrev of* **equivalent** äquivalent

equiva·lence [ɪ'kwɪvələn(t)s] *n no pl* Äquivalenz *f*

equiva·lent [ɪ'kwɪvələnt] **I.** *adj* äquivalent, entsprechend; ■**to be ~ to sth** etw *dat* entsprechen **II.** *n* Äquivalent *nt* (**for, of** für *+akk*), Entsprechung *f*

equivo·cal [ɪ'kwɪvəkəl] *adj* ❶ (*ambiguous*) zweideutig ❷ (*dubious*) zweifelhaft

equivo·cate [ɪ'kwɪvəkeɪt] *vi* (*form*) doppeldeutige Aussagen machen

equivo·ca·tion [ɪˌkwɪvə'keɪʃən] *n no pl* doppeldeutige Aussage

ER [ˌi:'ɑ:r, AM -'ɑ:r] *n* ❶ *abbrev of* **Elizabeth Regina** ER ❷ AM *abbrev of* **emergency room** Notaufnahme *f*

era ['ɪərə, AM 'ɪrə, 'erə] *n* Ära *f*

eradi·cate [ɪ'rædɪkeɪt] *vt* ausrotten

erase [ɪ'reɪz, AM -eɪs] *vt* ❶ (*remove*) entfernen; *file* löschen; *memories* auslöschen ❷ (*rub out*) ausradieren

eras·er [ɪ'reɪzər, AM -sɚ] *n* Radiergummi *m*

eras·ure [ɪ'reɪʒər, AM -ʃɚ] *n* Löschung *f*

ere [eər, AM er] *prep, conj* (*old liter*) ehe; **~ long** binnen kurzem

erect [ɪ'rekt] **I.** *adj* aufrecht; *penis* erigiert **II.** *vt* ❶ (*build*) errichten ❷ (*upright*) aufstellen

erec·tion [ɪ'rekʃən] *n* ❶ *no pl* (*building*) Errichtung *f* ❷ (*penis*) Erektion *f*

er·go·nom·ic [ˌɜ:gə'nɒmɪk, AM ˌɜ:rgə'nɑ:m-] *adj* ergonomisch

er·go·nom·ics [ˌɜ:gə'nɒmɪks, AM ˌɜ:rgə'nɑ:m-] *n no pl* Ergonomie *f*

ERM [ˌi:ɑ:r'em, AM -ɑ:r'-] *n no pl* EU *abbrev of* **Exchange Rate Mechanism** Wechselkursmechanismus *m*

er·mine ['ɜ:mɪn, AM 'ɜ:r-] *n* Hermelin *nt*

erode [ɪ'rəʊd, AM ɪ'roʊd] **I.** *vt* ❶ GEOL erodieren; *water* auswaschen; *soil* abtragen ❷ CHEM zerfressen ❸ (*fig*) untergraben **II.** *vi* ❶ GEOL erodiert werden; *by water* ausgewaschen werden; *soil* abgetragen werden ❷ (*fig*) abnehmen

erog·enous [ɪ'rɒdʒɪnəs, AM ɪ'rɑ:dʒ-] *adj* erogen

ero·sion [ɪ'rəʊʒən, AM ɪ'roʊ-] *n no pl* ❶ GEOL Erosion *f* ❷ (*fig*) [Dahin]schwinden *nt*

erot·ic [ɪ'rɒtɪk, AM ɪ'rɑ:ṭ-] *adj* erotisch

eroti·cism [ɪ'rɒtɪsɪzəm, AM ɪ'rɑ:ṭ-] *n no pl*

Eroti[zi]smus *m*
err [ɜːʳ, AM ɜːr] *vi* (*form*) sich irren; **to ~ on the side of caution** übervorsichtig sein
er·rand [ˈerənd] *n* Besorgung *f;* (*with message*) Botengang *m*
ˈer·rand boy *n* Laufbursche *m*
er·rant [ˈerənt] *adj* auf Abwegen *nach n*
er·rat·ic [erˈætɪk, AM -t̬-] *adj* ❶ (*inconsistent*) sprunghaft ❷ (*irregular*) unregelmäßig
E
er·ra·tum <*pl* -ta> [erˈɑːtəm, ɪrˈ-, *pl* -tə, AM -t̬əm, *pl* -t̬ə] *n* (*spec*) Druckfehler *m*
er·ro·neous [ɪˈrəʊniəs, AM əˈroʊ-, ɪˈroʊ-] *adj* falsch; *assumption* irrig
er·ror [ˈerəʳ, AM -ɚ] *n* Fehler *m,* Irrtum *m;* **in ~** aus Versehen
ˈer·ror mes·sage *n* COMPUT Fehlermeldung *f* **ˈer·ror-prone** *adj* fehleranfällig
eru·dite [ˈerʊdaɪt, AM *esp* -jə-] *adj* gelehrt
eru·di·tion [ˌerʊˈdɪʃᵊn, AM -juːˈ-] *n no pl* Gelehrsamkeit *f*
erupt [ɪˈrʌpt] *vi* ausbrechen; (*fig*) *person* explodieren
erup·tion [ɪˈrʌpʃᵊn] *n* Ausbruch *m a. fig*
es·ca·late [ˈeskəleɪt] **I.** *vi* eskalieren, sich ausweiten; *incidents* stark zunehmen **II.** *vt* ausweiten
es·ca·la·tion [ˌeskəˈleɪʃᵊn] *n* Eskalation *f,* Steigerung *f; of fighting* Ausweitung *f; of tension* Verschärfung *f*
es·ca·la·tor [ˈeskəleɪtəʳ, AM -t̬ɚ] *n* Rolltreppe *f*
es·ca·lope [ˈeskəlɒp, AM ˌeskəˈloʊp] *n* Schnitzel *nt*
e-scam [ˈiːskæm] *n* INET, COMPUT Internet-Betrügerei *f*
es·ca·pade [ˌeskəˈpeɪd] *n* Eskapade *f*
es·cape [ɪˈskeɪp, esˈ-] **I.** *vi* ❶ (*flee*) fliehen; (*successfully*) entkommen; (*from cage, prison*) ausbrechen; *dog, cat* entlaufen; *bird* entfliegen; ■**to ~ from sb** vor jdm fliehen; (*successfully*) jdm entkommen; ■**to ~ from sth** aus etw *dat* fliehen; (*successfully*) aus etw *dat* entkommen ❷ (*avoid harm*) [mit dem Leben] davonkommen; **to ~ unhurt** unverletzt bleiben ❸ (*leak*) entweichen, austreten **II.** *vt* ❶ (*flee*) fliehen (aus +*dat*); (*successfully*) entkommen (aus +*dat*); (*fig*) **to ~ the fire** dem Feuer entkommen; ■**to ~ sb** vor jdm fliehen; (*successfully*) jdm entkommen ❷ (*avoid*) entgehen +*dat;* **she was lucky to ~ serious injury** sie hatte Glück, dass sie nicht ernsthaft verletzt wurde ❸ **to ~ sb's attention** [*or* **notice**] jds Aufmerksamkeit entgehen **III.** *n* ❶ (*act*) Flucht *f a. fig* (**from** aus +*dat*); *from prison* Ausbruch *m* ❷ *no pl* (*avoidance*) Entkommen *nt;* **that was a lucky ~!** da haben wir wirklich noch einmal Glück gehabt!; **to have a narrow ~** gerade noch einmal davongekommen sein ❸ (*leak*) Austreten *nt kein pl,* Entweichen *nt kein pl*
eˈs·cape clause *n* Rücktrittsklausel *f*
es·capee [ɪˌskeɪˈpiː, eˌs-] *n* Entflohene(r) *f(m)*
eˈs·cape key *n* COMPUT Esc-Taste *f*
es·cap·ism [ɪˈskeɪpɪzᵊm, esˈ-] *n no pl* Realitätsflucht *f*
es·cap·ist [ɪˈskeɪpɪst, esˈ-] **I.** *n* Eskapist(in) *m(f)* **II.** *adj* eskapistisch
es·cort I. *vt* [ɪˈskɔːt, esˈ-, AM esˈkɔːrt, ɪˈs-] eskortieren; MIL Geleitschutz geben +*dat* **II.** *n* [ˈeskɔːt, AM -kɔːrt] ❶ (*companion*) Begleiter(in) *m(f),* Begleitung *f* ❷ (*guard*) Eskorte *f,* Begleitschutz *m*
ESE *n abbrev of* **east-south-east** OSO
esopha·gus *n* AM *see* **oesophagus**
eso·ter·ic [ˌesə(ʊ)ˈterɪk, AM ˌesəˈ-] *adj* esoterisch
esp *adv abbrev of* **especially** bes.
es·pe·cial·ly [ɪˈspeʃᵊli, esˈ-] *adv* besonders
es·pio·nage [ˈespiənɑːʒ] *n no pl* Spionage *f*
es·pres·so [esˈpresəʊ, AM -soʊ] *n* Espresso *m*
es·say [ˈeseɪ] *n* Essay *m o nt* (**on** über +*akk*)
es·say·ist [ˈeseɪɪst] *n* Essayist(in) *m(f)*
es·sence [ˈesᵊn(t)s] *n* ❶ PHILOS Wesen *nt* ❷ (*gist*) Wesentliche(s) *nt; of problem* Kern *m* ❸ FOOD Essenz *f,* Extrakt *m*
es·sen·tial [ɪˈsen(t)ʃᵊl] **I.** *adj* ❶ (*crucial*) unbedingt erforderlich; *vitamins* lebenswichtig ❷ (*basic*) essenziell; *element* wesentlich; *difference* grundlegend **II.** *n* ■**the ~s** *pl* das Wesentliche; **the bare ~s** das [Aller]nötigste
es·sen·tial·ly [ɪˈsen(t)ʃᵊli] *adv* im Grunde [genommen]
est *adj* ❶ *abbrev of* **estimated** ❷ *abbrev of* **established** gegr.
es·tab·lish [ɪˈstæblɪʃ, esˈ-] *vt* ❶ (*found*) gründen; *contact* aufnehmen; *dictatorship, monopoly* errichten; *precedent* schaffen; *priorities* setzen; *record* aufstellen; *relationship* aufbauen; *relations, rule of law* herstellen; *rule* aufstellen ❷ (*secure*) **to ~ one's authority over sb** sich *dat* Autorität gegenüber jdm verschaffen; **to ~ order** für Ordnung sorgen ❸ (*prove*) feststellen; *claim* nachweisen
es·tab·lished [ɪˈstæblɪʃt, esˈ-] *adj* ❶ (*standard*) fest; **it is ~ practice ...** es ist üblich, ... ❷ (*proven*) nachgewiesen; *fact* gesichert ❸ (*founded*) gegründet
es·tab·lish·ment [ɪˈstæblɪʃmənt, esˈ-] *n*

❶ (*institution*) Unternehmen *nt;* **educational** ~ Bildungseinrichtung *f* ❷ *no pl,* + *sing/pl vb* (*ruling group*) ▪**the** ~ das Establishment ❸ (*founding*) Gründung *f*

es·tate [ɪ'steɪt, es'-] *n* ❶ (*land*) Gut *nt;* **country** ~ Landgut *nt* ❷ BRIT (*buildings*) Siedlung *f;* **industrial** ~ Industriegebiet *nt*

e's·tate agent *n* BRIT Immobilienmakler(in) *m(f)* **e's·tate car** *n* BRIT Kombi[wagen] *m*

es·teem [ɪ'sti:m, es'-] **I.** *n no pl* Ansehen *nt;* **to hold sb in high** ~ jdn hoch schätzen **II.** *vt* [hoch] schätzen

es·thet·ic *adj* AM *see* **aesthetic**

es·thet·ics [es'θeṭɪks] *n* AM *see* **aesthetics**

es·ti·mate **I.** *vt* ['estɪmeɪt] [ein]schätzen **II.** *n* ['estɪmət, AM -mɪt] Schätzung *f;* ECON Kostenvoranschlag *m;* **conservative** ~ vorsichtige Einschätzung

es·ti·mat·ed ['estɪmeɪtɪd, AM -ṭ-] *adj* geschätzt; *arrival, departure* voraussichtlich

es·ti·ma·tion [ˌestɪ'meɪʃᵊn] *n no pl* ❶ (*opinion*) Einschätzung *f;* **in my** ~ meiner Ansicht nach ❷ (*esteem*) Achtung *f*

Es·to·nia [es'təʊniə, AM -'toʊ-] *n* Estland *nt*

Es·to·nian [es'təʊniən, AM -'toʊ-] **I.** *n* ❶ (*person*) Este, Estin *m, f* ❷ (*language*) Estisch *nt* **II.** *adj* estisch, aus Estland

es·tranged [ɪ'streɪndʒd, es'-] *adj* ❶ (*alienated*) entfremdet ❷ *couple* getrennt

es·tro·gen *n no pl* AM *see* **oestrogen**

es·tu·ary ['estjʊəri, AM -tʃu:eri] *n* Flussmündung *f*

Land und Leute

Estuary English (von *Thames estuary,* dem Mündungsgebiet der Themse) ist die spöttische Bezeichnung für die neuerdings modische, vom *Cockney* (*Dialekt des Londoner East Ends*) beeinflusste Aussprache vieler junger Leute und auch von Leuten mittleren Alters aller Klassen im gesamten Südosten Englands.

ETA [ˌi:ti:'eɪ] *n abbrev of* **estimated time of arrival** voraussichtliche Ankunft

e-tail ['i:teɪl] *n* INET, COMPUT Internet-Handel *m*

e-tail·er ['i:teɪləʳ, AM -ɚ] *n* Internethändler *m*

etc. *adv abbrev of* **et cetera** usw., etc.

et cet·era [ɪt'setᵊrə, AM -'seṭɚə] *adv* und so weiter, et cetera

etch [etʃ] *vt* ätzen; (*in metals*) radieren; (*in copper*) kupferstechen

etch·ing ['etʃɪŋ] *n* Ätzung *f;* (*artwork*) Radierung *f;* (*in copper*) Kupferstich *m*

eter·nal [ɪ'tɜ:nᵊl, AM ɪ'tɜ:r-] *adj* ewig *a. fig; complaints* endlos

eter·nal·ly [ɪ'tɜ:nᵊli, AM ɪ'tɜ:r-] *adv* ewig; (*fam*) unaufhörlich

eter·nity [ɪ'tɜ:nəti, AM ɪ'tɜ:rnəṭi] *n no pl* Ewigkeit *f a. fig*

eth·ic ['eθɪk] *n* Moral *f,* Ethos *nt*

ethi·cal ['eθɪkᵊl] *adj* ethisch

eth·ics ['eθɪks] *n* Ethik *f*

eth·nic ['eθnɪk] *adj* ethnisch; ~ **costumes** Landestrachten *pl*

Land und Leute

Jahrhunderte lang sind Menschen aus allen Teilen der Welt auf die britischen Inseln ausgewandert. Während und nach dem Römischen Reich haben sich Einwanderer vom europäischen Festland unter die einheimische Bevölkerung gemischt. Iren siedeln sich schon lange in Großbritannien an und viele britische Städte haben eine hohe Anzahl irischer Einwohner. Während des 19. und 20. Jahrhunderts zogen viele Juden nach Großbritannien und ein Mangel an Arbeitskräften nach dem Zweiten Weltkrieg brachte große Einwanderergruppen von den Westindischen Inseln und aus Südasien. Menschen mit Herkunft aus Indien, Pakistan und Bangladesh stellen heute mehr als die Hälfte der gesamten **ethnic minorities** (ethnischen Minderheiten) und Einwanderer von den Westindischen Inseln bilden die zweitgrößte Gruppe.

eth·no·na·tion·al·ist [ˌeθnəʊ'næʃᵊnᵊlɪst, AM ˌethnoʊ-] *adj* ethnonationalistisch

eti·quette ['etɪket, AM 'eṭɪkɪt] *n no pl* Etikette *f*

ety·mol·ogy [ˌetɪ'mɒlədʒi, AM ˌeṭɪ'mɑ:l-] *n* Etymologie *f*

EU [ˌi:'ju:] *n abbrev of* **European Union** EU *f*

Eucha·rist ['ju:kᵊrɪst] *n no pl* REL ▪**the** ~ die Eucharistie

eulogy ['ju:lədʒi] *n* ❶ (*at funeral*) Grabrede *f* ❷ (*praise*) Lobrede *f*

eunuch ['ju:nək] *n* Eunuch *m*

euphemism ['ju:fəmɪzᵊm] *n* Euphemismus *m*

euphemis·tic [ˌju:fə'mɪstɪk] *adj* euphemistisch

eupho·ria [ju:'fɔ:riə] *n no pl* Euphorie *f*

euphor·ic [ju:'fɔ:rɪk] *adj* euphorisch

EUR *n see* **euro** EUR

euro ['jʊərəʊ, AM 'jʊroʊ] *n* Euro *m*

'euro·cent *n* Eurocent *m*

'Euro·cheque *n* Euroscheck *m*

eurochic ['jʊərəʊʃi:k, AM 'jʊroʊ-] *adj* (*stylish in a European way*) schick mit Stil

E

'euro coins *npl* Euromünzen *pl*

Euro·crat ['jʊərə(ʊ)kræt, AM 'jʊrə-] *n* Eurokrat(in) *m(f)* **'Euro·cur·ren·cy** *n* Euro-Währung *f* **'Euro·land** *n no pl* (*fam*) Eurozone *f*

Europe ['jʊərəp, AM 'jʊrəp] *n no pl* Europa *nt*

Euro·pean [ˌjʊərə'piən, AM ˌjʊrə'-] **I.** *adj* europäisch **II.** *n* Europäer(in) *m(f)*

Euro·pean Cen·tral Bank *n*, **ECB** *n* Europäische Zentralbank **Euro·pean Com·'mis·sion** *n* Europäische Kommission **Euro·pean Com·'mu·nity** *n*, **EC** *n no pl* (*hist*) ■**the ~** die Europäische Gemeinschaft **Euro·pean 'Coun·cil** *n* Europäischer Rat, Rat *m* der Europäischen Union **Euro·pean Court of 'Jus·tice** *n* Europäischer Gerichtshof **Euro·pean Mone·tary 'Union** *n* Europäische Währungsunion *f* **Euro·pean 'Par·lia·ment** *n no pl* Europaparlament *nt* **Euro·pean 'Un·ion** *n no pl* Europäische Union

Euro·vi·sion ['jʊərəʊvɪʒᵊn, AM 'jʊrə-] *n no pl, + sing/pl vb* Eurovision *f*

'euro·zone *n* Eurozone *f*

eutha·na·sia [ˌju:θə'neɪziə, AM -ʒə] *n no pl* Sterbehilfe *f*

evacu·ate [ɪ'vækjueɪt] *vt* evakuieren; *area, building* räumen

evacu·ation [ɪˌvækju'eɪʃᵊn] *n* Evakuierung *f;* (*of area, building*) Räumung *f*

evac·uee [ɪˌvækju'i:] *n* Evakuierte(r) *f(m)*

evade [ɪ'veɪd] *vt* ausweichen *+dat; draft, responsibility* sich entziehen *+dat; police* entgehen *+dat; tax* hinterziehen

evalu·ate [ɪ'væljueɪt] *vt* bewerten; *results* auswerten; *person* beurteilen

evalu·ation [ɪˌvælju'eɪʃᵊn] *n* Schätzung *f; of experience* Einschätzung *f; of treatment* Beurteilung *f; of book* Bewertung *f*

evan·geli·cal [ˌi:væn'dʒelɪkᵊl] *adj* evangelisch

evan·gelist [ɪ'vændʒəlɪst] *n* Wanderprediger(in) *m(f)*

evapo·rate [ɪ'væpᵊreɪt, AM -pər-] **I.** *vt* verdampfen lassen **II.** *vi* verdunsten; (*fig*) sich in Luft auflösen

evapo·ra·tion [ɪˌvæpə'reɪʃᵊn] *n no pl* Verdunstung *f*

eva·sion [ɪ'veɪʒᵊn] *n* ❶ (*excuse*) Ausweichen *nt* ❷ *no pl* (*avoidance*) Umgehung *f;* **tax ~** Steuerhinterziehung *f*

eva·sive [ɪ'veɪsɪv] *adj* ausweichend; **to take ~ action** ein Ausweichmanöver machen

eve [i:v] *n no pl* Vorabend *m*

Eve [i:v] *n no art* Eva *f*

even ['i:vᵊn] **I.** *adv* ❶ (*also*) selbst; **~ Chris was there** selbst Chris war da ❷ (*indeed*) sogar; **not ~** [noch] nicht einmal; **did he ~ read the letter?** hat er überhaupt den Brief gelesen? ❸ (*despite*) **~ if** [*or* **though**] ... selbst wenn ...; **~ so** trotzdem; **~ then** trotzdem ❹ + *comp* **~ colder** noch kälter **II.** *adj* ❶ (*flat*) eben; *row* gerade; *two surfaces* auf gleicher Höhe; (*fig*) ausgeglichen ❷ (*equal*) gleich [groß]; *contest* ebenbürtig; *distribution* gleichmäßig ❸ MATH gerade **III.** *vt* ebnen ◆**even out I.** *vt* ausgleichen **II.** *vi* sich ausgleichen; *prices* sich einpendeln ◆**even up** *vt* ausgleichen

eve·ning ['i:vnɪŋ] **I.** *n* Abend *m;* **on Friday ~s** freitagabends **II.** *adj* Abend-

'eve·ning class *n* Abendkurs *m* **eve·ning 'dress** *n* ❶ Abendkleid *nt* ❷ *no pl* (*outfit*) Abendkleidung *f* **eve·ning 'pa·per** *n* Abendzeitung *f* **eve·ning per·'for·mance** *n* Abendvorstellung *f* **eve·ning 'prayer** *n* Abendgebet *nt* **eve·ning 'ser·vice** *n* Abendgottesdienst *m*

even·ly ['i:vᵊnli] *adv* ❶ (*calmly*) gelassen ❷ (*equally*) gleichmäßig

even·ness ['i:vᵊnnəs] *n no pl* Ebenheit *f*

evens ['i:vᵊnz] *adj* BRIT **the chances are ~** die Chancen stehen fünfzig zu fünfzig

event [ɪ'vent] *n* ❶ (*occurrence*) Ereignis *nt;* **sporting ~** Sportveranstaltung *f* ❷ (*case*) Fall *m;* **in the ~ that ...** falls ...; **in any ~** auf jeden Fall ❸ SPORTS Wettkampf *m*

even-'tem·pered *adj* ausgeglichen

event·ful [ɪ'ventfᵊl] *adj* ereignisreich

even·tual [ɪ'ventʃuəl] *adj* ❶ (*final*) schließlich; *cost* letztendlich ❷ (*possible*) etwaig

even·tu·al·ity [ɪˌventʃu'æləti, AM -əṭi] *n* Eventualität *f*

even·tu·al·ly [ɪ'ventʃuəli] *adv* ❶ (*finally*) schließlich, endlich ❷ (*some day*) irgendwann

Falsche Freunde

Nicht verwechseln mit eventuell — *possible, possibly*!

ever ['evəʳ, AM -ɚ] *adv* ❶ (*at any time*) je[mals]; **nothing ~ happens here** hier ist nie was los; **have you ~ been to London?** bist du schon einmal in London gewesen?; **hardly ~** kaum; **worse than ~** schlimmer als je zuvor ❷ (*always*) **happily ~ after** glücklich bis ans Ende ihrer Tage; **~ since ...** seitdem ... ❸ (*of all time*) **the first performance ~** die allererste Darbietung ❹ (*as intensifier*) **how ~ could anyone ...?** wie kann jemand nur ...?; **when ~ are we going to get this finished?** wann haben wir das endlich fertig?

'ever·glade *n* Sumpfgebiet *nt;* ■**the E~s** *pl* die Everglades *pl*

'ever·green **I.** *n* immergrüne Pflanze; (*tree*) immergrüner Baum **II.** *adj* immergrün; (*fig*) immer aktuell

ever·'last·ing *adj* ❶ (*undying*) immerwährend; *gratitude* ewig; *happiness* dauerhaft ❷ (*unceasing*) endlos **'ever·more** *adv* (*liter*) **for ~** für alle Ewigkeit

every ['evri] *adj* ❶ (*each*) jede(r, s) ❷ (*as emphasis*) ganz und gar; **~ bit as ... as ...** genauso ... wie ...; **~ which way** (*fam*) in alle Richtungen

every·body ['evriˌbɒdi, AM -ˌbɑːdi] *pron indef,* + *sing vb* jede(r); **~ but Jane** alle außer Jane; **~ else** alle anderen

'every·day *adj* alltäglich; **~ life** Alltagsleben *nt*

every·one ['evriwʌn] *pron indef,* + *sing vb* jede(r); **~ but Jane** alle außer Jane; **~ else** alle anderen

every·thing ['evriθɪŋ] *pron indef* alles; **to blame ~ on sth/sb** [*or* **sth/sb for ~**] etw/jdm die ganze Schuld geben; **despite** [*or* **in spite of**] **~** trotz allem

every·where ['evri(h)weəʳ, AM -wer] *adv* überall; **~ else** überall sonst

evict [ɪ'vɪkt] *vt* (*from home*) kündigen +*dat;* (*forcefully*) zur Räumung der Wohnung zwingen; (*from pub*) rausschmeißen

evic·tion [ɪ'vɪkʃᵊn] *n* Zwangsräumung *f;* **~ order** Räumungsbefehl *m*

evi·dence ['evɪdᵊn(t)s] *n no pl* ❶ (*proof*) Beweis[e] *m*[*pl*]; **to find no ~ of sth** keinen Anhaltspunkt für etw *akk* haben ❷ LAW Beweisstück *nt;* **to give ~** aussagen (**on** über +*akk,* **against** gegen +*akk*) ❸ (*be present*) ■ **to be** [**much**] **in ~** [deutlich] sichtbar sein; **few police were in ~** nur ein geringes Polizeiaufgebot war zu erkennen

Grammatik

evidence ist unzählbar; d.h. es wird nicht mit *an* oder im Plural gebraucht: *there was no evidence against her, the evidence is mounting up*
Wenn man von einem einzelnen Beweisstück reden will, sagt man: a **piece of** evidence: *a crucial piece of evidence was missing*

evi·dence-based ['evɪdᵊn(t)sbeɪst] *adj research, report, results* belegbar, belegt, nachgewiesen

evi·dent ['evɪdᵊnt] *adj* offensichtlich, klar

evi·dent·ly ['evɪdᵊntli] *adv* offensichtlich

evil ['iːvᵊl] **I.** *adj* böse **II.** *n* Übel *nt;* **good and ~** das Gute und das Böse; **the lesser of two ~s** das kleinere von zwei Übeln

evoca·tive [ɪ'vɒkətɪv, AM ɪ'vɑːkət̬ɪv] *adj* evokativ

evoke [ɪ'vəʊk, AM -'voʊk] *vt* hervorrufen; *suspicion* erregen; (*recall*) erinnern (an +*akk*); *memory* wachrufen

evo·lu·tion [ˌiːvə'luːʃᵊn, AM ˌevə'-] *n no pl* Evolution *f;* (*fig*) Entwicklung *f*

evolve [ɪ'vɒlv, AM -'vɑːlv] **I.** *vi* sich entwickeln **II.** *vt* entwickeln

ewe [juː] *n* Mutterschaf *nt*

ex <*pl* -es> *n* (*fam: lover*) Ex-Freund(in) *m(f);* (*spouse*) Ex-Mann, Ex-Frau *m, f*

ex·ac·er·bate [ɪg'zæsəbeɪt, AM -'zæsɚ-] *vt* verschlimmern; *crisis* verschärfen

ex·act [ɪg'zækt] **I.** *adj* genau; **the ~ opposite** ganz im Gegenteil **II.** *vt* fordern; *revenge* üben (**on** an +*dat*)

ex·act·ing [ɪg'zæktɪŋ] *adj* anstrengend; (*high*) hoch

ex·acti·tude [ɪg'zæktɪtjuːd, AM -tətuːd, -tjuːd] *n no pl* (*form*) Genauigkeit *f*

ex·act·ly [ɪg'zæktli] *adv* ❶ (*precisely*) genau; **~!** ganz genau! ❷ (*hardly*) ■ **not ~** eigentlich nicht, nicht gerade

ex·act·ness [ɪg'zæktnəs] *n* Genauigkeit *f*

ex·ag·ger·ate [ɪg'zædʒᵊreɪt, AM -dʒər-] *vt, vi* übertreiben; *effect* verstärken

ex·ag·ger·at·ed [ɪg'zædʒᵊreɪtɪd, AM -dʒəreɪt̬ɪd] *adj* übertrieben

ex·ag·gera·tion [ɪgˌzædʒᵊr'eɪʃᵊn] *n* Übertreibung *f;* **that's a bit of an ~** das ist ein bisschen übertrieben

ex·alt [ɪg'zɔːlt] *vt* ❶ (*praise*) preisen ❷ (*promote*) [in einen Stand] erheben

ex·al·ta·tion [ˌegzɔːl'teɪʃᵊn] *n no pl* Begeisterung *f*

ex·alt·ed [ɪg'zɔːltɪd] *adj* hoch

exam [ɪg'zæm] *n* Prüfung *f*

ex·ami·na·tion [ɪgˌzæmɪ'neɪʃᵊn] *n* ❶ (*test*) Prüfung *f;* UNIV Examen *nt* ❷ (*investigation*) Untersuchung *f;* *of evidence* Überprüfung *f;* **to be under ~** untersucht werden

ex·am·ine [ɪg'zæmɪn] *vt* ❶ (*test*) prüfen ❷ (*scrutinize*) untersuchen ❸ LAW verhören

ex·ami·nee [ɪgˌzæmɪ'niː] *n* Examenskandidat(in) *m(f)*

ex·am·in·er [ɪg'zæmɪnəʳ, AM -ɚ] *n* ❶ SCH, UNIV Prüfer(in) *m(f)* ❷ **medical ~** Gerichtsmediziner(in) *m(f)*

ex·'am·in·ing board *n* Prüfungsausschuss *m*

ex·am·ple [ɪg'zɑːmpl̩, AM -'zæm-] *n* Beispiel *nt;* **for ~** zum Beispiel; **to make an ~ of sb** an jdm ein Exempel statuieren, jdn exemplarisch bestrafen

ex·as·per·ate [ɪg'zæspᵊreɪt, AM -pər-] *vt*

E

(*infuriate*) zur Verzweiflung bringen; (*irritate*) verärgern

ex·as·per·at·ing [ɪg'zæspᵊreɪtɪŋ, AM -pəreɪt̬ɪŋ] *adj* ärgerlich

ex·as·pera·tion [ɪgˌzæspə'reɪʃᵊn] *n no pl* Verzweiflung *f* (**at** über +*akk*)

ex·ca·vate ['ekskəveɪt] **I.** *vt* ① ARCHEOL ausgraben ② (*dig*) ausheben **II.** *vi* Ausgrabungen machen

ex·ca·va·tion [ˌekskə'veɪʃᵊn] *n* ARCHEOL Ausgrabung *f;* (*digging*) Ausheben *nt*

ex·ca·va·tor ['ekskəveɪtəʳ, AM -t̬ɚ] *n* Bagger *m*

ex·ceed [ɪk'si:d] *vt* übersteigen; (*outdo*) übertreffen; *limit* überschreiten

ex·ceed·ing·ly [ɪk'si:dɪŋli] *adv* äußerst

ex·cel <-ll-> [ɪk'sel] **I.** *vi* sich auszeichnen; ■**to ~ at** [*or* **in**] **sth** sich bei etw *dat* hervortun **II.** *vt* ■**to ~ oneself** sich selbst übertreffen

ex·cel·lence ['eksᵊlᵊn(t)s] *n no pl* Vorzüglichkeit *f; of performance* hervorragende Qualität

Ex·cel·len·cy ['eksᵊlᵊn(t)si] *n* [**Your**] ~ [Eure] Exzellenz

ex·cel·lent ['eksᵊlᵊnt] *adj* ausgezeichnet; *performance, quality* hervorragend

ex·cept [ɪk'sept] **I.** *prep* ■ ~ [**for**] außer +*dat* **II.** *conj* ① (*only*) **I want to buy it ~ that** [*or fam* ~] **I've no money** ich will es kaufen, ich habe nur [*o* doch ich habe] kein Geld ② (*besides*) außer

ex·cept·ing [ɪk'septɪŋ] *prep* außer +*dat;* **not ~** nicht ausgenommen

ex·cep·tion [ɪk'sepʃᵊn] *n* Ausnahme *f;* **without ~** ausnahmslos

ex·cep·tion·al [ɪk'sepʃᵊnᵊl] *adj* außergewöhnlich

ex·cep·tion·al·ly [ɪk'sepʃᵊnᵊli] *adv* außergewöhnlich; **~ clever** ungewöhnlich intelligent

ex·cerpt ['eksɜ:pt, AM -sɜ:rpt] *n* Auszug *m* (**from** aus +*dat*)

ex·cess [ɪk'ses, ek-] **I.** *n* <*pl* -es> ① *no pl* (*overindulgence*) Übermaß *nt* (**of** an +*dat*) ② (*surplus*) Überschuss *m* (**of** an +*dat*) **II.** *adj* Über-; **~ fare** Zuschlag *m*

ex·cess 'bag·gage *n no pl* Übergepäck *nt*

ex·cess ex·'pendi·ture *n* Mehrausgabe *f*

ex·ces·sive [ɪk'sesɪv, ek-] *adj* übermäßig; *claim* übertrieben

ex·cess 'lug·gage *n no pl* Übergepäck *nt*

ex·change [ɪks'tʃeɪndʒ, eks-] **I.** *vt* austauschen; *in shop* umtauschen (**for** gegen +*akk*); *looks, words* wechseln **II.** *n* ① (*trade*) Tausch *m;* **in ~** dafür ② FIN Währung *f;* **foreign ~** Devisen *pl* ③ (*interchange*) Wortwechsel *m;* **~ of blows** Schlagabtausch *m*

ex·change·able [ɪks'tʃeɪndʒəbl̩, eks-] *adj* austauschbar; *goods* umtauschbar; *token* einlösbar **ex·'change rate** *n* Wechselkurs *m* **ex·change regu·'la·tions** *npl* ECON, FIN Devisenbestimmungen *pl* **ex·'change re·stric·tions** *npl* Devisenbewirtschaftung *f*

ex·'change stu·dent *n* SCH Austauschschüler(in) *m(f);* UNIV Austauschstudent(in) *m(f)*

ex·cheq·uer [ɪks'tʃekəʳ, eks-, AM -ɚ] *n no pl* BRIT Finanzministerium *nt*

ex·cise ['eksaɪz] *n* FIN **~ duty** Verbrauchssteuer *f* (**on** für +*akk*)

ex·cit·able [ɪk'saɪtəbl̩, ek-, AM -t̬ə-] *adj* erregbar

ex·cite [ɪk'saɪt, ek-] *vt* ① (*stimulate*) erregen; (*enthuse*) begeistern ② (*awaken*) hervorrufen; *curiosity* wecken; *imagination* anregen

ex·cit·ed [ɪk'saɪtɪd, ek-, AM -t̬ɪd] *adj* aufgeregt; (*thrilled*) begeistert; **to be ~ about sth** (*now*) von etw *dat* begeistert sein; (*in near future*) sich auf etw *akk* freuen

ex·cite·ment [ɪk'saɪtmənt, ek-] *n* Aufregung *f*

ex·cit·ing [ɪk'saɪtɪŋ, ek-, AM -t̬ɪŋ] *adj* aufregend; *match, story* spannend; (*stimulating*) anregend

excl. *adj, prep abbrev of* **exclusive, excluding** exkl.

ex·claim [ɪks'kleɪm, eks-] **I.** *vi* **to ~ in delight** vor Freude aufschreien **II.** *vt* ausrufen

ex·cla·ma·tion [ˌeksklə'meɪʃᵊn] *n* Ausruf *m*

ex·cla·'ma·tion mark, AM **ex·cla·'ma·tion point** *n* Ausrufezeichen *nt*

ex·clude [ɪks'klu:d, eks-] *vt* ausschließen

ex·clud·ing [ɪks'klu:dɪŋ, eks-] *prep* ausgenommen +*gen*

ex·clu·sion [ɪks'klu:ʒᵊn, eks-] *n* Ausschluss *m* (**from** von +*dat*)

ex·clu·sive [ɪks'klu:sɪv, eks-] **I.** *adj* ① (*excluding*) ausschließlich ② (*select*) exklusiv; **for the ~ use of ...** nur für ... bestimmt **II.** *n* Exklusivbericht *m*

ex·clu·sive·ly [ɪks'klu:sɪvli, eks-] *adv* ausschließlich, exklusiv

ex·com·muni·cate [ˌekskə'mju:nɪkeɪt] *vt* exkommunizieren

ex·com·muni·ca·tion [ˌekskəˌmju:nɪ'keɪʃᵊn] *n* Exkommunikation *f*

ex·cre·ment ['ekskrəmənt] *n* Kot *m,* Exkremente *pl*

ex·crete [ɪk'skri:t, ek-] **I.** *vt* ausscheiden **II.** *vi* Exkremente ausscheiden

ex·cru·ci·at·ing [ɪk'skru:ʃieɪtɪŋ, ek-, AM -t̬ɪŋ] *adj* ① (*painful*) schmerzhaft; *suffering* ent-

setzlich ② (*fig*) qualvoll
ex·cur·sion [ɪk'skɜːʃᵊn, eks-, AM -'skɜːrʒ-] *n* Ausflug *m*
ex·'cur·sion tick·et *n* verbilligte Fahrkarte **ex·'cur·sion train** *n* AM Sonderzug *m*
ex·cus·able [ɪk'skjuːzəbl̩, ek-] *adj* verzeihlich, entschuldbar
ex·cuse **I.** *vt* [ɪk'skjuːz, ek-] ① (*forgive*) entschuldigen; (*make an exception*) hinwegsehen über +*akk;* ■**to ~ sb from sth** jdn von etw *dat* befreien ② (*attract attention*) **~ me!** entschuldigen Sie bitte!, Entschuldigung!; (*beg pardon*) [ich bitte vielmals um] Entschuldigung; **~ me?** wie bitte? **II.** *n* [ɪk'skjuːs, ek-] ① (*explanation*) Entschuldigung *f* ② (*justification*) Ausrede *f;* (*cause, reason*) Anlass *m*
ex·di·rec·tory [ˌeksdə'rektᵊri] *adj* BRIT, AUS **~ number** Geheimnummer *f;* ■**to be ~** nicht im Telefonbuch stehen
ex·ecute ['eksɪkjuːt] *vt* ① (*perform*) durchführen; *manoeuvre, order, plan* ausführen ② (*kill*) hinrichten
ex·ecu·tion [ˌeksɪ'kjuːʃᵊn] *n* ① *no pl* (*performing*) Durchführung *f* ② (*killing*) Hinrichtung *f*
ex·ecu·tion·er [ˌeksɪ'kjuːʃᵊnəʳ, AM -ɚ] *n* Scharfrichter *m*
ex·ecu·tive [ɪg'zekjətɪv, eg-, AM -t̬ɪv] **I.** *n* ① (*manager*) leitender Angestellter/leitende Angestellte; **junior/senior ~** untere/höhere Führungskraft ② + *sing/pl vb* (*body*) Exekutive *f;* (*committee*) Vorstand *m* **II.** *adj* Exekutiv-; **~ editor** Chefredakteur(in) *m(f);* **~ producer** leitender Produzent/leitende Produzentin
ex·ecu·tor [ɪg'zekjətəʳ, eg-, AM -t̬ɚ] *n* LAW Testamentsvollstrecker(in) *m(f)*
ex·em·pla·ry [ɪg'zemplᵊri, eg-] *adj* vorbildlich; *punishment* exemplarisch
ex·em·pli·fy <-ie-> [ɪg'zemplɪfaɪ, eg-] *vt person* erläutern; *thing* veranschaulichen
ex·empt [ɪg'zempt, eg-] **I.** *vt* befreien; *from military service* freistellen **II.** *adj* befreit; **~ from duty** [*or* **tax**] gebührenfrei
ex·emp·tion [ɪg'zempʃᵊn, eg-] *n no pl* Befreiung *f; from military service* Freistellung *f*
ex·er·cise ['eksəsaɪz, AM -sɚ-] **I.** *vt* ① (*physically*) trainieren; *dog* spazieren führen; *horse* bewegen ② (*use*) üben; *authority, control* ausüben; *caution* walten lassen; *right* geltend machen; *veto* einlegen; **to ~ tact** mit Takt vorgehen **II.** *vi* trainieren **III.** *n* ① (*exertion*) Bewegung *f;* (*training*) Übung *f;* **to do ~s** Gymnastik machen; **to take ~** sich bewegen ② (*practice*) MIL Übung *f;* SCH, UNIV Aufgabe *f* ③ AM ■**~s** *pl* Feierlichkeiten *pl* **IV.** *adj* Trainings-; **~ video** Übungsvideo *nt*
'ex·er·cise bike *n* Heimfahrrad *nt* **'ex·er·cise book** *n* Heft *nt*
ex·er·cis·er ['eksəsaɪzəʳ, AM -sɚsaɪzɚ] *n* Trainingsgerät *nt*
ex·ert [ɪg'zɜːt, eg-, AM -'zɜːrt] *vt* ① (*use*) *control* ausüben; *influence* geltend machen ② (*labour*) ■**to ~ oneself** sich anstrengen
ex·er·tion [ɪg'zɜːʃᵊn, eg-, AM -'zɜːr-] *n* ① *no pl* (*use*) Ausübung *f* ② (*strain*) Anstrengung *f*
ex·'fo·li·at·ing cream *n* Rubbelcreme *f,* Peeling *nt*
ex·ha·la·tion [ˌeks(h)ə'leɪʃᵊn] *n* Ausatmen *nt*
ex·hale [eks'heɪl] *vt, vi* ausatmen
ex·haust [ɪg'zɔːst, eg-, AM *esp* -'zɑːst] **I.** *vt* ① (*tire*) ermüden; ■**to ~ oneself** sich strapazieren ② (*use up*) erschöpfen **II.** *n* ① **~ [fumes]** Abgase *pl* ② (*tailpipe*) Auspuff *m*
ex·haust·ed [ɪg'zɔːstɪd, eg-, AM *esp* -'zɑːst-] *adj* (*tired*) erschöpft; (*used up a.*) aufgebraucht
ex·haust·ing [ɪg'zɔːstɪŋ, eg-, AM *esp* -'zɑːst-] *adj* anstrengend
ex·haus·tion [ɪg'zɔːstʃᵊn, eg-, AM *esp* -'zɑːst-] *n no pl* Erschöpfung *f*
ex·haus·tive [ɪg'zɔːstɪv, eg-, AM *esp* -'zɑːst-] *adj* erschöpfend; *inquiry* eingehend; *list* vollständig; *report* ausgiebig; *research* tief greifend
ex·'haust pipe *n* Auspuffrohr *nt* **ex·'haust sys·tem** *n* Abgasanlage *f*
ex·hi·b·it [ɪg'zɪbɪt, eg-] **I.** *n* ① (*display*) Ausstellungsstück *nt* ② LAW (*evidence*) Beweisstück *nt* **II.** *vt* ① (*display*) ausstellen ② (*manifest*) zeigen **III.** *vi* ausstellen
ex·hi·bi·tion [ˌeksɪ'bɪʃᵊn] *n* (*display*) Ausstellung *f* (**about** über +*akk*); (*performance*) Vorführung *f*
ex·hi·bi·tion·ism [ˌeksɪ'bɪʃᵊnɪzᵊm] *n no pl* Exhibitionismus *m*
ex·hi·bi·tion·ist [ˌeksɪ'bɪʃᵊnɪst] *n* Exhibitionist(in) *m(f)*
ex·hi·bi·tor [ɪg'zɪbɪtəʳ, eg-, AM -t̬ɚ] *n* Aussteller(in) *m(f)*
ex·hila·rat·ing [ɪg'zɪlᵊreɪtɪŋ, eg'-, AM -t̬-] *adj* ① (*thrilling*) berauschend; (*exciting*) aufregend ② (*energizing*) belebend
ex·hila·ra·tion [ɪgˌzɪlᵊ'reɪʃᵊn, egˌ-] *n no pl* Hochgefühl *nt*
ex·hort [ɪg'zɔːt, eg'-, AM -'zɔːrt] *vt* (*form*) ermahnen
ex·hor·ta·tion [ˌegzɔː'teɪʃᵊn, AM -zɔːr'-] *n* Ermahnung *f*
ex·hu·ma·tion [ˌeks(h)juː'meɪʃᵊn] *n no pl* Exhumierung *f*
ex·hume [eks'(h)juːm, AM eg'zuːm] *vt* exhu-

E

mieren

ex-'husband *n* Exmann *m*

ex·ile ['eksaɪl] **I.** *n* ① *no pl* (*banishment*) Exil *nt*, Verbannung *f* (**from** aus +*dat*); **to go into ~** ins Exil gehen ② (*person*) Verbannte(r) *f(m)*; **tax ~** Steuerflüchtling *m* **II.** *vt* verbannen

ex·ist [ɪg'zɪst, eg'-] *vi* ① (*be*) existieren, bestehen ② (*live*) leben, existieren; (*survive*) überleben

ex·ist·ence [ɪg'zɪstᵊn(t)s, eg'-] *n* ① *no pl* (*state*) Existenz *f*, Bestehen *nt*; **to come into ~** entstehen ② (*life*) Leben *nt*, Existenz *f*; **means of ~** Lebensgrundlage *f*

ex·ist·ent [ɪg'zɪstᵊnt, eg-] *adj* existent, vorhanden

ex·ist·ing [ɪg'sɪstɪŋ, eg-] *adj* existierend, bestehend; *rules* gegenwärtig

exit ['eksɪt, 'egz-] **I.** *n* ① (*way out*) Ausgang *m* ② (*departure*) Weggehen *nt kein pl*, Abgang *m*; (*from room*) Hinausgehen *nt kein pl* ③ (*road*) Ausfahrt *f*, Abfahrt *f* **II.** *vt* verlassen **III.** *vi* ① (*leave*) hinausgehen ② (*in car*) eine Ausfahrt nehmen

'exit visa *n* Ausreisevisum *nt*

exo·dus ['eksədəs] *n* <*pl* -es> Auszug *m*; **general ~** allgemeiner Aufbruch

ex·on·er·ate [ɪg'zɒnᵊreɪt, eg-, AM -'zɑːnər-] *vt* freisprechen; (*partially*) entlasten

ex·or·bi·tant [ɪg'zɔːbɪtᵊnt, eg-, AM -'zɔːrbət̬-] *adj* überhöht

ex·or·cism ['eksɔːsɪzᵊm, AM -sɔːr-] *n* Exorzismus *m*

ex·or·cist ['eksɔːsɪst, AM -sɔːr-] *n* Exorzist(in) *m(f)*

ex·or·cize ['eksɔːsaɪz, AM -sɔːr-] *vt* exorzieren

ex·ot·ic [ɪg'zɒtɪk, eg-, AM -'zɑːt̬-] *adj* exotisch; (*fig*) fremdländisch

ex·pand [ɪk'spænd, ek-] **I.** *vi* ① (*increase*) zunehmen; *economy* a. expandieren; *population, trade* wachsen; *horizon, knowledge* sich erweitern ② PHYS sich ausdehnen **II.** *vt* ① (*enlarge*) erweitern ② PHYS ausdehnen ③ (*elaborate*) weiter ausführen

ex·pand·able [ɪk'spændəbl̩, ek-] *adj material* dehnbar; *business, project* entwicklungsfähig; *installation, system* ausbaufähig

ex·panse [ɪk'spæn(t)s, ek-] *n* weite Fläche, Weite *f*; **~ of lawn** ausgedehnte Rasenfläche

ex·pan·sion [ɪk'spæn(t)ʃᵊn, ek-] *n* ① *no pl* (*increase*) *of knowledge, economy* Erweiterung *f*; *of territory, economy* Expansion *f*; *of population, trade* Wachstum *nt*, Zunahme *f* ② PHYS Ausdehnung *f* ③ (*elaboration*) Erweiterung *f*

ex·pan·sion·ism [ɪk'spæn(t)ʃᵊnɪzᵊm, ek-] *n no pl* Expansionspolitik *f*

ex·pan·sive [ɪk'spæn(t)sɪv] *adj* ① (*sociable*) umgänglich; (*effusive*) überschwänglich; *personality* aufgeschlossen ② (*elaborated*) ausführlich

ex·pat·ri·ate **I.** *n* [ɪk'spætriət, ek'-, AM ek'speɪ-, ɪk'-] [ständig] im Ausland Lebende(r) *f(m)* **II.** *vt* [ɪk'spætrieɪt, ek'-, AM ek'speɪ-, ɪk'-] ausbürgern

ex·pect [ɪk'spekt, ek-] *vt* ① erwarten; **that was to be ~ed** das war zu erwarten; **to half ~ sth** fast mit etw *dat* rechnen; ■**to ~ to do sth** damit rechnen, etw zu tun ② (*fam: suppose*) glauben; **I ~ so** ich denke schon; **I ~ you'd like a rest** Sie möchten sich sicher ausruhen

ex·pec·tan·cy [ɪk'spektᵊn(t)si, ek-] *n no pl* Erwartung *f*; **air of ~** erwartungsvolle Atmosphäre; **with an air of ~** erwartungsvoll

ex·pec·tant [ɪk'spektᵊnt, ek-] *adj* erwartungsvoll; *mother* werdend

ex·pec·ta·tion [ˌekspek'teɪʃᵊn] *n* Erwartung *f*

ex·pec·to·rate [ɪk'spektᵊreɪt, ek-] *vi* (*form*) [Schleim] abhusten

ex·pedi·ence [ɪk'spiːdiən(t)s, ek-], **ex·pedi·en·cy** [ɪk'spiːdiən(t)si, ek-] *n no pl* ① (*suitability*) Zweckmäßigkeit *f* ② (*advantage*) Eigennutz *m*

ex·pedi·ent [ɪk'spiːdiənt, ek-] *adj* ① (*useful*) zweckmäßig; (*advisable*) ratsam ② (*advantageous*) eigennützig

ex·pedite ['ekspɪdaɪt] *vt* ① (*hasten*) beschleunigen ② (*do*) schnell erledigen

ex·pedi·tion [ˌekspɪ'dɪʃᵊn] *n* Expedition *f*; MIL Feldzug *m*; **shopping ~** Einkaufstour *f*

ex·pedi·tious [ˌekspɪ'dɪʃəs] *adj* (*form*) schnell

ex·pel <-ll-> [ɪk'spel, ek-] *vt* ① (*evict*) ausschließen (**from** aus +*dat*); *from country* ausweisen (**from** aus +*dat*); *from school, university* verweisen (**from** von +*dat*) ② (*force out*) vertreiben (**from** aus +*dat*) ③ (*eject*) *breath* ausstoßen; *liquid* austreiben

ex·pend [ɪk'spend, ek-] *vt* ① (*spend*) *time, effort* aufwenden (**on** für +*akk*) ② (*use up*) aufbrauchen

ex·pendi·ture [ɪk'spendɪtʃəʳ, ek-, AM -ə˞] *n* ① *no pl* (*spending*) Ausgabe *f*; (*using*) *of energy, resources* Aufwand *m* (**of** an +*dat*) ② (*sum spent*) Ausgaben *pl*, Aufwendungen *pl* (**on** für +*akk*)

ex·pense [ɪk'spen(t)s, ek-] *n* ① [Un]kosten *pl*, Ausgaben *pl*; **at one's own ~** auf eigene Kosten ② ■**~s** *pl* Spesen *pl* ③ (*fig*) at sb's ~ auf jds Kosten *pl;* **at the ~ of sth** auf Kosten einer S. *gen* ▶PHRASES: **no ~ spared** [die] Kosten spielen keine Rolle

ex·'pense ac·count *n* Spesenrechnung *f*

ex·pen·sive [ɪk'spen(t)sɪv, ek-] *adj* teuer; *hobby* kostspielig

ex·peri·ence [ɪk'spɪəriən(t)s, ek-, AM -'spɪr-] **I.** *n* ① *no pl* (*knowledge*) Erfahrung *f;* **to gain ~** Erfahrungen sammeln; **to learn by** [*or* **from**] **~** durch Erfahrung lernen ② (*event*) Erfahrung *f,* Erlebnis *nt;* **to have an ~** eine Erfahrung machen **II.** *vt* ① (*undergo*) erleben; (*endure*) kennen lernen, erfahren; *difficulties* stoßen auf *+akk* ② (*feel*) empfinden

ex·peri·enced [ɪk'spɪəriən(t)st, ek-, AM -'spɪr-] *adj* erfahren; *eye* geschult; ■**to be ~ at** [*or* **in**] **sth** Erfahrung in etw *dat* haben

ex·peri·ment **I.** *n* [ɪk'sperɪmənt, ek-] Experiment *nt,* Versuch *m* (**on** an *+dat*/mit *+dat*); **by ~** durch Ausprobieren **II.** *vi* [ɪk'sperɪment] experimentieren, Versuche machen (**on** an *+dat*)

ex·peri·men·tal [ɪkˌsperɪ'mentᵊl, ekˌ-, AM *esp* ekˌ-] *adj* ① (*for experiment*) Versuchs- ② (*using experiments*) experimentell

ex·peri·men·ta·tion [ɪkˌsperɪmen'teɪʃᵊn, ek-] *n no pl* Experimentieren *nt*

ex·pert ['ekspɜːt, AM -spɜːrt] **I.** *n* Experte(in) *m(f),* Fachmann, Fachfrau *m, f;* LAW Sachverständige(r) *f(m);* **an ~ at doing sth** ein Experte/eine Expertin in etw *dat* **II.** *adj* ① (*specialist*) fachmännisch; (*skilled*) erfahren; (*clever*) geschickt; *analysis* fachkundig ② (*excellent*) ausgezeichnet; *liar* perfekt

ex·pert ad·'vice *n no pl* fachmännischer Rat

ex·per·tise [ˌekspɜː'tiːz, AM -spɜːr'-] *n no pl* (*knowledge*) Fachkenntnis *f,* Sachverstand *m* (**in** in *+dat*); (*skill*) Können *nt*

ex·pert 'knowl·edge *n no pl* Fachkenntnis *f* **ex·pert o'pin·ion** *n* Expertenmeinung *f;* LAW Sachverständigengutachten *nt* **ex·pert 'wit·ness** *n* LAW Sachverständige(r) *f(m)*

ex·pi·ra·tion [ˌekspɪ'reɪʃᵊn, AM -ə'-] *n no pl* Ausatmung *f*

ex·pire [ɪk'spaɪəʳ, AM -ɚ] *vi* ① (*become invalid*) ablaufen; *contract* auslaufen; *coupon, ticket* verfallen ② (*die*) verscheiden

ex·pi·ry [ɪk'spaɪ(ə)ri, AM -'spaɪri] *n no pl* Ablauf *m;* **~ date** [*or* **date of ~**] *of drugs, food* Verfallsdatum *nt; of credit card, passport* Ablaufdatum *nt*

ex·plain [ɪk'spleɪn, ek'-] **I.** *vt* erklären; *reason, motive* erläutern; ■**to ~ oneself** (*make clear*) sich [deutlich] ausdrücken; (*justify*) **you'd better ~ yourself** du solltest mir das erklären **II.** *vi* eine Erklärung geben ◆**explain away** *vt* eine [einleuchtende] Erklärung für etw *akk* haben

ex·pla·na·tion [ˌekspləˈneɪʃᵊn] *n* Erklärung *f; of reason, motive* Erläuterung *f;* **in ~** [**of sth**] [*or* **by way of ~** [**for sth**]] als Erklärung [für etw *akk*]

ex·plana·tory [ɪk'splænətᵊri, ek'-, AM -tɔːri] *adj* erklärend; *footnotes, statement, diagram* erläuternd

ex·ple·tive [ɪk'spliːtɪv, ek'-, AM 'eksplət̬-] *n* Kraftausdruck *m*

ex·pli·cable [ɪk'splɪkəbl̩, ek'-] *adj* erklärbar

ex·plic·it [ɪk'splɪsɪt, ek'-] *adj* ① (*precise*) klar, deutlich; *agreement, order* ausdrücklich ② (*detailed*) eindeutig, unverhüllt

ex·plode [ɪk'spləʊd, ek'-, AM -oʊd] **I.** *vi* explodieren *a. fig; tyre* platzen; **to ~ in** [*or* **with**] **anger** vor Wut platzen **II.** *vt bomb* zünden; *container* sprengen; (*fig*) *argument* widerlegen

ex·ploit **I.** *n* ['eksplɔɪt] Heldentat *f* **II.** *vt* [ɪk'splɔɪt, ek'-] ① *worker* ausbeuten; *friend, thing* ausnutzen ② (*utilize*) nutzen

ex·ploi·ta·tion [ˌeksplɔɪ'teɪʃᵊn] *n no pl* ① *of workforce* Ausbeutung *f; of person, thing* Ausnutzung *f* ② (*use*) Nutzung *f*

ex·plo·ra·tion [ˌekspləˈreɪʃᵊn, AM -splɔːr'eɪ-] *n* ① (*journey*) Erforschung *f; of enclosed space* Erkundung *f* ② (*examination*) Untersuchung *f* (**of** von *+dat*)

ex·plora·tory [ɪk'splɒrətᵊri, ek-, AM -'splɔːrətɔːri] *adj* Forschungs-; *drilling, well* Probe-; *operation* explorativ; **~ talks** Sondierungsgespräche *pl*

ex·plore [ɪk'splɔːʳ, ek'-, AM -'splɔːr] **I.** *vt* ① (*investigate*) erforschen, erkunden ② (*examine*) untersuchen **II.** *vi* sich umschauen

ex·plor·er [ɪk'splɔːrəʳ, ek'-, AM -'splɔːrɚ] *n* Forscher(in) *m(f)*

ex·plo·sion [ɪk'spləʊʒᵊn, ek'-, AM -'sploʊ-] *n* Explosion *f a. fig*

ex·plo·sive [ɪk'spləʊsɪv, ek'-, AM -'sploʊ-] **I.** *adj* explosiv *a. fig; issue, situation* [hoch] brisant; **to have an ~ temper** zu Wutausbrüchen neigen **II.** *n* Sprengstoff *m kein pl*

ex·po·nent [ɪk'spəʊnənt, ek'-, AM -'spoʊ-] *n* (*representative*) Vertreter(in) *m(f),* Exponent(in) *m(f);* (*advocate*) Verfechter(in) *m(f)*

ex·port **I.** *vt, vi* [ɪk'spɔːt, ek'-, AM -'spɔːrt] exportieren **II.** *n* ['ekspɔːt, ek'-, AM -spɔːrt] ① *no pl* (*selling*) Export *m,* Ausfuhr *f* ② (*product*) Exportartikel *m*

ex·port·able [ɪk'spɔːtəbl̩, ek'-, AM -'spɔːrt̬-] *adj* exportfähig

ex·por·ta·tion [ˌekspɔː'teɪʃᵊn, AM -spɔːr'-] *n no pl* Export *m,* Ausfuhr *f*

E

'ex·port busi·ness *n* Exportgeschäft *nt*
ex·port·er [ɪk'spɔːtəʳ, AM -'spɔːrt̬ɚ] *n* Exporteur *m;* (*person a.*) Exporthändler(in) *m(f);* (*company a.*) Exportfirma *f;* (*country*) Exportland *nt,* Ausfuhrland *nt*
'ex·port goods *npl* Exportgüter *pl* **'ex·port li·cence** *n* Ausfuhrgenehmigung *f,* Exportlizenz *f* **'ex·port regu·la·tions** *npl* Ausfuhrbestimmungen *pl* **'ex·port trade** *n no pl* Exporthandel *m,* Außenhandel *m*

E

ex·pose [ɪk'spəʊz, ek'-, AM -'spoʊz] *vt* ❶ (*bare*) freilegen; *nerves* bloßlegen ❷ (*subject*) *danger, ridicule* aussetzen (**to** +*dat*) ❸ (*reveal*) offenbaren; *scandal, plot* aufdecken; ■**to ~ sb** jdn entlarven ❹ PHOT belichten
ex·posed [ɪk'spəʊzd, ek'-, AM -'spoʊzd] *adj* ❶ (*unprotected*) ungeschützt; *position* exponiert ❷ (*bare*) freigelegt; *body part* unbedeckt ❸ PHOT belichtet
ex·po·si·tion [ˌekspə(ʊ)'zɪʃᵊn, AM -pə'-] *n* ❶ (*explanation*) Darlegung *f* ❷ (*show*) Ausstellung *f* ❸ LIT, MUS Exposition *f*
ex·po·sure [ɪk'spəʊʒəʳ, ek'-, AM -'spoʊʒɚ] *n* ❶ (*being unprotected*) Aussetzung *f;* **~ to radiation** Bestrahlung *f* ❷ *no pl* (*contact*) Kontakt *m* (**to** mit +*dat*) ❸ *no pl* (*contact with elements*) Ausgesetztsein *nt* ❹ *no pl* (*revelation*) *of person* Entlarvung *f; of plot* Aufdeckung *f; of affair* Enthüllung *f* ❺ PHOT Belichtung[szeit] *f;* (*shot*) Aufnahme *f*
ex·'po·sure me·ter *n* PHOT Belichtungsmesser *m*
ex·pound [ɪk'spaʊnd, ek'-] **I.** *vt* ❶ (*explain*) darlegen ❷ (*interpret*) erläutern **II.** *vi* ■**to ~ on sth** etw darlegen
ex·press [ɪk'spres, ek'-] **I.** *vt* ❶ (*communicate*) ausdrücken; (*say*) aussprechen; ■**to ~ oneself** sich ausdrücken ❷ MATH darstellen ❸ (*send*) per Express schicken **II.** *adj* ❶ (*rapid*) express; **by ~ delivery** per Eilzustellung ❷ (*precise*) bestimmt; (*explicit*) ausdrücklich; **for the ~ purpose** eigens zu dem Zweck **III.** *adv* per Express **IV.** *n* ❶ (*train*) Express[zug] *m,* Schnellzug *m,* D-Zug *m* ❷ *no pl* (*messenger*) **by ~** per Eilboten; (*delivery*) per Express ❸ (*company*) Spedition *f*
ex·pres·sion [ɪk'spreʃᵊn, ek'-] *n* Ausdruck *m,* Äußerung *f;* **to give ~ to sth** etw zum Ausdruck bringen; **freedom of ~** Freiheit *f* der Meinungsäußerung; (*on face*) [Gesichts]ausdruck *m*
Expres·sion·ism [ɪk'spreʃᵊnɪzᵊm, ek'-] *n no pl* Expressionismus *m*
Expres·sion·ist [ɪk'spreʃᵊnɪst, ek'-] **I.** *n* Expressionist(in) *m(f)* **II.** *adj* expressionistisch
ex·pres·sion·less [ɪk'spreʃᵊnləs, ek'-] *adj* ausdruckslos
ex·pres·sive [ɪk'spresɪv, ek'-] *adj* ausdrucksvoll; *voice* ausdrucksstark
ex·press·ly [ɪk'spresli, ek'-] *adv* ❶ (*explicitly*) ausdrücklich ❷ (*particularly*) extra
ex·'press·way *n* AM, AUS Schnellstraße *f*
ex-'prison·er *n* ehemaliger Häftling
ex·pro·pri·ate [ɪk'sprəʊprieɪt, ek'-, AM -'sproʊ-] *vt* ❶ (*dispossess*) enteignen ❷ (*appropriate*) sich *dat* [widerrechtlich] aneignen; *funds* veruntreuen
ex·pro·pria·tion [ɪkˌsprəʊpri'eɪʃᵊn, ek'-, AM -ˌsproʊ-] *n* ❶ (*dispossessing*) Enteignung *f* ❷ (*appropriation*) [widerrechtliche] Aneignung; *of funds* Veruntreuung *f*
ex·pul·sion [ɪk'spʌlʃᵊn, ek'-] *n no pl* *from club* Ausschluss *m* (**from** aus +*dat*); *from country* Ausweisung *f* (**from** aus +*dat*); *from home* Vertreibung *f* (**from** aus +*dat*); *from school, university* Verweisung *f* (**from** von +*dat*)
ex·quis·ite [ɪk'skwɪzɪt, ek'-] *adj* erlesen, exquisit
ex-'ser·vice·man *n* ehemaliger Militärangehöriger
ex·tant [ek'stænt, AM 'ekstᵊnt] *adj* (*form*) [noch] vorhanden
ex·tem·po·ra·neous [ɪkˌstempə'reɪniəs, ekˌ-] *adj* improvisiert; *speech* aus dem Stegreif *nach n*
ex·tem·po·re [ɪk'stempᵊri, ek'-, AM -pəri] *adj, adv* unvorbereitet, aus dem Stegreif
ex·tem·po·rize [ɪk'stempᵊraɪz, ek'-, AM -pər-] *vi* improvisieren
ex·tend [ɪk'stend, ek'-] **I.** *vt* ❶ (*stretch*) ausstrecken; *rope* spannen ❷ (*prolong*) verlängern ❸ (*pull out*) verlängern; *ladder, table* ausziehen; *landing gear* ausfahren; *sofa* ausklappen ❹ (*expand*) erweitern; *influence, business* ausdehnen ❺ (*build*) ausbauen **II.** *vi* sich erstrecken; *over time* sich hinziehen; **to ~ for miles** sich meilenweit hinziehen
ex·tend·ed [ɪk'stendɪd, ek'-] *adj* verlängert; *bulletin* umfassend
ex·ten·sion [ɪk'sten(t)ʃᵊn, ek'-] **I.** *n* ❶ *no pl* (*stretching*) *of extremities* Ausstrecken *nt; of muscles* Dehnung *f* ❷ (*lengthening*) Verlängerung *f;* **~ table** Ausziehtisch *m* ❸ *no pl* (*expansion*) Erweiterung *f,* Vergrößerung *f; of influence, power* Ausdehnung *f;* **by ~** im weiteren Sinne ❹ (*prolongation*) Verlängerung *f* ❺ (*addition*) Anbau *m; to building* Erweiterungsbau *m* (**to** an +*dat*); **we're building an ~ to our house** wir bauen gerade an ❻ (*phone line*) Nebenanschluss *m;* (*number*)

[Haus]apparat *m* ❼ *no pl* (*offering*) Bekundung *f* **II.** *adj* AM, AUS UNIV Fern-

ex·'ten·sion cord *n* AM, AUS Verlängerungskabel *nt* **ex·'ten·sion lad·der** *n* Ausziehleiter *f* **ex·'ten·sion lead** *n* BRIT Verlängerungskabel *nt*

ex·ten·sive [ɪk'sten(t)sɪv, ek'-] *adj* ❶ (*large*) ausgedehnt; *grounds* weitläufig ❷ (*far-reaching*) weitreichend ❸ (*large-scale*) *bombing* schwer; *damage* beträchtlich; *knowledge* breit; *repairs* umfangreich

ex·ten·sive·ly [ɪk'sten(t)sɪvli, ek'-] *adv* ❶ (*for the most part*) weitgehend ❷ (*considerably*) beträchtlich; *damaged* erheblich ❸ (*thoroughly*) gründlich; (*in detail*) ausführlich; **to use sth ~** von etw *dat* ausgiebig Gebrauch machen

ex·tent [ɪk'stent, ek'-] *n* ❶ *no pl* (*size*) Größe *f*, Ausdehnung *f*; (*length*) Länge *f* ❷ *no pl* (*range*) Umfang *m* ❸ (*degree*) Grad *m kein pl*, Maß *nt kein pl*; **to a certain ~** in gewissem Maße; **to a great** [*or* **large**] **~** in hohem Maße, weitgehend

ex·tenu·at·ing [ɪk'stenjueɪtɪŋ, ek'-, AM -t̬-] *adj* (*form*) mildernd

ex·te·ri·or [ɪk'stɪəriəʳ, ek'-, AM -'stɪriə] **I.** *n* ❶ (*outside*) Außenseite *f*; *of building* Außenfront *f* ❷ (*appearance*) Äußere *nt* **II.** *adj* Außen-

ex·ter·mi·nate [ɪk'stɜːmɪneɪt, ek'-, AM -'stɜːr-] *vt* ausrotten, vernichten; *vermin, weeds* vertilgen

ex·ter·mi·na·tion [ɪkˌstɜːmɪ'neɪʃᵊn, ek'-, AM -ˌstɜːr-] *n no pl* Ausrottung *f*, Vernichtung *f*; *of vermin, weeds* Vertilgung *f*

ex·ter·nal [ɪk'stɜːnᵊl, ek'-, AM -'stɜːr-] *adj* ❶ (*exterior*) äußerlich; *angle, pressure, world* Außen- ❷ (*from outside*) äußere(r, s) ❸ (*on surface*) äußerlich; **for ~ use only** nur zur äußerlichen Anwendung ❹ (*foreign*) auswärtig; **~ affairs** Außenpolitik *f*

ex·ter·nal·ize [ɪk'stɜːnᵊlaɪz, ek'-, AM -'stɜːr-] *vt* nach außen verlagern

ex·tinct [ɪk'stɪŋkt, ek'-] *adj* ❶ (*died out*) ausgestorben; *custom, empire, people* untergegangen; *language* tot; **to become ~** aussterben ❷ (*inactive*) erloschen; **to become ~** *volcano* erlöschen

ex·tinc·tion [ɪk'stɪŋkʃᵊn, ek'-] *n no pl* ❶ (*dying out*) Aussterben *nt*; *of custom, empire, people* Untergang *m*; (*deliberate act*) Ausrottung *f* ❷ (*inactivity*) *volcano* Erlöschen *nt*

ex·tin·guish [ɪk'stɪŋgwɪʃ, ek'-] *vt* [aus]löschen; *candle* ausmachen

ex·tin·guish·er [ɪk'stɪŋgwɪʃəʳ, ek'-, AM -ɚ] *n* Feuerlöscher *m*

ex·tol <-ll-> [ɪk'stəʊl, ek'-, AM -'stoʊl] *vt* (*form*) rühmen; **to ~ the virtues of sth** die Vorzüge einer S. *gen* preisen

ex·tort [ɪk'stɔːt, ek'-, AM -'stɔːrt] *vt* erzwingen; *money* erpressen

ex·tor·tion [ɪk'stɔːʃᵊn, ek'-, AM -'stɔːr-] *n no pl* Erzwingung *f*; *of money* Erpressung *f*; **that's sheer ~!** das ist ja Wucher!

ex·tor·tion·ate [ɪk'stɔːʃᵊnət, ek'-, AM -'stɔːr-] *adj* ❶ (*exorbitant*) übermäßig; **~ prices** Wucherpreise *pl* ❷ (*using force*) erpresserisch

ex·tra ['ekstrə] **I.** *adj* zusätzlich; **some ~ money** etwas mehr Geld; **to take ~ care** besonders vorsichtig sein; **~ charge** Aufschlag *m* **II.** *adv* ❶ (*more*) mehr; **to charge ~** einen Aufpreis verlangen; **postage and packing ~** zuzüglich Porto und Versand ❷ (*especially*) besonders; **I'll try ~ hard** ich werde mich ganz besonders anstrengen **III.** *n* ❶ ECON (*perk*) Zusatzleistung *f*; AUTO Extra *nt* ❷ (*charge*) Aufschlag *m* ❸ (*actor*) Statist(in) *m(f)*

ex·tract I. *vt* [ɪk'strækt, ek'-] ❶ (*remove*) [heraus]ziehen (**from** aus +*dat*); *bullet* entfernen; *tooth* ziehen ❷ (*obtain*) gewinnen (**from** aus +*dat*); *oil* fördern; *confession* abringen; *information* herausquetschen **II.** *n* ['ekstrækt] ❶ (*excerpt*) Auszug *m* (**from** aus +*dat*) ❷ *no pl* (*concentrate*) Extrakt *m*

ex·trac·tion [ɪk'strækʃᵊn, ek'-] *n* ❶ *no pl* (*removal*) Herausziehen *nt*; *of bullet* Entfernen *nt*; *of tooth* [Zahn]ziehen *nt* ❷ (*obtainment*) Gewinnung *f*; *of oil* Förderung *f*; *of confession* Abringen *nt*

extra·cur·ricu·lar [ˌekstrəkə'rɪkjələʳ, AM -ɚ] *adj* ❶ SCH, UNIV außerhalb des Stundenplans *nach n* ❷ (*fig*) außerplanmäßig

extra·dite ['ekstrədaɪt] *vt* ausliefern (**from** von +*dat*, **to** an +*akk*)

extra·di·tion [ˌekstrə'dɪʃᵊn] *n no pl* Auslieferung *f*

extra·mari·tal [ˌekstrə'mærɪtᵊl, AM -'merət̬ᵊl] *adj* außerehelich

extra·mu·ral [ˌekstrə'mjʊərᵊl, AM -'mjʊr-] *adj* außerhalb der Universität *nach n*

extra·neous [ɪk'streɪniəs] *adj* ❶ (*external*) von außen *nach n*; **~ substance** Fremdstoff *m* ❷ (*unrelated*) sachfremd

extraor·di·nary [ɪk'strɔːdᵊnᵊri, AM -'strɔːrdᵊneri] *adj* außerordentlich, außergewöhnlich; *achievement* herausragend; *coincidence* merkwürdig; *success* erstaunlich

ex·tra 'pay *n no pl* Zulage *f*

ex·trapo·late [ɪk'stræpəleɪt] *vt* extrapolieren

E

extra·sen·so·ry [ˌekstrəˈsen(t)sᵊri] *adj* übersinnlich

extra·ter·res·trial [ˌekstrətəˈrestriəl] **I.** *adj* außerirdisch **II.** *n* außerirdisches [Lebe]wesen

ex·tra ˈtime *n no pl* BRIT, AUS SPORTS [Spiel]verlängerung *f*

ex·trava·gance [ɪkˈstrævəgən(t)s] *n* ❶ *no pl* (*excess*) Verschwendungssucht *f;* (*expenditure*) Verschwendung *f* ❷ (*treat*) Luxus *m kein pl*

ex·trava·gant [ɪkˈstrævəgənt] *adj* ❶ (*flamboyant*) extravagant ❷ (*luxurious*) üppig; *lifestyle* aufwendig; **to have ~ tastes** einen teuren Geschmack haben ❸ (*wasteful*) verschwenderisch

ex·trava·gan·za [ɪkˌstrævəˈgænzə] *n* opulente Veranstaltung

ex·treme [ɪkˈstriːm] **I.** *adj* ❶ (*utmost*) äußerste(r, s); *difficulties, weather* extrem; *relief* außerordentlich ❷ (*radical*) radikal, extrem **II.** *n* Extrem *nt;* **to go from one ~ to the other** von einem Extrem ins andere fallen

ex·treme·ly [ɪkˈstriːmli] *adv* äußerst; **I'm ~ sorry** es tut mir außerordentlich leid

ex·trem·ism [ɪkˈstriːmɪzᵊm] *n no pl* Extremismus *m*

ex·trem·ist [ɪkˈstriːmɪst] **I.** *n* Extremist(in) *m(f)* **II.** *adj* radikal

ex·trem·ity [ɪkˈstreməti, AM -ət̬i] *n* ❶ (*end*) äußerstes Ende ❷ (*fingers and toes*) ■**extremities** *pl* Extremitäten *pl*

ex·tri·cate [ˈekstrɪkeɪt] *vt* befreien (**from** aus +*dat*)

extro·vert [ˈekstrəvɜːt, AM -vɜːrt] **I.** *n* extravertierter Mensch **II.** *adj* extravertiert

extro·vert·ed [ˈekstrəvɜːtɪd, AM -vɜːrt̬ɪd] *adj* extravertiert

ex·trude [ɪkˈstruːd] *vt* herauspressen

exu·ber·ance [ɪgˈzjuːbᵊrᵊn(t)s, AM ɪgˈzuː-] *n no pl of person* Überschwänglichkeit *f; of feelings* Überschwang *m*

exu·ber·ant [ɪgˈzjuːbᵊrᵊnt, AM ɪgˈzuː-] *adj person* überschwänglich, ausgelassen; *dancing* schwungvoll; *mood* überschäumend

ex·ude [ɪgˈzjuːd, AM ɪgˈzuːd] *vt* ausscheiden; *aroma* verströmen; *pus, resin* absondern; (*fig*) *confidence* ausstrahlen

ex·ult [ɪgˈzʌlt] *vi* frohlocken (**at, in, over** über +*akk*)

ex·ult·ant [ɪgˈzʌltᵊnt] *adj* jubelnd; *laugh* triumphierend

ex·ul·ta·tion [ɪgˌzʌlˈteɪʃᵊn] *n no pl* Jubel *m* (**at** über +*akk*)

eye [aɪ] **I.** *n* ❶ Auge *nt;* **a black ~** ein blaues Auge; **as far as the ~ can see** so weit das Auge reicht ❷ (*in needle*) Öhr *nt;* **~ of a needle** Nadelöhr *nt* ❸ (*eyelet*) Öse *f* ▸ PHRASES: **to cry one's ~s out** sich *dat* die Augen ausheulen; **to have one's ~ on sb/sth** jdn/etw im Auge behalten, ein [wachsames] Auge auf jdn/etw haben; **to have a good ~ for sth** ein Auge für etw *akk* haben; **to keep an** [*or* **one's**] **~ on sb/sth** ein [wachsames] Auge auf jdn/etw haben; **to keep one's ~s open** [*or* **peeled**] die Augen offen halten; **to open sb's ~s** [**to sth**] jdm die Augen [für etw] öffnen; **with one's ~s shut** mit geschlossenen Augen; **to not take one's ~s off sb/sth** (*admire*) kein Auge von jdm/etw abwenden; (*guard*) jdn/etw keine Minute aus den Augen lassen; **to turn a blind ~** [**to sth**] [bei etw] beide Augen zudrücken **II.** *adj* Augen-; **~ specialist** Augenarzt, -ärztin *m, f* **III.** *vt* <-d, -d, -ing *or* eying> beäugen ◆**eye up** *vt* ❶ (*carefully*) beäugen ❷ (*with desire*) mit begehrlichen Blicken betrachten

ˈeye·ball **I.** *n* Augapfel *m* **II.** *vt* (*fam*) ❶ (*watch*) mit einem durchdringenden Blick ansehen ❷ AM (*measure*) nach Augenmaß einschätzen

ˈeye·brow *n* Augenbraue *f*

ˈeye·brow pen·cil *n* Augenbrauenstift *m*

ˈeye-catch·ing *adj* auffallend **ˈeye con·tact** *n no pl* **to make ~** [**with sb**] Blickkontakt [mit jdm] aufnehmen **ˈeye·drops** *n pl* Augentropfen *pl*

ˈeye·ful *n* **to get an ~ of dust** Staub ins Auge bekommen ▸ PHRASES: **to get an ~ of sth** einen Blick auf etw *akk* werfen

ˈeye·lash *n* Wimper *f*

eye·let [ˈaɪlət] *n* Öse *f*

ˈeye·lid *n* Augenlid *nt* **ˈeye·lin·er** *n no pl* Eyeliner *m* **ˈeye-open·er** *n* ■**to be an ~ for sb** (*enlightening*) jdm die Augen öffnen; (*startling*) alarmierend für jdn sein **ˈeye-open·ing** *adj experiment* aufschlussreich, erhellend **ˈeye·piece** *n* Okular *nt* **ˈeye shad·ow** *n no pl* Lidschatten *m* **ˈeye·sight** *n no pl* Sehvermögen *nt,* Sehkraft *f* **ˈeye·sore** *n* Schandfleck *m* **ˈeye·strain** *n no pl* Überanstrengung *f* der Augen **ˈeye tooth** *n* Augenzahn *m;* (*fig*) **I'd give my eye teeth for that** ich würde alles darum geben **ˈeye·wash** *n* ❶ *no pl* Augenwasser *nt* ❷ *no pl* (*fam: nonsense*) Blödsinn *m* **ˈeye·wear** *n no pl* Brillen [und Kontaktlinsen] *pl* **eye·ˈwit·ness** *n* Augenzeuge(in) *m(f)*

ey·rie [ˈɪəri, AM ˈeri] *n* ORN Horst *m*

e-zine [ˈiːziːn] *n* E-Zine *nt,* Internet-Magazin *nt*

Ff

F <*pl* -'s *or* -s>, **f** <*pl* -'s> [ef] *n* ❶ (*letter*) F *nt*, f *nt*; **~ for Frederick** [*or* AM **as in Fox**] F wie Friedrich ❷ MUS F *nt*, f *nt*

FA [ˌefˈeɪ] *n no pl abbrev of* **Football Association** ≈ DFB *m*

Land und Leute

Der **FA Cup**, der 1871 zum ersten Mal stattfand, ist der jährliche Ausscheidungskampf zwischen den Fußballclubs des englischen Fußballverbandes (*Football Association, FA*), der mit dem *Cup Final* (*Pokalendspiel*) im Wembley-Stadion in London endet.
Der englische Verband der *Football Association* wurde 1863 gegründet, um einheitliche Regeln festzulegen, und so wurde der Fußball (*Association Football* oder *soccer*) ins Leben gerufen.

fa·ble [ˈfeɪbl̩] *n* Fabel *f*

fa·bled [ˈfeɪbl̩d] *adj* legendär

fab·ric [ˈfæbrɪk] *n* ❶ (*textile*) Stoff *m* ❷ *of building* Bausubstanz *f*

Falsche Freunde

Nicht verwechseln mit Fabrik *f* – *factory*!

fab·ri·cate [ˈfæbrɪkeɪt] *vt* ❶ (*make*) herstellen ❷ (*pej: make up*) erfinden

fabu·lous [ˈfæbjələs] *adj* (*terrific*) fabelhaft, sagenhaft, toll *fam*

fa·çade [fəˈsɑːd] *n* Fassade *f a. fig*

face [feɪs] **I.** *n* ❶ Gesicht *nt a. fig*; **with a smile on one's ~** mit einem Lächeln im Gesicht; **with a puzzled/worried expression on one's ~** mit ratlosem/besorgtem Gesicht [*o* ratloser/besorgter Miene]; **with a ~ like thunder** mit finsterer Miene; **~ down/up** mit dem Gesicht nach unten/oben; **to look sb in the ~** jdm in die Augen schauen; **to shut the door in sb's ~** jdm die Tür vor der Nase zuschlagen; **~ to ~** von Angesicht zu Angesicht; **to come ~ to ~ with sth** direkt mit etw *dat* konfrontiert werden; **to speak to sb ~ to ~** mit jdm persönlich sprechen; **I don't want to see your ~ in here again!** (*fam*) ich will dich hier nie wieder sehen! ❷ *of a building* Fassade *f*; *of a cliff, mountain* Wand *f*; *of a clock, watch* Zifferblatt *nt*; *of a playing card* Bildseite *f* ❸ *no pl* (*reputation*) **to lose/save ~** das Gesicht verlieren/wahren ► PHRASES: **to <u>disappear</u>** [*or* **<u>be wiped</u>**] **off the ~ of the earth** wie vom Erdboden verschluckt sein; **<u>in</u> the ~ of sth** (*despite*) trotz einer S. *gen*; **<u>on</u> the ~ of it** auf den ersten Blick; **to <u>show</u> one's ~** sich blicken lassen **II.** *vt* ❶ (*look towards*) *person* ■**to ~ sb/sth** sich jdm/etw zuwenden; **to face the audience** sich dem Publikum zuwenden; ■**to ~** [*or* **sit facing**] **sb** jdm gegenübersitzen; ■**to ~** [*or* **sit facing**] **sth** mit dem Gesicht zu etw *dat* sitzen ❷ (*look towards*) *room, window* [hinaus]gehen (auf +*akk*); **my bedroom faces the street** mein Schlafzimmer geht auf die Straße; (*be situated opposite*) gegenüber liegen +*dat* ❸ (*be confronted*) ■**to be ~ed with sth** sich einer S. +*dat* gegenübersehen; **to ~ criticism** Kritik ausgesetzt sein; (*the nation is facing a crisis*) die Nation steht vor einer Krise ❹ (*confront*) ■**to ~ sth/sb** etw/jdm ins Auge sehen; **it's time we faced facts** es wird Zeit, dass wir den Tatsachen ins Auge sehen ❺ (*bear*) ertragen; **he can't ~ work today** er ist heute nicht imstande zu arbeiten ► PHRASES: **to ~ the <u>music</u>** für die Folgen geradestehen **III.** *vi* ❶ (*point*) **to ~ backwards/east** nach hinten/Osten zeigen; **a seat facing forwards** TRANSP ein Sitz in Fahrtrichtung ❷ (*look onto*) **to ~ south** *room, window* nach Süden [hinaus]gehen; *house, garden* nach Süden liegen ❸ (*look*) *person* blicken; **to sit facing away from sb/sth** mit dem Rücken zu jdm/etw sitzen; **facing forwards** mit dem Gesicht nach vorne

◆**face about** *vi* MIL kehrtmachen ◆**face down I.** *vt* ■**to ~ down** ↔ **sb/sth** jdm/etw [energisch] entgegentreten **II.** *vi* nach unten zeigen ◆**face out I.** *vt* ■**to ~ out** ↔ **sth** etw durchstehen **II.** *vi* nach außen zeigen ◆**face up I.** *vi* ■**to ~ up to sth/sb** etw/jdm ins Auge sehen; **to ~ up to one's problems** sich seinen Problemen stellen **II.** *vi* nach oben zeigen

ˈ**face·cloth** *n* Waschlappen *m* ˈ**face cream** *n no pl* Gesichtscreme *f* ˈ**face·lift** *n* [Face]lifting *nt*; (*fig*) Renovierung *f*; **to have a ~** sich liften lassen ˈ**face pack** *n* Gesichtsmaske *f* ˈ**face pow·der** *n no pl* Gesichtspuder *m*

fac·et [ˈfæsɪt] *n* Facette *f a. fig*

fa·ce·tious [fəˈsiːʃəs] *adj* (*usu pej*) [gewollt] witzig

face-to-ˈface *adj* persönlich **face ˈvalue** *n*

Nennwert *m;* **to take sth at ~** etw für bare Münze nehmen

fa·cial ['feɪʃᵊl] **I.** *adj* Gesichts- **II.** *n* [kosmetische] Gesichtsbehandlung

fac·ile <-r, -st *or* more ~, most ~> ['fæsaɪl, AM -sɪl] *adj* ❶ *person* oberflächlich ❷ (*pej: superficially easy*) [allzu] einfach

fa·cili·tate [fə'sɪlɪteɪt] *vt* erleichtern

fa·cili·ta·tor [fə'sɪlɪteɪtəʳ, AM -t̬ɚ] *n* Vermittler(in) *m(f)*

fa·cil·ity [fə'sɪləti, AM -ət̬i] *n* ❶ *no pl* (*ease*) Leichtigkeit *f* ❷ (*natural ability*) Begabung *f* (**for** für *+akk*) ❸ (*building and equipment*) Einrichtung *f,* Anlage *f;* **sports facilities** Sportanlagen; **toilet facilities** Toiletten

fac·simi·le [fæksɪmᵊli] *n* Faksimile *nt*

fac·'simi·le ma·chine *n* Faxgerät *nt*

fact [fækt] *n* ❶ *no pl* (*truth*) Wirklichkeit *f* ❷ (*single truth*) Tatsache *f;* **the ~ [of the matter] is that ...** Tatsache ist, dass ... ▸ PHRASES: **to be a ~ of life** die harte Wahrheit sein; **in ~** [*or* **as a matter of ~**] genau genommen

'fact-find·ing *adj* Untersuchungs-; **~ mission** Erkundungsmission *f*

fac·tion ['fækʃᵊn] *n* POL ❶ (*dissenting group*) [Splitter]gruppe *f* ❷ *no pl* (*disagreement*) interne Unstimmigkeiten

fac·tor ['fæktəʳ, AM -tɚ] *n* Faktor *m;* **to be a contributing ~ in sth** zu etw *dat* beitragen; **by a ~ of four** um das Vierfache

fac·to·ry ['fæktᵊri] *n* Fabrik *f;* (*plant*) Werk *nt*

'fac·to·ry 'farm *n* [voll] automatisierter landwirtschaftlicher Betrieb **'fac·to·ry-farmed** *adj* BRIT, AUS aus Massentierhaltung *nach n;* **~ eggs** Eier *pl* aus Legebatterien **'fac·tory farm·ing** *n no pl* BRIT, AUS [voll] automatisierte Viehhaltung

fac·tual ['fæktʃuəl, AM -tʃu:əl] *adj* sachlich; **~ error** Sachfehler *m*

fa·cul·ty ['fækᵊlti, AM -t̬i] *n* ❶ (*university department*) **the F~ of Arts/Law** die philosophische/juristische Fakultät ❷ *no pl* AM SCH, UNIV Lehrkörper *m* ❸ (*natural ability*) Fähigkeit *f;* **to have [all] one's faculties** im [Voll]besitz seiner [geistigen] Kräfte sein; (*skill*) Talent *nt*

fad [fæd] *n* Modeerscheinung *f;* **the latest ~** der letzte Schrei

fad·dy ['fædi] *adj* wählerisch

fade [feɪd] **I.** *vi* ❶ (*lose colour*) ausbleichen, verblassen ❷ (*lose intensity*) nachlassen; **the light is fading** (*at end of day*) es wird dunkel; *sound* verklingen; *smile* vergehen; *colour* verbleichen ❸ (*disappear*) verschwinden; FILM, TV ausgeblendet werden; **day slowly ~d into night** der Tag ging langsam in die Nacht über **II.** *vt* ausbleichen ◆**fade away** *vi* (*disappear gradually*) *courage, hope* schwinden; *memories* verblassen; *dreams, plans* zerrinnen; *beauty* verblühen ◆**fade in** FILM, TV **I.** *vi* eingeblendet werden **II.** *vt* einblenden ◆**fade out I.** *vi* ausgeblendet werden **II.** *vt* ausblenden

fae·ces *npl* (*form*) Fäkalien *pl*

fag [fæg] *n* ❶ BRIT, AUS (*fam: cigarette*) Kippe *f,* Glimmstängel *m* ❷ *esp* AM (*pej sl: homosexual*) Schwule(r) *m*

'fag end *n* ❶ BRIT, AUS (*fam: cigarette butt*) Kippe *f* ❷ (*fig*) letzter Rest

fag·got, AM **fag·ot** ['fægət] *n* ❶ *usu pl* BRIT (*meatball*) Leberknödel *m* ❷ *esp* AM (*pej sl*) Schwule(r) *m*

fail [feɪl] **I.** *vi* ❶ (*not succeed*) *person* versagen; *attempt, plan* scheitern, fehlschlagen; **if all else ~s** zur Not ❷ (*not do*) ■**to ~ to do sth** versäumen, etw zu tun; **to ~ in one's duty [to sb]** seiner Pflicht [jdm gegenüber] nicht nachkommen; **I ~ to see what ...** ich verstehe nicht, was ... ❸ SCH, UNIV durchfallen ❹ *brakes* versagen; *generator, harvest* ausfallen ❺ (*become weaker*) nachlassen; *health* schwächer werden; *heart, voice* versagen ❻ (*go bankrupt*) bankrottgehen **II.** *vt* ❶ (*not pass*) durchfallen; **she ~d her driving test** sie ist bei der Fahrprüfung durchgefallen; *course, subject* nicht bestehen; ■**to ~ sb** (*not grant a pass*) jdn durchfallen lassen ❷ (*let down*) im Stich lassen; **words ~ me** mir fehlen die Worte **III.** *n* **is this one a pass or a ~?** hat dieser Kandidat bestanden oder ist er durchgefallen? ▸ PHRASES: **without ~** auf jeden Fall

fail·ing ['feɪlɪŋ] **I.** *adj* **~ eyesight** Sehschwäche *f;* **to be in ~ health** eine angeschlagene Gesundheit haben **II.** *n* Schwäche *f* **III.** *prep* mangels *+gen;* ■**~ that** ansonsten

'fail-safe *adj* abgesichert

fail·ure ['feɪljəʳ, AM -ɚ] *n* ❶ *no pl* (*lack of success*) Scheitern *nt,* Versagen *nt; of bank/business* Bankrott *m; of crop* Missernte *f;* **~ rate** SCH, UNIV Durchfallquote *f;* **to end in ~** scheitern ❷ (*unsuccessful thing*) Misserfolg *m; person* Versager(in) *m(f)* ❸ *no pl* (*omission*) Unterlassung *f* ❹ MED, TECH Versagen *nt kein pl; of an engine* Ausfall *m*

faint [feɪnt] **I.** *adj* ❶ (*slight*) *light, colour, smile, voice* matt; *sound, suspicion, hope* leise; *scent, pattern* zart; *smell, memory, taste* schwach; *chance* gering; **to not have the ~est [idea]** nicht die geringste Ahnung haben ② (*unclear*) *line* undeutlich ③ (*physically weak*) **to feel ~** sich schwach fühlen; **to be ~ with hunger/exhaustion** vor Hunger/Erschöpfung fast umfallen **II.** *vi* ohnmächtig werden **III.** *n* **in a [dead] ~** ohnmächtig

faint-'heart·ed *adj* zaghaft; **to be not for the ~** nichts für schwache Nerven sein

faint·ly ['feɪntli] *adv* ① (*weakly*) leicht, schwach ② (*not clearly*) schwach; **~ visible** schwach zu sehen ③ (*slightly*) leicht, etwas; **to resemble sth ~** entfernt an etw *akk* erinnern

fair[1] [feəʳ, AM fer] *adj* ① (*reasonable*) fair; *wage* angemessen; (*legitimate*) berechtigt; **you're not being ~** das ist unfair; **[that's] ~ enough!** (*fam: approved*) na schön!; (*agreed*) dagegen ist nichts einzuwenden!; **it's ~ to say that ...** man kann [wohl] sagen, dass ... ② (*just, impartial*) gerecht, fair; **to get one's ~ share** seinen Anteil bekommen; ■**to be ~ to/towards sb** jdm gegenüber gerecht sein ③ (*large*) ziemlich; **there's still a ~ bit of work to do** es gibt noch einiges zu tun ④ (*good*) ziemlich gut; **she's got a ~ chance of winning** ihre Gewinnchancen stehen ziemlich gut; **to have a ~ idea of sth** sich *dat* etw [recht gut] vorstellen können; **to have a ~ idea that ...** sich *dat* ziemlich sicher sein, dass ... ⑤ (*pale*) *skin* hell; *person* hellhäutig; *hair* blond

fair[2] [feəʳ, AM fer] *n* ① (*funfair*) Jahrmarkt *m*, Rummel[platz] *m bes* NORDD ② (*trade, industry*) Messe *f;* (*agriculture*) [Vieh]markt *m*

fair 'copy *n* Reinschrift *f* **fair 'game** *n no pl* (*fig*) Freiwild *nt* **'fair·ground** *n* Rummel[platz] *m bes* NORDD **fair-'haired** <fairer-, fairest- *or* more ~, most ~> *adj* blond

fair·ly ['feəli, AM 'ferli] *adv* ① (*quite*) ziemlich; **~ recently** vor kurzem ② (*justly*) fair; *divide up* gerecht ▶PHRASES: **~ and squarely** klar und deutlich, ganz klar

fair-'mind·ed <fairer-, fairest- *or* more ~, most ~> *adj* unvoreingenommen

fair·ness ['feənəs, AM 'fer-] *n no pl* ① (*justice*) Fairness *f*, Gerechtigkeit *f;* **in [all] ~** fairerweise ② *of hair, skin* Helligkeit *f*

fair 'play *n no pl* Fairplay *nt*

fairy ['feəri, AM 'feri] *n* ① Fee *f* ② (*pej! sl: homosexual*) Tunte *f*

'fairy lights *npl* BRIT, AUS [*bunte*] *Lichterkette u.a. für den Weihnachtsbaum* **'fairy sto·ry, 'fairy tale** *n* Märchen *nt a. fig* **'fairy-tale** *adj* Märchen-

faith [feɪθ] *n* ① *no pl* (*trust*) Vertrauen *nt* (**in** zu +*dat*); **to put one's ~ in sb/sth** auf jdn/etw vertrauen ② REL Glaube *m* (**in** an +*akk*) ③ (*sincerity*) **to act in good ~** in gutem Glauben handeln

faith·ful ['feɪθfᵊl] **I.** *adj* ① (*loyal*) treu; ■**to be ~ to sb/sth** jdm/etw treu sein ② REL gläubig ③ (*accurate*) originalgetreu; *account* detailliert; ■**to be ~ to sth** einer S. *dat* gerecht werden **II.** *n* ■**the ~** *pl* die Gläubigen *pl*

faith·ful·ly ['feɪθfᵊli] *adv* ① (*loyally*) treu; **to serve sb ~** jdm treue Dienste leisten; **Yours f~** BRIT, AUS mit freundlichen Grüßen ② (*exactly*) genau; *reproduce* originalgetreu

'faith heal·er *n* Gesundbeter(in) *m(f)*

fake [feɪk] **I.** *n* ① (*counterfeit object*) Fälschung *f;* (*imitation gun*) Attrappe *f* ② (*impostor*) Hochstapler(in) *m(f)* **II.** *adj* Kunst-; *antique* falsch; *jewel* imitiert; *passport* gefälscht; **~ tan** Solariumsbräune *f* **III.** *vt* ① (*make a copy*) fälschen ② (*pretend*) vortäuschen; *illness* simulieren **IV.** *vi* (*pretend*) markieren, so tun als ob

fak·er ['feɪkəʳ, AM -ɚ] *n* Vortäuscher(in) *m(f)*

fal·con ['fɔːlkᵊn, AM 'fæl-] *n* Falke *m*

fall [fɔːl, AM *esp* fɑːl] **I.** *n* ① (*tumble, drop*) Fall *m;* (*harder*) Sturz *m;* **to have a ~** stürzen, hinfallen; **she broke her leg in the ~** sie brach sich bei dem Sturz das Bein; **the bushes broke his ~** die Büsche haben seinen Sturz abgefangen; **[heavy] ~s of snow** [heftige] Schneefälle ② *no pl* (*decrease*) Rückgang *m* (**in** +*gen*); *in support* Nachlassen *nt* (**in** +*gen*); *in a level a.* Sinken *nt* (**in** +*gen*); **~ in pressure** Druckabfall *m;* **~ in value** Wertverlust *m* ③ *no pl* (*downfall*) *of a city* Einnahme *f; of a dictator, regime* Sturz *m;* **the ~ of the Roman Empire** der Untergang des Römischen Reiches ④ AM (*autumn*) Herbst *m* ▶PHRASES: **to take a** [*or* **the**] **~ for sb/sth** AM für jdn/etw die Schuld auf sich *akk* nehmen **II.** *adj* AM Herbst- **III.** *vi* <fell, fallen> ① (*drop, tumble*) fallen; (*harder*) stürzen; *person* hinfallen; (*harder*) stürzen; *tree, post, pillar* umfallen; (*harder*) umstürzen; **to ~ to one's death** in den Tod stürzen; **to ~ flat on one's face** auf die Nase fallen; **to ~ to one's knees** auf die Knie fallen; **to ~ down dead** tot umfallen ② (*hang*) fallen; **her hair fell to her waist** ihr Haar reichte ihr bis zur Taille ③ (*descend*) fallen; *darkness* hereinbrechen; *silence* eintreten ④ (*decrease*) sinken, fallen; **church attendance has ~en dramatically** die Anzahl der Kirchenbesucher ist drastisch

F

zurückgegangen ⑤ (*be*) **Easter ~s early this year** Ostern ist dieses Jahr früh; **the accent ~s on the second syllable** der Akzent liegt auf der zweiten Silbe ⑥ (*become*) **to ~ asleep** einschlafen; **to ~ due** fällig sein; **to ~ ill** krank werden ⑦ (*enter a particular state*) **to ~ into debt** sich verschulden; **to ~ out of favour [with sb]** [bei jdm] nicht mehr gefragt sein; **to ~ in love [with sb/sth]** sich [in jdn/etw] verlieben ◆**fall about** *vi* BRIT, AUS (*fam*) ■**to ~ about [laughing]** sich vor Lachen schütteln ◆**fall apart** *vi* ① (*disintegrate*) auseinanderfallen; *clothing* sich auflösen ② (*fig: fail*) auseinanderfallen; *system* zusammenbrechen; *organization* sich auflösen; *marriage* auseinandergehen ③ (*fig: not cope*) *person* zusammenbrechen ◆**fall away** *vi* ① (*detach itself*) abfallen ② (*slope*) abfallen ③ (*decrease*) sinken, zurückgehen ◆**fall back** *vi* ① (*move back*) zurückweichen; MIL sich zurückziehen; SPORTS *in a race* zurückfallen ② (*resort to*) *thing* zurückgreifen ([**up**]**on** auf +*akk*); *person* zurückkommen ([**up**]**on** auf +*akk*) ◆**fall behind** *vi* ① (*slow*) zurückfallen ② (*achieve less*) zurückbleiben; (*at school*) hinterherhinken; ■**to ~ behind with sth** mit etw *dat* in Verzug geraten ③ SPORTS (*in a race*) zurückfallen ◆**fall down** *vi* ① (*drop, tumble*) hinunterfallen; (*topple*) *person* hinfallen; (*harder*) stürzen; *object* umfallen; (*harder*) umstürzen; ■**to ~ down sth** etw hinunterfallen; *hole, well* hineinfallen in +*akk* ② (*collapse*) einstürzen; *tent* zusammenfallen; ■**to be ~ing down** abbruchreif sein ◆**fall for** *vt* ① (*love*) *person* sich verlieben in +*akk* ② (*be deceived by*) *trick* hereinfallen auf +*akk* ◆**fall in** *vi* ① (*drop*) hineinfallen ② (*collapse*) einstürzen ③ (*take up a position*) MIL [in Reih und Glied] antreten; ■**to ~ in behind sb** hinter jdm herlaufen; ■**to ~ in with sb** sich jdm anschließen ◆**fall off** *vi* ① ■**to ~ off sth** von etw *dat* fallen ② (*decrease*) zurückgehen, sinken ③ (*detach itself*) abfallen, herunterfallen; *wallpaper* sich lösen ◆**fall on** *vi* ① (*attack*) ■**to ~ on sb** über jdn herfallen ② (*be assigned to*) ■**to ~ on sb** jdm zufallen ③ (*be directed at*) ■**to ~ on sb** jdn treffen; *suspicion* auf jdn fallen ◆**fall out** *vi* ① (*drop*) herausfallen; *teeth, hair* ausfallen ② (*quarrel*) ■**to ~ out [with sb]** sich [mit jdm] [zer]streiten ◆**fall over** *vi* ① (*topple*) *person* hinfallen; (*harder*) stürzen; *object* umfallen; (*harder*) umstürzen ② (*trip*) ■**to ~ over sth** über etw *akk* fallen ◆**fall through** *vi* scheitern; *plan* ins Wasser fallen ◆**fall to** *vi* (*be assigned to*) ■**to ~ to sb** jdm zufallen

fal·la·cious [fəˈleɪʃəs] *adj* (*form*) abwegig

fal·la·cy [ˈfæləsi] *n* Irrtum *m*

fall·en [ˈfɔːlən, AM *esp* ˈfɑːl-] **I.** *adj* ① (*on the ground*) *apple* abgefallen; *leaf* heruntergefallen; *tree* umgestürzt; **~ arches** MED Senkfüße *pl* ② (*overthrown*) *dictator* gestürzt; (*disgraced*) *idol* einstig; *angel* gefallen **II.** *n* (*liter*) **the ~** *pl* die Gefallenen *pl*

ˈfall guy *n* (*sl*) Prügelknabe *m*

fal·lible [ˈfæləbl̩] *adj person* fehlbar; *thing* fehleranfällig

ˈfall-off *n no pl* Rückgang *m* (**in** +*gen*)

fal·lo·pian tube [fəˌləʊpiənˈ-, AM -ˌloʊpiənˈ-] *n* ANAT Eileiter *m*

ˈfall·out *n no pl* ① radioaktive Strahlung; **~ shelter** Atombunker *m* ② (*fig*) Konsequenzen *pl* (**from** +*gen*)

fal·low [ˈfæləʊ, AM -loʊ] *adj* ① AGR (*not planted*) brachliegend ② (*unproductive*) ruhig

fal·low ˈdeer *n* Damwild *nt kein pl*

false [fɔːls, AM *esp* fɑːls] *adj* falsch; *bottom* doppelt; *imprisonment* unrechtmäßig; *optimism* trügerisch; **~ start** Fehlstart *m a. fig*

false·hood [ˈfɔːls(h)ʊd, AM ˈfɑːlshʊd] *n* Unwahrheit *f*

false·ness [ˈfɔːlsnəs, AM *esp* ˈfɑːl-] *n no pl* ① (*inaccuracy*) Unkorrektheit *f* ② (*insincerity*) Falschheit *f*

fal·set·to [fɒlˈsetəʊ, AM fɔːlˈset̬oʊ] *n* Kopfstimme *f*; **to sing ~** Falsettstimme singen

fal·si·fi·ca·tion [ˌfɔːlsɪfɪˈkeɪʃᵊn, AM *esp* ˌfɑːl-] *n no pl* Fälschung *f*

fal·si·fy <-ie-> [ˈfɔːlsɪfaɪ, AM *esp* ˈfɑːl-] *vt* fälschen

fal·sity [ˈfɔːlsəti, AM -ət̬i] *n no pl* ① (*incorrectness*) Unkorrektheit *f* ② (*insincerity*) Falschheit *f*

fal·ter [ˈfɔːltəʳ] *vi* ① stocken ② (*fig*) nachlassen; **without ~ing** ohne zu zögern

fal·ter·ing [ˈfɔːltᵊrɪŋ] *adj* zögerlich; *economy* stagnierend; *step* stockend; **in a ~ voice** mit stockender Stimme

fame [feɪm] *n no pl* Ruhm *m*

famed [feɪmd] *adj* berühmt

fa·mili·ar [fəˈmɪliəʳ, AM -jɚ] *adj* ① (*well-known*) vertraut; *faces* bekannt ② (*acquainted*) ■**to be ~ with sth/sb** etw/jdn kennen ③ (*informal*) vertraulich; **the ~ form [of the second person]** LING die Du-Form ④ (*too friendly*) allzu vertraulich, plumpvertraulich

fa·mili·ar·ity [fəˌmɪliˈærəti, AM -ˈerət̬i] *n no pl* ① (*well-known*) Vertrautheit *f* ② (*knowl-*

edge) Kenntnis *f* (**with** in +*dat*) ③ (*overfriendliness*) Vertraulichkeit *f* ▶ PHRASES: ~ **breeds contempt** (*prov*) allzu große Vertrautheit erzeugt Verachtung

fa·mil·iar·ize [fəˈmɪliəraɪz, AM -jər-] *vt* ■**to ~ oneself/sb with sth** sich/jdn mit etw *dat* vertraut machen; *with work* sich/jdn einarbeiten (**with** in +*akk*)

fami·ly [ˈfæməli] **I.** *n* Familie *f;* **we've got ~ coming to visit** wir bekommen Familienbesuch; **to keep sth in the ~** etw in Familienbesitz behalten; *keep sth secret* etw für sich behalten **II.** *adj* Familien-

Grammatik

Wenn man von **family** im Sinne von einer Einheit spricht, wird es mit einem Verb im Singular gebraucht: *his family owns all of the land*
Wenn man jedoch von den einzelnen Gruppenmitgliedern sprechen will, wird **family** mit einem Verb im Plural gebraucht: *my family are very strange*

fami·ly alˈlow·ance *n* BRIT (*dated*) ≈ Kindergeld *nt,* ≈ Kinderbeihilfe *f* ÖSTERR **fami·ly ˈdoc·tor** *n* Hausarzt, Hausärztin *m, f* **fami·ly ˈplan·ning** *n no pl* Familienplanung *f;* **a ~ clinic** Familienberatungsstelle *f* **fami·ly ˈtree** *n* Familienstammbaum *m*

fam·ine [ˈfæmɪn] *n* Hungersnot *f*

fam·ished [ˈfæmɪʃt] *adj* (*fam*) ausgehungert

fa·mous [ˈfeɪməs] *adj* berühmt ▶ PHRASES: ~ **last words** wer's glaubt wird selig!

fa·mous·ly [ˈfeɪməsli] *adv* (*as is well known*) bekanntermaßen

fan[1] [fæn] *n* (*enthusiast, admirer*) Bewunderer, Bewunderin *m, f;* **a football/baseball ~** ein Fußball-/Baseballfan; **I'm a great ~ of your work** ich schätze Ihre Arbeit sehr

fan[2] [fæn] **I.** *n* ① (*hand-held*) Fächer *m* ② (*electrical*) Ventilator *m* **II.** *vt* <-nn> ■**to ~ sb/oneself** jdm/sich Luft zufächeln; *flames* anfachen; (*fig*) schüren

fa·nat·ic [fəˈnætɪk, AM -t̬-] **I.** *n* ① (*pej: obsessed*) Fanatiker(in) *m(f)* ② (*enthusiast*) **fitness ~** ein Fitnessfan *m* **II.** *adj* fanatisch

fa·nati·cal [fəˈnætɪkəl, AM -t̬-] *adj* ① (*obsessed*) besessen (**about** von +*dat*); *support* bedingungslos ② (*enthusiastic*) total begeistert (**about** von +*dat*)

fa·nati·cism [fəˈnætɪsɪzəm, AM -t̬-] *n no pl* (*pej*) Fanatismus *m*

ˈfan belt *n* AUTO Keilriemen *m*

fan·cied [ˈfæn(t)sid] *adj* favorisiert

fan·ci·er [ˈfæn(t)siəʳ, AM -ɚ] *n* Züchter(in) *m(f)*

fan·ci·ful [ˈfæn(t)sifəl] *adj* ① (*unrealistic*) unrealistisch ② *person* überspannt

ˈfan club *n + sing/pl vb* Fanclub *m*

fan·cy [ˈfæn(t)si] **I.** *vt* <-ie-> ① *esp* BRIT ■**to ~ sth** (*want*) etw wollen; (*feel like*) Lust auf etw *akk* haben; ■**sb fancies sth** (*like*) jdm gefällt etw; (*would like to have*) jd hätte gerne etw; **do you ~ a drink this evening?** hast du Lust, heute Abend was trinken zu gehen? ② *esp* BRIT ■**to ~ sb** (*find attractive*) jdn attraktiv finden; (*be sexually attracted by*) etw wollen von jdm ③ (*imagine as winner*) favorisieren; **who do you ~ to win the Cup?** wer, glaubst du, wird den Pokal gewinnen? ④ *esp* BRIT (*imagine, think*) ■**to ~ [that]** ... denken, dass ...; **Dick fancies himself as a singer** Dick bildet sich ein, ein großer Sänger zu sein; **~ [that]!** stell dir das [mal] vor! **II.** *n* ① *no pl* (*liking*) Vorliebe *f;* **to take a ~ to sth/sb** Gefallen an etw/jdm finden ② *no pl* (*whim*) Laune *f;* **when the ~ takes him** wenn ihm gerade danach ist **III.** *adj* ① (*elaborate*) *decoration* aufwändig; *pattern* ausgefallen; *hairdo* kunstvoll; *car* schick; (*fig*) *talk* geschwollen; **nothing ~** nichts Ausgefallenes ② (*whimsical*) versponnen; **don't you go filling his head with ~ ideas** setz ihm keinen Floh ins Ohr

fan·cy ˈdress *n no pl esp* BRIT, AUS Kostüm *nt;* **to wear ~** sich verkleiden **fan·cy-ˈfree** *adj* sorglos

fan·fare [ˈfænfeəʳ, AM -fer] *n* Fanfare *f*

fang [fæŋ] *n* Fang[zahn] *m; of a snake* Giftzahn *m*

ˈfan·light *n* Oberlicht *nt* **ˈfan mail** *n no pl* Fanpost *f*

fan·ta·size [ˈfæntəsaɪz, AM -t̬-] *vi* fantasieren

fan·tas·tic [fænˈtæstɪk] *adj* ① (*fam: wonderful*) fantastisch, toll; **to look ~** *person* umwerfend aussehen ② (*fam: extremely large*) enorm, unwahrscheinlich viel ③ (*unbelievable*) unwahrscheinlich; (*unreasonable*) unsinnig

fan·ta·sy [ˈfæntəsi, AM -t̬-] *n* Fantasie *f;* ■**to have fantasies about sth** [*or* **doing sth**] von etw *dat* träumen; LIT Fantasy *f*

fan·zine [ˈfænziːn] *n* Fanmagazin *nt*

far <farther *or* further, farthest *or* furthest> [fɑːʳ, AM fɑːr] **I.** *adv* ① (*in space*) weit; **how much further is it?** wie weit ist es denn noch?; **do you have ~ to travel to work?** haben Sie es weit zu Ihrer Arbeitsstelle?; **to be ~ down the list** weit unten auf der Liste stehen; **~ and wide** weit und breit ② (*in time*) weit; **some time ~ in the future** irgendwann in fer-

F

ner Zukunft; ~ **into the night** bis spät in die Nacht hinein; **to plan further ahead** weiter voraus planen; **as ~ back as I can remember ...** so weit ich zurückdenken kann ... ③ (*in progress*) weit; **not to get very ~ with [doing] sth** mit etw *dat* nicht besonders weit kommen ④ (*much*) weit, viel; ~ **better** viel besser; **by ~** bei weitem ▶PHRASES: **as ~ as** (*in space*) bis; **as ~ as the eye can see** so weit das Auge reicht; (*in degree*) **as ~ as I can** soweit es mir möglich ist; **as ~ as I know** soweit ich weiß; ~ **and away** mit Abstand; **I'd ~ rather/sooner ...** ich würde viel lieber ...; ~ **from it!** weit gefehlt; ~ **be it from me ...** es liegt mir fern ...; **sb will go ~** jd wird es zu etwas bringen; **sth won't go very ~** etw wird nicht lange vorhalten; **a hundred pounds won't go very ~** mit hundert Pfund kommt man nicht weit; **so ~ so good** so weit, so gut; **so ~** (*until now*) bisher; (*to a limited extent*) **only so ~** nur bedingt **II.** *adj* ① (*further away*) **at the ~ end** am anderen Ende ② (*distant*) fern; **in the ~ distance** in weiter Ferne ▶PHRASES: **to be a ~ cry from sth/sb** mit etw/jdm nicht zu vergleichen sein

far·away [ˌfɑːrəˈweɪ] *adj* ① (*distant*) fern; *sound* weit entfernt ② (*dreamy*) *look* verträumt

farce [fɑːs, AM fɑːrs] *n* Farce *f*

far·ci·cal [ˈfɑːsɪkəl, AM ˈfɑːrs-] *adj* absurd

fare [feəʳ, AM fer] *n* ① (*money*) Fahrpreis *m* ② (*passenger in a taxi*) Taxifahrgast *m*

Far ˈEast *n no pl* ■**the ~** der Ferne Osten

fare·well [ˌfeəˈwel, AM ˌferˈ-] **I.** *interj* (*form*) leb wohl; **to bid** [*or* **say**] **~ to sb/sth** sich von jdm/etw verabschieden **II.** *n* Abschied *m* **III.** *adj* Abschied[s]-; **a ~ party** eine Abschiedsparty

ˈfare zone *n* Tarifzone *f* (*für öffentliche Verkehrsmittel*)

far-ˈfetched *adj* weit hergeholt **far-ˈflung** *adj* ① (*widely spread*) weitläufig ② (*remote*) abgelegen

farm [fɑːm, AM fɑːrm] **I.** *n* Bauernhof *m*; **chicken ~** Hühnerfarm *f*; **health ~** Schönheitsfarm *f* **II.** *vt* bebauen **III.** *vi* Land bebauen; **the family still ~s in Somerset** die Familie hat immer noch Farmland in Somerset ◆**farm out** *vt work* abgeben (**to** an +*akk*); *children* anvertrauen +*dat*

farm·er [ˈfɑːməʳ, AM ˈfɑːrmɚ] *n* Bauer, Bäuerin *m, f*

farm·ers' ˈmar·ket *n* Bauernmarkt *m*

ˈfarm·hand *n* Landarbeiter(in) *m(f)* **ˈfarm·house** *n* Bauernhaus *nt;* **~ cheese** Bauernkäse *m*

farm·ing [ˈfɑːmɪŋ, AM ˈfɑːr-] *n no pl* Ackerbau und Viehzucht

ˈfarm·land *n no pl* Ackerland *nt*

farm·stead [ˈfɑːrmsted] *n* AM Farm *f*

ˈfarm·yard *n* Hof *m*

ˈfar-off *adj* ① (*distant*) fern; (*remote*) [weit] entfernt ② (*time*) fern **far-ˈreach·ing** *adj* weitreichend **ˈfar-right** *adj* POL rechtsextrem **far-ˈsight·ed** *adj* ① (*shrewd*) *decision* weitsichtig; *person* vorausschauend ② AM, AUS (*long-sighted*) weitsichtig

fart [fɑːt, AM fɑːrt] **I.** *n* ① (*fam!*) Furz *m* ② (*pej: person*) Sack *m* **II.** *vi* (*fam!*) furzen

far·ther [ˈfɑːðəʳ, AM ˈfɑːrðɚ] **I.** *adv comp of* **far** weiter; **how much ~ is it to the airport?** wie weit ist es noch zum Flughafen? **II.** *adj comp of* **far** ① **at the ~ end** am anderen Ende ② (*additional*) weitere(r, s); *see also* **further**

far·thest [ˈfɑːðɪst, AM ˈfɑːr-] **I.** *adv superl of* **far** am weitesten; **the ~ east** am weitesten östlich **II.** *adj superl of* **far** am weitesten; **the ~ place** der am weitesten entfernte Ort

fas·ci·nate [ˈfæsɪneɪt, AM -sən-] *vt* faszinieren; *see also* **muscle**

fas·ci·nat·ing [ˈfæsɪneɪtɪŋ, AM -səneɪt̬ɪŋ] *adj* faszinierend

fas·ci·na·tion [ˌfæsɪˈneɪʃən, AM -sənˈeɪ-] *n no pl* Faszination *f*; **to watch in ~** fasziniert zusehen

fas·cism, Fas·cism [ˈfæʃɪzəm] *n no pl* Faschismus *m*

fas·cist, Fas·cist [ˈfæʃɪst] **I.** *n* Faschist(in) *m(f)* **II.** *adj* faschistisch

fash·ion [ˈfæʃən] **I.** *n* ① (*style*) Mode *f*; **to be in/come into ~** in Mode sein/werden; **to be/go out of ~** aus der Mode sein/kommen ② (*clothes*) ■**~s** *pl* Mode *f* ③ *no pl* ~ [*or* **the ~ industry**] die Modebranche **II.** *vt* ausarbeiten

fash·ion·able [ˈfæʃənəbl̩] *adj* modisch, schick; ■**to be/become ~** in Mode sein/werden

ˈfash·ion de·sign·er *n* Modedesigner(in) *m(f)*

fash·ion·ista [fæʃənˈiːstə] *n* Modefreak *m*; (*journalist*) Trendjournalist(in) *m(f)*

ˈfash·ion mod·el *n* Model *nt*

ˈfash·ion show *n* Modenschau *f*

fast[1] [fɑːst, AM fæst] **I.** *adj* ① (*quick*) schnell; **to be a ~ runner** schnell laufen ② *clock, watch* ■**to be ~** vorgehen ③ (*permanent*) *colour* waschecht **II.** *adv* ① (*at speed*) schnell ② (*firmly*) fest; **to be ~ asleep** tief schlafen

fast[2] [fɑːst, AM fæst] **I.** *vi* fasten **II.** *n* Fasten-

F

zeit *f;* **to break one's ~** das Fasten brechen

fas·ten ['fɑːsən, AM 'fæs-] **I.** *vt* ❶ (*close*) schließen; *coat* zumachen; **to ~ one's seat belt** sich anschnallen ❷ (*secure*) befestigen (**on, to** an +*dat*); (*with glue*) festkleben; (*with rope*) festbinden **II.** *vi* (*close*) sich schließen lassen; **this dress ~s at the back** dieses Kleid wird hinten zugemacht; *see also* **bristle** ◆**fasten down** *vt* befestigen ◆**fasten on** *vt* befestigen ◆**fasten up** **I.** *vt* zumachen; *buttons* zuknöpfen **II.** *vi* zugemacht werden

fas·ten·er ['fɑːsənəʳ, AM 'fæsənə] *n* Verschluss *m;* **zip ~** Reißverschluss *m*

fast 'food *n no pl* Fast Food *nt* **fast-'for·ward** *vt, vi* vorspulen

fas·tidi·ous [fæs'tɪdiəs] *adj* ❶ wählerisch; *taste* anspruchsvoll; **to be very ~ about doing sth** sehr sorgsam darauf bedacht sein, etw zu tun ❷ (*pej*) pingelig

fat [fæt] **I.** *adj* <-tt-> ❶ (*fleshy*) dick, fett *pej; animal* fett ❷ (*thick*) dick ❸ (*substantial*) *profits* fett ❹ (*fam: little*) **~ chance we've got** da haben wir ja Mordschancen *iron;* **a ~ lot of use you are!** du bist mir eine schöne Hilfe! **II.** *n* Fett *nt;* **layer of ~** Fettschicht *f*

fa·tal ['feɪtəl, AM -t̬əl] *adj* ❶ (*lethal*) tödlich ❷ (*disastrous*) fatal; **~ blow** Todesstoß *m*

fa·tal·ism ['feɪtəlɪzəm, AM -t̬əl-] *n no pl* Fatalismus *m*

fa·tal·ist ['feɪtəlɪst, AM -t̬əl-] *n* Fatalist(in) *m(f)*

fa·tal·ity [fə'tæləti, AM -ət̬i] *n* Todesopfer *nt*

fa·tal·ly ['feɪtəli, AM -t̬əli] *adv* ❶ (*mortally*) tödlich; **~ ill** sterbenskrank ❷ (*disastrously*) hoffnungslos; **his reputation was ~ damaged** sein Ansehen war für immer geschädigt

'fat-burn·ing *adj attr* fettverbrennend

'fat cat *n* (*pej*) Bonze *m*

fate [feɪt] *n* Schicksal *nt;* **a twist of ~** eine Fügung des Schicksals

fat·ed ['feɪtɪd, AM -t̬ɪd] *adj* **to be ~ to fail** zum Scheitern verurteilt sein; **I'm obviously ~ to be the odd one out** ich scheine offensichtlich zum Außenseiter verdammt zu sein

fate·ful ['feɪtfəl] *adj* schicksalhaft; *decision* verhängnisvoll

'fat-free *adj* fettfrei **'fat·head** *n* (*fam*) Schafskopf *m*

fa·ther ['fɑːðəʳ, AM -ɚ] **I.** *n* Vater *m;* **on one's ~'s side** väterlicherseits **II.** *vt* **to ~ a child** ein Kind zeugen

Fa·ther 'Christ·mas *n esp* BRIT der Weihnachtsmann

fa·ther·hood ['fɑːðəhʊd, AM -ɚ-] *n no pl* Vaterschaft *f*

'fa·ther-in-law <*pl* fathers- *or* BRIT *a.* -s> *n* Schwiegervater *m* **'fa·ther·land** *n* Vaterland *nt*

fa·ther·less ['fɑːðələs, AM -ɚ-] *adj* vaterlos

fa·ther·ly ['fɑːðəli, AM -ɚli] *adj* väterlich

'Fa·ther's Day *n no pl* Vatertag *m*

fath·om ['fæðəm] **I.** *n* Faden *m* (= *ca. 1,8 m*) **II.** *vt* begreifen ◆**fathom out** *vt* ■**to ~ out** ⊂ **sth/sb** etw/jdn verstehen; **we're still trying to ~ out why/how ...** wir versuchen immer noch herauszukriegen warum/wie ...

fath·om·less ['fæðəmləs] *adj* unergründlich

fa·tigue [fə'tiːg] **I.** *n* ❶ *no pl* Ermüdung *f;* **donor ~** Nachlassen *nt* der Spendenfreudigkeit ❷ MIL ■**~s** *pl* (*uniform*) Arbeitskleidung *f kein pl* **II.** *vt, vi* ermüden; *see also* **colleague**

fat·ten ['fætən] *vt animal* mästen

fat·ten·ing ['fætənɪŋ] *adj* **to be ~** dick machen

'fat trans·fer *n* MED Fettunterspritzung *f,* Lipotransfer *m fachspr*

fat·ty ['fæti, AM -t̬i] **I.** *adj* ❶ (*containing fat*) *food* fetthaltig, fett ❷ (*consisting of fat*) Fett-; **~ acid** Fettsäure *f;* **~ tissue** Fettgewebe *nt* **II.** *n* (*pej fam*) Dickerchen *nt*

fatu·ous ['fætjuəs, AM -tʃu-] *adj* (*form*) albern

fau·cet ['fɑːsɪt] *n* AM (*tap*) Wasserhahn *m*

fault [fɔːlt, AM *also* fɑːlt] **I.** *n* ❶ *no pl* (*responsibility*) Schuld *f;* **it's your own ~** du bist selbst schuld daran; **to find ~ with sb/sth** etw an jdm/etw auszusetzen haben; **through no ~ of his own** ohne sein eigenes Verschulden ❷ (*weakness*) Fehler *m;* **his main ~** seine größte Schwäche ❸ (*defect*) Fehler *m,* Defekt *m;* **a ~ on the line** eine Störung in der Leitung ❹ TENNIS Fehler *m* **II.** *vt* ■**to ~ sb/sth** [einen] Fehler an jdm/etw finden

'fault-find·ing *n no pl* ❶ (*criticism*) Nörgelei *f* ❷ ELEC Fehlersuche *f*

fault·less ['fɔːltləs] *adj* fehlerfrei; *performance a.* fehlerlos

faulty ['fɔːlti] *adj* ❶ (*unsound*) fehlerhaft ❷ (*defect*) defekt

fau·na ['fɔːnə, AM *esp* 'fɑː-] *n no pl, + sing/pl vb* Fauna *f*

faux [fəʊ, AM foʊ] *adj fur* Web-; *leather* Kunst-; *gemstones* unecht, -Imitate; *pearls* falsch

fa·vour, AM **fa·vor** ['feɪvəʳ, AM -ɚ] **I.** *n* ❶ *no pl* (*approval*) **in ~ of** für; ■**to be in ~** dafür sein; **all those in ~, ...** alle, die dafür sind, ...; **to show ~ to sb** jdn bevorzugen;

F

fear

expressing fear/anxiety	Befürchtungen/Angst ausdrücken
I've got a bad feeling (about this).	**Ich habe (da) ein ungutes Gefühl.**
It doesn't look good.	**Es sieht nicht gut aus.**
I'm expecting the worst.	**Ich rechne mit dem Schlimmsten.**
I'm scared/afraid you will hurt yourself.	**Ich habe Angst, dass** du dich verletzen könntest.
I'm scared/afraid of the dentist.	**Ich habe Angst vorm** Zahnarzt.
I'm worried to death about the exam. (*fam*)	**Ich habe Bammel/Schiss vor** der Prüfung. (*fam*)
These crowds **terrify me.**	Diese Menschenmengen **machen mir Angst.**
This thoughtlessness **frightens me.**	Diese Rücksichtslosigkeit **beängstigt mich.**
expressing concern	**Sorge ausdrücken**
I am very worried about his health.	Sein Gesundheitszustand **macht mir große Sorgen.**
I am worried about you.	**Ich mache mir Sorgen um** dich.
I'm (deeply) concerned about the rising unemployment figures.	Die steigenden Arbeitslosenzahlen **beunruhigen mich.**
I'm having sleepless nights worrying about him.	Die Sorge um ihn **bereitet mir schlaflose Nächte.**

to fall out of ~ in Ungnade fallen ② *no pl* (*advantage*) **in ~ of** für; **to reject sb/sth in ~ of sb/sth** jdm/etw gegenüber jdm/etw den Vorzug geben; **to rule in sb's ~** SPORTS für jdn entscheiden ③ (*kind act*) Gefallen *m kein pl;* **do it as a ~ to me** tu es mir zuliebe; **to do sb a ~** [*or* **a ~ for sb**] jdm einen Gefallen tun ▶ PHRASES: **do me a ~!** BRIT (*fam*) tu mir einen Gefallen! **II.** *vt* ① (*prefer*) vorziehen ② (*approve*) gutheißen; ■**to ~ doing sth** es gutheißen, etw zu tun ③ (*be partial*) bevorzugen; SPORTS favorisieren

fa·vour·able, AM **fa·vor·able** [ˈfeɪvᵊrəbl̩] *adj* ① (*approving*) positiv, zustimmend; *impression* sympathisch; **in a ~ light** mit Wohlwollen ② (*advantageous*) günstig (**to** für +*akk*)

fa·voured *adj*, AM **fa·vored** [ˈfeɪvəd, AM -ɚd] *adj* ① (*preferred*) bevorzugt ② (*privileged*) begünstigt

fa·vour·ite, AM **fa·vor·ite** [ˈfeɪvᵊrɪt] **I.** *adj* Lieblings- **II.** *n* ① (*best-liked*) *person* Liebling *m; thing;* **which one's your ~?** welches magst du am liebsten?; ■**to be a ~ with sb** bei jdm sehr beliebt sein ② (*contestant*) Favorit(in) *m(f)* ③ (*privileged person*) Liebling *m*

fa·vour·it·ism, AM **fa·vor·it·ism** [ˈfeɪvᵊrɪtɪzᵊm] *n no pl* (*pej*) Begünstigung *f*

fawn[1] [fɔːn, AM *esp* fɑːn] **I.** *n* ① (*deer*) Rehkitz *nt* ② (*brown*) Rehbraun *nt* **II.** *adj* rehbraun

fawn[2] [fɔːn, AM *esp* fɑːn] *vi* (*pej*) ■**to ~ [up]on sb** vor jdm katzbuckeln

fawn·ing [ˈfɔːnɪŋ, AM *esp* ˈfɑːn-] *adj* (*pej*) kriecherisch; *review* schmeichelhaft

fax [fæks] **I.** *n* Fax *nt* **II.** *vt* faxen

ˈfax ma·chine *n* Fax[gerät] *nt*

FBI [ˌefbiːˈaɪ] *n no pl abbrev of* **Federal Bureau of Investigation** FBI *nt*

fear [fɪəʳ, AM fɪr] **I.** *n* ① *no pl* (*dread*) Angst *f,* Furcht *f;* **to have a ~ of sth** vor etw *dat* Angst haben; ■**for ~ that ...** aus Angst, dass ...; **in ~ of one's life** in Todesangst ② (*worry*) **~s for sb's safety** Sorge *f* um jds Sicherheit; **sb's worst ~s** jds schlimmste Befürchtungen ▶ PHRASES: **no ~!** BRIT, AUS bestimmt nicht! **II.** *vt* ① (*dread*) fürchten; **nothing to ~** nichts zu befürchten ② (*form: regret*) ■**to ~ [that] ...** befürchten, dass ... **III.** *vi* ■**to ~ for sb/sth** sich *dat* um jdn/etw Sorgen machen; **to ~ for sb's life** um jds Leben fürchten

fear·ful ['fɪəfᵊl, AM 'fɪr-] *adj* ❶ (*anxious*) ängstlich; **she was ~ of what he might say** sie hatte Angst davor, was er sagen würde; **~ of causing a scene, ...** aus Angst, eine Szene auszulösen, ... ❷ (*terrible*) schrecklich

fear·less ['fɪələs, AM 'fɪr-] *adj* furchtlos

fear·some ['fɪəsəm, AM 'fɪr-] *adj* Furcht einflößend

fea·sibil·ity [ˌfi:zə'bɪləti, AM -ət̬i] *n no pl* Machbarkeit *f; of plan* Durchführbarkeit *f;* **~ study** Machbarkeitsstudie *f*

fea·sible ['fi:zəbl̩] *adj* ❶ (*practicable*) durchführbar; **technically ~** technisch machbar ❷ (*possible*) möglich ❸ (*fam: plausible*) glaubhaft

feast [fi:st] **I.** *n* Festessen *nt;* **~ for the ear/eye** Ohrenschmaus *m*/Augenweide *f* **II.** *vi* schlemmen; ■**to ~ on sth** sich an etw *dat* gütlich tun

feat [fi:t] *n* ❶ (*brave deed*) Heldentat *f* ❷ (*skilful action*) [Meister]leistung *f;* **~ of engineering** technische Großtat; **no mean ~** keine schlechte Leistung

feath·er ['feðəʳ, AM -ɚ] *n* Feder *f* ▶ PHRASES: **a ~ in sb's cap** etwas, worauf jd stolz sein kann; **to ~ one's [own] nest** seine Schäfchen ins Trockene bringen

'feath·er·weight *n* Federgewicht *nt*

feath·ery ['feðᵊri] *adj* (*covered with feathers*) gefiedert; (*like a feather*) fed[e]rig

fea·ture ['fi:tʃəʳ, AM -ɚ] **I.** *n* ❶ (*aspect*) Merkmal *nt,* Kennzeichen *nt;* **to make a ~ of sth** (*in room*) etw zu einem Blickfang machen; **special ~** Besonderheit *f* ❷ (*of face*) ■**~s** *pl* Gesichtszüge *pl* ❸ FILM, TV (*report*) Sonderbeitrag *m* (**on** +*gen*); (*film*) Spielfilm *m* **II.** *vt* ❶ (*show*) aufweisen ❷ (*star*) **featuring sb** mit jdm in der Hauptrolle ❸ (*report*) ■**to ~ sth** über etw *akk* groß berichten **III.** *vi* ❶ (*appear*) vorkommen; **to ~ high on the list** ganz oben auf der Liste stehen ❷ (*act*) *in a film* [mit]spielen

'fea·ture film *n* Spielfilm *m*

fea·ture·less ['fi:tʃələs, AM -ɚ-] *adj* ohne Besonderheiten

'fea·ture sto·ry *n* Sonderbericht *m*

fea·tur·ette [ˌfi:tʃər'et] *n* Extras *pl,* Dokumentation *f* zu den Dreharbeiten (*auf DVDs*)

Feb·ru·ary ['februᵊri, AM -ru:eri] *n* Februar *m,* Feber *m* ÖSTERR; **at the beginning of** [*or* **in early**] **~** Anfang Februar; **at the end of** [*or* **in late**] **~** Ende Februar; **in the middle of ~** Mitte Februar; **in the first/second half of ~** in der ersten/zweiten Februarhälfte; **for the whole of ~** den ganzen Februar über; **last/next/this ~** vergangenen [*o* letzten]/kommenden [*o* nächsten]/diesen Februar; **to be in ~** in den Februar fallen; **in/during ~** im Februar; **on ~ 14** [*or* BRIT **~ 14th**] am 14. Februar; **on Friday, ~ 14** am Freitag, dem [*o* den] 14. Februar; **Hamburg, ~ 14, 2005** Hamburg, den 14. Februar 2005

fe·ces *npl* AM *see* **faeces**

feck·less ['fekləs] *adj* (*form*) nutzlos; *person* nichtsnutzig

Fed [fed] *n* AM (*fam*) ❶ (*police*) FBI-Agent(in) *m(f)* ❷ (*bank*) Zentralbankrat *m*

fed·er·al ['fedᵊrᵊl, AM -ɚᵊl] *adj* föderativ; **~ republic/state** Bundesrepublik *f*/-staat *m;* **at ~ level** auf Bundesebene

fed·er·al·ism ['fedᵊrᵊlɪzᵊm, AM -ɚᵊl-] *n no pl* Föderalismus *m*

fed·er·al·ist ['fedᵊrᵊlɪst, AM -ɚᵊl-] **I.** *n* Föderalist(in) *m(f)* **II.** *adj* föderalistisch

fed·era·tion [ˌfedᵊr'eɪʃᵊn, AM -ə'reɪ-] *n* Föderation *f*

'fed up *adj* (*fam*) ■**to be ~ up [with sb/sth]** die Nase voll haben [von jdm/etw]; **to be ~ up to the [back] teeth with sb/sth** jdn/etw gründlich satthaben

fee [fi:] *n* Gebühr *f;* **legal ~s** Rechtskosten *pl;* **membership ~** Mitgliedsbeitrag *m*

fee·ble <-r, -st> ['fi:bl̩] *adj* schwach; *attempt* müde; *joke, excuse* lahm

fee·ble-'mind·ed *adj* schwachsinnig

fee·ble·ness ['fi:bl̩nəs] *n no pl* Schwäche *f*

feed [fi:d] **I.** *n* ❶ *no pl* (*fodder*) Futter *nt* ❷ (*meal*) *for baby* Mahlzeit *f; for animals* Fütterung *f* ❸ TECH (*supply*) Zufuhr *f* **II.** *vt* <fed, fed> ❶ (*give food to*) ■**to ~ sb** jdm zu essen geben; *animal, invalid* füttern; *baby* füttern; (*breast-feed*) stillen; (*with bottle*) die Flasche geben; *plant* düngen; ■**to ~ sth to an animal** etw an ein Tier verfüttern; **the baby can ~ himself now** das Baby kann jetzt allein essen ❷ (*provide food for*) ernähren; **that's not going to ~ ten people** das reicht nicht für zehn Personen ❸ (*thread*) führen; *rope* fädeln; **to ~ paper into a copier/printer** Papier nachfüllen in ein Kopiergerät/einen Drucker; (*to ~ a parking meter/slot machine*) Münzen in eine Parkuhr/einen Spielautomaten einwerfen ❹ (*give*) versorgen; *information* geben **III.** *vi* <fed, fed> (*eat*) *animal* weiden; *baby* gefüttert werden ◆**feed in** *vt* COMPUT eingeben ◆**feed off, feed on** *vi* ❶ (*eat*) sich ernähren von ❷ (*fig: increase*) genährt werden von ◆**feed up** *vt animal* mästen; *person* aufpäppeln

'feed·back *n no pl* ❶ (*opinion*) Feedback *nt* ❷ ELEC Rückkopplung *f*

feed·er ['fi:dəʳ, AM -ɚ] *n* ① (*eater*) Esser(in) *m(f)*; **to be a messy ~** beim Essen kleckern ② (*device*) Zuführapparat *m*

'feed·ing bot·tle *n* Fläschchen *nt*

feel [fi:l] **I.** *vt* <felt, felt> ① (*sense, touch*) fühlen; **to ~ the cold** unter der Kälte leiden; **to ~ one's age** sein Alter spüren; **to ~ an idiot** sich *dat* wie ein Idiot vorkommen; **to ~ nothing for sb** für jdn nichts empfinden; **to ~ one's old self [again]** [wieder] ganz der/die Alte sein; **I had to ~ my way along the wall** ich musste mich die Wand entlangtasten ② (*think*) halten (**about** von +*dat*); ■**to ~ that ...** der Meinung sein, dass ... **II.** *vi* <felt, felt> ① + *adj* (*have a feeling*) sich fühlen; **my mouth ~s dry** mein Mund fühlt sich trocken an; **my eyes ~ sore** meine Augen brennen; **how do you ~ about it?** was sagst du dazu?; **how does it ~ to be world champion?** wie fühlt man sich als Weltmeister?; **to ~ angry** wütend sein; **to ~ better/ill** sich besser/krank fühlen; **to ~ foolish** sich *dat* dumm vorkommen; **to ~ free to do sth** etw ruhig tun; **~ free to visit any time you like** du kannst uns gern jederzeit besuchen; **sb ~s hot** jdm ist heiß; ■**to ~ as if one were doing sth** das Gefühl haben, etw zu tun; ■**to ~ like sth** sich wie etw fühlen; **what does it ~ like?** was für ein Gefühl ist das?; **to ~ for sb** mit jdm fühlen ② + *adj* (*seem*) scheinen ③ (*search*) tasten (**for** nach +*dat*) ④ (*want*) ■**to ~ like sth** zu etw *dat* Lust haben; ■**to ~ like doing sth** Lust haben, etw zu tun **III.** *n no pl* ① (*texture*) **the ~ of wool** das Gefühl von Wolle; **to recognize sth by the ~ of it** etw beim Anfassen erkennen ② (*touch*) Berühren *nt*; (*by holding*) Anfassen *nt* ③ (*talent*) Gespür *nt*; **to get the ~ of sth** ein Gespür für etw bekommen ◆**feel for** *vt* ■**to ~ for sb** mit jdm Mitleid haben ◆**feel up I.** *vt* (*fam*) begrapschen **II.** *vi* ■**to ~ up to sth** sich etw *dat* gewachsen fühlen

feel·er ['fi:ləʳ, AM -ɚ] *n usu pl* Fühler *m*

'feel-good *adj attr* ein Wohlgefühl erzeugend; **a ~ film** ein Film *m*, der gute Laune macht

feel·ing ['fi:lɪŋ] *n* ① Gefühl *nt* (**of** +*gen*/von +*dat*); **to cause bad ~** [*or* AM **~s**] böses Blut verursachen; **~ for language** Sprachgefühl *nt*; **~ of tension** angespannte Stimmung; **no hard ~s!** nichts für ungut! ② (*opinion*) Ansicht *f* (**about, on** über +*akk*); **what are your ~s about ...?** wie denken Sie über ...?

feet [fi:t] *n pl of* **foot**

feign [feɪn] *vt* vortäuschen

Aussprache

Bei vielen Wörtern, welche die Buchstabenfolge **gn** enthalten, wird das **g** nicht gesprochen: **feign** = [feɪn]. Andere Beispiele hierfür sind:

benign	[bɪ'naɪn]	(*gütig*)
campaign	[kæm'peɪn]	(*Kampagne*)
Cologne	[kə'ləʊn]	(*Eau de Cologne*)
gnaw	[nɔ:]	(*nagen*)
gnome	[nəʊm]	(*Gartenzwerg*)
sovereign	['sɒvᵊrɪn]	(*Herrscher(in)*)

feint [feɪnt] SPORTS **I.** *vi, vt* antäuschen **II.** *n* Finte *f*

fe·line ['fi:laɪn] *adj* (*of cats*) Katzen-; (*catlike*) katzenartig

fell[1] [fel] *pt of* **fall**

fell[2] [fel] **I.** *vt* ① (*cut down*) fällen ② (*knock down*) ■**to ~ sb** jdn niederstrecken **II.** *n* Hochmoor *nt* (*in Nordengland und Schottland*)

fel·low ['feləʊ, AM -oʊ] **I.** *n* ① (*fam: man*) Kerl *m* ② BRIT (*scholar*) Fellow *m* **II.** *adj* **~ citizen** Mitbürger(in) *m(f)*; **~ countryman** Landsmann *m*, Landsmännin *f*; **~ countrymen** *pl* Landsleute; **~ sufferer** Leidensgenosse(in) *m(f)*

fel·low 'mem·ber *n* POL Parteigenosse, -genossin *m, f*; *of a club* Klubkamerad(in) *m(f)* **fel·low 'pas·sen·ger** *n* Mitreisende(r) *f(m)*

fel·low·ship ['felə(ʊ)ʃɪp, AM -oʊ-] *n* ① (*group*) Gesellschaft *f* ② (*studentship*) Fellowship *f* ③ (*award*) Stipendium *nt*

fel·low 'trav·el·ler, AM *usu* **fel·low 'trav·el·er** *n* ① (*traveller*) Mitreisende(r) *f(m)* ② (*supporter*) Mitläufer(in) *m(f)*

fel·on ['felən] *n* LAW [Schwer]verbrecher(in) *m(f)*

felo·ny ['feləni] *n* [Schwer]verbrechen *nt*

felt[1] [felt] *pt, pp of* **feel**

felt[2] [felt] *n no pl* Filz *m*

'felt-tip, felt-tip 'pen *n* Filzstift *m*

fe·male ['fi:meɪl] **I.** *adj* weiblich **II.** *n* ① (*animal*) Weibchen *nt* ② (*woman*) Frau *f*

femi·nine ['femɪnɪn] **I.** *adj* feminin, weiblich **II.** *n* Femininum *nt*

femi·nin·ity [ˌfemɪ'nɪnəti, AM -əṭi] *n no pl* Weiblichkeit *f*

femi·nism ['femɪnɪzᵊm] *n no pl* Feminismus *m*

femi·nist ['femɪnɪst] **I.** *n* Feminist(in) *m(f)* **II.** *adj* feministisch

fen [fen] *n* BRIT Sumpfland *nt*

fence [fen(t)s] **I.** *n* ❶ (*barrier*) Zaun *m* ❷ (*in horse race*) Hindernis *nt* ❸ (*sl: criminal*) Hehler(in) *m(f)* ▶ PHRASES: **to sit on the ~** neutral bleiben **II.** *vi* fechten **III.** *vt* einzäunen

fenc·er ['fen(t)səʳ, AM -ɚ] *n* Fechter(in) *m(f)*

fenc·ing ['fen(t)sɪŋ] *n no pl* ❶ SPORTS Fechten *nt* ❷ (*barrier*) Einzäunung *f* ❸ (*materials*) Einzäunungsmaterial *nt*

fend [fend] **I.** *vi* (*care*) ■**to ~ for oneself** für sich selbst sorgen **II.** *vt* (*ward off*) ■**to ~ off sb/sth** jdn/etw abwehren; *criticism* zurückweisen

fend·er ['fendəʳ, AM -ɚ] *n* ❶ (*around fireplace*) Kamingitter *nt* ❷ AM AUTO Kotflügel *m*

fen·nel ['fenᵊl] *n no pl* Fenchel *m*

fer·ment I. *vt* [fə'ment, AM fɚ'-] ❶ CHEM fermentieren ❷ (*form: arouse*) schüren **II.** *vi* [fə'ment, AM fɚ'-] gären **III.** *n* ['fɜːment, AM 'fɜːr-] *no pl* (*form*) Unruhe *f*

fer·men·ta·tion [ˌfɜːmen'teɪʃᵊn, AM ˌfɜːr-] *n no pl* Gärung *f*

fern [fɜːn, AM fɜːrn] *n* Farn *m*

fe·ro·cious [fə'rəʊʃəs, AM -'roʊ-] *adj* wild; *fighting* heftig; *heat* brütend

fe·ro·cious·ness [fə'rəʊʃəsnəs, AM -'roʊ-], **fe·roc·ity** [fə'rɒsəti, AM -'rɑːsəṭi] *n no pl* Wildheit *f; of attack, storm* Heftigkeit *f*

fer·ret ['ferɪt] **I.** *n* Frettchen *nt* **II.** *vi* (*fam*) ■**to ~** [**around**] [**for sth**] [nach etw] wühlen

Fer·ris wheel ['ferɪsˌ-] *n esp* AM, AUS Riesenrad *nt*

fer·rous ['ferəs] *adj* CHEM Eisen-

fer·ry ['feri] **I.** *n* Fähre *f* **II.** *vt* <-ie-> ❶ (*across water*) **to ~** [**across** [*or* **over**]] übersetzen ❷ (*transport*) befördern; **to ~ sb about** jdn herumfahren

'fer·ry boat *n* Fährschiff *nt* **'fer·ry·man** *n* Fährmann *m*

fer·tile ['fɜːtaɪl, AM 'fɜːrṭᵊl] *adj* fruchtbar; (*fig*) *imagination* lebhaft

fer·til·ity [fə'tɪləti, AM fɚ'tɪləṭi] *n no pl* Fruchtbarkeit *f*

fer·ti·li·za·tion [ˌfɜːtɪlaɪ'zeɪʃᵊn, AM ˌfɜːrṭᵊlɪ'-] *n no pl* Befruchtung *f*

fer·ti·lize ['fɜːtɪlaɪz, AM 'fɜːrṭᵊl-] *vt* ❶ AGR düngen ❷ BIOL befruchten

fer·ti·liz·er ['fɜːtɪlaɪzəʳ, AM 'fɜːrṭᵊlaɪzɚ] *n* Dünger *m*

fer·vent ['fɜːvᵊnt, AM 'fɜːr-] *adj* (*form*) ❶ *hope* inbrünstig ❷ *supporter* glühend

fer·vour *n,* AM **fer·vor** ['fɜːvəʳ, AM 'fɜːrvɚ] *n no pl* (*form*) Leidenschaft *f*

fes·ter ['festəʳ, AM -ɚ] *vi* ❶ MED eitern ❷ (*fig*) gären

fes·ti·val ['festɪvᵊl] *n* ❶ (*holy day*) Fest *nt* ❷ (*event*) Festival *nt*

fes·tive ['festɪv] *adj* festlich

fes·tiv·ity [fes'tɪvəti, AM -əṭi] *n* ❶ (*celebrations*) ■**festivities** *pl* Feierlichkeiten *pl* ❷ *no pl* (*festiveness*) Feststimmung *f*

fes·toon [fes'tuːn] **I.** *n* Girlande *f* **II.** *vt* [mit Girlanden] schmücken

fe·tal *adj* AM *see* **foetal**

fetch [fetʃ] **I.** *vt* ❶ (*get, collect*) abholen; ■**to ~ sb sth** [*or* **sth for sb**] jdm etw holen ❷ (*be sold for*) erzielen **II.** *vi* **~!** bring [es] her!; **to ~ and carry** [**for sb**] [jds] Handlanger sein

fetch·ing ['fetʃɪŋ] *adj* schick

fête [feɪt] **I.** *n* BRIT, AUS Fest *nt* **II.** *vt* feiern

fet·id ['fetɪd, AM -ṭɪd] *adj air* übel riechend *attr; water* stinkend *attr*

fet·ish ['fetɪʃ, AM -ṭ-] *n* Fetisch *m*

fet·ish·ist ['fetɪʃɪst, AM 'feṭ-] *n* Fetischist(in) *m(f)*

fet·ter ['fetəʳ, AM -ɚ] *vt* ❶ fesseln; *horse* anbinden ❷ (*fig: restrict*) einschränken

fet·tle ['fetl, AM 'feṭl] *n no pl* (*fam*) **in fine ~** in guter Verfassung

fe·tus *n* AM *see* **foetus**

feud [fjuːd] **I.** *n* Fehde *f* (**over** wegen +*akk*) **II.** *vi* in Fehde liegen

feu·dal ['fjuːdᵊl] *adj* Feudal-

fe·ver ['fiːvəʳ, AM -ɚ] *n* ❶ (*temperature*) Fieber *nt kein pl* ❷ (*excitement*) Aufregung *f;* **football ~** Fußballfieber *nt;* **at ~ pitch** fieberhaft

fe·ver·ish ['fiːvᵊrɪʃ] *adj* ❶ (*ill*) fiebrig ❷ (*frantic*) fieberhaft

few [fjuː] **I.** *adj* ❶ (*some*) **a ~** ein paar, einige; **can I have a ~ words with you?** kann ich mal kurz mit dir sprechen?; **quite a ~** ziemlich viele ❷ (*not many*) wenige; **~er people** weniger Menschen; **he's a man of ~ words** er sagt nie viel; **as ~ as ...** nur ... ▶ PHRASES: **~ and far between** dünn gesät **II.** *pron* ❶ (*some*) **a ~ of us** einige von uns; **quite a ~** eine ganze Menge ❷ (*not many*) wenige; **the ~ who came ...** die paar, die kamen, ...; **~ of the houses** nur wenige Häuser; **there were too ~ of us** wir waren nicht genug **III.** *n* (*minority*) ■**the ~** *pl* die Minderheit, die Wenigen; **I was one of the lucky ~ who ...** ich gehörte zu den wenigen Glücklichen, die ...

fi·an·cé [fi'ɑ̃ː(n)seɪ, AM ˌfiɑːn'seɪ] *n* Verlobte(r) *m*

fi·an·cée [fi'ɑ̃ː(n)seɪ, AM ˌfiɑːn'seɪ] *n* Verlobte *f*

fi·as·co <*pl* -s *or esp* AM -es> [fi'æskəʊ, AM -oʊ] *n* Fiasko *nt*

fib [fɪb] (*fam*) **I.** *vi* <-bb-> schwindeln; ■**to**

F

~ **to sb** jdn anschwindeln **II.** *n* Schwindelei *f*

fib·ber ['fɪbəʳ, AM -ɚ] *n* (*fam*) Schwindler(in) *m(f)*

fi·bre, AM **fi·ber** ['faɪbəʳ, AM -ɚ] *n* ❶ (*thread*) Faden *m;* (*for cloth*) Faser *f* ❷ ANAT Faser *f* ❸ *no pl* FOOD Ballaststoffe *pl*

'fi·bre·glass, AM **'fi·ber·glass** *n no pl* ❶ (*plastic*) glasfaserverstärkter Kunststoff ❷ (*fabric*) Glasfaser *f* **fi·bre op·tic 'ca·ble** *n* Glasfaserkabel *nt* **fi·bre 'op·tics** *n + sing vb* TELEC, COMPUT Glasfasertechnik *f;* MED, PHYS [Glas]faseroptik *f*

F

fi·brin ['faɪbrɪn] *n* Fibrin *nt fachspr*

fi·brino·gen [faɪ'brɪnədʒᵊn] *n* MED Fibrinogen *nt*

fibu·la <*pl* -s *or* -lae> ['fɪbjələ, *pl* -liː] *n* Wadenbein *nt*

fick·le ['fɪkl̩] *adj* (*pej*) ❶ (*vacillating*) wankelmütig ❷ (*not loyal*) untreu

fic·tion ['fɪkʃᵊn] *n* ❶ *no pl* LIT Erzählliteratur *f* ❷ (*fabrication*) Erfindung *f*

fic·tion·al ['fɪkʃᵊnᵊl] *adj* erfunden; *character* fiktiv

fic·ti·tious [fɪk'tɪʃəs] *adj* ❶ (*false*) falsch ❷ (*imaginary*) [frei] erfunden; *character* fiktiv

fid·dle ['fɪdl̩] **I.** *n* (*fam*) ❶ MUS Fidel *f* ❷ BRIT (*fraud*) Betrug *m kein pl;* **to be on the ~** krumme Dinger drehen ▸PHRASES: **[as] fit as a ~** kerngesund **II.** *vt* (*fam*) ❶ (*falsify*) frisieren ❷ (*obtain fraudulently*) [sich *dat*] ergaunern **III.** *vi* ❶ (*finger*) herumspielen; ■**to ~ with sth** an etw *dat* herumfummeln ❷ (*tinker*) ■**to ~ [about] with sth** an etw *dat* herumbasteln ◆**fiddle about, fiddle around** *vi* herumfummeln *fam*

fid·dler ['fɪdl̩əʳ, AM -ɚ] *n* (*fam*) Geiger(in) *m(f)*

fid·dling ['fɪdl̩ɪŋ] *adj* belanglos

fid·dly <-ier, -iest *or* more ~, most ~> ['fɪdl̩i] *adj* BRIT (*fam*) kniff[e]lig

fi·del·ity [fɪ'deləti, AM -əţi] *n no pl* Treue *f* (**to** gegenüber +*dat*)

fidg·et ['fɪdʒɪt] **I.** *n* (*person*) Zappelphilipp *m* **II.** *vi* zappeln; *see also* **edge**

fidg·ety ['fɪdʒəti, AM -ţi] *adj* zapp[e]lig

fief·dom ['fiːfdəm] *n* HIST Lehnsgut *nt*

field [fiːld] **I.** *n* ❶ (*meadow*) Wiese *f;* (*pasture*) Weide *f;* (*for crops*) Feld *nt,* Acker *m* ❷ SPORTS (*place*) Spielfeld *nt,* Platz *m;* (*contestants*) [Teilnehmer]feld *nt;* **to take the ~** einlaufen ❸ (*area of knowledge*) Gebiet *nt* ❹ MATH, PHYS Feld *nt* ▸PHRASES: **to leave the ~ clear for sb** jdm das Feld überlassen **II.** *vi* SPORTS als Fänger *m* spielen **III.** *vt* ❶ (*stop*) *ball* fangen ❷ (*handle*) *questions* parieren; *phone calls* abweisen

'field day *n* ❶ AM, AUS [Schul]sportfest *nt* ❷ (*fig*) **to have a ~** seinen großen Tag haben

field·er ['fiːldəʳ, AM -ɚ] *n* SPORTS Fänger(in) *m(f)*

'field events *npl* SPORTS Sprung- und Wurfdisziplinen *pl* **'field glasses** *npl* Feldstecher *m* **'field mouse** *n* Feldmaus *f* **'field sports** *npl* Sport *m* im Freien (*bes Jagen und Fischen*) **'field trip** *n* Exkursion *f* **'field·work** *n no pl* Feldforschung *f*

fiend [fiːnd] *n* ❶ (*devil*) Teufel *m* ❷ (*fig fam: enthusiast*) Fanatiker(in) *m(f)*

fiend·ish ['fiːndɪʃ] *adj* teuflisch

fierce [fɪəs, AM fɪrs] *adj* ❶ *animal* wild ❷ *attack, competition* scharf; *debate* hitzig; *fighting* erbittert; *opposition* entschlossen; *winds* tobend

fierce·ness ['fɪəsnəs, AM 'fɪrs-] *n no pl* ❶ (*hostility*) Wildheit *f* ❷ (*intensity*) Intensität *f* ❸ (*destructiveness*) Heftigkeit *f*

fiery ['faɪ(ə)ri, AM -ɚi] *adj* ❶ (*burning*) glühend ❷ (*spicy*) feurig ❸ (*passionate*) leidenschaftlich

fif·teen [fɪf'tiːn] **I.** *adj* fünfzehn; **~ hundred hours** *spoken* fünfzehn Uhr; **1500 hours** *written* 15:00 **II.** *n* Fünfzehn *f;* FILM **to be given a ~ certificate** ab 15 [Jahren] freigegeben sein; *see also* **eight**

fif·teenth [fɪf'tiːnθ] **I.** *adj* fünfzehnte(r, s) **II.** *n* ❶ (*order*) ■**the ~** der/die/das Fünfzehnte ❷ (*date*) ■**the ~** der Fünfzehnte ❸ (*fraction*) Fünfzehntel *nt*

fifth [fɪfθ] **I.** *adj* fünfte(r, s); **every ~ person** jeder Fünfte **II.** *n* ❶ (*order*) ■**the ~** der/die/das Fünfte ❷ (*date*) **the ~** der Fünfte ❸ (*fraction*) Fünftel *nt* ❹ (*gear*) fünfter Gang **III.** *adv* fünftens; *see also* **eighth**

fif·ti·eth ['fɪftiəθ] **I.** *adj* fünfzigste(r, s) **II.** *n* ❶ (*order*) ■**the ~** der/die/das Fünfzigste ❷ (*fraction*) Fünfzigstel *nt* **III.** *adv* fünfzigstens; *see also* **eighth**

fif·ty ['fɪfti] **I.** *adj* fünfzig **II.** *n* ❶ (*number*) Fünfzig *f* ❷ (*banknote*) Fünfziger *m; see also* **eight**

fig¹ [fɪg] *n* FOOD Feige *f*

fig² [fɪg] **I.** *n abbrev of* **figure** Abb. *f* **II.** *adj abbrev of* **figurative** fig.

fight [faɪt] **I.** *n* ❶ Kampf *m* (**against, for** gegen, um +*akk*); (*brawl*) Rauferei *f;* (*involving fists*) Schlägerei *f;* **to give up without a ~** kampflos aufgeben; **to put up a ~** sich wehren ❷ MIL Gefecht *nt* **II.** *vi* <fought, fought> ❶ kämpfen; *children* sich raufen; ■**to ~ with sb** (*against*) gegen jdn kämpfen; (*on same side*) an jds Seite *f* kämpfen; **to ~ for breath/one's life** nach Luft ringen/um sein Leben kämpfen

② (*quarrel*) sich streiten (**about, over** um +*akk*) **III.** *vt* <fought, fought> ① kämpfen (**against** gegen +*akk*); *battle* schlagen; *crime, fire* bekämpfen; *disease* ankämpfen gegen; *duel* austragen; **to ~ one's way to the top** sich an die Spitze kämpfen ② (*in boxing*) boxen gegen +*akk* ◆**fight back** **I.** *vi* zurückschlagen; (*defend oneself*) sich zur Wehr setzen **II.** *vt tears* unterdrücken ◆**fight off** *vt* ■**to ~ off** ↻ **sb** jdn abwehren; *reporter* abwimmeln; ■**to ~ off** ↻ **sth** etw bekämpfen

fight·er ['faɪtəʳ, AM -t̬ɚ] *n* ① Kämpfer(in) *m(f)* ② (*boxer*) Boxer(in) *m(f)* ③ (*plane*) Kampfflugzeug *nt*

fight·ing ['faɪtɪŋ, AM -t̬-] **I.** *n no pl* ① (*hostilities*) Kämpfe *pl* ② (*fist fights*) Schlägereien *pl* **II.** *adj* kämpferisch

fig·ment ['fɪgmənt] *n* **a ~ of sb's imagination** reine Einbildung

fig·ura·tive ['fɪgjᵊrətɪv, AM -jɚət̬ɪv] *adj* (*metaphorical*) bildlich; LING figurativ; *sense* übertragen

fig·ura·tive·ly ['fɪgjᵊrətɪvli, AM -jɚət̬-] *adv* bildlich, figurativ

fig·ure ['fɪgəʳ] **I.** *n* ① (*shape*) Figur *f* ② (*person*) Gestalt *f;* (*personality*) Persönlichkeit *f;* **~ of fun** [*or* **ridicule**] Spottfigur *f* ③ MATH (*digit*) Ziffer *f;* (*numeral*) Zahl *f;* **he is good at ~s** er ist ein guter Rechner; **column of ~s** Zahlenreihe *f;* **in four ~s** vierstellig; **in round ~s** rund [gerechnet] ④ (*amount of money*) Betrag *m* **II.** *vt* AM ① (*envisage*) voraussehen; (*predict*) voraussagen; (*estimate*) schätzen ② (*comprehend*) verstehen **III.** *vi* ① (*feature*) eine Rolle spielen ② AM (*count on*) ■**to ~ on sth** mit etw *dat* rechnen ③ (*make sense*) **that** [*or* **it**] **~s** das hätte ich mir denken können ◆**figure out** *vt* ① (*work out*) herausfinden; MATH ausrechnen ② (*understand*) begreifen

'fig·ure·head *n* Galionsfigur *f a. fig* **'fig·ure-skat·er** *n* Eiskunstläufer(in) *m(f)* **'fig·ure-skat·ing** *n no pl* Eiskunstlauf *m*

Fi·ji ['fi:dʒi:] *n* Fidschi *nt;* ■**the ~ Islands** die Fidschiinseln *pl*

fila·ment ['fɪləmənt] *n* ① (*fibre*) Faden *m* ② ELEC Glühfaden *m* ③ BOT Filament *nt*

filch [fɪltʃ] *vt* (*fam*) mitgehen lassen, mopsen

file¹ [faɪl] **I.** *n* ① (*folder*) [Akten]hefter *m;* (*hardback*) [Akten]ordner *m;* (*loose-leaf*) [Akten]mappe *f* ② (*database*) Akte *f* (**on** über +*akk*); **to keep sth on ~** etw aufbewahren ③ COMPUT Datei *f* **II.** *vt* ① (*put in folder*) ablegen, abheften; (*in order*) einordnen ② (*submit*) abgeben; JOURN einsenden; LAW einreichen **III.** *vi* LAW **to ~ for bankruptcy** einen Konkursantrag stellen; **to ~ for divorce** die Scheidung beantragen ◆**file away** *vt* ■**to ~ away** ↻ **sth** etw zu den Akten legen

file² [faɪl] **I.** *n* (*line*) Reihe *f;* **in single ~** im Gänsemarsch **II.** *vi* nacheinander gehen ◆**file in** *vi* **they ~ed in** nach und nach kamen sie herein ◆**file out** *vi* **the guests began to ~ out** ein Gast nach dem anderen ging

file³ [faɪl] **I.** *n* (*tool*) Feile *f* **II.** *vt* (*smooth*) feilen; ■**to ~ down** abfeilen

'file name *n* COMPUT Dateiname *m*

fil·ial ['fɪliəl] *adj* (*form*) Kindes-; *respect* kindlich

fil·ing ['faɪlɪŋ] *n* ① *no pl* (*archiving*) Ablage *f* ② (*registration*) Einreichung *f* ③ *no pl* COMPUT Archivierung *f*

'fil·ing cabi·net *n* Aktenschrank *m*

fill [fɪl] **I.** *n* **to have one's ~ of sth** genug von etw *dat* haben **II.** *vt* ① (*make full*) füllen; *pipe* stopfen; *tooth* plombieren; *gap* schließen; *vacancy* besetzen ② (*pervade*) *building, room* erfüllen ③ (*cause to feel*) **to ~ sb with fear/joy** jdn mit Furcht/Freude erfüllen **III.** *vi* sich füllen; **their eyes ~ed with tears** sie hatten Tränen in den Augen, ihnen traten [die] Tränen in die Augen ◆**fill in** **I.** *vt* ① (*inform*) ■**to ~ in** ↻ **sb** [**on sth**] jdn [über etw *akk*] informieren ② (*seal*) [aus]füllen; *cracks* zuspachteln ③ (*complete*) *form* ausfüllen; *name and address* eintragen **II.** *vi* ■**to ~ in** [**for sb**] [für jdn] einspringen ◆**fill out** **I.** *vt* ausfüllen **II.** *vi* (*expand*) sich ausdehnen; (*gain weight*) fülliger werden ◆**fill up** **I.** *vt* ① (*make full*) vollfüllen ② (*occupy entire space*) ausfüllen ③ AUTO volltanken **II.** *vi* ① (*become full*) sich füllen ② AUTO [voll]tanken

fill·er ['fɪləʳ, AM -ɚ] *n* ① *no pl* (*for cracks*) Spachtelmasse *f;* **wood ~** Porenfüller *m* ② (*for adding bulk*) Füllmaterial *nt*

'fill·er cap *n* Tankverschluss *m*

fil·let ['fɪlɪt] **I.** *n* FOOD Filet *nt* **II.** *vt* ① (*remove bones*) *fish* entgräten; *meat* entbeinen ② (*cut into pieces*) filetieren

'fil·let steak *n* Filetsteak *nt*

fill·ing ['fɪlɪŋ] **I.** *n* ① (*material*) Füllmasse *f* ② (*for teeth*) Füllung *f* ③ FOOD Füllung *f;* (*in a sandwich*) Belag *m* **II.** *adj* sättigend

'fill·ing sta·tion *n* Tankstelle *f*

fil·lip ['fɪlɪp] *n* ■**to give sb a ~** jdn anspornen

film [fɪlm] **I.** *n* ① FILM, PHOT Film *m* ② (*layer*) Schicht *f;* **~ of oil** Ölfilm *m* **II.** *adj* Film- **III.** *vt* filmen; *book* verfilmen;

scene drehen **IV.** *vi* filmen, drehen
'film cam·era *n* Filmkamera *f* **'film speed** *n* Lichtempfindlichkeit *f* **'film star** *n* Filmstar *m* **'film stu·dio** *n* Filmstudio *nt*
fil·ter ['fɪltəʳ, AM -ɚ] **I.** *n* Filter *m* **II.** *vt* ❶ (*process, purify*) filtern ❷ (*fig*) selektieren **III.** *vi* ❶ BRIT AUTO **to ~ left/right** sich links/rechts einordnen ❷ *light, sound* dringen (**into** in +*akk*) ◆**filter in** *vi* durchsickern ◆**filter out I.** *vi* (*leak*) durchsickern **II.** *vt* herausfiltern (**from** aus +*dat*) ◆**filter through** *vi light* durchscheinen; *liquid* durchsickern; *sound* durchdringen; (*fig*) *reports* durchsickern
'fil·ter lane *n* BRIT Abbiegespur *f* **'fil·ter pa·per** *n* Filterpapier *nt*
filth [fɪlθ] *n no pl* ❶ (*dirt*) Dreck *m,* Schmutz *m* ❷ (*pej: obscenity*) Schmutz *m,* Obszönitäten *pl*
filthy ['fɪlθi] *adj* ❶ (*dirty*) schmutzig, dreckig *fam,* verdreckt *pej fam* ❷ (*bad-tempered*) *look* vernichtend; *temper* aufbrausend ❸ (*pej fam: obscene*) schmutzig; *language* obszön; *habit* widerlich
fil·tra·tion [fɪl'treɪʃᵊn] *n no pl* Filterung *f*
fin [fɪn] *n* Flosse *f*
fi·nal ['faɪnᵊl] **I.** *adj* ❶ (*last*) letzte(r, s); **in the ~ analysis** letzten Endes; **~ chapter** Schlusskapitel *nt* ❷ (*decisive*) endgültig; **to have the ~ say [on sth]** [bei etw] das letzte Wort haben; **that's ~!** und damit basta! **II.** *n* ❶ (*concluding match*) Endspiel *nt,* Finale *nt* ❷ BRIT UNIV ■**~s** *pl* [Schluss]examen *nt;* **to take one's ~s** Examen machen ❸ AM SCH Abschlussprüfung *f*
fi·na·le [fɪ'nɑːli, AM -'næli] *n* Finale *nt;* (*fig*) [krönender] Abschluss
fi·nal·ist ['faɪnᵊlɪst] *n* Finalist(in) *m(f)*
fi·nal·ity [fɪ'næləti, AM faɪ'næləṭi] *n* ❶ *no pl* (*irreversibility*) Endgültigkeit *f* ❷ *no pl* (*determination*) Entschiedenheit *f*
fi·nal·ize ['faɪnᵊlaɪz] *vt* ❶ (*complete*) zum Abschluss bringen ❷ (*agree on*) endgültig festlegen
fi·nal·ly ['faɪnᵊli] *adv* ❶ (*at long last*) schließlich; (*expressing relief*) endlich ❷ (*in conclusion*) abschließend, zum Schluss
fi·nance ['faɪnæn(t)s] **I.** *n* ❶ *no pl* (*money management*) Finanzwirtschaft *f* ❷ (*money*) Geldmittel *pl;* **~s** Finanzen *pl* **II.** *vt* finanzieren
'fi·nance com·pa·ny, 'fi·nance house *n* Finanzierungsgesellschaft *f;* BRIT Kundenkreditbank *f*
fi·nan·cial [faɪ'næn(t)ʃᵊl] *adj* finanziell, Finanz-; **~ resources** Geldmittel *pl; see also*
vicious
finch <*pl* -es> [fɪn(t)ʃ] *n* Fink *m*
find [faɪnd] **I.** *n* (*thing*) Fund *m;* (*person*) Entdeckung *f* **II.** *vt* <found, found> finden; *money for sth* aufbringen; **she was found unconscious** sie wurde bewusstlos aufgefunden; ■**to ~ oneself** (*in a place*) sich befinden; (*discover one's true nature*) zu sich selbst finden; **to ~ oneself alone** auf einmal alleine sein; ■**to ~ sb/sth [to be sth]** jdn/etw [als etw] empfinden; **to ~ sb guilty** jdn für schuldig erklären; ■**to ~ that ...** feststellen, dass ...; (*come to realize*) sehen, dass ...; **I wish I could ~ more time for reading** ich wünschte, ich hätte mehr Zeit zum Lesen; **she found her boyfriend a job** sie besorgte ihrem Freund eine Stelle ◆**find out I.** *vt* ❶ (*detect*) erwischen ❷ (*discover*) herausfinden **II.** *vi* dahinterkommen; ■**to ~ out about sb/sth** (*get information*) sich über jdn/etw informieren; (*learn*) über jdn/etw etwas erfahren
find·er ['faɪndəʳ, AM -ɚ] *n of sth lost* Finder(in) *m(f); of sth unknown* Entdecker(in) *m(f)*
find·ing ['faɪndɪŋ] *n* ❶ (*discovery*) Entdeckung *f* ❷ (*result of inquiry*) [Urteils]spruch *m; usu pl* (*result of investigation*) Ergebnis *nt*
fine[1] [faɪn] **I.** *adj* ❶ (*acceptable*) in Ordnung; **seven's ~ by me** sieben [Uhr] passt mir gut ❷ (*excellent*) glänzend; *food* ausgezeichnet; *wine* erlesen ❸ (*slender, cut small*) fein; *slice* dünn ❹ METEO schön ❺ (*subtle*) fein; **~r points** Feinheiten *pl;* **not to put too ~ a point on it ...** um ganz offen zu sein ... **II.** *adv* ❶ (*all right*) fein, [sehr] gut ❷ (*thinly*) fein ▶ PHRASES: **cut it ~** knapp kalkulieren [*o* bemessen]
fine[2] [faɪn] **I.** *n* (*punishment*) Geldstrafe *f;* (*for minor offences*) Bußgeld *nt* **II.** *vt person* zu einer Geldstrafe verurteilen; (*for minor offences*) ein Bußgeld verhängen gegen +*akk*
fine 'art *n no pl,* **fine 'arts** *npl* schöne Künste; **to have sth off to a ~** (*fig*) etw zu einer wahren Kunst entwickeln
fine·ness ['faɪnnəs] *n no pl* Feinheit *f*
fin·ery ['faɪnᵊri, AM -ɚi] *n no pl* Staat *m*
fi·nesse [fɪ'nes] **I.** *n no pl* ❶ (*delicacy*) Feinheit *f* ❷ (*skill*) Geschick *nt* **II.** *vt* deichseln
fine-tooth 'comb, fine-toothed 'comb *n* fein gezahnter Kamm ▶ PHRASES: **to go through** [*or* **over**] **sth with a ~** etw sorgfältig unter die Lupe nehmen
fin·ger ['fɪŋgəʳ, AM -ɚ] **I.** *n* Finger *m* ▶ PHRASES: **to have a ~ in every pie** überall

die Finger drin haben; **to keep one's ~s <u>crossed</u> [for sb]** [jdm] die Daumen drücken; **not to <u>lift</u>** [*or* **<u>raise</u>**] **a ~** keinen Finger rühren; **to <u>put</u> one's ~ on sth** etw genau ausmachen **II.** *vt* ① (*touch*) anfassen; (*play with*) befingern; **to ~ the strings** in die Saiten greifen ② (*fam: inform on*) verpfeifen (**to** bei +*dat*) ③ AM (*choose*) aussuchen

fin·ger·ing ['fɪŋgᵊrɪŋ, AM -ɚ-] *n* MUS ① *no pl* (*technique*) Fingertechnik *f* ② (*marking*) Fingersatz *m*

'fin·ger·mark *n* Fingerabdruck *m* **'fin·ger·nail** *n* Fingernagel *m* **'fin·ger·print** **I.** *n* Fingerabdruck *m* **II.** *vt* ■**to ~ sb** jdm die Fingerabdrücke abnehmen **'fin·ger·tip** *n* Fingerspitze *f* ►PHRASES: **to have sth <u>at</u> one's ~s** etw perfekt beherrschen

fin·ish ['fɪnɪʃ] **I.** *n* ① (*final stage*) Ende *nt; of race* Endspurt *m,* Finish *nt;* (*finishing line*) Ziel *nt;* **to be in at the ~** in der Endrunde sein ② (*final treatment*) letzter Schliff; (*sealing, varnishing*) Finish *nt* ►PHRASES: **a <u>fight</u> to the ~** ein Kampf *m* bis zur Entscheidung **II.** *vi* enden, aufhören; (*conclude*) schließen; **have you quite ~ed?** (*iron*) bist du endlich fertig?; **to ~ second** als Zweiter fertig sein; SPORTS Zweiter werden; ■**to ~ with sth** etw nicht mehr brauchen; ■**to ~ with sb** Schluss machen mit jdm; **have you ~ed with the screwdriver yet?** brauchst du den Schraubenzieher noch? **III.** *vt* ① (*bring to end*) beenden; *book* zu Ende lesen; *sentence* zu Ende sprechen; ■**to ~ doing sth** mit etw *dat* fertig sein ② SCH abschließen ③ (*bring to completion*) **to ~ sth** etw fertigstellen; (*give final treatment*) etw *dat* den letzten Schliff geben ④ *food* aufessen; *drink* austrinken ◆**finish off** **I.** *vt* ① (*get done*) fertigstellen ② (*make nice*) den letzten Schliff geben ③ (*beat*) bezwingen; (*tire out*) schaffen; AM (*sl: murder*) erledigen **II.** *vi* ① (*end*) abschließen ② (*get work done*) fertig werden ◆**finish up** **I.** *vi* ① (*get work done*) fertig werden ② (*end up*) enden; **to ~ up in hospital** im Krankenhaus landen **II.** *vt food* aufessen; *drink* austrinken

fin·ished ['fɪnɪʃt] *adj* ① fertig; ■**~ with sth** mit etw *dat* fertig; **the ~ product** das Endprodukt ② **beautifully ~** wunderbar bearbeitet ③ (*ruined*) erledigt; *career* zu Ende

'fin·ish·ing line, **'fin·ish·ing post** *n* SPORTS Ziellinie *f*

fi·nite ['faɪnaɪt] *adj* begrenzt; MATH endlich; LING *verb* finit

Fin·land ['fɪnlənd] *n* Finnland *nt*

Finn [fɪn] *n* Finne(in) *m(f)*

Finn·ish ['fɪnɪʃ] **I.** *n* Finnisch *nt* **II.** *adj* finnisch; **the ~ people** die Finnen

fiord [fjɔːd, AM fjɔːrd] *n* Fjord *m*

fir [fɜːʳ, AM fɜːr] *n* Tanne *f*

'fir-cone *n* BRIT Tannenzapfen *m*

fire ['faɪəʳ, AM -ɚ] **I.** *n* ① *no pl* Feuer *nt;* **to play with ~** mit dem Feuer spielen *a. fig;* **gas ~** Gasofen *m;* **open ~** offener Kamin ② *no pl* (*destructive burning*) Brand *m;* **~ control** [*or* **prevention**] Brandschutz *m;* **destroyed by ~** völlig abgebrannt; **to be on ~** brennen, in Flammen stehen; **to catch ~** Feuer fangen, in Brand geraten; **to set sth on ~** etw in Brand stecken ③ *no pl* MIL Feuer *nt,* Beschuss *m;* ■**to be/come under ~** beschossen werden; (*fig*) unter Beschuss geraten; **to open ~** das Feuer eröffnen ►PHRASES: **to <u>hang</u> ~** auf sich warten lassen **II.** *vt* ① (*bake in kiln*) brennen ② (*shoot*) abfeuern; *shot* abgeben; *gun* schießen; (*fig*) **to ~ questions at sb** jdn mit Fragen bombardieren ③ (*dismiss*) feuern ④ (*excite*) *person* begeistern, anregen; *imagination* beflügeln **III.** *vi* ① (*shoot*) feuern, schießen (**at** auf +*akk*) ② (*start up*) zünden; (*be operating*) funktionieren ◆**fire away** *vi* losschießen *a. fig* ◆**fire off** *vt* abfeuern

'fire alarm *n* ① (*instrument*) Feuermelder *m* ② (*sound*) Feueralarm *m* **'fire·arm** *n* Schusswaffe *f* **'fire·ball** *n* Feuerball *m;* ASTRON Feuerkugel *f* **'fire·brand** *n* Brandfackel *f;* (*fig*) Aufwiegler(in) *m(f)* **'fire·break** *n* Brandschneise *f* **'fire·brick** *n* Schamottestein *m* **'fire bri·gade** *n* BRIT Feuerwehr *f* **'fire·crack·er** *n* Kracher *m* **'fire de·part·ment** *n* AM Feuerwehr *f* **'fire-eat·er** *n* Feuerschlucker(in) *m(f)* **'fire en·gine** *n* Feuerwehrauto *nt* **'fire es·cape** *n* (*staircase*) Feuertreppe *f;* (*ladder*) Feuerleiter *f* **'fire exit** *n* Notausgang *m* **'fire ex·tin·guish·er** *n* Feuerlöscher *m*

'fire·fight·er *n* Feuerwehrmann, -frau *m, f* **'fire·fly** *n* Leuchtkäfer *m* **'fire·guard** *n* Kamingitter *nt* **'fire haz·ard** *n* Brandrisiko *nt* **'fire house** *n* AM Feuerwache *f* **'fire in·sur·ance** *n* Feuerversicherung *f* **'fire-irons** *npl* Kaminbesteck *nt* **'fire·man** *n* Feuerwehrmann *m* **'fire·place** *n* Kamin *m* **'fire·proof** **I.** *adj* feuerfest **II.** *vt* feuerfest machen

'fire-rais·er *n* BRIT Brandstifter(in) *m(f)* **'fire·side** *n* [offener] Kamin **'fire sta·tion** *n* Feuerwache *f* **'fire wall** *n* ① ARCHIT Brandmauer *f* ② COMPUT Firewall *f* **'fire·wa·ter** *n* *no pl* (*fam*) Feuerwasser *nt* **'fire·wom·an** *n* Feuerwehrfrau *f* **'fire·wood** *n* *no pl* Brennholz *nt* **'fire·work** *n* ① Feuerwerks-

F

körper *m* ② ■ ~s *pl* (*display*) Feuerwerk *nt;* (*fig*) [Riesen]krach *m kein pl*

fir·ing ['faɪərɪŋ, AM 'faɪɚ-] *n* ① *no pl* (*shooting*) Abfeuern *nt; of a rocket* Abschießen *nt;* ~ **practice** Schießübung *f* ② *no pl* (*in a kiln*) Brennen *nt* ③ (*dismissal*) Rauswurf *m*

'fir·ing line *n* (*fig*) Schusslinie *f* **'fir·ing squad** *n* Exekutionskommando *nt*

firm[1] [fɜːm, AM fɜːrm] *n* Firma *f,* Unternehmen *nt*

firm[2] [fɜːm, AM fɜːrm] **I.** *adj* fest; COMM stabil; *basis* sicher; *offer* verbindlich; *undertaking* definitiv; ■**to be ~ with sb** jdm gegenüber bestimmt auftreten **II.** *adv* fest; **to hold** [*or* **stand**] ~ standhaft bleiben **III.** *vi* sich stabilisieren

firm·ness ['fɜːmnəs, AM 'fɜːrm-] *n no pl* ① (*solidity*) Festigkeit *f* ② (*resoluteness*) Entschlossenheit *f*

first [fɜːst, AM fɜːrst] **I.** *adj* erste(r, s); ~ **thing tomorrow** morgen als Allererstes; ~ **option** [*or* **refusal**] Vorkaufsrecht *nt* ▶ PHRASES: **in the ~ place** (*at beginning*) zunächst [einmal]; (*from the beginning*) von vornherein; (*most importantly*) in erster Linie; ~ **things** ~ eins nach dem anderen **II.** *adv* ① (*before doing something else*) zuerst; ■~ **of all** zu[aller]erst ② (*before other things, people*) als Erste(r, s); **head** ~ mit dem Kopf voraus ▶ PHRASES: ~ **and foremost** vor allem **III.** *n* ① ■**the** ~ der/die/das Erste; ■**to be the ~ to do sth** etw als Erster/Erste tun ② (*start*) ■**at** ~ anfangs; **from the** [**very**] ~ von Anfang an ③ AUTO der erste Gang

first 'aid *n* erste Hilfe; ~ **box** Verbandskasten *m* **'first-born I.** *adj* erstgeboren **II.** *n* Erstgeborene(r) *f(m)* **'first-class I.** *adj* ① (*best quality*) Erste[r]-Klasse- ② (*approv: wonderful*) erstklassig **II.** *adv* erster Klasse **first 'cous·in** *n* Cousin(e) *m(f)* ersten Grades **first 'floor** *n* BRIT erster Stock; AM Erdgeschoss *nt* **'first-hand** *adj, adv* aus erster Hand

first·ly ['fɜːs(t)li, AM 'fɜːr-] *adv* erstens

'first name *n* Vorname *m* **first 'night** *n* THEAT Premiere *f* **first of·'fend·er** *n* Ersttäter(in) *m(f)* **first 'per·son** *n* LING **the** ~ die erste Person **'first-rate** *adj* erstklassig **first 'strike** *n* MIL Erstschlag *m*

firth [fɜːθ] *n* SCOT Förde *f*

fis·cal ['fɪskᵊl] *adj* fiskalisch; ~ **policy** Finanzpolitik *f*

fish [fɪʃ] **I.** *n* <*pl* -es *or* -> Fisch *m* ▶ PHRASES: **to have bigger ~ to fry** Wichtigeres zu tun haben; **to drink like a ~** wie ein Loch saufen **II.** *vi* ① (*catch fish*) fischen; (*with rod*) angeln (**for** auf +*akk*) ② (*look for*) herumsuchen; ■**to ~ for sth** (*fig*) nach etw *dat* suchen **III.** *vt* befischen

> **Grammatik**
>
> Der Plural von **fish** bleibt in den meisten Fällen unverändert **fish:** *the fishermen caught hundreds of fish*
> Wenn man jedoch von verschiedenen Fischarten spricht, verwendet man **fishes:** *cod, haddock, herring and other fishes*

'fish·bone *n* [Fisch]gräte *f* **'fish·cake** *n* Fischfrikadelle *f*

'fish·er·man *n* (*professional*) Fischer *m;* (*for hobby*) Angler *m*

fish·ery ['fɪʃᵊri] *n* Fischfanggebiet *nt*

fish 'fin·ger *n* Fischstäbchen *nt* **'fish-hook** *n* Angelhaken *m*

fish·ing ['fɪʃɪŋ] *n no pl* ① (*catching fish*) Fischen *nt;* (*with rod*) Angeln *nt* ② (*looking for*) ~ **for compliments** Suche *f* nach Komplimenten; ~ **for information** Informationssuche *f*

'fish·ing grounds *npl* Fischgründe *pl* **'fish·ing line** *n* Angelleine *f,* Angelschnur *f* **'fish·ing rod** *n* Angel[rute] *f* **'fish·ing-tack·le** *n no pl* (*for industry*) Fischereigeräte *pl;* (*for sport*) Angelgeräte *pl*

'fish·monger *n* BRIT Fischhändler(in) *m(f)* **'fish·pond** *n* Fischteich *m*

fishy ['fɪʃi] *adj* ① (*tasting of fish*) fischig; (*like fish*) fischartig ② (*pej fam: dubious*) verdächtig; **there is something ~ about that** daran ist irgendetwas faul

fis·sion ['fɪʃᵊn, AM *also* -ʒ-] *n no pl* PHYS [Kern]spaltung *f;* BIOL [Zell]teilung *f*

fis·sure ['fɪʃəʳ, AM -ɚ] *n* ① Spalte *f* ② (*fig*) Spaltung *f; see also* **sugar**

fist [fɪst] *n* Faust *f*

fit[1] [fɪt] *n* Anfall *m;* **to be in ~s of laughter** sich kaputtlachen ▶ PHRASES: **by** [*or* **in**] **~s and starts** sporadisch

fit[2] [fɪt] **I.** *adj* <-tt-> ① (*suitable*) geeignet; ~ **for human consumption** [*or* **to eat**] zum Verzehr geeignet; **that's all he's ~ for** das ist alles, wozu er taugt ② (*up to*) fähig; ~ **to work** arbeitsfähig ③ (*appropriate*) angebracht; **do as you think ~** tun, was Sie für richtig halten ④ (*ready*) bereit; **to be ~ to drop** zum Umfallen müde sein ⑤ (*healthy*) fit **II.** *n no pl* ① FASHION Sitz *m;* **these shoes are a good ~** diese Schuhe passen gut ② TECH Passung *f* **III.** *vt* <BRIT -tt- *or* AM *usu* -t-> ① (*be the right size*) ■**to ~ sb** jdm passen ② (*be appropriate*) ■**to ~ sb/sth** sich für jdn/etw eignen ③ (*correspond with*) ■**to ~ sth** etw *dat* entsprechen; **the punishment should always ~ the crime** die Strafe sollte immer dem Vergehen angemessen sein; **the key ~s the lock** der Schlüssel passt ins Schloss ④ (*make correspond*) ■**to ~ sth to sth** etw einer S. *dat* anpassen ⑤ (*mount*) montieren ⑥ (*position as required*) einpassen ⑦ (*supply*) ■**to ~ sth with sth** etw mit etw *dat* versehen **IV.** *vi* <BRIT -tt- *or* AM *usu* -t-> ① (*be correct size*) passen, sitzen; **~ well** gut sitzen; ■**to ~ into sth** in etw *akk* hineinpassen ② (*agree*) *facts* übereinstimmen ◆**fit in I.** *vi* ① (*get on well*) sich einfügen ② (*conform*) dazupassen; **this doesn't ~ in with my plans** das passt mir nicht in den Plan **II.** *vt* einschieben ◆**fit out** *vt* ausstatten; (*for a purpose*) ausrüsten ◆**fit together** *vi* zusammenpassen ◆**fit up** *vt* ① (*equip*) ausstatten ② BRIT (*sl: frame*) anschwärzen

fit·ful ['fɪtfᵊl] *adj* unbeständig; *sleep* unruhig

fit·ment ['fɪtmənt] *n* Einrichtungsgegenstand *m*

fit·ness ['fɪtnəs] *n no pl* ① (*competence*) Eignung *f* ② (*health*) Fitness *f*

fit·ted ['fɪtɪd, AM -t̬ɪd] *adj* (*adapted*) geeignet; (*tailor-made*) maßgeschneidert

fit·ter ['fɪtəʳ, AM -t̬ɚ] *n* TECH [Maschinen]schlosser(in) *m(f)*; (*of engines*) Monteur(in) *m(f)*; (*of pipes*) Installateur(in) *m(f)*

fit·ting ['fɪtɪŋ, AM -t̬-] **I.** *n* ① (*fixtures*) ■**~s** *pl* Ausstattung *f*, Einrichtungsgegenstände *pl*; **bathroom ~s** Badezimmereinrichtung *f* ② (*of clothes*) Anprobe *f* **II.** *adj* passend; **it is ~ that ...** es schickt sich, dass ...

five [faɪv] **I.** *adj* fünf **II.** *n* ① (*number, symbol*) Fünf *f*; **~ o'clock shadow** nachmittäglicher Stoppelbart ② (*five minutes*) **to take ~** (*fam*) sich *dat* eine kurze Pause genehmigen; *see also* **eight**

'five·fold *adj, adv* fünffach

fiv·er ['faɪvəʳ, AM -ɚ] *n* BRIT (*fam*) Fünfpfundnote *f*; AM Fünfdollarschein *m*

fix [fɪks] **I.** *n* ① (*fam: dilemma*) Klemme *f* ② (*sl: drugs*) Schuss *m*, Fix *m* ③ NAUT, AVIAT (*position*) Position *f*; **to take a ~ on sth** etw orten **II.** *vt* ① (*fasten*) festmachen; *picture* aufhängen (**to** an +*akk*) ② (*decide*) festlegen; *rent* festsetzen ③ (*arrange*) arrangieren ④ (*repair*) reparieren, in Ordnung bringen ⑤ (*fam: prepare*) **to ~ one's hair** sich frisieren; **shall I ~ you sth?** soll ich dir was zu essen machen? ⑥ (*sl: take revenge on*) ■**to ~ sb** es jdm heimzahlen ⑦ (*concentrate*) *eyes, thoughts* richten (**on** auf +*akk*); **he ~ed me with a disapproving stare** er durchbohrte mich mit missbilligenden Blicken **III.** *vi* (*sl*) *drugs* fixen ◆**fix on** *vt* ■**to ~ on** [*or* **upon**] **sth** sich auf etw *akk* festlegen ◆**fix up** *vt* ① (*supply*) ■**to ~ sb ↻ up** jdn versorgen; (*with a date*) jdm eine Verabredung arrangieren ② (*arrange*) arrangieren; *time to meet* vereinbaren ③ (*fam: mend*) in Ordnung bringen; *house* renovieren

fixa·tion [fɪk'seɪʃᵊn] *n* PSYCH Fixierung *f* (**with** auf +*akk*)

fixed [fɪkst] *adj* fest; *gaze* starr; *idea* fix; **how are you ~ for cash?** wie steht's bei dir mit Geld?

fix·ed·ly ['fɪksɪdli] *adv* starr

fix·er ['fɪksəʳ, AM -ɚ] *n* (*fam: person*) Schieber(in) *m(f)*

fix·ture ['fɪkstʃəʳ, AM -ɚ] *n* ① (*immovable object*) eingebautes Teil; **~s and fittings** bewegliches und unbewegliches Inventar; **to be a permanent ~** (*fig, hum*) zum [lebenden] Inventar gehören ② BRIT, AUS SPORTS [Sport]veranstaltung *f*; **~ list** Spielplan *m*

fizz [fɪz] **I.** *vi* ① (*bubble*) sprudeln ② (*make sound*) zischen **II.** *n no pl* ① (*bubbles*) Sprudeln *nt*; **the tonic water has lost its ~** in dem Tonic Water ist keine Kohlensäure mehr ② (*fam: champagne*) Schampus *m*; (*fizzy drink*) Sprudel *m* ◆**fizzle out** *vi* verpuffen

fiz·zle ['fɪzl̩] *vi* zischen

fizzy ['fɪzi] *adj* sprudelnd; **~ drink** Getränk *nt* mit Kohlensäure

fjord [fjɔːd, AM fjɔːrd] *n* Fjord *m*

flab·ber·gast ['flæbəgɑːst, AM -ɚgæst] *vt* ■**to be ~ed** völlig platt sein

flab·by ['flæbi] *adj* schwabbelig; (*fig*) schlapp

flag¹ [flæg] *n* (*flagstone*) [Stein]platte *f*

flag² [flæg] **I.** *n* ① (*pennant*) Fahne *f*; (*national*) Flagge *f* ② (*marker*) Markierung *f* **II.** *vt* <-gg-> ① (*mark*) markieren ② (*signal to*) **to ~ [down]** anhalten **III.** *vi* <-gg-> *enthusiasm* abflauen; *interest* nachlassen; *person* ermüden; *vigour* erlahmen

'flag day *n* BRIT *Tag, an dem für wohltätige Zwecke gesammelt wird*

flag·el·late ['flædʒᵊleɪt] *vt* (*form*) geißeln

flag·on ['flægən] *n* (*hist*) Kanne *f*

'flag·pole *n* Fahnenmast *m*, Flaggenmast *m*

fla·grant ['fleɪgrənt] *adj* offenkundig

'flag·ship *n* Flaggschiff *nt a. fig*; **~ store** Hauptgeschäft *nt* **'flag·staff** *n* Fahnenmast *m*, Flaggenmast *m*

flail [fleɪl] **I.** *n* Dreschflegel *m* **II.** *vi* heftig um sich schlagen; ■**to ~ about** herumfuchteln **III.** *vt* **to ~ one's arms** wild mit den Armen fuchteln

flair [fleəʳ, AM fler] *n no pl* ① (*talent*) Talent *nt;* **to have a ~ for languages** sprachbegabt sein ② (*style*) Stil *m*

flak [flæk] *n no pl* ① Flakfeuer *nt* ② (*fig*) scharfe Kritik

flake [fleɪk] **I.** *n* ① *of chocolate* Raspel *f; of metal* Span *m; of pastry* Krümel *m; of wallpaper* Fetzen *m; of skin* [Haut]schuppe *f; of snow* Schneeflocke *f; of soap* Seifenflocke *f* ② AM (*fam: odd person*) Spinner(in) *m(f)* **II.** *vi skin* sich schuppen; *paint* abblättern; *plaster* abbröckeln ◆**flake out** *vi* (*fam*) ① BRIT (*be exhausted*) zusammenklappen ② AM (*forget*) nicht dran denken

flaky ['fleɪki] *adj* ① (*with layers*) flockig; *pastry* blättrig; *paint* bröcklig; *skin* schuppig ② AM (*fam: odd*) verdreht

flaky 'pas·try *n no pl* Blätterteig *m*

flam·boy·ant [flæm'bɔɪənt] *adj* extravagant; *colours* prächtig

flame [fleɪm] **I.** *n* ① Flamme *f a. fig;* **to burst into ~** in Brand geraten ② INET beleidigende E-Mail **II.** *vi* brennen; (*fig*) glühen **III.** *vt* (*sl*) COMPUT per E-Mail beleidigen

flam·ing ['fleɪmɪŋ] **I.** *adj* ① (*fig: angry*) **to be in a ~ temper** vor Wut kochen ② *colour* flammend **II.** *n no pl* INET *heftiges Beleidigen beim Chatten im Internet*

fla·min·go <*pl* -s *or* -es> [flə'mɪŋgəʊ, AM -oʊ] *n* Flamingo *m*

flam·mable ['flæməbl̩] *adj* leicht entflammbar; **highly ~** feuergefährlich

flan [flæn] *n* ① (*with fruit*) Obsttorte *f;* (*savoury*) *Pastete mit Käse oder Schinken* ② AM *Kuchen mit einer Füllung aus Vanillepudding*

Flan·ders ['flɑːndəz, AM 'flændɚz] *n* Flandern *nt*

flange [flændʒ] *n* Flansch *m*

flank [flæŋk] **I.** *n* Flanke *f* **II.** *vt* flankieren

flan·nel ['flænᵊl] *n* ① *no pl* (*material*) Flanell *m* ② BRIT (*facecloth*) Waschlappen *m*

flap [flæp] **I.** *vt* <-pp-> **to ~ one's wings** mit den Flügeln schlagen; (*in short intervals*) flattern mit **II.** *vi* <-pp-> ① (*flutter*) flattern; *wings* schlagen ② BRIT (*fam: fuss*) sich aufregen **III.** *n* ① (*flutter*) Flattern *nt* ② *of cloth* Futter *nt;* **pocket ~** Taschenklappe *f* ③ (*fam: commotion*) helle Aufregung; **in a ~** schrecklich aufgeregt

flap·jack ['flæpdʒæk] *n* ① BRIT, AUS Haferkeks *m* ② AM Pfannkuchen *m*

flare [fleəʳ, AM fler] **I.** *n* ① (*signal*) Leuchtkugel *f* ② (*of trousers*) Schlag *m;* ■**~s** *pl* Schlaghose *f* **II.** *vi* ① (*burn up*) aufflammen ② FASHION aufweiten ③ *nostrils* sich blähen ◆**flare up** *vi* ① auflodern *a. fig; person* aufbrausen ② MED sich bemerkbar machen

'flare-up *n* ① Auflodern *nt a. fig* ② MED [erneuter] Ausbruch

flash [flæʃ] **I.** *n* <*pl* -es> ① (*light*) [Licht]blitz *m; of jewellery, metal* [Auf]blitzen *nt kein pl; of an explosion* Stichflamme *f;* **~ of lightning** Blitz *m* ② (*fig*) **~ of temper** Temperamentsausbruch *m;* **~ of inspiration** Geistesblitz *m* ③ PHOT Blitz *m;* **to use [a] ~** mit Blitzlicht fotografieren ▶ PHRASES: **like a ~** blitzartig; **quick as a ~** blitzschnell; **in a ~** im Nu **II.** *adj* (*pej fam*) protzig **III.** *vt* ① (*signal*) *light* aufleuchten lassen; *message* blinken; **to ~ sb** (*in a car*) jdm Lichthupe machen; (*with a torch*) jdn anleuchten ② (*look*) zuwerfen ③ (*pej fam*) ■**to ~ sth about** mit etw protzen **IV.** *vi* ① (*shine*) blitzen; AUTO Lichthupe machen ② (*fig: appear*) kurz auftauchen; *smile* huschen; *thought* schießen ③ (*move*) ■**to ~ by** [*or* **past**] vorbeirasen ◆**flash back** *vi* ■**to ~ back to sth** sich plötzlich [wieder] an etw *akk* erinnern

'flash·back *n* ① FILM Rückblende *f* ② CHEM [Flammen]rückschlag *m* **'flash·bulb** *n* PHOT Blitz[licht]lampe *f*

flash·er ['flæʃəʳ, AM -ɚ] *n* ① AUTO Lichthupe *f* ② (*fam: exhibitionist*) Exhibitionist *m*

flash 'flood *n* flutartige Überschwemmung, Sintflut *f fig fam*

'flash·gun *n* PHOT Blitzlicht *nt* **'flash·light** *n* ① PHOT Blitzlicht *nt* ② AM (*torch*) Taschenlampe *f* **'flash·point** *n* ① CHEM Flammpunkt *m* ② (*fig: stage*) Siedepunkt *m;* (*trouble spot*) Unruheherd *m*

flashy ['flæʃi] *adj* protzig

flask [flɑːsk, AM flæsk] *n* ① (*bottle*) [bauchige] Flasche; *for wine* Ballonflasche *f; for spirits* Flachmann *m; for travelling* Reiseflasche *f* ② CHEM [Glas]kolben *m*

flat¹ [flæt] **I.** *adj* <-tt-> ① (*horizontal*) flach; *path, surface* eben; *face, nose* platt ② (*not fizzy*) *drinks* schal ③ BRIT, AUS (*empty*) *battery* leer ④ (*deflated*) *tyre* platt; *person* niedergeschlagen ⑤ COMM, ECON (*slack*) *market* flau; (*fixed*) *rate* Einheits-, Pauschal- ⑥ MUS *key* mit B-Vorzeichen *nach n; note* [um einen Halbton] erniedrigt; (*unintentionally*) zu tief [gestimmt] ▶ PHRASES: **and that's ~** und dabei bleibt es **II.** *adv* <-tt-> ① (*horizontally*) flach; **to fall ~ on one's face** der Länge nach hinfallen ② (*level*) platt; **to knock sth ~** *wall, building* etw platt walzen ③ (*fam: absolutely*) rundheraus, glattweg ④ MUS zu tief ▶ PHRASES: **to fall ~** (*fail*) *attempt* scheitern;

performance durchfallen; *joke* nicht ankommen **III.** *n* ① (*level surface*) flache Seite; ~ **of the hand** Handfläche *f* ② (*level ground*) Ebene *f*; **salt ~s** *pl* Salzwüste *f* ③ BRIT, AUS (*tyre*) Platte(r) *m*

flat² [flæt] *n* BRIT, AUS [Etagen]wohnung *f*; ■**~s** *pl* Wohnblock *m*

flat 'feet *npl* Plattfüße *pl* **flat-'foot·ed** *adj* plattfüßig; **to be ~** Plattfüße haben

flat·ly ['flætli] *adv* ① (*dully*) ausdruckslos ② (*absolutely*) glatt[weg]

'flat·mate *n* BRIT Mitbewohner(in) *m(f)*

flat·ness ['flætnəs] *n no pl* Flachheit *f*; *of ground, track* Ebenheit *f*

'flat-pack *adj attr furniture* zur Selbstmontage *nach n*, im Flachkarton *nach n* **'flat pan·el**, **'flat screen** *n* Flachbildschirm *m*

flat·ten ['flætᵊn] *vt* ① (*level*) flach machen; *ground, path* eben machen; *dent* ausbeulen; ■**to ~ oneself against sth** sich platt gegen etw *akk* drücken ② (*knock down*) *thing* einebnen; *tree* umlegen; *person* niederstrecken

flat·ter¹ ['flætəʳ, AM -t̬ɚ] *vt* ■**to ~ sb** jdm schmeicheln; **don't ~ yourself!** bilde dir ja nichts ein!

flat·ter² ['flætəʳ, AM -t̬ɚ] *adj comp of* **flat**

flat·ter·er ['flætᵊrəʳ, AM -t̬ɚɚ] *n* Schmeichler(in) *m(f)*

flat·ter·ing ['flætᵊrɪŋ, AM -t̬ɚ-] *adj* (*approv*) schmeichelhaft; (*pej*) schmeichlerisch

flat·tery ['flætᵊri, AM -t̬ɚi] *n no pl* Schmeicheleien *pl*

flatu·lence ['flætjələn(t)s, AM 'flætʃə-] *n no pl* (*form*) Blähung[en] *f[pl]*

flaunt [flɔːnt, AM flɑːnt] *vt* (*esp pej*) zur Schau stellen

flaut·ist ['flɔːtɪst, AM 'flɑːt̬-, 'floʊ-] *n* Flötist(in) *m(f)*

fla·vo·noid ['fleɪvənɔɪd] *n* CHEM Flavonoid *nt*

fla·vour, AM **fla·vor** ['fleɪvəʳ, AM -ɚ] **I.** *n* ① (*taste*) [Wohl]geschmack *m*, Aroma *nt*; (*particular taste*) Geschmacksrichtung *f*, Sorte *f* ② (*fig*) Anflug *m* **II.** *vt* würzen

fla·vour·ing *n*, AM **fla·vor·ing** ['fleɪvᵊrɪŋ, AM -vɚ-] *n* Aroma *nt*, Geschmacksstoff *m*

flaw [flɔː, AM flɑː] **I.** *n* Fehler *m*, Mangel *m*; TECH Defekt *m* **II.** *vt usu passive* beeinträchtigen

flawed [flɔːd, AM flɑːd] *adj* fehlerhaft; *diamond* unrein; **his argument is deeply ~** seine Argumentation hat große Schwachstellen

flaw·less ['flɔːləs, AM 'flɑː-] *adj* fehlerlos; *beauty* makellos; *behaviour* einwandfrei; *diamond* lupenrein; *performance* vollendet

flax [flæks] *n no pl* Flachs *m*

flax·en ['flæksᵊn] *adj* flachsfarben; *hair* flachsblond

flay [fleɪ] *vt* ① *animal* [ab]häuten ② (*fig*) *person* auspeitschen

flea [fliː] *n* Floh *m* ▶ PHRASES: **to send sb away** [*or* **off**] **with a ~ in their ear** jdm eine Abfuhr erteilen

'flea·bite *n* Flohstich *m* **'flea·bit·ten** *adj* ① voller Flohbisse ② (*fig*) verlottert **'flea mar·ket** *n* Flohmarkt *m*

fleck [flek] **I.** *n* Fleck[en] *m* **II.** *vt* sprenkeln

fled [fled] *vi, vt pp, pt of* **flee**

fledged [fledʒd] *adj* **fully ~** flügge *a. fig*

fledg(e)·ling ['fledʒlɪŋ] **I.** *n* Jungvogel *m* **II.** *adj* neu, Jung-

flee <fled, fled> [fliː] **I.** *vi* (*run away*) fliehen (**from** vor); (*seek safety*) flüchten **II.** *vt country* fliehen (aus +*dat*); *danger* fliehen [*o* flüchten] (vor +*dat*)

fleece [fliːs] **I.** *n* ① *of sheep* Schaffell *nt*, Vlies *nt* ② *no pl* (*fabric*) Flausch *m*, weicher Wollstoff ③ BRIT (*clothing*) Vliesjacke *f* **II.** *vt* ① *sheep* scheren ② (*fig fam: cheat*) schröpfen

fleet [fliːt] *n* + *sing/pl vb* ① NAUT Flotte *f* ② AVIAT Staffel *f* ③ (*group of vehicles*) Fuhrpark *m*; *of cars* Wagenpark *m*

fleet·ing ['fliːtɪŋ, AM -t̬-] *adj* flüchtig; *beauty* vergänglich; *opportunity* kurzfristig

Flem·ish ['flemɪʃ] **I.** *adj* flämisch **II.** *n no pl* Flämisch *nt*

flesh [fleʃ] *n no pl* Fleisch *nt*; *of fruit* [Frucht]fleisch *nt* ▶ PHRASES: **to be** [**only**] **~ and blood** auch [nur] ein Mensch sein; **to make one's ~ crawl** das Gruseln lernen; **in the ~** in Person ◆**flesh out** *vt* weiterentwickeln

'flesh-col·oured, AM **'flesh-col·ored** *adj* fleischfarben

'flesh·pot *n* (*fig*) ■**the ~s** *pl* das Vergnügungsviertel

'flesh wound *n* Fleischwunde *f*

flew [fluː] *vi, vt pp, pt of* **fly**

flex [fleks] **I.** *vt* beugen; *muscles* [an]spannen; **to ~ one's muscles** (*fig*) seine Muskeln spielen lassen **II.** *vi* sich beugen; *muscles* sich [an]spannen **III.** *n* [Anschluss]kabel *nt*

flex·ibil·ity [ˌfleksɪ'bɪləti, AM -əti] *n no pl* ① Biegsamkeit *f*; *of material* Elastizität *f* ② (*fig*) Flexibilität *f*

flex·ible ['fleksɪbl̩] *adj* ① biegsam ② (*fig*) flexibel; **~ working hours** gleitende Arbeitszeit

flexi·time ['fleksitaɪm] *n no pl* Gleitzeit *f*

flick [flɪk] **I.** *n* ① (*blow*) [kurzer] Schlag ② (*movement*) kurze Bewegung; *of*

F

switch Klicken *nt; of whip* Schnalzen *nt; of wrist* kurze Drehung **II.** *vt* ❶ (*strike*) ■**to ~ sb/sth** jdm/etw einen [leichten] Schlag versetzen ❷ (*move*) ■**to ~ sth** etw mit einer schnellen Bewegung ausführen; *whip* schnalzen mit; **to ~ channels** (*fam*) durch die Kanäle zappen; **to ~ the light switch off** das Licht ausknipsen ❸ (*remove*) wegwedeln; *with fingers* wegschnippen

Falsche Freunde

Nicht verwechseln mit flicken — *to mend*!

◆**flick through** *vi* (*fam*) ■**to ~ through sth** *book, pages, report* etw [schnell] durchblättern

flick·er ['flɪkəʳ, AM -ɚ] **I.** *vi* ❶ (*shine unsteadily*) flackern; *TV* flimmern; *eyelids* zucken; *tongue* züngeln ❷ (*fig*) aufkommen; *hope* aufflackern **II.** *n* ❶ Flackern *nt kein pl; of TV pictures* Flimmern *nt kein pl; of eyelids* Zucken *nt kein pl* ❷ (*fig*) Anflug *m;* **a ~ of hope** ein Hoffnungsschimmer *m*

'**flick knife** *n* BRIT, AUS Klappmesser *nt*

fli·er ['flaɪəʳ, AM -ɚ] *n* ❶ Flieger(in) *m(f);* **frequent ~** Vielflieger(in) *m(f)* ❷ (*leaflet*) Flugblatt *nt; of police* Steckbrief *m*

flight[1] [flaɪt] *n* ❶ (*flying*) Flug *m;* **to take ~** auffliegen ❷ + *sing/pl vb* (*group*) *of birds, insects* Schwarm *m; of migrating birds* [Vogel]zug *m; of aircraft* [Flieger]staffel *f* ❸ (*series*) *of stairs* Treppe *f;* **we live three ~s up** wir wohnen drei Treppen hoch; *of hurdles* Hürdenreihe *f*

flight[2] [flaɪt] *n* (*fleeing*) Flucht *f;* **to put sb to ~** jdn in die Flucht schlagen

'**flight at·tend·ant** *n* Flugbegleiter(in) *m(f)* '**flight con·trol·ler** *n* Fluglotse(in) *m(f)* '**flight deck** *n* ❶ (*on ship*) Flugdeck *nt* ❷ (*on plane*) Cockpit *nt*

flight·less ['flaɪtləs] *adj* flugunfähig

'**flight num·ber** *n* Flugnummer *f* '**flight path** *n of an aircraft* Flugweg *m; of an object* Flugbahn *f*

'**flight risk** *n* potentieller Überläufer/potentielle Überläuferin

flighty ['flaɪti, AM -t̬-] *adj* (*usu pej*) flatterhaft

flim·flam·ming ['flɪmflæmɪŋ] *adj* (*fam*) mauschelnd, intrigant

flim·si·ness ['flɪmzɪnəs] *n no pl* ❶ *of material* mangelnde Festigkeit; *of a structure* mangelnde Stabilität ❷ *of a fabric, paper* Dünnheit *f* ❸ (*fig*) *of an excuse* Fadenscheinigkeit *f*

flim·sy ['flɪmzi] *adj* ❶ *construction* instabil, unsolide ❷ *clothing* dünn, leicht ❸ (*fig*) *excuse* schwach

flinch [flɪn(t)ʃ] *vi* (*wince*) [zusammen]zucken

fling [flɪŋ] **I.** *n* ❶ (*throw*) [mit Schwung ausgeführter] Wurf ❷ (*fig: good time*) ausgelassene Zeit; (*relationship*) **to have a ~ with sb** mit jdm etw haben **II.** *vt* <flung, flung> werfen; **to ~ open** aufreißen; ■**to ~ oneself at sb/sth** sich auf jdn/etw stürzen; (*fig*) sich jdm an den Hals werfen; ■**to ~ oneself into sth** (*fig*) sich in etw *akk* stürzen ◆**fling away** *vt* wegwerfen ◆**fling off** *vt clothing* abwerfen *a. fig; blanket* wegstoßen ◆**fling on** *vt* (*fam*) sich *dat* überwerfen ◆**fling out** *vt* (*fam*) *thing* ausrangieren; *person* rausschmeißen

flint [flɪnt] *n* Feuerstein *m*

flip [flɪp] **I.** *vt* <-pp-> ❶ (*turn on/off*) *switch* drücken ❷ (*turn over*) umdrehen; *coin* werfen; *pancake* wenden **II.** *vi* <-pp-> ❶ ■**to ~ [over]** sich [schnell] [um]drehen; *vehicle* sich überschlagen ❷ (*fig sl*) ausflippen **III.** *n* ❶ (*throw*) Werfen *nt* ❷ (*movement*) Ruck *m;* **to have a [quick] ~ through sth** etw im Schnellverfahren tun

'**flip chart** *n* Flipchart *m o nt*

'**flip-flop** *n* ❶ (*shoe*) Badelatsche *f* ❷ AM SPORTS Flickflack *m*

flip·pan·cy ['flɪpᵊn(t)si] *n no pl* Leichtfertigkeit *f*

flip·pant ['flɪpᵊnt] *adj* leichtfertig

flip·per ['flɪpəʳ, AM -ɚ] *n* [Schwimm]flosse *f*

flip·ping ['flɪpɪŋ] *adj, adv* BRIT (*sl*) echt, verflixt

'**flip side** *n* ❶ B-Seite *f* ❷ (*fig*) Kehrseite *f*

flirt [flɜːt, AM flɜːrt] **I.** *vi* ❶ flirten ❷ (*fig*) spielen **II.** *n* [gern] flirtende(r) Mann/Frau

flir·ta·tion [flɜː'teɪʃᵊn, AM flɜːr'-] *n* Flirt *m*

flir·ta·tious [flɜː'teɪʃəs, AM flɜːr'-] *adj* kokett

flit <-tt-> [flɪt] *vi* ❶ huschen *a. fig;* (*fly*) flattern ❷ (*fig*) sich stürzen; **to ~ through one's mind** einem durch den Kopf schießen

float [fləʊt, AM floʊt] **I.** *n* ❶ (*for fishing*) [Kork]schwimmer *m* ❷ (*for swimming*) Schwimmkork *m* ❸ TECH Schwimmer *m* ❹ BRIT, AUS FIN Spesenvorschuss *m; in a till* Wechselgeld *nt* **II.** *vi* ❶ (*be buoyant*) schwimmen, oben bleiben ❷ (*move in liquid or gas*) *objects* treiben; *people* sich treiben lassen ❸ (*move in air*) *clouds* ziehen; *leaves* segeln; *sound* dringen **III.** *vt* ❶ ECON *business* gründen; *currency* freigeben ❷ (*on water*) treiben lassen; *logs* flößen; *ship* zu Wasser lassen ❸ (*fig*) *idea* zur Diskussion stellen

Land und Leute

Float trips sind eine beliebte Freizeitbeschäftigung im *Midwest* der USA. Man kann sich z. B. ein Kanu mieten, den Fluss entlangpaddeln und sich später vom Kanuvermieter wieder abholen lassen. Andere legen einen Gummischlauch (für Autoreifen) ins Wasser und setzen sich darauf. Im Sommer werden auch *raft races* mit selbst gebauten Flößen veranstaltet.

◆**float about, float around** *vi* (*fig*) *rumour* in Umlauf sein; *objects* [he]rum[f]liegen; *person* sich herumtreiben ◆**float off** *vi* (*on water*) wegtreiben; (*in air*) davonschweben

floa·tion *n see* **flotation**

float·ing [ˈfləʊtɪŋ, AM ˈfloʊţ-] *adj* ① (*in water*) schwimmend, treibend; *crane, dock* Schwimm- ② (*fluctuating*) *population* mobil; ~ **voter** Wechselwähler(in) *m(f)*

float·ing ˈis·land *n Nachtisch aus Eiercreme mit Baiser- oder Sahnehäubchen* **float·ing ˈvot·er** *n* Wechselwähler(in) *m(f)*

flock [flɒk, AM flɑːk] **I.** *n + sing/pl vb of animals* Herde *f; of people, birds* Schar *f,* Schwarm *m* **II.** *vi* sich scharen; ■**to ~ to sth** zu etw *dat* in Scharen kommen

floe [fləʊ, AM floʊ] *n* Eisscholle *f*

flog <-gg-> [flɒg, AM flɑːg] *vt* ① (*whip*) auspeitschen (**for** wegen *+akk*) ② BRIT (*fam: sell*) verscheuern

flog·ging [ˈflɒgɪŋ, AM ˈflɑːg-] *n* Auspeitschen *nt kein pl*

flo·ka·ti rug [fləˈkɑːti-] *n* Flokati *m*

flood [flʌd] **I.** *n* ① (*excess water*) Überschwemmung *f,* Hochwasser *nt kein pl;* ■**the F~** REL die Sintflut ② (*tide*) ~ [**tide**] Flut *f;* **on the ~** bei [*o* mit der] Flut **II.** *vt* ① (*overflow*) überschwemmen *a. fig; room* unter Wasser setzen ② AUTO absaufen lassen **III.** *vi* ① *place* überschwemmt werden, unter Wasser stehen; *river* über die Ufer treten ② (*fig*) strömen; **as soon as the gates were opened, the people ~ed in** sobald die Tore geöffnet wurden, strömten die Leute herein ◆**flood in** *vi* (*a. fig*) hereinströmen; *sunlight* hereinfluten

ˈflood·gate *n* Schleusentor *nt;* **to open the ~s** [**to sth**] (*fig*) [etw *dat*] Tür und Tor öffnen **ˈflood·light I.** *n* Flutlicht *nt* **II.** *vt* <-lit, -lit> *building* [mit Scheinwerfern] anstrahlen; *square* hell beleuchten; *stadium* mit Flutlicht ausleuchten

floor [flɔːʳ, AM flɔːr] **I.** *n* ① (*ground*) [Fuß]boden *m;* GEOG Boden *m* ② (*storey*) Stock *m,* Stockwerk *nt,* Etage *f;* **first ~** BRIT erster Stock; AM Erdgeschoss *nt* **II.** *vt* ① zu Boden schlagen ② (*fig*) umhauen

Falsche Freunde

Nicht verwechseln mit Flur *m* — *hall*!

ˈfloor·board *n* Diele *f*

floor·ing [ˈflɔːrɪŋ] *n no pl* Boden[belag] *m*

ˈfloor lamp *n* AM Stehlampe *f*

ˈfloor·plate *n* ARCHIT Nettogrundfläche *f*

ˈfloor pol·ish *n no pl* Bohnerwachs *nt* **ˈfloor show** *n* Varieteevorstellung *f*

flop [flɒp, AM flɑːp] **I.** *vi* <-pp-> ① (*move*) sich fallen [*o* plumpsen] lassen ② (*fail*) ein Flop sein; *performance* durchfallen **II.** *n* ① *no pl* (*movement*) Plumps *m* ② (*failure*) *thing* Flop *m; person* Niete *f*

flop·py [ˈflɒpi, AM ˈflɑːpi] **I.** *adj* schlaff; *hair* [immer wieder] herabfallend; **~ ears** Schlappohren *pl* **II.** *n* COMPUT (*fam*) Floppy [Disk] *f*

flop·py ˈdisk *n* COMPUT Floppy Disk *f*

flo·ra [ˈflɔːrə] *n no pl* Flora *f*

flo·ral [ˈflɔːrəl] *adj* Blumen-

flor·id [ˈflɒrɪd, AM ˈflɔːr-] *adj* ① (*form: ruddy*) kräftig rot ② (*fig, usu pej: over-ornate*) überladen; *style* blumig; *prose, rhetoric* schwülstig

Flori·da [ˈflɒrɪdə, AM ˈflɔːr-] *n* Florida *nt*

flo·rist [ˈflɒrɪst, AM ˈflɔːr-] *n* Florist(in) *m(f);* ■**~'s** Blumengeschäft *nt*

flo·ta·tion [fləʊˈteɪʃən, AM floʊˈ-] *n* ECON *of a business* Gründung *f;* **stock-market ~** Börsengang *m*

flo·til·la [flə(ʊ)ˈtɪlə, AM floʊˈ-] *n + sing/pl vb* Flottille *f*

flot·sam [ˈflɒtsəm, AM ˈflɑːt-] *n no pl* ① (*wreckage*) Treibgut *nt;* (*ashore*) Strandgut *nt;* **~ and jetsam** Strandgut *nt* ② (*useless items*) Krimskrams *m fam,* Krempel *m fam;* **~ and jetsam** unnütze Sachen

flounce [flaʊn(t)s] *vi* rauschen

floun·der[1] <*pl* - *or* -s> [ˈflaʊndəʳ, AM -ɚ] *n* (*flatfish*) Flunder *f*

floun·der[2] [ˈflaʊndəʳ, AM -ɚ] *vi* ① stolpern; *in mud, snow* waten; *in water* [herum]rudern ② (*fig: be in difficulty*) sich abmühen; (*be confused*) nicht weiterwissen

flour [ˈflaʊəʳ, AM -ɚ] *n no pl* Mehl *nt*

flour·ish [ˈflʌrɪʃ, AM ˈflɜːr-] **I.** *vi* blühen; COMM blühen, florieren **II.** *vt* herumfuchteln mit *dat,* schwingen **III.** *n* (*movement*) schwungvolle Bewegung; (*gesture*) überschwängliche Geste; **the team produced a late ~** die Mannschaft brachte gegen Ende noch einmal Bewegung ins Spiel

flour·ish·ing [ˈflʌrɪʃɪŋ, AM ˈflɜːr-] *adj* (*a. fig*) *plants* prächtig; *business, market* blühend, florierend
ˈflour mill *n* Getreidemühle *f*
floury [ˈflaʊəri, AM -ɚi] *adj* mehlig
flout [flaʊt] *vt* [offen] missachten
flow [fləʊ, AM floʊ] **I.** *vi* fließen *a. fig; air, light, warmth* strömen; *conversation* in Gang kommen; **many rivers ~ into the North Sea** viele Flüsse münden in die Nordsee **II.** *n usu sing* Fluss *m a. fig;* (*volume*) Durchflussmenge *f;* **~ of goods** Güterverkehr *m;* **to stop the ~ of blood** das Blut stillen ▸PHRASES: **to go against/with the ~** gegen den/mit dem Strom schwimmen
ˈflow·chart, **ˈflow dia·gram** *n* Flussdiagramm *nt*
flow·er [ˈflaʊər, AM -ɚ] **I.** *n* ① BOT (*plant*) Blume *f;* (*blossom*) Blüte *f;* **to be in ~** blühen ② (*fig*) Blüte *f* **II.** *vi* blühen *a. fig*
ˈflow·er ar·range·ment *n* Blumengesteck *nt* **ˈflow·er·bed** *n* Blumenbeet *nt* **ˈflow·er·pot** *n* Blumentopf *m*
flow·ery [ˈflaʊəri] *adj* ① *material* geblümt ② (*fig*) *language* blumig
flow·ing [ˈfləʊɪŋ, AM ˈfloʊ-] *adj* flüssig; *clothing, movement* fließend; *hair* wallend
flown [fləʊn, AM floʊn] *vi, vt pp of* **fly**
flu [fluː] *n no pl short for* **influenza** Grippe *f*
fluc·tu·ate [ˈflʌktʃueɪt] *vi* schwanken; ECON fluktuieren
fluc·tua·tion [ˌflʌktʃuˈeɪʃən] *n* Schwankung *f;* ECON Fluktuation *f*
flue [fluː] *n* Abzugsrohr *nt;* (*in chimney*) Rauchabzug *m;* (*for boiler*) Flammrohr *nt*
flu·en·cy [ˈfluːən(t)si] *n no pl* Fluss *m; of style* Flüssigkeit *f; of articulation* Gewandtheit *f; of foreign language* Beherrschung *f*
flu·ent [ˈfluːənt] *adj in a foreign language* fließend; *style, movements* flüssig; *rhetoric* gewandt; **to be ~ in a language** eine Sprache fließend beherrschen [*o* sprechen]
fluff [flʌf] **I.** *n no pl* ① (*particle*) Fusseln *pl* ② ORN, ZOOL Flaum *m* **II.** *vt* (*pej fam*) verpatzen; *exam* verhauen
fluffy [ˈflʌfi] *adj* ① (*soft*) *feathers* flaumig; *pillows* flaumig weich; *towels* flauschig; *animal* kuschelig [weich]; **~ toy** Kuscheltier *nt* ② (*light*) *clouds* aufgelockert; *food, hair* locker; *egg white* schaumig
flu·id [ˈfluːɪd] **I.** *n* Flüssigkeit *f;* **bodily ~s** Körpersäfte *pl* **II.** *adj* ① flüssig ② (*fig: changeable*) veränderlich
flu·id ˈounce *n* BRIT 28,41 cm^3; AM 29,57 cm^3
flung [flʌŋ] *pp, pt of* **fling**
flunk [flʌŋk] *vt* (*fam*) durchfallen in +*dat*
fluo·res·cence [flɔːˈresən(t)s] *n no pl* Fluoreszenz *f*
fluo·res·cent [flɔːˈresənt] *adj* fluoreszierend; **~ light** Neonlicht *nt*
fluo·ride [ˈflɔːraɪd] *n no pl* Fluorid *nt*
flur·ry [ˈflʌri, AM ˈflɜːri] *n* ① (*swirl*) Schauer *m* ② (*excitement*) Unruhe *f;* **~ of excitement** große Aufregung
flush^{1} [flʌʃ] *adj* ① (*flat*) eben; **~ with sth** mit etw *dat* auf gleicher Ebene ② (*fam: rich*) reich
flush^{2} [flʌʃ] **I.** *vi* ① (*blush*) erröten (**with** vor +*dat*) ② (*empty*) spülen; **the toilet won't ~** die Spülung geht nicht **II.** *vt* spülen; **to ~ [sth down] the toilet** [etw die Toilette hinunter]spülen **III.** *n* ① *usu sing* (*blush*) Röte *f kein pl* ② (*emptying*) Spülen *nt kein pl* ◆**flush out** *vt* ① (*cleanse*) ausspülen ② (*drive out*) hinaustreiben
flushed [flʌʃt] *adj* rot im Gesicht
flus·ter [ˈflʌstər, AM -ɚ] *vt* nervös machen
flute [fluːt] *n* Flöte *f*
flut·ist [ˈfluːt̬ɪst] *n* AM Flötist(in) *m(f)*
flut·ter [ˈflʌtər, AM -t̬ɚ] **I.** *vi* flattern **II.** *vt* flattern lassen; *wings* schlagen mit; *eyelashes* klimpern mit **III.** *n* ① BRIT, AUS (*fam: bet*) kleine Wette ② (*flapping*) Flattern *nt kein pl*
flux [flʌks] *n no pl* **in a state of ~** im Fluss
fly [flaɪ] **I.** *vi* <flew, flown> ① (*through the air*) fliegen; **he flew across the Atlantic** er überflog den Atlantik ② (*in the air*) *flag* wehen ③ (*speed*) sausen; **the door flew open** die Tür flog auf **II.** *vt* <flew, flown> ① (*pilot, transport*) fliegen ② (*raise*) *flag* wehen lassen; *kite* steigen lassen **III.** *n* ① (*insect*) Fliege *f* ② (*zip*) Hosenschlitz *m* ③ (*flysheet*) Überzelt *nt* ▸PHRASES: **the ~ in the ointment** das Haar in der Suppe; **to be a ~ on the wall** Mäuschen sein **IV.** *adj* <-er, -est> (*fam*) ① BRIT (*sly*) gerissen ② AM (*sl: modern*) cool ◆**fly away** *vi* ① AVIAT abfliegen ② *bird, insect* wegfliegen ◆**fly in** *vi, vt* einfliegen (**from** aus +*dat*) ◆**fly off** *vi* ① *bird, insect, hat* wegfliegen ② AVIAT abfliegen; **she flew off to India** sie flog nach Indien ◆**fly out** *vi* ausfliegen; **he's ~ing out to Australia next week** er fliegt nächste Woche nach Australien
ˈfly-by-night *adj* (*pej fam*) zweifelhaft
fly·er *n see* **flier**
fly·ing [ˈflaɪɪŋ] **I.** *n no pl* Fliegen *nt* **II.** *adj* fliegend; **~ squad** Überfallkommando *nt* (*der Polizei*); **~ visit** Stippvisite *f*

Land und Leute

Ein **flying doctor** ist in Australien ein Arzt, der mit seinem Flugzeug abgelegene ländliche Gebiete versorgt. Sofern keine ernsthafte Erkrankung vorliegt, berät der Arzt seine Patienten über Funk, stellt Therapiepläne auf und verschreibt Medikamente. Für zwei Drittel der Bevölkerung Australiens ist das die einzige verfügbare medizinische Versorgung.

fly·ing 'sauc·er *n* fliegende Untertasse **fly·ing 'start** *n* fliegender Start ▸PHRASES: **to get off to a ~** einen glänzenden Einstand haben **fly·ing 'vis·it** *n* Stippvisite *f fam*

'fly·leaf *n* Vorsatzblatt *nt* **'fly·over** *n* ① BRIT (*bridge*) Überführung *f* ② AM (*flight*) Luftparade *f* **'fly·pa·per** *n* Fliegenpapier *nt* **'fly·past** *n* Luftparade *f* **'fly·sheet** *n* BRIT Überzelt *nt* **'fly·weight** *n* BOXING Fliegengewicht *nt* **'fly·wheel** *n* TECH Schwungrad *nt*

FM [ˌef'em] *n no pl abbrev of* **frequency modulation** FM

foal [fəʊl, AM foʊl] **I.** *n* Fohlen *nt* **II.** *vi* fohlen

foam [fəʊm, AM foʊm] **I.** *n no pl* ① (*bubbles*) Schaum *m* ② (*plastic*) Schaumstoff *m* **II.** *vi* schäumen

foam 'rub·ber *n no pl* Schaumgummi *m*

fob [fɒb, AM fɑːb] **I.** *n* ① (*for watch*) Uhrkette *f* ② (*for keys*) Schlüsselanhänger *m* **II.** *vt* <-bb-> ■**to ~ sb off with sth** jdn mit etw *dat* abspeisen; ■**to ~ sth off on sb** jdm etw andrehen

fo·cal ['fəʊkᵊl, AM 'foʊ-] *adj* im Brennpunkt stehend; **~ point** Brennpunkt *m*

fo·cus <*pl* -es *or form* foci> ['fəʊkəs, AM 'foʊ-, *pl* 'fəʊsaɪ] **I.** *n* ① (*centre*) Mittelpunkt *m*, Brennpunkt *m*; **to be the ~ of attention** im Mittelpunkt stehen ② **in/out of ~** scharf/nicht scharf eingestellt **II.** *vi* <-s- *or* -ss-> ① (*concentrate*) sich konzentrieren ([**up**]**on** auf +*akk*) ② (*see*) klar sehen **III.** *vt* <-s- *or* -ss-> ① (*concentrate*) *attention, energies* konzentrieren (**on** auf +*akk*) ② (*direct*) *camera, telescope* scharf einstellen (**on** auf +*akk*); *eyes* richten (**on** auf +*akk*)

fod·der ['fɒdəʳ, AM 'fɑːdɚ] *n no pl* Futter *nt*

foe [fəʊ, AM foʊ] *n* (*liter*) Feind *m*

foe·tal *adj* fetal

foet·id ['fiːtɪd, AM 'fet̬ɪd] *adj see* **fetid**

foe·tus *n* Fetus *m*

fog [fɒg, AM fɑːg] *n* Nebel *m*

'fog·bound *adj airport* wegen Nebels geschlossen; *plane* durch Nebel festgehalten

fo·gey ['fəʊgi, AM 'foʊgi] *n* (*fam*) Mensch *m* mit verstaubten Ansichten

fog·gy ['fɒgi, AM 'fɑːgi] *adj* neblig

'fog·horn *n* Nebelhorn *nt* **'fog·lamp**, **'fog·light** *n* Nebelscheinwerfer *m*

fogy *n see* **fogey**

foi·ble ['fɔɪbl̩] *n usu pl* Eigenart *f kein pl*

foil¹ [fɔɪl] *n* ① (*sheet*) Folie *f* ② (*sword*) Florett *nt*

foil² [fɔɪl] *vt thing* verhindern; *coup, person* vereiteln; *plan* durchkreuzen

foist [fɔɪst] *vt* ■**to ~ sth** [**up**]**on sb** jdm etw aufzwingen

fold [fəʊld, AM foʊld] **I.** *n* (*crease*) Falte *f* **II.** *vt* ① (*bend*) falten (**into** zu +*dat*); *letter* zusammenfalten; *umbrella* zusammenklappen; *arms, hands* verschränken ② (*wrap*) einwickeln ③ FOOD (*mix*) heben (**into** unter +*akk*) **III.** *vi* ① (*bend*) zusammenklappen ② (*fail*) eingehen ◆**fold up** *vt, vi* zusammenfalten

fold·er ['fəʊldəʳ, AM 'foʊldɚ] *n* ① Mappe *f* ② COMPUT Ordner *m*

fold·ing ['fəʊldɪŋ, AM 'foʊld-] *adj* **~ bed** Klappbett *nt*; **~ door** Falttür *f*

fo·li·age ['fəʊliɪʤ, AM 'foʊ-] *n no pl* Laub *nt*

folk [fəʊk, AM foʊk] **I.** *n* ① *pl* (*people*) Leute *pl* ② *no pl* (*music*) Folk *m* **II.** *adj* ① (*traditional*) Volks- ② (*connected with folk music*) Folk-; *see also* **salmon**

'folk dance *n* Volkstanz *m*

'folk·lore *n no pl* Folklore *f*

'folk mu·sic *n no pl* Folk *m* **'folk song** *n* Volkslied *nt* **'folk tale** *n* Volkssage *f*

fol·low ['fɒləʊ, AM 'fɑːloʊ] **I.** *vt* ① (*take same route as*) folgen +*dat* ② (*pursue*) verfolgen ③ (*happen next*) folgen auf +*akk* ④ (*succeed*) *person* nachfolgen +*dat* ⑤ (*obey*) befolgen; (*go along with*) folgen +*dat*; *guidelines* sich halten an +*akk*; *conscience* gehorchen +*dat* ⑥ (*understand*) folgen +*dat* **II.** *vi* ① (*take the same route, happen next*) folgen; **in the hours that ~ed ...** in den darauffolgenden Stunden ...; **he was being ~ed** er wurde verfolgt ② (*result*) sich ergeben (**from** aus +*dat*); (*be the consequence*) die Folge sein ◆**follow on** *vi* ① *person* nachkommen ② *fact* sich [aus etw *dat*] ergeben ◆**follow through** **I.** *vt* zu Ende verfolgen **II.** *vi* SPORTS durchschwingen ◆**follow up** **I.** *vt* ① (*investigate*) weiterverfolgen; *rumour* nachgehen +*dat*; MED nachuntersuchen ② (*do next*) ■**to ~ up** ↻ **sth by** [*or* **with**] **sth** etw *dat* etw folgen lassen **II.** *vi* ■**to ~ up with sth** etw folgen lassen

fol·low·er ['fɒləʊəʳ, AM 'fɑːloʊɚ] *n* Anhänger(in) *m(f)*

fol·low·ing ['fɒləʊɪŋ, AM 'fɑːloʊ-] **I.** *adj* folgende(r, s); **on the ~ day** am nächsten Tag **II.** *n* ① + *pl vb* (*listed*) ■**the ~ persons** folgende Personen; *objects* Folgendes ② *usu* *sing,* + *sing/pl vb* (*fans*) Anhänger *pl* **III.** *prep* nach +*dat*

'fol·low-up **I.** *n* Fortsetzung *f* (**to** von +*dat*) **II.** *adj visit, interviews* Folge-; **~ treatment** Nachbehandlung *f*

fol·ly ['fɒli, AM 'fɑːli] *n* (*stupidity*) Dummheit *f*

fond [fɒnd, AM fɑːnd] *adj hope* kühn; *memories* teuer; *smile* liebevoll; ■**to be ~ of sb/sth** jdn/etw gerne mögen; ■**to be ~ of doing sth** etw gerne machen

fon·dle ['fɒndl̩, AM 'fɑː-] *vt* streicheln

fond·ness ['fɒndnəs, AM 'fɑː-] *n no pl* Vorliebe *f*

font [fɒnt, AM fɑːnt] *n* ① (*basin*) Taufbecken *nt* ② (*type*) Schriftart *f*

food [fuːd] *n* ① *no pl* (*eatables*) Essen *nt,* Nahrung *f;* **cat ~** Katzenfutter *nt* ② (*foodstuff*) Nahrungsmittel *pl*

'food chain *n* Nahrungskette *f* **food in·'tol·er·ance** *n* Lebensmittelunverträglichkeit *f* **'food poi·son·ing** *n no pl* Lebensmittelvergiftung *f* **'food pro·ces·sor** *n* Küchenmaschine *f* **'food sci·en·tist** *n* Lebensmittelwissenschaftler(in) *m(f)* **'food·stuff** *n* Nahrungsmittel *pl*

fool [fuːl] **I.** *n* ① (*idiot*) Dummkopf *m;* **to make a ~ of sb/oneself** jdn/sich lächerlich machen; **he's no ~** er ist nicht blöd ② (*dessert*) *cremiges Fruchtdessert* ▶PHRASES: **a ~ and his money are soon parted** (*prov*) Dummheit und Geld lassen sich nicht vereinen **II.** *adj* AM blöd **III.** *vt* täuschen; ■**to ~ sb into doing sth** jdn [durch einen Trick] dazu bringen, etw zu tun **IV.** *vi* einen Scherz machen ◆**fool about, fool around** *vi* ① (*carelessly*) herumspielen ② (*amusingly*) herumblödeln

fool·hardy ['fuːlˌhɑːdi, AM -ˌhɑːrdi] *adj* verwegen; *attempt* tollkühn

fool·ish ['fuːlɪʃ] *adj* töricht; **to look ~** sich blamieren

fool·ish·ly ['fuːlɪʃli] *adv* töricht

'fool·proof *adj* idiotensicher

fools·cap ['fuːlzkæp] *n no pl britisches Papierformat* (*330 x 200 mm*)

foot [fʊt] **I.** *n* <*pl* feet> [*pl* fiːt] ① (*limb*) Fuß *m;* **what size are your feet?** welche Schuhgröße haben Sie?; **to be [back/quick] on one's feet** [wieder/schnell] auf den Beinen sein; **he can barely put one ~ in front of the other** er hat Schwierigkeiten beim Laufen; **to leap to one's feet** aufspringen; **to put one's feet up** die Füße hochlegen; **to set ~ in sth** einen Fuß in etw *akk* setzen; **at sb's feet** zu jds Füßen; **on ~** zu Fuß ② <*pl* foot *or* feet> (*length*) Fuß *m* (= *0,348 Meter*) ③ <*pl* feet> (*base*) Fuß *m; of page* Ende *nt;* **at the ~ of the bed** am Fußende des Betts ▶PHRASES: **to have a ~ in both camps** auf beiden Seiten beteiligt sein; **to have the world at one's feet** die Welt in seiner Macht haben; **to get off on the right/wrong foot** einen guten/schlechten Start haben; **to land on one's feet** Glück haben; **to put one's ~ down** (*insist*) ein Machtwort sprechen; BRIT (*accelerate*) Gas geben; **to put one's ~ in it** [*or* AM **one's mouth**] ins Fettnäpfchen treten; **to be under sb's feet** zwischen jds Füßen herumlaufen **II.** *vt* (*fam*) *bill* bezahlen

foot·age ['fʊtɪdʒ, AM -t̬-] *n no pl* Filmmaterial *nt*

foot-and-'mouth dis·ease *n* Maul- und Klauenseuche *f*

foot·ball ['fʊtbɔːl] *n* ① *no pl* (*soccer*) Fußball *m* ② *no pl* AM (*American football*) Football *m* ③ (*ball*) Fußball/Football *m*

Land und Leute

Der amerikanische **football** ist anders als der europäische Fußball, der in den USA *soccer* genannt wird. Zwei Mannschaften mit je elf Spielern versuchen den eiförmigen Lederball über die gegnerische Grundlinie zu platzieren. Punkte können hauptsächlich dadurch erzielt werden, dass der Ball über die Grundlinie des Gegners getragen wird (*touchdown*) oder durch die gegnerischen Torstangen geschossen wird (*field goal*). Jede der vier Spielzeiten à 15 Minuten fängt mit einem *kickoff* an. Die Gegenseite stoppt den Spieler mit dem Ball durch *tackling,* wobei man ihn mit den Armen festhält und zu Boden drückt.

'foot·ball hoo·li·gan *n* Fußballrowdy *m*

'foot·board *n* Trittbrett *nt* **'foot·bridge** *n* Fußgängerbrücke *f*

foot·er ['fʊtəʳ, AM 'fʊt̬ɚ] *n* TYPO Fußzeile *f*

'foot·hills *npl* Vorgebirge *nt sing* **'foot·hold** *n* Halt *m* [für die Füße] ▶PHRASES: **to gain a ~** Fuß fassen

foot·ing ['fʊtɪŋ, AM -t̬-] *n no pl* ① (*foothold*) Halt *m* ② (*basis*) **on an equal ~** auf gleicher Basis

'foot·lights *npl* Rampenlicht *nt kein pl* **'foot·loose** *adj* ungebunden **'foot·man** *n* Lakai *m* **'foot·note** *n* ① Fußnote *f* ② (*fig*) Anmerkung *f* **'foot·path** *n* Fußweg *m* **'foot·print** *n* Fußabdruck *m* **'foot·rest** *n* Fußstütze *f* **'foot·step** *n* Schritt *m* ▶PHRASES: **to follow in sb's ~** in jds Fußstapfen treten **'foot·stool** *n* Fußbank *f,* Schemel *m* SÜDD, ÖSTERR **'foot·wear** *n no pl*

Schuhe *pl* **'foot·work** *n no pl* Beinarbeit *f*

for [fɔːʳ, fəʳ, AM fɔːr, fɚ] **I.** *conj* denn **II.** *prep* ① für; **to be all ~ sth** ganz für etw *akk* sein; **to make it easy ~ sb** es jdm einfach machen; **luckily ~ me** zu meinem Glück; **what did you do that ~?** wozu hast du das getan?; **what do you use these ~?** wozu brauchst du diese?; **that's not ~ eating** das ist nicht zum Essen; **to apply ~ a job** sich um eine Stelle bewerben; ■**to be concerned ~ sb/sth** um jdn/etw besorgt sein; **I feel sorry ~ her** sie tut mir leid; **to head ~ home** sich auf den Heimweg machen, auf dem Heimweg sein; **to prepare ~ sth** sich auf etw *akk* vorbereiten; **to run ~ the bus** laufen, um den Bus zu kriegen; **say hi ~ me** grüß ihn/sie von mir; **to send ~ the doctor** den Arzt holen; **to trade sth ~ sth** etw gegen etw *akk* [ein]tauschen; **to work ~ sb/sth** bei jdm/etw arbeiten; **~ my part** was mich betrifft; **a cheque ~ £100** eine Scheck über 100 Pfund; **if it hadn't been ~ him, ...** ohne ihn ...; **~ your information** zu Ihrer Information; **he's only in it ~ the money** er tut es nur wegen des Geldes; **to be arrested ~ murder** wegen Mordes verhaftet werden; **~ various reasons** aus verschiedenen Gründen; **~ rent/sale** zu vermieten/verkaufen; **what's the Spanish ~ 'vegetarian'?** was heißt „Vegetarier" auf Spanisch? ② (*with time, distance*) **to practise ~ half an hour** eine halbe Stunde üben; **~ the next two days** in den beiden nächsten Tagen; **~ a while** eine Weile; **I'm just going out ~ a bit** ich gehe mal kurz raus; **~ ever** bis in alle Ewigkeit; **~ the moment** im Augenblick; **~ a long time** seit langem; **I hadn't seen him ~ such a long time** ich hatte ihn schon so lange nicht mehr gesehen; **~ some time** seit längerem; **~ the time being** für den Augenblick; **~ the first time** zum ersten Mal; **~ a kilometre** einen Kilometer ③ (*despite*) trotz; **~ all his effort** trotz all seiner Anstrengungen; **~ all that** trotz alledem ▸ PHRASES: **to be** [**in**] **~ it** dran sein

for·bade [fə'bæd, AM fɚ'-] *pt of* **forbid**

for·bid <-dd-, forbade, forbidden> [fə'bɪd, AM fɚ'-] *vt* ■**to ~ sb sth** jdm etw verbieten; ■**to ~ sb from doing** [*or* **to do**] **sth** jdm verbieten, etw zu tun

for·bid·den [fə'bɪdᵊn, AM fɚ'-] **I.** *adj* verboten **II.** *pp of* **forbid**

for·bid·ding [fə'bɪdɪŋ, AM fɚ'-] *adj* abschreckend

force [fɔːs, AM fɔːrs] **I.** *n* ① *no pl* (*power*) Kraft *f;* (*intensity*) Stärke *f;* *of a blow* Wucht *f;* **to be come into ~** in Kraft treten ② *no pl* (*violence*) Gewalt *f;* **by ~** mit Gewalt ③ (*group*) Truppe *f;* **police ~** Polizei *f;* **armed ~s** Streitkräfte *pl* ▸ PHRASES: **to join ~s** zusammenhelfen **II.** *vt* (*compel*) zwingen; *confession* erzwingen; *door, lock* aufbrechen; **to ~ one's way** sich *dat* seinen Weg bahnen; ■**to ~ sth on sb** jdm etw aufzwingen ◆**force back** *vt* ① (*repel*) zurückdrängen; (*fig*) *tears* unterdrücken ② (*push back*) zurückdrücken ◆**force down** *vt* ① *plane* zur Landung zwingen ② *food* hinunterwürgen ◆**force off** *vt* gewaltsam abmachen ◆**force open** *vt* mit Gewalt öffnen; *door, window* aufbrechen ◆**force upon** *vt* ■**to ~ sth upon sb** jdm etw aufzwingen

forced [fɔːst, AM fɔːrst] *adj* ① (*imposed*) erzwungen; **~ labour** Zwangsarbeit *f;* **~ landing** Notlandung ② *smile* gezwungen

'forced mar·riage *n* Zwangsehe *f*

'force-feed *vt* zwangsernähren

force·ful ['fɔːsfᵊl, AM 'fɔːrs-] *adj* *attack* kraftvoll; *personality* stark

for·ceps ['fɔːseps, AM 'fɔːr-] *npl* [**a pair of**] ~ [eine] Zange

for·cible ['fɔːsəbl̩, AM 'fɔːr-] *adj* gewaltsam

for·cibly ['fɔːsəbli, AM 'fɔːr-] *adv* gewaltsam

ford [fɔːd, AM fɔːrd] **I.** *n* Furt *f* **II.** *vt* durchqueren; (*on foot*) durchwaten

fore [fɔːʳ, AM fɔːr] **I.** *adj* vordere(r, s) **II.** *n no pl* Vordergrund *m;* ■**to come to the ~** in den Vordergrund treten

fore·arm ['fɔːʳɑːm, AM 'fɔːrɑːrm] *n* Unterarm *m*

fore·bears ['fɔːʳbeəʳs, AM 'fɔːrbers] *npl* (*form*) Vorfahren *pl*

fore·bod·ing [fɔːʳ'bəʊdɪŋ, AM fɔːr'boʊd-] *n* (*liter*) [düstere] Vorahnung

fore·cast ['fɔːʳkɑːst, AM 'fɔːrkæst] **I.** *n* ① (*prediction*) Prognose *f* ② *of weather* [Wetter]vorhersage *f* **II.** *vt* <-cast *or* -casted, -cast *or* -casted> METEO vorhersagen; ECON prognostizieren

fore·cast·er ['fɔːʳkɑːstəʳ, AM 'fɔːrkæstɚ] *n* ECON Prognostiker(in) *m(f);* METEO Meteorologe, Meteorologin *m, f*

'fore·court *n* ① (*of building*) Vorhof *m* ② (*in tennis*) Halfcourt *m*

'fore·fa·thers *npl* (*liter*) Vorfahren *pl*

'fore·fin·ger *n* Zeigefinger *m*

'fore·front *n no pl* **at the ~** an der Spitze

fore·go <-went, -gone> *vt see* **forgo**

fore·go·ing [fɔː'gəʊɪŋ, AM fɔːr'goʊ-] *adj* (*form*) vorhergehend

fore·gone [fɔː'gɒn, AM fɔːr'gɑːn] *pp of* **forego** **fore·gone con·'clu·sion** *n* ausge-

F

machte Sache

'fore·ground *n* Vordergrund *m*

'fore·hand *n* Vorhand *f*

fore·head ['fɒrɪd, AM 'fɔːrhed] *n* Stirn *f*

for·eign ['fɒrɪn, AM 'fɔːrɪn] *adj* ❶ (*from another country*) ausländisch, fremd; ~ **countries** Ausland *nt kein pl* ❷ (*involving other countries*) ~ **policy** Außenpolitik *f* ❸ (*not belonging*) fremd; ~ **body** Fremdkörper *m; see also* **assign**

for·eign 'affairs *npl* Außenpolitik *f kein pl;* **Minister of Foreign Affairs** Außenminister(in) *m(f)* **for·eign cor·re·'spond·ent** *n* Auslandskorrespondent(in) *m(f)* **for·eign 'cur·ren·cy** *n* Valuta *f,* Devisen *pl*

for·eign·er ['fɒrɪnəʳ, AM 'fɔːrɪnɚ] *n* Ausländer(in) *m(f)*

for·eign ex'change *n no pl* Devisen *pl* **for·eign 'lan·guage** *n* Fremdsprache *f* **for·eign 'min·is·ter** *n* Außenminister(in) *m(f)* **'For·eign Of·fice** *n no pl* BRIT Außenministerium *nt* **For·eign 'Sec·re·tary** *n* BRIT Außenminister(in) *m(f)*

'fore·man *n* ❶ (*workman*) Vorarbeiter *m* ❷ LAW Sprecher *m* (*der Geschworenen*)

fore·most ['fɔːməʊst, AM 'fɔːrmoʊst] *adj* führend

'fore·name *n* (*form*) Vorname *m*

fo·ren·sic [fər'en(t)sɪk] *adj* forensisch

'fore·play *n no pl* Vorspiel *nt*

'fore·run·ner *n* (*predecessor*) Vorläufer(in) *m(f)*

'fore·sail *n* Focksegel *nt*

fore·saw [fɔː'sɔː, AM fɔːr'sɑ] *pt of* **foresee**

fore·see <-saw, -seen> [fɔː'siː, AM fɔːr'-] *vt* vorhersehen

fore·see·able [fɔː'siːəbl̩, AM fɔːr'-] *adj* absehbar; **in the ~ future** in absehbarer Zeit

fore·seen [fɔː'siːn, AM fɔːr'-] *pp of* **foresee**

fore·'shad·ow *vt* ■**to be ~ed [by sth]** [durch etw] angedeutet werden

'fore·sight *n no pl* Weitblick *m;* ■**to have the ~ to do sth** so vorausschauend sein, etw zu tun

'fore·skin *n* Vorhaut *f*

for·est ['fɒrɪst, AM 'fɔːrɪst] *n* Wald *m a. fig;* **the Black F~** der Schwarzwald

fore·stall [fɔː'stɔːl, AM fɔːr'-] *vt* zuvorkommen +*dat*

for·est·er ['fɒrɪstəʳ, AM 'fɔːrɪstɚ] *n* Förster(in) *m(f)*

for·est 'fire *n* Waldbrand *m* **for·est 'rang·er** *n* AM Förster(in) *m(f)*

for·est·ry ['fɒrɪstri, AM 'fɔːr-] *n no pl* Forstwirtschaft *f*

fore·taste ['fɔːteɪst, AM 'fɔːr-] *n usu sing* Vorgeschmack *m* **fore·tell** <-told, -told> [fɔː'tel, AM fɔːr'-] *vt* vorhersagen

for·ever [fə'revəʳ, AM fɔːr'evɚ] *adv* ❶ (*for all time*) ewig *a. fig* ❷ (*fam: continually*) ständig; ■**to be ~ doing sth** etw ständig machen

fore·warn [fɔː'wɔːn, AM fɔːr'wɔːrn] *vt* vorwarnen ▶PHRASES: **~ed is <u>forearmed</u>** (*prov*) bist du gewarnt, bist du gewappnet

fore·went [fɔː'went, AM fɔːr'-] *pt of* **forego**

'fore·wom·an *n* ❶ (*worker*) Vorarbeiterin *f* ❷ *esp* AM LAW Vorsitzende *f,* Obfrau *f* (*der Geschworenen*)

'fore·word *n* Vorwort *nt*

for·feit ['fɔːfɪt, AM 'fɔːr-] **I.** *vt* einbüßen; *right* verwirken **II.** *n* (*in a game*) Pfand *nt*

for·gave [fə'geɪv, AM fɚ'-] *n pt of* **forgive**

forge [fɔːdʒ, AM fɔːrdʒ] **I.** *n* ❶ (*furnace*) Glühofen *m* ❷ (*smithy*) Schmiede *f* **II.** *vt* ❶ (*copy*) fälschen ❷ (*heat and shape*) schmieden **III.** *vi* **to ~ into the lead** die Führung übernehmen ◆**forge ahead** *vi* ❶ (*progress*) [rasch] Fortschritte machen ❷ (*take lead*) die Führung übernehmen

forg·er ['fɔːdʒəʳ, AM 'fɔːrdʒɚ] *n* Fälscher(in) *m(f)*

forg·ery ['fɔːdʒəri, AM 'fɔːr-] *n* ❶ (*copy*) Fälschung *f* ❷ *no pl* (*crime*) Fälschen *nt*

for·get <-got, -gotten *or* AM *a.* -got> [fə'get, AM fɚ'-] *vt, vi* vergessen; **to ~ the past** die Vergangenheit ruhen lassen; **some things are best ~** manche Dinge vergisst man besser; ■**to ~ about sth/sb** jdn/etw vergessen

for·get·ful [fə'getfəl, AM fɚ'-] *adj* vergesslich

for·'get-me-not *n* BOT Vergissmeinnicht *nt*

for·give <-gave, -given> [fə'gɪv, AM fɚ'-] *vt* ■**to ~ sb [for] sth** jdm etw verzeihen; *sin* vergeben; ■**to ~ sb for doing sth** jdm verzeihen, dass er/sie etw getan hat; **to ~ and forget** vergeben und vergessen

for·giv·en [fə'gɪvən, AM fɚ'-] *pp of* **forgive**

for·give·ness [fə'gɪvnəs, AM fɚ'-] *n no pl* ❶ (*pardon*) Vergebung *f* ❷ (*forgiving quality*) Versöhnlichkeit *f*

for·giv·ing [fə'gɪvɪŋ, AM fɚ'-] *adj* versöhnlich

for·go <-went, -gone> [fɔː'gəʊ, AM fɔːr'goʊ] *vt* verzichten auf *akk*

for·gone [fɔː'gɒn, AM fɔːr'gɑːn] *pp of* **forgo**

for·got [fə'gɒt, AM fɚ'gɑːt] *pt of* **forget**

for·got·ten [fə'gɒtən, AM fɚ'gɑːt-] **I.** *pp of* **forget II.** *adj* vergessen

fork [fɔːk, AM fɔːrk] **I.** *n* ❶ (*tool*) Gabel *f* ❷ (*division*) Gabelung *f; of tree* Astgabel *f; in road* Abzweigung *f* **II.** *vt* mit einer Gabel bearbeiten **III.** *vi* ❶ (*divide*) sich gabeln ❷ (*go*) **to ~ left** nach links abzweigen

forked [fɔːkt, AM fɔːrkt] *adj* gegabelt; *tongue* gespalten; **~ lightning** Linienblitz *m*

'fork-lift, fork-lift 'truck *n* Gabelstapler *m*

for·lorn [fəˈlɔːn, AM fɔːrˈlɔːrn] *adj person* einsam; *place* verlassen; *hope* schwach

form [fɔːm, AM fɔːrm] **I.** *n* ❶ (*type, variety*) Form *f,* Art *f; of a disease* Erscheinungsbild *nt; of energy* Typ *m;* **art ~** Kunstform *f;* **~ of exercise** Sportart *f;* **life ~** Lebensform *f* ❷ *no pl* (*particular way*) Form *f,* Gestalt *f;* **the training programme takes the ~ of a series of workshops** die Schulung wird in Form einer Serie von Workshops abgehalten; **in some ~ or other** auf die eine oder andere Art ❸ (*document*) Formular *nt;* **application ~** Bewerbungsbogen *m;* **printed ~** Vordruck *m* ❹ (*shape*) Form *f; of a person* Gestalt *f* ❺ *no pl* (*physical/mental condition*) Form *f,* Kondition *f;* **to be out of ~** nicht in Form sein ❻ *no pl* (*past performance*) Form *f;* **true to ~** wie zu erwarten ❼ *no pl* BRIT (*procedure*) Form *f;* **a matter of ~** eine Formsache **II.** *vt* ❶ (*shape*) formen *a. fig* (**into** zu +*dat*); GEOG **to be ~ed from** entstehen aus ❷ (*arrange, constitute*) bilden; **they ~ed themselves into three lines** sie stellten sich in drei Reihen auf ❸ (*set up*) gründen; *committee, government* bilden; *friendships* schließen; *relationship* eingehen; **to ~ an alliance with sb** sich mit jdm verbünden **III.** *vi* sich bilden; *idea* Gestalt annehmen; ■**to ~ into sth** sich zu etw *dat* formen ◆**form up** *vi* sich formieren (**in**[**to**] zu +*dat*)

for·mal [ˈfɔːməl, AM ˈfɔːr-] *adj* ❶ (*ceremonious*) formell; **~ dress** Gesellschaftskleidung *f* ❷ (*serious*) förmlich ❸ (*official*) offiziell; *education* ordentlich

for·mal·ity [fɔːˈmæləti, AM fɔːrˈmæləṭi] *n* ❶ *no pl* (*ceremoniousness*) Förmlichkeit *f* ❷ (*matter of form*) Formalität *f,* Formsache *f*

for·mal·ize [ˈfɔːməlaɪz, AM ˈfɔːrmə-] *vt* ❶ (*make official*) *agreement* formell bekräftigen ❷ (*give shape to*) *thoughts* ordnen

for·mal·ly [ˈfɔːməli, AM ˈfɔːr-] *adv* ❶ (*ceremoniously*) formell ❷ (*officially*) offiziell ❸ (*for form's sake*) formal

for·mat [ˈfɔːmæt, AM ˈfɔːr-] **I.** *n* Format *nt* **II.** *vt* <-tt-> formatieren

for·ma·tion [fɔːˈmeɪʃən, AM fɔːr-] *n* ❶ Bildung *f* ❷ GEOL, MIL Formation *f*

for·ma·tive [ˈfɔːmətɪv, AM ˈfɔːrməṭɪv] *adj* prägend

ˈfor·mat·ting [ˈfɔːmætɪŋ, AM ˈfɔːrmæṭɪŋ] *n* COMPUT Formatierung *f*

for·mer [ˈfɔːməʳ, AM ˈfɔːrmɚ] **I.** *adj* ❶ (*previous*) ehemalig, früher ❷ (*first of two*) erstere(r, s) **II.** *n* ■**the ~** der/die/das Erstere

for·mer·ly [ˈfɔːməʳli, AM ˈfɔːrmɚ-] *adv* früher

for·mi·dable [ˈfɔːmɪdəbl̩, AM ˈfɔːrmə-] *adj* ❶ (*difficult*) schwierig; (*tremendous*) kolossal; *obstacle* ernstlich; *person* Furcht erregend ❷ (*powerful*) eindrucksvoll

for·mu·la <*pl* -s *or* -e> [ˈfɔːmjələ, AM ˈfɔːrmjʊ-, *pl* -liː] *n* ❶ Formel *f* ❷ AM FOOD Babymilchpulver *nt*

Falsche Freunde

Nicht verwechseln mit Formular *nt* — *form*!

for·mu·late [ˈfɔːmjəleɪt, AM ˈfɔːrmjʊ-] *vt* ❶ (*draw up*) ausarbeiten; *law* formulieren; *theory* entwickeln ❷ (*articulate*) formulieren

for·mu·la·tion [ˌfɔːmjəˈleɪʃən, AM ˌfɔːrmjʊˈ-] *n* ❶ *no pl* (*drawing up*) Entwicklung *f; of law* Fassung *f* ❷ (*articulation*) Formulierung *f*

for·sake <forsook, -n> [fəˈseɪk, AM fɔːrˈ-] *vt* (*liter*) ❶ (*old*) verlassen ❷ (*give up*) aufgeben

for·sak·en [fəˈseɪkən, AM fɔːrˈ-] **I.** *pp of* **forsake II.** *adj* (*neglected*) verwahrlost

for·sook [fəˈsʊk, AM fɔːrˈ-] *pt of* **forsake**

fort [fɔːt, AM fɔːrt] *n* Fort *nt* ▸PHRASES: **to hold the ~** die Stellung halten

forte [ˈfɔːteɪ, AM ˈfɔːr-] **I.** *n usu sing* Stärke *f* **II.** *adv* MUS forte

forth [fɔːθ, AM fɔːrθ] *adv* **back and ~** vor und zurück; **to set ~** ausziehen ▸PHRASES: [**and so on**] **and so ~** und so weiter [und so fort]

forth·com·ing [ˌfɔːθˈkʌmɪŋ, AM ˌfɔːr-] *adj* ❶ (*planned*) bevorstehend ❷ (*coming out soon*) in Kürze erscheinend; *film* in Kürze anlaufend ❸ (*informative*) mitteilsam

forth·right [ˈfɔːθraɪt, AM ˈfɔːr-] *adj* direkt

forth·with [ˌfɔːθˈwɪθ, AM ˌfɔːr-] *adv* (*form*) unverzüglich

for·ti·eth [ˈfɔːtiəθ, AM ˈfɔːrṭi-] **I.** *adj* vierzigste(r, s) **II.** *n* ❶ (*order*) ■**the ~** der/die/das Vierzigste ❷ (*fraction*) Vierzigstel *nt; see also* **eighth**

for·ti·fi·ca·tion [ˌfɔːtɪfɪˈkeɪʃən, AM ˌfɔːrṭə-] *n* ❶ *no pl* (*reinforcing*) Befestigung *f* ❷ (*defensive works*) ■**~s** *pl* Befestigungsanlagen *pl*

for·ti·fy <-ie-> [ˈfɔːtɪfaɪ, AM ˈfɔːrṭə-] *vt* ❶ MIL befestigen ❷ ■**to ~ oneself** sich stärken

for·ti·tude [ˈfɔːtɪtjuːd, AM ˈfɔːrṭətuːd, -tjuːd] *n no pl* (*form*) [innere] Stärke

fort·night [ˈfɔːtnaɪt, AM ˈfɔːrt-] *n* BRIT, AUS zwei Wochen, vierzehn Tage; **a ~ on Monday** Montag in zwei Wochen [*o* vier-

F

zehn Tagen]

fort·night·ly ['fɔːtnaɪtli, AM 'fɔːrt-] **I.** *adj* vierzehntägig **II.** *adv* alle zwei Wochen

for·tress <*pl* -es> ['fɔːtrəs, AM 'fɔːr-] *n* Festung *f*

for·tui·tous [fɔː'tjuːɪtəs, AM fɔːr'tuːət̬əs] *adj* (*form*) zufällig

for·tu·nate ['fɔːtʃᵊnət, AM 'fɔːr-] *adj* glücklich; ▪**to be ~** Glück haben

for·tu·nate·ly ['fɔːtʃᵊnətli, AM 'fɔːr-] *adv* zum Glück; **~ for him** zu seinem Glück

F

for·tune ['fɔːtʃuːn, AM 'fɔːrtʃən] *n* ❶ (*money*) Vermögen *nt* ❷ *no pl* (*form: luck*) Schicksal *nt;* **good/ill ~** Glück/Pech *nt;* **to tell sb's ~** jds Schicksal vorhersagen

'for·tune hunt·er *n* (*pej*) Mitgiftjäger *m* **'for·tune tell·er** *n* Wahrsager(in) *m(f)*

for·ty ['fɔːti, AM 'fɔːrt̬i] **I.** *adj* vierzig **II.** *n* Vierzig *f; see also* **eight**

fo·rum ['fɔːrəm] *n* Forum *nt*

for·ward ['fɔːwəd, AM 'fɔːrwɚd] **I.** *adv* (*towards front*) nach vorn[e]; (*onwards*) vorwärts; **to lean ~** sich vorlehnen; **from that day ~** von jenem Tag an **II.** *adj* ❶ (*towards front*) Vorwärts-; **~ pass** SPORTS Vorpass *m* ❷ (*near front*) vordere(r, s) ❸ (*of future*) *planning* Voraus- *f;* **~ buying** Terminkauf *m* **III.** *n* SPORTS Stürmer(in) *m(f)* **IV.** *vt* weiterleiten (**to** an +*akk*); **'please ~'** „bitte nachsenden"

'for·ward·ing ad·dress *n* Nachsendeadresse *f*

'for·ward-look·ing *adj* vorausschauend

for·wards ['fɔːwədz, AM 'fɔːrwɚ-] *adv see* **forward**

for·went [fɔː'went, AM fɔːr'-] *pt of* **forgo**

fos·sil ['fɒsᵊl, AM 'fɑː-] *n* Fossil *nt;* **~ fuel** fossiler Brennstoff

fos·sil·ized ['fɒsᵊlaɪzd, AM 'fɑːsə-] *adj* versteinert

fos·ter ['fɒstəʳ, AM 'fɑːstɚ] **I.** *vt* ❶ *child* aufziehen, in Pflege nehmen ❷ (*encourage*) fördern **II.** *vi* ein Kind in Pflege nehmen **III.** *adj* Pflege-

'fos·ter broth·er *n* Pflegebruder *m* **'fos·ter child** *n* Pflegekind *nt* **'fos·ter fa·ther** *n* Pflegevater *m* **'fos·ter home** *n* Pflegefamilie *f* **'fos·ter moth·er** *n* Pflegemutter *f* **'fos·ter sis·ter** *n* Pflegeschwester *f*

fought [fɔːt, AM *esp* fɑːt] *pt, pp of* **fight**

foul [faʊl] **I.** *adj* ❶ (*polluted*) verpestet; *air* stinkend; *water* schmutzig ❷ (*disgusting*) abscheulich; *smell* faul; *taste* schlecht ❸ (*unpleasant*) *mood* fürchterlich; *language* anstößig **II.** *n* SPORTS Foul *nt* (**on** an +*dat*) **III.** *vt* ❶ (*pollute*) verschmutzen ❷ SPORTS foulen

foul-'mouthed *adj* unflätig **foul 'play** *n no pl* ❶ (*criminal activity*) Verbrechen *nt* ❷ SPORTS Foulspiel *nt*

found¹ [faʊnd] *pt, pp of* **find**

found² [faʊnd] *vt* gründen

foun·da·tion [ˌfaʊn'deɪʃᵊn] *n* ❶ (*basis*) Fundament *nt a. fig* (**of, for** zu +*dat*); **to be without ~** (*fig*) der Grundlage entbehren ❷ *no pl* (*establishing*) Gründung *f* ❸ *no pl* (*of make-up*) ~ [**cream**] Grundierung *f*

foun·'da·tion course *n* BRIT SCH Grundkurs *m;* UNIV Einführungskurs *m* **foun·'da·tion stone** *n* Grundstein *m* **foun·'da·tion sub·ject** *n* BRIT Pflichtfach *nt*

found·er¹ ['faʊndəʳ, AM -ɚ] *n* Gründer(in) *m(f)*

found·er² ['faʊndəʳ, AM -ɚ] *vi* ❶ (*sink*) sinken ❷ (*fig: fail*) scheitern

Found·ing 'Fa·thers *npl* AM Gründerväter *pl*

found·ry ['faʊndri] *n* Gießerei *f*

fount [faʊnt] *n* Quelle *f*

foun·tain ['faʊntɪn, AM -tᵊn] *n* ❶ Brunnen *m* ❷ (*fig: spray*) Schwall *m*

'foun·tain pen *n* Füllfederhalter *m,* Füllfeder *f bes* ÖSTERR, SÜDD, SCHWEIZ

four [fɔːʳ, AM fɔːr] **I.** *adj* vier **II.** *n* ❶ (*number, symbol*) Vier *f* ❷ SPORTS (*in rowing*) Vierer *m* ❸ (*hands and knees*) **on all ~s** auf allen Vieren; *see also* **eight**

'four-by-four *n* AUTO allrad-/vierradangetriebenes Auto **'four-door** *adj* viertürig

'fourfold *adj, adv* vierfach; **to increase ~** um das Vierfache steigen

four-'foot·ed *adj* vierfüßig **four-'hand·ed** *adj* ❶ (*for four people*) für vier Personen ❷ (*for two pianists*) vierhändig **four-leaf 'clo·ver, four-leaved 'clo·ver** *n* vierblättriges Kleeblatt **four-let·ter 'word** *n* Schimpfwort *nt*

'four·some *n* Vierergruppe *f;* (*golf*) Vierer *m*

four·teen [ˌfɔː'tiːn, AM ˌfɔːr'-] **I.** *adj* vierzehn; **~ hundred hours** *spoken* vierzehn Uhr; **1400 hours** *written* 14:00 **II.** *n* Vierzehn *f; see also* **eight** **four·teenth** [ˌfɔː'tiːnθ, AM ˌfɔːr'-] **I.** *adj* vierzehnte(r, s) **II.** *n* ❶ (*fraction*) Vierzehntel *nt* ❷ (*date*) ▪**the ~** der Vierzehnte ❸ (*order*) ▪**the ~** der/die/das Vierzehnte

fourth [fɔːθ, AM fɔːrθ] **I.** *adj* vierte(r, s) **II.** *n* ❶ (*order*) **the ~** der/die/das Vierte ❷ (*date*) **the ~** der Vierte ❸ (*fraction*) Viertel *nt* ❹ AUTO vierter Gang **III.** *adv* viertens; *see also* **eighth**

Land und Leute

Der **Fourth of July** oder **Independence Day** ist der höchste amerikanische nichtkonfessionelle Feiertag zum Gedenken an die *Declaration of Independence* (*Unabhängigkeitserklärung*), in der die amerikanischen Kolonien am 4. Juli 1776 ihre Unabhängigkeit von Großbritannien erklärten. Man trifft sich zu Picknicks, Familienfeiern und professionellen Baseballspielen. Als Höhepunkt des Tages findet in allen Städten ein großes Feuerwerk statt.

four-wheel 'drive **I.** *n* Allrad-/Vierradantrieb *m* **II.** *adj* mit Allrad-/Vierradantrieb

fowl <*pl* - *or* -s> [faʊl] *n* Geflügel *nt kein pl*

fox [fɒks, AM fɑːks] **I.** *n* Fuchs *m a. fig;* (*fur*) Fuchspelz *m* **II.** *vt* ❶ (*mystify*) verblüffen ❷ (*trick*) täuschen

'fox·glove *n* BOT Fingerhut *m* **'fox·hunt** *n* Fuchsjagd *f* **'fox·trot** **I.** *n* Foxtrott *m* **II.** *vi* <-tt-> Foxtrott tanzen

foxy ['fɒksi, AM 'fɑːksi] *adj* ❶ (*like fox*) fuchsig ❷ (*crafty*) gerissen ❸ (*fam: sexy*) sexy

foy·er ['fɔɪeɪ, AM 'fɔɪɚ] *n* ❶ (*of public building*) Foyer *nt* ❷ AM (*of house*) Diele *f*

fra·cas <*pl* - *or* AM -es> ['frækɑː, *pl* -kɑz, AM 'freɪkəs, *pl* -ɪz] *n* lautstarke Auseinandersetzung

frac·tion ['frækʃᵊn] *n* ❶ (*number*) Bruchzahl *f*, Bruch *m* ❷ (*proportion*) Bruchteil *m;* (*fig*) **by a ~** um Haaresbreite ❸ (*a bit*) **a ~** ein bisschen

frac·tion·al ['frækʃᵊnᵊl] *adj* minimal

frac·tious ['frækʃəs] *adj* reizbar, grantig SÜDD, ÖSTERR; *child* quengelig

frac·ture ['fræk(t)ʃəʳ, AM -ɚ] **I.** *vt, vi* brechen **II.** *n* Bruch *m*

frag·ile ['frædʒaɪl, AM -ᵊl] *adj* ❶ (*breakable*) zerbrechlich ❷ (*unstable*) brüchig; *agreement, peace* unsicher; *health* schwach

fra·gil·ity [frə'dʒɪləti, AM -əṭi] *n no pl* ❶ (*delicacy*) Zerbrechlichkeit *f* ❷ (*weakness*) Brüchigkeit *f; of an agreement* Unsicherheit *f*

frag·ment **I.** *n* ['frægmənt] ❶ (*broken piece*) Splitter *m* ❷ (*incomplete piece*) Brocken *m* **II.** *vi* [fræg'mənt, AM 'frægmənt] zerbrechen *a. fig;* (*burst*) zerbersten

frag·men·tary ['frægməntᵊri, AM -teri] *adj* bruchstückhaft

fra·grance ['freɪgrən(t)s] *n* Duft *m*

fra·grant ['freɪgrənt] *adj* duftend

frail [freɪl] *adj person* gebrechlich; *thing* schwach

frail·ty ['freɪlti, AM -ṭi] *n* ❶ *no pl* (*of person*) Gebrechlichkeit *f; of thing* Zerbrechlichkeit *f* ❷ (*moral weakness*) Schwäche *f*

frame [freɪm] **I.** *n* ❶ (*of picture*) Bilderrahmen *m;* ■ **to be in the ~** (*fig*) unter Verdacht stehen ❷ (*of door, window*) Rahmen *m* ❸ (*of spectacles*) ■ **~s** *pl* Brillengestell *nt* ❹ (*support*) Rahmen *m a. fig* ❺ (*body*) Körper *m* ❻ (*of film strip*) Bild *nt* **II.** *vt* ❶ (*put in surround*) einrahmen ❷ (*act as surround*) umrahmen ❸ (*fam: falsely incriminate*) verleumden

'frame-up *n* (*fam*) abgekartetes Spiel **'frame·work** *n* ❶ Gerüst *nt* ❷ (*fig*) Rahmen *m*

franc [fræŋk] *n* Franc *m;* [**Swiss**] **~** [Schweizer] Franken *m*

France [frɑːn(t)s, AM fræn(t)s] *n no pl* Frankreich *nt*

fran·chise ['fræn(t)ʃaɪz] *n* Franchise *nt*

Fran·cis·can [fræn'sɪskən] *n* REL Franziskaner(in) *m(f)*

Fran·co- ['fræŋkəʊ, AM -koʊ] *in compounds* französisch-; **~-German** deutsch-französisch

frank[1] [fræŋk] *adj* aufrichtig; ■ **to be ~** [**with sb**] [**about sth**] ehrlich [zu jdm] [über etw *akk*] sein

frank[2] [fræŋk] *vt* ❶ (*stamp*) frankieren ❷ (*cancel stamp*) freistempeln

frank·furt·er ['fræŋkfɜːtəʳ, AM -fɜːrṭɚ] *n* Frankfurter *f*

frank·in·cense ['fræŋkɪnsen(t)s] *n no pl* Weihrauch *m*

frank·ly ['fræŋkli] *adv* offen

fran·tic ['fræntɪk, AM -ṭ-] *adj* ❶ (*distracted*) verrückt (**with** vor +*dat*) ❷ (*hurried*) hektisch

frat-boy ['frætbɔɪ] *n* AM UNIV (*pej fam*) *Mitglied einer Studentenverbindung, der viel trinkt und sich vor allem für Mädchen interessiert*

fra·ter·nal [frə'tɜːnᵊl, AM -'tɜːr-] *adj* brüderlich

fra·ter·nity [frə'tɜːnəti, AM -'tɜːrnəṭi] *n* ❶ *no pl* (*feeling*) Brüderlichkeit *f* ❷ + *sing/pl vb* (*group*) Vereinigung *f;* **the criminal ~** die Kriminellen *pl* ❸ + *sing/pl vb* AM UNIV Burschenschaft *f*

frat·er·nize ['frætənaɪz, AM -tɚ-] *vi* sich verbrüdern

frat·ri·cide ['frætrɪsaɪd, AM -trə-] *n* Brudermord *m*

fraud [frɔːd, AM frɑːd] *n* ❶ *no pl* (*deceit*) Betrug *m* ❷ (*trick*) Schwindel *m* ❸ (*deceiver*) Betrüger(in) *m(f)*

fraudu·lence ['frɔːdjələn(t)s, AM 'frɑːdʒə-] *n no pl* Betrügerei *f*

fraudu·lent ['frɔːdjələnt, AM 'frɑːdʒə-] *adj* betrügerisch

fraught [frɔːt, AM frɑːt] *adj* ❶ (*full*) **to be ~ with difficulties** voller Schwierigkeiten stecken ❷ (*tense*) [an]gespannt; *situation*

F

F

stressig; *person* gestresst

fray [freɪ] *vi* ① (*come apart*) ausfransen ② (*become strained*) anspannen

freak [fri:k] **I.** *n* ① (*abnormal thing*) etwas Außergewöhnliches; **a ~ of nature** eine Laune der Natur ② (*abnormal person*) Missgeburt *f* ③ (*fanatic*) Freak *m* **II.** *vi* (*fam*) ausflippen ◆**freak out** (*fam*) **I.** *vi* ausflippen **II.** *vt* ausflippen lassen

freck·le ['frekl̩] *n usu pl* Sommersprosse *f*

freck·led ['frekl̩d] *adj* sommersprossig

free [fri:] **I.** *adj* ① frei; **~ of pain** schmerzfrei; **~ speech** Redefreiheit *f*; ■**to be ~ of sb/sth** jdn/etw los sein; ■**to be ~ [to do sth]** Zeit haben[, etw zu tun]; **you are ~ to come and go as you please** Sie können kommen und gehen, wann Sie wollen; **to break ~ [of [*or* from] sth]** sich [aus etw] befreien *a. fig;* **to break ~ [of [*or* from] sb]** sich [von jdm] losreißen *a. fig;* **to set ~** freilassen *a. fig;* **to walk ~** straffrei ausgehen ② (*costing nothing*) frei; **~ copy** Freiexemplar *nt* ▶PHRASES: **there's no such thing as a ~ lunch** nichts ist umsonst **II.** *adv* frei, gratis; **~ of charge** kostenlos **III.** *vt* freilassen; *hands* frei machen; *person, animal* befreien (**from** von +*dat*) ◆**free up** *vt* freimachen

free·bie ['fri:bi] *n* (*fam*) Werbegeschenk *nt*

'free div·er *n* Freitaucher(in) *m(f)*

free·dom ['fri:dəm] *n* Freiheit *f*; **~ of information** freier Informationszugang; **~ of movement** Bewegungsfreiheit *f*; **~ of speech** Redefreiheit *f*

free 'en·ter·prise *n no pl* freies Unternehmertum **'free fall** *n no pl* freier Fall; **to go into ~** (*fig*) ins Bodenlose fallen **'free-for-all** *n* allgemeines Gerangel **'free·hold** **I.** *n* Eigentumsrecht *nt* (*an Grundbesitz*) **II.** *adj* Eigentums- **'free·hold·er** *n* Eigentümer(in) *m(f)* **free 'kick** *n* SPORTS Freistoß *m*

free·lance ['fri:lɑ:n(t)s, AM -læn(t)s] **I.** *n* Freiberufler(in) *m(f)* **II.** *adj, adv* freiberuflich **III.** *vi* frei[beruflich] arbeiten

'free·load *vi* (*pej*) schnorren (**off** bei +*dat*) **'free·load·er** *vi* (*pej*) Schnorrer(in) *m(f)*

free·ly ['fri:li] *adv* ① (*unrestrictedly*) frei ② (*without obstruction*) ungehindert ③ (*frankly*) offen ④ (*generously*) großzügig

'free·man *n* ① (*hist: not slave*) freier Mann ② (*honorary citizen*) Ehrenbürger *m* **'Free·ma·son** *n* Freimaurer *m* **'Free·phone** BRIT **I.** *n no pl* gebührenfreie Telefonnummer **II.** *adj* gebührenfrei **free 'port** *n* Freihafen *m* **'free-range** *adj* Freiland-; **~ eggs** Eier *pl* aus Freilandhaltung **free 'speech** *n no pl* Redefreiheit *f* **free-'stand·ing** *adj* frei stehend **'free·style** *n no pl* Freistil *m* **free 'trade** *n no pl* Freihandel *m* **'free·ware** *n no pl* COMPUT Gratissoftware *f*, Freeware *f* **'free·way** *n* AM, AUS Autobahn *f* **'free·wheel** *vi* **to ~ [downhill]** im Freilauf [den Hügel hinunter]fahren **free 'will** *n no pl* freier Wille; ■**to do sth of one's own ~** etw aus freien Stücken tun

freeze [fri:z] **I.** *n* ① METEO Frost *m* ② ECON Einfrieren *nt* **II.** *vi* <froze, frozen> ① (*become solid*) *water* gefrieren; *pipes, food in freezer* einfrieren; *lake* zufrieren; **to ~ solid** festfrieren ② (*a. fig: get very cold*) [sehr] frieren; **to ~ to death** erfrieren ③ (*be still*) erstarren **III.** *vt* <froze, frozen> ① (*turn to ice*) gefrieren lassen ② (*preserve*) einfrieren ③ *image* festhalten; *film* anhalten ④ ECON einfrieren ◆**freeze over** *vi* zufrieren; *water* frieren; *window* vereisen ◆**freeze up** *vi* einfrieren

freez·er ['fri:zəʳ, AM -ɚ] *n* (*upright*) Gefrierschrank *m;* (*chest*) Gefriertruhe *f*

freez·ing ['fri:zɪŋ] **I.** *adj* frostig; **it's ~** es ist eiskalt; **I'm ~** mir ist eiskalt **II.** *n no pl* ① (*0°C*) Gefrierpunkt *m* ② (*preserving*) Einfrieren *nt*

'freez·ing point *n* Gefrierpunkt *m*

freight [freɪt] **I.** *n no pl* ① (*goods*) Frachtgut *nt* ② (*transportation*) Fracht *f*; **to send sth [by] ~** etw als Fracht senden ③ (*charge*) Frachtgebühr *f* **II.** *adv* als Fracht **III.** *vt* als Frachtgut befördern

'freight car *n* AM Güterwagen *m*

freight·er ['freɪtəʳ, AM -t̬ɚ] *n* ① (*ship*) Frachter *m* ② (*plane*) Frachtflugzeug *nt*

'freight train *n* Güterzug *m*

French [fren(t)ʃ] **I.** *adj* französisch **II.** *n* ① *no pl* (*language*) Französisch *nt* ② (*people*) ■**the ~** *pl* die Franzosen

French 'bean *n* BRIT Buschbohne *f*, Gartenbohne *f* **French 'chalk** *n no pl* Schneiderkreide *f* **French 'doors** *npl* Verandatür *f* **French 'dress·ing** *n no pl* Vinaigrette *f* **French fried po·'ta·toes, French 'fries** *npl* Pommes frites *pl* **French 'horn** *n* Waldhorn *nt* **French 'let·ter** *n* BRIT, AUS (*fam*) Pariser *m sl* **'French·man** *n* Franzose *m* **French 'win·dow** *n usu pl* Verandatür *f* **'French·wom·an** *n* Französin *f*

fre·net·ic [frə'netɪk, AM -t̬-] *adj* hektisch

fren·zied ['frenzɪd] *adj* fieberhaft; *attack, barking* wild; *crowd* aufgebracht

fren·zy ['frenzi] *n no pl* Raserei *f*; **media ~** Medienspektakel *nt*

fre·quen·cy ['fri:kwən(t)si] *n* ① *no pl* Häufigkeit *f*; **with increasing ~** immer öfter ② RADIO Frequenz *f*

fre·quent **I.** *adj* ['fri:kwənt] (*often*) häufig; (*regular*) regelmäßig **II.** *vt* [frɪ'kwent, AM 'fri:kwent] häufig besuchen
fre·quent·ly ['fri:kwəntli] *adv* häufig
fres·co <*pl* -s *or* -es> ['freskəʊ, AM -oʊ] *n* Fresko *nt*
fresh [freʃ] *adj* ① frisch *a. fig;* ~ **start** Neuanfang *m;* ~ **water** Süßwasser *nt;* **like a breath of ~ air** (*fig*) erfrischend [anders]; **to get a breath of ~ air** frische Luft schnappen ② (*fam: cheeky*) frech; (*forward*) zudringlich
fresh·en ['freʃᵊn] **I.** *vt* *drink* auffüllen; *make-up* auffrischen; *room* durchlüften **II.** *vi* frischer werden; *wind* auffrischen ◆**freshen up** *vt* ① (*make cleaner*) frisch machen ② (*image, appearance*) aufpeppen *fam*
fresh·man ['freʃmən] *n*

Land und Leute

Ein **Freshman** ist in den USA ein Schüler der neunten Klasse, ein *Sophomore* ist ein Schüler der 10. Klasse, ein *Junior* ein Schüler der 11. Klasse und ein *Senior* ein Schüler der 12. Klasse. Das sind die üblichen Bezeichnungen der *High-School*-Jahre, auch wenn die *High School* in vielen Gegenden jetzt erst mit der 10. Klasse beginnt. Diese Begriffe werden außerdem für Studenten in den vier College-Jahren verwendet.

fresh·ness ['freʃnəs] *n no pl* Frische *f*
'**fresh·wa·ter** *adj* Süßwasser-
fret[1] [fret] *vi* <-tt-> sich *dat* Sorgen machen
fret[2] [fret] *n* MUS Bund *m*
fret·saw ['fretsɔ:, AM -sɑ:] *n* Laubsäge *f*
fri·ar ['fraɪəʳ, AM -ɚ] *n* Mönch *m*
fric·tion ['frɪkʃᵊn] *n no pl* ① (*force*) Reibung *f* ② (*disagreement*) Reiberei[en] *f*[*pl*]
Fri·day ['fraɪdeɪ] *n* Freitag *m; see also* **Tuesday**
fridge [frɪdʒ] *n* (*fam*) Kühlschrank *m*

Aussprache

Die Buchstabenfolge **dge** wird als [dʒ] wie in **j**acket ['dʒækɪt], ausgesprochen. Hier einige Beispiele:

badge	[bædʒ]	(*Abzeichen*)
cartridge	['kɑ:trɪdʒ]	(*Patrone*)
fridge	[frɪdʒ]	(*Kühlschrank*)
hedge	[hedʒ]	(*Hecke*)
knowledge	['nɒlɪdʒ]	(*Kenntnisse*)
sledge	[sledʒ]	(*Schlitten*)

fried [fraɪd] *adj* (*of food*) gebraten; ~ **potatoes** Bratkartoffeln *pl*
fried 'egg *n* Spiegelei *nt*
friend [frend] *n* Freund(in) *m(f);* **to make ~s [with sb]** sich [mit jdm] anfreunden
friend·less ['frendləs] *adj* ohne Freund[e]
friend·ly ['frendli] **I.** *adj* ① (*showing friendship*) freundlich; ■**to be ~ with sb** mit jdm befreundet sein ② (*of place, atmosphere*) angenehm ③ (*allied*) freundlich gesinnt; *country* befreundet **II.** *n* BRIT SPORTS Freundschaftsspiel *nt*
friend·ship ['fren(d)ʃɪp] *n* Freundschaft *f*
fries [fraɪz] *npl* AM Pommes frites *pl*
frig·ate ['frɪgət] *n* Fregatte *f*
fright [fraɪt] *n* ① *no pl* (*feeling*) Angst *f* ② *usu sing* (*experience*) Schrecken *m;* **to get a ~** erschrecken

Aussprache

Bei vielen Wörtern, welche die Buchstabenfolge **gh** enthalten, wird das **g** nicht gesprochen: **fright** = [fraɪt]. Andere Beispiele hierfür sind:

dough	[dəʊ]	(*Teig*)
eight	[eɪt]	(*acht*)
height	[haɪt]	(*Höhe*)
sigh	[saɪ]	(*Seufzer*)
straight	[streɪt]	(*Gerade*)
thorough	['θʌrə]	(*gründlich*)

fright·en ['fraɪtᵊn] **I.** *vt* ■**to ~ sb** jdm Angst machen; **to ~ the life** [*or* **the** [**living**] **daylights**] **out of sb** jdn furchtbar erschrecken **II.** *vi* erschrecken ◆**frighten away** *vt* abschrecken
fright·ened ['fraɪtᵊnd] *adj* verängstigt; ■**to be ~ [that]** ... Angst haben, [dass] ...; ■**to be ~ of sth/sb** sich vor etw/jdm fürchten
fright·en·ing ['fraɪtᵊnɪŋ] *adj* Furcht erregend
fright·ful ['fraɪtfᵊl] *adj* ① (*bad*) entsetzlich ② (*extreme*) schrecklich, furchtbar
frig·id ['frɪdʒɪd] *adj* ① (*sexually*) frigid[e] ② (*of manner*) frostig
frig·id·ity [frɪ'dʒɪdəti, AM -t̬-] *n no pl* ① (*of sexuality*) Frigidität *f* ② (*of manner, temperature*) Kälte *f*
frill [frɪl] *n* ① (*cloth*) Rüsche *f* ② (*fig fam: extras*) ■**~s** *pl* Schnickschnack *m*
frilly ['frɪli] *adj* mit Rüschen, Rüschen-
fringe [frɪndʒ] **I.** *n* ① (*edging*) Franse *f* ② BRIT, AUS (*hair*) Pony *m* ③ (*of area*) Rand *m a. fig* ④ ART **the ~** die Alternativszene **II.** *vt usu passive* umgeben; *cloth* umsäumen **III.** *adj* ~ **benefits** zusätzliche Leistungen *pl;* ~ **medicine** BRIT Alternativmedizin *f*
'**fringe group** *n* Randgruppe *f*
frisk [frɪsk] **I.** *vi* ■**to ~ [about]** herumtollen

II. *vt* abtasten (**for** nach +*dat*)

frisky ['frɪski] *adj* ausgelassen; *horse* lebhaft

frit·ter ['frɪtəʳ, AM -t̬ɚ] **I.** *n* Fettgebackenes *nt* (*mit Obst-/Gemüsefüllung*) **II.** *vt* ■**to** ~ **away** ↻ **sth** etw vergeuden; *money* verschleudern; *time* vertrödeln

fri·vol·ity [frɪ'vɒləti, AM -'vɑːlɪt̬i] *n no pl* (*lack of seriousness*) Frivolität *f*

frivo·lous ['frɪvᵊləs] *adj* ① (*pej*) *person* leichtfertig ② (*pej: unimportant*) belanglos

friz·zy ['frɪzi] *adj* gekräuselt

fro [frəʊ, AM froʊ] *adv* **to and** ~ hin und her

frock [frɒk, AM frɑːk] *n* Kleid *nt*

frog [frɒg, AM frɑːg] *n* Frosch *m*

'frog·march *vt* gewaltsam abführen **'frog·spawn** *n no pl* Froschlaich *m*

frol·ic ['frɒlɪk, AM 'frɑː-] *vi* <-ck-> herumtollen

from [frɒm, frəm, AM frɑːm, frəm] *prep* ① (*off*) von; (*out of, made of, originating in*) aus ② (*as seen from*) ~ **here** von hier [aus]; ~ **my point of view** aus meiner Sicht ③ (*as starting location*) von; ~ **the north** von Norden; ~ **Washington to Florida** von Washington nach Florida ④ (*as starting time*) von, ab; ~ **tomorrow** ab morgen; ~ **start to finish** vom Anfang bis zum Ende; ~ **time to time** ab und zu; **as ~ 1 January** ab dem 1. Januar ⑤ (*as starting condition*) bei; ~ **25 to 200** von 25 auf 200; ~ **the Latin** aus dem Lateinischen ⑥ (*considering*) aufgrund, wegen; ~ **the evidence** aufgrund des Beweismaterials ⑦ (*caused by*) an +*dat;* **he died ~ his injuries** er starb an seinen Verletzungen; **she suffers ~ arthritis** sie leidet unter Arthritis; **the risk ~ radiation** das Risiko einer Verstrahlung ⑧ (*indicating protection*) vor; **to guard sb ~ sth** jdn vor etw *dat* schützen; **they insulated their house ~ the cold** sie dämmten ihr Haus gegen die Kälte ⑨ (*indicating prevention*) vor; **the truth was kept ~ the public** die Wahrheit wurde vor der Öffentlichkeit geheim gehalten; **to prevent sb ~ doing sth** jdn davon abhalten, etw zu tun ⑩ (*indicating distinction*) von; **his opinion is different ~ mine** unsere Meinungen sind unterschiedlich

front [frʌnt] **I.** *n* ① *usu sing* (*forward-facing part*) Vorderseite *f; of building* Front *f; of pullover* Vorderteil *m;* **to lie on one's ~** auf dem Bauch liegen; **to put sth on back to ~** etw verkehrt herum anziehen ② (*front area*) ■**the ~** der vordere Bereich; ■**at the ~** vorn[e] ③ (*ahead of*) ■**in ~** vorn[e]; ■**in ~ of sth/sb** vor etw/jdm; ■**to be in ~** SPORTS in Führung liegen ④ (*in advance*) ■**up ~** im Voraus ⑤ (*fig: deception*) Fassade *f;* **to put on a bold ~** kühn auftreten ⑥ MIL, METEO, POL Front *f* ⑦ *usu sing* (*beside sea*) [Strand]promenade *f* **II.** *adj* ① (*at the front*) vorder[st]e(r, s); ~ **wheel** Vorderrad *nt;* ~ **teeth** Schneidezähne *pl* ② (*concealing*) Deck- **III.** *vt* ① (*be head of*) vorstehen +*dat* ② TV moderieren

front·age ['frʌntɪdʒ, AM -t̬-] *n* [Vorder]front *f*

front·al ['frʌntᵊl, AM -t̬-] *adj* Frontal-; ~ **view** Vorderansicht *f*

front 'bench *n* BRIT POL vordere Sitzreihe (*für führende Regierungs- und Oppositionspolitiker*) **front 'door** *n* Vordertür *f; of a house* Haustür *f* **'front-end** *adj attr* ① AUTO Vorder- ② COMPUT Frontend-

fron·tier [frʌn'tɪəʳ, AM -'tɪr] *n* ① (*between countries*) Grenze *f* ② AM (*outlying areas*) ■**the ~** das Grenzland

'fron·tier sta·tion *n* Grenzstation *f*

front 'line *n* ① MIL Frontlinie *f* ② (*fig*) vorderste Front **front 'page** *n* Titelseite *f* **'front-page** *adj* auf der Titelseite *nach n;* ~ **story** Titelgeschichte *f* **'front-run·ner** *n* Spitzenreiter(in) *m(f) a. fig* **front-wheel 'drive** **I.** *n* Vorderradantrieb *m* **II.** *adj* mit Vorderradantrieb *nach n* **front 'yard** *n* BRIT Vorhof *m;* AM Vorgarten *m*

frost [frɒst, AM frɑːst] **I.** *n* Frost *m* **II.** *vt* AM FOOD glasieren

'frost·bite *n no pl* Erfrierung *f* **'frost·bit·ten** *adj* erfroren

frost·ed ['frɒstɪd, AM 'frɑːs-] *adj* ① AM FOOD glasiert ② (*opaque*) ~ **glass** Milchglas *nt*

frost·ing ['frɒstɪŋ, AM 'frɑːst-] *n no pl* AM FOOD Glasur *f*

frosty ['frɒsti, AM 'frɑːsti] *adj* ① (*very cold*) frostig; (*covered with frost*) vereist ② (*unfriendly*) frostig; *atmosphere* kühl

froth [frɒθ, AM frɑːθ] **I.** *n no pl* Schaum *m* **II.** *vi* schäumen; **to ~ at the mouth** Schaum vor dem Mund haben; (*fig*) vor Wut schäumen **III.** *vt* ■**to ~** [**up**] aufschäumen

frothy ['frɒθi, AM 'frɑː-] *adj* schaumig

frown [fraʊn] **I.** *vi* ① (*showing displeasure*) die Stirn runzeln; ■**to ~ on** [*or* **upon**] **sth** etw missbilligen ② (*in thought*) nachdenklich die Stirn runzeln **II.** *n* Stirnrunzeln *nt kein pl*

froze [frəʊz, AM froʊz] *pt of* **freeze**

froz·en [frəʊzᵊn, AM froʊz-] **I.** *pp of* **freeze** **II.** *adj* ① (*of water*) gefroren ② FOOD [tief]gefroren; ~ **food** Tiefkühlkost *f* ③ (*fig: of person*) erfroren

fru·gal ['fruːgᵊl] *adj* ① (*economical*) sparsam; *lifestyle* genügsam ② *meal* karg, frugal

fruit [fruːt] **I.** *n* Frucht *f a. fig;* (*collectively*) Obst *nt* **II.** *vi* [Früchte] tragen

Grammatik

fruit wird in der Einzahl gebraucht: *I like fresh fruit with my muesli; the old pear tree still produces fruit*

fruits wird für verschiedene Obsorten gebraucht: *I like apples, bananas, cherries and most other fruits*

'fruit·cake *n* ❶ *no pl* Früchtebrot *nt* ❷ (*fam!: eccentric*) Spinner(in) *m(f)*

fruit·er·er ['fruːtᵊrəʳ, AM -t̬ɚɚ] *n esp* BRIT Obsthändler(in) *m(f)*

fruit·ful ['fruːtfᵊl] *adj* fruchtbar *a. fig*

frui·tion [fru'ɪʃᵊn] *n no pl* Verwirklichung *f;* **to come to** [*or* **reach**] ~ verwirklicht werden

'fruit knife *n* Obstmesser *nt*

fruit·less ['fruːtləs] *adj* fruchtlos

'fruit ma·chine *n* BRIT Spielautomat *m*

fruit 'sal·ad *n no pl* Obstsalat *m*

fruity ['fruːti, AM -t̬i] *adj* ❶ (*of taste*) fruchtig ❷ (*fam: risqué*) anzüglich

frump·ish ['frʌmpɪʃ], **frumpy** ['frʌmpi] *adj* altmodisch

frus·trate [frʌs'treɪt, AM 'frʌstreɪt] *vt* ❶ (*annoy*) frustrieren ❷ (*prevent*) hindern

frus·trat·ed [frʌs'treɪtɪd, AM 'frʌstreɪt̬ɪd] *adj* frustriert

frus·trat·ing [frʌs'treɪtɪŋ, AM 'frʌstreɪt̬ɪŋ] *adj* frustrierend

frus·tra·tion [frʌs'treɪʃᵊn] *n* Frustration *f;* **to work off one's ~** seinen Frust abreagieren

fry¹ [fraɪ] *npl* junger Fisch ▶ PHRASES: **small ~** kleine Fische; (*person*) kleiner Fisch

fry² [fraɪ] **I.** *vt* <-ie-> braten **II.** *vi* <-ie-> (*cook*) braten

fry·ing pan ['fraɪɪŋ-] *n* Bratpfanne *f*

'fry-up *n* BRIT (*fam*) Pfannengericht *nt*

ft *n abbrev of* **feet, foot** ft

fuck [fʌk] (*vulg*) **I.** *n* ❶ (*act*) Fick *m* ❷ *no pl* (*used as expletive*) **who gives a ~?** wen interessiert es schon?; **for ~'s sake!** zum Teufel! **II.** *interj* Scheiße! **III.** *vt* ❶ (*have sex with*) vögeln; **go ~ yourself!** verpiss dich!, schleich dich! *bes* SÜDD, ÖSTERR ❷ (*damn*) [**oh**] **~ it!** verdammte Scheiße!; **~ you!** leck mich am Arsch! **IV.** *vi* ❶ (*have sex*) ficken ❷ (*play mind-games*) ■**to ~ with sb** jdn verscheißern ◆**fuck off** *vi* (*vulg*) sich verpissen

fuck·er ['fʌkəʳ, AM -ɚ] *n* (*vulg*) ❶ (*person*) Arsch *m* ❷ (*thing*) Scheiß *m*

fuck·ing ['fʌkɪŋ] *adj, adv* (*vulg*) verdammt, Scheiß-

fudge [fʌdʒ] **I.** *n* ❶ *no pl* (*sweet*) Fondant *m o nt* ❷ (*pej: compromise*) [fauler] Kompromiss **II.** *vt, vi* (*pej*) ausweichen +*dat*

fuel ['fjuːᵊl, AM *also* fjuːl] **I.** *n* Brennstoff *m;* (*for engines*) Kraftstoff *m,* Treibstoff *m* **II.** *vt* <BRIT -ll- *or* AM *usu* -l-> ❶ ■**to be ~led** [**by sth**] [mit etw] betrieben werden ❷ (*fig*) nähren; *resentment* schüren; *speculation* anheizen

'fuel cell *n* Brennstoffzelle *f* **'fuel-cell car** *n* AUTO brennstoffzellenangetriebenes Auto

'fuel con·sump·tion *n no pl* Brennstoffverbrauch *m;* TRANSP Treibstoffverbrauch *m*

'fuel gauge, AM **'fuel gage** *n* Tankanzeige *f* **fuel-in·jec·tion 'en·gine** *n* Einspritzmotor *m* **fuel 'pov·er·ty** *n no pl Situation, in der Personen mit niedrigem Einkommen einen Großteil ihres Einkommens für Heizkosten u.ä. ausgeben müssen* **'fuel pump** *n* Kraftstoffpumpe *f*

'fuel rod *n* Brennstab *m*

fug [fʌg] *n no pl* BRIT Mief *m*

fug·gy ['fʌgi] *adj* BRIT stickig

fu·gi·tive ['fjuːdʒətɪv, AM -t̬-] **I.** *n* Flüchtige(r) *f(m)* **II.** *adj* flüchtig

fugue [fjuːg] *n* MUS Fuge *f*

ful·fil <-ll->, AM, AUS **ful·fill** [fʊl'fɪl] *vt* ❶ (*satisfy*) erfüllen; *ambition* erreichen; *potential* ausschöpfen ❷ (*carry out*) nachkommen +*dat; contract, promise* erfüllen; *function* einnehmen

ful·fil·ment, AM, AUS **ful·fill·ment** [fʊl'fɪlmənt] *n no pl* Erfüllung *f*

full [fʊl] **I.** *adj* voll; (*after eating*) satt; *explanation* vollständig; *life* ausgefüllt; *skirt* weit; *theatre* ausverkauft; *wine* vollmundig; **a look ~ of hatred** ein hasserfüllter Blick; ■**to be ~ of sth** (*enthusiastic*) von etw *dat* ganz begeistert sein; **to be ~ of oneself** eingebildet sein; **~ employment** Vollbeschäftigung *f;* **his headlights were on ~** seine Scheinwerfer waren voll aufgeblendet; **with one's mouth ~** mit vollem Mund; **suspended on ~ pay** bei vollen Bezügen freigestellt; [**at**] **~ speed** mit voller Geschwindigkeit; **at ~ stretch** völlig durchgestreckt; (*fig*) mit vollen Kräften; **in ~ swing** voll im Gang; **in ~ view of** direkt vor den Augen +*gen* **II.** *adv* ❶ (*completely*) voll ❷ (*very*) sehr; **to know ~ well** [**that ...**] sehr gut wissen, [dass ...] **III.** *n* **in ~** zur Gänze

'full·back *n* SPORTS Außenverteidiger(in) *m(f)* **full-'blood·ed** *adj* ❶ (*vigorous*) kraftvoll ❷ *animal* reinrassig **full-'blown** *adj disease* voll ausgebrochen; *scandal* ausgewachsen **full 'board** *n no pl* BRIT

F

Vollpension *f* **full-'bodied** *adj food* voll; *wine* vollmundig **full-cream 'milk** *n no pl* Vollmilch *f* **full-'frontal** *adj* völlig nackt **full-'grown** *adj* ausgewachsen **full-'length** **I.** *adj film* abendfüllend; *gown* bodenlang; *mirror* groß **II.** *adv* **to lie ~ on the floor** sich der Länge nach auf den Boden legen [*o* der Länge nach auf dem Boden liegen] **full 'moon** *n* Vollmond *m*

full·ness ['fʊlnəs] *n no pl* ❶ (*being full*) Völle *f* ❷ (*roundedness*) Fülle *f a. fig*

'full-page *adj* ganzseitig **'full-scale** *adj* ❶ (*original size*) in Originalgröße *nach n* ❷ (*all-out*) umfassend; *war* ausgewachsen **full 'stop** *n* ❶ BRIT, AUS (*punctuation mark*) Punkt *m* ❷ (*complete halt*) **to come to a ~** zum Stillstand *m* kommen **full 'time** *n* SPORTS Spielende *nt* **'full-time** **I.** *adj* ❶ Ganztags-; **~ job** Vollzeitbeschäftigung *f* ❷ SPORTS End-; **~ score** Endstand *m* **II.** *adv* ganztags

ful·ly ['fʊli] *adv* ❶ (*completely*) völlig; **~ booked** ausgebucht ❷ (*in detail*) detailliert

ful·ly-'fledged *adj* BRIT, AUS ❶ *bird* flügge ❷ *person* ausgebildet

fum·ble ['fʌmbl] **I.** *vi* ❶ ■**to ~ [around** [*or* **about]] with sth** an etw *dat* [herum]fingern; ■**to ~ for sth** nach etw *dat* tasten ❷ SPORTS den Ball fallen lassen **II.** *vt ball* fallen lassen **III.** *n* SPORTS [Ballannahme]fehler *m*

fume [fju:m] *vi* vor Wut schäumen

fumes [fju:mz] *n pl* Dämpfe *pl; of car* Abgase *pl*

fu·mi·gate ['fju:mɪgeɪt] *vt* ausräuchern

fun [fʌn] **I.** *n no pl* Spaß *m;* **it was good ~** es hat viel Spaß gemacht; **to be full of ~** immer unternehmungslustig sein; **for ~** [*or* **the ~ of it**] nur [so] zum Spaß; **in ~** im Spaß; **have ~!** viel Spaß!; **to make ~ of sb** sich über jdn lustig machen; **to spoil sb's ~** jdm den Spaß verderben **II.** *adj* (*fam*) lustig

func·tion ['fʌŋ(k)ʃ^ən] **I.** *n* ❶ (*task*) *of a person* Aufgabe *f* ❷ MATH Funktion *f* ❸ (*ceremony*) Feier *f;* (*social event*) Veranstaltung *f* **II.** *vi* funktionieren; ■**to ~ as sth** *thing* als etw dienen; *person* als etw fungieren

func·tion·al ['fʌŋ(k)ʃ^ən^əl] *adj* ❶ (*with purpose*) funktional ❷ (*operational*) funktionstüchtig; ■**to be ~** funktionieren

func·tion·ary ['fʌŋ(k)ʃ^ən^əri, AM -neri] *n* Funktionär(in) *m(f)*

'func·tion key *n* COMPUT Funktionstaste *f*

fund [fʌnd] **I.** *n* ❶ (*stock of money*) Fonds *m;* **disaster ~** Notfonds *m* ❷ (*money*) ■**~s** *pl* [finanzielle] Mittel; **to allocate ~s** Gelder bewilligen ❸ (*fig: source*) Vorrat *m* (**of** an +*dat*) **II.** *vt* finanzieren

fun·da·men·tal [ˌfʌndə'ment^əl, AM -t̬^əl] *adj* grundlegend (**to** für +*akk*); *difference* wesentlich; *question* entscheidend; **~ right** Grundrecht *nt*

fun·da·men·tal·ism [ˌfʌndə'ment^əlɪz^əm, AM -t̬^əl-] *n no pl* Fundamentalismus *m*

fun·da·men·tal·ist [ˌfʌndə'ment^əlɪst, AM -t̬^əl-] **I.** *n* Fundamentalist(in) *m(f)* **II.** *adj* fundamentalistisch

fun·da·men·tal·ly [ˌfʌndə'ment^əli, AM -t̬^əli] *adv* ❶ (*basically*) im Grunde ❷ (*in all important aspects*) grundsätzlich

fund·ing ['fʌndɪŋ] *n no pl* Finanzierung *f*

'fund-rais·er *n* ❶ (*person*) Spendenbeschaffer(in) *m(f)* ❷ (*event*) Wohltätigkeitsveranstaltung *f* **'fund-rais·ing** **I.** *adj* Wohltätigkeits-; **~ campaign** Spendenaktion *f* **II.** *n no pl* Geldbeschaffung *f*

fu·ner·al ['fju:n^ərəl] *n* Beerdigung *f* ▶ PHRASES: **that's his ~** [das ist] sein Pech

'fun·er·al march *n* MUS Trauermarsch *m* **'fun·er·al par·lour**, AM **'fun·er·al par·lor** *n* Bestattungsunternehmen *nt* **'fun·er·al pyre** *n* Scheiterhaufen *m*

fu·nereal [fju:'nɪəriəl, AM -'nɪr-] *adj* gedrückt; *music* getragen

'fun·fair *n* BRIT Jahrmarkt *m*, Kirmes *f* NORDD, Kir[ch]tag *m* ÖSTERR

fun·gi ['fʌŋgaɪ] *n pl of* **fungus**

fun·gi·cide ['fʌŋgɪsaɪd, AM 'fʌndʒ-] *n* Fungizid *nt*

fun·gus <*pl* -es *or* -gi> ['fʌŋgəs, *pl* -gaɪ] *n* Pilz *m*

fu·nicu·lar, **fu·nicu·lar 'rail·way** [fju:'nɪkjələ^r, AM -ju:lə-] *n* Seilbahn *f*

funk [fʌŋk] *n no pl* ❶ AM, AUS (*fam: depression*) **in a ~** deprimiert ❷ MUS Funk *m*

funky ['fʌŋki] *adj* (*sl*) ❶ (*hip*) flippig ❷ MUS funkig

'fun-lov·ing *adj* lebenslustig

fun·nel ['fʌn^əl] **I.** *n* ❶ (*tool*) Trichter *m* ❷ (*on ship*) Schornstein *m* **II.** *vt* <BRIT -ll- *or* AM *usu* -l-> ❶ (*pour*) [mit einem Trichter] einfüllen ❷ (*fig: direct*) zuleiten **III.** *vi* *people* drängen; *liquids* fließen; *gases* strömen

fun·nies ['fʌniz] *npl* AM ■**the ~** der Witzteil (*einer Zeitung*)

fun·ny ['fʌni] **I.** *adj* ❶ (*amusing*) lustig, witzig, komisch; **there's a ~ side to everything** alles hat auch seine komischen Seiten ❷ (*strange*) komisch, merkwürdig, seltsam; **to have a ~ feeling that ...** so eine Ahnung haben, dass ... ❸ (*dishonest*) verdächtig; ~ **business** krumme Sachen ▶PHRASES: ~ **ha-ha or ~ peculiar?** lustig oder merkwürdig? **II.** *adv* (*fam*) komisch, merkwürdig

'fun·ny bone *n* (*fam*) Musikantenknochen *m*

fur [fɜːʳ, AM fɜːr] **I.** *n* ❶ *no pl* (*on animal*) Fell *nt* ❷ FASHION Pelz *m* **II.** *vi* <-rr-> ■**to ~ up** *kettle* verkalken

fur 'coat *n* Pelzmantel *m*

fu·ri·ous ['fjʊəriəs, AM 'fjʊr-] *adj* ❶ (*angry*) *person* [sehr] wütend; *argument* heftig; ■**to be ~ with sb/about** [*or* **at**] **sth** wütend auf jdn/über etw *akk* sein ❷ (*intense*) *storm* heftig; **at a ~ pace** in rasender Geschwindigkeit; **fast and ~** rasant; **the questions came fast and ~** die Fragen kamen Schlag auf Schlag

furl [fɜːl, AM fɜːrl] *vt* einrollen

fur·long ['fɜːlɒŋ, AM 'fɜːrlɑːŋ] *n* Achtelmeile *f*

fur·nace ['fɜːnɪs, AM 'fɜːr-] *n* ❶ (*industrial*) Hochofen *m*, Schmelzofen *m* ❷ (*domestic*) [Haupt]heizung *f*

fur·nish ['fɜːnɪʃ, AM 'fɜːr-] *vt* ❶ (*provide furniture*) einrichten ❷ (*supply*) liefern; ■**to ~ sb with sth** jdn mit etw *dat* versorgen

fur·nished ['fɜːnɪʃt, AM 'fɜːr-] *adj house* eingerichtet; *apartment, room* möbliert

fur·nish·ings ['fɜːnɪʃɪŋz, AM 'fɜːr-] *npl* Einrichtung *f*

fur·ni·ture ['fɜːnɪtʃəʳ, AM 'fɜːrnɪtʃɚ] *n no pl* Möbel *pl*; **piece** [*or* **item**] **of ~** Möbelstück *nt*

Grammatik

furniture ist unzählbar; d.h. es wird nicht mit *a* oder im Plural gebraucht: *their furniture was rather old*
Wenn man von einem Einzelstück redet, sagt man: *a piece of furniture*: *this is a beautiful piece of furniture*

'fur·ni·ture van *n* Möbelwagen *m*

fu·ro·re [fjʊ(ə)'rɔːri], AM **fu·ror** ['fjʊrɔːr] *n no pl* ❶ (*excitement*) Wirbel *m* (**over** um +*akk*) ❷ (*uproar*) Aufruhr *m*

fur·row ['fʌrəʊ, AM 'fɜːroʊ] *n* ❶ (*groove*) Furche *f* ❷ (*wrinkle*) Falte *f*

fur·ry ['fɜːri] *adj* (*short fur*) pelzig; (*long fur*) wollig; *tongue* belegt

fur·ther ['fɜːðəʳ, AM 'fɜːrðɚ] **I.** *adj comp of* **far** ❶ (*more distant*) weiter [entfernt] ❷ (*additional*) weiter; **until ~ notice** bis auf weiteres **II.** *adv comp of* **far** ❶ (*more distant*) weiter; **nothing could be ~ from my mind** nichts liegt mir ferner; **~ back** (*in place*) weiter zurück; (*in time*) früher ❷ (*to a greater degree*) weiter; **I wouldn't go any ~ than that** mehr möchte ich nicht sagen; **to take sth ~** mit etw *dat* weitermachen; (*pursue*) *matter* etw weiterverfolgen ❸ (*more*) [noch] weiter; **I have nothing ~ to say** ich habe nichts mehr zu sagen.; **to make sth go ~** *food* etw strecken **III.** *vt* fördern

fur·ther·more [ˌfɜːðə'mɔːʳ, AM 'fɜːrðɚmɔːr] *adv* außerdem

fur·ther·most ['fɜːðəməʊst, AM 'fɜːrðɚmoʊst] *adj* äußerste(r, s)

fur·thest ['fɜːðɪst, AM 'fɜːr-] **I.** *adj superl of* **far** ❶ am weitesten entfernte(r, s) ❷ (*fig*) extremste(r, s) **II.** *adv superl of* **far** am weitesten; **that's the ~ I can see** weiter [entfernt] erkenne ich nichts mehr

fur·tive ['fɜːtɪv, AM 'fɜːrt̬-] *adj glance* verstohlen; *action* heimlich; *manner* verschlagen

fury ['fjʊəri, AM 'fjʊri] *n no pl* ❶ (*rage*) Wut *f*; **in a ~** wütend ❷ (*intensity*) Ungestüm *nt*; *of a storm* Heftigkeit *f*

fuse [fjuːz] **I.** *n* ❶ (*in a house*) Sicherung *f* ❷ (*device*) *of a bomb* Zündvorrichtung *f*; (*string*) Zündschnur *f* ▶PHRASES: **sb has a short ~** jd wird schnell wütend **II.** *vi* ❶ BRIT (*blow a fuse*) die Sicherung durchbrennen bei; **the lights have ~d** die Sicherungen der Lampen sind durchgebrannt ❷ (*join together*) sich vereinigen **III.** *vt* ❶ BRIT ELEC die Sicherung einer S. *gen* zum Durchbrennen bringen ❷ (*join together*) verbinden; (*with heat*) verschmelzen

'fuse box *n* Sicherungskasten *m*

fu·selage ['fjuːzəlɑːʒ, AM -səl-] *n* [Flugzeug]rumpf *m*

fu·sion ['fjuːʒən] *n* Verschmelzung *f kein pl a. fig*; **nuclear ~** Kernfusion *f*

'fu·sion food *n no pl* Fusion Food *f* (*Kombination von Zutaten und Zubereitungsarten aus den Küchen der Welt*)

fuss [fʌs] **I.** *n* ❶ (*excitement*) [übertriebene] Aufregung ❷ (*attention*) [übertriebener] Aufwand, Getue *nt pej*; **it's a lot of ~ about nothing** das ist viel Lärm um nichts; **to make a ~** einen Aufstand machen **II.** *vi* (*be nervously active*) [sehr] aufgeregt sein; **please, stop ~ing** hör bitte auf, so einen Wirbel zu machen; ■**to ~ over sb/sth** (*treat with excessive attention*) für jdn/etw einen großen Aufwand betreiben; (*overly worry*) sich *dat* übertriebene Sorgen um jdn/etw machen **III.** *vt* ■**to ~ sb** jdm auf die Nerven gehen

'fuss·pot *n* (*fam*) **to be a ~** penibel sein

fussy ['fʌsi] *adj* ❶ (*pej: about things*) pingelig; (*about food*) mäkelig; (*about people*) [zu] wählerisch ❷ (*pej: overly-decorated*)

F

[zu] verspielt, überladen

fus·ty ['fʌsti] *adj* (*pej*) ① (*musty*) muffig ② (*fig: old-fashioned*) verstaubt

fu·tile ['fju:taɪl, AM -t̬ᵊl] *adj* sinnlos; (*pointless*) nutzlos; *attempt* vergeblich

fu·til·ity [,fju:'tɪləti, AM -ət̬i] *n no pl* Sinnlosigkeit *f*

fu·ture ['fju:tʃəʳ, AM -ɚ] **I.** *n usu sing* ① (*in time*) Zukunft *f;* ■**in** [AM *usu* **in the**] **~** in Zukunft; **to have no ~** keine Zukunft[saussichten] haben; **there's no ~ for me in this company** in dieser Firma habe ich keine Aussichten ② LING **~ tense** Futur *nt* **II.** *adj* zukünftig; *generations* kommend; *use* später

fu·ture 'per·fect *n no pl* vollendetes Futur, Futur II

'fu·tures mar·ket *n* ECON Terminbörse *f*

fu·tur·is·tic [,fju:tʃə'rɪstɪk] *adj* futuristisch

fuze *n, vt* AM *see* **fuse**

fuzz [fʌz] *n no pl* ① (*fluff*) Fussel[n] *pl* ② (*fluffy hair*) Flaum *m* ③ BRIT, AM (*sl: police*) ■**the ~** die Bullen *pl*

fuzzy ['fʌzi] *adj* ① (*fluffy*) flaumig ② (*frizzy*) wuschelig ③ (*distorted*) verschwommen, unscharf

Gg

G <*pl* -'s *or* -s>, **g** <*pl* -'s> [dʒi:] *n* ① (*letter*) G *nt,* g *nt;* **~ for George** G wie Gustav ② MUS G *nt,* g *nt;* **~ flat** Ges *nt,* ges *nt;* **~ sharp** Gis *nt,* gis *nt*

gab [gæb] **I.** *vi* <-bb-> (*pej fam*) quatschen **II.** *n* **to have the gift of the ~** überzeugend reden können

gab·ble ['gæbl̩] **I.** *vi* quasseln; **to ~ away at sb** jdn vollquasseln **II.** *vt* herunterrasseln

ga·ble ['geɪbl̩] *n* Giebel *m*

gadg·et ['gædʒɪt] *n* [praktisches] Gerät

Gael·ic ['geɪlɪk, 'gæl-] **I.** *n* Gälisch *nt* **II.** *adj* gälisch

gaffe [gæf] *n* Fauxpas *m*

gaff·er ['gæfəʳ, AM -ɚ] *n* ① BRIT (*fam or fig*) Boss *m* ② FILM, TV ≈ Filmtechniker *m*

gag [gæg] **I.** *n* ① (*for mouth*) Knebel *m* ② (*joke*) Gag *m* **II.** *vt* <-gg-> ■**to ~ sb** jdn knebeln; (*fig*) jdm einen Maulkorb verpassen

gaga ['gɑ:gɑ:] *adj* (*fam*) vertrottelt

gage *n, vt* AM *see* **gauge**

gagging *pers part* **gag III:** ■**to be ~ for sth** (*sl: be desperate for a drink, a cigarette etc.*) etw dringend brauchen, nach etw *dat* gieren *fam*

gag·ging or·der ['gægɪŋ-] *n* (*fam*) Nachrichtensperre *f*

gag·gle ['gægl̩] *n* **~ of geese** Gänseherde *f*

gai·ety ['geɪəti, AM -ət̬i] *n no pl* Fröhlichkeit *f*

gai·ly ['geɪli] *adv* ① (*happily*) fröhlich ② (*brightly*) freundlich; **~ coloured** farbenfroh

gain [geɪn] **I.** *n* ① *no pl* (*increase*) Zunahme *f kein pl; in speed* Erhöhung *f kein pl;* **~ in weight** Gewichtszunahme *f* ② *no pl* (*advantage*) Vorteil *m* **II.** *vt* ① (*obtain*) gewinnen; *access, entry* sich *dat* verschaffen; *experience* sammeln; *independence* erlangen; *insight* bekommen; *recognition* finden; *victory* erringen; **to ~ control of sth** etw unter [seine] Kontrolle bekommen ② (*increase*) ■**to ~ sth** an etw *dat* gewinnen; *self-confidence* entwickeln; **to ~ ground/popularity** an Boden/Beliebtheit gewinnen; **to ~ speed** schneller werden; **to ~ weight** zunehmen **III.** *vi* ① (*increase*) zunehmen; *prices, numbers* [an]steigen; *clock, watch* vorgehen ② (*profit*) profitieren; **they would ~ by reducing their prices/improving their after-sales service** sie würden von einer Ermäßigung ihrer Preise/einer Verbesserung ihres Kundendienstes profitieren

gain·ful ['geɪnfᵊl] *adj* **~ employment** Erwerbstätigkeit *f*

gait [geɪt] *n* Gang *m kein pl; of a horse* Gangart *f*

gala ['gɑ:lə, AM 'geɪlə, 'gælə] *n* ① (*social event*) Gala *f* ② BRIT (*competition*) Sportfest *nt*

ga·lac·tic [gə'læktɪk] *adj* galaktisch

gal·axy ['gæləksi] *n* (*star system*) Galaxie *f*

gale [geɪl] *n* Sturm *m;* **~ warning** Sturmwarnung *f*

'gale warn·ing *n* Sturmwarnung *f*

gall [gɔ:l] *n* ANAT Galle *f;* **~ bladder** Gallenblase *f* ▶ PHRASES: **to have the ~ to do sth** die Frechheit besitzen etw zu tun

gal·lant ['gælənt] *adj* ① (*chivalrous*) charmant ② (*brave*) tapfer

gal·leon ['gæliən] *n* Galeone *f*

gal·lery ['gælᵊri] *n* Galerie *f*

gal·ley ['gæli] *n* ① (*kitchen*) *of a ship* Kombüse *f; of an aeroplane* Bordküche *f* ② (*hist: ship*) Galeere *f*

gal·ley 'kitch·en *n* Küchenzeile *f*

gal·li·vant ['gælɪvænt, AM -ləv-] *vi* (*fam*) ■**to ~ about** [*or* **around**] sich herumtreiben

gal·lon ['gælən] *n* Gallone *f;* **imperial/US ~** britische/amerikanische Gallone

gal·lop ['gæləp] **I.** *vi* galoppieren **II.** *n usu sing* Galopp *m;* **to break into a ~** in Galopp verfallen

gal·lows ['gæləʊz, AM -loʊz] *n + sing vb* Galgen *m;* **to send sb to the ~** jdn an den Galgen bringen

'gall·stone *n* Gallenstein *m*

Gal·lup poll® ['gæləp,-] *n* Meinungsumfrage *f*

ga·lore [gə'lɔːʳ, AM -'lɔːr] *adj after n* im Überfluss

gal·va·nize ['gælvənaɪz] *vt* ❶ TECH galvanisieren ❷ *(fig)* wachrütteln; **to ~ sb into action** jdn veranlassen aktiv zu werden

gam·bit ['gæmbɪt] *n* ❶ *(in chess)* Gambit *nt* ❷ *(fig: tactic, remark)* Schachzug *m;* **opening ~** *Satz, mit dem man ein Gespräch anfängt*

gam·ble ['gæmbl̩] **I.** *n usu sing* Risiko *nt* **II.** *vi* ❶ *(bet)* [um Geld] spielen; **to ~ on horses** auf Pferde wetten; **to ~ on the stock market** an der Börse spekulieren ❷ *(take a risk)* ■**to ~ on/that ...** sich darauf verlassen, dass ...

gam·bler ['gæmbl̩əʳ, AM -ɚ] *n* Spieler(in) *m(f)*

gam·bling ['gæmbl̩ɪŋ] *n no pl* Glücksspiel *nt*

gam·bol <BRIT -ll- *or* AM *usu* -l-> ['gæmbᵊl] *vi (liter)* herumspringen

game¹ [geɪm] **I.** *n* Spiel *nt;* **a ~ of chess/tennis** eine Partie Schach/Tennis; **to be off one's ~** nicht in Form sein; **what's your ~?** *(fig fam)* was soll das?; **to play ~s with sb** *(fig)* mit jdm spielen; ■**~s** *pl* BRIT SCH [Schul]sport *m kein pl* ▸ PHRASES: **to beat sb at their own ~** jdn mit seinen eigenen Waffen schlagen; **to give the ~ away** alles verraten; **two can play at that ~** was du kannst, kann ich schon lange; **the ~'s up** das Spiel ist aus **II.** *adj* bereit

game² [geɪm] *n no pl (animal)* Wild *nt;* **big ~** Großwild *nt*

'game·keep·er *n* Wildhüter(in) *m(f)*

gam·elan ['gæmeəlæn] *n* MUS Gamelan *nt*

'game·pad *n* Spiel-Pad *nt,* Game-Pad *nt*

'game show *n* Spielshow *f; (quiz show)* Quizsendung *f*

gam·ing ['geɪmɪŋ] *n no pl* Spielen *nt*

'gam·ing table *n* Spieltisch *m*

gam·mon ['gæmən] *n no pl* BRIT leicht geräucherter Schinken

gam·my ['gæmi] *adj* BRIT *(fam) leg* lahm

ga·nache [gə'næʃ] *n no pl* Ganache *nt (Mischung aus Schokolade, Sahne oder Butter, oft aromatisiert, für Torten oder Trüffel)*

gan·der ['gændəʳ, AM -dɚ] *n (goose)* Gänserich *m*

gang [gæŋ] **I.** *n of criminals* Bande *f; of youths* Gang *f; of friends* Clique *f; of workers, prisoners* Kolonne *f* **II.** *vi* ■**to ~ up** sich zusammentun; ■**to ~ up against** [*or* **on**] **sb** sich gegen jdn verbünden

gan·gly <-ier, -iest> ['gæŋgli] *adj* schlaksig

'gang·plank *n* Landungssteg *m*

gan·grene ['gæŋgriːn] *n no pl* MED Brand *m*

gang·ster ['gæŋ(k)stəʳ, AM -ɚ] *n* Gangster(in) *m(f)*

gang 'war·fare *n no pl* Bandenkrieg *m*

'gang·way **I.** *n* ❶ NAUT, AERO Gangway *f* ❷ *(gangplank)* Landungsbrücke *f* **II.** *interj (fam)* **~!** Platz da!

gan·try ['gæntri] *n* Gerüst *nt; (for crane)* Portal *nt; (for rocket)* Abschussrampe *f*

gaol [dʒeɪl] *n* BRIT *(dated) see* **jail**

gap [gæp] *n* ❶ *(empty space)* Lücke *f a. fig* ❷ *(difference)* Unterschied *m;* **age ~** Altersunterschied *m*

gape [geɪp] *vi* glotzen; ■**to ~ at sb/sth** jdn/etw [mit offenem Mund] anstarren

gap·ing ['geɪpɪŋ] *adj* weit geöffnet; *wound* klaffend; *hole* gähnend

gap·per ['gæpəʳ, AM -ɚ] *n (fam) jd, der ein Jahr Auszeit nimmt, (oft zwischen Schule und Studienantritt)*

'gap year *n ein freies Jahr, oft zwischen Schule und Studienantritt*

gar·age ['gærɑːʒ, AM gə'rɑːʒ] *n* ❶ *(for cars)* Garage *f* ❷ BRIT, AUS *(petrol station)* Tankstelle *f* ❸ *(repair shop)* [Kfz-]Werkstatt *f*

garb [gɑːb] *n no pl (liter)* Kleidung *f*

gar·bage ['gɑːbɪdʒ, AM 'gɑːr-] *n no pl* ❶ AM, AUS *(rubbish)* Müll *m a. fig* ❷ *(pej: nonsense)* Blödsinn *m*

'gar·bage can *n* AM, CAN Mülleimer *m* **'gar·bage chute** *n esp* AM, CAN Müllschlucker *m* **'gar·bage col·lec·tor** *n* AM, CAN Müllmann *m* **'gar·bage dump** *n* AM, CAN *(rubbish dump)* Mülldeponie *f* **'gar·bage truck** *n* AM, AUS, CAN Müllwagen *m*

gar·ble ['gɑːbl̩, AM 'gɑːr-] *vt* durcheinanderbringen; *message* verdrehen

gar·den ['gɑːdᵊn, AM 'gɑːr-] *n* Garten *m;* **back ~** Garten *m* hinter dem Haus; **front ~** Vorgarten *m;* ■**~s** *pl* Gartenanlage *f,* Gärten *pl* ▸ PHRASES: **to lead sb up the ~ path** jdn an der Nase herumführen

'gar·den cen·tre *n* BRIT, CAN Gartencenter *nt*

gar·den·er ['gɑːdᵊnəʳ, AM 'gɑːrdᵊnɚ] *n* Gärtner(in) *m(f)*

gar·den·ing ['gɑːdᵊnɪŋ, AM 'gɑːr-] *n no pl* Gartenarbeit *f;* **~ tools** Gartengeräte *pl*

'gar·den par·ty *n* [großes] Gartenfest

gar·gan·tuan [gɑːˈgæntjuən, AM gɑːr-ˈgæntʃu-] *adj* riesig

gar·gle [ˈgɑːgl̩, AM ˈgɑːr-] *vi* gurgeln

gar·goyle [ˈgɑːgɔɪl, AM ˈgɑːr-] *n* Wasserspeier *m*

gar·ish [ˈgeərɪʃ, AM ˈger-] *adj* (*pej*) knallbunt

gar·land [ˈgɑːlənd, AM ˈgɑːr-] **I.** *n* Kranz *m;* **~ of roses** Rosenkranz *m* **II.** *vt* bekränzen

gar·lic [ˈgɑːlɪk, AM ˈgɑːr-] *n no pl* Knoblauch *m;* **~ bread** Knoblauchbrot *nt*

gar·ment [ˈgɑːmənt, AM ˈgɑːr-] *n* Kleidungsstück *nt*

G

gar·nish [ˈgɑːnɪʃ, AM ˈgɑːr-] **I.** *vt food* garnieren **II.** *n* <*pl* -es> Garnierung *f*

gar·ret [ˈgærət, AM ˈger-] *n* Dachkammer *f*

gar·ri·son [ˈgærɪsᵊn, AM ˈgerə-] *n* Garnison *f*

gar·ru·lous [ˈgærᵊləs, AM ˈger-] *adj* schwatzhaft

gar·ter [ˈgɑːtəʳ, AM ˈgɑːrt̬ɚ] *n* Strumpfband *nt;* AM Strumpfhalter *m*

gas [gæs] **I.** *n* <*pl* -es *or* -sses> ① Gas *nt;* **natural ~** Erdgas *nt* ② *no pl* AM (*fam: petrol*) Benzin *nt;* **to step on the ~** (*fig*) Gas geben ③ *no pl* AM (*fam: flatulence*) Blähungen *pl* **II.** *vt* <-ss-> vergasen **III.** *vi* <-ss-> (*fam*) quatschen

ˈgas·bag *n* (*pej sl*) Quasselstrippe *f* **ˈgas cham·ber** *n* Gaskammer *f* **ˈgas cook·er** *n* BRIT Gasherd *m;* (*small device*) Gaskocher *m*

gas·eous [ˈgæsiəs] *adj* gasförmig

ˈgas field *n* [Erd]gasfeld *nt* **ˈgas fire** *n* BRIT Gaskaminofen *m* **ˈgas fit·ter** *n* BRIT Gasinstallateur(in) *m(f)* **ˈgas gage** *n* AM Benzinuhr *f*

gash [gæʃ] **I.** *n* <*pl* -es> *on the body* [tiefe] Schnittwunde; *in cloth* [tiefer] Schlitz **II.** *vt* aufschlitzen

gas ˈheat·ing, AM **ˈgas heat** *n no pl* [zentrale] Gasheizung **ˈgas·hold·er** *n* Gascontainer *m*

gas·ket [ˈgæskɪt] *n* Dichtung *f*

ˈgas lamp *n* Gaslampe *f* **ˈgas light·er** *n* Gasanzünder *m; for cigarettes* Gasfeuerzeug *nt* **ˈgas·man** *n* BRIT (*fam*) Gasableser(in) *m(f)*, Gasmann *m fam* **ˈgas mask** *n* Gasmaske *f* **ˈgas me·ter** *n* Gaszähler *m*

gaso·line [ˈgæsᵊliːn] *n* AM Benzin *nt*

gas·om·eter [gæsˈɒmɪtəʳ, AM -ˈɑːmət̬ɚ] *n* [großer] Gasbehälter

ˈgas oven *n* Gasherd *m*

gasp [gɑːsp, AM gæsp] **I.** *vi* ① (*pant*) keuchen; (*catch one's breath*) tief einatmen; ▪**he ~ed in pain** ihm stockte der Atem vor Schmerz; **to ~ for air** nach Luft schnappen ② BRIT (*fam*) ▪**to be ~ing [for sth]** großes Verlangen [nach etw *dat*] haben; **I'm ~ing!** ich verdurste! **II.** *vt* hervorstoßen; **'I thought you were dead,' she ~ed** „Ich dachte du wärst tot," stieß sie atemlos hervor **III.** *n* hörbares Lufteinziehen; **he gave a ~ of amazement** ihm blieb vor Überraschung die Luft weg ▸PHRASES: **the last ~** der letzte Atemzug

ˈgas ped·al *n* AM Gaspedal *nt* **ˈgas pipe** *n* Gasleitung *f* **ˈgas pump** *n* AM Zapfsäule *f* **ˈgas ring** *n* BRIT Gaskocher *m* **ˈgas sta·tion** *n* AM Tankstelle *f* **ˈgas stove** *n* Gasherd *m;* (*small device*) Gaskocher *m*

gas·sy [ˈgæsi] *adj liquid* kohlensäurehaltig

gas·tric [ˈgæstrɪk] *adj* MED Magen-

gas·tro·en·teri·tis [ˌgæstrəʊˌentəˈraɪtɪs, AM -troʊˌent̬əˈraɪt̬əs] *n no pl* MED Magen-Darm-Katarrh *m*

gas·tro·nom·ic [ˌgæstrəˈnɒmɪk, AM -ˈnɑː-] *adj* kulinarisch

gas·trono·my [gæsˈtrɒnəmi, AM -ˈtrɑː-] *n no pl* Gastronomie *f*

gas·tro·pub [ˈgæstrəpʌb] *n ein Bistro-ähnliches Lokal mit anspruchsvoller Küche*

ˈgas·works *n + sing vb* Gaswerk *nt*

gate [geɪt] *n* ① (*at an entrance*) Tor *nt;* (*at an airport*) Flugsteig *m,* Gate *nt;* (*to a garden, courtyard*) Pforte *f* ② SPORTS **starting ~** Startmaschine *f* ③ (*spectators*) Zuschauerzahl *f*

ˈgate·crash *vt* (*fam*) reinplatzen (**in** +*akk*) **ˈgate·crash·er** *n* (*fam*) un[ein]geladener Gast **ˈgate·keep·er** *n* Pförtner(in) *m(f)* **ˈgate mon·ey** *n no pl* BRIT, AUS Einnahmen *pl* (*aus Eintrittskartenverkäufen*) **ˈgate·post** *n* Torpfosten *m* **ˈgate·way** *n* ① Eingangstor *nt* ② (*fig*) Tor *nt* **ˈgate·way drug** *n* Einstiegsdroge *f*

gath·er [ˈgæðəʳ, AM -ɚ] **I.** *vt* ① (*collect*) sammeln; **to ~ intelligence** sich *dat* [geheime] Informationen beschaffen ② FASHION kräuseln ③ (*increase*) **to ~ speed** schneller werden ④ (*understand*) verstehen; ▪**to ~ from sth that ...** aus etw *dat* schließen, dass ...; ▪**to ~ from sb that ...** von jdm erfahren haben, dass ... **II.** *vi* (*come together*) sich sammeln; *people* sich versammeln; (*accumulate*) sich ansammeln; *clouds* sich zusammenziehen; *storm* heraufziehen

gath·er·ing [ˈgæðᵊrɪŋ] **I.** *n* Versammlung *f;* **family ~** Familientreffen *nt* **II.** *adj clouds, storm* heraufziehend; *darkness, gloom* zunehmend

gauche [gəʊʃ, AM goʊʃ] *adj* unbeholfen

gaudy [ˈgɔːdi, AM ˈgɑː-] *adj* knallig

gauge [geɪdʒ] **I.** *n* ① (*device*) Messgerät *nt;* (*for tools*) [Mess]lehre *f;* (*for water level*)

Pegel *m* ② (*thickness*) *of metal, plastic* Stärke *f; of a wire, tube* Dicke *f;* (*diameter*) *of a gun, bullet* Durchmesser *m* ③ RAIL Spurweite *f;* **standard ~** Normalspur *f* **II.** *vt* ① (*measure*) messen ② (*judge*) beurteilen; (*estimate*) [ab]schätzen

Aussprache

Das **au** in g**au**ge wird wie das **a** in p**a**ge ausgesprochen:

gauge [geɪdʒ]
page [peɪdʒ]

gaunt [gɔːnt, AM gɑːnt] *adj* hager; (*from illness*) ausgemergelt

gaunt·let ['gɔːntlət, AM 'gɑːnt-] *n* [Stulpen]handschuh *m* ▸ PHRASES: **to run the ~** Spießruten laufen; **to throw down the ~** den Fehdehandschuh hinwerfen *geh*

gauze [gɔːz, AM gɑːz] *n no pl* (*fabric*) Gaze *f*

gave [geɪv] *pt of* **give**

gav·el ['gævᵊl] *n* Hammer *m*

gawk [gɔːk, AM gɑːk] *vi* (*fam*) *see* **gawp**

gawky ['gɔːki, AM 'gɑːki] *adj* schlaksig, linkisch, unbeholfen

gawp [gɔːp, AM gɑːp] *vi* (*fam*) glotzen; ■**to ~ at sb/sth** jdn/etw anglotzen

gay [geɪ] **I.** *adj* ① (*homosexual*) schwul, gay; **~ bar** Schwulenlokal *nt;* **~ community** Schwulengemeinschaft *f* ② (*cheerful*) fröhlich, heiter **II.** *n* Schwule(r) *m,* Gay *m*

gaze [geɪz] **I.** *vi* starren; **to ~ into the distance/out of the window** ins Leere/aus dem Fenster starren; ■**to ~ at sb/sth** jdn/etw anstarren **II.** *n* Blick *m*

ga·zelle [gə'zel] *n* Gazelle *f*

ga·zette [gə'zet] *n* Blatt *nt,* Anzeiger *m*

ga·zump [gə'zʌmp] *vt* BRIT, AUS (*fam*) ■**to ~ sb** *jdn beim Hausverkauf übers Ohr hauen, indem man entgegen vorheriger Zusage an einen Höherbietenden verkauft*

GB *n* <*pl* -> ① *abbrev of* **Great Britain** GB ② *abbrev of* **gigabyte** GByte *nt*

GBH [ˌdʒiːbiː'eɪtʃ] *n no pl* BRIT LAW *abbrev of* **grievous bodily harm** schwere Körperverletzung

GCSE [ˌdʒiːsiːes'iː] *n* BRIT *abbrev of* **General Certificate of Secondary Education** ≈ Mittlere Reife

Land und Leute

Das **GCSE** (*General Certificate of Secondary Education*) ist die erste Prüfung, die Schüler im Alter von 16 Jahren in England, Wales und Nordirland ablegen. Es ist möglich jeweils nur ein Fach zu wählen, aber die meisten Schüler versuchen die Prüfung in acht oder neun Fächern abzulegen. In Schottland heißt die erste Prüfung *Standard Grade.*

Gdns *abbrev of* **Gardens** *bei Adressenangaben, z.B.: 25 Egerton Gdns*

GDP [ˌdʒiːdiː'piː] *n abbrev of* **gross domestic product** BIP *nt*

GDR [ˌdʒiːdiː'ɑːʳ, AM -'ɑːr] *n* (*hist*) *abbrev of* **German Democratic Republic** DDR *f hist*

gear [gɪəʳ, AM gɪr] **I.** *n* ① TECH Gang *m;* **to change** [*or* AM **shift**] **~s** schalten; ■**~s** *pl in a car* Getriebe *nt; on a bicycle* Gangschaltung *f* ② *no pl* (*equipment*) Ausrüstung *f;* (*clothes*) Kleidung *f,* Sachen *pl fam* **II.** *vt* ausrichten (**to** auf +*akk*) **III.** *vi* ■**to ~ [oneself] up** sich einstellen (**for** auf +*akk*)

'gear·box *n* Getriebe *nt*

gear·ing ['gɪərɪŋ, AM 'gɪr-] *n no pl* TECH Getriebe *nt*

'gear stick, BRIT, AUS **'gear lev·er**, AM **'gear·shift** *n* Schalthebel *m,* Schaltknüppel *m* **'gear·wheel** *n* Zahnrad *nt*

gee [dʒiː] *interj* AM (*fam*) Mannomann

geese [giːs] *n pl of* **goose**

gee·zer ['giːzəʳ, AM -ɚ] *n* (*fam*) **[old] ~** Alte(r) *m*

Geiger count·er ['gaɪgəˌ-, AM -ɚˌ-] *n* Geigerzähler *m*

gel [dʒel] **I.** *n* Gel *nt* **II.** *vi* <-ll-> ① gelieren ② (*fig*) Form annehmen

geld·ing ['geldɪŋ] *n* (*castrated horse*) Wallach *m*

gem [dʒem] *n* ① (*jewel*) Edelstein *m* ② (*very good thing*) Juwel *nt;* **a ~ of a car/house** ein klasse Auto/prunkvolles Haus

Gemi·ni ['dʒemɪnaɪ, -niː] *n* ASTROL Zwillinge *pl;* **to be a ~** [ein] Zwilling sein

gen [dʒen] *n no pl* BRIT (*sl*) Informationen *pl*

gen·der ['dʒendəʳ, AM -dɚ] *n* Geschlecht *nt*

gender-bending ['dʒendəbendɪŋ, AM -dɚ-] *adj attr* (*fam*) *chemicals* hormonell wirksam; **~ hormones** sich auf die Geschlechtsmerkmale auswirkende Hormone

gen·dered ['dʒendəd, AM -dɚd] *adj* geschlechtsspezifisch

gen·der ste·reo·typ·ing [-'steriə(ʊ)taɪpɪŋ, AM -'steriət̬-] *n no pl* geschlechtsspezifische Rollenverteilung; **why does this ~ still happen?** warum gibt es noch immer diese Klischeevorstellungen von Männern und Frauen?

gene [dʒiːn] *n* Gen *nt*

ge·nea·logi·cal [ˌdʒiːniə'lɒdʒɪkᵊl, AM -'lɑː-] *adj* genealogisch; **~ tree** Stammbaum *m*

ge·ne·alo·gist [ˌdʒiːni'ælədʒɪst] *n* Genealo-

G

ge, Genealogin *m, f*

ge·neal·ogy [ˌdʒiːniˈælədʒi] *n no pl* Genealogie *f*

ˈgene bank *n* Genbank *f*

gen·er·al [ˈdʒenᵊrᵊl] **I.** *adj* allgemein; ~ **idea** ungefähre Vorstellung; ~ **impression** Gesamteindruck *m;* ~ **meeting** Vollversammlung *f;* **it is** ~ **practice** es ist allgemein üblich; ■**the** ~ **view is that ...** die allgemein verbreitete Meinung ist, dass ...; **in** ~ [*or* **as a** ~ **rule**] im Allgemeinen; **to be in** ~ **use** allgemein benutzt werden **II.** *n* MIL General(in) *m(f)*

gen·er·al ˈAmeri·can *n* die amerikanische Standardsprache **gen·er·al an·aes·ˈthet·ic** *n no pl* Vollnarkose *f* **Gen·er·al As·ˈsem·bly** *n no pl* [UNO-]Vollversammlung *f* **gen·er·al de·ˈliv·ery** *n no pl* AM (*poste restante*) postlagernd **gen·er·al di·ˈrec·tor** *n* Generaldirektor(in) *m(f)* **gen·er·al eˈlec·tion** *n* Parlamentswahlen *pl*

gen·er·al·ity [ˌdʒenᵊˈrælɪti, AM -əṱi] *n* ① (*general statement*) **to talk in generalities** (*generalize*) verallgemeinern; **to talk about/of generalities** sich über Allgemeines unterhalten ② *no pl* (*form: majority*) **the** ~ die Mehrheit

gen·er·ali·za·tion [ˌdʒenᵊrᵊlaɪˈzeɪʃᵊn, AM -lɪˈ-] *n* Verallgemeinerung *f*

gen·er·al·ize [ˈdʒenᵊrᵊlaɪz, AM -əlaɪz] *vi, vt* ■**to** ~ [**about sth**] [etw] verallgemeinern

gen·er·al·ly [ˈdʒenᵊrᵊli] *adv* ① (*usually*) normalerweise, im Allgemeinen ② (*mostly*) im Allgemeinen, im Großen und Ganzen ③ (*widely, not in detail*) allgemein; ~ **speaking** im Allgemeinen

gen·er·al ˈman·ag·er *n*, **GM** *n* Geschäftsführer(in) *m(f)* **Gen·er·al ˈPost Of·fice** *n* Hauptpost *f* **gen·er·al prac·ˈti·tion·er** *n* Arzt *m*/Ärztin *f* für Allgemeinmedizin, praktischer Arzt/praktische Ärztin **gen·er·al ˈpub·lic** *n no pl* **the** ~ die Allgemeinheit, die Öffentlichkeit **ˈgen·er·al-pur·pose** *adj attr* Allgemein-, Universal-; ~ **cleaner** Allzweckreiniger *m* **gen·er·al ˈstaff** *n + sing/pl vb* MIL Generalstab *m* **gen·er·al ˈstore** *n* AM Gemischtwarenladen *m* **gen·er·al ˈstrike** *n* Generalstreik *m* **gen·er·al ˈview** *n no pl* ■**the** ~ die vorherrschende Meinung

gen·er·ate [ˈdʒenᵊreɪt, AM -əreɪt] *vt controversy, enthusiasm* hervorrufen; *electricity* erzeugen; *income* erzielen; *jobs* schaffen

ˈgen·er·at·ing sta·tion *n* Elektrizitätswerk *nt*

gen·era·tion [ˌdʒenəˈreɪʃᵊn] *n* ① (*set*) Generation *f;* **the next/younger/older** ~ die nächste/jüngere/ältere Generation; **the** ~ **gap** der Generationsunterschied ② *no pl* (*production*) Erzeugung *f*

gen·era·tive [ˈdʒenᵊrətɪv, AM -ṱ-] *adj* (*form*) generativ

gen·era·tor [ˈdʒenᵊreɪtəʳ, AM -ṱɚ] *n* ① (*dynamo*) Generator *m* ② (*producer*) ~ **of new ideas** Ideenlieferant(in) *m(f)*

ge·ner·ic [dʒəˈnerɪk] *adj* ① (*general*) generisch; ~ **term** Oberbegriff *m;* BIOL Gattungsbegriff *m* ② (*not name-brand*) *drug, food, product* markenlos

gen·er·os·ity [ˌdʒenᵊˈrɒsəti, AM -rɑːsəṱi] *n no pl* Großzügigkeit *f*

gen·er·ous [ˈdʒenᵊrəs] *adj person* großzügig, freigebig; (*contribution, gesture, tip*) großzügig; *portion, helping* groß

gen·esis <*pl* -ses> [ˈdʒenəsɪs, *pl* -siːz] *n usu sing* ① (*form: origin*) Ursprung *m* ② REL **G~** das erste Buch Mose

gene ˈthera·py *n usu sing* Gentherapie *f*

ge·net·ic [dʒəˈnetɪk, AM -ṱ-] *adj* genetisch; ~ **disease** Erbkrankheit *f*

gen·eti·cal·ly ˈmodi·fied *adj crop, food* genmanipuliert

gen·eti·cist [dʒəˈnetɪsɪst, AM -ˈneṱə-] *n* Genetiker(in) *m(f)*

gen·et·ics [dʒəˈnetɪks, AM -ˈneṱɪks] *n no pl* Genetik *f*

Ge·neva [dʒəˈniːvə] *n* Genf *nt*

Ge·neva Con·ven·tion [ˈdʒəniːvə-] *n* ■**the** ~ die Genfer Konvention

gen·ial [ˈdʒiːniəl] *adj* freundlich

ge·nie <*pl* -nii *or* -s> [ˈdʒiːni, *pl* -niaɪ] *n* Geist *m* (*aus einer Flasche oder Lampe*)

geni·ta·lia [ˌdʒenɪˈteɪliə] *npl* (*form*), **geni·tals** [ˈdʒenɪtᵊlz, AM -əṱᵊlz] *npl* Geschlechtsorgane *pl*

geni·tive [ˈdʒenɪtɪv, AM -əṱɪv] *n* Genitiv *m;* **to be in the** ~ im Genitiv stehen; ~ **case** Genitiv *m*

ge·ni·us <*pl* -es *or* -nii> [ˈdʒiːniəs, *pl* niaɪ] *n* ① (*person*) Genie *nt;* **to be a** ~ **with numbers** sich genial rechnen können ② *no pl* (*intelligence, talent*) Genialität *f*

geno·cide [ˈdʒenəsaɪd] *n no pl* Völkermord *m*

gen·re [ˈʒɑ̃ː(n)rə, AM ˈʒɑː(n)rə] *n* Genre *nt*

gent [dʒent] *n* (*hum fam*) *short for* **gentleman** Gentleman *m*

gen·teel [dʒenˈtiːl] *adj* vornehm

gen·tian [ˈdʒentiən] *n* Enzian *m*

gen·tile [ˈdʒentaɪl] *n* Nichtjude *m*, Nichtjüdin *f*

gen·tle [ˈdʒentl̩] *adj* sanft; *hint* zart; *slope* leicht; ~ **exercise** leichte sportliche Betätigung; ■**to be** ~ **with sb** behutsam mit jdm umgehen

gen·tle·man [ˈdʒentl̩mən, AM ˈdʒenṱl̩-] *n*

❶ (*polite man*) Gentleman *m;* **a perfect ~** ein wahrer Gentleman ❷ (*man*) Herr *m;* **~'s club** Herrenklub *m*

gen·tle·man·ly ['dʒentlmənli, AM 'dʒent̬l-] *adj* gentlemanlike

gen·tle·ness ['dʒentlnəs] *n no pl* Sanftheit *f*

gen·try ['dʒentri] *n no pl* BRIT **[landed] ~** niederer [Land]adel

Gents [dʒents] *n* BRIT Herrentoilette *f;* **'~'** „Herren"

genu·ine ['dʒenjuɪn] *adj* ❶ (*not fake*) echt ❷ (*sincere*) ehrlich

ge·nus <*pl* -nera> ['dʒenəs, *pl* -ərə] *n* BIOL Gattung *f*

ge·og·ra·pher [dʒi:'ɒgrəfəʳ, AM -'ɑ:grəfɚ] *n* Geograph(in) *m(f)*

geo·graph·ic(al) [ˌdʒi:ə(ʊ)'græfɪk(əl), AM ˌdʒi:ə'-] *adj* geographisch

ge·og·ra·phy [dʒi:'ɒgrəfi, 'dʒɒg-, AM dʒi:'ɑ:g-] *n no pl* ❶ (*study*) Erdkunde *f,* Geographie *f* ❷ (*layout*) Geographie *f*

geo·logi·cal [ˌdʒi:ə(ʊ)'lɒdʒɪkəl, AM -ə'lɑ:dʒ-] *adj* geologisch

ge·olo·gist [dʒi:'ɒlədʒɪst, AM -'ɑ:lə-] *n* Geologe, Geologin *m, f*

ge·ol·ogy [dʒi:'ɒlədʒi, AM -'ɑ:lə-] *n no pl* Geologie *f*

geo·met·ric(al) [ˌdʒi:ə(ʊ)'metrɪk(əl), AM ˌdʒi:ə'-] *adj* geometrisch

ge·om·etry [dʒi:'ɒmɪtri, AM dʒi:'ɑ:m-] *n no pl* Geometrie *f*

geo·physi·cal [ˌdʒi:ə(ʊ)'fɪzɪkəl, AM -oʊ'-] *adj* geophysikalisch

geo·phys·ics [ˌdʒi:ə(ʊ)'fɪzɪks, AM -oʊ'-] *n no pl* Geophysik *f*

geo·ther·mal [ˌdʒi:ə(ʊ)'θɜ:məl, AM -oʊ'θɜ:r-] *adj* geothermisch

ge·ra·nium [dʒə'reɪniəm] *n* Geranie *f*

geri·at·ric [ˌdʒeri'ætrɪk] **I.** *adj* geriatrisch; **~ nurse** Altenpfleger(in) *m(f)* **II.** *n* alter Mensch

geri·at·rics [ˌdʒeri'ætrɪks] *n + sing vb* Altersheilkunde *f*

germ [dʒɜ:m, AM dʒɜ:rm] *n* ❶ MED, BIOL Keim *m;* **to spread ~s** Keime verbreiten ❷ (*fig*) **the ~ of an idea** der Ansatz einer Idee

Ger·man ['dʒɜ:mən, AM 'dʒɜ:r-] **I.** *n* ❶ (*person*) Deutsche(r) *f(m)* ❷ *no pl* (*language*) Deutsch *nt* **II.** *adj* deutsch

ger·mane [dʒə'meɪn, AM dʒɚ'-] *adj* (*form*) relevant (**to** für)

Ger·man·ic [dʒə'mænɪk, AM dʒɚ'-] *adj* [indo]germanisch

Ger·man 'mea·sles *n + sing vb* Röteln *pl*

Ger·man 'shep·herd *n* (*dog*) Schäferhund *m*

Ger·ma·ny ['dʒɜ:məni, AM 'dʒɜ:r-] *n* Deutschland

'germ-free *adj* keimfrei

ger·mi·cide [ˌdʒɜ:mɪ'saɪd, AM ˌdʒɜ:rmə-] *n* keimtötendes Mittel

ger·mi·nate ['dʒɜ:mɪneɪt, AM 'dʒɜ:rmə-] **I.** *vi* keimen **II.** *vt* zum Keimen bringen

ger·mi·na·tion [ˌdʒɜ:mɪ'neɪʃən, AM ˌdʒɜ:rmə'-] *n no pl* Keimen *nt*

germ 'war·fare *n* Bakterienkrieg *m*

ger·und ['dʒerənd] *n* LING Gerundium *nt*

ges·ta·tion [dʒes'teɪʃən] *n no pl* ❶ *of humans* Schwangerschaft *f; of animals* Trächtigkeit *f* ❷ (*fig*) *of idea, project* Reifwerden *nt*

ges·ticu·late [dʒes'tɪkjəleɪt] *vi* (*form*) gestikulieren

ges·ticu·la·tion [dʒesˌtɪkjə'leɪʃən] *n* (*form*) Gestik *f*

ges·ture ['dʒestʃəʳ, AM -tʃɚ] **I.** *n* Geste *f;* **a ~ of defiance** eine trotzige Geste **II.** *vi, vt* deuten; **she ~d in the direction of the beach** sie deutete zum Strand hin

get <got, got *or* AM *usu* gotten> [get] **I.** *vt* ❶ (*obtain*) erhalten; **to ~ time off** frei bekommen; **where did you ~ your mobile from?** woher hast du dein Handy? ❷ (*receive*) bekommen ❸ (*experience*) erleben; **to ~ a surprise** überrascht sein; **I got quite a shock** ich habe einen ganz schönen Schock bekommen; **she ~s a lot of pleasure out of** [*or* **from**] **it** es bereitet ihr viel Freude ❹ (*deliver*) ■**to ~ sth to sb** jmd etw bringen; ■**to ~ sb/sth somewhere** jdn/etw irgendwohin bringen ❺ MED (*fam: contract*) sich *dat* holen; **to ~ the flu** sich *dat* die Grippe einfangen; **to ~ food poisoning** sich *dat* eine Lebensmittelvergiftung zuziehen ❻ (*fetch*) ■**to ~ [sb] sth** [*or* **sth for sb**] jdm etw besorgen; **can I ~ you a drink?** möchtest du was trinken? ❼ TRANSP (*travel with*) nehmen; (*catch*) erwischen ❽ (*fam: answer*) *door* aufmachen; **to ~ the telephone** ans Telefon gehen ❾ (*fam: pay for*) bezahlen ❿ *+ pp* (*cause to be*) **to ~ sth confused** etw verwechseln; **to ~ sth finished** etw fertig machen ⓫ (*induce*) ■**to ~ sb/sth to do sth** jdn/etw dazu bringen, etw zu tun ⓬ (*hear, understand*) verstehen; **to ~ the message** [*or* **picture**] [es] kapieren ⓭ (*prepare*) *meal* zubereiten **II.** *vi* ❶ (*become*) werden; **~ well soon!** gute Besserung!; **to ~ used to sth** sich an etw *akk* gewöhnen; **to ~ to like sth** etw langsam mögen; **to ~ married** heiraten ❷ (*reach*) kommen; **to ~ home** nach Hause kommen ❸ (*have opportunity*) ■**to ~ to do sth** die Möglichkeit haben, etw zu tun ❹ (*must*) ■**to have got to do sth** etw

G

machen müssen ◆**get about** *vi* herumkommen ◆**get across** *vt* verständlich machen ◆**get ahead** *vi* vorwärtskommen ◆**get along** *vi* ❶ *see* **get on II 1** ❷ (*hurry*) weitermachen ◆**get around** *vi* ❶ *see* **get round I** ❷ *see* **get about** ◆**get at** *vi* ❶ (*fam: suggest*) ■**to ~ at sth** auf etw *akk* hinauswollen ❷ BRIT, AUS (*fam: criticize*) kritisieren ❸ (*fam: bribe*) bestechen ❹ (*reach*) rankommen (an +*akk*) ◆**get away** *vi* ❶ (*leave*) fortkommen, wegkommen ❷ (*escape*) ■**to ~ away** [**from sb/sth**] jdm/etw entkommen ❸ (*avoid punishment*) ■**to ~ away with sth** mit etw *dat* ungestraft davonkommen; **you'll never ~ away with it!** das wird nicht gut gehen! ❹ (*succeed*) ■**to ~ away with sth** mit etw *dat* durchkommen; (*will I ~ away with wearing the same hat I wore to Peter's wedding?*) kann ich es mir erlauben denselben Hut zu tragen, den ich an Peters Hochzeit anhatte? ►PHRASES: **to ~ away with <u>murder</u>** sich *dat* alles erlauben können ◆**get back** I. *vt* (*actively*) zurückholen; *strength* zurückgewinnen; (*passively*) zurückbekommen II. *vi* ❶ (*return*) zurückkommen ❷ ■**to ~ back to** [**doing**] **sth** zu etw *dat* wieder zurückgehen; **to ~ back to sleep** wieder einschlafen ❸ (*contact*) ■**to ~ back to sb** sich wieder bei jdm melden ◆**get behind** *vi* ❶ (*support*) unterstützen ❷ (*be late*) in Rückstand geraten ◆**get by** *vi* ■**to ~ by** [**on/with sth**] mit etw *dat* auskommen ◆**get down** I. *vt* ❶ (*remove*) runternehmen (**from, off** von +*dat*) ❷ (*depress*) fertigmachen II. *vi* ❶ (*descend*) herunterkommen (**from, off** von +*dat*); *from the table* aufstehen ❷ (*bend down*) sich runterbeugen; (*kneel down*) niederknien ❸ (*start*) ■**to ~ down to** [**doing**] **sth** sich an etw *akk* machen ◆**get in** I. *vt* ❶ (*fam: find time for*) reinschieben ❷ (*say*) *word* einwerfen ❸ (*bring inside*) hereinholen ❹ (*ask to come*) kommen lassen; *specialist* hinzuziehen II. *vi* ❶ (*become elected*) an die Macht kommen ❷ (*arrive*) ankommen ❸ (*return*) zurückkehren; **to ~ in from work** von der Arbeit heimkommen ❹ (*make friends with*) ■**to ~ in with sb** auskommen mit jdm ◆**get into** I. *vi* ❶ (*enter*) [ein]steigen in +*akk* ❷ (*have interest for*) sich interessieren für II. *vt* (*become involved in*) *argument* verwickelt werden in +*akk* ◆**get off** I. *vi* ❶ (*fall asleep*) **to ~ off** [**to sleep**] einschlafen ❷ (*evade punishment*) davonkommen ❸ (*exit*) *bus, train* aussteigen ❹ (*dismount*) absteigen II. *vt* ❶ (*send to sleep*) in den Schlaf wiegen ❷ LAW freibekommen ❸ (*remove*) nehmen von; **to ~ sb off sth** *bus, train, plane* herausbringen aus; *boat, roof* herunterholen von ◆**get on** I. *vt* (*put on*) anziehen; *hat* aufsetzen; *lid* drauftun II. *vi* ❶ (*be friends*) sich verstehen ❷ (*continue*) weitermachen ❸ (*age*) alt werden; **to be ~ting on** [**in years**] an Jahren zunehmen ❹ *time* spät werden ❺ (*criticize*) ■**to ~ on at sb** auf jdm herumhacken ❻ (*contact*) ■**to ~ on to sb** sich mit jdm in Verbindung setzen ◆**get out** I. *vi* (*become known*) *news* herauskommen II. *vt* ❶ (*bring out*) rausbringen (**of** aus +*dat*) ❷ (*remove*) herausbekommen; *money* abheben ◆**get out of** *vi* ❶ (*avoid*) ■**to ~ out of** [**doing**] **sth** sich [vor etw *dat*] drücken *fam* ❷ (*stop*) **to ~ out of a habit** eine Gewohnheit ablegen ❸ AM **~ out of here!** das glaub ich dir nicht! ◆**get over** I. *vi* ❶ ■**to ~ over sb/sth** über jdn/etw hinwegkommen; *illness* sich erholen von; **I can't ~ over the way he behaved** ich komme nicht darüber hinweg, wie er sich verhalten hat ❷ ■**to ~ sth over** [**with**] etw hinter sich *akk* bringen II. *vt* *idea* rüberbringen ◆**get round** I. *vi* ❶ *news* sich verbreiten ❷ ■**to ~ round to** [**doing**] **sth** es schaffen, etw zu tun II. *vt* ❶ (*evade*) *the law* umgehen ❷ (*deal with*) *a problem* angehen ◆**get through** I. *vi* ❶ (*make oneself understood*) ■**to ~ through to sb that/how ...** jdm klarmachen, dass/wie ... ❷ (*contact*) ■**to ~ through to sb** *on the phone* zu jdm durchkommen II. *vt* ❶ (*use up*) aufbrauchen ❷ (*finish*) *work* erledigen ❸ (*survive*) *bad times* überstehen ◆**get together** *vi* sich treffen ◆**get up** I. *vt* ❶ (*climb*) hinaufsteigen ❷ (*gather*) *courage* aufbringen; *speed* sich beschleunigen ❸ (*fam: wake*) wecken II. *vi* ❶ (*get out of bed*) aufstehen ❷ (*stand up*) sich erheben ❸ BRIT *wind* auffrischen

get-'at-able *adj* (*fam*) zugänglich

'get·away *n* (*fam*) ❶ (*escape*) Flucht *f*; **to make a ~** entwischen ❷ (*holiday*) Trip *m*

'get·away car *n* Fluchtauto *nt*

'get-togeth·er *n* (*fam*) Treffen *nt* **'get-up** *n* (*fam: outfit*) Kluft *f*

gey·ser ['gaɪzəʳ, AM -ɚ] *n* Geysir *m*

ghast·ly ['gɑːstli, AM 'gæst-] *adj* ❶ (*fam: frightful*) *report* schrecklich; *experience* fürchterlich; *weather* grässlich ❷ (*unwell*) grässlich, scheußlich ❸ ~ [**white/pale**] to-

tenbleich
gher·kin ['gɜ:kɪn, AM 'gɜ:r-] *n* Essiggurke *f*
ghet·to ['getəʊ, AM -t̬oʊ] *n* <*pl* -s *or* -es> G[h]etto *nt*
ghet·to-fabu·lous [ˌgetəʊ'fæbjələs, AM -toʊ-] *adj jewellery* ~ **rocks** Riesenklunker *m[pl]*
ghost [gəʊst, AM goʊst] *n* Geist *m* ▸PHRASES: **to give up the ~** den Geist aufgeben
ghost·ly ['gəʊstli, AM 'goʊst-] *adj* ❶ (*ghostlike*) geisterhaft ❷ (*eerie*) *voice* gespenstisch
'ghost sto·ry *n* Gespenstergeschichte *f* **'ghost town** *n* Geisterstadt *f* **'ghost train** *n* Geisterbahn *f* **'ghost-writ·er** *n* Ghostwriter *m*
ghoul [gu:l] *n* Ghul *m*
GI[1] [ˌdʒi:'aɪ] *n* (*fam*) GI *m*
GI[2] [ˌdʒi:'aɪ] *n abbrev of* **glycaemic index** glykämischer Index
gi·ant ['dʒaɪənt] **I.** *n* Riese *m a. fig* **II.** *adj* riesig; **to make ~ strides** (*fig*) große Fortschritte machen
gi·ant·ess ['dʒaɪəntes, AM -t̬əs] *n* Riesin *f*
gib·ber ['dʒɪbəʳ, AM -ɚ] *vi* stammeln
gib·ber·ish ['dʒɪbərɪʃ, AM -ɚɪʃ] *n no pl* (*pej*) ❶ (*spoken*) Gestammel *nt* ❷ (*written*) Quatsch *m*
gib·bet ['dʒɪbɪt] *n* Galgen *m*
gib·bon ['gɪbən] *n* ZOOL Gibbon *m*
gibe *n, vi see* **jibe**
gib·lets ['gɪbləts] *npl* Innereien *pl*
Gi·bral·tar [dʒɪ'brɔ:ltəʳ, AM -'brɑ:ltɚ] *n* Gibraltar *nt*
gid·di·ly ['gɪdɪli] *adv* ❶ (*dizzily*) benommen ❷ (*frivolously*) leichtfertig
gid·di·ness ['gɪdinəs] *n no pl* Schwindelgefühl *nt*
gid·dy ['gɪdi] *adj* schwind(e)lig
gift [gɪft] *n* ❶ (*present*) Geschenk *nt a. fig* ❷ (*donation*) Spende *f* ❸ (*talent*) Talent *nt;* **to have a ~ for languages** sprachbegabt sein

Falsche Freunde
Nicht verwechseln mit Gift *nt* — *poison*!

'gift card *n Geschenkgutschein in Form einer Kreditkarte, von Kreditkartenanbietern oder Firmen angeboten*
gift·ed ['gɪftɪd] *adj* begabt; *musician* begnadet
'gift horse *n* ▸PHRASES: **never look a ~ in the mouth** (*prov*) einem geschenkten Gaul guckt man nicht ins Maul **'gift shop** *n* Geschenkartikelladen *m* **'gift to·ken**, **'gift vouch·er** *n* Geschenkgutschein *m*
gig [gɪg] **I.** *n* Gig *m* **II.** *vi* <-gg-> auftreten
giga·byte ['gɪgəbaɪt] *n* COMPUT Gigabyte *nt*
gi·gan·tic [dʒaɪ'gæntɪk, AM -t̬ɪk] *adj* gigantisch; ~ **bite** Riesenbissen *m*
gig·gle ['gɪgl̩] **I.** *vi* kichern (**at** über +*akk*) **II.** *n* ❶ (*laugh*) Gekicher *nt kein pl* ❷ *no pl* BRIT, AUS (*fam: joke*) Spaß *m;* **to do sth for a ~** etw zum Spaß machen
gill [gɪl] *n usu pl* Kieme *f* ▸PHRASES: **to look green about the ~s** grün im Gesicht sein
gilt [gɪlt] **I.** *adj* vergoldet **II.** *n* Vergoldung *f*
gilt-'edged *adj* FIN mündelsicher
gim·let ['gɪmlət] *n* ❶ (*tool*) Schneckenbohrer *m* ❷ AM (*drink*) *Cocktail aus Gin, Wodka und Limettensaft*
gim·mick ['gɪmɪk] *n* (*esp pej*) ❶ (*trick*) Trick *m;* **advertising/sales ~** Werbetrick *m*/Verkaufstrick *m* ❷ (*attraction*) Attraktion *f*
gim·micky ['gɪmɪki] *adj* (*pej*) marktschreierisch
gin [dʒɪn] *n* (*drink*) Gin *m*
gin·ger ['dʒɪndʒəʳ, AM -ɚ] **I.** *n no pl* ❶ (*spice*) Ingwer *m* ❷ (*colour*) gelbliches Braun **II.** *adj* gelblich braun
gin·ger 'ale *n* Gingerale *nt* **gin·ger 'beer** *n* Ingwerbier *nt* **'gin·ger·bread** *n no pl* Lebkuchen *m* **gin·ger-'haired** *adj* rötlich blond
gin·ger·ly ['dʒɪndʒəli, AM -dʒɚli] *adv* behutsam
'gin·ger nut, *esp* AM **'gin·ger snap** *n* Ingwerkeks *m o* ÖSTERR *a. nt*
gip·sy *n esp* BRIT (*dated*) *see* **gypsy**
gi·raffe <*pl* -s *or* -> [dʒɪ'rɑ:f, AM dʒə'ræf] *n* Giraffe *f*
gird·er ['gɜ:dəʳ, AM 'gɜ:rdɚ] *n* Träger *m*
gir·dle ['gɜ:dl̩, AM 'gɜ:rdl̩] *n* (*corset*) Korsett *nt*
girl [gɜ:l, AM gɜ:rl] *n* Mädchen *nt;* (*girlfriend*) Freundin *f*
'girl·friend *n* Freundin *f* **Girl 'Guide** *n* BRIT (*dated*) Pfadfinderin *f*
girl·hood ['gɜ:lhʊd, AM 'gɜ:rl-] *n no pl* (*dated*) Mädchenjahre *pl*
girlie, girly ['gɜ:li, AM 'gɜ:rli], **girl·ish** ['gɜ:lɪʃ, AM 'gɜ:rl-] *adj* mädchenhaft
giro ['dʒaɪ(ə)rəʊ, AM 'dʒaɪroʊ] *n* ❶ *no pl* (*system*) Giro *nt* ❷ <*pl* -s> BRIT (*cheque*) Giroscheck *m*
'giro ac·count *n* Girokonto *nt* **'giro trans·fer** *n* Giroüberweisung *f*
girth [gɜ:θ, AM gɜ:rθ] *n* ❶ (*circumference*) Umfang *m;* **in ~** an Umfang ❷ (*saddle strap*) Sattelgurt *m*
gist [dʒɪst] *n* ■**the ~** das Wesentliche; **to get the ~ of sth** den Sinn von etw *dat* ver-

G

stehen

give [gɪv] **I.** *vt* <gave, given> ① ■**to ~ sb sth** jdm etw geben; (*as present*) jdm etw schenken; (*donate*) jdm etw spenden; **to ~ sb a cold** jdn mit seiner Erkältung anstecken; **~n the choice** wenn ich die Wahl hätte; **to ~ a decision** LAW ein Urteil fällen; **to ~ sb his/her due** jdm Ehre erweisen; **to ~ sb encouragement** jdn ermutigen; **to ~ a speech** eine Rede halten; **to ~ sb/sth a bad name** jdn/etw in Verruf bringen; **to ~ sb the news of sth** jdm etw mitteilen; **to ~ sb permission** [**to do sth**] jdm die Erlaubnis erteilen[, etw zu tun]; **he couldn't ~ me a reason why ...** er konnte mir auch nicht sagen, warum ...; **that will ~ you something to think about!** darüber kannst du ja mal nachdenken!; **don't ~ me that!** (*fig*) komm mir doch nicht damit!; **~ him my thanks** richten Sie ihm meinen Dank aus; **~ her my best wishes** grüß' sie schön von mir! ② (*emit*) **to ~ a cry/groan** aufschreien/aufstöhnen ③ (*produce*) *result, number* ergeben; *warmth* spenden ④ (*do*) **to ~ sb a** [**dirty**] **look** jdm einen vernichtenden Blick zuwerfen; **to ~ a shrug** mit den Schultern zucken **II.** *vi* <gave, given> ① (*donate*) spenden (**to** für +*akk*); **to ~ and take** [gegenseitige] Kompromisse machen ② (*bend, yield*) nachgeben; *bed* federn; *knees* weich werden; *rope* reißen ▸PHRASES: **it is <u>better</u> to ~ than to receive** (*prov*) Geben ist seliger denn Nehmen; **to ~ as <u>good</u> as one gets** Gleiches mit Gleichem vergelten **III.** *n no pl* Nachgiebigkeit *f;* (*elasticity*) Elastizität *f;* *of bed* Federung *f;* **to not have any/much ~ in it** nicht [sehr] nachgeben; (*elasticity*) nicht [sehr] elastisch sein ◆**give away** *vt* ① (*offer for free*) verschenken ② *bride* zum Altar führen ③ (*fig: lose*) *penalty* verschenken ④ (*betray*) *secret, hiding place* verraten; ■**to ~ oneself away** sich verraten ▸PHRASES: **to ~ the <u>game</u> away** alles verraten ◆**give back** *vt* zurückgeben (**to** +*dat*) ◆**give in I.** *vi* ① (*to pressure*) nachgeben (**to** +*dat*); **to ~ in to temptation** der Versuchung erliegen ② (*surrender*) aufgeben **II.** *vt* (*hand in*) abgeben; *document* einreichen ◆**give off** *vt* abgeben; *smell, smoke* ausströmen ◆**give out I.** *vi* ① (*run out*) ausgehen; *energy* zu Ende gehen; **then her patience gave out** dann war es mit ihrer Geduld vorbei ② (*stop working*) versagen **II.** *vt* ① (*distribute*) verteilen (**to** an +*akk*); *pencils, books* austeilen ② (*announce*) verkünden ③ (*emit*) von sich *dat* geben ◆**give over I.** *vt* ① (*set aside*) ■**to be given over to sth** für etw *akk* beansprucht werden; (*devoted*) etw *dat* gewidmet sein/werden ② (*hand over*) übergeben **II.** *vi* BRIT (*fam*) aufhören ◆**give up I.** *vi* aufgeben **II.** *vt* ① (*quit*) aufgeben; *habit* ablegen; *boyfriend, girlfriend* fallen lassen; ■**to ~ up doing sth** mit etw *dat* aufhören; **I've given up trying to persuade her** ich habe es aufgegeben sie zu überzeugen ② (*surrender*) überlassen; *rights, territory* abtreten; **to ~ oneself up** [**to the police**] sich *akk* [der Polizei] stellen ③ (*consider lost*) **to ~ sb up for dead** jdn für tot halten

give-and-'take *n no pl* ① (*compromise*) Geben und Nehmen *nt* ② AM (*debate*) Meinungsaustausch *m*

'give·away I. *n* ① *no pl* (*fam: telltale sign*) **to be a dead ~** alles verraten ② (*freebie*) Werbegeschenk *nt* **II.** *adj* ① (*low*) **~ price** Schleuderpreis *m* ② (*free*) kostenlos; **~ newspaper** Gratiszeitung *f*

giv·en ['gɪvᵊn] **I.** *n* gegebene Tatsache; **to take sth as a ~** etw als gegeben annehmen **II.** *adj* ① (*certain*) gegeben ② (*specified*) festgelegt ③ (*accustomed*) **to be ~ to doing sth** gewöhnt sein, etw zu tun **III.** *prep* **~ sth** angesichts einer S. *gen;* **~ the circumstances** unter diesen Umständen **IV.** *pp of* **give**

'giv·en name *n* Vorname *m*

giv·er ['gɪvəʳ, AM -ɚ] *n* Spender(in) *m(f)*

gla·cé ['glæseɪ, AM glæs'eɪ], AM *a.* **gla·céed** [glæs'eɪd] *adj* **~ cherries** kandierte Kirschen

gla·cial ['gleɪsiəl, AM 'gleɪʃəl] *adj* ① (*left by glacier*) glazial; **~ lake** Gletschersee *m* ② (*a. fig: freezing*) eisig

glaci·er ['glæsiəʳ, AM 'gleɪʃɚ] *n* Gletscher *m*

glad <-dd-> [glæd] *adj* froh; **to be ~ about sth** sich über etw *akk* freuen; ■**to be ~ of sth** über etw *akk* froh sein; **I'd be** [**only too**] **~ to help you** ich würde dir [sehr] gerne helfen

glad·den ['glædᵊn] *vt* (*form*) erfreuen

glade [gleɪd] *n* (*liter*) Lichtung *f*

gladia·tor ['glædieɪtəʳ, AM -t̬ɚ] *n* Gladiator *m*

glad·ly ['glædli] *adv* gerne

glad·ness ['glædnəs] *n no pl* Freude *f*

'glad rags *npl* (*hum*) Festkleidung *f*

glam·or·ize ['glæmᵊraɪz, AM -əraɪz] *vt* verherrlichen

glam·or·ous ['glæmᵊrəs] *adj* glamourös

glam·our *n,* AM **glam·or** ['glæməʳ, AM -ɚ] *n no pl* Glanz *m*

glance [glɑːn(t)s, AM glæn(t)s] **I.** *n* Blick *m;* **at first ~** auf den ersten Blick; **to see at a ~** mit einem Blick erfassen **II.** *vi* ■**to ~ at sth** auf etw *akk* schauen; **to ~ through a letter** einen Brief überfliegen

Falsche Freunde

Nicht verwechseln mit glänzen — *to shine*!

◆**glance off** *vi* abprallen
gland [glænd] *n* Drüse *f*
glan·du·lar 'fe·ver *n no pl* Drüsenfieber *nt*
glare [gleəʳ, AM gler] **I.** *n* ① (*stare*) wütender Blick ② *no pl* (*light*) grelles Licht **II.** *vi* (*stare*) ■**to ~ [at sb]** [jdn an]starren
glar·ing ['gleəʳɪŋ, AM 'gler-] *adj* ① (*staring*) stechend ② (*blinding*) blendend; *light* grell ③ (*obvious*) *mistake* eklatant; *weakness* krass; *injustice* himmelschreiend
glass [glɑːs, AM glæs] *n* Glas *nt;* **pane of ~** Glasscheibe *f;* **a ~ of water** ein Glas *nt* Wasser
'glass-blow·er *n* Glasbläser(in) *m(f)*
'glass-cut·ter *n* Glasschneider *m*
glas·ses ['glɑːsɪz, AM 'glæsɪz] *npl* (*spectacles*) **[a pair of] ~** [eine] Brille *f;* **to wear ~** eine Brille tragen

Grammatik

glasses wird im Plural gebraucht: *are those sunglasses new?*
a pair of glasses wird aber im Singular verwendet: *I need a new pair of glasses*

glass 'fi·bre *n* Glasfasern *pl* **'glass·ful** *n* Glas *nt* voll **'glass·house** *n* Gewächshaus *nt* **'glass·ware** *n no pl* Glaswaren *pl* **'glass·works** *n + sing/pl vb* Glasfabrik *f*
glassy ['glɑːsi, AM 'glæsi] *adj* ① *surface* spiegelglatt ② *eyes* glasig
Glas·we·gian [glæz'wiːdʒᵊn, AM glæs'-] **I.** *n* (*person*) Glasgower(in) *m(f)* **II.** *adj* aus Glasgow *nach n*
glaze [gleɪz] **I.** *n* (*on food, pottery*) Glasur *f* **II.** *vt* ① *food, pottery* glasieren ② (*fit with glass*) verglasen **III.** *vi* ■**to ~ [over]** *eyes* glasig werden
gla·zi·er ['gleɪziəʳ, AM gleɪʒɚ] *n* Glaser(in) *m(f)*
gleam [gliːm] **I.** *n* Schimmer *m* **II.** *vi* schimmern
gleam·ing ['gliːmɪŋ] **I.** *adj* glänzend **II.** *adv* strahlend
glean [gliːn] *vt* in Erfahrung bringen
glee [gliː] *n no pl* Entzücken *nt;* (*gloating joy*) Schadenfreude *f*
glee·ful ['gliːfᵊl] *adj* ausgelassen; (*gloating*) schadenfroh
glen [glen] *n* Schlucht *f*
glib <-bb-> [glɪb] *adj person* zungenfertig; *answer, remark* unbedacht
glide [glaɪd] *vi* ① (*move smoothly*) hingleiten ② (*fly*) gleiten
glid·er ['glaɪdəʳ, AM -ɚ] *n* ① (*plane*) Segelflugzeug *nt* ② AM (*chair*) Hollywoodschaukel *f*
'glid·er pi·lot *n* Segelflieger(in) *m(f)*
glid·ing ['glaɪdɪŋ] *n no pl* Segelfliegen *nt*
glim·mer ['glɪməʳ, AM -ɚ] **I.** *vi* schimmern **II.** *n* Schimmer *m kein pl;* **~ of hope/light** Hoffnungs-/Lichtschimmer *m*
glimpse [glɪm(p)s] **I.** *vt* flüchtig sehen **II.** *n* [kurzer/flüchtiger] Blick
glint [glɪnt] **I.** *vi* glitzern **II.** *n* Glitzern *nt*
glis·ten ['glɪsᵊn] *vi* glitzern, glänzen
glitch [glɪtʃ] *n* ① (*fam: fault*) Fehler *m;* **computer ~** Computerstörung *f* ② (*setback*) Verzögerung *f*
glit·ter ['glɪtəʳ, AM -t̬ɚ] **I.** *vi* glitzern; *eyes* funkeln ▸ PHRASES: **all that ~s is not gold** (*prov*) es ist nicht alles Gold, was glänzt **II.** *n no pl* ① (*sparkling*) Glitzern *nt;* *of eyes* Funkeln *nt* ② (*decoration*) Glitter *m*
glit·ter·ing ['glɪtᵊrɪŋ, AM -t̬ɚ-] *adj* ① (*sparkling*) glitzernd ② (*impressive*) *career* glanzvoll
glitz [glɪts] *n no pl* Glanz *m*
glitzy ['glɪtsi] *adj* glanzvoll
gloat [gləʊt, AM gloʊt] *vi* sich hämisch freuen; ■**to ~ over sth** sich an etw *dat* weiden
glob·al ['gləʊbᵊl, AM 'gloʊ-] *adj* ① (*worldwide*) global ② (*complete*) umfassend
glob·ali·za·tion [ˌgləʊbᵊlaɪ'zeɪʃᵊn, AM ˌgloʊbᵊlɪ'-] *n no pl* Globalisierung *f*
glob·al·ize ['gləʊbᵊlaɪz, AM 'gloʊbəl-] *vt* globalisieren
glob·al 'warm·ing *n no pl* Erwärmung *f* der Erdatmosphäre
globe [gləʊb, AM gloʊb] *n* ① (*Earth*) ■**the ~** die Erde; **to circle the ~** die Welt umreisen ② (*map*) Globus *m*
'globe·trot·ter *n* Globetrotter(in) *m(f)*
glo·bo·cop ['gləʊbəʊkɒp, AM 'gloʊboʊkɑːp] *n* Weltpolizist(in) *m(f)*
gloom [gluːm] *n no pl* ① (*depression*) Hoffnungslosigkeit *f* ② (*darkness*) Düsterheit *f;* **to emerge from the ~** aus dem Dunkel auftauchen
gloomi·ness ['gluːmɪnəs] *n no pl* ① (*depression*) Hoffnungslosigkeit *f* ② (*darkness*) Düsterheit *f*
gloomy ['gluːmi] *adj* ① (*dismal*) trostlos; *thoughts* trübe ② (*dark*) düster

G

gloopy ['glu:pi] *adj* (*pej fam*) *lipstick* schmierig

glo·ri·fi·ca·tion [ˌglɔ:rɪfɪ'keɪʃᵊn, AM -rəfə'-] *n no pl* Verherrlichung *f*

glo·ri·fy <-ie-> ['glɔ:rɪfaɪ, AM -rə-] *vt* ① (*make seem better*) verherrlichen ② (*honour*) ehren; REL [lob]preisen

glo·ri·ous ['glɔ:riəs] *adj* ① (*illustrious*) *victory* glorreich; *person* ruhmvoll ② (*splendid*) prachtvoll; *weather* herrlich

glo·ry ['glɔ:ri] **I.** *n* ① *no pl* (*honour*) Ruhm *m* ② (*splendour*) Herrlichkeit *f*, Pracht *f* **II.** *vi* <-ie-> ■**to ~ in [doing] sth** etw genießen

G

'glo·ry hole *n* (*fam*) Rumpelkammer *f*

gloss [glɒs, AM glɑ:s] **I.** *n* ① (*shine*) Glanz *m;* **in ~ or matt** glänzend oder matt; **to put a ~ on sth** etw [besonders] hervorheben ② (*paint*) Glanzlack *m* ③ (*cosmetic*) **lip ~** Lipgloss *nt* **II.** *adj* Glanz- ◆**gloss over** *vt* schönfärben

glos·sa·ry ['glɒsᵊri, AM 'glɑ:s-] *n* Glossar *nt*

glossy ['glɒsi, AM 'glɑ:si] **I.** *adj* glänzend; **~ magazine** Hochglanzmagazin *nt* **II.** *n* (*magazine*) Hochglanzmagazin *nt*

glove [glʌv] *n usu pl* Handschuh *m;* **to fit like a ~** wie angegossen passen

'glove box, 'glove com·part·ment *n* AUTO Handschuhfach *nt*

glow [gləʊ, AM gloʊ] **I.** *n no pl* Leuchten *nt; of a lamp, the sun* Scheinen *nt; of a cigarette, the sunset* Glühen *nt; of fire* Schein *m;* **a healthy ~** eine gesunde Farbe **II.** *vi* ① (*shed light*) leuchten; *fire, light* scheinen ② (*be red and hot*) glühen; **the embers ~ed dimly in the grate** die Glut glimmte im Kamin ③ (*fig: look radiant*) strahlen; **to ~ with health** vor Gesundheit strotzen; **to ~ with pride** vor Stolz schwellen

glow·er ['glaʊəʳ, AM 'glaʊɚ] *vi* verärgert aussehen; ■**to ~ at sb** jdn zornig anstarren

glow·ing ['gləʊɪŋ, AM 'gloʊ-] *adj* ① (*radiating light*) *candle* leuchtend; *sun* scheinend; *cigarette* glühend ② (*radiant*) leuchtend ③ (*very positive*) begeistert; *review* überschwänglich

'glow-worm *n* Glühwürmchen *nt*

glu·cosa·mine [glu:'kəʊsəmi:n, AM -'koʊ-] *n* Glucosamin *nt*

glu·cose ['glu:kəʊs, AM -koʊs] *n no pl* Traubenzucker *m*

glue [glu:] **I.** *n no pl* Klebstoff *m* **II.** *vt* ① kleben; ■**to ~ sth together** etw zusammenkleben ② (*fig*) ■**to be ~d to sth** an etw *dat* kleben; **we were ~d to the television** wir klebten am Fernsehen; **to be ~d to the spot** wie angewurzelt dastehen

'glue-sniff·ing *n no pl* Schnüffeln *nt* **'glue stick** *n* Klebestift *m*

glum <-mm-> [glʌm] *adj* niedergeschlagen; *expression* mürrisch; *face* bedrückt; *thoughts* schwarz

glut [glʌt] *n* Überangebot *nt;* **an oil ~** eine Ölschwemme

glu·ten ['glu:tᵊn] *n no pl* Gluten *nt*

glu·ti·nous ['glu:tɪnəs, AM -tᵊn-] *adj* klebrig

glut·ton ['glʌtᵊn] *n* ① (*pej: overeater*) Vielfraß *m* ② (*fig: enthusiast*) Unersättliche(r) *f(m);* **~ for punishment** Masochist(in) *m(f)*

glut·ton·ous ['glʌtᵊnəs] *adj* gefräßig

glut·tony ['glʌtᵊni] *n no pl* Gefräßigkeit *f*

gm *n abbrev of* **gram** g.

GM[1] [ˌdʒi:'em] *adj* BRIT SCH *abbrev of* **grant-maintained** öffentlich bezuschusst

GM[2] [ˌdʒi:'em] *adj abbrev of* **genetically modified** *food, crops* GM, genmanipuliert

GMO [ˌdʒi:em'əʊ, AM -'oʊ] *n abbrev of* **genetically modified organism** gentechnisch veränderter Organismus

GMT [ˌdʒi:em'ti:] *n no pl abbrev of* **Greenwich Mean Time** WEZ

gnarled [nɑ:ld, AM nɑ:rld] *adj branch* knorrig; *finger* knotig

gnash [næʃ] *vt* **to ~ one's teeth** mit den Zähnen knirschen

gnash·ers ['næʃəz] *npl* BRIT (*fam: teeth*) Kauwerkzeuge *pl*

gnat [næt] *n* [Stech]mücke *f*

gnaw [nɔ:, AM nɑ:] **I.** *vi* nagen *a. fig* (**on, at** an +*dat*) **II.** *vt* ① (*chew*) ■**to ~ sth** an etw *dat* kauen ② (*fig*) **to be ~ed by guilt** von Schuld geplagt sein

gnaw·ing ['nɔ:ɪŋ, AM 'nɑ:-] **I.** *adj* nagend **II.** *n no pl* Nagen *nt*

gnome [nəʊm, AM noʊm] *n* Gnom *m;* **[garden] ~** Gartenzwerg *m*

GNP [ˌdʒi:en'pi] *n no pl abbrev of* **Gross National Product** BSP *nt*

go [gəʊ, AM goʊ] **I.** *vi* <goes, went, gone> ① (*proceed*) gehen; *vehicle, train* fahren; *plane* fliegen; **we have a long way to ~** wir haben noch einen weiten Weg vor uns; ■**to ~ towards sb/sth** auf jdn/etw zugehen; **to ~ home** nach Hause gehen; **to ~ to hospital/a party/prison/the toilet** ins Krankenhaus/auf eine Party/ins Gefängnis/auf die Toilette gehen ② (*travel*) reisen; **to ~ by bike** mit dem Fahrrad fahren; **to ~ on [a] holiday** in Urlaub gehen; **to ~ to Italy** nach Italien fahren; **to ~ on a journey/trip** verreisen, eine Reise machen; **to ~ by plane** fliegen; **to ~ abroad** ins Ausland gehen ③ (*disappear*) verschwinden; **to ~ missing** verschwinden;

where have my keys gone? wo sind meine Schlüssel hin?; **my toothache's gone!** meine Zahnschmerzen sind weg!; **half of my salary ~es on rent** die Hälfte meines Gehaltes geht für die Miete drauf; **there ~es another one!** und wieder ei-ne/einer weniger!; **the president will have to ~** der Präsident wird seinen Hut nehmen müssen ④ (*leave*) gehen; **the bus has gone** der Bus ist schon weg; **let's ~!** los jetzt! ⑤ (*do*) **to ~ biking/shopping/swimming etc.** Rad fahren/einkaufen/schwimmen etc. gehen; **to ~ looking for sb/sth** jdn/etw suchen gehen ⑥ (*attend*) **to ~ to church** in die Kirche gehen; **to ~ to the doctor** zum Arzt gehen; **to ~ to school/university** in die Schule/auf die Universität gehen ⑦ + *adj* (*become*) werden; **the line has gone dead** die Leitung ist tot; **I went cold** mir wurde kalt; **to ~ bankrupt** bankrottgehen; **to ~ haywire** (*out of control*) außer Kontrolle geraten; (*malfunction*) verrückt spielen; **to ~ public** an die Öffentlichkeit treten; STOCKEX an die Börse gehen; **to ~ to sleep** einschlafen; **my mind went a complete blank** ich hatte voll ein Brett vorm Kopf! ⑧ + *adj* (*be*) sein; **to ~ hungry** hungern; **to ~ thirsty** dursten; **to ~ unnoticed** unbemerkt bleiben ⑨ (*turn out*) gehen; **how did your party ~?** und, wie war deine Party?; **how are things ~ing?** und, wie läuft's?; **things have gone well** es ist gut gelaufen; **to ~ according to plan** nach Plan laufen; **to ~ from bad to worse** vom Regen in die Traufe kommen; **to ~ wrong** schieflaufen ⑩ (*pass*) vergehen; **only two days to ~ ...** nur noch zwei Tage ... ⑪ (*fail*) kaputtgehen; *hearing, memory* nachlassen; *rope* reißen ⑫ (*die*) sterben ⑬ (*belong*) hingehören; **the cutlery ~es in this drawer** das Besteck gehört in diese Schublade ⑭ (*lead*) *path, road* führen ⑮ (*extend*) gehen; **the meadow ~es all the way down to the stream** die Weide erstreckt sich bis hinunter zum Bach ⑯ (*function*) *watch* gehen; *machine, business* laufen; **to get/keep sth ~ing** etw in Gang bringen/halten; **come on! keep ~ing!** ja, weiter!; **to keep a conversation ~ing** eine Unterhaltung am Laufen halten; **to keep a fire ~ing** ein Feuer am Brennen halten ⑰ (*have recourse*) gehen; **to ~ to the police** zur Polizei gehen; **to ~ to war** in den Krieg ziehen ⑱ (*match, be compatible*) ■**to ~ [with sth]** [zu etw] passen; **these two colours don't ~** diese beiden Farben beißen sich ⑲ (*fit*) **five ~es into ten two times** fünf geht zweimal in zehn; **will that ~ into the suitcase?** wird das in den Koffer passen? ⑳ (*be accepted*) **anything ~es** alles ist erlaubt; **that ~es for all of you** das gilt für euch alle! ㉑ (*fam: use the toilet*) **I really have to ~** ich muss ganz dringend mal! ▶PHRASES: **there you ~** bitte schön!; **sb will ~ a long way** jd wird es weit bringen; **that ~es without saying** das versteht sich von selbst **II.** *aux vb future tense* ■**to be ~ing to do sth** etw tun werden; **we are ~ing to have a party tomorrow** wir geben morgen eine Party **III.** *vt* <goes, went, gone> ① AM (*travel*) *route* nehmen ② (*fam: say*) **she ~es to me: I never want to see you again!** sie sagt zu mir: ich will dich nie wieder sehen! **IV.** *n* <*pl* -es> ① (*turn*) **you've had your ~ already!** du warst schon dran!; **can I have a ~?** darf ich mal? ② (*attempt*) Versuch *m;* **to give sth a ~** etw versuchen; **have a ~!** versuch' es doch einfach mal!; **at one ~** auf einen Schlag; (*drink*) in einem Zug; **to have a ~ at sb** (*criticize*) jdn runtermachen; (*attack verbally*) über jdn herfallen ③ *no pl* (*energy*) Antrieb *m;* **full of ~** voller Elan ▶PHRASES: **from the word ~** von Anfang an; **to make a ~ of sth** mit etw *dat* Erfolg haben **V.** *adj* [start]klar; **all systems [are] ~** alles klar

◆**go about I.** *vi* ① (*walk around*) herumlaufen; (*with car*) herumfahren; **to ~ about in groups** in Gruppen herumziehen ② (*be in circulation*) *see* **go around 4** ③ (*do repeatedly*) *see* **go around 5 II.** *vt* ① (*proceed with*) *problem* angehen ② (*occupied with*) **to ~ about one's business** seinen Geschäften nachgehen

◆**go after** *vi* ① (*in succession*) ■**to ~ after sb/sth** nach jdm/etw gehen ② (*chase*) ■**to ~ after sb** jdn verfolgen

◆**go against** *vi* ① (*be negative for*) ■**to ~ against sb** zu jds Ungunsten *pl* ausgehen; **the jury's decision went against the defendant** die Entscheidung der Jury fiel gegen den Angeklagten aus ② (*contradict*) **that ~es against everything I believe in** das geht gegen all das, woran ich glaube ③ (*disobey*) ■**to ~ against sb** sich jdm widersetzen

◆**go ahead** *vi* ① (*go before*) vorgehen; (*in vehicle*) vorausfahren; (*in sports*) in Führung gehen ② (*proceed*) vorangehen; *event* stattfinden; **~ ahead, try it!** komm, versuch's doch einfach!; ■**to ~ ahead with sth** etw durchführen

◆**go along** *vi* ① (*on foot*) entlanggehen; (*in vehicle*) entlangfahren ② (*move onward*) weitergehen; *vehicle* weiterfahren ③ (*ac-

G

company) mitgehen [*o* mitkommen] ④ (*agree*) ■**to ~ along with sth/sb** etw/jdm zustimmen; (*join in*) sich etw/jdm anschließen ◆**go around** *vi* ① (*move around*) **they went around Europe for two months** sie reisten zwei Monate lang durch Europa ② (*move in a curve*) herumgehen um +*akk; vehicle* herumfahren um +*akk;* (*circumnavigate*) umrunden; **to ~ around the block** um den Block laufen; **to ~ around the world** eine Weltreise machen ③ (*visit*) **to ~ around and see sb** bei jdm vorbeischauen ④ (*be in circulation*) *rumour, illness* [he]rumgehen ⑤ (*do repeatedly*) ■**to ~ around doing sth** etw ständig tun ▶ PHRASES: **what ~es around, comes around** (*saying*) alles rächt sich früher oder später ◆**go at** *vi* ① (*attack*) ■**to ~ at sb** auf jdn losgehen; (*fig: eat ravenously*) ■**to ~ at sth** über etw *akk* herfallen ② (*work hard*) ■**to ~ at sth** sich an etw *akk* machen; **to ~ at it** loslegen ◆**go away** *vi* ① (*travel*) weggehen; (*for holiday*) wegfahren ② (*leave*) [weg]gehen; **~ away!** geh' weg! ③ (*disappear*) verschwinden ◆**go back** *vi* ① (*return*) zurückgehen; *school* wieder anfangen; **there's no ~ing back now** jetzt gibt es kein Zurück mehr; ■**to ~ back to sb** zu jdm zurückkehren; **to ~ back to the beginning** noch mal von vorne anfangen; **to ~ back to normal** sich wieder normalisieren; ■**to ~ back to doing sth** wieder mit etw *dat* anfangen ② (*move backwards*) zurückgehen ③ *clocks* zurückgestellt werden ④ (*not fulfil*) **to ~ back on one's promise** sein Versprechen nicht halten ◆**go beyond** *vi* ■**to ~ beyond sth** ① (*proceed past*) an etw *dat* vorübergehen ② (*exceed*) über etw *akk* hinausgehen ◆**go by I.** *vi* ① (*move past*) vorbeigehen; *vehicle* vorbeifahren ② (*of time*) vergehen; **in days gone by** (*form*) in früheren Tagen **II.** *vt* (*be guided by*) ■**to ~ by sth** nach etw *dat* gehen; **to ~ by the book** sich an die Vorschriften halten; **~ing by what they said ...** nach dem, was sie gesagt haben ...; **if this is anything to ~ by ...** wenn man danach gehen kann ... ◆**go down** *vi* ① (*move downward*) hinuntergehen; *sun, moon* untergehen; *ship a.* sinken; *plane* abstürzen; *boxer* zu Boden gehen; *curtain* fallen; **to ~ down on all fours** sich auf alle viere begeben ② (*decrease*) *attendance, wind* nachlassen; *crime rate, fever, water level* zurückgehen; *prices, taxes, temperature* sinken; *currency* fallen; *tyre* Luft verlieren ③ (*break down*) *computer* ausfallen ④ (*be defeated*) verlieren (**to** gegen +*akk*); SPORTS *a.* unterliegen; **to ~ down fighting** kämpfend untergehen ⑤ (*get ill*) **to ~ down with the flu** die Grippe bekommen ⑥ (*move along*) entlanggehen; *vehicle* entlangfahren; **she was ~ing down the road on her bike** sie fuhr auf ihrem Fahrrad die Straße entlang; **to ~ down a list** eine Liste [von oben nach unten] durchgehen ⑦ (*extend*) hinunterreichen; **the tree's roots ~ down three metres** die Wurzeln des Baumes reichen drei Meter in die Tiefe ⑧ (*be received*) **to ~ down badly/well [with sb]** [bei jdm] schlecht/gut ankommen ⑨ (*be recorded*) **to ~ down in history** in die Geschichte eingehen ◆**go for** *vt* ① (*fetch*) holen; *food etc.* besorgen; **to ~ for a newspaper** eine Zeitung holen gehen ② (*try to achieve*) **~ for it!** nichts wie ran!; **if I were you, I'd ~ for it** ich an deiner Stelle würde ich zugreifen ③ (*attack*) ■**to ~ for sb** auf jdn losgehen ④ (*be true for*) **that ~es for me too** das gilt auch für mich ⑤ (*fam: like*) ■**to ~ for sth/sb** auf etw/jdn stehen ⑥ (*do*) **to ~ for a drive** [ein bisschen] rausfahren ◆**go in** *vi* ① (*enter*) hineingehen ② (*fit*) hineinpassen ③ (*go to work*) arbeiten gehen ④ (*fam: be understood*) in den Kopf gehen ⑤ (*fam: participate in*) teilnehmen (an +*dat*); **to ~ in for an exam** eine Prüfung machen ◆**go into** *vt* ① gehen in +*akk;* **to ~ into action** in Aktion treten; **to ~ into a coma** ins Koma fallen; **to ~ into effect** in Kraft treten; **to ~ into labour** [die] Wehen bekommen; **to ~ into mourning** trauern; **to ~ into reverse** in den Rückwärtsgang schalten ② (*examine*) ■**to ~ into sth** etw erörtern; **I don't want to ~ into that now** ich möchte jetzt nicht darauf eingehen; **to ~ into detail** ins Detail gehen ③ (*join*) **to ~ into the army** zur Armee gehen; **to ~ into hospital** ins Krankenhaus gehen ④ (*crash into*) hineinfahren in +*akk; tree, wall* fahren gegen +*akk* ◆**go off** *vi* ① (*leave*) weggehen ② (*stop working*) *lights* ausgehen; *electricity* ausfallen ③ (*ring*) *alarm* losgehen; *alarm clock* klingeln ④ (*detonate*) *bomb* hochgehen; *gun* losgehen ⑤ BRIT, AUS (*deteriorate*) nachlassen; *food* schlecht werden; *milk* sauer werden; *butter* ranzig werden ⑥ (*diverge*) abgehen; *road* abzweigen (**to** nach +*dat*); **to ~ off the subject** vom Thema abschweifen ⑦ (*stop liking*) nicht mehr mögen; ■**to ~ off sb/sth** jdn/etw nicht mehr mögen; **she went off skiing after she broke her**

leg sie ist vom Skifahren abgekommen, nachdem sie sich das Bein gebrochen hatte ◆**go on** *vi* ❶ (*go further*) weitergehen; *vehicle* weiterfahren; **to ~ on ahead** vorausgehen; *vehicle* vorausfahren ❷ (*extend*) sich erstrecken; *time* voranschreiten; **it'll get warmer as the day ~es on** im Laufe des Tages wird es wärmer ❸ (*continue*) weitermachen; *fighting* anhalten; *negotiations* andauern; ■**to ~ on with sth** etw fortsetzen, mit etw *dat* fortfahren; **I can't ~ on** ich kann nicht mehr; **to ~ on trying** es weiter versuchen; **to ~ on working** weiterarbeiten; **I have enough work to be ~ing on with** ich habe fürs Erste genug zu tun ❹ (*continue speaking*) weiterreden; (*speak incessantly*) unaufhörlich reden; **sorry, please ~ on** Entschuldigung, bitte fahren Sie fort; **he went on to say that ...** dann sagte er, dass ...; **to be always ~ing on [about sth]** andauernd [über etw *akk*] reden ❺ (*criticize*) ■**to ~ on at sb** an jdm herumnörgeln ❻ (*happen*) passieren; **what's ~ing on here?** was geht denn hier vor? ❼ (*move on, proceed*) **he went on to become a teacher** später wurde er Lehrer ❽ (*start, embark on*) anfangen; **to ~ on a diet** auf Diät gehen; **to ~ on the dole** stempeln gehen; **to ~ on the pill** die Pille nehmen; **to ~ on strike** in [den] Streik treten ❾ *lights* angehen ❿ (*base conclusions on*) ■**to ~ on sth** sich auf etw *akk* stützen; **we haven't got any anything to ~ on** wir haben keine Anhaltspunkte ⓫ (*fit*) **this shoe just won't ~ on** ich kriege diesen Schuh einfach nicht an ⓬ (*belong on*) gehören auf +*akk* ⓭ (*as encouragement*) **~ on, have another drink** na komm, trink noch einen; **~ on!** los, mach schon!; **~ on, tell me!** jetzt sag' schon! ⓮ (*ride on*) *swings, roundabout* gehen auf +*akk* ⓯ (*expressing disbelief*) **~ on!** ach, komm! ⓰ (*be nearly*) **be ~ing on [for] nine o'clock/ninety** auf neun Uhr/die Neunzig zugehen ◆**go out** *vi* ❶ (*leave home*) [hinaus]gehen; **to ~ out to work** arbeiten gehen; **to ~ out jogging** joggen gehen; **to ~ out riding** ausreiten ❷ (*enjoy social life*) ausgehen; **to ~ out for a meal** essen gehen ❸ (*date*) ■**to ~ out with sb** mit jdm gehen ❹ (*be extinguished*) *fire* ausgehen; *light a.* ausfallen; **to ~ out like a light** (*fig*) sofort einschlafen ❺ (*be sent out*) verschickt werden; MEDIA ausgestrahlt werden; (*be issued*) verteilt werden; **word has gone out that ...** es wurde bekannt, dass ... ❻ (*recede*) *tide* zurückgehen; **when the tide ~es out ...** bei Ebbe ... ❼ AM (*be spent*) ausgegeben werden ❽ **to ~ out on strike** in [den] Streik treten ❾ BRIT SPORTS (*be eliminated*) ■**to ~ out [to sb]** [gegen jdn] ausscheiden ▶ PHRASES: **to ~ <u>all</u> out** sich ins Zeug legen ◆**go over** *vi* ❶ (*cross*) hinübergehen; (*in vehicle*) hinüberfahren; *border, river, street* überqueren; *cliff* stürzen über +*akk* ❷ (*fig: change*) ■**to ~ over to sth** zu etw *dat* übergehen; POL zu etw *dat* überwechseln; REL zu etw *dat* übertreten; **to ~ over to the enemy** zum Feind überlaufen ❸ (*be received*) **to ~ over [badly/well]** [schlecht/gut] ankommen ❹ (*examine*) durchgehen; *flat, car* durchsuchen ❺ (*exceed*) überschreiten; **to ~ over a time limit** überziehen ❻ (*redraw*) nachzeichnen; *line* nachziehen ◆**go round** *vi see* **go around** ◆**go through** *vi* ❶ (*pass in and out of*) durchgehen; *vehicle* durchfahren ❷ (*experience*) durchmachen ❸ (*be approved*) *plan* durchgehen; *bill, divorce* durchkommen; *business deal* [erfolgreich] abgeschlossen werden ❹ (*use up*) aufbrauchen; *money* ausgeben; *shoes* durchlaufen ❺ (*look through*) durchsehen ❻ (*carry out*) ■**to ~ through with sth** durchziehen; **he has to ~ through with it now** jetzt gibt es kein Zurück mehr für ihn ◆**go together** *vi* ❶ (*harmonize*) zusammenpassen ❷ (*date*) miteinander gehen ◆**go under** *vi* ❶ (*sink*) untergehen ❷ (*fail*) *person* scheitern; *business* eingehen ❸ (*move below*) ■**to ~ under sth** unter etw *akk* druntergehen; **the road ~es under the railway bridge** die Straße führt unter der Eisenbahnbrücke durch ◆**go up** *vi* ❶ (*move higher*) hinaufgehen; (*on a ladder*) hinaufsteigen; *curtain* hochgehen; *balloon* aufsteigen ❷ (*increase*) steigen; **everything is ~ing up!** alles wird teurer! ❸ (*approach*) ■**to ~ up to sb/sth** auf jdn/etw zugehen ❹ (*move as far as*) ■**to ~ up to sth** [bis] zu etw *dat* hingehen; (*in vehicle*) [bis] zu etw *dat* [hin]fahren ❺ (*extend to*) hochreichen; (*of time*) bis zu einer bestimmten Zeit gehen ❻ (*be built*) entstehen ▶ PHRASES: **to ~ up <u>against</u> sb** sich jdm widersetzen; (*in a fight*) es mit jdm aufnehmen ◆**go with** *vt* ❶ (*accompany*) ■**to ~ with sb** mit jdm mitgehen; ■**to ~ with sth** zu etw *dat* gehören ❷ (*be associated with*) einhergehen mit ❸ (*harmonize*) passen zu ❹ (*date*) ■**to ~ with sb** mit jdm gehen ◆**go without** *vi* ■**to ~ without sth** ohne etw auskommen; **to ~ without breakfast/sleep** nicht frühstü-

G

G

cken/schlafen
goad [gəʊd, AM goʊd] *vt* ❶ (*spur*) ■ **to ~ sb [to sth]** jdn [zu etw] antreiben ❷ (*provoke*) ■ **to ~ sb into [doing] sth** jdn dazu anstacheln, etw zu tun
go-ahead ['gəʊəhed, AM 'goʊ-] **I.** *n no pl* Erlaubnis *f* (**for** zu +*dat*); **to give/get the ~** grünes Licht geben/erhalten **II.** *adj* BRIT, AUS fortschrittlich
goal [gəʊl, AM goʊl] *n* ❶ (*aim*) Ziel *nt* ❷ SPORTS Tor *nt;* **to play in ~** im Tor stehen; **~ difference** Tordifferenz *f*
goalie ['gəʊli, AM 'goʊ-] *n* (*fam*), **'goal·keep·er** *n* Tormann, -frau *m, f*
goal 'kick *n* FBALL Abstoß *m* [vom Tor] **'goal line** *n* Torlinie *f*
goal-'ori·ent·ed *adj* zielorientiert
'goal·post *n* Torpfosten *m*
goat [gəʊt, AM goʊt] *n* Ziege *f;* **~'s milk** Ziegenmilch *f* ▸ PHRASES: **to get sb's ~** jdn auf die Palme bringen
goatee [gəʊ'ti:, AM goʊ'-] *n* Spitzbart *m*
gob [gɒb, AM gɑ:b] *n* BRIT, AUS (*sl: mouth*) Maul *nt;* **shut your ~!** halt's Maul!
gob·ble ['gɒbl̩, AM 'gɑ:bl̩] **I.** *vi* ❶ *turkey* kollern ❷ (*fam: eat quickly*) schlingen **II.** *vt* (*fam*) [hinunter]schlingen
gob·ble·de·gook, gob·ble·dy·gook ['gɒbl̩di,gu:k, AM 'gɑ:bl̩-] *n no pl* (*pej fam*) Kauderwelsch *nt*
go-between ['gəʊbɪ,twi:n, AM 'goʊbə-] *n* Vermittler(in) *m(f);* (*between lovers*) Liebesbote(in) *m(f)*
gob·let ['gɒblət, AM 'gɑ:b-] *n* Kelch *m*
gob·lin ['gɒblɪn, AM 'gɑ:b-] *n* Kobold *m*
go-cart *n* AM *see* **go-kart**
god [gɒd, AM gɑ:d] *n* Gott *m*
God [gɒd, AM gɑ:d] *n no pl, no art* Gott *m;* **to believe in ~** an Gott glauben; **my ~!** mein Gott!; **~ forbid!** Gott bewahre!; **~ knows where Bob is!** weiß der Himmel, wo Bob steckt!; **thank ~!** Gott sei Dank!
god-'aw·ful *adj* (*fam*) beschissen **'god·child** *n* Patenkind *nt*
'god·damn, *esp* AM **'god·dam** (*fam!*) **I.** *adj* AM (*fam!*) gottverdammt **II.** *adv, interj* AM (*fam!*) verdammt
'god·daugh·ter *n* Patentochter *f*
god·dess <*pl* -es> ['gɒdes, AM 'gɑ:dɪs] *n* Göttin *f;* **screen ~** [Film]diva *f*
'god·fa·ther *n* (*male godparent*) Patenonkel *m; a. Mafia leader* Pate *m* **'god-fear·ing** *adj* gottesfürchtig **'god-for·sak·en** *adj* (*pej*) gottverlassen
god·less ['gɒdləs, AM 'gɑ:d-] *adj* gottlos
god·like ['gɒdlaɪk, AM 'gɑ:d-] *adj* göttlich
god·ly ['gɒdli, AM 'gɑ:d-] *adj* fromm
'god·moth·er *n* Patentante *f,* Patin *f;* **fairy ~** gute Fee **'god·par·ent** *n* Pate, Patin *m, f*
'god·send *n* (*fam*) Gottesgeschenk *nt*
'god·son *n* Patensohn *m*
goer ['gəʊəʳ, AM 'goʊɚ] *n* (*fam*) ❶ (*person or thing that goes*) Geher *m;* **that horse is a good ~** das Pferd läuft gut ❷ BRIT (*fig: live-wire*) Feger *m*
goes [gəʊz, AM goʊz] *3rd pers. sing of* **go**
'go-get·ter *n* Tatmensch *m*
'go-get·ting *adj* tatkräftig
gog·gle ['gɒgl̩, AM 'gɑ:gl̩] **I.** *vi* (*fam*) glotzen; ■ **to ~ at sb/sth** jdn/etw anglotzen **II.** *n* **[a pair of] ~s** [eine] [Schutz]brille; **ski ~s** Skibrille *f;* **swimming ~s** Schwimmbrille *f*
'gog·gle-box *n* BRIT (*fam*) Glotze *f*
gog·gle-'eyed *adj* (*fam*) mit Kulleraugen
go·ing ['gəʊɪŋ, AM 'goʊ-] **I.** *n* ❶ (*act of leaving*) Gehen *nt* ❷ (*departure*) Weggang *m* ❸ (*conditions*) **easy/rough ~** günstige/ungünstige Bedingungen; **while the ~ is good** solange es gut läuft ▸ PHRASES: **when the ~ gets tough, the tough get ~** was uns nicht umbringt, macht uns nur noch härter **II.** *adj* ❶ (*available*) vorhanden; **is there any beer ~ing?** gibt es Bier?; **I'll have whatever is ~ing** ich nehme das, was gerade da ist; **are there any jobs ~ around here?** gibt es hier in der Gegend Arbeit?; **he's the biggest crook ~** er ist der größte Gauner, den es gibt ❷ (*in action*) am Laufen; **to keep sth ~** etw in Gang halten; **~ concern** gutgehendes Unternehmen ❸ (*current*) aktuell; **what's the ~ rate for babysitters nowadays?** wie viel zahlt man heutzutage üblicherweise für einen Babysitter?
go·ing-'over <*pl* goings-over> *n* ❶ (*beating*) **to give sb a [good] ~** jdm eine Tracht Prügel verpassen ❷ **to give sth a [good] ~** (*search thoroughly*) etw gründlich durchsuchen; (*clean thoroughly*) etw gründlich reinigen
'go·ing price *n* ❶ (*market price*) Marktwert *m* ❷ (*current price*) aktueller Preis
go·ings-'on *npl* Vorfälle *pl*
'go-kart *n* Gokart *m*
gold [gəʊld, AM goʊld] *n* Gold *nt* ▸ PHRASES: **[as] good as ~** mustergültig
'gold brick AM **I.** *n* (*pej fam*) ❶ (*sham*) Mogelpackung *f* ❷ (*lazy person*) Faulenzer(in) *m(f)* **II.** *vt* betrügen **III.** *vi* faulenzen
gold 'coin *n* Goldmünze *f* **'gold con·tent** *n no pl* Goldgehalt *m* **'gold dig·ger** *n* Goldgräber *m;* **she's a ~** (*fig*) sie ist nur auf Geld aus **'gold dust** *n no pl* Goldstaub *m;*

tickets are like ~ (*fig*) Eintrittskarten sind äußerst schwer zu bekommen

gold·en ['gəʊldᵊn, AM 'goʊl-] *adj* golden *a. fig;* **~ brown** goldbraun; **~ syrup** Sirup *m, helle Melasse;* **~ wedding** goldene Hochzeit

'gold·fish *n* Goldfisch *m* **gold 'leaf** *n no pl* Blattgold *nt* **gold 'med·al** *n* Goldmedaille *f* **'gold·mine** *n* Goldmine *f;* (*fig*) Goldgrube *f* **gold 'plat·ing** *n* Vergoldung *f* **'gold·smith** *n* Goldschmied(in) *m(f)*

golf [gɒlf, AM gɑːlf] *n no pl* Golf *nt;* **a round of ~** eine Runde Golf

'golf ball *n* Golfball *m* **'golf club** *n* ① (*implement*) Golfschläger *m* ② (*association*) Golfclub *m* **'golf course** *n* Golfplatz *m*

golf·er ['gɒlfəʳ, AM 'gɑːlfɚ] *n* Golfer(in) *m(f)*

'golf links *npl* AM Golfplatz *m;* BRIT Golfplatz *m* an der Küste

gol·ly ['gɒli, AM 'gɑːli] *interj* (*fam*) Donnerwetter

gon·do·la ['gɒndᵊlə, AM 'gɑːn-] *n* Gondel *f*

gon·do·lier [ˌgɒndə'lɪəʳ, AM ˌgɑːndə'lɪr] *n* Gondoliere *m*

gone [gɒn, AM gɑːn] **I.** *pp of* **go II.** *prep* BRIT **it's just ~ ten o'clock** es ist kurz nach zehn Uhr **III.** *adj* ① (*no longer there*) weg; (*used up*) verbraucht ② (*dead*) tot; **to be too far ~** dem Tode zu nah sein

gon·er ['gɒnəʳ, AM 'gɑːnɚ] *n* (*fam*) **to be a ~** (*be bound to die*) es nicht mehr lange machen; (*be irreparable*) hoffnungslos kaputt sein

gong [gɒŋ, AM gɑːŋ] *n* ① (*instrument*) Gong *m* ② BRIT, AUS (*fam: award*) Auszeichnung *f*

gon·or·rhoea, AM **gon·or·rhea** [ˌgɒnə'riːə, AM ˌgɑːnə'-] *n no pl* Tripper *m*

goo [guː] *n no pl* (*fam*) Schmiere *f*

good [gʊd] **I.** *adj* <better, best> ① gut; *weather* schön; (*healthy*) *appetite, leg* gesund; **~ morning** guten Morgen; **have a ~ day!** schönen Tag noch!; **to have a ~ time** [viel] Spaß haben; **it's ~ to see you again** schön, dich wiederzusehen; **~ dog!** braver Hund!; **to do a ~ job** gute Arbeit leisten; **it's a ~ job ...** zum Glück ...; **~ luck!** viel Glück!; **~ sense** Geistesgegenwart *f;* **in ~ time** rechtzeitig; ■**to be ~ at sth** gut in etw *dat* sein; **he's a ~ runner** er ist ein guter Läufer; **she speaks ~ Spanish** sie spricht gut Spanisch; **he's not very ~ at maths** [*or* AM **in math**] er ist nicht besonders gut in Mathe; **to be ~ for nothing** zu nichts taugen; **sb looks ~ in sth** etw steht jdm; ■**to be ~ with children** mit Kindern gut umgehen können; **too ~ to be true** zu schön, um wahr zu sein ② (*kind, understanding*) **it was very ~ of you to help us** es war sehr lieb von dir, uns zu helfen ③ (*thorough*) gut; **to have a ~ cry** sich richtig ausweinen; **to have a ~ laugh** ordentlich lachen; **to have a ~ look at sth** sich *dat* etw genau ansehen ④ (*substantial*) beträchtlich; **to make ~ money** gutes Geld verdienen; **a ~ deal of ...** jede Menge ... ⑤ (*able to provide*) **he is always ~ for a laugh** er ist immer gut für einen Witz ⑥ ■**as ~ as ...** (*almost*) so gut wie ...; **they as ~ as called me a liar** sie nannten mich praktisch eine Lügnerin ▶ PHRASES: **it's as ~ as it gets** besser wird's nicht mehr; **to make ~** zu Geld kommen; **to make sth ~** (*repair*) etw reparieren; *mistake* etw wiedergutmachen; (*pay for*) etw wettmachen **II.** *adv* (*fam: thoroughly*) gründlich; **to do sth ~ and proper** etw richtig gründlich tun **III.** *n no pl* ① (*moral force*) Gute *nt;* **~ and evil** gut und böse; **to be up to no ~** nichts Gutes im Schilde führen ② (*benefit*) Wohl *nt;* **this will do you the world of ~** das wird Ihnen unglaublich gut tun; **to do more harm than ~** mehr schaden als nützen; **for the ~ of his health** seiner Gesundheit zuliebe; **for one's own ~** zu seinem eigenen Besten; **a lot of ~ that'll do [you]!** das wird [dir] ja viel nützen! ③ (*ability*) ■**to be no ~ at sth** etw nicht gut können

good·bye **I.** *interj* [gʊ(d)'baɪ] auf Wiedersehen; **to say ~ to sb/sth** sich von jdm/etw verabschieden; **to kiss sb ~** jdm einen Abschiedskuss geben; **to kiss sth ~** (*fig*) etw abschreiben **II.** *n* [gʊd'baɪ] Abschied *m;* **to say one's ~s** sich verabschieden

'good-for-noth·ing **I.** *n* (*pej*) Taugenichts *m* **II.** *adj* (*pej*) nichtsnutzig **Good 'Fri·day** *n no art* Karfreitag *m* **good-'hu·moured**, AM **good-'hu·mored** *adj* fröhlich **good-'look·ing** *adj* <more ~, most ~ *or* better-looking, best-looking> gut aussehend **good 'looks** *npl* gutes Aussehen **good-'na·tured** *adj* gutmütig

good·ness ['gʊdnəs] *n no pl* ① Güte *f* ② FOOD Wertvolle(s) *nt* ③ (*for emphasis*) **for ~' sake** du liebe Güte; **~ knows** weiß der Himmel; **thank ~** Gott sei Dank

goods [gʊdz] **I.** *npl* Waren *pl,* Güter *pl;* **sports ~** Sportartikel *pl;* **manufactured ~** Fertigprodukte *pl* ▶ PHRASES: **sb/sth comes up with the ~** jd/etw hält, was er/es verspricht **II.** *adj* BRIT Güter-; **~ vehicle** Nutzfahrzeug *nt*

'good-sized *adj* [recht] groß **good-'tem·pered** *adj* gutmütig **'good·will** **I.** *n no pl*

G

saying goodbye

saying goodbye	sich verabschieden
Goodbye!	Auf Wiedersehen!
Hope to see you again soon!	Auf ein baldiges Wiedersehen!
Bye! (*fam*)/Cheerio! (*fam*)	Tschüss! (*fam*)/Ciao! (*fam*)
See you!/Take care!/All the best!	Mach's gut! (*fam*)
(OK then,) see you soon/later!	(Also dann,) bis bald!
See you tomorrow!	Bis morgen!
See you around! (*fam*)	Man sieht sich! (*fam*)
Safe journey home!	Gute Heimfahrt!
Look after yourself!/Take care!	Pass auf dich auf! (*fam*)
Have a nice evening!	Einen schönen Abend noch!
saying goodbye on the phone	**sich am Telefon verabschieden**
Goodbye!	Auf Wiederhören! (*form*)
OK then, speak to you again soon!	Also dann, bis bald wieder!
Bye! (*fam*)/Cheerio! (*fam*)	Tschüss! (*fam*)/Ciao! (*fam*)

G

1 guter Wille (**towards** gegenüber +*dat*); **feeling/gesture of ~** Atmosphäre *f*/Geste *f* des guten Willens 2 ECON Goodwill *m* **II.** *adj* **a ~ gesture** eine Geste des guten Willens; **~ mission** Goodwillreise *f*

goody ['gʊdi] **I.** *n* 1 (*desirable object*) tolle Sache 2 FOOD Leckerbissen *m* **II.** *interj* (*usu childspeak*) spitze

'goody bag *n* (*fam*) Goody-Bag *m fam;* (*at children's party*) Tüte *f* mit kleinen Geschenken; (*promotional gift*) Tüte *f* mit Gratisproben

goody-'two-shoes *n* (*pej fam*) Moralapostel *m pej*

goo·ey ['gu:i] *adj* (*fam*) 1 (*sticky*) klebrig 2 (*fig, pej*) schmalzig

goof [gu:f] **I.** *n esp* AM (*fam: mistake*) Patzer *m* **II.** *vi esp* AM (*fam*) **to ~ [up]** Mist bauen ◆**goof up I.** *vt* AM (*fam*) vermasseln **II.** *vi* AM (*fam*) Mist bauen

goofy ['gu:fi] *adj esp* AM (*fam*) doof

goo-goo ['gu:gu:] *adj attr* (*fam*) **to make ~ eyes at sb** jdm schöne Augen machen

goolies ['gu:liz] *npl* BRIT (*fam*) Eier *pl*

goon [gu:n] *n* (*fam*) 1 (*pej: silly person*) Blödmann *m* 2 *esp* AM (*thug*) Schläger *m*

goose [gu:s] *n* <*pl* geese> Gans *f* ▶PHRASES: **to kill the ~ that lays the golden eggs** den Ast absägen, auf dem man sitzt; **to cook sb's ~** jdm die Suppe versalzen

goose·ber·ry ['gʊzbəri, AM 'gu:sˌberi] *n* Stachelbeere *f* ▶PHRASES: **to play ~** BRIT das fünfte Rad am Wagen sein

'goose·bumps *npl*, **'goose-pim·ples** *npl* Gänsehaut *f kein pl* **'goose-pim·ply** *adj* (*fam*) **to go all ~** eine Gänsehaut kriegen

'goose·step I. *vi* <-pp-> im Stechschritt marschieren **II.** *n no pl* Stechschritt *m;* **to do the ~** im Stechschritt marschieren

goos(e)y ['gu:si] *adj* AUS **to go all ~** eine Gänsehaut kriegen

gore[1] [gɔ:ʳ, AM gɔ:r] *n no pl* Blut *nt*

gore[2] [gɔ:ʳ, AM gɔ:r] *vt* aufspießen

gorge[1] [gɔ:dʒ, AM gɔ:rdʒ] *n* Schlucht *f*

gorge[2] [gɔ:dʒ, AM gɔ:rdʒ] *vi* sich vollessen

gor·geous ['gɔ:dʒəs, AM 'gɔ:r-] *adj* 1 (*very beautiful*) herrlich, großartig; **the bride looked ~** die Braut sah zauberhaft aus 2 (*very pleasurable*) ausgezeichnet, fabelhaft; *meal* hervorragend

go·ril·la [gə'rɪlə] *n* Gorilla *m a. fig*

gorm·less ['gɔ:mləs] *adj* BRIT (*fam*) dämlich

gorp [gɔ:p, AM gɔ:rp] *n* AM Studentenfutter *nt*

gorse [gɔ:s, AM gɔ:rs] *n no pl* Stechginster *m*

gory ['gɔ:ri] *adj* blutig; *film* blutrünstig

gosh [gɒʃ, AM gɑ:ʃ] *interj* (*fam*) Mensch

gos·ling ['gɒzlɪŋ, AM 'gɑ:z-] *n* Gänseküken *nt*

go-'slow *n* BRIT Bummelstreik *m*

gos·pel ['gɒspəl, AM 'gɑ:s-] *n* 1 **the G~ according to Saint Mark** [*or* **St Mark's Gospel**] das Evangelium nach Markus 2 *no pl* (*music*) Gospel *nt*

gos·sa·mer ['gɒsəməʳ, AM 'gɑːsəmɚ] **I.** *n no pl* Spinnfäden *pl* **II.** *adj* hauchdünn

gos·sip ['gɒsɪp, AM 'gɑːsəp] **I.** *n* (*usu pej*) ❶ *no pl* (*rumour*) Klatsch *m;* **idle ~** leeres Geschwätz; **the latest ~** der neueste Tratsch ❷ (*pej: person*) Tratschbase *f* **II.** *vi* ❶ (*chatter*) schwatzen ❷ (*spread rumours*) tratschen

'gos·sip col·umn *n* Klatschspalte *f*

gos·sipy ['gɒsɪpi, AM 'gɑːsəpi] *adj* schwatzhaft; **~ person** Klatschmaul *nt*

got [gɒt, AM gɑːt] *pt, pp of* **get**

Goth·ic ['gɒθɪk, AM 'gɑː-] *adj* ❶ ARCHIT, TYPO gotisch ❷ LIT Schauer-

got·ten ['gɒtᵊn, AM 'gɑː-] AM, AUS *pp of* **got**

gouge [gaʊdʒ] **I.** *n* ❶ (*chisel*) Meißel *m* ❷ (*indentation*) Rille *f* **II.** *vt* (*cut out*) ■**to ~ out** aushöhlen; *eye* ausstechen

gou·lash ['guːlæʃ, AM -lɑːʃ] *n no pl* Gulasch *nt*

gourd [gʊəd, AM gɔːrd] *n* Kürbisflasche *f*

gour·mand ['gʊəmənd, AM 'gʊrmɑːnd] *n* Schlemmer(in) *m(f)*

gour·met ['gʊəmeɪ, AM 'gʊr-] *n* Feinschmecker(in) *m(f)*

gout [gaʊt] *n no pl* Gicht *f*

Gov *n* ❶ *abbrev of* **government** ❷ AM *abbrev of* **governor**

gov·ern ['gʌvᵊn, AM -ɚn] **I.** *vt* ❶ POL, LING regieren ❷ (*regulate*) regeln; ■**to be ~ed by sth** durch etw *akk* bestimmt werden **II.** *vi* regieren; **unfit to ~** regierungsunfähig

gov·er·ness <*pl* -es> ['gʌvᵊnəs, AM -ɚnəs] *n* (*hist*) Gouvernante *f*

gov·ern·ing ['gʌvᵊnɪŋ, AM -vɚn-] *adj* regierend; **~ body** Vorstand *m*

gov·ern·ment ['gʌvᵊnmənt, AM -vɚ(n)-] *n* Regierung *f;* **local ~** Kommunalverwaltung *f;* **in ~** BRIT, AUS an der Regierung; **~ agency** Behörde *f;* **~ department** Regierungsstelle *f;* **~ grant** staatlicher Zuschuss; **~ policy** Regierungspolitik *f;* **~ spending** Staatsausgaben *pl;* **~ securities** staatliche Wertpapiere *pl;* **~ subsidy** Subvention *f*

> **Grammatik**
>
> Wenn man von **the government** im Sinne von einer Einheit spricht, wird es mit einem Verb im Singular gebraucht: *this government was elected last year*
> Wenn man jedoch von den einzelnen Gruppenmitgliedern sprechen will, wird **the government** mit einem Verb im Plural gebraucht: *the government are discussing an amendment to the law*

gov·ern·men·tal [ˌgʌvᵊn'mentᵊl, AM -vɚ(n)'menṱᵊl] *adj* Regierungs-

gov·er·nor ['gʌvᵊnəʳ, AM -ɚnɚ] *n* ❶ POL Gouverneur *m* ❷ BRIT ADMIN Direktor(in) *m(f);* **the school ~s** der Schulbeirat; **board of ~s** COMM Vorstand *m*

gown [gaʊn] *n* ❶ FASHION Kleid *nt* ❷ MED Kittel *m;* **surgical ~** Operationskittel *m*

GP [ˌdʒiː'piː] *n* MED *abbrev of* **general practitioner**

grab [græb] **I.** *n* (*snatch*) Griff *m;* **to make a ~ at** [*or* **for**] **sth** nach etw *dat* greifen ▶ PHRASES: **to be up for ~s** zu haben sein **II.** *vt* <-bb-> ❶ [sich *dat*] schnappen; ■**to ~ sb by the arm** jdn am Arm packen; ■**to ~ hold of sb/sth** jdn/etw festhalten ❷ (*fig*) *attention* erregen; *opportunity* wahrnehmen; **to ~ a bite** [**to eat**] schnell einen Happen essen; **to ~ some sleep** [ein wenig] schlafen **III.** *vi* <-bb-> ❶ (*snatch*) grapschen; ■**to ~ at sb** jdn begrapschen; ■**to ~ at sth** nach etw *dat* greifen ❷ (*take advantage of*) **to ~ at an opportunity** eine Gelegenheit wahrnehmen

grab-and-'go *adj* (*fam*) *meal* zum Mitnehmen *nach n*

grace [greɪs] **I.** *n* ❶ *no pl* (*of movement*) Grazie *f* ❷ *no pl* (*of appearance*) Anmut *f* ❸ (*of behaviour*) Anstand *m kein pl;* **social ~s** gesellschaftliche Umgangsformen ❹ *a.* REL (*favour*) Gnade *f;* **to fall from ~** in Ungnade fallen ❺ (*prayer*) Tischgebet *nt;* **to say ~** ein Tischgebet sprechen **II.** *vt* (*form*) ❶ (*honour*) beehren ❷ (*adorn*) schmücken

grace·ful ['greɪsfᵊl] *adj* ❶ (*in movement*) graziös, anmutig ❷ (*in appearance*) elegant

grace·less ['greɪsləs] *adj* taktlos

gra·cious ['greɪʃəs] **I.** *adj* ❶ (*kind*) liebenswürdig; (*merciful*) gnädig ❷ (*dignified*) würdevoll **II.** *interj* [**good** [*or* **goodness**]] **~** [**me**] [du] meine Güte

grade [greɪd] **I.** *n* ❶ (*rank*) Rang *m* ❷ (*of salary*) Gehaltsstufe *f* ❸ SCH (*mark*) Note *f;* AM (*class*) Klasse *m* ❹ AM (*gradient*) Neigung *f;* [**gentle/steep**] **~** (*upwards*) [geringe/starke] Steigung; (*downwards*) [schwaches/starkes] Gefälle ▶ PHRASES: **to <u>make</u> the ~** den Anforderungen gerecht werden **II.** *vt* ❶ SCH, UNIV benoten ❷ (*categorize*) einteilen

'grade cross·ing *n* AM [schienengleicher] Bahnübergang **'grade school** *n* AM Grundschule *f*

gra·di·ent ['greɪdiənt] *n* Neigung *f;* [**gentle/steep**] **~** (*upwards*) [leichte/starke] Steigung; (*downwards*) [schwaches/starkes] Gefälle; **the ~ of the**

G

road is 1 in 10 die Straße hat eine Steigung *f*/ein Gefälle *nt* von 10%

'grad·ing ['greɪdɪŋ] *n* ① (*gradation*) Maßeinteilung *f* ② (*of colours etc.*) Abstufung *f* ③ (*classification*) Klassifizierung *f;* SCH Benotung *f*

grad·ual ['grædʒuəl] *adj* ① (*not sudden*) allmählich ② (*not steep*) sanft

grad·ual·ly ['grædʒuəli] *adv* ① (*not suddenly*) allmählich ② (*not steeply*) sanft

gradu·ate **I.** *n* ['grædʒuət] ① UNIV Absolvent(in) *m(f);* **university ~** Hochschulabsolvent(in) *m(f);* **~ student** Student(in) *m(f)* mit Universitätsabschluss ② AM SCH Schulabgänger(in) *m(f)* **II.** *vi* ['grædʒueɪt] ① UNIV einen akademischen Grad erwerben; **to ~ with honours** seinen Abschluss mit Auszeichnung machen ② AM SCH die Abschlussprüfung bestehen; **to ~ from high school** das Abitur machen **III.** *vt* ['grædʒueɪt] ① (*calibrate*) einteilen ② AM (*award degree*) ■**to ~ sb** jdn graduieren

gradu·at·ed ['grædʒueɪtɪd, AM -t̬-] *adj salaries, charges* gestaffelt

gradua·tion [ˌgrædʒu'eɪʃᵊn] *n* ① *no pl* SCH, UNIV (*completion of studies*) [Studien]abschluss *m* ② (*ceremony*) Abschlussfeier *f*

graf·fi·ti [grə'fiːti, AM -t̬i] *n no pl* Graffiti *nt*

graft [grɑːft, AM græft] **I.** *n* ① MED Transplantat *nt* ② HORT (*shoot*) Pfropfreis *m* ③ *no pl* (*corruption*) Schiebung *f* **II.** *vt* ① MED übertragen (**on**[**to**] auf +*akk*) ② HORT aufpfropfen (**on**[**to**] auf +*akk*)

graft·er ['grɑːftəʳ, AM 'græftɚ] *n* BRIT (*sl*) Arbeitstier *nt*

Grail [greɪl] *n* [**Holy**] ~ Heiliger Gral

grain [greɪn] *n* ① (*particle*) Korn *nt,* Körnchen *nt;* **~ of sand/wheat** Sand-/Weizenkorn *nt* ② *no pl* (*cereal*) Getreide *nt* ③ *no pl* (*texture*) *of wood, marble* Maserung *f* ▶ PHRASES: **to go against the ~ for sb** jdm gegen den Strich gehen

'grain ex·port *n* Getreideexport *m* **'grain mar·ket** *n* Getreidemarkt *m*

gram *n* Gramm *nt*

gram·mar ['græməʳ, AM -ɚ] *n* Grammatik *f;* **to be good/bad ~** grammatikalisch richtig/falsch sein

'gram·mar book *n* Grammatik *f*

gram·mar·ian [grə'meəriən, AM -'meri-] *n* Grammatiker(in) *m(f)*

'gram·mar school *n* ① AM (*elementary school*) Grundschule *f* ② BRIT (*upper level school*) ≈ Gymnasium *nt*

gram·mati·cal [grə'mætɪkᵊl, AM -'mæt̬-] *adj* grammati[kali]sch

gramme *n* BRIT *see* **gram**

gran [græn] *n* (*fam*) *short for* **grandmother** Oma *f,* Omi *f*

grana·ry ['grænᵊri, AM -ɚi] *n* [Getreide]silo *m o nt*

'grana·ry bread *n no pl* BRIT, **'grana·ry loaf** *n* BRIT ≈ Mehrkornbrot *nt*

grand [grænd] **I.** *adj* ① (*splendid*) prächtig, großartig; **to make a ~ entrance** einen großen Auftritt haben ② (*fam: excellent*) großartig ③ (*large, far-reaching*) **~ ambitions/ideas** große Pläne/Ideen; **on a ~ scale** in großem Rahmen **II.** *n* ① <*pl* -> (*fam: one thousand dollars/pounds*) Mille *f* ② <*pl* -s> (*grand piano*) Flügel *m;* **baby/concert ~** Stutz-/Konzertflügel *m*

gran·dad ['grændæd] *n* (*fam*) ① (*grandfather*) Opa *m,* Opi *m* ② (*pej: old man*) Opa *m,* Alter *m*

'grand·child *n* Enkelkind *nt* **'grand·dad** *n* (*fam*) *see* **grandad** **'grand·daugh·ter** *n* Enkeltochter *f*

gran·dee [græn'diː] *n* ① (*nobleman*) Grande *m* ② (*fig*) Größe *f*

gran·deur ['grændjəʳ, AM -dʒɚ] *n no pl* Größe *f; of scenery, music* Erhabenheit *f;* **delusions of ~** Größenwahn *m*

'grand·fa·ther *n* Großvater *m*

grand·fa·ther 'clock *n* Standuhr *f*

gran·di·ose ['grændiəʊs, AM -oʊs] *adj* grandios

grand 'jury *n* AM Anklagejury *f*

grand·ly ['grændli] *adv* ① (*splendidly*) prachtvoll ② (*pej: over-importantly*) prahlerisch

'grand·ma *n* (*fam*) Oma *f,* Omi *f* **'grand·mas·ter** *n* Großmeister(in) *m(f)* **'grand·moth·er** *n* Großmutter *f*

Land und Leute

Das **Grand National** ist ein britisches Pferderennen und das berühmteste Hindernisrennen der Welt. 1836 fand das erste Rennen statt und seit 1839 wird es jedes Jahr in Aintree in Liverpool abgehalten. Die Rennstrecke ist 7,2 km lang und hat 31 schwierige Hindernisse.

'grand·pa *n* (*fam*) Opa *m,* Opi *f* **grand pi'a·no** *n* [Konzert]flügel *m* **'grand·son** *n* Enkel[sohn] *m* **'grand·stand** **I.** *n* [Haupt]tribüne *f* **II.** *adj seat* Tribünen-; **~ finish** Entscheidung *f* auf den letzten Metern **grand 'sum, grand 'to·tal** *n* Gesamtsumme *f*

grange [greɪndʒ] *n* Gutshof *m*

gran·ite ['grænɪt] *n no pl* Granit *m*

gran·nie, gran·ny ['græni] *n* (*fam*) Oma *f,* Omi *f*

grant [grɑːnt, AM grænt] **I.** *n* ① UNIV Stipendium *nt* ❷ (*from authority*) Zuschuss *m oft pl;* (*subsidy*) Subvention *f* **II.** *vt* ❶ (*allow*) ■**to ~ sb sth** jdm etw gewähren; *favour* jdm etw erweisen; *money* jdm etw bewilligen; *permission, visa* jdm etw erteilen; **to ~ sb a request** jds Anliegen *nt* stattgeben ❷ (*admit*) zugeben; **~ed, ...** zugegeben, ... ▶PHRASES: **to take sth for ~ed** etw für selbstverständlich halten; (*not appreciate*) etw als [allzu] selbstverständlich betrachten

granu·lar ['grænjələʳ, AM -ɚ] *adj* körnig

granu·lat·ed ['grænjəleɪtɪd, AM -t̬ɪd] *adj* granuliert; **~ sugar** Kristallzucker *m*

gran·ule ['grænju:l] *n* Körnchen *nt;* ■**~s** *pl* Granulat *nt;* **instant coffee ~s** Kaffeegranulat *nt*

grape [greɪp] **I.** *n* [Wein]traube *f;* **a bunch of ~s** eine [ganze] Traube **II.** *adj* Trauben-

'grape·fruit <*pl* - *or* -s> ['greɪpfru:t] *n* Grapefruit *f* **'grape·vine** *n* Weinstock *m* ▶PHRASES: **I heard on the ~ that ...** es ist mir zu Ohren gekommen, dass ...

graph [grɑ:f, AM græf] *n* Diagramm *nt,* Graph *m;* **temperature ~** Temperaturkurve *f;* **~ paper** Millimeterpapier *nt*

graph·ic ['græfɪk] *adj* ❶ (*diagrammatic*) grafisch ❷ (*vividly descriptive*) anschaulich; **in ~ detail** haarklein ❸ ART Grafik-; **~ design** Grafikdesign *nt*

graph·ics ['græfɪks] *npl* Grafik *f;* **~ card** Grafikkarte *f*

'graph·ics card *n* Grafikkarte *f*

graph·ite ['græfaɪt] *n no pl* Graphit *m*

grap·ple ['græpl̩] *vi* ■**to ~ with sb** mit jdm ringen; **to ~ with a problem** mit einem Problem zu kämpfen haben

grasp [grɑ:sp, AM græsp] **I.** *n no pl* ❶ (*grip*) Griff *m* ❷ (*fig: attainability*) Reichweite *f;* **to be within sb's ~** zum Greifen nahe sein ❸ (*fig: understanding*) Verständnis *nt;* **to have a good ~ of a subject** ein Fach gut beherrschen **II.** *vt* ❶ (*take firm hold*) [fest] [er]greifen; **to ~ sb by the arm/hand** jdn am Arm/an der Hand fassen ❷ (*fig: understand*) begreifen **III.** *vi* ❶ ■**to ~ at sth** nach etw *dat* greifen ❷ (*fig*) **to ~ at the opportunity** die Gelegenheit beim Schopfe packen

grasp·ing ['grɑ:spɪŋ, AM 'græsp-] *adj* (*fig, pej*) habgierig

grass <*pl* -es> [grɑ:s, AM græs] **I.** *n* ❶ Gras *nt;* (*lawn*) Rasen *m;* **to put cattle out to ~** [das] Vieh auf die Weide treiben ❷ BRIT (*sl: informer*) Spitzel(in) *m(f)* ▶PHRASES: **the ~ is [always] greener on the other side [of the fence]** (*prov*) die Kirschen in Nachbars Garten schmecken immer süßer **II.** *vt* mit Gras bepflanzen **III.** *vi* BRIT, AUS (*sl*) singen; ■**to ~ on sb/~ sb up** jdn verpfeifen

'grass·hop·per *n* Heuschrecke *f* **'grass·land** *n* Grasland *nt* **grass·'roots** *npl* (*ordinary people*) Volk *nt kein pl; of a party, organization* Basis *f kein pl;* **~ opinion** Volksmeinung *f* **'grass snake** *n* AM Grasnatter *f;* BRIT Ringelnatter *f*

grassy ['grɑ:si, AM 'græsi] *adj* grasbewachsen

grate [greɪt] **I.** *n* Kamin *m* **II.** *vi* ❶ (*annoy*) *noise* in den Ohren wehtun; **to ~ on sb['s nerves]** jdm auf die Nerven gehen ❷ (*rasp*) kratzen; ■**to ~ against one another** gegeneinanderreiben **III.** *vt* FOOD reiben; *vegetables* raspeln

grate·ful ['greɪtfᵊl] *adj* dankbar

grat·er ['greɪtəʳ, AM -t̬ɚ] *n* Reibe *f*

grati·fi·ca·tion [ˌgrætɪfɪ'keɪʃᵊn, AM -t̬əfɪ'-] *n* Genugtuung *f;* **sexual ~** sexuelle Befriedigung

grati·fy <-ie-> ['grætɪfaɪ, AM -t̬ə-] *vt* ❶ *usu passive* (*please*) ■**to be gratified at [or by] sth** über etw *akk* hocherfreut sein ❷ (*satisfy*) befriedigen

grati·fy·ing ['grætɪfaɪɪŋ, AM -t̬ə-] *adj* erfreulich

grat·ing ['greɪtɪŋ, AM -t̬ɪŋ] **I.** *n* Gitter *nt* **II.** *adj* ❶ (*grinding*) knirschend; (*rasping*) kratzend ❷ (*annoying*) nervtötend

grati·tude ['grætɪtju:d, AM -t̬ətu:d, -tju:d] *n no pl* Dankbarkeit *f*

gra·tui·tous [grə'tju:ɪtəs, AM -'tu:ət̬əs, -'tju:-] *adj* (*uncalled-for*) grundlos; (*unnecessary*) überflüssig; **~ bad language** unnötige Kraftausdrücke

gra·tu·ity [grə'tju:əti, AM -'tu:ət̬i, -'tju:-] *n* ❶ (*tip*) Trinkgeld *nt* ❷ AM (*bribe*) **illegal ~** Bestechungsgeld *nt*

grave [greɪv] **I.** *n* Grab *nt* ▶PHRASES: **from beyond the ~** aus dem Jenseits **II.** *adj* ernst; *crisis* schwer; *mistake* gravierend; *news* schlimm; *reservations* schwerwiegend

'grave-dig·ger *n* Totengräber(in) *m(f)*

grav·el ['grævᵊl] *n no pl* Kies *m;* **~ road** Schotterstraße *f*

grav·el·ly ['grævᵊli] *adj* ❶ *soil* kieshaltig ❷ (*fig*) *voice* rau

'grav·el-pit *n* Kiesgrube *f*

grave·ly ['greɪvli] *adv* ernst; **~ ill** schwer krank; **to be ~ mistaken** sich schwer irren

'grave rob·ber *n* Grabräuber(in) *m(f)* **'grave·stone** *n* Grabstein *m* **'grave·yard** *n* Friedhof *m*

'grav·ing dock ['greɪvɪŋ-] *n* Trockendock *nt*

gravi·tate ['grævɪteɪt] *vi* ■**to ~ to[wards] sth/sb** von etw/jdm angezogen werden

gravi·ta·tion [ˌgrævɪ'teɪʃᵊn] *n no pl* ① (*movement*) ■**~ to[wards] sth** Bewegung *f* zu etw *dat* hin ② (*attracting force*) Schwerkraft *f*

grav·ity ['grævəti, AM -ət̬i] *n no pl* ① PHYS Schwerkraft *f;* **the law of ~** das Gesetz der Schwerkraft ② (*seriousness*) Ernst *m; of speech* Ernsthaftigkeit *f*

gra·vy ['greɪvi] *n no pl* ① [Braten]soße *f* ② *esp* AM (*fig sl: easy money*) leicht verdientes Geld

'gra·vy boat *n* Sauciere *f,* Soßenschüssel *f* **'gra·vy train** *n* (*fig*) **to get on the ~** sich *dat* ein Stück vom Kuchen abschneiden

gray *adj* AM *see* **grey**

gray·ing *adj* AM *see* **greying**

gray·ish *adj* AM *see* **greyish**

graze¹ [greɪz] **I.** *n* Schürfwunde *f* **II.** *vt* streifen; **to ~ one's knee/elbow** sich *dat* das Knie/den Ellbogen aufschürfen

graze² [greɪz] **I.** *vi* grasen, weiden **II.** *vt animals* weiden lassen; *meadow* abgrasen

grease [gri:s] **I.** *n* ① (*fat*) Fett *nt;* **~ mark** Fettfleck *m* ② (*lubricating oil*) Schmierfett *nt* **II.** *vt* [ein]fetten; MECH schmieren ▸PHRASES: **like ~d lightning** wie ein geölter Blitz

'grease gun *n* Fettspritze *f* **'grease·paint** *n* THEAT Fettschminke *f* **grease·proof 'pa·per** *n* Pergamentpapier *nt* **'grease spot** *n* Fettfleck *m*

greasy ['gri:si] *adj hair, skin* fettig; *fingers, objects a.* schmierig; *food* fett; (*slippery*) glitschig

greasy 'pole *n* (*fig*) mit Hindernissen gespickte Karriereleiter

great [greɪt] **I.** *adj* ① (*very big*) groß; **a ~ deal of time** eine Menge Zeit; **to a ~ extent** im Großen und Ganzen ② (*famous*) groß; (*important*) bedeutend; (*outstanding*) überragend ③ (*fam: wonderful*) großartig, hervorragend, toll; **to feel not all that ~** sich gar nicht gut fühlen; **we had a ~ time at the party** wir haben uns auf der Party großartig amüsiert; **the ~ thing about sth/sb is [that]** ... das Tolle an etw/jdm ist[, dass] ...; ■**to be ~ at doing sth** etw sehr gut können **II.** *adv* (*extremely*) sehr; **~ big/long** riesengroß/-lang **III.** *n* (*person*) Größe *f;* (*in titles*) **Alexander/Catherine the G~** Alexander der Große/Katharina die Große

'great-aunt *n* Großtante *f* **Great 'Bear** *n* ASTRON Großer Bär

Great 'Brit·ain *n* Großbritannien *nt*

Land und Leute

Great Britain (*Großbritannien*) besteht aus dem Königreich England, dem Königreich Schottland und dem Fürstentum Wales. (König Edward I. von England annektierte 1282 Wales und gab es 1301 seinem eigenen Sohn als *Prince of Wales.* König James VI. von Schottland erbte 1603 als James I. die englische Krone und 1707 wurden die Parlamente der beiden Königreiche vereint.) Zusammen mit Nordirland bilden diese Länder das *United Kingdom* (*Vereinigtes Königreich*). Der geografische Begriff *British Isles* (*Britische Inseln*) bezieht sich auf die Hauptinsel Großbritannien, einschließlich Irlands, die Isle of Man, die Hebrides, Orkney, Shetland, die Scilly Isles und die *Channel Islands* (*Kanalinseln*).

'great·coat *n* BRIT [schwerer] [Winter]mantel

Great·er ['greɪtəʳ, AM -t̬ɚ] (*in cities*) **~ London** Groß-London *nt;* **~ Manchester** Großraum *m* Manchester

great-'grand·child *n* Urenkel(in) *m(f)* **great-'grand·daugh·ter** *n* Urenkelin *f* **great-'grand·fa·ther** *n* Urgroßvater *m* **great-'grand·moth·er** *n* Urgroßmutter *f* **great-'grand·son** *n* Urenkel *m* **Great 'Lakes** *npl* GEOG ■**the ~** die Großen Seen

great·ly ['greɪtli] *adv* sehr; **~ impressed** tief beeindruckt; **to ~ regret** zutiefst bedauern

great·ness ['greɪtnəs] *n no pl* Bedeutsamkeit *f*

great-'un·cle *n* Großonkel *m*

Gre·cian ['gri:ʃᵊn] *adj* griechisch

Greece [gri:s] *n* Griechenland *nt*

greed [gri:d], **greedi·ness** ['gri:dɪnəs] *n no pl* Gier *f* (**for** nach +*dat*)

greedy ['gri:di] *adj* gierig; (*for money, things*) habgierig; ■**to be ~ for sth** (*fig*) gierig nach etw *dat* sein; **~ pig** (*pej*) Vielfraß *m*

Greek [gri:k] **I.** *n* ① (*person*) Grieche(in) *m(f)* ② *no pl* (*language*) Griechisch *nt;* **ancient ~** Altgriechisch *nt;* **modern ~** Neugriechisch *nt* **II.** *adj* griechisch ▸PHRASES: **it's all ~ to me** das sind alles böhmische Dörfer für mich

green [gri:n] **I.** *n* ① *no pl* (*colour*) Grün *nt* ② FOOD ■**~s** *pl* Blattgemüse *nt kein pl* ③ *no pl* (*area of grass*) **bowling ~** *Rasenfläche zum Bowlen;* **village ~** Dorfanger *m* **II.** *adj* ① grün; **~ with envy** grün vor Neid ② (*environmental*) grün, umweltfreundlich, ökologisch; **~ issues** *pl*

Umweltschutzfragen
'green belt *n* Grüngürtel *m* **green 'card** *n* ① BRIT [internationale] Grüne [Versicherungs]karte ② AM Aufenthaltserlaubnis *f* mit Arbeitsgenehmigung
green·ery ['gri:nəri] *n no pl* Grün *nt*
'green-eyed *adj* grünäugig; (*fig*) **the ~ monster** der blasse Neid **'green·fly** <*pl* - *or* -flies> *n* BRIT Blattlaus *f* **'green·gage** *n* [grüne] Reneklode **'green·gro·cer** *n* BRIT Obst- und Gemüsehändler(in) *m(f)* **'green·house** *n* Gewächshaus *nt;* ~ **effect** Treibhauseffekt *m*
'green·house ef·fect *n no pl* ■**the ~** der Treibhauseffekt
green·ish ['gri:nɪʃ] *adj* grünlich
green·ness ['gri:nnəs] *n no pl* Grün[e] *nt*
'Green Par·ty *n + sing/pl vb* die Grünen *pl*
green 'pep·per *n* grüne Paprikaschote
greeny <-ier, -iest> ['gri:ni] *adj* grünlich
greet [gri:t] *vt* ① (*welcome*) [be]grüßen; (*receive*) empfangen; **to ~ each other [by shaking hands]** sich [mit Handschlag] begrüßen; **a scene of chaos ~ed us** ein chaotischer Anblick bot sich uns dar ② (*react*) ■**to ~ sth with sth** auf etw *akk* mit etw *dat* reagieren; **the unions have ~ed his decision with delight** die Gewerkschaften haben seine Entscheidung sehr begrüßt
greet·ing ['gri:tɪŋ, AM -t̬ɪŋ] *n* Begrüßung *f;* ■**~s** *pl* Grüße *pl;* **birthday ~s** Geburtstagsglückwünsche *pl*
gre·gari·ous [grɪ'geəriəs, AM -geri-] *adj* gesellig
gre·nade [grə'neɪd] *n* Granate *f*
grew [gru:] *pt of* **grow**
grey I. *n no pl* (*colour*) Grau *nt* **II.** *adj* grau *a. fig; face* [asch]grau; *horse* [weiß]grau
'grey·hound *n* Windhund *m*
grey·ing *adj* ergrauend; **~ hair** leicht ergrautes Haar
grey·ish *adj* gräulich
'grey mat·ter *n no pl* (*fam*) graue Zellen *pl*
grey 'pound *n* BRIT Finanzkraft *f* der Senioren
grid [grɪd] *n* ① (*grating*) Gitter *nt* ② (*pattern*) Gitternetz *nt* ③ ELEC Netz *nt*
grid·dle ['grɪdl] **I.** *n* Heizplatte *f* **II.** *vt* auf einer Heizplatte zubereiten
grid·iron ['grɪdaɪən, AM -aɪɚn] *n* ① (*metal grid*) [Grill]rost *m* ② AM SPORTS Footballfeld *nt*
'grid·lock ['grɪdlɒk, AM -lɑ:k] *n no pl* Verkehrskollaps *m;* **to cause ~** den [gesamten] Verkehr lahmlegen
'grid square *n* Planquadrat *nt*
grief [gri:f] *n no pl* ① (*sadness*) tiefe Trauer, Kummer *m* ② (*fam: trouble*) **to cause ~** für Ärger sorgen; **to come to ~** (*fail*) scheitern; (*have an accident*) zu Schaden kommen
griev·ance ['gri:vᵊn(t)s] *n* ① (*complaint*) Beschwerde *f* ② (*sense of injustice*) Groll *m kein pl*
grieve [gri:v] **I.** *vi* bekümmert sein; ■**to ~ for sb** um jdn trauern; ■**to ~ over sth** über etw *akk* betrübt sein **II.** *vt* ■**to ~ sb** (*distress*) jdm Kummer bereiten; (*make sad*) jdn traurig machen
griev·ous ['gri:vəs] *adj* schwer; *danger* groß; **~ bodily harm** schwere Körperverletzung
grill [grɪl] **I.** *n* (*in cooker*) Grill *m;* (*over charcoal*) [Grill]rost *m;* (*restaurant*) Grillrestaurant *nt* **II.** *vt* ① grillen ② (*fig fam: interrogate*) ausquetschen
grille [grɪl] *n* Gitter *nt*
grill·ing ['grɪlɪŋ] *n* (*fig fam*) strenges Verhör
grim [grɪm] *adj* ① (*forbidding*) grimmig, verbissen ② (*very unpleasant*) *flat, picture* trostlos; *landscape* unwirtlich; *news* entsetzlich; *outlook* düster; *reminder* bitter; *situation* schlimm; **things were looking ~** die Lage sah langsam düster aus
gri·mace [grɪ'meɪs, AM *esp* 'grɪməs] **I.** *n* Grimasse *f* **II.** *vi* **to ~ [with pain]** das Gesicht [vor Schmerz] verziehen
grime [graɪm] *n no pl* Schmutz *m*
grimy ['graɪmi] *adj* schmutzig
grin [grɪn] **I.** *n* Grinsen *nt kein pl* **II.** *vi* grinsen ▶ PHRASES: **to ~ and bear it** gute Miene zum bösen Spiel machen
grind [graɪnd] **I.** *n no pl* (*fam*) **the daily ~** der tägliche Trott; **to be a real ~** sehr mühsam sein **II.** *vt* <ground, ground> ① (*crush*) mahlen; AM, AUS *meat* fein hacken; **to ~ sth [in]to a powder** etw fein zermahlen; **to ~ one's teeth** mit den Zähnen knirschen ② (*sharpen*) schleifen **III.** *vi* <ground, ground> **to ~ to a halt** *machine* [quietschend] zum Stehen kommen; *production* stocken; *negotiations* sich festfahren ◆**grind down** *vt* ① (*file*) abschleifen; *mill* zerkleinern ② (*mentally wear out*) zermürben; (*oppress*) unterdrücken ◆**grind out** *vt* (*produce continuously*) ununterbrochen produzieren
grind·er ['graɪndəʳ, AM -ɚ] *n* ① (*mill*) Mühle *f* ② (*sharpener*) Schleifmaschine *f* ③ AM (*mincer*) Fleischwolf *m*
grind·stone ['graɪn(d)stəʊn, AM -stoʊn] *n* Schleifstein *m* ▶ PHRASES: **to keep one's nose to the ~** sich [bei der Arbeit] ranhalten
grip [grɪp] **I.** *n* Griff *m kein pl a. fig;* **to be**

G

in the ~ of sth von etw *dat* betroffen sein; **to get to ~s with sth** etw in den Griff bekommen; **to get/keep a ~ on oneself** sich zusammenreißen/sich im Griff haben; **to lose one's ~ on reality** den Bezug zur Realität verlieren **II.** *vt* <-pp-> ❶ packen ❷ (*fig*) packen; (*interest deeply*) fesseln **III.** *vi* <-pp-> greifen

gripe [graɪp] (*fam*) **I.** *n* Nörgelei *f* **II.** *vi* nörgeln

grip·ping ['grɪpɪŋ] *adj* packend, fesselnd

gris·ly ['grɪzli] *adj* grausig

gris·tle ['grɪsl̩] *n no pl* Knorpel *m*

grit [grɪt] **I.** *n no pl* ❶ (*small stones*) Splitt *m;* (*for icy roads*) Streusand *m* ❷ (*fig: courage*) Schneid *m* **II.** *vt* <-tt-> ❶ *roads* streuen ❷ **to ~ one's teeth** die Zähne zusammenbeißen *a. fig*

grit·ty ['grɪti, AM -t̬i] *adj* ❶ (*like grit*) grob[körnig] ❷ (*full of grit*) sandig

griz·zle ['grɪzl̩] *vi* BRIT (*pej fam*) ❶ (*cry*) quengeln ❷ (*complain*) meckern

griz·zled ['grɪzl̩d] *adj* ergraut

griz·zly ['grɪzli] **I.** *adj* BRIT quengelig **II.** *n* Grizzlybär *m*

groan [grəʊn, AM groʊn] **I.** *n* Stöhnen *nt kein pl* **II.** *vi* ❶ *person* [auf]stöhnen; ■**to ~ about sth** (*fig*) sich über etw *akk* beklagen ❷ *thing* ächzen

gro·cer ['grəʊsəʳ, AM 'groʊsɚ] *n* Lebensmittelhändler(in) *m(f)*

gro·ceries ['grəʊsəriz, AM 'groʊ-] *npl* Lebensmittel *pl*

gro·cery ['grəʊsəri, AM 'groʊ-] *n* Lebensmittelgeschäft *nt*

grog·gy ['grɒgi, AM 'grɑːgi] *adj* angeschlagen

groin [grɔɪn] *n* ANAT Leiste *f;* (*euph: genitals*) Weichteile *pl fam*

groom [gruːm] **I.** *n* ❶ (*caring for horses*) Pferdepfleger(in) *m(f)* ❷ (*bridegroom*) Bräutigam *m* **II.** *vt* (*clean fur*) das Fell pflegen; *horse* striegeln

groom·ing ['gruːmɪŋ] *n* INET **internet ~** *Kontaktaufnahme über das Internet zu Minderjährigen mit sexuellen Absichten*

groove [gruːv] *n* Rille *f*

groovy ['gruːvi] *adj* (*dated sl*) doll

grope [grəʊp, AM groʊp] **I.** *n* (*fam*) Befummeln *nt kein pl* **II.** *vi* ■**to ~ for sth** nach etw *dat* tasten **III.** *vt* ❶ **to ~ one's way** sich *dat* tastend seinen Weg suchen ❷ (*fam*) ■**to ~ sb** jdn befummeln

grop·ing·ly ['grəʊpɪŋli, AM 'groʊp-] *adv* tastend

gross¹ <*pl* - *or* -es> [grəʊs, AM groʊs] *n* (*a group of 144*) Gros *nt;* **by the ~** en gros

gross² [grəʊs, AM groʊs] **I.** *adj* (*very fat*) fett; (*big and ugly*) abstoßend; (*revolting*) ekelhaft **II.** *adj* Brutto-; **~ national product** Bruttosozialprodukt *nt* **III.** *vt* FIN brutto einnehmen

gross·ly ['grəʊsli, AM 'groʊs-] *adv* extrem

gross-out ['grəʊsaʊt, AM 'groʊs-] *adj* (*fam*) derb, widerlich

gross 'ton·nage *n* Bruttotonnage *f*

gro·tesque [grə(ʊ)'tesk, AM groʊ'-] *adj* grotesk

grot·to <*pl* -es *or* -s> ['grɒtəʊ, AM 'grɑːt̬oʊ] *n* Grotte *f*

grot·ty ['grɒti] *adj* BRIT (*fam*) *clothing* gammelig; *place* schäbig; **to feel ~** sich mies fühlen

grouch [graʊtʃ] **I.** *n* <*pl* -es> ❶ (*complaint*) Beschwerde *f* ❷ (*person*) Nörgler(in) *m(f)* **II.** *vi* [herum]nörgeln (**about** an +*dat*)

grouchy ['graʊtʃi] *adj* griesgrämig

ground¹ [graʊnd] **I.** *n no pl* ❶ [Erd]boden *m*, Erde *f;* **above/below ~** über/unter der Erde; MIN über/unter Tage; **to get off the ~** *plane* abheben; (*fig fam*) *project* in Gang kommen; *plan* verwirklicht werden; **to get sth off the ~** (*fig fam*) etw realisieren ❷ *no pl* (*area of land*) [ein Stück] Land *nt;* **waste ~** brachliegendes Land; **to gain/lose ~** MIL Boden gewinnen/verlieren; (*fig*) an Boden gewinnen/verlieren; **to make up ~** SPORTS aufholen ❸ SPORTS Platz *m*, [Spiel]feld *nt* ❹ AM ELEC (*earth*) Erdung *f* ❺ (*fig: area of discussion*) **to find common ~** Gemeinsamkeiten entdecken; **to be on familiar/safe ~** sich auf vertrautem/sicherem Boden bewegen; **to go back over the same ~** sich *akk* wiederholen ❻ *pl* ■**~s** (*area around large house*) Gelände *nt*, Anlage *f* ❼ *pl* ■**~s** (*reasons*) Grund *m;* **~s for divorce** Scheidungsgrund *m* ▸ PHRASES: **to break new ~** Neuland betreten; **to suit sb down to the ~** jdm prima passen; **to fall on stony ~** auf taube Ohren stoßen; **to shift one's ~** seinen Standpunkt ändern; **to work oneself into the ~** sich kaputtmachen **II.** *vt* ❶ ■**to be ~ed** *pilot* Flugverbot haben; (*fig fam*) Hausarrest haben; NAUT auflaufen ❷ (*be based*) ■**to be ~ed upon sth** auf etw *dat* basieren; ■**to be ~ed in sth** (*have its origin*) von etw *dat* herrühren; **to be well ~ed** [wohl]begründet sein ❸ AM ELEC erden

ground² [graʊnd] **I.** *vt pt of* **grind II.** *adj* gemahlen **III.** *n* ■**~s** *pl* [Boden]satz *m kein pl*

'ground-break·ing *adj* bahnbrechend

'ground con·trol *n* AVIAT Bodenkontrolle *f*

'ground crew *n* AVIAT Bodenpersonal *nt kein pl* **ground 'floor** *n* Erdgeschoss *nt,* Parterre *nt* ▶PHRASES: **to get in on the ~** [**of sth**] von Anfang an [bei etw *dat*] dabei sein **'ground frost** *n* Bodenfrost *m*
'ground·hog *n* AM Waldmurmeltier *nt*

Land und Leute

In den USA heißt der 2. Februar **Groundhog Day**. An diesem Tag kommt das *groundhog* (*Waldmurmeltier*) angeblich aus seinem Erdloch, wo es seinen Winterschlaf gehalten hat. Sieht es seinen Schatten, so dauert der Winter nach dem Volksglauben noch sechs Wochen und das Murmeltier geht wieder in sein Loch. Aber wenn es bewölkt ist und es seinen Schatten nicht sieht, bleibt es draußen, weil der Frühling kommt.

ground·ing ['graʊndɪŋ] *n no pl* Grundlagen *pl*
ground·less ['graʊndləs] *adj* grundlos
'ground·nut *n* Erdnuss[pflanze] *f* **'ground per·son·nel** *n + pl vb* AVIAT Bodenpersonal *nt* **'ground rules** *npl* Grundregeln *pl* **'ground·sheet** *n* BRIT Bodenplane *f*
'grounds·man, AM **'grounds·keep·er** *n* Platzwart *m*
'ground staff *n no pl, + sing/pl vb* ① SPORTS Wartungspersonal *nt* ② AVIAT Bodenpersonal *nt* **'ground·swell** *n no pl* (*fig*) Anschwellen *nt* **ground-to-air 'mis·sile** *n* Boden-Luft-Rakete *f* **'ground·wa·ter** *n no pl* Grundwasser *nt* **'ground wire** *n* AM Erdungsdraht *m* **'ground·work** *n no pl* Vorarbeit *f*
group [gru:p] **I.** *n* ① *+ sing/pl vb* Gruppe *f;* **~s of four or five** Vierer- oder Fünfergruppen *pl* ② ECON Konzern *m* **II.** *adj* Gruppen- **III.** *vt* gruppieren; (*classify*) ordnen; (*divide up*) einteilen **IV.** *vi* sich gruppieren; **to ~ together** sich zusammentun
'group cap·tain *n* BRIT AVIAT Oberst *m* (*der Royal Air Force*)
group dy·'nam·ics *npl* Gruppendynamik *f kein pl*
groupie ['gru:pi] *n* (*fam*) Groupie *nt*
group·ing ['gru:pɪŋ] *n* Gruppierung *f*
group 'prac·tice *n* Gemeinschaftspraxis *f* **group 'thera·py** *n no pl* Gruppentherapie *f* **group 'tick·et** *n* TRANSP Sammelfahrschein *m;* TOURIST Gruppenticket *nt*
grouse[1] [graʊs] *n* <*pl* -> Raufußhuhn *nt;* **black ~** Birkhuhn *nt;* **red ~** [Schottisches] Moorschneehuhn; **~ shooting** Moorhuhnjagd *f*
grouse[2] [graʊs] (*fam*) **I.** *n* Meckerei *f* **II.** *vi* meckern
grove [grəʊv, AM groʊv] *n* Wäldchen *nt;* **olive ~** Olivenhain *m*
grov·el <BRIT -ll- *or* AM *usu* -l-> ['grɒvᵊl, AM 'grɑ:v-] *vi* ① (*behave obsequiously*) ■**to ~** [**before sb**] [vor jdm] zu Kreuze kriechen, katzbuckeln ② (*crawl*) kriechen; **to ~ about in the dirt** im Schmutz [herum]wühlen
grow <grew, grown> [grəʊ, AM groʊ] **I.** *vi* wachsen; **to ~ taller/wiser** größer/weiser werden; *popularity, sales* zunehmen; **football's popularity continues to ~** Fußball wird immer populärer; **to ~ to like sth** langsam beginnen, etw zu mögen **II.** *vt* ① (*cultivate*) anbauen; *flowers* züchten; **to ~ sth from seed** etw aus Samen ziehen ② (*let grow*) *hair* wachsen lassen; **furry animals ~ a thicker coat in winter** Pelztiere bekommen im Winter ein dichteres Fell ◆**grow away** *vi* **to ~ away from sb** sich jdm [allmählich] entfremden ◆**grow into** *vi* hineinwachsen in *+akk* ◆**grow out** *vi* ■**to ~ out of sth** aus etw *dat* herauswachsen; **to ~ out of a habit** eine Angewohnheit ablegen ◆**grow up** *vi* (*become adult*) erwachsen werden; **when I ~ up I'm going to ...** wenn ich erwachsen bin, werde ich ...
grow·er ['grəʊəʳ, AM 'groʊɚ] *n* ① (*plant*) **a slow ~** eine langsam wachsende Pflanze ② AGR **coffee ~** Kaffeepflanzer(in) *m(f);* **flower ~** Blumenzüchter(in) *m(f);* **fruit ~** Obstbauer, -bäuerin *m, f*
grow·ing ['grəʊɪŋ, AM 'groʊ-] **I.** *n no pl* Anbau *m* **II.** *adj* ① *boy, girl* im Wachstumsalter ② (*increasing*) zunehmend
'grow·ing pains *npl* ① MED Wachstumsschmerzen *pl* ② (*of a teenager*) Pubertätsprobleme *pl* ③ (*fig*) Anfangsschwierigkeiten *pl*
growl [graʊl] **I.** *n of animal* Knurren *nt kein pl; of machine* Brummen *nt kein pl* **II.** *vi* knurren; ■**to ~ at sb** jdn anknurren
grown [grəʊn, AM groʊn] **I.** *adj* erwachsen; **fully ~** ausgewachsen **II.** *pp of* **grow**
grown-up ['grəʊnʌp, AM 'groʊ-] (*fam*) **I.** *n* Erwachsene(r) *f(m)* **II.** *adj* erwachsen
growth [grəʊθ, AM groʊθ] *n* ① *no pl* Wachstum *nt;* **~ industry** Wachstumsindustrie *f* ② Geschwulst *f*
groyne [grɔɪn] *n* Buhne *f*
grub [grʌb] **I.** *n* ① (*larva*) Larve *f* ② *no pl* (*fam: food*) Fressalien *pl;* **pub ~** Kneipenessen *nt* **II.** *vi* <-bb-> **to ~ about** [*or* **around**] [**for sth**] [nach etw *dat*] wühlen **III.** *vt* <-bb-> ■**to ~ up** [*or* **out**] ↻ **sth** etw ausgraben; *tree stump* ausroden

grub·by ['grʌbi] *adj* (*fam*) schmudd[e]lig; *hands* schmutzig; (*fig*) schäbig
grudge [grʌdʒ] **I.** *n* Groll *m kein pl;* **to have** [*or* **hold**] **a ~ against sb** einen Groll gegen jdn hegen **II.** *vt* ■**to ~ sb sth** jdm etw missgönnen
grudg·ing ['grʌdʒɪŋ] *adj* widerwillig
grudg·ing·ly ['grʌdʒɪŋli] *adv* widerwillig
gru·el [grʊəl, AM 'gru:əl] *n no pl* Haferschleim *m*
gru·el·ling, AM **gru·el·ing** ['grʊəlɪŋ, AM 'gru:ᵊl-] *adj time* aufreibend, zermürbend; *journey* strapaziös
grue·some ['gru:səm] *adj* grausig, schauerlich
gruff [grʌf] *adj* barsch
grum·ble ['grʌmbl̩] **I.** *n* Gemurre *nt kein pl* **II.** *vi* murren; **grumbling appendix** Blinddarmreizung *f;* ■**to ~ about sth/sb** über etw/jdn schimpfen
grump [grʌmp] *n* (*fam*) Griesgram *m pej*
grumpy ['grʌmpi] *adj* (*fam*) mürrisch, brummig, grantig
grunt [grʌnt] **I.** *n* Grunzen *nt kein pl* **II.** *vi* grunzen
G-string ['dʒi:strɪŋ] *n* ❶ MUS G-Saite *f* ❷ (*clothing*) String-Tanga *m*
gua·rana [gwə'rɑ:nə] *n* Guarana *nt*
guar·an·tee [ˌgærᵊn'ti:, AM *esp* ˌger-] **I.** *n* Garantie *f;* **to give sb one's ~** jdm etw garantieren; **money-back ~** Rückerstattungsgarantie *f;* **two-year ~** Garantie *f* auf 2 Jahre **II.** *vt* garantieren; ■**to ~ sb sth** jdm etw zusichern; ■**to ~ that ...** gewährleisten, dass ...
guar·an·teed [ˌgærᵊn'ti:d, AM ˌger] *adj* garantiert, zugesichert
guar·an·tor [ˌgærᵊn'tɔ:ʳ, AM ˌgerᵊn'tɔ:r] *n* Garant(in) *m(f);* LAW Bürge(in) *m(f)*
guar·an·ty ['gærᵊnti, AM 'gerᵊnti] *n* LAW Bürgschaft *f*
guard [gɑ:d, AM gɑ:rd] **I.** *n* ❶ (*person*) Wache *f;* (*sentry*) Wach[t]posten *m;* **prison ~** AM Gefängniswärter(in) *m(f);* **security ~** Sicherheitsbeamte(r) *f(m),* -beamtin *f;* **to be on ~** Wache halten ❷ (*group of guards*) Garde *f;* **~ of honour** Ehrengarde *f* ❸ (*defensive stance*) Deckung *f;* **to be on one's ~** [**against sth/sb**] (*fig*) [vor etw/jdm] auf der Hut sein; **to be caught off one's ~** [von einem Schlag] unvorbereitet getroffen werden; (*fig*) auf etw *akk* nicht vorbereitet sein ❹ (*protective device*) Schutz *m* ❺ BRIT RAIL Zugbegleiter(in) *m(f)* **II.** *vt* (*keep watch*) bewachen; **heavily ~ed** scharf bewacht; (*protect*) [be]schützen (**against** vor +*dat*) **III.** *vi* ■**to ~ against sth** sich vor etw *dat* schützen
'**guard dog** *n* Wachhund *m* '**guard duty** *n* Wachdienst *m;* **to be on ~ duty** Wachdienst haben
guard·ed ['gɑ:dɪd, AM 'gɑ:rd-] *adj* (*reserved*) zurückhaltend; (*cautious*) vorsichtig
'**guard·house** *n* Wache *f*
guard·ian ['gɑ:diən, AM 'gɑ:rd-] *n* ❶ LAW Vormund *m* ❷ (*form: protector*) Hüter(in) *m(f)*
guard·ian 'an·gel *n* Schutzengel *m a. fig*
guard·ian·ship ['gɑ:diənʃɪp, AM 'gɑ:rd-] *n no pl* LAW Vormundschaft *f*
'**guard rail** *n* [Schutz]geländer *nt* '**guard·room** *n* Wachstube *f*
'**guards·man** *n* Wach[t]posten *m;* BRIT MIL Gardesoldat *m*
Gua·te·ma·la [ˌgwætə'mɑ:lə, ˌgwɑ:-, AM -t̬ə'-] *n* Guatemala *nt*
Guern·sey ['gɜ:nzi, AM 'gɜ:rn-] *n* Guernsey *nt*
gue(r)·ril·la [gə'rɪlə] *n* Guerillakämpfer(in) *m(f);* **~ warfare** Guerillakrieg *m*
guess [ges] **I.** *n* <*pl* -es> Vermutung *f;* (*estimate*) Schätzung *f;* **you've got three ~es** dreimal darfst du raten; **lucky ~** Glückstreffer *m;* **to have a ~** raten; **at a ~** grob geschätzt; **my ~ is that ...** ich vermute, dass ... ▸ PHRASES: **it's anyone's ~** weiß der Himmel **II.** *vi* ❶ (*conjecture*) [er]raten; **to keep sb ~ing** jdn auf die Folter spannen; ■**to ~ at sth** etw raten; (*estimate*) etw schätzen ❷ *esp* AM (*suppose*) denken; (*suspect*) annehmen; **I ~ you're right** du wirst wohl recht haben **III.** *vt* raten; **~ where I'm calling from** rate mal, woher ich anrufe; **~ what?** stell dir vor!; **to keep sb ~ing** jdn im Ungewissen lassen
guess·ing game ['gesɪŋ-] *n* Ratespiel *nt a. fig*
guess·ti·mate, gues·ti·mate ['gestɪmət] **I.** *n* (*fam*) grobe Schätzung **II.** *vt* ■**to ~ sth** etw grob schätzen
guess·work ['geswɜ:k, AM -wɜ:rk] *n no pl* Spekulation *f oft pl*
guest [gest] **I.** *n* Gast *m* ▸ PHRASES: **be my ~** nur zu! **II.** *vi* als Gaststar auftreten; **to ~ on an album** als Gaststar an einem Album mitwirken
'**guest·house** *n* Gästehaus *nt,* Pension *f* '**guest·room** *n* Gästezimmer *nt* '**guest work·er** *n* Gastarbeiter(in) *m(f)*
guid·ance ['gaɪdᵊn(t)s] *n no pl* ❶ (*advice*) Beratung *f;* (*direction*) [An]leitung *f* ❷ (*steering system*) Steuerung *f;* **~ system** (*of rocket*) Lenksystem *nt;* (*of missile*) Leitstrahlsystem *nt*

Aussprache

Bei Wörtern, die mit **gui** beginnen, wird das **u** nicht gesprochen: **guidance** = ['gaɪdᵊn(t)s]. Andere Beispiele hierfür sind:

guilt	[gɪlt]	(*Schuld*)
guinea pig	['gɪni,pɪg]	(*Meerschweinchen*)
guitar	[gɪ'tɑːʳ]	(*Gitarre*)

guide [gaɪd] **I.** *n* ① (*person*) Führer(in) *m(f);* TOURIST *a.* Fremdenführer(in) *m(f);* **tour ~** Reiseführer(in) *m(f)* ② (*book*) Reiseführer *m* ③ (*indication*) Anhaltspunkt *m* ④ BRIT (*Girl Guide*) **G~** Pfadfinderin *f* **II.** *vt* ① (*show*) ■**to ~ sb** jdn führen *a. fig;* (*show the way*) jdm den Weg zeigen ② (*instruct*) anleiten ③ (*steer*) führen; **the plane was ~d in to land** das Flugzeug wurde zur Landung eingewiesen

'**guide·book** *n* Reiseführer *m*

guid·ed ['gaɪdɪd] *adj* ① (*led by a guide*) geführt; **~ tour** Führung *f* ② (*automatically steered*) [fern]gelenkt; **~ missile** Lenkflugkörper *m*

'**guide dog** *n* Blindenhund *m* '**guide horse** *n Pferd, das Blinde führt wie ein Blindenhund* '**guide·line** *n usu pl* Richtlinie *f*

guid·ing hand [,gaɪdɪŋ'-] *n* (*fig*) leitende Hand **guid·ing 'prin·ci·ple** *n* Richtschnur *f*

guild [gɪld] *n of merchants* Gilde *f; of craftsmen* Innung *f,* Zunft *f*

guile [gaɪl] *n no pl* Arglist *f*

guil·lo·tine ['gɪləti:n] *n* ① HIST Guillotine *f,* Fallbeil *nt* ② BRIT, AUS (*paper cutter*) Papierschneidemaschine *f*

guilt [gɪlt] *n no pl* Schuld *f;* **feelings of ~** Schuldgefühle *pl; see also* **guidance**

guilt·less ['gɪltləs] *adj* schuldlos

'**guilt-rid·den** *adj* von Schuldgefühlen geplagt

guilty ['gɪlti] *adj* schuldig; **~ conscience** schlechtes Gewissen; **to feel ~ about sth** ein schlechtes Gewissen wegen einer S. *gen* haben; **he is ~ of theft** er hat sich des Diebstahls schuldig gemacht; **to prove sb ~** jds Schuld *f* beweisen

'**guinea fowl** *n* Perlhuhn *nt*

Guin·ean ['gɪniən] **I.** *n* Guineer(in) *m(f)* **II.** *adj* guineisch '**guinea pig** *n* Meerschweinchen *nt;* (*fig*) Versuchskaninchen *nt; see also* **guidance**

'**guinea tee** *n* (*sl*) ärmelloses T-Shirt

guise [gaɪz] *n no pl* ① (*appearance*) Gestalt *f;* **in the ~ of a monk** als Mönch verkleidet ② (*pretence*) Vorwand *m;* **under the ~ of friendship** unter dem Deckmantel der Freundschaft

gui·tar [gɪ'tɑːʳ, AM -ɑːr] *n* Gitarre *f; see also* **guidance**

gui·tar·ist [gɪ'tɑːrɪst] *n* Gitarrist(in) *m(f)*

gulch [gʌl(t)ʃ] *n* AM Schlucht *f*

gulf [gʌlf] *n* ① GEOG Golf *m;* ■**the G~** der [Persische] Golf; **the G~ of Mexico** der Golf von Mexiko; **the G~ states** die Golfstaaten *pl;* **the G~ stream** der Golfstrom ② (*huge difference*) [tiefe] Kluft

gull [gʌl] *n* Möwe *f*

gul·let ['gʌlɪt] *n* ANAT Speiseröhre *f* ▸ PHRASES: **sth sticks in sb's ~** etw geht jdm gegen den Strich

gul·lible ['gʌlɪbl̩] *adj* leichtgläubig

gul·ly ['gʌli] *n* [enge] Schlucht *f;* (*channel*) Rinne *f*

gulp [gʌlp] **I.** *n* [großer] Schluck; **to get a ~ of air** Luft holen **II.** *vt* [hinunter]schlucken; *liquid* hinunterstürzen **III.** *vi* ① (*with emotion*) schlucken ② (*breathe*) **to ~ for air** nach Luft schnappen

gum[1] [gʌm] *n* ANAT ■**~[s]** Zahnfleisch *nt kein pl*

gum[2] [gʌm] **I.** *n* ① *no pl* (*sticky substance*) Gummi *nt;* (*on stamps etc.*) Gummierung *f;* (*glue*) Klebstoff *m* ② (*sweet*) Kaugummi *m o nt* **II.** *vt* <-mm-> kleben; ■**to ~ down** zukleben ◆**gum up** *vt* verkleben ▸ PHRASES: **to ~ up the works** [den Ablauf] blockieren

gum·my ['gʌmi] *adj* ① (*sticky*) klebrig ② (*without teeth*) zahnlos

gump·tion ['gʌm(p)ʃᵊn] *n no pl* (*fam*) Grips *m*

'**gum·shoe** *n* AM (*sl: detective*) Schnüffler(in) *m(f)*

'**gum tree** *n* [Australischer] Gummibaum ▸ PHRASES: **to be up a ~** BRIT in der Patsche sitzen

gun [gʌn] **I.** *n* ① (*weapon*) [Schuss]waffe *f;* (*cannon*) Geschütz *nt;* (*pistol*) Pistole *f;* (*revolver*) Revolver *m;* (*rifle*) Gewehr *nt;* **big ~** Kanone *f;* (*fig*) hohes Tier ② SPORTS Startpistole *f;* **to jump the ~** einen Frühstart verursachen; (*fig*) voreilig handeln ③ MECH Pistole *f* ▸ PHRASES: **to stick to one's ~s** auf seinem Standpunkt beharren **II.** *vt* <-nn-> AM (*fam*) *engine* hochjagen ◆**gun down** *vt* niederschießen

'**gun bar·rel** *n of a rifle* Gewehrlauf *m; of a pistol* Pistolenlauf *m* '**gun·boat** *n* Kanonenboot *nt* '**gun·fight** *n* Schießerei *f* '**gun·fire** *n* Schießerei *f;* (*of cannons*) Geschützfeuer *nt* '**gun-li·cence**, AM '**gun-li·cense** *n* Waffenschein *m* '**gun·man** *n* Bewaffnete(r) *m*

gun·ner ['gʌnəʳ, AM -ɚ] *n* Artillerist *m*

G

'gun·point *n no pl* **at ~** mit vorgehaltener Waffe **'gun·pow·der** *n no pl* Schießpulver *nt* **'gun-run·ner** *n* Waffenschmuggler(in) *m(f)* **'gun-run·ning** *n no pl* Waffenschmuggel *m* **'gun·shot** *n* (*shot*) Schuss *m;* **~ wound** Schusswunde *f* **gun·sling·er** ['gʌn,slɪŋəʳ, AM -ɚ] *n* (*hist*) Pistolenheld(in) *m(f)*

gur·gle ['gɜːgl̩, AM 'gɜːr-] **I.** *n no pl* Glucksen *nt; of water* Gluckern *nt* **II.** *vi baby* glucksen; *water* gluckern

gush [gʌʃ] **I.** *n no pl* Schwall *m;* (*fig*) Erguss *m* **II.** *vi* ① (*flow out*) [hervor]strömen; (*at high speed*) [hervor]schießen ② (*praise*) [übertrieben] schwärmen; ■**to ~ over sth** über etw *akk* ins Schwärmen geraten

gush·er ['gʌʃəʳ, AM -ɚ] *n* [natürlich sprudelnde] Ölquelle

gush·ing ['gʌʃɪŋ] *adj* schwärmerisch

gust [gʌst] **I.** *n* [Wind]stoß *m,* Bö[e] *f* **II.** *vi* böig wehen

gus·to ['gʌstəʊ, AM -toʊ] *n no pl* ■**with ~** mit Begeisterung

gusty ['gʌsti] *adj* böig

gut [gʌt] **I.** *n* ① (*intestine*) Darm[kanal] *m* ② (*sl: abdomen*) Bauch *m;* **beer ~** Bierbauch *m* ③ (*fam: courage*) ■**~s** *pl* Mumm *m kein pl* ④ (*instincts*) **~ feeling** instinktives Gefühl; **~ reaction** gefühlsmäßige Reaktion ▶ PHRASES: **to bust a ~** sich abrackern **II.** *vt* <-tt-> ① *animal* ausnehmen ② (*destroy by fire*) ■**to be ~ed** [völlig] ausbrennen **III.** *adj* (*fam*) *feeling* instinktiv

gut·buck·et ['gʌtbʌkɪt] *n* (*pej sl*) Fettsack *m*

gut·less ['gʌtləs] *adj* (*fam*) feige

gut·sy ['gʌtsi] *adj* mutig

gut·ted ['gʌtɪd] *adj pred* BRIT (*sl*) völlig fertig *fam,* total down *sl*

gut·ter ['gʌtəʳ, AM -t̬ɚ] *n of road* Rinnstein *m;* (*of roof*) Dachrinne *f;* (*fig*) Gosse *f*

gut·ter 'jour·nal·ism *n no pl* (*pej*) Sensationsjournalismus *m* **gut·ter 'press** *n no pl* BRIT (*pej*) Sensationspresse *f*

gut·tur·al ['gʌtᵊrᵊl, AM -t̬-] *adj* kehlig; LING guttural

guy [gaɪ] *n* ① (*fam: man*) Kerl *m,* Typ *m* ② *pl* (*fam: people*) **are you ~s coming to lunch?** kommt ihr [mit] zum Essen? ③ (*rope*) **~ [rope]** Spannseil *nt;* (*for tent*) Zeltschnur *f*

Land und Leute

Guy Fawkes gehörte der katholischen Verschwörung von 1605 an, die als der *Gunpowder Plot* (*Schießpulver-Komplott*) bekannt wurde. Sie versuchte das englische *Houses of Parliament* (*Parlamentsgebäude*) zusammen mit König James I und allen seinen Ministern in die Luft zu sprengen. Guy Fawkes wurde geschnappt als er am 5. November im Keller Sprengstoff auslegte. Er wurde daraufhin gefoltert, vor Gericht gestellt und dann gehängt. Dieses Ereignis wird immer noch am 5. November mit *bonfire parties* gefeiert, bei denen eine Stoffpuppe, die man als einen *guy* bezeichnet, auf einem Scheiterhaufen verbrannt wird. Außerdem gibt es noch ein großes Feuerwerk.

guz·zle ['gʌzl̩] *vt* (*fam: drink*) in sich *akk* hineinkippen; (*eat*) in sich *akk* hineinstopfen

gym [dʒɪm] *n* ① *short for* **gymnastics** Turnen *nt kein pl* ② *short for* **gymnasium** Turnhalle *f*

'gym·goer *n* AM (*fam*) Besucher(in) *m(f)* eines Fitnesscenters

gym·na·sium <*pl* -s *or* -sia> [dʒɪm'neɪziəm, *pl* -ziə] *n* Turnhalle *f*

gym·nast ['dʒɪmnæst] *n* Turner(in) *m(f)*

gym·nas·tic [dʒɪm'næstɪk] *adj* turnerisch, Turn-

gym·nas·tics [dʒɪm'næstɪks] *npl* Turnen *nt kein pl;* **mental ~** (*fig*) Gehirnakrobatik *f*

'gym shoes *npl* Turnschuhe *pl* **'gym shorts** *npl* Turnhose *f*

gy·nae·co·logi·cal, AM, AUS **gy·ne·co·logi·cal** [,gaɪnəkə'lɒdʒɪkᵊl, AM -'lɑːdʒ-] *adj* gynäkologisch

gy·nae·colo·gist, AM, AUS **gy·ne·colo·gist** [,gaɪnə'kɒlədʒɪst, AM -'kɑːl-] *n* Gynäkologe, Gynäkologin *m, f,* Frauenarzt, Frauenärztin *m, f*

gy·nae·col·ogy, AM, AUS **gy·ne·col·ogy** [,gaɪnə'kɒlədʒi, AM -'kɑːl-] *n no pl* Gynäkologie *f*

gyp [dʒɪp] *n no pl* BRIT, AUS (*fam*) **to give sb ~** jdm [arg] zu schaffen machen

gyp·sy ['dʒɪpsi] *n* Zigeuner(in) *m(f)*

gy·rate [dʒaɪ(ə)'reɪt, AM 'dʒaɪreɪt] *vi* sich drehen; (*fig: dance*) [aufreizend] tanzen

gy·ra·tion [dʒaɪ(ə)'reɪʃᵊn, AM dʒaɪ'-] *n* Drehung *f*

gyro·com·pass <*pl* -es> ['dʒaɪ(ə)rəʊ,kʌmpəs, AM 'dʒaɪroʊ,-] *n* Kreiselkompass *m*

gyro·scope ['dʒaɪ(ə)rəskəʊp, AM 'dʒaɪrəskoʊp] *n* NAUT, AVIAT Gyroskop *nt*

H h

H <*pl* -'s *or* -s>, **h** <*pl* -'s> [eɪtʃ] *n* H *nt,* h *nt;* ~ **for Harry** [*or* AM **as in How**] H wie Heinrich

hab·it ['hæbɪt] *n* ① (*repeated action*) Gewohnheit *f;* **a bad** ~ eine schlechte [An]gewohnheit; **to get into/out of the ~ of sth** sich *dat* etw angewöhnen/abgewöhnen ② (*fam: drug addiction*) **to have a heroin** ~ heroinsüchtig sein

hab·it·able ['hæbɪtəbl̩, AM -t̬ə-] *adj* bewohnbar

habi·tat ['hæbɪtæt] *n* Lebensraum *m;* BIOL Habitat *nt*

habi·ta·tion [ˌhæbɪ'teɪʃən] *n no pl* (*living in a place*) [Be]wohnen *nt;* **unfit for human** ~ menschenunwürdig

ha·bitu·al [hə'bɪtʃuəl] *adj* ① (*constant*) ständig ② (*usual*) gewohnt

hack[1] [hæk] **I.** *vt* ① (*chop*) hacken; **to ~ sb/sth to pieces** jdn/etw zerstückeln ② COMPUT ■**to ~ sth** in etw *akk* eindringen ③ AM, AUS (*sl: cope with*) aushalten; **he can't ~ it** er bringt's einfach nicht **II.** *vi* ① (*chop*) ■**to ~** [**away**] **at sth** auf etw *akk* einhacken ② COMPUT ■**to ~ into sth** in etw *akk* eindringen

hack[2] [hæk] *n* ① (*pej fam: writer*) Schreiberling *m* ② AM (*fam: taxi*) Taxi *nt;* (*taxi driver*) Taxifahrer(in) *m(f)*

hack·er ['hækər, AM -ɚ] *n* COMPUT Hacker(in) *m(f)*

hack·les ['hækl̩z] *npl* [aufstellbare] Nackenhaare

hack·neyed ['hæknid] *adj* (*pej*) abgedroschen *fam*

'hack·saw *n* Bügelsäge *f*

had [hæd, həd] **I.** *vt* ① *pt, pp of* **have** ② (*fam*) **to have ~ it** (*want to stop*) genug haben; (*to be broken*) kaputt sein **II.** *adj* (*fam*) ■**to be** ~ [he]reingelegt werden

had·dock <*pl* -> ['hædək] *n* Schellfisch *m*

hadn't ['hædənt] = **had not** *see* **have**

haemo·philia *n no pl* MED Bluterkrankheit *f,* Hämophilie *f fachspr*

haemo·phili·ac *n* MED Bluter(in) *m(f)*

haem·or·rhage **I.** *n* MED [starke] Blutung **II.** *vi* MED [stark] bluten

haem·or·rhoids *npl* MED Hämorrhoiden *pl*

hag [hæg] *n* (*pej: witch*) Hexe *f;* (*old woman*) hässliches altes Weib

hag·gard ['hægəd, AM -ɚd] *adj* ausgezehrt, verhärmt

hag·gis ['hægɪs] *n no pl schottisches Gericht aus in einem Schafsmagen gekochten Schafsinnereien und Haferschrot*

hag·gle ['hægl̩] *vi* ① (*bargain*) ■**to ~** [**over sth**] [um etw *akk*] feilschen ② (*argue*) ■**to ~ over sth** [sich] über etw *akk* streiten

Hague [heɪg] *n* GEOG ■**The ~** Den Haag *kein art*

hail[1] [heɪl] *vt* ① (*form: call*) zurufen; *taxi* rufen ② (*acclaim*) zujubeln; ■**to ~ sb/sth as sth** jdn/etw als etw bejubeln

hail[2] [heɪl] *n no pl* Hagel *m*

'hail·stone *n* Hagelkorn *nt*

hair [heər, AM her] *n* ① (*single strand*) Haar *nt;* **to lose by a ~** (*fig*) ganz knapp verlieren ② *no pl* (*on head*) Haar *nt,* Haare *pl;* (*on body*) Behaarung *f* ▶ PHRASES: **to let one's ~ down** sich gehen lassen; **to not turn a ~** nicht mit der Wimper zucken

Grammatik

hair ist unzählbar; d.h. es wird nicht im Plural gebraucht: *his hair is long and full of knots, my hair needs cutting*

'hair·brush *n* Haarbürste *f* **'hair·care** *n* Haarpflege *f* **'hair con·di·tion·er** *n* Pflegespülung *f* **'hair curl·er** *n* Lockenwickler *m* **'hair·cut** *n* Haarschnitt *m,* Frisur *f;* **to get** [*or* **have**] **a ~** sich *dat* die Haare schneiden lassen **'hair·do** *n* [kunstvolle] Frisur **'hair·dress·er** *n* Friseur *m,* Friseuse *m;* ■**the ~'s** der Friseur[salon] **'hair·dress·ing** *n no pl* ① (*profession*) Friseurberuf *m* ② (*action*) Frisieren *nt* **'hair·dress·ing sa·lon** *n* Friseursalon *m* **'hair-dri·er, 'hair-dry·er** *n* Föhn *m;* (*with hood*) Trockenhaube *f* **'hair ex·ten·sion** *n usu pl* Haarverlängerung *f* **'hair gel** *n* Haargel *nt* **'hair·grip** *n* BRIT Haarklammer *f*

hair·less ['heələs, AM 'her-] *adj* unbehaart; *person* glatzköpfig

'hair·line *n* Haaransatz *m*

hair·line 'crack *n* Haarriss *m*

'hair·net *n* Haarnetz *nt* **'hair·piece** *n* Haarteil *nt*

'hair·pin *n* Haarnadel *f*

hair·pin 'bend, hair·pin 'curve, AM **hair·pin 'turn** *n* Haarnadelkurve *f*

'hair-rais·ing *adj* (*fam*) haarsträubend **'hair re·mov·er** *n* Enthaarungsmittel *nt* **'hair re·stor·er** *n* Haarwuchsmittel *nt* **'hair·slide** *n* BRIT, AUS Haarspange *f* **'hair·split·ting** (*pej*) **I.** *n* Haarspalterei *f* **II.** *adj* haarspalterisch **'hair·spray** *n* Haarspray *nt*

H

'hair·style *n* Frisur *f*
hairy ['heəri, AM 'heri] *adj* ❶ (*having much hair*) haarig ❷ (*fig fam: dangerous*) haarig; *situation* brenzlig
haka ['hɑːkə] *n* NZ

Land und Leute

Der **Haka** ist ein traditioneller Kriegstanz der Maoris auf Neuseeland. Er besteht aus Fußstampfen, Grimassenschneiden und man schlägt sich auf verschiedene Körperteile. Das neuseeländische Rugby-Team im schwarzen Trikot, *the All Blacks*, führt vor jedem Spiel diesen Tanz auf. Damit sollen die Zuschauer unterhalten und vielleicht auch die gegnerische Mannschaft eingeschüchtert werden.

H

hale [heɪl] *adj* ~ **and hearty** gesund und munter
half [hɑːf, AM hæf] **I.** *n* <*pl* halves> ❶ (*fifty per cent*) Hälfte *f;* ~ **the amount** der halbe Betrag; ~ **an apple** ein halber Apfel; **a kilo and a** ~ eineinhalb [*o* DIAL anderthalb] Kilo; **to cut sth in** ~ [*or* **into halves**] etw halbieren; **to fold in** ~ zur Mitte falten; **to divide sth by** ~ etw durch zwei teilen ❷ BRIT (*fam: half pint of beer*) kleines Bier (*entspricht ca. 1/4 Liter*) ❸ FBALL (*midfield player*) Läufer(in) *m(f);* (*period*) Spielhälfte *f,* Halbzeit *f* ▶ PHRASES: **given** ~ **a chance** wenn man die Möglichkeit hätte; **to not do things by halves** keine halben Sachen machen; **to go halves** [**on sth**] (*fam*) sich *dat* die Kosten [für etw *akk*] teilen; **I'll go halves with you** ich mach mit dir halbe-halbe **II.** *adj* halbe(r, s); ~ [**a**] **per cent** ein halbes Prozent **III.** *adv* ❶ (*almost*) fast ❷ (*partially*) halb; **it wasn't** ~ **as good** das war bei weitem nicht so gut; ~ **asleep** halb wach ❸ (*time*) [**at**] ~ **past nine** [um] halb zehn; *see also* **salmon**
'half·back *n* FBALL Läufer(in) *m(f);* (*in rugby*) Halbspieler(in) *m(f)* **half-'baked** *adj* (*fig fam*) unausgereift **half-'board** *n* BRIT Halbpension *f* **'half-breed** *n* ❶ (*pej!: person*) Mischling *m* ❷ (*animal*) [Rassen]kreuzung *f;* (*horse*) Halbblut *nt* **'half-broth·er** *n* Halbbruder *m* **'half-doz·en, half a 'doz·en** *n* ein halbes Dutzend **half-'emp·ty** *adj* halb leer **half-'full** *adj* halb voll **half-'heart·ed** *adj* halbherzig **half-'mast** *n* ■ **at** ~ auf halbmast **'half-moon** *adj* halbmond- **'half note** *n* AM MUS halbe Note **half-'price** *adj, adv* zum halben Preis **'half-sister** *n* Halbschwester *f* **half-'term** *n Ferien nach ca. der Hälfte eines Trimesters;* ■ **at** ~ in den Trimesterferien **half-'tim·bered** *adj* Fachwerk- **half-'time** SPORTS **I.** *n* Halbzeit *f;* (*break*) Halbzeitpause *f* **II.** *adj* Halbzeit-
half·'way I. *adj* halb; **at the** ~ **point of the race** nach der Hälfte des Rennens **II.** *adv* in der Mitte; **York is** ~ **between Edinburgh and London** York liegt auf halber Strecke zwischen Edinburgh und London; ~ **through dinner** mitten beim Abendessen; **to meet sb** ~ (*fig*) jdm [auf halbem Weg] entgegenkommen; ~ **up** auf halber Höhe; **we went** ~ **up the mountain** wir bestiegen den Berg zur Hälfte
'half-wit *n* (*pej*) Dummkopf *m* **half-'year·ly** *adj, adv* halbjährlich
hall [hɔːl] *n* ❶ (*room by front door*) Korridor *m,* Diele *f,* Flur *m* ❷ (*large building*) Halle *f;* (*public room*) Saal *m;* **school** ~ Aula *f;* **town** [*or* AM **city**] ~ Rathaus *nt* ❸ (*large country house*) Herrenhaus *nt*
hall·mark ['hɔːlmɑːk, AM -mɑːrk] *n* ❶ BRIT Feingehaltsstempel *m* ❷ (*fig*) Kennzeichen *nt*
hal·lowed ['hæləʊd, AM -loʊd] *adj* [als heilig] verehrt; *ground* geweiht; *traditions* geheiligt
Hal·low·een [ˌhæləʊ'wiːn, AM -loʊ'-] *n* Halloween *nt*

Land und Leute

Halloween ist am 31. Oktober, dem Tag vor *All Saints' Day* oder *All Hallows* (*Allerheiligen*) und wird seit alters her mit Geistern und Hexen in Verbindung gebracht. In Schottland und Irland basteln Kinder *turnip lanterns* (*Rübenlaternen*) und gehen *guising*, d.h. sie gehen in Verkleidung von Haus zu Haus und erhalten für ihr Singen oder Aufsagen von Gedichten Geld. In den USA verkleiden sich Kinder an diesem Abend und gehen mit einem Sack in der Hand von Tür zu Tür. Wenn die Bewohner ihre Haustür aufmachen, rufen sie *Trick or treat!:* man soll ihnen eine *treat* (*Süßigkeit*) geben oder man bekommt einen *trick* (*Streich*) gespielt.

hal·lu·ci·nate [hə'luːsɪneɪt] *vi* halluzinieren
hal·lu·ci·na·tion [həˌluːsɪ'neɪʃən] *n* Halluzination *f*
hal·lu·cino·gen·ic [həˌluːsɪnə(ʊ)'dʒenɪk, AM -noʊ'-] *adj* halluzinogen
halo <*pl* -s *or* -es> ['heɪləʊ, AM -loʊ] *n* ❶ REL Heiligenschein *m* ❷ (*circle*) Ring *m;* ~ **of light** Lichtkranz *m*
halo·gen 'bulb *n* Halogenglühbirne *f*
halt [hɒlt, AM hɔːlt] **I.** *n no pl* ❶ (*stoppage*)

Stillstand *m;* **to grind to a ~** (*fig*) zum Erliegen kommen ② (*break*) Pause *f;* MIL Halt *m* **II.** *vt* zum Stillstand bringen; *fight* beenden **III.** *vi* ① (*stop*) zum Stillstand kommen ② (*break*) eine Pause machen; MIL Halt machen

hal·ter ['hɒltəʳ, AM 'hɔːltɚ] *n* ① (*for animals*) Halfter *nt* ② AM FASHION rückenfreies Oberteil (*mit Nackenverschluss*)

'hal·ter·neck **I.** *n* BRIT rückenfreies Oberteil (*mit Nackenverschluss*) **II.** *adj* rückenfrei

halt·ing ['hɒltɪŋ, AM 'hɔːlt-] *adj* zögernd; *speech* stockend

halve [hɑːv, AM hæv] **I.** *vt* ① (*cut in two*) halbieren ② (*lessen by 50 per cent*) um die Hälfte reduzieren **II.** *vi* sich halbieren

halves [hɑːvz, AM hævz] *n pl of* **half**

ham [hæm] **I.** *n* ① *no pl* FOOD Schinken *m* ② THEAT (*pej*) Schmierenkomödiant(in) *m(f)* ③ (*fam*) **radio ~** Amateurfunker(in) *m(f)* **II.** *adj* ① (*made with ham*) Schinken- ② (*incompetently acting*) Schmieren-; **~ actor** Schmierenkomödiant(in) *m(f)* **III.** *vt* THEAT, FILM **to ~ it up** übertrieben agieren

ham·burg·er ['hæm,bɜːgəʳ, AM -,bɜːrgɚ] *n* FOOD ① (*cooked*) Hamburger *m* ② *no pl* AM (*raw*) Hackfleisch *nt*

ham-'fist·ed, AM **ham-'hand·ed** *adj* (*pej*) ungeschickt

ham·let ['hæmlət] *n* Weiler *m*

ham·mer ['hæməʳ, AM -ɚ] **I.** *n* ① (*tool*) Hammer *m* ② SPORTS [Wurf]hammer *m;* [**throwing**] **the ~** das Hammerwerfen **II.** *vt* ① (*hit*) *nail* einschlagen; *ball* [kräftig] schlagen; **to ~ sth into sb** (*fig*) jdm etw einhämmern ② (*fam: defeat*) **France ~ed Italy 6-1** Frankreich war Italien mit 6:1 haushoch überlegen ③ (*criticize*) *film* niedermachen ▸ PHRASES: **to ~ sth home** etw *dat* Nachdruck verleihen **III.** *vi* hämmern *a. fig;* ■**to ~ at** [*or* **on**] **sth** gegen etw *akk* hämmern ◆**hammer in** *vt* ① (*hit*) *nail* einschlagen; (*fig*) *ball* hämmern ② (*fig*) ■**to ~ sth into sb** *fact* jdm etw einbläuen ◆**hammer out** *vt* ① *dent* ausbeulen ② *settlement* aushandeln; *difficulties* bereinigen; *plan* ausarbeiten

ham·mock ['hæmək] *n* Hängematte *f*

ham·per¹ ['hæmpəʳ, AM -ɚ] *n* [Deckel]korb *m;* (*for food*) Präsentkorb *m;* AM (*for dirty linen*) Wäschekorb *m*

ham·per² ['hæmpəʳ, AM -ɚ] *vt* behindern

ham·ster ['hæm(p)stəʳ, AM -ɚ] *n* Hamster *m*

ham·string ['hæmstrɪŋ] **I.** *n* ANAT Kniesehne *f* **II.** *vt* <-strung, -strung> *usu passive* (*fig*) **to be hamstrung** lahmgelegt sein

hand [hænd] **I.** *n* ① ANAT Hand *f;* **get your ~s off!** Hände weg!; **~s up!** Hände hoch!; **to be good with one's ~s** geschickte Hände haben; **to get one's ~s dirty** (*a. fig*) sich *dat* die Hände schmutzig machen; **by ~** (*manually*) von Hand; (*by messenger*) durch einen Boten; **on ~s and knees** auf allen vieren ② (*control*) **to be in good/safe ~s** in guten/sicheren Händen sein; **to fall into the wrong ~s** in die falschen Hände geraten; **to turn one's ~ to sth** sich an etw *akk* machen; ■**at ~** (*current, needing attention*) vorliegend; (*close*) in Reichweite; **to get out of ~** *situation* außer Kontrolle geraten; *children* nicht mehr zu bändigen sein ③ (*assistance*) **to give** [*or* **lend**] **sb a ~** jdm helfen ④ (*manual worker*) Arbeiter(in) *m(f);* (*sailor*) Matrose *m* ⑤ (*on clock, watch*) Zeiger *m* ⑥ (*applause*) **to give sb a big ~** jdm einen großen Applaus spenden ▸ PHRASES: **to live from ~ to mouth** von der Hand in den Mund leben; **to only have one pair of ~s** auch nur zwei Hände haben; **to keep a firm ~ on sth** etw fest im Griff behalten; **on the one ~ ... on the other** [~] ... einerseits ... andererseits; **to get one's ~s on sb** jdn zu fassen kriegen; **to win ~s down** spielend gewinnen **II.** *vt* ■**to ~ sb sth** jdm etw [über]geben ▸ PHRASES: **you've got to ~ it to sb** man muss es jdm lassen ◆**hand back** *vt* zurückgeben ◆**hand down** *vt* (*pass on*) weitergeben; *tradition* überliefern ◆**hand in** *vt* einreichen; *homework* abgeben; *weapon* aushändigen ◆**hand on** *vt* ■**to ~ sth** ⇄ **on** [**to sb**] etw [an jdn] weitergeben; (*through family*) [jdm] etw vererben ◆**hand out** *vt* (*distribute*) austeilen (**to** an +*akk*); *homework, advice* geben (**to** +*dat*) ◆**hand over** *vt* ① (*pass*) herüberreichen; (*away from one*) hinüberreichen; (*present, transfer authority*) übergeben (**to** +*dat*); *cheque* überreichen ② TV, RADIO weitergeben (**to** an +*akk*) ◆**hand round** *vt* BRIT herumreichen; *papers, test* austeilen

'hand·bag *n* Handtasche *f* **'hand·ball** *n* ① (*kind of sport*) Handball *m* ② FBALL Handspiel *nt* **'hand·bill** *n* Handzettel *m* **'hand·book** *n* Handbuch *nt* **'hand·brake** *n* Handbremse *f*

'hand·cart *n* Handkarren *m* **'hand·cuff** **I.** *vt* ■**to ~ sb** jdm Handschellen anlegen **II.** *n* ■**~s** *pl* Handschellen *pl* **'hand·ful** ['hæn(d)fʊl] *n* ① (*quantity*) Handvoll *f;* **a ~ of hair** ein Büschel *nt* Haare; (*small number*) **a ~ of people** wenige Leute ② *no pl* (*person*) Nervensäge *f*

'hand gre·nade *n* Handgranate *f*
'hand·gun *n* Handfeuerwaffe *f*
handi·cap ['hændɪkæp] **I.** *n* ❶ SPORTS Handicap *nt;* (*race*) Vorgaberennen *nt* ❷ (*disadvantage*) Handicap *nt* **II.** *vt* <-pp-> (*disadvantage*) benachteiligen
handi·capped ['hændɪkæpt] *adj* behindert
handi·craft ['hændɪkrɑːft, AM -kræft] **I.** *n* [Kunst]handwerk *nt kein pl* **II.** *adj* handwerklich
handi·work ['hændɪwɜːk, AM -wɜːrk] *n no pl* [Mach]werk *nt;* (*approv*) Meisterwerk *nt*
hand·ker·chief ['hæŋkətʃiːf, AM -kɚtʃɪf] *n* Taschentuch *nt*
han·dle ['hændḷ] **I.** *n* (*handgrip*) Griff *m; of a pot, basket* Henkel *m; of a door* Klinke *f; of a handbag* Bügel *m; of a broom, comb* Stiel *m; of a pump* Schwengel *m* ▸ PHRASES: **to fly off the ~** hochgehen **II.** *vt* ❶ (*grasp*) anfassen; **'~ with care'** „Vorsicht, zerbrechlich!" ❷ (*work on*) bearbeiten; *luggage* abfertigen; (*be in charge of*) zuständig sein für *+akk;* **to ~ sb's affairs** sich um jds Angelegenheiten kümmern ❸ (*deal with*) umgehen mit *+dat,* behandeln **III.** *vi + adv* sich handhaben lassen; **this car ~s really well** dieser Wagen fährt sich wirklich gut
han·dle·bar mous·'tache *n* Schnauzbart *m*
'han·dle·bars *npl* Lenkstange *f*
han·dler ['hændləʳ, AM -ɚ] *n* ❶ (*dog trainer*) Hundeführer(in) *m(f)* ❷ AM (*counsellor*) Berater(in) *m(f)*
han·dling ['hændlɪŋ] *n no pl* ❶ (*act of touching*) Berühren *nt* ❷ (*treatment*) Handhabung *f* (**of** *+gen*); *of person* Behandlung *f* (**of** *+gen*), Umgang *m* (**of** mit *+dat*); *of a theme* [literarische] Abhandlung ❸ (*processing of material*) Verarbeitung *f* (**of** *+gen*); (*treating of material*) Bearbeitung *f* (**of** mit *+dat*)
'han·dling charge, **'han·dling fee** *n* Bearbeitungsgebühr *f,* Umschlagspesen *pl;* FIN Kontoführungsgebühr *f*
'hand lug·gage *n no pl* Handgepäck *nt*
hand·'made *adj* handgearbeitet; *paper* handgeschöpft **'hand-me-down** *n* abgelegtes Kleidungsstück **hand-'op·er·at·ed** *adj* handbetrieben **'hand·out** *n* ❶ (*money*) Almosen *nt* ❷ (*leaflet*) Flugblatt *nt; for students* Arbeitsblatt *nt;* **press ~** Presseerklärung *f* **hand-'picked** *adj* handverlesen *a. fig* **'hand·rail** *n on stairs* Geländer *nt; on ship* Reling *f* **'hand saw** *n* Handsäge *f* **'hand·shake** *n* Händedruck *m*
hand·some ['hæn(d)səm] *adj* ❶ (*attractive*) gut aussehend ❷ (*approv: larger than expected*) *number* beachtlich; **a ~ sum** eine stolze Summe
hands-'on *adj* ❶ (*non-delegating*) interventionistisch ❷ (*practical*) praktisch
hands on 'con·test *n Wettbewerb, bei dem derjenige gewinnt, der seine Hand am längsten auf dem Preis liegen lässt*
'hand·spring *n* Handstandüberschlag *m* **'hand·stand** *n* Handstand *m* **hand-to-'mouth** *adv* **to live [from] ~** von der Hand in den Mund leben **'hand·work** *n no pl* Handarbeit *f* **'hand·writ·ing** *n no pl* Handschrift *f* **'hand·writ·ten** *adj* handgeschrieben
handy ['hændi] *adj* ❶ (*user-friendly*) praktisch, nützlich, geschickt SÜDD; (*easy to handle*) handlich ❷ (*convenient*) nützlich; *excuse* passend; **to come in ~ [for sb/sth]** [jdm/etw] gelegen kommen ❸ (*conveniently close*) *thing* griffbereit, greifbar; *place* in der Nähe, leicht erreichbar; ▪**to be ~** *place* günstig liegen ❹ (*skilful*) geschickt; ▪**to be ~ with sth** mit etw *dat* gut umgehen können
'handy·man *n* Heimwerker(in) *m(f)*
hang [hæŋ] **I.** *n no pl* ❶ *of drapery* Fall *m; of clothes* Sitz *m* ❷ (*fig fam*) **to get the ~ of sth** bei etw *dat* den [richtigen] Dreh herausbekommen **II.** *vt* <hung, hung> ❶ (*mount*) aufhängen (**on** an *+dat*) ❷ (*decorate*) behängen ❸ <-ed *or* hung, -ed *or* hung> (*execute*) [auf]hängen ❹ (*let droop*) *head* hängen lassen; **to ~ one's head in shame** beschämt den Kopf senken **III.** *vi* ❶ <hung, hung> (*be suspended*) hängen (**from** an *+dat*); (*fall*) *clothes* fallen; ▪**to ~ down** herunterhängen ❷ <hanged, hanged> (*die by execution*) hängen ❸ <hung, hung> (*remain in air*) *mist, smell* hängen ❹ <hung, hung> (*listen carefully*) **to ~ on sb's [every] word** an jds Lippen hängen ❺ <hung, hung> (*keep*) ▪**to ~ onto sth** etw behalten ▸ PHRASES: **to ~ in there** am Ball bleiben ◆**hang about** *vi* ❶ (*fam: waste time*) herumtrödeln ❷ (*wait*) warten; BRIT **~ about, ...** Moment mal, ...; **to keep sb ~ing about** jdn warten lassen ◆**hang back** *vi* ❶ (*be slow*) sich zurückhalten; (*hesitate*) zögern ❷ (*stay behind*) zurückbleiben ◆**hang behind** *vi* hinterhertrödeln ◆**hang on** *vi* ❶ (*fam: persevere*) durchhalten ❷ (*grasp*) ▪**to ~ on to sth** sich an etw *dat* festhalten; (*stronger*) sich an etw *akk* klammern ❸ (*wait briefly*) warten; (*on the telephone*) dranbleiben; **~ on!** (*annoyed*) Moment! ◆**hang out**

I. *vt* heraushängen; *washing* aufhängen **II.** *vi* ① (*project*) heraushängen ② (*sl: loiter*) rumhängen; (*live*) hausen; **where does he ~ out these days?** wo treibt er sich zur Zeit herum? ▶ PHRASES: **to let it all ~ out** die Sau rauslassen *fam* ◆**hang round** *vi* BRIT *see* **hang about** ◆**hang together** *vi argument* schlüssig sein; *alibi* keine Widersprüche aufweisen ◆**hang up I.** *vi* ① (*dangle*) hängen ② (*finish phone call*) auflegen **II.** *vt* (*suspend*) aufhängen; *phone* auflegen

hang·ar ['hæŋəʳ, AM -ɚ] *n* AVIAT Hangar *m*

hang·dog ['hæŋdɒg, AM -dɑːg] *adj* **to have a ~ look on one's face** ein Gesicht wie vierzehn Tage Regenwetter machen

hang·er ['hæŋəʳ, AM -ɚ] *n* [Kleider]bügel *m*

hanger-'on <*pl* hangers-on> *n* (*pej: follower*) Trabant(in) *m(f) pej*

'hang-glid·er *n* (*person*) Drachenflieger(in) *m(f);* (*device*) Drachen *m* **'hang-glid·ing** *n no pl* Drachenfliegen *nt*

hang·ing ['hæŋɪŋ] **I.** *n* ① (*decorative fabric*) Behang *m;* (*curtain*) Vorhang *m* ② (*execution*) Hinrichtung *f* durch den Strang **II.** *adj* hängend

'hang·man *n* ① (*executioner*) Henker *m* ② (*game*) Galgen *m* **'hang·nail** *n* ANAT Niednagel *m* **'hang·out** *n* (*fam*) Stammlokal *nt,* Treff *m* **'hang·over** *n* ① (*from drinking*) Kater *m* ② (*relic*) Überbleibsel *nt* **'hang-up** *n* (*fam*) Komplex *m* (**about** wegen +*gen*)

hank·er ['hæŋkəʳ, AM -ɚ] *vi* sich sehnen (**after** nach +*dat*)

hankie, hanky ['hæŋki] *n* (*fam*) *short for* **handkerchief** Taschentuch *nt*

hanky-panky [ˌhæŋki'pæŋki] *n no pl* (*fam*) ① (*kissing*) Knutscherei *f kein pl;* (*groping*) Gefummel *nt kein pl* ② (*dodgy business*) Mauschelei *f*

hap·haz·ard [ˌhæp'hæzəd, AM -ɚd] *adj* ① (*disorganized*) unüberlegt ② (*arbitrary*) willkürlich

hap·less ['hæpləs] *adj* (*liter*) unglückselig

hap·pen ['hæpᵊn] *vi* ① (*occur*) geschehen, passieren; *event* stattfinden; *process* vor sich gehen; **these things ~** das kann vorkommen; **it's all ~ing** (*fam*) es ist ganz schön was los ② (*by chance*) ■**to ~ to do sth** zufällig etw tun; **it just so ~s that ...** wie's der Zufall will, ...; **as it ~ed ...** wie es sich so traf, ...; **as it ~s** tatsächlich ③ (*indicating contradiction*) **I ~ to think he's right** ich glaube trotzdem, dass er Recht hat

hap·pen·ing ['hæpᵊnɪŋ] *n usu pl* (*occurrence*) Ereignis *nt;* (*unplanned occurrence*) Vorfall *m;* (*process*) Vorgang *m*

hap·pi·ly ['hæpɪli] *adv* ① (*contentedly*) glücklich; (*cheerfully*) fröhlich; **and they all lived ~ ever after** und sie lebten glücklich und zufrieden bis an ihr Lebensende; (*fairytale ending*) und wenn sie nicht gestorben sind, dann leben sie noch heute ② (*willingly*) gern

hap·pi·ness ['hæpɪnəs] *n no pl* Glück *nt;* (*contentment*) Zufriedenheit *f;* (*cheerfulness*) Fröhlichkeit *f*

hap·py ['hæpi] *adj* ① (*pleased*) glücklich; (*contented*) zufrieden; (*cheerful*) fröhlich; ■**to be ~ about** [*or* **with**] **sb/sth** mit jdm/etw zufrieden sein; ■**to be ~ that ...** froh [darüber] sein, dass ... ② (*willing*) ■**to be ~ to do sth** etw gerne tun; **I'd be ~ to!** aber gern! ③ (*in greetings*) **~ birthday** alles Gute zum Geburtstag; **a ~ New Year** ein glückliches neues Jahr

hap·py-go-'lucky *adj* sorglos, unbekümmert **hap·py 'me·dium** *n* goldene Mitte

har·ass ['hærəs, AM *esp* hə'ræs] *vt* (*intimidate*) schikanieren; (*pester*) ständig belästigen

har·assed ['hærəst, AM *esp* hə'ræst] *adj* abgespannt; *look* gequält

har·ass·ment ['hærəsmənt, AM *esp* hə'ræs-] *n no pl* (*intimidation*) Schikane *f;* (*pestering*) Belästigung *f*

har·bour, AM **har·bor** ['hɑːbəʳ, AM 'hɑːrbɚ] **I.** *n* Hafen *m* **II.** *vt* ① (*keep in hiding*) ■**to ~ sb** jdm Unterschlupf gewähren ② *feelings, grudge* hegen

hard [hɑːd, AM hɑːrd] **I.** *adj* ① (*solid*) hart; [**as**] **~ as a rock** steinhart ② (*tough*) *person* zäh, hart; **he's a ~ one** er ist ein ganz Harter ③ (*difficult*) schwierig; **she had a ~ time** [**of it**] es war eine schwere Zeit für sie; **to find sth ~ to believe** etw kaum glauben können ④ (*laborious*) anstrengend; **to be ~ work** harte Arbeit sein; *studies* anstrengend sein; *text* schwer zu lesen sein ⑤ (*harmful*) ■**to be ~ on sth** etw stark strapazieren; ■**to be ~ on sb** hart für jdn sein ⑥ *water, drug* hart; *frost, winter* streng; *voice* schroff ⑦ (*reliable*) sicher; **~ facts** (*verified*) gesicherte Fakten; (*blunt*) nackte Tatsachen ▶ PHRASES: **~ and fast** fest; *rule* verbindlich **II.** *adv* ① (*solid*) hart; **frozen ~** *liquid* hart gefroren; *plants* steif gefroren; **to set ~** *glue, varnish* hart werden; *concrete* fest werden ② (*vigorously*) fest[e], kräftig; *fight, work* hart; *rain* stark; **think ~!** denk mal genau nach!; **to try ~** sich sehr bemühen ③ (*severely*) schwer

'hard·back I. *adj* gebunden **II.** *n* gebundenes Buch **hard-'bit·ten** *adj* abgebrüht **'hard·board** *n no pl* Hartfaserplatte *f* **hard-'boiled** *adj* ① *egg* hart gekocht ② (*fig*) hart gesotten **hard 'cash** *n no pl* Bargeld *nt* **hard 'copy** *n* COMPUT Ausdruck *m* **'hard court** *n* TENNIS Hartplatz *m* **hard 'cur·ren·cy** *n* harte Währung **'hard disk** *n* COMPUT Festplatte *f* **'hard drug** *n* harte Droge **hard-'earned** *adj* ehrlich verdient; *pay* hart verdient

hard·en ['hɑːdᵊn, AM 'hɑːrd-] **I.** *vt* ① (*make harder*) härten; *arteries* verhärten ② (*make tougher*) *attitude* verhärten; ■**to ~ sb [to sth]** jdn [gegen etw *akk*] abhärten **II.** *vi* ① (*become hard*) sich verfestigen, hart werden ② (*become tough*) sich verhärten; *face* sich versteinern

hard 'feel·ings *npl* **no ~?** alles klar? **hard-'fought** *adj* ① *battle, match* hart ② *victory* hart erkämpft **'hard hat** *n* ① (*helmet*) [Schutz]helm *m* ② (*fam: worker*) Bauarbeiter(in) *m(f)* **hard-'head·ed** *adj* nüchtern **hard-'heart·ed** *adj* hartherzig **hard-'hit** *adj* (*fig*) schwer getroffen **hard-'hit·ting** *adj* sehr kritisch **hard 'la·bour**, AM **hard 'la·bor** *n no pl* Zwangsarbeit *f* **hard·'lin·er** *n* POL Hardliner *m*

hard·ly ['hɑːdli, AM 'hɑːrd-] *adv* ① (*scarcely*) kaum; **~ ever** so gut wie nie ② (*certainly not*) wohl kaum; (*as a reply*) bestimmt nicht

hard·ness ['hɑːdnəs, AM 'hɑːrd-] *n no pl* Härte *f*

hard-'nosed *adj* nüchtern; *person* abgebrüht **hard-'pressed** *adj* bedrängt **hard 'sell** *n* aggressive Verkaufsmethoden *pl*

hard·ship ['hɑːdʃɪp, AM 'hɑːrd-] *n* Not *f;* **if it's not too much of a ~ for you** wenn es dir nicht zu viele Umstände macht

hard 'shoul·der *n* BRIT TRANSP befestigter Seitenstreifen **hard 'tar·get** *n* MIL, POL hartes Ziel **'hard·ware** *n no pl* ① (*tools*) Eisenwaren *pl;* (*household items*) Haushaltswaren *pl* ② COMPUT Hardware *f* **hard-'wear·ing** *adj* strapazierfähig **'hard·wood** *n* Hartholz *nt* **hard-'work·ing** *adj* fleißig

har·dy ['hɑːdi, AM 'hɑːrdi] *adj* ① (*tough*) zäh; (*toughened*) abgehärtet ② BOT winterhart

hare [heəʳ, AM her] *n* <*pl* -s *or* -> [Feld]hase *m*

'hare·brained *adj* verrückt

hare·'lip *n* MED Hasenscharte *f*

har·em ['hɑːriːm, 'herəm, AM 'herəm] *n* Harem *m*

hark [hɑːk, AM hɑːrk] *vi* (*liter*) horchen

harm [hɑːm, AM hɑːrm] **I.** *n no pl* Schaden *m;* **there's no ~ in asking** Fragen kostet nichts; **to mean no harm** es nicht böse meinen; **to do more ~ than good** mehr schaden als nützen; **[grievous] bodily ~** [schwere] Körperverletzung **II.** *vt* ■**to ~ sth** etw *dat* Schaden zufügen; ■**to ~ sb** jdm schaden; (*hurt*) jdn verletzen

harm·ful ['hɑːmfᵊl, AM 'hɑːrm-] *adj* schädlich; *words* verletzend

harm·less ['hɑːmləs, AM 'hɑːrm-] *adj* harmlos

har·mon·ic [hɑː'mɒnɪk, AM hɑːr'mɑːn-] *adj* harmonisch

har·moni·ca [hɑː'mɒnɪkə, AM hɑːr'mɑːn-] *n* Mundharmonika *f*

har·moni·ous [hɑː'məʊniəs, AM hɑːr'moʊn-] *adj* harmonisch *a. fig*

har·mo·ni·za·tion [ˌhɑːmənaɪ'zeɪʃᵊn, AM ˌhɑːrmənɪ'-] *n no pl* Harmonisierung *f a. fig*

har·mo·nize ['hɑːmənaɪz, AM 'hɑːr-] **I.** *vt* ① MUS harmonisieren ② (*fig*) aufeinander abstimmen **II.** *vi* harmonieren *a. fig*

har·mo·ny ['hɑːməni, AM 'hɑːr-] *n* Harmonie *f a. fig;* **in ~** *live* in Eintracht [miteinander]; *sing* mehrstimmig; **in ~ with nature** im Einklang mit der Natur

har·ness ['hɑːnɪs, AM 'hɑːr-] **I.** *n* <*pl* -es> ① (*for animal*) Geschirr *nt;* (*for person*) Gurtzeug *nt;* (*for baby*) Laufgeschirr *nt* ② (*fig*) ■**in ~** gemeinsam **II.** *vt* ① *animal* anschirren; *person* anschnallen ② (*fig*) nutzen

harp [hɑːp, AM hɑːrp] *n* Harfe *f*

har·poon [ˌhɑː'puːn, AM ˌhɑːr'-] **I.** *n* Harpune *f* **II.** *vt* harpunieren

harp·si·chord ['hɑːpsɪkɔːd, AM 'hɑːrpsɪkɔːrd] *n* Cembalo *nt*

har·row·ing ['hærəʊɪŋ, AM 'heroʊ-] *adj* grauenvoll

harsh [hɑːʃ, AM hɑːrʃ] *adj* ① rau; *winter* streng; *light* grell; *sound* schrill; *tone of voice* barsch ② (*severe*) hart; (*critical*) scharf; ■**to be ~ on sb** streng mit jdm sein

hart [hɑːt, AM hɑːrt] *n* Hirsch *m*

har·vest ['hɑːvɪst, AM 'hɑːr-] **I.** *n* Ernte *f;* *of grapes* Lese *f;* (*season*) Erntezeit *f* **II.** *vt* ernten; *grapes* lesen; *shellfish* fangen; *timber* schlagen

har·vest 'fes·ti·val *n* BRIT Erntedankfest *nt*

has [hæz, həz] *3rd pers. sing of* **have**

has-been ['hæzbiːn, AM -bɪn] *n* (*pej fam*) ehemalige Größe

hash [hæʃ] *n* ① AM FOOD Haschee *nt* ② *no pl* (*fam: shambles*) **to make a ~ of sth** etw vermasseln ③ (*fam: hashish*) Hasch *nt*

hash 'browns *npl* AM Kartoffelpuffer *pl*, ≈ Rösti *pl* SÜDD, SCHWEIZ

hasn't ['hæzᵊnt] = **has not** *see* **have**

has·sle ['hæsl] **I.** *n* (*fam*) Mühe *f kein pl;* **it**

is just too much ~ es ist einfach zu umständlich **II.** *vt* (*fam: pester*) schikanieren; (*harass*) bedrängen

haste [heɪst] *n no pl* Eile *f;* (*rush*) Hast *f;* **to make ~** sich beeilen ▸PHRASES: **more ~ less speed** (*prov*) eile mit Weile

has·ten ['heɪsᵊn] **I.** *vt person* drängen; *thing* beschleunigen **II.** *vi* sich beeilen

has·ty ['heɪsti] *adj* ① (*hurried*) eilig, hastig *pej;* **to beat a ~ retreat** (*fam*) sich schnell aus dem Staub machen ② (*rashly*) übereilt; (*badly thought out*) voreilig

hat [hæt] *n* Hut *m;* (*of fur, wool*) Mütze *f* ▸PHRASES: **to pick sb out of the ~** jdn zufällig auswählen; **to eat one's ~ if ...** einen Besen fressen, wenn ...

hatch¹ <*pl* -es> [hætʃ] *n* ① (*opening*) Durchreiche *f* ② NAUT Luke *f*

hatch² [hætʃ] **I.** *vi* schlüpfen **II.** *vt* ausbrüten *a. fig*

hatch·back ['hætʃbæk] *n* ① (*door*) Heckklappe *f* ② (*vehicle*) Wagen *m* mit Heckklappe

hatch·et ['hætʃɪt] *n* Beil *nt* ▸PHRASES: **to bury the ~** das Kriegsbeil begraben

'hatch·et man *n* (*pej fam*) Handlanger *m;* (*at work*) Sparkommissar *m*

hate [heɪt] **I.** *n* ① *no pl* (*emotion*) Hass *m;* **to give sb a look of ~** jdn hasserfüllt ansehen ② (*object of hatred*) **pet ~** Gräuel *nt* **II.** *vt* hassen; **I ~ going to the dentist** ich hasse es, zum Zahnarzt zu gehen; **I ~ to say it, but ...** es fällt mir äußerst schwer, das sagen zu müssen, aber ...; **to ~ sb's guts** (*fig*) jdn wie die Pest hassen; **to ~ the sight of sth** etw nicht sehen können

hate·ful ['heɪtfᵊl] *adj* (*dated: detesting, spiteful*) gemein, fies *fam; action, comment* abscheulich; *person* unausstehlich

ha·tred ['heɪtrɪd] *n no pl* Hass *m* (**of, for** auf +*akk*)

'hat·stand *n* Garderobenständer *m*

hat·ter ['hætəʳ, AM -t̬ɚ] *n* ▸PHRASES: **to be as mad as a ~** total verrückt sein

'hat-trick *n* Hattrick *m*

haugh·ty ['hɔːti, AM 'hɑːt̬i] *adj* (*pej*) überheblich

haul [hɔːl, AM *esp* hɑːl] **I.** *n* ① *usu sing* (*pull*) **to give a ~** [kräftig] ziehen ② (*quantity caught*) Ausbeute *f* (**of** von, an +*dat*); (*fig*) Beute *f* ③ (*distance covered*) Strecke *f;* **it was a long ~** (*fig*) es hat sich lange hingezogen **II.** *vt* ① (*pull*) ziehen; *sth heavy* schleppen ② (*transport*) befördern **III.** *vi* **to ~ on** zerren an +*dat* ◆**haul down** *vt* **to ~ down a flag/sail** eine Fahne/ein Segel einholen ◆**haul off** *vt* wegziehen; (*more brutally*) wegzerren; **to ~ sb off to jail** (*fig*) jdn ins Gefängnis werfen ◆**haul up** *vt* hochziehen; (*with more effort*) hochschleppen; **to ~ sb up before a magistrate** (*fig*) jdn vor den Kadi bringen

haul·age ['hɔːlɪdʒ, AM *esp* 'hɑːl-] *n no pl* ① (*transportation*) Transport *m;* **~ company** Transportunternehmen *nt,* Spedition[sfirma] *f* ② (*costs*) Transportkosten *pl*

haul·ier, AM **haul·er** ['hɔːliəʳ, AM 'hɑːlɚ] *n* ① (*firm*) Spedition *f* ② (*person*) Spediteur *m*

haunch <*pl* -es> [hɔːn(t)ʃ, AM *esp* hɑːn(t)ʃ] *n* ① ANAT Hüfte *f;* **to sit on one's ~es** in der Hocke sitzen ② FOOD Keule *f;* **~ of venison** Rehkeule *f*

haunt [hɔːnt, AM *esp* hɑːnt] **I.** *vt* ① *ghost* spuken in +*dat* ② *memories* heimsuchen **II.** *n* (*place*) Treffpunkt *m;* (*pub*) Stammlokal *nt*

haunt·ed ['hɔːntɪd, AM 'hɑːnt̬ɪd] *adj* ① (*with ghosts*) **~ house** Gespensterhaus *nt;* **this house is ~!** in diesem Haus spukt es! ② (*troubled*) *look* gehetzt

haunt·ing ['hɔːntɪŋ, AM 'hɑːnt̬-] *adj* ① (*disturbing*) quälend ② (*stirring*) sehnsuchtsvoll

have [hæv, həv] **I.** *aux vb* <has, had, had> ① (*forming past tenses*) **he has never been to Scotland before** er war noch nie zuvor in Schottland; **we had been swimming** wir waren schwimmen gewesen; **I've passed my test – ~ you? congratulations!** ich habe den Test bestanden – oh, wirklich? herzlichen Glückwunsch! ② (*render*) ■**to ~ sth done** etw tun lassen; **to ~ one's hair cut** sich *dat* die Haare schneiden lassen ③ (*must*) ■**to ~ to do sth** etw tun müssen; **what time ~ we got to be there?** wann müssen wir dort sein? ④ (*form: if*) **had I/he etc. done sth, ...** hätte ich/er etc. etw getan, ..., wenn ich/er etc. etw getan hätte, ...; **if only I'd known this** wenn ich das nur gewusst hätte **II.** *vt* <has, had, had> ① (*possess*) ■**to ~ [*or* BRIT, AUS **~ got**] sth** etw haben; **he's got green eyes** er hat grüne Augen; **I don't ~ [*or* ~n't got] a car** ich habe kein Auto; **~ a nice day!** viel Spaß!; (*to customers*) einen schönen Tag noch!; **to ~ [*or* BRIT, AUS **~ got**] the light/radio on** das Licht/Radio anhaben ② (*engage in*) *bath* nehmen; *nap, party, walk* machen; **to ~ a swim** schwimmen; **to ~ a talk with sb** mit jdm sprechen; **to ~ a try** es versuchen ③ (*consume*) *food* essen; *cigarette* rauchen; **to ~ lunch** zu Mittag essen; **~ some**

H

more coffee nimm doch noch etwas Kaffee ④ (*receive*) erhalten; **thanks for having us** danke für Ihre Gastfreundschaft; **to let sb ~ sth back** jdm etw zurückgeben ⑤ (*be obliged*) ■**to ~** [*or* BRIT, AUS **~ got**] **sth to do** etw tun müssen ⑥ (*give birth to*) **to ~ a baby** ein Baby bekommen ⑦ (*induce*) ■**to ~ sb do sth** jdn [dazu] veranlassen, etw zu tun; ■**to ~ sb/sth doing sth** jdn/etw dazu bringen, etw zu tun; **he'll ~ it working in no time** er wird es im Handumdrehen zum Laufen bringen ▶ PHRASES: **to not ~ any** [**of it**] nichts [von etw *dat*] wissen wollen; **to ~ had it** (*be broken*) hinüber sein; (*be tired*) fix und fertig sein; (*be in serious trouble*) dran sein; **to ~ had it with sb/sth** von jdm/etw die Nase voll haben; **and what ~ you** und wer weiß was noch **III.** *n* (*fam*) ■**the ~s** *pl* **the ~s and the ~-nots** die Besitzenden und die Besitzlosen ◆**have against** *vt* **to ~ something against sb/sth** etwas gegen jdn/etw [einzuwenden] haben ◆**have around** *vt* zur Hand haben ◆**have away** *vt* BRIT (*sl*) *see* **have off 1** ◆**have back** *vt* zurückhaben ◆**have in** *vt* (*call to do*) ■**to ~ in** ↻ **sb** [**to do sth**] jdn kommen lassen[, um etw zu tun] ▶ PHRASES: **to ~ it in for sb** jdn auf dem Kieker haben ◆**have off** *vt* ① BRIT, AUS (*vulg, sl: have sex*) ■**to ~ it off** [**with sb**] es [mit jdm] treiben ② (*take off*) *clothes* ausgezogen haben; *hat* abgenommen haben ◆**have on** *vt* ① (*wear*) *clothes* tragen ② (*carry*) ■**to ~** [*or* BRIT, AUS **~ got**] **sth on one** etw bei sich *dat* haben, etw mit sich *dat* führen ③ (*know about*) ■**to ~ sth on sb/sth** *evidence, facts* etw über jdn/etw [in der Hand] haben ◆**have out** *vt* ① (*remove*) sich *dat* herausnehmen lassen; **he had his wisdom teeth out yesterday** ihm sind gestern die Weisheitszähne gezogen worden ② (*fam: argue*) ■**to ~ it out** [**with sb**] es [mit jdm] ausdiskutieren ◆**have over** *vt* ■**to ~ sb over** jdn zu sich *dat* einladen ◆**have up** *vt* BRIT LAW (*fam: indict*) ■**to ~ sb up for sth** jdn wegen einer S. *gen* drankriegen

ha·ven ['heɪvᵊn] *n* Zufluchtsort *m*

haven't ['hævᵊnt] = **have not** *see* **have**

hav·oc ['hævək] *n no pl* Verwüstungen *pl;* **to play ~ with sth** (*fig*) etw völlig durcheinanderbringen

Ha·vre ['(h)ɑːvrə] *n* ■**Le ~** Le Havre *nt*

hawk [hɔːk, AM *esp* hɑːk] **I.** *n* ① (*bird*) Habicht *m;* (*fig*) **to watch sb like a ~** jdn nicht aus den Augen lassen ② POL Falke *m* **II.** *vt* ■**to ~ sth** etw auf der Straße verkaufen; (*door to door*) mit etw *dat* hausieren gehen

hawk·er ['hɔːkəʳ, AM 'hɑːkɚ] *n* Hausierer(in) *m(f);* (*in the street*) fliegender Händler

'hawk-eyed *adj* ■**to be ~** Adleraugen haben

haw·thorn ['hɔːθɔːn, AM 'hɑːθɔːrn] *n no pl* Weißdorn *m*

hay [heɪ] *n no pl* Heu *nt* ▶ PHRASES: **to make ~ while the sun shines** (*prov*) das Eisen schmieden, solange es heiß ist

'hay fe·ver *n no pl* Heuschnupfen *m* **'hay·rick**, **'hay·stack** *n* Heuhaufen *m* **'hay·wire** *adj* (*fam*) **to go ~** verrückt spielen

haz·ard ['hæzəd, AM -ɚd] *n* Gefahr *f;* **fire ~** Brandrisiko *nt*

'haz·ard lights *npl* AUTO Warnblinkanlage *f*

haz·ard·ous ['hæzədəs, AM -ɚd-] *adj* (*dangerous*) gefährlich; (*risky*) riskant

haze [heɪz] **I.** *n* ① (*mist*) Dunst[schleier] *m;* **heat ~** Hitzeflimmern *nt* ② (*fig*) Benommenheit *f* **II.** *vt* AM schikanieren

ha·zel ['heɪzᵊl] **I.** *adj* haselnussbraun **II.** *n* Hasel[nuss]strauch *m*

'ha·zel·nut *n* Haselnuss *f*

hazy ['heɪzi] *adj* ① (*with haze*) dunstig, diesig ② (*confused, unclear*) unklar; (*indistinct*) verschwommen

he [hiː, hi] **I.** *pron pers* (*male person*) er; (*unspecified person*) er/sie/es **II.** *n* Er *m*

head [hed] **I.** *n* ① Kopf *m;* **she's got a good ~ for figures** sie kann gut mit Zahlen umgehen; **to use one's ~** seinen Verstand benutzen ② (*unit*) **a** [*or* **per**] **~** pro Kopf; **to win by a ~** mit einer Kopflänge Vorsprung gewinnen ③ *no pl* (*top, front part*) *of bed, table* Kopfende *nt; of nail, coin, match* Kopf *m; of queue* Anfang *m* ④ (*leader*) Chef(in) *m(f); of a project, department* Leiter(in) *m(f); of Church, family, state* Oberhaupt *nt* ⑤ BRIT SCH Schulleiter(in) *m(f)*, Rektor(in) *m(f)* ⑥ (*beer foam*) Blume *f* ⑦ (*accumulated amount*) **~ of steam** Dampfdruck *m* ▶ PHRASES: **to have one's ~ in the clouds** in höheren Regionen schweben; **to be ~ over heels in love** bis über beide Ohren verliebt sein; **to not be able to make ~** [**n**]**or tail of sth** aus etw *dat* nicht schlau werden; **to bite sb's ~ off** jdm den Kopf abreißen; **to come to a ~** sich zuspitzen; **to go to sb's ~** jdm zu Kopf steigen; **to have one's ~ screwed on** ein patenter Mensch sein; **to be off one's ~** (*crazy*) übergeschnappt sein; (*stoned*) total zu[gedröhnt] sein **II.** *adj* leitend **III.** *vt* ① (*be at the front of*) anführen ② (*be in charge of*) *organization* leiten ③ FBALL köpfen **IV.** *vi*

he ~ed straight for the fridge er steuerte direkt auf den Kühlschrank zu; **to ~ home** sich auf den Heimweg machen ◆**head back** *vi* zurückgehen; *with transport* zurückfahren ◆**head for** *vi* ■**to ~ for sth** auf etw *akk* zusteuern ◆**head off** **I.** *vt* (*intercept*) abfangen **II.** *vi* ■**to ~ off to[wards] sth** sich zu etw *dat* begeben ◆**head up** *vt* leiten

'**head·ache** *n* Kopfschmerzen *pl;* (*fig*) Problem *nt* '**head·band** *n* Stirnband *nt* **head 'chef** *n* Küchenchef(in) *m(f)* '**head cold** *n* Kopfgrippe *f* '**head·dress** <*pl* -es> *n* Kopfschmuck *m*

head·er ['hedəʳ, AM -ɚ] *n* ❶ FBALL Kopfball *m* ❷ (*fam: dive*) Köpfer *m*

head 'first *adv* kopfüber; (*fig*) **to rush ~ into [doing] sth** sich Hals über Kopf in etw *akk* [hinein]stürzen '**head·hunt** *vt* (*fam*) abwerben '**head·hunt·er** *n* Headhunter(in) *m(f)*

head·ing ['hedɪŋ] *n* ❶ (*title*) Überschrift *f* ❷ (*division*) Kapitel *nt;* (*keyword*) Stichwort *nt*

'**head·lamp** *n* Scheinwerfer *m* '**head·land** *n* Landspitze *f*

head·less ['hedləs] *adj* kopflos ▸PHRASES: **to run around like a ~ chicken** wie ein aufgeregtes Huhn hin und her laufen

'**head·light** *n* Scheinwerfer *m* '**head·line** **I.** *n* Schlagzeile *f* **II.** *vt* ❶ (*provide with headline*) mit einer Schlagzeile versehen ❷ (*star*) anführen '**head·lin·er** *n* Hauptattraktion *f;* **the ~ is ...** der Star des Abends ist ... '**head·long** **I.** *adv* ❶ (*head first*) kopfüber ❷ (*recklessly*) überstürzt **II.** *adj* überstürzt

head·'mas·ter *n* Schulleiter *m,* Rektor *m* **head·'mis·tress** *n* Schulleiterin *f,* Rektorin *f* **head 'of·fice** *n* Zentrale *f*

head-'on **I.** *adj* Frontal- **II.** *adv* frontal; (*fig*) direkt

'**head·phones** *npl* Kopfhörer *m*

head·'quar·ters *npl* + *sing/pl vb* MIL Hauptquartier *nt;* (*of companies*) Hauptsitz *m;* (*of the police*) Polizeidirektion *f*

'**head·rest**, '**head re·straint** *n* Kopfstütze *f* '**head·room** *n no pl* lichte Höhe; *for ceiling* Kopfhöhe *f;* (*in cars*) Kopffreiheit *f* '**head·scarf** *n* Kopftuch *nt* '**head·set** *n* Kopfhörer *m*

head·ship ['hedʃɪp] *n* (*position*) Schulleiterposten *m;* (*period*) Amtszeit *f* als Schulleiter/Schulleiterin

'**head·shrink·er** *n* (*pej fam: psychiatrist*) Seelenklempner(in) *m(f)* **head 'start** *n* Vorsprung *m;* **to give sb a ~** jdm einen Vorsprung lassen '**head·stone** *n* Grabstein *m* '**head·strong** *adj* eigensinnig **head 'teach·er** *n* BRIT Schulleiter(in) *m(f),* Rektor(in) *m(f)* **head 'wait·er** *n* Oberkellner *m*

'**head·wa·ters** *n pl* Quellgewässer *pl* '**head·way** *n no pl* **to make ~** [gut] vorankommen (**in** bei +*dat,* **with** mit +*dat*) '**head·wind** *n* Gegenwind *m* '**head·word** *n* LING Stichwort *nt*

heady ['hedi] *adj* berauschend

heal [hiːl] **I.** *vt* heilen; *differences* beilegen **II.** *vi* heilen *a. fig*

heal·ing ['hiːlɪŋ] **I.** *adj attr experience, process* heilsam; **~ properties** Heilwirkung *f;* (*stronger*) Heilkräfte *pl* **II.** *n no pl* Heilung *f;* (*of wounds*) Verheilen *nt*

health [helθ] *n no pl* Gesundheit *f;* **your ~!** Pros[i]t!

'**health·care** *n no pl* Gesundheitsfürsorge *f* '**health cen·tre**, AM '**health cen·ter** *n* Ärztehaus *nt* '**health cer·tifi·cate** *n* Gesundheitszeugnis *nt* '**health club** *n* Fitnessclub *m* '**health farm** *n* Gesundheitsfarm *f* '**health food** *n* Reformkost *f* '**health food shop** *n* Naturkostladen *m,* Bioladen *m;* (*more formal*) Reformhaus *nt* '**health haz·ard** *n* Gesundheitsrisiko *nt;* **smoking is a ~** Rauchen gefährdet die Gesundheit '**health in·sur·ance** *n no pl* Krankenversicherung *f;* **~ company** Krankenkasse *f* '**health re·sort** *n* AM [Bade]kurort *m,* Erholungsort *f* '**Health Ser·vice** *n* BRIT [staatlicher] Gesundheitsdienst '**health visi·tor** *n* BRIT Krankenpfleger, -pflegerin *m, f* der Sozialstation

healthy ['helθi] *adj* gesund *a. fig; profit* ordentlich; (*promoting good health*) gesundheitsfördernd

heap [hiːp] **I.** *n* ❶ (*pile*) Haufen *m a. fig;* **to collapse in a ~** zu Boden sacken ❷ (*fam: large amount*) ■**~s** jede Menge (**of** +*gen*) **II.** *vt* aufhäufen; (*fig*) **to ~ criticism on sb** massive Kritik an jdm üben; **to ~ praise on sb** jdn überschwänglich loben

hear <heard, heard> [hɪəʳ, AM hɪr] **I.** *vt* ❶ (*perceive*) hören; **Jane ~d him go out** Jane hörte, wie er hinausging ❷ LAW *case* verhandeln ▸PHRASES: **to be ~ing things** sich *dat* etwas einbilden; **I must be ~ing things!** ich hör' wohl nicht richtig! **II.** *vi* hören (**about, of** von +*dat*); **have you ~d about Jane getting married?** hast du schon gehört, dass Jane heiratet? ▸PHRASES: **~, ~!** ja, genau!

heard [hɜːd, AM hɜːrd] *pt, pp of* **hear**

hear·ing ['hɪərɪŋ, AM 'hɪr-] *n* ❶ *no pl* (*ability to hear*) Gehör *nt;* **to be hard of ~** schwerhörig sein ❷ *no pl* (*range of ability*)

H

[**with**]**in** [**sb's**] ~ in [jds] Hörweite *f* ❸ (*official examination*) Anhörung *f;* **disciplinary** ~ Disziplinarverfahren *nt*

'hear·ing aid *n* Hörgerät *nt*

hear·say ['hɪəseɪ, AM 'hɪr-] *n no pl* Gerüchte *pl*

hearse [hɜːs, AM hɜːrs] *n* Leichenwagen *m*

heart [hɑːt, AM hɑːrt] *n* ❶ ANAT Herz *nt* ❷ (*fig*) Herz *nt;* **my ~ goes out to her** ich fühle mit ihr; **from the bottom of one's ~** aus tiefstem Herzen; **to one's ~'s content** nach Herzenslust; **the ~ of the matter** der Kern der Sache; **to not have the ~ to do sth** es nicht übers Herz bringen, etw zu tun; **to put one's ~ in**[**to**] **sth** sich voll für etw *akk* einsetzen; **to set one's ~ on sth** sein [ganzes] Herz an etw *akk* hängen ❸ *no pl* (*courage*) Mut *m;* **to lose ~** den Mut verlieren ❹ CARDS ■**~s** *pl* Herz *nt kein pl;* **queen of ~s** Herzdame *f* ▸ PHRASES: **at ~** im Grunde seines/ihres Herzens; **by ~** auswendig; **to have a change of ~** sich anders besinnen; **in my ~ of ~s** im Grunde meines Herzens

'heart·ache *n no pl* Kummer *m* **'heart attack** *n* Herzinfarkt *m;* (*not fatal*) Herzanfall *m;* (*fatal*) Herzschlag *m a. fig* **'heart·beat** *n* Herzschlag *m* **'heart·break** *n* großer Kummer **'heart·break·ing** *adj* herzzerreißend **'heart·bro·ken** *adj* todunglücklich, untröstlich **'heart·burn** *n no pl* Sodbrennen *nt* **'heart dis·ease** *n* Herzkrankheit *f*

heart·en ['hɑːtᵊn, AM 'hɑːr-] *vt usu passive* ermutigen

heart·en·ing ['hɑːtᵊnɪŋ, AM 'hɑːr-] *adj* ermutigend

'heart fail·ure *n no pl* Herzversagen *nt*

'heart·felt *adj* (*strongly felt*) tief empfunden; (*sincere*) aufrichtig

hearth [hɑːθ, AM hɑːrθ] *n* Kamin *m*

'heart-healthy *adj* **~ fats** Fette, die gut für das Herz sind

'hearth·rug *n* Kaminvorleger *m*

hearti·ly ['hɑːtɪli, AM 'hɑːrt̬-] *adv* ❶ (*enthusiastically*) herzlich; *applaud* begeistert; *eat* herzhaft ❷ (*extremely*) von [ganzem] Herzen

heart·land ['hɑːtlænd, AM 'hɑːrt-] *n of region* Kerngebiet *nt; of support* Hochburg *f*

heart·less ['hɑːtləs, AM 'hɑːrt-] *adj* herzlos

'heart mur·mur *n* Herzgeräusch[e] *nt*[*pl*] **'heart·rend·ing** *adj* herzzerreißend **'heart-search·ing** *n no pl* Gewissenserforschung *f* **'heart·strings** *npl* **to tug at sb's ~** jdm ans Herz gehen **'heart-throb** *n* (*fam*) Schwarm *m* **heart-to-'heart I.** *adj* [ganz] offen **II.** *n* **to have a ~** sich aussprechen **'heart trans·plant** *n* Herztransplantation *f* **'heart-warm·ing** *adj* herzerfreuend

hearty ['hɑːti, AM 'hɑːrt̬i] *adj* ❶ (*warm*) herzlich ❷ (*large*) *breakfast* herzhaft, kräftig; *appetite* gesund ❸ (*unreserved*) uneingeschränkt; *dislike* tief

heat [hiːt] **I.** *n* ❶ *no pl* (*warmth*) Wärme *f;* (*high temperature*) Hitze *f;* **to cook sth on a low ~** etw bei schwacher Hitze kochen ❷ *no pl* PHYS [Körper]wärme *f* ❸ SPORTS Vorlauf *m* ❹ *no pl* ZOOL Brunst *f; of deer* Brunft *f; of dogs, cats* Läufigkeit *f; of horses* Rossen *nt;* ■**on** [*or* AM **in**] **~** brünstig; *deer* brunftig; *cat* rollig; *dog* läufig; *horse* rossig ▸ PHRASES: **if you can't stand the ~, get out of the kitchen** (*prov*) wenn es dir zu viel wird, dann lass es lieber sein **II.** *vt* erhitzen, heiß machen; *food* aufwärmen; *house, room* heizen; *pool* beheizen **III.** *vi* warm werden ◆**heat up I.** *vt* heiß machen; *food* aufwärmen; *house, room* [auf]heizen **II.** *vi room* warm werden; *engine* warm laufen; (*fig*) *discussion* sich erhitzen

heat·ed ['hiːtɪd, AM -t̬-] *adj* ❶ (*emotional*) hitzig; *discussion* heftig ❷ (*warm*) erhitzt; *room* geheizt; *pool, seats* beheizt

heat·ed·ly ['hiːtɪdli, AM -t̬-] *adv* hitzig; *discuss* heftig

heat·er ['hiːtəʳ, AM -t̬ɚ] *n* [Heiz]ofen *m,* Heizgerät *nt;* (*in car*) Heizung *f;* **water ~** Boiler *m*

'heat gauge *n* Temperaturanzeiger *m*

heath [hiːθ] *n* Heide *f*

hea·then ['hiːðᵊn] **I.** *n* Heide *m,* Heidin *f* **II.** *adj* heidnisch

heath·er ['heðəʳ, AM -ɚ] *n no pl* Heidekraut *nt*

heat·ing ['hiːtɪŋ, AM -t̬-] *n no pl* ❶ (*action*) Heizen *nt; of room, house* [Be]heizen *nt; of substances* Erwärmen *nt;* PHYS Erwärmung *f* ❷ (*appliance*) Heizung *f;* **~ engineer** Heizungsmonteur(in) *m(f)*

'heat·proof I. *adj* hitzebeständig **II.** *vt* ■**to ~ sth** etw hitzebeständig machen

'heat pump *n* Wärmepumpe *f* **'heat rash** *n* Hitzeausschlag *m* **'heat-re·sist·ant, 'heat-re·sist·ing** *adj* hitzebeständig; *ovenware* feuerfest **'heat-seek·ing** *adj* MIL wärmesuchend **'heat shield** *n* Hitzeschild *m* **'heat stroke** *n* Hitzschlag *m* **'heat treat·ment** *n* Wärmebehandlung *f* **'heat·wave** *n* Hitzewelle *f*

heave [hiːv] **I.** *n* Ruck *m* **II.** *vt* ❶ (*move*) [hoch]hieven ❷ (*utter*) *sigh* ausstoßen **III.** *vi* ❶ (*pull*) hieven ❷ (*move*) sich heben und senken; *chest, sea* wogen; *ship* schwanken ◆**heave to** *vi* NAUT beidrehen

heav·en ['hevən] *n no pl* Himmel *m a. fig;* **it's ~!** (*fam*) es ist himmlisch!; **to go to ~** in den Himmel kommen ▶PHRASES: **what/why in ~'s name ...?** was/warum in Gottes Namen ...?; **for ~'s sake!** um Himmels willen!; **good ~s!** du lieber Himmel!; **~ forbid!** Gott bewahre!

heav·en·ly ['hevənli] *adj* himmlisch

'heav·en-sent *adj* vom Himmel gesandt

heavi·ly ['hevɪli] *adv* ① (*to great degree*) stark; *gamble* leidenschaftlich; *invest* groß; *sleep* tief; **~ armed** schwer bewaffnet ② (*with weight*) schwer; *move* schwerfällig; **~ built** kräftig gebaut ③ (*severely*) schwer; **to snow ~** stark schneien

heavy ['hevi] **I.** *adj* ① (*weighty*) schwer *a. fig; fine* hoch ② (*excessive*) *frost, rain, drinker, smoker etc.* stark; **to be under ~ fire** MIL unter schwerem Beschuss stehen ③ (*fig: oppressive*) drückend; *weather* schwül ④ (*difficult*) schwierig; *breathing* schwer; **~ going** Schinderei *f* ⑤ (*dense*) *beard* dicht; *cloud[s]* schwer; *coat* dick; *schedule* voll; *traffic* stark ▶PHRASES: **to make ~ weather of sth** etw unnötig komplizieren **II.** *n* ① (*sl: thug*) Schläger[typ] *m* ② THEAT Schurke *m,* Schurkin *f*

heavy-'duty *adj* robust; *clothes* strapazierfähig **heavy 'go·ing** *n* ■**to be ~** schwierig sein **heavy 'goods ve·hi·cle** *n* Lastkraftwagen *m* **heavy-'hand·ed** *adj* ungeschickt **heavy-'heart·ed** *adj* bedrückt **heavy-'hit·ting** *adj report, story* ernst zu nehmend, einflußreich; *role, play* stark **heavy 'in·dus·try** *n no pl* Schwerindustrie *f* **heavy 'met·al** *n* ① (*metal*) Schwermetall *nt* ② (*music*) Heavymetal *m* **'heavy·weight I.** *n* Schwergewicht *nt a. fig* **II.** *adj* ① SPORTS im Schwergewicht *nach n* ② (*weighty*) schwer ③ (*fig: important*) *person* prominent; *report* ernst zu nehmend

He·brew ['hi:bru:] **I.** *n* ① (*person*) Hebräer(in) *m(f)* ② *no pl* (*language*) Hebräisch *nt* **II.** *adj* hebräisch

Heb·ri·des ['hebrɪdi:z] *npl* GEOG ■**the ~** die Hebriden *pl*

heck [hek] *interj* (*euph sl*) **where the ~ have you been?** wo, zum Teufel, bist du gewesen?; **it's a ~ of a walk from here** es ist ein verdammt langer Weg von hier aus

heck·le ['hekl̩] **I.** *vi* dazwischenrufen **II.** *vt speaker* durch Zwischenrufe stören

heck·ler ['hekl̩əʳ, AM -ɚ] *n* Zwischenrufer(in) *m(f)*

hec·tare ['hekteəʳ, -tɑ:ʳ, AM -ter] *n* Hektar *m o nt*

hec·tic ['hektɪk] *adj* hektisch

he'd [hi:d] = **he had/he would** *see* **have I, II, would**

hedge [hedʒ] **I.** *n* ① BOT Hecke *f* ② (*fig*) Schutzwall *m;* FIN Absicherung *f* **II.** *vt* ▶PHRASES: **to ~ one's bets** nicht alles auf eine Karte setzen **III.** *vi* ① (*avoid*) ausweichen ② FIN sich absichern; *see also* **fridge**

'hedge·hog *n* Igel *m* **'hedge·row** *n* Hecke *f,* Knick *m* NORDD

heebie-jeebies [ˌhi:bi'dʒi:biz] *npl* **to get the ~** Zustände kriegen

heed [hi:d] (*form*) **I.** *vt* beachten **II.** *n no pl* Beachtung *f;* **to pay ~ to** [*or* **take ~ of**] **sth** auf etw *akk* achten

heed·ful ['hi:dfəl] *adj* (*form*) achtsam; ■**to be ~ of sb/sth** jdn/etw beachten

heed·less ['hi:dləs] *adj* (*form*) achtlos; ■**to be ~ of sth** etw nicht beachten

heel [hi:l] **I.** *n* ① ANAT Ferse *f;* **~ of the hand** Handballen *m* ② *of shoe* Absatz *m; of sock* Ferse *f;* **~ bar** Absatzschnelldienst *m* ▶PHRASES: **down at ~** heruntergekommen; **to dig one's ~s in** sich auf die Hinterbeine stellen **II.** *interj* ■**~!** bei Fuß! **III.** *vt* ① *a shoe* einen neuen Absatz machen ② (*in rugby*) hakeln ▶PHRASES: **well ~ed** gut betucht

hefty ['hefti] *adj* ① (*strong*) kräftig; (*heavy*) schwer ② (*large*) mächtig; *workload* hoch ③ (*considerable*) *price, fine* hoch, saftig *fam; majority* deutlich

heif·er ['hefəʳ, AM -ɚ] *n* Färse *f*

height [haɪt] *n* ① (*top to bottom*) Höhe *f; of a person* [Körper]größe *f;* **to be 6 metres in ~** 6 Meter hoch sein ② (*high places*) ■**~s** *pl* Höhen *pl;* **fear of ~s** Höhenangst *f* ③ (*fig*) Höhepunkt *m;* **at the ~ of one's power** auf dem Gipfel seiner Macht; *see also* **fright**

height·en ['haɪtən] *vt* verstärken; *tension* steigern

heir [eəʳ, AM er] *n* Erbe *m,* Erbin *f;* **~ to the throne** Thronfolger(in) *m(f)*

heir·ess <*pl* -es> ['eəres, AM 'erɪs] *n* Erbin *f*

heir·loom ['eəlu:m, AM 'er-] *n* Erbstück *nt*

heist [haɪst] *n* AM (*fam*) Raub[überfall] *m*

held [held] *vt, vi pt, pp of* **hold**

heli·cop·ter ['helɪkɒptəʳ, AM -kɑ:ptɚ] *n* Hubschrauber *m*

heli·pad ['helɪ-] *n* Hubschrauberlandeplatz *m*

'heli·port *n* Heliport *m,* Hubschrauberlandeplatz *m*

he·lium ['hi:liəm] *n no pl* Helium *nt*

hell [hel] **I.** *n no pl* ① (*not heaven*) Hölle *f;* **to go to ~** in die Hölle kommen ② (*fig fam*) **to ~ with it!** ich hab's satt!; **to not**

have a hope in ~ nicht die leiseste Hoffnung haben; **to scare the ~ out of sb** jdn zu Tode erschrecken ③ (*fam: for emphasis*) **he's one ~ of a guy!** er ist echt total in Ordnung!; **they had a ~ of a time** (*negative*) es war die Hölle für sie; (*positive*) sie hatten einen Heidenspaß; **a ~ of a lot** verdammt viel; **as cold as ~** saukalt ▶PHRASES: **come ~ or high water** komme, was wolle; **to give sb ~** (*scold*) jdm die Hölle heißmachen; (*make life unbearable*) jdm das Leben zur Hölle machen; **go to ~!** scher dich zum Teufel! **II.** *interj* **what the ~ are you doing?** was zum Teufel machst du da?; **get the ~ out of here, will you?** mach, dass du rauskommst! ▶PHRASES: **like ~!** nie im Leben!; **what the ~!** was soll's!

he'll [hi:l] = **he will/he shall** *see* **will, shall**

'hell-bent *adj* fest entschlossen **'hell·fire** *n no pl* Höllenfeuer *nt*

hell·ish ['helɪʃ] *adj* höllisch *a. fig; cold, heat* mörderisch; *day* grässlich; *experience* schrecklich

hell·ish·ly ['helɪʃli] *adv* (*fam*) ① (*dreadfully*) höllisch ② (*extremely*) verdammt

hel·lo [hel'əʊ, AM -'oʊ] **I.** *n* Hallo *nt;* **to say ~ to sb** jdn [be]grüßen **II.** *interj* hallo!

helm [helm] *n* Ruder *nt a. fig*

hel·met ['helmət] *n* Helm *m*

helms·man *n* Steuermann, -frau *m, f*

help [help] **I.** *n no pl* Hilfe *f;* (*financial*) Unterstützung *f;* **a great ~ you are!** (*iron*) eine tolle Hilfe bist du!; **to cry for ~** nach Hilfe schreien **II.** *interj* ■**~!** Hilfe! **III.** *vi* helfen (**with** bei +*dat*); **is there any way that I can ~?** kann ich irgendwie behilflich sein? **IV.** *vt* ① (*assist*) ■**to ~ sb** jdm helfen (**with** bei +*dat*); **her local knowledge ~ed her** ihre Ortskenntnisse haben ihr genützt SÜDD [*o* NORDD genutzt]; **can I ~ you?** (*in shop*) kann ich Ihnen behilflich sein?; **to ~ sb through a difficult time** jdm eine schwierige Zeit hinweghelfen ② (*improve*) verbessern; (*alleviate*) lindern ③ (*prevent*) **I can't ~ it!** ich kann nichts dagegen machen!; **I can't ~ thinking that ...** ich denke einfach, dass ...; **not if I can ~ it** nicht, wenn ich es irgendwie verhindern kann; ■**sth can't be ~ed** etw ist nicht zu ändern ④ (*take*) ■**to ~ oneself** sich bedienen; ■**to ~ oneself to sth** sich *dat* etw nehmen; *thief* sich an etw *dat* bedienen **V.** *adj* Hilfe- ◆**help along** *vt* ■**to ~ sb along** jdm [auf die Sprünge] helfen; ■**to ~ sth along** etw vorantreiben ◆**help off** *vt* ■**to ~ sb off with sth** jdm helfen, etw auszuziehen ◆**help on** *vt* ■**to ~ sb on with sth** jdm helfen, etw anzuziehen ◆**help out I.** *vt* ■**to ~ out ↔ sb** jdm [aus]helfen **II.** *vi* aushelfen; ■**to ~ out with sth** bei etw *dat* helfen ◆**help up** *vt* ■**to ~ sb up** jdm aufhelfen

help·er ['helpəʳ, AM -ɚ] *n* Helfer(in) *m(f);* (*assistant*) Gehilfe *m,* Gehilfin *f*

help·ful ['helpfᵊl] *adj person* hilfsbereit; *tool, suggestion* hilfreich; **to be ~ [to sb]** [jdm] helfen

help·ing ['helpɪŋ] **I.** *n of food* Portion *f* **II.** *adj* hilfreich; **to give** [*or* **lend**] **sb a ~ hand** jdm helfen

help·less ['helpləs] *adj* hilflos; (*powerless*) machtlos

'help·line *n* Notruf *m*

hel·ter-skel·ter [ˌheltə'skeltəʳ, AM -ɚ'skeltɚ] **I.** *adj* hektisch **II.** *adv* Hals über Kopf **III.** *n* BRIT (*at funfair*) *spiralförmige Rutsche*

hem [hem] **I.** *n* Saum *m* **II.** *vt* <-mm-> säumen ◆**hem in** *vt* ① (*surround*) umgeben ② (*fig*) einengen; **to feel ~med in** sich eingeengt fühlen

'he-man *n* (*fam*) Heman *m*

hemi·sphere ['hemɪsfɪəʳ, AM -fɪr] *n* GEOG, ASTRON [Erd]halbkugel *f*

hem·line ['hemlaɪn] *n* [Kleider]saum *m;* **~s are up** die Röcke sind kurz

hemo·philia *n no pl esp* AM *see* **haemophilia**

hemo·phili·ac *n* AM *see* **haemophiliac**

hem·or·rhage *n, vi* AM *see* **haemorrhage**

hem·or·rhoids *n* AM *see* **haemorrhoids**

hemp [hemp] *n no pl* Hanf *m*

hen [hen] *n* ZOOL Henne *f,* Huhn *nt*

hence [hen(t)s] *adv* ① *after n* (*from now*) von jetzt an; **four weeks ~** in vier Wochen ② (*therefore*) daher

hence·forth [ˌhen(t)s'fɔ:θ, AM -'fɔ:rθ], **hence·for·ward** [ˌhen(t)s'fɔ:wəd, AM -'fɔ:rwɚd] *adv* (*form*) von nun an

hench·man ['hen(t)ʃmən] *n* Handlanger *m*

'hen·coop, 'hen·house *n* Hühnerstall *m*

hen·na ['henə] **I.** *n* Henna *f o nt* **II.** *vt* **to ~ one's hair** sich *dat* die Haare mit Henna färben

'hen night *n Party am Abend vor der Hochzeit für die Braut und ihre Freundinnen*

'hen·pecked *adj* **~ husband** Pantoffelheld *m;* ■**to be ~** unter dem Pantoffel stehen

hepa·ti·tis [ˌhepə'taɪtɪs, AM -t̬-] *n no pl* Leberentzündung *f*

hep·tath·lon [hep'tæθlɒn, AM -lɑ:n] *n* Siebenkampf *m*

her [hɜ:ʳ, həʳ, AM hɜ:r, hɚ] **I.** *pron pers* sie *in akk,* ihr *in dat;* **it was ~** sie war's **II.** *adj* *poss* ihr(e, n); (*ship, country, boat, car*) sein(e, n); **what's ~ name?** wie heißt sie?

her·ald ['herəld] **I.** *n* (*messenger*) Bote *m,* Botin *f;* (*newspaper*) Bote *m* **II.** *vt* (*form*) ankündigen; **much ~ed** viel gepriesen

her·al·dic [hɪ'rældɪk, AM hə'-] *adj* Wappen-

her·ald·ry ['herəldri] *n no pl* Wappenkunde *f*

herb [hɜːb, AM ɜːrb, hɜrb] *n* [Gewürz]kraut *nt meist pl;* (*for medicine*) [Heil]kraut *nt meist pl*

herb·al ['hɜːbəl, AM 'hɜːr-, 'ɜːr-] *adj* Kräuter-

herb·al·ist ['hɜːbəlɪst, AM 'hɜːr-, 'ɜːr-] *n* (*dealer*) Kräuterhändler(in) *m(f);* (*healer*) Kräuterheilkundige(r) *f(m)*

herbi·cide ['hɜːbɪsaɪd, AM 'hɜːr-, 'ɜːr-] *n* Unkrautvertilgungsmittel *nt*

her·bivo·rous [hɜː'bɪvərəs, AM hɜːr'bɪvɚ-, 'ɜːr-] *adj* Pflanzen fressend

her·cu·lean [ˌhɜːkjə'liːən, AM ˌhɜːrkjuː'-] *adj* übermenschlich; **~ task** Herkulesarbeit *f*

Hercules ['hɜːkjəliːz, AM 'hɜːr-] *n* Herkules *m a. fig*

herd [hɜːd, AM hɜːrd] **I.** *n + sing/pl vb* ❶ (*group of animals*) Herde *f; of wild animals* Rudel *nt* ❷ (*pej: group of people*) Herde *f,* Masse *f* **II.** *vt* treiben ◆**herd together** **I.** *vt animals* zusammentreiben; *people* zusammenpferchen **II.** *vi* sich zusammendrängen

'herd in·stinct *n* Herdentrieb *m*

'herds·man *n* Hirt[e] *m*

here [hɪəʳ, AM hɪr] **I.** *adv* hier; (*with movement*) hierher, hierhin; **come ~!** komm [hier]her!; **give it ~!** (*fam*) gib mal her!; **~ you are!** (*presenting*) bitte schön!; (*finding*) hier bist du!; **~ I am!** hier bin ich!; **~ comes the train** da kommt der Zug; **~ goes!** (*fam*) los geht's!; **~'s to you!** auf Ihr/dein Wohl!; **~ and now** [jetzt] sofort; **from ~ on in** von jetzt an **II.** *interj* ■ **~!** he!; **~, ...** na komm, ...

here·abouts [ˌhɪərə'baʊts], AM **here·about** [ˌhɪrə'baʊt] *adv* hier [in dieser Gegend]

here·'af·ter (*form*) **I.** *adv* im Folgenden **II.** *n* Jenseits *nt*

'here·by *adv* (*form*) hiermit

he·redi·tary [hɪ'redɪtəri, AM hə'redɪteri] *adj* erblich; *disease* angeboren; *succession* gesetzlich; *title* vererbbar

he·red·ity [hɪ'redəti, AM hə'redɪ-] *n no pl* (*transmission of characteristics*) Vererbung *f;* (*genetic make-up*) Erbgut *nt*

'here·in *adv* (*form*) hierin

here·'of *adv* (*form*) hiervon

her·esy ['herəsi] *n* Ketzerei *f*

her·etic ['herətɪk] *n* Ketzer(in) *m(f)*

he·reti·cal [hə'retɪkəl, AM -t̬-] *adj* ketzerisch

here·u'pon *adv* (*form*) hierauf

here·'with *adv* (*form*) anbei, hiermit; **enclosed ~** beiliegend

her·it·age ['herɪtɪdʒ, AM -t̬-] *n no pl* Erbe *nt*

her·maph·ro·dite [hɜː'mæfrədaɪt, AM hɚ'mæfroʊ-] *n* Zwitter *m*

her·meti·cal·ly [hɜː'metɪkəli, AM hɚ'met̬-] *adv* hermetisch

her·mit ['hɜːmɪt, AM 'hɜːr-] *n* Eremit(in) *m(f) a. fig,* Einsiedler(in) *m(f) a. fig*

her·mit·age ['hɜːmɪtɪdʒ, AM 'hɜːrmɪt̬-] *n* Einsiedelei *f*

'her·mit crab *n* Einsiedlerkrebs *m*

her·nia <*pl* -s *or* -niae> ['hɜːniə, AM 'hɜːr-, *pl* -niiː] *n* MED Bruch *m*

hero <*pl* -es> ['hɪərəʊ, AM 'hɪroʊ] *n* Held(in) *m(f)*

he·ro·ic [hɪ'rəʊɪk, AM -'roʊ-] **I.** *adj* (*brave*) heldenhaft; *attempt* kühn; **~ deed** Heldentat *f* **II.** *n* ■ **~s** *pl* Heldentaten *pl*

hero·in ['herəʊɪn, AM -roʊ-] *n no pl* Heroin *nt*

'hero·in ad·dict *n* Heroinsüchtige(r) *f(m)*

hero·ine ['herəʊɪn, AM -roʊ-] *n* Heldin *f*

hero·ism ['herəʊɪzəm, AM -roʊ-] *n no pl* Heldentum *nt;* **act of ~** heldenhafte Tat

her·on <*pl* -s *or* -> ['herən] *n* Reiher *m*

her·pes ['hɜːpiːz, AM 'hɜːr-] *n no pl* MED Herpes *m*

her·ring <*pl* -s *or* -> ['herɪŋ] *n* Hering *m;* **~ gull** Silbermöwe *f*

'her·ring·bone *n no pl* Fischgrätenmuster *nt*

hers [hɜːz, AM hɜːrz] *pron pers* (*of person's/animal's*) ihre(r, s); **a good friend of ~** eine gute Freundin von ihr

her·self [hə'self, AM hɚ'-] *pron refl* ❶ *after vb, prep* sich *in akk o dat* ❷ (*emph: personally*) selbst; **she talks to ~ when she works** sie spricht bei der Arbeit mit sich [selbst]; **she told me ~** sie hat es mir selbst erzählt ❸ (*alone*) [**all**] **by ~** ganz alleine

he's [hiːz] = **he is/he has** *see* **be, have I, II**

hesi·tant ['hezɪtənt] *adj person* unschlüssig; *reaction, answer, smile* zögernd; *speech* stockend

hesi·tant·ly ['hezɪtəntli] *adv act* unentschlossen; *smile* zögernd; *speak* stockend

hesi·tate ['hezɪteɪt] *vi* ❶ (*wait*) zögern; **don't ~ to call me** ruf mich einfach an ❷ (*falter*) stocken ▸PHRASES: **he who ~s is lost** (*prov*) man muss das Glück beim Schopfe packen

hesi·ta·tion [ˌhezɪ'teɪʃən] *n no pl* (*indecision*) Zögern *nt,* Unentschlossenheit *f;* (*reluctance*) Bedenken *pl;* **without** [**the slightest**] **~** (*indecision*) ohne [einen Augenblick] zu zögern; (*reluctance*) ohne

H

hesitating

hesitating	zögern
I'm not sure.	**Ich weiß nicht so recht.**
It's still hard to say whether or not I can accept your offer.	**Ich kann Ihnen noch nicht sagen, ob** ich Ihr Angebot annehmen werde.
I still have to think about it.	**Ich muss darüber noch nachdenken.**
I'm sorry, I can't accept yet.	**Ich kann Ihnen leider noch nicht zusagen.**

[den geringsten] Zweifel

hetero·geneous [ˌhetᵊrə(ʊ)ˈdʒiːniəs, AM ˌhet̬əroʊˈ-] *adj* uneinheitlich

hetero·sex·ual [ˌhetᵊrə(ʊ)ˈsekʃuᵊl, AM ˌhet̬əroʊˈ-] **I.** *adj* heterosexuell **II.** *n* Heterosexuelle(r) *f(m)*

het up [ˌhetˈʌp, AM ˌhet̬ˈ-] *adj* (*fam*) aufgeregt; ■**to get ~ up about sth** sich über etw *akk* aufregen

hexa·gon [ˈheksəgən, AM -gɑːn] *n* Sechseck *nt*

hex·ago·nal [hekˈsægᵊnᵊl] *adv* sechseckig

hey [heɪ] *interj* (*fam*) he!

hey·day [ˈheɪdeɪ] *n usu sing* Glanzzeit *f*

hey ˈpres·to *interj* BRIT, AUS (*fam*) Simsalabim!

HGV [ˌeɪtʃdʒiːˈviː] *n* BRIT *abbrev of* **heavy goods vehicle** LKW *m*

hi [haɪ] *interj* hallo!

hi·ber·nate [ˈhaɪbəneɪt, AM -bɚ-] *vi* Winterschlaf halten

hi·ber·na·tion [ˌhaɪbəˈneɪʃᵊn, AM -bɚˈ-] *n no pl* Winterschlaf *m*

hic·cough, hic·cup [ˈhɪkʌp] **I.** *n* ① (*sound, attack*) Schluckauf *m;* **to have the ~s** einen Schluckauf haben ② (*fig: setback*) Schwierigkeit *f meist pl* **II.** *vi* schlucksen

hid [hɪd] *vt pt of* **hide**

hid·den [ˈhɪdᵊn] **I.** *vt pp of* **hide II.** *adj* versteckt; *agenda* heimlich; *reserves* still; *talent* verborgen

hide[1] [haɪd] *n* (*skin*) Haut *f a. fig;* (*with fur*) Fell *nt;* (*leather*) Leder *nt*

hide[2] [haɪd] **I.** *n* BRIT, AUS Versteck *nt;* HUNT Ansitz *m* **II.** *vt* <hid, hidden> ① (*keep out of sight*) verstecken (**from** vor +*dat*); (*cover*) verhüllen ② (*keep secret*) *emotions* verbergen (**from** vor +*dat*); *facts* verheimlichen (**from** vor +*dat*) ③ (*block*) verdecken; **hidden from view** nicht zu sehen **III.** *vi* <hid, hidden> sich verstecken (**from** vor +*dat*) ◆**hide away I.** *vt* verstecken **II.** *vi* sich verstecken ◆**hide out, hide up** *vi* sich versteckt halten

ˈhide-and-seek *n no pl* Versteckspiel *nt;* **to play ~** Verstecken spielen **ˈhide·away** *n* (*fam*) Versteck *nt a. fig*

hide·ous [ˈhɪdiəs] *adj* ① (*ugly*) grässlich, scheußlich ② (*terrible*) schrecklich, furchtbar

ˈhide·out *n* Versteck *nt*

hid·ing[1] [ˈhaɪdɪŋ] *n usu sing* ① (*fam: beating*) Tracht *f* Prügel ② (*fam: defeat*) Schlappe *f*

hid·ing[2] [ˈhaɪdɪŋ] *n no pl* (*concealment*) **to be in ~** sich versteckt halten; **to go into ~** untertauchen

hi·er·ar·chy [ˈhaɪ(ə)rɑːki, AM ˈhaɪrɑːr-] *n* Hierarchie *f*

hi·ero·glyph [ˈhaɪ(ə)rə(ʊ)glɪf, AM ˈhaɪroʊ-] *n* Hieroglyphe *f*

hi·ero·glyph·ic [ˌhaɪ(ə)rə(ʊ)ˈglɪfɪk, AM ˌhaɪroʊˈ-] *n usu pl* ■**~s** Hieroglyphen *pl*

hi-fi [ˌhaɪˈfaɪ] **I.** *n short for* **high fidelity** Hi-Fi-Anlage *f* **II.** *adj short for* **high-fidelity** Hi-Fi-

higgle·dy-piggle·dy [ˌhɪgl̩diˈpɪgl̩di] *adj, adv* (*fam*) wie Kraut und Rüben

high [haɪ] **I.** *adj* ① *building, speed, rank* hoch *präd,* hohe(r, s) *attr; wind* stark; *marks* gut; *hopes, altitude* groß; **~ in calories** kalorienreich; **to be ~ in calcium** viel Kalzium enthalten; **friends in ~ places** wichtige Freunde; **~ and mighty** (*pej*) herablassend ② (*on drugs*) high ③ FOOD *game* mit Hautgout ▶PHRASES: **~ time** höchste Zeit **II.** *adv* hoch; (*fig*) **feelings were running ~** die Gemüter erhitzten sich ▶PHRASES: **~ and low** überall **III.** *n* ① (*high[est] point*) Höchststand *m* ② METEO Hoch *nt; see also* **neighbour**

high ˈbeams *npl* AM AUTO Fernlicht *nt* **ˈhigh·boy** *n* AM hohe Kommode **ˈhigh·brow** *adj* hochgeistig **ˈhigh chair** *n* Hochstuhl *m* **ˈhigh-class** *adj* erstklassig; *product* hochwertig **ˈhigh court** *n* oberstes Gericht **high ˈden·sity** *adj attr* ① COMPUT mit hoher Dichte; **~ disk** HD-Diskette *f* ② (*closely packed*) kompakt; **~ housing** dicht bebautes Wohngebiet

high·er edu·'ca·tion *n no pl* (*learning*) Hochschulbildung *f;* (*system*) Hochschulwesen *nt*

Land und Leute

Der **Higher Grade** des *Scottish Certificate of Education* wird normalerweise im 5. oder 6. Schuljahr auf einer weiterführenden Schule gemacht. Er ist das Ziel vieler Schüler, insbesondere derer, die einen höheren Bildungsweg anstreben oder fortgeschrittene Kurse für eine bessere Ausbildung belegen wollen. Schüler, die den *Standard Grade* mit einem *Credit Level* bestehen, können die Prüfung zum **Higher Grade** in diesem Fach in der Regel schon nach einem Jahr machen. Schüler, die den *Standard Grade* mit einem *General Level* abschließen, müssen normalerweise zwei weitere Jahre auf die Schule gehen, um sich auf den **Higher Grade** vorzubereiten. Es können jedoch nicht alle Schulen 2-Jahres-Kurse anbieten, die zum **Higher Grade** führen.

high·'fli·er *n,* **high-'fly·er** *n* (*fig*) Überflieger(in) *m(f)* **high 'fre·quen·cy** *n* Hochfrequenz *f* **high-'hand·ed** *adj* selbstherrlich **high-'hand·ed·ness** *n no pl* Selbstherrlichkeit *f* **high 'heels** *npl* ❶ (*shoes*) hochhackige Schuhe ❷ (*part of a shoe*) hohe Absätze **'high jinks** *npl* Ausgelassenheit *f kein pl* **'high jump** *n no pl* Hochsprung *m* ▶ PHRASES: **to be for the ~** BRIT in Teufels Küche kommen

High·land 'dress schottische Tracht

high·lands ['haɪləndz] *npl* Hochland *nt kein pl*

'high-lev·el *adj* auf höchster Ebene *nach n*

'high life *n* exklusives Leben

'high·light I. *n* ❶ (*best part*) Höhepunkt *m* ❷ (*in hair*) ■ **~s** *pl* Strähnchen *pl* **II.** *vt* ❶ (*draw attention to*) hervorheben, unterstreichen; *text* markieren ❷ (*dye*) **to have one's hair ~ed** sich *dat* Strähnchen machen lassen **'high·light·er** *n* ❶ (*pen*) Textmarker *m* ❷ (*cosmetics*) Highlighter *m*

high·ly ['haɪli] *adv* hoch-; **~ amusing** ausgesprochen amüsant; **~ contagious** hoch ansteckend; **~-strung** nervös; **to think ~ of someone** eine hohe Meinung von jdm haben

High 'Mass *n* Hochamt *nt*

High·ness ['haɪnəs] *n* ■ **Her/His/Your ~** Ihre/Seine/Eure Hoheit

high-per·'for·mance *adj* Hochleistungs- **high-'pitched** *adj* ❶ *voice* hoch ❷ *roof* steil **'high point** *n* Höhepunkt *m* **high-'pow·ered** *adj* ❶ *machine* Hochleistungs-; *car* stark; *computer* leistungsstark ❷ (*influential*) einflussreich; *delegation* hochrangig **high-'pres·sure** *adj* ❶ METEO, TECH Hochdruck-; **~ area** Hochdruckgebiet *nt* ❷ ECON **~ sales techniques** aggressive Verkaufstechniken **high 'priest** *n* REL Hohe(r) Priester *m;* (*fig*) Doyen *m* **high 'pro·file I.** *n* **to have a ~** gerne im Rampenlicht stehen **II.** *adj* **she's a ~ politician** sie ist eine Politikerin, die im Rampenlicht steht **high-'pro·tein** *adj* eiweißreich **high-'rank·ing** *adj* hochrangig **high-reso·'lu·tion** *adj* mit hoher Auflösung **'high-rise, high-rise 'build·ing** *n* BRIT Hochhaus *nt* **high-'risk** *adj* hochriskant; **to be in a ~ category** einer Risikokategorie angehören

'high school *n* Highschool *f*

Land und Leute

In den USA dauert die **high school** drei bis sechs Jahre und ist für Schüler im Alter zwischen 13 und 18 Jahren. In manchen Schulsystemen beginnen die Schüler die **high school** jedoch erst mit 15.

high 'seas *npl* hohe See; **on the ~** auf hoher See **high 'sea·son** *n* Hochsaison *f* **'high-sound·ing** *adj* hochtrabend **high-speed 'train** *n* Hochgeschwindigkeitszug *m* **high-'spir·it·ed** *adj* ausgelassen; *horse* temperamentvoll **high 'spir·its** *npl* Hochstimmung *f kein pl* **'high spot** *n* Höhepunkt *m* **'high street** *n* BRIT Haupt[einkaufs]straße *f* **high 'sum·mer** *n no pl* Hochsommer *m*

'high·tail *vi, vt esp* AM (*fam*) **to ~ [it]** abhauen

high 'tea *n* BRIT *frühes Abendessen bestehend aus einem gekochten Essen, Brot und Tee*

high-'tech *adj* Hightech- **high tech·'nol·ogy** *n no pl* Hightech *nt,* Hochtechnologie *f* **high-'ten·sion** *adj* Hochspannungs- **high 'tide** *n no pl* Flut *f;* **at ~** bei Flut **high 'trea·son** *n no pl* Hochverrat *m* **high 'up** *adj pred* ■ **to be ~** ein hohes Tier sein *fam,* hoch oben in der Hierarchie stehen **high 'up I.** *adj* ■ **to be ~** hoch oben in der Hierarchie stehen **II.** *n* (*fam*) hohes Tier **high 'wa·ter** *n no pl* Flut *f* **high-'wa·ter mark** *n* Hochwassermarke *f*

'high·way I. *n* AM, AUS Highway *m;* BRIT (*form*) Bundesstraße *f* **II.** *adj* Straßen-; **~ fatalities** Verkehrstote *pl*

High·way 'Code *n* BRIT Straßenverkehrsordnung *f* **'high·way·man** *n* (*hist*) Straßenräuber *m* **high·way 'rob·bery** *n* (*hist*)

Straßenraub *m*

hi·jack ['haɪdʒæk] **I.** *vt* entführen; (*fig*) klauen *fam* **II.** *n* Entführung *f*

hi·jack·er ['haɪdʒækəʳ, AM -ɚ] *n* Entführer(in) *m(f)*

hi·jack·ing ['haɪdʒækɪŋ] *n no pl* Entführung *f*

hike [haɪk] **I.** *n* ① (*long walk*) Wanderung *f;* (*fam*) **that was quite a ~** das war ein ganz schöner Marsch [*o* ÖSTERR Hatscher] ② AM (*fam: increase*) Erhöhung *f* **II.** *vi* wandern **III.** *vt* AM (*fam*) erhöhen

hik·er ['haɪkəʳ, AM -ɚ] *n* Wanderer *m,* Wanderin *f*

hik·ing ['haɪkɪŋ] *n no pl* Wandern *nt*

hi·lari·ous [hɪ'leəriəs, AM -'ler-] *adj* urkomisch, zum Brüllen

hi·lar·ity [hɪ'lærəti, AM -'lerət̬i] *n no pl* Ausgelassenheit *f;* **to cause ~** Heiterkeit erregen

hill [hɪl] *n* ① (*elevation*) Hügel *m;* (*higher*) Berg *m* ② (*slope*) Steigung *f* ▶ PHRASES: **to be over the ~** mit einem Fuß im Grab stehen

hill·bil·ly ['hɪl,bɪli] *n* AM Hinterwäldler(in) *m(f),* Hillbilly *m*

hill·ock ['hɪlək] *n* kleiner Hügel

'hill·side *n* Hang *m* **'hill·top** **I.** *n* Hügelkuppe *f* **II.** *adj farm* auf einem Hügel gelegen **'hill-walk·ing** *n no pl* BRIT Bergwandern *nt*

hilly ['hɪli] *adj* hügelig

hilt [hɪlt] *n* ① (*handle*) Griff *m; of a dagger, sword* Heft *nt* ② (*fig*) [**up**] **to the ~** hundertprozentig

him [hɪm, ɪm] *pron object* ihn *in akk,* ihm *in dat;* **who? ~?** wer? der?; **you have more than ~** du hast mehr als er

Hima·la·yas [,hɪmə'leɪjəz] *npl* GEOG Himalaya *m*

him·self [hɪm'self] *pron refl* ① *after vb, prep* sich *in akk o dat* ② (*emph: personally*) selbst; **he talks to ~ when he works** er spricht bei der Arbeit mit sich [selbst]; **he told me ~** er hat es mir selbst erzählt ③ (*alone*) [**all**] **by ~** ganz alleine

hind [haɪnd] *adj* hintere(r, s); **~ leg** Hinterbein *nt; of game* Hinterlauf *m*

hin·der ['hɪndəʳ, AM -ɚ] *vt* behindern

Hin·di ['hɪndiː] *n no pl* Hindi *nt*

'hind·quar·ters *npl* Hinterteil *nt; of a horse* Hinterhand *f*

hin·drance ['hɪndrən(t)s] *n* Behinderung *f;* **sb is more of a ~ than a help** jd stört mehr, als dass er/sie hilft

'hind·sight *n no pl* **in** [*or* **with** [**the benefit of**]] **~** im Nachhinein

Hin·du [,hɪn'duː, AM 'hɪnduː] **I.** *n* Hindu *m o f* **II.** *adj* hinduistisch, Hindu-

Hin·du·ism ['hɪnduːɪzᵊm] *n no pl* Hinduismus *m*

hinge [hɪndʒ] **I.** *n* Angel *f; of a chest, gate* Scharnier *nt* **II.** *vi* ■**to ~** [**up**]**on sb/sth** von jdm/etw abhängen

hint [hɪnt] **I.** *n* ① *usu sing* (*trace*) Spur *f;* **he gave me no ~ that ...** er gab mir nicht den leisesten Wink, ob ...; **at the slightest ~ of trouble** beim leisesten Anzeichen von Ärger ② (*allusion*) Andeutung *f;* **OK, I can take a ~** OK, ich verstehe schon; **to drop a ~** eine Andeutung machen ③ (*advice*) Hinweis *m,* Tipp *m* **II.** *vt* ■**to ~ that ...** andeuten, dass ... **III.** *vi* andeuten; ■**to ~ at sth** auf etw *akk* anspielen

hip [hɪp] **I.** *n* ① ANAT Hüfte *f; of trousers* Hüftweite *f;* **to dislocate a ~** sich *dat* die Hüfte ausrenken ② BOT Hagebutte *f* **II.** *adj* (*fam*) hip

'hip·bone *n* ANAT Hüftknochen *m* **'hip flask** *n* Flachmann *m*

'hip-hop *n no pl* Hiphop *m*

hip·pie ['hɪpi] *n* Hippie *m*

hip·po ['hɪpəʊ, AM -oʊ] *n* (*fam*) *short for* **hippopotamus**

hip·po·pota·mus <*pl* -es *or* -mi> [,hɪpə'pɒtəməs, AM -'pɑːt̬ə-] *n* Nilpferd *nt*

hip·py ['hɪpi] *n* Hippie *m*

hire [haɪəʳ, AM haɪr] **I.** *n no pl* Mieten *nt;* **'for ~'** „zu vermieten"; **car ~** [*or* **~ car**] **business** BRIT Autoverleih *m* **II.** *vt* ① (*rent*) mieten; *dress* ausleihen ② (*employ*) einstellen ◆**hire out** *vt* vermieten; *bicycle, clothes* verleihen

hire 'pur·chase *n* BRIT Ratenkauf *m* **hire 'pur·chase agree·ment** *n* BRIT Teilzahlungsvertrag *m*

his [hɪz, ɪz] **I.** *pron pers* seine(r, s); **some friends of ~** einige seiner Freunde **II.** *adj poss* (*of person*) sein(e); **what's ~ name?** wie heißt er?

His·pan·ic [hɪ'spænɪk] **I.** *adj* hispanisch **II.** *n* Hispanoamerikaner(in) *m(f)*

hiss [hɪs] **I.** *vi* zischen; *cat, person* fauchen; ■**to ~ at sb** jdn anfauchen **II.** *vt* ① (*utter*) fauchen ② (*disapprove of*) ■**to ~ sb/sth** *singer, actor, speaker* jdn/etw auszischen **III.** *n* <*pl* -es> Zischen *nt kein pl; of tape* Rauschen *nt kein pl; of cat* Fauchen *nt kein pl*

his·to·rian [hɪ'stɔːriən] *n* Historiker(in) *m(f)*

his·tor·ic [hɪ'stɒrɪk, AM -'stɔːr-] *adj* historisch

his·tori·cal [hɪ'stɒrɪkᵊl, AM -'stɔːr-] *adj* geschichtlich, historisch; **~ accuracy** Geschichtstreue *f*

his·tory ['hɪstᵊri, AM *also* -ɚi] **I.** *n* ① *no pl* (*past events*) Geschichte *f;* **to make ~** Geschichte schreiben ② (*fig*) **to be ~** *person* vergessen sein, passé sein *fam;* **ancient ~** kalter Kaffee *fam* ③ *usu sing* (*background*) Vorgeschichte *f;* **her family has a ~ of heart problems** Herzprobleme liegen bei ihr in der Familie **II.** *adj book, class* Geschichts-

his·tri·on·ic [ˌhɪstriˈɒnɪk, AM -ˈɑːn-] *adj* theatralisch

hit [hɪt] **I.** *n* ① (*blow*) Schlag *m* ② (*shot*) COMPUT Treffer *m;* **to suffer a direct ~** direkt getroffen werden ③ (*success, in baseball*) Hit *m;* **to be a [big] ~ with sb** bei jdm gut ankommen ④ (*sl: of drug*) Schuss *m* ⑤ *esp* AM (*fam: murder*) Mord *m* ⑥ INET Besuch *m* einer Webseite, Hit *m* ⑦ COMPUT (*in database*) Treffer *m* **II.** *vt* <-tt-, hit, hit> ① (*strike*) schlagen; **to ~ sb below the belt** jdm einen Schlag unter die Gürtellinie versetzen *a. fig;* **to ~ sb where it hurts** (*a. fig*) jdn an einer empfindlichen Stelle treffen ② (*come in contact, strike note*) treffen *a. fig; by missile;* ■**to be ~** getroffen werden; **the house was ~ by lightning** in das Haus schlug der Blitz ein ③ (*press*) *button* drücken; *key* drücken auf +*akk* ④ (*crash into*) stoßen (gegen +*akk*); **their car ~ a tree** ihr Auto krachte gegen einen Baum; **the glass ~ the floor** das Glas schlug auf den Boden [auf] ⑤ SPORTS treffen; (*score*) erzielen ⑥ (*fam: arrive at*) **my sister ~ forty last week** meine Schwester wurde letzte Woche 40; **to ~ the headlines** in die Schlagzeilen kommen; **to ~ rock bottom** einen historischen Tiefstand erreichen ⑦ (*encounter*) stoßen auf +*akk;* **to ~ a traffic jam** in einen Stau geraten; **to ~ trouble** in Schwierigkeiten geraten **III.** *vi* ① (*strike*) ■**to ~ [at sb/sth]** [nach jdm/etw] schlagen; **to ~ hard** kräftig zuschlagen ② (*attack*) ■**to ~ at sb** jdn attackieren *a. fig* ③ (*take effect*) wirken ◆**hit back** *vi* zurückschlagen; ■**to ~ back at sb** jdm Kontra geben ◆**hit off** *vt* ■**to ~ it off [with sb]** (*fam*) sich prächtig [mit jdm] verstehen ◆**hit on** *vi* ① (*think of*) kommen auf +*akk* ② AM (*sl: make sexual advances*) ■**to ~ on sb** jdn anmachen ◆**hit out** *vi* ■**to ~ out [at sb]** [auf jdn] einschlagen; (*fig*) [jdn] scharf attackieren; **he was ~ting out in all directions** er schlug nach allen Seiten um sich ◆**hit up** *vt* AM (*fam*) **to ~ up ⊂ sb [for money]** jdn [um Geld] anhauen ◆**hit upon** *vi idea* kommen auf +*akk*

hit-and-ˈmiss *adj* zufällig; **a ~ affair** [reine] Glückssache

hit-and-ˈrun **I.** *n no pl* AUTO Fahrerflucht *f* **II.** *adj driver* unfallflüchtig; **~ accident** Unfall *m* mit Fahrerflucht

hitch [hɪtʃ] **I.** *n* <*pl* -es> (*difficulty*) Haken *m;* **a technical ~** ein technisches Problem; **to go off without a ~** reibungslos ablaufen **II.** *vt* ① (*fasten*) festmachen (**to** an +*dat*); *trailer* anhängen (**to** an +*akk*); *animal* festbinden ② (*fam: hitchhike*) **to ~ a lift** [*or* **ride**] trampen, per Anhalter fahren **III.** *vi* (*fam*) trampen ◆**hitch up** *vt* ① (*fasten*) festmachen (**to** an +*dat*); *trailer* anhängen (**to** an +*akk*); **to ~ a horse up to a cart** ein Pferd vor einen Wagen spannen ② (*pull up*) *trousers* hochziehen

hitch·er [ˈhɪtʃəʳ, AM -ɚ] *n* Anhalter(in) *m(f),* Tramper(in) *m(f)*

ˈhitch·hike *vi* per Anhalter fahren, trampen **ˈhitch·hik·er** *n* Anhalter(in) *m(f),* Tramper(in) *m(f)* **ˈhitch·hik·ing** *n no pl* Trampen *nt*

hi-tech *adj see* **high-tech**

hith·er [ˈhɪðəʳ, AM -ɚ] *adv* (*liter*) **~ and thither** hierhin und dorthin

hith·er·to [ˌhɪðəˈtuː, AM -ɚˈ-] *adv* (*form*) bisher

ˈhit man *n* Killer *m*

hit-or-ˈmiss *adj see* **hit-and-miss**

HIV [ˌeɪtʃaɪˈviː] *n no pl abbrev of* **human immunodeficiency virus** HIV *nt*

hive [haɪv] *n* ① (*beehive*) Bienenstock *m* ② (*busy place*) Ameisenhaufen *m fig* ◆**hive off** *vt* BRIT, AUS ausgliedern

hl *abbrev of* **hectolitre** hl

HMS [ˌeɪtʃemˈes] *n* BRIT *abbrev of* **Her/His Majesty's Ship** H.M.S.

HNC [ˌeɪtʃenˈsiː] *n* BRIT SCH *abbrev of* **Higher National Certificate** Fachhochschulzertifikat *nt*

HND [ˌeɪtʃenˈdiː] *n* BRIT SCH *abbrev of* **Higher National Diploma** Fachhochschuldiplom *nt*

hoard [hɔːd, AM hɔːrd] **I.** *n* (*of money, food*) Vorrat *m* (**of** an +*dat*); (*treasure*) Schatz *m;* **~ of weapons** Waffenlager *nt* **II.** *vt* horten; *food a.* hamstern **III.** *vi* Vorräte anlegen

hoard·ing [ˈhɔːdɪŋ] *n* ① BRIT, AUS [**advertising**] ~ Plakatwand *f* ② (*fence*) Bauzaun *m* ③ *no pl* (*storing*) Horten *nt*

ˈhoar frost *n no pl* [Rau]reif *m*

hoarse [hɔːs, AM hɔːrs] *adj* heiser

hoarse·ness [ˈhɔːsnəs, AM ˈhɔːr-] *n no pl* Heiserkeit *f*

hoary [ˈhɔːri] *adj* (*fig liter*) uralt; **a ~ joke** ein alter Hut

hoax [həʊks, AM hoʊks] **I.** *n* (*deception*) Täuschung *f;* (*joke*) Streich *m;* (*false alarm*) blinder Alarm **II.** *adj* vorgetäuscht **III.** *vt* [he]reinlegen; **to ~ sb into believ-**

ing [*or* **thinking**] **sth** jdm etw weismachen

hoax·er ['həʊksəʳ, AM 'hoʊksɚ] *n jd, der falschen Alarm auslöst*

hob [hɒb] *n* BRIT Kochfeld *nt*

hob·ble ['hɒbl̩, AM 'hɑːbl̩] **I.** *vi* hinken, humpeln; **to ~ around on crutches** mit Krücken herumlaufen **II.** *n* (*awkward walk*) Hinken *nt kein pl*, Humpeln *nt kein pl;* **by the end of the match he was reduced to a ~** am Ende des Spiels hinkte er nur noch

hob·by ['hɒbi, AM 'hɑːbi] *n* Hobby *nt*

'hob·by-horse *n* Steckenpferd *nt*

hob·nailed boot [ˌhɒbneɪld'-, AM ˌhɑːb-] *n* Nagelschuh *m*

H

hob·nob <-bb-> ['hɒbnɒb, AM 'hɑːbnɑːb] *vi* (*fam*) verkehren

hobo <*pl* -s *or* -es> ['həʊbəʊ, AM 'hoʊboʊ] *n* AM, AUS ① (*tramp*) Penner(in) *m(f)*, Sandler(in) *m(f)* ÖSTERR ② (*itinerant worker*) Wanderarbeiter(in) *m(f)*

hock¹ [hɒk, AM hɑːk] *n* BRIT (*wine*) *weißer Rheinwein*

hock² [hɒk, AM hɑːk] *n* ZOOL Sprunggelenk *nt; of a horse* Fesselgelenk *nt;* (*meat*) Hachse *f*, Haxe *f* SÜDD, ÖSTERR

hock³ [hɒk, AM hɑːk] **I.** *n* (*fam*) ① (*in debt*) **to be in ~** Schulden haben ② (*pawned*) **in ~** verpfändet **II.** *vt* verpfänden

hock·ey ['hɒki, AM 'hɑːki] *n no pl* Hockey *nt;* **~ stick** Hockeyschläger *m*

'hock·ey stick *n* Hockeyschläger *m*

hodge·podge ['hɑːdʒpɑːdʒ] *n* AM *see* **hotchpotch**

hoe [həʊ, AM hoʊ] **I.** *n* Hacke *f* **II.** *vt, vi* hacken

hog [hɒg, AM hɑːg] **I.** *n* AM Schwein *nt;* BRIT Mastschwein *nt* ▶PHRASES: **to go the whole ~** ganze Sache machen **II.** *vt* <-gg-> (*fam*) ■**to ~ sb/sth** [**all to oneself**] jdn/etw [ganz für sich *akk*] in Beschlag nehmen; **to ~ the road** die ganze Straße [für sich *akk*] beanspruchen

Hog·ma·nay ['hɒgməneɪ] *n* SCOT *traditionelles schottisches Neujahrsfest*

hoist [hɔɪst] **I.** *vt* hochheben; *flag, sail* hissen; **he ~ed her onto his shoulders** er hievte sie auf seine Schultern **II.** *n* Winde *f*

hold [həʊld, AM hoʊld] **I.** *n* ① (*grasp*) Halt *m kein pl;* **to catch** [*or* **get** [**a**]] **~ of sb/sth** jdn/etw ergreifen; **to keep ~ of sth** etw festhalten; **to take ~** (*fig*) *fire, epidemic* übergreifen ② SPORTS Griff *m* (**on** an +*akk*) ③ (*delay*) **to be on ~** auf Eis liegen *fig;* TELEC in der Warteschleife sein; **to put on ~** *project, plans* auf Eis legen *fig;* TELEC *caller* in die Warteschleife schalten ④ (*control*) **to have a** [**strong**] **~ on** [*or* **over**] **sb** [starken] Einfluss auf jdn haben ⑤ NAUT, AVIAT Frachtraum *m* **II.** *vt* <held, held> ① (*grasp*) ■**to ~ sb/sth** [**tight** [*or* **tightly**]] jdn/etw [fest]halten; **to ~ the door open for sb** jdm die Tür aufhalten; **to ~ sth in place** etw halten ② (*keep*) halten; **to ~ sb's attention** [*or* **interest**] jdn fesseln; **to ~ sb hostage** jdn als Geisel halten; **to ~ its value** seinen Wert behalten; **to ~ sb to his/her word** jdn beim Wort nehmen ③ (*delay, stop*) zurückhalten; **OK, ~ it!** PHOT gut, bleib so!; **to ~ one's breath** die Luft anhalten; TELEC **to ~ the line** am Apparat bleiben ④ (*contain*) fassen; COMPUT speichern; **this room ~s 40 people** dieser Raum bietet 40 Personen Platz; **this hard disk ~s 13 gigabytes** diese Festplatte hat ein Speichervolumen von 13 Gigabyte ◆**hold against** *vt* ■**to ~ sth against sb** jdm etw vorwerfen ◆**hold back I.** *vt* (*stop*) aufhalten; (*impede development*) hindern; *information* geheim halten; *tears* zurückhalten **II.** *vi* (*refrain*) **to ~ back from doing sth** etw unterlassen ◆**hold down** *vt* (*keep near the ground*) niederhalten; (*keep low*) *levels, prices* niedrig halten ◆**hold forth** *vi* ■**to ~ forth** [**about sth**] sich [über etw *akk*] auslassen ◆**hold in** *vt emotion* zurückhalten; *fear* unterdrücken; *stomach* einziehen ◆**hold off I.** *vt* ① MIL *enemy* abwehren ② (*postpone*) verschieben **II.** *vi* warten; **the rain held off all day** es hat den ganzen Tag nicht geregnet ◆**hold on** *vi* ① (*affix, attach*) ■**to be held on by** [*or* **with**] **sth** mit etw *dat* befestigt sein ② (*manage to keep going*) durchhalten ③ (*wait*) **~ on!** Moment bitte! ◆**hold onto** *vt* ① (*grasp*) festhalten ② (*keep*) behalten ◆**hold out I.** *vt* ausstrecken **II.** *vi* ① (*manage to resist*) durchhalten; **to ~ out for sth** auf etw *dat* bestehen ② (*refuse to give information*) **to ~ out on sb** jdm etw verheimlichen ◆**hold over** *vt* ① (*defer*) aufschieben ② AM (*extend*) verlängern ◆**hold to** *vi* **can I ~ you to that?** bleibst du bei deinem Wort? ◆**hold together** *vi, vt* zusammenhalten ◆**hold under** *vt* unterdrücken ◆**hold up** *vt* ① (*raise*) hoch halten; *hand* heben ② (*support*) stützen ③ (*delay*) aufhalten; **the letter was held up in the post** der Brief war bei der Post liegen geblieben ◆**hold with** *vt* ■**to ~ with sth** mit etw *dat* einverstanden sein

'hold·all *n* BRIT Reisetasche *f*

hold·er ['həʊldəʳ, AM 'hoʊldɚ] *n* ① (*device*) Halter *m* ② (*person*) Besitzer(in) *m(f);*

account ~ Kontoinhaber(in) *m(f)*; **record** ~ Rekordhalter(in) *m(f)*
hold·ing ['həʊldɪŋ, AM 'hoʊld-] *n* ① (*tenure*) Pachtbesitz *m* ② FIN Beteiligung *f*; ■~**s** *pl* Anteile *pl*; ~ **company** Dachgesellschaft *f*
'**hold-up** *n* ① (*crime*) Raubüberfall *m* ② (*delay*) Verzögerung *f*
'**hold-ups** *npl* Hold-ups *pl*, halterlose Strümpfe *pl*
hole [həʊl, AM hoʊl] **I.** *n* ① (*gap*) Loch *nt a. fig; of fox, rabbit* Bau *m* ② (*fig: fault*) **to pick ~s** [**in sth**] [etw] kritisieren ③ (*fig fam: difficulty*) **to get sb out of a** ~ jdm aus der Patsche helfen **II.** *vt* (*in golf*) einlochen ◆**hole up** *vi* (*fam*) sich verkriechen
holi·day ['hɒlədeɪ, AM 'hɑ:l-] **I.** *n* ① BRIT, AUS (*vacation*) Urlaub *m*, Ferien *pl*; **school ~s** Ferien *pl*; **to take three weeks'** ~ drei Wochen Urlaub nehmen; **to be** [**away**] **on** ~ in Urlaub sein ② (*work-free day*) Feiertag *m* **II.** *vi* BRIT, AUS Urlaub machen
'**holi·day camp** *n* BRIT, AUS Ferienlager *nt* '**holi·day course** *n* BRIT, AUS Ferienkurs *m* **holi·day en·'ti·tle·ment** *n* BRIT, AUS Urlaubsanspruch *m* '**holi·day flat** *n* BRIT, AUS Ferienwohnung *f* '**holi·day house** *n* BRIT, AUS Ferienhaus *nt* '**holi·day·mak·er** *n* BRIT, AUS Urlauber(in) *m(f)* '**holi·day resort** *n* BRIT, AUS Urlaubsort *m*
holi·ness ['həʊlɪnəs, AM 'hoʊl-] *n no pl* Heiligkeit *f*
Hol·land ['hɒlənd, AM 'hɑ:l-] *n no pl* Holland *nt*
hol·ler ['hɒləʳ, AM 'hɑ:lɚ] **I.** *vi, vt* AM (*fam*) brüllen **II.** *n* AM (*fam*) Schrei *m*
hol·low ['hɒləʊ, AM 'hɑ:loʊ] **I.** *adj* ① (*empty, sunken*) hohl; *cheeks* eingefallen ② (*fig*) wertlos; *laughter* ungläubig; *promise* leer; *victory* schal **II.** *n* ① (*hole*) Senke *f* ② AM (*valley*) Tal *nt* **III.** *vt* ■**to** ~ [**out**] aushöhlen
hol·ly ['hɒli, AM 'hɑ:li] *n* Stechpalme *f*
holo·caust ['hɒləkɔ:st, AM 'hɑ:ləkɑ:st] *n* ① (*destruction*) Inferno *nt* ② (*genocide*) Massenvernichtung *f*; ■**the H~** der Holocaust
holo·gram ['hɒləgræm, AM 'hɑ:l-] *n* Hologramm *nt*
hol·ster ['həʊlstəʳ, AM 'hoʊlstɚ] *n* [Pistolen]halfter *nt o f*
holy ['həʊli, AM 'hoʊli] *adj* heilig
Holy Com·'mun·ion *n* ① (*service*) heilige Kommunion ② (*bread and wine*) heiliges Abendmahl **Holy 'Fa·ther** *n* ■**the** ~ der Heilige Vater **Holy 'Scrip·ture** *n* die Heilige Schrift **Holy 'Spir·it** *n* ■**the** ~ der Heilige Geist '**Holy Week** *n* Karwoche *f*
hom·age ['hɒmɪdʒ, AM 'hɑ:m-] *n no pl* Huldigung *f* (**to** +*gen*); **to pay** ~ [**to sb**] [jdm] huldigen
home [həʊm, AM hoʊm] **I.** *n* ① (*abode*) Zuhause *nt*; **haven't you got a ~ to go to?** hast du [denn] kein Zuhause?; **a** ~ [AM, AUS **away**] **from** ~ ein zweites Zuhause; **to leave** ~ [von zu Hause] ausziehen; **to make oneself at** ~ es sich *dat* gemütlich machen; **at** ~ zu Hause, zuhause ÖSTERR, SCHWEIZ ② (*house*) Haus *nt*; (*flat*) Wohnung *f*; **starter** ~ erstes eigenes Heim ③ (*institute*) Heim *nt* ④ (*place of origin*) Heimat *f*; *of people a.* Zuhause *nt kein pl* ⑤ SPORTS **at** ~ zu Hause; **away from** ~ auswärts ⑥ *no pl* COMPUT (*for the cursor*) Ausgangsstellung *f*; (*on the key*) **'~'** „Pos. 1" ▶ PHRASES: **to feel at ~ with sb** sich bei jdm wohl fühlen; ~ **sweet** ~ (*saying*) trautes Heim, Glück allein **II.** *adv* ① (*at one's abode*) zu Hause, zuhause ÖSTERR, SCHWEIZ, daheim *bes* SÜDD, ÖSTERR, SCHWEIZ; (*to one's abode*) nach Hause, nachhause ÖSTERR, SCHWEIZ; **hello! I'm ~!** hallo! ich bin wieder da! ② (*to one's origin*) **to go/return** ~ in seine Heimat zurückgehen/zurückkehren ③ (*to sb's understanding*) **to bring sth** ~ [**to sb**] [jdm] etw klarmachen; **to drive it ~ that ...** unmissverständlich klarmachen, dass ... **III.** *vi* ■**to ~ in on sth** genau auf etw *akk* zusteuern; (*fig*) [sich *dat*] etw herausgreifen
'**home ad·dress** *n* Heimatadresse *f*, Privatanschrift *f* '**home ad·van·tage** *n* Heimvorteil *m* '**home af·fairs** *n pl* BRIT POL innere Angelegenheiten *pl*; ~ **correspondent** Korrespondent(in) *m(f)* für Innenpolitik **home-'baked** *adj* selbst gebacken **home 'bank·ing** *n no pl* Homebanking *nt* **home 'brew** *n* selbst gebrautes Bier '**home·com·ing** *n* ① (*return*) Heimkehr *f kein pl* ② AM (*reunion*) Ehemaligentreffen *nt*; ~ **queen** *Schönheitskönigin beim Ehemaligentreffen*

Land und Leute

Homecoming ist in den USA ein wichtiges Fest an der High School und an der Universität. An diesem Tag kommt die Footballmannschaft zu einem Heimspiel ‚nach Hause'. Es gibt eine Riesenparty, und eine beliebte Schülerin bzw. Studentin wird zur *homecoming queen* gekürt.

home 'cook·ing *n no pl* Hausmannskost *f*
Home 'Coun·ties *npl* BRIT *an London angrenzende Grafschaften*
home eco·'nom·ics *n + sing vb* Hauswirtschaft[slehre] *f* '**home game** *n* Heimspiel *nt* '**home ground** *n* eigener Platz

home-'grown *adj* aus dem eigenen Garten, aus eigenem Anbau **home 'help** *n* BRIT Haushaltshilfe *f* **'home·land** *n* (*origin*) Heimat *f*, Heimatland *nt*
home·less ['həʊmləs, AM 'hoʊm-] **I.** *adj* heimatlos; ■**to be ~** obdachlos sein **II.** *n* **the ~** *pl* die Obdachlosen *pl*
'home loan *n* Hypothek *f*
home·ly ['həʊmli, AM 'hoʊm-] *adj* ① BRIT, AUS (*plain*) schlicht aber gemütlich ② AM, AUS (*pej: ugly*) unansehnlich
home-'made *adj* hausgemacht; *cake* selbst gebacken; *jam* selbst gemacht **'home·mak·er** *n* Hausmann, -frau *m, f;* **to be the ~** den Haushalt führen **'Home Of·fice** *n + sing/pl vb* BRIT Innenministerium *nt*
homeo·path ['həʊmiə(ʊ)pæθ, AM 'hoʊmioʊ-] *n* Homöopath(in) *m(f)*
homeo·path·ic ['həʊmiə(ʊ)pæθɪk, AM 'hoʊmioʊ-] *adj* homöopathisch
homeopa·thy [ˌhəʊmi'ɒpəθi, AM ˌhoʊmi'ɑːp-] *n no pl* Homöopathie *f*
'home·own·er *n* Hausbesitzer(in) *m(f)*
'home page *n* COMPUT Homepage *f* **home 'plate** *n* AM (*in baseball*) Schlagmal *nt* **'home re·cord** *n* Heimrekord *m* **home 'rule** *n no pl* [politische] Selbstverwaltung
Home 'Sec·re·tary *n* BRIT Innenminister(in) *m(f)*
'home·sick *adj* **to be** [*or* **feel**] **~** [**for sth**] [nach etw *dat*] Heimweh haben **'home·sick·ness** *n no pl* Heimweh *nt* **home·stead** ['həʊmsted, AM 'hoʊm-] *n* AUS, NZ *Wohnhaus auf einer Schaf- oder Rinderfarm* **home 'straight, home 'stretch** *n* Zielgerade *f a. fig* **'home team** *n* Heimmannschaft *f* **home·'town** *n* AM Heimatstadt *f* **home 'truth** *n* bittere Wahrheit
home·ward ['həʊmwəd, AM 'hoʊmwɚd] **I.** *adv* heimwärts, nach Hause **II.** *adj* heimwärts; **~ journey** Heimreise *f*
home·wards ['həʊmwədz, AM 'hoʊmwɚdz] *adv* heimwärts
'home win *n* SPORTS Heimsieg *m* **'home·work** *n no pl* Hausaufgaben *pl a. fig*

Grammatik

homework ist unzählbar; d.h. es wird nicht mit *a* oder im Plural gebraucht: *we have been given too much homework; her homework is very difficult*

'home·work·er *n* Heimarbeiter(in) *m(f)*
homey ['həʊmi, AM 'hoʊmi] *adj* AM, AUS heimelig
homi·ci·dal [ˌhɒmɪ'saɪdəl, AM ˌhɑːmə'-] *adj* AM, AUS gemeingefährlich
homi·cide ['hɒmɪsaɪd, AM 'hɑːmə-] *n* LAW ① *no pl* (*murdering*) Mord *m* ② (*death*) Mordfall *m;* **~ squad** Mordkommission *f*
hom·ing ['həʊmɪŋ, AM 'hoʊm-] *adj* **~ instinct** Heimfindevermögen *nt;* **~ device** Peilsender *m*
homoeopa·thy *n no pl see* **homeopathy**
ho·mog·enize [hə'mɒdʒənaɪz, AM -'mɑːdʒ-] *vt* homogenisieren
Homo sa·pi·ens [ˌhəʊməʊ'sæpiənz, AM ˌhoʊmoʊ'seɪp-] *n no pl* Homo sapiens *m*
homo·sex·ual [ˌhəʊmə(ʊ)'sekʃuəl, AM ˌhoʊmoʊ'-] **I.** *adj* homosexuell **II.** *n* Homosexuelle(r) *f(m)*
homo·sex·ual·ity [ˌhəʊmə(ʊ)ˌsekʃu'æləti, AM ˌhoʊmoʊˌsekʃu'æləṱi] *n no pl* Homosexualität *f*
Hon [ɒn] *adj abbrev of* **Honourable** geehrt, ehrenhaft
Hon·du·ras [hɒn'djʊərəs, AM hɑːndʊ-] *n* Honduras *nt*
hon·est ['ɒnɪst, AM 'ɑːn-] *adj* ① (*truthful*) ehrlich ② (*trusty*) redlich
hon·est·ly ['ɒnɪstli, AM 'ɑːn-] **I.** *adv* ehrlich **II.** *interj* ① (*promising*) [ganz] ehrlich! ② (*disapproving*) also ehrlich!
hon·es·ty ['ɒnɪsti, AM 'ɑːn-] *n no pl* Ehrlichkeit *f* ▸PHRASES: **~ is the best policy** (*prov*) ehrlich währt am längsten
hon·ey ['hʌni] *n* ① *no pl* (*from bees*) Honig *m* ② *esp* AM (*fam: sweet person*) Schatz *m;* (*sl: attractive young woman*) Schnecke *f sl*, Schnitte *f sl*
'hon·ey·bee *n* [Honig]biene *f* **'hon·ey·comb** *n* (*wax*) Bienenwabe *f;* (*food*) Honigwabe *f;* **~ pattern** Wabenmuster *nt*
hon·ey·dew 'mel·on *n* Honigmelone *f*
'hon·ey·moon I. *n* ① (*after marriage*) Flitterwochen *pl* ② *usu sing* (*fig*) Schonfrist *f* **II.** *vi* **they are ~ing in the Bahamas** sie verbringen ihre Flitterwochen auf den Bahamas
Hong Kong [ˌhɒŋ'kɒŋ, AM ˌhɑːŋ'kɑːŋ] *n no pl* Hongkong *nt*
honk [hɒŋk, AM hɑːŋk] **I.** *n* ① *of goose* Schrei *m* ② *of horn* Hupen *nt* **II.** *vi* ① *goose* schreien ② *horn* hupen **III.** *vt* **to ~ one's horn** auf die Hupe drücken
hon·or·ary ['ɒnərəri, AM 'ɑːnəreri] *adj* ehrenamtlich
hon·our, AM **hon·or** ['ɒnəʳ, AM 'ɑːnɚ] **I.** *n* ① *no pl* Ehre *f;* ■**in ~ of sb/sth** zu Ehren einer Person/einer S. *gen;* **to be** [*or* **feel**] **~ bound to do sth** es als seine Pflicht ansehen, etw zu tun ② (*award*) Auszeichnung *f* **II.** *vt* ① *person* ehren ② (*fulfil*) *obligation* erfüllen
hon·our·able, AM **hon·or·able** ['ɒnərəbl̩, AM 'ɑːnɚ-] *adj* (*worthy*) ehrenhaft; *agree-*

ment ehrenvoll; *person* ehrenwert

'hon·our kil·ling *n* Ehrenmord *m*

'hon·ours de·gree *n* BRIT UNIV Examen *nt* mit Auszeichnung **'hon·ours list** *n* BRIT *Liste von Leuten, die öffentlich durch die Monarchin/den Monarchen geehrt werden und einen Titel (z.B. MBE, OBE) erhalten*

hons *n short for* **honours** ≈ höherer akademischer Grad

hood¹ [hʊd] *n* ❶ (*cap*) Kapuze *f* ❷ (*mask*) Maske *f* ❸ (*shield*) Haube *f;* **cooker ~** Abzugshaube *f* ❹ AM (*bonnet*) [Motor]haube *f;* BRIT (*folding top*) Verdeck *nt*

hood² [hʊd] *n* AM (*gangster*) Kriminelle(r) *f(m)*

hood³ [hʊd] *n* AM (*sl*) Nachbarschaft *f*

hoodie *n* Kapuzenjacke *f*

hood·lum ['hu:dləm, AM *usu* 'hʊd-] *n* ❶ (*gangster*) Kriminelle(r) *f(m)* ❷ (*thug*) Rowdy *m*

hood·wink ['hʊdwɪŋk] *vt* hereinlegen

hoody ['hʊdi] *n* Kapuzenjacke *f*

hoof [hu:f, AM *esp* hʊf] **I.** *n* <*pl* hooves *or* -s> Huf *m* **II.** *vt* (*fam*) **to ~ it** laufen

hoo-ha ['hu:hɑ:] *n no pl* (*fam*) Wirbel *m*

hook [hʊk] **I.** *n* Haken *m;* **to leave the phone off the ~** den Telefonhörer nicht auflegen ▸ PHRASES: **by ~ or by crook** auf Biegen und Brechen; **to be off the ~** aus dem Schneider sein; **to let sb off the ~** jdn herauspauken **II.** *vt* ❶ (*fasten*) festhaken (**to** an +*dat*) ❷ (*fetch with hook*) **she ~ed the shoe out of the water** sie angelte den Schuh aus dem Wasser ❸ *fish* an die Angel bekommen ◆**hook up I.** *vt* ❶ (*hang*) aufhängen ❷ (*connect*) anschließen (**to** an +*akk*) ❸ (*fasten*) zumachen **II.** *vi* ■**to ~ up [to sth]** sich [an etw *akk*] anschließen

hooked [hʊkt] *adj* ❶ (*curved*) hakenförmig; **~ nose** Hakennase *f* ❷ (*addicted*) abhängig ❸ (*interested*) ■**to be ~** total begeistert sein; **to be ~ on sb** total verrückt nach jdm sein; **to be ~ on sth** von einer S. völlig besessen sein

hook·er ['hʊkəʳ, AM -ɚ] *n* ❶ AM, AUS (*fam*) Nutte *f sl* ❷ (*rugby*) Hakler(in) *m(f)*

hooky ['hʊki] *n no pl* AM, AUS (*fam*) **to play ~** die Schule schwänzen

hoo·li·gan ['hu:lɪgᵊn] *n* Hooligan *m*

hoo·li·gan·ism ['hu:lɪgᵊnɪzᵊm] *n no pl* Rowdytum *nt*

hoop [hu:p] *n* ❶ (*ring*) Reifen *m* ❷ (*earring*) ringförmiger Ohrring

hoop·tie ['hu:pti] *n* AM (*sl: car*) Kiste *f fam*

hoo·ray [hʊ'reɪ, hə-] *interj, n* hurra

hoot [hu:t] **I.** *n* ❶ (*beep*) Hupen *nt kein pl* ❷ (*owl call*) Schrei *m* ❸ (*outburst*) **to give a ~ of laughter** losprusten ▸ PHRASES: **to be a [real] ~** zum Brüllen sein **II.** *vi* ❶ *car* hupen ❷ *owl* schreien ❸ (*utter*) **to ~ with laughter** in johlendes Gelächter ausbrechen **III.** *vt* **to ~ one's horn at sb** jdn anhupen

hoot·er ['hu:təʳ, AM -t̬ɚ] *n* ❶ (*siren*) Sirene *f* ❷ BRIT, AUS (*fam: nose*) Zinken *m*

Hoo·ver® ['hu:vəʳ] BRIT, AUS **I.** *n* Staubsauger *m* **II.** *vt, vi* [staub]saugen

hooves [hu:vz, AM *esp* hʊvz] *n pl of* **hoof**

hop [hɒp, AM hɑ:p] **I.** *vi* <-pp-> ❶ (*jump*) hüpfen; *hare* hoppeln ❷ SPORTS springen **II.** *vt* <-pp-> ❶ (*jump*) springen über +*akk* ❷ AM (*fam: board*) steigen in +*akk* ❸ BRIT (*fam*) **to ~ it** abhauen **III.** *n* ❶ (*jump*) Hüpfer *m* ❷ (*fam: trip*) **[short] ~** [Katzen]sprung *m* ❸ (*fam: flight stage*) Flugabschnitt *m* ❹ BOT Hopfen *m* ▸ PHRASES: **to catch sb on the ~** BRIT jdn überrumpeln ◆**hop in** *vi* (*fam*) einsteigen; **~ in, where shall I take you?** spring rein, wohin kann ich dich mitnehmen? ◆**hop out** *vi* (*fam*) schnell aussteigen

hope [həʊp, AM hoʊp] **I.** *n* Hoffnung *f;* **I don't hold out much ~ of ...** ich habe nicht sehr viel Hoffnung, dass ...; **to give up ~** die Hoffnung aufgeben; **to live in ~** hoffen; **in the ~ of doing sth** in der Hoffnung, etw zu tun **II.** *vi* hoffen (**for** auf +*akk*); **it's good news, I ~** hoffentlich gute Nachrichten; **to ~ for the best** das Beste hoffen

hope·ful ['həʊpfᵊl, AM 'hoʊp-] **I.** *adj* zuversichtlich; ■**to be ~ of sth** auf etw *akk* hoffen **II.** *n usu pl* viel versprechende Personen *pl*

hope·ful·ly ['həʊpfᵊli, AM 'hoʊp-] *adv* ❶ (*in hope*) hoffnungsvoll ❷ (*it is hoped*) hoffentlich

hope·less ['həʊpləs, AM 'hoʊp-] *adj* hoffnungslos; *situation* aussichtslos; ■**to be ~** (*fam: incompetent*) ein hoffnungsloser Fall sein; **I'm ~ at cooking** wenn es um's Kochen geht, bin ich eine absolute Null

hope·less·ly ['həʊpləsli, AM 'hoʊp-] *adv* hoffnungslos; **he's ~ in love with her** er hat sich bis über beide Ohren in sie verliebt

hop·ping ['hɒpɪŋ, AM 'hɑ:p-] *adj* (*fam*) auf hundertachtzig; **to be ~ mad with sb** stinksauer auf jdn sein

hop·scotch ['hɒpskɒtʃ, AM 'hɑ:pskɑ:tʃ] *n no pl* Himmel und Hölle *nt*

horde [hɔ:d, AM hɔ:rd] *n* Horde *f;* **~s of fans** eine riesige Fangemeinde

ho·ri·zon [hə'raɪzᵊn] *n* Horizont *m;* **on the ~** am Horizont; (*fig*) in Sicht

ho·ri·zon·tal [ˌhɒrɪ'zɒntᵊl, AM ˌhɔ:rɪ'zɑ:n-]

H

I. *adj* horizontal, waag[e]recht **II.** *n no pl* ■**the ~** die Horizontale

hor·mone ['hɔːməʊn, AM 'hɔːrmoʊn] *n* Hormon *nt*

horn [hɔːn, AM hɔːrn] **I.** *n* ① (*growth*) Horn *nt* ② MUS Horn *nt* ③ *of vehicle* Hupe *f* **II.** *vi* AM ■**to ~ in on sth** bei etw *dat* mitmischen

hor·net ['hɔːnɪt, AM 'hɔːrn-] *n* Hornisse *f*

'horn-rimmed *adj* **~ glasses** Hornbrille *f*

horny ['hɔːni, AM 'hɔːrni] *adj* ① (*hard*) hornartig; (*of horn*) aus Horn *nach n* ② (*fam: randy*) geil; **to feel ~** spitz sein

horo·scope ['hɒrəskəʊp, AM 'hɔːrəskoʊp] *n* Horoskop *nt*

hor·ren·dous [hɒ'rendəs, AM hɔː'ren-] *adj* schrecklich; *conditions* entsetzlich; *losses, prices* horrend

hor·ri·ble ['hɒrəbl̩, AM 'hɔːr-] *adj* schrecklich; (*unkind*) gemein

hor·rid ['hɒrɪd, AM 'hɔːr-] *adj* (*fam*) fürchterlich; (*unkind*) gemein

hor·ri·fic [hɒr'ɪfɪk, AM hɔː'rɪf-] *adj* ① (*shocking*) entsetzlich, grausig ② (*fam: extreme*) *losses, prices* horrend

hor·ri·fy <-ie-> ['hɒrɪfaɪ, AM 'hɔːr-] *vt* entsetzen

hor·ror ['hɒrəʳ, AM 'hɔːrɚ] *n* ① (*feeling*) Entsetzen *nt*, Grauen *nt* (**at** über *+akk*); **in ~** entsetzt ② (*fam: brat*) **that child is a little ~!** dieses Kind ist der reinste Horror!

'hor·ror-strick·en, 'hor·ror-struck *adj* von Entsetzen gepackt; ■**to be ~ at sth** über etw *akk* entsetzt sein

hors d'oeuvre <*pl* - *or* -s> [ˌɔː'dɜːv, AM ˌɔːr'dɜːrv] *n* ① BRIT, AUS (*starter*) Hors d'oeuvre *nt* ② AM (*canapés*) Appetithäppchen *nt*

horse [hɔːs, AM hɔːrs] *n* Pferd *nt;* **~ and cart** Pferdefuhrwerk *nt;* **to eat like a ~** fressen wie ein Scheunendrescher ▶PHRASES: **to hear sth [straight] from the ~'s mouth** etw aus erster Hand haben; **you can lead a ~ to water, but you can't make him drink** (*prov*) man kann jdn nicht zu seinem Glück zwingen; **to flog a dead ~** sich *dat* die Mühe sparen können; **to back the wrong ~** aufs falsche Pferd setzen; **to hold one's ~s** die Luft anhalten; **hey! hold your ~s! not so fast!** he, nun mal langsam, nicht so schnell!

'horse·back *n* **on ~** zu Pferd **'horse·box,** AM **'horse·car** *n* Pferdetransporter *m* **horse 'chest·nut** *n* Rosskastanie *f* **'horse-drawn** *adj* von Pferden gezogen; **~ carriage** Pferdekutsche *f* **'horse·fly** *n* [Pferde]bremse *f* **'horse·hair** *n no pl* Rosshaar *nt* **'horse·man** *n* Reiter *m* **'horse·man·ship** *n no pl* Reitkunst *f* **'horse·play** *n no pl* wilde Ausgelassenheit **'horse·pow·er** *n* <*pl* -> Pferdestärke *f;* **a 10-~ engine** ein Motor *m* mit 10 PS **'horse race** *n* Pferderennen *nt* **'horse rac·ing** *n* Pferderennsport *m* **'horse·rad·ish** *n no pl* Meerrettich *m* **'horse·shoe** *n* Hufeisen *nt* **'horse·trad·ing** *n no pl* (*fig*) Kuhhandel *m* **'horse·whip I.** *n* Pferdepeitsche *f* **II.** *vt* <-pp-> [mit der Pferdepeitsche] auspeitschen **'horse·wom·an** *n* Reiterin *f*

hors(e)y ['hɔːsi, AM 'hɔːrsi] *adj* (*fam*) ① (*devoted to horses*) pferdenärrisch ② (*pej: ugly*) pferdeähnlich

hor·ti·cul·tur·al [ˌhɔːtɪ'kʌltʃərəl, AM ˌhɔːrt̬ɪ'kʌltʃɚ-] *adj* Gartenbau-

hor·ti·cul·ture ['hɔːtɪkʌltʃər, AM 'hɔːrt̬ɪkʌltʃɚ] *n no pl* Gartenbau *m*

hose [həʊz, AM hoʊz] *n* (*tube*) Schlauch *m*

'hose·pipe *n* BRIT Schlauch *m*

ho·siery ['həʊziəri, AM 'hoʊʒɚi] *n no pl* Strumpfwaren *pl*

hos·pice ['hɒspɪs, AM 'hɑːs-] *n* Hospiz *nt*

hos·pi·table [hɒs'pɪtəbl̩, AM 'hɑːspɪt̬-] *adj* ① (*friendly*) gastfreundlich ② (*pleasant*) angenehm

hos·pi·tal ['hɒspɪtəl, AM 'hɑːspɪt̬əl] *n* Krankenhaus *nt*, Spital *nt* SCHWEIZ; **to have to go to ~** ins Krankenhaus müssen

hos·pi·tal·ity [ˌhɒspɪ'tæləti, AM ˌhɑːspɪ'tælət̬i] **I.** *n no pl* ① (*welcome*) Gastfreundschaft *f* ② (*food*) Bewirtung *f* **II.** *adj* **~ coach** kostenloser Zubringerbus; **~ tent** Partyzelt *nt*

hos·pi·tali·za·tion [ˌhɒspɪtəlaɪ'zeɪʃən, AM ˌhɑːspɪt̬əlɪ'-] *n no pl* ① (*admittance*) Krankenhauseinweisung *f* ② (*treatment*) Krankenhausaufenthalt *m*

hos·pi·tal·ize ['hɒspɪtəlaɪz, AM 'hɑːspɪt̬əl-] *vt* ① (*admit*) ■**to be ~d** ins Krankenhaus eingewiesen werden ② (*beat up*) ■**to ~ sb** jdn krankenhausreif schlagen

'hos·pi·tal ship *n* MIL Lazarettschiff *nt*

host¹ [həʊst, AM hoʊst] **I.** *n* ① (*party-giver*) Gastgeber(in) *m(f)* ② (*compère*) Showmaster(in) *m(f)* ③ BIOL Wirt *m* ④ COMPUT Hauptrechner *m* **II.** *adj* **~ country** Gastland *nt;* **~ family** Gastfamilie *f* **III.** *vt* ① (*stage*) ausrichten ② (*be compère for*) präsentieren, moderieren

host² [həʊst, AM hoʊst] *n usu sing* ■**a [whole] ~ of ...** jede Menge ...

hos·tage ['hɒstɪdʒ, AM 'hɑː-] *n* Geisel *f;* **to take sb ~** jdn als Geisel nehmen

'hos·tage-tak·er *n* Geiselnehmer(in) *m(f)*

'hos·tage-tak·ing *n no pl* Geiselnahme *f*

host 'coun·try *n* Gastland *nt*

hos·tel ['hɒstəl, AM 'hɑː-] *n* Wohnheim *nt;*

BRIT (*for homeless*) Obdachlosenheim *nt;* [**youth**] ~ Jugendherberge *f*

host·ess [həʊstɪs, AM hoʊ-] *n <pl -es>* ❶ (*at home, on TV*) Gastgeberin *f* ❷ (*at restaurant*) Wirtin *f* ❸ (*at hotel*) Empfangsdame *f* ❹ (*in nightclub*) Animierdame *f* ❺ (*at exhibition*) Hostess *f* ❻ (*on aeroplane*) Stewardess *f*

host 'fami·ly *n* Gastfamilie *f*

hos·tile ['hɒstaɪl, AM 'hɑːstəl] *adj* ❶ (*unfriendly*) feindselig ❷ (*difficult*) hart, widrig; *climate* rau ❸ ECON, MIL feindlich

hos·til·ity [hɒs'tɪləti, AM hɑːs'tɪləṭi] *n* ❶ *no pl* Feindseligkeit *f;* **to show ~ to[wards] sb** sich jdm gegenüber feindselig verhalten; **~ to technology** Technikfeindlichkeit *f* ❷ MIL ■**hostilities** *pl* Feindseligkeiten *pl*

hot [hɒt, AM hɑːt] **I.** *adj* <-tt-> ❶ (*temperature*) heiß; **she was ~** ihr war heiß ❷ (*spicy*) *food* scharf ❸ (*fam: good*) **my Spanish is not all that ~** mein Spanisch ist nicht gerade umwerfend; **~ tip** heißer Tipp ❹ (*fam: dangerous*) *situation* brenzlig; *stolen items* heiß; **to be too ~ to handle** ein heißes Eisen sein ❺ (*new and exciting*) heiß; **~ gossip** das Allerneueste ▶PHRASES: **to be all ~ and bothered** ganz aufgeregt sein **II.** *vt* <-tt-> ■**to ~ up** *engine* frisieren **III.** *vi* <-tt-> ■**to ~ up** *pace* sich steigern; *situation* sich verschärfen **IV.** *n* ▶PHRASES: **to have the ~s for sb** scharf auf jdn sein

hot-'air bal·loon *n* Heißluftballon *m* **'hot·bed** *n* (*fig*) **a ~ of crime** eine Brutstätte für Kriminalität **hot-'blood·ed** *adj* (*easy to anger*) hitzköpfig; (*passionate*) heißblütig

hotch·potch ['hɒtʃpɒtʃ, AM 'hɑːtʃpɑːtʃ] *n no pl* Mischmasch *m* (**of** aus +*dat*)

'hot dog *n* (*sausage*) Wiener Würstchen *nt;* (*in a roll*) Hotdog *m*

ho·tel [hə(ʊ)'tel, AM hoʊ'-] *n* Hotel *nt*

ho·'tel bill *n* Hotelrechnung *f* **ho·tel 'in·dus·try** *n no pl* Hotelgewerbe *nt* **ho·tel 'reg·is·ter** *n* Gästebuch *nt* **ho·tel 'staff** *n + sing/pl vb* Hotelpersonal *nt*

'hot·foot **I.** *adv* eilig **II.** *vt* (*fam*) **to ~ it home** schnell nach Hause rennen

'hot·head *n* Hitzkopf *m* **hot-'head·ed** *adj* hitzköpfig **'hot·house** **I.** *n* ❶ (*for plants*) Treibhaus *nt* ❷ (*fig: for development*) fruchtbarer Boden **II.** *vt* (*fam*) *child* zu früh mit Lernstoff vollstopfen **'hot·line** *n* Hotline *f;* POL heißer Draht

hot·ly ['hɒtli, AM 'hɑːt-] *adv* heftig; **~ contested** heiß umkämpft

'hot·plate *n* (*on stove*) Kochplatte *f;* (*platewarmer*) Warmhalteplatte *f* **hot po·'ta·to** *n* POL (*fig*) heißes Eisen **'hot·rod** *n* (*fam*) hochfrisiertes Auto **'hot seat** *n* ❶ (*fig*) Schleudersitz *m;* **to be in the ~** (*in the spotlight*) im Rampenlicht stehen ❷ AM elektrischer Stuhl **'hot·shot** *n* (*fam*) Kanone *f* **'hot spot** *n* ❶ (*popular place*) heißer Schuppen ❷ (*area of conflict*) Krisenherd *m* **hot 'stuff** *n no pl* ❶ (*fam: skilful*) ■**to be ~** ein Ass sein ❷ (*sl: sexy woman*) heiße Braut, Schnecke *f sl;* (*sexy man*) heißer Typ, Schmacko *m sl* **hot-'tem·pered** *adj* heißblütig **hot-'wa·ter bot·tle** *n* Wärmflasche *f*

hound [haʊnd] **I.** *n* [Jagd]hund *m* **II.** *vt* jagen

hour [aʊəʳ, AM aʊr] *n* Stunde *f;* **it's about 3 ~s' walk from here** von hier sind es etwa 3 Stunden zu Fuß; **24 ~s a day** 24 Stunden am Tag; **50 kilometres an** [*or* **per**] **~** 50 Kilometer pro Stunde; **opening ~s** Öffnungszeiten *pl;* **to be paid by the ~** pro Stunde bezahlt werden; **to work long ~s** lange arbeiten; **~ after** [*or* **upon**] **~** Stunde um Stunde; **at all ~s** zu jeder Tages- und Nachtzeit; **for ~s** stundenlang

'hour hand *n* Stundenzeiger *m*

hour·ly ['aʊəli, AM 'aʊrli] *adj, adv* stündlich; **~ rate** Stundensatz *m*

house **I.** *n* [haʊs] Haus *nt;* **Sam's playing at Mary's ~** Sam spielt bei Mary; **the H~ of Windsor** das Haus Windsor; **to play to a full ~** THEAT vor vollem Haus spielen; **in ~** im Hause; **on the ~** auf Kosten des Hauses ▶PHRASES: **to get on like a ~ on fire** ausgezeichnet miteinander auskommen **II.** *adj* [haʊs] Haus-; **~ red/white** Rot-/Weißwein *m* der Hausmarke **III.** *vt* [haʊz] *person* unterbringen; *criminal* Unterschlupf gewähren +*dat; thing* beherbergen; (*encase*) verkleiden

'house ar·rest *n no pl* Hausarrest *m* **'house·boat** *n* Hausboot *nt* **'house·break·er** *n* Einbrecher(in) *m(f)* **'house·break·ing** *n no pl* Einbruch *m* **'house·coat** *n* Hausmantel *m* **'house doc·tor** *n* Wohnberater(in) *m(f)* (*in einer Fernsehserie, bei der es um Verbesserungen oder Reparaturen am Haus geht*) **'house·fly** *n* Stubenfliege *f* **'house·hold** **I.** *n* Haushalt *m* **II.** *adj appliance* Haushalts-; *expense, task, waste* häuslich; **~ goods** Hausrat *m* **'house·hold·er** *n* Hauseigentümer(in) *m(f)* **'house-hunt** *vi* nach einem Haus suchen **'house hus·band** *n* Hausmann *m* **'house·keep·er** *n* Haushälter(in) *m(f)* **'house·keep·ing** *n no pl* ❶ (*act*) Haushalten *nt* ❷ (*money*) Haushaltsgeld *nt* **'house·man** *n* BRIT Assistenzarzt *m*

H

House of 'Com·mons *n no pl, + sing/pl vb* BRIT ▪**the ~** das [britische] Unterhaus **House of 'Lords** *n no pl, + sing/pl vb* BRIT ▪**the ~** das [britische] Oberhaus **'house·plant** *n* Zimmerpflanze *f* **'house·proud** *adj esp* BRIT, AUS ▪**to be ~** *sich sehr um sein Zuhause kümmern, weil man großen Wert auf Heimeligkeit etc. legt* **'house sur·geon** *n* BRIT Klinikchirurg(in) *m(f)*

house-to-'house *adj, adv* von Haus zu Haus; **a ~ enquiry** eine Fahndung von Haus zu Haus

'house-train *vt* stubenrein machen **'house-trained** *adj* BRIT, AUS stubenrein **'house-warm·ing, 'house-warm·ing par·ty** *n* Einweihungsparty *f* **'house·wife** *n* Hausfrau *f* **'house·work** *n no pl* Hausarbeit *f*

H

hous·ing ['haʊzɪŋ] *n* ① *no pl* (*living quarters*) Wohnungen *pl* ② (*casing*) Gehäuse *nt*

'hous·ing as·so·cia·tion *n* Wohnungsbaugesellschaft *f* **'hous·ing ben·efit** *n* BRIT Wohngeld *nt kein pl* **'hous·ing con·di·tions** *npl* Wohnbedingungen *pl*

'hous·ing es·tate, AM **'hous·ing de·vel·op·ment** *n* Wohnsiedlung *f* **'hous·ing mar·ket** *n* Wohnungsmarkt *m* **'hous·ing short·age** *n* Wohnungsnot *f kein pl*

HOV [ˌeɪtʃoʊ'viː] *n* AM AUTO *abbrev of* **high occupancy vehicle** Fahrzeug *nt* mit mindestens zwei Insassen; **~ lane** Fahrspur *f* für Fahrzeuge mit mindestens zwei Insassen

hov·el ['hɒvᵊl, AM 'hʌv-] *n* armselige Hütte; (*fig*) Bruchbude *f*

hov·er ['hɒvəʳ, AM 'hʌvɚ] *vi* ① (*stay in air*) schweben; *hawk a.* stehen ② (*fig: be near*) **the waiter ~ed over our table** der Kellner hing ständig an unserem Tisch herum; **to ~ in the background** sich im Hintergrund herumdrücken; **to ~ on the brink of disaster** am Rande des Ruins stehen

'hov·er·craft <*pl* - *or* -s> *n* Luftkissenboot *nt* **'hov·er·port** *n* Anlegestelle *f* für Luftkissenboote

how [haʊ] **I.** *adv* wie; **~ are you?** wie geht es Ihnen?; **~'s work?** was macht die Arbeit?; **~'s that?** (*comfortable?*) wie ist das?; (*do you agree?*) passt das?; **~ do you do?** (*meeting sb*) Guten Tag/Abend!; **~ come?** wie das?; **~ do you know that?** woher weißt du das?; **~ about it?** was meinst du?; **~ about a movie?** wie wäre es mit Kino?; **and ~!** und ob [*o* wie]!; **~'s that for an excuse!** ist das nicht eine klasse Ausrede!; **~ far/many** wie weit/viele; **~ much** wie viel; **~ much is it?** wie viel [*o* was] kostet es? **II.** *n* **the ~[s] and why[s]** das Wie und Warum

how·ever [haʊ'evəʳ, AM -ɚ] **I.** *adv* ① *+ adj* (*to whatever degree*) egal wie ② (*showing contradiction*) jedoch; **I love ice cream – ~, I am trying to lose weight, so ...** ich liebe Eis – ich versuche jedoch gerade abzunehmen, daher ... ③ (*by what means*) wie um alles ...; **~ did you manage to get so dirty?** wie hast du es bloß geschafft, so schmutzig zu werden? **II.** *conj* ① (*in any way*) wie auch immer; **~ you do it, ...** wie auch immer du es machst, ... ② (*nevertheless*) jedoch; **there may, ~, be other reasons** es mag jedoch auch andere Gründe geben

howl [haʊl] **I.** *n of animal, wind* Heulen *nt kein pl; of person* Geschrei *nt kein pl;* **~ of pain** Schmerzensschrei *m* **II.** *vi* ① *animal, wind* heulen; *person* schreien ② (*fam: laugh*) brüllen ◆**howl down** *vt* niederschreien

howl·er ['haʊləʳ, AM -lɚ] *n* (*mistake*) Schnitzer *m*

howl·ing ['haʊlɪŋ] **I.** *adj* ① *animal, wind* heulend; *person* schreiend ② (*fam: great*) riesig; **~ success** Riesenerfolg *m* **II.** *n no pl of animal, wind* Heulen *nt; of person* Geschrei *nt*

hp *n abbrev of* **horsepower** PS; **a 4 ~ engine** ein Motor *m* mit 4 PS

HQ [ˌeɪtʃ'kjuː] *n abbrev of* **headquarters**

hr *n abbrev of* **hour** Std.

HRH [ˌeɪtʃɑːr'eɪtʃ] *n abbrev of* **His/Her Royal Highness** S.M./I.M.

ht *n abbrev of* **height**

HTML [ˌeɪtʃtiːem'el] *n no pl* COMPUT *abbrev of* **Hypertext Mark-up Language** HTML *nt*

hub [hʌb] *n* ① TECH Nabe *f* ② (*of airline*) Basis *f* ③ (*fig: centre*) Zentrum *nt*

hub·bub ['hʌbʌb] *n no pl* (*noise*) Lärm *m;* (*commotion*) Tumult *m*

hub·cap ['hʌbkæp] *n* Radkappe *f*

huck·le·ber·ry ['hʌk|beri] *n* AM amerikanische Heidelbeere

huck·ster ['hʌkstəʳ, AM -stɚ] *n* AM (*fam*) Reklamefritze *m*

hud·dle ['hʌdl̩] **I.** *n* ① (*close group*) [wirrer] Haufen; *of people* Gruppe *f* ② AM (*in football*) **to make** [*or* **form**] **a ~** die Köpfe zusammenstecken **II.** *vi* sich [zusammen]drängen ◆**huddle down** *vi* sich niederkauern ◆**huddle together** *vi* sich zusammenkauern; **to ~ together for warmth** sich wärmesuchend aneinanderschmiegen ◆**huddle up** *vi* sich zusammenkauern

hue [hjuː] *n* Farbe *f;* (*shade*) Schattierung *f;*

(*complexion*) Gesichtsfarbe *f* ▸PHRASES: ~ **and cry** Gezeter *nt*

huff [hʌf] **I.** *vi* **to ~ and puff** schnaufen und keuchen **II.** *n* (*fam*) **to be in a ~** eingeschnappt sein; **to go off in a ~** beleidigt abziehen

huffy ['hʌfi] *adj* ❶ (*easily offended*) empfindlich ❷ (*in a huff*) beleidigt

hug [hʌg] **I.** *vt* <-gg-> ❶ (*with arms*) umarmen; **to ~ one's knees** seine Knie umklammern ❷ (*fig*) **the dress ~ged her body** das Kleid lag eng an ihrem Körper an; **to ~ the shore** sich dicht an der Küste halten **II.** *vi* <-gg-> sich umarmen **III.** *n* Umarmung *f;* **to give sb a ~** jdn umarmen

huge [hjuːdʒ] *adj* ❶ (*big*) riesig; **~ success** Riesenerfolg *m* ❷ (*impressive*) gewaltig; *costs* immens

huge·ly ['hjuːdʒli] *adv* ungeheuer

hulk [hʌlk] *n* ❶ (*ship*) alter [Schiffs]rumpf; (*car*) Wrack *nt;* (*building*) Ruine *f* ❷ (*person*) Brocken *m*

hulk·ing ['hʌlkɪŋ] *adj* massig; (*clumsy*) ungeschlacht

hull [hʌl] *n* [Schiffs]rumpf *m*

hul·lo [hə'ləʊ] *interj* BRIT *see* **hello**

hum [hʌm] **I.** *vi* <-mm-> ❶ (*make sound*) brausen; *engine* brummen; *small machine* surren; *bee* summen; *crowd* murmeln ❷ (*fig*) voller Leben sein ❸ (*sing*) summen; **to ~ under one's breath** vor sich *akk* hinsummen ▸PHRASES: **to ~ and haw** BRIT, AUS herumdrucksen **II.** *vt* <-mm-> summen **III.** *n* Brausen *nt; of machinery* Brummen *nt; of insects* Summen *nt; of a conversation* Gemurmel *nt; of a small machine* Surren *nt*

hu·man ['hjuːmən] **I.** *n* Mensch *m* **II.** *adj* menschlich; **~ relationships** die Beziehungen *pl* des Menschen

hu·mane [hjuː'meɪn] *adj* human

hu·mani·tar·ian [hjuːˌmænɪ'teəriən, AM -ə'teriən] **I.** *n* Menschenfreund(in) *m(f)* **II.** *adj* humanitär

hu·man·ities [hjuː'mænətiːz, AM -t̬-] *npl* ■**the ~** die Geisteswissenschaften *pl*

hu·man·ity [hjuː'mænəti, AM -t̬-] *n no pl* ❶ (*people*) die Menschheit; **crimes against ~** Verbrechen *pl* gegen die Menschheit ❷ (*quality*) Menschlichkeit *f;* **to treat sb with ~** jdn human behandeln

hu·man·ize ['hjuːmənaɪz] *vt* ❶ (*make acceptable*) humanisieren ❷ (*give human character*) vermenschlichen

hu·man·ly ['hjuːmənli] *adv* menschlich; **to do everything ~ possible** alles Menschenmögliche tun

hu·man 'na·ture *n no pl* die menschliche Natur **hu·man 'race** *n no pl* ■**the ~** die menschliche Rasse **hu·man re·'sources** *npl* ❶ + *sing vb* (*department*) Personalabteilung *f* ❷ (*staff*) Arbeitskräfte *pl* **hu·man 'rights** *npl* Menschenrechte *pl*

hum·ble ['hʌmbl̩] **I.** *adj* <-r, -st> ❶ (*modest*) bescheiden; **of ~ birth** von niedriger Geburt ❷ (*respectful*) demütig **II.** *vt* ■**to be ~d by sth** durch etw *akk* gedemütigt werden

hum·bug ['hʌmbʌg] *n* ❶ *no pl* (*nonsense*) Humbug *m* ❷ (*sweet*) Pfefferminzbonbon *nt o m*

hum·drum ['hʌmdrʌm] *adj* langweilig, fad[e]

hu·mid ['hjuːmɪd] *adj* feucht

hu·midi·fi·er [hjuː'mɪdɪfaɪəʳ, AM -ɚ] *n* Luftbefeuchter *m*

hu·midi·fy <-ie-> [hjuː'mɪdɪfaɪ] *vt* befeuchten

hu·mid·ity [hjuː'mɪdəti, AM -ət̬i] *n no pl* [Luft]feuchtigkeit *f*

hu·mili·ate [hjuː'mɪlieɪt] *vt* ❶ (*humble*) demütigen ❷ (*embarrass*) blamieren

hu·mili·at·ing [hjuː'mɪlieɪtɪŋ, AM -t̬-] *adj* erniedrigend; *defeat, experience* demütigend

hu·milia·tion [hjuːˌmɪli'eɪʃᵊn] *n* Demütigung *f*

hu·mil·ity [hjuː'mɪləti, AM -ət̬i] *n no pl* Demut *f;* (*modesty*) Bescheidenheit *f*

hum·mock ['hʌmək] *n* [kleiner] Hügel

hu·mor·ist ['hjuːmᵊrɪst] *n* Humorist(in) *m(f)*

hu·mor·ous ['hjuːmᵊrəs] *adj person* humorvoll; *book, programme, situation* lustig; *idea, thought* witzig

hu·mour, AM **hu·mor** ['hjuːməʳ, AM -ɚ] **I.** *n no pl* Humor *m;* **his speech was full of ~** seine Rede war voller Witz **II.** *vt* ■**to ~ sb** jdm seinen Willen lassen

hu·mour·less, AM **hu·mor·less** ['hjuːmələs, AM -mɚlɪs] *adj* humorlos

hump [hʌmp] **I.** *n* ❶ (*hill*) kleiner Hügel; (*in street*) Buckel *m* ❷ (*on camel*) Höcker *m;* (*on a person*) Buckel *m* ▸PHRASES: **to be over the ~** über den Berg sein **II.** *vt* ❶ (*fam: carry*) schleppen ❷ (*vulg, sl: have sex with*) bumsen

'hump·back *n* ❶ (*person*) Buck[e]lige(r) *f(m)* ❷ (*back*) Buckel *m* ❸ (*whale*) Buckelwal *m* **'hump·backed** *adj person* bucklig; *bridge* gewölbt

hu·mus ['hjuːməs] *n no pl* HORT Humus *m*

Hun [hʌn] *n* HIST Hunne *m,* Hunnin *f*

hunch [hʌntʃ] **I.** *n* <*pl* -es> ❶ (*hump*) Buckel *m* ❷ (*feeling*) Gefühl *nt;* **to have a ~ that ...** das [leise] Gefühl haben, dass ... **II.** *vi* sich krümmen **III.** *vt shoulders* hoch-

H

ziehen; **to ~ one's back** einen Buckel machen

'hunch·back *n* ❶ (*back*) Buckel *m* ❷ (*person*) Bucklige(r) *f(m)*

hun·dred ['hʌndrəd] **I.** *n* ❶ <*pl* -> (*number*) Hundert *f*; **~s of cars** Hunderte von Autos; **~s and ~s** Hunderte und aber Hunderte; **eight ~** achthundert ❷ <*pl* -> (*miles/kilometres per hour*) **to drive a ~** hundert fahren ❸ (*with centuries*) **the eighteen ~s** das achtzehnte Jahrhundert **II.** *adj* hundert; **a ~ miles** [ein]hundert Meilen; **a ~ per cent** hundertprozentig; **a ~ and five** [ein]hundert[und]fünf

'hun·dred·fold *adv* hundertfach; **sales have increased a ~** der Verkauf ist um das Hundertfache gestiegen

hun·dredth ['hʌndrədθ] **I.** *n* ❶ (*in line*) Hundertste(r) *f(m)* ❷ (*fraction*) Hundertstel *nt* **II.** *adj* ❶ (*in series*) hundertste(r, s); **for the ~ time** zum hundertsten Mal ❷ (*in fraction*) hundertstel

'hun·dred·weight <*pl* - *or* -s> *n* ≈ Zentner *m*

hung [hʌŋ] **I.** *pt, pp of* **hang II.** *adj* **~ jury** *Jury, die zu keinem Mehrheitsurteil kommt*

Hun·gar·ian [hʌŋ'geəriən, AM -'geriən] **I.** *n* ❶ (*person*) Ungar(in) *m(f)* ❷ *no pl* (*language*) Ungarisch *nt* **II.** *adj* ungarisch

Hun·ga·ry ['hʌŋgəri] *n no pl* Ungarn *nt*

hun·ger ['hʌŋgəʳ, AM -gɚ] **I.** *n no pl* Hunger *m a. fig;* **to die of ~** verhungern **II.** *vi* ■ **to ~ after** [*or* **for**] **sth** nach etw *dat* hungern

hun·gry ['hʌŋgri] *adj* hungrig *a. fig;* **to go ~** hungern; ■ **to be ~** Hunger haben; **~ for power** machthungrig; **~ for knowledge** wissensdurstig

hunk [hʌŋk] *n* ❶ (*piece*) Stück *nt* ❷ (*fam: man*) **a ~ of a man** ein Bild *nt* von einem Mann

hunky dory [-'dɔːri] *adj* prima

hunt [hʌnt] **I.** *n* ❶ (*chase*) Jagd *f* ❷ (*search*) Suche *f*; **on the ~ for sb/sth** auf der Suche nach jdm/etw sein ❸ (*group of hunters*) Jagdgesellschaft *f* **II.** *vt* ❶ (*chase to kill*) jagen ❷ (*search for*) Jagd machen auf +*akk;* **the police are ~ing the terrorists** die Polizei fahndet nach den Terroristen **III.** *vi* ❶ (*chase to kill*) jagen ❷ (*search*) suchen; ■ **to ~ through sth** etw durchsuchen ◆**hunt down** *vt a person* zur Strecke bringen; *an animal* erlegen ◆**hunt out** *vt* heraussuchen; *facts* herausfinden ◆**hunt up** *vt* ausfindig machen

hunt·er ['hʌntəʳ, AM -t̬ɚ] *n* ❶ (*person*) Jäger(in) *m(f)* ❷ (*horse*) Jagdpferd *nt*

hunt·ing ['hʌntɪŋ, AM -t̬-] *n no pl* ❶ HUNT Jagen *nt*, Jagd *f*; **to go ~** auf die Jagd gehen ❷ (*search*) Suche *f*

'hunt·ing ground *n* Jagdrevier *nt* **'hunt·ing li·cence** *n* Jagdschein *m* **'hunt·ing sea·son** *n* Jagdzeit *f*

hunt·ress ['hʌntrɪs] *n* Jägerin *f*

'hunts·man *n* ❶ (*hunter*) Jäger *m* ❷ (*keeper of dogs*) Rüdemann *m* (*Hundebetreuer bei der Jagd*)

hur·dle ['hɜːdl, AM 'hɜːrdl] **I.** *n* Hürde *f a. fig;* SPORTS ■ **~s** *pl* (*for people*) Hürdenlauf *m;* (*horseracing*) Hürdenrennen *nt;* **the American won the 400 metres ~s** der Amerikaner siegte über 400 Meter Hürden **II.** *vt* überspringen

hur·dler ['hɜːdləʳ, AM 'hɜːrdlɚ] *n* Hürdenläufer(in) *m(f)*

hurl [hɜːl, AM hɜːrl] *vt* schleudern; **to ~ abuse at sb** jdm Beschimpfungen an den Kopf werfen; **to ~ oneself into** sich stürzen in +*akk*

hurly-burly ['hɜːliˌbɜːli, AM 'hɜːrliˌbɜːrli] *n* Rummel *m*

hur·rah [hə'rɑː], **hur·ray** [hə'reɪ] *interj* hurra

hur·ri·cane ['hʌrɪkən, AM 'hɜːrɪkeɪn] *n* Orkan *m;* (*tropical*) Hurrikan *m;* **~ force wind** orkanartiger Wind

'hur·ri·cane lamp *n* Sturmlaterne *f* **'hur·ri·cane warn·ing** *n* Orkanwarnung *f*

hur·ried ['hʌrid, AM 'hɜːr-] *adj* hastig; *departure* überstürzt

hur·ry ['hʌri, AM 'hɜːri] **I.** *n no pl* Eile *f*; **what's [all] the ~?** wozu die Eile?; **there's no [great] ~** es hat keine Eile, es eilt nicht; **to leave in a ~** hastig aufbrechen; **to need sth in a ~** etw sofort brauchen **II.** *vi* <-ie-> sich beeilen; **there's no need to ~** lassen Sie sich ruhig Zeit **III.** *vt* <-ie-> ■ **to ~ sb** jdn hetzen; **I hate to ~ you, but ...** ich will ja nicht drängen, aber ... ◆**hurry along I.** *vi* sich beeilen **II.** *vt person* [zur Eile] antreiben; *process* beschleunigen ◆**hurry away, hurry off I.** *vi* schnell weggehen **II.** *vt* schnell wegbringen ◆**hurry on** *vi* weitereilen ◆**hurry out I.** *vi* hinauseilen **II.** *vt* schnell hinausbringen ◆**hurry up I.** *vi* sich beeilen; **~ up!** beeil dich! **II.** *vt person* zur Eile antreiben; *process* beschleunigen

hurt [hɜːt, AM hɜːrt] **I.** *vi* <hurt, hurt> ❶ (*be painful*) wehtun ❷ (*do harm*) schaden *a. fig* **II.** *vt* <hurt, hurt> ❶ (*a. fig: cause pain*) ■ **to ~ sb** jdm wehtun; (*injure*) jdn verletzen; **she was ~ by his refusal to apologize** dass er sich absolut nicht entschuldigen wollte, hat sie gekränkt; ■ **to ~ oneself** sich verletzen; **to ~ one's leg** sich *dat* am Bein wehtun ② (*harm*) ■**to ~ sb/sth** jdm/etw schaden; **to ~ sb's pride** jds Stolz verletzen **III.** *adj* ① (*in pain*) verletzt ② (*fig*) *feelings* verletzt; *look, voice* gekränkt **IV.** *n* (*pain*) Schmerz *m;* (*injury*) Verletzung *f;* (*fig*) Kränkung *f*

hurt·ful ['hɜːtfᵊl, AM 'hɜːrt-] *adj* verletzend

hur·tle ['hɜːtl̩, AM 'hɜːrtl̩] **I.** *vi* rasen **II.** *vt* ■**to ~ sb/sth against sth** jdn/etw gegen etw *akk* schleudern

hus·band ['hʌzbən(d)] *n* Ehemann *m;* **~ and wife** Mann und Frau

hush [hʌʃ] **I.** *n no pl* Stille *f;* **a bit of ~ now, please!** ein bisschen Ruhe jetzt, bitte! **II.** *interj* ■**~!** pst! **III.** *vt* zum Schweigen bringen; (*soothe*) beruhigen ◆**hush up** *vt* vertuschen

hush-'hush *adj* (*fam*) [streng] geheim

'hush mon·ey *n* (*fam*) Schweigegeld *nt*

husk [hʌsk] **I.** *n* Schale *f;* AM *of maize* Hüllblatt *nt* **II.** *vt corn* schälen

husky[1] ['hʌski] *adj* ① *voice* rau ② *person* kräftig [gebaut]

husky[2] ['hʌski] *n* (*dog*) Husky *m,* Schlittenhund *m*

hus·sy ['hʌsi] *n* (*pej hum*) Flittchen *nt*

hus·tings ['hʌstɪŋz] *npl* Wahlkampf *m*

hus·tle ['hʌsl̩] **I.** *vt* ① (*hurry*) ■**to ~ sb somewhere** jdn irgendwohin treiben ② (*coerce*) ■**to ~ sb into doing sth** jdn [be]drängen, etw zu tun **II.** *vi* (*work quickly*) unter Hochdruck arbeiten; **to ~ for business** sich fürs Geschäft abstrampeln *fam* **III.** *n* Gedränge *nt;* **~ and bustle** geschäftiges Treiben

Aussprache

hustle wird ohne **t** gesprochen: ['hʌsl̩]. Auch in diesen Wörtern wird das **t** nicht gesprochen:

bustle	['bʌsl̩]	(*Getriebe*)
castle	['kɑːsl̩]	(*Burg*)
thistle	['θɪsl̩]	(*Distel*)
wrestle	['resl̩]	(*ringen*)

hus·tler ['hʌsləʳ, AM -lɚ] *n* ① (*swindler*) Betrüger(in) *m(f)* ② AM (*prostitute*) Strichjunge *m,* Strichmädchen *nt*

'hus·tling ['hʌslɪŋ] *n no pl* AM (*prostitution*) [Straßen]prostitution *f*

hut [hʌt] *n* Hütte *f*

hutch [hʌtʃ] *n* Käfig *m;* (*for rabbits*) Stall *m*

hy·aena [haɪ'iːnə] *n* Hyäne *f*

hy·brid ['haɪbrɪd] *n* BOT, ZOOL Kreuzung *f*

hy·drau·lic [haɪ'drɔːlɪk, AM -'drɑː-] *adj* hydraulisch

hy·drau·lics [haɪ'drɔːlɪks, AM -'drɑː-] *n + sing vb* Hydraulik *f*

hydro·car·bon [ˌhaɪdrə(ʊ)'kɑːbən, AM -droʊ'kɑːr-] *n* Kohlenwasserstoff *m*

hydro·chlo·ric acid [ˌhaɪdrə(ʊ)klɒrɪk'æsɪd, AM -droʊklɔːr-] *n no pl* Salzsäure *f*

hydro·elec·tric [ˌhaɪdrəʊɪ'lektrɪk, AM -droʊ-] *adj* hydroelektrisch; **~ power station** Wasserkraftwerk *nt*

hydro·foil ['haɪdrə(ʊ)fɔɪl, AM -droʊ-] *n* Tragflächenboot *nt*

hydro·gen ['haɪdrədʒən] *n no pl* Wasserstoff *m;* **~ bomb** Wasserstoffbombe *f*

hydro·pho·bia [haɪdrə(ʊ)'fəʊbiə, AM -droʊ-'foʊ-] *n no pl* krankhafte Wasserscheu

hydro·pon·ics [ˌhaɪdrə(ʊ)'pɒnɪks, AM -droʊ'pɑː-] *n + sing vb* BOT Hydrokultur *f*

hy·ena [haɪ'iːnə] *n* Hyäne *f*

hy·giene ['haɪdʒiːn] *n no pl* Hygiene *f;* **personal ~** Körperpflege *f*

hy·gien·ic [haɪ'dʒiːnɪk, AM ˌhaɪdʒɪ'enɪk] *adj* hygienisch

hymn [hɪm] *n* ① REL Kirchenlied *nt* ② (*praise*) Hymne *f; see also* **column**

hym·nal ['hɪmnᵊl], **hymn·book** ['hɪmbʊk] *n* Gesangbuch *nt*

hype [haɪp] **I.** *n no pl* Reklameaufwand *m;* (*deception*) Werbemasche *f;* **media ~** Medienrummel *m* **II.** *vt book, film* [in den Medien] hochjubeln

hy·per ['haɪpəʳ, AM -ɚ] *adj* (*fam*) aufgedreht, hyper *sl*

hyper·ac·tive [ˌhaɪpəʳ'æktɪv, AM -pɚ-] *adj* hyperaktiv **hyper·bo·la** [haɪ'pɜːbᵊlə, AM -'pɜːr-] *n* MATH Hyperbel *f* **hyper·bo·le** [haɪ'pɜːbᵊli, AM -'pɜːr-] *n no pl* LIT Hyperbel *f* **'hyper·mar·ket** *n* Verbrauchermarkt *m* **hyper·'sen·si·tive** *adj* überempfindlich; ■**to be ~ to sth** auf etw *akk* überempfindlich reagieren **'hyper·text** *n no pl* COMPUT Hypertext *m fachspr*

hy·phen ['haɪfᵊn] *n* (*between words*) Bindestrich *m;* (*at end of line*) Trennstrich *m*

hy·phen·ate ['haɪfᵊneɪt, AM -fən-] *vt* mit Bindestrich schreiben

hyp·no·sis [hɪp'nəʊsɪs, AM -'noʊ-] *n no pl* Hypnose *f;* ■**to be under ~** sich in Hypnose befinden

hyp·no·thera·py [ˌhɪpnə(ʊ)'θerəpi, AM -'noʊ-] *n no pl* MED Hypnotherapie *f*

hyp·not·ic [hɪp'nɒtɪk, AM -'nɑːţɪk] *adj* (*causing hypnosis*) hypnotisierend; (*referring to hypnosis*) hypnotisch

hyp·no·tist ['hɪpnətɪst] *n* Hypnotiseur(in) *m(f)*

hyp·no·tize ['hɪpnətaɪz] *vt* hypnotisieren *a. fig*

hypo·chon·dria [ˌhaɪpə(ʊ)'kɒndriə, AM -poʊ'kɑːn-] *n no pl* Hypochondrie *f*

hypo·chon·dri·ac [ˌhaɪpə(ʊ)'kɒndriæk, AM

H

-poʊ'kɑːn-] *n* Hypochonder(in) *m(f)*

hy·poc·ri·sy [hɪ'pɒkrəsi, AM -pɑː-] *n no pl* Heuchelei *f*, Scheinheiligkeit *f*

hypo·crite ['hɪpəkrɪt] *n* Heuchler(in) *m(f)*, Scheinheilige(r) *f(m)*

hypo·criti·cal [ˌhɪpəʊ'krɪtɪkᵊl, AM -ə'krɪt̬-] *adj* heuchlerisch, scheinheilig

hypo·der·mic [ˌhaɪpə(ʊ)'dɜːmɪk, AM -poʊ'dɜːr-] *adj* subkutan; ~ **syringe** Injektionsspritze *f*

hy·pote·nuse [haɪ'pɒtᵊnjuːz, AM -'pɑːtᵊnuːs] *n* MATH Hypotenuse *f*

hypo·ther·mia [ˌhaɪpə(ʊ)θɜːmiə, AM -poʊθɜːr-] *n no pl* Unterkühlung *f*

hy·poth·esis <*pl* -ses> [haɪ'pɒθəsɪs, AM -'pɑːθə-] *n* Hypothese *f*

hypo·theti·cal [ˌhaɪpə(ʊ)'θetɪkᵊl, AM -poʊ'θet̬-] *adj* hypothetisch

hys·ter·ec·to·my [ˌhɪstə'rektəmi] *n* MED Hysterektomie *f*

hys·te·ria [hɪ'stɪəriə, AM -steri-] *n no pl* Hysterie *f*

hys·ter·ic [hɪ'sterɪk] *adj* hysterisch

hys·teri·cal [hɪ'sterɪkᵊl] *adj* ① (*emotional*) hysterisch ② (*fam: hilarious*) ausgelassen heiter

hys·ter·ics [hɪ'sterɪks] *npl* hysterischer Anfall; **to be in ~** sich totlachen *fam*

I i

I <*pl* -'s *or* -s>, **i** <*pl* -'s> [aɪ] *n* (*letter*) I *nt*, i *nt*; ~ **for Isaac** [*or* AM **as in Item**] I wie Ida

I [aɪ] *pron pers* ich; ~ **for one ...** ich meinerseits ...

ibex <*pl* -es> ['aɪbeks] *n* Steinbock *m*

ibid [ɪ'bɪd] *adv*, **ibidem** [ɪ'bɪdem] *adv* LIT ib.

IC *n abbrev of* **integrated circuit**

i/c *abbrev of* **in charge** [**of**] v. D.

ice [aɪs] **I.** *n no pl* Eis *nt* ▸ PHRASES: **to break the ~** das Eis zum Schmelzen bringen; **to put sth on ~** etw auf Eis legen **II.** *vt* glasieren ◆**ice over** *vi road* vereisen; *lake* zufrieren ◆**ice up** *vi pipes* einfrieren; *windscreen* zufrieren

'Ice Age *n* Eiszeit *f* **'ice-axe** *n* Eispickel *m* **'ice·berg** *n* Eisberg *m* **'ice·bound** *adj ship* eingefroren; *harbour* zugefroren **'ice·box** *n* ① BRIT (*freezer*) Eisfach *nt* ② AM (*fridge*) Kühlschrank *m* **'ice-break·er** *n* ① (*ship*) Eisbrecher *m* ② (*entertainment*) *Spiele zur Auflockerung der Atmosphäre* **'ice cap** *n* Eiskappe *f* (*an den Polen*) **ice-'cold** *n* eiskalt

ice 'cream *n* Eiscreme *f* **ice-'cream mak·er** *n* Eismaschine *f* **ice-'cream par·lour** *n* Eisdiele *f*

'ice cube *n* Eiswürfel *m*

iced [aɪst] *adj* ① (*frozen*) eisgekühlt ② *cake* glasiert

'ice floe *n* Eisscholle *f* **'ice hock·ey** *n* Eishockey *nt*

Ice·land ['aɪslənd] *n* Island *nt*

Ice·land·er ['aɪsləndəʳ, AM -ɚ] *n* Isländer(in) *m(f)*

Ice·land·ic [aɪs'lændɪk] **I.** *n* Isländisch *nt* **II.** *adj* isländisch

ice 'lol·ly *n* BRIT Eis *nt* am Stiel **'ice pack** *n* ① (*for swelling*) Eisbeutel *m* ② (*sea ice*) Packeis *nt* **'ice rink** *n* Schlittschuhbahn *f*, Eisbahn *f* **'ice skate** *n* Schlittschuh *m* **'ice-skate** *vi* Schlittschuh laufen, eislaufen **'ice-skat·ing** *n no pl* Schlittschuhlaufen *nt*

ici·cle ['aɪsɪkl̩] *n* Eiszapfen *m*

ici·ness ['aɪsɪnəs] *n no pl* ① (*ice covering*) Vereisung *f* ② (*low temperature*) klirrende Kälte

ic·ing ['aɪsɪŋ] *n* Zuckerguss *m*

'ic·ing sug·ar *n* Puderzucker *m*

icon ['aɪkɒn, AM -kɑːn] *n* ① (*painting*) Ikon *nt* ② COMPUT Symbol *nt*, Icon *nt*

icono·clast [aɪ'kɒnə(ʊ)klæst, AM -kɑːnə-] *n* ① (*form: critic of beliefs*) Bilderstürmer *m fig* ② REL (*hist*) Ikonoklast *m fachspr*

icono·clast·ic [aɪˌkɒnə(ʊ)'klæstɪk, AM -ˌkɑːnə'-] *adj* ikonoklastisch *geh*

icy ['aɪsi] *adj* ① (*cold*) eisig [kalt]; *road* vereist ② (*hostile*) frostig

ID [ˌaɪ'diː] *n no pl abbrev of* **identification** Ausweis *m*

I'd [aɪd] = **I would, I had** *see* **would, have I, II**

I'D card *n* [Personal]ausweis *m*

idea [aɪ'dɪə, -'diːə, AM -'diːə] *n* ① (*notion*) Vorstellung *f*; **whatever gave you that ~?** wie kommst du denn [bloß] darauf?; **the ~ never entered my head** der Gedanke ist mir nie in den Sinn gekommen; **to get ~s** (*fam*) auf dumme Gedanken kommen; **to give sb ~s** (*fam*) jdn auf dumme Gedanken bringen ② (*suggestion*) Idee *f*; **that's an ~!** (*fam*) das ist eine gute Idee!; **to toy with the ~ of doing sth** mit der Idee spielen, etw zu tun ③ (*knowledge*) Begriff *m*; **to have an ~ of sth** eine Vorstellung von etw *dat* haben; **to have** [**got**] **no ~** (*fam*) keine Ahnung haben

ideal [aɪ'dɪəl, -'diːəl, AM -'diːəl] **I.** *adj* ideal **II.** *n* Ideal *nt*

ideal·ism [aɪ'dɪəlɪzᵊm, AM -'diːəl-] *n no pl*

Idealismus *m*

ideal·ist [aɪˈdɪəlɪst, AM -ˈdiːəl-] *n* Idealist(in) *m(f)*

ideal·is·tic [ˌaɪdɪəˈlɪstɪk, AM -diːəˈ-] *adj* idealistisch

ideal·ize [aɪˈdɪəlaɪz, AM -ˈdiːə-] *vt* idealisieren

ideal·ly [aɪˈdɪəli, AM -ˈdiːə-] *adv* ① idealerweise ② (*perfectly*) genau richtig

iden·ti·cal [aɪˈdentɪkəl, AM -t̬ə-] *adj* identisch (**to** mit +*dat*)

iden·ti·fi·able [aɪˌdentɪˈfaɪəbl̩, AM -t̬əˈ-] *adj* erkennbar; *substance* nachweisbar

iden·ti·fi·ca·tion [aɪˌdentɪfɪˈkeɪʃən, AM -t̬ə-] *n no pl* ① *of person, criminal* Identifizierung *f; of problem, aims* Identifikation *f;* (*of virus, plant*) Bestimmung *f* ② (*sympathy*) Identifikation *f* (**with** mit +*dat*)

iden·ti·fi·ˈca·tion pa·pers *npl* Ausweispapiere *pl* **iden·ti·fi·ˈca·tion pa·rade** *n* BRIT *Gegenüberstellung, um einen Täter zu identifizieren*

iden·ti·fy <-ie-> [aɪˈdentɪfaɪ, AM -t̬ə-] **I.** *vt* ① (*recognize*) identifizieren ② (*name*) ■**to ~ sb** jds Identität *f* feststellen **II.** *vi* ■**to ~ with sb** sich mit jdm identifizieren; ■**to be identified with sth** mit etw *dat* in Verbindung gebracht werden

iden·ti·kit® [aɪˈdentɪkɪt] *n* BRIT, AUS Phantombild *nt*

iden·ti·ty [aɪˈdentɪti, AM -t̬ət̬i] *n* Identität *f*

iˈden·ti·ty card *n* [Personal]ausweis *m* **iˈden·ti·ty fraud** *n no pl* Identitätsbetrug *m* **iˈden·tity theft** *n* SOCIOL Identitätsdiebstahl *m* **iˈden·tity thief** *n* SOCIOL Identitätsdieb(in) *m(f)*

ideo·logi·cal [ˌaɪdiəˈlɒdʒɪkəl, AM -lɑːdʒɪ-] *adj* ideologisch

ideolo·gist [ˌaɪdiˈɒlədʒɪst, AM -ˈɑːlə-] *n* Ideologe, Ideologin *m, f*

ideol·ogy [ˌaɪdiˈɒlədʒi, AM -ˈɑːlə-] *n* Ideologie *f*

idio·cy [ˈɪdiəsi] *n* (*foolishness*) Schwachsinn *m;* (*act*) Dummheit *f*

idiom [ˈɪdiəm] *n* LING ① (*phrase*) [idiomatische] Redewendung ② (*language*) Idiom *nt;* (*dialect*) Dialekt *m*

idio·mat·ic [ˌɪdiə(ʊ)ˈmætɪk, AM -əˈmæt̬-] *adj* idiomatisch

idio·syn·cra·sy [ˌɪdiə(ʊ)ˈsɪŋkrəsi, AM -oʊˈsɪn-] *n* Eigenart *f*

idio·syn·crat·ic [ˌɪdiə(ʊ)sɪŋˈkrætɪk, AM -oʊsɪnˈkræt̬-] *adj* charakteristisch

idi·ot [ˈɪdiət] *n* (*fam*) Idiot(in) *m(f)*

idi·ot·ic [ˌɪdiˈɒtɪk, AM -ˈɑːt̬ɪk] *adj* (*fam*) idiotisch; *idea* hirnverbrannt

idle [ˈaɪdl̩] **I.** *adj* ① (*lazy*) faul ② (*inactive*) *people* untätig; *moment* müßig; *machine* außer Betrieb *präd* ③ (*unfounded*) *chatter* hohl; *fear* unbegründet; *rumours* rein; *threat* leer **II.** *vi* ① (*laze*) faulenzen ② *engine* im Leerlauf laufen ◆**idle away** *vt* **to ~ away [the] time** die Zeit vertrödeln *fam*

idle·ness [ˈaɪdl̩nəs] *n no pl* Müßiggang *m;* (*inactivity*) Untätigkeit *f*

idler [ˈaɪdləʳ, AM -ɚ] *n* (*person*) Müßiggänger(in) *m(f)*

idol [ˈaɪdəl] *n* ① (*model*) Idol *nt* ② REL Götzenbild *nt*

idola·trous [aɪˈdɒlətrəs, AM -ˈdɑːlə-] *adj* REL Götzen-

idola·try [aɪˈdɒlətri, AM -ˈdɑːlə-] *n no pl* Götzenanbetung *f;* (*fig*) Vergötterung *f*

idol·ize [ˈaɪdəlaɪz] *vt* vergöttern

idyll [ˈɪdəl, AM ˈaɪdəl] *n* ① (*blissful time*) Idyll *nt* ② LIT Idylle *f*

idyl·lic [ɪˈdɪlɪk, AM aɪ-] *adj* idyllisch

i.e. [ˌaɪˈiː] *n abbrev of* **id est** d.h.

if [ɪf] **I.** *conj* ① (*in case*) wenn, falls; **even ~ ...** selbst [dann,] wenn ...; ■**~ ..., then ...** wenn ..., dann ... ② (*whether*) ob ③ (*although*) wenn auch ▸PHRASES: **barely/hardly/rarely ... ~ at all** kaum ..., wenn überhaupt; **~ ever** wenn [überhaupt] je[mals] **II.** *n* Wenn *nt;* **there's a big ~ hanging over the project** über diesem Projekt steht noch ein großes Fragezeichen ▸PHRASES: **no ~s and buts** kein Wenn und Aber *fam*

if·fy [ˈɪfi] *adj* (*fam*) ungewiss

ig·loo [ˈɪgluː] *n* Iglu *m o nt*

ig·ne·ous [ˈɪgniəs] *adj* vulkanisch

ig·nite [ɪgˈnaɪt] **I.** *vi* Feuer fangen; ELEC zünden **II.** *vt* (*form*) anzünden; (*arouse*) entfachen

ig·ni·tion [ɪgˈnɪʃən] *n* Zündung *f*

ig·ˈni·tion coil *n* Zündspule *f* **ig·ˈni·tion key** *n* Zündschlüssel *m* **ig·ˈni·tion switch** <-es> *n* Zündschalter *m*

ig·no·ble [ɪgˈnəʊbl̩, AM -ˈnoʊ-] *adj* schändlich

ig·no·mini·ous [ˌɪgnə(ʊ)ˈmɪniəs, AM -ˈnəˈ-] *adj* (*liter*) schmachvoll; (*humiliating*) entwürdigend; *behaviour* schändlich; *defeat* schmählich

ig·no·miny [ˈɪgnəmɪni] *n no pl* Schande *f*

ig·no·ra·mus [ˌɪgnəˈreɪməs] *n* Ignorant(in) *m(f)*

ig·no·rance [ˈɪgnərən(t)s] *n no pl* Unwissenheit *f* (**about** über +*akk*)

ig·no·rant [ˈɪgnərənt] *adj* unwissend; ■**to be ~ of sth** von etw *dat* keine Ahnung haben *fam*

ig·no·rant·ly [ˈɪgnərəntli] *adv* unwissentlich

ig·nore [ɪgˈnɔːʳ, AM ˈnɔːr] *vt* ignorieren

igua·na [ɪˈgwɑːnə] *n* Leguan *m*

I

ilk [ɪlk] *n no pl* (*pej liter*) **people of that ~** solche Leute

ill [ɪl] **I.** *adj* ① (*sick*) krank; **I feel ~** mir ist gar nicht gut; **to be critically ~** in Lebensgefahr schweben ② (*bad*) schlecht; (*harmful*) schädlich; (*unfavourable*) unerfreulich; *effects* negativ; **~ health** angegriffene Gesundheit **II.** *adv* (*badly*) schlecht; **to bode ~** nichts Gutes verheißen; **to speak ~ of sb** schlecht über jdn sprechen

I'll [aɪl] = **I will** *see* **will**

ill-ad·'vised *adj* unklug **ill at 'ease** *adj* unbehaglich **ill-'bred** *adj* schlecht erzogen **ill-con·'ceived** *adj* schlecht durchdacht

il·legal [ɪ'li:gəl] **I.** *adj* illegal **II.** *n esp* AM Illegale(r) *f(m)*

il·legal 'im·mi·grant *n* illegaler Einwanderer/illegale Einwanderin

il·legal·ity [ˌɪli:'gæləti, AM -t̬i] *n* Illegalität *f;* SPORTS Regelwidrigkeit *f*

il·leg·ible [ɪ'ledʒəbl̩] *adj* unleserlich

il·le·giti·mate [ˌɪlɪ'dʒɪtəmət, AM -'dʒɪt̬-] *adj* ① *child* unehelich ② (*unauthorized*) unrechtmäßig

ill-e'quipped *adj* schlecht ausgestattet; ■**to be ~ to do sth** für etw *akk* nicht die nötigen Mittel haben; (*unable*) nicht über die notwendigen Kenntnisse verfügen, um etw tun zu können **ill-'fat·ed** *adj* vom Unglück verfolgt **ill-'fa·voured,** *adj* unerfreulich **ill-'fit·ting** *adj* schlecht sitzend *attr* **ill-'got·ten** *adj attr* unrechtmäßig erworben

il·lib·er·al [ɪ'lɪbərəl] *adj* (*form*) ① (*repressive*) illiberal ② (*narrow-minded*) intolerant

il·lic·it [ɪ'lɪsɪt] *adj* [gesetzlich] verboten

il·lim·it·able [ɪ'lɪmɪtəbl̩, AM -t̬ə-] *adj* grenzenlos; *sky* endlos; *ocean* unendlich

ill-in·'formed *adj* falsch informiert; (*ignorant*) schlecht informiert

il·lit·era·cy [ɪ'lɪtərəsi, AM -lɪt̬-] *n no pl* Analphabetismus *m*

il·lit·er·ate [ɪ'lɪtərət, AM -lɪt̬-] **I.** *adj* des Lesens und Schreibens unkundig; ■**to be ~** Analphabet/Analphabetin sein **II.** *n* Analphabet(in) *m(f)*

ill-'judged *adj* unüberlegt, verfehlt **ill-'man·nered** *adj* unhöflich; *child* ungezogen **ill-'na·tured** *adj* boshaft

ill·ness ['ɪlnəs] *n* Krankheit *f*

il·logi·cal [ɪ'lɒdʒɪkəl, AM -'lɑ:-] *adj* unlogisch

il·logi·cal·ity [ɪˌlɒdʒɪ'kæləti, AM -ˌlɑ:dʒɪ'kælət̬i] *n no pl* Mangel *m* an Logik

ill-'omened *adj* unheilvoll **ill-'starred** *adj* vom Pech verfolgt **ill-'tem·pered** *adj* (*at times*) schlecht gelaunt; (*by nature*) mürrisch **ill-'timed** *adj* ungelegen **ill-'treat** *vt* misshandeln **ill-'treat·ment** *n* Misshandlung *f*

il·lu·mi·nate [ɪ'lu:mɪneɪt] *vt* erhellen; (*spotlight*) beleuchten; (*fig*) erläutern

il·lu·mi·nat·ing [ɪ'lu:mɪneɪtɪŋ, AM -t̬-] *adj* aufschlussreich

il·lu·mi·na·tion [ɪˌlu:mɪ'neɪʃən] *n* ① *no pl* (*in books*) Buchmalerei *f* ② BRIT (*lights*) ■**~s** *pl* Festbeleuchtung *f*

illus. ① *abbrev of* **illustrated** ill. ② *abbrev of* **illustration** Abb.

il·lu·sion [ɪ'lu:ʒən] *n* Illusion *f;* **to create the ~ of sth** die Illusion von etw *dat* hervorrufen

il·lu·sion·ist [ɪ'lu:ʒənɪst] *n* Zauberkünstler(in) *m(f)*

il·lu·sive [ɪ'lu:sɪv], **il·lu·sory** [ɪ'lu:səri] *adj* ① (*deceptive*) illusorisch ② (*imaginary*) imaginär

il·lus·trate ['ɪləstreɪt] *vt* ① illustrieren ② (*fig: explain*) aufzeigen

il·lus·tra·tion [ˌɪlə'streɪʃən] *n* ① Illustration *f* ② (*fig: example*) Beispiel *nt*

il·lus·tra·tive ['ɪləstrətɪv, AM ɪ'lʌstrət̬ɪv] *adj* (*form*) beispielhaft

il·lus·tra·tor ['ɪləstreɪtəʳ, AM -t̬ɚ] *n* Illustrator(in) *m(f)*

il·lus·tri·ous [ɪ'lʌstri:əs] *adj person* berühmt; *deed* glanzvoll

ill-'will *n* Feindseligkeit *f;* **to bear sb ~** einen Groll auf jdn haben

I'm [aɪm] = **I am** *see* **be**

im·age ['ɪmɪdʒ] *n* ① (*likeness*) Ebenbild *nt* ② (*picture*) Bild *nt;* (*sculpture*) Skulptur *f* ③ (*mental picture*) Vorstellung *f* ④ (*reputation*) Image *nt*

im·age·ry ['ɪmɪdʒəri] *n no pl* LIT Bildersprache *f*

im·agi·nable [ɪ'mædʒɪnəbl̩] *adj* erdenklich

im·agi·nary [ɪ'mædʒɪnəri, AM -dʒəneri] *adj* imaginär

im·agi·na·tion [ɪˌmædʒɪ'neɪʃən] *n* Fantasie *f;* **not by any stretch of the ~** beim besten Willen nicht

im·agi·na·tive [ɪ'mædʒɪnətɪv, AM -t̬-] *adj* fantasievoll

im·ag·ine [ɪ'mædʒɪn] *vt* ① ■**to ~ sb/sth** sich *dat* jdn/etw vorstellen ② (*suppose*) sich *dat* denken; **I cannot ~ what you mean** ich weiß wirklich nicht, was du meinst ③ (*suffer illusion*) glauben ▶PHRASES: **~ that!** stell dir das mal vor!

im·ag·ing ['ɪmɪdʒɪŋ] *n no pl* COMPUT digitale Bildverarbeitung

im·bal·ance [ɪm'bælən(t)s] *n* Ungleichgewicht *nt*

im·becile ['ɪmbəsi:l, AM -sɪl] **I.** *n* (*fam*) Idiot(in) *m(f) pej fam* **II.** *adj attr* schwachsinnig *pej fam*

im·bibe [ɪmˈbaɪb] **I.** *vt* ■**to ~ sth** ① (*form: drink*) etw [in sich hin]einschlürfen ② (*fig: absorb*) etw übernehmen **II.** *vi* (*form or hum*) sich *dat* einen genehmigen *fam*

im·bro·glio [ɪmˈbrəʊliəʊ, AM -ˈbroʊlioʊ] *n* (*liter*) Hexenkessel *m*

im·bue [ɪmˈbju:] *vt usu passive* ① (*inspire*) erfüllen (**with** mit) ② (*form: soak*) benetzen; (*dye*) [ein]färben

IMF [ˌaɪemˈef] *n no pl abbrev of* **International Monetary Fund**: ■**the ~** der IWF

imi·tate [ˈɪmɪteɪt] *vt* imitieren; *style* kopieren

imi·ta·tion [ˌɪmɪˈteɪʃᵊn] **I.** *n* ① *no pl* (*mimicry*) Imitation *f* ② (*copy*) Kopie *f* **II.** *adj leather, silk* Kunst-; *pearl, gold, silver* unecht

imi·ta·tive [ˈɪmɪtətɪv, AM -teɪt̬ɪv] *adj* ① (*copying*) imitierend ② (*onomatopoeic*) lautmalerisch

imi·ta·tor [ˈɪmɪteɪtəʳ, AM -teɪt̬ɚ] *n* Nachahmer(in) *m(f)*; *of voices* Imitator(in) *m(f)*

im·macu·late [ɪˈmækjələt] *adj* (*neat*) makellos; (*flawless*) perfekt; *garden* säuberlich gepflegt

im·ma·nence [ˈɪmənən(t)s] *n no pl* PHILOS Immanenz *f*

im·ma·nent [ˈɪmənənt] *adj* innewohnend; PHILOS immanent

im·ma·terial [ˌɪməˈtɪəriəl, AM -ˈtɪriəl] *adj* unwesentlich

im·ma·ture [ˌɪməˈtjʊəʳ, AM -ˈtʊr, -ˈtjʊr] *adj* ① *person* unreif; (*childish*) kindisch *meist pej* ② (*undeveloped*) unreif; (*sexually*) nicht geschlechtsreif; *plan* unausgereift

im·ma·tur·ity [ˌɪməˈtjʊərəti, AM -ˈtʃʊrət̬i, -ˈtʊrət̬i] *n no pl* Unreife *f*

im·meas·ur·able [ɪˈmeʒᵊrəbl̩] *adj* (*limitless*) grenzenlos; (*great*) *influence* riesig; *effect* gewaltig

im·media·cy [ɪˈmi:diəsi] *n no pl* Unmittelbarkeit *f*; *of a problem* Aktualität *f*; (*relevance*) Relevanz *f*; (*nearness*) Nähe *f*

im·medi·ate [ɪˈmi:diət] *adj* ① umgehend; *consequences* unmittelbar; **to take ~ effect** augenblicklich wirken ② *attr* (*close*) unmittelbar; **sb's ~ family** jds nächste Angehörige; **sb's ~ friends** jds engste Freunde ③ (*current*) unmittelbar; *concerns, problems, needs* dringend

im·medi·ate·ly [ɪˈmi:diətli] **I.** *adv* ① (*at once*) sofort, gleich ② (*closely*) direkt, unmittelbar **II.** *conj* BRIT sobald

im·memo·rial [ˌɪmɪˈmɔ:riəl] *adj* uralt; **from time ~** seit Urzeiten

im·mense [ɪˈmen(t)s] *adj* riesig, enorm

im·mense·ly [ɪˈmen(t)sli] *adv* extrem, ungeheuer; *important* immens

im·men·si·ty [ɪˈmen(t)səti, AM -sət̬i] *n* ① *no pl* Größe *f* ② *usu pl* (*boundlessness*) Endlosigkeit *f kein pl*

im·merse [ɪˈmɜ:s, AM ɪˈmɜ:rs] *vt* ① (*dip*) eintauchen ② ■**to ~ oneself in sth** sich in etw *akk* vertiefen

im·mer·sion [ɪˈmɜ:ʃᵊn, -ʒᵊn, AM ɪˈmɜ:r-] *n* ① (*dipping*) Eintauchen *nt*, Untertauchen *nt*; (*baptizing*) Ganztaufe *f* ② *no pl* (*absorption*) Vertiefung *f fig*

im·ˈmer·sion heat·er *n* Tauchsieder *m*

im·mi·grant [ˈɪmɪgrənt] **I.** *n* Einwanderer *m*/Einwanderin *f*, Immigrant(in) *m(f)* **II.** *adj attr* Immigranten-, Einwanderer-

im·mi·grate [ˈɪmɪgreɪt] *vi* einwandern, immigrieren

im·mi·gra·tion [ˌɪmɪˈgreɪʃᵊn] *n no pl* ① (*action*) Einwanderung *f*, Immigration *f* ② (*authority*) Grenzkontrolle *f*; ■**~s** *pl* AM ≈ Grenzschutz *m* (*an Flughäfen*)

im·mi·ˈgra·tion coun·try *n* Einwanderungsland *nt*

im·mi·nence [ˈɪmɪnən(t)s] *n no pl* Bevorstehen *nt*

im·mi·nent [ˈɪmɪnənt] *adj* bevorstehend *attr*; *danger* drohend

im·mo·bile [ɪˈməʊbaɪl, AM ɪˈmoʊbᵊl] *adj* bewegungslos; (*sit*) regungslos; (*unable to move*) unbeweglich; **to be rendered ~** zum Stillstand gebracht werden

im·mo·bil·ity [ˌɪməʊˈbɪləti, AM ˌɪmoʊˈbɪlət̬i] *n no pl* Bewegungslosigkeit *f*, Unbeweglichkeit *f*; (*due to damage*) Bewegungsunfähigkeit *f*; (*massiveness*) Unbeweglichkeit *f*

im·mo·bi·lize [ɪˈməʊbᵊlaɪz, AM -ˈmoʊ-] *vt* ① lahmlegen; *machine* betriebsuntauglich machen; (*fig*) *fear* lähmen ② *patient, broken limb* ruhigstellen

im·mo·der·ate [ɪˈmɒdᵊrət, AM -ˈmɑ:dɚ-] *adj* maßlos; *demands* übertrieben

im·mod·est [ɪˈmɒdɪst, AM ɪˈmɑ:d-] *adj* ① (*conceited*) eingebildet ② (*indecent*) *clothing* unanständig

im·mo·late [ˈɪməʊleɪt, AM ˈɪməleɪt] *vt* REL (*form: sacrifice*) *animal* [rituell] opfern

im·mor·al [ɪˈmɒrᵊl, AM ɪˈmɔ:r-] *adj* unmoralisch

im·mor·tal [ɪˈmɔ:tᵊl, AM ɪˈmɔ:rt̬ᵊl] **I.** *adj* ① (*undying*) unsterblich ② (*unforgettable*) unvergesslich **II.** *n* Unsterbliche(r) *f(m)*

im·mor·tal·ity [ˌɪmɔ:ˈtæləti, AM -mɔ:rˈtælət̬i] *n no pl* Unsterblichkeit *f*

im·mor·tal·ize [ɪˈmɔ:tᵊlaɪz, AM ɪˈmɔ:rt̬ᵊl-] *vt* verewigen

im·mov·able [ɪˈmu:vəbl̩] *adj* ① (*stationary*) unbeweglich ② (*unchanging*) unerschütterlich; *belief* fest; *opposition* starr

im·mune [ɪ'mju:n] *adj pred* ❶ immun *a. fig* (**to** gegen, für +*akk*) ❷ (*safe*) sicher (**from** vor +*dat*)

im·'mune sys·tem *n* Immunsystem *nt*

im·mu·nity [ɪ'mju:nəti, AM -nət̬i] *n no pl* ❶ Immunität *f* ❷ (*fig: invulnerability*) Unempfindlichkeit *f*

im·mu·nize ['ɪmjənaɪz] *vt* immunisieren

im·mu·no·de·fi·cien·cy [ˌɪmjənə(ʊ)dɪ'fɪʃən(t)si, AM -noʊ-] *n* MED Immunschwäche *f*

im·mu·no·logi·cal [ˌɪmjənə(ʊ)'lɒdʒɪkəl, AM ˌɪmjənoʊ'lɑ:dʒɪ-] *adj* immunologisch *fachspr*

im·mu·nolo·gist [ˌɪmjə'nɒlədʒɪst, AM -'nɑ:lə-] *n* Immunologe, Immunologin *m, f fachspr*

im·mure [ɪ'mjʊəʳ, AM ɪ'mjʊr] *vt* (*liter, form*) ■**to ~ sb** jdn einkerkern

im·mu·table [ɪ'mju:təbl̩, AM -t̬əbl̩] *adj* (*unchangeable*) unveränderlich; (*everlasting*) unvergänglich

imp [ɪmp] *n* Kobold *m*

im·pact **I.** *n* ['ɪmpækt] *no pl* ❶ (*contact*) Aufprall *m;* (*force*) Wucht *f;* (*of bullet/meteor*) Einschlag *m* ❷ (*fig: effect*) Auswirkung[en] *f[pl]*; **to have an ~ on sb** Eindruck bei jdm machen **II.** *vt* [ɪm'pækt] *esp* AM, AUS beeinflussen **III.** *vi* [ɪm'pækt] ❶ (*land*) aufschlagen ❷ *esp* AM, AUS (*affect*) ■**to ~ on sb/sth** jdn/etw beeinflussen

im·pact·ed [ɪm'pæktɪd] *adj* ❶ *tooth, bone* eingeklemmt ❷ *esp* AM, AUS (*affected*) betroffen

im·pair [ɪm'peəʳ, AM -'per] *vt* (*disrupt*) behindern; *ability* beeinträchtigen; (*damage*) schaden +*dat,* schädigen

im·paired [ɪm'peəʳd, AM -'perd] *adj* geschädigt; **~ hearing/vision** Hör-/Sehbehinderung *f*

im·pale [ɪm'peɪl] *vt usu passive* aufspießen (**on** auf +*akk*)

im·pal·pable [ɪm'pælpəbl] *adj* undeutlich; *change* kaum merklich

im·part [ɪm'pɑ:t, AM -'pɑ:rt] *vt* ■**to ~ sth** [**to sb/sth**] ❶ (*communicate*) [jdm/etw] etw vermitteln ❷ (*bestow*) [jdm/etw] etw verleihen

im·par·tial [ɪm'pɑ:ʃəl, AM -'pɑ:r-] *adj* unparteiisch

im·par·tial·ity [ɪmˌpɑ:ʃi'æləti, AM -ˌpɑ:r-] *n no pl* Unvoreingenommenheit *f*

im·pass·able [ɪm'pɑ:səbl̩, AM -'pæsə-] *adj road* unpassierbar; (*fig*) *problem* unüberwindlich

im·passe ['ɪmpɑ:s, AM 'ɪmpæs] *n* Sackgasse *f a. fig;* **to reach an ~** sich festfahren

im·pas·sioned [ɪm'pæʃənd] *adj* leidenschaftlich

im·pas·sive [ɪm'pæsɪv] *adj* (*not showing emotion*) ausdruckslos; (*not sympathizing*) gleichgültig

im·pa·tience [ɪm'peɪʃən(t)s] *n no pl* ❶ (*eagerness*) Ungeduld *f* ❷ (*intolerance*) Unduldsamkeit *f*

im·pa·tient [ɪm'peɪʃənt] *adj* ungeduldig (**with** gegenüber +*dat*); (*intolerant*) intolerant (**of** gegenüber +*dat*)

im·peach [ɪm'pi:tʃ] *vt* anklagen (**for** wegen +*gen*); *president, official* wegen Amtsmissbrauchs anklagen

im·peach·ment [ɪm'pi:tʃmənt] *n* Amtsenthebungsverfahren *nt*

im·pec·cable [ɪm'pekəbl̩] *adj* makellos; *manners* tadellos; *performance* perfekt; *reputation* untadelig; *taste* ausgesucht

im·pecu·ni·ous [ˌɪmpɪ'kju:niəs] *adj* (*form*) mittellos

im·pede [ɪm'pi:d] *vt* behindern

im·pedi·ment [ɪm'pedɪmənt] *n* ❶ (*hindrance*) Hindernis *nt* (**to** für +*akk*) ❷ MED Behinderung *f;* **speech ~** Sprachfehler *m*

im·pel <-ll-> [ɪm'pel] *vt* [an]treiben; (*force*) nötigen

im·pend·ing [ɪm'pendɪŋ] *adj attr* bevorstehend; (*menacing*) drohend

im·pen·etrable [ɪm'penɪtrəbl̩] *adj* ❶ unüberwindlich; (*dense*) undurchdringlich; *fog* dicht; (*exclusive*) exklusiv ❷ (*fig: incomprehensible*) unverständlich

im·peni·tent [ɪm'penɪtənt, AM -tənt] *adj* (*form*) uneinsichtig

im·pera·tive [ɪm'perətɪv, AM -t̬ɪv] **I.** *adj* unbedingt erforderlich **II.** *n* [Sach]zwang *m;* (*obligation*) Verpflichtung *f;* (*factor*) Erfordernis *f*

im·per·cep·tible [ˌɪmpə'septəbl̩, AM ˌɪmpɚ'-] *adj* unmerklich

im·per·fect [ɪm'pɜ:fɪkt, AM -'pɜ:r-] *adj* (*flawed*) fehlerhaft; (*incomplete*) unvollkommen; (*insufficient*) unzureichend

im·per·fec·tion [ˌɪmpə'fekʃən, AM -pɜ:r'-] *n* ❶ (*flaw*) Fehler *m,* Mangel *m* ❷ *no pl* (*faultiness*) Unvollkommenheit *f,* Fehlerhaftigkeit *f*

im·perial [ɪm'pɪəriəl, AM -'pɪr-] *adj* ❶ (*of empire*) Reichs-; (*of emperor*) kaiserlich, Kaiser-; (*imperialistic*) imperialistisch ❷ (*grand*) prächtig ❸ *measures, weights* britisch

im·peri·al·ism [ɪm'pɪəriəlɪzəm, AM -'pɪr-] *n no pl* Imperialismus *m*

im·peri·al·ist [ɪm'pɪəriəlɪst, AM -'pɪri-] **I.** *n* Imperialist(in) *m(f)* **II.** *adj* imperialistisch

im·per·il <BRIT, AUS -ll- *or* AM *usu* -l-> [ɪm'perəl] *vt* gefährden

im·peri·ous [ɪm'pɪəriəs, AM -'pɪri-] *adj* herrisch

im·per·ish·able [ɪm'perɪʃəbl̩] **I.** *adj* unvergänglich; *food* haltbar **II.** *n* ■ **~s** *pl* haltbare Lebensmittel *pl*

im·per·ma·nent [ɪm'pɜːmənənt, AM -'pɜːr-] *adj* (*transitory*) unbeständig; (*temporary*) zeitlich begrenzt

im·per·meable [ɪm'pɜːmiəbl̩, AM -'pɜːr-] *adj* undurchlässig

im·per·son·al [ɪm'pɜːsᵊnᵊl, AM -'pɜːr-] *adj a.* LING unpersönlich; (*anonymous*) anonym

im·per·son·ate [ɪm'pɜːsᵊneɪt, AM -'pɜːr-] *vt* ■ **to ~ sb** (*mimic*) jdn imitieren; (*pretend*) sich als jdn ausgeben

im·per·sona·tor [ɪm'pɜːsᵊneɪtəʳ, AM -'pɜːrsᵊneɪt̬ɚ] *n* Imitator(in) *m(f)*

im·per·ti·nence [ɪm'pɜːtɪnən(t)s, AM -'pɜːrt̬ᵊn-] *n no pl* Unverschämtheit *f,* Frechheit *f*

im·per·ti·nent [ɪm'pɜːtɪnənt, AM -'pɜːrt̬ᵊn-] *adj* unverschämt

im·per·turb·able [ˌɪmpə'tɜːbəbl̩, AM -pɚ'tɜːr-] *adj* unerschütterlich, gelassen

im·per·vi·ous [ɪm'pɜːviəs, AM -'pɜːr-] *adj* ① undurchlässig; **~ to fire/heat** feuer-/hitzebeständig; **~ to water** wasserdicht ② (*fig: unaffected*) immun (**to** gegenüber *+dat*)

im·petu·ous [ɪm'petʃuəs] *adj* impulsiv; *nature* hitzig; *decision, remark* unüberlegt

im·petus ['ɪmpɪtəs, AM -t̬əs] *n no pl* ① (*push*) Anstoß *m;* (*drive*) Antrieb *m* ② (*momentum*) Schwung *m*

im·pi·ety [ɪm'paɪəti, AM -ət̬i] *n* ① *no pl* (*irreverence*) Pietätlosigkeit *f;* (*blasphemy*) Gotteslästerung *f* ② (*act*) Frevel *m*

im·pinge [ɪm'pɪndʒ] *vi* (*form*) ■ **to ~ on sb/sth** (*affect*) sich [negativ] auf jdn/etw auswirken; (*restrict*) jdn/etw einschränken

im·pi·ous ['ɪmpiːəs, ɪm'paɪəs] *adj* pietätlos; (*blasphemous*) gotteslästerlich

imp·ish ['ɪmpɪʃ] *adj child* lausbubenhaft; *look, grin* verschmitzt; *remark, trick* frech

im·plac·able [ɪm'plækəbl̩] *adj* unversöhnlich; (*relentless*) unnachlässig; *enemy, opponent* unerbittlich

im·plac·ably [ɪm'plækəbli] *adv* unnachgiebig; (*relentlessly*) unermüdlich

im·plant **I.** *n* ['ɪmplɑːnt, AM -plænt] Implantat *nt* **II.** *vt* [ɪm'plɑːnt, AM -'plænt] einpflanzen

im·plaus·ible [ɪm'plɔːzəbl̩, AM -'plɑː-] *adj* unglaubwürdig

im·ple·ment **I.** *n* ['ɪmplɪmənt] Gerät *nt;* (*tool*) Werkzeug *nt* **II.** *vt* ['ɪmplɪment] einführen; *plan* in die Tat umsetzen

im·ple·men·ta·tion [ˌɪmplɪmen'teɪʃᵊn] *n no pl* Einführung *f*

im·pli·cate ['ɪmplɪkeɪt] *vt* ① (*involve*) ■ **to ~ sb in sth** jdn mit etw *dat* in Verbindung bringen; **to be ~d in a crime** in ein Verbrechen verwickelt sein ② (*imply*) andeuten

im·pli·ca·tion [ˌɪmplɪ'keɪʃᵊn] *n* ① (*involvement*) Verwicklung *f* ② *no pl* (*intimation*) Implikation *f geh* ③ *usu pl* (*effect*) Auswirkung[en] *f[pl]*

im·plic·it [ɪm'plɪsɪt] *adj* ① (*suggested*) indirekt ② *attr* (*total*) bedingungslos; *confidence* unbedingt

im·plic·it·ly [ɪm'plɪsɪtli] *adv* ① implizit ② (*fully*) völlig, bedingungslos

im·plied [ɪm'plaɪd] *adj* indirekt

im·plode [ɪm'pləʊd, AM -'ploʊd] *vi* implodieren; (*fig*) zusammenbrechen

im·plore [ɪm'plɔːʳ, AM -'plɔːr] *vt* anflehen

im·plor·ing [ɪm'plɔːʳɪŋ, AM -'plɔːr-] *adj* flehend

im·plo·sion [ɪm'pləʊʒᵊn, AM -'ploʊ-] *n no pl* Implosion *f fachspr*

im·ply <-ie-> [ɪm'plaɪ] *vt* andeuten

im·po·lite [ˌɪmpᵊ'laɪt, AM -pə'-] *adj* unhöflich; (*stronger*) unverschämt

im·po·lite·ness [ˌɪmpᵊ'laɪtnəs, AM -pə'-] *n no pl* Unhöflichkeit *f;* (*stronger*) Unverschämtheit *f*

im·poli·tic [ɪm'pɒlətɪk, AM -'pɑːlə-] *adj* undiplomatisch

im·pon·der·able [ɪm'pɒndᵊrəbl̩, AM -'pɑːn-] **I.** *adj question, theory* unergründbar; *impact, effect* nicht einschätzbar **II.** *n usu pl* Unwägbarkeit[en] *f[pl]*

im·port **I.** *vt* [ɪm'pɔːt, AM -'pɔːrt] ① *goods* importieren (**from** aus *+dat*); *ideas, customs* übernehmen (**from** von *+dat*) ② COMPUT importieren **II.** *vi* [ɪm'pɔːt, AM -'pɔːrt] importieren (**from** aus *+dat*) **III.** *n* ['ɪmpɔːt, AM -pɔːrt] Import *m*

im·por·tance [ɪm'pɔːtᵊn(t)s, AM -'pɔːr-] *n no pl* Bedeutung *f,* Wichtigkeit *f*

im·por·tant [ɪm'pɔːtᵊnt, AM -'pɔːr-] *adj* ① wichtig ② (*influential*) bedeutend

im·por·tant·ly [ɪm'pɔːtᵊntli, AM -'pɔːr-] *adv* wichtig; (*self-importantly*) wichtigtuerisch

im·por·ta·tion [ˌɪmpɔː'teɪʃᵊn, AM -pɔːr'-] *n no pl* Import *m*

'im·port duty *n* [Import]zoll *m*

im·port·er ['ɪmpɔːtəʳ, AM -pɔːrt̬ɚ] *n* (*company*) Importeur *m;* (*person*) Importeur(in) *m(f)*

im·por·tu·nate [ɪm'pɔːtjʊnət, AM -'pɔːrtʃənɪt] *adj* (*form*) hartnäckig; (*annoyingly*) aufdringlich *pej*

im·por·tune [ˌɪmpə'tjuːn, AM -pɔːr'tuːn,

-'tju:n] *vt* ■**to ~ sb** ❶ (*harass*) jdn bedrängen ❷ (*proposition*) jdm Sex für Geld bieten

im·pose [ɪm'pəʊz, AM -'poʊz] **I.** *vt* (*implement*) durchsetzen; (*order*) verhängen; *law* verfügen; *taxes;* **on person** auferlegen (**on** auf +*dat*); (*on goods*) erheben (**on** auf +*akk*) **II.** *vi* ■**to ~ on sb** sich jdm aufdrängen

im·pos·ing [ɪm'pəʊzɪŋ, AM -'poʊz-] *adj* beeindruckend; *person* stattlich

im·po·si·tion [ˌɪmpə'zɪʃᵊn] *n* ❶ *no pl* (*implementation*) Einführung *f; of penalties, sanctions* Verhängen *nt* ❷ (*inconvenience*) Belastung *f;* (*annoyance*) Aufdringlichkeit *f*

im·pos·sibil·ity [ɪmˌpɒsə'bɪləti, AM -ˌpɑ:sə'bɪləṭi] *n* ❶ (*thing*) Ding *nt* der Unmöglichkeit ❷ *no pl* (*quality*) Unmöglichkeit *f*

im·pos·sible [ɪm'pɒsəbḷ, AM -'pɑ:sə-] **I.** *adj* ❶ unmöglich ❷ (*difficult*) *person* unerträglich **II.** *n* ■**the ~** *no pl* das Unmögliche; **to ask the ~** Unmögliches verlangen

im·pos·sibly [ɪm'pɒsəbli, AM -'pɑ:sə-] *adv* unvorstellbar

im·post·er, im·post·or [ɪm'pɒstəʳ, AM -'pɑ:stɚ] *n* Hochstapler(in) *m(f)*

im·pos·ture [ɪm'pɒstjəʳ, AM -'pɑ:stʃɚ] *n* ❶ *no pl* (*activity*) Hochstapelei *f* ❷ (*instance*) Betrug *m*

im·po·tence ['ɪmpətən(t)s, AM -ṭən(t)s] *n no pl* Machtlosigkeit *f;* (*sexual*) Impotenz *f*

im·po·tent ['ɪmpətənt, AM -ṭənt] *adj* ❶ machtlos ❷ (*sexually*) impotent

im·pound [ɪm'paʊnd] *vt* beschlagnahmen

im·pov·er·ish [ɪm'pɒvᵊrɪʃ, AM -'pɑ:vɚ-] *vt* ❶ arm machen ❷ (*fig*) *soil* auslaugen

im·pov·er·ished [ɪm'pɒvᵊrɪʃt, AM -'pɑ:vɚ-] *adj* arm; (*fig*) verarmt

im·prac·ti·cable [ɪm'præktɪkəbḷ] *adj* undurchführbar; (*inaccessible*) ungangbar

im·prac·ti·cal [ɪm'præktɪkᵊl] *adj* unpraktisch; (*unfit*) untauglich; (*unrealistic*) nicht anwendbar

im·pre·ca·tion [ˌɪmprɪ'keɪʃᵊn] *n* (*form*) Verwünschung *f*

im·pre·cise [ˌɪmprɪ'saɪs] *adj* ungenau

im·preg·nable [ɪm'pregnəbḷ] *adj* ❶ uneinnehmbar ❷ BRIT, AUS (*fig: unbeatable*) unschlagbar

im·preg·nate ['ɪmpregneɪt, AM ɪm'pregneɪt] *vt usu passive* ❶ (*saturate*) imprägnieren ❷ *animal, egg* befruchten

im·pre·sa·rio [ˌɪmprɪ'sɑ:riəʊ, AM -prə'sɑ:rioʊ] *n* Impresario *m; for artists* Agent(in) *m(f)*

im·press [ɪm'pres] **I.** *vt* ❶ beeindrucken ❷ (*convince*) ■**to ~ sth on sb** jdn von etw *dat* überzeugen **II.** *vi* Eindruck machen, imponieren; **to fail to ~** keinen [guten] Eindruck machen

im·pres·sion [ɪm'preʃᵊn] *n* ❶ (*opinion*) Eindruck *m;* **to be under the ~ that ...** den Eindruck haben, dass ... ❷ (*feeling*) Eindruck *m;* **to create a good ~ [on sb]** einen guten Eindruck [auf jdn] machen ❸ (*imitation*) Imitation *f;* **to do an ~ of sb/sth** jdn/etw imitieren; *see also* **mission**

im·pres·sion·able [ɪm'preʃᵊnəbḷ] *adj* [leicht] beeinflussbar

im·pres·sion·ism [ɪm'preʃᵊnɪzᵊm] *n no pl* Impressionismus *m*

im·pres·sion·ist [ɪm'preʃᵊnɪst] **I.** *n* ❶ Impressionist(in) *m(f)* ❷ (*imitator*) Imitator(in) *m(f)* **II.** *adj* impressionistisch

im·pres·sion·is·tic [ɪm'preʃᵊnɪstɪk] *adj* impressionistisch

im·pres·sive [ɪm'presɪv] *adj* beeindruckend

im·print **I.** *vt* [ɪm'prɪnt] *usu passive* ❶ (*emboss*) prägen ❷ (*print*) drucken (**on** auf +*akk*); **to ~ sth on sb's mind** (*fig*) jdm etw einprägen **II.** *n* ['ɪmprɪnt] ❶ (*mark*) Abdruck *m; on coin, leather* Prägung *f; on paper, cloth* [Auf]druck *m;* (*fig*) Spuren *pl* ❷ (*in publishing*) Impressum *nt*

im·pris·on [ɪm'prɪzᵊn] *vt usu passive* (*put in prison*) inhaftieren; (*sentence to prison*) zu einer Gefängnisstrafe verurteilen

im·pris·on·ment [ɪm'prɪzᵊnmənt] *n no pl* Haft *f;* (*esp in war*) Gefangenschaft *f*

im·prob·abil·ity [ɪmˌprɒbə'bɪləti, AM -ˌprɑ:bə'bɪləṭi] *n no pl* Unwahrscheinlichkeit *f*

im·prob·able [ɪm'prɒbəbḷ, AM -'prɑ:b-] *adj* unwahrscheinlich; (*dubious*) unglaubhaft

im·promp·tu [ɪm'prɒm(p)tju:, AM -'prɑ:m(p)tu:] *adj* spontan

im·prop·er [ɪm'prɒpəʳ, AM -'prɑ:pɚ] *adj* ❶ (*not correct*) falsch; (*showing bad judgement*) fälschlich ❷ (*inappropriate*) unpassend; (*indecent*) unanständig; *conduct* unschicklich

im·pro·pri·ety [ˌɪmprə'praɪəti, AM -əṭi] *n no pl* Unanständigkeit *f*

im·prove [ɪm'pru:v] **I.** *vt* verbessern **II.** *vi* besser werden, sich verbessern; **I hope the weather ~s** ich hoffe, es gibt besseres Wetter; ■**to ~ on sth** etw [noch] verbessern; **you can't ~ on that!** da ist keine Steigerung mehr möglich!

im·prove·ment [ɪm'pru:vmənt] *n* ❶ (*instance*) Verbesserung *f* ❷ *no pl* (*activity*) Verbesserung *f; of illness* Besserung *f;* **room for ~** Steigerungsmöglichkeiten *pl* ❸ [**home**] **~s** Renovierungsarbeiten *pl*

(*Ausbau- und Modernisierungsarbeiten am eigenen Heim*)

im·provi·dent [ɪmˈprɒvɪdᵊnt, AM -ˈprɑːvə-] *adj* (*form: without foresight*) unbedacht; (*careless*) unvorsichtig

im·provi·sa·tion [ˌɪmprəvaɪˈzeɪʃᵊn, AM ɪmˌprɑːvɪˈ-] *n* Improvisation *f*

im·pro·vise [ˈɪmprəvaɪz] *vt, vi* improvisieren

im·pru·dent [ɪmˈpruːdᵊnt] *adj* leichtsinnig

im·pu·dence [ˈɪmpjədᵊn(t)s] *n no pl* Unverschämtheit *f*

im·pu·dent [ˈɪmpjədᵊnt] *adj* unverschämt

im·pugn [ɪmˈpjuːn] *vt* (*form*) bestreiten; *testimony, motives* bezweifeln

im·pulse [ˈɪmpʌls] *n* ❶ (*urge*) *a.* ELEC Impuls *m;* **to have a [sudden] ~ to do sth** plötzlich den Drang verspüren, etw zu tun ❷ (*motive*) Antrieb *m*

im·pul·sion [ɪmˈpʌlʃᵊn] *n* ❶ (*urge*) Impuls *m;* (*compulsion*) Drang *m* ❷ (*motive*) Antrieb *m*

im·pul·sive [ɪmˈpʌlsɪv] *adj* impulsiv; (*spontaneous*) spontan

im·pun·ity [ɪmˈpjuːnəti, AM -əţi] *n no pl* Straflosigkeit *f;* LAW Straffreiheit *f;* **to do sth with ~** etw ungestraft tun

im·pure [ɪmˈpjʊəʳ, AM -ˈpjʊr] *adj* (*unclean*) unrein, unsauber; (*contaminated*) *water* verunreinigt; *drugs* gestreckt; *medication* nicht rein

im·pur·ity [ɪmˈpjʊərəti, AM -ˈpjʊrəţi] *n* ❶ *no pl* (*quality*) Verunreinigung *f* ❷ (*element*) Verschmutzung *f*

im·pu·ta·tion [ˌɪmpjʊˈteɪʃᵊn] *n* (*form*) Behauptung *f*

im·pute [ɪmˈpjuːt] *vt* ■**to ~ sth to sb** jdm etw unterstellen

in [ɪn] **I.** *prep* ❶ (*describing location*) in +*dat;* **he is deaf ~ his left ear** er hört auf dem linken Ohr nichts; **to ride ~ a car** [im] Auto fahren; **~ hospital** im Krankenhaus; **~ the street** auf der Straße ❷ (*into*) in +*akk;* **to get ~ the car** ins Auto steigen ❸ (*describing state*) **he cried out ~ pain** er schrie vor Schmerzen; **~ anger** im Zorn; **difference ~ quality** Qualitätsunterschied *m;* **to be ~ [no] doubt** [nicht] zweifeln; **~ horror** voller Entsetzen; **to be ~ love [with sb]** [in jdn] verliebt sein; **to fall ~ love [with sb]** sich [in jdn] verlieben; **to be ~ a good mood** guter Laune sein; **~ secret** heimlich ❹ **~ French** auf Französisch ❺ (*during*) **she assisted the doctor ~ the operation** sie assistierte dem Arzt bei der Operation; **~ the end** am Ende; **~ March** im März; **~ the morning** morgens ❻ (*describing job*) **she works ~ publishing** sie arbeitet bei einem Verlag ❼ (*wearing*) **the woman ~ the hat** die Frau mit dem Hut; **~ disguise** verkleidet; **~ the nude** nackt; **to be ~ uniform** Uniform tragen ❽ *with gerrund* (*while*) **~ attempting to save the child, he nearly lost his own life** bei dem Versuch, das Kind zu retten, kam er beinahe selbst um; **~ doing so** dabei, damit ❾ **he's about six foot ~ height** er ist ca. zwei Meter groß; **to be equal ~ weight** gleich viel wiegen; **~ total** insgesamt ❿ (*of every*) pro; **one ~ ten people** jeder zehnte ⓫ *see also n* **she had no say ~ the decision** sie hatte keinen Einfluss auf die Entscheidung; **to have confidence ~ sb** jdm vertrauen ▸PHRASES: **~ all** insgesamt; **~ between** dazwischen **II.** *adv* ❶ (*to speaker*) herein; **come ~!** herein!; **to come ~** *tide* kommen; **to get ~** *train, bus* eintreffen ❷ (*submitted*) **to hand sth ~** etw abgeben ▸PHRASES: **to let sb ~ on sth** jdn in etw *akk* einweihen **III.** *adj* ❶ *pred* (*there*) da; (*at home*) zu Hause; **to have a quiet evening ~** einen ruhigen Abend zu Hause verbringen ❷ (*in fashion*) in ❸ *pred* (*submitted*) **the application must be ~ by May 31** die Bewerbung muss bis zum 31. Mai eingegangen sein ▸PHRASES: **to be ~ on sth** über etw *akk* Bescheid wissen **IV.** *n* (*connection*) Kontakt[e] *m*[*pl*] ▸PHRASES: **to know the ~s and outs of sth** sich in einer S. *gen* genau auskennen

in·abil·ity [ˌɪnəˈbɪləti, AM -əţi] *n no pl* Unfähigkeit *f*

in·ac·ces·sible [ˌɪnəkˈsesəbl̩] *adj* (*hard to enter*) unzugänglich; (*hard to understand*) unverständlich

in·ac·cu·ra·cy [ɪnˈækjərəsi, AM -jɚə-] *n* Ungenauigkeit *f*

in·ac·cu·rate [ɪnˈækjərət, AM -jɚət] *adj* (*inexact*) ungenau; (*wrong*) falsch

in·ac·tion [ɪnˈækʃᵊn] *n no pl* Untätigkeit *f*

in·ac·tive [ɪnˈæktɪv] *adj* untätig, inaktiv

in·ac·tiv·ity [ˌɪnækˈtɪvəti, AM -əţi] *n no pl* Untätigkeit *f*

in·ad·equa·cy [ɪnˈædɪkwəsi] *n* ❶ (*trait*) Unzulänglichkeit[en] *f*[*pl*] ❷ *no pl* (*quality*) Unzulänglichkeit *f;* **feelings of ~** Minderwertigkeitsgefühle *pl*

in·ad·equate [ɪnˈædɪkwət] *adj* unangemessen; **woefully ~** völlig unzulänglich

in·admis·si·ble [ˌɪnədˈmɪsəbl̩] *adj* unzulässig

in·ad·ver·tent [ˌɪnədˈvɜːtᵊnt, AM -ˈvɜːr-] *adj* (*careless*) unachtsam; (*erroneous*) versehentlich

in·ad·vis·able [ˌɪnədˈvaɪzəbl̩] *adj* nicht empfehlenswert

I

in·al·ien·able [ɪˈneɪliənəbl̩] *adj* (*form*) unveräußerlich
in·ane [ɪˈneɪn] *adj* geistlos; (*silly*) dämlich
in·ani·mate [ɪˈnænɪmət] *adj* leblos; (*immobile*) bewegungslos
in·an·ity [ɪˈnænəti, AM -t̬i] *n* (*pej*) ❶ (*lack of substance*) Trivialität *f* ❷ *no pl* (*silliness*) Albernheit *f*
in·ap·pli·cable [ˌɪnəˈplɪkəbl̩, AM ɪˈnæp-] *adj* unanwendbar; *answer, question* unzutreffend
in·ap·pro·pri·ate [ˌɪnəˈprəʊpriət, AM -ˈproʊ-] *adj* ungeeignet; *time* unpassend; (*inconvenient*) ungelegen; (*out of place*) unangebracht
in·apt [ɪˈnæpt] *adj* (*form*) ❶ (*not suitable*) ungeeignet ❷ (*not skilful*) ungeschickt
in·ap·ti·tude [ɪˈnæptɪtjuːd, AM -tətuːd, -tjuːd] *n no pl* (*form*) Unvermögen *f*
in·ar·ticu·late [ˌɪnɑːˈtɪkjələt, AM -ɑːrˈ-] *adj* ❶ **she was ~ with rage** die Wut verschlug ihr die Sprache ❷ (*unclear*) undeutlich; *speech* zusammenhangslos
in·ar·tis·tic [ˌɪnɑːˈtɪstɪk, AM -ɑːrˈ-] *adj* amusisch
in·as·much as [ɪnəzˈmʌtʃəz] *conj* (*form*) ❶ (*to the extent that*) insofern [als] ❷ (*because*) da [ja], weil
in·at·ten·tion [ˌɪnəˈten(t)ʃən] *n no pl* Unaufmerksamkeit *f;* (*negligence*) Achtlosigkeit *f*
in·at·ten·tive [ˌɪnəˈtentɪv, AM -t̬ɪv] *adj* unaufmerksam; (*careless*) achtlos
in·audible [ɪˈnɔːdəbl̩, AM *esp* ɪˈnɑː-] *adj* unhörbar
in·augu·ral [ɪˈnɔːgjərəl, AM ɪˈnɑːgjʊrəl] *adj attr* ❶ Einweihungs-; (*opening*) Eröffnungs- ❷ *esp* AM POL Antritts-
in·augu·rate [ɪˈnɔːgjəreɪt, AM ɪˈnɑːgjʊ-] *vt* ❶ *new era* einläuten; *policy* [neu] einführen; (*open up*) *new building* [neu] eröffnen ❷ **to ~ the president** den Präsidenten in sein Amt einführen
in·augu·ra·tion [ɪˌnɔːgjəˈreɪʃən, AM ɪˌnɑːgjʊˈ-] *n* ❶ *no pl of museum, library* Eröffnung *f; of monument, stadium* Einweihung *f; of era, policy* Einführung *f* ❷ (*induction*) Amtseinführung *f*
in·aus·pi·cious [ˌɪnɔːˈspɪʃəs, AM *esp* ˌɪnɑːˈ-] *adj* ungünstig
in-be·ˈtween I. *adj attr* Zwischen-, Übergangs- II. *n* Zwischending *nt*
in·board [ˌɪnˈbɔːd, AM -ˈbɔːrd] I. *adj* (*to inside*) einwärts, nach innen; (*inside*) innen, auf der Innenseite *nach n;* (*in vehicle*) im Innenraum *nach n;* NAUT innenbords II. *adv* einwärts, [nach] innen
in·born [ˌɪnˈbɔːn, AM -ˈbɔːrn] *adj personality trait* angeboren; *physical trait* vererbt
ˈin-box *n* COMPUT Posteingangsordner *m*
in·bred [ˌɪnˈbred, AM ˈɪnbred] *adj* ❶ durch Inzucht erzeugt ❷ (*inherent*) angeboren; *charm, talent* naturgegeben
in·breed·ing [ˌɪnˈbriːdɪŋ, AM ˈɪnbriːd-] *n no pl* Inzucht *f*
in·built [ˌɪnˈbɪlt] *adj* BRIT eingebaut; *congenital* angeboren
Inc. *adj after n* ECON *abbrev of* **incorporated** [als Kapitalgesellschaft] eingetragen
in·cal·cu·lable [ɪnˈkælkjələbl̩] *adj* ❶ (*high*) unabsehbar; *costs* unüberschaubar ❷ (*inestimable*) nicht zu ermessen *präd,* unvorstellbar; *value* unschätzbar
in·can·des·cent [ˌɪnkænˈdesənt] *adj* ❶ (*lit*) [weiß]glühend *attr,* leuchtend hell ❷ (*brilliant*) glanzvoll; *performance* glänzend
in·can·ta·tion [ˌɪnkænˈteɪʃən] *n* ❶ *no pl* (*activity*) Beschwörung *f* ❷ (*spell*) Zauberspruch *m*
in·ca·pabil·ity [ɪnˌkeɪpəˈbɪləti, AM -ət̬i] *n no pl* Unfähigkeit *f*
in·ca·pable [ɪnˈkeɪpəbl̩] *adj* unfähig (**of** zu +*dat*)
in·ca·paci·tate [ˌɪnkəˈpæsɪteɪt] *vt* außer Gefecht setzen
in·ca·pac·ity [ˌɪnkəˈpæsəti, AM -ət̬i] *n no pl* Unfähigkeit *f*
in·car·cer·ate [ɪnˈkɑːsəreɪt, AM -ˈkɑːrsə-] *vt* einkerkern
in·car·nate [ɪnˈkɑːnət, AM -ˈkɑːr-] *adj after n* **evil ~** das personifizierte Böse
in·car·na·tion [ˌɪnkɑːˈneɪʃən, AM -kɑːrˈ-] *n* ❶ *no pl* (*human form*) Verkörperung *f* ❷ (*lifetime*) Inkarnation *f*
in·cau·tious [ɪnˈkɔːʃəs, AM *esp* -ˈkɑː-] *adj* unvorsichtig
in·cen·di·ary [ɪnˈsendiəri, AM -dieri] I. *adj* ❶ *attr* Brand- ❷ (*fig: inciting*) aufstachelnd *attr,* aufrührerisch ❸ AM (*spicy*) sehr scharf II. *n* (*bomb*) Brandbombe *f;* (*device*) Brandmittel *nt*
in·cense[1] [ˈɪnsen(t)s] *n no pl* (*substance*) Räuchermittel *nt;* (*smoke*) wohlriechender Rauch; (*in church*) Weihrauch *m*
in·cense[2] [ɪnˈsen(t)s] *vt* empören
in·censed [ɪnˈsen(t)st] *adj* empört
in·cen·tive [ɪnˈsentɪv, AM -t̬ɪv] I. *n* Anreiz *m* II. *adj attr* Vorteile bringend; **~ discount** Treuerabatt *m*
in·ˈcen·tive scheme *n* Prämiensystem *nt*
in·cen·tiv·iz·ing [ɪnˈsentɪvaɪzɪŋ, AM -t̬ɪv-] *adj* motivierend, attraktiv
in·cep·tion [ɪnˈsepʃən] *n no pl* Anfang *m;* (*of company*) Gründung *f*
in·cer·ti·tude [ɪnˈsɜːtɪtjuːd, AM -ˈsɜːrtɪtuːd] *n* Unsicherheit *f*

in·ces·sant [ɪn'sesᵊnt] *adj* ununterbrochen
in·cest ['ɪnsest] *n no pl* Inzest *m*
in·ces·tu·ous [ɪn'sestjuəs, AM -tʃu-] *adj* inzestuös
inch [ɪn(t)ʃ] **I.** *n* <*pl* -es> ❶ (*measurement*) Zoll *m* (*2,54 cm*) ❷ (*body size*) ■ **~es** *pl* Körpergröße *f* ❸ (*distance*) Zollbreit *m*, Zentimeter *m*; **to miss sb/sth by ~es** jdn/etw [nur] um Haaresbreite verfehlen **II.** *vi* sich [ganz] langsam bewegen **III.** *vt* [ganz] vorsichtig bewegen ◆**inch forward** *vi* sich stückchenweise vorwärtsbewegen
in·ci·dence ['ɪn(t)sɪdᵊn(t)s] *n* Auftreten *nt*
in·ci·dent ['ɪn(t)sɪdᵊnt] *n* ❶ (*occurrence*) [Vor]fall *m* ❷ (*story*) Begebenheit *f*
in·ci·den·tal [ˌɪn(t)sɪ'dentᵊl, AM -t̬ᵊl] *adj* ❶ (*related*) begleitend *attr*, verbunden; (*secondary*) nebensächlich ❷ (*by chance*) zufällig; (*in passing*) beiläufig
in·ci·den·tal·ly [ˌɪn(t)sɪ'dentᵊli] *adv* ❶ (*by the way*) übrigens ❷ (*in passing*) nebenbei; (*accidentally*) zufällig
in·cin·er·ate [ɪn'sɪnᵊreɪt, AM -əreɪt] *vt* verbrennen
in·cin·era·tor [ɪn'sɪnᵊreɪtəʳ, AM -əreɪt̬ɚ] *n* Verbrennungsanlage *f*; (*for waste*) Müllverbrennungsanlage *f*; (*for bodies*) [Verbrennungs]ofen *m*
in·cipi·ent [ɪn'sɪpiənt] *adj* (*form*) beginnend *attr*, im Entstehen begriffen *präd*; **at an ~ stage** im Anfangsstadium
in·cise [ɪn'saɪz] *vt* einritzen; (*in wood*) einschnitzen; (*in metal, stone*) eingravieren; *wound* aufschneiden
in·ci·sion [ɪn'sɪʒᵊn] *n* MED [Ein]schnitt *m*
in·ci·sive [ɪn'saɪsɪv] *adj* (*clear*) klar; *remark* schlüssig; (*clear-thinking*) scharfsinnig; *mind* [messer]scharf
in·ci·sor [ɪn'saɪzəʳ, AM -ɚ] *n* Schneidezahn *m*
in·cite [ɪn'saɪt] *vt* aufstacheln; *revolt, riot* anzetteln
in·cite·ment [ɪn'saɪtmənt] *n no pl* Anstiftung *f*
in·ci·vil·ity [ˌɪnsɪ'vɪləti, AM -t̬i] *n* ❶ *no pl* (*form: impoliteness*) Unhöflichkeit *f* ❷ (*disregard*) Respektlosigkeit *f*
in·clem·ent [ɪn'klemənt] *adj* (*form*) *weather* rau; *judge* unnachsichtig
in·cli·na·tion [ˌɪnklɪ'neɪʃᵊn] *n* ❶ (*tendency*) Neigung *f*, Hang *m kein pl* ❷ (*slope*) Neigung *f*; *of head* Neigen *nt*
in·cline **I.** *vi* [ɪn'klaɪn] ❶ (*tend*) tendieren (**towards** zu +*dat*) ❷ (*lean*) sich neigen **II.** *vt* [ɪn'klaɪn] ❶ *usu passive* (*dispose*) ■ **to be ~d that way** dazu ~; ■ **to be ~d to do sth** dazu neigen, etw zu tun ❷ *head* neigen **III.** *n* ['ɪnklaɪn] (*slope*) Neigung *f*; *of hill, mountain* [Ab]hang *m*
in·clined [ɪn'klaɪnd] *adj pred* bereit; **to be ~ to agree** eher zustimmen; **to be politically ~** eine Anlage für Politik haben
in·close *vt see* **enclose**
in·clude [ɪn'klu:d] *vt* (*contain*) beinhalten; (*add*) beifügen; ■ **to be ~d in sth** in etw *akk* eingeschlossen sein; ■ **to ~ sb/sth in sth** jdn/etw in etw *akk* einbeziehen
in·clud·ing [ɪn'klu:dɪŋ] *prep* einschließlich
in·clu·sion [ɪn'klu:ʒᵊn] *n no pl* Einbeziehung *f*
in·clu·sive [ɪn'klu:sɪv] *adj* ❶ (*containing*) einschließlich; **all-~ rate** Pauschale *f*; **~ of VAT** inklusive Steuern ❷ *after n* **from 7 to 9 May ~** vom 7. bis einschließlich 9. Mai
in·cog·ni·to [ˌɪnkɒg'ni:təʊ, AM -kɑ:g'ni:t̬oʊ] *adv* inkognito
in·co·her·ent [ˌɪnkə(ʊ)'hɪərᵊnt, AM -koʊ'hɪr-] *adj* zusammenhanglos
in·come ['ɪŋkʌm, AM *esp* 'ɪn-] *n* Einkommen *nt*; *of company* Einnahmen *pl*
'in·come group *n* Einkommensklasse *f* **in·come sup·port** *n no pl* BRIT ≈ Sozialhilfe *f* **'in·come tax** *n* Einkommensteuer *f*
in·com·ing [ˌɪŋ'kʌmɪŋ, AM *esp* ˌɪn'-] *adj attr* ankommend; **~ call** [eingehender] Anruf; **~ freshman** AM *Studienanfänger an einer amerikanischen Hochschule*; (*immigrating*) zuwandernd; (*recently elected*) neu [gewählt]
in·com·ings [ˌɪŋ'kʌmɪŋz, AM *esp* ˌɪn'-] *npl* Einkommen *nt*; *of company* Einnahmen *pl*
in·com·men·su·rate [ˌɪnkə'men(t)ʃᵊrət, AM -'men(t)sɚ-] *adj pred* ❶ (*out of proportion*) unangemessen; ■ **to be ~ to sth** zu einer S. *dat* in keinem Verhältnis stehen ❷ (*not compatible*) unvergleichbar ❸ MATH inkommensurabel *fachspr*
in·com·mu·ni·ca·do [ˌɪnkəˌmju:nɪ'kɑ:dəʊ, AM -doʊ] **I.** *adj pred* nicht erreichbar **II.** *adv* isoliert
in·com·pa·rable [ɪn'kɒmpᵊrəbl̩, AM -'kɑ:m-] *adj* (*different*) unvergleichbar; (*superior*) unvergleichlich
in·com·pat·ibil·ity [ˌɪnkəmˌpætə'bɪləti, AM -ˌpæt̬ə'bɪlət̬i] *n no pl* Unvereinbarkeit *f*; COMPUT Inkompatibilität *f fachspr*
in·com·pat·ible [ˌɪnkəm'pætəbl̩, AM -'pæt̬-] *adj* unvereinbar (**with** mit +*dat*); *machinery, computers* inkompatibel; *blood type* unverträglich; *colours* nicht kombinierbar; ■ **to be ~** *persons* nicht zusammenpassen
in·com·pe·tence [ɪn'kɒmpɪtᵊn(t)s, AM -'kɑ:mpət̬-], **in·com·pe·ten·cy** [ɪn'kɒmpɪtᵊn(t)si, AM -'kɑ:mpət̬-] *n no pl* Inkompetenz *f*

in·com·pe·tent [ɪn'kɒmpɪtᵊnt, AM -'kɑ:mpət̬ənt] *adj* ❶ (*incapable*) inkompetent, ungeeignet (**for** für +*akk*) ❷ LAW unzuständig

in·com·plete [ˌɪnkəm'pli:t] *adj* unvollständig; (*unfinished*) unfertig

in·com·pre·hen·sible [ɪnˌkɒmprɪ'hen(t)səbl̩, AM -ˌkɑ:m-] *adj* unverständlich; *act, event* unbegreiflich

in·com·pre·hen·sibly [ɪnˌkɒmprɪ'hen(t)səbli, AM -ˌkɑ:m-] *adv* unverständlicherweise, unbegreiflicherweise

in·com·pre·hen·sion [ɪnˌkɒmprɪ'hen(t)ʃᵊn, AM -ˌkɑ:m-] *n no pl* Unverständnis *nt*

in·con·ceiv·able [ˌɪnkən'si:vəbl̩] *adj* undenkbar, unvorstellbar

in·con·clu·sive [ˌɪnkən'klu:sɪv] *adj argument* nicht überzeugend; *results, test* ergebnislos; *evidence* unzureichend

I

in·con·gru·ous [ɪn'kɒŋgruəs, AM -'kɑ:ŋ-] *adj* (*inappropriate*) unpassend; (*inconsistent*) widersprüchlich

in·con·sequent [ɪn'kɒn(t)sɪkwənt, AM -'kɑ:n-] *adj* (*illogical*) unlogisch; (*irrelevant*) unwesentlich

in·con·sequen·tial [ɪnˌkɒn(t)sɪ'kwen(t)ʃᵊl, AM -ˌkɑ:n-] *adj* (*illogical*) unlogisch; (*unimportant*) unbedeutend; (*irrelevant*) unwesentlich

Falsche Freunde

Nicht verwechseln mit inkonsequent — *inconsistent*!

in·con·sid·er·able [ˌɪnkən'sɪdᵊrəbl̩] *adj* unbeträchtlich

in·con·sid·er·ate [ˌɪnkən'sɪdᵊrət] *adj* (*disregarding*) rücksichtslos (**towards** gegenüber +*dat*); (*insensitive*) gedankenlos; *remark* taktlos

in·con·sist·en·cy [ˌɪnkən'sɪstᵊn(t)si] *n* ❶ (*contradiction*) Unvereinbarkeit *f*; (*in text*) Unstimmigkeit *f* ❷ *no pl* (*inconstancy*) Unbeständigkeit *f*

in·con·sist·ent [ˌɪnkən'sɪstənt] *adj* ❶ (*contradicting*) widersprüchlich ❷ (*unsteady*) unbeständig

in·con·sol·able [ˌɪnkən'səʊləbl̩, AM -'soʊl-] *adj* untröstlich

in·con·spicu·ous [ˌɪnkən'spɪkjuəs] *adj* unauffällig

in·con·stant [ɪn'kɒn(t)stənt, AM -'kɑ:n-] *adj* ❶ (*changing*) unbeständig; (*unpredictably*) unberechenbar ❷ (*unfaithful*) treulos

in·con·test·able [ˌɪnkən'testəbl̩] *adj* unbestreitbar; *evidence* unwiderlegbar; *fact* unumstößlich

in·con·ti·nent [ɪn'kɒntɪnənt, AM -'kɑ:ntᵊnᵊnt] *adj* MED inkontinent

in·con·tro·vert·ible [ˌɪnˌkɒntrə'vɜ:təbl̩, AM -ˌkɑ:ntrə'vɜ:rt̬-] *adj* (*form*) unwiderlegbar

in·con·ven·ience [ˌɪnkən'vi:niən(t)s] **I.** *n* ❶ *no pl* (*trouble*) Unannehmlichkeit[en] *f*[*pl*] ❷ (*troublesome thing*) Unannehmlichkeit *f* **II.** *vt* ■**to ~ sb** jdm Unannehmlichkeiten bereiten

in·con·ven·ient [ˌɪnkən'vi:niənt, AM *also* -njənt] *adj time* ungelegen; *things, doings* lästig; *place* ungünstig [gelegen]

in·cor·po·rate [ɪn'kɔ:pᵊreɪt, AM -'kɔ:rpər-] *vt* ❶ (*integrate*) einfügen; *company, region* eingliedern; *food* [hin]zugeben ❷ (*contain*) enthalten

in·cor·po·ra·tion [ɪnˌkɔ:pᵊr'eɪʃᵊn, AM -ˌkɔ:rpə'reɪ-] *n no pl* Einfügung *f*, Eingliederung *f*, Einbeziehung *f*; *region* Eingemeindung *f*; *food* Zugabe *f*

in·cor·po·real [ˌɪnkɔ:'pɔ:riəl, AM -kɔ:r'-] *adj* körperlos; **an ~ being** ein übernatürliches Wesen

in·cor·rect [ˌɪn'kᵊrekt, AM -kə'rekt] *adj* ❶ (*untrue*) falsch; *calculation* fehlerhaft; *diagnosis* unkorrekt ❷ (*improper*) unkorrekt; *behaviour* unangebracht

in·cor·ri·gible [ɪn'kɒrɪdʒəbl̩, AM -'kɔ:rədʒ-] *adj* unverbesserlich

in·cor·rupt·ible [ˌɪnkə'rʌptəbl̩] *adj* unbestechlich; (*virtuous*) integer

in·crease **I.** *vi* [ɪn'kri:s] *prices, rates* [an]steigen; *pain, troubles* zunehmen; *population, wealth* anwachsen **II.** *vt* [ɪn'kri:s] erhöhen; (*strengthen*) verstärken; (*enlarge*) vergrößern **III.** *n* ['ɪnkri:s] Anstieg *m*, Zunahme *f*; *in production* Steigerung *f*; **to be on the ~** ansteigen; (*multiply*) [mehr und] mehr werden; (*magnify*) [immer] größer werden

in·creas·ing [ɪn'kri:sɪŋ] *adj* steigend, zunehmend

in·creas·ing·ly [ɪn'kri:sɪŋli] *adv* zunehmend, immer

in·cred·ible [ɪn'kredɪbl̩] *adj* ❶ unglaublich ❷ (*fam: very good*) fantastisch

in·cred·ibly [ɪn'kredɪbli] *adv* ❶ (*strangely*) erstaunlicherweise; (*surprisingly*) überraschenderweise ❷ + *adj* (*very*) unglaublich

in·cre·du·lity [ˌɪnkrə'dju:ləti, AM -'du:lət̬i, -dju:] *n no pl* (*disbelief*) [ungläubiges] Staunen; (*bewilderment*) Fassungslosigkeit *f*

in·credu·lous [ɪn'kredjələs, AM -'kredʒʊ-] *adj* (*disbelieving*) ungläubig; (*bewildered*) fassungslos; *look* erstaunt; *smile* skeptisch

in·cre·ment ['ɪnkrəmənt] *n* ❶ (*increase*) Anwachsen *nt*; *of earnings* Mehreinnahme[n] *f*[*pl*] ❷ (*division*) Stufe *f*; *on scale* [Grad]einteilung *f*; **by ~s** stufenweise

in·cre·men·tal [ˌɪnkrəˈmentəl, AM -t̬əl] *adj* stufenweise

in·crimi·nate [ɪnˈkrɪmɪneɪt] *vt* beschuldigen

in·crimi·nat·ing [ɪnˈkrɪmɪneɪtɪŋ, AM -t̬ɪŋ] *adj* belastend

in·cu·bate [ˈɪŋkjʊbeɪt] **I.** *vt* ❶ *egg* [be]brüten; (*hatch*) ausbrüten; *bacteria, cells* heranzüchten ❷ (*fig*) *idea, plan* ausbrüten **II.** *vi egg* bebrütet werden; *idea, plan* reifen

in·cu·ba·tion [ˌɪŋkjʊˈbeɪʃən] *n no pl* ❶ [Be]brüten *nt; for hatching* Ausbrüten *nt* ❷ (*time*) Brut[zeit] *f; for diseases* Inkubation[szeit] *f*

in·cu'ba·tion pe·ri·od *n* Brut[zeit] *f;* (*for plan*) Planungsphase *f;* (*for disease*) Inkubationszeit *f*

in·cu·ba·tor [ˈɪŋkjʊbeɪtəʳ, AM -t̬ɚ] *n* (*for eggs*) Brutapparat *m;* (*for babies*) Brutkasten *m*

in·cul·cate [ˈɪnkʌlkeɪt] *vt* ■**to ~ sth on sb** jdm etw einschärfen; ■**to ~ sb with sth** jdm etw beibringen

in·cum·bent [ɪnˈkʌmbənt] **I.** *adj attr* amtierend **II.** *n* Amtsinhaber(in) *m(f)*

in·cur <-rr-> [ɪnˈkɜːʳ, AM -ˈkɜːr] *vt* ❶ hinnehmen müssen; *debt* machen; *losses* erleiden; **to ~ costs** Kosten haben ❷ (*bring on*) hervorrufen; **to ~ the anger of sb** jdn verärgern

in·cur·able [ɪnˈkjʊərəbl̩, AM -ˈkjʊr-] *adj* unheilbar; *habit* nicht ablegbar

in·cur·sion [ɪnˈkɜːʃən, AM -ˈkɜːrʒ-, -rʃ-] *n* [feindlicher] Einfall

'in-dash *adj* AUTO ins Armaturenbrett integriert

in·debt·ed [ɪnˈdetɪd, AM -t̬ɪd] *adj pred* ❶ (*obliged*) [zu Dank] verpflichtet ❷ (*owing*) verschuldet

in·debt·ed·ness [ɪnˈdetɪdnəs, AM -t̬ɪd-] *n no pl* (*personal*) Verpflichtung *f;* (*financial*) Verschuldung *f*

in·de·cen·cy [ɪnˈdiːsən(t)si] *n no pl* ❶ (*impropriety*) Ungehörigkeit *f* ❷ (*assault*) sexueller Übergriff (**against** auf +*akk*)

in·de·cent [ɪnˈdiːsənt] *adj* ❶ (*improper*) ungehörig; (*unseemly*) unschicklich; (*inappropriate*) unangemessen ❷ (*lewd*) unanständig; *proposal* unsittlich

in·de·ci·pher·able [ˌɪndɪˈsaɪfərəbl̩] *adj* (*illegible*) unlesbar; *handwriting* kaum zu entziffern; (*incomprehensible*) unverständlich

in·de·ci·sion [ˌɪndɪˈsɪʒən] *n no pl* Unentschlossenheit *f*

in·de·ci·sive [ˌɪndɪˈsaɪsɪv] *adj* ❶ (*wishy-washy*) unentschlossen; *person* nicht entscheidungsfreudig ❷ (*inconclusive*) unschlüssig

in·de·ci·sive·ness [ˌɪndɪˈsaɪsɪvnəs] *n no pl* Unschlüssigkeit *f,* Unentschlossenheit *f*

in·de·clin·able [ˌɪndɪˈkleɪnəbl̩] *adj* LING undeklinierbar

in·deco·rous [ɪnˈdekərəs] *adj* (*form: improper*) unangemessen; (*undignified*) schamlos

in·deed [ɪnˈdiːd] **I.** *adv* ❶ (*for emphasis*) wirklich; (*actually*) tatsächlich; **thank you very much ~!** vielen herzlichen Dank! ❷ (*affirmation*) allerdings ❸ (*for strengthening*) ja **II.** *interj* [ja,] wirklich, ach, wirklich *oft iron;* **when will we get a pay rise? – when ~?** wann bekommen wir eine Gehaltserhöhung? – ja, wann wohl?

in·de·fati·gable [ˌɪndɪˈfætɪgəbl̩, AM -fæt̬-] *adj* unermüdlich

in·de·fen·sible [ˌɪndɪˈfen(t)səbl̩] *adj* ❶ (*unjustifiable*) unentschuldbar; (*unconvincing*) *opinions, arguments* unhaltbar; (*unacceptable*) untragbar; *behaviour* unmöglich ❷ MIL nicht zu halten *präd*

in·de·fin·able [ˌɪndɪˈfaɪnəbl̩] *adj* undefinierbar

in·defi·nite [ɪnˈdefɪnət, AM -ənət] *adj* ❶ (*unknown*) unbestimmt ❷ (*vague*) unklar; *answer* nicht eindeutig; *date, time* offen; *plans, ideas* vage

in·defi·nite 'ar·ti·cle *n* unbestimmter Artikel

in·defi·nite·ly [ɪnˈdefɪnətli, AM -ənət-] *adv* ❶ auf unbestimmte Zeit ❷ (*vaguely*) vage

in·del·ible [ɪnˈdeləbl̩] *adj* ❶ *ink* unlöschbar; *colours, stains* unlöslich ❷ (*fig: permanent*) unauslöschlich

in·dem·ni·fy <-ie-> [ɪnˈdemnɪfaɪ] *vt* ❶ (*insure*) versichern ❷ (*compensate*) entschädigen

in·dem·ni·ty [ɪnˈdemnəti, AM -ət̬i] *n* ❶ *no pl* (*insurance*) Versicherung *f* ❷ (*compensation with liability*) Schaden[s]ersatz *m;* (*without liability*) Entschädigung *f*

in·dent **I.** *vi* [ɪnˈdent] TYPO einrücken **II.** *vt* [ɪnˈdent] ❶ TYPO einrücken ❷ (*depress*) eindrücken; *metal* einbeulen **III.** *n* [ˈɪndent] TYPO Einzug *m*

in·den·ta·tion [ˌɪndenˈteɪʃən] *n* ❶ TYPO Einzug *m* ❷ (*depression*) Vertiefung *f; in cheek, head* Kerbe *f; in metal* Beule *f; in rock, coast* Einbuchtung *f;* (*cut*) [Ein]schnitt *m*

in·de·pend·ence [ˌɪndɪˈpendən(t)s] *n no pl* ❶ (*autonomy*) Unabhängigkeit *f* ❷ (*without influence*) Unabhängigkeit *f;* (*impartiality*) Unparteilichkeit *f* ❸ (*self-reliance*) Selbstständigkeit *f*

I

In·de·'pend·ence Day *n* AM *amerikanischer Unabhängigkeitstag*

in·de·pend·ent [ˌɪndɪ'pendənt] **I.** *adj* ① (*autonomous*) unabhängig (**from** von +*dat*) ② (*uninfluenced*) unabhängig (**of** von +*dat*); (*impartial*) unparteiisch ③ (*unassisted*) selbstständig **II.** *n* POL Parteilose(r) *f(m)*

Land und Leute

Independent schools sind vom staatlichen Schulsystem unabhängige Privatschulen. In Großbritannien heißen sie *public schools.*

In·de·pend·ent 'Tele·vi·sion *n no pl, no art* BRIT *britisches Privatfernsehen*

in-depth [ˌɪn'depθ] *adj attr* gründlich; *investigation* eingehend; *report* detailliert

in·de·scrib·able [ˌɪndɪ'skraɪbəbl̩] *adj* unbeschreiblich

in·de·struct·ible [ˌɪndɪ'strʌktəbl̩] *adj* unzerstörbar; *toy* unverwüstlich

in·de·ter·mi·nable [ˌɪndɪ'tɜːmɪnəbl̩, AM -'tɜːr-] *adj* unbestimmbar, undefinierbar

in·de·ter·mi·nate [ˌɪndɪ'tɜːmɪnət, AM -'tɜːr-] *adj* ① (*immeasurable*) unbestimmt ② (*vague*) unklar; (*indistinct*) *colour* unbestimmbar; *noise* undefinierbar; *period* ungewiss

in·dex <*pl* -es *or* indices> ['ɪndeks, *pl* -dɪsiːz] **I.** *n* ① <*pl* -es> (*in book*) Index *m;* (*of sources*) Quellenverzeichnis *nt;* (*in library*) Katalog *m;* **card ~** Kartei *f* ② <*pl* -dices *or* -es> ECON Index *m fachspr* ③ <*pl* -dices *or* -es> (*indicator*) Anzeichen *nt* (**of** für +*akk*) **II.** *vt* ① (*create index*) ■**to ~ sth** *in book* etw mit einem Verzeichnis versehen; *in library* etw katalogisieren ② (*record in index*) ■**to ~ sth** *in book* etw in ein Verzeichnis aufnehmen; *in library* etw in einen Katalog aufnehmen

in·dex·ation [ˌɪndek'seɪʃən] *n no pl* ECON Indexierung *f fachspr*

'in·dex card *n* Karteikarte *f* **'in·dex fin·ger** *n* Zeigefinger *m* **in·dex-'linked** *adj* BRIT ECON indexgebunden *fachspr*

In·dia ['ɪndiə] *n no pl* Indien *nt*

In·dian ['ɪndiən] **I.** *adj* ① (*Asian*) indisch ② (*native American*) indianisch, Indianer- **II.** *n* ① (*Asian*) Inder(in) *m(f)* ② (*native American*) Indianer(in) *m(f)*

In·dian 'club *n* Keule *f* **In·dian 'corn** *n no pl* AM Mais *m* **In·dian 'file** *n esp* AM (*single file*) **in ~** im Gänsemarsch **In·dian 'ink** *n* Tusche *f* **In·dian 'Ocean** *n* ■**the ~** der Indische Ozean **In·dian 'sum·mer** *n* Altweibersommer *m*

In·dia 'pa·per *n no pl* Dünndruckpapier *nt*

in·di·cate ['ɪndɪkeɪt] **I.** *vt* ① (*show*) zeigen; (*register*) anzeigen ② (*imply*) auf etw *akk* hindeuten ③ (*point to*) ■**to ~ sb/sth** auf jdn/etw hindeuten **II.** *vi* BRIT AUTO blinken

in·di·ca·tion [ˌɪndɪ'keɪʃən] *n* ① (*sign*) [An]zeichen *nt* (**of** für +*akk*), Hinweis *m* (**of** auf +*akk*); **he hasn't given any ~ of his plans** er hat nichts von seinen Plänen verlauten lassen ② (*reading*) *on gauge, meter* Anzeige *f*

in·dica·tive [ɪn'dɪkətɪv, AM -t̬ɪv] *adj* hinweisend *attr;* ■**to be ~ of sth** etw erkennen lassen

in·di·ca·tor ['ɪndɪkeɪtəʳ, AM -t̬ɚ] **I.** *n* ① (*evidence*) Indikator *m fachspr; of fact, trend* deutlicher Hinweis ② BRIT (*car light*) Blinker *m,* [Fahrt]richtungsanzeiger *m bes* SCHWEIZ ③ TECH (*gauge, meter*) Anzeiger *m;* (*needle*) Zeiger *m* **II.** *adj* **~ light** BRIT Kontrolllicht *nt*

in·di·ces ['ɪndɪsiːz] *n pl of* **index I 2,3**

in·dict [ɪn'daɪt] *vt* anklagen

in·dict·ment [ɪn'daɪtmənt] *n* ① LAW (*accusation*) Anklage[erhebung] *f;* (*bill*) Anklageschrift *f* ② (*fig: reason*) Anzeichen *nt* (**of** für +*akk*)

in·die ['ɪndi] *adj short for* **independent** *film, music* Indie-

In·dies ['ɪndiz] *npl* (*hist*) ■**the ~** der indische Subkontinent

in·dif·fer·ence [ɪn'dɪfərən(t)s] *n no pl* Gleichgültigkeit *f* (**to[wards]** gegenüber +*dat*)

in·dif·fer·ent [ɪn'dɪfərənt] *adj* ① (*uninterested*) gleichgültig (**to** gegenüber +*dat*); (*unmoved*) ungerührt (**to** von +*dat*) ② (*mediocre*) [mittel]mäßig

in·dig·enous [ɪn'dɪdʒɪnəs] *adj* [ein]heimisch; **to be ~ to Europe** in Europa heimisch sein

in·di·gest·ible [ˌɪndɪ'dʒestəbl̩] *adj* (*a. fig*) schwer verdaulich; (*bad*) ungenießbar

in·diges·tion [ˌɪndɪ'dʒestʃən] *n no pl* Magenverstimmung *f;* (*chronic*) Verdauungsstörung[en] *f[pl]*

in·dig·nant [ɪn'dɪgnənt] *adj* empört (**at, about** über +*akk*)

in·dig·na·tion [ˌɪndɪg'neɪʃən] *n no pl* Empörung *f* (**at, about** über +*akk*)

in·dig·nity [ɪn'dɪgnəti, AM -ət̬i] *n* Demütigung *f;* (*cause a.*) Erniedrigung *f*

in·di·rect [ˌɪndɪ'rekt] *adj* ① indirekt; **~ remark** Anspielung *f* ② *benefits, consequences* mittelbar

in·di·rect 'ob·ject *n* LING indirektes Objekt, Dativobjekt *nt* **in·di·rect 'tax** *n* FIN (*money*) indirekte Steuer; (*system*) indirekte Besteuerung

in·dis·cern·ible [ˌɪndɪˈsɜːnəbl̩, AM -ˈsɜːr-] *adj* nicht wahrnehmbar; *change* unmerklich; (*invisible*) nicht erkennbar

in·dis·ci·pline [ɪnˈdɪsəplɪn] *n no pl* (*form*) Disziplinlosigkeit *f*

in·dis·creet [ˌɪndɪˈskriːt] *adj* indiskret; (*tactless*) taktlos (**about** in Bezug auf +*akk*)

in·dis·cre·tion [ˌɪndɪˈskreʃᵊn] *n* ❶ *no pl* Indiskretion *f;* (*tactlessness*) Taktlosigkeit *f* ❷ (*act*) Indiskretion *f;* (*thoughtless*) unüberlegte Handlung

in·dis·crimi·nate [ˌɪndɪˈskrɪmɪnət] *adj* ❶ (*unthinking*) unüberlegt; (*uncritical*) unkritisch ❷ (*random*) wahllos

in·dis·pen·sable [ˌɪndɪˈspen(t)səbl̩] *adj* unentbehrlich (**for, to** für +*akk*)

in·dis·posed [ˌɪndɪˈspəʊzd, AM -ˈspoʊzd] *adj pred* unpässlich; *artist, singer* indisponiert *geh*

in·dis·po·si·tion [ˌɪndɪspəˈzɪʃᵊn] *n* (*form*) ❶ *usu sing* (*a. euph: illness*) Unpässlichkeit *f* ❷ *no pl* (*disinclination*) Widerwille *m*

in·dis·put·able [ˌɪndɪˈspjuːtəbl̩, AM -t̬-] *adj* unbestreitbar; *evidence* unanfechtbar; *skill, talent* unbestritten

in·dis·tinct [ˌɪndɪˈstɪŋ(k)t] *adj* ❶ (*mumbled*) undeutlich; (*blurred*) verschwommen ❷ (*unclear*) unklar; *memory* verschwommen; *smell* undefinierbar

in·dis·tin·guish·able [ˌɪndɪˈstɪŋgwɪʃəbl̩] *adj* nicht unterscheidbar; (*imperceptible*) nicht wahrnehmbar

in·di·vid·ual [ˌɪndɪˈvɪdʒuəl] **I.** *n* ❶ Einzelne(r) *f(m),* Individuum *nt geh* ❷ (*original person*) [selbstständige] Persönlichkeit **II.** *adj* ❶ *attr* (*separate*) einzeln ❷ (*particular*) individuell

in·di·vidu·al·ism [ˌɪndɪˈvɪdʒuəlɪzᵊm] *n no pl* Individualismus *m*

in·di·vidu·al·ist [ˌɪndɪˈvɪdʒuəlɪst] *n* Individualist(in) *m(f)*

in·di·vidu·al·is·tic [ˌɪndɪˌvɪdʒuəlˈɪstɪk] *adj* individualistisch *geh*

in·di·vidu·al·ity [ˌɪndɪˌvɪdʒuˈæləti, AM -ət̬i] *n* ❶ *no pl* Individualität *f* ❷ *pl* (*characteristics*) Eigenarten *pl;* (*tastes*) Geschmäcker *pl*

in·di·vidu·al·ize [ˌɪndɪˈvɪdʒuəlaɪz] *vt* ❶ (*adapt*) nach individuellen Bedürfnissen ausrichten ❷ (*make distinctive*) individuell[er] gestalten

in·di·vid·ual·ly [ˌɪndɪˈvɪdʒuəli] *adv* ❶ einzeln ❷ (*distinctively*) individuell; (*distinctly*) eigen[tümlich]

in·di·vis·ible [ˌɪndɪˈvɪzəbl] *adj* unteilbar

in·doc·tri·nate [ɪnˈdɒktrɪneɪt, AM -ˈdɑːk-] *vt* indoktrinieren *geh o pej* (**in, with** mit +*dat*)

in·doc·tri·na·tion [ɪnˌdɒktrɪˈneɪʃᵊn, AM -ˌdɑːk-] *n no pl* Indoktrination *f geh o pej;* (*process*) Indoktrinierung *f geh o pej*

in·do·lence [ˈɪndᵊlən(t)s] *n no pl* Trägheit *f*

in·do·lent [ˈɪndᵊlənt] *adj* träge

in·domi·table [ɪnˈdɒmɪtəbl̩, AM -ˈdɑːmət̬ə-] *adj* unbezähmbar; *courage* unerschütterlich; *spirit* unbeugsam; *strength of character* unbezwingbar; *will* unbändig

In·do·nesia [ˌɪndə(ʊ)ˈniːʒə, AM -dəˈ-] *n* Indonesien *nt*

In·do·nesian [ˌɪndə(ʊ)ˈniːʒən, AM -dəˈ-] **I.** *adj* indonesisch **II.** *n* ❶ Indonesier(in) *m(f)* ❷ (*language*) Indonesisch *nt*

in·door [ˌɪnˈdɔːʳ, AM -ˈdɔːr] *adj attr* ❶ (*inside*) Innen-; ~ **plant** Zimmerpflanze *f;* SPORTS Hallen- ❷ (*for use inside*) Haus-, für zu Hause *nach n;* SPORTS Hallen-, für die Halle *nach n*

in·doors [ˌɪnˈdɔːz, AM -ˈdɔːrz] *adv* (*to inside*) herein/hinein, nach drinnen; (*in building*) drinnen; (*in house*) im Haus

in·du·bi·table [ɪnˈdjuːbɪtəbl̩, AM -ˈduːbɪt̬ə-, -ˈdjuː-] *adj* (*form*) unzweifelhaft; *evidence* zweifelsfrei

in·du·bi·tably [ɪnˈdjuːbɪtəbli, AM -ˈduːbɪt̬ə-, -ˈdjuː-] *adv* zweifellos

in·duce [ɪnˈdjuːs, AM *esp* -ˈduːs] *vt* ❶ (*persuade*) ▪**to ~ sb to do sth** jdn dazu bringen, etw zu tun ❷ (*cause*) hervorrufen ❸ (*initiate*) einleiten

in·duce·ment [ɪnˈdjuːsmənt, AM *esp* -ˈduːs-] *n* Anreiz *m;* (*verbal*) Überredung *f*

in·duct [ɪnˈdʌkt] *vt usu passive* ❶ **to be ~ed into office** in ein Amt eingesetzt werden ❷ AM MIL **to be ~ed [into the army]** eingezogen werden

in·duc·tion [ɪnˈdʌkʃᵊn] *n* ❶ (*into office*) [Amts]einführung *f;* (*into organization*) Aufnahme *f* (**into** in +*akk*); ~ **into the military** AM Einberufung *f* [zum Wehrdienst] ❷ (*initiation*) Einführung *f* ❸ *no pl* ELEC, PHYS, TECH Induktion *f fachspr; of engine* Ansaugung *f*

in·ˈduc·tion coil *n* ELEC Induktionsspule *f fachspr* **in·ˈduc·tion course** *n* Einführungskurs *m*

in·duc·tive [ɪnˈdʌktɪv] *adj* ELEC, MATH induktiv *fachspr;* ~ **current** Induktionsstrom *m*

in·dulge [ɪnˈdʌldʒ] **I.** *vt* ❶ (*allow*) nachgeben +*dat;* **to ~ sb's every wish** jdm jeden Wunsch erfüllen ❷ (*spoil*) verwöhnen **II.** *vi* ❶ (*fam: drink alcohol*) sich *dat* einen genehmigen *fam o euph;* (*too much*) einen über den Durst trinken *fam o euph* ❷ (*in undesirable activity*) ▪**to ~ in sth** in etw *dat* schwelgen

in·dul·gence [ɪn'dʌldʒən(t)s] *n* ❶ (*treat, pleasure*) Luxus *m; food, drink, activity* Genuss *m* ❷ *no pl* (*in food, drink, pleasure*) Frönen *nt;* (*in alcohol*) übermäßiger Alkoholgenuss *f;* **self-~** [ausschweifendes] Genießen

in·dul·gent [ɪn'dʌldʒənt] *adj* ❶ (*lenient*) nachgiebig (**towards** gegenüber +*dat*) ❷ (*tolerant*) nachsichtig

in·dus·trial [ɪn'dʌstriəl] *adj* industriell; *product, city* Industrie-; *training, development* betrieblich; **~ output** Industrieproduktion *f*

in·dus·trial es·'tate *n* BRIT Industriegebiet *nt*

in·dus·tri·al·ism [ɪn'dʌstriəlɪzᵊm] *n no pl* Industrialismus *m*

in·dus·tri·al·ist [ɪn'dʌstriəlɪst] *n* Industrielle(r) *f(m)*

in·dus·tri·ali·za·tion [ɪnˌdʌstriəlaɪ'zeɪʃᵊn, AM -lɪ'-] *n no pl* Industrialisierung *f*

in·dus·tri·al·ize [ɪn'dʌstriəlaɪz] **I.** *vi country* zum Industriestaat werden; *area* Industrie ansiedeln; *business* industrielle Produktionsmethoden einführen **II.** *vt* industrialisieren; **to ~ an area** auf einem Gebiet eine Industrie ansiedeln; *to ~ a business* in ein Geschäftsfeld industrielle Produktionsmethoden einführen

in·dus·trial 'park *n* AM, AUS (*industrial estate*) Industriegebiet *nt* **In·dus·trial Revo·'lu·tion** *n* HIST ■**the ~** die Industrielle Revolution

in·dus·tri·ous [ɪn'dʌstriəs] *adj* (*hard-working*) fleißig; (*busy*) eifrig

in·dus·try ['ɪndəstri] *n* ❶ *no pl* (*manufacturing*) Industrie *f* ❷ (*trade*) Branche *f*

in·ebri·ate **I.** *vt* [ɪ'ni:brieɪ] (*form*) ■**to ~ sb** jdn betrunken machen **II.** *n* [ɪ'ni:briət] (*form*) Trinker(in) *m(f)*

in·ed·ible [ɪ'nedɪbl̩, AM *esp* ɪn'ed-] *adj* ❶ (*uneatable*) nicht essbar ❷ (*disgusting*) ungenießbar *pej*

in·edu·cable [ɪ'nedjəkəbl̩, AM ɪn'edʒʊ-] *adj* schwer erziehbar; (*handicapped*) lernbehindert

in·ef·fable [ɪ'nefəbl̩, AM *esp* ɪn'ef-] *adj* (*form*) unsäglich

in·ef·fec·tive [ˌɪnɪ'fektɪv] *adj measure* unwirksam; *person* untauglich

in·ef·fec·tual [ˌɪnɪ'fektʃuᵊl] *adj* ineffektiv *geh*

in·ef·fi·cien·cy [ˌɪnɪ'fɪʃᵊn(t)si] *n no pl* Ineffizienz *f geh; of person* Inkompetenz *f; of measure* Unwirksamkeit *f; of attempt* Erfolglosigkeit *f*

in·ef·fi·cient [ˌɪnɪ'fɪʃᵊnt] *adj* ❶ *organization, person* unfähig; *system* ineffizient; (*unproductive*) unwirtschaftlich ❷ (*wasteful*) unrationell

in·el·egant [ɪ'nelɪgənt, AM *esp* ˌɪn'el-] *adj* ❶ unelegant; *setting, look* ohne [jeden] Schick *nach n; speech* holprig ❷ (*unrefined*) ungeschliffen; (*clumsy*) plump

in·eli·gible [ɪ'nelɪdʒəbl̩, AM *esp* ˌɪn'el-] *adj* (*for benefits*) nicht berechtigt (**for** zu +*dat*); (*for office*) nicht wählbar (**for** in +*dat*)

in·ept [ɪ'nept, AM *esp* ˌɪn'ept] *adj* unbeholfen (**at** in +*dat*); (*unskilled*) ungeschickt (**at** in +*dat*); *comment* unangebracht; *leadership* unfähig; *performance* stümperhaft; *remark* unpassend

in·equal·ity [ˌɪnɪ'kwɒləti, AM -'kwɑ:lət̬i] *n* Ungleichheit *f*

in·equi·table [ɪ'nekwɪtəbl̩, AM ˌɪn'ekwət̬ə-] *adj* (*form*) ungerecht

in·equi·ty [ɪ'nekwəti, AM ˌɪn'ekwət̬i] *n* (*form*) Ungerechtigkeit *f*

in·eradi·cable [ˌɪnɪ'rædɪkəbl̩] *adj* unausrottbar; *hatred* ohnmächtig; *impression* unauslöschlich; *error, state* unabänderlich

in·ert [ɪn'ɜ:t, AM ˌɪn'ɜ:rt] *adj* ❶ (*still*) unbeweglich ❷ (*slow*) träge; (*not vigorous*) kraftlos

in·er·tia [ɪ'nɜ:ʃə, AM ˌɪn'ɜ:r-] *n no pl* ❶ (*stillness*) Unbeweglichkeit *f* ❷ (*idleness*) Trägheit *f*

in·er·tia reel 'seat belt *n* Automatikgurt *m*

in·es·cap·able [ˌɪnɪ'skeɪpəbl̩] *adj* unvermeidlich; *fate* unentrinnbar; (*undeniable*) unleugbar; *truth* unbestreitbar

in·es·sen·tial [ˌɪnɪ'sen(t)ʃᵊl] **I.** *adj* nebensächlich **II.** *n usu pl* Nebensächlichkeit *f*

in·es·ti·mable [ɪ'nestɪməbl̩, AM *esp* ˌɪn'es-] *adj* unschätzbar

in·evi·table [ɪ'nevɪtəbl̩, AM ˌɪn'evɪt̬ə-] **I.** *adj* unvermeidlich; *result* zwangsläufig **II.** *n no pl* ■**the ~** das Unvermeidbare

in·ex·act [ˌɪnɪg'zækt] *adj* ungenau

in·ex·cus·able [ˌɪnɪk'skju:zəbl̩] *adj* unverzeihlich

in·ex·haust·ible [ˌɪnɪg'zɔ:stəbl̩, AM *esp* -'zɑ:st-] *adj* unerschöpflich

in·exo·rable [ɪ'neksᵊrəbl̩, AM ˌɪn'ek-] *adj* (*form*) ❶ (*cannot be stopped*) unaufhaltsam ❷ (*relentless*) *person* unerbittlich

in·ex·pe·di·ent [ˌɪnɪk'spi:diənt] *adj* (*form: not practical, suitable*) ungeeignet; (*not advisable*) unklug

in·ex·pen·sive [ˌɪnɪk'spen(t)sɪv] *adj* preisgünstig; (*cheap*) billig

in·ex·pe·ri·ence [ˌɪnɪk'spɪəriən(t)s, AM -'spɪr-] *n no pl* Unerfahrenheit *f*

in·ex·pe·ri·enced [ˌɪnɪk'spɪəriən(t)st, AM

-'spɪr-] *adj* unerfahren; ■**to be ~ in sth** mit etw *dat* nicht vertraut sein; *in skill* in etw *dat* nicht versiert sein; ■**to be ~ with sth** sich mit etw *dat* nicht auskennen

in·ex·pert [ɪ'nekspɜ:t, AM ˌɪn'ekspɜ:rt] *adj* laienhaft; *attempt* stümperhaft; *handling* unsachgemäß; *treatment* unfachmännisch

in·ex·pli·cable [ˌɪnɪk'splɪkəbl̩, AM ˌɪn'ekspl-] *adj* unerklärlich

in·ex·tri·cable [ˌɪnɪk'strɪkəbl̩] *adj* ❶ unentwirrbar; (*inseparable*) unlösbar ❷ (*inescapable*) unentrinnbar

in·fal·libil·ity [ɪnˌfælə'bɪləti, AM -əţi] *n no pl* Unfehlbarkeit *f*

in·fal·lible [ɪn'fæləbl̩] *adj* unfehlbar

in·fal·libly [ɪn'fæləbli] *adv* ❶ (*without failing*) fehlerfrei, einwandfrei ❷ (*always*) immer

in·fa·mous ['ɪnfəməs] *adj* berüchtigt

in·fa·my ['ɪnfəmi] *n no pl* Verrufenheit *f*

in·fan·cy ['ɪnfən(t)si] *n* frühe [*o* früh[e]ste] Kindheit; (*fig*) Anfangsphase *f*

in·fant ['ɪnfənt] **I.** *n* ❶ (*baby*) Säugling *m* ❷ BRIT, AUS (*child between 4 and 7*) Kleinkind *nt* ❸ BRIT, AUS SCH ■**the I~s** *pl* die erste und zweite Grundschulklasse **II.** *adj* **~ daughter** kleines Töchterchen; **~ teacher** BRIT, AUS Grundschullehrer(in) *m(f)*

in·fan·ti·cide [ɪn'fæntɪsaɪd, AM -ţə-] *n no pl* Kindestötung *f fachspr*

in·fan·tile ['ɪnfəntaɪl] *adj* (*pej*) kindisch *meist pej*

in·fant mor·'tal·ity *n no pl* Säuglingssterblichkeit *f*

in·fan·try ['ɪnfəntri] **I.** *n no pl* ■**the ~** + *sing/pl vb* die Infanterie **II.** *adj* Infanterie-

'in·fant·ry·man *n* Infanterist *m*

in·fatu·at·ed [ɪn'fætjueɪtɪd, AM -tʃueɪţɪd] *adj* vernarrt (**with** in +*akk*), verknallt *fam* (**with** in +*akk*)

in·fect [ɪn'fekt] *vt* ❶ (*contaminate*) infizieren ❷ (*fig*) *with enthusiasm* anstecken

in·fec·tion [ɪn'fekʃən] *n* Infektion *f*; **throat ~** Halsentzündung *f*

in·fec·tious [ɪn'fekʃəs] *adj* ansteckend *a. fig*

in·fe·lici·tous [ˌɪnfə'lɪsɪtəs, AM -ţəs] *adj* (*pej form: inappropriate*) unangebracht; (*hum: unfortunate*) unglücklich

in·fer <-rr-> [ɪn'fɜ:ʳ, AM -'fɜ:r] *vt* schließen (**from** aus +*dat*); **from these facts we can ~ that ...** aus diesen Tatsachen können wir die Schlussfolgerung ziehen, dass ...

in·fer·ence [ɪn'fərən(t)s] *n* ❶ (*conclusion*) Schluss *m* ❷ *no pl* (*concluding*) [Schluss]folgern *nt*; **by ~** folglich

in·fe·ri·or [ɪn'fɪəriəʳ, AM -'fɪriɚ] **I.** *adj* ❶ minderwertig; *mind* unterlegen ❷ (*lower*) *in rank* [rang]niedriger; *in status* untergeordnet **II.** *n* ■**~s** *pl* Untergebene *pl*

in·fe·ri·or·ity [ɪnˌfɪəri'ɒrəti, AM -ˌfɪri'ɔ:rəţi] *n no pl* ❶ Minderwertigkeit *f*; *of work* schlechte Qualität ❷ *of rank* Unterlegenheit *f*

in·fe·ri·'or·ity com·plex *n* Minderwertigkeitskomplex *m*

in·fer·nal [ɪn'fɜ:nəl, AM -'fɜ:r-] *adj* ❶ höllisch, Höllen- ❷ *attr* (*fam: annoying*) grässlich

in·fer·no [ɪn'fɜ:nəʊ, AM -'fɜ:rnoʊ] *n* flammendes Inferno

in·fer·tile [ɪn'fɜ:taɪl, AM -'fɜ:rţəl] *adj* unfruchtbar

in·fer·til·ity [ˌɪnfə'tɪləti, AM -fɚ'tɪləţi] *n no pl* Unfruchtbarkeit *f*

in·fest [ɪn'fest] *vt* befallen (**with** von +*dat*); (*haunt*) heimsuchen

in·fes·ta·tion [ˌɪnfes'teɪʃən] *n* ❶ *no pl* (*state*) Verseuchung *f* ❷ (*instance*) Befall *m* (**of** durch +*akk*); **~ of rats** Rattenplage *f*

in·fi·del ['ɪnfɪdəl, AM -fədel] *n no pl* (*old*) Ungläubige(r) *f(m)*

in·fi·del·ity [ˌɪnfɪ'deləti, AM -fə'deləţi] *n* ❶ *no pl* (*disloyalty*) Verrat *m* (**to** gegenüber, an +*dat*); (*sexual*) Untreue *f* (**to** an +*dat*) ❷ (*sexual peccadillos*) ■**infidelities** *pl* Seitensprünge *pl*

in·fight·ing ['ɪnfaɪtɪŋ] *n no pl* interne Machtkämpfe *pl*

in·fil·trate ['ɪnfɪltreɪt, AM *esp* ɪn'fɪl-] *vt* ❶ unterwandern; *building, enemy lines* eindringen (in +*akk*); *agent, spy* einschleusen (**into** in +*akk*) ❷ *idea, theory* durchdringen

in·fil·tra·tion [ˌɪnfɪl'treɪʃən] *n no pl* ❶ Unterwanderung *f*; MIL Infiltration *f fachspr* ❷ (*influence*) starke Einflussnahme

in·fil·tra·tor ['ɪnfɪltreɪtəʳ, AM -ţɚ] *n* Eindringling *m*

in·fi·nite ['ɪnfɪnət] *adj* ❶ unendlich; *space* unbegrenzt ❷ (*great*) grenzenlos; **to take ~ care** ungeheuer vorsichtig sein ❸ MATH unendlich

in·fi·nite·ly ['ɪnfɪnətli] *adv* ❶ unendlich; **~ small** winzig klein ❷ (*much*) unendlich viel

in·fini·tesi·mal [ˌɪnfɪnɪ'tesɪməl, AM *also* -'tez-] *adj* winzig

in·fini·tive [ɪn'fɪnɪtɪv, AM -ţɪv] **I.** *n* Infinitiv *m* **II.** *adj attr* Infinitiv-; **~ form** Grundform *f*, Infinitiv *m*

in·fin·ity [ɪn'fɪnəti, AM -əţi] *n* ❶ *no art, no pl* das Unendliche; ■**to ~** [bis] ins Unendliche ❷ *no pl* Unendlichkeit *f*; **into ~** [bis] in die Unendlichkeit

in·firm [ɪn'fɜ:m, AM -'fɜ:rm] **I.** *adj* ❶ (*ill*) ge-

I

brechlich ❷ (*old: weak*) schwach **II.** *n* ■ **the ~** *pl* die Kranken und Pflegebedürftigen

in·fir·mary [ɪnˈfɜːməri, AM -ˈfɜːrm-] *n* ❶ Krankenhaus *nt* ❷ AM (*sick room*) Krankenzimmer *nt;* (*in prison*) Krankenstation *f*

in·fir·mity [ɪnˈfɜːməti, AM -ˈfɜːrm-] *n* ❶ *no pl* (*state*) Gebrechlichkeit *f* ❷ (*illness*) Gebrechen *nt geh*

in·flame [ɪnˈfleɪm] *vt* ❶ (*arouse*) entfachen ❷ (*anger*) aufbringen; (*stronger*) erzürnen; *with anger* in Wut versetzen; *with desire* mit Verlangen erfüllen

in·flam·mable [ɪnˈflæməbl̩] *adj* ❶ [leicht] entzündbar ❷ (*fig*) *temperament* explosiv; **a highly ~ situation** eine höchst brisante Situation

in·flam·ma·tion [ˌɪnfləˈmeɪʃən] *n* Entzündung *f*

in·flam·ma·tory [ɪnˈflæmətəri, AM -tɔːri] *adj* ❶ entzündlich, Entzündungs- ❷ (*provoking*) hetzerisch; POL aufrührerisch

in·flat·able [ɪnˈfleɪtəbl̩, AM -t̬-] **I.** *adj* aufblasbar **II.** *n* Schlauchboot *nt*

in·flate [ɪnˈfleɪt] **I.** *vt* ❶ aufblasen; (*with pump*) aufpumpen ❷ (*exaggerate*) aufblähen *pej* ❸ (*raise*) in die Höhe treiben **II.** *vi* sich mit Luft füllen

in·flat·ed [ɪnˈfleɪtɪd, AM -t̬ɪd] *adj* ❶ aufgeblasen ❷ (*exaggerated*) aufgebläht *pej;* **to have an ~ opinion of oneself** ein übersteigertes Selbstwertgefühl haben ❸ (*higher*) überhöht

in·fla·tion [ɪnˈfleɪʃən] *n no pl* ❶ ECON Inflation *f* ❷ Aufblasen *nt;* (*with pump*) Aufpumpen *nt*

in·fla·tion·ary [ɪnˈfleɪʃənəri, AM -eri] *adj* FIN inflationär, Inflations-

in·flect [ɪnˈflekt] *vt* ❶ LING beugen ❷ (*modulate*) modulieren

in·flec·tion [ɪnˈflekʃən] *n* ❶ LING Beugung *f* ❷ (*modulation*) Modulation *f fachspr*

in·flex·ibil·ity [ɪnˌfleksəˈbɪləti, AM -ət̬i] *n no pl* ❶ Inflexibilität *f geh;* (*stiffness*) Steifheit *f* ❷ (*stubbornness*) Sturheit *f*

in·flex·ible [ɪnˈfleksəbl̩] *adj* ❶ (*fixed*) starr; *ideas, person* unbeugsam, unflexibel ❷ (*stiff*) steif

in·flex·ion *n esp* BRIT LING *see* **inflection**

in·flict [ɪnˈflɪkt] *vt* ❶ (*impose*) zufügen +*dat; fine* auferlegen +*dat;* **to ~ one's views on sb** jdm seine Ansichten aufzwingen ❷ (*usu hum*) **to ~ oneself on sb** sich jdm aufdrängen

in·flic·tion [ɪnˈflɪkʃən] *n no pl of suffering* Zufügen *nt; of torture also* Quälen *nt; of punishment, sentence* Verhängen *nt; of fine* Auferlegen *nt*

ˈin-flight *adj attr* Bord-, während des Fluges *nach n;* **~ [customer] catering/service** Bordverpflegung *f*/-service *m*

in·flu·ence [ˈɪnfluən(t)s] **I.** *n* ❶ Einfluss *m;* **to be an ~ on sb/sth** [einen] Einfluss auf jdn/etw ausüben ❷ *no pl* (*power*) Einfluss *m* (**on** auf +*akk*); **to be/fall under sb's ~** unter jds Einfluss stehen/geraten; **to exert one's ~** seinen [ganzen] Einfluss geltend machen **II.** *vt* beeinflussen; **easily ~d** beeinflussbar

in·flu·en·tial [ˌɪnfluˈen(t)ʃəl] *adj* einflussreich

in·flu·en·za [ˌɪnfluˈenzə] **I.** *n no pl* Grippe *f* **II.** *adj* Grippe-

in·flux [ˈɪnflʌks] *n no pl* Zustrom *m* (**of** an +*dat*); *of capital* Zufuhr *f* (**of** an +*dat*)

info [ˈɪnfəʊ, AM -oʊ] *n* (*fam*) *short for* **information** Info *f*

in·form [ɪnˈfɔːm, AM -ˈfɔːrm] **I.** *vt* informieren; *police* benachrichtigen **II.** *vi* ■ **to ~ against/on sb** jdn anzeigen

in·for·mal [ɪnˈfɔːməl, AM -ˈfɔːrm-] *adj* ❶ informell; *atmosphere, party* zwanglos; (*casual*) leger ❷ (*unofficial*) inoffiziell

in·for·mal·ity [ˌɪnfɔːˈmæləti, AM -fɔːrˈmælət̬i] *n no pl* ❶ Zwanglosigkeit *f* ❷ (*irregularity*) inoffizieller Charakter

in·form·ant [ɪnˈfɔːmənt, AM -ˈfɔːr-] *n* Informant(in) *m(f)*

in·for·ma·tion [ˌɪnfəˈmeɪʃən, AM -fɚˈ-] **I.** *n no pl* ❶ Information *f;* **a piece of ~** eine Information; **a lot of ~** viele Informationen *pl* ❷ AM (*phone service*) Auskunft *f* **II.** *adj* Informations-; COMPUT Daten-

Grammatik

information ist unzählbar; d.h. es wird nicht mit *an* oder im Plural gebraucht: *this website is full of information; thank you for all the information*
Wenn man von einer Information reden will, sagt man: a **piece of / bit of** information: *that is a useful piece of information*

in·for·ˈma·tion con·tent *n no pl* COMPUT Informationsgehalt *m* **in·for·ma·tion re·ˈtriev·al** COMPUT **I.** *n no pl* Wiederauffinden *nt* von Informationen, Informationsabruf *m* **II.** *adj* **~ system** Informationsaufrufsystem *nt* **in·for·ˈma·tion sci·ence** *n usu pl* Informatik *f kein pl* **in·for·ma·tion ˈstor·age** *n no pl* COMPUT Datenspeicherung *f* **in·for·ma·tion ˈsuper·high·way** *n* ■ **the ~** die Datenautobahn, das Internet **in·for·ˈma·tion sys·tem** *n* Informationssystem *nt* **in·for·ma·tion tech·ˈnol·ogy** *n no pl*

Informationstechnologie *f*

in·forma·tive [ɪnˈfɔːmətɪv, AM -ˈfɔːrmət̬-] *adj* informativ

in·formed [ɪnˈfɔːmd, AM -ˈfɔːr-] *adj* [gut] informiert; *opinion* fundiert; **to keep sb ~** jdn auf dem Laufenden halten

in·form·er [ɪnˈfɔːməʳ, AM -ˈfɔːrmɚ] *n* Informant(in) *m(f)*

info·tain·ment [ˌɪnfə(ʊ)ˈteɪnmənt, AM ˈɪnfoʊteɪ-] *n no pl* Infotainment *nt*

in·frac·tion [ɪnˈfrækʃᵊn] *n* LAW (*form*) Verstoß *m* (**of** gegen)

in·fra dig [ˌɪnfrəˈdɪg] *adj pred* ■**to be ~** [**for sb**] unter jds Würde sein

infra·red [ˌɪnfrəˈred] *adj* infrarot

infra·struc·ture [ˈɪnfrəˌstrʌktʃəʳ, AM -ɚ] *n* Infrastruktur *f*

in·fre·quent [ɪnˈfriːkwənt] *adj* selten

in·fringe [ɪnˈfrɪnʤ] **I.** *vt* verletzen; *law* verstoßen (**against** gegen +*akk*) **II.** *vi* ■**to ~** [**up**]**on sth** etw verletzen; *area* in etw *akk* eindringen; *territory* auf etw *akk* übergreifen

in·fringe·ment [ɪnˈfrɪnʤmənt] *n* ① (*action*) Verstoß *m; of law* Gesetzesverstoß *m; of rules* Regelverletzung *f; esp* SPORTS Regelverstoß *m* ② *no pl* (*violation*) Übertretung *f*

in·furi·ate [ɪnˈfjʊərieɪt, AM -ˈfjʊr-] *vt* wütend machen

in·fuse [ɪnˈfjuːz] **I.** *vt* ① (*fill*) erfüllen ② *tea, herbs* aufgießen **II.** *vi* ziehen

in·fu·sion [ɪnˈfjuːʒᵊn] *n* ① (*input*) Einbringen *nt;* ECON Infusion *f fachspr* ② (*brew*) Aufguss *m;* **herbal ~** Kräutertee *m* ③ *no pl* (*brewing*) Aufgießen *nt*

in·gen·ious [ɪnˈʤiːniəs, AM -njəs] *adj* ideenreich; *idea, method, plan* ausgeklügelt; *device* raffiniert

in·genu·ity [ˌɪnʤɪˈnjuːəti, AM -ət̬i] *n no pl* Einfallsreichtum *m; of idea, plan, solution* Genialität *f; of device* Raffiniertheit *f*

in·genu·ous [ɪnˈʤenjuəs] *adj* ① (*naive*) naiv ② (*honest*) offen

in·gest [ɪnˈʤest] *vt* (*form*) ① MED einnehmen ② (*fig*) *facts, information* verschlingen

ingle·nook [ˈɪŋglnʊk] *n esp* BRIT ARCHIT Kaminecke *f*

in·glo·ri·ous [ɪnˈglɔːriəs] *adj* unrühmlich; *defeat* schmählich

in·going [ˈɪnˌgəʊɪŋ, AM -ˈgoʊ-] *adj attr* eingehend; *occupant, office holder* neu

in·got [ˈɪŋgət] *n* Ingot *m fachspr; of gold, silver* Barren *m*

in·grained [ɪnˈgreɪnd] *adj* ① fest sitzend *attr;* **~ with dirt** stark verschmutzt ② (*fig: deep*) tief sitzend *attr,* fest verankert

in·gra·ti·ate [ɪnˈgreɪʃieɪt] *vt no passive* ■**to ~ oneself** [**with sb**] sich [bei jdm] einschmeicheln

in·grati·tude [ɪnˈgrætɪtjuːd, AM -t̬ətuːd] *n no pl* Undankbarkeit *f*

in·gre·di·ent [ɪnˈgriːdiənt] *n* ① Zutat *f* ② (*component*) Bestandteil *m*

ˈin-group *n* angesagte Clique

in·grow·ing [ɪnˈgrəʊɪŋ, AM ˈɪngroʊ-], **in·grown** [ɪnˈgrəʊn, AM ˈɪngroʊn] *adj usu attr* eingewachsen

in·hab·it [ɪnˈhæbɪt] *vt* bewohnen

in·hab·it·able [ɪnˈhæbɪtəbl̩, AM -t̬-] *adj* bewohnbar

in·hab·it·ant [ɪnˈhæbɪtᵊnt] *n* Einwohner(in) *m(f); of building* Bewohner(in) *m(f)*

in·hale [ɪnˈheɪl] *vt, vi* einatmen; *smoker* inhalieren

in·hal·er [ɪnˈheɪləʳ, AM -ɚ] *n* Inhalator *m*

in·har·mo·ni·ous [ˌɪnhɑːˈməʊniəs, AM -hɑːrˈmoʊ-] *adj* ① (*not friendly*) gespannt ② (*form: not blending well*) *a.* MUS unharmonisch

in·her·ent [ɪnˈherᵊnt, AM *esp* -ˈhɪr-] *adj* innewohnend *attr;* ■**to be ~ in sth** etw *dat* eigen sein

in·her·it [ɪnˈherɪt] **I.** *vt* erben (**from** von +*dat*); (*fig*) übernehmen (**from** von +*dat*) **II.** *vi* erben

in·her·it·able [ɪnˈherɪtəbl̩, AM -t̬-] *adj* vererbbar

in·her·it·ance [ɪnˈherɪtᵊn(t)s] *n* ① Erbe *nt kein pl* (**from** von +*dat*) ② *no pl* (*inheriting*) Erben *nt; of characteristics* Vererben *nt*

in·hib·it [ɪnˈhɪbɪt] *vt* ① (*restrict*) hindern ② (*deter*) hemmen

in·hi·bi·tion [ˌɪn(h)ɪˈbɪʃᵊn] *n* ① *usu pl* Hemmung *f* ② *no pl* (*inhibiting*) Einschränken *nt;* (*prevention*) Verhindern *nt*

in·hos·pi·table [ˌɪnhɒsˈpɪtəbl̩, AM ɪnˈhɑːspɪt̬-] *adj* ① (*unwelcoming*) ungastlich ② (*unpleasant*) unwirtlich

in-ˈhouse **I.** *adj attr* hauseigen **II.** *adv* intern, im Hause

in·hu·man [ɪnˈhjuːmən] *adj* ① (*cruel*) unmenschlich ② (*non-human*) unmenschlich; (*superhuman*) übermenschlich

in·hu·mane [ˌɪnhjuːˈmeɪn] *adj* inhuman; (*barbaric*) barbarisch

in·hu·man·ity [ˌɪnhjuːˈmænəti, AM -ət̬i] *n no pl* Grausamkeit *f;* (*barbaric*) Barbarei *f*

in·imi·cal [ɪˈnɪmɪkᵊl] *adj* (*form*) ① (*harmful*) nachteilig; ■**to be ~ to sth** etw *dat* abträglich sein *geh* ② (*hostile*) feindselig; ■**to be ~ to sth/sb** etw/jdm feindlich gesonnen sein

in·imi·table [ɪˈnɪmɪtəbl̩, AM -t̬-] *adj* unnach-

I

ahmlich

in·iqui·tous [ɪˈnɪkwɪtəs, AM -t̬-] *adj* (*form*) ungeheuerlich

in·iquity [ɪˈnɪkwɪti, AM -t̬-] *n* ① *no pl* Bosheit *f;* (*unfairness*) Ungerechtigkeit *f;* (*sinfulness*) Verderbtheit *f veraltend geh* ② (*act*) Untat *f;* (*unfair*) Ungerechtigkeit *f;* (*sin*) Sünde *f*

ini·tial [ɪˈnɪʃəl] **I.** *adj attr* anfänglich, erste(r, s) **II.** *n* Initiale *f* **III.** *vt* <BRIT -ll- *or* AM *usu* -l-> ■**to ~ sth** seine Initialen unter etw *akk* setzen

ini·tial·ize [ɪˈnɪʃəlaɪz] *vt* COMPUT initialisieren

ini·tial·ly [ɪˈnɪʃəli] *adv* anfangs, zunächst

ini·ti·ate [ɪˈnɪʃieɪt] *vt* ① (*start*) in die Wege leiten ② (*teach*) einweihen (**into** in +*akk*) ③ (*admit*) einführen (**into** in +*akk*); (*officially*) [feierlich] aufnehmen (**into** in +*akk*)

ini·tia·tion [ɪˌnɪʃiˈeɪʃən] *n* ① *no pl* (*start*) Einleitung *f* ② (*introduction*) Einführung *f* (**into** in +*akk*); *of member* Aufnahme *f* (**into** in +*akk*); (*ritual*) Initiation *f* (**into** in +*akk*)

ini·tia·tive [ɪˈnɪʃətɪv, AM -t̬-] *n* ① *no pl* [Eigen]initiative *f;* **to use one's ~** eigenständig handeln ② (*action*) Initiative *f*

ini·tia·tor [ɪˈnɪʃiərtəʳ, AM eɪt̬ɚ] *n* Urheber(in) *m(f),* Initiator(in) *m(f)*

in·ject [ɪnˈdʒekt] *vt* ① spritzen (**into** in +*akk*); BRIT, AUS (*inoculate*) impfen (**against** gegen +*akk*) ② (*fig: introduce*) ■**to ~ sth into sth** etw in etw *akk* [hinein]bringen; **to ~ cash into sth** Geld zu etw *dat* zuschießen *fam* ③ TECH einspritzen

in·jec·tion [ɪnˈdʒekʃən] *n* ① Spritze *f* ② (*extra*) **an ~ of cash** eine Geldspritze *fam;* **an ~ of optimism** ein Schuss *m* Optimismus ③ TECH Einspritzung *f*

in·ˈjec·tion mould·ing, AM **in·ˈjec·tion mold·ing** *n no pl* Spritzguss *m*

in·ju·di·cious [ˌɪndʒuːˈdɪʃəs] *adj* unklug; (*ill-considered*) unüberlegt

in·junc·tion [ɪnˈdʒʌŋ(k)ʃən] *n* ① LAW [gerichtliche] Verfügung ② (*instruction*) Ermahnung *f*

in·jure [ˈɪndʒəʳ, AM -ɚ] *vt* ① (*wound*) verletzen; **to ~ one's back** sich *dat* den Rücken verletzen ② (*damage*) schaden +*dat*

in·jured [ˈɪndʒəd, AM -ɚd] **I.** *adj* ① (*wounded*) verletzt ② (*offended*) verletzt **II.** *n* ■**the ~** *pl* die Verletzten *pl*

in·ju·ry [ˈɪndʒəri] *n* Verletzung *f*

ˈin·ju·ry time *n no pl* BRIT, AUS Nachspielzeit *f*

in·jus·tice [ɪnˈdʒʌstɪs] *n* Ungerechtigkeit *f*

ink [ɪŋk] **I.** *n no pl* Tinte *f;* ART Tusche *f;* (*for stamp*) Farbe *f;* TYPO Druckfarbe *f;* (*for newspapers*) Druckerschwärze *f* **II.** *vt* TYPO einfärben

ˈink bot·tle *n* Tintenfass *nt*

ink·jet ˈprint·er *n* Tintenstrahldrucker *m*

ink·ling [ˈɪŋklɪŋ] *n* ① (*suspicion*) Ahnung *f* ② (*hint*) Hinweis *m*

ˈink-pad *n* Stempelkissen *nt* **ˈink stain** *n* Tintenfleck *m;* (*on paper*) Tintenklecks *m*

inky [ˈɪŋki] *adj* ① tintenbefleckt ② (*dark*) pechschwarz

in·laid [ɪnˈleɪd, AM ˈɪnleɪd] **I.** *adj* mit Intarsien *nach n* **II.** *vt pt, pp of* **inlay**

in·land I. *adj* [ˈɪnlənd] *usu attr* ① Binnen-; *town, village* im Landesinneren *nach n* ② *esp* BRIT ADMIN, ECON (*domestic*) inländisch, Inland[s]-; **~ haulage** Binnentransport *m* **II.** *adv* [ˈɪnlænd] (*direction*) ins Landesinnere; (*place*) im Landesinneren

In·land ˈRev·enue *n* BRIT, NZ ■**the ~** ≈ das Finanzamt

in-laws [ˈɪnlɔːz, AM *esp* -lɑːz] *npl* Schwiegereltern *pl*

in·lay I. *n* [ˈɪnleɪ] ① *no pl* Einlegearbeit[en] *f[pl]* ② (*for tooth*) Inlay *nt* **II.** *vt* <-laid, -laid> [ɪnˈleɪ] *usu passive* einlegen

in·let [ˈɪnlet] *n* ① GEOG [schmale] Bucht; (*of sea*) Meeresarm *m* ② TECH Einlass[kanal] *m;* (*pipe*) Zuleitung *f*

in-liner [ˈɪnlaɪnə], **in-line ˈskate** *n usu pl* Inliner *m,* Inline-Skate *m*

in-line ˈskat·ing *n no pl* Inlineskaten *nt,* Inlineskating *nt*

in·mate [ˈɪnmeɪt] *n* Insasse(in) *m(f)*

inn [ɪn] *n* Gasthaus *nt*

in·nards [ˈɪnədz, AM -ɚdz] *npl* (*fam*) Eingeweide *pl;* FOOD Innereien *pl*

in·nate [ɪˈneɪt] *adj* natürlich, angeboren

in·ner [ˈɪnəʳ, AM -ɚ] *adj usu attr* ① (*inside*) Innen-, innere(r, s) *attr* ② (*emotional*) innere(r, s) *attr;* **~ life** Innenleben *nt*

in·ner ˈcity *n* Innenstadt *f,* [Stadt]zentrum *nt*

in·ner·most [ˈɪnəmə(ʊ)st, AM -ɚmoʊst] *adj attr* ① innerste(r, s) ② (*secret*) geheimste(r, s), intimste(r, s)

ˈin·ner tube *n* Schlauch *m*

in·ning [ˈɪnɪŋ] *n* SPORTS ① (*in baseball*) Inning *nt* ② ■**~s** +*sing vb* (*in cricket*) Durchgang *m*

in·nings <*pl* - *or fam* -es> [ˈɪnɪŋz] *n* SPORTS (*a. fig*) Dransein *nt*

ˈinn·keep·er *n* (*old*) Gastwirt(in) *m(f)*

in·no·cence [ˈɪnəsən(t)s] *n no pl* Unschuld *f*

in·no·cent [ˈɪnəsənt] **I.** *adj* ① unschuldig ② (*artless*) unschuldig ③ (*uninvolved*) unbeteiligt; **an ~ victim** ein unschuldiges Opfer ④ (*harmless*) unschuldig; *mistake* un-

beabsichtigt **II.** *n* **to be an ~** naiv sein
in·nocu·ous [ɪˈnɒkjuəs, AM ɪˈnɑːk-] *adj* harmlos
in·no·vate [ˈɪnə(ʊ)veɪt, AM -nəv-] *vi* ❶ Neuerungen einführen; (*be creative*) kreativ sein ❷ (*change*) sich erneuern
in·no·va·tion [ˌɪnə(ʊ)ˈveɪʃᵊn, AM -nəˈ-] *n* ❶ Neuerung *f;* (*new product*) Innovation *f* ❷ *no pl* (*creating*) [Ver]änderung *f*
in·no·va·tive [ˈɪnə(ʊ)veɪtɪv, AM -nəv-] *adj* ❶ innovativ ❷ (*creative*) kreativ
in·no·va·tor [ˈɪnə(ʊ)veɪtəʳ, AM -nəveɪt̬ɚ] *n* Erneuerer, Erneuerin *m, f*
in·nu·en·do <*pl* -s *or* -es> [ˌɪnjuˈendəʊ, AM -doʊ] *n* ❶ (*insinuation*) Anspielung *f* (**about** auf +*akk*) ❷ (*remark*) Zweideutigkeit *f*
in·nu·mer·able [ɪˈnjuːmᵊrəbl̩, AM *esp* ɪˈnuː-] *adj* unzählig
in·nu·mer·ate [ɪˈnjuːmᵊrət, AM *esp* -ˈnuː-] *adj esp* BRIT ■**to be ~** nicht rechnen können
in·ocu·late [ɪˈnɒkjəleɪt, AM -ˈnɑːk-] *vt* impfen (**against** gegen +*akk*)
in·ocu·la·tion [ɪˌnɒkjəˈleɪʃᵊn, AM -ˌnɑːk-] *n* Impfung *f*
in·of·fen·sive [ɪnəˈfen(t)sɪv] *adj* ❶ unauffällig ❷ *pattern* unaufdringlich
in·op·er·able [ɪˈnɒpᵊrəbl̩, AM ˌɪnˈɑːpɚ-] *adj* ❶ MED inoperabel ❷ (*not working*) nicht funktionsfähig; (*impractical*) undurchführbar
in·op·era·tive [ɪˈnɒpᵊrətɪv, AM ˌɪnˈɑːpɚət̬-] *adj* ❶ (*invalid*) ungültig; **to be/become ~** außer Kraft sein/treten ❷ (*not working*) nicht funktionsfähig
in·op·por·tune [ɪˈnɒpətjuːn, AM ɪnˌɑːpɚˈtuːn, -tjuːn] *adj* ❶ (*inconvenient*) ungünstig ❷ (*unsuitable*) unpassend
in·or·di·nate [ɪˈnɔːdɪnət, AM ˌɪnˈɔːrdᵊnɪt] *adj* (*pej form*) ungeheuere(r, s) *attr,* ungeheuerlich
in·or·gan·ic [ˌɪnɔːˈgænɪk, AM -ɔːrˈ-] *adj* CHEM anorganisch
ˈin-pa·tient *n* stationärer Patient/stationäre Patientin
in·put [ˈɪnpʊt] **I.** *n* ❶ *no pl* Beitrag *m;* (*of work*) [Arbeits]aufwand *m* ❷ ELEC Anschluss *m* ❸ *no pl* COMPUT (*data*) Input *m;* (*entering*) Eingabe *f* **II.** *adj* COMPUT Eingabe- **III.** *vt* <-tt-, ~, ~> COMPUT eingeben; (*with scanner*) einscannen
ˈin·put data *npl* Eingabedaten *pl*
in·quest [ˈɪŋkwest, AM ˈɪn-] *n* gerichtliche Untersuchung [der Todesursache]; (*fig*) Untersuchung *f;* **to hold an ~ [into sth]** [etw] gerichtlich untersuchen
in·quire *vt, vi esp* AM *see* **enquire**
in·quiry *n esp* AM *see* **enquiry**
in·qui·si·tion [ˌɪŋkwɪˈzɪʃᵊn, AM ˌɪn-] *n* ❶ Verhör *nt* ❷ HIST ■**the I~** + *sing/pl vb* die Inquisition
in·quisi·tive [ɪnˈkwɪzətɪv, AM -t̬-] *adj* ❶ wissbegierig; (*curious*) neugierig; *look, face* fragend *attr; child* fragelustig ❷ (*prying*) neugierig
in·road [ˈɪnrəʊd, AM -roʊd] *n usu pl* ❶ (*cut*) **to make ~s into sth** *money, savings* tiefe Löcher in etw *akk* reißen; *object, pile* sich an etw *dat* vergreifen *fam* ❷ (*progress*) **to make ~s [into sth]** [bei etw *dat*] weiterkommen ❸ (*raid*) **to make ~s [into sth]** [in etw *akk*] vorstoßen; **to make ~s on sth** in etw *akk* einfallen
in·rush [ˈɪnrʌʃ] *n usu sing of water* Einbruch *m; of people* Zustrom *m*
in·sa·lu·bri·ous [ˌɪnsəˈluːbriəs] *adj* (*form: unwholesome*) schädlich; (*unhealthy*) ungesund; (*dirty*) verschmutzt
ins and outs [ˌɪnzən(d)ˈaʊts] *n* ■**the ~ of sth** die Details einer S. *gen*
in·sane [ɪnˈseɪn] *adj* ❶ geistesgestört ❷ (*crazy*) verrückt
in·sani·tary [ɪnˈsænɪtᵊri, AM -teri] *adj* unhygienisch
in·san·ity [ɪnˈsænəti, AM -ət̬i] *n no pl* Wahnsinn *a. fig*
in·sa·tiable [ɪnˈseɪʃəbl̩] *adj* unstillbar; *person* unersättlich
in·scribe [ɪnˈskraɪb] *vt* ❶ (*write*) schreiben (**in, on** in, auf +*akk*); (*engrave*) eingravieren (**in, on** in, auf +*akk*); (*chisel*) einmeißeln (**in, on** in, auf +*akk*) ❷ (*dedicate*) ■**to ~ sth to sb** jdm etw widmen
in·scrip·tion [ɪnˈskrɪpʃᵊn] *n* Inschrift *f;* (*in book*) Widmung *f*
in·scru·table [ɪnˈskruːtəbl̩, AM -t̬ə-] *adj* undurchdringlich; *person* undurchschaubar
in·sect [ˈɪnsekt] *n* Insekt *nt*
in·sec·tar·ium <*pl* -s *or* -ia> [ˌɪnsekˈteəriəm, AM -ter-, *pl* -iə] *n* Insektarium *nt*
in·sec·ti·cide [ɪnˈsektɪsaɪd] *n* Insektenvernichtungsmittel *nt*
in·se·cure [ˌɪnsɪˈkjʊəʳ, AM -ˈkjʊr] *adj* ❶ unsicher ❷ (*loose*) nicht fest; (*unsafe*) unstabil
in·se·cu·rity [ˌɪnsɪˈkjʊərəti, AM -ˈkjʊrət̬i] *n no pl* Unsicherheit *f*
in·semi·nate [ɪnˈsemɪneɪt] *vt* besamen; *woman* [künstlich] befruchten
in·semi·na·tion [ɪnˌsemɪˈneɪʃᵊn] *n no pl* Befruchtung *f; of animals* Besamung *f*
in·sen·sible [ɪnˈsen(t)səbl̩] *adj* ❶ (*unconscious*) bewusstlos ❷ (*numb*) gefühllos; (*to pain*) [schmerz]unempfindlich
in·sen·si·tive [ɪnˈsen(t)sətɪv, AM -t̬-] *adj* ❶ (*uncaring*) gefühllos; *remark* taktlos ❷ *usu pred* (*numb*) unempfindlich (**to** ge-

I

genüber +*dat*)

in·sepa·rable [ɪnˈsepᵊrəbl̩] *adj* ① *friends* unzertrennlich ② (*connected*) untrennbar [miteinander verbunden]

in·sert **I.** *vt* [ɪnˈsɜːt, AM -ˈsɜːrt] ■**to ~ sth [into sth]** ① etw [in etw *akk*] [hinein]stecken; *coins* etw [in etw *akk*] einwerfen ② (*write*) etw [in etw *akk*] einfügen; (*on form*) etw [in etw *akk*] eintragen **II.** *n* [ˈɪnsɜːt, AM -sɜːrt] ① (*advert*) Werbebeilage[n] *f*[*pl*] ② (*in shoe*) Einlage *f;* (*in clothing*) Einsatz *m*

in·ser·tion [ɪnˈsɜːʃᵊn, AM -ˈsɜːr-] *n* ① *no pl* Einlegen *nt,* Einsetzen *nt;* (*into slot*) Einführen *nt; of coins* Einwurf *m;* (*of words*) Ergänzung *f* ② (*thing*) Zusatz *m*

ˈin-ser·vice *adj attr* ~ **course** [innerbetriebliche] Fortbildung

in·shore [ˌɪnˈʃɔːʳ, AM -ˈʃɔːr] **I.** *adj* Küsten-, in Küstennähe *nach n* **II.** *adv* in Richtung Küste

in·side [ˌɪnˈsaɪd] **I.** *n* ① *no pl* Innere *nt;* **from the ~** von innen ② *of hand, door* Innenseite *f;* (*inner lane*) Innenspur *f;* SPORTS Innenbahn *f* ③ (*mind*) **who knows what she was feeling on the ~** wer weiß, wie es in ihr aussah **II.** *adv* ① innen ② (*indoors*) innen; (*direction*) hinein/herein; (*in house*) im Haus; (*into house*) ins Haus ③ (*fam: jailed*) hinter Gittern *fam* **III.** *adj attr* ① Innen-, innere(r, s) ② (*indoor*) Innen- **IV.** *prep* ■**~ sth** (*direction*) in etw *akk* [hinein]; (*location*) in etw *dat;* (*within*) **he finished it ~ of two hours** er war in weniger als zwei Stunden damit fertig

in·sid·er [ɪnˈsaɪdəʳ, AM -ɚ] *n* Insider(in) *m(f)*

in·sidi·ous [ɪnˈsɪdiəs] *adj* heimtückisch

in·sight [ˈɪnsaɪt] *n* ① (*perception*) Einsicht *f,* Einblick *m* (**into** in +*akk*); **to gain an ~ into sb/sth** jdn/etw verstehen lernen ② *no pl* (*understanding*) Verständnis *nt*

in·sig·nia <*pl* - *or* -s> [ɪnˈsɪgniə] *n* Insignie *nt*

in·sig·nifi·cance [ˌɪnsɪgˈnɪfɪkᵊn(t)s] *n no pl* Belanglosigkeit *f*

in·sig·nifi·cant [ˌɪnsɪgˈnɪfɪkᵊnt] *adj* ① (*trifling*) unbedeutend ② (*trivial*) belanglos

in·sin·cere [ˌɪnsɪnˈsɪəʳ, AM -ˈsɪr] *adj* unaufrichtig; *person* falsch; *smile, praise* unecht; *flattery* heuchlerisch

in·sinu·ate [ɪnˈsɪnjueɪt] *vt* ① (*imply*) andeuten ② (*manoeuvre*) ■**to ~ oneself into sth** sich in etw *akk* [ein]schleichen

in·sin·ua·tion [ɪnˌsɪnjuˈeɪʃᵊn] *n* Unterstellung *f*

in·sip·id [ɪnˈsɪpɪd] *adj* ① (*dull*) stumpfsinnig ② (*bland*) fade

in·sist [ɪnˈsɪst] **I.** *vi* ① (*demand*) bestehen ([**up**]**on** auf +*dat*) ② (*persist*) ■**to ~ on doing sth** sich nicht von etw *dat* abbringen lassen ③ (*maintain*) ■**to ~ on sth** auf etw *dat* beharren **II.** *vt* ■**to ~ that ...** ① (*claim*) fest behaupten, dass ... ② (*demand*) darauf bestehen, dass ...

in·sist·ence [ɪnˈsɪstᵊn(t)s] *n no pl* Bestehen *nt* (**on** auf +*dat*)

in·sist·ent [ɪnˈsɪstᵊnt] *adj* ① (*determined*) beharrlich ② (*forceful*) nachdrücklich

in·so·far as [ˌɪnsə(ʊ)ˈfɑːræz, AM -səˈ-] *adv* soweit

in·sole [ˈɪnsəʊl, AM -soʊl] *n* Einlegesohle *f;* (*part of shoe*) Innensohle *f*

in·so·lence [ˈɪn(t)sᵊlən(t)s] *n no pl* Unverschämtheit *f*

in·so·lent [ˈɪn(t)sᵊlənt] *adj* unverschämt

in·sol·uble [ɪnˈsɒljəbl̩, AM -ˈsɑːl-] *adj* ① unlösbar ② *minerals* nicht löslich

in·sol·ven·cy [ɪnˈsɒlvᵊn(t)si, AM -ˈsɑːl-] *n no pl* Zahlungsunfähigkeit *f*

in·sol·vent [ɪnˈsɒlvᵊnt, AM -ˈsɑːl-] *adj* zahlungsunfähig

in·som·nia [ɪnˈsɒmniə, AM -ˈsɑːm-] *n no pl* Schlaflosigkeit *f*

in·som·ni·ac [ɪnˈsɒmniæk, AM -ˈsɑːm-] *n* **to be an ~** an Schlaflosigkeit leiden

in·spect [ɪnˈspekt] *vt* untersuchen; (*officially*) kontrollieren

in·spec·tion [ɪnˈspekʃᵊn] *n* [Über]prüfung *f;* (*official*) Kontrolle *f*

in·spec·tor [ɪnˈspektəʳ, AM -ɚ] *n* ① Inspektor(in) *m(f);* **tax ~** Steuerprüfer(in) *m(f)* ② (*police*) Inspektor(in) *m(f)*

in·spi·ra·tion [ˌɪn(t)spᵊrˈeɪʃᵊn, AM -spəˈreɪ-] *n* ① *no pl* Inspiration *f;* **to lack ~** fantasielos sein ② (*inspirer*) Inspiration *f*

in·spire [ɪnˈspaɪəʳ, AM -ˈspaɪr] *vt* ① inspirieren ② (*arouse*) hervorrufen (**in** bei +*dat*); **they don't ~ me with confidence** sie wirken nicht Vertrauen erweckend auf mich

in·spired [ɪnˈspaɪəd, AM -ɚd] *adj* ① *poet, athlete* inspiriert ② (*excellent*) großartig ③ (*motivated*) motiviert

in·sta·bil·ity [ˌɪnstəˈbɪləti, AM -ət̬i] *n no pl* ① Instabilität *f a. fig* ② PSYCH Labilität *f*

in·stal, AM *usu* **in·stall** [ɪnˈstɔːl, AM -ˈstɑːl] *vt* ① *machinery* aufstellen; *computer, heating* installieren; *bathroom, kitchen* einbauen; *wiring, pipes* verlegen; *phone, washing machine* anschließen ② (*ceremonially*) einsetzen; **to ~ sb as mayor** jdn als Bürgermeister in sein Amt einführen ③ (*position*) **to ~ oneself at a desk** sich einen Schreibtisch aussuchen

in·stal·la·tion [ˌɪnstəˈleɪʃᵊn] *n* ① *no pl of*

machinery Aufstellen *nt; of appliance, heating* Installation *f; of kitchen, bathroom* Einbau *m; of wiring, pipes* Verlegung *f; of phone, washing machine* Anschluss *m;* AM, AUS *of carpet* Verlegen *nt* ② (*facility*) Anlage *f* ③ ART (*sculpture*) Installation *f*

in·stal·ment, AM *a.* **in·stall·ment** [ɪnˈstɔːlmənt, AM -ˈstɑːl-] *n* ① (*part*) Folge *f* ② (*payment*) Rate *f*

in·stance [ˈɪn(t)stən(t)s] *n* ① (*case*) Fall *m* ② **for ~** zum Beispiel

in·stant [ˈɪn(t)stənt] **I.** *n* ① Moment *m,* Augenblick *m;* **this ~** sofort ② (*as soon as*) ■**the ~ ...** sobald ... **II.** *adj* ① sofortige(r, s) *attr;* **to take ~ effect** sofort wirken ② (*in bags*) Tüten-; (*in tins*) Dosen-; **~ coffee** Pulverkaffee *m*

in·stan·ta·neous [ˌɪn(t)stənˈteɪniəs] *adj* unmittelbar

in·stan·ta·neous·ly [ˌɪn(t)stənˈteɪniəsli] *adv* sofort, unmittelbar

in·stant·ly [ˈɪn(t)stəntli] *adv* sofort

in·stant ˈre·play *n* TV Wiederholung *f*

in·stead [ɪnˈsted] **I.** *adv* stattdessen **II.** *prep* ■**~ of sth/sb** [an]statt einer S./einer Person *gen;* ■**~ of doing sth** [an]statt etw zu tun

in·step [ˈɪnstep] *n* ① (*of foot*) Spann *m* ② (*of shoe*) Blatt *nt*

in·sti·gate [ˈɪn(t)stɪgeɪt] *vt* ① (*start*) einleiten ② (*incite*) anzetteln

in·sti·ga·tion [ˌɪn(t)stɪˈgeɪʃən] *n no pl* Anregung *f* (**of** zu +*dat*); (*incitement*) Anstiftung *f* (**of** zu +*dat*)

in·stil <-ll->, AM *usu* **in·still** [ɪnˈstɪl] *vt feeling* einflößen (**into** +*dat*); *knowledge* beibringen (**into** +*dat*)

in·stinct [ˈɪn(t)stɪŋ(k)t] *n* ① (*natural response*) Instinkt *m;* **to have an ~ for sth** einen Riecher für etw *akk* haben *fam* ② *no pl* (*innate behaviour*) Instinkt *m;* **to do sth by/on ~** etw instinktiv tun

in·stinc·tive [ɪnˈstɪŋ(k)tɪv] *adj* instinktiv; (*innate*) natürlich, angeboren

in·sti·tute [ˈɪn(t)stɪtjuːt, AM *esp* -tuːt] **I.** *n* Institut *nt;* **~ of higher education** Hochschule *f* **II.** *vt* ① (*establish*) einführen ② (*initiate*) einleiten; *legal action* anstrengen

in·sti·tu·tion [ˌɪn(t)stɪˈtjuːʃən, AM *esp* -ˈtuː-] *n* ① *no pl* Einführung *f* ② (*building*) Heim *nt,* Anstalt *f* ③ (*organization*) Einrichtung *f*

in·sti·tu·tion·al [ˌɪn(t)stɪˈtjuːʃənəl, AM *esp* -ˈtuː-] *adj* ① (*pej*) Anstalts-, Heim- ② (*organizational*) institutionell; (*established*) institutionalisiert, etabliert

in·sti·tu·tion·al·ize [ˌɪn(t)stɪˈtjuːʃənəlaɪz, AM *esp* -ˈtuː-] *vt* ① ■**to ~ sb** jdn in ein Heim einweisen ② ■**to ~ sth** etw institutionalisieren *geh*

in·struct [ɪnˈstrʌkt] *vt* ① (*teach*) ■**to ~ sb in sth** jdm etw beibringen ② (*order*) anweisen

in·struc·tion [ɪnˈstrʌkʃən] *n* ① *usu pl* (*order*) Anweisung *f* ② *no pl* (*teaching*) Unterweisung *f;* **to give sb ~ in sth** jdm etw beibringen ③ (*directions*) ■**~s** *pl* Anweisung *f;* **~s for use** Gebrauchsanweisung *f*

in·ˈstruc·tion book *n see* **instruction manual** **in·ˈstruc·tion leaf·let** *n* Informationsblatt *nt*

in·ˈstruc·tion manu·al *n* Handbuch *nt; for device* Gebrauchsanweisung *f*

in·struc·tive [ɪnˈstrʌktɪv] *adj* lehrreich, aufschlussreich

in·struc·tor [ɪnˈstrʌktəʳ, AM -ɚ] *n* ① (*teacher*) Lehrer(in) *m(f)* ② AM (*at university*) Dozent(in) *m(f)*

in·struc·tress <*pl* -es> [ɪnˈstrʌktrəs] *n* (*dated*) Lehrerin *f*

in·stru·ment [ˈɪnstrəmənt] *n* ① Instrument *nt* ② (*means*) Mittel *nt*

in·stru·men·tal [ˌɪn(t)strəˈmentəl, AM -t̬-] *adj* ① MUS instrumental ② (*influential*) förderlich; **he was ~ in bringing about much needed reforms** er war maßgeblich daran beteiligt, längst überfällige Reformen in Gang zu setzen

in·stru·men·ta·tion [ˌɪn(t)strəmenˈteɪʃən] *n no pl* ① MUS Arrangement *nt* ② TECH Instrumente *pl*

ˈin·stru·ment board, **ˈin·stru·ment pan·el** *n* AUTO Armaturenbrett *nt;* AVIAT, NAUT Instrumententafel *f*

in·sub·or·din·ate [ˌɪnsəˈbɔːdənət, AM -ˈbɔːrdənɪt] *adj* ungehorsam, aufsässig

in·sub·stan·tial [ˌɪnsəbˈstæn(t)ʃəl] *adj* ① *argument, evidence* fadenscheinig; *plot, meal* dürftig ② (*small*) [sehr] klein

in·suf·fer·able [ɪnˈsʌfərəbl̩] *adj* unerträglich; *person* unausstehlich

in·suf·fi·cien·cy [ˌɪnsəˈfɪʃən(t)si] *n no pl* Mangel *m* (**of** an +*dat*)

in·suf·fi·cient [ˌɪnsəˈfɪʃənt] *adj* zu wenig *präd,* unzureichend

in·su·lar [ˈɪn(t)sjələʳ, AM -sələ˞, -sjə-] *adj* (*parochial*) provinziell

in·su·lar·ity [ˌɪn(t)sjəˈlærəti, AM -səˈlerət̬i, -sjə-] *n no pl* Provinzialität *f*

in·su·late [ˈɪn(t)sjəleɪt, AM -(t)sə-] *vt* ① ELEC isolieren ② (*fig: shield*) [be]schützen (**from** vor +*dat*)

in·su·lat·ing [ˈɪn(t)sjəleɪtɪŋ, AM -səleɪt̬-] *adj* Isolier-

ˈin·su·lat·ing tape *n* Isolierband *nt*

in·su·la·tion [ˌɪn(t)sjəˈleɪʃən, AM -səˈ-] *n no pl* ① Isolierung *f* ② (*fig: protection*) Schutz *m*

in·su·lin [ˈɪn(t)sjəlɪn, AM -sə-] **I.** *n no pl* Insulin *nt* **II.** *adj* Insulin-

in·sult **I.** *vt* [ɪnˈsʌlt] beleidigen **II.** *n* [ˈɪnsʌlt] ① (*remark*) Beleidigung *f* ② (*affront*) **to be an ~ to sb's intelligence** jds Intelligenz beleidigen ▸ PHRASES: **to add ~ to injury** um dem Ganzen die Krone aufzusetzen

in·su·per·able [ɪnˈsuːpərəbl̩] *adj* unüberwindlich

in·sup·port·able [ˌɪnsəˈpɔːtəbl̩, AM -ˈpɔːrt̬-] *adj* unerträglich

in·sur·ance [ɪnˈʃʊərən(t)s, AM -ˈʃʊr-] **I.** *n no pl* ① Versicherung *f;* **to take out ~ [against sth]** sich [gegen etw *akk*] versichern ② (*payout*) Versicherungssumme *f* ③ (*premium*) [Versicherungs]prämie *f* **II.** *adj* Versicherungs-; *see also* **sugar**

in·ˈsur·ance bro·ker *n* Versicherungsmakler(in) *m(f)* **in·ˈsur·ance com·pa·ny** *n* Versicherung[sgesellschaft] *f* **in·ˈsur·ance poli·cy** *n* ① Versicherungspolice *f* ② (*fig: alternative*) **as an ~** zur Sicherheit **in·ˈsur·ance pre·mium** *n* [Versicherungs]prämie *f*

in·sure [ɪnˈʃʊəʳ, AM -ˈʃʊr] **I.** *vt* versichern (**against** gegen +*akk*) **II.** *vi* ① (*protect*) sich absichern (**against** gegen +*akk*) ② (*take insurance*) sich versichern (**with** bei +*dat*)

in·sured [ɪnˈʃʊəd, AM -ˈʃʊrd] **I.** *adj* versichert **II.** *n* <*pl* -> ■**the ~** der/die Versicherte

in·sur·er [ɪnˈʃʊərəʳ, AM -ˈʃʊrɚ] *n* Versicherung[sgesellschaft] *f*

in·sur·mount·able [ˌɪnsəˈmaʊntəbl̩, AM -sɚˈmaʊnt̬-] *adj* unüberwindlich

in·sur·rec·tion [ˌɪnsərˈekʃən, AM -səˈrek-] *n* Aufstand *m*

in·tact [ɪnˈtækt] *adj usu pred* ① (*whole*) intakt ② (*fig: morally*) unversehrt

in·take [ˈɪnteɪk] **I.** *n* ① (*act*) Aufnahme *f;* **~ of breath** Luftholen *nt* ② (*amount*) aufgenommene Menge; **~ of calories** Kalorienzufuhr *f* ③ (*people*) Aufnahmequote *f;* MIL Rekrutierung *f* **II.** *adj* TECH Ansaug-, Saug-

in·tan·gible [ɪnˈtændʒəbl̩] *adj* nicht greifbar; *emotion* unbestimmbar

in·te·ger [ˈɪntɪdʒəʳ, AM -dʒɚ] *n* MATH ganze Zahl

in·te·gral [ˈɪntɪgrəl, AM -t̬ə-] *adj* ① (*central*) wesentlich ② (*whole*) vollständig ③ (*built-in*) eingebaut

in·te·grate [ˈɪntɪgreɪt, AM -t̬ə-] **I.** *vt* integrieren (**into** in +*akk*); ■**to ~ sth [with sth]** etw [auf etw *akk*] abstimmen **II.** *vi* sich integrieren

in·te·grat·ed [ˈɪntɪgreɪtɪd, AM -t̬əgreɪt̬ɪd] *adj* einheitlich; *person* integriert (**in** in +*akk*); **~ school** AM (*hist*) Schule *f* ohne Rassentrennung

in·te·grat·ed ˈcir·cuit, IC *n* ELEC integrierter Schaltkreis

in·te·gra·tion [ˌɪntɪˈgreɪʃən, AM -əˈ-] *n no pl* ① (*assimilation*) Integration *f;* **~ of disabled people** Eingliederung *f* von Behinderten ② (*fusion*) Zusammenschluss *m;* (*combination*) Kombination *f*

in·teg·rity [ɪnˈtegrəti, AM -t̬i] *n no pl* ① (*uprightness*) Integrität *f* ② (*unity*) Einheit[lichkeit] *f*

in·tel·lect [ˈɪntəlekt, AM -t̬əlekt] *n* ① *no pl* Verstand *m,* Intellekt *m* ② (*person*) großer Denker/große Denkerin

in·tel·lec·tual [ˌɪntəlˈektjuəl, AM -t̬əlˈektʃu-] **I.** *n* Intellektuelle(r) *f(m)* **II.** *adj* intellektuell, geistig

in·tel·li·gence [ɪnˈtelɪdʒən(t)s] **I.** *n no pl* ① Intelligenz *f* ② + *sing/pl vb* (*department*) Geheimdienst *m* ③ (*information*) [nachrichtendienstliche] Informationen; **according to our latest ~** unseren letzten Meldungen zufolge **II.** *adj* Nachrichten-; **~ report** Geheimdienstbericht *m*

in·ˈtel·li·gence re·port *n* Geheimdienstbericht *m* **in·ˈtel·li·gence ser·vice** *n* Geheimdienst *m* **in·ˈtel·li·gence test** *n* Intelligenztest *m*

in·tel·li·gent [ɪnˈtelɪdʒənt] *adj* klug, intelligent

in·tel·li·gent de·ˈsign *n no pl* Intelligent-Design *nt* (*Glaubensrichtung, die davon ausgeht, dass die Evolution von einer göttlichen Kraft gelenkt wurde*)

in·tel·li·gent·sia [ɪnˌtelɪˈdʒentsiə] *n* + *sing/pl vb* ■**the ~** die Intellektuellen *pl*

in·tel·li·gible [ɪnˈtelɪdʒəbl̩] *adj* verständlich; *writing* leserlich

in·tend [ɪnˈtend] *vt* ① (*plan*) beabsichtigen; **to ~ no harm** nichts Böses wollen; **I don't think she ~ed me to hear the remark** ich glaube nicht, dass ich die Bemerkung hören sollte ② (*intimate*) ■**to be ~ed** beabsichtigt sein; **no disrespect ~ed** [das] war nicht böse gemeint ③ *usu passive* (*destine*) ■**to be ~ed for sth** für etw *akk* gedacht sein

in·tend·ed [ɪnˈtendɪd] *adj* vorgesehen, beabsichtigt; LAW geplant

in·tense [ɪnˈten(t)s] *adj* ① (*forceful*) intensiv; *odour* stechend; *cold* bitter; *desire, heat* glühend; *disappointment* herb; *excitement* groß; *feeling, friendship* tief; *hatred* rasend; *love* leidenschaftlich; *pain*

intent

enquiring about intent	nach Absicht fragen
What are you trying to achieve by that?	**Was bezwecken Sie damit?**
What's the point of all this?	**Was hat das alles für einen Sinn?**
What are you trying to say?	**Auf was wollen Sie da hinaus?**
What do you actually mean by that?	**Was wollen Sie damit eigentlich sagen?**
expressing intent	**Absicht ausdrücken**
I'm going to wallpaper the living room this month.	Ich **habe vor,** diesen Monat noch das Wohnzimmer zu tapezieren.
I'm planning a trip to Italy next year.	**Ich habe** für nächstes Jahr eine Reise nach Italien **geplant.**
I intend to institute proceedings against the company.	**Ich beabsichtige,** eine Klage gegen die Firma zu erheben.
The mousse au chocolat **has rather caught my eye.**	**Ich habe** als Dessert eine Mousse au Chocolat **ins Auge gefasst.**
I've set my mind on getting a pilot's licence.	**Ich habe mir fest vorgenommen,** den Pilotenschein zu machen.
She set her heart on a holiday in Italy.	**Sie hat sich** einen Urlaub in Italien **in den Kopf gesetzt.**
expressing lack of intent	**Absichtslosigkeit ausdrücken**
I didn't mean to do that.	**Das war nicht meine Absicht.**
I'm not interested in telling you what you should or should not do.	**Ich habe nicht die Absicht,** dir irgendwelche Vorschriften zu machen.
That's the last thing I want to do.	**Das liegt mir völlig fern.**
I am not after your money.	**Ich habe es nicht auf** Ihr Geld **abgesehen.**

heftig; *wind* stark ② (*serious*) ernst

in·ten·si·fi·ca·tion [ɪnˌten(t)sɪfɪˈkeɪʃᵊn] *n no pl* Verstärkung *f,* Intensivierung *f;* ~ **of the fighting** Eskalierung *f* der Kämpfe

in·ten·si·fy <-ie-> [ɪnˈten(t)sɪfaɪ] **I.** *vt* intensivieren; *conflict* verschärfen; *fears* verstärken; *pressure* erhöhen **II.** *vi heat* stärker werden; *feeling, competition a.* zunehmen

in·ten·sity [ɪnˈten(t)səti, AM -səṭi] *n no pl* Stärke *f; of feelings* Intensität *f; of explosion, anger* Heftigkeit *f*

in·ten·sive [ɪnˈten(t)sɪv] *adj* intensiv; *analysis* gründlich; *bombardment* heftig

in·ten·sive ˈcare *n no pl* Intensivpflege *f;* **to be in** ~ auf der Intensivstation sein

in·tent [ɪnˈtent] **I.** *n* Absicht *f;* ■**with** ~ **to do sth** mit dem Vorsatz, etw zu tun **II.** *adj* ① (*absorbed*) aufmerksam; ■**to be** ~ **on sth** sich auf etw *akk* konzentrieren ② (*determined*) ■**to be** ~ **on sth** auf etw *akk* versessen sein; ■**to be** ~ **on doing sth** fest entschlossen sein, etw zu tun

in·ten·tion [ɪnˈten(t)ʃᵊn] *n* Absicht *f;* **it wasn't my** ~ **to exclude you** ich wollte Sie nicht ausschließen; **full of good** ~**s** voller guter Vorsätze

in·ten·tion·al [ɪnˈten(t)ʃᵊnᵊl] *adj* absichtlich

inter·act [ˌɪntəˈrækt, AM -ṭɚ-] *vi* aufeinander einwirken

inter·ac·tion [ˌɪntəˈrækʃᵊn, AM -ṭɚ-] *n* Wechselwirkung *f; of groups, people* Interaktion *f*

inter·ac·tive [ˌɪntəˈræktɪv, AM -ṭɚ-] *adj* interaktiv

inter·ac·tiv·ity [ˌɪntəˈrækˈtɪvəti, AM -ṭɚækˈtɪvəṭi] *n* TV, COMPUT Interaktivität *f*

inter·breed <-bred, -bred> [ˌɪntəˈbriːd, AM -ṭɚ-] **I.** *vt* kreuzen **II.** *vi* sich kreuzen

inter·cede [ˌɪntəˈsiːd, AM -ṭɚ-] *vi* ■**to** ~ **[with sb on behalf of sb]** sich [bei jdm für jdn] einsetzen; **to ~ in an argument** in einem Streit vermitteln

inter·cept [ˌɪntəˈsept, AM -t̬ɚˈ-] *vt* abfangen; **~ a call** eine Fangschaltung legen; **to ~ a pass** SPORTS einen Pass abfangen

inter·cep·tion [ˌɪntəˈsepʃᵊn, AM -t̬ɚˈ-] *n* Abfangen *nt; of calls* Abhören *nt*

inter·cep·tor [ˌɪntəˈseptəʳ, AM -t̬ɚˈseptɚ] *n* MIL Abfangjäger *m*

inter·ces·sion [ˌɪntəˈseʃᵊn, AM -t̬ɚˈ-] *n* Fürsprache *f,* Vermittlung *f*

inter·change **I.** *n* [ˈɪntətʃeɪndʒ, AM -t̬ɚ-] ① Austausch *m* ② (*road*) [Autobahn]kreuz *nt* ③ (*station*) Umsteigebahnhof *m* **II.** *vt* [ˌɪntəˈtʃeɪndʒ, AM -t̬ɚˈ-] austauschen **III.** *vi* [ˌɪntəˈtʃeɪndʒ, AM -t̬ɚˈtʃeɪndʒ] [aus]wechseln

inter·change·able [ˌɪntəˈtʃeɪndʒəbl̩, AM -t̬ɚˈ-] *adj* austauschbar; *word* synonym

inter·city [ˌɪntəˈsɪti, AM -t̬ɚˈsɪti] **I.** *n* Intercity *m* **II.** *adj attr* Intercity-

inter·com [ˈɪntəkɒm, AM -t̬ɚkɑːm] *n* [Gegen]sprechanlage *f*

inter·com·mu·ni·cate [ˌɪntəkəˈmjuːnɪkeɪt, AM -t̬ɚ-] *vi* miteinander in Verbindung stehen; *rooms* miteinander verbunden sein

inter·con·ti·nen·tal [ˌɪntəˌkɒntɪˈnentᵊl, AM -t̬ɚˌkɑːntəˈ-] *adj* interkontinental

inter·course [ˈɪntəkɔːs, AM -t̬ɚkɔːrs] *n no pl* ① (*dealings*) Umgang *m;* **social ~** gesellschaftlicher Verkehr ② (*sex*) [Geschlechts]verkehr *m*

inter·de·nomi·na·tion·al [ˌɪntədɪˌnɒmɪˈneɪʃᵊnᵊl, AM -t̬ɚdɪˌnɑːməˈ-] *adj* interkonfessionell

inter·de·part·ment·al [ˌɪntəˌdiːpɑːtˈmentᵊl, AM -t̬ɚˌdiːpɑːrtˈment̬ᵊl] *adj* zwischen den Abteilungen *nach n*

inter·de·pend·ence [ˌɪntədɪˈpendən(t)s, AM -t̬ɚdiːˈ-] *n no pl* gegenseitige Abhängigkeit, Interdependenz *f geh*

inter·de·pend·ent [ˌɪntədɪˈpendənt, AM -t̬ɚdiːˈ-] *adj* voneinander abhängig, interdependent *geh*

inter·dict [ˈɪntədɪkt, -daɪt, AM -t̬ɚdɪkt] *n* LAW Verbot *nt*

in·ter·est [ˈɪntrəst, AM -trɪst] **I.** *n* ① Interesse *nt* (**in** an +*dat*); (*hobby*) Hobby *nt;* **vested ~** eigennütziges Interesse; **to lose ~ in sb/sth** das Interesse an jdm/etw verlieren; ■ **to be in sb's ~** in jds Interesse liegen ② (*advantage*) **in the ~s of safety** aus Sicherheitsgründen; **Jane is acting in the ~s of her daughter** Jane vertritt die Interessen ihrer Tochter ③ *no pl* (*importance*) Interesse *nt;* **buildings of historical ~** historisch interessante Gebäude; **to be of ~ to sb** für jdn von Interesse sein ④ *no pl* FIN Zinsen *pl;* **rate of ~** Zinssatz *m* **II.** *vt* interessieren (**in** für +*akk*)

in·ter·est·ed [ˈɪntrəstɪd, AM -trɪst-] *adj* ① (*concerned*) interessiert; **I'd be ~ to know more about it** ich würde gerne mehr darüber erfahren; **to be ~ in sth/sb** sich für etw/jdn interessieren ② (*involved*) beteiligt; *witness* befangen

in·ter·est-ˈfree *adj* FIN zinslos; *credit* unverzinslich

in·ter·est·ing [ˈɪntrəstɪŋ, AM -trɪst-] *adj* interessant

inter·face **I.** *n* [ˈɪntəfeɪs, AM -t̬ɚ-] Schnittstelle *f;* COMPUT, TECH *a.* Interface *nt* **II.** *vi* [ˌɪntəˈfeɪs, AM ˈɪnt̬ɚfeɪs] ■ **to ~ with sb** mit jdm in Verbindung treten **III.** *vt* [ˈɪntəfeɪs, AM -t̬ɚ-] COMPUT, TECH koppeln

inter·fere [ˌɪntəˈfɪəʳ, AM -t̬ɚˈfɪr] *vi* ① (*meddle*) ■ **to ~ [in sth]** sich [in etw *akk*] einmischen ② BRIT (*euph: molest*) ■ **to ~ with sb** jdn sexuell missbrauchen ③ (*hit*) ■ **to ~ with one another** aneinanderstoßen

inter·fer·ence [ˌɪntəˈfɪərᵊn(t)s, AM -t̬ɚˈfɪrᵊn(t)s] *n no pl* ① (*meddling*) Einmischung *f* ② RADIO, TECH Störung *f*

in·ter·im [ˈɪntᵊrɪm, AM -t̬ɚ-] **I.** *n no pl* Zwischenzeit *f;* **in the ~** in der Zwischenzeit **II.** *adj attr* vorläufig; **~ government** Übergangsregierung *f*

in·te·ri·or [ɪnˈtɪəriəʳ, AM -ˈtɪriɚ] **I.** *adj attr* ① (*inside*) Innen- ② (*country*) Inlands-, Binnen- **II.** *n* ① (*inside*) Innere *nt* ② POL ■ **the I~** das Innere; **the ministry** [*or* AM **department**] **of the ~** das Innenministerium; **the U.S. I~ Department** das Amerikanische Innenministerium

in·te·ri·or de·ˈsign·er *n* Innenarchitekt(in) *m(f)*

inter·ject [ˌɪntəˈdʒekt, AM -t̬ɚˈ-] **I.** *vt* einwerfen **II.** *vi* dazwischenreden

inter·jec·tion [ˌɪntəˈdʒekʃᵊn, AM -t̬ɚˈ-] *n* ① (*interruption*) Zwischenbemerkung *f* ② LING Interjektion *f*

inter·lace [ˌɪntəˈleɪs, AM -t̬ɚˈ-] **I.** *vt* kombinieren **II.** *vi* sich ineinander verflechten

inter-li·brary ˈloan *n* Fernleihe *f*

inter·locu·tor [ˌɪntəˈlɒkjətəʳ, AM -t̬ɚˈlɑːkjət̬ɚ] *n* (*form*) Gesprächspartner(in) *m(f);* (*on behalf of sb else*) Sprecher(in) *m(f)*

inter·lop·er [ˈɪntəˌləʊpəʳ, AM ˈɪnt̬ɚˌloʊpɚ] *n* Eindringling *m*

inter·lude [ˈɪntəluːd, AM -t̬ɚluːd] *n* Abschnitt *m;* (*between acts*) Pause *f*

inter·mar·riage [ˌɪntəˈmærɪdʒ, AM -t̬ɚˈmer-] *n no pl* (*between groups*) Mischehe *f;* (*between relatives*) Verwandtenehe *f*

inter·mar·ry <-ie-> [ˌɪntəˈmæri, AM ˈɪnt̬ɚˈmeri] *vi* **brothers and sisters are not**

allowed to ~ eine Heirat zwischen Geschwistern ist verboten

inter·medi·ary [ˌɪntəˈmiːdiəri, AM -t̬ɚˈmiːdieri] **I.** *n* Vermittler(in) *m(f)* **II.** *adj* vermittelnd; **~ role** Vermittlerrolle *f;* **~ stage** Zwischenstadium *nt*

inter·medi·ate [ˌɪntəˈmiːdiət, AM -t̬ɚˈ-] *adj* ❶ (*level*) mittel; (*between two things*) Zwischen- ❷ (*level of skill*) Mittel-; **~ course** Kurs *m* für fortgeschrittene Anfänger/Anfängerinnen

inter·mez·zo <*pl* -s *or* -zi> [ˌɪntəˈmetsəʊ, AM -t̬ɚˈmetsoʊ, *pl* -tsi] *n* Intermezzo *nt*

in·ter·mi·nable [ɪnˈtɜːmɪnəbl̩, AM -ˈtɜːr-] *adj* endlos

inter·min·gle [ˌɪntəˈmɪŋgl̩, AM -t̬ɚˈ-] *vi* sich vermischen

inter·mis·sion [ˌɪntəˈmɪʃᵊn, AM -t̬ɚˈ-] *n* Pause *f*

inter·mit·tent [ˌɪntəˈmɪtᵊnt, AM -t̬ɚˈ-] *adj* periodisch

in·tern I. *vt* [ɪnˈtɜːn, AM -ˈtɜːrn] internieren **II.** *vi* [ɪnˈtɜːn, AM -ˈtɜːrn] *esp* AM ein Praktikum absolvieren **III.** *n* [ˈɪntɜːn, AM -tɜːrn] *esp* AM Praktikant(in) *m(f)*

in·ter·nal [ɪnˈtɜːnᵊl, AM -ˈtɜːr-] *adj* innere(r, s); (*within company*) innerbetrieblich; (*within country*) Binnen-; *investigation, memo* intern

in·ter·nal·ize [ɪnˈtɜːnᵊlaɪz, AM -ˈtɜːr-] *vt* verinnerlichen

in·ter·nal·ly [ɪnˈtɜːnᵊli, AM -ˈtɜːr-] *adv* innerlich; **not to be taken ~** nur zur äußeren Anwendung; **to develop sth ~** (*within company*) etw betriebsintern entwickeln

inter·na·tion·al [ˌɪntəˈnæʃᵊnᵊl, AM -t̬ɚˈ-] **I.** *adj* international; **~ flight** Auslandsflug *m* **II.** *n* BRIT SPORTS (*player*) Nationalspieler(in) *m(f);* (*match*) Länderspiel *nt*

Inter·na·tion·al Court of ˈJus·tice *n* Internationaler Gerichtshof

inter·na·tion·al·ize [ˌɪntəˈnæʃᵊnᵊlaɪz, AM -t̬ɚˈ-] *vt* internationalisieren

Inter·na·tion·al ˈMon·etary Fund *n* Internationaler Währungsfonds **Inter·na·tion·al Oˈlym·pic Com·mit·tee** *n* Internationales Olympisches Komitee

in·ternee [ˌɪntɜːˈni, AM -tɜːr-] *n* Internierte(r) *f(m)*

inter·net, Internet [ˈɪntənet, AM -t̬ɚ-] **I.** *n* Internet *nt;* **to browse the ~** im Internet surfen; **on the ~** im Internet **II.** *adj* Internet- **inter·net ˈbank·ing** *n no pl* Internetbanking *nt* **inter·net con·ˈnec·tion** *n* Internetverbindung *f* **inter·net ˈpres·ence** *n no pl* Internetauftritt *m* **inter·net ˈre·tail·er** *n* Internethändler *m* **inter·net ˈsearch en·gine** *n* Internet-Suchmaschine *f* **inter·net ˈsite** *n* Internetsite *f*

in·tern·ist [ˈintɜrːnɪst] *n* AM Internist(in) *m(f)*

in·tern·ment [ɪnˈtɜːnmənt, AM -ˈtɜːrn-] *n no pl* Internierung *f*

in·ˈtern·ment camp *n* Internierungslager *nt*

inter·pel·la·tion [ɪnˌtɜːpəˈleɪʃᵊn, AM ˌɪnt̬ɚpə-] *n* POL Interpellation *f fachspr*

ˈinter·phone *n* AM [Gegen]sprechanlage *f*

inter·plane·tary [ˌɪntəˈplænɪtᵊri, AM -t̬ɚˈplænəteri] *adj* interplanetarisch

inter·play [ˈɪntəpleɪ, AM -t̬ɚ-] *n no pl* Zusammenspiel *nt* (**of** von +*dat*), Wechselwirkung *f* (**between** zwischen +*dat*)

Inter·pol [ˈɪntəpɒl, AM -t̬ɚpɑːl] *n no art,* + *sing/pl vb* Interpol *f*

in·ter·po·late [ɪnˈtɜːpəleɪt, AM -ˈtɜːr-] *vt* einfügen; *opinion* einfließen lassen

in·ter·po·la·tion [ɪnˌtɜːpəˈleɪʃᵊn, AM -ˌtɜːr-] *n* (*form*) ❶ (*remark*) Einwurf *m;* (*adding words*) Einwerfen *nt;* (*in text*) Einfügung *f* ❷ *no pl* (*insertion*) Eindringen *nt;* (*influence*) Einflussnahme *f*

in·ter·pret [ɪnˈtɜːprɪt, AM -ˈtɜːrprət] **I.** *vt* ❶ (*explain*) interpretieren; (*understand*) auslegen ❷ (*perform*) wiedergeben; *role* auslegen **II.** *vi* dolmetschen

in·ter·pre·ta·tion [ɪnˌtɜːprɪˈteɪʃᵊn, AM -ˌtɜːrprəˈ-] *n* Interpretation *f; of rules* Auslegung *f; of dream* Deutung *f*

in·ter·pret·er [ɪnˈtɜːprɪtəʳ, AM -ˈtɜːrprət̬ɚ] *n* Dolmetscher(in) *m(f)*

in·ter·pret·ing [ɪnˈtɜːprɪtɪŋ, AM -ˈtɜːrprət̬-] *n no pl* Dolmetschen *nt*

Inter-Rail® [ˌɪntəˈreɪl, AM -t̬ɚˈ-] **I.** *n* Interrail *nt* **II.** *vi* Interrail machen

inter·re·late [ˌɪntərɪˈleɪt, AM -t̬ɚriˈ-] **I.** *vi* zueinander in Beziehung stehen **II.** *vt* verbinden

inter·re·lat·ed [ˌɪntərɪˈleɪtɪd, AM -t̬ɚriˈ-] *adj* zusammenhängend *attr*

inter·re·la·tion [ˌɪntərɪˈleɪʃᵊn, AM -t̬ɚriˈ-], **inter·re·la·tion·ship** [ˌɪntərɪˈleɪʃᵊnʃɪp, AM -t̬ɚriˈ-] *n* Zusammenhang *m*

in·ter·ro·gate [ɪnˈterəgeɪt] *vt* ❶ (*question*) verhören ❷ (*consult*) **to ~ a computer database** Daten abfragen

in·ter·ro·ga·tion [ɪnˌterəˈgeɪʃᵊn] *n* Verhör *nt*

in·ter·ro·ˈga·tion mark, in·ter·ro·ˈga·tion point *n* Fragezeichen *nt*

in·ter·ro·ga·tive [ˌɪntəˈrɒgətɪv, AM -t̬ɚˈrɑːgət̬ɪv] **I.** *n* LING ■**the ~** das Interrogativum *fachspr* **II.** *adj* ❶ (*liter: questioning*) fragend *attr* ❷ (*word type*) interrogativ *fachspr,* Frage-

in·ter·ro·ga·tor [ɪnˈterəgeɪtəʳ, AM -ˈterəgeɪt̬ɚ] *n* Vernehmungsbeamte(r) *m,* Ver-

I

nehmungsbeamte [*o* -beamtin] *f*

in·ter·roga·tory [ˌɪntəˈrɒgətᵊri, AM -t̬əˈrɑːgət̬ɔːri] *adj* fragend *attr*

in·ter·rupt [ˌɪntəˈrʌpt, AM -t̬ɚ-] **I.** *vt* unterbrechen; (*rudely*) ins Wort fallen **II.** *vi* unterbrechen

in·ter·rupt·er [ˌɪntəˈrʌptəʳ, AM -t̬ɚˈrʌptɚ] *n a.* ELEC Unterbrecher *m*

in·ter·rup·tion [ˌɪntəˈrʌpʃᵊn, AM -t̬ɚ-] *n* Unterbrechung *f*

inter·sect [ˌɪntəˈsekt, AM -t̬ɚ-] **I.** *vt* durchziehen; *line* schneiden; ■**to be ~ed by sth** *roads* etw kreuzen **II.** *vi* sich schneiden; *roads* sich kreuzen

inter·sec·tion [ˌɪntəˈsekʃᵊn, AM ˈɪnt̬ɚˌsekʃᵊn] *n* ❶ Schnittpunkt *m* ❷ AM, AUS (*junction*) [Straßen]kreuzung *f*

inter·sperse [ˌɪntəˈspɜːs, AM -t̬ɚˈspɜːrs] *vt* ■**to ~ sth with sth** etw in etw *akk* einstreuen; **to be ~d throughout the text** über den ganzen Text verteilt sein

inter·state [ˌɪnt̬ɚˈsteɪt] **I.** *adj attr* zwischenstaatlich **II.** *n* [Bundes]autobahn *f*

inter·state ˈhigh·way *n* [Bundes]autobahn *f*

inter·stel·lar [ˌɪntəˈsteləʳ, AM -t̬ɚˈstelɚ] *adj attr* interstellar *fachspr*

in·ter·stice [ɪnˈtɜːstɪs, AM -ˈtɜːr-] *n usu pl* (*form*) Zwischenraum *m;* (*between bricks*) Fuge *f;* (*in wall*) Riss *m*

inter·twine [ˌɪntəˈtwaɪn, AM -t̬ɚ-] **I.** *vt usu passive* ■**to be ~d with sth** [miteinander] verflochten sein; *plots, destinies* miteinander verknüpft sein **II.** *vi* sich [ineinander] verschlingen

inter·ur·ban [ˌɪnt̬ɚˈɜːrbᵊn] AM **I.** *adj* zwischen [den] Städten *nach n,* Städte verbindend; **~ connection** Städteverbindung *f* **II.** *n* Überlandbahn *f*

in·ter·val [ˈɪntəvᵊl, AM -t̬ɚ-] *n* ❶ (*gap*) Abstand *m* ❷ (*break*) Pause *f;* MUS *a.* Intervall *nt*

inter·vene [ˌɪntəˈviːn, AM -t̬ɚ-] *vi* ❶ einschreiten; **to ~ on sb's behalf** sich für jdn einsetzen ❷ (*interrupt*) sich einmischen

inter·ven·ing [ˌɪntəˈviːnɪŋ, AM -t̬ɚ-] *adj attr* dazwischenliegend *attr;* **in the ~ period** in der Zwischenzeit

inter·ven·tion [ˌɪntəˈven(t)ʃᵊn, AM -t̬ɚ-] *n* Eingreifen *nt*

inter·ven·tion·ist [ˌɪntəˈventʃᵊnɪst, AM -t̬ɚ-] POL **I.** *adj* interventionistisch *fachspr* **II.** *n* Interventionist(in) *m(f) fachspr*

inter·view [ˈɪntəvjuː, AM -t̬ɚ-] **I.** *n* ❶ (*for job*) Vorstellungsgespräch *nt* ❷ (*with media*) Interview *nt* (**with** mit +*dat*) ❸ (*talk*) Unterredung *f;* (*with police*) Verhör *nt* **II.** *vt* (*for job*) ein Vorstellungsgespräch führen (**with** mit +*dat*); (*by reporter*) interviewen; (*by police*) befragen **III.** *vi* (*for job*) ein Vorstellungsgespräch führen; *celebrity* ein Interview geben

inter·viewee [ˌɪntəvjuˈiː, AM -t̬ɚ-] *n* Interviewte(r) *f(m);* (*by police*) Befragte(r) *f(m);* **job ~** Kandidat(in) *m(f)*

inter·view·er [ˈɪntəvjuːəʳ, AM -t̬ɚvjuːɚ] *n* (*reporter*) Interviewer(in) *m(f);* (*in job interview*) Leiter(in) *m(f)* des Vorstellungsgesprächs

inter·weave <-wove, -woven> [ˌɪntəˈwiːv, AM -t̬ɚ-] **I.** *vt* [miteinander] verweben; (*fig*) [miteinander] vermischen **II.** *vi* sich verschlingen

in·tes·tate [ɪnˈtesteɪt] *adj usu pred* LAW ■**to be ~** kein Testament besitzen

in·tes·tine [ɪnˈtestɪn] *n usu pl* Darm *m,* Eingeweide *pl*

in·ti·ma·cy [ˈɪntɪməsi, AM -t̬ə-] *n no pl* Intimität *f;* (*euph: sexual*) Intimitäten *pl*

in·ti·mate [ˈɪntɪmət, AM -t̬əmət] *adj* ❶ (*close*) eng, vertraut; *atmosphere* gemütlich; *friend* eng; *relationship* intim ❷ (*detailed*) gründlich; *knowledge* umfassend ❸ (*private*) **~ details** intime Einzelheiten

in·ti·ma·tion [ˌɪntɪˈmeɪʃᵊn, AM -t̬ə-] *n* Anzeichen *nt* (**of** für +*akk*)

in·timi·date [ɪnˈtɪmɪdeɪt] *vt* einschüchtern

in·timi·dat·ing [ɪnˈtɪmɪdeɪtɪŋ, AM -deɪt̬ɪŋ] *adj* beängstigend; *manner* einschüchternd

in·timi·da·tion [ɪnˌtɪmɪˈdeɪʃᵊn] *n no pl* Einschüchterung *f*

into [ˈɪntə, -tu] *prep* ❶ (*to inside*) in +*akk;* **to go ~ town** in die Stadt gehen ❷ (*toward*) in +*akk;* **she looked ~ the mirror** sie sah in den Spiegel ❸ (*through time*) **sometimes we work late ~ the evening** manchmal arbeiten wir bis spät in den Abend ❹ (*fam: interested*) **to be ~ sth/sb** an etw/jdm interessiert sein; **what sort of music are you ~?** auf welche Art von Musik stehst du? ❺ *see also vb* (*persuading*) **they tried to talk their father ~ buying them bikes** sie versuchten ihren Vater dazu zu überreden, ihnen Fahrräder zu kaufen ❻ (*transition*) **her novels have been translated ~ nineteen languages** ihre Romane sind in neunzehn Sprachen übersetzt worden ❼ (*wear*) **I can't get ~ these trousers anymore** ich komme nicht mehr in diese Hose rein

in·tol·er·able [ɪnˈtɒlᵊrəbl̩, AM -ˈtɑːlɚ-] *adj* unerträglich

in·tol·er·ance [ɪnˈtɒlᵊrᵊn(t)s, AM -ˈtɑːlɚ-] *n no pl* ❶ (*impatience*) Intoleranz *f* (**of** gegenüber +*dat*) ❷ (*incompatibility*) Überempfindlichkeit *f;* MED Intoleranz *f* (**of** gegenüber +*dat*)

in·tol·er·ant [ɪn'tɒlərənt, AM -'tɑːlɚ-] *adj* ❶ (*impatient*) intolerant ❷ MED überempfindlich (**of** gegenüber +*dat*)

in·to·na·tion [ˌɪntə(ʊ)'neɪʃən, AM -toʊ'-] *n usu sing* LING Intonation *f fachspr*

in·tone [ɪn'təʊn, AM -'toʊn] *vt* intonieren *fachspr*

in·toxi·cant [ɪn'tɒksɪkənt, AM -'tɑːk-] *n* Rauschmittel *nt*

in·toxi·cate [ɪn'tɒksɪkeɪt, AM -'tɑːk-] **I.** *vi* eine berauschende Wirkung haben **II.** *vt* berauschen *a. fig,* betrunken machen; (*fig*) *idea* begeistern

in·toxi·cat·ed [ɪn'tɒksɪkeɪtɪd, AM -'tɑːk-] *adj* ❶ (*drunk*) betrunken ❷ (*excited*) berauscht

in·toxi·cat·ing [ɪn'tɒksɪkeɪtɪŋ, AM -'tɑːksɪkeɪt̬-] *adj* berauschend *a. fig*

in·toxi·ca·tion [ɪnˌtɒksɪ'keɪʃən, AM -ˌtɑːk-] *n no pl* ❶ (*from alcohol*) Rausch *m a. fig* ❷ MED Vergiftung *f*

in·trac·table [ɪn'træktəbl̩] *adj* unbeugsam; *problem, partygoer* hartnäckig; *pupil* widerspenstig; *situation* verfahren

intra·mu·ral [ˌɪntrə'mjʊərəl, AM -'mjʊr-] *adj* innerhalb der Universität *nach n,* universitätsintern

Intra·net [ˌɪntrə'net] *n* Intranet *nt*

in·tran·si·gence [ɪn'træn(t)sɪdʒən(t)s, AM -'træn(t)sə-] *n no pl* (*form*) Unnachgiebigkeit *f*

in·tran·si·gent [ɪn'træn(t)sɪdʒənt, AM -sə-] *adj attitude* unnachgiebig; *position* unversöhnlich

in·tran·si·tive [ɪn'træn(t)sətɪv, AM -t̬ɪv] *adj* intransitiv

intra·ve·nous [ˌɪntrə'viːnəs] *adj* intravenös

in-tray ['ɪntreɪ] *n* Ablage *f* für Eingänge

in·trep·id [ɪn'trepɪd] *adj* unerschrocken

in·tri·ca·cy ['ɪntrɪkəsi] *n* ❶ *no pl* (*complexity*) Kompliziertheit *f* ❷ (*elaborateness*) ▪**intricacies** *pl* Feinheiten *pl*

in·tri·cate ['ɪntrɪkət] *adj* kompliziert; *plot* verschlungen; *question* verzwickt

in·trigue **I.** *vt* [ɪn'triːg] (*fascinate*) faszinieren; (*arouse curiosity*) neugierig machen; ▪**to be ~d by sth** von etw *dat* fasziniert sein **II.** *vi* [ɪn'triːg] intrigieren **III.** *n* ['ɪntriːg] Intrige *f* (**against** gegen +*akk*); *see also* **colleague**

in·tri·guing [ɪn'triːgɪŋ] *adj* faszinierend

in·trin·sic [ɪn'trɪn(t)sɪk] *adj* innewohnend; *part* wesentlich

intro·duce [ˌɪntrə'djuːs, AM -'duːs] *vt* ❶ (*acquaint*) ▪**to ~ sb** [**to sb**] jdn [jdm] vorstellen ❷ (*launch*) einführen ❸ (*announce*) vorstellen; MUS einleiten; *programme* ankündigen

intro·duc·tion [ˌɪntrə'dʌkʃən] *n* ❶ (*contact*) Vorstellung *f,* Bekanntmachen *nt* ❷ (*launch*) Einführung *f* ❸ (*preface*) Vorwort *nt;* MUS Einleitung *f*

intro·duc·tory [ˌɪntrə'dʌktəri] *adj* ❶ (*preliminary*) einleitend ❷ (*inaugural*) einführend

intro·spec·tion [ˌɪntrə(ʊ)'spekʃən, AM -troʊ'-] *n no pl* Selbstbeobachtung *f*

intro·spec·tive [ˌɪntrə(ʊ)'spektɪv, AM -troʊ'-] *adj* verinnerlicht

intro·vert [ˌɪntrə(ʊ)'vɜːt, AM -troʊ'vɜːrt] *n* introvertierter Mensch

intro·vert·ed [ˌɪntrə(ʊ)'vɜːtɪd, AM -troʊ'vɜːrt̬ɪd] *adj* introvertiert

in·trude [ɪn'truːd] *vi* ❶ (*meddle*) stören, sich einmischen (**into** in +*akk*) ❷ (*encroach*) **am I intruding?** störe ich gerade?; ▪**to ~ on sb's privacy** in jds Privatsphäre eindringen

in·trud·er [ɪn'truːdəʳ, AM -ɚ] *n* Eindringling *m;* (*thief*) Einbrecher(in) *m(f)*

in·tru·sion [ɪn'truːʒən] *n* (*interruption*) Störung *f;* (*encroachment*) Verletzung *f*

in·tru·sive [ɪn'truːsɪv] *adj* aufdringlich

in·tui·tion [ˌɪntju'ɪʃən, AM -tu'-] *n* Intuition *f*

in·tui·tive [ɪn'tjuːɪtɪv, AM -'tuːɪt̬-] *adj* intuitiv

in·un·date ['ɪnʌndeɪt, AM -ən-] *vt* überschwemmen *a. fig*

in·un·da·tion [ˌɪnʌn'deɪʃən, AM -ən'-] *n no pl* (*form*) Überschwemmung *f;* (*with work*) Überhäufung *f*

in·ure [ɪ'njʊəʳ, AM -'njʊr] (*form*) **I.** *vi* LAW in Kraft treten **II.** *vt* ▪**to ~ sb to sth** jdn an etw *akk* gewöhnen

in·vade [ɪn'veɪd] **I.** *vt* ❶ **to ~ a country** in ein Land einmarschieren ❷ (*fig: breach*) **to ~ sb's privacy** jds Privatsphäre verletzen **II.** *vi* einfallen

in·vad·er [ɪn'veɪdəʳ, AM -ɚ] *n* Angreifer(in) *m(f);* (*encroacher*) Eindringling *m*

in·va·lid[1] ['ɪnvəlɪd] **I.** *n* Invalide(r) *m(f)* **II.** *adj* invalide, körperbehindert

in·va·lid[2] [ɪn'vælɪd] *adj* (*void*) ungültig; (*unsound*) nicht stichhaltig; *theory* nicht begründet

in·vali·date [ɪn'vælɪdeɪt] *vt* unwirksam machen; LAW für nichtig erklären; *argument* widerlegen; *criticisms* entkräften; *judgement* aufheben; *results* annullieren; *theory* entkräftigen

in·vali·da·tion [ɪnˌvælɪ'deɪʃən] *n no pl* Ungültigkeitserklärung *f*

in·va·lid·ism ['ɪnvəlɪdɪzəm] *n no pl* Invalidität *f*

in·va·lid·ity [ˌɪnvə'lɪdəti, AM -ət̬i] *n* ❶ (*bedridden*) Invalidität *f* ❷ (*unsound*)

I

[Rechts]ungültigkeit *f* ③ (*void*) **~ of a contract** Nichtigkeit *f* eines Vertrags

in·valu·able [ɪnˈvæljuəbl̩] *adj* unbezahlbar; *source* unverzichtbar

in·vari·able [ɪnˈveəriəbl̩, AM -ˈveri-] *adj* unveränderlich

in·vari·ably [ɪnˈveəriəbli, AM -ˈveri-] *adv* ausnahmslos

in·va·sion [ɪnˈveɪʒᵊn] *n* ① Invasion *f* ② (*interference*) Eindringen *nt kein pl*

in·vec·tive [ɪnˈvektɪv] *n no pl* (*form*) Beschimpfungen *pl*

in·vei·gle [ɪnˈveɪgl̩] *vt* (*form*) verlocken (**into** zu)

in·vent [ɪnˈvent] *vt* ① (*create*) erfinden ② (*fabricate*) erdichten; *excuse* sich *dat* ausdenken

in·ven·tion [ɪnˈven(t)ʃᵊn] *n* ① (*creation*) Erfindung *f* ② *no pl* (*creativity*) Einfallsreichtum *m* ③ (*fabrication*) Erfindung *f*

in·ven·tive [ɪnˈventɪv] *adj* einfallsreich; *skills* schöpferisch; *design* originell; *illustration* fantasievoll

in·ven·tive·ness [ɪnˈventɪvnəs] *n no pl* Einfallsreichtum *m*

in·ven·tor [ɪnˈventəʳ, AM -ɚ] *n* Erfinder(in) *m(f)*

in·ven·tory [ˈɪnvᵊntri, AM -tɔːri] **I.** *n* ① (*list*) Inventar *nt* ② AM (*stock*) [Lager]bestand *m;* **to take ~** Inventur machen **II.** *adj* Bestands-

in·verse [ɪnˈvɜːs, AM -ˈvɜːrs] **I.** *adj attr* umgekehrt **II.** *n no pl* Gegenteil *nt*

in·ver·sion [ɪnˈvɜːʃən, AM -ˈvɜːrʒən] *n no pl* Umkehrung *f*

in·vert [ɪnˈvɜːt, AM -ˈvɜːrt] *vt* umkehren

in·ver·te·brate [ɪnˈvɜːtɪbreɪt, AM -ˈvɜːrt̬əbrɪt] **I.** *n* wirbelloses Tier **II.** *adj* wirbellos

in·vest [ɪnˈvest] **I.** *vt* investieren **II.** *vi* ■**to ~ in sth** [sein Geld] in etw *akk* investieren; **to ~ in a new washing machine** sich *dat* eine neue Waschmaschine zulegen

in·ves·ti·gate [ɪnˈvestɪgeɪt] *vt* untersuchen; *explore* erforschen

in·ves·ti·ga·tion [ɪnˌvestɪˈgeɪʃᵊn] *n* Untersuchung *f; of affair* [Über]prüfung *f;* (*by police*) Ermittlung *f;* (*inquiry*) Nachforschung *f*

in·ves·ti·ga·tive [ɪnˈvestɪgətɪv, AM -geɪt̬ɪv] *adj* Forschungs-, Untersuchungs-, Ermittlungs-

in·ves·ti·ga·tor [ɪnˈvestɪgeɪtəʳ, AM -t̬ɚ] *n* (*form*) Ermittler(in) *m(f);* (*in pending proceedings*) Untersuchungsführer(in) *m(f)*

in·vest·ment [ɪnˈves(t)mənt] **I.** *n* ① (*act*) Investierung *f* ② (*instance*) Investition *f;* (*share*) Einlage *f* **II.** *adj* Anlage-, Investitions-, Investment-

in·ˈvest·ment fund *n* Investmentfonds *m*

in·ˈvest·ment trust *n* Investmentgesellschaft *f*

in·ves·tor [ɪnˈvestəʳ, AM -ɚ] *n* [Kapital]anleger(in) *m(f),* Investor(in) *m(f) fachspr*

in·vet·er·ate [ɪnˈvetᵊrət, AM -t̬ɚət] *adj attr custom, prejudice* tief verankert; *bachelor* eingefleischt; *hatred* tief verwurzelt; *optimist* unverbesserlich; *disease, prejudice* hartnäckig

in·vidi·ous [ɪnˈvɪdiəs] *adj* ① (*unpleasant*) unerfreulich; *incident* unangenehm; *task* undankbar ② (*unjust*) ungerecht

in·vigi·late [ɪnˈvɪdʒəleɪt] *vt* BRIT, AUS SCH, UNIV **to ~ an examination** die Aufsicht bei einer Prüfung führen

in·vigi·la·tor [ɪnˈvɪdʒəleɪtəʳ] *n* BRIT, AUS SCH, UNIV Aufsicht *f*

in·vig·or·ate [ɪnˈvɪgᵊreɪt, AM -gər-] *vt* ① stärken ② (*fig: stimulate*) beleben

in·vig·or·at·ing [ɪnˈvɪgᵊreɪtɪŋ, AM -gəreɪt̬-] *adj* ① stärkend; *climate, food* kräftigend ② (*fig: stimulating*) belebend; *conversation* anregend; *walk* erfrischend

in·vin·cible [ɪnˈvɪn(t)səbl̩] *adj* ① (*unbeatable*) unschlagbar ② (*insuperable*) unüberwindlich

in·vis·ible [ɪnˈvɪzəbl̩] *adj* ① unsichtbar ② (*hidden*) verborgen

in·vi·ta·tion [ˌɪnvɪˈteɪʃᵊn] *n* ① (*request*) Einladung *f* (**to** zu +*dat*) ② (*incitement*) Aufforderung *f* (**to** zu +*dat*) ③ (*chance*) Gelegenheit *f*

in·vite **I.** *n* [ˈɪnvaɪt] (*fam*) Einladung *f* (**to** zu +*dat*) **II.** *vt* [ɪnˈvaɪt] ① (*to party*) einladen ② (*request*) ■**to ~ sb to do sth** jdn auffordern, etw zu tun ③ (*fig: cause*) herausfordern; **to ~ accidents** zu Unfällen führen; **to ~ trouble** Unannehmlichkeiten hervorrufen

in·vit·ing [ɪnˈvaɪtɪŋ, AM -t̬-] *adj* ① *sight, weather* einladend; *appearance, fashion* ansprechend ② (*tempting*) verlockend; *gesture, smile* einladend

in vi·tro [ɪnˈviːtrəʊ, AM -oʊ] **I.** *adj* künstlich, In-vitro- **II.** *adv* künstlich, in vitro *fachspr*

in vi·tro fer·ti·li·ˈza·tion *n no pl* künstliche Befruchtung

in·vo·ca·tion [ˌɪnvə(ʊ)ˈkeɪʃᵊn, AM -vəˈ-] *n* ① (*form: supplication*) Anrufung *f* ② REL (*prayer*) Bittgebet *nt* ③ (*calling forth*) Beschwörung *f* ④ (*petition*) flehentliche Bitte ⑤ (*appeal*) Appell *m* ⑥ *no pl* (*reference*) Berufung *f*

in·voice [ˈɪnvɔɪs] **I.** *vt* ■**to ~ sb** jdm eine Rechnung ausstellen **II.** *n* [Waren]rechnung *f* (**for** für +*akk*)

in·voke [ɪnˈvəʊk, AM -ˈvoʊk] *vt* ① (*call on*) **to**

inviting

inviting	einladen
Do come and visit (me), I'd be delighted.	**Besuch mich doch,** ich würde mich sehr freuen.
I'm having a party next Saturday. **Will you come?**	Nächsten Samstag lasse ich eine Party steigen. **Kommst du auch?** (*fam*)
Would you like to join us? (*going out*)	**Kommen Sie doch auch mit.**
Would you like to join us? (*at table*)	**Setzen Sie sich doch zu uns.**
May I take you out for a working lunch/dinner?	**Darf ich Sie zu** einem Arbeitsessen **einladen?**
I'd like to invite you round (*at home*) for dinner.	**Ich würde Sie gern** zum Abendessen **zu mir nach Hause einladen.**
I'd like to invite you out (*in a restaurant*) for dinner.	**Ich würde Sie gern** zum Abendessen **in ein Restaurant einladen.**

I

~ **God's name** Gottes Namen anrufen ❷ (*call forth*) [herauf]beschwören

in·vol·un·tary [ɪnˈvɒləntəri, AM -ˈvɑːlənteri] *adj* ❶ unfreiwillig; *kindness* gezwungen; *loyalty* erzwungen ❷ (*unintentional*) unbeabsichtigt

in·volve [ɪnˈvɒlv, AM -ˈvɑːlv] *vt* ❶ (*include*) beinhalten; (*encompass*) umfassen; (*entail*) mit sich bringen; (*mean*) bedeuten ❷ (*affect*) betreffen; **that doesn't ~ her** sie hat damit nichts zu tun; **this incident ~s us all** dieser Zwischenfall geht uns alle an ❸ (*bring in*) ■**to ~ sb in sth** jdn an etw *dat* beteiligen; (*unwillingly*) jdn in etw *akk* verwickeln; **I don't want to get ~d** ich will damit nichts zu tun haben ❹ *usu passive* ■**to be ~d in sth** (*be busy*) mit etw *dat* zu tun haben; (*be engrossed*) von etw *dat* gefesselt sein; ■**to be ~d with sb** (*have to do with*) mit jdm zu tun haben; (*relationship*) mit jdm eine Beziehung haben; (*affair*) mit jdm ein Verhältnis haben

in·volved [ɪnˈvɒlvd, AM -ˈvɑːl-] *adj* kompliziert; *story* verworren; *style* komplex; *affair* verwickelt

in·volve·ment [ɪnˈvɒlvmənt, AM -ˈvɑːl-] *n* ❶ (*intricacy*) Verworrenheit *f,* Kompliziertheit *f;* (*complexity*) Komplexität *f* ❷ (*participation*) Beteiligung *f* (**in** an +*dat*), Verwicklung *f* (**in** in +*dat*) ❸ (*relationship*) Verhältnis *nt*

in·vul·ner·able [ɪnˈvʌlnərəbl̩, AM -nɚ-] *adj* ❶ (*immune*) unverwundbar, unverletzbar *fig* ❷ (*unassailable*) *position* unangreifbar; *right* unverletzlich; *argument* unwiderlegbar

in·ward [ˈɪnwəd, AM -wɚd] **I.** *adj* ❶ (*ingoing*) nach innen gehend ❷ (*incoming*) Eingangs-, eingehend ❸ (*import*) Eingangs- ❹ (*usu fig: internal*) innere(r, s), innerlich **II.** *adv* einwärts, nach innen

in·ward·ly [ˈɪnwədli, AM -wɚd-] *adv* ❶ (*to inside*) nach innen ❷ (*internally*) innerlich, im Innern

in·ward·ness [ˈɪnwədnəs, AM -wɚd-] *n no pl* ❶ *of a body's organ* Lage *f* ❷ (*fig: depth*) Innerlichkeit *f; of emotions* Innigkeit *f; of a thought* gedankliche Tiefe ❸ (*fig: essence*) innerste Natur; (*significance*) wahre Bedeutung; (*intimacy*) Vertrautheit *f*

in·wards [ˈɪnwədz, AM -wɚdz] *adv* ❶ (*to inside*) einwärts, nach innen ❷ (*spiritually*) im Innern

IOC [ˌaɪəʊˈsiː, AM -oʊˈ-] *n + sing/pl vb abbrev of* **International Olympic Committee:** ■**the ~** das IOC

iodine [ˈaɪədiːn, AM -daɪn] *n no pl* Jod *nt*

ion [ˈaɪən] *n* Ion *nt*

iota [aɪˈəʊtə, AM -ˈoʊt̬ə] *n no pl, usu neg* Jota *nt;* **not an ~** kein bisschen

IOU [ˌaɪəʊˈjuː, AM -oʊˈ-] *n* (*fam*) *abbrev of* **I owe you** Schuldschein *m*

IPA [ˌaɪpiːˈeɪ] *n abbrev of* **International Phonetic Alphabet** internationales phonetisches Alphabet

IQ [ˌaɪˈkjuː] *n abbrev of* **intelligence quotient** IQ *m*

IRA [ˌaɪɑːˈreɪ, AM -ɑːrˈeɪ] *n* ❶ *+ sing/pl vb abbrev of* **Irish Republican Army:** ■**the ~** die IRA ❷ AM FIN *abbrev of* **Individual Retirement Account** [steuerbegünstigte] Altersvorsorge

Iran [ɪˈrɑːn, AM ɪˈræn] *n* [der] Iran

Ira·nian [ɪˈreɪniən] **I.** *n* Iraner(in) *m(f)* **II.** *adj* iranisch

Iraq [ɪˈrɑːk] *n* [der] Irak

Ira·qi [ɪˈrɑːki] **I.** *n* Iraker(in) *m(f)* **II.** *adj* irakisch
iras·cible [ɪˈræsəbl̩] *adj* aufbrausend
irate [aɪˈreɪt] *adj* wütend
Ire·land [ˈaɪələnd, AM ˈaɪr-] *n* Irland *nt*
iri·des·cent [ˌɪrɪˈdesᵊnt] *adj* irisierend
iris <*pl* -es> [ˈaɪ(ə)rɪs, AM ˈaɪrɪs] *n* ① BOT Schwertlilie *f,* Iris *f* ② ANAT Regenbogenhaut *f,* Iris *f*
Irish [ˈaɪ(ə)rɪʃ, AM ˈaɪrɪʃ] **I.** *adj* irisch **II.** *n pl* ■**the** ~ die Iren *pl*
ˈIrish·man *n* Ire *m*

Land und Leute

Die **Irish Republic** oder **Republic of Ireland** (*Republik Irland*) ist die unabhängige Republik Irlands. Sie erstreckt sich über die gesamte irische Insel mit Ausnahme von *Ulster* (*Nordirland*) im Nordosten, das zum *United Kingdom* (*Vereinigten Königreich*) gehört. Durch den *Anglo-Irish Treaty* (*anglo-irisches Abkommen*) von 1921 erhielt Irland, wie auch Kanada und Australien, den Status eines *dominion* (*Herrschaftsgebiet*) innerhalb des Commonwealth als der *Irish Free State.* Die Republik zog sich 1949 aus dem Commonwealth zurück und schloss sich 1973 der Europäischen Gemeinschaft an. Das Staatsoberhaupt ist der für sieben Jahre gewählte *President.*

ˈIrish·wom·an *n* Irin *f*
ˈiris rec·og·ni·tion *n no pl* Iriserkennung *f* (*zur Identifizierung einer Person*)
irk [ɜːk, AM ɜːrk] *vt* ärgern
irk·some [ˈɜːksəm, AM ˈɜːrk-] *adj* (*form*) ärgerlich; *task* lästig
iron [ˈaɪən, AM -ɚn] **I.** *n* ① *no pl* Eisen *nt* ② (*appliance*) [Bügel]eisen *nt* ③ (*club*) Golfschläger *m* ▸PHRASES: **to have** [**too**] **many/other ~s in the fire** [zu] viele/andere Eisen im Feuer haben **II.** *adj* Eisen-; (*fig: strict*) eisern **III.** *vt, vi* bügeln

Aussprache

Das **r** in i**r**on wird nicht gesprochen: [ˈaɪən]

◆**iron out** *vt* ① *crease* glatt bügeln; *wrinkles* glätten ② (*a. fig: remove*) *difficulties* aus der Welt schaffen; *misunderstandings* beseitigen
ˈIron Age I. *n* Eisenzeit *f* **II.** *adj* eisenzeitlich **iron ˈcur·tain** *n* ① (*hist*) ■**the I~ C~** der Eiserne Vorhang ② (*fig: barrier*) Abschottung *f*
iron·ic [aɪ(ə)ˈrɒnɪk, AM aɪˈrɑːn-] *adj* ironisch
iron·ing [ˈaɪənɪŋ, AM -ɚn-] *n no pl* ① (*pressing*) Bügeln *nt* ② (*laundry*) Bügelwäsche *f*
ˈiron·ing board *n* Bügelbrett *nt*
iron ˈlung *n* eiserne Lunge
iron·mon·ger [ˈaɪənˌmʌŋgəʳ] *n* BRIT ① (*person*) Eisenwarenhändler(in) *m(f)* ② (*shop*) ■**~'s** Eisen- und Haushaltswarenhandlung *f*
iron·mon·gery [ˈaɪənˌmʌŋgᵊri] *n no pl* BRIT ① (*goods*) Eisenwaren *pl* ② (*premises*) Eisenwarenhandlung *f*
iron ˈore *n* Eisenerz *nt* **ˈiron ra·tion** *n* eiserne Ration
ˈiron·work *n no pl* ① (*dressed iron*) Eisenwerk *nt* ② (*part*) Eisenkonstruktion *f* ③ (*goods*) Eisenzeug *nt*
ˈiron·works *n + sing/pl vb* Eisenhütte *f*
iro·ny [ˈaɪ(ə)rᵊni, AM ˈaɪrᵊni] *n no pl* Ironie *f*
ir·ra·di·ate [ɪˈreɪdieɪt, AM ɪrˈeɪ-] *vt* ① (*illuminate*) *sunlight* bestrahlen; *moonlight* erleuchten; *candle, lightning* erhellen; *spotlight, streetlight* beleuchten ② MED, PHYS bestrahlen
ir·ra·tion·al [ɪˈræʃᵊnᵊl] *adj* ① (*unreasonable*) irrational; (*not sensible*) unvernünftig; *suggestion* unsinnig ② (*illogical*) irrational
ir·ra·tion·al ˈnum·ber *n* irrationale Zahl
ir·rec·on·cil·able [ˌɪrekᵊnˈsaɪləbl̩] *adj* ① (*opposed*) unvereinbar; ~ **accounts/facts** sich völlig widersprechende Berichte/Tatsachen ② (*implacable*) unversöhnlich
ir·re·cov·er·able [ˌɪrɪˈkʌvᵊrəbl̩, AM -vɚ-] *adj* ① *damage, loss* unersetzbar, nicht wiedergutzumachend ② *crew, ship* unrettbar [verloren]; *treasure, paradise* unwiederbringlich [verloren]
ir·re·deem·able [ˌɪrɪˈdiːmᵊbl̩] *adj* (*form*) ① (*irretrievable*) *crew, ship* unrettbar [verloren]; *treasure* unwiederbringlich [verloren] ② *case* hoffnungslos; *drinker* unverbesserlich ③ (*absolute*) *despair, gloom* völlig; *stupidity* rein ④ ECON, FIN (*not terminable*) *debt* nicht tilgbar
ir·refu·table [ˌɪrɪˈfjuːtəbl̩, AM *esp* ɪˈrefjət̬ə-] *adj* ① *argument, proof* unwiderlegbar ② (*incontestable*) unbestreitbar
ir·regu·lar [ɪˈregjələʳ, AM -ɚ] *adj* ① (*asymmetrical*) unregelmäßig; *surface* uneben ② (*unorthodox*) *conduct* regelwidrig; *document* nicht ordnungsmäßig; *action* ungesetzlich; *banknote* ungültig; (*odd*) *customs* sonderbar; (*improper*) ungebührlich; *dealings* zwielichtig
ir·regu·lar·ity [ɪˌregjəˈlærəti, AM -ˈlerət̬i] *n* ① (*asymmetry*) Unregelmäßigkeit *f; of surface* Unebenheit *f* ② *of conduct* Regelwidrigkeit *f; of action* Ungesetzlichkeit *f*
ir·rel·evance [ɪˈreləvᵊn(t)s, AM ɪrˈel-],

ir·rel·evan·cy [ɪ'reləvᵊn(t)si, AM ɪr'el-] *n* Unerheblichkeit *f; of details* Bedeutungslosigkeit *f*

ir·rel·evant [ɪ'reləvᵊnt, AM ɪr'el-] *adj* belanglos, unerheblich

ir·re·medi·able [ˌɪrɪ'mi:diəbl̩] *adj* (*form*) nicht behebbar; *damage* nicht zu behebend; *loss* nicht wettzumachend

ir·repa·rable [ɪ'repᵊrəbl̩] *adj* irreparabel; *loss* unersetzlich

ir·re·place·able [ˌɪrɪ'pleɪsəbl̩] *adj* unersetzlich; *resources* nicht erneuerbar

ir·re·press·ible [ˌɪrɪ'presəbl̩] *adj* ❶ (*impossible to restrain*) *curiosity, desire* unbezähmbar; *anger, joy* unbändig ❷ (*incorrigible*) unverwüstlich, unerschütterlich

ir·re·proach·able [ˌɪrɪ'prəʊtʃəbl̩, AM -'proʊ-] *adj* untadelig; *conduct, quality* einwandfrei

ir·re·sist·ible [ˌɪrɪ'zɪstəbl̩] *adj* ❶ (*powerful*) unwiderstehlich; *argument* schlagend ❷ (*lovable*) *appearance* äußerst anziehend; *personality* überaus einnehmend ❸ (*enticing*) äußerst verführerisch

ir·reso·lute [ɪ'rezᵊlu:t] *adj* ❶ (*doubtful*) unentschlossen; *reply* unklar ❷ (*lethargic*) entschlusslos

ir·re·spec·tive [ˌɪrɪ'spektɪv] *adv* ■ **~ of sth** ohne Rücksicht auf etw *akk*, ungeachtet einer S. *gen;* **~ of what ...** unabhängig davon, was ...

ir·re·spon·sible [ˌɪrɪ'spɒn(t)səbl̩, AM -'spɑ:-] *adj* ❶ (*inconsiderate*) unverantwortlich; *person* verantwortungslos ❷ LAW (*inadequate*) unzurechnungsfähig

ir·re·triev·able [ˌɪrɪ'tri:vəbl̩] *adj* ❶ (*irreparable*) *loss* unersetzlich ❷ (*irremediable*) irreparabel

ir·rev·er·ence [ɪ'revᵊrᵊn(t)s] *n no pl* Respektlosigkeit *f;* (*in religious matters*) Pietätlosigkeit *f geh*

ir·rev·er·ent [ɪ'revᵊrᵊnt] *adj* respektlos; (*religiously*) pietätlos *geh*

ir·re·vers·ible [ˌɪrɪ'vɜ:səbl̩, AM -'vɜ:r-] *adj* ❶ *development* nicht umkehrbar, irreversibel; *decision* unwiderruflich ❷ TECH *engine* in einer Richtung laufend

ir·revo·cable [ɪ'revəkəbl̩] *adj* unwiderruflich, endgültig, unumstößlich

ir·ri·gate ['ɪrɪgeɪt] *vt* bewässern

ir·ri·ga·tion [ˌɪrɪ'geɪʃᵊn] **I.** *n no pl* Bewässerung *f; of crops* Berieselung *f* **II.** *adj* Bewässerungs-

ir·ri·'ga·tion plant *n* Bewässerungsanlage *f*

ir·ri·table ['ɪrɪtəbl̩, AM -t̬-] *adj* reizbar, gereizt; *organ, tissue* [über]empfindlich

ir·ri·tant ['ɪrɪtᵊnt, AM -t̬ənt] *n* ❶ (*substance*) Reizstoff *m* ❷ (*annoyance*) Ärgernis *nt*

ir·ri·tate ['ɪrɪteɪt] *vt* ❶ (*anger*) [ver]ärgern ❷ (*inflame*) **to ~ skin** Hautreizungen hervorrufen

ir·ri·tat·ing ['ɪrɪteɪtɪŋ, AM -t̬-] *adj* ärgerlich, lästig; *conduct* irritierend

ir·ri·ta·tion [ˌɪrɪ'teɪʃᵊn] *n* ❶ *no pl* (*annoyance*) Ärger *m*, Verärgerung *f* ❷ (*nuisance*) Ärgernis *nt* ❸ (*inflammation*) Reizung *f;* **to cause ~** eine Reizung hervorrufen

is [ɪz, z] *aux vb 3rd pers. sing of* **be**

ISBN [ˌaɪesbi:'en] *n abbrev of* **International Standard Book Number** ISBN-Nummer *f*

ISDN [ˌaɪesdi:'en] *n* TELEC *abbrev of* **integrated services digital network** ISDN

Is·lam ['ɪzlæm] *n no art, no pl* [der] Islam

Is·lam·ic [ɪz'læmɪk] *adj* islamisch

Is·lamo·pho·bia [ˌɪzlæmə'fəʊbiə, AM -'foʊ-] *n no pl* Anti-Islamismus *m*

is·land ['aɪlənd] *n* ❶ (*in sea*) Insel *f a. fig* ❷ (*on street*) Verkehrsinsel *f*

Aussprache

Das **s** in **is**land wird nicht gesprochen: ['aɪlənd]

is·land·er ['aɪləndəʳ, AM -ɚ] *n* Insulaner(in) *m(f)*

isle [aɪl] *n* (*liter*) Eiland *nt;* **the British I~s** die Britischen Inseln

Land und Leute

Die **Isle of Man** (*Insel Man*) gehört nicht zum *United Kingdom* (*Vereinigten Königreich*). Sie ist ein Schutzgebiet der Krone und hat als Oberhaupt einen *Lieutenant Governor* (*Vizegouverneur*). In der Eisenzeit wurde sie von den Kelten besiedelt und das keltische *Manx* wurde bis Mitte des 19. Jhs. überall auf der Insel gesprochen. Sie hat ihr eigenes Parlament (*Tynwald*), gibt ihre eigenen Geldscheine und Münzen heraus und erhebt unabhängig Steuern, so dass sie wie die *Channel Islands* (*Kanalinseln*) ein *tax haven* (*Steuerparadies*) ist.

is·let ['aɪlət, AM -lɪt] *n* (*liter*) winziges Eiland

isn't [ɪzᵊnt] = **is not** *see* **be**

iso·bar ['aɪsə(ʊ)bɑ:ʳ, AM -soʊbɑ:r] *n* Isobare *f*

iso·late ['aɪsəleɪt] *vt* ❶ (*set apart*) trennen (**from** von +*dat*); ■ **to ~ oneself** sich absondern (**from** von +*dat*) ❷ CHEM, BIOL (*separate*) **to ~ a substance** eine Substanz isolieren ❸ (*identify*) **to ~ a problem** ein Problem gesondert betrachten

iso·lat·ed ['aɪsəleɪtɪd, AM -t̬-] *adj* ❶ (*out-*

I

lying) abgelegen; (*detached*) *building, house* frei stehend ❷ (*solitary*) einsam [gelegen]; *village* abgeschieden ❸ (*excluded*) *country* isoliert

iso·la·tion [ˌaɪsəlˈeɪʃən] **I.** *n no pl* ❶ (*separation*) Isolation *f;* ~ **from noise** Isolierung *f* gegen Schall ❷ (*remoteness*) *of hotel, lake* Abgelegenheit *f* ❸ (*solitariness*) *of village* Einsamkeit *f* ❹ (*loneliness*) Isolation *f* **II.** *adj block, cell* Isolations-; *resistor, switch* Trenn-

iso·'la·tion hos·pi·tal *n* Infektionskrankenhaus *nt*

iso·la·tion·ism [ˌaɪsəlˈeɪʃənɪzəm] *n no pl* Isolationismus *m*

iso·'la·tion ward *n* Isolierstation *f*

isos·celes tri·an·gle [aɪˌsɒsəliːz'-, AM -ˌsɑːs-] *n* gleichschenkliges Dreieck

iso·therm ['aɪsə(ʊ)θɜːm, AM -soʊθɜːrm] *n* METEO, PHYS Isotherme *f*

iso·tope ['aɪsətəʊp, AM -toʊp] *n* CHEM Isotop *nt*

Is·ra·el ['ɪzreɪ(ə)l, AM -riəl] *n* Israel *nt*

Is·rae·li [ɪz'reɪli] **I.** *n* Israeli *m o f* **II.** *adj* israelisch

Is·rael·ite ['ɪzriəlaɪt] *n* Israelit(in) *m(f)*

is·sue ['ɪʃuː] **I.** *n* ❶ (*topic*) Thema *nt;* (*question*) Frage *f;* (*dispute*) Streitfrage *f;* (*affair*) Angelegenheit *f;* (*problem*) Problem *nt;* **that's not the ~!** darum geht es doch gar nicht!; **the point at ~** der strittige Punkt; **side ~** Nebensache *f;* **to address an ~** ein Thema ansprechen; **to avoid the ~** [dem Thema] ausweichen; **to make an ~ of sth** etw aufbauschen; **to raise an ~** eine Frage aufwerfen ❷ (*edition*) Ausgabe *f;* **date of ~** Erscheinungsdatum *nt* ❸ *no pl* (*circulation*) Auflage *f* ❹ *no pl* (*provision*) Ausgabe *f; of shares* Emission *f; of fund, loan* Auflegung *f; of cheque, document* Ausstellung *f* **II.** *vt* ❶ (*produce*) ausstellen; *banknotes* in Umlauf bringen; *bonds* ausgeben; *newsletter* veröffentlichen; *command* erteilen; *ultimatum* stellen; *statement* abgeben; **to ~ an arrest warrant** AM einen Haftbefehl erlassen ❷ (*supply with*) ■ **to ~ sb with sth** jdn mit etw *dat* ausstatten; (*distribute to*) etw an jdn austeilen; *see also* **sugar**

isth·mus ['ɪsməs] *n* Isthmus *m*

it [ɪt] *pron* ❶ (*unknown thing*) es; (*known thing*) er/es/sie; **a room with two beds in ~** ein Raum mit zwei Betten darin ❷ (*in time phrases*) **what time is ~?** wie spät ist es?; **what date/day is ~?** welchen Tag haben wir heute? ❸ **~'s a day's walk to get to the town from the farm** die Stadt liegt einen Tagesmarsch von dem Bauernhaus entfernt ❹ *subject* (*referring to following*) **~'s common to have that problem** dieses Problem ist weit verbreitet; **~'s true I don't like Sarah** es stimmt, ich mag Sarah nicht; **~'s important that you should see a doctor** du solltest unbedingt zu einem Arzt gehen; **~'s a shame I can't come** es ist schade, dass ich nicht kommen kann; **I like ~ in the autumn when the weather is crisp and bright** ich mag den Herbst, wenn das Wetter frisch und klar ist ❺ (*in passive with verbs of opinion*) **~ is said that she has left the country** es heißt, sie hätte das Land verlassen ❻ (*emph*) **~ was Paul who came here in September, not Bob** Paul kam im September, nicht Bob ❼ (*situation*) **~ appears that we have lost** mir scheint, wir haben verloren; **~ takes [me] an hour to get dressed in the morning** ich brauche morgens eine Stunde, um mich anzuziehen; **if ~'s convenient** wenn es Ihnen/dir passt; **we had a hard time of ~ during the drought** während der Dürre hatten wir es schwer ❽ (*right thing*) **that's absolutely ~ – what a great find!** das ist genau das – ein toller Fund!; **that's ~!** das ist es! ❾ (*the end*) **that's ~** das war's ▶ PHRASES: **go for ~!** hoppauf!; **go for ~, girl!** (*encouragement*) du schaffst es, Mädchen!; **this is ~** jetzt geht's los; **that's ~** das ist der Punkt

IT [ˌaɪ'tiː] *n no pl* COMPUT *abbrev of* **Information Technology** IT *f*

Ital·ian [ɪ'tæliən, AM -jən] **I.** *n* ❶ (*person*) Italiener(in) *m(f)* ❷ (*language*) Italienisch *nt* **II.** *adj* italienisch

ital·ic [ɪ'tælɪk] *adj* TYPO kursiv

ital·ic·ize [ɪ'tælɪsaɪz] *vt* TYPO kursiv drucken

ital·ics [ɪ'tælɪks] *npl* TYPO Kursivschrift *f*

Ita·ly ['ɪtəli, AM -t̬ə-] *n* Italien *nt*

itch [ɪtʃ] **I.** *n* <*pl* -es> Juckreiz *m;* MED Hautjucken *nt;* **I've got an ~ on my back** es juckt mich am Rücken **II.** *vi* ❶ (*prickle*) jucken ❷ (*fig fam: desire*) ■ **to be ~ing to do sth** ganz wild darauf sein, etw zu tun; **to be ~ing for a fight** auf Streit aus sein

itchy ['ɪtʃi] *adj* ❶ (*rough*) *clothes* kratzig; *wool* kratzend ❷ (*having itch*) juckend; **I've got an ~ scalp** meine Kopfhaut juckt

item ['aɪtəm, AM -t̬-] *n* ❶ (*article*) Punkt *m;* (*in catalogue*) Artikel *m;* (*in account book, on list*) Posten *m;* **~ of furniture** Möbelstück *nt;* **luxury ~** Luxusartikel *m;* **~ by ~** Punkt für Punkt ❷ (*topic*) Thema *m;* (*on agenda*) Punkt *m* ❸ (*fig fam: couple*) Beziehungskiste *f;* **are you two an ~, or just friends?** habt ihr beiden etwas miteinander, oder seid ihr nur Freunde?

item·ize ['aɪtəmaɪz, AM -t̬-] *vt* näher angeben; *costs* aufgliedern; **I asked the telephone company to ~ my phone bill** ich bat die Telefongesellschaft, mir eine detaillierte Telefonrechnung auszustellen

itin·er·ant [aɪ'tɪnᵊrᵊnt, AM -nɚ-] *adj* ❶ (*migrant*) Wander-, Saison- ❷ (*travelling*) reisend, Wander-, fahrend *hist*

itin·er·ary [aɪ'tɪnᵊrᵊri, AM -nəreri] *n* ❶ (*course*) Reiseroute *f* ❷ (*outline*) Reiseplan *m*

it'll ['ɪtᵊl, AM 'ɪt̬-] = **it will/it shall** *see* **will**[1], **shall**

ITN [ˌaɪtiː'en] *n no pl* BRIT *abbrev of* **Independent Television News** *britischer Fernsehsender*

its [ɪts] *pron poss* sein(e)/ihr(e)

it's [ɪts] = **it is/it has** *see* **be/have I, II**

it·self [ɪt'self] *pron refl* ❶ *after vb, after prep* sich [selbst] ❷ (*specifically*) **the shop ~ started 15 years ago** das Geschäft selbst öffnete vor 15 Jahren ❸ (*alone*) **to keep sth to ~** etw geheim halten; **[all] by ~** [ganz] allein ▸PHRASES: **in ~** selbst; **creativity in ~ is not enough to make a successful company** Kreativität allein genügt nicht, um eine erfolgreiche Firma aufzubauen

ITV [ˌaɪtiː'viː] *n no pl, no art* BRIT *abbrev of* **Independent Television** *britisches Privatfernsehen*

Land und Leute

Das **ITV** ist das größte kommerzielle Fernsehnetzwerk Großbritanniens. **ITV1**, das beliebteste kommerzielle britische Fernsehprogramm, besteht aus einem Netzwerk von 15 regionalen Sendern. Es bietet eine Mischung aus nationalen und regionalen Sendungen und wird durch Werbung finanziert.

IUD [ˌaɪjuː'diː] *n abbrev of* **intrauterine device** Intrauterinpessar *nt*

IV [ˌaɪ'viː] *adj abbrev of* **intravenous** intravenös

I've [aɪv] = **I have** *see* **have I, II**

IVF [ˌaɪviː'ef] *n abbrev of* **in vitro fertilisation** IVF *f*

ivo·ry ['aɪvᵊri] **I.** *n no pl* Elfenbein *nt* **II.** *adj* elfenbeinern, Elfenbein-; **~-coloured** elfenbeinfarben

'Ivo·ry Coast *n* ■**the ~** die Elfenbeinküste

ivo·ry 'tow·er *n* Weltabgeschiedenheit *f*; **to live in an ~** im Elfenbeinturm leben

ivy ['aɪvi] *n* Efeu *m*

J j

J <*pl* -'s *or* -s>, **j** <*pl* -'s> [dʒeɪ] *n* J *nt*, j *nt*; **~ for Jack** [*or* AM **as in Jig**] J wie Julius

jab [dʒæb] **I.** *n* ❶ (*poke*) Stoß *m* ❷ (*boxing*) Gerade *f* ❸ BRIT, AUS (*fam: injection*) Spritze *f* **II.** *vt* <-bb-> (*poke or prick*) stechen; **he jabbed the needle into my arm** er stach mir mit der Nadel in den Arm **III.** *vi* <-bb-> ❶ (*poke*) schlagen; (*boxing*) eine [kurze] Gerade schlagen ❷ (*thrust at*) **she jabbed at me [with a stick]** sie stach [mit einem Stock] auf mich ein; **he jabbed at the phrase [with his pencil]** er tippte [mit seinem Stift] auf den Satz

jab·ber ['dʒæbəʳ, AM -ɚ] (*pej*) **I.** *n no pl* Geplapper *nt fam* **II.** *vi* quasseln *fam* (**about** über +*akk*) **III.** *vt* **he ~ed something about an accident** er brabbelte etwas von einem Unfall *fam*

jab·ber·ing ['dʒæbᵊrɪŋ, AM -ɚɪŋ] *n see* **jabber I**

jack [dʒæk] *n* ❶ (*tool*) Hebevorrichtung *f*; AUTO Wagenheber *m* ❷ CARDS Bube *m*

◆**jack in** *vt* BRIT (*fam*) *job* hinschmeißen

◆**jack up** **I.** *vt* ❶ (*raise a heavy object*) hochheben; *car* aufbocken ❷ (*fig fam: raise*) erhöhen; *prices, rent* in die Höhe treiben **II.** *vi* (*sl*) fixen *fam*

jack·al ['dʒækɔːl, AM -kᵊl] *n* Schakal *m*

jack·ass ['dʒækæs] *n* ❶ (*donkey*) Esel *m* ❷ (*fam: idiot*) Esel *m pej*, Depp *m* SÜDD, ÖSTERR, SCHWEIZ *pej*

jack·boot ['dʒækbuːt] *n* Schaftstiefel *m*

jack·daw ['dʒækdɔː, AM -dɑː] *n* Dohle *f*

jack·et ['dʒækɪt] *n* ❶ FASHION Jacke *f* ❷ (*of a book*) Schutzumschlag *m*

jack·et po·'ta·to *n* Folienkartoffel *f*

'jack-in-the-box *n* Schachtelmännchen *nt*; (*fig*) Hampelmann *m* **'jack·knife** **I.** *n* ❶ (*knife*) Klappmesser *nt* ❷ SPORTS Hechtsprung *m* **II.** *vi* **the lorry ~d on the icy road** BRIT der Lastwagen stellte sich auf der vereisten Straße quer

jack-of-'all-trades <*pl* jacks-of-all-trades> *n* (*able to do many jobs*) Alleskönner(in) *m(f)*; (*handyman*) Mädchen *nt* für alles *hum* ▸PHRASES: **a ~, master of none** ein Hansdampf *m* in allen Gassen **jack-o'-'lan·tern** *n* AM Kürbislaterne *f* **'jack plug** *n* BRIT ELEC Bananenstecker *m* **'jack·pot** *n* Hauptgewinn *m*; **to hit the ~** den Hauptgewinn ziehen; (*fig fam: have luck*) das große Los ziehen; (*have success*) einen Bombenerfolg haben

ja·cuz·zi® [dʒə'kuːzi] *n* Whirlpool *m*

jade [dʒeɪd] **I.** *n* ① *no pl* (*precious green stone*) Jade *m o f;* **a ~ vase** eine Vase aus Jade ② (*colour*) Jadegrün *nt* **II.** *adj* jadegrün

jad·ed ['dʒeɪdɪd] *adj* ① (*exhausted*) erschöpft ② (*dulled*) übersättigt

jag·ged ['dʒægɪd] *adj* gezackt; *coastline, rocks* zerklüftet; *cut, tear* ausgefranst; (*fig*) *nerves* angeschlagen

jag·gy ['dʒægi] *adj* gezackt

jagu·ar ['dʒægjuəʳ, AM -wɑːr] *n* Jaguar *m*

jail [dʒeɪl] **I.** *n* Gefängnis *nt;* **to go to ~** ins Gefängnis kommen **II.** *vt* einsperren

'jail·bird *n* (*fam*) Knastbruder *m* **'jail·break** *n* Gefängnisausbruch *m*

jail·er ['dʒeɪləʳ, AM -ɚ] *n* Gefängnisaufseher(in) *m(f)*

'jail·house *n esp* AM Gefängnis *nt*

jail·or *n see* **jailer**

ja·lopy [dʒə'lɒpi, AM -'lɑːpi] *n* (*hum fam*) [Klapper]kiste *f*

jam[1] [dʒæm] *n* Marmelade *f*

jam[2] [dʒæm] **I.** *n* ① (*fam: awkward situation*) Klemme *f;* **to be in [a bit of] a ~** [ziemlich] in der Klemme sitzen ② *no pl* (*obstruction*) *of people* Gedränge *nt; of traffic* Stau *m* **II.** *vt* <-mm-> ① (*block*) verklemmen; *switchboard* überlasten; **to ~ sth open** etw aufstemmen ② (*cram inside*) [hinein]zwängen (**into** in +*akk*); **he jammed the bags into the boot of the car** er stopfte die Taschen in den Kofferraum **III.** *vi* <-mm-> (*become stuck*) sich verklemmen; *brakes* blockieren ◆**jam on** *vt* ① (*put on firmly*) ■**to ~ sth** ↔ **on** etw fest aufsetzen ② (*apply suddenly*) **to ~ on the brakes** voll auf dir Bremse steigen [*o* treten] ◆**jam up** *vt* blockieren; *pipe* verstopfen

Ja·mai·ca [dʒə'meɪkə] *n* Jamaika *nt*

Ja·mai·can [dʒə'meɪkən] **I.** *n* Jamaikaner(in) *m(f)* **II.** *adj* jamaikanisch

jamb(e) [dʒæm(b)] *n* ARCHIT [Tür]pfosten *m,* [Fenster]pfosten *m*

jam·bo·ree [ˌdʒæmbᵊr'iː, AM -bə'riː] *n* ① (*large social gathering*) großes Fest ② (*pej: political gathering*) Politparty *f fam*

'jam jar *n* (*container*) Marmeladenglas *nt*

jam·my ['dʒæmi] *adj* ① (*covered with jam*) marmelade[n]verschmiert ② BRIT (*fam: unfairly lucky*) Glücks-; **~ bastard** (*fam!*) [gott]verdammter Glückspilz ③ BRIT (*fam: very easy*) kinderleicht

'jam-packed *adj* (*fam*) *bus, shop* gerammelt voll; *bag, box* randvoll; *suitcase* vollgestopft **'jam ses·sion** *n* (*fam*) Jamsession *f*

jan·gle ['dʒæŋgl̩] **I.** *vt* ① (*rattle*) ■**to ~ sth** [mit etw *dat*] klirren; *bells* bimmeln lassen; *keys* rasseln ② (*fig: upset*) **to ~ sb's nerves** jdm auf die Nerven gehen **II.** *vi* klirren; *bells* bimmeln **III.** *n see* **jangling**

jan·gling ['dʒæŋgl̩ɪŋ] *n no pl of bells* Bimmeln *nt; of keys* Klirren *nt*

jani·tor ['dʒænɪtəʳ, AM -əţɚ] *n esp* AM, SCOT Hausmeister(in) *m(f)*

Janu·ary ['dʒænjuᵊri, AM -jueri] *n* Januar *m,* Jänner *m* ÖSTERR, SÜDD, SCHWEIZ; *see also* **February**

Ja·pan [dʒə'pæn] *n* Japan *nt*

Japa·nese [ˌdʒæpᵊn'iːz] **I.** *n* <*pl* -> ① (*person*) Japaner(in) *m(f)* ② (*language*) Japanisch *nt* **II.** *adj* japanisch

jar[1] [dʒɑːʳ, AM dʒɑːr] *n* (*of glass*) Glas[gefäß] *nt;* (*of metal, of clay without handle*) Topf *m;* (*of clay with handle*) Krug *m*

jar[2] [dʒɑːʳ, AM dʒɑːr] **I.** *vt* <-rr-> (*send a shock through*) erschüttern **II.** *vi* <-rr-> ① (*be incongruous*) nicht harmonieren; *colours* sich beißen; *opinions* sich widersprechen ② (*cause unpleasant feelings*) ■**to ~ on sb** jdm auf die Nerven gehen *fam*

jar·gon ['dʒɑːgən, AM 'dʒɑːr-] *n no pl* [Fach]jargon *m*

jar·ring ['dʒɑːʳɪŋ, AM 'dʒɑːr-] *adj colours* grell; *voice, laugh* schrill; (*inharmonious*) nicht miteinander im Einklang

jas·mine ['dʒæzmɪn] *n no pl* Jasmin *m*

jaun·dice ['dʒɔːndɪs, AM *esp* 'dʒɑːn-] *n no pl* Gelbsucht *f*

jaun·diced ['dʒɔːndɪst, AM *esp* 'dʒɑːn-] *adj* ① (*affected with jaundice*) gelbsüchtig ② (*fig: bitter*) verbittert; *view* zynisch

jaunt [dʒɔːnt, AM *esp* dʒɑːnt] *n* Ausflug *m*

jaun·ty ['dʒɔːnti, AM 'dʒɑːnti] *adj* flott; *grin* fröhlich; *step* schwungvoll

jave·lin ['dʒævᵊlɪn] *n* ① (*light spear*) Speer *m* ② (*athletic event*) Speerwerfen *nt*

jaw [dʒɔː, AM *esp* dʒɑː] **I.** *n* ① (*body part*) Kiefer *m;* **lower/upper ~** Unter-/Oberkiefer *m;* **her ~ dropped [in amazement]** (*fig*) ihr fiel [vor Staunen] der Unterkiefer herunter *fam* ② (*large mouth and teeth*) ■**~s** *pl* Rachen *m a. fig* **II.** *vi* (*pej fam*) quasseln; ■**to ~ with sb** mit jdm quatschen

'jaw bone *n* Kieferknochen *m* **'jaw·break·er** *n* ① *esp* AM, AUS FOOD großes, rundes, steinhartes Bonbon ② (*fam: tongue-twister*) Zungenbrecher *m* **'jaw-drop·ping** *adj* (*fam*) atemberaubend

jay [dʒeɪ] *n* Eichelhäher *m*

'jay·walk *vi* AM eine Straße regelwidrig überqueren

'jay·walk·er *n* unachtsamer Fußgänger/

unachtsame Fußgängerin

'jay·walk·ing *n no pl* unachtsames Überqueren einer Straße

jazz [dʒæz] *n no pl* ① (*music*) Jazz *m* ② AM (*pej sl: nonsense*) Quatsch *m fam* ▶ PHRASES: **and all that ~** (*pej fam*) und all so was ◆**jazz up** *vt* (*fam*) ① (*adapt for jazz*) verjazzen ② (*fig: brighten or enliven*) aufpeppen

jazzy ['dʒæzi] *adj* ① (*of or like jazz*) Jazz-, jazzartig ② (*approv fam: bright and colourful*) *colours* knallig; *piece of clothing* poppig; *wallpaper* auffällig gemustert

JCB® [ˌdʒeɪsiː'biː] *n* BRIT [Erdräum]bagger *m*

jeal·ous ['dʒeləs] *adj* ① (*resentful*) eifersüchtig (**of** auf +*akk*) ② (*envious*) neidisch; ■**to be ~ of sb** auf jdn neidisch sein; **she was jealous of her brother's success** sie beneidete ihren Bruder um seinen Erfolg

jeal·ousy ['dʒeləsi] *n* ① (*resentment*) Eifersucht *f* ② *no pl* (*envy*) Neid *m*

jeans [dʒiːnz] *npl* Jeans[hose] *f*; **a pair of ~** eine Jeans[hose]

Grammatik

jeans wird im Plural gebraucht: *jeans never go out of fashion*; *his jeans are really baggy*
a pair of jeans wird aber im Singular verwendet: *I am going to buy a new pair of jeans*

jeep [dʒiːp] *n* Jeep *m*, Geländewagen *m*

jeer [dʒɪəʳ, AM dʒɪr] **I.** *vt* ausbuhen *fam* **II.** *vi* (*make rude comments*) spotten (**at** über +*akk*); (*laugh*) höhnisch lachen; (*boo*) buhen **III.** *n* höhnische Bemerkung

Je·ho·vah [dʒə'həʊvə, AM -'hoʊ-] *n no art, no pl* Jehova *m*

jell *vi see* **gel**

jel·lied ['dʒelid] *adj* in Aspik eingelegt

jel·ly ['dʒeli] *n* ① (*substance*) Gelee *nt* ② BRIT, AUS (*dessert*) Wackelpudding *m fam* ③ AM (*jam*) Gelee *m o nt*

'jel·ly baby *n* BRIT Fruchtgummi *nt* (*in Form eines Babys*) **'jel·ly bean** *n* [bohnenförmiges] Geleebonbon **'jel·ly·fish** *n* ① (*sea animal*) Qualle *f* ② *esp* AM (*pej fam: weak, cowardly person*) Waschlappen *m* **'jel·ly wax** *n* Gelwachs *nt*

jem·my ['dʒemi] BRIT, AUS **I.** *n* Brecheisen *nt* **II.** *vt* <-ie-> ■**to ~ open** ◌ **sth** etw aufbrechen

jeop·ard·ize ['dʒepədaɪz, AM -pɚ-] *vt* gefährden; *career, future* aufs Spiel setzen

jeop·ardy ['dʒepədi, AM -pɚ-] *n* Gefahr *f*; **in ~** in Gefahr

jerk [dʒɜːk, AM dʒɜːrk] **I.** *n* ① (*sudden sharp movement*) Ruck *m*; (*pull*) Zug *m* ② *esp* AM (*pej sl: a stupid person*) Trottel *m fam*, Depp *m* SÜDD *fam* **II.** *vi* zucken; **to ~ upwards** hochschnellen; **to ~ to a halt** abrupt zum Stillstand kommen **III.** *vt* (*move sharply*) ■**to ~ sb/sth** jdn/etw mit einem Ruck ziehen; (*fig*) reißen (**out of** aus +*dat*) ◆**jerk off** *vi* (*vulg*) wichsen

jer·kin ['dʒɜːkɪn, AM 'dʒɜːrk-] *n* ärmellose Jacke

jerky ['dʒɜːki, AM 'dʒɜːr-] **I.** *adj movement* ruckartig; *speech* abgehackt **II.** *n no pl* AM luftgetrocknetes Fleisch

jer·ry-built ['dʒeribɪlt] *adj attr* (*pej*) schlampig gebaut *fam*

jer·ry·can ['dʒerikæn] *n* Kanister *m*

jer·sey ['dʒɜːzi, AM 'dʒɜːr-] *n* ① (*garment*) Pullover *m* ② (*sports team shirt*) Trikot *nt* ③ *no pl* (*cloth*) Jersey *m*

jest [dʒest] *n* (*form*) ① (*utterance*) Scherz *m* ② (*mood*) Spaß *m*; **to do/say sth in ~** etw im Spaß tun/sagen

jest·er ['dʒestəʳ, AM -ɚ] *n* HIST **court ~** Hofnarr *m*

jest·ing ['dʒestɪŋ] **I.** *n* Scherzen *nt* **II.** *adj* scherzhaft

Jesu·it ['dʒezjuɪt] **I.** *n* Jesuit *m* **II.** *adj* jesuitisch, Jesuiten-

Jesus, Jesus Christ [ˌdʒiːzəs'kraɪst] **I.** *n no art, no pl* Jesus *m*, Jesus Christus *m* **II.** *interj* (*pej sl*) Mensch! *fam*

jet [dʒet] **I.** *n* ① AVIAT [Düsen]jet *m* ② (*thin stream*) Strahl *m* ③ (*nozzle*) Düse *f* **II.** *vi* <-tt-> mit einem Jet fliegen, jetten *fam*; **to ~ off to America** nach Amerika jetten [*o* düsen] *fam*

'jet-black *adj* pechschwarz **jet 'en·gine** *n* Düsentriebwerk *nt* **jet 'fight·er** *n* Düsenjäger *m* **'jet·foil** *n* Tragflügelboot *nt* **'jet lag** *n no pl* Jetlag *m* **'jet plane** *n* Düsenflugzeug *nt* **jet-pro·'pelled** *adj* mit Düsenantrieb *nach n* **jet pro·'pul·sion** *n no pl* Düsenantrieb *m*

jet·sam ['dʒetsəm] *n no pl see* **flotsam**

'jet set *n no pl* (*fam*) Jetset *m*

jet·ti·son ['dʒetɪsᵊn, AM 'dʒet̬-] *vt* ① (*discard, abandon*) fallen lassen; *employee* entlassen ② (*drop*) *from a ship* über Bord werfen; *from a plane* abwerfen

jet·ty ['dʒeti, AM -t̬i] *n* (*landing stage*) Pier *m*

Jew [dʒuː] *n* Jude, Jüdin *m, f*

jew·el ['dʒuːəl] *n* ① (*precious stone*) Edelstein *m*, Juwel *m o nt* ② (*watch part*) Stein *m*

je·wel·ler, AM **je·wel·er** ['dʒuːələʳ, AM 'dʒuːəlɚ] *n* Juwelier(in) *m(f)*

je·wel·lery, AM **je·wel·ry** ['dʒuːəlri] *n no pl*

J

Schmuck *m*
Jew·ess <*pl* -es> ['dʒuːəs, AM -ɪs] *n* (*pej!*) Jüdin *f*
Jew·ish ['dʒuːɪʃ] *adj* jüdisch
jib[1] [dʒɪb] *n* ❶ NAUT Klüver *m* ❷ TECH *of crane* Ausleger[arm] *m*
jib[2] <-bb-> [dʒɪb] *vi* (*be reluctant*) ■**to ~ at doing sth** sich weigern, etw zu tun
jibe [dʒaɪb] **I.** *n* Stichelei *f*, verletzende Bemerkung **II.** *vi* ❶ (*insult, mock*) ■**to ~ at sth** über etw *akk* spötteln ❷ AM, AUS (*fam: correspond*) übereinstimmen
jif·fy ['dʒɪfi] *n no pl* (*fam*) Augenblick *m*; **in a ~** gleich
'Jif·fy bag® *n* gepolsterte Versandtasche
jig [dʒɪg] **I.** *vt* <-gg-> schütteln **II.** *vi* <-gg-> (*move around*) **to ~ about/up and down** herumhopsen/herumspringen **III.** *n* (*dance*) *a.* MUS Gigue *f*
jig·ger ['dʒɪgəʳ, AM -ɚ] **I.** *n* (*container*) Messbecher *m* für Alkohol **II.** *vt* AM fälschen
jig·gered ['dʒɪgəd, AM -ɚd] *adj* BRIT, AUS (*dated fam*) erschöpft
jiggery-pokery [ˌdʒɪgəriˈpəʊkəri, AM -'poʊ-] *n no pl* (*dated fam*) Gemauschel *nt pej*
jig·gle ['dʒɪgl̩] **I.** *vt* ■**to ~ sth** mit etw *dat* wackeln; ■**to ~ sth about** etw schütteln **II.** *vi* wippen, hüpfen
'jig·saw *n* ❶ (*hand-operated*) Laubsäge *f*; (*electric*) Stichsäge *f* ❷ (*puzzle*) Puzzle[spiel] *nt*
ji·had [dʒɪ'hɑːd] *n* REL Dschihad *m*, Jihad *m*, Heiliger Krieg
ji·hadi [dʒɪ'hɑːdi, AM -'hædi] *n* Dschihadkämpfer(in) *m(f)*
ji·'had·ist *adj* Dschihad-, Jihad-
jilt [dʒɪlt] *vt* ■**to ~ sb** jdn sitzen lassen; **he jilted her for her best friend** er hat sie wegen ihrer besten Freundin sitzen gelassen
jim·jams ['dʒɪmdʒæmz] *npl* ❶ BRIT (*fam: pyjamas*) Schlafanzug *m* ❷ (*fam*) ■**the ~** (*alcohol-induced trembling*) Säuferwahnsinn *m*; (*fit of nerves*) Muffensausen *nt fam*
jim·my ['dʒɪmi] *vt* AM *see* **jemmy**
jin·gle ['dʒɪŋgl̩] **I.** *vt bells* klingeln lassen; **to ~ coins** mit Münzen klimpern; **to ~ keys** mit Schlüsseln klirren **II.** *vi bells* bimmeln; *coins* klimpern; *keys* klirren **III.** *n* ❶ *no pl* (*metallic ringing*) *of bells* Bimmeln *nt*; *of coins* Klimpern *nt*; *of keys* Klirren *nt* ❷ (*in advertisements*) Jingle *m*
jin·go·ism ['dʒɪŋgəʊɪzəm, AM -goʊ-] *n no pl* (*pej*) Chauvinismus *m*
jin·go·is·tic [ˌdʒɪŋgəʊ'ɪstɪk, AM -goʊ'-] *adj* (*pej*) chauvinistisch
jinx [dʒɪŋks] **I.** *n no pl* Unglück *nt*; **to put a ~ on sb/sth** jdn/etw verhexen **II.** *vt* verhexen
jit·ter·bug ['dʒɪtəbʌg, AM -t̬ɚ-] **I.** *n* (*dance*) Jitterbug *m* **II.** *vi* <-gg-> Jitterbug tanzen
jit·ters ['dʒɪtəz, AM -t̬ɚz] *npl* (*fam*) Bammel *m kein pl*; *of an actor* Lampenfieber *nt*; **to get the ~** Muffensausen kriegen
jit·tery ['dʒɪtəri, AM 'dʒɪt̬ɚi] *adj* (*fam*) nervös
jive [dʒaɪv] **I.** *n no pl* ❶ (*dance*) Jive *m*; (*music*) Swingmusik *f* ❷ AM (*sl: dishonest talk*) Gewäsch *nt fam* **II.** *vi* Jive tanzen; ■**to ~ to sth** auf etw *akk* Jive tanzen
job [dʒɒb, AM dʒɑːb] **I.** *n* ❶ (*employment*) Stelle *f*; **full-time ~** Vollzeitstelle *f*; **part-time ~** Teilzeitstelle *f*; **he has a part-time/full-time ~** er arbeitet halbtags/ganztägig; **to be out of a ~** arbeitslos sein; **to give up one's ~** kündigen; **to lose one's ~** seinen Arbeitsplatz verlieren; **she applied for a ~ with an estate agent** sie bewarb sich um eine Stelle bei einem Maklerbüro ❷ (*piece of work*) Arbeit *f*; (*task*) Aufgabe *f*; **nose ~** (*fam*) Nasenkorrektur *f*; **to make a good ~ of doing sth** bei etw *dat* gute Arbeit leisten; **to be just the ~** (*fam*) genau das Richtige sein ❸ (*fam: object*) Ding *nt* ❹ (*sl: crime*) Ding *nt fam*; **to do a ~** ein Ding drehen *fam* ❺ *no pl* (*duty*) Aufgabe *f*; **she's only doing her ~** sie tut nur ihre Pflicht **II.** *vi* <-bb-> (*do casual work*) jobben *fam*
'job ad·ver·tise·ment *n* Stellenanzeige *f* **'job analy·sis** *n* Arbeitsplatzanalyse *f* **'job ap·pli·ca·tion** *n* Bewerbung *f*
job·ber ['dʒɒbəʳ, AM 'dʒɑːbɚ] *n* ❶ BRIT (*hist: in stocks*) Jobber *m*, Wertpapiergroßhändler(in) *m(f)* (*an der Londoner Börse*) ❷ AM (*wholesaler*) Großhändler(in) *m(f)*
'job·cen·tre *n* BRIT ≈ Bundesagentur *f* für Arbeit (*für Arbeitsvermittlung, Durchführung arbeitsmarktpolitischer Maßnahmen und Gewährung von Lohnersatzleistungen zuständig*) **'job coun·sel·lor** *n* Arbeitsberater(in) *m(f)* **'job crea·tion** *n no pl* Arbeitsbeschaffung *f* **'job crea·tion scheme** *n* BRIT, AUS Arbeits[platz]beschaffungsprogramm *nt* **'job cuts** *npl* Stellenabbau *m kein pl*, Arbeitsplatzabbau *m kein pl* **'job de·scrip·tion** *n* Stellenbeschreibung *f* **'job hunt** *n* (*fam*) Stellensuche *f* **'job inter·view** *n* Bewerbungsgespräch *nt*
job·less ['dʒɒbləs, AM 'dʒɑːb-] **I.** *adj* arbeitslos **II.** *n esp* BRIT ■**the ~** *pl* die Arbeitslosen *pl*
'job·less fig·ures *npl esp* BRIT Arbeitslosenzahlen *pl*
job 'lot *n* [Waren]posten *m*; **I bought a ~ of**

children's books which were being sold off cheaply ich habe eine ganze Sammlung Kinderbücher gekauft, die verramscht wurden

'job mar·ket *n* Arbeitsmarkt *m* **'job rat·ing** *n* Arbeitsbewertung *f* **'job·seek·er** *n* Arbeitssuchende(r) *f(m)* **'job·share** BRIT **I.** *n* Arbeitsplatzteilung *f* **II.** *vi* sich *dat* einen Arbeitsplatz teilen **'job·shar·ing** *n no pl* BRIT Arbeitsplatzteilung *f* **'job ti·tle** *n* Berufsbezeichnung *f*

jock·ey ['dʒɒki, AM 'dʒɑ:ki] **I.** *n* Jockey *m* **II.** *vi* **■to ~ for sth** um etw *akk* konkurrieren

'jock·strap *n* SPORTS Suspensorium *nt*

jo·cose [dʒə(ʊ)'kəʊs, AM dʒoʊ'koʊs] *adj* (*form, liter*) scherzhaft; *manner* witzig

jocu·lar ['dʒɒkjələr, AM 'dʒɑ:kjələ˞] *adj* (*form*) lustig; *comment* witzig; *person* heiter

jocu·lar·ly ['dʒɒkjələli, AM 'dʒɑ:kjələ˞-] *adv* (*form*) scherzhaft, im Spaß

joc·und ['dʒɒkənd, AM 'dʒɑ:k-] *adj* (*liter*) fröhlich

jodh·purs ['dʒɒdpəz, AM 'dʒɑ:dpə˞s] *npl* Reithose *f;* **a pair of ~** eine Reithose

jog [dʒɒg, AM dʒɑ:g] **I.** *n* ① *no pl* (*run*) Dauerlauf *m;* **to go for a ~** joggen gehen *fam* ② *usu sing* (*push, knock*) Stoß *m* **II.** *vi* <-gg-> joggen **III.** *vt* <-gg-> [an]stoßen ▸ PHRASES: **to ~ sb's memory** jds Gedächtnis *nt* nachhelfen ◆**jog along** *vi* ① (*fam: advance slowly*) *person* dahintrotten; *vehicle* dahinzuckeln ② (*continue in a routine manner*) *work* [so] dahinwursteln

jog·ger ['dʒɒgər, AM 'dʒɑ:gə˞] *n* Jogger(in) *m(f)*

jog·ging ['dʒɒgɪŋ, AM 'dʒɑ:g-] *n no pl* Joggen *nt*

jog·gle ['dʒɒgl, AM 'dʒɑ:gl] *vt* (*move jerkily*) [leicht] rütteln; **to ~ a baby about** ein Baby hin und her wiegen

john [dʒɑ:n] *n* ① AM, AUS (*fam: toilet*) Klo *nt* ② AM (*sl: prostitute's client*) Freier *m fam*

john·nie, john·ny ['dʒɒni] *n* BRIT (*sl*) [**rubber**] ~ Pariser *m*

join [dʒɔɪn] **I.** *vt* ① (*connect*) **■to ~ sth [to sth]** etw [mit etw *dat*] verbinden; (*add*) etw [an etw *akk*] anfügen; **to ~ parts together** Teile zusammenfügen ② (*offer company*) **■to ~ sb** sich zu jdm gesellen; **would you like to ~ us for supper?** möchtest du mit uns zu Abend essen? ③ (*enrol*) beitreten; *club, party* Mitglied werden; **to ~ the army** Soldat werden ④ (*participate*) **■to ~ sth** bei etw *dat* mitmachen; **let's ~ the dancing** lass uns mittanzen; **to ~ the queue** [*or* AM **line**] sich in die Schlange stellen ⑤ (*support*) **■to ~ sb in [doing] sth** jdm bei etw *dat* zur Seite stehen; **would you like to ~ me in a walk?** hast du Lust einen Spaziergang mit mir zu machen? **II.** *vi* ① (*connect*) **■to ~ [with sth]** sich [mit etw *dat*] verbinden ② (*cooperate*) **■to ~ with sb in doing sth** sich mit jdm *dat* zusammenschließen, um etw zu tun ③ (*enrol*) beitreten, Mitglied werden **III.** *n* (*seam*) Verbindung[sstelle] *f* ◆**join in** *vi* teilnehmen; (*in game*) mitspielen; (*in song*) mitsingen; **■to ~ in sth** bei etw *dat* mitmachen ◆**join up I.** *vi* ① BRIT, AUS MIL zum Militär gehen ② (*meet*) **let's ~ up later for a drink** lasst uns später zusammen noch einen trinken gehen; **■to ~ up with sb** sich mit jdm zusammentun **II.** *vt* **■to ~ up** ↔ **sth** etw [miteinander] verbinden; *parts* etw zusammenfügen

joined-up [dʒɔɪnd'ʌp] *adj esp* BRIT zusammenhängend *attr;* **~ writing** Schreibschrift *f*

join·er ['dʒɔɪnər, AM -ə˞] *n* ① (*skilled worker*) Tischler(in) *m(f)* ② (*fam: activity-oriented person*) geselliger Typ

join·ery ['dʒɔɪnəri, AM -ə˞i] *n no pl* (*product*) Tischlerarbeit *f;* (*craft*) Tischlerhandwerk *nt*

joint [dʒɔɪnt] **I.** *adj* gemeinsam; **~ undertaking** Gemeinschaftsunternehmen *nt;* **~ winners** SPORTS zwei Sieger/Siegerinnen; **to come ~ second** mit jdm zusammen den zweiten Platz belegen **II.** *n* ① (*connection*) Verbindungsstelle *f* ② ANAT Gelenk *nt;* **to put sth out of ~** etw ausrenken ③ (*meat*) Braten *m* ④ (*fam: cheap bar, restaurant*) Laden *m* ⑤ (*cannabis cigarette*) Joint *m sl* ▸ PHRASES: **to be out of ~** aus den Fugen sein

joint ac·'count *n* Gemeinschaftskonto *nt* **joint com·'mit·tee** *n* gemischter Ausschuss **joint 'debt·or** *n* Mitschuldner(in) *m(f)*

joint·ed ['dʒɔɪntɪd, AM -t̬ɪd] *adj* (*having joints*) gegliedert; **double ~** extrem gelenkig

joint 'ef·forts *npl* gemeinsame Anstrengungen

joint·ly ['dʒɔɪntli] *adv* gemeinsam

joint 'own·er *n* Miteigentümer(in) *m(f); of a company* Mitinhaber(in) *m(f)* **joint 'prop·er·ty** *n* gemeinschaftliches Eigentum **joint 'stock** *n no pl* Aktienkapital *nt* **joint-stock 'com·pa·ny** *n* BRIT Aktiengesellschaft *f* **joint 'ven·ture** *n* Joint Venture *nt*

joist [dʒɔɪst] *n* [Quer]balken *m*

J

joke [dʒəʊk, AM dʒoʊk] **I.** *n* ① (*action*) Spaß *m;* (*trick*) Streich *m;* (*amusing story*) Witz *m;* **dirty ~** Zote *f;* **to crack/tell ~s** Witze reißen *fam*/erzählen; **to make a ~ of sth** (*ridicule*) etw ins Lächerliche ziehen; **the ~ was on me** der Spaß ging auf meine Kosten ② (*fam: ridiculous thing or person*) Witz *m* **II.** *vi* scherzen; **you must be joking!** das meinst du doch nicht im Ernst!; ■**to ~ about sth** sich über etw *akk* lustig machen

jok·er ['dʒəʊkəʳ, AM 'dʒoʊkɚ] *n* ① (*person*) Spaßvogel *m* ② CARDS Joker *m*

jok·ing ['dʒəʊkɪŋ, AM 'dʒoʊk-] **I.** *adj* scherzhaft **II.** *n no pl* Scherzen *nt;* **~ apart** Spaß beiseite

jok·ing·ly ['dʒəʊkɪŋli, AM 'dʒoʊk-] *adv* im Scherz

jol·li·fi·ca·tion [ˌdʒɒlɪfɪ'keɪʃᵊn, AM ˌdʒɑːlə-] *n* (*fam*) *no pl* (*merrymaking*) Festlichkeit *f;* (*boozy party*) feuchtfröhliches Fest

jol·lity ['dʒɒləti, AM 'dʒɑːləţi] *n no pl* Fröhlichkeit *f*

jol·ly ['dʒɒli, AM 'dʒɑːli] **I.** *adj* ① (*happy*) lustig, vergnügt ② (*enjoyable or cheerful*) lustig **II.** *adv* BRIT (*fam*) riesig; **I ~ well hope so!** das will ich doch hoffen! **III.** *vt* ■**to ~ sb along** (*humour*) jdn bei Laune halten *fam*

jolt [dʒəʊlt, AM dʒoʊlt] **I.** *n* ① (*sudden jerk*) Stoß *m,* Ruck *m* ② (*shock*) Schlag *m;* **to wake up with a ~** aus dem Schlaf hochschrecken **II.** *vt* ① (*jerk*) durchrütteln; **the train stopped suddenly and we were ~ed forwards** der Zug hielt plötzlichen und wir wurden nach vorne geschleudert ② (*fig: shock*) **to ~ sb into action** jdn zum Handeln veranlassen **III.** *vi vehicle* rumpeln

josh [dʒɒʃ, AM dʒɑːʃ] (*fam*) **I.** *vt* ■**to ~ sb [about sth]** jdn [wegen einer S. *gen*] aufziehen **II.** *vi* Spaß machen, scherzen

joss stick ['dʒɒs-, AM 'dʒɑːs-] *n* Räucherstäbchen *nt*

jos·tle ['dʒɒsl̩, AM 'dʒɑːsl̩] **I.** *vt* anrempeln; FBALL rempeln **II.** *vi* ① (*push*) [sich *akk*] drängeln *fam* ② (*compete*) ■**to ~ for sth** *business, influence* um etw *akk* konkurrieren; *see also* **bristle**

jot [dʒɒt, AM dʒɑːt] **I.** *n no pl* ►PHRASES: **not a ~ of truth** nicht ein Körnchen Wahrheit; **to not give a ~ about sb/sth** sich nicht den Teufel um jdn/etw scheren *fam* **II.** *vt* <-tt-> notieren ◆**jot down** *vt* notieren

jot·ter, jot·ter pad ['dʒɒtəʳ-] *n* BRIT, AUS Notizblock *m*

jot·tings ['dʒɒtɪŋz, AM 'dʒɑːţ-] *npl* Notizen *pl*

joule [dʒuːl] *n* Joule *nt*

jour·nal ['dʒɜːnᵊl, AM 'dʒɜːr-] *n* ① (*periodical*) Zeitschrift *f;* (*newspaper*) Zeitung *f* ② (*diary*) Tagebuch *nt*

jour·nal·ism ['dʒɜːnᵊlɪzᵊm, AM 'dʒɜːr-] *n no pl* Journalismus *m*

jour·nal·ist ['dʒɜːnᵊlɪst, AM 'dʒɜːr-] *n* Journalist(in) *m(f)*

jour·nal·is·tic [ˌdʒɜːnᵊl'ɪstɪk, AM ˌdʒɜːr-] *adj* journalistisch

jour·ney ['dʒɜːni, AM 'dʒɜːrni] *n* Reise *f;* **car ~** Autofahrt *f;* **a two-hour train ~** eine zweistündige Zugfahrt

'jour·ney·man *n* ① (*experienced workman*) Fachmann *m* ② (*qualified workman*) Geselle *m*

joust [dʒaʊst] **I.** *vi* einen Turnierzweikampf austragen **II.** *n* Turnierzweikampf *m*

jo·vial ['dʒəʊviəl, AM 'dʒoʊ-] *adj* ① (*friendly*) *person* freundlich; *welcome* herzlich ② (*cheerful*) *mood* heiter; *chat, evening* nett

jo·vi·al·ity [ˌdʒəʊvi'æləti, AM ˌdʒoʊvi'æləţi] *n no pl* ① (*friendliness*) Freundlichkeit *f* ② (*cheerfulness*) Fröhlichkeit *f*

jowl [dʒaʊl] *n* ① (*jaw*) Unterkiefer *m* ② *usu pl* (*hanging flesh*) Kinnbacke *f*

joy [dʒɔɪ] *n* ① (*gladness*) Freude *f,* Vergnügen *nt;* **one of the ~s of the job** einer der erfreulichen Aspekte dieses Berufs; **her singing is a ~ to listen to** ihrem Gesang zuzuhören ist ein Genuss; **to jump for ~** einen Freudensprung machen ② *no pl* BRIT (*fam: success*) Erfolg *m;* **did you have any ~ finding the book?** ist es dir gelungen, das Buch zu finden?

joy·ful ['dʒɔɪfᵊl] *adj face, person* fröhlich; *event, news* freudig

joy·less ['dʒɔɪləs] *adj childhood, time* freudlos; *expression, news* traurig; *marriage* unglücklich

joy·ous ['dʒɔɪəs] *adj* (*liter*) *event, news* freudig; *person, voice* fröhlich

'joy·ride *n* [waghalsige] Spritztour (*in einem gestohlenen Auto*) **'joy·stick** *n* AVIAT Steuerknüppel *m;* COMPUT Joystick *m*

JP *n abbrev of* **Justice of the Peace**

Jr *adj after n esp* AM *short for* **junior** jun.

ju·bi·lant ['dʒuːbɪlənt] *adj* glücklich; *crowd* jubelnd *attr; expression, voice* triumphierend *attr; face* freudestrahlend *attr*

ju·bi·la·tion [ˌdʒuːbɪ'leɪʃᵊn] *n no pl* Jubel *m*

ju·bi·lee ['dʒuːbɪliː] *n* Jubiläum *nt*

Ju·da·ism ['dʒuːdeɪɪzᵊm] *n no pl* Judaismus *m,* Judentum *nt*

jud·der ['dʒʌdəʳ] BRIT, AUS **I.** *vi* ruckeln **II.** *n no pl* Ruckeln *nt*

judge [dʒʌdʒ] **I.** *n* ① LAW Richter(in) *m(f)* ② (*at a competition*) Preisrichter(in) *m(f);*

(*in boxing, gymnastics, wrestling*) Punktrichter(in) *m(f)*; (*in athletics, swimming*) Kampfrichter(in) *m(f)* ③ (*expert*) *of literature, wine* Kenner(in) *m(f)*; **to be a good ~ of character** ein guter Menschenkenner sein **II.** *vi* ① (*decide*) urteilen; **~ing by his comments, he seems to have been misinformed** seinen Äußerungen nach zu urteilen, ist er falsch informiert worden ② (*estimate*) schätzen **III.** *vt* ① (*decide*) beurteilen ② (*estimate*) schätzen ③ (*decide the winner*) ■**to ~ sth** bei etw *dat* Kampfrichter sein ▸PHRASES: **you can't ~ a book by its cover** (*saying*) man kann eine Sache nicht nach dem äußeren Anschein beurteilen; *see also* **edge**

judg(e)·ment [ˈdʒʌdʒmənt] *n* ① LAW Urteil *nt*; **to pass ~ [on sb/sth]** (*a. fig*) ein Urteil [über jdn/etw] fällen ② (*opinion*) Urteil *nt*; **error of ~** Fehleinschätzung *f*; **against one's better ~** wider besseres Wissen

judg(e)·men·tal [dʒʌdʒˈmentəl, AM -t̬əl] *adj* (*pej*) [vorschnell] wertend *attr*; ■**to be ~ about sb** ein [vorschnelles] Urteil über jdn fällen

ju·di·ca·ture [ˈdʒuːdɪkətʃəʳ, AM -ɚ] *n no pl* ① LAW (*system*) Justiz *f* ② + *sing/pl vb* (*the judges*) ■**the ~** die Richterschaft

ju·di·cial [dʒuːˈdɪʃəl] *adj* gerichtlich; **~ authorities** Justizbehörden *pl*; **~ review** gerichtliche Überprüfung (*der Vorinstanzentscheidung*); AM Normenkontrolle *f* (*Prüfung der Gesetze auf ihre Verfassungsmäßigkeit*)

ju·di·ci·ary [dʒuːˈdɪʃəri, AM -ieri] *n* + *pl/sing vb* ■**the ~** (*people*) der Richterstand; (*system*) das Gerichtswesen

ju·di·cious [dʒuːˈdɪʃəs] *adj choice, person* klug; *decision* wohl überlegt

ju·di·cious·ly [dʒuːˈdɪʃəsli] *adj* klug

judo [ˈdʒuːdəʊ, AM -doʊ] *n no pl* Judo *nt*

jug [dʒʌg] *n* Kanne *f*, Krug *m*

jug·ger·naut [ˈdʒʌgənɔːt, AM -ɚnɑːt] *n* BRIT (*heavy lorry*) Schwerlastwagen *m*

jug·gle [ˈdʒʌgl] **I.** *vt* ■**to ~ sth** ① (*toss and catch*) mit etw *dat* jonglieren; **it is quite hard to ~ children and a career** (*fig*) es ist ziemlich schwierig, Familie und Beruf unter einen Hut zu bringen ② (*fig, pej: manipulate*) etw manipulieren **II.** *vi* (*fig, pej: manipulate*) ■**to ~ with sth** *facts, information* etw manipulieren

jug·gler [ˈdʒʌgləʳ, AM -ɚ] *n* Jongleur(in) *m(f)*

Ju·go·slav [ˈjuːgə(ʊ)slɑːv, AM -goʊ-] (*dated*) *see* **Yugoslav**

Ju·go·sla·via [ˌjuːgə(ʊ)ˈslɑːviə, AM -goʊˈ-] *n* (*dated*) *see* **Yugoslavia**

jugu·lar, jugu·lar ˈvein [ˈdʒʌgjələʳ-, AM -ɚ] *n* Drosselvene *f fachspr* ▸PHRASES: **to go for the ~** (*fig*) an die Gurgel springen *fam*

juice [dʒuːs] *n* ① *no pl* (*of fruit, vegetable*) Saft *m*; **lemon ~** Zitronensaft *m* ② *pl* (*liquid in meat*) [Braten]saft *m kein pl* ③ AM (*sl: influence, power*) Macht *f*; **to have [all] the ~** das [absolute] Sagen haben *fam*

juiced-ˈup *adj attr* aufgepeppt *fam*

juicy [ˈdʒuːsi] *adj* ① (*succulent*) saftig ② (*fam: plentiful*) saftig; *profit* fett ③ (*fam: suggestive*) *joke, story* schlüpfrig; *details, scandal* pikant

ju-jit·su [dʒuːˈdʒɪtsuː] *n no pl* Jiu-Jitsu *nt*

juju [ˈdʒuːdʒuː] *n no pl* Karma *nt*

juke·box [ˈdʒuːkbɒks, AM -bɑːks] *n* Jukebox *f*

ju·lep [ˈdʒuːlɪp, AM -ləp] *n* Julep *m o nt* (*alkoholisches Eisgetränk, oft mit Pfefferminze*)

July [dʒʊˈlaɪ] *n* Juli *m*; *see also* **February**

jum·ble [ˈdʒʌmbl] **I.** *n no pl* ① (*a. fig: chaos*) Durcheinander *nt a. fig*; *of clothes, papers* Haufen *m* ② BRIT (*unwanted articles*) Ramsch *m fam* **II.** *vt* in Unordnung bringen ◆**jumble up** *vt* zusammenwürfeln

ˈjum·ble sale *n* BRIT (*for charity*) Wohltätigkeitsbasar *m*

jum·bo [ˈdʒʌmbəʊ, AM -boʊ] **I.** *adj attr* Riesen- **II.** *n* (*fam*) AVIAT Jumbo *m*

jum·bo ˈjet *n* Jumbojet *m*

jump [dʒʌmp] **I.** *n* ① (*leap*) Sprung *m*, Satz *m*; **high/long jump** SPORTS Hoch-/Weitsprung *m* ② (*fig: rise*) Sprung *m*; *in prices, temperatures* [sprunghafter] Anstieg; *in profits* [sprunghafte] Steigerung ③ (*step*) Schritt *m*; **to be one ~ ahead of the competition** der Konkurrenz einen Schritt [*o* eine Nasenlänge] voraus sein ④ (*shock*) [nervöse] Zuckung; **to wake up with a ~** aus dem Schlaf hochfahren ⑤ (*hurdle*) Hindernis *nt* **II.** *vi* ① (*leap*) springen; **to ~ to one's feet** aufspringen; **to ~ up and down** herumspringen *fam*; ■**to ~ in[to] sth** *car, water* in etw *akk* [hinein]springen ② (*rise*) sprunghaft ansteigen, in die Höhe schnellen ③ (*be startled*) einen Satz machen; **to make sb ~** jdn erschrecken ▸PHRASES: **to ~ to conclusions** voreilige Schlüsse ziehen **III.** *vt* ① (*leap over*) überspringen ② (*skip*) *line, page, stage* überspringen ③ (*disregard*) missachten; **to ~ the [traffic] lights** (*fam*) eine Ampel überfahren; **to ~ the queue** BRIT, AUS sich vordrängeln; (*fig*) aus der Reihe tanzen ▸PHRASES: **to ~ the gun** (*fam*) überstürzt handeln ◆**jump at** *vi* (*accept*) ■**to ~ at sth** *idea, suggestion* sofort auf etw

J

akk anspringen *fam; offer* sich auf etw *akk* stürzen ◆**jump in** *vi* ❶ (*leap in*) hineinspringen; (*into vehicle*) einsteigen ❷ (*interrupt*) dazwischenreden ◆**jump out** *vi* ❶ (*leave*) **to ~ out of bed** aus dem Bett springen ❷ (*fig: stand out*) ■**to ~ out at sb** jdm sofort auffallen ◆**jump up** *vi* aufspringen

jumped-up [ˌdʒʌm(p)tˈʌp] *adj* BRIT (*pej fam*) aufgeblasen

jump·er [ˌdʒʌmpəʳ, AM -ɚ] *n* ❶ (*person*) Springer(in) *m(f)*; (*horse*) Springpferd *nt* ❷ BRIT, AUS (*pullover*) Pullover *m* ❸ AM, AUS (*pinafore*) Trägerkleid *nt*

'jump·er ca·bles *npl* AM Starthilfekabel *nt*

jump·ing 'jack *n* (*firework*) Knallfrosch *m*

'jump jet *n* Senkrechtstarter *m* **'jump leads** *npl* BRIT Starthilfekabel *nt* **'jump·suit** *n* Overall *m*

jumpy ['dʒʌmpi] *adj* (*fam*) ❶ (*nervous*) nervös ❷ (*easily frightened*) schreckhaft ❸ (*unsteady*) *market* unsicher

junc·tion ['dʒʌŋkʃᵊn] *n* (*road*) Kreuzung *f;* (*motorway*) Autobahnkreuz *nt*

'junc·tion box *n* ELEC Verteilerkasten *m*

junc·ture ['dʒʌŋ(k)(t)ʃəʳ, AM -tʃɚ] *n no pl* (*form*) [kritischer] Zeitpunkt; **at this ~** zum jetzigen Zeitpunkt

June [dʒuːn] *n* Juni *m; see also* **February**

jun·gle ['dʒʌŋgl̩] *n* (*a. fig*) Dschungel *m*

jun·ior ['dʒuːniəʳ, AM -njɚ] **I.** *adj* ❶ (*younger*) junior *nach n* ❷ *attr* SPORTS Junioren-, Jugend- ❸ *attr* SCH **~ college** AM Juniorencollege *nt* (*die beiden ersten Studienjahre umfassende Einrichtung*); **~ school** BRIT Grundschule *f;* **~ high school** AM Aufbauschule *f* (*umfasst in der Regel die Klassenstufen 7–9*) ❹ (*low rank*) untergeordnet; **~ officer** rangniedriger Offizier, rangniedrige Offizierin; **~ partner** Juniorpartner(in) *m(f)* **II.** *n* ❶ *no pl esp* AM (*son*) Sohn *m* ❷ (*younger*) Jüngere(r) *f(m)*; **he's two years my ~** er ist zwei Jahre jünger als ich ❸ (*low-ranking person*) unterer Angestellter/untere Angestellte; **office ~** Bürogehilfe(in) *m(f)* ❹ BRIT SCH Grundschüler(in) *m(f)*

Land und Leute

Nach der *elementary school* (Grundschule), setzen Schüler in manchen Teilen Nordamerikas ihre Schulbildung an der **junior high school** fort. Teenager bleiben von 12 bis 15 Jahren an der *junior high*, bevor sie dann an der *senior high school* weitermachen.

ju·ni·per ['dʒuːnɪpəʳ, AM -ɚ] *n* Wacholder *m*

junk¹ [dʒʌŋk] **I.** *n* ❶ *no pl* (*worthless stuff*) Ramsch *m fam;* (*fig, pej*) Mist *m;* (*literature*) Schund *m* ❷ (*sl: heroin*) Stoff *m* **II.** *vt* (*fam*) wegschmeißen

junk² [dʒʌŋk] *n* NAUT Dschunke *f*

junk 'food *n* Schnellgerichte *pl;* (*pej*) ungesundes Essen

junkie ['dʒʌŋki] *n* (*sl*) Fixer(in) *m(f) fam;* **fitness ~** (*hum*) Fitnessfreak *m*

'junk mail *n no pl* Wurfsendungen *pl*, Reklame *f* **'junk room** *n* Rumpelkammer *f* **'junk shop** *n* Trödelladen *m* **'junk·yard** *n* Schrottplatz *m*

jun·ta ['dʒʌntə, AM 'hʊn-] *n + sing/pl vb* Junta *f*

Ju·pi·ter ['dʒuːpɪtəʳ, AM -ɚ] *n no art* Jupiter *m*

ju·ridi·cal [dʒʊ(ə)'rɪdɪkᵊl, AM dʒʊ'-] *adj* ❶ (*of law*) Rechts-, juristisch, juridisch ÖSTERR ❷ (*of court*) Gerichts-; **~ power** richterliche Gewalt

ju·ris·dic·tion [ˌdʒʊərɪs'dɪkʃᵊn, AM ˌdʒʊrɪs'-] *n no pl* Gerichtsbarkeit *f*

ju·ris·pru·dence [ˌdʒʊərɪs'pruːd(ə)n(t)s, AM ˌdʒʊrɪs'-] *n no pl* LAW Rechtswissenschaft *f*

ju·rist ['dʒʊərɪst, AM 'dʒʊrɪst] *n* Jurist(in) *m(f)*, Rechtswissenschaftler(in) *m(f)*

ju·ror ['dʒʊərəʳ, AM 'dʒʊrɚ] *n* LAW Geschworene(r) *f(m)*

jury ['dʒʊəri, AM 'dʒʊri] *n + sing/pl vb* ❶ LAW ■**the ~** die Geschworenen *pl* ❷ (*competition*) Jury *f;* SPORTS Kampfgericht *nt* ▶PHRASES: **the ~ is still out** das letzte Wort ist noch nicht gesprochen

Grammatik

Wenn man von **the jury** im Sinne von einer Einheit spricht, wird es mit einem Verb im Singular gebraucht: *the jury is still out*

Wenn man jedoch von den einzelnen Gruppenmitgliedern sprechen will, wird **the jury** mit einem Verb im Plural gebraucht: *The jury are a panel of 12 local people aged between 18 and 70*

'jury·man *n* Geschworener *m*

'jury·wom·an *n* Geschworene *f*

just **I.** *adv* [dʒʌst, dʒəst] ❶ (*in a moment*) gleich; **we're ~ about to leave** wir wollen gleich los; **I was ~ going to phone you** ich wollte dich eben anrufen ❷ (*directly*) direkt, gleich; **~ after getting up** gleich nach dem Aufstehen ❸ (*recently*) gerade [eben], [so]eben ❹ (*now*) gerade; ■**to be ~ doing sth** gerade dabei sein, etw zu tun ❺ (*exactly*) genau; **that's ~ what I was going to say** genau das wollte ich gerade sagen; **that's ~ it!** das ist es ja gerade!; **~ now** gerade; **~ then** gerade in diesem Augenblick; **~ as well** ebenso gut; **~ as/when ...** gerade in dem Augenblick als ... ⑥ (*only*) nur, bloß *fam;* (*simply*) einfach; **she's ~ a baby** sie ist noch ein Baby; **~ for fun** nur [so] zum Spaß; [**not**] **~ anybody** [nicht] einfach irgendjemand ⑦ (*barely*) gerade noch/mal; **~ in time** gerade noch rechtzeitig ⑧ *with imperatives* **~ imagine!** stell dir das mal vor!; **~ look at this!** schau dir das mal an! ▸PHRASES: **~ a minute!** (*please wait*) einen Augenblick [bitte]!; (*as interruption*) Moment [mal]!; **it's ~ one of those things** (*saying*) so etwas passiert eben **II.** *adj* [dʒʌst] ① (*fair*) gerecht (**to** gegenüber *+dat*) ② (*justified*) *punishment* gerecht; *anger* berechtigt; *suspicion, indignation* gerechtfertigt; **to have ~ cause to do sth** einen triftigen Grund haben, etw zu tun ▸PHRASES: **to get one's ~ deserts** bekommen, was man verdient hat

jus·tice [ˈdʒʌstɪs] *n* ① (*fairness*) Gerechtigkeit *f;* **to do sth ~** etw *dat* gerecht werden ② (*administration of the law*) Justiz *f;* **a miscarriage of ~** ein Justizirrtum *m* ③ (*judge*) Richter(in) *m(f)*

Jus·tice of the ˈPeace *n* Friedensrichter(in) *m(f)*

jus·ti·fi·able [ˈdʒʌstɪfaɪəbl̩, AM -təfaɪ-] *adj* zu rechtfertigen *präd,* berechtigt

jus·ti·fi·ca·tion [ˌdʒʌstɪfɪˈkeɪʃᵊn, AM -təfɪ-] *n no pl* Rechtfertigung *f*

jus·ti·fied [ˈdʒʌstɪfaɪd, AM -təfaɪd] *adj* gerechtfertigt, berechtigt; **you were quite ~ in complaining** du hast dich völlig zu Recht beschwert

jus·ti·fy <-ie-> [ˈdʒʌstɪfaɪ, AM -təfaɪ] *vt* rechtfertigen; **that does not ~ his being late** das entschuldigt nicht, dass er zu spät gekommen ist; ■**to ~ oneself to sb** sich jdm gegenüber rechtfertigen

just·ly [ˈdʒʌstli] *adv* zu Recht; **to act ~** gerecht handeln

jut <-tt-> [dʒʌt] *vi* vorstehen ◆**jut out** *vi* herausragen, hervorstehen; *chin* vorspringen

jute [dʒuːt] *n no pl* Jute *f*

ju·venile [ˈdʒuːvᵊnaɪl, AM -vənᵊl] **I.** *adj* ① (*youth*) Jugend-, jugendlich ② (*pej: childish*) kindisch **II.** *n* Jugendliche(r) *f(m)*

jux·ta·pose [ˌdʒʌkstəˈpəʊz, AM ˈdʒʌkstəpoʊz] *vt* nebeneinanderstellen; *ideas* einander gegenüberstellen

jux·ta·po·si·tion [ˌdʒʌkstəpəˈzɪʃᵊn] *n no pl* Nebeneinanderstellung *f*

Kk

K <*pl* -'s *or* -s>, **k** <*pl* -'s> [keɪ] *n* K *nt,* k *nt;* **~ for King** K wie Kaufmann

K¹ <*pl* -> *n abbrev of* **kilobyte** KB

K² <*pl* -> *n* BRIT, AUS (*fam*) 1.000 Pfund; AM 1.000 Dollar

kale [keɪl] *n no pl* [Grün]kohl *m*

ka·lei·do·scope [kəˈlaɪdəskəʊp, AM -skoʊp] *n* (*a. fig*) Kaleidoskop *nt*

ka·mi·ka·ze [ˌkæmɪˈkɑːzi, AM ˌkɑːməˈ-] *adj attr* Kamikaze-

ka·mi·ˈka·ze at·tack *n* Kamikazeangriff *m*

kan·ga·roo <*pl* -s *or* -> [ˌkæŋgᵊrˈuː, AM -gəˈruː] *n* Känguru *nt*

kan·ga·roo ˈcourt *n* selbst ernanntes Gericht **kan·ga·ˈroo pock·et** *n* Kängurutasche *f*

kao·lin [ˈkeɪəlɪn] *n no pl* Kaolin *m o nt*

ka·rao·ke [ˌkæriˈəʊki, AM ˌkeriˈoʊki] *n no pl* Karaoke *nt*

ka·ra·te [kəˈrɑːti, AM kæˈrɑːt̬i] *n no pl* Karate *nt*

ka·ˈra·te chop *n* Karateschlag *m*

kar·ma [ˈkɑːmə, AM ˈkɑːr-] *n no pl* Karma *nt*

kay·ak [ˈkaɪæk] *n* Kajak *m o selten a. nt*

ˈkay·ak·ing [ˈkaɪækɪŋ] *n no pl* Kajakfahren *nt*

KB *n abbrev of* **kilobyte** KB

KC [ˌkeɪˈsiː] *n* BRIT *abbrev of* **King's Counsel**

ke·bab [kɪˈbæb, AM -ˈbɑːb] *n* Kebab *m*

kecks [keks] *npl* (*fam*) [Unter]hosen *f*[*pl*]

keel [kiːl] **I.** *n* NAUT Kiel *m* **II.** *vi* ■**to ~ over** ① NAUT kentern ② (*fam: swoon*) umkippen

keel·haul [ˈkiːlhɔːl, AM -hɑːl] *vt* (*fam*) kielholen; (*fig*) zusammenstauchen

keen [kiːn] *adj* ① (*enthusiastic*) leidenschaftlich; *hunter* begeistert; ■**to be ~ on doing sth** etw leidenschaftlich gern tun; **to be ~ on football** auf Fußball versessen sein ② (*perceptive*) *mind, eyesight* scharf ③ (*extreme*) *competition* scharf; *desire* heftig; *interest* lebhaft ④ (*sharp*) *blade* scharf; *wind* schneidend

keep [kiːp] **I.** *n no pl* [Lebens]unterhalt *m* **II.** *vt* <kept, kept> ① (*hold onto*) behalten; *bills, receipts* aufheben ② (*store*) *medicine, money* aufbewahren; **where do you ~ your cups?** wo sind die Tassen? ③ (*detain*) aufhalten; **to ~ sb waiting** jdn warten lassen ④ (*prevent*) ■**to ~ sb from doing sth** jdn davon abhalten, etw zu tun ⑤ (*maintain*) **to ~ one's balance** das Gleichgewicht halten; **to ~ sb/sth under control** jdn/etw unter Kontrolle halten; **to**

~ **count of sth** etw mitzählen; **to ~ sb/sth in mind** jdn/etw im Gedächtnis behalten; **to ~ one's mouth shut** den Mund halten; **to ~ time** *watch* richtig gehen; MUS Takt halten; **to ~ track of sb/sth** jdn/etw im Auge behalten; **to ~ sb awake** jdn wach halten; **to ~ sb/sth warm** jdn/etw warm halten (6) (*guard*) bewachen; *watch* halten (7) (*not reveal*) ■**to ~ sth from sb** jdm etw *akk* vorenthalten; *secret* hüten (8) (*stick to*) *appointment, treaty* einhalten; *oath, promise* halten (9) (*make records*) **to ~ a record of sth** über etw *akk* Buch führen; *diary* führen **III.** *vi* <kept, kept> (1) (*stay fresh*) *food* sich halten (2) (*wait*) Zeit haben; **your questions can ~ until later** deine Fragen können noch warten (3) (*stay*) bleiben; **to ~ [to the] left/right** sich [mehr] links/rechts halten; **to ~ quiet** still sein (4) (*continue*) **don't ~ asking silly questions** stell nicht immer so dumme Fragen; ■**to ~ at sth** mit etw *dat* weitermachen (5) (*stop oneself*) ■**to ~ from doing sth** etw unterlassen (6) (*adhere to*) ■**to ~ to sth** an etw *dat* festhalten; (*not digress*) bei etw *dat* bleiben; **to ~ to an agreement** sich an eine Vereinbarung halten; **to ~ to a schedule** einen Zeitplan einhalten ▶ PHRASES: **how are you ~ing?** BRIT wie geht's dir so? ◆**keep ahead** *vi* ■**to ~ ahead of sb** jdm vorausbleiben; **to ~ ahead of the others** den anderen voraus sein ◆**keep away I.** *vi* ■**to ~ away [from sb/sth]** sich [von jdm/etw] fernhalten **II.** *vt* ■**to ~ sb/sth away** jdn/etw fernhalten ◆**keep back I.** *vi* zurückbleiben; (*stay at distance*) Abstand halten **II.** *vt* (1) (*restrain*) zurückhalten (2) (*prevent advance*) ■**to ~ back** ⟲ **sb** jdn aufhalten; ■**to ~ sb back from doing sth** jdn daran hindern, etw zu tun (3) (*withhold*) *information* verschweigen; *payment* einbehalten ◆**keep down I.** *vi* unten bleiben, sich ducken **II.** *vt* (1) (*suppress*) unterdrücken (2) *food* bei sich *dat* behalten ◆**keep in I.** *vt* (1) (*detain*) dabehalten; (*at home*) nicht aus dem Haus [gehen] lassen (2) (*not reveal*) **to ~ in one's anger** seinen Zorn zurückhalten **II.** *vi* ■**to ~ in with sb** sich gut mit jdm stellen ◆**keep off I.** *vi* wegbleiben; **to ~ off cigarettes** das Rauchen lassen; **to ~ off a subject** ein Thema vermeiden **II.** *vt* (*hold away*) **to ~ one's hands off sb/sth** die Hände von jdm/etw lassen; **to ~ one's mind off sth** sich von etw *dat* ablenken ◆**keep on I.** *vi* (1) (*continue*) ■**to ~ on doing sth** etw weiter[hin] tun (2) (*pester*) ■**to ~ on at sb** jdm keine Ruhe lassen **II.** *vt* ~ **your jacket on, it's cold** behalte den Mantel an, es ist kalt ◆**keep out** *vi* draußen bleiben; **'Keep Out'** „Zutritt verboten"; ■**to ~ out of sth** etw nicht betreten; (*fig*) sich aus etw *dat* heraushalten ◆**keep together I.** *vi* (*stay in a group*) zusammenbleiben; (*remain loyal*) zusammenhalten **II.** *vt* zusammenhalten ◆**keep up I.** *vt* (1) (*hold up*) hoch halten; **these poles ~ the tent up** diese Stangen halten das Zelt aufrecht (2) (*continue doing*) fortführen; *conversation* in Gang halten; **~ it up!** [nur] weiter so!; **to ~ up appearances** den Schein wahren; **to ~ one's spirits up** den Mut nicht sinken lassen; **to ~ one's strength up** sich bei Kräften halten **II.** *vi* (1) (*continue*) *noise, rain* andauern, anhalten; *courage, strength* bestehen bleiben (2) (*not fall behind*) ■**to ~ up with sb/sth** mit jdm/etw mithalten

keep·er ['ki:pəʳ, AM -ɚ] *n in a zoo* Wärter(in) *m(f); in a museum* Kustos *m*

keep-'fit *n no pl* BRIT, AUS Fitnesstraining *nt*

keep·ing ['ki:pɪŋ] *n no pl* (1) (*guarding*) Verwahrung *f;* (*care*) Obhut *f* (2) (*obeying*) Einhalten *nt,* Befolgen *nt;* **in ~ with an agreement** entsprechend einer Vereinbarung

keep·sake ['ki:pseɪk] *n* Andenken *nt*

keg [keg] *n* kleines Fass

'keg beer *n no pl* Fassbier *nt*

kelp [kelp] *n no pl* Seetang *m*

ken [ken] **I.** *n no pl* (*dated*) [geistiger] Horizont; **to be beyond sb's ~** über jds Horizont gehen **II.** *vt* <-nn-> SCOT, NENG kennen

ken·nel ['kenᵊl] *n* (1) Hundehütte *f* (2) ■**~s** Hundepension *f*

Ken·ya ['kenjə] *n* Kenia *nt*

Ken·yan ['kenjən] **I.** *n* Kenianer(in) *m(f)* **II.** *adj* kenianisch

kept [kept] *vt, vi pt, pp of* **keep**

kerb [kɜ:b] *n* BRIT, AUS Randstein *m*

ker·chief ['kɜ:tʃɪf, AM 'kɜ:r-] *n for head* [Hals]tuch *nt,* [Kopf]tuch *nt;* (*handkerchief*) Taschentuch *nt*

ker·fuf·fle [kə'fʌfl̩, AM kɚ'-] *n no pl esp* BRIT (*sl*) Wirbel *m*

ker·nel ['kɜ:nᵊl, AM 'kɜ:r-] *n* (*fruit centre*) Kern *m;* (*cereal centre*) Getreidekorn *nt*

kero·sene ['kerəsi:n] *n no pl esp* AM, AUS (*paraffin*) Petroleum *nt;* PHARM Paraffin *nt;* (*for jet engines*) Kerosin *nt*

kes·trel ['kestrᵊl] *n* Turmfalke *m*

ketch <*pl* -es> [ketʃ] *n* Ketsch *f*

ketch·up ['ketʃʌp] *n no pl* Ketschup *m o nt*

ket·tle ['ketl̩, AM -t̬l̩] *n* [Wasser]kessel *m;* **to put the ~ on** Wasser aufsetzen ▶ PHRASES:

to be a different ~ of fish etwas ganz anderes sein

ket·tle·ball ['ketlbɔːl] *n* SPORTS Kettlebell *m* (*aus einer Eisenkugel bestehendes Trainingsgerät*)

'ket·tle·drum *n* [Kessel]pauke *f*

key¹ [kiː] *n* [Korallen]riff *nt*

key² [kiː] **I.** *n* ❶ (*a. fig: for a lock*) Schlüssel *m* ❷ (*button*) *of a computer, piano* Taste *f* ❸ (*to symbols*) Zeichenerklärung *f* ❹ MUS Tonart *f* **II.** *adj factor, figure, role* Schlüssel-; **~ contribution** Hauptbeitrag *m* ◆**key in** *vt* **to ~ in text** Text eingeben ◆**key up** *vt* **to be all ~ed up** völlig überdreht sein

'key·board I. *n* ❶ (*of a computer*) Tastatur *f;* (*of a piano*) Klaviatur *f* ❷ (*musical instrument*) Keyboard *nt* **II.** *vt, vi* tippen

'key·board·ing *n no pl* Texteingabe *f*

key·board 'in·stru·ment *n* Tasteninstrument *nt*

'key·board·ist *n* Keyboarder(in) *m(f)*

'key·hole *n* Schlüsselloch *nt* **'key mon·ey** *n no pl* Abstandsgeld *nt*

'key·note *n* Hauptthema *nt; of a speech* Grundgedanke *m;* AM Parteilinie *f;* **~ address** [*or* **speech**] programmatische Rede

'key·note ad·dress *n* programmatische Rede

'key·not·er *n* Hauptredner(in) *m(f)*

'key·note speech *n* programmatische Rede

'key·pad *n* Tastenfeld *nt*

'key ring *n* Schlüsselring *m*

'key·stone *n* (*fig: crucial part*) Grundpfeiler *m*

'key·stroke *n* [Schreibmaschinen]anschlag *m*

'key·word *n* ❶ (*important word*) Schlüsselwort *nt* ❷ (*for identifying*) Kennwort *nt*

kg *n abbrev of* **kilogram** kg

kha·ki ['kɑːki, AM 'kæki] **I.** *n no pl* (*cloth*) Khaki[stoff] *m* **II.** *adj* ❶ (*of khaki material*) Khaki- ❷ (*colour*) khakifarben

kHz *n abbrev of* **kilohertz** kHz

KIA [ˌkeɪaɪ'eɪ] *adj abbrev of* **killed in action** gef.

kib·butz [kɪ'bʊts] *n* Kibbuz *m*

kick [kɪk] **I.** *n* ❶ (*with foot*) [Fuß]tritt *m,* Stoß *m;* (*in sports*) Schuss *m; of a horse* Tritt *m;* **a ~ in the teeth** (*fig*) ein Schlag *m* ins Gesicht ❷ (*exciting feeling*) Nervenkitzel *m;* **to do sth for ~s** etw wegen des Nervenkitzels tun ❸ (*gun jerk*) Rückstoß *m* **II.** *vt* ❶ (*hit with foot*) [mit dem Fuß] treten; **to ~ a ball** einen Ball schießen ❷ (*get rid of*) *habit* aufgeben *fam* ▶PHRASES: **to ~ the bucket** ins Gras beißen; **to ~ sb when he/she is down** jdm den Rest geben **III.** *vi* (*with foot*) treten (**at** nach +*dat*); *horse* ausschlagen ▶PHRASES: **to be alive and ~ing** gesund und munter sein ◆**kick about, kick around I.** *vi* (*fam*) [he]rumliegen **II.** *vt* ❶ (*with foot*) ■**to ~ sth around** etw [in der Gegend] herumkicken *fam* ❷ (*consider*) **to ~ an idea around** (*fam*) eine Idee [ausführlich] bekakeln ◆**kick away** *vt* wegstoßen ◆**kick back I.** *vt* zurücktreten; *ball* zurückschießen; **to ~ money back to sb** (*fam*) sich mit Geld bei jdm *dat* revanchieren **II.** *vi* (*gun*) einen Rückstoß haben ◆**kick in I.** *vt* (*with foot*) *door, window* eintreten **II.** *vi* ❶ (*start*) *drug, measure* wirken; *device, system* anspringen ❷ (*to contribute*) ■**to ~ in for sth** einen Beitrag zu etw *dat* leisten ◆**kick off I.** *vi* beginnen, anfangen; FBALL anstoßen **II.** *vt* (*start, launch*) beginnen ◆**kick out I.** *vt* (*throw out*) hinauswerfen **II.** *vi* ■**to ~ out against sb/sth** sich mit Händen und Füßen gegen jdn/etw wehren ◆**kick over** *vt* ■**to ~ over** ↔ **sb/sth** jdn/etw umrempeln *fam* ◆**kick up** *vi* **to ~ up dust** (*a. fig*) Staub aufwirbeln; **to ~ up a fuss** (*fig*) einen Wirbel machen *fam*

'kick·back *n* (*bribe*) Schmiergeld *nt*

kick·er ['kɪkəʳ, AM -ɚ] *n* SPORTS Freistoßnehmer(in) *m(f)*

'kick·off *n* FBALL Anstoß *m* **'kick-start·er** *n* Kickstarter *m* **'kick·tail** *vi* (*skateboards*) nach oben gebogen sein

kid [kɪd] **I.** *n* ❶ (*child*) Kind *nt;* AM, AUS (*young person*) Jugendliche(r) *f(m);* (*male*) Bursche *m;* (*female*) Mädchen *nt;* **~ brother/sister** *esp* AM kleiner Bruder/kleine Schwester ❷ (*young goat*) Zicklein *nt* **II.** *vi* <-dd-> (*fam*) Spaß machen; **just ~ding!** war nur Spaß!; **no ~ding?** ohne Scherz? **III.** *vt* (*fam*) ■**to ~ sb** jdn verulken

kid·die ['kɪdi] **I.** *n* (*fam*) Kleine(r) *f(m)* **II.** *adj attr bike, seat* Kinder-

kid·nap ['kɪdnæp] **I.** *vt* <-pp-> entführen **II.** *n no pl* Entführung *f*

kid·nap·per ['kɪdnæpəʳ, AM -ɚ] *n* Entführer(in) *m(f)*

kid·nap·ping ['kɪdnæpɪŋ] *n* Entführung *f*

kid·ney ['kɪdni] *n* ANAT, FOOD Niere *f*

kid·ney 'bean *n usu pl* (*any kind of edible bean*) Gartenbohne *f;* (*red bean*) Kidneybohne *f*

'kid·ney do·nor *n* Nierenspender(in) *m(f)* **'kid·ney fail·ure** *n no pl* Nierenversagen *nt* **'kid·ney ma·chine** *n* künstliche Niere **'kid·ney-shaped** *adj* nierenförmig **'kid·ney stone** *n* Nierenstein *m*

K

kid·ori·ent·ed [ˌkɪdˈɔːrient̬ɪd] *adj* AM (*fam*) für Kinder [gemacht]

kill [kɪl] **I.** *n no pl* ① (*act*) *of animal* **to make a ~** eine Beute schlagen ② HUNT [Jagd]beute *f* **II.** *vi* (*end life*) *criminal* töten; *disease* tödlich sein **III.** *vt* ① (*end life*) umbringen *a. fig;* **to ~ sb by drowning/strangling** jdn ertränken/erwürgen; **to ~ sb with a gun/a knife** jdn erschießen/erstechen; **to be ~ed in an accident** bei einem Unfall ums Leben kommen ② (*destroy*) zerstören; **to ~ the smell of sth** einer S. *dat* den Geruch [völlig] nehmen ③ (*spoil*) *fun, joke* [gründlich] verderben ④ (*stop*) *engine, lights* ausmachen; *pain* stillen; *plan, project* fallen lassen ⑤ (*fam: amuse*) **to ~ oneself with laughter** sich totlachen ⑥ (*fig fam: hurt*) ■**to ~ sb** jdn umbringen; **my shoes are ~ing me!** meine Schuhe bringen mich noch mal um! ⑦ (*fig fam: overtax*) **to ~ oneself doing sth** sich mit etw *dat* umbringen; **I'm going to finish it if it ~s me!** ich werde es zu Ende bringen, und wenn ich draufgehe! ▸PHRASES: **to ~ time** (*spend time*) sich *dat* die Zeit vertreiben; (*waste time*) die Zeit totschlagen; **to ~ two birds with one stone** (*prov*) zwei Fliegen mit einer Klappe schlagen ◆**kill off** *vt* ① (*destroy*) *disease, species* ausrotten ② **to ~ off** ↻ **a character** eine Romanfigur sterben lassen

kill·er [ˈkɪləʳ, AM -ɚ] **I.** *n* ① (*person*) Mörder(in) *m(f);* (*thing*) Todesursache *f* ② (*agent*) Vertilgungsmittel *nt;* **weed ~** Unkrautvertilgungsmittel *nt* **II.** *adj attr* (*deadly*) *flu, virus* tödlich; *hurricane, wave* mörderisch

ˈkill·er in·stinct *n* ① (*in animals*) Tötungsinstinkt *m* ② (*mean streak*) **to have the ~** bereit sein, über Leichen zu gehen **ˈkill·er whale** *n* Schwertwal *m*

kill·ing [ˈkɪlɪŋ] **I.** *n* ① (*act*) Tötung *f;* (*case*) Mord[fall] *m* ② (*fig fam: lots of money*) **to make a ~** einen Mordsgewinn machen **II.** *adj attr* ① (*causing death*) tödlich ② (*fig: difficult*) mörderisch *fam*

kill·joy [ˈkɪldʒɔɪ] *n* Spielverderber(in) *m(f)*

kiln [kɪln, kɪl] *n* [Brenn]ofen *m*

kilo [ˈkiːlə(ʊ), AM ˈkɪloʊ] *n* Kilo *nt*

kilo·byte [ˈkɪlə(ʊ)baɪt, AM -loʊ-] *n* Kilobyte *nt*

kilo·gram, BRIT *a.* **kilo·gramme** [ˈkɪlə(ʊ)græm, AM -loʊ-] *n* Kilogramm *nt*

kilo·joule [ˈkɪlə(ʊ)dʒuːl, AM -loʊ-] *n* Kilojoule *nt*

kilo·me·tre [kɪˈlɒmɪtəʳ, ˈkɪlə(ʊ)miːtəʳ], AM **kilo·me·ter** [kɪˈlɑːmət̬ɚ] *n* Kilometer *m*

kilo·watt [ˈkɪlə(ʊ)wɒt, AM -loʊwɑːt] *n* Kilowatt *nt* **kilo·watt ˈhour** *n* Kilowattstunde *f*

kilt [kɪlt] *n* Kilt *m*

> **Land und Leute**
>
> Der **kilt** oder *Highland dress* eines Schotten stammt aus dem 16. Jh. und bestand damals aus einem einzigen Stück Stoff. Im 17. Jh. wurden daraus zwei getrennte Kleidungsstücke: der *kilt* (*Schottenrock*) und das *plaid* (*Umhangtuch aus Wolle*). Aus dieser Zeit stammt auch der *sporran* (*ein Beutel, der am Gürtel hängt*). Zu besonderen Anlässen, wie Hochzeiten, tragen viele Männer auch heute noch einen **kilt**.

ki·mo·no [kɪˈməʊnəʊ, AM kəˈmoʊnə, -noʊ] *n* Kimono *m*

kin [kɪn] *n + pl vb* (*form*) [Bluts]verwandte *pl;* **the next of ~** die nächsten Angehörigen

ki·na·ra [kɪˈnɑːrə] *n* REL siebenarmiger Kerzenleuchter (*für die Kwanzaa-Feier*)

kind¹ [kaɪnd] *adj* ① (*generous, helpful*) nett; **with ~ regards** (*in a letter*) mit freundlichen Grüßen ② (*gentle*) ■**to be ~ to sb/sth** jdn/etw schonen; **this shampoo is ~ to your hair** dieses Shampoo pflegt dein Haar auf schonende Weise

kind² [kaɪnd] **I.** *n* ① (*group*) Art *f;* **he's not that ~ of person** so einer ist der nicht *fam;* **all ~s of animals** alle möglichen Tiere; **to be one of a ~** einzigartig sein; **his/her ~** (*pej*) so jemand [wie er/sie] ② (*limited*) **I guess you could call this, success of a ~** man könnte das, glaube ich, als so etwas wie einen Erfolg bezeichnen ③ *no pl* (*similar*) **nothing of the ~** nichts dergleichen ④ (*character*) ■**in ~** im Wesen; **they were brothers but quite different in ~** sie waren Brüder, aber in ihrem Wesen ganz verschieden **II.** *adv* ■**~ of** irgendwie; **to be ~ of interesting** irgendwie interessant sein

> **Falsche Freunde**
>
> Nicht verwechseln mit Kind *nt* — *child*!

kin·der·gar·ten [ˈkɪndəˌgɑːtᵊn, AM -dɚˌgɑːr-] *n* ① *esp* BRIT (*nursery school*) Kindergarten *m* ② *no pl esp* AM SCH Vorschule *f*

kind-ˈheart·ed *adj* gütig

kin·dle [ˈkɪndl̩] *vt fire* anzünden; (*fig*) *imagination* wecken

kin·dling [ˈkɪndlɪŋ] *n no pl* Anzündholz *nt*

kind·ly [ˈkaɪndli] **I.** *adj person* freundlich; *smile, voice* sanft **II.** *adv* ① (*in a kind manner*) freundlich; **to not take ~ to sb/sth** sich nicht mit jdm/etw anfreunden können ② (*please*) freundlicherweise; **you are ~ requested to leave the building** Sie werden freundlich[st] gebeten, das Gebäude zu verlassen

kind·ness ['kaɪndnəs] *n* <*pl* -es> ① *no pl* (*attitude*) Freundlichkeit *f*; **to treat sb with ~** freundlich zu jdm sein ② (*act*) Gefälligkeit *f*

kin·dred ['kɪndrəd] *adj* ① (*related*) *people* [bluts]verwandt; *languages* verwandt ② (*similar*) ähnlich

ki·net·ic [kɪ'netɪk, AM -t̬-] *adj* kinetisch

kin·folk ['kɪnfoʊk] *n* + *pl vb* AM Verwandtschaft *f*

king [kɪŋ] *n* (*male ruler, in cards, chess*) König *m*

'king·cup *n* BRIT Sumpfdotterblume *f*

king·dom ['kɪŋdəm] *n* ① (*country*) Königreich *nt* ② (*domain*) Reich *nt*; **animal ~** Tierreich *nt*

'king·fish·er *n* Eisvogel *m*

king·ly ['kɪŋli] *adj* majestätisch

'king·pin *n* (*fig: important person*) Hauptperson *f*

King's 'Coun·sel *n* BRIT JUR Kronanwalt *m*, Kronanwältin *f*

'king-size(d) *adj* extragroß

kink [kɪŋk] *n* ① (*twist*) *in hair* Welle *f*; *in a pipe* Knick *m*; *in a rope* Knoten *m* ② (*problem*) Haken *m fam*

kinky ['kɪŋki] *adj* ① (*tightly curled*) *hair* kraus ② (*unusual*) spleenig; **~ sex** Sex *m* der anderen Art

kins·folk ['kɪnzfəʊk, AM -foʊk] *n* + *pl vb* Verwandtschaft *f*

kin·ship ['kɪnʃɪp] *n* ① *no pl* (*family*) [Bluts]verwandtschaft *f* ② (*connection*) Verwandtschaft *f fig*; **to feel a ~ with sb** sich jdm verbunden fühlen

kins·man ['kɪnzmən] *n* Verwandte(r) *m*

kins·wom·an ['kɪnzwʊmən] *n* Verwandte *f*

ki·osk ['kiːɒsk, AM -ɑːsk] *n* Kiosk *m*

kip [kɪp] BRIT, AUS **I.** *n no pl* (*fam*) Nickerchen *nt* **II.** *vi* <-pp-> (*fam*) ein Nickerchen machen

kip·per ['kɪpəʳ, AM -ɚ] *n* FOOD Bückling *m*

kirk [kɜːk] *n* SCOT Kirche *f*; **the K~** die [presbyterianische] schottische Staatskirche

kiss [kɪs] **I.** *n* <*pl* -es> Kuss *m*; **to blow sb a ~** jdm eine Kusshand zuwerfen **II.** *vi* [sich] küssen; **to ~ and tell** mit intimen Enthüllungen an die Öffentlichkeit gehen **III.** *vt* küssen; **to ~ sb goodbye** jdm einen Abschiedskuss geben ▸ PHRASES: **to ~ sb's ass** *esp* AM (*fam!*) jdm in den Arsch kriechen *derb*

kiss·er ['kɪsəʳ, AM -ɚ] *n* **to be a lousy ~** miserabel küssen

'kiss-off *n* AM (*fam*) Laufpass *m*

'kiss-proof *adj* kussecht

kit [kɪt] **I.** *n* ① (*set*) Ausrüstung *f*; (*for a model*) Bausatz *m*; **first-aid ~** Verbandskasten *m* ② (*outfit*) Ausrüstung *f* **II.** *vt* <-tt-> *usu passive esp* BRIT ■**to ~ out** ↻ **sb** jdn ausrüsten

'kit bag *n* Kleidersack *m*

kitch·en ['kɪtʃɪn] *n* Küche *f*

kitch·en·ette [ˌkɪtʃɪ'net] *n* Kochnische *f*

'kitch·en foil *n no pl* Alufolie *f* **kitch·en 'gar·den** *n* Gemüsegarten *m*, Nutzgarten *m* **'kitch·en knife** *n* Küchenmesser *nt* **kitch·en 'pa·per** *n no pl* Küchenpapier *nt* **kitch·en 'sink** *n* Spüle *f* ▸ PHRASES: **everything but the ~** aller nur mögliche Krempel *fam* **kitch·en 'stove**, *esp* AM **kitch·en 'range** *n* [Koch]herd *m* **kitch·en 'ta·ble** *n* Küchentisch *m* **kitch·en 'tow·el** *n* ① *no pl* Küchentuch *nt* ② AM (*tea towel*) Geschirrtuch *nt* **kitch·en 'unit** *n* Küchenelement *nt* (*einer Einbauküche*)

kite [kaɪt] *n* Drachen *m* ▸ PHRASES: **to be as high as a ~** (*drunk*) sternhagelvoll sein *fam*; (*high*) völlig zugedröhnt sein *sl*

'kite·surf·ing *n no pl* SPORTS Kitesurfing *nt*

kith [kɪθ] *n* ■**~ and kin** Kind und Kegel

kitsch [kɪtʃ] **I.** *n no pl* (*pej*) Kitsch *m* **II.** *adj* kitschig

kit·ten ['kɪtᵊn] *n* (*young cat*) Kätzchen *nt*

kit·ty ['kɪti, AM -t̬i] *n* ① (*childspeak: kitten*) Miezekatze *f* ② (*money*) gemeinsame Kasse; (*in games*) [Spiel]kasse *f*

kiwi ['kiːwiː] *n* (*bird, fruit*) Kiwi *m*

kJ *abbrev of* **kilojoule** kJ

KKK [ˌkeɪkeɪ'keɪ] *n abbrev of* **Ku Klux Klan**

klax·on® ['klæksᵊn] *n* Hupe *f*

Kleen·ex® ['kliːneks] *n* Tempo[taschentuch]® *nt*

klep·to·ma·nia [ˌkleptə(ʊ)'meɪniə, AM -toʊ'-] *n no pl* Kleptomanie *f*

klep·to·ma·ni·ac [ˌkleptə(ʊ)'meɪniæk, AM -toʊ'-] *n* Kleptomane *m*, Kleptomanin *f*

km *n abbrev of* **kilometre** km

km/h *abbrev of* **kilometres per hour** km/h

knack [næk] *n no pl* ① (*trick*) Kniff *m*; **to get the ~ of sth** herausfinden, wie etw geht *fam* ② (*talent*) Geschick *nt*; **to have a ~ for sth** (*a. iron*) ein Talent für etw *akk* haben

Aussprache

Bei Wörtern, die mit **kn** beginnen, wird das **k** nicht gesprochen: **knack** = [næk]. Andere Beispiele hierfür sind:

knee	[niː]	(*Knie*)
know	[nəʊ]	(*wissen*)
knife	[naɪf]	(*Messer*)

K

knack·ered ['nækəd] *adj pred* BRIT, AUS (*fam*) [fix und] fertig
knack·er·ing ['nækᵊrɪŋ] *adj attr* BRIT (*fam*) anstrengend
'knack·er's yard *n* Abdeckerei *f*
knap·sack ['næpsæk] *n* Rucksack *m*
knead [niːd] *vt dough* kneten
knee [niː] **I.** *n* Knie *nt;* **to get down on one's ~s** niederknien; **to put sb across one's ~** jdn übers Knie legen *fam;* **to put sb on one's ~** jdn auf den Schoß nehmen ▸PHRASES: **to bring sb to their ~s** jdn in die Knie zwingen *geh* **II.** *vt* ■**to ~ sb** jdn mit dem Knie stoßen; *see also* **knack**
'knee·cap I. *n* Kniescheibe *f* **II.** *vt* <-pp-> ■**to ~ sb** jdm die Kniescheibe zerschießen **'knee-cap·ping** *n* Zerschießen *nt* der Kniescheibe
knee-'deep *adj* knietief; ■**to be ~ in sth** (*fig*) knietief in etw *dat* stecken **knee-'high** *adj* kniehoch; **~ grass** kniehohes Gras **'knee-jerk I.** *n* Knie[sehnen]reflex *m* **II.** *adj reaction* automatisch
kneel <knelt *or esp* AM kneeled, knelt *or esp* AM kneeled> [niːl] *vi* knien; ■**to ~ before sb** vor jdm niederknien
'knees-up *n* BRIT (*fam*) [ausgelassene] Party
knell [nel] *n* Totenglocke *f*
knelt [nelt] *pt of* **kneel**
knew [njuː, AM *esp* nuː] *pt of* **know**
knick·er·bock·er ['nɪkəˌbɒkəʳ, AM -ɚˌbɑːkɚ] *n* ① (*short trousers*) ■**~s** *pl* Knickerbocker[s] *pl* ② AM (*knickers*) ■**~s** *pl* [Damen]schlüpfer *m* ③ (*hist: New Yorker*) Knickerbocker *m*
knick·ers ['nɪkəʳz, AM -ɚz] *npl* BRIT (*underwear*) [Damen]schlüpfer *m*
knick-knack ['nɪknæk] *n usu pl* (*fam*) Schnickschnack *m*
knife [naɪf] **I.** *n* <*pl* knives> Messer *nt* ▸PHRASES: **to go under the ~** MED unters Messer kommen *fam* **II.** *vt* ■**to ~ sb** auf jdn einstechen; *see also* **knack**
'knife-edge I. *n* Messerschneide *f;* **to be on a ~** (*fig*) auf Messers Schneide stehen **II.** *adj attr* (*narrow*) messerscharf **'knife sharp·en·er** *n* Messerschleifer(in) *m(f)*
knif·ing ['naɪfɪŋ] *n* Messerstecherei *f*
knight [naɪt] **I.** *n* ① (*hist: soldier*) Ritter *m* ② CHESS Springer *m* **II.** *vt* ■**to ~ sb** jdn zum Ritter schlagen
knight-er·rant <*pl* knights-errant> [ˌnaɪt'erᵊnt] *n* fahrender Ritter
knight·hood ['naɪthʊd] *n* Ritterstand *m*

Land und Leute

In Großbritannien werden Leute, die sich mit außerordentlichen Leistungen um das Land verdient gemacht haben, in den **knighthood** (*Adelsstand*) erhoben und erhalten den Titel *Sir* vor ihrem Namen, z.B. *Sir John Smith* (Anrede: „Sir John"). Die Frau eines *Sir* hat den Titel *Lady*, z.B. *Lady Smith* (und man würde sie auch so anreden). Zusammen hießen sie *Sir John and Lady Smith.* Seit 1917 ist es auch für eine Frau möglich, den Titel *Dame* für Verdienste um das Land zu erhalten; z.B. *Dame Mary Smith* (Anrede: „Dame Mary").

knight·ly ['naɪtli] *adj* (*liter*) ritterlich
knit [nɪt] **I.** *n* (*stitch*) Strickart *f* **II.** *vi* <knitted *or* knit, knitted *or* AM *a.* knit> ① (*with yarn*) stricken; (*do basic stitch*) eine rechte Masche stricken ② (*mend*) *broken bone* zusammenwachsen **III.** *vt* <knitted *or* knit, knitted *or* AM *a.* knit> (*with yarn*) stricken ▸PHRASES: **to ~ one's brows** die Augenbrauen zusammenziehen [*o* Stirn runzeln] ◆**knit together I.** *vi* ① (*combine*) sich zusammenfügen ② (*mend*) *broken bone* zusammenwachsen **II.** *vt* (*by knitting*) zusammenstricken
knit·ter ['nɪtəʳ, AM -t̬ɚ] *n* Stricker(in) *m(f)*
knit·ting ['nɪtɪŋ, AM -t̬ɪŋ] *n no pl* ① (*action*) Stricken *nt* ② (*product*) Gestrickte(s) *nt;* (*unfinished*) Strickzeug *nt*
'knit·ting-nee·dle *n* Stricknadel *f* **'knit·ting-yarn** *n* Strickgarn *nt*
'knit·wear *n no pl* Stricksachen *pl*
knob [nɒb, AM nɑːb] *n* ① (*handle*) *of a cane* Knauf *m; of a door* Griff *m; of a radio* [Dreh]knopf *m* ② (*small amount*) Klümpchen *nt;* **a ~ of butter** ein Stückchen *nt* Butter
knob·bly ['nɒbḷi] *adj* BRIT, AM **knob·by** ['nɑːbi] *adj* knubbelig; *tree, wood* astreich
knock [nɒk, AM nɑːk] **I.** *n* ① (*sound*) Klopfen *nt;* **there was a ~ on the door** es hat [an der Tür] geklopft ② (*blow*) Schlag *m* ③ (*fig: setback*) Schlag *m;* **to take a ~** (*fam*) einen Tiefschlag erleiden; (*in confidence*) einen Knacks bekommen **II.** *vi* ① (*strike noisily*) klopfen; **to ~ at the door** an die Tür klopfen ② (*collide with*) stoßen (**into, against** gegen +*akk*) ③ TECH *engine, pipes* klopfen ▸PHRASES: **to ~ on wood** AM, AUS dreimal auf Holz klopfen **III.** *vt* ① (*hit*) ■**to ~ sth** gegen etw *akk* stoßen ② (*blow*) ■**to ~ sb** jdm einen Schlag versetzen; (*less hard*) jdm einen Stoß versetzen; **to ~ sb unconscious** jdn bewusstlos schlagen ③ (*drive*) ■**to ~ sth out of sb** jdm etw austreiben; **to ~ some sense into sb** jdn zur Vernunft bringen ④ (*fam:*

criticize) ■**to ~ sb/sth** jdn/etw schlechtmachen ▶PHRASES: **to ~ an idea on the head** BRIT, AUS einen Gedanken verwerfen; **to ~ sb sideways** [*or* BRIT *a.* **for six**] jdn umhauen *fam* ◆**knock about, knock around I.** *vi* (*fam*) ① (*be present*) *person* [he]rumhängen; *object, thing* [he]rumliegen; ■**to ~ about with sb** *esp* BRIT sich mit jdm [he]rumtreiben ② (*fam: travel aimlessly*) [he]rumziehen **II.** *vt* ① (*hit*) ■**to ~ sb about** jdn verprügeln ② (*play casually*) **to ~ a ball about** einen Ball hin- und herspielen; TENNIS ein paar Bälle schlagen ◆**knock back** *vt* (*fam*) ① (*drink quickly*) hinunterkippen ② BRIT, AUS (*cost a lot*) **to ~ sb back** [**a bit**] jdn eine [hübsche] Stange Geld kosten ◆**knock down** *vt* ① (*cause to fall*) umstoßen; (*with a car, motorbike*) umfahren ② (*demolish*) niederreißen ③ (*reduce*) *price* herunterhandeln ◆**knock off I.** *vt* ① (*cause to fall off*) hinunterstoßen ② BRIT (*sl: steal*) klauen *fam* ③ (*produce quickly*) schnell erledigen; (*easily*) etw mit links machen *fam* ④ (*fam: stop*) ■**to ~ off** ↻ **sth** mit etw *dat* aufhören; **to ~ off work** Feierabend machen ⑤ AM (*fam: rob*) **to ~ off a bank** eine Bank ausräumen **II.** *vi* (*fam*) Schluss machen ◆**knock on** *vt, vi* (*in rugby*) **to ~ [the ball] on** Vorwurf machen ◆**knock out** *vt* ① (*render unconscious*) ■**to ~ out** ↻ **sb** jdn bewusstlos werden lassen; (*in a fight*) jdn k.o. schlagen ② (*forcibly remove*) **to ~ out two teeth** sich *dat* zwei Zähne ausschlagen ③ (*eliminate*) ausschalten; **to be ~ed out of a competition** aus einem Wettkampf ausscheiden ④ (*render useless*) außer Funktion setzen ⑤ (*fam: produce quickly*) hastig entwerfen ⑥ (*fam: astonish and impress*) umhauen ◆**knock over** *vt* (*cause to fall*) umstoßen; (*with a bike, car*) umfahren ◆**knock together** *vt* (*fam: complete quickly*) zusammenschustern; *piece of furniture* zusammenzimmern ◆**knock up I.** *vt* (*fam: make quickly*) zusammenschustern **II.** *vi* BRIT (*in a racket game*) ein paar Bälle schlagen; (*before a match*) sich einschlagen

'knock·about *adj attr* THEAT, FILM Klamauk-; *comedy, humour* burlesk

'knock·down *adj attr* ① (*very cheap*) supergünstig *sl;* **~ price** Schleuderpreis *m fam* ② (*physically violent*) **a ~ fight** eine handfeste Auseinandersetzung ③ (*easily dismantled*) zerlegbar

knock·er ['nɒkəʳ, AM 'nɑːkɚ] *n* Türklopfer *m*

'knock·ing copy *n no pl* herabsetzende Werbung

knock·ing-'off time *n no pl* Feierabend *m*

knock-'kneed *adj* X-beinig; ■**to be ~** X-Beine haben

'knock-on ef·fect *n* BRIT Folgewirkung *f;* **to have a ~ on sth** sich mittelbar auf etw *akk* auswirken

'knock·out I. *n* ① BRIT, AUS (*tournament*) Ausscheidungs[wett]kampf *m* ② (*boxing*) K.o. *m* **II.** *adj* ① BRIT, AUS (*elimination*) Ausscheidungs- ② (*boxing*) **~ blow** K.-o.-Schlag *m*

'knock-up *n usu sing* BRIT Einspielen *nt*

knoll [nəʊl, AM noʊl] *n* Anhöhe *f*

knot [nɒt, AM nɑːt] **I.** *n* ① (*in rope, material*) Knoten *m* ② (*in hair*) [Haar]knoten *m* ③ (*of people*) Knäuel *m o nt* ④ (*in wood*) Ast *m* ▶PHRASES: **to tie the ~** heiraten **II.** *vt* <-tt-> knoten; *a tie* binden **III.** *vi* <-tt-> *muscles* sich verspannen; *stomach* sich zusammenkrampfen

knot·ty ['nɒti, AM 'nɑːt̬i] *adj* ① (*full of knots*) *wood* astreich; *branch, stick* knotig; *hair* voller Knoten *nach n, präd* ② (*difficult*) *problem* kompliziert

know [nəʊ, AM noʊ] **I.** *vt* <knew, known> ① (*have information, knowledge*) wissen; *facts, results* kennen; **do you ~ where the post office is?** können Sie mir bitte sagen, wo die Post ist?; **I ~ what I am talking about** ich weiß, wovon ich rede; ■**to ~ how to do sth** wissen, wie man etw macht; **to ~ the alphabet** das Alphabet können; **to ~ sth by heart** etw auswendig können; **to let sb ~ sth** jdn etw wissen lassen ② (*be certain*) ■**to not ~ whether ...** sich *dat* nicht sicher sein, ob ...; **to ~ for a fact that ...** ganz sicher wissen, dass ... ③ (*be acquainted with*) ■**to ~ sb** jdn kennen; **she ~s Paris well** sie kennt sich in Paris gut aus; **surely you ~ me better than that!** du solltest mich eigentlich besser kennen!; **to ~ sb by name** jdn dem Namen nach kennen; **to get to ~ sb/each other** jdn/sich kennen lernen ④ (*have understanding*) verstehen; **do you ~ what I mean?** verstehst du, was ich meine? ⑤ (*experience*) **I've never ~n anything like this** so etwas habe ich noch nie erlebt ⑥ (*be able to differentiate*) **to ~ right from wrong** gut und böse unterscheiden können ▶PHRASES: **to ~ no bounds** keine Grenzen kennen; **to ~ one's own mind** wissen, was man will; **to ~ the score** wissen, was gespielt wird; **to ~ a thing or two about sth** sich mit etw *dat* auskennen **II.** *vi* <knew, known> ① (*have knowledge*) [Bescheid] wissen; **ask Kate, she's sure to ~** frag Kate, sie weiß es bestimmt; **as far as I ~** so viel ich

K

weiß; **how should I ~?** wie soll ich das wissen?; **she didn't want to ~** sie wollte nichts davon wissen ② (*fam: understand*) begreifen; **I don't ~ why you can't ever be on time** ich begreife einfach nicht warum du nie pünktlich sein kannst ▶ PHRASES: **you ought to ~ better** du solltest es eigentlich besser wissen; *see also* **knack**

'know-all *n* (*pej fam*) Besserwisser(in) *m(f)*

'know-how *n no pl* Know-how *nt*

know·ing ['nəʊɪŋ, AM 'noʊ-] *adj* wissend *attr; look, smile* viel sagend

know·ing·ly ['nəʊɪŋli, AM 'noʊ-] *adv* ① (*meaningfully*) viel sagend ② (*with full awareness*) bewusst

know-it-all ['noʊɪţɔːl] *n* AM Besserwisser(in) *m(f) pej*

knowl·edge ['nɒlɪdʒ, AM 'nɑːl-] *n no pl* ① (*body of learning*) Kenntnisse *pl* (**of** in +*dat*); **~ of French** Französischkenntnisse *pl;* **to have a thorough ~ of sth** ein fundiertes Wissen in etw *dat* besitzen ② (*acquired information, awareness*) Wissen *nt;* **to be common ~** allgemein bekannt sein; **to deny all ~ [of sth]** jegliche Kenntnis [über etw *akk*] abstreiten; *see also* **fridge**

L

Grammatik

knowledge ist unzählbar; d.h. es wird nicht mit *a* oder im Plural gebraucht: *I have little knowledge of the subject; her knowledge of the subject is impressive*

knowl·edg(e)·able ['nɒlɪdʒəbl̩, AM 'nɑːl-] *adj* (*well informed*) sachkundig; (*experienced*) bewandert

known [nəʊn, AM noʊn] **I.** *vt, vi pp of* **know** **II.** *adj* ① (*publicly recognized*) bekannt; **it is a little/well ~ fact that ...** es ist nur wenigen/allgemein bekannt, dass ... ② (*understood*) bekannt; **no ~ reason** kein erkennbarer Grund ③ (*tell publicly*) **to make sth ~** etw bekannt machen

knuck·le ['nʌkl̩] **I.** *n* ① ANAT [Finger]knöchel *m* ② (*cut of meat*) Hachse *f,* Haxe *f* SÜDD; **~ of pork** Schweinshaxe *f* SÜDD ▶ PHRASES: **to be near the ~** BRIT *joke* ziemlich gewagt sein **II.** *vi* ① (*start working hard*) ■**to ~ down** sich dahinterklemmen ② (*submit*) ■**to ~ under** sich fügen

'knuck·le·dust·er *n* ① *esp* BRIT (*weapon*) Schlagring *m* ② BRIT (*fam: ring*) Klunker *m*

KO [ˌkeɪ'əʊ, AM -'oʊ] **I.** *n abbrev of* **knockout** K.o. *m* **II.** *vt* <KO'd, KO'd> *abbrev of* **knock out**: ■**to ~ sb** jdn k.o. schlagen

koa·la *n,* **koa·la bear** [kəʊ'ɑːlə-, AM koʊ'-] *n* Koala[bär] *m*

kohl [kəʊl, AM koʊl] *n no pl* Kajal *nt*

kooky ['kuːki] *adj esp* AM (*usu approv fam*) ausgeflippt

Ko·ran [kɒr'ɑːn, AM kə'ræn] *n no pl* ■**the ~** der Koran

Ko·rea [kə'riːə] *n no pl, no art* Korea *nt;* **North/South ~** Nord-/Südkorea *nt*

Ko·rean [kə'riːᵊn] **I.** *adj* koreanisch **II.** *n* ① (*inhabitant*) Koreaner(in) *m(f)* ② LING Koreanisch *nt*

ko·sher ['kəʊʃə', AM 'koʊʃɚ] *adj* (*a. fig*) koscher; **to keep ~** [weiterhin] koscher leben

kow·tow [ˌkaʊtaʊ, AM ˌkoʊ-] *vi* (*fam*) ■**to ~ to sb** vor jdm katzbuckeln

kph *abbrev of* **kilometres per hour** km/h

Krem·lin ['kremlɪn] *n no pl* ■**the ~** der Kreml; + *sing/pl vb*

ku·dos ['kjuːdɒs, AM 'kuːdoʊz] *npl* Ansehen *nt kein pl*

Ku Klux Klan [ˌkuːklʌks'klæn] *n no pl,* + *sing/pl vb* ■**the ~** der Ku-Klux-Klan

kung fu [ˌkʊŋ'fuː, AM ˌkʌŋ'-] *n no pl* Kung-Fu *nt*

Kurd [kɜːd, AM kɜːrd] *n* Kurde *m,* Kurdin *f*

Kurd·ish ['kɜːdɪʃ, AM 'kɜːr-] **I.** *adj* kurdisch **II.** *n no pl* LING Kurdisch *nt*

Kur·di·stan [ˌkɜːdɪ'stɑːn, AM ˌkɜːrdɪ'stæn] *n no pl, no art* Kurdistan *nt*

Ku·wait [kuː'weɪt] *n no pl, no art* Kuwait *nt*

Ku·wai·ti [kuː'weɪti, AM -ţ-] **I.** *adj* kuwaitisch **II.** *n* ① (*inhabitant*) Kuwaiter(in) *m(f)* ② LING Kuwaitisch *nt*

kW <*pl* -> *n abbrev of* **kilowatt** kW

L

L <*pl* -'s *or* -s>, **l** <*pl* -'s> [el] *n* L *nt,* l *nt;* **~ for Lucy** [*or* AM **as in Love**] L wie Ludwig

l **I.** *n* ① <*pl* -> *abbrev of* **litre** l ② <*pl* ll> TYPO *abbrev of* **line** Z. ③ *no pl abbrev of* **left** l. **II.** *adj abbrev of* **left** l., L **III.** *adv abbrev of* **left** l.

L *n* ① *abbrev of* **lake** ② BRIT AUTO *abbrev of* **learner** Fahrschüler(in) *m(f), großes L, das man an seinem Auto anbringt, um anzuzeigen, dass hier ein(e) Fahrschüler(in), der/die noch keinen Führerschein hat, in Begleitung eines Führerscheininhabers fährt*

LA [ˌel'eɪ] *n abbrev of* **Los Angeles** LA *nt*

lab [læb] *n short for* **laboratory** Labor *nt*

la·bel ['leɪbᵊl] **I.** *n* ① (*on bottles*) Etikett *nt;*

(*in clothes*) Schild[chen] *nt* ② (*brand name*) Marke *f;* **record ~** Schallplattenlabel *nt;* (*company*) Plattenfirma *f;* **own-~** BRIT Hausmarke *f* ③ (*set description*) Bezeichnung *f* **II.** *vt* <BRIT-ll- *or* AM *usu* -l-> ① (*affix labels*) etikettieren; (*mark*) kennzeichnen; (*write on*) beschriften ② (*categorize*) etikettieren; **to be ~led as a criminal** als Krimineller/Kriminelle abgestempelt werden

la·bel·ling, AM **la·bel·ing** ['leɪbəlɪŋ] *n no pl* Etikettierung *f;* (*marking*) Kennzeichnung *f;* (*with a price*) Auszeichnung *f*

la·bor *n* AM *see* **labour**

Land und Leute

Labor Day, der amerikanische Tag der Arbeit, wird nicht am 1. Mai, sondern am ersten Montag im September gefeiert und ist schon seit 1894 ein Nationalfeiertag.

la·bora·tory [lə'bɒrətəri, AM 'læbrətɔːri] *n* Labor[atorium] *nt*

la·'bora·tory as·sis·tant *n* Laborant(in) *m(f)* **la·'bora·tory test** *n* Labortest *m*

la·bor·er *n* AM *see* **labourer**

la·bo·ri·ous [lə'bɔːriəs] *adj* ① (*onerous*) mühsam ② (*strained*) umständlich

'la·bor un·ion *n* AM Gewerkschaft *f*

la·bour I. *n* ① (*work*) Arbeit *f;* **division of ~** Arbeitsteilung *f;* **manual ~** körperliche Arbeit ② *no pl* (*workers*) Arbeitskräfte *pl;* **skilled ~** ausgebildete Arbeitskräfte ③ *no pl* (*childbirth*) Wehen *pl;* **to go into ~** Wehen bekommen **II.** *adj* ECON Arbeits-; **~ legislation** arbeitsrechtliche Vorschriften **III.** *vi* ① (*do physical work*) arbeiten ② (*work hard*) sich abmühen, hart arbeiten (**on** an +*dat*) ③ (*do with effort*) sich [ab]quälen, sich abplagen (**on** mit +*dat*)

Falsche Freunde

Nicht verwechseln mit Labor *nt* — *laboratory*!

'la·bour camp *n* Arbeitslager *nt* **'la·bour dis·pute** *n* Arbeitskampf *m*

la·bour·er *n* Hilfsarbeiter(in) *m(f)*

'la·bour force *n + sing/pl vb* (*population*) Arbeiterschaft *f;* (*staff*) Belegschaft *f* **la·bour-in·'ten·sive** *adj* arbeitsintensiv **'la·bour leg·is·la·tion** *n* arbeitsrechtliche Vorschriften **'la·bour mar·ket** *n* Arbeitsmarkt *m* **'la·bour move·ment** *n* POL Arbeiterbewegung *f* **'la·bour pains** *npl* MED Wehen *pl* **'La·bour Par·ty** *n no pl, + sing/pl vb* BRIT POL ■**the ~** die Labour Party

Land und Leute

Die **Labour Party** ist seit dem frühen 20. Jahrhundert Großbritanniens größte sozialdemokratische Partei. James Ramsay MacDonald bildete die erste **Labour** Regierung 1924 und 1945 führte die Regierung unter Clement R. Attlee ein System der sozialen Fürsorge ein, welches den *National Health Service* (britischer staatlicher Gesundheitsdienst) und eine weitreichende Verstaatlichung der Industrie mit sich brachte. Nach vier aufeinanderfolgenden Wahlniederlagen zwischen 1979 and 1992, kam die Partei 1997 unter der Führung von Tony Blair, dessen *New Labour* Programm die Partei vom linken Flügel in die politische Mitte rückte, wieder an die Macht.

'la·bour re·la·tions *npl* Arbeitgeber-Arbeitnehmerverhältnis *nt* **'la·bour-sav·ing** *adj* arbeitssparend **'la·bour short·age** *n* Arbeitskräftemangel *m* **'la·bour ward** *n* Kreißsaal *m*

Lab·ra·dor *n,* **Lab·ra·dor re·'triev·er** ['læbrədɔːr, AM -dɔːr] *n* Labrador[hund] *m*

la·bur·num [lə'bɜːnəm, AM -'bɜːr-] *n* BOT Goldregen *m*

laby·rinth ['læbərɪn(t)θ, AM -bɚ-] *n* Labyrinth *nt;* (*fig liter*) Verwicklung *f*

lace [leɪs] **I.** *n* ① *no pl* (*cloth*) Spitze *f;* (*edging*) Spitzenborte *f* ② (*cord*) Band *nt;* **shoe ~s** Schnürsenkel *pl bes* NORDD, Schuhbänder *pl* DIAL **II.** *vt* ① (*fasten*) *corset* zuschnüren; *shoes* zubinden ② (*add alcohol*) einen Schuss [Alkohol] geben (in +*akk*) ◆**lace up** *vt* zuschnüren

lac·er·ate ['læsəreɪt, AM -sər-] *vt* ① (*tear*) aufreißen ② (*cause pain*) **to ~ sb's feelings** jds Gefühle *pl* zutiefst verletzen

lac·era·tion [ˌlæsər'eɪʃən, AM -ə'reɪ-] *n* ① *no pl* (*tearing*) Verletzung *f* ② (*injury*) Fleischwunde *f;* (*by tearing*) Risswunde *f;* (*by cutting*) Schnittwunde *f;* (*by biting*) Bisswunde *f*

'lace-ups *npl* Schnürschuhe *pl*

lach·ry·mose ['lækrɪməʊs, AM -moʊs] *adj* (*form, liter*) ① (*tearful*) weinerlich ② (*inducing melancholy*) rührselig

lack [læk] **I.** *n no pl* Mangel *m* (**of** an +*dat*); **~ of judgement** mangelndes Urteilsvermögen; **~ of funds** fehlende Geldmittel; **~ of sleep** Schlafmangel *m* **II.** *vt* ■**to ~ sth** etw nicht haben; **what we ~ in this house is ...** was uns in diesem Haus fehlt, ist ...

Falsche Freunde

Nicht verwechseln mit Lack *m* — *varnish*!

L

lacka·dai·si·cal [ˌlækəˈdeɪzɪkəl] *adj* lustlos
lack·ey [ˈlæki] *n* (*hist or a. pej*) Lakai *m*
lack·ing [ˈlækɪŋ] *adj pred* ■**to be ~ in sth** an etw *dat* mangeln
lack·lust·re, AM **lack·lust·er** [ˈlækˌlʌstəʳ, AM -tɚ] *adj* ❶ (*lacking vitality*) langweilig ❷ (*dull*) trüb[e]
la·con·ic [ləˈkɒnɪk, AM -ˈkɑːn-] *adj* ❶ (*terse*) lakonisch ❷ (*taciturn*) wortkarg
lac·quer [ˈlækəʳ, AM -ɚ] **I.** *n* Lack *m* **II.** *vt* lackieren
la·crosse [ləˈkrɒs, AM -ˈkrɑːs] *n no pl* SPORTS Lacrosse *nt*
lad [læd] *n* ❶ BRIT, SCOT (*boy*) Junge *m* ❷ BRIT, SCOT (*man's friend*) ■**the ~s** die Kumpels *pl fam* ❸ BRIT (*stable boy*) [Stall]bursche *m*
lad·der [ˈlædəʳ, AM -ɚ] **I.** *n* ❶ (*device*) Leiter *f;* **to be up a ~** auf einer Leiter stehen; **to go up a ~** auf eine Leiter steigen ❷ (*hierarchy*) [Stufen]leiter *f* ❸ BRIT, AUS (*in stocking*) Laufmasche *f* **II.** *vt* BRIT, AUS eine Laufmasche machen (in +*akk*) **III.** *vi* BRIT, AUS eine Laufmasche bekommen
lad·die [ˈlædi] *n* SCOT (*fam*) Junge *m*
lad·dish [ˈlædɪʃ] *adj* BRIT (*pej*) jungenhaft
lad·en [ˈleɪdən] *adj* beladen
la-di-da [ˌlɑːdɪˈdɑː, AM -diːˈ-] *adj* (*fam*) affektiert
lad·ing [ˈleɪdɪŋ] *n* NAUT Ladung *f*
la·dle [ˈleɪdḷ] **I.** *n* [Schöpf]kelle *f* **II.** *vt* austeilen; (*fig*) **doctors ~d out antibiotics to patients in those days** früher haben die Ärzte den Patienten ziemlich großzügig Antibiotika verschrieben
lady [ˈleɪdi] *n* ❶ (*woman*) Frau *f;* **a ~ doctor** eine Ärztin; **cleaning ~** Putzfrau *f;* **old ~** alte Dame ❷ (*with social status*) Dame *f* ❸ (*form: polite address*) **ladies and gentlemen!** meine [sehr verehrten] Damen und Herren!
ˈ**lady·bird** *n* BRIT, AUS Marienkäfer *m* ˈ**lady·boy** *n* junger Transvestit (*vor allem in Südostasien*) ˈ**lady·bug** *n* AM Marienkäfer *m* **lady-in-ˈwait·ing** <*pl* ladies-> *n* Hofdame *f* ˈ**lady-kill·er** *n* (*dated*) Herzensbrecher *m*
ˈ**lady·like** *adj* damenhaft
ˈ**lady·ship** *n* ❶ (*form: form of address*) **her/your ~** Ihre/Eure Ladyschaft ❷ BRIT (*iron: pretentious*) die gnädige Frau
lag[1] [læg] **I.** *n* ❶ (*lapse*) Rückstand *m;* (*falling behind*) Zurückbleiben *nt kein pl;* **time ~** Zeitabstand *m;* (*delay*) Verzögerung *f* ❷ BRIT, AUS (*fam: convict*) Knacki *m* **II.** *vi* <-gg-> zurückbleiben (**behind** hinter +*dat*); *sales* schleppend laufen
lag[2] <-gg-> [læg] *vt* isolieren

la·ger [ˈlɑːgəʳ, AM -ɚ] *n* ❶ *no pl* (*beer*) Lagerbier *nt* ❷ (*portion*) [helles] Bier; **a glass of ~** ein Helles *nt*
ˈ**la·ger lout** *n* BRIT (*fam*) betrunkener Rowdy *pej*
lag·ging [ˈlægɪŋ] *n* Isolierung *f*
la·goon [ləˈguːn] *n* Lagune *f*
laid [leɪd] *pt, pp of* **lay**
laid-ˈback *adj* (*fam: relaxed*) locker; (*calm*) gelassen
lain [leɪn] *pp of* **lie**
lair [leəʳ, AM ler] *n* ❶ HUNT Lager *nt fachspr; of fox* Bau *m; of small animals* Schlupfwinkel *m* ❷ (*hiding place*) Schlupfwinkel *m oft pej*
laird [leəd] *n* SCOT Gutsherr *m*
lais·sez-faire [ˌleɪseɪˈfeəʳ, AM ˌleseɪˈfer] *n no pl* Laisser-faire *nt geh*
la·ity [ˈleɪəti, AM *also* -ət̬i] *n no pl, + sing/pl vb* REL ■**the ~** die Laien *pl*
lake [leɪk] *n* See *m*
lam [læm] **I.** *n* AM (*fam*) **to be on the ~** auf der Flucht sein **II.** *vt* <-mm-> (*fam*) verdreschen **III.** *vi* <-mm-> (*fam*) ■**to ~ into sb** (*physically*) auf jdn eindreschen *fam;* (*verbally*) jdn zur Schnecke machen *fam*
lama [ˈlɑːmə] *n* REL Lama *m*
lamb [læm] **I.** *n* ❶ (*sheep*) Lamm *nt;* (*fig*) Schatz *m fam* ❷ *no pl* (*meat*) Lamm[fleisch] *nt* **II.** *vi* lammen; *see also* **thumb**
lam·bast, **lam·baste** [læmˈbæst] *vt* heftig kritisieren
ˈ**lamb·skin** *n* Lammfell *nt*
ˈ**lambs·wool** **I.** *n no pl* Lammwolle *f* **II.** *adj* Lambswool-
lame [leɪm] *adj* ❶ (*crippled*) lahm ❷ (*weak*) lahm *pej fam; argument* schwach
lame·ness [ˈleɪmnəs] *n no pl* Lähmung *f;* (*fig: weakness*) Lahmheit *f*
la·ment [ləˈment] **I.** *n* Klagelied *nt* (**for** über +*akk*) **II.** *vt* ■**to ~ sth** über etw *akk* klagen; ■**to ~ sb** um jdn trauern
la·men·table [ləˈmentəbḷ, AM -t̬-] *adj* beklagenswert; *work* erbärmlich
la·men·ta·tion [ˌlæmenˈteɪʃən, AM -ənˈ-] *n* ❶ (*regrets*) Wehklage *f geh* ❷ *no pl* (*act of mourning*) [Weh]klagen *nt geh;* (*act of wailing*) Jammern *nt*
lami·nate **I.** *n* [ˈlæmɪnət, AM -nɪt] Laminat *nt* **II.** *vt* [ˈlæmɪneɪt] beschichten **III.** *adj* [ˈlæmɪnət, AM -nɪt] *attr* beschichtet
lami·nat·ed [ˈlæmɪneɪtɪd, AM -t̬-] *adj* geschichtet; (*with plastic*) beschichtet; **~ glass** Verbundglas *nt;* **~ plastic** ≈ Resopal® *nt*
lamp [læmp] *n* Lampe *f;* **street ~** Straßenla-

terne *f*

lam·poon [læmˈpuːn] **I.** *n* Spottschrift *f* **II.** *vt* verspotten

ˈlamp·post *n* Laternenpfahl *m*

lam·prey [ˈlæmpri] *n* ZOOL Neunauge *nt*

ˈlamp·shade *n* Lampenschirm *m* **ˈlamp ta·ble** *n* Beistelltisch *m*

LAN [læn] *n* COMPUT *abbrev of* **local area network** LAN *nt*

lance [lɑːn(t)s, AM læn(t)s] **I.** *n* Lanze *f* **II.** *vt* MED aufschneiden

lan·cet [ˈlɑːn(t)sɪt, AM ˈlæn-] *n* Lanzette *f*

land [lænd] **I.** *n* ① *no pl* Land *nt;* **to travel by ~** auf dem Landweg reisen ② *no pl* (*ground*) Land *nt;* (*soil*) Boden *m;* (*plot*) Grundstück *nt;* **building ~** Bauland *nt;* **agricultural ~** Ackerland *nt;* **piece** [*or* **plot**] **of ~** (*for building*) Grundstück *nt;* (*for farming*) Stück *nt* Land; **waste ~** Brachland *nt* ③ *no pl* (*countryside*) ■**the ~** das Land ④ (*nation*) Land *nt;* (*fig: world*) Welt *f* ▶ PHRASES: **to see how the ~ lies** die Lage peilen **II.** *adj attr* ① MIL, AGR Boden- ② (*real estate*) Grundstücks- ③ *crab, wind* Land- **III.** *vi* ① AVIAT, AEROSP landen (**on** auf +*dat*) ② NAUT *vessel* anlegen; *people* an Land gehen ③ (*come down, fall, move to*) landen (**in, on, outside** in, auf, außerhalb +*dat*); **to ~ on one's feet** auf den Füßen landen; (*fig*) [wieder] auf die Füße fallen **IV.** *vt* ① *plane* landen; *boat, fish* an Land ziehen ② (*unload*) an Land bringen; *cargo* löschen; *passengers* von Bord [gehen] lassen; *troops* anlanden ③ (*fam: obtain*) an Land ziehen *fig* ④ (*burden*) ■**to ~ sb with sth** jdm etw aufhalsen; ■**to be ~ed with sb** jdn am Hals haben ◆**land up** *vi* ① (*in a place*) landen ② (*in a situation*) enden; ■**to ~ up doing sth** schließlich etw tun

land·ed [ˈlændɪd] *adj attr* **the ~ gentry** + *sing/pl vb* der Landadel

ˈland·fall *n* NAUT (*land reached*) Landungsort *m;* (*sighting*) Sichten *nt* von Land

ˈland·fill *n* ① *no pl* (*waste disposal*) Geländeanfüllung *f* (*mit Müll*) ② (*site*) Deponiegelände *nt*

ˈland forces *npl* MIL Landstreitkräfte *pl*

ˈland·hold·er *n* Landbesitzer(in) *m(f);* (*tenant*) Pächter(in) *m(f)*

land·ing [ˈlændɪŋ] *n* ① *of stairs* Treppenabsatz *m* ② *of ship, plane* Landung *f;* **emergency ~** Notlandung *f* ③ SPORTS (*coming to rest*) Landung *f*

ˈland·ing card *n* Einreiseformular *nt* **ˈland·ing craft** *n* MIL Landungsboot *nt* **ˈland·ing field** *n* Landeplatz *m* **ˈland·ing gear** *n* Fahrgestell *nt* **ˈland·ing net** *n* Kescher *m* **ˈland·ing stage** *n* Landungssteg *m* **ˈland·ing strip** *n* Landebahn *f*

ˈland·lady *n* (*owner*) Hausbesitzerin *f;* (*leaser*) Vermieterin *f; of flats a.* Hauswirtin *f;* (*of boarding house*) Pensionswirtin *f; of pub, hotel* [Gast]wirtin *f*

land·less [ˈlændləs] *adj* ohne Landbesitz *nach n,* landlos

ˈland·locked *adj* von Land umgeben; **~ country** Binnenstaat *m*

ˈland·lord *n* (*owner*) Hausbesitzer *m;* (*leaser*) Vermieter *m; of flats a.* Hauswirt *m;* (*of boarding house*) Pensionswirt *m;* (*of pub, hotel*) [Gast]wirt *m*

land·lub·ber [ˈlændlʌbəʳ, AM -ɚ] *n* (*dated sl*) Landratte *f oft hum fam*

ˈland·mark *n* ① (*point of recognition*) Erkennungszeichen *nt* ② (*event*) Meilenstein *m*

ˈland·mine *n* MIL Landmine *f* **ˈland of·fice** *n* AM (*old*) Grundbuchamt *nt* **ˈland·own·er** *n* Grundbesitzer(in) *m(f)* **ˈland re·form** *n* Bodenreform *f* **ˈland reg·is·ter** *n* Grundbuch *nt*

ˈland·scape I. *n* Landschaft *f* **II.** *adj attr* ① (*rural*) Landschafts- ② TYPO (*format*) **in ~ format** im Querformat **III.** *vt* [landschafts]gärtnerisch gestalten

land·scape ˈarchi·tect *n* Landschaftsarchitekt(in) *m(f)* **land·scape ˈarchi·tec·ture** *n* *no pl* Landschaftsgärtnerei *f*

ˈland·slide I. *n* ① (*of earth, rock*) Erdrutsch *m* ② (*majority*) Erdrutsch[wahl]sieg *m* **II.** *adj attr* **~ victory** Erdrutsch[wahl]sieg *m* **ˈland·slip** *n* NENG GEOG Erdrutsch *m* **ˈland tax** *n* Grundsteuer *f*

land·ward [ˈlændwəd, AM -wɚd] **I.** *adj* land[ein]wärts [gelegen]; **the ~ side** die Landseite **II.** *adv* land[ein]wärts

lane [leɪn] *n* ① (*road*) Gasse *f,* enge Straße; **country ~** schmale Landstraße ② *of motorway* [Fahr]spur *f;* SPORTS Bahn *f;* **cycle ~** Fahrradweg *m*

lan·guage [ˈlæŋgwɪdʒ] *n* ① Sprache *f;* **native ~** Muttersprache *f;* **foreign ~** Fremdsprache *f* ② *no pl* (*words*) Sprache *f;* (*style a.*) Ausdrucksweise *f;* **bad ~** Schimpfwörter *pl* ③ (*specialized*) Fachsprache *f;* (*expressions*) Fachausdrücke *pl*

ˈlan·guage la·bora·tory *n* Sprachlabor *nt* **ˈlan·guage learn·ing** *n* *no pl* Erlernen *nt* von Fremdsprachen

lan·guid [ˈlæŋgwɪd] *adj* ① (*idle*) träge, matt ② (*bored*) gelangweilt

lan·guish [ˈlæŋgwɪʃ] *vi* schmachten *geh;* **to ~ in jail** im Gefängnis schmoren *fam*

lan·guor [ˈlæŋgəʳ, AM -ɚ] *n* *no pl* (*pleasant*) wohlige Müdigkeit; (*unpleasant*) Mattig-

L

keit *f*

lan·guor·ous [ˈlæŋgərəs] *adj* (*liter*) *afternoon* träge; *feeling* wohlig; *look* verführerisch; *music* getragen

lank [læŋk] *adj* ① *hair* strähnig ② *person* hager

lanky [ˈlæŋki] *adj* hoch aufgeschossen

lano·lin(e) [ˈlænəlɪn, AM -əlɪn] *n no pl* Lanolin *nt*

lan·tern [ˈlæntən, AM -t̬ɚn] *n* Laterne *f*

lan·yard [ˈlænjəd, AM -ɚd] *n* ① (*cord*) Kordel *f;* (*for gun*) Abzugsleine *f* ② NAUT Taljereep *nt*

Laos [laʊs] *n* Laos *nt*

lap¹ [læp] *n* Schoß *m* ▶ PHRASES: **to live in the ~ of luxury** ein Luxusleben führen

lap² [læp] **I.** *n* ① SPORTS Runde *f;* **~ of honour** Ehrenrunde *f* ② (*fig: stage*) Etappe *f* **II.** *vt* <-pp-> (*overtake*) überrunden **III.** *vi* ① (*in car racing*) eine Runde drehen ② (*project*) hängen (**over** über +*akk*)

lap³ [læp] **I.** *vt* ① (*drink*) lecken, schlecken SÜDD, ÖSTERR ② (*hit*) *waves* [sanft] gegen etw *akk* schlagen **II.** *vi waves* [sanft] schlagen (**against** gegen +*akk*) ◆**lap up** *vt* ① (*drink*) [auf]lecken, [auf]schlecken SÜDD, ÖSTERR ② (*fig: accept*) [gierig] aufsaugen *fig*

ˈlap belt *n* Beckengurt *m* **ˈlap·dog** *n* ① (*dog*) Schoßhündchen *nt* ② (*fig: person*) Spielball *m*

la·pel [ləˈpel] *n* Revers *nt*

la·pis lazu·li [ˌlæpɪsˈlæzjʊli, AM -zəli] *n* ① (*gem*) Lapislazuli *m* ② (*colour*) Ultramarin *nt kein pl*

Lap·land [ˈlæplænd] *n* Lappland *nt*

Lap·land·er [ˈlæplændəʳ, AM -ɚ] *n* Lappländer(in) *m(f)*

lapse [læps] **I.** *n* ① (*error*) Versehen *nt;* (*moral*) Fehltritt *m;* **~ of concentration** Konzentrationsmangel *m;* **~ of judgement** Fehleinschätzung *f;* **~ of memory** Gedächtnislücke *f* ② (*time*) Zeitspanne *f;* **after a ~ of a few days** nach Verstreichen einiger Tage **II.** *vi* ① (*fail*) *attention, concentration* abschweifen; *quality, standard* nachlassen ② (*end*) ablaufen; *contract a.* erlöschen; *subscription* auslaufen ③ (*pass into*) verfallen (**into** in +*akk*); (*revert to*) ■**to ~ [back] into sth** in etw *akk* zurückfallen; **to ~ into a coma** ins Koma fallen

lapsed [læpst] *adj attr* ① (*former*) *Catholic* vom Glauben abgefallen; *member* ehemalig ② (*discontinued*) abgelaufen

ˈlap·top, lap·top com·ˈput·er *n* Laptop *m*

lap·wing [ˈlæpwɪŋ] *n* Kiebitz *m*

lar·ceny [ˈlɑːsəni, AM ˈlɑːrsəni] *n esp* AM JUR Diebstahl *m*

larch <*pl* -es> [lɑːtʃ, AM lɑːrtʃ] *n* Lärche *f;* (*wood a.*) Lärchenholz *nt kein pl*

lard [lɑːd, AM lɑːrd] **I.** *n no pl* Schweineschmalz *nt* **II.** *vt* (*a. fig*) spicken

lar·der [ˈlɑːdəʳ, AM ˈlɑːrdɚ] *n* Speisekammer *f*

lardy [ˈlɑːdi, AM ˈlɑːrdi] *adj* (*pej fam*) fett

large [lɑːdʒ, AM lɑːrdʒ] **I.** *adj* ① *size* groß ② *quantity, extent* groß, beträchtlich; **a ~ amount of work** viel Arbeit; **the ~st ever** der/die/das bisher Größte ▶ PHRASES: **~r than life** überlebensgroß; (*fig*) *persons* aufgeschlossen; **by and ~** im Großen und Ganzen **II.** *n* ■**at ~** ① (*free*) auf freiem Fuß ② (*general*) im Allgemeinen

large·ly [ˈlɑːdʒli, AM ˈlɑːrdʒ-] *adv* größtenteils

large·ness [ˈlɑːdʒnəs, AM ˈlɑːrdʒ-] *n no pl* (*size*) Größe *f;* (*extensiveness*) Umfang *m*

ˈlarge-scale *adj usu attr* ① (*extensive*) umfangreich; **~ manufacturer** Großerzeuger *m* ② (*made large*) in großem Maßstab *nach n;* **a ~ map** eine Karte mit großem Maßstab

lar·gess(e) [lɑːˈʒes, AM lɑːrˈdʒes] *n no pl* Großzügigkeit *f*

lari·at [ˈlæriət, AM ˈler-] *n* Lasso *nt*

lark¹ [lɑːk, AM lɑːrk] *n* (*bird*) Lerche *f*

lark² [lɑːk, AM lɑːrk] (*fam*) **I.** *n* Spaß *m;* **for a ~** aus Jux *fam* **II.** *vi* ■**to ~ about** herumblödeln

lark·spur [ˈlɑːkspɜːʳ, AM ˈlɑːrkspɜːr] *n* Rittersporn *m*

lar·va <*pl* -vae> [ˈlɑːvə, AM ˈlɑːr-, *pl* -viː] *n* Larve *f*

lar·yn·gi·tis [ˌlærɪnˈdʒaɪtɪs, AM ˌlerɪnˈgaɪt̬-] *n no pl* Kehlkopfentzündung *f*

lar·ynx <*pl* -es *or* -ynges> [ˈlærɪŋks, *pl* læˈrɪndʒiːz, AM ˈler-, *pl* lerˈɪndʒiːz] *n* Kehlkopf *m*

la·sa·gna, AM, AUS *a.* **la·sa·gne** [ləˈzænjə, AM -ˈzɑːn-] *n* Lasagne *f;* (*pasta a.*) Lasagneblätter *pl*

las·civi·ous [ləˈsɪviəs] *adj* lüstern *geh*

la·ser [ˈleɪzəʳ, AM -ɚ] *n* Laser *m*

ˈla·ser beam *n* Laserstrahl *m* **ˈla·ser print·er** *n* Laserdrucker *m* **ˈla·ser show** *n* Lasershow *f*

lash¹ <*pl* -es> [læʃ] *n* [Augen]wimper *f*

lash² [læʃ] **I.** *n* <*pl* -es> ① (*whip*) Peitsche *f;* (*whip part*) Peitschenriemen *m* ② (*stroke*) Peitschenhieb *m* **II.** *vt* ① (*whip*) auspeitschen ② (*strike*) ■**to ~ sth** gegen etw *akk* schlagen; *rain* gegen etw prasseln ③ (*criticize*) ■**to ~ sb** heftige Kritik an jdm üben ④ (*wag*) **to ~ its tail** *animal* mit dem Schwanz schlagen ⑤ (*tie*) [fest]binden (**to** an +*dat*) **III.** *vi* ① (*strike*) schlagen (**at** gegen +*akk*); (*fig*) *rain, wave* peitschen (**at** gegen +*akk*) ② (*speed*) schlagen ◆**lash about, lash around** *vi* [wild] um sich schlagen ◆**lash down I.** *vt* festbinden **II.** *vi rain* niederprasseln ◆**lash out I.** *vi* ① (*physically*) ■**to ~ out at sb** [**with sth**] [mit etw *dat*] auf jdn einschlagen ② (*verbally*) ■**to ~ out at sb** jdn scharf kritisieren; (*criticize severely*) ■**to ~ out against sb** jdn heftig attackieren ③ Brit, Aus (*spend*) ■**to ~ out on sth** sich *dat* etw leisten **II.** *vt* Brit, Aus **to ~ out $40** $40 springen lassen *fam*

lash·ing [ˈlæʃɪŋ] *n* Peitschenhieb *m;* **to give sb a tongue ~** (*fig*) jdm ordentlich die Meinung sagen *fam*

lass <*pl* -es> [læs], **las·sie** [ˈlæsi] *n esp* NEng, Scot (*girl, young woman*) Mädchen *nt;* (*daughter*) Tochter *f*

las·si·tude [ˈlæsɪtjuːd, AM *esp* -tuːd] *n no pl* Energielosigkeit *f*

las·so [læsˈuː, AM ˈlæsoʊ] **I.** *n* <*pl* -s *or* -es> Lasso *nt* **II.** *vt* mit einem Lasso einfangen

last¹ [lɑːst, AM læst] *n* Leisten *m*

last² [lɑːst, AM læst] **I.** *adj* ① *attr* (*after all the others*) ■**the ~ ...** der/die/das letzte ...; **to come ~** als Letzte(r) *f(m)* kommen; **to do sth ~ thing** etw als Letztes tun; **the second/third ~ door** die vor-/drittletzte Tür; **the ~ one** der/die/das Letzte; **she was the ~ one to arrive** sie kam als Letzte an ② (*lowest in order, rank*) letzte(r, s); ■**to be ~** Letzte(r) *f(m)* sein; (*in a race, competition*) Letzte(r) *f(m)* werden ③ *attr* (*final, remaining*) letzte(r, s); **at the ~ moment** im letzten Moment; **at long ~** schließlich und endlich ④ *attr* (*most recent, previous*) letzte(r, s); **~ night** gestern Abend; **the week before ~** vorletzte Woche ▸PHRASES: **to <u>have</u> the ~ laugh** zuletzt lachen *fig;* (*show everybody*) es allen zeigen; **sth is on its ~ <u>legs</u>** (*fam*) etw macht es nicht mehr lange; **to be the ~ <u>straw</u>** das Fass [endgültig] zum Überlaufen bringen *fig* **II.** *adv* ① (*most recently*) das letzte Mal, zuletzt ② (*after the others*) als Letzte(r, s); **until ~** bis zuletzt ③ (*lastly*) zuletzt, zum Schluss; **~ but not least** nicht zuletzt **III.** *n* <*pl* -> ① (*one after all the others*) ■**the ~** der/die/das Letzte; **she was the ~ to arrive** sie kam als Letzte ② (*only one left, final one*) **the ~** der/die/das Letzte ③ (*most recent, previous one*) ■**the ~** der/die/das Letzte; **the ~ we heard from her, ...** als wir das letzte Mal von ihr hörten, ... ④ *usu sing* SPORTS (*last position*) letzte Position ⑤ (*fam: end*) **you haven't heard the ~ of this!** das letzte Wort ist hier noch nicht gesprochen!; **to see the ~ of sth** (*fam*) etw nie wieder sehen müssen; **at ~** endlich

last³ [lɑːst, AM læst] **I.** *vi* ① (*go on for*) [an]dauern ② (*endure*) halten; *enthusiasm, intentions* anhalten; **to make sth ~** etw sparsam verwenden; **he wouldn't ~ five minutes in the army!** er würde keine fünf Minuten beim Militär überstehen! **II.** *vt supplies etc.* [aus]reichen; *car, machine* halten; **to ~ [sb] a lifetime** ein Leben lang halten

ˈlast-ditch *adj attr* [aller]letzte(r, s)

last·ing [ˈlɑːstɪŋ, AM ˈlæst-] *adj* dauerhaft, andauernd; *impression* nachhaltig

last·ly [ˈlɑːstli, AM ˈlæst-] *adv* schließlich

last-ˈmin·ute *adj* in letzter Minute *nach n;* **~ booking** Last-Minute-Buchung *f* **ˈlast name** *n* Nachname *m,* Familienname *m* **last ˈyear** *adj pred* passé; **that is** *so* **~** das ist ja inzwischen wieder sowas von out

latch [lætʃ] **I.** *n* Riegel *m* **II.** *vi* (*fam*) ① (*understand*) ■**to ~ on [to sth]** [etw] kapieren ② (*attach oneself to*) ■**to ~ on to sb/sth** sich an jdn/etw hängen

ˈlatch·key *n* Schlüssel *m*

late [leɪt] **I.** *adj* <-r, -st> ① (*behind time*) verspätet *attr;* ■**to be ~** *bus, flight, train* Verspätung haben; *person* zu spät kommen, sich verspäten; ■**to be ~ for sth** zu spät zu etw *dat* kommen ② (*in the day*) spät; **let's go home, it's getting ~** lass uns nach Hause gehen, es ist schon spät; **to have a ~ night** spät ins Bett gehen ③ *attr* (*towards the end*) spät; **in the ~ afternoon/evening** spät am Nachmittag/Abend; **~ October** Ende Oktober; **to be in one's ~ thirties** Ende dreißig sein ④ *attr* (*former*) früher, ehemalig ⑤ *attr* (*dead*) verstorben **II.** *adv* <-r, -s> ① (*after the expected time*) spät; **the train arrived ~** der Zug hatte Verspätung; **to stay up ~** bis spät aufbleiben; **to work ~** Überstunden machen; **the letter arrived two days ~** der Brief ist zwei Tage zu spät angekommen ② (*at an advanced time*) **we talked ~ into the night** wir haben bis spät in die Nacht geredet; **~ in the afternoon** am späten Nachmittag; **~ in the day** spät [am Tag]; (*fig: at the very last moment*) im [aller]letzten Augenblick; **it's rather ~ in the day to do sth** (*fig*) es ist schon beinahe zu spät, um etw zu tun; **too ~ in the day** (*a. fig*) zu spät

ˈlate·com·er *n* Nachzügler(in) *m(f)*

late·ly [ˈleɪtli] *adv* ① (*recently*) kürzlich, in letzter Zeit ② (*short time ago*) kürzlich, vor kurzer Zeit; **until ~** bis vor kurzem

late·ness [ˈleɪtnəs] *n no pl* Verspätung *f*

ˈlate-night *adj attr* Spät-

L

la·tent ['leɪtᵊnt] *adj* ❶ (*hidden*) verborgen ❷ SCI latent

lat·er ['leɪtəʳ, AM -ɚ] **I.** *adj comp of* **late** ❶ *attr* (*at future time*) *date, time* später; **a ~ version of the text** eine neuere Version des Texts ❷ *pred* (*less punctual*) später **II.** *adv comp of* **late** ❶ (*at later time*) später, anschließend; **no ~ than nine o'clock** nicht nach neun Uhr; **see you ~!** bis später! ❷ (*afterwards*) später, danach

lat·er·al ['lætᵊrᵊl, AM -t̬ɚᵊl] *adj esp attr* seitlich, Seiten-, Neben-; *thinking* unorthodox

lat·est ['leɪtɪst, AM -t̬-] **I.** *adj superl of* **late**: ■**the ~ ...** der/die/das jüngste [*o* letzte] ...; **her ~ movie** ihr neuester Film **II.** *n* **have you heard the ~?** hast du schon das Neueste gehört?; (*most recent info*) **what's the ~ on that story?** wie lauten die neuesten Entwicklungen in dieser Geschichte? **III.** *adv* **at the** [**very**] **~** bis [aller]spätestens

la·tex ['leɪteks] *n no pl* Latex *m*

lath [læθ] *n* Leiste *f*, Latte *f*

lathe [leɪð] *n* Drehbank *f*

'lathe op·era·tor *n* Dreher(in) *m(f)*

lath·er ['lɑːðəʳ, AM 'læðɚ] **I.** *n no pl* ❶ (*soap*) [Seifen]schaum *m* ❷ (*sweat*) Schweiß *m*; (*on horse*) Schaum *m* **II.** *vi* schäumen **III.** *vt* einseifen

L

Lat·in ['lætɪn, AM -tᵊn] **I.** *n no pl* Latein *nt* **II.** *adj* ❶ LING lateinisch ❷ (*of Latin origin*) Latein-

La·ti·no [lə'tiːnoʊ] *n* AM Latino *m*

lat·ish ['leɪtɪʃ, AM -t̬ɪʃ] **I.** *adj* ziemlich spät **II.** *adv* etwas spät

lati·tude ['lætɪtjuːd, AM -t̬ətuːd, -tjuːd] *n* Breite *f*, Breitengrad *m*

la·trine [lə'triːn] *n* Latrine *f*

lat·ter ['lætəʳ, AM -t̬ɚ] **I.** *adj attr* ❶ (*second*) zweite(r, s) ❷ (*near the end*) spätere(r, s); **in the ~ part of the year** in der zweiten Jahreshälfte **II.** *pron* ■**the ~** der/die/das Letztere

lat·ter·ly ['lætəli, AM -t̬ɚ-] *adv* in letzter Zeit, neuerdings

lat·tice ['lætɪs, AM -t̬-] **I.** *n* Gitter[werk] *nt* **II.** *adj* **~ window** bleiverglastes Fenster

Lat·via ['lætviə] *n* Lettland *nt*

Lat·vian ['lætviən] **I.** *n* ❶ (*person*) Lette(in) *m(f)* ❷ (*language*) Lettisch *nt kein pl* **II.** *adj* lettisch

laud·able ['lɔːdəbl̩, AM *esp* 'lɑːd-] *adj* lobenswert

lau·da·num ['lɔːdᵊnəm, AM *esp* 'lɑːd-] *n no pl* Laudanum *nt*

lauda·tory ['lɔːdətᵊri, AM 'lɑːdətɔːri] *adj* (*form*) Lob-, lobend

laugh [lɑːf, AM læf] **I.** *n* ❶ (*sound*) Lachen *nt kein pl* ❷ (*fam: activity*) ■**a ~** ein Spaß *m*; **she's a good ~** sie bringt Stimmung in die Bude *fam*; **to do sth for a ~** etw [nur] aus Spaß tun **II.** *vi* ❶ (*express amusement*) lachen (**at** über +*akk*); **to make sb ~** jdn zum Lachen bringen ❷ (*fig: scorn*) ■**to ~ at sb/sth** sich über jdn/etw lustig machen; ■**to ~ at sb** (*find funny*) über jdn lachen; (*find ridiculous*) jdn auslachen ▶ PHRASES: **to ~ in sb's face** jdn auslachen; **no ~ing matter** nicht zum Lachen; **he who ~s last ~s longest** [*or* AM **best**] (*prov*) wer zuletzt lacht, lacht am besten; *see also* **cough** ◆**laugh off** *vt* mit einem Lachen abtun

laugh·able ['lɑːfəbl̩, AM 'læf-] *adj* lächerlich *pej*, lachhaft *pej*

laugh·ing gas ['lɑːfɪŋ-, AM 'læf-] *n no pl* Lachgas *nt* **'laugh·ing stock** *n* ■**to be a ~** die Zielscheibe des Spotts sein

laugh·ter ['lɑːftəʳ, AM 'læftɚ] *n no pl* Gelächter *nt*, Lachen *nt*

launch [lɔːn(t)ʃ, AM *esp* lɑːn(t)ʃ] **I.** *n* ❶ (*presentation*) Präsentation *f* ❷ (*boat*) Barkasse *f* ❸ (*of boat*) Stapellauf *m*; (*of rocket, spacecraft*) Start *m* **II.** *vt* ❶ (*send out*) *boat* zu Wasser lassen; *ship* vom Stapel lassen; *balloon* steigen lassen; *missile, torpedo* abschießen; *rocket, spacecraft* starten; *satellite* in den Weltraum schießen ❷ (*begin*) beginnen; *campaign, show* starten; *inquiry* anstellen; **to ~ an attack** zum Angriff übergehen; **to ~ an invasion** [in ein Land] einfallen ❸ (*hurl*) ■**to ~ oneself at sb** sich auf jdn stürzen ◆**launch into** *vi* ■**to ~ into sth** sich [begeistert] in etw *akk* stürzen; **to ~ into a verbal attack** eine Schimpfkanonade loslassen ◆**launch out** *vi* anfangen, beginnen

'launch·ing pad, **'launch pad** *n* ❶ Abschussrampe *f* ❷ (*fig*) Anfang *m*

laun·der ['lɔːndəʳ, AM 'lɑːndɚ] *vt* ❶ (*wash*) waschen [und bügeln] ❷ (*fig: disguise*) weißwaschen *fam*; *money* waschen *sl*

laun·d(e)rette [ˌlɔːndᵊr'et, AM ˌlɑːndə'ret], AM, AUS **laun·dro·mat®** ['lɔːndroʊmæt] *n* Waschsalon *m*

laun·dry ['lɔːndri, AM *esp* 'lɑːn-] *n* ❶ *no pl* (*dirty clothes*) Schmutzwäsche *f*; **to do the ~** Wäsche waschen ❷ *no pl* (*washed clothes*) frische Wäsche ❸ (*place*) Wäscherei *f*

'laun·dry bas·ket, AM *a.* **'laun·dry ham·per** *n* Wäschekorb *m* **'laun·dry ser·vice** *n* ❶ (*facility*) Wäscheservice *m* ❷ (*business*) Wäscherei *f*

lau·reate ['lɔːriət, AM -ɪt] *n* Preisträger(in) *m(f)*

lau·rel ['lɒrəl, AM 'lɔːr-] *n* ① (*tree*) Lorbeer[baum] *m* ② *pl* (*wreath*) ■ **~s** Lorbeeren *pl* ▶ PHRASES: **to rest on one's ~s** sich auf seinen Lorbeeren ausruhen

lava ['lɑːvə] *n no pl* Lava *f;* (*stone*) Lavagestein *nt*

lava·tory ['lævətəri, AM -tɔːri] *n* Toilette *f*

'lava·tory seat *n* Toilettensitz *m*

lav·en·der ['lævəndəʳ, AM -ɚ] **I.** *n no pl* Lavendel *m* **II.** *adj* lavendelfarben

lav·ish ['lævɪʃ] **I.** *adj* ① *meal* üppig; *banquet, reception* aufwendig ② (*generous*) großzügig, verschwenderisch; *praise* überschwänglich; *promises* großartig **II.** *vt* ■ **to ~ sth on sb** jdn mit etw *dat* überhäufen; **to ~ much effort on sth** viel Mühe in etw *akk* stecken

law [lɔː, AM *esp* lɑː] *n* ① (*rule*) Gesetz *nt* ② *no pl* (*system*) ■ **the ~** das Gesetz; **against the ~** illegal; **to break the ~** das Gesetz brechen ③ *no pl* (*subject*) Jura *kein art* ▶ PHRASES: **the ~ of the jungle** das Gesetz des Stärkeren; **sb is a ~ unto themselves** jd lebt nach seinen eigenen Gesetzen

'law-abid·ing *adj* gesetzestreu **'law·break·er** *n* Gesetzesbrecher(in) *m(f)* **'law court** *n* Gericht *nt* **'law en·force·ment** *n no pl esp* AM Gesetzesvollzug *m;* **in most countries ~ is in the hands of the police** in den meisten Ländern ist es Aufgabe der Polizei, für die Einhaltung der Gesetze zu sorgen

law·ful ['lɔːfəl, AM *esp* 'lɑː-] *adj* gesetzlich; *heir, owner* gesetzmäßig

'law·giv·er *n* Gesetzgeber(in) *m(f)*

law·less ['lɔːləs, AM *esp* 'lɑː-] *adj* ① (*without laws*) gesetzlos ② (*illegal*) gesetzwidrig

'law·mak·er *n* Gesetzgeber(in) *m(f)*

lawn[1] [lɔːn, AM *esp* lɑːn] *n* Rasen *m*

lawn[2] [lɔːn, AM *esp* lɑːn] *n no pl* (*cotton*) Batist *m;* (*linen*) Linon *m*

'lawn·mow·er *n* Rasenmäher *m* **lawn 'ten·nis** *n no pl* (*form or dated*) Rasentennis *nt*

'law school *n esp* AM juristische [*o* ÖSTERR juridische] Fakultät **'law stu·dent** *n* Jurastudent(in) *m(f),* Jusstudent(in) *m(f)* ÖSTERR, SCHWEIZ **'law·suit** *n* Klage *f,* Prozess *m*

law·yer ['lɔɪəʳ, AM 'lɑːjɚ, 'lɔɪ-] *n* Rechtsanwalt, -anwältin *m, f*

lax [læks] *adj* ① (*careless*) lax *oft pej; discipline, security* mangelnd ② (*lenient*) locker

laxa·tive ['læksətɪv, AM -t̬ɪv] **I.** *n* Abführmittel *nt* **II.** *adj attr* abführend

lax·ity ['læksəti, AM -ət̬i] *n no pl* Laxheit *f*

lay[1] [leɪ] *adj attr* ① (*amateur*) laienhaft ② *clergy* weltlich, Laien-

lay[2] [leɪ] *pt of* **lie**

lay[3] [leɪ] **I.** *n* ① (*look*) Lage *f* ② (*vulg, sl: sex*) **to be a good ~** gut im Bett sein *fam* **II.** *vt* <laid, laid> ① (*spread*) legen (**on** auf +*akk*), breiten (**over** über +*akk*) ② (*deposit*) **to ~ an egg** ein Ei legen ③ (*put down*) verlegen; **to ~ the foundations of a building** das Fundament für ein Gebäude legen; **to ~ the foundations for sth** (*fig*) das Fundament zu etw *dat* legen; **to ~ the blame on sb** (*fig*) jdn für etw *akk* verantwortlich machen ④ (*prepare*) herrichten; *bomb, fire* legen; *table* decken; *plans* schmieden ⑤ (*render*) **to ~ sth bare** etw offenlegen; **to ~ sb/sth open to criticism** jdn/etw der Kritik aussetzen ⑥ (*wager*) setzen; **to ~ a bet on sth** auf etw *akk* wetten ⑦ (*present*) ■ **to ~ sth before sb** jdm etw vorlegen ⑧ (*vulg, sl: have sex*) ■ **to ~ sb** jdn umlegen *vulg;* **to get laid** flachgelegt werden *sl* ▶ PHRASES: **to ~ hands on sb** Hand an jdn legen; **to ~ sth to rest** etw beschwichtigen **III.** *vi* <laid, laid> *hen* [Eier] legen ◆**lay about** *vi* ■ **to ~ about oneself** wild um sich *akk* schlagen ◆**lay aside** *vt* ① (*put away, save*) beiseitelegen ② (*fig: stop*) auf Eis legen *fam* ③ (*fig: forget*) beilegen ④ (*reserve*) zurückbehalten ◆**lay back** *vt* zurücklegen; **to ~ back its ears** *animal* die Ohren anlegen ◆**lay by** *vt* beiseitelegen, sparen ◆**lay down** *vt* ① (*deposit*) hinlegen (**on** auf +*akk*) ② *weapons* niederlegen ③ (*decide on*) festlegen; (*establish*) aufstellen ▶ PHRASES: **to ~ down the law [about sth]** [über etw *akk*] Vorschriften machen ◆**lay into** *vi* (*fam*) ① ■ **to ~ into sb** (*physically*) jdn angreifen; (*verbally*) jdn zur Schnecke machen *fam* ② (*eat*) ■ **to ~ into sth** etw verschlingen ◆**lay off I.** *vt* kündigen **II.** *vi* aufhören; **to ~ off smoking** das Rauchen aufgeben ◆**lay on** *vt* ① BRIT (*provide*) ■ **to ~ on** ↔ **sth** für etw *akk* sorgen ② (*install*) anschließen ③ AM (*sl: berate*) **to ~ it on sb** jdn zur Schnecke machen *fam* ◆**lay out** *vt* ① (*arrange*) planen; *campaign* organisieren ② *map* ausbreiten (**on** auf +*dat*) ③ *usu passive* (*design*) ■ **to be laid out** angeordnet sein; *garden* angelegt sein ④ (*explain*) ■ **to ~ out** ↔ **sth [for sb]** [jdm] etw erklären ◆**lay up** *vt usu passive* **to be laid up [in bed] with flu** mit einer Grippe im Bett liegen

'lay·about *n* BRIT (*pej*) Faulenzer(in) *m(f)*

'lay-by *n* BRIT Rastplatz *m*

lay·er ['leɪəʳ, AM -ɚ] **I.** *n* ① Schicht *f;* ■ **~s** *pl* (*in hair*) Stufen *pl* ② (*fig: level*) Stufe *f;*

administrative Ebene *f* **II.** *vt* ■**to ~ sth** [**with sth**] etw [abwechselnd mit etw *dat*] in Schichten anordnen

lay·ered ['leɪəd, AM -ɚd] *adj* Stufen-, Schicht-

lay·ette [leɪ'et] *n* Babyausstattung *f*

'lay·man *n* Laie *m* **'lay-off** *n* (*from work*) *temporary* vorübergehende Entlassung; *permanent* Entlassung *f* **'lay·out** *n* ① (*plan*) *of building* Raumaufteilung *f*; *of road, town* Plan *m* ② (*of text*) Layout *nt* ③ *no pl* (*arrangement*) Anordnen *nt*

'lay·over *n* AM Aufenthalt *m*; (*of plane*) Zwischenlandung *f*

'lay·wom·an *n* Laiin *f*

laze [leɪz] *vi* faulenzen

lazi·ness ['leɪzɪnəs] *n no pl* Faulheit *f*

lazy ['leɪzi] *adj* ① (*unwilling*) faul; (*lacking pep*) träge ② (*relaxed*) müßig *geh*; **I had a wonderful ~ weekend** ich hatte ein herrliches, erholsames Wochenende

lb <*pl* - *or* -s> *n abbrev of* **pound** Pfd.

LCD [ˌelsiː'diː] *n abbrev of* **liquid crystal display** LCD *nt*

lead¹ [led] **I.** *n* ① *no pl* (*metal*) Blei *nt* ② (*of pencil*) Mine *f* **II.** *adj* Blei-

lead² [liːd] **I.** *n* ① THEAT, FILM Hauptrolle *f* ② *usu sing* (*guiding, example*) Beispiel *nt* ③ *no pl* (*front position*) Führung *f*; ■**to be in the ~** führend sein; SPORTS in Führung liegen ④ (*advance position*) Vorsprung *m* ⑤ (*clue*) Hinweis *m* ⑥ (*wire*) Kabel *nt* ⑦ BRIT, AUS (*cord*) Leine *f*; **on a ~** angeleint **II.** *vt* <led, led> ① (*command*) führen; *delegation, discussion, inquiry* leiten ② (*guide*) führen (**into, over, through** in, über, durch +*akk*, **to** zu +*dat*); **to ~ sb astray** jdn auf Abwege führen ③ (*go in advance*) **to ~ the way** vorangehen; **to ~ the way in sth** (*fig*) bei etw *dat* an der Spitze stehen ④ ECON, SPORTS (*be ahead of*) anführen ▸ PHRASES: **to ~ sb up the garden path** (*fam*) jdn an der Nase herumführen **III.** *vi* <led, led> ① (*command*) die Leitung innehaben ② (*be guide*) vorangehen; **to ~ from the front** (*fig*) den Ton angeben ③ (*be directed towards*) ■**to ~ somewhere** irgendwohin führen ④ (*cause to happen*) ■**to ~ to sth** zu etw *dat* führen ⑤ (*be in the lead*) führen; SPORTS in Führung liegen ◆**lead along** *vt* ■**to ~ sb along** jdn führen; **she led him along street** sie führte ihn die Straße entlang ◆**lead aside** *vt* ■**to ~ sb aside** jdn beiseitenehmen ◆**lead astray** *vt* auf Abwege führen ◆**lead away** *vt* wegbringen; **he was led away by the police** er wurde von der Polizei abgeführt ◆**lead back** *vt* ■**to ~ sb/sth back** jdn/etw zurückführen ◆**lead off** **I.** *vt* ① (*initiate*) ■**to ~ off** ↻ **sth** [**with sth**] etw [mit etw *dat*] eröffnen ② (*take away*) ■**to ~ off** ↻ **sb** jdn wegführen **II.** *vi* ① (*perform first*) beginnen ② *road* wegführen (**off** von +*dat*) ◆**lead on** **I.** *vi* vorangehen; (*in car*) voranfahren **II.** *vt* ■**to ~ on** ↻ **sb** ① (*deceive*) jdm etw vormachen ② (*encourage*) jdn anstiften ◆**lead to** *vt* ■**to ~ to sth** zu etw *dat* führen ◆**lead up** *vi* ① (*introduce*) hinführen (**to** zu +*dat*) ② (*precede*) ■**to ~ up to sth** etw *dat* vorangehen

lead·ed ['ledɪd] **I.** *adj* ① (*of fuel*) verbleit ② (*of windows*) bleiverglast **II.** *n no pl* verbleites Benzin

lead·en ['ledᵊn] *adj* ① (*of colour*) bleiern ② (*heavy*) bleischwer; *facial expression* starr

lead·er ['liːdəʳ, AM -ɚ] *n* ① (*head*) Leiter(in) *m(f)*, Führer(in) *m(f)* ② (*competitor*) Erste(r) *f(m)* ③ (*most successful*) Führende(r) *f(m)* ④ BRIT (*violinist*) erster Geiger/erste Geigerin; AM (*conductor*) Dirigent(in) *m(f)* ⑤ BRIT (*editorial*) Leitartikel *m*

lead·er·ship ['liːdəʃɪp, AM -dɚ-] **I.** *n no pl* ① (*action*) Führung *f* ② (*position*) Leitung *f*, Führung *f*, Führerschaft *f* **II.** *adj* Führungs-

lead-free ['led-] *adj* bleifrei

lead guitar [liːdgɪ'tɑːʳ, AM -ɑːr] *n* ① (*guitar*) Leadgitarre *f* ② (*player*) Leadgitarrist(in) *m(f)*

leading¹ ['liːdɪŋ] *adj attr* führend

leading² ['ledɪŋ] *n no pl* BRIT ① (*of roof*) Verbleiung *f* ② (*of windows*) Bleifassung *f*

lead·ing 'ar·ti·cle *n* BRIT Leitartikel *m* **lead·ing 'edge** **I.** *n* ① *of wing* Flügelvorderkante *f* ② *no pl of development* ■**to be at the ~** [**of sth**] auf dem neuestem Stand [einer S. *gen*] sein **II.** *adj attr* ■**leading-edge** Spitzen-, Hightech- **lead·ing 'lady** *n* Hauptdarstellerin *f* **lead·ing 'light** *n* führende Persönlichkeit **lead·ing 'man** *n* Hauptdarsteller *m* **lead·ing 'ques·tion** *n* Suggestivfrage *f*

lead pen·cil [led'-] *n* Bleistift *m* **'lead-poi·son·ing** *n no pl* Bleivergiftung *f*

lead sing·er [liːd'-] *n* Leadsänger(in) *m(f)* **lead 'sto·ry** *n* Aufmacher *m* **'lead time** *n* (*in production*) Vorlaufzeit *f*; (*for completion*) Realisierungszeit *f* **'lead-up** *n* ① (*that which precedes*) Einleitung *f* (**to** zu +*dat*) ② (*time preceding*) Vorfeld *nt fig*; **in the ~ to the revolution, ...** in den Vorjahren der Revolution ...

leaf **I.** *n* <*pl* leaves> [liːf, *pl* liːvz] ① *of plant*

Blatt *nt* ② *no pl* (*foliage*) Laub *nt* ► PHRASES: **to shake like a ~** wie Espenlaub zittern **II.** *vi* [li:f] ■**to ~ through sth** etw durchblättern

leaf·less ['li:fləs] *adj* kahl

leaf·let ['li:flət] **I.** *n* (*for advertising*) Prospekt *m* ÖSTERR *a. nt;* (*for instructions*) Merkblatt *nt;* (*for political use*) Flugblatt *nt;* (*brochure*) Broschüre *f* **II.** *vi* <-t-> (*in street*) auf der Straße Prospekte/Flugblätter/Broschüren verteilen; (*by mail*) per Post Werbematerial/Broschüren verschicken

leafy ['li:fi] *adj* ① (*of place*) belaubt ② HORT Blatt-, blattartig

league [li:g] **I.** *n* ① (*group*) Bund *m* ② (*in competitive sport*) Liga *f;* **to be top of the ~** Tabellenführer(in) *m(f)* sein ③ (*fig: class*) Klasse *f* **II.** *adj* SPORTS Liga-; *see also* **colleague**

leak [li:k] **I.** *n* Leck *nt;* **gas ~** undichte Stelle in der Gasleitung **II.** *vi bucket, hose, container* undicht sein; *boat, ship* lecken; *tap* tropfen; *tyre* Luft verlieren; *pen* klecksen, patzen ÖSTERR **III.** *vt* ① *gas, liquid* austreten lassen ② (*fig: disclose*) durchsickern lassen

leak·age ['li:kɪdʒ] *n no pl* ① *of gas* Ausströmen *nt; of liquid* Auslaufen *nt; of water* Versickern *nt* ② (*fig: disclosure*) Durchsickern *nt*

leaky ['li:ki] *adj* leck

lean[1] [li:n] **I.** *adj* ① (*not fat*) mager; *person a.* schlank ② (*rationalized*) schlank *fig;* (*efficient*) effizient **II.** *n no pl* mageres Fleisch

lean[2] [li:n] **I.** *vi* <leant *or* AM *usu* leaned, leant *or* AM *usu* leaned> ① (*incline*) sich beugen; (*prop*) sich lehnen; ■**to ~ forward** sich nach vorne lehnen; ■**to ~ on sb/sth** sich an jdn/etw [an]lehnen; **to ~ out of a window** sich aus einem Fenster [hinaus]lehnen ② (*fig: opinion*) neigen; **I ~ towards the view that ...** ich neige zur Ansicht, dass ... **II.** *vt* <leant *or* AM *usu* leaned, leant *or* AM *usu* leaned> lehnen (**against, on** an, auf +*akk*) ◆**lean on** *vi* ① (*fam: pressurize*) unter Druck setzen ② (*rely on*) sich verlassen (auf +*akk*) ◆**lean over** *vi* sich beugen (über +*akk*)

lean·ing ['li:nɪŋ] *n esp pl* Neigung *f geh* (**for, towards** zu +*dat*)

leant [lent] *vt, vi pt, pp of* **lean**

'lean-to **I.** *n* ① (*annex*) Anbau *m* ② (*shelter*) Schuppen *m,* [*mit Pultdach*] **II.** *adj attr* Anbau-

leap [li:p] **I.** *n* ① (*jump*) Sprung *m;* (*longer*) Satz *m* ② (*fig: increase*) Sprung *m* (**in** bei +*dat*) **II.** *vi* <leapt *or* AM *esp* leaped, leapt *or* AM *esp* leaped> ① (*jump*) springen (**across, over** über +*akk,* **from** von +*dat*); ■**to ~ on sb/sth** sich auf jdn/etw stürzen ② (*rush*) **to ~ to sb's defence** (*fig*) zu jds Verteidigung eilen ③ (*fig: be enthusiastic*) **to ~ at the chance to do sth** die Chance ergreifen, etw zu tun; **to ~ with joy** vor Freude einen Luftsprung machen **III.** *vt* <leapt *or* AM *usu* leaped, leapt *or* AM *usu* leaped> springen (über +*akk*), überspringen ◆**leap out** *vi* ① (*jump out*) herausspringen (**out of** aus +*dat*); (*from behind sth*) hervorspringen ② (*fig: grab attention*) ■**to ~ out at sb** jdm ins Auge springen ◆**leap up** *vi* ① (*jump up*) aufspringen ② (*fig: increase*) in die Höhe schießen

'leap·frog **I.** *n no pl* Bockspringen *nt* **II.** *vt* <-gg-> ① (*vault*) einen Bocksprung machen (über +*akk*) ② (*go around*) umgehen; (*fig: skip*) überspringen **III.** *vi* <-gg-> (*vault*) ■**to ~ over sb/sth** über jdn/etw einen Bocksprung machen

leapt [lept] *vt, vi pt, pp of* **leap**

'leap year *n* Schaltjahr *nt*

learn [lɜ:n, AM lɜ:rn] **I.** *vt* <learnt *or* AM *usu* learned, learnt *or* AM *usu* learned> lernen; ■**to ~ how to do sth** lernen, wie man etw tut ► PHRASES: **to ~ sth by heart** etw auswendig lernen **II.** *vi* <learnt *or* AM *usu* learned, learnt *or* AM *usu* learned> ① (*master*) lernen (**about** über +*akk*); **to ~ by one's mistakes** aus seinen Fehlern lernen ② (*become aware*) ■**to ~ about sth** von etw *dat* erfahren

learned[1] [lɜ:nd, AM lɜ:rnd] *adj* angelernt

learned[2] ['lɜ:nɪd, AM 'lɜ:rn-] *adj* (*form*) gelehrt; **my ~ friend** BRIT LAW mein geschätzter Herr Kollege/meine geschätzte Frau Kollegin

learn·er ['lɜ:nəʳ, AM 'lɜ:rnɚ] *n* Lernende(r) *f(m);* (*beginner*) Anfänger(in) *m(f);* (*pupil*) Schüler(in) *m(f);* BRIT (*driver*) Fahrschüler(in) *m(f);* **to be a quick ~** schnell lernen

learn·ing ['lɜ:nɪŋ, AM 'lɜ:r-] *n no pl* ① das Lernen ② (*education*) Bildung *f;* (*scholarliness*) Gelehrsamkeit *f*

'learn·ing dis·abil·ity *n* Lernstörung *f;* (*severer*) Lernbehinderung *f*

learnt [lɜ:nt, AM lɜ:rt] *vt, vi pt, pp of* **learn**

lease [li:s] **I.** *vt* ① (*let*) vermieten (**to** an +*akk*); *land, property* verpachten ② (*rent*) mieten; *land, property* pachten; *equipment* leasen **II.** *n of flat, house* Mietvertrag *m; of land, property* Pachtvertrag *m; of equipment* Leasingvertrag *m*

'lease·hold *n* ① *no pl* (*having property*)

L

Pachtbesitz *m* ② (*property*) Pachtgrundstück *nt*

'lease·hold·er *n of land* Pächter(in) *m(f); of flat, house* Mieter(in) *m(f); of equipment* Leasingnehmer(in) *m(f)*

leash [li:ʃ] **I.** *n* ① (*cord*) Leine *f;* **to be kept on a ~** an einer Leine geführt werden ② (*fig: restraint*) *on emotions, feelings* Zügel *m* **II.** *vt* ① *dog* anleinen ② (*fig: restrain*) *emotions, feelings* zügeln

leas·ing ['li:sɪŋ] *n no pl* ① (*letting*) *of land* Verpachten *nt; of flat, house* Vermieten *nt;* (*of equipment*) Leasing *nt* ② (*renting*) *of land* Pachten *nt; of flat, house* Mieten *nt; of equipment* Leasen *nt*

'leas·ing com·pa·ny *n* Leasingfirma *f*

least [li:st] **I.** *adv* am wenigsten; **the ~ little thing** die kleinste Kleinigkeit; **~ of all** am allerwenigsten; **no one believed her, ~ of all the police** niemand glaubte ihr, schon gar nicht die Polizei **II.** *adj det* (*tiniest amount*) geringste(r, s); ■**at ~** (*minimum*) mindestens, wenigstens; (*if nothing else*) wenigstens, zumindest

leath·er ['leðəʳ, AM -ɚ] **I.** *n* ① *no pl* Leder *nt* ② (*for polishing*) Lederlappen *m* **II.** *adj* Leder-

leath·er·ing ['leðərɪŋ] *n* (*fam*) Prügel *pl*

'leath·er·neck *n* AM (*sl: US Marine*) Ledernacken *m fam*

leath·ery ['leðᵊri, AM -ɚi] *adj* ① (*tough*) ledrig; *hands, skin* ledern ② *meat* zäh

leave [li:v] **I.** *n no pl* ① (*farewell*) Abschied *m* ② (*consent*) Erlaubnis *f* ③ (*off work*) Urlaub *m;* **maternity ~** Mutterschaftsurlaub *m;* **to go on ~** in Urlaub gehen **II.** *vt* <left, left> ① (*depart*) verlassen; (*train, ferry*) abfahren ② (*permanently*) *husband, wife* verlassen; *job* aufgeben; **to ~ home** von zu Hause weggehen; **to ~ school** die Schule beenden ③ (*not take*) [zurück]lassen (**with** bei +*dat*); *message, note* hinterlassen ④ (*forget*) vergessen ⑤ *footprints, stains* hinterlassen ⑥ (*cause to remain*) **to ~ sb better off** jdn in einer besseren Situation zurücklassen; **to ~ sth open** etw offen lassen ⑦ (*not change*) lassen ⑧ (*not eat*) übrig lassen ⑨ (*bequeath*) hinterlassen ⑩ (*not discuss*) *question, subject* lassen; **let's ~ it at that** lassen wir es dabei bewenden ⑪ (*assign*) ■**to ~ sth to sb** *decision* jdm etw überlassen ▶ PHRASES: **to ~ nothing to chance** nichts dem Zufall überlassen; **to ~ sb to their own devices** jdn sich *dat* selbst überlassen; **to ~ a lot to be desired** viel zu wünschen übrig lassen; **to ~ sb alone** jdn in Ruhe lassen **III.** *vi* <left, left> [weg]gehen; *vehicle* abfahren; *plane* abfliegen ◆**leave behind** *vt* ① (*not take*) zurücklassen ② *traces* hinterlassen ③ (*fig: not join in*) ■**to ~ behind** ↔ **sth** etw hinter sich *dat* lassen ◆**leave off I.** *vt* ① (*omit*) auslassen; **to ~ sb's name off a list** jds Namen nicht in eine Liste aufnehmen ② (*not put on*) **to ~ a lid off sth** keinen Deckel auf etw *akk* geben ③ (*not wear*) **to ~ off** ↔ **one's coat** seinen Mantel nicht anziehen ④ (*stop*) ■**to ~ off** ↔ **sth** mit etw *dat* aufhören **II.** *vi* aufhören ◆**leave on** *vt* ■**to ~ on** ↔ **sth** *light, radio* etw anlassen ◆**leave out** *vt* ① (*omit*) auslassen; *chance, opportunity* verpassen; *facts, scenes* weglassen ② (*exclude*) ausschließen ◆**leave over** *vt usu passive* ■**to be left over** [**from sth**] [von etw *dat*] übrig geblieben sein

leave-in ['li:vɪn] *adj* **~ conditioner** Conditioner *m* ohne Ausspülen

leav·en ['levᵊn] **I.** *vt usu passive* ① *bread, dough* gehen lassen ② (*fig: lighten*) ■**to be ~ed by sth** mit etw *dat* aufgelockert werden **II.** *n no pl* ① (*rising agent*) Gärmittel *nt* ② (*dough*) Sauerteig *m*

leaves [li:vz] *n pl of* **leaf**

'leave-tak·ing *n no pl* Abschied *m*

leav·ing ['li:vɪŋ] *n no pl* Abreise *f*

'leav·ing par·ty *n* Abschiedsparty *f*

lech·er ['letʃəʳ, AM -ɚ] *n* Wüstling *m*

lech·er·ous ['letʃᵊrəs, AM -ərəs] *adj* geil *oft pej*

lech·ery ['letʃᵊri, AM -əri] *n no pl* Geilheit *f oft pej;* (*desire*) Lüsternheit *f*

lec·tern ['lektən, AM -tɚn] *n* [Redner]pult *nt;* REL Lektionar *nt fachspr*

lec·ture ['lektʃəʳ, AM -ɚ] **I.** *n* ① (*speech*) Vortrag *m* (**on, about** über +*akk*); UNIV Vorlesung *f* (**on** über +*akk*) ② (*criticism*) Standpauke *f fam* **II.** *vi* ① UNIV eine Vorlesung halten (**in, on** über +*akk*) ② (*criticize*) belehren (**about** über +*akk*) **III.** *vt* ■**to ~ sb on sth** ① (*give speech*) jdm über etw *akk* einen Vortrag halten; UNIV vor jdm über etw *akk* eine Vorlesung halten ② (*criticize*) jdm wegen einer S. eine Standpauke halten *fam;* (*advise*) jdm über etw *akk* einen Vortrag halten *fam*

'lec·ture notes *npl* Vorlesungsmitschrift *f*

lec·tur·er ['lektʃᵊrəʳ, AM -ɚɚ] *n* ① (*speaker*) Redner(in) *m(f)* ② (*university*) Dozent(in) *m(f);* (*untenured*) Lehrbeauftragte(r) *f(m)*

'lec·ture room *n* Hörsaal *m* **'lec·ture thea·tre** *n* Hörsaal *m* **'lec·ture tour** *n* Vortragsreise *f*

led [led] *pt, pp of* **lead**

ledge [ledʒ] *n* Sims *m o nt;* (*of rock*) Felsvorsprung *m*

ledg·er ['ledʒəʳ, AM -ɚ] *n* FIN Hauptbuch *nt*
lee [liː] *n no pl* Windschatten *m;* GEOG, NAUT Lee *f o nt fachspr*
leech <*pl* -es> [liːtʃ] **I.** *n* ① (*worm*) Blutegel *m* ② (*person*) Blutsauger(in) *m(f)* **II.** *vi* ■**to ~ on sb/sth** (*rely on*) von jdm/etw abhängen; (*exploit*) bei jdm/etw schmarotzen *pej*
leek [liːk] *n* Lauch *m*
leer [lɪəʳ, AM lɪr] **I.** *vi* ■**to ~ at sb** jdm anzügliche Blicke zuwerfen **II.** *n* anzügliches Grinsen
lee·ward ['liːwəd, AM -wɚd] **I.** *adj* windgeschützt; GEOG, NAUT Lee- *fachspr* **II.** *adv* auf der windabgewandten Seite; GEOG, NAUT leewärts *fachspr*
lee·way ['liːweɪ] *n no pl* Spielraum *m*
left[1] [left] *pt, pp of* **leave**
left[2] [left] **I.** *n* ① *no pl* (*direction*) **from ~ to right** von links nach rechts ② (*turn*) **to make a ~** [nach] links abbiegen; (*street*) **the second ~** die zweite Straße links ③ *no pl* (*side*) ■**the ~** die linke Seite; POL die Linke; **my sister is third from the ~** meine Schwester ist die Dritte von links; ■**on** [*or* **to**] **sb's ~** zu jds Linken, links von jdm ④ SPORTS linke [Spielfeld]seite **II.** *adj* ① linke(r, s) ② (*political*) linke(r, s), linksgerichtet **III.** *adv* (*direction*) nach links; (*side*) links; **to keep ~** sich links halten ▶ PHRASES: **~, right and centre** überall
'left-hand *adj attr* ① (*on left side*) linke(r, s); **~ bend** Linkskurve *f* ② SPORTS **~ shot** mit links ausgeführter Schuss
left-'hand·ed *adj* ① *person* linkshändig; **she is ~** sie ist Linkshänderin ② *attr tool* Linkshänder- ③ *racetrack* linksläufig; *screw* linksdrehend; BIOL linksgedreht
left-'hand·er *n* ① (*person*) Linkshänder(in) *m(f)* ② (*curve*) Linkskurve *f* ③ (*hit*) Schlag *m* mit der Linken; SPORTS Linke *f*
left·ist ['leftɪst] **I.** *adj* linke(r, s), linksorientiert **II.** *n* Linke(r) *f(m)*
left-'lug·gage, left-'lug·gage of·fice *n* BRIT Gepäckaufbewahrung *f* **'left·overs** *npl* ① (*food*) Reste *pl* ② (*parts*) Überreste *pl* **left 'wing** *n + sing/pl vb* ■**the ~** ① POL die Linke ② MIL, SPORTS der linke Flügel
left-'wing *adj* linksgerichtet, links *präd*
left-'wing·er *n* Linke(r) *f(m)*
leg [leg] *n* ① (*limb, support*) Bein *nt;* **table ~** Tischbein *nt* ② (*meat*) Keule *f,* Schlegel *m* SÜDD, ÖSTERR ③ *of clothes* [Hosen]bein *nt* ④ (*stage*) Etappe *f;* (*round*) Runde *f* ⑤ (*fam*) **to have ~s** (*remain popular*) langfristig halten; (*succeed*) klappen *fam* ▶ PHRASES: **to be on one's <u>last</u> ~s** auf dem letzten Loch pfeifen *sl;* **to <u>give</u> sb a ~ up** (*fam: help to climb*) jdm hinaufhelfen; (*fig: help sb*) jdm unter die Arme greifen; **to <u>pull</u> sb's ~** jdn aufziehen *fam*
lega·cy ['legəsi] *n* ① LAW Vermächtnis *nt,* Erbe *nt a. fig* ② (*consequence*) Auswirkung *f*
le·gal ['liːgᵊl] *adj* ① (*permissible*) legal ② (*required*) gesetzlich [vorgeschrieben] ③ (*according*) rechtmäßig ④ (*of courts*) gerichtlich; (*of lawyers*) juristisch
le·gal 'aid *n no pl* [unentgeltlicher] Rechtsbeistand
le·gal·ity [liː'gæləti, AM -ət̬i] *n no pl* Legalität *f,* Gesetzmäßigkeit *f*
le·gali·za·tion [ˌliːgᵊlaɪ'zeɪʃᵊn, AM -lɪ'-] *n no pl* Legalisierung *f geh*
le·gal·ize ['liːgᵊlaɪz] *vt* legalisieren *geh*
le·gal·ly ['liːgᵊli] *adv* ① (*permissible*) legal ② (*required*) **~ obliged** gesetzlich verpflichtet ③ (*according*) rechtmäßig
leg·ate ['legət, AM -ɪt] *n* ① HIST (*Roman*) Legat *m* ② (*of clergy*) Legat *m*
le·ga·tion [lɪ'geɪʃᵊn] *n* ① (*group*) Gesandtschaft *f* ② (*building*) Gesandtschaftsgebäude *nt*
leg·end ['ledʒənd] *n* ① (*saga*) Sage *f;* (*about saint*) Legende *f* ② (*person*) Legende *f,* legendäre Gestalt
leg·end·ary ['ledʒəndᵊri, AM -deri] *adj* ① (*mythical*) sagenhaft; (*in legend*) legendär ② (*famous*) legendär; ■**to be ~ for sth** für etw *akk* berühmt sein
leg·er·demain [ˌle(d)ʒədə'meɪn, AM -ɚdə'-] *n no pl* ① (*of conjuring*) Kniff *m* ② (*pej: deception*) Schwindelei *f*
leg·gings ['legɪŋz] *npl* ① (*tight-fitting*) Leggings *pl* ② (*protective*) Überhose *f*

Grammatik

leggings wird im Plural gebraucht: *leggings look great under short skirts*
a pair of leggings wird aber im Singular verwendet: *you should wear a pair of leggings to keep out the cold*

leg·gy ['legi] *adj* ① (*of woman*) langbeinig, mit langen Beinen *nach n* ② (*of animal, child*) staksig
leg·ible ['ledʒəbl̩] *adj* lesbar
le·gion ['liːdʒən] **I.** *n + sing vb* HIST Legion *f;* (*soldiers*) Armee *f;* **the** [**Foreign**] **L~** die Fremdenlegion **II.** *adj pred* unzählig
le·gion·ary ['liːdʒənᵊri, AM -eri] **I.** *n* HIST Legionär *m* **II.** *adj* Legions-
le·gio·nel·la [ˌliːdʒə'nelə] *n* MED Legionella [Pneumophila] *nt*
le·gion·naire [ˌliːdʒə'neəʳ, AM -'ner] *n* [Fremden]legionär *m*

Le·gion·'naires' dis·ease *n no pl* die Legionärskrankheit

leg·is·late ['ledʒɪsleɪt] **I.** *vi* ein Gesetz erlassen (**against** gegen +*akk*) **II.** *vt* gesetzlich regeln

leg·is·la·tion [ˌledʒɪ'sleɪʃᵊn] *n no pl* ① (*laws*) Gesetze *pl;* **a piece of ~** ein Gesetz *nt;* (*proposed*) ein Gesetzentwurf *m* ② (*lawmaking*) Gesetzgebung *f*

leg·is·la·tive ['ledʒɪslətɪv, AM -leɪt̬ɪv] *adj esp attr* gesetzgebend

leg·is·la·tor ['ledʒɪsleɪtəʳ, AM -t̬ɚ] *n* Gesetzgeber(in) *m(f)*

leg·is·la·ture ['ledʒɪslətʃəʳ, AM -leɪtʃɚ] *n* Legislative *f;* **member of the ~** Parlamentsmitglied *nt*

le·giti·ma·cy [lɪ'dʒɪtəməsi, AM lə'dʒɪt̬ə-] *n no pl* ① (*rightness*) Rechtmäßigkeit *f* ② (*of birth*) Ehelichkeit *f*

le·giti·mate **I.** *adj* [lɪ'dʒɪtəmət, AM lə'dʒɪt̬ə-] ① (*legal*) rechtmäßig ② (*reasonable*) gerechtfertigt; *complaint, grievance* begründet ③ *child* ehelich **II.** *vt* [lɪ'dʒɪtəmeɪt, AM lə'dʒɪt̬ə-] ① (*make legal*) für rechtsgültig erklären ② (*make acceptable*) anerkennen

le·giti·m(a·t)ize [lɪ'dʒɪtəm(ət)aɪz, AM lə'dʒɪt̬-] *vt* ① (*make legal*) für rechtsgültig erklären ② (*make acceptable*) rechtfertigen

leg·less ['legləs] *adj pred* BRIT (*fam: drunk*) sternhagelvoll *sl*

'leg·room *n no pl* Beinfreiheit *f*

leg·ume ['legjuːm, AM *also* lɪ'gjuːm] *n* BOT Hülsenfrucht *f*

le·gu·mi·nous [lɪ'gjuːmɪnəs, AM lə'-] *adj* Hülsenfrucht-; **~ plants** Hülsenfrüchtler *pl*

lei·sure ['leʒəʳ, AM 'liːʒɚ, 'leʒɚ] **I.** *n no pl* Freizeit *f;* **to lead a life of ~** ein müßiges Leben führen ▶ PHRASES: **at [one's] ~** in aller Ruhe; **call me at your ~** rufen Sie mich an, wenn es Ihnen gelegen ist **II.** *adj* Freizeit-; **~ time** Freizeit *f*

'lei·sure cen·tre, **'lei·sure com·plex** *n* BRIT Freizeitcenter *nt*

lei·sured ['leʒəd, AM 'liːʒɚd, 'leʒɚd] *adj* (*form*) ① (*having much leisure*) müßig ② (*leisurely*) geruhsam

lei·sure·ly ['leʒəli, AM 'liːʒɚ-, 'leʒ-] **I.** *adj* ruhig, geruhsam; **at a ~ pace** gemessenen Schrittes *geh; picnic, breakfast* gemütlich **II.** *adv* gemächlich

'lei·sure time *n* Freizeit *f* **'lei·sure·wear** *n no pl* Freizeit[be]kleidung *f*

lem·ming ['lemɪŋ] *n* Lemming *m*

lem·on ['lemən] **I.** *n* ① (*fruit*) Zitrone *f* ② *no pl* (*colour*) Zitronengelb *nt* ③ (*fam: fool*) Blödmann *m fam;* **to feel [like] a ~** sich *dat* wie ein Idiot vorkommen *fam* **II.** *adj* ~ [**yellow**] zitronengelb

Falsche Freunde

Nicht verwechseln mit Limone *f* — *lime*!

lem·on·ade [ˌlemə'neɪd] *n* Zitronenlimonade *f*

'lem·on juice *n* Zitronensaft *m* **'lem·on peel**, **'lem·on rind** *n* Zitronenschale *f* **lem·on 'squash** *n* BRIT, AUS ① *no pl* (*concentrate*) Zitronensirup *m* ② (*drink*) Zitronensaftgetränk *nt* **'lem·on squeez·er** *n* Zitronenpresse *f* **lem·on 'tea** *n* Tee *m* mit Zitrone

lend <lent, lent> [lend] **I.** *vt* ① (*loan*) leihen ② (*be suitable*) ■**to ~ itself** sich für etw *akk* eignen ▶ PHRASES: **to ~ an ear to sb/sth** jdm/etw zuhören; **to ~ a hand** helfen **II.** *vi* ■**to ~ to sb** jdm Geld leihen; *bank* jdm Kredit gewähren

lend·er ['lendəʳ, AM -ɚ] *n* Verleiher(in) *m(f);* (*of money*) Kreditgeber(in) *m(f)*

lend·ing ['lendɪŋ] *n no pl* Leihen *nt*

'lend·ing li·brary *n* Leihbibliothek *f*

length ['leŋ(k)θ] *n* ① *no pl* (*measurement*) Länge *f;* **2 metres in ~** 2 Meter lang ② (*piece*) Stück *nt; of cloth, wallpaper* Bahn *f* ③ (*winning distance*) Länge *f* [Vorsprung] ④ *no pl* (*duration*) Dauer *f;* **the ~ of a film** die Länge eines Films; **at ~** (*finally*) nach langer Zeit; (*in detail*) ausführlich; **at great ~** in aller Ausführlichkeit ▶ PHRASES: **to go to any ~s** vor nichts zurückschrecken; **to go to great ~s** sich *dat* alle Mühe geben

length·en ['leŋ(k)θən] **I.** *vt* verlängern; *clothes* länger machen **II.** *vi* [immer] länger werden

length·ways ['leŋ(k)θweɪz], **length·wise** ['leŋ(k)θwaɪz] **I.** *adv* der Länge nach **II.** *adj* Längs-

lengthy ['leŋ(k)θi] *adj* ① (*long time*) [ziemlich] lange; *applause* anhaltend; *delay* beträchtlich ② (*tedious*) *treatment* langwierig; *explanation* umständlich

le·ni·ence ['liːniən(t)s], **le·ni·en·cy** ['liːniən(t)si] *n no pl* Nachsicht *f,* Milde *f*

le·ni·ent ['liːniənt] *adj* nachsichtig, milde

lens <*pl* -es> [lenz] *n* Linse *f; of camera, telescope a.* Objektiv *nt; of glasses* Glas *nt;* [**contact**] ~ Kontaktlinse *f*

lent [lent] *vt, vi pt, pp of* **lend**

len·til ['lentᵊl, AM -t̬ᵊl] *n* Linse *f*

Leo ['liːəʊ, AM -oʊ] *n* ASTRON, ASTROL ① *no art* der Löwe ② (*person*) Löwe *m;* **she is a ~** sie ist Löwe

leo·nine ['liːə(ʊ)naɪn, AM -ən-] *adj* (*form*) löwenartig, Löwen-

leop·ard ['lepəd, AM -ɚd] *n* Leopard(in) *m(f)*

> **Aussprache**
>
> Das **eo** in l**eo**pard wird wie das **e** in st**e**p ausgesprochen:
>
> **leopard** ['lepəd]
> **step** [step]

leo·tard ['li:ətɑ:d, AM -tɑ:rd] *n* Trikot *nt;* (*for gymnastics a.*) Turnanzug *m*

lep·er ['lepəʳ, AM -ɚ] *n* MED Leprakranke(r) *f(m)*, Aussätzige(r) *f(m) a. fig*

lep·re·chaun ['leprəkɔ:n, AM -kɑ:n] *n* Kobold *m*

lep·ro·sy ['leprəsi] *n no pl* Lepra *f*

lep·rous ['leprəs] *adj* leprakrank

les·bian ['lezbiən] **I.** *n* Lesbierin *f*, Lesbe *f* **II.** *adj* lesbisch

les·bian·ism ['lezbiənɪzᵊm] *n no pl* lesbische Liebe

le·sion ['li:ʒᵊn] *n* Verletzung *f*

less [les] **I.** *adv comp of* **little** ① weniger; **the ~ ... the better** je weniger ..., umso besser; **much ~ complicated** viel einfacher; **~ and ~** immer weniger ② (*not the least bit*) **~ than happy** nicht gerade glücklich **II.** *adj* ① *comp of* **little** weniger ② *non-standard* (*fewer*) weniger **III.** *pron indef* ① weniger; **a lot ~** viel weniger; **I've been seeing ~ of her lately** ich sehe sie in letzter Zeit weniger; **~ of a problem** ein geringeres Problem ② *non-standard* (*fewer*) weniger ▶ PHRASES: **no ~ than ...** nicht weniger als ..., bestimmt ... **IV.** *prep* ■**~ sth** minus [*o* abzüglich] einer S. *gen*

less·en ['lesᵊn] **I.** *vi* schwächer werden; *fever* sinken; *pain* nachlassen **II.** *vt* verringern

less·er ['lesəʳ, AM -ɚ] *adj attr* ① (*smaller*) geringer; **to a ~ degree** in geringerem Maße; **the ~ of two evils** das kleinere Übel ② (*minor*) unbedeutend

less-is-more [lesɪz'mɔ:ʳ, AM -mɔ:r] *adj* **a ~ attitude** eine neue Bescheidenheit

les·son ['lesᵊn] *n* ① (*at school*) Stunde *f;* ■**~s** *pl* Unterricht *m kein pl;* **guitar ~s** Gitarrenunterricht *m* ② (*experience*) Lehre *f*, Lektion *f;* **to teach sb a ~** jdm eine Lektion erteilen ③ (*exercise*) Lektion *f*

lest [lest] *conj* (*form*) ① (*for fear that*) damit ... nicht ... ② (*in case*) falls

let¹ [let] *n* SPORTS Netzball *m*

let² [let] **I.** *n no pl esp* BRIT Vermietung *f* **II.** *vt* <-tt-, let, let> ① (*allow*) ■**to ~ sth/sb do sth** etw/jdn tun lassen; **to ~ one's hair grow** sich *dat* die Haare [lang] wachsen lassen; **to ~ sb go** (*allow to depart*) jdn gehen lassen; (*release from grip*) jdn loslassen; (*from captivity*) jdn freilassen; **to ~ sth go** (*neglect*) etw vernachlässigen; (*let pass*) etw durchgehen lassen ② (*give permission*) ■**to ~ sb do sth** jdn etw tun lassen ③ (*make*) **to ~ sb know sth** jdn etw wissen lassen ④ (*in suggestions*) **~'s go out to dinner!** lass uns Essen gehen!; **~ us consider all the possibilities** wollen wir einmal alle Möglichkeiten ins Auge fassen ⑤ **~'s see, ...** also, ...; **~ me think** Moment [mal], ... ⑥ *esp* BRIT, AUS (*lease*) vermieten; **'to ~'** „zu vermieten" ▶ PHRASES: **~ alone ...** geschweige denn ...

◆**let by** *vt* vorbeilassen ◆**let down** *vt* ① ■**to ~ down** ↻ **sb** (*disappoint*) jdn enttäuschen; (*fail to support*) jdn im Stich lassen ② (*lower*) ■**to ~ down** ↻ **sth** etw herunterlassen ③ BRIT, AUS (*deflate*) **to ~ down** ↻ **a tyre** die Luft aus einem Reifen lassen ▶ PHRASES: **to ~ one's hair down** sich gehen lassen; **to ~ the side down** BRIT, AUS jdn/sich bloßstellen ◆**let in** *vt* ① (*allow to enter*) hereinlassen; (*let through*) durchlassen; ■**to ~ oneself in** aufschließen ② (*allow to know*) ■**to ~ sb in on sth** jdn in etw *akk* einweihen ③ (*fam: get involved*) ■**to ~ oneself in for sth** sich auf etw *akk* einlassen ◆**let into** *vt* ① (*allow to enter*) ■**to ~ sb/sth into sth** jdn/etw in etw *akk* lassen ② (*allow to know*) **to ~ sb into a secret** jdn in ein Geheimnis einweihen ◆**let off** *vt* ① (*emit*) ausstoßen; *bad smell* verbreiten ② (*fire*) *gun* abfeuern; *bomb, fireworks* zünden; *shot, volley* abgeben ③ (*not punish*) **to ~ sb off with a warning** jdn mit einer Verwarnung davonkommen lassen ④ (*excuse*) ■**to ~ sb off sth** jdm etw erlassen ◆**let on** *vi* (*fam*) ■**to ~ on about sth** [to sb] [jdm] etwas von etw *dat* verraten ◆**let out I.** *vt* ① (*release*) herauslassen; **I'll ~ myself out** ich finde selbst hinaus ② (*emit*) ausstoßen; **to ~ out** ↻ **a groan/shriek** [auf]stöhnen/aufschreien ③ (*widen*) *clothes* weiter machen; *seam* auslassen **II.** *vi* AM enden; **when does school ~ out for the summer?** wann beginnen die Sommerferien? ◆**let through** *vt* durchlassen ◆**let up** *vi* (*fam*) ① (*decrease*) aufhören; *rain a.* nachlassen; *fog, weather* aufklaren ② (*ease up*) nachlassen; (*give up*) lockerlassen *fam*

'let-down *n usu sing* (*fam*) Enttäuschung *f*

le·thal ['li:θᵊl] *adj* tödlich; **this knife looks pretty ~** dieses Messer sieht ziemlich gefährlich aus

le·thar·gic [lə'θɑ:dʒɪk, AM lɪ'θɑ:r-] *adj*

① (*unenergetic*) lethargisch ② (*apathetic*) lustlos

leth·ar·gy ['leθədʒi, AM -ədʒi] *n no pl* (*no energy*) Lethargie *f;* (*apathy*) Teilnahmslosigkeit *f*

let·ter ['letəʳ, AM -t̬ɚ] *n* ① (*message*) Brief *m* (**from** von +*dat,* **to** an +*akk*); **love ~** Liebesbrief *m;* **to inform sb by ~** jdn schriftlich verständigen ② (*of alphabet*) Buchstabe *m;* **in large** [*or* **capital**] **~s** in Großbuchstaben

'let·ter bomb *n* Briefbombe *f* **'let·ter·box** *n esp* BRIT, AUS Briefkasten *m* **'let·ter·head** *n* ① (*header*) Briefkopf *m* ② *no pl* (*paper*) Geschäfts-/Firmenbriefpapier *nt*

let·ter·ing ['letərɪŋ, AM -t̬ɚ-] *n no pl* Beschriftung *f*

let·tuce ['letɪs, AM -t̬-] **I.** *n* (*plant*) Blattsalat *m;* (*with firm head*) Kopfsalat *m* **II.** *adj attr* Salat-

leu·co·cyte ['lju:kə(ʊ)saɪt, AM 'lu:koʊ-] *n* MED Leukozyt[en] *m*[*pl*] *fachspr*

leu·kae·mia, AM **leu·ke·mia** [lu:'ki:miə] *n* Leukämie *f*

lev·el ['levəl] **I.** *adj* ① (*plane*) horizontal, waag[e]recht ② (*flat*) eben ③ *pred* (*at equal height*) auf gleicher Höhe (**with** mit +*dat*) ④ *pred esp* BRIT, AUS (*in race*) gleichauf; (*in points*) punktegleich; (*in standard*) gleich gut ⑤ (*calm*) *voice* ruhig; *look* fest; **to keep a ~ head** einen kühlen Kopf bewahren; **in a ~ voice** mit ruhiger Stimme **II.** *n* ① (*quantity, standard*) Niveau *nt;* (*height*) Höhe *f;* **above/below sea ~** über/unter dem Meeresspiegel ② (*extent*) Ausmaß *nt* ③ (*storey*) Stockwerk *nt;* **at ~ four** im vierten Stock ④ *no pl* (*rank*) Ebene *f* ⑤ (*social, intellectual, moral*) Niveau *nt* **III.** *vt* <BRIT -ll- *or* AM *usu* -l-> ① (*flatten*) *ground* [ein]ebnen; *wood* [ab]schmirgeln; (*raze*) *building, town* dem Erdboden gleichmachen ② (*direct*) *pistol, rifle* richten (**at** auf +*akk*); (*fig*) **to ~ accusations against sb** Beschuldigungen gegen jdn erheben ◆**level off, level out I.** *vi* ① (*after dropping*) *plane* sich fangen; *pilot* das Flugzeug abfangen; (*after rising*) horizontal fliegen ② (*steady*) sich einpendeln; (*become equal*) sich angleichen ③ *path, road* flach werden **II.** *vt* [ein]ebnen; (*fig*) ausgleichen ◆**level up I.** *vt* (*make equal*) angleichen; (*increase*) anheben **II.** *vi* AM (*confess*) gestehen; ■**to ~ up with sb about sth** jdm etw gestehen ◆**level with** *vi* (*fam*) ■**to ~ with sb** ehrlich zu jdm sein

lev·el 'cross·ing *n* BRIT, AUS Bahnübergang *m* **lev·el-'head·ed** *adj* ① (*sensible*) vernünftig ② (*calm*) ruhig

lev·el peg·ging [-'pegɪŋ] *n esp* BRIT, AUS **to be** [**on**] **~** tabellengleich sein

lev·er ['li:vəʳ, AM 'levɚ, 'li:vɚ] **I.** *n* ① TECH Hebel *m;* (*for heavy objects*) Brechstange *f* ② (*fig: threat*) Druckmittel *nt* **II.** *vt* ① (*prise*) ■**to ~ sth up** etw aufstemmen ② (*fig: pressurize*) ■**to ~ sth from sb** etw aus jdm herauspressen

lev·er·age ['li:vərɪdʒ, AM 'levɚ-, 'li:vɚ-] *n no pl* ① TECH Hebelkraft *f* ② (*fig: pressure*) Einfluss *m;* **to exert ~ on sb** Druck *m* auf jdn ausüben ③ FIN Hebelwirkung *f*

lev·er·et ['levərɪt] *n* junger Hase

le·via·than *n,* **Le·via·than** [lɪ'vaɪəθən] *n* ① (*liter: giant thing*) Gigant *m* ② (*biblical monster*) Leviathan *m*

levi·tate ['levɪteɪt] **I.** *vi* schweben **II.** *vt* schweben lassen

lev·ity ['levəti, AM -əṯi] *n no pl* Ungezwungenheit *f*

levy ['levi] **I.** *n* Steuer *f,* Abgaben *pl;* **to impose a ~ on sth** eine Steuer auf etw *akk* erheben **II.** *vt* <-ie-> erheben; *fine* auferlegen (**on** +*dat*)

lewd [lju:d, AM lu:d] *adj* ① (*indecent*) unanständig; *ballad, comments* anzüglich; *behaviour* anstößig; *gesture* obszön ② (*lecherous*) lüstern

lewd·ness ['lju:dnəs, AM 'lu:d-] *n no pl* unzüchtiges Verhalten

lexi·cal ['leksɪkəl] *adj* lexikalisch

lexi·cog·ra·pher [ˌleksɪ'kɒgrəfəʳ, AM -'kɑ:grəfɚ] *n* Lexikograph(in) *m(f)*

lexi·cog·ra·phy [ˌleksɪ'kɒgrəfi, AM -'kɑ:g-] *n no pl* Lexikographie *f*

lexi·col·ogy [ˌleksɪ'kɒlədʒi, AM -'kɑ:l-] *n no pl* Lexikologie *f*

lexi·con ['leksɪkən, AM *also* -kɑ:n] *n* Wörterbuch *nt*

lex·is ['leksɪs] *n no pl* LING Lexik *f fachspr*

lia·bil·ity [ˌlaɪə'bɪləti, AM -əṯi] *n* ① *no pl* (*responsibility*) Haftung *f* ② FIN ■**liabilities** *pl* Verbindlichkeiten *pl* ③ (*handicap*) Belastung *f*

lia·ble ['laɪəbl̩] *adj* ① (*likely*) ■**to be ~ to do sth** Gefahr laufen, etw zu tun ② (*prone*) ■**to be ~ to sth** anfällig für etw *akk* sein ③ JUR haftbar

li·aise [li'eɪz] *vi* ■**to ~ with sb/sth** ① (*establish contact*) eine Verbindung zu jdm/etw herstellen; (*be go-between*) als Verbindungsstelle zu jdm/etw fungieren ② (*cooperate*) mit jdm/etw zusammenarbeiten

liai·son [li'eɪzən, AM 'li:əzɑ:n] *n* ① *no pl* (*contact*) Verbindung *f;* **to work in close ~ with sb** mit jdm eng zusammenarbeiten ② (*person*) Kontaktperson *f* ③ (*affair*) Verhältnis *nt*

li'ai·son of·fic·er *n* Kontaktperson *f*

lia·na *n*, **li·ane** [li'ɑːnə] *n* BOT Liane *f*

liar ['laɪəʳ, AM -ɚ] *n* Lügner(in) *m(f)*

lib [lɪb] *n no pl* (*dated fam*) *short for* **liberation** Befreiungsbewegung *f*

li·bel ['laɪbᵊl] JUR **I.** *n no pl* Verleumdung *f* **II.** *vt* <BRIT -ll- *or* AM *usu* -l-> verleumden

li·bel·lous, AM **li·bel·ous** ['laɪbᵊləs] *adj* verleumderisch

lib·er·al ['lɪbᵊrᵊl] **I.** *adj* ① (*tolerant*) liberal; *attitude, church, person a.* tolerant, aufgeschlossen ② (*progressive*) liberal, fortschrittlich ③ (*generous*) großzügig; *portion* groß **II.** *n* Liberale(r) *f(m)*

lib·er·al 'arts *esp* AM **I.** *n pl* ■**the** ~ die Geisteswissenschaften *pl* **II.** *adj* geisteswissenschaftlich; ~ **degree** Abschluss *m* in Geisteswissenschaften

lib·er·al·ism ['lɪbᵊrᵊlɪzᵊm] *n no pl* Liberalismus *m*

lib·er·al·ity [ˌlɪbᵊr'æləti, AM -ə'rælət̬i] *n no pl* Großzügigkeit *f*, Freigebigkeit *f*

lib·er·ali·za·tion [ˌlɪbᵊrᵊlaɪ'zeɪʃᵊn, AM -lɪ'-] *n* Liberalisierung *f*

lib·er·al·ize ['lɪbᵊrᵊlaɪz] *vt* liberalisieren

lib·er·ate ['lɪbᵊreɪt, AM -ər-] *vt* ① (*free*) befreien (**from** von +*dat*) ② (*fam: steal*) ■**to ~ sth** etw mitgehen lassen

lib·era·tion [ˌlɪbᵊ'reɪʃᵊn, AM -ə'reɪ-] *n no pl* Befreiung *f* (**from** von +*dat*)

lib·e'ra·tion or·gani·za·tion *n* Befreiungsbewegung *f*

lib·era·tor ['lɪbᵊreɪtəʳ, AM -əreɪt̬ɚ] *n* Befreier(in) *m(f)*

lib·er·tine ['lɪbətiːn, AM -ɚtiːn] *n* (*pej*) Casanova *m fam*

lib·er·ty ['lɪbəti, AM -ɚt̬i] *n* ① *no pl* (*freedom*) Freiheit *f*; **to be at ~** frei sein ② (*incorrect behaviour*) **to take liberties with sb** sich *dat* bei jdm Freiheiten herausnehmen ③ (*form: rights*) ■**liberties** *pl* Grundrechte *pl*

li·bidi·nous [lɪ'bɪdɪnəs, AM lə'bɪdᵊn-] *adj* (*form*) triebhaft

li·bi·do [lɪ'biːdəʊ, AM -oʊ] *n* Libido *f*

Li·bra ['liːbrə] *n* ASTRON, ASTROL ① *no art, no pl* die Waage ② (*person*) Waage *f*; **she is a ~** sie ist Waage

Li·bran ['liːbrən] **I.** *n* **to be a ~** Waage sein **II.** *adj* Waage-

li·brar·ian [laɪ'breəriən, AM -'brer-] *n* Bibliothekar(in) *m(f)*

li·brary ['laɪbrᵊri, AM -breri] **I.** *n* Bibliothek *f*; (*public a.*) Bücherei *f*; **public ~** Leihbücherei *f* **II.** *adj attr* Bibliotheks-; (*from public library a.*) Bücherei-

'li·brary book *n* Leihbuch *nt* **'li·brary ticket** *n* Leseausweis *m*

li·bret·to [lɪ'bretəʊ, AM -t̬oʊ] *n* Libretto *nt*

lice [laɪs] *n pl of* **louse**

li·cence, AM **li·cense** ['laɪsᵊn(t)s] *n* ① (*permit*) Genehmigung *f*, Erlaubnis *f*; (*formal*) Lizenz *f* (**under** in +*dat*); **driving** [*or* AM **driver's**] ~ Führerschein *m* ② *no pl* Freiheit *f*; **to give sb/sth ~ to do sth** jdm/etw gestatten, etw zu tun

'li·cence num·ber *n* Kfz-Kennzeichen *nt*

li·cense ['laɪsᵊn(t)s] **I.** *n* AM *see* **licence** **II.** *vt* ■**to ~ sb to do sth** jdm die Lizenz erteilen, etw zu tun; ■**to be ~d to do sth** berechtigt sein, etw zu tun

li·censed ['laɪsᵊn(t)st] *adj* ① (*officially*) zugelassen ② BRIT ~ **restaurant** Restaurant *nt* mit Schankerlaubnis

li·cen·see [ˌlaɪsᵊn(t)'siː] *n* (*form*) Lizenznehmer(in) *m(f)*; ~ **of a pub** BRIT Inhaber(in) *m(f)* eines Pubs

li·cens·ing ['laɪsᵊn(t)sɪŋ] *n no pl* Lizenzvergabe *f*

'li·cens·ing laws *npl* BRIT Schankgesetze *pl*

li·cen·tious [laɪ'sen(t)ʃəs] *adj* [sexuell] ausschweifend

li·chen ['laɪkən] *n* Flechte *f*

lick [lɪk] **I.** *n* Lecken *nt kein pl*, Schlecken *nt kein pl* **II.** *vt* ① lecken; *lollipop* schlecken (an +*dat*); *plate* ablecken; *stamp* [mit der Zunge] befeuchten ② (*fam: beat*) ■**to ~ sb** jdn [doch glatt] in die Tasche stecken

lick·ing ['lɪkɪŋ] *n* (*fam*) **to give sb a ~** (*beating*) jdm eine Tracht Prügel verpassen *fam*; (*defeat*) jdn haushoch schlagen

lico·rice *n no pl esp* AM *see* **liquorice**

lid [lɪd] *n* ① (*cover*) Deckel *m* ② (*eyelid*) Lid *nt*

lie¹ [laɪ] **I.** *vi* <-y-> lügen; ■**to ~ about sth** falsche Angaben über etw *akk* machen; ■**to ~ about sb** über jdn die Unwahrheit erzählen; ■**to ~ to sb** jdn belügen **II.** *n* Lüge *f*; **to be an outright ~** glatt gelogen sein *fam*; **to tell ~s** Lügen erzählen

lie² [laɪ] **I.** *n* ① *no pl* (*position*) Lage *f* ② *no pl esp* BRIT, AUS (*shape*) **the ~ of the land** (*fig*) die Lage; **to find out the ~ of the land** (*fig*) die Lage sondieren **II.** *vi* <-y-, lay, lain> ① (*repose*) liegen; **to ~ on the ground** auf dem Boden liegen; **to ~ awake** wach [da]liegen ② (*become horizontal*) sich hinlegen ③ (*be in particular state*) **to ~ in wait** auf der Lauer liegen; **to ~ dying** im Sterben liegen ④ (*remain*) liegen bleiben ⑤ (*be situated*) liegen; **to ~ to the east/north of sth** im Osten/Norden einer S. *gen* liegen ⑥ (*weigh*) **to ~ heavily on sb's mind** jdn schwer bedrücken ▸ PHRASES: **to ~ low** (*escape search*) untergetaucht sein; (*avoid notice*) sich unauffällig verhalten ◆**lie about, lie around** *vi* ❶ (*be situated*) herumliegen *fam* ❷ (*be lazy*) herumgammeln *fam* ◆**lie ahead** *vi* ❶ (*in space, position*) ■**to ~ ahead [of sb]** vor jdm liegen ❷ (*in time*) bevorstehen ◆**lie back** *vi* ❶ (*recline*) sich zurücklegen ❷ (*fig: relax*) sich entspannen ◆**lie behind** *vi* ❶ (*be cause of*) ■**to ~ behind sth** etw *dat* zugrunde liegen ❷ (*be past*) ■**to ~ behind [sb]** hinter jdm liegen ◆**lie down** *vi* sich hinlegen ◆**lie in** *vi* BRIT (*fam: stay in bed*) im Bett bleiben ◆**lie over** *vi* (*remain unfinished*) liegen bleiben; (*be adjourned*) vertagt werden ◆**lie round** *vi* BRIT *see* **lie about** ◆**lie to** *vi* vor Anker liegen ◆**lie up** *vi* (*fam*) ❶ (*be ill*) das Bett hüten ❷ *car* stillliegen

'lie de·tec·tor *n* Lügendetektor *m*

'lie-down *n* BRIT (*fam*) Schläfchen *nt*, Nickerchen *nt fam* **'lie-in** *n* BRIT (*fam*) **to have a ~** im Bett bleiben

lieu [lju:, AM lu:] *n no pl* **in ~ of sth** an Stelle einer S. *gen*

Lieut *n attr abbrev of* **Lieutenant** Lt.

lieu·ten·ant [lefˈtenənt, AM lu:ˈ-] *n* ❶ MIL Leutnant *m* ❷ AM LAW ≈ Polizeihauptwachtmeister(in) *m(f)*

life <*pl* lives> [laɪf, *pl* laɪvz] **I.** *n* ❶ [das] Leben; **it's a matter of ~ and death!** es geht um Leben und Tod!; **to save sb's ~** jdm das Leben retten; **to take one's own ~** sich *dat* [selbst] das Leben nehmen ❷ *no pl* (*quality, force*) Leben *nt;* **I love ~** ich liebe das Leben ❸ *no pl* (*mode or aspect of existence, living things collectively*) das Leben; **family ~** das Familienleben; **plant ~** die Pflanzenwelt ❹ *no pl* (*energy*) Lebendigkeit *f;* **to be full of ~** vor Leben [nur so] sprühen; **to bring sth to ~** etw lebendiger machen ❺ (*biography*) Biografie *f* ❻ (*time until death*) das/sein Leben; ■**for ~** *friendship* lebenslang; **a job for ~** eine Stelle auf Lebenszeit; (*prison sentence*) **to be doing/get ~** lebenslänglich sitzen *fam*/bekommen ❼ (*duration*) *of device, battery* Lebensdauer *f; of a contract* Laufzeit *f* ▶PHRASES: **to <u>frighten</u> the ~ out of sb** jdn zu Tode erschrecken; **<u>that's</u> ~!** so ist das Leben [eben]! **II.** *adj* **~ drawing** Aktzeichnung *f*

'life an·nu·ity *n* Leibrente *f* **'life as·sur·ance** *n no pl* BRIT Lebensversicherung *f* **'life·belt** *n* BRIT Rettungsring *m* **'life·boat** *n* Rettungsboot *nt* **'life·buoy** *n* Rettungsboje *f* **'life cy·cle** *n* Lebenszyklus *m* **'life ex·pec·tan·cy** *n* Lebenserwartung *f* **'life form** *n* Lebewesen *f* **'life·guard** *n* (*in baths*) Bademeister(in) *m(f);* (*on beach*) Rettungsschwimmer(in) *m(f)* **life im·'pris·on·ment** *n no pl* lebenslängliche Freiheitsstrafe **'life in·sur·ance** *n no pl* Lebensversicherung *f* **'life jack·et** *n* Schwimmweste *f*

life·less [ˈlaɪfləs] *adj* ❶ (*inanimate*) *body* leblos; *planet* unbelebt, ohne Leben *nach n* ❷ (*dull*) *game, story* langweilig; *person* teilnahmslos; *hair* stumpf; *performance* lahm *fam*

'life·like *adj* lebensecht; *imitation a.* naturgetreu

'life·line *n* ❶ (*rope*) Rettungsleine *f* ❷ (*fig: essential*) [lebenswichtige] Verbindung ❸ (*on palm*) Lebenslinie *f* **'life·long** *adj attr* lebenslang **life 'peer** *n* BRIT Peer *m* auf Lebenszeit **'life pre·serv·er** *n* AM (*life jacket*) Schwimmweste *f;* (*lifebuoy*) Rettungsboje *m;* (*lifebelt*) Rettungsring *m*

lif·er [ˈlaɪfəʳ, AM -ɚ] *n* ❶ (*fam: prisoner*) Lebenslängliche(r) *f(m) fam* ❷ AM (*soldier*) Berufssoldat(in) *m(f)*

'life raft *n* Rettungsfloß *nt;* (*dinghy*) Schlauchboot *nt*

'life·sav·er *n* ❶ (*fam: thing*) die Rettung *fig;* (*person*) [Lebens]retter(in) *m(f) fig* ❷ AUS, NZ (*on beach*) Rettungsschwimmer(in) *m(f);* (*in baths*) Bademeister(in) *m(f)*

'life sen·tence *n* lebenslängliche Freiheitsstrafe **'life-size(d)** *adj* in Lebensgröße *nach n,* lebensgroß **'life·span** *n* Lebenserwartung *f kein pl; of thing* Lebensdauer *f kein pl; of project* Laufzeit *f* **'life·style** *n* Lebensstil *m* **'life sup·port sys·tem** *n* MED ❶ (*machine*) lebenserhaltender Apparat ❷ (*biological*) Lebenserhaltungssystem *nt* **'life-threat·en·ing** *adj disease, illness* lebensbedrohend; *situation* lebensgefährlich

'life·time **I.** *n usu sing* ❶ (*time one is alive*) Lebenszeit *f;* **once in a ~** einmal im Leben; **to last a ~** *objects, devices* ein Leben lang halten; *memories, good luck* das ganze Leben [lang] andauern ❷ (*time sth exists*) Lebensdauer *f kein pl* ▶PHRASES: **the <u>chance</u> of a ~** eine einmalige Chance **II.** *adj* lebenslang, auf Lebenszeit *nach n;* **~ guarantee** Garantie *f* auf Lebenszeit

lift [lɪft] **I.** *n* ❶ BRIT (*elevator*) Aufzug *m;* (*for skiers*) Skilift *m;* **to take the ~** den Aufzug nehmen ❷ (*act of lifting*) [Hoch]heben *nt kein pl* ❸ *no pl* MECH Hubkraft *f;* AVIAT Auftrieb *m* ❹ (*ride*) Mitfahrgelegenheit *f;* **to give sb a ~** jdn [im Auto] mitnehmen ❺ *no pl* (*fig: positive feeling*) **to give sb a ~** jdn aufmuntern **II.** *vt* ❶ (*raise*) [hoch]heben; (*slightly*) anheben; ■**to ~ sb/sth out of sth** jdn/etw aus etw *dat* [heraus]heben

② (*direct upward*) *eyes* aufschlagen; *head* heben; **to ~ one's eyes from sth** von etw *dat* aufsehen ③ (*airlift*) fliegen; *supplies, troops* auf dem Luftweg transportieren ④ *usu passive* (*in surgery*) *face, breasts* straffen lassen, liften ⑤ (*end*) *ban, restrictions* aufheben ⑥ (*fam: steal, plagiarize*) klauen **III.** *vi* ① (*be raised*) sich heben ② (*disperse*) *cloud, fog* sich auflösen ◆**lift down** *vt* BRIT, AUS herunterheben ◆**lift off** *vi* ① (*leave earth*) abheben ② (*come off*) sich hochheben lassen ◆**lift up** *vt* hochheben; **to ~ up a lid** einen Deckel hochklappen

'lift-off *n* AEROSP Start *m*

liga·ment ['lɪgəmənt] *n* ANAT Band *nt;* **to tear a ~** sich *dat* einen Bänderriss zuziehen

liga·ture ['lɪgətʃəʳ, AM -ɚ] **I.** *n* ① (*bandage*) Binde *f;* MED Ligaturfaden *m fachspr* ② TYPO (*character*) Ligatur *f;* (*stroke*) [Feder-/Pinsel]strich *m* **II.** *vt* abbinden

light¹ [laɪt] **I.** *n* ① *no pl* (*brightness*) Licht *nt;* (*daylight*) [Tages]licht *nt;* **is there enough ~?** ist es hell genug?; **by the ~ of the candle** im Schein der Kerze ② (*light-giving thing*) Licht *nt;* (*lamp*) Lampe *f;* **to put the ~ off** das Licht ausschalten ③ *no pl* (*fire*) Feuer *nt;* (*flame*) [Kerzen]flamme *f;* **have you got a ~, please?** Entschuldigung, haben Sie [vielleicht] Feuer? ④ *usu pl* (*traffic light*) Ampel *f* ⑤ (*fig: perspective*) **try to look at it in a new ~** versuch es doch mal aus einer anderen Perspektive zu sehen; **to show sth in a good ~** etw in einem guten Licht erscheinen lassen ▶PHRASES: **to come to ~** ans Licht kommen **II.** *adj* ① (*bright*) hell; **it's slowly getting ~** es wird allmählich hell ② (*pale*) hell; (*stronger*) blass- **III.** *vt* <lit *or* lighted, lit *or* lighted> ① (*illuminate*) erhellen; *stage, room* beleuchten ② (*ignite*) *candle, match, fire* anzünden **IV.** *vi* <lit *or* lighted, lit *or* lighted> ① (*burn*) brennen ② (*fig: become animated*) *eyes, etc.* aufleuchten; **her face lit with pleasure** sie strahlte vor Freude über das ganze Gesicht ◆**light up I.** *vt* ① (*illuminate*) *hall, room* erhellen; *street* beleuchten ② *cigar, pipe* anzünden ③ (*make animated*) *eyes* aufleuchten lassen; *face* erhellen **II.** *vi* ① (*become illuminated*) aufleuchten ② (*smoke*) sich *dat* eine [Zigarette] anstecken *fam* ③ (*become animated*) *eyes* aufleuchten *fig*

light² [laɪt] **I.** *adj* ① (*not heavy, not sturdily built*) leicht ② (*for small loads*) Klein-; **~ aircraft** Kleinflugzeug *nt* ③ (*of food and drink*) leicht; (*low-fat*) fettarm; *pastry* locker ④ (*porous*) *soil* locker ⑤ (*low in intensity*) *wind* leicht; **~ rain** Nieselregen *m* ⑥ (*easily done*) *sentence* mild; *housework* leicht ⑦ (*gentle*) leicht; *kiss* zart; (*soft*) *touch* sanft ⑧ (*not serious*) leicht *attr;* **~ reading** Unterhaltungslektüre *f* ▶PHRASES: **to make ~ of sth** etw bagatellisieren **II.** *adv* **to travel ~** mit leichtem Gepäck reisen

'light bulb *n* Glühbirne *f*

light·en¹ ['laɪtᵊn] **I.** *vt* ① (*make less heavy*) leichter machen ② (*fig: make easier*) erleichtern; **to ~ sb's burden** jdm etw abnehmen ③ (*fig: make less serious*) aufheitern; *situation* auflockern; *mood* heben **II.** *vi* leichter werden

light·en² ['laɪtᵊn] **I.** *vi* heller werden, sich aufhellen **II.** *vt* **to ~ one's hair** sich *dat* die Haare heller färben ◆**lighten up** *vi* **~ up, would you?** mach bitte nicht so ein Gesicht

light·er ['laɪtəʳ, AM -t̬ɚ] *n* Feuerzeug *nt*

light-'fin·gered *adj* ① (*thievish*) langfing[e]rig *oft hum* ② (*dexterous*) geschickt **light-'foot·ed** *adj* leichtfüßig **light-'head·ed** *adj* (*faint*) benommen; (*dizzy*) schwind[e]lig; (*ebullient*) aufgekratzt *fam* **light-'heart·ed** *adj* (*carefree*) unbeschwert; (*happy*) heiter **'light·house** *n* Leuchtturm *m*

light·ing ['laɪtɪŋ, AM -t̬-] *n no pl* Beleuchtung *f;* (*equipment*) Beleuchtungsanlage *f*

light·ly ['laɪtli] *adv* ① (*not seriously*) leichtfertig; **not to take sth ~** etw nicht leichtnehmen ② (*gently*) leicht; (*not much*) wenig; **I tapped ~ on the door** ich klopfte leise an [die Tür] ③ (*slightly*) leicht; **~ cooked vegetables** *Gemüse, das nur ganz kurz gegart wird* ④ LAW (*leniently*) mild; **to get off ~** glimpflich davonkommen

'light me·ter *n* PHOT Belichtungsmesser *m*

light·ness¹ ['laɪtnəs] *n no pl* Helligkeit *f*

light·ness² ['laɪtnəs] *n no pl* ① (*not heaviness*) Leichtheit *f* ② (*gracefulness*) Leichtigkeit *f,* Behändigkeit *f* ③ (*no seriousness*) Leichtigkeit *f*

light·ning ['laɪtnɪŋ] **I.** *n no pl* Blitz *m;* **thunder and ~** Blitz und Donner; **to be quick as ~** blitzschnell sein *fam;* **to be struck by ~** vom Blitz getroffen werden **II.** *adj attr* **to do sth with ~ speed** etw in Windeseile machen; **~ quick** blitzschnell

'light·ning con·duc·tor, AM **'light·ning rod** *n* Blitzableiter *m a. fig* **'light·ning strike** *n* BRIT, AUS Blitzstreik *m*

'light pen *n* ① COMPUT Lichtstift *m* ② (*for bar codes*) Codeleser *m* **'light-powered**

adj solarzellenbetrieben **'light·ship** *n* NAUT Feuerschiff *nt*

'light·weight **I.** *n* ① *no pl* SPORTS Leichtgewicht *nt* ② (*boxer*) Leichtgewichtler(in) *m(f)* **II.** *adj* ① SPORTS Leichtgewichts-, im Leichtgewicht *nach n* ② (*weighing little*) leicht ③ (*trivial*) bedeutungslos, trivial

'light year *n* ① ASTRON Lichtjahr *nt* ② *usu pl* (*fam: long distance*) **to be ~s ahead** Lichtjahre voraus sein

lig·nite ['lɪgnaɪt] *n no pl* Braunkohle *f*

lik·able *adj see* **likeable**

like[1] [laɪk] **I.** *prep* ① (*similar to*) wie; **~ most people** wie die meisten Leute; **~ father, ~ son** wie der Vater, so der Sohn; **what does it taste ~?** wie schmeckt es?; **it feels ~ ages since we last spoke** ich habe das Gefühl, wir haben schon ewig nicht mehr miteinander gesprochen; **he looks ~ his brother** er sieht seinem Bruder ähnlich; **there's nothing ~ a good cup of coffee** es geht doch nichts über eine gute Tasse Kaffee; **that's just ~ him!** das sieht ihm ähnlich! ② *after n* (*such as*) wie; **materials ~ cotton and wool** Naturmaterialien wie Baum- oder Schafwolle ▶ PHRASES: **it looks ~ rain** es sieht nach Regen aus **II.** *conj* (*fam*) ① (*the same as*) wie; **let's go swimming in the lake ~ we used to** lass uns im See schwimmen gehen wie früher ② (*as if*) als ob; **she acts ~ she's the boss** sie tut so, als sei sie die Chefin **III.** *n* **I have not seen his ~ for many years** [so] jemanden wie ihn habe ich schon seit vielen Jahren nicht mehr gesehen; **have you ever seen the ~?** hast du so was schon gesehen? **IV.** *adv usu* AM (*fam*) **I was like, 'what are you guys doing here?'** ich sagte nur, „was macht ihr hier eigentlich?"

like[2] [laɪk] **I.** *vt* ① (*enjoy*) mögen; **how do you ~ my new shoes?** wie gefallen dir meine neuen Schuhe?; ■**to ~ doing sth** etw gern[e *fam*] tun ② (*want*) **whether you ~ it or not** ob es dir passt oder nicht; **would you ~ a drink?** möchten Sie etwas trinken?; **I'd ~ to go to Moscow for my holidays** ich würde gern[e *fam*] nach Moskau in Urlaub fahren ③ (*prefer*) **I ~ to get up early** ich stehe gern[e *fam*] früh auf **II.** *vi* **as you ~** wie Sie wollen; **we can leave now if you ~** wir können jetzt gehen, wenn du möchtest **III.** *n* ■**~s** *pl* Neigungen *pl*

like·able ['laɪkəbl] *adj* liebenswert

like·li·hood ['laɪklihʊd] *n no pl* Wahrscheinlichkeit *f;* **there is a great ~ that ...** es ist sehr wahrscheinlich, dass...; **in all ~** aller Wahrscheinlichkeit nach

like·ly ['laɪkli] **I.** *adj* <-ier, -iest *or* more ~, most ~> wahrscheinlich; **do remind me because I'm ~ to forget** erinnere mich bitte unbedingt daran, sonst vergesse ich es wahrscheinlich **II.** *adv* <more ~, most ~> **very ~** sehr wahrscheinlich; **as ~ as not** höchstwahrscheinlich

like-'mind·ed *adj* gleich gesinnt

lik·en ['laɪkən] *vt* vergleichen (**to** mit +*dat*)

like·ness <*pl* -es> ['laɪknəs] *n* ① (*resemblance*) Ähnlichkeit *f* (**to** mit +*dat*) ② (*semblance*) Gestalt *f*

like·wise ['laɪkwaɪz] *adv* ebenfalls, gleichfalls; **to do ~** es genauso machen

lik·ing ['laɪkɪŋ] *n no pl* Vorliebe *f;* (*for person*) Zuneigung *f;* **to develop a ~ for sth** eine Vorliebe für etw *akk* entwickeln ▶ PHRASES: **for one's ~** für jds Geschmack

li·lac ['laɪlək] **I.** *n* ① (*bush*) Flieder *m* ② *no pl* (*colour*) Lila *nt* **II.** *adj* lila

lilo® ['laɪləʊ] *n* BRIT Luftmatratze *f*

lilt [lɪlt] **I.** *n* ① *of voice* singender Tonfall ② (*song*) fröhliches Lied **II.** *vt, vi* trällern

lily ['lɪli] *n* Lilie *f*

'lily-livered *adj* (*liter*) feig[e] **'lily pad** *n* Seerosenblatt *nt*

limb [lɪm] *n* ① ANAT Glied *nt;* ■**~s** Gliedmaßen *pl* ② BOT Ast *m* ▶ PHRASES: **to risk life and ~** [**to do sth**] Kopf und Kragen riskieren[, um etw zu tun] *fam;* **to be out on a ~** [ganz] allein dastehen; *see also* **comb**

lim·ber ['lɪmbər, AM -ɚ] **I.** *adj* <-er, -est *or* more ~, most ~> ① (*supple*) geschmeidig ② (*flexible*) gelenkig **II.** *vi* ■**to ~ up** sich warm machen

lim·bo[1] ['lɪmbəʊ, AM -boʊ] *n no pl* ① REL die Vorhölle ② (*waiting*) Schwebezustand *m;* **to be in ~** *plan, project* in der Schwebe sein; *person* in der Luft hängen *fam*

lim·bo[2] ['lɪmbəʊ, AM -boʊ] **I.** *n* Limbo **II.** *vi* Limbo tanzen

lime[1] [laɪm] **I.** *n no pl* Kalk *m* **II.** *vt* kalken

lime[2] [laɪm] *n* (*fruit*) Limette *f;* (*tree*) Limonenbaum *m*

lime[3] [laɪm] *n* Linde *f*

'lime·light *n no pl* Rampenlicht; **to be in the ~** im Rampenlicht stehen

lim·er·ick ['lɪmərɪk, AM -ɚɪk] *n* Limerick *m*

'lime·stone *n no pl* Kalkstein *m*

lim·it ['lɪmɪt] **I.** *n* ① (*utmost*) [Höchst]grenze *f;* **boundary** Grenze *f;* **there's no ~ to her ambition** ihr Ehrgeiz kennt keine Grenzen; **to overstep the ~** zu weit gehen ② *of person* Grenze[n] *f*[*pl*]; **to know one's ~s** seine Grenzen kennen; **to reach one's ~** an seine Grenze[n] kommen ③ (*restriction*) Beschränkung *f; of blood alcohol*

Promillegrenze *f;* **age ~** Altersgrenze *f;* **speed ~** [zulässige] Höchstgeschwindigkeit ④ MATH (*value*) Grenzwert *m* ▶ PHRASES: **to be the ~** die Höhe sein; **to be off ~s [to sb]** [für jdn] gesperrt sein **II.** *vt* ① (*reduce*) einschränken ② (*restrict*) einschränken, begrenzen (**to** auf +*akk*); ■ **to ~ oneself to sth** sich auf etw *akk* beschränken

lim·i·ta·tion [ˌlɪmɪˈteɪʃᵊn] *n* ① *no pl* Begrenzung *f,* Beschränkung *f* ② *usu pl* (*shortcomings*) ■ **~s** Grenzen *pl*

lim·it·ed [ˈlɪmɪtɪd, AM -t̬-] *adj* ① (*restricted*) begrenzt; **she's had very ~ movement in her legs since the accident** seit dem Unfall kann sie ihre Beine nur sehr eingeschränkt bewegen ② (*having limits*) begrenzt (**to** auf +*akk*)

lim·it·ed ˈcom·pa·ny *n* BRIT ≈ Gesellschaft *f* mit beschränkter Haftung

lim·it·less [ˈlɪmɪtləs] *adj* grenzenlos

limo [ˈlɪməʊ, AM -moʊ] *n* (*fam*) *short for* **limousine** [Luxus]limousine *f*

lim·ou·sine [ˌlɪməˈziːn] *n* ① (*car*) [Luxus]limousine *f* ② AM, AUS (*van*) Kleinbus *m*

limp¹ [lɪmp] **I.** *vi* hinken; (*fig*) mit Müh und Not vorankommen **II.** *n no pl* Hinken *nt;* **to walk with a ~** hinken

limp² [lɪmp] *adj* ① (*not stiff*) schlaff; *cloth, material* weich; *leaves, flowers* welk ② (*weak*) schlapp; *efforts* halbherzig; *handshake* lasch; *response* schwach; *voice* matt

lim·pet [ˈlɪmpɪt] *n* ① (*shell*) Napfschnecke *f* ② AM (*mine*) Haftmine *f*

lim·pid [ˈlɪmpɪd] *adj eyes, water* klar

limy [ˈlaɪmi] *adj* kalkhaltig

linch·pin [ˈlɪn(t)ʃpɪn] *n* ① (*pin*) Achsnagel *m* ② (*essential*) Stütze *f,* das A und O *fam*

lin·den [ˈlɪndən] *n esp* AM Linde *f*

line¹ [laɪn] **I.** *n* ① (*mark, contour*) SPORTS Linie *f;* **dividing ~** Trennungslinie *f;* **straight ~** gerade Linie; MATH Gerade *f* ② (*wrinkle*) Falte *f* ③ (*boundary*) Grenze *f;* **to cross the ~** die Grenze überschreiten *fig,* zu weit gehen ④ (*cord*) Leine *f;* (*string*) Schnur *f* ⑤ TELEC [Telefon]leitung *f;* (*connection*) Anschluss *m;* **please hold the ~!** bitte bleiben Sie am Apparat! ⑥ COMPUT **to go on~** online gehen ⑦ (*of words, poem*) Zeile *f;* **to drop sb a ~** jdm ein paar Zeilen schreiben ⑧ (*row*) Reihe *f;* **to be first in ~** an erster Stelle stehen; (*fig*) ganz vorne dabei sein ⑨ *esp* AM (*queue*) Schlange *f;* **to get in ~** sich anstellen ⑩ (*range*) Sortiment *nt;* FASHION Kollektion *f* ▶ PHRASES: **right down the ~** voll und ganz; **to put sth on the ~** etw aufs Spiel setzen **II.** *vt* ① *usu passive* (*mark*) ■ **to be ~d** *paper* liniert sein ② (*make rows*) **to ~ the streets** die Straßen säumen *geh* ◆ **line up I.** *vt* ① (*put in row*) ■ **to ~ up** ⟳ **sth** etw in einer Reihe aufstellen ② (*organize*) **have you got anyone ~d up to do the catering?** haben Sie jemanden für das Catering engagiert? **II.** *vi* ① (*stand in row*) sich [in einer Reihe] aufstellen; MIL, SPORTS antreten ② AM (*wait*) sich anstellen

line² [laɪn] *vt* ① (*cover*) *clothing* füttern; *drawers* von innen auslegen; *pipes* auskleiden ② (*fam: fill*) **to ~ one's pockets [with sth]** sich *dat* die Taschen [mit etw *dat*] füllen

lin·eage [ˈlɪniɪdʒ] *n* Abstammung *f*

lin·eal [ˈlɪniəl] *adj descent* direkt

lin·ear [ˈlɪniəʳ, AM -ɚ] *adj* ① (*of line*) Linien- ② (*of length*) Längen- ③ (*sequential*) geradlinig

lin·ear eˈqua·tion *n* MATH lineare Gleichung

lin·en [ˈlɪnɪn] *n no pl* Leinen *nt;* **bed ~** Bettwäsche *f*

ˈlin·en bas·ket *n* Wäschekorb *m*

lin·er [ˈlaɪnəʳ, AM -ɚ] *n* ① (*lining*) Einsatz *m;* **[dust]bin** [*or* AM **garbage can**] **~** Müllsack *m* ② NAUT Liniendampfer *m;* **ocean ~** Ozeandampfer *m*

ˈlines·man *n* SPORTS Linienrichter *m*

ˈline-up *n* ① *of performers* Besetzung *f* ② SPORTS [Mannschafts]aufstellung *f;* (*in baseball*) Lineup *f fachspr* ③ *esp* AM LAW Gegenüberstellung *f*

lin·ger [ˈlɪŋgəʳ, AM -ɚ] *vi* ① (*remain*) **the smell ~ed in the kitchen for days** der Geruch hing tagelang in der Küche; **to ~ in the memory** im Gedächtnis bleiben ② (*persist*) anhalten

lin·gerie [ˈlɛ̃(n)ʒᵊri, AM ˌlɑːnʒəˈreɪ, -ri] *n no pl* [Damen]unterwäsche *f*

lin·ger·ing [ˈlɪŋgᵊrɪŋ, AM -gɚ-] *adj attr* ① (*lasting*) verbleibend; *fears* [fort]bestehend; *regrets* nachhaltig; *suspicion* [zurück]bleibend; **I still have ~ doubts** ich habe noch immer so meine Zweifel ② (*long*) lang, ausgedehnt; *death* schleichend; *illness* langwierig; *kiss* innig

lin·go <*pl* -s *or* -es> [ˈlɪŋgəʊ, AM -goʊ] *n* (*usu hum fam*) ① (*language*) Sprache *f* ② (*jargon*) Jargon *m;* (*specialized*) Kauderwelsch *nt*

lin·gua fran·ca <*pl* -s> [ˌlɪŋgwəˈfræŋkə] *n* Verkehrssprache *f,* Lingua Franca *f geh*

lin·guist [ˈlɪŋgwɪst] *n* ① (*scientist*) Linguist(in) *m(f)* ② (*speaker*) Sprachkundige(r) *f(m)*

lin·guis·tic [lɪŋˈgwɪstɪk] *adj* sprachlich; *science* linguistisch

L

lin·guis·tics [lɪŋˈgwɪstɪks] *n + sing vb* die Sprachwissenschaft

lini·ment [ˈlɪnɪmənt] *n no pl* MED Einreibemittel *nt*

lin·ing [ˈlaɪnɪŋ] *n* ① *(fabric)* Futter *nt; of coat* Innenfutter *nt; of dress* Unterrock *m* ② *of stomach* Magenschleimhaut *f; of digestive tract* Darmschleimhaut *f; of brake* Bremsbelag *m*

link [lɪŋk] **I.** *n* ① *(connection)* Verbindung *f* (**between** zwischen *+dat*); *(between people, nations)* Beziehung *f* (**between** zwischen *+dat*) ② INET, COMPUT Link *m fachspr* ③ *of chain* [Ketten]glied *nt;* ~ **in a chain [of events]** *(fig)* Glied *nt* in der Kette [der Ereignisse] **II.** *vt* ① *(connect)* verbinden ② *(clasp)* **to ~ arms** sich unterhaken; **to ~ hands** sich an den Händen fassen **III.** *vi* sich zusammenfügen lassen

ˈlink·man *n* BRIT RADIO, TV Moderator *m*

links [lɪŋks] *npl (golf course)* Golfplatz *m*

ˈlink-up *n* Verbindung *f* (**between** zwischen *+dat*)

link·wom·an *n* BRIT RADIO, TV Moderatorin *f*

lin·net [ˈlɪnɪt] *n* ORN [Blut]hänfling *m*

li·no·leum [lɪˈnəʊliəm, AM -ˈnoʊ-] *n no pl* Linoleum *nt*

lin·seed [ˈlɪnsiːd] *n no pl* Leinsamen *m*

lin·seed ˈoil *n no pl* Leinöl *nt*

lint [lɪnt] *n no pl* ① MED Mull *m* ② *(fluff)* Fussel *f,* Fluse *f* NORDD

lin·tel [ˈlɪntəl, AM -t̬əl] *n* Sturz *m; of door* Türsturz *m; of window* Fenstersturz *m*

lion [ˈlaɪən] *n* ① Löwe *m* ② ASTROL Löwe *m* ▶ PHRASES: **the ~'s den** die Höhle des Löwen; **the ~'s share** der Löwenanteil

li·on·ess <*pl* -es> [ˈlaɪənes] *n* Löwin *f*

lion-ˈheart·ed *adj (liter)* furchtlos

li·on·ize [ˈlaɪənaɪz] *vt* **■to ~ sb** jdn feiern

lip [lɪp] *n* ① Lippe *f* ② *(rim)* Rand *m; of pitcher* Schnabel *m* ③ *no pl (fam: cheek)* Unverschämtheiten *pl*

ˈlip balm *n* Lippenpflege *f* **ˈlip·gloss** *n no pl* Lipgloss *m* **ˈlip·lin·er** *n* [Lippen]konturenstift *m*

lipo·suc·tion [ˈlɪpə(ʊ),sʌkʃən, AM -poʊ,-] *n no pl* Fettabsaugen *nt*

ˈlip-read <-read, -read> **I.** *vi* von den Lippen ablesen **II.** *vt* **■to ~ sb** jdm von den Lippen ablesen **ˈlip·salve** *n no pl* BRIT ① *(cream)* Lippenpflege *f* ② *(stick)* Lippenpomade *f* **ˈlip ser·vice** *n no pl (pej)* Lippenbekenntnis *nt;* **to pay ~ to sth** ein Lippenbekenntnis zu etw *dat* ablegen **ˈlip·stick** *n no pl* Lippenstift *m*

liq·ue·fy <-ie-> [ˈlɪkwɪfaɪ] **I.** *vt* ① CHEM verflüssigen ② FIN *assets* verfügbar machen **II.** *vi* CHEM sich verflüssigen

li·queur [lɪˈkjʊəʳ, AM -ˈkɜːr] *n* Likör *m*

liq·uid [ˈlɪkwɪd] **I.** *adj* ① *(watery)* flüssig, Flüssig-; **~ soap** Seifenlotion *f* ② *(clear) eyes* glänzend; *lustre* schimmernd ③ *attr* CHEM *hydrogen, oxygen* verflüssigt ④ FIN [frei] verfügbar **II.** *n* Flüssigkeit *f*

liq·ui·date [ˈlɪkwɪdeɪt] **I.** *vt* ① ECON, FIN *company, firm* auflösen; *assets* verfügbar machen; *debts* tilgen ② *(kill)* **■to ~ sb** jdn liquidieren *geh* **II.** *vi* ECON liquidieren

liq·ui·da·tion [ˌlɪkwɪˈdeɪʃən] *n* ① FIN *of company, firm* Auflösung *f; of debts* Tilgung *f;* **to go into ~** in Liquidation gehen ② *(killing)* Liquidierung *f geh*

liq·uid ˈban·dage *n* MED Wundkleber *m* **li·quid crys·tal ˈtele·vi·sion** *n* Fernseher *m* mit LCD-Flachbildschirm

liq·uid·ity [lɪˈkwɪdəti, AM -əţi] *n no pl* ① CHEM Flüssigkeit *f* ② FIN Liquidität *f fachspr*

liq·uid·ize [ˈlɪkwɪdaɪz] *vt food* pürieren

liq·uid·iz·er [ˈlɪkwɪdaɪzəʳ, AM -ɚ] *n* Mixgerät *nt,* Mixer *m*

li·quid ˈsoap *n no pl* Flüssigseife *f*

liq·uor [ˈlɪkəʳ, AM -ɚ] **I.** *n no pl* Alkohol *m;* **he can't hold his ~** er verträgt keinen Alkohol; **hard ~** Schnaps *m* **II.** *vi* AM *(fam)* **■to ~ up** sich besaufen

liq·uo·rice *n no pl* ① *(food)* Lakritze *f* ② *(plant)* Süßholz *nt*

Lis·bon [ˈlɪzbən] *n* Lissabon *nt*

lisp [lɪsp] **I.** *n* Lispeln *nt kein pl* **II.** *vi, vt* lispeln

lis·som(e) [ˈlɪsəm] *adj (liter) person* graziös; *animal* geschmeidig

list [lɪst] **I.** *n* Liste *f;* **~ of names** Namensliste *f; (in books)* Namensverzeichnis *nt;* **shopping ~** Einkaufszettel *m;* **to put sb/sth on a ~** jdn/etw auf eine Liste setzen **II.** *vt* auflisten; **to be ~ed in the phone book** im Telefonbuch stehen

Falsche Freunde

Nicht verwechseln mit List *f — cunning*!

list·en [ˈlɪsən] **I.** *vi* ① *(hear)* zuhören; **■to ~ to sb/sth** jdm/etw zuhören; **~ to this!** hör dir das an! *fam;* **to ~ carefully** [ganz] genau zuhören; **to ~ to the radio** Radio hören ② *(heed)* zuhören; **don't ~ to them** hör nicht auf sie ③ *(attempt to hear)* **will you ~ [out] for the phone?** könntest du bitte aufpassen, ob das Telefon klingelt? **II.** *n no pl* **have a ~ to this!** hör dir das an! ◆**listen in** *vi (secretly)* mithören; *(without participating)* mitanhören; *(to radio)* hören

list·en·er [ˈlɪsənəʳ, AM -ɚ] *n* ① *(in conver-*

sation) Zuhörer(in) *m(f)* ② (*at lecture, concert*) Hörer(in) *m(f);* (*to radio*) [Radio]hörer(in) *m(f)*

lis·teria [lɪ'stɪəriə, AM -'stɪr-] *n no pl* MED Listeria *f*

list·ing ['lɪstɪŋ] *n* ① (*inventory*) Auflistung *f* ② (*entry in inventory*) Eintrag *m* ③ (*programme*) ■ **~s** *pl* Veranstaltungskalender *m;* **television ~s** Fernsehprogramm *nt*

list·less ['lɪs(t)ləs] *adj* ① (*unenergetic*) *person* teilnahmslos; (*fig*) *economy* stagnierend ② (*unenthusiastic*) lustlos; *performance* ohne Schwung *nach n,* schlaff

lit [lɪt] *vi, vt pt, pp of* **light**

lita·ny ['lɪtəni] *n* REL Litanei *f a. fig*

li·tchi *n* FOOD *see* **lychee**

lite [laɪt] *adj* (*fam*) *literature, TV* leicht *pej,* anspruchslos *pej*

li·ter *n* AM *see* **litre**

lit·era·cy ['lɪtərəsi, AM -t̬ɚ-] *n no pl* Lese- und Schreibfähigkeit *f;* **computer ~** Computerkenntnisse *pl*

lit·er·al ['lɪtərəl, AM -t̬ɚ-] *adj* ① (*word-for-word*) wörtlich; **~ meaning/sense** eigentliche Bedeutung ② (*unexaggerated*) buchstäblich, im wahrsten Sinne des Wortes *präd; truth* rein

lit·er·al·ly ['lɪtərəli, AM -t̬ɚ-] *adv* ① (*word-for-word*) [wort]wörtlich ② (*actually*) buchstäblich; **~ speaking** ungelogen

lit·er·ary ['lɪtərəri, AM -t̬ɚeri] *adj attr criticism, prize* Literatur-; *language, style* literarisch; **~ career** Schriftstellerkarriere *f*

lit·er·ary 'criti·cism *n no pl* Literaturkritik *f*

lit·er·ate ['lɪtərət, AM -t̬ɚ-] *adj* ① (*able to read and write*) ■ **to be ~** lesen und schreiben können ② (*well-educated*) gebildet; **to be computer-~** sich mit Computern auskennen

lit·era·ture ['lɪtrətʃəʳ, AM -t̬ɚətʃɚ] *n no pl* ① (*works*) Literatur *f;* **nineteenth-century ~** die Literatur des 19. Jahrhunderts ② (*specialized*) Fachliteratur *f* (**on, about** über +*akk*) ③ (*printed matter*) Informationsmaterial *nt*

lithe [laɪð] *adj* geschmeidig

lith·ium ['lɪθiəm] *n no pl* Lithium *nt*

litho·graph ['lɪθə(ʊ)grɑːf, AM -əgræf] **I.** *n* Lithographie *f* **II.** *vt* lithographieren

li·thog·ra·phy [lɪ'θɒgrəfi, AM -'θɑːg-] *n no pl* Lithographie *f*

Lithua·nia [ˌlɪθju'eɪniə, AM -θu'-] *n* Litauen *nt*

Lithua·nian [ˌlɪθju'eɪniən, AM -θu'-] **I.** *n* ① (*person*) Litauer(in) *m(f)* ② *no pl* (*language*) Litauisch *nt* **II.** *adj* litauisch

liti·gant ['lɪtɪgənt, AM -t̬-] *n* prozessführende Partei

liti·gate ['lɪtɪgeɪt, AM -t̬-] **I.** *vi* prozessieren **II.** *vt* ■ **to ~ sth** um etw *akk* prozessieren

liti·ga·tion [ˌlɪtɪ'geɪʃən, AM -t̬-] *n no pl* Prozess *m*

li·ti·gious [lɪ'tɪdʒəs] *adj* LAW prozessfreudig *iron*

lit·mus ['lɪtməs] *n no pl* Lackmus *m o nt*

'lit·mus pa·per *n no pl* Lackmuspapier *nt*

'lit·mus test *n* ① CHEM Lackmustest *m* ② (*fig: indication*) entscheidendes [An]zeichen (**of** für +*akk*)

li·tre *n* Liter *m o nt;* **two ~s [of milk]** zwei Liter [Milch]

lit·ter ['lɪtəʳ, AM -t̬ɚ] **I.** *n* ① *no pl* (*trash*) Müll *m,* Abfall *m* ② *no pl* (*disorder*) Durcheinander *nt* ③ + *sing/pl vb* ZOOL Wurf *m;* **~ of kittens** Wurf *m* kleiner Kätzchen **II.** *vt* ① (*make untidy*) **dirty clothes ~ed the floor** dreckige Wäsche lag über den Boden verstreut ② *usu passive* (*fig: fill*) ■ **to be ~ed with sth** mit etw *dat* übersät sein

'lit·ter·bug, 'lit·ter lout *n* BRIT (*fam*) Schmutzfink *m* **'lit·ter tray** *n* Katzenklo *nt*

lit·tle ['lɪtl̩, AM -t̬-] **I.** *adj* ① (*small*) klein; (*for emphasis*) richtige(r, s), kleine(r, s) ② (*young*) klein; **~ sister** kleine Schwester ③ *attr distance* kurz; *duration* wenig, bisschen **II.** *adv* ① (*somewhat*) ■ **a ~** ein wenig ② (*hardly*) wenig; **~ did she know that ...** sie hatte ja keine Ahnung davon, dass ...; **~ more than an hour ago** vor kaum einer Stunde **III.** *pron sing* ① (*small quantity*) ■ **a ~** ein wenig (**of** von +*dat*) ② (*not much*) wenig; **as ~ as possible** möglichst wenig; **the ~ ...** das wenige ... ③ (*short time*) **it's a ~ after six** es ist kurz nach sechs ▸ PHRASES: **precious ~** herzlich wenig

li·tur·gi·cal [lɪ'tɜːdʒɪkəl, AM -'tɜːr-] *adj* liturgisch

lit·ur·gy ['lɪtɜːdʒi, AM 'lɪt̬ɚ-] *n* Liturgie *f*

live¹ [laɪv] **I.** *adj* ① *attr* (*living*) lebend; **~ animals** echte Tiere ② MUS, RADIO, TV live; **~ broadcast** Liveübertragung *f* ③ ELEC geladen; **~ wire** Hochspannungskabel *nt* ④ (*unexploded*) scharf **II.** *adv* MUS, RADIO, TV live

live² [lɪv] **I.** *vi* ① (*be alive*) leben; **will she ~?** wird sie überleben? ② (*spend life*) leben; **to ~ in fear/luxury** in Angst/Luxus leben ③ (*subsist*) leben (**by** von +*dat*) ④ (*reside*) wohnen; **where do you ~?** wo wohnst du?; **to ~ in the country** auf dem Land wohnen ▸ PHRASES: **you'll ~ to regret that!** das wirst du noch bereuen! **II.** *vt* **to ~ [one's] life to the full** das Leben in vollen Zügen genießen; **to ~ one's own**

life sein eigenes Leben leben ▸ PHRASES: **to ~ a lie** mit einer Lebenslüge leben

Aussprache

Die Aussprache von **live** ändert sich entsprechend der Bedeutung:

live	[laɪv]	(*lebend*)
live	[lɪv]	(*leben*)

◆**live down** *vt* ■**to ~ down** ⟲ **sth** über etw *akk* hinwegkommen; *mistakes* über etw *akk* Gras wachsen lassen ◆**live for** *vi* ■**to ~ for sth** für etw *akk* leben ▸ PHRASES: **to ~ for the moment** ein sorgloses Leben führen ◆**live in** *vi* [mit] im selben Haus wohnen; *student, nurse* im Wohnheim wohnen ◆**live off**, AM *a.* **live off of** *vi* ❶ (*depend*) ■**to ~ off sb** auf jds Kosten leben ❷ (*support oneself*) ■**to ~ off sth** *inheritance, pension* von etw *dat* leben ◆**live on** *vi* ❶ (*continue*) weiterleben; *tradition* fortbestehen; **to ~ on in memory** in Erinnerung bleiben ❷ (*support oneself*) ■**to ~ on sth** von etw *dat* leben ◆**live out** *vt* **to ~ out** ⟲ **one's dreams** seine [Wunsch]träume verwirklichen; **to ~ out** ⟲ **one's days** seine Tage verbringen ◆**live through** *vi* überstehen; **to ~ through an experience** eine Erfahrung durchmachen ◆**live together** *vi* zusammenleben; *residents* zusammenwohnen ◆**live up** *vt* **to ~ it up** (*fam*) die Puppen tanzen lassen *fam* ◆**live up to** *vi* **to ~ up to sb's expectations** jds Erwartungen gerecht werden; **to ~ up to one's reputation** seinem Ruf gerecht werden ◆**live with** *vi* ❶ (*cohabit*) zusammenleben ❷ (*tolerate*) sich abfinden (mit +*dat*)

live·li·hood [ˈlaɪvlihʊd] *n* Lebensunterhalt *m;* **to lose one's ~** seine Existenzgrundlage verlieren

live·li·ness [ˈlaɪvlinəs] *n no pl of story* Lebendigkeit *f; of person* Lebhaftigkeit *f*

live·ly [ˈlaɪvli] *adj* ❶ (*energetic*) lebhaft; *child, eyes, tune* munter; *nature* aufgeweckt; *imagination* rege(r, s); *mind* wach; **~ place** *ein Ort, an dem immer etwas los ist* ❷ (*bright*) *colour* hell; (*garish*) grell ❸ (*enduring*) *tradition* lebendig ❹ (*brisk*) rege; *pace* flott

liv·en [ˈlaɪvᵊn] **I.** *vt* ■**to ~ up** ⟲ **sth** Leben in etw *akk* bringen; **to ~ up a room** ein Zimmer etwas aufpeppen *fam;* ■**to ~ up** ⟲ **sb** jdn aufmuntern **II.** *vi* ■**to ~ up** *person* aufleben; *party, sports match* in Schwung kommen

liv·er [ˈlɪvəʳ, AM -ɚ] *n* Leber *f*

ˈliv·er com·plaint *n* Leberschaden *m*

liv·er·ish [ˈlɪvᵊrɪʃ, AM -ɚɪʃ] *adj* ❶ (*ill*) leberkrank ❷ (*peevish*) übellaunig

ˈliv·er sau·sage *n no pl* Leberwurst *f*

liv·ery [ˈlɪvᵊri] *n* ❶ FASHION Livree *f* ❷ (*design*) Firmenfarben *pl*

lives [laɪvz] *n pl of* **life**

ˈlive·stock *n no pl* Vieh *nt*

liv·id [ˈlɪvɪd] *adj* (*fam*) wütend; **absolutely ~** fuchsteufelswild *fam*

liv·ing [ˈlɪvɪŋ] **I.** *n* ❶ *usu sing* (*livelihood*) Lebensunterhalt *m;* **to do sth for a ~** mit etw *dat* seinen Lebensunterhalt verdienen ❷ *no pl* (*lifestyle*) Lebensstil *m;* **standard of ~** Lebensstandard *m* ❸ *pl* ■**the ~** die Lebenden *pl* **II.** *adj* ❶ (*alive*) lebend *attr;* **we didn't see a ~ soul on the streets** wir sahen draußen auf der Straße keine Menschenseele; **~ creatures** Lebewesen *pl* ❷ (*used*) lebendig; *language* lebend ▸ PHRASES: **to scare the ~ daylights out of sb** jdn zu Tode erschrecken; **to be in ~ memory** [noch] in [lebendiger] Erinnerung sein

ˈliv·ing con·di·tions *n* Lebensbedingungen *pl* **ˈliv·ing quar·ters** *npl* Wohnbereich *m;* MIL Quartier *nt* **ˈliv·ing room** *n* Wohnzimmer *nt* **ˈliv·ing space** *n no pl* (*for personal accommodation*) Wohnraum *m;* (*for nation*) Lebensraum *m* **liv·ing ˈwage** *n no pl* Existenzminimum *nt*

liz·ard [ˈlɪzəd, AM -ɚd] **I.** *n* Eidechse *f* **II.** *adj attr* aus Eidechsenleder *nach n*

lla·ma [ˈlɑːmə] *n* Lama *nt*

load [ləʊd, AM loʊd] **I.** *n* ❶ (*amount carried*) Ladung *f;* **the maximum ~ for this elevator is eight persons** der Aufzug hat eine Tragkraft von maximal acht Personen ❷ (*burden*) Last *f* ❸ (*fam: lots*) **a ~ of work** ein Riesenberg *m* an Arbeit; (*plenty*) ■**~s** jede Menge ▸ PHRASES: **get a ~ of this!** (*fam*) hör dir das an! **II.** *adv* ■**~s** *pl* (*fam*) tausendmal *fam* **III.** *vt* ❶ (*fill*) laden; *container* beladen; *dishwasher* einräumen; *washing machine* füllen ❷ (*fig: burden*) aufladen; **to ~ sb with responsibilities** jdm sehr viel Verantwortung aufladen ❸ (*insert*) *cassette, film* einlegen **IV.** *vi* [ver]laden ◆**load down** *vt thing* schwer beladen; *person* zu viel aufbürden +*dat* ◆**load up** **I.** *vt* aufladen; **let's ~ up the car and then we can go** lass uns schnell die Sachen ins Auto laden, dann können wir gehen; **to ~ up** ⟲ **a container** einen Container beladen **II.** *vi* beladen

load·ed [ˈləʊdɪd, AM ˈloʊd-] *adj* ❶ (*carrying*) beladen ❷ *gun* geladen ❸ (*excessive*) überladen (**with** mit +*dat*); **to be ~ with calories** eine Kalorienbombe sein ❹ *pred* (*fam: rich*) steinreich ⑤ *pred esp* AM (*fam: drunk*) besoffen *fam* ⑥ (*biased*) ~ **question** Fangfrage *f*

load·stone *n see* **lodestone**

loaf[1] <*pl* loaves> [ləʊf, AM loʊf] *n* ① (*bread*) Brot *nt;* (*unsliced a.*) Brotlaib *m* ② (*bread-shaped*) Kasten-

loaf[2] [ləʊf, AM loʊf] *vi* faulenzen; **to ~ about** herumgammeln *fam*

loaf·er ['ləʊfəʳ, AM 'loʊfɚ] *n* ① (*person*) Faulenzer(in) *m(f) pej* ② FASHION ■~® [leichter] Halbschuh

loam [ləʊm, AM loʊm] *n no pl* ① (*soil*) Lehmerde *f* ② (*for bricks*) Lehm *m*

loan [ləʊn, AM loʊn] **I.** *n* ① (*money*) Kredit *m;* **to take out a ~** ein Darlehen aufnehmen ② (*act*) Ausleihe *f kein pl,* Verleihen *nt kein pl;* **to be on ~** verliehen sein **II.** *vt* leihen

'loan·word *n* Lehnwort *nt*

loath [ləʊθ, AM loʊθ] *adj pred* ■**to be ~ to do sth** etw ungern tun

loathe [ləʊð, AM loʊð] **I.** *adj* AM *see* **loath II.** *vt thing* nicht ausstehen können; *person* verabscheuen

loath·ing ['ləʊðɪŋ, AM 'loʊð-] *n no pl* (*hate*) Abscheu *m;* (*hatred*) Hass *m;* **to fill sb with ~** jdn mit Ekel erfüllen; **to have a ~ for sb/sth** jdn/etw verabscheuen

loath·some ['ləʊðsəm, AM 'loʊð-] *adj* abscheulich; *suggestion, action* abstoßend

loaves [ləʊvz, AM loʊvz] *n pl of* **loaf**

lob [lɒb, AM lɑːb] **I.** *vt* <-bb-> lobben; **to ~ a ball** im Lob spielen **II.** *n* ① (*ball*) Lob *m* ② (*stroke*) Lobspiel *nt kein pl*

lob·by ['lɒbi, AM 'lɑːbi] **I.** *n* ① ARCHIT Eingangshalle *f;* **hotel ~** Hotelfoyer *nt* ② POL Lobby *f* **II.** *vi* <-ie-> ■**to ~ for/against sth** seinen Einfluss [mittels eines Interessensverbandes] für/gegen etw *akk* geltend machen **III.** *vt* <-ie-> ■**to ~ sb/sth [to do sth]** jdn/etw beeinflussen[, etw zu tun]

lob·by·ist ['lɒbiɪst, AM 'lɑːb-] *n* Lobbyist(in) *m(f)*

lobe [ləʊb, AM loʊb] *n* Lappen *m; of brain* Gehirnlappen *m; of liver* Leberlappen *m; of ear* Ohrläppchen *nt*

lob·ster ['lɒbstəʳ, AM 'lɑːbstɚ] *n* Hummer *m*

'lob·ster pot *n* Hummerfangkorb *m*

lo·cal ['ləʊkəl, AM 'loʊ-] **I.** *adj* ① (*neighbourhood*) hiesig, örtlich; **~ politics** Kommunalpolitik *f;* **~ radio station** Lokalsender *m;* **~ branch** Filiale *f; of bank, shop* Zweigstelle *f* ② MED lokal **II.** *n* ① *usu pl* (*inhabitant*) Ortsansässige(r) *f(m)* ② BRIT (*fam: pub*) Stammkneipe *f* ③ AM (*trade union*) örtliches Gewerkschaftsbüro

lo·cal an·aes·'thet·ic *n* örtliche Betäubung

lo·cal au'thor·ity *n* BRIT *of community* Kommunalverwaltung *f; of city* Stadtverwaltung *f* **'lo·cal call** *n* Ortsgespräch *nt*

lo·cale [lə(ʊ)'kɑːl, AM loʊ'kæl] *n* Örtlichkeit *f*

lo·cal 'gov·ern·ment *n of towns* Stadtverwaltung *f; of counties* Bezirksverwaltung *f*

lo·cal·ity [lə(ʊ)'kæləti, AM loʊ'kæləṭi] *n* Gegend *f*

lo·cali·za·tion [ˌləʊkəlaɪ'zeɪʃən, AM ˌloʊkəlɪ'-] *n no pl* Lokalisation *f*

lo·cal·ize ['ləʊkəlaɪz, AM 'loʊ-] *vt* ① (*pinpoint*) lokalisieren *geh* ② (*give local characteristics*) etw örtlich genau definieren

lo·cal 'news·pa·per *n* Lokalblatt *nt* **'lo·cal time** *n* Ortszeit *f* **lo·cal 'train** *n* Nahverkehrszug *m*

lo·cate [lə(ʊ)'keɪt, AM 'loʊ-] **I.** *vt* ① (*find*) ausfindig machen; *plane, sunken ship* orten ② (*situate*) bauen; **our office is ~d at the end of the road** unser Büro befindet sich am Ende der Straße; **to be centrally ~d** zentral liegen **II.** *vi* AM sich niederlassen

lo·ca·tion [lə(ʊ)'keɪʃən, AM loʊ'-] *n* ① (*place*) Lage *f; company* Standort *m* ② FILM Drehort *m* ③ *no pl* (*act*) Positionsbestimmung *f; of tumour* Lokalisierung *f*

loc. cit. [ˌlɒk'sɪt, AM ˌlɑːk'-] *abbrev of* **loco citato** l.c. *geh,* a.a.O.

loch [lɒk, *Scot* lɒx] *n* SCOT ① (*lake*) See *m* ② (*fjord*) Meeresarm *m*

Land und Leute

Das **Loch Ness Monster** ist ein riesiges, unbekanntes Wesen, das angeblich in den Gewässern des **Loch Ness** im Nordosten Schottlands lebt. Es soll eine Art Wasserdinosaurier mit einem langen wellenförmigen Schwanz sein. Einige Leute behaupten, das Ungeheuer gesehen zu haben, obwohl es bis heute keinen wirklich ernst zu nehmenden Nachweis dafür gibt. Geschichten darüber gibt es schon seit dem 6. Jh.

lock[1] [lɒk, AM lɑːk] **I.** *n* ① (*fastener*) Schloss *nt;* **bicycle ~** Fahrradschloss *nt* ② NAUT Schleuse *f* ③ (*wrestling*) Fesselgriff *m* ▸PHRASES: **to be under ~ and key** hinter Schloss und Riegel sitzen *fam* **II.** *vt* ① (*fasten*) abschließen; *suitcase* verschließen ② *usu passive* (*entangle*) sich verhaken; **to be ~ed in an embrace** sich eng umschlungen halten **III.** *vi* ① (*become secured*) schließen ② (*become fixed*) binden ◆**lock away** *vt* ① (*secure*) wegschließen ② **imprison** einsperren *fam;* ■**to ~ oneself away [in one's office]** sich [in seinem Büro] einschließen ◆**lock in** *vt* einschließen ◆**lock on** *vi* MIL **to ~ on to a target** ein genaues Ziel ausmachen ◆**lock out** *vt* aussperren ◆**lock up I.** *vt* ① (*shut, secure*) abschließen; *documents, money* wegschließen ② (*put in custody*) ■**to ~ up** ↻ **sb** LAW jdn einsperren *fam;* MED jdn in eine geschlossene Anstalt bringen **II.** *vi* abschließen, zuschließen

lock² [lɒk, AM lɑ:k] *n* (*curl*) [Haar]locke *f*

lock·er ['lɒkəʳ, AM 'lɑ:kɚ] *n* Schließfach *nt;* MIL, SCH, SPORTS Spind *m*

lock·et ['lɒkɪt, AM 'lɑ:k-] *n* Medaillon *nt*

'lock·jaw *n no pl* Wundstarrkrampf *m*

'lock·out *n* Aussperrung *f* **'lock·smith** *n* Schlosser(in) *m(f)* **'lock-up** *n* ① (*jail*) Gefängnis *nt;* (*for drunks*) Ausnüchterungszelle *f* ② *esp* BRIT (*garage*) [angemietete] Garage

lo·co·mo·tion [ˌləʊkə'məʊʃᵊn, AM ˌloʊkə'moʊ-] *n no pl* Fortbewegung *f*

lo·co·mo·tive [ˌləʊkə'məʊtɪv, AM ˌloʊkə'moʊt̬-] **I.** *n* Lokomotive *f* **II.** *adj attr* Fortbewegungs-

lo·cum, lo·cum te·nens <*pl* -tenentes> [ˌləʊkəm'tenenz, AM ˌloʊkəm'ti:-, *pl* -tɪ'nenti:z] *n* Vertreter(in) *m(f)* (*eines Arztes oder Geistlichen*)

lo·cus <*pl* -ci> ['ləʊkəs, AM 'loʊ-, *pl* -saɪ] *n* ① (*form: location*) Zentrale *f* ② MATH geometrischer Ort ③ BIOL Genort *m*

lo·cust ['ləʊkəst, AM 'loʊ-] *n* Heuschrecke *f*

lo·cu·tion [lə(ʊ)'kju:ʃᵊn, AM loʊ'-] *n* ① *no pl* (*style of speech*) Ausdrucksweise *f* ② (*expression*) Redensart *f*

lode [ləʊd, AM loʊd] *n* MIN Ader *f a. fig*

'lode·star *n* ① (*star*) Leitstern *m;* (*Pole Star*) Polarstern *m* ② (*guide*) Leitbild *nt*

'lode·stone *n no pl* Magnetit *m*

lodge [lɒdʒ, AM lɑ:dʒ] **I.** *n* ① (*house*) Hütte *f;* **gatekeeper's ~** Pförtnerhaus *nt* ② (*in resort*) Lodge *f* ③ (*meet*) Loge *f* **II.** *vt* ① (*submit*) *objection, complaint* einlegen; *protest* erheben ② (*fix*) hineinstoßen ③ (*accommodate*) ■**to ~ sb** jdn [bei sich *dat*] unterbringen **III.** *vi* ① (*become fixed*) stecken bleiben ② (*live*) logieren, [zur Untermiete] wohnen (**with** bei +*dat*)

lodg·er ['lɒdʒəʳ, AM 'lɑ:dʒɚ] *n* Untermieter(in) *m(f);* **to take in ~s** Zimmer [unter]vermieten

lodg·ing ['lɒdʒɪŋ, AM 'lɑ:dʒ-] *n no pl* Unterkunft *f;* **board and ~** Kost und Logis *f*

'lodg·ing house *n* Pension *f*

loft [lɒft, AM lɑ:ft] *n* ① (*attic*) Speicher *m,* Estrich *m* SCHWEIZ; (*for living*) Dachwohnung *f,* Loft *m* ② (*in church*) **organ/choir ~** Empore *f* (*für die Orgel/den [Kirchen]chor*) ③ (*cote*) Taubenschlag *m*

lofty ['lɒfti, AM 'lɑ:fti] *adj* ① (*high*) hoch [aufragend]; *heights* schwindelnd ② (*noble*) erhaben; *aims* hochgesteckt; *ambitions* hochfliegend; *ideals* hohe(r, s)

log¹ [lɒg, AM lɑ:g] *n short for* **logarithm** Logarithmus *m*

log² [lɒg, AM lɑ:g] **I.** *n* ① (*branch*) [gefällter] Baumstamm; (*trunk*) [Holz]block *m;* (*firewood*) [Holz]scheit *nt* ② (*record*) NAUT Logbuch *nt;* AVIAT Bordbuch *nt* ③ (*systematic record*) Aufzeichnungen *pl;* **police ~** Polizeibericht *m* **II.** *vt* <-gg-> ① (*enter into record*) aufzeichnen; *phone calls* registrieren ② *forest* abholzen; *trees* fällen **III.** *vi* <-gg-> Bäume fällen ◆**log in** *vi* sich einloggen ◆**log off** *vi* sich ausloggen ◆**log on** *vi* sich einloggen (**to** in +*akk*) ◆**log out** *vi* sich ausloggen

lo·gan·ber·ry ['ləʊgᵊnbᵊri, AM 'loʊgᵊnˌberi] *n* ① (*fruit*) Loganbeere *f* ② (*plant*) Loganbeerstrauch *m*

loga·rithm ['lɒgᵊrɪðᵊm, AM 'lɑ:gɚ-] *n* Logarithmus *m*

loga·rith·mic [ˌlɒgᵊr'ɪðmɪk, AM ˌlɑ:gə'rɪθ-] *adj* logarithmisch

'log·book *n* ① NAUT Logbuch *nt;* AVIAT Bordbuch *nt* ② BRIT AUTO Kraftfahrzeugbrief *m*

log 'cab·in *n* Blockhaus *nt*

log·ger ['lɒgəʳ, AM 'lɑ:gɚ] *n* Holzfäller(in) *m(f)*

log·ger·heads ['lɒgəhedz, AM 'lɑ:gɚ-] *npl* ■**to be at ~ [with sb]** [mit jdm] im Streit liegen

log·ic ['lɒdʒɪk, AM 'lɑ:dʒ-] *n no pl* ① (*reasoning*) Logik *f;* **flawed ~** ein unlogischer Gedankengang; **to defy ~** gegen jede Logik verstoßen ② COMPUT, ELEC Logik *f*

logi·cal ['lɒdʒɪkᵊl, AM 'lɑ:dʒ-] *adj* ① logisch ② (*sensible*) vernünftig ③ (*clear thinking*) **I was incapable of ~ thought** ich konnte keinen klaren Gedanken fassen

lo·gis·tics [lə'dʒɪstɪks, AM *also* loʊ'-] *n* + *sing/pl vb* Logistik *f*

'log·jam *n* ① (*logs*) Anstauung *f* von Floßholz ② (*deadlock*) toter Punkt; **to break a ~** wieder aus einer Sackgasse herauskommen

logo ['ləʊgəʊ, AM 'loʊgoʊ] *n* Logo *m o nt*

'log·roll·ing *n no pl* AM POL (*fam*) Kuhhandel *m*

loin [lɔɪn] *n usu pl* Lende *f*

'loin·cloth *n* Lendenschurz *m*

loi·ter ['lɔɪtəʳ, AM -t̬ɚ] *vi* ① (*idle*) **to ~ about** herumhängen *fam,* herumlungern *fam* ② (*dawdle*) [herum]trödeln

loi·ter·er ['lɔɪtᵊrəʳ, AM -t̬ɚɚ] *n* Herumtreiber(in) *m(f) pej fam*

loll [lɒl, AM lɑːl] *vi* (*idle*) lümmeln; (*sit*) faul dasitzen; (*lie*) faul daliegen; (*stand*) faul herumstehen

lol·li·pop ['lɒlipɒp, AM 'lɑːlipɑːp] *n* Lutscher *m,* ÖSTERR *a.* Schlecker *m,* Schleckstängel *m* SCHWEIZ

'lol·li·pop lady *n* BRIT, AUS (*fam*) ≈ Schülerlotsin *f* **'lol·li·pop man** *n* BRIT, AUS (*fam*) ≈ Schülerlotse *m*

lol·lop ['lɒləp, AM 'lɑːl-] *vi* (*fam*) trotten; *rabbit* hoppeln

lol·ly ['lɒli] *n* (*fam*) ① BRIT, AUS (*lollipop*) Lolli *m fam;* **ice ~** Eis *nt* am Stiel ② AUS, NZ (*sweet*) Bonbon *m o nt*

Lon·don ['lʌndən] *n no pl* London *nt*

Aussprache

Das **o** in L**o**ndon wird wie das **u** in **u**nder ausgesprochen:

London	['lʌndən]
under	['ʌndəʳ]

Land und Leute

London Eye ist der umgangssprachliche Name für das *Millennium Wheel* (*Riesenrad*), das von *British Airways*, der britischen Fluggesellschaft, am Südufer der Themse in London errichtet wurde, um den Jahreswechsel 1999/2000 zu feiern. Es besitzt 32 getrennte Abteile, die einen während einer 30-minütigen Fahrt in 135 m Höhe bringen. Von oben kann man dann fast 40 km weit sehen. Im Riesenrad können bis zu 800 Fahrgäste mitfahren.

lone [ləʊn, AM loʊn] *adj attr* ① (*solitary*) einsam ② *father, parent* allein erziehend

lone·li·ness ['ləʊnlɪnəs, AM 'loʊn-] *n no pl* Einsamkeit *f*

lone·ly <-ier, -iest *or* more ~, most ~> ['ləʊnli, AM 'loʊn-] *adj* ① (*alone*) einsam; **to feel ~** sich einsam fühlen ② (*unfrequented*) abgeschieden; *street* still

lon·er ['ləʊnəʳ, AM 'loʊnɚ] *n* Einzelgänger(in) *m(f)*

lone·some ['ləʊnsəm, AM 'loʊn-] *adj esp* AM ① (*alone*) einsam; **to feel ~** sich einsam fühlen ② (*unfrequented*) abgelegen

long[1] [lɒŋ, AM lɑːŋ] **I.** *adj* ① (*in space*) lang; *distance, journey* weit; (*elongated*) lang, länglich; (*fam: tall*) groß, lang *fam;* (*fig*) **to have come a ~ way** von weit her gekommen sein ② (*in time*) lang; (*tedious*) lang[wierig]; **each session is an hour ~** jede Sitzung dauert eine Stunde; **a ~ day** ein langer [und anstrengender] Tag; *friendship* langjährig; *memory* gut; **it was a ~ time before I received a reply** es dauerte lange, bis ich [eine] Antwort bekam; **to work ~ hours** einen langen Arbeitstag haben ③ (*in scope*) lang; *book* dick ▸ PHRASES: **in the ~ run** auf lange Sicht [gesehen] **II.** *adv* ① (*for a long time*) lang[e]; **have you been waiting ~?** wartest du schon lange?; **I won't be ~** (*before finishing*) ich bin gleich fertig; (*before appearing*) ich bin gleich da ② (*at a distant time*) lange; **~ ago** vor langer Zeit; **not ~ before** kurz davor ③ (*after implied time*) lange; **how much ~er will it take?** wie lange wird es noch dauern?; **he no ~er wanted to go there** er wollte nicht mehr dorthin ▸ PHRASES: **as ~ as ...** (*during*) solange ...; (*provided that*) vorausgesetzt, dass ... **III.** *n no pl* (*long time*) eine lange Zeit; **have you been waiting for ~?** wartest du schon lange? ▸ PHRASES: **before [very] ~** schon [sehr] bald; **the ~ and the short of it** kurz gesagt

long[2] [lɒŋ, AM lɑːŋ] *vi* sich sehnen (**for** nach +*dat*); ■**to ~ to do sth** sich danach sehnen, etw zu tun

long[3] *n* GEOG *abbrev of* **longitude** Länge *f*

'long·boat *n* NAUT Großboot *nt* **long-'dis·tance I.** *adj attr* ① (*between places*) Fern-, Weit-; **~ flight** Langstreckenflug *m;* **~ relationship** *Beziehung zwischen zwei weit voneinander entfernt wohnenden Partnern* ② SPORTS Langstrecken- **II.** *adv* **to phone ~** ein Ferngespräch führen; **to travel ~** eine Fernreise machen

lon·gev·ity [lɒn'dʒevəti, AM lɑːn'dʒevət̬i] *n no pl* Langlebigkeit *f*

'long-haired <longer-, longest-> *adj* langhaarig; *animals* Langhaar- **'long·hand** *n no pl* Langschrift *f;* **to write sth in ~** etw mit der Hand schreiben **long 'haul I.** *n* ① (*long distance*) Langstreckentransport *m* ② *esp* AM (*long time*) **to be in sth for the ~** sich langfristig für etw *akk* engagieren; **over the ~** auf lange Sicht **II.** *adj* **~ flight** Langstreckenflug *m*

long·ing ['lɒŋɪŋ, AM 'lɑːŋ-] **I.** *n* Sehnsucht *f,* Verlangen *nt* (**for** nach +*dat*) **II.** *adj attr* sehnsüchtig

long·ish ['lɒŋɪʃ, AM 'lɑːŋ-] *adj* (*fam*) ziemlich lang

lon·gi·tude ['lɒndʒɪtjuːd, AM 'lɑːndʒətuːd, -tjuːd] *n* GEOG Länge *f*

lon·gi·tu·di·nal [ˌlɒndʒɪ'tjuːdɪnəl, AM ˌlɑːndʒə'tuːd-, -tjuːd] *adj* ① (*lengthwise*) Längs-; **~ extent** längenmäßige Ausdehnung ② GEOG Längen-, Longitudinal-

'long johns *npl* (*fam*) lange Unterhose

'long jump *n* SPORTS Weitsprung *m*

'long-life *adj* ① (*treated*) haltbar; **~ milk**

H-Milch *f* ② (*made*) langlebig, mit langer Lebensdauer *after n* **long-'lived** <longer-, longest-> *adj* langlebig; *feud* seit langem bestehend **'long-lost** *adj attr* lang verloren geglaubt; *person* lang vermisst geglaubt **long-'range** *adj* ① (*in distance*) Langstrecken- ② (*long-term*) langfristig **'long shot** *n usu sing* ■ **to be a ~** ziemlich aussichtslos sein; **[not] by a ~** (*fam*) bei weitem [nicht] **long-'sight·ed** *adj* ① BRIT (*having long sight*) weitsichtig ② (*fig: having foresight*) vorausschauend **long-'stand·ing** *adj* seit langem bestehend; *argument* seit langem anhaltend; *friendship, relationship* langjährig; *quarrel* lang während **long-'suf·fer·ing** *adj* langmütig **'long-term** *adj attr* langfristig; **~ memory** Langzeitgedächtnis *nt;* **~ strategy** Langzeitstrategie *f* **long va·'ca·tion** *n* BRIT, AUS UNIV lange [Semester]ferien *pl* **'long wave** *n* RADIO Langwelle *f*

'long·ways *adv* der Länge nach, längs

long-'wind·ed *adj* langatmig

loo [lu:] *n* BRIT, AUS (*fam*) Klo *nt;* **to need to go to the ~** aufs Klo [gehen] müssen

loo·fah ['lu:fə] *n* ① (*sponge*) Luffaschwamm *m* ② (*plant*) Luffa *f*

look [lʊk] **I.** *n* ① (*glance*) Blick *m;* **to get a good ~ at sb/sth** jdn/etw genau sehen können; **to give sb a ~** jdn ansehen; (*glimpse*) jdm einen Blick zuwerfen; **to have a ~ around** sich umsehen ② (*on face*) [Gesichts]ausdruck *m,* Miene *f* ③ (*examination*) Betrachtung *f;* **may I have a ~?** darf ich mal sehen?; **to have a ~ at sth** sich *dat* etw ansehen; (*search*) **to have a ~ for sb/sth** nach jdm/etw suchen ④ *no pl* (*appearance*) Aussehen *nt;* **I don't like the ~ of it** das gefällt mir [gar] nicht; **good ~s** *of person* gutes Aussehen ⑤ FASHION Look *m* ▶ PHRASES: **if ~s <u>could</u> kill** wenn Blicke töten könnten **II.** *interj* (*explanatory*) schau mal *fam,* pass mal auf *fam;* (*protesting*) hör mal *fam* **III.** *vi* ① (*glance*) schauen; **to ~ away/the other way** wegsehen ② (*search*) suchen; (*in an encyclopaedia*) nachschlagen ③ (*appear*) **she doesn't ~ her age** man sieht ihr ihr Alter nicht an; **to ~ tired** müde aussehen; **it ~s very unlikely that ...** es scheint sehr unwahrscheinlich, dass ...; ■ **to ~ like sb/sth** jdm/etw ähnlich sehen; **it ~s like rain** es sieht nach Regen aus ④ (*face*) blicken (**onto** auf +*akk*); *room, window* [hinaus]gehen (**onto** auf +*akk*) ◆**look about** *vi* ■ **to ~ about for sth** sich nach etw *dat* umsehen ◆**look after** *vi* ① (*glance*) nachsehen ② (*care for*) ■ **to ~ after sb/sth** sich um jdn/etw kümmern; **to ~ after one's own interests** seine eigenen Interessen verfolgen; (*keep eye on*) ■ **to ~ after sb/sth** auf jdn/etw aufpassen ◆**look ahead** *vi* ① (*glance*) nach vorne sehen ② (*fig: plan*) vorausschauen ◆**look around** *vi see* **look round** ◆**look at** *vi* ① (*glance*) ansehen ② (*examine*) ■ **to ~ at sth/sb** sich *dat* etw/jdn ansehen ③ (*regard*) ■ **to ~ at sth** etw betrachten; **he ~s at things differently than you do** er sieht die Dinge anders als du ◆**look away** *vi* wegsehen ◆**look back** *vi* ① (*glance*) zurückschauen ② (*remember*) zurückblicken (**on, over, at** auf +*akk*) ▶ PHRASES: **sb <u>never</u> ~ed back** für jdn ging es bergauf ◆**look down** *vi* ① (*glance*) nach unten sehen; ■ **to ~ down at/on sb/sth** zu jdm/etw hinuntersehen ② (*fig: despise*) ■ **to ~ down [up]on sb/sth** auf jdn/etw herabsehen ③ (*examine*) **to ~ down a list** eine Liste von oben bis unten durchgehen ◆**look for** *vi* ① (*seek*) ■ **to ~ for sb/sth** nach jdm/etw suchen; **to ~ for a job** Arbeit suchen ② (*anticipate*) jdn/etw erwarten ◆**look forward** *vi* ① (*glance*) nach vorne sehen ② (*anticipate*) sich freuen (**to** auf +*akk*) ◆**look in** *vi* ① (*glance*) hineinsehen ② (*visit*) ■ **to ~ in [on sb]** [bei jdm] vorbeischauen *fam* ◆**look into** *vi* ■ **to ~ into sth** ① (*glance*) in etw *akk* [hinein]sehen ② (*examine*) etw untersuchen; **to ~ into a complaint** eine Beschwerde prüfen ◆**look on** *vi* ① (*regard*) **to ~ on sth with disquiet** etw mit Unbehagen betrachten ② (*watch*) zusehen ▶ PHRASES: **to ~ on the <u>bright</u> side [of sth]** die positiven Seiten [einer S. *gen*] sehen ◆**look out I.** *vi* ① (*wait*) Ausschau halten (**for** nach +*dat*) ② (*take care*) aufpassen; ■ **to ~ out for sb/sth** sich vor jdm/etw in Acht nehmen ③ (*face*) blicken (**on** auf +*akk*); *room, window* hinausgehen (**on** auf +*akk*) **II.** *vt* BRIT ■ **to ~ out** ↻ **sth** etw heraussuchen ◆**look over I.** *vi* ① (*glance*) blicken (über +*akk*); **to ~ over to sb/sth** zu jdm/etw hinübersehen ② (*offer view*) blicken (über +*akk*); *window, room* [hinaus]gehen (auf +*akk*) **II.** *vt* ① (*view*) besichtigen; (*inspect, survey*) inspizieren ② (*examine*) durchsehen; *letter* überfliegen; ■ **to ~ over** ↻ **sb** jdn mustern ◆**look round** *vi* BRIT, AUS ① (*glance*) sich umsehen ② (*search*) ■ **to ~ round for sb/sth** sich nach jdm/etw umsehen ③ (*examine*) sich *dat* ansehen; *house* besichtigen ◆**look through** *vi* ① (*glance*) ■ **to ~ through sth** durch etw *akk* [hindurch]sehen ② (*peruse*) durchsehen; *article* [kurz] überfliegen; *magazine* durchblättern ◆**look to** *vi* ① (*rely on*) ■**to ~ to sb** auf jdn bauen ② (*anticipate*) **to ~ to the future** in die Zukunft blicken ◆**look towards** *vi* ① (*glance*) ■**to ~ towards sth/sb** zu etw/jdm sehen ② (*face*) ■**to ~ towards sth** auf etw *akk* blicken; *room, window* auf etw *akk* [hinaus]gehen ◆**look up I.** *vi* ① (*glance*) ■**to ~ up at sb/sth** zu jdm/etw hinaufsehen; ■**to ~ up [from sth]** [von etw *dat*] aufsehen ② (*improve*) besser werden; *increase* steigen **II.** *vt* ① (*fam: visit*) ■**to ~ up** ↻ **sb** bei jdm vorbeischauen ② (*search for*) nachschlagen; *phone number* heraussuchen ◆**look upon** *vi see* **look on 2** ◆**look up to** *vi* aufsehen (zu +*dat*)

'look·alike *n* Doppelgänger(in) *m(f)*

look·er ['lʊkəʳ, AM -ɚ] *n* (*fam*) **to be a ~** gut aussehen

'look-in *n no pl* BRIT, AUS (*fam*) Chance *f;* **to get a ~** eine Chance bekommen

'look·ing glass *n* Spiegel *m*

'look·out *n* ① (*post*) Beobachtungsposten *m* ② (*person*) Wache *f* ③ (*alert*) **to keep a ~ [for sb/sth]** [nach jdm/etw] Ausschau halten; (*search*) auf der Suche [nach jdm/etw] sein

'look-over *n* kurze Prüfung

loom[1] [lu:m] *n* Webstuhl *m*

loom[2] [lu:m] *vi* ① (*come into view*) [drohend] auftauchen ② (*be ominously near*) sich drohend abzeichnen; *storm* sich zusammenbrauen *a. fig; difficulties* sich auftürmen; **to ~ large** eine große Rolle spielen

loony ['lu:ni] (*fam*) **I.** *n* Irre(r) *f(m)* **II.** *adj* verrückt

loop [lu:p] **I.** *n* ① (*shape*) Schleife *f; of string, wire* Schlinge *f; of river, tape, in skating* Schleife *f; of belt* Schlaufen *pl* ② (*contraceptive*) Spirale *f* ③ COMPUT [Programm]schleife *f* **II.** *vt* **~ the rope over the bar** schling das Seil um die Stange **III.** *vi* eine Schleife machen; *road, stream* sich schlängeln

'loop·hole *n* ① LAW Gesetzeslücke *f;* **to exploit a ~** eine Gesetzeslücke nutzen ② (*slit*) Schießscharte *f*

loose [lu:s] **I.** *adj* ① (*relaxed, not tight*) locker; *papers* los; *skin* schlaff; (*sth glued*) sich lösen; **~ cash/coins** Kleingeld *nt;* **to work itself ~** sich lockern ② *hair* offen ③ (*not confined*) frei; **to break ~** *person, dog* sich losreißen ④ (*not exact*) ungefähr *attr;* (*not strict*) lose; *adaptation, translation* frei; *discipline* mangelhaft ⑤ *clothing* weit, locker ⑥ (*indiscreet*) **~ tongue** loses Mundwerk *fam* ▶ PHRASES: **to hang ~** AM (*fam*) cool bleiben **II.** *n no pl* LAW **to be on the ~** frei herumlaufen **III.** *vt* ① (*set free*) freilassen ② (*untie*) lösen

'loose-leaf *adj attr* Loseblatt-; **~ binder** Ringbuch *nt*

loose·ly ['lu:sli] *adv* ① (*not tightly*) lose; **to hang ~** schlaff herunterhängen ② (*not exactly*) ungefähr; **~ speaking** grob gesagt; **~ translated** frei übersetzt

loos·en ['lu:sᵊn] **I.** *vt* ① *collar* aufmachen; *tie* lockern ② (*relax*) *grip, muscles* lockern ③ (*weaken*) *ties* lockern; *relationship* [langsam] lösen ▶ PHRASES: **to ~ sb's tongue** jdm die Zunge lösen **II.** *vi* sich lockern

loot [lu:t] **I.** *n no pl* ① MIL Kriegsbeute *f;* (*plunder*) [Diebes]beute *f* ② (*fam: money*) Zaster *m;* (*valued objects*) Geschenke *pl* **II.** *vt* ① (*plunder*) [aus]plündern ② (*steal*) stehlen **III.** *vi* plündern

loot·ing ['lu:tɪŋ, AM -t̬-] *n no pl* Plünderei *f*

lop [lɒp, AM lɑ:p] *vt* <-pp-> ① *tree* stutzen ② (*eliminate*) streichen; *budget* kürzen ◆**lop off** *vt* ① *branch* abhacken ② (*reduce*) [ver]kürzen

lope [ləʊp, AM loʊp] *vi* in großen Sätzen springen; *hare* hoppeln

lop·'sid·ed *adj* schief; (*fig*) einseitig

lo·qua·cious [lə(ʊ)'kweɪʃəs, AM loʊ'-] *adj* redselig

lord [lɔ:d, AM lɔ:rd] *n* ① (*nobleman*) Lord *m;* **~ of the manor** Gutsherr *m* ② (*fam: powerful man*) Herr *m*

lord·ly ['lɔ:dli, AM 'lɔ:r-] *adj* hochmütig

Lord 'May·or *n* BRIT Oberbürgermeister(in) *m(f)*

Land und Leute

Lord Mayor ist der Titel für den Bürgermeister der *City of London.* Sein Amt ist nicht mit dem des *Mayor of London* zu verwechseln. Ersterer ist nur für die City zuständig, der zweite für das ganze Stadtgebiet von Greater London. Die Aufgaben des *Lord Mayor* sind hauptsächlich zeremonieller und weniger politischer Natur.

lord·ship ['lɔ:dʃɪp, AM 'lɔ:r-] *n* ① *no pl* (*dominion*) Herrschaft *f* ② BRIT (*form of address*) **His/Your L~** Seine/Euer Lordschaft; (*bishop*) Seine/Eure Exzellenz; *judge* Seine/Euer Ehren

lore [lɔ:ʳ, AM lɔ:r] *n no pl* [überliefertes] Wissen; **common ~** [alte] Volksweisheit *f*

lor·ry ['lɒri] BRIT **I.** *n* Last[kraft]wagen *m* **II.** *adj attr* **~ driver** Lastwagenfahrer(in) *m(f)*

lose <lost, lost> [lu:z] **I.** *vt* ① (*forfeit*) verlieren; ■**to ~ sth to sb** etw an jdn verlieren; **to ~ one's breath** außer Atem kommen ② (*through death*) **she lost her son in the fire** ihr Sohn ist beim Brand umgekommen ③ *usu passive* ■**to be lost** *things* verschwunden sein; *victims* umgekommen sein; *plane, ship* verloren sein ④ (*waste*) *opportunity* versäumen; *time* verlieren; **to ~ no time in doing sth** etw sofort tun ⑤ *watch, clock* **to ~ time** nachgehen ⑥ (*not find*) *person, thing* verlieren; (*mislay*) verlegen; **to ~ one's way** sich verirren ⑦ (*not win*) verlieren ⑧ (*forget*) *language, skill* verlernen ▶ PHRASES: **to ~ heart** den Mut verlieren; **to ~ it** (*fam*) durchdrehen; **to ~ sleep over sth** sich *dat* wegen einer S. *gen* Sorgen machen; **to ~ touch** [**with sb**] den Kontakt [zu jdm] verlieren; **to ~ track** [**of sth**] (*not follow*) [etw *dat*] [geistig] nicht folgen können; (*not remember*) **I've lost track of the number of times he's asked me for money** ich weiß schon gar nicht mehr, wie oft er mich um Geld gebeten hat **II.** *vi* ① (*be beaten*) verlieren (**to** gegen +*akk*) ② (*flop*) ein Verlustgeschäft sein ▶ PHRASES: **you can't ~** du kannst nur gewinnen ◆**lose out** *vi* ① (*be deprived*) schlecht wegkommen *fam;* ■**to ~ out in sth** bei etw *dat* den Kürzeren ziehen *fam* ② (*be beaten*) ■**to ~ out to sb/sth** jdm/etw unterliegen

los·er ['lu:zəʳ, AM -ɚ] *n* ① (*defeated person*) Verlierer(in) *m(f)* ② (*fam: habitually*) Verlierer[typ] *m*

los·ing ['lu:zɪŋ] *adj attr* Verlierer-

loss <*pl* -es> [lɒs, AM lɑ:s] *n* Verlust *m* ▶ PHRASES: **to be at a ~** nicht mehr weiterwissen

'loss-lead·er *n* Lockvogelangebot *nt* **'loss-mak·ing** *adj* **~ business** Verlustbetrieb *m*

lost [lɒst, AM lɑ:st] **I.** *pt, pp of* **lose II.** *adj* ① (*unable to find way*) ■**to be ~** sich verirrt haben; **to get ~** sich verirren; (*on foot*) sich verlaufen haben; (*using vehicle*) sich verfahren haben ② (*no longer found*) **to get ~** verschwinden ③ *pred* (*helpless*) **to feel ~** sich verloren fühlen; ■**to be ~** (*not understand*) nichts verstehen; ■**to be ~ without sb/sth** ohne jdn/etw verloren sein ④ (*perished, destroyed*) *soldiers* gefallen; *planes, ships, tanks* zerstört ⑤ (*not won*) *battle, contest* verloren ▶ PHRASES: **get ~!** (*fam*) hau ab!; **the joke's ~ on him** er versteht den Witz nicht

lost 'prop·er·ty *n no pl* ① (*articles*) Fundsachen *pl* ② BRIT, AUS (*office*) Fundbüro *nt*

lot [lɒt, AM lɑ:t] **I.** *pron* ① (*much, many*) ■**a ~** viel ② (*everything*) ■**the ~** alles **II.** *adv* (*fam*) ■**a ~** viel; **thanks a ~!** vielen Dank!; **we go on holidays a ~** wir machen oft Urlaub **III.** *n* ① + *sing/pl vb* (*fam: group*) Trupp *m fam;* BRIT (*usu pej fam: specific group*) Haufen *m;* **are you ~ coming to lunch?** kommt ihr alle zum Essen? ② *esp* AM, AUS (*land*) Stück *nt* Land; **building ~** Bauplatz *m;* **parking ~** Parkplatz *m*

loth *adj see* **loath**

lo·tion ['ləʊʃᵊn, AM 'loʊ-] *n no pl* Lotion *f;* **suntan ~** Sonnenöl *nt*

lotta ['lɒtə, AM 'lɑ:tə] (*fam*) *short for* **lot of** eine Menge

lot·tery ['lɒtᵊri, AM 'lɑ:t̬ɚi] **I.** *n* Lotterie *f* **II.** *adj* **~ ticket** Lotterielos *nt*

lo·tus <*pl* -es> ['ləʊtəs, AM 'loʊt̬-] *n* BOT Lotos *m*

'lo·tus po·si·tion, **'lo·tus pos·ture** *n no pl* Lotossitz *m*

loud [laʊd] **I.** *adj* ① (*audible*) laut ② (*garish*) auffällig; *colours* grell, schreiend **II.** *adv* laut; **~ and clear** laut und deutlich; **to laugh out ~** lauthals loslachen

loud·hail·er [-'heɪləʳ] *n* BRIT, AUS Megaphon *nt* **'loud·mouth** *n* (*fam*) Großmaul *nt*

loud·ness ['laʊdnəs] *n no pl* Lautstärke *f*

loud·'speak·er *n* Lautsprecher *m*

lounge [laʊndʒ] **I.** *n* ① (*public room*) Lounge *f; of hotel* Hotelhalle *f;* **departure ~** Abflughalle *f* ② BRIT (*sitting room*) Wohnzimmer *nt* **II.** *vi* (*lie*) [faul] herumliegen; (*sit*) [faul] herumsitzen; (*stand*) [faul] herumstehen ◆**lounge about, lounge around** *vi* (*lie*) [faul] herumliegen; (*sit*) [faul] herumsitzen; (*stand*) [faul] herumstehen

'lounge bar *n* BRIT *der vornehmere Teil eines Pubs mit eigener Bar* **'lounge chair** *n* Klubsessel *m* **'lounge liz·ard** *n* (*fam*) Salonlöwe *m* **'lounge suit** *n* BRIT Straßenanzug *m*

louse **I.** *n* [laʊs] ① <*pl* lice> (*parasite*) Laus *f* ② <*pl* -s> (*fam: person*) miese Type *pej* **II.** *vt* [laʊz, AM laʊs] (*fam*) ■**to ~ up** ↻ **sth** etw vermasseln

lousy ['laʊzi] *adj* ① (*fam: bad*) lausig ② *pred* (*fam: ill*) **to feel ~** sich hundeelend fühlen ③ (*infested*) verlaust

lout [laʊt] *n* Flegel *m*

lout·ish ['laʊtɪʃ, AM -t̬-] *adj* rüpelhaft

lou·vre, AM **lou·ver** ['lu:vəʳ, AM -ɚ] *n* Jalousie *f;* (*slat*) Lamelle *f* [einer Jalousie]

lou·vred ['lu:vəd, AM -ɚd] *adj* Jalousie-, Lamellen-

lov·able ['lʌvəbl] *adj* liebenswert

lov·age ['lʌvɪdʒ] *n* BOT Liebstöckel *nt o m*
love [lʌv] **I.** *n* ① *no pl* (*affection*) Liebe *f;* **to show sb lots of ~** jdm viel Liebe geben; **to be head over heels in ~** bis über beide Ohren verliebt sein; **to fall in ~ with sb** sich in jdn verlieben ② (*interest*) Leidenschaft *f;* (*with activities*) Liebe *f;* **she has a great ~ of music** sie liebt die Musik sehr ③ *no pl* TENNIS null **II.** *vt* (*be in love with*) lieben; (*greatly like*) sehr mögen; **I would ~ a cup of tea** ich würde [sehr] gerne eine Tasse Tee trinken **III.** *vi* AM verliebt sein; **I would ~ for you to come to dinner tonight** ich würde mich freuen, wenn du heute zum Abendessen kämst
love·able ['lʌvəbl̩] *adj* liebenswert
'love af·fair *n* [Liebes]affäre *f* **'love·bird** *n* ① ORN Unzertrennliche(r) *f(m)* ② (*fam*) ■ **~s** *pl* Turteltauben *pl*
love-'hate re·la·tion·ship *n* Hassliebe *f*
love·less ['lʌvləs] *adj* (*unloving*) lieblos; (*unloved*) *childhood, marriage* ohne Liebe *nach n*
'love let·ter *n* Liebesbrief *m* **'love life** *n* Liebesleben *nt kein pl*
love·li·ness ['lʌvlɪnəs] *n no pl* Schönheit *f*
love·ly ['lʌvli] *adj* ① (*beautiful*) schön; *house* wunderschön; **to look ~** reizend aussehen ② (*fam: pleasant*) wunderbar, herrlich; **how ~ to see you!** wie schön, dich zu sehen!; *present* toll ③ (*charming*) nett, liebenswürdig
'love-mak·ing *n no pl* [körperliche] Liebe
lov·er ['lʌvəʳ, AM -ɚ] *n* ① (*partner*) Liebhaber(in) *m(f);* ■ **~s** *pl* Liebespaar *nt sing* ② (*fan*) Liebhaber(in) *m(f)* (**of** von +*dat*); **sports ~** Sportfan *m*
'love·sick *adj* **to be ~** Liebeskummer haben
'love song *n* Liebeslied *nt* **'love sto·ry** *n* Liebesgeschichte *f*
lov·ey ['lʌvi] *n* BRIT (*fam*) Schatz *m*
lov·ing ['lʌvɪŋ] *adj* (*feeling love*) liebend; (*showing love*) liebevoll
low[1] [ləʊ, AM loʊ] **I.** *adj* ① (*not high*) niedrig; *neckline, voice* tief; *slope* flach ② (*in number*) gering, wenig; *blood pressure* niedrig; **~ in calories** kalorienarm ③ (*depleted*) knapp; *stocks* gering; **to be ~** zur Neige gehen ④ (*not intense*) niedrig; *light* gedämpft ⑤ (*not good*) *morale* schlecht; *quality* minderwertig; *self-esteem* gering; **to have a ~ opinion of sb** von jdm nicht viel halten; **~ visibility** schlechte Sicht ⑥ (*not important*) niedrig, gering; **to be a ~ priority** nicht so wichtig sein **II.** *adv* ① (*in height*) niedrig; **to be cut ~** *dress, blouse* tief ausgeschnitten sein ② (*to low level, not high-pitched*) tief; **turn the oven on ~** stell den Ofen auf kleine Hitze **III.** *n* ① (*low level*) Tiefpunkt *m* ② METEO Tief *nt*
low[2] [ləʊ, AM loʊ] **I.** *n* Muhen *nt* **II.** *vi* muhen
low-'al·co·hol *adj* alkoholarm **'low·born** *adj* von niedriger Geburt *nach n, präd veraltet* **'low·brow** (*esp pej*) **I.** *adj book, film* geistig anspruchslos, seicht; *person* einfach, schlicht **II.** *n* Banause *m* **low-cal** ['ləʊkæl, AM 'loʊ-] *adj* (*fam*), **low-'calo·rie** *adj* kalorienarm **'low-cost** *adj* billig **'low-cut** *adj dress* tief ausgeschnitten, mit tiefem Ausschnitt *nach n* **low de·'mand** *n* niedrige Nachfrage
'low·down *n no pl* (*fam*) ■ **the ~** ausführliche Informationen; **to get the ~ on sth** über etw *akk* aufgeklärt werden
low·er[1] ['ləʊəʳ, AM 'loʊɚ] **I.** *adj* ① (*less high*) niedriger; (*below*) untere(r, s), Unter- ② (*less in hierarchy*) *status, rank, animal* niedere(r, s), untere(r, s) **II.** *vt* ① (*move down*) herunterlassen; *hem* herauslassen; *lifeboat* zu Wasser lassen; **she ~ed herself into a chair** sie ließ sich auf einem Stuhl nieder; **to ~ one's eyes** die Augen niederschlagen ② (*decrease*) verringern; *rates, voice* senken; *quality* mindern; **to ~ one's sights** seine Ansprüche zurückschrauben ③ (*demean*) ■ **to ~ oneself to do sth** sich herablassen, etw zu tun **III.** *vi* sinken; *voice* leiser werden
low·er[2] [laʊəʳ, AM laʊr] *vi person* ein finsteres Gesicht machen; *light* dunkler werden; *sky* sich verfinstern; ■ **to ~ at sb** jdn finster ansehen
lower-'case *n* **in ~** in Kleinbuchstaben
Low·er 'House *n* Unterhaus *nt*
low-'fat *adj* fettarm
low-'key *adj* unauffällig, zurückhaltend; *colour* gedämpft; **to keep sth ~** vermeiden, dass etw Aufsehen erregt
low·land ['ləʊlənd, AM 'loʊ-] *n* ① *no pl* Flachland *nt* ② ■ **the ~s** *pl* das Tiefland
'low-lev·el *adj* ① (*not high*) tief ② (*of low status*) niedrig, auf unterer Ebene *nach n;* (*unimportant*) nebensächlich, unbedeutend; *infection* leicht; *job* niedrig; *official* klein *meist pej* ③ COMPUT niedere(r, s)
low·ly ['ləʊli, AM 'loʊ-] *adj* ① (*ordinary*) einfach; *status* niedrig ② (*modest*) bescheiden
low-'main·te·nance *adj* pflegeleicht
low-'mind·ed *adj* primitiv *pej,* gewöhnlich
low·ness ['ləʊnəs, AM 'loʊ-] *n no pl* ① (*in height*) Niedrigkeit *f; of neckline* Tiefe *f* ② (*low-pitch*) *of note* Tiefe *f; of voice* Gedämpftheit *f* ③ (*shortage*) *of supplies*

Knappheit *f*

low-'pitched *adj* tief **low 'pres·sure** *n* PHYS Niederdruck *m;* METEO Tiefdruck *m* **low 'pro·file** *n* Zurückhaltung *f;* **to keep a ~** sich zurückhalten; (*fig*) im Hintergrund bleiben **'low-rise** *adj attr* ❶ *building* niedrig; **~ construction** Flachbau *m* ❷ FASHION **~ trousers** auf den Hüften sitzende Hosen **'low sea·son** *n* Nebensaison *f* **low-'spir·it·ed** *adj* niedergeschlagen **low-'tech** *adj* [technisch] einfach, Lowtech- **low 'tide, low 'wa·ter** *n no pl* Niedrigwasser *nt; of sea* Ebbe *f*

loy·al [lɔɪəl, AM 'lɔɪəl] *adj* treu (**to** *+dat*); (*correct*) loyal

loy·al·ist ['lɔɪəlɪst] **I.** *n* Loyalist(in) *m(f)* **II.** *adj attr* loyal[istisch], regierungstreu

loy·al·ty ['lɔɪəlti, AM -t̬i] *n* ❶ *no pl* (*faithfulness*) Treue *f* (**to** zu *+dat*); (*correctness*) Loyalität *f* (**to** gegenüber *+dat*) ❷ (*feelings*) ■ **loyalties** *pl* Loyalitätsgefühle *pl*

loz·enge ['lɒzɪndʒ, AM 'lɑːzəndʒ] *n* ❶ MATH Raute *f* ❷ MED Pastille *f*

LP [ˌel'piː] *n abbrev of* **long-playing record** LP *f*

LSD [ˌeles'diː] *n no pl abbrev of* **lysergic acid diethylamide** LSD *nt*

Ltd. *adj after n abbrev of* **limited** ≈ GmbH *f*

lub·ri·cant ['luːbrɪkənt] *n* MED Gleitmittel *nt;* TECH *a.* Schmiermittel *nt*

lu·bri·cate ['luːbrɪkeɪt] *vt* ❶ (*grease*) schmieren ❷ (*make slippery*) [ein]ölen

lu·bri·ca·tion [ˌluːbrɪ'keɪʃᵊn] **I.** *n no pl* Schmieren *nt* **II.** *adj fitting, system* Schmier-

lu·bri·ca·tor ['luːbrɪkeɪtəʳ, AM -t̬ɚ] *n* TECH ❶ (*substance*) Abschmierfett *nt* ❷ (*device*) Schmiergerät *nt*

Lu·cerne [luː'sɜːn, AM -'sɜrn] *n no pl* Luzern *nt*

lu·cid ['luːsɪd] *adj* ❶ (*unambigious*) klar; (*easy to understand*) einleuchtend, verständlich ❷ (*clear-thinking*) klar

luck [lʌk] **I.** *n no pl* ❶ (*fortune*) Glück *nt;* **as ~ would have it** wie es der Zufall wollte; **just my ~!** Pech gehabt!; **no such ~!** (*fam*) schön wär's!; **to be out of ~** kein Glück haben ❷ (*success*) Erfolg *m;* **any ~ with booking your flight?** hat es mit der Buchung deines Fluges geklappt? **II.** *vi* (*fam*) ■ **to ~ into sth** etw durch Zufall ergattern

lucki·ly ['lʌkɪli] *adv* glücklicherweise

luck·less ['lʌkləs] *adj* (*unfortunate*) glücklos; (*unsuccessful*) erfolglos

lucky ['lʌki] *adj* ❶ (*fortunate*) glücklich; **~ her!** die Glückliche!; **to count oneself ~** sich glücklich schätzen ❷ (*bringing fortune*) glückbringend, Glücks-

luc·ra·tive ['luːkrətɪv, AM -t̬ɪv] *adj* einträglich

luc·re ['luːkəʳ, AM -kɚ] *n no pl* (*pej dated*) Mammon *m*

lu·di·crous ['luːdɪkrəs] *adj* (*ridiculous*) lächerlich; (*absurd*) absurd

ludo ['luːdəʊ] *n no pl* BRIT Mensch-ärgere-dich-nicht[-Spiel] *nt*

lug[1] [lʌg] *vt* <-gg-> (*carry*) schleppen; (*pull*) zerren; ■ **to ~ sb along** jdn mitschleppen; ■ **to ~ sth along** etw herumschleppen

lug[2] [lʌg] *n* ❶ BRIT, AUS (*fam: ear*) Löffel *m meist pl sl* ❷ (*protrusion*) Halterung *f*

lug·gage ['lʌgɪdʒ] *n no pl* [Reise]gepäck *nt;* **piece of ~** Gepäckstück *nt*

Grammatik

luggage ist unzählbar; d.h. es wird nicht mit *a* oder im Plural gebraucht: *your luggage will be taken to the hotel*; *is that your luggage?*

Wenn man von einem Einzelstück redet, sagt man: **a piece of / an item of** luggage: *one piece of luggage was left unclaimed*

'lug·gage rack *n esp* BRIT Gepäckablage *f; of bicycle* Gepäckträger *m* **'lug·gage van** *n* BRIT, AUS RAIL Gepäckwagen *m*

lug·ger ['lʌgəʳ, AM -ɚ] *n* NAUT Logger *m*

'lug·hole *n* BRIT (*hum sl*) Löffel *m meist pl fam*

lu·gu·bri·ous [lu'guːbriəs, AM lə'-] *adj* schwermütig

luke·warm [ˌluːk'wɔːm, AM 'luːkwɔːrm] *adj* ❶ (*tepid*) lau[warm] ❷ (*fig: unenthusiastic*) mäßig

lull [lʌl] **I.** *vt* ❶ (*soothe*) *suspicions, fears* zerstreuen; **to ~ sb to sleep** jdn in den Schlaf lullen ❷ (*trick*) einlullen; **to ~ sb into a false sense of security** jdn in trügerischer Sicherheit wiegen **II.** *vi* sich legen; *storm* nachlassen; *sea* sich beruhigen **III.** *n* [Ruhe]pause *f;* ECON Flaute *f*

lulla·by ['lʌləbaɪ] *n* Schlaflied *nt*

lum·ba·go [lʌm'beɪgəʊ, AM -goʊ] *n no pl* Hexenschuss *m*

lum·bar ['lʌmbəʳ, AM -bɑːr] *adj attr* MED Lenden-, lumbal *fachspr*

'lum·bar punc·ture *n* MED Lumbalpunktion *f*

lum·ber[1] ['lʌmbəʳ, AM -bɚ] *vi person* schwerfällig gehen; *tank* rollen; *cart, waggon* [dahin]rumpeln; *animal* trotten; *bear* [behäbig] tapsen

lum·ber[2] ['lʌmbəʳ, AM -bɚ] **I.** *n no pl* ❶ *esp* BRIT (*junk*) Krempel *m pej fam* ❷ *esp* AM,

AUS (*timber*) Bauholz *nt* **II.** *vt* BRIT, AUS (*fam*) ■**to ~ sb with sth** jdm etw aufhalsen

lum·ber·er ['lʌmbərəʳ, AM -bɚɚ], **lum·ber·jack** ['lʌmbədʒæk, AM -bɚ-] *n* Holzfäller(in) *m(f)*

'lum·ber jack·et *n* Lumberjack *m* **'lum·ber room** *n* BRIT Abstellkammer *f* **'lum·ber trade** *n no pl esp* AM Holzhandel *m* **'lum·ber·yard** *n esp* AM Holzlager *nt*

lu·mi·nary ['lu:mɪnəri, AM 'lu:məneri] *n* Leuchte *f fam,* Koryphäe *f geh;* (*in film, theatre*) Berühmtheit *f*

lu·mi·nos·ity [ˌlu:mɪ'nɒsəti, AM ˌlu:mə'nɑ:sət̬i] *n no pl* ① (*brightness*) Helligkeit *f; of lamp* Leuchtkraft *f;* PHYS Lichtstärke *f* ② (*fig*) *of artist* Brillanz *f*

lu·mi·nous ['lu:mɪnəs, AM 'lu:mə-] *adj* ① (*bright*) leuchtend *a. fig,* strahlend *a. fig* ② (*phosphorescent*) phosphoreszierend, Leucht-

lump [lʌmp] **I.** *n* ① (*chunk*) Klumpen *m* ② (*swelling*) Schwellung *f;* (*in breast*) Knoten *m;* (*in body*) Geschwulst *f* ▶ PHRASES: **to have a ~ in one's throat** einen Kloß im Hals haben **II.** *vt* ① (*combine*) ■**to ~ sth with sth** etw mit etw *dat* zusammentun *fam* ② (*fam: endure*) **to ~ it** etw hinnehmen; **you'll just have to like it or ~ it** damit musst du dich eben abfinden

lump 'pay·ment *n* Einmalzahlung *f* **lump 'sug·ar** *n no pl* Würfelzucker *m* **'lump sum** *n* Pauschalbetrag *m*

lumpy ['lʌmpi] *adj liquid* klumpig; *figure* plump; *person* pummelig; *sea* unruhig; *surface* uneben

lu·na·cy ['lu:nəsi] *n no pl* ① [geistige] Unzurechnungsfähigkeit ② (*foolishness*) Wahnsinn *m fam*

lu·nar ['lu:nəʳ, AM -nɚ] *adj attr* Mond-, lunar *fachspr*

lu·na·tic ['lu:nətɪk] **I.** *n* ① Geistesgestörte(r) *f(m);* LAW [geistig] Unzurechnungsfähige(r) *f(m)* ② (*fool*) Verrückte(r) *f(m) fam* **II.** *adj* verrückt *fam;* MED geistesgestört; LAW [geistig] unzurechnungsfähig

'lu·na·tic asy·lum *n* (*hist*) Irrenanstalt *f pej veraltend fam*

lunch [lʌn(t)ʃ] **I.** *n* <*pl* -es> ① (*noon meal*) Mittagessen *nt;* **to have ~** zu Mittag essen ② (*noon break*) Mittagspause *f;* **to be out to ~** in der Mittagspause sein **II.** *vi* zu Mittag essen

'lunch break *n* Mittagspause *f*

lunch·eon ['lʌn(t)ʃən] *n* (*form*) Mittagessen *nt*

'lunch·eon meat *n* Frühstücksfleisch *nt*

'lunch·eon vouch·er *n* BRIT Essensmarke *f*

'lunch hour *n* Mittagspause *f* **'lunch·time** **I.** *n* (*noon*) Mittagszeit *f;* (*break*) Mittagspause *f;* **at ~** mittags **II.** *adj attr* Mittags-

lung [lʌŋ] *n* Lungenflügel *m;* ■**the ~s** *pl* die Lunge[n *pl*]

'lung can·cer *n no pl* Lungenkrebs *m*

lunge [lʌndʒ] **I.** *n* Satz *m* nach vorn; (*in fencing*) Ausfall *m* **II.** *vi* ■**to ~ at sb** sich auf jdn stürzen; ■**to ~ forward** einen Satz nach vorne machen; (*in fencing*) einen Ausfall machen

lu·pin ['lu:pɪn] *n* Lupine *f*

lu·pine ['lu:paɪn] *adj* wölfisch

lurch¹ [lɜ:tʃ, AM lɜ:rtʃ] *n* **to leave sb in the ~** jdn im Stich lassen

lurch² [lɜ:tʃ, AM lɜ:rtʃ] **I.** *n* <*pl* -es> Ruck *m a. fig; of ship* Schlingern *nt; of person* Torkeln *nt; of train* Ruckeln *nt* **II.** *vi crowd, person* torkeln; *car, ship* schlingern; *train* ruckeln

lurch·er ['lɜ:tʃəʳ] *n* BRIT *Kreuzung zwischen einem Windhund und einem anderen Rassehund*

lure [lʊəʳ, AM lʊr] **I.** *vt* [an]locken; ■**to ~ sb away from sth** jdn von etw *dat* weglocken **II.** *n* ① *no pl* (*attraction*) Reiz *m* ② (*decoy*) Köder *m a. fig;* HUNT Lockvogel *m a. fig*

lu·rid ['ljʊərɪd, AM 'lʊr-] *adj* ① (*glaring*) grell [leuchtend]; *colours* schreiend ② (*sensational*) reißerisch *pej; cover, article* reißerisch aufgemacht *pej;* (*terrible*) grässlich; *details* schmutzig; **to describe sth in ~ detail** etw drastisch schildern

lurk [lɜ:k, AM lɜ:rk] *vi* lauern *a. fig;* (*fig*) stecken (**behind** hinter +*dat*); **to ~ beneath the surface** (*fig*) unter der Oberfläche schlummern

lus·cious ['lʌʃəs] *adj* ① (*sweet*) *taste, smell* [herrlich] süß; *fruit* saftig [süß]; *cake, wine* köstlich; *colour* satt ② (*voluptuous*) *girl* appetitlich; *curves* üppig; *lips* voll

lush [lʌʃ] **I.** *adj* ① *grass* saftig [grün]; *growth, vegetation* üppig ② (*luxurious*) *car, hotel* luxuriös; (*voluptuous*) *colour* satt **II.** *n* <*pl* -es> AM (*fam*) Säufer(in) *m(f) pej sl*

lust [lʌst] **I.** *n* ① (*sexual drive*) Lust *f* (**for** nach +*dat*) ② (*desire*) Begierde *f* (**for** nach +*dat*); (*greed*) Gier *f* (**for** nach +*dat*) **II.** *vi* ■**to ~ after sb** jdn begehren *geh;* ■**to ~ after sth** gierig nach etw *dat* sein

lust·ful ['lʌstfʊl] *adj* lüstern *geh*

lus·tre, AM **lus·ter** ['lʌstəʳ, AM -tɚ] *n no pl* ① (*shine*) Glanz *m* ② (*fig: grandeur*) Glanz *m*

lus·trous ['lʌstrəs] *adj* glänzend

L

lusty ['lʌsti] *adj* (*strong and healthy*) *person* gesund [und munter]; *man* stark; *appetite* herzhaft; (*energetic*) *children* lebhaft; *worker* tüchtig; *cry* laut; *kick, punch, voice* kräftig

lute [luːt] *n* Laute *f*

Lu·ther·an ['luːθərən] REL **I.** *n* Lutheraner(in) *m(f)* **II.** *adj* lutherisch

Lux·em·bourg ['lʌksəmbɜːg, AM -bɜːrg] *n* Luxemburg *nt*

Lux·em·bourg·er ['lʌksəmbɜːgər, AM -bɜːrgɚ] *n* Luxemburger(in) *m(f)*

luxu·ri·ant [lʌg'ʒʊəriənt, AM -'ʒʊri-] *adj* (*abundant*) üppig; (*adorned*) prunkvoll; *hair* voll; *imagination* blühend

luxu·ri·ate [lʌg'ʒʊərieɪt, AM -'ʒʊri-] *vi* sich aalen

luxu·ri·ous [lʌg'ʒʊəriəs, AM -'ʒʊri-] *adj* ① (*with luxuries*) luxuriös, Luxus- ② (*self-indulgent*) genüsslich; (*decadent*) genusssüchtig

luxu·ry ['lʌkʃəri, AM -ʃɚi] **I.** *n* ① *no pl* (*self-indulgence*) Luxus *m* ② (*luxurious item*) Luxus[artikel] *m* **II.** *adj attr* Luxus-

LW *n abbrev of* **long wave** LW

ly·chee [ˌlaɪ'tʃiː, AM 'liːtʃiː] *n* Litschi *f*

Ly·cra® ['laɪkrə] **I.** *n no pl* Lycra® *nt* **II.** *adj leggings, shirt* Lycra-, aus Lycra *nach n*

M

lye [laɪ] *n no pl* Lauge *f*

ly·ing[1] ['laɪɪŋ] *vi present participle of* **lie**

ly·ing[2] ['laɪɪŋ] **I.** *adj attr* verlogen, lügnerisch **II.** *n no pl* Lügen *nt*

lymph [lɪmf] *n no pl* Lymphe *f*

lym·phat·ic [lɪm'fætɪk, AM -'fæt̬-] **I.** *adj* lymphatisch *fachspr*, Lymph[o]- **II.** *n* Lymphgefäß *nt*

'lymph gland, 'lymph node *n* Lymphknoten *m*

lynch [lɪn(t)ʃ] *vt* lynchen

lynx <*pl* -es *or* -> [lɪŋks] *n* Luchs *m*

'lynx-eyed *adj* ▪**to be** ~ Augen wie ein Luchs haben

lyre [laɪər, AM laɪr] *n* Leier *f*

lyr·ic ['lɪrɪk] **I.** *adj* lyrisch **II.** *n* ▪**~s** *pl* [Lied]text *m*

lyri·cal ['lɪrɪkəl] *adj* ① *poetry* lyrisch ② (*emotional*) gefühlvoll, schwärmerisch

lyri·cism ['lɪrɪsɪzəm] *n* ① *no pl* LIT, MUS Lyrik *f*; (*passage*) Lyrismus *m fachspr* ② (*sentiment*) Gefühlsregung *f*

lyri·cist ['lɪrɪsɪst] *n* Texter(in) *m(f)*

Mm

M <*pl* -'s *or* -s>, **m** <*pl* -'s> [em] *n* (*letter*) M *nt*, m *nt*; ~ **for Mary** [*or* AM **as in Mike**] M wie Martha

M I. *adj* FASHION *abbrev of* **medium** M **II.** *n* BRIT *abbrev of* **motorway** ≈ A *f*

m I. *n* <*pl* -> ① *abbrev of* **metre** m ② *abbrev of* **mile** ③ *abbrev of* **million** Mill., Mio. ④ *abbrev of* **minute** Min. **II.** *adj* ① *abbrev of* **male** männl. ② *abbrev of* **masculine** m ③ *abbrev of* **married** verh.

ma [mɑː] *n* (*fam: mother*) Mama *f*

MA [ˌem'eɪ] *n abbrev of* **Master of Arts**

ma'am[1] [mæm] *n short for* **madam** gnädige Frau *form*

ma'am[2] [mɑːm] *n* BRIT Majestät *f*

mac [mæk] *n esp* BRIT (*fam*) *short for* **macintosh** Regenmantel *m*

Mac [mæk] *n* COMPUT (*fam*) *short for* **Macintosh®** Mac *m*

ma·ca·bre [mə'kɑːbr(ə), AM -brə] *adj* makaber

mac·ad·am [mə'kædəm] *n* Schotter *m*

maca·ro·ni [ˌmækə'rəʊni, AM -'roʊ-] *n no pl* Makkaroni *pl*

maca·ro·ni and 'cheese, maca·ro·ni 'cheese *n* Käsemakkaroni *pl*

maca·roon [ˌmækə'ruːn] *n* Makrone *f*

mace[1] [meɪs] *n* (*hist: weapon*) Keule *f*; (*with spikes*) Morgenstern *m*

mace[2] [meɪs] *n no pl* BOT, FOOD Mazis *m*

Mace® [meɪs] **I.** *n no pl* ≈ Tränengas *nt* **II.** *vt* mit Tränengas besprühen

Mac·edo·nia [ˌmæsɪ'dəʊniə, AM -ə'doʊ-] *n* Makedonien *nt*, Mazedonien *nt*

Mac·edo·nian [ˌmæsɪ'dəʊniən, AM -ə'doʊ-] **I.** *n* Makedonier(in) *m(f)*, Mazedonier(in) *m(f)* **II.** *adj* makedonisch, mazedonisch

Mach [mæk, AM mɑːk] *n no pl* AEROSP, PHYS Mach *nt*

ma·chete [mə'(t)ʃeti, AM -t̬i] *n* Machete *f*

ma·chine [mə'ʃiːn] **I.** *n* ① (*mechanical device*) Maschine *f*, Apparat *m*; (*fig: person*) Maschine *f*; **by** ~ maschinell ② (*automobile, plane*) Maschine *f* **II.** *vt* (*produce*) maschinell herstellen; (*sew by machine*) [mit der Nähmaschine] nähen

ma·'chine gun *n* Maschinengewehr *nt*

ma·'chine lan·guage *n* COMPUT Maschinensprache *f* **ma·'chine-made** *adj* maschinell hergestellt **ma·chine-'read·able** *adj* COMPUT (*by device*) maschinenlesbar; (*by computer*) computerlesbar

ma·chin·ery [mə'ʃiːnəri] *n no pl* ① (*machines*) Maschinen *pl* ② (*mechanism*)

Mechanismus *m;* (*system*) Apparat *m*

> **Grammatik**
>
> **machinery** ist unzählbar; d.h. es wird nicht mit *a* oder im Plural gebraucht: *the machinery is checked every week; this kind of machinery is very expensive*
> Wenn man von einem Einzelstück redet, sagt man: a **piece of** machinery: *the factory invested in a new piece of machinery*

ma·'chine tool *n* Werkzeugmaschine *f*

ma·chin·ist [məˈʃiːnɪst] *n* (*machine operator*) Maschinist(in) *m(f); of sewing machine* Maschinennäher(in) *m(f)*

ma·cho [ˈmætʃəʊ, AM ˈmɑːtʃoʊ] *adj* (*pej fam*) machohaft, Macho-

macke·rel <*pl* -s *or* -> [ˈmækᵊrᵊl] *n* Makrele *f*

mack·in·tosh [ˈmækɪntɒʃ] *n* BRIT Regenmantel *m*

macro [ˈmækrəʊ, AM -kroʊ] *n* COMPUT Makro *nt*

macro·bi·ot·ic [ˌmækrə(ʊ)baɪˈɒtɪk, AM -kroʊ-baɪˈɑːt̬ɪk] *adj* makrobiotisch

macro·cosm [ˈmækrə(ʊ)ˌkɒzᵊm, AM -kroʊˌkɑː-] *n* Makrokosmos *m*

macro·eco·nom·ics [ˌmækrə(ʊ)iːkəˈnɒmɪks, AM -kroʊekəˌnɑː-] *n + sing vb* Makroökonomie *f*

mad <-dd> [mæd] *adj* ① *esp* BRIT (*fam: insane*) wahnsinnig, verrückt; **to go ~** den Verstand verlieren; **to drive sb ~** jdn um den Verstand bringen, jdn verrückt machen; [**stark**] **raving ~** total verrückt ② (*frantic*) wahnsinnig *fam;* **to be in a ~ rush** es wahnsinnig eilig haben; **like ~** wie verrückt ③ (*fam: enthusiastic*) verrückt (**about** nach *+dat*) ④ AM (*fam: angry*) sauer; **he's ~ as hell at you** er ist stinksauer auf dich; **to make sb ~** jdn rasend machen

Mada·gas·car [ˌmædəˈgæskəʳ, AM -kɚ] *n* Madagaskar *nt*

mad·am [ˈmædəm] *n* ① *no pl* (*form of address*) gnädige Frau; (*in titles*) **M~ President** Frau Präsidentin; **Dear M~, ...** (*in letter*) Sehr geehrte gnädige Frau, ... ② *of brothel* Bordellwirtin *f*

mad·cap [ˈmædkæp] **I.** *adj attr* (*dated: impulsive*) verrückt; (*rash*) unbedacht; **~ idea** ausgeflippte Idee *fam* **II.** *n* (*eccentric person*) Ausgeflippte(r) *f(m) fam*

mad 'cow dis·ease *n* Rinderwahnsinn *m*

mad·den [ˈmædᵊn] *vt* (*drive crazy*) um den Verstand bringen; (*anger*) maßlos ärgern

mad·den·ing [ˈmædᵊnɪŋ] *adj* äußerst ärgerlich; *habit* nervend; *pain* unerträglich; *slowness, recklessness* provozierend

made [meɪd] **I.** *pp, pt of* **make II.** *adj* **to have** [**got**] **it ~** es geschafft haben *fam*

made-to-'meas·ure *adj* maßgeschneidert

made-'up *adj* ① (*imaginary*) ausgedacht ② (*wearing make-up*) geschminkt ③ (*prepared*) fertig, Fertig-

'mad·house *n* (*fig fam: chaotic household*) Irrenhaus *nt*

mad·ly [ˈmædli] *adv* ① (*insanely*) wie verrückt ② (*fam: frantically*) wie ein Verrückter/eine Verrückte ③ (*fam: very much*) wahnsinnig

'mad·man *n* (*fig fam*) Verrückter *m fam;* **to drive like a ~** wie ein Irrer fahren

mad·ness [ˈmædnəs] *n no pl* ① (*insanity*) Wahnsinn *m,* Geisteskrankheit *f geh* ② (*folly*) Wahnsinn *m fam,* Verrücktheit *f*

'mad·wom·an *n* (*fig fam*) Verrückte *f fam*

mael·strom [ˈmeɪlstrɒm, AM -strəm] *n* METEO, NAUT Ma[h]lstrom *m;* (*fig*) Strudel *m*

maes·tro <*pl* -tri> [ˈmaɪstrəʊ, AM -stroʊ, *pl* -stri] *n* (*a. hum*) Maestro *m*

ma·fia [ˈmæfiə, AM ˈmɑː-] *n + sing/pl vb* Mafia *f*

mag [mæg] *n* (*fam*) *short for* **magazine** Blatt *nt*

maga·zine [ˌmægəˈziːn, AM ˈmægəziːn] *n* ① (*publication*) Zeitschrift *f* ② (*gun part*) Magazin *nt*

mag·got [ˈmægət] *n* Made *f*

Magi [ˈmeɪdʒaɪ] *npl* ■ **the ~** die Weisen aus dem Morgenland, die Heiligen Drei Könige

mag·ic [ˈmædʒɪk] **I.** *n no pl* ① (*sorcery*) Magie *f,* Zauber *m;* **as if by ~** wie von Zauberhand ② (*tricks*) Zaubertrick[s] *m*[*pl*]; **to do ~** zaubern ③ (*extraordinariness*) Zauber *m* **II.** *adj* ① (*supernatural*) magisch, Zauber-; **they had no ~ solution** sie konnten keine Lösung aus dem Ärmel zaubern ② (*extraordinary*) *moment* zauberhaft, wundervoll; *powers* magisch

magi·cal [ˈmædʒɪkᵊl] *adj* ① (*magic*) magisch, Zauber- ② (*extraordinary*) *moment* zauberhaft, wundervoll; *powers* magisch

magi·cal·ly [ˈmædʒɪkli] *adv* ① (*by magic*) wie von Zauberhand, wie durch ein Wunder ② (*extraordinarily*) wundervoll, zauberhaft

mag·ic 'car·pet *n* fliegender Teppich

ma·gi·cian [məˈdʒɪʃᵊn] *n* Zauberer *m*/Zauberin *f,* Magier(in) *m(f) geh;* (*on stage*) Zauberkünstler(in) *m(f)*

mag·is·te·rial [ˌmædʒɪˈstɪəriəl, AM -ˈstɪr-] *adj* (*form*) ① (*authoritative*) richtungweisend, autoritativ *geh* ② (*pej*) *tone, manner* herrisch ③ (*of a magistrate*) *office, robes* richterlich

mag·is·trate ['mædʒɪstreɪt] *n* **to appear before a ~** vor einem Schiedsgericht erscheinen

mag·lev ['mæglev] *n no pl short for* **magnetic levitation** magnetisches Schweben

mag·na·nim·ity [ˌmægnə'nɪməti, AM -næn'ɪmət̬i] *n no pl* Großzügigkeit *f*

mag·nani·mous [mæg'nænɪməs, AM -nəməs] *adj* großmütig *geh; generosity* überwältigend

mag·nate ['mægneɪt] *n* Magnat *m*

mag·ne·sia [mæg'ni:ʃə, AM -ʒə] *n no pl* Magnesiumoxid *nt*

mag·ne·sium [mæg'ni:ziəm] *n no pl* Magnesium *nt*

mag·net ['mægnət] *n* Magnet *m*

mag·net·ic [mæg'netɪk, AM -t̬-] *adj* ❶ *iron, steel* magnetisch; **~ strip** Magnetstreifen *m* ❷ (*fig*) *effect, attraction* unwiderstehlich; *smile, charms* anziehend

mag·net·ic 'field *n* Magnetfeld *nt* **mag·net·ic 'pole** *n* Magnetpol *m*

mag·net·ism ['mægnətɪzᵊm] *n no pl* ❶ (*phenomenon*) Magnetismus *m;* (*charge*) magnetische Kräfte *pl* ❷ *of person* Ausstrahlung *f*

mag·net·ize ['mægnətaɪz] *vt* ❶ PHYS magnetisieren ❷ (*fig*) faszinieren

mag·ne·to [mæg'ni:toʊ, AM -t̬oʊ] *n* TECH, AUTO Magnetzünder *m*

mag·ni·fi·ca·tion [ˌmægnɪfɪ'keɪʃᵊn] *n no pl* Vergrößerung *f*

mag·nifi·cence [mæg'nɪfɪsᵊn(t)s] *n no pl* Großartigkeit *f,* Größe *f*

mag·nifi·cent [mæg'nɪfɪsᵊnt] *adj house, concert* wunderbar, großartig; *food* ausgezeichnet; **to look ~** wunderschön aussehen

mag·ni·fy <-ie-> ['mægnɪfaɪ] *vt* (*make bigger*) vergrößern; (*make worse*) *problem* verschlimmern

'mag·ni·fy·ing glass *n* Lupe *f*

mag·ni·tude ['mægnɪtju:d, AM *esp* -tu:d] *n* ❶ (*size*) Größe *f; of project, loss* Ausmaß *nt; of earthquake* Stärke *f; of problem* Tragweite *f* ❷ *no pl* (*importance*) Bedeutung *f*

mag·no·lia [mæg'nəʊliə, AM -'noʊljə] *n* Magnolie *f*

mag·pie ['mægpaɪ] *n* (*bird*) Elster *f*

ma·ha·ra·ja(h) [ˌmɑ:(h)ə'rɑ:dʒə, AM -hə'-] *n* (*hist*) Maharadscha *m*

ma·hoga·ny [mə'hɒgᵊni, AM -'hɑ:g-] *n* ❶ (*tree*) Mahagonibaum *m* ❷ *no pl* (*wood*) Mahagoni[holz] *nt*

maid [meɪd] *n* (*servant*) Dienstmädchen *nt;* (*in hotel*) Zimmermädchen *nt*

maid·en ['meɪdᵊn] **I.** *n* (*old*) Jungfer *f* **II.** *adj attr* ❶ (*unmarried*) unverheiratet ❷ (*first*) Jungfern-

'maid·en·hair, maid·en·hair 'fern *n* Frauenfarn *m*

'maid·en name *n* Mädchenname *m*

maid·en 'speech *n* POL Jungfernrede *f*

mail¹ [meɪl] AM **I.** *n no pl* Post *f;* **today's/this morning's ~** die Post von heute; **to send sth through the ~** etw mit der Post [ver]schicken **II.** *vt* (*at post office*) *letter, package* aufgeben; (*in mail box*) einwerfen; ■ **to ~ sth to sb** jdm etw [mit der Post] schicken

mail² [meɪl] *n no pl* (*armour*) Panzer *m;* **chain ~** Kettenpanzer *m*

'mail·bag *n* Postsack *m;* **since the controversial programme the BBC's ~ has been bulging** seit der umstrittenen Sendung quillt der Briefkasten der BBC über

'mail·box *n* AM Briefkasten *m,* Postkasten *m bes* NORDD

'mail·ing list *n* Adressenliste *f,* Mailingliste *f*

'mail·man *n* AM Briefträger *m,* Postbote *m*

'mail or·der *n* [Direkt]versand *m;* (*by catalogue*) Katalogbestellung *f* **'mail-or·der cata·logue,** AM **'mail-or·der cata·log** *n* [Versand]katalog *m*

'mail·shot *n esp* BRIT Hauswurfsendung *f*

maim [meɪm] *vt* (*mutilate*) verstümmeln; (*cripple*) zum Krüppel machen

main [meɪn] **I.** *n* TECH ❶ (*pipe*) Hauptleitung *f;* (*cable*) Hauptkabel *nt* ❷ BRIT ■ **the ~s** *pl* (*for electricity*) die Hauptstromleitung; (*for gas*) die Hauptgasleitung ▸ PHRASES: **in the ~** im Allgemeinen **II.** *adj attr* Haupt-; **~ concern** wichtigstes Anliegen

'main course *n* FOOD Hauptgericht *nt*

'main·frame *n* Hauptrechner *m*

'main·land I. *n no pl* ■ **the ~** das Festland **II.** *adj attr* **~ Europe** europäisches Festland

'main·line (*fam*) **I.** *vt* **to ~ heroin** fixen *sl* **II.** *vi* fixen *sl*

main·ly ['meɪnli] *adv* hauptsächlich, in erster Linie

main 'of·fice *n* Hauptverwaltung *f* **main 'road** *n* Hauptstraße *f* **'main·sail** *n* Hauptsegel *nt,* Großsegel *nt*

'main·spring *n* Triebfeder *f a. fig*

'main·stay *n of boat* Hauptstag *m; of economy* Stütze *f*

'main·stream I. *n no pl* ■ **the ~** (*fig*) der Mainstream; **to enter the ~ of politics** am alltäglichen politischen Alltag[sgeschäft] teilnehmen **II.** *adj* Mainstream-; *book, film, music* kommerziell

main·tain [meɪn'teɪn] *vt* ❶ (*keep*) [bei]behalten; *law and order, status quo* aufrechterhalten; *dignity, sanity* bewahren; **to ~ the lead** in Führung bleiben; **to ~ close links** in engem Kontakt bleiben ② (*in good condition*) instand halten; *garden* pflegen ③ (*provide for*) *child, family* unterhalten ④ (*claim*) behaupten; *innocence* beteuern

main·te·nance ['meɪntᵊnən(t)s] **I.** *n no pl* ① *of relations, peace* Beibehaltung *f*, Wahrung *f* ② *of car, garden* Pflege *f*; *of building, monument* Instandhaltung *f*; *of machine* Wartung *f*; **~ department** Wartungsabteilung *f* ③ (*maintenance costs*) Unterhaltung *f* ④ (*alimony*) Unterhalt *m* **II.** *adj attr* Wartungs-, Instandhaltungs-

mai·son·(n)ette [ˌmeɪzᵊn'et] *n* BRIT Maiso[n]nette *f*

maize [meɪz] *n no pl esp* BRIT Mais *m*

ma·jes·tic [mə'dʒestɪk] *adj* majestätisch; *proportions* stattlich; *movement* gemessen; *music, march* getragen

maj·es·ty ['mædʒəsti] *n* ① (*royal title*) [**Her/His/Your**] **M~** [Ihre/Seine/Eure] Majestät ② *no pl* (*beauty*) *of sunset* Herrlichkeit *f*; *of person* Würde *f*; *of music* Erhabenheit *f*, Anmut *f*

ma·jor ['meɪdʒəʳ, AM -ɚ] **I.** *adj* ① *attr* (*important*) bedeutend, wichtig; (*main*) Haupt-; (*large*) groß; **~ roadworks** größere Straßenbauarbeiten ② *attr* (*serious*) *crime* schwer; *illness* schwerwiegend; **to undergo ~ surgery** sich einer größeren Operation unterziehen **II.** *n* ① MIL (*officer rank*) Major(in) *m(f)* ② AM, AUS UNIV (*primary subject*) Hauptfach *nt* **III.** *vi* UNIV **to ~ in physics** Physik als Hauptfach studieren

Ma·jor·ca [mə'jɔːkə, AM -'jɔːr-] *n no pl* Mallorca *nt*

ma·jor 'gen·er·al *n* Generalmajor(in) *m(f)*

ma·jor·ity [mə'dʒɒrəti, AM -'dʒɔːrət̬i] **I.** *n* ① + *sing/pl vb* (*greater part*) Mehrheit *f*; **in the ~ of cases** in der Mehrzahl der Fälle; **the ~ of the votes** die Stimmenmehrheit ② POL (*winning margin*) [Stimmen]mehrheit *f* **II.** *adj attr* POL Mehrheits-

make [meɪk] **I.** *n* ① ECON (*brand*) Marke *f* ② (*pej*) **to be on the ~** geldgierig sein **II.** *vt* <made, made> ① (*produce*) machen; (*manufacture*) herstellen; *movie* drehen; *peace* schließen; **this sweater is made of wool** dieser Pullover ist aus Wolle; **to ~ coffee** Kaffee kochen; ■**to be made for sth** für etw *akk* [wie] geschaffen sein ② (*become*) **I don't think he will ever ~ a good lawyer** ich glaube, aus ihm wird nie ein guter Rechtsanwalt [werden]; **to ~ fascinating reading** faszinierend zu lesen sein ③ (*cause*) machen; **the wind is making my eyes water** durch den Wind fangen meine Augen an zu tränen; **to ~ sb laugh** jdn zum Lachen bringen ④ (*force*) ■**to ~ sb do sth** jdn zwingen, etw zu tun ⑤ + *adj* (*cause to be*) machen; **to ~ sth public** etw veröffentlichen; **to ~ oneself understood** sich verständlich machen ⑥ (*perform*) *mistake, progress, suggestion* machen; *appointment* vereinbaren; *deal* schließen; *decision* fällen; *speech, presentation* halten; **to ~ a call** anrufen; **to ~ an effort** sich anstrengen; **to ~ a good job of sth** bei etw *dat* gute Arbeit leisten; **to ~ a move** (*in game*) einen Zug machen; (*with* [*a part of*] *one's body*) sich bewegen; **to ~ a promise** etw versprechen; **to ~ way** den Weg frei machen ⑦ (*amount to*) **five plus five ~s ten** fünf und fünf ist zehn ⑧ (*earn, get*) **he ~s £50,000 a year** er verdient 50.000 Pfund im Jahr; **to ~ friends** Freundschaften schließen; **to ~ a killing** einen Riesengewinn machen; **to ~ a name for oneself** sich *dat* einen Namen machen ⑨ (*fam: reach*) **could you ~ a meeting at 8 a.m.?** schaffst du ein Treffen um 8 Uhr morgens?; **the fire made the front page** das Feuer kam auf die Titelseite; **to ~ one's plane** sein Flugzeug kriegen; **to ~ the finals** sich für das Finale qualifizieren; **to ~ it** es schaffen ⑩ (*render perfect*) **this film has ~ his career** der Film machte ihn berühmt; **that's made my day!** das freut mich unheimlich!; **you've got it made!** du hast ausgesorgt! **III.** *vi* <made, made> ① (*be about to*) **just as we made to leave, the phone rang** gerade als wir gehen wollten, klingelte das Telefon ② (*pretend*) **he made as if to leave the room** er machte Anstalten, das Zimmer zu verlassen; ■**to ~ like ...** AM so tun, als ob ... ▸ PHRASES: **to ~ <u>do</u> without sth** ohne etw auskommen

◆**make after** *vi* ■**to ~ after sb** jdm hinterherjagen; *police* jdn verfolgen ◆**make away** *vi* (*fam*) abhauen ◆**make away with** *vt* (*fam*) ① (*steal sth*) sich davonmachen (mit +*dat*) ② (*kill sb*) um die Ecke bringen *fam* ◆**make for, make towards** *vi* ① (*head for*) zugehen (auf +*akk*); (*by car or bus*) zufahren (auf +*akk*); **the kids made for the woods to hide** die Kinder rannten auf den Wald zu, um sich zu verstecken ② (*be*) **constant arguing doesn't ~ for a good relationship** ständiges Streiten ist einer guten Beziehung nicht gerade förderlich ◆**make of** *vt* ① (*understand*) **I can't ~ anything of this book** ich ver-

M

stehe dieses Buch nicht; **I don't know what to ~ of it** ich weiß nicht, wie ich das deuten soll ② (*think*) **what do you ~ of his speech?** was hältst du von seiner Rede?; **I don't know what to ~ of her** ich weiß nicht, wie ich sie einschätzen soll ◆**make off** *vi* (*fam*) ① (*leave*) abhauen ② (*steal*) ■**to ~ off with sth** etw mitgehen lassen *fam* ◆**make out I.** *vi* (*fam*) ① (*manage*) *person* zurechtkommen; *business* sich [positiv] entwickeln ② *esp* AM (*sl: have sex*) rummachen (**with** mit +*dat*) **II.** *vt* ① (*write out*) ausschreiben; *cheque* ausstellen; *schedule* erstellen; *will* verfassen ② (*see*) *writing, numbers* entziffern; *distant object* ausmachen; (*hear*) verstehen; (*understand*) **she's so strange – I can't ~ her out at all** sie ist so seltsam – ich werde ganz und gar nicht schlau aus ihr ◆**make over** *vt* ① LAW (*transfer ownership*) *house, land, business* überschreiben (**to** +*dat*) ② (*redo*) umändern; *manuscript* überarbeiten ◆**make up I.** *vt* ① (*invent*) **she made the whole thing up** sie hat das alles nur erfunden ② (*prepare*) fertig machen; *medicine* zusammenstellen; *bed, curtains, dress* machen ③ (*put on make-up*) ■**to ~ oneself up** sich schminken ④ (*compensate*) *deficit* ausgleichen; **to ~ up time** Zeit wiedergutmachen; *train* Zeit wieder herausfahren ⑤ *usu passive* (*comprise*) ■**to ~ up** ⟳ **sth** etw ausmachen; **the book is made up of a number of different articles** das Buch besteht aus vielen verschiedenen Artikeln ⑥ (*decide*) **to ~ up one's mind** sich entscheiden **II.** *vi* sich versöhnen (**with** mit +*dat*); **kiss and ~ up** küsst euch und vertragt euch wieder ◆**make up for** *vt* entschädigen (für +*akk*); ECON wiedergutmachen; **to ~ up for lost time** verlorene Zeit wieder aufholen ◆**make up to** *vt* AUS, BRIT ■**to ~ up to sb** sich bei jdm lieb Kind machen *fam*

'make-be·lieve I. *n no pl* Fantasie *f,* Illusion *f* **II.** *adj* Fantasie- **III.** *vi* <made-, made-> ■**to ~ [that]** ... sich *dat* vorstellen, dass ...

mak·er ['meɪkəʳ, AM -ɚ] *n* (*manufacturer*) ■**the ~** [*or* BRIT *usu* **the ~s**] Hersteller(in) *m(f),* Produzent(in) *m(f)*

'make·shift I. *adj* Not-, behelfsmäßig **II.** *n* [Not]behelf *m*

'make-up *n* ① *no pl* (*cosmetics*) Make-up *nt;* **to put on ~** sich schminken ② *of group, population* Zusammensetzung *f* ③ (*character*) Persönlichkeit *f*

'make-up art·ist *n* Visagist(in) *m(f)*

mak·ing ['meɪkɪŋ] *n* ① *no pl* (*production*) Herstellung *f;* **her problems with that child are of her own ~** ihre Probleme mit diesem Kind hat sie selbst verschuldet ② *no pl* (*success*) **it was the ~ of her** das hat sie zu dem gemacht, was sie [heute] ist ③ (*qualities, ingredients*) ■**~s** *pl* Anlagen *pl;* **she has the ~s of a great violinist** sie hat das Zeug zu einer großartigen Geigerin

mal·ad·just·ed [ˌmælə'dʒʌstɪd] *adj* verhaltensgestört

mal·ad·min·is·tra·tion [ˌmælədˌmɪnɪ'streɪʃᵊn, AM -ə'-] *n no pl* (*form*) schlechte Verwaltung

mala·droit [ˌmælə'drɔɪt] *adj* unbeholfen

Mala·gasy [ˌmælə'gæsi] **I.** *adj* madagassisch **II.** *n* Madagasse *m,* Madagassin *f*

ma·laise [mə'leɪz] *n no pl* Unbehagen *nt*

mala·prop·ism ['mæləprɒpɪzᵊm, AM -prɑːp-] *n* Malapropismus *m*

ma·laria [mə'leəriə, AM -'ler-] *n no pl* Malaria *f*

Ma·la·wi [mə'lɑːwi] *n no pl* Malawi *nt*

Ma·la·wian [mə'lɑːwiən] **I.** *n* Malawier(in) *m(f)* **II.** *adj* malawisch

Ma·lay·sia [mə'leɪziə, AM -ʒə] *n no pl* Malaysia *nt*

Ma·lay·sian [mə'leɪziən, AM -ʒən] **I.** *n* Malaysier(in) *m(f)* **II.** *adj* malaysisch

mal·con·tent ['mælkənˌtent] *n* (*pej*) Querulant(in) *m(f) pej geh*

Mal·dives ['mɔːldiːvz, AM 'mældaɪvz] *npl* ■**the ~** die Malediven

male [meɪl] **I.** *adj* männlich; **~-dominated** von Männern dominiert **II.** *n* (*person*) Mann *m;* (*animal*) Männchen *nt*

male·dic·tion [ˌmælɪ'dɪkʃᵊn, AM -ə'-] *n* Verwünschung *f*

ma·levo·lent [mə'levᵊlənt] *adj* (*liter: evil*) bösartig; (*spiteful*) gehässig

mal·for·ma·tion [ˌmælfɔː'meɪʃᵊn, AM -fɔːr'-] *n* Missbildung *f*

mal·func·tion [ˌmæl'fʌŋ(k)ʃᵊn] **I.** *vi* (*not work properly*) nicht funktionieren; (*stop working*) ausfallen; *liver, kidney* nicht richtig arbeiten; *social system* versagen **II.** *n* Ausfall *m; of liver, kidney* Funktionsstörung *f; of social system* Versagen *nt*

Mali ['mɑːli] *n no pl* Mali *nt*

Ma·lian ['mɑːliən] **I.** *n* Malier(in) *m(f)* **II.** *adj* malisch

mal·ice ['mælɪs] *n no pl* Boshaftigkeit *f*

ma·li·cious [mə'lɪʃəs] *adj* boshaft, niederträchtig; *look* hasserfüllt; *see also* **vicious**

ma·lign [mə'laɪn] **I.** *adj* (*form*) verderblich; (*evil*) unheilvoll **II.** *vt* verleumden

ma·lig·nan·cy [mə'lɪgnən(t)si] *n no pl* MED Bösartigkeit *f*

ma·lig·nant [mə'lɪgnənt] *adj* MED bösartig

ma·lin·ger [məˈlɪŋgə^r, AM -ɚ] *vi* sich krank stellen

ma·lin·ger·er [məˈlɪŋg^{ə}rə^r, AM -ɚɚ] *n* Simulant(in) *m(f)*

mall [mɔːl] *n* (*covered row of shops*) [große] Einkaufspassage; (*indoor shopping centre*) [überdachtes] Einkaufszentrum

mal·lard <*pl* -s *or* -> [ˈmælɑːd, AM -ɚd] *n* Stockente *f*

mal·le·able [ˈmæliəbl̩] *adj metal* formbar; *clay* geschmeidig; (*fig*) *person* gefügig

mal·let [ˈmælɪt] *n* (*hammer*) [Holz]hammer *m;* (*in croquet*) Krockethammer *m;* (*in polo*) Poloschläger *m*

mal·low [ˈmæləʊ, AM -loʊ] *n* Malve *f*

mal·nu·tri·tion [ˌmælnjuːˈtrɪʃ^{ə}n, AM -nuːˈ-] *n no pl* Unterernährung *f*

mal·odor·ous [ˌmælˈəʊd^{ə}rəs, AM -ˈoʊdɚ-] *adj* (*form*) ① (*smelling bad*) übel riechend ② (*pej: offensive*) widerlich

mal·prac·tice [ˌmælˈpræktɪs] *n no pl* (*faulty work*) Berufsvergehen *nt;* (*criminal misconduct*) [berufliches] Vergehen; *of civil servants* Amtsmissbrauch *m;* **medical ~** ärztlicher Kunstfehler

malt [mɔːlt] **I.** *n no pl* ① (*grain*) Malz *nt* ② (*whisky*) Malzwhisky *m* ③ AM (*malted milk*) Malzmilch *f* **II.** *vt* **to ~ barley** Gerste mälzen

Mal·ta [ˈmɔːltə] *n no pl* Malta *nt*

Land und Leute

Die **Republic of Malta** (*Republik Malta*), die von 1814 bis 1947 britische Kronkolonie und Flottenstützpunkt war, ist in den letzten Jahren als ein *English language learning centre* (*Sprachzentrum für Englisch*) bekannt geworden. Dort belegen vor allem Jugendliche aus ganz Europa an renommierten Schulen Englischkurse.

Mal·tese [ˌmɔːlˈtiːz] **I.** *adj* maltesisch **II.** *n* ① (*person*) Malteser(in) *m(f)* ② *no pl* (*language*) Maltesisch *nt,* das Maltesische

mal·treat [ˌmælˈtriːt] *vt usu passive* misshandeln

mal·treat·ment [ˌmælˈtriːtmənt] *n no pl* Misshandlung *f*

mam·mal [ˈmæm^{ə}l] *n* Säugetier *nt,* Säuger *m*

ˈmam·ma·ry gland *n* Milchdrüse *f*

mam·mog·ra·phy [mæmˈɒgrəfi, AM məˈmɑːg-] *n no pl* Mammographie *f*

mam·moth [ˈmæməθ] **I.** *n* Mammut *nt* **II.** *adj* (*fig*) Mammut-, riesig

man [mæn] **I.** *n* <*pl* men> ① (*male adult*) Mann *m;* **men's clothing** Herrenkleidung *f;* **the men's** [**room**] die Herrentoilette ② (*person*) Mensch *m;* **to be sb's right-hand ~** jds rechte Hand sein; **to be one's own ~** sein eigener Herr sein ③ *no pl, no art* (*mankind*) der Mensch, die Menschheit; **this is one of the most dangerous substances known to ~** das ist eine der gefährlichsten Substanzen, die bisher bekannt sind ④ (*particular type*) **he's a ~ of his word** er ist jemand, der zu seinem Wort steht; **he's not a ~ to ...** er ist nicht der Typ, der ...; **to be a ~ of action** ein Mann *m* der Tat sein; **to be a family ~** ein Familienmensch *m* sein; **a ~ of letters** (*writer*) ein Schriftsteller *m;* (*scholar*) ein Gelehrter *m;* **the odd ~ out** der Außenseiter ⑤ *pl* (*soldiers, workers*) Männer *pl,* Leute *pl* ⑥ (*in board games*) [Spiel]figur *f;* (*in draughts*) [Spiel]stein *m* **II.** *interj* (*fam: to emphasize*) Mensch, Mann; (*in enthusiasm*) Mann, Manometer; (*in anger*) Mann **III.** *vt* <-nn-> *fortress, picket* besetzen; *phone, gun* bedienen; *ship* bemannen

Falsche Freunde

Nicht verwechseln mit [Ehe]mann *m* — *husband*!

mana·cle [ˈmænəkl̩] **I.** *n* ■**~s** *pl* Handschellen *pl,* Ketten *pl* **II.** *vt* in Ketten legen

man·age [ˈmænɪdʒ] **I.** *vt* ① (*run*) leiten ② (*control*) steuern; (*administer*) verwalten; (*organize*) organisieren; **to ~ one's time/resources** sich *dat* seine Zeit/Ressourcen richtig einteilen ③ (*accomplish*) schaffen; *distance, task* bewältigen; **can you ~ 8 o'clock?** ginge es um 8 Uhr?; **you ~d it very well** das hast du sehr gut gemacht; **to ~ a smile** ein Lächeln zustande bringen ④ (*cope with*) ■**to ~ sb/sth** mit jdm/etw *dat* zurechtkommen **II.** *vi* ① (*succeed*) es schaffen; (*cope, survive*) zurechtkommen; **can you ~? – thank you, I can ~** geht's? – danke, es geht schon; **we'll ~!** wir schaffen das schon! ② (*get by*) ■**to ~ on/without sth** mit etw *dat*/ohne etw *akk* auskommen

man·age·able [ˈmænɪdʒəbl̩] *adj* ① (*doable*) *job* leicht zu bewältigen; *task* überschaubar ② (*controllable*) kontrollierbar; **~ hair** leicht zu frisierendes Haar ③ (*feasible*) erreichbar; *deadline* realistisch; ■**to be ~** machbar sein

man·age·ment [ˈmænɪdʒmənt] *n* ① *no pl of business* Management *nt,* [Geschäfts]führung *f,* [Unternehmens]leitung *f* ② + *sing/pl vb* (*managers*)

[Unternehmens]leitung *f*, Management *nt*; *of hospital, theatre* Direktion *f*; **senior ~** oberste Führungsebene, Vorstand *m* ③ *no pl* (*handling*) Umgang *m* (**of** mit +*dat*); *of finances* Verwalten *nt*

Aussprache
management = ['mænɪdʒmənt]
Im Deutschen wird das **a** in M**a**nagement als [ɛ] ausgesprochen, im Englischen aber als [æ], wie in **a**pple ['æpl̩] oder p**a**n [pæn]

man·age·ment 'buy-out *n* Management-Buy-out *nt* (*Übernahme einer Firma durch die leitenden Direktoren*) **man·age·ment con·'sult·ant** *n* Unternehmensberater(in) *m(f)* **man·age·ment ne·'go·tia·tor** *n* Verhandlungsführer(in) *m(f)* der Arbeitgeber **man·age·ment 'skills** *npl* Führungsqualitäten *pl* **'man·age·ment studies** *n* + *sing/pl vb* Betriebswirtschaft[slehre] *f* **'man·age·ment team** *n* + *sing/pl vb* Führungsspitze *f* **man·age·ment 'train·ing** *n* Managementtraining *nt*

man·ag·er ['mænɪdʒəʳ, AM -ɚ] *n* ① (*business executive*) Geschäftsführer(in) *m(f)*; (*in big business, of performer*) Manager(in) *m(f)*; (*of department*) Abteilungsleiter(in) *m(f)*; **bank ~** Filialleiter(in) *m(f)* einer Bank ② SPORTS (*coach*) [Chef]trainer(in) *m(f)*

man·ag·er·ess <*pl* -es> [ˌmænɪdʒəʳ'es, AM 'mænɪdʒəres] *n* Geschäftsführerin *f* (*in einem Laden oder Café*)

mana·gerial [ˌmænə'dʒɪəriəl, AM -'dʒɪr-] *adj* Manager-; **at ~ level** auf Führungsebene; **~ skills** Führungsqualitäten *pl*

man·ag·ing di·'rec·tor *n* [Haupt]geschäftsführer(in) *m(f)*

man·da·rin ['mændərɪn, AM -ɚɪn] *n* ① (*fruit*) Mandarine *f* ② (*hist: Chinese official*) Mandarin *m*

Man·da·rin ['mændərɪn, AM -ɚɪn] *n no pl* LING Mandarin *nt*

man·date **I.** *n* ['mændeɪt] ① *usu sing* (*authority*) Mandat *nt*; (*command*) Verfügung *f*; **electoral ~** Wählerauftrag *m* ② (*territory*) Mandat[sgebiet] *nt* **II.** *vt* [mæn'deɪt] (*order*) anordnen; (*authorize*) ein Mandat erteilen (**for** für +*akk*)

man·da·tory ['mændətəri, AM -tɔːri] *adj* ① (*required by law*) gesetzlich vorgeschrieben ② (*obligatory*) obligatorisch; **to be ~ for sb** jds Pflicht sein

man·di·ble ['mændɪbl̩] *n of insect* [Ober]kiefer *m*; *of bird* Unterschnabel *m*; *of mammal, fish* Unterkiefer *m*

man·do·lin [ˌmændəl'ɪn] *n* MUS Mandoline *f*

man·drake ['mændreɪk] *n* Mandragore *f*

man·drill ['mændrɪl] *n* Mandrill *m*

mane [meɪn] *n* Mähne *f*

'man-eat·er *n* ① (*animal*) Tier, das Menschen tötet ② (*hum fam: woman*) männermordender Vamp

ma·neu·ver AM *see* **manoeuvre**

ma·neu·ver·abil·ity *n* AM *see* **manoeuvrability**

ma·neu·ver·able *adj* AM *see* **manoeuvrable**

man·ful·ly ['mænfəli] *adv* mutig

man·ga·nese ['mæŋgəniːz] *n no pl* Mangan *nt*

mange [meɪndʒ] *n no pl* Räude *f*

man·ger ['meɪndʒəʳ, AM -ɚ] *n* (*old*) Futtertrog *m*; (*in bible*) Krippe *f*

mange·tout [ˌmã(n)ʒ'tuː] *n* BRIT Zuckererbse *f*

man·gle¹ ['mæŋgl̩] *vt* ① *usu passive* (*crush*) zerstören; *limbs* verstümmeln; *car, metal* zerdrücken ② (*ruin*) entstellen

man·gle² ['mæŋgl̩] *n* ① BRIT (*hist: wringer*) [Wäsche]mangel *f* ② AM (*ironing machine*) [Heiß]mangel *f*

man·go <*pl* -s *or* -es> ['mæŋgəʊ, AM -goʊ] *n* Mango *f*

man·grove ['mæŋgrəʊv, AM 'mæŋgroʊv] *n* Mangrovenbaum *m*

man·gy ['meɪndʒi] *adj* ① (*suffering from mange*) räudig ② (*fam: shabby*) schäbig *pej*

man·han·dle ['mænˌhændl̩, AM 'mænhæn-] *vt* ① (*handle roughly*) grob behandeln ② (*heave*) [hoch]heben

'man·hole *n* Einstieg *m*; (*shaft*) Einstiegsschacht *m*; *of container, tank* Mannloch *nt* **'man·hole cov·er** *n* Einstiegsverschluss *m*; *of canal* Kanaldeckel *m*; *of shaft* Schachtdeckel *m*; *of container, tank* Mannlochdeckel *m*

man·hood ['mænhʊd] *n no pl* ① (*adulthood*) Erwachsenenalter *nt* (*eines Mannes*) ② (*manliness*) Männlichkeit *f*

'man·hour *n* Arbeitsstunde *f*

'man·hunt *n* [Ring]fahndung *f*; (*after criminal*) Verbrecherjagd *f*

ma·nia ['meɪniə] *n* ① (*pej: obsessive enthusiasm*) Manie *f*, Besessenheit *f* ② *no pl* MED (*obsessive state*) Wahn[sinn] *m*; (*state of excessive activity*) Manie *f*

ma·ni·ac ['meɪniæk] *n* (*fam: crazy person*) Verrückte(r) *f(m)*, Irre(r) *f(m)*

ma·nia·cal [mə'naɪəkəl] *adj* (*crazy*) verrückt, irrsinnig; *scream* wild

man·ic ['mænɪk] *adj* erregt, manisch; (*hum: highly energetic*) wild

man·ic de·'pres·sion *n no pl* manische Depression **man·ic de·'pres·sive** **I.** *n* Manisch-Depressive(r) *f(m)* **II.** *adj* manisch-depressiv **man·ic psy·'cho·sis** *n* manische Psychose

mani·cure ['mænɪkjʊəʳ, AM -kjʊr] **I.** *n* Maniküre *f* **II.** *vt* **to ~ one's nails** sich *dat* die Nägel maniküren

'mani·cure set *n* Maniküreset *nt*

mani·cur·ist ['mænɪkjʊərɪst, AM -kjʊr-] *n* Handpflegerin *f*

mani·fest ['mænɪfest] **I.** *adj* offenkundig, deutlich erkennbar **II.** *vt* zeigen; **the illness ~ed itself as ...** die Krankheit äußerte sich durch ... **III.** *n* TRANSP ① (*cargo list*) [Ladungs]manifest *nt* ② (*list of passengers*) Passagierliste *f;* (*list of railway wagons*) Wagenladeschein *m*

mani·fes·ta·tion [ˌmænɪfes'teɪʃᵊn] *n* ① (*sign*) Zeichen *nt* (**of** für +*akk*) ② *no pl* (*displaying*) Zeigen *nt;* (*voicing*) Bekundung *f geh;* MED Manifestation *f fachspr*

mani·fest·ly ['mænɪfestli] *adv* offenkundig, offensichtlich

mani·fes·to <*pl* -s *or* -es> [ˌmænɪ'festəʊ, AM -toʊ] *n* Manifest *nt*

mani·fold ['mænɪfəʊld, AM -foʊld] **I.** *adj* (*liter*) vielfältig, vielseitig **II.** *n* TECH Verteilerrohr *nt*

mani·kin ['mænɪkɪn] *n* ① (*model*) Gliederpuppe *f;* MED anatomisches Modell ② (*dwarf*) Zwerg *m*

ma·nil(·l)a 'en·velope *n* Briefumschlag *m* aus Manilapapier

ma·nil(·l)a 'pa·per *n no pl* Packpapier *nt*

mani·oc ['mæniɒk, AM -ɑːk] *n* ① (*cassava*) Maniok *m* ② (*flour*) Mandioka *f*

ma·nipu·late [mə'nɪpjəleɪt] *vt* ① (*esp pej: manage cleverly*) ■**to ~ sb/sth** geschickt mit jdm/etw umgehen; (*influence*) jdn/etw beeinflussen, jdn/etw manipulieren ② (*with hands*) handhaben; (*adjust*) einstellen; *machine* bedienen; COMPUT *text* bearbeiten

ma·nipu·la·tion [məˌnɪpjə'leɪʃᵊn] *n* ① (*esp pej: clever management*) Manipulation *f;* (*falsification*) Verfälschung *f* ② (*handling*) Handgriff *m;* (*adjustment*) Einstellung *f* (**of** an +*dat*)

ma·nipu·la·tive [mə'nɪpjələtɪv, AM -leɪt̬ɪv] *adj* (*esp pej*) manipulativ

ma·nipu·la·tor [mə'nɪpjəleɪtəʳ, AM -t̬ɚ] *n* (*esp pej*) Manipulant(in) *m(f)*

man·kind [mæn'kaɪnd] *n no pl* Menschheit *f*

manky ['mæŋki] *adj* BRIT (*fam: dirty*) dreckig; (*worn-out*) alt

man·li·ness ['mænlɪnəs] *n no pl* Männlichkeit *f*

man·ly ['mænli] *adj* männlich

man-'made *adj* künstlich

man·na ['mænə] *n no pl* Manna *nt;* **~ from heaven** ein wahrer Segen

manned [mænd] *adj* AEROSP bemannt

man·ne·quin ['mænɪkɪn] *n* (*in shop window*) Schaufensterpuppe *f;* ART Modell *nt*

man·ner ['mænəʳ, AM -ɚ] *n no pl* ① (*way*) Weise *f,* Art *f;* **in a ~ of speaking** sozusagen ② *no pl* (*behaviour to others*) Betragen *nt,* Verhalten *nt* ③ (*polite behaviour*) ■**~s** *pl* Manieren *pl;* **it's bad ~s to ...** es gehört sich nicht, ...

man·nered ['mænəd, AM -ɚd] *adj* (*pej*) ① (*affected*) affektiert ② (*in art*) gekünstelt

man·ner·ism ['mænᵊrɪzᵊm, AM -nɚ-] *n* Eigenart *f*

man·nish ['mænɪʃ] *adj* (*esp pej: of woman*) männlich

ma·noeu·vrabil·ity *n no pl* Beweglichkeit *f,* Manövrierfähigkeit *f*

ma·noeu·vrable *adj* beweglich; *ship, vessel* manövrierfähig

ma·noeu·vre **I.** *n* ① *usu pl* (*military exercise*) Manöver *nt* ② (*planned move*) Manöver *nt;* (*fig*) Schachzug *m* ③ *no pl* **to have room for ~** Spielraum haben **II.** *vt* ① (*move*) manövrieren; *trolley, cart* lenken ② (*pressure sb*) ■**to ~ sb into sth** jdn [durch geschickte Manöver] zu etw *dat* bringen **III.** *vi* ① (*move*) manövrieren; **this car ~s well at high speed** dieses Auto lässt sich bei hoher Geschwindigkeit gut fahren ② (*scheme*) taktieren

ma·nom·eter [mə'nɒmɪtəʳ, AM -'nɑːmət̬ɚ] *n* Manometer *nt fachspr*

man·or ['mænəʳ, AM -ɚ] *n* (*country house*) Landsitz *m,* Herrenhaus *nt*

'man·pow·er *n no pl* Arbeitskräfte *pl*

man·qué ['mɑ̃(ŋ)keɪ, AM mˌɑn'keɪ] *adj after n* (*form*) verkannt

manse [mæn(t)s] *n* SCOT Pfarrhaus *nt*

'man·serv·ant <*pl* menservants> *n* (*old*) Diener *m*

man·sion ['mæn(t)ʃᵊn] *n* Villa *f;* (*of ancient family*) Herrenhaus *nt*

'man-sized *n* riesig, Riesen-

man·slaugh·ter *n no pl* Totschlag *m*

man·tel ['mæntᵊl] *n* (*old*), **man·tel·piece** ['mæntᵊlpiːs] *n* Kaminsims *m o nt*

man·tis ['mæntɪs] *n* Fangheuschrecke *f;* [**praying**] ~ Gottesanbeterin *f*

man·tle ['mæntl̩] *n* ① *no pl* (*form: position*) Amt *nt,* Posten *m;* **to take on the ~ of**

M

power die Macht übernehmen ② (*usu liter: covering*) Decke *f*, Schicht *f*; **a ~ of snow** eine Schneedecke
'man-to-man *adj* von Mann zu Mann
man·tra ['mæntrə] *n* ① (*for meditation*) Mantra *nt* ② (*catchphrase*) Slogan *m*
manu·al ['mænjuəl] **I.** *adj* ① (*done with hands*) manuell, Hand-; **~ labour** körperliche Arbeit; (*craftsmanship*) Handarbeit *f* ② (*hand-operated*) manuell, Hand-; **~ transmission** AUTO Schaltgetriebe *nt* **II.** *n* ① (*book*) Handbuch *nt*; **training ~** Lehrbuch *nt* ② AUTO (*vehicle*) Auto *nt* mit Gangschaltung
manu·al·ly ['mænjuəli] *adv* manuell
manu·fac·ture [ˌmænjəˈfæktʃəʳ, AM -ɚ] **I.** *vt* ① (*produce commercially*) herstellen ② (*fabricate*) erfinden **II.** *n no pl* Herstellung *f*
manu·fac·tur·er [ˌmænjəˈfæktʃᵊrəʳ, AM -ɚɚ] *n* Hersteller *m*
manu·fac·tur·ing [ˌmænjəˈfæktʃᵊrɪŋ, AM -ɚ-] **I.** *adj* Herstellungs-, Produktions-; **~ industry** verarbeitende Industrie **II.** *n no pl* Fertigung *f*
ma·nure [məˈnjʊəʳ, AM -nʊr] **I.** *n no pl* Dung *m* **II.** *vt* düngen (*mit Mist*)
manu·script ['mænjəskrɪpt] *n* ① (*author's script*) Manuskript *nt*; (*of famous person*) Autograph *nt fachspr* ② (*handwritten text*) Manuskript *nt*, Handschrift *f*
many ['meni] **I.** *pron* (*a great number*) viele; **too ~** zu viele; **as ~ as ...** so viele wie ...; **as ~ as 6,000 people may have been infected with the disease** bereits 6.000 Menschen können mit der Krankheit infiziert sein; **a good ~ of us** viele von uns; **~ a time** oft **II.** *n* (*the majority*) ■**the ~** *pl* die Mehrheit *sing*; **music for the ~** Musik für die breite Masse
many-'sid·ed *adj* vielseitig; (*complex*) vielschichtig
Mao·ist ['maʊɪst] **I.** *n* Maoist(in) *m(f)* **II.** *adj* maoistisch
Mao·ri ['maʊ(ə)ri, AM 'maʊri] **I.** *n* Maori *m o f* **II.** *adj* Maori-, maorisch

Land und Leute

Die **Maoris** sind ein polynesisches Volk, das vor etwa 800 Jahren in Kanus über 3.000 km von Tahiti und Raratonga zurücklegte und sich in Neuseeland niederließ.

map [mæp] **I.** *n* ① GEOG [Land]karte *f*; *of town, city* Stadtplan *m*; **road ~** Straßenkarte *f* ② (*simple diagram*) Plan *m*, Zeichnung *f* ▶PHRASES: **to put sb/sth on the ~** jdn/etw bekannt machen **II.** *vt* <-pp-> kartographieren *fachspr*

Falsche Freunde

Nicht verwechseln mit Mappe *f* — *briefcase, (Hefter) folder*!

◆**map out** *vt* genau festlegen; *route* planen; **his future is all ~ped out for him** seine ganze Zukunft ist bereits fest vorgeplant
ma·ple ['meɪpl̩] *n* ① (*tree*) Ahorn *m* ② *no pl* (*wood*) Ahorn *m*, Ahornholz *nt*
'ma·ple leaf *n* Ahornblatt *nt* **ma·ple 'sug·ar** *n no pl* Ahornzucker *m* **ma·ple 'syr·up** *n no pl* Ahornsirup *m*
'map mak·er *n* Kartograph(in) *m(f)*
mar <-rr-> [mɑːʳ, AM mɑːr] *vt* stören; **to ~ the beauty of sth** etw verunstalten
Mar *n abbrev of* **March**
mara·thon ['mærəθᵊn, AM 'merəθɑːn] *n* ① (*race*) Marathon[lauf] *m* ② (*very long event*) Marathon *nt fam*
'mara·thon run·ner *n* Marathonläufer(in) *m(f)*
ma·raud [məˈrɔːd, AM *esp* -ˈrɑːd] **I.** *vi* plündern **II.** *vt* [aus]plündern
ma·raud·er [məˈrɔːdəʳ, AM -ˈrɑːdɚ] *n* ① (*raider*) Plünderer(in) *m(f)* ② (*animal*) Räuber *m*
ma·raud·ing [məˈrɔːdɪŋ, AM *esp* -ˈrɑːd-] *adj attr* plündernd; *animal* auf Raubzug nach *n*
mar·ble ['mɑːbl̩, AM 'mɑːr-] *n* ① *no pl* (*stone*) Marmor *m* ② (*for games*) Murmel *f* ▶PHRASES: **to lose one's ~s** (*fam*) verrückt werden
'mar·ble cake *n* Marmorkuchen *m*
mar·bled ['mɑːbl̩d, AM 'mɑːr-] *adj* marmoriert
march [mɑːtʃ, AM mɑːrtʃ] **I.** *n* <*pl* -es> ① MIL Marsch *m*; **a 20 km ~** ein Marsch *m* über 20 km; **to be on the ~** marschieren ② (*demonstration*) Demonstration *f*; **to go on a ~** demonstrieren gehen **II.** *vi* marschieren **III.** *vt* ① (*walk in step*) **to ~ 12 miles** 12 Meilen marschieren ② (*force to walk*) ■**to ~ sb off** jdn wegführen; *police* jdn abführen
March <*pl* -es> [mɑːtʃ, AM mɑːrtʃ] *n* März *m*; *see also* **February**
'march·ing or·ders *n* Marschbefehl *m*; **to get one's ~** (*fam: job, flat*) die Kündigung bekommen; (*relationship*) den Laufpass bekommen
Mar·di Gras [ˌmɑːdiˈgrɑː, AM 'mɑːrdi,-] *n* (*carnival on Shrove Tuesday*) ≈ Fastnachtsdienstag *m*, Karneval *m*

M

Land und Leute

Mardi Gras ist das amerikanische Äquivalent zu Karneval oder Fasching. Dieses Fest geht zurück auf die französischen Kolonisten in New Orleans (im späteren Staat Louisiana). Obwohl die meisten Leute heutzutage **Mardi Gras** mit New Orleans in Verbindung bringen, wird es auch in Biloxi/Mississippi und Mobile/Alabama gefeiert. In New Orleans feiern die *krewes* (*Karnevalsvereine*) während der Saison viele Partys und Bälle und veranstalten am Faschingsdienstag einen Umzug.

mare [meəʳ, AM mer] *n* Stute *f*

'mare's nest *n* Schwindel *m*

mar·ga·rine [ˌmɑːdʒə'riːn, AM 'mɑːrdʒɚɪn] *n no pl* Margarine *f*

marge [mɑːdʒ] *n* BRIT (*fam*) *short for* **margarine** Margarine *f*

mar·gin ['mɑːdʒɪn, AM 'mɑːr-] *n* ① (*outer edge*) Rand *m;* TYPO [Seiten]rand *m* ② (*amount*) Differenz *f,* Abstand *m;* **to win by a wide ~** mit einem großen Vorsprung gewinnen ③ (*provision*) Spielraum *m;* SCI Streubereich *m;* **a ~ of error** eine Fehlerspanne; **profit ~** Gewinnspanne *f*

mar·gin·al ['mɑːdʒɪnᵊl, AM 'mɑːr-] **I.** *adj* ① (*slight*) geringfügig; **to be of ~ importance** relativ unbedeutend sein ② (*insignificant*) nebensächlich ③ BRIT, AUS POL **~ constituency/seat** mit knapper Mehrheit gewonnener Wahlkreis/Parlamentssitz **II.** *n* BRIT, AUS POL knapp gewonnener Wahlkreis

mar·gin·al·ize ['mɑːdʒɪnᵊlaɪz, AM 'mɑːr-] *vt* an den Rand drängen

mar·gin·al·ly ['mɑːdʒɪnᵊli, AM 'mɑːr-] *adv* geringfügig; **~ better** etwas besser

mari·gold ['mærɪgəʊld, AM 'merɪgoʊld] *n* Studentenblume *f*

ma·ri·hua·na, ma·ri·jua·na [ˌmærɪ'wɑːnə, AM ˌmerɪ'-] *n no pl* Marihuana *nt*

ma·ri·na [mə'riːnə] *n* Jachthafen *m*

mari·nade [ˌmærɪ'neɪd, AM *esp* ˌmerɪ'-] *n* Marinade *f*

mari·nate ['mærɪneɪt, AM *esp* 'mer-] *vt* marinieren

ma·rine [mə'riːn] **I.** *adj attr* ① (*of sea*) Meeres-, See- ② (*of shipping*) Schiffs- ③ (*naval*) Marine- **II.** *n* Marineinfanterist *m;* ■**the ~s** die Marineinfanterie

ma·rine bi·'olo·gist *n* Meeresbiologe, Meeresbiologin *m, f*

Ma·'rine Corps *n* Marineinfanteriekorps *nt*

mari·ner ['mærɪnəʳ, AM 'merɪnɚ] *n* (*old liter*) Seemann *m*

mari·on·ette [ˌmæriə'net, AM ˌmer-] *n* Marionette *f*

mari·tal ['mærɪtᵊl, AM 'merɪt̬ᵊl] *adj* ehelich, Ehe-

mari·tal 'sta·tus *n* Familienstand *m*

mari·time ['mærɪtaɪm, AM *esp* 'mer-] *adj* ① (*form: of sea*) Meer[es]-, See-; (*of ships*) Schifffahrts- ② (*near coast*) Küsten-; **~ province** Küstenregion *f;* (*in Canada*) Küstenprovinz *f*

mari·time 'law *n* Seerecht *nt*

mar·jo·ram ['mɑːdʒᵊrəm, AM 'mɑːrdʒɚ-] *n no pl* Majoran *m*

mark [mɑːk, AM mɑːrk] **I.** *n* ① (*spot, stain*) Fleck *m;* (*on the skin*) Mal *nt;* (*when burnt*) Brandmal *nt;* (*scratch*) Kratzer *m;* (*trace*) Spur *f;* (*scar*) Narbe *f;* (*fingerprint, footprint*) Abdruck *m* ② (*identifying feature*) [Kenn]zeichen *nt,* Merkmal *nt* ③ (*indication*) Zeichen *nt;* **a ~ of respect** ein Zeichen *nt* des Respekts ④ (*sign to indicate position*) Markierung *f;* **adjusting ~** TECH Einstellmarke *f* ⑤ SCH (*grade*) Note *f,* Zensur *f;* **to get full ~s [for sth]** BRIT, AUS die Bestnote [für etw *akk*] erhalten ⑥ (*a. fig: target*) Ziel *nt,* Zielscheibe *f;* **to be wide of the ~** das Ziel um Längen verfehlen ▶ PHRASES: **to <u>leave</u> its/one's ~ on sb/sth** seine Spuren bei jdm/etw hinterlassen **II.** *vt* ① (*stain*) schmutzig machen ② (*indicate*) markieren ③ (*label*) beschriften; (*indicate the price of*) auszeichnen ④ (*characterize*) kennzeichnen; (*mean*) bedeuten; **to ~ a turning point** einen Wendepunkt darstellen ⑤ (*commemorate*) ■**to ~ sth** an etw *akk* erinnern; **a concert to ~ the 10th anniversary** ein Konzert aus Anlass des zehnten Jahrestages ⑥ SCH benoten; (*correct*) korrigieren ⑦ SPORTS decken **III.** *vi* ① (*get dirty*) schmutzig werden; (*scratch*) Kratzer bekommen ② SCH (*give marks*) Noten vergeben; (*correct*) korrigieren ◆**mark down** *vt* ① (*reduce the price of*) heruntersetzen ② (*give a lower grade*) ■**to ~ down** ↻ **sb** jdm eine schlechtere Note geben ③ (*jot down*) notieren ◆**mark off** *vt* ① (*separate off*) abgrenzen ② (*cross off*) durchstreichen; (*tick off*) abhaken ◆**mark out** *vt* ① (*outline*) abstecken, markieren ② BRIT, AUS (*distinguish*) unterscheiden; (*identify*) kennzeichnen (**as** als +*akk*) ◆**mark up** *vt* (*increase the price of*) heraufsetzen; *shares* aufwerten

'mark·down *n* ECON Preissenkung *f*

marked [mɑːkt, AM mɑːrkt] *adj* ① (*clear*) deutlich, ausgeprägt; (*striking*) auffallend, markant; *characteristic* herausstechend; **in ~ contrast to sth** im krassen Gegensatz

M

zu etw *dat* ❷ (*with distinguishing marks*) markiert, gekennzeichnet

mark·ed·ly ['mɑːkɪdli, AM 'mɑːrk-] *adv* deutlich; **to be ~ different** sich deutlich unterscheiden

mark·er ['mɑːkəʳ, AM 'mɑːrkɚ] *n* ❶ (*sign or symbol*) [Kenn]zeichen *nt,* Marke *f* ❷ SCH (*of work, exam*) Korrektor(in) *m(f)* ❸ (*felt-tipped pen*) Filzstift *m;* (*highlighter*) Textmarker *m,* Leuchtstift *m* SCHWEIZ

'mark·er pen *n see* **marker 3**

mar·ket ['mɑːkɪt, AM 'mɑːr-] **I.** *n* Markt *m;* **housing ~** Wohnungsmarkt *m;* **stock ~** Börse *f;* **the open ~** der freie Markt; **to put sth on the ~** etw auf den Markt bringen **II.** *vt* (*sell*) vermarkten, verkaufen; (*put on market*) auf den Markt bringen

mar·ket·able ['mɑːkɪtəbl̩, AM 'mɑːrkɪt̬-] *adj* marktfähig; *commodities* marktgängig

'mar·ket day *n esp* BRIT Markttag *m* **mar·ket 'forces** *npl* Marktkräfte *pl* **mar·ket 'gar·den** *n* BRIT, AUS [kleiner] Gemüseanbaubetrieb **mar·ket 'gar·den·er** *n* BRIT, AUS Gemüseanbauer(in) *m(f)*

mar·ket·ing ['mɑːkɪtɪŋ, AM 'mɑːrkɪt̬-] *n no pl* ❶ (*selling*) Marketing *nt,* Vermarktung *f* ❷ AM (*shopping*) Einkaufen *nt;* **to go ~** einkaufen [gehen]

M

'mar·ket·ing de·part·ment *n* Marketingabteilung *f*

mar·ket 'lead·er *n* Marktführer *m* **'mar·ket·place** *n* ❶ (*place*) Marktplatz *m* ❷ (*commercial environment*) Markt *m* **mar·ket re·'search** *n no pl* Marktforschung *f* **mar·ket re·'search·er** *n* Marktforscher(in) *m(f)* **'mar·ket town** *n* BRIT Marktort *m* **'mar·ket trad·er** *n* Markthändler(in) *m(f);* (*woman*) Marktfrau *f*

mark·ing ['mɑːkɪŋ, AM 'mɑːr-] *n* ❶ (*identifying marks*) ■ **~s** *pl* Markierungen *pl,* Kennzeichnungen *pl; on animals* Zeichnung *f kein pl* ❷ *no pl* SCH (*work*) Korrigieren *nt;* (*scripts*) Korrekturen *pl*

'mark·ing ink *n* Wäschetinte *f*

marks·man ['mɑːksmən, AM 'mɑːr-] *n* Schütze *m;* **police ~** Scharfschütze *m*

marks·man·ship ['mɑːksmənʃɪp, AM 'mɑːr-] *n no pl* Treffsicherheit *f*

marks·wom·an ['mɑːksˌwʊmən, AM 'mɑːr-] *n* Schützin *f;* **police ~** Scharfschützin *f*

mark·up ['mɑːkʌp, AM 'mɑːrk-] *n* [Kalkulations]aufschlag *m*

mar·ma·lade ['mɑːməleɪd, AM 'mɑːr-] *n no pl* Orangenmarmelade *f*

Falsche Freunde

Nicht verwechseln mit Marmelade *f* — *jam*!

mar·ma·lade 'cat *n* BRIT orangefarbene Katze

mar·mo·set ['mɑːməzet, AM 'mɑːr-] *n* Krallenaffe *m*

ma·roon¹ [mə'ruːn] **I.** *n no pl* (*colour*) Kastanienbraun *nt,* Rötlichbraun *nt* **II.** *adj* kastanienbraun, rötlichbraun

ma·roon² [mə'ruːn] *vt* (*abandon*) aussetzen; **many people were ~ed in their cars by the blizzard** viele Menschen wurden von dem Schneesturm in ihren Autos eingeschlossen

mar·quee [mɑː'kiː, AM mɑːr'-] *n* ❶ BRIT, AUS (*tent*) Festzelt *nt* ❷ AM (*door canopy*) Vordach *nt*

mar·riage ['mærɪdʒ, AM *esp* 'mer-] *n* ❶ (*wedding*) Heirat *f;* (*at church*) Trauung *f* ❷ (*relationship*) Ehe *f* (**to** mit +*dat*); **she has two daughters by her first ~** sie hat zwei Töchter aus erster Ehe; **to have a happy ~** eine glückliche Ehe führen ❸ (*fusion*) Verbindung *f;* (*of companies*) Zusammenschluss *m,* Fusion *f*

mar·riage·able ['mærɪdʒəbl̩, AM *esp* 'mer-] *adj* heiratsfähig

'mar·riage bro·ker *n* Heiratsvermittler(in) *m(f)* **'mar·riage bu·reau** *n esp* BRIT Eheanbahnungsinstitut *nt* **'mar·riage cer·emo·ny** *n* Trauung *f,* Eheschließung *f* **form** **'mar·riage cer·tifi·cate** *n* Heiratsurkunde *f* **'mar·riage con·tract** *n* Ehevertrag *m* **mar·riage 'guid·ance** *n* BRIT, AUS Eheberatung *f;* **~ counsellor** Eheberater(in) *m(f)* **mar·riage 'guid·ance coun·sel·lor** *n* BRIT Eheberater(in) *m(f)* **mar·riage 'guid·ance of·fice** *n* BRIT Eheberatungsstelle *f* **'mar·riage li·cence** *n* Heiratserlaubnis *f* **mar·riage of con·'veni·ence** *n* Vernunftehe *f;* (*not consummated*) Scheinehe *f* **'mar·riage vow** *n usu pl* Ehegelübde *nt geh*

mar·ried ['mærid, AM *esp* 'mer-] *adj* verheiratet; **~ couple** Ehepaar *nt;* **to get ~ [to sb]** [jdn] heiraten

mar·row ['mærəʊ, AM 'meroʊ] *n* ❶ BRIT, AUS (*vegetable*) Markkürbis *m* ❷ *no pl* (*of bone*) [Knochen]mark *nt*

'mar·row bone *n* Markknochen *m* **'mar·row·fat, mar·row·fat 'pea** *n* Markerbse *f*

mar·ry ['mæri, AM *esp* 'mer-] **I.** *vt* ❶ (*wed*) heiraten ❷ (*officiate at ceremony*) trauen, verheiraten ❸ (*combine*) verbinden (**to, with** mit +*dat*) **II.** *vi* heiraten; **to ~ into a wealthy family** in eine reiche Familie einheiraten

Mars [mɑːz, AM mɑːrz] *n no pl, no art* Mars *m*

marsh <*pl* -es> [mɑːʃ, AM mɑːrʃ] *n* Sumpf

m, Sumpfland *nt*

mar·shal ['mɑːʃᵊl, AM 'mɑːr-] **I.** *n* ① (*official at event*) Ordner(in) *m(f);* SPORTS Platzwärter(in) *m(f)* ② AM (*federal agent*) Gerichtsdiener(in) *m(f);* (*police officer*) Polizeidirektor(in) *m(f);* (*fire officer*) Branddirektor(in) *m(f)* ③ MIL (*army officer*) Marschall *m* **II.** *vt* <BRIT -ll- *or* AM *usu* -l-> (*bring together*) *supporters* mobilisieren; **to ~ one's forces** MIL die Streitkräfte zusammenziehen; (*fig*) seine Kräfte mobilisieren

'marsh gas *n no pl* Sumpfgas *nt* **'marsh·land** *n* Sumpfland *nt*

marsh·mal·low [ˌmɑːʃ'mæləʊ, AM 'mɑːrʃmeloʊ] *n* ① (*food*) Marshmallow *nt* ② AM (*weak person*) Versager(in) *m(f)*

Land und Leute

Marshmallows sind sehr leichte, luftige Süßigkeiten, die in den USA gern über dem Feuer geröstet werden. Man isst sie jedoch auch direkt aus der Packung. Normalerweise sind **marshmallows** weiß und haben die Form eines kleinen dicken Zylinders, aber manchmal sind sie gefärbt und anders geformt.

marshy ['mɑːʃi, AM 'mɑːr-] *adj* sumpfig

mar·su·pial [mɑː'suːpiəl, AM mɑːr'-] *n* Beuteltier *nt*

mar·ten ['mɑːtɪn, AM 'mɑːrtᵊn] *n* Marder *m*

mar·tial ['mɑːʃᵊl, AM 'mɑːr-] *adj* kriegerisch, Kriegs-; **~ music** Militärmusik *f*

mar·tial 'arts *npl* SPORTS Kampfsport *m kein pl,* Kampfsportarten *pl;* **~ film** Kung-Fu-Film *m* **mar·tial 'law** *n no pl* Kriegsrecht *nt*

Mar·tian ['mɑːʃᵊn, AM 'mɑːr-] **I.** *adj* Mars- **II.** *n* Marsmensch *m*

mar·tin ['mɑːtɪn, AM 'mɑːrtᵊn] *n* Mehlschwalbe *f,* Uferschwalbe *f*

mar·ti·net [ˌmɑːtɪ'net, AM ˌmɑːrtᵊn'et] *n* (*form*) ① (*very strict person*) Zuchtmeister *m veraltet* ② (*military disciplinarian*) [strenger] Regimentsführer

Mar·ti·nique [ˌmɑːtɪ'niːk, AM ˌmɑːrtən'iːk] *n* Martinique *nt*

mar·tyr ['mɑːtəʳ, AM 'mɑːrt̬ɚ] **I.** *n* Märtyrer(in) *m(f)* **II.** *vt usu passive* ■**to be ~ed** [**for sth**] [für etw *akk*] [den Märtyrertod] sterben

mar·tyr·dom ['mɑːtədəm, AM 'mɑːrt̬ɚ-] *n no pl* (*being a martyr*) Märtyrertum *nt;* (*suffering*) Martyrium *nt a. fig;* (*death*) Märtyrertod *m*

mar·vel ['mɑːvᵊl, AM 'mɑːr-] **I.** *n* (*wonderful thing*) Wunder *nt* **II.** *vi* <BRIT -ll- *or* AM *usu* -l-> (*wonder*) sich wundern (**at** über +*akk*); (*admire*) bewundern; ■**to ~ that ...** staunen, dass ...

mar·vel·lous, AM **mar·vel·ous** ['mɑːvᵊləs, AM 'mɑːr-] *adj* wunderbar, großartig

Marx·ism ['mɑːksɪzᵊm, AM 'mɑːr-] *n no pl* Marxismus *m*

Marx·ist ['mɑːksɪst, AM 'mɑːr-] **I.** *n* Marxist(in) *m(f)* **II.** *adj* marxistisch

mar·zi·pan ['mɑːzɪpæn, AM 'mɑːr-] *n no pl* Marzipan *nt o m*

masc *adj abbrev of* **masculine**

mas·cara [mə'skɑːrə, AM mæs'kerə] *n no pl* Wimperntusche *f*

mas·car·po·ne [ˌmæskɑː'pəʊneɪ, AM ˌmɑːskɑːrpoʊ-] *n no pl* Mascarpone *m* (*italienischer Frischkäse*)

mas·cot ['mæskɒt, AM -skɑːt] *n* Maskottchen *nt*

mas·cu·line ['mæskjəlɪn] *adj* männlich, maskulin

mas·cu·lin·ity [ˌmæskjə'lɪnəti, AM -ət̬i] *n no pl* Männlichkeit *f*

mash [mæʃ] **I.** *n* ① *no pl* BRIT (*fam: from potatoes*) Kartoffelbrei *m,* Püree *nt* ② (*mixture*) Brei *m;* (*animal food*) Mischfutter *nt;* (*brewing*) Maische *f* **II.** *vt* zerdrücken, [zer]stampfen ◆**mash up** *vt* ① (*crush after cooking*) zerdrücken ② *esp* AM (*fig: damage*) zerstören; (*crush*) zerdrücken

mask [mɑːsk, AM mæsk] **I.** *n* ① (*for face*) Maske *f* ② (*pretence*) Maske *f,* Fassade *f* **II.** *vt* verbergen, verstecken ◆**mask out** *vt* PHOT, TYPO retuschieren

masked [mɑːskt, AM mæskt] *adj* maskiert

masked 'ball *n* Maskenball *m*

mask·ing tape ['mɑːskɪŋ, AM 'mæsk-] *n no pl* Abdeckband *nt*

maso·chism ['mæsəkɪzᵊm] *n no pl* Masochismus *m*

maso·chist ['mæsəkɪst] *n* Masochist(in) *m(f)*

maso·chis·tic [ˌmæsə'kɪstɪk] *adj* masochistisch

ma·son ['meɪsᵊn] *n* ① (*stonemason*) Steinmetz(in) *m(f)* ② AM (*bricklayer*) Maurer(in) *m(f)*

Ma·son·ic [mə'sɒnɪk, AM -'sɑːn-] *adj* Freimaurer-, freimaurerisch

ma·son·ry ['meɪsᵊnri] *n no pl* ① (*bricks*) Mauerwerk *nt* ② (*work*) Maurerhandwerk *nt*

mas·quer·ade [ˌmæskᵊr'eɪd, AM -kə'reɪd] **I.** *n* Maskerade *f* **II.** *vi* ■**to ~ as sb/sth** sich als jdn/etw ausgeben

mass [mæs] **I.** *n* ① *usu sing* (*formless quantity*) Masse *f;* **a ~ of dough** ein

M

Teigklumpen *m* ② *usu sing* (*large quantity*) Menge *f;* **a ~ of contradictions** eine Reihe von Widersprüchen; **the ~ of the people** die breite Masse ③ *no pl* PHYS Masse *f* **II.** *vi crowd* sich ansammeln; *troops* aufmarschieren

Mass [mæs] *n* REL, MUS Messe *f*

mas·sa·cre ['mæsəkəʳ, AM -ɚ] **I.** *n* ① (*killing*) Massaker *nt* ② (*defeat*) [verheerende] Niederlage, Desaster *nt* **II.** *vt* ① (*kill*) massakrieren ② (*defeat*) vernichtend schlagen; (*hum*) auseinandernehmen *sl*

mas·sage ['mæsɑ:(d)ʒ, AM mə's-] **I.** *n* Massage *f;* **to give sb a ~** jdn massieren **II.** *vt* ① (*rub*) massieren; **to ~ cream into the skin** Creme einmassieren; **to ~ sb's ego** (*fig*) jdm schmeicheln ② (*alter*) *figures, statistics* manipulieren

'mas·sage par·lour *n* ① (*for treatment*) Massagepraxis *f;* (*one room*) Massageraum *m* ② (*for sex*) Massagesalon *m euph*

mas·seur [mæs'ɜ:ʳ, AM mæ'sɜ:r] *n* Masseur *m*

mas·seuse [mæs'ɜ:z, AM mæ's-] *n* Masseurin *f*

mas·sif [mæs'i:f] *n* [Gebirgs]massiv *nt*

mas·sive ['mæsɪv] *adj* riesig, enorm; *heart attack* schwer

mass 'mar·ket *n* Massenmarkt *m* **mass-'mar·ket** *adj attr* Massen- **mass 'me·dia** *n* + *sing/pl vb* ■**the ~** die Massenmedien *pl* **mass 'meet·ing** *n* Massenversammlung *f;* (*at an event*) Massenveranstaltung *f* **mass 'mur·der** *n* Massenmord *m* **mass 'mur·der·er** *n* Massenmörder(in) *m(f)* **mass-pro·'duce** *vt* serienmäßig herstellen **mass pro·'duc·tion** *n* Massenproduktion *f* **mass 'star·va·tion** *n* große Hungersnot **mass 'tour·ism** *n no pl* Massentourismus *m* **mass un·em·'ploy·ment** *n no pl* Massenarbeitslosigkeit *f*

mast [mɑ:st, AM mæst] *n* ① NAUT [Schiffs]mast *m* ② (*flag pole*) [Fahnen]mast *m* ③ RADIO, TV Sendeturm *m*

mas·tec·to·my [mæs'tektəmi, AM *esp* mə'st-] *n* Mastektomie *f*

mas·ter ['mɑ:stəʳ, AM 'mæstɚ] **I.** *n* ① (*of slave, servant*) Herr *m;* (*of dog*) Herrchen *nt* ② (*expert*) Meister(in) *m(f);* **he was a ~ of disguise** er war ein Verwandlungskünstler ③ (*specialist instructor*) Lehrer *m;* BRIT SCH Lehrer *m* ④ (*master copy*) Original *nt* **II.** *vt* ① (*cope with*) meistern; **to ~ one's fear of flying** seine Flugangst überwinden ② (*become proficient*) beherrschen

mas·ter 'bed·room *n* großes Schlafzimmer **mas·ter 'build·er** *n* Baumeister(in) *m(f)* **mas·ter 'chef** *n* Meisterkoch *m,* Meisterköchin *f* **'mas·ter class** *n* Meisterklasse *f* **'mas·ter copy** *n* Original *nt* **mas·ter 'crafts·man** *n* Handwerksmeister(in) *m(f)*

mas·ter·ful ['mɑ:stəfᵊl, AM 'mæstɚ-] *adj* ① (*authoritative*) bestimmend, dominant ② (*skilful*) meisterhaft, meisterlich

'mas·ter key *n* Generalschlüssel *m*

mas·ter·ly ['mɑ:stəli, AM 'mæstɚli] *adj* meisterhaft, Meister-

'mas·ter·mind **I.** *n* führender Kopf **II.** *vt* federführend leiten; **she ~ed the takeover bid** das Übernahmeangebot war von ihr geplant worden

Mas·ter of 'Arts *n* ① (*degree*) ≈ Magister Artium *m* ② (*person*) Magister *m*

Mas·ter of 'Cer·emo·nies *n* ① (*at celebration*) Zeremonienmeister *m* ② TV Showmaster(in) *m(f)*

Mas·ter of 'Sci·ence ■**to be a ~** ≈ ein Diplom *nt* in einer Naturwissenschaft haben

'mas·ter·piece *n* Meisterwerk *nt,* Meisterstück *nt*

'mas·ter plan *n* Grundplan *m*

'mas·ter race *n* Herrenrasse *f*

Mas·ter's, Mas·ter's de·gree ['mɑ:stəz, AM 'mæstɚz] *n* ≈ Magister *m;* **to take one's ~** ≈ seinen Magister machen

Land und Leute

In Großbritannien ist ein **Master's degree** in der Regel ein akademischer Grad, der nach Abschluss des Studiums für eine *dissertation* (*wissenschaftliche Arbeit*) verliehen wird. Einige dieser *degrees* sind: *MA* (*Master of Arts*), *MSc* (*Master of Science*), *MLitt* (*Master of Letters*) und *MPhil* (*Master of Philosophy*). In Schottland ist ein *MA* ein erster akademischer Grad.

'mas·ter·stroke *n* Glanzstück *nt*

'mas·ter switch *n* Hauptschalter *m*

'mas·ter·work *n* Meisterwerk *nt,* Meisterstück *nt*

mas·tery ['mɑ:stᵊri, AM 'mæstɚi] *n no pl* ① (*domination*) Herrschaft *f* ② (*expertise*) Meisterschaft *f* (**of** in +*dat*)

mas·ti·cate ['mæstɪkeɪt] *vt* (*form*) [zer]kauen

mas·ti·ca·tion [,mæstɪ'keɪʃᵊn] *n no pl* (*form*) [Zer]kauen *nt*

mas·tiff ['mæstɪf] *n* englische Dogge

mas·ti·tis [mæs'taɪtɪs, AM -t̬ɪs] *n no pl* Brustdrüsenentzündung *f,* Mastitis *f fachspr*

mas·tur·bate ['mæstəbeɪt, AM -stɚ-] *vi* masturbieren

mas·tur·ba·tion [,mæstə'beɪʃᵊn, AM -stɚ'-] *n no pl* Masturbation *f*

mat [mæt] **I.** *n* ① (*for floor*) Matte *f;* (*for furniture*) Untersetzer *m;* (*decorative mat*) Deckchen *nt;* **beer ~** Bierdeckel *m* ② (*thick layer*) **a ~ of hair** dichtes Haar; (*on the head*) eine Mähne *fam* **II.** *vt* <-tt-> *usu passive* ■**to be ~ted with sth** mit etw *dat* bedeckt sein

mata·dor ['mætədɔːʳ, AM -t̬ədɔːr] *n* Matador(in) *m(f)*

match[1] <*pl* -es> [mætʃ] *n* (*for lighting*) Streichholz *nt*

match[2] [mætʃ] **I.** *n* <*pl* -es> ① SPORTS Spiel *nt;* CHESS Partie *f;* **boxing ~** Boxkampf *m* ② *usu sing* (*complement*) **to be a good ~** gut zusammenpassen ③ (*one of pair*) Gegenstück *nt* ④ *usu sing* (*equal*) ebenbürtiger Gegner/ebenbürtige Gegnerin (**for** für +*akk*); **to be no ~ for sb** sich mit jdm nicht messen können ⑤ COMPUT (*hit*) Treffer *m* **II.** *vi* (*harmonize*) zusammenpassen; (*make pair*) zusammengehören; **a dress with accessories to ~** ein Kleid mit dazu passenden Accessoires **III.** *vt* ① (*complement*) passen (zu +*dat*) ② (*find complement*) ■**to ~ sth** [**with sth**] etw [auf etw *akk*] abstimmen; **I'm trying to ~ the names on the list with the faces on the photograph** ich versuche die Namen auf dieser Liste den Gesichtern auf dem Foto zuzuordnen ③ (*correspond to*) ■**to ~ sth** etw *dat* entsprechen, zu etw *dat* passen
◆**match up I.** *vi* ① (*be aligned*) aufeinander abgestimmt sein ② (*meet standard*) ■**to ~ up to sth** an etw *akk* heranreichen, etw *dat* entsprechen **II.** *vt* (*find complement*) **to ~ up** ↻ **socks** die zusammengehörigen Socken finden

'match·box *n* Streichholzschachtel *f*

match·ing ['mætʃɪŋ] *adj attr* [zusammen]passend

match·less ['mætʃləs] *adv* unvergleichlich, einzigartig

'match·mak·er *n* (*marriage broker*) Heiratsvermittler(in) *m(f)*

match 'point *n* TENNIS Matchball *m*

'match·stick *n* Streichholz *nt;* **to have legs like ~s** Beine wie Stricknadeln haben **'match·stick man** *n* Strichmännchen *nt fam* **'match·wood** *n no pl* Kleinholz *nt*

mate[1] [meɪt] **I.** *n* ① BRIT, AUS (*friend*) Freund(in) *m(f)* ② BRIT, AUS (*fam: form of address*) Kumpel *m;* **what's the time, ~?** hey du, wie spät ist es denn? ③ (*sexual partner*) Partner(in) *m(f);* BIOL Sexualpartner(in) *m(f)* ④ (*ship's officer*) Schiffsoffizier *m;* **second ~** Zweiter Offizier **II.** *vi* BIOL *animals* sich paaren (**with** mit +*dat*) **III.** *vt* **to ~ two animals** zwei Tiere miteinander paaren

mate[2] [meɪt] CHESS **I.** *n* [Schach]matt *nt* **II.** *vt* [schach]matt setzen

ma·terial [mə'tɪəriəl, AM -'tɪr-] **I.** *n* ① (*substance*) Material *nt a. fig;* **raw ~** Rohmaterial *nt;* **to be university ~** (*hum*) das Zeug zum Studieren haben ② (*type of cloth*) Stoff *m,* Stoffart *f* ③ *no pl* (*information*) [Informations]material *nt,* Unterlagen *pl* ④ (*equipment*) ■**~s** *pl* Material *nt;* **writing ~s** Schreibzeug *nt* **II.** *adj* ① (*physical*) materiell; **~ damage** Sachschaden *m* ② (*important*) wesentlich, wichtig; ■**to be ~ to sth** für etw *akk* relevant sein

ma·teri·al·ism [mə'tɪəriəlɪzᵊm, AM -'tɪr-] *n no pl* Materialismus *m*

ma·teri·al·ist [mə'tɪəriəlɪst, AM -'tɪr-] *n* Materialist(in) *m(f)*

ma·teri·al·is·tic [məˌtɪəriə'lɪstɪk, AM -ˌtɪr-] *adj* materialistisch

ma·teri·al·ize [mə'tɪəriəlaɪz, AM -'tɪr-] *vi* ① (*become fact*) *hope, dream* sich verwirklichen, in Erfüllung gehen; *plan, promise* in die Tat umgesetzt werden ② (*take physical form*) erscheinen

ma·terial 'wit·ness *n* ① BRIT (*witness of fact*) Tatzeuge(in) *m(f)* ② AM (*connected with case*) Hauptzeuge(in) *m(f)*

ma·ter·nal [mə'tɜːnᵊl, AM -'tɜːr-] *adj* ① (*motherly*) mütterlich, Mutter- ② (*of mother's family*) mütterlicherseits *nach n*

ma·ter·nity [mə'tɜːnəti, AM -'tɜːrnət̬i] *n no pl* Mutterschaft *f*

ma·'ter·nity clothes *npl* Umstandskleidung *f kein pl* **ma·'ter·nity dress** *n* Umstandskleid *nt* **ma·'ter·nity hos·pi·tal** *n* Entbindungsklinik *f* **ma·'ter·nity leave** *n no pl* Mutterschaftsurlaub *m* **ma·'ter·nity ward** *n* Entbindungsstation *f*

matey ['meɪti] *adj* BRIT, AUS (*fam*) ■**to be ~** sich gut verstehen

math [mæθ] *n* AM (*fam*) *short for* **mathematics** Mathe *f*

math·emati·cal [ˌmæθᵊm'ætɪkᵊl, AM -ə'mæt̬ɪ-] *adj* mathematisch

math·ema·ti·cian [ˌmæθᵊmə'tɪʃᵊn, AM -θə-] *n* Mathematiker(in) *m(f)*

math·emat·ics [mæθᵊm'ætɪks, AM -θə'mæt̬-] *n + sing vb* Mathematik *f*

maths [mæθs] *n + sing vb* BRIT, AUS (*fam*) *short for* **mathematics** Mathe *f*

mati·née, mati·nee ['mætɪneɪ, AM ˌmætᵊn'eɪ] *n* Matinee *f;* (*afternoon performance*) Frühvorstellung *f*

mat·ing ['meɪtɪŋ, AM -t̬-] *n* Paarung *f*

'mat·ing sea·son *n* Paarungszeit *f*

ma·tri·ar·chy ['meɪtriɑːki, AM -ɑːrki] *n* Matriarchat *nt*

M

ma·tric [mə'trɪk] *n* SA *short for* **matriculation** ≈ Abi *nt*

ma·tri·ces ['meɪtrɪsi:z] *n pl of* **matrix**

ma·tricu·late [mə'trɪkjəleɪt] *vi* UNIV sich immatrikulieren

ma·tricu·la·tion [məˌtrɪkjə'leɪʃᵊn] *n* UNIV Immatrikulation *f*

mat·ri·mo·nial [ˌmætrɪ'məʊniəl, AM -'moʊ-] *adj* (*form*) Ehe-, ehelich

mat·ri·mo·ny ['mætrɪməni, AM -rəmoʊ-] *n no pl* Ehe *f;* **to be joined in holy ~** in den heiligen Stand der Ehe treten

ma·trix <*pl* -es *or* -ices> ['meɪtrɪks, *pl* -ɪsi:z] *n* ① (*mould*) Matrize *f,* Gießform *f* ② (*rectangular arrangement*) Matrix *f*

'ma·trix print·er *n* Matrixdrucker *m*

ma·tron ['meɪtrᵊn] *n* ① (*senior nurse*) Oberschwester *f;* (*at school*) Hausmutter *f* ② *esp* AM (*in prison*) Gefängnisaufseherin *f* ③ (*hum: middle-aged woman*) Matrone *f meist pej*

ma·tron·ly ['meɪtrᵊnli] *adj* (*esp hum*) matronenhaft *meist pej*

matt, AM **matte** [mæt] *adj* matt

mat·ted ['mætɪd, AM -ţ-] *adj* verflochten; *hair* verfilzt

mat·ter ['mætəʳ, AM -ţɚ] **I.** *n* ① *no pl* (*material*) Materie *f;* **printed ~** Gedrucktes *nt,* Drucksache[n] *f*[*pl*]; **reading ~** Lesestoff *m* ② (*affair*) Angelegenheit *f,* Sache *f;* **this is a ~ for the police** das sollte man der Polizei übergeben; **to get to the heart of the ~** zum Kern der Sache vordringen; **a ~ of urgency** etwas Dringendes ③ *no pl* (*question*) Frage *f;* **as a ~ of fact** (*by the way*) übrigens; (*expressing agreement or disagreement*) in der Tat; **it's a ~ of life and death** es geht um Leben und Tod; **a ~ of taste** eine Geschmacksfrage ④ *no pl* (*topic*) Thema *nt;* **the subject ~ of the book** das Thema des Buches; **it's no laughing ~** das ist nicht zum Lachen ⑤ (*problem*) **is anything the ~?** stimmt etwas nicht?; **what's the ~ with you?** was ist los mit dir?; **no ~ what/when ...** egal, was/wann ... ⑥ (*state of affairs*) ■ **~s** *pl* die Situation [*o* Lage]; **that's how ~s stand at the moment** so sieht es im Moment aus; **to take ~s into one's own hands** die Dinge selbst in die Hand nehmen **II.** *vi* (*be of importance*) von Bedeutung sein; **that's the only thing that ~s** das ist das Einzige, was zählt; **it really ~s to me** das ist wirklich wichtig für mich; **it doesn't ~** das ist egal, das macht nichts

mat·ter-of-fact *adj* ① (*emotionless*) sachlich, nüchtern ② (*straightforward*) geradeheraus *präd,* direkt **mat·ter-of-factly** *adv* ① (*without emotion*) sachlich, nüchtern ② (*straightforwardly*) direkt, geradeheraus

mat·ting ['mætɪŋ, AM -ţ-] *n no pl* ① (*floor covering*) Matten *pl* ② (*tangling*) Verflechten *nt;* (*of wool*) Verfilzen *nt*

mat·tress <*pl* -es> ['mætrəs] *n* Matratze *f*

ma·ture [mə'tjʊəʳ, AM -'tʃʊr] **I.** *adj* ① (*adult*) erwachsen; *animal* ausgewachsen; (*like an adult*) reif ② (*ripe*) reif; *wine* ausgereift ③ FIN (*payable*) fällig, zahlbar **II.** *vi* ① (*physically*) erwachsen werden, heranreifen; (*mentally and emotionally*) reifer werden ② FIN (*become payable*) fällig werden ③ (*develop fully*) *idea, plan* ausreifen **III.** *vt* FOOD reifen lassen

ma·tur·ity [məˌtjʊərəti, AM -'tʃʊrəţi] *n no pl* ① (*adulthood*) Erwachsensein *nt;* (*wisdom*) Reife *f; of animals* Ausgewachsensein *nt;* **to reach ~** (*of person*) erwachsen werden; (*of animal*) ausgewachsen sein ② (*developed form*) Reife *f,* Vollendung *f* ③ FIN Fälligkeit *f*

maud·lin ['mɔ:dlɪn, AM 'mɑ:d-] *adj* [weinerlich] sentimental

maul [mɔ:l, AM *esp* mɑ:l] *vt* ① (*wound*) verletzen; (*attack*) anfallen ② (*criticize*) heruntermachen, verreißen *fam*

Mau·ri·ta·nia [ˌmɒrɪ'teɪniə, AM ˌmɔ:r-] *n* Mauretanien *nt*

Mau·ri·ta·nian [ˌmɒrɪ'teɪniən, AM ˌmɔ:r-] **I.** *n* Mauretanier(in) *m(f)* **II.** *adj* mauretanisch

Mau·ri·tian [mə'rɪʃən, AM mɔ:'rɪʃiən] **I.** *n* Mauritier(in) *m(f)* **II.** *adj* mauritisch

Mau·ri·tius [mə'rɪʃəs, AM mɔ:'rɪʃiəs] *n* Mauritius *nt*

mau·so·leum [ˌmɔ:sə'li:əm, AM ˌmɑ:-] *n* Mausoleum *nt*

mauve [məʊv, AM moʊv] *adj* mauve

mav·er·ick ['mævᵊrɪk, AM -ɚɪk] *n* (*unorthodox independent person*) Einzelgänger(in) *m(f),* Alleingänger(in) *m(f)*

mawk·ish ['mɔ:kɪʃ, AM *esp* 'mɑ:k-] *adj* rührselig, sentimental

max [mæks] **I.** *n* (*fam*) *short for* **maximum** max. **II.** *adv* (*fam*) **it'll cost you £40 ~** das wird dich maximal £40 kosten

max [mæks] *vt* AM (*fam*) ■ **to ~ out** ⊂ **sth** *credit card* etw ausschöpfen

max·im ['mæksɪm] *n* Maxime *f*

maxi·ma ['mæksɪmə] *n pl of* **maximum**

maxi·mal ['mæksɪmᵊl] *adj* maximal

max·im·ize ['mæksɪmaɪz] *vt* maximieren

maxi·mum ['mæksɪməm] **I.** *adj attr* maximal, Höchst- **II.** *n* <*pl* -ima *or* -s> [-ɪmə] Maximum *nt* **III.** *adv* maximal

maxi·mum se·'cu·rity pris·on *n* Hochsicherheitsgefängnis *nt*

may[1] <*3rd pers. sing* may, might, might> [meɪ] *aux vb* ① (*indicating possibility*) können; **there ~ be side-effects from the drug** diese Arznei kann Nebenwirkungen haben; **I ~ be overreacting, but ...** mag sein, dass ich überreagiere, aber ...; **be that as it ~** wie dem auch [immer] sei ② (*be allowed*) dürfen, können; **~ I ask you a question?** darf ich Ihnen [mal] eine Frage stellen? ③ (*expressing wish*) mögen; **~ she rest in peace** möge sie in Frieden ruhen *form*

may[2] [meɪ] *n no pl* Hagedornblüte *f*

May [meɪ] *n* Mai *m; see also* **February**

may·be ['meɪbi] *adv* ① (*perhaps*) vielleicht, möglicherweise; **~ we should start again** vielleicht sollten wir noch mal anfangen ② (*approximately*) circa, ungefähr

'may·day *n* Mayday *kein art* (*internationaler Notruf*) **'May Day** *n* der Erste Mai, Maifeiertag *m* **'may·fly** *n* Eintagsfliege *f*

may·hem ['meɪhem] *n no pl* Chaos *nt*

mayo ['meɪəʊ, AM -oʊ] *n* (*fam*) *short for* **mayonnaise** Mayo *f*

may·on·naise [ˌmeɪə'neɪz] *n* Mayonnaise *f*

mayor ['meəʳ, AM 'meɪɚ] *n* Bürgermeister(in) *m(f)*

mayor·ess <*pl* -es> [ˌmeə'res, AM 'meɪɚɪs] *n esp* BRIT ① (*woman mayor*) Bürgermeisterin *f* ② (*mayor's wife*) Frau *f* des Bürgermeisters

'may·pole *n* Maibaum *m*

may've ['meɪəv] (*fam*) = **may have** *see* **may**[1]

maze [meɪz] *n* Labyrinth *nt,* Irrgarten *m*

MB [ˌem'bi:] *n* BRIT *abbrev of* **Bachelor of Medicine** ≈ zweites medizinisches Staatsexamen

MBA [ˌembi:'eɪ] *n abbrev of* **Master of Business Administration** MBA *m*

MC [ˌem'si:] *n abbrev of* **Master of Ceremonies**

MD [ˌem'di] *n* AM, AUS *abbrev of* **Doctor of Medicine** Dr. med.

me [mi:, mɪ] *pron object* (*1st person singular*) mir *in dat,* mich *in akk;* **why are you looking at ~?** warum siehst du mich an?; **it wasn't ~ who offered to go, it was him** ich wollte nicht gehen, er wollte; **hi, it's ~** hallo, ich bin's; **you have more than ~** du hast mehr als ich; **between you and ~** unter uns [gesagt] ▸ PHRASES: **dear ~!** du liebe Güte!; **silly ~!** bin ich dumm!

mead·ow ['medəʊ, AM -oʊ] *n* Wiese *f*

mea·gre, AM **mea·ger** ['mi:gəʳ, AM 'mi:gɚ] *adj* mager, dürftig

meal[1] [mi:l] *n* Mahlzeit *f,* Essen *nt;* **to go out for a ~** essen gehen

meal[2] [mi:l] *n* AGR [grobes] Mehl

'meal tick·et *n* ① *esp* AM, AUS (*voucher*) Essensmarke *f* ② (*means of living*) Einnahmequelle *f*

'meal·time *n* Essenszeit *f*

mealy ['mi:li] *adj* mehlig

mealy-'mouthed *adj* (*pej*) ausweichend; *excuses* fadenscheinig; *expressions* schönfärberisch

mean[1] [mi:n] *adj* ① *esp* BRIT (*miserly*) geizig, knauserig ② (*unkind*) gemein, fies *fam* ③ AM (*vicious*) aggressiv; (*dangerous*) gefährlich; *dog* bissig ④ (*bad*) schlecht; **no ~ feat** eine Meisterleistung

mean[2] <meant, meant> [mi:n] *vt* ① (*signify*) *word, symbol* bedeuten; **no ~s no** nein heißt nein ② (*intend to convey*) *person* meinen; **what do you ~ by that?** was willst du damit sagen? ③ (*be sincere*) **I ~ what I say** ich meine es ernst, was ich sage ④ (*intend*) wollen; **he didn't ~ any harm** er wollte nichts Böses; **I've been ~ing to phone you for weeks** ich will dich schon seit Wochen anrufen; **it was ~t to be a surprise** das sollte eine Überraschung sein; **to ~ business** es ernst meinen; **to ~ well** es gut meinen; **to be ~t for each other** füreinander bestimmt sein ⑤ (*result in*) bedeuten, heißen *fam*

mean[3] [mi:n] **I.** *n* (*average*) Mittel *nt;* (*average value*) Mittelwert *m;* (*fig*) Mittelweg *m* **II.** *adj* durchschnittlich

me·ander [mi'ændəʳ, AM -ɚ] **I.** *n* Windung *f,* Krümmung *f* **II.** *vi* ① (*flow in curves*) sich schlängeln [*o* winden] ② (*wander*) [umher]schlendern

me·ander·ing [mi'ændᵊrɪŋ, AM -ɚɪŋ] **I.** *adj* ① (*flowing in curves*) gewunden ② (*rambling*) abschweifend **II.** *n* ■ **~s** *pl* Gefasel *nt kein pl*

meanie ['mi:ni] *n* (*fam*) ① *esp* BRIT (*miserly person*) Geizhals *m* ② (*unkind person*) **to be a ~** gemein sein

mean·ing ['mi:nɪŋ] *n* ① (*sense*) Bedeutung *f;* **the ~ of life** der Sinn des Lebens; **what is the ~ of this?** was soll das heißen? ② (*importance*) Bedeutung *f,* Sinn *m;* **to have ~ for sb** jdm etwas bedeuten

Falsche Freunde

Nicht verwechseln mit Meinung *f* — *opinion*!

mean·ing·ful ['mi:nɪŋfᵊl] *adj* ① (*important*) bedeutsam, wichtig; **she seems to find it difficult to form a ~ relationship** sie hat Schwierigkeiten, sich auf eine tiefer gehende Beziehung einzulassen ❷ (*implying something*) bedeutungsvoll, viel sagend

mean·ing·less ['mi:nɪŋləs] *n* (*without importance*) bedeutungslos; (*nonsensical*) sinnlos; (*empty*) nichts sagend

mean·ness ['mi:nnəs] *n no pl* ❶ *esp* BRIT (*lack of generosity*) Kleinlichkeit *f,* Geiz *m* ❷ (*unkindness*) Gemeinheit *f,* Gehässigkeit *f*

means <*pl* -> [mi:nz] *n* ❶ (*method*) Weg *m;* (*possibility*) Möglichkeit *f;* (*device*) Mittel *nt;* **~ of transport** Transportmittel *nt;* **~ of support** Einkommen *nt;* **to use all ~ at one's disposal** alle verfügbaren Mittel nutzen ❷ (*income*) ■**~** *pl* Geldmittel *pl;* **to live beyond one's ~** über seine Verhältnisse leben ▸PHRASES: **the end justifies the ~** (*prov*) der Zweck heiligt die Mittel; **by all ~** (*form*) unbedingt; (*of course*) selbstverständlich; **by no ~** keineswegs, auf keinen Fall

'means test *n* FIN (*of income*) Einkommensüberprüfung *f;* (*of property*) Ermittlung *f* der Vermögensverhältnisse; BRIT (*for social benefit*) Bedürftigkeitsprüfung *f*

meant [ment] *pt, pp of* **mean**

'mean·time *n* **for the ~** vorerst; **in the ~** inzwischen, in der Zwischenzeit

M

mean·while [ˌmi:n'(h)waɪl, AM 'mi:n-] *adv* inzwischen, unterdessen, mittlerweile

meany *n* (*fam*) *see* **meanie**

mea·sles ['mi:zl̩z] *n + sing vb* Masern *pl*

mea·sly ['mi:zli] *adj* (*pej*) mickrig, schäbig

meas·ur·able ['meʒərəbl̩] *adj* messbar; *perceptible* nachweisbar, erkennbar, merklich

meas·ure ['meʒəʳ, AM -ɚ] **I.** *n* ❶ (*unit*) Maß *nt,* Maßeinheit *f;* **a ~ of length** ein Längenmaß *nt* ❷ (*degree*) Maß *nt,* Grad *m;* **there was some ~ of truth in what he said** an dem, was er sagte, war etwas Wahres dran; **in large ~** in hohem Maß ❸ (*measuring instrument*) Messgerät *nt;* (*ruler, indicator*) Messstab *m;* (*container*) Messbecher *m* ❹ *usu pl* (*action*) Maßnahme *f* ▸PHRASES: **for good ~** (*in addition*) zusätzlich, noch dazu; (*to ensure success*) sicherheitshalber **II.** *vt* [ab]messen **III.** *vi* messen ◆**measure out** *vt* ❶ (*take measured amount*) abmessen ❷ (*discover size*) ausmessen ◆**measure up I.** *vt* einschätzen **II.** *vi* ❶ (*be same size*) zusammenpassen ❷ (*reach standard*) den Ansprüchen genügen; ■**to ~ up to sth** an etw *akk* heranreichen

meas·ured ['meʒəd, AM -ɚd] *adj* gemäßigt; *voice, tone* bedächtig; *response* wohl überlegt; *pace* gemäßigt; *tread* gemessen

meas·ure·ment ['meʒəmənt, AM -ɚ-] *n* ❶ (*size*) ■**sb's ~s** *pl* jds Maße *pl,* jds Größe *f;* **chest ~** Brustumfang *m* ❷ *no pl* (*measuring*) Messung *f,* Messen *nt*

meas·ur·ing cup ['meʒərɪŋ-] *n esp* AM, AUS Messbecher *m* **'meas·ur·ing cyl·in·der** *n* Messzylinder *m* **'meas·ur·ing equip·ment** *n no pl* Messgerät[e] *nt*[*pl*] **'meas·ur·ing jug** *n* BRIT Messbecher *m* **'meas·ur·ing spoon** *n* Messlöffel *m* **'meas·ur·ing tape** *n* Messband *nt,* Bandmaß *nt*

meat [mi:t] *n* Fleisch *nt;* (*fig: subject matter*) Substanz *f*

meat-and-po·'ta·toes *adj* AM (*fam*) grundlegend **'meat·ball** *n* Fleischklößchen *nt* **'meat cleav·er** *n* Fleischerbeil *nt* **'meat-eat·er** *n* (*esp hum o pej*) Fleischfresser *m pej* **'meat grind·er** *n* AM Fleischwolf *m* **'meat hook** *n* Fleischerhaken *m* **'meat loaf** *n* Hackbraten *m* **meat 'pie** *n* Fleischpastete *f* **'meat prod·ucts** *npl* Fleischwaren *f pl*

Mec·ca ['mekə] *n* Mekka *nt a. fig*

me·chan·ic [mɪ'kænɪk] *n* Mechaniker(in) *m(f)*

me·chani·cal [mɪ'kænɪkəl] *adj* ❶ *machines* mechanisch, Maschinen-; (*technical*) technisch; (*by machine*) maschinell ❷ (*machine-like*) mechanisch, automatisch

me·chani·cal en·gi·'neer *n* Maschinenbauer(in) *m(f);* (*engineer*) Maschinenbauingenieur(in) *m(f)* **me·chani·cal en·gi·'neer·ing** *n no pl* Maschinenbau *m* **me·chani·cal 'pen·cil** *n* AM (*propelling pencil*) Drehbleistift *m*

me·chan·ics [mɪ'kænɪks] *n* ❶ *+ sing vb* AUTO, TECH Technik *f,* Mechanik *f* ❷ *+ pl vb* (*fam: practicalities*) Mechanismus *m; see also* **ache**

mecha·nism ['mekənɪzəm] *n* ❶ (*working parts*) Mechanismus *m* ❷ (*method*) Mechanismus *m,* Methode *f;* **defence ~** Abwehrmechanismus *m*

mecha·nize ['mekənaɪz] *vt* mechanisieren

Med [med] *n* (*fam*) *short for* **Mediterranean Sea** Mittelmeer *nt*

med I. *n abbrev of* **medicine II.** *adj* ❶ (*fam*) *abbrev of* **medical** ❷ *abbrev of* **medieval** ma. ❸ *abbrev of* **medium**

med·al ['medəl] *n* [Ehren]medaille *f,* Orden *m,* Auszeichnung *f;* SPORTS Medaille *f*

me·dal·lion [mɪ'dæliən, AM mə'dæljən] *n* Medaillon *nt*

med·al·list, AM **med·al·ist** ['medəlɪst] *n* Medaillengewinner(in) *m(f)*

med·dle ['medl̩] *vi* sich einmischen (**in** in *+akk*); ■**to ~ with sth** sich mit etw *dat* abgeben

med·dle·some ['medḷsəm] *adj* **to be ~** sich in alles einmischen; (*annoying*) aufdringlich sein

me·dia ['miːdiə] *n* ① *pl of* **medium** ② + *sing/pl vb* (*the press*) ■**the ~** die Medien *pl;* **~ coverage** Berichterstattung *f;* **a ~ event** ein Medienereignis *nt*

me·di·aeval *adj see* **medieval**

me·dian ['miːdiən] **I.** *adj* durchschnittlich **II.** *n* AM, AUS (*central reservation*) Mittelstreifen *m*

me·dian 'strip *n* AM, AUS (*central reservation*) Mittelstreifen *m*

'me·dia-sav·vy *adj medienerfahren* **'me·dia studies** *npl* ≈ Kommunikationswissenschaft *f*

me·di·ate ['miːdieɪt] **I.** *vi* vermitteln **II.** *vt* aushandeln

me·dia·tion [ˌmiːdi'eɪʃᵊn] *n no pl* Vermittlung *f*

me·dia·tor ['miːdieɪtəʳ, AM -t̬ɚ] *n* Vermittler(in) *m(f)*

med·ic ['medɪk] *n* (*fam*) ① (*doctor*) Doktor *m fam* ② AM MIL, NAUT Sanitäter(in) *m(f)*

Med·ic·aid ['medɪkeɪd] *n no pl* AM *Gesundheitsfürsorgeprogramm in den USA für einkommensschwache Gruppen*

medi·cal ['medɪkᵊl] **I.** *adj facilities, research* medizinisch; *advice, care, treatment* ärztlich; **~ attention** ärztliche Behandlung **II.** *n* (*fam*) ärztliche Untersuchung; **to have a ~** sich ärztlich untersuchen lassen

medi·cal cer·'tifi·cate *n* ärztliches Attest **medi·cal ex·ami·'na·tion** *n* ärztliche Untersuchung **medi·cal 'his·tory** *n* Krankengeschichte *f*

me·dica·ment [mɪ'dɪkəmənt, 'mədɪ-] *n* Medikament *nt*

Medi·care ['medɪkeəʳ, AM -ker] *n* ① AM (*for elderly*) staatliche Gesundheitsfürsorge [für Senioren] ② AUS, CAN (*for all*) staatliche Gesundheitsfürsorge

medi·cate ['medɪkeɪt] *vt usu passive* (*treat with drug*) ■**to be ~d** medikamentös behandelt werden

medi·cat·ed ['medɪkeɪtɪd, AM -t̬-] *adj* medizinisch; **~ gauze** imprägnierter Mull

medi·ca·tion [ˌmedɪ'keɪʃᵊn] *n* MED ① *no pl* (*course of drugs*) Medikamente *pl;* **to be on ~ for sth** Medikamente gegen etw *akk* [ein]nehmen ② *no pl* (*treatment*) medikamentöse Behandlung

me·dici·nal [mə'dɪsɪnᵊl] *adj* medizinisch; **~ drug** Medikament *nt;* **~ herbs** Heilkräuter *pl*

medi·cine ['medsᵊn, AM -dɪsən] *n* ① *no pl* (*for illness*) Medizin *f,* Medikamente *pl;* **to take [one's] ~** [seine] Medizin einnehmen ② (*substance*) Medikament *nt;* **cough ~** Hustenmittel *nt* ③ *no pl* (*medical science*) Medizin *f;* **herbal ~** Kräuterheilkunde *f;* **to practise ~** den Arztberuf ausüben

'medi·cine ball *n* Medizinball *m* **'medi·cine chest** *n* Hausapotheke *f* **'medi·cine man** *n* ① (*tribal healer*) Medizinmann *m* ② (*hum fam: doctor*) Medizinmann *m*

me·di·eval [ˌmedi'iːvᵊl, AM ˌmiːdi'-] *adj* mittelalterlich

me·dio·cre [ˌmiːdi'əʊkəʳ, AM -'oʊkɚ] *adj* mittelmäßig

me·di·oc·rity [ˌmiːdi'ɒkrəti, AM -'ɑːkrət̬i] *n* ① *no pl* (*state*) Mittelmäßigkeit *f* ② (*person*) Null *f pej*

medi·tate ['medɪteɪt] **I.** *vi* ① (*think deeply*) nachdenken (**on** über +*akk*) ② (*as spiritual exercise*) meditieren **II.** *vt* (*form: plan*) planen; (*consider*) erwägen

medi·ta·tion [ˌmedɪ'teɪʃᵊn] *n* ① *no pl* (*spiritual exercise*) Meditation *f* ② *no pl* (*serious thought*) Nachdenken *nt,* Überlegen *nt* (**on** über +*akk*) ③ (*reflections*) ■**~s** *pl* Überlegungen *pl*

Medi·ter·ra·nean [ˌmedɪtᵊr'eɪniən, AM -tə'reɪ-] **I.** *n* Mittelmeer *nt* **II.** *adj climate* mediterran; **~ cooking** Mittelmeerküche *f*

me·dium ['miːdiəm] **I.** *adj* ① (*average*) durchschnittlich, mittel; **of ~ height** von mittlerer Größe ② FOOD *steak* halb durch **II.** *n* <*pl* -s *or* -dia> ① (*means*) Medium *nt,* Mittel *nt;* PUBL, TV Medium *nt;* **advertising ~** Werbeträger *m* ② (*art material*) Medium *nt* ③ <*pl* -s> (*spiritualist*) Medium *nt*

me·dium-'dry *adj wine* halbtrocken **me·dium-'rare** *adj* FOOD englisch **me·dium-'size(d)** *adj* mittelgroß **'me·dium-term** *adj* mittelfristig **me·dium 'term** *n* **the ~ will see ...** mittelfristig gesehen ...; **growth over the ~** mittelfristiges Wachstum; **in the ~** mittelfristig **'me·dium wave** *n esp* BRIT Mittelwelle *f*

med·ley ['medli] *n* ① (*mixture*) Gemisch *nt* ② (*of tunes*) Medley *nt* ③ (*swimming race*) Lagenstaffel *f*

meek [miːk] **I.** *adj* ① (*gentle*) sanftmütig ② (*pej: submissive*) unterwürfig **II.** *n* REL ■**the ~** die Sanftmütigen

meet [miːt] **I.** *n* (*sporting event*) Sportveranstaltung *f* **II.** *vt* <met, met> ① (*by chance*) treffen; **I met her in the street** ich bin ihr auf der Straße begegnet ② (*by arrangement*) ■**to ~ sb** sich mit jdm treffen ③ (*collect*) abholen; **a bus ~s every train** zu jedem Zug gibt es einen Anschlussbus ④ (*make acquaintance of*) kennen lernen; **Peter, ~ Judith** Peter, darf

M

ich dir Judith vorstellen? ⑤ (*fulfil*) erfüllen; *deadline* einhalten; *demand* befriedigen; *obligation* nachkommen ▸PHRASES: **to ~ one's <u>death</u>** den Tod finden; **to make <u>ends</u>** ~ über die Runden kommen; **to ~ sb <u>halfway</u>** jdm auf halbem Weg entgegenkommen **III.** *vi* <met, met> ① (*by chance*) sich begegnen ② (*by arrangement*) sich treffen; **to ~ for a drink** sich auf einen Drink treffen ③ (*get acquainted*) sich kennen lernen; **no, we haven't met** nein, wir kennen uns noch nicht ④ SPORTS aufeinandertreffen ⑤ (*join*) zusammentreffen; *roads, lines* zusammenlaufen; *counties, states* aneinandergrenzen

◆**meet with I.** *vi* ① *esp* AM (*have meeting*) treffen ② (*experience*) *problems* stoßen (auf +*akk*); **to ~ with approval** Beifall finden; **to ~ with success** Erfolg haben **II.** *vt* ① (*respond to*) **the announcement was met with loud applause** die Ankündigung wurde mit lautem Beifall aufgenommen ② (*match*) **to ~ force with force** auf Gewalt mit Gewalt reagieren

meet·ing ['mi:tɪŋ, AM -t̬-] *n* ① (*organized gathering*) Versammlung *f*, Sitzung *f*, Besprechung *f*; **to attend a ~** an einer Besprechung teilnehmen; **to hold a ~** eine Besprechung abhalten ② (*coming together of friends*) Treffen *nt* ③ SPORTS Veranstaltung *f*, [sportliche] Begegnung

'meet·ing point *n* ① (*point of contact*) Schnittpunkt *m* ② (*public space*) Treffpunkt *m*

mega ['megə] *adj* ① (*fam: huge*) Riesen-, Mega- ② (*fam: excellent*) super

mega- ['megə] *in compounds* (*fam*) + *adj* mega- *fam;* **~cool** megacool *sl*, geil *sl*

'mega·bucks *npl* (*fam*) Schweinegeld *nt kein pl sl* **'mega·byte** *n* Megabyte *nt* **'mega·hertz** *n* Megahertz *nt*

mega·lo·ma·nia [ˌmegᵊlə(ʊ)'meɪniə, AM -loʊ'-] *n no pl* (*lust for power*) Größenwahn *m pej*

mega·lo·ma·ni·ac [ˌmegᵊlə(ʊ)'meɪniæk, AM -loʊ'-] **I.** *n* (*power-hungry person*) Größenwahnsinnige(r) *f(m) pej* **II.** *adj attr* größenwahnsinnig *pej*

mega·lo·mart ['megᵊləʊmɑ:t, AM -loʊmɑ:rt] *n* Hypermarkt *m*

'mega·phone *n* Megaphon *nt* **'mega·store** *n* Megastore *m* **'mega·watt** *n* Megawatt *nt*

mel·an·cho·lia [ˌmelən'kəʊliə, AM -'koʊl-] *n no pl* ① (*form: gloomy sadness*) Schwermut *f* ② (*dated: mental illness*) Melancholie *f*

mel·an·chol·ic [ˌmelən'kɒlɪk, AM -'kɑ:l-] *adj* melancholisch

mel·an·choly ['melənkᵊli, AM -kɑ:li] **I.** *n no pl* Melancholie *f*, Schwermut *f* **II.** *adj* melancholisch, schwermütig; *see also* **ache**

mela·no·ma [ˌmelə'nəʊmə, AM -'noʊ-] *n* Melanom *nt*

Land und Leute

Der **Melbourne Cup** (*Pokal*), der immer am ersten Dienstag im November abgehalten wird, ist Australiens beliebtestes Pferderennen. An diesem Renntag kommt in ganz Australien für drei Minuten alles zum Stillstand, da dann alle Arbeiter das Rennen im Fernsehen oder Radio verfolgen. Millionen von Dollar werden verwettet; im ganzen Land zieht man sich festlich an und mittags gibt es Hähnchen mit Sekt.

me·lee ['meleɪ, AM 'meɪ-] *n usu sing* ① (*confused fight*) Handgemenge *nt* ② (*muddle*) Gedränge *nt*

mel·low ['meləʊ, AM -oʊ] **I.** *adj* <-er, -est *or* more ~, most ~> ① (*relaxed*) *person* abgeklärt, locker *fam* ② (*not harsh*) sanft; *colour* dezent; *light* gedämpft; *flavour* mild; *wine* lieblich **II.** *vi* ① (*become more easy-going*) umgänglicher werden ② (*become softer*) *colours* weicher werden; *flavour* milder werden **III.** *vt* ① (*make more easy-going*) *person* umgänglicher machen ② (*make softer*) abschwächen

me·lod·ic [mə'lɒdɪk, AM -'lɑ:d-] *adj* melodisch

me·lo·dious [mə'ləʊdiəs, AM -'loʊ-] *adj* (*form*) melodiös *geh*

melo·dra·ma ['melə(ʊ)ˌdrɑ:mə, AM -loʊˌ-] *n* THEAT (*a. fig*) Melodrama *nt*

melo·dra·mat·ic [ˌmelə(ʊ)drə'mætɪk, AM -loʊdrə'mæt̬-] *adj* melodramatisch

melo·dy ['melədi] *n* Melodie *f*

mel·on ['melən] *n* Melone *f*

melt [melt] **I.** *n* ① (*thaw*) Schneeschmelze *f* ② AM FOOD *Sandwich mit geschmolzenem Käse* **II.** *vi* ① (*turn into liquid*) schmelzen; **to ~ in the mouth** auf der Zunge zergehen ② (*change gradually*) ■**to ~ into sth** in etw *akk* übergehen; (*disappear*) sich in etw *dat* auflösen **III.** *vt* ① (*make liquid*) schmelzen ② (*fig: make tender*) *heart* erweichen ◆**melt away** *vi* schmelzen ◆**melt down** *vt* schmelzen

'melt·down *n* ① TECH [Ein]schmelzen *nt;* (*in nuclear power station*) Durchbrennen *nt* ② (*fam: collapse*) Zusammenbruch *m*

'melt·ing point *n* Schmelzpunkt *m* **'melt·ing pot** *n* (*fig*) Schmelztiegel *m*

M

mem·ber ['membəʳ, AM -ɚ] *n* (*of group*) Angehörige(r) *f(m); of club, party* Mitglied *nt;* ~ **of staff** (*employee*) Mitarbeiter(in) *m(f);* SCH Angehörige(r) *f(m)* des Lehrkörpers *form*
Mem·ber of 'Par·lia·ment *n* Abgeordnete(r) *f(m),* Parlamentsmitglied *nt*
Mem·ber of the Euro·pean 'Par·lia·ment *n* Abgeordnete(r) *f(m)* des Europaparlaments
mem·ber·ship ['membəʃɪp, AM -bɚ-] *n* ❶ (*people*) ■**the** ~ + *sing/pl vb* die Mitglieder *pl;* (*number of people*) Mitgliederzahl *f* ❷ *no pl* (*being member*) Mitgliedschaft *f* ❸ (*fee*) Mitgliedsbeitrag *m*
'mem·ber·ship card *n* Mitgliedsausweis *m*
mem·brane ['membreɪn] *n* Membran *f,* Häutchen *nt; of cell* Zellmembran *f*
me·men·to <*pl* -s *or* -es> [mɪ'mentəʊ, AM mə'mentoʊ] *n* Andenken *nt* (**of** an +*akk*)
memo[1] ['meməʊ, AM 'memoʊ] *n short for* **memorandum** Memo *nt*
memo[2] ['meməʊ, AM 'memoʊ] *vt* ■**to ~ sb** jdm ein Memo schicken
mem·oir ['memwɑːʳ, AM -wɑːr] *n* ❶ (*personal account*) Erinnerungen *pl* ❷ (*autobiography*) ■**~s** *pl* Memoiren *pl*
'memo pad *n* Notizblock *m*
memo·ra·bilia [ˌmemᵊrə'bɪliə] *npl* Souvenirs *pl*
memo·rable ['memᵊrəbl̩] *adj* unvergesslich; *achievement* beeindruckend
memo·ran·dum <*pl* -s *or* -da> [ˌmemᵊr'ændəm, AM -ə'ræn-, *pl* -də] *n* ❶ (*form: message*) Mitteilung *f* ❷ (*document*) Memorandum *nt*
me·mo·rial [mə'mɔːriəl] *n* Denkmal *nt;* MIL Ehrenmal *nt*
Me·'mo·rial Day *n* AM Volkstrauertag *m*

Land und Leute

Der **Memorial Day** ist der letzte Montag im Mai und ist fast überall in den USA (außer in ein paar Südstaaten) ein gesetzlicher Feiertag. An diesem Tag gedenkt man der Gefallenen aller US-Kriege.

memo·rize ['memᵊraɪz, AM -mər-] *vt facts* sich *dat* einprägen; *poem, song* auswendig lernen
memo·ry ['memᵊri, AM -mɚi] *n* ❶ *no pl* (*ability to remember*) Gedächtnis *nt* (**for** für +*akk*); **if my ~ serves me right** wenn mein Gedächtnis mich nicht täuscht; **within living/sb's ~** soweit man/jd zurückdenken kann ❷ (*remembered event*) Erinnerung *f* (**of** an +*akk*); **to bring back memories** Erinnerungen wachrufen; **in ~ of** zur Erinnerung an +*akk* ❸ *no pl* COMPUT Speicher *m*
'memo·ry bank *n* ❶ COMPUT Speicherbank *f* ❷ (*human memory*) Gedächtnis *nt*
memo·ry 'lane *n no pl* ▶ PHRASES: **to take a stroll down ~** in Erinnerungen schwelgen *geh*
'memo·ry span *n* PSYCH Gedächtnisspanne *f*
men [men] *n pl of* **man**
men·ace ['menɪs, AM -nəs] **I.** *n* ❶ (*threat*) Drohung *f* ❷ (*danger*) Bedrohung *f* ❸ (*annoying person*) Nervensäge *f fam* **II.** *vt* bedrohen
men·ac·ing ['menɪsɪŋ, AM -nəs-] *adj attr* drohend
men·ac·ing·ly ['menɪsɪŋli, AM -nəs-] *adv* drohend
mend [mend] **I.** *vt* (*repair*) reparieren; *torn clothes* flicken; *broken object* kleben; *socks* stopfen ▶ PHRASES: **to ~ one's ways** sich bessern **II.** *vi* gesund werden *a. fig; bone* heilen **III.** *n* (*repair*) Flickstelle *f*
men·da·cious [men'deɪʃᵊs] *adj* (*form*) verlogen
men·dac·ity [men'dæsəti, AM -ət̬i] *n no pl* (*form*) Verlogenheit *f*
mend·ing ['mendɪŋ] *n no pl* Flickarbeit *f*
me·nial ['miːniəl] *adj* niedrig; ~ **work** Hilfsarbeit *f*
men·in·gi·tis [ˌmenɪn'dʒaɪtɪs, AM -t̬-] *n no pl* Gehirnhautentzündung *f,* Meningitis *f fachspr*
meno·pause ['menə(ʊ)pɔːz, AM 'menəpɑːz] *n no pl* Wechseljahre *pl,* Menopause *f fachspr*
'men's toilet, *esp* AM **'men's room** *n* Herrentoilette *f*
men·strual ['men(t)strʊəl] *adj* (*form*) Menstruations-
men·stru·ate ['men(t)strueɪt] *vi* menstruieren *geh*
men·strua·tion [ˌmen(t)stru'eɪʃᵊn] *n no pl* Menstruation *f geh,* Periode *f*
men·tal ['mentᵊl, AM *also* -t̬-] *adj* ❶ (*of the mind*) geistig, mental; ~ **process** Denkprozess *m* ❷ (*psychological*) psychisch, seelisch; ~ **illness** Geisteskrankheit *f;* ~ **state** seelische Verfassung ❸ (*fam: crazy*) verrückt, übergeschnappt; ■**to be ~ about sth** nach etw *dat* verrückt sein
men·tal a'rith·me·tic *n no pl* Kopfrechnen *nt*
'men·tal hos·pi·tal *n* psychiatrische Klinik
men·tal·ity [men'tæləti, AM -ət̬i] *n* Mentalität *f*
men·tal·ly ['mentᵊli, AM *also* -t̬-] *adv* ❶ (*psychologically*) psychisch; ~ **deranged** psychisch gestört ❷ (*intellectually*) geistig;

M

~ **disabled** geistig behindert

men·thol ['men(t)θɒl, AM -θɔ:l] *n no pl* Menthol *nt*

men·tion ['men(t)ʃᵊn] **I.** *n* (*reference*) Erwähnung *f;* **to get a ~** erwähnt werden **II.** *vt* erwähnen; **don't ~ it!** gern geschehen!; **not to ~ ...** ganz zu schweigen von ...

menu ['menju:] *n* ① (*in restaurant*) Speisekarte *f* ② COMPUT Menü *nt*

'menu bar *n* COMPUT Menüleiste *f* **'menu-driv·en** *adj* COMPUT menügesteuert

MEP [ˌemi:'pi:] *n* BRIT *abbrev of* **Member of the European Parliament**

mer·ce·nary ['mɜ:sᵊnᵊri, AM 'mɜ:rsəneri] **I.** *n* (*soldier*) Söldner *m* **II.** *adj* ① (*pej: motivated by gain*) gewinnsüchtig, geldgierig ② MIL Söldner-

mer·chan·dise **I.** *n* ['mɜ:tʃᵊndaɪs, AM 'mɜ:r-] *no pl* Handelsware *f* **II.** *vt* ['mɜ:tʃᵊndaɪz, AM 'mɜ:r-] vermarkten

mer·chant ['mɜ:tʃᵊnt, AM 'mɜ:r-] *n* Händler(in) *m(f),* Kaufmann *m,* Kauffrau *f*

mer·chant 'bank *n* Handelsbank *f* **'mer·chant·man** *n* Handelsschiff *nt* **mer·chant 'navy** *n* BRIT, AM **mer·chant ma·'rine** *n* Handelsmarine *f* **'mer·chant ship** *n* Handelsschiff *nt*

M

mer·ci·ful ['mɜ:sɪfᵊl, AM 'mɜ:r-] *adj* ① (*forgiving*) gnädig ② (*fortunate*) **her death came as a ~ release** der Tod war für sie eine Erlösung

mer·ci·less ['mɜ:sɪləs, AM 'mɜ:r-] *adj* ① (*showing no mercy*) gnadenlos, mitleidlos ② (*relentless*) unnachgiebig

mer·cu·rial [mɜ:'kjʊəriəl, AM mɜ:r'kjʊr-] *adj* Quecksilber-; (*fig*) launisch; *mood* unbeständig

mer·cury ['mɜ:kjᵊri, AM 'mɜ:rkjə-] *n no pl* (*metal*) Quecksilber *nt*

Mer·cury ['mɜ:kjᵊri, AM 'mɜ:rkjə-] *n no art, no pl* ASTRON Merkur *m*

mer·cy ['mɜ:si, AM 'mɜ:r-] *n no pl* (*compassion*) Mitleid *nt,* Erbarmen *nt;* (*forgiveness*) Gnade *f;* **to beg for ~** um Gnade bitten; **to show [no] ~** [kein] Erbarmen haben ▸ PHRASES: **to be at the ~ of sb** jdm auf Gnade oder Ungnade ausgeliefert sein

mere [mɪəʳ, AM mɪr] *adj* nur, nichts als

mere·ly ['mɪəli, AM 'mɪr-] *adv* nur, bloß *fam*

merge [mɜ:dʒ, AM mɜ:rdʒ] **I.** *vi* ① (*join*) zusammenkommen; *roads* zusammenlaufen ② ECON *companies, organizations* fusionieren ③ (*fuse*) verschmelzen (**with, into** mit +*dat*); ■**to ~ into each other** ineinander übergehen **II.** *vt* zusammenlegen; *companies* zusammenschließen

mer·ger ['mɜ:dʒəʳ, AM 'mɜ:rdʒɚ] *n* ECON Fusion *f*

me·rid·ian [mə'rɪdiən] *n* GEOG (*line of longitude*) Meridian *m,* Längenkreis *m*

me·ringue [mə'ræŋ] *n* Baiser *nt,* Meringe *f,* Meringue *f* SCHWEIZ

mer·it ['merɪt] **I.** *n* ① *no pl* (*worthiness*) Verdienst *nt;* **she won her promotion on ~** sie ist auf Grund ihrer Leistung befördert worden ② (*good quality*) gute Eigenschaft, Vorzug *m* ③ (*advantage*) Vorteil *m* **II.** *vt* verdienen

meri·toc·ra·cy [ˌmerɪ'tɒkrəsi, AM -ə'tɑ:k-] *n* Leistungsgesellschaft *f*

mer·maid ['mɜ:meɪd, AM 'mɜ:r-] *n* Seejungfrau *f*

mer·ri·ment ['merimənt] *n no pl* ① (*laughter and joy*) Fröhlichkeit *f* ② (*amusement*) Heiterkeit *f*

mer·ry ['meri] *adj* ① (*happy*) fröhlich; **M~ Christmas** Frohe [*o* Fröhliche] Weihnachten ② BRIT (*fam: slightly drunk*) angesäuselt

'mer·ry-go-round *n* (*fairground ride*) Karussell *nt*

mesh [meʃ] **I.** *n no pl* Geflecht *nt* **II.** *vi* ① (*join*) *gears* ineinandergreifen ② (*mix*) sich mischen **III.** *vt* **to ~ gears** Zahnräder in Eingriff bringen

mes·mer·ic [mez'merɪk] *adj* mesmerisch *geh;* (*fig*) faszinierend

mes·mer·ism ['mezmᵊrɪzᵊm] *n* (*dated*) Hypnotisieren *nt*

mes·mer·ize ['mezmᵊraɪz] *vt* faszinieren

mess [mes] *n* <*pl* -es> ① *usu sing* (*untidy state*) Unordnung *f,* Durcheinander *nt;* (*dirty state*) Schweinerei *f;* **you look a complete ~!** du siehst ja schlimm aus! ② *usu sing* (*disorganized state*) Chaos *nt;* ■**to be a ~** chaotisch sein; **to be in a ~** sich in einem schlimmen Zustand befinden; **he made a right ~ of the invitations** (*fam*) he hat die Einladungen total vermasselt ③ *usu sing* (*dirt*) Dreck *m*

◆**mess about, mess around** **I.** *vi* ① (*play the fool*) herumblödeln *fam* ② (*waste time*) herumspielen ③ (*tinker*) herumspielen (**with** an +*dat*) ④ AM (*make fool of*) ■**to ~ around with sb** jdn verarschen *derb* **II.** *vt* schikanieren ◆**mess up** *vt* (*fam*) ① (*botch up*) verpfuschen; *plan* vermasseln ② (*make untidy*) in Unordnung bringen ◆**mess with** *vi* ① (*get involved with*) ■**to ~ with sb** sich mit jdm einlassen; (*cause trouble to*) jdn schlecht behandeln; **don't ~ with me!** verarsch mich bloß nicht! *derb* ② (*play with*) ■**to ~ with sth** mit etw *dat* herumspielen; (*tamper*) an etw *dat* herumspielen

mes·sage ['mesɪdʒ] *n* (*communication*) Nachricht *f,* Botschaft *f;* **could you give him a ~ from me, please?** könntest du ihm bitte etwas [*o* eine Nachricht] von mir ausrichten?; **to get/leave a ~** eine Nachricht erhalten/hinterlassen ▶PHRASES: **to get the ~** (*fam*) kapieren

mes·sen·ger ['mesɪndʒəʳ, AM -ɚ] *n* Bote *m,* Botin *f*

'mes·sen·ger boy *n* Botenjunge *m*

mes·si·ah [mə'saɪə] *n usu sing* ① (*fig*) Messias *m* ② REL ■**M~** Messias *m,* Erlöser *m*

'mess-up *n* (*fam*) Durcheinander *nt*

messy ['mesi] *adj* ① (*untidy*) unordentlich; *person* schlampig ② (*dirty*) schmutzig, dreckig ③ (*unpleasant*) unerfreulich

met [met] *vt, vi pt of* **meet**

Met [met] *n* BRIT ■**the ~** *short for* **Metropolitan Police**

meta·bol·ic [ˌmetə'bɒlɪk, AM ˌmet̬ə'bɑːl-] *adj* metabolisch *fachspr,* Stoffwechsel-

me·tabo·lism [mə'tæbəlɪzəm] *n* Stoffwechsel *m,* Metabolismus *m fachspr*

met·al ['metəl, AM -t̬əl] **I.** *n* Metall *nt;* **precious ~** Edelmetall *nt* **II.** *adj* aus Metall *nach n*

me·tal·lic [mə'tælɪk] *adj* ① (*like metal*) metallisch; **~ paint** Metalleffektlack *m* ② (*containing metal*) metallhaltig; **~ alloy** Metalllegierung *f*

met·al·lur·gy [met'ælədʒi, AM 'met̬əlɜːr-] *n no pl* Metallurgie *f*

'met·al·work *n no pl* ① (*craft*) Metallarbeit *f* ② (*objects*) Metallarbeiten *pl* **'met·al·work·er** *n* Metallarbeiter(in) *m(f)*

meta·mor·pho·sis <*pl* -phoses> [ˌmetə'mɔːfəsɪs, AM -t̬ə'mɔːr-, *pl* -fəsiːz] *n* Metamorphose *f geh,* Verwandlung *f*

meta·phor ['metəfəʳ, AM 'met̬əfɔːr] *n* ① (*figure of speech*) Metapher *f* (**for** für +*akk*) ② *no pl* (*figurative language*) bildhafte Sprache

meta·phor·ic(al) [ˌmetə'fɒrɪk(əl), AM -t̬ə'fɔːr-] *adj* metaphorisch

meta·physi·cal [ˌmetə'fɪzɪkəl, AM -t̬ə'-] *adj* metaphysisch

meta·phys·ics [ˌmetə'fɪzɪks, AM -t̬ə'-] *n no pl,* + *sing vb* Metaphysik *f*

me·ta·sta·sis <*pl* -stases> [met'æstəsɪs, AM mə'tæs-, *pl* -stæsiːz] *n* Metastase *f*

mete [miːt] *vt* ■**to ~ out** ○ **sth** [**to sb**] [jdm] etw auferlegen; **to ~ out punishment to sb** jdn bestrafen; (*physical*) jdn züchtigen

me·teor ['miːtiəʳ, AM -t̬iɚ] *n* Meteor *m*

me·teor·ic [ˌmiːti'ɒrɪk, AM -t̬i'ɔːr-] *adj* ① ASTRON Meteor-, meteorisch ② (*rapid*) kometenhaft

me·teor·ite ['miːtiəraɪt, AM -t̬iə-] *n* Meteorit *m*

me·teoro·logi·cal [ˌmiːtiərə'lɒdʒɪkəl, AM -t̬iɚə'lɑːdʒ-] *adj* meteorologisch

me·teor·olo·gist [ˌmiːtiər'ɒlədʒɪst, AM -t̬iə'rɑːl-] *n* Meteorologe, Meteorologin *m, f*

me·teor·ol·ogy [ˌmiːtiər'ɒlədʒi, AM -t̬iə'rɑːl-] *n no pl* Meteorologie *f*

me·ter[1] ['miːtəʳ, AM -t̬ɚ] *n* Messuhr *f,* Zähler *m;* [**parking**] **~** Parkuhr *f;* **to read the ~** den Zähler ablesen

me·ter[2] *n* AM *see* **metre**

me·thane ['miːθeɪn, AM 'meθ-] *n* Methan *nt*

meth·od ['meθəd] *n* ① (*way of doing sth*) Methode *f,* Art und Weise *f;* TECH Verfahren *nt* ② *no pl* (*order*) System *nt*

me·thodi·cal [mə'θɒdɪkəl, AM -'θɑːd-] *adj* ① (*ordered*) methodisch, systematisch ② (*careful*) sorgfältig

Meth·od·ist ['meθədɪst] **I.** *n* Methodist(in) *m(f)* **II.** *adj* methodistisch

meth·od·ol·ogy [ˌmeθə'dɒlədʒi, AM -'dɑːl-] *n* ① *no pl* (*theory of methods*) Methodologie *f geh* ② (*system*) Methodik *f*

me·thyl al·co·hol [ˌmeθəl'ælkəhɒl, AM -əhɑːl] *n* Methanol *nt*

meth·yl·at·ed 'spir·its *n no pl* ① (*cleaning product*) denaturierter Alkohol ② (*fuel*) Brennspiritus *m*

me·ticu·lous [mə'tɪkjələs] *adj* peinlich genau, akribisch *geh;* **~ detail** kleinstes Detail

me·tre *n* ① (*unit of measurement*) Meter *m;* **the 1500 ~s** der 1500-Meter-Lauf ② (*poetic rhythm*) Metrum *nt fachspr,* Versmaß *nt*

met·ric ['metrɪk] *adj* metrisch

met·ri·cal ['metrɪkəl] *adj* metrisch

met·ro[1] ['metrəʊ, AM -troʊ] *n no pl esp* CAN U-Bahn *f;* (*in Paris*) Metro *f*

met·ro[2] ['metroʊ] *adj attr* AM *short for* **metropolitan** Stadt-

met·ro·nome ['metrənəʊm, AM -noʊm] *n* Metronom *nt geh*

met·ropo·lis [mə'trɒpəlɪs, AM -'trɑːpəl-] *n* (*form*) ① (*large city*) Metropole *f geh* ② (*chief city*) Hauptstadt *f*

met·ro·poli·tan [ˌmetrə'pɒlɪtən, AM -'pɑːlə-] *adj* ① (*of large city*) weltstädtisch ② (*of chief city*) hauptstädtisch

Met·ro·poli·tan Po·'lice *n no pl* BRIT ■**the ~** die Londoner Polizei

met·tle ['metl̩, AM 'met̬l̩] *n no pl* (*form*) ① (*inner strength*) Durchhaltevermögen *nt;* **to show one's ~** zeigen, was in einem steckt ② (*best form*) Höchstform *f*

mew [mjuː] **I.** *n* Miauen *nt* **II.** *vi* miauen

Mexi·can ['meksɪkᵊn] **I.** *n* (*person*) Mexikaner(in) *m(f)* **II.** *adj* mexikanisch

Mexi·co ['meksɪkəʊ, AM -koʊ] *n* Mexiko *nt*

Mexi·co 'City *n* Mexiko City *nt*

mg *n* <*pl* -> *abbrev of* **milligram** mg

MHR [ˌemeɪtʃ'ɑːr] *n* AM *abbrev of* **Member of the House of Representatives** Mitglied *nt* des Repräsentantenhauses

MHz *n* <*pl* -> *abbrev of* **megahertz** MHz

miaow [ˌmiː'aʊ, AM mi'-] **I.** *n* Miauen *nt* **II.** *vi* miauen

mica ['maɪkə] *n no pl* Glimmererde *f*

mice [maɪs] *n pl of* **mouse**

mickey ['mɪki] *n* BRIT, AUS (*fam*) **to take the ~ out of sb** jdn aufziehen *fam,* sich über jdn lustig machen

'Mickey Mouse *adj attr* (*pej fam*) Scherz*fam;* ~ **computer** Spielzeugcomputer *m;* **a ~ job** ein Witz *m* von einem Job

micro ['maɪkrə(ʊ), AM -roʊ] *n* (*fam*) *short for* **microcomputer** Mikrocomputer *m*

mi·crobe ['maɪkrəʊb, AM -roʊb] *n* Mikrobe *f*

micro·bi·'ol·ogy *n no pl* Mikrobiologie *f*

'micro·browser *n* COMPUT, INET, TELEC Microbrowser *m* **'micro·chip** *n* Mikrochip *m* **'micro·cli·mate** *n* Mikroklima *nt* **'micro·com·put·er** *n* Mikrocomputer *m* **micro·cosm** ['maɪkrə(ʊ)kɒzᵊm, AM -roʊkɑː-] *n* Mikrokosmos *m* **micro·elec·'tron·ics** *n + sing vb* Mikroelektronik *f* **'micro·fiche** *n* Mikrofiche *nt o m* **'micro·film** *n* Mikrofilm *m*

mi·crom·eter [maɪ'krɒmɪtəʳ, AM -'krɑːmɪt̬ɚ] *n* (*measuring device*) Mikrometer *nt*

Micro·nesia [ˌmaɪkrəʊ'niːʒə, AM -kroʊ'niːʒə] *n* Mikronesien *nt*

micro·'or·gan·ism *n* Mikroorganismus *m*

'micro·phone *n* Mikrofon *nt*

micro·pig·men·ta·tion [ˌmaɪkrə(ʊ)ˌpɪgmen'teɪʃᵊn, AM -kro(ʊ)ˌ-] *n* Permanent-Makeup *nt*

'micro·pro·ces·sor *n* Mikroprozessor *m*

micro·scope ['maɪkrəskəʊp, AM -skoʊp] *n* Mikroskop *nt;* **to put sth under the ~** (*fig*) etw unter die Lupe nehmen

micro·scop·ic [ˌmaɪkrə'skɒpɪk, AM -'skɑːp-] *adj* ① (*fam: tiny*) winzig; **to look at sth in ~ detail** etw haargenau prüfen ② (*visible with microscope*) mikroskopisch klein ③ (*using microscope*) *analysis, examination* mikroskopisch

'micro·wave **I.** *n* ① (*oven*) Mikrowellenherd *m,* Mikrowelle *f* ② (*wave*) Mikrowelle *f* **II.** *vt* in der Mikrowelle kochen/erwärmen

mid [mɪd] *prep* (*liter*) *see* **amid(st)**

mid·'day *n no pl* Mittag *m;* **at ~** mittags, um die Mittagszeit

mid·dle ['mɪdl̩] **I.** *n* ① (*centre, division, between things*) Mitte *f; of fruit, nuts* Innere[s] *nt;* (*centre part*) *of book, film, story* Mittelteil *m;* **let's split the cost down the ~** lass uns die Kosten teilen ② (*in time, space*) mitten; **in the ~ of the road/room/table** mitten auf der Straße/im Zimmer/auf dem Tisch; **in the ~ of the night** mitten in der Nacht; **in the ~ of nowhere** (*fig*) am Ende der Welt; **in the ~ of 1985/the century** Mitte 1985/des Jahrhunderts; **to be in one's ~ forties** in den Mittvierzigern sein; **to be in the ~ of eating** (*busy with*) mitten dabei sein zu essen ③ (*fam: waist*) Taille *f;* (*belly*) Bauch *m* **II.** *adj attr* mittlere(r, s)

Falsche Freunde

Nicht verwechseln mit Mittel *nt* — *means!*

mid·dle 'age *n no pl* mittleres Alter **mid·dle-'aged** *adj* mittleren Alters *nach n* **Mid·dle 'Ages** *n* ■**the ~** *pl* das Mittelalter **'mid·dle·brow** (*pej*) **I.** *adj* für den [geistigen] Durchschnittsmenschen **II.** *n* [geistiger] Durchschnittsmensch **mid·dle 'class** *n* ① (*with average income*) Mittelstand *m;* **upper ~** gehobener Mittelstand ② (*as a whole*) ■**the ~** der Mittelstand **mid·dle-class** *adj* Mittelstands-, mittelständisch; (*pej*) spießig **mid·dle 'ear** *n* Mittelohr *nt* **Mid·dle 'East** *n* ■**the ~** der Nahe Osten **'mid·dle·man** *n* ① ECON (*person*) Zwischenhändler(in) *m(f);* (*wholesaler*) ■**the ~** der Zwischenhandel ② (*in disagreement*) Mittelsmann *m* **mid·dle 'name** *n* zweiter Vorname **mid·dle-of-the-'road** *adj* ① (*moderate*) *opinions, views* gemäßigt ② (*pej: boring*) *film, music* mittelmäßig **'mid·dle·weight** *n* SPORTS ① *no pl* (*category*) Mittelgewicht *nt* ② (*boxer*) Mittelgewichtler(in) *m(f)*

mid·dling ['mɪdl̩ɪŋ] *adj* (*fam*) ① (*average*) mittlere(r, s); **to be of ~ height** mittlerer Größe sein; (*moderate*) gemäßigt ② (*not very good*) mittelmäßig

'Mid·east *n* AM (*Middle East*) ■**the ~** der Nahe [*o* Mittlere] Osten

'mid·field *n* Mittelfeld *nt*

midge [mɪdʒ] *n* [kleine] Mücke

midg·et ['mɪdʒɪt] **I.** *n* (*dwarf*) Liliputaner(in) *m(f);* (*child*) Knirps *m fam,* Zwerg *m hum* **II.** *adj* (*small*) winzig, Mini-

mid-life 'cri·sis *n* Midlife-Crisis *f*

'mid·night *n no pl* Mitternacht *f;* **at ~** um Mitternacht

'mid·point *n usu sing* Mittelpunkt *m;* MATH

Mittelwert *m*

mid·riff ['mɪdrɪf] *n,* AM *a.* **'mid·sec·tion** *n* Taille *f*

mid·ship·man ['mɪdʃɪpmən] *n* BRIT (*officer*) Leutnant *m* zur See; AM (*cadet*) Seeoffiziersanwärter *m*

mid·ships ['mɪdʃɪps] *adv* mittschiffs

midst [mɪdst] *n no pl* (*presence*) **he was lost in their ~** er kam sich unter ihnen verloren vor; (*in middle of*) **in the ~ of chaos** mitten im Chaos

mid·'sum·mer *n no pl* Hochsommer *m* **Mid·sum·mer('s) 'Day** *n* Johannistag *m*

mid·'term I. *n* ① *no pl* (*mid-point*) *of political office* Halbzeit *f* der Amtsperiode; *of school year* Schulhalbjahr *nt; of pregnancy* Hälfte *f* der Schwangerschaftszeit; UNIV *of semester* Semesterhälfte *f; of trimester* Trimesterhälfte *f* ② AM (*midterm exams*) ■**~s** *pl* Halbjahresprüfungen *pl* **II.** *adj* **~ elections** Zwischenwahlen *pl*

mid·way I. *adv* [ˌmɪd'weɪ] auf halbem Weg; **~ through the film the projector broke** mitten im Film ging der Projektor kaputt **II.** *adj* [ˌmɪd'weɪ] *attr* auf halbem Weg **III.** *n* ['mɪdweɪ] AM *Mittelweg einer Ausstellung oder eines Jahrmarktes, an dem sich die Hauptattraktionen befinden*

mid·'week I. *n no pl* Wochenmitte *f;* **by ~** bis Mitte der Woche **II.** *adv* mitten in der Woche; **I'll be home ~** Mitte der Woche bin ich wieder zu Hause

mid·wife ['mɪdwaɪf] *n* Hebamme *f*

mid·wife·ry [mɪd'wɪfᵊri, AM -ə·i] *n no pl* Geburtshilfe *f*

mid·'win·ter *n no pl* Mitte *f* des Winters; (*winter solstice*) Wintersonnenwende *f*

might¹ [maɪt] **I.** *pt of* **may II.** *aux vb* ① (*expressing possibility*) **I ~ go to the cinema tonight** vielleicht gehe ich heute Abend ins Kino; (*could*) **someone phoned at six, it ~ have been him** um sechs rief jemand an, das könnte er gewesen sein; (*expressing probability*) **if he keeps studying so hard he ~ even get a first in his final exams** wenn er weiterhin so eifrig lernt, könnte er sogar die Bestnote bei den Abschlussprüfungen bekommen ② *esp* BRIT (*form: polite form of may*) **~ I ...?** dürfte ich [vielleicht] ...? ③ (*form: making a suggestion*) **~ I make a suggestion?** dürfte ich vielleicht einen Vorschlag machen?; **I thought you ~ like to join me for dinner** ich dachte, du hättest vielleicht Lust, mit mir zu Abend zu essen ④ (*when reproaching*) **you ~ have told me about the job!** du hättest mir eigentlich von dem Job erzählen müssen!; **I ~ have known that you'd lie to me** ich hätte es eigentlich wissen müssen, dass du mich anlügen würdest

might² [maɪt] *n no pl* ① (*authority*) Macht *f* ② (*strength*) Kraft *f;* MIL Stärke *f*

mighti·ly ['maɪtɪli, AM -ṱ-] *adv* (*with effort*) mit aller Kraft [*o* Macht]; (*fig: majestically, imposingly*) gewaltig

mighty ['maɪti, AM -ṱ-] **I.** *adj* (*powerful, large*) *river, dinosaur, army* gewaltig; *king, country* mächtig; *warrior, giant* stark; (*using strength*) *punch* kraftvoll **II.** *adv* AM (*fam*) sehr; **that was ~ nice of you** das war wirklich nett von dir

mi·graine ['mi:greɪn, AM 'maɪ-] *n* Migräne *f*

mi·grant ['maɪgrᵊnt] **I.** *n* ① (*person*) Zuwanderer *m,* Zuwanderin *f* ② (*bird*) Zugvogel *m* **II.** *adj* **~ birds** Zugvögel *pl;* **~ worker** Wanderarbeiter(in) *m(f);* (*in EU*) Gastarbeiter(in) *m(f)*

mi·grate [maɪ'greɪt, AM 'maɪgreɪt] *vi* ① (*change habitat*) wandern, umherziehen; **to ~ to the south** *birds* nach Süden ziehen ② (*move*) *populations, customers* abwandern; *cells, chemicals* gelangen (**into** in +*akk*)

mi·gra·tion [maɪ'greɪʃᵊn] *n* ① (*change of habitat*) Wanderung *f; of birds* Zug *m* ② (*for work*) *people* Abwanderung *f;* (*permanent*) Umzug *m*

mi·gra·tory ['maɪgrətᵊri, AM -tɔ:ri] *adj* ① *animals* Wander-; **~ bird** Zugvogel *m* ② (*of behaviour*) Wander-; **~ patterns** Migrationsverhalten *nt*

mike [maɪk] *n* (*fam*) *short for* **microphone** Mikro *nt*

mild [maɪld] **I.** *adj* ① (*gentle*) *person, breeze* sanft; *soap, laundry detergent* schonend; (*not severe*) *shock, surprise* leicht; *criticism* schwach; *punishment, weather, climate* mild; *reproach* leise ② MED (*not strong*) leicht, schwach; (*not serious*) *fever, infection* leicht ③ (*not strong in flavour*) *cheese, whisky* mild; *cigarette* leicht **II.** *n no pl* BRIT *mild schmeckendes, dunkles Bier*

mil·dew ['mɪldju:, AM *esp* -du:] **I.** *n no pl* Schimmel *m;* (*on plants*) Mehltau *m* **II.** *vi* schimmeln; (*plants*) von Mehltau befallen sein

mild·ly ['maɪldli] *adv* ① (*gently*) leicht; *speak, smile* sanft; *clean* schonend; (*not severely*) milde ② (*slightly*) *surprised, worried, annoyed* leicht ③ (*as an understatement*) **to put it ~** um es [mal] milde auszudrücken

mild·ness ['maɪldnəs] *n no pl* ① *of person* Sanftmut *f* ② *of criticism, weather* Milde *f;*

M

MED *of disease, symptoms* Leichtigkeit *f*
mile [maɪl] *n* ❶ (*distance*) Meile *f;* **we could see for ~s and ~s** wir konnten meilenweit sehen; **a nautical ~** eine Seemeile; **to be ~s away** meilenweit entfernt sein; (*daydreaming*) ganz woanders sein; **to miss sth by a ~** etw meilenweit verfehlen ❷ (*fam: far from*) **to be ~s from the truth** weit von der Wahrheit entfernt sein; **to be ~s better** bei weitem besser sein; **to be a ~ off** meilenweit danebenliegen
mile·age [ˈmaɪlɪdʒ] *n no pl* ❶ (*petrol efficiency*) Kraftstoffverbrauch *m;* **he gets good ~ from his car** sein Auto verbraucht wenig Kraftstoff ❷ (*distance travelled*) Meilenstand *m*
ˈmile·post *n* Meilenpfosten *m;* (*fig*) Meilenstein *m* **ˈmile·stone** *n* (*a. fig*) Meilenstein *m*
mili·tant [ˈmɪlɪtᵊnt, AM -tənt] **I.** *adj* militant **II.** *n* Kämpfer(in) *m(f);* POL militantes Mitglied
mili·tar·ism [ˈmɪlɪtᵊrɪzᵊm, AM -tɚ-] *n no pl* Militarismus *m;* (*when overly aggressive*) Kriegstreiberei *f*
mili·tar·ist [ˈmɪlɪtᵊrɪst, AM -tɚ-] *n* Militarist(in) *m(f)*
mili·tar·is·tic [ˌmɪlɪtᵊrˈɪstɪk, AM -təˈrɪs-] *adj* militaristisch
mili·ta·rize [ˈmɪlɪtᵊraɪz, AM -tər-] *vt* militarisieren
mili·tary [ˈmɪlɪtri, AM -teri] *n pl* ■**the ~** das Militär
mili·tary aˈcad·emy *n* ❶ (*for cadets*) Militärakademie *f* ❷ AM (*for pupils*) *sehr strenge Privatschule* **mili·tary ˈcas·ual·ties** *npl* Kriegsopfer *pl* **mili·tary po·ˈlice** *npl* ■**the ~** die Militärpolizei **mili·tary ˈser·vice** *n no pl* Wehrdienst *m*
mi·li·tia [mɪˈlɪʃə] *n* Miliz *f*
milk [mɪlk] **I.** *n no pl* Milch *f;* (*breast milk*) Muttermilch *f;* (*in coconuts*) Kokosmilch *f;* **goat's ~** Ziegenmilch *f;* **full fat** [*or* AM **whole**] **~** Vollmilch *f;* **long-life ~** H-Milch *f;* **skimmed ~** entrahmte Milch **II.** *vt* ❶ (*get milk*) *cow, goat* melken ❷ (*exploit*) melken, schröpfen *fam;* **to ~ a story** JOURN eine Story ausschlachten
ˈmilk bar *n* ❶ (*snack bar*) Milchbar *f* ❷ AUS (*shop*) Milchladen *m* **milk ˈchoco·late** *n no pl* Milchschokolade *f* **ˈmilk float** *n* BRIT Milchwagen *m*
milk·ing ma·chine [ˈmɪlkɪŋ-] *n* Melkmaschine *f*
ˈmilk·maid *n* (*dated*) Milchmädchen *nt* **ˈmilk·man** *n* Milchmann *m* **ˈmilk powder** *n no pl* Milchpulver *nt* **ˈmilk shake** *n* Milchshake *m*
ˈmilk·sop *n* (*pej*) Schlappschwanz *m pej fam*
ˈmilk tooth *n* Milchzahn *m*
milky [ˈmɪlki] *adj* ❶ (*with milk*) mit Milch *nach n;* **~ coffee** Milchkaffee *m* ❷ (*not clear*) *glass, water* milchig; *skin* sanft; *eyes* trüb
Milky ˈWay *n no pl* ■**the ~** die Milchstraße
mill [mɪl] **I.** *n* ❶ (*building*) Mühle *f* ❷ (*machine*) Mühle *f* ❸ (*factory*) Fabrik *f;* **cotton ~** Baumwollspinnerei *f;* **steel ~** Stahlwerk *nt* ▸PHRASES: **to <u>put</u> sb through the ~** jdn in die Mangel nehmen *sl* **II.** *vt grain, coffee* mahlen; *metal* walzen
mil·len·nia [mɪˈleniə] *n pl of* **millennium**
mil·len·nial [mɪˈleniəl] **I.** *adj* tausendjährig **II.** *n* ■**~s** *pl demographische Bezeichnung für die Generation von Kindern, die zwischen 1974 und 1995 geboren sind*
mil·len·nium <*pl* -s *or* -nia> [mɪˈleniəm, *pl* -niə] *n* ❶ (*1000 years*) Jahrtausend *nt,* Millennium *nt geh* ❷ (*anniversary*) Jahrtausendfeier *f*
mil·le·pede [ˈmɪlɪpiːd] *n see* **millipede**
mil·ler [ˈmɪləʳ, AM -ɚ] *n* Müller(in) *m(f)*
mil·let [ˈmɪlɪt] *n no pl* Hirse *f*
mil·li·bar [ˈmɪlɪbɑːʳ, AM -bɑːr] *n* Millibar *nt*
mil·li·gramme, AM **mil·li·gram** [ˈmɪlɪgræm] *n* Milligramm *nt*
mil·li·li·tre, AM **mil·li·li·ter** [ˈmɪlɪˌliːtəʳ, AM -t̬ɚ] *n* Milliliter *m*
mil·li·metre, AM **mil·li·me·ter** [ˈmɪlɪˌmiːtəʳ, AM -t̬ɚ] *n* Millimeter *m*
mil·li·ner [ˈmɪlɪnəʳ, AM -ɚ] *n* (*dated*) ❶ (*hat maker*) Hutmacher(in) *m(f)* ❷ (*hat seller*) Hutverkäufer(in) *m(f)*
mil·li·nery [ˈmɪlɪnᵊri, AM -neri] *n* (*dated*) ❶ *no pl* (*industry*) Hutmacherhandwerk *nt* ❷ (*shop*) Hutladen *m*
mil·lion [ˈmɪljən] *n* ❶ (*1,000,000*) Million *f;* **a ~ pounds** eine Million Pfund; **eight ~ [people]** acht Millionen [Menschen] ❷ (*fam: countless number*) **I've already heard that story a ~ times** diese Geschichte habe ich schon tausendmal gehört; **~s of people** Unmengen von Menschen; **~s and ~s of years ago** vor Millionen und Abermillionen von Jahren
mil·lion·aire [ˌmɪljəˈneəʳ, AM -ner] *n* Millionär *m*
mil·lionth [ˈmɪljən(t)θ] **I.** *adj* millionste(r, s); **[for] the ~ time** (*fig*) zum [hundert]tausendsten Mal **II.** *n* Millionstel *nt;* **a ~ of a second** eine millionstel Sekunde
mil·li·pede [ˈmɪlɪpiːd] *n* Tausendfüßler *m*
ˈmill·pond *n* ❶ (*at a mill*) Mühlteich *m* ❷ (*calm water*) ruhiges Gewässer **ˈmill·stone** *n* Mühlstein *m* **ˈmill wheel** *n* Mühl-

rad *nt*

mi·lom·eter *n* BRIT, AUS AUTO Meilenzähler *m,* ≈ Kilometerzähler *m*

mime [maɪm] **I.** *n* ① *no pl* (*technique*) Pantomime *f* ② THEAT (*actor*) Pantomime *m,* Pantomimin *f;* (*performance*) Pantomime *f; by ordinary person* Nachahmung *f* **II.** *vi* **to ~ to a song** zu einem Lied die Lippen bewegen **III.** *vt* THEAT pantomimisch darstellen; (*mimic*) mimen

'mime art·ist *n* Pantomime *m,* Pantomimin *f*

mim·ic ['mɪmɪk] **I.** *vt* <-ck-> ① (*imitate*) nachahmen; (*when teasing*) nachäffen *pej* ② (*be similar*) *plant, animal* nachahmen; *drug, disease* ähneln, gleichen **II.** *n* Imitator(in) *m(f)*

mim·ic·ry ['mɪmɪkri] *n no pl* Nachahmung *f;* (*by plant, animal*) Mimikry *f fachspr;* (*by disease, drug*) Ähnlichkeit *f*

mi·mo·sa [mɪ'məʊzə, AM -'moʊsə, -zə] *n* Mimose *f*

min I. *n* ① *abbrev of* **minimum** Min. ② *abbrev of* **minute** Min. **II.** *adj abbrev of* **minimum** min.

mina·ret [ˌmɪnə'ret] *n* Minarett *nt*

mince [mɪn(t)s] **I.** *vt* FOOD *meat* hacken; (*in grinder*) durch den Fleischwolf drehen; *garlic, onions* klein schneiden ▶ PHRASES: **to not ~ [one's] words** kein Blatt vor den Mund nehmen **II.** *vi* trippeln, tänzeln **III.** *n no pl* BRIT, AUS Hackfleisch *nt*

'mince·meat *n no pl* BRIT *süße Gebäckfüllung aus Dörrobst und Gewürzen*

mince 'pie, AM **mince·meat 'pie** *n*

Land und Leute

Mince pies werden normalerweise an Weihnachten gegessen. Ein **mince pie** ist ein kleines, rundes, süßes Gebäck mit *mincemeat,* einer Füllung aus Rosinen, Sultaninen, Zitronat, Äpfeln und Gewürzen.

minc·er ['mɪn(t)səʳ, AM -ɚ] *n* Fleischwolf *m*

minc·ing ['mɪn(t)sɪŋ] *adj* ① (*not to the point*) ausweichend, indirekt ② (*affected*) **~ walk** trippelnder Gang

mind [maɪnd] **I.** *n* ① (*brain, intellect*) Geist *m;* (*sanity a.*) Verstand *m;* **she's one of the greatest ~s of today** sie ist einer der größten Köpfe unserer Zeit; **to have a logical ~** logisch denken können; **to use one's ~** seinen Verstand gebrauchen; **to be out of one's ~** den Verstand verloren haben ② (*thoughts*) Gedanken *pl;* **the idea never entered my ~** auf diesen Gedanken wäre ich gar nicht gekommen; **what's on your ~?** woran denkst du?; **to bear sth in ~** etw nicht vergessen; **to have sb/sth in ~** an jdn/etw denken; **to have a lot of things on one's ~** viele Sorgen haben; **to take sb's ~ off sth** jdn auf andere Gedanken bringen ③ (*intention*) **to know one's [own] ~** wissen, was man will; **to make up one's ~** sich entscheiden; **to set one's ~ on sth** sich *dat* etw in den Kopf setzen ④ *usu sing* (*opinion*) Meinung *f,* Ansicht *f;* **to give sb a piece of one's ~** jdm seine Meinung sagen; **to be of the same ~** der gleichen Meinung sein; **to change one's ~** es sich *dat* anders überlegen ▶ PHRASES: **to be <u>bored</u> out of one's ~** sich zu Tode langweilen **II.** *vt* ① (*be careful of, look after*) aufpassen (auf +*akk*); **~ the step!** Vorsicht Stufe!; **I'm ~ing the shop** ich kümmere mich hier um den Laden *fam* ② (*care about*) ■**to ~ sb** sich um jdn kümmern; **don't ~ me** kümmere dich nicht um mich; **never ~ her!** vergiss sie doch einfach!; **~ your own business!** kümmer dich um deine eigenen Angelegenheiten!; **I don't ~ the heat** die Hitze macht mir nichts aus; **I don't ~ what she does** es ist mir egal, was sie macht ③ (*make certain*) ■**to ~ that ...** denk daran, dass ...; **~ you close the door when you leave** vergiss nicht, die Tür zuzumachen, wenn du gehst ④ (*fam: object*) **would you ~ holding this for me?** würden Sie das [kurz] für mich halten?; **do you ~ my smoking?** stört es Sie, wenn ich rauche?; **I wouldn't ~ a cup of tea** gegen eine Tasse Tee hätte ich nichts einzuwenden ▶ PHRASES: **~ <u>you</u>** allerdings **III.** *vi* ① (*care*) sich *dat* etwas daraus machen; **I don't ~** das ist mir egal; **never ~!** [ist doch] egal!; **never ~ about her – what about you?** jetzt vergiss sie doch mal – was ist mit dir? ② (*object*) etwas dagegen haben; **do you ~ if I ...?** stört es Sie, wenn ich ...?; **if you don't ~ ...** wenn du nichts dagegen hast, ... ▶ PHRASES: **<u>never</u> ~ ...** geschweige denn ...

'mind-bend·ing *adj* (*fam*) *puzzle* knifflig

'mind-blow·ing *adj* (*sl*) irre *fam*

mind·ed ['maɪndɪd] *adj pred* ① (*inclined*) **to be mathematically ~** eine mathematische Neigung haben ② (*enthusiastic*) begeistert; **romantically ~** romantisch veranlagt

mind·er ['maɪndəʳ, AM -ɚ] *n* (*bodyguard*) Leibwächter(in) *m(f)*

mind·ful ['maɪn(d)fᵊl] *adj pred* ① (*be concerned about*) **to be ~ of sb's feelings** jds Gefühle berücksichtigen; **ever ~ of her**

M

comfort, ... stets auf ihr Wohl bedacht, ... ❷ (*have understanding*) **to be ~ of the problems** sich *dat* der Probleme bewusst sein

mind·less ['maɪn(d)ləs] *adj* ❶ (*pointless*) sinnlos; *violence, jealousy* blind ❷ (*not intellectual*) *job, talk, work* geistlos; *entertainment* anspruchslos

'mind read·er *n* Gedankenleser(in) *m(f)*

mine[1] [maɪn] *pron poss* (*belonging to me*) meine(r, s); **she's an old friend of ~** sie ist eine alte Freundin von mir

mine[2] [maɪn] **I.** *n* ❶ (*excavation*) Bergwerk *nt;* (*fig: valuable source*) Fundgrube *f;* **to work in the ~s** unter Tage arbeiten ❷ MIL (*explosive*) Mine *f* **II.** *vt* ❶ (*obtain resources*) *coal, iron, diamonds* abbauen, fördern; *gold* schürfen ❷ (*plant mines*) **to ~ an area** ein Gebiet verminen **III.** *vi* **to ~ for gold** nach Gold graben

'mine-de·tec·tor *n* Minensuchgerät *nt*

'mine·field *n* Minenfeld *nt;* (*fig*) gefährliches Terrain

min·er ['maɪnəʳ, AM -ɚ] *n* Bergarbeiter(in) *m(f)*

min·er·al ['mɪnᵊrᵊl] *n* ❶ (*inorganic substance, in nutrition*) Mineral *nt* ❷ (*when obtained by mining*) [Gruben]erz *nt,* Mineral *nt*

'min·er·al de·pos·its *npl* Erzlagerstätten *pl*

min·er·al·ogi·cal [ˌmɪnᵊrə'lɒdʒɪkᵊl, AM -'lɑːdʒ-] *adj* mineralogisch

min·er·alo·gist [ˌmɪnᵊr'ælədʒɪst, AM -ə'rɑːl-] *n* Mineraloge *m,* Mineralogin *f*

min·er·al·ogy [ˌmɪnᵊr'ælədʒi, AM -ə'rɑːl-] *n no pl* Mineralogie *f*

'min·er·al re·sourc·es *npl* Bodenschätze *pl*

'min·er·al wa·ter *n no pl* Mineralwasser *nt*

min·estro·ne, min·estro·ne soup [ˌmɪnɪ'strəʊni-, AM -'stroʊ-] *n no pl* Minestrone *f*

'mine·sweep·er *n* NAUT Minenräumer *m*

min·gle ['mɪŋgl̩] **I.** *vt usu passive* mischen; **excitement at starting a new job is always ~ed with a certain amount of fear** Aufregung beim Beginn in einem neuen Job ist immer mit einer gewissen Portion Angst vermischt **II.** *vi* ❶ (*socialize*) sich untereinander vermischen; **to ~ with the guests** sich unter die Gäste mischen ❷ (*mix*) sich vermischen

mini- ['mɪni] *in compounds* (*library, shop*) Mini-

Mini ['mɪni] *n* AUTO, TRANSP (*small car*) Mini *m*

minia·ture ['mɪnətʃəʳ, AM -niətʃɚ] **I.** *adj attr* Miniatur- *f* **II.** *n* ❶ (*painting, model*) Miniatur *f* ❷ (*bottle*) Miniflasche *f*

minia·ture 'rail·way *n* Liliputbahn *f*

'mini·bus *n* Kleinbus *m* **'mini·cab** *n* BRIT Kleintaxi *nt*

min·im ['mɪnɪm] *n* BRIT, AUS MUS halbe Note

mini·mal ['mɪnɪmᵊl] *adj* minimal, Mindest-; **with ~ effort** mit möglichst wenig Anstrengung

mini·mize ['mɪnɪmaɪz] *vt* ❶ (*reduce*) auf ein Minimum beschränken, minimieren ❷ (*underestimate*) schlechtmachen; *feelings, concerns* herunterspielen

mini·mum ['mɪnɪməm] **I.** *n* <*pl* -s *or* -ima> Minimum *nt;* **to keep sth to a ~** etw so niedrig wie möglich halten **II.** *adj* ❶ (*lowest possible*) Mindest-; **~ requirements** Mindestanforderungen *pl* ❷ (*very low*) Minimal-, minimal

min·ing ['maɪnɪŋ] **I.** *n no pl* Bergbau *m* **II.** *adj attr* Bergbau-, Bergwerks-

'min·ing en·gi·neer *n* Bergbauingenieur(in) *m(f)*

min·ion ['mɪnjən] *n* (*pej*) Speichellecker(in) *m(f)*

'mini·skirt *n* Minirock *m*

min·is·ter ['mɪnɪstəʳ, AM -ɚ] **I.** *n* ❶ (*in government*) Minister(in) *m(f)* ❷ (*protestant priest*) Pfarrer(in) *m(f)* **II.** *vi* (*be of service*) zu Diensten sein (**to** +*dat*)

min·is·terial [ˌmɪnɪ'stɪəriəl, AM -'stɪr-] *adj* Minister-, ministeriell; **~ responsibilities** Aufgaben eines Ministers

mini·stra·tions [ˌmɪnɪ'steɪʃᵊnz] *npl* (*liter or hum*) liebevolle Fürsorge

min·is·try ['mɪnɪstri] *n* ❶ (*in government*) Ministerium *nt;* **~ of transport** Verkehrsministerium *nt* ❷ POL (*period of government*) Amtszeit *f* ❸ *no pl* (*priesthood*) ■ **the ~** der geistliche Stand

mink [mɪŋk] *n* ❶ *no pl* (*animal, fur*) Nerz *m* ❷ (*coat*) Nerz[mantel] *m*

mi·nor ['maɪnəʳ, AM -ɚ] **I.** *adj* ❶ (*small, not serious*) *detail, criticism* nebensächlich; *character, plot* unbedeutend; *crime, violation* geringfügig; *improvement, repair* unwichtig; *accident, incident, illness* leicht; *interest, hobby, operation* klein; **~ road** Nebenstraße *f* ❷ (*low-ranking*) *official, supervisor* untergeordnet **II.** *n* ❶ (*underage person*) Minderjährige(r) *f(m)* ❷ MUS Moll *nt;* **D ~** d-Moll

Mi·nor·ca [mɪ'nɔːkə, AM -'nɔːr-] *n* Menorca *nt*

Mi·nor·can [mɪ'nɔːkən, AM -'nɔːr-] **I.** *adj* menorquinisch **II.** *n* Menorquiner(in) *m(f)*

mi·nor·ity [maɪ'nɒrəti, AM -'nɔːrəţi] *n* Minderheit *f;* **in a ~ of cases** in wenigen Fällen; **to be in the ~** in der Minderheit sein

min·strel ['mɪn(t)strᵊl] *n* (*hist: entertainer*)

Spielmann *m;* (*singer*) Minnesänger *m*

mint[1] [mɪnt] **I.** *n* ① (*coin factory*) Münzanstalt *f,* Prägeanstalt *f* ② (*fam: lots of money*) **to make a ~** einen Haufen Geld machen *fam* **II.** *vt money* prägen; *gold, silver* münzen **III.** *adj attr coin* neu geprägt; (*fig*) nagelneu *fam;* **in ~ condition** in tadellosem Zustand

mint[2] [mɪnt] *n* ① *no pl* (*herb*) Minze *f* ② (*sweet*) Pfefferminz[bonbon] *nt*

mint 'tea *n* Pfefferminztee *m*

minu·et [ˌmɪnju'et] *n* Menuett *nt*

mi·nus ['maɪnəs] **I.** *prep* MATH minus; **what is 57 ~ 39?** was ist 57 minus 39? **II.** *n* <*pl* -es> ① (*minus sign*) Minus[zeichen] *nt* ② (*disadvantage*) Minus *nt* **III.** *adj attr* ① (*disadvantage*) **~ point** Minuspunkt *m* ② (*number*) minus; **~ ten Celsius** minus zehn Grad Celsius

mi·nus·cule ['mɪnəskjuːl, AM -nɪ-] *adj* winzig

min·ute[1] ['mɪnɪt] **I.** *n* ① (*sixty seconds*) Minute *f* ② (*short time*) Moment *m,* Minute *f;* [**wait**] **just a ~!** (*for delay*) einen Moment noch!; (*in disbelief*) Moment mal! ③ (*specific point in time*) Minute *f;* **to do sth at the last ~** etw in letzter Minute tun; **this ~** sofort **II.** *adj attr* **~ hand** Minutenzeiger *m;* **~ soup** Instantsuppe *f;* **~ steak** Minutensteak *nt*

min·ute[2] [maɪ'njuːt, AM *esp* -'nuːt] *adj* ① (*small*) winzig; **in ~ detail** bis ins kleinste Detail ② (*meticulous*) minuziös

Aussprache

Die Aussprache von **minute** ändert sich entsprechend der Bedeutung:

minute	['mɪnɪt]	(*Minute*)
minute	[maɪ'njuːt]	(*winzig*)

'min·ute hand *n* Minutenzeiger *m*

mi·nute·ly [maɪ'njuːtli, AM *esp* -'nuːt-] *adv* minuziös, bis ins kleinste Detail

mi·nu·tiae [maɪ'njuːʃiaɪ, AM mɪ'nuː-] *npl* nebensächliche Details

minx [mɪŋks] *n* (*usu hum*) *girl* [kleines] Biest *fam*

mira·cle ['mɪrəkl̩] *n* Wunder *nt a. fig;* **don't expect me to work ~s** erwarte keine Wunder von mir

'mira·cle play *n* (*hist*) THEAT Mirakelspiel *nt fachspr*

mi·racu·lous [mɪ'rækjələs] *adj* wunderbar; **to make a ~ recovery** wie durch ein Wunder genesen

mi·rage ['mɪrɑːʒ, AM mɪ'rɑːʒ] *n* Fata Morgana *f;* (*fig*) Trugbild *nt,* Illusion *f*

mire [maɪəʳ, AM maɪr] *n* ① (*a. fig: swamp*) Sumpf *m* ② *no pl* (*mud*) Morast *m,* Schlamm *m*

mir·ror ['mɪrəʳ, AM -ɚ] **I.** *n* ① (*looking-glass*) Spiegel *m* ② (*reflection*) Spiegelbild *nt* **II.** *vt* widerspiegeln

mir·ror 'im·age *n* Spiegelbild *nt*

mirth [mɜːθ, AM mɜːrθ] *n no pl* (*merriment*) Fröhlichkeit *f;* (*laughter*) Heiterkeit *f*

mirth·ful ['mɜːθfəl, AM 'mɜːrθ-] *adj* fröhlich

mirth·less ['mɜːθləs, AM 'mɜːrθ-] *adj* freudlos

mis·ad·ven·ture [ˌmɪsəd'ventʃəʳ, AM -ɚ] *n* ① (*form, liter: unlucky event*) Missgeschick *nt* ② BRIT LAW (*unintentional act*) **death by ~** Tod durch Unfall

mis·al·li·ance [ˌmɪsə'laɪən(t)s] *n* Mesalliance *f geh*

mis·an·thrope ['mɪsənθrəʊp, AM -ənθroʊp] *n* (*hater*) Menschenfeind(in) *m(f);* (*loner*) Einzelgänger(in) *m(f)*

mis·an·throp·ic [ˌmɪsən'θrɒpɪk, AM -sən'θrɑːp-] *adj* menschenfeindlich, misanthropisch *geh*

mis·an·thro·py [mɪ'sænθrəpi] *n no pl* Menschenhass *m,* Misanthropie *f geh*

mis·ap·ply <-ie-> [ˌmɪsə'plaɪ] *vt* missbrauchen; **to ~ funds** Kapital fehlleiten; (*embezzle*) Gelder veruntreuen

mis·ap·pre·hend [ˌmɪsæprɪ'hend] *vt* missverstehen

mis·ap·pre·hen·sion [ˌmɪsæprɪ'hen(t)ʃən] *n* Missverständnis *nt*

mis·ap·pro·pri·ate [ˌmɪsə'prəʊprieɪt, AM -'proʊ-] *vt funds* veruntreuen

mis·ap·pro·pria·tion [ˌmɪsəˌprəʊpri'eɪʃən, AM -ˌproʊ-] *n no pl of money* Unterschlagung *f,* Veruntreuung *f*

mis·be·have [ˌmɪsbɪ'heɪv] *vi* (*behave badly*) *adult* sich schlecht benehmen; *child* ungezogen sein; (*malfunction*) *machine* nicht richtig funktionieren

mis·be·hav·iour, AM **mis·be·hav·ior** [ˌmɪsbɪ'heɪvjəʳ, AM -jɚ] *n no pl by adult* schlechtes Benehmen; *by child* Ungezogenheit *f*

misc. *adj short for* **miscellaneous** verschiedene(r, s)

mis·cal·cu·late [ˌmɪs'kælkjəleɪt] *vt* ① MATH falsch berechnen ② (*misjudge*) falsch einschätzen

mis·cal·cu·la·tion [ˌmɪsˌkælkjə'leɪʃən] *n* ① MATH Fehlkalkulation *f* ② (*in planning*) Fehleinschätzung *m*

mis·car·riage [mɪ'skærɪdʒ, AM 'mɪsˌker-] *n* ① MED Fehlgeburt *f* ② LAW **~ of justice** Justizirrtum *m*

mis·car·ry <-ie-> [mɪ'skæri, AM 'mɪsˌkeri] *vi* ① (*in pregnancy*) eine Fehlgeburt haben ② (*fail*) *plan, project* scheitern

mis·cel·la·neous [ˌmɪsəl'eɪniəs] *adj* verschiedene(r, s), diverse(r, s); *collection, crowd* bunt; *short stories, poems* vermischt, verschiedenerlei

mis·cel·la·ny [mɪˈselənɪ, AM ˈmɪsəleɪnɪ] *n* (*mixture*) Auswahl *f,* [An]sammlung *f* (**of** von +*dat*)

mis·chance [mɪsˈtʃɑːn(t)s, AM -ˈtʃæn-] *n* (*form*) 1 *no pl* (*bad luck*) Pech *nt* 2 (*unlucky event*) Zwischenfall *m*

mis·chief [ˈmɪstʃɪf] *n no pl* Unfug *m;* **to be full of ~** nur Unfug im Kopf haben; **to keep sb out of ~** jdn davon abhalten, Dummheiten zu machen; **to mean ~** Unfrieden stiften wollen

mis·chie·vous [ˈmɪstʃɪvəs, AM -tʃə-] *adj* 1 (*naughty*) immer zu Streichen aufgelegt; ~ **child** Schlingel *m* 2 (*malicious*) boshaft; *rumours* bösartig

mis·con·ceive [ˌmɪskənˈsiːv] *vt* 1 (*form: misunderstand*) falsch verstehen 2 (*misjudge*) falsch einschätzen, verkennen; *purpose, situation* missdeuten 3 (*design poorly*) schlecht konzipieren

mis·con·ceived [ˌmɪskənˈsiːvd] *adj* 1 (*misunderstood*) falsch verstanden; ~ **notion** falsche Vorstellung 2 (*ill-judged*) falsch eingeschätzt, missdeutet

mis·con·cep·tion [ˌmɪskənˈsepʃᵊn] *n* falsche Vorstellung (**about** von +*dat*), Irrglaube *m*

mis·con·duct I. *n* [ˌmɪˈskɒndʌkt, AM -ˈskɑːn-] *no pl* 1 (*bad behaviour*) schlechtes Benehmen; MIL schlechte Führung; **professional ~** standeswidriges Verhalten; **sexual ~** sexuelle Verfehlung 2 (*poor organization*) schlechte Verwaltung II. *vt* [ˌmɪskənˈdʌkt] (*behave badly*) ■**to ~ oneself** sich schlecht benehmen

mis·con·struc·tion [ˌmɪskənˈstrʌkʃᵊn] *n* (*form*) Missdeutung *f,* Missverständnis *nt,* falsche Auslegung

mis·con·strue [ˌmɪskənˈstruː] *vt* missdeuten, missverstehen, falsch auslegen; **to ~ sth as sth** etw fälschlicherweise als etw auslegen

mis·count I. *n* [ˈmɪskaʊnt] falsche Zählung; *of votes* falsche Auszählung II. *vi* [mɪˈskaʊnt] sich verzählen III. *vt* [mɪˈskaʊnt] falsch [ab]zählen; *votes* falsch auszählen

mis·deed [mɪsˈdiːd] *n* (*form*) Untat *f*

mis·de·mean·our, AM **mis·de·mean·or** [ˌmɪsdɪˈmiːnəʳ, AM -ɚ] *n* 1 (*minor bad action*) [leichtes] Vergehen, [leichter] Verstoß, [geringfügige] Verfehlung 2 AM LAW geringfügiges Vergehen, Bagatelldelikt *nt*

mis·di·rect [ˌmɪsdɪˈrekt, AM -dəˈ-] *vt* 1 (*send in wrong direction*) in die falsche Richtung schicken; *letter* falsch adressieren; *luggage, shipment* fehlleiten 2 (*aim wrongly*) in die falsche Richtung lenken; **to ~ a free kick** FBALL einen Freistoß vergeben 3 LAW (*instruct wrongly*) falsch unterrichten; *jury* falsch belehren

mi·ser [ˈmaɪzəʳ, AM -ɚ] *n* Geizhals *m,* Geizkragen *m*

mis·er·able [ˈmɪzᵊrəbl̩, AM -zɚ-] *adj* 1 (*unhappy*) unglücklich, elend; **to make life ~ [for sb]** [jdm] das Leben unerträglich machen 2 *attr* (*bad-tempered*) griesgrämig; (*repulsive*) unausstehlich; (*fam: as insult*) mies, Mist-; ~ **old git** alter Miesepeter 3 (*inadequate*) armselig, dürftig; **a ~ £20** lumpige 20 Pfund 4 *attr* (*wretched*) erbärmlich, jämmerlich; **a ~ failure** ein kompletter Misserfolg

mis·er·ably [ˈmɪzᵊrəbli, AM -zɚ-] *adv* 1 (*unhappily*) traurig, niedergeschlagen 2 (*extremely*) schrecklich, furchtbar 3 (*utterly*) jämmerlich, kläglich

mi·ser·ly [ˈmaɪzᵊli, AM -zɚ-] *adj* geizig

mis·ery [ˈmɪzᵊri, AM -ɚi] *n* 1 *no pl* (*suffering*) Elend *nt,* Not *f* 2 *no pl* (*unhappiness*) Jammer *m* ►PHRASES: **to make sb's life a ~** jdm das Leben zur Qual [*o* Hölle] machen

mis·fire I. *vi* [mɪsˈfaɪəʳ, AM -ɚ] *weapon* versagen; *engine* eine Fehlzündung haben; *plan* schiefgehen, danebengehen, misslingen II. *n* [mɪsˈfaɪəʳ, AM ˈmɪsfaɪɚ] (*of gun*) Ladehemmung *f;* (*of engine*) Fehlzündung *f,* Aussetzer *m fam*

mis·fit [ˈmɪsfɪt] *n* Außenseiter(in) *m(f),* Eigenbrötler(in) *m(f)*

mis·for·tune [mɪsˈfɔːtʃuːn, AM -ˈfɔːrtʃən] *n* 1 *no pl* (*bad luck*) Pech *nt,* Unglück *nt* 2 (*mishap*) Missgeschick *nt kein pl*

mis·giv·ing [mɪsˈgɪvɪŋ] *n* 1 (*doubt*) Befürchtung *f,* Bedenken *nt meist pl* (**about** wegen +*gen*) 2 *no pl* ungutes Gefühl; **to be filled with ~** böse Ahnungen haben

mis·gov·ern [mɪsˈgʌvᵊn, AM -ɚn] *vt* schlecht regieren

mis·gov·ern·ment [mɪsˈgʌvᵊnmənt, AM -ɚn-] *n no pl* schlechte Regierung

mis·guid·ed [mɪsˈgaɪdɪd] *adj attempt, measure* unsinnig; *effort, policy* verfehlt; *enthusiasm, idealism* falsch, unangebracht; *people* fehlgeleitet, irregeleitet; **to be ~ in sth** mit etw *dat* falschliegen

mis·han·dle [mɪsˈhændl̩] *vt* (*mismanage*) falsch behandeln; *business* schlecht führen; *investigation* [grobe] Fehler machen (bei +*dat*); *situation* falsch umgehen (mit +*dat*)

mis·hap [ˈmɪshæp] *n* Unfall *m,* Panne *f*

mis·hear [mɪsˈhɪəʳ, AM -ˈhɪr] I. *vt* <-heard, -heard> falsch hören II. *vi* <-heard,

-heard> sich verhören

mish·mash [ˈmɪʃmæʃ] *n* Mischmasch *m fam,* Durcheinander *nt* (**of** von +*dat*)

mis·in·form [ˌmɪsɪnˈfɔːm, AM -ˈfɔːrm] *vt* falsch informieren

mis·in·ter·pret [ˌmɪsɪnˈtɜːprɪt, AM -ˈtɜːr-] *vt* missverstehen; *evidence, statement, text* falsch interpretieren; *gesture, remark* falsch deuten

mis·in·ter·pre·ta·tion [ˌmɪsɪnˌtɜːprɪˈteɪʃᵊn, AM -ˌtɜːr-] *n* Missverständnis *nt,* Fehlinterpretation *f*

mis·judge [mɪsˈdʒʌdʒ] *vt prospects, situation* falsch einschätzen [*o* beurteilen]; *amount, distance* falsch schätzen

mis·judg(e)·ment [mɪsˈdʒʌdʒmənt] *n* ❶ *no pl* (*wrong assessment*) falsche Einschätzung [*o* Beurteilung]; *of damage, size, sum* falsche Schätzung ❷ (*wrong decision*) Fehlentscheidung *f,* Fehlurteil *nt*

mis·lay <-laid, -laid> [mɪˈsleɪ] *vt* verlegen

mis·lead <-led, -led> [mɪˈsliːd] *vt* ❶ (*deceive*) täuschen, irreführen ❷ (*lead astray*) verführen, verleiten

mis·lead·ing [mɪˈsliːdɪŋ] *adj* irreführend

mis·man·age [ˌmɪsˈmænɪdʒ] *vt* falsch umgehen (mit +*dat*); *business* schlecht führen; *estate, finances* schlecht verwalten

mis·man·age·ment [ˌmɪsˈmænɪdʒmənt] *n* schlechte Verwaltung [*o* Führung]; **~ of the economy** schlechte Wirtschaftspolitik

mis·name [mɪsˈneɪm] *vt* ❶ (*call wrongly*) falsch benennen ❷ (*call inappropriately*) unzutreffend bezeichnen

mis·no·mer [mɪˈsnəʊməʳ, AM -ˈsnoʊmɚ] *n* ❶ (*wrong name*) falscher Name ❷ (*inappropriate name*) unzutreffender Name, unzutreffende Bezeichnung

mi·sogy·nist [mɪˈsɒdʒᵊnɪst, AM -ˈsɑːdʒ-] **I.** *n* Frauenfeind *m* **II.** *adj* frauenfeindlich

mis·place [mɪˈspleɪs] *vt* verlegen

mis·print [ˈmɪsprɪnt] *n* Druckfehler *m*

mis·pro·nounce [ˌmɪsprəˈnaʊn(t)s] *vt* falsch aussprechen

mis·pro·nun·cia·tion [ˌmɪsprəˌnʌn(t)siˈeɪʃᵊn] *n* ❶ *no pl* (*incorrectness*) falsche Aussprache ❷ (*mistake*) Aussprachefehler *m*

mis·read <-read, -read> [mɪsˈriːd] *vt* ❶ (*read incorrectly*) *word, text* falsch lesen ❷ (*misinterpret*) *instruction, signal* falsch verstehen, missverstehen

mis·rep·re·sent [ˌmɪsreprɪˈzent] *vt* falsch darstellen; ■**to ~ sb as sb/sth** jdn fälschlicherweise als jd/etw hinstellen; **to ~ facts** Tatsachen entstellen; LAW falsche Tatsachen vorspiegeln

mis·rep·re·sen·ta·tion [ˌmɪsreprɪzenˈteɪʃᵊn] *n* ❶ (*false account*) falsche Darstellung; LAW falsche Angabe; **a ~ of facts** LAW eine Vorspiegelung falscher Tatsachen ❷ *no pl* (*false representation*) falsche Wiedergabe

miss¹ [mɪs] *n* ❶ (*title*) ■**M~** Fräulein *nt;* **M~ America** Miss Amerika ❷ BRIT SCH ■**M~** Frau X, die Lehrerin

miss² [mɪs] **I.** *n* <*pl* -es> ❶ (*failure*) Fehlschlag *m,* Misserfolg *m;* SPORTS (*hit*) Fehltreffer *m;* (*shot*) Fehlschuss *m;* (*throw*) Fehlwurf *m* ❷ BRIT, AUS (*fam: skip*) **to give sth a ~** *dance, dessert* etw auslassen; (*avoid*) *meeting, practice* etw sausen lassen ▶ PHRASES: **to be a __near__ ~** knapp danebengehen *fam* **II.** *vi* ❶ (*not hit*) nicht treffen; *projectile a.* danebengehen; *person, weapon a.* danebenschießen ❷ (*be unsuccessful*) missglücken, fehlschlagen **III.** *vt* ❶ (*not hit*) verfehlen, nicht treffen ❷ (*not meet*) *bus, train* verpassen; *deadline* nicht [ein]halten ❸ (*be absent*) versäumen, verpassen; **to ~ school** in der Schule fehlen ❹ (*not use*) *opportunity* verpassen; **his new film is too good to ~** seinen neuen Film darf man sich einfach nicht entgehen lassen ❺ (*not see*) übersehen ❻ (*not hear*) nicht mitbekommen; (*deliberately*) überhören ❼ (*not notice*) nicht bemerken; (*deliberately*) übersehen; **Susan doesn't ~ much** Susan entgeht einfach nichts ❽ (*notice loss, long for*) vermissen ◆**miss out I.** *vt* ❶ (*accidentally*) vergessen, übersehen ❷ (*deliberately*) [absichtlich] übersehen, weglassen **II.** *vi* zu kurz kommen; **you really ~ed out** da ist dir echt was entgangen *fam;* ■**to ~ out on sth** *opportunity* sich *dat* etw entgehen lassen

mis·shap·en [mɪsˈʃeɪpᵊn] *adj* (*out of shape*) unförmig

mis·sile [ˈmɪsaɪl, AM -sᵊl] *n* ❶ MIL (*fired object*) [Raketen]geschoss *nt,* Projektil *nt,* Flugkörper *m,* Rakete *f* ❷ (*thrown object*) Wurfgeschoss *nt*

ˈmis·sile base *n* Raketenstützpunkt *m* **mis·sile de·ˈfence sys·tem** *n* Raketenabwehrsystem *nt* **ˈmis·sile launch·er** *n* [Raketen]abschussrampe *f;* (*vehicle*) Raketenwerfer *m*

mis·sing [ˈmɪsɪŋ] *adj* ❶ (*disappeared*) *thing* verschwunden; *person* vermisst; (*not there*) fehlend; **when did you notice that the money was ~ from your account?** wann haben Sie bemerkt, dass das Geld nicht mehr auf Ihrem Konto war?; **to report sb/sth ~** jdn/etw als vermisst melden ❷ MIL (*absent*) verschollen; **~ in action** [nach Kampfeinsatz] vermisst

mis·sing ˈlink *n* ❶ (*in evolution*) unbekannte Zwischenstufe; (*in investigation*) fehlendes Beweisstück ② (*connector*) Bindeglied *nt* (**between** zwischen +*dat*)

mis·sing 'per·son *n* Vermisste(r) *f(m)*

mis·sion ['mɪʃᵊn] *n* ① (*task*) Einsatz *m,* Mission *f* ② (*goal*) Ziel *nt* ③ (*group sent*) Delegation *f*

Aussprache

Endet ein Wort auf **ssion**, wird **ss** als [ʃ], wie in **sh**ow [ʃəʊ] und wi**sh** [wɪʃ] ausgesprochen: **mission** = ['mɪʃᵊn]. Andere Beispiele hierfür sind:

admission	[əd'mɪʃᵊn]	(*Eintritt*)
compression	[kəm'preʃᵊn]	(*Kompression*)
impression	[ɪm'preʃᵊn]	(*Eindruck*)
obsession	[əb'seʃᵊn]	(*Besessenheit*)
percussion	[pə'kʌʃᵊn]	(*Schlagzeug*)
succession	[sək'seʃᵊn]	(*Folge, Reihe*)

mis·sion·ary ['mɪʃᵊnᵊri, AM -neri] *n* Missionar(in) *m(f)*

'mis·sion·ary po·si·tion *n* Missionarsstellung *f*

mis·sion con·'trol *n* Bodenkontrolle *f*

mis·sis ['mɪsɪz] *n* (*hum sl: wife*) ■**the ~** die bessere Hälfte

mis·spell <-spelt *or* AM -spelled, -spelt *or* AM -spelled> [mɪs'spel] *vt* (*spell wrongly*) falsch buchstabieren

mis·spell·ing [mɪs'spelɪŋ] *n* ① (*spelling mistake*) Rechtschreibfehler *m* ② *no pl* (*wrong spelling*) falsches Buchstabieren

mis·spent [mɪs'spent] *adj* verschwendet, vergeudet

mis·state [mɪs'steɪt] *vt* falsch angeben, darstellen

mis·sus *n* (*hum sl*) *see* **missis**

mist [mɪst] **I.** *n* ① *no pl* (*light fog*) [leichter] Nebel, Dunst *m* ② (*blur*) Schleier *m* ③ (*condensation*) Beschlag *m;* (*vapour*) Hauch *m* **II.** *vi glass, tiles* [sich] beschlagen, anlaufen; *eyes* feucht werden; *vision* sich trüben

Falsche Freunde

Nicht verwechseln mit Mist *m* — *dung*!

mist over *vi* ① (*with condensation*) *glass, tiles* [sich] beschlagen ② *eyes* feucht werden ◆**mist up** *vi glass, tiles* [sich] beschlagen, anlaufen

mis·tak·able [mɪ'steɪkəbl̩] *adj usu pred* verwechselbar, leicht zu verwechseln

mis·take [mɪ'steɪk] **I.** *n* Fehler *m,* Irrtum *m,* Versehen *nt;* **there must be some ~** da kann etwas nicht stimmen; **spelling ~** Rechtschreibfehler *m;* **by ~** aus Versehen, versehentlich; **my ~** meine Schuld **II.** *vt* <-took, -taken> falsch verstehen; **you can't ~ their house – it's got a bright yellow front door** ihr könnt ihr Haus nicht verfehlen – es hat eine hellgelbe Eingangstür; **there's no mistaking a painting by Picasso** ein Gemälde von Picasso ist unverwechselbar

mis·tak·en [mɪ'steɪkᵊn] **I.** *pp of* **mistake** **II.** *adj announcement* irrtümlich; *idea* falsch; **~ identity** Personenverwechslung *f;* ■**to be ~** sich irren (**about** in +*dat*); **to be very much ~** sich sehr täuschen; **unless I'm very much ~ ...** wenn mich nicht alles täuscht ...

Mis·ter ['mɪstəʳ, AM -ɚ] *n* ① (*Mr*) Herr *m* ② (*a. iron fam: form of address*) Chef *m;* **hey, ~!** he, Sie da! *fam*

mis·time [mɪs'taɪm] *vt* zeitlich falsch berechnen; SPORTS schlecht timen *fam*

mis·tle·toe ['mɪsl̩təʊ, AM -toʊ] *n* Mistel *f*

mis·took [mɪ'stʊk] *pt of* **mistake**

mis·trans·late [ˌmɪstræn'sleɪt, AM ˌmɪs'træns-] *vt* falsch übersetzen

mis·treat [mɪs'triːt] *vt* misshandeln

mis·tress <*pl* -es> ['mɪstrəs, AM -rɪs] *n* ① (*sexual partner*) Geliebte *f* ② (*dog owner*) Frauchen *nt*

mis·trial [mɪ'straɪl, AM ˌmɪs'traɪl] *n* ① (*misconducted trial*) fehlerhaftes Gerichtsverfahren ② AM (*inconclusive trial*) Gerichtsverfahren *nt* ohne Urteilsspruch

mis·trust [mɪ'strʌst, AM ˌmɪs'trʌst] **I.** *n no pl* Misstrauen *nt* **II.** *vt* misstrauen

mis·trust·ful [mɪ'strʌstfᵊl, AM ˌmɪs'trʌst-] *adj* misstrauisch (**of** gegenüber +*dat*)

misty ['mɪsti] *adj* ① (*slightly foggy*) [leicht] neblig, dunstig ② (*blurred*) undeutlich, verschwommen; *eyes* verschleiert

mis·under·stand <-stood, -stood> [ˌmɪsʌndə'stænd, AM -dɚ-] **I.** *vt* missverstehen **II.** *vi* sich irren

mis·under·stand·ing [ˌmɪsʌndə'stændɪŋ, AM -dɚ-] *n* ① (*misinterpretation*) Missverständnis *nt* ② (*quarrel*) Meinungsverschiedenheit *f*

mis·use **I.** *n* [ˌmɪs'juːs] *no pl* (*wrong use*) *of funds, position* Missbrauch *m,* falscher Gebrauch [*o* Umgang]; *of machinery* falsche Bedienung **II.** *vt* [ˌmɪs'juːz] ① (*use wrongly*) *funds, position* missbrauchen, falsch gebrauchen ② (*handle wrongly*) *machinery* falsch bedienen

mite [maɪt] *n* ① (*insect*) Milbe *f* ② *esp* BRIT (*fam: child*) Würmchen *nt,* kleines Ding

mi·ter *n* AM *see* **mitre**

miti·gate ['mɪtɪgeɪt, AM -t̬-] *vt* (*form*) *misery, pain* lindern; *anger, sentence* mildern; ECON *loss* mindern

miti·ga·tion [ˌmɪtɪ'geɪʃᵊn, AM t̬-] *n no pl* Linderung *f*, Milderung *f*

mi·tre *n* REL Mitra *f*, Bischofsmütze *f*

mit·ten ['mɪtᵊn] *n* Fäustling *m*

mix [mɪks] **I.** *n* ① (*combination*) Mischung *f;* **a ~ of people** eine bunt gemischte Gruppe ② (*pre-mixed ingredients*) Fertigmischung *f;* **sauce ~** Fertigsauce *f* **II.** *vi* ① (*combine*) sich mischen [lassen]; (*go together*) zusammenpassen ② (*make contact with people*) unter Leute gehen; *host* sich unter die Gäste mischen **III.** *vt* ① (*blend ingredients*) [miteinander] [ver]mischen; *dough* anrühren; *drink* mixen; *ingredients* miteinander verrühren; *paint* mischen ② (*combine*) **to ~ love with toughness** Liebe und Strenge miteinander verbinden ③ *sound tracks* mischen ◆**mix in I.** *vi* sich einfügen **II.** *vt* untermischen ◆**mix up** *vt* ① (*mistake for another*) verwechseln ② (*bewilder, put in wrong order*) durcheinanderbringen ③ (*combine ingredients*) vermischen; *dough* anrühren ④ *usu passive* (*be involved with*) ■**to be/get ~ed up in sth** in etw *akk* verwickelt sein/werden ◆**mix with** *vi* (*associate with*) ■**to ~ with sb** mit jdm verkehren [*o* Umgang haben]

mixed [mɪkst] *adj* ① (*mingled, for both sexes*) gemischt ② (*positive and negative*) gemischt, unterschiedlich; **~ blessing** kein reiner Segen

mixed 'dou·bles *npl* SPORTS gemischtes Doppel **mixed e'cono·my** *n* gemischte Wirtschaftsform **mixed 'farm·ing** *n* Landwirtschaft *f* mit Ackerbau und Viehzucht **mixed 'grill** *n* gemischte Grillplatte

mix·er ['mɪksəʳ, AM -ɚ] *n* ① (*machine*) Mixer *m*, Mixgerät *nt* ② (*drink*) ~ [**drink**] Mixgetränk *nt*

'mix·er tap, AM **'mix·er fau·cet** *n* Mischhahn *m*

mix·ture ['mɪkstʃəʳ, AM -ɚ] *n* ① (*combination*) Mischung *f; of ingredients* Gemisch *nt* ② (*mixed fluid substance*) Mischung *f*, Mixtur *f;* AUTO Gemisch *nt* ③ *no pl* (*act of mixing*) Mischen *nt*, Vermengen *nt;* (*state after mixing*) Gemisch *nt*, Gemenge *nt*

'mix-up *n* (*confused state*) Durcheinander *nt*, Verwirrung *f;* **there seems to have been a bit of a ~ with your reservation** mit Ihrer Reservierung muss einiges durcheinandergegangen sein

ml <*pl* - *or* mls> *n abbrev of* **millilitre** ml

MLR [ˌemel'ɑːʳ, AM -'ɑːr] *n abbrev of* **minimum lending rate** Mindestdiskontsatz *m*

mm *n abbrev of* **millimetre** mm

MMR [ˌemem'ɑːʳ, AM 'ɑːr] *n* MED *abbrev of* **measles, mumps and rubella** MMR

MMS [ˌemem'es] *n* TELEC *abbrev of* **multimedia messaging service** MMS

mne·mon·ic, mne·mon·ic de·vice [nɪ'mɒnɪk-, AM -'mɑːn-] *n* Gedächtnisstütze *f*, Eselsbrücke *f fam*

mo¹ *n* AM *abbrev of* **month**

mo² [məʊ, AM moʊ] *n* (*fam*) *short for* **moment** Moment *m;* **wait a ~!** Moment mal!

MO [ˌem'əʊ, AM -'oʊ] *n* ① *abbrev of* **Medical Officer** Stabsarzt *m*, Stabsärztin *f* ② *esp* AM *abbrev of* **money order**

moan [məʊn, AM moʊn] **I.** *n* ① (*groan*) Stöhnen *nt; of the wind* Heulen ② (*complaint*) Klage *f*, Beschwerde *f* **II.** *vi* ① (*groan*) stöhnen; *wind* heulen ② (*complain*) klagen, sich beschweren (**at** bei +*dat*), jammern (**about** über +*akk*)

moat [məʊt, AM moʊt] *n* Burggraben *m*

mob [mɒb, AM mɑːb] **I.** *n* + *sing/pl vb* ① (*usu pej: crowd*) Mob *m;* **angry ~** aufgebrachte Menge; **a ~ of protesters** eine protestierende Menschenmenge ② POL (*pej: the common people*) ■**the ~** die breite Masse; (*the lowest classes*) der Mob, der Pöbel ③ (*criminal gang*) Verbrecherbande *f*, Gang *f;* ■**the M~** AM die Mafia **II.** *vt* <-bb-> ① (*surround*) umringen ② AM (*crowd around*) ■**to ~ sth** *courtroom, entrance* etw umlagern; (*crowd into*) *fairground, park* in etw *akk* strömen

mo·bile ['məʊbaɪl, AM 'moʊbᵊl] **I.** *adj* ① (*able to move*) beweglich ② (*flexible*) beweglich, wendig ③ (*changeable*) lebhaft, wechselhaft ④ (*in a vehicle*) mobil, fahrbar; ■**to be ~** motorisiert sein **II.** *n* ① TELEC Mobiltelefon *nt*, Handy *nt* ② (*ceiling decoration*) Mobile *nt*

mo·bile 'home *n* Wohnwagen *m* **mo·bile 'mes·sage** *n* Textnachricht *f* **mo·bile 'phone** *n esp* BRIT Mobiltelefon *nt*, Handy *nt*

mo·bil·ity [mə(ʊ)'bɪləti, AM moʊ'bɪlət̬i] *n no pl* ① (*ability to move*) *of the body* Beweglichkeit *f*, Mobilität *f* ② (*social mobility*) Mobilität *f*

mo·bili·za·tion [ˌməʊbɪlaɪ'zeɪʃᵊn, AM ˌmoʊbᵊlɪ'-] *n* ① (*for war*) Mobilmachung *f*, Mobilisierung *f* ② (*organization*) Mobilisierung *f*, Aktivierung *f*

mo·bi·lize ['məʊbɪlaɪz, AM 'moʊbəl-] **I.** *vt* ① (*prepare for war*) *army* mobilisieren ② (*organize*) *supporters, support* aktivieren, mobilisieren ③ (*put to use*) einsetzen; *helicopters, snowploughs* zum Einsatz bringen **II.** *vi* MIL mobil machen

mob 'in·stinct *n* Herdentrieb *m* **mob 'law** *n* Lynchjustiz *f* **mob 'rule** *n* Herrschaft *f* der Straße

moc·ca·sin ['mɒkəsɪn, AM 'mɑːkəsən] *n* Mokassin *m*

mo·cha ['mɒkə, AM 'moʊ-] *n no pl* Mokka *m*

mock [mɒk, AM mɑːk] **I.** *adj* ① (*not real*) nachgemacht, Schein-; *fear, horror, sympathy* gespielt; ~ **leather** Lederimitat *nt* ② (*practice*) Probe-, simuliert **II.** *n* BRIT (*fam*) Probeexamen *nt* **III.** *vi* spotten, höhnen **IV.** *vt* (*ridicule*) lächerlich machen, verspotten

mock·er ['mɒkər, AM 'mɑːkɚ] *n* Spötter(in) *m(f)* ▶ PHRASES: **to put the ~s on sth** BRIT (*fam*) etw vermasseln

mock·ery ['mɒkəri, AM 'mɑːkɚi] *n no pl* ① (*ridicule*) Spott *m*, Hohn *m* ② (*travesty*) Farce *f* ▶ PHRASES: **to make a ~ of sb/sth** jdn/etw zum Gespött machen

mock·ing ['mɒkɪŋ, AM 'mɑːk-] *adj laugh, laughter* spöttisch, höhnisch

'mock·ing·bird *n* ORN Spottdrossel *f*

'mock-up *n* Attrappe *f*

MoD [ˌeməʊ'diː] *n* BRIT *abbrev of* **Ministry of Defence** Verteidigungsministerium *nt*

mod·al ['məʊdəl, AM 'moʊ-] *adj* Modal-

mode [məʊd, AM moʊd] *n* ① (*way*) Weise *f*, Methode *f*; ~ **of operation** Betriebsart *f* ② MATH häufigster Wert ③ COMPUT, TECH (*operation*) Betriebsart *f*, Modus *m*; **automatic** ~ Automatikbetrieb *m*

mod·el ['mɒdəl, AM 'mɑːd-] **I.** *n* ① (*representation*) Modell *nt*; COMPUT [schematische] Darstellung, Nachbildung *f*, Simulation *f* ② (*example*) Modell *nt*, Vorbild *nt* ③ (*perfect example*) Muster *nt*; **to be the very ~ of sth** (*fig*) der Inbegriff von etw *dat* sein ④ (*mannequin*) Model *nt* ⑤ (*version, for painter*) Modell *nt* **II.** *vt* <-ll-> ① (*make figure*) modellieren ② (*on computer*) [schematisch] darstellen, nachbilden, simulieren ③ (*show clothes*) vorführen

'mod·el mak·er *n* Modellbauer(in) *m(f)*

mo·dem ['məʊdəm, AM 'moʊ-] *n* Modem *nt*

mod·er·ate **I.** *adj* ['mɒdərət, AM 'mɑːdɚ-] ① (*neither large nor small*) *amount, quantity, size* mittlere(r, s); *improvement, increase* leicht, nicht allzu groß; *price, speed* angemessen, normal; *income* durchschnittlich ② (*not excessive*) mäßig, gemäßigt; *drinker, eater* mäßig, maßvoll; LAW *sentence* mild **II.** *n* ['mɒdərət, AM 'mɑːdɚ-] POL Gemäßigte(r) *f(m)* **III.** *vt* ['mɒdəreɪt, AM 'mɑːdə-] (*make less extreme*) mäßigen; *voice* senken

mod·era·tion [ˌmɒdər'eɪʃən, AM ˌmɑːdə'reɪ-] *n no pl* ① (*restraint*) Mäßigung *f*; **in** ~ in Maßen ② (*making moderate*) *demands* Abschwächung *f*; *sentence* Milderung *f*; *voice* Senkung *f*

mod·era·tor ['mɒdəreɪtər, AM 'mɑːdəreɪt̬ɚ] *n* ① (*mediator*) Vermittler(in) *m(f)* ② AM (*of discussion*) Moderator(in) *m(f)*

mod·ern ['mɒdən, AM 'mɑːdɚn] *adj* ① (*contemporary*) modern ② (*not ancient or medieval*) modern, neuzeitlich; ~ **Europe** Europa *nt* der Neuzeit; **the ~ world** die heutige Welt

mod·erni·za·tion [ˌmɒdənaɪ'zeɪʃən, AM ˌmɑːdɚnɪ-] *n no pl* Modernisierung *f*

mod·ern·ize ['mɒdənaɪz, AM 'mɑːdɚ-] **I.** *vt* modernisieren **II.** *vi* modern werden

mod·est ['mɒdɪst, AM 'mɑːd-] *adj* ① (*not boastful*) bescheiden, zurückhaltend ② (*fairly small*) *income, increase* bescheiden, mäßig ③ (*not elaborate*) *furniture, house* einfach

mod·es·ty ['mɒdɪsti, AM 'mɑːd-] *n* ① (*without boastfulness*) Bescheidenheit *f*, Zurückhaltung *f* ② (*chasteness*) Anstand *m*, Sittsamkeit *f*

modi·cum ['mɒdɪkəm, AM 'mɑːd-] *n no pl* ■ **a** ~ ein bisschen [*o* wenig]; **a ~ of decency** eine Spur von Anstand

modi·fi·able ['mɒdɪfaɪəbl̩, AM 'mɑːd-] *adj* modifizierbar, [ab]änderbar

modi·fi·ca·tion [ˌmɒdɪfɪ'keɪʃən, AM ˌmɑːd-] *n* ① (*change*) Modifikation *f*, [Ab]änderung *f* ② *no pl* (*alteration*) *of engine* Modifikation *f*

modi·fi·er ['mɒdɪfaɪər, AM 'mɑːdɪfaɪɚ] *n* LING näher bestimmendes Wort; (*as an adjective*) Beiwort *nt*; (*as an adverb*) Umstandswort *nt*

modi·fy <-ie-> ['mɒdɪfaɪ, AM 'mɑːd-] *vt* ① (*change*) [ver]ändern ② (*alter*) *engine* modifizieren

mod·ish ['məʊdɪʃ, AM 'moʊ-] *adj* (*form*) modisch

modu·lar ['mɒdjələr, AM 'mɑːdʒələ-] *adj* modular, Baukasten-; ~ **system** UNIV Kursmodulsystem *nt*

modu·late ['mɒdjəleɪt, AM 'mɑːdʒ-] *vt* ① (*regulate*) anpassen, abstimmen ② (*adjust pitch*) *tone, voice* modulieren ③ (*soften*) *noise, voice* dämpfen; *effect, impression* abschwächen

modu·la·tion [ˌmɒdjə'leɪʃən, AM ˌmɑːdʒ-] *n* ① (*adaptation*) Anpassung *f*, Abstimmung *f* ② ELEC, RADIO Modulation *f*, Aussteuerung *f*

mod·ule ['mɒdju:l, AM 'mɑ:dʒu:l] *n* ❶ (*unit*) Modul *nt,* Baustein *m* ❷ (*part of course*) Einheit *f*

mo·hair ['məʊheəʳ, AM 'moʊher] *n* Mohair *m*

moist [mɔɪst] *adj* feucht; *cake* saftig

mois·ten ['mɔɪsᵊn] *vt* anfeuchten

mois·ture ['mɔɪstʃəʳ, AM -ɚ] *n* Feuchtigkeit *f*

mois·tur·ize ['mɔɪstʃᵊraɪz, AM -tʃər-] *vt* befeuchten; **to ~ one's skin** seine Haut mit Feuchtigkeitscreme einreiben

mois·tur·iz·er ['mɔɪstʃᵊraɪzəʳ, AM -tʃəraɪzɚ], **'mois·tur·iz·ing cream** *n* Feuchtigkeitscreme *f*

'mois·tur·iz·ing lo·tion *n* Feuchtigkeitslotion *f*

mo·lar ['məʊləʳ, AM 'moʊlɚ] *n* ❶ ANAT Backenzahn *m* ❷ ZOOL Mahlzahn *m*

mo·las·ses [mə(ʊ)'læsɪz, AM mə'-] *n no pl* Melasse *f*

mold AM *see* **mould**

mold·er *vi* AM *see* **moulder**

mold·ing *n* AM *see* **moulding**

moldy *adj* AM *see* **mouldy**

mole[1] [məʊl, AM moʊl] *n* ZOOL Maulwurf *m*

mole[2] [məʊl, AM moʊl] *n* ANAT [kleines] Muttermal

mo·lecu·lar [mə(ʊ)'lekjələʳ, AM mə'lekjəlɚ] *adj* molekular, Molekular-

mol·ecule ['mɒlɪkju:l, AM 'mɑ:l-] *n* Molekül *nt*

mole·hill ['məʊlhɪl, AM 'moʊl-] *n* Maulwurfshügel *m*

mo·lest [mə(ʊ)'lest, AM mə'-] *vt* ❶ (*annoy*) belästigen ❷ (*attack sexually*) [sexuell] belästigen

moll [mɒl, AM mɑ:l] *n* ❶ (*sl: female companion of criminal*) Gangsterbraut *f sl* ❷ AUS (*female companion*) Braut *f fam*

mol·li·fy <-ie-> ['mɒlɪfaɪ, AM 'mɑ:lə-] *vt* ❶ (*pacify*) besänftigen, beschwichtigen ❷ (*reduce*) *demands* mäßigen; *anger* mildern

mol·lusc, AM **mol·lusk** ['mɒləsk, AM 'mɑ:l-] *n* Molluske *f,* Weichtier *nt*

mol·ly·cod·dle ['mɒlɪˌkɒdḷ, AM 'mɑ:liˌkɑ:-] *vt* (*pej fam*) verhätscheln

Molotov cock·tail [ˌmɒlətɒf'kɒkteɪl, AM ˌmɑ:lɪtɔ:f'kɑ:k-] *n* Molotowcocktail *m*

molt AM *see* **moult**

mol·ten ['məʊltᵊn, AM 'moʊ-] *adj* geschmolzen; **~ bath** TECH Schmelzbad *nt*

mom [mɑ:m] *n* AM (*mum*) Mama *f*

mo·ment ['məʊmənt, AM 'moʊ-] *n* ❶ (*very short time*) Moment *m,* Augenblick *m;* **just a ~, please** nur einen Augenblick, bitte; **not a ~ too soon** gerade noch rechtzeitig; **at any ~** jeden Augenblick; **in a ~** gleich, sofort ❷ (*specific time*) Zeitpunkt *m;* **a ~ in time** ein historischer Augenblick; ■**at the ~** im Augenblick, momentan ▶PHRASES: **to have one's ~s** [auch] seine guten Augenblicke haben

mo·men·tari·ly ['məʊməntᵊrᵊli, AM ˌmoʊmən'ter-] *adv* ❶ (*briefly*) kurz, eine Weile; **to pause ~** kurz innehalten ❷ (*for some time*) momentan, vorübergehend ❸ (*instantly*) augenblicklich ❹ AM (*very soon*) gleich, in wenigen Augenblicken

mo·men·tary ['məʊməntᵊri, AM 'moʊmənteri] *adj* ❶ (*brief*) kurz ❷ (*transitory*) momentan, vorübergehend

mo·men·tous [mə(ʊ)'mentəs, AM moʊ'mentəs] *adj* bedeutsam, weitreichend, folgenschwer; *day* bedeutend

mo·men·tum [mə(ʊ)'mentəm, AM moʊ'ment-] *n no pl* (*force*) Schwung *m,* Wucht *f;* **to gain ~** in Schwung kommen; **to give ~ to sth** etw in Schwung bringen

mom·ma ['mɑ:mə] *n* AM (*childspeak*) Mama *f*

mom·my ['mɑ:mi] *n* AM (*childspeak*) Mama *f,* Mami *f*

Mona·co ['mɒnəkəʊ, AM 'mɑ:nəkoʊ] *n* Monaco *nt*

mon·arch ['mɒnək, AM 'mɑ:nɚk] *n* Monarch(in) *m(f),* Herrscher(in) *m(f)*

mo·nar·chic(al) [mɒn'ɑ:kɪk(ᵊl), AM mə'nɑ:rk-] *adj* ❶ (*of a monarch[y]*) monarchisch, königlich ❷ (*of monarchism*) monarchistisch

mon·arch·ism ['mɒnəkɪzᵊm, AM 'mɑ:nɚk-] *n no pl* Monarchismus *m*

mon·arch·ist ['mɒnəkɪst, AM 'mɑ:nɚ-] *n* Monarchist(in) *m(f)*

mon·ar·chy ['mɒnəki, AM 'mɑ:nɚ-] *n* Monarchie *f*

mon·as·tery ['mɒnəstᵊri, AM 'mɑ:nəsteri] *n* [Mönchs]kloster *nt*

mo·nas·tic [mə'næstɪk] *adj* REL (*concerning monks*) mönchisch, Mönchs-; (*concerning monasteries*) klösterlich, Kloster-

Mon·day ['mʌndeɪ] *n* Montag *m; see also* **Tuesday**

mon·etary ['mʌnɪtᵊri, AM 'mɑ:nəteri] *adj* ECON Geld-, Währungs-

mon·ey ['mʌni] *n no pl* ❶ (*cash*) Geld *nt;* **to be short of ~** knapp bei Kasse sein *fam;* **to put ~ into sth** Geld in etw *akk* stecken *fam;* **to spend ~** Geld ausgeben ❷ (*fam: pay*) Bezahlung *f,* Verdienst *m;* **they earn good ~ in that company** bei dieser Firma verdient man gutes Geld ▶PHRASES: **~ doesn't grow on trees** (*prov*) Geld wächst nicht einfach nach

M

Grammatik

money ist unzählbar; d.h. es wird nicht mit *a* oder im Plural gebraucht: *your money must last you all week; money makes the world go round*

'mon·ey·bags *n* <pl -> (*hum, pej fam*) Geldsack *m* **'mon·ey·box** *n* BRIT Sparbüchse *f; for collection* Sammelbüchse *f* **'mon·ey·chang·er** *n* ❶ (*person*) [Geld]wechsler(in) *m(f)* ❷ (*device*) [tragbarer] Münzwechsler

mon·eyed ['mʌnid] *adj* (*form*) vermögend, wohlhabend

'mon·ey-mak·er *n* ❶ (*person*) erfolgreicher Geschäftsmann/erfolgreiche Geschäftsfrau ❷ (*profitable business*) gewinnbringendes Geschäft ❸ (*profitable product*) Verkaufsschlager *m fam* **'mon·ey-mak·ing** **I.** *adj* einträglich, gewinnbringend **II.** *n* Gelderwerb *m*

'mon·ey mar·ket *n* Geldmarkt *m* **'mon·ey or·der** *n esp* AM, AUS Postanweisung *f*, Zahlungsanweisung *f* **'mon·ey-spin·ner** *n* BRIT ❶ (*profitable business*) Bombengeschäft *nt fam* ❷ (*profitable product*) Renner *m fam*

Mon·gol ['mɒŋgəl, AM 'mɑːŋ-] **I.** *n* ❶ (*person*) Mongole *m*, Mongolin *f* ❷ *no pl* (*language*) Mongolisch *nt*, das Mongolische **II.** *adj* mongolisch

Mon·go·lia [mɒŋ'gəʊliə, AM mɑːŋ'goʊ-] *n* Mongolei *f*

Mon·go·lian [mɒŋ'gəʊliən, AM mɑːŋ'goʊ-] **I.** *adj* mongolisch **II.** *n* ❶ (*person*) Mongole *m*, Mongolin *f* ❷ (*language*) Mongolisch *nt*

mon·gol·ism ['mɒŋgəlɪzəm, AM 'mɑːŋ-] *n no pl* MED (*dated or pej!*) Mongolismus *m*

mon·grel ['mʌŋgrəl, AM 'mɑːŋ-] **I.** *n* ❶ BOT, ZOOL (*result of crossing*) Kreuzung *f* ❷ (*esp pej: dog breed*) Promenadenmischung *f hum o pej*, Töle *f* NORDD **II.** *adj* Misch-; ~ **species** Kreuzung *f*

moni·tor ['mɒnɪtəʳ, AM 'mɑːnɪt̬ɚ] **I.** *n* ❶ (*screen*) Bildschirm *m*, Monitor *m*; **colour ~** Farbbildschirm *m*, Farbmonitor *m* ❷ POL (*observer*) Beobachter(in) *m(f)* ❸ (*device*) Anzeigegerät *nt*, Monitor *m* **II.** *vt* ❶ (*check*) beobachten, kontrollieren, überprüfen ❷ RADIO, TELEC, TV (*view, listen in on*) *device, person* abhören, mithören ❸ (*maintain quality, keep under surveillance*) *person, device* überwachen; **~ing station** Überwachungsstation *f*

monk [mʌŋk] *n* Mönch *m*

mon·key ['mʌŋki] **I.** *n* ❶ (*animal*) Affe *m* ❷ (*fam: mischievous child*) Schlingel *m* **II.** *vt* AM nachäffen ◆**monkey about** *vi* (*fam*) ❶ (*waste time*) ■**to ~ about with sb** mit jdm seine Zeit verschwenden; (*waste sb's time*) jdm die Zeit stehlen ❷ (*pej: play*) ■**to ~ about with sth** mit etw *dat* herumspielen

'mon·key busi·ness *n no pl* ❶ (*silliness*) Blödsinn *m*, Unfug *m* ❷ (*trickery*) krumme Touren *pl*, faule Tricks *pl* **'mon·key nut** *n* BRIT Erdnuss *f* **'mon·key wrench** *n esp* AM Universal[schrauben]schlüssel *m*

'monk·fish *n* Seeteufel *m*

mono ['mɒnəʊ, AM 'mɑːnoʊ] **I.** *n no pl* MUS Mono *nt* **II.** *adj* Mono-

mono·chrome ['mɒnəkrəʊm, AM 'mɑːnəkroʊm] *adj* ❶ PHOT (*black and white*) Schwarzweiß- ❷ (*using one colour*) einfarbig, monochrom

mono·cle ['mɒnəkl̩, AM 'mɑːn-] *n* (*hist*) Monokel *nt*

mo·noga·mous [mə'nɒgəməs, AM -'nɑːg-] *adj* monogam

mo·noga·my [mə'nɒgəmi, AM -'nɑːg-] *n no pl* Monogamie *f*

mono·gram ['mɒnəgræm, AM 'mɑːn-] *n* Monogramm *nt*

mono·lin·gual [ˌmɒnə(ʊ)'lɪŋgwəl, AM ˌmɑːnə'-] *adj* einsprachig

mono·lith ['mɒnə(ʊ)lɪθ, AM 'mɑːnə-] *n* ❶ ARCHEOL (*single block*) Monolith *m* ❷ (*fig: sth huge*) Koloss *m*; *building* monumentales Gebäude; *organization* gigantische Organisation

mono·lith·ic ['mɒnə(ʊ)lɪθɪk, AM 'mɑːnə-] *adj* ❶ ARCHEOL monolithisch ❷ (*fig: huge*) *building, structure* monumental

mono·logue, AM **mono·log** ['mɒnəlɒg, AM 'mɑːnəlɑːg] *n a.* THEAT Monolog *m*

mo·nopo·lize [mə'nɒpəlaɪz, AM -'nɑːpə-] *vt* ❶ ECON (*control*) monopolisieren, [allein] beherrschen ❷ (*keep for oneself*) ganz für sich *akk* beanspruchen, mit Beschlag belegen; *conversation* an sich *akk* reißen

mo·nopo·ly [mə'nɒpəli, AM -'nɑːp-] *n* Monopol *nt*; ■**to have a ~ of/on sth** ein Monopol auf etw *akk* haben

mono·rail ['mɒnə(ʊ)reɪl, AM 'mɑːnə-] *n* Einschienenbahn *f*

mono·so·dium glu·ta·mate [ˌmɒnə(ʊ)səʊdiəm'gluːtəmeɪt, AM ˌmɑːnoʊsoʊdiəm'gluːt̬ə-] *n no pl* CHEM [Mono]natriumglutamat *nt*, Glutamat *nt*

mono·syl·lab·ic [ˌmɒnə(ʊ)sɪ'læbɪk, AM ˌmɑːnə-] *adj* ❶ LING einsilbig ❷ (*pej: taciturn*) wortkarg, kurz angebunden

mono·tone ['mɒnətəʊn, AM 'mɑːnətoʊn] *n no pl* ❶ (*tone*) gleich bleibende Stimmlage, monotoner Klang ② (*single tone*) gleich bleibender Ton; **to speak in a ~** monoton sprechen

mo·noto·nous [məˈnɒtᵊnəs, AM -ˈnɑːt-] *adj* eintönig, monoton

mo·noto·ny [məˈnɒtᵊni, AM -ˈnɑːt-] *n no pl* Monotonie *f*, Eintönigkeit *f*

mo·no·xide [məˌnɒksaɪd, AM -ˌnɑːk-] *n* Monoxid *nt*

mon·soon [mɒnˈsuːn, AM mɑːnˈ-] *n* ① (*wind*) Monsun *m* ② (*season of heavy rain*) ■ **the ~[s]** der Monsun *kein pl*

mon·ster [ˈmɒn(t)stəʳ, AM ˈmɑːn(t)stɚ] **I.** *n* ① (*imaginary creature*) Monster *nt*, Ungeheuer *nt* ② (*unpleasant person*) Scheusal *nt*, Ungeheuer *nt a. hum*, Monster *nt*; (*inhuman person*) Unmensch *m* ③ (*fam: huge thing*) Ungetüm *nt*, Monstrum *nt* **II.** *adj attr* (*fam: huge*) ungeheuer, Mords- *fam*

mon·stros·ity [mɒnˈstrɒsəti, AM mɑːnˈstrɑːsəṱi] *n* (*awfulness*) Scheußlichkeit *f*; (*outrageousness*) Ungeheuerlichkeit *f*; (*hugeness*) Riesengröße *f*

mon·strous [ˈmɒn(t)strəs, AM ˈmɑːn-] *adj* ① (*huge*) ungeheuer, monströs ② (*outrageous*) ungeheuerlich ③ (*awful*) scheußlich; *cruelty* abscheulich

mon·tage [mɒnˈtɑːʒ, AM ˈmɑːnt-] *n* Montage *f*

month [mʌn(t)θ] *n* Monat *m*; **to take a two ~ holiday** zwei Monate Urlaub nehmen; **a ~'s notice** eine einmonatige Kündigungsfrist

month·ly [ˈmʌn(t)θli] **I.** *adj* monatlich, Monats- **II.** *adv* monatlich, einmal im Monat **III.** *n* Monatsschrift *f*, monatlich erscheinende Zeitschrift

monu·ment [ˈmɒnjəmənt, AM ˈmɑːn-] *n* ① (*fig: memorial*) Mahnmal *nt* ② (*historical structure*) Denkmal *nt*, Monument *nt*; **historic ~** Baudenkmal *nt*

monu·men·tal [ˌmɒnjəˈmentᵊl, AM ˌmɑːnjəmenṱ-] *adj* ① (*tremendous*) gewaltig, kolossal, eindrucksvoll ② ART (*large-scale*) monumental ③ (*on monuments*) Gedenk-, Denkmal-

moo [muː] **I.** *n* Muhen *nt kein pl* **II.** *interj* muh **III.** *vi* muhen

mood [muːd] *n* Laune *f*, Stimmung *f*; **in a good ~** gut gelaunt; **to be in a talkative ~** zum Erzählen aufgelegt sein; **to not be in the ~ to do sth** zu etw *dat* keine Lust haben

moodi·ness [ˈmuːdɪnəs] *n no pl* (*sullenness*) Missmut *m*, Verdrossenheit *f*; (*bad-temperedness*) Übellaunigkeit *f*; (*gloominess*) Trübsinnigkeit *f*

moody [ˈmuːdi] *adj* ① (*sullen*) missmutig, verdrossen; (*bad-tempered*) übel [*o* schlecht] gelaunt ② (*temperamental*) launisch

moon [muːn] **I.** *n no pl* ASTRON Mond *m*; **full ~** Vollmond *m* ► PHRASES: **to be over the ~ about sth** über etw *akk* überglücklich sein **II.** *vi* ① (*sl*) ■ **to ~ [at sb]** [jdm] seinen nackten Hintern zeigen ② (*remember nostalgically*) ■ **to ~ over sb/sth** von jdm/etw träumen ◆ **moon about, moon around** *vi* [ziellos] herumlaufen

ˈmoon·beam *n* Mondstrahl *m* **ˈmoon·boots** *npl* Moonboots *pl* (*dicke Synthetik-Winterstiefel*) **ˈmoon·calf** *n* Mondkalb *nt* **ˈmoon·light** **I.** *n no pl* (*moonshine*) Mondlicht *nt* **II.** *vi* <-lighted> (*fam: work at a second job*) schwarzarbeiten **ˈmoon·lit** *adj attr* (*lighted*) mondhell; **~ room** Zimmer *nt* im Mondlicht **ˈmoon·shine** *n no pl* ① (*moonlight*) Mondschein *m* ② (*fam: liquor*) schwarzgebrannter Alkohol **ˈmoon·stone** *n* Mondstein *m*

moor¹ [mɔːʳ, AM mʊr] *n* Heideland *nt*, [Hoch]moor *nt*

moor² [mɔːʳ, AM mʊr] NAUT **I.** *vt* festmachen, vertäuen *fachspr* **II.** *vi* festmachen

moor·hen [ˈmɔːhen, AM ˈmʊr-] *n* Teichhuhn *nt*

moor·ing [ˈmɔːrɪŋ, AM ˈmʊr-] *n* NAUT (*berth*) Liegeplatz *m*

moose <*pl* -> [muːs] *n* AM Elch *m*

moot [muːt] *adj* (*open to debate*) strittig; **~ point** Streitfrage *f*

mop [mɒp, AM mɑːp] **I.** *n* ① (*for cleaning*) Mopp *m* ② *no pl* (*wiping*) **to give sth a ~** etw moppen ③ (*mass of hair*) **she tied back her unruly ~ with a large ribbon** sie hielt ihr widerspenstiges Wuschelhaar hinten mit einem großen Band zusammen; AM (*sl: hairdo*) Frisur *f* **II.** *vt* <-pp-> ① (*clean with mop*) feucht wischen ② (*wipe*) **to ~ one's face** sich *dat* den Schweiß vom Gesicht wischen

mope [məʊp, AM moʊp] *vi* Trübsal blasen, dumpf vor sich *akk* hinbrüten ◆ **mope about, mope around** *vi* trübsinnig herumschleichen

mo·ped [ˈməʊped, AM ˈmoʊ-] *n* Moped *nt*

mo·raine [mɒrˈeɪn, AM məˈr-] *n* Moräne *f*

mor·al [ˈmɒrᵊl, AM ˈmɔːr-] **I.** *adj* ① (*ethical*) moralisch, ethisch ② (*virtuous*) *person* moralisch, anständig **II.** *n* ① (*of story*) Moral *f* ② (*standards of behaviour*) ■ **~s** *pl* Moralvorstellungen *pl*, moralische Grundsätze

mo·rale [məˈrɑːl, AM -ˈræl] *n no pl* Moral *f*, Stimmung *f*

mor·al·ist ['mɒrəlɪst, AM 'mɔːr-] *n* Moralist(in) *m(f)*

mo·ral·ity [mə'ræləti, AM mɔː'rælət̬i] *n* ① *no pl* (*moral principles*) moralische Grundsätze ② (*moral system*) Ethik *f*

mor·al·ize ['mɒrəlaɪz, AM 'mɔːr-] *vi* moralisieren; ■ **to ~ about sth** über etw *akk* Moral predigen

mo·rass [mə'ræs] *n usu sing* ① (*bog*) Morast *m* ② (*fig: complex situation*) Wirrwarr *m;* **to be caught in a ~ of debt** tief in Schulden stecken

mora·to·rium <*pl* -s *or* -ria> [ˌmɒrə'tɔːriəm, AM ˌmɔːr-, *pl* -riə] *n* ① (*period of waiting*) Wartefrist *f* ② COMM Moratorium *nt*

mor·bid ['mɔːbɪd, AM 'mɔːr-] *adj* (*unhealthy*) morbid, krankhaft; (*gruesome*) makaber

mor·bid·ity [mɔː'bɪdəti, AM mɔːr'bɪdət̬i] *n no pl of imagination, mind* Krankhaftigkeit *f*, Morbidität *f*

more [mɔːʳ, AM mɔːr] **I.** *adj comp of* **many, much** noch mehr; **two ~ days until Christmas** noch zwei Tage bis Weihnachten; **we can't take on any ~ patients** wir können keine weiteren Patienten mehr aufnehmen; **some ~ coffee?** noch etwas Kaffee?; **~ and ~ people buy things on the internet** immer mehr Leute kaufen Sachen im Internet **II.** *pron* ① (*greater amount*) mehr; **tell me ~** erzähl' mir mehr; **~ and ~ came** es kamen immer mehr; **she's ~ of a poet than a musician** sie ist eher Dichterin als Musikerin; **is there any ~?** ist noch etwas da?; **no ~** nichts weiter; (*countable*) keine mehr ② **all the ~ ...** umso mehr ...; **the ~ the better** je mehr desto besser; **the ~ he drank, the ~ violent he became** je mehr er trank, desto gewalttätiger wurde er **III.** *adv* ① (*forming comparatives*) **let's find a ~ sensible way of doing it** wir sollten eine vernünftigere Lösung finden; **play that last section ~ passionately** spiele den letzten Teil leidenschaftlicher; **it's becoming ~ and ~ likely that she'll resign** es wird immer wahrscheinlicher, dass sie zurücktritt; **~ importantly** wichtiger noch ② (*to a greater extent*) mehr; **you should listen ~ and talk less** du solltest besser zuhören und weniger reden; **I couldn't agree with you ~, Professor** ganz meine Meinung, Herr Professor; **we'll be ~ than happy to help** wir helfen sehr gerne; **she's now all the ~ determined to succeed** sie ist jetzt umso entschlossener, erfolgreich zu sein; **to think ~ of sb** eine höhere Meinung von jdm haben ③ (*longer*) **to be no ~** *times* vorüber sein; *person* gestorben sein; **I don't do yoga any ~** ich habe mit Yoga aufgehört ▶ PHRASES: **~ or less** (*all in all*) mehr oder weniger; (*approximately*) ungefähr; **~ often than not** meistens

mo·rel·lo [mə'reləʊ, AM -loʊ] *n* Morelle *f*

more·over [mɔː'rəʊvəʳ, AM mɔːr'oʊvɚ] *adv* (*form*) zudem, ferner

morgue [mɔːg, AM mɔːrg] *n esp* AM, AUS (*mortuary*) Leichen[schau]haus *nt*

mori·bund ['mɒrɪbʌnd, AM 'mɔːr-] *adj* (*form*) ① (*near death*) *person* dem Tode geweiht; MED im Sterben liegend *attr* ② (*near extinction*) *custom, species* im Aussterben begriffen; *civilization, nation, people* dem Untergang geweiht *geh*

Mor·mon ['mɔːmən, AM 'mɔːr-] **I.** *n* Mormone *m*, Mormonin *f* **II.** *adj* mormonisch, Mormonen-

morn·ing ['mɔːnɪŋ, AM 'mɔːrn-] **I.** *n* Morgen *m*, Vormittag *m;* **all ~** den ganzen Vormittag; **tomorrow ~** morgen Vormittag; **yesterday ~** gestern Morgen **II.** *interj* (*fam*) Morgen!; **good ~!** guten Morgen!

morn·ing-'af·ter pill *n* ■ **the ~** die Pille danach **'morn·ing coat** *n* Cut[away] *m* **morn·ing 'news·pa·per, morn·ing 'pa·per** *n* Morgenzeitung *f* **'morn·ing sick·ness** *n no pl* morgendliche Übelkeit **morn·ing 'star** *n* ① ASTRON (*planet*) Morgenstern *m* ② HIST (*weapon*) Morgenstern *m*

Mo·roc·can [mə'rɒkən, AM -'rɑːk-] **I.** *n* Marokkaner(in) *m(f)* **II.** *adj* marokkanisch

Mo·roc·co [mə'rɒkəʊ, AM -'rɑːkoʊ] *n* Marokko *nt*

mor·on ['mɔːrɒn, AM 'mɔːrɑːn] *n* (*pej fam*) Trottel *m*

mo·ron·ic [mɔː'rɒnɪk, AM -'rɑːn-] *adj* (*pej fam*) blöde

mo·rose [mə'rəʊs, AM -'roʊs] *adj* mürrisch, griesgrämig

mor·pheme ['mɔːfiːm, AM 'mɔːr-] *n* Morphem *nt*

mor·phia ['mɔːfiə, AM 'mɔːr-] *n* (*dated*), **mor·phine** ['mɔːfiːn, AM 'mɔːr-] *n* Morphium *nt*

mor·pho·logi·cal [ˌmɔːfə'lɒdʒɪkəl, AM ˌmɔːrfə'lɑː-] *adj* BIOL, GEOL, LING morphologisch

mor·phol·ogy [ˌmɔː'fɒlədʒi, AM ˌmɔːr'fɑː-] *n* BIOL, GEOL, LING Morphologie *f*

mor·ris dance, mor·ris danc·ing ['mɒrɪs,-] *n* BRIT Moriskentanz *m*

Morse, Morse 'code [mɔːs-, AM mɔːrs-] *n no pl* Morsezeichen *pl*, Morsealphabet *nt*

mor·sel ['mɔːsəl, AM 'mɔːrs-] *n* ① (*of food*)

M

Bissen *m,* Happen *m* ② (*fig: small bit*) ■ **a ~** ein bisschen

mor·tal ['mɔːt(ə)l, AM 'mɔːrt̬-] **I.** *adj* ① (*subject to death*) sterblich ② (*human*) menschlich ③ (*temporal*) irdisch, vergänglich ④ (*fatal*) tödlich ⑤ (*extreme*) Todes-, höchste(r, s); **to be in ~ fear** sich zu Tode ängstigen **II.** *n* (*liter*) Sterbliche(r) *f(m);* **ordinary ~** (*hum*) Normalsterbliche(r) *f(m)*

mor·tal·ity [mɔː'tæləti, AM mɔːr'tæləti] *n no pl* ① (*condition, frequency*) Sterblichkeit *f* ② (*character*) Vergänglichkeit *f*

mor·tar ['mɔːtə(r), AM 'mɔːrt̬ɚ] *n* ① *no pl* ARCHIT, TECH (*mixture*) Mörtel *m* ② CHEM Mörser *m;* **~ and pestle** Mörser *m* und Stößel *m* ③ MIL (*cannon*) Mörser *m,* Granatwerfer *m fachspr*

'mor·tar·board *n* ① ARCHIT, TECH (*board*) Mörtelmischtisch *m* ② UNIV (*cap*) [quadratisches] Barett

'mor·tar shell *n* Mörsergranate *f*

mort·gage ['mɔːgɪdʒ, AM 'mɔːr-] **I.** *n* (*amount*) Hypothek *f;* **to pay off a ~** eine Hypothek tilgen **II.** *vt* hypothekarisch belasten

mor·ti·cian [mɔːr'tɪʃ(ə)n] *n* AM (*undertaker*) Leichenbestatter(in) *m(f)*

mor·ti·fi·ca·tion [ˌmɔːtɪfɪ'keɪʃ(ə)n, AM ˌmɔːrt̬ə-] *n no pl* (*form*) ① (*humiliation*) Kränkung *f,* Demütigung *f* ② (*shame*) Beschämung *f,* Scham *f*

mor·ti·fy <-ie-> ['mɔːtɪfaɪ, AM 'mɔːrt̬ə-] *vt usu passive* ■ **to be mortified** (*be humiliated*) gedemütigt sein; (*be ashamed*) sich schämen; (*be embarrassed*) sich ärgern

mor·tise ['mɔːtɪs, AM 'mɔːrt̬-] **I.** *n* TECH (*hole*) *in carpentry* Stemmloch *nt fachspr* **II.** *vt* TECH ■ **to [tenon and] ~ sth** etw verzapfen

'mor·tise lock *n* [Ein]steckschloss *nt*

mor·tu·ary ['mɔːtʃu(ə)ri, AM 'mɔːrtʃueri] *n* Leichen[schau]haus *nt*

mo·sa·ic [mə(ʊ)'zeɪɪk, AM moʊ'-] *n* Mosaik *nt*

Mos·cow ['mɒskəʊ, AM 'mɒs:kaʊ] *n* Moskau *nt*

Mos·lem *adj, n see* **Muslim**

mosque [mɒsk, AM mɑːsk] *n* Moschee *f*

mos·qui·to <*pl* -es *or* -s> [mɒs'kiːtəʊ, AM mə'skiːt̬oʊ] *n* Moskito *m;* **~ net** Moskitonetz *nt*

mos·'qui·to bite *n* Mückenstich *m* **mos·'qui·to net** *n* Moskitonetz *nt*

moss <*pl* -es> [mɒs, AM mɑːs] *n* (*plant*) Moos *nt*

mossy ['mɒsi, AM 'mɑːsi] *adj* ① (*overgrown with moss*) bemoost, moosbedeckt ② (*resembling moss*) moos-, moosartig

most [məʊst, AM moʊst] **I.** *pron* ① (*largest quantity*) ■ **the ~** am meisten; **what's the ~ you've ever won at cards?** was war das meiste, das du beim Kartenspielen gewonnen hast?; **at the [very] ~** [aller]höchstens ② *pl* (*the majority*) die Mehrheit ③ (*best*) ■ **the ~** höchstens; **the ~ I can do is try** ich kann nicht mehr tun als es versuchen; **to make the ~ of sth** das Beste aus etw *dat* machen; **it's a lovely day – we must make the ~ of it** was für ein schöner Tag – wir müssen ihn nutzen **II.** *adj* ① (*greatest in amount, degree*) am meisten ② (*majority of, nearly all*) die meisten **III.** *adv* ① (*forming superlative*) *im Deutschen durch Superlativ ausgedrückt;* **that's what I'm ~ afraid of** davor habe ich die meiste Angst; **~ easily/ rapidly** am leichtesten/schnellsten ② (*form: extremely*) höchst, äußerst, überaus *geh;* **~ certainly** ganz bestimmt; **~ likely** höchstwahrscheinlich ③ (*to the greatest extent*) am meisten; **at ~** höchstens; **~ of all, I hope that ...** ganz besonders hoffe ich, dass ...

most·ly ['məʊs(t)li, AM 'moʊ-] *adv* ① (*usually*) meistens ② (*in the main*) größtenteils, im Wesentlichen ③ (*chiefly*) hauptsächlich, in der Hauptsache

MOT[1] [ˌeməʊ'tiː] *n* BRIT (*fam*) *abbrev of* **Ministry of Transport** Verkehrsministerium *nt*

MOT[2] [ˌeməʊ'tiː] **I.** *n* **~ [test]** TÜV *m;* **~ [certificate]** TÜV-Bescheinigung *f* **II.** *vt* <MOT'd, MOT'd> (*fam*) **to ~ a car** ein Auto zum TÜV bringen

mo·tel [məʊ'tel, AM moʊ'-] *n* Motel *nt*

moth [mɒθ, AM mɑːθ] *n* Motte *f,* Nachtfalter *m*

'moth·ball **I.** *n* Mottenkugel *f* **II.** *vt usu passive* ① (*put away for a while*) *clothes* einmotten ② (*postpone*) auf Eis legen

'moth-eat·en *adj* ① (*eaten into*) mottenzerfressen ② (*outmoded*) *ideas, theories* verstaubt

moth·er ['mʌðə(r), AM -ɚ] **I.** *n* Mutter *f* ▶ PHRASES: **the ~ of all ...** der/die/das allergrößte ...; (*the most extreme: worst*) der/ die/das Schlimmste aller *gen* ...; (*best*) herausragend; **the ~ of all battles** die Mutter aller Schlachten **II.** *vt* bemuttern

moth·er 'coun·try *n* ① (*country of origin/ancestors*) Mutterland *nt* ② (*home country*) Vaterland *nt,* Heimatland *nt*

moth·er·hood ['mʌðəhʊd, AM -ðɚ-] *n no pl* Mutterschaft *f*

'moth·er-in-law <*pl* mothers- *or* -s> *n*

Schwiegermutter *f*

moth·er·ly ['mʌðəli, AM -əli] *adj* mütterlich; **~ love** Mutterliebe *f*

moth·er-of-'pearl *n* Perlmutt *nt*

'Moth·er's Day *n* Muttertag *m*

'moth·er tongue *n* Muttersprache *f*

'moth·proof *adj* mottenfest

mo·tif [məʊ'ti:f, AM moʊ'-] *n* ❶ (*design*) Motiv *nt* ❷ LIT, MUS (*theme*) [Leit]motiv *nt* ❸ (*feature*) Leitgedanke *m*

mo·tion ['məʊʃən, AM 'moʊ-] **I.** *n* ❶ *no pl* (*movement*) Bewegung *f*, Gang *m*; **in slow ~** in Zeitlupe ❷ POL (*proposal*) Antrag *m*; **to defeat a ~** einen Antrag ablehnen; **to pass a ~** einen Antrag annehmen **II.** *vt* ■**to ~ sb to do sth** jdn durch einen Wink auffordern, etw zu tun; **she ~ed us to sit down** sie bedeutete uns, Platz zu nehmen **III.** *vi* ■**to ~ to sb to do sth** jdn durch einen Wink auffordern, etw zu tun

mo·tion·less ['məʊʃənləs, AM 'moʊ-] *adj* bewegungslos, reg[ungs]los

mo·tion 'pic·ture *n* AM [Spiel]film *m*

mo·ti·vate ['məʊtɪveɪt, AM 'moʊt̬ə-] *vt* ❶ (*provide with motive*) **they are ~d by a desire to help people** ihre Handlungsweise wird von dem Wunsch bestimmt, anderen zu helfen; **I don't quite understand what ~s the actions of such people** ich kann die Beweggründe für die Handlungsweise dieser Leute nicht ganz nachvollziehen ❷ (*arouse interest*) motivieren, anregen; ■**to ~ sb to do sth** jdn dazu bewegen [*o* veranlassen], etw zu tun

mo·ti·va·tion [ˌməʊtɪ'veɪʃən, AM ˌmoʊt̬ə'-] *n* ❶ (*reason*) Begründung *f*, Veranlassung *f* (**for** für +*akk*) ❷ *no pl* (*drive*) Antrieb *m*, Motivation *f*

mo·tive ['məʊtɪv, AM 'moʊt̬ɪv] **I.** *n* Motiv *nt*, Beweggrund *m* (**for** für +*akk*); **ulterior ~** tieferer Beweggrund **II.** *adj attr* ❶ PHYS, TECH (*creating motion*) bewegend, Antriebs- ❷ (*motivating*) *force, spirit* treibend

mot·ley ['mɒtli, AM 'mɑ:t-] *adj attr* ❶ (*of different colours*) bunt, vielfarbig ❷ (*a. pej: heterogeneous*) bunt [gemischt]

mo·tor ['məʊtəʳ, AM 'moʊt̬ɚ] **I.** *n* ❶ (*engine*) Antriebsmaschine *f*, [Verbrennungs]motor *m*, Triebwerk *nt* ❷ BRIT (*fam: car*) Auto *nt* **II.** *adj attr* ❶ BRIT, AUS (*of motor vehicles*) Auto- ❷ ANAT Bewegungs-, Muskel-, motorisch *fachspr*

'mo·tor·bike *n* (*fam*) Motorrad *nt* **'mo·tor·boat** *n* Motorboot *nt* **'mo·tor car** *n* ❶ BRIT Kraftfahrzeug *nt* ❷ AM RAIL Draisine *f* **'mo·tor·cy·cle** *n* Motorrad *nt* **'mo·tor·cy·cling** *n no pl* Motorradfahren *nt* **'mo·tor·cy·clist** *n* Motorradfahrer(in) *m(f)* **'mo·tor-driv·en** *adj* Motor-, mit Motorantrieb *nach n*

mo·tor·ing ['məʊtərɪŋ, AM 'moʊt̬ɚ-] **I.** *adj attr* BRIT Fahr-; **~ offence** LAW Verkehrsdelikt *nt* **II.** *n* Fahren *nt*

'mo·tor·ing school *n* Fahrschule *f*

mo·tor·ist ['məʊtərɪst, AM 'moʊt̬ɚ-] *n* Kraftfahrer(in) *m(f)*, Automobilist(in) *m(f)* ÖSTERR, SCHWEIZ

mo·tor·ized ['məʊtəraɪzd, AM 'moʊt̬ər-] *adj* motorisiert; **~ wheelchair** elektrisch betriebener Rollstuhl

'mo·tor rac·ing *n* BRIT Autorennsport *m* **'mo·tor scoot·er** *n* Motorroller *m* **'mo·tor ve·hi·cle** *n* Kraftfahrzeug *nt*

'mo·tor·way *n* BRIT Autobahn *f*

mott·led ['mɒtl̩d, AM 'mɑ:t̬l̩d] *adj* ❶ (*diversified in shade*) *wood, marble* gemasert ❷ (*pej: blotchy*) *complexion, skin* fleckig

mot·to <*pl* -s *or* -es> ['mɒtəʊ, AM 'mɑ:t̬oʊ] *n* Motto *nt*

mould[1] [məʊld, AM moʊld] *n no pl* BOT Schimmel *m*

mould[2] **I.** *n* ❶ (*shape*) Form *f* ❷ (*fig*) Typ *m*; **to be cast in the same ~** aus dem gleichen Holz geschnitzt sein; **to break the ~ [of sth]** neue Wege in etw *dat* gehen **II.** *vt* formen; ■**to ~ sb into sth** jdn zu etw *dat* machen

mould·er *vi* schimmeln; (*fig*) vergammeln *fam*

mould·ing *n* ARCHIT Fries *m*; (*stucco*) Stuck *m kein pl*; ART [Zier]leiste *f*

mouldy *adj food* schimmelig, verschimmelt; ■**to go ~** [ver]schimmeln

moult *vi birds* [sich] mausern; *cats, dogs* haaren; *snakes, insects, crustaceans* sich häuten

mound [maʊnd] *n* ❶ (*pile*) Haufen *m*; (*small hill*) Hügel *m*; (*in baseball: pitcher's mound*) [erhöhtes] Wurfmal ❷ (*large quantity*) Masse *f*, Haufen *m fam*

mount [maʊnt] **I.** *n* ❶ (*horse*) Pferd *nt* ❷ (*backing, setting*) *of picture, photo* Halterung *f*; *of jewel* Fassung *f* ❸ (*mountain*) Berg *m*; **M~ Everest** Mount Everest *m*; **M~ Etna/Kilimanjaro/Vesuvius** der Ätna/Kilimandscharo/Vesuv; **M~ Fuji** Fudschijama *m* **II.** *vt* ❶ (*support for equipment*) aufhängen; (*get on to ride*) [auf]steigen (auf +*akk*); **to ~ a camera on a tripod** eine Kamera auf ein Stativ montieren ❷ (*go up*) hochsteigen; *stairs* hochgehen ❸ (*organize*) organisieren; *attack, campaign* starten ❹ (*fix for display*) befestigen; **to ~ sth in a frame** etw rahmen

III. *vi* ❶ (*increase*) wachsen, [an]steigen, größer werden ❷ (*get on a horse*) aufsteigen

moun·tain ['maʊntɪn, AM -tᵊn] *n* Berg *m; pl also* Gebirge *nt*

'moun·tain bike *n* Mountainbike *nt*

'moun·tain chain *n* Gebirgskette *f,* Bergkette *f*

moun·tain·eer [ˌmaʊntɪ'nɪəʳ, AM -tᵊ'nɪr] *n* Bergsteiger(in) *m(f)*

moun·tain·eer·ing [ˌmaʊntɪ'nɪərɪŋ, AM -tᵊ'nɪrɪŋ] *n no pl* Bergsteigen *nt*

moun·tain·ous ['maʊntɪnəs, AM -tᵊnəs] *adj* gebirgig, bergig; (*fig*) riesig

'moun·tain range *n* Gebirgszug *m*

mount·ed ['maʊntɪd, AM -ţ-] *adj* beritten *geh;* **to be ~ on a horse** auf einem Pferd sitzen

mount·ing ['maʊntɪŋ, AM -ţ-] **I.** *n* ❶ (*on a horse*) Besteigen *nt* ❷ (*display surface*) *of photograph, picture* Halterung *f; of machine* Sockel *m;* (*frame*) Rahmen *m* **II.** *adj attr* (*increasing*) wachsend, steigend

mourn [mɔːn, AM mɔːrn] *vi, vt* trauern (**for** um +*akk*)

mourn·er ['mɔːnəʳ, AM 'mɔːrnɚ] *n* Trauernde(r) *f(m);* (*non-relative*) Trauergast *m*

mourn·ful ['mɔːnfᵊl, AM 'mɔːrn-] *adj* (*sad*) traurig, melancholisch; (*gloomy*) trübsinnig; *lamenting* klagend

mourn·ing ['mɔːnɪŋ, AM 'mɔːrn-] *n no pl* (*grieving*) Trauer *f;* ▪**to be in ~ for sb** um jdn trauern; (*wear black clothes*) Trauer tragen

mouse <*pl* mice> [maʊs, *pl* maɪs] *n* ZOOL, COMPUT Maus *f*

'mouse-hole *n* Mauseloch *nt* **'mouse pad,** BRIT *a.* **'mouse mat** *n* COMPUT Mauspad *nt*

'mouse·trap *n* Mausefalle *f*

mousse [muːs] *n* ❶ FOOD Mousse *f* ❷ (*cosmetics*) Schaum *m;* **styling ~** Schaumfestiger *m*

mous·tache *n* Schnurrbart *m*

mousy ['maʊsi] *adj* ❶ (*shy*) schüchtern; (*uncharismatic*) unscheinbar ❷ (*dull colour*) farblos; *hair* mausgrau

mouth [maʊθ] *n* ❶ (*of human*) Mund *m; of animal* Maul *nt;* **to have a big ~** (*fig*) ein großes Mundwerk haben *fam* ❷ (*opening*) Öffnung *f; of cave* Eingang *m; of volcano* Krater *m; of river* Mündung *f*

mouth·ful ['maʊθfʊl] *n* ❶ *of food* Bissen *m; of drink* Schluck *m* ❷ (*hum fam: unpronounceable word*) Zungenbrecher *m*

'mouth or·gan *n* Mundharmonika *f*

'mouth·piece *n of telephone* Sprechmuschel *f; of musical instrument, snorkel* Mundstück *nt*

mouth-to-'mouth, mouth-to-mouth re·sus·ci·'ta·tion *n* Mund-zu-Mund-Beatmung *f*

'mouth·wash *n* Mundwasser *nt*

'mouth-wa·ter·ing *adj* [sehr] appetitlich, köstlich

mov·able ['muːvəbḷ] *adj* beweglich; *heavy objects* verschiebbar

move [muːv] **I.** *n* ❶ *no pl* (*movement*) Bewegung *f;* **to be on the ~** unterwegs sein; (*fig*) *country* sich im Umbruch befinden; **to make a ~** (*fam: leave*) sich auf den Weg machen; (*act*) etwas unternehmen; (*start*) loslegen *fam;* **to make no ~** sich nicht rühren ❷ (*step*) Schritt *m;* (*measure*) Maßnahme *f;* **to make the first ~** den ersten Schritt tun ❸ (*in games*) Zug *m;* CHESS [Schach]zug *m;* **it's your ~** du bist dran ❹ (*change of residence*) Umzug *m;* (*change of job*) Stellenwechsel *m;* (*transfer*) Versetzung *f* ▸ PHRASES: **to get a ~ on** (*fam*) sich beeilen; **to make a ~ on sb** (*fam*) jdn anmachen **II.** *vi* ❶ (*change position*) sich bewegen; (*go*) gehen; (*drive*) fahren; **no one ~d** keiner rührte sich; **to ~ [out of the way]** aus dem Weg gehen; **to begin to ~** sich in Bewegung setzen ❷ (*change*) **that's my final decision, and I am not going to ~ [on it]** das ist mein letztes Wort und dabei bleibt es; **to ~ off a subject** das Thema wechseln ❸ (*progress*) vorankommen; **to ~ forward** Fortschritte machen ❹ (*change address*) umziehen; (*change job*) [den Arbeitsplatz] wechseln ❺ (*fam: leave*) gehen, aufbrechen; **we have to get moving** wir müssen los **III.** *vt* ❶ (*change position of*) bewegen; (*place somewhere else*) woanders hinstellen; (*push somewhere else*) verrücken; (*clear*) wegräumen; (*rearrange*) *furniture* umstellen; (*transport*) befördern ❷ (*reschedule*) verlegen, verschieben ❸ (*transfer*) verlegen; (*to another job, class*) versetzen; (*change*) **to ~ house** umziehen; **to ~ office** in ein anderes Büro ziehen ❹ (*cause emotions*) bewegen; (*stronger*) ergreifen; **to ~ sb to tears** jdn zu Tränen rühren ◆**move about, move around** **I.** *vi* ❶ (*go around*) herumgehen ❷ (*travel*) umherreisen ❸ (*change jobs*) oft wechseln; (*move house*) oft umziehen **II.** *vt* ❶ (*change position of*) [hin und her] bewegen; (*place somewhere else*) hin und her räumen; *furniture* umstellen ❷ (*fam: at work*) **to ~ sb ↻ about** jdn oft versetzen ◆**move along** **I.** *vt* ▪**to ~ sb ↻ along** jdn zum Weitergehen bewegen; **to ~ a**

M

car along ein Auto vorbeiwinken **II.** *vi* ① (*walk further on*) weitergehen; (*run further on*) weiterlaufen; (*drive further on*) weiterfahren ② (*make room*) aufrücken, Platz machen ◆**move around** *vt, vi see* **move about** ◆**move away I.** *vi* ① (*leave*) weggehen; *vehicle* wegfahren ② (*move house*) wegziehen; (*leave home*) von zu Hause ausziehen **II.** *vt* wegräumen; (*push away*) wegrücken ◆**move back I.** *vi* zurückweichen; *car* zurücksetzen; **move back!** zurücktreten! **II.** *vt* zurückstellen; (*push back*) zurückschieben; *car* zurücksetzen ◆**move down I.** *vi* ① (*change position*) sich nach unten bewegen; (*slip down*) runterrutschen *fam;* (*make room*) aufrücken ② (*change value*) *shares, prices* fallen **II.** *vt* (*change position of*) nach unten bewegen; (*place lower down*) nach unten stellen; (*clear*) nach unten räumen ◆**move in I.** *vi* ① (*enter a new home*) einziehen; ■**to ~ in with sb** zu jdm ziehen ② (*take control*) **government officials have ~d in to settle the dispute** man hat Regierungsbeamte eingesetzt, um den Streit zu beenden ③ (*advance to attack*) anrücken; **to ~ in on enemy territory** auf feindliches Gebiet vorrücken **II.** *vt* ① (*change position of*) nach innen bewegen; (*push in*) nach innen rücken; (*take inside*) hineinbringen ② (*send*) einsetzen; *troops, police* einrücken lassen ◆**move off I.** *vi* sich in Bewegung setzen; (*walk*) losgehen; (*run*) loslaufen, losrennen; (*drive*) losfahren **II.** *vt* wegräumen ◆**move on I.** *vi* ① (*continue a journey*) sich wieder auf den Weg machen; (*walk*) weitergehen; (*run*) weiterlaufen; (*drive*) weiterfahren ② (*advance*) sich weiterentwickeln; (*progress in career*) beruflich weiterkommen ③ (*change subject*) ■**to ~ on to sth** zu etw *dat* übergehen **II.** *vt* (*cause to leave*) zum Weitergehen auffordern; (*in a vehicle*) zum Weiterfahren auffordern; (*force to leave*) vertreiben ◆**move out I.** *vi* ① (*stop inhabiting*) ausziehen ② (*cease involvement*) ■**to ~ out** [**of sth**] sich [von etw *dat*] zurückziehen ③ (*leave*) *troops* abziehen; *train etc.* abfahren **II.** *vt* ① (*clear*) wegräumen; (*take outside*) hinausbringen ② (*make leave*) *tenant* kündigen; *troops* abziehen; **we were all ~d out of the danger zone** wir mussten alle das Gefahrengebiet räumen ◆**move over I.** *vi* ① (*make room*) Platz machen, aufrücken ② (*switch*) ■**to ~ over to sth** zu etw *dat* übergehen **II.** *vt* herüberschieben; (*put aside*) zur Seite räumen; (*push aside*) zur Seite rücken; (*turn*) umdrehen ◆**move round** *vt, vi see* **move about** ◆**move towards** *vi* ■**to ~ towards sth** sich etw *dat* [an]nähern ◆**move up I.** *vi* ① (*advance*) aufrücken; (*to the next form*) versetzt werden; (*professionally, socially*) aufsteigen ② (*make room*) Platz machen, aufrücken ③ (*increase*) *prices* steigen **II.** *vt* ① (*change position of*) nach oben bewegen; (*put in a higher place*) nach oben räumen ② (*promote at work*) versetzen; **they ~d him up to head of sales** er wurde zum Verkaufsleiter befördert

move·ment ['mu:vmənt] *n* ① (*change of position*) Bewegung *f;* **after the accident he had no ~ in his legs** nach seinem Unfall konnte er seine Beine nicht bewegen ② *no pl* (*general activity*) Bewegung *f;* FIN, STOCKEX Schwankung[en] *f*[*pl*] ③ (*interest group*) Bewegung *f* ④ MUS (*part of symphony*) Satz *m* ⑤ *no pl* (*tendency*) Tendenz *f,* Trend *m* (**towards** [hin] zu +*dat*) ⑥ (*mechanism*) *of clock, watch* Uhrwerk *nt*

movie ['mu:vi:] *n esp* AM, AUS (*film*) [Kino]film *m;* ■**the ~s** *pl* das Kino; **to be in the ~s** (*fam*) im Filmgeschäft sein

'**movie cam·era** *n* Filmkamera *f* '**movie·goer** *n esp* AM, AUS Kinogänger(in) *m(f)* '**movie star** *n* Filmstar *m* '**movie thea·ter** *n* AM Kino *nt*

mov·ing ['mu:vɪŋ] **I.** *n no pl* Umziehen *nt* **II.** *adj* ① *attr* MECH beweglich ② *attr* (*motivating*) Antriebs- ③ (*causing emotion*) bewegend, ergreifend

mow <mowed, mown *or* mowed> [məʊ, AM moʊ] **I.** *vi* (*cut grass, grain*) mähen **II.** *vt lawn* mähen; *field* abmähen

mow·er ['məʊəʳ, AM 'moʊɚ] *n* Rasenmäher *m;* (*on a farm*) Mähmaschine *f*

mown [məʊn, AM moʊn] **I.** *pp of* **mow** **II.** *adj* gemäht; *field* abgemäht

MP [ˌem'pi:] BRIT, CAN POL *abbrev of* **Member of Parliament**

MP3 [ˌempi:'θri:] *n abbrev of* **MPEG** (**Motion Picture Experts Group**) **1 Layer 3** MP3 *nt meist ohne art;* **~-player** MP3-Player *m*

mpg [ˌempi:'dʒi:] *abbrev of* **miles per gallon: to do 40 ~** 40 Meilen pro Gallone fahren

mph [ˌempi:'eɪtʃ] *abbrev of* **miles per hour: to do 50 ~** 50 Meilen pro Stunde fahren

Mr ['mɪstəʳ, AM -ɚ] *n no pl* (*title for man*) Herr *m*

Mrs ['mɪsɪz] *n no pl* (*title for married woman*) Frau, Fr.

Ms [məz, AM mɪz] *n no pl* (*title for woman,*

M

married or unmarried) Fr., Frau (*Alternativbezeichnung zu Mrs und Miss, die sowohl für verheiratete wie unverheiratete Frauen zutrifft*)
MS [ˌem'es] *n no pl abbrev of* **multiple sclerosis** MS *f*
ms *n abbrev of* **manuscript** Mskr.
MSc [ˌemes'si:] *n abbrev of* **Master of Science**
MSG [ˌemes'dʒi:] *n no pl* CHEM *abbrev of* **monosodium glutamate**
Mt *n abbrev of* **mount I 3**
much [mʌtʃ] **I.** *adj* <more, most> + *sing* viel; **there wasn't ~ post** es kam nicht viel Post; **how ~ ...?** wie viel ...?; **twice as ~** doppelt so viel **II.** *pron* ① (*relative amount*) viel; **however ~ you dislike her ...** wie unsympathisch sie dir auch sein mag, ...; **he left without so ~ as an apology** er ging ohne auch nur ein Wort der Entschuldigung ② (*great deal*) viel; **~ of what you say is right** vieles von dem, was Sie sagen, ist richtig ③ *with neg* (*pej: poor example*) **he's not ~ to look at** er sieht nicht gerade umwerfend aus ④ (*larger part*) **~ of the day** der Großteil des Tages **III.** *adv* <more, most> ① (*greatly*) sehr; **~ to our surprise** zu unserer großen Überraschung; **to not be ~ good at sth** in etw *dat* nicht sehr gut sein ② (*by far*) bei weitem; **she's ~ the best person for the job** sie ist bei weitem die Beste für den Job ③ (*nearly*) fast; **~ the same** fast so ④ (*specifying degree*) **I like him as ~ as you do** ich mag ihn genauso sehr wie du; **I wanted so ~ to meet you** ich wollte dich unbedingt treffen; **thank you very ~** herzlichen Dank ⑤ (*often*) häufig; **do you see ~ of her?** siehst du sie öfters? **IV.** *conj* (*although*) auch wenn, wenngleich *geh;* **~ as I like you, ...** so gern ich dich auch mag, ...
much·ness ['mʌtʃnəs] *n no pl* (*fam*) **to be much of a ~** so ziemlich das Gleiche sein
muck [mʊk] *n no pl* BRIT ① (*dirt*) Dreck *m fam;* (*waste*) Müll *m;* **[to be] common as ~** (*fam*) furchtbar ordinär [sein] *pej* ② (*euph: excrement*) Haufen *m fam;* AGR Dung *m;* (*liquid*) Jauche *f* ◆**muck about, muck around** (*fam*) **I.** *vi* Unfug treiben; ■**to ~ about with sth** an etw *dat* herumfummeln **II.** *vt* ■**to ~ sb about** mit jdm umspringen[, wie es einem gefällt] ◆**muck out** *vt, vi* ausmisten ◆**muck up** *vt* BRIT (*fam*) vermasseln; *exam* versieben
'muck·heap *n* Haufen *m* [Dreck] **muck·rak·er** [-reɪkə^r, AM -ɚ] *n* (*pej*) Skandalreporter(in) *m(f)* **'muck-up** *n* (*fam*) Reinfall *m*
mucky ['mʊki] *adj* schmutzig, dreckig
mu·cous ['mju:kəs] *adj no pl* (*relating to mucus*) Schleim- *m;* (*producing mucus*) schleim bildend
mu·cus ['mju:kəs] *n no pl* Schleim *m*
mud [mʌd] *n no pl* Schlamm *m*
mud·dle ['mʌdl̩] **I.** *n* ① *usu sing* (*confused state*) Durcheinander *nt;* **to be/get in a ~** durcheinander sein/durcheinandergeraten ② *no pl* (*confusion*) Durcheinander *nt,* Kuddelmuddel *nt* **II.** *vi* ■**to ~ along** vor sich *akk* hin wursteln *fam*
mud·dle-'head·ed *adj* verwirrt, konfus
mud·dy ['mʌdi] **I.** *vt* ① (*make dirty*) verschmutzen, schmutzig machen ② (*fig: confuse*) undurchsichtig machen **II.** *adj* schlammig; (*dirty*) schmutzig; *ground, snow* matschig
'mud·guard *n of car* Kotflügel *m; of bicycle* Schutzblech *nt*
'mud·pack *n* Gesichtsmaske *f* **mud-sling·ing** ['mʌdslɪŋɪŋ] *n no pl* (*fig*) Schlammschlacht *f fam*
mues·li ['mju:zli] *n no pl* Müsli *nt,* Müesli *nt* SCHWEIZ
muff [mʌf] **I.** *n* FASHION Muff *m* **II.** *vt* (*fam*) vermasseln
muf·fin ['mʌfɪn] *n* ① BRIT *flaches rundes Hefebrötchen, das halbiert getoastet und anschließend mit Butter* (*und ggf. Marmelade*) *gegessen wird* ② AM Muffin *nt* (*kleiner, hoher, runder, meist süßer Kuchen aus Rührteig*)
muf·fle ['mʌfl̩] *vt* dämpfen; (*fig*) [ab]schwächen ◆**muffle up I.** *vt* ■**to ~ up** ↻ **oneself** sich warm anziehen **II.** *vi* sich warm anziehen, sich einmummeln *fam*
muf·fler ['mʌfl̩ə^r, AM -ɚ] *n* (*silencer*) *of gun* Schalldämpfer *m;* AM *of car* Auspufftopf *m*
muf·ti ['mʌfti] *n* ① *no pl* (*dated*) zivile Kleidung; ■**in ~** in Zivil ② REL (*Muslim legal expert*) Mufti *m*
mug [mʌg] **I.** *n* ① (*cup*) Becher *m* (*mit Henkel*) ② *esp* BRIT (*fam: foolish person*) Trottel *m,* Simpel *m* DIAL ③ (*pej: face*) Visage *f,* Fresse *f sl* **II.** *vt* <-gg-> überfallen und ausrauben
mug·ger ['mʌgə^r, AM -ɚ] *n* [Straßen]räuber(in) *m(f)*
mug·ging ['mʌgɪŋ] *n* [Straßen]raub *m,* Überfall *m* (*auf offener Straße*)
mug·gins ['mʌgɪnz] *n no pl* BRIT (*hum*) Dumm[er]chen *nt fam* (*oft zu sich selbst gesagt*)
mug·gy ['mʌgi] *adv weather* schwül
mug·wump ['mʌgwʌmp] *n* AM ① (*boss*) Big Boss *m fam* ② (*stubborn person*)

Querkopf *m*

mul·berry ['mʌlbᵊri, AM -beri] *n* ❶ (*fruit*) Maulbeere *f* ❷ (*tree*) Maulbeerbaum *m*

mule¹ [mju:l] *n* (*animal*) Maultier *nt*

mule² [mju:l] *n* (*shoe*) halboffener Schuh; (*slipper*) Pantoffel *m*

mull [mʌl] *vt* ❶ (*spice*) **~ed wine** Glühwein *m* ❷ (*ponder*) ▪**to ~ sth** sich *dat* etw durch den Kopf gehen lassen

mul·let ['mʌlɪt] *n* ❶ (*fish*) Meeräsche *f* ❷ (*fam: hairstyle*) Vokuhila *m sl*

mul·lion ['mʌljən] *n* ARCHIT Längspfosten *m;* ▪**~s** *pl* Stabwerk *nt* **multi·'col·oured**, AM **multi·'col·ored** *adj* bunt; (*lots of colours*) mehrfarbig **multi-'cul·tur·al** *adj* multikulturell

multi·fari·ous [ˌmʌlti'feəriəs, AM -tə'feri-] *adj attr* (*form*) vielfältig **multi·'func·tion·al** *adj* multifunktional **multi·'lat·er·al** *adj* POL multilateral *geh* **multi·'layered** *adj* vielschichtig **multi·'lin·gual** *adj* mehrsprachig **multi·'me·dia** **I.** *n no pl* Multimedia *f* **II.** *adj* multimedial **multi·mil·lion·'aire** *n* Multimillionär(in) *m(f)* **multi·'na·tion·al** **I.** *n* multinationaler Konzern, Multi *m fam* **II.** *adj* multinational **multi·play·er** ['mʌltipleɪəʳ, AM -t̬i'pleɪɚ] *adj attr computer game* Multiplayer-, für mehrere Spieler *nach n*

multi·ple ['mʌltɪpl] **I.** *adj attr* vielfach, vielfältig **II.** *n* ❶ (*number*) Vielfache[s] *nt* ❷ (*shop with many branches*) [Laden]kette *f*

multi·plex ['mʌltipleks, AM -t̬ə-] *n* Multiplex-Kino *nt*

multi·pli·ca·tion [ˌmʌltiplɪ'keɪʃᵊn, AM -t̬ə-] *n no pl* Multiplikation *f*

multi·plic·ity [ˌmʌlti'plɪsɪti, AM -t̬ə'plɪsət̬i] *n no pl* (*form*) Vielzahl *f* (**of** von), Vielfalt *f* (**of** an)

multi·pli·er ['mʌltiplaɪəʳ, AM -t̬əplaɪɚ] *n* Multiplikator *m*

multi·ply <-ie-> ['mʌltiplaɪ, AM -t̬ə-] **I.** *vt* multiplizieren (**by** mit +*dat*) **II.** *vi* sich vermehren; (*through reproduction a.*) sich fortpflanzen

multi-'pur·pose *adj* multifunktional, Mehrzweck- **multi-'ra·cial** *adj* gemischtrassig; **~ society** *Gesellschaft, die aus den Angehörigen verschiedener Rassengruppen besteht* **multi-'stage** *adj* **a ~ theatre** ein Theater mit mehreren Bühnen **multi-'sto·rey** *adj* mehrstöckig, mehrgeschossig **multi-'task·ing** **I.** *n* COMPUT Ausführen *nt* mehrerer Programme, Multitasking *nt* **II.** *adj attr* (*fig*) gleichzeitig mehreren Aufgaben nachkommend *attr*

multi·tude ['mʌltitju:d, AM *esp* -tətu:d] *n* ❶ (*great number*) Vielzahl *f* ❷ (*crowd*) ▪**the ~s** *pl* die Allgemeinheit

mum¹ [mʌm] *n* (*fam: mother*) Mama *f,* Mutti *f bes* NORDD

mum² [mʌm] *adj* (*fam: silent*) still; **... – ~'s the word** (*as a response*) ... – von mir erfährt keiner was; (*telling sb*) ... – und kein Wort darüber; **to keep ~** den Mund halten

mum·ble ['mʌmbl] *vi* (*speak quietly*) murmeln; (*speak unclearly*) nuscheln

mum·bo jum·bo [ˌmʌmbəʊ'dʒʌmbəʊ, AM ˌmʌmboʊ'dʒʌmboʊ] *n no pl* (*fam*) Quatsch *m*

mum·mi·fy <-ie-> ['mʌmɪfaɪ, AM -əfaɪ] *vt* mumifizieren

mum·my¹ ['mʌmi] *n* (*fam: mother*) Mama *f,* Mami *f,* Mutti *f bes* NORDD

mum·my² ['mʌmi] *n* (*corpse*) Mumie *f*

mumps [mʌmps] *n + sing vb* Mumps *m*

munch [mʌn(t)ʃ] *vi, vt* mampfen

mun·dane [mʌn'deɪn] *adj* profan *geh;* (*unexciting*) *problem, question* banal; (*routine*) *activity, task* alltäglich

Mu·nich ['mju:nik] *n* München *nt*

mu·nici·pal [mju:'nɪsɪpᵊl, AM -səpᵊl] *adj* städtisch, Stadt-, kommunal, Kommunal-; **~ elections** Kommunalwahlen *pl,* Gemeinderatswahlen *pl*

mu·nici·pal·ity [mju:ˌnɪsɪ'pæləti, AM -sə'pælət̬i] *n* (*political unit*) Gemeinde *f,* Kommune *f;* (*town-size a.*) Stadt *f*

mu·ni·tions [mju:'nɪʃᵊnz] *npl* (*weapons*) Waffen *pl;* (*weapons and ammunition*) Kriegsmaterial *nt kein pl;* (*ammunition*) Munition *f kein pl*

mu·ral ['mjuərᵊl, AM 'mjur-] **I.** *n* Wandgemälde *nt* **II.** *adj* Wand-

mur·der ['mɜ:dəʳ, AM 'mɜ:rdɚ] **I.** *n* ❶ (*crime*) Mord *m,* Ermordung *f* (**of** an +*dat*); **mass ~** Massenmord *m;* **to commit ~** einen Mord begehen ❷ (*fig: difficult thing*) **it's ~ trying to find a parking space around here** es ist wirklich schier unmöglich, hier in der Gegend einen Parkplatz zu finden **II.** *vt* ermorden, umbringen *a. fig*

mur·der·er ['mɜ:dᵊrəʳ, AM 'mɜ:rdɚɚ] *n* Mörder(in) *m(f)*

mur·der·ess ['mɜ:dᵊrɪs, AM 'mɜ:rdɚəs] *n* (*dated*) Mörderin *f*

mur·der·ous ['mɜ:dᵊrəs, AM 'mɜ:rd-] *adj* ❶ (*cruel*) mordlüstern, blutrünstig; (*evil*) *look, hatred* tödlich ❷ (*unpleasant*) mörderisch *fam*

murky ['mɜ:ki, AM 'mɜ:rki] *adj* düster; *night* finster; *water* trübe; (*fig*) *past* dunkel

mur·mur ['mɜ:məʳ, AM 'mɜ:rmɚ] **I.** *vi, vt* murmeln **II.** *n* Gemurmel *nt kein pl,* Raunen *nt kein pl;* **a ~ of agreement** ein zustim-

M

mendes Raunen

mus·cle ['mʌsl̩] *n* ❶ (*contracting tissue*) Muskel *m* ❷ (*fig: influence*) Stärke *f*

Aussprache

Bei Wörtern, welche die Buchstabenfolge **sce** oder **sci** enthalten, wird das **c** manchmal nicht gesprochen: **muscle** = ['mʌsl̩]. Andere Beispiele hierfür sind:

abscess	['æbses]	(*Abszess*)
descent	[dɪ'sent]	(*Abstieg*)
discipline	['dɪsəplɪn]	(*Disziplin*)
fascinate	['fæsɪneɪt]	(*faszinieren*)
Pisces	['paɪsi:z]	(*Fische*)
scent	[sent]	(*Duft*)

◆**muscle in** *vi* sich [rücksichtslos] einmischen; ■**to ~ in on sth** sich irgendwo [mit aller Gewalt] hineindrängeln

'mus·cle-bound *adj* [äußerst] muskulös

'mus·cle·man *n* Muskelprotz *m*

mus·cu·lar ['mʌskjələʳ, AM -lɚ] *adj* ❶ (*relating to muscles*) muskulär, Muskel- ❷ (*with well-developed muscles*) muskulös

muse [mju:z] **I.** *vi* nachgrübeln, nachdenken (**about, on** über +*akk*) **II.** *n* (*female inspirer*) Muse *f;* (*artistic inspiration*) Inspiration *f*

mu·seum [mju:'zi:əm] *n* Museum *nt*

mush [mʌʃ] *n no pl* (*fam*) ❶ FOOD Brei *m,* Mus *nt;* **to turn to ~** zu Brei werden ❷ (*sentimentality*) **that film was just romantic ~** der Film war so eine richtige Schnulze

mush·room ['mʌʃrʊm, -ru:m] *n* Pilz *m*

mushy ['mʌʃi] *adj* ❶ (*pulpy*) breiig ❷ (*soppily romantic*) schnulzig

mu·sic ['mju:zɪk] *n no pl* ❶ (*pattern of sounds*) Musik *f;* **to put on ~** [etwas] Musik auflegen ❷ (*notes*) Noten *pl*

mu·si·cal ['mju:zikᵊl] **I.** *adj* musikalisch, Musik- **II.** *n* Musical *nt*

'mu·sic box *n* AM Spieluhr *f* **'mu·sic hall** *n* (*dated*) Konzerthalle *f*

mu·si·cian [mju:'zɪʃᵊn] *n* Musiker(in) *m(f)*

'mu·sic stand *n* Notenständer *m*

musk [mʌsk] *n no pl* Moschus *m*

mus·ket ['mʌskɪt] *n* Muskete *f*

mus·ket·eer [ˌmʌskɪ'tɪəʳ, AM -kə'tɪr] *n* HIST Musketier *m*

musk·rat ['mʌskræt] *n* Moschusratte *f*

Mus·lim ['mʊslɪm, AM 'mʌsləm] **I.** *n* Moslem(in) *m(f),* Muslim(in) *m(f)* **II.** *adj* moslemisch, muslimisch

mus·lin ['mʌzlɪn] *n* Musselin *m*

muss [mʌs] *esp* AM **I.** *n no pl* Unordnung *f,* Durcheinander *nt* **II.** *vt* durcheinanderbringen; *wind* zerzausen

mus·sel ['mʌsᵊl] *n* [Mies]muschel *f*

must [mʌst] **I.** *aux vb* ❶ (*be obliged, be required*) müssen; **all handbags ~ be left at the cloakroom for security reasons** lassen Sie bitte aus Sicherheitsgründen alle Handtaschen in der Garderobe; ■**~ not** [*or* **~n't**] nicht dürfen; **you ~n't say anything to anyone about this matter** darüber darfst du mit niemandem sprechen; **~ you leave so soon?** müssen Sie schon so früh gehen? ❷ (*should*) **you really ~ read this book** dieses Buch sollten Sie wirklich einmal lesen ❸ (*be certain to*) müssen; **she ~ be wondering where I've got to** sie wird sich bestimmt fragen, wo ich abgeblieben bin; **you ~ be joking!** du machst wohl Witze! ❹ (*be necessary*) müssen; **you ~n't worry too much about it** jetzt mach dir deswegen nicht so viele Sorgen **II.** *n no pl* Muss *nt kein pl;* ■**to be a ~** ein Muss *nt* sein; **this book is a ~!** dieses Buch muss man gelesen haben!

mus·tache *n* AM *see* **moustache**

mus·tang ['mʌstæŋ] *n* Mustang *m*

mus·tard ['mʌstəd, AM -tɚd] *n no pl* Senf *m*

mus·ter ['mʌstəʳ, AM -tɚ] **I.** *n* [zum Appell angetretene] Truppe **II.** *vt* ❶ (*gather*) aufbringen ❷ (*bring together*) *soldiers* [zum Appell] antreten lassen **III.** *vi* (*come together*) sich versammeln, antreten; *troop* [zum Appell] antreten

must-'have *adj attr* (*fam*) unentbehrlich; **be fashionable this autumn with this pair of ~ boots** gehen Sie diesen Herbst mit der Mode - dazu gehören unbedingt diese Stiefel!

mustn't ['mʌsᵊnt] *short for* **must not** *see* **must**

'must-see I. *n* **this film is a ~** diesen Film muss man gesehen haben **II.** *adj* sehenswert; **~ TV** *Fernsehsendung, die man unbedingt sehen muss*

musty ['mʌsti] *adj book* mod[e]rig; *room, smell* muffig

mu·tant ['mju:tᵊnt] *n* Mutant(e) *m(f)*

mu·ta·tion [mju:'teɪʃᵊn] *n* Veränderung *f,* Mutation *f fachspr*

mute [mju:t] **I.** *n* ❶ MUS (*quieting device*) Dämpfer *m* ❷ (*person*) Stumme(r) *f(m)* **II.** *vt sound, noise* dämpfen **III.** *adj* stumm

mut·ed ['mju:tɪd] *adj* (*not loud*) gedämpft; (*fig*) schweigend, stumm; *colours* gedeckt

mu·ti·late ['mju:tɪleɪt, AM -t̬ᵊl-] *vt* verstümmeln; (*fig*) verschandeln

mu·ti·la·tion [ˌmju:tɪ'leɪʃᵊn, AM -t̬ᵊ'leɪ-] *n* Verstümmelung *f;* (*fig*) Verschandelung *f*

mu·ti·neer [ˌmju:tɪ'nɪəʳ, AM -t̬ᵊn'ɪr] *n* Meute-

M

rer(in) *m(f)*

mu·ti·nous ['mju:tɪnəs, AM -t̬ən-] *adj* meuterisch; *shareholders* rebellisch

mu·ti·ny ['mju:tɪni, AM -t̬əni] **I.** *n* Meuterei *f* **II.** *vi* <-ie-> meutern

mut·ter ['mʌtəʳ, AM -t̬ɚ] **I.** *vi* ① *(mumble)* ■**to ~ [away to oneself]** irgendetwas [vor sich *akk* hin]murmeln ② *(spread rumour)* ■**to ~ about sth** etw munkeln **II.** *vt (complain softly)* brummen, murmeln; **to ~ sth to sb under one's breath** jdm etw zuraunen

mut·ton ['mʌtən] *n no pl* Hammel *m,* Hammelfleisch *nt*

'mut·ton chops *npl,* **mut·ton chop 'whisk·ers** *npl* Koteletten *pl*

mu·tu·al ['mju:tʃu:əl] *adj* gegenseitig, beiderseitig; *friends, interests* gemeinsam; *agreement* wechselseitig; **the feeling is ~** das [Gefühl] beruht auf Gegenseitigkeit

mu·tu·al 'fund *n* AM FIN offener Investmentfond

mu·tu·al·ly ['mju:tʃu:əli] *adv* gegenseitig, für beide [Seiten]; **to be ~ exclusive** sich gegenseitig ausschließen

mu·zak® ['mju:zæk] *n no pl* Musikberieselung *f*

muz·zle ['mʌzl̩] **I.** *n* ① *(animal mouth)* Schnauze *f,* Maul *nt* ② *(mouth covering)* Maulkorb *m* ③ *(gun end)* Mündung *f* **II.** *vt animal* einen Maulkorb anlegen; *(fig) person, press* mundtot machen

muz·zy ['mʌzi] *adj* ① *(hazy)* benommen, benebelt ② *(unclear)* unklar, verschwommen, verzerrt; *objectives* diffus

MW *n* RADIO *abbrev of* **medium wave** MW *f*

my [maɪ] **I.** *adj poss* mein(e); **~ brother and sister** mein Bruder und meine Schwester; **I've hurt ~ foot** ich habe mir den Fuß verletzt; **I need a car of ~ own** ich brauche ein eigenes Auto **II.** *interj* ach, oh; **~ ~** na, so was

my·co·pro·tein ['maɪkə(ʊ)prəʊti:n, AM -koʊproʊ-] *n* FOOD Mykoprotein *nt*

myo·pia [maɪ'əʊpi:ə, AM -oʊ-] *n no pl (spec)* Kurzsichtigkeit *f*

my·op·ic [maɪ'ɒpɪk, AM -'ɑ:pɪk] *adj (form or fig)* kurzsichtig

myri·ad ['mɪriəd] *n (form)* Myriade *f;* **~s of ...** unzählige ...

myrrh [mɜ:ʳ, AM mɜ:r] *n no pl* Myrrhe *f*

myr·tle ['mɜ:tl̩, AM 'mɜ:rt̬l̩] *n* Myrte *f*

my·self [maɪ'self] *pron refl* ① *(direct object of verb)* mir *+dat,* mich *+akk;* **I caught sight of ~ in the mirror** ich sah mich im Spiegel; **yes, I thought to ~, it's time to take a holiday** ja, dachte ich mir, es ist Zeit für einen Urlaub ② *(emph form: I, me)* ich; **people like ~** Menschen wie ich ③ *(emph: me personally)* ich persönlich; **I wrote it ~** ich schrieb es selbst; ■**to see [sth] for ~** [etw] selbst sehen ④ *(me alone)* **I never get an hour to ~** ich habe nie eine Stunde für mich; **I live by ~** ich lebe alleine; **[all] by ~** [ganz] alleine

mys·teri·ous [mɪ'stɪəriəs, AM -'stɪri-] *adj* geheimnisvoll, mysteriös

mys·tery ['mɪstəri] *n (secret)* Geheimnis *nt; (puzzle)* Rätsel *nt;* **that's a ~ to me** das ist mir schleierhaft

'mys·tery play *n* Mysterienspiel *nt*

mys·tic ['mɪstɪk] **I.** *n* Mystiker(in) *m(f)* **II.** *adj* ① *(inspiring sense of mystery)* geheimnisvoll, mysteriös ② *(relating to mysticism)* mystisch

mys·ti·cal ['mɪstɪkəl] *adj* mystisch

mys·ti·cism ['mɪstɪsɪzəm] *n no pl* ① *(consciousness of God's reality)* Mystik *f* ② *(belief in hidden realities)* das Mystische ③ *(pej: vague speculation)* Mystizismus *m*

mys·ti·fi·ca·tion [ˌmɪstɪfɪ'keɪʃən] *n no pl* ① *(puzzlement)* Verwunderung *f,* Verblüffung *f* ② *(intentional confusion)* Verwirrung *f,* Verwirrspiel *nt*

mys·ti·fy <-ie-> ['mɪstɪfaɪ] *vt* ■**to ~ sb** jdn vor ein Rätsel stellen

mys·tique [mɪ'sti:k] *n no pl (form)* Zauber *m*

myth [mɪθ] *n* ① *(ancient story)* Mythos *m* ② *(pej: false idea)* Ammenmärchen *nt*

mythi·cal ['mɪθɪkəl] *adj* ① *(fictional)* sagenhaft, legendär ② *(supposed)* gedacht, imaginär

mytho·logi·cal [ˌmɪθəˈlɒdʒɪkəl, AM -ə'lɑ:-] *adj* mythologisch

my·thol·ogy [mɪ'θɒlədʒi, AM -'θɑ:-] *n no pl* Mythologie *f; (fig)* Ammenmärchen *nt*

Nn

N <*pl* -'s *or* -s>, **n** <*pl* -'s> *n* N *nt,* n *nt;* **~ for Nelly** [*or* AM **as in Nan**] N wie Nordpol

N I. *n abbrev of* **North** N *m* **II.** *adj abbrev of* **North, Northern** nördl.

n *n* ① *abbrev of* **noun** Subst. ② *abbrev of* **neuter** nt

naan [nɑ:n] *n* indisches Fladenbrot

nab <-bb-> [næb] *vt (fam)* stibitzen

na·dir ['neɪdɪəʳ, næd-, AM 'neɪdɚ] *n* (*form*) Tiefpunkt *m*
naff [næf] *adj* BRIT (*sl*) geschmacklos
nag¹ [næg] *n* (*horse*) [alte Schind]mähre
nag² [næg] **I.** *vi* <-gg-> [herum]nörgeln (**at** an +*dat*) **II.** *vt* <-gg-> ■**to ~ sb** (*urge*) jdm [ständig] zusetzen; (*annoy*) jdn nicht in Ruhe lassen **III.** *n* (*fam: person*) Nörgler(in) *m(f)*; (*annoying*) Nervensäge *f*
nag·ging ['nægɪŋ] **I.** *n no pl* Nörgelei *f* **II.** *adj* ❶ (*criticizing*) nörgelnd ❷ (*persistent*) quälend
nail [neɪl] **I.** *n* ❶ (*small metal spike*) Nagel *m* ❷ (*body part*) [Finger-/Zeh]nagel *m*; **to bite one's ~s** an den Fingernägeln kauen; **to cut one's ~s** sich *dat* die Nägel schneiden **II.** *vt* ❶ (*fasten*) nageln (**to** an +*akk*) ❷ (*sl: catch*) *police* schnappen *fam*; *newspapers* drankriegen *fam*
'nail-bit·ing **I.** *n no pl* Nägelkauen *nt* **II.** *adj* nervenzerreißend; *film* spannend
'nail brush *n* Nagelbürste *f* **'nail clip·pers** *npl* Nagelknipser *m* **'nail file** *n* Nagelfeile *f* **'nail pol·ish** *n* Nagellack *m* **'nail scis·sors** *npl* Nagelschere *f* **'nail var·nish** *n* Nagellack *m* **'nail var·nish re·mov·er** *n* Nagellackentferner *m*
na·ïve, na·ive [naɪ'iːv, AM *esp* nɑː'iːv] *adj* (*esp pej*) naiv *pej*
na·ïve·té [naɪ'iːvəteɪ, AM ˌnɑːiːv'teɪ], **na·ive·ty** [naɪ'iːvəti, AM nɑː'iːvət̬i] *n no pl* Naivität *f a. pej*
na·ked ['neɪkɪd] *adj* (*a. fig*) nackt; *aggression* unverhüllt; *ambition* blank; *flame* offen; **to the ~ eye** für das bloße Auge
na·ked·ness ['neɪkɪdnəs] *n no pl* Nacktheit *f*
nam·by-pam·by [ˌnæmbi'pæmbi] *adj attr* (*pej fam: weak*) *person* verweichlicht
name [neɪm] **I.** *n* ❶ (*title*) Name *m*; **my ~'s Peter** ich heiße Peter; **what's your ~?** wie heißen Sie?; **first/last ~** Vor-/Nachname *m*; **to call sb ~s** jdn beschimpfen; **in the ~ of ...** im Namen von ... ❷ *no pl* (*reputation*) Name *m*, Ruf *m*; **to make a ~ for oneself** sich *dat* einen Namen machen **II.** *vt* ❶ (*call*) **they ~d their little boy Philip** sie nannten ihren kleinen Sohn Philip ❷ (*list*) nennen
'name day *n* Namenstag *m* **'name-drop·ping** *n no pl* Namedropping *nt* (*das Angeben mit berühmten Persönlichkeiten, die man kennt*)
name·less ['neɪmləs] *adj* namenlos
name·ly ['neɪmli] *adv* nämlich
'name·plate *n of a person* Namensschild *nt*; (*on door of a house*) Türschild *nt*; *of company* Firmenschild *nt* **'name·sake** *n* Namensvetter *m*
nan *n* ❶ (*fam: grandmother*) Omi *f* ❷ FOOD **~ [bread]** indisches Fladenbrot
nan·ny ['næni] *n* ❶ (*grandmother*) Oma *f* ❷ (*babyminder*) Kindermädchen *nt* ❸ (*female goat*) Geiß *f*
'nan·ny goat *n* Geiß *f*
na·no·sec·ond ['nænə(ʊ)ˌsekᵊnd, AM 'nænoʊ-] *n* Nanosekunde *f*
nap [næp] *n* Nickerchen *nt*; **to take a ~** ein Nickerchen machen
na·palm ['neɪpɑːm] *n no pl* Napalm *nt*
nape [neɪp] *n no pl* Nacken *m*
nap·kin ['næpkɪn] *n* Serviette *f*
nap·py ['næpi] *n* Windel *f*; **disposable ~** Wegwerfwindel *f*
nar·cis·sism ['nɑːsɪsɪzᵊm, AM 'nɑːrsə-] *n no pl* Narzissmus *m*
nar·cis·sus <*pl* -es *or* -issi *or* -> [nɑː'sɪsəs, AM nɑːr'-] *n* Narzisse *f*
nar·co·sis [nɑː'kəʊsɪs, AM nɑːr'koʊ-] *n* Narkose *f*
nar·cot·ic [nɑː'kɒtɪk, AM nɑːr'kɑːt̬-] **I.** *n* ❶ *esp* AM (*drug*) Rauschgift *nt* ❷ MED (*drug causing sleepiness*) Narkotikum *nt* **II.** *adj* ❶ (*affecting the mind*) berauschend ❷ MED narkotisch; (*sleep-inducing*) einschläfernd
nark [nɑːk] BRIT, AUS **I.** *vt* ärgern; **to be/become ~ed with sb** auf jdn wütend sein/werden **II.** *n* (*sl: police informer*) Spitzel *nt*
nar·rate [nə'reɪt, AM 'nereɪt] *vt* ❶ (*provide commentary*) erzählen ❷ (*give account of*) schildern
nar·ra·tion [nə'reɪʃᵊn, AM ne'reɪ-] *n no pl* Schilderung *f*; *of a story, tale* Erzählung *f*
nar·ra·tive ['nærətɪv, AM 'nerət̬ɪv] *n* (*form*) ❶ (*story*) Erzählung *f* ❷ (*description of events*) Schilderung *f*
nar·ra·tor [nə'reɪtəʳ, AM 'nereɪt̬ɚ] *n* Erzähler(in) *m(f)*; **first-person ~** Ich-Erzähler; **third-person ~** allwissender Erzähler; **omniscient ~** allwissender Erzähler; **intrusive ~** auktorialer Erzähler; **unreliable ~** unglaubwürdiger Erzähler
nar·row ['nærəʊ, AM 'neroʊ] **I.** *adj* ❶ (*thin*) eng, schmal ❷ (*pej: limited*) **to have a ~ mind** engstirnig sein ❸ (*small*) knapp **II.** *vi* enger werden, sich verengen; (*fig*) *gap, difference* sich schließen **III.** *vt* verengen; (*fig*) beschränken; *eyes* zusammenkneifen
'nar·row boat *n* Kanalboot *nt* **'nar·row gauge** *n* Schmalspur *f*
nar·row·ly ['nærəʊli, AM 'neroʊ-] *adv* (*barely*) knapp
nar·row-'mind·ed *adj* engstirnig

N

NASA ['næsə] *n no pl abbrev of* **National Aeronautics and Space Administration** NASA *f*

na·sal ['neɪzᵊl] *adj* ❶ (*concerning nose*) Nasen- ❷ *voice* nasal

nas·cent ['neɪsᵊnt] *adj* (*form*) neu aufkommend

nas·ti·ness ['nɑːstɪnəs, AM 'næːstɪ-] *n no pl* Gemeinheit *f*

na·stur·tium [nə'stɜːʃᵊm, AM -'stɜːr-] *n* [Kapuziner]kresse *f*

nas·ty ['nɑːsti, AM 'næːsti] *adj* ❶ (*bad*) scheußlich, widerlich; *fright, shock* furchtbar; *joke* schlecht; *surprise* böse; ▪**to be ~ to sb** zu jdm gemein sein; **he is a ~ piece of work** er ist ein fieser Zeitgenosse; **cheap and ~** billig und schlecht ❷ (*dangerous*) gefährlich ❸ (*serious*) schlimm, böse; **to turn ~** *situation, person, animal* unangenehm werden

na·tal ['neɪtᵊl, AM -t̬-] *adj* Geburts-

na·tal·ity [nə'tælɪti, AM -ət̬i] *n* Geburtenziffer *f*

na·tion ['neɪʃᵊn] *n* ❶ (*country, state*) Nation *f*, Land *nt;* **all across the ~** im ganzen Land ❷ (*people*) Volk *nt;* **the Apache ~** der Stamm der Apachen

na·tion·al ['næʃᵊnᵊl] **I.** *adj* ❶ (*of a nation, nationwide*) *matter, organization* national; *flag, team* National-; **~ government** Landesregierung *f;* [**in the**] **~ interest** [im] Staatsinteresse *nt* ❷ (*particular to a nation*) Landes-, Volks- **II.** *n* Staatsangehörige(r) *f(m);* **foreign ~** Ausländer(in) *m(f)*

na·tion·al 'an·them *n* Nationalhymne *f* **na·tion·al 'debt** *n* Staatsverschuldung *f*

Land und Leute

Das **national emblem** (*Nationalsymbol*) Englands ist die *Tudor rose*, die weiße, flache Rose des Königshauses York auf der roten Rose des Hauses Lancaster. Irlands Nationalsymbol ist der *shamrock*, eine Art Kleeblatt, den der Schutzpatron St Patrick zur Veranschaulichung der Dreieinigkeit verwendet haben soll. Die *thistle* (*Distel*) von Schottland wurde von König James III im 15. Jh. als Nationalsymbol ausgewählt. Der *dragon* (*Drache*) von Wales wurde vor sehr langer Zeit als ein Emblem auf den Kriegsfahnen verwendet. Die Waliser haben auch den *leek* (*Lauch*) als Symbol, der, nach Shakespeare, bei der Schlacht von Poitiers gegen die Franzosen 1356 getragen wurde; die *daffodil* (*Osterglocke*) ist ein hübscher Ersatz dafür aus dem 20. Jh.

Na·tion·al 'Front *n,* **NF** *n* BRIT *rechtsradikale Partei* **na·tion·al 'grid** *n* BRIT, AUS nationales Verbundnetz **Na·tion·al 'Health** *n,* **Na·tion·al 'Health Ser·vice** *n* BRIT staatlicher Gesundheitsdienst **na·tion·al 'holi·day** *n* (*work-free*) gesetzlicher Feiertag; (*in celebration of a nation*) Nationalfeiertag *m* **Na·tion·al In·'sur·ance** *n* BRIT Sozialversicherung *f*

na·tion·al·ism ['næʃᵊnᵊlɪzᵊm] *n no pl* (*usu pej*) Nationalismus *m*

na·tion·al·ist ['næʃᵊnᵊlɪst] **I.** *adj* nationalistisch **II.** *n* Nationalist(in) *m(f)*

na·tion·al·is·tic [ˌnæʃᵊnᵊl'ɪstɪk] *adj* (*usu pej*) nationalistisch

na·tion·al·ity [ˌnæʃᵊn'æləti, AM -ət̬i] *n* ❶ (*esp cultural*) Nationalität *f* ❷ *no pl* (*legal*) Staatsangehörigkeit *f*

na·tion·ali·za·tion [ˌnæʃᵊnᵊlaɪ'zeɪʃᵊn, AM -lɪ'-] *n no pl* Verstaatlichung *f*

na·tion·al·ize ['næʃᵊnᵊlaɪz] *vt company, steel industry* verstaatlichen

na·tion·al 'park *n* Nationalpark *m* **na·tion·al 'ser·vice** *n no pl* BRIT, AUS Wehrdienst *m* **na·tion·al 'so·cial·ism** *n no pl* (*hist*) Nationalsozialismus *m*

Land und Leute

Die Stiftung **National Trust** ist eine 1895 gegründete, gemeinnützige Natur- und Denkmalschutzorganisation mit über einer Million Mitgliedern. Sie besitzt historisch bedeutsame Häuser und Gärten sowie landschaftlich schöne Gegenden, die der Allgemeinheit zugänglich sind. Schottland hat seinen eigenen **Scottish National Trust**. Die von der Regierung unterstützte Organisation *English Heritage* hat die Aufgabe, historische Gebäude und Denkmäler zu schützen und zu restaurieren. In Schottland gibt es für diese Aufgaben die Organisation *Historic Scotland* und in Wales den Verband *Cadw.*

na·tion 'state *n* Nationalstaat *m*

'na·tion·wide I. *adv* landesweit, im ganzen Land **II.** *adj coverage, strike, campaign* landesweit

na·tive ['neɪtɪv, AM -t̬-] **I.** *adj* ❶ (*of one's birth*) beheimatet; **~ country** Heimatland *nt;* **~ language** Muttersprache *f* ❷ (*indigenous*) *customs, traditions* einheimisch; *population* eingeboren ❸ BOT, ZOOL *animal, plant* beheimatet, einheimisch **II.** *n* (*local inhabitant*) Einheimische(r) *f(m);* **a ~ of Monaco** ein gebürtiger Monegasse/eine gebürtige Monegassin; (*indigenous, aboriginal*) Eingeborene(r)

N

f(m)

Na·tive A'meri·can I. *n* amerikanischer Ureinwohner/amerikanische Ureinwohnerin **II.** *adj* ~ **history** Geschichte der amerikanischen Ureinwohner **na·tive-'born** *adj* gebürtig **na·tive 'speak·er** *n* Muttersprachler(in) *m(f)*

Na·tiv·ity [nə'tɪvəti, AM -əṭi] *n no pl* ■ **the ~** die Geburt Christi

na·'tiv·ity play *n* Krippenspiel *nt*

NATO, Nato ['neɪtəʊ, AM -ṭoʊ] *n no pl, no art acr for* **North Atlantic Treaty Organisation** NATO *f*

nat·ter ['nætəʳ, AM -ṭɚ] *esp* BRIT **I.** *vi* (*fam*) quatschen **II.** *n* (*fam*) Schwatz *m;* **to have a ~ [with sb]** [mit jdm] quatschen

natu·ral ['nætʃᵊrᵊl, AM -ɚəl] **I.** *adj* ❶ (*not artificial*) *flavour, ingredients, mineral water* natürlich; *colour, curls, dye, fertilizer* Natur- ❷ (*as in nature*) *harbour, reservoir, camouflage* natürlich; *fabric, wood* naturbelassen; ~ **state** Naturzustand *m* ❸ (*caused by nature*) natürlich; **to die of ~ causes** eines natürlichen Todes sterben; ~ **disaster** Naturkatastrophe ❹ BIOL, SOCIOL *father, mother, parents* leiblich ❺ (*normal*) natürlich, normal **II.** *n* ❶ (*approv fam*) Naturtalent *nt* ❷ MUS Auflösungszeichen *nt*

natu·ral 'child·birth *n no pl* natürliche Geburt **natu·ral 'gas** *n no pl* Erdgas *nt* **natu·ral 'his·to·ry** *n no pl* Naturgeschichte *f;* (*as topic of study*) Naturkunde *f*

natu·ral·ism ['nætʃᵊrᵊlɪzᵊm, AM -ɚᵊl-] *n no pl* Naturalismus *m*

natu·ral·ist ['nætʃᵊrᵊlɪst, AM -ɚᵊl-] *n* Naturforscher(in) *m(f)*

natu·ral·is·tic [ˌnætʃᵊrᵊl'ɪstɪk, AM -ɚᵊl'-] *adj* ART, LIT, PHILOS naturalistisch

natu·rali·za·tion [ˌnætʃᵊrᵊlaɪ'zeɪʃᵊn, AM -ɚᵊlɪ'-] *n no pl* Einbürgerung *f*

natu·ral·ize ['nætʃᵊrᵊlaɪz, AM -ɚᵊl-] **I.** *vt* einbürgern **II.** *vi* BOT, ZOOL ■ **to become ~d** heimisch werden **natu·ral·ized** ['nætʃᵊrᵊlaɪzd, AM -ɚᵊl-] *adj* eingebürgert

natu·ral 'lan·guage *n* natürliche Sprache

natu·ral·ly ['nætʃᵊrᵊli, AM -ɚəli] *adv* ❶ (*of course*) natürlich; (*as expected*) verständlicherweise ❷ (*without aid*) natürlich ❸ (*without special training*) natürlich; **dancing comes ~ to him** Tanzen fällt ihm leicht; **driving doesn't come ~ to me** Autofahren liegt mir nicht

natu·ral re·'sources *npl* Bodenschätze *pl* **natu·ral 'sci·ence** *n* Naturwissenschaft *f* **natu·ral se·'lec·tion** *n* natürliche Auslese **natu·ral 'wast·age** *n* BRIT Personalreduzierung *f* per Einstellungsstopp

na·ture ['neɪtʃəʳ, AM -ɚ] *n no pl* ❶ *no art* (*natural environment*) Natur *f;* **to let ~ take its course** der Natur ihren Lauf lassen ❷ (*innate qualities*) Art *f;* **what is the ~ of your problem?** worum handelt es sich bei Ihrem Problem?; **by ~** von Natur aus ❸ (*character*) Naturell *nt,* Art *f*

na·ture con·ser·'va·tion *n no pl* Naturschutz *m* **'na·ture lov·er** *n* Naturfreund(in) *m(f)* **'na·ture re·serve** *n* Naturschutzgebiet *nt* **'na·ture study** *n no pl* Naturkunde *f* **'na·ture trail** *n* Naturlehrpfad *m* **'na·ture wor·ship** *n no pl* ❶ (*love of nature*) Naturverehrung *f* ❷ REL Naturreligion *f*

na·tur·ism ['neɪtʃᵊrɪzᵊm] *n no pl* BRIT Freikörperkultur *f*

na·tur·ist ['neɪtʃᵊrɪst] *n* BRIT Anhänger(in) *m(f)* der Freikörperkultur

na·turo·path ['neɪtʃᵊrə(ʊ)pæθ, 'næ-, AM -tʃɚəpæθ] *n* Naturheilkundler(in) *m(f)*

naught [nɔːt, AM *esp* nɑːt] *n* ❶ *no pl* (*old: nothing*) Nichts *nt* ❷ AM, AUS *see* **nought**

naugh·ty ['nɔːti, AM 'nɑːṭi] *adj* ❶ (*badly behaved*) *children* ungezogen; (*iron*) *adults* ungehörig ❷ (*hum fam: erotic*) unanständig

nau·sea ['nɔːsiə, -z-, AM 'nɑːziə, -ʃə] *n no pl* Übelkeit *f;* (*fig*) Ekel *m*

nau·seate ['nɔːsieɪt, -z-, AM 'nɑːz-] *vt usu passive* (*form*) ■ **to ~ sb** bei jdm Übelkeit verursachen; ■ **to be ~d by sth** (*fig, pej*) von etw *dat* angeekelt sein

nau·seat·ing ['nɔːsieɪtɪŋ, -z-, AM 'nɑːzieɪṭ-] *adj* Übelkeit erregend *attr;* (*fig, pej*) Ekel erregend *attr*

nau·seous ['nɔːsiəs, -z-, AM 'nɑːʃəs] *adj* ❶ (*having nausea*) **she is ~** ihr ist übel ❷ (*fig: causing nausea*) widerlich

nau·ti·cal ['nɔːtɪkᵊl, AM 'nɑːṭɪ-] *adj* nautisch; ~ **chart** Seekarte *f*

nau·ti·cal 'mile *n* Seemeile *f*

na·val ['neɪvᵊl] *adj* (*of a navy*) Marine-; (*of ships*) Schiffs-, See-

na·val a'cad·emy *n* Marineakademie *f* **'na·val base** *n* Flottenstützpunkt *m* **na·val 'pow·er** *n* Seemacht *f* **na·val 'war·fare** *n no pl* (*war*) Seekrieg *m;* (*warring*) Seekriegsführung *f*

nave [neɪv] *n* ARCHIT Hauptschiff *nt*

na·vel ['neɪvᵊl] *n* ANAT Nabel *m*

navi·gable ['nævɪgəbḷ] *adj* (*passable*) schiffbar

navi·gate ['nævɪgeɪt] **I.** *vt* ❶ (*steer*) navigieren ❷ (*traverse*) befahren; (*pass through*) durchfahren ❸ (*pilot*) steuern; AUTO lenken **II.** *vi* NAUT, AVIAT navigieren; AUTO *driver* fahren; *passenger* lotsen

N

navi·ga·tion [ˌnævɪˈgeɪʃᵊn] *n no pl* ① (*navigating*) Navigation *f* ② (*assisting driver*) Lotsen *nt* ③ SCI, ART Navigationskunde *f*

navi·ga·tion·al [ˌnævɪˈgeɪʃᵊnᵊl] *adj* Navigations-

navi·ga·tor [ˈnævɪgeɪtəʳ, AM -t̬ɚ] *n* Navigator(in) *m(f);* AUTO Beifahrer(in) *m(f)*

nav·vy [ˈnævi] *n* BRIT (*dated*) Bauarbeiter *m*

navy [ˈneɪvi] **I.** *n* ① + *sing/pl vb* (*armed forces*) ■**the N~** die Marine ② (*colour*) Marineblau *nt* **II.** *adj* marineblau

nay [neɪ] **I.** *adv* (*liter*) ja [sogar] **II.** *interj* DIAL (*old*) nein **III.** *n esp* AM Nein *nt;* (*negative vote*) Neinstimme *f*

Nazi [ˈnɑːtsi] *n* (*hist or pej*) Nazi *m*

Na·zi·ism [ˈnɑːtsɪzᵊm], **Na·zism** [ˈnɑːtsɪzᵊm] *n no pl* (*hist*) Nazismus *m*

NB [ˌenˈbiː] *adv no pl abbrev of* **nota bene** NB

NCO [ˌensiːˈəʊ, AM -ˈoʊ] *n abbrev of* **non-commissioned officer** Uffz. *m*

neap tide [ˈniːptaɪd] *n* Nipptide *f*

near [nɪəʳ, AM nɪr] **I.** *adj* ① (*close in space*) nahe, in der Nähe; **where's the ~est phone box?** wo ist die nächste Telefonzelle? ② (*close in time*) nahe ③ (*most similar*) **he rounded up the sum to the ~est dollar** er rundete die Summe auf den nächsten Dollar auf ④ *attr* (*close to being*) **that's a ~ certainty/impossibility** das ist so gut wie sicher/unmöglich ⑤ *attr* BRIT, AUS AUTO, TRANSP (*nearside*) auf der Beifahrerseite *präd, nach n* **II.** *adv* ① (*close in space*) nahe; **do you live somewhere ~?** wohnst du hier irgendwo in der Nähe? ② (*close in time*) nahe; **the time is drawing ~er** die Zeit rückt näher ③ (*almost*) beinahe, fast; **nowhere ~** bei weitem nicht **III.** *prep* ① (*in proximity to*) ■**~ [to]** nahe [bei] + *dat;* **do you live ~ here?** wohnen Sie hier in der Nähe? ② (*almost time of*) **I'm nowhere ~ finishing the book** ich habe das Buch noch längst nicht ausgelesen ③ (*close to a state*) **we came ~ to being killed** wir wären beinahe getötet worden ④ (*similar in quantity or quality*) **this colour is ~est [to] the original** diese Farbe kommt dem Original am nächsten **IV.** *vt* ■**to ~ sth** sich etw *dat* nähern **V.** *vi* sich nähern, näher rücken

near·by [ˌnɪəˈbaɪ, AM ˌnɪr-] **I.** *adj* nahe gelegen **II.** *adv* in der Nähe

Near ˈEast *n* Naher Osten

near·ly [ˈnɪəli, AM ˈnɪr-] *adv* fast, beinahe

near ˈmiss *n* ① (*accident*) Beinaheunfall *m;* AVIAT Beinahezusammenstoß *m* ② (*fig*) **to be a ~** knapp danebengehen

ˈnear·side BRIT, AUS **I.** *n* Beifahrerseite *f* **II.** *adj attr* auf der Beifahrerseite *nach n*

near-ˈsight·ed *adj esp* AM kurzsichtig

near-ˈsight·ed·ness *n no pl esp* AM Kurzsichtigkeit *f*

neat [niːt] *adj* ① (*well-ordered*) ordentlich; *appearance, beard* gepflegt; **~ and tidy** sauber und ordentlich ② (*undiluted*) pur ③ *esp* AM, AUS (*approv sl: very good*) toll

neat·en [ˈniːtᵊn] *vt* in Ordnung bringen

neat·ly [ˈniːtli] *adv* ① (*tidily*) sauber, ordentlich ② (*skilfully*) geschickt

neat·ness [ˈniːtnəs] *n no pl* Ordentlichkeit *f,* Sauberkeit *f*

nebu·la <*pl* -lae *or* -s> [ˈnebjələ, *pl* -liː] *n* ASTRON Nebel *m*

nebu·lar [ˈnebjələʳ, AM -ɚ] *adj* Nebel-

nebu·lous [ˈnebjələs] *adj* nebelhaft; *fear, promise* vage

nec·es·saries [ˈnesəsᵊriz, AM -seriz] *npl* unbedingt notwendige Dinge

nec·es·sari·ly [ˈnesəsᵊrᵊli, AM ˌnesəˈser-] *adv* (*consequently*) notwendigerweise; (*inevitably*) unbedingt; (*of necessity*) zwangsläufig; **not ~** nicht unbedingt

nec·es·sary [ˈnesəsᵊri, AM -seri] *adj* nötig, notwendig; **strictly ~** unbedingt nötig; **it's not ~ [for you] to shout** du brauchst nicht zu schreien

ne·ces·si·tate [nəˈsesɪteɪt] *vt* erfordern

ne·ces·sity [nəˈsesəti, AM -ət̬i] *n* ① *no pl* (*being necessary*) Notwendigkeit *f* ② (*necessary thing*) **bare ~** Grundbedarf *m;* **the necessities of life** das Lebensnotwendige

neck [nek] *n* ① ANAT Hals; (*nape*) Nacken *m* ② FASHION Kragen *m;* (*neckline*) Ausschnitt *m* ③ (*narrow part*) Hals *m* ► PHRASES: **to be breathing down sb's ~** jdm im Nacken sitzen; **~ and ~** Kopf an Kopf

ˈneck·band *n* Halsbündchen *nt*

neck·er·chief <*pl* -s *or* -chieves> [ˈnekətʃɪf, AM -kɚ-] *n* (*dated*) Halstuch *nt*

neck·lace [ˈnekləs] *n* [Hals]kette *f*

neck·let [ˈneklət] *n* Halskette *f;* (*small ~*) Kettchen *nt*

ˈneck·line *n* Ausschnitt *m* **ˈneck·tie** *n esp* AM Krawatte *f*

nec·tar [ˈnektəʳ, AM -ɚ] *n no pl* Nektar *m*

nec·tar·ine [ˈnektᵊriːn, AM ˌnektəˈriːn] *n* Nektarine *f*

née [neɪ] *adj pred* geborene

need [niːd] **I.** *n* ① *no pl* (*requirement*) Bedarf *m* (**for** an + *dat*); **as the ~ arises** bei Bedarf; **to be in ~ of sth** etw brauchen; **to have no ~ of sth** etw nicht brauchen ② *no pl* (*necessity*) Notwendigkeit *f;* **if ~ be** falls nötig ③ (*yearning*) Bedürfnis *nt;* **I'm in ~ of some fresh air** ich brauche etwas frische Luft ④ *no pl* (*poverty*) Not; **to be in ~** in Not sein **II.** *vt* ① (*require*) brauchen; **your trousers ~ washing** deine Hose müsste mal gewaschen werden ② (*must*) ■**to ~ to do sth** etw tun müssen **III.** *aux vb* ① BRIT (*must*) **~ you ask?** (*iron*) da fragst du noch?; **you ~n't worry** du brauchst dir keine Gedanken zu machen ② BRIT (*shouldn't*) **you ~n't laugh!** du brauchst gar nicht [so] zu lachen!

need·ed ['ni:dɪd] *adj* notwendig, nötig; **much-~** dringend nötig

nee·dle ['ni:dl̩] **I.** *n* ① (*for sewing*) Nadel *f;* **knitting ~** Stricknadel *f* ② MED, BOT Nadel *f* ③ (*pointer*) Nadel *f* ▶PHRASES: **it's like looking for a ~ in a haystack** das ist, als würde man eine Stecknadel im Heuhaufen suchen **II.** *vt* ärgern

'nee·dle match *n* SPORTS (*fam*) erbitterter Kampf

need·less ['ni:dləs] *adj* unnötig; **~ to say ...** selbstverständlich ...

need·less·ly ['ni:dləsli] *adv* unnötig[erweise]; **to die ~** sinnlos sterben

'nee·dle·work *n no pl* Handarbeit *f*

needn't ['ni:dᵊnt] = **need not** *see* **need III**

needy ['ni:di] **I.** *adj* (*poor*) bedürftig, Not leidend *attr* **II.** *n* ■**the ~** *pl* die Bedürftigen *pl*

ne·fari·ous [nɪ'feəriəs, AM nə'fer-] *adj* (*form*) ruchlos

ne·gate [nɪ'geɪt] *vt* (*nullify*) zunichtemachen; (*deny*) verneinen

ne·ga·tion [nɪ'geɪʃᵊn] *n no pl* ① (*usu form: antithesis*) *a.* LING Verneinung *f* ② (*usu form: opposition*) Ablehnung *f*

nega·tive ['negətɪv, AM -t̬-] **I.** *adj* (*all meanings*) negativ; **~ answer** ablehnende Antwort; **to be ~ about sth/sb** etw/jdm gegenüber negativ eingestellt sein **II.** *n* ① (*negation*) Verneinung *f;* **in the ~** abschlägig; LING in der Verneinungsform ② PHOT Negativ *nt* ③ MATH **two ~s make a positive** zweimal minus macht plus

nega·tive·ly ['negətɪvli, AM -t̬-] *adv* negativ; (*saying no*) ablehnend

nega·tiv·ism ['negətɪvɪzᵊm, AM -t̬ɪv-], **nega·tiv·ity** [ˌnegə'tɪvəti, AM -ət̬i] *n no pl* Negativität *f*

ne·glect [nɪ'glekt] **I.** *vt* vernachlässigen; ■**to ~ to do sth** [es] versäumen, etw zu tun **II.** *n* (*lack of care*) Vernachlässigung *f;* (*disrepair*) Verwahrlosung *f;* **to be in a state of ~** verwahrlost sein

ne·glect·ed [nɪ'glektɪd] *adj* (*uncared for*) verwahrlost; (*overlooked*) vernachlässigt

ne·glect·ful [nɪ'glektfᵊl] *adj* nachlässig (**of** gegenüber +*dat*); *parents* pflichtvergessen; **to be ~ of sth** etw vernachlässigen

neg·li·gee, nég·li·gée ['neglɪʒeɪ, AM ˌneglə'ʒeɪ] *n* Negligee *nt*

neg·li·gence ['neglɪdʒən(t)s] *n no pl* (*lack of care*) Nachlässigkeit *f;* (*neglect*) Vernachlässigung *f;* LAW (*form*) Fahrlässigkeit *f*

neg·li·gent ['neglɪdʒənt] *adj* nachlässig; LAW fahrlässig

neg·li·gible ['neglɪdʒəbl̩] *adj* unbedeutend; *amount* geringfügig

ne·go·tiable [nɪ'gəʊʃiəbl̩, AM -'goʊ-] *adj* ① (*discussable*) verhandelbar ② (*traversable*) passierbar; *road* befahrbar ③ FIN übertragbar

ne·go·tiate [nɪ'gəʊʃieɪt, AM -'goʊ-] **I.** *vt* ① (*discuss*) aushandeln; *loan, treaty* abschließen ② (*traverse*) passieren; (*fig: surmount*) *problems* überwinden **II.** *vi* verhandeln (**for, on** über +*akk*)

ne·'go·tiat·ing com·mit·tee *n* Verhandlungskommission *f* **ne·'go·tiat·ing ta·ble** *n* (*fig*) Verhandlungstisch *m*

ne·go·tia·tion [nɪˌgəʊʃi'eɪʃᵊn, AM -ˌgoʊ-] *n* Verhandlung *f*

ne·go·tia·tor [nɪ'gəʊʃieɪtəʳ, AM -'goʊʃieɪt̬ɚ] *n* Unterhändler(in) *m(f)*

Ne·gro <*pl* -es> ['ni:grəʊ, AM -groʊ] *n* (*pej! dated*) Neger *m*

neigh [neɪ] **I.** *n* Wiehern *nt kein pl* **II.** *vi* wiehern

neigh·bour, AM **neigh·bor** ['neɪbəʳ, AM -ɚ] **I.** *n* (*person*) Nachbar(in) *m(f);* (*fig: country*) Nachbarland *nt;* (*fig: fellow-citizen*) Nächste(r) *f(m)* **II.** *vi* [an]grenzen (**on** an +*akk*)

Aussprache

Bei vielen Wörtern, welche die Buchstabenfolge **gh** enthalten, wird das **g** nicht gesprochen: **neighbour** = ['neɪbəʳ]. Andere Beispiele hierfür sind:

high	[haɪ]	(*hoch*)
plough	[plaʊ]	(*Pflug*)
slaughter	['slɔ:təʳ]	(*schlachten*)
sleigh	[sleɪ]	(*Pferdeschlitten*)
through	[θru:]	(*durch*)
weight	[weɪt]	(*Gewicht*)

neigh·bour·hood, AM **neigh·bor·hood** ['neɪbəhʊd, AM -ɚ-] *n* ① (*district*) Viertel *nt;* (*people*) Nachbarschaft *f* ② (*vicinity*) Nähe *f kein pl* ③ (*fig: approximately*) **in the ~ of a thousand euros** um [die] tausend Euro

neigh·bour·hood 'watch *n* Nachbarschaftswachdienst *m*

neigh·bour·ing, AM **neigh·bor·ing** ['neɪbᵊrɪŋ, AM -bɚ-] *adj attr* (*nearby*) benachbart, Nachbar-; (*bordering*) angrenzend

neigh·bour·li·ness, AM **neigh·bor·li·ness** ['neɪbəlɪnəs, AM -bɚ-] *n no pl* gutnachbarliche Art

neigh·bour·ly, AM **neigh·bor·ly** ['neɪbəli, AM -bɚli] *adj* (*community-friendly*) gutnachbarlich; (*kindly*) freundlich

nei·ther ['naɪðəʳ, AM 'ni:ðɚ] **I.** *adv* ① (*not either*) weder; **~ ... nor ...** [**nor ...**] weder ... noch ... [oder ...] ② (*a. not*) auch nicht ▶ PHRASES: **to be ~ here nor there** völlig nebensächlich sein **II.** *adj attr* keine(r, s) von beiden **III.** *pron* (*not either of two*) keine(r, s) von beiden; **we've got two TVs, but ~ works properly** wir haben zwei Fernseher, aber keiner funktioniert richtig **IV.** *conj* ■**~ ... nor ...** weder ... noch

neme·sis <*pl* -ses> ['neməsɪs, *pl* -si:z] *n* ① (*liter: punishment*) gerechte Strafe ② (*goddess*) ■**N~** Nemesis *f*

neo·clas·si·cal [,ni:əʊ'klæsɪkəl, AM -oʊ'-] *adj* klassizistisch

neo·co·lo·ni·al·ist [,ni:əʊkə'ləʊniəlɪst, AM -oʊkə'loʊ-] *adj* neokolonialistisch

neo·lith·ic [,ni:ə(ʊ)'lɪθɪk, AM -oʊ'-] *adj* neolithisch; **~ Period** Neolithikum *nt*

ne·olo·gism [ni'ɒlədʒɪzəm, AM -'ɑ:l-] *n* (*form*) Neuwort *nt,* Neologismus *m fachspr*

neon ['ni:ɒn, AM -ɑ:n] *n no pl* Neon *nt*

neo-Nazi [,niə(ʊ)'nɑ:tsi, AM -oʊ'-] *n* Neonazi *m*

neon 'lamp *n* Neonlampe *f* **neon 'sign** *n* Leuchtreklame *f*

neph·ew ['nefju:] *n* Neffe *m*

ne·phri·tis [nɪ'fraɪtɪs, AM -t̬əs] *n no pl* Nephritis *f fachspr*

nepo·tism ['nepətɪzəm] *n no pl* (*pej*) Vetternwirtschaft *f*

nerd [nɜ:d, AM nɜ:rd] *n* (*sl: geek*) Streber(in) *m(f) pej;* (*idiot*) Depp *m bes* SÜDD, ÖSTERR, SCHWEIZ *pej;* **computer ~** Computerfreak *m sl*

nerdy ['nɜ:di, AM 'nɜ:r-] *adj* (*fam*) doof

nerve [nɜ:v, AM nɜ:rv] *n* ① ANAT Nerv *m* ② *no pl* (*courage*) Mut *m;* **to lose one's ~** die Nerven verlieren ③ (*nervousness*) ■**~s** *pl* Nervosität *f kein pl;* (*stress*) Nerven *pl* ④ (*impudence*) Frechheit *f* ▶ PHRASES: **to get on sb's ~s** (*fam*) jdm auf die Nerven gehen

'nerve cell *n* Nervenzelle *f* **'nerve cen·tre**, AM **'nerve cen·ter** *n* Nervenzentrum *nt a. fig* **'nerve gas** *n* Nervengas *nt* **'nerve-jan·gling** *adj attr* (*fig*) nervenaufreibend

nerve·less ['nɜ:vləs, AM 'nɜ:rv-] *adj* nervenstark

'nerve-rack·ing, **'nerve-wrack·ing** *adj* nervenaufreibend

nerv·ous ['nɜ:vəs, AM 'nɜ:r-] *adj* (*highly-strung*) nervös; (*tense*) aufgeregt; (*fearful*) ängstlich; ■**to be ~ about sth** wegen etw *dat* nervös sein; ■**to be ~ of sb/sth** vor jdm/etw Angst haben

nerv·ous 'break·down *n* Nervenzusammenbruch *m*

nerv·ous·ly ['nɜ:vəsli, AM 'nɜ:r-] *adv* nervös; (*overexcitedly*) aufgeregt; (*timidly*) ängstlich

nerv·ous·ness ['nɜ:vəsnəs, AM 'nɜ:r-] *n no pl* (*nervous state*) Nervosität *f;* (*fear*) Angst *f* (**about** vor +*dat*)

'nerv·ous sys·tem *n* Nervensystem *nt*

nervy ['nɜ:vi, AM 'nɜ:r-] *adj* ① BRIT (*nervous*) nervös ② AM (*pej: impudent*) unverschämt

nest [nest] **I.** *n* ① (*a. fig: of animals*) Nest *nt* ② (*pej: den*) Schlupfwinkel *m;* (*of criminals*) Brutstätte *f fig* **II.** *vi* ORN nisten

'nest box *n* AM Nistkasten *m* **'nest egg** *n* (*fig*) Notgroschen *m*

nest·ing ['nestɪŋ] *adj attr* ① (*of sets*) ineinander stapelbar ② (*of nests*) Nist-

'nest·ing box *n esp* BRIT Nistkasten *m*

nes·tle ['nesl̩] **I.** *vt* **she ~d the baby lovingly in her arms** sie hielt das Baby liebevoll in ihren Armen **II.** *vi* ① (*person*) ■**to ~ up to sb** sich an jdn anschmiegen ② (*object*) ■**to ~ in sth** in etw *akk* eingebettet sein; *see also* **bristle**

nes·tling ['nesl̩ɪŋ] *n* ORN Nestling *m*

Net *n no pl* INET, COMPUT ■**the ~** das Netz

net[1] [net] **I.** *n* Netz *nt a. fig;* **fishing ~** Fischernetz *nt* **II.** *vt* <-tt-> ① (*catch*) *fish* mit einem Netz fangen; (*fig*) *criminals* fangen ② TENNIS **to ~ a return** einen Return ins Netz schlagen

net[2] [net] **I.** *adj* ① *a.* FIN netto, rein, Netto-, Rein-; **~ profit** Reingewinn *m;* **~ results** Endergebnis *nt;* **~ wages** Nettolöhne *pl* ② *attr* (*fig: final*) End- **II.** *vt* ① (*after tax*) netto verdienen ② (*realize*) netto einnehmen

'net·ball *n* BRIT *no pl* Korbball *m*

'Net-based *adj* netzbasiert

net 'cur·tain *n* Tüllgardine *f*

neth·er ['neðəʳ, AM -ɚ] *adj attr* (*liter or hum: lower*) niedere(r, s); **~ regions** niedere Regionen *euph*

Neth·er·lands ['neðələn(d)z, AM -ðɚ-] *n* ■**the ~** die Niederlande *pl*

neti·quette ['netɪket] *n no pl* COMPUT Netiquette *f*

'Net·speak *adj* COMPUT Internet-Jargon *m*

nett *adj, vt* BRIT *see* **net**[2]

N

net·ting ['netɪŋ, AM -t̬-] *n no pl* (*material*) Netzgewebe *nt;* (*structure*) Netzwerk *nt*
net·tle ['netl̩, AM -t̬-] *n* Nessel *f;* **stinging ~s** Brennnesseln *pl*
'net·tle rash *n* Nesselsucht *f kein pl*
net 'weight *n* Nettogewicht *nt*
net·work ['netˌwɜːk, AM -ˌwɜːrk] **I.** *n* ① (*structure*) Netz[werk] *nt* ② (*fig: people*) Netz *nt* ③ TELEC [Kommunikations]netzwerk *nt;* **telephone ~** Telefonnetz *nt* ④ TRANSP **rail[way] ~** [Eisen]bahnnetz *nt* **II.** *vt* (*link*) *a.* COMPUT vernetzen (**to** mit +*dat*) **III.** *vi* Kontakte knüpfen
'net·work·er *n* Networker(in) *m(f)*
net·work·ing ['netˌwɜːkɪŋ, AM -ˌwɜːrk-] *n no pl* ① (*making contacts*) Kontaktknüpfen *nt* ② COMPUT Vernetzen *nt*
neu·ral ['njʊərəl, AM 'nʊrəl, 'njʊr-] *adj attr* ① ANAT Nerven-, neural *fachspr* ② COMPUT **~ network** Neuronennetz *nt*
neu·ral·gia [njʊə'rældʒə, AM nʊ'-, 'njʊ-] *n no pl* Neuralgie *f*
neu·ral·gic [njʊə'rældʒɪk, AM nʊ'-, 'njʊ-] *adj* neuralgisch
neu·ras·the·nia [ˌnjʊərəs'θiːniə, AM ˌnʊræs'-, 'njʊr-] *n no pl* (*dated*) Neurasthenie *f fachspr*
neu·ri·tis [njʊə'raɪtɪs, AM nʊ'raɪt̬əs, 'njʊ-] *n no pl* Neuritis *f fachspr*
neu·ro·logi·cal [ˌnjʊərə'lɒdʒɪkəl, AM ˌnʊrə'lɑː-, 'njʊr-] *adj* neurologisch
neu·rolo·gist [njʊə'rɒlədʒɪst, AM nʊ'rɑː-, 'njʊ-] *n* Neurologe, Neurologin *m, f*
neu·rol·ogy [njʊə'rɒlədʒi, AM nʊ'rɑː-, 'njʊ-] *n no pl* Neurologie *f*
neu·ron ['njʊərɒn, AM 'nʊrɑːn, 'njʊr-], **neu·rone** ['njʊərəʊn, AM 'nʊroʊn] *n* Neuron *nt*
neu·ro·sci·ence [ˌnjʊərəʊ'saɪən(t)s, AM ˌnʊroʊ'-, 'njʊr-] *n* Neurobiologie *f*
neu·ro·sis <*pl* -ses> [njʊə'rəʊsɪs, AM nʊ'roʊ-, 'njʊ-, *pl* -siːz] *n* Neurose *f*
neu·ro·sur·geon [ˌnjʊərəʊ'sɜːdʒən, AM ˌnʊroʊ'sɜːr-, 'njʊ-] *n* Neurochirurg(in) *m(f)*
neu·ro·sur·gery [ˌnjʊərəʊ'sɜːdʒəri, AM ˌnʊroʊ'sɜːrdʒəri, 'njʊ-] *n no pl* Neurochirurgie *f*
neu·rot·ic [njʊə'rɒtɪk, AM nʊ'rɑːt̬-, 'njʊ-] **I.** *n* Neurotiker(in) *m(f)* **II.** *adj* neurotisch
neu·ro·trans·mit·ter [ˌnjʊərəʊtræz'mɪtər, AM ˌnʊroʊtræn'smɪt̬ɚ, 'njʊ-] *n* Neurotransmitter *m fachspr*
neu·ter ['njuːtər, AM 'nuːt̬ɚ, 'njʊ-] **I.** *adj* sächlich; **~ noun** Neutrum *nt* **II.** *vt male animal* kastrieren; *female animal* sterilisieren
neu·tral ['njuːtrəl, AM *esp* 'nuː-] **I.** *adj* neutral **II.** *n* ① (*country*) neutrales Land; (*person*) Neutrale(r) *f(m)* ② AUTO Leerlauf *m;* **in ~** im Leerlauf
neu·tral·ity [njuː'træləti, AM nuː'trælət̬i, 'njʊ-] *n no pl* Neutralität *f*
neu·trali·za·tion [ˌnjuːtrəlaɪ'zeɪʃən, AM ˌnuːtrəlɪ'-, 'njʊ-] *n no pl* Neutralisierung *f*
neu·tral·ize ['njuːtrəlaɪz, AM 'nuː-, 'njʊ-] *vt* (*nullify*) neutralisieren; *bomb* entschärfen; (*weaken*) *smell* abschwächen; *strong taste* mildern
neu·tron ['njuːtrɒn, AM 'nuːtrɑːn, 'njʊ-] *n* Neutron *nt*
'neu·tron bomb *n* Neutronenbombe *f*
nev·er ['nevər, AM -ɚ] *adv* nie, niemals; **~ again!** nie wieder!; **~ before** noch nie [zuvor]; **~ ever** nie im Leben; **~ mind!** mach' dir nichts draus! *fam*
nev·er-'end·ing *adj* endlos **nev·er-'fail·ing** *adj* (*approv*) unfehlbar **'nev·er·more** *adv* nie wieder
nev·er-'nev·er *n* BRIT (*fam*) Ratenkauf *m;* **on the ~** auf Raten
nev·er-'nev·er land *n* (*fam*) Fantasiewelt *f*
nev·er·the·less [ˌnevəðə'les, AM -vɚ-] *adv* dennoch, nichtsdestoweniger
new [njuː, AM nuː, njuː] **I.** *adj* neu; **that's nothing ~!** das ist nichts Neues!; **~ boy/girl/kid** (*a. fig: in school*) Neue(r) *f(m);* **I'm ~ around here** ich bin neu hier **II.** *n no pl* ■**the ~** das Neue
new·bie ['njuːbi, AM 'nuː-] *n* COMPUT Anfänger(in) *m(f)*
'new·born I. *adj attr* neugeboren **II.** *n* ■**the ~** *pl* die Neugeborenen *pl*
'new-build *adj development, housing* Neubau-, neu gebaut; *site also* für Neubauten
'new·com·er *n* (*new arrival*) Neuankömmling *m;* (*stranger*) Fremde(r) *f(m);* **I'm a ~ to Munich** ich bin neu in München
new·el ['njuːəl, AM 'nuː-, 'njuː-] *n* (*pillar*) Spindel *f;* (*supporting banister*) Pfosten *m*
new·'fan·gled *adj* (*fam*) neumodisch
new-'fash·ioned *adj* modern
'new-found *adj* neu[entdeckt]
new·ish ['njuːɪʃ, AM 'nuː-, 'njuː-] *adj* (*fam*) relativ neu
new-'laid *adj egg* frisch [gelegt]
new·ly ['njuːli, AM 'nuː-, 'njuː-] *adv* kürzlich, neulich; **~ married** jung verheiratet; **~ painted** frisch gestrichen
'new·ly-wed I. *n* Jungverheiratete(r) *f(m)* **II.** *adj* jung verheiratet
New 'Man *n* BRIT Neuer Mann **new 'moon** *n* Neumond *m* **new po·'ta·toes** *npl* neue Kartoffeln *pl*
news [njuːz, AM nuːz, 'njuːz] *n no pl* ① (*new information*) Neuigkeit *f;* **to be bad ~ [for sb/sth]** (*fig*) schlecht [für jdn/etw] sein; **to break the ~ to sb** jdm die schlechte Nachricht überbringen ② (*media*) Nachrichten *pl;* **to be in the ~** in den Schlagzei-

N

len sein; **on the** ~ (*in TV, radio*) in den Nachrichten

Grammatik

news ist unzählbar; d.h. es wird nur im Singular benutzt: *the news is good; is there any news of Anna?*

'news agen·cy *n* Nachrichtenagentur *f* **'news·agent** *n* BRIT, AUS ❶ (*shop*) Zeitschriftengeschäft *nt* ❷ (*person*) Zeitungshändler(in) *m(f)* **'news·boy** *n* (*seller*) Zeitungsverkäufer(in) *m(f);* (*deliverer*) Zeitungsausträger(in) *m(f)* **'news·cast** *n esp* AM Nachrichtensendung *f* **'news·cast·er** *n* AM (*newsreader*) Nachrichtensprecher(in) *m(f)* **'news con·fer·ence** *n* Pressekonferenz *f* **'news deal·er** *n* AM (*newsagent*) *shop* Zeitschriftengeschäft *nt; person* Zeitungshändler(in) *m(f)* **'news·flash** *n* Kurzmeldung *f* **'news·group** *n* INET Newsgroup *f* **'news·hound** *n* (*fam*) Reporter(in) *m(f)* **'news item** *n* Nachricht *f* **'news·let·ter** *n* Rundschreiben *nt* **'news·mon·ger** [-ˌmʌŋgəʳ, AM -gɚ] *n* ❶ (*profession*) Nachrichtenhändler(in) *m(f)* ❷ (*gossip*) Klatschmaul *nt pej sl* **'news·pa·per** *n* ❶ (*journal*) Zeitung *f;* **daily** ~ Tageszeitung *f* ❷ *no pl* (*material*) Zeitungspapier *nt*

'new·speak *n no pl* (*pej*) Schönred[n]erei *f,* Schönfärberei *f*

'news·print *n no pl* ❶ (*material*) Zeitungspapier *nt* ❷ (*ink*) Druckerschwärze *f* **'news·read·er** *n* BRIT, AUS Nachrichtensprecher(in) *m(f)* **'news·reel** *n* Wochenschau *f* **'news re·lease** *n esp* AM Presseerklärung *f* **'news re·port** *n* Meldung *f* **'news·room** *n* Nachrichtenredaktion *f* **'news·stand** *n* Zeitungsstand *m* **'news sto·ry** *n* Bericht *m* **'news·ven·dor** *n* Zeitungsverkäufer(in) *m(f)* **'news·wor·thy** *adj* berichtenswert

newsy ['nju:zi, AM 'nu:-, 'nju:z-] *adj* informativ

newt [nju:t, AM nu:t, 'nju:t] *n* ZOOL Wassermolch *m*

New Tes·ta·ment *n* **the** ~ das Neue Testament **'new town** *n künstlich angelegte, nicht gewachsene Siedlung* **new 'wave** *n* ❶ FILM, TV, THEAT (*movement*) ≈ neue Welle ❷ (*fresh outbreak*) **a ~ of redundancies/violence** eine neue Entlassungswelle/Welle der Gewalt **new world 'or·der** *n,* **New World 'Or·der** *n* neue Weltordnung

New 'Year *n* Neujahr *nt kein pl;* **Happy** ~ gutes neues Jahr; ■**the** ~ das neue Jahr; (*first weeks*) der Jahresbeginn

New 'Year's *n no pl* AM (*fam: 1 Jan*) Neujahrstag *m;* (*31 Dec*) Silvester *nt* **New Year's 'Day** *n* Neujahr *nt,* Neujahrstag *m* **New Year's 'Eve** *n* Silvester *nt*

New Zea·land [ˌnju:'zi:lənd, AM ˌnu:-, ˌnju:-] *n* Neuseeland *nt* **New Zea·land·er** [ˌnju:'zi:ləndəʳ, AM ˌnu:'zi:ləndɚ, 'nju:-] *n* Neuseeländer(in) *m(f)*

next [nekst] **I.** *adj* ❶ (*coming immediately after*) nächste(r, s); ~ **month** nächsten Monat; [**the**] ~ **time** nächstes Mal ❷ (*next in order, space*) nächste(r, s), folgende(r, s); **in the ~ room** im Raum nebenan; **the ~ but one** der/die/das Übernächste; **who's ~ please?** wer ist der/die Nächste? **II.** *adv* ❶ (*subsequently*) dann, gleich darauf; **so what happened ~?** was geschah als Nächstes? ❷ (*again*) das nächste Mal ❸ (*second*) zweit-; **the ~ best thing** die zweitbeste Sache ❹ (*to one side*) ■~ **to sth/sb** neben etw/jdm ❺ (*almost*) ■~ **to ...** beinahe ..., fast ...; ~ **to impossible** beinahe unmöglich; ~ **to nothing** fast gar nichts ▶ PHRASES: **what ~!** und was kommt dann? **III.** *n* (*following one*) der/die/das Nächste; **the week after** ~ übernächste Woche

next-'door **I.** *adv* nebenan **II.** *adj pred buildings* nebenan *nach n; people* benachbart; *neighbour* direkt

next-door 'neigh·bour *n,* AM **next-door 'neigh·bor** *n* direkter Nachbar/direkte Nachbarin

next-'gen *adj* (*fam*) *short for* **next-generation** futuristisch

next of 'kin *n + sing/pl vb* nächste(r) Angehörige(r)

nex·us <*pl* - *or* -es> ['neksəs] *n usu sing* Nexus *m fachspr*

NHS [ˌeneɪtʃ'es] *n* BRIT *abbrev of* **National Health Service**

Ni·aga·ra Falls [naɪ'ægᵊrə'fɔ:lz] *n* ■**the** ~ die Niagarafälle *pl*

nib [nɪb] *n* [Schreib]feder *f*

nib·ble ['nɪbl̩] **I.** *n* ❶ (*bite*) Bissen *m* ❷ (*snack*) ■~**s** *pl* BRIT (*fam*) Häppchen *pl* **II.** *vt* knabbern **III.** *vi* ❶ (*snack*) knabbern; ■**to ~ at/on sth** an etw *dat* herumknabbern ❷ (*eat into*) ■**to ~ away at sth** an etw *dat* nagen *fig*

Nica·ra·gua [ˌnɪkᵊr'ægjuə, AM -ə'rɑ:gwə] *n* Nicaragua *nt*

Nica·ra·guan [ˌnɪkᵊr'ægjuən, AM -ə'rɑ:gwən] **I.** *n* Nicaraguaner(in) *m(f)* **II.** *adj* nicaraguanisch

nice [naɪs] *adj* (*approv*) ❶ nett; (*pleasant*) schön, angenehm; *neighbourhood* freundlich; ~ **to meet you!** es freut mich, Sie/

dich kennen zu lernen!; ~ **work!** (*fam*) gute Arbeit! ② (*amiable*) nett, freundlich ③ (*intensifier*) schön; ~ **and big** schön groß

nice-'look·ing *adj* (*person*) gut aussehend, hübsch; (*thing*) hübsch

nice·ly ['naɪsli] *adv* ① (*pleasantly*) nett, hübsch ② (*well*) gut, nett; **that'll do** ~ das reicht völlig; **to do very** ~ gut voran kommen

ni·cety ['naɪsəti, AM -əṭi] *n* ① *no pl* (*finer point*) Feinheit *f*; (*precision*) Genauigkeit *f* ② (*etiquette*) ■**niceties** *pl* Gepflogenheiten *pl*

niche [ni:ʃ, AM *esp* nɪtʃ] *n* Nische *f*

'niche mar·ket *n* Nischenmarkt *m*

nick [nɪk] **I.** *n* ① (*chip*) Kerbe *f* ② BRIT (*sl: prison*) ■**the** ~ *no pl* der Knast *fam* ③ *no pl* BRIT, AUS (*sl: condition*) **in bad/good** ~ schlecht/gut in Schuss *fam* ►PHRASES: **in the** ~ **of time** gerade noch rechtzeitig **II.** *vt* ① (*chip*) einkerben; (*cut*) einschneiden ② BRIT, AUS (*fam: steal*) ■**to** ~ **sth** etw mitgehen lassen ③ BRIT (*sl: arrest*) einlochen

nick·el ['nɪkl̩] *n* ① *no pl* (*metal*) Nickel *nt* ② AM (*coin*) Fünfcentstück *nt*

nick·el-'plat·ed *adj* vernickelt

nick-nack ['nɪkˌnæk] *n see* **knick-knack**

nick·name ['nɪkneɪm] **I.** *n* Spitzname *m*; (*affectionate*) Kosename *m* **II.** *vt* **the campsite has been ~d 'tent city' by visiting reporters** der Campingplatz wurde von besuchenden Reportern scherzhaft „Zeltstadt" genannt

nico·tine ['nɪkəti:n] *n no pl* Nikotin *nt*; ~ **patch** Nikotinpflaster *nt*

niece [ni:s] *n* Nichte *f*

niff [nɪf] *n usu sing* BRIT (*fam*) Mief *m kein pl*

niffy ['nɪfi] *adj* BRIT (*fam*) miefig

nif·ty ['nɪfti] *adj* (*approv fam: stylish*) elegant; (*skilful*) geschickt

Ni·geria [naɪ'dʒɪəriə, AM -'dʒɪri-] *n* Nigeria *nt*

Ni·gerian [naɪ'dʒɪəriən, AM dʒɪri] **I.** *adj* nigerianisch **II.** *n* Nigerianer(in) *m(f)*

nig·gard·ly ['nɪgədli, AM -ɚd-] *adj* (*pej*) ① (*stingy*) geizig ② (*meagre*) dürftig; *donation, supply* armselig

nig·ger ['nɪgəʳ, AM -ɚ] *n* (*pej!*) Nigger *m*

nig·gle ['nɪgl̩] **I.** *vi* ① (*find fault*) nörgeln ② (*worry*) beunruhigen, nagen *fig* (**at** an +*dat*) **II.** *vt* ■**to** ~ **sb** (*nag*) an jdm herumnörgeln; (*worry*) jdn beschäftigen **III.** *n* ① (*doubt*) Zweifel *m* ② (*criticism*) Kritikpunkt *m*

nig·gling ['nɪgl̩ɪŋ] *adj attr* (*troubling*) nagend *fig*

nig·gly ['nɪgli] *adj arguments* pingelig, kleinlich; *person* nörglerisch

nigh [naɪ] **I.** *adv* nahe; **she's written ~ on 100 books** sie hat an die 100 Bücher geschrieben **II.** *prep* (*old*) nahe

night [naɪt] *n* ① (*darkness*) Nacht *f*; **to have an early** ~ früh zu Bett gehen; **to spend the** ~ **with sb** (*as a friend, relation*) bei jmd übernachten; (*sexually*) die Nacht mit jmd verbringen; **at** ~ nachts ② (*evening*) Abend *m*; **to have a** ~ **out** [abends] ausgehen; **by** ~ abends ③ THEAT, FILM **first** ~ Premiere *f*

'night·bird *n* BRIT Nachteule *f hum fam*

'night blind·ness *n no pl* Nachtblindheit *f* **'night·cap** *n* (*drink*) Schlaftrunk *m*

'night·clothes *npl* Nachtwäsche *f kein pl*; (*pyjamas*) Schlafanzug *m* **'night·club** *n* Disko *f* **'night cream** *n* Nachtcreme *f*

'night·dress *n* Nachthemd *nt* **'night·fall** *n no pl* Einbruch *m* der Nacht **'night·gown** *n* Nachthemd *nt*

nightie ['naɪti, AM -ṭ-] *n* (*fam*) Nachthemd *nt*

night·in·gale ['naɪtɪŋgeɪl, AM -tᵊn-] *n* Nachtigall *f*

'night·life *n no pl* Nachtleben *nt* **'night·light** *n* Nachtlicht *nt* **'night·long** (*liter*) **I.** *adv* die ganze Nacht [über] **II.** *adj* sich über die ganze Nacht hinziehend

night·ly ['naɪtli] **I.** *adv* jede Nacht **II.** *adj* (*each night*) [all]abendlich; (*nocturnal*) nächtlich

night·mare ['naɪtmeəʳ, AM -mer] *n* Alptraum *m*

night·mar·ish ['naɪtmeərɪʃ, AM -mer-] *adj* (*horrific*) alptraumhaft; (*distressing*) grauenhaft

night-'night *interj* (*esp childspeak*) [gute] Nacht **'night-nurse** *n* Nachtschwester *f*

'night owl *n* (*fam*) Nachteule *f hum*

'night-por·ter *n* Nachtportier *m*

nights [naɪts] *adv* nachts; **to work** ~ nachts arbeiten

'night safe *n* BRIT Nachttresor *m* **'night school** *n* Abendschule *f* **'night shift** *n* Nachtschicht *f* **'night·shirt** *n* [Herren]nachthemd *nt* **'night·spot** *n* (*fam*) Nachtklub *m* **'night stand** *n* AM (*bedside table*) Nachttisch *m* **'night·stick** *n* AM Schlagstock *m* **night 'stor·age heat·er** *n* BRIT Nachtspeicherofen *m* **'night table** *n* AM (*bedside table*) Nachttisch *m* **'night-time** *n* Nacht[zeit] *f* **'night-watch** *n* Nachtwache *f* **night 'watch·man** *n* Nachtwächter *m* **'night·wear** *n no pl* Nachtwäsche *f*

ni·hil·ism ['ni:ɪlɪzᵊm, AM 'naɪəl-] *n no pl* Nihi-

N

lismus *m*

ni·hil·ist ['niːɪlɪst, AM 'naɪəl-] *n* Nihilist(in) *m(f)*

ni·hil·is·tic [ˌniːɪl'ɪstɪk, AM ˌnaɪəl'-] *adj* nihilistisch

Nik·kei, Nik·kei 'In·dex [nɪ'keɪ-, AM 'niːkeɪ-] *n no pl* STOCKEX Nikkei Index *m*

nil [nɪl] *n no pl* ❶ (*nothing*) Nichts *nt,* Null *f* ❷ *esp* BRIT SPORTS Null *f*

Nile [naɪl] *n* ■**the** [**river**] ~ der Nil

nim·ble ['nɪmbl̩] *adj* (*usu approv: agile*) gelenkig, beweglich; (*quick*) flink; (*quick-witted*) [geistig] beweglich

nim·bus <*pl* -bi *or* -es> ['nɪmbəs, *pl* -baɪ] *n* ❶ (*cloud*) Nimbostratus *m fachspr* ❷ (*halo*) Nimbus *m geh*

Nim·by, nim·by <*pl* -s> ['nɪmbi] *n* (*pej*) *acr for* **not in my back yard** *Person, die sich gegen umstrittene Bauvorhaben in der eigenen Nachbarschaft stellt, aber nichts dagegen hat, wenn diese woanders realisiert werden*

nin·com·poop ['nɪŋkəmpuːp, AM 'nɪn-] *n* (*pej fam*) Trottel *m*

nine [naɪn] **I.** *adj* neun; ~ **times out of ten** in neun von zehn Fällen **II.** *n* Neun *f* ▶ PHRASES: **be dressed** [BRIT **up**] **to the ~s** (*fam*) in Schale [geworfen] sein

9-11, 9/11 [naɪnɪ'levᵊn] *n no pl, no art* der 11. September (*Terrorangriffe am 11.9.2001 auf das World Trade Center in New York und das Pentagon in Washington*)

'nine·fold *adj* neunfach

nine·pins ['naɪnpɪnz] *npl* Kegeln *nt kein pl*

nine·teen [ˌnaɪn'tiːn] **I.** *n* Neunzehn *f* **II.** *adj* neunzehn

nine·teenth [ˌnaɪn'tiːn(t)θ] **I.** *n* ❶ (*after 18th*) Neunzehnte(r,s) *f(m,nt)* ❷ (*fraction*) Neunzehntel *nt* **II.** *adj* neunzehnte(r,s) **III.** *adv* an neunzehnter Stelle

nine·teenth 'hole *n* SPORTS (*hum fam: golf club bar*) neunzehntes Loch

nine·ties ['naɪntiːz, AM -t̬-] *npl* ❶ (*temperature*) **temperatures in the ~** Temperaturen um neunzig Grad Fahrenheit ❷ (*decade*) ■**the** ~ die Neunziger *pl*

nine·ti·eth ['naɪntiəθ, AM -t̬-] **I.** *n* ❶ (*after 89th*) Neunzigste(r,s) *f(m,nt)* ❷ (*fraction*) Neunzigstel *nt* **II.** *adj* neunzigste(r,s) **III.** *adv* an neunzigster Stelle

'nine-to-five I. *adv* **to work ~** von neun bis fünf [Uhr] arbeiten **II.** *adj* **a ~ schedule** ein Achtstunden[arbeits]tag *m*

nine·ty ['naɪnti, AM -t̬-] **I.** *n* Neunzig *f* **II.** *adj* neunzig

nin·ja ['nɪndʒə] *n* ❶ HIST, MIL Ninja *m* ❷ SPORTS Ninjutsu-Schüler(in) *m(f)*

nin·jut·su [nɪn'dʒʌtsuː] *n no pl* Ninjutsu *nt*

nin·ny ['nɪni] *n* (*dated fam*) Trottel *m pej*

ninth ['naɪn(t)θ] **I.** *n* ❶ (*after 8th*) Neunte(r,s) *f(m,nt)* ❷ (*fraction*) Neuntel *nt* **II.** *adj* neunte(r,s) **III.** *adv* an neunter Stelle

nip¹ [nɪp] **I.** *vt* <-pp-> (*bite*) beißen; (*pinch*) zwicken ▶ PHRASES: **to ~ sth in the bud** etw im Keim ersticken **II.** *vi* <-pp-> ❶ (*bite*) beißen ❷ BRIT, AUS (*fam: go quickly*) ■**to ~ across to sth** schnell mal zu etw *dat* rüberspringen **III.** *n* ❶ (*pinch*) Kniff *m;* (*bite*) Biss *m* ❷ *no pl* (*chill*) Kälte *f;* **there's a ~ in the air** es ist frisch

nip² [nɪp] *n* (*fam: sip*) Schluck *m*

nip·per ['nɪpəʳ, AM -ɚ] *n esp* BRIT (*fam*) Kleine(r) *f(m);* (*boy a.*) Bengel *m;* (*girl a.*) Göre *f* NORDD

nip·ple ['nɪpl̩] *n* ❶ ANAT Brustwarze *f* ❷ (*of baby bottle*) Sauger *m*

nip·py ['nɪpi] *adj* ❶ BRIT, AUS (*fam: quick*) schnell ❷ (*fam: cold*) kühl

nir·va·na [nɪə'vɑːnə, AM nɪr'-] *n no pl* Nirwana *nt;* (*fig*) Traumwelt *f*

nit [nɪt] *n* ❶ *esp* BRIT, AUS (*pej fam: idiot*) Blödmann *m* ❷ (*egg of head louse*) Nisse *f*

ni·ter *n* AM *see* **nitre**

nit·pick ['nɪtpɪk] *vi* (*fam: quibble*) [herum]nörgeln; (*find fault*) kleinlich sein

nit·pick·er ['nɪtpɪkəʳ, AM -ɚ] *n* (*pej: quibbler*) Nörgler(in) *m(f);* (*fault-finder*) Kleinigkeitskrämer(in) *m(f)*

nit·pick·ing ['nɪtpɪkɪŋ] **I.** *adj* (*pej fam*) pingelig **II.** *n no pl* (*pej fam*) Krittelei *f*

nit·picky <-ier, -iest> ['nɪtpɪki] *adj* (*fam*) pedantisch

ni·trate ['naɪtreɪt] *n* Nitrat *nt*

ni·tre *n no pl* Salpeter *m*

ni·tric ['naɪtrɪk] *adj* Stickstoff-

ni·tric 'acid *n no pl* CHEM Salpetersäure *f*

ni·trite ['naɪtraɪt] *n* Nitrit *nt*

ni·tro·gen ['naɪtrədʒən] *n no pl* Stickstoff *m*

ni·tro·glyc·er·ine, AM **ni·tro·glyc·er·in** [ˌnaɪtrə(ʊ)'glɪsᵊriːn, AM -troʊ'-] *n no pl* Nitroglyzerin *nt*

ni·trous ['naɪtrəs] *adj* Stickstoff-, stickstoffhaltig; ~ **oxide** Lachgas *nt*

nit·ty-grit·ty [ˌnɪti'grɪti, AM -t̬i'grɪt̬i] *n no pl* (*fam*) ■**the ~** das Wesentliche; **to get down to the ~** zur Sache kommen

nit·wit ['nɪtwɪt] *n* (*pej fam*) Schwachkopf *m*

nix [nɪks] AM **I.** *vt* (*fam*) ablehnen **II.** *adv* (*fam*) nichts, nix *fam*

NNE *abbrev of* **north-northeast** NNO

NNW *abbrev of* **north-northwest** NNW

no [nəʊ, nə, AM noʊ, nə] **I.** *adj* ❶ (*not any*) kein(e); ~ **one** keiner; **to be of ~ interest** unwichtig sein ❷ (*in signs*) **'~ park-**

ing' „Parken verboten" ③ *with gerund* (*impossible*) **there's ~ denying** es lässt sich nicht leugnen **II.** *adv* ① (*not at all*) nicht; ~ **less than sb/sth** nicht weniger als jd/etw ② (*negation*) nein ③ (*doubt*) nein, wirklich nicht **III.** *n* <*pl* -es *or* -s> ① (*negation*) Nein *nt kein pl;* (*refusal*) Absage *f* ② (*negative vote*) Neinstimme *f* **IV.** *interj* ① (*refusal*) nein ② (*surprise*) **~! I don't believe it!** nein! das kann ich nicht glauben! *fam* ③ (*distress*) **oh ~!** oh nein!

No. *n,* **no.** <*pl* Nos. *or* nos.> *n see* **number** Nr.; ~ **10** BRIT (*PM's residence*) Downing Street Nr. 10

Noah's ark [ˌnəʊəz'-, AM ˌnoʊəz'-] *n no pl, no art* die Arche Noah

nob [nɒb, AM nɑːb] *n esp* BRIT (*hum, pej fam*) Betuchte(r) *f(m)*

nob·ble ['nɒbl̩] *vt* BRIT, AUS (*sl*) ① (*tamper with*) ■**to ~ an animal** *ein Tier durch Verabreichung von Drogen langsam machen* ② (*bribe*) bestechen ③ (*catch sb's attention*) sich *dat* jdn greifen

Nobel Prize [ˌnəʊbel'-, AM ˌnoʊ-] *n* Nobelpreis *m*

Nobel 'prize win·ner *n* Nobelpreisträger(in) *m(f)*

no·bil·ity [nə(ʊ)'bɪləti, AM noʊ'bɪləṭi] *n no pl* ① + *sing/pl vb* (*aristocracy*) ■**the ~** der Adel ② (*approv: character*) hohe Gesinnung

no·ble ['nəʊbl̩, AM 'noʊ-] **I.** *adj* ① (*aristocratic*) ad[e]lig ② (*approv: estimable*) *ideals, motives, person* edel *geh,* nobel *geh* **II.** *n* Ad[e]lige(r) *f(m)*

Falsche Freunde

Nicht verwechseln mit nobel — *generous*!

'no·ble·man *n* Ad[e]liger *m,* Edelmann *m hist* **no·ble-'mind·ed** *adj* edel gesinnt, von edler Gesinnung *nach n geh* **'no·ble·wom·an** *n* Ad[e]lige *f,* Edelfrau *f hist*

no·bly ['nəʊbli, AM 'noʊ-] *adv* nobel *geh,* edel *geh*

no·body ['nəʊbədi, AM 'noʊbɑːdi] **I.** *pron indef pron, sing* (*no people*) niemand, keiner; ~ **else** niemand anders **II.** *n* <*pl* -dies> (*sb of no importance*) Niemand *m kein pl,* Nobody *m*

no-claim(s) 'bo·nus, no-claims 'dis·count *n* BRIT, AUS Schadenfreiheitsrabatt *m*

no-'con·fi·dence vote *n* Misstrauensvotum *nt*

noc·tur·nal [nɒk'tɜːnəl, AM nɑːk'tɜːr-] *adj* (*of the night*) nächtlich *attr,* Nacht-; ZOOL (*active at night*) nachtaktiv

noc·tur·nal·ly [nɒk'tɜːnəli, AM nɑːk'tɜːr-] *adv* nachts, in der Nacht

nod [nɒd, AM nɑːd] **I.** *n usu sing* Nicken *nt kein pl;* **to get the ~** (*fig*) grünes Licht bekommen **II.** *vt* <-dd-> ① **to ~ one's head** mit dem Kopf nicken; **to ~ [one's] agreement** zustimmend nicken ② **to ~ a farewell to sb** jdm zum Abschied zunicken **III.** *vi* <-dd-> ① (*as signal*) nicken ② *esp* BRIT (*fam: sleep*) ein Nickerchen machen

◆**nod off** *vi* einnicken

nod·ding ['nɒdɪŋ, AM 'nɑːd-] *adj* ① (*head*) nickend ② (*fleeting*) *acquaintance* flüchtig

node [nəʊd, AM noʊd] *n* Knoten *m;* (*intersection*) Schnittpunkt *m;* COMPUT Schnittstelle *f*

nod·ule ['nɒdjuːl, AM 'nɑːd-] *n* Knötchen *nt;* GEOL Klümpchen *nt*

noes [nəʊz, AM noʊz] *n pl of* **no**

no-'fault *adj attr esp* AM Vollkasko-

nog·gin ['nɒgɪn, AM 'nɑːg-] *n* ① (*dated: drink*) **to have a ~ with sb** ein Gläschen mit jdm trinken ② *esp* AM (*fam: head*) Schädel *m* **no-go 'area,** AM **no-'go zone** *n* ① (*prohibited*) verbotene Zone ② MIL Sperrgebiet *nt*

no-holds-'barred *adj attr* **to go for a ~ defense** bei der Verteidigung *f* aufs Ganze gehen

no-'hop·er *n* BRIT, AUS Taugenichts *m*

no·how ['nəʊhaʊ, AM 'noʊ-] *adv esp* AM (*fam*) keinesfalls, auf gar keinen Fall

noise [nɔɪz] *n* ① *no pl* (*loudness*) Lärm *m,* Krach *m;* **deafening ~** ohrenbetäubender Lärm ② (*sound*) Geräusch *nt* ▶ PHRASES: **to make a ~** Aufsehen *nt* erregen

'noise bar·ri·er *n* Lärmschutzwand *f*

noise·less ['nɔɪzləs] *adj breath, flight* geräuschlos, lautlos

'noise pol·lu·tion *n no pl* Lärmbelästigung *f*

noise pre·ven·tion *n no pl* Lärmvermeidung *f*

noi·some ['nɔɪsəm] *adj* (*liter*) ① (*fetid*) *smell* übel riechend ② (*offensive*) *man* unangenehm; *manner* abstoßend

noisy ['nɔɪzi] *adj* ① (*making noise*) laut ② (*full of noise*) laut; **crowded and ~ pub** überfüllte und sehr laute Kneipe

'no-jump *n* SPORTS Fehlsprung *m*

no·mad ['nəʊmæd, AM 'noʊ-] *n* Nomade *m,* Nomadin *f;* (*fig*) Wandervogel *m hum*

no·mad·ic [nə(ʊ)'mædɪk, AM noʊ'-] *adj* nomadisch, Nomaden-

'no-man's-land *n no pl* ① MIL Niemandsland *nt* ② (*limbo*) Schwebezustand *m*

no·men·cla·ture [nə(ʊ)'meŋklətʃəʳ, -kleɪ-, AM 'noʊmenkleɪtʃɚ] *n* SCI ① *no pl* (*system*)

N

Nomenklatur *f geh* ② (*form: term*) Begriff *m*

nomi·nal ['nɒmɪnᵊl, AM 'nɑːmə-] *adj* ① (*titular*) dem Namen nach *nach n,* nominell ② (*small*) *sum of money* gering

nomi·nal·ly ['nɒmɪnᵊli, AM 'nɑːmə-] *adv* dem Namen nach, nominell

nomi·nate ['nɒmɪneɪt, AM 'nɑːmə-] *vt* ① (*propose*) nominieren ② (*appoint*) ■**to ~ sb [as] sth** jdn zu etw *dat* ernennen

nomi·na·tion [ˌnɒmɪ'neɪʃᵊn, AM ˌnɑːmə'-] *n* ① (*proposal*) Nominierung *f* (**for** für +*akk*) ② (*appointment*) Ernennung *f* (**to** zu +*dat*)

nomi·na·tive ['nɒmɪnətɪv, AM 'nɑːmənət̬ɪv] **I.** *n* ■**the ~** der Nominativ **II.** *adj* Nominativ-; **to be in the ~ case** im Nominativ stehen

nomi·nee [ˌnɒmɪ'niː, AM ˌnɑːmə'-] **I.** *n* Kandidat(in) *m(f);* **Oscar ~s** Oscar-Anwärter *pl* **II.** *adj attr* nominiert

non- [ˌnɒn, AM ˌnɑːn] *in compounds* Nicht-, nicht-

non-ac·'cept·ance *n no pl* (*rejection*) Nichtakzeptanz *f;* (*disrespect*) *of conditions* Nichteinhaltung *f*

no·na·genar·ian [ˌnəʊnədʒə'neəriən, AM ˌnɑːnədʒə'ner-] **I.** *n* ■**to be a ~** in den Neunzigern sein **II.** *adj* in den Neunzigern *nach n*

non-ag·'gres·sion *n no pl* Gewaltverzicht *m;* **~ pact/treaty** Nichtangriffspakt *m* **non-ag·'gres·sion pact** *n,* **non-ag·'gres·sion treaty** *n* Nichtangriffspakt *m* **non-al·co·'hol·ic** *adj drink, beer* alkoholfrei **non-a'ligned** *adj* neutral; POL blockfrei **non-a'lign·ment** *n no pl* Neutralität *f;* POL Blockfreiheit *f* **non-ap·'pear·ance** *n no pl* LAW Nichterscheinen *nt* vor Gericht **non-at·'tend·ance** *n no pl* (*at school, a hearing*) Abwesenheit *f* **non-bel·'lig·er·ent I.** *adj* **~ country** Land, das keinen Krieg führt **II.** *n person* Kriegsunbeteiligte(r) *f(m)*

'nonce word *n* ad hoc gebildetes Wort

non·cha·lant ['nɒn(t)ʃᵊlənt, AM ˌnɑːnʃə'lɑːnt] *adj* gleichgültig

non-com [ˌnɒn'kɒm, AM ˌnɑːn'kɑːm] *n* MIL (*fam*) *short for* **non-commissioned officer** Unteroffizier(in) *m(f)*

non-'com·bat·ant *n* MIL Zivilist(in) *m(f)* **non-com·'bust·ible** *adj* nicht brennbar **non-com·mis·sioned 'of·fic·er** *n* MIL Unteroffizier(in) *m(f)* **non-com·mit·tal** [ˌnɒnkə'mɪtᵊl, AM ˌnɑːnkə'mɪt̬-] *adj letter, tone* unverbindlich **non-com·pli·ance** *n no pl with an order* Nichtbeachtung *f; with a wish* Nichterfüllung *f*

non com·pos *adj,* **non com·pos men·tis** [ˌnɒnˌkɒmpəs'mentɪs, AM ˌnɑːnˌkɑːmpoʊs'ment̬ɪs] *adj pred* ① LAW nicht im Vollbesitz seiner geistigen Kräfte ② (*hum: insane*) nicht ganz richtig *fig fam*

non·con·'form·ist I. *adj* nonkonformistisch **II.** *n* Nonkonformist(in) *m(f)* **non·con·'form·ity** *n no pl* ① Nonkonformismus *m* (**in, to** gegenüber +*dat*) ② BRIT REL ■**N~** Nonkonformismus *m* **non-con·'tribu·tory** *adj* beitragsfrei **non-co·op·e'ra·tion** *n no pl* Kooperationsverweigerung *f* (**with** in Bezug auf +*akk*) **non-de·pos·it 'bot·tle** *n* Einwegflasche *f*

non·de·script ['nɒndɪskrɪpt, AM 'nɑːn-] *adj person, building* unscheinbar; *colour, taste* undefinierbar

non-'du·rables *npl* Verbrauchsgüter *pl*

none [nʌn] **I.** *pron* ① (*not any*) keine(r, s); **~ of it matters anymore** das spielt jetzt keine Rolle mehr; **~ of the brothers** +*sing/pl vb* keiner der Brüder; **~ of us** +*sing/pl vb* niemand von uns; **~ at all** gar keine(r, s) ② (*no person, no one*) **~ other than ...** kein Geringerer/keine Geringere als ... ▶ PHRASES: **to be ~ of sb's business** jdn nichts angehen; **to be second to ~** unvergleichlich sein **II.** *adv* kein bisschen; **~ too pleased** (*form*) nicht sonderlich erfreut

non·en·tity [ˌnɒn'entəti, AM ˌnɑːn'ent̬ət̬i] *n* (*pej: nobody*) ■**a ~** ein Niemand *m*

non-es·'sen·tial I. *adj* überflüssig, unnötig **II.** *n* unnötige Sache

none·the·less [ˌnʌnðə'les] *adv* nichtsdestoweniger, trotzdem

non-e'vent *n* (*fam*) *in one's life* Enttäuschung *f; party* Reinfall *m* **non-ex·'ist·ence** *n no pl* Nichtvorhandensein *nt* **non-ex·'ist·ent** *adj* nicht vorhanden **non-'fat** *adj food* fettfrei

non-'fic·tion I. *n no pl* Sachliteratur *f* **II.** *adj* Sachliteratur-; **~ author** Sachbuchautor(in) *m(f);* **~ books** Sachbücher *pl*

non-'fic·tion author *n* Sachbuchautor(in) *m(f)* **non-'fic·tion book** *n* Sachbuch *nt* **non-'flam·mable** *adj material* nicht entflammbar **non-gov·ern·'men·tal** *adj organization* regierungsunabhängig **non-gov·ern·men·tal or·gani·'za·tion** *n* POL Nichtregierungsorganisation *f* **non-in·'fec·tious** *adj disease* nicht ansteckend **non-'iron** *adj clothes* bügelfrei **non-'mem·ber** *n* Nichtmitglied *nt* **non-mem·ber 'coun·try** *n* POL Nichtmitgliedsland *nt* **non-ne·'go·tiable** *adj* ① LAW *terms, conditions* nicht verhandelbar ② FIN *document, bill of exchange* nicht übertragbar

no-'non·sense *adj attr person, manner* sachlich, nüchtern

nonpa·reil ['nɒnpᵊrᵊl, AM ˌnɑ:npə'reɪl] (*liter*) **I.** *adj person* einzigartig, ohnegleichen *nach n* **II.** *n* ❶ (*thing*) Einzigartigkeit *f* ❷ (*person*) unerreichter Meister

non·plus <-ss-> [ˌnɒn'plʌs, AM ˌnɑ:n'-] *vt* verblüffen

non-pol·'lut·ing *adj by-product* ungiftig **non-pro·'duc·tive** *adj* unproduktiv; (*ineffective*) unwirksam; FIN *investment* nicht Gewinn bringend *attr* **non·'prof·it, non-'prof·it-mak·ing** *adj* nicht gewinnorientiert, gemeinnützig **non-prof·it as·so·ci'a·tion, non-prof·it or·gani·'za·tion, non-prof·it-mak·ing or·gani·'za·tion** *n* gemeinnützige Organisation **non-pro·lif·e'ra·tion** POL **I.** *n no pl* Nichtverbreitung *f* **II.** *adj attr* Nichtverbreitungs- **non-pro·lif·e'ra·tion trea·ty** *n* POL Nichtverbreitungsvertrag *m* **non-re·'fund·able** *adj payment* nicht zurückzahlbar **non-re·'new·able** *adj* ❶ *contract* befristet ❷ ECOL *resources, source of energy* nicht erneuerbar **non-re·new·able re·'sources** *npl* nicht erneuerbare Energien [*o* Ressourcen] *pl* **non-'resi·dent I.** *adj* ❶ (*non local*) auswärtig ❷ COMPUT nicht resident **II.** *n* Nichtortsansässige(r) *f(m)*; (*in hotel*) Nichthotelgast *m* **non-re·'turn·able** *adj* nicht zurücknehmbar **non-'sched·uled** *adj* unplanmäßig

non·sense ['nɒnsᵊn(t)s, AM 'nɑ:nsen-] **I.** *n no pl* ❶ (*absurdity*) Unsinn *m*, Quatsch *m*; **to make ~ of a claim/plan** BRIT, AUS eine Behauptung widerlegen/einen Plan verderben ❷ *no pl* (*misbehaviour*) Unfug *m* ❸ (*showing disapproval*) Blödsinn *m* **II.** *adj attr* (*meaningless*) unsinnig, sinnlos **III.** *interj* ■ **~!** Quatsch!, Unsinn!

non·sen·si·cal ['nɒnsen(t)sɪkḷ, AM 'nɑ:n-] *adj idea, plan* unsinnig

non-'shrink *adj material, clothing* einlaufsicher

non-'skid, non-'slip *adj surface* rutschfest **non-'smok·er** *n* ❶ (*person*) Nichtraucher(in) *m(f)* ❷ BRIT (*fam: in train*) Nichtraucherabteil *nt* **non-'smok·ing** *adj area* Nichtraucher- **non-'start·er** *n* ❶ SPORTS Nichtstartende(r) *m(f)* ❷ (*fam: idea*) Reinfall *m* **non-'stick** *adj* antihaftbeschichtet **non-'stop I.** *adj* Nonstop- **II.** *adv* nonstop; *talk, rain* ununterbrochen **non-'swim·mer** *n* Nichtschwimmer(in) *m(f)* **non-'tax·able** *adj income* steuerfrei **non-'tox·ic** *adj material, substance* ungiftig **non-'ver·bal** *adj communication* nonverbal **non-'vio·lent** *adj protest* gewaltfrei **non-'vot·ing** *adj shares* nicht stimmberechtigt

noo·dle ['nu:dḷ] *n* Nudel *f*; AM Pasta *f*

nook [nʊk] *n* Nische *f*, Ecke *f*

noon [nu:n] *n no pl* Mittag *m*; ■ **about ~** um die Mittagszeit

no one ['nəʊwʌn, AM 'noʊ-] *pron see* **nobody**

noose [nu:s] *n* Schlinge *f a. fig*

nope [nəʊp, AM noʊp] *adv* (*sl*) nö *fam*

nor [nɔ:ʳ, nəʳ, AM nɔ:r, nɚ] *conj* ❶ (*and not*) noch; **neither ... ~ ...** weder ... noch ... ❷ *after neg esp* BRIT (*neither*) noch; **I can't be at the meeting and ~ can Andrew** ich kann nicht zum Treffen kommen und Andrew auch nicht

Nor·dic ['nɔ:dɪk, AM 'nɔ:r-] *adj country, person* nordisch

norm [nɔ:m, AM nɔ:rm] *n* Norm *f*

nor·mal ['nɔ:mᵊl, AM 'nɔ:rm-] **I.** *adj* ❶ (*ordinary*) *person, day* normal ❷ (*usual*) *behaviour* normal (**for** für +*akk*); **as [is] ~** wie üblich ❸ (*fit*) gesund; **to be absolutely ~** völlig gesund sein **II.** *n no pl* Normalzustand *m*; **the temperature was above ~** die Temperatur war höher als normal; **to return to ~** sich normalisieren

nor·mal·cy ['nɔ:rmᵊlsi] *n* AM Normalität *f*

nor·mal·ity [nɔ:'mæləti, AM nɔ:r'mæləṭi] *n no pl* Normalität *f*

nor·mal·ize ['nɔ:mᵊlaɪz, AM 'nɔ:rm-] **I.** *vt* ❶ (*make normal*) *blood pressure* normalisieren ❷ *esp* COMPUT abgleichen **II.** *vi situation, relations* sich normalisieren

nor·mal·ly ['nɔ:mᵊli, AM 'nɔ:rm-] *adv* ❶ (*usually*) normalerweise ❷ (*in a normal way*) normal

Nor·man ['nɔ:mən, AM 'nɔ:rm-] **I.** *adj* normannisch **II.** *n* HIST Normanne, Normannin *m, f*

north [nɔ:θ, AM nɔ:rθ] **I.** *n no pl* ❶ (*direction*) Norden *m*; ■ **in the** [*or* BRIT **fam up**] **~** im Norden; ■ **to the ~** nach Norden [hin] ❷ (*region*) ■ **the N~** der Norden **II.** *adj* nördlich, Nord-; **~ of Manchester** nördlich von Manchester **III.** *adv* nordwärts

North 'Af·ri·ca *n* Nordafrika *nt* **North 'Af·ri·can I.** *n* Nordafrikaner(in) *m(f)* **II.** *adj history, culture* nordafrikanisch **North A'meri·ca** *n* Nordamerika *nt* **North A'meri·can I.** *n* Nordamerikaner(in) *m(f)* **II.** *adj* nordamerikanisch **north·'east I.** *n no pl* ❶ (*direction*) Nordosten *m*; ■ **to the ~** [**of ...**] nordöstlich [von ...] ❷ (*region*) ■ **the N~** der Nordosten **II.** *adj* nordöstlich, Nordost-; **~ wind** Wind *m* von Nordost **III.** *adv* nordostwärts (**of** von +*dat*) **north-'east·ern** *adj attr* nordöstlich,

N

Nordost-

nor·ther·ly ['nɔːðəli, AM 'nɔːrðɚli] *adj* nördlich, Nord-

north·ern ['nɔːðən, AM 'nɔːrðɚn] *adj attr* nördlich

north·ern·er ['nɔːðənəʳ, AM 'nɔːrðɚnɚ] *n* BRIT Nordengländer(in) *m(f);* AM Nordstaatler(in) *m(f);* (*fig, hum*) Nordlicht *nt*

North·ern 'Ire·land *n* Nordirland *nt*

Land und Leute

Northern Ireland (*Nordirland*), das oft auch einfach *Ulster* genannt wird, ist der nordöstliche Teil Irlands, der Teil des *United Kingdom* (*Vereinigtes Königreich*) blieb, als der Rest des Landes 1921 den Status eines *dominion* (*Herrschaftsgebiet*) innerhalb des Commonwealth erhielt. Das neue *Northern Ireland Assembly* (*Parlament*) wurde am 25. Juni 1998 gegründet und hat 108 Abgeordnete; es kann in regionalen Angelegenheiten Gesetze erlassen und tagt im Stormont Castle in der Nähe von Belfast.

north·ern·most ['nɔːðənməʊst, AM 'nɔːrðɚnmoʊst] *adj* nördlichste(r, s)

North 'Pole *n* ■**the ~** der Nordpol **North 'Sea** *n* ■**the ~** die Nordsee

N

north·ward ['nɔːθwəd, AM 'nɔːrθwɚd] **I.** *adj migration* nach Norden *nach n,* Nord-; **~ direction** nördliche Richtung **II.** *adv* nach Norden

north·'west **I.** *n no pl* Nordwesten *m;* ■**to the ~ [of sth]** nordwestlich [von etw *dat*] **II.** *adj* nordwestlich, Nordwest-; **~ wind** Wind *m* von Nordwest **III.** *adv* nach Nordwesten

north-'west·er·ly *adj* nordwestlich, Nordwest-; **~ wind** Wind *m* aus Nordwest

Nor·way ['nɔːweɪ, AM 'nɔːr-] *n* Norwegen *nt*

Nor·we·gian [nɔː'wiːdʒən, AM nɔːr'-] **I.** *n* ❶ (*person*) Norweger(in) *m(f)* ❷ *no pl* (*language*) Norwegisch *nt* **II.** *adj* norwegisch, Norwegisch-

nose [nəʊz, AM noʊz] **I.** *n* ❶ (*organ*) Nase *f;* **to blow one's ~** sich *dat* die Nase putzen ❷ (*front*) Schnauze *f fam; of aircraft* Flugzeugnase *f;* **~ to tail** dicht an dicht ▶PHRASES: **to <u>get</u> up sb's ~** BRIT, AUS (*fam*) jdm auf den Wecker gehen; **to <u>poke</u> one's ~ into sth** (*fam*) seine Nase in etw *akk* hineinstecken **II.** *vi* **to ~ forwards** sich vorsichtig vorwärtsbewegen **III.** *vt* **to ~ one's way forwards/in/out/up** sich vorsichtig seinen Weg vorwärts-/hinein-/hinaus-/hinaufbahnen ◆**nose about** **I.** *vi* (*fam*) herumstöbern *fam* **II.** *vt* ■**to ~ about sth** in etw *dat* herumstöbern ◆**nose out** **I.** *vt* (*discover*) *secrets, details* herausfinden **II.** *vi* sich langsam herausbewegen

'nose·bag *n* Hafersack *m* **'nose·bleed** *n* Nasenbluten *nt* **'nose cone** *n* AVIAT Rumpfspitze *f*

'nose·dive **I.** *n* ❶ AVIAT Sturzflug *m* ❷ (*fig*) Einbruch *m* **II.** *vi* ❶ AVIAT im Sturzflug heruntergehen ❷ FIN *prices, economy* einbrechen

nose·gay ['nəʊzgeɪ, AM 'noʊz-] *n* (*old*) Gebinde *nt*

'nose job *n* MED (*fam*) Nasenkorrektur *f*

'nose ring *n* Nasenring *m*

'nose wheel *n* AVIAT Bugrad *nt*

nosey ['nəʊzi, AM 'noʊzi] *adj* (*pej*) neugierig

nosh [nɒʃ, AM nɑːʃ] **I.** *n no pl* BRIT, AUS (*sl: food*) Fressalien *pl fam* **II.** *vi* ■**to ~ on sth** etw futtern

'no-show *n* AVIAT No-Show *m* (*Fluggast, der nicht erscheint*)

'nosh-up *n* BRIT, AUS (*sl*) Gelage *nt fam*

no-'smok·ing *adj area* Nichtraucher-

nos·tal·gia [nɒs'tældʒə, AM nɑː'st-] *n no pl* Nostalgie *f*

nos·tal·gic [nɒs'tældʒɪk, AM nɑː'st-] *adj* nostalgisch

no-'strike agree·ment *n* Streikverbotsabkommen *nt*

nos·tril ['nɒstrəl, AM 'nɑː-] *n of a person* Nasenloch *nt; of a horse* Nüster *f*

nosy ['nəʊzi, AM 'noʊ-] *adj* (*pej*) neugierig

nosy 'par·ker *n esp* BRIT (*fam*) neugierige Person

not [nɒt, AM nɑːt] *adv* ❶ *after aux vb* nicht; **it's ~ unusual** das ist nicht ungewöhnlich ❷ *in tag question* **it's cold, is it ~** [*or* **isn't it**]**?** es ist kalt, nicht [wahr]? ❸ *before n* kein, nicht; **it's a girl, ~ a boy** es ist ein Mädchen, kein Junge ❹ *before infin* nicht; **he's asked me ~ to do it** er hat mich gebeten, es nicht zu tun ❺ *before predeterminer* nicht; **~ all children like swimming** nicht alle Kinder schwimmen gerne ❻ *before adj, adv* (*meaning opposite*) nicht; **~ much** nicht viel ▶PHRASES: **~ at <u>all</u>!** (*polite answer*) überhaupt nicht!; (*when thanked*) gern geschehen!; (*denying vehemently*) überhaupt nicht!

no·table ['nəʊtəbḷ, AM 'noʊt̬-] *adj* ❶ (*eminent*) *collection, philosopher* bedeutend ❷ (*remarkable*) *achievement, success* beachtlich, bemerkenswert

no·tab·ly ['nəʊtəbli, AM 'noʊt̬-] *adv* ❶ (*particularly*) insbesondere, vor allem ❷ (*perceptibly*) merklich, auffallend

no·ta·ry *n,* **no·ta·ry 'pub·lic** <*pl* -ies public> ['nəʊtəri-, AM 'noʊt̬ɚi-] *n* Notar(in) *m(f)*

no·ta·tion [nə(ʊ)'teɪʃən, AM noʊ'-] *n* ① MATH, MUS Notation *f* ② *(note)* Notiz *f*

notch [nɒtʃ, AM nɑ:tʃ] *n* <*pl* -es> ① *(indentation)* Einkerbung *f* ② *(in belt)* Loch *nt*

note [nəʊt, AM noʊt] **I.** *n* ① *(record)* Notiz *f;* **to leave a ~** eine Nachricht hinterlassen; **to make a ~** [**of sth**] [sich *dat*] eine Notiz [von etw *dat*] machen ② *(attention)* **to take ~ of sth** von etw *dat* Notiz nehmen ③ MUS Note *f* ④ *esp* BRIT, AUS *(money)* [Geld]schein *m* **II.** *vt* ① *(notice)* wahrnehmen; *(pay attention to)* beachten; ■**to ~ that ...** zur Kenntnis nehmen, dass ... ② *(remark)* anmerken; *(point out)* feststellen

'note·book *n* ① *(book)* Notizbuch *nt* ② COMPUT Notebook *nt*

not·ed ['nəʊtɪd, AM 'noʊt̬-] *adj attr* bekannt (**for** für +*akk*)

'note·pad *n* ① *(pad)* Notizblock *m* ② COMPUT Notepad *nt* **'note·paper** *n no pl* Briefpapier *nt*

note·wor·thy ['nəʊtˌwɜ:ði, AM 'noʊtˌwɜ:r-] *adj conclusions, results* beachtenswert; **nothing ~** nichts Besonderes

not-for-'prof·it *adj organisation, company* nicht auf Gewinn ausgerichtet *attr*

noth·ing ['nʌθɪŋ] **I.** *pron indef* ① *(not anything)* nichts; **all or ~** alles oder nichts; **~ of the kind** nichts dergleichen; **~ else** nichts weiter ② *(of no importance)* nichts; **to be ~ to sb** jdm nichts bedeuten; **it's ~** *(fam)* nicht der Rede wert ③ *(zero)* Null *f* ④ AM SPORTS *(no points)* null ▶ PHRASES: [**all**] **for ~** [vollkommen] umsonst; **to be ~ less/more than ...** nichts Geringeres/weiter sein, als ...; **there's ~ to it** *(easy)* dazu gehört nicht viel; *(not true)* da ist nichts dran *fam* **II.** *adj attr (fam) activity* belanglos **III.** *n (fam)* ① *(person)* Niemand *m* ② *(thing)* Unwichtigkeit *f* **IV.** *adv* ① *(not)* überhaupt nicht; **to look ~ like sb/sth** jdm/etw nicht ähnlich sehen ② *after n* AM *(fam: emphatically not)* wahrlich nicht; **beautiful? beautiful ~!** schön? wahrlich nicht!

noth·ing·ness ['nʌθɪŋnəs] *n no pl (emptiness)* Nichts *nt*

'no-throw *n* SPORTS Fehlwurf *m*

no·tice ['nəʊtɪs, AM 'noʊt̬-] **I.** *vt* ① *(see)* bemerken; *(catch)* mitbekommen; *(perceive)* wahrnehmen ② *(pay attention to)* beachten; *(take note of)* zur Kenntnis nehmen; ■**to ~ sb/sth** *(become aware of)* auf jdn/etw aufmerksam werden; *(realize)* jdn/etw [be]merken **II.** *n* ① *no pl (attention)* Beachtung *f;* **to bring sth to sb's ~** jdn auf etw *akk* aufmerksam machen; **to take ~ of sb/sth** von jdm/etw Notiz nehmen; **to take no ~ of the fact that ...** die Tatsache ignorieren, dass ... ② *(poster)* Plakat *nt* ③ *no pl (information in advance)* **at a moment's ~** jederzeit; **until further ~** bis auf weiteres ④ *no pl (to end an arrangement)* **to give** [**in**] **one's ~** kündigen

no·tice·able ['nəʊtɪsəbl̩, AM 'noʊt̬-] *adj improvement, increase* merklich

'no·tice·board *n* Aushang *m,* schwarzes Brett

no·ti·fi·able ['nəʊtɪfaɪəbl̩, AM 'noʊt̬ə-] *adj disease* meldepflichtig

no·ti·fi·ca·tion [ˌnəʊtɪfɪ'keɪʃən, AM ˌnoʊt̬ə-] *n* Mitteilung *f*

no·ti·fy <-ie-> ['nəʊtɪfaɪ, AM 'noʊt̬ə-] *vt* ■**to ~ sb** [**of sth**] jdn [über etw *akk*] unterrichten; ■**to ~ sb that ...** jdn benachrichtigen, dass ...

no·tion ['nəʊʃən, AM 'noʊ-] *n* ① *(belief)* Vorstellung *f;* *(vague idea)* Ahnung *f* (**of** von +*dat*) ② *(whim)* Vorstellung *f*

no·tion·al ['nəʊʃənəl, AM 'noʊ-] *adj (form)* fiktiv; *payment* nominell

no·to·ri·ety [ˌnəʊtər'aɪəti, AM ˌnoʊt̬ə'raɪət̬i] *n no pl* [traurige] Berühmtheit (**for** wegen +*gen*)

no·to·ri·ous [nə(ʊ)'tɔ:riəs, AM noʊ'-] *adj temper, thief* notorisch; *criminal* berüchtigt

'no-touch *adj attr taps, switches* kontaktlos

not·with·stand·ing [ˌnɒtwɪθ'stændɪŋ, AM ˌnɑ:t-] *(form)* **I.** *prep* ungeachtet **II.** *adv* trotzdem **III.** *conj* ■**~ that ...** obwohl, ...

nou·gat ['nu:gɑ:, AM -gət] *n no pl* Nougat *nt*

nought [nɔ:t, AM *esp* nɑ:t] *n esp* BRIT Null *f;* *see also* **thought**

nough·ties, Nough·ties ['nɔ:tiz, AM 'nɒ:t̬iz] *npl (fam)* das Jahrzehnt von 2000 bis 2010

noun [naʊn] *n* Hauptwort *nt,* Substantiv *nt*

nour·ish ['nʌrɪʃ, AM 'nɜ:r-] *vt* ① *(feed)* ernähren ② *(enrich) skin* pflegen

nour·ish·ing ['nʌrɪʃɪŋ, AM 'nɜ:r-] *adj* ① *(healthy) food, drink* nahrhaft ② *(rich) cream* reichhaltig

nour·ish·ment ['nʌrɪʃmənt, AM 'nɜ:r-] *n no pl* ① *(food)* Nahrung *f* ② *(vital substances)* Nährstoffe *pl*

nous [naʊs] *n no pl* BRIT, AUS *(fam)* Grips *m*

nov·el[1] ['nɒvəl, AM 'nɑ:-] *n (book)* Roman *m;* **detective ~** Kriminalroman *m*

nov·el[2] ['nɒvəl, AM 'nɑ:-] *adj (new)* neuartig; *way, approach, idea* neu

nov·el·ette [ˌnɒvəl'let, AM ˌnɑ:-] *n* ① LIT Novelette *f fachspr* ② *(esp pej)* Kitschro-

N

man *m*

nov·el·ist ['nɒvᵊlɪst, AM 'nɑːvə-] *n* Romanautor(in) *m(f)*

nov·el·ty ['nɒvᵊlti, AM 'nɑːvᵊlt̬i] *n* ❶ (*new thing*) Neuheit *f* ❷ *no pl* (*newness*) Neuartigkeit *f* ❸ (*trinket*) Krimskrams *m;* (*funny*) Scherzartikel *m*

No·vem·ber [nəʊ'vembəʳ, AM noʊ'vembɚ] *n* November *m; see also* **February**

nov·ice ['nɒvɪs, AM 'nɑː-] *n* ❶ (*learner*) Anfänger(in) *m(f)* ❷ REL Novize *m,* Novizin *f*

now [naʊ] **I.** *adv* ❶ (*at present*) jetzt; **until ~** bis jetzt ❷ (*at once*) [**right**] **~** jetzt, sofort, gleich ❸ (*till today*) jetzt [schon] ❹ (*short time ago*) **just ~** gerade eben ❺ (*occasionally*) [**every**] **~ and then** ab und zu ❻ (*soothing*) **~, ~, don't cry** aber, aber, nicht weinen; **~, ~, children, stop fighting!** (*warning*) na, na, Kinder, hört auf zu streiten! ▸ PHRASES: [**it's/it was**] **~ or never** (*saying*) jetzt oder nie **II.** *n* Jetzt *nt;* **that's all for ~** das ist für den Augenblick alles; **from ~ on** ab sofort **III.** *conj* **~** [**that**] ... jetzt, wo ...

nowa·days ['naʊədeɪz] *adv* heutzutage

no·where ['nəʊ(h)weəʳ, AM 'noʊ(h)wer] **I.** *adv* nirgends, nirgendwo; **~ to be seen** nirgends zu sehen; **from ~** aus dem Nichts *a. fig* **II.** *n* Nirgendwo *nt* **III.** *adj attr* (*fam*) ausweglos

N

nowt [naʊt] *pron* BRIT, DIAL nix *fam*

nox·ious ['nɒkʃəs, AM 'nɑːk-] *adj* (*form*) ❶ (*toxic*) *chemicals, fumes* giftig ❷ (*unpleasant*) übel

noz·zle ['nɒzl̩, AM 'nɑːzl̩] *n* Düse *f; of petrol pump* [Zapf]hahn *m*

nu·ance ['njuːɑːn(t)s, AM *esp* 'nuː-] *n* Nuance *f*

nub [nʌb] *n* (*crux*) Kernpunkt *m;* **the ~ of the matter** der springende Punkt

nu·bile ['njuːbaɪl, AM 'nuːbɪl, 'njuː-] *adj* (*hum*) [sehr] anziehend

nu·clear ['njuːkliəʳ, AM 'nuːkliɚ, 'njuː-] *adj* ❶ (*of energy*) Kern-, Atom- ❷ MIL nuklear, atomar; **~-free zone** atomwaffenfreie Zone

nu·clear 'medi·cine *n no pl* Nuklearmedizin *f* **nu·clear non-pro·lif·e'ra·tion trea·ty** *n* Nichtverbreitungsabkommen *nt* über Atomwaffen **nu·clear 'pow·er** *n* Atomenergie *f* **nu·clear 'pow·er plant, nu·clear 'pow·er sta·tion** *n* Kernkraftwerk *nt,* Atomkraftwerk *nt* **nu·clear re·'ac·tor** *n* Atomreaktor *m*

nu·clei ['njuːkliaɪ, AM *esp* ˌnuː-] *n pl of* **nucleus**

nu·cleic acid [njuːˌkliːɪk'-, AM *esp* nuːˌ-] *n* BIOL, CHEM Nukleinsäure *f*

nu·cleus <*pl* -clei *or* -es> ['njuːkliəs, AM *esp* 'nuː-] *n* Kern *m*

nude [njuːd, AM *esp* nuːd] **I.** *adj* nackt; **~ model** Aktmodel *nt* **II.** *n* ❶ ART Akt *m* ❷ (*nakedness*) **in the ~** nackt

nudge [nʌdʒ] **I.** *vt* ❶ (*push*) stoßen ❷ (*fig: urge*) ■**to ~ sb into sth** jdn zu etw *dat* drängen ❸ (*approach*) **he must be nudging 60 now** er muss jetzt auch schon auf die 60 zugehen **II.** *n* ❶ (*push*) Schubs *m* ❷ (*encouragement*) Anstoß *m*

nud·ism ['njuːdɪzᵊm, AM *esp* 'nuː-] *n no pl* Freikörperkultur *f*

nud·ist ['njuːdɪst, AM *esp* 'nuː-] *n* Nudist(in) *m(f)*

'nud·ist beach *n* FKK-Strand *m* **'nud·ist camp** *n* FKK-Lager *nt fam*

nu·dity ['njuːdəti, AM 'nuːdət̬i, 'njuː-] *n no pl* Nacktheit *f*

nu·ga·tory ['njuːgətᵊri, AM 'nuːgətɔːri, 'njuː-] *adj* (*form*) belanglos

nug·get ['nʌgɪt] *n* ❶ (*lump*) Klumpen *m;* **gold ~** Goldnugget *nt* ❷ FOOD **chicken ~** Hähnchennugget *nt*

nui·sance ['njuːsᵊn(t)s, AM *esp* 'nuː-] *n* ❶ (*pesterer*) Belästigung *f,* Plage *f;* **to make a ~ of oneself** lästig werden ❷ (*annoyance*) Ärger *m;* **what a ~!** wie ärgerlich! ❸ LAW **public ~** öffentliches Ärgernis

nuke [njuːk, AM *esp* nuːk] (*sl*) **I.** *vt* MIL atomar angreifen **II.** *n* (*bomb*) Atombombe *f*

null [nʌl], **null and 'void** *adj pred* LAW null und nichtig

nul·li·fi·ca·tion [ˌnʌlɪfɪ'keɪʃᵊn] *n of agreement, law, treaty* Ungültigkeitserklärung *f; of marriage* Annullierung *f*

nul·li·fy <-ie-> ['nʌlɪfaɪ] *vt* (*invalidate*) für ungültig erklären

nul·lity ['nʌləti, AM -ət̬i] *n no pl* LAW *of marriage* Ungültigkeit *f*

numb [nʌm] **I.** *adj* ❶ *limbs* taub; **~ with cold** taub vor Kälte; **to go ~** *limbs* einschlafen ❷ (*torpid*) benommen ❸ (*shocked*) **to be ~ with grief** vor Schmerz wie betäubt sein **II.** *vt* ❶ (*deprive of feeling*) *limbs* taub machen ❷ (*lessen*) **to ~ the pain** den Schmerz betäuben; *see also* **comb**

num·ber[1] ['nʌmbəʳ, AM -bɚ] **I.** *n* ❶ MATH Zahl *f* ❷ (*symbol*) Zahl *f* ❸ (*identifying number*) Nummer *f* ❹ *no pl, + sing/pl vb* (*amount*) [An]zahl *f;* **in huge ~s** in riesigen Stückzahlen ❺ *no pl, + sing/pl vb* (*several*) **for a ~ of reasons** aus vielerlei Gründen ❻ (*issue*) Ausgabe *f* ❼ (*performance*) Auftritt *m;* (*music*) Stück *nt* ▸ PHRASES: **by** [**sheer**] **force of ~s** [allein] aufgrund zahlenmäßiger Überlegenheit

II. *vt* ❶ (*mark in series*) nummerieren ❷ (*count*) abzählen

num·ber² ['nʌməʳ, AM 'nʌmɚ] *adj comp of* **numb**

num·ber·ing ['nʌmbᵊrɪŋ] *n no pl* Nummerierung *f*

num·ber·less ['nʌmbᵊləs, AM -bɚ-] *adj* (*esp liter*) zahllos, unzählig

'num·ber plate *n* BRIT Nummernschild *nt*

numb·ness ['nʌmnəs] *n no pl* ❶ *of limbs* Taubheit *f* ❷ (*torpor*) Benommenheit *f*

nu·mera·cy ['nju:mᵊrəsi, AM *esp* 'nu:-] *n no pl* MATH Rechnen *nt*

nu·mer·al ['nju:mᵊrᵊl, AM *esp* 'nu:-] *n* Ziffer *f*

nu·mer·ate ['nju:mᵊrət, AM *esp* 'nu:-] *adj* rechenfähig

nu·mera·tion [ˌnju:mᵊr'eɪʃᵊn, AM ˌnu:mər'-, 'nju:-] *n no pl* (*form*) Nummerierung *f*

nu·meri·cal [nju:'merɪkḷ, AM *esp* nu:'-] *adj* numerisch; **in ~ order** in numerischer Reihenfolge

nu·mer·ic 'key·pad *n* COMPUT Ziffernblock *m*

nu·mer·ous ['nju:mᵊrəs, AM *esp* 'nu:-] *adj* zahlreich

nu·mis·mat·ics [ˌnju:mɪz'mætɪks, AM ˌnu:mɪz'mæt̬ɪks, 'nju:-] *n no pl* Numismatik *f*

num·skull ['nʌmskʌl] *n* Hohlkopf *m pej fam*

nun [nʌn] *n* Nonne *f*

nun·cio ['nʌn(t)siəʊ, -ʃiəʊ, AM -sioʊ] *n* REL Nuntius *m*

nun·nery ['nʌnᵊri] *n* (*dated*) [Nonnen]kloster *nt*

nup·tial [nʌpʃᵊl] *adj* (*form, liter*) ehelich; **~ vows** Ehegelöbnis *nt*

nurse [nɜ:s, AM nɜ:rs] **I.** *n* ❶ (*at hospital*) [Kranken]schwester *f;* (*male*) Krankenpfleger *m* ❷ (*nanny*) Kindermädchen *nt* **II.** *vt* ❶ (*care for*) pflegen; **to ~ sb back to health** jdn wieder gesund pflegen ❷ (*harbour*) *feeling, grudge* hegen (**for, against** für, gegen +*akk*) ❸ (*cradle*) [vorsichtig] im Arm halten **III.** *vi* in der Krankenpflege arbeiten

nurse·ry ['nɜ:sᵊri, AM 'nɜ:r-] *n* ❶ (*crèche*) Kindergarten *m;* (*school*) Vorschule *f* ❷ (*room*) Kinderzimmer *nt* ❸ HORT Gärtnerei *f;* (*for trees*) Baumschule *f*

'nurse·ry rhyme *n* Kinderreim *m;* (*song*) Kinderlied *nt* **'nurse·ry school** *n* Vorschule *f* **'nurse·ry slopes** *npl* BRIT SKI Anfängerhügel *m*

nurs·ing ['nɜ:sɪŋ, AM 'nɜ:r-] **I.** *n no pl* ❶ (*taking care*) [Kranken]pflege *f;* **to go into ~** Krankenpfleger(in) werden ❷ (*feeding*) Stillen *nt* **II.** *adj* ❶ (*caring*) Krankenpflege-; **~ profession** Krankenpflegeberuf *m* ❷ (*feeding*) **~ mothers** stillende Mütter

'nurs·ing home *n* ❶ (*for old people*) Pflegeheim *nt* ❷ (*for convalescents*) Genesungsheim *nt*

nur·ture ['nɜ:tʃəʳ, AM 'nɜ:rtʃɚ] *vt* (*form*) ❶ (*raise*) aufziehen; *plant* hegen ❷ (*encourage*) fördern

nut [nʌt] **I.** *n* ❶ (*fruit*) Nuss *f* ❷ TECH Mutter *f* ❸ (*fam: madman*) Bekloppte(r) *f(m) sl* ❹ (*fam: fool*) Verrückte(r) *f(m)* ❺ (*fam: head*) Schädel *m;* **to do one's ~** BRIT, AUS durchdrehen ▶ PHRASES: **the ~s and bolts of sth** die fundamentalen Grundlagen einer S. *gen* **II.** *vt* <-tt-> (*fam*) ■**to ~ sb** jdm eine Kopfnuss geben

'nut·crack·er *n* Nussknacker *m*

'nut·hatch *n* ORN Kleiber *m*

'nut·house *n* (*sl*) Klapsmühle *f fam*

nut·meg ['nʌtmeg] *n* ❶ (*fruit*) Muskatnuss *f* ❷ *no pl* (*spice*) Muskat *m*

nu·tri·ent ['nju:triənt, AM *esp* 'nu:-] **I.** *n* Nährstoff *m* **II.** *adj* BIOL, FOOD Nährstoff-

nu·tri·tion [nju:'trɪʃᵊn, AM *esp* nu:'-] *n no pl* ❶ (*eating*) Ernährung *f* ❷ (*science*) Ernährungswissenschaft *f*

nu·tri·tion·al [nju:'trɪʃᵊnᵊl, AM *esp* nu:'-] *adj* Ernährungs-; **~ supplement** Nahrungsergänzung *f*

nu·tri·tion·ist [nju:'trɪʃᵊnɪst, AM *esp* nu:'-] *n* Ernährungswissenschaftler(in) *m(f)*

nu·tri·tious [nju:'trɪʃəs, AM *esp* nu:'-] *adj* nährstoffreich; (*nourishing*) nahrhaft

nuts [nʌts] *adj pred* ❶ (*madly foolish*) ■**to be ~** verrückt sein ❷ (*angry*) ■**to go ~** ausrasten ❸ (*enthusiastic*) ■**to be ~ about sb/sth** verrückt nach jdm/etw sein

'nut·shell *n no pl* Nussschale *f* ▶ PHRASES: **in a ~** kurz gesagt

nut·ty ['nʌti, AM 'nʌt̬i] *adj* ❶ (*full of nuts*) mit vielen Nüssen *nach n* ❷ (*tasting like nuts*) *taste, aroma* nussig ❸ (*fam: crazy*) *idea, person* verrückt

nuz·zle ['nʌzḷ] **I.** *vt* [sanft] berühren **II.** *vi* ■**to ~ in[to] sth** *dogs, horses* die Schnauze in etw *akk* drücken

Land und Leute

Wenn sie die Schule verlassen, entscheiden sich manche britische Schüler für die **National Vocational Qualifications** (**NVQs**). Das ist eine berufsorientierte Abschlussprüfung, welche nicht innerhalb eines bestimmten Zeitraums abgelegt werden muss. Sie kann von Vollzeitangestellten absolviert werden oder auch von Schülern, die einen Teilzeitjob oder ein Praktikum machen. Die **NVQs** sind in fünf Stufen angelegt, die auf den für den Beruf

N

notwendigen Fähigkeiten beruhen. Hierbei entsprechen die Stufen 1–3 am häufigsten den Lernenden zwischen 14 und 19 Jahren.

N.Y. AM *abbrev of* **New York**

ny·lon ['naɪlɒn, AM -lɑːn] *n no pl* Nylon *nt*

nymph [nɪm(p)f] *n* Nymphe *f*

nym·pho·ma·nia [ˌnɪm(p)fə(ʊ)'meɪniə, AM -foʊ'-] *n no pl* Nymphomanie *f*

nym·pho·ma·ni·ac [ˌnɪm(p)fə(ʊ)'meɪniæk, AM -foʊ'-] *n* (*pej*) Nymphomanin *f*

NZ *n no pl abbrev of* **New Zealand**

O o

O <*pl* -'s *or* -s>, **o** <*pl* -'s> [əʊ, AM oʊ] *n* ① (*letter*) O *nt*, o *nt*; ~ **for Oliver** [*or* AM **as in Oboe**] O wie Otto ② (*zero*) Null *f*; **my phone number is three, ~, five, one** meine Telefonnummer ist drei, null, fünf, eins

oaf [əʊf, AM oʊf] *n* (*pej fam*) ① (*clumsy person*) Tölpel *m fam* ② (*stupid person*) Dummkopf *m fam*

oaf·ish ['əʊfɪʃ, AM 'oʊ-] *adj* (*pej fam*) ① (*rude*) *person, behaviour* rüpelhaft ② (*clumsy*) *person* tölpelig *fam*

oak [əʊk, AM oʊk] *n* ① (*tree*) Eiche *f* ② *no pl* (*wood*) Eiche *f*, Eichenholz *nt*

OAP [ˌəʊer'piː] *n* BRIT *abbrev of* **old age pensioner**

oar [ɔːʳ, AM ɔːr] *n* (*paddle*) Ruder *nt*

'oars·man *n* Ruderer *m* **'oars·wom·an** *n* Ruderin *f*

oasis <*pl* -ses> [əʊ'eɪsɪs, AM oʊ'-, *pl* -siːz] *n* (*a. fig*) Oase *f*

oat [əʊt, AM oʊt] *n* Hafer *m*; ■ **~s** *pl* (*hulled grain*) Haferkörner *pl*; (*rolled*) Haferflocken *pl*

'oat·cake *n* Haferplätzchen *nt*

oath [əʊθ, AM oʊθ] *n* ① (*promise*) Eid *m*; **to be under ~** unter Eid stehen; **to declare under ~** unter Eid aussagen; **to take an ~ on sth** einen Eid auf etw *akk* schwören ② (*dated: curse*) Fluch *m*

'oat·meal ['əʊtmiːl, AM 'oʊt-] **I.** *n no pl* ① (*flour*) Hafermehl *nt* ② AM (*porridge*) Haferbrei *m* **II.** *adj* (*containing oatmeal*) Hafer-

ob·du·ra·cy ['ɒbdjᵊrəsi, AM 'ɑːbdʊrə-, -djʊ-] *n no pl* (*pej form*) Hartnäckigkeit *f*

ob·du·rate ['ɒbdjᵊrət, AM 'ɑːbdʊrɪt, -djʊ-] *adj* (*pej form*) ① (*stubborn*) hartnäckig; *person* stur ② (*difficult*) *problem* hartnäckig

obedi·ence [ə(ʊ)'biːdiən(t)s, AM oʊ'-] *n no pl* Gehorsam *m* (**to** gegenüber +*dat*)

obedi·ent [ə(ʊ)'biːdiənt, AM oʊ'-] *adj* gehorsam; *child, dog a.* folgsam

ob·elisk ['ɒbᵊlɪsk, AM 'ɑː-] *n* Obelisk *m*

obese [ə(ʊ)'biːs, AM oʊ'-] *adj* fett *pej; esp* MED fettleibig

obesity [ə(ʊ)'biːsəti, AM oʊ'biːsəṱi] *n no pl* Fettheit *f pej; esp* MED Fettleibigkeit *f*

obey [ə(ʊ)'beɪ, AM oʊ'-] **I.** *vt* (*comply with*) gehorchen; **to ~ the law** sich an das Gesetz halten; *order, rules* befolgen **II.** *vi* gehorchen

obi·tu·ary [ə(ʊ)'bɪtʃʊəri, AM oʊ'bɪtʊeri] *n* Nachruf *m*

object¹ ['ɒbdʒɪkt, AM 'ɑːb-] *n* ① (*thing*) *a.* LING Objekt *nt* ② *usu sing* (*aim*) Zweck *m* ③ *usu sing* (*form: focus, subject*) Gegenstand *m* ▶ PHRASES: **money is no ~** Geld spielt keine Rolle

object² [əb'dʒekt] *vi* ① (*oppose, disapprove*) dagegen sein; (*mind, dislike*) etwas dagegen haben; ■ **to ~ to sth** (*oppose, disapprove*) gegen etw *akk* sein; (*dislike, mind*) etwas gegen etw *akk* haben ② (*protest*) protestieren

ob·jec·tion [əb'dʒekʃᵊn] *n* Einwand *m*, Widerspruch *m*

ob·jec·tion·able [əb'dʒekʃᵊnᵊbl̩] *adj* (*offensive*) anstößig; *smell, sight* übel

ob·jec·tive [əb'dʒektɪv] **I.** *n* (*aim*) Ziel *nt* **II.** *adj* ① (*unbiased*) objektiv ② (*actual*) sachlich

ob·jec·tiv·ity [ˌɒbdʒɪk'tɪvəti, AM ˌɑːbdʒek'tɪvəṱi] *n no pl* ① (*impartiality*) Objektivität *f* ② (*actuality*) Sachlichkeit *f*

'ob·ject les·son *n* (*approv*) Paradebeispiel *nt* (**in** für +*akk*)

ob·jec·tor [əb'dʒektəʳ, AM -ɚ] *n* Gegner(in) *m(f)* (**to** +*gen*)

ob·li·gat·ed ['ɒblɪgeɪtɪd, AM 'ɑːblɪgeɪṱɪd] *adj pred esp* AM (*form*) ■ **to be ~ to do sth** dazu verpflichtet sein, etw zu tun

ob·li·ga·tion [ˌɒblɪ'geɪʃᵊn, AM 'ɑːblə-] *n* Verpflichtung *f* (**to** gegenüber +*dat*)

ob·liga·tory [ə'blɪgətᵊri, AM -tɔːri] *adj* obligatorisch *a. hum*

oblige [ə'blaɪdʒ] **I.** *vt* ① (*force*) ■ **to ~ sb to do sth** jdn zwingen, etw zu tun; ■ **to be/feel ~d to do sth** verpflichtet sein/sich *akk* verpflichtet fühlen, etw zu tun ② (*please*) ■ **to ~ sb [by doing sth]** jdm [durch etw *akk*] einen Gefallen erweisen; **I'd be much ~d if you/he ...** ich wäre Ihnen/ihm sehr dankbar, wenn Sie/er... **II.** *vi* helfen; **I'll be happy to ~** ich werde bereitwillig helfen

oblig·ing [əˈblaɪdʒɪŋ] *adj* (*approv*) *behaviour* entgegenkommend; *character, person* zuvorkommend

oblique [ə(ʊ)ˈbliːk, AM oʊ-] **I.** *adj* (1) (*indirect*) indirekt (2) (*slanting*) *line* schief **II.** *n* Schrägstrich *m*

oblit·erate [əˈblɪtᵊreɪt, AM -ˈblɪt̬-] *vt* (1) (*destroy*) vernichten (2) (*efface*) verwischen; *view* verdecken

oblit·era·tion [əˌblɪtᵊrˈeɪʃᵊn, AM əˈblɪt̬əˈreɪ-] *n* *no pl* (1) (*destruction*) Auslöschung *f*, Vernichtung *f* (2) (*effacing*) Verwischung *f*

oblivi·on [əˈblɪviən] *n* *no pl* (1) (*obscurity*) Vergessenheit *f*; **to fall into ~** in Vergessenheit geraten (2) (*unconsciousness*) Besinnungslosigkeit *f*

oblivi·ous [əˈblɪviəs] *adj* ■**to be ~ of sth** sich *dat* einer S. *gen* nicht bewusst sein; (*not notice*) etw gar nicht bemerken

ob·long [ˈɒblɒŋ, AM ˈɑːblɑːŋ] **I.** *n* Rechteck *nt* **II.** *adj* rechteckig

ob·nox·ious [əbˈnɒkʃəs, AM əbˈnɑːk-] *adj* (*pej*) widerlich; *person a.* unausstehlich

oboe [ˈəʊbəʊ, AM ˈoʊboʊ] *n* Oboe *f*

obo·ist [ˈəʊbəʊɪst, AM ˈoʊboʊ-] *n* Oboist(in) *m(f)*

ob·scene [əbˈsiːn] *adj* (1) (*offensive*) obszön; *joke* zotig; *language* vulgär (2) (*immoral*) schamlos

ob·scen·ity [əbˈsenɪti, AM -t̬i] *n* (1) *no pl* *of behaviour, language* Obszönität *f* (2) (*obscene word*) Obszönität *f*; **to use an ~** einen ordinären Ausdruck benutzen

ob·scure [əbˈskjʊəʳ, AM -ˈskjʊr] **I.** *adj* (1) (*unknown*) *author, place, origins* unbekannt (2) (*unclear*) unbestimmt; *reasons, comment, text* schwer verständlich; **for some ~ reason** aus irgendeinem unerfindlichen Grund **II.** *vt* (1) (*block*) **heavy clouds were obscuring the sun** schwere Wolken verdunkelten die Sonne; *view* versperren (2) (*make unclear*) ■**to ~ sth** etw unklar machen

ob·scu·rity [əbˈskjʊərəti, AM -ˈskjʊrət̬i] *n* *no pl* (1) (*anonymity*) Unbekanntheit *f*; (*of no importance*) Unbedeutendheit *f*; **to sink into ~** in Vergessenheit geraten (2) (*lack of clarity*) Unverständlichkeit *f*, Unklarheit *f*

ob·se·qui·ous [əbˈsiːkwiːəs] *adj* (*pej form*) *person, manner* unterwürfig (**to** gegenüber +*dat*)

ob·serv·able [əbˈzɜːvəbl̩, AM -ˈzɜːr-] *adj* wahrnehmbar

ob·ser·vance [əbˈzɜːvᵊn(t)s, AM -ˈzɜːr-] *n* (*form*) (1) REL (*practice*) Einhaltung *f* (2) (*obedience*) Beachtung *f*; *law* Befolgung *f*

ob·ser·vant [əbˈzɜːvᵊnt, AM -ˈzɜːr-] *adj* (*approv: sharp-eyed*) aufmerksam

ob·ser·va·tion [ˌɒbzəˈveɪʃᵊn, AM ˌɑːbzɚˈ-] *n* (1) *no pl* (*close watch*) Beobachtung *f*; (*surveillance*) LAW Überwachung *f* (2) (*act of noticing*) Beobachtung *f*; **powers of ~** Beobachtungsgabe *f* (3) (*remark*) Bemerkung *f* (**about** über +*akk*)

ob·ser·ˈva·tion car, BRIT *a.* **ob·ser·ˈva·tion coach** *n* Aussichtswagen *m* **ob·ser·ˈva·tion post** *n* Beobachtungsposten *m* **ob·ser·ˈva·tion tow·er** *n* Aussichtsturm *m*

ob·ser·va·tory [əbˈzɜːvətri, AM -ˈzɜːrvətɔːri] *n* Observatorium *nt*

ob·serve [əbˈzɜːv, AM -ˈzɜːrv] **I.** *vt* (1) (*watch closely*) beobachten; *by police* überwachen (2) (*study by watching*) *stars, animals* beobachten, observieren (3) (*form: notice*) bemerken; **to ~ sb do[ing] sth** bemerken, wie jd etwas tut; ■**to ~ that ...** feststellen, dass ... (4) (*form: remark*) bemerken (5) (*form: obey*) *ceasefire, neutrality* einhalten; *law, order* befolgen; **to ~ the speed limit** sich an die Geschwindigkeitsbegrenzung halten **II.** *vi* zusehen; ■**to ~ how ...** beobachten, wie ...

ob·serv·er [əbˈzɜːvəʳ, AM -ˈzɜːrvɚ] *n* (*watcher*) Beobachter(in) *m(f)*; (*spectator*) Zuschauer(in) *m(f)*

ob·sess [əbˈses] *vt* verfolgen; **to be ~ed by sb/sth** von jdm/etw besessen sein

ob·sessed [əbˈsest] *adj* ■**to be ~ by** [*or* **with**] **sth** von etw *dat* besessen sein

ob·ses·sion [əbˈseʃᵊn] *n* (1) (*preoccupation*) Manie *f*, Besessenheit *f*; **to have an ~ with sth** von etw *dat* besessen sein (2) PSYCH (*distressing idea*) Zwangsvorstellung *f*; *see also* **mission**

ob·ses·sive [əbˈsesɪv] **I.** *adj* zwanghaft; **~ behaviour** Zwangsverhalten *nt* **II.** *n* Besessene(r) *f(m)*

ob·so·les·cence [ˌɒbsəˈlesᵊn(t)s, AM ˌɑːb-] *n* *no pl* Veralten *nt*; *law* Überalterung *f*

ob·so·les·cent [ˌɒbsəˈlesᵊnt, AM ˌɑːb-] *adj* ■**to be ~** außer Gebrauch kommen

ob·so·lete [ˈɒbsᵊliːt, AM ˌɑːbsᵊlˈiːt] *adj* veraltet; *design* altmodisch; *law* nicht mehr gültig; *method* überholt

ob·stacle [ˈɒbstəkl̩, AM ˈɑːb-] *n* Hindernis *nt*

ˈob·sta·cle race *n* Hindernisrennen *nt*

ob·ste·tri·cian [ˌɒbstəˈtrɪʃᵊn, AM ˌɑːb-] *n* Geburtshelfer(in) *m(f)*

ob·stet·rics [ɒbˈstetrɪks, AM əbˈ-] *n* *no pl* Obstetrik *f fachspr*

ob·sti·na·cy [ˈɒbstɪnəsi, AM ˈɑːbstə-] *n* *no pl* Hartnäckigkeit *f*

ob·sti·nate [ˈɒbstɪnət, AM ˈɑːbstə-] *adj* hartnäckig; *person* eigensinnig; *refusal* stur

ob·strep·er·ous [əb'strepərəs] *adj* (*form*) aufmüpfig *fam; child* aufsässig; *customer* schwierig

ob·struct [əb'strʌkt] *vt* ❶ (*block*) blockieren; **to ~ sb's airways** jds Atemwege *pl* verstopfen; *path* versperren; *pipe* verstopfen; *progress* behindern ❷ SPORTS ■**to ~ sb** jdn sperren

ob·struc·tion [əb'strʌkʃən] *n* ❶ (*blockage*) Blockierung *f; of pipes* Verstopfung *f;* MED Verstopfung *f;* **to cause an ~** *for traffic* den Verkehr behindern ❷ (*interference*) LAW Behinderung *f;* SPORTS Sperre *f;* **~ of justice** Behinderung *f* der Rechtspflege

ob·struc·tive [əb'strʌktɪv] *adj* (*pej*) hinderlich; ■**to be ~** *thing* hinderlich sein; *person* sich querstellen *fam*

ob·tain [əb'teɪn] *vt* ■**to ~ sth [from sb]** (*to be given*) etw [von jdm] bekommen; (*to go and get*) sich *dat* etw [von jdm] verschaffen; **iron is ~ed from iron ore** Eisen wird aus Eisenerz gewonnen; **to ~ information** sich *dat* Informationen verschaffen; *permission* erhalten

ob·tain·able [əb'teɪnəbl̩] *adj* erhältlich

ob·trude [əb'tru:d] *vi* (*form*) ❶ (*be obtrusive*) sich aufdrängen ❷ (*project*) hervortreten

ob·tru·sive [əb'tru:sɪv] *adj* ❶ (*conspicuous*) zu auffällig ❷ *question* indiskret; *smell* penetrant

ob·tuse [əb'tju:s, AM ɑ:b'tu:s, -tju:s] *adj* ❶ MATH (*angle*) stumpf ❷ (*form*) *person* begriffsstutzig

ob·vi·ate ['ɒbvieɪt, AM 'ɑ:b-] *vt* (*form*) vermeiden

ob·vi·ous ['ɒbviəs, AM 'ɑ:b-] **I.** *adj* offensichtlich; *comparison, objection, solution* naheliegend; *displeasure* deutlich; *distress* sichtlich; *hints* eindeutig; *lie* offenkundig; **to make sth ~** etw deutlich werden lassen; ■**to be ~ [that] ...** offenkundig sein, dass ... **II.** *n* **to state the ~** etw längst Bekanntes sagen

ob·vi·ous·ly ['ɒbviəsli, AM 'ɑ:b-] *adv* offensichtlich; **he was ~ very upset** er war sichtlich sehr aufgebracht; **this camera is ~ defective** diese Kamera ist offenbar defekt

oc·ca·sion [ə'keɪʒən] **I.** *n* ❶ (*particular time*) Gelegenheit *f,* Anlass *m;* (*event*) Ereignis *nt;* **on this particular ~** dieses eine Mal; **on another ~** ein anderes Mal; **on several ~s** mehrmals; **on ~** gelegentlich; **on the ~ of sth** anlässlich einer S. ❷ (*opportunity*) Gelegenheit *f;* **to take the ~ to do sth** eine Gelegenheit ergreifen, etw zu tun **II.** *vt* hervorrufen, verursachen

oc·ca·sion·al [ə'keɪʒənəl] *adj* gelegentlich

oc·ca·sion·al·ly [ə'keɪʒənəli] *adv* gelegentlich; **to see sb ~** jdn ab und zu treffen **oc·'ca·sion·al ta·ble** *n* Beistelltisch *m*

oc·ci·den·tal [ˌɒksɪ'dentəl, AM ˌɑ:ksə'dent̬əl] *adj* (*form, poet*) abendländisch *liter*

oc·cult ['ɒkʌlt, ə'kʌlt, AM ə'kʌlt] **I.** *n no pl* ■**the ~** das Okkulte **II.** *adj* okkult; *book* okkultistisch; *powers* übersinnlich

oc·cult·ism ['ɒkʌltɪzəm, AM ə'kʌlt-] *n no pl* Okkultismus *m*

oc·cu·pan·cy ['ɒkjəpən(t)si, AM 'ɑ:kjə-] *n no pl* (*form*) Bewohnen *nt; of hotel rooms* Belegung *f*

'oc·cu·pan·cy rate *n* Belegrate *f*

oc·cu·pant ['ɒkjəpənt, AM 'ɑ:kjə-] *n* (*form: tenant*) Bewohner(in) *m(f);* (*passenger*) Insasse(in) *m(f)*

oc·cu·pa·tion [ˌɒkjə'peɪʃən, AM ˌɑ:kjə'-] *n* ❶ (*form: profession*) Beruf *m* ❷ (*form: pastime*) Beschäftigung *f* ❸ *no pl* MIL Besetzung *f*

oc·cu·pa·tion·al [ˌɒkjə'peɪʃənəl, AM ˌɑ:kjə'-] *adj* Berufs-, beruflich

oc·cu·pa·tion·al dis·'ease *n* Berufskrankheit *f* **oc·cu·pa·tional 'haz·ard** *n* Berufsrisiko *nt* **oc·cu·pa·tion·al 'pen·sion scheme** *n* betriebliche Altersversorgung **oc·cu·pa·tion·al 'thera·py** *n* Beschäftigungstherapie *f*

oc·cu·pi·er ['ɒkjəpaɪəʳ, AM 'ɑ:kju:paɪɚ] *n* ❶ (*tenant*) Bewohner(in) *m(f)* ❷ (*conqueror*) Besatzer(in) *m(f)*

oc·cu·py <-ie-> ['ɒkjəpaɪ, AM 'ɑ:kju:-] *vt usu passive* ❶ (*fill*) ausfüllen; (*live in*) bewohnen; *room* belegen; *throne* innehaben; **to ~ a post** einen Posten haben ❷ (*take control of*) besetzen; **~ing forces** Besatzungstruppen *pl*

oc·cur <-rr-> [ə'kɜ:ʳ, AM -'kɜ:r] *vi* ❶ (*take place*) geschehen; *accident* sich ereignen; *change* stattfinden; *symptom* auftreten; **that ~s very rarely** das kommt sehr selten vor ❷ (*come to mind*) ■**to ~ to sb** jdm einfallen; ■**to ~ to sb that ...** jdm in den Sinn kommen, dass ...; **it never ~red to his parents to ask** seine Eltern kamen nie auf den Gedanken, [danach] zu fragen

oc·cur·rence [ə'kʌrən(t)s, AM -'kɜ:r-] *n* ❶ (*event*) Vorfall *m,* Vorkommnis *nt,* Ereignis *nt* ❷ *no pl* (*incidence*) Vorkommen *nt; disease* Auftreten *nt*

ocean ['əʊʃən, AM 'oʊ-] *n* Ozean *m,* Weltmeer *nt;* AM Meer *nt;* **Indian ~** Indischer Ozean

'ocean-go·ing *adj* hochseetauglich

Oceania [ˌəʊʃi'ɑ:niə, AM ˌoʊʃi'æniə] *n no pl*

O

Ozeanien *nt*

ocean·ic [ˌəʊʃiˈænɪk, AM ˌoʊʃiˈ-] *adj* Meeres-

ocean ˈlin·er *n* Ozeandampfer *m*

ocean·og·ra·phy [ˌəʊʃəˈnɒɡrəfi, AM ˌoʊʃəˈnɑːɡrəfi] *n no pl* Ozeanographie *f*

oc·elot [ˈɒsəlɒt, ˈəʊ-, AM ˈɑːsəlɑːt, ˈoʊ-] *n* Ozelot *m*

ochre, AM **ocher** [ˈəʊkəʳ, AM ˈoʊkɚ] *n no pl* Ocker *m o nt*

o'clock [əˈklɒk, AM -ˈklɑːk] *adv* **two ~** zwei Uhr

OCR [ˌəʊsiːˈɑːʳ, AM ˌoʊsiːˈɑːr] *n no pl abbrev of* **optical character recognition** OCR

oc·ta·gon [ˈɒktəɡən, AM ˈɑːktəɡɑːn] *n* Achteck *nt*

oc·tago·nal [ɒkˈtæɡənəl, AM ɑːkˈ-] *adj* achteckig

oc·tane [ˈɒkteɪn, AM ˈɑːk-] *n* (*chemical*) Oktan *nt;* (*number*) Oktanzahl *f*

oc·tave [ˈɒktɪv, AM ˈɑːk-] *n* Oktave *f*

oc·tet [ɒkˈtet, AM ɑːkˈ-] *n + sing/pl vb* MUS (*group of eight*) Oktett *nt*

Oc·to·ber [ɒkˈtəʊbəʳ, AM ɑːkˈtoʊbɚ] *n* Oktober *m; see also* **February**

oc·to·genar·ian [ˌɒktə(ʊ)dʒəˈneəriən, AM ˌɑːktoʊdʒɪˈner-] *n* Achtzigjährige(r) *f(m)*

oc·to·pus <*pl* -es *or* -pi> [ˈɒktəpəs, AM ˈɑːk-, *pl* -pəsɪz, -paɪ] *n* Tintenfisch *m;* (*large*) Krake *f*

OD [ˌəʊˈdiː, AM ˌoʊˈdiː] (*sl*) *abbrev of* **overdose I.** *vi* ■**to ~ on sth** eine Überdosis einer S. *gen* nehmen *fig* **II.** *n esp* AM Überdosis *f*

odd [ɒd, AM ɑːd] **I.** *adj* ① (*strange*) merkwürdig, seltsam; *person, thing a.* eigenartig ② *attr shoes, socks* einzeln; **she was always the ~ one out at school** sie war immer eine Außenseiterin in der Schule ③ MATH ungerade **II.** *n* ■**~s** *pl* (*probability*) **the ~s are 3 to 1** die Chancen stehen 3 zu 1; ■**the ~s are ...** es ist sehr wahrscheinlich, dass ...; **the ~s on/against sb doing sth** die Chancen, dass jd etw tut/nicht tut; **what are the odds on him being late again?** wie stehen die Chancen, dass er wieder zu spät kommt? ▶PHRASES: **against all [the] ~s** entgegen allen Erwartungen; **to be at ~s with sb** mit jdm uneins sein; **to be at ~s with sth** mit etw *dat* nicht übereinstimmen; **to make no ~s [to sb]** [für jdn] keine Rolle spielen; **~s and ends** Krimskrams *m kein pl*

odd·ball [ˈɒdbɔːl, AM ˈɑːd-] (*fam*) **I.** *n* Verrückte(r) *f(m)* **II.** *adj attr* verrückt

odd·ity [ˈɒdɪti, AM ˈɑːdəṭi] *n* ① (*strange person*) komischer Kauz *fam* ② (*strange thing*) Kuriosität *f*

odd-ˈjob·ber, odd-ˈjob man *n* Gelegenheitsarbeiter(in) *m(f)*

odd·ly [ˈɒdli, AM ˈɑːd-] *adv* seltsam; **~ enough** merkwürdigerweise

odd·ment [ˈɒdmənt, AM ˈɑːd-] *n usu pl* Rest[posten] *m*

odds-ˈon *adj* sehr wahrscheinlich; **the ~ favourite** der aussichtsreichste Favorit/die aussichtsreichste Favoritin

ode [əʊd, AM oʊd] *n* Ode *f* (**to** an *+akk*)

odi·ous [ˈəʊdiːəs, AM ˈoʊ-] *adj* (*form*) *crime* abscheulich; *person* abstoßend

odom·eter [əʊˈdɒmɪtəʳ, AM oʊˈdɑːməṭɚ] *n* Kilometerzähler *m*

odour, AM **odor** [ˈəʊdəʳ, AM ˈoʊdɚ] *n* (*smell*) Geruch *m* ▶PHRASES: **to be in good/bad ~ with sb** gut/schlecht bei jdm angeschrieben sein

odour·less, AM **odor·less** [ˈəʊdələs, AM ˈoʊdɚ-] *adj* (*form*) geruchlos

od·ys·sey [ˈɒdɪsi, AM ˈɑː-] *n usu sing* (*liter or a. fig*) Odyssee *f*

OECD [ˌəʊiːsiːˈdiː, AM ˌoʊ-] *n abbrev of* **Organization for Economic Cooperation and Development** OECD *f*

oecu·meni·cal *adj* BRIT *see* **ecumenical**

oesopha·gus <*pl* -agi *or* -es> *n* Speiseröhre *f*

oes·tro·gen *n no pl* Östrogen *nt*

of [ɒv, əv, AM ɑːv, əv] *prep* ① *after n* (*expressing relationship*) von; **the employees ~ the company** die Angestellten des Unternehmens; **the destruction ~ the rain forest** die Zerstörung des Regenwalds; **the works ~ Shakespeare** die Werke Shakespeares; **an admirer ~ Picasso** ein Bewunderer Picassos; **a friend ~ mine** ein Freund von mir; **the cause ~ the disease** die Krankheitsursache; **the smell ~ roses** Rosenduft *m* ② *after n* (*relating a part to the whole*) von; **both ~ us** wir beide; **all ~ us** wir alle; **most ~ them** die meisten von ihnen; **a third ~ the people** ein Drittel der Leute; **there were ten ~ us on the trip** wir waren auf der Reise zu zehnt; **one ~ the cleverest** eine(r) der Schlauesten; **I liked the green one best ~ all** am besten gefiel mir der grüne; **I hate this kind ~ party** ich hasse diese Art von Party ③ *after n* (*expressing quantities*) **a bunch ~ parsley** ein Bund Petersilie *nt;* **a cup ~ tea** eine Tasse Tee; **a kilo ~ apples** ein Kilo Äpfel *nt;* **a lot ~ money** eine Menge Geld; **a piece ~ cake** ein Stück Kuchen ④ *after vb, n* (*consisting of*) aus; **a sweater made ~ the finest lambswool** ein Pullover aus feinster Schafswolle ⑤ (*expressing cause*)

O

to die ~ sth an etw *dat* sterben ⑥ *after vb* (*concerning*) **he was accused ~ fraud** er wurde wegen Betrugs angeklagt; **speaking ~ sb/sth, ...** wo wir gerade von jdm/etw sprechen, ...; *after adj;* **to be unsure ~ oneself** sich seiner selbst nicht sicher sein; **to be afraid ~ sb/sth** vor jdm/etw Angst haben; **to be fond ~ swimming** gerne schwimmen; **to be sick ~ sth** etw satthaben; *after n;* **memories ~ sb/sth** Erinnerungen an jdn/etw; **to be in search ~ sb/sth** auf der Suche nach jdm/etw sein; **thoughts ~ revenge** Rachegedanken *pl* ⑦ *after n* (*expressing position*) von; **north/south ~** nördlich/südlich von; **in the back ~ the car** hinten im Auto; **on the corner ~ the street** an der Straßenecke ⑧ (*expressing age*) von; **at the age ~ six** im Alter von sechs Jahren; **he's a man ~ about 50** er ist um die 50 Jahre alt ⑨ *after n* (*in time phrases*) **the eleventh ~ March** der elfte März; Am (*to*) vor; **it's quarter ~ five** es ist viertel vor fünf ⑩ *after vb* (*expressing removal*) **to get rid ~ sb** jdn loswerden; *after adj;* **free ~ charge** kostenlos

off [ɒf, AM ɑːf] **I.** *prep* ① (*indicating removal*) von; **I can't get this paint ~ my hands** ich bekomme diese Farbe nicht von meinen Händen ab; **he wiped the dust ~ the table** er wischte den Staub von dem Tisch; **he cut a piece ~ the cheese** er schnitt ein Stück Käse ab; **to be ~ the air** RADIO, TV nicht mehr senden; **~ the record** nicht für die Öffentlichkeit bestimmt; **~ the subject** nicht zum Thema gehörend ② *after vb* (*moving down*) hinunter [von]; (*towards sb*) herunter [von]; **they jumped ~ the cliff** sie sprangen von der Klippe; **the boy fell ~ his bike** der Junge fiel von seinem Fahrrad herunter ③ (*away from*) [weg] von; (*at sea*) vor +*dat;* **six miles ~ Dunkirk** sechs Meilen vor Dünkirchen; **to lead ~ sth** von etw *dat* wegführen; **we live just ~ the main street** wir wohnen gleich bei der Hauptstraße; **far/a long way ~ sth** weit entfernt von etw *dat;* **we're still a long way ~ finishing** wir sind noch weit vom Ende entfernt ④ (*absent from*) **to be ~ work** am Arbeitsplatz fehlen ⑤ (*fam: no longer liking, refraining from*) **to be ~ one's food** keinen Appetit haben; **to go ~ sb/sth** jdn/etw nicht mehr mögen; **to stay ~ alcohol** die Finger vom Alkohol lassen ⑥ (*from source*) **to get/buy sth ~ sb** (*fam*) etw von jdm bekommen/kaufen **II.** *adv* ① (*not on*) aus; **to switch/turn sth ~** etw ausschalten ② (*away*) weg-; **to go/drive ~** weggehen/-fahren; **I didn't get ~ to a very good start this morning** der Tag hat für mich nicht gut angefangen; **I'm ~ now – see you tomorrow** ich gehe jetzt – wir sehen uns morgen; **to see sb ~** jdn verabschieden ③ (*removed*) ab-; **I'll take my jacket ~** ich ziehe meine Jacke aus; **to come ~** *button* abgehen ④ (*in bad condition*) schlecht; **to go ~** sich verschlechtern; *food* schlecht werden ⑤ (*distant in time*) entfernt; **your birthday is only one week ~** dein Geburtstag ist schon in einer Woche; **to be far ~** weit weg sein ⑥ (*discounted*) reduziert; **to get money ~** Rabatt bekommen; **there's 40% ~ this week on all winter coats** diese Woche gibt es ein Preisnachlass von 40% auf alle Wintermäntel **III.** *adj* ① (*not working*) außer Betrieb; (*switched ~*) aus[geschaltet]; *tap* zugedreht; *heating* abgestellt ② *pred* (*bad*) *food* verdorben; *milk* sauer ③ (*not at work*) ■**to be ~** freihaben; **to take some time ~** einige Zeit freinehmen ④ (*provided for*) **sb is badly/well ~** jdm geht es [finanziell] schlecht/gut **IV.** *n no pl* **to be ready for the ~** bereit zum Gehen sein

of·fal ['ɒfᵊl, AM 'ɑː-] *n no pl* Innereien *pl*

'off·beat *adj* unkonventionell; *music* synkopisch; *sense of humour* ausgefallen; *taste* extravagant **off-'cen·tre**, AM **off-'cen·ter** *adj* nicht in der Mitte *präd* **'off-chance** *n* ■**on the ~** auf gut Glück **off-'col·our**, AM **off-'col·or** *adj* ① (*somewhat sick*) unpässlich ② (*somewhat obscene*) schlüpfrig **'off-day** *n* schlechter Tag **off-'duty** *adj* ■**to be ~** dienstfrei haben; **an ~ police officer** ein Polizist *m* außer Dienst

of·fence *n* ① LAW (*crime*) Straftat *f;* **serious ~** schweres Vergehen ② *no pl* (*upset feelings*) Beleidigung *f;* **to cause ~** Anstoß erregen; **to cause ~ to sb** (*hurt*) jdn kränken; (*insult*) jdn beleidigen; **to take ~ [at sth]** [wegen einer S. *gen*] gekränkt/beleidigt sein ③ AM SPORTS (*attack*) Angriff *m*

of·fend [ə'fend] **I.** *vi* (*commit a criminal act*) eine Straftat begehen **II.** *vt* (*insult*) beleidigen; (*hurt*) kränken; **to be easily ~ed** schnell beleidigt sein

of·fend·er [ə'fendəʳ, AM -ɚ] *n* [Straf]täter(in) *m(f)*

of·fense *n esp* AM *see* **offence**

of·fen·sive [ə'fen(t)sɪv] **I.** *adj* ① (*causing offence*) anstößig; *joke* anzüglich; *remark* unverschämt ② *smell* übel **II.** *n* MIL Angriff *m;* **to go on the ~** in die Offensive gehen

of·fen·sive 'weap·on *n* Offensivwaffe *f*

of·fer ['ɒfəʳ, AM 'ɑːfɚ] **I.** *n* ① (*proposal*) An-

offering and responding

asking people what they want, offering something	nach Wünschen fragen, etwas anbieten
Would you like anything?	**Haben Sie irgendeinen Wunsch?**
Can I help you?	**Kann ich Ihnen helfen?**
What'll it be? *(fam)*	**Was darf's sein?**
What would you like?/do you fancy? *(fam)*	**Was hättest du denn gern?**
What would you like to eat/drink?	**Was möchtest/magst du** essen/trinken?
How about a cup of coffee?	**Wie wär's mit** einer Tasse Kaffee?
May I offer you a glass of wine?	**Darf ich Ihnen** ein Glas Wein **anbieten**?
You're welcome to use my phone.	**Sie können gern** mein Telefon benutzen.
accepting offers	**Angebote annehmen**
Yes, please.	**Ja, bitte./Ja, gern.**
Thanks, that's kind of you.	**Danke, das ist nett von dir/Ihnen.**
Yes, that would be nice.	**Ja, das wäre nett.**
Oh, that's nice of you!/Oh, how kind of you!	**Oh, das ist aber nett!**
turning down offers	**Angebote ablehnen**
No, thanks.	**Nein, danke.**
But that's not necessary!/You shouldn't have!	**Aber das ist doch nicht nötig!**
I can't (possibly) accept this!	**Das kann ich doch nicht annehmen!**

O

gebot *nt* ② ECON Angebot *nt;* **to make an ~ for sth** ein Gebot für etw *akk* abgeben; **to be on [special] ~** BRIT, AUS im Angebot sein **II.** *vt* ① (*present for acceptance*) anbieten ② (*put forward*) vorbringen; *congratulations* aussprechen; *explanation* abgeben; *information* geben; *suggestion* unterbreiten ③ (*bid*) bieten **III.** *vi* sich bereit erklären

of·fer·ing [ˈɒfᵊrɪŋ, AM ˈɑːf-] *n usu pl* Spende *f;* **sacrificial ~** Opfergabe *f*

off·ˈhand I. *adj* ① (*uninterested*) gleichgültig ② (*informal*) lässig; **~ remark** nebenbei fallen gelassene Bemerkung **II.** *adv* ohne weiteres, aus dem Stand

of·fice [ˈɒfɪs, AM ˈɑː-] *n* ① (*room*) Büro *nt;* (*of firm*) Geschäftsstelle *f; of lawyer* Kanzlei *f* ② BRIT POL (*government department*) **Foreign O~** Außenministerium *nt* ③ POL (*authoritative position*) Amt *nt;* **to be in ~** an der Macht sein; **to come into ~** sein Amt antreten

of·fice auto·ˈma·tion *n* COMPUT Büroautomatisierung *f* **ˈof·fice block** *n* BRIT, AUS Bürogebäude *nt* **ˈof·fice boy** *n* Laufbursche *m* **ˈof·fice build·ing** *n* Bürohaus *nt,* Bürogebäude *nt* **ˈof·fice equip·ment** *n no pl* Büroeinrichtung *f* **ˈof·fice hours** *npl* Geschäftszeit[en] *f[pl]*

of·fic·er [ˈɒfɪsəʳ, AM ˈɑːfɪsɚ] *n* ① MIL Offizier(in) *m(f)* ② (*office holder*) Beamte(r) *m,* Beamte [*o* -in] *f;* **personnel ~** Personalreferent(in) *m(f);* **[police] ~** Polizeibeamte(r) *f(m),* Polizist(in) *m(f)*

ˈof·fice staff *n + sing/pl vb* Büropersonal *nt* **ˈof·fice sup·plies** *npl* Bürobedarf *m kein pl* **ˈof·fice work·er** *n* Büroangestellte(r) *f(m)*

of·fi·cial [əˈfɪʃᵊl] **I.** *n* ① (*holding public office*) Amtsperson *f,* Beamte(r) *m,* Beamte [*o* -in] *f* ② (*responsible person*) Funktionsträger(in) *m(f)* ③ SPORTS Schiedsrichter(in) *m(f);* FBALL **the fourth ~** der Vierte Offizielle **II.** *adj* ① (*relating to an office*) offiziell, amtlich; (*on business*) dienstlich; **~ residence** Amtssitz *m* ② (*authorized*) offiziell; *inquiry, record* amtlich; *strike* regulär ③ (*officially announced*) amtlich bestätigt; ~ **statement** amtliche Erklärung

of·fi·cial·dom [ə'fɪʃəldəm] *n no pl* (*pej: bureaucracy*) Bürokratie *f*

of·fi·cial·ese [əˌfɪʃəl'i:z] *n no pl* (*pej*) Beamtensprache *f oft pej*

of·fi·cial·ly [ə'fɪʃəli] *adv* offiziell

of·fi·ci·ate [ə'fɪʃieɪt] *vi* (*form*) amtieren (**at** bei); **to ~ at a match** SPORTS ein Spiel pfeifen

of·fi·cious [ə'fɪʃəs] *adj* (*pej*) ① (*bossy*) schikanierend ② (*interfering*) aufdringlich

of·fing ['ɒfɪŋ, AM 'ɑ:f-] *n no pl* ■**to be in the ~** bevorstehen

off 'key I. *adv* falsch **II.** *adj* ① (*out of tune*) verstimmt ② (*fig: inopportune*) unangebracht **'off-li·cence** *n* BRIT Wein- und Spirituosengeschäft *nt* **off-'lim·its** *adj pred* ■**to be ~ to sb** für jdn tabu sein **off-'line** *adj* offline **off·'load** *vt* ① (*unload*) ausladen ② (*get rid of*) loswerden *fam;* **to ~ the responsibility [onto sb]** die Verantwortung [auf jdn] abladen ③ COMPUT *data* umladen

off-'peak I. *adj* ① *telephone call* außerhalb der Hauptsprechzeiten *nach n* ② TOURIST **~ travel** Reise *f* außerhalb der Hauptreisezeit **II.** *adv* ① (*of telephone call*) außerhalb der Hauptsprechzeiten ② TOURIST **to travel ~** außerhalb der Hauptsaison verreisen

off-'piste *esp* BRIT **I.** *adv* abseits der Skipiste **II.** *adj* abseits der Skipiste *nach n* **off-'plan** *adj, adv* nach [Bau]plan **off-'put·ting** *adj* abschreckend; *appearance, manner* abstoßend; *experience* unerfreulich **'off-sales** *npl* BRIT Verkauf *m* von Alkohol zum Mitnehmen **'off sea·son** *n* ■**the ~** die Nebensaison

off·set [ˌɒf'set, AM ˌɑ:f'-] **I.** *vt* <-set, -set> ① *usu passive* (*compensate for*) ■**to be ~ by sth** durch etw *akk* ausgeglichen werden ② FIN ausgleichen; **to ~ sth against tax** AUS, BRIT etw von der Steuer absetzen ③ (*print*) im Offsetverfahren drucken **II.** *n* HORT Ableger *m*

off·'shore I. *adj* ① (*at sea*) küstennah ② FIN Auslands- **II.** *adv* (*of wind movement*) von der Küste her; **to fish ~** vor der Küste fischen

off·'side I. *adj* ① SPORTS abseits ② *attr esp* BRIT AUTO auf der Fahrerseite *nach n* **II.** *adv* abseits **III.** *n* SPORTS Abseits *nt*

off·'side rule *n* Abseitsregel *f,* Offsideregel *f* SCHWEIZ

off·spring <*pl* -> ['ɒfsprɪŋ, AM 'ɑ:f-] *n* ① (*animal young*) Junge(s) *nt* ② (*a. hum: person's child*) Nachkomme *m;* (*children*) Nachkommen *pl*

off·'stage I. *adj* (*behind the stage*) hinter der Bühne *nach n* **II.** *adv* ① (*away from the stage*) hinter der Bühne; **to walk ~** von der Bühne abgehen ② (*privately*) privat **off-street 'park·ing** *n no pl* Parken auf Parkplätzen außerhalb des Stadtzentrums

off-the-'cuff I. *adj* spontan *f* **II.** *adv* aus dem Stegreif **off-the-job 'train·ing** *n no pl* außerbetriebliche Fortbildung **off-the-'peg,** AM **off-the-'rack** *adj* Konfektions-, von der Stange *nach n*

off-'white *n no pl* gebrochenes Weiß

of·ten ['ɒfən, AM 'ɑ:f-] *adv* oft; ■**it's not ~ that ...** es kommt selten vor, dass ...; **every so ~** gelegentlich

ogle ['əʊgl̩, AM 'oʊgl̩] **I.** *vi* gaffen *pej* **II.** *vt* angaffen *pej*

ogre ['əʊgəʳ, AM 'oʊgɚ] *n* Menschenfresser *m;* (*fig fam*) Scheusal *nt pej*

ogress <*pl* -es> ['əʊgrəs, AM 'oʊ-] *n* Menschenfresserin *f;* (*fig fam*) Scheusal *nt pej*

oh¹ [oʊ] *interj* ① (*to show surprise, disappointment, pleasure*) oh; **~ damn!** verdammt! *pej fam;* **~ dear!** oje!; **~ well** na ja ② (*by the way*) ach, übrigens

oh² [əʊ] *n* BRIT (*in phone numbers*) Null *f*

OHP [ˌəʊeɪtʃ'pi:, AM ˌoʊ-] *n abbrev of* **overhead projector** Overheadprojektor *m*

oil [ɔɪl] **I.** *n* ① (*lubricant*) Öl *nt* ② *no pl* (*petroleum*) [Erd]öl *nt* ③ FOOD [Speise]öl *nt* ④ ■**~s** *pl* (*oil-based paints*) Ölfarben *pl* **II.** *vt* (*lubricate*) ölen

'oil·can *n* Ölkännchen *nt* **'oil change** *n* Ölwechsel *m* **'oil·cloth** *n* Wachstuch *nt* **'oil com·pa·ny** *n* Ölfirma *f* **'oil con·sump·tion** *n no pl* Ölverbrauch *m* **'oil cri·sis** *n* Ölkrise *f* **'oil-ex·port·ing** *adj attr* [Erd]öl exportierend **'oil·field** *n* Ölfeld *nt* **'oil-fired** *adj* ölbeheizt; *central heating* ölbetrieben

oili·ness ['ɔɪlɪnəs] *n no pl* ① Fettigkeit *f* ② (*fig: of behaviour*) aalglatte Art *pej*

'oil lamp *n* Öllampe *f* **'oil lev·el** *n* TECH Ölstand *m* **'oil paint·ing** *n* Ölbild *nt* **'oil pipe·line** *n* Ölpipeline *f* **'oil plat·form** *n* Ölplattform *f* **'oil-pro·duc·ing** *adj attr* [Erd]öl produzierend **'oil pro·duc·tion** *n no pl* [Erd]ölförderung *f*

'oil rig *n* Bohrinsel *f* **'oil sheik** *n* Ölscheich *m* **'oil·skin** *n* ① *no pl* (*waterproof cloth*) Öltuch *nt* ② (*waterproof clothing*) ■**~s** *pl* Ölzeug *nt kein pl* **'oil slick** *n* Ölteppich *m* **'oil tank·er** *n* Öltanker *m* **'oil well** *n* Ölquelle *f*

oily ['ɔɪli] *adj* ① *substance, food* ölig ② *hair, skin* fettig ③ (*fig: obsequious*) schmierig *pej fam*

oink [ɔɪŋk] (*fam*) **I.** *interj* grunz **II.** *vi* grunzen

oint·ment ['ɔɪntmənt] *n* Salbe *f*

OK, okay [ə(ʊ)'keɪ, AM oʊ'-] (*fam*) **I.** *adj* ❶ *pred* (*acceptable*) okay; **if it's ~ with you, ...** wenn es dir recht ist, ... ❷ *pred* (*healthy*) *person* in Ordnung; **are you ~? you look a bit pale** geht es dir gut? du siehst etwas blass aus ❸ *pred* (*not outstanding*) ganz gut, nicht schlecht ❹ *pred* (*have no problems*) **to be ~ for money/work** genug Geld/Arbeit haben ❺ (*pleasant*) **to be an ~ bloke** ein prima Kerl sein **II.** *interj* okay; **~ then** also gut **III.** *vt* ■**to ~ sth** zu etw *dat* sein Okay geben **IV.** *n* **to give [sth] the ~** das Okay [zu etw *dat*] geben **V.** *adv* gut; **did you get there ~?** bist du dort gut angekommen?

okra ['ɒkrə, AM 'oʊk-] *n no pl* Okra *f*

old [əʊld, AM oʊld] **I.** *adj* ❶ *person, animal, object* alt; **to grow ~** alt werden ❷ *after n* (*denoting an age*) alt; **three years ~** drei Jahre alt ❸ *attr* (*former*) ehemalig; *job* alt ❹ *attr* (*fam*) **any ~ present/rubbish/thing** irgendein Geschenk/irgendeinen Unsinn/irgendwas; **a load of ~ rubbish!** (*pej*) nichts als blanker Unsinn! *fam* ▸PHRASES: <u>**money**</u> **for ~ rope** leicht verdientes Geld; **you can't teach an ~** <u>**dog**</u> **new tricks** (*prov*) der Mensch ist ein Gewohnheitstier **II.** *n* ■**the ~** *pl* die Alten *pl;* **young and ~** Jung und Alt **III.** *in compounds* **a twenty-one-year-~** ein Einundzwanzigjähriger/eine Einundzwanzigjährige

old 'age *n no pl* Alter *nt* **old age 'pen·sion·er** *n* AUS, BRIT Rentner(in) *m(f)* **old 'boy** *n* ❶ *esp* BRIT (*fam: old man*) Alte(r) ❷ *esp* BRIT (*dated fam: old friend*) alter Junge **old-'fash·ioned** *adj* (*esp pej*) altmodisch **old 'girl** *n* ❶ (*old woman*) alte Frau ❷ *esp* BRIT (*fam: patronizing address*) altes Mädchen ❸ *esp* BRIT (*fam: affectionate address*) Schätzchen *nt*

old·ish ['əʊldɪʃ, AM 'oʊ-] *adj* ältlich

old 'lady *n* ❶ (*elderly female*) alte Dame ❷ (*fam: one's wife, mother*) ■**the/sb's ~** die/jds Alte **old 'man** *n* ❶ (*elderly male*) alter Mann, Greis *m* ❷ (*fam: husband, father*) ■**the/sb's ~** der Alte/jds Alter *fam* **old 'mas·ter** *n* alter Meister **old 'peo·ple's home** *n* Seniorenheim *nt* **'old school I.** *n* (*approv*) **he's one of the ~** er ist [noch] einer der alten Schule **II.** *adj* der alten Schule *nach n* **old 'stag·er** *n* ❶ (*old man*) Oldie *m hum fam* ❷ (*long-time worker*) alter Hase *fam* **'old-style** *adj pred* im alten Stil *nach n* **Old 'Tes·ta·ment** *n* ■**the ~** das Alte Testament **old-'tim·er** *n* (*fam*) ❶ (*old man*) Oldie *m hum fam* ❷ (*long-time worker*) alter Hase *fam* **old 'wives' tale** *n* Ammenmärchen *nt*

olean·der [ˌəʊli'ændəʳ, AM ˌoʊli'ændɚ] *n* Oleander *m*

ol·fac·tory [ɒl'fæktᵊri, AM ɑːl'fækteri] *adj* Geruchs-, olfaktorisch *fachspr*

ol·ive ['ɒlɪv, AM 'ɑːl-] *n* ❶ (*fruit*) Olive *f* ❷ (*tree*) Olivenbaum *m*

'ol·ive branch *n* (*fig: symbol of peace*) Ölzweig *m* **'ol·ive grove** *n* Olivenhain *m* **ol·ive 'oil** *n no pl* Olivenöl *nt*

Olym·pi·ad [ə(ʊ)'lɪmpiæd, AM oʊ'-] *n* Olympiade *f*

Olym·pian [ə(ʊ)'lɪmpiən, AM oʊ'-] **I.** *adj* olympisch **II.** *n* (*Olympic Games competitor*) Olympionike(in) *m(f)*

Olym·pic [ə(ʊ)'lɪmpɪk, AM oʊ'-] *adj attr* olympisch; **~ stadium** Olympiastadion *nt*

om·buds·man ['ɒmbʊdzmən, AM 'ɑːmbəd-] *n* Ombudsmann *m*

ome·lette, AM **omelet** ['ɒmlət, AM 'ɑːm-] *n* Omelett *nt*

omen ['əʊmən, AM 'oʊ-] *n* Omen *nt*

omi·nous ['ɒmɪnəs, AM 'ɑːmə-] *adj* unheilvoll

omis·sion [ə(ʊ)'mɪʃᵊn, AM oʊ'-] *n* Auslassung *f*

omit <-tt-> [ə(ʊ)'mɪt, AM oʊ'-] **I.** *vt* auslassen; (*ignore*) übergehen **II.** *vi* ■**to ~ to do sth** es unterlassen, etw zu tun

om·ni·bus <*pl* -es> ['ɒmnɪbəs, AM 'ɑːm-] *n* (*collection of texts*) Sammelband *m;* (*anthology*) Anthologie *f;* **~ edition** (*on radio, TV*) *Zusammenfassung einzelner Wochensendungen in einem Sammelprogramm*

om·nipo·tence [ɒm'nɪpətᵊn(t)s, AM ɑːm'nɪpəṯən(t)s] *n no pl* Allmächtigkeit *f*

om·nipo·tent [ɒm'nɪpətᵊnt, AM ɑːm'nɪpəṯənt] *adj* allmächtig

om·ni·pres·ent [ˌɒmnɪ'prezᵊnt, AM ˌɑːm-] *adj* (*widespread*) omnipräsent *geh;* (*everywhere*) überall

om·ni·sci·ent [ɒm'nɪsiənt, AM ɑːm'nɪʃᵊnt] *adj* allwissend

om·ni·vor·ous [ɒm'nɪvᵊrəs, AM ɑːm'nɪvɚ-] *adj* ❶ (*eating plants and meat*) alles fressend *attr* ❷ (*fig: voracious*) unstillbar

on [ɒn, AM ɑːn] **I.** *prep* ❶ (*on top of*) auf +*dat;* **the book's ~ the desk/table** das Buch liegt auf dem Tisch/Stuhl ❷ *with verbs of motion* (*onto*) auf +*akk;* **to go out ~ the terrace** auf die Terrasse hinausgehen; **let's hang the picture ~ the wall** lass uns das Bild an die Wand hängen ❸ (*indicating position*) an +*dat*, auf +*dat;* **to lie ~ the beach** am Strand liegen; **to**

O

lie ~ **one's back** auf dem Rücken liegen; **he had a scratch ~ his arm** er hatte einen Kratzer am Arm; ~ **the left/right** auf der linken/rechten Seite ④ (*indicating contact*) an +*dat;* **I hit my head ~ the shelf** ich stieß mir den Kopf am Regal an; **to stumble ~ sth** über etw *akk* stolpern ⑤ (*about*) über +*akk;* **a debate ~ the crisis** eine Debatte über die Krise; **he needs some advice ~ how to dress** er braucht ein paar Tipps, wie er sich anziehen soll; **essays ~ a wide range of issues** Aufsätze zu einer Vielzahl von Themen; **to congratulate sb ~ sth** jdn zu etw *dat* gratulieren ⑥ (*based on*) auf ... hin; **he was acting ~ a hunch** er handelte nach Gefühl; ~ **account of** wegen; **to rely ~ sb** sich auf jdn verlassen ⑦ (*against*) auf +*akk;* **the attack ~ the village** der Angriff auf das Dorf; **to place restrictions ~ sb/sth** jdm/etw Beschränkungen auferlegen; **to place a limit ~ sth** etw begrenzen ⑧ (*indicating a medium*) auf +*dat;* **what's ~ TV tonight?** was kommt heute Abend im Fernsehen?; **to put sth down ~ paper** etw aufschreiben; **to come out ~ video** als Video herauskommen ⑨ (*in the course of*) auf +*dat;* ~ **the way to town** auf dem Weg in die Stadt ⑩ (*travelling by*) in +*dat,* mit +*dat;* ~ **foot/horseback** zu Fuß/auf dem Pferd ⑪ (*indicating date*) an +*dat;* ~ **Friday** am Freitag; ~ **Thursdays** donnerstags ⑫ (*engaged in*) bei; ~ **business** geschäftlich; **to work ~ sth** an etw *dat* arbeiten ⑬ (*regularly taking*) **to be ~ medication** Medikamente einnehmen; **he lived ~ berries and roots** er lebte von Beeren und Wurzeln ⑭ (*connected to*) an +*dat;* **to be ~ the phone** AUS, BRIT (*currently speaking*) am Telefon sein **II.** *adv* ① (*in contact with*) auf; **to screw sth ~** etw anschrauben ② (*on body*) an; **to try sth ~** etw anprobieren; **with nothing ~** nackt ③ (*indicating continuance*) weiter; **if the phone's engaged, keep ~ trying!** wenn besetzt ist, probier es weiter!; **he talked ~ and ~** er redete pausenlos ④ (*in forward direction*) vorwärts; **from that day ~** von diesem Tag an; **to move ~** (*move forward*) weitergehen; (*transfer to another place*) umziehen ⑤ (*scheduled*) geplant; **I've got a lot ~ this week** ich habe mir für diese Woche eine Menge vorgenommen ⑥ (*functioning*) an; **to leave the light ~** das Licht anlassen; **to switch/turn sth ~** etw einschalten ⑦ (*aboard*) **to get ~** *bus, train* einsteigen; *horse* aufsitzen ▸ PHRASES: **to be ~ about sth** AUS, BRIT dauernd über etw *akk* reden; **what are you ~ about?** wovon redest du denn nun schon wieder?; ~ **and off** ab und zu *fam;* **you're ~!** abgemacht! *fam*

once [wʌn(t)s] **I.** *adv* ① (*one time*) einmal; ~ **a week** einmal pro Woche; **just this ~** nur dieses eine Mal ② (*in the past*) einst *geh,* früher; ~ **upon a time ...** (*liter*) es war einmal ... ▸ PHRASES: **at ~** (*simultaneously*) auf einmal; (*immediately*) sofort; **for ~** ausnahmsweise; ~ **more** (*one more time*) noch einmal; (*again, as before*) wieder; ~ **or twice** ein paar Mal; [**every**] ~ **in a while** hin und wieder **II.** *conj* (*as soon as*) sobald

'once-over *n* (*fam*) ① (*cursory examination*) **to give sb/sth a/the ~** jdn/etw flüchtig ansehen ② (*cursory cleaning*) **to give sth a/the ~** etw rasch putzen

on·com·ing [ˈɒnˌkʌmɪŋ, AM ˈɑːn,-] *adj attr* (*approaching*) [heran]nahend; *vehicle* entgegenkommend; ~ **traffic** Gegenverkehr *m*

one [wʌn] **I.** *n* ① (*unit*) eins; **a hundred and ~** einhundert[und]eins ② (*numeral*) Eins *f* **II.** *adj* ① *attr* (*not two*) ein(e); ~ **hundred** einhundert; ~ **million** eine Million; ~ **third** ein Drittel *nt* ② *attr* (*one of a number*) ein(e); **he can't tell ~ wine from another** er schmeckt bei Weinen keinen Unterschied ③ *attr* (*single, only*) einzige(r, s); **we should paint the bedroom all ~ colour** wir sollten das Schlafzimmer nur in einer Farbe streichen ④ *attr* (*some future*) irgendein(e); ~ **day** irgendwann ⑤ *attr* (*some in the past*) ein(e); ~ **day/evening/night** eines Tages/Abends/Nachts ⑥ *attr esp* AM (*emph fam: noteworthy*) **his mother is ~ generous woman** seine Mutter ist eine wirklich großzügige Frau ⑦ (*identical*) ein(e); **to be of ~ mind** einer Meinung sein; ~ **and the same** ein und der-/die-/dasselbe ▸ PHRASES: ~ **way or another** (*for or against*) für oder gegen; (*somehow*) irgendwie **III.** *pron* ① (*single item*) eine(r, s); **which cake would you like? – the ~ at the front** welchen Kuchen möchten Sie? – den vorderen; **not a single ~** kein Einziger/keine Einzige/kein Einziges; ~ **at a time** immer nur eine(r, s); ~ **after another** eine(r, s) nach dem/der anderen; **this/that ~** diese(r, s)/jene(r, s); **these/those ~s** diese/jene ② (*single person*) eine(r); **she thought of her loved ~s** sie dachte an ihre Lieben; **to [not] be ~ to do sth** (*nature*) [nicht] der Typ sein, der etw tut; (*liking*) etw [nicht] gerne tun;

O

~ **after another** eine/einer nach der/dem anderen; ~ **by** ~ nacheinander; **she's ~ of my favourite writers** sie ist eine meiner Lieblingsautoren; **to be ~ of many/a few** eine(r) von vielen/wenigen sein ③ (*expressing alternatives, comparisons*) ~ **or the other** der/die/das eine oder der/die/das andere ④ (*form: any person, most people*) man; (*I*) ich; ~ **gets the impression that ...** man hat den Eindruck, dass ...; **it takes ~'s breath away** es raubt einem den Atem ▶PHRASES: **to be ~ of the family** zur Familie gehören *fig;* **to be ~ up on sb** jdn übertrumpfen; **in ~s and twos** (*in small numbers*) immer nur ein paar; (*alone or in a pair*) allein oder paarweise

'one-armed *adj* einarmig; ~ **bandit** (*fam*) einarmiger Bandit **'one-eyed** *adj attr* einäugig **one-'hand·ed I.** *adv* mit einer Hand **II.** *adj attr* einhändig **'one-horse** *adj attr* einspännig **one-horse 'town** *n* (*fam*) Kaff *nt fam* **one-'leg·ged** *adj attr* einbeinig **one-'lin·er** *n* Einzeiler *m* **'one-man** *adj attr* ① (*consisting of one person*) Einmann-; ~ **band** Einmannband *f fig,* Einmannbetrieb *m* ② (*designed for one person*) für eine Person *nach n* **one-night 'stand** *n* ① (*performance*) einmaliges Gastspiel ② (*sexual relationship*) Abenteuer *nt* für eine Nacht **'one-off I.** *n esp* BRIT (*fam*) ① (*event*) einmalige Sache; ■**to be a ~** einmalig sein ② (*person*) einzigartige Person **II.** *adj* einmalig; ~ **situation** außergewöhnliche Situation **'one-piece, one-piece 'swim·suit** *n* Einteiler *m*

on·er·ous ['əʊnᵊrəs, AM 'ɑːnɚ-] *adj* (*form*) ① (*very difficult*) *duty* schwer; *responsibility* schwerwiegend ② LAW [er]drückend

one·self [wʌn'self] *pron refl* ① *after vb, after prep* (*direct object*) sich ② (*personally*) selbst; **to see/read sth for ~** etw selbst sehen/lesen ③ (*alone*) **to have sth to ~** etw für sich haben; **[all] by ~** [ganz] alleine

one-'sid·ed *adj* einseitig **'one-time** *adj attr* ① (*former*) ehemalig ② (*happening only once*) einmalig **one-track 'mind** *n* **to have a ~** immer nur eins im Kopf haben

one-'up·man·ship, one-'up·ping *n no pl* (*fam*) *die Kunst, anderen immer um eine Nasenlänge voraus zu sein*

'one-way *adj* in einer Richtung *nach n;* (*fig*) einseitig; ~ **mirror/valve** Einwegspiegel *m*/-ventil *nt*

one-way 'street *n* Einbahnstraße *f* **one-way 'tick·et** *n* einfache Fahrkarte, Einzelfahrschein *m*

on·go·ing ['ɒn,gəʊɪŋ, AM 'ɑːn,goʊ-] *adj* laufend *attr,* im Gang *präd*

on·ion ['ʌnjən] *n* Zwiebel *f* ▶PHRASES: **to know one's ~s** sich auskennen

on·line [,ɒn'laɪn, AM ,ɑːn'-] COMPUT **I.** *adj* online, Online- **II.** *adv* online

on·line 'gam·ing *n* Onlinespiel *nt*

on·look·er ['ɒn,lʊkəʳ, AM 'ɑːn,lʊkɚ] *n* (*a. fig*) Zuschauer(in) *m(f)*

only ['əʊnli, AM 'oʊn-] **I.** *adj attr* einzige(r, s); **the ~ one** der/die/das Einzige; **the ~ way** die einzige Möglichkeit **II.** *adv* ① (*exclusively*) nur; **for members ~** nur für Mitglieder ② (*just*) erst; ~ **just** gerade erst ③ (*merely*) nur, bloß; **not ~ ..., but also ...** nicht nur ..., sondern auch ... ④ (*unavoidably*) nur, unweigerlich; **the situation can ~ get better/worse** die Situation kann sich nur verbessern/verschlechtern ⑤ (*to express wish*) **if ~ ...** wenn nur ... ▶PHRASES: **you ~ live once** (*saying*) man lebt nur einmal **III.** *conj* ① (*however*) aber, jedoch; **he's a good athlete, ~ he smokes too much** er ist ein guter Sportler, bloß raucht er zu viel ② (*in addition*) **not ~ can she sing, she can dance and play the piano too** sie kann nicht nur singen, sie kann auch tanzen und Klavier spielen

o.n.o. *adv* BRIT, AUS COMM *abbrev of* **or nearest offer**: **for sale: baby's cot £30 ~** zu verkaufen: Babybett 30 Pfund oder nächstbestes Angebot

on·rush <*pl* -es> ['ɒnrʌʃ, AM 'ɑːn-] *n* ① (*of emotion*) Ansturm *m* ② + *sing/pl vb* (*of people*) Ansturm *m*

on·set ['ɒnset, AM 'ɑːn-] *n no pl* Beginn *m* (**of** + *gen*); ~ **of winter** Wintereinbruch *m*

on·shore [,ɒn'ʃɔːʳ, AM ,ɑːn'ʃɔːr] **I.** *adj* Küsten-; ~ **wind** auflandiger Wind *fachspr* **II.** *adv* an Land; (*blow*) landwärts

on·side [,ɒn'saɪd, AM 'ɑːnsaɪd] SPORTS **I.** *adj* nicht abseits; ■**to be ~** nicht im Abseits stehen **II.** *adv* nicht abseits

on·slaught ['ɒnslɔːt, AM 'ɑːnslɑːt] *n* (*a. fig: attack*) Ansturm *m* (**on** auf + *akk*)

on·'stage I. *adj* auf der Bühne **II.** *adv* auf die Bühne

on-the-job 'train·ing *n no pl* Ausbildung *f* am Arbeitsplatz

onto, on to ['ɒntuː, AM 'ɑːn-] *prep* ① *after vb* auf + *akk;* **to get ~ a horse/bike** auf ein Pferd/Fahrrad [auf]steigen; **to get ~ a bus/train** in einen Bus/einen Zug einsteigen; **to load sth ~ sth** etw auf etw *akk* laden; **the door opened out ~ a beautiful patio** die Tür führte auf eine herrliche Terrasse ② (*indicating progress*) **can we move ~ the next item?** können wir zum nächsten Punkt kommen? ▶PHRASES: **to be ~ sb/sth** jdm/etw auf der Spur sein; **to get ~ sb about sth** jdn wegen etw *dat* erinnern

onus ['əʊnəs, AM 'oʊ-] *n no pl* (*form*) Verantwortung *f* (**of** für); **the ~ is on sb to do sth** es liegt an jdm, etw zu tun

on·ward ['ɒnwəd, AM 'ɑːnwɚd] **I.** *adj attr* (*of journey*) Weiter- **II.** *adv* ① (*into the future*) **from that day/time ~** von diesem Tag/dieser Zeit an ② (*of direction*) weiter

onyx ['ɒnɪks, AM 'ɑːn-] *n no pl* Onyx *m*

oodles ['uːdḷz] *npl* (*fam*) Unmengen *pl* (**of** an, von +*dat*)

oomph [ʊm(p)f] *n no pl* (*fam*) ① (*power*) Kraft *f; of a car* Leistung *f* ② (*pizzazz*) Pep *m*

ooze [uːz] **I.** *n no pl* Schlamm *m* **II.** *vi* (*seep out*) tropfen (**from** aus); *blood, water* sickern; *mud* quellen; **to ~ with blood/oil** vor Blut/Öl triefen **III.** *vt* ① (*seep out*) absondern ② (*fig: overflow with*) *charisma, charm* ausstrahlen; *sex appeal* versprühen

opac·ity [ə(ʊ)'pæsəti, AM oʊ'pæsəṭi] *n no pl* (*non-transparency*) Lichtundurchlässigkeit *f*

opal ['əʊpəl, AM 'oʊ-] *n* Opal *m*

opal·es·cent [ˌəʊpəl'esənt, AM ˌoʊ-] *adj* schillernd; (*like an opal*) opalisierend

opaque [ə(ʊ)'peɪk, AM oʊ'-] *adj* (*not transparent*) undurchsichtig; *of wax* lichtundurchlässig; *of window, liquid* trüb

OPEC ['əʊpek, AM 'oʊ-] *n no pl, + sing/pl vb acr for* **Organization of Petroleum Exporting Countries** OPEC *f*

open ['əʊpən, AM 'oʊ-] **I.** *adj* ① (*not closed*) offen, geöffnet, auf *präd; book* aufgeschlagen; *flower* aufgeblüht; *map* auseinandergefaltet; **wide ~** [sperrangel]weit geöffnet; **to burst ~** *bag, case* aufgehen ② *pred* (*for customers, visitors*) *shop, bar, museum* geöffnet, offen ③ (*not yet decided*) *case, decision, question* offen; **to keep an ~ mind** unvoreingenommen bleiben; **to keep one's options ~** sich *dat* alle Möglichkeiten offenhalten; **~ ticket** Ticket *nt* mit offenem Reisedatum ④ (*not enclosed*) offen; **to be in the ~ air** an der frischen Luft sein; **on the ~ road** auf freier Strecke ⑤ *a.* SPORTS (*accessible to all*) offen, öffentlich zugänglich; **the competition is ~ to anyone** an dem Wettbewerb kann jeder teilnehmen; **~ champion** Sieger(in) *m(f)* einer offenen Meisterschaft; **to have ~ access to sth** freien Zugang zu etw *dat* haben ⑥ *pred* (*frank*) *person* offen; ■**to be ~ with sb** offen zu jdm sein ⑦ *pred* (*exposed*) offen, ungeschützt; **to be ~ to attack** Angriffen ausgesetzt sein; **to be ~ to criticism** kritisierbar sein ▶PHRASES: **to be an ~ book** *person* [wie] ein offenes Buch sein; *thing* ein Kinderspiel sein **II.** *vi* ① (*from closed*) sich öffnen, aufgehen; **the door ~s much more easily now** die Tür lässt sich jetzt viel leichter öffnen ② (*for business*) *cafe, shop, museum* öffnen; (*for the first time*) eröffnen ③ (*start*) *piece of writing or music, story* beginnen, anfangen ④ (*begin run*) *film* anlaufen; *play* Premiere haben **III.** *vt* ① (*change from closed*) *book, magazine, newspaper* aufschlagen; *box, window, bottle* aufmachen; *curtains* aufziehen; *eyes, letter* öffnen; *map* auffalten; (*a. fig*) *mouth* aufmachen ② (*set up*) *bank account, business* eröffnen ③ (*declare ready for use*) *building* einweihen; **to ~ a tunnel** einen Tunnel für den Verkehr freigeben ▶PHRASES: **to ~ sb's eyes to sb/sth** jdm die Augen über jdn/etw öffnen **IV.** *n* ① *no pl* (*out of doors*) ■[**out**] **in the ~** draußen; (*in the open air*) im Freien ② *no pl* (*not secret*) **to bring sth out into the ~** etw publik machen; **to come out into the ~** ans Licht kommen ③ SPORTS (*competition*) ■**O~** [offene] Meisterschaft

◆**open out I.** *vi* ① (*move apart*) sich ausbreiten ② (*unfold*) *map* sich auffalten lassen; *flower* aufblühen, sich öffnen ③ (*grow wider*) sich erweitern; *street, river* breiter werden; (*grow bigger*) sich vergrößern **II.** *vt* (*unfold*) **to ~ out ↻ a map/newspaper** eine [Land]karte auseinanderfalten/eine Zeitung aufschlagen

◆**open up I.** *vi* ① (*start business*) *shop, store, etc.* eröffnen; *radio station* auf Sendung gehen ② (*start shooting*) das Feuer eröffnen, losfeuern ③ (*become more confiding*) *person* sich öffnen ▶PHRASES: **to wish the earth would ~ up** am liebsten in den [Erd]boden versinken wollen **II.** *vt* ① (*from closed*) *canal, pipe* passierbar machen; *car, house, store* aufschließen; *door, window* aufmachen ② (*make available*) ■**to ~ up ↻ sth** [**to sb/sth**] [jdm/etw] etw zugänglich machen ③ (*expand*) erweitern

'open-air *adj* im Freien *nach n;* **~ stage** Freilichtbühne *f;* **~ swimming pool** Freibad *nt* **'open·cast** *adj* BRIT über Tage *nach n;* **~ mining** Tagebau *m* **open 'cred·it** *n no pl* offener Kredit **open-'end·ed** *adj* mit offenem Ausgang *nach n; question* ungeklärt

open·er ['əʊpənəʳ, AM 'oʊpənɚ] *n* (*opening device*) Öffner *m*

open-'eyed *adv* mit großen Augen **open-heart 'sur·gery** *n no pl* Operation *f* am offenen Herzen

open·ing ['əʊpᵊnɪŋ, AM 'oʊ-] **I.** *n* ① *no pl* (*action*) Öffnen *nt,* Aufmachen *nt;* **hours of ~** (*of shop*) Öffnungszeiten *pl* ② (*hole*) Öffnung *f;* (*in traffic*) Lücke *f;* (*in woods*) Lichtung *f* ③ (*opportunity*) günstige Gelegenheit; (*job*) freie Stelle ④ (*introduction*) *of a novel, film* Anfang *m* ⑤ (*inauguration*) Eröffnung *f* **II.** *adj attr* Anfangs-; *balance, bid, ceremony* Eröffnungs-; **~ night** THEAT Premierenabend *m*

open·ing 'bal·ance *n* Eröffnungsbilanz *f*

open·ing 'bid *n* Eröffnungsgebot *nt*

'open·ing hours *npl* Öffnungszeiten *pl*

open·ing 'night *n* THEAT Premierenabend *m*

'open·ing time *n* Öffnungszeit *f*

open·ly ['əʊpᵊnli, AM 'oʊ-] *adv* ① (*frankly*) offen ② (*publicly*) öffentlich

open 'mar·ket *n* offener Markt **open-'mind·ed** *adj* (*to new ideas*) aufgeschlossen; (*not prejudiced*) unvoreingenommen **open-'mouthed** *adj* ① *pred* (*with open mouth*) mit offenem Mund ② *attr* (*shocked*) [sichtlich] betroffen

open·ness ['əʊpᵊnnəs, AM 'oʊ-] *n no pl* ① (*frankness*) Offenheit *f* ② (*in character*) offenes Wesen ③ (*lack of obstruction*) *of view, expanse* Weitläufigkeit *f*

open-'plan *adj room* offen angelegt **open 'pris·on** *n* BRIT offenes Gefängnis **open 'sand·wich** *n* belegtes Brot, SCHWEIZ *a.* Canapé *nt* **Open Uni·'ver·sity** *n no pl esp* BRIT ≈ Fernuniversität *f*

Land und Leute

Die **Open University** (*Fernuniversität*), die 1971, als sie in Großbritannien gegründet wurde, noch die *University of the Air* genannt wurde, ist eine Hochschule, an der Studenten von zu Hause aus studieren können. Unterrichtet wird über Fernseh- und Radioprogramme und die Übungsmaterialien werden den Studenten zugeschickt.

op·era ['ɒpᵊrə, AM 'ɑː-] *n* Oper *f*

op·er·able ['ɒpᵊrəbl̩, AM 'ɑː-] *adj* ① (*functioning*) funktionsfähig; AUTO fahrtüchtig ② MED *tumour, cancer* operabel

'op·era glasses *npl* Opernglas *nt* **'op·era house** *n* Opernhaus *nt* **'op·era sing·er** *n* Opernsänger(in) *m(f)*

op·er·ate ['ɒpᵊreɪt, AM 'ɑː-] **I.** *vi* ① (*work, run*) funktionieren ② (*perform surgery*) ■**to ~ on sb/sth** jdn/etw operieren ③ (*do business*) operieren *geh* **II.** *vt* ① (*work*) bedienen ② (*manage*) betreiben ③ (*perform*) ausführen

op·er·at·ing ['ɒpᵊreɪtɪŋ, AM 'ɑːpᵊreɪt̬-] **I.** *n no pl* MED Operieren *nt* **II.** *adj attr* ① (*in charge*) Dienst habend ② MED Operations-

'op·er·at·ing sys·tem, OS *n* COMPUT Betriebssystem *nt*

op·era·tion [ˌɒpᵊr'eɪʃᵊn, AM ˌɑːpə'reɪ-] *n* ① *no pl* (*way of functioning*) Funktionsweise *f;* **day-to-day ~** gewöhnlicher Betriebsablauf ② *no pl* (*functioning state*) Betrieb *m;* LAW Wirksamkeit *f;* **to come into ~** *machine* in Gang kommen; *plan, rule, law* in Kraft treten ③ (*process*) Vorgang *m* ④ (*activity*) Unternehmung *f;* MIL Operation *f;* **rescue ~** Rettungsaktion *f;* **undercover ~** MIL verdeckte Operation ⑤ (*surgery*) Operation *f*

op·era·tion·al [ˌɒpᵊr'eɪʃᵊnᵊl, AM ˌɑːpə'reɪ-] *adj* ① (*in business*) betrieblich, Betriebs-*pl* ② (*functioning*) betriebsbereit

op·era·tive ['ɒpᵊretɪv, AM 'ɑːpəət̬ɪv] **I.** *n* ① (*in a factory*) [Fach]arbeiter(in) *m(f)* ② (*secret agent*) Geheimagent(in) *m(f)* **II.** *adj* (*functioning*) in Betrieb *präd; regulations* gültig

op·era·tor ['ɒpᵊreɪtəʳ, AM 'ɑːpᵊreɪt̬ɚ] *n* ① (*worker*) Bediener(in) *m(f);* **machine ~** Maschinist(in) *m(f)* ② (*switchboard worker*) Telefonist(in) *m(f);* (*at telephone company*) ≈ Vermittlung *f* ③ (*company*) Unternehmer(in) *m(f);* **tour ~** Reiseveranstalter(in) *m(f)*

op·er·et·ta [ˌɒpᵊr'etə, AM ˌɑːpə'ret̬ə] *n* Operette *f*

oph·thal·mic [ɒf'θælmɪk, AM ɑːf'-] *adj attr* Augen-, ophthalmisch *fachspr;* **~ optician** Augenoptiker(in) *m(f)*

oph·thal·molo·gist [ˌɒfθæl'mɒlədʒɪst, AM ˌɑːfθæl'mɑː-] *n* Augenarzt, -ärztin *m, f*

opi·ate ['əʊpiət, AM 'oʊpiɪt] *n* Opiat *nt*

opin·ion [ə'pɪnjən] *n* ① (*belief*) Meinung *f,* Ansicht *f;* **public ~** die öffentliche Meinung ② (*view on topic*) Einstellung *f,* Standpunkt *m* (**on** zu); **difference of ~** Meinungsverschiedenheit *f;* **just a matter of ~** reine Ansichtssache; **to have a high/bad ~ of sb/sth** von jdm/etw eine hohe/keine gute Meinung haben; **to express an ~ on sth** seine Meinung zu etw *dat* äußern; **in my ~** meiner Meinung nach

opin·ion·at·ed [ə'pɪnjəneɪtɪd, AM -t̬-] *adj* (*pej*) rechthaberisch

o'pin·ion poll *n* Meinungsumfrage *f*

opium ['əʊpiəm, AM 'oʊ-] *n no pl* Opium *nt;* **~ den** Opiumhöhle *f*

opos·sum <*pl* -s *or* -> [ə'pɒsəm, AM -'pɑː-] *n* Opossum *nt*

op·po·nent [əˈpəʊnənt, AM -ˈpoʊ-] *n* POL Widersacher(in) *m(f)*; SPORTS Gegner(in) *m(f)*

op·por·tune [ˈɒpətjuːn, AM ˌɑːpɚˈtuːn, -ˈtjuːn] *adj* angebracht; *chance* passend; *moment* geeignet

op·por·tun·ism [ˌɒpəˈtjuːnɪzᵊm, AM ˌɑːpɚˈtuː-, -tjuː-] *n no pl* Opportunismus *m*

op·por·tun·ist [ˌɒpəˈtjuːnɪst, AM ˌɑːpɚˈtuː-, -tjuː-] **I.** *n* Opportunist(in) *m(f)* **II.** *adj* (*pej*) opportunistisch

op·por·tu·nity [ˌɒpəˈtjuːnəti, AM ˌɑːpɚˈtuːnət̬i] *n* ① (*occasion*) Gelegenheit *f*; **a window of ~** eine Chance; **at every ~** bei jeder Gelegenheit; **to get the ~ of doing sth** die Chance erhalten, etw zu tun ② (*for advancement*) Möglichkeit *f*

op·pose [əˈpəʊz, AM -ˈpoʊz] *vt* ① (*disapprove*) ablehnen ② (*resist*) ■**to ~ sb/sth** sich jdm/etw widersetzen; (*actively*) gegen jdn/etw vorgehen ③ SPORTS ■**to ~ sb** gegen jdn antreten

op·posed [əˈpəʊzd, AM -ˈpoʊzd] *adj pred* ① (*against*) ■**to be ~ to sth** gegen etw *akk* sein ② (*contrasted*) ■**as ~ to sth** im Gegensatz zu etw *dat*

op·pos·ing [əˈpəʊzɪŋ, AM -ˈpoʊzɪŋ] *adj attr* entgegengesetzt; (*in conflict*) einander widersprechend; *opinion* gegensätzlich; *team* gegnerisch

op·po·site [ˈɒpəzɪt, AM ˈɑː-] **I.** *n* Gegenteil **II.** *adj* ① (*contrary*) *interests* gegensätzlich ② (*facing*) gegenüberliegend; *direction* entgegengesetzt; *after n;* **who owns that shop ~?** wem gehört der Laden gegenüber? **III.** *adv* gegenüber; **she asked the man sitting ~ what time it was** sie fragte den ihr gegenübersitzenden Mann nach der Uhrzeit **IV.** *prep* (*across from*) gegenüber

op·po·si·tion [ˌɒpəˈzɪʃᵊn, AM ˌɑː-] *n* ① *no pl* (*resistance*) Widerstand *m* (**to** gegen) ② + *sing/pl vb* (*party not in power*) Opposition[spartei] *f*; (*opposing team*) gegnerische Mannschaft ③ (*contrast*) Gegensatz *m*; ■**in ~ to sth** im Gegensatz zu etw *dat*

Grammatik

Wenn man von **the opposition** im Sinne von einer Einheit spricht, wird es mit einem Verb im Singular gebraucht: *the opposition is growing.*
Wenn man jedoch von den einzelnen Gruppenmitgliedern sprechen will, wird **the opposition** mit einem Verb im Plural gebraucht: *the opposition have enjoyed a huge victory.*

op·press [əˈpres] *vt* (*subjugate*) unterdrücken

op·pres·sion [əˈpreʃᵊn] *n no pl* (*subjugation*) Unterdrückung *f*

op·pres·sive [əˈpresɪv] *adj* ① (*harsh*) *regime* unterdrückerisch; *taxes* drückend ② (*stifling*) *heat, weather* drückend

op·pres·sor [əˈpresəʳ, AM -ɚ] *n* Unterdrücker(in) *m(f)*

opt [ɒpt, AM ɑːpt] *vi* ■**to ~ for sth** sich für etw *akk* entscheiden ◆**opt in** *vi* sich beteiligen ◆**opt out** *vi* nicht mitmachen; (*withdraw*) aussteigen *fam*

op·tic [ˈɒptɪk, AM ˈɑːp-] **I.** *n* PHOT optisches Teil (*in einem Gerät*) **II.** *adj attr* Seh-

op·ti·cal [ˈɒptɪkᵊl, AM ˈɑːp-] *adj* optisch

op·ti·cian [ɒpˈtɪʃᵊn, AM ɑːp-] *n* Optiker(in) *m(f)*

op·tics [ˈɒptɪks, AM ˈɑːp-] *npl + sing vb* Optik *f kein pl*

op·ti·mal [ˈɒptɪmᵊl, AM ˈɑːp-] *adj* optimal

op·ti·mism [ˈɒptɪmɪzᵊm, AM ˈɑːptə-] *n no pl* Optimismus *m*

op·ti·mist [ˈɒptɪmɪst, AM ˈɑːptə-] *n* Optimist(in) *m(f)*

op·ti·mis·tic [ˈɒptɪmɪstɪk, AM ˈɑːptə-] *adj* optimistisch

op·ti·mize [ˈɒptɪmaɪz, AM ˈɑːptə-] *vt* optimieren

op·ti·mum [ˈɒptɪməm, AM ˈɑːptə-] **I.** *n* <*pl* -tima *or* -s> Optimum *nt* **II.** *adj* optimal

op·tion [ˈɒpʃᵊn, AM ˈɑːp-] *n* ① (*choice*) Wahl *f*; (*possibility*) Möglichkeit *f*; **to not be an ~** nicht in Frage kommen ② (*freedom to choose*) Wahlmöglichkeit *f*

op·tion·al [ˈɒpʃᵊnᵊl, AM ˈɑːp-] *adj* wahlfrei

opu·lence [ˈɒpjəlen(t)s, AM ˈɑːp-] *n no pl* ① (*wealth*) Wohlstand *m* ② (*luxury*) Luxus

opu·lent [ˈɒpjələnt, AM ˈɑːp-] *adj* ① (*affluent*) wohlhabend; *lifestyle* aufwendig ② (*luxurious*) luxuriös

or [ɔːʳ, AM ɔːr] *conj* ① (*as a choice*) oder ② (*otherwise*) sonst; **~ else** sonst; ■**either ... ~ ...** entweder...[,] oder ③ (*and a. not*) ■**not ... ~ ...** weder ... noch ... ④ (*a. called*) beziehungsweise

ora·cle [ˈɒrəkl̩, AM ˈɔːrə-] *n* ① (*place*) Orakel *nt* ② (*person*) Seher(in) *m(f)* ③ (*fig: adviser*) Autorität *f*

oracu·lar [ɒrˈækjələʳ, AM ɔːˈrækjuːlɚ] *adj* ① (*mysterious*) orakelhaft ② (*of an oracle*) Orakel-

oral [ˈɔːrəl] **I.** *adj* ① (*spoken*) mündlich ② MED, PSYCH oral **II.** *n* ■**~s** *pl* mündliches Examen

or·ange [ˈɒrɪndʒ, AM ˈɔːr-] **I.** *n* ① (*fruit*) Orange *f* ② (*colour*) Orange *nt* **II.** *adj* orange[farben]

or·ange·ade [ˌɒrɪndʒ'eɪd, AM ˌɔːr-] *n* BRIT Orangenlimonade *f*
'or·ange juice *n no pl* Orangensaft *m* **'or·ange peel** *n* Orangenschale *f*
orang-outang, orang-utan [ɔː'ræŋuːtæn, AM ɔː'ræŋə-] *n* Orang-Utan *m*
ora·tion [ər'eɪʃᵊn, AM ɔː-] *n* (*speech*) [feierliche] Rede
ora·tor ['ɒrətəʳ, AM 'ɔːrət̬ɚ] *n* Redner(in) *m(f)*
ora·tori·cal [ˌɒrə'tɒrɪkᵊl, AM ˌɔːrə'tɔːr-] *adj* rednerisch
ora·to·rio [ˌɒrə'tɔːriəʊ, AM ˌɔːrə'tɔːrioʊ] *n* MUS Oratorium *nt*
orb [ɔːb, AM ɔːrb] *n* ① (*hist: of a king*) Reichsapfel *m hist* ② (*spherical body*) kugelförmiger Körper
or·bit ['ɔːbɪt, AM 'ɔːr-] **I.** *n* ① (*constant course*) Umlaufbahn *f;* **in ~ around the earth** in einer Erdumlaufbahn ② (*trip around*) Umkreisung *f* ③ (*fig: influence*) [Einfluss]bereich *m* **II.** *vi* kreisen **III.** *vt* (*circle around*) umkreisen
or·bit·al ['ɔːbɪtᵊl, AM 'ɔːrbɪt̬ᵊl] *adj* orbital
or·chard ['ɔːtʃəd, AM 'ɔːrtʃɚd] *n* Obstgarten *m*
or·ches·tra ['ɔːkɪstrə, AM 'ɔːr-] *n + sing/pl vb* (*musicians*) Orchester *nt*
or·ches·tral [ɔː'kestrᵊl, AM ɔːr'-] *adj* Orchester-, orchestral
'or·ches·tra pit *n* Orchestergraben *m* **or·ches·tra 'stalls** *npl* BRIT Parkett *nt*
or·ches·trate ['ɔːkɪstreɪt, AM 'ɔːr-] *vt* ① (*arrange for orchestra*) orchestrieren ② (*fig*) *event* organisieren
or·ches·tra·tion [ˌɔːkɪ'streɪʃᵊn, AM ˌɔːr-] *n* ① (*of music*) Orchestration *f* ② (*of an event*) Organisation *f*
or·chid ['ɔːkɪd, AM 'ɔːr-] *n* Orchidee *f*
or·dain [ɔː'deɪn, AM ɔːr-] *vt* ① (*to the ministry*) ordinieren ② (*decree*) bestimmen
or·deal [ɔː'diːl, AM ɔːr-] *n* ① (*fig: painful experience*) Zerreißprobe *f* ② (*torture*) Qual *f*
or·der ['ɔːdəʳ, AM 'ɔːrdɚ] **I.** *n* ① *no pl* (*being tidy, organized*) Ordnung *f;* **to put sth in ~** etw ordnen ② *no pl* (*sequence*) Reihenfolge *f;* **word ~** Wortstellung *f;* **in alphabetical/chronological ~** in alphabetischer/chronologischer Reihenfolge; **to be out of ~** durcheinandergeraten sein ③ (*command*) Befehl *m;* LAW Verfügung *f;* **doctor's ~s** ärztliche Anweisung ④ COMM (*request for product*) Bestellung *f;* (*request to make sth a.*) Auftrag *m;* (*in restaurant*) Bestellung *f* ⑤ *no pl* (*correct behaviour*) Ordnung *f;* (*discipline*) Disziplin *f;* **to be in ~** in Ordnung sein; **to be out of ~** BRIT (*fam*) *person* sich danebenbenehmen; *behaviour* aus dem Rahmen fallen; **to restore ~** die Ordnung wiederherstellen ⑥ *no pl* (*condition*) Zustand *f;* **to be in working ~** (*ready for use*) funktionsbereit sein; (*functioning*) funktionieren; **to be out of ~** (*not ready for use*) nicht betriebsbereit sein; (*not working*) nicht funktionieren; **'out of ~'** „außer Betrieb" ⑦ *no pl* (*intention*) ■**in ~ to do sth** um etw zu tun ⑧ REL (*society*) [geistlicher] Orden *m* ⑨ (*medal*) Orden *m* ▸ PHRASES: **to be the ~ of the day** an der Tagesordnung sein **II.** *vi* bestellen; **are you ready to ~?** möchten Sie schon bestellen? **III.** *vt* ① (*decide, decree*) anordnen ② (*command*) befehlen ③ COMM (*request from firm or in restaurant*) bestellen ◆**order about, order around** *vt* herumkommandieren *fam*
'or·der book *n* Auftragsbuch *nt* **'or·der form** *n* Bestellformular *nt*
or·der·ly ['ɔːdᵊli, AM 'ɔːrdɚli] **I.** *n* ① (*hospital attendant*) ≈ [Kranken]pfleger(in) *m(f);* (*unskilled*) Hilfskraft *f* (*in Betreuungseinrichtungen*) ② MIL (*carrier of orders*) Ordonnanz *f geh* **II.** *adj* ① (*methodical*) geordnet; (*tidy*) ordentlich; *room* aufgeräumt ② (*well-behaved*) gesittet; *demonstration* friedlich
or·di·nal ['ɔːdɪnᵊl, AM 'ɔːrdᵊn], **or·di·nal 'num·ber** *n* Ordinalzahl *f*
or·di·nance ['ɔːdɪnen(t)s, AM 'ɔːrdᵊn-] *n* ① (*law*) Verordnung *f* ② (*rite*) Ritus *m*
or·di·nari·ly ['ɔːdᵊnᵊrᵊli, AM 'ɔːrdᵊnerᵊ-] *adv* gewöhnlich, normalerweise
or·di·nary ['ɔːdᵊnᵊri, AM 'ɔːrdᵊneri] **I.** *adj* gewöhnlich, normal **II.** *n no pl* (*normal state*) **out of the ~** außergewöhnlich; **nothing out of the ~** nichts Ungewöhnliches

Falsche Freunde
Nicht verwechseln mit ordinär — *vulgar*!

or·di·nary 'sea·man *n* BRIT Leichtmatrose *m* **or·di·nary 'share** *n* Stammaktie *f*
ord·nance ['ɔːdnən(t)s, AM 'ɔːrd-] *n no pl* MIL Geschütze *pl*
Ord·nance 'Sur·vey, OS *n* BRIT amtliche Landvermessung
or·dure ['ɔːdjʊəʳ, AM 'ɔːrdʒɚ] *n no pl* Mist *m*
ore [ɔːʳ, AM ɔːr] *n* Erz *nt*
orega·no [ˌɒrɪ'gɑːnəʊ, AM ɔː'regənoʊ] *n no pl* Oregano *nt*
or·gan ['ɔːgən, AM 'ɔːr-] *n* ① MUS Orgel *f* ② ANAT Organ *nt*
'or·gan do·nor *n* Organspender(in) *m(f)* **'or·gan grind·er** *n* Drehorgelspieler(in)

O

m(f)

or·gan·ic [ɔːˈgænɪk, AM ɔːr-] *adj* ① (*of bodily organs*) organisch ② (*living*) organisch ③ AGR ~ **fruit** Obst *nt* aus biologischem Anbau; ~ **farming methods** biodynamische Anbaumethoden

or·gan·ism [ˈɔːgᵊnɪzᵊm, AM ˈɔːr-] *n* Organismus *m*

or·gan·ist [ˈɔːgᵊnɪst, AM ˈɔːr-] *n* Organist(in) *m(f)*

or·gani·za·tion [ˌɔːgᵊnaɪˈzeɪʃᵊn, AM ˌɔːrgᵊnɪˈ-] *n* ① *no pl* (*action*) Organisation *f* ② + *sing/pl vb* (*association, company*) Organisation *f*

or·gani·za·tion·al [ˌɔːgᵊnaɪˈzeɪʃᵊnᵊl, AM ˌɔːrgᵊnɪˈ-] *adj* organisatorisch

or·gani·ˈza·tion chart *n* ECON Organisationsplan *m*

or·gan·ize [ˈɔːgᵊnaɪz, AM ˈɔːr-] *vt* ① (*into a system*) *activities* organisieren; *books, files* ordnen; *space* aufteilen ② (*prepare*) vorbereiten; *committee, search party, team* zusammenstellen

or·gan·ized [ˈɔːgᵊnaɪzd, AM ˈɔːr-] *adj* organisiert

or·gan·iz·er [ˈɔːgᵊnaɪzəʳ, AM ˈɔːrgᵊnaɪzɚ] *n* ① (*book*) Terminplaner *m* ② (*person*) Organisator(in) *m(f)*

or·gasm [ˈɔːgæzᵊm, AM ˈɔːr-] **I.** *n* Orgasmus *m* **II.** *vi* einen Orgasmus haben

or·gas·mic [ɔːˈgæzmɪk, AM ɔːr-] *adj* orgastisch *geh;* (*fig fam*) aufregend

orgy [ˈɔːdʒi, AM ˈɔːr-] *n* Orgie *f*

ori·ent [ˈɔːriənt] *vt esp* AM ① (*position*) ■**to ~ sth** etw *dat* eine Richtung geben ② (*determine position*) ■**to ~ oneself** sich orientieren

ori·en·tal [ˌɔːriˈentᵊl] *adj* orientalisch

ori·en·tate [ˈɔːrienteɪt] *vt* ① (*determine position*) ■**to ~ oneself** [**by sth**] sich [nach etw *dat*] orientieren ② (*make familiar*) ■**to ~ oneself** sich zurechtfinden

ori·en·ta·tion [ˌɔːriənˈteɪʃᵊn] *n* ① *no pl* (*being oriented*) Orientierung; **to lose one's ~** die Orientierung verlieren *f* ② (*tendency*) Ausrichtung *f* ③ (*attitude*) Orientierung *f;* **political ~** politische Gesinnung; **sexual ~** sexuelle Neigung

ori·en·teer·ing [ˌɔːriənˈtɪərɪŋ, AM -ˈtɪrɪŋ] *n no pl* Orientierungslauf *m*

ori·fice [ˈɒrɪfɪs, AM ˈɔːrə-] *n* Öffnung *f*

ori·gin [ˈɒrɪdʒɪn, AM ˈɔːrə-] *n* ① (*beginning, source*) Ursprung *m; of a river* Quelle *f;* ■**in ~** ursprünglich ② (*place sth/sb comes from*) Herkunft *f kein pl;* (*ancestry a.*) Abstammung *f kein pl*

origi·nal [əˈrɪdʒɪnᵊl] **I.** *n* Original *nt* **II.** *adj* ① (*first*) ursprünglich; **the ~ version** die Originalversion; *of a book* die Originalausgabe ② (*unique*) originell; (*innovative*) bahnbrechend; (*creative*) kreativ ③ (*from creator*) original; **an ~ Rembrandt** ein echter Rembrandt; **~ painting** Original *nt*

origi·nal·ity [əˌrɪdʒɪˈnæləti, AM -əṭi] *n no pl* Originalität *f*

origi·nal·ly [əˈrɪdʒɪnᵊli] *adv* ① (*at first*) ursprünglich ② (*uniquely*) außergewöhnlich

origi·nate [əˈrɪdʒɪneɪt] **I.** *vi* entstehen, seinen Anfang nehmen; ■**to ~ from sth** aus etw *dat* stammen **II.** *vt* hervorbringen; (*invent*) erfinden; **to ~ a story** eine Geschichte in Umlauf bringen

origi·na·tor [əˈrɪdʒɪneɪtəʳ, AM -ṭɚ] *n* Urheber(in) *m(f);* (*founder*) Gründer(in) *m(f);* (*inventor*) Erfinder(in) *m(f)*

Ork·ney Is·lands [ˈɔːkniˌaɪləndz, AM ˈɔːrkni-], **Ork·neys** [ˈɔːkniz, AM ˈɔːrkniz] *npl* ■**the ~** die Orkneyinseln *pl*

or·na·ment **I.** *n* [ˈɔːnəmənt, AM ˈɔːr-] ① (*pretty object*) Ziergegenstand *m;* (*figurine*) Figürchen *nt* ② *no pl* (*adornment*) Schmuck *m;* (*decoration*) Dekoration *f* **II.** *vt* [ˈɔːnəment, AM ˈɔːr-] dekorieren

or·na·men·tal [ˌɔːnəˈmentᵊl, AM ˌɔːrnəˈmenṭᵊl] *adj* Zier-, dekorativ

or·na·men·ta·tion [ˌɔːnəmənˈteɪʃᵊn, AM ˌɔːr-] *n* (*form*) ① (*thing*) Verzierung *f;* ART Ornament *nt* ② *no pl* (*act*) Verzieren *nt;* (*of a room, text*) Ausschmückung *f*

or·nate [ɔːˈneɪt, AM ɔːrˈ-] *adj object* prunkvoll; *music* ornamentreich; *language, style* kunstvoll; (*pej*) geschraubt

or·ni·tholo·gist [ˌɔːnɪˈθɒlədʒɪst, AM ˌɔːrnəˈθɑː-] *n* Ornithologe, Ornithologin *m, f fachspr*

or·ni·thol·ogy [ˌɔːnɪˈθɒlədʒi, AM ˌɔːrnəˈθɑː-] *n no pl* Ornithologie *f fachspr*

or·phan [ˈɔːfᵊn, AM ˈɔːr-] **I.** *n* Waise *f* **II.** *vt* ■**to be ~ed** [zur] Waise werden

or·phan·age [ˈɔːfᵊnɪdʒ, AM ˈɔːr-] *n* Waisenhaus *nt*

ortho·don·tist [ˌɔːθə(ʊ)ˈdɒntɪst, AM ˌɔːrθoʊˈdɑːnṭɪst] *n* Kieferorthopäde(in) *m(f)*

ortho·dox [ˈɔːθədɒks, AM ˈɔːrθədɑːks] *adj* ① (*generally accepted*) herkömmlich; (*not innovative*) starr ② (*strictly religious*) strenggläubig ③ REL **Greek/Russian ~** griechisch/russisch orthodox; **the O~ Church** die christlich orthodoxe Kirche

ortho·doxy [ˈɔːθədɒksi, AM ˈɔːrθədɑːksi] *n* ① (*practice*) verbreitete Denkweise ② *no pl* (*quality*) Rechtgläubigkeit *f*

or·thogo·nal [ɔːˈθɒgᵊnᵊl, AM ɔːrˈθɑː-] *adj* MATH orthogonal

ortho·graph·ic [ˌɔːθə(ʊ)ˈgræfɪk, AM ˌɔːrθoʊˈ-] *adj* orthographisch *geh,* Rechtschreib-

or·thog·ra·phy [ɔː'θɒgrəfi, AM ɔːr'θɑː-] *n no pl* Orthographie *f geh*

ortho·pae·dic *adj,* AM **ortho·pe·dic** [ˌɔːθə(ʊ)'piːdɪk, AM ˌɔːrθoʊ'-] *adj* orthopädisch

ortho·pae·dics *n,* AM **ortho·pe·dics** [ˌɔːθə(ʊ)'piːdɪks, AM ˌɔːrθoʊ'-] *n + sing vb* Orthopädie *f kein pl*

ortho·pae·dist *n,* AM **ortho·pe·dist** [ˌɔːθə(ʊ)'piːdɪst, AM ˌɔːrθoʊ'-] *n* Orthopäde(in) *m(f)*

OS[1] [ˌəʊ'es, AM ˌoʊ'-] *n* COMPUT *abbrev of* **operating system**

OS[2] [ˌəʊ'es, AM ˌoʊ'-] *n* BRIT *abbrev of* **Ordnance Survey**

Os·car ['ɒskəʳ, AM 'ɑːskɚ] *n* FILM Oscar *m;* ~ **winner** Oscar-Preisträger(in) *m(f)*

os·cil·late ['ɒsɪleɪt, AM 'ɑːsəl-] *vi* (*swing*) schwingen; *see also* **science**

os·cil·la·tion [ˌɒsɪ'leɪʃən, AM ˌɑːsəl'-] *n* (*movement*) Schwingung *f*

os·cil·lo·scope [ə'sɪləskəʊp, AM -skoʊp] *n* Schwingungsmesser *m*

osier ['əʊziəʳ, AM 'oʊʒɚ] *n* BOT (*tree*) Korbweide *f;* (*branch*) Weidenrute *f*

os·mo·sis [ɒz'məʊsɪs, AM ɑːz'moʊ-] *n no pl* BIOL, CHEM Osmose *f fachspr;* ■**by** ~ durch Osmose

os·prey ['ɒspreɪ, AM 'ɑːspriː] *n* Fischadler *m*

os·si·fy <-ie-> ['ɒsɪfaɪ, AM 'ɑːsə-] **I.** *vi* (*a. fig: become bone*) verknöchern **II.** *vt* ■**to** ~ **sth** etw erstarren lassen *fig*

os·ten·sible [ɒ'sten(t)sɪbl, AM ɑː'sten(t)sə-] *adj attr* angeblich

os·ten·ta·tion [ˌɒsten'teɪʃən, AM ˌɑːstən'-] *n no pl* Großtuerei *f*

os·ten·ta·tious [ˌɒsten'teɪʃəs, AM ˌɑːstən'-] *adj* prahlerisch; *lifestyle* protzig; *gesture* demonstrativ

os·teo·ar·thri·tis [ˌɒstiəʊɑː'θraɪtɪs, AM ˌɑːstioʊɑːr'θraɪt̬ɪs] *n no pl* Arthrose *f,* Osteoarthritis *f fachspr*

os·teo·gen·ic [ˌɒstiə(ʊ)'dʒenɪk, AM ˌɑːstioʊ-] *adj* MED osteogen

os·teo·path ['ɒstiə(ʊ)pæθ, AM 'ɑːstioʊ-] *n* MED Osteopath(in) *m(f) fachspr*

os·teo·poro·sis [ˌɒstiəʊpə'rəʊsɪs, AM ˌɑːstioʊpə'roʊ-] *n no pl* MED Osteoporose *f fachspr*

os·tra·cism ['ɒstrəsɪzəm, AM 'ɑːstrə-] *n no pl* Ächtung *f*

os·tra·cize ['ɒstrəsaɪz, AM 'ɑːstrə-] *vt* (*exclude*) ächten

os·trich ['ɒstrɪtʃ, AM 'ɑːstrɪtʃ] *n* ORN Strauß *m*

OT *n abbrev of* **Old Testament** AT *nt*

oth·er ['ʌðəʳ, AM -ɚ] **I.** *adj det* ❶ (*different*) andere(r, s); **some ~ time** ein anderes Mal; **in ~ words** mit anderen Worten; **~ people** andere [Leute] ❷ (*not long ago*) **the ~ day** neulich; **the ~ evening** neulich abends ❸ (*additional*) andere(r, s), weitere(r, s) ❹ (*alternative*) andere(r, s); **on the ~ hand** andererseits; **every ~** jede(r, s) zweite ❺ (*not being exact*) **some time or ~** irgendwann [einmal]; **someone or ~** irgendwer **II.** *pron* (*the remaining one*) ■**the ~** der/die/das andere; **hold the racket in one hand and the ball in the ~** halte den Schläger in einer Hand und den Ball in der anderen; **one or the ~** eines davon; **one or [the] ~ of sth** eine(r, s) von etw *dat;* **the ~s** die anderen

oth·er·wise ['ʌðəwaɪz, AM -ɚ-] **I.** *adv* ❶ (*differently*) anders; **unless you let me know ~, ...** sofern ich nichts Gegenteiliges von dir höre, ... ❷ (*except for this*) sonst ❸ (*alternatively*) **to be ~ engaged** anderweitig zu tun haben **II.** *conj* andernfalls

OTT [ˌəʊtiː'tiː] BRIT (*fam*) *abbrev of* **over the top: her outfit was a bit ~** also diesmal ist sie mit ihrem Outfit definitiv zu weit gegangen!

ot·ter ['ɒtəʳ, AM 'ɑːtɚ] *n* Otter *m*

OU [ˌəʊ'juː, AM ˌoʊ-] *n esp* BRIT *abbrev of* **Open University** ≈ Fernuniversität *f*

ouch [aʊtʃ] *interj* aua, autsch

ought [ɔːt, AM *also* ɑːt] *aux vb* ❶ (*indicating duty*) ■**sb ~ to do sth** jd sollte etw tun; **we ~ not to have agreed** wir hätten nicht zustimmen sollen; **it ~ not to be allowed** das sollte nicht erlaubt sein ❷ (*indicating probability*) **we ~ to be home by 7 o'clock** um sieben müssten wir eigentlich zu Hause sein; **ten minutes ~ to be enough time** zehn Minuten müssten eigentlich genügen ❸ (*indicating advice*) ■**sb ~ to do sth** jd sollte etw tun

ounce [aʊn(t)s] *n* Unze *f;* **if he's got an ~ of common sense, ...** wenn er auch nur einen Funken gesunden Menschenverstand hat, ...

our [aʊəʳ, AM aʊɚ] *adj poss* unser(e)

ours [aʊəz, AM aʊɚz] *pron poss* (*belonging to us*) unsere(r, s); **he's a cousin of ~** er ist ein Cousin von uns

our·selves [aʊə'selvz, AM aʊɚ'-] *pron refl* ❶ *after vb, after prep* (*direct object*) uns; **we enjoyed ~ at the party very much** wir hatten großen Spaß bei der Party ❷ (*emph: personally*) wir persönlich; **we invented it ~** wir erfanden das selbst; **to see sth for ~** etw selbst sehen

oust [aʊst] *vt* (*expel*) vertreiben; (*by taking their position*) verdrängen

O

out [aʊt] **I.** *adj pred* ① (*not at a place*) ■**to be ~** nicht da sein; (*more formally*) abwesend sein; (*not at home*) nicht zu Hause sein; (*on strike*) sich im Ausstand befinden; **to be ~ and about** unterwegs sein; (*after an illness*) wieder auf den Beinen sein ② (*outside*) ■**to be ~** draußen sein; **they're ~ in the garden** sie sind draußen im Garten; *prisoner* [wieder] draußen sein *fam* ③ (*visible*) ■**to be ~** *sun, moon, stars* am Himmel stehen; (*in blossom*) blühen; *tree a.* in Blüte stehen; (*available*) erhältlich sein; (*on the market*) auf dem Markt sein ④ (*known*) ■**to be ~** heraus sein; *secret* gelüftet sein; *news* bekannt sein; *homosexual;* ■**to be ~** sich geoutet haben *fam* ⑤ (*finished*) aus; **school will be ~ in June** die Schule endet im Juni; **before the month/year is ~** vor Ende des Monats/Jahres ⑥ SPORTS ■**to be ~** (*not playing*) nicht [mehr] im Spiel sein; (*in cricket, baseball*) aus sein; (*outside a boundary*) *ball, player* im Aus sein ⑦ (*fam*) ■**to be ~** (*unacceptable, not possible*) unmöglich sein; (*unfashionable*) out sein ⑧ (*off*) *light, TV* aus; *fire a.* erloschen ⑨ (*asleep*) ■**to be ~** schlafen; (*unconscious*) bewusstlos sein ⑩ *tide* **the tide is ~** es ist Ebbe **II.** *adv* ① (*not in sth*) außen; (*not in a room, flat*) draußen; (*outdoors*) draußen, im Freien; **to keep sb/sth ~** jdn/etw nicht hereinlassen ② (*outwards*) heraus; (*seen from inside*) hinaus; (*facing the outside*) nach außen; (*out of a room, building a.*) nach draußen; **get ~!** raus hier! *fam;* **to turn sth inside ~** etw umstülpen; *clothes* etw auf links drehen ③ (*away from home, for a social activity*) **to eat ~** im Restaurant essen; **to go ~** ausgehen ④ (*removed*) [he]raus; (*extinguished*) aus; **to put a fire ~** ein Feuer löschen; **to cross sth ~** etw ausstreichen ⑤ (*fully, absolutely*) **burnt ~** (*a. fig*) ausgebrannt; *fuse* durchgebrannt; *candle* heruntergebrannt; **~ and away** AM bei weitem ⑥ (*aloud*) **to call ~ to sb** jdm zurufen; **to cry ~ in pain** vor Schmerzen aufschreien ⑦ (*to an end, finished*) **to die ~** aussterben; (*fig*) *applause* verebben ⑧ (*unconscious*) **to knock sb ~** jdn bewusstlos schlagen; **to pass ~** in Ohnmacht fallen ⑨ (*open*) **to open sth ~** (*unfold*) etw auseinanderfalten; (*spread out*) etw ausbreiten; (*extend*) *furniture* etw ausziehen ⑩ **the tide is going ~** die Ebbe setzt ein ⑪ (*at a distant place*) draußen; **~ at sea** auf See **III.** *vt* ■**to ~ sb** ① (*eject*) jdn rausschmeißen *fam;* SPORTS jdn vom Platz stellen ② *homosexual* jdn outen *fam* **IV.** *prep* (*fam*) aus +*dat;* **to run ~ the door** zur Tür hinausrennen

'out-and-out *adj attr* ausgemacht, durch und durch *nach n*

'outback *n no pl* Hinterland *nt* [Australiens]; **to live in the ~** im [australischen] Busch leben

Land und Leute

Der Busch Australiens wird allgemein **outback** genannt. Zum traditionellen Outfit für den **outback** gehören: ein *akubra* (*Hut aus Kaninchenhaar*), ein **driza-bone** (*dry as a bone*) (*langer, geölter Buschmantel*) und eine *moleskin* (*beige Jeans*). Wenn die australischen Viehzüchter, die *stockmen*, draußen übernachten, schlafen sie in ihrer *swag* (*Schlafsack mit integrierter Unterlage*), kochen ihr Essen in einem *camp oven* (*Kochtopf mit einem schweren Deckel*) und ihren Tee in der *billy* (*Teekessel aus Blech*) über einem Feuer.

out·'bid <-bid, -bid> *vt* überbieten

'out·board, out·board 'mo·tor *n* Außenbordmotor *m*

'out·break *n of a disease, hostilities, a war* Ausbruch *m*

'out·build·ing *n* Nebengebäude *nt*

'out·burst *n* Ausbruch *m;* **an ~ of anger** ein Wutanfall *m*

'out·cast *n* Ausgestoßene(r) *f(m);* **social ~** gesellschaftlicher Außenseiter/gesellschaftliche Außenseiterin

out·'class *vt* in den Schatten stellen

'out·come *n* Ergebnis *nt*

'out·crop *n* GEOL Felsnase *f*

'out·cry *n* lautstarker Protest (**over** gegen); **to provoke a public ~** einen Sturm der Entrüstung in der Öffentlichkeit auslösen

out·'dat·ed *adj* veraltet; *ideas, views* überholt

out·'dis·tance *vt* ■**to ~ sb** jdn hinter sich *dat* lassen

out·'do <-did, -done> *vt* übertreffen

'out·door *adj* **he's very much an ~ person** er hält sich gern und viel im Freien auf; *clothes* für draußen *nach n;* **~ swimming pool** Freibad *nt*

out·doors [ˌaʊtˈdɔːz, AM -ˈdɔːrz] **I.** *n + sing vb* **in the great ~** in der freien Natur **II.** *adv* im Freien

out·er [ˈaʊtəʳ, AM -t̬ɚ] *adj* ① (*external*) äußerlich, Außen- ② (*far from centre*) äußere(r, s), Außen-; **one's ~ circle of friends** jds weiterer Bekanntenkreis

out·er·most [ˈaʊtəməʊst, AM -t̬ɚməst] *n attr* äußerste(r, s); *layer* oberst

'out·field *n no pl* Außenfeld *nt*

'out·fit **I.** *n* ① (*clothes*) Kleidung *f;* **cowboy ~** Cowboykostüm *nt;* **wedding ~** Hochzeitsgarderobe *f* ② (*fam: group*) Verein *m;* (*company*) Laden *m;* (*musicians, sports team*) Truppe *f* **II.** *vt* <-tt-> ■**to ~ sb with sth** jdn mit etw *dat* ausrüsten

'out·fit·ter *n* ① BRIT (*for clothing*) **schools' ~s** Fachgeschäft *nt* für Schuluniformen ② AM (*for outdoor pursuits*) **sports' ~** Sportgeschäft *nt*

'out·flow *n* Ausfluss *m*

out·'go·ing *adj* ① (*approv: extrovert*) kontaktfreudig ② *attr* (*retiring*) [aus]scheidend

out·'go·ings *npl* BRIT Ausgaben *pl*

out·'grow <-grew, -grown> *vt* ① (*become too big for*) ■**to ~ sth** aus etw *dat* herauswachsen ② (*leave behind*) ■**to ~ sth** einer S. *gen* entwachsen; **to ~ a habit** eine Gewohnheit ablegen

'out·growth *n* Auswuchs *m a. fig;* (*development*) *of an idea, a theory* Weiterentwicklung *f*

'out·house *n* ① (*building*) Außengebäude *nt;* (*joined*) Nebengebäude *nt* ② AM (*toilet*) Außentoilette *f*

out·ing ['aʊtɪŋ, AM -t̬-] *n* ① (*trip*) Ausflug *m;* **to go on an ~** einen Ausflug machen ② *no pl* (*revealing homosexuality*) Outing *nt*

out·land·ish [ˌaʊt'lændɪʃ] *adj* sonderbar; *behaviour, ideas a.* bizarr; *clothing* skurril; *prices* horrend

out·'last *vt* überdauern; ■**to ~ sb** jdn überleben

out·law ['aʊtlɔː, AM -lɑː] **I.** *n* (*criminal*) Bandit(in) *m(f);* (*fugitive from law*) Geächtete(r) *f(m)* **II.** *vt* für ungesetzlich erklären

'out·lay *n* Aufwendungen *pl*

'out·let *n* ① (*exit*) Ausgang *m; for water* Abfluss *m;* (*chimney*) Abzug *m;* AUTO, TECH *exhaust* Abluftstutzen *m* ② (*means of expression*) Ventil *nt fig,* Ausdrucksmöglichkeit *f* ③ (*store*) Verkaufsstelle *f;* **fast-food ~** Schnellrestaurant *nt* ④ AM (*power point*) Steckdose *f*

'out·line **I.** *n* ① (*brief description*) Übersicht *f* (**of** über); *in novel-writing* Entwurf *m* ② (*contour*) Umriss *m* **II.** *vt* ■**to ~ sth** ① (*draw*) die Umrisse von etw *dat* zeichnen ② (*summarize*) etw [kurz] umreißen

out·'live *vt* (*live longer than*) ■**to ~ sb** jdn überleben; ■**to ~ sth** etw überdauern; **the system had ~d its usefulness** das System hatte ausgedient

'out·look *n* ① (*view*) Aussicht *f* ② (*future prospect*) Aussicht[en] *f[pl]* ③ (*attitude*) Einstellung *f*

'out·ly·ing *adj attr region, village* abgelegen

out·ma·'noeu·vre, AM **out·ma·'neu·ver** *vt* ausmanövrieren

out·mod·ed [ˌaʊt'məʊdɪd, AM -'moʊ-] *adj* (*pej*) altmodisch; *ideas* überholt

out·most ['aʊtməʊst, AM -'moʊst] *adj* äußerste(r, s); *place* weit entlegen

out·'num·ber *vt* zahlenmäßig überlegen sein; ■**to be ~ed** in der Unterzahl sein; (*in vote*) überstimmt sein

'out of *prep* ① *after vb* (*towards outside*) aus ② *after vb* (*situated away from*) außerhalb; **she's ~ the office at the moment** sie ist zurzeit nicht an ihrem [Arbeits]platz; *after n* außerhalb; **five miles ~ San Francisco** fünf Meilen außerhalb von San Francisco ③ *after vb* (*from*) von; **he copied his essay straight ~ a textbook** er schrieb seinen Aufsatz wörtlich aus einem Lehrbuch ab; **she had to pay for it ~ her pocket** sie musste es aus der eigenen Tasche bezahlen ④ (*excluded from*) aus; **he's ~ the team** er ist aus der Mannschaft ausgeschieden; **I'm glad to be ~ it** ich bin froh, dass ich das hinter mir habe; **to be ~ the question** nicht in Frage kommen ⑤ *after n* (*ratio of*) von; **nine times ~ ten** neun von zehn Malen; **no one got 20 ~ 20 for the test** niemand bekam alle 20 möglichen Punkte für den Test ⑥ (*without*) **they were ~ luck** sie hatten kein Glück [mehr]; **to run ~ cash** kein Bargeld mehr haben; **to be ~ work** ohne Arbeit sein ⑦ (*beyond*) außer; **~ reach/sight/earshot** außer Reichweite/Sicht[weite]/Hörweite; **out of focus** *photo* unscharf; *camera, microscope* unscharf eingestellt; **get ~ the way!** aus dem Weg! ▸ PHRASES: **to get ~ hand** außer Kontrolle geraten; **~ place** fehl am Platz

out-of-court 'set·tle·ment *n* LAW außergerichtliche Einigung **out of 'date** *adj pred,* **'out-of-date** *adj attr* veraltet; *clothing* altmodisch; *furniture* antiquiert; *ideas* überholt **out of the 'way** *adj pred,* **'out-of-the-way** *adj attr spot, place* abgelegen

'out-pa·tient *n* ambulanter Patient/ambulante Patientin

out·'play *vt* ■**to ~ sb** besser spielen als jd

'out·post *n* ① MIL (*guards*) Außenposten *m;* (*base*) Stützpunkt *m* ② (*remote branch*) Außenposten *m; of a company* Außenstelle *f*

'out·pour·ing *n* (*of emotion*) Ausbruch *m*

'out·put **I.** *n no pl* ECON Ausstoß *m;* COMPUT Ausgabe *f;* ELEC Leistung *f* **II.** *vt image, data* ausgeben

'out·put de·vice *n* COMPUT Ausgabegerät *nt*

'out·rage **I.** *n* ① *no pl* Empörung *f* (**at**

O

über); **to express ~** sich entsetzt zeigen ② (*deed*) Schandtat *f;* (*crime*) Verbrechen *nt;* (*disgrace*) Schande *f kein pl* **II.** *vt* (*arouse indignation*) ■**to ~ sb** jdn erzürnen; ■**[to be] ~d by sth** entrüstet über etw *akk* [sein]

out·ra·geous [ˌaʊtˈreɪdʒəs] *adj* ① (*terrible*) empörend; (*unacceptable*) unerhört; (*shocking*) schockierend ② (*unusual and shocking*) außergewöhnlich; *outfit a.* gewagt ③ (*exaggerated*) ungeheuerlich; *story, statement a.* unwahrscheinlich; *lie* schamlos; *prices* horrend; **an ~ demand** eine völlig überzogene Forderung

outré [ˈuːtreɪ, AM uːˈtreɪ] *adj* (*form*) ausgefallen

ˈout·rig·ger *n* NAUT Ausleger *m;* (*boat*) Auslegerboot *nt*

ˈout·right **I.** *adj attr* ① (*total*) total; *disaster* absolut; *nonsense* komplett ② (*undisputed*) offensichtlich; *winner, victory* eindeutig **II.** *adv* ① (*totally*) total ② (*clearly*) eindeutig ③ (*directly*) offen; **to reject sth ~** etw glattweg zurückweisen ④ (*immediately*) sofort; **to be killed ~** auf der Stelle tot sein

out·ˈrun <-ran, -run, -nn-> *vt* ■**to ~ sb** jdm davonlaufen; ■**to ~ sth** über etw *akk* hinausgehen

ˈout·set *n no pl* Anfang *m;* ■**from the ~** von Anfang an

out·ˈshine <-shone *or* -shined, -shone *or* -shined> *vt* (*be better than*) ■**to ~ sb** jdn in den Schatten stellen

out·ˈside **I.** *n* ① (*exterior*) Außenseite *f; of a fruit* Schale *f;* ■**from the ~** (*fig*) von außen ② (*external appearance*) ■**on the ~** äußerlich ③ (*not within boundary*) ■**on the ~** draußen **II.** *adj attr* ① (*outer*) *door, entrance* äußere(r, s); **~ seat** Sitz *m* am Gang; **~ wall** Außenmauer *f* ② (*external*) außenstehend; **the world ~** die Welt draußen ③ (*very slight*) *chance, possibility* minimal **III.** *adv* ① (*not in building*) außen ② (*in open air*) im Freien **IV.** *prep* ① (*beyond*) außerhalb (**of** von) ② (*apart from*) ausgenommen

out·side ˈbroad·cast *n* Außenübertragung *f* (*eines Radiosenders oder des Fernsehens*) **out·side ˈlane** *n* ① BRIT (*far from edge*) innere Fahrbahn ② AM (*near edge*) äußere Fahrbahn ③ SPORTS Außenbahn *f* **out·side ˈleft** *n* linke Außenseite **out·side ˈline** *n* Telefonleitung *f* für externe Gespräche

out·sid·er [ˌaʊtˈsaɪdəʳ, AM aʊtˈsaɪdɚ] *n* ① (*not a member*) Außenstehende(r) *f(m)* ② (*outcast, in sports*) Außenseiter(in) *m(f)*

out·side ˈright *n* rechte Außenseite

ˈout·size *adj attr* (*very large*) übergroß; **~ clothes** Kleidung *f* in Übergrößen

out·skirts [ˈaʊtskɜːts, AM -skɜːrts] *npl* Stadtrand *m*

ˈout·sourc·ing [ˌaʊtˈsɔːsɪŋ, AM -ˈsɔːrs-] *n no pl* Outsourcing *nt fachspr; of staff* Beschäftigung *f* betriebsfremden Personals; *of production* Produktionsauslagerung *f*

out·spo·ken [ˌaʊtˈspəʊkᵊn, AM -ˈspoʊ-] *adj* offen; *criticism* unverblümt; *opponent* entschieden

out·ˈstand·ing [ˌaʊtˈstændɪŋ] *adj* ① (*excellent*) außergewöhnlich; *effort, contribution* bemerkenswert; *actor, student, performance* brillant; *ability* außerordentlich; *achievement* überragend ② (*clearly noticeable*) auffallend ③ (*not dealt with*) unerledigt; *problems* ungelöst

out·ˈstay *vt last longer than* **to ~ a competitor** einen Rivalen/eine Rivalin abhängen; *stay too long;* **to ~ one's welcome** länger bleiben, als man erwünscht ist

out·stretched [ˌaʊtˈstretʃt] **I.** *adj pred* ausgestreckt; *arms a.* ausgebreitet **II.** *adj attr hands, legs* ausgestreckt

out·ˈstrip <-pp-> *vt* ① (*surpass*) übertreffen; (*go faster*) überholen ② (*be greater*) übersteigen

ˈout-there *adj attr clothes* ultramodisch; *fashion* Trend-, allerneuste

ˈout-tray *n* Ablage *f* für Ausgangspost

out·ˈvote *vt* überstimmen

out·ward [ˈaʊtwəd, AM -wɚd] **I.** *adj attr* ① (*exterior*) äußere(r, s), Außen-; (*superficial*) äußerlich; **an ~ show of confidence** ein demonstratives Zurschaustellen von Zuversicht ② (*going out*) ausgehend; **~ flight** Hinflug *m* **II.** *adv* nach außen; **the door opens ~** die Tür geht nach außen auf

out·ward·ly [ˈaʊtwədli, AM -wɚd-] *adv* äußerlich, nach außen hin

out·wards [ˈaʊtwədz, AM -wɚdz] *adv* nach außen

out·ˈweigh [ˌaʊtˈweɪ] *vt* (*in importance*) ■**to ~ sth** etw wettmachen; **the advantages ~ the disadvantages** die Vorteile überwiegen die Nachteile

out·ˈwit <-tt-> [ˌaʊtˈwɪt] *vt* austricksen

ˈout·work *n no pl* (*work*) Arbeit *f* außerhalb der Firmengebäude; (*at home*) Heimarbeit *f*

ˈout·work·er *n* ■**to be an ~** außerhalb der Firma arbeiten

oval [ˈəʊvᵊl, AM ˈoʊ-] **I.** *n* Oval *nt* **II.** *adj* oval

Oval ˈOf·fice *n* AM POL ■**the ~** das Oval Office (*Büro des US-Präsidenten*)

ova·ry ['əʊvᵊri, AM 'oʊ-] *n* Eierstock *m,* Ovarium *nt fachspr*
ova·tion [,ə(ʊ)'veɪʃᵊn, AM ,oʊ'-] *n* Applaus *m*
oven ['ʌvᵊn] *n* [Back]ofen *m,* Backrohr *nt* ÖSTERR; **microwave ~** Mikrowelle *f*
'oven glove, AM, AUS **'oven mitt** *n* Topfhandschuh *m* **'oven·proof** *adj* hitzebeständig **'oven-ready** *adj* bratfertig, backfertig
over ['əʊvəʳ, AM 'oʊvɚ] **I.** *adv pred* ① (*across*) hinüber; **~ here** hier herüber; (*on the other side*) drüben; **~ there** dort drüben; **to move [sth] ~** [etw] [beiseite]rücken ② (*another way up*) **to turn ~** umdrehen; **to turn a page ~** [eine Seite] umblättern ③ (*downwards*) **to fall ~** hinfallen; **to knock sth ~** etw umstoßen ④ (*finished*) ■**to be ~** vorbei sein; **to get sth ~ and done with** etw hinter sich *akk* bringen ⑤ (*remaining*) übrig; **left ~** übrig gelassen ⑥ *esp* AM (*again*) noch einmal; **~ and ~** immer wieder ⑦ (*more*) mehr; **people aged 65 and ~** Menschen, die 65 Jahre und älter sind **II.** *prep* ① (*across*) über ② (*on the other side of*) über; **~ the page** auf der nächsten Seite ③ (*above*) über; (*moving above*) über; **a flock of geese passed ~** eine Schar von Gänsen flog über uns hinweg ④ (*everywhere*) [überall] in; (*moving everywhere*) durch; **all ~ the world** in der ganzen Welt ⑤ (*during*) in, während; **~ the years he became more and more depressed** mit den Jahren wurde er immer deprimierter; **she fell asleep ~ her homework** sie nickte bei ihren Hausaufgaben ein ⑥ (*through*) **he told me ~ the phone** er sagte es mir am Telefon ⑦ (*more than*) über; **this shirt cost me ~ £50!** dieses Hemd hat mich über £50 gekostet! ⑧ *after vb* (*to check*) durch; **could you go ~ my essay again?** kannst du nochmal meinen Aufsatz durchschauen ⑨ (*past*) **to be/get ~ sb/sth** über jdn/etw hinweg sein/kommen
over·a'bun·dant *adj* übermäßig **over·'act** *vi* THEAT übertreiben
over·all **I.** *n* ['əʊvᵊrɔːl, AM 'oʊvɚ-] ① BRIT (*smock*) [Arbeits]kittel *m* ② BRIT (*protective suit*) ■**~s** *pl* Overall *m* ③ AM (*dungarees*) ■**~s** *pl* Latzhose *f* **II.** *adj* [,əʊvᵊr'ɔːl, AM ,oʊvɚ'ɑːl] *attr* ① (*general*) Gesamt-, allgemein ② (*over all others*) Gesamt-; **~ commander** Oberkommandierende(r) *f(m); majority* absolut **III.** *adv* [,əʊvᵊr'ɔːl, AM ,oʊvɚ'ɑːl] insgesamt
over·'anx·ious *adj* ① (*too fearful*) überängstlich (**about** über) ② (*very eager*) begierig **'over·arm** *adj attr* mit gestrecktem Arm *nach n;* **~ serve** Aufschlag *m* von oben **over·'awe** *vt usu passive* ■**to be ~d by sb/sth** (*be impressed*) von jdm/etw überwältigt sein; (*be intimidated*) von jdm/etw eingeschüchtert sein **over·'bal·ance** **I.** *vi person* das Gleichgewicht verlieren; *object* umkippen; *boat* kentern **II.** *vt* ■**to ~ sth** etw umkippen; *boat* zum Kentern bringen **over·'bear·ing** *adj* (*pej: arrogant*) anmaßend; (*authoritative*) herrisch
over·'blown *adj* ① (*overdone*) geschraubt ② *flower* verblühend **'over·board** *adv* über Bord **over·'book** **I.** *vt usu passive* ■**to be ~ed** überbucht sein **II.** *vi* zu viele Buchungen vornehmen **over·'book·ing** *n no pl* Überbuchen *nt* **over·'bur·den** *vt* überlasten
over·ca·'pac·ity *n* Überkapazität *f* **over·'cast** *adj sky* bedeckt; *weather* trüb **over·'cau·tious** *adj* übervorsichtig **over·'charge** **I.** *vt* (*charge too much*) ■**to ~ sb [for sth]** jdm [für etw *akk*] zu viel berechnen **II.** *vi* zu viel berechnen **'over·coat** *n* Mantel *m*
over·'come <-came, -come> **I.** *vt* ① *crisis, opposition, fear* überwinden; *temptation* widerstehen; *enemy forces* besiegen ② *usu passive* (*render powerless*) ■**to be ~ by sth** *sleep, emotion, grief* von etw *dat* überwältigt werden; *fumes, exhausts* von etw *dat* ohnmächtig werden **II.** *vi* siegen
over·com·mer·ciali·'za·tion *n no pl* Überkommerzialisierung *f* **over·'con·fi·dent** *adj* (*extremely self-assured*) übertrieben selbstbewusst; (*too optimistic*) übertrieben zuversichtlich **over·'cook** *vt* (*in water*) verkochen; (*in oven*) verbraten **over·'crowd·ed** *adj* überfüllt; *profession* überlaufen; *town* übervölkert **over·de·'vel·oped** *adj a.* PHOT überentwickelt
over·'do <-did, -done> *vt* ① (*overexert oneself*) **to ~ it** sich überanstrengen; (*overindulge*) es übertreiben; (*go too far*) zu weit gehen ② (*use too much*) ■**to ~ sth** von etw *dat* zu viel verwenden
over·'done *adj* ① (*exaggerated*) übertrieben ② (*overcooked*) *in water* verkocht; *in oven* verbraten
over·dose **I.** *n* ['əʊvədəʊs, AM 'oʊvɚdoʊs] Überdosis *f;* **drugs ~** Überdosis *f* Drogen **II.** *vi* [,əʊvə'dəʊs, AM ,oʊvɚ'doʊs] eine Überdosis nehmen
'over·draft *n* Kontoüberziehung *f*
over·draft fa·'cil·ity *n* BRIT Dispositionskredit *nt;* (*exceeding fixed limit*) Überziehungskredit *m*
over·'draw <-drew, -drawn> *vt* **to ~ one's**

O

account sein Konto überziehen
over·'drawn *adj account* überzogen; **I am [£ 300] ~** ich habe mein Konto [um 300 Pfund] überzogen
over·'dress *vi* sich zu fein anziehen
'over·drive *n no pl* ① AUTO, TECH Schongang *m* ② (*fig: effort*) ■**to be in ~** auf Hochtouren laufen
over·'due *adj usu pred* überfällig **over·'eat** <-ate, -eaten> *vi* zu viel essen **over·'em·pha·size** *vt* überbetonen **over·es·ti·mate** **I.** *n* [ˌəʊvᵊrˈestɪmət, AM ˌoʊvɚˈestɪmɪt] zu hohe Schätzung *f* **II.** *vt* [ˌəʊvᵊrˈestɪmeɪt, AM ˌoʊvɚˈestɪ-] (*estimate too much*) überschätzen
over·ex·'cit·ed *adj usu pred* ■**to be/become ~** ganz aufgeregt sein/werden **over·ex·'ert** *vt* ■**to ~ oneself** sich überanstrengen **over·ex·'pose** *vt* ■**to be ~d** ① PHOT überbelichtet sein ② *usu passive* (*overpublicize*) *person* zu sehr im Rampenlicht der Öffentlichkeit stehen; **to be ~d to risks** zu starken Risiken ausgesetzt sein **over·ex·'po·sure** *n no pl* ① PHOT Überbelichtung *f* ② (*in the media*) *of person* zu große Präsenz **over·ex·'tend** *vt* ■**to ~ oneself [on sth]** sich [bei etw *dat*] [finanziell] übernehmen
over·flow **I.** *n* [ˈəʊvəfləʊ, AM ˈoʊvɚfloʊ] ① *no pl* (*act of spilling*) Überlaufen *nt* ② (*overflowing liquid*) überlaufende Flüssigkeit ③ (*outlet*) Überlauf *m* ④ (*surplus*) Überschuss *m* (**of** an +*dat*) **II.** *vi* [ˌəʊvəˈfləʊ, AM ˌoʊvɚˈfloʊ] *river, tank* überlaufen; **to be ~ing with ideas** vor Ideen sprühen **III.** *vt* [ˌəʊvəˈfləʊ, AM ˌoʊvɚˈfloʊ] ■**to ~ sth** *container, tank* etw zum Überlaufen bringen
over·'fly <-flew, -flown> *vt* (*fly over*) überfliegen **over·'grown** *adj* ① (*with plants*) überwuchert ② (*usu pej: childish*) **he is just an ~ schoolboy** er ist wie ein großer Schuljunge **over·hang** **I.** *n* [ˈəʊvəhæŋ, AM ˈoʊvɚ-] Überhang *m* **II.** *vt* <-hung, -hung> [ˌəʊvəˈhæŋ, AM ˌoʊvɚ-] (*project over*) ■**to ~ sth** über etw *akk* hinausragen; ARCHIT über etw *akk* hervorstehen **over·haul** **I.** *n* [ˈəʊvəhɔːl, AM ˈoʊvɚhɑːl] [General]überholung *f*; (*revision*) Überarbeitung *f* **II.** *vt* [ˌəʊvəˈhɔːl, AM ˌoʊvɚˈhɑːl] ① (*repair*) überholen ② (*improve*) überprüfen; (*reform*) überarbeiten **over·head** **I.** *n* [ˈəʊvəhed, AM ˈoʊvɚ-] (*running costs of business*) ■**~s** *pl* BRIT, AUS ■**~** AM laufende Geschäftskosten **II.** *adj* [ˈəʊvəhed, AM ˈoʊvɚ-] *attr* ① (*above head level*) Hoch-; ELEC oberirdisch ② (*taken from above*) *photo* von oben *nach n* **III.** *adv* in der Luft; **a plane circled ~** ein Flugzeug kreiste über uns
over·heads [ˈəʊvəhedz, AM ˈoʊvɚ-] *npl* Gemeinkosten *pl*
over·'hear <-heard, -heard> **I.** *vt* ■**to ~ sth** etw zufällig mithören; ■**to ~ sb** jdn unabsichtlich belauschen **II.** *vi* unabsichtlich mithören

Falsche Freunde
Nicht verwechseln mit überhören — *to ignore*!

over·'heat **I.** *vt* überhitzen **II.** *vi* sich überhitzen *a. fig; motor a.* heiß laufen
over·in·'dulge **I.** *vt* ■**to ~ oneself** sich zu sehr gehen lassen **II.** *vi* (*eat too much*) sich *dat* den Bauch vollschlagen *fam;* (*drink too much*) sich volllaufen lassen *fam*
over·joyed [ˌəʊvəˈdʒɔɪd, AM ˌoʊvɚ-] *adj pred* überglücklich (**at** über +*akk*)
'over·kill *n no pl* ① MIL Overkill *m* ② (*pej: excessiveness*) Übermaß *nt*
over·land **I.** *adj* [ˈəʊvəlænd, AM ˈoʊvɚ-] *attr* Überland-, Land-; **~ journey** Reise *f* auf dem Landweg **II.** *adv* [ˌəʊvəˈlænd, AM ˌoʊvɚ-] auf dem Landweg
over·lap **I.** *n* [ˈəʊvəlæp, AM ˈoʊvɚ-] ① (*overlapping part*) Überlappung *f* ② (*similarity*) Überschneidung *f* **II.** *vi* <-pp-> [ˌəʊvəˈlæp, AM ˌoʊvɚ-] ① (*lie edge over edge*) sich überlappen ② (*be partly similar*) sich überschneiden; ■**to ~ with sth** sich teilweise mit etw *dat* decken **III.** *vt* <-pp-> [ˌəʊvəˈlæp, AM ˌoʊvɚ-] ■**to ~ sth** ① (*place edge over edge*) etw *akk* überlappen lassen ② (*partly duplicate*) etw ineinander übergehen lassen
over·'leaf *adv* auf der Rückseite; **see ~** siehe umseitig!
over·load **I.** *n* [ˈəʊvᵊləʊd, AM ˈoʊvɚloʊd] ① ELEC Überlast[ung] *f;* TRANSP Übergewicht *nt* ② *no pl* (*excess*) Überbelastung *f;* **information ~** Überangebot *nt* an Informationen **II.** *vt* [ˌəʊvᵊlˈəʊd, AM ˌoʊvɚˈloʊd] (*overburden*) *vehicle* überladen; *road, system, person, equipment* überlasten
over·'long **I.** *adj usu pred* überlang **II.** *adv* zu lange
over·look **I.** *n* [ˈoʊvɚlʊk] AM Aussichtspunkt *m* **II.** *vt* [ˌəʊvəˈlʊk, AM ˌoʊvɚ-] ① (*look out onto*) überblicken ② (*not notice*) übersehen; (*ignore*) übergehen
over·ly [ˈəʊvᵊli, AM ˈoʊvɚ-] *adv* allzu
over·'man·ning *n no pl* Überbesetzung *f*
over·'much **I.** *adj attr* allzu viel **II.** *adv* übermäßig

over·'night **I.** *adj* ① *attr* (*for a night*) Nacht-, Übernachtungs-; ~ **stay** Übernachtung *f* ② (*sudden*) ganz plötzlich; ~ **success** Blitzerfolg *m* **II.** *adv* ① (*till next day*) in der Nacht, über Nacht ② (*fig: suddenly*) in kurzer Zeit, über Nacht

'over·pass *n* AM Überführung *f* **over·'pay** <-paid, -paid> *vt* ① (*overremunerate*) überbezahlen ② (*pay more than required*) für etw *akk* zu viel bezahlen **over·'popu·lat·ed** *adj* überbevölkert **over·popu·'la·tion** *n no pl* Überbevölkerung *f* **over·'pow·er** *vt* überwältigen **over·'pow·er·ing** *adj* überwältigend; *smell* durchdringend **over·pro·'duce** *vt* ■**to ~ sth** von etw *dat* zu viel produzieren **over·'rate** *vt* überbewerten **over·'reach** *vt* ■**to ~ oneself** sich übernehmen **over·re·'act** *vi* überreagieren; ■**to ~ to sth** auf etw *akk* unangemessen reagieren **over·re·'ac·tion** *n* Überreaktion *f* (**to** auf +*akk*)

over·'ride **I.** *n* ① (*device*) Übersteuerung *f*; **manual ~** Automatikabschaltung *f* ② AM (*overruling*) Außerkraftsetzen *nt* **II.** *vt* <-rid, -ridden> ① (*disregard*) ■**to ~ sb/sth** sich über jdn/etw hinwegsetzen ② (*control*) abschalten

over·'rid·ing *adj attr* vorrangig **over·'rule** *vt* überstimmen; *decision* aufheben; *objection* zurückweisen

over·'run **I.** *vt* <-ran, -run> ① MIL (*occupy*) überrollen ② (*spread over*) sich in etw *dat* ausbreiten; ■**to be ~ with sth** von etw *dat* wimmeln; *market* von etw *dat* überschwemmt werden ③ (*go beyond*) *budget* überschreiten **II.** *vi* <-ran, -run> (*exceed time*) überziehen

over·seas **I.** *adj* ['əʊvəsiːz, AM 'oʊvɚ-] *attr* (*abroad*) Übersee-, in Übersee *nach n;* (*destined for abroad*) Übersee-, nach Übersee *nach n;* (*from abroad*) Übersee-, aus Übersee *nach n* **II.** *adv* [ˌəʊvə'siːz, AM ˌoʊvɚ'-] (*in foreign country*) im Ausland; (*to foreign country*) ins Ausland

over·'see <-saw, -seen> *vt* beaufsichtigen; *project* leiten

over·seer ['əʊvəˌsiːəʳ, AM 'oʊvɚˌsiːɚ] *n* Aufseher(in) *m(f)* **over·'sell** <-sold, -sold> *vt* ■**to ~ sth** (*overhype*) etw zu sehr anpreisen **over·'shad·ow** *vt* ① (*make insignificant*) in den Schatten stellen ② (*cast gloom over*) überschatten **'over·shoe** *n* Überschuh *m* **over·'shoot** <-shot, -shot> *vt* ■**to ~ sth** über etw *akk* hinausschießen; **the plane overshot the runway** das Flugzeug schoss über die Rennbahn hinaus ▶ PHRASES: **to ~ the mark** über das Ziel hinausschießen **'over·sight** *n* (*mistake*) Versehen *nt;* ■**by an ~** aus Versehen

Falsche Freunde

Nicht verwechseln mit Übersicht *f* — *overall view*!

over·'sim·pli·fy <-ie-> *vt* grob vereinfachen **'over·size,** *esp* AM **'over·sized** *adj* überdimensional **over·'sleep** <-slept, -slept> *vi* verschlafen **over·'spend** <-spent, -spent> **I.** *vi* zuviel [Geld] ausgeben **II.** *vt* überziehen; *budget, target* überschreiten

'over·spill *n* Bevölkerungsüberschuss *m*

over·'staffed *adj* überbesetzt **over·'state** *vt* übertreiben **over·'stay** *vt* **to ~ a visa** ein Visum überschreiten; **to ~ one's welcome** jds Gastfreundschaft *f* überbeanspruchen **over·'step** <-pp-> *vt* überschreiten ▶ PHRASES: **to ~ the mark** zu weit gehen **over·sub·'scribe** *vt usu passive* **to be ~d** *shares* überzeichnet sein; [*university*] *course* überbelegt sein

over·'sup·ply **I.** *n no pl* (*supply*) Überangebot *nt* (**of** an); (*excess inventory*) Überbestand *m* (**of** an) **II.** *vt* <-ie-> *usu passive* ■**to be oversupplied with sth** einen zu großen Vorrat an etw *dat* haben

overt [ə(ʊ)'vɜːt, AM oʊ'vɜːrt] *adj* offenkundig; *racism, sexism* unverhohlen

over·'take <-took, -taken> **I.** *vt* ① *esp* BRIT, AUS (*pass from behind*) überholen; (*catch up*) einholen ② (*surpass*) überholen *fig* **II.** *vi esp* BRIT überholen

over·'tax *vt* ① FIN ■**to ~ sb** jdn überbesteuern ② (*exhaust*) überfordern **over-the-'count·er** *adj attr* (*without prescription*) *drugs, medications, remedies* rezeptfrei

over·throw **I.** *n* ['əʊvəθrəʊ, AM 'oʊvɚθroʊ] (*removal from power*) Sturz *m* **II.** *vt* <-threw, -thrown> [ˌəʊvə'θrəʊ, AM ˌoʊvɚ'θroʊ] ① (*topple*) stürzen; **to ~ a regime** ein Regime zu Fall bringen ② AM, AUS SPORTS ■**to ~ sb** für jdn zu weit werfen

'over·time *n no pl* ① (*extra work*) Überstunden *pl;* **to do ~** Überstunden machen ② SPORTS (*extra time*) Verlängerung *f* **over·'tired** *adj* übermüdet **'over·tone** *n* ① (*implication*) Unterton *m* ② MUS Oberton *m*

overture ['əʊvətjʊəʳ, AM 'oʊvɚtʃɚ] *n* (*introductory music*) Ouvertüre *f* (**to** zu) ▶ PHRASES: **to make ~s to sb** jdm ein Angebot machen

over·'turn **I.** *vi* umstürzen; *car* sich überschlagen; *boat* kentern **II.** *vt* ① (*turn upside down*) umstoßen; *boat* zum Kentern bringen ② (*reverse*) revidieren; *gov-*

O

ernment stürzen

over·'value *vt* (*give excessively high value to*) überbewerten

'over·view *n* Überblick *m* (**of** über *+akk*)

over·ween·ing [ˌəʊvə'wi:nɪŋ, AM ˌoʊvɚ'-] *adj* (*pej form*) maßlos

over·weight [ˌəʊvə'weɪt, AM ˌoʊvɚ'-] *adj* zu schwer; *person a.* übergewichtig

over·whelm [ˌəʊvə'(h)welm, AM ˌoʊvɚ'-] *vt* ① (*affect powerfully*) überwältigen ② (*overpower*) überwältigen; *enemy* besiegen

over·whelm·ing [ˌəʊvə'(h)welmɪŋ, AM ˌoʊvɚ'-] *adj* (*very powerful*) überwältigend; *desire, need* unwiderstehlich; *grief* unermesslich; *joy* groß

over·work **I.** *n* ['əʊvəwɜ:k, AM 'oʊvɚwɜ:rk] *no pl* Überarbeitung *f* **II.** *vi* [ˌəʊvə'wɜ:k, AM ˌoʊvɚ'wɜ:rk] sich überarbeiten **III.** *vt* [ˌəʊvə'wɜ:k, AM ˌoʊvɚ'wɜ:rk] ① (*give too much work*) ■**to ~ sb** jdn [mit Arbeit] überlasten ② (*overuse*) ■**to ~ sth** etw überstrapazieren

over·'wrought *adj* überreizt

ovi·duct ['əʊvɪdʌkt, AM 'oʊ-] *n* Eileiter *m*

ovipa·rous [əʊ'vɪpᵊrəs, AM oʊ'vɪpə-] *adj* BIOL, ZOOL Eier legend

ovu·late ['ɒvjəleɪt, AM 'ɑ:vju:-] *vi* [einen] Eisprung haben

ovu·la·tion [ˌɒvjə'leɪʃᵊn, AM ˌɑ:vju:'-] *n no pl* Eisprung *m*

ovum <*pl* -va> ['əʊvəm, AM 'oʊ-, *pl* -və] *n* Eizelle *f*

owe [əʊ, AM oʊ] *vt* ① (*be in debt*) schulden; **to ~ sb an explanation** jdm eine Erklärung schuldig sein; **to ~ sb thanks/gratitude** jdm zu Dank verpflichtet sein ② (*be indebted*) ■**to ~ sth to sb** jdm etw verdanken; **I ~ it all to my parents** ich habe alles meinen Eltern zu verdanken

ow·ing ['əʊɪŋ, AM 'oʊ-] *adj pred* ausstehend

'ow·ing to *prep* (*form*) ■**~ sth** wegen einer S. *gen*

owl [aʊl] *n* Eule *f;* **barn ~** Schleiereule *f*

owl·ish ['aʊlɪʃ] *adj* eulenhaft

own [əʊn, AM oʊn] **I.** *pron* (*belonging, relating to*) **his time is his ~** er kann über seine Zeit frei verfügen; **to make sth [all] one's ~** sich *dat* etw [ganz] zu eigen machen; **to have ideas of one's ~** eigene Ideen haben ▸PHRASES: **to come into one's ~** (*show qualities*) zeigen, was in einem steckt *fam;* (*get recognition*) die verdiente Anerkennung erhalten; **to get one's ~ back [on sb]** *esp* BRIT (*fam*) sich an jdm rächen; **[all] on one's/its ~** [ganz] allein[e] **II.** *adj attr* ① (*belonging to, individual*) eigene(r, s) ② (*for oneself*) **you'll have to get your ~ dinner** du musst dich selbst um das Abendessen kümmern; **to make up one's ~ mind** sich *+akk* entscheiden ▸PHRASES: **to do one's ~ thing** (*fam*) tun, was man will; **in one's ~ right** (*not due to others*) aus eigenem Recht; (*through one's talents*) aufgrund der eigenen Begabung; **to do sth in one's ~ time** (*outside working hours*) etw in seiner Freizeit tun; (*take one's time*) sich Zeit lassen **III.** *vt* (*possess*) besitzen; ■**to be ~ed by sb** jdm gehören ◆**own up** *vi* es zugeben; ■**to ~ up to sth** etw zugeben

own·er ['əʊnəʳ, AM 'oʊnɚ] *n* Besitzer(in) *m(f)*

own·er·less ['əʊnələs, AM 'oʊnɚ-] *adj* herrenlos

own·er-'oc·cu·pied *adj* vom Eigentümer/von der Eigentümerin selbst bewohnt

own·er-'oc·cu·pi·er *n* Bewohner(in) *m(f)* und Eigentümer(in) *m(f)* in einer Person

own·er·ship ['əʊnəʃɪp, AM 'oʊnɚ-] *n no pl* (*have power over*) Besitz *m* (**of** *+gen*)

own 'goal *n* (*a. fig*) Eigentor *nt* **own 'la·bel** *n* BRIT Hausmarke *f* **'own-label** *adj* BRIT Hausmarken-

ox <*pl* -en> [ɒks, AM ɑ:ks] *n* Ochse *m;* **~ cart** Ochsenkarren *m*

Ox·bridge ['ɒksbrɪdʒ, AM 'ɑ:ks-] **I.** *n no pl die Universitäten Oxford und Cambridge* **II.** *adj* der Universitäten Oxford und Cambridge *nach n;* **she's an ~ student** sie studiert in Oxford/Cambridge

Land und Leute

Oxbridge ist die oft verwendete Kurzform für die beiden Universitäten Oxford und Cambridge, besonders wenn man sie von den anderen britischen Universitäten unterscheiden möchte. Oxford und Cambridge gelten aufgrund ihrer alten Traditionen, ihres ausgezeichneten akademischen Rufs, ihres Einzelunterrichts, ihrer Collegestruktur und der wunderschönen Colleges als Eliteuniversitäten.

oxen ['ɒksᵊn, AM 'ɑ:k-] *n pl of* **ox**

Ox·fam ['ɒksfæm, AM 'ɑ:k-] *n no pl abbrev of* **Oxford Committee for Famine Relief** Oxfam; **~ shop** BRIT Oxfam-Laden *m,* ≈ Dritte-Welt-Laden *m*

oxi·da·tion [ˌɒksɪ'deɪʃᵊn, AM ˌɑ:k-] *n* Oxidation *f*

ox·ide ['ɒksaɪd, AM 'ɑ:k-] *n* Oxyd *nt*

oxi·dize ['ɒksɪdaɪz, AM 'ɑ:k-] *vi, vt* oxidieren

'ox·tail *n* Ochsenschwanz *m* **ox·tail 'soup** *n* Ochsenschwanzsuppe *f*

oxy·acety·lene [ˌɒksiə'setᵊli:n, AM ˌɑ:ksiəˈset̬-] *n no pl* Azetylensauerstoff *m*

oxy·gen [ˈɒksɪdʒən, AM ˈɑːk-] *n no pl* Sauerstoff *m*

ˈoxy·gen cyl·in·der *n* Sauerstoffflasche *f* **ˈoxy·gen mask** *n* Sauerstoffmaske *f* **ˈoxy·gen tent** *n* Sauerstoffzelt *nt*

oxy·mo·ron [ˌɒksɪˈmɔːrɒn, AM ˌɑːksɪˈmɔːrɑːn] *n* Oxymoron *nt*

oys·ter [ˈɔɪstəʳ, AM -ɚ] *n* ① (*shellfish*) Auster[nmuschel] *f* ② FOOD Auster *f* ▶ PHRASES: **the world is sb's ~** jdm steht die Welt offen

ˈoys·ter bank, ˈoys·ter bed *n* Austernbank *f* **ˈoys·ter·catch·er** *n* ORN Austernfischer *m*

oz <*pl* -> *n abbrev of* **ounce**

ozone [ˈəʊzəʊn, AM ˈoʊzoʊn] *n no pl* ① (*chemical*) Ozon *nt* ② (*fam: clean air*) saubere [frische] Luft

ˈozone lay·er *n* Ozonschicht *f*

Pp

P <*pl* -'s *or* -s>, **p** <*pl* -'s> [piː] *n* p *nt*, P *nt*; **~ for Peter** P wie Paula

p [piː] **I.** *n* ① <*pl* -> *abbrev of* **penny, pence** ② <*pl* pp> *abbrev of* **page** S. **II.** *adv* MUS *abbrev of* **piano** p

pa [pɑː] *adv abbrev of* **per annum** p.a.

pace [peɪs] **I.** *n* ① (*speed*) Tempo *nt*; **to set the ~** das Tempo vorgeben ② (*step*) Schritt *m*; **to keep ~ with sb/sth** mit jdm/etw Schritt halten **II.** *vt* (*walk up and down*) **to pace the room** das Zimmer auf und ab gehen **III.** *vi* gehen

ˈpace·mak·er *n* ① SPORTS (*speed setter*) Schrittmacher(in) *m(f)* ② (*for heart*) [Herz]schrittmacher *m* **ˈpace·set·ter** *n* Schrittmacher(in) *m(f)*

pachy·derm [ˈpækɪdɜːm, AM -dɜːrm] *n* Dickhäuter *m*

Pa·cif·ic [pəˈsɪfɪk] **I.** *n no pl* ■ **the ~** der Pazifik **II.** *adj* pazifisch, Pazifik-

paci·fi·ca·tion [pæsɪfɪˈkeɪʃᵊn, AM -fəˈ-] *n no pl* Befriedung *f*

paci·fi·er [ˈpæsɪfaɪəʳ, AM -ɚ] *n* ① (*peacemaker*) Friedensstifter(in) *m(f)* ② AM (*baby's dummy*) Schnuller *m*

paci·fism [ˈpæsɪfɪzᵊm, AM -sə-] *n no pl* Pazifismus *m*

paci·fist [ˈpæsɪfɪst, AM -sə-] **I.** *n* Pazifist(in) *m(f)* **II.** *adj* pazifistisch

paci·fy <-ie-> [ˈpæsɪfaɪ, AM -sə-] *vt* ① (*establish peace*) befrieden ② (*calm*) beruhigen

pack [pæk] **I.** *n* ① (*backpack*) Rucksack *m*; (*bundle*) Bündel *nt*; (*bag*) Beutel *m* ② (*packet*) Packung *f*; (*box*) Schachtel *f* ③ *of cards* [Karten]spiel *nt* ④ + *sing/pl vb* (*group*) Gruppe *f*; *of wolves* Rudel *nt*; *of hounds* Meute *f a. fig, pej* **II.** *vi* ① (*for a journey*) packen ② (*fit in*) passen (**into** in +*akk*) ▶ PHRASES: **to send sb ~ing** (*fam*) jdn rausschmeißen *sl* **III.** *vt* ① (*put into a container*) *articles, goods* [ein]packen; (*for transport*) verpacken; (*in units for sale*) abpacken ② (*fill*) packen ③ (*put in wrapping*) einpacken (**in** in +*akk*) ④ (*a. fig: cram*) vollpacken (**with** mit +*dat*); ■ **to be ~ed [with people]** gerammelt voll [mit Leuten] sein *fam* ⑤ (*compress*) zusammenpressen; COMPUT verdichten ◆**pack away** *vt* wegpacken ◆**pack in** *vt* ① (*put in*) einpacken; (*for transport*) verpacken; (*in units for sale*) abpacken ② (*cram in*) hineinstopfen; *people, animals* hineinpferchen ③ (*fam*) ■ **to ~ in sth** (*stop*) mit etw *dat* aufhören; (*give up*) etw hinschmeißen *fig sl* ◆**pack into I.** *vt* ① (*put*) [ein]packen; (*for transport*) verpacken; (*in units for sale*) abpacken ② (*cram*) [hinein]stopfen ③ (*fig: fit*) [hinein]packen **II.** *vi* (*throng*) hineindrängen *akk* ◆**pack off** *vt* (*fam*) wegschicken; **to ~ sb off to bed** jdn ins Bett schicken; **to ~ sb off to boarding school** jdn in ein Internat stecken ◆**pack out** *vt usu passive* BRIT (*fam*) ■ **to be ~ed out** gerammelt voll sein ◆**pack up I.** *vt* ① (*put away*) zusammenpacken ② (*fam*) ■ **to ~ up sth** (*stop*) mit etw *dat* aufhören; (*give up*) etw hinschmeißen *fig sl* **II.** *vi* (*fam*) ① (*stop work*) Feierabend machen ② BRIT (*malfunction*) den Geist aufgeben *hum sl*

pack·age [ˈpækɪdʒ] **I.** *n* ① (*parcel, set*) Paket *nt* ② AM (*packet*) Packung *f* **II.** *vt* ① (*pack*) verpacken ② (*fig*) präsentieren

ˈpack·age deal *n* Pauschalangebot *nt* **pack·age ˈholi·day** *n* BRIT Pauschalurlaub *m* **ˈpack·age store** *n* AM (*off-licence*) Spirituosenladen *m* **ˈpack·age tour**, AM *a.* **ˈpack·age trip** *n* Pauschalurlaub *m*

pack·ag·ing [ˈpækɪdʒɪŋ] *n no pl* Verpackung *f*

pack·er [ˈpækəʳ, AM -ɚ] *n* [Ver]packer(in) *m(f)*; (*of furniture*) Möbelpacker(in) *m(f)*

pack·et [ˈpækɪt] *n* ① (*container*) Packung *f*, Schachtel *f*; *of crisps* Tüte *f*; **a ~ of biscuits** eine Packung Kekse; **a ~ of cigarettes** eine Schachtel Zigaretten ② BRIT, AUS (*fam: a lot of money*) ■ **a ~** ein Haufen *m* Geld

pack·ing [ˈpækɪŋ] *n no pl* ① (*action*) Packen *nt* ② (*material*) Verpackung *f*

'pack·ing case, AM **'pack·ing box** *n* [Umzugs]karton *m* **'pack·ing rou·tine** *n* COMPUT Packroutine *f*

pact [pækt] *n* Pakt *m*

pad¹ [pæd] *vi* trotten; (*walk softly*) tappen

pad² [pæd] **I.** *n* ① (*wad*) Pad *m o nt;* **cotton wool ~** Wattebausch *m* ② (*protector, for shaping*) Polster *nt;* SPORTS **knee ~** Knieschoner *m* ③ (*of paper*) Block *m* ④ (*on animal's foot*) Ballen *m* ⑤ AEROSP, AVIAT **launch ~** Abschussrampe *f* **II.** *vt* <-dd-> [aus]polstern ◆**pad out** *vt* (*a. iron*) ausschmücken

pad·ded ['pædɪd] *adj* [aus]gepolstert; *bra* wattiert; *envelope* gefüttert

pad·ding ['pædɪŋ] *n no pl* ① (*protective material*) Polsterung *f* ② (*superfluous material*) Füllwerk *nt*

pad·dle¹ ['pædl̩] **I.** *n* (*oar*) Paddel *nt;* (*with one oar*) Stechpaddel *nt* **II.** *vt* (*row*) **to ~ a boat** ein Boot mit Paddeln vorwärtsbewegen **III.** *vi* ① (*row*) paddeln ② (*swim*) paddeln

pad·dle² ['pædl̩] **I.** *n* Planschen *nt kein pl* **II.** *vi* planschen

'pad·dle boat *n* [Schaufel]raddampfer *m* **pad·dle·sports** ['pædl̩spɔːtz, AM -spɔːrtz] *npl* Paddelsport *m* **'pad·dle steam·er** *n* [Schaufel]raddampfer *m*

'pad·dling pool *n esp* BRIT, AUS Planschbecken *nt*

pad·dock ['pædək] *n* ① (*for animals*) Koppel *f* ② AUS (*farm field*) Feld *nt* ③ (*in horse racing*) Sattelplatz *m*

pad·dy ['pædi] *n* Reisfeld *nt*

'pad·dy wag·on *n* AM, AUS (*fam*) grüne Minna *hum*

pad·lock ['pædlɒk, AM -lɑːk] **I.** *n* Vorhängeschloss *nt* **II.** *vt* [mit einem Vorhängeschloss] verschließen

pae·di·at·ric [ˌpiːdi'ætrɪk] *adj* pädiatrisch; **~ hospital** Kinderkrankenhaus *nt*

pae·dia·tri·cian [ˌpiːdiə'trɪʃᵊn] *n* Kinderarzt, -ärztin *m, f; see also* **delicious**

pae·di·at·rics [ˌpiːdi'ætrɪks] *npl + sing vb* Kinderheilkunde *f*

pae·do·phile [ˌpiːdə(ʊ)'faɪl] *n* Pädophile(r) *m*

pa·gan ['peɪgᵊn] **I.** *n* ① (*polytheist*) Heide(in) *m(f)* ② (*unbeliever*) Ungläubige(r) *f(m)* **II.** *adj* heidnisch

pa·gan·ism ['peɪgᵊnɪzᵊm] *n* ① *no pl* (*polytheism*) Heidentum *nt* ② (*unbelief*) Unglaube *m*

page¹ [peɪdʒ] **I.** *n* ① (*single sheet*) Blatt *nt;* (*single side*) COMPUT Seite *f* ② (*fig: important event*) Kapitel *nt* **II.** *vi* COMPUT ■**to ~ up/down** auf der Seite nach oben/unten gehen

page² [peɪdʒ] **I.** *n* ① (*hist: knight's attendant*) Knappe *m* ② (*hotel worker*) Page *m* **II.** *vt* (*over loudspeaker*) ausrufen; (*by pager*) anpiepsen

pag·eant ['pædʒənt] *n* ① (*play*) Historienspiel *nt* ② (*procession*) Festzug *m*

pag·eant·ry ['pædʒəntri] *n no pl* Pomp *m*

page·boy ['peɪdʒbɔɪ] *n* ① (*in hotel*) Page *m* ② (*at wedding*) Brautführer *m*

'page lay·out *n* Seitenlayout *m* **'page proof** *n* Korrekturfahne *f*

pag·er ['peɪdʒəʳ, AM -ɚ] *n* Pager *m*

pagi·na·tion [ˌpædʒɪ'neɪʃᵊn, AM -dʒᵊn'eɪ-] *n no pl* Seitennummerierung *f*

pa·go·da [pə'gəʊdə, AM -'goʊ-] *n* Pagode *f*

paid [peɪd] **I.** *pt, pp of* **pay** **II.** *adj attr* bezahlt ▸PHRASES: **to put ~ to sth** BRIT, AUS (*fam*) etw zunichtemachen

paid-'up *adj* BRIT (*subscribing*) voll eingezahlt

pail [peɪl] *n* Eimer *m*

pain [peɪn] **I.** *n* ① (*feeling*) Schmerz *m;* **a ~ in one's leg/side** Schmerzen *pl* im Bein/in der Seite ② *no pl* (*physical suffering*) Schmerz[en] *m[pl]*; **to be in ~** Schmerzen haben; (*mental suffering*) Leid *nt* ③ (*effort*) ■**~s** *pl* Mühe *f;* **to go to great ~s to do sth** keine Mühe scheuen, etw zu tun ▸PHRASES: **no gain without ~** ohne Fleiß kein Preis **II.** *vt* ■**it ~s sb to do sth** es tut jdm leid, etw zu tun

'pain bar·ri·er *n* Schmerzgrenze *f*

pained [peɪnd] *adj expression, look* gequält

pain·ful ['peɪnfᵊl] *adj* ① (*causing physical pain*) schmerzhaft; *death* qualvoll ② (*upsetting*) schmerzlich

pain·ful·ly ['peɪnfᵊli] *adv* ① (*suffering pain*) unter Schmerzen ② (*unpleasantly*) schmerzlich ③ (*with great effort*) quälend

'pain·kill·er *n* Schmerzmittel *nt*

pain·less ['peɪnləs] *adj* ① (*without pain*) schmerzlos ② (*fig: without trouble*) schmerzlos; *solution* einfach

pain 'man·age·ment *n* MED Palliativmedizin *f*, Schmerztherapie *f*

pains·tak·ing ['peɪnzˌteɪkɪŋ] *adj* [sehr] sorgfältig; *care* äußerst; *effort* groß; *research* gewissenhaft

paint [peɪnt] **I.** *n* ① *no pl* (*substance*) Farbe *f;* (*on car, furniture a.*) Lack *m* ② (*art colour*) ■**~s** *pl* Farben *pl;* **oil ~s** Ölfarben *pl* **II.** *vi* ① ART malen; **to ~ in oils** mit Ölfarben malen ② (*decorate rooms*) streichen **III.** *vt* ① (*make picture*) malen ② (*decorate*) *house* anstreichen; *room, wall* streichen ③ (*fig: describe*) beschreiben; **to ~ a picture of sth** etw schildern

'paint·box *n* Malkasten *m* **'paint·brush** *n* [Farb]pinsel *m*

paint·ed ['peɪntɪd, AM -t̬-] *adj* bemalt; ZOOL, BOT bunt

paint·er ['peɪntəʳ, AM -t̬ɚ] *n* ① (*artist*) [Kunst]maler(in) *m(f)* ② (*decorator*) Maler(in) *m(f)*; **~ and decorator** Maler *m* und Tapezierer

paint·ing ['peɪntɪŋ, AM -t̬-] *n* ① (*picture*) Bild *nt* ② *no pl* (*art*) Malerei *f* ③ *no pl* (*house decorating*) Streichen *nt*

'paint pot *n* Farbtopf *m* **'paint roll·er** *n* Farbroller *m* **'paint strip·per** *n* Abbeizmittel *nt*

'paint·work *n no pl of a house, room, wall* Anstrich *m*

pair [peəʳ, AM per] **I.** *n* ① (*two items*) Paar *nt*; **a ~ of gloves** ein Paar *nt* Handschuhe ② (*two-part item*) Paar *nt*; **a ~ of glasses** eine Brille; **a ~ of trousers** eine Hose ③ + *sing/pl vb* (*two people, a. couple*) Paar *nt*; **in ~s** paarweise **II.** *vt usu passive* ■ **to be ~ed with sb/sth** mit jdm/etw ein Paar bilden ◆**pair off I.** *vi* einen Partner/eine Partnerin finden **II.** *vt* ■ **to ~ sb off** [**with sb**] jdn [mit jdm] verkuppeln *fam*

pair·ing ['peərɪŋ, AM 'per-] *n no pl* Paarung *f*

pa·jam·as *npl* AM *see* **pyjamas**

Pa·ki·stan [ˌpɑːkɪ'stɑːn, AM 'pækɪstæn] *n* Pakistan *nt*

Pa·ki·stani [ˌpɑːkɪ'stɑːni, AM ˌpækɪ'-] **I.** *n* Pakistani *m*, Pakistaner(in) *m(f)* **II.** *adj* pakistanisch

pal [pæl] **I.** *n* (*fam*) Kumpel *m* **II.** *vi* <-ll-> AM ■ **to ~ around** [**with sb**] [mit jdm] befreundet sein ◆**pal up** *vi esp* BRIT, AUS (*dated*) sich anfreunden

pal·ace ['pælɪs, AM -əs] *n* Palast *m*

pal·at·able ['pælətəbl̩, AM -t̬-] *adj* ① (*of food, drink*) schmackhaft ② (*fig: acceptable*) akzeptabel

pal·ate ['pælət] *n* Gaumen *m*

pa·la·tial [pə'leɪʃəl] *adj* prachtvoll

pa·la·ver [pə'lɑːvəʳ, AM -'lævɚ] *n* (*fam*) Theater *nt*

pale [peɪl] **I.** *adj* blass **II.** *vi* ① (*go white*) bleich werden ② (*seem unimportant*) **to ~ into insignificance** unwichtig erscheinen

pale·ness ['peɪlnəs] *n no pl* Blässe *f*

Pal·es·tine ['pæləstaɪn] *n* Palästina *nt*

Pal·es·tin·ian [ˌpælə'stɪniən] **I.** *n* Palästinenser(in) *m(f)* **II.** *adj* palästinensisch

pal·ette ['pælət, AM -ɪt] *n* ART ① (*for mixing paint*) Palette *f* ② (*range of colours*) [Farb]palette *f*

pali·sade [ˌpælɪ'seɪd, AM -ə'-] *n* ① (*fence*) Palisade *f* ② (*cliffs*) ■ **~s** *pl* Steilufer *nt*

pall¹ [pɔːl] *vi* an Reiz verlieren

pall² [pɔːl] *n* ① (*for coffin*) Sargtuch *nt* ② AM (*coffin*) Sarg *m* ③ (*cloud*) [Rauch]wolke *f*

'pall·bear·er *n* Sargträger(in) *m(f)*

pal·let ['pælɪt] *n* Palette *f*

pal·lia·tive ['pæliətɪv, AM -t̬-] **I.** *n* (*drug*) Schmerzmittel *nt* **II.** *adj* (*pain-relieving*) schmerzstillend *attr*, palliativ *fachspr*

pal·lid ['pælɪd] *adj* ① (*very pale*) fahl ② (*lacking verve*) fad[e]

pal·lor ['pæləʳ, AM -ɚ] *n* Blässe *f*

pal·ly ['pæli] *adj esp* BRIT (*fam*) kumpelhaft; ■ **to be ~ with sb** mit jdm [sehr] gut befreundet sein

palm¹ [pɑːm] *n* (*tree*) Palme *f*; *see also* **behalf**

palm² [pɑːm] *n* Handfläche *f*; **to read sb's ~** jdm aus der Hand lesen ◆**palm off** *vt* ■ **to ~ off** ↻ **sth on sb** jdm etw andrehen *fam*; ■ **to ~ sb off with sth** jdn mit etw *dat* abspeisen *fam*

palm·ist ['pɑːmɪst] *n* Handleser(in) *m(f)*

'palm leaf *n* Palmenblatt *nt* **Palm 'Sun·day** *n* Palmsonntag *m*

'palm·top *n* COMPUT Palmtop *m*

'palm tree *n* Palme *f*

pal·pable ['pælpəbl̩] *adj* ① (*obvious*) offenkundig, deutlich ② (*tangible*) spürbar, greifbar

pal·pi·tate ['pælpɪteɪt, AM -pə-] *vi heart* [schnell] klopfen (**with** vor)

pal·pi·ta·tions [ˌpælpɪ'teɪʃənz, AM -pə'-] *npl* Herzklopfen *nt kein pl*; **to have ~** (*fig*) einen [Herz]anfall bekommen

pal·sy ['pɔːlzi, AM *esp* 'pɑːl-] *n* Lähmung *f*; **cerebral ~** Kinderlähmung *f*

pal·try ['pɔːltri, AM *esp* 'pɑːl-] *adj* ① (*small*) armselig; *sum* lächerlich; *wage* kärglich ② (*contemptible*) billig *pej*

pam·pas ['pæmpəs, AM 'pæmpəz, 'pɑːm-] *n* + *sing/pl vb* Pampa *f*

pam·per ['pæmpəʳ, AM -ɚ] *vt* verwöhnen

pam·phlet ['pæmflɪt] *n* [kleine] Broschüre *f*, Faltblatt *nt*; POL Flugblatt *nt*

pan [pæn] **I.** *n* ① (*for cooking*) Pfanne *f*; AM (*for oven cooking*) Topf *m* ② BRIT (*toilet bowl*) Toilettenschüssel *f* ► PHRASES: **to go down the ~** den Bach runtergehen *fam* **II.** *vt* <-nn-> ① AM (*cook*) [in der Pfanne] braten ② (*fam: criticize*) verreißen **III.** *vi* <-nn-> **to ~ for gold** Gold *nt* waschen ◆**pan out** *vi* ① (*develop*) sich entwickeln ② (*succeed*) klappen *fam*

pana·cea [ˌpænə'siːə] *n* Allheilmittel *nt*

pa·nache [pə'næʃ] *n no pl* Elan *m*, Schwung *m*

Pana·ma [ˌpænə'mɑː, AM 'pænəmɑː] *n* Pana-

P

ma *nt*

Pana·ma Ca·'nal *n no pl* ■**the ~** der Panamakanal

Pana·ma·nian [ˌpænəˈmeɪniən] **I.** *n* Panamaer(in) *m(f)* **II.** *adj* panamaisch

'pan·cake *n* Pfannkuchen *m*

pan·cet·ta [pænˈtʃetə] *n no pl* (*Italian cured belly of pork*) Pancetta *m*

pan·cre·as <*pl* -es> [ˈpæŋkriəs, AM *esp* ˈpæn-] *n* Bauchspeicheldrüse *f*

pan·cre·at·ic [ˌpæŋkriˈætɪk, AM ˌpænkriˈæt̬-, ˌpæŋ-] *adj* Pankreas-

pan·da [ˈpændə] *n* Panda *m*

'pan·da car *n* BRIT Streifenwagen *m*

pan·dem·ic [pænˈdemɪk] **I.** *n* Seuche *f*, Pandemie *f fachspr;* **~ of influenza** Grippepandemie *f* **II.** *adj* pandemisch; (*fig*) weit verbreitet

pan·de·mo·nium [ˌpændəˈməʊniəm, AM -ˈmoʊ-] *n no pl* ① (*noisy confusion*) Chaos *nt* ② (*fig: uproar*) Tumult *m*

pan·der [ˈpændəʳ, AM -ɚ] *vi* (*pej*) ■**to ~ to sth** etw *dat* nachgeben; **to ~ to sb's whims** auf jds Launen *pl* eingehen

P & P [ˌpiːənˈ(d)ˈpiː] *n no pl* BRIT *abbrev of* **postage and packing** Porto und Verpackung

pane [peɪn] *n* [Fenster]scheibe *f*

pan·el [ˈpænəl] **I.** *n* ① (*wooden*) [Holz]paneel *nt;* (*metal*) Blech *nt* ② FASHION (*part of garment*) [Stoff]streifen *m* ③ + *sing/pl vb* (*team*) Team *nt* ④ **instrument ~** AVIAT Instrumentenbrett *nt;* AUTO Armaturenbrett *nt* **II.** *vt* <BRIT -ll- *or* AM *usu* -l-> täfeln (**in** mit +*dat*)

'pan·el beat·er *n* BRIT Autoschlosser(in) *m(f)* **'pan·el dis·cus·sion** *n* Podiumsdiskussion *f* **'pan·el game** *n* BRIT TV Ratespiel *nt*

pan·el·ling [ˈpænəlɪŋ], AM **pan·el·ing** *n no pl* [Holz]täfelung *f*

pan·el·list, AM **pan·el·ist** [ˈpænəlɪst] *n* ① (*in expert team*) Mitglied *nt* [einer Expertengruppe] ② (*in quiz team*) Teilnehmer(in) *m(f)* (*an einer Quizshow*)

pang [pæŋ] *n* [plötzliches] Schmerzgefühl; **~ of remorse** Anwandlung *f* von Reue

'pan·han·dle **I.** *n* Pfannenstiel *m* **II.** *vi* schnorren **III.** *vt* **to ~ money** Geld schnorren

'pan·han·dler *n* (*fam*) Schnorrer(in) *m(f)*

pan·ic [ˈpænɪk] **I.** *n no pl* ① (*overwhelming fear*) Panik *f* ② (*hysterical fear*) panische Angst **II.** *vi* <-ck-> in Panik geraten **III.** *vt* ■**to ~ sb** unter jdm Panik auslösen

pan·icky [ˈpænɪki] *adj* panisch

'pan·ic room *n* Panikraum *m* **pan·ic-strick·en** [-ˌstrɪkən] *adj* von Panik ergriffen

pan·jan·drum [pænˈdʒændrəm] *n* Autorität *f*, Koriphäe *f*

pan·ni·er [ˈpæniəʳ, AM -njɚ] *n* Tragekorb *m*

pano·ra·ma [ˌpænəˈrɑːmə, AM -əˈræmə] *n* Panorama *nt;* (*fig*) Überblick *m* (**of** über +*akk*)

pano·ram·ic [ˌpænəˈrɑːmɪk, AM -əˈræm-] *adj* Panorama-

'pan pipes *npl* Panflöte *f*

'pan scour·er *n esp* BRIT Topfkratzer *m*

pan·sy [ˈpænzi] *n* ① (*flower*) Stiefmütterchen *nt* ② (*pej dated fam: male homosexual*) Homo *m*

pant¹ [pænt] **I.** *vi* ① (*breathe*) keuchen ② (*crave*) **to ~ for breath** nach Luft schnappen **II.** *n* (*breath*) Keuchen *nt kein pl*

pant² [pænt] *n* FASHION ■**~s** *pl* **a pair of ~s** *esp* BRIT eine Unterhose; AM eine [lange] Hose ▶ PHRASES: **to <u>scare</u> the ~s off sb** (*fam*) jdm einen Riesenschrecken einjagen; **to be caught with one's ~ <u>down</u>** (*fam*) auf frischer Tat ertappt werden

pan·the·ism [ˈpæn(t)θiɪzəm] *n no pl* Pantheismus *m geh*

pan·the·is·tic(al) [ˌpæn(t)θiˈɪstɪk(əl)] *adj* pantheistisch *geh*

pan·the·on [ˈpæn(t)θiən, AM -ɑːn] *n* (*form*) Pantheon *nt*

pan·ther <*pl* - *or* -s> [ˈpæn(t)θəʳ, AM -ɚ] *n* ① (*leopard*) Panther *m* ② AM *a.* (*cougar*) Puma *m*

panties [ˈpæntiz, AM -t̬iz] *npl* (*fam*) [Damen]slip *m*

pan·to [ˈpæntəʊ] *n* BRIT (*fam*) *short for* **pantomime 1**

pan·to·mime [ˈpæntəmaɪm, AM -t̬-] **I.** *n* ① BRIT (*play*) [Laien]spiel *nt;* (*for Christmas*) Weihnachtsspiel *nt* ② (*mime*) Pantomime *f;* **to do a ~ of sth** etw pantomimisch darstellen **II.** *vt* pantomimisch darstellen

pan·try [ˈpæntri] *n* Vorratskammer *f*

'pant·suit [ˈpæntsuːt], **'pants suit** *n* AM, AUS Hosenanzug *m*

'panty gir·dle *n* Miederhöschen *nt*

'pan·ty·hose *npl* AM, AUS Strumpfhose *f*

'panty lin·er *n* Slipeinlage *f*

pap [pæp] *n no pl* ① (*esp pej: food*) Babybrei *m* ② (*pej fam: entertainment*) Schund *m*

papa [ˈpɑːpə] *n* AM (*fam*) Papa *m*

pa·pa·cy [ˈpeɪpəsi] *n* ① (*pope's jurisdiction*) ■**the ~** das Pontifikat ② *usu sing* (*pope's tenure*) Pontifikat *nt*

pa·pal [ˈpeɪpəl] *adj* päpstlich, Papst-

pa·pa·raz·zi [ˌpæpərˈætsi, AM ˌpɑːpɑːˈrɑː-] *npl* Paparazzi *pl*

pa·pa·raz·zo [ˌpæpərˈætsəʊ, AM ˌpɑːpɑːˈrɑːtsoʊ] *n sing of* **paparazzi**

pa·pa·ya [pəˈpaɪjə] *n* Papaya *f*

pa·per [ˈpeɪpəʳ, AM -ɚ] **I.** *n* ① *no pl* (*for writing*) Papier *nt;* **a piece of ~** ein Blatt *nt* Papier; **recycled ~** Altpapier *nt* ② (*newspaper*) Zeitung *f* ③ (*wallpaper*) Tapete *f* ④ *usu pl* (*document*) Dokument *nt;* (*credentials*) [Ausweis]papiere *pl* **II.** *vt* tapezieren ◆ **paper over** *vt* **to ~ over a problem** ein Problem vertuschen

ˈpa·per·back *n* Taschenbuch *nt*

ˈpa·per·back edi·tion *n* Taschenbuchausgabe *f*

pa·per ˈbag *n* Papiertüte *f* **ˈpa·per boy** *n* Zeitungsjunge *m* **ˈpa·per·chase** *n* BRIT Schnitzeljagd *f* **ˈpa·per clip** *n* Büroklammer *f* **pa·per ˈcup** *n* Pappbecher *m* **ˈpa·per cut·ter** *n* Papierschneider *m* **ˈpa·per girl** *n* Zeitungsmädchen *nt* **ˈpa·per·knife** *n* Brieföffner *m* **ˈpa·per mill** *n* Papierfabrik *f* **ˈpa·per mon·ey** *n no pl* Papiergeld *nt* **pa·per ˈnap·kin** *n* [Papier]serviette *f* **ˈpa·per prof·it** *n* rechnerischer Gewinn

ˈpa·per round, AM **ˈpa·per route** *n* Zeitungszustellung *f;* **to have a ~** Zeitungen austragen **pa·per-ˈthin** *adj, adv* hauchdünn **pa·per ˈti·ger** *n* (*pej*) Papiertiger *m* **pa·per ˈtis·sue** *n* Papiertaschentuch *nt* **pa·per ˈtow·el** *n* BRIT Papierhandtuch *nt;* AM Küchenrolle *f* **ˈpa·per trail** *n esp* AM belastende Unterlagen **ˈpa·per·weight** *n* Briefbeschwerer *m* **ˈpa·per·work** *n no pl* Schreibarbeit *f;* **to do ~** [den] Papierkram machen *fam*

pa·pery [ˈpeɪpəri, AM -ɚi] *adj plaster* bröckelig; *skin* pergamenten

pa·pier mâché [ˌpæpieɪˈmæʃeɪ, AM ˌpeɪpɚməˈʃeɪ] *n no pl* Pappmaschee *nt*

pa·pist [ˈpeɪpɪst] (*pej*) **I.** *n* Papist(in) *m(f)* **II.** *adj* papistisch

pa·poose [pəˈpuːs, AM pæpˈuːs] *n* (*dated*) Indianerbaby *nt;* (*carrier for baby*) Tragegestell *nt*

pap·py¹ [ˈpæpi] *n* AM Papi *m fam*

pap·py² [ˈpæpi] *adj* ① FOOD (*esp pej*) pappig ② (*pej fam: poor quality*) minderwertig; *entertainment* seicht

pap·ri·ka [ˈpæprɪkə, AM pæpˈriː-] *n no pl* Paprika *m*

pa·py·rus <*pl* -es *or* -ri> [pəˈpaɪ(ə)rəs, AM -ˈpaɪrəs, *pl* -raɪ] *n* ① Papyrusstaude *f* ② (*paper*) Papyrus *m*

par [pɑːʳ, AM pɑːr] *n* ① *no pl* (*standard*) **above/below ~** über/unter dem Durchschnitt; **to feel under ~** sich nicht auf der Höhe fühlen ② (*equality*) ▪**to be on a ~ with sb/each other** jdm/einander ebenbürtig sein ③ (*in golf*) Par *nt*

par. *short for* **paragraph** Abs.

para [ˈpærə, AM ˈperə] *n* (*fam*) ① MIL *short for* **paratrooper** Fallschirmjäger(in) *m(f)* ② (*text*) *short for* **paragraph** Absatz *m*

para·ble [ˈpærəbl̩, AM ˈper-] *n* Parabel *f*

pa·rabo·la <*pl* -s *or* -lae> [pəˈræbələ, *pl* -liː] *n* MATH Parabel *f*

para·bol·ic [ˌpærəˈbɒlɪk, AM ˌperəˈbɑːl-] *adj* (*like a parabola*) parabolisch, Parabol-

pa·ra·ceta·mol® <*pl* - *or* -s> [ˌpærəˈsiːtəmɒl] *n* BRIT, AUS Paracetamol® *nt*

para·chute [ˈpærəʃuːt, AM ˈper-] **I.** *n* Fallschirm *m* **II.** *vi* mit dem Fallschirm abspringen

ˈpara·chute jump *n* Fallschirmabsprung *m*

para·chut·ing [ˈpærəʃuːtɪŋ, AM ˈperəʃuːt̬-] *n no pl* Fallschirmspringen *nt*

para·chut·ist [ˈpærəʃuːtɪst, AM ˈperəʃuːt̬-] *n* Fallschirmspringer(in) *m(f)*

pa·rade [pəˈreɪd] **I.** *n* ① (*procession*) Parade *f;* **victory ~** Siegeszug *m* ② MIL [Truppen]parade *f* **II.** *vi* ① (*walk in procession*) einen Umzug machen ② MIL marschieren ③ (*show off*) ▪**to ~ about** auf und ab stolzieren **III.** *vt* ① (*march*) **to ~ the streets** durch die Straßen marschieren ② (*fig: show off*) stolz vorführen; (*fig*) *knowledge, wealth* zur Schau tragen

pa·ˈrade ground *n* MIL Exerzierplatz *m*

para·digm [ˈpærədaɪm, AM ˈper-] *n* (*form*) ① (*model*) Muster *nt;* (*example*) Beispiel *nt* ② LING Paradigma *nt fachspr*

Aussprache

Das **g** in **paradigm** wird nicht gesprochen: [ˈpærədaɪm]

para·dig·mat·ic [ˌpærədɪgˈmætɪk, AM ˌperədɪgˈmæt̬-] *adj* (*form*) paradigmatisch *geh*

para·digm ˈshift *n* Paradigmenwechsel *m geh*

para·dise [ˈpærədaɪs, AM ˈper-] *n no pl* Paradies *nt*

para·di·sia·cal [ˌpærədɪˈsaɪəkəl, AM ˌperə-], **para·disi·cal** [ˌpærəˈdɪsɪkəl, AM ˌperə-] *adj* paradiesisch

para·dox <*pl* -es> [ˈpærədɒks, AM ˈperədɑːks] *n* Paradox[on] *nt geh*

para·doxi·cal [ˌpærəˈdɒksɪkəl, AM ˌperəˈdɑːk-] *adj* paradox

para·doxi·cal·ly [ˌpærəˈdɒksɪkəli, AM ˌperəˈdɑːk-] *adv* paradoxerweise

par·af·fin [ˈpærəfɪn, AM ˈper-] *n no pl* ① BRIT (*fuel*) Kerosin *nt* ② (*wax*) Paraffin *nt*

par·af·fin ˈheat·er *n* BRIT Kerosinofen *m*

par·af·fin ˈlamp *n* BRIT Kerosinlampe *f*

P

par·af·fin 'wax *n no pl* Paraffin *nt*

para·glid·ing ['pærə,glaɪdɪŋ, AM 'perə,-] *n no pl* Paragliding *nt*

para·gon ['pærəgən, AM 'perəgɑ:n] *n* (*perfect example*) Muster[beispiel] *nt;* **a ~ of virtue** (*iron*) ein Ausbund *m* an Tugend

para·graph ['pærəgrɑ:f, AM 'perəgræf] *n* ① (*text*) Absatz *m* ② (*newspaper article*) [kurze] Zeitungsnotiz

Para·guay ['pærəgwaɪ, AM 'perəgweɪ] *n* Paraguay *nt*

Para·guay·an [,pærə'gwaɪən, AM 'perə,gweɪ] *adj* paraguayisch

para·keet [,pærə'ki:t, AM 'perəki:t] *n* Sittich *m*

par·al·lel ['pærəlel, AM 'per-] **I.** *adj* ① *lines* parallel ② (*corresponding*) ~ **example** Parallelbeispiel *nt* **II.** *n* ① (*similarity*) Parallele *f;* **to draw a ~** einen Vergleich ziehen ② MATH Parallele *f* ③ *esp* AM GEOG ~ [**of latitude**] Breitenkreis *m* **III.** *vt* (*correspond to*) entsprechen; (*be similar to*) ähneln **IV.** *adv* parallel; **to run ~ to sth** zu etw *dat* parallel verlaufen

par·al·lel 'bars *npl* Barren *m*

par·al·lel·ism ['pærəlelɪzᵊm, AM 'per-] *n no pl* Parallelität *f* **par·al·lel 'line** *n* Parallele *f*

Para·lym·pic Games *npl,* **Para·lym·pics** [,pærə'lɪmpɪks, AM ,perə'-] *npl* ■**the ~** die Paralympischen Spiele *pl* (*olympische Spiele für Behinderte*)

para·lyse, AM **para·lyze** ['pærəlaɪz] *vt* ① MED (*a. fig*) lähmen ② (*bring to halt*) lahmlegen

para·lysed ['pærəlaɪzd], AM **para·lyzed** *adj* ① MED gelähmt ② (*brought to halt*) lahmgelegt; (*blocked*) blockiert

pa·raly·ses [pə'ræləsi:z] *n pl of* **paralysis**

pa·raly·sis <*pl* -ses> [pə'ræləsɪs, *pl* -si:z] *n* Lähmung *f a. fig*

para·lyt·ic [,pærə'lɪtɪk, AM ,perə'lɪt̬-] *adj* ① MED paralytisch, Lähmungs- ② *esp* BRIT (*fam: drunk*) stockbetrunken

para·med·ic [,pærə'medɪk, AM ,per-] *n* Sanitäter(in) *m(f)*

pa·ram·eter [pə'ræmɪtəʳ, AM -ət̬ɚ] *n usu pl* ① SCI Bestimmungsfaktor *m* ② (*set of limits*) ■**~s** *pl* Leitlinien *pl*

para·mili·tary [,pærə'mɪlɪtᵊri, AM ,perə'mɪləteri] **I.** *adj* paramilitärisch **II.** *n* Milizionär(in) *m(f)*

para·mount ['pærəmaʊnt, AM 'per-] *adj* (*form: have priority*) vorrangig

para·noia [,pærə'nɔɪə, AM ,per-] *n* PSYCH Paranoia *f geh*

para·noi·ac [,pærə'nɔɪæk, AM ,per-] **I.** *adj* paranoisch *geh* **II.** *n* Paranoiker(in) *m(f) geh*

para·noid [,pærə'nɔɪd, AM ,per-] *adj* ① PSYCH paranoid ② (*mistrustful*) wahnhaft; ■**to be ~ about sth/sb** in ständiger Angst vor etw/jdm leben

para·noid schizo·'phre·nia *n* paranoide Schizophrenie *fachspr*

para·nor·mal [,pærə'nɔ:məl, AM ,perə'nɔ:r-] **I.** *adj* übernatürlich; *powers* übersinnlich **II.** *n no pl* ■**the ~** übernatürliche Erscheinungen

para·pet ['pærəpɪt, AM 'perəpet] *n* Geländer *nt*

para·pher·na·lia [,pærəfə'neɪliə, AM ,perəfɚ'neɪljə] *n pl, + sing/pl vb* Zubehör *nt kein pl;* (*pej*) Brimborium *nt kein pl fam*

para·phrase ['pærəfreɪz, AM 'per-] *vt text* umschreiben; *person* frei zitieren

para·plegia [,pærə'pli:dʒə, AM ,per-] *n no pl* MED Querschnittslähmung *f*

para·plegic [,pærə'pli:dʒɪk, AM ,per-] **I.** *adj* doppelseitig gelähmt **II.** *n* doppelseitig Gelähmte(r) *f(m)*

para·psy·chol·ogy [,pærəsaɪ'kɒlədʒi, AM ,perəsaɪ'kɑ:l-] *n no pl* Parapsychologie *f*

para·site ['pærəsaɪt, AM 'per-] *n* Parasit *m a. fig*

para·sit·ic(al) [,pærə'sɪtɪkᵊl, AM ,perə'sɪt̬-] *adj* ① BIOL parasitär ② (*fig, pej*) *person* schmarotzerhaft

para·sol ['pærəsɒl, AM 'perəsɑ:l] *n* Sonnenschirm *m*

para·thy·roid [,pærə'θaɪ(ə)rɔɪd, AM ,perə'θaɪrɔɪd] *n,* **para·thy·roid gland** *n* Nebenschilddrüse *f*

para·troop·er ['pærə,tru:pəʳ, AM 'perə,tru:pɚ] *n* Fallschirmjäger(in) *m(f)*

para·troops ['pærətru:ps, AM 'per-] *npl* Fallschirmtruppen *pl*

para·ty·phoid [,pærə'taɪfɔɪd, AM ,per-] MED **I.** *n no pl* Paratyphus *m fachspr* **II.** *adj attr* paratyphoid *fachspr*

par·boil ['pɑ:bɔɪl, AM 'pɑ:r-] *vt* **to ~ food** Lebensmittel kurz vorkochen (*um sie dann weiterzuverarbeiten*)

par·cel ['pɑ:sᵊl, AM 'pɑ:r-] **I.** *n* (*for mailing*) Paket *nt;* (*small parcel*) Päckchen *nt* **II.** *vt* <BRIT -ll- *or* AM *usu* -l-> einpacken ◆**par·cel out** *vt* aufteilen ◆**parcel up** *vt* einpacken

'par·cel bomb *n* BRIT Paketbombe *f* **'par·cel of·fice** *n* BRIT Paketabfertigung *f* **par·cel 'post** *n* Paketpost *f*

parch [pɑ:tʃ, AM pɑ:rtʃ] *vt, vi* austrocknen

parched [pɑ:tʃt, AM pɑ:r-] *adj* ① (*dried out*) vertrocknet, verdorrt; *throat* ausgedörrt ② *attr* (*fig fam: very thirsty*) ■**to be ~ [with thirst]** am Verdursten sein

parch·ment ['pɑ:tʃmənt, AM 'pɑ:r-] *n no pl* Pergament *nt*

par·don ['pɑːdᵊn, AM 'pɑːr-] **I.** *n no pl* LAW Begnadigung *f* **II.** *vt* ① (*forgive*) verzeihen, entschuldigen ② LAW begnadigen **III.** *interj* (*apology*) **I beg your ~!** [*or* AM *a.* **~ me!**] Entschuldigung!, tut mir leid!; (*request for repetition*) wie bitte?; (*reply to offensiveness*) na, hören Sie mal!

par·don·able ['pɑːdᵊnəbl̩, AM 'pɑːr-] *adj* verzeihlich

pare [peəʳ, AM per] *vt* ① (*trim*) [ab]schneiden; *fruit* schälen ② (*reduce gradually*) reduzieren ◆**pare down** *vt* reduzieren ◆**pare off** *vt* [ab]schälen

par·ent ['peərᵊnt, AM 'per-] **I.** *n of a child* Elternteil *m*; ■**~s** Eltern *pl*; **single ~** Alleinerziehende(r) *f(m)* **II.** *adj* ① (*of parents*) Eltern- ② (*of organizations*) Mutter-

par·ent·age ['peərᵊntɪdʒ, AM 'perᵊnt̬-] *n no pl* ① (*descent*) Abstammung *f* ② (*fig*) Herkunft *f*

pa·ren·tal [pə'rentᵊl] *adj* elterlich, Eltern-; **~ neglect** Vernachlässigung *f* durch die Eltern

par·ent 'com·pa·ny *n* Muttergesellschaft *f*

pa·ren·thesis <*pl* -ses> [pə'ren(t)θəsɪs, *pl* -siːz] *n* ① (*explanation*) eingeschobener Satz[teil] ② *usu pl esp* AM, AUS (*round brackets*) [runde] Klammern

par·en·thet·ic(al) [ˌpærᵊn'θetɪk(ᵊl), AM ˌperᵊn'θet̬-] *adj* (*form*) parenthetisch; *remark* beiläufig

pa·ren·theti·cal·ly [ˌpærᵊn'θetɪkᵊli, AM ˌperᵊn'θet̬-] *adv* (*form*) parenthetisch

par·ent·hood ['peərᵊnthʊd, AM 'per-] *n no pl* Elternschaft *f*

par·ent·ing ['peərᵊntɪŋ, AM 'per-] *n no pl* Verhalten *nt* als Eltern, Kindererziehung *f*

par·ent·less ['peərᵊntləs, AM 'per-] *adj* elternlos

pa·rent-'teach·er as·so·cia·tion *n* Eltern-Lehrer-Organisation *f*

pa·ri·ah [pə'raɪə] *n* Paria *m*

par·ing ['peərɪŋ, AM 'per-] *n usu pl of fruit, vegetable* Schale *f*

'par·ing knife *n* Schälmesser *nt*

par·ish ['pærɪʃ, AM 'per-] *n* ① REL [Pfarr]gemeinde *f* ② BRIT POL Gemeinde *f*

par·ish 'church *n* Pfarrkirche *f* **par·ish 'clerk** *n* Küster(in) *m(f)* **par·ish 'coun·cil** *n* BRIT Gemeinderat *m*

pa·rish·ion·er [pə'rɪʃᵊnəʳ, AM -ɚ] *n* Gemeindemitglied *nt*

par·ish 'priest *n* Pfarrer(in) *m(f)* **par·ish-pump 'poli·tics** *n + sing/pl vb* BRIT Kirchturmpolitik *f* **par·ish 'reg·is·ter** *n* Kirchenbuch *nt*

par·ity ['pærəti, AM 'perət̬i] *n* ① *no pl* (*equality*) Gleichheit *f* ② FIN, MATH, PHYS Parität *f* *fachspr*

park [pɑːk, AM pɑːrk] **I.** *n* ① (*for recreation*) Park *m* ② BRIT (*surrounding house*) Parkanlagen *pl* ③ *esp* BRIT SPORTS (*fam*) ■**the ~** der [Sport]platz **II.** *vt* ① AUTO [ein]parken ② (*fig fam: position*) abladen; **to ~ oneself** sich [irgendwo] hinpflanzen **III.** *vi* parken

par·ka ['pɑːkə, AM 'pɑːr-] *n* Parka *m*

park-and-ride [ˌpɑːkən'raɪd, AM ˌpɑːrk-] *n* Park-and-ride-System *nt*

park 'bench *n* Parkbank *f*

parked [pɑːkt, AM pɑːrkt] *adj* geparkt

'park home *n* Wohnmobil *nt*

park·ing ['pɑːkɪŋ, AM 'pɑːr-] *n no pl* ① (*action*) Parken *nt* ② (*space*) Parkplatz *m*

'park·ing area *n* Parkplatz *m* **'park·ing at·tend·ant** *n* Parkwächter(in) *m(f)* **'park·ing bay** *n* Parkbucht *f* **'park·ing brake** *n* AM Feststellbremse *f* **'park·ing disc** *n* Parkscheibe *f* **'park·ing fine** *n* Geldstrafe *f* für unerlaubtes Parken **'park·ing gar·age** *n* Parkhaus *nt* **'park·ing light** *n* AM, AUS Standlicht *nt* **'park·ing lot** *n esp* AM Parkplatz *m* **'park·ing me·ter** *n* Parkuhr *f* **'park·ing of·fence** *n* Parkvergehen *nt* **'park·ing of·fend·er** *n* Parksünder(in) *m(f)* **'park·ing per·mit** *n* Parkerlaubnis *f* **'park·ing place, 'park·ing space** *n* Parkplatz *m* **'park·ing tick·et** *n* Strafzettel *m* für unerlaubtes Parken

'park keep·er *n* BRIT Parkaufseher(in) *m(f)*

'park·land *n no pl* Parklandschaft *f*

'park·way *n* ① AM, AUS (*highway*) Autobahn *f* ② BRIT RAIL *Parkmöglichkeiten in der Nähe eines Bahnhofs*

parky ['pɑːki] *adj* BRIT (*fam*) *weather* frisch

par·lance ['pɑːlən(t)s, AM 'pɑːr-] *n no pl* (*form*) Ausdrucksweise *f*

par·lia·ment ['pɑːləmənt, AM 'pɑːr-] *n* ① *no art, no pl* (*institution*) ■**P~** Parlament *nt* ② (*period*) Legislaturperiode *f*

Land und Leute

Das **Parliament** besteht nach der britischen Verfassung aus den beiden *Houses of Parliament* und dem Monarchen. Die zwei *Houses of Parliament* befinden sich im *Palace of Westminster* in London. Das *House of Commons* (*Unterhaus*) wird vom Volk gewählt und stellt die meisten der Minister. Seine Abgeordneten heißen *members of parliament* oder *MPs.* Das *House of Lords* (**Oberhaus**) kann nur bedingt Gesetze verabschieden.

par·lia·men·tar·ian [ˌpɑːləmen'teəriən, AM ˌpɑːrləmen'teri-] *n* (*Member of Parliament*)

P

[Parlaments]abgeordnete(r) *f(m)*, Mitglied *nt* des britischen Unterhauses

par·lia·men·tary [ˌpɑːləˈmentəri, AM ˌpɑːrləˈmentəi] *adj* parlamentarisch; ~ **candidate** Kandidat(in) *m(f)* für das Parlament; ~ **session** Parlamentssitzung *f*

par·lia·men·tary 'cham·ber *n* Kammer *f* des Parlaments **par·lia·men·ta·ry de·'bate** *n* Parlamentsdebatte *f* **par·lia·men·tary de·'moc·ra·cy** *n* parlamentarische Demokratie **par·lia·men·tary 'gov·ern·ment** *n* parlamentarische Regierung

'par·lor car *n* AM RAIL Salonwagen *m*

par·lour [ˈpɑːləʳ], AM **par·lor** [ˈpɑːrlə] *n* ❶ *esp* AM (*shop*) Salon *m;* **funeral** ~ Bestattungsinstitut *nt* ❷ (*dated: room*) Salon *m*

'par·lour game *n* Gesellschaftsspiel *nt*

'par·lour·maid *n* (*hist*) Stubenmädchen *nt*

par·lous [ˈpɑːləs, AM ˈpɑːr-] *adj* (*form or hum*) desolat

Par·me·san [ˈpɑːmɪˌzæn, AM ˈpɑːrməzɑːn], **Par·me·san cheese** *n no pl* Parmesan[käse] *m*

pa·ro·chial [pəˈrəʊkiəl, AM -ˈroʊ-] *adj* ❶ REL Gemeinde-, Pfarr- ❷ (*pej: provincial*) provinziell; (*narrow-minded*) kleinkariert

pa·ro·chial·ism [pəˈrəʊkiəlɪzəm, AM -ˈroʊ-] *n no pl* (*pej*) Provinzialismus *m geh;* (*narrow-mindedness*) Engstirnigkeit *f*

pa·ro·chial 'school *n* AM Konfessionsschule *f*

paro·dist [ˈpærədɪst, AM ˈper-] *n* Parodist(in) *m(f)*

paro·dy [ˈpærədi, AM ˈper-] **I.** *n* (*a. pej: imitation*) Parodie *f* (**of** auf +*akk*) **II.** *vt* <-ie-> parodieren

pa·role [pəˈrəʊl, AM -ˈroʊl] **I.** *n no pl* bedingte Haftentlassung **II.** *vt usu passive* Hafturlaub gewähren; ■**to be** ~**d** bedingt [aus der Haft] entlassen werden

par·ox·ysm [ˈpærəksɪzəm, AM ˈper-] *n* ❶ (*outburst*) ~ **of joy** Freudentaumel *m* ❷ MED Anfall *m*

par·quet [ˈpɑːkeɪ, AM pɑːrˈkeɪ] *n no pl* ❶ Parkett *nt* ❷ AM THEAT Parkett *nt*

par·ri·cide [ˈpærɪsaɪd, AM ˈperə-] *n* LAW ❶ *no pl* (*murder*) *of both parents* Elternmord *m; of mother* Muttermord *m; of father* Vatermord *m* ❷ (*murderer*) *of both parents* Elternmörder(in) *m(f); of mother* Muttermörder(in) *m(f); of father* Vatermörder(in) *m(f)*

par·rot [ˈpærət, AM ˈper-] **I.** *n* (*bird*) Papagei *m* **II.** *vt* (*pej*) nachplappern, nachäffen

'par·rot-fash·ion *adv* **to repeat sth** ~ etw wie ein Papagei nachplappern *fam*

par·ry [ˈpæri, AM ˈperi] **I.** *vt* <-ie-> ❶ (*avert*) abwehren ❷ (*fig: deal with*) *questions* [geschickt] ausweichen; *criticism* [schlagfertig] abwehren **II.** *vi* <-ie-> parieren

parse [pɑːz, AM pɑːrs] *vt* ❶ LING *sentence* grammatisch analysieren ❷ COMPUT **to ~ a text** einen Text parsen *fachspr*

par·si·mo·ni·ous [ˌpɑːsɪˈməʊniəs, AM ˌpɑːrsəˈmoʊ-] *adj* (*pej form*) knauserig

par·si·mo·ni·ous·ly [ˌpɑːsɪˈməʊniəsli, AM ˌpɑːrsəˈmoʊ-] *adv* (*pej form*) geizig

par·si·mo·ni·ous·ness [ˌpɑːsɪˈməʊniəsnəs, AM ˌpɑːrsəˈmoʊ-], **par·si·mo·ny** [ˈpɑːsɪməʊni, AM ˈpɑːrsəmoʊ-] *n no pl* (*pej form*) Knauserigkeit *f*

pars·ley [ˈpɑːsli, AM ˈpɑːr-] *n no pl* Petersilie *f*

pars·nip [ˈpɑːsnɪp, AM ˈpɑːr-] *n* Pastinak *m*

par·son [ˈpɑːsən, AM ˈpɑːr-] *n* (*dated or hum*) Pastor(in) *m(f)*

par·son·age [ˈpɑːsənɪdʒ, AM ˈpɑːr-] *n* Pfarrhaus *nt*

par·son's 'nose *n* (*fam*) Bürzel *m* (*von Geflügel*)

part [pɑːt, AM pɑːrt] **I.** *n* ❶ (*not the whole*) Teil *m;* **it's all ~ of growing up** das gehört [alles] zum Erwachsenwerden dazu; **to be an essential ~ of sth** ein wesentlicher Bestandteil einer S. *gen* sein; **for the most ~** zum größten Teil; **body ~** Körperteil *m* ❷ *a.* TECH (*component*) Teil *nt; of a machine* Bauteil *nt;* [**spare**] **~s** Ersatzteile *pl* ❸ (*unit*) [An]teil *m* ❹ FILM, TV Folge *f* ❺ *usu pl* GEOG Gegend *f;* **around these ~s** (*fam*) in dieser Gegend; **in this ~ of the world** hierzulande ❻ THEAT (*a. fig*) Rolle *f;* **leading/supporting ~** Haupt-/Nebenrolle *f* ❼ MUS Part *m*, Stimme *f* ❽ AM (*parting*) Scheitel *m* ▶PHRASES: **for my ~, ...** was mich betrifft, ...; **to be ~ and parcel of sth** zu etw *dat* einfach dazugehören **II.** *adj attr* teilweise, zum Teil **III.** *adv* teils, teilweise **IV.** *vi* ❶ (*separate*) sich trennen ❷ (*become separated*) *curtains, seams* aufgehen; *lips* sich öffnen; *paths* sich trennen **V.** *vt* ❶ (*separate*) trennen ❷ (*keep separate*) trennen (**from** von +*dat*) ❸ *hair* scheiteln ▶PHRASES: **to ~ company** sich trennen ◆**part with** *vt* ■**to ~ with sth** sich von etw *dat* trennen

par·take [pɑːˈteɪk, AM pɑːrˈ-] *vi* <-took, -taken> (*form or hum: food, drink*) **to ~ of drink/food** etw mittrinken/mitessen

part·ed [ˈpɑːtɪd, AM ˈpɑːrt̬-] *adj* ❶ (*opened*) ~ **lips** leicht geöffnete Lippen ❷ (*separated*) getrennt (**from** von +*dat*) ❸ *hair* **her hair is ~ on the side** sie trägt einen Seitenscheitel

P

part ex·'change *n esp* BRIT Inzahlungnahme *f* (**for** gegen +*akk*)

par·theno·gen·esis [ˌpɑːθənə(ʊ)'dʒenɪsɪs, AM ˌpɑːrθənoʊ'dʒenə-] *n no pl* Parthenogenese *f fachspr*

par·tial ['pɑːʃəl, AM 'pɑːr-] *adj* ① (*incomplete*) Teil-; **their success was only ~** sie hatten nur teilweise Erfolg; *paralysis* partiell ② (*biased*) parteiisch ③ *pred* (*be fond of*) ■**to be ~ to sth** eine Vorliebe für etw *akk* haben

par·tial e'clipse *n* partielle Finsternis

par·tial·ity [ˌpɑːʃi'æləti, AM ˌpɑːrʃi'æləţi] *n* ① *no pl* (*bias*) Parteilichkeit *f*, Voreingenommenheit *f* ② (*liking*) ■**to have a ~ for sth** eine Vorliebe für etw *akk* haben

par·tial·ly ['pɑːʃəli, AM 'pɑːr-] *adv* teilweise

par·tial·ly 'sight·ed *adj* halbblind

par·tici·pant [pɑː'tɪsɪpənt, AM pɑːr'tɪsə-] *n* Teilnehmer(in) *m(f)*

par·tici·pate [pɑː'tɪsɪpeɪt, AM pɑːr'tɪsə-] *vi* teilnehmen (**in** an +*dat*); *see also* **acid**

par·tici·pa·tion [pɑːˌtɪsɪ'peɪʃən, AM pɑːrˌtɪsə'-] *n no pl* Teilnahme *f* (**in** an +*dat*)

par·tici·pa·tor [pɑː'tɪsɪpeɪtəʳ, AM pɑːr'tɪsəpeɪţɚ] *n* Teilnehmer(in) *m(f)*

par·tici·pa·tory [pɑː'tɪsɪpətəri, AM pɑːr'tɪsəpəˌtɔːri] *adj* teilnehmend; POL auf Mitbestimmung ausgerichtet

par·tici·pa·tory de·'moc·ra·cy *n* partizipatorische Demokratie *fachspr*

par·ti·ci·ple [pɑː'tɪsɪpl̩, AM 'pɑːrtɪ-] *n* Partizip *nt*

par·ti·cle ['pɑːtɪkl̩, AM 'pɑːrţə-] *n* ① (*minute amount*) Teilchen *nt*; **~ of dust** Staubkörnchen *nt* ② (*fig: smallest amount*) Spur *f*

par·ti·cle ac·'cel·era·tor *n* Teilchenbeschleuniger *m* **par·ti·cle 'phys·ics** *n* [Elementar]teilchenphysik *f*

par·ticu·lar [pɑː'tɪkjələʳ, AM pɚ'tɪkjəlɚ] **I.** *adj* ① *attr* (*individual*) bestimmt ② *attr* (*special*) besondere(r, s); **no ~ reason** kein bestimmter Grund ③ *pred* (*fussy*) eigen; (*demanding*) anspruchsvoll (**about** hinsichtlich +*gen*); **to be ~ about one's appearance** sehr auf sein Äußeres achten **II.** *n* (*information*) ■**~s** *pl* Einzelheiten *pl*; **to take down sb's ~** jds Personalien aufnehmen ▸ PHRASES: **nothing in ~** nichts Besonderes; **in ~** insbesondere

par·ticu·lar·ity [pəˌtɪkjə'lærəti, AM pɚˌtɪkjə'lerəţi] *n* (*form*) ① *no pl* (*detailedness*) Genauigkeit *f* ② (*small details*) ■**particularities** *pl* Einzelheiten *pl*

par·ticu·lar·ize [pɑː'tɪkjələraɪz, AM pɚ'tɪkjələ-] *vt* (*form*) ① (*itemize*) spezifizieren ② (*focus on*) sich konzentrieren (**on** auf +*akk*)

par·ticu·lar·ly [pɑː'tɪkjələli, AM pɚ'tɪkjəlɚ-] *adv* besonders, vor allem

par·'ticu·late trap *n* Partikelfilter *m*

part·ing ['pɑːtɪŋ, AM 'pɑːrţ-] **I.** *n* ① (*farewell*) Abschied *m*; (*separation*) Trennung *f* ② BRIT, AUS *of hair* Scheitel *m* **II.** *adj attr* Abschieds-

part·ing 'shot *n* letztes [sarkastisches] Wort

par·ti·san [ˌpɑːtɪ'zæn, AM 'pɑːrţɪzən] **I.** *n* ① (*supporter*) *of a party* Parteigänger(in) *m(f)*; *of a person* Anhänger(in) *m(f)* ② MIL Partisan(in) *m(f)* **II.** *adj* parteiisch, voreingenommen

par·ti·san·ship [ˌpɑːtɪ'zænʃɪp, AM 'pɑːrţɪzən-] *n no pl* Parteilichkeit *f*

par·ti·tion [pɑː'tɪʃən, AM pɑːr'-] **I.** *n* ① *no pl* POL Teilung *f* ② (*structure*) Trennwand *f* **II.** *vt* ① POL [auf]teilen ② (*divide*) [unter]teilen

part·ly ['pɑːtli, AM 'pɑːr-] *adv* zum Teil, teils, teilweise

part·ner ['pɑːtnəʳ, AM 'pɑːrtnɚ] **I.** *n* ① (*owner*) Teilhaber(in) *m(f)*; (*in a law firm*) Sozius *m* ② (*in dancing*) [Tanz]partner(in) *m(f)*; (*in sports*) Partner(in) *m(f)* ③ (*spouse*) Ehepartner(in) *m(f)*; (*unmarried*) [Lebens]partner(in) *m(f)* **II.** *vt usu passive* ■**to ~ sb** jds Partner sein; ■**to be ~ed by sb** jdn als Partner haben

part·ner·ship ['pɑːtnəʃɪp, AM 'pɑːrtnɚ-] *n* ① *no pl* (*condition*) Partnerschaft *f* ② (*company*) [offene] Handelsgesellschaft; *of lawyers* Sozietät *f*

'part·ner·ship agree·ment *n* Gesellschaftsvertrag *m*

part of 'speech <*pl* parts-> *n* LING Wortart *f*

part 'own·er *n* Miteigentümer(in) *m(f)* **part 'own·er·ship** *n* Miteigentümerschaft *f* **part 'pay·ment** *n* Teilzahlung *f*

par·tridge <*pl* - *or* -s> ['pɑːtrɪdʒ, AM 'pɑːr-] *n* Rebhuhn *nt*

'part-song *n* mehrstimmiges Lied **part-'time** **I.** *adj* Teilzeit-, Halbtags- **II.** *adv* **to work ~** halbtags arbeiten **part-time 'job** *n* Teilzeitarbeit *f* **part-'tim·er** *n* Halbtagskraft *f*

par·ty ['pɑːti, AM 'pɑːrţi] **I.** *n* ① (*celebration*) Party *f* ② + *sing/pl vb* POL Partei *f* ③ + *sing/pl vb* (*group*) [Reise]gruppe *f*; **school ~** Schülergruppe *f*; **search ~** Suchtrupp *m* ④ (*fam: person*) Person *f* **II.** *adj* ① (*of a party*) Party- ② POL Partei- **III.** *vi* <-ie-> (*fam*) feiern

par·ty 'con·fer·ence, AM **par·ty 'con·gress** *n* Parteitag *m*

'par·ty-goer *n* Partygänger(in) *m(f)*
par·ty head·'quar·ters *n* Parteizentrale *f* **par·ty 'lead·er** *n* Parteivorsitzende(r) *f(m)* **par·ty 'line** *n* ① POL Parteilinie *f* ② TELEC Gemeinschaftsanschluss *m* **par·ty po·liti·cal 'broad·cast** *n* BRIT, AUS Wahlsendung *f* [einer Partei] **par·ty 'poli·tics** *n + sing/pl vb* Parteipolitik *f* **'par·ty pop·per** *n* BRIT Partyknaller *m*
par·venu ['pɑːvənjuː, AM 'pɑːrvənuː] **I.** *n* (*pej form*) Parvenü *m* **II.** *adj* nach Art eines Emporkömmlings
pash·mi·na [pæʃ'miːnə] *n* Pashminaschal *m*
pass [pɑːs, AM pæs] **I.** *n* <*pl* -es> ① (*road*) Pass *m;* **mountain ~** [Gebirgs]pass *m* ② SPORTS (*of a ball*) Pass *m,* Vorlage *f* (*für ein Tor*) ③ (*fam: sexual advance*) **to make a ~ at sb** sich an jdn ranmachen ④ BRIT SCH, UNIV (*exam success*) Bestehen *nt* einer Prüfung; AM (*grade*) „Bestanden" ⑤ (*permit*) Passierschein *m;* (*for a festival*) Eintritt *m;* (*for public transport*) [Wochen-/Monats-/Jahres-]karte *f* **II.** *vt* ① (*go past*) ■**to ~ sb/sth** an jdm/etw vorbeigehen; (*in car*) an jdm/etw vorbeifahren ② (*overtake*) überholen ③ (*exceed*) *limit* überschreiten ④ (*hand to*) ■**to ~ sth to sb** jdm etw geben; ■**to be ~ed to sb** auf jdn übergehen ⑤ SPORTS **to ~ the ball to sb** jdm den Ball zuspielen ⑥ (*succeed*) *exam, test* bestehen ⑦ *usu passive esp* POL (*approve*) ■**to be ~ed** *law* verabschiedet werden ⑧ MED (*form: excrete*) **to ~ water** Wasser lassen ▶ PHRASES: **to ~ the buck to sb/sth** (*fam*) die Verantwortung auf jdn/etw abwälzen **III.** *vi* ① (*move by*) vorbeigehen, vorbeikommen; *road* vorbeiführen; *parade* vorbeiziehen; *car* vorbeifahren; **to ~ unnoticed** unbemerkt bleiben ② (*overtake*) überholen ③ (*go away*) vorübergehen, vorbeigehen ④ SPORTS (*of a ball*) zuspielen ⑤ SCH (*succeed*) bestehen ⑥ (*go by*) *time* vergehen ⑦ (*not answer*) passen [müssen] ⑧ (*forgo*) ■**to ~ on sth** auf etw *akk* verzichten ⑨ (*be accepted as*) **I don't think you'll ~ as 18** keiner wird dir abnehmen, dass du 18 bist ◆**pass along I.** *vt* ■**to ~ along** ↻ **sth** etw weitergeben **II.** *vi* vorbeigehen ◆**pass around** *vt* herumreichen ◆**pass away I.** *vi* ① (*euph: die*) entschlafen *geh* ② (*fade*) nachlassen; *anger* verrauchen **II.** *vt* **we ~ed away the evening watching TV** wir verbrachten den Abend mit Fernsehen ◆**pass by I.** *vi* ① *time* vergehen ② (*go past*) [an jdm/etw] vorbeigehen; (*in vehicle*) [an jdm/etw] vorbeifahren **II.** *vt* ① (*miss sb*) ■**sth ~es sb by** etw geht an jdm vorbei ② (*go past*) ■**to ~ by** ↻ **sb/sth** an jdm/etw vorübergehen ◆**pass down** *vt* ① *usu passive* (*bequeath*) ■**to be ~ed down** *tradition* weitergegeben werden; *songs, tales* überliefert werden ② (*hand down*) hinunterreichen ◆**pass off I.** *vt* ① (*hide*) abtun ② (*pretend*) ■**to ~ oneself off as sb** sich als jd ausgeben **II.** *vi* ① (*take place*) verlaufen ② (*fade*) nachlassen ◆**pass on I.** *vi* ① (*proceed*) fortfahren, weitermachen ② (*euph: die*) entschlafen *geh* **II.** *vt* ① *information, news* weitergeben ② *disease* übertragen ③ *usu passive* ■**to be ~ed on** *clothes, traditions* weitergegeben werden; *fortune* [weiter]vererbt werden; *stories* überliefert werden ◆**pass out I.** *vi* ① (*faint*) in Ohnmacht fallen, bewusstlos werden ② (*leave*) hinausgehen **II.** *vt* AM (*hand out*) verteilen ◆**pass over** *vt* ① *usu passive* (*not promote*) ■**to be ~ed over [for promotion]** [bei der Beförderung] übergangen werden ② (*overlook*) übergehen ③ *plane, birds* fliegen (über +*akk*) ◆**pass round** *vt* BRIT *see* **pass around** ◆**pass through I.** *vi* durchreisen **II.** *vt* **the cook ~ed the carrots through the mixer** der Koch pürierte die Karotten im Mixer ◆**pass up** *vt* ■**to ~ up** ↻ **sth** sich *dat* etw entgehen lassen
pass·able ['pɑːsəbl̩, AM 'pæs-] *adj* ① (*traversable*) passierbar, befahrbar ② (*satisfactory*) [ganz] passabel; **only ~** nur so leidlich
pas·sage ['pæsɪdʒ] *n* ① (*narrow corridor*) Gang *m,* Flur *m;* **underground ~** Unterführung *f* ② (*long path*) Durchgang *m* ③ LIT (*excerpt*) [Text]passage *f;* MUS Stück *nt* ④ (*way of escape*) Durchlass *m* ⑤ *no pl* (*progression*) Voranschreiten *nt; of troops* Durchzug *m; of a plane* Überfliegen *nt; of fire* ungehindertes Sichausbreiten
'pas·sage·way *n* Korridor *m,* [Durch]gang *m*
'pass·book *n* Sparbuch *nt*
pas·sen·ger ['pæsᵊndʒəʳ, AM -ɚ] **I.** *n* (*on a bus, tube*) Fahrgast *m;* (*of an airline*) Passagier(in) *m(f);* (*on a train*) Reisende(r) *f(m);* (*in a car*) Mitfahrer(in) *m(f),* Insasse(in) *m(f)* **II.** *adj plane, ship, transport* Passagier-; **~ lift/traffic** Personenaufzug *m*/-verkehr *m;* **~ side** Beifahrerseite *f*
'pas·sen·ger list *n* Passagierliste *f* **'pas·sen·ger train** *n* Personenzug *m*
pass·er-by <*pl* passers-> [ˌpɑːsə'baɪ, AM ˌpæsɚ'-] *n* Passant(in) *m(f)*
pass·ing ['pɑːsɪŋ, AM 'pæs-] **I.** *adj attr* ① *vehicle* vorbeifahrend; *person* vorbeikommend; **with each ~ day** mit jedem wei-

P

teren Tag[, der vergeht] ② *glance, thought* flüchtig; **a ~ fancy** nur so eine Laune ③ *remark* beiläufig ④ *resemblance* gering **II.** *n no pl* ① (*death*) Ableben *nt geh* ② (*end*) Niedergang *m;* **the ~ of an era** das Ende einer Ära ③ (*going by*) Vergehen *nt;* **with the ~ of the years** [*or* **time**] im Lauf der Jahre ④ SPORTS Passen *nt*

pass·ing-'out *n* BRIT, AUS MIL, UNIV Abschlussfeier *f* **pass·ing-'out cer·emo·ny** *n* BRIT, AUS, **pass·ing-'out pa·rade** *n* BRIT, AUS MIL, UNIV Abschlusszeremonie *f*

'pass·ing place *n* Ausweichstelle *f*

pas·sion ['pæʃᵊn] *n* ① (*love, strong emotion*) [große] Leidenschaft; **crime of ~** Verbrechen *nt* aus Leidenschaft; **to hate sb/sth with a ~** jdn/etw aus tiefstem Herzen hassen ② (*fancy*) Vorliebe *f;* **to have a ~ for doing sth** etw leidenschaftlich gerne tun

Aussprache

Endet ein Wort auf **ssion**, wird **ss** als [ʃ], wie in **sh**ow [ʃəʊ] und wi**sh** [wɪʃ] ausgesprochen: **passion** = ['pæʃᵊn]. Andere Beispiele hierfür sind:

aggression	[ə'greʃᵊn]	(*Aggression*)
commission	[kə'mɪʃᵊn]	(*in Auftrag geben*)
confession	[kən'feʃᵊn]	(*Geständnis*)
depression	[dɪ'preʃᵊn]	(*Depression*)
emission	[ɪ'mɪʃᵊn]	(*Emission*)
session	['seʃᵊn]	(*Sitzung*)
transmission	[trænz'mɪʃᵊn]	(*Sendung*)

pas·sion·ate ['pæʃᵊnət, AM -nɪt] *adj* leidenschaftlich

'pas·sion flow·er *n* Passionsblume *f* **'pas·sion fruit** *n* Passionsfrucht *f*

pas·sion·less ['pæʃᵊnləs] *adj* (*pej*) leidenschaftslos

'pas·sion play *n* Passionsspiel *nt* **'Pas·sion Week** *n* Karwoche *f*

pas·sive ['pæsɪv] **I.** *n no pl* LING Passiv *nt* **II.** *adj* ① *role* passiv; *victim* hilflos ② (*submissive*) unterwürfig; **to be too ~** sich *dat* zu viel gefallen lassen ③ LING passiv, passivisch

pas·sive·ness ['pæsɪvnəs] *n no pl* (*inactivity*) Passivität *f;* (*apathy*) Teilnahmslosigkeit *f*

'pass key *n* Hauptschlüssel *m* **'pass mark** *n* BRIT, AUS Ausreichend *nt kein pl* (*Mindestnote für das Bestehen einer Prüfung*)

Pass·over [ˌpɑːs'əʊvəʳ, AM 'pæsˌoʊvɚ] *n* Passah[fest] *nt*

pass·port ['pɑːspɔːt, AM 'pæspɔːrt] *n* [Reise]pass *m;* (*fig*) Schlüssel *m* (**to** zu +*dat*)

'pass·port con·trol *n no pl* Passkontrolle *f* **'pass·port hold·er** *n* [Reise]passinhaber(in) *m(f)* **'pass·word** *n* Parole *f,* Losungswort *nt;* FIN Kennwort *nt;* COMPUT Passwort *nt*

past [pɑːst, AM pæst] **I.** *n no pl* ① (*not present*) Vergangenheit *f;* (*past life*) Vorleben *nt* ② LING (*in grammar*) Vergangenheit[sform] *f* **II.** *adj* ① *attr* (*preceding*) vergangen; (*former*) frühere(r, s); **for the ~ five weeks** während der letzten fünf Wochen ② (*over*) vorüber, vorbei **III.** *adv* **to go ~ sb/sth** an jdm/etw vorbeigehen; *vehicle* an jdm/etw vorbeifahren **IV.** *prep* ① (*to other side*) an ... vorbei; **to drive ~** vorbeifahren; (*at other side*) hinter, nach; **just ~ the post office** gleich hinter der Post ② (*after the hour of*) nach; **it's quarter ~ five** es ist Viertel nach Fünf ③ (*beyond*) **the meat was ~ the expiry date** das Fleisch hatte das Verfallsdatum überschritten; **to be ~ it** (*pej, hum*) zu alt sein

pas·ta ['pæstə, AM 'pɑː-] *n no pl* Nudeln *pl*

past con·'tinu·ous *n no pl* Verlaufsform *f* der Vergangenheit

paste [peɪst] **I.** *n no pl* ① (*soft substance*) Paste *f* ② (*sticky substance*) Kleister *m* ③ FOOD (*mixture*) Teig *m* **II.** *vt* ① (*affix*) kleben (**on**[**to**] auf +*akk*) ② COMPUT einfügen

'paste·board *n no pl* Karton *m,* Pappe *f*

pas·tel ['pæstᵊl, AM pæs'tel] **I.** *n* ① ART (*material*) Pastellkreide *f;* (*drawing*) Pastell *nt* ② (*colour*) Pastellton *m* **II.** *adj* pastellfarben

'paste-up *n* Montage *f*

pas·teuri·za·tion [ˌpæstʃᵊraɪ'zeɪʃᵊn, AM -tʃɚɪ'-] *n no pl* Pasteurisation *f*

pas·teur·ize [ˌpæstʃᵊraɪz, AM -tʃər-] *vt usu passive* pasteurisieren

pas·time ['pɑːstaɪm, AM 'pæs-] *n* Zeitvertreib *m*

pas·tor ['pɑːstəʳ, AM 'pæstɚ] *n* Pfarrer *m,* Pastor *m*

pas·to·ral ['pɑːstᵊrᵊl, AM 'pæs-] *adj* ① REL pastoral, seelsorgerisch ② LIT, ART idyllisch, Schäfer-; *scene* ländlich

past par·'ti·ci·ple *n* Partizip Perfekt *nt* **past 'per·fect, past 'per·fect tense** *n no pl* Plusquamperfekt *nt*

pas·try ['peɪstri] *n* ① *no pl* (*dough*) [Kuchen]teig *m* ② (*cake*) Gebäckstück *nt*

'pas·try chef, 'pas·try cook *n* Konditor(in) *m(f)*

'past tense *n* Vergangenheit *f*

pas·ture ['pɑːstʃəʳ, AM 'pæstʃɚ] *n* Weide *f;* **to put animals out to ~** Tiere auf die Weide treiben; ~**s new** BRIT (*fig*), **new ~s** AM (*fig*) neue Aufgaben, etwas Neues

'pas·ture land *n no pl* Weideland *nt*

pasty[1] ['pæsti] *n* BRIT, CAN Pastete *f*

pasty[2] ['peɪsti] *adj* (*pej*) *complexion* bleich, käsig *fam*

pat [pæt] **I.** *vt* <-tt-> tätscheln; **to ~ sb/oneself on the back** (*fig*) jdm/sich selbst auf die Schulter klopfen **II.** *n* ① (*tap*) [freundlicher] Klaps, Tätscheln *nt kein pl;* **to give sb/an animal a ~** jdm/einem Tier einen liebevollen Klaps geben ② (*dab*) **a ~ of butter** eine [kleine] Portion Butter

patch [pætʃ] **I.** *n* <*pl* -es> ① (*spot*) Fleck[en] *m;* ■**in ~es** stellenweise; **vegetable ~** [kleines] Gemüsebeet ② BRIT (*fam: phase*) Phase *f;* **to go through a bad ~** eine schwere Zeit durchmachen ③ (*fabric*) Flicken *m;* (*for an eye*) Augenklappe *f;* (*plaster*) Pflaster *nt* ►PHRASES: **to not be a ~ on sb/sth** BRIT, AUS (*fam*) jdm/etw nicht das Wasser reichen können **II.** *vt* (*cover*) flicken ◆**patch up** *vt* ① (*repair*) zusammenflicken *fam* ② (*fig: conciliate*) **to ~ up a quarrel** einen Streit beilegen

'patch·work I. *n* ① *no pl* (*needlework*) Patchwork *nt* ② (*fig: mishmash*) Flickwerk *nt* **II.** *adj* Flicken-; **~ quilt** Patchworkdecke *f*

patchy ['pætʃi] *adj* ① METEO ungleichmäßig; **~ rain** stellenweise Regen ② (*fig: inconsistent*) großen Qualitätsschwankungen unterworfen, von sehr unterschiedlicher Qualität *nach n, präd;* (*incomplete*) unvollständig; *knowledge* lückenhaft

pâté ['pæteɪ, AM pɑː'teɪ] *n* Pastete *f*

pa·tel·la <*pl* -lae> [pə'telə, *pl* -liː] *n* (*spec*) Patella *f*

pa·tent ['peɪtᵊnt, 'pæt-, AM *esp* 'pæt-] **I.** *n* LAW Patent *nt* (**on** auf +*akk*); **to take out a ~ on sth** [sich *dat*] etw patentieren lassen **II.** *adj* ① *attr* (*copyrighted*) Patent-, patentiert ② (*form: blatant*) offenkundig **III.** *vt* **to ~ an invention** eine Erfindung patentieren lassen

pa·tent·ed ['peɪtᵊntɪd, 'pæt-, AM *esp* 'pæt-] *adj* (*copyrighted*) patentiert

pa·tentee [ˌpeɪtᵊn'tiː, ˌpæt-, AM ˌpæt-] *n* Patentinhaber(in) *m(f)* **pa·tent 'leath·er** *n* Lackleder *nt*

pa·tent 'medi·cine *n* [patentrechtlich] geschütztes Arzneimittel **'pa·tent of·fice** *n* Patentamt *nt*

pa·ter·nal [pə'tɜːnᵊl, AM -'tɜːr-] *adj* ① *attr* (*on the father's side*) väterlich; **~ ancestors** Vorfahren *pl* väterlicherseits ② (*fatherly*) väterlich

pa·ter·nal·ism [pə'tɜːnᵊlɪzᵊm, AM -'tɜːr-] *n no pl* Paternalismus *m*

pa·ter·nal·is·tic [pəˌtɜːnᵊl'ɪstɪk, AM -ˌtɜːr-] *adj* paternalistisch

pa·ter·nity [pə'tɜːnəti, AM -'tɜːrnət̬i] *n no pl* (*form: fatherhood*) Vaterschaft *f*

pa·'ter·nity leave *n no pl* Vaterschaftsurlaub *m* **pa·'ter·nity suit** *n* Vaterschaftsprozess *m*

path [pɑːθ, AM pæθ] *n* ① (*way*) Weg *m*, Pfad *m;* **to clear a ~** einen Weg bahnen; *of a person* Lebensweg *m;* **to cross sb's ~** jdm über den Weg laufen ② (*direction*) Weg *m; of a bullet* Bahn *f;* **to block sb's ~** jdm den Weg verstellen

pa·thet·ic [pə'θetɪk, AM -t̬-] *adj* ① (*heartrending*) Mitleid erregend; **a ~ sight** ein Bild des Jammers ② (*pej: pitiful*) jämmerlich; *attempt* kläglich; *answer, reply* dürftig; *excuse* schwach

> **Falsche Freunde**
>
> Nicht verwechseln mit pathetisch — *emotive*!

'path·find·er *n* (*person*) Wegbereiter(in) *m(f);* (*thing*) bahnbrechende Neuerung

patho·logi·cal [ˌpæθə'lɒdʒɪkᵊl, AM -'lɑːdʒ-] *adj* ① (*fam*) krankhaft; *liar* notorisch ② UNIV, MED Pathologie-; *analysis, examination* pathologisch

pa·tholo·gist [pə'θɒlədʒɪst, AM -'θɑːl-] *n* Pathologe, Pathologin *m, f*

pa·thol·ogy [pə'θɒlədʒi, AM -'θɑːl-] *n no pl* ① (*study of illnesses*) Pathologie *f* ② (*disease characteristics*) Krankheitsbild *nt*

pa·thos ['peɪθɒs, AM -θɑːs] *n no pl* Pathos *nt geh*

'path·way *n* ① (*a. fig: routeway*) Weg *m a. fig* ② MED, BIOL Leitungsbahn *f*

pa·tience ['peɪʃᵊn(t)s] *n no pl* ① (*endurance*) Geduld *f* ② BRIT, AUS CARDS Patience *f*

pa·tient ['peɪʃᵊnt] **I.** *adj* geduldig; ■**to be ~ with sb** mit jdm Geduld haben **II.** *n* MED Patient(in) *m(f)*

pati·na ['pætɪnə, AM -tᵊnə] *n no pl* ① CHEM, SCI, TECH Film *m;* (*on copper, brass*) Patina *f;* (*verdigris*) Grünspan *m;* (*sheen*) Firnis *m* ② (*fig form: veneer*) Fassade *f*

pa·tio ['pætiəʊ, AM -t̬ioʊ] **I.** *n* ① (*courtyard*) Innenhof *m;* ■**on the ~** im Innenhof ② (*veranda*) Terrasse *f*, Veranda *f* **II.** *adj* (*courtyard*) Innenhof-; (*veranda*) Veranda-; **~ furniture** Gartenmöbel *pl*

pa·tri·arch ['peɪtriɑːk, AM -ɑːrk] *n* ① (*bishop*) Patriarch *m* ② (*father figure*) Familienoberhaupt *nt* ③ (*founder*) Vater *m*

pa·tri·ar·chal [ˌpeɪtriˈɑːkəl, AM -ˈɑːr-] *adj* patriarchalisch

pa·tri·ar·chy [ˈpeɪtriɑːki, AM -ɑːrki] *n* Patriarchat *nt*

pa·tri·cian [pəˈtrɪʃən] *adj* ❶ (*hist: of Roman aristocracy*) patrizisch, Patrizier- ❷ (*aristocratic*) aristokratisch; (*pej*) vornehm *iron*

pat·ri·cide [ˈpætrɪsaɪd, AM -rə-] *n no pl* Vatermord *m*

pa·tri·ot [ˈpætriət, ˈpeɪ-, AM ˈpeɪ-] *n* Patriot(in) *m(f)*

pat·ri·ot·ic [ˌpætriˈɒtɪk, ˌpeɪ-, AM ˌpeɪtriˈɑːt̬-] *adj* patriotisch

pa·tri·ot·ism [ˈpætriətɪzəm, ˌpeɪ-, AM ˈpeɪ-] *n no pl* Patriotismus *m*

pa·trol [pəˈtrəʊl, AM -ˈtroʊl] **I.** *vi* <-ll-> patrouillieren **II.** *vt* <-ll-> abpatrouillieren; **to ~ one's beat** (*police*) auf Streife sein; (*watchman*) seine Runde machen **III.** *n* Patrouille *f*; **highway ~** AM *Polizei, die die Highways überwacht*

pa·ˈtrol car *n* Streifenwagen *m* **pa·ˈtrol duty** *n* Streifendienst *m* **pa·ˈtrol·man** *n* AM, AUS Streifenpolizist(in) *m(f)* **pa·ˈtrol wag·on** *n* AM, AUS Gefangenenwagen *m* (*der Polizei*)

pa·tron [ˈpeɪtrən] *n* ❶ (*form: customer*) [Stamm]kunde *m* ❷ (*benefactor*) Schirmherr *m*; **~ of the arts** Mäzen(in) *m(f)* der [schönen] Künste

pat·ron·age [ˈpætrənɪdʒ, ˈpeɪ-, AM *esp* ˈpeɪ-] *n no pl* (*support*) Schirmherrschaft *f*; **by the kind ~ of sb/sth** durch die freundliche Unterstützung einer Person/einer S. *gen*

pa·tron·ess <*pl* -es> [ˌpeɪtrəˈnes, ˈpæt-, AM ˈpeɪtrənɪs] *n* ❶ (*benefactress*) Schirmherrin *f*; **~ of the arts/sciences** Förderin *f* der [schönen] Künste/Wissenschaften ❷ REL Schutzpatronin *f*

pat·ron·ize [ˈpætrənaɪz, AM *esp* ˈpeɪ-] *vt* ❶ (*form: frequent*) ■**to ~ sth** [Stamm]kunde bei etw *dat* sein ❷ (*pej: treat condescendingly*) ■**to ~ sb** jdn herablassend behandeln

pat·ron·iz·ing [ˈpætrənaɪzɪŋ, AM *esp* ˈpeɪ-] *adj* (*pej*) *attitude* herablassend; *look, tone* gönnerhaft, von oben herab *präd*

pa·tron ˈsaint *n* Schutzpatron(in) *m(f)*

Land und Leute

England, Irland, Schottland und Wales haben alle ihre eigenen **patron saints** (*Schutzpatrone*). *St George* von England wird am 23. April gefeiert, *St Patrick* von Irland am 17. März, *St David* von Wales am 1. März und *St Andrew* von Schottland wird am 30. November begangen. Der Apostel Andreas wurde an ein X-förmiges Kreuz genagelt, und deshalb findet man ein weißes *St Andrew's cross* oder *saltire* auf der blauen schottischen Flagge.

pat·ter [ˈpætəʳ, AM -t̬ɚ] **I.** *n no pl of rain* Prasseln *nt*; *of feet* Getrippel *nt* **II.** *vi feet* trippeln; *rain* prasseln

ˈpat·ter mer·chant *n* (*fam*) Sprücheklopfer(in) *m(f) fam*

pat·tern [ˈpætən, AM -t̬ɚn] **I.** *n* ❶ (*structure, design*) a. ECON Muster *nt* ❷ FASHION (*for sewing*) Schnitt *m* **II.** *vt* ■**to ~ sth on sth** etw nach dem Vorbild einer S. *gen* gestalten; ■**to ~ oneself on sb** jdm nacheifern

ˈpat·tern book *n* Musterbuch *nt*

pat·terned [ˈpætənd, AM -t̬ɚnd] *adj* gemustert

paunch <*pl* -es> [pɔːn(t)ʃ, AM pɑːntʃ] *n* Bauch *m*, Wanst *m fam*

paunchy [ˈpɔːn(t)ʃi, AM ˈpɑːntʃi] *adj* dickbäuchig

pau·per [ˈpɔːpəʳ, AM ˈpɑːpɚ] *n* Arme(r) *f(m)*

pause [pɔːz, AM *esp* pɑːz] **I.** *n* Pause *f* **II.** *vi* eine [kurze] Pause machen; *speaker* innehalten

pave [peɪv] *vt usu passive* ❶ (*cover*) pflastern; (*fig*) **the streets are ~d with gold** das Geld liegt auf der Straße ❷ (*fig: path-find*) **to ~ the way for sth** etw *dat* den Weg ebnen

pave·ment [ˈpeɪvmənt] *n* ❶ BRIT (*footway*) Gehsteig *m*, Bürgersteig *m* ❷ *no pl* AM, AUS (*road surface*) Asphalt *m*

ˈpave·ment art·ist *n* BRIT Pflastermaler(in) *m(f)*

pa·vil·ion [pəˈvɪljən] *n* ❶ BRIT SPORTS Klubhaus *nt* ❷ AM (*block*) Gebäudeflügel *m* ❸ (*at an exhibition*) [Messe]pavillon *m*

pav·ing [ˈpeɪvɪŋ] *n no pl* ❶ (*paved area*) Pflaster *nt* ❷ *esp* BRIT (*material*) Pflastersteine *pl*; AM Asphalt *m*

ˈpav·ing stone *n esp* BRIT Pflasterstein *m*

paw [pɔː, AM *esp* pɑː] **I.** *n* Pfote *f*; *of a big cat, bear* Pranke *f*; (*hum fam*) Pfote *f sl* **II.** *vt* ❶ (*scrape*) **to ~ the ground** scharren ❷ (*fam: touch*) begrabschen **III.** *vi dog* scharren; *bull, horse* mit den Hufen scharren

pawn¹ [pɔːn, AM *esp* pɑːn] *n* CHESS Bauer *m*; (*fig*) Marionette *f*

pawn² [pɔːn, AM *esp* pɑːn] *vt* verpfänden

ˈpawn·bro·ker *n* Pfandleiher(in) *m(f)*

ˈpawn·bro·king *n no pl* Pfandleihe *f*

ˈpawn·shop *n* Pfandleihe *f* **ˈpawn tick·et** *n* Pfandschein *m*

pay [peɪ] **I.** *n no pl* (*wages*) Lohn *m*; (*salary*) Gehalt *nt*; *of a civil servant* Bezüge *pl*;

P

of a soldier Sold *m* **II.** *vt* <paid, paid> ❶ (*give*) [be]zahlen; ■**~ out** etw [aus]zahlen; **to ~ cash/dollars/money** [in] bar/in Dollar/Geld [be]zahlen; **to ~ dividends** *investment* Dividenden ausschütten; *firm* Dividenden ausbezahlen; (*fig*) sich auszahlen ❷ (*give money for/to, settle*) bezahlen; **to ~ one's dues** (*debts*) seine Schulden bezahlen; (*fig: obligations*) seine Schuldigkeit tun; *into account* einzahlen (auf *+akk*) ❸ (*fig: suffer the consequences*) **to ~ the price [for sth]** [für etw *akk*] bezahlen ❹ (*bestow*) **to ~ attention** Acht geben *akk;* **to ~ [sb] a compliment** [jdm] ein Kompliment machen ▶ PHRASES: **to ~ one's way** finanziell unabhängig sein **III.** *vi* <paid, paid> ❶ (*give money*) [be]zahlen ❷ (*be worthwhile*) sich auszahlen; (*be profitable*) rentabel sein; ■**it ~s to do sth** es lohnt sich, etw zu tun ❸ (*fig: suffer*) ■**to ~ [for sth]** [für etw *akk*] bezahlen; **to ~ with one's life** mit dem Leben bezahlen ◆**pay back** *vt* ❶ (*give back*) zurückzahlen; *debts* bezahlen; *money* zurückgeben ❷ (*fig: for revenge*) ■**to ~ sb back for sth** jdm etw heimzahlen ◆**pay down** *vt* anzahlen ◆**pay in I.** *vi* (*to a scheme*) einzahlen **II.** *vt* einzahlen ◆**pay off I.** *vt* ❶ (*repay*) abbezahlen; (*settle*) begleichen; *mortgage* tilgen ❷ (*give money to*) aus[be]zahlen; (*fam: bribe*) ■**to ~ off** ↻ **sb** jdn kaufen **II.** *vi* (*fig fam*) sich auszahlen ◆**pay out I.** *vt* ❶ (*spend*) ausgeben ❷ (*give out*) aus[be]zahlen **II.** *vi* ❶ FIN **to ~ out [on a policy]** [be]zahlen ❷ (*fig: be worthwhile*) sich auszahlen ◆**pay over** *vt* BRIT aushändigen ◆**pay up I.** *vi* [be]zahlen **II.** *vt* [vollständig] zurückzahlen; *debt* [vollständig] begleichen

pay·able ['peɪəbl̩] *adj attr* zahlbar; (*due*) fällig

pay as you 'earn *n* BRIT *Steuerverfahren, bei dem der Arbeitgeber die Lohnsteuer direkt an das Finanzamt weiterleitet* **'pay award** *n* Lohnerhöhung *f*

'pay·back clause *n* Rückzahlungsklausel *f*

'pay·back pe·ri·od *n* Amortisationszeit *f* *fachspr*

'pay cheque, AM **'pay check** *n* Lohnscheck *m* **'pay claim** *n* BRIT, AUS Lohnforderung *f* **'pay day** *n no pl* Zahltag *m* **'pay deal** *n* Lohnvereinbarung *f* **'pay desk** *n* Kasse *f*

PAYE [ˌpiːeɪwaɪ'iː] *n no pl* BRIT *abbrev of* **pay as you earn**

payee [peɪ'iː] *n* Zahlungsempfänger(in) *m(f)*

pay·er ['peɪəʳ, AM -ɚ] *n* Zahler(in) *m(f); fee ~* Gebührenzahler(in) *m(f)*

'pay freeze *n* Lohnstopp *m*

pay·ing ['peɪɪŋ] *adj attr* zahlend

'pay·load *n* ❶ TRANSP, AEROSP Nutzlast *f* ❷ MIL Bombenlast *f* **'pay·mas·ter** *n* Zahlmeister(in) *m(f)*

pay·ment ['peɪmənt] *n* ❶ (*sum*) Zahlung *f;* (*fig*) Lohn *m* ❷ (*act of paying*) Bezahlung *f*

'pay ne·go·tia·tions *npl* Tarifverhandlungen *pl*

'pay-off *n* ❶ (*bribe*) Bestechung *f;* **to receive a ~ from sb** von jdm bestochen werden ❷ (*fam: positive result*) Lohn *m;* (*as punishment*) Quittung *f* ❸ (*on leaving a job*) Abfindung *f*

'pay of·fice *n* Lohnbüro *nt*

'pay·out *n* FIN Ausschüttung *f*

'pay pack·et *n* BRIT, AUS (*for blue-collar worker*) Lohntüte *f;* (*for white-collar worker*) Gehalt *m* **pay-per-'call** *n* Pay-per-Call *kein art* **pay-per-'click** *n* Pay-per-Click *kein art* **pay-per-'view** *n no pl* Pay-per-View *nt* (*System, bei dem der Zuschauer nur für die Sendungen zahlt, die er auch tatsächlich gesehen hat*) **'pay·phone** *n* Münzfernsprecher *m* **'pay rise** BRIT, AUS, AM **'pay raise** *n* (*for blue-collar worker*) Lohnerhöhung *f;* (*for white-collar worker*) Gehaltserhöhung *f* **'pay·roll** *n* *usu sing* (*for white-collar worker*) Gehaltsliste *f;* (*for blue-collar worker*) Lohnliste *f* **'pay round** *n* Tarifrunde *f* **'pay set·tle·ment** *n* Tarifvereinbarung *f* **'pay·slip** *n* Gehaltstreifen *m;* (*for blue-collar worker*) Lohnzettel *m* **'pay sta·tion** *n* BRIT [öffentliche] Telefonzelle **'pay talks** *npl* Tarifverhandlungen *pl* **pay T'V** *n no pl* (*fam*) Pay-TV *nt*

PBS [ˌpiːbiː'es] *n no pl, no art abbrev of* **Public Broadcasting Service** *amerikanischer Fernsehsender*

PC [ˌpiː'siː] **I.** *n* ❶ *abbrev of* **personal computer** PC *m* ❷ BRIT *abbrev of* **police constable** ❸ *abbrev of* **political correctness** **II.** *adj abbrev of* **politically correct** pc

pc [ˌpiː'siː] *n abbrev of* **per cent** p.c.

PDA [ˌpiːdiː'eɪ] *n abbrev of* **personal digital assistant** PDA *m*

PE [ˌpiː'iː] *n no pl abbrev of* **physical education**

pea [piː] *n* Erbse *f*

peace [piːs] *n no pl* ❶ (*no war*) Frieden *m* ❷ (*social order*) Ruhe *f,* Frieden *m;* **to make one's ~ with sb** sich mit jdm versöhnen ❸ (*tranquillity*) **~ of mind** Seelenfrieden *m;* **to leave sb in ~** jdn in Frieden lassen; **to be at ~ with the world** mit sich und der Welt im Einklang sein

P

peace·able ['pi:səbl̩] *adj* friedlich; *person* friedliebend

'peace ac·tiv·ist *n* Friedensaktivist(in) *m(f)* **'peace con·fer·ence** *n* Friedenskonferenz *f* **'peace en·force·ment** *n* Friedensvermittlung *f*

peace·ful ['pi:sfᵊl] *adj* friedlich; *nation a.* friedfertig; (*calm*) ruhig; *person* friedliebend

'peace ini·tia·tive *n* Friedensinitiative *f* **'peace'keep·ing I.** *n no pl* Friedenssicherung *f* **II.** *adj* Friedens-; ~ **force** Friedenstruppe *f* **'peace-lov·ing** *adj* friedliebend **'peace·mak·er** *n* Frieden[s]stifter(in) *m(f)* **'peace·mak·ing** *n* Befriedung *f geh* **'peace march** *n* Friedensdemonstration *f* **'peace move·ment** *n* Friedensbewegung *f* **'peace ne·go·tia·tions** *npl* Friedensverhandlungen *pl* **'peace of·fer, 'peace of·fer·ing** *n* Friedensangebot *nt* **'peace pipe** *n* Friedenspfeife *f* **'peace set·tle·ment** *n* Friedensabkommen *nt* **'peace sign** *n* Friedenszeichen *nt* (*mit dem Zeige- und Mittelfinger gebildetes V*) **'peace·time** *n no pl* Friedenszeiten *pl* **'peace trea·ty** *n* Friedensvertrag *m*

peach [pi:tʃ] **I.** *n* <*pl* -es> (*fruit*) Pfirsich *m;* (*tree*) Pfirsichbaum *m* **II.** *adj* (*peach-coloured*) pfirsichfarben

pea·cock ['pi:kɒk, AM -kɑ:k] *n* Pfau *m* **pea-'green I.** *n no pl* Erbsengrün *nt* **II.** *adj* erbsengrün **'pea·hen** *n* Pfauenhenne *f*

peak [pi:k] **I.** *n* ❶ (*mountain top*) Gipfel *m* ❷ (*highest point*) Gipfel *m; of a curve, line* Scheitelpunkt *m;* **to reach a ~** den Höchststand erreichen **II.** *vi career* den Höhepunkt erreichen; *athletes* [seine] Höchstleistung erbringen; *skill* zur Perfektion gelangen; *figures, rates, production* den Höchststand erreichen **III.** *adj* ❶ (*busiest*) Haupt-; ~ **viewing time** Hauptsendezeit *f* ❷ (*best, highest*) Spitzen-; ~ **productivity** maximale Produktivität

peak ca·'pac·ity *n usu sing* Auslastung *f kein pl;* **to reach ~** voll ausgelastet sein **peak de·'mand** *n* Spitzenbedarf *m kein pl* (**for** an +*dat*)

peaked [pi:kt] *adj* ❶ (*pointed*) *hat* spitz ❷ AM (*tired, sick*) kränklich, abgespannt

'peak hours *npl* Stoßzeit *f* **'peak lev·el** *n no pl* Höchststand *m* **'peak load** *n* Maximalladung *f; of lorries, elec also* Spitzenlast *f* **'peak pe·ri·od** *n* Stoßzeit *f;* ~ **for travel** Hauptreisezeit *f* **'peak pow·er** *n no pl* Höchstleistung *f* **'peak sea·son** *n usu sing* Hochsaison *f*

peaky [pi:ki] *adj pred* BRIT kränklich; **to feel ~** sich nicht gut fühlen

peal [pi:l] **I.** *n* (*sound*) Dröhnen *nt kein pl;* ~ **of bells** Glockengeläut[e] *nt kein pl* **II.** *vi thunderstorm* dröhnen; *bells* läuten ◆**peal out** *vi* ertönen; *laughter a.* erschallen; *thunder* dröhnen

pea·nut ['pi:nʌt] *n* ❶ (*nut*) Erdnuss *f* ❷ (*fam: very little*) ■**~s** *pl* Klacks *m;* **to pay ~s** einen Hungerlohn zahlen

pea·nut 'but·ter *n no pl* Erdnussbutter *f*

pear [peəʳ, AM per] *n* (*fruit*) Birne *f;* (*tree*) Birnbaum *m*

pearl [pɜ:l, AM pɜ:rl] *n* ❶ (*jewel*) Perle *f;* **string of ~s** Perlenkette *f* ❷ (*fig: a drop*) Tropfen *m,* Perle *f*

pearl 'bar·ley *n no pl* Perlgraupen *pl* **pearl 'but·ton** *n* Perlmuttknopf *m* **'pearl div·er, 'pearl fish·er** *n* Perlentaucher(in) *m(f)*

pearl·es·cent [pɜ:l'esᵊnt, AM pɜ:rl'-] *adj car paintwork, nail polish* Perlmutt-

'pearl fish·ing *n no pl* Perlenfischen *nt*

pearly ['pɜ:li, AM 'pɜ:rli] *adj* perlmuttartig; (*adorned with pearls*) mit Perlen besetzt; (*pearl-coloured*) perlweiß

peas·ant ['pezᵊnt] **I.** *n* ❶ (*small farmer*) [Klein]bauer, [Klein]bäuerin *m, f* ❷ (*pej! fam*) Bauer *m* **II.** *adj* [klein]bäuerlich; ~ **revolt** Bauernaufstand *m;* ~ **tradition** bäuerliches Brauchtum

peas·ant·ry ['pezᵊntri] *n no pl* [Klein]bauernstand *m*

'peas·ant skirt *n langer, geraffter, bunter Rock mit Bordürenstickerei*

pea-'soup·er *n* ❶ BRIT (*dated fam*) *dichter Nebel, oft auch Smog* ❷ CAN (*pej: French Canadian*) Frankokanadier(in) *m(f)*

peat [pi:t] *n no pl* Torf *m*

'peat bog *n* Torfmoor *nt*

peb·ble ['pebl̩] **I.** *n* Kieselstein *m* **II.** *vt* ■**to ~ sth** Kies auf etw *akk* schütten

peb·bly ['pebli] *adj* steinig

pe·can ['pi:kæn, AM pɪ'kɑ:n] *n* (*nut*) Pekannuss *f;* (*tree*) Hickory[baum] *m*

pec·ca·dil·lo <*pl* -s *or* -es> [ˌpekə'dɪləʊ, AM -oʊ] *n* kleine Sünde

peck [pek] **I.** *n* ❶ (*bite*) Picken *nt kein pl;* **to give sb/sth a ~** nach jdm/etw hacken ❷ (*quick kiss*) Küsschen *nt* **II.** *vt* ❶ (*bite*) hacken (nach +*dat*); **to ~ a hole** ein Loch picken ❷ (*kiss quickly*) **to ~ sb on the cheek** jdn flüchtig auf die Wange küssen **III.** *vi* ❶ (*with the beak*) picken; ■**to ~ at sth** etw aufpicken ❷ (*nibble*) **to ~ at one's food** in seinem Essen herumstochern

peck·er ['pekəʳ, AM -ɚ] *n* AM (*vulg: penis*) Schwanz *m* ▶ PHRASES: **to keep one's ~ up** BRIT (*dated fam*) die Ohren steif halten

'peck·ing or·der *n* Hackordnung *f*

P

peck·ish ['pekɪʃ] *adj* BRIT, AUS **to feel a bit ~** den kleinen Hunger verspüren

pec·tin ['pektɪn] *n no pl* Pektin *nt*

pec·to·ral ['pektᵊrᵊl] *adj* Brust-, pektoral *fachspr*

pe·cu·liar [pɪ'kju:liəʳ, AM -ljɚ] *adj* ❶ (*strange*) seltsam, merkwürdig ❷ (*nauseous*) unwohl ❸ (*belonging to, special*) *to sb* typisch (für +*akk*); *to sth* eigen[tümlich] +*dat*

pe·cu·li·ar·ity [pɪˌkju:li'ærəti, AM -li'erəṭi] *n* ❶ *no pl* (*strangeness*) Eigenartigkeit *f* ❷ (*strange habit*) Eigenheit *f* ❸ (*idiosyncrasy*) Besonderheit *f*, Eigenart *f*

pe·cu·liar·ly [pɪ'kju:liəʳli, AM -ljɚli] *adv* ❶ (*strangely*) eigenartig, seltsam ❷ (*especially*) besonders

pe·cu·ni·ary [pɪ'kju:niəʳi, AM -nieri] *adj* (*form*) pekuniär *attr;* **~ consideration** finanzielle Erwägungen *pl*

peda·gog·ic [ˌpedə'gɒdʒɪk, AM -'ga:-] *adj* pädagogisch

peda·gogue ['pedəgɒg, AM -ga:g] *n* (*old*) Schulmeister(in) *m(f) pej;* (*teacher*) Pädagoge, Pädagogin *m, f*

peda·go·gy ['pedəgɒdʒi, AM -ga:dʒi] *n no pl* Pädagogik *f*

ped·al ['pedᵊl] **I.** *n* Pedal *nt* **II.** *vt* <BRIT, AUS -ll- *or* AM *usu* -l-> **to ~ a bicycle** Rad fahren **III.** *vi* <BRIT, AUS -ll- *or* AM *usu* -l-> Rad fahren; **she ~ed through the city** sie radelte durch die Stadt **IV.** *adj* Tret-

'ped·al bin *n* Treteimer *m* **'ped·al boat, peda·lo** ['pedᵊləʊ, AM -oʊ] *n* Tretboot *nt*

ped·ant ['pedᵊnt] *n* Pedant(in) *m(f)*

pe·dan·tic [pɪ'dæntɪk, AM ped'-] *adj* pedantisch

ped·ant·ry ['pedᵊntri] *n* Pedanterie *f a. pej*

ped·dle ['pedḷ] *vt* ■**to ~ sth** ❶ (*esp pej: sell*) etw verscherbeln *pej;* **to ~ sth door to door** mit etw *dat* hausieren gehen ❷ (*pej: spread*) mit etw *dat* hausieren gehen

ped·dler *n* AM *see* **pedlar**

ped·er·ast ['pedᵊræst, AM 'pedə-] *n* Päderast *m*

ped·er·as·ty ['pedᵊræsti, AM 'pedə-] *n no pl* Päderastie *f*

ped·es·tal ['pedɪstᵊl] **I.** *n* Sockel *m* **II.** *adj* Sockel-, Stand-; **~ desk** Stehpult *nt*

pe·des·trian [pɪ'destriən] **I.** *n* Fußgänger(in) *m(f)* **II.** *adj* ❶ *bridge, tunnel, underpass* Fußgänger- ❷ (*form*) langweilig; *speech* trocken

pe·des·trian 'cross·ing *n* BRIT Fußgängerübergang *m*

pe·des·tri·an·ize [pɪ'destriənaɪz] *vt* in eine Fußgängerzone umwandeln

pe·des·tri·an·ized [pɪ'destriənaɪzd] *adj* Fußgänger-; **~ area** Fußgängerzone *f*

pe·des·trian 'pre·cinct, AM, AUS **pe·des·trian 'mall** *n* Fußgängerzone *f*

pe·di·at·ric *adj* AM *see* **paediatric**

pe·dia·tri·cian *n* AM *see* **paediatrician**

pe·di·at·rics *npl + sing vb* AM *see* **paediatrics**

pedi·cure ['pedɪkjʊəʳ, AM -kjʊr] *n* Pediküre *f*

pedi·cur·ist ['pedɪkjʊrɪst] *n* Fußpfleger(in) *m(f)*

pedi·gree ['pedɪgri:] **I.** *n* ❶ (*genealogy*) Stammbaum *m* ❷ (*background*) Laufbahn *f* ❸ (*history of idea*) Geschichte *f* **II.** *adj dog, cattle, horse* reinrassig, mit Stammbaum *nach n*

ped·lar ['pedləʳ, AM -lɚ] *n* BRIT, AUS ❶ (*drug dealer*) Drogenhändler(in) *m(f)* ❷ (*dated: travelling salesman*) Hausierer(in) *m(f)* ❸ (*pej*) **~ of gossip** Klatschmaul *nt;* **~ of lies** Lügenmaul *nt*

pe·dom·eter [pɪ'dɒmɪtəʳ, AM -'da:məṭɚ] *n* Pedometer *nt*

pe·do·phile *n* AM *see* **paedophile**

pee [pi:] (*fam*) **I.** *n no pl* ❶ (*urine*) Pipi *nt Kindersprache* ❷ (*act*) Pinkeln *nt;* **to go for a ~** pinkeln gehen müssen *sl* **II.** *vi* pinkeln *fam;* **to ~ in one's pants** in die Hose[n] machen **III.** *vt* ■**to ~ oneself** sich vollpinkeln

peek [pi:k] **I.** *n* (*brief look*) flüchtiger Blick; (*furtive look*) heimlicher Blick **II.** *vi* blinzeln; ■**to ~ into sth** in etw *akk* hineinspähen; ■**to ~ over sth** über etw *akk* gucken ◆**peek out** *vi* hervorgucken; ■**to ~ out from behind sth** *person* hinter etw *dat* hervorgucken

peel [pi:l] **I.** *n* (*skin of fruit*) Schale *f* **II.** *vt fruit* schälen; **to ~ the paper off sth** etw auswickeln ▶PHRASES: **to keep one's eyes ~ed for sth** (*fam*) nach etw *dat* die Augen offen halten **III.** *vi paint, rust, wallpaper* sich lösen; *skin* sich schälen ◆**peel off I.** *vt* schälen; *clothing* abstreifen; *adhesive strip* abziehen **II.** *vi* ❶ (*come off*) sich lösen ❷ (*veer away*) *car, motorbike* ausscheren

peel·er ['pi:ləʳ, AM -ɚ] *n* (*utensil*) Schäler *m*

peel·ings ['pi:lɪŋz] *npl* Schalen *pl*

peep[1] [pi:p] **I.** *n usu sing* ❶ (*answer, statement*) Laut *m;* **to not hear [so much as] a ~ from sb** keinen Mucks von jdm hören ❷ (*bird sound*) Piep[ser] *m;* **to make a ~** piepsen **II.** *vt* flüstern **III.** *vi* piepsen; **to ~ at sth/sb** etw/jdn anpiepsen

peep[2] [pi:p] **I.** *n* (*look*) [verstohlener] Blick; **to have a ~ at sth** auf etw *akk* einen kurzen Blick werfen **II.** *vi* ❶ (*look*)

P

verstohlen blicken (**at** auf *+akk*), einen Blick werfen (**into** in *+akk*), spähen (**through** durch *+akk*) ② (*appear*) hervorkommen ◆**peep out** *vi toe, finger* herausgucken

'peep·hole *n* Guckloch *nt*

peep·ing 'Tom **I.** *n* Voyeur *m,* Spanner *m fam* **II.** *adj attr* (*photographer, journalist*) voyeuristisch

'peep·show *n* Peepshow *f*

peer¹ [pɪəʳ, AM pɪr] *vi* (*look closely*) spähen; **to ~ over one's glasses** über die Brille schauen; **to ~ over sb's shoulder** jdm über die Schulter gucken

peer² [pɪəʳ, AM pɪr] *n* ① (*equal*) Gegenstück *nt;* **to have no ~s** unvergleichlich sein; **to be liked by one's ~s** unter seinesgleichen beliebt sein ② BRIT (*noble*) Angehöriger *m* des britischen Hochadels; POL Peer *m*

peer·age ['pɪərɪdʒ, AM 'pɪr-] *n no pl* BRIT (*peers*) Peerage *f;* (*rank*) Peerswürde *f;* **to be elevated to the ~** in den Adelsstand erhoben werden

peer·ess ['pɪəres] *n* BRIT Peeress *f*

peer·less ['pɪələs, AM 'pɪr-] *adj* (*form*) unvergleichlich

peeve [pi:v] *vt* ärgern

peeved [pi:vd] *adj* (*fam*) sauer; ■**to be ~ at sb for sth** wegen einer S. *gen* auf jdn sauer sein

peev·ish ['pi:vɪʃ] *adj* mürrisch

pee·wit ['pi:wɪt] *n* (*bird*) Kiebitz *m*

peg [peg] **I.** *n* ① (*hook*) Haken *m;* (*stake*) Pflock *m;* (*for a barrel*) Spund *m;* **clothes ~** Wäscheklammer *f;* **to buy off the ~** (*fig*) von der Stange kaufen ② AM SPORTS Peg *m* **II.** *vt* <-gg-> ■**to ~ sth** ① (*bind down*) etw mit Haken sichern ② (*hold at certain level*) etw fixieren; **to ~ prices** Preise stützen ③ AM (*throw*) etw werfen ④ AM (*fig: guess correctly*) etw erfassen; **you ~ged it right on the head!** du hast den Nagel auf den Kopf getroffen! ⑤ (*mark*) ■**to ~ sb as sth** jdn als etw *akk* abstempeln ◆**peg away** *vi* (*fam*) schuften, sich hineinknien (**at** in *+akk*) ◆**peg out** **I.** *vt* ① *washing* aufhängen ② (*mark*) ■**to ~ sth** ↻ **out** etw markieren **II.** *vi* BRIT, AUS ① (*fig fam: die*) den Löffel abgeben ② (*stop working*) *car, machine* den Geist aufgeben

'peg leg *n* (*dated fam*) Holzbein *nt*

pe·jo·ra·tive [pɪ'dʒɒrətɪv, AM pɪ'dʒɔ:rət̬ɪv] *adj* (*form*) abwertend

Pe·kin·ese [ˌpi:kɪ'ni:z, AM -kə'-] *n* <*pl* - *or* -s> (*dog*) Pekinese *m*

peli·can ['pelɪkᵊn] *n* Pelikan *m*

pel·let ['pelɪt] *n* ① (*ball*) Kugel *f* ② (*excrement*) Kötel *m* ③ (*gunshot*) Schrot *nt o m kein pl*

pell-mell [ˌpel'mel] (*dated*) **I.** *adj* chaotisch; **~ dash** wilde Jagd **II.** *adv* chaotisch; **the kids ran ~ for the ice cream van** ein wilder Haufen Kinder stürmte auf den Eiswagen zu

pelt¹ [pelt] *n* (*animal skin*) Fell *nt;* (*fur*) Pelz *m*

pelt² [pelt] **I.** *vt* (*bombard*) ■**to ~ sb with sth** jdn mit etw *dat* bewerfen **II.** *vi* ① *impers* (*rain heavily*) ■**it's ~ing** es schüttet ② ■**to ~ after sth** etw *dat* hinterherjagen **III.** *n no pl* ▸ PHRASES: **to drive at full ~** mit Höchstgeschwindigkeit fahren

pel·vic ['pelvɪk] *adj attr* Becken-

pel·vis <*pl* -es> ['pelvɪs] *n* Becken *nt*

pen¹ [pen] **I.** *n* (*writing utensil*) Feder *f;* **ballpoint ~** Kugelschreiber *m;* **fountain ~** Füller *m,* Füllfeder *f* ÖSTERR, SÜDD, SCHWEIZ **II.** *vt* <-nn-> schreiben

pen² [pen] **I.** *n* ① (*enclosed area*) Pferch *m;* MIL Bunker *m* ② AM (*fig sl: jail*) Knast *m fam* **II.** *vt* <-nn-> *usu passive* ■**to be ~ned** eingesperrt sein ◆**pen in** *vt* ① *animal* einsperren; ■**to be ~ned in** *people* eingeschlossen sein; (*in car*) eingeklemmt sein ② *usu passive* (*fig*) **to feel ~ned in by sth** sich von etw *dat* eingeengt fühlen ◆**pen up** *vt* einschließen *a. fig*

pe·nal ['pi:nᵊl] *adj attr* (*of punishment*) Straf-; **~ code** Strafgesetz *nt*

pe·nal·ize ['pi:nᵊlaɪz] *vt* ① (*punish*) ■**to ~ sb [for sth]** jdn [für etw *akk*] bestrafen ② (*cause disadvantage*) benachteiligen

pen·al·ty ['penᵊlti, AM -t̬i] *n* ① LAW (*a. fig*) Strafe *f;* **maximum ~** Mindeststrafe *f* ② (*disadvantage*) Preis *m* ③ (*fine*) [Extra]gebühr *f* ④ FBALL **to award a ~** einen Elfmeter geben

'pen·al·ty area *n* Strafraum *m* **'pen·al·ty box** *n* ① FBALL Strafraum *m* ② (*in ice hockey*) Strafbank *f* **'pen·al·ty clause** *n* [restriktive] Vertragsklausel **'pen·al·ty kick** *n* SPORTS Strafstoß *m;* FBALL Elfmeter *m*

pen·ance ['penən(t)s] *n no pl* Buße *f*

pence [pen(t)s] *n pl of* **penny**

pen·chant ['pɑ̃:(ŋ)ʃɑ̃:(ŋ), AM *and also Brit* 'pentʃənt] *n usu sing* (*usu pej*) Neigung *f;* **to have a ~ for sth** einen Hang zu etw *dat* haben

pen·cil ['pen(t)sᵊl] **I.** *n* (*writing utensil*) Bleistift *m;* FASHION **eyeliner ~** Eyelinerstift *m* **II.** *adj* ① **~-thin** *person* dünn wie ein Bleistift ② (*made by pencil*) **~ drawing** Bleistiftzeichnung *f* ③ (*very narrow*) ~

moustache dünner Oberlippenbart **III.** *vt* <BRIT -ll- *or* AM *usu* -l-> mit Bleistift schreiben

Aussprache

Die Buchstabenfolge **ci** wird oft als [s], wie in **s**un [sʌn], ausgesprochen: **pencil** = ['pen(t)sᵊl]. Andere Beispiele hierfür sind:

accident	['æksɪdᵊnt]	(*Unfall*)
coincidence	[kəʊ'ɪn(t)sɪdᵊn(t)s]	(*Zufall*)
concise	[kən'saɪs]	(*knapp*)
council	['kaʊn(t)sᵊl]	(*Rat*)
solicitor	[sə'lɪsɪtəʳ]	(*Rechtsanwalt/-anwältin*)
vaccine	['væksi:n]	(*Impfstoff*)

◆**pencil in** *vt* vormerken

'pen·cil box *n* Federkasten *m veraltend* **'pen·cil case** *n* Federmäppchen *nt,* Federpennal *nt* ÖSTERR **'pen·cil push·er** *n* AM (*pej fam*) Bürohengst *m* **'pen·cil sharp·en·er** *n* [Bleistift]spitzer *m*

pen·dant ['pendənt] **I.** *n* Anhänger *m* **II.** *adj* herabhängend *attr*

pen·dent ['pendənt] *adj* (*form*) ❶ (*dangling*) herabhängend ❷ LAW (*to be decided*) anhängig; *case, lawsuit* schwebend ❸ (*incomplete*) *sentence* abgebrochen

pend·ing ['pendɪŋ] **I.** *adj* LAW anhängig; *deal* bevorstehend; *lawsuit* schwebend **II.** *prep* (*form*) ~ **an investigation** bis zu einer Untersuchung

pen·du·lous ['pendjᵊləs, AM -dʒələs] *adj* (*form*) herabhängend *attr*

P

pen·du·lum ['pendjᵊləm, AM *esp* -dʒələm] **I.** *n* Pendel *nt* **II.** *adj* Pendel-; (*swinging*) schwingend

pen·etrate ['penɪtreɪt] *vt* ■**to ~ sth** ❶ (*move into*) in etw *akk* eindringen ❷ (*spread through*) *smell* etw durchdringen ❸ MED *vein* etw durchstechen

pen·etrat·ing ['penɪtreɪtɪŋ, AM -t̬ɪŋ] *adj* durchdringend *attr; analysis* eingehend; *observation* scharfsinnig; *scream* markerschütternd; *voice* schrill; *mind* scharf

pen·etra·tion [ˌpenɪ'treɪʃᵊn] *n* ❶ (*act*) Eindringen *nt kein pl* (**of** in +*akk*) ❷ (*sexual act*) Penetration *f*

'pen·friend *n* BRIT, AUS Brieffreund(in) *m(f)*

pen·guin ['peŋgwɪn] *n* Pinguin *m*

'pen·hold·er *n* (*rack*) Behälter *m* für Schreibutensilien

peni·cil·lin [ˌpenɪ'sɪlɪn] *n* Penicillin *nt*

pen·in·su·la [pə'nɪn(t)sjələ, AM -sələ] *n* Halbinsel *f*

pen·in·su·lar [pə'nɪn(t)sjələʳ, AM -sələ˞] *adj* Halbinsel-

pe·nis <*pl* -es *or* -nes> [pi:nɪs, *pl* -ni:z] *n* Penis *m*

peni·tence ['penɪtᵊn(t)s] *n no pl* (*repentance*) Reue *f*

peni·tent ['penɪtᵊnt] **I.** *n* REL reuiger Sünder/reuige Sünderin **II.** *adj* (*form*) reumütig

peni·ten·tial [ˌpenɪ'ten(t)ʃᵊl] *adj* reuig; ~ **act** Bußtat *f*

peni·ten·tia·ry [ˌpenɪ'ten(t)ʃᵊri, AM -əri] **I.** *n* AM Gefängnis *nt* **II.** *adj* AM LAW ~ **crime** Straftat *f* (*auf die Gefängnisstrafe steht*)

'pen·knife *n* Taschenmesser *nt* **'pen-name** *n* Pseudonym *nt*

pen·nant ['penənt] **I.** *n* (*flag*) Wimpel *m;* AM SPORTS Siegeswimpel *m* **II.** *adj* AM SPORTS ~ **race** *Kampf um die Meisterschaft in einer Regionalliga*

pen·ni·less ['penɪləs] *adj* mittellos

pen·non ['penən] *n* Militärfahne *f*

pen·ny <*pl* -nies *or* BRIT pence> ['peni, *pl* pen(t)s] *n* Penny *m;* **to not cost a ~** nichts kosten ▸PHRASES: **to be worth every ~** sein Geld wert sein

'pen·ny-pinch·ing I. *n no pl* Pfennigfuchserei *f pej fam* **II.** *adj* geizig **'pen·ny whis·tle** *n* Blechflöte *f* **pen·ny 'wise** *adj* **to be ~ and pound-foolish** am falschen Ende sparen

'pen pal *n* Brieffreund(in) *m(f)* **'pen-push·er** *n* BRIT, AUS (*pej fam*) Bürohengst *m*

pen·sion ['pen(t)ʃᵊn] *n* (*retirement money*) Rente *f;* (*for civil servants*) Pension *f;* **to draw a ~** Rente beziehen ◆**pension off** *vt* [vorzeitig] pensionieren

pen·sion·able ['pen(t)ʃᵊnəbl̩] *adj* BRIT pensionsberechtigt; **of ~ age** im Pensions-/Rentenalter

pen·sion en·'ti·tle·ment *n* Rentenanspruch *m*

pen·sion·er ['pen(t)ʃᵊnəʳ, AM -ə˞] *n* BRIT Rentner(in) *m(f);* (*for civil servants*) Pensionär(in) *m(f),* Pensionist(in) *m(f)* ÖSTERR

'pen·sion fund *n* Pensionskasse *f* **'pen·sion plan** *n* Altersversorgungsplan *m* **'pen·sion re·serves** *npl* Pensionsrückstellungen *pl* **'pen·sion scheme** *n* BRIT, AUS Rentenversicherung *f*

pen·sive ['pen(t)sɪv] *adj* nachdenklich; *person* ernsthaft; *silence* gedankenverloren

pen·ta·gon ['pentəgᵊn, AM 'pent̬əgɑ:n] *n* Fünfeck *nt*

pen·tame·ter [pen'tæmɪtəʳ, AM -ət̬ə˞] *n usu sing* LIT Pentameter *m fachspr*

pen·tath·lete [pen'tæθli:t] *n* Fünfkämpfer(in) *m(f)*

pen·tath·lon [pen'tæθlɒn, AM -lɑ:n] *n* Fünfkampf *m*

pent·house ['penthaʊs] *n* Penthaus *nt*

'pent-in, 'pent-up *adj emotions* aufgestaut
pe·nul·ti·mate [pə'nʌltɪmət, AM pɪ'nʌltəmət] *(form)* **I.** *n* ■**the ~** der/die/das Vorletzte **II.** *adj attr* vorletzte(r, s)
pe·nu·ri·ous [pə'njʊəriəs, AM -'nʊri-] *adj (form)* arm; *accommodation* karg; *conditions* ärmlich
penu·ry ['penjəri, AM -jʊri] *n no pl (form)* Armut *f*
peo·ny ['pi:əni] *n* Pfingstrose *f*
peo·ple ['pi:pl̩] **I.** *n* ① *pl (persons)* Leute *pl,* Menschen *pl;* **rich ~** die Reichen *pl;* **the right ~** die richtigen Leute ② *pl (citizens, nation)* Volk *nt* ③ *(comprising a race, tribe)* ■**~s** *pl* Völker *pl* **II.** *adj* **a ~ person** ein geselliger Mensch; **~ skills** Menschenkenntnis *f kein pl*

Grammatik

people wird meistens im Plural gebraucht: *most people like watching TV; the people there were very friendly*
a people bedeutet ein Volk und der Plural heißt **peoples**: *the peoples of Europe*

pep [pep] **I.** *n no pl (fam)* Elan *m,* Schwung *m* **II.** *vt* <-pp-> ■**to ~ sb ⊂ up** jdn in Schwung bringen; ■**to ~ sth ⊂ up** aufpeppen (**with** mit *+dat*); **to ~ up business** das Geschäft ankurbeln
pep·per ['pepəʳ, AM -ɚ] **I.** *n* ① *no pl (spice)* Pfeffer *m;* **black ~** schwarzer Pfeffer ② *(vegetable)* Paprika *f* **II.** *vt* ① *(add pepper)* pfeffern ② *(pelt)* **to ~ sb with bullets** jdn mit Kugeln durchsieben; **to be ~ed with mistakes** vor Fehlern strotzen
pep·per-and-'salt *adj attr* graumeliert
'pep·per·box *n* AM Pfefferstreuer *m* **'pep·per·corn** *n* Pfefferkorn *nt* **pep·per·corn 'rent** *n no pl* BRIT, AUS symbolische Miete **'pep·per mill** *n* Pfeffermühle *f* **'pep·per·mint** *n* ① *no pl (plant)* Pfefferminze *f* ② *(sweet)* Pfefferminz[bonbon] *nt* **'pep·per pot** BRIT, AUS, AM **'pep·per shak·er** *n* Pfefferstreuer *m*
pep·pery ['pepᵊri] *adj (with pepper flavour)* pfeffrig; *(full of pepper)* gepfeffert; *dish* scharf
'pep pill *n* Aufputschmittel *nt* **'pep talk** *n* Motivationsgespräch *nt*
pep·tic ['peptɪk] *adj* ANAT Verdauungs-, peptisch *fachspr*
per [pɜ:ʳ, pəʳ, AM pɜ:r, pɚ] *prep* ① *(for a)* pro ② *(in a)* pro ③ *(through means of)* **~ fax** per Fax; **as ~ usual** *(normal)* wie gewöhnlich
per·am·bu·la·tor [pə'ræmbjəleɪtəʳ, AM -t̬ɚ] *n (dated)* Kinderwagen *m*
per an·num [pəʳ'ænəm, AM pɚ-] *adv (form)* per annum **per capi·ta** [pəʳ'kæpɪtə, AM pɚ'kæpɪt̬ə] *(form)* **I.** *adv* pro Person **II.** *adj attr* Pro-Kopf-
per·ceiv·able [pə'si:vəbl̩, AM pɚ-] *adj* wahrnehmbar
per·ceive [pə'si:v, AM pɚ-] *vt* ① *(see)* wahrnehmen; *(sense)* empfinden ② *(regard)* betrachten; **how do the French ~ the British?** wie sehen die Franzosen die Engländer?
per cent [pə'sent], AM **per·cent** [pɚ-] **I.** *n* Prozent *nt;* **what ~ ...?** wie viel Prozent ...? **II.** *adv* -prozentig; **I'm 100 ~ sure that ...** ich bin mir hundertprozentig sicher, dass ... **III.** *adj attr* **25/50 ~** 25-/50-prozentig
per·cent·age [pə'sentɪdʒ, AM pɚ'sent̬ɪdʒ] **I.** *n* ① *(rate)* Prozentsatz *m;* **what ~ ...?** wie viel Prozent ...? ② AM, AUS *(advantage)* Vorteil *m* **II.** *adj* Prozent-; **on a ~ basis** prozentual
per·cent·age 'point *n* Prozentpunkt *m*
per·cep·tible [pə'septəbl̩, AM pɚ-] *adj* wahrnehmbar
per·cep·tion [pə'sepʃᵊn, AM pɚ-] *n usu sing* Wahrnehmung *f kein pl; of a conception* Auffassung *f kein pl*
per·cep·tive [pə'septɪv, AM pɚ-] *adj* einfühlsam; *observer* aufmerksam; *analysis, remark* scharfsinnig
perch¹ [pɜ:tʃ, AM pɜ:rtʃ] **I.** *n* <*pl* -es> ① *(for birds)* Sitzstange *f* ② *(high location)* Hochsitz *m* **II.** *vi bird* sitzen (**on** auf *+dat*); *person* thronen (**on** auf *+dat*) **III.** *vt* ■**to ~ sth somewhere** etw auf etw *akk* stecken; ■**to ~ oneself on sth** sich auf etw *dat* niederlassen
perch² <*pl* - *or* -es> [pɜ:tʃ, AM pɜ:rtʃ] *n (fish)* Flussbarsch *m*
per·co·late ['pɜ:kᵊleɪt, AM 'pɜ:r-] **I.** *vt* filtrieren; **to ~ coffee** Filterkaffee zubereiten **II.** *vi* ① *(filter through) water* durchsickern; *sand* durchrieseln; *coffee* durchlaufen ② *(fig: spread)* durchsickern
per·co·la·tor ['pɜ:kᵊleɪtəʳ, AM 'pɜ:rkᵊleɪt̬ɚ] *n* Kaffeemaschine *f*
per·cus·sion [pə'kʌʃᵊn, AM pɚ-] **I.** *n no pl* Percussion *f,* Schlagzeug *nt* **II.** *adj* MUS Schlag-; *see also* **mission**
per·cus·sion·ist [pə'kʌʃᵊnɪst, AM pɚ-] *n* Schlagzeuger(in) *m(f)*
per·di·tion [pə'dɪʃᵊn, AM pɚ-] *n no pl* ① *(liter: damnation)* [ewige] Verdammnis ② *(fig: ruin)* Verderben *nt*
per·egrine ['perəgrɪn] **I.** *n* Wanderfalke *m* **II.** *adj attr (old)* fremdländisch
per·egrine 'fal·con *n* Wanderfalke *m*
per·emp·tori·ly [pə'rem(p)tᵊrɪli] *adv* gebie-

P

terisch

per·emp·tory [pəˈrem(p)tᵊri] *adj* ❶ (*autocratic*) gebieterisch ❷ LAW End-; **~ challenge** *Ablehnung eines Geschworenen ohne Angabe der Gründe*

per·en·nial [pəˈreniəl] **I.** *n* mehrjährige Pflanze **II.** *adj attr* ❶ (*not annual*) mehrjährig ❷ (*constant*) immer während; (*repeated*) immer wiederkehrend *attr; beauty, truth* unsterblich

per·fect I. *adj* [ˈpɜːfɪkt, AM ˈpɜːr-] vollkommen, perfekt; *calm* völlig **II.** *vt* [pəˈfekt, AM pɜːrˈ-] perfektionieren **III.** *n* [ˈpɜːfɪkt, AM ˈpɜːr-] *no pl* LING Perfekt *nt;* **future ~** vollendete Zukunft; **past ~** Plusquamperfekt *nt*

per·fect·ible [pəˈfektəbᵊl, AM pɚ-] *adj* vervollkommnungsfähig

per·fec·tion [pəˈfekʃᵊn, AM pɚ-] *n no pl* Perfektion *f,* Vollkommenheit *f*

per·fec·tion·ist [pəˈfekʃᵊnɪst, AM pɚ-] *n* Perfektionist(in) *m(f)*

per·fect·ly [ˈpɜːfɪk(t)li, AM ˈpɜːr-] *adv* vollkommen, perfekt; **you know ~ well what I'm talking about** du weißt ganz genau, wovon ich rede; **~ clear** absolut klar *fam;* **to be ~ honest ...** ehrlich gesagt, ...

per·fidi·ous [pəˈfɪdiəs, AM pɚ-] *adj* (*liter*) perfid[e] *geh; attack* heimtückisch; *lie* gemein

per·fo·rate [ˈpɜːfᵊreɪt, AM ˈpɜːrfər-] *vt* perforieren; (*once*) durchstechen

per·fo·rat·ed [ˈpɜːfᵊreɪtɪd, AM ˈpɜːrfəreɪţ-] *adj* perforiert; **~ eardrum** geplatztes Trommelfell

per·fo·ra·tion [ˌpɜːfᵊrˈeɪʃᵊn, AM ˌpɜːrfəˈreɪ-] *n* ❶ (*hole in sth*) Loch *nt;* (*set of holes*) Perforation *f* ❷ *no pl* (*act*) Perforieren *nt*

per·form [pəˈfɔːm, AM pɚˈfɔːrm] **I.** *vt* ❶ (*entertain*) vorführen; *play, opera, ballet, symphony* aufführen; (*sing*) singen; (*on an instrument*) spielen ❷ *duty, function* erfüllen; *task* verrichten ❸ *surgical procedure* durchführen; *ceremony, ritual* vollziehen **II.** *vi* ❶ (*on stage*) auftreten; (*sing*) singen; (*play*) spielen ❷ (*function*) funktionieren; *car* laufen; (*respond*) sich fahren; **to ~ well** gut funktionieren ❸ (*do, act*) **how did she ~?** wie war sie?; **to ~ well** gut sein

per·for·mance [pəˈfɔːmən(t)s, AM pɚˈfɔːrm-] **I.** *n* ❶ (*entertaining, showing*) Vorführung *f; of a play, opera, ballet* Aufführung *f; of a part* Darstellung *f; of a song, musical piece* Darbietung *f;* (*show, event*) Vorstellung *f;* **to give a ~** eine Vorstellung geben ❷ (*capability, effectiveness, level of achievement*) Leistung *f;* **high ~** hohe Leistung ❸ *no pl* (*execution*) ■**the ~ of sth** die Ausführung einer S. *gen;* **the ~ of a duty** die Erfüllung einer Pflicht ❹ (*fam: fuss*) Theater *nt kein pl fig, pej* ❺ BRIT (*fam: difficult job*) **to be quite/such a ~** eine Heidenarbeit sein **II.** *adj evaluation, problem, results* Leistungs-; **~ bonus** Leistungsprämie *f*

per·ˈfor·mance-en·hanc·ing *adj attr drugs, substances* leistungssteigernd, zur Leistungsverbesserung *nach n* **per·ˈfor·mance lev·el** *n* ❶ (*achievement*) Leistungsniveau *nt,* Leistung *f* ❷ ECON, MECH (*output*) Leistung *f;* (*efficiency*) Wirkungsgrad *m* **per·ˈfor·mance re·port** *n* Leistungsbericht *m*

per·form·er [pəˈfɔːməʳ, AM pɚˈfɔːrmɚ] *n* ❶ (*artist*) Künstler(in) *m(f);* (*actor*) Darsteller(in) *m(f)* ❷ (*achiever*) **to be a poor ~ [in school]** ein schlechter Schüler/eine schlechte Schülerin sein

per·fume I. *n* [ˈpɜːfjuːm, AM ˈpɜːr-] ❶ (*scented liquid*) Parfüm *nt* ❷ *of a flower* Duft *m* **II.** *vt* [pəˈfjuːm, AM pɚˈ-] parfümieren

per·func·tory [pəˈfʌŋ(k)tᵊri, AM pɚ-] *adj* flüchtig; *examination* oberflächlich

per·go·la [ˈpɜːgᵊlə, AM ˈpɜːr-] *n* Pergola *f*

per·haps [pəˈhæps, præps, AM pɚˈhæps] *adv* ❶ (*maybe*) vielleicht; **~ so** ja, vielleicht ❷ (*about*) etwa, ungefähr

per·il [ˈperᵊl] *n* (*form: danger*) Gefahr *f;* (*risk*) Risiko *nt;* **to be in ~** in Gefahr sein

peri·lous [ˈperᵊləs] *adj* (*form: dangerous*) gefährlich; (*risky*) riskant

pe·rim·eter [pəˈrɪmɪtəʳ, AM -əţɚ] *n* ❶ (*border*) Grenze *f* ❷ MATH Umfang *m*

pe·rim·eter ˈfence *n* Umzäunung *f*

pe·ri·od [ˈpɪəriəd, AM ˈpɪr-] **I.** *n* ❶ (*length of time*) Zeitspanne *f,* Periode *f;* **he was unemployed for a long ~ [of time]** er war lange [Zeit] arbeitslos; **for a ~ of three months** für die Dauer von drei Monaten ❷ (*lesson*) Stunde *f* ❸ (*time in life, history, development*) Zeit *f;* (*distinct time*) Zeitabschnitt *m;* (*phase*) Phase *f;* **incubation ~** Inkubationszeit *f;* **~ of office** Amtszeit *f* ❹ (*fam: menstruation*) Periode *f* ❺ AM LING (*a. fig: full stop*) Punkt *m* **II.** *adj* ❶ (*of or set in an earlier period*) *furniture, clothing, novel* historisch ❷ (*concerning menstruation*) *cramps, days* Menstruations-

pe·ri·od ˈfur·ni·ture *n no pl* (*antique*) antike Möbel; (*reproduction*) Stilmöbel *pl*

pe·ri·od·ic [ˌpɪəriˈɒdɪk, AM ˌpɪriˈɑːd-] *adj attr* ❶ (*reoccurring*) periodisch *geh,* regelmäßig wiederkehrend ❷ CHEM **~ law** Gesetz

P

permission

asking for permission	um Erlaubnis bitten
May I interrupt for a moment?	**Darf ich** Sie kurz stören?
Would you mind if I opened the window?	**Stört es Sie, wenn** ich das Fenster aufmache?
Is it all right with you if I take my holidays in July?	**Sind Sie damit einverstanden, dass** ich im Juli Urlaub nehme?
granting permission	**erlauben**
You can go out to play when you have finished your homework.	Wenn du mit deinen Hausaufgaben fertig bist, **darfst du** raus spielen.
You are welcome to come in.	**Sie dürfen gern** hereinkommen.
You **may** smoke in this area.	In diesem Bereich **dürfen** Sie rauchen.
You can park here **if you like.**	**Wenn Sie möchten, können Sie** hier parken.

nt der Periodizität *fachspr;* ~ **system** Periodensystem *nt fachspr*

pe·ri·odi·cal [ˌpɪəriˈɒdɪkəl, AM ˌpɪriˈɑːd-] **I.** *n* Zeitschrift *f;* (*specialist journal a.*) Periodikum *nt fachspr* **II.** *adj attr* periodisch *geh,* regelmäßig wiederkehrend

pe·ri·od·ic ˈta·ble *n no pl* CHEM Periodensystem *nt fachspr*

pe·riph·er·al [pəˈrɪfərəl, AM -ˈrɪfɚ-] **I.** *adj* ① (*minor*) unbedeutend, unwesentlich ② (*at the edge*) Rand-, peripher *geh* **II.** *n* COMPUT Peripherie *f fachspr*

pe·riph·ery [pəˈrɪfəri, AM -ˈrɪfɚi] *n usu sing* Rand *m; of a town, an area* Peripherie *f;* **on the ~ of one's vision** am Rand des Blickfelds

peri·scope [ˈperɪskəʊp, AM -skoʊp] *n* Periskop *nt*

per·ish [ˈperɪʃ] *vi* ① (*form, liter: die*) sterben, umkommen; (*be destroyed*) untergehen *a. fig* ② BRIT, AUS (*deteriorate*) *rubber, leather* brüchig werden; *food* verderben

per·ish·able [ˈperɪʃəbl̩] *adj* ① *food* [leicht] verderblich ② (*transitory*) vergänglich

per·ish·er [ˈperɪʃəʳ] *n* BRIT (*fam*) Teufelsbraten *m*

per·ish·ing [ˈperɪʃɪŋ] *adj* BRIT, AUS (*fam: extremely cold*) bitterkalt

peri·to·ni·tis [ˌperɪtə(ʊ)ˈnaɪtɪs, AM -toʊˈnaɪt̬ɪs] *n no pl* MED Peritonitis *f fachspr*

per·jure [ˈpɜːdʒəʳ, AM ˈpɜːrdʒɚ] *vt* ■**to ~ oneself** einen Meineid schwören

per·jur·er [ˈpɜːdʒərəʳ, AM ˈpɜːrdʒɚɚ] *n* Meineidige(r) *f(m)*

per·jury [ˈpɜːdʒəri, AM ˈpɜːr-] *n* Meineid *nt;* **to commit ~** einen Meineid schwören

perk [pɜːk, AM pɜːrk] *n* ① (*additional benefit*) Vergünstigung *f* ② (*advantage*) Vorteil *m* ◆**perk up** **I.** *vi* ① (*cheer up*) aufleben; (*become more awake, livelier a.*) munter werden ② (*increase, recover*) steigen, sich erholen; *share prices* fester tendieren **II.** *vt* ① (*cheer up*) aufheitern ② (*energize*) aufmuntern

perky [ˈpɜːki, AM ˈpɜːrki] *adj* ① (*lively*) munter ② (*cheeky*) keck

perm¹ [pɜːm, AM pɜːrm] *n* (*fam*) *short for* **permanent wave** Dauerwelle *f*

perm² [pɜːm, AM pɜːrm] *vt* **to ~ hair** Dauerwellen machen; **~ed hair** Dauerwellen *pl*

per·ma·frost [ˈpɜːməfrɒst, AM ˈpɜːrməfrɑːst] *n no pl* Dauerfrost[boden] *m*

per·ma·nence [ˈpɜːmənən(t)s, AM ˈpɜːr-], **per·ma·nen·cy** [ˈpɜːmənən(t)si, AM ˈpɜːr-] *n no pl* Beständigkeit *f*

per·ma·nent [ˈpɜːmənənt, AM ˈpɜːr-] *adj* ① (*lasting indefinitely*) permanent, ständig; *agreement* unbefristet; *relationship* dauerhaft; **~ abode** fester Wohnsitz; **~ appointment** Ernennung *f* auf Lebenszeit; **~ damage** bleibender Schaden ② (*continual*) ständig, permanent

per·ma·nent ˈwave *n* Dauerwelle *f*

per·man·ga·nate [pɜːˈmæŋɡəneɪt, AM pɚˈ-] *n* CHEM Permanganat *nt fachspr*

per·me·able [ˈpɜːmiəbl̩, AM ˈpɜːr-] *adj* (*a. fig form*) durchlässig *a. fig;* **~ to water** wasserdurchlässig

per·me·ate [ˈpɜːmieɪt, AM ˈpɜːr-] **I.** *vt* durchdringen **II.** *vi* (*form*) ■**to ~ into/through sth** etw durchdringen

per·mis·sible [pəˈmɪsəbl̩, AM pɚˈ-] *adj* gestattet, zulässig

per·mis·sion [pəˈmɪʃən, AM pɚˈ-] *n no pl* Er-

P

laubnis *f;* (*from an official body*) Genehmigung *f;* **with your ~, I'd like to ...** wenn Sie gestatten, würde ich gerne ...; **with sb's written ~** mit jds schriftlichem Einverständnis

per·mis·sive [pəˈmɪsɪv, AM pɚˈ-] *adj* (*pej*) nachgiebig; (*sexually*) freizügig

per·mis·sive·ness [pəˈmɪsɪvnəs, AM pɚˈ-] *n no pl* Toleranz *f;* [**sexual**] ~ sexuelle Freizügigkeit

per·mit **I.** *n* [ˈpɜːmɪt, AM ˈpɜːr-] Genehmigung *f;* **export ~** Exporterlaubnis *f;* **hunting ~** Jagdschein *m* **II.** *vt* <-tt-> [pəˈmɪt, AM pɚˈ-] ❶ (*allow, give permission*) gestatten, erlauben ❷ (*make possible*) ■**to ~ sb to do sth** jdm ermöglichen, etw zu tun **III.** *vi* (*allow*) erlauben, gestatten; **circumstances ~ting** wenn die Umstände es erlauben; **weather ~ting** vorausgesetzt, das Wetter spielt mit

per·mit·ted [pəˈmɪtɪd, AM pɚˈmɪt̬-] *adj* zulässig

per·mu·ta·tion [ˌpɜːmjʊˈteɪʃᵊn, AM ˌpɜːrmjuːˈ-] *n a.* MATH (*possible ordering*) Umstellung *f*

per·ni·cious [pəˈnɪʃəs, AM pɚˈ-] *adj* ❶ (*form*) schädlich ❷ MED bösartig, perniziös *fachspr*

per·nick·ety [pəˈnɪkəti, AM pɚˈnɪkət̬i] *adj* (*pej*) ❶ (*fussy*) pingelig *fam,* kleinlich ❷ (*tricky*) heikel

per·ox·ide [pəˈrɒksaɪd, AM -ˈrɑːk-] **I.** *n no pl* Peroxyd *nt* **II.** *vt* mit Peroxyd behandeln; *hair* bleichen

P

per·ox·ide ˈblonde (*pej*) **I.** *n* Wasserstoffblondine *f pej* **II.** *adj* wasserstoffblond

per·pen·dicu·lar [ˌpɜːpᵊnˈdɪkjʊləʳ, AM ˌpɜːrpənˈdɪkjuːlɚ] **I.** *adj* senkrecht (**to** zu +*dat*), perpendikular *fachspr* **II.** *n* Senkrechte *f;* MATH, ARCHIT ■**the ~** das Lot; **to be out of the ~** nicht im Lot sein

per·pe·trate [ˈpɜːpɪtreɪt, AM ˈpɜːrpə-] *vt* (*form*) begehen

per·pe·tra·tion [ˌpɜːpɪˈtreɪʃᵊn, AM ˌpɜːrpəˈ-] *n* LAW (*form*) Begehen *nt; of crime a.* Verübung *f*

per·pe·tra·tor [ˈpɜːpɪtreɪtəʳ, AM ˈpɜːrpətreɪt̬ɚ] *n* (*form*) Täter(in) *m(f);* **~ of fraud** Betrüger(in) *m(f)*

per·pet·ual [pəˈpetʃuəl, AM pɚˈ-] *adj attr* ❶ (*everlasting*) immer während, ständig ❷ (*repeated*) fortgesetzt, wiederholt

per·petu·ate [pəˈpetʃueɪt, AM pɚˈ-] *vt* aufrechterhalten

per·pe·tu·ity [ˌpɜːpɪˈtjuːəti, AM ˌpᵊːrpəˈtuːət̬i] *n no pl* (*form*) Ewigkeit *f;* **in ~** auf ewig; LAW lebenslänglich

per·plex [pəˈpleks, AM pɚˈ-] *vt* (*confuse*) verwirren; (*puzzle*) verblüffen

per·plexed [pəˈplekst, AM pɚˈ-] *adj* perplex; (*confused a.*) verwirrt; (*puzzled a.*) verblüfft

per·plex·ity [pəˈpleksəti, AM pɚˈpleksət̬i] *n* (*puzzlement*) Verblüffung *f;* (*confusion*) Verwirrung *f;* **to stare at sth in ~** etw verständnislos anstarren

per·qui·site [ˈpɜːkwɪzɪt, AM ˈpɜːr-] *n* (*form: additional benefit*) Vergünstigung *f*

per·se·cute [ˈpɜːsɪkjuːt, AM ˈpɜːr-] *vt usu passive* verfolgen; ■**to be ~d for sth** wegen einer S. *gen* verfolgt werden

per·se·cu·tion [ˌpɜːsɪˈkjuːʃᵊn, AM ˌpɜːr-] *n usu sing* Verfolgung *f*

per·se·ˈcu·tion com·plex, per·se·ˈcu·tion ma·nia *n no pl* Verfolgungswahn *m*

per·se·cu·tor [ˈpɜːsɪkjuːtəʳ, AM ˈpɜːrsɪkjuːt̬ɚ] *n* Verfolger(in) *m(f)*

per·se·ver·ance [ˌpɜːsɪˈvɪərᵊn(t)s, AM ˌpɜːrsəˈvɪr-] *n no pl* Beharrlichkeit *f,* Ausdauer *f*

per·se·vere [ˌpɜːsɪˈvɪəʳ, AM ˌpɜːrsəˈvɪr] *vi* nicht aufgeben, beharrlich bleiben; ■**to ~ with sth** an etw *dat* festhalten; (*continue*) mit etw *dat* weitermachen; *project, crusade, programme* etw [unbeirrt] fortsetzen

per·se·ver·ing [ˌpɜːsɪˈvɪərɪŋ, AM ˌpɜːrsəˈvɪr-] *adj* beharrlich, ausdauernd

Per·sia [ˈpɜːʃə, AM ˈpɜːrʒə] *n no pl* (*hist*) Persien *nt*

Per·sian [ˈpɜːʃən, AM ˈpɜːrʒən] **I.** *adj* persisch **II.** *n* ❶ (*person*) Perser(in) *m(f)* ❷ (*language*) Persisch *nt* ❸ (*cat*) Perserkatze *f*

per·sist [pəˈsɪst, AM pɚˈ-] *vi* ❶ (*continue to exist*) andauern; *cold, heat, rain* anhalten; *habit, tradition* fortbestehen ❷ (*to not give up*) beharrlich bleiben ❸ (*continue*) ■**to ~ in doing sth** nicht aufhören, etw zu tun; ■**to ~ with sth** mit etw *dat* weitermachen; *project, crusade, programme* etw unbeirrt fortsetzen

per·sis·tence [pəˈsɪstᵊn(t)s, AM pɚˈ-] *n no pl* ❶ (*continuation*) Anhalten *nt* ❷ (*perseverance*) Hartnäckigkeit *f*

per·sis·tent [pəˈsɪstᵊnt, AM pɚˈ-] *adj* ❶ *difficulties* anhaltend; *cough, rumour, request* hartnäckig ❷ (*constant*) unaufhörlich; *demand* ständig

per·son <*pl* people *or form* -s> [ˈpɜːsᵊn, AM ˈpɜːr-] *n* (*human*) Person *f,* Mensch *m;* **not a single ~ came** kein Mensch kam; **cat ~** Katzenliebhaber(in) *m(f);* **night ~** Nachtmensch *m*

per·so·na <*pl* -nae *or* -s> [pəˈsəʊnə, AM pɚˈsoʊ-, *pl* -niː] *n* Fassade *f meist pej*

per·son·able [ˈpɜːsᵊnəbl̩, AM ˈpɜːr-] *adj* sympathisch

per·son·age ['pɜːsᵊnɪʤ, AM 'pɜːr-] *n* (*form or hum*) Persönlichkeit *f*

per·son·al ['pɜːsᵊnᵊl, AM 'pɜːr-] *adj* ❶ (*of a particular person*) persönlich; *private a.* privat; ~ **belongings** persönliches Eigentum; ~ **data** Personalien *pl;* ~ **quality** Charaktereigenschaft *f* ❷ (*direct, done in person*) persönlich; **to make a ~ appearance** persönlich erscheinen ❸ (*offensive*) persönlich; **nothing ~, but ...** es geht nicht gegen Sie persönlich, aber ...

'per·son·al col·umn *n* BRIT, AUS Rubrik *f* ‚Kontakte'; **to place sth in the ~** eine Kontaktanzeige aufgeben **per·son·al com·'put·er** *n* Personal Computer *m* **'per·son·al day** *n* AM (*fam*) **to take a ~** aus persönlichen Gründen einen Tag frei nehmen **per·son·al di·gi·tal as·'sis·tant** *n* PDA *m,* [handflächengroßer] Taschencomputer **per·son·al iden·ti·fi·'ca·tion num·ber** *n,* **PIN** *n* Geheimzahl *f,* PIN-Code *m*

per·son·al·ity [ˌpɜːsᵊn'æləti, AM ˌpɜːr-] **I.** *n* (*character, a celebrity*) Persönlichkeit *f,* Charakter *m* **II.** *adj problem, test, trait* Persönlichkeits-

per·son·al·ly ['pɜːsᵊnᵊli, AM 'pɜːr-] *adv* persönlich

per·son·al 'or·gan·iz·er *n* Terminplaner *m* **per·son·al 'pro·noun** *n* Personalpronomen *nt*

per·son·al·ty ['pɜːsᵊnᵊlti, AM 'pɜːrsᵊnᵊlṭi] *n* Privatvermögen *nt*

per·soni·fi·ca·tion [pəˌsɒnɪfɪ'keɪʃᵊn, AM pɚˌsɑːnə-] *n* LIT Personifikation *f a. fig geh*

per·soni·fy [pə'sɒnɪfaɪ, AM pɚ'sɑːnə-] *vt* personifizieren; (*be the personification of a.*) verkörpern

per·son·nel [ˌpɜːsᵊn'el, AM ˌpɜːr-] *n* ❶ *pl* (*employees*) Personal *nt kein pl* ❷ *no pl* (*human resources department*) Personalabteilung *f*

per·son·'nel de·part·ment *n* Personalabteilung *f* **per·son·'nel di·rec·tor** *n* Personalchef(in) *m(f)* **per·son·nel 'man·ag·er** *n* Personalchef(in) *m(f)*

per·spec·tive [pə'spektɪv, AM pɚ'-] *n* (*viewpoint*) ART Perspektive *f;* **from a historical ~** aus geschichtlicher Sicht; **to see sth in a new ~** etw aus einem neuen Blickwinkel sehen; **to get sth in ~** etw nüchtern betrachten; **in ~** perspektivisch

per·spi·ca·cious [ˌpɜːspɪ'keɪʃəs, AM ˌpɜːr-] *adj* (*form: astute*) scharfsinnig; (*far-sighted*) weitblickend

per·spi·cac·ity [ˌpɜːspɪ'kæsəti, AM ˌpɜːrspɪ'kæsəṭi] *n no pl* (*form: astuteness*) Scharfsinn *m;* (*insight*) Scharfblick *m;* (*far-sightedness*) Weitblick *m*

per·spi·cu·ity [ˌpɜːspɪ'kjuːəti, AM ˌpɜːrspɪ'kjuːəṭi] *n no pl* (*form*) Klarheit *f*

per·spicu·ous [pə'spɪkjuəs, AM pɚ'-] *adj* (*form*) klar

per·spi·ra·tion [ˌpɜːspᵊr'eɪʃᵊn, AM ˌpɜːrspə'reɪ-] *n no pl* Schweiß *m*

per·spire [pə'spaɪəʳ, AM pɚ'spaɪɚ] *vi* schwitzen

per·suade [pə'sweɪd, AM pɚ'-] *vt* (*talk sb into*) überreden (zu +*dat*); (*convince*) überzeugen (von +*dat*)

per·sua·sion [pə'sweɪʒᵊn, AM pɚ'-] *n usu sing* ❶ (*talking into*) Überredung *f;* (*convincing*) Überzeugung *f* ❷ (*conviction*) Überzeugung *f;* (*hum*) **to be of the Catholic/Protestant ~** katholischen/protestantischen Glaubens sein

per·sua·sive [pə'sweɪsɪv, AM pɚ'-] *adj* überzeugend

pert [pɜːt, AM pɜːrt] *adj* ❶ (*attractively small*) wohl geformt ❷ (*impudent*) frech ❸ (*neat and jaunty*) adrett

per·tain [pə'teɪn, AM pɚ'-] *vi* (*form*) ■**to ~ to sth/sb** etw/jdn betreffen

per·ti·nent ['pɜːtɪnənt, AM 'pɜːrtᵊnᵊnt] *adj* (*form*) relevant; *argument* stichhaltig; *question* sachdienlich; ■**to be ~ to sth** für etw *akk* relevant sein; *remark* treffend

per·turb [pə'tɜːb, AM pɚ'tɜːrb] *vt* (*form*) beunruhigen

per·tur·ba·tion [ˌpɜːtə'beɪʃᵊn, AM ˌpɜːrṭɚ'-] *n* (*form*) ❶ (*uneasiness*) Unruhe *f* ❷ PHYS, ASTRON Störung *f*

Peru [pə'ruː] *n* Peru *nt*

pe·rus·al [pə'ruːzᵊl] *n no pl* (*form*) Durchlesen *nt*

pe·ruse [pə'ruːz] *vt* (*form: read*) durchlesen; (*check*) durchsehen; (*study*) studieren

Peru·vian [pə'ruːviən] **I.** *adj* peruanisch **II.** *n* Peruaner(in) *m(f)*

per·vade [pə'veɪd, AM pɚ'-] *vt* (*form*) erfüllen; (*quality, philosophy, attitude*) durchziehen

per·va·sive [pə'veɪsɪv, AM pɚ'-] *adj* (*form: penetrating*) durchdringend *attr;* (*widespread*) weit verbreitet

per·verse [pə'vɜːs, AM pɚ'vɜːrs] *adj* (*pej: deliberately unreasonable*) abwegig; *person* eigensinnig; *delight* diebisch; *pride* widernatürlich

per·verse·ness [pə'vɜːsnəs, AM pɚ'vɜːr-] *n no pl* (*pej*) ❶ (*unreasonableness*) *of a person* Eigensinn *m; of a situation;* **the ~ of it all is that I love being scared to death in movies** das Perverse ist, dass ich es sogar genieße, wenn ich bei einem Film richtig Angst kriege *fam* ❷ (*rare: sexual*

P

deviance) Perversität *f*

per·ver·sion [pə'vɜːʃᵊn, AM pɚ'vɜːrʒᵊn] *n* (*pej*) ① (*unnatural behaviour*) Perversion *f* ② (*corruption*) Pervertierung *f geh;* **~ of justice** Rechtsbeugung *f*

per·ver·sity [pə'vɜːsəti, AM pɚ'vɜːrsəṱi] *n* (*pej*) ① (*unreasonable behaviour*) Eigensinn *m kein pl* ② (*unnatural behaviour*) Perversität *f*

per·vert I. *n* ['pɜːvɜːt, AM 'pɜːrvɜːrt] (*pej*) ① (*sexual deviant*) Perverse(r) *f(m)* ② (*creepy person*) Perversling *m pej fam* II. *vt* [pə'vɜːt, AM pɚ'vɜːrt] (*pej*) ① *person* verderben ② *truth* verdrehen

per·vert·ed [pə'vɜːtɪd, AM pɚ'vɜːrṱɪd] *adj* ① (*sexually deviant*) pervers ② (*distorted*) verdreht

pervy ['pɜːvi, AM 'pɜːrvi] *adj* (*sl*) *short for* **perverted**

pesh·mer·ga [peʃ'mɜːgə, AM -mɜːr-] *n* MIL Peshmerga *m o f*

pes·sa·ry ['pesᵊri, AM -ɚi] *n* ① (*contraceptive*) Pessar *nt* ② (*suppository*) Vaginalzäpfchen *nt*

pes·si·mism ['pesɪmɪzᵊm, AM -səm-] *n no pl* Pessimismus *m* (**over, about** hinsichtlich +*gen*)

pes·si·mist ['pesɪmɪst, AM -səm-] *n* Pessimist(in) *m(f)*

pes·si·mis·tic [ˌpesɪ'mɪstɪk, AM -ə'-] *adj* pessimistisch

pest [pest] *n* ① (*destructive animal*) Schädling *m* ② (*fig fam: annoying person*) Nervensäge *f fam;* (*annoying thing*) Plage *f*

'pest con·trol *n* ① *no pl* (*removal*) Schädlingsbekämpfung *f* ② (*service*) Kammerjäger *m*

pes·ter ['pestəʳ, AM -ɚ] *vt* belästigen; ■**to ~ sb for sth** jdm mit etw *dat* keine Ruhe lassen; (*beg*) jdn um etw *akk* anbetteln; ■**to ~ sb to do sth** jdn drängen, etw zu tun

pes·ti·cide ['pestɪsaɪd, AM -tə-] *n* Schädlingsbekämpfungsmittel *nt*

pes·tif·er·ous [pes'tɪfᵊrəs, AM -fɚəs] *adj* (*rare*) ansteckend; (*fig*) lästig

pes·ti·lent ['pestɪlᵊnt, AM -tᵊl-], **pes·ti·len·tial** [ˌpestɪ'len(t)ʃᵊl, AM -tə'-] *adj* ① (*deadly*) tödlich ② (*fig: morally destructive*) verderblich

pes·tle ['pesl̩] *n* Stößel *m*

pet [pet] I. *n* ① (*animal*) Haustier *nt* ② (*pej: favourite*) Liebling *m* ③ (*fam: nice person*) Schatz *m* II. *adj* ① (*concerning animals*) Tier-; **~ cat** Hauskatze *f* ② *project, theory, charity* Lieblings-; **to be one's ~ hate** jdm ein Gräuel sein III. *vt* <-tt-> streicheln

peta·byte ['petəbaɪt] *n* INFORM Petabyte *m*

pet·al ['petᵊl, AM -ṱᵊl] *n* (*flower part*) Blütenblatt *nt;* (*darling*) Schatz *m*

pe·tard [pet'ɑːd, AM pɪ'tɑːrd] *n* ① (*bomb*) Sprengkörper *m* ② (*fire cracker*) Feuerwerkskörper *m*

pe·ter ['piːtəʳ, AM -ṱɚ] *vi* ■**to ~ out** zu Ende gehen; *conversation, interest* sich totlaufen; *storm* abklingen; *trail, track, path* sich verlieren

pe·tite [pə'tiːt] *adj* (*approv*) *person* zierlich

pe·ti·tion [pə'tɪʃᵊn] I. *n* ① (*signed document*) Petition *f* (**against, for** gegen, für +*akk*) ② LAW (*written request*) Gesuch *nt* II. *vi* LAW (*request formally*) einen Antrag stellen (**for** auf +*akk*); **to ~ for divorce** eine Scheidungsklage einreichen III. *vt* ■**to ~ sb for sth** jdn um etw *akk* ersuchen *form*

pe·ti·tion·er [pə'tɪʃᵊnəʳ, AM -ɚ] *n* ① (*collecting signatures*) Unterschriftensammler(in) *m(f)* ② LAW Kläger(in) *m(f)*

'pet name *n* Kosename *m*

pet·rel ['petrᵊl] *n* Sturmvogel *m*

pet·ri·fac·tion [ˌpetrɪ'fækʃᵊn] *n,* **pet·ri·fi·ca·tion** [ˌpetrɪfɪ'keɪʃᵊn] *n* ① (*changing to stone*) Versteinerung *f* ② (*state of terror*) Lähmung *f fig*

pet·rified ['petrɪfaɪd] *adj* ① (*fossilized*) versteinert ② (*terrified*) gelähmt *fig;* ■**to be ~ of sth** vor etw *dat* panische Angst haben; **to be ~ with fear** vor Angst wie gelähmt sein

pet·ri·fy ['petrɪfaɪ] I. *vi* versteinern II. *vt* (*terrify*) schreckliche Angst einjagen +*dat*

pet·ro·chemi·cal [ˌpetrə(ʊ)'kemɪkᵊl, AM -troʊ'-] I. *n* petrochemisches Produkt II. *adj attr* petrochemisch

pet·ro·dol·lar ['petrəʊˌdɒləʳ, AM -troʊˌdɑːlɚ] *n* Petrodollar *m*

pet·rol ['petrᵊl] BRIT, AUS I. *n no pl* Benzin *nt* II. *adj tank, leak* Benzin-

Falsche Freunde

Nicht verwechseln mit Petroleum *nt* — *paraffin*!

'pet·rol can *n* BRIT, AUS Benzinkanister *m* **'pet·rol com·pa·ny** *n* Erdölgesellschaft *f* **'pet·rol con·sump·tion** *n no pl* BRIT, AUS Benzinverbrauch *m* **'pet·rol en·gine** *n* BRIT, AUS Benzinmotor *m*

pe·tro·leum [pə'trəʊliəm, AM -'troʊ-] *n* Erdöl *nt*

'pet·rol gauge *n* Benzinuhr *f* **'pet·rol pipe** *n* BRIT, AUS Benzinleitung *f* **'pet·rol pump** *n* BRIT, AUS Zapfsäule *f;* (*nozzle*) Zapfhahn *m* **'pet·rol sta·tion** *n* BRIT, AUS Tankstelle *f* **'pet·rol tank** *n* BRIT, AUS Benzintank *m*

pet·ti·coat ['petɪkəʊt, AM -t̬ɪkoʊt] *n* (*dated*) Unterrock *m;* (*stiff*) Petticoat *m;* (*hanging from the shoulders*) Unterkleid *nt*

pet·ti·ness ['petɪnəs, AM -t̬-] *n no pl* ① (*insignificance*) Belanglosigkeit *f;* (*triviality*) Trivialität *f* ② (*small-mindedness*) Kleinlichkeit *f pej*

pet·ting ['petɪŋ, AM -t̬-] *n no pl* ① (*stroking*) Streicheln *nt* ② (*sexual fondling*) Petting *nt*

pet·ty ['peti, AM -t̬i] *adj* (*pej*) ① (*insignificant*) unbedeutend; (*trivial*) trivial ② (*small-minded*) kleinkariert ③ LAW (*on a small scale*) geringfügig

'pet·ty of·fic·er *n* NAUT ≈ Marineunteroffizier *m*

petu·lant ['pejələnt, AM 'petʃə-] *adj* (*pej*) verdrießlich; *child* bockig; *look* verdrossen

pe·tu·nia [pɪ'tju:niə, AM pə'tu:njə] *n* Petunie *f*

pew [pju:] *n* Kirchenbank *f*

pew·ter ['pju:tə', AM -t̬ɚ] *n no pl* Zinn *nt*

PG [,pi:'dʒi:] *adj abbrev of* **parental guidance: to be rated ~** nicht jugendfrei sein; **~-13** frei ab 13

pH [,pi:'eɪtʃ] *n usu sing* pH-Wert *m*

pha·lanx <*pl* -es *or* phalanges> ['fælæŋ(k)s, *pl* fæl'ændʒi:z, AM 'feɪl-, *pl* fə'lændʒi:z] *n* (*form*) Phalanx *f*

phal·lic ['fælɪk] *adj* phallisch

phal·lus <*pl* -es *or* -li> ['fæləs, *pl* -laɪ] *n* Phallus *m geh*

phan·tas·mal [fæn'tæzməl] *adj* (*liter*) ① (*imaginary*) erfunden, Fantasie- ② (*ghost-like*) fantastisch, geisterhaft

phan·tom ['fæntəm, AM -t̬-] **I.** *n* Geist *m,* Gespenst *nt* **II.** *adj attr* ① (*ghostly*) Geister- ② (*caused by mental illusion*) Phantom-

phar·aoh ['feərəʊ, AM 'feroʊ] *n* Pharao *m*

phari·sa·ic(al) [,færɪ'seɪɪk(əl), AM ,ferɪ'-] *adj* ① (*of Jewish sect*) pharisäisch *geh* ② (*fig, pej: hypocritical*) pharisäerhaft

phar·ma·ceu·tic [,fɑ:mə'sju:tɪk, AM ,fɑ:rmə'su:t̬-] *adj* pharmazeutisch

phar·ma·ceu·ti·cal [,fɑ:mə'sju:tɪkəl, AM ,fɑ:rmə'su:t̬-] *adj attr* pharmazeutisch

phar·ma·ceu·tics [,fɑ:mə'sju:tɪks, AM ,fɑ:rmə'su:t̬-] *n no pl* Pharmazie *f*

phar·ma·'ceu·tics in·dus·try *n no pl* Pharmaindustrie *f*

phar·ma·cist ['fɑ:məsɪst, AM 'fɑ:r-] *n* Apotheker(in) *m(f)*

phar·ma·col·ogy [,fɑ:mə'kɒlədʒi, AM ,fɑ:rmə'kɑ:l-] *n no pl* Pharmakologie *f*

phar·ma·co·poeia [,fɑ:məkə'pi:ə, AM ,fɑ:rmə'koʊ-] *n usu sing* ① (*drugs book*) Pharmakopöe *f fachspr* ② (*stock of medicine*) Arzneimittellager *nt*

phar·ma·cy ['fɑ:məsi, AM 'fɑ:r-] *n* ① (*store*) Apotheke *f* ② *no pl* (*study*) Pharmazie *f*

phar·yn·gi·tis [,færɪn'dʒaɪtɪs, AM ,ferɪn'dʒaɪt̬-] *n no pl* Pharyngitis *f fachspr*

phar·ynx <*pl* pharynges> ['færɪŋks, *pl* fær'ɪndʒi:z, AM *pl* fə'rɪn-] *n* MED Pharynx *m fachspr*

phase [feɪz] **I.** *n* Phase *f;* **developmental ~** Entwicklungsphase *f;* **to go through a ~** eine Phase durchlaufen **II.** *vt usu passive* (*implement*) stufenweise durchführen; (*introduce*) stufenweise einführen; (*coordinate*) synchronisieren ◆**phase in** *vt* stufenweise einführen ◆**phase out** *vt* ① ECON (*gradually stop*) auslaufen lassen ② (*fig: get rid of sb*) abservieren *fam*

PhD [,pi:eɪtʃ'di:] *n abbrev of* **Doctor of Philosophy** Dr., Doktor *m;* **~ thesis** Doktorarbeit *f*

pheas·ant <*pl* -s *or* -> ['fezənt] *n* Fasan *m*

phe·nom·ena [fɪ'nɒmɪnə, AM fə'nɑ:mə-] *n pl of* **phenomenon**

phe·nom·enal [fɪ'nɒmɪnəl, AM fə'nɑ:mə-] *adj* (*great*) phänomenal

phe·nom·enon <*pl* -mena *or* -s> [fɪ'nɒmɪnən, *pl* -mɪnə, AM fə'nɑ:mənɑ:n, *pl* -mənə] *n* Phänomen *nt geh*

phew [fju:] *interj* (*fam*) puh

phial ['faɪəl] *n* BRIT (*dated*) Phiole *f*

phi·lan·der [fɪ'lændə', AM -ɚ] *vi* (*pej dated*) tändeln

phi·lan·der·er [fɪ'lændərə', AM -ɚɚ] *n* (*pej dated*) Schürzenjäger *m fam*

phil·an·throp·ic [,fɪlən'θrɒpɪk, AM -æn'θrɑ:-] *adj* philanthropisch *geh*

phil·an·thro·pist [fɪ'læn(t)θrəpɪst, AM fə'-] *n* (*donor*) Philanthrop(in) *m(f) geh*

phil·an·thro·py [fɪ'læn(t)θrəpi, AM fə'-] *n no pl* Wohltätigkeit *f*

phila·tel·ic [,fɪlə'telɪk] *adj* philatelistisch *geh*

phi·lat·elist [fɪ'lætəlɪst, AM -'læt̬-] *n* Philatelist(in) *m(f) geh*

phi·lat·ely [fɪ'lætəli, AM -'læt̬-] *n no pl* Philatelie *f*

phil·har·mon·ic [,fɪl(h)ɑ:'mɒnɪk, AM -hɑ:r'mɑ:n-] *adj attr* philharmonisch; **the Vienna ~ Orchestra** die Wiener Philharmoniker *pl*

Phil·ip·pines ['fɪlɪpi:nz, AM -ləp-] *npl* ■**the ~** die Philippinen *pl*

phil·is·tine ['fɪlɪstaɪn, AM -sti:n] (*pej*) **I.** *n* Banause *m* **II.** *adj* banausisch

philo·logi·cal [,fɪlə'lɒdʒɪkəl, AM -'lɑ:dʒ-] *adj* (*dated*) philologisch

phi·lolo·gist [fɪ'lɒlədʒɪst, AM -'lɑ:lə-] *n* Philologe, Philologin *m, f*

phi·lol·ogy [fɪ'lɒlədʒi, AM -'lɑ:lə-] *n no pl* Philologie *f*

phi·loso·pher [fɪˈlɒsəfəʳ, AM -ˈlɑːsəfɚ] *n* Philosoph(in) *m(f)*

philo·soph·ic(al) [ˌfɪləˈsɒfɪk(əl), AM -ˈsɑːf-] *adj* ❶ PHILOS philosophisch ❷ (*calm*) gelassen

phi·loso·phize [fɪˈlɒsəfaɪz, AM -ˈlɑːs-] *vi* philosophieren; (*make excuses*) sich herausreden

phi·loso·phy [fɪˈlɒsəfi, AM -ˈlɑːs-] *n no pl* Philosophie *f*

phil·tre [ˈfɪltəʳ], AM **phil·ter** [-t̬ɚ] *n* Liebestrank *m*

phish [fɪʃ] *vi* phischen, *im Internet persönliche Daten und Passwörter auskundschaften, um von den Betroffenen Geld zu stehlen*

phish·er [ˈfɪʃəʳ, AM -ɚ] *n* INET Phisher(in) *m(f)* (*Betrüger, der mit gefälschten E-Mails Passwörter und persönliche Benutzerdaten ausspioniert*)

phish·ing [ˈfɪʃɪŋ] *n* INET Phishing *nt* (*betrügerisches Ausspionieren von Passwörtern und persönlichen Benutzerdaten*)

phle·bi·tis [flɪˈbaɪtɪs, AM fliːˈbaɪt̬-] *n* MED Phlebitis *f fachspr*

phlegm [flem] *n no pl* ❶ (*mucus*) Schleim *m* ❷ (*calmness*) Gleichmut *m*

Aussprache

Das **g** in **phlegm** wird nicht gesprochen: [flem]

phleg·mat·ic [flegˈmætɪk, AM -t̬ɪk] *adj* (*calm*) gleichmütig

pho·bia [ˈfəʊbiə, AM ˈfoʊ-] *n* Phobie *f*

phoe·nix [ˈfiːnɪks] *n usu sing* Phönix *m*

phone [fəʊn, AM foʊn] **I.** *n* Telefon *nt;* **she put the ~ down on me** sie hat [bei unserem Gespräch] einfach aufgelegt; **to answer the ~** ans Telefon gehen; **to pick up the ~** abheben; **to speak [to sb] on the ~** [mit jdm] telefonieren; **on the ~** am Telefon **II.** *vt* anrufen **III.** *vi* telefonieren ◆**phone back** *vt* zurückrufen ◆**phone in I.** *vi* anrufen; **to ~ in ill** sich telefonisch krank melden **II.** *vt* (*information*) telefonisch durchgeben ◆**phone round** *vi* BRIT herumtelefonieren *fam* ◆**phone up** *vt* anrufen **ˈphone book** *n* Telefonbuch *nt* **ˈphone box**, AM **ˈphone booth** *n* Telefonzelle *f* **ˈphone·card** *n* Telefonkarte *f* **ˈphone-in** *n Sendung, bei der sich das Publikum telefonisch beteiligen kann*

pho·neme [ˈfəʊniːm, AM ˈfoʊ-] *n* LING Phonem *nt fachspr*

ˈphone num·ber *n* Telefonnummer *f*

pho·net·ic [fə(ʊ)ˈnetɪk, AM fəˈnet̬-] *adj* LING phonetisch *fachspr*

pho·neti·cian [ˌfəʊnɪˈtɪʃən, AM ˌfoʊnəˈ-] *n* LING Phonetiker(in) *m(f) fachspr*

pho·net·ics [fə(ʊ)ˈnetɪks, AM fəˈnet̬-] *n* + *sing vb* LING Phonetik *f kein pl fachspr*

pho·ney [ˈfəʊni, AM ˈfoʊ-] **I.** *adj* (*pej fam*) *accent, smile* aufgesetzt, künstlich; *address* falsch; *documents* gefälscht **II.** *n* (*pej: pretender*) Schwindler(in) *m(f);* (*fake*) Fälschung *f*

phon·ic [ˈfɒnɪk, AM ˈfɑː-] *adj* LING phonisch *fachspr*

pho·nol·ogy [fə(ʊ)ˈnɒlədʒi, AM fəˈnɑː-] *n no pl* LING Phonologie *f fachspr*

pho·ny *adj* AM *see* **phoney**

phoo·ey [ˈfuːi] *interj* (*hum fam*) pfui

phos·phate [ˈfɒsfeɪt, AM ˈfɑːs-] *n* Phosphat *nt*

phos·pho·res·cence [ˌfɒsfərˈesən(t)s, AM ˌfɑːsfəˈres-] *n no pl* Phosphoreszenz *f*

phos·pho·res·cent [ˌfɒsfərˈesənt, AM ˌfɑːsfəˈres-] *adj* phosphoreszierend

phos·phor·ic [fɒsˈfɒrɪk, AM fɑːsˈfɔːr-] *adj,* **phos·pho·rous** [ˈfɒsfərəs, AM ˈfɑːs-] *adj* CHEM phosphorig *fachspr*

phos·pho·rus [ˈfɒsfərəs, AM ˈfɑːs-] *n no pl* Phosphor *m*

pho·to [ˈfəʊtəʊ, AM ˈfoʊt̬oʊ] *n short for* **photograph** Foto *nt*

pho·to-ˈage·ing *n no pl* Hautalterung *f* durch Sonnenstrahlen

ˈpho·to·call *n* Fototermin *m* **ˈpho·to·cell** *n* Fotozelle *f* **pho·to·ˈchrom·ic** *adj* PHOTO *lenses* phototrop **ˈpho·to·copi·er** *n* [Foto]kopierer *m* **ˈpho·to·copy I.** *n* [Foto]kopie *f* **II.** *vt* [foto]kopieren **pho·to·e'lec·tric** *adj* photoelektrisch **pho·to ˈfin·ish** *n* SPORTS Fotofinish *nt fachspr* **ˈpho·to·flash** [ˈfəʊtəʊˌflæʃ] *n* Blitzlicht *nt*

pho·to·gen·ic [ˌfəʊtə(ʊ)ˈdʒenɪk, AM ˌfoʊt̬əˈ-] *adj* fotogen

pho·to·graph [ˈfəʊtəgrɑːf, AM ˈfoʊt̬əgræf] **I.** *n* Fotografie *f,* Foto *nt;* **aerial ~** Luftaufnahme; **to take a ~ [of sb/sth]** [jdn/etw] fotografieren, ein Foto [von jdm/etw] machen *f* **II.** *vt* fotografieren **III.** *vi* **to ~ well** gut auf Fotos aussehen

Falsche Freunde

Nicht verwechseln mit Fotograf *m* — *photographer*!

ˈpho·to·graph al·bum *n* Fotoalbum *nt*

pho·tog·ra·pher [fəˈtɒgrəfəʳ, AM -ˈtɑːgrəfɚ] *n* Fotograf(in) *m(f)*

pho·to·graph·ic [ˌfəʊtəˈgræfɪk, AM ˌfoʊt̬əˈ-] *adj* fotografisch; **~ equipment** Fotoausrüstung *f*

pho·tog·ra·phy [fə'tɒgrəfi, AM -'tɑːg-] *n no pl* Fotografie *f*
pho·to·'jour·nal·ism *n no pl* Fotojournalismus *m*
pho·tom·eter [fə(ʊ)'tɒmɪtəʳ, AM foʊ'tɑːmɪt̬ɚ] *n* Photometer *nt fachspr*
pho·to·mon·tage [ˌfəʊtə(ʊ)mɒn'tɑːʒ, AM ˌfoʊt̬oʊmɑːn'-] *n* Fotomontage *f*
pho·ton ['fəʊtɒn, AM 'foʊtɑːn] *n* Photon *nt*
pho·to op·por·'tu·nity *n* Fototermin *m* **pho·to re·'port·er** *n* Fotoreporter(in) *m(f)* **pho·to·'sen·si·tive** *adj* lichtempfindlich **'pho·to·set·ting** *n no pl* PUBL Lichtsatz *m* **'pho·to·shoot** *n* Fototermin *m* **pho·to·stat®** ['fəʊtə(ʊ)stæt, AM 'foʊt̬oʊ-] *vt* fotokopieren **pho·to·'syn·the·sis** *n no pl* BIOL, CHEM Photosynthese *f*
phras·al ['freɪzᵊl] *adj* LING Satz-
phras·al 'verb *n* LING Phrasal Verb *nt* (*Grundverb mit präpositionaler oder adverbialer Ergänzung*)
phrase [freɪz] **I.** *n* ① (*words*) Satz *m;* (*idiomatic expression*) Ausdruck *m* ② MUS (*series of notes*) Phrase *f fachspr* **II.** *vt* formulieren
'phrase book *n* Sprachführer *m*
phra·seol·ogy [ˌfreɪzi'ɒlədʒi, AM -'ɑːl-] *n no pl* Ausdrucksweise *f*
phre·net·ic *adj see* **frenetic**
phut [fʌt] *interj* BRIT, AUS peng; **to go ~** (*fam*) kaputt gehen
pH value ['piːeɪtʃˌ-] *n* pH-Wert *m*
phy·sa·lis [faɪ'seɪlɪs] *n* FOOD Physalis *f,* Kap-Stachelbeere *f*
physi·cal ['fɪzɪkᵊl] **I.** *adj* ① *condition, love* körperlich, physisch *geh;* **to have a ~ disability** körperbehindert sein; **~ contact** Körperkontakt *m;* **~ attraction** körperliche Anziehung ② (*material*) physisch; *object, world* stofflich **II.** *n* MED Untersuchung *f*
physi·cal edu·'ca·tion *n no pl* Sport[unterricht] *m*
physi·cal·ly ['fɪzɪkᵊli] *adv* ① (*concerning the body*) körperlich; **it's just not ~ possible** das ist schon rein physisch nicht möglich; **~ disabled** körperbehindert ② (*not imagined*) wirklich
phy·si·cian [fɪ'zɪʃᵊn] *n esp* AM (*GP*) Arzt, Ärztin *m, f*

Falsche Freunde

Nicht verwechseln mit Physiker(in) *m(f)* — *physicist*!

physi·cist ['fɪzɪsɪst] *n* Physiker(in) *m(f)*
phys·ics ['fɪzɪks] *n + sing vb* Physik *f*
physio ['fɪziəʊ, AM -oʊ] *n* ① BRIT, AUS (*fam*) *short for* **physiotherapist** Physiotherapeut(in) *m(f)* ② *no pl esp* BRIT *short for* **physiotherapy** Physiotherapie *f*
physio·ball ['fɪziəʊbɔːl, AM -zioʊ-] *n* Gymnastikball *m*
physi·og·no·my [ˌfɪzi'ɒnəmi, AM -'ɑːn-] *n* (*form*) Physiognomie *f*
physio·logi·cal [ˌfɪziə'lɒdʒɪkᵊl, AM -'lɑːdʒ-] *adj* physiologisch
physi·olo·gist [ˌfɪzi'ɒlədʒɪst, AM -'ɑːl-] *n* Physiologe, Physiologin *m, f*
physi·ol·ogy [ˌfɪzi'ɒlədʒi, AM -'ɑːl-] *n no pl* Physiologie *f*
physio·thera·pist [ˌfɪziə(ʊ)'θerəpɪst, AM -oʊ'-] *n esp* BRIT Physiotherapeut(in) *m(f) fachspr,* Krankengymnast(in) *m(f)*
physio·thera·py [ˌfɪziə(ʊ)'θerəpi, AM -oʊ'-] *n no pl esp* BRIT Physiotherapie *f fachspr*
phy·sique [fɪ'ziːk] *n* Körperbau *m;* (*appearance*) Figur *f*
pia·nist ['piːənɪst, AM 'piːᵊn-] *n* Klavierspieler(in) *m(f);* (*professional*) Pianist(in) *m(f)*
pi·ano [pi'ænəʊ, AM -noʊ] *n* Klavier *nt,* Piano *nt;* **to play [the] ~** Klavier spielen; ■**at the ~** am Klavier
pi·'ano re·cit·al *n* Klavierkonzert *nt* **pi·'ano stool** *n* Klavierstuhl *m*
pi·az·za [pi'ætsə, AM -'ɑːt-] *n* Marktplatz *m*
pica·resque [ˌpɪkᵊr'esk, AM -ə'-] *adj* LIT pikaresk
pic·ca·nin·ny [ˌpɪkə'nɪni, AM 'pɪkənɪni] *n* (*pej!*) *abwertender Ausdruck für ein schwarzes Kind*
pic·co·lo ['pɪkələʊ, AM -loʊ] *n* Pikkoloflöte *f*
pick [pɪk] **I.** *n* ① (*choice*) Auswahl *f;* **to have first ~** die erste Wahl haben; **to take one's ~** sich *dat* etw aussuchen ② *+ sing/pl vb* (*best*) ■**the ~ of sth** *of things* das Beste; *of people* die Elite ③ (*pickaxe*) Spitzhacke *f* **II.** *vt* ① (*select*) aussuchen; **to ~ sth/sb at random** jdn/etw [völlig] willkürlich aussuchen ② (*harvest*) pflücken; *mushrooms* sammeln ③ (*scratch*) ■**to ~ sth** an etw *dat* kratzen; **to ~ one's nose** in der Nase bohren ④ (*take*) ■**to ~ sth from/off [of] sth** etw aus/von etw *dat* nehmen **III.** *vi* ① (*be choosy*) aussuchen ② (*toy with*) ■**to ~ at one's food** in seinem Essen herumstochern ③ (*scratch*) ■**to ~ at sth** an etw *dat* [herum]kratzen
◆**pick off** *vt* ① (*shoot*) ■**to ~ off** ↔ **sb/sth** jdn/etw einzeln abschießen ② (*fig: take best*) ■**to ~ off** ↔ **sth** sich *dat* das Beste herauspicken ◆**pick on** *vi* ① (*select*) ■**to ~ on sb/sth [for sth]** jdn/etw [für etw *akk*] aussuchen ② (*victimize*) herumhacken (auf *+dat*) ◆**pick out** *vt* ① (*select*) aussuchen ② (*recognize*) erkennen

③ (*highlight*) hervorheben ◆**pick over, pick through** *vt* ■**to ~ sth** ⟳ **over** etw gut durchsehen ◆**pick up I.** *vt* ① (*lift*) aufheben; **to ~ up the phone** [den Hörer] abnehmen; (*make phone call*) anrufen ② (*acquire*) erwerben; **to ~ up a bargain** ein Schnäppchen machen; **to ~ up an illness** sich mit einer Krankheit anstecken ③ (*collect*) abholen; *passengers* aufnehmen ④ (*fam: for sexual purposes*) ■**to ~ up** ⟳ **sb** jdn abschleppen ⑤ (*detect*) *errors* wahrnehmen ⑥ (*on radio*) *signal* empfangen ⑦ (*increase*) **to ~ up speed** schneller werden; (*fig*) sich verstärken ⑧ BRIT, AUS (*correct*) ■**to ~ sb up on sth** jdn auf etw *akk* aufmerksam machen ⑨ (*fam: earn*) verdienen **II.** *vi* ① (*improve*) sich bessern, besser werden; *numbers* steigen ② (*resume*) **to ~ up where one left off** da weitermachen, wo man aufgehört hat

picka·back *n* (*fam*) *see* **piggyback**

'pick·axe, AM **'pick·ax** *n* Spitzhacke *f*

pick·er ['pɪkəʳ, AM -ɚ] *n* (*of crops*) Erntehelfer(in) *m(f)*; **cotton ~** Baumwollpflücker(in) *m(f)*

pick·et ['pɪkɪt] **I.** *n* ① (*striker*) Streikposten *m;* (*blockade*) Streikblockade *f* ② (*stake*) Palisade *f* **II.** *vt* (*in a strike*) Streikposten aufstellen (vor +*dat*); (*demonstrate at*) demonstrieren (vor +*dat*); (*blockade*) blockieren **III.** *vi* demonstrieren

'pick·et fence *n* Palisadenzaun *m*

pick·et·ing ['pɪkɪtɪŋ, AM -t̬-] *n no pl* (*by strikers*) Aufstellen *nt* von Streikposten; (*by demonstrators*) Blockade *f* von Demonstranten

'pick·et line *n* Streikpostenkette *f*

'pick·ing list ['pɪkɪŋ-] *n* AM ① COMM Entnahmeliste *f* ② COMPUT Pickliste *f*

pick·ings ['pɪkɪŋz] *npl* **rich ~** schnelles Geld

pick·le ['pɪkl̩] **I.** *n* ① *no pl* [Mixed] Pickles *pl;* (*sauce*) Relish *nt* ② AM (*conserved gherkin*) saure Gurke **II.** *vt* einlegen

Falsche Freunde

Nicht verwechseln mit Pickel *m* — *spot*!

pick·led ['pɪkl̩d] *adj* ① (*preserved*) eingelegt ② (*fig fam: drunk*) besoffen

'pick·lock *n* (*burglar*) Einbrecher(in) *m(f);* (*instrument*) Dietrich *m*

'pick-me-up *n* Muntermacher *m* **'pick·pock·et** *n* Taschendieb(in) *m(f)*

'pick·up *n* ① (*fam: collection*) Abholen *nt kein pl* ② (*fam: collection point*) Treffpunkt *m* ③ (*fam: passenger*) Passagier(in) *m(f);* (*in a private car*) Mitfahrer(in) *m(f)* ④ (*fam: casual sexual acquaintance*) Eroberung *f hum* ⑤ (*van*) Kleintransporter *m*

'pick·up point *n* Treffpunkt *f;* (*for bus*) Haltestelle *f*

picky ['pɪki] *adj* (*pej fam*) pingelig; *eater* wählerisch

pic·nic ['pɪknɪk] **I.** *n* Picknick *nt;* **to go on a ~** ein Picknick machen **II.** *vi* <-ck-> picknicken

pic·nick·er ['pɪknɪkəʳ, AM -ɚ] *n jd, der ein Picknick macht*

Pict [pɪkt] *n* HIST Pikte, Piktin *m, f*

pic·to·gram ['pɪktə(ʊ)græm, AM -toʊ-] *n* Piktogramm *nt fachspr*

pic·to·rial [pɪk'tɔːriəl] *adj* (*done as picture*) Bild-; (*done like picture*) bildhaft; *book, brochure* illustriert

pic·ture ['pɪktʃəʳ, AM -ɚ] **I.** *n* ① (*painting, drawing*) Bild *nt; photograph a.* Foto *nt* ② (*on TV screen*) [Fernseh]bild *nt* ③ (*cinema*) ■**the ~s** *pl* das Kino ④ (*fig: impression*) Bild *nt;* **this is not an accurate ~** das ist eine Verdrehung der Tatsachen; **mental ~** Vorstellung *f;* **to paint a rosy ~ of sth** etw in rosigen Farben ausmalen ⑤ (*embodiment*) ■**the ~ of sth** der Inbegriff einer S. *gen* ▶PHRASES: **to <u>be</u> in the ~** (*informed*) im Bilde sein; (*involved*) beteiligt sein; **to <u>get</u> the ~** etw verstehen **II.** *vt* (*imagine*) sich *dat* vorstellen; (*depict*) darstellen **III.** *vi* ■**to ~ to oneself how ...** sich *dat* vorstellen, wie ...

'pic·ture book *n* (*for children*) Bilderbuch *nt;* (*for adults*) Buch *nt* mit Illustrationen **'pic·ture frame** *n* Bilderrahmen *m* **'pic·ture gal·lery** *n* [Kunst]galerie *f* **'pic·ture-goer** *n* Kinogänger(in) *m(f)* **'pic·ture li·brary** *n* Bildarchiv *nt* **'pic·ture mes·sag·ing** *n* Picture Messaging *nt* **pic·ture 'post·card** *n* Ansichtskarte *f* **'pic·ture puz·zle** *n* Puzzle *nt*

pic·tur·esque [ˌpɪktʃəʳ'esk] *adj scenery* malerisch, pittoresk *geh; language* bildhaft

'pic·ture tube *n* Bildröhre *f* **pic·ture 'win·dow** *n* Panoramafenster *nt*

pid·dle ['pɪdl̩] (*fam!*) **I.** *n* (*esp childspeak*) ① *no pl* (*urine*) Pipi *nt* ② *usu sing esp* BRIT (*action*) Pinkeln *nt* **II.** *vi* pinkeln

pid·dling ['pɪdl̩ɪŋ] *adj* (*pej fam!*) lächerlich

pidg·in ['pɪdʒɪn] **I.** *n* LING Pidgin *nt fachspr* **II.** *adj attr* Pidgin-; **~ German** gebrochenes Deutsch

pie [paɪ] *n* Pastete *f*

pie·bald ['paɪbɔːld] **I.** *adj* scheckig, gescheckt **II.** *n* Schecke *f o m*

piece [piːs] **I.** *n* ① (*bit*) Stück *nt;* (*part*) Teil *nt o m; of bread* Scheibe *f; of cake* Stück *nt; of glass;* **a ~ of broken glass** eine

Glasscherbe; [all] **in one ~** heil; **to break sth in[to] ~s** etw in Stücke brechen; **to go to ~s** (*fig*) *person* zusammenbrechen; *marriage* zerbrechen; **to take sth to ~s** BRIT etw zerlegen; ■ **~ by ~** Stück für Stück ② (*item, coin*) Stück *nt;* **~ of baggage** Gepäckstück *nt;* **~ of paper** Blatt *nt* Papier; (*non-physical*) **a ~ of advice** ein Rat *m;* **a ~ of evidence** ein Beweis *m* ③ (*in chess*) Figur *f;* (*in backgammon, draughts*) Stein *m* ④ ART, MUS Stück *nt,* Werk *nt;* JOURN Beitrag *m* ⑤ AM (*sl: gun*) Knarre *f fam* ▶ PHRASES: **a ~ of the action** *esp* AM ein Stück *nt* des Kuchens; **to be a ~ of cake** (*fam*) kinderleicht sein; **to give sb a ~ of one's mind** (*fam*) jdm [mal gehörig] die Meinung sagen **II.** *vt* ■ **to ~ together** ↻ **sth** etw zusammensetzen; (*reconstruct*) etw rekonstruieren

'piece·meal I. *adv* (*bit by bit*) Stück für Stück, stück[chen]weise; (*in fits and starts*) unsystematisch **II.** *adj* (*bit by bit*) stück[chen]weise; (*in fits and starts*) unsystematisch

'piece price *n* Stückpreis *m* **'piece rate** *n* Akkordlohn *m* **'piece·work** *n no pl* Akkordarbeit *f* **'piece·work·er** *n* Akkordarbeiter(in) *m(f)*

'pie chart *n* MATH Tortendiagramm *nt,* Kuchendiagramm *nt* SCHWEIZ

pied [paɪd] *adj attr* ZOOL gescheckt, gefleckt

pie-'eyed *adj* (*fam*) [völlig] besoffen

pier [pɪəʳ, AM pɪr] *n* ① NAUT Pier *m o fachspr f,* Hafendamm *m;* (*landing stage*) Landungsbrücke *f* ② ARCHIT (*wall support*) Trumeau *m;* (*pillar*) Pfeiler *m*

pierce [pɪəs, AM pɪrs] *vt* (*make hole in*) durchstechen; (*penetrate*) eindringen (in +*akk*); (*forcefully*) durchstoßen; (*break through*) durchbrechen; **to have ~d ears** Ohrlöcher haben

pierc·ing ['pɪəsɪŋ, AM 'pɪrs-] **I.** *adj* ① (*loud*) durchdringend; (*pej*) *voice a.* schrill ② (*cold*) eisig ③ (*penetrating*) *eyes, gaze, look* durchdringend, stechend; *question, reply, wit* scharf **II.** *n no pl* (*body-piercing*) Piercing *nt*

pi·ety ['paɪəti, AM -ət̬i] *n no pl* Frömmigkeit *f;* (*deep loyalty*) Achtung *f*

pif·fle ['pɪfl̩] *n no pl* (*dated fam*) Quatsch *m*

pif·fling ['pɪfl̩ɪŋ] *adj* (*dated fam*) lächerlich

pig [pɪg] *n* ① (*animal*) Schwein *nt* ② (*fam: greedy person*) Vielfraß *m* ③ (*pej fam: bad person*) Schwein *nt* ◆**pig out** *vi* (*fam*) ■ **to ~ out [on sth]** sich [mit etw *dat*] vollstopfen

pi·geon ['pɪdʒən] *n* Taube *f*

'pi·geon fan·ci·er *n* BRIT, AUS Brieftaubenfreund(in) *m(f)*

'pi·geon-hole I. *n* [Post]fach *nt,* Ablage *f;* **to put sb/sth in a ~** (*fig*) jdn/etw in eine Schublade stecken **II.** *vt* (*categorize*) in eine Schublade stecken

pi·geon-'toed *adj* mit nach innen gerichteten Fußspitzen *nach n;* ■ **to be ~** über den großen Onkel gehen *veraltend fam*

pig·gery ['pɪgəri, AM -ɚi] *n* AGR Schweinezucht *f*

pig·gish ['pɪgɪʃ] *adj* (*pej*) *behaviour, manners* schweinisch

pig·gy ['pɪgi] (*fam*) **I.** *n* (*childspeak*) Schweinchen *nt* **II.** *adj esp* BRIT (*pej*) schweinisch; (*in appetite*) verfressen; (*unhygienic*) schweinisch *fam*

pig·gy·back I. *n* **to give sb a ~** jdn huckepack nehmen **II.** *vi* huckepack machen

'pig·gy bank *n* Sparschwein *nt*

pig·'head·ed *adj* (*pej*) stur, starrköpfig **'pig iron** *n no pl* Roheisen *nt*

pig·let ['pɪglət, AM -lɪt] *n* Ferkel *nt*

pig·ment ['pɪgmənt] *n* Pigment *nt*

pig·men·ta·tion [ˌpɪgmən'teɪʃən] *n no pl* Pigmentation *f*

Pig·my *n, adj see* **pygmy**

'pig·skin I. *n* ① (*hide*) Schweinshaut *f* ② *no pl* (*leather*) Schweinsleder *nt* ③ AM SPORTS (*fam*) Leder *nt* (*Ball beim American Football*) **II.** *adj bag, belt etc.* Schweinsleder-, schweinsledern

'pig·sty *n* (*pej, a. fig*) Schweinestall *m* **'pig·swill** *n no pl* Schweinefutter *nt* (*aus Essensresten*); (*pej: very unpleasant food*) [Schweine]fraß *m pej fam* **'pig·tail** *n* (*tied at back*) Pferdeschwanz *m;* (*braided*) Zopf *m*

pike¹ [paɪk] *n* ZOOL Hecht *m*

pike² [paɪk] *n* MIL, HIST (*weapon*) Spieß *m,* Pike *f*

pike³ [paɪk] *n* AM Mautstraße *f* ▶ PHRASES: **sth comes down the ~** etw kommt auf uns zu; **looks like there's a whole lot of trouble coming down the ~** sieht so aus, als ob da gewaltig Ärger auf uns zukommt

pike·staff ['paɪkstɑːf] *n* BRIT ▶ PHRASES: **as plain as a ~** glasklar

pi·las·ter [pɪ'læstəʳ, AM -ɚ] *n* ARCHIT Pilaster *m fachspr*

Pi·la·tes ['pɪlɑːteɪz, -tiːz] *n no pl* SPORTS Pilates *nt*

pil·chard ['pɪltʃəd, AM -ɚd] *n* Sardine *f*

pile¹ [paɪl] *n* ARCHIT Pfahl *m*

pile² [paɪl] *n no pl* Flor *m*

pile³ [paɪl] **I.** *n* ① (*stack*) Stapel *m;* (*fam: heap*) Haufen *m* ② (*esp hum: big building*) Palast *m* **II.** *vt* stapeln (**on[to]** auf +*dat*) **III.** *vi* ① (*fam: crowd into*) **to ~ on**

P

to the bus sich in den Bus reindrücken ② (*collide*) ■**to ~ into sth** ineinanderrasen ◆**pile in** *vi* in etw *akk* [hinein]strömen; (*forcefully*) sich in etw *akk* [hinein]drängen ◆**pile on** *vt* anhäufen; **you're really piling it on with the compliments tonight** du bist ja heute Abend so großzügig mit Komplimenten *hum* ◆**pile up I.** *vi debts, problems* sich anhäufen; (*get more frequent*) sich häufen **II.** *vt* anhäufen

'pile·driv·er *n* Ramme *f fachspr*

piles [paɪlz] *npl* (*fam*) Hämorrhoiden *pl*

'pile-up *n* ① AUTO (*crash*) Massenkarambolage *f* ② (*accumulation*) Anhäufung *f,* Berg *m fig;* (*backlog*) Rückstand *m*

pil·fer ['pɪlfəʳ, AM -ɚ] *vt, vi* klauen

pil·fer·ing ['pɪlfᵊrɪŋ, AM -fɚ-] *n no pl* Bagatelldiebstahl *m form*

pil·grim ['pɪlgrɪm] *n* Pilger(in) *m(f)*

pil·grim·age ['pɪlgrɪmɪdʒ] *n* REL Pilgerfahrt *f;* (*esp Christian*) Wallfahrt *f* (**to** nach +*dat*)

pill [pɪl] *n* ① (*tablet*) Tablette *f* ② (*contraceptive*) ■**the ~** die Pille; **to be on the ~** die Pille nehmen

pil·lage ['pɪlɪdʒ] **I.** *vt, vi* (*form*) plündern **II.** *n no pl* (*form*) Plündern *nt*

pil·lar ['pɪləʳ, AM -ɚ] *n* ① (*column*) Pfeiler *m,* Säule *f* ② (*fig: mainstay*) Stütze *f*

'pil·lar box *n* BRIT Briefkasten *m*

'pill·box *n* ① (*for tablets*) Pillendose *f* ② MIL Bunker *m* ③ (*hat*) Pillbox *f o m fachspr*

pil·lion ['pɪliən, AM -jən] **I.** *n* (*seat*) Soziussitz *m* **II.** *adj attr* BRIT, AUS Beifahrer- **III.** *adv* BRIT, AUS **to ride ~** auf dem Beifahrersitz mitfahren

pil·lo·ry ['pɪlᵊri, AM -ɚi] **I.** *vt* <-ie-> an den Pranger stellen *a. fig* **II.** *n* Pranger *m*

pil·low ['pɪləʊ, AM -loʊ] **I.** *n* ① (*for bed*) [Kopf]kissen *nt* ② AM (*cushion*) Kissen *nt* **II.** *vt* **to ~ one's head on sth** seinen Kopf auf etw *akk* legen

'pil·low·case, 'pil·low cov·er, 'pil·low·slip *n* [Kopf]kissenbezug *m* **'pil·low pack** *n* FOOD Pillow-Pack-Beutel *m* (*aromadichte Verpackung für Salat oder Gemüse*)

pi·lot ['paɪlət] **I.** *n* ① AVIAT Pilot(in) *m(f);* NAUT Lotse(in) *m(f)* ② TV Pilotfilm *f* ③ TECH (*pilot light*) Kontrolllampe *f;* (*flame*) Zündflamme *f* **II.** *vt* ① AVIAT, NAUT *aircraft* fliegen; *ship* lotsen ② (*fig: guide*) durchbringen **III.** *adj usu attr* Pilot-; **a ~ test** ein erster Test

'pi·lot boat *n* Lotsenboot *nt* **'pi·lot fish** *n* ZOOL Lotsenfisch *m*

pi·lot·less ['paɪlətləs] *adj* führerlos

'pi·lot light *n* ① (*monitoring light*) Kontrolllampe *f* ② (*flame*) Zündflamme *f* **'pi·lot plant** *n* Versuchsanlage *f* **'pi·lot scheme** BRIT, AUS, AM **'pi·lot pro·gram** *n* Testreihe *f;* (*model project*) Pilotprojekt *nt*

'pi·lot's li·cence, AM **'pi·lot's li·cense** *n* Pilotenschein *m*

'pi·lot sur·vey *n* Pilotuntersuchung *f* **'pilot-test** *vt* ■**to ~ sth** eine erste Testreihe von etw *dat* durchführen **'pilot-test·ing** *n no pl* Durchführung *f* einer ersten Testreihe

pi·men·to [pɪ'mentəʊ, AM -toʊ], AM *usu* **pi·mien·to** [pɪ'mjentoʊ] *n* ① (*sweet red pepper*) [rote] Paprika ② (*spice*) Piment *m o nt*

pimp [pɪmp] **I.** *n* Zuhälter *m* **II.** *vi* als Zuhälter arbeiten; ■**to ~ for sb** jds Zuhälter *m* sein

pim·ple ['pɪmpl̩] *n* Pickel *m*

pim·ply ['pɪmpl̩i] *adj* pickelig

pin [pɪn] **I.** *n* ① (*sharp object*) Nadel *f;* **drawing ~** Reißzwecke *f* ② (*for clothing*) [Ansteck]nadel *f;* AM (*brooch*) Brosche *f* **II.** *vt* <-nn-> ① (*attach with pin*) befestigen ([**up**]**on, to** an +*dat*); **to ~ all one's hopes on sth** (*fig*) seine ganze Hoffnung auf etw *akk* setzen ② (*hold firmly*) **she was ~ned under a fallen beam from the roof** sie saß unter einem vom Dach gefallenen Balken fest; **to ~ sb to the floor** jdn auf den Boden drücken ③ (*fix blame unfairly*) ■**to ~ sth on sb** etw auf jdn schieben ◆**pin down** *vt* ① (*define exactly*) genau definieren; (*locate precisely*) genau bestimmen ② (*make decide*) ■**to ~ down** ↔ **sb** [**to sth**] jdn [auf etw *akk*] festnageln ③ (*hold fast*) ■**to ~ down** ↔ **sb** jdn fest halten ◆**pin up** *vt* anstecken; *hair* hochstecken; **to ~ up a picture on the wall** ein Bild an die Wand hängen

PIN [pɪn] *n abbrev of* **personal identification number** PIN

pina·fore ['pɪnəfɔːʳ, AM -fɔːr] *n* ① (*apron*) [große] Schürze ② *esp* BRIT, AUS Trägerkleid *nt*

'pina·fore dress *n esp* BRIT Trägerkleid *nt*

'pin·ball *n no pl* Flipper *m*

'pin·ball ma·chine *n* Flipper *m*

pin·cer ['pɪn(t)səʳ, AM -ɚ] *n* ① *usu pl* ZOOL Schere *f,* Zange *f* ② (*tool*) ■**~s** *pl* [Kneif]zange *f,* [Beiß]zange *f*

pinch [pɪn(t)ʃ] **I.** *vt* ① (*nip*) kneifen, zwicken BES. SÜDD, ÖSTERR; (*squeeze*) quetschen ② (*fam: steal*) klauen **II.** *vi* kneifen, zwicken; *boots, shoes, slippers* drücken **III.** *n* <*pl* -es> ① (*nip*) Kneifen *nt,* Zwicken *nt* ② (*small quantity*) Prise *f;* **a ~ of sugar** eine Prise Zucker ▶ PHRASES: **to take sth with a ~ of salt** etw mit Vorsicht ge-

P

nießen

pinched [pɪn(t)ʃt] *adj* verhärmt

'pin·cush·ion *n* Nadelkissen *nt*

pine[1] [paɪn] **I.** *n* ❶ (*tree*) Kiefer *f* ❷ *no pl* (*wood*) Kiefer *f*, Kiefernholz *nt* **II.** *adj board, chair, table* aus Kiefer[nholz] *nach n;* BRIT (*of stone pine*) aus Pinie[nholz] *nach n*

pine[2] [paɪn] *vi* sich sehnen (**for** nach +*dat*) ◆**pine away** *vi* sich vor Sehnsucht verzehren *liter*

pin·eal ['pɪniəl] *adj* zapfenähnlich

'pin·eal body *n*, **'pin·eal gland** *n* Zirbeldrüse *f*

pine·ap·ple ['paɪnæpl̩] *n* Ananas *f*

'pine cone *n* Kiefernzapfen *m;* BRIT (*of stone pine*) Pinienzapfen *m* **'pine grove** *n* Kiefernwäldchen *nt;* BRIT (*with stone pines*) Pinienhain *m* **'pine nee·dle** *n* Kiefernnadel *f;* BRIT (*of stone pine*) Piniennadel *f* **'pine-wood** *n no pl* Kiefernholz *nt;* BRIT (*of stone pine*) Pinienholz *nt*

ping [pɪŋ] **I.** *n* [kurzes] Klingeln; *of glass* Klirren *nt;* (*click*) Klicken *nt* **II.** *vi* ❶ (*make sound*) [kurz] klingeln; *glass* klirren; (*click*) klicken ❷ AM, AUS AUTO *engine* klingeln

ping-pong ['pɪŋ,pɒŋ, AM -ˌpɑːŋ] *n no pl* (*fam*) Tischtennis *nt*, Pingpong *nt*

'pin·head *n* ❶ (*of pin*) Stecknadelkopf *m* ❷ (*pej fam: simpleton*) Blödmann *m*

pin·ion ['pɪnjən] *n* TECH Ritzel *nt*

pink[1] [pɪŋk] **I.** *n* Rosa *nt*, Pink *nt* **II.** *adj* (*pale red*) rosa, pink; *cheeks* rosig; *face, nose* gerötet

pink[2] [pɪŋk] *n* BOT [Garten]nelke *f*

pinkie ['pɪŋki] *n* (*fam*) kleiner Finger

pink·ing shears ['pɪŋkɪŋ-] *npl* Zickzackschere *f*

pinko <*pl* -s *or* -es> ['pɪŋkəʊ, AM -koʊ] *n* (*pej dated fam*) Rote(r) *f(m)*

pin·na·cle ['pɪnəkl̩] *n* ❶ *usu pl of a mountain* Berggipfel *m* ❷ ARCHIT (*on a building*) Fiale *f fachspr* ❸ *usu sing* (*culmination*) Höhepunkt *m*

'pin·point I. *vt* [genau] feststellen **II.** *adj attr* sehr genau, haargenau; ~ **accuracy** hohe Genauigkeit; *of missile, shot* hohe Zielgenauigkeit **III.** *n* winziger Punkt

'pin·prick *n* Nadelstich *m;* (*fig: cause of irritation*) [kleine] Widrigkeit **pin-'sharp** *adj photograph, image* gestochen scharf; (*fig*) *comments, assessments* akkurat, scharfsinnig **'pin·stripe** *n no pl* (*pattern*) Nadelstreifen *m*

pint [paɪnt] *n* ❶ (*measurement*) Pint *nt* (*0,568 l*) ❷ BRIT (*fam: beer*) ≈ eine Halbe

pin·ta ['paɪntə] *n* BRIT (*dated fam*) Pint *nt* Milch

'pint-size(d) *adj* (*fam*) winzig; (*fig*) unbedeutend

'pin-up I. *n* ❶ (*picture*) [Star]poster *nt o m* ❷ (*fam: person*) **he's the latest teenage** ~ er ist der neueste Teenagerschwarm **II.** *adj attr* Pin-up-; ~ **magazine** *Zeitschrift mit vielen Postern zum Aufhängen*

pio·neer [ˌpaɪə'nɪəʳ, AM -'nɪr] **I.** *n* Pionier(in) *m(f)* **II.** *adj* Pionier-, bahnbrechend; (*innovative*) innovativ **III.** *vt* den Weg bereiten (für +*akk*)

pio·neer·ing [ˌpaɪə'nɪərɪŋ, AM -'nɪr-] *adj* bahnbrechend; (*innovative*) innovativ

pi·ous ['paɪəs] *adj* ❶ REL (*devout*) fromm ❷ (*iron: well-intentioned*) gut gemeint

pip[1] [pɪp] *n* HORT Kern *m*

pip[2] [pɪp] *n usu pl esp* BRIT Piep *m*

pip[3] <-pp-> [pɪp] *vt* BRIT (*fam*) ■**to ~ sb** jdn [knapp] besiegen; **to ~ sb to the post** jdn um Haaresbreite schlagen

pipe [paɪp] **I.** *n* ❶ TECH (*tube*) Rohr *nt;* (*small tube*) Röhre *f; for gas, water* Leitung *f* ❷ (*for smoking*) Pfeife *f* ❸ MUS (*instrument*) Flöte *f;* (*in organ*) [Orgel]pfeife *f* **II.** *vt* ❶ (*transport*) *gas, oil, water* leiten ❷ (*speak shrilly*) piepsen; (*loudly*) kreischen **III.** *vi* piepsen; *esp women* zwitschern *oft hum;* (*loudly*) kreischen ◆**pipe down** *vi* (*fam: be quiet*) den Mund halten; (*be quieter*) leiser sein ◆**pipe up** *vi* den Mund aufmachen **'pipe clean·er** *n* Pfeifenreiniger *m*

'pipe dream *n* [Tag]traum *m*

'pipe-fit·ter *n* Installateur(in) *m(f)* (*von Rohrleitungen*) **'pipe·line** *n* Pipeline *f;* **in the** ~ (*fig*) in Planung

pip·er ['paɪpəʳ, AM -ɚ] *n* Dudelsackspieler(in) *m(f)*

pip·ing ['paɪpɪŋ] **I.** *n no pl* Paspel *f;* (*on furniture*) Kordel *f;* FOOD Spritzgussverzierung *f* **II.** *adv* ~ **hot** kochend heiß

pip·squeak ['pɪpskwiːk] *n* (*pej fam*) Würstchen *nt*

pi·quant ['piːkənt] *adj* pikant; (*fig: stimulating*) interessant; (*with sexual overtones*) pikant

pique [piːk] **I.** *n no pl* Ärger *m* **II.** *vt* verärgern; **to ~ sb's curiosity** jds Neugier *f* wecken

pi·ra·cy ['paɪ(ə)rəsi, AM 'paɪrə-] *n no pl* ❶ (*at sea*) Piraterie *f*, Seeräuberei *f*, Freibeuterei *f* ❷ (*of copyrights*) Raubkopieren *nt;* **video** ~ Videopiraterie *f*

pi·rate ['paɪ(ə)rət, AM 'paɪrət] **I.** *n* ❶ (*buccaneer*) Pirat(in) *m(f)*, Seeräuber(in) *m(f)* ❷ (*plagiarizer*) Raubkopierer(in) *m(f)* **II.** *adj attr video, CD* raubkopiert **III.** *vt* ei-

P

ne Raubkopie machen (von +*dat*)

pirou·ette [ˌpɪru'et] **I.** *n* Pirouette *f* **II.** *vi* eine Pirouette drehen

Pi·sces <*pl* -> ['paɪsiːz] *n* ASTROL ① *no pl* (*sign*) Fische *pl* ② (*person*) Fisch *m; see also* **muscle**

piss [pɪs] (*fam!*) **I.** *n no pl* Pisse *f derb* ▸PHRASES: **to take the ~** [**out of sb**] BRIT jdn verarschen *derb* **II.** *vi* ① (*urinate*) pinkeln *fam* ② *impers* BRIT, AUS (*sl: rain*) gießen **III.** *vt* ■**to ~ oneself** in die Hose machen; (*laugh*) sich *dat* vor Lachen in die Hosen machen ◆**piss about, piss around** BRIT, AUS **I.** *vi* (*fam!: be silly*) Blödsinn machen; (*waste time*) herumtrödeln **II.** *vt* (*fam!*) ■**to ~ sb about** (*mess about*) jdm auf die Nerven gehen; (*waste time*) jds Zeit *f* verschwenden

pissed [pɪst] *adj* (*fam!*) ① BRIT, AUS besoffen *fam* ② AM [stink]sauer

'piss-up *n* BRIT, AUS (*fam!*) Besäufnis *nt*

pis·ta·chio [pɪ'stɑːʃiəʊ, AM -'stæʃioʊ] *n* Pistazie *f*

piste [piːst] *n* Piste *f*

pis·til ['pɪstɪl] *n* BOT Stempel *m*

pis·tol ['pɪstᵊl] *n* Pistole *f*

'pis·tol shot *n* [Pistolen]schuss *m*

pis·ton ['pɪstᵊn] *n* Kolben *m*

'pis·ton en·gine *n* Kolbenmotor *m* **'pis·ton ring** *n* Kolbenring *m fachspr*

pit[1] [pɪt] **I.** *n* ① (*in ground*) Grube *f;* (*scar*) Narbe *f;* TECH (*hollow*) Loch *nt;* MED (*in body*) Grube *f,* Höhle *f* ② (*mine*) Bergwerk *nt* ③ MUS (*orchestral area*) Orchestergraben *m* ④ SPORTS ■**the ~s** *pl* die Boxen *pl* **II.** *vt* <-tt-> *usu passive* ■**sth is ~ted** [**with sth**] etw ist [von etw *dat*] zerfurcht

pit[2] [pɪt] **I.** *n esp* AM (*stone*) Kern *m* **II.** *vt* <-tt-> ① FOOD entkernen ② ■**to ~ sth against sth** *products* etw gegen etw *akk* ins Rennen schicken; ■**to ~ oneself against sb/sth** sich mit jdm/etw messen

pit-a-pat [ˌpɪtə'pæt, AM ˌpɪt̬-] **I.** *adv feet* tapsend; *heart, rain* klopfend **II.** *n no pl of feet* Getrappel *nt; of the heart, rain* Klopfen *nt; of water* Plätschern *nt*

pitch[1] *n no pl* Pech *nt*

pitch[2] [pɪtʃ] **I.** *n* <*pl* -es> ① BRIT, AUS (*sports field*) [Spiel]feld *nt;* BRIT (*for camping*) [Zelt]platz *m* ② (*baseball throw*) Wurf *m* ③ *no pl* (*tone*) Tonhöhe *f;* (*of a voice*) Stimmlage *f;* (*of an instrument*) Tonlage *f;* (*volume*) Lautstärke *f* ④ *no pl* (*persuasion*) [**sales**] ~ [Verkaufs]sprüche *pl a. pej fam* ⑤ (*slope*) Schräge *f,* Neigung *f* **II.** *vt* ① (*throw*) werfen ② (*set up*) aufstellen; *tent* aufschlagen ③ MUS *instrument* stimmen; *song* anstimmen; *note* treffen ④ (*target*) ■**to ~ sth at sb** etw auf jdn ausrichten; ■**to be ~ed at sb** *book, film* sich an jdn richten ⑤ (*set*) **to ~ sth at a certain level** etw auf einem bestimmten Niveau ansiedeln ⑥ *usu passive* (*slope*) **to be ~ed at 30°** eine Neigung von 30° haben; **~ed roof** Schrägdach *nt* **III.** *vi* ① (*move*) *ship* stampfen *fachspr;* AVIAT absacken ② SPORTS (*in baseball*) werfen ③ (*attack*) ■**to ~ into sb** jdn angreifen ④ (*start*) ■**to ~ into sth** etw [entschlossen] angehen ◆**pitch in** *vi* (*fam: contribute*) mit anpacken; (*financially*) zusammenlegen; ■**to ~ in with sth** sich mit etw *dat* einbringen; **everyone ~ed in with comments** jeder machte seine Bemerkungen ◆**pitch up** *vi* BRIT (*fam*) auftauchen

'pitch-black *adj* pechschwarz

pitch 'dark·ness *n no pl* völlige Dunkelheit

pitched [pɪtʃt] *adj* ① (*with tar*) geteert ② (*sloping*) ~ **roof** Dachschräge *f*

pitched 'bat·tle *n* MIL offene [Feld]schlacht; (*fig: confrontation*) offener Schlagabtausch

pitch·er[1] ['pɪtʃəʳ, AM -ɚ] *n* ① BRIT (*container*) Henkelkrug *m* ② *esp* AM (*jug*) Krug *m*

pitch·er[2] ['pɪtʃəʳ, AM -ɚ] *n* SPORTS (*in baseball*) Pitcher(in) *m(f) fachspr*

'pitch·fork **I.** *n* (*for hay*) Heugabel *f;* (*for manure*) Mistgabel *f* **II.** *vt* (*fig*) ■**to ~ sb into sth** jdn unerwartet mit etw *dat* konfrontieren

'pitch pine *n* Pechkiefer *f*

pit·eous ['pɪtiəs, AM -t̬-] *adj* Mitleid erregend, herzzerreißend

'pit·fall *n usu pl* Falle *f; of a language, subject* Hauptschwierigkeit *f*

pith [pɪθ] *n no pl* ① (*of orange, grapefruit, etc.*) weiße Innenhaut ② (*in plants*) Mark *nt* ③ (*fig: essence*) Kern *m;* (*substance of speech*) Substanz *f*

'pit·head **I.** *n usu sing* MIN (*entrance*) Zecheneinstieg *m;* (*buildings*) Übertageanlagen *pl* **II.** *adj attr* Tagebau-, Übertage-

pith 'hel·met *n* (*esp hist*) Tropenhelm *m*

pithy ['pɪθi] *adj* ① (*succinct*) prägnant ② (*of citrus fruits*) dickschalig

piti·able ['pɪtiəbl̩, AM -t̬-] *adj* ① (*arousing pity*) bemitleidenswert; (*terrible*) schrecklich ② (*despicably*) lächerlich

piti·ful ['pɪtifᵊl, AM -t̬-] *adj* ① (*arousing pity*) bemitleidenswert; *conditions etc.* schrecklich; *sight* traurig ② (*unsatisfactory*) jämmerlich

piti·less ['pɪtiləs, AM -t̬-] *adj* erbarmungslos, unbarmherzig

pi·ton ['pɪtɒn, AM -tɑːn] *n* SPORTS (*for rock*)

P

Felshaken *m;* (*for ice*) Eishaken *m*

pit·ta ['pɪtə, AM 'pi:t̬ə], **pit·ta bread** *n no pl* Pitabrot *nt*

pit·tance ['pɪtᵊn(t)s] *n usu sing* (*pej*) Hungerslohn *m*

pi·tui·tary [pɪ'tju:ɪtᵊri, AM 'tu:əteri], **pi·tui·tary gland** *n* ANAT Hirnanhangsdrüse *f*

pity ['pɪti, AM -t̬-] **I.** *n no pl* ❶ (*compassion*) Mitleid *nt;* **to feel ~ for sb** mit jdm Mitleid haben ❷ (*shame*) **what a ~!** wie schade!; ■**to be a ~** schade sein **II.** *vt* <-ie-> Mitleid haben (mit +*dat*)

pity·ing ['pɪtiɪŋ, AM -t̬-] *adj* mitleidig; (*condescending*) herablassend

piv·ot ['pɪvət] **I.** *n* ❶ MECH, TECH (*shaft*) [Dreh]zapfen *m;* (*fig: focal point*) Dreh- und Angelpunkt *m* ❷ (*fig: key person*) Schlüsselfigur *f* **II.** *vi* ■**to ~ around sth** ❶ (*a. fig: revolve*) kreisen (um +*akk*) ❷ (*fig: depend on*) abhängen (von +*dat*)

piv·ot·al ['pɪvətᵊl, AM -t̬-] *adj* Schlüssel-, Haupt-

pix·el ['pɪksᵊl] *n* Pixel *nt fachspr*

pixie ['pɪksi] *n* Kobold *m*

piz·za ['pi:tsə] *n* Pizza *nt*

'piz·za place *n* Pizzeria *f*

plac·ard ['plækɑ:d, AM -ɑ:rd] *n* Plakat *nt;* (*at demonstrations a.*) Transparent *nt*

pla·cate [plə'keɪt, AM 'pleɪkeɪt] *vt* (*soothe*) beruhigen; (*appease*) beschwichtigen

placa·tory [plə'keɪtᵊri, AM 'pleɪkətɔ:ri] *adj* (*calming*) beschwichtigend; (*appeasing*) versöhnlich

place [pleɪs] **I.** *n* ❶ (*location*) Ort *m;* **this is the exact ~!** das ist genau die Stelle!; **that café is a nice ~** dieses Café ist echt nett *fam;* **sorry, I can't be in two ~s at once** tut mir leid, ich kann nicht überall gleichzeitig sein; **~ of birth** Geburtsort *m;* **~ of work** Arbeitsplatz *m;* **to go ~s** AM viel sehen; **in ~s** stellenweise ❷ (*home*) **I'm looking for a ~ to live** ich bin auf Wohnungssuche; **your ~ or mine?** zu dir oder zu mir? ❸ (*fig: position, rank*) Stellung *f;* **to put sb in his/her ~** jdm zeigen, wo es lang geht *fam;* **if I were in your ~ ...** ich an deiner Stelle ... ❹ (*proper position*) ■**to be in ~** an seinem Platz sein; (*fig: completed*) fertig sein; *arrangements* abgeschlossen; **the chairs were all in ~** die Stühle waren alle dort, wo sie sein sollten; (*fig*) **suddenly it all fell into ~** plötzlich machte alles Sinn; **to be out of ~** nicht an der richtigen Stelle sein; *person* fehl am Platz[e] sein; (*fig*) **the large desk was totally out of ~ in such a small room** der große Schreibtisch war in solch einem kleinen Zimmer völlig deplatziert ❺ MATH (*in decimals*) Stelle *f* ❻ (*job, position*) Stelle *f;* (*seat, in team*) Platz *m;* (*at university*) Studienplatz *m;* **to take the ~ of sb** jds Platz *m* einnehmen; **to keep sb's ~** jdm den Platz freihalten ❼ (*ranking*) Platz *m,* Position *f;* **to take first ~** (*fig*) an erster Stelle kommen ▸ PHRASES: **there is a ~ and <u>time</u> for everything** alles zu seiner Zeit; **in the <u>first</u> ~** (*at first*) zuerst; (*at all*) überhaupt; **in the <u>first</u>/<u>second</u> ~** (*firstly, secondly*) erstens/zweitens; **to <u>take</u> ~** stattfinden **II.** *vt* ❶ (*position*) ■**to ~ sth somewhere** etw irgendwohin stellen; (*lay*) etw irgendwohin legen; **to ~ an advertisement in the newspaper** eine Anzeige in die Zeitung setzen; **to ~ a bet on sth** auf etw *akk* wetten ❷ (*impose*) *embargo* verhängen (**on** über +*akk*); **to ~ a limit on sth** etw begrenzen ❸ (*ascribe*) **to ~ the blame on sb** jdm die Schuld geben; **to ~ one's faith in sb/sth** sein Vertrauen in jdn/etw setzen; **to ~ importance on sth** auf etw *akk* Wert legen ❹ (*appoint to a position*) ■**to ~ sb/sth somewhere** jdn/etw irgendwo unterbringen [*o* SCHWEIZ platzieren]; **to ~ sb under arrest** jdn festnehmen; **to ~ sb in charge [of sth]** jdm die Leitung [von etw *dat*] übertragen; **to ~ sb under surveillance** jdn unter Beobachtung stellen ❺ (*recognize*) *face, person, voice, accent* einordnen **III.** *vi* SPORTS sich platzieren; AM *a.* (*finish second*) Zweite(r) werden

pla·ce·bo [plə'si:bəʊ, AM -boʊ] *n* MED Placebo *nt;* (*fig*) Ablenkungsmanöver *nt*

'place card *n* Tischkarte *f* **'place kick** *n* SPORTS Platztritt *m* **'place mat** *n* Set *nt o m,* Platzdeckchen *nt*

place·ment ['pleɪsmənt] **I.** *n* ❶ (*being placed*) Platzierung *f; of building* Lage *f* ❷ (*by job service*) Vermittlung *f;* (*job itself*) Stelle *f* **II.** *adj attr* Einstufungs-; **~ service** Stellenvermittlung *f*

'place name *n* Ortsname *m*

pla·cen·ta <*pl* placentas *or* placentae> [plə'sentə, *pl* -ti:] *n* Plazenta *f*

plac·id ['plæsɪd] *adj* ruhig, friedlich; *person a.* gelassen

pla·gia·rism ['pleɪdʒᵊrɪzᵊm, AM -dʒɚ-] *n no pl* geistiger Diebstahl

pla·gia·rist ['pleɪdʒᵊrɪst, AM -dʒɚ-] *n* Plagiator(in) *m(f) geh*

pla·gia·rize ['pleɪdʒᵊraɪz, AM -dʒɚ-] **I.** *vt* ■**to ~ sth** etw plagiieren *form* **II.** *vi* abschreiben (**from** aus +*dat*)

plague [pleɪg] **I.** *n* ❶ (*disease*) Seuche *f;* ■**the ~** die Pest; **to avoid sb/sth like the ~** jdn/etw wie die Pest meiden ❷ *of*

P

insects Plage *f;* (*fig*) **a ~ of journalists** eine Schar von Journalisten **II.** *vt* bedrängen; (*irritate*) ärgern; ■**to be ~d with sth** von etw *dat* geplagt werden; *see also* **colleague**

plaice <*pl* -> [pleɪs] *n* Scholle *f*

plaid [plæd] **I.** *n no pl esp* AM FASHION Schottenmuster *nt* **II.** *adj attr* kariert

plain [pleɪn] **I.** *adj* ❶ (*simple, uncomplicated*) einfach; (*not flavoured*) natur *nach n;* **~ and simple** ganz einfach ❷ (*clear*) klar, offensichtlich; **her meaning was ~** es war klar, was sie meinte; **to make sth ~** etw klarstellen; **to make oneself plain** sich klar ausdrücken ❸ (*unattractive*) unscheinbar **II.** *adv* ❶ (*simply*) ohne großen Aufwand; **the fish had been grilled and served ~** der Fisch war gegrillt und kam ohne weitere Zutaten auf den Tisch ❷ (*fam: downright*) einfach **III.** *n* ❶ (*area of flat land*) Ebene *f* ❷ (*in knitting*) rechte Masche

plain 'clothes *npl* Zivilkleidung *f kein pl;* **in ~** in Zivil

plain·ly ['pleɪnli] *adv* ❶ (*simply*) einfach, schlicht ❷ (*clearly*) deutlich, klar; (*obviously*) offensichtlich

plain·ness ['pleɪnnəs] *n no pl* ❶ (*simplicity*) Einfachheit *f,* Schlichtheit *f* ❷ (*obviousness*) Eindeutigkeit *f,* Klarheit *f* ❸ (*unattractiveness*) Unscheinbarkeit *f,* Unansehnlichkeit *f*

'plain-paper *adj attr* Normalpapier- **plain 'sail·ing** *n no pl* (*fig*) ■**to be ~** wie geschmiert laufen *fam* **plain-'spo·ken** *adj* ■**to be ~** eine deutliche Sprache sprechen; **he's very ~** er ist sehr direkt

plain·tiff ['pleɪntɪf, AM -t̬-] *n* Kläger(in) *m(f)*

plain·tive ['pleɪntɪv, AM -t̬-] *adj* klagend; (*wistful*) melancholisch; *voice* traurig

plait [plæt] *esp* BRIT **I.** *n* (*hair*) Zopf *m;* (*material*) Flechtwerk *nt* **II.** *vt, vi* flechten

plan [plæn] **I.** *n* ❶ (*detailed scheme*) Plan *m;* **to go according to ~** wie geplant verlaufen ❷ (*intention*) Plan *m,* Absicht *f;* **what are your ~s for this weekend?** was hast du dieses Wochenende vor?; **to change ~s** umdisponieren ❸ (*diagram*) Plan *m;* (*drawing*) ■**~s** *pl* Pläne *pl* **II.** *vt* <-nn-> ❶ (*draft, envisage*) planen ❷ (*prepare*) vorbereiten ❸ (*intend*) vorhaben **III.** *vi* ❶ (*prepare*) planen; **to ~ for one's old age** Vorkehrungen für das Alter treffen ❷ ■**to ~ on sth** (*expect*) mit etw *dat* rechnen; (*intend*) etw vorhaben ◆**plan out** *vt* [durch]planen

plane[1] [pleɪn] **I.** *n* ❶ (*surface*) Fläche *f;* MATH Ebene *f* ❷ (*level*) Ebene *f,* Niveau *nt* ❸ (*aircraft*) Flugzeug *nt;* **by ~** mit dem Flugzeug **II.** *vi* gleiten **III.** *adj attr* flach, eben

plane[2] [pleɪn] **I.** *n* Hobel *m* **II.** *vt* hobeln; (*until smooth*) abhobeln

plane[3] [pleɪn] *n* (*tree*) Platane *f*

'plane crash *n* Flugzeugunglück *nt*

plan·et ['plænɪt] *n* Planet *m;* **to be on a different ~** (*fig*) in einer anderen Welt sein

plan·etar·ium <*pl* planetariums *or* planetaria> [ˌplænɪ'teəriəm, AM -'teriəm, *pl* -riə] *n* Planetarium *nt*

plan·etary ['plænɪtᵊri, AM -teri] *adj* planetarisch *geh*

'plane tree *n* Platane *f*

plank [plæŋk] *n* ❶ (*timber*) Brett *nt,* Latte *f;* (*in house*) Diele *f;* NAUT Planke *f* ❷ (*fig: element*) Pfeiler *m*

plank·ing ['plæŋkɪŋ] *n no pl* Bretter *pl;* NAUT Planken *pl;* **floor ~** Dielenboden *m*

plank·ton ['plæŋktən] *n no pl* Plankton *nt*

plan·ner ['plænəʳ, AM -ɚ] *n* Planer(in) *m(f)*

plan·ning ['plænɪŋ] **I.** *n no pl* Planung *f* **II.** *adj* Planungs-; **~ application** BRIT Bauantrag *m;* **at the ~ stage** in der Planung[sphase]

'plan·ning board *n* Planungsgremium *nt;* **town ~** Stadtplanungsamt *nt* **'plan·ning per·mis·sion** *n no pl* BRIT Baugenehmigung *f*

plant [plɑːnt, AM plænt] **I.** *n* ❶ (*organism*) Pflanze *f;* **indoor ~** Zimmerpflanze *f* ❷ (*factory*) Werk *nt,* Betrieb *m* ❸ *no pl* (*machinery*) Maschinen *pl* **II.** *vt* ❶ (*put in earth*) pflanzen ❷ (*lodge*) platzieren; **to ~ oneself on the sofa** (*fam*) sich aufs Sofa pflanzen ❸ (*fam: frame*) [heimlich] platzieren; ■**to ~ sth on sb** jdm etw unterschieben

plan·tain[1] ['plæntɪn] *n* FOOD, BOT Kochbanane *f*

plan·tain[2] ['plæntɪn] *n* (*weed*) Wegerich *m*

plan·ta·tion [ˌplæn'teɪʃᵊn] *n* ❶ (*estate*) Plantage *f* ❷ (*plants*) Pflanzung *f;* (*trees*) Schonung *f*

plant·er ['plɑːntəʳ, AM 'plænt̬ɚ] *n* ❶ (*plantation owner*) Pflanzer(in) *m(f)* ❷ (*container*) Blumentopf *m;* (*stand*) Blumenständer *m* ❸ (*machine*) Pflanzmaschine *f;* (*for sowing*) Sämaschine *f*

plaque [plɑːk, plæk, AM plæk] *n* ❶ (*plate*) Tafel *f;* **brass ~** Messingschild *nt;* **commemorative ~** Gedenktafel *f* ❷ *no pl* MED [Zahn]belag *m*

plas·ma ['plæzmə], **plasm** ['plæzᵊm] **I.** *n no pl* MED, PHYS, ASTRON Plasma *nt* **II.** *adj cell, donation, donor* Plasma-

plas·ter ['plɑːstəʳ, AM 'plæstɚ] **I.** *n no pl*

P

① (*in building*) [Ver]putz *m* ② MED Gips[verband] *m* ③ BRIT (*for cuts*) Pflaster *nt;* **sticking ~** Heftpflaster *nt* **II.** *vt* ① (*mortar*) verputzen; (*fig*) **the rain had ~ed her hair to her head** durch den Regen klebte ihr das Haar am Kopf ② (*fam: put all over*) vollkleistern; **~ed with mud** voller Schlamm

'plas·ter·board *n no pl* Gipskarton *m* **'plas·ter cast** *n* Gipsverband *m;* ART Gipsabguss *m*

plas·tered ['plɑːstəd, AM 'plæstɚd] *adj pred* (*fam*) stockbesoffen; **to get ~** sich zusaufen

plas·ter·er ['plɑːstᵊrəʳ, AM 'plæstɚɚ] *n* Gipser(in) *m(f)*

plas·tic ['plæstɪk] **I.** *n* ① (*material*) Plastik *nt kein pl* ② (*industry*) ■ **~s** *pl* Kunststoffindustrie *f* ③ *no pl* (*fam: credit cards*) Plastikgeld *nt* **II.** *adj* ① (*of plastic*) Plastik- ② (*pej: artificial*) künstlich; (*false a.*) unecht; *smile* aufgesetzt ③ (*malleable*) formbar

plas·tic 'bag *n* Plastiktüte *f* **plas·tic 'bomb** *n* Plastikbombe *f* **plas·tic 'bul·let** *n* Gummigeschoss *nt* **plas·tic ex·'plo·sive** *n* Plastiksprengstoff *m*

Plas·ti·cine® ['plæstəsiːn] *n no pl* BRIT Plastilin *nt*

plas·tic·ity [plæs'tɪsəti, AM -əţi] *n no pl* Formbarkeit *f*

plas·tic 'money *n no pl* Plastikgeld *nt fam*

'plas·tics in·dus·try *n* Kunststoffindustrie *f*

plas·tic 'sur·gery *n no pl* Schönheitschirurgie *f*

plate [pleɪt] **I.** *n* ① (*dish*) Teller *m* ② (*sign*) Schild *nt* ③ AUTO Nummernschild *nt* ④ *no pl* (*metal layer*) Überzug *m;* **chrome ~** Verchromung *f;* **gold ~** Vergoldung *f* ⑤ *no pl* (*objects made of precious metal*) Silber und Gold; (*silver cutlery*) Tafelsilber *nt* **II.** *vt* überziehen

plat·eau <*pl* BRIT **plateaux** *or* AM, AUS **plateaus**> ['plætəʊ, AM plæ'toʊ] *n* ① GEOG (*upland*) [Hoch]plateau *nt* ② ECON (*flat period*) Stagnation *f;* (*stabilization*) Stabilisierung *f;* **to reach a ~** stagnieren

plat·ed ['pleɪtɪd, AM -ţ-] *adj* überzogen; **~ with chrome/gold/silver** verchromt/vergoldet/versilbert

plate·ful ['pleɪtfʊl] *n* Teller *m;* **a ~ of lasagna** ein Teller *m* [voll] Lasagne

plate 'glass *n no pl* Flachglas *nt fachspr*

plate·let ['pleɪtlət] *n* [Blut]plättchen *nt*

'plate rack *n* Geschirrständer *m* **'plate·warm·er** *n* Tellerwärmer *m*

plat·form ['plætfɔːm, AM -fɔːrm] *n* ① (*elevated area*) Plattform *f;* (*raised structure*) Turm *m* ② (*on station*) Bahnsteig *m* ③ (*stage*) Podium *nt* ④ (*opportunity to voice views*) Plattform *f*

plat·form 'shoes *npl* Plateauschuhe *pl*

plat·ing ['pleɪtɪŋ, AM -ţ-] *n* Überzug *m;* **~ of chrome/gold/silver** Verchromung/Vergoldung/Versilberung *f*

plati·num ['plætɪnəm, AM 'plætnəm] *n no pl* Platin *nt*

plati·tude ['plætɪtjuːd, AM -ţətuːd, -tjuːd] *n* (*pej*) Plattitüde *f geh*

pla·ton·ic [plə'tɒnɪk, AM -'tɑːn-] *adj* platonisch

pla·toon [plə'tuːn] *n + sing/pl vb* MIL Zug *m*

plat·ter ['plætəʳ, AM -ţɚ] *n* ① (*food selection*) Platte *f* ② AM, AUS (*main course*) Teller *m*

platy·pus <*pl* -es> ['plætɪpəs, AM -ţ-] *n* Schnabeltier *nt*

plau·sibil·ity [ˌplɔːzɪ'bɪləti, AM ˌplɑːzə'bɪləţi] *n no pl* Plausibilität *f; of an argument* Schlagkraft *f*

plau·sible ['plɔːzɪbḷ, AM 'plɑːzə-] *adj* plausibel; *person* glaubhaft

play [pleɪ] **I.** *n* ① *no pl* (*recreation*) Spiel *nt;* **to be at ~** spielen ② *no pl* SPORTS (*during game*) Spiel *nt* ③ AM SPORTS (*move*) Spielzug *m* ④ THEAT [Theater]stück *nt;* **radio ~** Hörspiel *nt* ⑤ (*freedom to move*) Spielraum *m* **II.** *vi* ① (*amuse oneself, gamble*) MUS, SPORTS spielen; **to ~ for money** um Geld spielen ② THEAT *actor* spielen ③ (*move*) **a smile ~ed across his lips** ein Lächeln spielte um seine Lippen ▶ PHRASES: **to ~ for time** versuchen, Zeit zu gewinnen **III.** *vt* ① (*take part in*) spielen; **to ~ cards** Karten spielen ② (*compete against*) ■ **to ~ sb** gegen jdn spielen ③ (*execute*) **to ~ a shot** schießen; (*in snooker*) stoßen; ■ **to ~ the ball** den Ball spielen ④ MUS spielen; **to ~ the violin** Geige spielen ⑤ *CD, tape* [ab]spielen; **to ~ one's stereo** seine Anlage anhaben ⑥ MUS, THEAT **to ~ a part** eine Rolle spielen; **to ~ the lead** die Hauptrolle spielen ⑦ (*gamble*) **to ~ a slot machine** an einem Spielautomaten spielen; **to ~ the stock market** an der Börse spekulieren ⑧ (*perpetrate*) **to ~ a trick on sb** jdn hochnehmen *fig fam;* (*practical joke*) [jdm] einen Streich spielen ▶ PHRASES: **to ~ one's cards right** geschickt taktieren; **to ~ havoc with sth** etw durcheinanderbringen; **to ~ dumb** sich taub stellen; **to ~ [it] safe** auf Nummer sicher gehen ◆**play about** *vi see* **play around** ◆**play along** **I.** *vi* ■ **to ~ along with sth** etw [zum Schein] mitmachen **II.** *vt* (*pej*) ■ **to ~ sb**

P

along jdn hinhalten ◆**play around** *vi* ① (*mess around*) *children* spielen; **stop ~ing around!** hör mir dem Blödsinn auf! *fam* ② (*pej fam: be unfaithful*) fremdgehen *fam* ③ (*experiment*) ■**to ~ around with sth** mit etw *dat* [herum]spielen; (*try out*) etw ausprobieren; **to ~ around with ideas** etw in Gedanken durchspielen ◆**play at** *vi* ① (*play game*) ■**to ~ at sth** etw spielen ② (*pretend*) ■**to ~ at being sb** so tun, als wäre man jd ◆**play back** *vt* noch einmal abspielen; (*rewind*) zurückspulen ◆**play down** *vt* herunterspielen ◆**play off I.** *vi* ■**to ~ off for sth** um etw *akk* spielen **II.** *vt* ■**to ~ off** ⇄ **sb against sb** jdn gegen jdn ausspielen ◆**play on** *vi* ① (*exploit*) ■**to ~ on sth** etw ausnutzen ② MUS, SPORTS (*keep playing*) weiterspielen ◆**play out I.** *vt* ① *usu passive* (*take place*) ■**to be ~ed out** *scene* sich abspielen ② (*act out*) umsetzen ③ (*play to end*) THEAT *a play, scene* [zu Ende] spielen; **to ~ out the last few seconds** SPORTS die letzten Sekunden spielen **II.** *vi esp* AM bekannt werden; (*make itself felt*) sich manifestieren ◆**play through** *vt* MUS [von Anfang bis Ende] [durch]spielen; **to ~ through a series of pieces** eine Reihe von Stücken spielen ◆**play up I.** *vt* ① (*emphasize*) hochspielen ② BRIT (*fam*) ■**to ~ up** ⇄ **sb** (*cause trouble*) jdm zu schaffen machen; (*cause pain*) jdm Schmerzen bereiten ③ BRIT (*fam: annoy*) nerven **II.** *vi* (*fam*) ① (*flatter*) ■**to ~ up to sb** sich bei jdm einschmeicheln ② BRIT (*misbehave*) sich danebenbenehmen *fam;* (*throw a tantrum*) Theater machen *fig fam; children a.* ungezogen sein ③ BRIT, AUS (*hurt*) weh tun *fam* ◆**play upon** *vi* (*form*) *see* **play on** ◆**play with** *vi* ① (*entertain oneself with*) ■**to ~ with sth** mit etw *dat* spielen ② (*play together*) ■**to ~ with sb** mit jdm spielen ③ (*manipulate nervously*) ■**to ~ with sth** mit etw *dat* herumspielen *fam* ④ (*consider*) **to ~ with an idea** mit einem Gedanken spielen

play·able ['pleɪəbl̩] *adj* MUS spielbar; SPORTS zu spielen; (*in tennis*) unhaltbar

'play-act *vi* (*pretend emotion*) Theater spielen *fig;* (*make fuss*) Theater machen *fig* **'play·back** *n* ① (*pre-recorded version*) Playback *nt* ② *no pl* (*replaying*) Wiederholung *f* einer Aufnahme **'play·bill** *n* ① (*poster*) Theaterplakat *nt* ② AM Theaterprogramm *nt* **'play·boy** *n* (*usu pej*) Playboy *m*

play·er ['pleɪəʳ, AM -ɚ] *n* ① SPORTS Spieler(in) *m(f);* **football ~** Fußballspieler(in) *m(f)* ② (*musical performer*) Spieler(in) *m(f);* **cello ~** Cellist(in) *m(f)* ③ (*playback machine*) **CD ~** CD-Player *m* ④ POL (*participant*) ■**to be a ~** eine Rolle spielen; **a key ~** Schlüsselfigur *f*

'play·fel·low *n* (*dated*) Spielkamerad(in) *m(f)*

play·ful ['pleɪfᵊl] *adj* ① (*not serious*) spielerisch, scherzhaft ② (*frolicsome*) verspielt; **he was in a ~ mood** er war zum Spielen/Scherzen aufgelegt

'play·ground *n* Spielplatz *m* **'play·group** *n* Spielgruppe *f;* (*kindergarten*) Kindergarten *m* **'play·house** *n* ① (*theatre*) Theater *nt* ② (*toy house*) Spielhaus *nt* (*für Kinder*)

play·ing card ['pleɪɪŋ-] *n* Spielkarte *f* **play·ing field** *n* Sportplatz *m*

'play·mate *n* ① (*for child*) Spielkamerad(in) *m(f)* ② (*fam: for adult*) Geliebte(r) *f(m),* Gespiele(in) *m(f) iron* **'play-off I.** *n* Play-off *nt* **II.** *adj* **~ game** Entscheidungsspiel *nt* **'play·pen** *n* Laufstall *m* **'play·room** *n* Spielzimmer *nt* **'play·school** *n* BRIT Kindergarten *m* **'play·suit** *n* Spielanzug *m* **'play·thing** *n* ① (*toy*) Spielzeug *nt* ② (*pej*) *of force, power* Spielball *m fig;* **to treat sb as a ~** jdn wie eine Sache behandeln **'play·time** *n no pl* ① (*in school*) Pause *f* ② (*for recreation*) Freizeit *f* **'play·wright** *n* Dramatiker(in) *m(f)*

pla·za ['plɑːzə, AM *also* 'plæzə] *n* ① (*open square*) Marktplatz *m* ② (*to shop*) [**shopping**] **~** Einkaufszentrum *nt*

plc [ˌpiːel'siː] *n esp* BRIT *abbrev of* **public limited company** AG *f*

plea [pliː] *n* ① (*appeal*) Appell *m;* (*entreaty*) [flehentliche] Bitte; **to make a ~ for mercy** um Gnade bitten ② LAW [Sach]einwand *m;* **to put in a ~** eine Einrede erheben

'plea bar·gain·ing *n no pl* LAW *Vereinbarung zwischen Staatsanwalt und Angeklagtem, der sich zu einem geringeren Straftatbestand bekennen soll*

plead <pleaded, pleaded *or* SCOT, AM *a.* pled, pled> [pliːd] **I.** *vi* ① (*implore*) [flehentlich] bitten, flehen; **to ~ for forgiveness** um Verzeihung bitten; ■**to ~ with sb** [**to do sth**] jdn anflehen[, etw zu tun] ② LAW (*as advocate*) plädieren; (*speak for*) ■**to ~ for sb** jdn verteidigen ③ + *adj* LAW (*answer charge*) **to ~ guilty** sich schuldig bekennen **II.** *vt* ① (*claim*) behaupten; **to ~ one's ignorance** sich auf Unkenntnis berufen; **to ~ insanity** LAW auf Unzurechnungsfähigkeit plädieren ② (*argue for*) **to ~ sb's cause** [**with sb**] [jdm] jds Fall vortragen; **to ~ a case** LAW eine Sache vor Gericht vertreten

plead·ing ['pli:dɪŋ] *adj* flehend

pleas·ant ['plezᵊnt] *adj* ① *day, experience* angenehm, schön; *chat, smile* nett ② (*friendly*) freundlich (**to** zu +*dat*), liebenswürdig

pleas·ant·ry ['plezᵊntri] *n usu pl* Kompliment *nt*

please [pli:z] **I.** *interj* ① (*in requests*) bitte ② (*when accepting sth*) ja, bitte; **more potatoes? – ~** noch Kartoffeln? – gern; **may I ...? – ~ do** darf ich ...? – selbstverständlich **II.** *vt* (*make happy*) ■**to ~ sb** jdm gefallen; **I'll do it to ~ you** ich mache es, nur dir zuliebe; **to be hard to ~** schwer zufriedenzustellen sein; (*fam*) **oh well, ~ yourself** bitte, wie du meinst **III.** *vi* ① (*be agreeable*) **eager to ~** [unbedingt] gefallen wollen ② (*wish*) **to do as one ~s** machen, was man möchte; **come whenever you ~** kommt, wann immer ihr wollt

pleased [pli:zd] *adj* ① (*happy*) froh, erfreut; (*content*) zufrieden; ■**to be ~ about sth** sich über etw *akk* freuen; ■**to be ~ that ...** froh sein, dass ... ② (*willing*) **I'm only too ~ to help** ich helfe wirklich gerne

pleas·ing ['pli:zɪŋ] *adj* angenehm; **it's ~ that so many people could come** es ist schön, dass so viele Leute kommen konnten; **to be ~ to the ear** hübsch klingen

pleas·ur·able ['pleʒᵊrəbl̩] *adj* angenehm

pleas·ure ['pleʒəʳ, AM -ɚ] *n* ① *no pl* (*enjoyment*) Freude *f,* Vergnügen *nt;* **to give sb ~** jdm Freude bereiten; **to take ~ in doing sth** Vergnügen daran finden, etw *akk* zu tun ② (*source of enjoyment*) Freude *f;* **please don't mention it, it was a ~** nicht der Rede wert, das habe ich doch gern getan

'**pleas·ure boat** *n* Vergnügungsdampfer *m*

'**pleas·ure prin·ci·ple** *n no pl* Lustprinzip *nt* '**pleas·ure trip** *n* Vergnügungsreise *f*

pleat [pli:t] *n* Falte *f*

pleb [pleb] *n usu pl* BRIT (*pej fam*) *short for* **plebeian** Proll *m;* ■**the ~s** der Mob

ple·beian ['pləbi:ən, AM 'plɪ-] **I.** *adj* (*pej form*) primitiv **II.** *n* HIST Plebejer(in) *m(f);* (*fig*) Prolet(in) *m(f) pej;* ■**the ~s** das gemeine Volk

plebi·scite ['plebɪsaɪt, AM -əsaɪt] *n* Volksentscheid *m*

pled [pled] *vi, vt esp* AM, SCOT *pt, pp of* **plead**

pledge [pledʒ] **I.** *n* ① (*promise*) Versprechen *nt;* **to make a ~ that ...** geloben, dass ... ② (*token*) **a ~ of loyalty** ein Unterpfand *nt* der Treue ③ (*promise of donation*) Spendenzusage *f* ④ (*sth pawned*) Pfand *nt* **II.** *vt* versprechen; **I've been ~d to secrecy** ich bin zur Verschwiegenheit verpflichtet worden; **to ~ allegiance to one's country** den Treueid auf sein Land leisten

ple·na·ry ['pli:nᵊri] **I.** *adj* (*attended by all members*) **~ assembly** Vollversammlung *f,* Plenarversammlung *f* **II.** *n* Vollversammlung *f*

pleni·po·ten·ti·ary [ˌplenipə(ʊ)'ten(t)ʃᵊri, AM -poʊ'ten(t)ʃieri] **I.** *n* POL (*dated form*) Bevollmächtigte(r) *f(m)* **II.** *adj* POL (*dated form*) bevollmächtigt

plen·ti·ful ['plentɪfᵊl, AM -t̬-] *adj* reichlich *präd;* **~ supply** großes Angebot

plen·ty ['plenti, AM -t̬-] **I.** *n no pl* (*form: abundance*) Reichtum *m;* **to live in ~** im Überfluss leben **II.** *adv* (*fam*) **I'm ~ warm enough, thank you** mir ist warm genug, fast schon zu warm, danke; **~ more** noch viel mehr **III.** *pron* ① (*more than enough*) mehr als genug; **he's had ~ of opportunities to apologize** er hatte genügend Gelegenheiten, sich zu entschuldigen; **~ of money/time** viel Geld/Zeit ② (*a lot*) genug; **~ to see** viel zu sehen; AM (*fam*) **this car cost me ~** dieses Auto hat mich eine Stange Geld gekostet

ple·num ['pli:nəm] *n* (*spec*) Plenum *nt*

pletho·ra ['pleθᵊrə, AM -ɚə] *n no pl* ■**a ~ of sth** eine Fülle von etw *dat;* (*oversupply*) ein Übermaß *nt* an etw *dat*

pleu·ri·sy ['plʊərəsi, AM 'plʊr-] *n no pl* MED Rippenfellentzündung *f*

plex·us <*pl* -es *or* -> ['pleksəs] *n* ① ANAT Plexus *m;* **solar ~** Solarplexus *m fachspr* ② (*network*) Netzwerk *nt*

pli·able ['plaɪəbl̩] *adj* biegsam; (*fig: easily influenced*) gefügig

pli·ers ['plaɪəz, AM -ɚz] *npl* Zange *f;* **a pair of ~** eine Zange

Grammatik

pliers wird im Plural gebraucht: *pliers are sold in most DIY stores*
a pair of pliers wird aber im Singular verwendet: *Jane took a pair of pliers and forced open the box*

plight [plaɪt] **I.** *n* Not[lage] *f;* **to be in a sorry ~** in einer erbärmlichen Lage sein **II.** *vt* **to ~ one's troth** (*hum dated: get engaged*) sich *dat* die Treue schwören veraltet

plim·soll ['plɪm(p)sᵊl] *n* BRIT Turnschuh *m*

'**Plim·soll line,** '**Plim·soll mark** *n* NAUT Kiellinie *f*

PLO [ˌpiːelˈəʊ, AM -ˈoʊ] *n no pl abbrev of* **Palestine Liberation Organization:** ■**the ~** die PLO

plod [plɒd, AM plɑːd] **I.** *n* Marsch *m* **II.** *vi* <-dd-> ① (*walk slowly*) stapfen ② (*work slowly*) ■**to ~ through sth** sich durch etw *akk* hindurcharbeiten ◆**plod away** *vi* vor sich *akk* hin arbeiten; **to ~ away at sth** etw [freudlos] tun; (*work hard*) schuften *pej fam* ◆**plod on** *vi* ① (*continue walking*) weiterstapfen ② (*continue working*) weiterarbeiten

plod·der [ˈplɒdəʳ, AM ˈplɑːdɚ] *n* Arbeitstier *nt fam*

plod·ding [ˈplɒdɪŋ, AM ˈplɑːd-] *adj* mühselig; *person* schwerfällig

plonk[1] [plɒŋk] *n no pl esp* BRIT, AUS (*fam: wine*) Gesöff *nt pej*

plonk[2] [plɒŋk, AM plɑːŋk, plʌŋk] **I.** *n* (*fam: sound*) Ploppen *nt* **II.** *adv* (*fam*) dumpf knallend; **I heard something go ~** ich hörte, wie etwas plopp machte **III.** *vt* (*fam*) ① (*set down heavily*) ■**to ~ sth somewhere** etw irgendwo hinknallen ② (*sit heavily*) **to ~ oneself down on a chair/sofa** sich auf einen Stuhl/ein Sofa plumpsen lassen ◆**plonk down** (*fam*) **I.** *vt* ■**to ~ down** ⇄ **sth** etw hinknallen; ■**to ~ oneself down** sich hinplumpsen lassen **II.** *vi* sich fallen lassen

plonk·er [ˈplɒŋkəʳ] *n* BRIT (*sl*) Trottel *m fam*

plop [plɒp, AM plɑːp] **I.** *n* Platsch[er] *m fam;* **it fell into the water with a ~** es platschte ins Wasser **II.** *adv* platschend **III.** *vi* <-pp-> ① (*fall into liquid*) platschen *fam* ② (*drop heavily*) plumpsen *fam*

plot [plɒt, AM plɑːt] **I.** *n* ① (*conspiracy*) Verschwörung *f* (**against** gegen +*akk*); **to hatch a ~** einen Plan aushecken ② LIT (*storyline*) Handlung *f* ③ (*of land*) Parzelle *f;* **vegetable ~** Gemüsebeet *nt* **II.** *vt* <-tt-> ① (*conspire*) [im Geheimen] planen *a. hum* ② (*mark out*) [graphisch] darstellen **III.** *vi* <-tt-> ■**to ~ against sb/sth** sich gegen jdn/etw verschwören; ■**to ~ to do sth** (*a. hum*) planen, etw zu tun ◆**plot out** *vt* ① *route* [grob] planen ② *scene, story* umreißen

plot·ter [ˈplɒtəʳ, AM ˈplɑːt̬ɚ] *n* ① (*conspirator*) Verschwörer(in) *m(f)* ② COMPUT Plotter *m*

plough, AM **plow** [plaʊ] **I.** *n* Pflug *m* **II.** *vt* ① AGR pflügen ② (*move with difficulty*) **to ~ one's way through sth** sich *dat* seinen Weg durch etw *akk* bahnen; (*fig*) sich durch etw *akk* [hindurch] wühlen *fig* **III.** *vi* ① AGR pflügen ② (*move with difficulty*) ■**to ~ through sth** sich durch etw *akk* durchkämpfen; (*fig*) sich durch etw *akk* [hindurch] wühlen *fig; see also* **neighbour** ◆**plough back** *vt* ① ■**to ~ back** ⇄ **sth** *plants* etw unterpflügen ② (*fig*) *profits* reinvestieren ◆**plough into I.** *vi* ■**to ~ into sth** in etw *akk* hineinrasen **II.** *vt* ■**to ~ sth into sth** etw in etw *akk* investieren ◆**plough up** *vt land* umpflügen; *lawn* umgraben

Plough [plaʊ] *n no pl* ■**the ~** der Große Wagen

ploy [plɔɪ] *n* Plan *m,* Strategie *f;* (*trick*) Trick *m*

pluck [plʌk] **I.** *n* Mut *m,* Schneid *m o* ÖSTERR *f fam* **II.** *vt* ① (*pick*) ■**to ~ sth [from sth]** *fruit, flower* etw [von etw *dat*] abpflücken; *grass, dead leaves* etw [von etw *dat*] abzupfen ② *feathers* ausrupfen; *hair* entfernen; *chicken, goose* rupfen ③ MUS zupfen **III.** *vi* zupfen (**at** an +*dat*) ◆**pluck out** *vt* auszupfen; *feathers* ausrupfen ◆**pluck up** *vt* **to ~ up one's courage [to do sth]** allen Mut zusammennehmen[, um etw zu tun]

plucky [ˈplʌki] *adj* schneidig

plug [plʌg] **I.** *n* ① (*connector*) Stecker *m;* **to pull the ~ [on sth]** den Stecker [aus etw *dat*] herausziehen; (*fig*) **the Administration has pulled the ~ on this project** die Verwaltung hat diesem Projekt ihre Unterstützung aufgekündigt ② (*socket*) Steckdose *f* ③ (*for basin, sink*) Stöpsel *m* ④ (*stopper*) Pfropfen *m; cask* Spund *m;* (*bung*) Zapfen *m* ⑤ (*spark plug*) Zündkerze *f* **II.** *vt* <-gg-> ① *hole, leak* stopfen, [zu]stopfen (**with** mit +*dat*) ② (*publicize*) anpreisen ③ AM (*sl: shoot*) treffen (*mit einer Gewehr-, Pistolenkugel*); **to ~ sb in the arm/leg** jdm in den Arm/ins Bein schießen ◆**plug away** *vi* verbissen arbeiten (**at** an +*dat*), sich abmühen (**at** mit +*dat*) ◆**plug in I.** *vt* einstöpseln **II.** *vi* (*electrical device*) sich anschließen lassen ◆**plug up** *vt* zustopfen

ˈplug·hole *n* Abfluss *m* **ˈplug-in** *n* Plug-in *nt* (*Erweiterung für ein existierendes Softwareprogramm*)

plum [plʌm] **I.** *n* ① (*fruit*) Pflaume *f* ② (*tree*) ~ [**tree**] Pflaumenbaum *m* ③ (*colour*) Pflaumenblau *nt* **II.** *adj* ① *juice, pit, tart* Pflaumen-; **~ jam** Pflaumenmus *nt* ② (*colour*) pflaumenfarben ③ *attr* (*exceptionally good*) traumhaft *fam;* **~ job** Traumberuf *m*

plum·age [ˈpluːmɪdʒ] *n no pl* Federkleid *nt*

plumb[1] [plʌm] **I.** *vt* ① (*determine depth*) [aus]loten ② (*fig: fathom*) ergründen **II.** *adj* *pred* gerade, im Lot *fachspr* **III.** *adv* ① (*fam: exactly*) genau ② AM (*fam: completely*) ~ **crazy** total verrückt **IV.** *n* Lot *nt*

plumb[2] [plʌm] *vt* **our house isn't ~ed properly** die Installationen in unserem Haus sind schlecht gemacht; ■ **to ~ sth into sth** etw an etw *akk* anschließen ◆ **plumb in** *vt* *washing machine, dishwasher* anschließen

plumb·er ['plʌməʳ, AM -ɚ] *n* Klempner(in) *m(f)*, Sanitär(in) *m(f)* SCHWEIZ

plumb·ing ['plʌmɪŋ] **I.** *n no pl* Wasserleitungen *pl* **II.** *adj attr* ~ **contractor** beauftragter Installateur/beauftragte Installateurin; **a ~ fixture** Installationszubehör *nt*

plume [plu:m] *n* ① (*large feather*) Feder *f*; **tail ~** Schwanzfeder *f*; (*as ornament*) Federbusch *m* ② (*cloud*) ~ **of smoke** Rauchwolke *f*

plum·met ['plʌmɪt] **I.** *vi* ① (*plunge*) fallen; (*with loud noise*) [herunter]donnern ② *prices* in den Keller purzeln *fam*; *morale* auf den Nullpunkt sinken **II.** *n* Lot *nt*

plum·my ['plʌmi] *adj* ① (*resembling plum*) pflaumenartig ② (*of plum colour*) pflaumenfarben ③ *voice* sonor

plump [plʌmp] **I.** *adj* (*rounded*) rund; (*euph*) *person* füllig, mollig; *arms* rundlich; *cheeks* rund **II.** *vi* ■ **to ~ for sb/sth** sich für jdn/etw entscheiden **III.** *vt* *cushion, pillow* aufschütteln ◆ **plump down** (*fam*) **I.** *vt* ■ **to ~ down** ↻ **sth** etw hinplumpsen lassen *fam*; **to ~ oneself down on the sofa** sich aufs Sofa fallen lassen **II.** *vi* **to ~ down in a chair** sich auf einen Stuhl fallen lassen ◆ **plump up** *vt* *cushion, pillow* aufschütteln

plump·ness ['plʌmpnəs] *n no pl* Fülligkeit *f*; *fruit* Größe *f*

plum 'pud·ding *n* BRIT (*dated*) Plumpudding *m* **'plum tree** *n* Pflaumenbaum *m*

plun·der ['plʌndəʳ, AM -dɚ] **I.** *vt* *gold, treasure* plündern; *church, palace, village* [aus]plündern; (*fig*) *the planet, environment* ausbeuten **II.** *vi* plündern **III.** *n no pl* ① (*booty*) Beute *f* ② (*act of plundering*) Plünderung *f*; *of planet* Ausbeutung *f*

plun·der·er ['plʌndᵊrəʳ, AM -dɚɚ] *n* Plünderer, Plünderin *m, f*

plunge [plʌndʒ] **I.** *n* ① (*drop*) Sprung *m*; (*fall*) Sturz *m*, Fall *m*; (*dive*) **to make a ~** tauchen ② (*sharp decline*) Sturz *m*; **a ~ in value** dramatischer Wertverlust **II.** *vi* ① (*fall*) stürzen (**into** in +*akk*); **to ~ to one's death** in den Tod stürzen ② (*decrease dramatically*) dramatisch sinken ③ (*fig: begin abruptly*) ■ **to ~ into sth** sich in etw *akk* [hinein]stürzen *fig* **III.** *vt* ① (*immerse*) ■ **to ~ sth into sth** etw in etw *akk* eintauchen; (*in cooking*) etw in etw *akk* geben ② (*thrust*) **to ~ a dagger into sb** jdn mit einem Dolch stechen ◆ **plunge in** **I.** *vi* ① (*dive in*) eintauchen ② (*fig: get involved*) sich einmischen; (*do without preparation*) ins kalte Wasser springen *fig* **II.** *vt* *knife* reinstechen; *hand* reinstecken

'plunge pool *n* kleiner Swimmingpool; (*in sauna*) Tauchbecken *nt*

plung·er ['plʌndʒəʳ, AM -ɚ] *n* Saugpumpe *f*

plunk [plʌnk] *n, adv, vt* AM *see* **plonk[2]**

plu·per·fect [ˌplu:'pɜ:fɪkt, AM -'pɜ:r-] **I.** *adj* LING Plusquamperfekt-; **the ~ tense** das Plusquamperfekt **II.** *n* LING ■ **the ~** das Plusquamperfekt

plu·ral ['plʊərᵊl, AM 'plʊrᵊl] **I.** *n* ■ **the ~** der Plural; **in the ~** im Plural **II.** *adj* ① LING Plural-, pluralisch ② (*multiple*) mehrfach *attr*

plu·ral·ism ['plʊərᵊlɪzᵊm, AM 'plʊrᵊl-] *n no pl* Pluralismus *m geh*

plu·ral·is·tic [ˌplʊərᵊl'ɪstɪk, AM ˌplʊrᵊl'-] *adj* pluralistisch *geh*

plu·ral·ity [plʊə'rælətі, AM plʊ'ræl-] *n* ① *no pl* (*variety*) ■ **a ~ of sth** eine Vielfalt an etw *dat* ② AM POL (*of votes*) Mehrheit *f* ③ *no pl* (*plural condition*) Pluralität *f geh*

plus [plʌs] **I.** *prep* plus **II.** *n* <*pl* -es *or pl* -ses> Plus *nt kein pl fam*; MATH *a.* Pluszeichen *nt*; (*advantage a.*) Pluspunkt *m* **III.** *adj* ① *attr* (*above zero*) plus; **~ two degrees** zwei Grad plus ② *pred* (*or more*) mindestens; **20/30/250 ~** mindestens 20/30/250 ③ (*slightly better than*) **A ~** ≈ Eins plus *f*

plus 'fours *npl* (*dated*) Knickerbockers *pl*

plush [plʌʃ] **I.** *adj* ① (*luxurious*) exklusiv ② (*made of plush*) Plüsch- **II.** *n* Plüsch *m*

'plus sign *n* Pluszeichen *nt* **'plus-size** *adj attr* *person* übergroß; *clothing* in Übergrößen, Übergröße-

Pluto ['plu:təʊ, AM -t̬oʊ] *n* Pluto *m*

plu·toc·ra·cy [plu:'tɒkrəsi, AM -'tɑ:krə-] *n* Plutokratie *f geh*; (*fig: wealthy elite*) die oberen Zehntausend

plu·to·crat ['plu:tə(ʊ)kræt, AM -t̬ə-] *n* (*rich and powerful person*) Plutokrat(in) *m(f) geh*

plu·to·crat·ic [ˌplu:tə(ʊ)'krætɪk, AM -t̬oʊ'kræt̬-] *adj* plutokratisch *geh*

plu·to·nium [plu:'təʊni:əm, AM -'toʊ-] *n no pl* Plutonium *nt*

ply[1] [plaɪ] *n no pl* ① (*thickness*) Stärke *f*, Dicke *f* ② (*layer*) Schicht *f* ③ (*strand*) **two-~ rope** zweilagiges Seil; **three-~ wool** dreifädige Wolle

ply[2] <-ie-> [plaɪ] **I.** *vt* ① (*work steadily*) **to ~ a trade** ein Gewerbe betreiben ② (*sell*) *drugs* handeln ③ (*supply continuously*) **to ~ sb with whisky** jdn mit Whisky abfüllen *fam* **II.** *vi* (*travel*) **to ~ between two cities** *ship, train* zwischen zwei Städten verkehren

'ply·wood ['plaɪwʊd] *n no pl* Sperrholz *nt*

pm, p.m. [ˌpiː'em] *adv abbrev of* **post meridian: eight ~** acht Uhr abends, zwanzig Uhr

PM [ˌpiː'em] *n* BRIT *abbrev of* **Prime Minister** Premierminister(in) *m(f)*

PMS [ˌpiːem'es] *n* MED *abbrev of* **premenstrual syndrome** PMS *nt*

pneu·mat·ic [njuː'mætɪk, AM nuː'mæt̬-, njuː-] *adj* pneumatisch

pneu·mo·nia [njuː'məʊniːə, AM nuː'moʊnjə, njuː-] *n no pl* Lungenentzündung *f*

PO [ˌpiː'əʊ, AM -'oʊ] *n abbrev of* **Post Office**

poach[1] [pəʊtʃ, AM poʊtʃ] *vt* pochieren

poach[2] [pəʊtʃ, AM poʊtʃ] **I.** *vt* ① (*catch illegally*) wildern ② (*steal*) sich *dat* unrechtmäßig aneignen; *ideas* stehlen ③ *employee* abwerben (**from** +*dat*) **II.** *vi* ① (*catch illegally*) wildern ② (*steal*) stehlen

poach·er[1] ['pəʊtʃəʳ, AM 'poʊtʃɚ] *n* Dünster *m;* **egg ~** Eierkocher *m*

poach·er[2] ['pəʊtʃəʳ, AM 'poʊtʃɚ] *n* Wilderer *m*

poach·ing ['pəʊtʃɪŋ, AM 'poʊtʃ-] *n no pl* ① HUNT Wilderei *f* ② (*taking unfairly*) Wegnehmen *nt*

P'O box *n abbrev of* **Post Office Box: ~ 3333** Postfach 3333

pock [pɒk, AM pɑːk] *n usu pl* Pockennarbe *f*

pock·et ['pɒkɪt, AM 'pɑː-] **I.** *n* ① (*in clothing*) Tasche *f* ② (*on bag, in car*) Fach *nt* ③ (*fig: financial resources*) Geldbeutel *m;* **out of one's own ~** aus eigener Tasche; **to be out of ~** Geld verlieren ④ SPORTS (*on snooker table*) Loch *nt* **II.** *vt* ① (*put in one's pocket*) in die Tasche stecken ② (*keep sth for oneself*) behalten ③ (*in snooker, billiards*) *ball* ins Loch spielen **III.** *adj* (*pocket-sized*) Taschen-; **~ edition** Taschenbuchausgabe *f*

'pock·et·book *n* AM ① (*woman's handbag*) Handtasche *f* ② (*paperback*) Taschenbuch *nt* **pock·et 'cal·cu·la·tor** *n* Taschenrechner *m* **'pocket-cam** *n*, **pock·et 'cam·era** *n* Pocketkamera *f*

'pock·et·ful *n* **~s of candy** Taschen voller Süßigkeiten

pock·et 'hand·ker·chief **I.** *n* (*dated*) Taschentuch *f* **II.** *adj* BRIT winzig **'pock·et knife** *n* Taschenmesser *nt* **'pock·et mon·ey** *n no pl* Taschengeld *nt;* (*fig: small amount of money*) ein Taschengeld *nt fig fam* **'pock·et-size(d)** *adj* im Taschenformat *nach n;* **~ television** Fernseher im Taschenformat

'pock·mark *n* Pockennarbe *f*

pod [pɒd, AM pɑːd] *n* ① (*seed container*) Hülse *f; pea, vanilla* Schote *f* ② (*on aircraft*) Gondel *f;* (*to hold jet*) Düsenaggregat *nt*

podgy ['pɒdʒi, AM 'pɑːdʒi] *adj* (*esp pej*) fett; **~ face** Mondgesicht *nt hum fam*

po·dia ['pəʊdiə, AM 'poʊ-] *n pl of* **podium**

po·dia·trist [pə(ʊ)'daɪətrɪst, AM pə'-] *n* (*chiropodist*) Fußspezialist(in) *m(f)*

po·dium <*pl* -dia> ['pəʊdiəm, AM 'poʊ-, *pl* -diə] *n* Podium *nt*

poem ['pəʊɪm, AM 'poʊəm] *n* (*a. fig*) Gedicht *nt*

poet ['pəʊɪt, AM 'poʊət] *n* Dichter(in) *m(f)*

po·et·ic(al) [pəʊ'etɪk(ᵊl), AM poʊ'et̬-] *adj* (*relating to poetry*) dichterisch; **~ language** Dichtersprache *f*

Poet 'Lau·reate <*pl* -s *or* Poets Laureate> *n* BRIT Poeta laureatus *m*

po·et·ry ['pəʊɪtri, AM 'poʊə-] *n no pl* ① (*genre*) Dichtung *f,* Lyrik *f* ② (*poetic quality*) Poesie *f*

pog·rom ['pɒgrəm, AM 'poʊ-] *n* Pogrom *nt*

poign·ant ['pɔɪnjənt] *adj* bewegend; (*distressing*) erschütternd; *memories* melancholisch

poin·set·tia [ˌpɔɪn(t)'setiə, AM -set̬-] *n* Weihnachtsstern *m*

point [pɔɪnt] **I.** *n* ① (*sharp end, in ballet*) Spitze *f; of a star* Zacke *f* ② (*dot, punctuation mark*) SPORTS, TYPO Punkt *m* ③ (*decimal point*) Komma ④ (*position*) Stelle *f,* Punkt *m;* **~ of contact** Berührungspunkt *m;* **starting ~** Ausgangspunkt *m a. fig* ⑤ (*particular time*) Zeitpunkt *m;* **she was on the ~ of collapse** sie stand kurz vor dem Zusammenbruch; **at that ~** zu diesem Zeitpunkt; (*then*) in diesem Augenblick; **from that ~ on ...** von da an ... ⑥ (*argument, issue*) Punkt *m;* **she does have a ~ though** so ganz Unrecht hat sie nicht; **she made the ~ that ...** sie wies darauf hin, dass ...; (*stress*) sie betonte, dass ...; **my ~ exactly** das sag ich ja *fam;* **ok, ~ taken** o.k., ich hab schon begriffen *fam;* **~ of law** Rechtsfrage *f* ⑦ *no pl* (*most important idea*) **the ~ is ...** der Punkt ist nämlich der, ...; **to come to the ~** auf den Punkt kommen; **to keep to the ~** beim Thema bleiben ⑧ *no pl* (*purpose*) Sinn *m,* Zweck *m;* **but that's the whole ~!** aber das ist doch genau der Punkt!; **but that's the whole ~ of doing it!** aber deswegen machen wir es ja gerade! ⑨ (*stage in process*) Punkt *m;*

from that ~ on ... von diesem Moment an ...; **the high ~ of the evening ...** der Höhepunkt des Abends ...; **up to a ~** bis zu einem gewissen Grad ⑩ (*important characteristic*) Merkmal *nt;* **good ~s** gute Seiten; **sb's strong/weak ~s** jds Stärken *pl*/ Schwächen *pl* ⑪ (*on compass*) Strich *m;* (*on thermometer*) Grad *m* ⑫ BRIT, AUS (*socket*) Steckdose *f* ⑬ BRIT RAIL ■**~s** *pl* Weichen *pl* **II.** *vi* ① (*with finger*) deuten, zeigen (**at, to** auf *+akk*) ② (*be directed*) weisen; **to ~ east/west** nach Osten/Westen zeigen ③ (*indicate*) hinweisen (**to** auf *+akk*) **III.** *vt* ① (*aim*) ■**to ~ sth at sb/sth** *weapon* etw [auf jdn/etw] richten; *stick, one's finger* mit etw *dat* auf jdn/etw zeigen ② (*direct*) **to ~ sb in the direction of sth** jdm den Weg zu etw *dat* beschreiben ③ (*extend*) **to ~ one's toes** die Zehen strecken ◆**point out** *vt* ① (*show*) ■**to ~ out** ⊂ **sth/sb [to sb]** [jdn] auf etw/jdn hinweisen; (*with finger*) [jdn] etw/jdn zeigen ② (*inform*) ■**to ~ out that ...** darauf aufmerksam machen, dass ... ◆**point up** *vt* (*form*) hervorheben; (*show*) zeigen

point-'blank I. *adv* ① (*at very close range*) aus nächster Nähe ② (*bluntly*) geradewegs, unumwunden **II.** *adj attr* (*very close*) nah; *shoot;* **at ~ range** aus nächster Nähe

point·ed ['pɔɪntɪd, AM -t̬ɪd] *adj* ① (*with sharp point*) spitz ② (*emphatic*) pointiert *geh; criticism* scharf; *question* unverblümt; *remark* spitz; *reminder* eindrücklich

point·er ['pɔɪntəʳ, AM -ɚ] *n* ① (*on dial*) Zeiger *m* ② (*rod*) Zeigestock *m* ③ *usu pl* (*fam: tip*) Tipp *m;* (*instructions*) Hinweis *m* ④ (*dog*) Vorstehhund *m;* (*breed*) Pointer *m*

point·less ['pɔɪntləs] *adj* sinnlos, zwecklos; *remark* überflüssig

point of 'view <*pl* points of view> *n* Ansicht *f,* Einstellung *f;* **from a purely practical ~** rein praktisch betrachtet

'points·man *n* BRIT ① RAIL Weichensteller(in) *m(f)* ② ADMIN (*with point duty*) Verkehrspolizist(in) *m(f)*

point-to-'point, point-to-'point race *n* SPORTS Jagdrennen *nt*

poise [pɔɪz] **I.** *n no pl* Haltung *f* **II.** *vt usu passive* ① (*balance*) balancieren; **to be ~d to jump** sprungbereit sein; (*hover*) ■**to be ~d** schweben ② (*fig*) ■**to be ~d to do sth** (*about to*) nahe daran sein, etw zu tun

poised [pɔɪzd] *adj* beherrscht

poi·son ['pɔɪzᵊn] **I.** *n* Gift *nt* **II.** *vt* vergiften; (*fig*) **to ~ sb's mind against sb/sth** jdn gegen jdn/etw einnehmen

poi·son 'gas *n no pl* Giftgas *nt*

poi·son·ing ['pɔɪzᵊnɪŋ] *n* ① *no pl* (*act*) Vergiften *nt* ② (*condition*) Vergiftung *f;* (*individual case*) Fall *m* von Vergiftung; **blood ~** Blutvergiftung *f*

poi·son·ous ['pɔɪzᵊnəs] *adj* ① (*containing poison*) giftig; **~ snake** Giftschlange *f* ② (*malicious*) giftig *fig,* boshaft

poke² [pəʊk, AM poʊk] **I.** *n* (*jab*) Stoß *m* **II.** *vt* ① (*prod*) anstoßen; (*with umbrella, stick*) stechen; **to ~ sb in the arm/ribs** jd in den Arm/die Rippen knuffen; **to ~ a hole in sth** ein Loch in etw *akk* bohren ② ■**to ~ sth into/through sth** (*prod with*) etw in/durch etw *akk* stecken; (*thrust*) etw in/durch etw *akk* stoßen ③ *fire* schüren ④ AM (*fam: hit*) ■**to ~ sb [on the nose]** jdn [auf die Nase] hauen ▶ PHRASES: **to ~ fun at sb** sich über jdn lustig machen; **to ~ one's nose into sb's business** (*fam*) seine Nase in jds Angelegenheiten stecken **III.** *vi* ① (*jab repeatedly*) herumfummeln *fam* (**at** an *+dat*); **to ~ at one's food** in seinem Essen herumstochern ② (*break through*) ■**to ~ through** durchscheinen ◆**poke about, poke around** *vi* (*fam*) herumstöbern; (*without permission*) herumschnüffeln ◆**poke out I.** *vi* ■**to ~ out [of sth]** [aus etw *dat*] hervorgucken [*o* SÜDD, ÖSTERR herausschauen] **II.** *vt* ① *head* herausstecken; *tongue* herausstrecken ② (*remove*) herausschieben; *eyes* ausstechen ◆**poke round** *vi* BRIT *see* **poke around** ◆**poke up I.** *vi* hervorragen; ■**to ~ up over sth** über etw *dat* herausragen **II.** *vt* **to ~ up a fire** ein Feuer schüren

pok·er¹ ['pəʊkəʳ, AM 'poʊkɚ] *n* (*card game*) Poker *m o nt;* **a game of ~** eine Runde Poker

pok·er² ['pəʊkəʳ, AM 'poʊkɚ] *n* (*fireplace tool*) Schürhaken *m*

pok·ey ['pəʊki, AM 'poʊki], **poky** ['pəʊki, AM 'poʊki] *adj* (*pej*) ① (*small*) winzig ② AM (*slow*) lahm

Po·land ['pəʊlənd, AM 'poʊ-] *n* Polen *nt*

po·lar ['pəʊləʳ, AM 'poʊlɚ] *adj attr* ① (*near pole*) polar ② (*opposite*) gegensätzlich, polar *geh; opposites* diametral *geh*

po·lar 'bear *n* Eisbär *m* **po·lar 'cir·cle** *n* Polarkreis *m* **po·lar 'front** *n* METEO Polarfront *f*

po·lar·ity [pə(ʊ)'lærɪti, AM poʊ'lerət̬i] *n* SCI Polarität *f;* (*fig a.*) Gegensätzlichkeit *f*

po·lari·za·tion [ˌpəʊlᵊraɪ'zeɪʃᵊn, AM ˌpoʊlɚɪ'-] *n no pl* Polarisierung *f*

po·lar·ize ['pəʊlᵊraɪz, AM 'poʊlə-] **I.** *vt* polarisieren **II.** *vi* sich polarisieren

po·lar 'lights *npl* Polarlicht *nt* **'po·lar zone** *n* Polarzone *f*

pole¹ [pəʊl, AM poʊl] *n* Stange *f;* (*pointed at one end*) Pfahl *m;* **fishing ~** *esp* AM Angelrute *f;* **flag~** Fahnenmast *m*

pole² [pəʊl, AM poʊl] *n* ① GEOG, ELEC Pol *m;* **the magnetic ~** der Magnetpol; **the North P~** der Nordpol ② (*extreme*) Extrem *nt;* **to be ~s apart** Welten voneinander entfernt sein

pole·axe ['pəʊlæks, AM 'poʊl-] **I.** *n* Schlächterbeil *nt* **II.** *vt* ① (*strike powerfully*) zusammenschlagen ② (*shock strongly*) schockieren

po·lem·ic [pə'lemɪk] **I.** *n* Polemik *f* **II.** *adj* polemisch

po·lemi·cal [pə'lemɪkᵊl] *adj* polemisch

pole po·'si·tion *n no pl* SPORTS Poleposition *f fachspr;* **to be in ~** die Poleposition haben; (*fig*) an der Spitze stehen **'Pole Star** *n no pl* Polarstern *m;* (*fig liter: guiding principle*) Leitgedanke *m* **'pole vault** *n* Stabhochsprung *m kein pl* **'pole-vault·er** *n* Stabhochspringer(in) *m(f)*

po·lice [pə'li:s] **I.** *n + pl vb* ① (*force*) ■**the ~** die Polizei *kein pl;* **to call the ~** die Polizei rufen ② (*police officers*) Polizisten *pl*/Polizistinnen *pl* **II.** *vt* ① (*guard*) überwachen ② (*regulate*) ■**to ~ sb/sth** jdn/etw kontrollieren ③ AM MIL ■**to ~ sth** *an event* irgendwo Wache halten **III.** *adj helmet, patrol, uniform* Polizei-; **~ investigation** polizeiliche Untersuchung; **to ask for ~ protection** Polizeischutz anfordern

Falsche Freunde

Nicht verwechseln mit Police *f* — *insurance policy*!

po·'lice car *n* Polizeiauto *nt* **po·lice 'con·sta·ble** *n* BRIT Polizeiwachtmeister(in) *m(f)* **po·'lice court** *n* ≈Amtsgericht *nt* **po·'lice de·part·ment** *n* Polizeidienststelle *f* **po·'lice dog** *n* Polizeihund *m* **po·lice 'es·cort** *n* Polizeieskorte *f* **po·'lice force** *n* ① *no pl* (*the police*) ■**the ~** die Polizei ② (*unit of police*) Polizeieinheit *f* **po·lice in·'form·er** *n* Informant(in) *m(f)* [der Polizei], Polizeispitzel(in) *m(f) pej* **po·lice 'mag·is·trate** *n* Polizeirichter(in) *m(f)* **po·'lice·man** *n* Polizist *m* **po·'lice of·fic·er** *n* Polizeibeamte(r) *m,* Polizeibeamte [*o* -in] *f* **po·'lice raid** *n* Razzia *f* **po·lice 'rec·ord** *n* ① (*dossier*) Polizeiakte *f* ② (*history of convictions*) Vorstrafenregister *nt* **po·'lice re·port·er** *n* Polizeireporter(in) *m(f)* **po·'lice state** *n* (*pej*) Polizeistaat *m* **po·'lice sta·tion** *n* Polizeiwache *f* **po·'lice·wom·an** *n* Polizistin *f*

poli·cy¹ ['pɒləsi, AM 'pɑ:-] *n* ① (*plan*) Programm *nt,* Strategie *f;* (*principle*) Grundsatz *m* ② *no pl* Politik *f;* **a change in ~** ein Richtungswechsel *m* in der Politik; **economic ~** Wirtschaftspolitik *f*

poli·cy² ['pɒləsi, AM 'pɑ:-] *n* (*in insurance*) Police *f,* Polizze *f* ÖSTERR

'poli·cy·hold·er *n* Versicherungsnehmer(in) *m(f)*

'poli·cy mak·er *n* Parteiideologe, -ideologin *m, f* **'poli·cy-mak·ing** *n no pl* Festsetzen *nt* von Richtlinien

'poli·cy num·ber *n* Versicherungsnummer *f,* Polizzennummer *f* ÖSTERR **'poli·cy own·er** *n* Versicherungsnehmer(in) *m(f)*

po·lio ['pəʊliəʊ, AM 'poʊlioʊ], **po·lio·my·eli·tis** [ˌpəʊliə(ʊ)maɪə'laɪtɪs, AM ˌpoʊlioʊˌmaɪə'laɪt̬əs] *n* (*spec*) Kinderlähmung *f*

'po·lio vac·cine *n* Polioimpfstoff *m*

pol·ish ['pɒlɪʃ, AM 'pɑ:-] **I.** *n* ① (*substance*) Politur *f;* **shoe ~** Schuhcreme *f* ② *usu sing* (*act*) Polieren *nt kein pl* ③ (*fig: refinement*) [gesellschaftlicher] Schliff **II.** *vt* ① (*rub*) polieren; *shoes, silver* putzen ② (*fig: refine*) aufpolieren ◆**polish off** *vt* ① *food* verdrücken *fam* ② (*deal with*) ■**to ~ off** ↻ **sth** etw schnell erledigen ◆**polish up** *vt* aufpolieren; (*fig*) auffrischen

Po·lish ['pəʊlɪʃ, AM 'poʊ-] **I.** *n* Polnisch *nt* **II.** *adj* polnisch

pol·ished ['pɒlɪʃt, AM 'pɑ:-] *adj* ① (*gleaming*) glänzend *attr* ② (*showing great skill*) formvollendet; *performance* großartig ③ (*refined*) gebildet; *manners* geschliffen

po·lite [pə'laɪt] *adj* ① (*courteous*) höflich ② (*cultured*) vornehm; *society* gehoben

po·lite·ness [pə'laɪtnəs] *n no pl* Höflichkeit *f*

poli·tic ['pɒlətɪk, AM 'pɑ:-] *adj* ① (*prudent*) [taktisch] klug ② POL **the body ~** der Staat

po·liti·cal [pə'lɪtɪkᵊl, AM -'lɪt̬ə-] *adj* ① (*of politics*) politisch; **~ leaders** politische Größen *pl* ② *esp* AM (*pej: tactical*) taktisch

po·liti·cal cor·'rect·ness *n no pl* politische Korrektheit

po·liti·cal·ly cor·'rect *adj* politisch korrekt

poli·ti·cian [ˌpɒlɪ'tɪʃᵊn, AM ˌpɑ:lə'] *n* Politiker(in) *m(f)*

po·liti·cize [pə'lɪtɪsaɪz, AM -'lɪt̬ə-] *vt* politisieren *geh*

poli·tics ['pɒlətɪks, AM 'pɑ:-] *npl* ① *+ sing vb* Politik *f kein pl;* **to go into ~** in die Politik gehen ② *+ pl vb* (*political beliefs*) politische Ansichten *pl* ③ *+ sing vb* (*within group*) **office ~** Büroklüngelei *f pej;* **to play ~** Winkelzüge machen

pol·ka ['pɒlkə, AM 'poʊ(l)kə] **I.** *n* Polka *f* **II.** *vi* Polka tanzen

poll [pəʊl, AM poʊl] **I.** *n* ❶ *(public survey)* Erhebung *f;* **a [public] opinion ~** eine [öffentliche] Meinungsumfrage ❷ *(result of vote)* [Wähler]stimmen *pl* ❸ *(number of votes cast)* Wahlbeteiligung *f* **II.** *vt* ❶ *(canvass in poll)* befragen ❷ *(receive)* **the party ~ed 67% of the vote** die Partei hat 67% der Stimmen erhalten

pol·lard ['pɒləd, AM 'pɑːlɚd] *vt* **to ~ a tree/an animal** einen Baum/ein Tier kappen

pol·len ['pɒlən, AM 'pɑː-] *n no pl* Blütenstaub *m*

'pol·len count *n* Pollenflug *m kein pl*

pol·li·nate ['pɒləneɪt, AM 'pɑː-] *vt* bestäuben

poll·ing ['pəʊlɪŋ, AM 'poʊl-] *n no pl (election)* Wahl *f; (referendum)* Abstimmung *f*

'poll·ing booth *n* BRIT, AUS Wahlkabine *f* **'poll·ing card** *n* BRIT, AUS Wahlbenachrichtigung *f form* **'poll·ing day** *n no art* BRIT, AUS Wahltag *m* **'poll·ing sta·tion** BRIT, AUS, AM **'poll·ing place** *n* Wahllokal *nt*

poll·ster ['pəʊlstəʳ, AM 'poʊlstɚ] *n* Meinungsforscher(in) *m(f)*

pol·lu·tant [pə'luːtᵊnt] *n* Schadstoff *m*

pol·lute [pə'luːt] *vt* ❶ *(contaminate)* verschmutzen ❷ *(fig: corrupt)* besudeln *fig, pej;* **to ~ sb's mind** jds Charakter verderben

pol·lut·er [pə'luːtəʳ, AM -t̬ɚ] *n* Umweltverschmutzer(in) *m(f)*

pol·lu·tion [pə'luːʃᵊn] *n no pl* ❶ *(polluting)* Verschmutzung *f;* **environmental ~** Umweltverschmutzung *f* ❷ *(pollutants)* Schadstoffe *pl*

polo ['pəʊləʊ, AM 'poʊloʊ] *n* ❶ *no pl* SPORTS Polo *nt* ❷ *(shirt)* Polohemd *nt*

'polo neck *n* Rollkragen *m* **'polo shirt** *n* Polohemd *nt*

poly ['pɒli] *n* BRIT *(fam) short for* **polytechnic** Fachhochschule *f*

poly·am·ide [ˌpɒli'æmaɪd, AM ˌpɑː-] *n no pl* Polyamid *nt*

poly·chrome ['pɒlɪkrəʊm, AM 'pɑːlɪkroʊm] **I.** *adj* polychrom *fachspr* **II.** *n* ART *(statue)* polychrome Statue *fachspr; (sculpture)* polychrome Skulptur *fachspr*

poly·clin·ic [ˌpɒlɪ'klɪnɪk, AM ˌpɑː-] *n* Poliklinik *f*

poly·es·ter [ˌpɒli'estəʳ, AM ˌpɑːli'estɚ] *n no pl (polymer)* Polyester *m*

po·lyga·mist [pə'lɪgəmɪst] *n* Polygamist(in) *m(f) geh*

po·lyga·mous [pə'lɪgəməs] *adj* polygam *geh*

po·lyga·my [pə'lɪgəmi] *n no pl* Polygamie *f geh*

poly·glot ['pɒlɪglɒt, AM 'pɑːlɪglɑːt] **I.** *adj (form)* polyglott **II.** *n (form)* Polyglotte(r) *f(m)*

poly·gon ['pɒlɪgən, AM 'pɑːlɪgɑːn] *n* Vieleck *nt,* Polygon *nt fachspr*

po·lygo·nal [pə'lɪgᵊnᵊl] *adj* vieleckig, polygonal *fachspr*

poly·graph ['pɒlɪgrɑːf, AM 'pɑːlɪgræf] *n esp* AM Lügendetektor *m*

poly·math·ic [ˌpɒlɪ'mæθɪk, AM ˌpɑːlɪ'-] *adj (approv) person* vielseitig gebildet

poly·mer·ic [ˌpɒlɪ'merɪk, AM ˌpɑː-] *adj* polymer *fachspr*

poly·mor·phic [ˌpɒlɪ'mɔːfɪk, AM ˌpɑːlɪ'mɔːr-] *n,* **poly·mor·phous** [ˌpɒlɪ'mɔːfəs, AM ˌpɑːlɪ'mɔːr-] *adj (spec)* polymorph *fachspr*

Poly·nesia [ˌpɒlɪ'niːʒə, AM ˌpɑːlə-] *n* Polynesien *nt*

Poly·nesian [ˌpɒlɪ'niːʒən, AM ˌpɑːlə-] **I.** *adj* polynesisch **II.** *n* ❶ *(native of Polynesia)* Polynesier(in) *m(f)* ❷ *(language group)* polynesische Sprachen *pl*

pol·yp ['pɒlɪp, AM 'pɑː-] *n* MED, ZOOL Polyp *m*

poly·phon·ic [ˌpɒlɪ'fɒnɪk, AM ˌpɑːlɪ'fɑː-] *adj* polyphon *fachspr*

po·lypho·ny [pə'lɪfᵊni] *n no pl* Polyphonie *f fachspr*

poly·sty·rene [ˌpɒlɪ'staɪ(ə)riːn] *n no pl* BRIT, AUS Styropor® *nt*

poly·syl·lab·ic [ˌpɒlɪsɪ'læbɪk, AM ˌpɑː-] *adj* mehrsilbig, polysyllabisch *fachspr*

poly·syl·la·ble [ˌpɒlɪ'sɪləbl̩, AM ˌpɑː-] *n* LING mehrsilbiges Wort, Polysyllabum *nt fachspr*

poly·tech·nic [ˌpɒlɪ'teknɪk, AM ˌpɑː-] *n esp* BRIT Fachhochschule *f*

poly·the·ism ['pɒlɪθiːɪzᵊm, AM 'pɑː-] *n no pl* Polytheismus *m*

poly·the·is·tic [ˌpɒlɪθiː'ɪstɪk, AM ˌpɑː-] *adj* polytheistisch

poly·thene ['pɒlɪθiːn] BRIT, AUS **I.** *n no pl* Polyäthylen *nt* **II.** *adj sheet, wrap* Polyäthylen-; **~ bag** Plastiktüte *f*

poly·un·satu·rat·ed [ˌpɒliʌn'sætʃᵊreɪtɪd, AM ˌpɑːliʌn'sætʃəreɪt̬-] *adj* mehrfach ungesättigt

poly·un·satu·rat·ed fats, poly·un·satu·rates [ˌpɒliʌn'sætʃᵊreɪts, AM ˌpɑːliʌn'sætʃə-] *npl (fatty acids)* mehrfach ungesättigte Fettsäuren; *(fats)* Fette mit einem hohen Anteil an mehrfach ungesättigten Fettsäuren

poly·urethane [ˌpɒlɪ'jʊərəθeɪn, AM ˌpɑːlɪ'jʊrə-] *n no pl* Polyurethan *nt*

poly·va·lent [ˌpɒlɪ'veɪlənt, AM ˌpɑː-] *adj* polyvalent

po·made [pə(ʊ)'meɪd, AM pɑː'-] *(dated)* **I.** *n*

P

no pl Pomade *f* **II.** *vt* **to ~ sb's hair** jdm Pomade ins Haar streichen

pom·egran·ate ['pɒmɪgrænɪt, AM 'pɑːmˌgrænɪt] *n* Granatapfel *m*

pomp [pɒmp, AM pɑːmp] *n no pl* Pomp *m,* Prunk *m*

pom·pos·ity [pɒm'pɒsəti, AM pɑːm'pɑːsət̬i] *n no pl* Selbstgefälligkeit *f*

pomp·ous ['pɒmpəs, AM 'pɑːm-] *adj* ❶ *person* selbstgefällig ❷ *language* geschraubt *pej*

ponce [pɒn(t)s] **I.** *n* ❶ BRIT, AUS (*pej fam*) Softie *m oft pej sl* ❷ BRIT (*fam: pimp*) Zuhälter *m* **II.** *vi* ■**to ~ about** ❶ BRIT, AUS (*behave effeminately*) herumtänzeln *fam* ❷ BRIT (*muck about*) herumhängen *fam*

pon·cho ['pɒntʃəʊ, AM 'pɑːntʃoʊ] *n* Poncho *m*

poncy ['pɒn(t)ʃi] *adj* BRIT, AUS (*pej fam*) affig

pond [pɒnd, AM pɑːnd] *n* ❶ (*body of water*) Teich *m* ❷ (*hum: Atlantic Ocean*) ■**the ~** der große Teich

pon·der ['pɒndəʳ, AM 'pɑːndɚ] **I.** *vt* durchdenken **II.** *vi* nachdenken (**on** über +*akk*); ■**to ~ why ...** sich fragen, warum ...

pon·der·ous ['pɒndᵊrəs, AM 'pɑːn-] *adj* (*pej*) ❶ (*heavy and awkward*) mühsam ❷ (*laborious*) schwerfällig

pone [poʊn] *n* AM [**corn**] ~ Maisbrot *nt*

pong [pɒŋ] BRIT, AUS **I.** *n* (*fam*) Mief *m pej* **II.** *vi* (*fam*) ■**to ~ of sth** nach etw *dat* miefen *pej*

pon·tiff ['pɒntɪf, AM 'pɑːnt̬ɪf] *n* (*form*) ■**the ~** der Papst

P

pon·tifi·cal [pɒn'tɪfɪkᵊl, AM pɑːn'-] *adj* päpstlich

pon·tifi·cate [pɒn'tɪfɪkət, AM pɑːn'-] **I.** *vi* (*pej*) ■**to ~ about sth** sich über etw *akk* auslassen **II.** *n* (*form*) Pontifikat *m o nt fachspr*

pon·toon [pɒn'tuːn, AM pɑːn'-] *n* ❶ (*floating device*) Ponton *m* ❷ *no pl* BRIT (*blackjack*) Siebzehnundvier *nt*

pon·toon 'bridge *n* Pontonbrücke *f*

pony ['pəʊni, AM 'poʊni] *n* (*small horse*) Pony *nt*

'pony·tail *n* Pferdeschwanz *m;* (*braided*) Zopf *m* **'pony-trek·king** *n no pl* Ponyreiten *nt*

poo *n* BRIT, AUS (*childspeak*) *see* **pooh**

poo·dle ['puːdl] *n* Pudel *m*

poof[1] [pʊf] *n* BRIT, AUS (*pej! sl*) Tunte *f meist pej fam*

poof[2] [pʊf] *interj* (*fam*) hui!

poof·ter ['pʊftəʳ] *n* BRIT, AUS (*pej! sl*) Tunte *f meist pej fam*

pooh [puː] (*fam*) **I.** *n usu pl* (*childspeak*) Aa *nt kein pl* **II.** *vi* (*childspeak*) Aa machen **III.** *interj* ❶ (*in disgust*) pfui!, igitt! ❷ (*in impatience*) ach was

pooh-pooh [puː'puː] *vt* (*fam*) abtun

pool[1] [puːl] **I.** *n* ❶ (*natural*) Tümpel *m* ❷ (*of liquid*) Lache *f;* **~ of blood** Blutlache *f* ❸ (*construction*) Becken *nt;* **ornamental ~** Zierteich *m;* [**swimming**] ~ Schwimmbecken *nt;* (*private*) Swimmingpool *m;* (*public*) Schwimmbad *nt* **II.** *vi liquid* sich stauen

pool[2] [puːl] **I.** *n* ❶ *no pl* SPORTS Poolbillard *nt;* **to shoot ~** *esp* AM (*fam*) Poolbillard spielen ❷ *pl* BRIT ■**the ~s** Toto *nt o m;* **to do the ~s** Toto spielen **II.** *vt* zusammenlegen

'pool hall, 'pool room *n* Billardzimmer *nt* **'pool table** *n* Poolbillardtisch *m*

poop[1] [puːp] *n* (*of ship*) Heck *nt*

poop[2] [puːp] *n no pl* AM (*fam*) [Insider]informationen *pl*

poop[3] [puːp] **I.** *n no pl* (*euph or esp childspeak*) Aa *nt;* **dog ~** Hundedreck *m fam* **II.** *vi* (*fam*) Aa machen *Kindersprache;* **he ~ed in his pants** er hat in die Hose gekackt *fam* ◆**poop 'out** *vi* AM, AUS (*fam*) ❶ (*become tired*) schlappmachen ❷ (*not persevere*) sich geschlagen geben

pooped [puːpt] *adj usu pred esp* AM, AUS (*fam*) erledigt; **I'm ~!** bin ich geschafft!

poop·er scoop·er ['puːpəˌskuːpəʳ, AM -pɚˌskuːpɚ], **poop scoop** *n Schaufel zum Entfernen von Hundedreck*

'poop sheet *n* AM JOURN (*fam: information sheet*) Infoblatt *nt*

poor [pɔːʳ, AM pʊr] **I.** *adj* ❶ (*lacking money*) arm ❷ (*inadequate*) unzureichend, schlecht; *attendance* gering; *excuse* faul; **to be in ~ health** in schlechtem gesundheitlichen Zustand sein; **to make a ~ job of [doing] sth** bei etw *dat* schlechte Arbeit leisten; **~ showing** armselige Vorstellung ❸ *attr* (*deserving of pity*) arm ❹ *pred* (*lacking*) ■**to be ~ in sth** arm an etw *dat* sein **II.** *n* ■**the ~** *pl* die Armen *pl*

'poor box *n* Almosenbüchse *f* **'poor·house** *n* (*hist*) Armenhaus *nt*

poor·ly ['pɔːli, AM 'pʊr-] **I.** *adv* ❶ (*not rich*) arm; **~ dressed** ärmlich gekleidet ❷ (*inadequately*) schlecht **II.** *adj pred* **to feel ~** sich schlecht fühlen

poor·ness ['pɔːnəs, AM 'pʊr-] *n no pl* ❶ (*inadequacy*) Dürftigkeit *f,* Mangelhaftigkeit *f* ❷ (*poverty*) Armut *f*

poor re·'la·tion *n* arme(r) Verwandte(r) *f(m);* (*fig*) Stiefkind *nt*

pop[1] [pɒp, AM pɑːp] **I.** *n* ❶ (*noise*) Knall *m* ❷ *usu sing* AM, AUS COMM ■**a ~** pro Stück

II. *adv* **to go ~** (*make noise*) einen Knall machen; (*toy gun*) peng machen; (*burst*) explodieren **III.** *vi* <-pp-> ① (*make noise*) knallen ② (*burst*) platzen ③ (*go quickly*) ■**to ~ out** hinausgehen; **to ~ upstairs** die Treppen hinaufspringen **IV.** *vt* <-pp-> ① (*burst*) platzen lassen ② (*put quickly*) **~ the pizza in the oven** schieb' die Pizza in den Ofen ③ AM (*fam: shoot*) abknallen; (*hit*) schlagen ▸PHRASES: **to ~ pills** Pillen schlucken ◆**pop in** *vi* vorbeischauen; **to keep ~ping in and out** dauernd rein und rauslaufen ◆**pop off** *vi* ① (*hum fam: die*) abkratzen *derb* ② (*fam: leave*) abhauen; **to ~ off home** nach Hause düsen ◆**pop out** *vi* ① (*come out*) herausspringen ② (*leave*) kurz weg sein; ■**to ~ out for sth** schnell etw besorgen ◆**pop up** *vi* ① (*appear unexpectedly*) auftauchen; **to ~ up out of nowhere** aus dem Nichts auftauchen ② (*in pop-up book*) sich aufrichten ③ AM SPORTS (*hit a short fly ball*) einen Ball im Flug berühren

pop² [pɒp, AM pɑːp] **I.** *n no pl* (*music*) Pop *m* **II.** *adj attr* (*popular*) populär; **~ culture** Popkultur *f*

pop³ [pɒp, AM pɑːp] *n esp* AM (*esp childspeak fam*) Papa *m*

'pop art *n no pl* Pop-Art *f* **'pop con·cert** *n* Popkonzert *nt* **'pop·corn** *n no pl* Popcorn *nt*

pope [pəʊp, AM poʊp] *n* Papst *m*

pop-'eyed *adj* ① (*with surprise*) mit Stielaugen *fam;* ■**to be ~** Stielaugen bekommen ② (*with bulging eyes*) mit Glupschaugen *nach n,* glupschäugig

'pop group *n* Popgruppe *f*

'pop·gun *n* Spielzeugpistole *f*

pop·lar ['pɒpləʳ, AM 'pɑːplɚ] *n* Pappel *f*

pop·lin ['pɒplɪn, AM 'pɑːp-] *n no pl* Popelin *m*

'pop mu·sic *n no pl* Popmusik *f*

pop·per ['pɒpəʳ] *n* BRIT (*fam*) Druckknopf *m*

pop·pet ['pɒpɪt, AM 'pɑː-] *n esp* BRIT, AUS (*fam*) Schatz *m;* (*form of address also*) Schätzchen *nt*

pop·py ['pɒpi, AM 'pɑː-] *n* Mohn *m kein pl,* Mohnblume *f*

'pop·py·cock *n no pl* (*pej dated fam*) Quatsch *m*

'Pop·py Day *n* BRIT *Sonntag, der dem 11. November am nächsten kommt, an dem insbesondere der Gefallenen der beiden Weltkriege gedacht wird* **'pop·py seed** *n usu pl* Mohnsamen *m,* Mohn *m kein pl*

'pop sing·er *n* Popsänger(in) *m(f)* **'pop song** *n* Popsong *m* **'pop star** *n* Popstar *m*

popu·lace ['pɒpjələs, AM 'pɑːpjəlɪs] *n no pl* ■**the ~** die breite Masse [der Bevölkerung]

popu·lar ['pɒpjələʳ, AM 'pɑːpjəlɚ] *adj* ① (*widely liked*) beliebt, populär ② *attr* (*not high-brow*) populär; **the ~ press** die Massenmedien *pl* ③ *attr* (*widespread*) weit verbreitet; **it is a ~ belief that ...** viele glauben, dass ...

popu·lar·ity [ˌpɒpjə'lærəti, AM ˌpɑːpjə'lerət̬i] *n no pl* Beliebtheit *f,* Popularität *f*

popu·lar·ize ['pɒpjələraɪz, AM 'pɑːpjələ-] *vt* ① (*make liked*) populär machen ② (*make accessible*) breiteren Kreisen zugänglich machen

popu·lar·ly ['pɒpjələli, AM 'pɑːpjəlɚ-] *adv* (*commonly*) allgemein; **as is ~ believed** wie man allgemein annimmt

popu·late ['pɒpjəleɪt, AM 'pɑːp-] *vt* ① *usu passive* (*inhabit*) ■**to be ~d** bevölkert sein; *island* bewohnt sein (**by, with** von +*dat*) ② (*provide inhabitants*) besiedeln

popu·la·tion [ˌpɒpjə'leɪʃᵊn, AM ˌpɑːp-] **I.** *n* ① *usu sing* (*inhabitants*) Bevölkerung *f kein pl;* **the civilian ~** die Zivilbevölkerung ② *no pl* (*number of people*) Einwohnerzahl *f* ③ BIOL Population *f fachspr,* Bestand *m;* **the deer ~** der Hirschbestand **II.** *adj group, problems* Bevölkerungs-, Einwohner-; **~ change** Veränderung *f* der Bevölkerung

popu·la·tion 'den·sity *n no pl* Bevölkerungsdichte *f* **popu·'la·tion drift** *n no pl* Bevölkerungsbewegung *f,* demographischer Wandel **popu·la·tion ex·'plo·sion** *n* Bevölkerungsexplosion *f*

popu·lous ['pɒpjələs, AM 'pɑːp-] *adj* (*form*) bevölkerungsreich; *region, area* dicht besiedelt

porce·lain ['pɔːsᵊlɪn, AM 'pɔːr-] *n no pl* Porzellan *nt*

porch <*pl* -es> [pɔːtʃ, AM pɔːrtʃ] *n* ① (*without walls*) Vordach *nt;* (*with walls*) Vorbau *m; of a church* Portal *nt* ② AM (*veranda*) Veranda *f*

por·cu·pine ['pɔːkjəpaɪn, AM 'pɔːr-] *n* Stachelschwein *nt*

pore¹ [pɔːʳ, AM pɔːr] *n* Pore *f*

pore² [pɔːʳ, AM pɔːr] *vi* brüten (**over** über +*dat*); **to ~ over a map** eine Zeitung eingehend studieren

pork [pɔːk, AM pɔːrk] *n no pl* Schweinefleisch *nt*

pork 'chop *n* Schweinekotelett *nt*

pork·er ['pɔːkəʳ, AM 'pɔːrkɚ] *n* Mastschwein *nt*

porkie ['pɔːki] *n usu pl* BRIT (*hum rhyming sl*) Lüge[ngeschichte] *f*

P

pork 'pie *n* BRIT (*food*) Schweinefleischpastete *f*

pork-pie 'hat *n flacher Hut mit Krempe*

porky ['pɔːki, AM 'pɔːrki] **I.** *adj* (*pej fam*) fett **II.** *n* AM (*fam*) Stachelschwein *nt*

porn [pɔːn, AM pɔːrn] (*fam*) **I.** *n no pl short for* **pornography** Porno *m* **II.** *adj attr short for* **pornographic** Porno-

por·no·graph·ic [ˌpɔːnəˈɡræfɪk, AM ˌpɔːr-] *adj* ① (*containing pornography*) pornografisch, Porno- ② (*obscene*) obszön

por·nog·ra·phy [pɔːˈnɒɡrəfi, AM pɔːrˈnɑːɡ-] *n no pl* Pornografie *f*

po·rous ['pɔːrəs] *adj* ① (*permeable*) porös ② (*not secure*) durchlässig

por·poise ['pɔːpəs, AM 'pɔːr-] *n* Tümmler *m*

por·ridge ['pɒrɪdʒ, AM 'pɔːr-] *n no pl* ① (*boiled oats*) Porridge *m o nt*, Haferbrei *m* ② BRIT (*fam: time in prison*) **to do ~** [im Knast] sitzen; *see also* **edge**

por·ridge 'oats *npl* BRIT Haferflocken *pl*

port[1] [pɔːt, AM pɔːrt] *n* ① (*harbour*) Hafen *m* ② (*town*) Hafenstadt *f*

port[2] [pɔːt, AM pɔːrt] *n no pl* AVIAT, NAUT Backbord *nt* ÖSTERR *a. m*

port[3] [pɔːt, AM pɔːrt] *n* ① COMPUT Anschluss *m*, Port *m fachspr* ② NAUT (*porthole*) Bullauge *nt*

port[4] [pɔːt, AM pɔːrt] *n no pl* (*wine*) Portwein *m*

port·able ['pɔːtəbl̩, AM 'pɔːr-] *adj* tragbar; **~ radio** Kofferradio *nt*

por·tage ['pɔːtɪdʒ, AM 'pɔːr-] *n* ① *no pl* TRANSP, NAUT (*carrying*) Transport *m* über Land ② *no pl* (*costs*) Transportkosten *pl* ③ (*place*) Portage *f*

por·tal ['pɔːtᵊl, AM 'pɔːrt̬-] *n* (*form*) *a.* COMPUT Portal *nt*

port au'thor·ity *n* Hafenbehörde *f* **port 'charges, port 'dues** *npl* Hafengebühr[en] *f*[*pl*]

port·cul·lis <*pl* -es> [ˌpɔːtˈkʌlɪs, AM ˌpɔːrt'-] *n* Fallgitter *nt*

por·ten·tous [pɔːˈtentəs, AM pɔːrˈtent̬-] *adj* ① (*form: highly significant*) bedeutungsvoll; (*ominous*) unheilvoll; (*grave*) schicksalhaft ② (*pej: pompous*) hochtrabend

por·ter[1] ['pɔːtəʳ, AM 'pɔːrt̬ɚ] *n* (*baggage-carrier*) Gepäckträger *m*; (*on expedition*) Träger *m*

por·ter[2] ['pɔːtəʳ, AM 'pɔːrt̬ɚ] *n* ① *esp* BRIT (*doorkeeper*) Portier, Portiersfrau *m, f* ② AM RAIL (*on sleeping car*) [Schlafwagen]schaffner(in) *m(f)*

port·fo·lio [ˌpɔːtˈfəʊliəʊ, AM ˌpɔːrtˈfoʊlioʊ] *n* ① (*case*) Aktenmappe *f* ② (*of drawings, designs*) Mappe *f* ③ FIN Portefeuille *nt fachspr*

'port·hole *n* NAUT Bullauge *nt;* AVIAT Kabinenfenster *nt*

por·ti·co <*pl* -es *or* -s> ['pɔːtɪkəʊ, AM 'pɔːrt̬ɪkoʊ] *n* Säulengang *m*, Portikus *m fachspr*

por·tion ['pɔːʃᵊn, AM 'pɔːr-] **I.** *n* ① (*part*) Teil *m* ② (*share*) Anteil *m* ③ (*serving*) Portion *f*; (*piece*) Stück *nt* **II.** *vt* ■**to ~ out** ○ **sth** etw aufteilen

port·ly ['pɔːtli, AM 'pɔːr-] *adj* (*esp hum*) korpulent

por·trait ['pɔːtrɪt, AM 'pɔːr-] *n* ① (*picture*) Porträt *nt*, Bildnis *nt* ② (*fig: description*) Bild *nt* ③ *no art* TYPO (*format*) Hochformat *nt*

por·trait·ist ['pɔːtrɪtɪst, AM 'pɔːrtrɪt̬-], **por·trait paint·er** *n* Porträtmaler(in) *m(f)*

por·trai·ture ['pɔːtrɪtʃəʳ, AM 'pɔːrtrɪtʃɚ] *n no pl* Porträtmalerei *f*

por·tray [pɔːˈtreɪ, AM pɔːr'-] *vt* ① (*paint*) porträtieren ② (*describe*) darstellen

por·tray·al [pɔːˈtreɪəl, AM pɔːr'-] *n* Darstellung *f*; (*in literature*) Schilderung *f*

Por·tu·gal ['pɔːtʃəɡᵊl, AM 'pɔːr-] *n* Portugal *nt*

Por·tu·guese [ˌpɔːtʃəˈɡiːz, AM ˌpɔːr-] **I.** *n* ① <*pl* -> (*person*) Portugiese(in) *m(f)* ② *no pl* (*language*) Portugiesisch *nt* **II.** *adj* ① (*of Portugal*) portugiesisch ② *course, teacher* Portugiesisch-

pose [pəʊz, AM poʊz] **I.** *n* ① (*bodily position*) Haltung *f*, Pose *f* ② *usu sing* (*pretence*) Getue *nt* **II.** *vi* ① (*adopt position*) posieren, eine Haltung einnehmen; ■**to ~ for sb** für jdn Modell sitzen ② (*pretend*) ■**to ~ as** sich ausgeben als ③ (*behave affectedly*) sich geziert benehmen **III.** *vt* ① (*cause*) aufwerfen; **to ~ difficulties** Schwierigkeiten mit sich *dat* bringen; **to ~ a threat to sb/sth** eine Bedrohung für jdn/etw darstellen ② *question* stellen

pose·able ['pəʊzəbl̩, AM 'poʊz-] *adj soft toy* beweglich; *doll* Glieder-

pos·er ['pəʊzəʳ, AM 'poʊzɚ] *n* (*fam*) ① (*problem*) schwierige Frage ② (*pej: person*) Angeber(in) *m(f)*

posh [pɒʃ, AM pɑːʃ] (*fam*) **I.** *adj* ① (*stylish*) vornehm, piekfein; **~ car** Luxusschlitten *m fam* ② *esp* BRIT (*upper-class*) vornehm; **a ~ woman** eine feine Dame **II.** *adv* BRIT vornehm; **to talk ~** furchtbar gestelzt sprechen

pos·it ['pɒzɪt, AM 'pɑː-] *vt* (*form*) postulieren

po·si·tion [pəˈzɪʃᵊn] **I.** *n* ① (*place*) Platz *m*, Stelle *f*; *building* Lage *f* ② (*in navigation*) Position *f*, Standort *m* ③ (*posture*) Stellung *f*, Lage *f*; **yoga ~** Yogahaltung *f*; **to change one's ~** eine andere Stellung ein-

P

nehmen ④ SPORTS (*in team*) [Spieler]position *f* ⑤ (*rank*) Position *f*, Stellung *f*; BRIT, AUS (*in race, competition*) Platz *m* ⑥ (*job*) Stelle *f*; **a ~ of responsibility** ein verantwortungsvoller Posten ⑦ *usu sing* (*situation*) Situation *f*, Lage *f*; **to put sb in an awkward ~** jdn in eine unangenehme Lage bringen **II.** *vt* platzieren

posi·tive ['pɒzətɪv, AM 'pɑːzəṭ-] *adj* ① (*certain*) sicher, bestimmt; ▪**to be ~ about sth** sich *dat* einer S. *gen* sicher sein ② (*optimistic*) positiv; *criticism* konstruktiv ③ MED, MATH, ELEC positiv ④ *attr* (*complete*) wirklich, absolut; **a ~ disadvantage** ein echter Nachteil

posi·tive·ly ['pɒzətɪvli, AM 'pɑːzəṭ-] *adv* ① (*definitely*) bestimmt; *say, promise* fest ② (*optimistically*) positiv ③ (*fam: completely*) völlig, absolut

poss [pɒs, AM pɑːs] *adj pred* (*fam*) *short for* **possible** möglich

pos·se ['pɒsi, AM 'pɑːsi] *n* (*hist: summoned by sheriff*) [Hilfs]trupp *m*

pos·sess [pə'zes] *vt* ① (*own, have*) besitzen ② LAW (*carry illegally*) [illegal] besitzen ③ *usu passive* (*control*) **to be ~ed by the Devil** vom Teufel besessen sein; **to be ~ed by the urge to do sth** von dem Drang besessen sein, etw tun zu müssen

pos·ses·sion [pə'zeʃᵊn] *n* ① *no pl* (*having*) Besitz *m*; ▪**to be in sb's ~** sich in jds Besitz befinden ② *usu pl* (*something owned*) Besitz *m kein pl* ③ *no pl* SPORTS **to regain ~ [of the ball]** wieder in den Ballbesitz gelangen

pos·ses·sive [pə'zesɪv] *adj* ① (*not sharing*) eigen ② (*jealous*) besitzergreifend ③ LING (*showing possession*) possessiv

pos·ses·sor [pə'zesəʳ, AM -ɚ] *n usu sing* (*form or hum*) Besitzer(in) *m(f)*

pos·sibil·ity [ˌpɒsə'bɪləti, AM ˌpɑːsə'bɪləṭi] *n* ① (*event or action*) Möglichkeit *f*; **there's a ~ that ...** es kann sein, dass ... ② *no pl* (*likelihood*) Möglichkeit *f*, Wahrscheinlichkeit *f*; **is there any ~ [that] ...?** besteht irgendeine Möglichkeit, dass ...?; **there's not much ~ of that happening** die Wahrscheinlichkeit, dass das passiert, ist sehr gering ③ (*potential*) ▪**possibilities** *pl* Möglichkeiten *pl*

pos·sible ['pɒsəbḷ, AM 'pɑːs-] *adj* ① *usu pred* (*feasible*) möglich; **it's just not ~** das ist einfach nicht machbar; **the best ~ ...** der/die/das allerbeste ...; **as much as ~** so viel wie möglich ② (*that could happen*) möglich, vorstellbar; **to make sth ~** etw ermöglichen

pos·sibly ['pɒsəbli, AM 'pɑːs-] *adv* ① (*feasibly*) **he can't ~ have drunk all that on his own!** das kann er doch unmöglich alles allein getrunken haben!; **to do all that one ~ can** alles Menschenmögliche tun ② (*perhaps*) möglicherweise, vielleicht; **very ~** durchaus möglich; (*more likely*) sehr wahrscheinlich ③ (*in polite use*) möglicherweise; **could I ~ ask you to ...?** dürfte ich Sie vielleicht bitten, ...?

pos·sum <*pl* - *or* -s> ['pɒsəm, AM 'pɑːs-] *n* Gleitbeutler *m*

post [pəʊst, AM poʊst] **I.** *n* ① (*pole*) Pfosten *m*, Pfahl *m*; **wooden ~** Holzpfosten *m* ② (*in a race*) ▪**the finishing ~** der Zielpfosten ③ (*fam: goalpost*) [Tor]pfosten *m* **II.** *vt* ① (*send*) [per Post] schicken ② (*give notice*) **to ~ sth on the [Inter]net** etw über das Internet bekannt geben

post·age ['pəʊstɪdʒ, AM 'poʊ-] *n no pl* Porto *nt*

'post·age me·ter *n* AM (*franking machine*) Frankiermaschine *f* **post·age 'paid** *adj* [porto]frei **'post·age rate** *n* Porto *nt*, Postgebühren *pl* **'post·age stamp** *n* (*form*) Postwertzeichen *nt*

post·al ['pəʊstᵊl, AM 'poʊ-] *adj attr* Post-, postalisch *geh*

'post·al code *n* BRIT, AUS Postleitzahl *f*

'post·al or·der *n esp* BRIT Postanweisung *f*

post·al 'vote *n* BRIT Briefwahl *f*

post-apoca·lyp·tic [ˌpəʊstəˌpɒkə'lɪptɪk, AM ˌpoʊstəˌpɑːkə'-] *adj book or film setting, society* post-apokalyptisch

'post·bag *n* BRIT ① (*letters*) Zuschriften *pl* ② (*bag*) Postsack *m*

'post·box *n esp* BRIT, AUS Briefkasten *m*

'post·card *n* Postkarte *f* **'post·code** *n* BRIT, AUS Postleitzahl *f* **post-'date** *vt* ① (*give later date*) vordatieren ② (*happen after*) ▪**to ~ sth** sich später ereignen

post·er ['pəʊstəʳ, AM 'poʊstɚ] *n* ① (*advertisement*) [Werbe]plakat *nt* ② (*large picture*) Poster *nt*

poste res·tante [ˌpəʊst'restɑːnt, AM ˌpoʊstres'tɑːnt] **I.** *n usu sing* Aufbewahrungs- und Abholstelle *f* für postlagernde Briefe und Sendungen; (*on envelopes*) **'~'** „postlagernd" **II.** *adv* postlagernd, poste restante

pos·teri·or [pɒs'tɪəriəʳ, AM pɑː'stɪriɚ] **I.** *n* (*hum*) Hinterteil *nt hum* **II.** *adj attr* (*form: towards the back*) hintere(r, s)

pos·ter·ity [pɒs'terəti, AM pɑːˌsterəṭi] *n no pl* (*form*) Nachwelt *f geh*

pos·tern ['pɒstən, AM 'poʊstɚn] *n* (*old: at back*) Hintertür *f*; (*at side*) Seitentür *f*

'post-free BRIT **I.** *adj* gebührenfrei **II.** *adv* portofrei, gebührenfrei

post·'gradu·ate **I.** *n* Postgraduierte(r) *f(m)*

P

fachspr, Student(in) *m(f)* im Aufbaustudium (*nach Erreichen des ersten akademischen Grades*) **II.** *adj attr* weiterführend, Postgraduierten- *fachspr,* Aufbau-

post-'haste *adv* (*dated form*) schnellstens

post·hu·mous ['pɒstjəməs, AM 'pɑːstʃə-] *adj* (*form*) post[h]um

post·ing ['pəʊstɪŋ, AM 'poʊ-] *n esp* BRIT ❶ (*appointment to job*) Versetzung *f;* MIL Abkommandierung *f* ❷ (*location*) Ort, an den jd versetzt wird

'post·man *n* Postbote *m,* Briefträger *m* **'post·mark I.** *n* Poststempel *m* **II.** *vt usu passive* ■**to be ~ed** abgestempelt sein **'post·mas·ter** *n* Leiter *m* einer Postdienststelle **post me·rid·iem** [ˌpəʊs(t)mə'rɪdiəm, AM ˌpoʊ-] *adv see* **p.m. post·'mod·ern** *adj* post-modern **post·'mod·ern·ism** *n no pl* Postmoderne *f geh*

post-mor·tem [ˌpəʊs(t)'mɔːtem, AM ˌpoʊs(t)'mɔːrt̬əm] **I.** *n* ❶ MED (*examination*) Autopsie *f* ❷ (*fam: discussion*) Manöverkritik *f hum* **II.** *adj attr* (*done after death*) nach dem Tod *nach n,* postmortal *fachspr;* ~ **report** Obduktionsbericht *m*

post-'na·tal *adj* nach der Geburt *nach n,* postnatal *fachspr*

post-9-11 ['pəʊstnaɪnɪˌlevᵊn, AM 'poʊst-] *adj* nach dem 11. September *nach n* (*bezieht sich auf die Zeit nach dem 11. September 2001, dem Tag der Terrorangriffe auf New York und Washington*)

'Post Of·fice *n* ■**the ~** die Post *kein pl* **post of·fice 'box** *n* Postfach *nt* **post-'paid I.** *adj* portofrei, gebührenfrei; *reply card* frankiert **II.** *adv* gebührenfrei, portofrei

post·pone [pəʊs(t)'pəʊn, AM poʊs(t)'poʊn] *vt* verschieben

post·pone·ment [pəʊs(t)'pəʊnmənt, AM poʊs(t)'poʊ-] *n* ❶ (*delay*) Verschiebung *f* ❷ *no pl* (*deferment*) Aufschub *m; of a court case* Vertagung *f*

'post·script *n* ❶ (*to a letter*) Postskript[um] *nt* ❷ (*sequel*) Fortsetzung *f*

post-Sept. 11 ['pəʊstsepˌtembəʳɪˌlevᵊn, AM 'poʊstsepˌtembɚ-] *adj* nach dem 11. September *nach n* (*bezieht sich auf die Zeit nach dem 11. September 2001, dem Tag der Terrorangriffe auf New York und Washington*)

pos·tu·late (*form*) **I.** *vt* ['pɒstjəleɪt, AM 'pɑːstʃə-] postulieren *geh;* ■**to ~ that ...** die These vertreten, dass ... **II.** *n* ['pɒstjələt, AM 'pɑːstʃəlɪt] Postulat *nt geh*

pos·ture ['pɒstʃəʳ, AM 'pɑːstʃɚ] **I.** *n no pl* (*natural*) [Körper]haltung *f;* (*pose a.*) Stellung *f,* Pose *f* **II.** *vi* (*pej*) sich in Pose werfen

post·vi·ral [ˌpəʊs(t)'vaɪrᵊl, AM ˌpoʊs(t)'-] *adj* MED postviral; ~ [**fatigue**] **syndrome** Erschöpfungssyndrom *nt* **post-'war** *adj* Nachkriegs-, der Nachkriegszeit *nach n*

posy ['pəʊzi, AM 'poʊ-] *n* Sträußchen *nt*

pot[1] *n no pl* (*sl*) Pot *nt*

pot[2] [pɒt, AM pɑːt] **I.** *n* ❶ (*for cooking*) Topf *m* ❷ (*container*) Topf *m;* (*glass*) Glas *nt;* BRIT *of yoghurt, cream* Becher *m;* **coffee ~** Kaffeekanne *f* ❸ (*for plants*) Blumentopf *m* ❹ (*clay container*) Keramikgefäß *nt* **II.** *vt* <-tt-> ❶ *plants* eintopfen; *food* in Töpfe füllen ❷ SPORTS einlochen **III.** *vi* ■**to ~ at sth** auf etw *akk* schießen

pot·ash ['pɒtæʃ, AM 'pɑːt-] *n no pl* Pottasche *f*

po·tas·sium [pə'tæsiəm] *n no pl* Kalium *nt* **po·tas·sium 'chlo·ride** *n no pl* Kaliumchlorid *nt* **po·tas·sium 'cya·nide** *n no pl* Kaliumzyanid *nt fachspr* **po·tas·sium per·'man·ga·nate** *n no pl* Kaliumpermanganat *nt*

po·ta·to <*pl* -es> [pə'teɪtəʊ, AM -t̬oʊ] *n* Kartoffel *f,* Erdapfel *m* ÖSTERR; **baked ~** Ofenkartoffel *f;* **mashed ~es** Kartoffelbrei *m*

po·'ta·to bee·tle, AM **po·'ta·to bug** *n* Kartoffelkäfer *m* **po·ta·to 'crisp** BRIT, AM, AUS **po·ta·to 'chip** *n usu pl* Kartoffelchip *m* **po·'ta·to mash·er** *n* Kartoffelstampfer *m* **po·'ta·to peel·er** *n* Kartoffelschäler *m*

pot-bel·lied ['pɒtˌbelid, AM 'pɑːt-] *adj* dickbäuchig **pot 'bel·ly** *n* dicker Bauch, Wampe *f fam;* (*sign of illness*) Blähbauch *m*

'pot·boil·er *n* (*pej: music*) rein kommerzielles Stück; (*novel*) rein kommerzieller Roman

po·teen [pɒt'iːn] *n* IRISH *illegal gebrannter irischer Schnaps*

po·ten·cy ['pəʊtᵊn(t)si, AM 'poʊ-] *n no pl* ❶ (*strength*) Stärke *f; of evil, temptation, a spell* Macht *f; of a drug, poison* Wirksamkeit *f; of a weapon* Durchschlagskraft *f* ❷ (*sexual*) Potenz *f*

po·tent ['pəʊtᵊnt, AM 'poʊ-] *adj* ❶ (*strong*) mächtig; *antibiotic, drink, poison* stark; *argument* schlagkräftig; *symbol* aussagekräftig; *weapon* durchschlagend ❷ (*sexual*) potent

po·ten·tate ['pəʊtᵊnteɪt, AM 'poʊ-] *n* (*esp pej liter*) Potentat(in) *m(f) geh*

po·ten·tial [pə(ʊ)'ten(t)ʃᵊl, AM poʊ'-] **I.** *adj* potenziell *geh,* möglich **II.** *n no pl* Potenzial *nt geh;* **to have** [**a lot of**] **~** *building, idea* [vollkommen] ausbaufähig sein; *person* [großes] Talent haben; *song* viel versprechend sein

po·ten·ti·al·ity [pə(ʊ)ˌten(t)ʃi'æləti, AM poʊˌten(t)ʃi'ælət̬i] *n no pl* (*form: ability*)

P

Potenzial *nt;* (*capacity*) Leistungsfähigkeit *f*

po·ten·tial·ly [pə(ʊ)'ten(t)ʃəli, AM poʊ'-] *adv* potenziell *geh;* ~ **disastrous** möglicherweise verheerend; **sth is ~ fatal** etw kann tödlich sein

'pot hold·er *n esp* AM, AUS Topflappen *m*

'pot·hole *n* ❶ (*in road*) Schlagloch *nt* ❷ (*underground hole*) Höhle *f* **'pot·hol·er** *n esp* BRIT *jd, der als Hobby Höhlen erforscht*

po·tion ['pəʊʃən, AM 'poʊ-] *n* Trank *m;* (*esp pej: medicine*) Mittelchen *nt hum o pej*

pot 'luck *n no pl* Zufallstreffer *m;* **to take ~** nehmen, was es gerade gibt

pot·pour·ri [ˌpəʊ'pʊəri, AM ˌpoʊpʊ'riː] *n no pl* Potpourri *nt*

'pot roast *n* Schmorbraten *m* **'pot·shot** *n* (*with gun*) blinder Schuss; (*fig: verbal attack*) Seitenhieb *m;* **to take a ~ at sb/sth** [aufs Geratewohl] auf jdn/etw schießen; (*fig*) Seitenhiebe gegen jdn/etw austeilen

pot·ted ['pɒtɪd, AM 'pɑːt̬-] *adj attr* ❶ (*in a pot*) Topf- ❷ (*preserved*) eingelegt

pot·ter¹ ['pɒtəʳ, AM 'pɑːt̬ɚ] *n* Töpfer(in) *m(f)*

pot·ter² ['pɒtəʳ, AM 'pɑːt̬ɚ] *esp* BRIT **I.** *n no pl* (*stroll*) Bummel *m;* (*around town*) Stadtbummel *m* **II.** *vi* ❶ (*unhurriedly*) bummeln ❷ (*do nothing in particular*) vor sich *akk* hin werkeln *fam* ◆**potter about** *esp* BRIT, **potter around** *esp* BRIT, **potter round** *vi* BRIT vor sich *akk* hin werkeln *fam*

pot·tery ['pɒtəri, AM 'pɑːt̬ɚi] *n* ❶ *no pl* (*activity*) Töpfern *nt* ❷ (*objects*) Keramik *f kein pl* ❸ (*factory*) Töpferei *f*

pot·ty ['pɒti, AM 'pɑːt̬i] **I.** *adj esp* BRIT (*fam*) verrückt (**about** nach +*dat*); **to drive sb ~** jdn zum Wahnsinn treiben **II.** *n* Töpfchen *nt*

pouch <*pl* -es> [paʊtʃ] *n* ❶ (*small bag*) Beutel *m* ❷ ZOOL (*of kangaroo, koala*) Beutel *m;* (*of hamster*) Tasche *f*

pouf¹ [puːf] *n* Puff *m*

pouf² *n esp* BRIT, AUS (*pej sl*) *see* **poof**

poul·ter·er ['pəʊltərəʳ] *n* BRIT Geflügelhändler(in) *m(f)*

poul·tice ['pəʊltɪs, AM 'poʊl-] *n* MED Breiumschlag *m*

poul·try ['pəʊltri, AM 'poʊ-] *n* ❶ *pl* (*birds*) Geflügel *nt kein pl* ❷ *no pl* (*meat*) Geflügel[fleisch] *nt*

'poul·try farm *n* Geflügelfarm *f* **'poul·try farm·ing** *n no pl* Geflügelzucht *f*

pounce [paʊn(t)s] *vi* ❶ (*jump*) losspringen; *attacker, animal* einen Satz machen; *bird of prey* niederstoßen ❷ (*fig: seize opportunity*) zuschlagen, zuschnappen *fam*

◆**pounce on, pounce upon** *vi* (*a. fig*) ■**to ~ on sb/sth** sich auf jdn/etw stürzen

pound¹ [paʊnd] *n* Pfund *nt;* (*coin*) Pfundmünze *f*

pound² [paʊnd] *n* ≈ Pfund *nt* (*454 g*)

pound³ [paʊnd] **I.** *vt* ❶ (*hit repeatedly*) ■**to ~ sth** auf etw *akk* hämmern; **to ~ the door** gegen die Tür hämmern ❷ MIL (*bombard*) **to ~ the enemy positions** die feindlichen Stellungen bombardieren; (*fig*) **the storm ~ed southern France** der Sturm peitschte über Südfrankreich hinweg **II.** *vi* ❶ (*strike repeatedly*) hämmern (**on** an, gegen, auf +*akk*) ❷ (*run noisily*) stampfen ❸ (*beat*) *pulse* schlagen; *heart a.* pochen

pound·ing ['paʊndɪŋ] **I.** *n* ❶ *no pl* (*noise*) *of guns* Knattern *nt; of heart* Schlagen *nt;* (*in head*) Pochen *nt; of music, drum* Dröhnen *nt; of waves* Brechen *nt* ❷ (*attack*) Beschuss *m kein pl;* (*from air*) Bombardement *nt;* **to take a ~** unter schweren Beschuss geraten; (*fig*) ziemlich unter Beschuss geraten ❸ (*defeat*) Niederlage *f;* (*in election, match*) Schlappe *f* **II.** *adj drum, music* dröhnend; *head, heart* pochend

pour [pɔːʳ, AM pɔːr] **I.** *vt* ❶ (*cause to flow*) gießen (**into, onto** in, auf +*akk*); ■**to ~ sth onto sb/oneself** (*accidentally*) etw über jdn/sich kippen; ■**to ~ sb sth** jdm etw einschenken; (*as refill*) jdm etw nachschenken; **~ yourself a drink** nimm dir was zu trinken ❷ (*fig: give in large amounts*) *money, resources* fließen lassen (**into** in +*akk*); *energies* stecken (**into** in +*akk*) **II.** *vi* ❶ (*fill glasses, cups*) eingießen, einschenken ❷ (*flow*) fließen (**into, out** in, aus +*akk*); **the sunlight came ~ing into the room** das Sonnenlicht durchströmte den Raum ❸ *impers* (*rain*) **it's ~ing** [**with rain**] es schüttet *fam*

◆**pour in** *vi* hereinströmen, hineinströmen; *letters, donations* massenweise eintreffen ◆**pour out I.** *vt* ❶ *liquids* ausgießen; *solids* ausschütten ❷ (*fig: recount*) **to ~ out one's worries** sich *dat* Sorgen von der Seele reden ❸ (*produce quickly*) ausstoßen **II.** *vi* ❶ (*come out*) ausströmen; *smoke* herausquellen ❷ (*be expressed*) *words etc.* herauskommen *fig*

pout [paʊt] **I.** *vi* einen Schmollmund machen; (*sulk*) schmollen **II.** *vt lips* spitzen **III.** *n* Schmollmund *m*

pov·er·ty ['pɒvəti, AM 'pɑːvɚt̬i] *n no pl* ❶ (*state of being poor*) Armut *f* ❷ (*form: lack*) Mangel *m* (**of** an +*dat*)

'pov·er·ty line *n* ■**the ~** die Armutsgrenze

'pov·er·ty-strick·en *adj* bitterarm

P

POW, BRIT *a.* **PoW** [ˌpiːəʊ'dʌblјuː, AM -oʊ'-] *n abbrev of* **prisoner of war** KG

pow·der ['paʊdəʳ, AM -ɚ] **I.** *n* ① *no pl* Pulver *nt* ② *no pl* (*make-up*) Puder *m* ③ BRIT (*washing powder*) Waschpulver *nt* **II.** *vt* pudern; ▪**to be ~ed with sth** mit etw *dat* bestreut sein

'**pow·der com·pact** *n* Puderdose *f*

pow·dered ['paʊdəd, AM -ɚd] *adj* ① (*in powder form*) Pulver-, pulverisiert ② (*covered with powder*) gepudert

'**pow·der keg** *n* Pulverfass *nt* '**pow·der puff** *n* Puderquaste *f* '**pow·der room** *n* (*dated*) Damentoilette *f*

'**pow·der snow** *n no pl* Pulverschnee *m*

pow·dery ['paʊdᵊri, AM -ɚi] *adj* pulvrig; (*finer*) pudrig

pow·er ['paʊəʳ, AM -ɚ] **I.** *n* ① *no pl* (*control*) POL Macht *f;* (*influence*) Einfluss *m;* **to have sb in one's ~** jdn in seiner Gewalt haben; **to seize ~** die Macht ergreifen ② (*nation*) [Führungs]macht *f* ③ (*person, group*) Macht *f;* (*person a.*) treibende Kraft ④ (*authority*) ▪**~s** *pl* Kompetenz[en] *f*[*pl*] ⑤ *no pl* (*ability*) Vermögen *nt;* **to do everything in one's ~** alles in seiner Macht Stehende tun ⑥ *no pl* (*strength*) Kraft *f;* (*output a.*) Leistung *f;* (*of sea, wind, explosion*) Gewalt *f;* (*of nation, political party*) Stärke *f,* Macht *f* ⑦ *no pl* (*electricity*) Strom *m,* Elektrizität *f;* **nuclear ~** Atomenergie *f* ⑧ *no pl* MATH Potenz *f;* **two to the ~ [of] four** zwei hoch vier ▶PHRASES: **the ~s that be** die Mächtigen **II.** *adj* ① *source, supply* Strom- ② *block, game, structure* Macht- **III.** *vt* antreiben ◆**power down** *vt* ELEC, TECH abschalten; *computer* herunterfahren ◆**power up I.** *vt* ELEC, TECH einschalten; *computer* hochfahren **II.** *vi* TECH, COMPUT hochfahren

pow·er-as·'sist·ed *adj attr* Servo- '**pow·er·boat** *n* Rennboot *nt* **pow·er 'brakes** *npl* Servobremsen *pl* '**pow·er cable** *n* Stromkabel *nt* '**pow·er cut** *n* BRIT, AUS (*accidental*) Stromausfall *m;* (*deliberate*) Stromsperre *f* '**pow·er-driven** *adj* Motor-; (*by electricity*) elektrisch, Elektro-

pow·er·ful ['paʊəfᵊl, AM -ɚ-] *adj* ① (*mighty*) mächtig; (*influential*) einflussreich ② (*physically strong*) stark, kräftig ③ (*having physical effect*) stark; *explosion* heftig ④ *effect, influence* stark; *argument* schlagkräftig; *evidence* überzeugend; *gaze* durchdringend ⑤ TECH, TRANSP [leistungs]stark

pow·er·ful·ly ['paʊəfᵊli, AM -ɚ-] *adv* ① (*strongly*) stark; (*very much*) sehr ② (*using great force*) kraftvoll, mit Kraft; *argue* schlagkräftig

'**pow·er·house** *n* treibende Kraft, Motor *m fig;* (*of ideas, suggestions*) unerschöpfliche Quelle

pow·er·less ['paʊələs, AM -ɚ-] *adj* machtlos (**against** gegen +*akk*); ▪**to be ~ to do sth** unfähig sein, etw zu tun

'**pow·er line** *n* Stromkabel *nt* '**pow·er mow·er** *n* (*electric*) elektrischer Rasenmäher; (*petrol-driven*) Benzinrasenmäher *m* '**pow·er pack** *n* ELEC ① (*source*) Leistungsaggregat *nt* ② (*transformer*) Netzgerät *nt* '**pow·er plant** *n* ① *esp* AM Kraftwerk *nt* ② TECH (*engine*) Triebwerk *nt;* (*equipment*) Triebwerkanlage *f* '**pow·er point** *n* BRIT, AUS Steckdose *f* '**pow·er sta·tion** *n* Kraftwerk *nt* **pow·er 'steer·ing** *n no pl* Servolenkung *f* '**pow·er tool** *n* Motorwerkzeug *nt;* (*electric*) Elektrowerkzeug *nt*

pow·wow ['paʊwaʊ] *n* Powwow *nt* (*indianische Versammlung*)*;* (*fig fam*) Versammlung *f*

pox [pɒks, AM pɑːks] *n no pl* (*dated fam*) ▪**the ~** die Syphilis

poxy ['pɒksi] *adj* BRIT (*fam*) verflixt; (*stupid*) blöd

pp *npl* (*form*) *abbrev of* **pages** S.

PR [ˌpiː'ɑːʳ, AM -'ɑːr] *n no pl abbrev of* **public relations** PR

prac·ti·cable ['præktɪkəbl̩] *adj* (*form*) durchführbar, machbar

prac·ti·cal ['præktɪkᵊl] **I.** *adj* ① (*suitable, not theoretical*) praktisch ② (*approv: good at doing things*) praktisch [veranlagt] ③ (*possible*) realisierbar, praktikabel; **~ technique** [in der Praxis] anwendbare Technik **II.** *n* praktische Prüfung

prac·ti·cal·ity [ˌpræktɪ'kæləti, AM -əṭi] *n* ① *no pl* (*feasibility*) Durchführbarkeit *f,* Machbarkeit *f;* (*practical gain*) praktischer Nutzen ② (*not theoretically*) ▪**the practicalities** *pl* die praktische Seite ③ *no pl* (*usability*) Nützlichkeit *f*

prac·ti·cal·ly ['præktɪkᵊli, AM -kli] *adv* ① (*almost*) praktisch; **we're ~ home** wir sind fast zu Hause ② (*not theoretically*) praktisch; **to be ~ minded** praktisch denken

prac·tice ['præktɪs] **I.** *n* ① *no pl* (*preparation*) Übung *f;* ▪**to be out of/in ~** aus der/in Übung sein ② (*training session*) [Übungs]stunde *f;* SPORTS Training *nt* ③ *no pl* (*actual performance, usual procedure*) Praxis *f;* ▪**in ~** in der Praxis; **to put sth into ~** etw [in die Praxis] umsetzen ④ (*regular activity*) Praktik *f,* Gewohnheit *f;* (*custom*) Sitte *f* ⑤ (*business*) Praxis *f*

praise

giving praise	loben, positiv bewerten
Excellent!/Outstanding!	**Ausgezeichnet!/Hervorragend!**
You did (that) very well.	**Das hast du sehr gut gemacht.**
You've made a great job of that. (*fam*)	**Das hast du prima hingekriegt.** (*fam*)
That's (really) something to be proud of!	**Das kann sich aber (wirklich) sehen lassen!**
That's an example worth following.	**Daran kann man sich ein Beispiel nehmen.**
I couldn't have done better myself.	**Das hätte ich auch nicht besser machen können.**
expressing regard	**Wertschätzung ausdrücken**
I think it's great how he looks after the children.	**Ich finde es super**, wie er sich um die Kinder kümmert.
I think this professor's lectures **are very good.**	**Ich finde** die Vorlesungen dieses Professors **sehr gut.**
I (really) appreciate your dedication.	**Ich schätze** Ihren Einsatz **(sehr).**
I very much appreciate your work.	**Ich weiß** Ihre Arbeit **sehr zu schätzen.**
I wouldn't like to be without your good advice.	**Ich möchte nicht auf** Ihre guten Ratschläge **verzichten müssen.**
I don't know what we would do without your help.	**Ich wüsste nicht, was wir ohne** Ihre Hilfe **tun sollten.**

II. *adj game, shot* Probe-; SPORTS Trainings- **III.** *vt* AM *see* **practise**

prac·tise, AM **prac·tice** ['præktɪs] **I.** *vt* ① (*rehearse*) ■**to ~ [doing] sth** etw üben; (*improve particular skill*) an etw *dat* arbeiten; **to ~ the violin** Geige üben ② (*do regularly*) praktizieren; *a religion* ausüben **II.** *vi* ① (*improve skill*) üben; SPORTS trainieren ② (*work in a profession*) praktizieren

prac·tised, AM **prac·ticed** ['præktɪst] *adj* ① (*experienced*) erfahren, geübt (**in** in +*dat*); ■**to be ~ at doing sth** sich mit etw *dat* auskennen; **~ eye** geübtes Auge ② (*form: obtained by practice*) gekonnt

prac·tis·ing ['præktɪsɪŋ], AM **prac·tic·ing** *adj attr* praktizierend

prac·ti·tion·er [præk'tɪʃᵊnəʳ, AM -ɚ] *n* (*form*) **medical ~** praktischer Arzt/praktische Ärztin

prag·mat·ic [præg'mætɪk, AM -t̬-] *adj person, attitude* pragmatisch; *idea, reason* vernünftig

prag·ma·tism ['prægmətɪzᵊm] *n no pl* Pragmatismus *m*

Prague [prɑːg] *n* Prag *nt; see also* **colleague**

prai·rie ['preəri, AM 'preri] *n* [Gras]steppe *f;* (*in North America*) Prärie *f*

praise [preɪz] **I.** *vt* (*express approval*) loben **II.** *n no pl* ① (*approval*) Lob *nt;* **to heap ~ on sb** jdn mit Lob überschütten; **to win ~ for sth** für etw *akk* [großes] Lob ernten ② (*form: worship*) Lobpreis *m*

praise·wor·thy ['preɪzˌwɜːði, AM -ˌwɜːr-] *adj* lobenswert

pram [præm] *n* BRIT, AUS Kinderwagen *m*

prance [prɑːn(t)s, AM præn(t)s] *vi person* stolzieren; (*horse*) tänzeln; ■**to ~ around** herumhüpfen; *children* umhertollen

prang [præŋ] **I.** *vt esp* BRIT, AUS (*fam*) ramponieren **II.** *n* BRIT, AUS (*fam*) Rums *m;* **to have a ~** in einen Unfall verwickelt sein; (*cause an accident*) einen Unfall bauen

prank [præŋk] *n* Streich *m*

prat [præt] *n* BRIT (*fam*) Trottel *m pej;* **to make a ~ of oneself** sich zum Narren machen

prate [preɪt] *vi* (*pej form*) schwadronieren

prat·tle ['prætl̩, AM -t̬-] **I.** *vi* ① (*talk foolishly*) plappern ② (*talk at length*) labern *pej fam;* ■**to ~ on about sth** von nichts anderem als etw *dat* reden **II.** *n no pl* ① (*foolish talk*) Geplapper *nt* ② (*inconsequential talk*) Geschwafel *nt pej*

P

prawn [prɔːn, AM *esp* prɑːn] *n* Garnele *f,* Krabbe *f fam*

prawn 'cock·tail *n* Krabbencocktail *m*

pray [preɪ] *vi* ❶ beten; **let us ~** lasset uns beten ❷ (*fig: hope*) hoffen (**for** auf +*akk*)

prayer ['preəʳ, AM 'prer] *n* ❶ (*request to a god*) Gebet *nt;* **to say a ~ for sb** für jdn beten ❷ *no pl* (*action of praying*) Gebet *nt,* Beten *nt* ❸ (*fig: hope*) Hoffnung *f;* **to not have a ~** (*fam*) kaum Chancen haben ❹ (*service*) ■ **~s** *pl* Andacht *f*

'prayer book *n* Gebetbuch *nt* **'prayer meet·ing** *n* Gebetsstunde *f* **'prayer rug** *n* Gebetsteppich *m* **'prayer wheel** *n* Gebetsmühle *f*

pray·ing 'man·tis *n* Gottesanbeterin *f*

preach [priːtʃ] **I.** *vi* ❶ (*give a sermon*) predigen (**to** vor +*dat*) ❷ (*pej: lecture*) ■ **to ~ at sb** jdm eine Predigt halten *fig* **II.** *vt* ❶ (*give*) **to ~ a sermon** eine Predigt halten ❷ (*advocate*) predigen *fig*

preach·er ['priːtʃəʳ, AM -ɚ] *n* ❶ (*priest*) Geistliche(r) *f(m),* Pfarrer(in) *m(f)* ❷ *esp* AM Prediger(in) *m(f)*

pre·am·ble ['priːæmbl] *n* (*form*) ❶ (*introduction*) Einleitung *f,* Vorwort *nt;* (*to a lecture*) Einführung *f* ❷ *no pl* (*fig: introductory material*) Einleitung *f*

pre-ar·range [ˌpriːə'reɪndʒ] *vt usu passive* vorplanen

pre-ar·ranged [ˌpriːə'reɪndʒd] *adj* vorher vereinbart

preb·end ['prebənd] *n* ❶ (*stipend*) Präbende *f* ❷ (*prebendary*) Pfründner(in) *m(f)*

pre·cari·ous [prɪ'keəriəs, AM -'ker-] *adj* gefährlich; *hold, balance* unsicher; *peace* unstabil

pre·cast [ˌpriː'kɑːst, AM 'priːkæst] *adj* vorgefertigt

pre·cau·tion [prɪ'kɔːʃᵊn, AM *esp* -'kɑː-] *n* Vorkehrung *f;* **fire ~s** Brandschutzmaßnahmen *pl;* **to take the ~ of doing sth** etw sicherheitshalber tun

pre·cau·tion·ary [prɪ'kɔːʃᵊnᵊri, AM -'kɑːʃᵊneri] *adj* Vorsichts-

pre·cede [priː'siːd, AM prɪ'-] *vt* ❶ (*in rank*) rangieren vor *dat;* (*in importance*) wichtiger sein als ❷ (*in time*) vorausgehen *dat* ❸ (*in space*) vorangehen; **to ~ A with B** A *dat* B voranstellen; **if the instruction is ~d by an asterisk, ...** wenn ein Sternchen vor der Anweisung steht, ...

prec·edence ['presɪdᵊn(t)s, AM -ədən(t)s] *n* *no pl* ❶ (*priority*) Priorität *f,* Vorrang *m;* **to take ~ [over sth/sb]** Priorität [gegenüber jdm/etw] haben ❷ (*form: order of priority*) Rangordnung *f*

prec·edent ['presɪdᵊnt, AM -əd-] *n* ❶ (*example*) vergleichbarer Fall, Präzedenzfall *m geh;* **to set a ~** einen Präzedenzfall schaffen ❷ *no pl* (*past procedure*) Tradition *f;* **to break with ~ [by doing sth]** [durch etw *akk*] mit der Tradition brechen

pre·ced·ing [priː'siːdɪŋ, AM prɪ'-] *adj attr* vorhergehend, vorangegangen; **the ~ page** die vorige Seite

pre·cept ['priːsept] *n* (*form: rule*) Regel *f;* (*principle*) Prinzip *nt,* Grundsatz *m*

pre·cinct ['priːsɪŋ(k)t] *n* ❶ BRIT (*restricted traffic zone*) verkehrsberuhigte Zone; **pedestrian ~** Fußgängerzone *f* ❷ AM (*police district*) Polizeirevier *nt;* (*electoral district*) Wahlbezirk *m*

pre·cious ['preʃəs] **I.** *adj* ❶ (*of great value*) wertvoll, kostbar; ■ **to be ~ to sb** jdm viel bedeuten ❷ (*pej*) *manner, style* geziert; *person* affektiert *geh* **II.** *adv* (*fam*) **~ little** herzlich wenig; *see also* **delicious**

preci·pice ['presɪpɪs, AM -sə-] *n* (*steep drop*) Abgrund *m;* (*cliff face*) Steilhang *m*

pre·cipi·tate **I.** *vt* [prɪ'sɪpɪteɪt] ❶ (*form: trigger*) auslösen ❷ (*force suddenly*) stürzen (**into** in +*akk*) **II.** *vi* [prɪ'sɪpɪteɪt] ■ **to ~ [out]** CHEM ausfallen *fachspr;* METEO einen Niederschlag bilden **III.** *n* [prɪ'sɪpɪteɪt, AM -tɪt] Satz *m;* GEOL, MED Sediment *nt fachspr*

pre·cipi·ta·tion [prɪˌsɪpɪ'teɪʃᵊn] *n* *no pl* ❶ (*forming into a solid*) Setzen *nt;* GEOL, MED Sedimentieren *nt fachspr;* METEO Niederschlag *m* ❷ (*triggering*) **the ~ of a conflict** das Auslösen eines Konflikts

pre·cipi·tous [prɪ'sɪpɪtəs, AM -t̬-] *adj* (*very steep*) steil, abschüssig, steil abfallend *attr*

pré·cis ['preɪsiː] **I.** *n* <*pl* -> Zusammenfassung *f* **II.** *vt* (*form*) [kurz] zusammenfassen

pre·cise [prɪ'saɪs] *adj* ❶ (*exact*) genau, präzise ❷ (*approv: careful*) sorgfältig, genau; *movement* [ziel]sicher; *pronunciation, spelling* korrekt; *see also* **acid**

pre·cise·ly [prɪ'saɪsli] *adv* ❶ (*exactly*) genau, präzise ❷ (*just*) genau; **~ because** eben wegen ❸ (*approv: carefully*) sorgfältig

pre·ci·sion [prɪ'sɪʒᵊn] **I.** *n* *no pl* ❶ (*accuracy*) Genauigkeit *f,* Präzision *f* ❷ (*approv: meticulous care*) Sorgfalt *f* **II.** *adj attr* exakt, präzise

pre·clude [prɪ'kluːd] *vt* (*form*) ausschließen; ■ **to ~ sb from doing sth** (*form*) jdn davon abhalten, etw zu tun

pre·co·cious [prɪ'kəʊʃəs, AM -'koʊ-] *adj* ❶ (*developing early*) frühreif; **~ talent** frühe Begabung ❷ (*pej: maturing too early*) altklug

P

pre·co·cious·ness [prɪˈkəʊʃəsnəs, AM -ˈkoʊ-], **pre·coc·ity** [prɪˈkɒsəti, AM -ˈkɑːsət̬i] *n no pl* (*form*) ① (*early development*) Frühreife *f* ② (*pej: maturing too early*) Altklugheit *f*

pre·con·ceived [ˌpriːkənˈsiːvd] *adj* (*esp pej*) vorgefasst

pre·con·cep·tion [ˌpriːkənˈsepʃᵊn] *n* (*esp pej*) vorgefasste Meinung

pre·con·di·tion [ˌpriːkənˈdɪʃᵊn] *n* Vorbedingung *f*, Voraussetzung *f*

pre-cook [ˌpriːˈkʊk] *vt* vorkochen

pre-cooked [ˌpriːˈkʊkt] *adj* vorgekocht

pre·cur·sor [ˌpriːˈkɜːsəʳ, AM prɪˈkɜːrsɚ] *n* (*form*) ① (*forerunner*) Vorläufer *m;* (*preparing way for sth*) Wegbereiter *m* ② (*harbinger*) Vorbote *m*

pre·date [ˌpriːˈdeɪt] *vt* (*form*) zeitlich vorausgehen

preda·tor [ˈpredətəʳ, AM -t̬ɚ] *n* ① (*animal*) Raubtier *nt;* (*bird*) Raubvogel *m;* (*fish*) Raubfisch *m* ② (*pej: person*) Profiteur(in) *m(f);* (*vulture*) Aasgeier *m fig fam*

preda·tory [ˈpredətᵊri, AM -tɔːri] *adj* ① (*preying*) Raub-, räuberisch ② (*esp pej: exploitative*) raubtierhaft, rücksichtslos; (*greedy*) [raff]gierig

pre·de·ces·sor [ˌpriːdɪˈsesəʳ, AM ˈpredəsesɚ] *n* Vorgänger(in) *m(f)*

pre·des·ti·na·tion [ˌpriːdestɪˈneɪʃᵊn] *n no pl* REL Vor[her]bestimmung *f*

pre·des·tine [ˌpriːˈdestɪn] *vt* vor[her]bestimmen

pre·de·ter·mine [ˌpriːdɪˈtɜːmɪn, AM -ˈtɜːrmən] *vt usu passive* (*form*) vor[her]bestimmen; **at a ~d signal** auf ein verabredetes Zeichen hin

pre·dica·ment [prɪˈdɪkəmənt] *n* Notlage *f;* **to be in a ~** sich in einer misslichen Lage befinden

predi·cate [ˈpredɪkət, AM -kɪt] *n* LING Prädikat *nt*

pre·dica·tive [prɪˈdɪkətɪv, AM -t̬-] *adj* LING prädikativ

pre·dict [prɪˈdɪkt] *vt* vorhersagen; *sb's future etc.* prophezeien

pre·dict·able [prɪˈdɪktəbl̩, AM -t̬-] *adj* ① (*foreseeable*) vorhersehbar, voraussagbar ② (*pej: not very original*) berechenbar; **her answer was so ~** es war von vornherein klar, was sie antworten würde

pre·dic·tion [prɪˈdɪkʃᵊn] *n* ① (*forecast*) Vorhersage *f*, Voraussage *f;* ECON, POL Prognose *f;* **to make a ~ about sth** etw vorhersagen; ECON, POL eine Prognose zu etw *dat* abgeben ② *no pl* (*act of predicting*) Vorhersagen *nt*

pre·di·lec·tion [ˌpriːdɪˈlekʃᵊn, AM ˌpredᵊlˈek-] *n* (*form*) Vorliebe *f*, Schwäche *f*, Faible *nt* (**for** für)

pre·dis·pose [ˌpriːdɪˈspəʊz, AM -ˈspoʊz] *vt* ① (*form: influence*) ▪**to ~ sb to sth** jdn zu etw *dat* neigen lassen; ▪**to be ~d to sth** zu etw *dat* neigen ② (*make susceptible*) ▪**to ~ sb to sth** jdn für etw *akk* anfällig machen

pre·dis·po·si·tion [ˌpriːdɪspəˈzɪʃᵊn] *n* ① (*form: tendency*) Neigung *f* (**to** zu); ▪**to have a ~ against sth/sb** eine Abneigung gegen etw/jdn haben ② MED (*susceptibility*) ▪**a ~ to sth** eine Anfälligkeit für etw

pre·domi·nance [prɪˈdɒmɪnən(t)s, AM -ˈdɑːmə-] *n no pl* ① (*greater number*) zahlenmäßige Überlegenheit ② (*predominant position*) Vorherrschaft *f* (**in** bei +*dat*)

pre·domi·nant [prɪˈdɒmɪnənt, AM -ˈdɑːmə-] *adj* vorherrschend, beherrschend; ▪**to be ~** führend sein

pre·domi·nate [prɪˈdɒmɪneɪt, AM -ˈdɑːmə-] *vi* ① (*be most important*) vorherrschen ② (*be more numerous*) überwiegen

pre-emi·nence [ˌpriːˈemɪnən(t)s] *n no pl* (*form*) Überlegenheit *f*, überragende Bedeutung

pre-emi·nent [ˌpriːˈemɪnənt] *adj* (*form*) herausragend, überragend

pre-empt [ˌpriːˈem(p)t] *vt* ① (*form: act in advance*) ▪**to ~ sb/sth** jdm/etw zuvorkommen ② (*form: appropriate in advance*) mit Beschlag belegen

pre-emp·tion [ˌpriːˈem(p)ʃᵊn] *n no pl* ① LAW (*purchase*) Vorkaufsrecht *nt* ② (*form: preempting*) Vorkauf *m* ③ MIL präventive Kriegsführung

pre-emp·tive [ˌpriːˈem(p)tɪv] *adj* ① (*preventive*) vorbeugend, Präventiv- ② MIL (*forestalling the enemy*) präventiv, Präventiv-

preen [priːn] **I.** *vi* ① *bird* sich putzen ② (*pej*) *person* sich auftakeln **II.** *vt* ① (*of bird*) *feathers* putzen ② (*pej: groom*) ▪**to ~ oneself** sich auftakeln ③ (*esp pej: congratulate*) ▪**to ~ oneself** sich in die Brust werfen

pre-ex·ist [ˌpriːɪɡˈzɪst] (*form*) **I.** *vi* vorher existieren; PHILOS, REL präexistieren **II.** *vt* vorausgehen

pre·fab [ˈpriːfæb] (*fam*) **I.** *n short for* **prefabricated house** Fertighaus *nt* **II.** *adj short for* **prefabricated** vorgefertigt

pre·fab·ri·cate [ˌpriːˈfæbrɪkeɪt] *vt* vorfertigen

pre·fab·ri·cat·ed [ˌpriːˈfæbrɪkeɪtɪd, AM -t̬-] *adj* vorgefertigt

pref·ace [ˈprefɪs] **I.** *n* (*introduction*) Einlei-

P

tung *f; to a novel, play etc.* Vorwort *nt* (**to** zu +*dat*) **II.** *vt* ① (*provide with preface*) ■**to ~ sth** eine Einleitung zu etw *dat* verfassen; ■**to be ~d by sth** durch etw *akk* eingeleitet werden ② (*lead up to*) einleiten

prefa·tory ['prefətəri, AM -tɔ:ri] *adj* (*form*) einleitend *attr,* zur Einleitung *nach n*

pre·fect ['pri:fekt] *n* ① (*official*) Präfekt(in) *m(f)* ② *esp* BRIT, AUS SCH *Schüler, der die Jüngeren beaufsichtigen muss*

pre·fer <-rr-> [prɪ'fɜ:ʳ, AM pri:'fɜ:r] *vt* (*like better*) vorziehen, bevorzugen; **she ~s Daniel to his brother** sie mag Daniel lieber als seinen Bruder; ■**to ~ doing sth** [**to doing sth**] etw lieber [als etw] tun; ■**to ~ sb to do sth** es vorziehen, dass jd etw tut

pref·er·able ['prefərəbl̩] *adj* besser

pref·er·ably ['prefərəbli] *adv* am besten, vorzugsweise

pref·er·ence ['prefərən(t)s] *n* ① *no pl* (*priority*) Priorität *f,* Vorzug *m;* **to be given ~** Vorrang haben ② *no pl* (*greater liking*) Vorliebe *f* (**for** für +*akk*) ③ (*preferred thing*) Vorliebe *f;* **which is your personal ~?** was ist Ihnen persönlich lieber?

pref·er·en·tial [ˌprefər'en(t)ʃəl] *adj attr* Vorzugs-, Präferenz-; **to get ~ treatment** bevorzugt behandelt werden

pre·ferred [prɪ'fɜ:d, AM pri:'fɜ:rd] *adj attr* bevorzugt, Lieblings-; **the ~ choice** die erste Wahl

pre·fig·ure [pri:'fɪgəʳ, AM -gjɚ] *vt* (*form*) anzeigen

pre·fix **I.** *n* <*pl* -es> ['pri:fɪks] ① LING Präfix *nt fachspr* ② (*something prefixed*) Namensvorsatz *m;* **to add sth as a ~** etw voranstellen ③ BRIT (*dialling code*) Vorwahl *f* **II.** *vt* [ˌpri:'fɪks, AM 'pri:fɪks] ■**to ~ sth with sth** etw einer S. *dat* voranstellen

preg·nan·cy ['pregnən(t)si] *n* Schwangerschaft *f;* ZOOL Trächtigkeit *f*

'preg·nan·cy test *n* Schwangerschaftstest *m*

preg·nant ['pregnənt] *adj* ① *woman* schwanger; *animal* trächtig; **she's eight months ~** sie ist im achten Monat [schwanger] ② (*fig*) *pause, remark* bedeutungsvoll

pre·heat [ˌpri:'hi:t] *vt* vorheizen (**to** auf)

pre·hen·sile [prɪ'hen(t)saɪl, AM pri:'hen(t)sɪl] *adj* ZOOL Greif-

pre·his·tor·ic [ˌprɪ(h)ɪ'stɒrɪk, AM -hɪ'stɔ:r-] *adj* ① (*before written history*) prähistorisch ② (*pej fam: outdated*) steinzeitlich *fig,* völlig veraltet

pre·his·to·ry [ˌpri:'hɪstəri] *n no pl* Prähistorie *f geh,* Vorgeschichte *f*

pre·judge [ˌpri:'dʒʌdʒ] *vt* vorschnell ein Urteil fällen (über +*akk*), eine vorgefasste Meinung haben (über +*akk*)

preju·dice ['predʒədɪs] **I.** *n* ① (*preconceived opinion*) Vorurteil *nt* ② *no pl* (*bias*) Vorurteil *nt* (**against** gegen +*akk*); **racial ~** Rassenvorurteil *nt* **II.** *vt* ① (*harm*) schädigen; **to ~ sb's chances** jds Chancen beeinträchtigen ② (*bias*) ■**to ~ sb** [**against/in favour of sb/sth**] jdn [gegen/für jdn/etw] einnehmen; **to ~ a case** LAW den Ausgang eines Prozesses beeinflussen

preju·diced ['predʒədɪst] *adj* voreingenommen; *opinion* vorgefasst; **he is racially ~** er hat Rassenvorurteile; ■**to be ~ against sb/sth** Vorurteile gegen jdn/etw haben; ■**to be ~ in favour of sb/sth** gegenüber jdm/etw positiv eingestellt sein

preju·di·cial [ˌpredʒə'dɪʃəl] *adj* (*form*) abträglich +*dat;* **to have a ~ effect on sth** eine nachteilige Wirkung auf etw *akk* haben; **to be ~ to sb's health** jds Gesundheit beeinträchtigen

pre·lim ['pri:lɪm] *n* (*fam*) ① *usu pl* (*preliminary exam*) *short for* **preliminary** Vorprüfung *f* ② SPORTS *short for* **preliminary** Vorrunde *f*

pre·limi·nary [prɪ'lɪmɪnəri, AM -əneri] **I.** *adj attr* einleitend; (*preparatory*) vorbereitend; **~ arrangements** Vorbereitungen *pl* **II.** *n* ① (*introduction*) Einleitung *f;* (*preparation*) Vorbereitung *f* ② SPORTS (*heat*) Vorrunde *f* ③ (*form: preliminary exam*) Vorprüfung *f*

prel·ude ['prelju:d, AM *also* 'preɪlu:d] *n* ① *usu sing* (*preliminary*) Vorspiel *nt,* Auftakt *m* ② MUS Prélude *nt*

pre·mari·tal [ˌpri:'mærɪtəl, AM -'merət̬əl] *adj* vorehelich *attr*

prema·ture ['premətʃəʳ, AM ˌpri:mə'tʃʊr, -'tʊr] *adj* ① (*too early*) verfrüht, vorzeitig; *announcement, criticism, decision* voreilig ② MED **~ baby** Frühgeburt *f*

prema·ture ejacu·'la·tion *n* vorzeitiger Samenerguss

pre·medi·tat·ed [ˌpri:'medɪteɪtɪd, AM -t̬-] *adj* vorsätzlich, geplant; *act* überlegt

pre·medi·ta·tion [ˌpri:medɪ'teɪʃən] *n no pl* (*form*) [wohl durchdachtes] Planen; **with ~** *of a crime* mit Vorsatz

pre·men·stru·al [ˌpri:'men(t)strʊəl, AM -strəl] *adj attr* prämenstruell

pre·men·stru·al 'syn·drome, pre·men·stru·al 'ten·sion *n no pl* BRIT prämenstruelles Syndrom

prem·ier ['premiəʳ, AM prɪ'mɪr] **I.** *n* Premierminister(in) *m(f);* CAN, AUS Ministerpräsident(in) *m(f)* **II.** *adj attr* führend; **the ~ sport arena** das bedeutendste Stadion

P

prem·ière [ˈpremieəʳ, AM prɪˈmɪr] **I.** *n* Premiere *f,* Uraufführung *f* **II.** *vt* uraufführen **III.** *vi* **to ~ in New York** in New York uraufgeführt werden

Prem·ier ˈLeague *n* BRIT FBALL ■**the ~** die Premier League, ≈ die erste Liga

prem·ise [ˈpremɪs] *n* Prämisse *f geh,* Voraussetzung *f;* **to start from the ~ that ...** von der Voraussetzung ausgehen, dass ...

prem·ises [ˈpremɪsɪz] *npl* ❶ (*building[s]*) Gebäude *nt;* **business ~** Geschäftsgebäude *nt;* **school ~** Schulgelände *nt;* **off the ~** außerhalb des Gebäudes/Geländes ❷ (*personal property*) Land *nt,* Grundstück *nt*

pre·mium [ˈpriːmiəm] **I.** *n* ❶ (*insurance payment*) [Versicherungs]prämie *f* ❷ (*extra charge*) Zuschlag *m;* ■**a ~ on sth** ein Preisaufschlag auf etw *akk* ❸ *no pl* (*petrol*) Super[benzin] *nt* **II.** *adj attr* ❶ (*high*) hoch ❷ (*top-quality*) Spitzen-; **the ~ brand** die führende Marke; *fruit* erstklassig

Pre·mium ˈBond *n* BRIT Prämienaktie *f;* ■**~s** *pl* Sparprämienanleihen *pl* **pre·mium ˈqual·ity** *n* Spitzenqualität *f*

pre·mod·ern [ˌpriːˈmɒdᵊn, AM -mɑːdɚn] *adj culture, society* prämodern; *way of life* althergebracht; *world* rückständig

premo·ni·tion [ˌpreməˈnɪʃᵊn] *n* [böse] Vorahnung

pre·na·tal [ˌpriːˈneɪtᵊl, AM -t̬ᵊl] *adj attr* AM, AUS vorgeburtlich, pränatal *fachspr*

pre-9-11 [ˈpriːˌnaɪnɪˌlevᵊn] *adj* vor dem 11. September *nach n* (*bezieht sich auf die Zeit vor dem 11. September 2001, dem Tag der Terrorangriffe auf New York und Washington*)

pre·oc·cu·pa·tion [priːˌɒkjəˈpeɪʃᵊn, AM -ˌɑːkjuːˈ-] *n* ❶ (*dominant concern*) Sorge *f* ❷ *no pl* (*state of mind*) ■**[a] ~ with sth** ständige [gedankliche] Beschäftigung mit etw *dat;* **to have a ~ with sth** von etw *dat* besessen sein

pre·oc·cu·pied [ˌpriːˈɒkjəpaɪd, AM priːˈɑːkjuː-] *adj* ❶ (*distracted*) gedankenverloren; (*absorbed*) nachdenklich; ■**to be ~ with sb/sth** sich mit jdm/etw stark beschäftigen ❷ (*worried*) besorgt

pre·oc·cu·py <-ie-> [ˌpriːˈɒkjəpaɪ, AM priːˈɑːkjuː-] *vt* ■**to ~ sb** jdn [sehr stark] beschäftigen

pre·or·dain [ˌpriːɔːˈdeɪn, AM -ɔːrˈ-] *vt usu passive* (*form*) ■**to be ~ed** vorherbestimmt sein; *path* vorgezeichnet; **sb is ~ to succeed** der Erfolg ist jdm sicher

pre-owned [ˈpriːoʊnd] *adj* AM AUTO *short for* **previously owned** *car* Gebraucht[wagen]-

prep [prep] *n no pl* (*fam*) ❶ (*preparation*) Vorbereitung *f* ❷ BRIT (*homework*) Hausaufgaben *pl*

pre-pack [ˌpriːˈpæk] *vt esp* BRIT abpacken

pre·paid [ˌpriːˈpeɪd] *adj* im Voraus bezahlt, bereits bezahlt

pre·paid re·ˈply *n* frankierte Rückantwortkarte

prepa·ra·tion [ˌprepᵊrˈeɪʃᵊn, AM -əˈreɪ-] *n* ❶ *no pl* (*getting ready*) Vorbereitung *f; of food* Zubereitung *f;* **to do a lot of ~ [for sth]** sich sehr gut [auf etw *akk*] vorbereiten ❷ (*measures*) ■**~s** *pl* Vorbereitungen *pl* (**for** für +*akk*); (*precautions*) Vorkehrungen *pl* ❸ (*substance*) Präparat *nt,* Mittel *nt*

pre·para·tory [prɪˈpærətᵊri, AM -ˈperətɔːri] *adj* vorbereitend *attr,* Vorbereitungs-

Land und Leute

In Großbritannien ist eine **preparatory school** eine Privatschule für Jungen im Alter von 7–13 Jahren und für Mädchen von 7–11 Jahren, die sie vor allem für die Aufnahme in eine *public school* vorbereitet.

pre·pare [prɪˈpeəʳ, AM -ˈper] **I.** *vt* ❶ (*get ready*) vorbereiten (**for** auf +*akk*); **I hadn't ~d myself for such a shock** auf einen solchen Schock war ich nicht gefasst; **to ~ the way [for sb/sth]** den Weg [für jdn/etw] bereiten ❷ (*make*) zubereiten; *meal* machen **II.** *vi* ■**to ~ for sth** sich auf etw *akk* vorbereiten; **to ~ for take-off** sich zum Start bereit machen

pre·pared [prɪˈpeəd, AM -ˈperd] *adj* ❶ *pred* (*ready*) bereit, fertig *fam;* ■**to be ~ for sb/sth** auf jdn/etw vorbereitet sein; **they were ~ for the worst** sie waren auf das Schlimmste gefasst ❷ *pred* (*willing*) ■**to be ~ to do sth** bereit sein, etw zu tun ❸ (*arranged previously*) vorbereitet; **~ meal** Fertiggericht *nt*

pre·pared·ness [prɪˈpeədnəs, AM -ˈperd-] *n no pl* (*form*) Bereitschaft *f*

pre·pay <-paid, -paid> [ˌpriːˈpeɪ] *vt* im Voraus bezahlen

pre·pay·ment [ˌpriːˈpeɪmənt] *n* Vorauszahlung *f*

pre·pon·der·ance [ˌpriːˈpɒndᵊrᵊn(t)s, AM -ˈpɑːn-] *n no pl* (*form*) [überwiegende] Mehrheit; (*fact of being in majority*) zahlenmäßiges Übergewicht

pre·pon·der·ant [ˌpriːˈpɒndᵊrᵊnt, AM -ˈpɑːn-] *adj* (*form*) vorherrschend *attr;* ■**to be ~ [in sth]** [bei etw *dat*] eine vorherrschende Rolle spielen; (*in numbers*) [bei etw *dat*]

P

überwiegen

prepo·si·tion [ˌprepəˈzɪʃᵊn] *n* Verhältniswort *nt,* Präposition *f*

pre·pos·ses·sing [ˌpriːpəˈzesɪŋ] *adj usu neg* einnehmend, anziehend; **to be not very ~** *person* nicht sehr einnehmend sein

pre·pos·ter·ous [prɪˈpɒstᵊrəs, AM -ˈpɑːstɚ-] *adj* absurd, unsinnig

prep·pie, AM **prep·py** [ˈprepi] **I.** *n Schüler(in) einer privaten „prep school", der/die großen Wert auf gute Kleidung und das äußere Erscheinungsbild legt* **II.** *adj appearance* adrett; *clothes, look* popperhaft *meist pej fam*

ˈprep school *n (fam)* ① BRIT *(private school) vorbereitende Privatschule für die Aufnahme an einer „Public School"* ② AM *(preparatory school) vorbereitende [Privat]schule für die Aufnahme an einem College*

pre·puce [ˈpriːpjuːs] *n* ANAT *(spec: foreskin)* [Penis]vorhaut *f;* *(clitoral foreskin)* Vorhaut *f* der Klitoris

pre·requi·site [ˌpriːˈrekwɪzɪt] *n (form)* [Grund]voraussetzung *f,* Vorbedingung *f* (**of, to** für *+akk*)

pre·roga·tive [prɪˈrɒgətɪv, AM -ˈrɑːgəṭ-] *n usu sing (form: right)* Recht *nt;* *(privilege)* Vorrecht *nt,* Privileg *nt*

pres·age [ˈpresɪdʒ, AM prɪˈseɪdʒ] *vt (form: predict)* ankündigen; *(intuit)* ahnen

pres·by·tery [ˈprezbɪtᵊri, AM -teri] *n* REL ① *(sanctuary)* Altarraum *m,* Presbyterium *nt fachspr* ② *(administrative body)* Kirchenvorstand *m,* Presbyterium *nt fachspr* ③ *(Catholic priest's residence)* Pfarrhaus *nt*

pre-school [ˈpriːskuːl] **I.** *n* AM, AUS Kindergarten *m* **II.** *adj attr* vorschulisch, Vorschul-

pre·scribe [prɪˈskraɪb] *vt* ① *(medical)* ■**to ~ sth** [**for sb**] [jdm] etw verschreiben ② *(recommend)* ■**to ~ sth** [**to sb**] *a special diet* [jdm] etw verordnen; *fresh air, exercise* [jdm] etw empfehlen

pre·scrip·tion [prɪˈskrɪpʃᵊn] *n (medical)* Rezept *nt* (**for, on** für, auf *+akk*); **to be only available on ~** verschreibungspflichtig sein

pre·ˈscrip·tion charge *n* BRIT Rezeptgebühr *f*

pre·scrip·tive [prɪˈskrɪptɪv] *adj (pej form)* normativ; *guidelines* bindend; LING präskriptiv *fachspr*

pre·scrip·tive ˈgram·mar *n no pl* LING präskriptive Grammatik *fachspr*

pres·ence [ˈprezᵊn(t)s] *n* ① *no pl (attendance)* Anwesenheit *f;* *(occurrence)* Vorhandensein *nt;* **in my ~** in meiner Gegenwart ② *(approv: dignified bearing)* Haltung *f,* Auftreten *nt* ③ *(supernatural)* Gegenwart *f kein pl;* **to feel sb's ~** jds Gegenwart [förmlich] spüren können

pres·ent¹ [ˈprezᵊnt] **I.** *n* ① *no pl (now)* ■**the ~** die Gegenwart; **at ~** zurzeit, gegenwärtig; **for the ~** vorläufig ② *no pl* LING Präsens *nt* **II.** *adj* ① *attr (current)* derzeitig, gegenwärtig; *month* laufend; **down to the ~ day** bis zum heutigen Tag; **at the ~ moment** im Moment ② *attr (being dealt with)* betreffend; *case* vorliegend ③ *usu pred (in attendance)* anwesend (**at** bei *+dat*)

pres·ent² [ˈprezᵊnt] *n* Geschenk *nt;* **birthday ~** Geburtstagsgeschenk *nt;* **to get sth as a ~** etw geschenkt bekommen

pres·ent³ [prɪˈzent] *vt* ① *(give formally)* ■**to ~ sth** [**to sb/sth**] *gift* [jdm/etw] etw schenken; *award, medal, diploma* [jdm/etw] etw überreichen ② *(hand over, show)* ■**to ~ sth** [**to sb/sth**] [jdm/etw] etw vorlegen; **to ~ a united front** *organization, people* sich geeint zeigen ③ *(put forward)* ■**to ~ sth** [**to sb/sth**] [jdm/etw] etw präsentieren; *argument* anführen; *proposal* unterbreiten ④ *(face, confront)* **to ~ sb with a challenge** jdn vor eine Herausforderung stellen; **to ~ sb with** [**the**] **facts** jdm die Fakten vor Augen führen ⑤ *(be)* darstellen; *(offer, provide)* bieten; *(cause)* mit sich bringen ⑥ *TV programme* moderieren; *film* zeigen ⑦ *(arise)* ■**to ~ itself** *opportunity, solution* sich bieten; *problem* sich zeigen

pre·sent·able [prɪˈzentəbl̩] *adj person* vorzeigbar; *thing* ansehnlich; **to make sth ~** etw herrichten

pres·en·ta·tion [ˌprezᵊnˈteɪʃᵊn] *n* ① *(giving)* Präsentation *f;* *of a theory* Darlegung *f;* *of a dissertation, thesis* Vorlage *f;* *of gifts* Überreichung *f;* *(awarding)* Verleihung *f* ② *(lecture, talk)* Präsentation *f* (**on** zu *+dat*), Vortrag *f* (**on** über *+akk*) ③ *no pl of photographs, works* Ausstellung *f*

pres·en·ta·tion ˈcopy *n* PUBL Widmungsexemplar *nt*

pres·ent-ˈday *adj usu attr* heutig *attr*

pre·sent·er [prɪˈzentəʳ] *n* BRIT, AUS RADIO, TV Moderator(in) *m(f)*

pre·sen·ti·ment [prɪˈzentɪmənt] *n (form)* Vorahnung *f;* **to have a ~ of danger** eine Gefahr vorausahnen

pres·ent·ly [ˈprezᵊntli] *adv* ① *(soon)* bald, gleich ② *esp* BRIT, AUS *(now)* zurzeit, gegenwärtig

pres·ent par·ˈti·ci·ple *n* LING Partizip *nt*

Präsens **pres·ent 'tense** *n* LING Präsens *nt,* Gegenwartsform *f*

pre-Sept. 11 [ˈpriːsepˌtembəʳɪˌlevən, AM -sepˌtembɚ-] *adj* vor dem 11. September *nach n (bezieht sich auf die Zeit vor dem 11. September 2001, dem Tag der Terrorangriffe auf New York und Washington)*

pres·er·va·tion [ˌprezəˈveɪʃən, AM -ɚˈ-] **I.** *n no pl* ① *(upkeep)* Erhaltung *f* ② *(conservation)* Bewahrung *f; of order* Aufrechterhaltung *f;* *(protection)* Schutz *m; of [national] interests* Wahrung *f; of food* Konservierung *f* **II.** *adj attr* Konservierungs-

pre·serva·tive [prɪˈzɜːvətɪv, AM -ˈzɜːrvət̬-] *n* Konservierungsstoff *m*

pre·serve [prɪˈzɜːv, AM -ˈzɜːrv] **I.** *vt* ① *(maintain)* erhalten; *customs, tradition* bewahren ② *(conserve)* konservieren; *wood* [mit Holzschutzmittel] behandeln; *fruit and vegetables* einmachen; *gherkins* einlegen **II.** *n* ① *usu pl (food)* Eingemachte(s) *nt kein pl;* **apricot ~** eingemachte Aprikosen ② *(domain)* Domäne *f;* *(responsibility)* Wirkungsbereich *m; of a department* Ressort *nt;* *(property)* Besitztum *nt* ③ *esp* AM *(reserve)* Reservat *nt;* **nature/wildlife ~** Naturschutzgebiet *nt*

pre·served [prɪˈzɜːvd, AM -ˈzɜːrvd] *adj* ① *(maintained)* konserviert; *building* erhalten ② FOOD eingemacht, eingelegt; **~ food** konservierte Lebensmittel

pre-shrunk [ˌpriːˈʃrʌŋk] *adj clothes* vorgewaschen

pre·side [prɪˈzaɪd] *vi* den Vorsitz haben; ■**to ~ over sth** etw leiten

presi·den·cy [ˈprezɪdən(t)si] *n* ① *(office)* Präsidentschaft *f;* **to stand for the ~** für das Amt des Präsidenten/der Präsidentin kandidieren ② *(tenure)* Präsidentschaft *f;* *(of company)* Aufsichtsratsvorsitz *m*

presi·dent [ˈprezɪdənt] *n of state, society* Präsident(in) *m(f); of company, corporation* [Vorstands-]vorsitzende(r)

presi·den·tial [ˌprezɪˈden(t)ʃəl] *adj* ① *usu attr* POL *(of president)* Präsidenten-; *(of office)* Präsidentschafts-; **~ race** Rennen *nt* um die Präsidentschaft ② *attr (of head of organization)* **~ address** Ansprache *f* des/der Vorsitzenden

presi·den·tial 'can·di·date *n* Präsidentschaftskandidat(in) *m(f)*

'Presi·dents' Day *n no pl* AM *amerikanischer Feiertag am dritten Montag im Februar zum Gedenken an die Geburtstage von Washington und Lincoln*

press [pres] **I.** *n* <*pl* -es> ① *(push)* Druck *m;* **at the ~ of a button** auf Knopfdruck ② *(ironing)* Bügeln *nt kein pl* ③ *(instrument)* Presse *f* ④ *(news media, newspapers)* ■**the ~** + *sing/pl vb* die Presse; *(publicity)* **to have a good ~** eine gute Presse bekommen **II.** *vt* ① *(push)* ■**to ~ sth** [auf] etw *akk* drücken; **Sammy ~ed his nose against the windowpane** Sammy drückte die Nase gegen die Fensterscheibe; ■**to ~ sth ↻ down** etw herunterdrücken; ■**to ~ sth into sth** etw in etw *akk* hineindrücken ② *(flatten)* zusammendrücken; *flowers* pressen; *fruit* auspressen; *grapes* keltern ③ *(iron)* bügeln, glätten SCHWEIZ, plätten NORDD *a.* ④ *(fig: urge, impel)* bedrängen; **to ~ sb for a decision** jdn zu einer Entscheidung drängen ⑤ *(forcefully promote)* forcieren; **to ~ one's case** seine Sache durchsetzen wollen **III.** *vi* ① *(push)* drücken ② *(be urgent)* drängen ◆**press ahead** *vi* ■**to ~ ahead [with sth]** etw vorantreiben ◆**press forward** *vi,* **press on I.** *vi* ■**to ~ on [with sth]** [mit etw *dat*] [zügig] weitermachen; **to ~ on with one's journey** seine Reise fortsetzen; **to ~ on with one's plans** seine Pläne vorantreiben; **to ~ on regardless** trotzdem weitermachen **II.** *vt* ■**to ~ sth on sb** jdm etw aufdrängen

'press ag·en·cy *n* Presseagentur *f* **'press bar·on** *n* Pressezar *m*

'press-but·ton *adj, n see* **push-button**

'press cam·paign *n* Pressekampagne *f* **'press card** *n* Presseausweis *m* **'press clip·ping** *n* Zeitungsausschnitt *m* **'press con·fer·ence** *n* Pressekonferenz *f* **'press cov·er·age** *n* ① *(scale of reporting)* Berichterstattung *f (in der Presse)* ② *(footage)* [Fernseh]übertragung *f* **'press cut·ting** *n* Zeitungsausschnitt *m* **'press gal·lery** *n* Pressetribüne *f*

'press gang I. *n (hist)* Werber *pl fachspr* **II.** *vt* ■**to press-gang sb into doing sth** jdn [dazu] zwingen, etw zu tun

press·ing [ˈpresɪŋ] *adj issue, matter* dringend; *requests* nachdrücklich

'press·man *n* Zeitungsmann, Zeitungsfrau *m, f* **'press of·fice** *n* Pressestelle *f* **'press of·fic·er** *n* Pressereferent(in) *m(f)* **press pho·'tog·ra·pher** *n* Pressefotograf(in) *m(f)* **'press re·lease** *n* Pressemitteilung *f,* Pressemeldung *f* **'press re·port** *n* Pressebericht *m* **'press stud** *n* BRIT, AUS Druckknopf *m* **'press-up** *n* BRIT Liegestütz *m*

pres·sure [ˈpreʃəʳ, AM -ɚ] **I.** *n* ① *no pl (physical force)* Druck *m;* **to apply ~** Druck ausüben ② PHYS Druck *m* ③ *(stress)* Druck *m,* Stress *m,* Belastung[en] *f[pl];* *(stronger)* Überlastung *f;* **to**

be under ~ to do sth unter Druck stehen, etw zu tun; **there is a lot of ~ on sb** jd hat Stress ④ *no pl* (*insistence*) Druck *m;* **to put ~ on sb [to do sth]** jdn unter Druck setzen[, damit er/sie etw tut] **II.** *vt* ■**to ~ sb to do sth** jdn dazu drängen, etw zu tun; *see also* **sugar**

'pres·sure cab·in *n* [Über]druckkabine *f*

'pres·sure cook·er *n* Schnellkochtopf *m*

'pres·sure gauge *n* Druckmesser *m*

'pres·sure group *n* Pressuregroup *f*

pres·sur·ize ['preʃᵊraɪz, AM -ʃɚ-] *vt* ① (*control air pressure*) druckfest halten ② (*persuade by force*) ■**to ~ sb to do sth** jdn [massiv] dazu drängen, etw zu tun

pres·tige [pres'tiːʒ, AM -'tiː(d)ʒ] **I.** *n no pl* Prestige *nt,* Ansehen *nt* **II.** *adj* angesehen; *hotel* vornehm

pres·tig·ious [pres'tɪdʒəs] *adj* angesehen, Prestige-

pre·stressed [ˌpriː'strest] *adj* TECH vorgespannt

pre·sum·ably [prɪ'zjuːməbli, AM -'zuː-] *adv* vermutlich

pre·sume [prɪ'zjuːm, AM -'zuː-] **I.** *vt* (*suppose, believe*) annehmen; **to be ~d innocent** als unschuldig gelten **II.** *vi* ① (*be rude*) anmaßend sein ② (*take advantage of*) ■**to ~ on sth** etw überbeanspruchen ③ (*dare*) ■**to ~ to do sth** sich *dat* erlauben, etw zu tun

pre·sum·ing [prɪ'zjuːmɪŋ, AM -'zuː-] *adj* (*dated: arrogant*) *person, tone of voice* anmaßend; (*impertinent*) *action, behaviour, person* dreist, unverschämt

P

pre·sump·tion [prɪ'zʌmpʃᵊn] *n* ① (*assumption*) Annahme *f,* Vermutung *f* ② *no pl* (*form: arrogance*) Überheblichkeit *f*

pre·sump·tive [prɪ'zʌmptɪv] *adj attitude, reasoning* vermutlich, mutmaßlich

pre·sump·tuous [prɪ'zʌmptʃuəs, AM -tʃuːəs] *adj person, behaviour* anmaßend; *attitude* überheblich; (*forward*) unverschämt

pre·sup·pose [ˌpriːsə'pəʊz, AM -'poʊz] *vt* (*form*) voraussetzen

pre·sup·po·si·tion [ˌpriːsʌpə'zɪʃᵊn] *n* Voraussetzung *f,* Annahme *f*

pre-tax [ˌpriː'tæks] *adj* unversteuert, vor Abzug der Steuern *nach n,* Brutto-

pre·tence [prɪ'ten(t)s], AM **pre·tense** ['priːt-] *n no pl* ① (*false behaviour, insincerity*) Vortäuschung *f;* **under false ~s** *a.* LAW unter Vorspiegelung falscher Tatsachen; **to keep up a ~ of sth** etw vortäuschen ② (*story, excuse*) Vorwand *m;* **under the ~ of doing sth** unter dem Vorwand, etw zu tun ③ (*imagination*) Vorstellungskraft *f,* Fantasie *f*

pre·tend [prɪ'tend] **I.** *vt* ① (*behave falsely*) vorgeben, vortäuschen; **to ~ surprise** so tun, als ob man überrascht wäre; **to ~ that one is asleep** sich schlafend stellen ② (*imagine*) ■**to ~ to be sb/sth** so tun, als sei man jd/etw; **I'll just ~ that I didn't hear that** ich tue einfach so, als hätte ich das nicht gehört **II.** *vi* (*feign*) sich *dat* etw vormachen; ■**to ~ to sb** jdm etw vormachen **III.** *adj attr* (*fam: in deception, game*) Spiel-; **this doll is Katie's ~ baby** mit dieser Puppe spielt Katie Baby

pre·tend·ed [prɪ'tendɪd] *adj attr* vorgetäuscht, geheuchelt, gespielt

pre·tend·er [prɪ'tendəʳ, AM -ɚ] *n to position, title* Anwärter, Anwärterin *m, f* (**to** auf +*akk*)

pre·ten·sion [prɪ'ten(t)ʃᵊn] *n* ① *usu pl* (*claim*) Anspruch *m* (**to** auf +*akk*); (*aspiration*) Ambition *f* ② *no pl* (*pej*) *see* **pretentiousness**

pre·ten·tious [prɪ'ten(t)ʃəs] *adj* (*pej*) *person* großspurig; *manner, speech, style* hochgestochen; (*ostentatious*) protzig *meist pej fam*

pre·ten·tious·ness [prɪ'ten(t)ʃəsnəs] *n no pl* (*arrogance*) Überheblichkeit *f,* Anmaßung *f;* (*boastfulness*) Angeberei *f fam*

pret·er·it(e) ['pretᵊrɪt, AM -t̬ɚɪt] LING **I.** *n* Präteritum *nt,* Imperfekt *nt* **II.** *adj attr* Präteritums-; **~ form** Präteritum *nt,* Imperfekt *nt*

pre·ter·natu·ral [ˌpriːtə'nætʃᵊrᵊl, AM -t̬ɚ'nætʃɚᵊl] *adj* (*form*) ① (*exceptional*) außergewöhnlich ② (*supernatural*) übernatürlich

pre·text ['priːtekst] *n* Vorwand *m* (**for** für +*akk*); **on the ~ of doing sth** unter dem Vorwand, etw zu tun

pret·ti·fi·ca·tion [ˌprɪtɪfɪ'keɪʃᵊn, AM ˌprɪt̬-] *n* (*fig*) Ausschmückung *f,* verschönte Darstellung

pret·ti·fy <-ie-> ['prɪtɪfaɪ, AM -t̬-] *vt room etc.* verschönern

pret·ty ['prɪti, AM -t̬i] **I.** *adj person* hübsch; *thing* nett; **not a ~ sight** kein schöner Anblick **II.** *adv* (*fam*) ① (*fairly*) ziemlich; **~ good** (*fam*) ganz gut; **~ damn quick** (*fam*) verdammt schnell ② (*almost*) **~ well everything** beinah alles **III.** *vt* ■**to ~ oneself** ↻ **up** sich zurechtmachen; ■**to ~ up** ↻ **sth [with sth]** (*enhance*) etw [mit etw *dat*] verschönern

Aussprache

Das **e** in pr**e**tty wird wie das **i** in c**i**ty ausgesprochen:

pretty	['prɪti]
city	['sɪti]

pret·zel ['pretsᵊl] *n* Brezel *f* ÖSTERR *a. nt*

pre·vail [prɪ'veɪl] *vi* ❶ (*triumph*) *justice, good* siegen; *person* sich durchsetzen ❷ (*induce*) ■**to ~ on sb to do sth** jdn dazu bewegen, etw zu tun ❸ (*exist, be widespread*) *custom* weit verbreitet sein; *opinion* geläufig sein

pre·vail·ing [prɪ'veɪlɪŋ] *adj attr wind* vorherrschend; *weather* derzeit herrschend; *law* geltend; **under the ~ circumstances** unter den gegebenen Umständen; **~ mood** momentane Stimmung

preva·lence ['prevᵊlən(t)s, AM -vəl-] *n no pl of crime, disease* Häufigkeit *f; of bribery, of drugs* Überhandnehmen *nt;* (*predominance*) Vorherrschen *nt*

preva·lent ['prevᵊlənt, AM -vəl-] *adj* (*common*) vorherrschend *attr; disease* weit verbreitet; *opinion* geläufig; (*frequent*) besonders häufig

pre·vari·cate [prɪ'værɪkeɪt, AM -'ver-] *vi* (*form*) Ausflüchte machen (**over** wegen)

pre·vari·ca·tion [prɪ,værɪ'keɪʃᵊn, AM -,ver-] *n no pl* (*form*) Ausflüchte *pl,* Ausweichmanöver *nt meist pl*

pre·vent [prɪ'vent] *vt* verhindern; MED vorbeugen; *crime* verhüten; ■**to ~ sb/sth [from] doing sth** jdn/etw daran hindern, etw zu tun; **there's nothing to ~ us from doing it** davon kann uns überhaupt nichts abhalten

pre·ven·ta·tive [prɪ'ventətɪv, AM -t̬ət̬ɪv] *adj see* **preventive**

pre·ven·tion [prɪ'ven(t)ʃᵊn] *n no pl of disaster* Verhinderung *f; of accident* Vermeidung *f; of crime* Verhütung *f*

pre·ven·tive [prɪ'ventɪv, AM -t̬-] *adj* vorbeugend, Präventiv-

pre·view ['pri:vju:] **I.** *n of a film, play* Vorpremiere *f; of a trailer* Vorschau *f; of an exhibition* Vernissage *f; of new products* Vor[ab]besichtigung *f* **II.** *vt a film* eine Vorschau sehen

pre·vi·ous ['pri:viəs] *adj attr* ❶ (*former*) vorig, vorausgegangen; (*prior*) vorherig; **~ conviction** Vorstrafe *f;* **no ~ experience required** keine Vorkenntnisse erforderlich ❷ (*preceding*) vorig, vorhergehend; **on the ~ day** am Tag davor; **on my ~ visit to Florida** bei meinem letzten Besuch in Florida

pre·vi·ous·ly ['pri:viəsli] *adv* (*beforehand*) zuvor, vorher; (*formerly*) früher; **~ unreleased** bisher unveröffentlicht

pre-war [,pri:'wɔ:ʳ, AM -'wɔ:r] *adj* Vorkriegs-

prey [preɪ] **I.** *n no pl* (*victim*) Beute *f* **II.** *vi* ❶ (*kill*) Jagd machen (**on** auf +*akk*) ❷ (*exploit*) ■**to ~ on sb** jdn ausnutzen; (*abuse*) jdn ausnehmen; **to ~ on old people** sich *dat* alte Menschen als Opfer [aus]suchen

price [praɪs] **I.** *n* ❶ (*money*) Preis *m;* (*monetary sum*) [Geld]preis *m* ❷ (*forfeit*) Preis *m kein pl fig;* **to pay a [heavy] ~** einen [hohen] Preis zahlen *fig;* **not at any ~** um keinen Preis **II.** *vt* ■**to ~ sth** (*mark with price*) etw auszeichnen; (*set value*) den Preis für etw *akk* festsetzen; **to be reasonably ~d** einen angemessenen Preis haben

'price brack·et *n* Preisklasse *f* **'price con·trol** *n* Preiskontrolle *f* **'price cut** *n* Preissenkung *f* **'price fix·ing** *n no pl* Preisabsprache *f* **'price freeze** *n* Preisstopp *m* **'price in·dex** *n* Preisindex *m* **'price la·bel** *n* Preisschild *nt* **'price-led** *adj attr marketing strategy* preisfixiert; *supermarket chain* Billig-, Niedrigpreis-

price·less ['praɪsləs] *adj* ❶ (*invaluable*) unbezahlbar, von unschätzbarem Wert *nach n* ❷ (*fig fam*) *remark, situation* köstlich; *of a person* unbezahlbar *hum*

'price list *n* Preisliste *f* **'price range** *n* Preislage *f* **'price tag**, **'price tick·et** *n* ❶ (*label*) Preisschild *nt* ❷ (*fam: cost*) Preis *m* (**for** für +*akk*) **'price war** *n* Preiskrieg *m*

pricey ['praɪsi] *adj* (*fam*) teuer

pric·ing ['praɪsɪŋ] *n no pl* Preisgestaltung *f*

prick [prɪk] **I.** *n* ❶ (*act of piercing*) Stechen *nt;* (*fig*) *sharp pain* Stich *m;* **a ~ of resentment** ein Anflug *m* von Groll ❷ (*vulg: penis*) Schwanz *m* ❸ (*vulg: idiot*) Arsch *m* **II.** *vt* stechen; **to ~ one's finger** sich *dat o akk* in den Finger stechen ◆**prick out** *vt* ❶ HORT auspflanzen ❷ (*draw, decorate*) *design, pattern, shape* punktieren ◆**prick up I.** *vt* **to ~ up one's ears** die Ohren spitzen **II.** *vi* **sb's ears ~ up [at sth]** jd spitzt die Ohren [bei etw *dat*]

prick·le ['prɪkl] **I.** *n* ❶ (*thorn*) Dorn *m; of animal* Stachel *m* ❷ (*sensation*) Kratzen *nt;* (*fig*) Kribbeln *nt a. fig fam* **II.** *vi of beard, wool* jucken, kratzen; (*fig*) kribbeln, prickeln **III.** *vt wool sweater etc.* kratzen

prick·ly ['prɪkli] *adj* ❶ (*thorny*) stachelig ❷ (*scratchy*) kratzig ❸ (*fam: easily offended*) *person* [leicht] reizbar; *subject* heikel

prick·ly 'pear *n* ❶ (*plant*) Feigenkaktus *m* ❷ (*fruit*) Kaktusfeige *f*

pride [praɪd] **I.** *n* ❶ *no pl* (*arrogance*) Hochmut *m,* Überheblichkeit *f;* (*satisfaction*) Stolz *m;* **to feel great ~** besonders stolz sein; **to take ~ in sb/sth** stolz auf jdn/etw sein; (*self-respect*) Stolz *m* ❷ *no pl* (*object of satisfaction*) Stolz *m* ❸ (*ani-*

P

mal group) **a ~ of lions** ein Rudel *nt* Löwen ▶ PHRASES: **~ comes before a <u>fall</u>** (*prov*) Hochmut kommt vor dem Fall **II.** *vt* ■ **to ~ oneself on sth** auf etw *akk* [besonders] stolz sein

priest [priːst] *n* Priester *m,* Geistlicher *m*

priest·ess <*pl* -es> [ˌpriːˈstes, AM ˈpriːstɪs] *n* Priesterin *f*

priest·hood [ˈpriːsthʊd] *n no pl* ①(*position, office*) Priestertum *nt;* **to enter the ~** Priester/Priesterin werden ②(*body of priests*) Priesterschaft *f*

priest·ly [ˈpriːstli] *adj* priesterlich, Priester-

prig [prɪg] *n* (*pej: moralist*) Tugendbold *m;* (*pedant*) Erbsenzähler *m*

prig·gish [ˈprɪgɪʃ] *adj* (*pej: self-righteous*) selbstgefällig; (*prudish*) übertrieben tugendhaft

prim <-mm-> [prɪm] *adj* (*pej*) steif; (*prudish*) prüde; *house* mustergültig, untadelig; *clothes* streng

pri·ma·cy [ˈpraɪməsi] *n no pl* (*form*) Vorrang *m,* Primat *m o nt geh*

pri·ma don·na [ˌpriːməˈdɒnə, AM -ˈdɑːnə] **I.** *n* (*a. fig*) Primadonna *f* **II.** *adj* arrogant *pej,* primadonnenhaft *pej*

pri·mae·val *adj esp* BRIT *see* **primeval**

pri·mal [ˈpraɪməl] *adj* ursprünglich, Ur-

pri·mari·ly [praɪˈmerəli] *adv* vorwiegend, hauptsächlich, in erster Linie

pri·ma·ry [ˈpraɪməri, AM -meri] **I.** *adj* ①(*principal*) primär *geh,* Haupt-; **~ concern** Hauptanliegen *nt* ②(*not derivative*) roh gewonnen, Roh- ③*esp* BRIT, AUS (*education*) Grundschul[s]- **II.** *n* AM POL (*election*) Vorwahl *f*

pri·ma·ry ˈcol·our, AM **pri·ma·ry ˈcol·or** *n* Grundfarbe *f* **pri·ma·ry edu·ˈca·tion** *n no pl esp* BRIT Grundschul[aus]bildung *f*

Land und Leute

In Großbritannien ist eine **primary school** normalerweise eine staatliche Schule für Kinder im Alter von 5–11 Jahren, im Anschluss daran besuchen sie eine *secondary school.*

pri·mate [ˈpraɪmeɪt] *n* ①ZOOL (*mammal*) Primat *m* ②(*priest*) Primas *m fachspr*

prime [praɪm] **I.** *adj attr* ①(*main*) wesentlich, Haupt-; **~ objective** oberstes Ziel; **~ suspect** Hauptverdächtige(r) *f(m)* ②(*best*) erstklassig; *example* ausgezeichnet **II.** *n no pl* Blütezeit *f fig;* **to be in one's ~** im besten Alter sein; **to be past one's ~** die besten Jahre hinter sich *dat* haben **III.** *vt* ①(*prepare*) vorbereiten ②TECH, MIL (*for exploding*) scharf machen; (*for firing*) schussbereit machen ③*canvas, metal, wood* grundieren

prime ˈcost *n* ECON Selbstkosten *pl* **prime me·ˈridi·an** *n* Nullmeridian *m* **prime ˈmin·is·ter** *n* Premierminister(in) *m(f)*

prime ˈmov·er *n* treibende Kraft; *a.* PHILOS bewegende Kraft, Triebfeder *f* **prime ˈnum·ber** *n* Primzahl *f*

prim·er [ˈpraɪməʳ, AM -ɚ] *n* (*paint*) Grundierfarbe *f;* (*coat*) Grundierung *f*

ˈprime time *n* Hauptsendezeit *f*

pri·meval [ˌpraɪˈmiːvəl] *adj* urzeitlich, Ur-

primi·tive [ˈprɪmɪtɪv, AM -t̬-] *adj* ①BIOL primitiv; ZOOL urzeitlich ②(*pej: simple*) primitiv

pri·mo·geni·ture [ˌpraɪməʊˈdʒenɪtʃəʳ, AM -oʊˈdʒenɪtʃɚ] *n no pl* (*spec*) ①(*being firstborn*) Primogenitur *f* ②(*right of succession*) Primogenitur *f*

pri·mor·dial [praɪˈmɔːdiəl, AM -ˈmɔːr-] *adj* (*form*) ①ASTRON (*primeval*) Ur-, ursprünglich ②(*basic, fundamental*) Ur-, ureigen *attr*

prim·rose [ˈprɪmrəʊz, AM -roʊz] *n* [gelbe] Schlüsselblume

primu·la [ˈprɪmjələ] *n* Primel *f*

Pri·mus® [ˈpraɪməs], **Pri·mus stove®** *n* Campingkocher *m*

prince [prɪn(t)s] *n* (*royal*) Prinz *m;* (*head of principality*) Fürst *m*

prince ˈcon·sort *n* Prinzgemahl *m*

prince·ly [ˈprɪn(t)sli] *adj* (*approv*) fürstlich

prin·cess <*pl* -es> [prɪnˈses, AM ˈprɪn(t)sɪs] *n* Prinzessin *f*

prin·ci·pal [ˈprɪn(t)səpəl] **I.** *adj attr* ①(*most important*) Haupt-, hauptsächlich; **one of the ~ towns** eine der bedeutendsten Städte ②FIN (*original sum*) Kapital- **II.** *n* ①AM, AUS (*head person*) *in a school* Direktor(in) *m(f); in a company* Vorgesetzte(r) *f(m); in a play* Hauptdarsteller(in) *m(f)* ②(*client of lawyer*) Mandant(in) *m(f)* ③*usu sing* (*of investment*) Kapitalsumme *f;* (*of loan*) Kreditsumme *f*

prin·ci·pal·ity [ˌprɪn(t)sɪˈpæləti, AM -səˈpælət̬i] *n* Fürstentum *nt*

prin·ci·pal·ly [ˈprɪn(t)səpli] *adv* hauptsächlich, vorwiegend, in erster Linie

prin·ci·ple [ˈprɪn(t)səpl̩] *n* ①(*basic concept*) Prinzip *nt;* **basic ~** Grundprinzip *nt* ②(*fundamental*) Grundlage *f* ③(*approv: moral code*) Prinzip *nt,* Grundsatz *m;* **to stick to one's ~s** an seinen Prinzipien festhalten ▶ PHRASES: **<u>on</u> ~** aus Prinzip; **<u>in</u> ~** im Prinzip

print [prɪnt] **I.** *n* ①(*lettering*) Gedruckte(s) *nt;* **the small ~** das Kleingedruckte ②*no pl* (*printed form*) Druck *m;* **to appear in ~**

veröffentlicht werden; **out of ~** vergriffen ③ (*photo*) Abzug *m;* (*film, reproduction*) Kopie *f;* (*copy of artwork*) Druck *m* ④ (*pattern*) [Druck]muster *nt;* **floral ~** Blumenmuster *nt* **II.** *vt* ① TYPO drucken; **to ~ a magazine** eine Zeitschrift herausgeben ② PUBL veröffentlichen; (*in magazine, newspaper*) abdrucken ③ COMPUT ausdrucken ④ PHOT abziehen ⑤ (*write by hand*) etw in Druckschrift schreiben **III.** *vi* ① (*be in preparation*) sich im Druck befinden ② (*make copy*) drucken ③ (*write in unjoined letters*) in Druckschrift schreiben

print·able ['prɪntəbl̩, AM -t̬ə-] *adj* druckfähig, druckbar; *manuscript* druckfertig

print·ed cir·cuit *n,* **print·ed cir·cuit board** *n* ELEC Leiterplatte *f*

print·er ['prɪntəʳ, AM -t̬ɚ] *n* ① (*person*) Drucker(in) *m(f)* ② (*machine*) Drucker *m*

'print·er driv·er *n* Druckertreiber *m*

print·ing ['prɪntɪŋ, AM -t̬-] *n* ① *no pl* (*act*) Drucken *nt* ② (*print run*) Auflage *f* ③ *no pl* (*handwriting*) Druckschrift *f*

'print·ing ink *n* Druckerschwärze *f,* Druckfarbe *f* **'print·ing press** *n* Druckerpresse *f*

'print·out *n* Ausdruck *m* **'print run** *n* ① TYPO Auflage *f* ② COMPUT Drucklauf *m* **'print shop** *n* ① (*factory*) Druckmaschinensaal *m* ② (*copy store*) Druckerei *f* ③ (*shop*) Grafikhandlung *f*

pri·or¹ ['praɪəʳ, AM -ɚ] **I.** *adv* ■**~ to sth** vor etw *dat* **II.** *adj attr* ① (*earlier*) frühere(r, s), vorherige(r, s); **~ engagement** vorher getroffene Verabredung ② (*having priority*) vorrangig **III.** *n* AM (*prior conviction*) Vorstrafe *f*

pri·or² ['praɪəʳ, AM -ɚ] *n* (*of abbey/priory*) Prior *m*

pri·ori·tize [praɪ'ɒrɪtaɪz, AM -'ɔːrə-] *esp* AM **I.** *vt* ① (*order*) der Priorität nach ordnen ② (*give preference to*) vorrangig behandeln **II.** *vi* Prioritäten setzen

pri·or·ity [praɪ'ɒrəti, AM -'ɔːrət̬i] *n* ① (*deserving greatest attention*) vorrangige Angelegenheit; **first/top ~** Angelegenheit *f* von höchster Priorität; **my first ~ is to find somewhere to live** für mich ist es vorrangig, eine Wohnung zu finden; **to get one's priorities right** seine Prioritäten richtig setzen ② *no pl* (*precedence*) Vorrang *m;* **to give ~ to sb/sth** jdm/etw den Vorzug geben ③ *no pl* (*right of way*) Vorfahrt *f*

pri·ory ['praɪəri, AM 'praɪri] *n* Priorat *nt*

prise [praɪz] *vt* ■**to ~ sth open** etw [mit einem Hebel] aufbrechen; **to ~ sb's hand open** jds Hand [mit Gewalt] öffnen

prism ['prɪzᵊm] *n* Prisma *nt*

pris·mat·ic [prɪz'mætɪk, AM -t̬ɪk] *adj* ① (*shape*) prismatisch ② (*formed by a prism*) Prismen-; **~ colours** Spektralfarben *pl*

pris·on ['prɪzᵊn] *n* (*a. fig: jail*) Gefängnis *nt a. fig;* **to be in ~** im Gefängnis sitzen

'pris·on camp *n* (*for POWs*) [Kriegs]gefangenenlager *nt;* (*for political prisoners*) Straflager *nt* **'pris·on cell** *n* Gefängniszelle *f*

pris·on·er ['prɪzᵊnəʳ, AM -ɚ] *n* (*a. fig*) Gefangene(r) *f(m) a. fig,* Häftling *m;* (*fig*) **political ~** politischer Häftling; **to take sb ~** jdn gefangen nehmen

pris·on·er of 'war <*pl* prisoners-> *n* Kriegsgefangene(r) *f(m)*

'pris·on guard *n* Gefängniswärter(in) *m(f)* **pris·on in·'mate** *n* Gefängnisinsasse(in) *m(f),* Häftling *m* **pris·on 'riot** *n* Gefängnisaufstand *m* **'pris·on yard** *n* Gefängnishof *m*

pris·tine ['prɪstiːn] *adj* (*approv: original*) ursprünglich; *nature* unberührt; (*perfect*) tadellos, makellos

pri·va·cy ['prɪvəsi, AM 'praɪ-] *n no pl* ① (*personal realm*) Privatsphäre *f;* **in the ~ of one's home** in den eigenen vier Wänden *fam* ② (*time alone*) Zurückgezogenheit *f,* Abgeschiedenheit *f* ③ (*secret*) Geheimhaltung *f;* **in strict ~** streng vertraulich

pri·vate ['praɪvɪt, AM -vət] **I.** *adj* ① (*personal, not official, not governmental*) privat, Privat-; **~ joke** Insiderwitz *m fam* ② (*not open to public*) privat, Privat-; *discussion, meeting* nicht öffentlich ③ (*confidential*) vertraulich; **to keep sth ~** etw für sich *akk* behalten ④ (*not social*) zurückhaltend, introvertiert ⑤ (*secluded*) abgelegen; (*undisturbed*) ungestört **II.** *n* ① *no pl* (*not in public*) ■**in ~** privat; LAW unter Ausschluss der Öffentlichkeit; **to speak to sb in ~** jdn [*o* mit jdm] unter vier Augen sprechen ② (*soldier*) Gefreiter *m*

pri·va·teer [ˌpraɪvə'tɪəʳ, AM -'tɪr] *n* (*hist*) Freibeuter *m*

pri·vate·ly ['praɪvɪtli, AM -vət-] *adv* ① (*not in public*) privat; **to speak ~ with sb** mit jdm unter vier Augen sprechen ② (*secretly*) heimlich, insgeheim ③ (*personally*) persönlich

pri·va·tion [praɪ'veɪʃᵊn] *n* (*form*) ① *no pl* Armut *f,* Not *f* ② (*hardship*) Entbehrung *f*

pri·vati·za·tion [ˌpraɪvɪtaɪ'zeɪʃᵊn, AM -vətɪ'-] *n no pl* Privatisierung *f*

pri·va·tize ['praɪvɪtaɪz, AM -və-] *vt* privatisieren

priv·et ['prɪvɪt] *n* Liguster *m*

privi·lege ['prɪvᵊlɪdʒ] **I.** *n* ① (*special right*) Privileg *nt,* Vorrecht *nt* ② (*honour*) Ehre *f;*

(*iron*) Vergnügen *nt* ③ *no pl* (*advantage*) Sonderrecht *nt,* Privileg *nt* ④ LAW **attorney-client ~** Anwaltsgeheimnis *nt* **II.** *vt usu passive* (*give privileges to*) privilegieren

privi·leged ['prɪvᵊlɪdʒd] *adj* ① (*with privileges*) privilegiert ② LAW *communication, information* vertraulich

privy ['prɪvi] *adj* (*form*) ■ **to be ~ to sth** in etw *akk* eingeweiht sein

prize¹ [praɪz] **I.** *n* ① (*sth won*) Preis *m;* (*in lottery*) Gewinn *m* ② (*reward*) Lohn *m* **II.** *adj attr* ① (*dated or iron fam: first-rate*) erstklassig *a. iron;* **~ idiot** Vollidiot(in) *m(f) pej sl* ② (*prize-winning*) preisgekrönt **III.** *vt usu passive* schätzen; **sb's ~d possession** jds wertvollster Besitz; **to ~ sth highly** etw hoch schätzen

prize² *vt* AM *see* **prise**

'prize·fight *n* Profiboxkampf *m* **'prize·fight·er** *n* Profiboxer(in) *m(f)* **'prize·fight·ing** *n no pl* Profiboxen *nt* **'prize-giv·ing** *n* Preisverleihung *f* **'prize list** *n* Gewinnerliste *f* **'prize mon·ey** *n no pl* Geldpreis *m;* SPORTS Preisgeld *nt* **'prize·win·ner** *n* Gewinner(in) *m(f),* Preisträger(in) *m(f)* **'prize-win·ning** *adj attr* preisgekrönt

pro¹ [prəʊ, AM proʊ] (*fam*) **I.** *n* Profi *m* **II.** *adj attr* Profi-

pro² [prəʊ, AM proʊ] **I.** *adv* dafür **II.** *n* Pro *nt;* ■ **the ~s of sth** die Vorteile *pl* einer S. *gen;* **the ~s and cons of sth** das Pro und Kontra einer S. *gen* **III.** *prep* (*in favour of*) für

pro·ac·tive [ˌprəʊ'æktɪv, AM ˌproʊ'ækt̬-] *adj* initiativ *geh;* **some firms should be taking a more ~ attitude towards exporting** manche Firmen sollten, was den Export betrifft, mehr Eigeninitiative zeigen

prob·abil·ity [ˌprɒbə'bɪləti, AM ˌprɑːbə'bɪlət̬i] *n* Wahrscheinlichkeit *f;* **in all ~** höchstwahrscheinlich

prob·able ['prɒbəbl̩, AM 'prɑːb-] **I.** *adj* wahrscheinlich **II.** *n* POL, ECON Kandidat(in) *m(f)*

prob·ably ['prɒbəbli, AM 'prɑːb-] *adv* wahrscheinlich

pro·bate ['prəʊbeɪt, AM 'proʊ-] **I.** *n no pl* ① LAW gerichtliche Testamentsbestätigung [und Erbscheinerteilung] ② AUS (*tax*) Erbschaftssteuer *f* **II.** *vt* AM gerichtlich bestätigen

pro·ba·tion [prə(ʊ)'beɪʃᵊn, AM proʊ'-] *n no pl* ① (*trial period*) Probezeit *f;* **to be on ~** Probezeit haben ② LAW Bewährung *f;* **to be [out] on ~** auf Bewährung [draußen] sein

pro·ba·tion·ary [prə(ʊ)'beɪʃᵊnᵊri, AM proʊ'beɪʃᵊneri] *adj* Probe-; LAW Bewährungs-

pro·ba·tion·er [prə(ʊ)'beɪʃᵊnəʳ, AM proʊ'beɪʃᵊnɚ] *n* ① (*ex-convict*) auf Bewährung Freigelassene(r) *f(m)* ② (*employee*) Angestellte(r) *f(m)* auf Probe

pro·'ba·tion of·fic·er *n* Bewährungshelfer(in) *m(f)*

probe [prəʊb, AM proʊb] **I.** *vi* ① (*investigate*) forschen (**for** nach +*dat*); (*pester*) bohren *pej fam;* **to ~ into sb's private life** in jds Privatleben herumschnüffeln *pej fam* ② (*physically search*) Untersuchungen durchführen **II.** *vt* ① (*investigate*) untersuchen; *mystery* ergründen; *scandal* auf den Grund gehen ② MED untersuchen **III.** *n* ① (*investigation*) Untersuchung *f* (**into** +*gen*); **~ into sb's past** Herumschnüffeln *nt* in jds Vergangenheit *pej fam* ② MED, ELEC, ASTRON Sonde *f*

pro·bi·otic [prəʊbaɪ'ɒtɪk, AM proʊbaɪ'ɑːtɪk] *adj bacteria* probiotisch

pro·bity ['prəʊbəti, AM 'proʊbət̬i] *n no pl* (*form*) Rechtschaffenheit *f*

prob·lem ['prɒbləm, AM 'prɑːb-] **I.** *n* ① (*difficulty*) Schwierigkeit *f,* Problem *nt;* **it's not my ~!** das ist [doch] nicht mein Problem!; **no ~** (*sure*) kein Problem; (*don't mention it*) keine Ursache; **to face a ~** vor einem Problem stehen; **what's the ~?** (*fam*) was ist denn los? ② (*task*) Aufgabe *f;* **that's her ~!** das ist ihre Sache! ③ MATH [Rechen]aufgabe *f* **II.** *adj area, family, play* Problem-

prob·lem·at·ic [ˌprɒblə'mætɪk, AM ˌprɑːblə'mæt̬] *adj* ① (*difficult*) problematisch ② (*questionable*) fragwürdig

'prob·lem child *n* Problemkind *nt*

pro·bos·cis <*pl* -sces> [prə(ʊ)'bɒsɪs, AM proʊ'bɑː-, *pl* -siːz] *n* ① ZOOL Rüssel *m* ② (*hum: person's nose*) Rüssel *m fam*

pro·cedur·al [prə'siːdʒᵊrᵊl, AM -dʒɚᵊl] *adj* verfahrenstechnisch; LAW verfahrensrechtlich, Verfahrens-

pro·cedure [prə(ʊ)'siːdʒəʳ, AM prə'siːdʒɚ] *n* ① (*particular course of action*) Verfahren *nt;* **standard ~** übliche Vorgehensweise ② (*operation*) Vorgang *m,* Prozedur *f* ③ LAW Verfahren *nt,* Prozess *m;* **court ~** Gerichtsverfahren *nt*

pro·ceed [prə(ʊ)'siːd, AM proʊ'-] *vi* (*form*) ① (*make progress*) fortschreiten, vorangehen ② (*advance*) vorrücken ③ (*continue*) fortfahren, weiterfahren SÜDD, SCHWEIZ ④ (*go on*) ■ **to ~ to do sth** sich anschicken, etw zu tun ⑤ LAW ■ **to ~ against sb** gegen jdn gerichtlich vorgehen

pro·ceed·ing [prə(ʊ)'siːdɪŋ, AM proʊ'-] *n* ① (*action*) Vorgehen *nt kein pl;* (*manner*) Vorgehensweise *f* ② ■ **~s** *pl* (*legal action*) Verfahren *nt;* (*event*) Veranstaltung *f*

pro·ceeds ['prəʊsiːdz, AM 'proʊ-] *npl* Einnahmen *pl*

pro·cess ['prəʊses, AM 'prɑ:-] **I.** *n* <*pl* -es> ①(*set of actions*) Prozess *m* ②(*method*) Verfahren *nt* ③*no pl* (*going on*) Verlauf *m;* ■**in ~** im Gange; **in the ~** dabei **II.** *vt* ①(*deal with*) bearbeiten; ■**to ~ sb** jdn abfertigen ②COMPUT verarbeiten ③(*treat*) bearbeiten, behandeln; *food* haltbar machen, konservieren; *film* entwickeln

'pro·cess chart *n* Arbeitsablaufdiagramm *nt* **pro·cess en·gi·'neer·ing** *n no pl* Verfahrenstechnik *f*

pro·cess·ing ['prəʊsesɪŋ, AM 'prɑ:-] *n no pl* ①*of application* Bearbeitung *f* ②TECH Weiterverarbeitung *f;* FOOD Konservierung *f; of milk* Sterilisierung *f;* PHOT Entwicklung *f* ③COMPUT Verarbeitung *f*

pro·ces·sion [prə'seʃᵊn] *n* ①(*line*) Umzug *m;* REL Prozession *f;* **funeral ~** Trauerzug *m;* ■**in ~** hintereinander ②(*fig: group*) Schlange *f,* Reihe *f*

pro·ces·sor ['prəʊsesəʳ, AM 'prɑ:sesɚ] *n* ①(*company*) [Weiter]verarbeitungsbetrieb *m* ②(*machine*) **food ~** Küchenmaschine *f* ③COMPUT Prozessor *m*

pro·claim [prə(ʊ)'kleɪm, AM proʊ'-] *vt* (*form: announce*) verkünden, erklären

proc·la·ma·tion [ˌprɒklə'meɪʃᵊn, AM ˌprɑ:k-] *n* ①(*form: act of proclaiming*) Verkündigung *f,* öffentliche Bekanntmachung; **~ of the republic** Ausrufung *f* der Republik ②(*decree*) Erlass *m*

pro·cliv·ity [prə(ʊ)'klɪvəti, AM proʊ'klɪvəṭi] *n* (*form*) Hang *m kein pl,* Neigung *f* (**for** zu), Schwäche *f* (**for** für)

pro·cras·ti·nate [prə(ʊ)'kræstɪneɪt, AM proʊ'kræstə-] *vi* (*form*) zögern, zaudern

pro·cras·ti·na·tion [prə(ʊ)ˌkræstɪ'neɪʃᵊn, AM proʊˌkræstə'-] *n no pl* (*form*) Zögern *nt,* Zaudern *nt*

pro·cre·ate ['prəʊkrieɪt, AM 'proʊ-] **I.** *vi* sich fortpflanzen **II.** *vt* (*a. fig*) zeugen

pro·crea·tion [ˌprəʊkri'eɪʃᵊn, AM ˌproʊ-] *n no pl* Fortpflanzung *f;* (*fig*) Erzeugung *f,* Hervorbringen *nt*

proc·tor ['prɒktəʳ, AM 'prɑ:ktɚ] **I.** *n* AM (*for exam*) [Prüfungs]aufsicht *f* **II.** *vi* AM Aufsicht führen **III.** *vt* AM *exam* beaufsichtigen

pro·cur·able [prə'kjʊərəbḷ, AM proʊ'kjʊr-] *adj* erhältlich, beschaffbar

procu·ra·tor ['prɒkjʊ(ə)reɪtəʳ, AM 'prɑ:kjəreɪṭɚ] *n* ①(*representative*) Bevollmächtigte(r) *f(m)* ②SCOT (*attorney*) Anwalt, Anwältin *m, f*

procu·ra·tor 'fis·cal *n* SCOT Staatsanwalt, Staatsanwältin *m, f*

pro·cure [prə'kjʊəʳ, AM proʊ'kjʊr] *vt* (*form*) ①(*obtain*) beschaffen, besorgen; *sb's release* erreichen ②(*pimp*) **to ~ women for prostitution** Zuhälterei betreiben

pro·cure·ment [prə'kjʊəmənt, AM proʊ'kjʊr-] *n* (*form*) ①(*acquisition*) Beschaffung *f,* Besorgung *f* ②*no pl* (*system*) Beschaffungswesen *nt*

prod [prɒd, AM prɑ:d] **I.** *n* ①(*tool*) Ahle *f;* **cattle ~** [elektrischer] Viehtreibstab ②(*poke*) Schubs *m fam,* [leichter] Stoß; **to give sb a ~** jdm einen Stoß versetzen ③(*fig: incitation*) Anstoß *m fig;* (*reminder*) Gedächtnisanstoß *m* **II.** *vt* <-dd-> ①(*poke*) stoßen ②(*fig: encourage*) antreiben; **to ~ sb into action** jdn auf Trab bringen *fam*

prodi·gal ['prɒdɪgᵊl, AM 'prɑ:d-] *adj* verschwenderisch

pro·di·gious [prə'dɪdʒəs] *adj* (*form*) ①(*enormous*) gewaltig, ungeheuer ②(*wonderful*) wunderbar, erstaunlich

prodi·gy ['prɒdɪdʒi, AM 'prɑ:d-] *n* (*person*) außergewöhnliches Talent; **child ~** Wunderkind *nt*

pro·duce **I.** *vt* [prə'dju:s, AM -'du:s] ①(*make*) herstellen, produzieren; *coal, oil* fördern; *electricity* erzeugen ②(*bring about*) bewirken, hervorrufen; *effect* erzielen; *profits, revenue* erzielen; **to ~ results** zu Ergebnissen führen ③FILM, MUS *film, programme* produzieren; THEAT *play, opera* inszenieren ④(*show*) hervorholen; *identification, passport* zeigen **II.** *vi* [prə'dju:s, AM -'du:s] ①(*bring results*) Ergebnisse erzielen; ECON einen Gewinn erwirtschaften ②(*give output*) produzieren; *mine* fördern ③FILM einen Film produzieren; THEAT ein Stück inszenieren **III.** *n* ['prɒdju:s, AM 'prɑ:du:s, 'proʊ-] *no pl* ①AGR Erzeugnisse *pl,* Produkte *pl* ②AM (*fruit and vegetables*) Obst *nt* und Gemüse *nt*

'prod·uce clean·er, 'prod·uce wash *n* *Flüssigkeit zum Waschen von Obst und Gemüse*

pro·duc·er [prə'dju:səʳ, AM -'du:sɚ] *n* ①(*manufacturer*) Hersteller *m,* Produzent *m;* AGR Erzeuger *m* ②FILM, TV Produzent(in) *m(f);* THEAT Regisseur(in) *m(f);* MUS [Musik]produzent(in) *m(f)*

prod·uct ['prɒdʌkt, AM 'prɑ:-] *n* ①(*sth produced*) Erzeugnis *nt,* Produkt *nt* ②(*result*) Ergebnis *nt,* Folge *f* ③MATH Produkt *nt* (**of** aus +*dat*)

pro·duc·tion [prə'dʌkʃᵊn] *n* ①*no pl* (*process*) Produktion *f,* Herstellung *f; of coal* Förderung *f; of energy* Erzeugung *f* ②*no pl* (*yield*) Produktion *f* ③*no pl* FILM, TV, MUS Produktion *f;* THEAT Inszenierung *f*

pro·duc·tion ca·'pac·ity *n no pl* Produktionskapazität *f* **pro·'duc·tion costs** *npl* Produktionskosten *pl* **pro·duc·tion 'di·rec·tor** *n* RADIO Sendeleiter(in) *m(f)* **pro·'duc·tion line** *n* Fließband *nt* **pro·duc·tion 'man·ag·er** *n* Produktionsleiter(in) *m(f)* **pro·'duc·tion time** *n* Produktionszeit *f* **pro·'duc·tion values** *n pl* FILM, TV Produktionsqualität *f* **pro·'duc·tion vol·ume** *n* Fertigungsvolumen *nt*

pro·duc·tive [prəˈdʌktɪv] *adj* ❶ (*with large output*) produktiv; *land, soil* fruchtbar, ertragreich; *mine, well, discussion, meeting* ergiebig; (*fig*) *conversation* fruchtbar ❷ (*profitable*) *business* rentabel ❸ (*efficient*) leistungsfähig

prod·uc·tiv·ity [ˌprɒdʌkˈtɪvəti, AM ˌproʊdʌkˈtɪvət̬i] *n no pl* ❶ (*output*) Produktivität *f* ❷ (*effectiveness*) Effektivität *f*, Effizienz *f* ❸ (*profitability*) Rentabilität *f*

prod·uc·'tiv·ity agree·ment *n* BRIT Produktivitätsvereinbarung *f* **prod·uc·'tiv·ity bo·nus** *n* Leistungszulage *f*

prof [prɒf, AM prɑːf] *n* (*hum fam*) *short for* **professor** Prof *m*

pro·fane [prəˈfeɪn, AM *esp* proʊˈ-] **I.** *adj* (*blasphemous*) gotteslästerlich, frevelhaft **II.** *vt* entweihen

pro·fan·ity [prəˈfænəti, AM proʊˈfænət̬i] *n* ❶ *no pl* (*blasphemy*) Gotteslästerung *f* ❷ (*swearing*) Fluch *m* ❸ (*word*) Kraftausdruck *m*

pro·fess [prəˈfes, AM *also* proʊˈ-] *vt* ❶ (*claim*) erklären; **to ~ little enthusiasm** wenig Begeisterung zeigen ❷ (*affirm*) sich zu etw *dat* bekennen

pro·fessed [prəˈfest, AM *also* proʊˈ-] *adj attr* ❶ (*openly declared*) *Marxist, communist* erklärt ❷ (*alleged*) angeblich

pro·fes·sion [prəˈfeʃᵊn] *n* ❶ (*field of work*) Beruf *m*; **to enter a ~** einen Beruf ergreifen; **by ~** von Beruf ❷ (*body of workers*) Berufsstand *m*

pro·fes·sion·al [prəˈfeʃᵊnᵊl] **I.** *adj* ❶ (*of a profession*) beruflich, Berufs- ❷ (*not tradesman*) freiberuflich, akademisch; **~ people** Angehörige *pl* der freien [*o* akademischen] Berufe ❸ (*expert*) fachmännisch ❹ (*approv: businesslike*) professionell, fachmännisch; **to do a ~ job** etw fachmännisch erledigen; **~ manner** professionelles Auftreten ❺ (*not amateur*) Berufs-; SPORTS Profi- **II.** *n* ❶ (*not an amateur*) Fachmann, Fachfrau *m, f;* SPORTS Profi *m* ❷ (*not a tradesman*) Akademiker(in) *m(f)*, Angehörige(r) *f(m)* der freien [*o* akademischen] Berufe

pro·fes·sion·al·ism [prəˈfeʃᵊnᵊlɪzᵊm] *n no pl* ❶ (*skill and experience*) Professionalität *f;* (*attitude*) professionelle Einstellung; **to handle sth with ~** mit etw *dat* professionell [*o* fachmännisch] umgehen ❷ SPORTS Profitum *nt*

pro·fes·sion·al·ly [prəˈfeʃᵊnᵊli] *adv* ❶ (*by a professional*) von einem Fachmann/einer Fachfrau; **to do sth ~** etw fachmännisch erledigen ❷ (*not as an amateur*) berufsmäßig; **to do sth ~** etw beruflich betreiben

pro·fes·sor [prəˈfesəʳ, AM -ɚ] *n* (*at university*) Professor(in) *m(f);* AM (*teacher at university*) Dozent(in) *m(f)*

pro·fes·so·rial [ˌprɒfɪˈsɔːriəl, AM ˌproʊfəˈ-] *adj* Professoren-

pro·fes·sor·ship [prəˈfesəʃɪp, AM -ɚ-] *n* Professur *f*, Lehrstuhl *m*

prof·fer [ˈprɒfəʳ, AM ˈprɑːfɚ] *vt* (*form*) anbieten; **to ~ sb one's hand** jdm seine Hand reichen

pro·fi·cien·cy [prəˈfɪʃᵊn(t)si] *n no pl* Tüchtigkeit *f*, Können *nt;* **~ in a language** Sprachkenntnisse *pl*

pro·fi·cient [prəˈfɪʃᵊnt] *adj* fähig, tüchtig; **to be ~ in a language** eine Sprache beherrschen

pro·file [ˈprəʊfaɪl, AM ˈproʊ-] **I.** *n* ❶ (*side view*) Profil *nt* ❷ (*description*) Porträt *nt fig;* (*restricted in scope*) Profil *nt* ❸ (*public image*) **to raise sb's ~** jdn hervorheben ▶ PHRASES: **to keep a low ~** sich zurückhalten **II.** *vt* (*write*) porträtieren *fig*

prof·it [ˈprɒfɪt, AM ˈprɑː-] **I.** *n* ❶ (*money earned*) Gewinn *m;* **net ~** Reingewinn *m* ❷ (*advantage*) Nutzen *m*, Vorteil *m* **II.** *vi* ❶ (*gain financially*) profitieren (**by, from** von +*dat*), Gewinn machen ❷ (*benefit*) profitieren (**by, from** von +*dat*)

prof·it·abil·ity [ˌprɒfɪtəˈbɪləti, AM ˌprɑːfɪt̬əˈbɪlət̬i] *n no pl* Rentabilität *f*

prof·it·able [ˈprɒfɪtəbl̩, AM ˈprɑːfɪt̬-] *adj* ❶ (*in earnings*) Gewinn bringend, rentabel, profitabel ❷ (*advantageous*) nützlich, vorteilhaft

profi·teer [ˌprɒfɪˈtɪəʳ, AM ˌprɑːfɪˈtɪr] **I.** *n* (*pej*) Profitjäger(in) *m(f)* **II.** *vi* ❶ (*make excessive profit*) riesige Gewinne erzielen; (*make unfair profit*) sich bereichern ❷ (*earn money on black market*) Schwarzhandel treiben

profi·teer·ing [ˌprɒfɪˈtɪərɪŋ, AM ˌprɑːfɪˈtɪr-] *n no pl* ❶ (*profit-seeking*) Geschäftemacherei *f pej* ❷ (*selling at too high prices*) Wucher *m pej*

'prof·it-mak·ing *adj* Gewinn bringend, rentabel **'prof·it mar·gin** *n* Gewinnspanne *f* **prof·it-'ori·en·tat·ed** BRIT, *esp* AM **prof·it-'ori·ent·ed** *adj* gewinnorientiert **'prof·it-shar·ing** *n no pl* Gewinnbeteiligung *f*

'prof·it-tak·ing *n no pl* Gewinnmitnahme *f*
prof·li·gate ['prɒflɪgət, AM 'prɑːflɪgɪt] *adj* (*form: wasteful*) verschwenderisch
pro·found [prə'faʊnd] *adj* ❶ (*extreme*) tief gehend; *change* tief greifend; *effect* nachhaltig; *impression* tief; *interest* stark ❷ (*strongly felt*) tief, heftig; *compassion, gratitude* tief empfunden; *respect, veneration, love* groß; *anger* tief sitzend ❸ (*intellectual*) tiefsinnig *a. iron,* tiefgründig; *knowledge* umfassend; *truth, wisdom* tief
pro·fund·ity [prə'fʌndəti, AM proʊ'-] *n* (*form*) ❶ *no pl* (*great depth*) Tiefe *f* ❷ *no pl* (*intellectual depth*) Tiefgründigkeit *f* ❸ (*deep remark*) Weisheit *f*
pro·fuse [prə'fjuːs] *adj* überreichlich; *bleeding, perspiration* stark; *praise, thanks* überschwänglich
pro·fu·sion [prə'fjuːʒᵊn] *n no pl* (*form*) Überfülle *f*
pro·geni·tor [prə(ʊ)'dʒenɪtəʳ, AM proʊ'dʒenəţɚ] *n* (*form: ancestor*) Ahn(in) *m(f);* (*predecessor*) Vorläufer(in) *m(f);* (*intellectual ancestor*) geistiger Vater/geistige Mutter
prog·eny ['prɒdʒəni, AM 'prɑː-] *n + sing/pl vb* (*form*) Nachkommenschaft *f*
prog·no·sis <*pl* -ses> [prɒg'nəʊsɪs, AM prɑːg'noʊ-, *pl* -siːz] *n a.* MED Prognose *f;* **to make a ~** eine Prognose stellen
prog·nos·ti·cate [prɒg'nɒstɪkeɪt, AM prɑːg'nɑːs-] *vt* prognostizieren
pro·gram ['prəʊgræm, AM 'proʊ-] **I.** *n* ❶ COMPUT Programm *nt* ❷ *esp* AM, AUS *see* **programme II.** *vt* <-mm-> ❶ COMPUT programmieren ❷ *esp* AM, AUS *see* **programme**
pro·gram·ma·ble [prə(ʊ)'græməbl̩, AM 'proʊ-] *adj* programmierbar
pro·gramme, AM **pro·gram** ['prəʊgræm, AM 'proʊ-] **I.** *n* ❶ RADIO, TV Programm *nt;* (*single broadcast*) Sendung *f* ❷ (*list of events*) Programm *nt;* THEAT (*for all plays*) Spielplan *m;* (*for one play*) Programmheft *nt* ❸ (*plan*) Programm *nt,* Plan *m;* **what's on the ~ for today?** was steht heute auf dem Programm? **II.** *vt* <-mm-> ❶ (*instruct*) programmieren ❷ *usu passive* (*mentally train*) ■**to ~ sb to do sth** jdn darauf programmieren, etw zu tun
pro·gram·mer ['prəʊgræməʳ], AM **pro·gram·er** *n* ❶ (*operator*) Programmierer(in) *m(f)* ❷ (*component*) Programmiergerät *nt*
pro·gram·ming ['prəʊgræmɪŋ, AM 'proʊ-] *n no pl* COMPUT Programmieren *nt*
'pro·gram·ming lan·guage *n* Programmiersprache *f*
pro·gress I. *vi* [prə(ʊ)'gres, AM prə'-] ❶ (*develop*) Fortschritte machen; **how's the work ~ing?** wie geht's mit der Arbeit voran? ❷ (*move onward*) *in space* vorankommen; *in time* fortschreiten **II.** *n* ['prəʊgres, AM 'prɑːg-] *no pl* ❶ (*onward movement*) Vorwärtskommen *nt;* **to make good ~** gut vorwärtskommen; **in ~** im Gange ❷ (*development*) Fortschritt *m* ❸ *no art* (*general improvement*) Fortschritt *m*

Grammatik

progress ist unzählbar; d.h. es wird nicht mit *a* oder im Plural gebraucht: *their progress was slow; she made good progress*

pro·gres·sion [prə(ʊ)'greʃᵊn, AM prə'-] *n no pl* ❶ (*development*) Entwicklung *f* ❷ MATH (*series*) Reihe *f*
pro·gres·sive [prə(ʊ)'gresɪv, AM prə'-] **I.** *adj* ❶ (*gradual*) fortschreitend; (*gradually increasing*) zunehmend; **a ~ decline** ein allmählicher Verfall ❷ (*reformist, forward-looking*) progressiv; POL fortschrittlich **II.** *n* (*reformist*) Progressive(r) *f(m)*
pro·hib·it [prə(ʊ)'hɪbɪt, AM proʊ'-] *vt* ❶ (*forbid*) verbieten; ■**to ~ sb from doing sth** jdm verbieten, etw zu tun ❷ (*prevent*) verhindern
pro·hi·bi·tion [ˌprəʊ(h)ɪ'bɪʃᵊn, AM ˌproʊ-] *n* ❶ (*ban*) Verbot *nt* (**of, on** gegen +*akk*) ❷ *no pl* (*banning*) Verbieten *nt* ❸ (*hist: US alcohol ban*) ■**P~** *no art* die Prohibition
pro·hibi·tive [prəʊ'hɪbətɪv, AM proʊ'hɪbəţ-] *adj* ❶ *price* unerschwinglich ❷ (*prohibiting*) **~ measures** Verbotsmaßnahmen *pl*
proj·ect I. *n* ['prɒdʒekt, AM 'prɑː-] ❶ (*undertaking*) Projekt *nt* ❷ (*plan*) Plan *m* **II.** *adj* ['prɒdʒekt, AM 'prɑː-] *coordinator, costs, deadline* Projekt- **III.** *vt* [prə(ʊ)'dʒekt, AM prə'-] ❶ (*forecast*) vorhersagen; *profit, expenses, number* veranschlagen ❷ (*propel*) schleudern ❸ *slides, film* projizieren (**onto** auf +*akk*) **IV.** *vi* [prə(ʊ)'dʒekt, AM prə'-] (*protrude*) hervorragen, [hinaus]ragen (**over** über +*akk*)
pro·jec·tile [prə(ʊ)'dʒektaɪl, AM prə'dʒektᵊl] *n* (*thrown object*) Wurfgeschoss *nt;* (*bullet, shell*) Geschoss *nt;* (*missile*) Rakete *f*
pro·jec·tion [prə(ʊ)'dʒekʃᵊn, AM prə'-] *n* ❶ (*forecast*) Prognose *f; of expenses* Voranschlag *m* ❷ (*protrusion*) Vorsprung *m* ❸ *no pl* (*on screen*) Vorführung *f;* (*projected image*) Projektion *f*

P

pro·jec·tion·ist [prə(ʊ)'dʒekʃᵊnɪst, AM prə'-] *n* Filmvorführer(in) *m(f)*

proj·ect 'man·age·ment *n* Projektmanagement *nt* **proj·ect 'man·ag·er** *n* Projektmanager(in) *m(f)*

pro·jec·tor [prə(ʊ)'dʒektəʳ, AM prə'dʒektɚ] *n* Projektor *m*

pro·lapse ['prəʊlæps, AM 'proʊ-] *n* MED Prolaps *m fachspr*

prole [prəʊl, AM proʊl] (*pej o hum*) **I.** *n short for* **proletarian** Prolet(in) *m(f)* **II.** *adj short for* **proletarian** proletenhaft

pro·letar·ian [ˌprəʊlɪ'teəriən, AM ˌproʊlə'ter-] **I.** *n* Proletarier(in) *m(f)* **II.** *adj* proletarisch

pro·letari·at [ˌprəʊlɪ'teəriət, AM ˌproʊlə'ter-] *n no pl* Proletariat *nt*

pro·lif·er·ate [prəʊ'lɪfᵊreɪt, AM proʊ'lɪfə-] *vi* stark zunehmen; (*animals*) sich stark vermehren

pro·lif·era·tion [prəʊˌlɪfᵊr'eɪʃᵊn, AM proʊˌlɪfə'reɪ-] *n no pl* starke Zunahme; (*of animals*) starke Vermehrung

pro·lif·ic [prə(ʊ)'lɪfɪk, AM proʊ'-] *adj* ① (*productive*) produktiv ② (*producing many offspring*) fruchtbar ③ *pred* (*abundant*) ■**to be ~** in großer Zahl vorhanden sein

pro·lix ['prəʊlɪks, AM proʊ'lɪks] *adj* (*pej form*) weitschweifig

pro·logue ['prəʊlɒg], AM *a.* **pro·log** ['proʊlɑ:g] *n* ① (*introduction*) Vorwort *nt;* THEAT Prolog *m* ② (*fig fam: preliminary event*) Vorspiel *nt* (**to** zu +*dat*)

pro·long [prə(ʊ)'lɒŋ, AM proʊ'lɑ:ŋ] *vt* verlängern

pro·lon·ga·tion [ˌprə(ʊ)lɒŋ'geɪʃᵊn, AM ˌproʊlɑ:ŋ'-] *n no pl* Verlängerung *f*

prom [prɒm, AM prɑ:m] *n* ① AM (*school dance*) *Ball am Ende des Jahres in einer amerikanischen High School* ② BRIT (*seaside walkway*) [Strand]promenade *f* ③ BRIT (*concert*) Konzert *nt* (*Aufführung im Theater oder Konzert, wobei die Sitze im Parkett entfernt werden, um mehr Platz zu schaffen*)*;* **the P~s** *Konzertreihe in London in der Albert Hall, deren Parkettsitze dafür entfernt werden, so dass die meisten Zuschauer stehen*

prom·enade [ˌprɒmə'nɑ:d, AM ˌprɑ:-] *n* (*walkway*) [Strand]promenade *f*

prom·enade 'con·cert *n* BRIT *see* **prom 3**

prom·e'nade deck *n* Promenadendeck *nt*

promi·nence ['prɒmɪnən(t)s, AM 'prɑ:mə-] *n* ① *no pl* (*projecting nature*) Auffälligkeit *f* ② *no pl* (*conspicuousness*) Unübersehbarkeit *f;* **to give sth ~** etw in den Vordergrund stellen ③ *no pl* (*importance*) Bedeutung *f*

promi·nent ['prɒmɪnənt, AM 'prɑ:mə-] *adj* ① (*projecting*) vorstehend *attr; chin* vorspringend ② (*conspicuous*) auffällig ③ (*distinguished*) prominent; *position* führend

promis·cu·ity [ˌprɒmɪ'skju:əti, AM ˌprɑ:mɪ'skju:əţi] *n no pl* Promiskuität *f geh*

pro·mis·cu·ous [prə'mɪskjuəs] *adj* (*pej*) promisk

prom·ise ['prɒmɪs, AM 'prɑ:-] **I.** *vt* (*pledge, have the potential*) versprechen **II.** *vi* ① (*pledge*) versprechen; **I ~!** ich verspreche es! ② (*be promising*) **to ~ well** viel versprechen **III.** *n* ① (*pledge*) Versprechen *nt;* **to break one's ~ [to sb]** sein Versprechen [gegenüber jdm] brechen ② *no pl* (*potential*) **to show ~** aussichtsreich sein; (*person*) viel versprechend sein

prom·is·ing ['prɒmɪsɪŋ, AM 'prɑ:-] *adj* viel versprechend

prom·is·sory note [ˌprɒmɪsᵊri'nəʊt, AM 'prɑ:mɪsɔ:riˌnoʊt] *n* Schuldschein *m*

pro·mo ['prəʊməʊ, AM 'proʊmoʊ] **I.** *n* ① (*fam*) *short for* **promotional film** Werbevideo *nt* ② AM, AUS *short for* **promotion** Werbung *f* **II.** *adj short for* **promotional** Werbe-

prom·on·tory ['prɒməntᵊri, AM 'prɑ:məntɔ:ri] *n* GEOG Vorgebirge *nt*

pro·mote [prə'məʊt, AM -'moʊt] *vt* ① (*raise in rank*) befördern (**to** zu +*dat*) ② SPORTS ■**to be ~d** *team* aufsteigen ③ (*encourage*) fördern; **to ~ awareness of sth** etw ins Bewusstsein rufen ④ (*advertise*) für etw *akk* werben

pro·mot·er [prə'məʊtəʳ, AM -'moʊţɚ] *n* ① (*encourager*) Förderer(in) *m(f)* ② (*organizer*) Veranstalter(in) *m(f)*

pro·mo·tion [prə'məʊʃᵊn, AM -'moʊ-] *n* ① *no pl* (*in rank*) Beförderung *f* (**to** zu +*dat*) ② (*raise in status*) Beförderung *f* ③ SPORTS (*of team*) Aufstieg *m* ④ (*advertising campaign*) Werbekampagne *f*

pro·mo·tion·al ma'terial *n* Werbematerial *nt*

prompt [prɒm(p)t, AM prɑ:m(p)t] **I.** *vt* ① (*spur*) veranlassen ② THEAT (*remind of lines*) soufflieren ③ COMPUT auffordern **II.** *adj* ① (*swift*) prompt; ■**to be ~ in doing sth** etw schnell tun; *action* sofortig; *delivery* unverzüglich ② (*punctual*) pünktlich **III.** *adv* pünktlich **IV.** *n* ① COMPUT Prompt *m fachspr* ② THEAT (*reminder*) Stichwort *nt*

'prompt box *n* Souffleurkasten *m*

prompt·er ['prɒm(p)təʳ, AM 'prɑ:m(p)tɚ] *n* Souffleur, Souffleuse *m, f*

promp·ti·tude ['prɒm(p)tɪtju:d, AM 'prɑ:m(p)tɪtu:d, -tju:d] *n no pl* (*form*)

Promptheit *f*

prompt·ly ['prɒm(p)tli, AM 'prɑːm-] *adv* ① (*quickly*) prompt ② (*fam: immediately afterward*) gleich danach, unverzüglich ③ (*in time*) pünktlich

prompt·ness ['prɒm(p)tnəs, AM 'prɑːm-] *n no pl* Promptheit *f*

prom·ul·gate ['prɒməlgeɪt, AM 'prɑːm-] *vt* (*form*) ① (*spread*) verbreiten ② *law, decree* verkünden

prom·ul·ga·tion [ˌprɒməl'geɪʃən, AM ˌprɑːməl'-] *n no pl* (*form*) ① (*spread*) Verbreitung *f* ② LAW (*proclamation*) Verkündung *f*

prone [prəʊn, AM proʊn] *adj* (*disposed*) neigen (**to** zu +*dat*)

prong [prɒŋ, AM prɑːŋ] *n* Zacke *f; of antler* Ende *nt*

pro·nomi·nal [prə(ʊ)'nɒmɪnəl, AM proʊ'nɑːmə-] *adj* Pronominal- *fachspr*

pro·noun ['prəʊnaʊn, AM 'proʊ-] *n* Pronomen *nt*

pro·nounce [prə'naʊn(t)s] **I.** *vt* ① (*speak*) aussprechen ② *verdict, decision* verkünden ③ (*declare*) erklären **II.** *vi* Stellung nehmen (**on, upon** zu +*dat*)

pro·nounce·able [prə'naʊn(t)səbl̩] *adj* aussprechbar

pro·nounced [prə'naʊn(t)st] *adj* deutlich; *accent* ausgeprägt

pro·nounce·ment [prə(ʊ)'naʊn(t)smənt, AM prə'-] *n* Erklärung *f* (**on** zu +*dat*)

pron·to ['prɒntəʊ, AM 'prɑːntoʊ] *adv* (*fam*) fix

pro·nun·cia·tion [prəˌnʌn(t)si'eɪʃən] *n usu no pl* Aussprache *f*

proof [pruːf] **I.** *n* ① *no pl* (*confirmation*) Beweis *m* (**of** für +*akk*) ② (*evidence*) MATH Beweis *m* ③ TYPO (*trial impression*) Korrekturfahne *f;* PHOT Probeabzug *m* ④ *no pl* (*degree of strength*) Volumenprozent *nt,* Vol.-% *nt; of alcohol* Alkoholgehalt *m* **II.** *adj* unempfindlich (**against** gegen +*akk*); **to be ~ against burglars** einbruchssicher sein **III.** *vt* (*treat*) imprägnieren; (*make waterproof*) wasserdicht machen

'proof-read <-read, -read> *vt, vi* Korrektur lesen **'proof-read·er** *n* Korrektor(in) *m(f)* **'proof-read·ing** **I.** *n no pl* Korrekturlesen *nt* **II.** *adj attr* Korrektur-

prop *n usu pl* Requisite *f* ◆**prop up** *vt* aufbocken; ■**to ~ oneself up** sich abstützen

propa·gan·da [ˌprɒpə'gændə, AM ˌprɑːp-] *n no pl* (*usu pej*) Propaganda *f*

propa·gand·ist [ˌprɒpə'gændɪst, AM ˌprɑːp-] **I.** *n* (*usu pej*) Propagandist(in) *m(f)* **II.** *adj* propagandistisch

propa·gate ['prɒpəgeɪt, AM 'prɑː-] **I.** *vt* ① (*breed*) züchten; (*plants*) vermehren ② (*form: disseminate*) verbreiten **II.** *vi* sich fortpflanzen; *plants* sich vermehren

propa·ga·tion [ˌprɒpə'geɪʃən, AM ˌprɑː-] *n no pl* ① (*reproduction*) Fortpflanzung *f;* **the ~ of plants** die Vermehrung von Pflanzen ② *of rumour, lie* Verbreitung *f*

pro·pane ['prəʊpeɪn, AM 'proʊ-] *n no pl* Propan *nt*

pro·pel <-ll-> [prə'pel] *vt* antreiben; (*fig*) **the country was being ~led towards civil war** das Land wurde in den Bürgerkrieg getrieben

pro·pel·lant [prə'pelənt] *n* ① (*fuel*) Treibstoff *m* ② (*gas*) Treibgas *nt*

pro·pel·ler [prə'peləʳ, AM -ɚ] *n* Propeller *m*

pro·'pel·ler shaft *n* Antriebswelle *f*

pro·pel·ling pen·cil [prəˌpelɪŋ'-] *n* BRIT, AUS Drehbleistift *m*

pro·pen·sity [prə(ʊ)'pen(t)səti, AM prə'pen(t)sət̬i] *n no pl* (*form*) Neigung (**for** zu)

prop·er ['prɒpəʳ, AM 'prɑːpɚ] *adj* ① (*real*) echt, richtig ② (*correct*) richtig; **she likes everything to be in its ~ place** sie hat gern alles an seinem angestammten Platz ③ (*socially respectable*) anständig

prop·er 'frac·tion *n* echter Bruch

prop·er·ly ['prɒpəli, AM 'prɑːpɚ-] *adv* ① (*correctly*) richtig; **to be dressed ~** korrekt gekleidet sein; **~ speaking** genau genommen ② (*socially respectably*) anständig

prop·er 'name, prop·er 'noun *n* Eigenname *m*

prop·er·tied ['prɒpətid, AM 'prɑːpɚt̬id] *adj* begütert *attr*

prop·er·ty ['prɒpəti, AM 'prɑːpɚt̬i] *n* ① *no pl* (*things owned*) Eigentum *nt;* (*owned buildings*) Immobilienbesitz *m;* (*owned land*) Grundbesitz *m;* **private ~** Privatbesitz *m* ② (*piece of real estate*) Immobilie *f* ③ (*attribute*) Eigenschaft *f*

'prop·er·ty de·vel·op·er *n* Immobilienmakler(in) *m(f)* **'prop·er·ty de·vel·op·ment** *n* Grundstückserschließung *f* **'prop·er·ty in·sur·ance** *n no pl* Gebäudeversicherung *f* **'prop·er·ty man, 'prop·er·ty man·ag·er** *n* THEAT Requisiteur *m* **'prop·er·ty mar·ket** *n no pl* Immobilienmarkt *m* **'prop·er·ty room** *n* THEAT Requisitenkammer *f* **'prop·er·ty specu·la·tion** *n no pl* Immobilienspekulation *f* **'prop·er·ty tax** *n* AM (*on land*) ≈ Grundsteuer *f;* (*general*) Vermögenssteuer *f*

proph·ecy ['prɒfəsi, AM 'prɑː-] *n* ① (*prediction*) Prophezeiung *f* ② *no pl* (*ability*)

P

Weissagen *nt*

prophe·sy <-ie-> ['prɒfəsaɪ, AM 'prɑː-] **I.** *vt* prophezeien **II.** *vi* Prophezeiungen machen

proph·et ['prɒfɪt, AM 'prɑː] *n* ❶ (*a. fig: religious figure*) Prophet *m* ❷ (*precursor*) Vorkämpfer(in) *m(f)*

proph·et·ess <*pl* -es> [ˌprɒfɪ'tes, AM 'prɑːfɪt̬əs] *n* Prophetin *f*

pro·phet·ic [prə(ʊ)'fetɪk, AM prə'-] *adj* prophetisch

prophy·lac·tic [ˌprɒfɪ'læktɪk, AM ˌproʊfə'-] **I.** *adj* MED prophylaktisch *fachspr,* vorbeugend *attr* **II.** *n* ❶ (*medicine*) Prophylaktikum *nt fachspr* ❷ *esp* AM (*condom*) Präservativ *nt*

prophy·lax·is [ˌprɒfɪ'læksɪs, AM ˌproʊfə'-] *n no pl* Prophylaxe *f fachspr*

pro·pin·quity [prə(ʊ)'pɪŋkwəti, AM proʊ-'pɪŋkwət̬i] *n no pl* (*form*) ❶ (*proximity*) Nähe *f* ❷ (*similarity, kinship*) Verwandtschaft *f*

pro·pi·tious [prə'pɪʃəs] *adj* (*form*) günstig

prop jet ['prɒpdʒet, AM 'prɑːp-] *n* (*plane*) Turbo-Prop-Flugzeug *nt;* (*engine*) Turbo-Prop-Triebwerk *nt*

pro·po·nent [prə(ʊ)'pəʊnənt, AM prə'poʊ-] *n* Befürworter(in) *m(f)*

pro·por·tion [prə'pɔːʃən, AM -'pɔːr-] *n* ❶ (*part*) Anteil *m* ❷ *no pl* (*relation*) Proportion *f,* Verhältnis *nt* (**to** zu +*dat*); **to be in/out of ~ [to sth]** im/in keinem Verhältnis zu etw *dat* stehen; **to have/keep a sense of ~** bei etw *dat* den richtigen Maßstab anlegen ❸ (*size*) ■**~s** *pl* Ausmaße *pl*

pro·por·tion·al [prə'pɔːʃənəl, AM -'pɔːr-] *adj* proportional (**to** zu +*dat*); **inversely ~** umgekehrt proportional

pro·por·tion·al·ity [prəˌpɔːʃən'æləti, AM -ˌpɔːrʃən'ælət̬i] *n no pl* Verhältnismäßigkeit *f*

pro·por·tion·al rep·re·sen·'ta·tion *n no pl* Verhältniswahlsystem *nt*

pro·por·tion·ate [prə'pɔːʃənət, AM -'pɔːrʃənɪt] *adj* proportional

pro·por·tioned [prə'pɔːʃənd, AM -'pɔːr-] *adj* **beautifully/finely ~** ebenmäßig/anmutig proportioniert

pro·po·sal [prə'pəʊzəl, AM -'poʊ-] *n* ❶ (*suggestion*) Vorschlag *m* ❷ (*offer of marriage*) Antrag *m*

pro·pose [prə'pəʊz, AM -'poʊz] **I.** *vt* ❶ (*suggest, nominate*) vorschlagen ❷ (*intend*) ■**to ~ to do/doing sth** beabsichtigen, etw zu tun ❸ (*put forward*) *motion* stellen; *toast* ausbringen **II.** *vi* ■**to ~ [to sb]** [jdm] einen [Heirats]antrag machen

pro·pos·er [prə'pəʊzər, AM -'poʊzɚ] *n* (*of motion*) Antragsteller(in) *m(f);* (*of candidate*) Vorschlagende(r) *f(m)*

propo·si·tion [ˌprɒpə'zɪʃən, AM ˌprɑːp-] **I.** *n* ❶ (*assertion*) Aussage *f* ❷ (*proposal*) Vorschlag *m;* **business ~** geschäftliches Angebot ❸ (*matter*) Unternehmen *nt;* **a difficult ~** ein schwieriges Unterfangen **II.** *vt* ■**to ~ sb** jdm ein eindeutiges Angebot machen *euph*

pro·pound [prə'paʊnd] *vt* (*form*) darlegen

pro·pri·etary [prə'praɪətəri, AM -teri] *adj* ❶ ECON, LAW (*with legal right*) urheberrechtlich geschützt ❷ (*owner-like*) besitzergreifend

pro·pri·etor [prə'praɪətər, AM proʊ'praɪət̬ɚ] *n* Inhaber(in) *m(f)*

pro·pri·etor·ship [prə'praɪətəʃɪp, AM -t̬ɚ-] *n* Besitz *m*

pro·pri·etress <*pl* -es> [prə'praɪətrɪs, AM proʊ'-] *n* Inhaberin *f*

pro·pri·ety [prə'praɪəti, AM -ət̬i] *n* ❶ *no pl* (*decency*) Anstand *m* ❷ *no pl* (*correctness*) Richtigkeit *f*

pro·pul·sion [prə'pʌlʃən] *n no pl* Antrieb *m*

pro rata [ˌprə(ʊ)'rɑːtə, AM ˌproʊ'reɪt̬ə] *adj, adv* (*form*) anteilmäßig

pro·rate [ˌproʊ'reɪt] *vt* anteilmäßig aufteilen

pro·sa·ic [prə(ʊ)'zeɪɪk, AM proʊ'-] *adj* nüchtern, prosaisch *geh*

pro·scenium <*pl* -s *or* -nia> [prə(ʊ)'siːniəm, AM proʊ'-, *pl* -niə] *n* THEAT Proszenium *nt*

pro·scribe [prə(ʊ)'skraɪb, AM proʊ'-] *vt* (*form*) verbieten

pro·scrip·tion [prə(ʊ)'skrɪpʃən, AM proʊ'-] *n no pl* (*form*) Verbot *nt*

prose [prəʊz, AM proʊz] *n no pl* Prosa *f*

pros·ecut·able [ˌprɒsɪ'kjuːtəbl̩, AM ˌprɑːsɪ'kjuːt̬-] *adj* strafbar

pros·ecute ['prɒsɪkjuːt, AM 'prɑːs-] **I.** *vt* LAW ■**to ~ sb [for sth]** jdn [wegen einer S. *gen*] strafrechtlich verfolgen **II.** *vi* ❶ (*bring a charge*) Anzeige erstatten, gerichtlich vorgehen ❷ (*in court*) für die Anklage zuständig sein

pros·ecut·ing ['prɒsɪkjuːtɪŋ, AM 'prɑːsɪkjuːt̬-] *adj attr* Anklage-; **~ attorney** Staatsanwalt, Staatsanwältin *m, f*

pros·ecu·tion [ˌprɒsɪ'kjuːʃən, AM ˌprɑː-] *n* ❶ *no pl* (*legal action*) strafrechtliche Verfolgung; (*legal team*) ■**the ~** die Anklagevertretung ❷ (*case*) Anklage[erhebung] *f* (**for** wegen +*gen*), Gerichtsverfahren *nt* (**for** gegen +*akk*)

pros·ecu·tor ['prɒsɪkjuːtər, AM 'prɑːsɪkjuːt̬ɚ] *n* Ankläger(in) *m(f)*

pros·elyte ['prɒsəlaɪt, AM 'prɑːs-] *n* REL (*form*) Neubekehrte(r) *f(m)*

P

pros·elyt·ize ['prɒsəlɪtaɪz, AM 'prɑːsə-] **I.** *vt* bekehren **II.** *vi* Leute bekehren

proso·dy ['prɒsədi, AM 'prɑːs-] *n no pl* ❶ LING Prosodie *f fachspr* ❷ LIT Verslehre *f*

pros·pect **I.** *n* ['prɒspekt, AM 'prɑː-] ❶ (*idea*) Aussicht *f* (**of** auf +*akk*) ❷ (*likelihood*) Aussicht *f* (**of** auf +*akk*), Wahrscheinlichkeit *f* ❸ (*opportunities*) ■ **~s** *pl* Aussichten *pl*, Chancen *pl* **II.** *vi* [prə'spekt, AM 'prɑː-] nach Bodenschätzen suchen

pro·spec·tive [prə'spektɪv] *adj* voraussichtlich; *candidate* möglich; *customer* potenziell

pro·spec·tor [prə'spektəʳ, AM 'prɑːspektɚ] *n* MIN Prospektor(in) *m(f) fachspr*

pro·spec·tus [prə'spektəs] *n* Prospekt *m*

pros·per ['prɒspəʳ, AM 'prɑːspɚ] *vi* ❶ (*financially*) florieren ❷ (*physically*) gedeihen

pros·per·ity [prɒs'perəti, AM prɑː'sperəţi] *n no pl* Wohlstand *m*

pros·per·ous ['prɒspᵊrəs, AM 'prɑːspɚ-] *adj* ❶ (*well off*) wohlhabend, reich; *business* gut gehend; *economy* blühend ❷ (*successful*) erfolgreich

pros·tate ['prɒsteɪt, AM 'prɑːs-] *n* Prostata *f*

pros·ti·tute ['prɒstɪtjuːt, AM 'prɑːstətuːt, -tjuːt] **I.** *n* Prostituierte *f* **II.** *vt* ❶ (*sexually*) ■ **to ~ oneself** sich prostituieren ❷ *abilities, talents* verschleudern

pros·ti·tu·tion [ˌprɒstɪ'tjuːʃᵊn, AM ˌprɑːstə'tuː-] *n no pl* Prostitution *f*

pros·trate **I.** *adj* ['prɒstreɪt, AM 'prɑː-] ❶ (*face downward*) ausgestreckt ❷ (*overcome*) überwältigt (**with** von +*dat*) **II.** *vt* [prɒs'treɪt, AM 'prɑːstreɪt] ■ **to ~ oneself** sich zu Boden werfen

pro·tago·nist [prəʊ'tægᵊnɪst, AM proʊ-] *n* ❶ (*main character*) Protagonist(in) *m(f)* ❷ (*advocate*) Verfechter(in) *m(f)* (**of** von +*dat*)

pro·tect [prə'tekt] *vt* schützen (**against** gegen +*akk*, **from** vor +*dat*)

pro·tec·tion [prə'tekʃᵊn] *n* ❶ (*defence*) Schutz *m* (**against, for** gegen, für +*akk*); *of interests* Wahrung *f*; **to be under sb's ~** unter jds Schutz stehen ❷ *no pl* (*paid to criminals*) Schutzgeld *nt*

pro·'tec·tion dog *n* Wachhund *m* **pro·'tec·tion fac·tor** *n* Lichtschutzfaktor *m* **pro·tec·tion·ism** [prə'tekʃᵊnɪzᵊm] *n no pl* Protektionismus *m*

pro·tec·tion·ist [prə'tekʃᵊnɪst] **I.** *adj* (*pej*) protektionistisch **II.** *n* Protektionist(in) *m(f)*

pro·'tec·tion rack·et *n* Erpresserorganisation *f*

pro·tec·tive [prə'tektɪv] *adj* ❶ (*affording protection*) Schutz- ❷ (*wishing to protect*) fürsorglich (**of, towards** gegenüber +*dat*)

pro·tec·tor [prə'tektəʳ, AM -ɚ] *n* ❶ (*person*) Beschützer(in) *m(f)* ❷ (*device*) Schutzvorrichtung *f*

pro·tec·tor·ate [prə'tektᵊrət, AM -ɪt] *n* Protektorat *nt*

pro·té·gé, pro·té·gée ['prɒtɪʒeɪ, AM 'proʊţə-] *n* Protegé *m geh*

pro·tein ['prəʊtiːn, AM 'proʊ-] **I.** *n* ❶ *no pl* (*collectively*) Eiweiß *nt* ❷ (*specific substance*) Protein *nt* **II.** *adj content* Eiweiß-

pro·test **I.** *n* ['prəʊtest, AM 'proʊ-] ❶ (*strong complaint*) Protest *m*; **to make a ~** eine Beschwerde einreichen ❷ (*demonstration*) Protestkundgebung *f* **II.** *vi* [prə(ʊ)'test, AM proʊ'-] protestieren **III.** *vt* [prə(ʊ)'test, AM proʊ'-] ❶ (*assert*) beteuern ❷ AM (*object to*) ■ **to ~ sth** gegen etw *akk* protestieren

Prot·es·tant ['prɒtɪstᵊnt, AM 'prɑːţə-] **I.** *n* Protestant(in) *m(f)* **II.** *adj* protestantisch; (*in Germany*) evangelisch

Prot·es·tant·ism ['prɒtɪstᵊntɪzᵊm, AM 'prɑːţə-] *n no pl* Protestantismus *m*

pro·tes·ta·tion [ˌprɒtes'teɪʃᵊn, AM ˌprɑːţes'-] *n usu pl* ❶ (*strong objection*) Protesterklärung *f* ❷ (*strong affirmation*) Beteuerung *f*

pro·test·er [prə'testəʳ, AM -ɚ] *n* (*objector*) Protestierende(r) *f(m)*; (*demonstrator*) Demonstrant(in) *m(f)*

'pro·test march *n* Protestmarsch *m* **'pro·test vote** *n* Proteststimme *f*

proto·col ['prəʊtəkɒl, AM 'proʊţəkɔːl] *n* ❶ *no pl* (*system of rules*) Protokoll *nt* ❷ (*international agreement*) Protokoll *nt*

pro·ton ['prəʊtɒn, AM 'proʊtɑːn] *n* PHYS Proton *nt*

proto·plasm ['prəʊtə(ʊ)plæzᵊm, AM 'proʊţə-] *n no pl* Protoplasma *nt*

proto·type ['prəʊtə(ʊ)taɪp, AM 'proʊţə-] *n* Prototyp *m* (**for** für +*akk*)

proto·zoan <*pl* -s *or* -zoa> [ˌprəʊtə(ʊ)'zəʊən, *pl* -zəʊə, AM ˌproʊţə'zoʊ-, *pl* -zoʊə] *n* Protozoon *m fachspr*, Urtierchen *nt*

pro·tract [prəʊ'trækt, AM proʊ'-] *vt* (*form*) in die Länge ziehen

pro·tract·ed [prəʊ'træktɪd, AM proʊ'-] *adj* langwierig

pro·trac·tion [prəʊ'trækʃᵊn, AM proʊ'-] *n* ❶ *no pl* (*prolonging*) Ausdehnung *f* ❷ (*muscle action*) Streckung *f*

pro·trac·tor [prəʊ'træktəʳ, AM proʊ'træktɚ] *n* ❶ MATH Winkelmesser *m* ❷ (*muscle*) Streckmuskel *m*

pro·trude [prəʊ'truːd, AM proʊ'-] *vi* hervorragen (**from** aus +*dat*); *jaw* vorstehen;

branch, ears abstehen

pro·trud·ing [prəʊ'tru:dɪŋ, AM proʊ'-] *adj attr jaw* vorstehend; *ears* abstehend; *eyes* vortretend

pro·tru·sion [prəʊ'tru:ʒən, AM proʊ'-] *n* ❶ *no pl* (*sticking out*) Vorstehen *nt* ❷ (*bump*) Vorsprung *m*

pro·tu·ber·ance [prəʊ'tju:bərən(t)s, AM proʊ'tu:b-, -tju:b-] *n* (*form*) Beule *f*

pro·tu·ber·ant [prəʊ'tju:bərənt, AM proʊ'tu:b-] *adj* (*form*) vorstehend; *eyes* vortretend

proud [praʊd] **I.** *adj* ❶ (*pleased*) stolz (**of** auf +*akk*) ❷ (*having self-respect*) stolz ❸ (*pej: arrogant*) eingebildet ❹ BRIT (*protrude*) **to stand ~** [**of sth**] [von etw *dat*] abstehen **II.** *adv* **to do sb ~** BRIT, AUS (*dated: treat well*) jdn verwöhnen; AM (*please by doing well*) jdn mit Stolz erfüllen

proud·ly ['praʊdli] *adv* ❶ (*with pride*) stolz ❷ (*pej: haughtily*) hochnäsig *fam*

prov·able ['pru:vəbl̩] *adj* beweisbar; *theory* nachweisbar

prove <-d, -d *or* AM *usu* proven> [pru:v] **I.** *vt* ❶ (*establish*) beweisen ❷ (*show*) **to ~ oneself to be sth** sich als etw erweisen **II.** *vi* ❶ + *n/adj* sich erweisen; **to ~ successful** sich als erfolgreich erweisen ❷ BRIT *dough* gehen lassen

Aussprache

Das **o** in pr**o**ve wird wie das **ui** in fr**ui**t ausgesprochen:

prove	[pru:v]
fruit	[fru:t]

prov·en ['pru:vən] **I.** *vt, vi esp* AM *pp of* **prove II.** *adj* nachgewiesen; *remedy* erprobt

prov·enance ['prɒvənən(t)s, AM 'prɑ:vənən(t)s] *n no pl* (*form*) Herkunft *f*; **of unknown ~** unbekannter Herkunft

prov·en·der ['prɒvɪndər, AM 'prɑ:vəndɚ] *n no pl* (*hum: sustenance*) Futter *nt fam*

prov·erb ['prɒvɜ:b, AM 'prɑ:vɜ:rb] *n* (*saying*) Sprichwort *nt*

pro·ver·bial [prə(ʊ)'vɜ:biəl, AM prə'vɜ:r-] *adj* (*fig: well-known*) sprichwörtlich

pro·vide [prə(ʊ)'vaɪd, AM prə'-] **I.** *vt* zur Verfügung stellen, bereitstellen; *evidence, explanation* liefern; ■**to ~ sb/sth with sth** (*supply*) jdn/etw mit etw *dat* versorgen; (*offer*) jdm/etw etw bieten **II.** *vi* ❶ (*look after*) ■**to ~ for sb/oneself** für jdn/sich selbst sorgen ❷ (*form: enable*) ■**to ~ for sth** etw ermöglichen; *law* etw erlauben

pro·vid·ed [prə(ʊ)'vaɪdɪd, AM prə'-] **I.** *adj* mitgeliefert, beigefügt **II.** *conj see* **providing** [**that**]

provi·dence ['prɒvɪdən(t)s, AM 'prɑ:və-] *n no pl* Vorsehung *f*

provi·den·tial [ˌprɒvɪ'den(t)ʃəl, AM ˌprɑ:və'-] *adj* (*form*) günstig, glücklich

pro·vid·er [prə(ʊ)'vaɪdər, AM prə'vaɪdɚ] *n* ❶ (*supplier*) Lieferant(in) *m(f)* ❷ (*breadwinner*) Ernährer(in) *m(f)*

pro·vid·ing [prə(ʊ)'vaɪdɪŋ, AM prə'-] *conj* ■~ (**that**) ... sofern, vorausgesetzt, dass ...

prov·ince ['prɒvɪn(t)s, AM 'prɑ:-] *n* ❶ (*territory*) Provinz *f* ❷ *no pl* (*area of knowledge*) [Fach]gebiet *nt;* (*area of responsibility*) Zuständigkeitsbereich *m*

pro·vin·cial [prə(ʊ)'vɪn(t)ʃəl, AM prə'-] **I.** *adj* ❶ (*of a province*) Provinz- ❷ (*pej: unsophisticated*) provinziell **II.** *n* ❶ (*province inhabitant*) Provinzbewohner(in) *m(f)* ❷ (*pej: unsophisticated person*) Provinzler(in) *m(f)* **'prov·ing ground** *n* Versuchsgelände *nt*

pro·vi·sion [prə(ʊ)'vɪʒən, AM prə'-] **I.** *n* ❶ *no pl* (*providing*) Versorgung *f;* (*financial precaution*) Vorkehrung *f* ❷ (*something supplied*) Vorrat *m* (**of** an +*dat*) ❸ (*stipulation*) Auflage *f;* **with the ~ that ...** unter der Bedingung, dass ... **II.** *vt, vi* versorgen

pro·vi·sion·al [prə(ʊ)'vɪʒənəl, AM prə'-] *adj* vorläufig

pro·vi·sion·al 'li·cence *n* BRIT, AUS Führerschein *m* auf Probe

Land und Leute

In Großbritannien erlaubt der **provisional driving licence** Fahrschülern, auf öffentlichen Straßen Auto zu fahren, vorausgesetzt, sie werden vom Besitzer eines voll gültigen Führerscheins, der älter als 21 Jahre ist, begleitet. Die Fahrschüler sind gesetzlich verpflichtet, an ihrem Fahrzeug vorne und hinten ein weißes Schild mit einem roten „L“ anzubringen. Damit sollen die anderen Verkehrsteilnehmer gewarnt werden, dass es sich um einen Fahrschüler handelt.

pro·vi·so [prə(ʊ)'vaɪzəʊ, AM prə'vaɪzoʊ] *n* Vorbehalt *m*

provo·ca·tion [ˌprɒvə'keɪʃən, AM ˌprɑ:-] *n* Provokation *f*

pro·voca·tive [prə'vɒkətɪv, AM -'vɑ:kət̬-] *adj* ❶ (*provoking*) provokativ *geh* ❷ (*sexually arousing*) provokant *geh,* provozierend *attr*

pro·voke [prə'vəʊk, AM -'voʊk] *vt* ❶ (*vex*) ■**to ~ sb** [**into doing sth**] jdn [zu etw *dat*] provozieren ❷ *worries, surprise, outrage* hervorrufen

pro·vok·ing [prəˈvəʊkɪŋ, AM -ˈvoʊk-] *adj* provozierend *attr; question* provokativ *geh; statement* provokant *geh*

prov·ost [ˈprɒvəst, AM ˈproʊvoʊst] *n* ❶ BRIT UNIV Hochschulleiter(in) *m(f);* AM [hoher] Verwaltungsbeamte(r), [hohe] Verwaltungsbeamte [*o* -in] ❷ SCOT (*mayor*) Bürgermeister(in) *m(f)*

prow [praʊ] *n* Bug *m*

prow·ess [ˈpraʊɪs] *n no pl* (*esp form*) Können *nt,* Leistungsfähigkeit *f*

prowl [praʊl] **I.** *n* (*fam*) Streifzug *m* **II.** *vt* durchstreifen **III.** *vi* ■**to ~ [around]** umherstreifen

ˈprowl car *n* AM (*patrol car*) Streifenwagen *m*

prowl·er [ˈpraʊləʳ, AM -ɚ] *n* Herumtreiber(in) *m(f) fam*

ˈprowl·ing [ˈpraʊlɪŋ] *n* Herumtreiben *nt*

prox·im·ity [prɒkˈsɪməti, AM prɑːkˈsɪməţi] *n no pl* Nähe *f*

proxy [ˈprɒksi, AM ˈprɑː-] *n* Bevollmächtigte(r) *f(m); to sign* Zeichnungsbevollmächtigte(r)

prude [pruːd] *n* prüder Mensch

pru·dence [ˈpruːdᵊn(t)s] *n no pl* Vorsicht *f,* Besonnenheit *f*

pru·dent [ˈpruːdᵊnt] *adj* vorsichtig, umsichtig; *action* klug

prud·ery [ˈpruːdᵊri, AM -ɚi] *n* Prüderie *f*

prud·ish [ˈpruːdɪʃ] *adj* prüde

prune¹ [pruːn] *vt* HORT [be]schneiden; (*fig*) reduzieren; *costs* kürzen

prune² [pruːn] *n* (*plum*) Dörrpflaume *f*

prun·ing [ˈpruːnɪŋ] **I.** *adj* Schneide- **II.** *n no pl* HORT Zurückschneiden *nt,* Stutzen *nt*

ˈprun·ing hook *n* Schneidehaken *m* **ˈprun·ing saw** *n* Baumsäge *f* **ˈprun·ing shears** *npl* AM (*secateurs*) Gartenschere *f*

pru·ri·ence [ˈprʊəriən(t)s, AM ˈprʊr-] *n no pl* (*pej form: obsession*) *with sexual matters* Lüsternheit *f; with unpleasantness* Abartigkeit *f*

pru·ri·ent [ˈprʊəriənt, AM ˈprʊr-] *adj* (*pej form*) lüstern; *inclination* abartig

Prus·sia [ˈprʌʃə] *n* HIST Preußen *nt*

Prus·sian [ˈprʌʃən] **I.** *n* (*hist*) Preuße(in) *m(f)* **II.** *adj* HIST preußisch

prus·sic ˈacid *n no pl* (*dated*) Blausäure *f*

pry¹ <-ie-> [praɪ] *vi* neugierig sein; ■**to ~ into sth** seine Nase in etw *akk* stecken *fam*

pry² <-ie-> [praɪ] *vt esp* AM (*prise*) ■**to ~ sth open** etw aufbrechen; **to ~ a secret out of sb** jdm ein Geheimnis entlocken

pry·ing [ˈpraɪɪŋ] *adj* (*pej*) neugierig

PS [ˌpiːˈes] *n abbrev of* **postscript** PS *nt*

psalm [sɑːm] *n* REL Psalm *m; see also* **salmon**

pse·phol·ogy [(p)sɪˈfɒlədʒi, AM siːˈfɑːl-] *n no pl* Wahlanalyse *f*

pseud [sjuːd] BRIT **I.** *n* (*pej*) Möchtegern *m fam* **II.** *adj* (*pej*) angeberisch

pseu·do [ˈsjuːdəʊ, AM ˈsuːdoʊ] *adj* ❶ (*false*) Pseudo-, Möchtegern- ❷ (*insincere*) heuchlerisch, verlogen

pseudo·nym [ˈsjuːdənɪm, AM ˈsuːdᵊn-] *n* Pseudonym *nt*

psit·ta·co·sis [ˌ(p)sɪtəˈkəʊsɪs, AM ˌsɪtəˈkoʊ-] *n no pl* Psittakose *f fachspr*

psych [saɪk] *vt* (*fam: prepare*) ■**to ~ oneself/sb up** sich *akk*/jdn [psychisch] aufbauen ◆**psych out** *vt* (*fam: intimidate*) ■**to ~ out** ⊂ **sb** jdn psychologisch schwächen

psyche [saɪk] *n* Psyche *f*

psychedel·ic [ˌsaɪkɪˈdelɪk, AM -kəˈ-] *adj* psychedelisch

psy·chi·at·ric [ˌsaɪkiˈætrɪk] *adj* psychiatrisch

psy·chia·trist [saɪˈkaɪətrɪst] *n* Psychiater(in) *m(f)*

psy·chia·try [saɪˈkaɪətri] *n no pl* Psychiatrie *f*

psy·chic [ˈsaɪkɪk] **I.** *n* Medium *nt* **II.** *adj* ❶ (*supernatural*) übernatürlich ❷ (*of the mind*) psychisch, seelisch

psycho·ana·lyse [ˌsaɪkəʊˈænᵊlaɪz, AM -koʊˈænə-] *vt* psychoanalysieren

psycho·analy·sis [ˌsaɪkəʊəˈnæləsɪs, AM -koʊəˈ-] *n no pl* Psychoanalyse *f*

psycho·ana·lyst [ˌsaɪkəʊˈænᵊlɪst, AM -koʊˈænə-] *n* Psychoanalytiker(in) *m(f)*

psycho·ana·lyt·ic(al) [ˌsaɪkəʊˌænᵊlˈɪtɪk(ᵊl), AM -koʊˌænəˈlɪţ-] *adj* psychoanalytisch

psycho·logi·cal [ˌsaɪkəˈlɒdʒɪkᵊl, AM -ˈlɑːdʒ-] *adj* ❶ (*of the mind, not physical*) psychisch ❷ (*of psychology*) psychologisch

psy·cholo·gist [saɪˈkɒlədʒɪst, AM -ˈkɑːl-] *n* Psychologe, Psychologin *m, f*

psy·chol·ogy [saɪˈkɒlədʒi, AM -ˈkɑːl-] *n* Psychologie *f*

psycho·path [ˈsaɪkə(ʊ)pæθ, AM -kə-] *n* Psychopath(in) *m(f)*

psycho·path·ic [ˌsaɪkə(ʊ)ˈpæθɪk, AM -kəˈ-] *adj* psychopathisch

psy·cho·sis <*pl* -ses> [saɪˈkəʊsɪs, AM -ˈkoʊ-, *pl* -siːz] *n* Psychose *f*

psycho·so·mat·ic [ˌsaɪkə(ʊ)sə(ʊ)ˈmætɪk, AM -koʊsoʊˈmæţ-] *adj* psychosomatisch

psycho·thera·pist [ˌsaɪkə(ʊ)ˈθerəpɪst, AM -koʊˈ-] *n* Psychotherapeut(in) *m(f)*

psycho·thera·py [ˌsaɪkə(ʊ)ˈθerəpi, AM -koʊˈ-] *n no pl* Psychotherapie *f*

psy·chot·ic [saɪˈkɒtɪk, AM -ˈkɑːţ-] **I.** *adj* psychotisch **II.** *n* Psychotiker(in) *m(f)*

PT [ˌpiːˈtiː] *n no pl* MED *abbrev of* **physical therapy** Physiotherapie *f*

PTA [ˌpiːtiːˈeɪ] *n abbrev of* **parent-teacher association** Eltern-Lehrer-Organisation *f*

ptar·mi·gan [ˈtɑːmɪgən, AM ˈtɑːr-] *n* Schneehuhn *nt*

pto [ˌpiːtiːˈəʊ, AM -ˈoʊ] *abbrev of* **please turn over** b.w.

pub [pʌb] *n* (*fam*) *short for* **public house** Kneipe *f*

ˈpub crawl *n esp* BRIT (*fam*) Kneipentour *f*

pu·ber·ty [ˈpjuːbəti, AM -bɚt̬i] *n no pl* Pubertät *f*

pu·bic [ˈpjuːbɪk] *adj attr* Scham-

pu·bis <*pl* -bes> [ˈpjuːbɪs, *pl* -biːz] *n* Schambein *nt*

pub·lic [ˈpʌblɪk] **I.** *adj* öffentlich **II.** *n* + *sing/pl vb* ① (*the people*) ■**the ~** die Öffentlichkeit, die Allgemeinheit ② (*patrons*) Anhängerschaft *f*; *of newspapers* Leser *pl*; *of TV* Zuschauer *pl*, Publikum *nt* ③ (*not in private*) Öffentlichkeit *f*; **in ~** in der Öffentlichkeit, öffentlich

Grammatik

Wenn man von **the public** im Sinne von einer Einheit spricht, wird es mit einem Verb im Singular gebraucht: *the public is at risk.*

Wenn man jedoch von den einzelnen Gruppenmitgliedern sprechen will, wird **the public** mit einem Verb im Plural gebraucht: *the public are encouraged to take part.*

pub·lic ac·ˈcount·ant *n* AM (*licensed by state*) Buchprüfer(in) *m(f)*; (*chartered*) ≈ Wirtschaftsprüfer(in) *m(f)* **pub·lic ad·ˈdress, pub·lic ad·ˈdress sys·tem** *n* Lautsprecheranlage *f* **pub·lic af·ˈfairs** *npl* öffentliche Angelegenheiten

pub·li·can [ˈpʌblɪkən] *n* BRIT, AUS Kneipenbesitzer(in) *m(f)*

pub·lic ap·ˈpear·ance *n* öffentlicher Auftritt **pub·lic ap·ˈpoint·ment** *n* POL, ADMIN öffentliche Bestellung **pub·lic as·ˈsist·ance** *n* AM staatliche Fürsorge

pub·li·ca·tion [ˌpʌblɪˈkeɪʃᵊn] *n* ① *no pl* (*publishing*) Veröffentlichung *f* ② (*published work*) Publikation *f*

pub·lic ˈbar *n* BRIT [Steh]ausschank *m* **pub·lic ˈcom·pa·ny** *n* BRIT Aktiengesellschaft *f* **pub·lic con·ˈveni·ence** *n* BRIT, AUS (*euph form*) öffentliche Toilette **pub·lic de·ˈfend·er** *n* AM LAW Pflichtverteidiger(in) *m(f)* **pub·lic do·ˈmain** *n* ① (*government property*) öffentliches Eigentum, Staatsbesitz *m* ② (*not subject to copyright*) **to be in the ~** zum Allgemeingut gehören **pub·lic ˈen·emy** *n* Staatsfeind *m* **pub·lic ex·ˈpen·di·ture** *n* Staatsausgaben *pl* **pub·lic ˈfunds** *npl* öffentliche Gelder **pub·lic ˈhealth** *n no pl* Volksgesundheit *f veraltend* **pub·lic ˈhealth ser·vice** *n* [staatliches] Gesundheitssystem **pub·lic ˈholi·day** *n* gesetzlicher Feiertag **pub·lic ˈhouse** *n* BRIT (*form*) Kneipe *f fam* **pub·lic in·for·ˈma·tion of·fic·er** *n* Pressesprecher(in) *m(f)* **pub·lic ˈin·ter·est** *n* öffentliches Interesse

pub·li·cist [ˈpʌblɪsɪst] *n* ① (*agent*) Publizist(in) *m(f)* ② (*pej: attention-seeker*) **self-~** Selbstdarsteller(in) *m(f)*

pub·lic·ity [pʌbˈlɪsəti, AM -ət̬i] **I.** *n no pl* ① (*promotion*) Publicity *f*, Reklame *f* ② (*attention*) Aufsehen *nt*, Aufmerksamkeit *f* **II.** *adj* Publicity-, Werbe-

pub·ˈlic·ity agent *n* Werbeagent(in) *m(f)* **pub·ˈlic·ity cam·paign** *n* Werbekampagne *f* **pub·ˈlic·ity de·part·ment** *n* Werbeabteilung *f*

pub·li·cize [ˈpʌblɪsaɪz] *vt* bekannt machen

pub·lic ˈlaw *n* öffentliches Recht **pub·lic ˈli·brary** *n* öffentliche Bibliothek **pub·lic lim·it·ed ˈcom·pa·ny** *n* BRIT Aktiengesellschaft *f* **pub·lic ˈloan** *n* Staatsanleihe *f*

pub·lic·ly [ˈpʌblɪkli] *adv* ① (*not privately*) öffentlich ② (*by the state*) staatlich

pub·lic ˈnui·sance *n* ① (*act*) öffentliches Ärgernis ② (*fam: person*) Störenfried *m* **pub·lic oˈpin·ion** *n* öffentliche Meinung **pub·lic ˈprop·er·ty** *n no pl* Staatseigentum *nt* **pub·lic pros·eˈcu·tion** *n* Staatsanwaltschaft *f* **pub·lic ˈpros·ecu·tor** *n* Staatsanwalt, Staatsanwältin *m, f* **pub·lic ˈrec·ords** *npl* staatliche Archive

pub·lic re·ˈla·tions I. *npl* MEDIA, POL Public Relations *pl*, Öffentlichkeitsarbeit *f kein pl* **II.** *adj campaign, department* Public-Relations-; **~ consultant** PR-Berater(in) *m(f)*

pub·lic-re·ˈla·tions of·fic·er *n* Öffentlichkeitsreferent(in) *m(f)* **pub·lic ˈschool** *n* BRIT Privatschule *f*; AM, AUS, SCOT staatliche Schule

Land und Leute

In Großbritannien werden unabhängige Schulen als **public schools** bezeichnet. **Public schools** werden nicht durch staatliche Mittel finanziert sondern größtenteils durch Gebühren, welche die Eltern der Schüler bezahlen. Viele **public schools** stammen aus dem 19.Jh.. Die ältesten Schulen begannen als *grammar schools*

für arme Studenten, z. B. *Winchester* (im 14. Jh.), *Eton* (im 15. Jh.) und *Harrow* (im 16. Jh.).
In den USA ist eine **public school** jedoch eine kostenlose, durch Steuern finanzierte Schule, die von der lokalen Regierung kontrolliert wird.

pub·lic 'sec·tor *n* öffentlicher Sektor **pub·lic 'ser·vice** *n* öffentlicher Dienst; ~ **announcement** öffentliche Bekanntgabe; ~ **employee** öffentliche Bedienstete/öffentlicher Bediensteter **pub·lic-'spir·it·ed** *adj* (*approv*) von Gemeinsinn zeugend *attr* **pub·lic 'tele·phone** *n esp* BRIT öffentlicher Fernsprecher **pub·lic 'trans·port** BRIT, *esp* AM **pub·lic trans·por·'ta·tion** *n* öffentliche Verkehrsmittel **pub·lic u'til·ity** *n* Leistungen *pl* der öffentlichen Versorgungsbetriebe; (*company*) öffentlicher Versorgungsbetrieb **pub·lic 'works** *npl* öffentliche Bauprojekte

pub·lish ['pʌblɪʃ] *vt article, result* veröffentlichen; *book, magazine, newspaper* herausgeben

pub·lish·er ['pʌblɪʃəʳ, AM -ɚ] *n* MEDIA ❶ (*company*) Verlag *m* ❷ (*person*) Verleger(in) *m(f)* ❸ AM (*newspaper owner*) Herausgeber(in) *m(f)*

pub·lish·ing ['pʌblɪʃɪŋ] **I.** *n no pl, no art* Verlagswesen *nt* **II.** *adj attr* Verlags-

'pub·lish·ing house *n* Verlag *m,* Verlagshaus *nt*

puck [pʌk] *n* SPORTS Puck *m*

puck·er ['pʌkəʳ, AM -ɚ] **I.** *vt* in Falten legen; *lips* spitzen **II.** *vi* ■**to ~ [up]** *cloth* sich kräuseln; *lips* sich spitzen; *eyebrows* sich runzeln

pud·ding ['pʊdɪŋ] *n* ❶ BRIT (*dessert course*) Nachspeise *f* ❷ *no pl* AM (*blancmange*) Pudding *m* ❸ *esp* BRIT (*savoury with suet pastry*) [Fleisch]pastete *f*

pud·dle ['pʌdl̩] *n* Pfütze *f*

pu·den·da [pjuː'dendə] *npl* (*form*) Genitalien *pl*

pudgy ['pʌdʒi] *adj esp* AM rundlich; *face* schwammig; *person* pummelig

pu·er·ile ['pjʊəraɪl, AM 'pjuːɚɪl] *adj* kindisch *pej*

pu·er·il·ity [pjʊə'rɪləti, AM pjuːə'rɪlət̬i] *n no pl* (*pej: childishness*) Albernheit *f*

Puer·to Ri·can [ˌpwɜːtə(ʊ)'riːkən, AM ˌpwert̬ə'-] **I.** *n* Puerto-Ricaner(in) *m(f)* **II.** *adj* puerto-ricanisch

Puer·to Rico [ˌpwɜːtə(ʊ)'riːkəʊ, AM ˌpwert̬ə'riːkoʊ] *n* Puerto Rico *nt*

puff [pʌf] **I.** *n* ❶ (*fam: short blast*) Windstoß *m; of breath* Atemstoß *m; of vapour* Wolke *f* ❷ AM, CAN (*quilt*) Federbett *nt* ❸ (*drag*) Zug *m* ❹ (*pastry*) Blätterteig *m* **II.** *vi* ❶ (*breathe heavily*) schnaufen ❷ (*smoke*) paffen **III.** *vt* ❶ (*smoke*) paffen ❷ (*fam: praise*) aufbauschen ◆**puff out** *vt* ❶ (*expand*) aufblähen; *feathers* aufplustern ❷ BRIT (*exhaust*) erschöpfen ◆**puff up I.** *vt* ❶ (*make swell*) [an]schwellen lassen ❷ (*fig*) ■**to ~ oneself up** *person* sich aufblasen **II.** *vi* [an]schwellen

'puff ad·der *n* Puffotter *f*

'puff·ball *n* BOT Bovist *m*

puff·ball 'skirt *n* Ballonrock *m*

puf·fin ['pʌfɪn] *n* Papageientaucher *m*

puff 'pas·try *n no pl* Blätterteig *m*

puf·fy ['pʌfi] *adj* geschwollen, verschwollen

pug [pʌg] *n* Mops *m*

pu·gi·lism ['pjuːdʒɪlɪzᵊm] *n* ❶ SPORTS (*dated: boxing*) Boxen *nt;* (*fight*) Faustkampf *m* *geh* ❷ (*fam: enjoying hitting*) Prügellust *f*

pu·gi·list ['pjuːdʒɪlɪst] *n* ❶ (*dated: boxer*) Boxkämpfer *m* ❷ (*fam: one who enjoys hitting*) Schläger *m fam*

pug·na·cious [pʌg'neɪʃəs] *adj* (*form*) kampflustig

pug·nac·ity [pʌg'næsəti, AM -ət̬i] *n no pl* (*form*) Kampflust *f*

'pug nose *n* Stupsnase *f*

puke [pjuːk] (*fam!*) **I.** *vt* ■**to ~ sth** ↻ **[up]** etw [aus]kotzen *sl* **II.** *vi* ■**to ~ [up]** kotzen *sl,* spucken *fam* **III.** *n no pl* Kotze *f sl*

puk·ka ['pʌkə] *adj* (*dated fam: genuine*) echt; (*of good quality*) ausgezeichnet

pull [pʊl] **I.** *n* ❶ (*tug*) Zug *m,* Ziehen *nt* ❷ *no pl* (*force*) Zugkraft *f; of the earth, moon* Anziehungskraft *f; of the water* Sog *m* ❸ (*on a cigarette*) Zug *m;* (*on a bottle*) Schluck *m* ❹ (*attraction*) Anziehung *f; of a person* Anziehungskraft *f* ❺ *no pl* (*fam: influence*) Einfluss *m* ❻ (*handle*) [Hand]griff *m* **II.** *vt* ❶ (*draw*) ziehen; *trigger* abdrücken ❷ (*put on*) **to ~ sth over one's head** *clothes* sich *dat* etw über den Kopf ziehen ❸ MED *muscle, tendon* zerren ❹ (*fam*) *gun, knife, tooth* ziehen ❺ BRIT, AUS (*sl: attract sexually*) aufreißen ❻ (*help through*) ■**to ~ sb through sth** jdn durch etw *akk* durchbringen ❼ (*fam: cancel*) *event* absagen ▶PHRASES: **to ~ a <u>fast</u> one** (*sl*) einen [gerissenen] Trick anwenden; **to ~ sb's <u>leg</u>** (*fam*) jdn auf den Arm nehmen; **to ~ <u>strings</u>** Beziehungen spielen lassen **III.** *vi* ❶ (*draw*) ■**to ~ [at sth]** [an etw *dat*] ziehen ❷ (*drive*) ■**to ~ into sth** in etw *akk* hineinfahren ❸ BRIT (*sl: attract sexually*) jdn aufreißen ◆**pull about** *vt* herumzerren ◆**pull ahead** *vi* ❶ (*overtake*) **to ~ ahead of sb**

P

jdn überholen ② SPORTS in Führung gehen ③ (*make a career*) weiterkommen ◆**pull apart** *vt* ① (*break*) zerlegen ② (*separate*) auseinanderziehen ③ (*criticize*) *book, play* zerpflücken ◆**pull around** **I.** *vt* herumzerren **II.** *vi* sich erholen ◆**pull aside** *vt* ■**to ~ sb aside** jdn zur Seite nehmen ◆**pull away** **I.** *vi* ■**to ~ away from sb/sth** ① (*leave*) sich von jdm/etw wegbewegen; **the bus ~ed away** der Bus fuhr davon ② SPORTS *runner* sich vom Feld absetzen ③ (*recoil*) vor jdm/etw zurückweichen **II.** *vt* wegreißen; ■**to ~ sth away from sb/sth** jdm/etw etw entreißen ◆**pull back** **I.** *vi* ① (*recoil*) zurückschrecken ② (*back out*) ■**to ~ back [from sth]** [von etw *dat*] einen Rückzieher machen; (*from policies*) sich [von etw *dat*] distanzieren **II.** *vt* ① (*draw back*) zurückziehen; *bed sheets* zurückschlagen; *curtains* aufziehen ② (*score*) [wieder] aufholen ◆**pull down** *vt* ① (*move down*) herunterziehen ② *building* abreißen ③ AM (*fam: earn*) kassieren ◆**pull in** **I.** *vi* TRANSP ① (*arrive*) einfahren ② (*move over*) [wieder] einscheren **II.** *vt* ① (*attract*) anziehen ② BRIT (*fam: earn*) [ab]kassieren ③ (*suck in*) einziehen ◆**pull off** **I.** *vt* ① (*take off*) [schnell] ausziehen ② (*fam: succeed*) durchziehen; *deal* zustande bringen; *order* an Land ziehen; *victory* davontragen **II.** *vi* losfahren, abfahren ◆**pull on** *vt* [schnell] überziehen ◆**pull out** **I.** *vi* ① (*move out*) *vehicle* ausscheren; **to ~ out of a road** von einer Straße abfahren ② (*leave*) ausfahren ③ (*withdraw*) aussteigen *fam;* ■**to ~ out of sth** sich aus etw *dat* zurückziehen **II.** *vt* ① MIL **to ~ out troops** Truppen abziehen ② (*get out*) ■**to ~ sth out of sth** etw aus etw *dat* [heraus]ziehen ③ (*take out*) herausziehen ◆**pull over** **I.** *vt* ① (*make fall*) umreißen ② (*stop*) anhalten **II.** *vi vehicle* zur Seite fahren ◆**pull round** BRIT **I.** *vi* sich erholen **II.** *vt* [her]umdrehen ◆**pull through** **I.** *vi* (*survive*) durchkommen **II.** *vt* ■**to ~ sb/sth through [sth]** jdn/etw [durch etw *akk*] durchbringen ◆**pull to** *vt door, window* zuziehen ◆**pull together** **I.** *vt* ① (*regain composure*) ■**to ~ oneself together** sich zusammennehmen ② (*organize*) auf die Beine stellen *fig fam* **II.** *vi* zusammenarbeiten ◆**pull under** *vt* herunterziehen ◆**pull up** **I.** *vt* ① (*raise*) hochziehen; *chair* heranziehen ② (*fam: reprimand*) ■**to ~ sb up** jdn zurechtweisen ▶ PHRASES: **to ~ one's socks up** (*fam*) sich zusammenreißen **II.** *vi vehicle* [heranfahren und] anhalten

pull-down 'menu *n* Pulldown-Menü *nt*

pul·let ['pʊlɪt] *n* Junghenne *f*

pul·ley ['pʊli] *n* Flaschenzug *m*

'pull-out **I.** *n* ① MIL Rückzug *m* ② MEDIA [Sonder]beilage *f* **II.** *adj* herausziehbar **'pull·over** *n esp* BRIT Pullover *m* **'pull-up** *n* (*exercise*) Klimmzug *m*

pul·mo·nary ['pʌlmənᵊri, AM -neri] *adj* Lungen-

pulp [pʌlp] **I.** *n* ① (*mush*) Brei *m;* **to beat sb to a ~** (*fig fam*) jdn zu Brei schlagen ② (*in paper-making*) [Papier]brei *m* ③ FOOD Fruchtfleisch *nt kein pl* **II.** *adj* ① (*pej: trashy*) Schund- ② (*in paper-making*) Papier- **III.** *vt* ① (*mash*) zu Brei verarbeiten; *food* zerstampfen ② (*destroy printed matter*) einstampfen

pul·pit ['pʊlpɪt] *n* Kanzel *f*

pul·sar ['pʌlsɑːʳ, AM -sɑːr] *n* Pulsar *m*

pul·sate [pʌl'seɪt, AM 'pʌlseɪt] *vi* pulsieren; (*with noise*) *building, loudspeaker* vibrieren

pul·sa·tion [pʌl'seɪʃᵊn] *n* Pulsieren *nt*

pulse[1] [pʌls] **I.** *n* ① (*heartbeat*) Puls *m;* **to take sb's ~** jds Puls fühlen ② (*vibration*) [Im]puls *m* ③ (*fig: mood*) **to take the ~ of sth** etw sondieren *geh;* **to have one's finger on the ~** am Ball sein **II.** *vi* pulsieren

pulse[2] [pʌls] *n* FOOD Hülsenfrucht *f*

pul·ver·ize ['pʌlvᵊraɪz, AM -və-] *vt* ① (*crush*) pulverisieren ② (*fam: damage*) demolieren ③ (*fig fam: thrash*) ■**to ~ sb** jdn zu Brei schlagen; SPORTS jdn vernichtend schlagen

puma ['pjuːmə] *n* Puma *m*

pum·ice ['pʌmɪs], **pum·ice stone** *n no pl* Bimsstein *m*

pum·mel <BRIT -ll- *or* AM *usu* -l-> ['pʌmᵊl] *vt* ① (*hit*) einprügeln (auf +*akk*) ② (*fig: defeat*) fertigmachen *fam*

pump[1] [pʌmp] *n* ① BRIT, AUS (*for gymnastics*) Gymnastikschuh *m;* (*for dancing*) Tanzschuh *m;* (*for ballet*) Ballettschuh *m* ② AM, AUS (*court shoe*) Pumps *m*

pump[2] [pʌmp] **I.** *n* Pumpe *f* **II.** *vt* pumpen ◆**pump out** *vt* (*remove*) herauspumpen; *stomach, container* auspumpen ◆**pump up** *vt* ① (*inflate*) aufpumpen ② MUS (*fam*) *bass, volume* aufdrehen

pump-and-'run *n* AM (*fam*) Tankbetrug *m* (*Tanken ohne zu bezahlen*)

pum·per·nick·el ['pʌmpəˌnɪkl̩, AM -pɚ-] *n no pl* Pumpernickel *nt*

pump·ing ['pʌmpɪŋ] **I.** *n no pl* Pumpen *nt* **II.** *adj attr* Pump-

'pump·ing sta·tion *n* Pumpstation *f*

pump·kin ['pʌmpkɪn] *n* ① (*vegetable*) [Gar-

P

ten]kürbis *m* ② AM (*fig: term of endearment for child*) Schatz *m*, Mäuschen *nt*

pun [pʌn] **I.** *n* Wortspiel *nt* **II.** *vi* <-nn-> Wortspiele machen

punch[1] [pʌn(t)ʃ, AM pʌntʃ] **I.** *n hot or cold* Punsch *m; cold* Bowle *f* **II.** *adj glasses, set* Punsch-, Bowlen-

punch[2] [pʌn(t)ʃ, AM pʌntʃ] **I.** *n* <*pl* -es> ① (*hit*) [Faust]schlag *m;* (*in boxing*) Punch *m kein pl fachspr;* **to give sb a ~** jdn boxen ② (*piercing tool*) Stanzwerkzeug *nt;* [**hole**] ~ (*for paper*) Locher *m* ③ (*strong effect*) Durchschlagskraft *f kein pl; of arguments* Überzeugungskraft *f kein pl; of a speech/of music* Schwung *m; of criticism* Biss *m fam; of a presentation* Pep *m fam* **II.** *vt* ① (*hit*) ■**to ~ sb/sth** jdn/gegen etw *akk* [mit der Faust] schlagen ② *coin, ring* stempeln; *metal, leather* [aus]stanzen; *paper* lochen

'punch·bowl *n* Punschschüssel *f*, Bowlengefäß *nt*

'punch·card *n* COMPUT (*hist*) Lochkarte *f*

punch-'drunk *adj* ① (*of boxers*) hirngeschädigt ② (*unstable*) wack[e]lig [auf den Beinen] ③ (*fig: dazed*) benommen; (*fig: overwhelmed*) [tief] erschüttert

'punch·ing bag *n* AM SPORTS Sandsack *m*

'punch·line *n* Pointe *f*

'punch-up *n* BRIT Schlägerei *f*

punc·tili·ous [pʌŋk'tɪliəs] *adj* (*a. pej form*) ① (*thorough*) *in observing rules* [peinlich] genau, penibel *a. pej* ② (*formal*) *in clothing* korrekt; *in conduct* [sehr] steif *pej*

punc·tu·al ['pʌŋktʃuəl] *adj* pünktlich

punc·tu·al·ity [ˌpʌŋktʃu'æləti, AM -əṱi] *n no pl* Pünktlichkeit *f*

punc·tu·ate ['pʌŋktʃueɪt] *vt* ① LING (*mark*) mit Satzzeichen versehen ② (*interrupt*) [immer wieder] unterbrechen

punc·tua·tion [ˌpʌŋktʃu'eɪʃᵊn] *n no pl* Zeichensetzung *f*

punc·tu'a·tion mark *n* Satzzeichen *nt*

punc·ture ['pʌŋktʃəʳ, AM -ɚ] **I.** *vt* ① (*pierce*) durchstechen ② (*fig: make collapse*) *dream, hope* zerstören; *mood* verderben **II.** *vi* (*burst*) *tyre* ein Loch bekommen; *plastic* einreißen **III.** *n* Reifenpanne *f* **IV.** *adj* ① TRANSP Flick- ② MED ~ **wound** leichte Stichwunde; (*of an insect*) Stich *m*

pun·dit ['pʌndɪt] *n* ① ECON, POL (*a. pej: authority*) Koryphäe *f*, Guru *m hum, pej* ② (*pej: commentator*) autoritärer Kritiker/autoritäre Kritikerin

pun·gent ['pʌndʒᵊnt] *adj* ① (*a. pej: strong*) *smell* scharf, beißend *pej; taste* scharf, pikant ② (*fig*) *wit, words* scharf *a. pej; comment, remark* bissig *pej; comment, expression* treffend

pun·ish ['pʌnɪʃ] *vt* ① (*penalize*) bestrafen; **to ~ sb with a fine** jdn mit einer Geldstrafe belegen ② (*treat roughly*) strapazieren; (*treat badly*) malträtieren; *in a fight* übel zurichten ③ (*exert oneself*) ■**to ~ oneself** sich [ab]quälen

pun·ish·able ['pʌnɪʃəbḷ] *adj* LAW strafbar; **murder is ~ by life imprisonment** Mord wird mit lebenslanger Haft bestraft

pun·ish·ing ['pʌnɪʃɪŋ] **I.** *adj attr* (*fig*) ① (*heavy*) Mords-, mörderisch *fig fam* ② (*brutal*) mörderisch *fig fam*, gnadenlos ③ (*tough*) hart, schwer, anstrengend **II.** *n* (*severe handling*) Strapazierung *f;* (*rough treatment*) Malträtierung *f;* **to take a ~** *device, equipment* stark beansprucht werden; (*be damaged*) malträtiert werden; *boxer* Prügel beziehen

pun·ish·ment ['pʌnɪʃmənt] *n* ① (*penalty*) Bestrafung *f*, Strafe *f;* **capital ~** Todesstrafe *f* ② (*severe handling*) Strapazierung *f;* (*rough treatment*) grobe Behandlung; (*strain*) Strapaze *f;* **to take ~** *in boxing* schwer einstecken müssen *fig fam*

pu·ni·tive ['pju:nətɪv, AM -ṱɪv] *adj* (*form*) ① (*penalizing*) Straf-; **~ action** Strafmaßnahmen *pl;* **~ damages** LAW *in case of libel, slander* verschärfter Schaden[s]ersatz ② ECON, FIN (*severe*) streng, rigoros, einschneidend

punk [pʌŋk] **I.** *n* ① *esp* AM (*pej sl: worthless person*) Dreckskerl *m* ② *no pl* (*music*) Punk[rock] *m;* (*fan*) Punker(in) *m(f)* **II.** *adj clothes, group, song* Punk[er]-

punk·ette [pʌŋk'et] *n* Punkrockerin *f*

pun·net ['pʌnɪt] *n* BRIT, AUS [Obst]körbchen *nt*

punt[1] [pʌnt] *vt* SPORTS **to ~ the ball** *in American football* einen Befreiungsschlag ausführen *fachspr; in rugby* einen Falltritt ausführen *fachspr*

punt[2] [pʌnt] NAUT **I.** *vi* staken *fachspr;* **to go ~ing** Stechkahn fahren **II.** *n* Stechkahn *m fachspr*

punt[3] [pʌnt] *n* irisches Pfund

punt·er[1] ['pʌntəʳ] *n* BRIT ① (*gambler*) [Glücks]spieler(in) *m(f); in lottery, pools* Tipper(in) *m(f); at horse races* [kleiner] Wetter/[kleine] Wetterin (*das Wetten wird berufsmäßig betrieben*)*; on stocks* [Börsen]spekulant(in) *m(f)* ② (*fam: customer*) Kunde(in) *m(f); of casino* Besucher(in) *m(f); of prostitute* Freier *m sl*

punt·er[2] ['pʌntəʳ, AM -ɚ] *n* Stechkahnfahrer(in) *m(f)*

puny ['pju:ni] *adj* ① (*pej: sickly*) *person* schwächlich ② (*small*) *person* winzig *pej*

P

③ (*fig, pej: lacking in power*) schwach; *attempt* schüchtern; *excuse* billig

pup [pʌp] *n* ① (*baby dog*) junger Hund, Welpe *m* ② (*baby animal*) Junge(s) *nt*

pupa <*pl* pupas *or* pupae> ['pju:pə, *pl* -pi:] *n* BIOL ① (*covering*) Puppe *f fachspr* ② (*stage*) Puppenstadium *nt fachspr*

pu·pate ['pju:peɪt] *vi* BIOL sich verpuppen *fachspr*

pu·pil¹ ['pju:pᵊl] *n* ① (*schoolchild*) Schüler(in) *m(f)* ② (*follower*) Schüler(in) *m(f)*

pu·pil² ['pju:pᵊl] *n* ANAT Pupille *f*

pup·pet ['pʌpɪt] **I.** *n* (*theatre doll*) [Hand]puppe *f;* (*on strings*) Marionette *f a. pej, fig* **II.** *adj maker, play* Puppen-; *play, strings* Marionetten-

pup·pet·eer [ˌpʌpɪ'tɪəʳ, AM -ə'tɪr] *n* ① THEAT (*entertainer using puppets*) Puppenspieler(in) *m(f)* ② (*pej: manipulator*) **to be the ~ of sth** der Drahtzieher/die Drahtzieherin einer S. *gen* sein

pup·pet 'gov·ern·ment *n* Marionettenregierung *f* **'pup·pet show** *n* Puppenspiel *nt,* Marionettentheater *nt*

pup·py ['pʌpi] *n* ① (*baby dog*) junger Hund, Welpe *m* ② (*baby animal*) Junge(s) *nt*

pur·chase ['pɜ:tʃəs, AM 'pɜ:r-] **I.** *vt* ① (*form: buy*) kaufen, erstehen *geh* ② FIN, LAW (*form: acquire*) etw [käuflich] erwerben **II.** *n* (*form*) ① (*something to be bought*) [Handels]ware *f;* (*something bought, act of buying*) Kauf *m;* **to make a ~** einen Kauf tätigen; *bulky goods* eine Anschaffung machen ② FIN, LAW (*acquisition*) Erwerb *m kein pl*

pur·chas·er ['pɜ:tʃəsəʳ, AM 'pɜ:rtʃəsɚ] *n* ① (*buyer*) Käufer(in) *m(f);* FIN, LAW Erwerber(in) *m(f)* ② (*purchasing agent*) Einkäufer(in) *m(f)*

pur·chas·ing ['pɜ:tʃəsɪŋ, AM 'pɜ:r-] *n no pl* (*form*) Erwerb *m geh,* [Ein]kaufen *nt,* [Ein]kauf *m*

'pur·chas·ing de·part·ment *n* Einkaufsabteilung *f* **'pur·chas·ing man·ag·er** *n* Einkaufsleiter(in) *m(f)* **'pur·chas·ing pow·er** *n* Kaufkraft *f kein pl*

pure [pjʊəʳ, AM pjʊr] *adj* ① (*unmixed*) rein, pur; ZOOL reinrassig *fachspr* ② *air, water* sauber, klar ③ (*fig: utter*) rein, pur ④ (*free of evil*) unschuldig, rein; *intentions* ehrlich

'pure-bred **I.** *n* reinrassiges Tier **II.** *adj* reinrassig

pu·rée ['pjʊəreɪ, AM pjʊ'reɪ] **I.** *vt* <puréed, puréeing> pürieren **II.** *n no pl* Püree *nt*

pure·ly ['pjʊəli, AM 'pjʊr-] *adv* ① (*completely*) rein, ausschließlich ② (*merely*) bloß, lediglich; **~ and simply** schlicht und einfach ③ (*free of evil*) unschuldig

pur·ga·tive ['pɜ:gətɪv, AM 'pɜ:rgət̬-] **I.** *n* MED Abführmittel *nt* **II.** *adj* ① MED abführend, Abführ- ② (*fig liter*) befreiend

pur·ga·tory ['pɜ:gətᵊri, AM 'pɜ:rgətɔ:ri] *n no pl* ① REL ■**P~** das Fegefeuer ② (*fig: unpleasant experience*) **this is sheer ~!** das ist die reinste Hölle!

purge [pɜ:dʒ, AM pɜ:rdʒ] **I.** *vt* ① (*a. fig: cleanse*) reinigen (**of** von +*dat*); ■**to ~ oneself/sb of sth** *guilt, suspicion* sich/jdn von etw *dat* rein waschen ② LAW *offence* sühnen **II.** *n* ① (*cleaning out*) Reinigung *f* ② POL (*getting rid of*) Säuberung[saktion] *f*

pu·ri·fi·ca·tion [ˌpjʊərɪfɪ'keɪʃᵊn, AM ˌpjʊrə-] *n no pl* (*cleansing*) Reinigung *f*

pu·ri·fy ['pjʊərɪfaɪ, AM 'pjʊrə-] *vt* reinigen (**of, from** von +*dat*)

pur·ist ['pjʊərɪst, AM 'pjʊr-] *n* Purist(in) *m(f)*

pu·ri·tan ['pjʊərɪtᵊn, AM 'pjʊr-] **I.** *n* ① (*Protestant*) Puritaner(in) *m(f);* ■**the P~s** *pl* die Puritaner *pl* ② (*fig, usu pej: strict person*) Puritaner(in) *m(f)* **II.** *adj* (*fig, usu pej: of Puritans*) puritanisch

pu·ri·tani·cal [ˌpjʊərɪ'tænɪkᵊl, AM ˌpjʊrɪ'-] *adj* (*usu pej*) puritanisch

pur·ity ['pjʊərəti, AM 'pjʊrɪt̬i] **I.** *n no pl* ① (*cleanness*) Sauberkeit *f* ② (*freedom from admixture*) Reinheit *f* ③ REL (*moral goodness*) Reinheit *f;* (*innocence*) Unschuld *f* **II.** *adj* CHEM *standard, test* Reinheits-

purl [pɜ:l, AM pɜ:rl] **I.** *n* linke Masche **II.** *vt, vi* links stricken

pur·loin [pɜ:'lɔɪn, AM pɚ'-] *vt* (*form*) entwenden; (*hum fam: pinch*) mitgehen lassen

pur·ple ['pɜ:pl̩, AM 'pɜ:rpl̩] **I.** *adj* ① (*red/blue mix*) violett; (*more red*) lila[farben]; (*crimson*) purpurrot ② (*darkly coloured*) **to go ~ [in the face]** hochrot [im Gesicht] anlaufen **II.** *n* ① (*blue/red mix*) Violett *nt;* (*more red*) Lila *nt;* (*crimson*) Purpur *m kein pl* ② (*robe*) Purpur *m kein pl*

pur·port [pə'pɔ:t, AM pɜ:r'pɔ:rt] **I.** *vi* (*form*) ① (*claim*) ■**to ~ to do sth** vorgeben, etw tun zu wollen ② (*convey meaning*) ■**to ~ that ...** bedeuten, dass ... **II.** *n* (*form*) ① (*meaning*) Inhalt *m* ② (*object*) Zweck *m*

pur·pose ['pɜ:pəs, AM 'pɜ:r-] *n* ① (*reason*) Grund *m* ② (*goal*) Absicht *f,* Ziel *nt;* **to have a ~ in life** ein Lebensziel haben; **on ~** absichtlich ③ (*resoluteness*) Entschlossenheit *f;* **lack of ~** Unentschlossenheit *f*

pur·pose-'built *adj* ① (*manufactured*) speziell gefertigt, Spezial- ② (*erected*) speziell gebaut, Zweck-

pur·pose·ful ['pɜːpəsfᵊl, AM 'pɜːr-] *adj* ❶ (*single-minded*) zielstrebig ❷ (*resolute*) entschlossen ❸ *existence* sinnvoll

pur·pose·less ['pɜːpəsləs, AM 'pɜːr-] *adj* ❶ (*lacking goal*) ziellos ❷ (*lacking meaning*) sinnlos ❸ (*useless*) unzweckmäßig

pur·pose·ly ['pɜːpəsli, AM 'pɜːr-] *adv* ❶ (*intentionally*) absichtlich, bewusst ❷ (*expressly*) ausdrücklich, gezielt

purr [pɜːʳ, AM pɜːr] **I.** *vi* ❶ (*cat*) schnurren ❷ (*engine*) surren **II.** *n* ❶ (*cat's sound*) Schnurren *nt kein pl* ❷ (*engine noise*) Surren *nt kein pl*

purse [pɜːs, AM pɜːrs] **I.** *n* ❶ BRIT (*for money*) Geldbeutel *m,* Geldbörse *f* ❷ AM (*handbag*) Handtasche *f* ❸ (*financial resources*) **public ~** Staatskasse *f* **II.** *vt* **to ~ one's lips** die Lippen schürzen; (*sulkily*) die Lippen aufwerfen

purs·er ['pɜːsəʳ, AM 'pɜːrsɚ] *n* AVIAT Purser *m;* NAUT Zahlmeister(in) *m(f) fachspr*

pur·su·ance [pə'sjuːən(t)s, AM pɚ'suː-] *n no pl* (*form*) ❶ (*seeking after*) *of freedom, ideal, truth* Streben *nt* ❷ (*execution*) *of a plan* Ausführung *f; of instructions* Befolgung *f; of duties* Erfüllung *f* ❸ (*accordance*) Übereinstimmung *f*

pur·su·ant [pə'sjuːənt, AM pɚ'suː-] *adv* LAW (*form*) ■**~ to sth** laut einer S.

pur·sue [pə'sjuː, AM pɚ'suː] *vt* ❶ (*a. fig: follow*) *goals* verfolgen ❷ (*fig, pej: repeatedly attack*) verfolgen ❸ (*investigate*) weiterverfolgen ❹ (*engage in*) betreiben; *career* ausüben; *studies* nachgehen

pur·su·er [pə'sjuːəʳ, AM pɚ'suːɚ] *n* Verfolger(in) *m(f)*

pur·suit [pə'sjuːt, AM pɚ'suːt] *n* ❶ (*chase*) Verfolgung[sjagd] *f; of knowledge, fulfilment* Streben *nt* (**of** nach +*dat*); (*hunt*) Jagd *f a. pej* (**of** nach +*dat*) ❷ (*activity*) Aktivität *f,* Beschäftigung *f*

pu·ru·lent ['pjʊərʊlənt, AM 'pjʊrə-] *adj* MED eitrig

pur·vey [pə'veɪ, AM pɚ'-] *vt* (*form*) ❶ (*trade*) ■**to ~ sth** *food* mit etw *dat* handeln ❷ (*provide*) ■**to ~ sth to sb** *food* jdm etw liefern ❸ (*supply*) ■**to ~ sth** *service* etw anbieten; *information* etw liefern; (*spread*) *news* etw verbreiten

pur·vey·or [pə'veɪəʳ, AM pɚ'veɪɚ] *n* (*form*) ❶ (*trader*) *in food* Händler(in) *m(f)* ❷ (*supplier*) Lieferant(in) *m(f),* Versorger(in) *m(f)*

pus [pʌs] *n no pl* Eiter *m*

push [pʊʃ] **I.** *n* <*pl* -es> ❶ (*shove*) Stoß *m;* (*slight push*) Schubs *m fam;* **to give sb/sth a ~** jdm/etw einen Stoß versetzen ❷ (*press*) Druck *m;* **at the ~ of a button** auf Knopfdruck *a. fig* ❸ (*fig: motivation*) Anstoß *m* ❹ (*concerted effort*) Anstrengung[en] *f*[*pl*], Kampagne *f* **II.** *vt* ❶ (*shove*) schieben; (*in a crowd*) drängeln; (*violently*) stoßen, schubsen; **to ~ sth to the back of one's mind** (*fig*) etw verdrängen ❷ (*move forcefully*) schieben; (*give a push*) stoßen ❸ (*manoeuvre*) ■**to ~ sb towards sth** jdn in eine Richtung drängen ❹ (*impose*) ■**to ~ sth [on sb]** [jdm] etw aufdrängen ❺ (*pressure*) ■**to ~ sb into doing sth** jdn [dazu] drängen, etw zu tun; (*force*) jdn zwingen, etw zu tun; (*persuade*) jdn überreden, etw zu tun ❻ (*press*) ■**to ~ sth** drücken (auf +*akk*) ❼ (*demand a lot*) ■**to ~ oneself** sich *dat* alles abverlangen; **to not ~ oneself** sich nicht überanstrengen *iron* ❽ (*sl: promote*) propagieren; (*sell illegal drugs*) ECON pushen *sl* ❾ (*approach*) **to be ~ing 40** (*age*) auf die 40 zugehen; (*drive at*) fast 40 fahren **III.** *vi* ❶ (*exert force*) dränge[l]n; (*press*) drücken; (*move*) schieben; **to ~ and pull** hin- und herschieben ❷ (*manoeuvre through*) sich durchdrängen; MIL vorstoßen; ■**to ~ past sb** sich an jdm vorbeidrängen

◆**push along** **I.** *vi* (*fig fam: leave [one's host]*) sich [wieder] auf die Socken machen, [wieder] los müssen **II.** *vt* vorantreiben

◆**push around** *vt* ❶ (*move around*) herumschieben; (*violently*) herumstoßen ❷ (*fig, pej: bully*) ■**to ~ sb around** jdn herumkommandieren

◆**push aside** *vt* ❶ (*move away*) zur Seite schieben ❷ (*fig*) *problem* verdrängen

◆**push away** *vt* wegschieben

◆**push back** *vt* ❶ (*move backwards*) zurückschieben, zurückdrängen ❷ (*fig: delay*) *date* verschieben; ■**to ~ sb back** jdn zurückwerfen

◆**push down** *vt* ❶ (*knock down*) umstoßen ❷ (*press down*) *lever* hinunterdrücken ❸ ECON (*fig, pej*) *prices* [nach unten] drücken; *value* mindern

◆**push forward** **I.** *vt* ❶ (*approv, fig*) *development, process* [ein großes Stück] voranbringen ❷ (*present forcefully*) in den Vordergrund stellen ❸ (*draw attention*) ■**to ~ oneself forward** sich vordrängen **II.** *vi* ❶ (*continue*) weitermachen ❷ (*continue travelling*) weiterfahren

◆**push in** **I.** *vt* ❶ (*destroy*) eindrücken ❷ (*fig, a. pej: force in*) **to ~ one's way in** sich hineindrängen **II.** *vi* ❶ (*fig, a. pej: force way in*) sich hineindrängen ❷ (*fig, pej: jump queue*) sich vordränge[l]n

◆**push off** **I.** *vi* (*fig, a. pej fam: leave*) sich verziehen; **well, I have to ~ off now** also, ich muss jetzt los **II.** *vt*

P

NAUT abstoßen ◆**push on** *vt* [energisch] vorantreiben ◆**push out I.** *vt* ❶(*force out*) hinausjagen ❷(*dismiss*) hinauswerfen; (*reject*) ausstoßen ❸ECON (*produce*) ausstoßen **II.** *vi* HORT *buds, flowers* sprießen; *buds, trees* austreiben; *bushes, trees* ausschlagen ◆**push over** *vt* umwerfen, umstoßen ◆**push through I.** *vi* (*manoeuvre through*) ■**to ~ through sth** sich durch etw *akk* drängen **II.** *vt* ❶POL *bill, motion* durchdrücken *fam* ❷(*help to succeed*) **the school manages to ~ most of its students through their exams** die Schule bringt die meisten ihrer Schüler durch die Prüfungen ◆**push up I.** *vt* ❶(*move higher*) **to ~ a bike up a hill** ein Fahrrad den Hügel hinaufschieben; ■**to ~ sb ↔ up** jdn hochheben ❷ECON *demand* steigern; *prices* hochtreiben **II.** *vi* (*fig*) *weeds* [nach oben] schießen

'push·bike *n* BRIT, AUS (*fam*) [Fahr]rad *nt*

'push-but·ton I. *adj* (*automated*) Druckknopf-, [Druck]tasten-, [voll]automatisch **II.** *n* Druckknopf *m*, [Druck]taste *f*

push-but·ton 'tele·phone *n* Drucktastentelefon *nt*

'push·cart *n* ❶(*barrow*) Schubkarren *m* ❷(*trolley*) Einkaufswagen *m* **'push·chair** *n* BRIT [Kinder]sportwagen *m*

push·er ['pʊʃəʳ, AM -ɚ] *n* (*pej*) Dealer(in) *m(f)*

'push-fit *adj* TECH *pipes, connections* Steck-

'push·over *n* ❶(*approv, fig fam: easy success*) Kinderspiel *nt kein pl* ❷(*fig, pej fam: easily defeated opponent*) leichter Gegner/leichte Gegnerin; (*easily influenced*) Umfaller(in) *m(f) fig, pej fam;* **to be a real ~** echt leicht rumzukriegen sein *sl*

'push·pin *n* AM Reißzwecke *f* **'push-start I.** *vt car* anschieben **II.** *n of a car* Anschieben *nt kein pl* **'push-up** *n* Liegestütz *m*

pushy ['pʊʃi] *adj* (*fig fam*) ❶(*ambitious*) tatkräftig ❷(*pej: aggressive*) aggressiv; (*obnoxious*) aufdringlich

puss <*pl* -es> [pʊs] *n* (*fam*) Mieze[katze] *f*

pussy ['pʊsi] *n* ❶(*cat*) Mieze[katze] *f fam* ❷*no pl* (*fig, pej vulg: woman's genitals*) Muschi *f*

'pussy·foot *vi* (*fig, pej fam*) ❶(*move cautiously*) schleichen; ■**to ~ around** herumschleichen *fam* ❷(*be evasive*) sich [herum]drücken

'pussy wil·low *n* Salweide *f*

pus·tule ['pʌstju:l, AM -tʃu:l] MED **I.** *n* Eiterbläschen *nt*, Pustel *f* **II.** *vi* eitern

put <-tt-, put, put> [pʊt] **I.** *vt* ❶(*place*) ■**to ~ sth somewhere** etw irgendwohin stellen; (*lay down*) etw irgendwohin legen; (*push in*) etw irgendwohin stecken; **~ your clothes in the closet** häng deine Kleider in den Schrank; **she ~ some milk in her coffee** sie gab etwas Milch in ihren Kaffee; **to ~ oneself in sb's place** sich in jds Situation versetzen; **~ the cake into the oven** schieb den Kuchen in den Backofen; **I ~ clean sheets on the bed** ich habe das Bett frisch bezogen; **she ~ her arm round him** sie legte ihren Arm um ihn; **to ~ sb to bed** jdn ins Bett bringen; **to stay ~** *person* sich nicht von der Stelle rühren; *object* liegen/stehen/hängen bleiben ❷(*invest*) **to ~ effort into sth** Mühe in etw *akk* stecken ❸(*impose*) **to ~ the blame on sb** jdm die Schuld geben; **to ~ faith in sth** sein Vertrauen in etw *akk* setzen; **to ~ pressure on sb** jdn unter Druck setzen; **to ~ sb/sth to the test** jdn/etw auf die Probe stellen ❹(*include*) **to ~ sth on the agenda** etw auf die Tagesordnung setzen ❺(*indicating change of condition*) **to ~ sb at risk** jdn in Gefahr bringen; **to ~ sb in a good mood** jds Laune heben; **to ~ one's affairs in order** seine Angelegenheiten in Ordnung bringen; **to ~ sb to shame** jdn beschämen; **to ~ a stop to sth** etw beenden; **to ~ sth right** etw in Ordnung bringen ❻(*express*) **how should I ~ it?** wie soll ich mich ausdrücken?; **to ~ it bluntly** um es deutlich zu sagen; **that's ~ting it mildly** das ist ja noch milde ausgedrückt ❼(*estimate, value*) **she ~s her job above everything else** für sie geht ihr Beruf allem anderen vor; **to ~ sb/sth in a category** jdn/etw in eine Kategorie einordnen ❽(*install*) **to ~ heating into a house** eine Heizung in einem Haus installieren ❾MED (*prescribe*) ■**to ~ sb on sth** jdm etw verschreiben **II.** *vi* NAUT **to ~ to sea** in See stechen ◆**put about** *vt* ❶(*rumour*) verbreiten ❷BRIT (*fam: be promiscuous*) ■**to ~ it about** mit jedem/jeder ins Bett gehen ❸(*fam: be extroverted*) ■**to ~ oneself about** sich in Szene setzen ◆**put across** *vt* ❶(*make understood*) vermitteln ❷(*fam: trick*) **to ~ one across sb** jdn hintergehen ◆**put aside** *vt* ❶(*save*) auf die Seite legen ❷(*postpone*) ■**to ~ aside ↔ sth** *activity* mit etw *dat* aufhören; *book etc.* etw beiseitelegen ◆**put away** *vt* ❶(*tidy up*) wegräumen; (*in storage place*) einräumen ❷(*save*) zurücklegen ❸(*fam: eat a lot*) ■**to ~ away ↔ sth** etw in sich *akk* hineinstopfen ❹(*fam: have institutionalized*) ■**to ~ sb away** (*in an old people's home*) jdn in Pflege geben; (*in*

P

prison) jdn einsperren ◆**put back** *vt* ❶ (*replace*) zurückstellen ❷ (*reassemble*) ■**to ~ sth back together** etw wieder zusammensetzen; ■**to ~ sth back on** *clothes* etw wieder anziehen ❸ (*postpone*) verschieben; *time, clock* zurückstellen ❹ SCH (*not progress*) ■**to ~ sb back** jdn eine Klasse zurückstufen ◆**put by** *vt* zurücklegen; *money a.* auf die hohe Kante legen ◆**put down I.** *vt* ❶ (*set down*) ablegen, abstellen ❷ (*lower*) *arm, feet* herunternehmen; **to ~ down the** [**tele**]**phone** [den Hörer] auflegen; ■**to ~ sb ↻ down** jdn runterlassen ❸ (*spread*) **to ~ down poison** Gift auslegen; **to ~ down roots** (*a. fig*) Wurzeln schlagen ❹ (*write*) aufschreiben; **we'll ~ your name down on the waiting list** wir setzen Ihren Namen auf die Warteliste; ■**to ~ sb down for sth** jdn für etw *akk* eintragen ❺ ECON (*leave as deposit*) anzahlen ❻ (*stop*) *rebellion* niederschlagen; *crime* besiegen ❼ (*deride*) ■**to ~ down ↻ sb/oneself** jdn/sich schlechtmachen ❽ (*give as cause*) ■**to ~ sth down to sth** etw auf etw *akk* zurückführen; **to ~ sth down to experience** etw als Erfahrung mitnehmen **II.** *vi* AVIAT landen ◆**put forward** *vt* ❶ *idea, plan* vorbringen; *proposal* machen; *candidate* vorschlagen ❷ (*make earlier*) vorverlegen (**to** auf +*akk*) ❸ (*set later*) **to ~ the clock forward** die Uhr vorstellen ◆**put in I.** *vt* ❶ (*place in*) hineinsetzen/-legen/-stellen ❷ *food, ingredients* hinzufügen ❸ (*install*) installieren ❹ (*enter, submit*) ■**to ~ sb/sth ↻ in for sth** *exam, school, competition* jdn/etw für etw anmelden; **to ~ in an order for sth** etw bestellen **II.** *vi* ❶ NAUT anlegen; **to ~ into harbour** in im Hafen einlaufen ❷ ■**to ~ in for sth** *job* sich um etw *akk* bewerben; *pay rise, transfer* etw beantragen ◆**put off** *vt* ❶ (*delay*) verschieben; (*avoid*) **we've been ~ting off the decision about whether to have a baby** wir haben die Entscheidung, ob wir ein Kind haben wollen, vor uns her geschoben ❷ (*fob off*) vertrösten; (*deter*) abschrecken ❸ (*distract*) ablenken; **you're ~ting me right off** du bringst mich völlig raus ❹ ELEC (*turn off*) ausmachen ◆**put on** *vt* ❶ *clothes, shoes* anziehen; *make-up* auflegen; (*fig*) *smile* aufsetzen ❷ (*pretend*) vorgeben ❸ (*turn on*) einschalten; **to ~ on the brakes** bremsen ❹ (*provide*) bereitstellen; *exhibition* veranstalten; *play* aufführen; **to ~ sth on the market** etw auf den Markt bringen ❺ (*increase*) **to ~ on weight** zunehmen ❻ (*bet*) **to ~ money on a horse** Geld auf ein Pferd setzen; (*fig*) **I wouldn't ~ my money on it** darauf würde ich nichts geben ◆**put out I.** *vt* ❶ (*place outside*) **to ~ the washing out** [**to dry**] die Wäsche draußen aufhängen; **to ~ sb out of business** jdn aus dem Geschäft drängen; **to ~ sb/sth out of one's mind** jdn/etw vergessen ❷ *hand, foot* ausstrecken; **she ~ her head out of the window** sie lehnte den Kopf aus dem Fenster ❸ MEDIA (*publish, circulate*) veröffentlichen ❹ (*produce*) herstellen; (*sprout*) *leaves, roots* austreiben ❺ (*place ready*) ■**to ~ sth out** [**for sb/sth**] *cutlery, plate, dish* [jdm/etw] etw hinstellen ❻ (*inconvenience*) ■**to ~ sb out** jdm Umstände machen; (*bother*) ■**to be ~ out by sth** über etw *akk* verärgert sein ❼ (*extinguish*) *fire* löschen; *candle, cigarette* ausmachen; (*turn off*) *lights* ausschalten ❽ (*eliminate*) **to ~ sb out of the competition** jdn aus dem Rennen werfen **II.** *vi* NAUT (*set sail*) in See stechen ◆**put over** *vt* ❶ (*make understood*) verständlich machen ❷ (*fool*) **to ~ one over on sb** sich mit jdm einen Scherz erlauben ◆**put through** *vt* ❶ (*insert through*) ■**to ~ sth through sth** etw durch etw *akk* schieben; (*pierce*) etw durch etw *akk* stechen ❷ TELEC (*connect*) ■**to ~ sb through to sb** jdn mit jdm verbinden ❸ (*support*) **to ~ sb through college** jdn zum College schicken ❹ (*carry through*) *bill, plan, proposal* durchbringen; *claim* weiterleiten ◆**put together** *vt* ❶ (*assemble*) zusammensetzen; *machine, model, radio* zusammenbauen ❷ (*place near*) zusammenschieben ❸ (*make*) zusammenstellen; *list* aufstellen ❹ MATH (*add*) **to ~ 10 and 15 together** 10 und 15 zusammenzählen; (*fig*) **she earns more than all the rest of us ~ together** sie verdient mehr als wir alle zusammengenommen ◆**put up I.** *vt* ❶ (*hang up*) aufhängen; *flag, sail* hissen ❷ (*raise*) hochheben; *feet* hochlegen; **to ~ one's hair up** sich *dat* das Haar aufstecken ❸ (*build*) bauen; *fence* errichten; *tent* aufstellen ❹ (*increase*) erhöhen ❺ (*offer*) **to ~ up a reward** eine Belohnung aussetzen; **to ~ sth up for sale** etw zum Verkauf anbieten ❻ (*give shelter*) unterbringen ❼ (*resist*) **to ~ up a struggle** kämpfen; **the villagers did not ~ up any resistance** die Dorfbewohner leisteten keinen Widerstand **II.** *vi* (*stay*) **to ~ up in a hotel/at sb's place** in einem Hotel/bei jdm unterkommen ◆**put upon** *vi usu passive* (*form*) ■**to ~ upon**

P

sb jdn ausnutzen ◆**put up with** *vi* **they have a lot to ~ up with** sie haben viel zu ertragen; **I'm not ~ing up with this any longer** ich werde das nicht länger dulden

pu·ta·tive ['pju:tətɪv, AM -t̬ət̬ɪv] *adj attr* (*form*) ① (*reputed*) *efficiency, superiority* angeblich ② (*supposed*) *father, leader, offender* mutmaßlich

'put-off *n* ① (*delay*) Aufschub *m* ② (*fam: excuse*) Ausrede *f* **'put-on** *n* AM (*fam*) ① (*act of teasing*) Scherz *m* ② (*affected manner*) Schau *f fig fam*, Getue *nt fam*

pu·tre·fac·tion [ˌpju:trɪ'fækʃ^{ə}n, AM -ə'-] *n no pl* (*form*) ① (*decay*) MED *of a body* Verwesung *f;* BIOL *of organic matter* Fäulnis *f* ② (*fig: corruption*) *of a culture, morals* Verfall *m*

pu·tre·fy <-ie-> ['pju:trɪfaɪ, AM -trə-] *vi* (*form*) MED *body* verwesen; BIOL *organic matter* [ver]faulen; (*fig: become corrupt*) verrotten

pu·trid ['pju:trɪd] *adj* (*form*) ① (*decayed*) MED *corpse* verwest; BIOL *organic matter* verfault; *water* faul ② (*foul*) *smell* faulig

putsch <*pl* -es> [pʊtʃ] *n* Putsch *m*

putt [pʌt] SPORTS **I.** *vt, vi* putten **II.** *n* Putt *m*

put·tee ['pʌti, AM pʌt'i:] *n* ① MIL (*hist: strip of cloth*) *worn by soldier* Wickelgamasche *f* ② AM (*legging*) *worn by rider* [Leder]gamasche *f*

putt·er[1] ['pʌtəʳ, AM -t̬ɚ] *n* SPORTS ① *golf club* Putter *m* ② (*golfer*) Einlocher(in) *m(f)*

putt·er[2] ['pʌt̬ɚ] *vi* AM ① (*busy oneself*) geschäftig sein, werkeln SÜDD ② (*idle*) die Zeit mit Nichtstun verbringen

put·ty ['pʌti, AM -t̬i] **I.** *n no pl* [Dichtungs]kitt *m* **II.** *vt* <-ie-> [ver]kitten, [ver]spachteln

'put·ty-knife *n of a glazier* Kittmesser *nt; of a plasterer* Spachtelmesser *nt*

'put-up *adj* (*fam*) abgekartet **'put-upon** *adj* (*fam*) ausgenutzt

puz·zle ['pʌzl̩] **I.** *n* ① (*question, mystery, test of ingenuity*) Rätsel *nt;* **jigsaw ~** Puzzle *nt* ② (*test of patience*) Geduldsspiel *nt* ③ (*confusion*) Verwirrung *f* **II.** *vt* vor ein Rätsel stellen **III.** *vi* ■**to ~ about sth** über etw *akk* nachgrübeln

puz·zled ['pʌzl̩d] *adj* ratlos

puz·zler ['pʌzləʳ, AM -ɚ] *n* (*usu fam: question*) harte Nuss *fig*

puz·zling ['pʌzl̩ɪŋ] *adj* rätselhaft

PVC [ˌpi:vi:'si:] CHEM **I.** *n abbrev of* **polyvinyl chloride** PVC *nt* **II.** *adj attr abbrev of* **polyvinyl chloride** PVC-, aus PVC *nach n*

pyg·my ['pigmi:] **I.** *n* (*pej, a. fig*) Zwerg(in) *m(f)* **II.** *adj attr* Zwerg-

py·ja·mas [pɪ'dʒɑ:məz, AM pə'-] *npl* Pyjama *m;* **a pair of ~** ein Pyjama *m*

Grammatik

pyjamas wird im Plural gebraucht: *where are my pyjamas?*
a pair of pyjamas wird aber im Singular verwendet: *I need a new pair of pyjamas*

py·lon ['paɪlɒn, AM -lɑ:n] *n* ELEC (*power lines pole*) freitragender Leitungsmast; [**electricity**] ~ Hochspannungsmast *m*

pyra·mid ['pɪrəmɪd] *n* Pyramide *f*

pyra·mid 'sell·ing *n no pl* ECON, LAW Vertrieb *m* nach dem Schneeballprinzip

pyre ['paɪəʳ, AM -ɚ] *n* Scheiterhaufen *m*

Pyr·enees [ˌpɪrə'ni:z] *npl* ■**the ~** die Pyrenäen *pl*

Py·rex® ['paɪ(ə)reks, AM 'paɪreks] **I.** *n* Pyrex-Glas® **II.** *adj baking dish, pan, bowl* Pyrex-®, aus Pyrex-Glas® *nach n*

py·rites [paɪ(ə)'raɪti:z, AM paɪ'-] *n + sing vb* Pyrit *m fachspr*

pyro·ma·nia [ˌpaɪ(ə)rə(ʊ)'meɪniə, AM ˌpaɪroʊ'-] *n no pl* Pyromanie *f fachspr*

pyro·tech·nic [ˌpaɪ(ə)rə(ʊ)'teknɪk, AM ˌpaɪroʊ'-] *adj attr* ① (*fireworks*) pyrotechnisch ② (*fig: sensational*) brillant

py·thon <*pl* -s *or* -> ['paɪθ^{ə}n, AM -θɑ:n] *n* Python *m*

Qq

Q <*pl* -'s *or* -s>, **q** <*pl* -'s> [kju:] *n* Q *nt,* q *nt;* **~ for Queenie** [*or* AM **as in Queen**] Q wie Quasar

Q [kju:] *n* ① *abbrev of* **Queen** Königin *f* ② SCH, UNIV *abbrev of* **question** Frage *f* ③ ECON *abbrev of* **quarter** Quartal *nt*

QC [ˌkju:'si:] *n* BRIT *abbrev of* **Queen's Counsel**

QED [ˌkju:i:'di:] *n* ① MATH *abbrev of* **quod erat demonstrandum** q.e.d. ② (*fig: the solution*) ganz einfach

qtr *abbrev of* **quarter** Viertel *nt*

quack[1] [kwæk] **I.** *n* Quaken *nt* **II.** *vi* quaken

quack[2] [kwæk] **I.** *n* (*fake*) Quacksalber(in) *m(f) pej;* BRIT, AUS (*fam: doctor*) Doktor *m fam* **II.** *adj attr* **~ doctor** Kurpfuscher(in) *m(f);* **~ treatment** Kurpfuscherei *f*

quack-quack ['kwækˌkwæk] *n* (*childspeak: duck*) Quakente *f*

quad [kwɒd, AM kwɑ:d] *n* (*fam*) ① *abbrev of* **quadruplet** Vierling *m* ② *abbrev of* **quadrangle** Geviert *nt;* (*on campus*) Hof; (*on school grounds*) viereckiger Schulhof

quad·ran·gle ['kwɒdræŋɡl̩, AM 'kwɑː-] *n* ❶ MATH Viereck *nt* ❷ (*square*) Geviert *nt;* BRIT *on campus* von Gebäuden umschlossener viereckiger Hof (*z.B. in Oxford*); *of court* [viereckiger] Innenhof; *on school grounds* viereckiger Schulhof

quad·ran·gu·lar [kwɒd'ræŋɡjələʳ, AM kwɑː'dræŋɡjələ˞] *adj* viereckig

quad·rant ['kwɒdrᵊnt, AM 'kwɑː-] *n* ❶ TECH Quadrant *m fachspr; of sphere* Viertelkugel *f* ❷ (*hist: instrument*) Quadrant *m fachspr*

quad·ra·phon·ic [ˌkwɒdrə'fɒnɪk, AM ˌkwɑːdrə'fɑːn-] *adj* quadrophon[isch]

quad·rat·ic [kwɒd'rætɪk, AM kwɑː'dræt̬-] MATH **I.** *adj* quadratisch **II.** *n* quadratische Gleichung

quad·ri·lat·er·al [ˌkwɒdrɪ'lætᵊrᵊl, AM ˌkwɑːdrɪ'læt̬ə˞-] **I.** *adj* vierseitig **II.** *n* (*shape*) Viereck *nt*

quad·ri·par·tite [ˌkwɒdrɪ'pɑːtaɪt, AM ˌkwɑːdrɪ'pɑːr-] *adj* (*form*) vierteilig, Vier[er]-

quad·ru·ped ['kwɒdrʊped, AM 'kwɑːdrə-] **I.** *adj* vierfüßig **II.** *n* Vierfüßer *m*

quad·ru·ple ['kwɒdrʊpl̩, AM kwɑː'druː-] **I.** *vt* vervierfachen **II.** *vi* sich vervierfachen **III.** *adj* vierfach *attr;* ~ **time** Viervierteltakt *m*

quad·ru·plet ['kwɒdrʊplət, AM kwɑː'druː-plɪt] *n* Vierling *m*

quaff [kwɒf, AM kwɑːf] *vt* [in großen Zügen] trinken

quag·mire ['kwɒɡmaɪəʳ, AM 'kwæɡmaɪə˞] *n* ❶ (*swamp*) Morast[boden] *m* ❷ (*fig*) Patsche *f fig;* **to be caught in a ~** in der Patsche sitzen

quail¹ <*pl* -s *or* -> [kweɪl] *n* Wachtel *f*

quail² [kweɪl] *vi* bangen *geh;* **she ~ed with fear** ihr war angst und bange

quaint [kweɪnt] *adj* ❶ (*charming*) reizend; *landscape, village* malerisch; *cottage, pub* urig ❷ (*dated*) altertümlich ❸ (*odd*) *person, views* verschroben; *customs, ideas, sight* eigenartig

quaint·ness ['kweɪntnəs] *n no pl* ❶ (*charm*) Reiz *m; of landscape, village* idyllischer Charakter; *of pub* Urigkeit *f* ❷ (*oddness*) *of person, views* Verschrobenheit *f; of customs, ideas, sight* Merkwürdigkeit *f; of way of speaking* Seltsamkeit *f*

quake [kweɪk] **I.** *n* (*fam*) [Erd]beben *nt* **II.** *vi* ❶ (*move*) *earth* beben ❷ (*fig: shake*) zittern; **her voice ~d with emotion** ihre Stimme bebte vor Erregung

Quak·er ['kweɪkəʳ, AM -ə˞] **I.** *n* Quäker(in) *m(f)* **II.** *adj attr* Quäker-

quali·fi·ca·tion [ˌkwɒlɪfɪ'keɪʃᵊn, AM ˌkwɑːl-] *n* ❶ (*skill*) Qualifikation *f;* (*document*) Abschlusszeugnis *nt;* **he left school with no ~s** er verließ die Schule ohne einen Abschluss ❷ (*restriction*) Einschränkung *f* ❸ (*condition*) [notwendige] Voraussetzung *f* (**for, of** für +*akk*); **~ for an examination** AM UNIV Zulassung *f* zu einer Prüfung; **~ procedure** AM UNIV Zulassungsverfahren *nt* ❹ (*eligibility*) Berechtigung *f* ❺ SPORTS (*preliminary*) Qualifikation *f*

quali·fied ['kwɒlɪfaɪd, AM 'kwɑːl-] *adj* ❶ (*competent*) qualifiziert; **well ~** gut geeignet ❷ (*certified*) ausgebildet, -meister(in) *m(f);* (*at university*) graduiert; (*by the state*) staatlich anerkannt; **~ mason** Maurermeister(in) *m(f);* **~ radiologist** ausgebildeter Radiologe/ausgebildete Radiologin ❸ (*restricted*) bedingt; **to make a ~ statement** eine Erklärung unter Einschränkungen abgeben; **to be a ~ success** ein mäßiger Erfolg sein

quali·fy <-ie-> ['kwɒlɪfaɪ, AM 'kwɑːl-] **I.** *vt* ❶ (*make competent*) qualifizieren ❷ (*make eligible*) ■ **to ~ sb** [**for sth**] jdm das Recht [auf etw *dat*] geben; ■ **to ~ sb to do sth** jdn berechtigen, etw zu tun ❸ (*restrict*) *criticism, judgement* einschränken; **to ~ a remark** eine Bemerkung unter Vorbehalt äußern **II.** *vi* ❶ (*complete training*) die Ausbildung abschließen; UNIV das Studium abschließen ❷ (*prove competence*) sich qualifizieren (**for** für +*akk*) ❸ (*meet requirements*) *for citizenship, membership, office* die [nötigen] Voraussetzungen erfüllen (**for** für +*akk*); (*be eligible*) *for benefits, a job* in Frage kommen (**for** für +*akk*)

quali·fy·ing ['kwɒlɪfaɪɪŋ, AM 'kwɑːl-] **I.** *n no pl* ❶ (*meeting requirement*) SPORTS Qualifizierung *f* ❷ (*restricting*) Einschränkung *f* **II.** *adj attr* ❶ (*restrictive*) einschränkend ❷ (*testing standard*) Qualifikations-, Eignungs-; **~ test** SCH, UNIV Aufnahmeprüfung *f*

quali·ta·tive ['kwɒlɪtətɪv, AM 'kwɑːlɪteɪt̬ɪv] *adj* qualitativ, Qualitäts-; **~ classification** Einteilung *f* nach Güte

qual·ity ['kwɒləti, AM 'kwɑːlət̬i] **I.** *n* ❶ (*standard*) Qualität *f;* TECH Gütegrad *m fachspr;* **~ of life** Lebensqualität *f* ❷ (*character*) Art *f;* **the unique ~ of their relationship** die Einzigartigkeit ihrer Beziehung ❸ (*feature*) Merkmal *nt;* **managerial qualities** Führungsqualitäten *pl* **II.** *adj* [qualitativ] hochwertig, Qualitäts-

'qual·ity con·trol *n usu sing* Qualitätskontrolle *f* **'qual·ity time** *n no pl die Zeit, die*

Q

man dafür aufbringt, familiäre Beziehungen zu entwickeln und zu pflegen

qualm [kwɑːm] *n* ❶ (*doubt*) ■ **~s** *pl* Bedenken *pl* ❷ (*uneasiness*) ungutes Gefühl; **without the slightest ~** ohne die geringsten Skrupel ❸ (*feeling of sickness*) [plötzliche] Übelkeit; *see also* **behalf**

quan·da·ry [ˈkwɒndəri, AM ˈkwɑːn-] *n usu sing* ❶ (*indecision*) Unentschiedenheit *f;* **to be in a ~** sich nicht entscheiden können ❷ (*difficult situation*) verzwickte Lage; **to put sb in a ~** jdn in große Verlegenheit bringen

quan·go [ˈkwæŋgəʊ] *n* BRIT (*usu pej*) *acr for* **quasi-autonomous non-governmental organization** halbautonome nichtstaatliche Organisation

quan·ti·fi·able [ˈkwɒntɪfaɪəbl̩, AM ˈkwɑːnt̬ə-] *adj* mengenmäßig messbar

quan·ti·fi·ca·tion [ˌkwɒntɪfɪˈkeɪʃən, AM ˌkwɑːnt̬ə-] *n* mengenmäßige Messung

quan·ti·fy <-ie-> [ˈkwɒntɪfaɪ, AM ˈkwɑːnt̬ə-] *vt* mengenmäßig messen

quan·ti·ta·tive [ˈkwɒntɪtətɪv, AM ˈkwɑːnt̬əteɪt̬ɪv] *adj* quantitativ *geh*

quan·tity [ˈkwɒntəti, AM ˈkwɑːnt̬ət̬i] *n* ❶ (*amount*) Quantität *f,* Menge *f; of individual items* Stückzahl *f* ❷ (*large amount*) große Menge *f,* Unmenge *f* ❸ MATH (*magnitude*) Größe *f*

quan·tity ˈdis·count *n* Mengenrabatt *m*

ˈquan·tity sur·vey·or *n* BRIT Kostenplaner(in) *m(f)*

quan·tum <*pl* -ta> [ˈkwɒntəm, AM ˈkwɑːnt̬-, *pl* -t̬ə] *n* PHYS (*unit*) Quant[um] *nt fachspr*

quan·tum me·ˈchan·ics *n + sing vb* Quantenmechanik *f kein pl*

quar·an·tine [ˈkwɒrəntiːn, AM ˈkwɔːr-] **I.** *n* Quarantäne *f;* **to place sb under ~** jdn unter Quarantäne stellen **II.** *vt* unter Quarantäne stellen

quark [kwɑːk, AM kwɑːrk] *n* PHYS Quark *nt*

quar·rel [ˈkwɒrəl, AM ˈkwɔːr-] **I.** *n* ❶ (*argument*) Streit *m;* **to have a ~** sich streiten; **to pick a ~** einen Streit vom Zaun brechen ❷ (*cause of complaint*) Einwand *m* **II.** *vi* <-ll-> ❶ (*argue*) sich streiten (**about** über +*akk*) ❷ (*disagree with*) ■ **to ~ with sth** etwas an etw *dat* aussetzen; **you can't ~ with that** daran gibt es nichts auszusetzen

quar·rel·some [ˈkwɒrəlsəm, AM ˈkwɔːr-] *adj* streitsüchtig

quar·ry[1] [ˈkwɒri, AM ˈkwɔːri] **I.** *n* Steinbruch *m;* (*fig*) Fundgrube *f* **II.** *vt* <-ie-> brechen

quar·ry[2] [ˈkwɒri, AM ˈkwɔːri] *n* ❶ (*animal*) Jagdbeute *f* ❷ *criminal* gejagte Person; (*fig: victim*) Opfer *nt*

quart [kwɔːt, AM kwɔːrt] *n* Quart *nt* (*1,14 l in England, 0,95 l in Amerika*)*;* **a ~ of beer** ein Quart *nt* Bier

quar·ter [ˈkwɔːtəʳ, AM ˈkwɔːrt̬ɚ] **I.** *n* ❶ (*fourth*) Viertel *nt;* **the bottle was a ~ full** es war noch ein Viertel in der Flasche; **for a ~ of the price** zu einem Viertel des Preises; **to divide sth into ~s** etw in vier Teile teilen ❷ (*time*) Viertel *nt; of year* Quartal *nt;* **a ~ of an hour** eine Viertelstunde; **a ~ to** [*or* AM **of**]**/past** [*or* AM **after**] **three** Viertel vor/nach drei ❸ AM (*coin*) Vierteldollar *m* ❹ (*area*) Gegend *f;* (*neighbourhood*) Viertel *nt* ❺ (*unspecified place*) Seite *f;* (*place*) Stelle *f;* **help came from a totally unexpected ~** Hilfe kam von völlig unerwarteter Seite ❻ (*lodgings*) ■ **~s** *pl* Wohnung *f;* MIL Quartier *nt* ▶ PHRASES: **at close ~s with sb** in jds Nähe **II.** *vt* vierteln **III.** *adj* Viertel-

ˈquar·ter·back *n* ❶ SPORTS (*in American Football*) Quarterback *m fachspr* ❷ AM (*leader*) Gruppenleiter(in) *m(f)*

ˈquar·ter day *n* BRIT Quartalstag *m* [für fällige Zahlungen]; *for rent* Mietzahltag *m;* FIN *for interest* Zinstag *m;* MIL *for pay* Zahltag *m*

ˈquar·ter·deck *n* Quarterdeck *nt fachspr*

quar·ter·ˈfi·nal *n* SPORTS Viertelfinale *nt*

quar·ter·ing [ˈkwɔːtərɪŋ, AM ˈkwɔːrt̬ɚ-] *n no pl* Vierteln *nt*

quar·ter·ly [ˈkwɔːtəli, AM ˈkwɔːrt̬ɚ-] **I.** *adv* vierteljährlich; **to be paid ~** vierteljährlich gezahlt werden **II.** *adj* vierteljährlich, Vierteljahres-; *esp* ECON Quartals-

quar·ter·mas·ter [ˈkwɔːtəˌmɑːstəʳ, AM ˈkwɔːrt̬ɚˌmæstɚ] *n* ❶ MIL Quartiermeister *m* ❷ NAUT *in merchant marine* Quartermeister *m; in navy* Steuermannsmaat *m*

ˈquar·ter-tone *n* MUS Viertelton *m*

quar·tet, quar·tette [kwɔːˈtet, AM kwɔːrˈ-] *n* Quartett *nt*

quartz [kwɔːts, AM kwɔːrts] *n no pl* Quarz *m;* **rose ~** Rosenquarz *m*

quartz ˈclock *n* Quarzuhr *f*

quartz iodine ˈlamp, quartz ˈlamp *n* Quarz[halogen]lampe *f;* MED künstliche Höhensonne

qua·sar [ˈkweɪzɑːʳ, AM -zɑːr] *n* ASTRON Quasar *m*

quash [kwɒʃ, AM kwɑːʃ] *vt* ❶ (*destroy*) zermalmen; (*fig*) *hopes, plans* zunichtemachen ❷ (*suppress*) *rebellion, revolt* niederschlagen; *objection* zurückweisen; *rumours* zum Verstummen bringen ❸ LAW (*annul*) aufheben; *law* für ungültig erklären

quasi- [ˈkweɪzaɪ, AM -saɪ] *in compounds* (*resembling*) *religion, science* Quasi-; *intellectual, scientific* pseudo-; *philosophi-*

Q

cal, spiritual quasi-; *official* halb-; *legislative* -ähnlich; LAW *partner, partnership* Schein-

quat·rain ['kwɒtreɪn, AM 'kwɑ:-] *n* LIT Vierzeiler *m*

qua·ver ['kweɪvəʳ, AM 'kweɪvɚ] **I.** *vi* ❶ (*shake*) *person* zittern; *voice a.* beben ❷ (*utter*) mit zitternder Stimme sprechen **II.** *n* ❶ (*shake*) Zittern *nt kein pl,* Beben *nt kein pl* ❷ BRIT, AUS MUS Achtelnote *f fachspr*

quay [ki:, AM *also* keɪ] *n* Kai *m,* Kaje *f* NORDD

quea·sy ['kwi:zi] *adj* ❶ (*easily upset*) *person, stomach* [über]empfindlich ❷ (*upset*) übel *nach n;* **he feels ~** ihm ist übel

queen [kwi:n] *n* ❶ (*monarch*) Königin *f* ❷ (*fig: lady*) Königin *f;* **beauty ~** Schönheitskönigin *f;* (*card*) Königin *f;* **~ of diamonds** Karokönigin *f;* (*chess*) Dame *f* ❸ (*fam: gay*) Tunte *f pej fam;* **drag ~** Transvestit *m*

queen 'bee *n* ❶ Bienenkönigin *f fachspr* ❷ (*fig: leader*) tonangebende Frau; (*busybody*) sich [überall] wichtigmachende Frau

queen 'dowa·ger *n* Königinwitwe *f*

queen·ly ['kwi:nli] *adj* königlich

Queen 'Moth·er *n* Königinmutter *f*

Queen's 'Coun·sel *n* LAW Kronanwalt, Kronanwältin *m, f fachspr* **Queen's 'Eng·lish** *n no pl* ▪**the ~** Standardenglisch *nt*

queer [kwɪəʳ, AM kwɪr] **I.** *adj* ❶ (*odd*) seltsam; **to have ~ ideas** schräge Ideen haben ❷ (*pej! fam: homosexual*) schwul *fam* ❸ (*suspicious*) merkwürdig **II.** *n* (*pej! fam*) Schwule(r) *m fam; female* Lesbe *f fam* **III.** *vt* verderben ▸PHRASES: **to ~ sb's pitch** AUS, BRIT jdm die Suppe versalzen

quell [kwel] *vt* ❶ (*suppress*) *opposition, protest* [gewaltsam] unterdrücken; *revolt* niederschlagen ❷ (*subdue*) *anger* zügeln; (*overcome*) *fear* überwinden ❸ (*fig: quiet*) beschwichtigen; *doubts, fears* zerstreuen

quench [kwen(t)ʃ] *vt* ❶ (*put out*) löschen; (*fig*) dämpfen ❷ (*satisfy*) befriedigen; *thirst for knowledge* stillen

queru·lous ['kwerʊləs, AM -rjəl-] *adj* ❶ (*peevish*) missmutig; *voice* gereizt ❷ (*complaining*) nörg[e]lig

que·ry ['kwɪəri, AM 'kwɪri] **I.** *n* Rückfrage *f* **II.** *vt* <-ie-> (*form*) ❶ (*doubt*) in Frage stellen; ▪**to ~ whether ...** bezweifeln, dass ... ❷ AM (*interview*) befragen

quest [kwest] *n* Suche *f* (**for** nach +*dat*); **in ~ of sth** auf der Suche nach etw *dat*

ques·tion ['kwestʃən] **I.** *n* ❶ (*query*) Frage *f;* **to put a ~ to sb** jdm eine Frage stellen; **to pop the ~** jdm einen [Heirats]antrag machen ❷ *no pl* (*doubt*) Zweifel *m;* **there's no ~ about it** keine Frage; **the place in ~** LAW besagter Ort; **to call sth into ~** etw bezweifeln; **without ~** zweifellos ❸ (*matter*) Frage *f;* **it's a ~ of life or death** es geht um Leben und Tod; **to be out of the ~** nicht in Frage kommen **II.** *vt* ❶ (*ask*) befragen (**about** über +*akk*) ❷ (*interrogate*) verhören (**about** zu +*dat*) ❸ (*doubt*) bezweifeln; *facts, findings* anzweifeln ❹ SCH (*test*) prüfen (**on** in +*akk*)

ques·tion·able ['kwestʃənəbl̩] *adj* ❶ (*uncertain*) zweifelhaft; *future* ungewiss; **it is ~ how ...** es ist fraglich, wie ... ❷ (*shady*) fragwürdig, zweifelhaft; **to do ~ business** bedenkliche Geschäfte machen; **some of his jokes were in ~ taste** manche seiner Witze waren von etwas zweideutiger Natur

ques·tion·er ['kwestʃənəʳ, AM -ɚ] *n* Fragesteller(in) *m(f)*

ques·tion·ing ['kwestʃənɪŋ] **I.** *n no pl* Befragung *f; by police* Verhör *nt* **II.** *adj look, tone* fragend

'ques·tion mark *n* Fragezeichen *nt a. fig*

'ques·tion mas·ter *n* BRIT Quizmaster *m*

ques·tion·naire [ˌkwestʃə'neəʳ, AM -'ner] *n* Fragebogen *m*

'ques·tion time *n* Zeit *f* für Fragen, Diskussionszeit *f;* POL Fragestunde *f*

queue [kju:] BRIT, AUS **I.** *n* ❶ (*line*) Schlange *f;* **a ~ of people** eine Menschenschlange; **to join the ~** sich mit anstellen; (*fig*) mit von der Partie sein; **to stand in a ~** Schlange stehen ❷ (*number*) [ganze] Anzahl **II.** *vi* anstehen

quib·ble ['kwɪbl̩] **I.** *n* ❶ (*argument*) haarspalterisches Argument; (*hair-splitting*) Haarspalterei *f* ❷ (*criticism*) Krittelei *f* (**about, over, with** an +*dat*) **II.** *vi* sich streiten (**about** über +*akk*); **no one would ~ with that** das würde niemand bestreiten

quib·bler ['kwɪbl̩əʳ, AM -ɚ] *n* ❶ (*arguer*) Querulant(in) *m(f)* ❷ (*critic*) Nörgler(in) *m(f)*

quib·bling ['kwɪbl̩ɪŋ] **I.** *n* Streiterei *f* **II.** *adj* spitzfindig; (*quarrelsome*) streitsüchtig

quiche <*pl* -> [ki:ʃ] *n* Quiche *f*

quick [kwɪk] **I.** *adj* ❶ (*fast*) schnell; **to be ~ about sth** sich mit etw *dat* beeilen; **to have a ~ drink** [noch] schnell etwas trinken; **in ~ succession** in schneller [Ab]folge; **to have a ~ temper** ein rasch aufbrausendes Temperament haben; **he is always ~ to criticize** mit Kritik ist er rasch bei der Hand ❷ (*short*) kurz; **to have a ~ look at sth** sich *dat* etw kurz ansehen; **could I have a ~ word with you?** könnte ich Sie

Q

kurz sprechen? ③(*alert*) [geistig] gewandt; ~ **wit** Aufgewecktheit *f; in replying* Schlagfertigkeit *f* **II.** *adv* schnell, rasch **III.** *interj* schnell **IV.** *n* **to bite nails to the ~** die Nägel bis auf das Nagelbett abbeißen; **to cut sb to the ~** (*fig*) jdn bis ins Mark treffen

'quick·act·ing *adj* schnell wirksam **quick-'change art·ist** *n* THEAT Verwandlungskünstler(in) *m(f);* (*fig*) Lebenskünstler(in) *m(f)*

quick·en ['kwɪk^{ə}n] **I.** *vt* ①beschleunigen ②(*fig: awaken*) anregen; *curiosity, interest* wecken **II.** *vi* schneller werden; *pulse* sich erhöhen

quick-'freeze <-froze, -frozen> *vt* tiefgefrieren

quickie ['kwɪki] **I.** *n* ①(*fast thing*) kurze Sache ②(*drink*) Schluck *m* auf die Schnelle ③(*sex*) Quickie *m* **II.** *adj* Schnell-, schnell [hingehauen]; ~ **divorce** schnelle und unkomplizierte Scheidung

quick·ly ['kwɪkli] *adv* schnell, rasch

quick-n-'easy *adj* kinderleicht; **a ~ way** die [aller]einfachste Art

quick·ness ['kwɪknəs] *n no pl* ①(*speed*) Schnelligkeit *f* ②(*temper*) Hitzigkeit *f* ③(*alertness*) [geistige] Beweglichkeit; **~ of mind** scharfer Verstand

'quick·sand *n no pl* Treibsand *m* **'quick·sil·ver** *n no pl* (*old: mercury*) Quecksilber *nt* **'quick·step I.** *n no pl* ■**the ~** der Quickstepp **II.** *vi* <-pp-> Quickstepp tanzen **quick-'tem·pered** *adj* hitzköpfig **quick-'wit·ted** *adj* (*alert*) aufgeweckt; (*quick in replying*) schlagfertig; *reply* schlagfertig

quid <*pl* -> [kwɪd] *n* BRIT (*fam*) Pfund *nt*

quid pro quo [ˌkwɪdprəʊ'kwəʊ, AM -proʊ'kwɔʊ] *n* Gegenleistung *f*

qui·es·cent [kwiː'es^{ə}nt, kwaɪ'-, AM *esp* kwaɪ'-] *adj* ruhig

qui·et [kwaɪət] **I.** *adj* <-er, -est *or* more ~, most ~> ①(*not loud*) leise ②(*silent*) ruhig; **please be ~** Ruhe bitte!; **to keep ~** ruhig sein ③(*not talking*) still; *child* ruhig; (*taciturn*) schweigsam; **to keep ~ about sth** über etw *akk* Stillschweigen bewahren ④(*secret*) heimlich; **to have a ~ word with sb** mit jdm ein Wörtchen im Vertrauen reden *fam;* **to keep sth ~** etw für sich *akk* behalten ⑤(*not exciting*) geruhsam; (*not busy*) *street, town* ruhig ▶PHRASES: **as ~ as a <u>mouse</u>** mucksmäuschenstill *fam* **II.** *n no pl* ①(*silence*) Stille *f* ②(*lack of excitement*) Ruhe *f;* **peace and ~** Ruhe und Frieden ▶PHRASES: **<u>on</u> the ~** heimlich

qui·et·en ['kwaɪət^{ə}n] **I.** *vi* ①(*become quiet*) sich beruhigen ②(*become calm*) ruhiger werden **II.** *vt* ①(*make quiet*) beruhigen ②(*calm*) beruhigen; *fears* zerstreuen; *tension* lösen ◆**quieten down I.** *vi* ①(*become quiet*) leiser werden ②(*become calm*) sich beruhigen **II.** *vt* ①(*make less noisy*) zur Ruhe bringen; **go and ~ those children down** stell die Kinder mal ruhig! *fam* ②(*calm*) beruhigen

qui·et·ly ['kwaɪətli] *adv* ①(*not loudly*) leise; **a ~ spoken man** ein Mann, der mit leiser Stimme spricht ②(*silently*) still; **to wait ~** ruhig warten ③(*unobtrusively*) unauffällig; **the plan has been ~ dropped** der Plan wurde stillschweigend fallen gelassen; **to be ~ confident** insgeheim überzeugt sein

qui·et·ness ['kwaɪətnəs] *n no pl* Ruhe *f;* (*silence*) Stille *f*

qui·etude ['kwaɪətjuːd, AM *esp* -tuːd] *n no pl* (*form*) Ruhe *f,* Frieden *m*

quiff [kwɪf] *n* [Haar]tolle *f*

quill [kwɪl] *n* ①(*feather*) Feder *f* ②(*of porcupine*) Stachel *m* ③(*pen*) Federkiel *m*

quilt [kwɪlt] **I.** *n* Steppdecke *f;* **patchwork ~** Quilt *m* **II.** *vt* [ab]steppen

quin [kwɪn] *n* BRIT (*fam*) *short for* **quintuplet** Fünfling *m*

quince [kwɪn(t)s] *n* Quitte *f;* (*tree a.*) Quittenbaum *m*

qui·nine ['kwɪniːn, AM 'kwaɪnaɪn] *n no pl* Chinin *nt*

quin·tess·ence [kwɪn'tes^{ə}n(t)s] *n no pl* Quintessenz *f geh;* (*embodiment*) Inbegriff *m;* **to be the ~ of sth** etw verkörpern

quin·tes·sen·tial [ˌkwɪntɪ'sen(t)ʃ^{ə}l] *adj* essentiell; **the ~ English village** der Inbegriff eines englischen Dorfes

quin·tet, quin·tette [kwɪn'tet] *n* Quintett *nt*

quin·tu·plet [kwɪn'tjuːplət, AM -'tʌplɪt] *n* Fünfling *m*

quip [kwɪp] **I.** *n* witzige Bemerkung **II.** *vi* <-pp-> witzeln

quirk [kwɜːk, AM kwɜːrk] *n* ①(*habit*) Marotte *f* ②(*oddity*) Merkwürdigkeit *f kein pl;* **by some strange ~ of fate** durch eine [merkwürdige] Laune des Schicksals

quirky ['kwɜːki, AM 'kwɜːrki] *adj* schrullig *fam*

quit <-tt-, quit *or* quitted, quit *or* quitted> [kwɪt] **I.** *vi* ① *worker* kündigen; *manager, official* zurücktreten; **to give sb notice to ~** jdm kündigen ②COMPUT aussteigen ③(*give up*) aufgeben; AM (*fam: stop*) **~!** hör [damit] auf! **II.** *vt* ① *esp* AM (*stop*) **will you ~ that!** wirst du wohl damit aufhören!; **~ wasting my time** hör auf, meine Zeit zu verschwenden; **to ~ smoking** das Rauchen aufgeben ②(*give up*) aufgeben; *job, flat* kündigen ③COMPUT (*end*) aussteigen (aus +*dat*) **III.** *adj pred* ■**to be ~ of sth/sb** jdn/etw loswerden

quite [kwaɪt] *adv* ① (*fairly*) ziemlich; **we had ~ a pleasant evening in the end** schließlich war es doch noch ein recht netter Abend; **I had to wait ~ a time** ich musste ganz schön lange warten *fam* ② (*completely*) ganz, völlig; **~ honestly, ...** ehrlich gesagt ...

quits [kwɪts] *adj pred* quitt (**with** mit +*dat*); **to call it ~** (*fam*) es gut sein lassen

quit·tance ['kwɪtᵊn(t)s] *n* (*form*) ① (*settlement of debt*) Schulderfüllung *f* ② (*receipt*) Quittung *f*

quiv·er[1] ['kwɪvəʳ, AM -ɚ] **I.** *n* Zittern *nt kein pl* **II.** *vi* zittern; **to ~ with rage** vor Wut beben

quiv·er[2] ['kwɪvəʳ, AM -ɚ] *n* (*holder*) Köcher *m*

quix·ot·ic [kwɪk'sɒtɪk, AM -'sɑːṭɪk] *adj personality* schwärmerisch; *idea, suggestion, vision* unrealistisch; *attempt* naiv

quiz [kwɪz] **I.** *n* <*pl* -zes> ① (*game*) Quiz *nt* ② AM SCH, UNIV (*test*) [kurze] Prüfung **II.** *adj* ① (*question*) **~ team** Rateteam *nt* ② AM SCH, UNIV (*question, results*) Prüfungs- **III.** *vt* ① (*question*) befragen (**about** zu +*dat*) ② AM SCH, UNIV prüfen (**on** über +*akk*)

'quiz·mas·ter *n* Quizmaster *m* **'quiz show** *n* Quizsendung *f*

quiz·zi·cal ['kwɪzɪkᵊl] *adj* ① (*questioning*) fragend ② (*teasing*) spöttisch

quor·ate ['kwɔːreɪt, AM 'kwɔːrɪt] *adj* handlungsfähig

quor·um ['kwɔːrəm] *n* Quorum *nt geh*

quo·ta ['kwəʊtə, AM 'kwoʊṭə] *n* ① (*fixed amount*) Quote *f* ② (*fig: proportion*) Quantum *nt*

quot·able ['kwəʊtəbl̩, AM 'kwoʊṭə-] *adj* ① (*citable*) zitierbar ② POL (*on the record*) für die Öffentlichkeit bestimmt

quo·ta·tion [kwə(ʊ)'teɪʃᵊn, AM kwoʊ-] *n* ① (*citation*) Zitat *nt;* ■**~ from sb/sth** Zitat *nt* von jdm/aus etw ② (*estimate*) Kostenvoranschlag *m* ③ STOCKEX [Kurs]notierung *f*

quo·'ta·tion marks *npl* Anführungszeichen *pl;* **to close/open ~** Anführungszeichen oben/unten setzen

quote [kwəʊt, AM kwoʊt] **I.** *n* ① (*citation*) Zitat *nt* ② (*speech mark*) ■**~s** *pl* Gänsefüßchen *pl fam* ③ (*estimate*) Kostenvoranschlag *m* **II.** *vt* ① (*cite*) zitieren; ■**to ~ sb on sth** jdn zu etw *dat* zitieren; **but don't ~ me on that!** aber sag's nicht weiter! *fam* ② (*give*) *price* nennen ③ STOCKEX notieren **III.** *vi* zitieren; ■**to ~ from sb** jdn zitieren; ■**to ~ from sth** aus etw *dat* zitieren

quo·tid·ian [kwə(ʊ)'tɪdiən, AM kwoʊ-] *adj* (*form*) [all]täglich

quo·tient ['kwəʊʃᵊnt, AM 'kwoʊ-] *n a.* MATH Quotient *m*

qwerty key·board [ˌkwɜːti'-, AM ˌkwɜːrṭi'-], **QWERTY key·board** *n englische Standardtastatur*

Rr

R <*pl* -'s *or* -s> [ɑːʳ, AM ɑːr], **r** <*pl* -'s> *n* R *nt*, r *nt;* **~ for Richard** [*or* AM **as in Roger**] R wie Robert

r *adv abbrev of* **right** re.

R[1] [ɑːʳ, AM ɑːr] **I.** *n no pl abbrev of* **river** **II.** *adj abbrev of* **right** re.

R[2] *adv* AM FILM *abbrev of* **Restricted**: **rated ~** nicht für Jugendliche unter 16 Jahren

RA [ˌɑːʳ'eɪ, AM ˌɑːr-] *n no pl* MED *abbrev of* **rheumatoid arthritis** Gelenkrheumatismus *m*

rab·bi ['ræbaɪ] *n* Rabbiner *m*

rab·bit ['ræbɪt] **I.** *n* (*animal*) Kaninchen *nt* **II.** *vi* BRIT, AUS (*pej fam*) schwafeln (**about** über +*akk*)

'rab·bit hole *n* Kaninchenbau *m* **'rab·bit hutch** *n* Kaninchenstall *m* **'rab·bit punch** *n* Nackenschlag *m*

rab·ble ['ræbl̩] *n no pl* (*pej*) ① (*disorderly group*) ungeordneter Haufen ② (*mob*) ■**the ~** der Mob

'rab·ble-rous·er *n* Aufwiegler(in) *m(f)* **'rab·ble-rous·ing** *adj* Hetz-, [auf]hetzerisch

rab·id ['ræbɪd] *adj* ① (*esp pej: fanatical*) fanatisch; *critic* scharf; *nationalist* radikal ② (*having rabies*) tollwütig

ra·bies ['reɪbiːz] *n + sing vb* Tollwut *f*

RAC <*pl* -> [ˌɑːʳeɪ'siː] *n abbrev of* **Royal Automobile Club**: ■**the ~** der RAC, ≈ ADAC *m*

rac·coon [rə'kuːn, ræ-, AM *esp* ræ-] *n* Waschbär(in) *m(f)*

race[1] [reɪs] **I.** *n* ① (*competition*) Rennen *nt* ② (*fig: contest*) Rennen *nt;* (*competition*) Wettkampf *m* **II.** *vi* ① (*compete*) *people* Rennen laufen; *vehicles* Rennen fahren ② (*rush*) rennen ③ (*pass quickly*) ■**to ~ by** schnell vergehen **III.** *vt* ① ■**to ~ sb** (*in competition*) gegen jdn antreten; (*for fun*) mit jdm ein Wettrennen machen ② (*enter*

R

for races) **to ~ a horse** ein Pferd Rennen laufen lassen

race² [reɪs] *n* ① (*ethnic grouping*) Rasse *f* ② (*species*) **the human ~** die menschliche Rasse; (*of animals, plants*) Spezies *f*

race 'con·flict *n no pl* Rassenkonflikt *m* **'race·course** *n* Rennbahn *f* **race 'ha·tred** *n no pl* Rassenhass *m* **'race·horse** *n* Rennpferd *nt* **'race meet·ing**, AM **'race meet** *n* Rennen *nt*

rac·er ['reɪsəʳ, AM -ɚ] *n* ① (*runner*) [Renn]läufer(in) *m(f)*; (*horse*) Rennpferd *nt* ② (*boat*) Rennboot *nt*; (*cycle*) Rennrad *nt*; (*car*) Rennwagen *m*; (*yacht*) Rennjacht *f*

race re·'la·tions *npl* Beziehungen *pl* zwischen den Rassen **'race riot** *n* Rassenunruhen *pl*

'race·track *n* (*racecourse*) Rennbahn *f*; *esp* AM (*for horses a.*) Rennstrecke *f*

ra·cial ['reɪʃᵊl] *adj* ① (*to do with race*) rassisch, Rassen- ② (*motivated by racism*) rassistisch; ~ **segregation** Rassentrennung *f*

ra·cial·ism ['reɪʃᵊlɪzᵊm] *n no pl* BRIT Rassismus *m*

ra·cial·ist ['reɪʃᵊlɪst] BRIT **I.** *n* Rassist(in) *m(f)* **II.** *adj* rassistisch

ra·cial 'pro·fil·ing *n no pl* Profiling *nt* aufgrund der Rassenzugehörigkeit

rac·ing ['reɪsɪŋ] *n no pl* (*in horse racing: event*) Pferderennen *nt*; (*sport*) Pferderennsport *m*

'rac·ing bi·cy·cle, **'rac·ing bike** *n* (*fam*) Rennrad *nt* **'rac·ing car** *n* Rennwagen *m* **'rac·ing driv·er** *n* Rennfahrer(in) *m(f)* **'rac·ing yacht** *n* Rennjacht *f*

rac·ism ['reɪsɪzᵊm] *n no pl* Rassismus *m*

rac·ist ['reɪsɪst] **I.** *n* Rassist(in) *m(f)* **II.** *adj* rassistisch

rack [ræk] **I.** *n* ① (*for storage*) Regal *nt*; **clothes ~** AM Kleiderständer *m*; **magazine ~** Zeitschriftenständer *m* ② (*for torture*) Folterbank *f* **II.** *vt* (*hurt*) quälen; **to be ~ed with pain** von Schmerzen gequält werden ▶ PHRASES: **to ~ one's brains** sich *dat* den Kopf zerbrechen

rack·et¹ ['rækɪt] *n* ① SPORTS Schläger *m* ② (*game*) ■ **~s** *pl* Racketball *nt kein pl*

Falsche Freunde

Nicht verwechseln mit Rakete *f* — *rocket, missile*!

rack·et² ['rækɪt] *n* (*fam*) ① *no pl* (*din*) Krach *m* ② (*pej: dishonest scheme*) unsauberes Geschäft; **protection ~** Schutzgelderpressung *f*

rack·et·eer [ˌrækɪ'tɪəʳ, AM -ə'tɪr] *n* (*pej*) Gangster *m*

'rack rent *n* Wuchermiete *f pej*

ra·coon *n see* **raccoon**

racy ['reɪsi] *adj* ① *behaviour, novel* anzüglich; *clothing* gewagt ② *person, image* draufgängerisch; *wine, car, yacht* rassig

ra·dar ['reɪdɑːʳ, AM -dɑːr] *n no pl* Radar *m o nt*; ~ **screen** Radarschirm *m*

ra·dial ['reɪdiəl] **I.** *adj* ① (*radiating*) strahlenförmig ② TECH radial, Radial-; ~ **tyre** Gürtelreifen *m* **II.** *n* Gürtelreifen *m*

ra·di·ant ['reɪdiənt] *adj* ① (*happy*) strahlend *attr fig* ② *weather, day* wunderschön, strahlend *attr fig*

ra·di·ate ['reɪdieɪt] **I.** *vi* ① (*spread out*) strahlenförmig ausgehen (**from** von +*dat*) ② (*be given off*) abstrahlen (**from** von +*dat*); *light, energy* ausstrahlen **II.** *vt* (*a. fig*) ausstrahlen; *heat* abgeben

ra·dia·tion [ˌreɪdi'eɪʃᵊn] *n no pl* ① (*radiated energy*) Strahlung *f* ② (*emitting*) Abstrahlen *nt*

ra·di'a·tion sick·ness *n no pl* Strahlenkrankheit *f* **ra·di'a·tion thera·py** *n* Strahlentherapie *f*

ra·dia·tor ['reɪdieɪtəʳ, AM -t̬ɚ] *n* ① (*heating device*) Heizkörper *m* ② (*to cool engine*) Kühler *m*

radi·cal ['rædɪkᵊl] **I.** *adj* ① MED, POL radikal ② (*fundamental*) fundamental **II.** *n* (*person*) Radikale(r) *f(m)*

radi·cal·ism ['rædɪkᵊlɪzᵊm] *n no pl* Radikalismus *m*

ra·dii ['reɪdiaɪ] *n pl of* **radius**

ra·dio ['reɪdiəʊ, AM -oʊ] **I.** *n* ① (*receiving device*) Radio *nt* SÜDD, ÖSTERR, SCHWEIZ *a. m* ② (*transmitter and receiver*) Funkgerät *nt*; **on/over the ~** über Funk ③ *no pl* (*broadcasting*) Radio *nt*, [Rund]funk *m*; **to listen to the ~** Radio hören; (*medium*) Funk *m* **II.** *vt* ① (*call on radio*) anfunken ② (*send by radio*) funken **III.** *vi* **to ~ for help** über Funk Hilfe anfordern

ra·dio·ac·tive [ˌreɪdiəʊ'æktɪv, AM -oʊ'-] *adj* radioaktiv

ra·dio·ac·tiv·ity [ˌreɪdiəʊæk'tɪvəti, AM -oʊæk'tɪvət̬i] *n no pl* Radioaktivität *f*

'ra·dio a·larm, ra·dio a'larm clock *n* Radiowecker *m* **'ra·dio an·nounc·er** *n* Rundfunk-/Radiosprecher(in) *m(f)* **'ra·dio bea·con** *n* Funkfeuer *nt* **'ra·dio broad·cast** *n* Radiosendung *f*

ra·dio·car·bon 'dat·ing *n no pl* Radiokarbonmethode *f*

ra·dio cas·'sette re·cord·er *n* Radiorecorder *m* **'ra·dio con·tact** *n* Funkkontakt *m*

ra·dio·gram ['reɪdiə(ʊ)græm, AM -oʊ-] *n*

R

short for **radio telegram** Funktelegramm *nt*

ra·dio·graph ['reɪdiə(ʊ)grɑ:f, AM -oʊgræf] *n* Röntgenbild *nt*

ra·di·og·ra·pher [ˌreɪdi'ɒgrəfəʳ, AM -'ɑ:grəfɚ] *n* Röntgenassistent(in) *m(f)*

ra·di·og·ra·phy [ˌreɪdi'ɒgrəfi, AM -'ɑ:grə-] *n* Röntgenographie *f*

'ra·dio ham *n* Funkamateur(in) *m(f)*

ra·di·olo·gist [ˌreɪdi'ɒlədʒɪst, AM -'ɑ:lə-] *n* Radiologe, Radiologin *m, f*

ra·di·ol·ogy [ˌreɪdi'ɒlədʒi, AM -'ɑ:lə-] *n no pl* Radiologie *f*

ra·dio 'micro·phone *n* Funkmikrofon *nt*

'ra·dio op·era·tor *n* Funker(in) *m(f)* **'ra·dio·pag·er** *n* Piepser *m fam* **'ra·dio play** *n* Hörspiel *nt* **'ra·dio pro·gramme** *n* Rundfunkprogramm *nt,* Radioprogramm *nt*

ra·di·os·co·py [ˌreɪdi'ɒskəpi, AM -'ɑ:skə-] *n no pl* Radioskopie *f fachspr*

'ra·dio set *n* Radioapparat *m* **'ra·dio show** *n* Radioshow *f* **'ra·dio sta·tion** *n* ①(*radio channel*) Radiosender *m* ②(*building*) Rundfunkstation *f* **ra·dio-'tele·phone** *n* Funktelefon *nt* **ra·dio-te'lepho·ny** *n no pl* Funktelefonie *f* **ra·dio 'tele·scope** *n* Radioteleskop *nt*

ra·dio·'thera·py *n no pl* Strahlentherapie *f*

'ra·dio wave *n* Radiowelle *f*

rad·ish <*pl* -es> ['rædɪʃ] *n* Rettich *m*

ra·dium ['reɪdiəm] *n no pl* Radium *nt*

ra·dius <*pl* -dii> ['reɪdiəs, *pl* -diaɪ] *n* (*distance from centre*) *a.* MATH Radius *m*

RAF [ˌɑ:ʳer'ef, AM ˌɑ:r-] *n abbrev of* **Royal Air Force:** ■**the** ~ die R.A.F.

raf·fia ['ræfiə] *n no pl* Raphia[bast] *m*

raff·ish ['ræfɪʃ] *adj* ①(*rakish*) flott *fam,* verwegen ②*area, place* verrufen

raf·fle ['ræfl̩] **I.** *n* Tombola *f* **II.** *vt* verlosen

raft¹ [rɑ:ft, AM ræft] **I.** *n* (*vessel*) Floß *nt* **II.** *vi* an einem Rafting teilnehmen **III.** *vt* ■**to ~ sth** etw auf einem Floß transportieren

raft² [rɑ:ft, AM ræft] *n esp* AM (*large number*) ■**a ~ of sth** eine [ganze] Menge einer S. *gen*

raft·er¹ ['rɑ:ftəʳ, AM 'ræftɚ] *n* ARCHIT Dachsparren *m*

raft·er² ['rɑ:ftəʳ, AM 'ræftɚ] *n* (*sb using a raft*) Rafter(in) *m(f)*

raft·ing ['rɑ:ftɪŋ, AM 'ræft-] *n no pl* Rafting *nt*

rag¹ [ræg] *n* ①(*old cloth*) Lumpen *m;* (*for cleaning*) Lappen *m,* ÖSTERR Fetzen *m;* (*for dust*) Staubtuch *nt* ②*pl* (*worn-out clothes*) Lumpen *pl pej*

rag² [ræg] *n* BRIT (*students' fund-raising event*) *studentische karnevalistische Veranstaltung, um Spenden für wohltätige Zwecke zu sammeln*

rag³ [ræg] *n* Ragtime *m*

raga·muf·fin ['rægəˌmʌfɪn] *n* (*fam*) Dreckspatz *m*

'rag·bag *n* ~ [**collection**] Sammelsurium *nt*

rage [reɪdʒ] **I.** *n* ①*no pl* (*violent anger*) Wut *f,* Zorn *m* ②(*fit of anger*) **to get in a ~** sich aufregen (**about** über +*akk*) ③(*mania*) **to be [all] the ~** der letzte Schrei sein *fam* **II.** *vi* ①(*express fury*) toben; *at sb* anschreien; *at sth* sich aufregen (über +*akk*) ②(*continue violently*) toben; *epidemic, fire* wüten

rag·ged ['rægɪd] *adj clothes, children* zerlumpt; *cuffs, hem* ausgefranzt; *people, group* unorganisiert; *rooms* unordentlich; *hair* zottig

rag·ing ['reɪdʒɪŋ] *adj* ①*river* reißend *attr* ②*fire* lodernd *attr; inferno* flammend *attr* ③(*severe*) rasend; *thirst* schrecklich

ra·gout [ræg'u:] *n no pl* FOOD Ragout *nt*

rag 'rug *n* Flickenteppich *m,* Fleckerlteppich *m* SÜDD, ÖSTERR **'rag·tag** *n* Pöbel *m kein pl pej,* Gesindel *nt kein pl pej* **'rag·time** *n no pl* Ragtime *m* **'rag trade** *n* (*fam*) ■**the ~** die Bekleidungsindustrie; **her dad's in the ~** ihr Vater hat irgendwas mit Klamotten zu tun

raid [reɪd] **I.** *n* ①(*military attack*) Angriff *m* ②(*robbery*) Überfall *m* (**on** auf +*akk*) ③(*by police*) Razzia *f* **II.** *vt* ①MIL (*attack*) überfallen; (*bomb*) bombardieren; *town* plündern ②(*steal from*) ausplündern; *bank, post office* überfallen; (*fig*) *fridge, piggybank* plündern *hum* **III.** *vi* ①(*steal*) einen Diebstahl begehen ②MIL (*make incursions*) einfallen

rail¹ [reɪl] *vi* wettern (**against, at** gegen +*akk*), schimpfen (**against, at** über +*akk*)

rail² [reɪl] *n* (*bird*) Ralle *f*

rail³ [reɪl] **I.** *n* ①*no pl* (*transport system*) Bahn *f;* **by ~** mit der Bahn ②(*railway track*) Schiene *f* ③(*on stairs*) Geländer *nt;* (*on fence, for clothes, in shop*) Stange *f;* (*on ship*) Reling *f;* [**hanging**] ~ Halter *m,* Stange *f* **II.** *adj pass, strike, worker* Bahn-

'rail·card *n* BRIT Bahnkarte *f* **'rail·head** *n* ①(*end of track*) Gleisstutzen *m,* Gleisabschluss *m* ②(*depot*) Kopfbahnhof *m*

rail·ing ['reɪlɪŋ] *n* ①(*fence*) Geländer *nt* ②(*on a ship*) Reling *f*

'rail net·work *n* Bahnnetz *nt*

'rail·road **I.** *n* AM ①(*train track*) Schienen *pl,* Gleise *pl;* (*stretch of track*) Strecke *f* ②(*railway system*) [Eisen]bahn *f kein pl* **II.** *adj* AM *bridge, tunnel* [Eisen]bahn-

R

III. *vt* zwingen; ■**to have been ~ed into sth** gezwungen worden sein, etw zu tun

'rail·way ['reɪlweɪ] **I.** *n esp* BRIT ① (*train tracks*) Gleise *pl,* Schienen *pl* ② (*rail system*) ■**the ~[s]** die [Eisen]bahn **II.** *adj museum, tunnel* [Eisen]bahn-; **~ yard** Rangierbahnhof *m*

'rail·way bridge *n* ① (*carrying railway line*) Eisenbahnbrücke *f* ② (*over railway*) Brücke *f* über einen Bahndamm **'rail·way car·riage** *n* Personenwagen *m* **'rail·way cross·ing** *n* Bahnübergang *m* **'rail·way en·gine** *n* Lokomotive *f* **'rail·way line** *n* ① (*train track*) Bahnlinie *f* ② (*stretch of track*) Bahnstrecke *f* **'rail·way·man** *n* Eisenbahner *m* **'rail·way sta·tion** *n* Bahnhof *m* **'rail·way track** *n* Gleis *nt*

rain [reɪn] **I.** *n no pl* (*precipitation*) Regen *m;* **in the ~** im Regen **II.** *vi impers* regnen; **it's ~ing** es regnet ◆**rain off,** AM **rain out** *vt passive* ■**to be ~ed off** wegen Regens abgesagt werden

rain·bow ['reɪnbəʊ, AM -boʊ] *n* Regenbogen *m*

'rain cloud *n* Regenwolke *f* **'rain·coat** *n* Regenmantel *m* **'rain·drop** *n* Regentropfen *m* **'rain·fall** *n no pl* ① (*period of rain*) Niederschlag *m* ② (*quantity of rain*) Niederschlagsmenge *f* **'rain for·est** *n* Regenwald *m* **'rain gauge,** AM **'rain gage** *n* Regenmesser *m* **'rain·proof** *adj* wasserdicht **'rain·storm** *n* starke Regenfälle *pl*

rainy ['reɪni] *adj* regnerisch

raise [reɪz] **I.** *n* AM, AUS (*rise*) Gehaltserhöhung *f* **II.** *vt* ① (*lift*) *hand, arm, leg* heben; *anchor* lichten; *eyebrow, drawbridge, blinds* hochziehen; *flag, sail* hissen ② (*increase*) erhöhen; *quality* verbessern; **to ~ public awareness** das öffentliche Bewusstsein schärfen ③ (*moot*) vorbringen; *an issue, a question* aufwerfen; *an objection* erheben ④ *capital, money* aufbringen ⑤ (*bring up*) *children* aufziehen ⑥ *esp* AM (*breed*) züchten; (*look after*) aufziehen

rai·sin ['reɪzɪn] *n* Rosine *f*

rake [reɪk] **I.** *n* (*garden tool*) Harke *f,* Rechen *m* **II.** *vt* ① (*treat*) *soil* harken ② (*gather up*) [zusammen]rechen; *leaves, the lawn* rechen **III.** *vi* ■**to ~ through sth** etw durchsuchen ◆**rake in** *vt* ① (*work in*) rechen ② (*fam: of money*) kassieren ◆**rake up** *vt* ① (*gather up*) zusammenrechen; (*fig*) einstreichen ② (*fig: revive*) **to ~ up the past** die Vergangenheit wieder ausgraben

rake-off ['reɪkɒf, AM -ɑːf] *n* (*fam*) Anteil *m*

rak·ish ['reɪkɪʃ] *adj* ① (*jaunty*) flott, keck, frech ② (*dissolute*) ausschweifend; *charm* verwegen

ral·ly ['ræli] **I.** *n* ① (*motor race*) Rallye *f* ② SPORTS (*in tennis*) Ballwechsel *m* ③ (*meeting*) [Massen]versammlung *f,* Treffen *nt,* Zusammenkunft *f* ④ (*recovery*) *of prices* Erholung *f* **II.** *vt* <-ie-> sammeln; *support* gewinnen; *supporters* mobilisieren **III.** *vi* <-ie-> ① (*support*) ■**to ~ behind sb** sich geschlossen hinter jdn stellen ② MED, FIN, STOCKEX sich erholen; SPORTS sich fangen *fam* ◆**rally round** *vi person* unterstützen

'ral·ly driv·er *n* Rallyefahrer(in) *m(f)*

ram [ræm] **I.** *n* ① (*sheep*) Widder *m,* Schafbock *m* ② (*implement*) Rammbock *m,* Ramme *f* **II.** *vt* <-mm-> ① (*hit*) rammen ② *soil* feststampfen; (*push into*) stopfen (in +*akk*) ③ *bolt* zuknallen; (*fig*) *views* [mit Vehemenz] klarmachen **III.** *vi* <-mm-> ■**to ~ into sth** gegen etw *akk* prallen; (*with car a.*) gegen etw *akk* fahren

RAM [ræm] *n* COMPUT *acr for* **Random Access Memory** RAM *m o nt*

Rama·dan [ˌræmə'dæn, AM -'dɑːn] *n no pl* Ramadan *m*

ram·ble ['ræmbl̩] **I.** *n* Wanderung *f,* Spaziergang *m* **II.** *vi* ① (*walk*) wandern, umherstreifen (**through** durch +*akk*) ② (*spread*) sich ranken ③ (*be incoherent*) faseln *fam*

ram·bler ['ræmbləʳ, AM -ɚ] *n* ① (*walker*) Wanderer *m,* Wanderin *f* ② HORT, BOT (*rose*) Kletterrose *f*

ram·bling ['ræmbl̩ɪŋ] **I.** *n* ■**~s** *pl* Gefasel *nt kein pl pej* **II.** *adj* ① (*sprawling*) *building* weitläufig ② BOT, HORT rankend *attr,* Kletter- ③ (*incoherent*) unzusammenhängend, zusammenhanglos

ram·ekin ['ræmɪkɪn, AM -mə-] *n* [kleine] Auflaufform

rami·fi·ca·tion [ˌræmɪfɪ'keɪʃᵊn] *n usu pl* (*consequences*) Auswirkung *f,* Konsequenz *f*

rami·fy <-ie-> ['ræmɪfaɪ] *vi* sich verzweigen

ramp [ræmp] *n* ① (*slope*) Rampe *f;* AVIAT Gangway *f* ② BRIT (*speed deterrent*) Bodenwelle *f* ③ AM (*slip road*) Auffahrt *f,* Ausfahrt *f*

ram·page **I.** *n* ['ræmpeɪdʒ] Randale *f;* **on the ~** angriffslustig **II.** *vi* [ræm'peɪdʒ] randalieren

ram·pant ['ræmpənt] *adj* ① (*unrestrained*) ungezügelt; *inflation* galoppierend *attr; nationalism, racism* zügellos ② (*spreading*) *epidemic* ■**to be ~** grassieren

ram·part ['ræmpɑːt, AM -pɑːrt] *n* [Schutz]wall *m,* Befestigungswall *m*

'ram·rod *n* Ladestock *m;* **he stood as stiff as a ~** er stand so steif da, als hätte er einen

Besenstiel verschluckt

ram·shack·le [ˈræm,ʃækl̩] *adj* ❶(*dilapidated*) klapp[e]rig; *building* baufällig ❷(*fig, pej: disorganized*) chaotisch

ran [ræn] *pt of* **run**

ranch [rɑːn(t)ʃ, AM ræntʃ] AM **I.** *n* <*pl* -es> Farm *f,* Ranch *f* **II.** *vi* Viehwirtschaft treiben **III.** *vt cattle, mink, salmon* züchten

ranch·er [ˈrɑːn(t)ʃəʳ, AM ˈræntʃɚ] *n* AM ❶(*ranch owner*) Viehzüchter(in) *m(f)* ❷(*ranch worker*) Farmarbeiter(in) *m(f)*

ran·cid [ˈræn(t)sɪd] *adj* ranzig

ran·cor·ous [ˈræŋkᵊrəs] *adj* bitter; *quarrel* erbittert; *tone* giftig

ran·cour [ˈræŋkəʳ], AM **ran·cor** [-ɚ] *n no pl* (*bitterness*) Verbitterung *f,* Groll *m* (**towards** gegenüber +*dat*); (*hatred*) Hass *m*

R and B [ˌɑːrən(d)ˈbiː] *n abbrev of* **rhythm and blues** R & B *m*

R and D [ˌɑːrən(d)ˈdiː] *n abbrev of* **research and development** Forschung *f* und Entwicklung *f*

ran·dom [ˈrændəm] **I.** *n no pl* **at ~** (*aimlessly*) willkürlich, wahllos; (*by chance*) zufällig **II.** *adj* zufällig, wahllos; **a ~ sample** eine Stichprobe

randy [ˈrændi] *adj* (*fam*) geil

rang [ræŋ] *pt of* **ring**

range[1] [reɪndʒ] **I.** *n* ❶*no pl* (*limit*) Reichweite *f;* (*area*) Bereich *m* ❷(*series of things*) Reihe *f,* Auswahl *f* (an +*dat*); (*selection*) Angebot *nt,* Sortiment *nt* ❸(*distance*) Entfernung *f; of a gun* Schussweite *f; of a missile* Reichweite *f* ❹MIL (*practice area*) **firing ~** Schießplatz *m* **II.** *vi* ❶(*vary*) schwanken ❷■**to ~ from sth to sth** von etw *dat* bis [zu etw *dat*] reichen; **a wide-ranging investigation** eine umfassende Ermittlung

range[2] [reɪndʒ] *n* ❶(*of mountains*) Hügelkette *f,* Bergkette *f* ❷AM (*pasture*) Weide *f,* Weideland *nt*

range[3] [reɪndʒ] *n* (*for cooking*) [Koch]herd *m*

ˈrange find·er *n* Entfernungsmesser *m*

rang·er [ˈreɪndʒəʳ, AM -ɚ] *n* Aufseher(in) *m(f);* AM (*mounted soldier*) Ranger(in) *m(f)*

rangy [ˈreɪndʒi] *adj* hoch aufgeschossen

rank[1] [ræŋk] **I.** *n* ❶*no pl* POL (*position*) Position *f* ❷MIL Dienstgrad *m,* Rang *m;* **to close ~s** die Reihen schließen; (*fig*) sich zusammenschließen ❸(*row*) Reihe *f;* **cab ~** Taxistand *m* **II.** *vi* ❶(*hold a position*) ■**to ~ above sb** einen höheren Rang als jd einnehmen ❷(*be classified as*) **he currently ~s second in the world** er steht derzeit auf Platz zwei der Weltrangliste **III.** *vt* ❶(*classify*) einstufen ❷(*arrange*) anordnen; **to ~ sb/sth in order of size** jdn/etw der Größe nach aufstellen

rank[2] [ræŋk] *adj* ❶*of a plant* üppig wuchernd ❷(*absolute*) absolut, ausgesprochen; *outsider* total; *stupidity* rein

ran·kle [ˈræŋkl̩] *vi* ■**to ~ [with sb]** jdn wurmen

ran·sack [ˈrænsæk] *vt* ❶(*search*) *cupboard* durchwühlen ❷(*a. fig, hum: plunder*) plündern; (*rob*) ausrauben

ran·som [ˈræn(t)sᵊm] **I.** *n* Lösegeld *nt* **II.** *vt* auslösen

rant [rænt] **I.** *n* ❶*no pl* (*angry talk*) Geschimpfe *nt,* Gezeter *nt fam* ❷(*tirade*) Schimpfkanonade *f* **II.** *vi* [vor sich *akk* hin] schimpfen

rap[1] [ræp] **I.** *n* ❶(*knock*) Klopfen *nt kein pl,* Pochen *nt kein pl* ❷(*fam: rebuke*) Anpfiff *m fam* ❸AM (*sl: criticism*) Verriss *m fam* **II.** *vt* <-pp-> ❶(*strike*) klopfen (an +*akk*) ❷(*fig: criticize*) scharf kritisieren

rap[2] [ræp] **I.** *n no pl* MUS Rap *m* **II.** *vi* MUS rappen

ra·pa·cious [rəˈpeɪʃəs] *adj* (*form: grasping*) habgierig; *landlord, businessman* raffgierig; **~ appetite** Wolfshunger *m*

ra·pac·ity [rəˈpæsəti, AM -əṭi] *n no pl* Habgier *f*

rape[1] [reɪp] **I.** *n* ❶*no pl* (*sexual assault*) Vergewaltigung *f* ❷*no pl* (*fig: destruction*) Zerstörung *f* **II.** *vt* vergewaltigen **III.** *vi* eine Vergewaltigung begehen

rape[2] [reɪp] *n no pl* AGR Raps *m*

ˈrape·seed oil *n* Rapsöl *nt*

rap·id [ˈræpɪd] *adj* ❶(*quick*) schnell; *change, growth, expansion* rasch; *increase, rise* steiler ❷(*sudden*) plötzlich

rap·id·ity [rəˈpɪdəti, AM -əṭi] *n no pl* ❶(*suddenness*) Plötzlichkeit *f* ❷(*speed*) Geschwindigkeit *f,* Schnelligkeit *f*

rap·ids [ˈræpɪdz] *npl* Stromschnellen *pl*

ra·pi·er [ˈreɪpiəʳ, AM -ɚ] **I.** *n* Rapier *nt* **II.** *adj attr* (*fig*) schlagfertig, scharfzüngig; *wit* scharf

rap·ist [ˈreɪpɪst] *n* Vergewaltiger(in) *m(f)*

rap·port [ræpˈɔːʳ, AM -ˈɔːr] *n no pl* Übereinstimmung *f,* Harmonie *f*

rap·proche·ment [ræpˈrɒʃmɑ̃(ŋ), AM ˌræprɔːʃˈmɑ̃(ŋ)] *n* (*form*) Annäherung *f*

rapt [ræpt] *adj* (*engrossed*) versunken, selbstvergessen

rap·ture [ˈræptʃəʳ, AM -ɚ] *n* ❶*no pl* (*bliss*) Verzückung *f,* Entzücken *nt* ❷*pl* (*expression of joy*) **to be in ~s about sth** entzückt über etw *akk* sein

rap·tur·ous [ˈræptʃᵊrəs, AM -ɚəs] *adj* ❶(*de-*

R

lighted) entzückt, hingerissen; *smile* verzückt ② (*enthusiastic*) begeistert; *applause* stürmisch

rare[1] [reəʳ, AM rer] *adj* (*uncommon*) rar, selten

Aussprache

Das **a** in rare wird wie das **ea** in bear ausgesprochen:

rare [reəʳ]
bear [beəʳ]

rare[2] [reəʳ, AM rer] *adj meat* nicht durch[gebraten] *präd,* blutig

rare·bit ['reəbɪt, AM 'rer-] *n* **Welsh ~** *überbackene Käseschnitte*

rar·efy ['reərɪfaɪ, AM 'rerə-] *vt* verdünnen

rare·ly ['reəli, AM 'rer-] *adv* selten

rar·ing ['reərɪŋ, AM 'rer-] *adj* ■**to be ~ to do sth** großes Verlangen haben, etw zu tun; **~ to go** startbereit

rar·ity ['reərəti, AM 'rerət̬i] *n* Rarität *f,* Seltenheit *f*

ras·cal ['rɑːskᵊl, AM 'ræs-] *n* (*scamp*) Schlingel *m;* (*child*) Frechdachs *m*

rash[1] [ræʃ] *n* <*pl* -es> ① (*skin condition*) Ausschlag *m* ② *no pl* (*spate*) ■**a ~ of sth** Unmengen *pl* von etw *dat*

rash[2] [ræʃ] *adj* übereilt, hastig, vorschnell

Falsche Freunde

Nicht verwechseln mit rasch — *speedy, swift*!

rash·er ['ræʃəʳ, AM -ɚ] *n* **~ [of bacon]** Speckscheibe *f*

rash·ness ['ræʃnəs] *n no pl* Unbedachtheit *f,* Unbesonnenheit *f*

R

rasp [rɑːsp, AM ræsp] **I.** *n* ① (*tool*) Raspel *f* ② (*noise*) schneidendes Geräusch **II.** *vt* ① (*file*) feilen ② (*rub roughly*) wegschaben; *skin* aufreiben **III.** *vi* (*of a noise*) kratzen

rasp·berry ['rɑːzbᵊri, AM 'ræzˌberi] *n* (*fruit*) Himbeere *f*

Aussprache

Das **p** in raspberry wird nicht gesprochen: ['rɑːzbᵊri]

rasp·ing ['rɑːspɪŋ, AM 'ræs-] *adj* krächzend; *breath* rasselnd

Ras·ta·far·ian [ˌræstə'feəriən, AM ˌrɑːstə'fer-] **I.** *n* Rastafari *m* **II.** *adj* Rasta-

rat [ræt] **I.** *n* Ratte *f a. fig, pej* **II.** *vi* <-tt-> ■**to ~ on sb** (*inform on*) jdn verraten

rat·able *adj see* **rateable**

ratch·et ['rætʃɪt] *n* TECH Ratsche *f* ◆ **ratchet up** *vt* (*fam*) ■**to ~ up** ↻ **sth** etw Schritt für Schritt hochfahren

rate [reɪt] **I.** *n* ① (*speed*) Geschwindigkeit *f* ② (*measure*) Maß *nt,* Menge *f;* **unemployment ~** Arbeitslosenrate *f* ③ (*payment, level of interest, tax*) Satz *m* ▶ PHRASES: **at any ~** (*whatever happens*) auf jeden Fall; (*at least*) zumindest, wenigstens **II.** *vt* ① (*regard*) einschätzen; **she is ~d very highly by the people she works for** die Leute, für die sie arbeitet, halten große Stücke auf sie ② (*be worthy of*) **to ~ a mention** erwähnenswert sein

rate·able ['reɪtəbl̩] *adj* BRIT steuerpflichtig

ra·ther ['rɑːðəʳ, AM 'ræðɚ] *adv* ① (*somewhat*) ziemlich; **I ~ doubt ...** ich bin nicht ganz sicher, ob ... ② (*very*) ziemlich, recht; **it's ~ a shame that ...** es ist wirklich schade, dass ... ③ (*on the contrary*) eher ④ (*in preference to*) **I'd like to stay at home this evening ~ than going out** ich möchte heute Abend lieber zu Hause bleiben und nicht ausgehen

rati·fi·ca·tion [ˌrætɪfɪ'keɪʃᵊn, AM ˌræt̬ə-] *n no pl* Ratifizierung *f*

rati·fy <-ie-> ['rætɪfaɪ, AM -t̬ə-] *vt* ratifizieren

rat·ing ['reɪtɪŋ, AM -t̬-] *n* ① *no pl* (*assessment*) Einschätzung *f* ② (*regard*) Einstufung *f* ③ (*TV audience*) ■**~s** *pl* [Einschalt]quoten *pl*

ra·tio ['reɪʃiəʊ, AM -oʊ] *n* Verhältnis *nt*

ra·tion ['ræʃᵊn] **I.** *n* ① (*fixed amount*) Ration *f* ② (*food supplies*) ■**~s** *pl* [Lebensmittel]marken *pl* **II.** *vt* rationieren, beschränken (**to** auf +*akk*)

ra·tion·al ['ræʃᵊnᵊl] *adj* ① *Wesen* rational ② *Denken, Person* vernünftig, rational

Falsche Freunde

Nicht verwechseln mit rationell — *efficient*!

ra·tion·ale [ˌræʃə'nɑːl, AM -'næl] *n* Gründe *pl*

ra·tion·al·ism ['ræʃᵊnᵊlɪzᵊm] *n no pl* Rationalismus *m*

ra·tion·al·ist ['ræʃᵊnᵊlɪst] **I.** *n* Rationalist(in) *m(f)* **II.** *adj* rationalistisch

ra·tion·al·is·tic [ˌræʃᵊnᵊl'ɪstɪk] *adj* rationalistisch

ra·tion·al·ity [ˌræʃᵊn'æləti, AM -ət̬i] *n no pl* ① (*clear reasoning*) Rationalität *f geh,* Vernunft *f* ② (*sensibleness*) Vernünftigkeit *f*

ra·tion·ali·za·tion [ˌræʃᵊnᵊlaɪ'zeɪʃᵊn, AM -lɪ'-] *n no pl* Rationalisierung *f*

ra·tion·al·ize ['ræʃᵊnᵊlaɪz] **I.** *vt* rationalisieren **II.** *vi* rationalisieren, Rationalisierungsmaßnahmen *pl* durchführen

ra·tion·ing ['ræʃᵊnɪŋ] *n no pl* Rationierung *f*

'rat poi·son *n* Rattengift *nt* **'rat race** *n* erbarmungsloser Konkurrenzkampf **'rat run** *n* (*fam*) Schleichweg *m*

rat·tle ['rætl̩, AM -t̬l̩] **I.** *n* ① *no pl* (*sound*) Klappern *nt;* (*of chains*) Rasseln *nt;* (*of hail*) Prasseln *nt* ② (*of baby, instrument*) Rassel *f* **II.** *vi* ① (*make noise*) klappern; *keys* rasseln; *hail* prasseln; *engine* knattern; *bottles* [*in a crate*] klirren; *coins* klingen ② (*move noisily*) rattern ③ (*talk*) ■**to ~ on** [drauflos]quasseln *fam* **III.** *vt* ① *windows* zum Klirren bringen; *keys* rasseln (mit +*dat*); *crockery* klappern (mit +*dat*) ② *person* durcheinanderbringen ◆**rattle off** *vt* herunterrattern

'rat·tle·snake *n* Klapperschlange *f*

rat·tling ['rætl̩ɪŋ, AM -t̬l̩-] *adj* (*making a noise*) klappernd *attr; car, engine* ratternd *attr; windows* klirrend *attr; keys* rasselnd *attr*

rat·ty ['ræti, AM -t̬-] *adj* (*fam*) ① BRIT (*ill-tempered*) gereizt ② (*shabby*) *hair* verknotet

rau·cous ['rɔːkəs, AM 'rɑː-] *adj* ① (*loud and harsh*) rau, heiser; *call of the crows* krächzend; *laughter, voice* heiser ② (*noisy*) lärmend *attr,* wild

raun·chy ['rɔːn(t)ʃi, AM 'rɑːntʃi] *adj conversation* schlüpfrig; *film* scharf *fam; video* heiß *fam*

rav·age ['rævɪdʒ] *vt* verwüsten; *face* verunstalten

rave [reɪv] **I.** *n* BRIT (*fam*) Fete *f,* Rave *m o nt* (*mit Technomusik*) **II.** *adj attr* begeistert, enthusiastisch; *reviews* glänzend **III.** *vi* ① (*talk wildly*) toben, wüten; **to rant and ~** toben ② (*fam: praise*) schwärmen (**about** von +*dat*)

rav·el <BRIT -ll- *or* AM *usu* -l-> ['rævᵊl] **I.** *vi* sich verwickeln; *thread* sich verheddern **II.** *vt* verwickeln; *thread* verheddern

ra·ven ['reɪvᵊn] *n* Rabe *m*

rav·en·ous ['rævᵊnəs] *adj* (*very hungry*) ausgehungert; (*predatory*) räuberisch; *appetite* unbändig

ra·vine [rə'viːn] *n* Schlucht *f,* Klamm *f*

rav·ing ['reɪvɪŋ] **I.** *n* ① *no pl* (*delirium*) wirres Gerede ② *pl* (*ramblings*) Hirngespinste *pl* **II.** *adj attr* absolut, total *fam; nightmare* echt **III.** *adv* völlig; **to be ~ mad** (*fam*) völlig verrückt sein

ra·vio·li [ˌrævi'əʊli, AM -'oʊ-] *n* Ravioli *pl*

rav·ish ['rævɪʃ] *vt* (*delight*) entzücken

rav·ish·ing ['rævɪʃɪŋ] *adj* ① (*beautiful*) hinreißend; *countryside* atemberaubend ② (*delicious*) wundervoll

raw [rɔː, AM *esp* rɑː] *adj* ① (*unprocessed*) roh, unbehandelt; **~ sewage** ungeklärte Abwässer *pl;* **~ figures** Schätzungen *pl* ② (*uncooked*) roh ③ (*inexperienced*) unerfahren ④ (*sore*) wund; (*fig*) *nerves, emotions* empfindlich ⑤ (*cold*) rau

'raw·hide *n no pl* ungegerbtes Leder

Rawl·plug® ['rɔːlˌplʌg] *n* BRIT Dübel *m*

raw·ness ['rɔːnəs, AM *esp* 'rɑː-] *n no pl* ① (*harshness*) Rauheit *f* ② (*soreness*) Wundsein *nt*

ray[1] [reɪ] *n* ① (*beam*) Strahl *m* ② PHYS (*radiation*) Strahlung *f*

ray[2] [reɪ] *n* (*fish*) Rochen *m*

ray·on ['reɪɒn, AM -ɑːn] *n no pl* Viskose *f*

raze [reɪz] *vt* [völlig] zerstören; MIL schleifen

ra·zor ['reɪzəʳ, AM -zɚ] **I.** *n* Rasierapparat *m,* Rasierer *m fam;* (*cutthroat*) Rasiermesser *nt* **II.** *vt hair* [ab]rasieren

'ra·zor·back *n* ① (*rorqual*) Finnwal *m* ② AM (*hog*) [halbwildes] spitzrückiges Schwein **'ra·zor·bill** *n* ORN Tordalk *m* **'ra·zor blade** *n* Rasierklinge *f* **'ra·zor sharp** *adj pred,* **'ra·zor-sharp** *adj attr* ① (*sharp*) scharf wie ein Rasiermesser; *teeth* messerscharf ② (*fig: intelligent*) *person* [äußerst] scharfsinnig; *brain* [messer]scharf **'ra·zor wire** *n no pl* Nato-Draht *m fam*

raz·zle ['ræzl̩] *n no pl* BRIT (*fam*) **to be [out] on the ~** einen draufmachen

RC [ˌɑː'siː, AM ˌɑːr-] *n* REL *abbrev of* **Roman Catholic** r.-k., röm.-kath.

RCMP [ˌɑːsiːem'piː, AM ˌɑːr-] *n + pl vb* CAN *abbrev of* **Royal Canadian Mounted Police** *berittene Polizeieinheit*

Rd *n abbrev of* **road** Str.

RE[1] [ˌɑːrˈiː] *n* BRIT + *pl vb* MIL *abbrev of* **Royal Engineers** *Pionierkorps der britischen Armee*

RE[2] [ˌɑːrˈiː] *n* BRIT *no pl* REL, SCH *abbrev of* **religious education** Religionslehre *f*

reach [riːtʃ] **I.** *n* <*pl* -es> ① *no pl* (*arm length, power*) Reichweite *f* ② *no pl* (*distance to travel*) **to be within [easy] ~** [ganz] in der Nähe sein ③ *no pl* TV, RADIO [Sende]bereich *m* **II.** *vi* ① (*stretch*) greifen, langen *fam* ② (*touch*) herankommen, [d]rankommen *fam* ③ (*extend*) reichen (**to** bis zu +*dat*) **III.** *vt* ① (*arrive at*) erreichen; **I've ~ed chapter five** ich bin bis Kapitel fünf gekommen; *destination* ankommen (an +*dat*) ② (*attain, influence*) TV *audience* erreichen; *agreement, consensus* erzielen; **to ~ the conclusion/decision that ...** zu dem Schluss/der Entscheidung kommen, dass ... ③ (*extend to*) ■**to ~ sth** *road* bis zu etw *dat* führen; *hair, clothing* bis zu etw *dat* reichen ④ (*touch*) **to be able to ~ sth** an etw *akk* herankommen ⑤ (*give*) hinüberreichen ⑥ (*contact*) erreichen; (*phone*) [telefonisch] erreichen ◆**reach across** *vt, vi see* **reach over** ◆**reach down** *vi* ①(*stretch*) hinuntergreifen, hinunterlangen *fam;* ■**to ~ down for sth** nach etw *dat* greifen ②(*extend*) hinabreichen ◆**reach out I.** *vt* **to ~ out** ↻ **one's hand** die Hand ausstrecken **II.** *vi* die Hand ausstrecken; ■**to ~ out for sth** nach etw *dat* greifen ◆**reach out to** *vi* ■**to ~ out to sb** ①(*stretch*) die Hand nach jdm ausstrecken ②(*appeal to*) sich [Hilfe suchend] an jdn wenden ③(*help*) für jdn da sein ◆**reach over** *vi* hinübergreifen, hinüberlangen *fam;* ■**to ~ over for sth** nach etw *dat* greifen ◆**reach up** *vi* ①(*stretch*) nach oben greifen, hinauflangen *fam;* ■**to ~ up for sth** nach etw *dat* greifen ②(*extend*) hinaufreichen

re·act [ri'ækt] *vi* ①(*respond*) MED reagieren (**to** auf +*akk*) ②CHEM reagieren (**with** mit +*dat*)

re·ac·tion [ri'ækʃən] *n* ①(*response*) CHEM, MED, PHYS Reaktion *f* (**to** auf +*akk*) ②*pl* (*reflexes*) Reaktionsvermögen *nt kein pl* ③(*opposite response*) [Gegen]reaktion *f*

re·ac·tion·ary [ri'ækʃənəri, AM -eri] **I.** *adj* POL (*pej*) reaktionär **II.** *n* POL (*pej*) Reaktionär(in) *m(f)*

re·ac·ti·vate [ri'æktɪveɪt, AM -tə-] **I.** *vt* reaktivieren **II.** *vi* wieder aktiv werden; *virus* wieder ausbrechen

re·ac·tive [ri'æktɪv] *adj* ①(*showing response*) gegenwirkend ②(*acting in response*) ■**to be ~** als Gegenreaktion erfolgen ③CHEM reaktiv, reaktionsfähig

re·ac·tor [ri'æktər, AM -tɚ] *n* Reaktor *m;* **nuclear ~** Kernreaktor *m*

read[1] [ri:d] **I.** *n usu sing* ①BRIT, AUS (*act of reading*) Lesen *nt* ②(*fam: book*) **to be a good ~** sich gut lesen [lassen] ③AM (*interpretation*) Lesart *f* **II.** *vt* <read, read> ①(*understand written material*) lesen; *handwriting* entziffern; (*fig: understand sb's meaning*) jdn verstehen; **to ~ sb like a book** in jdm lesen können, wie in einem [offenen] Buch ②MUS **to ~ music** Noten lesen ③(*speak aloud*) vorlesen ④(*discern*) *emotion* erraten; **to ~ sth in sb's face** jdm etw vom Gesicht ablesen ⑤(*inspect and record*) ablesen **III.** *vi* <read, read> ①(*understand written material*) lesen ②(*speak aloud*) **to ~ aloud** laut vorlesen ③(*create impression*) **to ~ well** *book, letter, article, magazine* sich gut lesen ◆**read off** *vt* ①(*note exactly*) *measurements, readings* ablesen ②(*enumerate*) herunterlesen ◆**read on** *vi* weiterlesen ◆**read out** *vt* ①(*read aloud*) laut vorlesen ②COMPUT auslesen ◆**read over, read through** *vt* [schnell] durchlesen ◆**read up** *vi* nachlesen; ■**to ~ up on sth** sich über etw informieren

read[2] [red] **I.** *vt, vi pt, pp of* **read II.** *adj* ▶PHRASES: **to take sth as ~** etw als selbstverständlich voraussetzen

Aussprache

Die Aussprache von **read** ändert sich entsprechend der Bedeutung:

read	[ri:d]	(*lesen*)
read	[red]	(*las, gelesen*)

read·abil·ity [ˌri:də'bɪləti, AM -əṭi] *n no pl* Lesbarkeit *f*

read·able ['ri:dəbl̩] *adj* ①(*legible*) lesbar, leserlich ②(*easy to read*) [gut] lesbar

read·er ['ri:dər, AM -ɚ] *n* ①(*person who reads*) Leser(in) *m(f)* ②(*person who reads aloud*) Vorleser(in) *m(f)* ③(*proofcorrector*) Lektor(in) *m(f)* ④(*device*) **microfiche ~** Mikrofichelesegerät *nt*

read·er·ship ['ri:dəʃɪp, AM -dɚ-] *n + sing/pl vb* (*readers*) Leserschaft *f*

readi·ly ['redɪli] *adv* ①(*willingly*) bereitwillig ②(*easily*) einfach, ohne weiteres

readi·ness ['redɪnəs] *n no pl* ①(*willingness*) Bereitwilligkeit *f; preparedness a.* Bereitschaft *f* ②(*quickness*) Schnelligkeit *f*

read·ing ['ri:dɪŋ] *n* ①*no pl* (*activity*) Lesen *nt* ②*no pl* (*material to be read*) Lesestoff *m;* **to catch up on one's ~** den Stoff nachholen ③(*recital, a. religious*) Lesung *f* ④(*amount shown*) Anzeige *f;* **meter ~** Zählerstand *m*

'read·ing book *n* Lesebuch *nt* **'read·ing glasses** *npl* Lesebrille *f* **'read·ing lamp** *n* Leselampe *f* **'read·ing list** *n* Lektüreliste *f* **'read·ing room** *n* Lesesaal *m*

re·ad·just [ˌri:ə'dʒʌst] **I.** *vt* ①(*correct*) [wieder] neu anpassen; *tie, garment* zurechtrücken ②*machine* neu einstellen **II.** *vi* ①(*adjust again*) *objects, machines* sich neu einstellen; *clock* sich neu stellen ②(*readapt*) sich wieder gewöhnen (**to** an +*akk*)

re·ad·just·ment [ˌri:ə'dʒʌstmənt] *n* ①TECH Neueinstellung *f,* Korrektur *f* ②POL Neuorientierung *f*

'read-only *adj* COMPUT Nur-Lese-, Fest- **read-only 'memo·ry** *n* COMPUT Festspeicher *m* **read-'write head** *n* COMPUT Schreib-Lese-Kopf *m*

ready ['redi] *adj* ①*pred* (*prepared*) fertig, bereit; **to get ~** sich fertig machen ②(*immediately available*) verfügbar ③*attr* (*esp approv: quick*) prompt, schnell; *mind* wach ▶ PHRASES: **~, steady, go!** BRIT SPORTS auf die Plätze, fertig, los!

ready-'made *adj* ① (*ready for use*) gebrauchsfertig; FOOD fertig ② FASHION Konfektions- ③ (*available immediately*) vorgefertigt **'ready-to-wear** *adj* Konfektions-

re·af·firm [ˌriːəˈfɜːm, AM -ˈfɜːrm] *vt* bestätigen

re·af·for·est [ˌriːəˈfɒrɪst, AM -ˈfɔːr-] *vt* BRIT, AUS *see* **reforest**

re·af·for·esta·tion [ˌriːəˌfɒrɪˈsteɪʃᵊn, AM -ˌfɔːr-] *n no pl* BRIT, AUS *see* **reforestation**

real [rɪəl, AM riːl] **I.** *adj* ① (*not imaginary*) wirklich, real ② (*genuine*) echt; *beauty, pleasure* wahr ③ (*for emphasis*) **a ~ bargain** ein echt günstiges Angebot ④ (*fam: utter*) *disaster* echt ▶ PHRASES: **the ~ thing** (*not fake*) das Wahre; (*true love*) die wahre Liebe; **get ~!** *esp* AM (*fam*) mach dir doch nichts vor! **II.** *adv esp* AM (*fam*) wirklich *fam,* total *sl,* echt *sl*

'real es·tate *n no pl esp* AM, AUS Immobilien *pl*

re·align·ment [ˌriːəˈlaɪnmənt] *n* (*new alignment*) POL Neuordnung *f;* TECH [neuerliches] Fluchten; AUTO [neuerliche] Spureinstellung

re·al·ism [ˈrɪəlɪzᵊm, AM ˈriː-] *n no pl* Wirklichkeitssinn *m; a.* ART, LIT, PHILOS Realismus *m*

re·al·ist [ˈrɪəlɪst, AM ˈriː-] *n a.* ART, LIT Realist(in) *m(f)*

re·al·is·tic [ˌrɪəˈlɪstɪk, AM ˌriːəˈ-] *adj a.* ART, LIT realistisch

re·al·ity [riˈæləti, AM -ət̬i] *n* ① *no pl* (*the actual world*) Realität *f,* Wirklichkeit *f* ② (*fact*) Tatsache *f;* **to become a ~** wahr werden ▶ PHRASES: **in ~** in Wirklichkeit

re·'al·ity se·ries *n* Realityserie *f* **re·'al·ity show** *n* Realityshow *f* **re·al·ity 'tele·vi·sion** *n,* **re·al·ity T'V** *n* Realityfernsehen *nt*

re·al·iz·able [ˌrɪəˈlaɪzəbl̩, AM ˌriːəˈ-] *adj* realisierbar

re·ali·za·tion [ˌrɪəlaɪˈzeɪʃᵊn, AM ˌriːəlɪˈ-] *n* ① (*awareness*) Erkenntnis *f;* **the ~ was dawning on them that ...** allmählich dämmerte ihnen, dass ... ② *no pl* (*fulfilment*) Realisierung *f,* Verwirklichung *f*

re·al·ize [ˈrɪəlaɪz, AM ˈriːə-] *vt* ① (*be aware of*) ■**to ~ sth** sich *dat* einer S. *gen* bewusst sein; (*become aware of*) etw erkennen; **I ~ how difficult it's going to be** mir ist klar, wie schwierig das sein wird ② (*make real*) verwirklichen; (*come true*) *fears* sich bewahrheiten

re·al·ly [ˈrɪəli, AM ˈriːə-] **I.** *adv* ① (*in fact*) wirklich, tatsächlich ② (*seriously*) ernsthaft; **did you ~ believe that ...** haben Sie im Ernst geglaubt, dass ... **II.** *interj* ① (*indicating surprise, disbelief*) wirklich, tatsächlich; **I'm getting married to Fred – ~? when?** Fred und ich werden heiraten – nein, wirklich? wann denn? ② (*indicating annoyance*) also wirklich, [also] so was

realm [relm] *n* (*sphere of interest*) Bereich *m*

re·al·tor [ˈriːəltɚ] *n* AM Immobilienmakler(in) *m(f)*

re·al·ty [ˈrɪəlti, AM ˈriːəlti] *n no pl* AM Immobilien *pl*

re·ani·mate [riˈænɪmeɪt] *vt* ① (*revive*) wiederbeleben ② (*give fresh activity to*) [neu] beleben

reap [riːp] *vt* ① (*gather*) *crops* ernten; *field* abernten ② (*fig: receive*) ernten; **to ~ the benefits [of sth]** [für etw *akk*] entlohnt werden; *profits* realisieren

reap·er [ˈriːpəʳ, AM -ɚ] *n* (*person*) Mäher(in) *m(f);* (*machine*) Mähmaschine *f*

re·ap·pear [ˌriːəˈpɪəʳ, AM -ˈpɪr] *vi* wieder auftauchen; *moon, sun* wieder zum Vorschein kommen

re·ap·ply <-ie-> [ˌriːəˈplaɪ] **I.** *vi* ■**to ~ for sth** sich nochmals um etw *akk* bewerben **II.** *vt* ① (*apply differently*) *principle, rule* anders anwenden ② (*spread again*) erneut auftragen

re·ap·point [ˌriːəˈpɔɪnt] *vt person* wieder einstellen

re·ap·prais·al [ˌriːəˈpreɪzᵊl] *n* (*new assessment*) Neubewertung *f*

rear[1] [rɪəʳ, AM rɪr] **I.** *n* ① (*back*) ■**the ~** der hintere Teil ② ANAT (*fam: buttocks*) Hintern *m* **II.** *adj attr* ① (*backward*) hintere(r, s), Hinter- ② AUTO Heck-; **~ wheel** Hinterrad *nt*

rear[2] [rɪəʳ, AM rɪr] **I.** *vt* ① *usu passive an animal* aufziehen; *a child* großziehen ② (*breed*) *livestock* züchten **II.** *vi* ① (*rise up on hind legs*) *horse, pony* sich aufbäumen ② (*rise high*) ■**to ~ above sth** *building, mountain* etw überragen

rear 'ad·mi·ral *n* MIL Konteradmiral(in) *m(f)* **rear·guard** [ˈrɪəgɑːd, AM ˈrɪrgɑːrd] *n no pl* MIL Nachhut *f*

re·arm [ˌriːˈɑːm, AM -ˈɑːrm] **I.** *vt* ■**to ~ sb** jdn wieder aufrüsten **II.** *vi* sich wieder bewaffnen

re·arma·ment [riˈɑːməmənt, AM -ˈɑːr-] *n no pl* Wiederbewaffnung *f; of a country* Wiederaufrüstung *f*

rear·most [ˈrɪəməʊst, AM ˈrɪrmoʊst] *adj attr* ■**the ~ ...** der/die/das hinterste ...

re·ar·range [ˌriːəˈreɪndʒ] *vt* ① (*arrange differently*) umstellen ② (*change*) [zeitlich] verlegen; **to ~ the order of sth** die Reihenfolge von etw *dat* ändern

R

rear view 'mir·ror *n* AUTO Rückspiegel *m*

rear·ward ['rɪəwəd, AM 'rɪrwɚd] **I.** *adj* hintere(r, s), rückwärtige(r, s) **II.** *adv* nach hinten **III.** *n* (*liter*) Rückseite *f*

rear-wheel 'drive *n* Hinterradantrieb *m*

rea·son ['ri:zᵊn] **I.** *n* ① (*cause*) Grund *m* (**for** für +*akk*); **there is every ~ to believe that ...** es spricht alles dafür, dass ...; **for some ~** aus irgendeinem Grund ② *no pl* (*power to think*) Denkvermögen *nt* ③ *no pl* (*common sense*) Vernunft *f*; **to see ~** auf die Stimme der Vernunft hören ④ *no pl* (*sanity*) Verstand *m* **II.** *vi* ① (*form judgments*) ausgehen (**from** von +*dat*) ② (*persuade*) ■**to ~ with sb** vernünftig mit jdm reden **III.** *vt* (*deduce*) ■**to ~ that ...** schlussfolgern, dass ... ◆**reason out** *vt* (*deduce*) [schluss]folgern; (*work out*) herausfinden

rea·son·able ['ri:zᵊnəbl̩] *adj* ① (*sensible*) *person, answer* vernünftig ② (*understanding*) *person* einsichtig, verständig; **be ~!** sei [doch] vernünftig! ③ (*justified*) angebracht ④ (*inexpensive*) annehmbar

rea·son·ably ['ri:zᵊnəbli] *adv* ① (*in a sensible manner*) vernünftig ② (*fairly*) ziemlich, ganz ③ (*inexpensively*) **~ priced** preiswert

rea·son·ing ['ri:zᵊnɪŋ] *n no pl* logisches Denken, Logik *f*

re·as·sem·ble [ˌri:ə'sembl̩] **I.** *vi* sich wieder versammeln **II.** *vt* wieder zusammenbauen

re·as·sess [ˌri:ə'ses] *vt* neu bewerten

re·as·sur·ance [ˌri:ə'ʃʊərᵊn(t)s, AM -'ʃʊr-] *n* ① *no pl* (*action*) Bestärkung *f* ② (*statement*) Versicherung *f*, Beteuerung *f*

re·as·sure [ˌri:ə'ʃʊəʳ, AM -'ʃʊr] *vt* [wieder] beruhigen

re·as·sur·ing [ˌri:ə'ʃʊərɪŋ, AM -'ʃʊr-] *adj* beruhigend

re·bate ['ri:beɪt] *n* ① (*refund*) Rückzahlung *f*, Rückvergütung *f* ② (*discount*) [Preis]nachlass *m*

re·bel **I.** *n* ['rebᵊl] Rebell(in) *m(f)* **II.** *adj* ['rebᵊl] *army, guerrillas, forces* aufständisch, rebellierend; *person* rebellisch **III.** *vi* <-ll-> [rɪ'bel] (*a. fig*) rebellieren (**against** gegen +*akk*)

re·bel·lion [rɪ'beliən, AM -jən] *n no pl* Rebellion *f*

re·bel·lious [rɪ'beliəs, AM -jəs] *adj* ① (*insubordinate*) *child* aufsässig, widerspenstig; *troops, youth* rebellisch ② POL rebellierend, aufständisch

re·birth [ˌri:'bɜ:θ, AM -'bɜ:rθ] *n no pl* ① (*reincarnation*) Wiedergeburt *f* ② (*revival*) Wiederaufleben *nt*

re·boot [ˌri:'bu:t] COMPUT **I.** *vt computer system* neu starten **II.** *vi* rebooten *fachspr* **III.** *n* Rebooten *nt kein pl fachspr*

re·bound **I.** *vi* [rɪ'baʊnd, AM 'ri:baʊnd] ① (*bounce back*) abprallen (**off** von +*dat*), zurückprallen ② (*have negative effect*) ■**to ~ on sb** auf jdn zurückfallen **II.** *n* ['ri:baʊnd] ① *no pl* (*ricochet*) Abprallen *nt* ② (*increase*) *of profits* Ansteigen *nt*

re·brand [ˌri:'brænd] *vt* ■**to ~ sth** einer Firma ein anderes Markenimage verschaffen

re·buff [rɪ'bʌf] **I.** *vt* [schroff] zurückweisen **II.** *n* Zurückweisung *f*

re·build <rebuilt, rebuilt> [ˌri:'bɪld] *vt* ① (*build again*) wiederaufbauen; (*fig*) *one's life* neu ordnen ② TECH umbauen

re·buke [rɪ'bju:k] **I.** *vt person* rügen **II.** *n* ① (*reproof*) Zurechtweisung *f* ② *no pl, no art* (*censure*) Verweis *m*

re·but <-tt-> [rɪ'bʌt] *vt* widerlegen

re·but·tal [rɪ'bʌtᵊl, AM -t̬-] *n* Widerlegung *f*

re·cal·ci·trant [rɪ'kælsɪtrənt] *adj* ① (*defiant*) aufmüpfig; *child* aufsässig ② (*not responsive*) widerspenstig, hartnäckig

re·call **I.** *vt* [rɪ'kɔ:l] ① (*remember*) sich erinnern (an +*akk*) ② COMPUT *data* abrufen ③ (*order to return*) *person, product* zurückrufen **II.** *n* [rɪ'kɔ:l, AM 'ri:kɔ:l] ① (*instance of recalling*) Zurückrufung *f* ② COMM *of a product* Rückruf *m*

re·cant [rɪ'kænt] **I.** *vi* widerrufen **II.** *vt* widerrufen; *belief, faith* abschwören +*dat*

re·cap ['ri:kæp] **I.** *vt, vi* <-pp-> *short for* **recapitulate** [kurz] zusammenfassen **II.** *n short for* **recapitulation** [kurze] Zusammenfassung

re·ca·pitu·late [ˌri:kə'pɪtjəleɪt, AM -'pitʃe-] *vt, vi* [kurz] zusammenfassen

re·ca·pitu·la·tion [ˌri:kəˌpɪtjə'leɪʃᵊn, AM -ˌpitʃe'-] *n* (*summary*) [kurze] Zusammenfassung, Rekapitulation *f geh;* MUS, THEAT, FILM Reprise *f*

re·cap·ture [ˌri:'kæptʃəʳ, AM -tʃɚ] *vt* ① (*capture again*) *animal* wieder einfangen; *an escapee* wieder ergreifen; MIL zurückerobern ② (*fig: re-experience*) noch einmal erleben; (*recreate*) wieder lebendig werden lassen; *emotion* wieder aufleben lassen; *the past, one's youth* heraufbeschwören; *a style* wiederbeleben

re·cast <recast, recast> [ˌri:'kɑ:st, AM -'kæst] *vt* ① (*change form*) **to ~ a metal object** einen Metallgegenstand in eine andere Form gießen ② (*arrange differently*) neu arrangieren; (*rewrite*) *play, novel* umschreiben ③ THEAT, FILM *role* neu besetzen

re·cede [rɪ'si:d] *vi* ① *sea, tide* zurückgehen; *fog* sich auflösen ② (*fig: diminish*) weniger werden; *memories* verblassen; *prices,* *hopes* sinken ❸ (*cease to grow*) *hair* zurückgehen

re·ced·ing 'chin *n* fliehendes Kinn

re·ced·ing 'hair·line *n* einsetzende Stirnglatze

re·ceipt [rɪ'siːt] *n* ❶ *no pl* (*act of receiving*) Eingang *m,* Erhalt *m;* **on ~** bei Erhalt ❷ (*statement acknowledging payment*) Quittung *f;* (*statement acknowledging acquisition*) Empfangsbestätigung *f*

Falsche Freunde

Nicht verwechseln mit Rezept *nt* — *prescription*!

re·'ceipt book *n* Quittungsbuch *nt*

re·ceiv·able [rɪ'siːvəbḷ] **I.** *adj pred* ausstehend **II.** *n* FIN ■**~s** *pl* Außenstände *pl*

re·ceive [rɪ'siːv] **I.** *vt* ❶ (*get*) erhalten; *pension, salary* beziehen ❷ (*be awarded*) *degree, knighthood* erhalten; *prize, reward* [verliehen] bekommen ❸ (*get in writing*) erhalten; (*take delivery of*) *consignment, petition* annehmen, entgegennehmen; *ultimatum* gestellt bekommen ❹ RADIO, TV empfangen ❺ (*suffer*) *blow, shock* erleiden **II.** *vi* (*in tennis*) den Ball bekommen

re·ceived [rɪ'siːvd] *adj attr* allgemein akzeptiert; *opinion* landläufig

Land und Leute

Received pronunciation (**RP**) ist ein Begriff, der von Phonetikern wie Daniel Jones benutzt wurde, um die in der phonetischen Umschrift verwendete „Norm" als Richtlinie für Englischlerner zu beschreiben. In den 30er Jahren wurde **RP** als der überregionale Akzent der Bildungsschicht in Südengland angesehen, genauer gesagt, der in den *public schools* und Universitäten verwendete Akzent. Die Aussprache der Vokale hat sich seit den 30er Jahren verändert und das *Estuary English* hat immer mehr die Sprache der privilegierten Klassen durchdrungen und das alte **RP** verdrängt.

re·ceiv·er [rɪ'siːvəʳ, AM -ɚ] *n* ❶ (*telephone component*) Hörer *m* ❷ RADIO, TV Empfänger *m* ❸ *esp* BRIT, AUS (*person*) *of stolen goods* Hehler(in) *m(f)* ❹ FIN, JUR Konkursverwalter(in) *m(f)*

re·cent ['riːsᵊnt] *adj* kürzlich; **in ~ times** in der letzten Zeit

re·cent·ly ['riːsᵊntli] *adv* kürzlich, vor kurzem, neulich; **have you seen any good films ~?** hast du in letzter Zeit irgendwelche guten Filme gesehen?

re·cep·ta·cle [rɪ'septəkḷ] *n* [Sammel]behälter *m*

re·cep·tion [rɪ'sepʃᵊn] *n* ❶ *no pl* (*receiving*) Aufnehmen *nt* ❷ (*response*) Aufnahme *f* ❸ *no pl* (*receiving people*) RADIO, TV Empfang *m* ❹ (*social occasion*) Empfang *m* ❺ *no pl, no art* (*area for greeting guests*) Rezeption *f*

re·'cep·tion area *n* TOURIST Rezeption *f,* Empfang *m* **re·'cep·tion cen·tre** *n* BRIT Aufnahmelager *nt* **re·'cep·tion class** *n* BRIT SCH erste Klasse **re·'cep·tion desk** *n* Rezeption *f*

re·cep·tion·ist [rɪ'sepʃᵊnɪst] *n* (*in hotels*) Empfangschef *m;* (*female*) Empfangsdame *f;* (*with offices*) Empfangssekretärin *f;* (*in hospitals*) Herr *m*/Dame *f* an der Anmeldung

re·cep·tive [rɪ'septɪv] *adj* empfänglich (**to** für +*akk*)

re·cep·tive·ness [rɪ'septɪvnəs] *n no pl,* **re·cep·tiv·ity** [ˌrɪsep'tɪvəti, AM -t̬i] *n no pl* Empfänglichkeit *f,* Aufnahmebereitschaft *f*

re·cess ['riːses, rɪ'ses] **I.** *n* <*pl* -es> ❶ LAW, POL [Sitzungs]pause *f* ❷ *esp* AM, AUS SCH Pause *f* ❸ ARCHIT Nische *f* **II.** *vt* ❶ ARCHIT *fitment* aussparen ❷ (*suspend*) *proceedings* vertagen **III.** *vi esp* AM, AUS [eine] Pause machen; LAW, POL sich vertagen

re·ces·sion [rɪ'seʃᵊn] *n* Rezession *f*

re·ces·sive [rɪ'sesɪv] *adj* rezessiv

re·charge [ˌriː'tʃɑːdʒ, AM -'tʃɑːrdʒ] **I.** *vt battery* [neu] aufladen; *gun* nachladen; **to ~ one's batteries** (*fig*) neue Kräfte tanken **II.** *vi battery* sich [neu] aufladen

re·charge·able [ˌriː'tʃɑːdʒəbḷ, AM -'tʃɑːrdʒ-] *adj* [wieder]aufladbar

re·cidi·vism [rə'sɪdɪvɪzᵊm, AM -'sɪdə-] *n no pl* Rückfälligkeit *f*

re·cidi·vist [rə'sɪdɪvɪst, AM -'sɪdə-] **I.** *n* Rückfalltäter(in) *m(f)* **II.** *adj* rückfällig

reci·pe ['resɪpi] *n* Rezept *nt* (**for** für +*akk*)

re·cipi·ent [rə'sɪpiənt] *n* Empfänger(in) *m(f)*

re·cip·ro·cal [rə'sɪprəkᵊl] **I.** *adj* ❶ (*mutual*) beidseitig; *favour, help* gegenseitig ❷ (*reverse*) umgekehrt **II.** *n* MATH reziproker Wert *fachspr*

re·cip·ro·cate [rə'sɪprəkeɪt] **I.** *vt help, favour* sich revanchieren (für +*akk*); *love, trust* erwidern **II.** *vi* sich revanchieren (**with** mit +*dat*)

reci·proc·ity [resɪ'prɒsəti, AM -'prɑːsət̬i] *n no pl* Gegenseitigkeit *f,* Wechselseitigkeit *f*

re·cit·al [rɪ'saɪtᵊl] *n* ❶ (*performance*) *of poetry, music* Vortrag *m; of dance* Aufführung *f;* **piano ~** Klavierkonzert *nt* ❷ *of facts, details* Aufzählung *f*

R

reci·ta·tion [ˌresɪˈteɪʃᵊn] *n* LIT Rezitation *f*
reci·ta·tive [ˌresɪtətiːv] *n* MUS Rezitativ *nt*
re·cite [rɪˈsaɪt] **I.** *vt* ❶ (*say aloud*) vortragen; *poem* [auswendig] aufsagen ❷ (*enumerate*) aufzählen **II.** *vi* rezitieren, vortragen
reck·less [ˈrekləs] *adj* (*not cautious*) unbesonnen, leichtsinnig; *disregard, speed* rücksichtslos; LAW grob fahrlässig
reck·less·ness [ˈrekləsnəs] *n no pl* Leichtsinn *m; of sb's driving* Rücksichtslosigkeit *f; of speed* Gefährlichkeit *f; in sports* Gewagtheit *f*
reck·on [ˈrekᵊn] **I.** *vt* ❶ (*calculate*) berechnen ❷ (*judge*) **I don't ~ much to their chances of winning** bei ihnen rechne ich nicht wirklich mit Gewinnchancen; **I ~ you won't see her again** ich denke nicht, dass du sie je wiedersehen wirst **II.** *vi* (*fam*) meinen ◆**reckon in** *vt overtime, tax* [mit] einrechnen ◆**reckon on** *vt* ■**to ~ on sth/sb** (*need*) auf etw/jdn zählen; (*hope*) mit etw/jdm rechnen; **I don't ~ on him ever coming back** ich rechne nicht damit, dass er jemals zurückkommt ◆**reckon up** *vt bill, costs, estimate* zusammenrechnen ◆**reckon with** *vt* (*take into account*) ■**to ~ with sth/sb** mit etw/jdm rechnen; **I didn't ~ with having to re-type the whole document** ich habe nicht damit gerechnet, das ganze Schriftstück noch mal tippen zu müssen ◆**reckon without** *vt* ■**to ~ without sth/sb** mit etw/jdm nicht rechnen
reck·on·ing [ˈrekᵊnɪŋ] *n no pl* (*calculation*) Berechnung *f;* **by sb's ~** nach jds Rechnung
re·claim [rɪˈkleɪm] *vt* ❶ (*claim back*) zurückverlangen; *luggage* abholen ❷ *land* urbar machen; **to ~ land from the sea** dem Meer Land abgewinnen

R

Falsche Freunde

Nicht verwechseln mit reklamieren — *to query, to make a complaint!*

re·cla·ma·tion [ˌrekləˈmeɪʃᵊn] *n no pl* ❶ (*demanding*) Rückforderung *f;* (*receiving*) Rückgewinnung *f* ❷ *of land, resources* Kultivierung *f;* **land ~** Landgewinnung *f*
re·cline [rɪˈklaɪn] **I.** *vi person* sich zurücklehnen; **to ~ in a chair** sich in einem Stuhl ausruhen **II.** *vt* **to ~ one's seat** die Rückenlehne seines Sitzes nach hinten stellen; *head* lehnen (an +*akk*)
re·clin·er [rɪˈklaɪnəʳ, AM -ɚ] *n* [verstellbarer] Lehnstuhl
re·clin·ing ˈchair, re·clin·ing ˈseat *n* [verstellbarer] Lehnstuhl; (*in a bus, car, plane*) Liegesitz *m*
re·cluse [rɪˈkluːs, AM *usu* ˈrekluːs] *n* Einsiedler(in) *m(f)*
re·clu·sive [rɪˈkluːsɪv] *adj* einsiedlerisch, zurückgezogen
rec·og·ni·tion [ˌrekəgˈnɪʃᵊn] *n no pl* ❶ (*act, instance*) [Wieder]erkennung *f;* **to change beyond ~** nicht wiederzuerkennen sein ❷ (*appreciation, acknowledgement*) Anerkennung *f*
rec·og·niz·able [ˌrekəgˈnaɪzəbl̩, AM ˈrekəgnaɪ-] *adj* erkennbar
re·cog·ni·zance [rɪˈkɒgnɪzᵊn(t)s, AM -ˈkɑːg-] *n* LAW schriftliche Verpflichtung (*vor Gericht*)
rec·og·nize [ˈrekəgnaɪz] *vt* ❶ (*identify*) *person, symptoms* erkennen; (*know again*) *person, place* wiedererkennen ❷ (*acknowledge*) *country, regime, state* anerkennen; ■**to be ~d as sth** als etw gelten
rec·og·nized [ˈrekəgnaɪzd] *adj attr* anerkannt
re·coil I. *vi* [rɪˈkɔɪl] ❶ (*spring back*) zurückspringen; (*draw back*) zurückweichen; **to ~ in horror** (*a. mentally*) zurückschrecken (**at** vor +*dat*) ❷ (*be driven backwards*) *gun* einen Rückstoß haben; *rubber band, spring* zurückschnellen **II.** *n* [ˈriːkɔɪl] Rückstoß *m*
rec·ol·lect [ˌrekᵊˈlekt, AM -əˈ-] **I.** *vt* sich erinnern (an +*akk*) **II.** *vi* sich erinnern
rec·ol·lec·tion [ˌrekᵊˈlekʃᵊn, AM -əˈ-] *n* ❶ (*memory*) Erinnerung *f;* **to have no ~ of sth** sich an etw *akk* nicht erinnern können ❷ *no pl* (*ability to remember*) **power of ~** Erinnerungsvermögen *nt*
rec·om·mend [ˌrekəˈmend] *vt* empfehlen; **the doctor ~s [that] I take more exercise** der Arzt rät, dass ich mich mehr bewege
rec·om·mend·able [ˌrekəˈmendəbl̩] *adj* empfehlenswert
rec·om·men·da·tion [ˌrekəmenˈdeɪʃᵊn] *n* (*suggestion*) Empfehlung *f;* (*advice a.*) Rat *m*
rec·om·pense [ˈrekəmpen(t)s] **I.** *n no pl* ❶ (*reward*) Belohnung *f* ❷ (*retribution*) Entschädigung *f* (**for** für +*akk*) **II.** *vt* (*pay back*) ■**to ~ sb** jdm eine Entschädigung zahlen; (*for damages*) jdn entschädigen (**for** für +*akk*)
rec·on·cile [ˈrekᵊnsaɪl] *vt* ❶ (*make friends*) versöhnen ❷ (*make compatible*) *conflict* schlichten; *differences* beilegen; ■**to ~ sth with sth** etw mit etw *dat* vereinbaren ❸ (*accept*) ■**to ~ oneself to sth** sich mit etw *dat* abfinden; *see also* **acid**
rec·on·cilia·tion [ˌrekᵊnsɪliˈeɪʃᵊn] *n* ❶ (*of*

good relations) Aussöhnung *f*, Versöhnung *f* ② *no pl* (*making compatible*) Beilegung *f*
re·con·di·tion [ˌriːkᵊnˈdɪʃᵊn] *vt engine, ship* [general]überholen
re·con·nais·sance [rɪˈkɒnɪsᵊn(t)s, AM -ˈkɑːnə-] **I.** *n* MIL Aufklärung *f*; **to be on ~** auf Spähpatrouille sein **II.** *adj attr* MIL Aufklärungs-; **~ patrol** Spähpatrouille *f*
rec·on·noi·tre [ˌrekəˈnɔɪtəʳ], AM **rec·on·noi·ter** [ˌriːkəˈnɔɪt̬ɚ] **I.** *vt* MIL *enemy territory* auskundschaften **II.** *vi* MIL das Gelände erkunden
re·con·sid·er [ˌriːkᵊnˈsɪdəʳ, AM -ɚ] **I.** *vt* [noch einmal] überdenken; *facts* neu erwägen; *case* wieder aufnehmen **II.** *vi* sich *dat* etw [noch einmal] überlegen
re·con·struct [ˌriːkᵊnˈstrʌkt] *vt* ① (*build again*) wiederaufbauen; *economy, a government* wiederherstellen ② (*in an investigation*) *crime, events* rekonstruieren
re·con·struc·tion [ˌriːkᵊnˈstrʌkʃᵊn] *n* ① *no pl* (*rebuilding*) Rekonstruktion *f*; *of a country* Wiederaufbau *m* ② *of crime, events* Rekonstruktion *f*
rec·ord **I.** *n* [ˈrekɔːd, AM -ɚd] ① (*information*) Aufzeichnungen *pl*, Unterlagen *pl*; (*document*) Akte *f*; *of attendance* Liste *f*; (*minutes*) Protokoll *nt*, Niederschrift *f*; **to keep ~s** (*register*) Buch führen ② *no pl* (*past history*) Vorgeschichte *f*; **criminal ~** Vorstrafenregister *nt*; **to have an excellent ~** *worker, employee* ausgezeichnete Leistungen vorweisen können; **medical ~** Krankenblatt *nt* ③ (*music*) [Schall]platte *f* ④ SPORTS Rekord *m*; **to break a ~** einen Rekord brechen ▶ PHRASES: **to say sth on/off the ~** etw offiziell/inoffiziell sagen **II.** *adj* [ˈrekɔːd, AM -ɚd] Rekord-; **to reach a ~ high** ein Rekordhoch *nt* erreichen; **in ~ time** in Rekordzeit **III.** *vt* [rɪˈkɔːd, AM -ˈkɔːrd] ① (*store*) *facts, events* aufzeichnen; *birth, death, marriage* registrieren; *one's feelings, ideas* niederschreiben ② (*register*) *speed, temperature* messen ③ (*for later reproduction*) FILM, MUS aufnehmen; *event* dokumentieren **IV.** *vi* [rɪˈkɔːd, AM -ˈkɔːrd] (*on tape, cassette*) Aufnahmen machen; *person* eine Aufnahme machen; *machine* aufnehmen
ˈrec·ord-break·er *n* (*performance*) Rekordleistung *f*, Rekordergebnis *nt*; (*person*) Rekordler(in) *m(f)* *fam* **ˈrec·ord-break·ing** *adj attr* Rekord-
re·cord·ed [rɪˈkɔːdɪd, AM -ˈkɔːrd-] *adj* ① (*appearing in records*) verzeichnet, dokumentiert, belegt ② (*stored electronically*) aufgenommen, aufgezeichnet
re·cord·er [rɪˈkɔːdəʳ, AM -ˈkɔːrdɚ] *n* ① (*record-keeper*) Registriergerät *nt* ② (*machine*) Rekorder *m* ③ MUS (*instrument*) Blockflöte *f*
ˈrec·ord hold·er *n* Rekordhalter(in) *m(f)*
re·cord·ing [rɪˈkɔːdɪŋ, AM -ˈkɔːrd-] *n* ① *no pl* (*process*) Aufnahme *f* ② (*of sound*) Aufnahme *f*; (*of programme*) Aufzeichnung *f*
re·ˈcord·ing ses·sion *n* Aufnahme *f* **re·ˈcord·ing stu·dio** *n* Aufnahme-/Tonstudio *nt*
ˈrec·ord la·bel *n* Plattenlabel *nt* **ˈrec·ord li·brary** *n* Plattenverleih *m*; *archives* Phonothek *f*; (*collection*) Plattensammlung *f* **ˈrec·ord play·er** *n* [Schall]plattenspieler *m* **ˈrec·ord to·ken** *n* [Schall]plattengutschein *m*
re·count¹ **I.** *vt* [ˌriːˈkaʊnt] (*count again*) nachzählen **II.** *n* [ˈriːkaʊnt] POL erneute Stimmenauszählung
re·count² [rɪˈkaʊnt] *vt* (*tell*) [ausführlich] erzählen
re·coup [rɪˈkuːp] *vt* (*regain*) *costs, one's investment* wieder einbringen; *one's losses* wettmachen; **to ~ one's strength** wieder zu Kräften kommen
re·course [rɪˈkɔːs, AM -ˈkɔːrs] *n no pl* Zuflucht *f*; **to have ~ to sb** sich an jdn wenden können; **to have ~ to sth** Zuflucht zu etw *dat* nehmen können
re·cov·er [rɪˈkʌvəʳ, AM -ɚ] **I.** *vt* ① (*get back*) *one's health* zurückerlangen; *sth lent* zurückbekommen; *one's appetite* wiedergewinnen; *stolen goods* sicherstellen; *one's balance/composure* wiederfinden; *data* wiederherstellen; **to ~ consciousness** wieder zu Bewusstsein kommen; **to be fully ~ed** völlig genesen sein ② (*obtain*) *coal, ore* gewinnen; LAW *compensation, damages* erhalten; *ownership, possession* wiedererlangen **II.** *vi* sich erholen (**from** von +*dat*)
re-cov·er [ˌriːˈkʌvəʳ, AM -ɚ] *vt chair, sofa* neu beziehen
re·cov·er·able [rɪˈkʌvᵊrəbl̩] *adj* FIN *costs* erstattungsfähig; *damage, loss* ersetzbar; *debt* eintreibbar; COMPUT wiederherstellbar
re·cov·ery [rɪˈkʌvᵊri, AM -ɚi] *n* ① *no pl* (*action*) MED Erholung *f*; *of sight/hearing* Wiedererlangung *f*; **to show signs of ~** [erste] Zeichen einer Besserung zeigen; ECON [Anzeichen für] einen Aufschwung erkennen lassen ② *no pl* (*getting back*) *a.* FIN Wiedererlangung *f*, Zurückgewinnung *f*; *of a body, an object* Bergung *f* ③ AM (*in American football*) **to make a ~** den Ball wieder unter Kontrolle bekommen
re·ˈcov·ery ser·vice *n* Abschleppdienst *m*
re·ˈcov·ery ship *n* Bergungsschiff *nt*

R

re·'cov·ery ve·hi·cle *n* Abschleppwagen *m*
re·cre·ate [ˌri:kri'eɪt] *vt* ① (*create again*) wiederherstellen; *of friendship* wiederbeleben ② (*reproduce*) nachstellen
re·crea·tion[1] [ˌri:kri'eɪʃən] *n* ① *no pl* (*creation again*) Wiedergestaltung *f* ② (*reproduction*) Nachstellung *f*
re·crea·tion[2] [ˌrekri'eɪʃən] *n* ① (*hobby*) Freizeitbeschäftigung *f*, Hobby *nt* ② *no pl* (*fun*) Erholen *nt*, Entspannen *nt*
rec·rea·tion·al [ˌrekri'eɪʃənəl] *adj* Freizeit-, Erholungs-; ~ **drug** weiche Droge
rec·rea·tion·al 've·hi·cle *n* AM Caravan *m*, Wohnwagen *m*
rec·re'a·tion ground *n* BRIT Freizeitgelände *nt* **rec·re'a·tion room** *n* Aufenthaltsraum *m*
rec·rea·tive [ˌrekri'eɪtɪv, AM -t̬-] *adj* erholsam, entspannend
re·crimi·nate [rə'krɪmɪneɪt, AM -'krɪmə-] *vi* gegenseitige Anschuldigungen vorbringen
re·crimi·na·tion [rəˌkrɪmɪ'neɪʃən, AM -ˌkrɪmə-] *n usu pl* Gegenbeschuldigung *f*
re·cruit [rɪ'kru:t] **I.** *vt employees* einstellen; *members* werben; *soldiers* rekrutieren; *volunteers* finden **II.** *vi army* Rekruten anwerben; *company* Neueinstellungen vornehmen; *club, organization* neue Mitglieder werben **III.** *n* MIL Rekrut(in) *m(f)*; *to party, club* neues Mitglied; *staff* neu eingestellte Arbeitskraft
re·cruit·ing [rɪ'kru:tɪŋ] **I.** *n no pl* MIL Rekrutierung *f*; (*in business*) [An]werben *nt* [von Arbeitskräften] **II.** *adj attr* (*in army*) Rekrutierungs-; (*in business*) Einstellungs-
re·cruit·ment [rɪ'kru:tmənt] **I.** *n no pl of soldiers* Rekrutierung *f*; *of employees* Neueinstellung *f*; *of members, volunteers* Anwerbung *f* **II.** *adj attr* Anwerbungs-; ~ **agency** Personal[vermittlungs]agentur *f*
rec·tan·gle ['rektæŋgl̩] *n* Rechteck *nt*
rec·tan·gu·lar [rek'tæŋgjələr, AM -lɚ] *adj* rechteckig; *coordinates* rechtwinklig
rec·ti·fi·ca·tion [ˌrektɪfɪ'keɪʃən, AM -tə-] *n no pl of a mistake, situation* Berichtigung *f*, Korrektur *f*; *of a statement* Richtigstellung *f*
rec·ti·fy <-ie-> ['rektɪfaɪ, AM -tə-] *vt* (*set right*) korrigieren; *omission* nachholen
rec·ti·lin·ear [ˌrektɪ'lɪniər, AM -ɚ] *adj* g[e]radlinig
rec·ti·tude ['rektɪtju:d, AM -tətu:d, -tju:d] *n no pl* (*form*) Rechtschaffenheit *f*
rec·tor ['rektər, AM -tɚ] *n* ① BRIT REL (*parish priest*) Pfarrer *m* ② SCOT UNIV (*student rep*) Rektor(in) *m(f)*; AM (*head of school*) Rektor(in) *m(f)*
rec·tory ['rektəri] *n* Pfarrhaus *nt*
rec·tum <*pl* -ta *or* -s> ['rektəm, *pl* -tə] *n* MED Rektum *nt fachspr*, Mastdarm *m*
re·cum·bent [rɪ'kʌmbənt] *adj* (*liter*) liegend, ruhend; **to be** ~ liegen; *plant* kleinwüchsig sein
re·cu·per·ate [rɪ'kju:pəreɪt, AM -'ku:pə-] *vi from illness* sich erholen (**from** von +*dat*)
re·cu·pera·tion [rɪˌkju:pər'eɪʃən, AM -ˌku:pə'reɪ-] *n no pl* Erholung *f*; MED Gesundung *f geh* (**from** von +*dat*)
re·cur <-rr-> [rɪ'kɜ:r, AM -'kɜ:r] *vi* (*happen again*) *event* wieder passieren, sich wiederholen; *opportunity* sich wieder bieten; *pain, symptoms* wieder auftreten; *problem, theme* wiederauftauchen
re·cur·rence [rɪ'kʌrən(t)s, AM -'kɜ:r-] *n* Wiederholung *f*, erneutes Auftreten
re·cur·rent [rɪ'kʌrənt, AM -'kɜ:r-], **re·cur·ring** [rɪ'kɜ:rɪŋ] *adj attr* sich wiederholend; *dream, nightmare* [ständig] wiederkehrend; *bouts, problems* wiederholt auftretend
re·cur·ring 'deci·mal *n* MATH periodischer Dezimalbruch
re·cy·cle [rɪ'saɪkl̩] *vt* ① (*convert into sth new*) recyceln, wiederaufbereiten ② (*fig: use again*) wiederverwenden
re·cy·cling [rɪ'saɪkl̩ɪŋ] **I.** *n no pl* Recycling *nt*, Wiederverwertung *f* **II.** *adj attr* Recycling-; ~ **bin** Wertstofftonne *f*
red [red] **I.** *adj* <-dd-> ① (*colour*) POL rot ② (*bloodshot*) *eyes* rot, gerötet **II.** *n* ① (*colour*) Rot *nt*; (*shade*) Rotton *m* ② *no pl* FIN **to be in the** ~ in den roten Zahlen sein
Red 'Army *n no pl* ■ **the** ~ die Rote Armee **red-'blood·ed** *adj* heißblütig **'red·cap** *n* BRIT MIL (*sl: policeman*) Militärpolizist *m* **red 'car·pet** *n no pl* (*usu fig*) roter Teppich *a. fig* **Red 'Cres·cent** *n* ■ **the** ~ der Rote Halbmond **Red 'Cross** *n* ■ **the** ~ das Rote Kreuz **red·'cur·rant** **I.** *n* [rote] Johannisbeere **II.** *adj* Johannisbeer- **red 'deer** *n* ① (*animal*) Rothirsch *m* ② *no pl* (*species*) Rotwild *nt*
red·den ['redən] **I.** *vi face, eyes* sich röten; *person* rot werden; *leaves, sky, water* sich rot färben **II.** *vt* rot färben
red·dish ['redɪʃ] *adj* rötlich
re·deco·rate [ˌri:'dekəreɪt] **I.** *vt* (*by painting*) neu streichen; (*by wallpapering*) neu tapezieren **II.** *vi* renovieren
re·deco·ra·tion [ˌri:dekə'reɪʃən] *n* Renovierung *f*; (*with paint*) Neuanstrich *m*; (*with wallpaper*) Neutapezieren *nt*
re·deem [rɪ'di:m] *vt* ① (*compensate for*) *fault, mistake* wettmachen ② (*save*) *repu-*

tation wiederherstellen; **he tried to ~ himself by giving her a huge bunch of flowers** er versuchte, sie mit einem riesigen Strauß Blumen wieder versöhnlich zu stimmen ③ FIN (*pay off*) ab[be]zahlen; *mortgage* tilgen ④ (*fulfil*) erfüllen; *promise* einlösen

re·deem·able [rɪˈdiːməbl̩] *adj* ① (*financially*) *coupon, voucher* einlösbar; *mortgage* tilgbar; *loan* rückzahlbar ② (*by compensation*) ■**to be ~** *faux pas, fault* wiedergutzumachen sein

Re·deem·er [rɪˈdiːməʳ, AM -mɚ] *n* REL ■**the ~** der Erlöser

re·deem·ing [rɪˈdiːmɪŋ] *adj attr* ausgleichend; **the only ~ feature of the dull film was the soundtrack** das einzig Positive an dem langweiligen Film war die Filmmusik

re·demp·tion [rɪˈdem(p)ʃᵊn] *n no pl* ① (*from blame, guilt*) Wiedergutmachung *f*, Ausgleich *m;* REL (*from sin*) Erlösung *f* ② (*rescue*) **to be beyond ~** nicht mehr zu retten sein

re·de·ploy [ˌriːdɪˈplɔɪ] *vt workers, staff, troops* verlegen

re·de·ploy·ment [ˌriːdɪˈplɔɪmənt] *n of workers, staff, troops* Verlegung *f*

re·de·vel·op [ˌriːdɪˈveləp] *vt neighbourhood, area* sanieren; *machine* neu entwickeln

re·de·vel·op·ment [ˌriːdɪˈveləpmənt] **I.** *n* Sanierung *f* **II.** *adj fund, loan* Sanierungs-

red-ˈhaired *adj* rothaarig **red-ˈhand·ed** *adj* **to catch sb ~** jdn auf frischer Tat ertappen **ˈred·head** *n* Rothaarige(r) *f(m)*, Rotschopf *m* **red-ˈhead·ed** *adj* ① (*person*) rothaarig ② (*bird*) mit roter Haube *nach n* **red ˈher·ring** *n* ① (*fish*) Räucherhering *m* ② (*sth misleading*) Ablenkungsmanöver *nt* **red-ˈhot** *adj* ① (*glowing*) **to be ~** [rot] glühen; (*fig*) glühend heiß sein ② (*brand new*) *news, data* brandaktuell, brandheiß *fam* **Red ˈIn·dian** *n* (*pej! dated*) Indianer(in) *m(f)*

re·di·rect [ˌriːdɪˈrekt] *vt interests* neu ausrichten; *letter, package* nachsenden; *resources* umverteilen; *traffic* umleiten

re·dis·tri·bute [ˌriːdɪˈstrɪbjuːt] *vt land, resources wealth* umverteilen

re·dis·tri·bu·tion [ˌriːdɪstrɪˈbjuːʃᵊn] *n no pl* Umverteilung *f*

red-ˈlet·ter day *n ein besonderer Tag, den man sich im Kalender rot anstreichen muss* **red ˈlight** *n* rote Ampel **red-ˈlight dis·trict** *n* Rotlichtviertel *nt* **red ˈmeat** *n no pl* dunkles Fleisch (*wie Rind, Lamm und Reh*) **ˈred·neck** *n esp* AM (*pej fam*) *weißer Arbeiter aus den am. Südstaaten, oft mit reaktionären Ansichten*

red·ness [ˈrednəs] *n no pl* Röte *f*

re·do <-did, -done> [ˌriːˈduː] *vt* ① (*do again*) noch einmal machen; *task* von vorn beginnen (mit +*dat*) ② (*redecorate*) renovieren

redo·lent [ˈredᵊlənt] *adj pred* (*form*) ■**to be ~ of sth** ① (*smelling*) nach etw *dat* duften ② (*suggestive*) [stark] an etw *akk* erinnern

re·dou·ble [ˌriːˈdʌbl̩] **I.** *vt* verdoppeln **II.** *vi* sich verdoppeln

re·doubt·able [rɪˈdaʊtəbl̩] *adj person* Respekt einflößend; (*hum*) gefürchtet

red ˈpep·per *n* ① (*fresh*) rote(r) Paprika ② *no pl* (*powdered*) Paprikagewürz *nt;* (*Cayenne*) Cayennepfeffer *m*

re·draft [ˌriːˈdrɑːft, AM -ˈdræft] **I.** *vt contract, law, proposal* neu entwerfen; *map* überarbeiten **II.** *n* überarbeiteter Entwurf

re·dress I. *vt* [rɪˈdres] *mistake* wiedergutmachen; *situation* bereinigen; *grievance* beseitigen **II.** *n* [rɪˈdres, AM ˈriːdres] *no pl* Wiedergutmachung *f*, Abhilfe *f; of an imbalance* Behebung *f; of a grievance* Beseitigung *f*

Red ˈSea *n* ■**the ~** das Rote Meer **red ˈtape** *n no pl* Bürokratie *f*

re·duce [rɪˈdjuːs, AM *esp* -ˈduːs] **I.** *vt* ① (*make less*) verringern, reduzieren; *price* heruntersetzen; *backlog* aufholen; *taxes* senken; *wages* kürzen ② (*make smaller*) *drawing, photo* verkleinern; MATH *fraction* kürzen; *liquids, a sauce* einkochen lassen ③ (*bring down*) **when he lost his job, they were ~d to begging help from his parents** als er seine Arbeit verlor, waren sie gezwungen, seine Eltern um Hilfe zu bitten; **to ~ sb to tears** jdn zum Weinen bringen **II.** *vi* AM (*lose weight*) abnehmen

re·duced [rɪˈdjuːst, AM *esp* -ˈduːst] *adj attr* ① (*in price*) reduziert, heruntergesetzt ② (*in number, size, amount*) reduziert, verringert; **to be in ~ circumstances** in verarmten Verhältnissen leben

re·duc·er [rɪˈduːsɚ, -ˈdjuː-] *n* AM *Person, die eine Diät macht*

re·duc·tion [rɪˈdʌkʃᵊn] *n* ① *no pl* (*action*) Reduzierung *f*, Reduktion *f*, Verringerung *f; in taxes* Senkung *f; of staff* Abbau *m* ② (*decrease*) Reduzierung *f*, Verminderung *f; in production, output* Drosselung *f; in expense, salary* Reduzierung *f*, Senkung *f* ③ *of drawing, photo* Verkleinerung *f*

re·dun·dan·cy [rɪˈdʌndən(t)si] *n* ① *no pl* BRIT, AUS ECON (*downsizing*) Entlassung *f* (*aus Arbeitsmangel oder Rationalisie-*

R

rungsgründen); (*unemployment*) Arbeitslosigkeit *f;* **voluntary ~** freiwilliges Ausscheiden ❷ BRIT, AUS ECON (*instance*) Entlassung *f*

re·'dun·dan·cy pay·ment *n* BRIT, AUS Entlassungsgeld *nt*

re·dun·dant [rɪ'dʌndənt] *adj* ❶ (*superfluous*) überflüssig; LING redundant ❷ BRIT, AUS (*unemployed*) arbeitslos; (*fig*) überflüssig; **to make sb ~** jdn entlassen

re·du·pli·cate [rɪ'dju:plɪkeɪt, AM -'du:plə-, -'dju:-] *vi* LING reduplizieren

re·du·pli·ca·tion [rɪˌdju:plɪ'keɪʃᵊn, AM -ˌdu:plə'-, -'dju:-] *n* LING Reduplikation *f*

red 'wine *n* Rotwein *m* **'red·wood** *n* BOT ❶ (*tree*) Mammutbaum *m* ❷ *no pl* (*wood*) Redwood *nt,* Rotholz *nt*

reed [ri:d] **I.** *n* ❶ BOT (*plant*) Schilf[gras] *nt* ❷ MUS (*of an instrument*) Rohrblatt *nt* **II.** *adj curtain* aus Schilfrohr

reed 'in·stru·ment *n* Rohrblattinstrument *nt*

re-edu·cate [ˌri:'edʒʊkeɪt] *vt* umerziehen

reedy ['ri:di] *adj* ❶ (*full of reeds*) schilfig, schilfbedeckt ❷ *voice* durchdringend, grell

reef [ri:f] **I.** *n* ❶ GEOG Riff *nt* ❷ NAUT (*of a sail*) Reff *nt* **II.** *vt* **to ~ the sails** die Segel reffen

reef·er ['ri:fəʳ, AM -fɚ] *n* ❶ (*jacket*) [kurze] Seemannsjacke ❷ (*sl: joint*) Joint *m fam*

'reef knot *n* Reffknoten *m;* (*square knot*) Kreuzknoten *m*

reek [ri:k] **I.** *n* Gestank *m* **II.** *vi* ❶ (*smell bad*) übel riechen ❷ (*fig: be pervaded with*) **to ~ of corruption** nach Korruption stinken

reel [ri:l] *n* (*device, unit*) Rolle *f;* (*for film, yarn, tape*) Spule *f;* (*for fishing line*) Angelrolle *f* ◆ **reel off** *vt* herunterrasseln *fam*

re-elect [ˌri:ɪ'lekt] *vt* wiederwählen

re-elec·tion [ˌri:ɪ'lekʃᵊn] *n* Wiederwahl *f*

re-em·'ploy *vt person* wieder einstellen

re-en·'gage *vt* wieder einstellen; *artist* wieder engagieren

re-en·ter [ˌri:'entəʳ, AM -t̬ɚ] *vt* ❶ (*go in again*) *bus, car* wieder einsteigen in +*akk; country* wieder einreisen in +*akk; house, store* wieder hineingehen in +*akk; room* wieder betreten; *earth's atmosphere* wieder eintreten in +*akk* ❷ (*enrol*) sich wieder beteiligen (an +*dat*); *club* wieder beitreten +*dat* ❸ COMPUT (*type in*) nochmals eingeben

re-en·try [ˌri:'entri] *n no pl* (*going in*) Wiedereintritt *m;* (*in a car*) Wiedereinstieg *m;* (*into a country*) Wiedereinreise *f*

ref [ref] *n* ❶ (*fam*) *abbrev of* **referee** Schiri *m* ❷ *abbrev of* **reference** AZ

re·fec·tory [rɪ'fektᵊri, AM -tɚi] *n of a school* Speisesaal *m; of a university* Mensa *f; of a monastery* Refektorium *nt*

re·fer <-rr-> [rɪ'fɜ:ʳ, AM -'fɜ:r] **I.** *vt* (*to an authority, expert*) verweisen (**to** an +*akk*); **the patient was ~red to a specialist** der Patient wurde an einen Facharzt überwiesen; **to ~ a request** eine Bitte weiterleiten **II.** *vi* ❶ (*allude*) ■**to ~ to sb/sth** sich beziehen auf *akk* jdn/etw; **who are you ~ring to?** wen meinst du?; **~ring to your letter, ...** Bezug nehmend auf Ihren Brief ... ❷ (*consult*) ■**to ~ to sb** sich an jdn wenden; ■**to ~ to sth** etw zu Hilfe nehmen, nachsehen in *dat* etw; **he ~red to a dictionary** er schlug in einem Wörterbuch nach

ref·eree [ˌrefᵊr'i:, AM -ə'ri:] **I.** *n* ❶ (*umpire*) Schiedsrichter(in) *m(f)* ❷ (*arbitrator*) Schlichter(in) *m(f)* **II.** *vt* **to ~ a match** bei einem Spiel Schiedsrichter(in) sein **III.** *vi* Schiedsrichter(in) sein

ref·er·ence ['refᵊrᵊn(t)s] *n* ❶ (*to an authority*) Rücksprache *f;* (*to a book, article*) Verweis *m;* **I cut out the article for future ~** ich schnitt den Artikel heraus, um ihn später verwenden zu können; **to make ~ to sth** etw erwähnen; **list of ~s** Anhang *m;* (*information*) Hinweis *m* ❷ (*allusion*) *indirect* Anspielung *f; direct* Bemerkung *f;* (*direct mention*) Bezugnahme *f;* **with particular ~ to sth** unter besonderer Berücksichtigung einer S. *gen;* **in ~ to sb/sth** mit Bezug auf jdn/etw ❸ (*in correspondence*) Aktenzeichen *nt* ❹ (*recommendation*) Empfehlungsschreiben *nt,* [Arbeits]zeugnis *nt,* Referenz *f geh*

'ref·er·ence book *n* Nachschlagewerk *nt*

'ref·er·ence li·brary *n* Präsenzbibliothek *f*

'ref·er·ence num·ber *n* (*in letters*) Aktenzeichen *nt;* (*on goods*) Artikelnummer *f*

ref·er·en·dum <*pl* referendums *or* referenda> [ˌrefᵊr'endəm, AM -ə'r-, *pl* -də] *n* POL Referendum *nt*

re·fer·ral [rɪ'fɜ:rᵊl] *n* ❶ (*case*) Überweisung *f;* (*to the hospital*) Einweisung *f* ❷ *no pl* (*action*) Einweisung *f*

re·fill I. *n* ['ri:fɪl] Auffüllen *nt,* Nachfüllen *nt; for fountain pen* Nachfüllpatrone *f; for ballpoint* Nachfüllmine **II.** *vt* [ˌri:'fɪl] **to ~ a cup** eine Tasse wieder füllen

re·fine [rɪ'faɪn] *vt* ❶ (*from impurities*) raffinieren ❷ (*fig: improve*) verfeinern

re·fined [rɪ'faɪnd] *adj* ❶ (*processed*) raffiniert; *foods* aufbereitet; *metal* veredelt ❷ (*approv: sophisticated*) [hoch] entwickelt, verfeinert; **~ tastes** feiner Geschmack

re·fine·ment [rɪ'faɪnmənt] *n* ❶ *no pl* (*processing*) Raffinieren *nt,* Raffination *f; of metal* Veredelung *f* ❷ (*improvement*) Ver-

R

besserung *f; of ideas, methods* Überarbeitung *f,* Verbesserung *f;* **with all the latest ~s** mit den neuesten technischen Raffinessen

re·fin·ery [rɪˈfaɪnᵊri, AM -ɚi] *n* Raffinerie *f*

re·fit **I.** *vi* <BRIT -tt- *or* AM *usu* -t-> [ˌriːˈfɪt] NAUT überholt werden **II.** *vt* <BRIT -tt- *or* AM *usu* -t-> [ˌriːˈfɪt] *factory* neu ausstatten; *ship* überholen **III.** *n* [ˈriːfɪt] NAUT Überholung *f*

re·flate [ˌriːˈfleɪt] **I.** *vt currency* [bewusst] inflationieren; *economy* ankurbeln **II.** *vi* [bewusst] inflationieren

re·fla·tion [ˌriːˈfleɪʃᵊn] *n* Reflation *f,* Konjunkturbelebung *f*

re·flect [rɪˈflekt] **I.** *vt* ① (*throw back*) *heat, light, sound* reflektieren; ■**to be ~ed in sth** sich in etw *dat* spiegeln ② (*show*) *hard work, one's views* zeigen [*o* zum Ausdruck bringen]; *honesty, generosity* sprechen (für +*akk*) **II.** *vi* ① *light, mirror* reflektieren ② (*ponder*) nachdenken (**on, upon** über +*akk*) ③ (*make impression*) **it ~ed badly on his character** es warf ein schlechtes Licht auf seinen Charakter

re·flect·ing [rɪˈflektɪŋ] *adj attr* reflektierend

re·flec·tion [rɪˈflekʃᵊn] *n* ① (*reflecting*) Reflexion *f* ② (*mirror image*) Spiegelbild *nt* ③ (*fig: sign*) Ausdruck *m;* **his unhappiness is a ~ of ...** seine Unzufriedenheit ist ein Zeichen für ... ④ *no pl* (*consideration*) Betrachtung *f,* Überlegung *f* (**on, about** über +*akk*)

re·flec·tive [rɪˈflektɪv] *adj* ① *glass, clothing* reflektierend ② *person* nachdenklich

re·flec·tor [rɪˈflektəʳ, AM -ɚ] *n* ① (*device*) Reflektor *m; on a bicycle, car* Rückstrahler *m,* Katzenauge *nt* ② (*telescope*) Spiegelteleskop *nt*

re·flex [ˈriːfleks] *n* <*pl* -es> Reflex *m*

ˈre·flex ac·tion *n* Reflexhandlung *f* **ˈre·flex cam·era** *n* Spiegelreflexkamera *f*

re·flex·ive [rɪˈfleksɪv] *adj* ① AM (*involuntary*) reflexartig ② LING reflexiv

re·flex·olo·gist [ˌriːflekˈsɒlədʒɪst, AM -ˈsɑː-] *n* MED Reflexologe, Reflexologin *m, f*

re·flex·ol·ogy [ˌriːflekˈsɒlədʒi, AM -ˈsɑːl-] *n no pl* Reflexologie *f*

re·flux <*pl* -es> [ˈriːflʌks] *n* Rückfluss *m*

re·for·est [ˌriːˈfɒrɪst, AM -ˈfɔːr-] *vt esp* AM *land, an area* aufforsten

re·for·esta·tion [ˌriːfɒrɪˈsteɪʃᵊn, AM -fɔːrɪˈ-] *n no pl esp* AM Aufforstung *f*

re·form [rɪˈfɔːm, AM -ˈfɔːrm] **I.** *vt institution, system* reformieren; *criminal, drug addict* bessern **II.** *vi person* sich bessern **III.** *n* Reform *f; of self, a criminal* Besserung *f;* **beyond ~** nicht reformierbar

re-form [ˌriːˈfɔːm, AM -ˈfɔːrm] **I.** *vt* umformen **II.** *vi clouds* eine neue Form annehmen; *police, troops* sich neu formieren; *committee, management* sich wieder bilden

ref·or·ma·tion [ˌrefəˈmeɪʃᵊn, AM -ɚˈ-] *n* ① *of an institution* Reformierung *f; of a person* Besserung *f* ② (*hist*) ■**the R~** die Reformation

re·for·ma·tory [rɪˈfɔːmətᵊri, AM -ˈfɔːrmətɔːri] *n* AM Jugendhaftanstalt *f*

re·form·er [rɪˈfɔːməʳ, AM -ˈfɔːrmɚ] *n* Reformer(in) *m(f)*

re·ˈform school *n* Erziehungsheim *nt*

re·fract [rɪˈfrækt] *vt* PHYS *ray of light* brechen

re·frac·tion [rɪˈfrækʃᵊn] *n no pl* Refraktion *f fachspr,* Brechung *f*

re·frac·tory [rɪˈfræktᵊri, AM -ɚi] *adj metal, tiles* hitzebeständig

re·frain¹ [rɪˈfreɪn] *n* (*in a song*) Refrain *m;* (*in a poem*) Kehrreim *m;* (*comment*) häufiger Ausspruch

re·frain² [rɪˈfreɪn] *vi* sich zurückhalten; **to ~ from smoking** das Rauchen unterlassen

re·fresh [rɪˈfreʃ] *vt* ① (*reinvigorate*) *sleep, a holiday* erfrischen ② (*fig*) *one's knowledge, skills* auffrischen; **to ~ one's memory** seinem Gedächtnis auf die Sprünge helfen ③ AM (*refill*) **to ~ sb's glass** jds Glas nachfüllen

re·fresh·er [rɪˈfreʃəʳ, AM -ɚ] *n* ① (*course*) Auffrischungskurs *m* ② (*drink*) Erfrischung *f*

re·fresh·ing [rɪˈfreʃɪŋ] *adj* ① (*rejuvenating*) *air, colour, drink* erfrischend ② (*pleasing*) [herz]erfrischend; *thought* wohltuend

re·fresh·ment [rɪˈfreʃmənt] *n* ① (*rejuvenation*) Erfrischung *f,* Belebung *f* ② ■**~s** *pl* (*drink*) Erfrischungen *pl;* (*food*) Snacks *pl*

re·frig·er·ant [rɪˈfrɪdʒᵊrᵊnt, AM -ərᵊnt] *n* Kühlmittel *nt*

re·frig·er·ate [rɪˈfrɪdʒᵊreɪt, AM -əreɪt] **I.** *vt food, drink* im Kühlschrank aufbewahren **II.** *vi* **~ after opening** nach dem Öffnen kühl aufbewahren

re·frig·era·tion [rɪˌfrɪdʒᵊrˈeɪʃᵊn, AM -əˈreɪ-] *n no pl* Kühlung *f*

re·frig·era·tor [rɪˈfrɪdʒᵊreɪtəʳ, AM -əreɪt̬ɚ] *n* Kühlschrank *m*

re·fuel <BRIT -ll- *or* AM *usu* -l-> [ˌriːˈfjuːəl] **I.** *vi plane* auftanken **II.** *vt aeroplane, lorry* auftanken

ref·uge [ˈrefjuːdʒ] *n* ① (*secure place*) Zuflucht *f,* Zufluchtsort *m;* **women's ~** Frauenhaus *nt* ② (*from reality*) **to take ~ in sth** sich in etw *akk* flüchten

refu·gee [ˌrefjʊˈdʒiː] *n* Flüchtling *m*

re·fund **I.** *vt* [ˌriːˈfʌnd] **to ~ expenses/money** Auslagen/Geld zurückerstatten;

■ **to ~ sb sth** jdm etw *akk* zurückerstatten **II.** *n* ['ri:fʌnd] Rückzahlung *f*

re·fur·bish [ˌri:'fɜ:bɪʃ, AM -'fɜ:rb-] *vt* aufpolieren; *furniture* verschönern; *house* renovieren

re·fus·al [rɪ'fju:zᵊl] *n* Ablehnung *f; of offer* Zurückweisung *f; of invitation* Absage *f; of food, visa* Verweigerung *f*

re·fuse[1] [rɪ'fju:z] **I.** *vi* ablehnen; *horse* verweigern **II.** *vt* ablehnen, zurückweisen; **to ~ sb credit** jdm keinen Kredit gewähren; *offer* ausschlagen; *request* abschlagen

re·fuse[2] ['refju:s] *n* (*form*) Abfall *m,* Müll *m* **'ref·use bin** *n* Mülltonne *f* **'ref·use col·lec·tion** *n no pl* Müllabfuhr *f* **'ref·use col·lec·tor** *n* (*form*) Müllwerker *m geh* **'ref·use dis·pos·al** *n no pl* Müllbeseitigung *f* **'ref·use dump** *n* Mülldeponie *f*

re·fuse·nik [rɪ'fju:znɪk] *n* POL ❶ (*hist*) Flüchtling *m* (*ursprünglicher Ausdruck für russische Juden, denen die Emigration aus einem Land verweigert wird*) ❷ (*protestor*) Verweigerer(in) *m(f) pej*

re·fut·able ['refjʊtəbl̩, AM rɪ'fju:t̬-] *adj* widerlegbar, falsifizierbar *geh*

refu·ta·tion [ˌrefjʊ'teɪʃᵊn] *n* Widerlegung *f*

re·fute [rɪ'fju:t] *vt* widerlegen, entkräften

re·gain [rɪ'geɪn] *vt* wiederbekommen, zurückbekommen; *consciousness* wiedererlangen; **to ~ [lost] ground** [verlorenen] Boden zurückgewinnen; **to ~ the use of one's legs** seine Beine wieder gebrauchen können

re·gal ['ri:gᵊl] *adj* königlich, majestätisch

re·gale [rɪ'geɪl] *vt* ■ **to ~ sb with sth** *stories, jokes* jdn mit etw *dat* aufheitern; *food, drink* jdn mit etw *dat* verwöhnen

re·ga·lia [rɪ'geɪliə, AM -ljə] *n + sing/pl vb* Kostüme *pl,* Aufmachung *f kein pl hum;* (*of royalty*) Insignien *pl*

R

re·gard [rɪ'gɑ:d, AM -'gɑ:rd] **I.** *vt* ❶ (*consider*) betrachten; ■ **to ~ sb/sth as sth** jdn/etw als etw betrachten; **she is ~ed as a talented actress** sie wird für eine talentierte Schauspielerin gehalten; **to ~ sb highly** jdn hoch schätzen; (*be considerate of*) große Rücksicht auf jdn nehmen ❷ (*concerning*) ■ **as ~s ...** was ... angeht, **II.** *n* ❶ (*consideration*) Rücksicht *f;* **without ~ for sb/sth** ohne Rücksicht auf jdn/etw; **to pay no ~ to a warning** eine Warnung in den Wind schlagen ❷ (*respect*) Achtung *f* (**for** vor *+dat*); **to hold sb/sth in high ~** Hochachtung vor jdm/etw haben ❸ (*aspect*) **in this ~** in dieser Hinsicht ❹ (*concerning*) ■ **with ~ to ...** in Bezug auf ... *+akk*

re·gard·ful [rɪ'gɑ:dfᵊl, AM -'gɑ:rd-] *adj pred* ■ **to be ~ of sth** auf etw *akk* Rücksicht nehmen

re·gard·ing [rɪ'gɑ:dɪŋ, AM -'gɑ:rd-] *prep* bezüglich *+gen;* **~ your inquiry** bezüglich Ihrer Anfrage

re·gard·less [rɪ'gɑ:dləs, AM -'gɑ:rd-] *adv* trotzdem; **~ of the expense** ungeachtet der Kosten; **to press on ~** trotzdem weitermachen

re·gards [rɪ'gɑ:dz, AM -'gɑ:rdz] *n pl* Grüße *pl;* **kind** [*or* **best**] **~** viele Grüße; **Jim sends his ~** Jim lässt grüßen

re·gat·ta [rɪ'gætə, AM -'gɑ:t̬ə] *n* Regatta *f*

re·gen·cy ['ri:dʒᵊn(t)si] *n* Regentschaft *f;* (*period of rule*) Regentschaft[szeit] *f*

re·gen·er·ate [rɪ'dʒenᵊreɪt, AM -əreɪt] **I.** *vt* ❶ (*revive*) erneuern; **to ~ [inner] cities** [Innen]städte neu gestalten ❷ (*grow again*) *claw, tissue* neu bilden **II.** *vi* BIOL sich regenerieren *geh; tissue* sich neu bilden

re·gen·era·tion [rɪˌdʒenᵊr'eɪʃᵊn, AM -ə'reɪ-] *n no pl* ❶ (*improvement*) Erneuerung *f,* Regeneration *f;* **urban ~** Stadtsanierung *f; of spirit* Erholung *f* ❷ BIOL (*regrowth*) Neubildung *f*

re·gent ['ri:dʒᵊnt] *n* Regent(in) *m(f)*

Land und Leute

Obwohl es in Nordamerika nur eine Gesamtschule gibt, haben die besten Schüler und Schülerinnen die Möglichkeit, besondere Kurse zu belegen, die **regents classes**, *honors classes* oder *college prep classes* heißen. Solche Kurse bieten Fächer wie Latein oder höhere Mathematik an, die normalerweise nur an der Universität angeboten werden. Manchmal werden diese Kurse auch an der Universität anerkannt.

reg·gae ['regeɪ] *n no pl* Reggae *m*

regi·cide ['redʒɪsaɪd] *n* (*person*) Königsmörder(in) *m(f);* (*act*) Ermordung *f* eines Königs; (*crime*) Königsmord *m*

re·gime [reɪ'ʒi:m, AM rə'-] *n* ❶ (*government*) Regime *nt* ❷ (*procedure*) Behandlungsweise *f*

regi·men ['redʒɪmən, AM -dʒə-] *n* ❶ (*plan for health*) Gesundheitsplan *m* (*entsprechend ärztlichen Anweisungen*) ❷ (*routine*) geregelter Tagesablauf

regi·ment I. *n* ['redʒɪmənt, AM -dʒə-] *+ sing/pl vb* MIL Regiment *nt* **II.** *vt* ['redʒɪment, AM -dʒə-] ❶ MIL *troops* in Gruppen einordnen ❷ (*regulate*) *person* kontrollieren; *things* reglementieren

regi·men·ta·tion [ˌredʒɪmen'teɪʃᵊn, AM

-əmən'-] *n* Reglementierung *f*

re·gion ['ri:dʒᵊn] *n* ❶ (*geographical*) Region *f* ❷ (*administrative*) [Verwaltungs]bezirk *m*, Provinz *f* ❸ (*approximately*) ■ **in the ~ of ...** etwa bei ..., im Bereich von ..

re·gion·al ['ri:dʒᵊnᵊl] *adj* regional

re·gion·al·ism ['ri:dʒᵊnᵊlɪzᵊm] *n* LING Regionalismus *m;* (*word*) nur regional verwendeter Ausdruck

reg·is·ter ['redʒɪstəʳ, AM -ɚ] **I.** *n* ❶ (*official list*) Register *nt*, Verzeichnis *nt* ❷ (*device*) Registriergerät *nt;* AM (*till*) Kasse *f* **II.** *vt* ❶ (*report*) registrieren; *birth, death* anmelden; *car* zulassen; *copyright, trademark* eintragen ❷ (*measure*) anzeigen ❸ (*at post office*) *letter, parcel* per Einschreiben schicken ❹ (*show*) **to ~ surprise** sich überrascht zeigen; **to ~ protest** Protest zum Ausdruck bringen **III.** *vi* ❶ (*person*) sich melden; (*to vote*) sich eintragen; (*at university*) sich einschreiben [*o* immatrikulieren]; **to ~ with the authorities** sich behördlich anmelden ❷ *machine, measuring device* angezeigt werden ❸ (*show*) sich zeigen

reg·is·tered ['redʒɪstəd, AM -ɚd] *adj* registriert, gemeldet; *charity* eingetragen; *vehicle* amtlich zugelassen

reg·is·trar [ˌredʒɪ'strɑ:ʳ, AM 'redʒɪstrɑ:r] *n* ❶ (*for the state*) Standesbeamte(r) *m*, Standesbeamte [*o* -in] *f* ❷ BRIT, AUS (*at hospital*) Assistenzarzt, Assistenzärztin *m, f*

reg·is·tra·tion [ˌredʒɪ'streɪʃᵊn] *n* ❶ (*action*) Anmeldung *f;* (*at university*) Einschreibung *f;* **car ~** Autozulassung *f* ❷ AUTO (*certificate*) Kraftfahrzeugbrief *m;* (*number*) Kraftfahrzeugkennzeichen *nt*

reg·is·'tra·tion docu·ment *n* BRIT Kraftfahrzeugbrief *m* **reg·is·'tra·tion fee** *n* Anmeldegebühr *f* **reg·is·'tra·tion num·ber** *n* Kraftfahrzeugkennzeichen *nt*

reg·is·try ['redʒɪstri] *n* BRIT Standesamt *nt;* **land ~** Katasteramt *nt*

'reg·is·try of·fice *n* BRIT Standesamt *nt*

re·gress [rɪ'gres] *vi* (*lose ability*) sich verschlechtern; (*deteriorate*) *person* sich zurückentwickeln; *society* sich rückläufig entwickeln

re·gres·sion [rɪ'greʃᵊn] *n no pl* MED (*physical*) Regression *f fachspr,* Verschlechterung *f;* (*mental*) Zurückentwicklung *f*

re·gres·sive [rɪ'gresɪv] *adj* ❶ (*becoming worse*) rückschrittlich ❷ (*tax type*) regressiv

re·gret [rɪ'gret, re-] **I.** *vt* <-tt-> bedauern; **to ~ one's mistakes** seine Fehler bereuen **II.** *vi* <-tt-> ■ **to ~ to do sth** bedauern, etw tun zu müssen; **I ~ to have to inform you that ...** leider muss ich Ihnen mitteilen, dass ... **III.** *n* Bedauern *nt kein pl;* **my only ~ is that ...** das Einzige, was ich bedaure, ist, dass ...; **to have no ~s about sth** etw nicht bereuen; **to send one's ~s** sich entschuldigen [lassen]

re·gret·ful [rɪ'gretfᵊl, re-] *adj* bedauernd; *smile* wehmütig

re·gret·ful·ly [rɪ'gretfᵊli, re-] *adv* mit Bedauern

re·gret·table [rɪ'gretəbl̩, re-, AM -t̬ə-] *adj* bedauerlich

re·group [ˌri:'gru:p] **I.** *vt* neu gruppieren; *forces* neu formieren **II.** *vi troops, demonstrators* sich neu formieren

regu·lar ['regjələʳ, AM -ɚ] **I.** *adj* ❶ (*routine*) regelmäßig; *price* regulär; **~ procedure** übliche Vorgehensweise ❷ (*steady in time*) regelmäßig; **to keep ~ hours** sich an feste Zeiten halten ❸ (*well-balanced*) regelmäßig, symmetrisch; *surface* gleichmäßig ❹ (*not unusual*) üblich, normal; **my ~ doctor was on vacation** mein Hausarzt hatte Urlaub; **~ gas** AM Normalbenzin *nt* ❺ *attr* AM (*size*) **~ fries** normale Portion Pommes Frites **II.** *n* (*customer*) Stammgast *m*

regu·lar·ity [ˌregjə'lærəti, AM -'lerət̬i] *n no pl* (*in time*) Regelmäßigkeit *f*, Gleichmäßigkeit *f;* (*in shape*) Ebenmäßigkeit *f*

regu·lar·ize ['regjəlᵊraɪz, AM -lər-] **I.** *vt* ❶ (*make consistent*) *a language, work hours* standardisieren, vereinheitlichen ❷ (*normalize*) *status, relationship* normalisieren **II.** *vi breathing, heart beat* sich regulieren

regu·lar·ly ['regjələli, AM -ɚli] *adv* ❶ (*evenly, frequently*) regelmäßig ❷ (*equally*) gleichmäßig

regu·late ['regjəleɪt] *vt* ❶ (*supervise*) regeln, steuern ❷ (*adjust*) regulieren; **to ~ the flow of water** den Wasserfluss regeln

regu·la·tion [ˌregjə'leɪʃᵊn] **I.** *n* ❶ (*rule*) Vorschrift *f*, Bestimmung *f* (**on** über +*akk*); **in accordance with the ~s** vorschriftsmäßig; **fire ~s** Brandschutzbestimmungen *pl* ❷ *no pl* (*supervision*) Überwachung *f* **II.** *adj* vorgeschrieben; **the ~ pin-stripe suit** der obligatorische Nadelstreifenanzug

regu·la·tor ['regjəleɪtəʳ, AM -t̬ɚ] *n* ❶ TECH Regler *m* ❷ (*person*) aufsichtsführende Person

regu·la·tory ['regjələtᵊri, AM -tɔ:ri] *adj* Aufsichts-, Kontroll-; **~ powers** ordnungspolitische Instrumente

re·gur·gi·tate [rɪ'gɜ:dʒɪteɪt, AM -'gɜ:rdʒə-] *vt* ❶ (*throw up*) *food* wieder hochwürgen ❷ (*pej: repeat*) *facts, information* nach-

R

plappern

re·ha·bili·tate [ˌriːhəˈbɪlɪteɪt, AM -lə-] *vt* (*have therapy, restore reputation*) rehabilitieren; *criminal* resozialisieren

re·ha·bili·ta·tion [ˌriːhəˌbɪlɪˈteɪʃᵊn, AM -bɪlə'-] **I.** *n no pl* ① *of criminals* Resozialisierung *f; of drug addicts, sb's reputation* Rehabilitation *f geh; of victims* Wiedereingliederung *f* ins normale Leben ② (*renovation*) Instandsetzung *f,* Sanierung *f* **II.** *adj* Rehabilitations-; **drug ~ centre** Entziehungsanstalt *f*

re·hash **I.** *vt* [ˌriːˈhæʃ] ① (*pej fam: offer as new*) aufwärmen ② (*discuss*) wiederkäuen; **to ~ events** Ereignisse noch einmal durchsprechen **II.** *n* <*pl* -es> [ˈriːhæʃ] (*fam*) Aufguss *m*

re·hears·al [rɪˈhɜːsᵊl, AM -ˈhɜːr-] *n* THEAT Probe *f;* ▪**to be in ~** geprobt werden

re·hearse [rɪˈhɜːs, AM -ˈhɜːrs] **I.** *vt* ① THEAT, MUS (*practise*) proben; (*in thought*) [in Gedanken] durchgehen ② (*prepare*) *person* vorbereiten **II.** *vi* proben

re·hy·dra·tion [ˌriːhaɪˈdreɪʃᵊn] *n* Flüssigkeitsersatz *m,* Rehydration *f*

reign [reɪn] **I.** *vi* ① (*be king, queen*) regieren, herrschen; (*be head of state*) regieren; **to ~ over a country** ein Land regieren ② (*be dominant*) dominieren; **confusion ~s** es herrscht Verwirrung **II.** *n* Herrschaft *f; see also* **assign**

re·im·burse [ˌriːɪmˈbɜːs, AM -ˈbɜːrs] *vt person* entschädigen; *thing* ersetzen; *expenses* [rück]erstatten

re·im·burse·ment [ˌriːɪmˈbɜːsmənt, AM -ˈbɜːrs-] *n* Rückzahlung *f; of expenses* Erstattung *f; of loss* Entschädigung *f*

rein [reɪn] *n usu pl* (*for horse*) Zügel *m;* BRIT (*for children*) Laufgurt *m* ▸PHRASES: **to give free ~ to sb** jdm freie Hand lassen

re·in·car·na·tion [ˌriːɪnkɑːˈneɪʃᵊn, AM -kɑːr'-] *n* (*rebirth*) Reinkarnation *f geh,* Wiedergeburt *f;* (*fig*) *product* Nachbau *m*

rein·deer <*pl* -> [ˈreɪndɪəʳ, AM -dɪr] *n* Rentier *nt*

re·in·force [ˌriːɪnˈfɔːs, AM -ˈfɔːrs] *vt* (*strengthen*) MIL verstärken; *concrete* armieren; *findings, opinion, prejudice* bestätigen

re·in·force·ment [ˌriːɪnˈfɔːsmənt, AM -ˈfɔːrs-] *n* ① *no pl* Verstärkung *f,* Armierung *f fachspr;* **steel ~** Stahlträger *m meist pl* ② ▪**~s** *pl* (*troops*) Verstärkungstruppen *pl;* (*equipment*) Verstärkung *f*

re·in·state [ˌriːɪnˈsteɪt] *vt* ① (*at job*) *person* wieder einstellen ② (*re-establish*) *death penalty, sales tax* wieder einführen; *law and order* wiederherstellen

re·in·sure [ˌriːɪnˈʃʊəʳ, AM -ˈʃʊr] *vi, vt* rückversichern

re·in·te·grate [ˌriːˈɪntɪgreɪt, AM -t̬ə-] *vt criminal* resozialisieren; *patient* wieder [in die Gesellschaft] eingliedern

re·in·te·gra·tion [ˌriːɪntɪˈgreɪʃᵊn, AM -t̬ə'-] *n of a criminal* Resozialisierung *f; of a patient* Wiedereingliederung *f*

re·in·tro·duce [ˌriːɪntrəˈdjuːs, AM *esp* -ˈduːs] *vt* wieder einführen; **to ~ an animal into the wild** ein Tier in die Wildnis zurückführen

re·is·sue [ˌriːˈɪʃuː, AM -juː] **I.** *vt novel, recording* neu herausgeben **II.** *n* Neuauflage *f,* Neuausgabe *f*

re·it·er·ate [riˈɪtᵊreɪt, AM -ˈɪt̬ər-] *vt* wiederholen

re·it·era·tion [riˌɪtᵊrˈeɪʃᵊn, AM -ˌɪt̬əˈr-] *n* Wiederholung *f*

re·ject **I.** *vt* [rɪˈdʒekt] ① (*decline*) ablehnen, zurückweisen; *excuse* nicht annehmen ② (*snub*) *person* abweisen; **to feel ~ed** sich als Außenseiter(in) fühlen ③ MED *drug* nicht vertragen; *transplant* abstoßen **II.** *n* [ˈriːdʒekt] (*product*) Fehlerware *f,* Ausschussware *f;* (*person*) Außenseiter(in) *m(f)*

re·jec·tion [rɪˈdʒekʃᵊn] *n* ① (*dismissing*) Ablehnung *f,* Absage *f* ② MED Abstoßung *f*

re·joice [rɪˈdʒɔɪs] *vi* sich freuen, sich erfreuen *geh* (**at** an +*dat*)

re·joic·ing [rɪˈdʒɔɪsɪŋ] *n no pl* Freude *f* (**at** über +*akk*)

re·join [riːˈdʒɔɪn] *vt* (*reunite with*) *person, thing* sich wiedervereinigen (mit +*dat*); **to ~ the motorway** wieder auf die Autobahn fahren

re·join·der [rɪˈdʒɔɪndəʳ, AM -ɚ] *n* (*form*) Erwiderung *f geh*

re·ju·venate [rɪˈdʒuːvᵊneɪt, AM -və-] *vt* ① (*energize*) revitalisieren *geh* ② (*make younger, modernize*) verjüngen; *factory, company* modernisieren

re·kin·dle [ˌriːˈkɪndl̩] *vt* (*a. fig*) wieder entfachen

re·lapse **I.** *n* [ˈriːlæps] MED Rückfall *m;* (*in economy*) Rückschlag *m* **II.** *vi* [rɪˈlæps] MED einen Rückfall haben; *economy* einen Rückschlag erleiden

re·late [rɪˈleɪt] **I.** *vt* ① (*show relationship*) etw mit etw *dat* in Verbindung bringen ② (*narrate*) erzählen; ▪**to ~ sth to sb** jdm etw berichten **II.** *vi* ① (*fam: get along*) ▪**to ~ to sb/sth** eine Beziehung zu jdm/etw finden ② (*be about*) ▪**to ~ to sb/sth** von jdm/etw handeln; (*be relevant to*) **chapter nine ~s to the effect of inflation** in Kapitel neun geht es um die

R

Auswirkungen der Inflation

re·lat·ed [rɪˈleɪtɪd, AM -t̬ɪd] *adj* ❶ (*connected*) verbunden; **to be directly ~ to sth** in direktem Zusammenhang mit etw *dat* stehen ❷ *species, language* verwandt (**to** mit +*dat*); **to be ~ by blood** blutsverwandt sein; **distantly ~** entfernt verwandt

re·lat·ing to [rɪˈleɪtɪŋ-, AM -t̬ɪŋ-] *prep* in Zusammenhang mit +*dat*

re·la·tion [rɪˈleɪʃᵊn] *n* ❶ *no pl* (*connection*) Verbindung *f,* Bezug *m;* **in ~ to** in Bezug auf +*akk;* **to bear no ~ to sb** (*in appearance*) jdm überhaupt nicht ähnlich sehen ❷ (*relative*) Verwandte(r) *f(m);* **is Hans any ~ to you?** ist Hans irgendwie mit dir verwandt?; **~ by marriage** angeheirateter Verwandter/angeheiratete Verwandte ❸ (*between people, countries*) ■ **~s** *pl* Beziehungen *pl,* Verhältnis *nt* (**between** zwischen +*dat*)

re·la·tion·ship [rɪˈleɪʃᵊnʃɪp] *n* ❶ (*connection*) Beziehung *f* ❷ (*in family*) Verwandtschaftsverhältnis *nt* ❸ (*association*) Verhältnis *nt;* (*a. business, romantic*) Beziehung *f* (**to, with** zu +*dat*); ■ **to be in a ~ with sb** mit jdm eine feste Beziehung haben

rela·tive [ˈrelətɪv, AM *also* -t̬ɪv] **I.** *adj* ❶ (*connected to*) relevant (**to** für +*akk*) ❷ (*corresponding*) jeweilige(r, s); ■ **to be ~ to sth** von etw *dat* abhängen; **petrol consumption is ~ to a car's speed** der Benzinverbrauch hängt von der Geschwindigkeit des Autos ab ❸ (*comparative*) relative(r, s), vergleichbare(r, s); (*not absolute*) *evil, happiness* relativ **II.** *adv* ■ **~ to** sich beziehend auf +*akk* **III.** *n* Verwandte(r) *f(m)*

rela·tive ˈclause *n* Relativsatz *m*

rela·tive·ly [ˈrelətɪvli, AM *also* -t̬ɪvli] *adv* relativ

rela·tiv·ity [ˌreləˈtɪvəti, AM -ət̬i] *n no pl* Relativität *f;* [**Einstein's**] **Theory of R~** [Einsteins] Relativitätstheorie *f*

re·launch **I.** *vt* [rɪˈlɔːn(t)ʃ, AM *esp* -ˈlɑːn-] ❶ AEROSP *rocket* erneut starten ❷ ECON *product* erneut auf den Markt bringen **II.** *n* [ˈrɪlɔːn(t)ʃ, AM *esp*-lɑːn-] ❶ AEROSP, TRANSP *of a rocket* Zweitstart *m; of a ship* zweiter Stapellauf ❷ ECON *of a brand/a product* Wiedereinführung *f*

re·lax [rɪˈlæks] **I.** *vi* sich entspannen; **~!** entspann dich!; (*don't worry*) beruhige dich! **II.** *vt rules, supervision, grip* lockern; *muscles* entspannen, lockern; *security measures* einschränken

re·laxa·tion [ˌriːlækˈseɪʃᵊn] **I.** *n* ❶ (*recreation*) Entspannung *f* ❷ (*liberalizing*) *of discipline* Nachlassen *nt; of laws* Liberalisierung *f; of rules* Lockerung *f* **II.** *adj attr* Entspannungs-

re·laxed [rɪˈlækst] *adj* ❶ (*at ease*) entspannt ❷ (*easy-going*) locker, gelassen; *manner* lässig

re·lay [ˈriːleɪ] **I.** *vt* mitteilen (**to** +*dat*); *message* weiterleiten; *TV pictures* übertragen **II.** *n* ❶ (*group*) Ablösung *f; of workers* Schicht *f* ❷ SPORTS ~ [**race**] Staffellauf *m* ❸ ELEC (*device*) Relais *nt*

re-lay <-laid, -laid> [ˌriːˈleɪ] *vt carpet* neu verlegen; *floor* neu auslegen

re·lease [rɪˈliːs] **I.** *vt* ❶ (*set free*) freilassen ❷ LAW *prisoner* [aus der Haft] entlassen ❸ (*move sth from fixed position*) *brake* lösen; PHOT *shutter* betätigen ❹ (*allow to escape*) *gas, steam* freisetzen; **to ~ sth into the atmosphere** etw in die Atmosphäre entweichen lassen ❺ (*relax pressure*) loslassen; *grip* lockern ❻ (*make public, circulate*) verbreiten; (*issue*) veröffentlichen; *film, CD* herausbringen **II.** *n no pl* ❶ (*setting free*) Entlassung *f; of hostage* Freilassung *f* ❷ (*mechanism*) Auslöser *m;* **brake/clutch ~** Brems-/Kupplungsausrückmechanismus *m;* **~ cord** Reißleine *f* ❸ (*items on hold*) *of funds, goods* Freigabe *f* ❹ (*escape of gases*) Entweichen *nt* ❺ *no pl* (*publication*) Veröffentlichung *f* ❻ (*information document*) Verlautbarung *f;* **press ~** Pressemitteilung *f* ❼ (*new CD*) Neuerscheinung *f*

rel·egate [ˈrelɪgeɪt, AM -lə-] *vt usu passive* ❶ (*lower in status*) **the story was ~d to the middle pages of the paper** die Story wurde in den Mittelteil der Zeitung verschoben ❷ BRIT SPORTS *team* absteigen lassen (**from** aus +*dat*)

re·lent [rɪˈlent] *vi people* nachgeben; *wind, rain* nachlassen

re·lent·less [rɪˈlentləs] *adj* (*unwilling to compromise*) unnachgiebig; (*without stopping*) unablässig; *persecution* gnadenlos; *pressure* unaufhörlich

rele·vance [ˈreləvən(t)s], **rele·van·cy** [ˈreləvən(t)si] *n no pl* ❶ (*appropriateness*) Relevanz *f geh,* Bedeutsamkeit *f* (**to** für +*akk*); **to have ~ to sth** Bezug auf etw *akk* haben ❷ (*significance*) Bedeutung *f* (**to** für +*akk*); **to have ~ for sb/sth** für jdn/etw relevant sein

rele·vant [ˈreləvənt] *adj* ❶ (*appropriate*) relevant; **for further information please refer to the ~ leaflet** weitere Informationen entnehmen Sie bitte der entsprechenden Broschüre ❷ (*important*) wichtig, bedeutend; **highly ~** höchst bedeu-

R

relief

expressing relief	Erleichterung ausdrücken
I'm so glad things turned out the way they did!	**Ich bin sehr froh, dass** es nun so gekommen ist!
I'm so relieved!	**Bin ich froh!**
That's a weight off my mind!	**Mir fällt ein Stein vom Herzen!**
It's lucky you came!	**Ein Glück, dass** du gekommen bist!
Thank goodness!/Thank God!	**Gott sei Dank!**
Done it! (*fam*)/**Finished!** (*fam*)	**Geschafft!** (*fam*)
At last!	**Endlich!**

tungsvoll

re·li·abil·ity [rɪ,laɪə'bɪləti, AM -ət̬i] *n no pl* ① (*dependability*) Zuverlässigkeit *f* ② (*trustworthiness*) Vertrauenswürdigkeit *f*

re·li·able [rɪ'laɪəbl̩] *adj* ① (*dependable*) verlässlich, zuverlässig ② (*credible*) glaubwürdig; *criterion* sicher ③ (*trustworthy*) vertrauenswürdig, seriös

re·li·ance [rɪ'laɪən(t)s] *n no pl* ① (*dependence*) Verlass *m* (**on** auf +*akk*) ② (*trust*) Vertrauen *nt;* **to place ~ on sb/sth** Vertrauen in jdn/etw setzen

re·li·ant [rɪ'laɪənt] *adj* abhängig (**on** von +*dat*); ■**to be ~ on sb/sth to do sth** abhängig davon sein, dass jd/etw etw tut

rel·ic ['relɪk] *n* ① (*object*) Relikt *nt,* Überbleibsel *nt,* Überrest *m* ② (*pej: survival from past*) Relikt *nt;* (*hum: sth old-fashioned*) altmodisches Ding, Ding *nt* von anno dazumal

re·lief[1] [rɪ'li:f] *n* ① *no pl* (*assistance for poor*) Hilfsgüter *pl;* **to be on ~** AM (*fam*) von der Sozialhilfe leben ② (*diminution*) Entlastung *f; of hunger/suffering* Linderung *f;* **tax ~** Steuerermäßigung *f* ③ (*release from tension*) Erleichterung *f;* **to breathe a sigh of ~** erleichtert aufatmen

re·lief[2] [rɪ'li:f] *n* ① (*three-dimensional representation*) Reliefdruck *m* ② *no pl* (*sharpness of image*) Kontrast *m;* **to stand out in sharp ~** sich deutlich von etw *dat* abheben

re·'lief road *n* BRIT Umgehungsstraße *f,* ÖSTERR *a.* Umfahrungsstraße *f*

re·'lief work·er *n* Mitarbeiter(in) *m(f)* einer Hilfsorganisation; (*in third-world countries*) Entwicklungshelfer(in) *m(f)*

re·lieve [rɪ'li:v] *vt* ① (*assist*) ■**to ~ sb** jdm [in einer Notsituation] helfen ② (*take burden from*) ■**to ~ sb of sth** jdm etw abnehmen; (*hum: steal*) jdn um etw *akk* erleichtern ③ (*take over*) *person* ablösen; **to ~ sb of a position** jdn eines Amtes entheben *geh* ④ (*weaken negative feelings*) erträglicher machen; *pressure* verringern; *tension* abbauen ⑤ (*alleviate*) *pain, suffering* lindern

re·lieved [rɪ'li:vd] *adj* erleichtert (**at** über +*akk*); **to be ~ to hear sth** etw mit Erleichterung hören

re·li·gion [rɪ'lɪdʒᵊn] *n* ① *no pl* (*faith in god(s)*) Religion *f;* (*set of religious beliefs*) Glaube *m* ② (*system of worship*) Kult *m*

re·li·gious [rɪ'lɪdʒəs] *adj* ① (*of religion*) religiöse(r, s), Religions-; **~ organization** Glaubensgemeinschaft *f;* **~ freedom** Religionsfreiheit *f* ② (*pious*) religiös, fromm

re·lin·quish [rɪ'lɪŋkwɪʃ] *vt* (*form*) ① (*abandon*) aufgeben; *a right* verzichten (auf +*akk*); ■**to ~ sth to sb** jdm etw überlassen; *responsibility* jdm etw übertragen ② (*lose*) **to ~ the lead** die Führung verlieren

reli·quary ['relɪkwᵊri, AM -əkweri] *n* Reliquiar *nt*

rel·ish ['relɪʃ] **I.** *n* ① *no pl* (*enjoyment*) Genuss *m;* ■**with ~** genüsslich ② FOOD Relish *nt* **II.** *vt* genießen; **to ~ the thought that ...** sich darauf freuen, dass ...

re·load [,ri:'ləʊd, AM -'loʊd] **I.** *vt gun, pistol* nachladen; *camera, software* neu laden; *ship* wieder beladen **II.** *vi weapon* nachladen

re·lo·cate [,ri:lə(ʊ)'keɪt, AM -'loʊ-] **I.** *vi* umziehen **II.** *vt person* versetzen; *thing* verlegen

re·lo·ca·tion [,ri:lə(ʊ)'keɪʃᵊn, AM -loʊ'-] *n of a company* Verlegung *f; of a person* Versetzung *f*

re·luc·tance [rɪ'lʌktᵊn(t)s] *n no pl* Widerwillen *m,* Widerstreben *nt;* ■**with ~** widerwillig, ungern

re·luc·tant [rɪ'lʌktᵊnt] *adj* widerwillig, wi-

R

derstrebend; ■ **to be ~ to do sth** sich dagegen sträuben, etw zu tun, etw nur ungern tun

rely [rɪˈlaɪ] *vi* ① (*have confidence in*) ■ **to ~ on sb/sth** sich auf jdn/etw verlassen; ■ **to ~ on sb/sth to do sth** sich darauf verlassen, dass jd/etw etw tut ② (*depend on*) ■ **to ~ on sb/sth** von jdm/etw abhängen; ■ **to ~ on sb/sth doing sth** darauf angewiesen sein, dass jd/etw etw tut

REM [ˌɑːriːˈem, rem] *abbrev of* **Rapid Eye Movement** REM; **~ sleep** REM-Phase *f*

re·main [rɪˈmeɪn] *vi* ① (*stay*) bleiben; **to ~ behind** zurückbleiben ② + *n/adj* (*not change*) bleiben; **to ~ aloof** Distanz wahren; **to ~ untreated** nicht behandelt werden ③ (*survive, be left over*) übrig bleiben; *person* überleben; **much ~s to be done** es muss noch vieles getan werden; **the fact ~s that ...** das ändert nichts an der Tatsache, dass ...

re·main·der [rɪˈmeɪndəʳ, AM -ɚ] *n no pl a.* MATH Rest *m*

re·main·ing [rɪˈmeɪnɪŋ] *adj attr* übrig, restlich

re·mains [rɪˈmeɪnz] *npl* ① (*leftovers*) Überbleibsel *pl*, Überreste *pl* ② (*form: corpse*) sterbliche Überreste

re·make **I.** *vt* <-made, -made> [ˌriːˈmeɪk] **to ~ a film** einen Film neu drehen **II.** *n* [ˈriːmeɪk] Neuverfilmung *f*, Remake *nt*

re·mand [rɪˈmɑːnd, AM -ˈmænd] **I.** *vt usu passive* (*form*) **to ~ on bail** auf Kaution freilassen; **to ~ sb in custody** jdn in Untersuchungshaft behalten **II.** *n no pl* **to be on ~** in Untersuchungshaft sitzen *fam*

re·ˈmand cen·tre *n* BRIT, AUS Untersuchungsgefängnis *nt*

re·mark [rɪˈmɑːk, AM -ˈmɑːrk] **I.** *vt* äußern, bemerken **II.** *vi* eine Bemerkung machen; ■ **to ~ on sb/sth** sich über jdn/etw äußern **III.** *n* Bemerkung *f* (**about** über +*akk*), Äußerung *f*

re·mark·able [rɪˈmɑːkəbl̩, AM -ˈmɑːrk-] *adj* ① (*approv: extraordinary*) bemerkenswert, erstaunlich; *ability* beachtlich ② (*surprising*) merkwürdig; **it's ~ [that] ...** es ist erstaunlich, dass ...

re·mark·ably [rɪˈmɑːkəbli, AM -ˈmɑːrk-] *adv* ① (*strikingly*) bemerkenswert, auffällig ② (*surprisingly*) überraschenderweise, erstaunlicherweise

re·mar·ry <-ie-> [ˌriːˈmæri, AM *esp* -ˈmeri] **I.** *vt* wieder heiraten **II.** *vi* sich wieder verheiraten

re·medial [rɪˈmiːdiəl] *adj* (*form*) ① SCH Förder- ② MED Heil-

rem·edy [ˈremədi] **I.** *n* ① (*medicinal agent*) Heilmittel *nt* (**for** gegen +*akk*) ② (*solution*) Mittel *nt* (**for** zu +*dat*), Lösung *f* (**for** für +*akk*) **II.** *vt* in Ordnung bringen; *a mistake* berichtigen; *poverty* beseitigen

re·mem·ber [rɪˈmembəʳ, AM -ɚ] **I.** *vt* ① (*recall*) sich erinnern (an +*akk*); (*memorize*) sich *dat* merken; **I never ~ her birthday** ich denke nie an ihren Geburtstag; ■ **to ~ doing sth** sich daran erinnern, etw getan zu haben ② (*commemorate*) *person, event* gedenken +*gen* **II.** *vi* (*recall*) sich erinnern; **I can't ~** ich kann mich nicht erinnern; ■ **to ~ [that] ...** sich daran erinnern, [dass] ...

re·mem·brance [rɪˈmembrᵊn(t)s] *n* (*form*) ① *no pl* (*act of remembering*) Gedenken *nt geh* ② (*a memory, recollection*) Erinnerung *f* (**of** an +*akk*)

> **Land und Leute**
>
> Der **Remembrance Sunday, Remembrance Day** oder auch **Poppy Day** ist der zweite Sonntag im November (zur Erinnerung an den Armistice Day am 11. November 1918), an dem in Großbritannien aller Soldaten, die in den beiden Weltkriegen gefallen sind, in Gottesdiensten und Zeremonien gedacht wird. Die Leute tragen überall rote Mohnblumen aus Stoff oder Papier, welche die auf den Schlachtfeldern von Flandern nach dem Ersten Weltkrieg blühenden Mohnblumen symbolisieren sollen. Um elf Uhr wird immer ein zweiminütiges Schweigen eingehalten.

re·mind [rɪˈmaɪnd] *vt* erinnern; **that ~s me!** das erinnert mich an etwas!; ■ **to ~ sb about sth** jdn an etw *akk* erinnern

re·mind·er [rɪˈmaɪndəʳ, AM -ɚ] *n* ① (*prompting recall*) Mahnung *f*; **as a ~ to oneself that ...** um sich *akk* daran zu erinnern, dass ... ② (*awakening memories*) Erinnerung *f* (**of** an +*akk*)

remi·nisce [ˌremɪˈnɪs, AM -əˈ-] *vi* (*form*) in Erinnerungen schwelgen

remi·nis·cence [ˌremɪˈnɪsᵊn(t)s, AM -əˈ-] *n* (*form*) ① *no pl* (*reflection on past*) Erinnerung *f* ② (*memory*) Erinnerung *f* (**of, about** an +*akk*)

remi·nis·cent [ˌremɪˈnɪsᵊnt, AM -əˈ-] *adj* (*suggestive, evocative*) ■ **to be ~ [of sb/sth]** Erinnerungen [an jdn/etw] hervorrufen

re·miss [rɪˈmɪs] *adj pred* (*form*) nachlässig

re·mis·sion [rɪˈmɪʃᵊn] *n no pl* ① BRIT LAW (*reduction in sentence*) Straferlass *m* ② MED (*form: lessening of pain*) Nachlassen *nt*; *of symptoms* Remission *f fachspr*

re·mit **I.** *vt* <-tt-> [rɪˈmɪt] (*form*)

❶ (*shorten*) *prison sentence* erlassen ❷ (*tender money*) überweisen **II.** *n* ['ri:mɪt] *no pl* Aufgabengebiet *nt*
re·mit·tance [rɪ'mɪtᵊn(t)s] *n* (*form*) Überweisung *f*
re·mix MUS **I.** *vt* [ˌri:'mɪks] ❶ (*mix tracks again*) **to ~ songs** einen Remix von Liedern machen ❷ (*re-record*) *songs* neu aufnehmen **II.** *n* <*pl* -es> ['ri:mɪks] Remix *m*
rem·nant ['remnənt] *n* Rest *m;* **~ sale** Resteverkauf *m*
re·mod·el <BRIT -ll- *or* AM *usu* -l-> [ˌri:'mɒdᵊl, AM -'mɑ:dᵊl] *vt* umgestalten
re·mold *n, vt* AM *see* **remould**
re·mon·strance [rɪ'mɒn(t)strᵊn(t)s, AM -'mɑ:n-] *n* (*form*) Protest *m*
re·mon·strate ['remənstreɪt, AM rɪ'mɑ:n(t)s-] *vi* (*form*) protestieren; ■**to ~ with sb about sth** jdm wegen einer S. *gen* Vorhaltungen machen
re·morse [rɪ'mɔ:s, AM -'mɔ:rs] *n no pl* (*form*) Reue *f;* **to feel ~ for sth** etw bereuen; ■**without ~** erbarmungslos
re·morse·ful [rɪ'mɔ:sfᵊl, AM -'mɔ:rs] *adj* (*form: filled with regret*) reuevoll *geh; sinner* reuig *geh;* (*apologetic*) schuldbewusst
re·morse·less [rɪ'mɔ:sləs, AM -'mɔ:rs] *adj* (*form*) ❶ (*relentless*) unerbittlich ❷ (*callous*) gnadenlos, unbarmherzig; *attack* brutal
re·mote <-er, -est *or* more ~, most ~> [rɪ'məʊt, AM -'moʊt] *adj* ❶ (*distant in place*) fern, entfernt; (*isolated*) abgelegen ❷ (*distant in time*) lang vergangen; *past, future* fern ❸ (*standoffish*) distanziert, unnahbar
re·mote con·'trol *n* ❶ (*control from distance*) Fernsteuerung *f* ❷ (*device*) Fernbedienung *f* **re·mote-con·'trolled** *adj* ferngesteuert
re·mote·ness [rɪ'məʊtnəs, AM -'moʊt-] *n no pl* ❶ (*inaccessibility*) Abgelegenheit *f* ❷ (*aloofness*) Distanziertheit *f*
re·mould **I.** *vt* neu gestalten; *tyre* runderneuern **II.** *n of a tyre* Runderneuerung *f*
re·mount [ˌri:'maʊnt] *vt* **to ~ a bicycle** wieder auf ein Fahrrad steigen
re·mov·able [rɪ'mu:vəbl̩] *adj* ❶ (*cleanable*) *ink* abwaschbar ❷ (*detachable*) *sleeves* abnehmbar, zum Abnehmen *nach n*
re·mov·al [rɪ'mu:vᵊl] *n* ❶ *esp* BRIT (*changing address*) Umzug *m* ❷ *no pl* (*expulsion*) Beseitigung *f; of a dictator* Absetzung *f;* (*abolition*) *of customs duties* Abschaffung *f* ❸ *no pl* (*taking off*) Abnahme *f;* (*cleaning a.*) Entfernung *f*
re·'mov·al firm *n* BRIT Umzugsfirma *f,* SCHWEIZ *a.* Zügelfirma *f* **re·'mov·al van** *n* BRIT Möbelwagen *m*
re·move [rɪ'mu:v] *vt* ❶ (*take away*) entfernen, wegräumen; *obstacle, roadblock* beseitigen; *wrecked vehicle* abschleppen; MIL *mine* räumen ❷ (*get rid of*) *make-up, stain* entfernen; (*cancel*) streichen ❸ (*form: dismiss*) **to ~ sb [from office]** jdn [aus dem Amt] entlassen
re·mov·er [rɪ'mu:vəʳ, AM -ɚ] *n* ❶ BRIT (*sb doing home removals*) Möbelpacker *m* ❷ (*cleaning substance*) Reinigungsmittel *nt;* **nail-varnish ~** Nagellackentferner *m*
re·mu·ner·ate [rɪ'mju:nᵊreɪt, AM -nər-] *vt* (*form*) ■**to ~ sb for sth** jdn für etw *akk* bezahlen
re·mu·nera·tion [rɪˌmju:nᵊr'eɪʃᵊn, AM -nə'reɪ-] *n* (*form*) Vergütung *f,* Remuneration *f* ÖSTERR
re·mu·nera·tive [rɪ'mju:nᵊrətɪv, AM -nəreɪţɪv] *adj* (*form*) lukrativ
Re·nais·sance [rə'neɪsᵊn(t)s, AM ˌrenə'sɑ:n(t)s] *n* ■**the ~** die Renaissance; **~ painting** Renaissancemalerei *f*
re·nal ['ri:nᵊl] *adj* Nieren-; **~ dialysis** Dialyse *f*
re·name [ˌri:'neɪm] *vt* umbenennen
ren·der ['rendəʳ, AM -ɚ] *vt* (*form*) ❶ (*cause to become*) **she was ~ed unconscious by the explosion** sie wurde durch die Explosion ohnmächtig; **to ~ sb speechless** jdn sprachlos machen ❷ (*interpret*) wiedergeben; *song* vortragen ❸ (*offer*) *aid, service* leisten
ren·der·ing ['rendᵊrɪŋ, AM -ɚ-] *n* ❶ (*performance of art work*) Interpretation *f; song* Vortrag *m; of a part* Darstellung *f* ❷ (*account*) Schilderung *f*
ren·dez·vous ['rɒndɪvu:, AM 'rɑ:ndeɪ-] **I.** *n* <*pl* -> ❶ (*meeting*) Rendezvous *nt,* Treffen *nt* ❷ (*meeting place*) Treffpunkt *m,* Treff *m fam* **II.** *vi* sich heimlich treffen
ren·di·tion [ren'dɪʃᵊn] *n* Wiedergabe *f; of a song* Interpretation *f*
ren·egade ['renɪgeɪd, AM -nə-] **I.** *n* Abtrünnige(r) *f(m) pej* **II.** *adj attr priest, province* abtrünnige(r, s)
re·nege [rɪ'ni:g, AM -'nɪg] *vi* **to ~ on a deal** sich nicht an ein Abkommen halten; *on a promise* nicht halten
re·new [rɪ'nju:, AM *esp* -'nu:] *vt* ❶ (*resume*) erneuern; **to ~ a relationship with sb/sth** eine Beziehung zu jdm/etw wieder aufnehmen ❷ (*grant continued validity*) *passport, documents* verlängern ❸ (*repair*) reparieren; (*to mend in places*) ausbessern
re·new·able [rɪ'nju:əbl̩, AM *esp* -'nu:-] *adj*

R

① *energy sources* erneuerbar ② *contract, documents, passport* verlängerbar

re·new·al [rɪˈnjuːəl, AM *esp* -ˈnuː-] *n* ① (*extension*) *of a passport* Verlängerung *f* ② (*process of renewing*) Erneuerung *f* ③ (*urban regeneration*) Erneuerung *f*, Entwicklung *f*

re·newed [rɪˈnjuːd, AM *esp* -ˈnuːd] *adj* erneuert *attr;* ~ **interest** wieder erwachtes Interesse

ren·net [ˈrenɪt], **ren·nin** [ˈrenɪn] *n no pl* Lab *nt*

re·nounce [rɪˈnaʊn(t)s] *vt* ■**to** ~ **sth** (*formally give up*) *right* auf etw *akk* verzichten; *citizenship, family* aufgeben; *one's faith* abschwören +*dat*

reno·vate [ˈrenəveɪt] *vt* renovieren

reno·va·tion [ˌrenəˈveɪʃᵊn] *n* (*small and large scale*) Renovierung *f;* (*large scale only*) Sanierung *f;* **to be under** ~ gerade renoviert werden

re·nown [rɪˈnaʊn] *n no pl* (*form, liter*) Ruhm *m;* **to win** ~ sich *dat* Ansehen verschaffen; **she was a woman of** ~ sie war eine angesehene Frau

re·nowned [rɪˈnaʊnd] *adj* (*form, liter*) berühmt (**as** als, **for** für +*akk*)

rent [rent] **I.** *n* Miete *f;* (*esp for land and business*) Pacht *f* **II.** *vt* ① (*hire as tenant*) mieten (**from** von +*dat*); *land, business* pachten ② (*let, rent out as landlord*) vermieten **III.** *vi* AM *house, apartment, car* vermietet werden; ■**to** ~ **at sth** gegen etw *akk* zu mieten sein

Falsche Freunde

Nicht verwechseln mit [sich] rentieren — *to be worth it!*

rent·al [ˈrentᵊl] **I.** *n* Miete *f* **II.** *adj attr* Miet-; ~ **agency** Verleih *m*

ˈrent boy *n* BRIT (*fam*) Stricher *m pej* **rent-ˈfree** *adj* mietfrei

re·nun·cia·tion [rɪˌnʌn(t)siˈeɪʃᵊn] *n no pl* Verzicht *m* (**of** auf +*akk*)

re·open [ˌriːˈəʊpᵊn, AM -ˈoʊ-] **I.** *vt* ① (*open again*) *door, window* wieder aufmachen; *shop* wieder eröffnen ② (*start again*) *negotiations* wieder aufnehmen **II.** *vi* wieder eröffnen

re·or·der [ˌriːˈɔːdəʳ, AM -ˈɔːrdɚ] **I.** *n* Nachbestellung *f* **II.** *vt* ① (*order again*) nachbestellen ② (*rearrange*) umordnen; *priorities* neu festlegen

re·or·gan·ize [riːˈɔːgᵊnaɪz, AM -ˈɔːr-] **I.** *vt* umorganisieren, reorganisieren **II.** *vi* reorganisieren, eine Umstrukturierung vornehmen

rep [rep] **I.** *n* ① (*fam: salesperson*) *short for* **representative** Vertreter(in) *m(f)* ② *no pl* THEAT (*fam*) *short for* **repertory company/theatre** (*single*) Repertoireensemble *nt*, Repertoiretheater *nt;* (*in general*) Repertoiretheater *nt* **II.** *vi* <-pp-> (*fam*) Klinken putzen *pej*

re·paid [ˌriːˈpeɪd, rɪˈ-] *pt, pp of* **repay**

re·paint [ˌriːˈpeɪnt] *vt* neu streichen

re·pair [rɪˈpeəʳ, AM -ˈper] **I.** *vt* ① (*restore*) reparieren; *road* ausbessern; *car puncture* beheben; *tyre* flicken ② (*put right*) [wieder] in Ordnung bringen; *damage* wiedergutmachen; *friendship* kitten *fam* **II.** *n* ① (*overhaul*) Reparatur *f;* ■~**s** *pl* Reparaturarbeiten *pl* (**to** an +*dat*); (*specific improvement*) ausgebesserte Stelle; **to do** ~**s** Reparaturen durchführen; **beyond** ~ irreparabel ② (*state*) Zustand *m;* **to be in good** ~ in gutem Zustand sein

re·pair·able [rɪˈpeərəbl̩, AM -ˈper-] *adj* reparabel

re·ˈpair kit *n* Flickzeug *nt kein pl* **re·ˈpair·man** *n* (*for domestic installations*) Handwerker *m;* (*for cars*) Mechaniker *m;* **TV** ~ Fernsehtechniker *m* **re·ˈpair shop** *n* Reparaturwerkstatt *f*

re·pa·per [ˌriːˈpeɪpəʳ, AM -ɚ] *vt* neu tapezieren

repa·rable [ˈrepᵊrəbl̩] *adj* reparabel; ~ **loss** LAW ersetzbarer Schaden

repa·ra·tion [ˌrepᵊrˈeɪʃᵊn, AM -əˈreɪ-] *n* (*form*) Entschädigung *f;* ■~**s** *pl* (*for war victims*) Wiedergutmachung *f kein pl;* (*for a country*) Reparationen *pl*

rep·ar·tee [ˌrepɑːˈtiː, AM -ɑːrˈ-] *n no pl* schlagfertige Antwort

re·pat·ri·ate [riːˈpætrieɪt, AM -ˈpeɪ-] *vt person* [in das Heimatland] zurückschicken [*o geh.* repatriieren]

re·pat·ria·tion [riːˌpætriˈeɪʃᵊn, AM rɪˌpeɪ-] *n no pl* Repatriierung *f geh,* Rückführung *f*

re·pay <-paid, -paid> [ˌriːˈpeɪ] *vt* ① (*pay back*) zurückzahlen; *debts, a loan* tilgen; ■**to** ~ **sb** jdm Geld zurückzahlen ② (*fig*) **to** ~ **a kindness** sich für eine Gefälligkeit erkenntlich zeigen; ■**to** ~ **sth by sth** etw mit etw *dat* vergelten

re·pay·able [ˌriːˈpeɪəbl̩] *adj* rückzahlbar

re·pay·ment [ˌriːˈpeɪmənt] *n of a loan* Rückzahlung *f*, Tilgung *f*

re·peal [rɪˈpiːl] **I.** *vt decree, a law* aufheben **II.** *n no pl of a decree, law* Aufhebung *f*

re·peat [rɪˈpiːt] **I.** *vt* ① (*say again, do again*) wiederholen; ~ **after me** bitte mir nachsprechen ② (*communicate*) **don't** ~ **this but ...** sag es nicht weiter, [aber] ... **II.** *vi* ① (*recur*) sich wiederholen ② (*fam*) **cucumber always** ~**s on me** Gurke stößt

R

mir immer auf **III.** *n* Wiederholung *f* **IV.** *adj attr* Wiederholungs-; **~ pattern** sich wiederholendes Muster; (*on material, carpets*) Rapport *m fachspr*

re·peat·ed [rɪˈpiːtɪd, AM -t̬-] *adj* wiederholte(r, s)

re·peat·ed·ly [rɪˈpiːtɪdli, AM -t̬-] *adv* wiederholt; (*several times*) mehrfach

re·ˈpeat or·der *n* Nachbestellung *f* **re·peat per·ˈfor·mance** *n* ① (*repetition of show*) Wiederholungsvorstellung *f* ② (*pattern*) Wiederholung *f*

re·pel <-ll-> [rɪˈpel] *vt* ① (*ward off*) zurückweisen, abweisen ② MIL (*form: repulse*) abwehren ③ (*disgust*) ■**she was ~led by that sight** sie war abgestoßen von dem Anblick

re·pel·lent [rɪˈpelᵊnt] **I.** *n* Insektenspray *nt* **II.** *adj* abstoßend, widerwärtig

re·pent [rɪˈpent] *vi, vt* (*form*) bereuen

re·pen·tance [rɪˈpentən(t)s, AM -tᵊnts] *n no pl* Reue *f*

re·pen·tant [rɪˈpentənt, AM -tᵊnt] *adj* (*form*) reuig; **to feel ~** reumütig sein

re·per·cus·sion [ˌriːpəˈkʌʃᵊn, AM -pɚ-] *n usu pl* Auswirkung *f meist pl;* **far-reaching ~s** weit reichende Konsequenzen

rep·er·toire [ˈrepətwɑːʳ, AM -pɚtwɑːr] *n* Repertoire *nt* (**of** an +*dat*)

ˈrep·er·tory com·pa·ny *n* Repertoireensemble *nt* **ˈrep·er·tory thea·tre**, AM **ˈrep·er·tory thea·ter** *n* Repertoiretheater *nt*

rep·eti·tion [ˌrepɪˈtɪʃᵊn, AM -əˈ-] *n* Wiederholung *f*

rep·eti·tious [ˌrepɪˈtɪʃəs, AM -əˈ-], **re·peti·tive** [rɪˈpetətɪv, AM -t̬ət̬ɪv] *adj* sich wiederholend *attr;* monoton *pej*

re·place [rɪˈpleɪs] *vt* ① (*take the place of*) ersetzen (**with** durch +*akk*) ② (*put back*) [an seinen Platz] zurücklegen [*o* zurückstellen]; *receiver* wieder auflegen ③ (*substitute*) *loss* ersetzen; *bandage* wechseln

re·place·able [rɪˈpleɪsəbl̩] *adj* ersetzbar

re·place·ment [rɪˈpleɪsmənt] **I.** *n* ① (*substitute*) Ersatz *m;* (*person*) Vertretung *f* ② *no pl* (*substituting*) Ersetzung *f* **II.** *adj attr* Ersatz-; **~ hip joint** künstliches Hüftgelenk

re·play **I.** *vt* [ˌriːˈpleɪ] ① (*game*) *match, game* wiederholen ② (*recording*) *video* nochmals abspielen **II.** *n* [ˈriːpleɪ] ① (*match*) Wiederholungsspiel *nt* ② (*recording*) Wiederholung *f*

re·plen·ish [rɪˈplenɪʃ] *vt* (*form*) *glass* wieder füllen; *supplies* [wieder] auffüllen

re·plete [rɪˈpliːt] *adj pred* (*form: provided*) ■**to be ~ with sth** mit etw *dat* großzügig ausgestattet sein

rep·li·ca [ˈreplɪkə] *n* Kopie *f; painting* Replik *f geh;* **~ of a ship** Schiffsmodell *nt*

rep·li·cate [ˈreplɪkeɪt] *vt* (*form*) reproduzieren *geh; experiment* wiederholen; ■**to ~ oneself** BIOL sich replizieren *fachspr*

re·ply [rɪˈplaɪ] **I.** *vi* <-ie-> (*respond*) antworten, erwidern; **to ~ to letters/a question** Briefe/eine Frage beantworten **II.** *n* Antwort *f* (**to** auf +*akk*); (*verbal a.*) Erwiderung *f;* **in ~ to your letter of ...** in Beantwortung Ihres Schreibens vom ...

re·ˈply cou·pon *n* BRIT Antwortcoupon *m* **re·ply-ˈpaid** *adj* BRIT **~ envelope** Freiumschlag *m*

re·port [rɪˈpɔːt, AM -ˈpɔːrt] **I.** *n* ① (*news*) Meldung *f* (**on** über +*akk*); *in the press* Bericht *m* ② (*formal statement*) Bericht *m* (**on** über +*akk*); [**school**] **~** BRIT Schulzeugnis *nt;* **weather ~** Wetterbericht *m* **II.** *vt* ① (*communicate information*) ■**to ~ sth** etw berichten [*o* melden]; **he was ~ed missing in action** er wurde als vermisst gemeldet; **to ~ a crime** ein Verbrechen anzeigen ② (*denounce*) *person* melden; *to the police* anzeigen ③ (*claim*) **the new management are ~ed to be more popular among the staff** es heißt, dass die neue Geschäftsleitung bei der Belegschaft beliebter sei **III.** *vi* ① (*make public*) Bericht erstatten; ■**to ~ on sth to sb** (*once*) jdm über etw *akk* Bericht erstatten; (*ongoing*) jdn über etw *akk* auf dem Laufenden halten; ■**to ~** [**that**] ... mitteilen, [dass] ... ② ADMIN (*be accountable to sb*) ■**to ~ to sb** jdm unterstehen ③ (*present oneself*) *at work* sich zur Arbeit melden; *to the police* sich bei der Polizei melden ◆**re·port back** **I.** *vt* (*communicate results*) ■**to ~ back sth** [**to sb**] [jdm] über etw *akk* berichten **II.** *vi* Bericht erstatten; ■**to ~ back on sth** [**to sb**] [jdm] über etw *akk* Bericht erstatten

re·ˈport card *n* AM [Schul]zeugnis *nt*

re·port·ed [rɪˈpɔːtɪd, AM -ˈpɔːrt̬-] *adj* gemeldete(r, s)

re·port·er [rɪˈpɔːtəʳ, AM -ˈpɔːrt̬ɚ] *n* Reporter(in) *m(f)*

re·pose [rɪˈpəʊz, AM -ˈpoʊz] *n no pl* (*form*) Ruhe *f*

re·posi·tory [rɪˈpɒzɪtᵊri, AM -ˈpɑːzɪtɔːri] *n* (*form*) ① (*place*) Aufbewahrungsort *m;* (*fig*) **my diary is a ~ for all my secret thoughts** in meinem Tagebuch bewahre ich all meine geheimen Gedanken auf ② (*container*) Behältnis *nt;* (*fig*) Quelle *f*

re·pos·sess [ˌriːpəˈzes] *vt* wieder in Besitz nehmen

re·pos·ses·sion [ˌriːpəˈzeʃᵊn] *n* Wiederinbesitznahme *f*

rep·re·hen·sible [ˌreprɪˈhen(t)səbl] *adj* (*form*) verurteilenswert; *act* verwerflich

rep·re·sent [ˌreprɪˈzent] *vt* ① (*act on behalf of*) repräsentieren, vertreten ② (*depict*) darstellen, zeigen ③ (*be a symbol of*) symbolisieren ④ (*be typical of*) widerspiegeln

rep·re·sen·ta·tion [ˌreprɪzenˈteɪʃᵊn] *n* ① *no pl* (*acting on behalf of a person*) [Stell]vertretung *f;* POL, LAW Vertretung *f* ② (*something that depicts*) Darstellung *f* ③ *no pl* (*act of depicting*) Darstellung *f*

rep·re·sen·ta·tive [ˌreprɪˈzentətɪv, AM -t̬ət̬ɪv] **I.** *adj* ① (*like others*) *cross section, result* repräsentativ ② (*typical*) typisch (**of** für +*akk*) **II.** *n* ① (*person*) [Stell]vertreter(in) *m(f);* ECON Vertreter(in) *m(f)* ② POL Abgeordnete(r) *f(m)* ③ AM (*member of House of Representatives*) Mitglied *nt* des Repräsentantenhauses

re·press [rɪˈpres] *vt* unterdrücken

re·pressed [rɪˈprest] *adj* ① (*hidden*) unterdrückt; PSYCH verdrängt ② (*unable to show feelings*) gehemmt, verklemmt *fam*

re·pres·sion [rɪˈpreʃᵊn] *n no pl* ① POL Unterdrückung *f* ② PSYCH Verdrängung *f*

re·pres·sive [rɪˈpresɪv] *adj* repressiv *geh; regime* unterdrückerisch

re·prieve [rɪˈpriːv] **I.** *vt* begnadigen; (*fig*) verschonen **II.** *n* ① LAW (*official order*) Begnadigung *f* ② (*fig: respite*) Schonfrist *f*

rep·ri·mand [ˈreprɪmɑːnd, AM -əmænd] **I.** *vt* rügen, tadeln **II.** *n* Rüge *f;* **to give sb a ~** jdn rügen

re·print **I.** *vt* [ˌriːˈprɪnt] nachdrucken **II.** *vi* [ˌriːˈprɪnt] nachgedruckt werden **III.** *n* [ˈriːprɪnt] Nachdruck *m*

re·pris·al [rɪˈpraɪzᵊl] *n* Vergeltungsmaßnahme *f*

re·proach [rɪˈprəʊtʃ, AM -ˈproʊtʃ] **I.** *vt* ■**to ~ sb** [**for doing sth**] jdm [wegen einer S. *gen*] Vorwürfe machen; ■**to ~ sb with sth** jdm etw vorwerfen **II.** *n* <*pl* -es> Vorwurf *m*

re·proach·ful [rɪˈprəʊtʃfᵊl, AM -ˈproʊtʃ-] *adj* vorwurfsvoll

rep·ro·bate [ˈreprə(ʊ)beɪt, AM -rəbeɪt] *n* (*form*) Gauner *m,* Halunke *m*

re·pro·cess [ˌriːˈprəʊses, AM -ˈprɑː-] *vt* wiederaufbereiten

re·pro·cess·ing [ˌriːˈprəʊsesɪŋ, AM -ˈprɑː-] *n no pl* Wiederaufbereitung *f*

re·ˈpro·cess·ing plant *n* ECOL, TECH Wiederaufbereitungsanlage *f*

re·pro·duce [ˌriːprəˈdjuːs, AM *esp* -ˈduːs] **I.** *vi* ① (*produce offspring*) sich fortpflanzen; (*multiply*) sich vermehren ② (*be copied*) sich kopieren lassen **II.** *vt* ① (*produce offspring*) ■**to ~ oneself** sich fortpflanzen; (*multiply*) sich vermehren ② (*produce a copy*) reproduzieren; (*in large numbers*) vervielfältigen ③ (*recreate*) neu erstehen lassen

re·pro·duc·tion [ˌriːprəˈdʌkʃᵊn] **I.** *n* ① *no pl* (*producing offspring*) Fortpflanzung *f;* (*multiplying*) Vermehrung *f* ② *no pl* (*copying*) Reproduktion *f,* Vervielfältigung *f* ③ (*quality of sound*) Wiedergabe *f* ④ (*copy*) Reproduktion *f,* Kopie *f; of construction* Nachbau *m* **II.** *adj* ① (*concerning the production of offspring*) *process, rate* Fortpflanzungs- ② (*copying an earlier style*) *chair, desk, furniture* nachgebaut; **~ furniture** Stilmöbel *pl*

re·pro·duc·tive [ˌriːprəˈdʌktɪv] *adj* Fortpflanzungs-

re·proof [rɪˈpruːf] *n* (*form*) ① (*words expressing blame*) Tadel *m geh* ② *no pl* (*blame*) Vorwurf *m*

re·prove [rɪˈpruːv] *vt* (*form*) zurechtweisen

re·prov·ing [rɪˈpruːvɪŋ] *adj* (*form*) tadelnd, vorwurfsvoll

rep·tile [ˈreptaɪl] *n* Reptil *nt*

rep·til·ian [repˈtɪliən] *adj* ① (*of reptiles*) Reptilien-, reptilienartig ② (*pej: unpleasant*) *person* unangenehm; *stare* stechend

re·pub·lic [rɪˈpʌblɪk] *n* Republik *f*

Re·pub·lic·an [rɪˈpʌblɪkən] **I.** *n* AM, IRISH POL Republikaner(in) *m(f)* **II.** *adj* AM, IRISH POL republikanisch

Land und Leute

Die **Republican Party**, auch bekannt als die *Grand Old Party* (GOP), wurde 1854 von Politikern gegründet, die sich gegen die Ausdehnung der Sklaverei wandten. Sie ist heute, zusammen mit der *Democratic Party*, eine der beiden großen Parteien des Zwei-Parteien-Systems der Vereinigten Staaten. Im Zeitalter der modernen Politik vertritt die **Republican Party** eine konservative Sozialpolitik, niedrige Steuern und einen Kapitalismus mit wenig Einmischung durch den Staat.

re·pub·li·ca·tion [ˌriːˌpʌblɪˈkeɪʃᵊn] *n no pl* Neuveröffentlichung *f*

re·pu·di·ate [rɪˈpjuːdieɪt] *vt* (*form*) zurückweisen; *suggestion* ablehnen

re·pug·nance [rɪˈpʌgnən(t)s] *n no pl* (*form*) Abscheu *m o f*

re·pug·nant [rɪˈpʌgnənt] *adj* (*form*) widerlich; *behaviour* abstoßend

re·pulse [rɪˈpʌls] *vt* ① MIL abwehren; *an offensive* zurückschlagen ② (*reject*) zurückweisen ③ (*disgust*) abstoßen, anwidern

R

requiring and demanding

asking someone	jemanden auffordern
Can you just come here for a minute?	**Kannst du mal** kurz herkommen?
Don't forget to phone me this evening.	**Denk dran**, mich heute Abend anzurufen.
Do come and visit me.	Besuchen Sie/Besuch mich **doch einmal.**
I must ask you to leave the room.	**Ich muss Sie bitten**, den Raum zu verlassen.
inviting a shared activity	**zu gemeinsamem Handeln auffordern**
Let's go!	**Auf geht's!**
(Let's get) to work!/Let's get down to work!	**An die Arbeit!/Fangen wir** mit der Arbeit **an!**
Let's just talk about it calmly.	**Lasst uns mal** in Ruhe darüber reden.
Shall we finally make a start on it?	**Wollen wir jetzt nicht endlich einmal** damit anfangen?
demanding	**verlangen**
I want you to go/**insist (that)** you go.	**Ich will, dass/bestehe darauf, dass** Sie gehen/du gehst.
I demand an explanation from you.	**Ich verlange eine Erklärung von Ihnen.**
That is the least one can expect.	**Das ist das Mindeste, das man erwarten kann.**

re·pul·sion [rɪˈpʌlʃᵊn] *n no pl* (*disgust*) Abscheu *m,* Ekel *m*

re·pul·sive [rɪˈpʌlsɪv] *adj* abstoßend

re·pur·chase [ˌriːˈpɜːtʃəs, AM -ˈpɜːr-] *vt* zurückkaufen

repu·table [ˈrepjətəbl̩, AM -t̬-] *adj* angesehen, achtbar

repu·ta·tion [ˌrepjəˈteɪʃᵊn] *n no pl* ① (*general estimation, being known for sth*) Ruf *m;* **to have a ~ for sth** für etw *akk* bekannt sein; **to have a ~ as sth** einen Ruf als etw haben ② (*being highly regarded*) Ansehen *nt,* guter Ruf

re·pute [rɪˈpjuːt] *n no pl* Ansehen *nt;* **of good ~** von gutem Ruf

re·put·ed [rɪˈpjuːtɪd, AM -t̬-] *adj* ① (*believed*) angenommen, vermutet ② *attr* (*supposed*) mutmaßlich

re·quest [rɪˈkwest] **I.** *n* ① (*act of asking*) Bitte *f* (**for** um +*akk*), Anfrage *f* (**for** nach +*dat*); **on ~** auf Anfrage [*o* Wunsch] ② (*formal entreaty*) Antrag *m;* **to submit a ~ that ...** beantragen, dass ... ③ RADIO (*requested song*) [Musik]wunsch *m* **II.** *vt* ① (*ask for*) ■**to ~ sth** (*form*) um etw *akk* bitten; **as ~ed** wie gewünscht ② RADIO (*ask for song*) ■**to ~ sth** [sich *dat*] etw wünschen

re·ˈquest stop *n* BRIT Bedarfshaltestelle *f*

requi·em [ˈrekwiəm], **requi·em ˈmass** *n* Requiem *nt*

re·quire [rɪˈkwaɪəʳ, AM -ɚ] *vt* ① (*need*) brauchen; ■**to be ~d for sth** für etw *akk* erforderlich sein ② (*demand*) ■**to ~ sth [of sb]** etw [von jdm] verlangen ③ (*officially order*) **the rules ~ that ...** die Vorschriften besagen, dass ...

re·quire·ment [rɪˈkwaɪəmənt, AM -ɚmənt] *n* Voraussetzung *f* (**for** für +*akk*); **it is a legal ~ that ...** es ist gesetzlich vorgeschrieben, dass ...; **to meet the ~s** die Voraussetzungen erfüllen

requi·site [ˈrekwɪzɪt] **I.** *adj attr* (*form*) erforderlich **II.** *n usu pl* Notwendigkeit *f*

requi·si·tion [ˌrekwɪˈzɪʃᵊn] **I.** *vt* beschlagnahmen (**from** von +*dat*) **II.** *n* ① *no pl* (*official request*) Ersuchen *nt,* Aufforderung *f* ② (*written request*) Anforderung *f,* Antrag *m* (**for** auf); **to make a ~ for sth** etw anfordern

re·route [ˌriːˈruːt, AM *also* -ˈraʊt] *vt* umleiten

re·run **I.** *vt* <-ran, -run> [ˌriːˈrʌn] wiederholen; *film* noch einmal zeigen; *play* noch einmal aufführen **II.** *n* ['riːrʌn] ❶FILM, TV (*repeated programme*) Wiederholung *f* ❷(*fig: repeat of*) Wiederholung *f; of an event, situation* Wiederkehr *f*

re·sale ['riːseɪl] *n* Wiederverkauf *m*

re·sat [ˌriːˈsæt] *vt pt of* **resit**

re·sched·ule [ˌriːˈʃedjuːl, AM -ˈskedʒuːl] *vt* ❶(*rearrange time*) *date* verschieben; *an event* verlegen ❷(*postpone payment*) *debts* stunden

re·scind [rɪˈsɪnd] *vt esp* LAW (*form*) aufheben; *contract* zurücktreten (von +*dat*)

res·cue ['reskjuː] **I.** *vt* (*save*) retten; (*free*) befreien; **to ~ sb from danger** jdn aus einer Gefahr retten **II.** *n* Rettung *f;* **to come to sb's ~** jdm zu Hilfe kommen **III.** *adj attempt, helicopter* Rettungs-

res·cu·er ['reskjuːəʳ, AM -ɚ] *n* Retter(in) *m(f)*

re·search **I.** *n* [rɪˈsɜːtʃ, AM ˈriːsɜːrtʃ] *no pl* (*general*) Forschung *f;* (*particular*) Erforschung *f;* **to carry out ~ [into sth]** [etw er]forschen **II.** *adj* [rɪˈsɜːtʃ, AM ˈriːsɜːrtʃ] *centre, project, work* Forschungs- **III.** *vi* [rɪˈsɜːtʃ, AM -ˈsɜːrtʃ] forschen; ■**to ~ in[to] sth** etw erforschen [*o* untersuchen] **IV.** *vt* [rɪˈsɜːtʃ, AM -ˈsɜːrtʃ] ❶SCI erforschen ❷JOURN recherchieren

Grammatik

research ist unzählbar; d.h. es wird nicht mit *a* oder im Plural gebraucht: *the research is being carried out by doctors; research is of vital importance.*

re·search·er [rɪˈsɜːtʃəʳ, AM -ˈsɜːrtʃɚ], **re·'search work·er** *n* Forscher(in) *m(f)*

re·sem·blance [rɪˈzemblən(t)s] *n no pl* Ähnlichkeit *f;* **to bear a ~ to sb/sth** jdm/etw ähnlich sehen

re·sem·ble [rɪˈzembl̩] *vt* ähneln

re·sent [rɪˈzent] *vt person, thing* sich [sehr] ärgern (über +*akk*); ■**to ~ doing sth** etw [äußerst] ungern tun

re·sent·ful [rɪˈzentfᵊl] *adj* ❶(*feeling resentment*) verbittert, verärgert ❷(*showing resentment*) nachtragend

re·sent·ment [rɪˈzentmənt] *n* Verbitterung *f,* Groll *m*

res·er·va·tion [ˌrezəˈveɪʃᵊn, AM -zɚ-] *n* ❶*usu pl* (*doubt*) Bedenken *pl* ❷TOURIST (*act and result*) Reservierung *f;* **to make a ~** [etw] reservieren ❸(*area of land*) Reservat *nt*

re·serve [rɪˈzɜːv, AM -ˈzɜːrv] **I.** *n* ❶(*store*) Reserve *f,* Vorrat *m;* **to put sth on ~ [for sb]** etw [für jdn] reservieren ❷(*area*) Reservat *nt;* **wildlife ~** Naturschutzgebiet *nt* ❸SPORTS Ersatzspieler(in) *m(f)* ❹*no pl* (*self-restraint*) Reserviertheit *f* **II.** *vt* ❶(*keep*) aufheben ❷(*save*) reservieren; **to ~ the right to do sth** sich *dat* das Recht vorbehalten, etw zu tun ❸(*book*) *room, table, ticket* vorbestellen, reservieren

re·serve 'cur·ren·cy *n* Leitwährung *f*

re·served [rɪˈzɜːvd, AM -ˈzɜːr-] *adj* ❶(*booked*) reserviert ❷(*restrained*) *person* reserviert; *smile* verhalten

re·'serve price *n* (*at auctions*) Mindestpreis *m*

re·serv·ist [rɪˈzɜːvɪst, AM -ˈzɜːr-] *n* MIL Reservist(in) *m(f)*

res·er·voir ['rezəvwɑːʳ, AM -əvwɑːr] *n* ❶(*large lake*) Wasserreservoir *nt* ❷(*fig: supply of*) Reservoir *nt*

re·set <-tt-, -set, -set> [ˌriːˈset] *vt* ❶(*set again*) *clock, a timer* neu stellen ❷MED *broken bone* [ein]richten ❸COMPUT neu starten; **~ button** Resettaste *f*

re·set·tle [ˌriːˈsetl̩, AM -t̬-] **I.** *vi* sich neu niederlassen **II.** *vt* umsiedeln

re·shuf·fle [ˌriːˈʃʌfl̩] **I.** *vt* POL *cabinet, organization* umbilden **II.** *n* POL Umbildung *f*

re·side [rɪˈzaɪd] *vi* (*form*) ❶(*be living*) residieren, wohnhaft sein ❷(*form: be kept*) aufbewahrt werden ❸(*form: have the right*) **the power to sack employees ~s in the Board of Directors** nur der Vorstand hat das Recht, Angestellte zu entlassen

resi·dence ['rezɪdᵊn(t)s] *n* ❶(*form: domicile*) Wohnsitz *m;* **to take up ~ in a country** sich in einem Land niederlassen ❷(*building*) Wohngebäude *nt; of a monarch* Residenz *f* ❸UNIV (*for research*) Forschungsaufenthalt *m;* (*for teaching*) Lehraufenthalt *m*

'resi·dence per·mit *n* Aufenthaltserlaubnis *f*

resi·dent ['rezɪdᵊnt] **I.** *n* (*person living in a place*) Bewohner(in) *m(f); of a hotel* [Hotel]gast *m;* **local ~** Anwohner(in) *m(f);* **'~s only'** „Anlieger frei" **II.** *adj* ❶(*residing*) ansässig, wohnhaft ❷*attr* (*living where one is employed*) im Haus lebend *nach n;* **~ doctor** Arzt/Ärztin im Haus ❸(*employed in a particular place*) hauseigen

resi·den·tial [ˌrezɪˈden(t)ʃᵊl] *adj* ❶(*housing area, used as residence*) Wohn-; **~ district** Wohngebiet *nt* ❷(*job requiring person to live in*) mit Wohnung im Haus *nach n;* **my job is ~** ich wohne an meinem Arbeitsplatz ❸(*concerning residence*) *requirements* Aufenthalts-

re·sid·ual [rɪˈzɪdjuəl, AM -ˈzɪdʒ-] *adj* restlich; *opposition* vereinzelt; **~ moisture** Rest-

R

feuchtigkeit *f*

resi·due ['rezɪdjuː, AM -əduː, -djuː] *n usu sing* ❶ (*form: remainder*) Rest *m* ❷ CHEM Rückstand *m*

re·sign [rɪ'zaɪn] **I.** *vi* (*leave one's job*) kündigen; **to ~ from an office** von einem Amt zurücktreten **II.** *vt* ❶ (*give up*) aufgeben; *office, post* niederlegen ❷ (*accept*) **to ~ oneself to a fact** sich mit einer Tatsache abfinden

res·ig·na·tion [ˌrezɪg'neɪʃən] *n* ❶ (*official letter*) Kündigung *f* ❷ *no pl* (*act of resigning*) Kündigung *f; from office, post* Rücktritt *m* ❸ *no pl* (*acceptance*) Resignation *f*

re·signed [rɪ'zaɪnd] *adj* resigniert; ■**to be ~ to sth** sich mit etw *dat* abgefunden haben

re·sili·ence [rɪ'zɪliən(t)s, AM -jən(t)s], **re·sili·en·cy** [rɪ'zɪliən(t)si, AM -jən-] *n no pl* ❶ (*ability to regain shape*) *of material* Elastizität *f* ❷ (*ability to recover*) *of person* Widerstandskraft *f,* Durchhaltevermögen *nt*

re·sili·ent [rɪ'zɪliənt, AM -jənt] *adj* ❶ (*able to keep shape*) *material* elastisch ❷ (*fig: able to survive setbacks*) unverwüstlich, zäh; *health* unverwüstlich

res·in ['rezɪn] *n no pl* Harz *nt*

res·in·ous ['rezɪnəs] *adj* harzig

re·sist [rɪ'zɪst] **I.** *vt* ❶ (*fight against*) ■**to ~ sth** etw *dat* Widerstand leisten; **to ~ arrest** LAW sich der Verhaftung widersetzen ❷ (*refuse to accept*) ■**to ~ sth** sich gegen etw *akk* wehren, sich etw *dat* widersetzen ❸ (*be unaffected by*) widerstehen +*dat* **II.** *vi* ❶ (*fight an attack*) sich wehren ❷ (*refuse sth*) widerstehen

re·sis·tance [rɪ'zɪstən(t)s] *n no pl* ❶ (*military opposition, organisation, refusal to accept*) ELEC, PHYS Widerstand *m* (**to** gegen +*akk*) ❷ (*ability to withstand illness*) Widerstandskraft *f;* **~ to a disease** Resistenz *f* gegen eine Krankheit

re·'sis·tance fight·er *n* Widerstandskämpfer(in) *m(f)*

re·sis·tant [rɪ'zɪstənt] *adj* ❶ (*refusing to accept*) ablehnend; ■**to be ~ to sth** etw *dat* ablehnend gegenüberstehen ❷ BIOL, MED resistent (**to** gegen +*akk*)

re·sis·tor [rɪ'zɪstəʳ, AM -ɚ] *n* ELEC Widerstand *m*

re·sit *esp* BRIT **I.** *vt* <-tt-, -sat, -sat> [ˌriː'sɪt] *examination* wiederholen **II.** *n* ['riːsɪt] SCH, UNIV Wiederholungsprüfung *f*

reso·lute ['rezəluːt, AM -zə-] *adj* (*form*) entschlossen; *belief, stand* fest; *person* energisch

reso·lu·tion [ˌrezəl'uːʃən, AM -ə'luː-] *n* ❶ *no pl* (*approv: determination*) Entschlossenheit *f* ❷ *no pl* (*form: solving*) Lösung *f; of crises* Überwindung *f; of a question* Klärung *f* ❸ (*decision*) Entscheidung *f;* (*intention*) Vorsatz *m;* **to make a ~** eine Entscheidung treffen ❹ *no pl* COMPUT, PHOT, TV (*picture quality*) Auflösung *f*

re·solv·able [rɪ'zɒlvəbl̩, AM -'zɑːlv-] *adj* lösbar

re·solve [rɪ'zɒlv, AM -'zɑːlv] **I.** *vt* ❶ (*solve*) lösen ❷ (*settle*) *differences* beilegen; **the crisis ~d itself** die Krise legte sich von selbst ❸ (*form: decide*) ■**to ~ that ...** beschließen, dass ... **II.** *vi* (*decide*) beschließen; ■**to ~ on doing sth** beschließen, etw zu tun **III.** *n* Entschlossenheit *f*

re·solved [rɪ'zɒlvd, AM -'zɑːlvd] *adj pred* entschlossen

reso·nance ['rezənən(t)s] *n* ❶ *no pl* (*echo*) [Nach]hall *m,* Resonanz *f geh* ❷ (*form: association*) Erinnerung *f*

reso·nant ['rezənənt] *adj* [wider]hallend; ■**to be ~ with sth** von etw *dat* widerhallen

reso·nate ['rezəneɪt] **I.** *vi* ❶ (*resound*) hallen ❷ (*fig: be important*) ■**to ~ with sth** etw ausstrahlen; ■**to ~ with sb** bei jdm Echo finden **II.** *vt* ■**to ~ sth** mit etw *dat* Resonanzen erzeugen

re·sort [rɪ'zɔːt, AM -'zɔːrt] **I.** *n* ❶ (*place for holidays*) Urlaubsort *m* ❷ *no pl* (*recourse*) Einsatz *m,* Anwendung *f;* **as a last ~** als letzten Ausweg; **you're my last ~!** du bist meine letzte Hoffnung! **II.** *vi* ■**to ~ to sth** auf etw *akk* zurückgreifen, etw anwenden

re·sound [rɪ'zaʊnd] *vi* ❶ (*resonate*) [wider]hallen ❷ (*fig: cause sensation*) Furore machen; **the rumour ~ed through the whole world** das Gerücht ging um die ganze Welt

re·sound·ing [rɪ'zaʊndɪŋ] *adj pred* ❶ (*very loud*) schallend; *applause* tosend ❷ (*emphatic*) unglaublich; *defeat* schwer; *success* durchschlagend

re·source [rɪ'zɔːs, AM 'riːsɔːrs] **I.** *n* ❶ *usu pl* (*asset*) Ressource *f* ❷ *pl* (*source of supply*) Ressourcen *pl;* **natural ~s** Bodenschätze *pl* ❸ *pl* (*wealth*) [finanzielle] Mittel **II.** *vt* ausstatten

re·source·ful [rɪ'zɔːsfəl, AM 'riːsɔːr-] *adj* (*approv*) einfallsreich

re·spect [rɪ'spekt] **I.** *n* ❶ *no pl* (*esteem*) Respekt *m,* Achtung *f* (**for** vor +*dat*) ❷ *no pl* (*consideration*) Rücksicht *f;* **to have ~ for sb** Rücksicht auf jdn nehmen; **to have no ~ for sth** etw nicht respektieren ❸ (*form: polite greetings*) ■**~s** *pl* Grüße *pl;* **to pay one's ~s [to sb]** jdm einen Besuch abstatten; **to pay one's last ~s to sb** jdm die letzte Ehre erweisen ▶ PHRASES: **in many ~s** in vielen Punkten; **in every ~** in jeglicher Hinsicht **II.** *vt* respektieren; **to ~ sb's decision** jds Entscheidung respektieren

re·spect·able [rɪ'spektəbl] *adj* ❶ (*decent*) anständig, ehrbar ❷ (*presentable*) anständig, ordentlich ❸ (*acceptable*) *salary, sum* anständig *fam,* ordentlich *fam,* ansehnlich ❹ (*deserving respect*) respektabel; *person* angesehen

re·spect·ed [rɪ'spektɪd] *adj* angesehen

re·spect·ful [rɪ'spektfᵊl] *adj* respektvoll; **to be ~ of sth** etw respektieren

re·spect·ful·ly [rɪ'spektfᵊli] *adv* respektvoll; **R~ yours** hochachtungsvoll, Ihr(e)

re·spect·ing [rɪ'spektɪŋ] *prep* (*form*) bezüglich +*gen*

re·spec·tive [rɪ'spektɪv] *adj attr* jeweilig

re·spec·tive·ly [rɪ'spektɪvli] *adv* beziehungsweise

res·pi·ra·tion [ˌrespᵊr'eɪʃᵊn, AM -pə'reɪ-] *n no pl* (*spec*) Atmung *f;* **artificial ~** künstliche Beatmung

res·pi·ra·tor ['respᵊreɪtəʳ, AM -pəreɪt̬ɚ] *n* ❶ MED (*breathing equipment*) Beatmungsgerät *nt* ❷ (*air-filtering mask*) Atem[schutz]gerät *nt*

re·spira·tory [rɪ'spɪrətᵊri, AM 'respɚətɔːri] *adj attr* (*form*) Atem-

res·pite ['respaɪt, AM -pɪt] *n no pl* (*form: pause*) Unterbrechung *f,* Pause *f;* **the injection provided only a temporary ~ from the pain** die Spritze befreite nur vorübergehend von den Schmerzen

re·splen·dent [rɪ'splendənt] *adj* (*form o liter*) prächtig, prachtvoll

re·spond [rɪ'spɒnd, AM -'spɑːnd] **I.** *vt* ■**to ~ that ...** erwidern, dass ... **II.** *vi* ❶ (*answer*) antworten (**to** auf +*akk*) ❷ (*react*) MED *to treatment* reagieren (**to** auf +*akk*)

re·spon·dent [rɪ'spɒndənt, AM -'spɑːn-] *n* ❶ (*person who answers*) Befragte(r) *f(m)* ❷ LAW Angeklagte(r) *f(m)*

re·sponse [rɪ'spɒn(t)s, AM -'spɑː-] *n* ❶ (*answer*) Antwort *f* (**to** auf +*akk*) ❷ (*act of reaction*) Reaktion *f;* **to meet with a good ~** eine gute Resonanz finden; **in ~ to sth** in Erwiderung auf etw *akk*

re·spon·sibil·ity [rɪˌspɒn(t)sə'bɪləti, AM -ˌspɑːn(t)sə'bɪlət̬i] *n* ❶ *no pl* (*being responsible*) Verantwortung *f* (**for** für +*akk*); **to claim ~ for sth** sich für etw *akk* verantwortlich erklären; **to act on one's own ~** auf eigene Verantwortung handeln; **to carry a lot of ~** eine große Verantwortung tragen ❷ (*duty*) Verantwortlichkeit *f,* Zuständigkeit *f*

re·spon·sible [rɪ'spɒn(t)səbl̩, AM -'spɑː-] *adj* ❶ (*accountable*) verantwortlich (**for** für +*akk*); (*in charge a.*) zuständig; **to hold sb ~** jdn verantwortlich machen; LAW jdn haftbar machen ❷ (*sensible*) verantwortungsbewusst ❸ (*requiring responsibility*) *job, task* verantwortungsvoll

re·spon·sive [rɪ'spɒn(t)sɪv, AM -'spɑː-] *adj* gut reagierend; **we had a wonderfully ~ audience for last night's performance** das Publikum ging bei der Vorstellung gestern Abend sehr gut mit; **to be ~ to treatment** auf eine Behandlungsmethode ansprechen

rest¹ [rest] *n + sing/pl vb* ■**the ~** der Rest

rest² [rest] **I.** *n* ❶ (*period of repose*) [Ruhe]pause *f;* **to have a ~** eine Pause machen ❷ *no pl* (*repose*) Erholung *f;* **for a ~** zur Erholung ❸ (*support*) Stütze *f,* Lehne *f;* (*in billiards*) Führungsqueue *m o nt* **II.** *vt* ❶ (*repose*) **to ~ one's eyes** seine Augen ausruhen; **to ~ oneself** sich ausruhen ❷ (*support*) lehnen **III.** *vi* ❶ (*cease activity*) [aus]ruhen, sich ausruhen; **to not ~ until ...** [so lange] nicht ruhen, bis ... ❷ (*be supported*) ruhen ❸ (*depend on*) ruhen (**on** auf +*dat*); (*be based on*) beruhen (**on** auf +*dat*) ▶ PHRASES: **[you can] ~ assured [that ...]** seien Sie versichert, dass ...

re·state [ˌriː'steɪt] *vt* noch einmal [mit anderen Worten] sagen

res·tau·rant ['restᵊrɔ̃(ŋ), AM -tərɑːnt] *n* Restaurant *nt,* Gaststätte *f*

'res·tau·rant car *n* BRIT Speisewagen *m*

res·tau·ra·teur [ˌrestɒrə'tɜːʳ, AM -tɚə'tɜːr] *n* Gastwirt(in) *m(f)*

'rest cure *n* Erholungskur *f* **'rest day** *n* Ruhetag *m*

rest·ful ['restfᵊl] *adj* erholsam; *sound* beruhigend; *atmosphere* entspannt; *place* friedlich

'rest home *n* Altersheim *nt*

rest·ing place ['restɪŋ-] *n* ❶ (*euph: burial place*) **sb's [final] ~** jds [letzte] Ruhestätte ❷ (*place to relax*) Rastplatz *m*

res·ti·tu·tion [ˌrestɪ'tjuːʃᵊn, AM *esp* -'tuː-] *n no pl* ❶ (*return*) Rückgabe *f; of sb's rights* Wiederherstellung *f; of money* [Zu]rückerstattung *f; of a house, estates* [Zu]rückgabe *f* ❷ (*compensation*) Entschädigung *f;* FIN Schaden[s]ersatz *m*

res·tive ['restɪv] *adj* ❶ (*restless and impatient*) unruhig, nervös ❷ (*stubborn*) widerspenstig; *horse* störrisch

rest·less ['restləs] *adj* ❶ (*agitated*) unruhig ❷ (*uneasy*) rastlos; **to get ~** anfangen, sich unwohl zu fühlen ❸ (*wakeful*) ruhelos; *night* schlaflos

re·stock [ˌriː'stɒk, AM -'stɑːk] **I.** *vt* wieder auf-

R

füllen; *lake* wieder mit Fischen besetzen **II.** *vi* Vorräte erneuern

res·to·ra·tion [ˌrestəˈreɪʃən, AM -təˈreɪ-] *n* ❶ *no pl* (*act of restoring*) Restaurieren *nt* ❷ (*instance of restoring*) Restaurierung *f* ❸ *no pl* (*return to position*) Wiedereinsetzung *f* (**to** in +*akk*)

re·stora·tive [rɪˈstɒrətɪv, AM -ˈstɔːrət̬ɪv] **I.** *n* Stärkungsmittel *nt* **II.** *adj* stärkend *attr;* ~ **powers [of sth]** (*strengthening*) kräftigende Wirkung [von etw *dat*]; (*healing*) heilende Wirkung [von etw *dat*]

re·store [rɪˈstɔːʳ, AM -ˈstɔːr] *vt* ❶ (*renovate*) restaurieren ❷ (*re-establish*) wiederherstellen; **to ~ sb's faith in sth** jdm sein Vertrauen in etw *akk* zurückgeben; **to ~ sb to life** jdn ins Leben zurückbringen ❸ (*reinstate*) **to ~ sb to power** jdn wieder an die Macht bringen

re·stor·er [rɪˈstɔːrəʳ, AM -ˈstɔːrɚ] *n* ❶ ARCHIT, ART (*person*) Restaurator(in) *m(f)* ❷ (*hair growth treatment*) **hair ~** Haarwuchsmittel *nt*

re·strain [rɪˈstreɪn] *vt* zurückhalten; (*forcefully*) bändigen; ■**to ~ sb from [doing] sth** jdn davon abhalten, etw zu tun; ■**to ~ oneself** sich beherrschen; **she ~ed her impulse to smile** sie unterdrückte ein Lächeln

re·strained [rɪˈstreɪnd] *adj* beherrscht; *criticism* verhalten; *manners* gepflegt; *policy* zurückhaltend

re·straint [rɪˈstreɪnt] *n* ❶ *no pl* (*self-control*) Beherrschung *f;* **to exercise ~** Zurückhaltung *f* üben ❷ (*restriction*) Einschränkung *f* ❸ LAW **to place/keep sb under ~** jdn in Gewahrsam nehmen/behalten

re·strict [rɪˈstrɪkt] *vt* ❶ (*limit*) beschränken, einschränken; *number* begrenzen (**to** auf +*akk*) ❷ (*deprive of right*) ■**to ~ sb from sth** jdm etw untersagen

re·strict·ed [rɪˈstrɪktɪd] *adj* ❶ (*limited*) *choice, vocabulary* begrenzt; *view* eingeschränkt; *space* eng ❷ (*subject to limitation*) eingeschränkt; *number* beschränkt (**to** auf +*akk*)

re·stric·tion [rɪˈstrɪkʃən] *n* ❶ (*limit*) Begrenzung *f,* Beschränkung *f,* Einschränkung *f;* **to lift ~s** Restriktionen aufheben ❷ *no pl* (*action of limiting*) Einschränken *nt*

re·stric·tive [rɪˈstrɪktɪv] *adj* (*esp pej*) einschränkend, einengend; *measure* restriktiv

re·string <-strung, -strung> [rɪˈstrɪŋ] *vt* *instrument* neu besaiten; *pearls* neu aufziehen; *sports racket* neu bespannen

ˈrest·room *n esp* AM (*toilet*) Toilette *f*

re·struc·ture [ˌriːˈstrʌktʃəʳ, AM -ɚ] *vt* umstrukturieren

re·struc·tur·ing [ˌriːˈstrʌktʃərɪŋ, AM -ɚɪŋ] *n* Umstrukturierung *f*

re·sult [rɪˈzʌlt] **I.** *n* ❶ (*consequence*) Folge *f;* ■**with the ~ that ...** mit dem Ergebnis, dass ... ❷ (*outcome*) Ergebnis *nt;* **the ~ of the match was 4 - 2** das Spiel ist 4 zu 2 ausgegangen ❸ (*satisfactory outcome*) Erfolg *m,* Resultat *nt;* **to have good ~s with sth** gute Ergebnisse mit etw *dat* erzielen ❹ MATH *of a calculation, a sum* Resultat *nt,* Ergebnis *nt* **II.** *vi* ❶ (*ensue*) resultieren, sich ergeben ❷ (*cause*) ■**to ~ in sth** etw zur Folge haben

re·sult·ant [rɪˈzʌltənt] *adj attr* (*form*), **re·sult·ing** [rɪˈzʌltɪŋ] *adj attr* resultierend *attr,* sich daraus ergebend *attr*

re·sume [rɪˈzjuːm, AM *esp* -ˈzuːm] **I.** *vt* (*start again*) wieder aufnehmen; *journey* fortsetzen; ■**to ~ doing sth** fortfahren, etw zu tun **II.** *vi* wieder beginnen; (*after short interruption*) weitergehen

ré·su·mé [ˈrezjuːmeɪ, AM ˈrezʊ-] *n* ❶ (*summary*) Zusammenfassung *f* (**of** über +*akk*), Resümee *nt geh* ❷ AM, AUS (*curriculum vitae*) Lebenslauf *m*

re·sump·tion [rɪˈzʌm(p)ʃən] *n* ❶ *no pl* (*act*) *of a game, talks* Wiederaufnahme *f* ❷ (*instance*) Wiederbeginn *m kein pl*

re·sur·face [ˌriːˈsɜːfɪs, AM -ˈsɜːr-] **I.** *vi* ❶ (*rise to surface*) *submarine, diver* wieder auftauchen ❷ (*reappear*) wieder zum Vorschein kommen; *memories, topic* wieder aufkommen **II.** *vt* ■**to ~ a road** den Belag einer Straße erneuern

re·sur·gence [ˌriːˈsɜːdʒən(t)s, AM -ˈsɜːr-] *n no pl* (*form*) Wiederaufleben *nt*

re·sur·gent [ˌriːˈsɜːdʒənt, AM -ˈsɜːr-] *adj usu attr* (*form*) wieder auflebend *attr*

res·ur·rect [ˌrezərˈekt, AM -əˈrekt] *vt* ❶ (*revive*) wieder aufleben lassen; *fashion* wiederbeleben ❷ (*bring back to life*) *person* auferstehen lassen; *the dead* wieder zum Leben erwecken

res·ur·rec·tion [ˌrezərˈekʃən, AM -əˈrek-] *n no pl* Wiederbelebung *f; of a law* Wiedereinführung *f*

re·sus·ci·tate [rɪˈsʌsɪteɪt, AM -ˈsʌsə-] *vt* ❶ MED wiederbeleben ❷ (*fig*) [neu] beleben

re·tail [ˈriːteɪl] **I.** *n no pl* Einzelhandel *m,* Detailhandel *m* SCHWEIZ **II.** *vt* im Einzelhandel verkaufen **III.** *vi* **this model of computer is ~ing at £650** im Einzelhandel kostet dieses Computermodell 650 Pfund

ˈre·tail busi·ness *n* ECON Einzelhandel *m;* (*shop*) Einzelhandelsgeschäft *nt*

re·tail·er [ˈriːteɪləʳ, AM -ɚ] *n* Einzelhänd-

ler(in) *m(f)*
're·tail out·let *n* Einzelhandelsgeschäft *nt*
're·tail price *n* Einzelhandelspreis *m* **re·tail 'price(s) in·dex** *n* BRIT ECON ■**the ~** der Einzelhandelspreisindex **'re·tail trade** *n* ECON Einzelhandel *m*
re·tain [rɪ'teɪn] *vt* ① (*keep*) behalten; *sb's attention* halten; *dignity, independence* bewahren; **to ~ control of sth** etw weiterhin in der Gewalt haben; **to ~ the right to do sth** LAW sich das Recht vorbehalten, etw zu tun ② (*not lose*) speichern ③ (*hold in place*) zurückhalten
re·tain·er [rɪ'teɪnəʳ, AM -ɚ] *n* (*fee*) Vorschuss *m*
re·'tain·ing wall *n* Stützmauer *f*
re·take **I.** *vt* <-took, -taken> [ˌriː'teɪk] ① (*take again*) *exam* wiederholen; (*film again*) *scene* nochmals drehen ② (*regain*) wiedergewinnen; **to ~ the lead** SPORTS sich wieder an die Spitze setzen; (*in a race*) wieder die Führung übernehmen **II.** *n* ['riːteɪk] ① *esp* BRIT (*exam*) Wiederholungsprüfung *f* ② (*filming again*) Neuaufnahme *f*
re·tak·en [ˌriː'teɪkᵊn] *vt pp of* **retake**
re·tali·ate [rɪ'tælieɪt] *vi* Vergeltung üben; *for insults* sich revanchieren
re·talia·tion [rɪˌtæli'eɪʃᵊn] *n no pl* Vergeltung *f;* (*in fighting*) Vergeltungsschlag *m*
re·talia·tory [rɪ'tæliətᵊri, AM -tɔːri] *adj attr* Vergeltungs-
re·tard [rɪ'tɑːd, AM -'tɑːrd] *vt* (*form*) verzögern, verlangsamen; **to ~ economic growth** das Wirtschaftswachstum bremsen
re·tar·da·tion [ˌriːtɑː'deɪʃᵊn, AM -tɑːr'-] *n no pl* (*form*) Verzögerung *f*
retch [retʃ] *vi* würgen; **to make sb ~** jdn zum Würgen bringen
re·tell <-told, -told> [ˌriː'tel] *vt* wiedererzählen; **the film ~s the story of Anne Frank** der Film erzählt die Geschichte der Anne Frank
re·ten·tion [rɪ'ten(t)ʃᵊn] *n no pl* ① (*keeping*) Beibehaltung *f;* **~ of power** Machterhalt *m;* SPORTS *of a title* Verteidigung *f* ② (*preservation*) Erhaltung *f; of rights* Wahrung *f* ③ (*not losing*) Speicherung *f;* MED Retention *f fachspr*
re·ten·tive [rɪ'tentɪv, AM -t̬-] *adj* aufnahmefähig
re·think **I.** *vt* <-thought, -thought> [ˌriː'θɪŋk] überdenken **II.** *vi* <-thought, -thought> [ˌriː'θɪŋk] überlegen **III.** *n* ['riːθɪŋk] *no pl* Überdenken *nt;* **to have a ~** etw noch einmal überdenken
re·thought [ˌriː'θɔːt, AM *esp* -'θɑːt] *vt pt, pp of* **rethink**
reti·cent ['retɪsᵊnt, AM 'ret̬ə-] *adj* (*form*) zurückhaltend; (*taciturn*) wortkarg
reti·na <*pl* -s *or* -nae> ['retɪnə, AM -ᵊnə, *pl* -niː] *n* Netzhaut *f,* Retina *f fachspr*
reti·nue ['retɪnjuː, AM -tᵊnuː, -njuː] *n + sing/pl vb* Gefolge *nt kein pl*
re·tire [rɪ'taɪəʳ, AM -ɚ] **I.** *vi* ① (*stop working*) in den Ruhestand treten; *worker* in Rente gehen; *civil servant* in Pension gehen; *self-employed person* sich zur Ruhe setzen; *soldier* aus der Armee ausscheiden; SPORTS seine Karriere beenden ② (*form: withdraw*) sich zurückziehen; **the jury ~d to consider the verdict** die Jury zog sich zur Urteilsfindung zurück **II.** *vt* (*cause to stop working*) *person* in den Ruhestand versetzen; *worker* verrenten
re·tir·ed [rɪ'taɪəd, AM -ɚd] *adj* (*no longer working*) im Ruhestand *präd; worker* in Rente *präd; civil servant* pensioniert
re·tire·ment [rɪ'taɪəmənt, AM -ɚ-] *n* ① (*from job*) Ausscheiden *nt* aus dem Arbeitsleben; *of a civil servant* Pensionierung *f; of a soldier* Verabschiedung *f* ② *no pl esp* SPORTS (*ceasing to compete*) Ausscheiden *nt* ③ *no pl* (*period after working life*) Ruhestand *m*
re·'tire·ment age *n* (*of a worker*) Rentenalter *nt;* (*of a civil servant*) Pensionsalter *nt*
re·'tire·ment pen·sion *n* (*for worker*) [Alters]rente *f;* (*for civil servant*) [Alters]ruhegeld *nt,* Pension *f*
re·tir·ing [rɪ'taɪərɪŋ, AM -ɚ-] *adj* ① *attr* (*stopping work*) ausscheidend ② (*reserved*) zurückhaltend
re·told [ˌriː'təʊld] *vt pp, pt of* **retell**
re·took [ˌriː'tʊk] *vt pt of* **retake**
re·tort [rɪ'tɔːt, AM -'tɔːrt] **I.** *vt* ■**to ~ that ...** scharf erwidern, dass ...; **'no need to be so rude,' she ~ed** „kein Grund so unhöflich zu sein", gab sie zurück **II.** *vi* scharf antworten **III.** *n* scharfe Antwort [*o* Erwiderung]
re·touch [ˌriː'tʌtʃ] *vt* retuschieren
re·trace [rɪ'treɪs] *vt* zurückverfolgen; *in mind* [geistig] nachvollziehen; **to ~ one's steps** denselben Weg zurückgehen
re·tract [rɪ'trækt] **I.** *vt* ① (*withdraw*) zurückziehen; *offer, statement* zurücknehmen ② (*draw back*) zurückziehen; (*into body*) einziehen **II.** *vi* ① (*withdraw words*) einen Rückzieher machen *fam* ② (*be drawn back*) eingezogen werden
re·tract·able [rɪ'træktəbl̩] *adj* einziehbar
re·trac·tion [rɪ'trækʃᵊn] *n* (*form*) Zurücknahme *f kein pl*
re·train [rɪ'treɪn] **I.** *vt* umschulen **II.** *vi*

R

umgeschult werden

re·tread I. *vt* [ˌriːˈtred] AUTO *tyre* runderneuern **II.** *n* [ˈriːtred] runderneuerter Reifen

re·treat [rɪˈtriːt] **I.** *vi* ❶ (*move backwards*) zurückweichen; (*become smaller*) *flood waters* zurückgehen, fallen; *ice* schmelzen; *shares* fallen ❷ (*withdraw*) MIL sich zurückziehen; (*hide*) sich verstecken; ■**to ~ into oneself** sich in sich selbst zurückziehen **II.** *n* ❶ MIL (*withdrawal*) Rückzug *m* ❷ *no pl* (*withdrawal*) Abwendung *f*, Abkehr *f* (**from** von +*dat*) ❸ (*private place*) Zufluchtsort *m*

re·trench [rɪˈtren(t)ʃ, AM -ˈtrentʃ] *vi* (*form*) sich einschränken, sparen

re·trench·ment [rɪˈtren(t)ʃmənt, AM -ˈtrentʃ-] *n* ❶ (*form: financial cut*) Kürzung *f* ❷ *no pl* (*reducing spending*) Einschränken *nt*

re·trial [ˌriːˈtraɪəl, AM ˈriːtraɪ(ə)l] *n* LAW Wiederaufnahmeverfahren *nt*

ret·ri·bu·tion [ˌretrɪˈbjuːʃᵊn, AM -rəˈ-] *n no pl* (*form*) Vergeltung *f*

re·tribu·tive [rɪˈtrɪbjuːtɪv, AM -t̬-] *adj attr* (*form*) Vergeltungs-; **~ justice** ausgleichende Gerechtigkeit

re·triev·al [rɪˈtriːvəbl] *n no pl* ❶ (*regaining*) Wiedererlangen *nt* ❷ (*rescuing*) Rettung *f*; (*of wreckage*) Bergung *f*; **to be beyond ~** hoffnungslos verloren sein ❸ COMPUT **data ~** Datenabruf *m*; (*when lost*) Retrieval *nt fachspr*, Datenrückgewinnung *f*

re·trieve [rɪˈtriːv] *vt* ❶ (*get back*) wiederfinden ❷ (*fetch*) heraus-/herunter-/zurückholen ❸ (*rescue*) retten; (*from wreckage*) bergen ❹ COMPUT *data* abrufen

re·triev·er [rɪˈtriːvəʳ, AM -ɚ] *n* Retriever *m*

retro·ac·tive [ˌretrəʊˈæktɪv, AM -roʊˈ-] *adj* rückwirkend

retro·grade [ˈretrə(ʊ)greɪd, AM -rəgreɪd] *adj* (*form: regressive*) *development* rückläufig; *policy* rückschrittlich; **~ step** Rückschritt *m*

retro·gres·sive [ˌretrə(ʊ)ˈgresɪv, AM ˈretrəg-re-] *adj* (*form*) *policy, reforms* rückschrittlich; *development* rückläufig

retro·spect [ˈretrə(ʊ)spekt, AM -rə-] *n no pl* **in ~** im Rückblick [*o* Nachhinein], rückblickend

retro·spec·tive [ˌretrə(ʊ)ˈspektɪv, AM -rəˈ-] **I.** *adj* ❶ (*looking back*) rückblickend; *mood* nachdenklich ❷ *esp* LAW (*form*) rückwirkend **II.** *n* Retrospektive *f*

re·turn [rɪˈtɜːn, AM -ˈtɜːrn] **I.** *n* ❶ (*to a place/time*) Rückkehr *f* (**to** zu +*dat*); **~ home** Heimkehr *f* ❷ (*reoccurrence*) *of an illness* Wiederauftreten *nt* ❸ (*giving back*) Rückgabe *f*; **by ~** [**of post**] BRIT, AUS postwendend ❹ SPORTS (*stroke*) Rückschlag *m*; **~ of serve** Return *m* ❺ (*proceeds*) Gewinn *m*; **~s on capital** Rendite *f* ❻ *no pl* (*key on keyboard*) Returntaste *f* **II.** *adj attr postage, flight, trip* Rück- **III.** *vi* ❶ (*go/come back*) zurückkehren, zurückkommen; (*fig*) **to ~ home** (*come back home*) nach Hause kommen; (*go back home*) nach Hause gehen; (*after long absence*) heimkehren; **~ to sender** zurück an Absender ❷ (*reoccur*) *pain, illness* wiederkommen ❸ (*revert to*) ■**to ~ to sth** etw wieder aufnehmen; **to ~ to a subject** auf ein Thema zurückkommen; **to ~ to normal** *things* sich wieder normalisieren; *person* wieder zu seinem alten Ich zurückfinden **IV.** *vt* ❶ (*give back*) zurückgeben; **to ~ sth to its place** etw an seinen Platz zurückstellen ❷ (*reciprocate*) erwidern; **to ~ a wave** zurückwinken; **to ~ sb's call** jdn zurückrufen ❸ (*place back*) ■**to ~ sth somewhere** etw irgendwohin zurückstellen [*o* zurücklegen] ❹ TENNIS *volley* annehmen

re·turn·able [rɪˈtɜːnəbl̩, AM -ˈtɜːrn-] *adj* ❶ (*recyclable*) wiederverwendbar, Mehrweg- ❷ (*accepted back*) umtauschbar

re·ˈturn fare *n* Preis *m* für eine Rückfahrkarte; AVIAT Preis *m* für ein Rückflugticket

re·ˈturn·ing of·fic·er *n* BRIT, CAN POL Wahlleiter(in) *m(f)*

re·ˈturn key *n* Eingabetaste *f* **re·ˈturn match** *n* Rückspiel *nt* **re·ˈturn tick·et** *n* ❶ BRIT, AUS (*ticket there and back*) Hin- und Rückfahrkarte *f*; AVIAT Hin- und Rückflugticket *nt* ❷ AM (*ticket for return*) Rückfahrkarte *f*

re·uni·fi·ca·tion [ˌriːjuːnɪfɪˈkeɪʃᵊn, AM riːˌjuːnə-] *n no pl* Wiedervereinigung *f*

re·union [ˌriːˈjuːniən, AM -njən] *n* ❶ (*gathering*) Treffen *nt*, Zusammenkunft *f* ❷ *no pl* (*form: bringing together*) Wiedervereinigung *f*; (*coming together*) Wiedersehen *nt*

re·unite [ˌriːjuːˈnaɪt] **I.** *vt* ■**to ~ sb with sb** jdn mit jdm [wieder] zusammenbringen; *family* wieder zusammenführen **II.** *vi* sich wiedervereinigen; *people* wieder zusammenkommen

re·us·able [ˌriːˈjuːzəbl] *adj* (*in the same shape*) wiederverwendbar; (*reprocessed*) wiederverwertbar

re·use [ˌriːˈjuːz] *vt* ❶ (*use again*) wiederverwenden ❷ (*recycle by processing*) *waste material* wiederverwerten

rev¹ [rev] *n* (*fam*) *short for* **revolution** Drehzahl *f*; ■**~s** *pl* Umdrehungen *pl* [pro Minute]

rev² <-vv-> [rev] *vt engine* auf Touren bringen; (*noisily*) aufheulen lassen ◆**rev up** *vi*

R

engine auf Touren kommen; (*make noise*) aufheulen; (*fig*) *person* aufdrehen

re·valua·tion [riːˌvælju'eɪʃᵊn] *n* ❶ (*value again*) Neubewertung *f* ❷ (*change in value*) *of a currency* Aufwertung *f*

re·value [ˌriː'væljuː] *vt* neu bewerten; *an asset* neu schätzen lassen; *currency* aufwerten

re·vamp [ˌriː'væmp] *vt* (*fam*) aufpeppen; *room* aufmöbeln; *image* aufpolieren

'rev count·er *n* Drehzahlmesser *m*

Revd *n abbrev of* **Reverend**

re·veal [rɪ'viːl] *vt* ❶ (*allow to be seen*) zeigen, zum Vorschein bringen; *a talent* erkennen lassen ❷ (*disclose*) enthüllen, offenlegen; *particulars* preisgeben; *secret* verraten; ■**to ~ that …** enthüllen, dass …; (*admit*) zugeben, dass …; *sb's identity* zu erkennen geben

re·veal·ing [rɪ'viːlɪŋ] *adj* ❶ (*displaying body*) freizügig; *dress* gewagt ❷ (*divulging sth*) *comment, interview* aufschlussreich; **his scathing review was all too ~ of his own envy of the author's success** seine beißende Kritik zeigt nur allzu deutlich, dass er auf den Erfolg des Autors einfach neidisch ist

re·veil·le [rɪ'væli, AM 'revᵊli] *n no pl* MIL Reveille *f veraltet,* Wecksignal *nt*

rev·el <BRIT -ll- *or* AM *usu* -l-> ['revᵊl] *vi* feiern ◆**revel in** *vt* ■**to ~ in sth** seine wahre Freude an etw *dat* haben

rev·ela·tion [ˌrevᵊl'eɪʃᵊn] *n* ❶ *no pl* (*act of revealing*) Enthüllung *f,* Aufdeckung *f* ❷ (*sth revealed*) Enthüllung *f* ▶ PHRASES: **to be a ~ to sb** jdm die Augen öffnen, jdn umhauen *fam*

rev·ell·er ['revᵊləʳ], AM **rev·el·er** [-ɚ] *n* Feiernde(r) *f(m)*

rev·el·ry ['revᵊlri] *n* ❶ *no pl* (*noisy merrymaking*) [ausgelassenes] Feiern ❷ *usu pl* (*festivity*) [ausgelassene] Feier

re·venge [rɪ'vendʒ] **I.** *n no pl* ❶ (*retaliation*) Rache *f;* **to get one's ~** sich rächen ❷ (*desire for retaliation*) Rachedurst *m* **II.** *adj attack, bombing, raid* aus Rache *nach n;* **~ killing** Vergeltungsmord *m* **III.** *vt* rächen

rev·enue ['revᵊnjuː, AM *esp* -vənuː] *n* ❶ *no pl* (*income*) Einkünfte *pl* (**from** aus +*dat*) ❷ *no pl* (*of a state*) öffentliche Einnahmen, Staatseinkünfte *pl* ❸ *pl* (*instances of income*) **sales ~s** Verkaufseinnahmen *pl;* **tax ~s** Steueraufkommen *nt*

'rev·enue of·fic·er *n* Finanzbeamte(r), -beamtin *m, f* **'rev·enue stamp** *n* AM Steuermarke *f*

re·ver·ber·ate [rɪ'vɜːbᵊreɪt, AM -'vɜːrbər-] *vi* ❶ (*echo*) widerhallen, nachhallen; ■**to ~ through[out] sth** durch etw *akk* [hindurch]hallen ❷ (*be recalled*) **his terrible childhood experiences ~d throughout the whole of his life** die schlimmen Kindheitserfahrungen wirkten sein ganzes Leben lang nach

re·ver·bera·tion [rɪˌvɜːbᵊr'eɪʃᵊn, AM -ˌvɜːrbə'reɪ-] *n* (*form*) ❶ *no pl* (*echoing*) Widerhallen *nt,* Nachhallen *nt* ❷ *usu pl* (*long-lasting effects*) Nachwirkungen *pl*

re·vere [rɪ'vɪəʳ, AM -'vɪr] *vt* (*form*) verehren (**for** für +*akk*), achten; *sb's work* hoch schätzen

rev·er·ence ['revᵊrᵊn(t)s] *n no pl* Verehrung *f* (**for** für +*akk*); **to treat sth/sb with ~** etw/jdn ehrfürchtig behandeln

rev·er·end ['revᵊrᵊnd] *n* ≈ Pfarrer *m,* ≈ Pastor *m*

rev·er·ent ['revᵊrᵊnt] *adj* ehrfürchtig, ehrfurchtsvoll; *behaviour* ehrerbietig

rev·er·en·tial [ˌrevᵊr'en(t)ʃᵊl] *adj* (*form*) ehrfürchtig, ehrfurchtsvoll

rev·erie ['revᵊri, AM -əri] *n* ❶ (*liter: daydream*) Träumerei *f* (**about** über +*akk*) ❷ *no pl* (*liter: daydreaming*) Tagträumen *nt*

re·ver·sal [rɪ'vɜːsᵊl, AM -'vɜːr-] *n* ❶ (*changing effect*) Wende *f;* **~ of a trend** Trendwende *f* ❷ (*changing situation*) Umkehrung *f;* **role ~** Rollentausch *m* ❸ (*misfortune*) Rückschlag *m*

re·verse [rɪ'vɜːs, AM -'vɜːrs] **I.** *vt* ❶ *esp* BRIT, AUS (*move sth backwards*) zurücksetzen ❷ (*change to opposite*) umkehren; *judgement* aufheben; **to ~ the charges** ein R-Gespräch führen ❸ (*turn sth over*) umdrehen; *coat* wenden **II.** *vi esp* BRIT, AUS (*move backwards*) rückwärtsfahren; (*short distance*) zurücksetzen; **to ~ into a parking space** rückwärts einparken **III.** *n* ❶ *no pl* (*opposite*) ■**the ~** das Gegenteil; **no, quite the ~!** nein, ganz im Gegenteil!; **to do sth in ~** etw umgekehrt tun ❷ (*gear*) Rückwärtsgang *m;* **to go into ~** in den Rückwärtsgang schalten; (*fig*) rückläufig sein ❸ (*back*) Rückseite *f; of a coin, medal a.* Kehrseite *f* **IV.** *adj* umgekehrt; *direction* entgegengesetzt

re·verse-charge 'call *n* BRIT R-Gespräch *nt*

re·verse 'gear *n* Rückwärtsgang *m*

re·ver·sible [rɪ'vɜːsəbl, AM -'vɜːr-] *adj* ❶ (*inside out*) zum Wenden *nach n;* **~ coat** Wendejacke *f* ❷ (*alterable*) umkehrbar

re·ver·sion [rɪ'vɜːʃᵊn, AM -'vɜːrʒᵊn] *n no pl* (*form: return to earlier position*) Umkehr *f* (**to** zu +*dat*); (*to bad state*) Rückfall (**to** in +*akk*)

R

re·vert [rɪˈvɜːt, AM -ˈvɜːrt] *vi* (*go back*) ■**to ~ to sth** zu etw *dat* zurückkehren; *bad state* in etw *akk* zurückfallen; **to ~ to a method** auf eine Methode zurückgreifen

re·view [rɪˈvjuː] **I.** *vt* ❶ (*examine*) [erneut] [über]prüfen; (*reconsider*) überdenken; *salaries* revidieren ❷ (*look back over*) auf etw *akk* zurückblicken; **let's ~ what has happened so far** führen wir uns vor Augen, was bis jetzt passiert ist ❸ (*produce a criticism*) besprechen; *book, film, play* rezensieren ❹ MIL **to ~ the troops** eine Parade abnehmen **II.** *n* ❶ (*assessment*) Überprüfung *f;* **to come under ~** überprüft werden; LAW *case* wieder aufgenommen werden ❷ (*summary*) Überblick *m* (**of** über +*akk*); **month under ~** ECON Berichtsmonat *m;* **wage** [*or* **salary**] **~** Gehaltsrevision *f* ❸ (*criticism*) *of a book, play* Kritik *f,* Rezension *f;* **film ~** Filmbesprechung *f* ❹ MEDIA **~** [**programme**] RADIO, TV Magazin *nt;* **~** [**section**] JOURN Nachrichtenteil *m*

re·view·er [rɪˈvjuːəʳ, AM -ɚ] *n* Kritiker(in) *m(f); of plays, literature a.* Rezensent(in) *m(f)*

re·vise [rɪˈvaɪz] **I.** *vt* ❶ (*reread*) überarbeiten; *book* redigieren ❷ (*reconsider*) überdenken ❸ BRIT, AUS (*increase/decrease*) ■**to ~ sth upwards/downwards** *estimates, number* etw nach oben/unten korrigieren **II.** *vi* BRIT, AUS **to ~ for an exam** auf eine Prüfung lernen

re·vi·sion [rɪˈvɪʒᵊn] *n* ❶ *no pl* (*act of revising*) Revision *f,* Überarbeitung *f* ❷ (*reconsidered version*) Neufassung *f; of a book* überarbeitete Ausgabe ❸ (*alteration*) Änderung *f* ❹ *no pl* BRIT, AUS (*studying a subject again*) Wiederholung *f* [des Stoffs]; **~ for an exam** Prüfungsvorbereitung *f*

re·vi·sion·ist [rɪˈvɪʒᵊnɪst] POL **I.** *n* Revisionist(in) *m(f)* **II.** *adj* revisionistisch

re·vi·tal·ize [ˌriːˈvaɪtᵊlaɪz, AM -t̬ᵊl-] *vt person* neu beleben; *trade* wiederbeleben

re·viv·al [rɪˈvaɪvᵊl] *n* ❶ *no pl* (*restoration to life*) Wiederbelebung *f* ❷ *no pl* (*coming back of an idea*) Wiederaufleben *f,* Comeback *nt; of a custom, fashion a.* Renaissance *f;* **economic ~** wirtschaftlicher Aufschwung ❸ (*new production*) Neuauflage *f; of a film* Neuverfilmung *f; of a play* Neuaufführung *f*

re·vive [rɪˈvaɪv] **I.** *vt* ❶ (*bring back to life*) wiederbeleben ❷ (*give new energy*) beleben ❸ (*resurrect*) wieder aufleben lassen; *economy* ankurbeln; *idea* wieder aufgreifen; *interest* wiedererwecken; *spirits* wieder heben; **to ~ sb's hopes** jdm neue Hoffnungen machen **II.** *vi* ❶ (*be restored to consciousness*) wieder zu sich *dat* kommen ❷ (*be restored to health*) *person, animal, plant* sich erholen ❸ (*be resurrected*) sich erholen; *economy a.* wieder aufblühen; *custom, tradition* wieder aufleben; *confidence, hopes* zurückkehren; *suspicions* wieder aufkeimen

re·voke [rɪˈvəʊk, AM -ˈvoʊk] *vt* (*form*) aufheben; *decision* widerrufen; *licence* entziehen; *order* zurückziehen

re·volt [rɪˈvəʊlt, AM -ˈvoʊlt] **I.** *vi* rebellieren, revoltieren **II.** *vt* ■**to ~ sb** jdn abstoßen; ■**to be ~ed by sth** von etw *dat* angeekelt sein **III.** *n* (*rebellion*) Revolte *f,* Aufstand *m;* **~ against the government** Regierungsputsch *m*

re·volt·ing [rɪˈvəʊltɪŋ, AM -ˈvoʊ-] *adj* abstoßend; *person* widerlich; *smell* ekelhaft

revo·lu·tion [ˌrevᵊlˈuːʃᵊn, AM -əˈluː-] *n* ❶ (*a. fig: overthrow*) Revolution *f* ❷ TECH Umdrehung *f;* **~s per minute** Drehzahl *f,* Umdrehungen *pl* pro Minute

revo·lu·tion·ary [ˌrevᵊlˈuːʃᵊnᵊri, AM -əˈluːʃᵊneri] **I.** *n* Revolutionär(in) *m(f)* **II.** *adj* revolutionär *a. fig;* (*fig*) bahnbrechend

revo·lu·tion·ize [ˌrevᵊlˈuːʃᵊnaɪz, AM -əˈluː-] *vt* revolutionieren

re·volve [rɪˈvɒlv, AM -ˈvɑːlv] **I.** *vi* sich drehen; **to ~ on an axis** sich um eine Achse drehen **II.** *vt* drehen ◆**revolve around** *vt* (*a. fig*) ■**to ~ around sth** sich um etw *akk* drehen

re·volv·er [rɪˈvɒlvəʳ, AM -ˈvɑːlvɚ] *n* Revolver *m*

re·volv·ing [rɪˈvɒlvɪŋ, AM -ˈvɑːl-] *adj attr* rotierend, Dreh-; **~ door** Drehtür *f*

re·vue [rɪˈvjuː] *n* Revue *f*

re·vul·sion [rɪˈvʌlʃᵊn] *n no pl* Abscheu *f;* **in ~ at** mit Abscheu gegen +*akk*

re·ward [rɪˈwɔːd, AM -ˈwɔːrd] **I.** *n* Belohnung *f; for merit, service* Anerkennung *f* (**for** für +*akk*); (*for return of sth lost*) Finderlohn *m* **II.** *vt* belohnen

re·ward·ing [rɪˈwɔːdɪŋ, AM -ˈwɔːrd-] *adj* befriedigend; *experience* lohnend; *task* dankbar

re·wind **I.** *vt* <-wound, -wound> [ˌriːˈwaɪnd] *cable* aufwickeln; *cassette, tape* zurückspulen; *watch* aufziehen **II.** *vi* <-wound, -wound> [ˌriːˈwaɪnd] *cassette, tape* zurückspulen **III.** *n* [ˈriːwaɪnd] *of a cassette, tape* Zurückspulen *nt* **IV.** *adj* [ˈriːwaɪnd] *button, control* Rückspul-

re·wire [ˌriːˈwaɪəʳ, AM -ɚ] *vt building, house* neu verkabeln; *plug* neu anschließen

re·word [ˌriːˈwɜːd, AM -ˈwɜːrd] *vt* umschrei-

R

ben, umformulieren; *contract* neu abfassen

re·work [ˌriːˈwɜːk, AM -ˈwɜːrk] *vt* überarbeiten; *speech* umschreiben

re·wound [ˌriːˈwaʊnd] *vt, vi pt, pp of* **rewind**

re·write <-wrote, -written> **I.** *vt* [ˌriːˈraɪt] neu schreiben; (*revise*) überarbeiten; (*recast*) umschreiben; **to ~ history** die Geschichte neu schreiben; (*fig*) **you can't ~ history** Vergangenes lässt sich nicht ändern **II.** *n* [ˈriːraɪt] Überarbeitung *f*

rhap·so·dy [ˈræpsədi] *n* (*piece of music*) Rhapsodie *f*

ˈrhe·sus fac·tor, ˈRh fac·tor *n no pl* Rhesusfaktor *m*

rheto·ric [ˈretᵊrɪk, AM ˈret̬ɚ-] *n no pl* ❶ (*persuasive language*) Redegewandtheit *f* ❷ (*bombastic language*) Phrasendrescherei *f pej;* **empty ~** leere Worte

rhe·tori·cal [rɪˈtɒrɪkᵊl, AM -ˈtɔːr-] *adj* ❶ (*relating to rhetoric*) rhetorisch ❷ (*overdramatic*) *gesture* übertrieben dramatisch; *commitment* plakativ *geh*

rheu·mat·ic [ruːˈmætɪk, AM -t̬-] **I.** *adj* rheumatisch; *joint a.* rheumakrank **II.** *n* ❶ (*person*) Rheumatiker(in) *m(f)* ❷ (*fam*) ■**~s** *usu + sing vb* Rheuma *nt kein pl*

rheu·ma·tism [ˈruːmətɪzᵊm] *n no pl* Rheuma *nt,* Rheumatismus *m*

rheu·ma·toid ar·thri·tis [ˌruːmətɔɪd-] *n no pl* rheumatoide Arthritis

Rhine [raɪn] *n* GEOG ■**the ~** der Rhein

rhi·no [ˈraɪnəʊ, AM -noʊ] *n* (*fam*) *short for* **rhinoceros** Nashorn *nt,* Rhinozeros *nt*

rhi·noc·er·os <*pl* -es *or* -> [raɪˈnɒsᵊrəs, AM -ˈnɑːsɚ-] *n* Nashorn *nt,* Rhinozeros *nt*

Rhodes [rəʊdz, AM roʊdz] *n no pl* Rhodos *nt*

rho·do·de·ndron [ˌrəʊdəˈdendrən, AM ˌroʊ-] *n* Rhododendron *m*

rhom·bus <*pl* -es *or* -bi> [ˈrɒmbəs, AM ˈrɑːm-, *pl* -baɪ] *n* Rhombus *m,* Raute *f*

rhu·barb [ˈruːbɑːb, AM -bɑːrb] *n no pl* Rhabarber *m*

rhyme [raɪm] **I.** *n* ❶ *no pl* (*identity in sound*) Reim *m;* ■**in ~** gereimt, in Reimform ❷ (*poem*) Reim[vers] *m* ❸ (*word*) Reimwort *nt* **II.** *vi* ■**to ~ [with sth]** *poem, song, words* sich [auf etw *akk*] reimen **III.** *vt* reimen

rhym·ing [ˈraɪmɪŋ] *adj* Reim-

rhythm [ˈrɪðᵊm] *n* Rhythmus *m,* Takt *m*

rhyth·mic(al) [ˈrɪðmɪk(ᵊl)] *adj* rhythmisch

rib [rɪb] **I.** *n* ❶ *of body* Rippe *f;* **to break a ~** sich *dat* eine Rippe brechen ❷ FOOD ■**~s** Rippchen *pl* ❸ *of a boat, roof* Spant *m* **II.** *vt* <-bb-> (*fam*) aufziehen

rib·ald [ˈrɪbᵊld, ˈraɪ-] *adj* (*dated*) unanständig

rib·bon [ˈrɪbᵊn] *n* ❶ (*strip of fabric*) Band *nt;* (*fig*) Streifen *m* ❷ (*rag*) ■**in ~s** in Fetzen; **to cut sb/sth to ~s** jdn/etw zerfetzen; (*fig*) jdn/etw in der Luft zerreißen

ˈrib cage *n* Brustkorb *m*

ri·bo·nu·cleic acid [ˌraɪbə(ʊ)njuːˌkliːɪkˈ-, AM -boʊnuːˌ-] *n no pl* Ribonukleinsäure *f*

rice [raɪs] *n no pl* Reis *m;* **brown ~** Naturreis *m*

ˈrice field *n* Reisfeld *nt* **ˈrice-grow·ing** *n no pl* Reisanbau *m* **ˈrice pad·dy** *n* Reisfeld *nt* **rice ˈpud·ding** *n no pl* Milchreis *m*

rich [rɪtʃ] **I.** *adj* ❶ (*wealthy*) reich; **to get ~ quick** schnell zu Reichtum kommen ❷ (*abounding*) reich (**in** an *+dat*); **~ in detail** sehr detailliert ❸ (*very fertile*) *land* fruchtbar; *earth, soil a.* fett; *harvest* reich; *vegetation* üppig ❹ (*opulent*) *carvings, furniture* prachtvoll ❺ (*valuable*) *offerings* reich; *reward* großzügig ❻ (*of food*) gehaltvoll; (*hard to digest*) schwer; *meal* opulent ❼ (*intense*) *colour* satt; *flavour* reich; *smell* schwer; *taste, tone* voll ❽ (*interesting*) reich; *life a.* erfüllt; *experience* wertvoll; *history* bedeutend **II.** *n* ■**the ~** *pl* die Reichen *pl*

rich·ness [ˈrɪtʃnəs] *n no pl* ❶ (*wealth*) Reichtum *m;* **~ of detail** (*fig*) Detailgenauigkeit *f* ❷ (*fattiness*) Reichhaltigkeit *f* ❸ (*intensity*) Stärke *f; of a colour* Sattheit *f*

rick¹ [rɪk] **I.** *n* Heuhaufen *m* **II.** *vt* AGR *hay* schobern, schöbern ÖSTERR; *wood* stapeln

rick² [rɪk] MED **I.** *n* Verzerrung *f* **II.** *vt* (*fam*) **to ~ one's neck** sich *dat* eine Zerrung im Nacken zuziehen

rick·ets [ˈrɪkɪts] *npl + sing/pl vb* MED Rachitis *f*

rick·ety [ˈrɪkəti, AM -ət̬i] *adj* (*likely to collapse*) wack[e]lig; *bus* klapp[e]rig; *wooden stairs* morsch

rick·sha(w) [ˈrɪkʃɔː, AM *esp* -ʃɑː] *n* Rikscha *f*

rico·chet [ˈrɪkəʃeɪ] **I.** *n* ❶ *no pl* (*action*) Abprallen *nt kein pl,* Abprall *m kein pl* ❷ (*a rebounding ball*) Abpraller *m; bullet* Querschläger *m* **II.** *vi* abprallen (**off** von *+dat*)

rid <-dd-, rid, rid> [rɪd] *vt* ■**to ~ sth/sb of sth** etw/jdn von etw *dat* befreien; ■**to be ~ of sb/sth** jdn/etw los sein; **to get ~ of sb/sth** jdn/etw loswerden

rid·dance [ˈrɪdᵊn(t)s] *n no pl* Loswerden *nt* ▶ PHRASES: <u>**good**</u> **~ [to bad rubbish]** Gott sei Dank [, dass wir den/die/das los sind]

rid·den [ˈrɪdᵊn] *pp of* **ride**

rid·dle¹ [ˈrɪdl̩] **I.** *n* Rätsel *nt a. fig* **II.** *vi* in Rätseln sprechen

rid·dle² [ˈrɪdl̩] **I.** *vt usu passive* ❶ (*perforate*) durchlöchern; (*fig: permeate*) durch-

R

dringen ❷ (*sift through sieve*) [aus]sieben **II.** *n* [Schüttel]sieb *nt*

ride [raɪd] **I.** *n* ❶ (*journey*) Fahrt *f* (**on** mit +*dat*); (*on a horse*) Ritt *m;* **to go for a ~** eine Fahrt machen; (*with horse*) ausreiten ❷ (*trip costing nothing*) Mitfahrgelegenheit *f;* **to give sb a ~** jdn [im Auto] mitnehmen ❸ (*at a fair*) [Karussell]fahrt *f* ▶PHRASES: **to take sb for a ~** (*fam*) jdn übers Ohr hauen **II.** *vt* <rode, ridden> ❶ (*sit on*) *bicycle, motorcycle* fahren; *horse* reiten; **I ~ my bicycle to work** ich fahre mit dem Fahrrad zur Arbeit ❷ (*as a passenger*) **to ~ the bus/train** Bus/Zug fahren ❸ (*prevent blow*) **to ~ a blow** einen Schlag abfangen **III.** *vi* <rode, ridden> ❶ (*as a sport, travel on animal*) reiten ❷ (*travel on vehicle*) fahren ◆**ride out** *vt* überstehen; *crisis* durchstehen ◆**ride up** *vi* *T-shirt, skirt* hochrutschen

rid·er ['raɪdəʳ, AM -ɚ] *n* ❶ *of a horse* Reiter(in) *m(f); of a vehicle* Fahrer(in) *m(f)* ❷ (*form: amendment*) Zusatzklausel *f*

ridge [rɪdʒ] *n* ❶ GEOG Grat *m* ❷ *of a roof* Dachfirst *m* ❸ METEO **~ of high/low pressure** Hoch-/Tiefdruckkeil *m*

'ridge pole *n* Firststange *f* **'ridge·way** *n* Gratweg *m*

ridi·cule ['rɪdɪkju:l] **I.** *n no pl* Spott *m,* Hohn *m;* **to hold sth up to ~** sich über etw lustig machen **II.** *vt* verspotten

ri·dicu·lous [rɪ'dɪkjələs] **I.** *adj* ❶ (*comical*) lächerlich, albern ❷ (*inane*) absurd **II.** *n no pl* ■**the ~** das Absurde

rid·ing ['raɪdɪŋ] *n no pl* (*sport*) Reiten *nt*

'rid·ing breeches *npl* Reithose *f* **'rid·ing crop** *n* Reitgerte *f* **'rid·ing school** *n* Reitschule *f* **'rid·ing whip** *n* Reitpeitsche *f*

rife [raɪf] *adj pred* ❶ (*widespread*) weit verbreitet ❷ (*full of*) **~ with** voller +*gen;* **the office was ~ with rumours** im Büro kursierten jede Menge Gerüchte

rif·fle ['rɪfl] **I.** *vt* ❶ (*leaf through*) durchblättern ❷ (*ruffle*) zerzausen **II.** *vi* **to ~ through a book** ein Buch durchblättern **III.** *n* ❶ *usu sing* (*search*) Durchsuchung *f* ❷ (*rustle of paper*) Rascheln *nt kein pl* ❸ *esp* AM *of a stream* seichte Stelle

riff-raff ['rɪfræf] *n no pl,* + *sing/pl vb* (*pej*) Gesindel *nt kein pl*

ri·fle¹ ['raɪfl] *n* (*gun*) Gewehr *nt*

ri·fle² ['raɪfl] **I.** *vi* durchwühlen **II.** *vt* plündern

'ri·fle butt *n* Gewehrkolben *m* **'ri·fle·man** *n* Schütze *m* **'ri·fle range** *n* ❶ (*for practice*) Schießstand *m* ❷ (*shooting distance*) ■**within ~** in Schussweite [eines Gewehrs] **'ri·fle shot** *n* ❶ (*shot*) Gewehrschuss *m* ❷ *no pl* (*distance*) Schussweite *f* ❸ (*person*) Gewehrschütze(in) *m(f)*

rift [rɪft] *n* ❶ (*open space*) Spalt *m* ❷ GEOL [Erd]spalt *m* ❸ (*fig: disagreement*) Spaltung *f* (**between** zwischen +*dat*); (*in friendship*) Bruch *m;* **to heal a ~** eine Kluft überbrücken

rig [rɪg] **I.** *n* ❶ NAUT Takelage *f* ❷ (*apparatus*) Vorrichtung *f* ❸ TECH **drilling ~** Bohrinsel *f;* **gas/oil ~** Gas-/Ölbohrinsel *f* ❹ *esp* AM TRANSP (*semi-trailer*) [mehrachsiger] Sattelschlepper **II.** *vt* <-gg-> ❶ NAUT *boat* takeln; *sails, shrouds, stays* anschlagen *fachspr* ❷ (*set up*) [behelfsmäßig] zusammenbauen ❸ (*falsify*) *results, prices* manipulieren

rig·ger ['rɪgəʳ, AM -ɚ] *n* ❶ NAUT Takeler(in) *m(f)* ❷ (*scaffolder*) Gerüstbauer(in) *m(f)* ❸ (*on oil rig*) Arbeiter(in) *m(f)* auf einer Bohrinsel

rig·ging ['rɪgɪŋ] *n no pl* ❶ NAUT (*action*) Auftakeln *nt;* (*ropes and wires*) Takelung *f* ❷ POL (*manipulating*) Manipulation *f;* **ballot ~** Wahlmanipulation *f*

right [raɪt] **I.** *adj* ❶ (*morally good*) richtig; (*fair*) gerecht; **you're ~ to be annoyed** du bist zu Recht verärgert; **to do the ~ thing** das Richtige tun ❷ (*correct*) richtig; *time* genau; **is your watch ~?** geht deine Uhr richtig?; **the ~ way round** richtig herum; **to get sth ~** etw richtig machen; **to put sth ~** etw richtigstellen; **you were ~ about him** was ihn angeht haben Sie Recht gehabt ❸ (*interrogatory*) oder, richtig ❹ (*best*) richtig; **he's the ~ person for the job** er ist der Richtige für den Job; **to be in the ~ place at the ~ time** zur rechten Zeit am rechten Ort sein ❺ *pred* (*working correctly*) in Ordnung ❻ (*not left*) POL rechte(r, s); **to make a ~ turn** rechts abbiegen **II.** *adv* ❶ (*completely*) völlig, ganz; **she walked ~ past me** sie lief direkt an mir vorbei; **~ through** durch und durch; **to be ~ behind sb** voll [und ganz] hinter jdm stehen ❷ (*all the way*) ganz; (*directly*) genau, direkt ❸ (*properly*) gut; **things have been going ~ for me** es läuft gut für mich ❹ (*not left*) rechts; **to turn ~** [nach] rechts abbiegen **III.** *n* ❶ *no pl* (*goodness*) Recht *nt* ❷ (*morally correct thing*) das Richtige; **the ~s and wrongs of sth** das Für und Wider einer S. *gen* ❸ (*claim, entitlement*) Recht *nt;* **~ of free speech** Recht *nt* auf freie Meinungsäußerung; **women's ~s** die Rechte *pl* der Frau[en]; **to stand up for one's ~s** für seine Rechte einstehen ❹ *no pl* (*right side*) rechte Seite; **on the ~** rechts, auf der

R

rechten Seite; **on my/her** ~ rechts [von mir/ihr] ⑤ + *sing/pl vb* POL ■**the R~** die Rechte; **the far** ~ die Rechtsextremen *pl* **IV.** *vt* ① (*correct position*) aufrichten; (*correct condition*) in Ordnung bringen ② (*rectify*) *mistake, wrong* wiedergutmachen **V.** *interj* (*fam*) ① (*okay*) in Ordnung, okay *fam;* ~ **you are!** in Ordnung! ② (*as introduction*) ~**, let's go** also, nichts wie los *fam*

'right an·gle *n* rechter Winkel **'right-an·gled** *adj* rechtwinklig

right·eous ['raɪtʃəs] (*form*) **I.** *adj* ① (*virtuous*) *person* rechtschaffen ② (*justifiable*) *anger, indignation* berechtigt, gerechtfertigt **II.** *n* ■**the** ~ *pl* die Gerechten *pl*

right·ful ['raɪtfəl] *adj attr* rechtmäßig

'right-hand *adj attr* ① (*on the right*) rechte(r, s) ② (*with the right hand*) mit der Rechten *nach n;* ~ **punch** rechter Haken **right-hand 'drive** *n no pl* Rechtslenkung *f* **right-'hand·ed** *adj* rechtshändig **right-'hand·er** *n* ① (*person*) Rechtshänder(in) *m(f)* ② (*in boxing*) rechter Haken

right·ist ['raɪtɪst, AM -t̬-] **I.** *n* POL Rechte(r) *f(m)* **II.** *adj* rechtsgerichtet

right·ly ['raɪtli] *adv* ① (*correctly*) richtig ② (*justifiably*) zu Recht; **quite** ~ völlig zu Recht

right-'mind·ed *adj* (*approv*) vernünftig

right of 'way <*pl* rights-> *n* ① *no pl* (*right to pass*) Durchgangsrecht *nt* ② (*path*) Wegerecht *nt* ③ AUTO, AVIAT, NAUT Vorfahrt *f*

'rights is·sue *n* BRIT STOCKEX Bezugsrechtsemission *f*

right-'wing *adj* rechts *präd,* rechte(r, s)

right 'wing *n* + *sing/pl vb* POL, SPORT ■**the** ~ der rechte Flügel; **to be on the** ~ POL dem rechten Flügel angehören

rig·id ['rɪdʒɪd] *adj* ① (*inflexible*) starr, steif ② (*fig: unalterable*) *routine, rules* starr; (*overly stringent*) streng, hart

ri·gid·ity [rɪ'dʒɪdəti, AM -ət̬i] *n no pl* ① (*inflexibility*) Starrheit *f,* Steifheit *f; of concrete* Härte *f* ② (*fig, pej: intransigence*) Starrheit *f,* Unbeugsamkeit *f*

rig·ma·role ['rɪgməraʊl, AM -roʊl] *n usu sing* (*pej*) ① (*procedure*) Prozedur *f* ② (*rambling story*) Gelabere *nt pej*

rig·or *n* AM *see* **rigour**

rig·or mor·tis [ˌrɪgə'mɔːtɪs, AM -gə'mɔːrt̬-] *n no pl* Leichenstarre *f*

rig·or·ous ['rɪgərəs, AM -gɚ-] *adj* ① (*approv: thorough*) [peinlich] genau, präzise ② (*disciplined*) strikt, streng ③ (*physically demanding*) hart

rig·our ['rɪgəʳ] *n* ① *no pl* (*approv: thoroughness*) Genauigkeit *f,* Präzision *f* ② *no pl* (*strictness*) Strenge *f,* Härte *f*

rile [raɪl] *vt* (*fam*) ① (*annoy*) ärgern; **to get sb** ~**d** jdn verärgern ② AM (*stir up*) *water* verschmutzen

rim [rɪm] **I.** *n* ① (*brim, boundary*) *of a cup, plate* Rand *m;* **on the Pacific** ~ am Rande des Pazifiks ② *of a wheel* Felge *f* ③ *usu pl* (*spectacle frames*) Fassung *f* **II.** *vt* <-mm-> umgeben; (*frame*) umrahmen

rime[1] [raɪm] (*liter*) **I.** *n no pl* [Rau]reif *m* **II.** *vt* mit [Rau]reif bedecken

rime[2] *n* (*hist*) *see* **rhyme**

'rim·less ['rɪmləs] *adj* randlos

rind [raɪnd] *n no pl* Schale *f;* (*of a tree*) [Baum]rinde *f;* **bacon** ~ [Speck]schwarte *f;* **[grated] lemon** ~ [geriebene] Zitronenschale

ring[1] [rɪŋ] **I.** *n* ① (*jewellery, circular object, circus arena*) ASTRON Ring *m* ② BRIT (*cooking device*) Kochplatte *f* ③ + *sing/pl vb* (*circle of people*) Kreis *m* ④ + *sing vb* (*circle of objects*) Kreis *m* ⑤ + *sing/pl vb* (*clique*) Kartell *nt,* Syndikat *nt;* **spy** ~ Spionagering *m* **II.** *vt* ① *usu passive* (*surround*) umringen ② BRIT (*draw*) einkreisen

ring[2] [rɪŋ] **I.** *n* ① (*act of sounding bell*) Klingeln *nt kein pl;* (*sound made a.*) Läuten *nt kein pl* ② *usu sing esp* BRIT (*telephone call*) **to give sb a** ~ jdn anrufen ③ (*loud sound*) Klirren *nt kein pl* ④ *usu sing* (*quality*) Klang *m;* **your name has a familiar** ~ Ihr Name kommt mir bekannt vor **II.** *vi* <rang, rung> ① (*produce bell sound*) *telephone* klingeln, läuten; (*cause bell sound*) klingen ② (*have humming sensation*) *ears* klingen ③ (*reverberate*) **the room rang with laughter** der Raum war von Lachen erfüllt ④ *esp* BRIT (*call on telephone*) anrufen **III.** *vt* <rang, rung> ① (*make sound*) *bell* läuten; **to** ~ **the alarm** Alarm auslösen ② *esp* BRIT (*call on telephone*) anrufen; ■**to** ~ **sb back** jdn zurückrufen ◆**ring in I.** *vi* BRIT sich telefonisch melden; **to** ~ **in sick** sich telefonisch krankmelden **II.** *vt* ■**to** ~ **in** ↻ **sth** etw einläuten ◆**ring off** *vi* BRIT auflegen ◆**ring out I.** *vi* ertönen **II.** *vt* ausläuten ◆**ring up I.** *vt* ① *esp* BRIT (*telephone*) anrufen ② COMM *amount* [in die Kasse] eintippen **II.** *vi* BRIT anrufen

'ring bind·er *n* Ringbuch *nt*

ring·er ['rɪŋəʳ, AM -ɚ] *n* ① *esp* AM SPORTS (*fam*) *Spieler, der unerlaubt an einem Wettkampf teilnimmt oder gegen das Reglement eingewechselt wird;* (*in horseracing*) Ringer *m* (*vertauschtes Pferd*)

❷ (*person*) Glöckner(in) *m(f)* ▶ PHRASES: **to be a dead ~ for sb** jdm aufs Haar gleichen
'ring fin·ger *n* Ringfinger *m*
ring·ing ['rɪŋɪŋ] **I.** *adj attr* ❶ (*resounding*) schallend; **~ cheer** lauter Jubel ❷ (*unequivocal*) eindringlich **II.** *n no pl* Klingeln *nt*
'ring·lead·er *n* Anführer(in) *m(f)*
ring·let ['rɪŋlɪt] *n usu pl* Locke *f*
'ring road *n* BRIT, AUS Ringstraße *f* **'ring·side** *n* (*in boxing*) Sitzreihe *f* am Boxring; (*in a circus*) Sitzreihe an der Manege; **~ seat** (*in boxing*) Ringplatz *m;* (*in a circus*) Manegenplatz *m* **'ring·worm** *n no pl* MED Flechte *f*
rink [rɪŋk] *n* Bahn *f;* **ice ~** Eisbahn *f*
rinse [rɪns] **I.** *n* ❶ (*action*) Spülung *f;* **to give a bottle a ~** eine Flasche ausspülen; **to give clothes a ~** Kleidungsstücke spülen ❷ (*for mouth*) Mundspülung *f* ❸ (*conditioner*) [Haar]spülung *f;* (*for tinting hair*) Tönung *f* **II.** *vt* spülen; *hands* abspülen; *mouth* ausspülen **III.** *vi* spülen
riot ['raɪət] **I.** *n* ❶ (*disturbance*) Krawall *m,* Unruhen *pl;* (*uproar*) Aufstand *m a. fig* ❷ *no pl* (*fig approv: display*) **a ~ of colour[s]** eine Farbenpracht ▶ PHRASES: **to run ~** (*behave uncontrollably*) *people* Amok laufen; *emotions* verrückt spielen; (*spread uncontrollably*) *prejudices* um sich *akk* greifen; **my imagination ran ~** die Fantasie ist mit mir durchgegangen **II.** *vi* ❶ (*act violently*) randalieren ❷ (*fig: behave uncontrollably*) wild feiern
ri·ot·er ['raɪətəʳ, AM -t̬ɚ] *n* Aufständische(r) *f(m)*
'riot gear *n no pl* Schutzanzug *m*
riot·ing ['raɪətɪŋ, AM -t̬-] *n no pl* Randalieren *nt,* Krawalle *pl*
ri·ot·ous ['raɪətəs, AM -t̬-] *adj* ❶ (*involving disturbance*) aufständisch ❷ (*boisterous*) ausschweifend; *party* wild ❸ (*vivid*) **a ~ display** eine hemmungslose Zurschaustellung
'riot po·lice *n + sing/pl vb* Bereitschaftspolizei *f*
rip[1] [rɪp] *n* GEOG, NAUT Kabbelung *f*
rip[2] [rɪp] **I.** *n* ❶ (*tear*) Riss *m* ❷ *usu sing* (*act*) Zerreißen *nt;* (*with knife*) Zerschlitzen *nt* **II.** *vt* <-pp-> zerreißen; **to ~ sth into shreds** etw zerfetzen; **to ~ sth open** etw aufreißen; (*with knife*) etw aufschlitzen **III.** *vi* <-pp-> (*tear*) reißen; *seams of clothing* platzen ◆**rip down** *vt* runterreißen; (*building*) abreißen ◆**rip off** *vt* ❶ (*take off fast*) abreißen ❷ (*fam: overcharge*) ■**to ~ off** ↻ **sb** jdn übers Ohr hauen ❸ (*fam: steal*) mitgehen lassen; *ideas* klauen ◆**rip out** *vt* herausreißen ◆**rip up** *vt* zerreißen; **to ~ the carpets up** den Teppichboden herausreißen
RIP [ˌɑːraɪ'piː, AM ˌɑːr-] *abbrev of* **rest in peace** R.I.P.
rip·cord ['rɪpkɔːd, AM -kɔːrd] *n* Reißleine *f*
ripe [raɪp] *adj* ❶ (*ready to eat*) *fruit, grain* reif ❷ (*matured*) *cheese, wine* ausgereift ❸ (*intense*) *flavour, smell* beißend ❹ *pred* (*prepared*) ■**to be ~ for sth** reif für etw *akk* sein ❺ *attr* (*advanced*) fortgeschritten; **to live to a ~ old age** ein hohes Alter erreichen
rip·en ['raɪpᵊn] **I.** *vi* [heran]reifen *a. fig* **II.** *vt fruit* reifen lassen
ripe·ness ['raɪpnəs] *n no pl* Reife *f*
'rip-off *n* (*fam*) Wucher *m kein pl pej;* (*fraud*) Schwindel *m,* Beschiss *m kein pl derb;* **that's just a ~ of my idea!** da hat doch bloß einer meine Idee geklaut! *fam*
ri·poste [rɪ'pɒst, AM -'poʊst] **I.** *n* (*usu approv liter: reply*) [schlagfertige] Antwort **II.** *vt* (*usu approv*) ■**to ~ that ...** [schlagfertig] kontern, dass ...
rip·ple ['rɪpl] **I.** *n* ❶ (*in water*) leichte Welle ❷ (*sound*) Raunen *nt kein pl;* **a ~ of laughter** ein leises Lachen ❸ (*feeling*) Schauer *m* ❹ (*reaction*) Wirkung *f* **II.** *vi* ❶ (*form waves*) *water* sich kräuseln ❷ (*flow with waves*) plätschern ❸ (*move with waves*) *grain* wogen; **his muscles ~d under his skin** man sah das Spiel seiner Muskeln [unter der Haut] **III.** *vt* (*produce wave in*) *water* kräuseln; *muscles* spielen lassen
rip-'roar·ing *adj attr* (*fam*) *match* sagenhaft, mitreißend; *person* Aufsehen erregend
'rip tide *n* GEOG, NAUT Stromkabbelung *f*
rise [raɪz] **I.** *n* ❶ (*upward movement*) *of theatre curtain* Hochgehen *nt kein pl,* Heben *nt kein pl; of the sun* Aufgehen *nt kein pl* ❷ (*in society*) Aufstieg *m;* **~ to power** Aufstieg *m* an die Macht ❸ (*hill*) Anhöhe *f,* Erhebung *f;* (*in a road*) [Straßen]kuppe *f* ❹ (*height*) *of an arch, step* Höhe *f* ❺ (*increase*) Anstieg *m kein pl,* Steigen *nt kein pl;* **[pay] ~** BRIT Gehaltserhöhung *f* **II.** *vi* <rose, risen> ❶ (*ascend*) steigen; *curtain* aufgehen, hochgehen ❷ (*become visible*) *moon, sun* aufgehen ❸ (*become higher*) *voice* höher werden; (*become louder*) lauter werden, sich erheben ❹ (*improve position*) aufsteigen; **to ~ to fame** berühmt werden; **to ~ in sb's esteem** in jds Ansehen *nt* steigen ❺ (*from a chair*) sich erheben ❻ *wind* aufkommen ❼ (*rebel*) ■**to ~ against sb/sth** sich gegen jdn/etw aufleh-

R

nen ⑧ (*incline upwards*) *ground* ansteigen ⑨ (*increase*) [an]steigen; (*in height*) *river, prices* steigen; FOOD *yeast, dough* aufgehen ⑩ *of emotion, temper* sich erhitzen ▶ PHRASES: **to ~ to the bait** anbeißen; **~ and shine!** aufstehen!, los, raus aus den Federn! ◆**rise above** *vi* ■**to ~ above sth** ① (*protrude*) *skyscraper* sich über etw *dat* erheben ② (*be superior to*) über etw *dat* stehen; **to ~ above difficulties** Schwierigkeiten überwinden ◆**rise up** *vi* ① (*mutiny*) ■**to ~ up** sich auflehnen (**against** gegen +*akk*) ② (*be visible*) aufragen

ris·en [ˈrɪzᵊn] *pp of* **rise**

ris·er [ˈraɪzəʳ, AM -ɚ] *n* (*person*) **early ~** Frühaufsteher(in) *m(f)*

ris·ible [ˈrɪzəbl̩] *adj* (*pej form*) lächerlich

ris·ing [ˈraɪzɪŋ] **I.** *adj attr* ① (*increasing in status*) *author, politician* aufstrebend ② (*getting higher*) *flood waters* steigend; *sun* aufgehend ③ (*increasing*) *costs* steigend; *wind* aufkommend; *fury* wachsend ④ (*angled upwards*) *ground* [auf]steigend **II.** *n* Aufstand *m*, Erhebung *f*

risk [rɪsk] **I.** *n* Risiko *nt;* **fire ~** Brandgefahr *f;* **~ to health** Gesundheitsrisiko *nt;* **to take a ~** ein Risiko eingehen **II.** *vt* riskieren; **to ~ life and limb** Leib und Leben riskieren

ˈrisk capi·tal *n no pl* ECON Risikokapital *nt* **ˈrisk-free** *adj* (*approv*) risikolos **ˈrisk lia·bil·ity** *n* Risikohaftung *f*

risky [ˈrɪski] *adj* riskant

ris·qué [ˈrɪskeɪ, AM rɪˈskeɪ] *adj* gewagt

ris·sole [ˈrɪsəʊl, AM -soʊl] *n* Rissole *f*

rite [raɪt] *n usu pl* Ritus *m;* **last ~s** Sterbesakramente *pl*

ritu·al [ˈrɪtjuəl, AM -tʃu-] **I.** *n* Ritual *nt*, Ritus *m* **II.** *adj attr* rituell, Ritual-

ritzy [ˈrɪtsi] *adj* (*fam*) nobel

ri·val [ˈraɪvᵊl] **I.** *n* Rivale(in) *m(f);* ECON, COMM Konkurrent *m;* **arch ~** Erzrivale(in) *m(f);* **bitter ~s** scharfe Rivalen **II.** *adj* rivalisierend *attr,* konkurrierend *attr;* **~ brand** Konkurrenzmarke *f;* **~ team** gegnerische Mannschaft **III.** *vt* <BRIT -ll- *or* AM *usu* -l-> konkurrieren (mit +*dat*); ■**to be ~led by sth/sb** von etw/jdm übertroffen werden

ri·val·ry [ˈraɪvᵊlri] *n* ① *no pl* (*competition*) Rivalität *f* (**among** unter +*dat*); *esp* ECON, SPORTS Konkurrenz *f* (**for** um +*akk*) ② (*incidence*) Rivalität *f;* **friendly ~** freundschaftlicher Wettstreit

riv·er [ˈrɪvəʳ, AM -ɚ] *n* (*water*) Fluss *m;* **down ~** stromabwärts; **up ~** stromaufwärts

ˈriv·er ba·sin *n* Flussbecken *nt* **ˈriv·er bed** *n* Flussbett *nt* **ˈriv·er fish** *n* Flussfisch *m* **ˈriv·er po·lice** *n no pl, + sing/pl vb* Wasserschutzpolizei *f* **ˈriv·er·side** *n* [Fluss]ufer *nt*

riv·et [ˈrɪvɪt] **I.** *n* Niete *f* **II.** *vt* ① (*join*) ■**to ~ sth [together]** etw [zusammen]nieten ② (*fix firmly*) fesseln; **to be ~ed to the spot** wie angewurzelt stehen bleiben ③ (*engross*) fesseln

riv·et·ing [ˈrɪvɪtɪŋ, AM -t̬-] *adj* (*fam*) fesselnd

rivu·let [ˈrɪvjələt, AM -lɪt] *n* Bächlein *nt;* (*fig*) **~s of sweat ran down his face** der Schweiß lief ihm in Rinnsalen übers Gesicht

RN [ˌɑːrˈen] *n* ① BRIT MIL *abbrev of* **Royal Navy** ② AM *abbrev of* **registered nurse** examinierte Krankenschwester; (*male*) examinierter Krankenpfleger

RNA [ˌɑːrenˈeɪ] *n no pl abbrev of* **ribonucleic acid** RNS *f*

RNLI [ˌɑːrenelˈaɪ] *n* BRIT *abbrev of* **Royal National Lifeboat Institution** ≈ DLRG *f*

roach[1] <*pl* -> [rəʊtʃ, AM roʊtʃ] *n* (*fish*) Rotauge *nt*

roach[2] <*pl* -es> [rəʊtʃ, AM roʊtʃ] *n* (*fam*) ① AM ZOOL (*cockroach*) Küchenschabe *f* ② (*sl: of a joint*) *eingedrehter Pappfilter*

road [rəʊd, AM roʊd] *n* ① (*way*) Straße *f;* **busy ~** stark befahrene Straße; **main ~** Hauptstraße *f;* **to cross the ~** die Straße überqueren ② *no pl* (*street name*) Straße *f* ③ AM (*railroad*) Eisenbahn *f* ④ (*fig: course*) Weg *m;* **on the ~ to recovery** auf dem Wege der Besserung

ˈroad ac·ci·dent *n* Verkehrsunfall *m* **ˈroad·block** *n* Straßensperre *f* **ˈroad haul·age** *n no pl* BRIT Güterverkehr *m* (*auf den Straßen*) **ˈroad hog** *n* (*pej fam*) Verkehrsrowdy *m* **ˈroad·house** *n* AM Raststätte *f*

roadie [ˈrəʊdi, AM ˈroʊdi] *n* (*fam*) Roadie *m*

ˈroad map *n* Straßenkarte *f* **ˈroad rage** *n no pl* aggressives Verhalten im Straßenverkehr **road ˈsafe·ty** *n no pl* Verkehrssicherheit *f* **ˈroad sense** *n no pl* BRIT verantwortungsvolles Verhalten im Straßenverkehr **ˈroad·show** *n* ① RADIO, TV Direktübertragung *f* vom Drehort ② POL Kampagne *f* **ˈroad·side I.** *n no pl* Straßenrand *m* **II.** *adj* Straßen-, am Straßenrand gelegen **ˈroad sign** *n* Verkehrsschild *nt* **ˈroad sur·face** *n* Straßenbelag *m* **ˈroad sweep·er** *n* Straßenkehrer(in) *m(f)*, Straßenfeger(in) *m(f)* SÜDD **ˈroad-test** *vt car* Probe fahren **ˈroad traf·fic** *n no pl* Straßenverkehr *m* **road ˈtrans·port** *n no pl* BRIT Güterverkehr *m* **ˈroad us·er** *n* Verkehrsteilnehmer(in) *m(f)* **ˈroad·way** *n no pl* Fahrbahn *f* **ˈroad·works** *npl* Straßenbauarbeiten *pl*

R

roam [rəʊm, AM roʊm] **I.** *vi* ① (*travel aimlessly*) **to ~ about/around/over/through** umherstreifen, umherziehen ② *mind, thoughts* abschweifen **II.** *vt* **to ~ the streets** durch die Straßen ziehen *fam; dog* herumstreunen

roan [rəʊn, AM roʊn] **I.** *adj horse, calf* rötlich grau **II.** *n* Rotschimmel *m*

roar [rɔːʳ, AM rɔːr] **I.** *n* ① (*bellow*) *of a lion, person* Brüllen *nt kein pl,* Gebrüll *nt kein pl* ② (*loud noise*) *of an aircraft, a cannon* Donnern *nt kein pl; of an engine* [Auf]heulen *nt kein pl,* Dröhnen *nt kein pl; of a fire* Prasseln *nt kein pl; of thunder* Rollen *nt kein pl,* Grollen *nt kein pl; of waves* Tosen *nt kein pl; of wind* Heulen *nt kein pl* ③ (*laughter*) schallendes Gelächter **II.** *vi* ① (*bellow*) *lion, person* brüllen; ▪**to ~ at sb** jdn anbrüllen ② (*make a loud noise*) *aircraft, cannon* donnern; *engine* [auf]heulen, dröhnen; *fire* prasseln; *thunder* rollen, grollen; *waves* tosen; *wind* heulen ③ (*laugh*) **to ~ with laughter** in schallendes Gelächter ausbrechen **III.** *vt* brüllen

roar·ing [ˈrɔːrɪŋ] *adj attr* ① (*noisy*) *animal, crowd, person* brüllend; *inanimate object* lärmend; *aircraft, cannon* donnernd; *engine, wind* heulend; *fire* prasselnd; *traffic, waves* tosend; *thunder* rollend ② (*fam: for emphasis*) **to do a ~ trade** ein Bombengeschäft machen

roast [rəʊst, AM roʊst] **I.** *vt* ① (*heat*) rösten; *meat* braten ② (*criticize*) ▪**to ~ sb** mit jdm hart ins Gericht gehen **II.** *vi* braten *a. fig,* [vor Hitze] fast umkommen *fam* **III.** *adj attr* Brat-; **~ beef** Roastbeef *nt,* Rinderbraten *m;* **~ chicken** Brathähnchen *nt* **IV.** *n* ① FOOD Braten *m* ② *no pl* (*process*) Rösten *nt* ③ (*of coffee*) Röstung *f*

roast·er [ˈrəʊstəʳ, AM ˈroʊstɚ] *n* ① (*device*) Röstapparat *m; for metal ore* Röstofen *m* ② (*oven*) Bratofen *m,* Bratröhre *f* ③ (*chicken*) Brathähnchen *nt;* (*pig*) Spanferkel *nt*

roast·ing [ˈrəʊstɪŋ, AM ˈroʊ-] **I.** *adj attr* ① (*for roasting*) zum Braten *nach n* ② (*fam: hot*) knallheiß **II.** *n* ① *no pl* (*action of cooking*) Braten *nt* ② *usu sing* (*fam: criticism*) Standpauke *f;* **to give sb a ~** jdm eine Standpauke halten

rob <-bb-> [rɒb, AM rɑːb] *vt* ① (*steal from*) ▪**to ~ sb** jdn bestehlen; (*violently*) jdm rauben; *bank* ausrauben ② *usu passive* (*fam: overcharge*) ausnehmen ③ (*deprive*) ▪**to ~ sb of sth** jdn um etw *akk* bringen

rob·ber [ˈrɒbəʳ, AM ˈrɑːbɚ] *n* Räuber(in) *m(f)*

rob·bery [ˈrɒbəri, AM ˈrɑːbɚi] *n* ① *no pl* (*action*) Raubüberfall *m* ② (*theft*) Raub[überfall] *m;* **bank ~** Bankraub *m* ③ (*fam: overcharging*) **daylight** [*or* AM **highway**] **~** Halsabschneiderei *f pej fam*

robe [rəʊb, AM roʊb] *n* ① *usu pl* (*formal gown*) Talar *m* ② (*dressing gown*) Morgenmantel *m*

rob·in [ˈrɒbɪn, AM ˈrɑːb-] *n* ORN ① (*European bird*) Rotkehlchen *nt* ② (*American bird*) Wanderdrossel *f*

ro·bot [ˈrəʊbɒt, AM ˈroʊbɑːt] *n* (*machine*) Roboter *m a. fig*

ro·bot·ics [rə(ʊ)ˈbɒtɪks, AM roʊˈbɑːt̬-] *n + sing vb* Robotik *f kein pl*

ro·bust [rə(ʊ)ˈbʌst, AM roʊˈ-] *adj* ① (*healthy*) kräftig, robust; *appetite* gesund; **to be in ~ health** kerngesund sein ② (*sturdy*) *material* robust, widerstandsfähig ③ (*down-to-earth*) *approach, view* bodenständig ④ (*full-bodied*) *food* deftig; *wine* kernig

ro·bust·ness [rə(ʊ)ˈbʌstnəs, AM roʊˈ-] *n no pl* ① (*vitality, sturdiness*) Widerstandsfähigkeit *f,* Robustheit *f* ② (*determination*) Entschlossenheit *f*

rock¹ [rɒk, AM rɑːk] *n* ① *no pl* AM, AUS (*stone*) Stein *m* ② (*sticking out of ground*) Fels[en] *m;* (*sticking out of sea*) Riff *nt;* (*boulder*) Felsbrocken *m* ③ GEOL Gestein *nt* ④ (*fig: firm support*) Fels *m* in der Brandung ⑤ (*fam: diamond*) Klunker *m* ⑥ (*fam: piece of crack cocaine*) Crack *nt kein pl* ▸ PHRASES: **on the ~s** (*fam: in disastrous state*) am Ende; *relationship, marriage* kaputt *fam;* (*served with ice*) mit Eis

rock² [rɒk, AM rɑːk] **I.** *n* ① *no pl* Rockmusik *f* ② (*movement*) Schaukeln *nt kein pl,* Wiegen *nt kein pl* **II.** *vt* ① (*cause to move*) schaukeln; (*gently*) wiegen ② (*a. fig: sway*) erschüttern **III.** *vi* ① (*move*) schaukeln ② (*dance*) rocken *fam;* (*play music*) Rock[musik] spielen ③ (*fam: be excellent*) **he really ~s!** er ist ein Supertyp!

rock and ˈroll *n no pl* Rock and Roll *m*

ˈrock band *n* Rockband *f* **rock ˈbot·tom** *n* Tiefpunkt *m;* **to be at ~** am Tiefpunkt [angelangt] sein; *person a.* am Boden zerstört sein **ˈrock-bottom** *adj* Niedrigst-; **~ prices** Tiefstpreise *pl* **ˈrock bun, ˈrock cake** *n* BRIT, AUS [kleiner] Rosinenkuchen **ˈrock climb·er** *n* Bergsteiger(in) *m(f)* **ˈrock climb·ing** *n no pl* Klettern *nt*

rock·er [ˈrɒkəʳ, AM ˈrɑːkɚ] *n* ① (*musician*) Rockmusiker(in) *m(f);* (*fan*) Rockfan *m;* (*song*) Rocksong *m* ② BRIT (*hist: in '60s motorcycle cult*) Rocker(in) *m(f)* ③ (*chair*) Schaukelstuhl *m;* (*rocking horse*) Schaukelpferd *nt* ④ (*curved bar*) *of a chair* [Roll]kufe *f; of a cradle* [Wiegen]ku-

R

fe *f*

rock·ery [ˈrɒkəri, AM ˈrɑːkəri] *n* Steingarten *m*

rock·et¹ [ˈrɒkɪt, AM ˈrɑːk-] **I.** *n* ① (*missile*) [Marsch]flugkörper *m;* (*for space travel*) Rakete *f* ② (*firework*) [Feuerwerks]rakete *f* **II.** *vi* ■**to ~** [**up**] *costs, prices* hochschnellen, in die Höhe schnellen; **to ~ to fame** über Nacht berühmt werden

rock·et² [ˈrɒkɪt, AM ˈrɑːk-] *n no pl* BOT Rauke *f*

ˈrock·et launch·er *n* MIL Raketenwerfer *m*

ˈrock face *n* Felswand *f* **ˈrock·fall** *n* Steinschlag *m kein pl*

ˈrock fes·ti·val *n* Rockfestival *nt*

ˈrock gar·den *n esp* AM Steingarten *m*

Rockies [ˈrɒkiz, AM ˈrɑːkiz] *n* ■**the ~** die Rocky Mountains *pl*

rock·ing [ˈrɒkɪŋ, AM ˈrɑːk-] *adj* schaukelnd, schwankend

ˈrock·ing chair *n* Schaukelstuhl *m*

ˈrock·ing horse *n* Schaukelpferd *nt*

ˈrock mu·sic *n no pl* Rockmusik *f* **ˈrock plant** *n* Steingartenpflanze *f* **ˈrock salt** *n no pl* Steinsalz *nt* **ˈrock star** *n* Rockstar *m*

rocky¹ [ˈrɒki, AM ˈrɑːki] *adj* ① (*characterized by rocks*) felsig ② (*full of rocks*) *soil* steinig

rocky² [ˈrɒki, AM ˈrɑːki] *adj* ① (*tottering*) wack[e]lig ② (*full of difficulties*) schwierig; *future* unsicher

Rocky ˈMoun·tains *n* ■**the ~** die Rocky Mountains *pl*

ro·co·co [rə(ʊ)ˈkəʊkəʊ, AM rəˈkoʊkoʊ] **I.** *adj* Rokoko- *f* **II.** *n no pl* Rokoko *nt*

rod [rɒd, AM rɑːd] *n* ① (*bar*) Stange *f* ② (*for punishing*) Rute *f;* (*cane*) Rohrstock *m* ③ (*for fishing*) [Angel]rute *f;* (*angler*) Angler(in) *m(f)* ▶ PHRASES: **to rule sb/sth with a ~ of iron** jdn/etw mit eiserner Hand regieren

rode [rəʊd, AM roʊd] *pt of* **ride**

ro·dent [ˈrəʊdənt, AM ˈroʊ-] **I.** *n* Nagetier *nt* **II.** *adj* nagend, Nage-

ro·deo [rə(ʊ)ˈdeɪəʊ, AM ˈroʊdioʊ] *n* (*for cowboys*) Rodeo *nt*

roe¹ [rəʊ, AM roʊ] *n no pl of female fish* Rogen *m; of male fish* Milch

roe² <*pl* -s *or* -> [rəʊ, AM roʊ] *n* (*deer*) Reh *nt*

ˈroe·buck *n* Rehbock *m*

rog·er [ˈrɒdʒəʳ, AM ˈrɑːdʒɚ] *interj* **~!** verstanden!, roger! *sl*

rogue [rəʊg, AM roʊg] **I.** *n* (*pej*) Gauner(in) *m(f);* (*rascal*) Spitzbube *m* **II.** *adj company, organization* skrupellos; **~ state** Schurkenstaat *m; see also* **colleague**

ro·guery [ˈrəʊgəri, AM ˈroʊgɚi] *n* (*pej*) ① (*dishonesty*) Gaunerei *f* ② (*mischief*) Unfug *m kein pl,* Unsinn *m kein pl*

ro·guish [ˈrəʊgɪʃ, AM ˈroʊ-] *adj* ① (*dishonest*) schurkisch ② (*mischievous*) schelmisch; *smile, twinkle* spitzbübisch

role [rəʊl, AM roʊl] *n* ① FILM, THEAT, TV Rolle *f;* **supporting ~** Nebenrolle *f* ② (*function*) Rolle *f,* Funktion *f*

ˈrole mod·el *n* Rollenbild *nt* **ˈrole play, ˈrole play·ing** *n no pl* Rollenspiel *nt* **ˈrole re·ver·sal** *n* Rollentausch *m kein pl*

roll [rəʊl, AM roʊl] **I.** *n* ① (*cylinder, cylindrical mass*) *of film, paper* Rolle *f; of cloth* Ballen *m* ② (*list*) [Namens]liste *f;* (*register*) Verzeichnis *nt* ③ (*bread*) Brötchen *nt* ④ *no pl* (*movement*) Rollen *nt;* (*turning over*) Herumrollen *nt;* (*wallowing*) Herumwälzen *nt* ⑤ *no pl* (*unsteady movement*) *of a car, plane, ship* Schlingern *nt* ⑥ *usu sing* (*sound*) *of thunder* [G]rollen *nt kein pl; of an organ* Brausen *nt kein pl;* **drum ~** Trommelwirbel *m* ▶ PHRASES: **to be on a ~** (*fam*) eine Glückssträhne haben **II.** *vt* ① (*cause to move around axis, push on wheels*) rollen; *eyes* verdrehen ② (*turn over*) drehen; **to ~ one's car** sich mit dem Auto überschlagen ③ (*shape*) ■**to ~ sth into sth** etw zu etw *dat* rollen; **he ~ed the clay into a ball** er formte den Ton zu einer Kugel ④ (*wind*) aufrollen; **the hedgehog ~ed itself into a ball** der Igel rollte sich zu einer Kugel zusammen; *cigarette* drehen ⑤ (*wrap*) ■**to ~ sth in sth** etw in etw *akk* einwickeln ⑥ (*flatten*) walzen; *pastry* ausrollen **III.** *vi* ① (*move around axis, move on wheels*) rollen (**off** von + *dat*); (*turn over*) sich herumrollen; (*wallow*) sich [herum]wälzen ② (*flow*) *drop, waves* rollen; *tears* kullern ③ (*oscillate*) *ship, plane* schlingern; (*person*) schwanken ④ (*operate*) laufen; **to keep sth ~ing** etw in Gang halten ⑤ (*fig: elapse*) *years* **to ~ by** vorbeiziehen ⑥ (*undulate*) wallen ⑦ (*reverberate*) widerhallen; *thunder* [g]rollen

◆**roll about** *vi* ① (*move around axis, turn over*) herumrollen; (*wallow*) sich herumwälzen ② (*move unsteadily*) *ship* schlingern

◆**roll along** *vi* ① (*move by turning*) dahinrollen ② (*move*) *flood* dahinströmen; *clouds* dahinziehen

◆**roll back** **I.** *vt* ① (*move back*) zurückrollen; (*push back*) zurückschieben; (*fold back*) zurückschlagen ② (*fig: reverse development*) *advances* umkehren; **to ~ back the years** die Uhr zurückdrehen *fig* ③ AM (*lower*) *costs, prices, wages* senken **II.** *vi* ① (*move backwards*) zurückrollen ② ECON, FIN *prices, wages* sinken

◆**roll down** **I.** *vt* ① (*move around axis*) hinunterrollen; (*bring down*) herunterrollen ② (*turn*) *window* herunterkurbeln; **to ~ down ◌ one's sleeves** die Ärmel herunterkrempeln **II.** *vi* hinunterrollen; (*come down*) herunterrollen; *tears a.* herunterlaufen ◆**roll in I.** *vi* (*fam*) ❶ (*move*) hineinrollen; (*come in*) hereinrollen ❷ (*be received*) *offers* [massenhaft] eingehen; *money* reinkommen *fam* ❸ (*arrive*) hereinplatzen *fam* ▸PHRASES: **to be ~ing in money** (*fam*) im Geld schwimmen **II.** *vt* (*bring in*) hereinrollen; (*take in*) hineinrollen ◆**roll off I.** *vt* **he quickly ~ed off some copies on the duplicating machine** er machte schnell ein paar Kopien am Kopierer **II.** *vi* ❶ (*fall*) herunterrollen ❷ (*set off*) davonrollen ◆**roll on I.** *vi* ❶ (*move further*) weiterrollen ❷ (*continue*) weitergehen; *time* verfliegen **II.** *vt* (*apply*) aufwalzen ◆**roll out I.** *vt* ❶ (*take out*) hinausrollen; (*bring out*) herausrollen ❷ *dough* ausrollen; *metal* auswalzen ❸ AM ECON *new product* herausbringen **II.** *vi* ❶ (*move outside*) hinausrollen; (*come out*) herausrollen ❷ AM ECON *new product* herauskommen ◆**roll over I.** *vi* herumrollen; *person, animal* sich umdrehen; *car* umkippen; *boat* kentern; **to ~ over onto one's side** sich auf die Seite rollen **II.** *vt* ❶ (*turn over*) umdrehen ❷ FIN *credit* erneuern; *debt* umschulden ◆**roll up I.** *vt* ❶ (*move up, around axis*) hochrollen; *clothes* hochkrempeln; *window* hochkurbeln ❷ (*coil*) aufrollen; *string* aufwickeln ❸ FIN, ECON *credit* verlängern **II.** *vi* ❶ (*move up*) hochrollen ❷ (*fam: arrive*) aufkreuzen; *crowds* herbeiströmen

'roll bar *n* Überrollbügel *m* **'roll-call** *n* Namensaufruf *m kein pl*

roll·er ['rəʊlə^r, AM 'roʊlɚ] *n* ❶ TECH Walze *f* ❷ (*for paint*) Rolle *f*, Roller *m* ❸ (*for hair*) Lockenwickler *m*

'roll·er bear·ing *n* TECH Rollenlager *nt* **'Roll·er·blade®** **I.** *n* SPORTS Rollerblade® *m*, Inlineskater *m* **II.** *vi* inlineskaten **'roll·er blind** *n esp* BRIT, AUS Rollo *nt* **'roll·er coast·er** *n* Achterbahn *f* **'roll·er skate** *n* Rollschuh *m* **'roll·er-skate** *vi* Rollschuh laufen [*o* fahren] **'roll·er skat·er** *n* Rollschuhläufer(in) *m(f)*

rol·lick·ing¹ ['rɒlɪkɪŋ, AM 'rɑːl-] *adj attr* (*approv*) *party* ausgelassen; *film* lustig; **~ fun** Riesenspaß *m*

rol·lick·ing² ['rɒlɪkɪŋ] *n usu sing* BRIT (*pej fam*) Anpfiff *m*

roll·ing ['rəʊlɪŋ, AM 'roʊ-] *adj attr* ❶ (*not immediate*) *implementation* allmählich ❷ (*moderately rising*) *hills* sanft ansteigend ❸ (*undulating*) *gait* wankend, schwankend

'roll·ing mill *n* ❶ (*machine*) Walzmaschine *f* ❷ (*factory*) Walzwerk *nt* **'roll·ing pin** *n* Nudelholz *nt* **'roll·ing stock** *n no pl* ❶ RAIL (*vehicles used*) Waggons *pl* im Einsatz, rollendes Material ❷ AM TRANSP Fuhrpark *m*

'roll-neck *n* Rollkragen *m;* (*sweater*) Rollkragenpullover *m* **'roll-on I.** *adj attr* Roll-on- **II.** *n* (*deodorant*) Deoroller *m* **roll-on roll-off 'fer·ry** *adj attr* Roll-on-roll-off-Fähre *f*

roly-poly [ˌrəʊli'pəʊli, AM ˌroʊli'poʊ-] **I.** *n no pl esp* BRIT FOOD englischer Rollpudding, ≈ Strudel *m* (*gebacken oder gedämpft*) **II.** *adj* (*hum fam*) rundlich; *baby* moppelig *fam; child* pummelig

ROM [rɒm, AM rɑːm] *n no pl abbrev of* **Read Only Memory** ROM *m o nt*

Ro·man ['rəʊmən, AM 'roʊ-] **I.** *adj* römisch **II.** *n* Römer(in) *m(f)*

Ro·man 'can·dle *n Feuerwerkskörper, der bunte Funken hervorbringt* **Ro·man 'Catho·lic I.** *adj* römisch-katholisch **II.** *n* Katholik(in) *m(f)*

ro·mance [rə(ʊ)'mæn(t)s, AM roʊ'-] *n* ❶ *no pl* (*romanticism*) Romantik *f;* (*love*) romantische Liebe ❷ (*love affair*) Romanze *f*, Liebesaffäre *f* ❸ (*movie*) Liebesfilm *m;* (*remote from reality*) Fantasiegeschichte *f;* (*book*) Liebesroman *m;* (*medieval tale*) Ritterroman *m*

Ro·mance [rə(ʊ)'mæn(t)s, AM roʊ'-] *adj* LING **~ languages** romanische Sprachen

Ro·man·esque [ˌrəʊmᵊn'esk, AM ˌroʊ-] ARCHIT **I.** *adj* romanisch **II.** *n no pl* ■**the ~** die Romanik

Ro·ma·nia [rʊ'meɪniə, AM roʊ'-] *n* Rumänien *nt*

Ro·ma·nian [rʊ'meɪniən, AM roʊ'-] **I.** *adj* rumänisch **II.** *n* ❶ (*person*) Rumäne(in) *m(f)* ❷ *no pl* (*language*) Rumänisch *nt*

ro·man·tic [rə(ʊ)'mæntɪk, AM roʊ'-] **I.** *adj* romantisch **II.** *n* Romantiker(in) *m(f)*

ro·man·ti·cism, Ro·man·ti·cism [rə(ʊ)'mæntɪsɪzᵊm, AM roʊ'-] *n no pl* ART, LIT Romantik *f*

Roma·ny ['rɒməni, AM 'rɑːm-] **I.** *n* ❶ *no pl* (*language*) Romani *nt* ❷ (*gypsy*) Roma *pl* **II.** *adj* Roma-

Rome [rəʊm, AM roʊm] *n* Rom *nt*

romp [rɒmp, AM rɑːmp] **I.** *vi* (*play*) *children, young animals* tollen **II.** *n* ❶ (*play*) Tollerei *f kein pl* ❷ (*book, film, play*) Klamauk *m kein pl*

romp·ers ['rɒmpəz, AM 'rɑːmpɚz] *npl*, **romp·er suit** *n* Strampelanzug *m*

roof [ruːf] **I.** *n* ❶ (*top of house*) Dach *nt* ❷ (*attic*) Dachboden *m* ❸ (*ceiling*) *of a*

R

cave Decke *f; of mouth* Gaumen *m; of a tree* Krone *f* **II.** *vt* überdachen

roof·er ['ru:fəʳ, AM -ɚ] *n* Dachdecker(in) *m(f)*

'roof gar·den *n* Dachgarten *m*

roof·ing ['ru:fɪŋ] **I.** *n no pl* ① (*material*) Material *nt* zum Dachdecken ② (*job*) Dachdecken *nt* **II.** *adj* Dach-; ~ **material** Bedachungsmaterial *nt*

'roof rack *n* Dachgepäckträger *m* **'roof·top** *n* Dach *nt;* ~ **view** Aussicht *f* vom Dach aus

rook [rʊk] *n* ① (*bird*) Saatkrähe *f* ② CHESS Turm *m*

rook·ery ['rʊkᵊri, AM -ɚi] *n* Saatkrähenkolonie *f;* (*of penguins, seals*) Kolonie *f*

rookie ['rʊki] *n esp* AM, AUS (*fam*) Neuling *m;* MIL Rekrut(in) *m(f)*

room [ru:m] **I.** *n* ① *no pl* (*space*) Platz *m;* (*scope a.*) Raum *m;* ~ **for manoeuvre** Bewegungsspielraum *m* ② (*in a building*) Zimmer *nt,* Raum *m;* **double** ~ Doppelzimmer *nt* ③ (*people present*) **the whole ~ turned around and stared at him** alle, die im Zimmer waren, drehten sich um und starrten ihn an **II.** *vi esp* AM wohnen; ■**to ~ with sb** mit jdm zusammen wohnen

room·ful ['ru:mfʊl] *n usu sing* **a ~ of people** ein Zimmer *nt* voller Leute

'room·ing house *n* AM (*boarding house*) Pension *f*

'room-mate, AM *usu* **'room·mate** *n* ① (*sharing room*) Zimmergenosse(in) *m(f)* ② AM (*sharing flat or house*) Mitbewohner(in) *m(f)* **'room ser·vice** *n no pl* Zimmerservice *m* **room 'tem·pera·ture** *n no pl* Zimmertemperatur *f*

roomy ['ru:mi] *adj* (*approv*) geräumig

roost [ru:st] **I.** *n* Rastplatz *m;* (*for sleep*) Schlafplatz *m* **II.** *vi* rasten

roost·er ['ru:stəʳ, AM -ɚ] *n* AM, AUS (*cockerel*) Hahn *m*

root [ru:t] **I.** *n* ① (*embedded part*) Wurzel *f;* (*of potato*) Knolle *f;* (*of a tulip*) Zwiebel *f;* **to take** ~ Wurzeln schlagen ② (*fig: basic cause*) Wurzel *f,* Ursprung *m;* (*essential substance*) Kern *m kein pl* ③ *pl* (*fig: origins*) Wurzeln *pl,* Ursprung *m* ④ MATH Wurzel *f;* **square** ~ Quadratwurzel *f* **II.** *vt cuttings, plant* einpflanzen **III.** *vi* ① *plant* wurzeln, Wurzeln schlagen ② (*fam: support*) **to ~ for a team** eine Mannschaft anfeuern ◆**root about, root around** *vi* (*fam*) herumwühlen (**in** in +*dat*), wühlen (**for** nach +*dat*) ◆**root out** *vt* ① BOT *plant, weeds* ausgraben ② (*eliminate*) ausrotten ③ (*find*) aufstöbern

'root beer *n no pl* AM *colaartiges alkoholfreies Getränk aus verschiedenen Pflanzenwurzeln* **root 'cause** *n* Grundursache *f,* Wurzel *f fig*

root·less ['ru:tləs] *adj* ① (*without home*) heimatlos ② BOT wurzellos

'root sign *n* MATH Wurzelzeichen *nt* **root 'veg·eta·ble** *n* (*beets, carrots*) Wurzel *f,* Wurzelgemüse *nt;* (*potatoes*) Knolle *f*

rope [rəʊp, AM roʊp] **I.** *n* ① (*cord*) Seil *nt,* Strick *m;* NAUT Tau *nt* ② AM (*lasso*) Lasso *nt* **II.** *vt* anseilen, festbinden (**to** an +*dat*); **to ~ calves** Kälber mit dem Lasso [ein]fangen ◆**rope in** *vt* (*fam*) einspannen ◆**rope off** *vt* **to ~ off** ↻ **an area** ein Gebiet [mit Seilen/einem Seil] absperren ◆**rope up** *vi* ① (*connect*) sich anseilen ② (*climb up*) angeseilt hinaufklettern

rope 'lad·der *n* Strickleiter *f* **'rope·way** *n* RAIL Kabelbahn *f*

ropey, ropy ['rəʊpi, AM 'roʊ-] *adj* ① (*ropelike*) seilartig ② BRIT, AUS (*pej fam: ill*) elend; ~ **tyres** schlechte Reifen

ro-ro ['rəʊreʊ] *adj* BRIT *short for* **roll-on-roll-off**: ~ **ferry** Ro-Ro-Fähre *f*

ro·sary ['rəʊzᵊri, AM 'roʊ-] *n* Rosenkranz *m*

rose¹ [rəʊz, AM roʊz] **I.** *n* ① (*flower*) Rose *f;* (*bush*) Rosenbusch *m;* (*tree*) Rosenbäumchen *nt* ② (*nozzle*) Brause *f* ③ *no pl* (*colour*) Rosa *nt* ▶PHRASES: **to come up** [**smelling of**] **~s** bestens laufen *fam* **II.** *adj* rosa

rose² [rəʊz, AM roʊz] *pt of* **rise**

'rose·bud *n* Rosenknospe *f* **'rose bush** *n* Rosenstrauch *m* **'rose gar·den** *n* Rosengarten *m* **'rose hip I.** *n* Hagebutte *f* **II.** *adj syrup, wine* Hagebutten-

rose·mary ['rəʊzmᵊri, AM 'roʊzmeri] *n no pl* Rosmarin *m*

ro·sette [rə(ʊ)'zet, AM roʊ'-] *n* Rosette *f*

'rose wa·ter *n no pl* Rosenwasser *nt* **rose 'win·dow** *n* ARCHIT Fensterrose *f*

ros·in ['rɒzɪn, AM 'rɑ:zən] MUS **I.** *n no pl* Kolophonium *nt* **II.** *vt* **to ~ a violin bow** einen Geigenbogen mit Kolophonium einreiben

ros·ter ['rɒstəʳ, AM 'rɑ:stɚ] *n esp* AM, AUS ① (*list*) Liste *f;* (*plan*) Plan *m;* **duty** ~ Dienstplan *m* ② SPORTS Spielerliste *f*

ros·trum <*pl* rostrums *or* rostra> ['rɒstrəm, AM 'rɑ:s-, *pl* -trə] *n* (*raised platform*) Tribüne *f,* Podium *nt;* (*for public speaker a.*) Rednerpult *nt;* (*for conductor*) Dirigentenpult *nt*

rosy ['rəʊzi, AM 'roʊ-] *adj* rosig *a. fig*

rot [rɒt, AM rɑ:t] **I.** *n no pl* ① (*process*) Fäulnis *f* ② (*decayed matter*) Verfaultes *nt,* Verwestes *nt* ③ BOT Fäule *f* **II.** *vi* <-tt-> ① (*decay*) verrotten; *teeth, meat* verfau-

len; *woodwork* vermodern ② (*deteriorate*) *institution, society* verkommen **III.** *vt* <-tt-> ■**to ~ sth** etw vermodern lassen
◆**rot away I.** *vi* verfaulen **II.** *vt* verfaulen lassen

rota ['rəʊtə, AM 'roʊt̬ə] *n esp* BRIT (*list*) Liste *f;* (*plan*) Plan *m*

ro·tary ['rəʊtᵊri, AM 'roʊt̬ɚi] **I.** *adj* kreisend, rotierend, Dreh-; **~ pump** Rotationspumpe *f* **II.** *n* AM TRANSP Kreisverkehr *m*

'rota sys·tem *n* BRIT Dienstplan *m*

ro·tate [rə(ʊ)'teɪt, AM 'roʊteɪt] **I.** *vi* ① (*revolve*) rotieren (**around** um +*akk*) ② (*alternate*) wechseln **II.** *vt* ① (*cause to turn*) drehen ② (*alternate*) **to ~ duties** Aufgaben turnusmäßig [abwechselnd] verteilen; *troops* auswechseln ③ AGR *crops* im Fruchtwechsel anbauen

ro·ta·tion [rə(ʊ)'teɪʃᵊn, AM roʊ'-] *n* Rotation *f,* Umdrehung *f;* **crop ~** AGR Fruchtwechsel *m;* **in ~** im Wechsel

ro·ta·tory ['rəʊtətᵊri, AM 'roʊt̬ətɔːri] *adj* rotierend, Rotations-

rote [rəʊt, AM roʊt] *n no pl* (*usu pej*) **by ~** *learn* auswendig

ro·tor ['rəʊtəʳ, AM 'roʊt̬ɚ] *n* Rotor *m*

rot·ten ['rɒtᵊn, AM 'rɑː-] **I.** *adj* ① (*decayed*) verfault; *fruit* verdorben; *tooth* faul; *wood* modrig ② (*corrupt*) korrupt, völlig verdorben *fig* ③ (*fam: very bad*) mies; **I'm a ~ cook** ich bin ein hundsmiserabler Koch ④ (*fam: nasty*) *trick, joke* gemein **II.** *adv* (*fam*) total *fam;* **spoiled ~** *child* völlig verzogen

ro·tund [rə(ʊ)'tʌnd, AM roʊ'-] *adj* (*plump*) *person* massig

ro·tun·da [rə(ʊ)'tʌndə, AM roʊ'-] *n* Rotunde *f*

rou·ble ['ruːbl̩] *n* Rubel *m*

rouge [ruːʒ] **I.** *n no pl* ① (*makeup*) Rouge *nt* ② (*polish*) Polierrot *nt fachspr* **II.** *vt* **to ~ one's cheeks** Rouge auflegen

rough [rʌf] **I.** *adj* ① (*uneven*) rau; *ground, terrain* uneben; *landscape* rau, unwirtlich; *fur, hair* struppig ② (*not soft*) rau, hart; (*in taste*) *wine* sauer ③ (*fam: difficult*) hart, schwer; **to give sb a ~ time** jdm das Leben ganz schön schwer machen ④ (*makeshift*) einfach, primitiv ⑤ (*unrefined*) rau, ungehobelt ⑥ (*imprecise*) grob; **to give sb a ~ idea of sth** jdm eine ungefähre Vorstellung von etw *dat* geben **II.** *adv* (*fam*) rau ▶PHRASES: **to sleep ~** BRIT im Freien schlafen **III.** *n* ① *no pl* (*in golf*) ■**the ~** das Rough *fachspr* ② (*sketch*) Entwurf *m;* **in ~** skizzenhaft ▶PHRASES: **to take the ~ with the smooth** die Dinge nehmen, wie sie kommen **IV.** *vt* (*fam*) **to ~ it** [ganz] primitiv leben; *see also* **cough** ◆**rough up** *vt* (*fam*) ■**to ~ up** ◌ **sb** jdn aufmischen

rough·age ['rʌfɪdʒ] *n no pl* ① (*fibre*) Ballaststoffe *pl* ② (*fodder*) Raufutter *nt*

rough and 'ready *adj pred,* **'rough-and-ready** *adj attr* behelfsmäßig; *plan a.* provisorisch; (*unrefined*) *person* raubeinig

'rough-and-tum·ble *adj attr* **~ atmosphere** raue Atmosphäre **rough 'dia·mond** *n* ungeschliffener Diamant; BRIT, AUS (*fig*) **he's a ~** er ist rau, aber herzlich

rough·en ['rʌfᵊn] **I.** *vt* aufrauen **II.** *vi skin, voice* rau werden; *society* verrohen; *weather* stürmisch werden

rough-'hewn *adj carving, pillar* grob; (*fig*) *person, style* ungehobelt **'rough house** *n usu sing esp* AM (*fam*) Radau *m* **'rough-house I.** *vi* ① (*be boisterous*) Radau machen *fam* ② BRIT (*have a fight*) sich prügeln ③ AM (*have playful fight*) sich raufen **II.** *vt* grob behandeln; (*playfully*) sich mit jdm raufen

rough·ly ['rʌfli] *adv* ① (*harshly, without refinement*) grob, roh ② (*approximately*) grob; **~ speaking** ganz allgemein gesagt; **~ the same** ungefähr gleich

'rough·neck *n* ① *esp* AM, AUS (*fam: rude person*) Rohling *m pej,* Grobian *m pej* ② (*oil rig worker*) Bohrarbeiter(in) *m(f)*

rough·ness ['rʌfnəs] *n no pl* ① (*not smoothness*) Rauheit *f; of ground, terrain* Unebenheit *f* ② (*harshness*) Rauheit *f; of a game a.* Härte *f*

'rough·shod *adv* **to ride ~ over sb** (*fig*) jdn unterdrücken **rough-'spok·en** *adj* sprachlich ungewandt

rou·lette [ruː'let] *n* Roulette *nt*

round [raʊnd] **I.** *adj* <-er, -est> (*circular*) rund; *face* rundlich; *vowel* gerundet **II.** *adv esp* BRIT ① (*in circular motion*) **to go ~** sich umdrehen; *wheel* sich drehen ② (*here and there*) **to run ~** herumrennen *fam* ③ (*to a specific place*) **to come ~** vorbeikommen *fam;* **to go ~** *virus, rumours* umgehen; **to show sb ~** jdn herumführen ④ (*surrounding*) rundherum; **all year ~** das ganze Jahr hindurch ⑤ (*towards other direction*) **the right way ~** richtig herum; **to turn ~** *person* sich umdrehen; (*go back*) umdrehen **III.** *prep* ① (*surrounding*) um +*akk;* **he put his arms ~ her** er legte seine Arme um sie ② (*circling*) um +*akk;* **the moon goes ~ the earth** der Mond kreist um die Erde ③ (*curving to other side of*) um +*akk;* **just ~ the corner** gleich um die Ecke **IV.** *n* ① (*of drinks*) SPORTS Runde *f;* (*of toast*) Scheibe *f* ② (*series*) Folge *f;* **~ of talks** Gesprächsrunde *f* ③ (*salvo*) **~ of**

applause Beifall *m* ④ *esp* BRIT, AUS (*delivery route*) Runde *f* ⑤ (*routine*) Trott *m pej* ⑥ (*of ammunition*) Ladung *f* **V.** *vt* ① (*make round*) umrunden ② (*go around*) **to ~ the corner** um die Ecke biegen ◆**round down** *vt number, sum* abrunden ◆**round off** *vt* abrunden ◆**round out** *vt story* abrunden ◆**round up** *vt* ① (*increase*) *figure* aufrunden ② (*gather*) *people* zusammentrommeln *fam; things* zusammentragen; *cattle* zusammentreiben; *support* holen

round·about ['raʊndəˌbaʊt] **I.** *n* ① BRIT, AUS (*traffic*) Kreisverkehr *m* ② BRIT (*for funfair*) Karussell *nt* **II.** *adj* umständlich; **to take a ~ route** einen Umweg machen; **to ask sb in a ~ way** jdn durch die Blume fragen

round·ed ['raʊndɪd] *adj* rund; *edges* abgerundet

round·ers ['raʊndəz, AM -dɚz] *npl + sing vb* BRIT SPORTS *ein dem Baseball ähnliches Spiel,* ≈ Schlagball *m*

round·ly ['raʊndli] *adv* (*form*) gründlich; *criticize* heftig kritisieren; *defeat* haushoch besiegen

round 'rob·in *n* ① (*letter*) Petition *f* (*mit oft kreisförmig angeordneten Unterschriften*) ② (*competition format*) *Wettkampf, in dem jeder gegen jeden antritt* **round-'shoul·dered** *adj* mit runden Schultern *nach n;* **to be ~** runde Schultern haben **round-'ta·ble** *adj attr* **~ discussion** Gespräch *nt* am runden Tisch **'round-the-clock** *adj* rund um die Uhr **round 'trip I.** *n* Rundreise *f* **II.** *adv* AM **to fly ~** ein Rückflugticket haben **'round·up** *n* ① (*gathering*) Versammlung *f; of criminals, suspects* Festnahme *f; of cattle* Zusammentreiben *nt* ② (*summary*) Zusammenfassung *f*

rouse [raʊz] *vt* ① (*waken*) wecken; **to ~ sb out of their apathy** jdn aus seiner Apathie reißen ② (*activate*) **to ~ sb to action** jdn zum Handeln bewegen

rous·ing ['raʊzɪŋ] *adj* mitreißend; *cheer, reception* stürmisch

roust·about ['raʊstə'baʊt] *n* Hilfsarbeiter *m* (*bes. auf einer Bohrinsel*)

rout[1] [raʊt] **I.** *vt* (*form: defeat*) besiegen **II.** *n* ① (*defeat*) Niederlage *f* ② (*disorderly retreat*) ungeordneter Rückzug

rout[2] [raʊt] **I.** *vi pigs* herumwühlen **II.** *vt* ① (*root*) *the ground* umwühlen ② TECH ausfräsen ◆**rout out** *vt* herausjagen; (*find*) aufstöbern

route [ruːt, AM *usu* raʊt] **I.** *n* ① (*way*) Strecke *f,* Route *f; of a parade* Verlauf *m;* **the ~ to success** der Weg zum Erfolg ② TRANSP Linie *f* ③ AM (*delivery path*) Runde *f;* **to have a paper ~** Zeitungen austragen **II.** *vt* schicken; *deliveries* liefern

rou·tine [ruː'tiːn] **I.** *n* ① (*habit*) Routine *f* ② (*dancing*) Figur *f;* (*gymnastics*) Übung *f* ③ COMPUT Programm *nt* **II.** *adj* ① (*regular*) routinemäßig; **~ enquiry/inspection/search** Routinebefragung/-untersuchung/-durchsuchung *f;* **to become ~** zur Gewohnheit werden ② (*pej: uninspiring*) routinemäßig; *performance* durchschnittlich

rou·tine·ly [ruː'tiːnli] *adv* routinemäßig

roux <*pl* -> [ruː] *n* Mehlschwitze *f,* Einbrenne *f* SÜDD, ÖSTERR

rove [rəʊv, AM roʊv] **I.** *vi person* umherwandern; *gaze* [umher]schweifen **II.** *vt* **to ~ the world** durch die Welt ziehen

rov·er ['rəʊvəʳ, AM 'roʊvɚ] *n* Vagabund(in) *m(f)*

rov·ing ['rəʊvɪŋ, AM 'roʊv-] *adj* umherstreifend *attr;* **~ ambassador** Botschafter(in) *m(f)* für mehrere Vertretungen; *musicians* umherziehend

row[1] [rəʊ, AM roʊ] *n* ① (*line*) Reihe *f;* **in ~s** reihenweise ② **in a ~** (*in succession*) hintereinander

row[2] [raʊ] **I.** *n esp* BRIT, AUS ① (*quarrel*) Streit *m,* Krach *m fam* ② (*noise*) Lärm *m,* Krach *m kein pl* **II.** *vi esp* BRIT (*fam*) sich streiten

row[3] [rəʊ, AM roʊ] **I.** *vi* rudern **II.** *vt boat* rudern (**across** über +*akk*)

Aussprache

Die Aussprache von **row** ändert sich entsprechend der Bedeutung:

row	[rəʊ]	(*Reihe; rudern*)
row	[raʊ]	(*Streit*)

ro·wan ['rəʊən, AM 'roʊən] *n* Eberesche *f*

ro·wan·ber·ry ['rəʊənˌberi, AM 'roʊən-] *n* Vogelbeere *f*

row·boat ['rəʊbəʊt, AM 'roʊboʊt] *n* AM (*rowing boat*) Ruderboot *nt*

row·dy ['raʊdi] (*pej*) **I.** *adj* laut, rüpelhaft; *party* wild **II.** *n* Krawallmacher *m,* Rowdy *m*

row·er ['rəʊəʳ, AM 'roʊɚ] *n* Ruderer *m,* Ruderin *f*

row·ing ['rəʊɪŋ, AM 'roʊ-] *n no pl* Rudern *nt*

'row·ing boat *n* BRIT Ruderboot *nt* **'row·ing club** *n* Ruderklub *m*

row·lock ['rɒlək, AM 'rɑː-] *n* Dolle *f*

roy·al ['rɔɪəl] **I.** *adj* <-er, -est> ① (*of a monarch*) königlich ② (*fig*) fürstlich **II.** *n* (*fam*) Angehörige(r) *f(m)* der königlichen Familie

R

Land und Leute

Die **Royal Academy of Arts** ist eine 1768 gegründete Gesellschaft von 50 Künstlern (Maler, Bildhauer und Architekten), die nur dem Monarchen untersteht. Jedes Jahr stellt sie die Werke von zeitgenössischen Künstlern auf der *Summer Exhibition* (*Sommerausstellung*) aus. Die **Royal Academy** hat ihren Sitz im *Burlington House* in Piccadilly, London.

Roy·al 'Air Force *n,* **RAF** *n no pl, + sing/pl vb* BRIT ■**the ~** die Königliche Luftwaffe

Roy·al 'High·ness *n* **Your ~** Eure Königliche Hoheit

roy·al·ist ['rɔɪəlɪst] **I.** *n* Royalist(in) *m(f)* **II.** *adj* royalistisch

roy·al 'jel·ly *n no pl* Gelée royale *nt* **Roy·al 'Navy, RN** *n no pl, + sing/pl vb* BRIT ■**the ~** die Königliche Marine

Land und Leute

Das **Royal Observatory** (*Sternwarte*) in Greenwich wurde 1675 erbaut, um genaue Angaben über Positionen der Sterne für die Erstellung von Schifffahrtskarten zu erhalten. Der *Greenwich meridian* wurde aber erst 1884 für die ganze Welt als Längengrad 0° offiziell festgelegt. Die Zeit in den 24 Weltzeitzonen wird deshalb jetzt auf der Basis der Zeit in Greenwich berechnet, die als *Greenwich Mean Time* (*GMT*) oder *Universal Time* allgemein bekannt ist.

Land und Leute

Die 1662 gegründete **Royal Society** (kurz für *Royal Society of London for the Promotion of Natural Knowledge*) ist die angesehenste und auch älteste wissenschaftliche Gesellschaft in Großbritannien. Heutzutage wird die Aufnahme in die **Royal Society** als eine der höchsten Auszeichnungen angesehen, die ein Wissenschaftler erhalten kann.

roy·al·ty ['rɔɪəlti] *n* ① *no pl, + sing/pl vb* (*sovereignty*) Königshaus *nt;* **to treat sb like ~** jdn fürstlich behandeln ② PUBL ■**royalties** *pl* Tantiemen *pl*

RP [ˌɑːˈpiː, AM ˌɑːr-] *n no pl* LING *abbrev of* **received pronunciation** britische Standardaussprache

RPI [ˌɑːpiːˈaɪ] *n* BRIT *abbrev of* **retail price index**

rpm <*pl* -> [ˌɑːpiːˈem, AM ˌɑːr-] *n* AUTO, AVIAT *abbrev of* **revolutions per minute** U/min

RR *n* AM *abbrev of* **railroad**

RSI [ˌɑːesˈaɪ, AM ˌɑːr-] *n* MED *abbrev of* **repetitive strain injury** RSI-Syndrom *f* (*chronische Beschwerden durch einseitige Belastung*)

RSPCA [ˌɑːesˌpiːsiːˈeɪ] *n no pl, + sing/pl vb* BRIT *abbrev of* **Royal Society for the Prevention of Cruelty to Animals** ≈ Tierschutzverein *m*

RSVP [ˌɑːesviːˈpiː, AM ˌɑːr-] *abbrev of* **répondez s'il vous plaît** u. A. w. g.

rub [rʌb] **I.** *n* Reiben *nt kein pl;* **to give sth a ~** *hair* etw trocken rubbeln; *material* etw polieren **II.** *vt* <-bb-> einreiben; *furniture* behandeln; (*polish*) polieren; **to ~ one's hands together** sich *dat* die Hände reiben **III.** *vi* <-bb-> reiben; *shoes, collar* scheuern ◆**rub along** *vi* BRIT (*fam*) ■**to ~ along [together]** mehr schlecht als recht [miteinander] auskommen ◆**rub down** *vt surface* abreiben, abwischen; ■**to ~ down** ↻ **sb** jdn abfrottieren; *dog* trocken reiben ◆**rub in** *vt* ① (*spread*) einreiben ② (*fam: keep reminding*) ■**to ~ it in** auf etw *dat* herumreiten ▶PHRASES: **to ~ sb's nose in it** jdm etw unter die Nase reiben *fam* ◆**rub off** **I.** *vi* ① (*become clean*) wegreiben; *stains* rausgehen ② (*fam: affect*) ■**sth ~s off on sb** etw färbt auf jdn ab **II.** *vt* wegwischen ◆**rub out** **I.** *vt* ① (*erase*) ausradieren ② AM (*sl: murder*) ■**to ~ out** ↻ **sb** jdn abmurksen *sl* **II.** *vi stain* herausgehen; (*erase*) sich ausradieren lassen

rub·ber ['rʌbəʳ, AM -ɚ] *n* ① *no pl* (*elastic substance*) Gummi *m o nt* ② BRIT, AUS (*eraser*) Radiergummi *m* ③ *esp* AM (*sl: condom*) Gummi *m* ④ AM (*shoes*) ■**~s** *pl* Überschuhe *pl* (*aus Gummi*)

rub·ber 'band *n* Gummiband *nt* **rub·ber 'boot** *n* Gummistiefel *m* **rub·ber 'bul·let** *n* Gummigeschoss *nt* **rub·ber 'cheque** *n* (*sl*) ungedeckter Scheck **rub·ber·neck** ['rʌbənek, AM 'rʌbɚnek] **I.** *n* Gaffer(in) *m(f)* *pej fam* **II.** *vi* gaffen *fam* **'rub·ber plant** *n* Gummibaum *m* **rub·ber-'stamp** **I.** *vt* (*usu pej*) genehmigen; *decision* bestätigen **II.** *n* Stempel *m;* (*fig*) Genehmigung *f* **'rub·ber tree** *n* Kautschukbaum *m*

rub·bery ['rʌbᵊri] *adj* ① (*rubber-like*) gummiartig; *meat* zäh ② (*fam: weak*) *legs* wack[e]lig

rub·bing ['rʌbɪŋ] *n no pl* ① (*action*) Reiben *nt;* (*polishing*) Polieren *nt;* (*using a towel*) Frottieren *nt* ② ART *Durchreiben eines Reliefs auf ein Blatt Papier mit Bleistift, Kreide oder Wachsmalstift*

rub·bish ['rʌbɪʃ] **I.** *n no pl esp* BRIT

❶ (*waste*) Müll *m* ❷ (*fig fam: nonsense*) Quatsch *m;* **to talk ~** Blödsinn reden ❸ (*fam: junk*) Gerümpel *nt* **II.** *vt* BRIT, AUS (*fam*) als Unsinn abtun **III.** *adj* BRIT (*fam*) **I'm ~ at maths** in Mathe bin ich eine absolute Null

'rub·bish bin *n* Abfalleimer *m* **'rub·bish chute** *n* Müllschlucker *m* **'rub·bish col·lec·tion** *n* Müllabfuhr *f* **'rub·bish con·tain·er** *n* Müllcontainer *m* **'rub·bish dump**, **'rub·bish tip** *n* Mülldeponie *f*

rub·bishy ['rʌbɪʃi] *adj esp* BRIT, AUS (*fam*) mies

rub·ble ['rʌbl̩] *n no pl* ❶ (*smashed rock*) Trümmer *pl;* **to reduce sth to ~** (*fig*) etw in Schutt und Asche legen ❷ (*for building*) Bauschutt *m*

'rub-down *n no pl* Abreiben *nt*

ru·bel·la [ru:'belə] *n no pl* (*spec*) Röteln *pl*

ru·bric ['ru:brɪk] *n* (*form*) Anweisungen *pl*

ruby ['ru:bi] **I.** *n* Rubin *m* **II.** *adj* ❶ (*made of rubies*) *ring, necklace, bracelet* Rubin- ❷ (*colour*) rubinrot

ruck [rʌk] **I.** *n* ❶ SPORTS (*in rugby*) offenes Gedränge ❷ (*fold*) Falte *f* **II.** *vt* ■**to ~ up** ↻ **sth** *clothes* etw [zer]knittern

ruck·sack ['rʌksæk] *n* BRIT Rucksack *m*

ruck·us ['rʌkəs] *n esp* AM (*fam*) Krawall *m*

ruc·tions ['rʌkʃᵊns] *npl esp* BRIT, AUS (*fam*) Krach *m kein pl*

rud·der ['rʌdəʳ, AM -ɚ] *n* [Steuer]ruder *nt*

rud·der·less ['rʌdələs, AM -ɚ-] *adj* ohne Ruder *präd, nach n;* (*fig*) führerlos; *boat* ruderlos; *plane* steuerlos

rud·dy ['rʌdi] *adj* (*approv: red*) rot; (*liter*) rötlich; *cheeks* gerötet

rude [ru:d] *adj* ❶ (*impolite*) unhöflich; *behaviour* unverschämt; *gesture* ordinär; *joke* unanständig; *manners* ungehobelt ❷ *attr* (*sudden*) unerwartet; *awakening, surprise* böse

ru·di·men·ta·ry [ˌru:dɪ'mentᵊri, AM -də'-] *adj* (*form*) ❶ (*basic*) elementar ❷ (*not highly developed*) primitiv; *method* einfach

ru·di·ments ['ru:dɪmənts, AM -də-] *npl* ■**the ~** die Grundlagen *pl*

rue [ru:] *vt* (*liter*) bereuen

rue·ful ['ru:fᵊl] *adj* (*liter*) reuevoll

ruff [rʌf] *n on clothing, of an animal* Halskrause *f*

ruf·fian ['rʌfiən] *n* Schlingel *m*

ruf·fle ['rʌfl̩] **I.** *vt* ❶ (*agitate*) durcheinanderbringen; *hair* zerzausen ❷ (*fig: upset*) aus der Ruhe bringen ▶ PHRASES: **to ~ sb's feathers** jdn auf die Palme bringen *fam* **II.** *n* Rüsche *f*

rug [rʌg] *n* ❶ (*carpet*) Teppich *m* ❷ AM (*sl: hairpiece*) Haarteil *nt*

rug·by ['rʌgbi] *n no pl* Rugby *nt*

rug·ged ['rʌgɪd] *adj* ❶ (*uneven*) *terrain, ground* uneben; *cliff, mountain* zerklüftet; *landscape, coast* wild ❷ (*robust, sturdy*) kräftig; *looks, features* markant; *vehicle* robust ❸ (*solid*) fest; *constitution* unverwüstlich; *honesty* unerschütterlich

ruin ['ru:ɪn] **I.** *vt* (*destroy*) zerstören; *dress, reputation* ruinieren; **to ~ sb's day** jdm den Tag vermiesen; *hopes* zunichtemachen **II.** *n* ❶ (*destroyed building*) Ruine *f* ❷ ■**~s** *pl of building* Ruinen *pl; of reputation* Reste *pl; of career, hopes* Trümmer *pl;* **to be in ~s** eine Ruine sein; (*after bombing, fire*) in Schutt und Asche liegen; (*fig*) zerstört sein ❸ *no pl* (*bankruptcy*) Ruin *m*

ru·ina·tion [ˌru:ɪ'neɪʃᵊn] *n no pl* Ruin *m*

ru·in·ous ['ru:ɪnəs] *adj* ruinös

rule [ru:l] **I.** *n* ❶ (*instruction*) Regel *f;* **~s and regulations** Regeln und Bestimmungen; **to be against the ~s** gegen die Regeln verstoßen ❷ *no pl* (*control*) Herrschaft *f;* **the ~ of law** die Rechtsstaatlichkeit ▶ PHRASES: **as a [general] ~** in der Regel **II.** *vt* ❶ (*govern*) regieren ❷ (*control*) beherrschen ❸ (*draw*) *line* ziehen **III.** *vi* (*control*) herrschen; *king, queen* regieren

◆**rule off** *vt* ausmessen; *margin* ziehen

◆**rule out** *vt* ausschließen

'rule book *n* Vorschriftenbuch *nt*

rul·er ['ru:ləʳ, AM -ɚ] *n* ❶ (*person*) Herrscher(in) *m(f)* ❷ (*device*) Lineal *nt*

rul·ing ['ru:lɪŋ] **I.** *adj attr* ❶ (*governing*) herrschend ❷ (*primary*) hauptsächlich; *ambition, passion* größte(r, s) **II.** *n* LAW Entscheidung *f*

rum [rʌm] *n* (*drink*) Rum *m*

Ru·ma·nia [rʊ'meɪniə, AM roʊ'] *see* **Romania**

Ru·ma·nian [rʊ'meɪniən, AM roʊ'-] *n see* **Romanian**

rum·ba ['rʌmbə] *n* Rumba *m*

rum·ble ['rʌmbl̩] **I.** *n* ❶ (*sound*) Grollen *nt kein pl; of stomach* Knurren *nt* ❷ *esp* AM, AUS (*fam*) Schlägerei *f* **II.** *vi* rumpeln; *stomach* knurren; *thunder* grollen **III.** *vt* BRIT (*fam*) auffliegen lassen; *plot* aufdecken; *scheme* durchschauen

rum·bling ['rʌmbl̩ɪŋ] **I.** *n* ❶ (*indication*) ■**~s** *pl* [erste] Anzeichen *pl* ❷ (*sound*) Grollen *nt; of distant guns* Donnern *nt* **II.** *adj* grollend *attr*

rum·bus·tious [rʌm'bʌstiəs] *adj esp* BRIT (*fam*) wild; *behaviour* ungehobelt

ru·mi·nant ['ru:mɪnənt, AM -mə-] **I.** *n* ZOOL Wiederkäuer *m* **II.** *adj attr* wiederkäuend

ru·mi·nate ['ru:mɪneɪt, AM -mə-] *vi* ❶ (*form:*

R

meditate) nachgrübeln (**over, on** über +*akk*) ② *cows* wiederkäuen
ru·mi·na·tive ['ru:mɪnətɪv, AM -məneɪt̬ɪv] *adj* (*form*) grübelnd *attr; look* nachdenklich
rum·mage ['rʌmɪdʒ] **I.** *vi* ■**to ~ through sth** etw durchstöbern **II.** *n* Durchstöbern *nt*
'rum·mage sale *n esp* AM Flohmarkt *m*
rum·my ['rʌmi] *n no pl* CARDS Rommé *nt*
ru·mour ['ru:məʳ], AM **ru·mor** ['ru:mɚ] **I.** *n* Gerücht *nt;* **to spread a ~ that ...** das Gerücht verbreiten, dass ... **II.** *vt passive* **the president is ~ed to be seriously ill** der Präsident soll angeblich ernsthaft krank sein; **it is ~ed that ...** es wird gemunkelt, dass ...
rump [rʌmp] *n* ① *of an animal* Hinterbacken *pl* ② (*beef*) Rumpsteak *nt* ③ (*hum: buttocks*) Hinterteil *nt fam*
rum·ple ['rʌmpl̩] *vt* zerknittern; **to ~ sb's hair** jdm das Haar zerzausen
rump 'steak *n* Rumpsteak *nt*
rum·pus ['rʌmpəs] *n no pl* (*fam*) Krawall *m,* Krach *m*
run [rʌn] **I.** *n* ① (*jog*) Lauf *m;* **to go for a ~** laufen gehen ② (*journey*) Strecke *f* ③ (*period*) Dauer *f;* **~ of good luck** Glückssträhne *f* ④ (*enclosed area*) Gehege *nt;* **chicken ~** Hühnerhof *m* ⑤ SPORTS (*point*) Treffer *m;* (*sailing*) Vorwindkurs *m;* (*in cricket, baseball*) Run *m* ▸ PHRASES: **in the long ~** auf lange Sicht gesehen; **in the short ~** kurzfristig **II.** *vi* <ran, run> ① (*move fast*) laufen, rennen; **to ~ for cover** schnell in Deckung gehen; **to ~ for one's life** um sein Leben rennen ② (*operate*) fahren, verkehren; *engine* laufen; *machine* in Betrieb sein; (*fig*) **work is ~ning smoothly at the moment** die Arbeit geht im Moment glatt von der Hand ③ (*travel*) laufen; (*go*) verlaufen; *ski* gleiten; **the route ~s through the mountains** die Strecke führt durch die Berge ④ (*last*) [an]dauern; **the film ~s for two hours** der Film dauert zwei Stunden ⑤ (*flow*) fließen; **my nose is ~ning** meine Nase läuft; **the river ~s [down] to the sea** der Fluss mündet in das Meer ⑥ POL (*enter an election*) kandidieren; **to ~ for President** für das Präsidentenamt kandidieren ▸ PHRASES: **to ~ in the family** in der Familie liegen; **to ~ low** *supplies* [langsam] ausgehen **III.** *vt* <ran, run> ① (*drive*) **to ~ sb to the station** jdn zum Bahnhof bringen ② (*pass*) **he ran a vacuum cleaner over the carpet** er saugte den Teppich ab; **to ~ one's fingers through one's hair** sich *dat* mit den Fingern durchs Haar fahren ③ *machine* bedienen; *computer program, engine, dishwasher* laufen lassen ④ (*manage*) *business* leiten; *farm* betreiben; *government, household* führen; **don't tell me how to ~ my life!** erklär mir nicht, wie ich mein Leben leben soll! ⑤ (*conduct*) *course* anbieten; *experiment, test* durchführen ⑥ (*let flow*) *water* laufen lassen; *a bath* einlaufen lassen ▸ PHRASES: **to let sth ~ its course** etw seinen Lauf nehmen lassen; **to ~ the show** verantwortlich sein ◆**run about** *vi see* **run around** ◆**run across** *vi* zufällig treffen; **to ~ across a problem** auf ein Problem stoßen ◆**run after** *vi* hinterherlaufen ◆**run along** *vi* (*fam*) ■**~!** troll dich! ◆**run around** *vi* ① (*bustle*) herumrennen *fam* ② (*run freely*) herumlaufen ③ (*spend time with*) ■**to ~ around with sb** sich mit jdm herumtreiben *fam* ◆**run away** *vi person* weglaufen; *liquid* abfließen; ■**to ~ away from sb** jdn verlassen ◆**run back** *vi* zurücklaufen ◆**run down I.** *vt* ① (*fam: criticize*) runtermachen ② BRIT (*reduce*) reduzieren; *production* drosseln; *supplies* einschränken ③ (*hit*) überfahren; *boat* rammen **II.** *vi* ① BRIT (*become reduced*) reduziert werden ② (*lose power*) *battery* leer werden ◆**run in** *vt* ① (*fam: arrest*) einlochen ② BRIT, AUS (*break in*) *engine, car* einfahren ◆**run into** *vi* ① (*hit*) hineinrennen (in +*akk*); **he ran into a tree on his motorbike** er fuhr mit seinem Motorrad gegen einen Baum ② (*bump into*) ■**to ~ into sb** jdm über den Weg laufen; ■**to ~ into sth** (*fig*) auf etw *akk* stoßen; **to ~ into difficulties** auf Schwierigkeiten stoßen ◆**run off** *vi* ① (*fam: leave*) abhauen ② (*branch off*) *path, track* abbiegen ③ (*drain*) *liquid* ablaufen ◆**run on** *vi* ① (*continue talking*) weiterreden; (*continue*) **the game ran on for too long** das Spiel zog sich zu lange hin ② (*power with*) ■**to ~ on sth** mit etw *dat* betrieben werden ◆**run out** *vi* ① (*finish*) ausgehen; **the milk has ~ out** die Milch ist alle ② (*expire*) *passport* ablaufen; *licence* auslaufen ◆**run over I.** *vt* überfahren **II.** *vi* ① (*overflow*) *water, bath, sink* überlaufen ② (*review*) durchgehen ◆**run through I.** *vt* ■**to ~ sb through** jdn durchbohren **II.** *vi* ① (*examine*) ■**to ~ through sth** etw durchgehen ② (*practise*) durchspielen ◆**run up I.** *vt* ① (*increase*) **to ~ up a debt** Schulden machen ② (*produce*) **to ~ up a dress** ein Kleid nähen **II.** *vi* **to ~ up against problems** auf Probleme stoßen

R

'run·about *n* (*car*) [kleiner] Stadtflitzer *fam*
'run·around *n no pl* (*fig*) **to give sb the ~** jdm keine klare Auskunft geben **'run·away** **I.** *adj attr* ① (*out of control*) *economy, vehicle* außer Kontrolle geraten; *prices* galoppierend ② (*escaped*) *animal, prisoner* entlaufen; *horse* durchgegangen; *criminal* flüchtig **II.** *n* Ausreißer(in) *m(f)* *fam*
'run·down **I.** *n* ['rʌndaʊn] ① (*report*) zusammenfassender Bericht ② *no pl* (*reduction*) Kürzung *f* **II.** *adj* [ˌrʌn'daʊn] ① (*dilapidated*) verwahrlost, heruntergekommen *fam; building* baufällig ② (*worn out*) abgespannt
rune [ruːn] *n* ① (*letter*) Rune *f* ② (*mark*) Geheimzeichen *nt*
rung¹ [rʌŋ] *n* (*of ladder*) Sprosse *f;* (*fig*) Stufe *f*
rung² [rʌŋ] *pp of* **ring**
'run-in *n* ① (*fam: argument*) Krach *m* ② (*prelude*) Vorlauf *m*
run·ner ['rʌnəʳ, AM -ɚ] *n* ① (*person*) Läufer(in) *m(f);* (*horse*) Rennpferd *nt* ② (*messenger*) Bote(in) *m(f)* ③ (*carpet*) Läufer *m*
run·ner 'bean *n* BRIT Stangenbohne *f* **run·ner-'up** *n* Zweite(r); **to be the ~** den zweiten Platz belegen
run·ning ['rʌnɪŋ] **I.** *n no pl* ① (*not walking*) Laufen *nt,* Rennen *nt* ② (*management*) *of a business* Leitung *f; of a machine* Bedienung *f,* Überwachung *f* ►PHRASES: **to be out of the ~** (*as a competitor*) nicht mit im Rennen sein; (*as a candidate*) nicht mehr mit im Rennen sein **II.** *adj* ① *after n* (*in a row*) nacheinander *nach n,* hintereinander *nach n* ② (*ongoing*) [fort]laufend ③ (*operating*) betriebsbereit
'run·ning back *n* FBALL Angriffspieler(in) *m(f)*
'run·ning costs *npl* Betriebskosten *pl; of a car* Unterhaltskosten *pl*
run·ning 'joke *n* Running Gag *m* (*immer wiederkehrender Scherz*)
'run·ning or·der *n* Sendefolge *f*
run·ny ['rʌni] *adj nose* laufend *attr; jam, sauce* dünnflüssig
'run-off *n* ① (*in a race*) Entscheidungslauf *m,* Entscheidungsrennen *nt* ② (*of rainfall*) Abfluss *m* **run-of-the-'mill** *adj* durchschnittlich, mittelmäßig
runt [rʌnt] *n* ① (*animal*) *of a litter* zurückgebliebenes Jungtier; (*cattle*) Zwergrind *nt* ② (*pej sl: person*) Wicht *m*
'run-through *n* ① (*examination*) Durchgehen *nt,* Überfliegen *nt* ② THEAT Durchlaufprobe *f* **'run-up** *n* ① SPORTS Anlauf *m* [zum Absprung] ② *esp* BRIT (*fig: prelude*) Vorlauf *m,* Endphase *f* der Vorbereitungszeit ③ AM (*increase*) [An]steigen *nt,* Anziehen *nt* **'run·way** *n* AVIAT Start- und Landebahn *f;* SPORTS Anlaufbahn *f*
rup·ture ['rʌptʃəʳ, AM -ɚ] **I.** *vi* zerreißen; *appendix* durchbrechen; *artery, blood vessel* platzen; *muscle* reißen; (*tear muscle*) sich *dat* einen Muskelriss zuziehen **II.** *vt* (*a. fig*) zerreißen *a. fig;* **to ~ a blood vessel** ein Blutgefäß zum Platzen bringen **III.** *n* (*a. fig*) Zerreißen *nt a. fig,* Zerbrechen *nt a. fig,* Bruch *m a. fig; of an artery, blood vessel* Platzen *nt;* (*hernia*) Bruch *m;* (*torn muscle*) [Muskel]riss *m*
ru·ral ['rʊərəl, AM 'rʊr-] *adj* ländlich, Land-
ruse [ruːz] *n* List *f*
rush¹ [rʌʃ] *n* BOT Binse *f*
rush² [rʌʃ] **I.** *n* ① (*hurry*) Eile *f;* **to be in a ~** in Eile sein ② (*rapid movement*) Losstürzen *nt,* Ansturm *m;* (*press*) Gedränge *nt,* Gewühl *nt;* **I hate driving during the afternoon ~** ich hasse das Autofahren im nachmittäglichen Verkehrsgewühl ③ (*a. fig: surge*) Schwall *m,* Woge *f; of emotions* [plötzliche] Anwandlung, Anfall *m* **II.** *vi* ① (*hurry*) eilen, hetzen; **stop ~ing!** hör auf zu hetzen!; **we shouldn't ~ to blame them** wir sollten sie nicht voreilig beschuldigen; ■**to ~ in** hineinstürmen; *water* hineinschießen; ■**to ~ out** hinausstürzen; *water* herausschießen; ■**to ~ towards sb** auf jdn zueilen ② (*hurry into*) ■**to ~ into sth** *decision, project* etw überstürzen **III.** *vt* ① (*send quickly*) **she was ~ed to hospital** sie wurde auf schnellstem Weg ins Krankenhaus gebracht ② (*pressure*) ■**to ~ sb [into sth]** jdn [zu etw *dat*] treiben; **don't ~ me!** dräng mich nicht! ③ (*do hurriedly*) **to ~ one's food** hastig essen; **let's not ~ things** lass uns nichts überstürzen ◆**rush at** *vi* [sich] stürzen auf *+akk* ◆**rush out** *vt* COMM schnell auf den Markt bringen
rushes ['rʌʃɪz] *npl* erste Probekopie (*eines Films*)
'rush hour *n* Hauptverkehrszeit *f* **rush 'or·der** *n* Eilauftrag *m*
rusk [rʌsk] *n* Zwieback *m*
rus·set ['rʌsɪt] **I.** *n* (*apple*) Boskop *m* **II.** *adj* (*esp liter*) rotbraun, gelbbraun **III.** *n no pl* Rotbraun *nt,* Gelbbraun *nt*
Rus·sia ['rʌʃə] *n* Russland *nt*
Rus·sian ['rʌʃən] **I.** *adj* russisch **II.** *n* ① (*person*) Russe(in) *m(f)* ② (*language*) Russisch *nt*
rust [rʌst] **I.** *n no pl* ① (*decay*) Rost *m* ② (*colour*) Rostbraun *nt* **II.** *vi* rosten; ■**to**

~ **away/through** ver-/durchrosten **III.** *vt* rostig machen; (*fig*) einrosten lassen

'rust-col·oured, AM **'rust-col·ored** *adj* rostfarben

rus·tic ['rʌstɪk] *adj* ① (*of the country*) ländlich, rustikal ② (*simple*) grob [zusammen]gezimmert; (*fig*) schlicht, einfach

rus·tle ['rʌsl̩] **I.** *vi leaves, paper* rascheln; *silk* rauschen, knistern **II.** *vt* ① (*make noise*) **to ~ paper** mit Papier rascheln ② *esp* AM, AUS (*steal*) *cattle, horses* stehlen **III.** *n of paper, leaves* Rascheln *nt; of silk* Knistern *nt*

rus·tler ['rʌsl̩əʳ, AM -ᵊlɚ] *n esp* AM, AUS Viehdieb(in) *m(f)*

'rust·proof I. *adj* rostbeständig; **~ paint** Rostschutzfarbe *f* **II.** *vt* rostbeständig machen

rusty ['rʌsti] *adj* ① (*covered in rust*) rostig, verrostet ② (*fig: out of practice*) eingerostet; **my Russian is a bit ~** ich bin mit meinem Russisch etwas aus der Übung

> **Falsche Freunde**
> Nicht verwechseln mit rüstig — *sprightly*!

rut [rʌt] *n* (*track*) [Rad]spur *f*, [Wagen]spur *f*; (*furrow*) Furche *f*; (*fig*) Trott *m*

ru·ta·ba·ga [ˌruːt̬ə'beɪgə] *n* AM BOT Steckrübe *f*

ruth·less ['ruːθləs] *adj action, behaviour* rücksichtslos, skrupellos; *criticism* schonungslos; *decision, measure* hart; *dictatorship* erbarmungslos; *treatment* mitleid[s]los

ruth·less·ness ['ruːθləsnəs] *n no pl of a person* Unbarmherzigkeit *f*, Erbarmungslosigkeit *f*; *of sb's behaviour* Rücksichtslosigkeit *f*; *of an action* Skrupellosigkeit *f*

RV [ˌɑːr'viː] *n* AM *abbrev of* **recreational vehicle**

Rwan·da [ru'wændə, AM -'ɑːn-] *n* Ruanda *nt*

Rwan·dan [ru'wændən, AM -'ɑːn-] **I.** *n* Ruander(in) *m(f)* **II.** *adj* ruandisch

rye [raɪ] *n no pl* Roggen *m*; **~ [whiskey]** Roggenwhiskey *m*

S

Ss

S <*pl* -'s *or* -s>, **s** <*pl* -'s> [es] *n* S *nt*, s *nt*; **~ for Sugar** S wie Siegfried

S *n no pl, adj* ① GEOG *abbrev of* **south, southern** S ② FASHION *abbrev of* **small** S

s <*pl* -> *abbrev of* **second** s, sek., Sek.

Sab·bath ['sæbəθ] *n* Sabbat *m*

sab·bati·cal [sə'bætɪkᵊl, AM -bæt̬-] *n* UNIV [einjährige] Freistellung, Sabbatjahr *nt*; **to be on ~** [für ein Jahr] freigestellt sein

sa·ber *n* AM *see* **sabre**

sa·ble ['seɪbl̩] *n no pl* ① ZOOL Zobel *m* ② (*fur*) Zobelpelz *m*

sabo·tage ['sæbətɑː(d)ʒ, AM -tɑːʒ] **I.** *vt machinery, efforts, plan* sabotieren; **to ~ sb's chances of success** jds Erfolgsaussichten zunichtemachen **II.** *n* Sabotage *f*; **industrial ~** Industriesabotage *f*

sabo·teur [ˌsæbə'tɜːʳ, AM -'tɜːr] *n* Saboteur(in) *m(f)*

sa·bre ['seɪbəʳ, AM -ɚ] *n esp* BRIT, AUS Säbel *m*

'sa·bre-rat·tling *n* (*pej*) Säbelrasseln *nt*

sac [sæk] *n* BOT, ZOOL Beutel *f*

sac·cha·rin ['sækᵊrɪn] *n no pl* Süßstoff *m*

sac·cha·rine ['sækᵊraɪn, -ɪn, AM -ɚɪn, -əraɪn] *adj* Saccharin-; (*fig, pej*) süßlich

sa·chet ['sæʃeɪ, AM sæ'ʃeɪ] *n* [kleiner] Beutel; **~ of sugar** Zuckertütchen *nt*

sack[1] [sæk] **I.** *n* ① (*bag*) Beutel *m*, Tüte *f* ② *no pl* (*dismissal*) Laufpass *m fam*; **to get the ~** rausgeschmissen werden; **to give sb the ~** jdn rausschmeißen **II.** *vt* rausschmeißen *fam*

sack[2] [sæk] *vt* plündern

'sack·cloth *n no pl* Sackleinen *nt*

'sack·ful *n* Sack *m kein pl*

sack·ing ['sækɪŋ] *n* ① *no pl* (*material*) Sackleinen *nt* ② (*dismissal*) Entlassung *f*

'sack race *n* Sackhüpfen *nt*

sac·ra·ment ['sækrəmənt] *n* REL Sakrament *nt*

sac·ra·men·tal [ˌsækrə'mentᵊl, AM -t̬ᵊl] *adj* sakramental; **~ wine** liturgisch geweihter Wein; (*in Roman Catholic Church*) Messwein *m*

sa·cred ['seɪkrɪd] *adj place* heilig; *tradition* geheiligt

sac·ri·fice ['sækrɪfaɪs, AM -rə-] **I.** *vt* ① (*kill*) opfern ② (*give up*) opfern, aufgeben **II.** *vi* **to ~ to the gods** den Göttern Opfer bringen **III.** *n* Opfer *nt*; **at great personal ~** unter großem persönlichen Verzicht; **to make ~s** Opfer bringen

sac·ri·lege ['sækrɪlɪdʒ, AM -rə-] *n* Sakrileg *nt geh*; (*fig*) Verbrechen *nt*

sac·ri·legious [ˌsækrɪ'lɪdʒəs, AM -rə'-] *adj* frevelhaft; (*fig*) verbrecherisch

sac·ris·ty ['sækrɪsti] *n* Sakristei *f*

sac·ro·sanct ['sækrə(ʊ)sæŋ(k)t, AM -roʊ-] *adj* (*esp hum*) sakrosankt *geh*; *right, treaty* unverletzlich

sa·crum ['seɪkrəm] *n* Kreuzbein *nt*

SAD [ˌeseɪ'diː] *n abbrev of* **seasonal affec-**

sadness and disappointment

expressing sadness	Traurigkeit ausdrücken
It upsets me that we don't get on.	**Ich finde es sehr schade, dass** wir uns nicht verstehen.
It's such a shame he lets himself go like that.	**Es ist so schade/traurig, dass** er sich derart gehen lässt.
I find these events **very depressing.**	**Ich finde** diese Ereignisse **sehr deprimierend.**
expressing disappointment	**Enttäuschung ausdrücken**
I am (very) disappointed at/by/with his reaction.	Seine Reaktion **hat mich (sehr) enttäuscht.**
You have **(deeply) disappointed me.**	Sie haben/Du hast **mich (schwer) enttäuscht.**
I wouldn't have expected that of her.	**Das hätte ich von** ihr **nicht erwartet.**
It's not what I hoped for.	**Ich hätte mir etwas anderes gewünscht.**
expressing dismay	**Bestürzung ausdrücken**
That's unbelievable!	**Das ist ja unglaublich/nicht zu fassen!**
That's outrageous!	**Das ist ja ungeheuerlich!**
That's the limit!	**Das ist ja wohl die Höhe!**
You cannot be serious!	**Das kann doch nicht Ihr/dein Ernst sein!**
I don't believe it!	**Ich fass es nicht!**
That can't (possibly) be true!	**Das kann (doch wohl) nicht wahr sein!**

tive disorder Winterdepression *f*

sad <-dd-> [sæd] *adj* ❶ (*unhappy*) traurig; **to look ~** betrübt aussehen; **to make sb ~** jdn betrüben [*o* traurig machen] ❷ (*depressing*) *news* traurig; *incident* betrüblich ❸ (*regrettable*) traurig, bedauerlich; **~ to say** bedauerlicherweise ❹ (*pathetic*) bedauernswert, beklagenswert; (*hum, pej*) jämmerlich, erbärmlich; **give those flowers some water – they're looking a bit ~** gib den Blumen da etwas Wasser – sie sehen etwas mitgenommen aus; **what a ~ person** was für ein Jammerlappen

sad·den ['sædᵊn] *vt* traurig machen

sad·dle ['sædl̩] **I.** *n* (*seat*) Sattel *m;* **to be in the ~** (*riding*) im Sattel sein; (*fig: in charge*) im Amt sein **II.** *vt* ❶ (*put saddle on*) satteln ❷ (*fam: burden*) **to be ~d with sth** etw *akk* am Hals haben; **to ~ sb with sth** jdm etw *akk* anhalsen

'sad·dle·bag *n* Satteltasche *f*

sad·dler ['sædləʳ, AM -ɚ] *n* Sattler *m*

'sad·dle-sore *adj horse* [am Rücken] wund gerieben; *rider* wund geritten

sad·ism ['seɪdɪzᵊm, AM *also* 'sæd-] *n no pl* Sadismus *m*

sad·ist ['seɪdɪst, AM *also* 'sæd-] *n* Sadist(in) *m(f)*

sa·dis·tic [sə'dɪstɪk] *adj* sadistisch

sad·ly ['sædli] *adv* ❶ (*unhappily*) traurig, bekümmert ❷ (*regrettably*) bedauerlicherweise, leider ❸ (*completely*) völlig; **to be ~ mistaken** völlig daneben liegen *fam*

sad·ness ['sædnəs] *n no pl* Traurigkeit *f* (**about, at** über +*akk*)

sae, SAE [ˌeseɪ'iː] *n abbrev of* **stamped addressed envelope** frankierter Rückumschlag

sa·fa·ri [sə'fɑːri] *n* Safari *f*

sa·'fa·ri park *n* Safaripark *m*

safe [seɪf] **I.** *adj* ❶ (*secure, protected*) sicher; **~ journey!** gute Reise!; **to keep sth in a ~ place** etw sicher aufbewahren ❷ (*certain*) [relativ] sicher; **it's a ~ bet that ...** man kann davon ausgehen, dass ... ❸ (*avoiding risk*) *action, driver* vorsichtig

S

▶ PHRASES: **to be in ~ hands** in guten Händen sein; **to play it ~** auf Nummer Sicher gehen *fam* **II.** *n* Tresor *m*, Safe *m*

safe-de·'pos·it box *n* Tresorfach *nt*, [Bank]schließfach *nt* **'safe·guard** ['seɪfgɑːd, AM -gɑːrd] **I.** *vt* (*form*) schützen (**against** vor +*dat*); *sb's interests/rights* wahren **II.** *n* Schutz *m* (**against** vor +*dat*), Vorsichtsmaßnahme *f* (**against** gegen +*akk*); TECH Sicherung *f* **safe·'keep·ing** *n no pl* [sichere] Aufbewahrung; **to be in sb's ~** in jds Gewahrsam sein; **to give sth to sb for ~** jdm etw *akk* in Verwahrung geben

safe·ly ['seɪfli] *adv* ① (*securely*) sicher; **the bomb was ~ defused** die Bombe wurde gefahrlos entschärft ② (*avoiding risk*) vorsichtig; **drive ~!** fahr vorsichtig! ③ (*without harm*) *person* wohlbehalten; *object* heil; **the parcel arrived ~** das Paket kam heil an

safe 'sex *n no pl* Safer Sex *m*

safe·ty ['seɪfti] *n no pl* (*condition of being safe*) Sicherheit *f*; *of a medicine* Unbedenklichkeit *f*; **place of ~** sicherer Ort

'safe·ty belt *n* Sicherheitsgurt *m*; NAUT Rettungsgürtel *m* **'safe·ty catch** *n* Sicherung *f* **'safe·ty cur·tain** *n* THEAT eiserner Vorhang **'safe·ty glass** *n no pl* Sicherheitsglas *nt* **'safe·ty lock** *n* ① (*on gun*) Sicherung *f*, Sicherungshebel *m* ② (*secure lock*) Sicherheitsschloss *nt* **'safe·ty mar·gin** *n* Sicherheitsabstand *m*; ECON, STOCKEX Sicherheitsmarge *f* **'safe·ty mea·sures** *npl* Sicherheitsmaßnahmen *pl* **'safe·ty net** *n* ① (*protective net*) Sicherheitsnetz *nt* ② (*fig*) soziales Netz **'safe·ty pin** *n* (*covered pin*) Sicherheitsnadel *f* **'safe·ty ra·zor** *n* Rasierapparat *m* **'safe·ty regu·la·tions** *npl* Sicherheitsvorschriften *pl* **'safe·ty valve** *n* Sicherheitsventil *nt*

saf·fron ['sæfrən] **I.** *n no pl* Safran *m* **II.** *adj* safrangelb

sag [sæg] **I.** *vi* <-gg-> ① (*droop*) [herab]hängen; *bed, roof, rope* durchhängen ② (*weaken*) *courage* sinken; **her spirits ~ged** ihre Stimmung wurde gedrückt **II.** *n no pl* (*droop*) Durchhängen *nt*

saga ['sɑːgə] *n* ① LIT (*medieval story*) Saga *f*; (*long family novel*) Familienroman *m* ② (*pej: long involved story*) [lange] Geschichte

sa·ga·cious [sə'geɪʃəs] *adj* (*form*) gescheit; *remark* scharfsinnig

sa·gac·ity [sə'gæsəti, AM -əṭi] *n no pl* (*form*) Scharfsinn *m*

sage[1] [seɪdʒ] **I.** *adj* weise **II.** *n* Weise(r) *f(m)*

sage[2] [seɪdʒ] *n no pl* Salbei *m*

Sag·it·ta·rius [ˌsædʒɪ'teəriəs, AM -ə'teri-] *n* ASTROL Schütze *m*

said [sed] *pp, pt of* **say**

sail [seɪl] **I.** *n* ① (*on boat*) Segel *nt* ② *no pl* (*journey*) [Segel]törn *m* ③ (*of windmill*) Flügel *m* ▶ PHRASES: **to set ~** in See stechen **II.** *vi* ① (*by ship*) fahren, reisen; (*by yacht*) segeln ② (*move effortlessly*) gleiten; (*move vigorously*) rauschen, segeln *fam*; **the ball ~ed over the wall** der Ball segelte über die Mauer; **she ~ed into the room** sie kam ins Zimmer gerauscht ▶ PHRASES: **to ~ close to the wind** sich hart an der Grenze des Erlaubten bewegen **III.** *vt* ① (*navigate*) *ship* steuern; *yacht* segeln ② (*travel*) **to ~ the Pacific** den Pazifik befahren

'sail·board *n* Surfbrett *nt*

sail·ing ['seɪlɪŋ] *n* SPORTS Segelsport *m*, Segeln *nt*

'sail·ing boat *n*, AM **'sail·boat** *n* Segelboot *nt* **'sail·ing ship**, **'sail·ing ves·sel** *n* Segelschiff *nt*

sail·or ['seɪləʳ, AM -ɚ] *n* ① (*member of ship's crew*) Matrose *m*, Seemann *m* ② (*person who sails*) Segler(in) *m(f)*

'sail·or suit *n* Matrosenanzug *m*

saint [seɪnt, sᵊnt] *n* ① (*holy person*) Heilige(r) *f(m)*; **to make sb a ~** jdn heiligsprechen; **S~ Peter** der heilige Petrus ② (*fam: very good person*) Heilige(r) *f(m)*; **to be no ~** (*hum*) nicht gerade ein Heiliger/eine Heilige sein

saint·ed ['seɪntɪd, AM -ṭɪd] *adj* ① (*canonized*) heiliggesprochen ② (*holy*) geheiligt; *place* geweiht ③ (*dead*) selig

saint·li·ness ['seɪntlɪnəs] *n no pl* Heiligkeit *f*

saint·ly ['seɪntli] *adj* heilig, fromm

'saint's day *n* Heiligenfest *nt*

sake[1] [seɪk] *n* ① (*purpose*) **for the ~ of sth** um einer S. *gen* willen ② (*benefit*) **for sb's ~** jdm zuliebe; **to stay together for the ~ of the children** der Kinder wegen zusammenbleiben ▶ PHRASES: **for goodness'** [*or* **heaven's**] **~** um Gottes [*o* Himmels] willen

sake[2] *n* Sake *m*

sal·able ['seɪləbl̩] *adj esp* AM (*saleable*) verkäuflich

sa·la·cious [sə'leɪʃəs] *adj* (*pej*) *joke, poem* obszön; *comment* anzüglich; *person* geil

sal·ad ['sæləd] *n* Salat *m*

'sal·ad bowl *n* Salatschüssel *f* **'sal·ad cream** *n* BRIT [Salat]mayonnaise *f* **'sal·ad dress·ing** *n* Dressing *nt*

sa·la·mi [sə'lɑːmi] *n* Salami *f*

sal am·mo·ni·ac [ˌsælə'məʊniæk, AM -'moʊ-] *n* Ammoniaksalz *nt*

S

sala·ried ['sæl^əri:d] *adj* bezahlt; ~ **post** Stelle *f* mit festem Gehalt

sala·ry ['sæl^əri] *n* Gehalt *nt;* **annual** ~ Jahresgehalt *nt*

'sala·ry cut *n* Gehaltskürzung *f* **'sala·ry increase** *n* Gehaltserhöhung *f;* **to award a ~ to sb** jdm eine Gehaltserhöhung gewähren **'sala·ry scale** *n* Gehaltsskala *f*

sale [seɪl] *n* ① (*act of selling*) Verkauf *m;* **for** ~ zu verkaufen; **to be on** ~ erhältlich sein ② (*amount sold*) Absatz *m;* **~s of cars were down this week** die Verkaufszahlen für Autos gingen diese Woche nach unten ③ (*at reduced prices*) Ausverkauf *m;* **to be in the** [*or* Am **on**] ~ im Angebot sein; ■**the ~s** *pl* der Schlussverkauf *kein pl* ④ (*auction*) Auktion *f*

sale·able ['seɪləbl] *adj* verkäuflich; **to be easily** ~ sich gut verkaufen

'sale price *n* Verkaufspreis *m* **'sale·room** *n esp* Brit Auktionsraum *m*

'sales analy·sis *n* Verkaufsanalyse *f* **'sales as·sist·ant** *n* Brit, Aus Verkäufer(in) *m(f)* **'sales book** *n* Warenausgangsbuch *nt* **'sales cam·paign** *n* Verkaufskampagne *f* **'sales clerk** *n* Am Verkäufer(in) *m(f)* **'sales con·fer·ence** *n* Vertreterkonferenz *f* **'sales de·part·ment** *n* Verkaufsabteilung *f* **'sales di·rec·tor** *n* Verkaufsdirektor(in) *m(f)* **'sales drive** *n* Verkaufskampagne *f* **'sales ex·ecu·tive** *n* Vertriebsleiter(in) *m(f)* **'sales fig·ures** *npl* Verkaufszahlen *pl* **'sales fore·cast** *n* Absatzprognose *f* **'sales·girl** *n* Verkäuferin *f* **'sales in·voice** *n* Verkaufsrechnung *f* **'sales·lady** *n* Verkäuferin *f* **'sales ledg·er** *n* Warenausgangsbuch *nt* **'sales lit·era·ture** *n* Verkaufsprospekte *pl* **'sales·man** *n* Verkäufer *m,* Handelsvertreter *m;* **door-to-door** ~ Hausierer *m* **sales 'man·ag·er** *n* Verkaufsleiter(in) *m(f)* **'sales·man·ship** *n no pl* (*technique*) Verkaufstechnik *f;* (*skill*) Verkaufsgeschick *nt* **'sales·per·son** *n* Verkäufer(in) *m(f)* **'sales pitch** *n* ① (*high-pressure approach*) mit [allem] Nachdruck geführtes Verkaufsgespräch ② (*specific approach*) Verkaufstaktik *f* **'sales re·ceipt** *n* Kassenzettel *m* **'sales rep·re·senta·tive**, *fam* **'sales rep** *n* Vertreter(in) *m(f)* **'sales·room** *n* Verkaufsraum *m;* (*auction*) Auktionsraum *m* **'sales talk** *n no pl* Verkaufsgespräch *nt* **'sales tax** *n no pl esp* Am Umsatzsteuer *f* **'sales·wom·an** *n* Verkäuferin *f*

sa·li·ent ['seɪliənt, Am -ljənt] *adj* (*important*) bedeutend; **the ~ points** die Hauptpunkte *pl*

sa·line ['seɪlaɪn, Am -li:n] **I.** *adj* salzig **II.** *n* Salzlösung *f;* ~ [**solution**] Med Kochsalzlösung *f*

sa·li·va [sə'laɪvə] *n no pl* Speichel *m*

sali·vate ['sælɪveɪt, Am -lə-] *vi* Speichel produzieren; **the thought of all that delicious food made me** ~ beim Gedanken an all das köstliche Essen lief mir das Wasser im Mund zusammen

sal·low[1] <-er, -est *or* more ~, most ~> ['sæləʊ, Am -oʊ] *adj* blassgelb; *complexion* fahl; *skin* bleich

sal·low[2] ['sæləʊ, Am -oʊ] *n* Bot Salweide *f*

sal·ly ['sæli] *vi* <-ie-> (*form, liter*) ■**to ~ forth** [**to do sth**] aufbrechen[, um etw zu tun]

salm·on ['sæmən] **I.** *n* <*pl* - *or* -s> *no pl* Lachs *m;* **smoked** ~ Räucherlachs *m* **II.** *adj* lachsfarben

Aussprache

salmon wird ohne **l** gesprochen: ['sæmən]. Auch in diesen Wörtern wird das **l** nicht gesprochen:

calm	[kɑ:m]	(*ruhig*)
embalm	[ɪm'bɑ:m]	(*[ein]balsamieren*)
folk	[fəʊk]	(*Leute*)
half	[hɑ:f]	(*Hälfte*)
psalm	[sɑ:m]	(*Psalm*)
stalk	[stɔ:k]	(*Stiel*)
walk	[wɔ:k]	(*gehen*)

sal·mo·nel·la [ˌsælmə'nelə] *n no pl* Salmonelle[n] *f[pl]*

sal·mo·'nel·la pois·on·ing *n no pl* Salmonellenvergiftung *f*

'salm·on lad·der *n* Lachsleiter *f*

salm·on 'trout *n* Lachsforelle *f*

sa·lon ['sælɔ̃:(ŋ), Am sə'lɑ:n] *n* (*establishment*) **beauty** ~ Schönheitssalon *m;* **hairdressing** ~ Frisiersalon *m*

sa·loon [sə'lu:n] *n* ① Brit (*car*) Limousine *f* ② *esp* Am (*dated: public bar*) Saloon *m*

sa·'loon bar *n eleganterer Teil einer Bar*

sal·sa ['sælsə, Am 'sɑ:l-] *n no pl* (*spicy sauce, music, dance*) Salsa *f*

sal·si·fy ['sælsɪfi, Am -sə-] *n no pl* Haferwurz *f;* **black** ~ Schwarzwurzel *f*

salt [sɔ:lt] **I.** *n no pl* (*seasoning, chemical compound, granular substance*) Salz *nt;* **a pinch of** ~ eine Prise Salz ▶ Phrases: **to take sth with a pinch of** ~ etw mit Vorsicht genießen *fam;* **to be worth one's** ~ sein Geld wert sein **II.** *vt* ① (*season food*) salzen ② (*sprinkle*) mit Salz bestreuen; **to ~ the roads** Salz [auf die Straßen] streuen

'salt cel·lar *n* Salzstreuer *m* **salt 'fish** *n* gepökelter Fisch **'salt flats** *npl* Salzwüste *f* **salt 'lake** *n* Salzsee *m* **salt 'meat** *n* gepö-

S

keltes Fleisch **'salt mine** *n* Salzmine *f*
salt·pe·tre, AM **salt·pe·ter** [ˌsɔːlt'piːtəʳ, AM 'sɔːltˌpiːt̬ɚ] *n no pl* Salpeter *m*
'salt·shak·er *n* AM, AUS Salzstreuer *m* **'salt so·lu·tion** *n* Kochsalzlösung *f* **'salt tears** *n* (*fig*) bittere Tränen **salt 'wa·ter** *n no pl* Salzwasser *nt* **'salt-wa·ter** *adj attr* Salzwasser-; ~ **fish** Meeresfisch *m*
salty ['sɔːlti] *adj* salzig
sa·lu·bri·ous [sə'luːbriəs] *adj* ❶ *place* vornehm ❷ (*healthy*) gesund
salu·tary ['sæljətəri, AM -teri] *adj* heilsam
salu·ta·tion [ˌsæljə'teɪʃən] *n* (*in letter*) Anrede *f;* (*liter: greeting*) Gruß *m*
sa·lute [sə'luːt] **I.** *vt* ❶ (*form: greet*) grüßen; (*welcome*) begrüßen ❷ MIL ■**to ~ sb** vor jdm salutieren **II.** *vi* MIL salutieren **III.** *n* ❶ (*gesture*) Gruß *m* ❷ MIL Salut *m;* (*firing of guns*) Salut[schuss] *m;* **to give a ~** salutieren
sal·vage ['sælvɪdʒ] **I.** *vt* ❶ (*rescue*) *cargo* bergen ❷ (*preserve*) *reputation* wahren **II.** *n no pl* ❶ (*rescue*) Bergung *f* ❷ (*sth saved*) Bergungsgut *nt*
'sal·vage value *n* Wert *m* der geretteten Sachen **'sal·vage ves·sel** *n* Bergungsschiff *nt*
sal·va·tion [sæl'veɪʃən] *n no pl* ❶ (*rescue, sth that saves*) Rettung *f;* **beyond ~** nicht mehr zu retten ❷ REL Erlösung *f*
Sal·va·tion 'Army *n no pl* Heilsarmee *f*
salve [sælv, AM sæv] *n* ❶ (*ointment*) Heilsalbe *f* ❷ (*sth that soothes*) Linderung *f*
sal·ver ['sælvəʳ, AM -ɚ] *n* (*form*) Tablett *nt*
sal·vo <*pl* -s *or* -es> ['sælvəʊ, AM -oʊ] *n* MIL (*a. fig*) Salve *f*
sal vola·ti·le [ˌsælvə(ʊ)'lætəli, AM -voʊ'læt̬-] *n no pl* (*spec*) Riechsalz *nt*
SAM [sæm] *n* MIL *acr for* **surface-to-air missile** Boden-Luft-Rakete *f*
Sa·mari·tan [sə'mærɪtən, AM -merə-] *n* ❶ REL **the good ~** der barmherzige Samariter ❷ (*organization*) **the ~s** die Telefonseelsorge *kein pl*
sam·ba ['sæmbə, AM 'sɑːm-] **I.** *n* Samba *f o m* **II.** *vi* Samba tanzen
same [seɪm] **I.** *adj attr* ❶ (*exactly similar*) ■**the ~ ...** der/die/das gleiche ...; (*identical*) der-/die-/dasselbe; **she's the ~ age as me** sie ist genauso alt wie ich ❷ (*not another*) ■**the ~ ...** der/die/das gleiche ...; **our teacher always wears the ~ pullover** unser Lehrer trägt stets denselben Pullover; **at the ~ time** gleichzeitig, zur gleichen Zeit; (*nevertheless*) trotzdem ▶PHRASES: **to be in the ~ boat** im gleichen Boot sitzen **II.** *pron* ■**the ~** der-/die-/dasselbe; **they realized that things would never be the ~ again** es wurde ihnen klar, dass nichts mehr so sein würde wie früher; **to be one and the ~** ein und der-/die-/dasselbe sein ▶PHRASES: **all the ~** trotzdem **III.** *adv* ■**the ~** gleich; **I feel just the ~ as you do** mir geht es genauso wie dir
same·ness ['seɪmnəs] *n no pl* (*identity*) Gleichheit *f;* (*uniformity*) Gleichförmigkeit *f*
Sa·moa [sə'məʊə, AM sə'moʊə] *n* Samoa *nt*
sam·ple ['sɑːmpl̩, AM 'sæ-] **I.** *n* ❶ (*small quantity*) Probe *f,* Muster *nt;* MED **blood ~** Blutprobe *f;* **fabric ~s** Stoffmuster *pl* ❷ (*representative group*) *of people* Querschnitt *m; of things* Stichprobe *f* **II.** *vt* ❶ (*try*) [aus]probieren; *food* kosten, probieren ❷ (*survey*) stichprobenartig untersuchen
'sam·ple book *n* Musterheft *nt*
sam·pler ['sɑːmpləʳ, AM 'sæmplɚ] *n* ❶ (*embroidery*) Stickmustertuch *nt* ❷ AM (*collection*) Probeset *nt*
sam·pling ['sɑːmplɪŋ, AM 'sæm-] *n* ❶ (*surveying*) Stichprobenerhebung *f* ❷ *no pl* (*testing*) stichprobenartige Untersuchung ❸ *no pl* MUS Mischen *nt*
sana·to·rium <*pl* -s *or* -ria> [ˌsænə'tɔːriəm, *pl* -riə] *n* Sanatorium *nt*
sanc·ti·fy <-ie-> ['sæŋ(k)tɪfaɪ] *vt* REL (*consecrate*) weihen
sanc·ti·mo·ni·ous [ˌsæŋ(k)tɪ'məʊniəs, AM -'moʊ-] *adj* (*pej*) scheinheilig
sanc·tion ['sæŋ(k)ʃən] **I.** *n* ❶ *no pl* (*approval*) Sanktion *f geh,* Zustimmung *f* ❷ (*to enforce compliance*) Strafmaßnahme *f;* LAW, POL Sanktion *f* **II.** *vt* ❶ (*allow*) sanktionieren *geh* ❷ (*impose penalty*) unter Strafe stellen
sanc·tity ['sæŋ(k)təti, AM -ət̬i] *n no pl* ❶ REL Heiligkeit *f* ❷ (*inviolability*) Unantastbarkeit *f*
sanc·tu·ary ['sæŋ(k)tʃʊəri, AM -tʃueri] *n* ❶ (*holy place*) Heiligtum *nt;* (*near altar*) Altarraum *m* ❷ (*refuge*) Zuflucht *f;* **to find/seek ~** Zuflucht finden/suchen ❸ (*for animals*) Schutzgebiet *nt*
sand [sænd] **I.** *n* ❶ *no pl* (*substance*) Sand *m* ❷ (*expanse*) ■**~s** *pl* (*beach*) Sandstrand *m; of desert* Sand *m kein pl* **II.** *vt* (*with sandpaper*) [ab]schmirgeln; (*smooth*) abschleifen
san·dal ['sændəl] *n* Sandale *f*
'san·dal·wood *n no pl* Sandelholz *nt*
'sand·bag **I.** *n* Sandsack *m* **II.** *vt* <-gg-> ❶ (*protect*) mit Sandsäcken schützen ❷ (*hit*) niederschlagen **'sand·bank** *n* Sandbank *f* **'sand·bar** *n* [schmale] Sand-

S

bank **'sand·blast** *vt* sandstrahlen **'sand·box** *n* AM (*sandpit*) Sandkasten *m* **'sand·cas·tle** *n* Sandburg *f* **'sand dune** *n* Sanddüne *f* **'sand flea** *n* Sandfloh *m* **'sand·glass** *n* Sanduhr *f* **'sand mar·tin** *n* Uferschwalbe *f* **'sand·pa·per I.** *n no pl* Schmirgelpapier *nt* **II.** *vt* abschmirgeln **'sand·pip·er** *n* ORN Strandläufer *m* **'sand·pit** *n esp* BRIT Sandkasten *m* **'sand·shoe** *n* ① (*for beach*) Strandschuh *m* ② AUS (*sneaker*) Freizeitschuh *m* **'sand·stone** *n no pl* Sandstein *m* **'sand·storm** *n* Sandsturm *m*

sand·wich ['sænwɪdʒ, AM -(d)wɪtʃ] **I.** *n* <*pl* -es> Sandwich *m o nt* ▶ PHRASES: **to be one ~ short of a picnic** (*hum fam*) völlig übergeschnappt sein **II.** *vt* (*squeeze*) einklemmen; **I was sandwiched between two very large men** ich war zwischen zwei riesigen Männern eingeklemmt; ■**to ~ sth [in] between sth** (*fig*) etw zwischen etw *dat* dazwischenschieben

'sand·wich board *n* Reklametafel *f* (*mittels verbindendem Schulterriemen von einer Person auf Brust und Rücken als doppelseitiges Werbeplakat getragen*) **'sand·wich cookie** *n* AM Doppelkeks *m* **'sand·wich count·er** *n* *Tresen, an dem ausschließlich Sandwiches verkauft werden* **'sand·wich course** *n* BRIT UNIV *Ausbildung, bei der theoretische und praktische Abschnitte abwechseln*

sandy ['sændi] *adj* ① (*containing sand*) sandig ② *colour* sandfarben

sane [seɪn] *adj* ① *person* geistig gesund; LAW zurechnungsfähig ② *action* vernünftig

sang [sæŋ] *pt of* **sing**

san·guine ['sæŋgwɪn] *adj* ① (*form: hopeful*) zuversichtlich ② (*liter: blood-red*) blutrot

sani·ta·rium <*pl* -s *or* -ria> [ˌsænɪ'teriəm] *n* AM Sanatorium *nt*

sani·tary ['sænɪtəri, AM -teri] *adj* (*hygienic*) hygienisch; *installations* sanitär

'sani·tary pad, BRIT **'sani·tary tow·el**, AM **'sani·tary nap·kin** Damenbinde *f*

sani·ta·tion [ˌsænɪ'teɪʃən] *n no pl* ① (*health conditions*) Hygiene *f;* (*toilets*) sanitäre Anlagen ② (*water disposal*) Abwasserkanalisation *f*

san·ity ['sænəti, AM -ət̬i] *n no pl* ① (*mental health*) gesunder Verstand; LAW Zurechnungsfähigkeit *f;* (*hum*) Verstand *m fam;* **to preserve one's ~** bei Verstand bleiben ② (*sensibleness*) Vernünftigkeit *f*

sank [sæŋk] *pt of* **sink**

San·ta, San·ta Claus [ˌsæntə'klɔːz, AM -t̬ə'klɑːz] *n no pl* (*Father Christmas*) Weihnachtsmann *m;* (*on December 6*) Nikolaus *m*

sap¹ [sæp] *n no pl* (*of tree*) Saft *m*

sap² [sæp] *vt* <-pp-> ① (*drain*) **to ~ sb's energy** an jds Energie zehren *geh* ② (*undermine*) unterhöhlen

sap³ [sæp] *n* (*sl*) Trottel *m pej fam*

sap·ling ['sæplɪŋ] *n* junger Baum

sap·per ['sæpəʳ] *n* MIL Pionier *m;* BRIT *Soldat der Royal Engineers*

sap·phire ['sæfaɪəʳ, AM -ɪɚ] **I.** *n* Saphir *m* **II.** *adj* saphirfarben

sar·casm ['sɑːkæzəm, AM 'sɑːr-] *n no pl* Sarkasmus *m*

sar·cas·tic [sɑː'kæstɪk, AM sɑːr'-] *adj person, remark* sarkastisch; *tongue* scharf

sar·copha·gus <*pl* -es *or* -gi> [sɑː'kɒfəgəs, AM sɑːr'kɑːf-, *pl* -gaɪ, -dʒaɪ] *n* Sarkophag *m*

sar·dine [sɑː'diːn, AM sɑːr'-] *n* Sardine *f;* **to be squashed like ~s** wie die Ölsardinen zusammengepfercht sein

Sar·di·nia [sɑː'dɪniə, AM sɑːr] *n no pl* GEOG Sardinien *nt*

sar·don·ic [sɑː'dɒnɪk, AM sɑːr'dɑː-] *adj* höhnisch

sari ['sɑːri] *n* Sari *m*

sar·ky ['sɑːki] *adj* BRIT, AUS (*fam*) sarkastisch

SARS, Sars [sɑːz, AM sɑːrz] *n no pl, no art* MED *acr for* **severe acute respiratory syndrome** SARS *kein art*

sar·to·rial [sɑː'tɔːriəl, AM sɑːr'-] *adj attr* (*form: relating to clothing*) Kleidungs-; (*relating to tailoring*) Schneider-

SAS [ˌeseɪ'es] *n* BRIT MIL *abbrev of* **Special Air Service** Speziallufteinheit *f*

SASE [ˌeseɪes'iː] *n* AM *abbrev of* **self-addressed stamped envelope** adressierter und frankierter Rückumschlag

sash¹ <*pl* -es> [sæʃ] *n* Schärpe *f*

sash² <*pl* -es> [sæʃ] *n* (*in windows*) Fensterrahmen *m;* (*in doors*) Türrahmen *m*

sash 'win·dow *n* Schiebefenster *nt*

sas·sy ['sæsi] *adj esp* AM (*fam*) ① (*impudent*) frech, ungezogen ② (*lively*) spritzig *fam*

sat [sæt] *pt, pp of* **sit**

Land und Leute

In England und Wales müssen alle Schulkinder im Alter von 7, 11 und 14 Jahren die **SAT**s (*Standard Assessment Tests*) machen. Die Ergebnisse werden mit dem nationalen Durchschnitt verglichen und dazu benutzt, die Fortschritte der Schüler während ihrer Schulzeit zu verfolgen. In den USA ist der **SAT** (*Scholastic Assessment Test*) eine Prüfung, die Schulabgänger einer *high school* bestehen müssen,

S

um eine höhere Schulbildung zu durchlaufen. Er bewertet die allgemeine schulische Entwicklung der Schüler und ihre Eignung fürs *college*.

Satan ['seɪtᵊn] *n no pl* Satan *m*
sa·tan·ic [sə'tænɪk] *adj* teuflisch; ~ **rite** Satansritus *m*
Sa·tan·ism ['seɪ'tᵊnɪzᵊm] *n no pl* Satanismus *m*
satch·el ['sætʃᵊl] *n* [Schul]ranzen *m*
sate [seɪt] *vt* (*form*) *desire, hunger* stillen
sat·el·lite ['sætᵊlaɪt, AM 'sæṭ-] *n* ① ASTRON Trabant *m* ② AEROSP, TECH Satellit *m*
sat·el·lite 'broad·cast·ing *n no pl* Satellitenübertragung *f;* RADIO Satellitenfunk *m;* TV Satellitenfernsehen *nt* **'sat·el·lite dish** *n* Satellitenschüssel *f fam* **sat·el·lite 'state** *n* Satellitenstaat *m* **sat·el·lite 'tele·vi·sion** *n no pl* Satellitenfernsehen *nt* **'sat·el·lite town** *n* Trabantenstadt *f*
sa·ti·ate ['seɪʃieɪt] *vt usu passive curiosity, hunger, thirst* stillen; *demand* befriedigen
sa·ti·ety [sə'taɪəti, AM -əṭi] *n no pl* (*form*) Sättigung *f*
sat·in ['sætɪn, AM -tᵊn] *n* Satin *m*
sat·ire ['sætaɪəʳ, AM -aɪɚ] *n* LIT Satire *f*
sa·tiri·cal [sæ'tɪrɪkᵊl] *adj literature, film* satirisch; (*mocking, joking*) ironisch
sati·rist ['sætᵊrɪst, AM 'sæṭɚ-] *n* Satiriker(in) *m(f)*
sati·rize ['sætᵊraɪz, AM 'sæṭə-] *vt* satirisch darstellen
sat·is·fac·tion [ˌsætɪs'fækʃᵊn, AM ˌsæṭ-] *n no pl* ① (*positive feeling*) Zufriedenheit *f,* Befriedigung *f;* ■**to the ~ of sb** zu jds Zufriedenheit; **to my great ~** zu meiner großen Genugtuung; **I get a lot of ~ from my job** meine Arbeit bereitet mir volle Befriedigung ② (*sth producing satisfaction*) Genugtuung *f geh* ③ (*state of being convinced*) Zufriedenheit *f;* **to the ~ of the court** zur Zufriedenstellung des Gerichts
sat·is·fac·tory [ˌsætɪs'fæktᵊri, AM ˌsæṭ-] *adj* befriedigend; UNIV, SCH ≈ befriedigend; MED zufriedenstellend
sat·is·fied ['sætɪsfaɪd, AM 'sæṭ-] *adj* zufrieden; ■**to be ~ with sth/sb** mit etw/jdm zufrieden sein; **a ~ customer** ein zufriedener Kunde/eine zufriedene Kundin
sat·is·fy <-ie-> ['sætɪsfaɪ, AM 'sæṭ-] **I.** *vt* ① (*meet needs*) zufriedenstellen; *curiosity, need* befriedigen ② (*fulfil*) *demand* befriedigen; *condition, requirement* erfüllen ③ (*convince*) ■**to ~ sb that ...** jdn überzeugen, dass ... ► PHRASES: **to ~ the examiners** BRIT SCH, UNIV (*form*) eine Prüfung bestehen **II.** *vi* (*form*) befriedigen
sat·is·fy·ing ['sætɪsfaɪɪŋ, AM 'sæṭ-] *adj* zufriedenstellend, befriedigend
sat·phone ['sætfəʊn, AM -foʊn] *n short for* **satellite phone** Satellitentelefon *nt*
sat·su·ma [ˌsæt'suːmə, AM 'sætsəmɑː] *n* Satsuma *f*
satu·rate ['sætʃᵊreɪt, AM -əreɪt] *vt* ① (*make wet*) durchnässen ② (*fill to capacity*) [völlig] auslasten; CHEM, ECON sättigen
satu·rat·ed ['sætʃᵊreɪtɪd, AM -əreɪṭɪd] *adj* ① (*soaking wet*) durchnässt; *soil* aufgeweicht ② CHEM *solution* gesättigt
satu·ra·tion [ˌsætʃᵊr'eɪʃᵊn, AM ˌsætʃə'reɪ-] *n no pl* CHEM, ECON Sättigung *f;* ~ **point** Sättigungspunkt *m*
satu·'ra·tion point *n* Sättigungspunkt *m;* **to reach ~** den Sättigungspunkt erreichen
Sat·ur·day ['sætədeɪ, AM -ṭɚ-] *n* Samstag *m,* Sonnabend *m* NORDD; *see also* **Tuesday**
Sat·urn ['sætən, AM -ṭɚn] *n no pl* ASTRON Saturn *m*
sa·tyr ['sætəʳ, AM 'seɪṭɚ] *n* (*mythical figure*) Satyr *m*
sauce [sɔːs, AM *esp* sɑːs] **I.** *n* ① Soße *f;* **tomato ~** Tomatensoße *f;* **apple ~** Apfelmus *nt,* Apfelkompott *nt* ② AM (*pej sl: alcohol*) Alkohol *m* **II.** *vt* (*fam: add interest*) ■**to ~ sth up** etw würzen *fig*
'sauce·boat *n* Sauciere *f* **'sauce·pan** *n* Kochtopf *m*
sauc·er ['sɔːsəʳ, AM 'sɑːsɚ, -'sɔː] *n* Untertasse *f;* **to have eyes like ~s** große Augen haben
sauci·ly ['sɔːsɪli, AM *esp* 'sɑːs-] *adv* (*dated*) frech
sauci·ness ['sɔːsɪnəs, AM *esp* 'sɑːs-] *n no pl* (*dated*) ① (*impertinence*) Frechheit *f* ② BRIT (*smuttiness*) Freizügigkeit *f*
saucy ['sɔːsi, AM *esp* 'sɑːsi] *adj* ① (*impertinent*) frech ② BRIT (*pej: smutty*) freizügig; ~ **underwear** Reizwäsche *f*
Saudi ['saʊdi] **I.** *n* (*male*) Saudi[-Araber] *m;* (*female*) Saudi-Araberin *f* **II.** *adj* saudisch
Saudi A'ra·bia *n no pl* Saudi-Arabien *nt* **Saudi A'ra·bian** **I.** *n* Saudi-Araber(in) *m(f)* **II.** *adj* saudi-arabisch
sauer·kraut ['saʊəkraʊt, AM 'saʊɚ-] *n no pl* Sauerkraut *nt*
sau·na ['sɔːnə, 'saʊnə, AM 'saʊnə, 'sɔːnə] *n* Sauna *f*
saun·ter ['sɔːntəʳ, AM 'sɑːnṭɚ] *vi* (*stroll*) bummeln *fam;* (*amble*) schlendern; **to ~ along** herumschlendern
sau·sage ['sɒsɪdʒ, AM 'sɑːs-] *n* ① (*for frying, grilling*) Wurst *f;* (*small*) Würstchen *nt* ② *no pl* (*for slicing*) Wurst *f;* (*type of sausage*) Wurstsorte *f*
'sau·sage dog *n* BRIT (*fam*) Dackel *m*

S

'sau·sage meat *n no pl* Wurstfüllung *f* **sau·sage 'roll** *n* BRIT, AUS ≈ Würstchen *nt* im Schlafrock

sau·té ['səʊteɪ, AM sɔː'teɪ] **I.** *vt* <sautéed *or* sautéd> [kurz] [an]braten **II.** *adj attr* ~ **potatoes** Bratkartoffeln *pl*

sav·age ['sævɪdʒ] **I.** *adj* ❶ (*primitive*) wild ❷ (*fierce*) brutal **II.** *n* ❶ (*pej: barbarian*) Barbar(in) *m(f)* ❷ (*usu pej: primitive person*) Wilde(r) *f(m) pej* **III.** *vt* anfallen; (*fig*) attackieren

sav·age·ly ['sævɪdʒli] *adv* brutal

sav·age·ry ['sævɪdʒəri] *n no pl* Brutalität *f*

sa·van·na(h) [sə'vænə] *n* Savanne *f*

save [seɪv] **I.** *vt* ❶ (*rescue*) retten (**from** vor +*dat*); **to ~ sb's life** jds Leben retten ❷ (*keep for future use*) aufheben; *money* sparen ❸ (*collect*) sammeln ❹ (*avoid wasting*) *time, energy* sparen; **to ~ one's breath** sich *dat* seine Worte sparen ❺ COMPUT sichern, speichern ❻ SPORTS *goal* verhindern; *penalty kick* abwehren ▸ PHRASES: **a stitch in time ~s nine** (*prov*) was du heute kannst besorgen, das verschiebe nicht auf morgen *prov* **II.** *vi* ❶ (*keep money*) sparen (**for** für +*akk*); **I ~ with the Cooperative Bank** ich habe ein Sparkonto bei der Cooperative Bank ❷ (*conserve sth*) ■**to ~ on sth** bei etw *dat* sparen **III.** *n* (*in football*) Abwehr *f* ◆**save up I.** *vt money* sparen; **tokens, loyalty points** sammeln **II.** *vi* sparen (**for** auf)

sav·er ['seɪvəʳ, AM -ɚ] *n* ❶ (*person*) Sparer(in) *m(f)*; (*investor*) Anleger(in) *m(f)* ❷ (*train fare*) Sparticket *nt*

sav·ing ['seɪvɪŋ] **I.** *n* ❶ (*money*) ■**~s** *pl* Ersparnisse *pl* ❷ *no pl* (*result of economizing*) Ersparnis *f*; (*act*) Einsparung *f* **II.** *adj* rettend; **the film's one ~ grace** das einzig Versöhnende an dem Film

sav·ings ac·count ['seɪvɪŋz-] *n* Sparkonto *nt* **'sav·ings bank** *n Sparkasse, die nicht auf Profitbasis arbeitet und auch für kleine Einlagen Zinsen bietet* **'sav·ings book** *n* Sparbuch *nt* **'sav·ings cer·tifi·cate** *n* BRIT Staatspapier *nt* **'sav·ings de·pos·it** *n* Einzahlung *f*

sav·iour, AM **sav·ior** ['seɪvjəʳ, AM -jɚ] *n* Retter(in) *m(f)*; ■**the S~** REL der Erlöser

sa·vour ['seɪvəʳ], AM **sa·vor** [-ɚ] **I.** *n* (*taste*) Geschmack *m* **II.** *vt* auskosten, genießen

sa·voury, AM **sa·vory** ['seɪvəri] **I.** *adj* ❶ (*not sweet*) pikant; (*salty*) salzig ❷ (*appetizing*) appetitanregend **II.** *n* BRIT [pikantes] Häppchen

sa·voy, sa·voy cab·bage [sə'vɔɪ-] *n no pl* Wirsing *m*

sav·vy ['sævi] **I.** *adj* (*fam: shrewd*) ausgebufft *sl* **II.** *n no pl* (*fam*) Köpfchen *nt*; (*practical knowledge*) Können *nt*

saw¹ [sɔː, AM *esp* sɑː] *pt of* **see**

saw² [sɔː, AM *esp* sɑː] **I.** *n* Säge *f* **II.** *vt* <-ed, sawn *or esp* AM -ed> [zer]sägen; **to ~ a tree down** einen Baum fällen **III.** *vi* (*operate a saw*) sägen ◆**saw off** *vt* absägen ◆**saw up** *vt* zersägen

'saw·dust *n no pl* Sägemehl *nt*

'sawed-off *adj* AM *see* **sawn-off**

'saw·mill *n* Sägemühle *f*

sawn [sɔːn, AM *esp* 'sɑːn] *pp of* **saw**

'sawn-off *adj attr* ~ **shotgun** abgesägte Schrotflinte

Sax·on ['sæksən] **I.** *n* ❶ (*hist: member of Germanic people*) [Angel]sachse, -sächsin *m, f* ❷ (*person*) Sachse, Sächsin *m, f* **II.** *adj* ❶ (*of Saxony*) sächsisch ❷ (*hist: in England*) [angel]sächsisch

Saxo·ny ['sæksəni] *n no pl* Sachsen *nt*

saxo·phone ['sæksəfəʊn, AM -foʊn] *n* Saxophon *nt*

sax·opho·nist ['sæksəfəʊnɪst, AM -foʊn-] *n* Saxophonist(in) *m(f)*

say [seɪ] **I.** *vt* <said, said> ❶ (*utter*) sagen; **what did you ~ to him?** was hast du ihm gesagt?; **what did they ~ about the house?** was haben sie über das Haus gesagt?; **what exactly are you trying to ~?** was willst du eigentlich sagen?; **to ~ goodbye to sb** sich von jdm verabschieden; **to have nothing to ~** nichts zu sagen haben; **to ~ nothing of the cost** ganz zu schweigen von den Kosten; **it goes without ~ that ...** es versteht sich von selbst, dass ... ❷ (*recite aloud*) aufsagen; *prayer* sprechen ❸ (*give information*) sagen; **the sign ~s ...** auf dem Schild steht ...; **it ~s on the bottle ...** auf der Flasche heißt es ...; **my watch ~s 3 o'clock** auf meiner Uhr ist es 3 [Uhr]; **the way he drives ~s a lot about his character** sein Fahrstil sagt eine Menge über seinen Charakter aus ❹ (*tell, command*) ■**to ~ whether/where etc.** sagen, ob/wo usw.; **she said to call her back** sie sagte, du sollst sie zurückrufen; **to ~ when** (*indicate when you have enough*) sagen, wenn es genug ist ▸ PHRASES: **~ no more!** (*fam*) alles klar!; **you don't ~ [so]!** was du nicht sagst!; **you said it!** (*fam*) du sagst es! **II.** *vi* <said, said> sagen; **where was he going? – he didn't ~** wo wollte er hin? – das hat er nicht gesagt; **hard to ~** schwer zu sagen; **that's not for me to ~** es steht mir nicht zu, das zu entscheiden **III.** *n no pl* Meinung *f*; **to have a/no ~ in sth** bei etw *dat*

S

ein/kein Mitspracherecht haben **IV.** *interj* ❶ (*fam: to express doubt*) **~s who?** wer sagt das? ❷ AM (*expresses positive reaction*) sag mal *fam;* **~, that's really a great idea!** Mensch, das ist ja echt eine tolle Idee! *fam*

say·ing ['seɪɪŋ] *n* (*adage*) Sprichwort *nt;* **as the ~ goes** wie es so schön heißt

'say-so *n no pl* (*fam: approval*) Erlaubnis *f*

scab [skæb] **I.** *n* ❶ *of wound* Kruste *f,* Schorf *m* ❷ (*pej fam: strike-breaker*) Streikbrecher(in) *m(f)* **II.** *vi* (*fam: act as blackleg*) ein Streikbrecher/eine Streikbrecherin sein

scab·bard ['skæbəd, AM -ɚd] *n* [Schwert]scheide *f*

scab·by ['skæbi] *adj* ❶ (*having scabs*) schorfig ❷ (*pej fam: reprehensible*) schäbig

sca·bies ['skeɪbiːz] *n no pl* Krätze *f*

sca·brous ['skeɪbrəs, AM *esp* 'skæb-] *adj* ❶ (*covered with scabs*) schorfig ❷ (*pej: unpleasant*) schäbig

scaf·fold ['skæfəʊld, AM -fəld] **I.** *n* (*hist: for executions*) Schafott *nt* **II.** *vt* **to ~ a building** ein Gebäude mit einem Gerüst versehen

scaf·fold·ing ['skæfəldɪŋ] *n no pl* [Bau]gerüst *nt*

scala·wag ['skæləwæg] *n* AM (*scallywag*) Schlingel *m hum*

scald [skɔːld, AM *esp* skɑːld] **I.** *vt* ❶ (*burn*) verbrühen ❷ (*heat*) erhitzen; *fruit* dünsten; *milk* abkochen **II.** *n* MED Verbrühung *f*

scald·ing ['skɔːldɪŋ, AM *esp* 'skɑːld-] *adj liquid* kochend; **~ hot** kochend [*o* siedend] heiß

scale[1] [skeɪl] **I.** *n* ❶ (*on skin*) Schuppe *f* ❷ *no pl* (*mineral coating*) Ablagerung *f* **II.** *vt* ❶ (*remove scales*) abschuppen ❷ (*remove tartar*) **to ~ sb's teeth** bei jdm den Zahnstein entfernen **III.** *vi skin* sich schuppen; *paint* abblättern

scale[2] [skeɪl] *n usu pl* (*weighing device*) Waage *f;* **to tip the ~s** (*fig*) den [entscheidenden] Ausschlag geben

scale[3] [skeɪl] **I.** *n* ❶ (*system of gradation*) Skala *f; of map* Maßstab *m;* ■**to be to ~** *building, drawing* maßstab[s]getreu sein ❷ (*relative degree/extent*) Umfang *m;* **on a national ~** auf nationaler Ebene; **on a large/small ~** im großen/kleinen Rahmen ❸ MUS Tonleiter *f* **II.** *vt* (*climb*) *mountain, peak* besteigen; **to ~ a fence/wall** auf einen Zaun/ eine Mauer klettern ◆**scale down** **I.** *vt* reduzieren; ECON einschränken; (*make smaller in proportion*) [vom Maßstab her] verkleinern **II.** *vi* verkleinern ◆**scale up** *vt* erweitern; *transport system* ausbauen; ECON erhöhen

scale 'draw·ing *n* maßstab[s]getreue Zeichnung **scale 'mod·el** *n* maßstab[s]getreues Modell

scal·lop ['skæləp, AM *esp* 'skɑː-] *n* (*edible shellfish*) Kammmuschel *f;* (*esp in gastronomy*) Jakobsmuschel *f*

scal·ly·wag ['skæliwæg] *n* (*fam*) Schlingel *m hum*

scalp [skælp] **I.** *n* (*head skin*) Kopfhaut *f* **II.** *vt* (*hist: remove head skin*) skalpieren

scal·pel ['skælpəl] *n* Skalpell *nt*

scaly ['skeɪli] *adj* ❶ ZOOL, MED schuppig ❷ TECH verkalkt

scam [skæm] *n* (*fam*) Betrug *m*

scamp [skæmp] *n* (*fam*) Schlingel *m hum*

scamp·er ['skæmpəʳ, AM -ɚ] *vi* flitzen *fam*

scam·pi ['skæmpi] *npl* Scampi *pl*

scan [skæn] **I.** *vt* <-nn-> ❶ (*scrutinize*) absuchen (**for** nach +*dat*) ❷ (*glance through*) überfliegen ❸ COMPUT einlesen, einscannen **II.** *n* ❶ (*glancing through*) [flüchtige] Durchsicht ❷ MED Abtastung *f,* Scan *m;* **brain ~** Computertomographie *f* des Schädels

scan·dal ['skændəl] *n* ❶ (*cause of outrage*) Skandal *m;* (*disgrace a.*) Schande *f* ❷ *no pl* (*gossip*) Skandalgeschichten *pl*

scan·dal·ize ['skændəlaɪz, AM -də-] *vt* schockieren; (*offend*) empören

scan·dal·mon·ger ['skændəlˌmʌŋgəʳ, AM -ˌmɑːŋgɚ] *n* (*pej*) Lästermaul *nt sl*

scan·dal·ous ['skændələs] *adv* skandalös; (*shocking*) schockierend

Scan·di·na·via [ˌskændɪ'neɪviə] *n no pl* Skandinavien *nt*

Scan·di·na·vian [ˌskændɪ'neɪviən] **I.** *adj* skandinavisch **II.** *n* Skandinavier(in) *m(f)*

scan·ner ['skænəʳ, AM -ɚ] *n* COMPUT, MED Scanner *m*

'scan·ning ['skænɪŋ] *n* COMPUT, MED Scannen *nt*

scant [skænt] *adj attr* ❶ (*not enough*) unzureichend; **to pay ~ attention to sth** etw kaum beachten ❷ (*almost*) **a ~ litre** ein knapper Liter

scanti·ly ['skæntɪli, AM -t̬ɪli] *adv* spärlich; **~ clad** freizügig gekleidet

scanty ['skænti, AM -t̬i] *adj* ❶ (*very small*) knapp ❷ (*barely sufficient*) unzureichend; *evidence* unzulänglich

scape·goat ['skeɪpgəʊt, AM -goʊt] *n* Sündenbock *m*

scapu·la <*pl* -s *or* -lae> ['skæpjələ, *pl* -liː] *n* ANAT Schulterblatt *nt*

scar [skɑːʳ, AM skɑːr] **I.** *n* MED Narbe *f* **II.** *vt* <-rr-> ■**to be ~red [by sth]** [von etw *dat*]

S

gezeichnet sein; **to be ~red for life** fürs [ganze] Leben gezeichnet sein

scar·ab ['skærəb, AM 'sker-] *n* ❶ ZOOL Skarabäus *m* ❷ (*hist: Egyptian gem*) Skarabäus *m*

scarce [skeəs, AM skers] *adj* knapp; (*rare*) rar; **to make oneself ~** sich aus dem Staub machen *fam*

scarce·ly ['skeəsli, AM 'skers-] *adv* ❶ (*barely*) kaum ❷ (*certainly not*) **he would ~ have said a thing like that** er hätte so etwas wohl kaum behauptet

scar·city ['skeəsəti, AM 'skersəṭi] *n no pl* Knappheit *f*; **~ value** Seltenheitswert *m*

scare [skeəʳ, AM sker] **I.** *n* ❶ (*fright*) Schreck[en] *m*; **to give sb a ~** jdm einen Schrecken einjagen ❷ (*public panic*) Hysterie *f*; **bomb ~** Bombendrohung *f* **II.** *adj attr* Panik-; **~ story** Schauergeschichte *f*; **~ tactic** Panikmache *f* **III.** *vt* ■**to ~ sb** jdm Angst machen ▸PHRASES: **to ~ the living daylights out of sb** jdn zu Tode erschrecken **IV.** *vi* erschrecken

Aussprache

Das **a** in sc**a**re wird wie das **ai** in h**ai**r ausgesprochen:

scare	[skeəʳ]
hair	[heəʳ]

◆**scare away, scare off** *vt* ❶ (*frighten into leaving*) verscheuchen ❷ (*discourage*) abschrecken

scare·crow ['skeəkrəʊ, AM 'skerkroʊ] *n* Vogelscheuche *f*

scared [skeəd, AM skerd] *adj* verängstigt; ■**to be ~ of sth/sb** vor etw/jdm Angst haben; ■**to be ~ that ...** [be]fürchten, dass ...

scare·mon·ger ['skeəˌmʌŋgəʳ, AM 'skerˌmɑːŋgɚ] *n* Panikmacher(in) *m(f)*

scarf <*pl* -s *or* scarves> [skɑːf, AM skɑːrf] *n* Schal *m*; **silk ~** Seidentuch *nt*

scar·let ['skɑːlət, AM 'skɑːr-] **I.** *n no pl* Scharlachrot *nt* **II.** *adj* scharlachrot

scar·let 'fe·ver *n no pl* Scharlach *m*

scarp [skɑːp, AM skɑːrp] *n* Steilhang *m*; MIL innere Grabenböschung

scarp·er [skɑːpəʳ] *vi* BRIT, AUS (*sl*) abhauen *sl*

scarves [skɑːvz, AM skɑːrvz] *n pl of* **scarf**

scary ['skeəri, AM 'skeri] *adj* ❶ (*frightening*) Furcht erregend ❷ (*uncanny*) unheimlich

scat [skæt] *interj* (*fam*) ■**~!** hau ab!

scath·ing ['skeɪðɪŋ] *adj* versengend; *criticism* scharf; *remark* bissig

scato·logi·cal [ˌskætə'lɒdʒɪkəl, AM -ṭə'lɑːdʒ-] *adj* (*form*) skatologisch

scat·ter ['skætəʳ, AM -ṭɚ] **I.** *vt* verstreuen; PHYS streuen **II.** *vi crowd, protesters* sich zerstreuen **III.** *n* ❶ (*small amount*) [vereinzeltes] Häufchen ❷ *no pl* PHYS Streuung *f*

'scat·ter·brain *n* zerstreute Person **'scat·ter·brained** *adj* zerstreut **'scat·ter cush·ion** *n* BRIT, AUS Sofakissen *nt*

scat·tered ['skætəd, AM -ṭɚd] *adj* ❶ (*strewn about*) verstreut ❷ (*far apart*) weit verstreut ❸ (*sporadic*) vereinzelt

scat·ty ['skæti] *adj* BRIT, AUS (*fam*) schusselig

scav·enge ['skævɪndʒ] **I.** *vi* ❶ (*search*) stöbern (**for** nach +*dat*) ❷ (*feed*) Aas fressen **II.** *vt* (*find*) aufstöbern; (*get*) ergattern *fam*

scav·en·ger ['skævɪndʒəʳ, AM -ɚ] *n* ❶ (*animal*) Aasfresser *m* ❷ (*person*) *jd, der nach ausrangierten, aber noch verwendbaren Sachen sucht;* (*pej*) Aasgeier *m fam*

sce·nario [sɪ'nɑːriəʊ, AM sə'nerioʊ] *n* THEAT, COMM Szenario *nt*; **worst-case ~** schlimmster Fall

scene [siːn] *n* ❶ ART, THEAT, FILM Szene *f* ❷ THEAT, FILM (*setting*) Schauplatz *m*; (*scenery*) Kulisse *f*; **behind the ~s** (*a. fig*) hinter den Kulissen ❸ LAW Tatort *m* ❹ (*real-life event*) Szene *f*; **a ~ of horrifying destruction** ein schreckliches Bild der Verwüstung; (*milieu*) **drugs ~** Drogenszene *f*; *see also* **science**

'scene change *n* Szenenwechsel *m* **'scene paint·er** *n* Bühnenmaler(in) *m(f)*

scen·ery ['siːnəri, AM -nɚi] *n no pl* ❶ (*landscape*) Landschaft *f* ❷ THEAT, FILM Bühnenbild *nt*

'scene-shift·er *n* THEAT Bühnenarbeiter(in) *m(f)*

sce·nic ['siːnɪk] *adj* ❶ *attr* THEAT Bühnen- ❷ *landscape* landschaftlich schön

scent [sent] **I.** *n* ❶ (*aroma*) Duft *m* ❷ (*animal smell*) Fährte *f*; ■**to be on the ~ of sb/sth** (*a. fig*) jdm/etw auf der Fährte sein *a. fig* ❸ *no pl* BRIT (*perfume*) Parfüm *nt* **II.** *vt* ❶ (*smell*) wittern ❷ (*detect*) *danger, presence* ahnen ❸ (*apply perfume*) parfümieren; *see also* **muscle**

'scent bot·tle *n* Parfümfläschchen *nt*

scent·less ['sentləs] *adj* geruchlos

scep·ter *n* AM *see* **sceptre**

scep·tic *n* Skeptiker(in) *m(f)*

scep·ti·cal *adj* skeptisch

scep·ti·cism *n no pl* Skepsis *f*

scep·tre *n* Zepter *nt*

sched·ule ['ʃedjuːl, AM 'skedʒuːl] **I.** *n* ❶ (*timetable*) Zeitplan *m*; TRANSP Fahrplan *m* ❷ (*plan of work*) Zeitplan *m*; (*plan of event*) Programm *nt*; **ahead of ~** früher als geplant; **behind ~** im Verzug; **on ~** termingerecht, pünktlich **II.** *vt meeting* ansetzen;

S

they've ~d him to speak at three o'clock sie haben seine Rede für drei Uhr geplant

sched·uled ['ʃedju:ld, AM 'skedʒu:ld] *adj attr* (*as planned*) geplant; TRANSP planmäßig

sche·mat·ic [ski:'mætɪk, AM -mæţ-] *adj diagram* schematisch

scheme [ski:m] **I.** *n* ❶ (*pej: plot*) [finsterer] Plan; LAW, POL Verschwörung *f* ❷ *esp* BRIT (*official plan*) Projekt *nt;* ECON Plan *m;* **pension ~** Altersversorgung *f* ❸ (*overall pattern*) Gesamtbild *nt;* **it fits into his ~ of things** das passt in sein Bild; **colour ~** Farb[en]zusammenstellung *f* **II.** *vi* (*pej: plan deviously*) planen

Falsche Freunde

Nicht verwechseln mit Schema *nt* — *(Muster) pattern*!

schem·er ['ski:məʳ, AM -ɚ] *n* (*pej*) Intrigant(in) *m(f) geh*

schem·ing ['ski:mɪŋ] **I.** *adj attr* (*pej*) intrigant *geh;* (*in a clever way*) raffiniert **II.** *n no pl* Intrigieren *nt*

schism ['skɪzᵊm] *n* ❶ (*division*) Spaltung *f* ❷ REL (*hist*) Kirchenspaltung *f*

schis·mat·ic ['skɪzmætɪk, AM -mæţ-] REL **I.** *adj* schismatisch **II.** *n* Schismatiker(in) *m(f)*

schist [ʃɪst] *n no pl* Schiefer *m*

schizo·phre·nia [ˌskɪtsə(ʊ)'fri:niə, AM -sə'-] *n no pl* ❶ MED Schizophrenie *f* ❷ (*fam: of behaviour*) schizophrenes Verhalten *geh*

schizo·phren·ic [ˌskɪtsə(ʊ)'frenɪk, AM -sə'-] **I.** *adj* schizophren **II.** *n* Schizophrene(r) *f(m)*

schol·ar ['skɒləʳ, AM 'skɑ:lɚ] *n* UNIV ❶ (*academic*) Gelehrte(r) *f(m)* ❷ (*good learner*) fleißiger Student/fleißige Studentin

schol·ar·ly ['skɒləli, AM 'skɑ:lɚ-] *adj* ❶ (*academic*) wissenschaftlich ❷ (*erudite*) gelehrt

schol·ar·ship ['skɒləʃɪp, AM 'skɑ:lɚ-] *n* ❶ *no pl* (*academic achievement*) **her book is a work of great ~** ihr Buch ist eine großartige wissenschaftliche Arbeit ❷ (*financial award*) Stipendium *nt*

'schol·ar·ship hold·er *n* Stipendiat(in) *m(f)*

scho·las·tic [skə'læstɪk] *adj* Bildungs-; (*academic*) wissenschaftlich

school¹ [sku:l] **I.** *n* ❶ Schule *f;* **graduate ~** AM *hohe Stufe innerhalb des Hochschulsystems;* **primary** [*or* AM **elementary**] **~** Grundschule *f;* **public ~** AM staatliche Schule; BRIT Privatschule *f;* **secondary ~** ≈ weiterführende Schule; **to attend** [*or* **go to**] **~** zur Schule gehen; **driving ~** Fahrschule *f* ❷ (*university division*) Fakultät *f;* (*smaller division*) Institut *nt,* Seminar *nt* **II.** *vt* ❶ (*educate*) erziehen ❷ (*train*) schulen; *dog* dressieren

school² [sku:l] *n* ZOOL Schule *f;* (*shoal*) Schwarm *m*

'school age *n* schulpflichtiges Alter **'school at·tend·ance** *n* Schulbesuch *m;* **~ is low** viele Schüler fehlen häufig **'school bag** *n* Schultasche *f* **'school board** *n* AM Schulbehörde *f* **'school·book** *n* Schulbuch *nt* **'school·boy** *n* Schuljunge *m,* Schüler *m* **'school·child** *n* Schulkind *nt* **'school·days** *npl* Schulzeit *f kein pl* **school 'din·ner** *n* Schulessen *nt* **'school fees** *npl* Schulgeld *nt kein pl* **'school·girl** *n* Schulmädchen *nt,* Schülerin *f* **'school·house** *n esp* AM (*dated*) Schulgebäude *nt*

school·ing ['sku:lɪŋ] *n no pl* (*education*) Ausbildung *f;* (*for young people*) Schulbildung *f*

school 'leav·er *n* BRIT, AUS Schulabgänger(in) *m(f)* **school-leav·ing cer·'tifi·cate** *n* BRIT Abschlusszeugnis *nt* **school maga·'zine** *n* Schülerzeitung *f* **'school·mas·ter** *n* (*dated*) Lehrer *m*

'school·mate *n* Schulfreund(in) *m(f),* Schulkamerad(in) *m(f)* **'school·mis·tress** *n* (*dated*) Lehrerin *f*

Land und Leute

Viele Schulkinder im australischen *outback* leben so weit von einer Stadt oder einer Schule entfernt, dass sie zuhause lernen. Tatsächlich gehen sie nur für eine oder zwei Wochen im Jahr in die Schule, das heißt in ein Schulgebäude. Die **school of the air** unterrichtet Kinder zuhause per Post, Fernsehen, Radio oder Video und über das Internet. Ein Dutzend dieser Schulen deckt ein Gebiet von 2,5 Millionen km^2 ab und erreicht so Hunderte von Kindern. Die Schüler bekommen ihre Lernmaterialien zugeschickt und erarbeiten sie zusammen mit ihren Lehrern und Klassenkameraden. Manche Kinder treffen ihre Schulfreunde nie persönlich, sondern sehen sie nur über eine Webcam.

'school re·port *n* [Schul]zeugnis *nt* **'school·room** *n* Klassenzimmer *nt*

'school run *n* ■ **to do the ~** die Kinder von der Schule abholen/zur Schule bringen **'school sys·tem** *n* Schulsystem *nt*

Land und Leute

Das amerikanische **school system** (*Schulsystem*) beginnt mit der *elementary*

S

school (*erste bis sechste oder achte Klasse*). In manchen Gegenden geht man nach der *sixth grade*, der sechsten Klasse, schon in eine andere Schule, in die *junior high school* (*siebte bis neunte Klasse*). Danach besucht man drei Jahre lang die *high school*. In Gegenden ohne *junior high school* geht man nach acht Jahren *elementary school* direkt zur *high school*, die dann mit der *ninth grade*, der neunten Klasse, anfängt. Die Schule endet einheitlich nach der *twelfth grade*, der zwölften Klasse.

'school·teach·er *n* Lehrer(in) *m(f)* **'school·work** *n no pl* Schularbeiten *pl* **'school·yard** *n* Schulhof *m*

schoon·er ['sku:nəʳ, AM -ɚ] *n* ① NAUT Schoner *m* ② AM, AUS (*tall beer glass*) [großes] Bierglas

sci·at·ic [saɪ'ætɪk, AM -t̬ɪk] *adj* MED Ischias-; ~ **nerve** Ischiasnerv *m*

sci·ati·ca [saɪ'ætɪkə, AM -t̬ɪkə] *n no pl* MED Ischias *m o nt*

sci·ence ['saɪən(t)s] *n* ① *no pl* (*study of physical world*) [Natur]wissenschaft *f*; **applied** ~ angewandte Wissenschaft ② (*discipline*) Wissenschaft *f*

Aussprache

Bei Wörtern, welche die Buchstabenfolge **sce** oder **sci** enthalten, wird das **c** manchmal nicht gesprochen: **science** = ['saɪən(t)s]. Andere Beispiele hierfür sind:

ascent	[ə'sent]	(*Aufstieg*)
crescent	['kresᵊnt]	(*Mondsichel*)
disciple	[dɪ'saɪpl̩]	(*Anhänger*)
oscillate	['ɒsɪleɪt]	(*schwingen*)
scene	[si:n]	(*Szene*)
scissors	['sɪzəz]	(*Schere*)

sci·ence 'fic·tion **I.** *n no pl* LIT, FILM Sciencefiction *f* **II.** *adj attr* Sciencefiction- **'sci·ence park** *n esp* BRIT Technologiepark *m*

sci·en·tif·ic [ˌsaɪən'tɪfɪk] *adj approach, subject, theory* naturwissenschaftlich; *breakthrough, method* wissenschaftlich

sci·en·tist ['saɪəntɪst] *n* Wissenschaftler(in) *m(f)*; **research** ~ Forscher(in) *m(f)*

sci fi ['saɪˌfaɪ] *n* LIT, FILM *short for* **science fiction** Sciencefiction *f*

scin·til·lat·ing ['sɪntɪleɪtɪŋ, AM -t̬ᵊleɪt̬-] *adj wit* sprühend *fig; conversation* angeregt

sci·on ['saɪən] *n* ① (*form: descendant*) Spross *m geh* ② HORT Spross *m*

'scis·sors ['sɪzəz, AM -ɚz] *npl* Schere *f;* **a pair of** ~ eine Schere; *see also* **science**

Grammatik

scissors wird immer im Plural gebraucht: *where are my scissors?*
a pair of scissors wird aber im Singular verwendet: *take a pair of scissors and cut out a hole*

scle·ro·sis [sklə'rəʊsɪs, AM sklɪ'roʊ-] *n no pl* MED Sklerose *f*

scoff[1] [skɒf, AM skɑ:f] **I.** *vi* spotten; (*laugh*) lachen; ■**to ~ at sb/sth** sich über jdn/etw lustig machen **II.** *n* Spott *m*

scoff[2] [skɒf, AM skɑ:f] *vt esp* BRIT (*fam: eat*) verschlingen

scold [skəʊld, AM skoʊld] *vt* ausschimpfen

scold·ing ['skəʊldɪŋ, AM 'skoʊld-] *n* Schimpfen *nt;* **to get a** ~ furchtbar ausgeschimpft werden

scone [skɒn, AM skoʊn] *n brötchenartiges Gebäck, das lauwarm mit einer Art dicker Sahne und Marmelade gegessen wird*

scoop [sku:p] **I.** *n* ① (*utensil*) Schaufel *f*, Schippe *f* NORDD; (*ladle*) Schöpflöffel *m;* **measuring** ~ Messlöffel *m* ② (*amount*) Löffel *m; of ice cream* Kugel *f* ③ JOURN Knüller *m fam* **II.** *vt* ① (*move*) *sand, dirt* schaufeln; *ice cream, pudding* löffeln ② JOURN ausstechen; **we were ~ed by a rival paper** eine konkurrierende Zeitung kam uns zuvor ◆**scoop out** *vt* ausschaben ◆**scoop up** *vt* hochheben

scoot [sku:t] *vi* (*fam*) rennen; ■**to ~ over** AM zur Seite rutschen

scoot·er ['sku:təʳ, AM -t̬ɚ] *n* [Tret]roller *m;* **motor** ~ Motorroller *m*

scope [skəʊp, AM skoʊp] *n no pl* ① (*range*) Rahmen *m* ② (*possibility*) Möglichkeit *f;* (*freedom to act*) Spielraum *m*

scorch [skɔ:tʃ, AM skɔ:rtʃ] **I.** *vt* (*burn*) versengen **II.** *vi* (*become burnt*) versengt werden **III.** *n* <*pl* -es> versengte Stelle; ~ **mark** Brandfleck *m*

scorch·er ['skɔ:tʃəʳ, AM 'skɔ:rtʃɚ] *n* (*fam*) sehr heißer Tag

scorch·ing ['skɔ:tʃɪŋ, AM 'skɔ:r-] *adj* sengend; *heat* glühend

score [skɔ:ʳ, AM skɔ:r] **I.** *n* ① (*of points*) Punktestand *m;* (*of game*) Spielstand *m;* **final** ~ Endstand *m* ② (*act of getting point*) Treffer *m* ③ (*dispute*) Streit[punkt] *m;* **to settle a** ~ eine Rechnung begleichen ④ MUS Partitur *f* ⑤ (*notch*) Kerbe *f* ⑥ (*twenty*) zwanzig; (*three ~ years and ten*) siebzig Jahre; **~s of** Dutzende von ▶PHRASES: **to know the** ~ wissen, wie der Hase läuft *fam;* **what's the ~?** (*fam*) wie sieht's aus? **II.** *vt* ① (*gain*) *goal* schießen; *point* machen ② (*achieve result*) errei-

S

chen; **to ~ points** (*fig*) sich *dat* einen Vorteil verschaffen ❸ (*mark, cut*) einkerben ❹ (*fam: obtain, esp illegally*) *drugs* beschaffen **III.** *vi* ❶ (*make a point*) einen Punkt machen; FBALL ein Tor schießen ❷ (*achieve result*) abschneiden ❸ (*record*) aufschreiben ❹ (*sl: obtain illegal drugs*) [sich *dat*] Stoff beschaffen ◆**score out** *vt* durchstreichen

'score·board *n* Anzeigetafel *f* **'score·card** *n* Spielstandskarte *f*

scor·er ['skɔːrəʳ, AM 'skɔːrɚ] *n* ❶ (*scorekeeper*) Punktezähler(in) *m(f)* ❷ (*player who scores*) Torschütze, -schützin *m, f*

scorn [skɔːn, AM skɔːrn] **I.** *n* (*contempt*) Verachtung *f* **II.** *vt* ❶ (*feel contempt*) verachten ❷ (*refuse*) ablehnen ▶PHRASES: **hell hath no fury like a woman ~ed** (*saying*) die Hölle kennt keinen schlimmeren Zorn als den einer verlachten Frau

scorn·ful ['skɔːnfᵊl, AM 'skɔːrn-] *adj* verächtlich

Scor·pio ['skɔːpiəʊ, AM 'skɔːrpioʊ] *n* Skorpion *m*

scor·pi·on ['skɔːpiən, AM 'skɔːr-] *n* Skorpion *m*

Scot [skɒt, AM skɑːt] *n* Schotte, Schottin *m, f*

Scotch [skɒtʃ, AM skɑːtʃ] *n* <*pl* -es> (*whisky*) Scotch *m;* **a double ~** ein doppelter Scotch

Scotch 'broth *n no pl Eintopf aus Rindfleisch oder Hammel, Graupen und Gemüse*

scot-'free *adv* ❶ (*without punishment*) straffrei ❷ (*unchallenged*) unbehelligt; (*unharmed*) ungeschoren

Scot·land ['skɒtlənd, AM 'skɑːt-] *n* Schottland *nt*

Scots [skɒts, AM skɑːts] **I.** *adj* schottisch **II.** *n no pl* Schottisch *nt*

'Scots·man *n* Schotte *m* **'Scots·wom·an** *n* Schottin *f*

Scot·tish ['skɒtɪʃ, AM 'skɑːt̬-] **I.** *adj* schottisch **II.** *n* ■**the ~** *pl* die Schotten *pl*

scoun·drel ['skaʊndrᵊl] *n* (*dishonest person*) Schuft *m pej*

scour[1] ['skaʊəʳ, AM -ɚ] *vt* ■**to ~ sth [for sb/sth]** *town, area* etw [nach jdm/etw] absuchen; *newspaper* etw [nach jdm/etw] durchforsten

scour[2] ['skaʊəʳ, AM -ɚ] **I.** *n no pl* Scheuern *nt* **II.** *vt* ❶ (*clean*) scheuern ❷ (*remove by the force of water*) auswaschen; (*by the force of wind*) abtragen

scour·er ['skaʊərəʳ, AM -ɚ] *n* Topfreiniger *m*

scourge [skɜːdʒ, AM skɜːrdʒ] *n* ❶ *usu sing* (*cause of suffering*) Geißel *f geh* ❷ (*critic*) Kritiker(in) *m(f)*

'scour·ing pad *n esp* AM, AUS Topfreiniger *m*

scout [skaʊt] **I.** *n* ❶ (*boy scout*) Pfadfinder *m;* AM (*girl scout*) Pfadfinderin *f* ❷ (*talent seeker*) Talentsucher(in) *m(f)* ❸ *no pl* (*search*) **to have a ~ around [for sth]** sich [nach etw *dat*] umsehen **II.** *vi* ❶ (*reconnoitre*) kundschaften ❷ (*search*) **to ~ for new talent** nach neuen Talenten suchen **III.** *vt* (*reconnoitre*) auskundschaften

'scout·mas·ter *n* Pfadfinderführer(in) *m(f)*

scowl [skaʊl] **I.** *n* mürrischer [Gesichts]ausdruck **II.** *vi* mürrisch [drein]blicken

scrab·ble ['skræbḷ] *vi* ❶ (*grope*) [herum]wühlen (**for** nach +*dat,* **through** in +*dat*) ❷ (*claw for grip*) ■**to ~ for sth** nach etw *dat* greifen

Scrab·ble® ['skræbḷ] *n no pl* Scrabble® *nt*

scrag·gy ['skrægi] *adj* ❶ (*pej: thin and bony*) klapperdürr *fam* ❷ (*pej*) *meat* mager

scram <-mm-> [skræm] *vi* (*fam*) abhauen

scram·ble ['skræmbḷ] **I.** *n* ❶ *no pl* (*scrambling*) Kletterpartie *f* (**over** über +*akk,* **up** auf +*akk*) ❷ *no pl* (*rush*) Gedrängel *nt fam* (**for** um +*akk*) **II.** *vi* ❶ (*climb*) klettern; (*over difficult terrain a.*) kraxeln *bes* SÜDD, ÖSTERR *fam* ❷ (*move hastily and awkwardly*) hasten; **to ~ to one's feet** sich hochrappeln *fam* **III.** *vt* ❶ (*beat and cook*) *eggs* verrühren ❷ (*encode*) verschlüsseln

scram·bled 'egg *n usu pl* Rührei *nt,* Rühreier *pl*

scram·bler ['skræmbləʳ, AM -ɚ] *n* TECH Verschlüsselungsgerät *nt*

scrap[1] [skræp] **I.** *n* ❶ (*small bit*) Stück[chen] *nt; of cloth, paper* Fetzen *m* ❷ (*leftover pieces of food*) ■**~s** *pl* Speisereste *pl* ❸ *no pl* (*old metal*) Schrott *m* **II.** *vt* <-pp-> ❶ (*get rid of*) wegwerfen; (*use for scrap metal*) verschrotten ❷ (*fam: abandon*) aufgeben; (*abolish*) abschaffen

scrap[2] [skræp] *n* (*fam: fight*) Gerangel *nt;* (*verbal*) Streit *m*

'scrap·book *n* [Sammel]album *nt* **'scrap deal·er** *n* Schrotthändler(in) *m(f)*

scrape [skreɪp] **I.** *n* ❶ *no pl* (*for cleaning*) [Ab]kratzen *nt* ❷ (*graze on skin*) Abschürfung *f;* (*scratch*) Kratzer *m* ❸ (*fam: difficult situation*) Klemme *f;* **to be in a ~** in der Klemme stecken **II.** *vt* ❶ (*remove outer layer*) [ab]schaben; (*remove excess dirt*) [ab]kratzen ❷ (*graze*) **to ~ sth** *part of body* sich *dat* etw aufschürfen; (*scratch*) *car* etw verkratzen **III.** *vi* ❶ (*rub*) reiben; (*brush*) bürsten; (*scratch*) kratzen ❷ (*economize*) sparen ❸ (*barely succeed*) **to ~ into university** es mit Ach und Krach

S

auf die Uni schaffen *fam* ◆**scrape away** *vt* abkratzen ◆**scrape by** *vi* mit Ach und Krach durchkommen *fam* ◆**scrape off** *vt* abkratzen ◆**scrape through** *vi* gerade [mal] so durchkommen *fam* ◆**scrape together, scrape up** *vt* (*collect with difficulty*) *people, things* zusammenbekommen; *money* zusammenkratzen *fam; team* zusammenstellen

scrap·er ['skreɪpəʳ, AM -ɚ] *n* (*for paint, wallpaper*) Spachtel *m o f;* (*for windscreens*) Kratzer *m;* (*for shoes, boots*) Abkratzer *m;* (*grid*) Abstreifer *m*

'scrap heap *n cars* Schrotthaufen *m;* **to be on the ~** (*fig*) zum alten Eisen gehören *fam; plan, idea* verworfen worden sein

scrap·ing ['skreɪpɪŋ] **I.** *adj attr* kratzend **II.** *n* ① *no pl* (*sound*) Kratzen *nt* ② (*small amount*) Rest[e] *m[pl]* ③ (*bits peeled off*) ■**~s** *pl* Schabsel *pl; of vegetable* Schalen *pl*

'scrap iron *n no pl* Alteisen *nt,* Schrott *m*

'scrap mer·chant *n* BRIT Schrotthändler(in) *m(f)*

scrap·py ['skræpi] *adj* (*haphazard*) zusammengestückelt; (*lacking consistency*) unausgewogen; (*incomplete*) *education, report* lückenhaft; (*unsystematic*) unsystematisch

scratch [skrætʃ] **I.** *n* <*pl* -es> ① (*cut, mark*) Kratzer *m,* Schramme *f* ② (*against itching*) **to have** [*or* **give oneself**] **a ~** sich *akk* kratzen ③ *no pl* (*acceptable standard*) **to bring sb/sth up to ~** jdn/etw auf Vordermann bringen *fam* ④ (*beginning state*) **to start** [**sth**] **from ~** [mit etw *dat*] bei null anfangen **II.** *adj attr* (*hastily got together*) improvisiert **III.** *vt* ① (*cut slightly*) *thing* zerkratzen; *person* kratzen ② (*mark by scraping*) verkratzen ③ (*relieve an itch*) kratzen; **to ~ one's head** sich am Kopf kratzen **IV.** *vi* ① (*cause scratch*) kratzen ② (*relieve an itch*) sich kratzen ◆**scratch about, scratch around** *vi* ① *animals* herumscharren; ■**to ~ about for sth** nach etw *dat* scharren ② (*search hard*) herumsuchen *fam;* ■**to ~ about for sth** nach etw *dat* suchen ◆**scratch out** *vt* (*strike out*) auskratzen; *line, passage, word* durchstreichen

'scratch card *n* Rubbellos *nt* **'scratch pa·per** *n no pl* AM (*scrap paper*) Schmierpapier *nt;* (*for draft notes*) Konzeptpapier *nt*

scratchy ['skrætʃi] *adj* (*irritating to skin*) *pullover* kratzig

scrawl [skrɔːl, AM *esp* skrɑːl] **I.** *vt* [hin]kritzeln *fam* **II.** *n* ① *no pl* (*untidy writing*) Gekritzel *nt* ② (*scrawled note, message*) hingekritzelte Notiz *fam*

scrawny ['skrɔːni, AM *esp* 'skrɑːni] *adj human, animal* dürr; *vegetation* mager

scream [skriːm] **I.** *n* ① (*loud shrill cry*) Schrei *m;* **a ~ for help** ein Hilfeschrei *m* ② *of animal* Gekreisch[e] *nt kein pl* ③ *no pl of engine, siren* Heulen *nt; of jet plane* Dröhnen *nt* **II.** *vi* ① (*with fear, pain*) schreien; (*with joy, delight*) kreischen; ■**to ~ at sb** jdn anschreien ② *animals* schreien ③ *engine, siren* heulen; *jet plane* dröhnen **III.** *vt* ① (*cry loudly*) schreien ② (*express forcefully*) lauthals schreien

scree [skriː] *n no pl* Geröll *nt*

screech [skriːtʃ] **I.** *n* <*pl* -es> *of person* Schrei *m; of animal* Kreischen *nt kein pl; of brakes, tyres* Quietschen *nt kein pl* **II.** *vi person* schreien; *animal* kreischen; *brakes, tyres* quietschen

'screech owl *n* Kreischeule *f*

screed [skriːd] *n* ① (*speech, writing*) Roman *m;* (*book*) Wälzer *m fam* ② TECH (*layer of plaster*) Estrich *m*

screen [skriːn] **I.** *n* ① (*for films, slides*) Leinwand *f;* (*of television, computer*) Bildschirm *m;* (*for radar, sonar*) Schirm *m* ② (*panel for privacy*) Trennwand *f;* (*decorative*) Paravent *m;* (*for protection*) Schutzschirm *m;* (*against insects*) Fliegengitter *nt;* (*fire screen*) Ofenschirm *m* ③ *no pl* (*sth that conceals*) Tarnung *f* ④ (*test*) Kontrolle *f;* **health ~** Vorsorgeuntersuchung *f* **II.** *vt* ① (*conceal*) abschirmen (**from** gegen +*akk*) ② (*shield*) schützen (**from** vor +*dat*) ③ (*examine closely*) überprüfen; MIL einer Auswahlprüfung unterziehen; ■**to ~ sb for sth** MED jdn auf etw *akk* hin untersuchen ④ (*show*) vorführen; TV senden ◆**screen off** *vt* abtrennen (**from** von +*dat*)

screen·ing ['skriːnɪŋ] *n* ① *no pl* (*process of showing*) *of films* Vorführen *nt; of TV programmes* Ausstrahlung *f* ② *no pl* (*testing*) Überprüfung *f* ③ MED (*examination*) Untersuchung *f;* (*X-ray*) Röntgenuntersuchung *f*

'screen·play *n* Drehbuch *nt* **'screen sav·er** *n* Bildschirmschoner *m* **'screen·shot** *n* COMPUT Screenshot *m* **'screen test** *n* FILM, TV Probeaufnahmen *pl* **'screen·writ·er** *n* Drehbuchautor(in) *m(f)*

screw [skruː] **I.** *n* ① (*metal fastener, propeller*) Schraube *f* ② *no pl* (*turn*) Drehung *f* ③ (*sl: prison guard*) [Gefängnis]wärter(in) *m(f),* Schließer(in) *m(f)* ▶PHRASES: **to have a ~ loose** (*hum fam*) nicht ganz dicht sein *pej* **II.** *vt* ① (*attach with screw*) ■**to ~ sth** [**on**]**to sth** etw an etw *akk*

S

schrauben ② (*by twisting*) **to ~ sth tight** etw fest zudrehen; ■ **to ~ sth into/onto sth** etw in/auf etw *akk* schrauben ③ (*vulg, sl: have sex with*) bumsen *sl,* vögeln *derb* **III.** *vi* (*vulg, sl: have sex*) bumsen *sl,* vögeln *derb* ◆**screw down** *vt* ① (*with screws*) festschrauben ② (*by twisting*) fest zudrehen ◆**screw on** *vt* ① (*with screws*) anschrauben ② (*by twisting*) aufschrauben ◆**screw up** **I.** *vt* ① (*twist and crush*) zusammenknüllen; **to ~ sth up into a ball** etw zu einem Knäuel [zusammen]knüllen ② (*twist into a shape*) **to ~ up one's eyes** blinzeln; *face, mouth* verziehen ③ (*sl: spoil, do badly*) vermasseln *fam;* **to ~ it** [*or* **things**] **up** Mist bauen *fam* **II.** *vi* ① (*tighten*) sich zuschrauben lassen; *nut* sich anziehen lassen ② (*sl: fail, make a mess*) ■ **to ~ up** [**on sth**] [bei etw *dat*] Mist bauen *fam*

'screw·ball *n* ① AM (*in baseball*) angeschnittener Ball ② *esp* AM (*fam: person*) Spinner(in) *m(f) pej* **'screw·driv·er** *n* ① (*tool*) Schraubenzieher *m* ② (*cocktail*) Screwdriver *m*

screwed [skru:d] *adj pred* (*sl: stymied*) festgefahren; (*in a hopeless situation*) geliefert

'screw top *n* Schraubverschluss *m*

screwy ['skru:i] *adj* (*fam*) verrückt; (*dangerously mad*) *idea* hirnrissig

scrib·ble ['skrɪbl̩] **I.** *vt* [hin]kritzeln **II.** *vi* ① (*make marks, write*) kritzeln ② (*hum: write*) schriftstellern *fam* **III.** *n* ① (*mark, words*) Gekritzel *nt kein pl pej* ② *no pl* (*handwriting*) Klaue *f pej sl*

'scrib·bling block, 'scrib·bling pad *n* Schreibblock *m*

scrim·mage ['skrɪmɪdʒ] *n* ① SPORTS (*in US football*) Gedränge *nt fachspr* ② (*confused fight*) Gerangel *nt kein pl fam*

scrimp [skrɪmp] *vi* sparen; **to ~ and save** knausern *pej fam*

script [skrɪpt] *n* ① *of film* Drehbuch *nt; of play* Regiebuch *nt; of broadcast* Skript *nt* ② (*style of writing*) Schrift *f;* TYPO *a.* Schriftart *f* ③ COMPUT Script *nt*

'script-girl *n* Skriptgirl *nt*

scrip·tur·al ['skrɪptʃᵊrᵊl, AM -tʃɚ-] *adj* biblisch

scrip·ture, Scrip·ture ['skrɪptʃəʳ, AM -tʃɚ] *n no pl* (*the Bible*) die Bibel

'script·writ·er *n* FILM, TV Drehbuchautor(in) *m(f);* RADIO Rundfunkautor(in) *m(f)*

scroll [skrəʊl, AM skroʊl] **I.** *n* (*roll of paper*) [Schrift]rolle *f* **II.** *vi* COMPUT scrollen

'scroll-find *vt* ■ **to ~ sth** etw durch Blättern suchen, etw runter scrollen *fam*

Scrooge [skru:dʒ] *n* (*pej*) Geizhals *m*

scro·tum <*pl* -s *or* -ta> ['skrəʊtəm, *pl* -tə, AM -oʊt̬-, *pl* -t̬ə] *n* Hodensack *m*

scrounge [skraʊndʒ] (*fam*) **I.** *n no pl* (*pej o hum*) **to be on the ~** schnorren **II.** *vt* (*pej*) ■ **to ~ sth** [**off sb**] etw [von jdm] schnorren **III.** *vi* (*pej*) schnorren (**off** bei +*dat*)

scroung·er ['skraʊndʒəʳ, AM -ɚ] *n* (*pej fam*) Schnorrer(in) *m(f)*

scrub¹ [skrʌb] *n no pl* ① (*trees and bushes*) Gestrüpp *nt* ② (*area*) Busch *m*

scrub² [skrʌb] **I.** *n* **to give sth a** [**good**] **~** etw [gründlich] [ab]schrubben *fam* **II.** *vt* <-bb-> ① (*clean*) [ab]schrubben *fam* ② (*fam: cancel, abandon*) fallen lassen; *project* abblasen **III.** *vi* <-bb-> schrubben *fam*

scrub·ber ['skrʌbəʳ, AM -ɚ], **'scrub·bing brush** *n* Schrubber *m;* (*smaller*) Scheuerbürste *f*

scruff [skrʌf] *n of neck* Genick *nt*

scruffy ['skrʌfi] *adj clothes* schmuddelig *pej fam; person* vergammelt *pej fam; place* heruntergekommen *fam*

scrum [skrʌm] **I.** *n* (*in rugby*) Gedränge *nt fachspr* **II.** *vi* <-mm-> (*in rugby*) ■ **to ~ down** ein Gedränge bilden *fachspr*

scrum 'half *n* (*in rugby*) Gedrängehalbspieler(in) *m(f) fachspr*

scrum·mage ['skrʌmɪdʒ] *n* (*in rugby*) Gedränge *nt fachspr*

scrump·tious ['skrʌm(p)ʃəs] *adj* (*fam*) lecker

scrumpy ['skrʌmpi] *n no pl* BRIT *starker Cidre*

scrunch [skrʌn(t)ʃ] **I.** *n no pl* Knirschen *nt* **II.** *vi* (*make noise*) knirschen; (*with the mouth*) geräuschvoll kauen **III.** *vt* ① (*crunch*) knirschen ② (*crush up*) zerknüllen

scru·ple ['skru:pl̩] **I.** *n* (*principles*) ■ **~s** *pl* Skrupel *pl,* Bedenken *pl;* **to have** [**no**] **~s about doing sth** [keine] Skrupel [*o* Bedenken] haben, etw zu tun **II.** *vi* Bedenken [*o* Skrupel] haben; **she wouldn't ~ to betray her own comrades** sie hätte keine Bedenken, ihre eigenen Kameraden zu verraten

scru·pu·lous ['skru:pjələs] *adj* ① (*extremely moral*) gewissenhaft ② (*extremely careful*) [peinlich] genau

scru·ti·neer [ˌskru:tɪ'nɪəʳ, AM -tᵊn'ɪr] *n esp* BRIT, AUS Wahlprüfer(in) *m(f)*

scru·ti·nize ['skru:tɪnaɪz, AM -tᵊn-] *vt* [genau] untersuchen [*o* prüfen]; *text* studieren

scru·ti·ny ['skru:tɪni, AM -tᵊni] *n no pl* [genaue] [Über]prüfung [*o* Untersuchung]

'scu·ba div·ing *n no pl* Sporttauchen *nt*

scud <-dd-> [skʌd] *vi* eilen; *clouds* [schnell] ziehen

S

scuff [skʌf] **I.** *vt* ① (*mark*) verschrammen; (*wear away*) abwetzen ② (*drag along the ground*) **to ~ one's feet** schlurfen **II.** *vi* ① (*wear away*) sich abwetzen ② (*shuffle*) schlurfen

scuf·fle ['skʌfl̩] **I.** *n* ① (*short fight*) Handgemenge *nt* ② (*sound, movement*) Schlurfen *nt* **II.** *vi* sich balgen (**with** mit +*dat*)

scull [skʌl] **I.** *vi* rudern **II.** *n* SPORTS Skullboot *nt fachspr*

scul·lery ['skʌlᵊri, AM -ɚi] *n esp* BRIT Spülküche *f*

sculpt [skʌlpt] **I.** *vt* (*create from stone*) [heraus]meißeln; (*in clay*) modellieren; (*reshape, work*) formen **II.** *vi* bildhauern *fam*

sculp·tor ['skʌlptəʳ, AM -ɚ] *n* Bildhauer(in) *m(f)*

sculp·tress <*pl* -es> ['skʌlptrɪs] *n* (*dated*) Bildhauerin *f*

sculp·tur·al ['skʌlptʃᵊrᵊl, AM -ɚᵊl] *adj* bildhauerisch, plastisch; *facial features, form* plastisch

sculp·ture ['skʌlptʃəʳ, AM -ɚ] **I.** *n* ① *no pl* (*art*) Bildhauerei *f* ② (*object*) Skulptur *f*, Plastik *f* **II.** *vt* (*make with a chisel*) [heraus]meißeln; (*in clay*) modellieren; (*reshape, work*) formen; (*model*) modellieren **III.** *vi* bildhauern *fam*

scum [skʌm] *n no pl* ① (*foam*) Schaum *m;* (*residue*) Rand *m;* (*layer of dirt*) Schmutzschicht *f* ② (*pej: evil people*) Abschaum *m*

'scum·bag *n* (*pej sl: man*) Mistkerl *m fam;* (*woman*) Miststück *nt fam*

scup·per ['skʌpəʳ] *vt* BRIT ① (*sink deliberately*) versenken ② (*fam: thwart*) vereiteln; *plan* über den Haufen werfen

scurf [skɜːf, AM skɜːrf] *n no pl* (*bits of skin*) Schuppen *pl*

scur·ril·ous ['skʌrələs, AM 'skɜːr-] *adj* (*pej form: defamatory*) verleumderisch; (*insulting*) unflätig *geh*

scur·ry ['skʌri, AM 'skɜːri] **I.** *vi* <-ie-> *small animal* huschen; *person* eilen **II.** *n no pl* (*hurry*) Eilen *nt;* **the ~ of feet** das Getrappel von Füßen

scur·vy ['skɜːvi, AM 'skɜːrvi] *n no pl* Skorbut *m*

scut·tle[1] ['skʌtl̩, AM -t̬l̩] *vi person* hasten, flitzen *fam; small creature* huschen

scut·tle[2] ['skʌtl̩, AM -t̬l̩] *vt* ① (*sink*) versenken ② (*put an end to*) zunichtemachen

scuttle away, scuttle off *vi* (*run*) davoneilen

scythe [saɪð] **I.** *n* Sense *f* **II.** *vt* ① (*with a scythe*) [mit der Sense] [ab]mähen ② (*with swinging blow*) ■**to ~ sb/sth [down]** jdn/etw niedermähen *fam* **III.** *vi* preschen (**through** durch +*akk*)

SDI [ˌesdiː'aɪ] *n abbrev of* **Strategic Defense Initiative** SDI *f*

sea [siː] *n* ① *no pl* (*salt water surrounding land*) ■**the ~** das Meer, die See; **at the bottom of the ~** auf dem Meeresboden; **by** [*or* **beside**] **the ~** am Meer, an der See; **the high ~s** die hohe See ② (*specific area*) See *f kein pl,* Meer *nt;* **the Dead ~** das Tote Meer ③ (*state of sea*) Seegang *m kein pl;* **a calm/rough ~** ein ruhiger/schwerer Seegang ▶ PHRASES: **to be [all] at ~** [ganz] ratlos sein

> **Falsche Freunde**
>
> Nicht verwechseln mit See *m* — *lake*!

sea 'air *n no pl* Seeluft *f* **sea a'nemo·ne** *n* Seeanemone *f* **'sea·bed** *n no pl* Meeresgrund *m* **'sea·bird** *n* Seevogel *m* **'sea·board** *n* Küste *f;* **the Atlantic ~ of the United States** die Atlantikküste der Vereinigten Staaten **'sea·borne** *adj attr* See-; **~ goods** Seefrachtgüter *pl* **sea 'breeze** *n* Seewind *m,* Meeresbrise *f* **'sea-calf** *n* Seehund *m* **'sea change** *n* große Veränderung **'sea dog** *n* (*sailor*) Seebär *m fam*

sea·far·er ['siːˌfeərəʳ, AM -ˌferɚ] *n* (*liter*) Seemann *m*

sea·far·ing ['siːˌfeərɪŋ, AM -ˌfer-] *adj attr* (*esp liter*) seefahrend

'sea fish *n* Meeresfisch *m* **'sea·food** *n no pl* Meeresfrüchte *pl* **'sea·front** *n* (*promenade*) Strandpromenade *f;* (*beach*) Strand *m* **'sea·go·ing** *adj attr vessel* Hochsee-, hochseetüchtig **'sea·grass** *n* Seegras *nt* **'sea·gull** *n* Möwe *f* **'sea·horse** *n* Seepferdchen *nt*

seal[1] [siːl] *n* ZOOL Seehund *m,* Robbe *f*

seal[2] [siːl] **I.** *n* ① (*insignia, stamp*) Siegel *nt* ② (*tight join*) Verschluss *m* **II.** *vt* ① (*stamp*) siegeln ② (*prevent from being opened*) [fest] verschließen; (*with a seal*) versiegeln; (*for customs*) plombieren; (*with adhesive*) zukleben ③ (*make airtight*) luftdicht verschließen; (*make watertight*) wasserdicht verschließen; *window, gaps* abdichten ④ (*block access to*) versiegeln; *border* schließen ◆**seal off** *vt* abriegeln, absperren ◆**seal up** *vt* ① (*close*) [fest] verschließen; (*with a seal*) versiegeln; (*with adhesive*) zukleben ② *door, window, gaps* abdichten

seal·ant ['siːlənt] *n* (*for surfaces*) Dichtungsmittel *nt;* (*for gaps*) Kitt *m*

'sea legs *npl* **to find one's ~** NAUT seefest werden *fachspr* **'sea lev·el** *n no pl* Meeresspiegel *m;* **above ~** über dem Meeresspiegel

S

'seal·ing wax *n no pl* Siegelwachs *nt*

'sea lion *n* Seelöwe *m*

'seal·skin *n no pl* Robbenfell *nt*

seam [siːm] *n* ① (*join*) Naht *f;* NAUT Fuge *f;* **to be bursting at the ~s** (*fig*) aus allen Nähten platzen *fam* ② (*mineral layer*) Schicht *f*

'sea·man ['siːmən] *n* (*sailor*) Seemann *m;* (*rank*) Matrose *m;* **able** [*or* **able-bodied**] **~** BRIT Vollmatrose *m* **sea 'mile** *n* (*old*) Seemeile *f*

seam·less [siːmləs] *adj* ① (*without a seam*) *stockings* nahtlos; *garment, robe* ohne Nähte ② (*smooth*) nahtlos, problemlos

seam·stress <*pl* -es> ['sem(p)strɪs, AM 'siːm(p)-] *n* Näherin *f*

seamy ['siːmi] *adj* ① (*run down*) heruntergekommen ② (*dodgy*) *district* zwielichtig; **the ~ side of life** die Schattenseite des Lebens

sé·ance ['seɪɑ̃ː(nt)s, AM 'seɪɑːn(t)s] *n* Séance *f geh*

'sea·plane *n* Wasserflugzeug *nt* **'sea·port** *n* Seehafen *m* **'sea pow·er** *n* ① *no pl* (*naval strength*) Stärke *f* zu Wasser ② (*state with strong navy*) Seemacht *f*

sear [sɪər, AM sɪr] *vt* ① (*scorch*) verbrennen; (*singe*) versengen ② FOOD (*fry quickly*) kurz [an]braten

search [sɜːtʃ, AM sɜːrtʃ] **I.** *n* ① (*for object, person*) Suche *f* (**for** nach +*dat*); **to go off in ~ of sth** sich auf die Suche nach etw *dat* machen ② (*for drugs, stolen property, etc.*) Durchsuchung *f; of person* Leibesvisitation *f* ③ COMPUT Suchlauf *m;* **to do a ~ for sth** etw suchen **II.** *vi* suchen; ■**to ~ for sb/sth** nach jdm/etw suchen; ■**to ~ through sth** etw durchsuchen **III.** *vt* ① (*look through*) *building, bag* durchsuchen; *place, street* absuchen ② LAW durchsuchen ③ (*examine carefully*) absuchen; *conscience, heart* prüfen; *memory* durchforschen ◆**search out** *vt* ausfindig machen

'search en·gine *n* COMPUT Suchmaschine *f*

search·er ['sɜːtʃər, AM 'sɜːrtʃɚ] *n* Suchende(r) *f(m)*

'search func·tion *n* COMPUT Suchfunktion *f*

search·ing ['sɜːtʃɪŋ, AM 'sɜːrtʃɪŋ] *adj gaze, look* forschend; *inquiry* eingehend; *question* tief gehend

'search·light *n* Suchscheinwerfer *m* **'search op·era·tion** *n* Suchaktion *f* **'search par·ty** *n* Suchtrupp *m* **'search war·rant** *n* Durchsuchungsbefehl *m*

sear·ing ['sɪərɪŋ, AM 'sɪr-] *adj attr* ① (*scorching*) sengend ② (*painfully burning*) *pain* brennend ③ (*intense*) *passion* glühend *geh; emotion* leidenschaftlich; *criticism* schonungslos

'sea salt *n* Meersalz *nt* **'sea·scape** *n* ① (*picture*) Seestück *nt* ② (*view*) Blick *m* auf das Meer **'sea shan·ty** *n esp* BRIT Seemannslied *nt* **'sea·shell** *n* Muschel *f* **'sea·shore** *n no pl* (*beach*) Strand *m;* (*land near sea*) [Meeres]küste *f* **'sea·sick** *adj* seekrank **'sea·sick·ness** *n no pl* Seekrankheit *f*

'sea·side *esp* BRIT **I.** *n no pl* ■**the ~** die [Meeres]küste; ■**at the ~** am Meer **II.** *adj attr* See-; **~ resort** Seebad *nt*

sea·son ['siːzᵊn] **I.** *n* ① (*period of year*) Jahreszeit *f;* **the Christmas ~** die Weihnachtszeit; **the rainy ~** die Regenzeit ② (*period of occurrence*) AGR, SPORTS, THEAT Saison *f;* **oysters are out of ~ at the moment** zur Zeit gibt es keine Austern; **strawberry ~** Erdbeerzeit *f;* **hunting ~** Jagdzeit *f* ③ ZOOL fruchtbare Zeit; **mating ~** Paarungszeit *f;* **to be in ~** brünstig sein ④ (*business period*) Saison *f,* Hauptzeit *f;* **at the height of the ~** in der Hochsaison; **high ~** Hochsaison *f* **II.** *vt* ① (*add flavouring*) würzen (**with** mit +*dat*) ② (*dry out*) *wood* ablagern lassen

sea·son·able ['siːzᵊnəbl̩] *adj* (*expected for time of year*) der Jahreszeit angemessen

sea·son·al ['siːzᵊnᵊl] *adj* ① (*connected with time of year*) jahreszeitlich bedingt; **~ adjustment** Saisonbereinigung *f;* **~ work** Saisonarbeit *f* ② (*grown in a season*) Saison-

sea·soned ['siːzᵊnd] *adj* ① *usu attr* (*experienced*) erfahren ② (*properly dried*) *timber* abgelagert ③ (*spiced*) gewürzt

sea·son·ing ['siːzᵊnɪŋ] *n* ① *no pl* (*salt and pepper*) Würze *f* ② (*herb or spice*) Gewürz *nt*

'sea·son tick·et *n* Dauerkarte *f;* (*for public transport*) Monatskarte *f;* (*for one year*) Jahreskarte *f;* SPORTS Saisonkarte *f;* THEAT Abonnement *nt* **'sea·son tick·et hold·er** *n* (*for train, bus*) Inhaber(in) *m(f)* einer Monatskarte [*o* Jahreskarte]; (*for sports*) Besitzer(in) *m(f)* einer Saisonkarte; (*for theatre, opera*) Abonnent(in) *m(f)*

seat [siːt] **I.** *n* ① (*sitting place*) [Sitz]platz *m;* (*in a car*) Sitz *m;* (*in bus, plane, train*) Sitzplatz *m;* (*in a theatre*) Platz *m;* **is this ~ free?** ist dieser Platz frei?; **to take a seat** sich [hin]setzen ② *usu sing* (*part to sit on*) *of chair* Sitz *m; of trousers, pants* Hosenboden *m* ③ (*location*) POL Sitz *m; of company* Sitz *m; of aristocrat* [Wohn]sitz *m;* **safe ~** POL sicheres Mandat **II.** *vt* ① (*provide seats*) setzen ② (*seating capacity*) **to**

~ **2500** 2500 Menschen fassen; **his car ~s five** in seinem Auto haben fünf Leute Platz

'seat belt *n* Sicherheitsgurt *m;* **to fasten one's ~** sich anschnallen

-seat·er ['siːtəʳ, AM 'siːt̬ɚ] *in compounds* **the car is a four~** der Wagen ist ein Viersitzer

seat·ing ['siːtɪŋ, AM 'siːt̬-] *n no pl* ❶ (*seats*) Sitzgelegenheiten *pl;* ~ **for 6** Sitzplätze *pl* für 6 Personen ❷ (*sitting arrangement*) Sitzordnung *f*

'seat·ing ar·range·ments *npl,* **'seat·ing plan** *n* Sitzordnung *f*

SEATO ['siːtəʊ, AM -t̬oʊ] *n no pl acr for* **South-East Asia Treaty Organization** SEATO *f*

'sea ur·chin *n* Seeigel *m*

sea·ward ['siːwəd, AM -wɚd] **I.** *adv* seewärts **II.** *adj* ❶ (*facing towards sea*) dem Meer zugewandt ❷ (*moving towards sea*) auf das Meer hinaus *nach n*

'sea·wa·ter *n no pl* Meerwasser *nt* **'sea·way** *n* ❶ (*channel for large ships*) Wasserstraße *f* ❷ (*route*) Seeweg *m* **'sea·weed** *n no pl* [See]tang *m* **'sea·wor·thy** *adj* seetauglich

se·ba·ceous gland [sɪ'beɪʃəsˌglænd, AM sə'beɪ-] *n* ANAT Talgdrüse *f*

sec [sek] *n short for* **second** Sek.

seca·teurs [ˌsekə'tɜːz, AM 'sekət̬ɚz] *npl esp* BRIT Gartenschere *f*

se·cede [sɪ'siːd] *vi* POL sich abspalten (**from** von +*dat*)

se·ces·sion [sɪ'seʃᵊn] *n no pl* Abspaltung *f*

se·clude [sɪ'kluːd] *vt* abschließen (**from** von +*dat*)

se·clud·ed [sɪ'kluːdɪd] *adj spot, house* abgelegen; *area* abgeschieden; *life* zurückgezogen

se·clu·sion [sɪ'kluːʒᵊn] *n no pl* (*quiet and privacy*) Zurückgezogenheit *f; of place* Abgelegenheit *f,* Abgeschiedenheit

sec·ond¹ ['sekᵊnd] **I.** *adj* ❶ *usu attr* (*next after first, winner*) zweite(r, s); **the ~ time** das zweite Mal; **to finish ~** Zweite(r) werden; **to be in ~ place** auf Platz zwei sein ❷ (*not first in importance, size*) zweit-; **Germany's ~ city** Deutschlands zweitwichtigste Stadt; **to be ~ to none** unübertroffen sein ❸ *attr* (*another*) zweite(r, s), Zweit-; **to give sb a ~ chance** jdm eine zweite Chance geben; **to have ~ thoughts** es sich *dat* noch einmal überlegen ▸ PHRASES: **to play ~ fiddle to sb** in jds Schatten stehen **II.** *n* ❶ BRIT UNIV ≈ Zwei *f;* **a lower ~** eine Zwei minus ❷ *no pl* AUTO zweiter Gang ❸ (*imperfect item*) Ware *f* zweiter Wahl **III.** *adv* zweitens **IV.** *vt* (*support, back up*) *proposal* unterstützen, befürworten

sec·ond² ['sekᵊnd] *n* ❶ (*sixtieth of a minute*) Sekunde *f* ❷ (*very short time*) Sekunde *f,* Augenblick *m;* **you go on, I'll only be a ~** geh du weiter, ich komme gleich nach

sec·ond³ [sɪ'kɒnd] *n usu passive* BRIT, AUS ■**to be ~ed** abgestellt werden; *officer* abkommandiert werden

sec·ond·ary ['sekᵊndᵊri, AM -deri] **I.** *adj* ❶ (*not main*) zweitrangig; **to play a ~ role** eine untergeordnete Rolle spielen ❷ (*education*) höher; ~ **education** höhere Schulbildung ❸ MED Sekundär- **II.** *n* (*secondary school*) höhere [*o* weiterführende] Schule

'sec·ond·ary school *n* ❶ (*school*) höhere [*o* weiterführende] Schule ❷ *no pl* (*education*) ≈ Hauptschule *f;* (*more advanced level*) ≈ Realschule *f*

sec·ond 'best *adj* zweitbeste(r, s); **to settle for ~** sich mit weniger zufriedengeben **sec·ond 'cham·ber** *n* POL zweite Kammer **sec·ond 'class I.** *n no pl* (*mail*) gewöhnliche Post; (*in travel*) zweite Klasse **II.** *adv* ❶ TRANSP **to travel ~** zweiter Klasse reisen ❷ BRIT (*by second-class mail*) auf dem gewöhnlichen Postweg

'sec·ond-class *adj* ❶ TRANSP zweiter Klasse *nach n* ❷ (*pej: inferior*) zweitklassig **sec·ond 'cous·in** *n* Cousin *m*/Cousine *f* zweiten Grades **sec·ond-de·gree 'burn** *n* Verbrennung *f* zweiten Grades

sec·ond·er [ˌsekᵊndəʳ, AM -ɚ] *n of motion* Befürworter(in) *m(f)*

sec·ond 'floor *n* BRIT, AUS zweiter Stock; AM, AUS erster Stock

sec·ond-'guess *vt esp* AM (*forecast*) vorhersagen; ■**to ~ sb** vorhersagen, was jd tun wird

'sec·ond-hand I. *adj* ❶ (*used*) gebraucht; *clothes* secondhand; ~ **car** Gebrauchtwagen *m* ❷ *attr* (*for second-hand goods*) Gebraucht-, Secondhand- ❸ (*obtained from sb else*) *information, experience* aus zweiter Hand *nach n* **II.** *adv* ❶ (*in used condition*) gebraucht ❷ (*from third party*) aus zweiter Hand *nach n*

sec·ond 'hand *n* Sekundenzeiger *m*

sec·ond 'lan·guage *n* erste Fremdsprache **sec·ond lieu·'ten·ant** *n* Leutnant *m*

sec·ond·ly ['sekᵊndli] *adv* zweitens

se·cond·ment [sɪ'kɒn(d)mənt] *n* BRIT, AUS ❶ *no pl* (*temporary transfer*) zeitweilige Versetzung; MIL Abkommandierung *f* ❷ (*period of secondment*) Versetzungszeit *f*

sec·ond-'rate *adj* (*pej*) zweitklassig

se·cre·cy ['si:krəsi] *n no pl* ① (*act of keeping secret*) Geheimhaltung *f;* **in ~** im Geheimen ② (*ability to keep a secret*) Verschwiegenheit *f;* (*secretiveness*) Heimlichtuerei *f pej* (**about** um +*akk*)

se·cret ['si:krət] **I.** *n* (*undisclosed information*) Geheimnis *nt;* **to keep a ~** ein Geheimnis für sich *akk* behalten; ■**in ~** im Geheimen, insgeheim; **to do sth in ~** etw heimlich tun; **the ~ of success** das Geheimnis des Erfolgs **II.** *adj* ① (*known to few people*) geheim, Geheim-; (*hidden*) verborgen ② (*doing sth secretly*) heimlich

Falsche Freunde

Nicht verwechseln mit Sekret *nt* — *secretion*!

se·cret 'agent *n* Geheimagent(in) *m(f)*

sec·re·tar·ial [ˌsekrə'teəriəl, AM -'teriəl] *adj* Sekretariats-, Büro-; **~ staff** Bürokräfte *pl*

sec·re·tari·at [ˌsekrə'teəriət, AM -'teriət] *n* Sekretariat *nt*

sec·re·tary ['sekrətəri, AM -teri] *n* ① (*office assistant*) Sekretär(in) *m(f)* ② ECON Assistent(in) *m(f)* der Geschäftsführung; **company ~** BRIT *ranghöchster Angestellter einer Kapitalgesellschaft*

Sec·re·tary ['sekrətəri, AM -teri] *n* Minister(in) *m(f);* **Defence ~** BRIT Verteidigungsminister(in) *m(f)*

Sec·re·tary 'Gen·er·al <*pl* Secretaries General> *n* Generalsekretär(in) *m(f)*

Sec·re·tary of 'State *n* ① Minister(in) *m(f);* **~ for the Environment** Umweltminister(in) *m(f)* ② AM Außenminister(in) *m(f)*

se·crete[1] [sɪ'kri:t] *vt* BIOL, MED absondern

se·crete[2] [sɪ'kri:t] *vt* verbergen

se·cre·tion [sɪ'kri:ʃən] *n* BIOL, MED (*secreted substance*) Sekret *nt;* (*secreting*) Absonderung *f*

se·cre·tive ['sɪkrətɪv, AM -t̬ɪv] *adj behaviour* geheimnisvoll; *character* verschlossen

sect [sekt] *n* ① (*religious group*) Sekte *f* ② (*denomination*) Konfession *f*

sec·tar·ian [sek'teəriən, AM -'teri-] *adj* ① (*relating to sect*) Sekten- ② (*relating to denomination*) konfessionell [bedingt]; **~ violence** religiöse Unruhen

sec·tion ['sekʃən] **I.** *n* ① (*component part*) Teil *nt; of road* Teilstrecke *f; of railway* Streckenabschnitt *m;* TECH [Bau]teil *nt* ② (*of an act of parliament*) Paragraph *m; of book* Abschnitt *m; of document* Absatz *m* ③ (*part of an area*) Bereich *m;* **non-smoking ~** (*in restaurant*) Nichtraucherbereich *m;* (*in railway carriage*) Nichtraucherabteil *nt* ④ (*department, military unit*) Abteilung *f* ⑤ (*group of instruments*) Gruppe *f;* **woodwind ~** Holzbläser *pl* ⑥ (*surgical cut*) Schnitt *m;* **Caesarean ~** Kaiserschnitt *m* **II.** *vt* ① (*to separate*) [unter]teilen ② (*cut*) zerschneiden; BIOL segmentieren *fachspr;* MED sezieren *fachspr* ③ BRIT PSYCH in eine psychiatrische Klinik einweisen ◆**section off** *vt* abteilen

sec·tion·al ['sekʃənəl] **I.** *adj* ① (*usu pej: limited to particular group*) partikular *geh* ② *esp* AM (*made in sections*) zusammensetzbar; **~ furniture** Anbaumöbel *pl* **II.** *n* AM Anbaumöbel *pl*

sec·tor ['sektər, AM -tɚ] *n* ① (*part of economy*) Sektor *m,* Bereich *m;* **the public ~** der öffentliche Sektor ② (*area of land*) Sektor *m,* Zone *f*

secu·lar ['sekjələr, AM -lɚ] *adj* ① (*non-religious*) säkular *geh* ② (*non-monastic*) welt[geist]lich

secu·lar·ize ['sekjələraɪz, AM -ləraɪz] *vt* säkularisieren *geh*

se·cure [sɪ'kjʊər, AM -'kjʊr] **I.** *adj* <-r, -st *or* more ~, the most ~> ① (*certain, permanent*) sicher; **financially ~** finanziell abgesichert ② *usu pred* (*safe, confident*) sicher ③ (*safely guarded*) bewacht, sicher (**against** vor +*dat*); (*safe against telephone interception*) abhörsicher ④ *usu pred* (*fixed in position*) fest; *door* fest verschlossen **II.** *vt* ① (*obtain*) sich *dat* sichern ② (*make safe*) [ab]sichern; **to ~ sb/sth against sth** jdn/etw vor etw *dat* schützen ③ (*fasten*) befestigen (**to** an +*dat*); *door, window* fest schließen

se·'cu·rities mar·ket *n no pl* STOCKEX Wertpapierbörse *f*

se·cu·rity [sɪ'kjʊərəti, AM -'kjʊrət̬i] *n* ① *no pl* (*protection, safety*) Sicherheit *f;* **tight ~** strenge Sicherheitsvorkehrungen; **to tighten ~** die Sicherheitsmaßnahmen verschärfen ② *no pl* (*guards*) Sicherheitsdienst *m* ③ *usu sing* (*safeguard*) Sicherheit *f,* Schutz *m* (**against** gegen +*akk*) ④ FIN ■**securities** *pl* (*investments*) Wertpapiere *pl*

Se·'cu·rity Coun·cil *n* Sicherheitsrat *m* **se·'cu·rity forces** *npl* MIL Sicherheitskräfte *pl*

se·'cu·rity guard *n* Sicherheitsbeamte(r), -beamtin *m, f*

se·dan [sɪ'dæn] *n* AM, AUS Limousine *f*

se·dan 'chair *n* Sänfte *f*

se·date [sɪ'deɪt] **I.** *adj person* ruhig; *pace* gemächlich; (*pej*) *place* verschlafen **II.** *vt* MED ruhigstellen, ein Beruhigungsmittel geben

se·da·tion [sɪˈdeɪʃᵊn] *n no pl* MED Ruhigstellung *f;* **under ~** unter dem Einfluss von Beruhigungsmitteln

seda·tive [ˈsedətɪv, AM -t̬ɪv] **I.** *adj* beruhigend **II.** *n* Beruhigungsmittel *nt*

sed·en·tary [ˈsedᵊntᵊri, AM -teri] *adj* sitzend

sedge [sedʒ] *n no pl* Riedgras *nt*

sedi·ment [ˈsedɪmənt, AM *also* -ə-] *n* ① *no pl* (*dregs at bottom*) Sediment *nt;* (*in river*) Ablagerung *f;* (*in wine*) [Boden]satz *m* ② (*deposited substance*) Sediment *nt*

sedi·men·tary [ˌsedɪˈmentᵊri] *adj* **~ layer** Sedimentschicht *f;* **~ deposits** sedimentäre Ablagerungen

se·di·tion [sɪˈdɪʃᵊn] *n no pl* Aufwiegelung *f*

se·di·tious [sɪˈdɪʃəs] *adj* aufwieglerisch

se·duce [sɪˈdjuːs, AM *also* -duːs] *vt* ① (*persuade to have sex*) verführen ② (*win over*) ■**to ~ sb into doing sth** jdn dazu verleiten, etw zu tun

se·duc·er [sɪˈdjuːsəʳ, AM -duːsɚ] *n* Verführer *m*

se·duc·tion [sɪˈdʌkʃᵊn] *n* ① (*sexual or non-sexual*) Verführung *f* ② (*seductive quality*) Verlockung *f*

se·duc·tive [sɪˈdʌktɪv] *adj* ① (*sexy*) verführerisch ② (*attractive*) *argument, offer* verlockend

see[1] <saw, seen> [siː] **I.** *vt* ① (*perceive with eyes*) sehen; **have you ever ~n this man before?** haben Sie diesen Mann schon einmal gesehen?; **to ~ sth with one's own eyes** etw mit eigenen Augen sehen ② (*watch as a spectator*) *film, play* [sich *dat*] [an]sehen; **this film is really worth ~ing** dieser Film ist echt sehenswert ③ (*visit*) *famous building, place* ansehen; **to ~ the sights** die Sehenswürdigkeiten besichtigen ④ (*understand*) verstehen, begreifen; (*discern mentally*) erkennen; **I ~ what you mean** ich weiß, was du meinst; **~ what I mean?** siehst du? ⑤ (*consider*) sehen; **this is how I ~ it** so sehe ich die Sache; **to ~ sth in a new light** etw mit anderen Augen sehen ⑥ (*learn, find out*) feststellen; **I'll ~ who it is** ich schaue mal nach, wer es ist; **that remains to be ~n** das wird sich zeigen; **to ~ into the future** in die Zukunft schauen ⑦ (*meet socially*) sehen; (*by chance*) [zufällig] treffen [*o* sehen]; **we're ~ing friends at the weekend** wir treffen uns am Wochenende mit Freunden; **~ you later!** (*fam: when meeting again later*) bis später!; (*goodbye*) tschüs! *fam;* ■**to be ~ing sb** (*dating*) mit jdm zusammen sein *fam;* **I'm not ~ing anyone at the moment** ich habe im Moment keine Freundin/keinen Freund ⑧ (*have meeting with*) sehen; (*talk to*) sprechen; (*receive*) empfangen; **Ms Miller can't ~ you now** Ms Miller ist im Moment nicht zu sprechen; **to ~ a doctor** zum Arzt gehen ⑨ (*accompany*) begleiten; **to ~ sb to the door** [*or* **out**]/**home** jdn zur Tür/nach Hause bringen ▶ PHRASES: **to have ~n better <u>days</u>** schon [einmal] bessere Tage gesehen haben; **to ~ the <u>last</u> of sb** [endlich] jdn los sein *fam;* **to not ~ the <u>wood</u>** [*or* AM **the <u>forest</u>**] **for the trees** den Wald vor [lauter] Bäumen nicht sehen *hum* **II.** *vi* ① (*use eyes*) sehen; **I can't ~ very well without my glasses** ohne Brille kann ich nicht sehr gut sehen ② (*look*) sehen; **let me ~!** lass mich mal sehen!; (*in theatre etc.*) **can you ~?** können Sie noch sehen? ③ (*understand, realize*) **... – oh, I ~!** ... – aha!; **I ~** ich verstehe; **I ~ from your report ...** Ihrem Bericht entnehme ich, ... ▶ PHRASES: **to not ~ <u>eye</u> to eye** [**with sb**] nicht derselben Ansicht sein [wie jd] ◆**see about** *vi* ① (*fam: deal with*) ■**to ~ about sth** sich um etw *akk* kümmern; **I've come to ~ about the TV** ich soll mir den Fernseher ansehen ② (*consider*) **I'll ~ about it** ich will mal sehen ◆**see in I.** *vi* hineinsehen **II.** *vt* hineinbringen; **to ~ the New Year in** das neue Jahr begrüßen ◆**see into** *vi* ① (*look into*) hineinsehen ② (*find out about*) **to ~ into the future** in die Zukunft schauen ◆**see off** *vt* ① (*say goodbye*) verabschieden; **to ~ sb off at the airport** jdn zum Flughafen bringen ② (*drive away*) verjagen ③ (*get the better of*) ■**to ~ off** ⊂ **sb/sth** mit jdm/etw fertigwerden *fam* ◆**see out I.** *vt* ① (*escort to door*) hinausbegleiten ② (*continue to end of*) durchstehen; (*last until end of*) überleben, überstehen **II.** *vi* hinaussehen ◆**see over, see round** *vt* BRIT, AUS *building* besichtigen, sich umsehen in *dat* ◆**see through** *vt* ① (*look through*) ■**to ~ through sth** durch etw *akk* hindurchsehen ② (*not be deceived by*) durchschauen ③ (*sustain*) ■**to ~ sb through** jdm über die Runden helfen *fam;* (*comfort*) jdm beistehen; **will £30 be enough to ~ you through?** reichen dir 30 Pfund? ④ (*continue to the end of*) zu Ende bringen ◆**see to** *vt* ■**to ~ to sb/sth** sich um jdn/etw kümmern; ■**to ~ to it that ...** dafür sorgen, dass ... ◆**see up** *vt* (*escort*) *visitor* hinaufbringen

see[2] [siː] *n* (*of bishop or archbishop*) [Erz]bistum *nt*

seed [siːd] **I.** *n* ① (*single seed*) Same[n] *m;* *of grain* Korn *nt;* ■**~s** *pl* AGR Saat *f kein pl*

S

② *no pl* (*seeds*) Samen *pl;* **to go to ~** Samen bilden; *salad, vegetables* schießen; (*fig*) *person* herunterkommen *fam* ③ (*seeded player*) Platzierte(r) *f(m)* **II.** *vt* ① (*sow with seed*) besäen ② (*drop its seed*) ■**to ~ itself** sich aussäen ③ (*remove seeds from*) entkernen ④ *usu passive* SPORTS **to be ~ed** platziert sein

'seed bed *n* ① (*area of ground*) Samenbeet *nt* ② (*fig*) Grundlage *f* **'seed corn** *n no pl* ① BRIT (*grain for planting*) Samenkorn *nt* ② (*starting point*) Keim *m*

seed·less ['siːdləs] *adj* kernlos

seed·ling ['siːdlɪŋ] *n* Setzling *m*

'seed po·ta·to *n* Saatkartoffel *f*

seedy [siːdi] *adj* ① (*dirty and dubious*) *district, hotel* zwielichtig; *character, reputation* zweifelhaft; *clothes, appearance* schäbig ② *usu pred* (*slightly unwell*) unwohl

see·ing ['siːɪŋ] *conj* **~ that** [*or* **as** [**how**]] **...** da ...

seek <sought, sought> [siːk] *vt* ① (*form: look for*) suchen ② (*try to obtain*) erstreben; *asylum, refuge, shelter, employment* suchen; *justice, revenge* streben (nach +*dat*) ③ (*ask for*) erbitten *geh; approval* einholen; **to ~ advice from sb** jdn um Rat bitten ◆**seek out** *vt* ausfindig machen; *opinion, information* herausfinden

seek·er [siːkəʳ, AM -kɚ] *n* Suchende(r) *f(m);* **asylum ~** Asylsuchende(r) *f(m);* (*more formally*) Asylbewerber(in) *m(f);* **job ~** Arbeitssuchende(r) *f(m)*

seem [siːm] *vi* ① (*appear to be*) scheinen; **he's sixteen, but he ~s younger** er ist sechzehn, wirkt aber jünger; **he ~s [like] a very nice man** er scheint ein sehr netter Mann zu sein; (*it ~s all right to me*) das scheint mir ganz in Ordnung zu sein; **it ~ed like a good idea at the time** damals hielt ich das für eine gute Idee ② (*appear*) **there ~s to have been some mistake** da liegt anscheinend ein Irrtum vor; ■**it ~s [that] ...** anscheinend ...; ■**it ~s as if** [*or* **as though**] **...** es scheint, als ob ...; **it ~s to me that he isn't the right person for the job** ich finde, er ist nicht der Richtige für den Job

seem·ing ['siːmɪŋ] *adj attr* (*form*) scheinbare(r, s)

seem·ing·ly ['siːmɪŋli] *adv* scheinbar

seem·ly ['siːmli] *adj* (*old*) schicklich *geh*

seen [siːn] *pp of* **see**

seep [siːp] *vi* sickern; (*fig*) *information, truth* durchsickern ◆**seep away** *vi* versickern

seep·age ['siːpɪdʒ] *n no pl* ① (*process of seeping*) *of oil, water* Aussickern *nt* ② (*lost fluid*) versickernde Flüssigkeit

seer ['siːəʳ, AM siːɚ] *n* (*liter*) Seher *m;* (*fig*) Prophet *m*

seer·suck·er ['sɪəˌsʌkəʳ, AM 'sɪrˌsʌkɚ] *n no pl* (*material*) Seersucker *m*

see-saw ['siːsɔː, AM *also* -sɑː] **I.** *n* ① (*for children*) Wippe *f* ② (*vacillating situation*) Auf und Ab *nt* **II.** *vi* ① (*play*) wippen ② (*fig*) sich auf und ab bewegen; *prices* steigen und fallen; *mood* schwanken

seethe [siːð] *vi* ① (*be very angry*) kochen *fam* ② (*be crowded*) wimmeln (**with** von +*dat*)

'see-through *adj* ① (*transparent*) durchsichtig ② (*of very light material*) durchscheinend

seg·ment ['segmənt] **I.** *n* (*part, division*) Teil *m; of population* Gruppe *f; of orange* Schnitz *m;* (*of worm*) Segment *nt;* MATH Segment *nt* **II.** *vt* zerlegen **III.** *vi* sich teilen

seg·men·ta·tion [ˌsegmen'teɪʃᵊn] *n no pl* Segmentierung *f geh;* BIOL Zellteilung *f*

seg·re·gate ['segrɪgeɪt, AM -rə-] *vt* absondern; *races, sexes* trennen

seg·re·ga·tion [ˌsegrɪ'geɪʃᵊn, AM -rə'-] *n no pl* Trennung *f;* **racial ~** Rassentrennung *f*

seis·mic ['saɪzmɪk] *adj* GEOL seismisch; **~ waves** Erdbebenwellen *pl*

seis·mo·graph ['saɪzmə(ʊ)grɑːf, AM -məgræf] *n* Seismograph *m*

seis·molo·gist [saɪz'mɒlədʒɪst, AM -'mɑː-] *n* Seismologe, Seismologin *m, f*

seis·mol·ogy [saɪz'mɒlədʒi, AM -'mɑː-] *n no pl* Seismologie *f*

seize [siːz] *vt* ① (*grab*) ergreifen, packen ② *usu passive* (*fig: overcome*) ■**to be ~d with sth** von etw *dat* ergriffen werden ③ (*capture*) einnehmen; *criminal* festnehmen; *hostage* nehmen; *power* ergreifen; (*more aggressively*) an sich *akk* reißen ④ (*confiscate*) beschlagnahmen

Aussprache

Das **ei** in s**ei**ze wird wie das **ee** in sn**ee**ze ausgesprochen:

seize	[siːz]
sneeze	[sniːz]

◆**seize on** *vt idea* aufgreifen; *excuse* greifen (zu +*dat*) ◆**seize up** *vt engine, machine* stehen bleiben; *brain* aussetzen; *economy* zum Erliegen kommen

sei·zure ['siːʒəʳ, AM -ʒɚ] *n* ① *no pl* (*taking*) Ergreifung *f; of drugs* Beschlagnahmung *f* ② MED (*fit*) Anfall *m*

sel·dom ['seldəm] *adv* selten; **~ if ever** fast nie

se·lect [sɪˈlekt, AM sə-] **I.** *adj* ❶ (*high-class*) *hotel, club* exklusiv ❷ (*carefully chosen*) ausgewählt; *team* auserwählt; *fruit, cuts of meat* ausgesucht **II.** *vt* aussuchen; *person* auswählen; *team* aufstellen **III.** *vi* ■**to ~ from sth** aus etw *dat* [aus]wählen

se·lect com·ˈmit·tee *n* Sonderausschuss *m* (**on** für +*akk*)

se·lec·tion [sɪˈlekʃᵊn, AM sə-] *n* ❶ *no pl* (*choosing*) Auswahl *f;* BIOL Selektion *f geh;* **to make one's ~** seine Wahl treffen ❷ *usu sing* (*range*) Auswahl *f,* Sortiment *nt* ❸ (*chosen player*) Spieler[aus]wahl *f*

se·lec·tive [sɪˈlektɪv, AM sə-] *adj* ❶ (*careful about choosing*) wählerisch; *reader, shopper* kritisch ❷ (*choosing the best*) ausgewählt; **~ breeding** Zuchtwahl *f* ❸ (*discriminately affecting*) *process, agent* gezielt

se·lec·tive·ly [sɪˈlektɪvli, AM sə-] *adv* selektiv

se·lec·tive·ness [sɪˈlektɪvnəs, AM sə-] *n no pl,* **se·lec·tiv·ity** [ˌsɪlekˈtɪvəti, AM səˌlekˈtɪvəṭi] *n no pl* ❶ (*careful choice*) [sorgfältiges] Auswählen ❷ (*discriminately affect*) *process, agent* Gezieltheit *f*

se·lec·tor [sɪˈlektəʳ, AM səˈlektɚ] *n* ❶ (*chooser*) Auswählende(r) *f(m)* ❷ (*switch*) Wählschalter *m*

self <*pl* selves> [self] *n* (*personality*) ■**one's ~** das Selbst [*o* Ich]; **to be [like] one's former ~** wieder ganz der/die Alte sein

self-aˈbase·ment *n no pl* Selbsterniedrigung *f* **self-aˈbuse** *n no pl* (*harm*) Selbstzerstörung *f* **self-ad·dressed ˈen·velope** *n* adressierter Rückumschlag **self-ad·ˈhe·sive** *adj stamps, envelopes, labels* selbstklebend **self-ap·ˈpoint·ed** *adj manager, experts, critic* selbst ernannt **self-as·ˈser·tive** *adj* ■**to be ~** sich behaupten **self-as·ˈsur·ance** *n no pl* Selbstvertrauen *nt,* Selbstsicherheit *f* **self-as·ˈsured** *adj* selbstbewusst, selbstsicher **self-aˈware·ness** *n no pl* Selbsterkenntnis *f* **self-ˈca·ter·ing** *n no pl* BRIT, AUS Selbstverpflegung *f;* **~ apartment** AM [*or* BRIT **flat**] [*or* **accommodation**] Ferienwohnung *f* **self-ˈcen·tred,** AM **self-ˈcen·tered** *adj* (*pej*) egozentrisch; **~ person** Egozentriker(in) *m(f)* **self-ˈcol·oured,** AM **self-ˈcol·ored** *adj* uni, einfarbig **self-com·ˈpla·cent** *adj* selbstzufrieden

self-com·ˈposed *adj* beherrscht; **to remain ~** gelassen bleiben **self-con·ˈceit·ed** *adj* eingebildet **self-con·ˈfessed** *adj attr* erklärt; **she's a ~ thief** sie bezeichnet sich selbst als Diebin **self-ˈcon·fi·dence** *n no pl* Selbstvertrauen *nt* **self-ˈcon·scious** *adj* gehemmt; *laugh, smile* verlegen **self-con·ˈtained** *adj* ❶ (*complete*) selbstgenügsam; *community* autark ❷ (*separate*) *apartment* separat **self-contra·ˈdic·tory** *adj* (*form*) paradox *geh* **self-con·ˈtrol** *n no pl* Selbstbeherrschung *f;* **to exercise ~** Selbstdisziplin üben **self-ˈcriti·cal** *adj* selbstkritisch **self-ˈcriti·cism** *n no pl* Selbstkritik *f* **self-de·ˈceit, self-de·ˈcep·tion** *n no pl* Selbstbetrug *m*

self-de·ˈfeat·ing *adj* kontraproduktiv

self-de·ˈfence, AM **self-de·ˈfense** *n no pl* Selbstverteidigung *f;* **to kill sb in ~** jdn in Notwehr töten **self-de·ˈni·al** *n no pl* Selbsteinschränkung *f* **self-de·ˈstruct** *vi* sich selbst zerstören; *materials* zerfallen; *missile* [zer]bersten **self-de·ter·mi·ˈna·tion** *n no pl* POL Selbstbestimmung *f* **self-ˈdis·ci·pline** *n no pl* Selbstdisziplin *f* **self-ˈedu·cat·ed** *adj* autodidaktisch **self-ef·ˈfac·ing** *adj* bescheiden

self-em·ˈployed **I.** *adj* selbständig; **~ builder** Bauunternehmer(in) *m(f)* **II.** *n* ■**the ~** *pl* die Selbständigen *pl*

self-es·ˈteem *n no pl* Selbstwertgefühl *nt;* **to have no/high/low ~** kein/ein hohes/ein geringes Selbstwertgefühl haben **self-ˈevi·dent** *adj* offensichtlich; ■**it is ~ that ...** es liegt auf der Hand, dass ... **self-ex·ˈplana·tory** *adj* ■**to be ~** klar sein, keiner weiteren Erklärung bedürfen **self-ex·ˈpres·sion** *n no pl* Selbstdarstellung *f* **self-ful·ˈfill·ing** *adj* ■**to be ~** sich selbst bewahrheiten; **~ prophecy** sich selbst erfüllende Prophezeiung **self-ˈgov·ern·ing** *adj* selbst verwaltet **self-ˈgov·ern·ment** *n no pl* Selbstverwaltung *f* **self-ˈhelp** *n no pl* Selbsthilfe *f* **self-im·ˈport·ance** *n no pl* Selbstgefälligkeit *f* **self-im·ˈport·ant** *adj* selbstgefällig **self-im·ˈposed** *adj* selbst verordnet

self-in·ˈdul·gence *n* ❶ *no pl* (*hedonism*) Luxus *m* ❷ (*act*) Hemmungslosigkeit *f* **self-in·ˈdul·gent** *adj* genießerisch **self-in·ˈflict·ed** *adj* selbst zugefügt [*o* beigebracht] **self-ˈin·ter·est** *n no pl* Eigeninteresse *f*

self·ish [ˈselfɪʃ] *adj* selbstsüchtig; *motive* eigennützig

self·ish·ness [ˈselfɪʃnəs] *n no pl* Selbstsucht *f*

self-jus·ti·fi·ˈca·tion *n* Rechtfertigung *f*

self·less [ˈselfləs] *adj* selbstlos

self-ˈmade *adj* selbst gemacht; **~ man** Selfmademan *m* **self-oˈpin·ion·at·ed** *adj* starrköpfig **self-ˈpity** *n no pl* Selbstmitleid *nt* **self-ˈpor·trait** *n* Selbstbildnis *nt;* **to draw** [*or* **paint**] **a ~** sich selbst porträtieren **self-pos·ˈsessed** *adj* selbstbeherrscht

S

self-pre·ser·'va·tion *n no pl* Selbsterhaltung *f* **self-rais·ing 'flour** *n no pl* BRIT, AUS *Mehl, dem Backpulver beigemischt ist* **self-re·ali·'za·tion** *n no pl* Selbstverwirklichung *f* **self-re·'li·ance** *n no pl* Selbstvertrauen *nt* **self-re·'li·ant** *adj* selbständig

self-re·'spect *n no pl* Selbstachtung *f* **self-re·'spect·ing** *adj attr* 1 (*having self-respect*) ■**to be ~** Selbstachtung besitzen 2 (*esp hum: good*) anständig; **no ~ person** niemand, der was auf sich hält **self-'right·eous** *adj* selbstgerecht **self-ris·ing 'flour** *n no pl* AM *Mehl, dem Backpulver beigemischt ist* **self-'sac·ri·fice** *n no pl* Selbstaufopferung *f* **self-'sac·ri·fic·ing** *adj* hingebungsvoll

self-sat·is·'fac·tion *n no pl* Selbstzufriedenheit *f* **self-'sat·is·fied** *adj* selbstzufrieden **self-'seek·ing** (*form*) **I.** *n no pl* Selbstsucht *f* **II.** *adj* selbstsüchtig **self-'ser·vice** *n no pl* Selbstbedienung *f* **self-suf·'fi·cien·cy** *n no pl* Selbstversorgung *f*; **economic ~** Autarkie *f geh* **self-suf·'fi·cient** *adj* selbständig **self-sup·'port·ing** *adj* 1 (*independent*) finanziell unabhängig 2 ARCHIT selbsttragend *fachspr*; **~ mast** freistehender Mast **self-'taught** *adj* 1 (*educated*) selbst erlernt 2 (*acquired*) autodidaktisch **self-willed** [-'wɪld] *adj* starrköpfig

self-wind·ing 'watch *n* Armbanduhr *f* mit Selbstaufzug

sell [sel] **I.** *vt* <sold, sold> 1 (*for money*) verkaufen; **I sold him my car for £600** ich verkaufte ihm mein Auto für 600 Pfund; **to ~ sth retail** etw im Einzelhandel verkaufen 2 (*persuade*) ■**to ~ sth [to sb]** jdn für etw *akk* gewinnen; **to ~ an idea to sb** jdm eine Idee schmackhaft machen **II.** *vi* <sold, sold> 1 (*give for money*) verkaufen 2 (*attract customers*) sich verkaufen ▶PHRASES: **to ~ like hot cakes** wie warme Semmeln weggehen **III.** *n no pl* Ware *f*; **to be a hard** [*or* **tough**]**/soft ~** schwer/leicht verkäuflich sein ◆**sell off** *vt* verkaufen ◆**sell out I.** *vi* 1 (*sell entire stock*) **I'm sorry, we've sold out** es tut mir leid, aber wir sind ausverkauft; ■**to ~ out of a brand/goods** eine Serie/Waren ausverkaufen 2 (*be completely booked*) *performance* ausverkauft sein 3 (*sell business*) ■**to ~ out to sb** [seine Firma] an jdn verkaufen 4 (*give in to*) ■**to ~ out to sb** sich *akk* an jdn verkaufen **II.** *vt* 1 *stock* ■**to be sold out** ausverkauft sein 2 (*pej fam: betray*) verraten ◆**sell up** BRIT, AUS **I.** *vi* [eine Firma komplett] verkaufen **II.** *vt* verkaufen

sell·able ['seləbl̩] *adj* [gut] verkäuflich

'sell-by date *n esp* BRIT Mindesthaltbarkeitsdatum *nt*; **to be past one's ~** (*hum fam*) seine besten Jahre hinter sich *dat* haben

sell·er ['seləʳ, AM -ɚ] *n* 1 (*person*) Verkäufer(in) *m(f)* 2 (*product*) Verkaufsschlager *m*

sell·ing ['selɪŋ] *n no pl* Verkaufen *nt*

'sell·ing point *n* Kaufattribut *nt* **'sell·ing price** *n* Kaufpreis *m*

'sell-off *n* 1 *of shares* Verkauf *m* 2 (*privatization*) Aktienverkauf *m*

Sel·lo·tape® ['selə(ʊ)teɪp] *n no pl* BRIT Tesafilm® *m*

'sell-out *n* 1 (*sales*) Ausverkauf *m*; **the concert was a ~** das Konzert war ausverkauft 2 (*betrayal*) Auslieferung *f*

selves [selvz] *n pl of* **self**

se·man·tic [sɪ'mæntɪk] *adj* semantisch

se·man·tics [sɪ'mæntɪks] *n* 1 + *sing vb* (*science*) Semantik *f* 2 (*meaning*) *of word, text* Bedeutung *f*

sema·phore ['seməfɔːʳ, AM -fɔːr] **I.** *n* 1 *no pl* (*system of communication*) Semaphor *nt o* ÖSTERR *m* (*eine Signalsprache*) 2 (*apparatus*) Semaphor *nt o* ÖSTERR *m* **II.** *vt* signalisieren

sem·blance ['semblən(t)s] *n no pl* (*form*) Anschein *m*

se·men ['siːmən] *n no pl* Sperma *nt*

se·mes·ter [sɪ'mestəʳ, AM sə'mestɚ] *n esp* AM, AUS Semester *nt*

semi <*pl* -s> ['semi] *n* (*fam*) 1 BRIT, AUS (*house*) Doppelhaushälfte *f* 2 AM, AUS (*truck*) Sattelschlepper *m* 3 SPORTS Halbfinale *nt*

semi-auto·'mat·ic *adj* MIL *weapon, gearbox* halbautomatisch **'semi·breve** ['semibriːv] *n esp* BRIT, AUS MUS halbe Note **'semi·cir·cle** *n* Halbkreis *m* **semi·'cir·cu·lar** *adj formation* halbkreisförmig **semi·'co·lon** *n* Semikolon *nt*, Strichpunkt *m* **semi·con·'duc·tor** *n* Halbleiter *m* **semi-'con·scious** *adj* halb bewusstlos; *feeling, memory* teilweise unbewusst **semi-de·'tached I.** *n* Doppelhaushälfte *f* **II.** *adj* Doppelhaus- **semi-'fi·nal** *n* Halbfinale *nt* **semi-'fi·nal·ist** *n* SPORTS Halbfinalist(in) *m(f)*

semi·nal ['semɪnᵊl, AM -mən-] *adj* (*form: important*) *role* tragend *geh*; *work, article* bedeutend

semi·nar ['semɪnɑːʳ, AM -ənɑːr] *n* (*workshop*) Seminar *nt*; **training ~** Übung *f*

semi·nary ['semɪnᵊri, AM -neri] *n* Priesterseminar *nt*

semi-of·'fi·cial *adj* halboffiziell

se·mi·ot·ics [ˌsemi'ɒtɪks, AM ˌsiːmi'ɑːt̬ɪks] *n* + *sing vb* LING Semiotik *f*

semi-'pre·cious *adj* ~ **stone** Halbedelstein *m* **'semi·qua·ver** *n esp* BRIT, AUS Sechzehntel[note] *f* **semi-'skilled** *adj work, worker* angelernt

Se·mite ['si:maɪt, AM 'sem-] *n* Semit(in) *m(f)*

Se·mit·ic [sə'mɪtɪk, AM -t̬ɪk] *adj* semitisch

'semi·tone *n* Halbton[schritt] *m* **semi-'trail·er** *n* AM, AUS ① (*truck*) Sattelschlepper *m* ② (*trailer*) Anhänger *m* (*für Sattelschlepper*) **semi-'tropi·cal** *adj see* **subtropical** **'semi·vow·el** *n* Halbvokal *m*

semo·'li·na [ˌsemᵊl'i:nə, AM -ə'li:-] *n no pl* Gries *m*

Sen *n* POL *abbrev of* **senator**

sen·ate ['senɪt] *n no pl, + sing/pl vb* POL, LAW, UNIV Senat *m*

sena·tor ['senətəʳ, AM -t̬ɚ] *n* (*member*) Senator(in) *m(f)*

sena·to·rial [ˌsenə'tɔ:riəl] *adj esp* AM (*form*) Senats-

send <sent, sent> [send] *vt* ① (*forward*) ■**to ~ [sb] sth** jdm etw [zu]schicken; **to ~ sth by post** etw mit der Post schicken; **to ~ a signal to sb** jdm etw signalisieren ② (*dispatch*) schicken; ■**to ~ sb for sth** jdn nach etw *dat* [los]schicken; **to ~ sb to prison** jdn ins Gefängnis stecken ③ (*transmit*) senden; *signal* aussenden; (*pass on*) ■**to ~ sb sth** jdm etw übermitteln [lassen]; **Maggie ~s her love** Maggie lässt dich grüßen ④ (*cause*) versetzen; **watching television always ~s me to sleep** beim Fernsehen schlafe ich immer ein; **the news sent him running back to the house** die Nachricht ließ ihn wieder ins Haus laufen; **to ~ sb into a panic** jdn in Panik versetzen; **to ~ sb crazy/wild** jdn verrückt/wild machen ▶ PHRASES: **to ~ sb flying** jdn zu Boden schicken ◆**send away** I. *vi* ■**to ~ away for sth** sich *dat* etw zuschicken lassen II. *vt* wegschicken ◆**send back** *vt* zurückschicken ◆**send down** *vt* ① BRIT LAW verurteilen; **he was sent down for five years** er wurde zu fünf Jahren Gefängnis verurteilt ② (*reduce level*) senken ◆**send for** *vi* ① (*summon*) rufen ② (*ask*) *brochure, information* anfordern; *help* holen ◆**send forth** *vt* ① (*liter: dispatch*) fortschicken ② (*form: emit*) aussenden ◆**send in** I. *vt* ① (*submit*) *bill* einsenden, einreichen; *report* einschicken; *order* aufgeben ② (*dispatch*) *troops, police* einsetzen II. *vi* ■**to ~ in for sth** sich *dat* etw zuschicken lassen; *for information* anfordern ◆**send off** I. *vt* ① (*post*) abschicken; *parcel* aufgeben ② BRIT, AUS SPORTS des Platzes verweisen; **to get sent off** einen Platzverweis bekommen ③ (*dispatch*) *person* fortschicken II. *vi* ■**to ~ off for sth** etw anfordern ◆**send on** *vt letters* nachsenden ◆**send out** I. *vi* ■**to ~ out for sth** etw telefonisch bestellen II. *vt* ① (*emit*) aussenden, abgeben ② (*post*) verschicken (**to** an +*akk*) ◆**send up** *vt* ① (*bring up*) zuschicken ② (*fam: parody*) ■**to ~ up** ◯ **sb** jdn nachäffen ③ (*force up*) ■**to ~ up** ◯ **sth** etw ansteigen lassen

send·er ['sendəʳ, AM -ɚ] *n* Einsender(in) *m(f)*, Absender(in) *m(f)*

'send-off *n* Verabschiedung *f*; **to give sb a ~** jdn verabschieden **'send-up** *n* (*fam*) Parodie *f*

Sen·egal [ˌsenɪ'gɔ:l] *n* Senegal *m*

Sen·ega·lese [ˌsenɪgə'li:z] I. *adj* senegalesisch II. *n* <*pl* -> Senegalese, Senegalesin *m, f*

se·nile ['si:naɪl] *adj* senil

se·nile de·'men·tia *n no pl* senile Demenz

se·nil·ity [sɪ'nɪləti, AM sə'nɪlət̬i] *n no pl* Senilität *f*

sen·ior ['si:niəʳ, AM -njɚ] I. *adj* ① (*form: older*) älter ② *employee* vorgesetzt ③ *attr* SCH Senior- (*Einteilung der Schüler in Altersklassen in britischen und amerikanischen Schulen*) II. *n* ① (*older person*) Senior(in) *m(f)*; **she's my ~ by three years** sie ist drei Jahre älter als ich ② (*employee*) Vorgesetzte(r) *f(m)* ③ (*pupil*) Oberstufenschüler(in) *m(f)* (*in Großbritannien und USA Bezeichnung für Schüler einer Highschool oder einer Collegeabgangsklasse*)

sen·ior 'citi·zen *n* ■**~s** *pl* ältere Menschen, Senioren *pl*

> **Land und Leute**
>
> Die **senior high school** in den USA ist eine Gesamtschule für Schüler zwischen 13 und 18 Jahren, wobei in manchen Schulsystemen die Teenager auch erst mit 14 oder 15 anfangen. Die Schulzeit dauert zwischen drei und sechs Jahren. Die höheren Klassenstufen werden nicht nummeriert, sondern jede Klasse hat einen Namen. Schüler in der 9. Klasse werden *freshmen* genannt. Im darauffolgenden Jahr werden sie *sophomores* und dann *juniors*. Schüler der Abschlussklasse nennt man *seniors*. In der Regel wird die **senior high** nach Besuch der 12. Klasse mit dem Erhalt des *High School Diploma* abgeschlossen.

sen·ior·ity [ˌsi:ni'ɒrəti, AM si:'njɔ:rət̬i] *n no pl* ① (*age*) Alter *nt* ② (*rank*) Dienstalter *nt*

sen·ior 'of·fic·er *n* ① (*boss*) Vorgesetzte(r)

f(m) ❷ MIL Reserveoffizier(in) *m(f)* **sen·ior 'part·ner** *n* Seniorpartner(in) *m(f)*

sen·sa·tion [sen'seɪʃən] *n* ❶ (*physical, mental*) Gefühl *nt;* ~ **of cold** Kälteempfindung *f;* **burning** ~ Brennen *nt* ❷ (*stir*) Sensation *f;* **to cause a** ~ Aufsehen erregen

sen·sa·tion·al [sen'seɪʃənəl] *adj* sensationell; (*very good a.*) fantastisch; (*shocking a.*) spektakulär

sense [sen(t)s] **I.** *n* ❶ *no pl* (*judgement, reason*) Verstand *m;* ▪**sb's** ~**s** *pl* jds gesunder Menschenverstand; **it's time you came to your** ~**s** es wird Zeit, dass du zur Vernunft kommst ❷ (*reasonableness*) **to make [good]** ~ sinnvoll sein; **to see the** ~ **in sth** den Sinn in etw *dat* sehen; **to talk** ~ sich verständlich ausdrücken; **there's no** ~ **in doing sth** es hat keinen Sinn, etw zu tun ❸ (*faculty*) Sinn *m;* ~ **of hearing** Gehör *nt;* ~ **of sight** Sehvermögen *nt;* ~ **of smell** Geruchssinn *m;* **sixth** ~ sechster Sinn ❹ (*feeling*) Gefühl *nt;* ~ **of duty** Pflichtgefühl *nt;* ~ **of justice** Gerechtigkeitssinn; **to have a** ~ **that ...** das Gefühl haben, dass ... *m* ❺ (*meaning*) Bedeutung *f,* Sinn *m;* **figurative** ~ übertragene Bedeutung; **to make** ~ einen Sinn ergeben; **in every** ~ in jeder Hinsicht **II.** *vt* wahrnehmen; *danger* wittern; ▪**to** ~ **that ...** spüren, dass ...

sense·less ['sen(t)sləs] *adj* ❶ (*pointless*) *violence, waste* sinnlos ❷ (*foolish*) *argument* töricht ❸ (*unconscious*) besinnungslos

'sense or·gan *n* Sinnesorgan *nt*

sen·sibil·ity [ˌsen(t)sɪ'bɪləti, AM -sə'bɪləṱi] *n* ❶ *no pl* (*sensitiveness*) Einfühlungsvermögen *nt* ❷ *pl* (*delicate feelings*) ▪**sensibilities** Gefühle *nt pl*

sen·sible ['sen(t)sɪbl̩, AM -əbl̩] *adj* ❶ (*rational*) vernünftig; *decision* weis; *person* klug ❷ (*suitable*) *clothes* angemessen

Falsche Freunde

Nicht verwechseln mit sensibel — *sensitive*!

sen·sibly ['sen(t)sɪbli, AM -əbli] *adv* ❶ (*rationally*) vernünftig ❷ (*suitably*) angemessen; *dressed* passend

sen·si·tive ['sen(t)sɪtɪv, AM -səṱ-] *adj* ❶ (*kind*) verständnisvoll; ▪**to be** ~ **to sth** für etw *akk* Verständnis haben ❷ (*secret*) vertraulich ❸ (*responsive, touchy*) empfindlich (**to** gegenüber +*dat*); **to be** ~ **to cold** kälteempfindlich sein; ~ **feelings** verletzliche Gefühle

sen·si·tive·ness ['sen(t)sɪtɪvnəs, AM -səṱ-] *no pl,* **sen·si·tiv·ity** [ˌsen(t)sɪ'tɪvəti, AM -sə'tɪvəṱi] *n* ❶ *no pl* (*understanding*) Verständnis *nt* ❷ *no pl* (*confidentiality*) Vertraulichkeit *f* ❸ (*reaction*) Überempfindlichkeit *f* (**to** gegen +*akk*); ~ **to light** Licht[über]empfindlichkeit *f*

sen·si·tize ['sen(t)sɪtaɪz, AM -sə-] *vt* sensibilisieren; ▪**to** ~ **sb to sth** jdn für etw *akk* sensibilisieren

sen·sor ['sen(t)səʳ, AM -ɚ] *n* Sensor *m*

sen·so·ry ['sen(t)səri] *adj* sensorisch; ~ **perception** Sinneswahrnehmung *f*

sen·su·al ['sen(t)sjʊəl, AM -(t)ʃuəl] *adj* sinnlich

sen·su·al·ity [ˌsen(t)sju'æləti, AM -(t)ʃu'æləṱi] *n no pl* Sinnlichkeit *f*

sen·su·ous ['sen(t)sjʊəs, AM -(t)ʃuəs] *adj* ❶ *see* **sensual** ❷ (*of senses*) sinnlich

sent [sent] *pp, pt of* **send**

sen·tence ['sentən(t)s] **I.** *n* ❶ (*court decision*) Urteil *nt;* (*punishment*) Strafe *f;* **life** ~ lebenslängliche Haftstrafe; **to serve a** ~ eine Strafe verbüßen ❷ (*word group*) Satz *m* **II.** *vt* verurteilen (**to** zu +*dat*)

sen·ten·tious [sen'tən(t)ʃəs] *adj* (*pej form: moralizing*) moralisierend; (*affectedly formal*) salbungsvoll

sen·ti·ent ['sentiənt, 'sen(t)ʃənt] *adj* (*form: having feelings*) fühlend *attr;* (*sensitive*) empfindsam; ~ **being** empfindsames Wesen

sen·ti·ment ['sentɪmənt, AM -ṱə-] *n* (*form*) ❶ *usu pl* (*attitude*) Ansicht *f,* Meinung *f;* **my** ~**s exactly!** ganz meine Meinung! ❷ *no pl* (*general opinion*) **popular** ~ allgemeine Meinung ❸ *no pl* (*excessive emotion*) Rührseligkeit *f*

sen·ti·men·tal [ˌsentɪ'mentəl, AM -ṱə'menṱəl] *adj* ❶ (*emotional*) *mood, person* gefühlvoll; ~ **value** ideeller Wert ❷ (*pej: overly emotional*) *person* sentimental; *music, style* kitschig; *song* schnulzig; *story* rührselig

sen·ti·men·tal·ity [ˌsentɪmen'tælɪti, AM -ṱəmen'tæləṱi] *n no pl* (*pej*) Sentimentalität *f*

sen·ti·men·tal·ize [ˌsentɪ'mentəlaɪz, AM -ṱə'menṱə-] *vt* gefühlvoll darstellen

sen·try ['sentri] *n* Wache *f*

'sen·try box *n* Wachhäuschen *nt*

sepa·rable ['sepərəbl] *adj* ❶ (*form: able to separate*) [ab]trennbar ❷ LING trennbar

sepa·rate **I.** *adj* ['sepərət, AM -ɚɪt] (*not joined*) getrennt, separat; (*independent*) einzeln *attr;* ~ **bedrooms** getrennte Schlafzimmer; **a** ~ **piece of paper** ein extra Blatt Papier; **to keep sth** ~ etw getrennt halten; **to keep things ~ [from one another]** Sachen auseinanderhalten **II.** *n* ['sepᵊrət, AM -ɚɪt] ■**~s** *pl* ≈ Einzelteile *pl;* **ladies' ~s** Röcke, Blusen, Hosen **III.** *vt* ['sepᵊreɪt, AM -əreɪt] trennen **IV.** *vi* ['sepᵊreɪt, AM -əreɪt] ① (*become detached*) sich trennen; CHEM sich scheiden ② (*of cohabiting couple*) sich trennen; (*divorce*) sich scheiden lassen; **she is ~d from her husband** sie lebt von ihrem Mann getrennt

sepa·rat·ed ['sepᵊreɪtɪd, AM t̬ɪd] *adj* getrennt; *couple* getrennt lebend

sepa·rate·ly ['sepᵊrətli, AM -ɚɪt-] *adv* (*apart*) getrennt; (*individually*) gesondert, einzeln

sepa·ra·tion [ˌsepᵊr'eɪʃᵊn, AM -ə'reɪ-] *n* ① (*act of separating*) Trennung *f* ② (*living apart*) [eheliche] Trennung

sepa·rat·ism ['sepᵊrətɪzᵊm] *n no pl* Separatismus *m*

sepa·rat·ist ['sepᵊrətɪst] **I.** *n* Separatist(in) *m(f)* **II.** *adj* separatistisch

sepa·ra·tor ['sepᵊreɪtəʳ, AM -əreɪt̬ɚ] *n* TECH Separator *m*

se·pia ['si:piə] *adj* sepia[farben]

sep·sis ['sepsɪs] *n no pl* MED Blutvergiftung *f*

Sep·tem·ber [sep'tembəʳ, AM -bɚ] *n* September *m; see also* **February**

sep·tic ['septɪk] *adj* septisch; **to go ~** eitern

sep·ti·cae·mia, AM **sep·ti·ce·mia** [ˌseptɪ'si:miə, AM -tə'-] *n no pl* MED Blutvergiftung *f*

sep·tua·genar·ian [ˌseptjʊədʒə'neəriən, AM -tuədʒə'neri-] *n* Siebzigjährige(r) *f(m)*

se·pul·chral [sɪ'pʌlkrᵊl, AM sə-] *adj* (*liter: of burial, tombs*) Grab-; (*gloomy*) düster; **~ silence** Grabesstille *f*

sep·ul·chre, AM **sep·ul·cher** ['sepᵊlkəʳ, AM -kɚ] *n* (*old: tomb*) Grab *nt,* Grabstätte *f*

se·quel ['si:kwᵊl] *n* ① (*continuation*) Fortsetzung *f* ② (*follow-up*) Nachspiel *nt*

se·quence ['si:kwən(t)s] *n* ① (*order of succession*) Reihenfolge *f;* (*connected series*) Abfolge *f* ② (*part of film*) Sequenz *f;* **closing ~** Schlussszene *f*

se·quen·tial [sɪ'kwen(t)ʃᵊl] *adj* (*form*) [aufeinander]folgend *attr*

se·ques·trate ['si:kwəstreɪt, AM *Brit also* sɪ'kwes-] *vt* ① LAW (*temporarily confiscate*) beschlagnahmen ② AM (*isolate*) isolieren

se·ques·tra·tion [ˌsi:kwes'treɪʃᵊn, AM -kwə'streɪ-] *n no pl* LAW Beschlagnahme *f*

se·quin ['si:kwɪn] *n* Paillette *f*

se·quoia [sɪ'kwɔɪə] *n* BOT Mammutbaum *m*

Serb [sɜ:b, AM sɜ:rb], **Ser·bian** ['sɜ:biən, AM 'sɜ:rb-] **I.** *adj* serbisch **II.** *n* ① (*person*) Serbe, Serbin *m, f* ② *no pl* (*language*) Serbisch *nt*

Ser·bia ['sɜ:biə, AM 'sɜ:rb-] *n* Serbien *nt*

Serbo-Croat [ˌsɜ:bəʊ'krəʊæt, AM ˌsɜ:rboʊkroʊ'-] *n* LING Serbokroatisch *nt*

ser·enade [ˌserə'neɪd] **I.** *n* ① (*classical music*) Serenade *f* ② (*sung by lover*) Ständchen *nt* **II.** *vt* ein Ständchen bringen

se·rene <-r, -st *or* more ~, most ~> [sə'ri:n] *adj* (*calm*) ruhig; (*untroubled*) gelassen

se·ren·ity [sə'renɪti, AM -ət̬i] *n no pl* (*calmness*) Ruhe *f;* (*untroubled state*) Gelassenheit *f*

serf [sɜ:f, AM sɜ:rf] *n* (*hist*) Leibeigene(r) *f(m) hist*

serf·dom ['sɜ:fdəm, AM 'sɜ:rf-] *n no pl* (*hist*) Leibeigenschaft *f hist*

ser·geant ['sɑ:dʒᵊnt, AM 'sɑ:r-] *n* ① (*military officer*) Unteroffizier *m* ② (*police officer*) ≈ Polizeimeister(in) *m(f)*

ser·geant 'ma·jor *n* Oberfeldwebel *m*

se·rial ['sɪəriəl, AM 'sɪri-] **I.** *n* MEDIA, PUBL Fortsetzungsgeschichte *f* **II.** *adj* ① (*broadcasting, publishing*) Serien- ② (*repeated*) Serien-

se·rial·ize ['sɪəriᵊlaɪz, AM 'sɪriəlaɪz] *vt usu passive in newspapers* in Fortsetzungen veröffentlichen; *on TV, radio* etw in Fortsetzungen senden

'se·rial kill·er *n* Serienmörder(in) *m(f)* **'se·rial num·ber** *n* Seriennummer *f* **'se·rial port** *n* COMPUT serielle Schnittstelle *f*

se·ries <*pl* -> ['sɪəri:z, AM 'sɪri:z] *n* ① (*set of events*) ELEC, PUBL Reihe *f;* (*succession*) Folge *f* ② (*line of products*) SPORTS, RADIO, TV Serie *f*

se·ri·ous ['sɪəriəs, AM 'sɪriəs] *adj* ① (*earnest*) *person* ernst; (*solemn, not funny*) *comment, situation* ernst; **a ~ threat** eine ernsthafte Bedrohung ② (*grave*) *accident, crime* schwer; (*dangerous*) gefährlich; (*not slight*) [*medical*] *condition, problem* ernst; *allegation* schwerwiegend; *argument, disagreement* ernsthaft; **~ trouble** ernsthafte Schwierigkeiten *pl* ③ *attr* (*careful*) ernsthaft; **to give sth ~ thought** ernsthaft über etw *akk* nachdenken ④ (*significant*) bedeutend; (*thought-provoking*) tiefgründig; *literature, writer* anspruchsvoll

Falsche Freunde

Nicht verwechseln mit seriös — *(anständig) respectable*!

se·ri·ous·ly ['sɪəriəsli, AM 'sɪriəs-] *adv* ① (*in earnest*) ernst; **to take sth ~** etw ernst nehmen ② (*gravely, badly*) schwer; (*dangerously*) ernstlich; **~ wounded** schwer verletzt ③ (*fam: very, extremely*) äußerst; **~ funny** urkomisch

se·ri·ous·ness ['sɪəriəsnəs, AM 'sɪriəs-] *n no*

S

pl ❶ (*serious nature*) *of person* Ernst *m;* (*critical state*) *of problem, threat* Ernst *m; of situation* Ernsthaftigkeit *f* ❷ (*sincerity*) Ernsthaftigkeit *f; of offer* Seriosität *f geh;* **in all ~** ganz im Ernst

ser·mon ['sɜːmən, AM 'sɜːr-] *n* ❶ (*religious speech*) Predigt *f* (**on** über +*akk*) ❷ (*pej: moral lecture*) [Moral]predigt *f oft pej*

ser·pent ['sɜːpᵊnt, AM 'sɜːr-] *n* (*old*) Schlange *f*

ser·pen·tine ['sɜːpᵊntaɪn, AM 'sɜːr-] *adj* (*liter: snake-like*) schlangenförmig; (*twisting, winding*) *movement* sich windend *attr; path, river* gewunden; *road* kurvenreich

ser·rat·ed [sə'reɪtɪd, AM 'sereɪt̬ɪd] *adj* gezackt; **knife with a ~ edge** Messer *nt* mit Wellenschliff

ser·ried ['serɪd] *adj* (*liter*) dicht

se·rum <*pl* -s *or* sera> ['sɪərəm, AM 'sɪr-, *pl* -rə] *n* Serum *nt*

serv·ant ['sɜːvᵊnt, AM 'sɜːr-] *n* ❶ (*household helper*) Bediensteter *m;* (*female*) Bedienstete *f,* Dienstmädchen *nt* ❷ (*for public*) Angestellte(r) *f(m)* (*im öffentlichen Dienst*)

serve [sɜːv, AM sɜːrv] **I.** *n* (*in tennis*) Aufschlag *m;* (*in volleyball*) Angabe *f* **II.** *vt* ❶ (*in restaurant, shop*) bedienen ❷ (*present food, drink*) servieren; (*make ready to eat*) anrichten ❸ (*be enough for*) reichen; **this ~s 4 to 5** das ergibt 4 bis 5 Portionen ❹ (*complete due period*) ableisten; *prison sentence* absitzen *fam* ❺ (*perform a function*) **to ~ a purpose** einen Zweck erfüllen; **if my memory ~s me right** wenn ich mich recht erinnere ❻ SPORTS **to ~ the ball** Aufschlag haben; (*in volleyball*) Angabe haben ▶ PHRASES: **this ~s him right** (*fam*) das geschieht ihm recht **III.** *vi* ❶ (*provide food, drink*) servieren ❷ (*work for*) dienen; (*function a.*) fungieren (**as** als); **to ~ on a jury** Geschworene(r) *f(m)* sein ❸ (*in tennis, etc.*) aufschlagen; (*in volleyball*) angeben ◆**serve out** *vt* ❶ (*in restaurant, pub*) servieren; *drink* ausschenken; *food* ausgeben ❷ (*complete a due period*) ableisten; *jail sentence* absitzen *fam; term of office* beenden ◆**serve up** *vt* servieren

serv·er ['sɜːvəʳ, AM 'sɜːrvɚ] *n* ❶ (*utensil*) Vorlegebesteck *nt;* (*spoon*) Vorlegelöffel *m;* (*fork*) Vorlegegabel *f* ❷ (*central computer*) Server *m*

server-savvy ['sɜːvəsævi, AM 'sɜːrvɚ-] *adj* COMPUT, INET interneterfahren

ser·vice ['sɜːvɪs, AM 'sɜːr-] **I.** *n* ❶ *no pl* (*help for customers*) Service *m;* (*in hotels, restaurants, shops*) Bedienung *f;* **customer ~** Kundendienst *m* ❷ (*act of working*) Dienst *m,* Dienstleistung *f* ❸ (*form: assistance*) Unterstützung *f;* (*aid, help*) Hilfe *f;* ■**to be of ~** [**to sb**] [jdm] von Nutzen sein; **to need the ~s of a surveyor** einen Gutachter/eine Gutachterin brauchen ❹ (*system for public, government department*) Dienst *m;* (*organization for public*) Beratungsdienst *m;* **ambulance ~** Rettungsdienst *m;* **civil ~** öffentlicher Dienst ❺ (*operation*) Betrieb *m;* **postal ~** Postwesen *nt* ❻ (*tennis, etc.*) Aufschlag *m* ❼ (*armed forces*) Militär *nt;* ■**the ~s** das Militär *nt kein pl* ❽ (*religious ceremony*) Gottesdienst *m;* **morning/evening ~** Frühmesse *f*/Abendandacht *f* ❾ *esp* BRIT (*maintenance check*) Wartung *f;* AUTO Inspektion *f* ▶ PHRASES: **to be in ~** in Stellung sein **II.** *vt* warten

ser·vice·able ['sɜːvɪsəbl̩, AM 'sɜːr-] *adj* strapazierfähig

'ser·vice area *n* ❶ (*on motorway*) Raststätte *f* ❷ RADIO, TV Sendegebiet *nt* **'ser·vice bus, 'ser·vice car** *n* AUS, NZ Linienbus *m* **'ser·vice cen·tre,** AM **'ser·vice cen·ter** *n* ❶ AM (*on freeway*) Raststätte *f* ❷ (*for repairs*) Reparaturwerkstatt *f;* (*garage*) Werkstatt *f* **'ser·vice charge** *n* Bedienungsgeld *nt* **'ser·vice con·tract** *n* ❶ (*employment*) Arbeitsvertrag *m* ❷ (*warranty*) Garantie *f* **'ser·vice de·part·ment** *n* Kundendienstabteilung *f* **'ser·vice el·eva·tor** *n* AM (*for employees*) Personalaufzug *m;* (*for goods*) Warenaufzug *m* **'ser·vice en·trance** *n* Personaleingang *m* **'ser·vice hatch** *n* Durchreiche *f* **'ser·vice in·dus·try** *n* Dienstleistungsindustrie *f;* (*company*) Dienstleistungsbetrieb *m* **'ser·vice lift** *n* (*for employees*) Personalaufzug *m;* (*for goods*) Warenaufzug *m* **'ser·vice·man** *n* Militärangehöriger *m* **'ser·vice road** *n* (*subsidiary road*) Nebenstraße *f;* (*access road*) Zufahrtsstraße *f;* (*for residents only*) Anliegerstraße *f* **'ser·vice sec·tor** *n* Dienstleistungsindustrie *f* **'ser·vice sta·tion** *n* Tankstelle *f* **'ser·vice·wom·an** *n* MIL Militärangehörige *f*

ser·vi·ette [ˌsɜːvi'et, AM ˌsɜːr-] *n esp* BRIT Serviette *f*

ser·vile ['sɜːvaɪl, AM 'sɜːr-] *adj* (*pej*) *manner* unterwürfig; *obedience* sklavisch

ser·vil·ity [sɜː'vɪləti, AM sɜːr'vɪlət̬i] *n no pl* (*pej form*) Unterwürfigkeit *f*

serv·ing ['sɜːvɪŋ, AM 'sɜːr-] **I.** *n of food* Portion *f* (**of**) **II.** *adj attr* dienend; **the longest-~ minister** der dienstälteste Minister/die dienstälteste Ministerin

'serv·ing spoon *n* Vorlegelöffel *m*

ser·vi·tude ['sɜːvɪtjuːd, AM 'sɜːrvətuːd, -tjuːd]

S

n no pl (*form*) Knechtschaft *f*

ser·vo ['sɜːvəʊ, AM 'sɜːrvoʊ] *n* AUTO, TECH ❶ *short for* **servomechanism** Servomechanismus *m* ❷ *short for* **servomotor** Servomotor *m*

sesa·me ['sesəmi] *n no pl* Sesam *m*

ses·sion ['seʃᵊn] *n* ❶ (*formal meeting of organization*) Sitzung *f;* (*period for meetings*) Sitzungsperiode *f;* (*term of office*) Legislaturperiode *f* ❷ (*period for specific activity*) Stunde *f;* **recording** ~ Aufnahme *f; see also* **passion**

set [set] **I.** *adj* ❶ *pred* (*ready*) bereit, fertig; **ready, get ~, go!** auf die Plätze, fertig, los!; ■**to be** [**all**] ~ [**for sth**] [für etw *akk*] bereit sein ❷ (*fixed*) *pattern, time* fest[gesetzt]; ~ **phrase** feststehender Ausdruck ❸ (*expression of face*) starr ❹ *attr* (*assigned*) *number, pattern* vorgegebene(r, s); *subject a.* bestimmte(r, s); ~ **book** Pflichtlektüre *f* **II.** *n* ❶ (*collection, group*) SPORTS Satz *m;* (*of two items*) Paar *nt; of clothes* Garnitur *f;* **tea** ~ Teeservice *nt* ❷ THEAT Bühnenbild *nt;* FILM Szenenaufbau *m;* **on the** ~ bei den Dreharbeiten; (*location*) am Set ❸ (*appliance*) Gerät *nt;* (*television*) Fernseher *m;* (*radio*) Radio[gerät] *nt* ❹ MATH Menge *f* ❺ COMPUT **data** ~ Datensatz *m;* (*file*) Datei *f* ❻ (*in tennis*) Satz *m* ❼ (*for hair*) Legen *nt* **III.** *vt* <set, set> ❶ (*place*) stellen, setzen; (*on its side*) legen; **to ~ foot in** [*or* **on**] **sth** etw betreten ❷ *usu passive* (*take place in, be located*) **'West Side Story' is ~ in New York** „West Side Story" spielt in New York ❸ (*cause to be*) **his remarks ~ me thinking** seine Bemerkungen gaben mir zu denken; **to ~ one's/sb's mind at ease** sich/jdn beruhigen; **to ~ sth in motion** etw in Bewegung setzen [*o fig a.* ins Rollen bringen]; **to ~ sth right** etw [wieder] in Ordnung bringen ❹ (*prepare*) vorbereiten; *table* decken; **to ~ the scene for sth** (*create conditions*) die Bedingungen für etw *akk* schaffen; (*facilitate*) den Weg für etw *akk* frei machen ❺ (*adjust*) einstellen; *alarm, clock* stellen ❻ (*fix*) festsetzen; *budget* festlegen; *date, time* ausmachen; *deadline, limit* setzen, festlegen ❼ (*establish*) *record* aufstellen; *pace* vorgeben; **to ~ a good example to sb** jdm ein Vorbild sein ❽ ANAT einrenken; *broken bone* einrichten ❾ (*arrange*) *hair* legen; **to have one's hair ~** sich die Haare legen lassen ❿ COMPUT (*give variable a value*) setzen; (*define value*) einstellen ⓫ TYPO setzen ⓬ (*sail*) **to ~ sail for …** nach … losfahren **IV.** *vi* <set, set> ❶ (*grow together*) *bones* zusammenwachsen ❷ (*become firm*) *concrete, jelly* fest werden ❸ (*sink*) *moon, sun* untergehen ◆**set about** *vi* ❶ (*start work upon*) *job, task* sich machen (an +*akk*) ❷ (*fam: attack*) ■**to ~ about sb** [**with sth**] [mit etw *dat*] über jdn herfallen ◆**set against** *vt* ❶ (*balance*) gegenüberstellen; **to ~ the disadvantages against the advantages** die Vor- und Nachteile abwägen ❷ (*make oppose*) ■**to ~ sb against sb else** jdn gegen jdn anderen aufhetzen ❸ ECON ■**to ~ sth [off] against sth** etw mit etw *dat* verrechnen ◆**set apart** *vt* ❶ (*distinguish*) ■**sth ~s sb/sth** ○ **apart from sb/sth** etw unterscheidet jdn/etw von jdm/etw ❷ (*reserve*) ■**to be ~ apart for sth** für etw *akk* reserviert sein ◆**set aside** *vt* ❶ (*put to side*) beiseitelegen, beiseitestellen; *clothes* sich *dat* zurücklegen lassen ❷ (*keep for special use*) *money* auf die Seite legen; *time* einplanen ❸ (*ignore*) *differences, hostilities* begraben; *work* zurückstellen ◆**set back** *vt* ❶ (*delay*) zurückwerfen; *deadline* verschieben ❷ (*position*) zurücksetzen (**from** von +*dat*); **their garden is ~ back from the road** ihr Garten liegt nicht direkt an der Straße ◆**set down** *vt* ❶ (*drop off, put down*) absetzen ❷ (*land*) *plane* landen ❸ (*write down*) aufschreiben ◆**set forth** **I.** *vt* (*form*) *plan* darlegen **II.** *vi* (*liter*) aufbrechen ◆**set in** *vi bad weather* einsetzen; *complications* sich einstellen ◆**set off** **I.** *vi* sich auf den Weg machen; (*in car*) losfahren **II.** *vt* ❶ (*initiate*) *alarm, blast, reaction* auslösen; *bomb* zünden ❷ (*cause to do*) ■**to ~ sb off doing sth** jdn dazu bringen, etw zu tun ❸ ■**to ~ off** ○ **sth against sth** (*oppose*) etw etw *dat* gegenüberstellen; ECON etw mit etw *dat* verrechnen ◆**set on** *vt* ■**to ~ an animal on sb** ein Tier auf jdn hetzen ◆**set out** **I.** *vt* ❶ (*arrange*) *goods* auslegen; *chairs, chess pieces* aufstellen ❷ (*explain*) *idea, point* darlegen **II.** *vi* ❶ (*begin journey*) aufbrechen ❷ (*intend*) ■**to ~ out to do sth** beabsichtigen, etw zu tun ◆**set to** *vi* (*begin work*) loslegen *fam* ◆**set up** *vt* ❶ (*erect*) *camp* aufschlagen; *roadblock* errichten ❷ (*institute*) *business* einrichten; *public enquiry* einleiten ❸ (*fam: deceive, frame*) übers Ohr hauen *fam* ❹ COMPUT *program* installieren; *system* konfigurieren ◆**set upon** *vt* ❶ (*cause to attack*) ■**to ~ sb upon sb** jdn auf jdn ansetzen; ■**to ~ an animal upon sb** ein Tier auf jdn hetzen ❷ *usu passive* ■**to be ~ upon by an animal** von einem Tier angefallen werden

'set·back *n* Rückschlag *m*

'set·square *n* Aus, Brit [Zeichen]dreieck *nt*

set·tee [set'i:] *n* Sofa *nt*, Couch *f*

set·ter ['setər, AM 'seṭɚ] *n* Setter *m*

set·ting ['setɪŋ, AM 'seṭɪŋ] *n usu sing* ① (*location*) Lage *f;* (*immediate surroundings*) Umgebung *f* ② (*in film, novel, play*) Schauplatz *m* ③ (*adjustment on appliance*) Einstellung *f* ④ (*frame for jewel*) Fassung *f*

'set·ting lo·tion *n* [Haar]festiger *m*

set·tle ['setl̩, AM 'seṭl̩] **I.** *vi* ① (*get comfortable*) es sich *dat* bequem machen ② (*calm down*) *person* sich beruhigen; *anger, excitement* sich legen; *weather* beständig werden ③ (*end dispute*) sich einigen ④ (*alight on surface, take up residence*) sich niederlassen; (*build up*) sich anhäufen; **do you think the snow will ~?** glaubst du, dass der Schnee liegen bleibt? **II.** *vt* ① (*calm down*) beruhigen ② (*decide*) entscheiden; (*deal with*) regeln ③ (*bring to conclusion*) erledigen; (*resolve*) *argument* beilegen; *question* regeln; **that ~s that** damit hat sich das erledigt ④ (*colonize*) besiedeln ▶ PHRASES: **to ~ a <u>score</u>** [**with sb**] [mit jdm] abrechnen ◆**settle down** **I.** *vi* ① (*get comfortable*) es sich *dat* bequem machen ② (*calm down*) sich beruhigen ③ (*adopt steady lifestyle*) sich [häuslich] niederlassen **II.** *vt* ■**to ~ oneself down** es sich *dat* bequem machen ◆**settle for** *vt* ■**to ~ for sth** mit etw *dat* zufrieden sein ◆**settle in** **I.** *vi people* sich einleben; *things* sich einpendeln **II.** *vt* ■**to ~ in** ⟳ **sb** jdm helfen, sich einzuleben ◆**settle on** *vt* ■**to ~ on sth** ① (*decide on*) sich für etw *akk* entscheiden ② (*agree on*) sich auf etw *akk* einigen; *on a name* sich entscheiden (für +*akk*) ◆**settle up** *vi* abrechnen

set·tled ['setl̩d, AM 'seṭ-] *adj* ① *pred* (*comfortable, established*) ■**to be ~** sich eingelebt haben; **to feel ~** sich heimisch fühlen ② (*calm*) ruhig ③ (*steady*) *life* geregelt

set·tle·ment ['setl̩mənt, AM 'seṭ-] *n* ① (*resolution*) Übereinkunft *f;* (*agreement*) Vereinbarung *f;* LAW Vergleich *m; of conflict* Lösung *f; of matter* Regelung *f; of strike* Schlichtung *f;* **they reached an out-of-court ~** sie einigten sich außergerichtlich ② (*colony*) Siedlung *f;* (*colonization*) Besiedlung *f;* (*people*) Ansiedlung *f*

set·tler ['setl̩ər, AM 'seṭl̩ɚ] *n* Siedler(in) *m(f)*

'set-to *n* (*fam*) Streit *m*

set-top 'box *n* TV Set-Top-Box *f* (*Gerät, das den Empfang des digitalen Fernsehens ermöglicht*) **'set-up** *n* ① (*way things are arranged*) Aufbau *m;* (*arrangement*) Einrichtung *f* ② (*fam: act of deception*) abgekartetes Spiel

sev·en ['sevən] **I.** *adj* sieben; *see also* **eight** **II.** *n* Sieben *f; see also* **eight**

'seven·fold *adj* siebenfache

sev·en·teen ['sevənti:n] **I.** *adj* siebzehn; *see also* **eight** **II.** *n* Siebzehn *f; see also* **eight**

sev·en·teenth ['sevənti:n(t)θ] **I.** *adj* siebzehnte(r, s) **II.** *n* ① (*date*) ■**the ~** der Siebzehnte ② (*fraction*) Siebzehntel *nt*

sev·enth ['sevən(t)θ] **I.** *adj* siebte(r, s) **II.** *n* ① (*date*) ■**the ~** der Siebte ② (*fraction*) Siebtel *nt*

sev·en·ti·eth ['sevəntiəθ, AM -ṭi-] **I.** *adj* siebzigste(r, s) **II.** *n* ① (*ordinal number*) Siebzigste(r, s) ② (*fraction*) Siebzigstel *nt*

sev·en·ty ['sevənti, AM -ṭ-] **I.** *adj* siebzig **II.** *n* Siebzig *f*

sev·er ['sevər, AM -ɚ] *vt* ① (*separate*) abtrennen; (*cut through*) durchtrennen ② (*end*) *links, connection* abbrechen; *ties* lösen

sev·er·al ['sevərəl] **I.** *adj* (*some*) einige, mehrere; (*various*) verschiedene **II.** *pron* ein paar, mehrere, einige

sev·er·al·ly ['sevərəli] *adv* (*form, liter: respectively*) einzeln; (*separately*) getrennt

sev·er·ance ['sevərən(t)s] *n no pl* (*form*) ① (*act of ending*) Abbruch *m* (**of** +*gen*) ② (*payment by employer*) Abfindung *f*

'sev·er·ance deal, 'sev·er·ance pack·age *n* Abfindungsübereinkunft *f,* Abfindungsabkommen *nt* **'sev·er·ance pay** *n no pl* Abfindung *f*

se·vere [sə'vɪər, AM -'vɪr] *adj* ① (*very serious*) schwer, schlimm; *pain* heftig, stark; *cutback* drastisch; *blow, injury* schwer ② (*harsh*) *criticism, punishment* hart; (*strict*) streng; METEO (*harsh*) rau; *storm* heftig; *cold* eisig; *frost, winter* streng; (*violent*) gewaltig; **~ reprimand** scharfer Tadel

se·vere·ly [sə'vɪəli, AM -'vɪr-] *adv* ① (*seriously*) *disabled, injured* schwer; **to be ~ restricted** enorm eingeschränkt sein ② (*harshly*) hart; (*extremely*) heftig, stark; (*strictly*) streng

se·ver·ity [sə'verəti, AM -əṭi] *n no pl* ① (*seriousness*) Schwere *f;* (*of situation, person*) Ernst *m* ② (*harshness*) Härte *f;* (*strictness*) Strenge *f; of criticism* Schärfe *f;* (*extreme nature*) Rauheit *f*

Se·ville [sə'vɪl] *n* Sevilla *nt;* **~** [**orange**] Bitterorange *f*

sew <sewed, sewn *or* sewed> [səʊ, AM soʊ] **I.** *vt* [an]nähen **II.** *vi* nähen ◆**sew up** *vt* ① (*repair*) zunähen; *wound* nähen

S

② (*fam: complete successfully*) zum Abschluss bringen ③ (*fam: make sure of winning*) sich *dat* sichern; **to be ~n up** unter Dach und Fach sein

sew·age ['suːɪdʒ] *n no pl* Abwasser *nt*

'sew·age farm, 'sew·age plant *n* ECOL Rieselfeld *nt*

sew·er¹ ['sʊəʳ, AM 'suːɚ] *n* Abwasserkanal *m*

sew·er² ['səʊəʳ, AM 'soʊɚ] *n* Näher(in) *m(f)*

sew·er·age ['sʊərɪdʒ, AM 'suːɚ-] *n no pl* Kanalisation *f*

'sew·er rat *n* Kanalratte *f*

sew·ing ['səʊɪŋ, AM 'soʊ-] *n no pl* ① (*activity*) Nähen *nt* ② (*things to sew*) Näharbeit *f*

'sew·ing bas·ket *n* Nähkorb *m* **'sew·ing ma·chine** *n* Nähmaschine *f*

sewn [səʊn, AM soʊn] *pp of* **sew**

sex [seks] *n* <*pl* -es> ① (*gender*) Geschlecht *nt;* **the opposite ~** das andere Geschlecht ② *no pl* (*intercourse*) Sex *m,* Geschlechtsverkehr *m;* **to have ~** Sex haben; **to have ~ with sb** mit jdm schlafen

'sex ap·peal *n no pl* Sexappeal *m* **'sex dis·crimi·na·tion** *n no pl* Diskriminierung *f* aufgrund des Geschlechts **'sex edu·ca·tion** *n no pl* Sexualerziehung *f*

sex·ism ['seksɪzᵊm] *n no pl* Sexismus *m*

sex·ist ['seksɪst] **I.** *adj* (*pej*) sexistisch **II.** *n* Sexist(in) *m(f)*

sex·less ['seksləs] *adj* ① (*without gender*) geschlechtslos ② (*without physical attractiveness*) unerotisch ③ (*without sexual desire*) sexuell desinteressiert

'sex life *n* Sexualleben *nt* **'sex scene** *n* Sexszene *f* **sex se·'lec·tion** *n* MED Geschlechtswahl *f* des Kindes **'sex sym·bol** *n* Sexsymbol *nt*

sex·tant ['sekstənt] *n* Sextant *m*

sex·tet(te) [sek'stet] *n* Sextett *nt*

sex·ton ['sekstᵊn] *n* Küster *m*

sex·ual ['sekʃʊəl, AM -ʃuəl] *adj* ① (*referring to gender*) geschlechtlich; **~ equality** Gleichheit *f* der Geschlechter ② (*erotic*) sexuell; **~ relationship** sexuelle Beziehung

sex·ual 'har·ass·ment *n no pl* sexuelle Belästigung **sex·ual 'inter·course** *n no pl* Geschlechtsverkehr *m*

sex·ual·ity [ˌsekʃu'æləti, AM -əṱi] *n no pl* Sexualität *f*

sex·ual·ly ['sekʃʊəli, AM -ʃuəli] *adv* ① (*referring to gender*) geschlechtlich ② (*erotically*) sexuell; **~ attractive** sexy

sexy ['seksi] *adj* (*fam*) ① (*physically appealing*) sexy ② (*aroused*) erregt ③ (*exciting*) aufregend, heiß

Sey·chelles [seɪ'ʃelz] *n* ■**the ~** die Seychellen *pl*

SGML [ˌesdʒiːem'el] COMPUT *abbrev of* **Standard General Markup Language** SGML

Sgt *n abbrev of* **sergeant** Uffz.

shab·by ['ʃæbi] *adj* ① (*worn*) schäbig ② (*poorly dressed*) ärmlich gekleidet ③ (*unfair*) schäbig; *excuse* fadenscheinig; *trick* billig

shack [ʃæk] *n* Hütte *f* ◆**shack up** *vi* (*fam*) ■**to ~ up with sb** mit jdm zusammenziehen; ■**to be ~ed up with sb** mit jdm zusammenleben

shack·le ['ʃækḷ] **I.** *n* **~s** *pl* Fesseln *f pl,* Ketten *f pl;* (*fig*) Zwänge *m pl* **II.** *vt* ① (*chain*) [mit Ketten] fesseln ② (*fig: restrict*) behindern

shade [ʃeɪd] **I.** *n* ① *no pl* (*shaded area*) Schatten *m;* **a patch of ~** ein schattiges Plätzchen; **in** [*or* **under**] **the ~** im Schatten (**of** +*gen*) ② (*lampshade*) [Lampen]schirm *m* ③ AM (*roller blind*) Rollladen *m* ④ (*variation of colour*) [Farb]ton *m,* Zwischenton *m;* **pastel ~s** Pastellfarben *pl* ⑤ (*fam: sunglasses*) ■**~s** *pl* Sonnenbrille *f* **II.** *vt* ① (*protect from brightness*) [vor der Sonne] schützen; *eyes* beschirmen; **an avenue ~d by trees** eine von Bäumen beschattete Allee ② (*in picture*) schattieren **III.** *vi* ① (*alter colour*) ■**to ~ [off] into sth** allmählich in etw *akk* übergehen ② (*be very similar*) ■**to ~ into sth** kaum von etw *dat* zu unterscheiden sein ◆**shade in** *vt* dunkel [ein]färben, schraffieren

shad·ing ['ʃeɪdɪŋ] *n no pl* Schattierung *f*

shad·ow ['ʃædəʊ, AM -oʊ] **I.** *n* ① (*produced by light, on X-ray*) Schatten *m* ② (*under eye*) Augenring *m* ③ (*smallest trace*) Hauch *m,* Anflug *m;* **there isn't even a ~ of doubt** es besteht nicht der leiseste Zweifel ④ (*trainee observing employee*) *Auszubildender, der einem bestimmten Angestellten zugeordnet ist und durch Beobachtung von ihm lernt* ▸PHRASES: **to be a ~ of one's former self** [nur noch] ein Schatten seiner selbst sein **II.** *vt* ① (*overshadow*) verdunkeln ② (*follow secretly*) beschatten ③ SPORTS (*stay close to*) decken

'shad·ow-box·ing *n no pl* Schattenboxen *nt* **Shad·ow 'Cabi·net** *n* POL ■**the ~** das Schattenkabinett

shad·owy ['ʃædəʊi, AM -oʊi] *adj* ① (*out of sun*) schattig; (*dark*) düster; **~ figure** schemenhafte Figur; (*fig*) rätselhaftes Wesen ② (*dubious*) zweifelhaft

shady ['ʃeɪdi] *adj* ① (*in shade*) schattig ② (*fam: dubious*) fragwürdig

shaft [ʃɑːft, AM ʃæft] **I.** *n* ① (*hole*) Schacht *m*

S

② *of tool, weapon* Schaft *m* ③ (*in engine*) Welle *f* ④ (*ray*) Strahl *m;* ~ **of sunlight** Sonnenstrahl *m* **II.** *vt* betrügen

shag[1] [ʃæg] Brit, Aus **I.** *n* ① (*sl: act*) **to have a ~ [with sb]** [mit jdm] eine Nummer schieben ② (*sl: sex partner*) Bettgenosse, -genossin *m, f* **II.** *vi* <-gg-> (*sl*) bumsen *derb* **III.** *vt* <-gg-> (*sl*) vögeln *derb*

shag[2] [ʃæg] **I.** *adj attr* ~ **carpet** Veloursteppich *m* **II.** *n no pl* (*tobacco*) Shag *m*

shagged out [ʃægd'aʊt] *adj pred* Brit, Aus (*sl, fam!*) ausgepumpt *fam*

shag·gy ['ʃægi] *adj* ① (*hairy*) struppig ② (*unkempt*) zottelig

Shah [ʃɑː] *n* (*hist*) Schah *m*

shake [ʃeɪk] **I.** *n* ① (*action*) Schütteln *nt kein pl;* **she gave the box a ~** sie schüttelte die Schachtel ② *esp* Am (*fam: milkshake*) Shake *m* ▶ PHRASES: **to be no great ~s at sth** bei etw *dat* nicht besonders gut sein **II.** *vt* <shook, shaken> ① (*vibrate*) schütteln; ~ **well before using** vor Gebrauch gut schütteln; ■**to ~ oneself** sich schütteln; ■**to ~ sth over sth** etw über etw *akk* streuen ② (*undermine, shock*) erschüttern; **the news has ~n the whole country** die Nachricht hat das ganze Land schwer getroffen ③ (*fam: get rid of*) loswerden **III.** *vi* <shook, shaken> ① (*quiver*) beben; ■**to ~ with sth** vor etw *dat* beben [*o* zittern] ② (*shiver with fear*) zittern, beben ▶ PHRASES: **to ~ like a leaf** [*or* Brit, Aus **like jelly**] wie Espenlaub zittern ◆**shake down** (*fam*) **I.** *vt* Am (*take money*) ausnehmen; (*threaten*) erpressen **II.** *vi* (*achieve harmony*) *person* sich einleben; *situation* sich einpendeln ◆**shake off** *vt* ① (*remove*) abschütteln ② (*get rid of*) überwinden; *habit* ablegen; *illness* besiegen; *person* loswerden; *pursuer* abschütteln ◆**shake out** *vt* ausschütteln ◆**shake up** *vt* ① (*mix*) mischen ② (*shock*) aufwühlen ③ (*significantly alter*) umkrempeln; (*significantly reorganize*) umstellen

'shake·down ['ʃeɪkdaʊn] Am **I.** *n* (*fam*) ① (*tests and trials*) Erprobung *f; of machinery* Testlauf *m; of aircraft* Testflug *m; of vehicle* Testfahrt *f* ② (*extortion by tricks*) Abzocken *nt sl;* (*by threats*) Erpressung *f* ③ (*police search*) Razzia *f* **II.** *adj attr* ① (*settling down*) Eingewöhnungs- ② (*trial*) Test-, Probe-

shak·en ['ʃeɪkᵊn] **I.** *vi, vt pp of* **shake II.** *adj* erschüttert

shak·er ['ʃeɪkəʳ, Am -ɚ] *n* ① (*for mixing liquids*) Mixbecher *m* ② (*dispenser*) **salt/pepper ~** Salz-/Pfefferstreuer *m*

'shake-up *n* Veränderung *f,* Umstrukturierung *f*

shaki·ly ['ʃeɪkɪli] *adv* ① (*unsteadily*) wack[e]lig; *voice, hands* zittrig ② (*uncertainly*) unsicher

shak·ing ['ʃeɪkɪŋ] **I.** *n* (*jolting*) Schütteln *nt;* (*trembling*) Zittern *nt* **II.** *adj knees, hands* zitternd

shaky ['ʃeɪki] *adj* ① (*unsteady*) *hands, voice, handwriting* zittrig; *ladder, table* wack[e]lig; **to feel a bit ~** (*physically*) noch etwas wack[e]lig auf den Beinen sein; (*emotionally*) beunruhigt sein ② (*unstable*) *basis, foundation* unsicher; *economy, government* instabil; **to get off to a ~ start** mühsam in Gang kommen

shale [ʃeɪl] *n no pl* Schiefer *m*

shall [ʃæl, ʃᵊl] *aux vb* ① *usu* Brit (*future*) ■**I ~ ...** ich werde ... ② *esp* Brit (*ought to, must*) ■**I/he ~ ...** ich/er soll ...

shal·lot [ʃə'lɒt, Am -'lɑːt] *n* Schalotte *f*

shal·low ['ʃæləʊ, Am -oʊ] *adj* ① (*not deep*) seicht, flach ② (*superficial*) oberflächlich; *film* seicht

shal·low·ness ['ʃæləʊnəs, Am -loʊ-] *n no pl* ① (*shallow depth*) Seichtheit *f* ② (*superficiality*) Oberflächlichkeit *f*

sham [ʃæm] (*pej*) **I.** *n* ① *usu sing* (*fake thing*) Trug *m kein pl geh,* Betrug *m kein pl;* **the American dream is a ~** der amerikanische Traum ist nur ein schöner Schein ② *no pl* (*pretence*) Verstellung *f* **II.** *adj* gefälscht; ~ **marriage** Scheinehe *f* **III.** *vt* <-mm-> vortäuschen **IV.** *vi* <-mm-> sich verstellen

sham·ble ['ʃæmbl̩] *vi* (*walk*) watscheln; (*shuffle*) schlurfen

sham·bles ['ʃæmbl̩z] *n + sing vb* (*fam*) **to be a ~** sich in einem chaotischen Zustand befinden

sham·bol·ic [ʃæm'bɒlɪk] *adj* Brit (*fam*) chaotisch

shame [ʃeɪm] **I.** *n no pl* ① (*feeling*) Scham *f,* Schamgefühl *nt;* ~ **on you!** (*a. hum*) schäm dich!; **to feel no ~** sich nicht schämen ② (*disgrace*) Schande *f;* **to bring ~ on sb** Schande über jdn bringen ③ (*a pity*) Jammer *m;* **it's a [great] ~ that ...** es ist [jammer]schade, dass ...; **what a ~!** wie schade! **II.** *vt* ① (*make ashamed*) beschämen ② (*bring shame on*) ■**to ~ sb/sth** jdm/etw Schande machen ③ (*put to shame*) weit übertreffen; **our neighbour's garden ~s ours** gegen den Garten unseres Nachbarn sieht der unsrige alt aus *fam*

shame·faced [ʃeɪm'feɪst, Am 'ʃeɪmfeɪst] *adj* verschämt

shame·ful ['ʃeɪmfᵊl] *adj* ① (*causing shame*)

treatment schimpflich; *defeat* schmachvoll ② (*disgraceful*) empörend; ■**it's ~ that ...** es ist eine Schande, dass ...

shame·less [ˈʃeɪmləs] *adj* schamlos

sham·my [ˈʃæmi-] *n* (*fam*), **sham·my 'leath·er** *n no pl* Sämischleder *nt*

sham·poo [ʃæmˈpuː] **I.** *n no pl* (*for hair*) Shampoo *nt* **II.** *vt hair* shampoonieren; *upholstery* mit einem Shampoo reinigen

sham·rock [ˈʃæmrɒk, AM -rɑːk] *n* weißer Feldklee; ■**the ~** der Shamrock (*Kleeblatt als Symbol Irlands*)

shan·dy [ˈʃændi] *n esp* BRIT, AUS Radler *nt bes* SÜDD, Alsterwasser *nt* NORDD

shank [ʃæŋk] *n* (*of tool*) Schaft *m*

shan't [ʃɑːnt, AM ʃænt] = **shall not** *see* **shall**

shan·ty[1] [ˈʃænti, AM -t̬i] *n* [Elends]hütte *f*

shan·ty[2] [ˈʃænti, AM -t̬i] *n* Seemannslied *nt*

'shan·ty town *n* Barackensiedlung *f*

shape [ʃeɪp] **I.** *n* ① (*outline*) Form *f;* BIOL Gestalt *f;* MATH Figur *f,* Form *f;* **in any ~ or form** (*fig*) in jeder Form; **all ~s and sizes** alle Formen und Größen; **to take ~** Form annehmen ② *no pl* (*condition*) **to be in bad ~** *things* in schlechtem Zustand sein; *people* in schlechter Verfassung sein; SPORTS nicht in Form sein; **to be in great ~** in Hochform sein **II.** *vt* ① (*mould*) [aus]formen ② (*influence*) prägen; *sb's character* formen; *destiny* gestalten ◆**shape up** *vi* **to ~ up well** sich gut entwickeln

shape·less [ˈʃeɪpləs] *adj* ① (*not shapely*) unförmig ② (*without shape*) formlos; *ideas* vage

shape·ly [ˈʃeɪpli] *adj* wohlgeformt; *figure, legs* schön; *woman* gut gebaut

shard [ʃɑːd, AM ʃɑːrd] *n* Scherbe *f; of metal* Splitter *m*

share [ʃeəʳ, AM ʃer] **I.** *n* ① (*part*) Teil *m,* Anteil *m; of food* Portion *f;* **he should take his ~ of the blame for what happened** er sollte die Verantwortung für seine Mitschuld am Geschehenen übernehmen; **the lion's ~ of sth** der Löwenanteil von etw *dat;* **to have had one's fair ~ of sth** (*iron*) etw reichlich abbekommen haben; **to have a ~ in sth** an etw *dat* teilhaben ② *usu pl* (*in company*) Anteil *m,* Aktie *f;* **stocks and ~s** Wertpapiere *pl* **II.** *vi* ① (*with others*) teilen (mit +*dat*) ② (*have part of*) ■**to ~ in sth** an etw *dat* teilhaben ③ (*participate*) beteiligt sein (**in** an +*dat*) **III.** *vt* ① (*divide*) teilen; **shall we ~ the driving?** sollen wir uns beim Fahren abwechseln?; **to ~ responsibility** Verantwortung gemeinsam tragen ② (*have in common*) gemeinsam haben; *concern, opinion* teilen; **to ~ a birthday** am gleichen Tag Geburtstag haben; **to ~ an interest** ein gemeinsames Interesse haben ③ (*communicate*) ■**to ~ sth with sb** *information* etw an jdn weitergeben; **to ~ one's thoughts with sb** jdm seine Gedanken anvertrauen ▶ PHRASES: **a problem ~d is a problem halved** (*prov*) geteiltes Leid ist halbes Leid *prov* ◆**share out** *vt* aufteilen

share cer·'tifi·cate *n* Aktienzertifikat *nt*

'share·crop·per *n* AM *Pächter einer kleinen Farm, der die Pacht teilweise in Naturalien begleicht* **'share·hold·er** *n* Aktionär(in) *m(f)* **'share in·dex** *n* Aktienindex *m* **'share is·sue** *n* Aktienausgabe *f* **'share-out** *n* (*distribution*) Verteilung *f;* (*division*) Aufteilung *f* **'share price** *n* Aktienkurs *m* **'share·ware** *n no pl* COMPUT Shareware *f*

shark <*pl* -s *or* -> [ʃɑːk, AM ʃɑːrk] *n* ① (*fish*) Hai[fisch] *m* ② (*pej fam: person*) Hai *m;* **property ~** Immobilienhai *m*

sharp [ʃɑːp, AM ʃɑːrp] **I.** *adj* ① *blade, knife, attack, bend* scharf ② (*pointed*) spitz; *features* kantig ③ (*stabbing*) stechend; **~ stab [of pain]** [schmerzhaftes] Stechen ④ (*sudden*) *drop in temperature* plötzlich; (*marked*) drastisch; *fall, rise* stark ⑤ (*clear-cut*) scharf, deutlich, klar; **to bring sth into ~ focus** etw klar und deutlich herausstellen ⑥ (*perceptive*) scharfsinnig; *eyes, ears, mind* scharf ⑦ (*piquant*) *taste* scharf [gewürzt] ⑧ (*penetrating*) *noise, voice* schrill **II.** *adv* ① (*exactly*) genau; **the performance will start at 7.30 ~** die Aufführung beginnt um Punkt 7.30 Uhr ② (*suddenly*) **to turn ~ left/right** scharf links/rechts abbiegen

sharp·en [ˈʃɑːpᵊn, AM ˈʃɑːrp-] *vt* ① (*a. fig: make sharp*) *mind, senses* schärfen; *pencil* spitzen; *scissors, knife* schleifen ② (*intensify*) verschärfen ③ (*make more distinct*) scharf einstellen

sharp·en·er [ˈʃɑːpᵊnəʳ, AM ˈʃɑːrpᵊnɚ] *n* **pencil ~** Bleistiftspitzer *m;* **knife ~** Messerschleifgerät *nt*

sharp·er [ˈʃɑːpəʳ, AM ˈʃɑːrpɚ] *n* (*fam: cheat*) Betrüger(in) *m(f);* (*at cards*) Falschspieler(in) *m(f)*

sharp-'eyed *adj* scharfsichtig

sharp·ness [ˈʃɑːpnəs, AM ˈʃɑːrp-] *n no pl* ① *of blade, point, curve* Schärfe *f* ② *of pain* Heftigkeit *f,* Stärke *f* ③ (*acerbity, clarity*) Schärfe *f* ④ (*markedness*) Heftigkeit *f* ⑤ (*perceptiveness*) Scharfsinn *m* ⑥ (*of taste*) Würzigkeit *f,* Würze *f*

sharp 'prac·tice *n no pl* üble Geschäfts-

S

praktiken *pl* **'sharp·shoot·er** *n* Scharfschütze *m* **sharp-'sight·ed** *adj* ❶ (*very observant*) scharfsichtig ❷ (*alert*) scharfsinnig **sharp-'tem·pered** *adj* leicht erregbar **sharp-'tongued** *adj* scharfzüngig **sharp-'wit·ted** *adj* scharfsinnig

shat [ʃæt] *vi esp* BRIT *pt, pp of* **shit**

shat·ter ['ʃætəʳ, AM -t̬ɚ] **I.** *vi* zerspringen **II.** *vt* ❶ (*smash*) zertrümmern; *health, nerves* zerrütten ❷ (*fig*) vernichten; *calm* zerstören; *dreams, illusions* zunichtemachen ❸ BRIT (*fam: exhaust*) schlauchen

shat·tered ['ʃætəd, AM -t̬ɚd] *adj* (*fam*) ❶ (*upset*) am Boden zerstört ❷ (*exhausted*) völlig erschöpft

shat·ter·ing ['ʃætᵊrɪŋ, AM -t̬ɚ-] *adj* (*fam*) ❶ (*very upsetting*) erschütternd ❷ (*destructive*) vernichtend ❸ BRIT (*exhausting*) aufreibend

shat·ter·proof ['ʃætəpru:f, AM -t̬ɚ-] *adj* bruchsicher; *windscreen* splitterfrei

shave [ʃeɪv] **I.** *n* Rasur *f;* **I need a ~** ich muss mich rasieren; **a close ~** eine Glattrasur; (*fig*) ein knappes Entkommen; **to have a close ~** gerade noch davonkommen **II.** *vi* sich rasieren **III.** *vt* (*remove hair*) rasieren

shav·en ['ʃeɪvᵊn] *adj* rasiert; *head* kahl geschoren

shav·er ['ʃeɪvəʳ, AM -ɚ] *n* Rasierapparat *m*

shav·ing ['ʃeɪvɪŋ] **I.** *adj attr* Rasier- **II.** *n usu pl* Hobelspan *m*

'shav·ing brush *n* Rasierpinsel *m* **'shav·ing cream** *n* Rasiercreme *f* **'shav·ing foam** *n no pl* Rasierschaum *m* **'shav·ing mir·ror** *n* Rasierspiegel *m* **'shav·ing soap**, **'shav·ing stick** *n* BRIT Rasierseife *f*

shawl [ʃɔ:l, AM *esp* ʃɑ:l] *n* Schultertuch *nt*

she [ʃi:, ʃi] **I.** *pron* ❶ (*female person, animal*) sie; ■**~ who ...** (*particular person*) diejenige, die ...; (*any person*) wer ❷ (*inanimate thing*) es; (*for country*) es; (*for ship with name*) sie; (*for ship with no name*) es **II.** *n usu sing* ■**a ~** (*person*) eine Sie; (*animal*) ein Weibchen *nt*

sheaf <*pl* sheaves> [ʃi:f] *n* Bündel *nt; of corn* Garbe *f*

shear <-ed, -ed *or* shorn> [ʃɪəʳ, AM ʃɪr] **I.** *vt* (*remove fleece*) scheren **II.** *vi* TECH abbrechen ◆**shear off I.** *vt* (*cut off*) abscheren **II.** *vi* abbrechen

shears [ʃɪəz, AM ʃɪrz] *npl* TECH [große] Schere; *metal* Metallschere *f*

sheath [ʃi:θ] *n* ❶ (*for knife, sword*) Scheide *f* ❷ (*casing*) Hülle *f;* (*case*) Futteral *nt* ❸ BRIT (*condom*) Kondom *nt*

sheathe [ʃi:ð] *vt* ❶ (*put into sheath*) *knife, sword* in die Scheide stecken ❷ (*cover*) umhüllen (**in, with** mit +*dat*)

'sheath knife *n* Dolch *m*

she·bang [ʃɪ'bæŋ] *n no pl esp* AM (*fam*) Drum und Dran *nt;* **the whole ~** der ganze Kram

shed¹ [ʃed] *n* Schuppen *m;* **garden ~** Gartenhäuschen *nt*

shed² <-dd-, shed, shed> [ʃed] **I.** *vt* ❶ (*cast off*) ablegen; *antlers, leaves* abwerfen; *hair* verlieren; **to ~ a few kilos** ein paar Kilo abnehmen; **to ~ one's skin** sich häuten ❷ (*generate*) *blood, tears* vergießen; *light* verbreiten ❸ BRIT (*drop accidentally*) **a lorry has ~ a load of gravel across the road** ein LKW hat eine Ladung Kies auf der Straße verloren **II.** *vi snakes* sich häuten; *cats* haaren

she'd [ʃi:d] = **she would/she had** *see* **would, have I, II**

'shed·load *n* (*sl*) ■**a ~** [*or* **~s**] **of sth** Unmengen von etw *dat*; **~ of cash** Unsummen Geld

sheen [ʃi:n] *n no pl* ❶ (*gloss*) Glanz *m* ❷ (*aura*) Ausstrahlung *f*

sheep <*pl* -> [ʃi:p] *n* Schaf *nt;* **flock of ~** Schafherde *f*

'sheep dip *n* AGR Desinfektionsbad *nt* für Schafe **'sheep·dog** *n* Schäferhund *m* **'sheep·fold** *n* Schafhürde *f*

sheep·ish ['ʃi:pɪʃ] *adj* unbeholfen; *smile* verlegen

'sheep·skin *n* Schaffell *nt*

sheer [ʃɪəʳ, AM ʃɪr] *adj* ❶ (*utter*) pur, rein; **the ~ size of the thing takes your breath away** schon allein die Größe von dem Ding ist atemberaubend; **~ bliss** eine wahre Wonne; **~ nonsense** blanker Unsinn ❷ (*vertical*) *cliff, drop* steil ❸ (*thin*) *material* hauchdünn; (*diaphanous*) durchscheinend

sheet [ʃi:t] *n* ❶ (*for bed*) Laken *nt* ❷ *of paper* Blatt *nt; of heavy paper* Bogen *m* ❸ *of material* Platte *f*

'sheet feed *n* COMPUT Einzelblatteinzug *m* **'sheet light·ning** *n no pl* Wetterleuchten *nt* **'sheet met·al** *n* Blech *nt* **'sheet mu·sic** *n* Noten *pl*

sheik(h) [ʃeɪk, ʃi:k, AM *esp* ʃi:k] *n* Scheich *m*

shelf <*pl* shelves> [ʃelf] *n* (*for storage*) [Regal]brett *nt,* Bord *nt;* (*set of shelves*) Regal *nt;* **off the ~** ab Lager; *clothing* von der Stange ▸PHRASES: **to <u>be</u> [left] on the ~** (*fam*) sitzen geblieben sein

'shelf life *n no pl* Haltbarkeit *f*

shell [ʃel] **I.** *n* ❶ (*exterior case*) *of egg, nut* Schale *f; of tortoise* Panzer *m; of pea* Hülse *f; of insect wing* Flügeldecke *f;* (*on beach*) Muschel *f;* (*pastry*) Boden *m* ❷ *of a build-*

S

ing Mauerwerk *nt* ③ (*for artillery*) Granate *f;* AM (*cartridge*) Patrone *f* ▶ PHRASES: **to come out of one's ~** aus sich *dat* herausgehen **II.** *vt* ① (*remove shell*) schälen; *nut* knacken; *pea* enthülsen ② (*bombard*) [mit Granaten] bombardieren ◆**shell out** (*fam*) **I.** *vt* blechen; ■**to ~ out a few thousand for sth** einige Tausende für etw hinlegen **II.** *vi* ■**to ~ out for sb/sth** für jdn/etw bezahlen

she'll [ʃi:l] = **she shall, she will** *see* **will, shall**

shel·lac [ʃə'læk] *n* Schellack *m*

'shell·fish <*pl* -> *n* Schalentier *nt*

shell·ing ['ʃelɪŋ] *n no pl* (*bombardment*) Bombardierung *f;* (*shellfire*) Geschützfeuer *nt*

'shell shock *n no pl* Kriegsneurose *f* **'shell-shocked** *adj* ① (*after battle*) kriegsneurotisch ② (*fam: dazed*) völlig geschockt

shel·ter ['ʃeltəʳ, AM -ɚ] **I.** *n* ① *no pl* Schutz *m* ② (*structure*) Unterstand *m;* (*sth to sit in*) Häuschen *nt;* (*building for the needy*) Heim *nt;* **air raid ~** Luftschutzraum *m* **II.** *vi* Schutz suchen **III.** *vt* ① (*protect*) schützen (**from** vor +*dat*) ② AM (*from tax*) **to ~ income from tax** Einkommen steuerlich nicht abzugsfähig machen

shel·tered ['ʃeltəd, AM -ɚd] *adj* ① (*against weather*) geschützt ② (*pej: overprotected*) [über]behütet ③ AM (*tax-protected*) steuerfrei

shel·tered ac·com·mo·'da·tion, shel·tered 'hous·ing *n no pl* Heim *nt*

shelve¹ [ʃelv] *vt* ① (*postpone*) aufschieben; POL vertagen ② (*erect shelves*) mit Regalen ausstatten

shelve² [ʃelv] *vi* GEOL abfallen

shelves [ʃelvz] *n pl of* **shelf**

shelv·ing ['ʃelvɪŋ] *n no pl* Regale *pl*

she·nani·gans [ʃɪ'nænɪgənz] *npl* (*pej fam*) ① (*fraud*) Betrug *m kein pl;* (*trickery*) krumme Dinger ② (*pranks*) [derbe] Späße

shep·herd ['ʃepəd, AM -ɚd] **I.** *n* Schäfer(in) *m(f)* **II.** *vt* ① (*look after*) hüten ② (*guide*) **to ~ sb towards the door** jdn zur Tür führen

shep·herd·ess <*pl* -es> [ˌʃepə'des, AM 'ʃepɚdɪs] *n* Schäferin *f*

shep·herd's 'pie *n Auflauf aus Hackfleisch und Kartoffelbrei*

sher·bet ['ʃɜ:bət, AM 'ʃɜ:r-] *n* ① *no pl* BRIT, AUS Brausepulver *nt* ② AM Sorbet[t] *m o nt*

sher·iff ['ʃerɪf] *n* AM (*law officer*) Sheriff *m*

sher·ry ['ʃeri] *n* Sherry *m*

she's [ʃi:z, ʃɪz] = **she is, she has** *see* **be, have**

Shet·land Is·lands, Shet·lands ['ʃetləndz] *npl* ■**the ~** die Shetlandinseln *pl*

shield [ʃi:ld] **I.** *n* ① (*defensive weapon*) [Schutz]schild *m* ② (*with coat of arms*) [Wappen]schild *m o nt* ③ (*protection*) Schutz *m kein pl* (**against** gegen +*akk*) ④ SPORTS Trophäe *f* **II.** *vt* beschützen (**from** vor +*dat*); *eyes* schützen

shift [ʃɪft] **I.** *vt* ① (*move*) [weg]bewegen; (*move slightly*) *furniture* verschieben ② (*transfer elsewhere*) *blame* abwälzen (**on to** auf +*akk*); *emphasis* verlagern ③ *esp* AM MECH **to ~ gears** schalten **II.** *vi* ① (*move*) sich bewegen; (*change position*) die [*o* seine] Position verändern; **it won't ~** es lässt sich nicht bewegen; **media attention has ~ed recently onto environmental issues** die Medien haben ihr Interesse neuerdings den Umweltthemen zugewandt ② *esp* AM AUTO ■**to ~ up** hinaufschalten; **to ~ into reverse** den Rückwärtsgang einlegen **III.** *n* ① (*alteration*) Wechsel *m,* Änderung *f;* **a ~ in the balance of power** eine Verlagerung im Gleichgewicht der Kräfte ② (*period of work*) Schicht *f* ③ + *sing/pl vb* (*people working a shift*) Schicht *f*

shift·ing ['ʃɪftɪŋ] *adj attr* sich verändernd

'shift key *n of a typewriter* Umschalter *m;* COMPUT Shifttaste *f*

'shift work *n no pl* Schichtarbeit *f*

'shift work·er *n* Schichtarbeiter(in) *m(f)*

shifty ['ʃɪfti] *adj* hinterhältig; **to look ~** verdächtig aussehen

Shi·ite ['ʃi:aɪt] **I.** *n* Schiit(in) *m(f)* **II.** *adj* schiitisch

shil·ling ['ʃɪlɪŋ] *n* (*hist*) Schilling *m* (*alte britische Münze im Wert von 5 Pence*)

shilly-shal·ly <-ie-> ['ʃɪliˌʃæli] *vi* (*pej fam*) schwanken

shim·mer ['ʃɪməʳ, AM -ɚ] **I.** *vi* schimmern **II.** *n usu sing* Schimmer *m*

shin [ʃɪn] **I.** *n* ① (*of leg*) Schienbein *nt* ② *no pl of beef* Hachse *f* **II.** *vi* <-nn-> ■**to ~ up** [**sth**] [rasch] [etw] hinaufklettern

shin·dig ['ʃɪndɪg], **shin·dy** ['ʃɪndi] *n* (*fam*) ① (*loud party*) [wilde] Fete ② (*argument*) Krach *m fam*

shine [ʃaɪn] **I.** *n no pl* Glanz *m* ▶ PHRASES: [**come**] **rain or ~** komme, was da wolle; **to take a ~ to sb** jdn ins Herz schließen **II.** *vi* <shone *or* shined, shone *or* shined> ① (*give off light*) *moon, sun* scheinen; *stars* leuchten; *gold, metal* glänzen; *light* leuchten, scheinen ② (*show happiness*) *eyes* strahlen ③ (*show one's abilities*) glänzen **III.** *vt* <shone *or* shined, shone *or* shined> ① (*point light*) **to ~ a beam of light at sb/sth** jdn/etw anstrahlen

S

② (*polish*) polieren ◆**shine down** *vi* herabscheinen ◆**shine out** *vi* ① (*be easily seen*) [auf]leuchten ② (*excel, stand out*) herausragen

shin·er ['ʃaɪnəʳ, AM -ɚ] *n* (*fam: black eye*) Veilchen *nt*

shin·gle ['ʃɪŋgl̩] *n* ① *no pl* (*pebbles*) Kies *m* ② (*tile*) Schindel *f*

shin·gles ['ʃɪŋgl̩z] *npl + sing vb* MED Gürtelrose *f*

shin·ing ['ʃaɪnɪŋ] *adj* ① (*gleaming*) glänzend ② (*with happiness*) strahlend ③ (*outstanding*) hervorragend; *example* leuchtend

shiny ['ʃaɪni] *adj* glänzend; (*very clean*) *surface, metal* [spiegel]blank

ship [ʃɪp] **I.** *n* Schiff *nt;* **merchant ~** Handelsschiff *nt;* ■**by ~** mit dem Schiff; (*goods*) per Schiff **II.** *vt* <-pp-> ① (*send by boat*) verschiffen ② (*transport*) transportieren ◆**ship off** *vt* ① (*send by ship*) verschiffen; *goods* per Schiff verschicken ② (*fam: send away*) wegschicken ◆**ship out I.** *vt* per Schiff senden **II.** *vi* (*fam*) sich verziehen

'ship·board *adj attr* Bord- **'ship·build·er** *n* ① (*person*) Schiff[s]bauer(in) *m(f)* ② (*business*) Werft *f* **'ship·build·ing** *n no pl* Schiffbau *m* **'ship·load** *n* Schiffsladung *f* **'ship·mate** *n* Schiffskamerad(in) *m(f)*

ship·ment ['ʃɪpmənt] *n* ① (*consignment*) Sendung *f* ② *no pl* (*dispatching*) Transport *m*

'ship·own·er *n* ① (*inland navigation*) Schiffseigner(in) *m(f)* ② (*ocean navigation*) Reeder(in) *m(f)*

ship·per ['ʃɪpəʳ, AM -ɚ] *n* ① (*person*) Spediteur(in) *m(f)* ② (*business*) Spediteur *m;* **wine ~** Weinlieferant *m*

ship·ping ['ʃɪpɪŋ] *n no pl* ① (*ships*) Schiffe *pl* [eines Landes] ② (*transportation of goods*) Versand *m;* (*by ship*) Verschiffung *f*

'ship·ping agen·cy *n* Schiffsagentur *f;* (*courier*) Zustelldienst *m;* (*for packages a.*) Paketdienst *m* **'ship·ping agent** *n* ① (*courier*) Zustelldienst *m* ② (*shipper*) Schiffsagent(in) *m(f);* (*company a.*) Seehafenspediteur *m* **'ship·ping com·pa·ny** *n* Reederei *f* **'ship·ping de·part·ment** *n* Versandabteilung *f* **'ship·ping lane** *n* Schifffahrtsweg *m* **'ship·ping of·fice** *n* ① (*of shipping master*) Seemannsamt *nt* ② (*of shipping agent*) Schiffsmaklerbüro *nt* ③ (*courier*) Kurierdienst *m;* (*for packages a.*) Paketdienst *m*

ship's 'chan·dler *n* ① (*person*) Schiffsausrüster(in) *m(f)* ② (*business*) Schiffsausrüster *m*

'ship·shape *adj pred* (*fam*) aufgeräumt; **to get sth ~** etw aufräumen **'ship·way** *n* NAUT Stapel *m*

'ship·wreck I. *n* ① (*accident*) Schiffbruch *m* ② (*remains*) [Schiffs]wrack *nt* **II.** *vt usu passive* ■**to be ~ed** ① NAUT Schiffbruch erleiden ② (*fail*) scheitern

ship·wright ['ʃɪpraɪt] *n* Schiffszimmermann *m* **'ship·yard** *n* [Schiffs]werft *f*

shire ['ʃaɪəʳ] *n* BRIT (*hist*) Grafschaft *f*

'shire horse *n schweres englisches Zugpferd*

shirk [ʃɜːk, AM ʃɜːrk] (*pej*) **I.** *vt* meiden; **to ~ one's responsibilities** sich seiner Verantwortung entziehen **II.** *vi* ■**to ~ from sth** sich etw *dat* entziehen

shirk·er ['ʃɜːkəʳ, AM 'ʃɜːrkɚ] *n* (*pej*) Drückeberger(in) *m(f) fam*

shirt [ʃɜːt, AM ʃɜːrt] *n* Hemd *nt* ►PHRASES: **keep your ~ on!** reg dich ab!

'shirt col·lar *n* Hemdkragen *m* **'shirt front** *n* Hemdbrust *f* **'shirt·sleeve** *n usu pl* Hemdsärmel *m;* **in ~s** in Hemdsärmeln

shirty ['ʃɜːti] *adj* BRIT, AUS (*pej fam*) sauer *sl*

shit [ʃɪt] (*fam!*) **I.** *n* ① *no pl* (*faeces*) Scheiße *f derb*, Kacke *f derb;* **dog ~** Hundekacke *f fam* ② *no pl* (*nonsense*) Scheiße *m derb;* **a load of ~** ein einziger Mist ③ *no pl* (*unfairness*) **Jackie doesn't take any ~ from anyone** Jackie lässt sich von niemandem was gefallen *fam* ►PHRASES: **to beat the ~ out of sb** aus jdm Hackfleisch machen *fam;* **[the] ~ hits the fan** es gibt Ärger **II.** *interj* Scheiße *derb* **III.** *vi* <-tt-, shit *or* shitted *or* BRIT *a.* shat, shit *or* shitted *or* BRIT *a.* shat> scheißen *derb* **IV.** *vt* <-tt-, shit *or* shitted *or* BRIT *a.* shat, shit *or* shitted *or* BRIT *a.* shat> (*scare*) **to ~ bricks/oneself** sich *dat* [vor Angst] in die Hosen machen *fam*

shite [ʃaɪt] BRIT **I.** *n* ① *no pl* (*fam!: shit*) Scheiße *f derb*, Kacke *f derb* ② *no pl* (*fam!: rubbish*) Scheiße *f derb* **II.** *interj* (*fam!*) Scheiße *derb*

shit·ty ['ʃɪti, AM -t̬-] *adj* (*fam!: nasty, ill*) beschissen *derb*

shiv·er ['ʃɪvəʳ, AM -ɚ] **I.** *n* ① (*shudder*) Schauder *m* ② MED ■**the ~s** *pl* Schüttelfrost *m kein pl;* **to give sb the ~s** (*fig fam*) jdn das Fürchten lehren **II.** *vi* zittern; **to ~ with cold** frösteln

shiv·ery ['ʃɪvᵊri, AM -ɚi] *adj* fröstelnd; **to feel ~** frösteln

shoal[1] [ʃəʊl, AM ʃoʊl] *n* ① (*of fish*) Schwarm *m* ② (*many*) Massen *pl;* ■**in ~s** in Massen

shoal[2] [ʃəʊl, AM ʃoʊl] **I.** *n* ① (*area of shallow water*) seichte Stelle ② (*sand bank*) Sandbank *f* **II.** *vi water* flacher werden

shock¹ [ʃɒk, AM ʃɑːk] **I.** *n* ① (*unpleasant surprise*) Schock *m;* **prepare yourself for a ~** mach dich auf etwas Schlimmes gefasst; **a ~ to the system** eine schwierige Umstellung ② (*fam: electric shock*) elektrischer Schlag ③ *no pl* (*serious health condition*) Schock[zustand] *m;* **to be in [a state of] ~** unter Schock stehen **II.** *vt* schockieren; (*deeply*) erschüttern **III.** *adj attr esp* BRIT, AUS (*surprising*) überraschend, unerwartet; **a ~ defeat** eine völlig unerwartete Niederlage

shock² [ʃɒk, AM ʃɑːk] *n* **~ of hair** [Haar]schopf *m*

'shock ab·sorb·er *n* AUTO Stoßdämpfer *m*

shock·er ['ʃɒkəʳ, AM 'ʃɑːkɚ] *n* (*fam*) ① (*shocking thing*) Schocker *m;* **the Sun's headline was a deliberate ~** die Schlagzeile der Sun sollte schockieren ② (*very bad thing*) Katastrophe *f*

shock·ing ['ʃɒkɪŋ, AM 'ʃɑːk-] *adj* ① (*distressing, offensive*) schockierend; *crime* abscheulich ② *esp* AM (*surprising*) völlig überraschend ③ *esp* BRIT (*fam: appallingly bad*) schrecklich, furchtbar; *weather* scheußlich; **my memory is ~** ich habe ein furchtbar schlechtes Gedächtnis

'shock·proof *adj* ① (*undamageable*) bruchsicher ② (*not producing electric shock*) berührungssicher **'shock thera·py**, **'shock treat·ment** *n* Schocktherapie *f* **'shock troops** *npl* Stoßtruppen *pl* **'shock wave** *n* ① PHYS Druckwelle *f* ② (*fig*) **the news sent ~s through the financial world** die Nachricht erschütterte die Finanzwelt

shod [ʃɒd, AM ʃɑːd] **I.** *pt, pp of* **shoe II.** *adj* beschuht; **~ in boots** in Stiefeln

shod·dy ['ʃɒdi, AM 'ʃɑːdi] *adj* (*pej*) ① (*poorly produced*) schlampig [gearbeitet] *fam;* (*run down*) schäbig; *goods* minderwertig ② (*inconsiderate*) schäbig

shoe [ʃuː] **I.** *n* ① (*for foot*) Schuh *m;* **a pair of ~s** ein Paar *nt* Schuhe ② (*horseshoe*) Hufeisen *nt* ▶ PHRASES: **to put oneself in sb's ~s** sich in jds Lage versetzen; **if I were in your ~s** (*fam*) wenn ich du wäre, an deiner Stelle **II.** *vt* <shod *or* AM *a.* shoed, shod *or* AM *a.* shoed> *horse* beschlagen

'shoe·horn **I.** *n* Schuhlöffel *m* **II.** *vt usu passive* ■**to ~ sb/sth into sth** jdn/etw in etw *akk* hineinzwängen **'shoe·lace** *n usu pl* Schnürsenkel *m* **'shoe·mak·er** *n* Schuster(in) *m(f)* **'shoe pol·ish** *n no pl* Schuhcreme *f* **shoe-re·'pair shop** *n* Schusterwerkstatt *f* **'shoe·shine** *n esp* AM Schuhputzen *nt kein pl* **'shoe·shine boy** *n esp* AM Schuhputzer *m* **'shoe shop** *n* Schuhgeschäft *nt* **'shoe size** *n* Schuhgröße *f* **'shoe store** *n* Schuhgeschäft *nt* **'shoe·string** *n usu pl* AM Schnürsenkel *m* ▶ PHRASES: **to do sth on a ~** (*fam*) etw mit wenig Geld tun **'shoe tree** *n* Schuhspanner *m*

shone [ʃɒn, AM ʃoʊn] *pt, pp of* **shine**

shoo [ʃuː] (*fam*) **I.** *interj* (*to child*) husch [husch] **II.** *vt* wegscheuchen

shook [ʃʊk] *n pt of* **shake**

shoot [ʃuːt] **I.** *n* ① (*on plant*) Trieb *m* ② (*hunt*) Jagd *f* ③ PHOT Aufnahmen *pl* **II.** *vi* <shot, shot> ① (*discharge weapon*) SPORTS schießen (**at** auf +*akk*); **to ~ to kill** mit Tötungsabsicht schießen ② + *adv/prep* (*move rapidly*) ■**to ~ past** [*or* **by**] *car* vorbeischießen ③ (*film*) filmen, drehen; (*take photos*) fotografieren ④ AM (*aim*) ■**to ~ for** [*or* **at**] **sth** etw anstreben **III.** *vt* <shot, shot> ① (*fire*) ■**to ~ sth** *bow, gun* mit etw *dat* schießen; *arrow* etw abschießen; *bullet* etw abfeuern ② (*hit*) anschießen; (*dead*) erschießen; **to be shot in the leg** ins Bein getroffen werden ③ PHOT *film* drehen; *picture* machen ④ (*direct*) **to ~ questions at sb** jdn mit Fragen bombardieren ⑤ (*score*) schießen ◆**shoot down** *vt* ① (*kill*) erschießen ② AVIAT, MIL abschießen ③ (*fam: refute*) niedermachen ◆**shoot off** **I.** *vi vehicle* schnell losfahren; *people* eilig aufbrechen **II.** *vt* ▶ PHRASES: **to ~ one's mouth off** (*sl*) sich *dat* das Maul zerreißen *derb* ◆**shoot out** **I.** *vi* ① (*emerge suddenly*) plötzlich hervorschießen ② (*gush forth*) *water* herausschießen; *flames* hervorbrechen **II.** *vt* ① (*extend*) **he shot out a hand to catch the cup** er streckte blitzschnell die Hand aus, um die Tasse aufzufangen ② (*have gunfight*) ■**to ~ it out** etw [mit Schusswaffen] austragen ◆**shoot up** **I.** *vi* ① (*increase rapidly*) schnell ansteigen; *skyscraper* in die Höhe schießen ② (*fam: grow rapidly*) *child* schnell wachsen ③ (*sl: inject narcotics*) sich *dat* einen Schuss verpassen *sl* **II.** *vt* (*inject illegally*) sich *dat* spritzen

shoot·ing ['ʃuːtɪŋ, AM -t̬-] **I.** *n* ① (*attack with gun*) Schießerei *f;* (*from more than one side*) Schusswechsel *m;* (*killing*) Erschießung *f* ② *no pl* (*firing guns*) Schießen *nt* ③ *no pl* (*sport*) Jagen *nt;* **grouse ~** Moorhuhnjagd *f* ④ *no pl* FILM Drehen *nt* **II.** *adj attr* **~ pain** stechender Schmerz

'shoot·ing gal·lery *n* (*for target practice*) Schießstand *m* **'shoot·ing jack·et** *n* Jägerjacke *f* **'shoot·ing lodge** *n* Jagdhütte *f* **'shoot·ing range** *n* Schießstand *m* **'shoot·ing sea·son** *n* Jagdzeit *f*

S

'shoot·ing star *n* ① (*meteor*) Sternschnuppe *f* ② (*person*) Shootingstar *m*
'shoot·ing stick *n* Jagdstock *m*
'shoot-out *n* Schießerei *f*
shop [ʃɒp, AM ʃɑːp] **I.** *n* ① (*store*) Geschäft *nt*, Laden *m*; **to go to the ~s** einkaufen gehen; **to set up ~** (*open a shop*) ein Geschäft eröffnen; (*start out in business*) ein Unternehmen eröffnen ② BRIT, AUS (*shopping*) Einkauf *m*; **to do the ~** einkaufen [gehen] ▸ PHRASES: **to talk ~** über die Arbeit reden, fachsimpeln *fam* **II.** *vi* <-pp-> einkaufen; **to ~ till you drop** (*hum*) eine Shoppingorgie veranstalten
shopaholic [ˌʃɒpəˈhɒlɪk, AM ʃɑːpəˈhɑː-] *n* Einkaufssüchtige(r) *f(m)*
'shop as·sis·tant *n* Verkäufer(in) *m(f)*
'shop·fit·ter *n* Ladenausstatter(in) *m(f)*
shop 'floor *n* ① (*work area*) Produktionsstätte *f* ② + *sing/pl vb* (*manual workers*) ■**the ~** die Belegschaft **'shop·front** *n* Ladenfront *f* **'shop girl** *n* (*dated*) Verkäuferin *f* **'shop·keep·er** *n* Ladeninhaber(in) *m(f)* **'shop·keep·ing** *n no pl* Führen *nt* eines Geschäfts **'shop·lift·er** *n* Ladendieb(in) *m(f)* **'shop·lift·ing** *n no pl* Ladendiebstahl *m*
shop·per [ˈʃɒpəʳ, AM ˈʃɑːpɚ] *n* Käufer(in) *m(f)*
shop·ping [ˈʃɒpɪŋ, AM ˈʃɑːp-] *n no pl* ① (*buying in shops*) Einkaufen *nt*; **to go ~** einkaufen gehen ② (*purchases*) Einkäufe *pl*; **bags of ~** volle Einkaufstaschen
'shop·ping ar·cade *n* Einkaufspassage *f* **'shop·ping bag** *n* Einkaufstasche *f*; AM (*carrier bag*) Tragetasche *f* **'shop·ping bas·ket** *n* Einkaufskorb *m* **'shop·ping cart** *n* AM Einkaufswagen *m* **'shop·ping cen·tre**, AM **'shop·ping cen·ter** *n* Einkaufszentrum *nt* **'shop·ping list** *n* (*of goods to be purchased*) Einkaufsliste *f* **'shop·ping mall** *n esp* AM, AUS überdachtes Einkaufszentrum **'shop·ping street** *n* Geschäftsstraße *f* **'shop·ping trol·ley** *n* BRIT (*in a supermarket*) Einkaufswagen *m*; (*personal*) Einkaufsroller *m*
'shop-soiled *adj* BRIT, AUS leicht beschädigt **shop 'stew·ard** *n* Gewerkschaftsvertreter(in) *m(f)* **'shop talk** *n no pl* Fachsimpelei *f fam* **'shop·walk·er** *n* BRIT [Kaufhaus]abteilungsleiter(in) *m(f)* **shop 'win·dow** *n* ① (*display area*) Schaufenster *nt* ② (*showcase*) Schaufenster *nt* **'shop·worn** *adj* ① AM (*shop-soiled*) leicht beschädigt ② (*overused*) abgedroschen
shore¹ [ʃɔːʳ, AM ʃɔːr] *n* (*coast*) Küste *f*; *of river, lake* Ufer *nt*; (*beach*) Strand *m*; **off [the] ~** vor der Küste; **on ~** an Land
shore² [ʃɔːʳ, AM ʃɔːr] *n* Strebebalken *m*
◆**shore up** *vt* abstützen; (*fig*) aufbessern
'shore leave *n no pl* Landurlaub *m* **'shore·line** *n* Küstenlinie *f*
shorn [ʃɔːn, AM ʃɔːrn] *pp of* **shear**
short [ʃɔːt, AM ʃɔːrt] **I.** *adj* ① (*not long*) kurz; *distance, memory, notice* kurz; **at ~ range** aus kurzer Entfernung; **in the ~ term** kurzfristig; **Bob's ~ for Robert** Bob ist die Kurzform von Robert ② (*not tall*) klein ③ (*not enough*) **we're still one person ~** uns fehlt noch eine Person; ■**sb is ~ of sth** jdm mangelt es an etw *dat*; **we're a bit ~ of coffee** wir haben nur noch wenig Kaffee; **to be ~ [of cash]** knapp bei Kasse sein; **to be ~ of breath** außer Atem sein; **to be in ~ supply** schwer zu beschaffen sein ▸ PHRASES: **to have a ~ fuse** schnell wütend werden; **to draw the ~ straw** den Kürzeren ziehen **II.** *n* ① FILM Kurzfilm *m* ② BRIT (*fam: alcoholic drink*) Kurzer *m* **III.** *adv* **to cut sth ~** etw abkürzen; **they never let the children go ~** sie ließen es den Kindern an nichts fehlen; **to fall ~ of expectations** den Erwartungen nicht entsprechen ▸ PHRASES: **in ~** kurz gesagt
short·age [ˈʃɔːtɪdʒ, AM ˈʃɔːrt̬-] *n* Mangel *m kein pl* (**of** an +*dat*)
'short·bread *n no pl* Shortbread *nt* (*Buttergebäck*) **'short·cake** *n* ① (*biscuit*) Shortbread *nt* (*Buttergebäck*) ② *esp* AM (*layer cake*) Kuchen *m* mit Belag; (*with fruit*) [Torten]boden *m* **short-'change** *vt* ■**to ~ sb** (*after purchase*) jdm zu wenig Wechselgeld herausgeben **short 'cir·cuit** *n* Kurzschluss *m* **short-'cir·cuit I.** *vt* ① ELEC kurzschließen ② (*shorten or avoid*) abkürzen **II.** *vi* einen Kurzschluss haben
short·'com·ing *n usu pl* Mangel *m*; *of person* Fehler *m*; *of system* Unzulänglichkeit *f*
'short·crust, short·crust 'pas·try *n no pl* Mürbeteig *m* **'short cut** *n* Abkürzung *f* **'short·cut key** *n* COMPUT Tastenkombination *f* **short-'dat·ed** *n* FIN kurzfristig [zahlbar]
short·en [ˈʃɔːtᵊn, AM ˈʃɔːr-] **I.** *vt* (*make shorter*) kürzen; *name* abkürzen **II.** *vi* (*become shorter*) kürzer werden
short·en·ing [ˈʃɔːtᵊnɪŋ, AM ˈʃɔːr-] *n no pl* AM, AUS Backfett *nt*
'short·fall *n* ① (*shortage*) Mangel *m kein pl* ② FIN (*deficit*) Defizit *nt*
'short·hand *n no pl* Kurzschrift *f*, Stenografie *f*
short·'hand·ed *adj* unterbesetzt; ■**to be ~** zu wenig Personal haben
short·hand 'let·ter *n* Kürzel *nt* **short·hand**

S

'pad n Steno[gramm]block m **short·hand 'typ·ist** n BRIT, AUS Stenotypist(in) m(f)
'short-haul adj attr ❶ (covering a short distance) flight Kurzstrecken- ❷ (short-term) Kurzzeit- **'short list** n **to be on the ~** in der engeren Wahl sein **'short-list** vt in die engere Wahl ziehen **short-lived** [-'lɪvd, AM -laɪvd, -lɪvd] adj kurzlebig
short·ly ['ʃɔːtli, AM 'ʃɔːrt-] adv ❶ (soon) in Kürze, bald; **~ afterwards** kurz danach ❷ (curtly) kurz angebunden
short·ness ['ʃɔːtnəs, AM 'ʃɔːrt-] n no pl ❶ (brevity) Kürze f ❷ (insufficiency) Knappheit f; MED Insuffizienz f; **~ of breath** Atemnot f
short 'or·der n AM ❶ (order) Bestellung f (eines Schnellgerichts) ❷ (food) Schnellgericht nt
'short-range adj ❶ plane, weapon Kurzstrecken- ❷ forecast kurzfristig
shorts [ʃɔːts, AM ʃɔːrts] n pl ❶ (short trousers) kurze Hose, Shorts pl ❷ AM (underpants) Unterhose f

Grammatik

shorts werden immer im Plural gebraucht: *whose shorts are these?*
a pair of shorts wird aber im Singular verwendet: *remember to pack a pair of shorts!*

short-'sight·ed adj kurzsichtig a. fig **short-sleeved** [-ˌsliːvd] adj kurzärmelig **short-staffed** [-'stɑːft, AM -'stæft] adj unterbesetzt **short 'sto·ry** n Kurzgeschichte f **short-'tem·pered** adj cholerisch **'short-term** adj kurzfristig; **~ outlook** Aussichten pl für die nächste Zeit **short 'time** n no pl Kurzarbeit f; **to be on ~** kurzarbeiten **'short wave** n ❶ (radio wave) Kurzwelle f ❷ (radio) Kurzwellenempfänger m **short-wind·ed** [-'wɪndɪd] adj kurzatmig
shot[1] [ʃɒt, AM ʃɑːt] **I.** n ❶ from weapon Schuss m ❷ SPORTS (in tennis, golf) Schlag m; (in handball, basketball) Wurf m; (in football, ice hockey) Schuss m ❸ (photograph) Aufnahme f; FILM Einstellung f ❹ (fam: injection) Spritze f; (fig) Schuss m sl ❺ (fam: attempt) Gelegenheit f, Chance f; **to give it a ~** es mal versuchen fam ❻ (of alcohol) Schuss m ▶ PHRASES: **like a ~** (fam) wie der Blitz **II.** vt, vi pp, pt of shoot
shot[2] [ʃɒt, AM ʃɑːt] adj ❶ (with colour) schillernd attr; **~ silk** changierende Seide ❷ (fam: worn out) ausgeleiert fam; **my nerves are ~** ich bin mit meinen Nerven am Ende ▶ PHRASES: **to get ~ of sb/sth** jdn/etw los loswerden
'shot·gun n Schrotflinte f ▶ PHRASES: **to ride ~** AM (fam) vorne sitzen (im Auto) **'shot put** n SPORTS ■**the ~** Kugelstoßen nt kein pl **'shot put·ter** n SPORTS Kugelstoßer(in) m(f)
should [ʃʊd] aux vb ❶ (expressing advisability) ■**sb/sth ~ ...** jd/etw sollte ...; **you ~ be ashamed of yourselves** ihr solltet euch [was] schämen ❷ (asking for advice) ■**~ sb/sth ...?** soll[te] jd/etw ...?; **~ I apologize to him?** soll[te] ich mich bei ihm entschuldigen? ❸ (expressing expectation) ■**sb/sth ~ ...** jd/etw sollte [o müsste] [eigentlich] ...; **there ~n't be any problems** es dürfte eigentlich keine Probleme geben; **that ~ be safe enough** das dürfte [o müsste eigentlich] sicher genug sein; **I ~ be so lucky** (fam) schön wär's! ❹ (expressing futurity) ■**sb/sth ~ ...** jd/etw würde ... ❺ (rhetorical) ■**why ~ sb/sth ...?** warum sollte jd/etw ...? ❻ (could) **where's Stuart? – how ~ I know?** wo ist Stuart? – woher soll[te] ich das wissen?
shoul·der ['ʃəʊldəʳ, AM 'ʃoʊldɚ] **I.** n ❶ (joint, in clothing) Schulter f; **a ~ to cry on** (fig) eine Schulter zum Ausweinen; **to shrug one's ~s** mit den Achseln zucken ❷ (meat) Schulter f ❸ of road Bankett nt; **hard ~** befestigtes Bankett **II.** vt ❶ (push) [mit den Schultern] stoßen; **to ~ one's way somewhere** sich irgendwohin drängen ❷ (accept) auf sich akk nehmen; responsibility übernehmen
'shoul·der bag n Umhängetasche f **'shoul·der blade** n Schulterblatt nt **'shoul·der pad** n Schulterpolster nt o ÖSTERR m; SPORTS a. Schulterschoner m **'shoul·der strap** n Riemen m
shouldn't ['ʃʊdᵊnt] = **should not** see **should**
shout [ʃaʊt] **I.** n (loud cry) Ruf m, Schrei m; **a ~ of laughter** lautes Gelächter **II.** vi schreien; ■**to ~ at sb** jdn anschreien; ■**to ~ to sb** jdm zurufen **III.** vt (yell) rufen, schreien; **to ~ abuse at sb** jdn lautstark beschimpfen ◆**shout down** vt niederschreien fam ◆**shout out** vt [aus]rufen
shout·ing ['ʃaʊtɪŋ, AM -t̬-] **I.** n no pl Schreien nt, Geschrei nt **II.** adj ▶ PHRASES: **within ~ distance** in Rufweite; (fig) nahe [an +dat]
shove [ʃʌv] **I.** n Ruck m; **to give sth a ~** etw [weg]rücken **II.** vt ❶ (push) schieben; ■**to ~ sb around** jdn herumstoßen fam ❷ (place) stecken; **to ~ sth into a bag** etw in eine Tasche stecken **III.** vi ❶ (push) drängen ❷ (fam: move aside) ■**to ~ along** [or **over**] beiseiterücken ◆**shove off** vi (fam!, sl: go away) abhauen sl

S

shov·el ['ʃʌvᵊl] **I.** *n* ① *(tool)* Schaufel *f; of earthmoving machine* Baggerschaufel *f* ② *(shovelful)* **a ~ of snow** eine Schaufel [voll] Schnee **II.** *vt* <BRIT -ll- *or* AM *usu* -l-> schaufeln *a. fig* **III.** *vi* <BRIT -ll- *or* AM *usu* -l-> schaufeln

show [ʃəʊ, AM ʃoʊ] **I.** *n* ① *(showing)* Demonstration *f geh;* **~ of solidarity** Solidaritätsbekundung *f geh* ② *no pl (display, effect)* Schau *f;* **just for ~** nur der Schau wegen ③ *(exhibition, event)* Schau *f,* Ausstellung *f;* **slide ~** Diavortrag *m;* ■**to be on ~** ausgestellt sein ④ *(entertainment)* Show *f;* *(on TV a.)* Unterhaltungssendung *f;* *(at a theatre)* Vorstellung *f* ▶ PHRASES: **let's get this ~ on the road** *(fam)* lasst uns die Sache [endlich] in Angriff nehmen; **the ~ must go on** *(saying)* die Show muss weitergehen **II.** *vt* <showed, shown *or* showed> ① *(display, project, express)* *film* zeigen; *(exhibit)* ausstellen; *(perform)* vorführen; *(produce)* *passport* vorzeigen; **to ~ sb respect** jdm Respekt erweisen ② *(expose)* sehen lassen; **this carpet ~s all the dirt** bei dem Teppich kann man jedes bisschen Schmutz sehen ③ *(reveal)* zeigen; **he started to ~ his age** man konnte ihm langsam sein Alter sehen; **to ~ common sense** gesunden Menschenverstand beweisen ④ *(explain)* zeigen; **to ~ sb the way** jdm den Weg zeigen ⑤ *(record)* anzeigen; *statistics* [auf]zeigen; *loss, profit* aufweisen ⑥ *(prove)* beweisen; ■**to ~ [sb] how ...** [jdm] zeigen, wie ...; ■**to ~ oneself [to be] sth** sich als etw erweisen ▶ PHRASES: **to ~ one's true colours** Farbe bekennen; **that will ~ you** *(fam)* das wird dir eine Lehre sein **III.** *vi* <showed, shown *or* showed> ① *(be visible)* zu sehen sein, erscheinen; **to let sth ~** sich *dat* etw anmerken lassen ② *(be shown)* *film* laufen *fam;* **now ~ing at a cinema near you!** jetzt in Ihrem Kino! ③ *(exhibit)* ausstellen
◆**show around** *vt* AM *see* **show round**
◆**show in** *vt* hereinführen, hineinführen
◆**show off I.** *vt* ■**to ~ off ○ sb/sth** mit jdm/etw angeben **II.** *vi* angeben ◆**show out** *vt* hinausführen; **I'll ~ myself out** ich finde schon allein hinaus ◆**show round** *vt* herumführen; **to ~ sb round the house** jdm das Haus zeigen ◆**show through** *vi* durchschimmern ◆**show up I.** *vi* ① *(appear)* sich zeigen; **the drug does not ~ up in blood tests** das Medikament ist in Blutproben nicht nachweisbar ② *(fam: arrive)* auftauchen **II.** *vt* ① *(make visible)* zeigen ② *(embarrass)* bloßstellen

show·biz ['ʃəʊbɪz, AM 'ʃoʊ-] *n no pl (fam)* *short for* **show business** Showbiz *nt*

'show·boat AM **I.** *n* ① *(ship)* Theaterschiff *nt* ② *(fam: show-off)* Angeber(in) *m(f)* **II.** *adj (fam)* angeberisch **III.** *vi (fam)* angeben

'show busi·ness *n no pl* Showbusiness *nt,* Showgeschäft *nt*

'show·case I. *n* ① *(container)* Schaukasten *m,* Vitrine *f* ② *(place/opportunity for presentation)* Schaufenster *nt* **II.** *vt* ausstellen

'show·down *n* Showdown *m*

show·er ['ʃaʊəʳ, AM 'ʃaʊɚ] **I.** *n* ① *(brief fall)* Schauer *m* ② *(for bathing)* Dusche *f;* **to have a ~** duschen ③ AM *(party)* *Frauenparty vor einer Hochzeit, Geburt etc., bei der Geschenke überreicht werden* **II.** *vt* ① *(with liquid)* bespritzen ② *(fig)* **to ~ sb with compliments** jdn mit Komplimenten überhäufen **III.** *vi (take a shower)* duschen

'show·er cap *n* Duschhaube *f* **'show·er cur·tain** *n* Duschvorhang *m* **'show·er gel** *n* Duschgel *nt*

show·ery ['ʃaʊəri, AM 'ʃaʊri] *adj* mit vereinzelten Regenschauern *nach n;* **~ weather** regnerisches Wetter

'show flat *n* BRIT Musterwohnung *f* **'show·girl** *n* Revuegirl *nt* **'show·ground** *n* Veranstaltungsgelände *nt* **'show home, 'show house** *n* BRIT Musterhaus *nt*

show·ing ['ʃəʊɪŋ, AM 'ʃoʊ-] *n usu sing* ① *(exhibition)* Ausstellung *f* ② *(broadcasting)* Übertragung *f* ③ *(performance in competition)* Vorstellung *f;* **to make a good/dismal ~** eine gute/schwache Vorstellung geben

'show jump·er *n* ① *(horse)* Springpferd *nt* ② *(rider)* Springreiter(in) *m(f)* **'show jump·ing** *n no pl* Springreiten *nt* **'show·man** *n* Showman *m* **show·man·ship** ['ʃəʊmənʃɪp, AM 'ʃoʊ-] *n no pl* publikumswirksames Auftreten

shown [ʃəʊn, AM 'ʃoʊn] *vt, vi pp of* **show**

'show-off *n* Angeber(in) *m(f)* **'show·piece** *n* Paradebeispiel *nt* **'show·room** *n* Ausstellungsraum *m* **'show trial** *n* Schauprozess *m*

showy ['ʃəʊi, AM 'ʃoʊi] *adj* auffällig

shrank [ʃræŋk] *vt, vi pt of* **shrink**

shrap·nel ['ʃræpnᵊl] *n no pl* Granatsplitter *pl*

shred [ʃred] **I.** *n* ① *usu pl (thin long strip)* Streifen *m;* **to be in ~s** zerfetzt sein; **to rip sth to ~s** etw in Fetzen reißen ② *no pl (tiny bit) of hope* Funke *m;* **there isn't a ~ of evidence** es gibt nicht den geringsten Beweis **II.** *vt* <-dd-> *paper, textiles* zerkleinern; *vegetables* hacken

shred·der ['ʃredəʳ, AM -ɚ] *n* Reißwolf *m,*

S

Shredder *m*

shrew [ʃruː] *n* ① (*animal*) Spitzmaus *f* ② (*pej: woman*) Hexe *f*

shrewd [ʃruːd] *adj* schlau, klug; *eye* scharf; *move* geschickt; **to make a ~ guess** gut raten

shrew·ish [ˈʃruːɪʃ] *adj* (*pej*) zänkisch

shriek [ʃriːk] **I.** *n* [schriller, kurzer] Schrei; *of seagull* Kreischen *nt kein pl* **II.** *vi* kreischen; (*with laughter*) brüllen; (*with pain*) schreien **III.** *vt* schreien

Aussprache

Das **ie** in shr**ie**k wird wie das **ee** in w**ee**k ausgesprochen:

shriek [ʃriːk]
week [wiːk]

shrift [ʃriːft] *n* ► PHRASES: **to get __short__ ~ from sb** von jdm wenig Mitleid bekommen; **to give sb/sth __short__ ~** jdm/etw wenig Beachtung schenken

shrill [ʃriːl] *adj* schrill

shrimp [ʃriːmp] *n* <*pl* -s *or* -> (*crustacean*) Garnele *f*, Shrimp *m*

shrine [ʃraɪn] *n* Heiligtum *nt;* (*casket for relics*) Schrein *m a. fig;* (*tomb*) Grabmal *nt;* (*place of worship*) Pilgerstätte *f*

shrink [ʃrɪŋk] **I.** *vi* <shrank *or esp* AM shrunk, shrunk *or* AM *a.* shrunken> ① (*become smaller*) schrumpfen; *sweater* eingehen ② (*pull back*) ■**to ~ away** zurückweichen ③ (*show reluctance*) ■**to ~ from [doing] sth** sich vor etw *dat* drücken *fam* **II.** *vt* <shrank *or* AM *esp* shrunk, shrunk *or* AM *a.* shrunken> schrumpfen lassen **III.** *n* (*fam*) Psychiater(in) *m(f)*

shrink·age [ˈʃrɪŋkɪdʒ] *n no pl* Schrumpfen *nt; of sweater* Eingehen *nt*

ˈshrink-wrap **I.** *n* Plastikfolie *f* **II.** *vt food* in Frischhaltefolie einpacken; *book* einschweißen

shriv·el <BRIT -ll- *or* AM *usu* -l-> [ˈʃrɪvᵊl] **I.** *vi* [zusammen]schrumpfen; *fruit* schrumpeln; *plants* welken; *skin* faltig werden; (*fig*) *profits* schwinden **II.** *vt* zusammenschrumpfen lassen ◆**shrivel up** *vi* zusammenschrumpfen; *fruit* schrumpeln

shroud [ʃraʊd] **I.** *n* ① (*burial wrapping*) Leichentuch *nt* ② (*covering*) Hülle *f* **II.** *vt* einhüllen; **to ~ sth in secrecy** etw geheim halten; **shrouded in mist/darkness** in Nebel/Dunkelheit gehüllt

Shrove Tues·day [ʃrəʊvˈtjuːzdeɪ, AM ʃroʊvˈtuː-, tjuː-] *n no art* Fastnachtsdienstag *m*, Faschingsdienstag *m* SÜDD, ÖSTERR

shrub [ʃrʌb] *n* Strauch *m*, Busch *m*

shrub·bery [ˈʃrʌbᵊri] *n no pl* ① (*area planted with bushes*) Gebüsch *nt* ② (*group of bushes*) Sträucher *pl*

shrug [ʃrʌg] **I.** *n of one's shoulders* Achselzucken *nt kein pl* **II.** *vi* <-gg-> die Achseln zucken **III.** *vt* <-gg-> **to ~ one's shoulders** die Achseln zucken ◆**shrug aside** *vt* ■**to ~ aside** ↔ **sth** etw mit einem Achselzucken abtun ◆**shrug off** *vt* ① *see* **shrug aside** ② (*get rid of*) loswerden

shrunk [ʃrʌŋk] *vt, vi pp, pt of* **shrink**

shrunk·en [ˈʃrʌŋkən] **I.** *adj* geschrumpft **II.** *vt, vi* AM *pp of* **shrink**

shuck [ʃʌk] *vt* AM FOOD *corn* schälen; *beans* enthülsen; *oysters* aus der Schale herauslösen

shucks [ʃʌks] *interj* AM (*fam*) **~, I wish I could have gone to the party** ach Mensch, hätte ich doch nur zur Party gehen können

shud·der [ˈʃʌdəʳ, AM -ɚ] **I.** *vi* zittern; *ground* beben; **I ~ to think what would have happened if ...** mir graut vor dem Gedanken, was passiert wäre, wenn ...; **to ~ to a halt** mit einem Rucken zum Stehen kommen **II.** *n* Schaudern *nt kein pl;* **to send a ~ through sb** jdn erschaudern lassen *geh*

shuf·fle [ˈʃʌfl] **I.** *n* ① CARDS Mischen *nt kein pl* (*von Karten*)*;* **to give the cards a ~** die Karten mischen ② (*rearrangement*) Neuordnung *f kein pl* ③ *no pl of feet* Schlurfen *nt* **II.** *vt* ① (*mix*) *cards* mischen ② (*move around*) ■**to ~ sth [around]** etw hin- und herschieben ③ (*drag*) *feet* schlurfen **III.** *vi* ① CARDS Karten mischen ② (*drag one's feet*) schlurfen; ■**to ~ along** (*fig*) sich dahinschleppen; ■**to ~ around** herumzappeln *fam* ◆**shuffle off** *vt* abschütteln

shun <-nn-> [ʃʌn] *vt* meiden; ■**to ~ sb** jdm aus dem Weg gehen

shunt [ʃʌnt] **I.** *vt* ① RAIL rangieren ② (*move*) abschieben; ■**to ~ sb** jdn schieben; (*get rid of*) jdn abschieben *fam* **II.** *n* BRIT AUTO (*fam*) Bums *m*

shunt·ing [ˈʃʌntɪŋ] *n* Rangieren *nt kein pl*

ˈshunt·ing en·gine *n* Rangierlok[omotive] *f*

shush [ʃʊʃ] **I.** *interj* sch!, pst! **II.** *vt* (*fam*) ■**to ~ sb** jdm sagen, dass er/sie still sein soll

shut [ʃʌt] **I.** *adj* geschlossen; *curtains* zugezogen; **to slam a door ~** eine Tür zuschlagen ► PHRASES: **to __be__ ~ of sb/sth** jdn/etw loswerden **II.** *vt* <-tt-, shut, shut> ① (*close*) schließen, zumachen; *book* zuklappen ② COMM (*stop operating*) schließen ► PHRASES: **~ __it__!** (*fam!*) Klappe! *sl* **III.** *vi* <-tt-, shut, shut> ① (*close*) schließen, zumachen ② COMM (*stop operating*) schlie-

S

ßen ◆**shut away** *vt* einschließen, einsperren ◆**shut down** **I.** *vt* ① (*stop operating*) schließen ② (*turn off*) abstellen; *computer, system* herunterfahren **II.** *vi business, factory* zumachen ◆**shut in** *vt* einschließen, einsperren ◆**shut off** *vt* ① (*isolate*) ■**to ~ off** ⊂ **sb/sth [from sth]** jdn/etw [von etw *dat*] isolieren; (*protect*) jdn/etw [von etw *dat*] abschirmen; **to ~ oneself off** sich zurückziehen ② (*turn off*) abstellen, ausmachen; *computer, system* herunterfahren ◆**shut out** *vt* ① (*a. fig: block out*) ausschließen (**from** von +*dat*); (*fig*) *thoughts* verdrängen; *light* abschirmen ② AM SPORTS ■**to ~ out** ⊂ **sb** jdn zu Null schlagen ◆**shut up** **I.** *vt* ① (*confine*) einsperren ② AUS, BRIT (*close*) schließen; **to ~ up shop** das Geschäft schließen; (*fig: stop business*) seine Tätigkeit einstellen ③ (*fam: cause to stop talking*) zum Schweigen bringen **II.** *vi* (*fam: stop talking*) den Mund halten

'shut·down *n* Schließung *f* **'shut·eye** *n no pl esp* AM (*fam*) Nickerchen *nt* **'shut-off** *n* Abschaltmechanismus *m* **'shut·out** *n* AM SPORTS Niederlage *f* ohne Punkt

shut·ter ['ʃʌtəʳ, AM 'ʃʌt̬ɚ] *n* ① *usu pl* (*window cover*) Fensterladen *m* ② PHOT [Kamera]verschluss *m*, Blende *f*

shut·tle ['ʃʌtl̩, AM 'ʃʌt̬l̩] **I.** *n* ① (*train*) Pendelzug *m;* (*plane*) Pendelmaschine *f;* **space ~** Raumfähre *f* ② (*sewing-machine bobbin*) Schiffchen *nt* **II.** *vt* hin- und zurückbefördern **III.** *vi* hin- und zurückfahren

'shut·tle bus *n* Zubringerbus *m*

'shut·tle·cock [-kɒk, AM -kɑːk] *n* Federball *m*

'shut·tle flight *n* Shuttleflug *m* **'shut·tle ser·vice** *n* Shuttleservice *m*

shy [ʃaɪ] **I.** *adj* (*timid*) schüchtern; **~ smile** scheues Lächeln **II.** *vi* <-ie-> *horse* scheuen ◆**shy away** *vt* ■**to ~ away from [doing] sth** vor etw *dat* zurückschrecken

shy·ly [ʃaɪli] *adv* schüchtern; *smile* scheu

shy·ness ['ʃaɪnəs] *n no pl* Schüchternheit *f; esp of horses* Scheuen *nt*

Sia·mese [ˌsaɪə'miːz] **I.** *n* <*pl* -> ① (*person*) Siamese, Siamesin *m, f;* (*cat*) Siamkatze *f* ② *no pl* (*language*) Siamesisch *nt* **II.** *adj* siamesisch

Sia·mese 'twins *npl* siamesische Zwillinge

sib·ling ['sɪblɪŋ] *n* Geschwister *nt meist pl*

Si·cil·ian [sɪ'sɪliən] **I.** *n* Sizilianer(in) *m(f)* **II.** *adj* sizilianisch

Sici·ly ['sɪsɪli, AM -əli] *n no pl* Sizilien *nt*

sick [sɪk] **I.** *adj* ① (*physically*) krank; (*mentally*) geisteskrank; (*in poor condition*) *machine, engine* angeschlagen; **to call in ~** sich krankmelden ② *pred* (*in stomach*) **to be ~** (*vomit*) sich erbrechen, spucken *fam;* **to feel ~** sich schlecht fühlen ③ *pred* (*fam: fed up*) **to be ~ and tired of sth** etw [gründlich] satthaben; ■**to be ~ of sb/sth** von jdm/etw die Nase voll haben ④ (*fam: cruel and offensive*) geschmacklos; *person* pervers; *mind* abartig ▶ PHRASES: **to be worried ~** (*fam*) krank vor Sorge sein **II.** *n* ① (*ill people*) ■**the ~** *pl* die Kranken *pl* ② *no pl* BRIT (*fam: vomit*) Erbrochene(s) *nt* ◆**sick up** *vt* BRIT (*fam*) erbrechen

'sick bag *n* MED, AVIAT Speibeutel *m* **'sick·bay** *n* MIL Krankenstation *f* **'sick·bed** *n* Krankenbett *nt*

sick·en ['sɪkᵊn] **I.** *vi* erkranken **II.** *vt* (*upset greatly*) krank machen *fam;* (*turn sb's stomach*) anekeln

sick·en·ing ['sɪkᵊnɪŋ] *adj* (*repulsive*) *cruelty* entsetzlich; *smell* widerlich, ekelhaft; (*annoying*) [äußerst] ärgerlich

sick·le ['sɪkl̩] *n* Sichel *f*

'sick leave *n no pl* MED **to be on ~** krankgeschrieben sein

'sick list *n* MED Krankenliste *f*

sick·ly ['sɪkli] *adj* ① (*not healthy*) kränklich; (*pale*) *complexion, light* blass ② (*sentimental*) schmalzig *pej*

sick·ness <*pl* -es> ['sɪknəs] *n* ① (*illness*) Krankheit *f;* (*nausea*) Übelkeit *f* ② (*fig*) Schwäche *f* ③ *no pl* (*vomiting*) Erbrechen *nt*

'sick·ness ben·efit *n* BRIT, AUS Krankengeld *nt*

'sick note *n* Krankmeldung *f* **'sick pay** *n no pl* ADMIN, MED Krankengeld *nt* **'sick·room** *n* Krankenzimmer *nt*

side [saɪd] **I.** *n* ① (*vertical surface*) *of car, box* Seite *f; of hill, cliff* Hang *m;* (*wall*) *of house* [Seiten]wand *f;* ■**at the ~ of sth** neben etw *dat* ② *of somebody* Seite *f;* **to stay at sb's ~** jdm zur Seite stehen ③ (*face, surface*) *of coin, record, box* Seite *f;* **this ~ up!** (*on a parcel*) oben!; **the right/wrong ~ of the fabric** [*or* **material**] die rechte/linke Seite des Stoffes ④ (*page*) Seite *f* ⑤ (*edge*) *of plate, clearing, field* Rand *m; of table, square, triangle* Seite *f; of river* [Fluss]ufer *nt; of road* [Straßen]rand *m;* **on all ~s** auf allen Seiten ⑥ (*half*) *of bed, house* Hälfte *f; of town, road, brain, room* Seite *f* ⑦ (*direction*) Seite *f;* **to take sb to one ~** jdn auf die Seite nehmen ⑧ + *sing/pl vb* (*opposing party*) *of dispute, contest* Partei *f*, Seite *f;* (*team a.*) Mannschaft *f;* **to change** [*or* **switch**] **~s** sich auf die andere Seite schlagen; **to take ~s** Partei ergreifen ⑨ (*aspect*) Seite *f;* **I've listened to your**

~ **of the story** ich habe jetzt deine Version der Geschichte gehört ▸ PHRASES: **the other ~ of the coin** die Kehrseite der Medaille; **to have a bit on the ~** (*fam: have an affair*) noch nebenher etwas laufen haben; **to be on the large/small ~** zu groß/klein sein **II.** *adj* Neben-; ~ **job** Nebenbeschäftigung *f*, Nebenjob *m fam* **III.** *vi* ■**to ~ against sb** sich gegen jdn stellen; ■**to ~ with sb** zu jdm halten

'side·arm *n* an der Seite getragene Waffe **'side·board** *n* ① (*buffet*) Anrichte *f*, Sideboard *nt* ② BRIT (*fam: sideburns*) ■**~s** *pl* Koteletten *pl* **'side·burns** *npl* (*hair*) Koteletten *pl* **'side·car** *n* AUTO Seitenwagen *m* **'side dish** *n* FOOD Beilage *f* **'side ef·fect** *n* Nebenwirkung *f* **'side is·sue** *n* Nebensache *f* **'side·kick** *n* (*fam*) ① (*subordinate*) Handlanger *m* ② (*friend*) Kumpel *m fam* **'side·light** *n* ① BRIT AUTO Standlicht *nt* ② (*extra information*) Streiflicht *nt*; **what he said threw an interesting ~ on what had happened** was er sagte, beleuchtete die Ereignisse von einem interessanten Blickwinkel aus

'side·line I. *n* ① (*secondary job*) Nebenbeschäftigung *f*; (*money*) Nebenerwerb *m* ② *esp* AM SPORTS (*boundary line*) Begrenzungslinie *f*; (*area near field*) Seitenlinie *f*; (*fig*) **to watch sth from the ~s** etw als unbeteiligter Außenstehender beobachten **II.** *vt* ① SPORTS (*keep from playing*) auf die Ersatzbank schicken ② (*fig: ignore opinions*) kaltstellen *fam*

'side·long I. *adj* seitlich **II.** *adv* seitlich

'side road *n* Seitenstraße *f* **'side-sad·dle I.** *n* Damensattel *m* **II.** *adv* **to ride ~** im Damensattel reiten **'side sal·ad** *n* Beilagensalat *m* **'side·show** *n* (*not main show*) Nebenaufführung *f*; (*fig*) Ablenkung *f*; (*exhibition*) Sonderausstellung *f* **'side-slip I.** *n* AUTO Schleudern *nt*; AVIAT seitliches Abrutschen **II.** *vi* <-pp-> AUTO schleudern; AVIAT seitlich abrutschen **'side·step I.** *vt* <-pp-> ■**to ~ sb/sth** jdm/etw ausweichen **II.** *vi* <-pp-> ausweichen **III.** *n* Schritt *m* zur Seite; (*fig*) Ausweichmanöver *nt*; (*in dancing*) Seitenschritt *m*; (*in sports*) Ausfallschritt *m* **'side street** *n* Seitenstraße *f* **'side ta·ble** *n* Beistelltisch *m* **'side·track** *vt* ablenken **'side view** *n* Seitenansicht *f* **'side·walk** *n esp* AM (*pavement*) Bürgersteig *m*

side·ward ['saɪdwəd, AM -wɚd] *adj* seitlich

side·wards ['saɪdwədz, AM -wɚdz], **side·ways** ['saɪdweɪz] **I.** *adv* ① (*to, from a side*) seitwärts; **the fence is leaning ~** der Zaun steht schief ② (*facing a side*) seitwärts

II. *adj* seitlich; **he gave her a ~ glance** er sah sie von der Seite an

'side whisk·ers *npl* Koteletten *pl* **'side wind** *n* Seitenwind *m* **'side·wind·er** ['saɪdwaɪndəʳ, AM -ɚ] *n* ZOOL (*rattlesnake*) Klapperschlange *f*

sid·ing ['saɪdɪŋ] *n* ① RAIL Rangiergleis *nt*; (*dead end*) Abstellgleis *nt* ② *no pl* AM (*wall covering*) Außenverkleidung *f*

si·dle ['saɪdl] *vi* schleichen; ■**to ~ up** sich anschleichen

siege [siːdʒ] *n* MIL Belagerung *f*; **to lay ~ to sth** etw belagern

sieve [sɪv] **I.** *n* Sieb *nt* ▸ PHRASES: **to have a memory like a ~** (*fam*) ein Gedächtnis wie ein Sieb haben **II.** *vt* sieben

sift [sɪft] **I.** *n usu sing* Sieben *nt* **II.** *vt* ① *flour, sand* sieben; ~ **some icing sugar over the top of the cake** bestäuben Sie den Kuchen mit Puderzucker ② (*examine closely*) durchsieben; *evidence, documents* [gründlich] durchgehen **III.** *vi* **to ~ through archives** Archive durchsehen

sigh [saɪ] **I.** *n* Seufzer *m*; **to heave a ~** seufzen **II.** *vi person* seufzen; *wind* säuseln; **to ~ with relief** vor Erleichterung [auf]seufzen; *see also* **fright**

sight [saɪt] **I.** *n* ① *no pl* (*ability to see*) [**sense of**] ~ Sehvermögen *nt*; (*strength of vision*) Sehkraft *f* ② *no pl* (*visual access*) Sicht *f*; (*visual range*) Sichtweite *f*, Sicht *f*; **get out of my ~!** (*fam*) geh mir aus den Augen!; **to be in/out of ~** in/außer Sichtweite sein; **to keep out of ~** sich nicht sehen lassen ③ *no pl* (*act of seeing*) Anblick *m*; **love at first ~** Liebe auf den ersten Blick; **to know sb by ~** jdn vom Sehen [her] kennen ④ (*attractions*) ■**~s** *pl* Sehenswürdigkeiten *pl* ⑤ (*on gun*) Visier *nt* ▸ PHRASES: **out of ~, out of mind** (*prov*) aus den Augen, aus dem Sinn *prov*; **to set one's ~s on sth** sich *dat* etw zum Ziel machen **II.** *vt* (*see*) sichten

sight·ed ['saɪtɪd, AM -t̬-] *adj people* sehend *attr*

sight·less ['saɪtləs] *adj* blind

sight·ly ['saɪtli] *adj* ansehnlich

'sight-read I. *vi* MUS vom Blatt spielen **II.** *vt* vom Blatt spielen **'sight·see·ing** *n no pl* Besichtigungen *pl*, Sightseeing *nt* **sight·seer** ['saɪtˌsiːəʳ, AM -ɚ] *n* Tourist(in) *m(f)*

sign [saɪn] **I.** *n* ① (*gesture*) Zeichen *nt*; **to make the ~ of the cross** sich bekreuzigen ② (*notice*) [Straßen]schild *nt*, Verkehrsschild *nt*; (*signboard*) Schild *nt* ③ (*symbol*) Zeichen *nt*, Symbol *nt*; (*of the zodiac*) Sternzeichen *nt* ④ (*indication*) [An]zeichen *nt*; (*trace*) Spur *f*; ~ **of life** Le-

S

benszeichen *nt;* **to show ~s of improvement** Anzeichen der Besserung erkennen lassen **II.** *vt* (*with signature*) *letter* unterschreiben; *contract, document, cheque* unterzeichnen; *book, painting* signieren **III.** *vi* ① (*write signature*) unterschreiben ② (*accept*) **to ~ for a delivery** eine Lieferung gegenzeichnen ◆**sign away** *vt* ■**to ~ away** ↻ **sth** *rights* auf etw *akk* verzichten ◆**sign in I.** *vi* sich eintragen **II.** *vt* eintragen ◆**sign off I.** *vi* RADIO, TV (*from broadcast*) sich verabschieden; (*end a letter*) zum Schluss kommen; (*end work*) Schluss machen **II.** *vt* krankschreiben ◆**sign on I.** *vi* ① (*for work*) sich verpflichten; (*for a course*) sich einschreiben (**for** für +*akk*) ② (*begin broadcasting*) *station* auf Sendung gehen; *disc jockey* sich melden ③ BRIT (*fam: register unemployment*) sich melden **II.** *vt* verpflichten ◆**sign out I.** *vi* sich austragen; (*at work*) sich abmelden **II.** *vt books* ausleihen ◆**sign over** *vt* übertragen ◆**sign up I.** *vi* (*for work*) sich verpflichten; (*for a course*) sich einschreiben **II.** *vt* verpflichten; (*for course*) jdn für einen Kurs anmelden

sig·nal ['sɪgnᵊl] **I.** *n* ① (*gesture*) Zeichen *nt,* Signal *nt* (**for** für +*akk*) ② (*traffic light*) Ampel *f;* (*for trains*) Signal *nt* ③ ELEC, RADIO (*transmission*) Signal *nt;* (*reception*) Empfang *m* ④ AM AUTO (*indicator*) Blinker *m* **II.** *vt* <BRIT -ll- *or* AM *usu* -l-> ① (*indicate*) signalisieren; **he ~led left, but turned right** er blinkte nach links, bog aber nach rechts ab ② (*gesticulate*) ■**to ~ sb to do sth** jdm signalisieren, etw zu tun **III.** *vi* <BRIT -ll- *or* AM *usu* -l-> signalisieren; **she ~led to them to be quiet** sie gab ihnen ein Zeichen, ruhig zu sein **IV.** *adj* bemerkenswert

'sig·nal box *n* RAIL Stellwerk *nt* **'sig·nal lamp** *n* Signallampe *f*

sig·nal·ly ['sɪgnᵊli] *adv* eindeutig

'sig·nal·man *n* RAIL Bahnwärter *m*

sig·na·tory ['sɪgnətᵊri, AM -tɔːri] *n* Unterzeichner(in) *m(f)*

sig·na·ture ['sɪgnətʃəʳ, AM -tʃɚ] *n* ① (*person's name*) Unterschrift *f; of artist, in printing* Signatur *f* ② (*characteristic*) Erkennungszeichen *nt* ③ AM (*on prescriptions*) Signatur *f*

'sig·na·ture tune *n* RADIO, TV [Erkennungs]melodie *f*

'sign·board *n* [Firmen]schild *nt*

sig·net ring ['sɪgnət,-] *n* Siegelring *m*

sig·nifi·cance [sɪg'nɪfɪkən(t)s, AM 'nɪfə-] *n no pl* ① (*importance*) Wichtigkeit *f;* **to be of no ~** bedeutungslos sein ② (*meaning*) Bedeutung *f*

sig·nifi·cant [sɪg'nɪfɪkənt, AM 'nɪfə-] *adj* ① (*considerable*) beachtlich, bedeutend; (*important*) bedeutsam; *date, event* wichtig; *difference* deutlich; *increase* beträchtlich; **~ other** (*fig*) Partner(in) *m(f);* (*hum*) bessere Hälfte *fam* ② (*meaningful*) bedeutsam; **do you think it's ~ that ...** glaubst du, es hat etwas zu bedeuten, dass ...; *look* viel sagend

sig·ni·fy <-ie-> ['sɪgnɪfaɪ, AM -nə-] **I.** *vt* (*indicate*) andeuten **II.** *vi* ① (*make known*) es zeigen ② (*matter*) eine Rolle spielen; **it doesn't ~** es macht nichts

'sign lan·guage *n* Gebärdensprache *f* **'sign paint·er** *n* Plakatmaler(in) *m(f)* **'sign·post I.** *n* Wegweiser *m;* (*fig: advice*) Hinweis *m* **II.** *vt usu passive* aufzeigen; *route* beschildern, ausschildern; ■**to ~ sth** (*fig*) etw aufzeigen [*o* darlegen]

Sikh [siːk] *n* Sikh *m*

sil·age ['saɪlɪdʒ] *n no pl* AGR Silage *f*

si·lence ['saɪlən(t)s] **I.** *n no pl* (*absolute*) Stille *f;* (*by an individual*) Schweigen *nt;* (*on a confidential matter*) Stillschweigen *nt;* (*calmness*) Ruhe *f;* **a minute of ~** eine Schweigeminute; **to work in ~** still arbeiten; **to reduce sb to ~** jdn zum Schweigen bringen ▸PHRASES: **~ is golden** (*prov*) Schweigen ist Gold **II.** *vt* zum Schweigen bringen; *doubts* verstummen lassen

si·lenc·er ['saɪlən(t)səʳ, AM -ɚ] *n* ① (*on gun*) Schalldämpfer *m* ② BRIT (*on car*) [Auspuff]schalldämpfer *m*

si·lent ['saɪlənt] *adj* ① (*without noise*) still; (*not active*) ruhig; **to keep ~** still sein ② (*not talking*) schweigsam, still; ■**to be ~** schweigen; **to go ~** verstummen

si·lent·ly ['saɪləntli] *adv* (*quietly*) lautlos; (*without talking*) schweigend; (*with little noise*) leise

sil·hou·ette [,sɪlu'et] **I.** *n* (*shadow*) Silhouette *f;* (*picture*) Schattenriss *m;* (*outline*) Umriss *m* **II.** *vt* ■**to be ~d against sth** sich von etw *dat* abheben

sili·ca ['sɪlɪkə] *n no pl* Kieselerde *f*

sili·cate ['sɪlɪkət] *n* Silikat *nt*

sili·con ['sɪlɪkən] *n no pl* Silizium *nt*

sili·con 'chip *n* COMPUT, ELEC Siliziumchip *m*

sili·cone ['sɪlɪkəʊn, AM -koʊn] *n no pl* Silikon *nt*

sili·co·sis [,sɪlɪ'kəʊsɪs, AM -'koʊ-] *n no pl* MED Staublunge *f*

silk [sɪlk] *n* ① (*material*) Seide *f* ② (*racing colours*) ■**~s** *pl* [Renn]farben *pl*

silk·en ['sɪlkᵊn] *adj* (*silk-like*) seiden *liter;* (*fig*) *voice* samtig

silk 'hat *n* Zylinder *m* **'silk moth** *n* Seidenspinner *m* **silk 'pa·per** *n* Seidenpapier *nt* **silk-screen 'print·ing** *n no pl* Siebdruck *m* **'silk·worm** *n* Seidenraupe *f*

silky ['sɪlki] *adj* seidig; (*fig*) *voice* samtig

sill [sɪl] *n of door* Türschwelle *f; of window* Fensterbank *f*

sil·li·ness ['sɪlɪnəs] *n no pl* Albernheit *f*

sil·ly ['sɪli] *adj* ① (*foolish*) albern, dumm; **don't be ~!** (*make silly suggestions*) red keinen Unsinn!; (*do silly things*) mach keinen Quatsch! *fam* ② *pred* (*senseless*) **to be bored ~** zu Tode gelangweilt sein

silo ['saɪləʊ, AM -loʊ] *n* ① AGR Silo *m o nt* ② MIL [Raketen]silo *m o nt*

silt [sɪlt] **I.** *n no pl* Schlick *m* **II.** *vi* ■**to ~ [up]** verschlammen

sil·ver ['sɪlvəʳ, AM -ɚ] *n no pl* ① (*metal*) Silber *nt* ② (*coins*) Münzgeld *nt* ③ (*cutlery*) ■**the ~** das [Tafel]silber

sil·ver 'birch *n* Weißbirke *f* **sil·ver 'fir** *n* Weißtanne *f,* Edeltanne *f* **'sil·ver·fish** <*pl* -> *n* ZOOL Silberfischchen *nt* **'sil·ver foil** *n* Silberfolie *f,* Alufolie *f* **sil·ver 'ju·bi·lee** *n* silbernes Jubiläum **sil·ver 'lin·ing** *n* Lichtblick *m;* **to look for the ~** die positive Seite sehen ▶ PHRASES: **every cloud has a ~** (*saying*) jedes Unglück hat auch sein Gutes **sil·ver 'pa·per** *n no pl* Silberpapier *nt* **sil·ver 'plate** *n no pl* ① (*coating*) Versilberung *f* ② (*object*) versilberter Gegenstand **sil·ver-'plate** *vt* versilbern **sil·ver 'screen** *n* FILM ■**the ~** die Leinwand **sil·ver 'ser·vice** *n no pl Servieren nach allen Regeln der Kunst* **'sil·ver·side** *n no pl* BRIT, AUS FOOD *Stück vom Rind, das vom oberen, äußeren Teil der Keule geschnitten wird* **'sil·ver·smith** *n* Silberschmied(in) *m(f)* **sil·ver 'surf·er** *n* Senioren-Netzsurfer(in) *m(f)* **'sil·ver·ware** *n no pl* ① (*articles*) Silberwaren *pl* ② (*cutlery*) Silberbesteck *nt,* Silber *nt* **sil·ver 'wed·ding an·ni·ver·sa·ry** *n* silberne Hochzeit

sil·very ['sɪlvəri] *adj* (*in appearance*) silbrig; (*in sound*) silbern

sim·ian ['sɪmiən] *adj* (*form*) ① (*monkey-like*) affenartig ② (*of monkeys*) Affen-

simi·lar ['sɪmɪləʳ, AM -ɚ] *adj* ähnlich; ■**to be ~ to sb/sth** jdm/etw ähnlich sein

simi·lar·ity [ˌsɪmɪ'lærəti, AM -mə'lerət̬i] *n* Ähnlichkeit *f* (**to** mit +*dat*)

simi·le ['sɪmɪli, AM -əli] *n* LIT, LING Gleichnis *nt*

si·mili·tude [sɪ'mɪlɪtju:d, AM sə'mɪlətu:d, -tju:d] *n* ① (*similarity*) Ähnlichkeit *f* ② (*comparison*) Vergleich *m*

sim·mer ['sɪməʳ, AM -ɚ] **I.** *n usu sing* Sieden *nt* **II.** *vi* ① (*not quite boil*) sieden; (*fig*) **to ~ with anger** vor Wut kochen ② (*fig: build up*) sich anbahnen **III.** *vt food* auf kleiner Flamme kochen lassen; *water* sieden lassen ◆**simmer down** *vi* sich beruhigen

sim·per ['sɪmpəʳ, AM -ɚ] **I.** *vi* ■**to ~ at sb** jdn albern anlächeln **II.** *n* Gehabe *nt*

sim·ple <-r, -st *or* more ~, most ~> ['sɪmpl̩] *adj* ① (*not complex, ordinary*) *food, dress, task* einfach; **the ~ things in life** die einfachen Dinge des Lebens ② *attr* (*straightforward*) schlicht; **that's the truth, pure and ~** das ist die reine Wahrheit; **for the ~ reason that ...** aus dem schlichten Grund, dass ... ③ (*foolish*) naiv

sim·ple-'mind·ed *adj* (*fam*) ① (*stupid*) einfach ② (*naive*) einfältig

sim·ple·ton ['sɪmpl̩tᵊn, AM -tən] *n* (*pej fam*) Einfaltspinsel *m*

sim·plic·ity [sɪm'plɪsəti, AM -ət̬i] *n no pl* ① (*plainness*) Einfachheit *f,* Schlichtheit *f* ② (*easiness*) Einfachheit *f;* **to be ~ itself** die Einfachheit selbst sein

sim·pli·fi·ca·tion [ˌsɪmplɪfɪ'keɪʃᵊn, AM -plə-] *n* Vereinfachung *f*

sim·pli·fy <-ie-> ['sɪmplɪfaɪ, AM -plə-] *vt* vereinfachen

sim·plis·tic [sɪm'plɪstɪk] *adj* simpel; **am I being ~?** sehe ich das zu einfach?

sim·ply ['sɪmpli] *adv* ① (*not elaborately*) einfach ② (*just*) nur; (*absolutely*) einfach; **you ~ must try this!** du musst das einfach versuchen! ③ (*in a natural manner*) einfach, schlicht; (*humbly*) bescheiden

simu·late ['sɪmjəleɪt] *vt* ① (*resemble*) nachahmen ② (*feign*) vortäuschen ③ (*using computer*) simulieren

simu·la·tion [ˌsɪmjə'leɪʃᵊn] *n of leather, a diamond* Imitation *f; of a feeling* Vortäuschung *f;* COMPUT Simulation *f*

simu·la·tor ['sɪmjəleɪtəʳ, AM -t̬ɚ] *n* COMPUT, TECH Simulator *m*

sim·ul·ta·neous [ˌsɪmᵊl'teɪniəs, AM ˌsaɪmᵊl-'teɪnjəs] *adj* gleichzeitig

sin [sɪn] **I.** *n* Sünde *f;* **he's [as] ugly as ~** er ist unglaublich hässlich **II.** *vi* <-nn-> sündigen

since [sɪn(t)s] **I.** *adv* ① (*from that point on*) seitdem; **she left a week ago, and we haven't seen her ~** sie ist vor einer Woche weggegangen, seitdem haben wir sie nicht mehr gesehen ② (*ago*) **long ~** seit langem, schon lange; **not long ~** vor kurzem [erst] **II.** *prep* seit; **~ last week** seit letzter Woche **III.** *conj* ① (*because*) da, weil ② (*from time that*) seit, seitdem

sin·cere [sɪn'sɪəʳ, AM -'sɪr] *adj person* ehrlich; *congratulations, gratitude* aufrichtig

sin·cere·ly [sɪn'sɪəli, AM -'sɪr-] *adv* ① (*in*

a sincere manner) ehrlich, aufrichtig ② (*ending letter*) [**yours**] ~ mit freundlichen Grüßen

sin·cer·ity [sɪnˈserəti, AM -ət̬i] *n no pl* Ehrlichkeit *f,* Aufrichtigkeit *f*

sine [saɪn] *n* MATH Sinus *m*

si·necure [ˈsaɪnɪkjʊəʳ, AM -nəkjʊr] *n* Pfründe *f*

sine qua non [ˌsɪnikwɑːˈnəʊn, AM -neɪkwɑːˈnoʊn] *n* (*form*) unabdingbare Voraussetzung

sin·ew [ˈsɪnjuː] *n* (*tendon*) Sehne *f*

sin·ewy [ˈsɪnjuːi] *adj* ① (*muscular*) sehnig ② (*tough*) zäh; *meat* sehnig

sin·ful [ˈsɪnfᵊl] *adj* ① (*immoral*) sündig, sündhaft ② (*fam: bad for one*) **to be absolutely** ~ die reinste Sünde sein *hum, iron*

sing¹ **I.** *n abbrev of* **singular** Sg., Sing. **II.** *adj abbrev of* **singular** im Sing. [*o* Sg.] *nach n*

sing² <sang *or* AM *a.* sung, sung> [sɪŋ] **I.** *vi* ① (*utter musical sounds*) singen ② (*make high-pitched noise*) *kettle* pfeifen; *locusts* zirpen; *wind* pfeifen ③ (*make ringing noise*) dröhnen **II.** *vt* (*utter musical sounds*) singen; **to ~ the praises of sb/sth** ein Loblied auf jdn/etw singen ◆**sing along** *vi* mitsingen ◆**sing out** **I.** *vi* ① (*sing loudly*) laut singen ② (*fam: call out*) schreien **II.** *vt* (*fam*) ■**to ~ out** ○ **sth** ausrufen ◆**sing up** *vi esp* BRIT, AUS lauter singen

sing·along [ˈsɪŋəlɒŋ, AM -lɑːŋ] *n* gemeinsames Liedersingen

Sin·ga·pore [ˌsɪŋəˈpɔːʳ, AM ˈsɪŋəpɔːr] *n* Singapur *nt*

Sin·ga·po·rean [ˌsɪŋəpɔːˈriːən] **I.** *adj* aus Singapur *nach n* **II.** *n* Singapurer(in) *m(f)*

singe [sɪndʒ] **I.** *vt* ① (*burn surface of*) ansengen; (*burn sth slightly*) versengen ② (*burn off deliberately*) absengen **II.** *vi* (*burn*) *hair, fur* angesengt werden; (*burn lightly*) versengt werden

sing·er [ˈsɪŋəʳ, AM -ɚ] *n* Sänger(in) *m(f)*

sing·er-ˈsong·writ·er *n* Liedermacher(in) *m(f)*

sing·ing [ˈsɪŋɪŋ] *n no pl* Singen *nt*

ˈsing·ing les·son *n* Gesang[s]stunde *f* **ˈsing·ing teach·er** *n* Gesang[s]lehrer(in) *m(f)* **ˈsing·ing voice** *n* Singstimme *f*

sin·gle [ˈsɪŋgl̩] **I.** *adj* ① *attr* (*one only*) einzige(r, s); **she didn't say a ~ word all evening** sie sprach den ganzen Abend kein einziges Wort; **not a ~ soul** keine Menschenseele; **every ~ time** jedes Mal ② (*having one part*) einzelne(r, s); *figure* einstellig ③ (*unmarried*) ledig ④ (*raising child alone*) allein erziehend; ~ **father** allein erziehender Vater **II.** *n* ① BRIT, AUS (*one-way ticket*) Einzelfahrkarte *f* ② (*one-dollar note*) Eindollarschein *m* ③ (*record*) Single *f* ④ (*single room*) Einzelzimmer *nt* ◆**single out** *vt* (*for positive characteristics*) auswählen; (*for negative reasons*) herausgreifen

sin·gle-ˈbreast·ed *adj* einreihig; ~ **suit** Einreiher *m* **sin·gle ˈcur·ren·cy** *n* FIN gemeinsame Währung **sin·gle-ˈdeck·er** *n* Bus *m* (*mit einem Deck*)

sin·gle·dom [ˈsɪŋgl̩dəm] *n* (*hum*) Single-Dasein *nt*

sin·gle-en·try ˈbook·keep·ing *n* einfache Buchführung **Sin·gle Euro·pean ˈMar·ket** *n* Europäischer Binnenmarkt **sin·gle-ˈfig·ure** *adj* einstellig **sin·gle-ˈhand·ed** **I.** *adv* [ganz] allein; **he sailed round the world ~** er segelte als Einhandsegler um die Welt **II.** *adj* allein **sin·gle-ˈhand·er** *n* ① (*boat*) Einhandsegler *m* ② (*person*) Einhandsegler(in) *m(f)*

sin·gle·hood [ˈsɪŋgl̩hʊd] *n no pl* AM Singledasein *nt* **sin·gle-ˈmind·ed** *adj* zielstrebig **sin·gle-ˈmind·ed·ness** *n* Zielstrebigkeit *f;* (*pursuing sth unwaveringly*) Unbeirrbarkeit *f* **sin·gle-par·ent ˈfami·ly** *n* Familie *f* mit [nur] einem Elternteil

ˈsin·gles bar *n* Singlekneipe *f*

sin·gle-ˈseat·er *n* Einsitzer *m* **sin·gle-ˈsex** *adj school* nach Geschlechtern getrennt

sin·glet [ˈsɪŋglɪt] *n esp* BRIT, AUS ärmelloses Trikot; (*underwear*) Unterhemd *nt*

sin·gle ˈtick·et *n* BRIT Einzelfahrschein *m*

sin·gle·ton [ˈsɪŋgl̩tən] *n* Single *m*

sin·gle-ˈtrack *adj* ① RAIL eingleisig ② BRIT (*road*) einspurig

sin·gly [ˈsɪŋgli] *adv* einzeln

sing·song [ˈsɪŋsɒŋ, AM -sɑːŋ] **I.** *n* ① BRIT, AUS (*singing session*) **to have a ~** gemeinsam Lieder singen ② *no pl* (*way of speaking*) Singsang *m* **II.** *adj attr* **to speak in a ~ voice** in einem Singsang sprechen

sin·gu·lar [ˈsɪŋgjələʳ, AM -ɚ] **I.** *adj* ① LING Singular-; **to be ~** im Singular stehen; ~ **form** Singularform *f* ② (*form: extraordinary*) einzigartig **II.** *n no pl* LING Singular *m*

sin·gu·lar·ity [ˌsɪŋgjəˈlærəti, AM -ˈlerət̬i] *n no pl* (*form*) Eigenartigkeit *f*

sin·gu·lar·ly [ˈsɪŋgjələli, AM -ɚli] *adv* (*form*) ① (*extraordinarily*) außerordentlich ② (*strangely*) eigenartig

Sin·ha·lese [ˌsɪŋ(h)əˈliːz, AM ˌsɪn-] **I.** *adj* singhalesisch **II.** *n* ① *no pl* (*language*) Singhalesisch *nt* ② <*pl* -> (*person*) Singhalese, Singhalesin *m, f*

sin·is·ter [ˈsɪnɪstəʳ, AM -ɚ] *adj* ① (*scary*) unheimlich ② (*fam: ominous*) unheilvoll; *forces* dunkel

sink [sɪŋk] **I.** *n* ❶ (*in kitchen*) Spüle *f*, Spülbecken *nt;* (*washbasin*) Waschbecken *nt* ❷ (*cesspool*) Senkgrube *f* ❸ (*sewer*) Abfluss *m* **II.** *vi* <sank *or* sunk, sunk>, *vi* ❶ (*not float*) untergehen, sinken ❷ (*in mud, snow*) einsinken ❸ (*go downward*) sinken; *sun, moon* versinken, untergehen; **to ~ to the bottom** auf den Boden sinken; *sediments* sich auf dem Boden absetzen ❹ (*move to a lower position*) *surface, house, construction* sich senken; *level a.* sinken ❺ (*become limp*) *arm, head* herabsinken; **to ~ to the ground** zu Boden sinken ❻ (*decrease*) *amount, value* sinken; *demand, sales, numbers a.* zurückgehen; **the yen sank to a new low against the dollar** der Yen hat gegenüber dem Dollar einen neuen Tiefstand erreicht ❼ (*decline*) *standard, quality* nachlassen; *moral character* sinken; **you are ~ing to his level!** du begibst dich auf das gleiche niedrige Niveau wie er! ▶ PHRASES: **sb's heart ~s** (*gets sadder*) jdm wird das Herz schwer; (*becomes discouraged*) jd verliert den Mut **III.** *vt* <sank *or* sunk, sunk> ❶ (*cause to submerge*) versenken ❷ (*ruin*) *hopes, plans* zunichtemachen ❸ SPORTS versenken; **to ~ a ball** (*into a hole*) einen Ball einlochen; (*into a pocket*) einen Ball versenken ❹ (*dig*) *shaft* abteufen *fachspr; well* bohren ❺ (*lower*) senken ◆**sink back** *vi* ❶ (*lean back*) zurücksinken; **to ~ back on the sofa** aufs Sofa sinken ❷ (*relapse*) ■**to ~ back into sth** [wieder] in etw *akk* verfallen ◆**sink down** *vi* ❶ (*descend gradually*) sinken; *sun* versinken ❷ (*go down*) zurücksinken; (*on the ground*) zu Boden sinken ◆**sink in** **I.** *vi* ❶ (*into a surface*) einsinken ❷ (*be absorbed*) *liquid, cream* einziehen ❸ (*be understood*) ins Bewusstsein dringen **II.** *vt* ❶ (*force into*) **to ~ one's teeth in sth** *animal* seine Zähne in etw *akk* einschlagen; **to ~ a knife in sth** ein Messer in etw *akk* rammen ❷ (*invest*) **to ~ one's money in sth** sein Geld in etw *akk* stecken *fam* ◆**sink into** **I.** *vi* ■**to ~ into sth** ❶ (*into mud, snow*) in etw *dat* einsinken ❷ (*into skin*) *cream, lotion* in etw *akk* einziehen ❸ (*lie back in*) in etw *akk* [hinein]sinken; **to ~ into bed** sich ins Bett fallen lassen ❹ (*pass gradually into*) in etw *akk* sinken; **to ~ into a coma** ins Koma fallen **II.** *vt* ❶ (*put*) ■**to ~ sth into sth** etw in etw *akk o dat* versenken; **I'd love to ~ my teeth into a nice juicy steak** ich würde gern in ein schönes, saftiges Steak beißen ❷ (*embed*) **to ~ a post into the ground** einen Pfosten in den Boden schlagen ❸ FIN **to ~ one's money into sth** sein Geld in etw *dat* anlegen

sink·er ['sɪŋkəʳ, AM -ɚ] *n* Senker *m*

sink·ing ['sɪŋkɪŋ] *adj attr* ❶ (*declining, not floating*) sinkend ❷ (*emotion*) **a ~ feeling** ein flaues Gefühl [in der Magengegend]; **with a ~ heart** resigniert ▶ PHRASES: **to leave the ~ ship** das sinkende Schiff verlassen

'**sink unit** *n* Spüle *f*

sin·ner ['sɪnəʳ, AM -ɚ] *n* Sünder(in) *m(f)*

sinu·ous ['sɪnjuəs] *adj* ❶ (*winding*) gewunden; *path* verschlungen ❷ (*curving and twisting*) geschmeidig

si·nus <*pl* -es> ['saɪnəs] *n* ANAT Nasennebenhöhle *f*

si·nusi·tis [ˌsaɪnə'saɪtɪs, AM -t̬-] *n no pl* MED Nasennebenhöhlenentzündung *f*

Sioux [suː] **I.** *adj* (*tribe*) Sioux- **II.** *n* ❶ <*pl* -> (*person*) Sioux *m o f* ❷ *no pl* (*language*) Sioux *nt*

sip [sɪp] **I.** *vt* <-pp-> nippen (an +*dat*); (*drink carefully*) etw in kleinen Schlucken trinken **II.** *n* Schlückchen *nt;* **to have a ~** einen kleinen Schluck nehmen

si·phon ['saɪfᵊn] **I.** *n* ❶ (*bent pipe*) Saugheber *m* ❷ BRIT (*soda siphon*) Siphon *m* **II.** *vt* [mit einem Saugheber] absaugen ◆**siphon off** *vt* ❶ (*remove*) absaugen ❷ FIN *money* abziehen; *profits* abschöpfen

sir [sɜːʳ, səʳ, AM sɜːr, sɚ] *n no pl* ❶ (*form of address*) Herr *m;* **can I see your driving licence, ~?** kann ich bitte ihren Führerschein sehen? ❷ (*not at all*) **no, ~!** AM (*fam*) auf keinen Fall! ❸ (*on letters*) **Dear S~** [*or* **Dear S~ or Madam**] Sehr geehrte Damen und Herren

sire [saɪəʳ, AM -ɚ] *n* (*old: form of address*) Majestät *f*

si·ren ['saɪ(ə)rən, AM 'saɪrən] *n* Sirene *f*

sir·loin ['sɜːlɔɪn, AM 'sɜːr-] *n no pl* Lendenfilet *nt*

sir·loin 'steak *n* Lendensteak *nt*

si·roc·co [sɪ'rɒkəʊ, AM sə'rɑːkoʊ] *n* METEO Schirokko *m*

sis [sɪs] *n esp* AM (*fam*) *short for* **sister** Schwesterherz *nt hum*

si·sal ['saɪsᵊl] *n no pl* (*tropical plant, strong fibre*) Sisal *m*

sis·sy ['sɪsi] **I.** *n* (*pej fam*) Waschlappen *m* **II.** *adj* (*pej fam*) verweichlicht

sis·ter ['sɪstəʳ, AM -ɚ] *n* ❶ (*female sibling*) Schwester *f* ❷ (*fellow feminist*) Schwester *f;* (*trade unionist*) Kollegin *f* ❸ (*nun*) [Ordens]schwester *f*

sis·ter·hood ['sɪstəhʊd, AM -tɚ-] *n* ❶ *no pl* (*sisterly bond*) Zusammenhalt *m* unter

S

Schwestern; (*female solidarity*) Solidarität *f* unter Frauen ② REL Schwesternorden *m*
'sis·ter-in-law <*pl* sisters- *or* -s> *n* Schwägerin *f*
sis·ter·ly ['sɪstᵊli, AM -ɚli] *adj* schwesterlich
sit <-tt, sat, sat> [sɪt] **I.** *vi* ① (*seated*) sitzen; **to ~ at the table** am Tisch sitzen ② (*fam: babysit*) babysitten (**for** für +*akk*) ③ (*sit down*) sich hinsetzen; (*to a dog*) **~!** Platz!, Sitz!; **he sat [down] next to me** er setzte sich neben mich ④ (*perch*) hocken, sitzen ⑤ (*be located*) liegen ⑥ (*remain undisturbed*) stehen; **to ~ on sb's desk/the shelf** auf jds Schreibtisch liegen/im Regal stehen ⑦ (*in session*) tagen; *court* zusammenkommen ⑧ (*fit*) passen; *clothes* sitzen ▸ PHRASES: **to ~ on the fence** sich nicht entscheiden können; **to be ~ting pretty** fein heraus sein; **to ~ tight** (*not move*) sich nicht rühren; (*not change opinion*) stur bleiben **II.** *vt* ① (*put on seat*) setzen ② BRIT *exam* ablegen ◆**sit about** *esp* BRIT, **sit around** *vi* herumsitzen ◆**sit back** *vi* ① (*lean back in chair*) sich zurücklehnen ② (*do nothing*) die Hände in den Schoß legen ◆**sit down I.** *vi* ① (*take a seat*) sich [hin]setzen; **to ~ down to dinner** sich zum Essen an den Tisch begeben ② (*be sitting*) sitzen **II.** *vt* ① (*put in a seat*) setzen ② (*take a seat*) ■**to ~ oneself down** sich hinsetzen ◆**sit in** *vi* ① (*attend*) dabeisitzen; **to ~ in on a meeting** einem Treffen beisitzen ② (*hold sit-in*) ein Sit-in [*o* einen Sitzstreik] halten ◆**sit on** *vi* ① (*be member of*) **to ~ on a committee** Mitglied eines Komitees sein ② (*fam: not act on sth*) ■**to ~ on sth** auf etw *dat* sitzen ◆**sit out I.** *vi* ① (*sit outdoors*) draußen sitzen ② (*not dance*) einen Tanz auslassen **II.** *vt* ① (*not participate in*) auslassen; (*game, competition*) bei etw aussetzen ② (*sit until end*) bis zum Ende ausharren ◆**sit through** *vt lecture, sermon* über sich *akk* ergehen lassen ◆**sit up I.** *vi* ① (*sit erect*) aufrecht sitzen; **to ~ up straight** sich gerade hinsetzen ② (*fam: pay attention*) **to ~ up and take notice** aufhorchen ③ (*not go to bed*) aufbleiben **II.** *vt* aufrichten
sit·com ['sɪtkɒm, AM -kɑːm] *n* (*fam*) *short for* **situation comedy** Sitcom *f*
sit-down 'strike *n* Sitzstreik *m,* Sit-in *nt*
site [saɪt] **I.** *n* ① (*place*) Stelle *f,* Platz *m,* Ort *m; of crime* Tatort *m* ② (*plot*) Grundstück *nt;* **caravan** [*or* AM **camping**] **~** Campingplatz *m* ③ (*of construction work*) [**building**] **~** Baustelle *f,* Baugelände *nt;* **on ~** vor Ort ④ (*on internet*) [**web**] **~** Website *f* **II.** *vt* einen Standort bestimmen; **to be ~d out of town** außerhalb der Stadt liegen
'sit-in *n* Sit-in *nt*
sit·ter ['sɪtəʳ, AM -t̬ɚ] *n* ① (*model for portrait*) Modell *nt* ② (*babysitter*) Babysitter(in) *m(f)* ③ SPORTS ■**a ~** (*fam: easy catch*) ein leichter Ball; (*easy shot*) ein todsicherer Treffer
sit·ting ['sɪtɪŋ, AM -t̬-] *n* ① (*meal session*) Ausgabe *f* ② (*session*) Sitzung *f*
sit·ting 'duck *n* leicht zu treffendes Ziel; (*fig*) leichte Beute **sit·ting 'mem·ber** *n* BRIT POL derzeitiger Abgeordneter/derzeitige Abgeordnete **'sit·ting room** *n esp* BRIT Wohnzimmer *nt* **sit·ting 'tar·get** *n* leicht zu treffendes Ziel **sit·ting 'ten·ant** *n* derzeitiger Mieter/derzeitige Mieterin
situ·ate ['sɪtjueɪt, AM 'sɪtʃ-] *vt* ① (*form: position*) platzieren; *patch, bed* anlegen ② (*form: place in context*) im Zusammenhang sehen (**in** zu)
situ·at·ed ['sɪtjueɪtɪd, AM -tʃueɪt̬-] *adj pred* ① (*located*) gelegen; **to be ~ near the church** in der Nähe der Kirche liegen ② (*in a state*) **to be well ~** [finanziell] gut gestellt sein; **to be well ~ to do sth** gute Voraussetzungen besitzen, etw zu tun
situa·tion [ˌsɪtju'eɪʃᵊn, AM -tʃu'-] *n* ① (*circumstances*) Situation *f,* Lage *f* ② (*location*) Lage *f,* Standort *m*
'sit-up *n* SPORTS *Bauchmuskelübung;* **to do ten ~s** sich zehnmal aufsetzen
six [sɪks] **I.** *adj* sechs; *see also* **eight** ▸ PHRASES: **to be ~ feet under** (*hum*) sich *dat* die Radieschen von unten anschauen *sl* **II.** *pron* sechs; *see also* **eight** ▸ PHRASES: **~ of one and half a dozen of the other** gehupft wie gesprungen *fam* **III.** *n* (*number*) Sechs *f; see also* **eight** ▸ PHRASES: **to be at ~es and sevens** völlig durcheinander sein
six-fig·ure 'sum *n* sechsstelliger Betrag **'six·fold** *adj* sechsfach **six-'foot·er** *n* (*tall male person*) Zweimetermann *m;* (*tall, powerful male*) Hüne *m;* (*tall female*) Zweimeterfrau *f* **'six-pack** *n* ① (*package of six*) Sechserpack *m; of beer* Sixpack *m* ② (*well-toned stomach*) Waschbrettbauch *m*
six·teen [ˌsɪk'stiːn] **I.** *adj* sechzehn; *see also* **eight II.** *n* Sechzehn *f; see also* **eight**
six·teenth [ˌsɪk'stiːnθ] **I.** *adj* sechzehnte(r, s) **II.** *pron* ■**the ~ ...** der/die/das sechzehnte ... **III.** *adv* als sechzehnte(r, s) **IV.** *n* Sechzehntel *nt o* SCHWEIZ *a. m*
sixth [sɪksθ, AM -stθ] **I.** *adj* sechste(r, s) **II.** *pron* ■**the ~ ...** der/die/das sechste ... **III.** *adv* als sechste(r, s) **IV.** *n* Sechstel *nt o* SCHWEIZ *a. m*
'sixth form *n* BRIT SCH Abschlussklasse *f*

(*das letzte Schuljahr, das mit A-Levels abgeschlossen wird*) **sixth form 'col·lege** *n* BRIT SCH *College, das Schüler auf den A-Level-Abschluss vorbereitet*

six·ti·eth ['sɪkstiəθ] **I.** *adj* sechzigste(r, s) **II.** *pron* ■**the ~** der/die/das sechzigste **III.** *adv* als sechzigste(r, s) **IV.** *n* Sechzigstel *nt o* SCHWEIZ *a. m*

six·ty ['sɪksti] **I.** *adj* sechzig **II.** *pron* sechzig **III.** *n* Sechzig *f*

siz·able *adj see* **sizeable**

size [saɪz] **I.** *n* ① *usu sing* (*magnitude*) Größe *f; amount, debt* Höhe *f;* **a company of that ~** eine Firma dieser Größenordnung; **to be a good ~** (*quite big*) ziemlich groß sein; (*suitable size*) die richtige Größe haben; **to double in ~** seine Größe verdoppeln; **to increase in ~** größer werden ② (*measurement*) Größe *f;* **what ~ are you? – I'm a ~ 10** welche Größe haben Sie? – ich habe Größe 36; **collar/shoe ~** Kragenweite *f*/Schuhgröße *f* **II.** *vt* nach der Größe ordnen ◆**size up** *vt* [prüfend] abschätzen; **to ~ each other up** sich gegenseitig taxieren

size·able ['saɪzəbl̩] *adj* ziemlich groß; *amount* beträchtlich

siz·zle ['sɪzl̩] **I.** *vi* brutzeln **II.** *n no pl* Zischen *nt*

siz·zler ['sɪzləʳ, AM -ɚ] *n* (*fam*) knallheißer Tag

skate[1] [skeɪt] *n* (*flat fish*) Rochen *m*

skate[2] [skeɪt] **I.** *n* ① (*ice skate*) Schlittschuh *m* ② (*roller skate*) Rollschuh *m;* (*with stopper*) Rollerskate *m* **II.** *vi* ① (*on ice*) Schlittschuh laufen ② (*on roller skates*) Rollschuh fahren; (*on skates with stopper*) Rollerskate fahren ▶ PHRASES: **to be skating on thin ice** sich auf dünnem Eis bewegen

skate·board ['skeɪtbɔːd, AM -bɔːrd] *n* Skateboard *nt*

Land und Leute

Obwohl Kinder in den USA schon in den 30er Jahren Rollschuhräder auf Bretter festgenagelt haben und mit damit herumgefahren sind, wurde das **skateboard** zum ersten Mal in den frühen 60er Jahren in Kalifornien an Surfer verkauft, die auch noch bei flachen Wellen surfen wollten. Damals wurde *skateboarding* auch *sidewalk-surfing* (Gehweg-Surfen) genannt. Fünfzehn Jahre später, nach der Erfindung von Rädern aus Polyurethan und den Kunststücken wie dem *ollie* (Springen), wurde Skateboarding zu einer beliebten Sportart.

skate·board·er ['skeɪtˌbɔːdəʳ, AM -ˌbɔːrdɚ] *n* Skateboardfahrer(in) *m(f)*

skate·board·ing ['skeɪtˌbɔːdɪŋ, AM -ˌbɔːrd-] *n* Skateboardfahren *nt*

skat·er ['skeɪtəʳ, AM -t̬ɚ] *n* ① (*on ice*) Schlittschuhläufer(in) *m(f);* **figure ~** Eiskunstläufer(in) *m(f);* **speed ~** Eisschnellläufer(in) *m(f)* ② (*on roller skates*) Rollschuhfahrer(in) *m(f)* ③ (*on roller blades*) Skater(in) *m(f)*

skat·ing ['skeɪtɪŋ, AM -t̬-] *n no pl* ① (*ice skating*) Eislaufen *nt;* **figure ~** Eiskunstlauf *m;* **speed ~** Eisschnelllauf *m* ② (*roller skating*) Rollschuhlaufen *nt,* Rollerskaten *nt*

'skat·ing rink *n* ① (*ice skating*) Eisbahn *f* ② (*roller skating*) Rollschuhbahn *f*

ske·dad·dle [skɪ'dædl̩] *vi* (*fam*) sich verdünnisieren *sl*

skein [skeɪn] *n* ① (*coil*) Strang *m* ② (*birds*) Schwarm *m;* **~ of geese** Gänseschar *f*

skel·eton ['skelɪtᵊn] *n* ① (*bones*) Skelett *nt* ② (*framework*) *of boat, plane* Gerippe *nt; of building* Skelett *nt* ③ (*outline sketch*) *of book, report* Entwurf *m* ▶ PHRASES: **to have ~s in the cupboard** eine Leiche im Keller haben *fam*

skel·eton 'key *n* Dietrich *m* **skel·eton 'staff** *n* Minimalbesetzung *f*

skep·tic *n* AM, AUS *see* **sceptic**

skep·ti·cal *adj* AM, AUS *see* **sceptical**

skep·ti·cism *n no pl* AM, AUS *see* **scepticism**

sketch [sketʃ] **I.** *n* <*pl* -es> ① (*rough drawing, written piece*) Skizze *f* ② (*outline*) Überblick *m* ③ (*performance*) Sketch *m* **II.** *vt* ① (*rough drawing*) skizzieren ② (*write in outline*) umreißen **III.** *vi* Skizzen machen ◆**sketch in** *vt* ① (*draw in*) [andeutungsweise] einzeichnen ② (*outline*) umreißen ◆**sketch out** *vt* ① (*draw roughly*) [in groben Zügen] skizzieren ② (*outline*) umreißen

'sketch·book *n* Skizzenbuch *nt*

sketchy ['sketʃi] *adj* ① (*not detailed*) flüchtig; (*incomplete*) lückenhaft ② (*not fully realized*) skizzenhaft dargestellt

skew [skjuː] **I.** *vt* ① (*give slant to*) krümmen; TECH abschrägen ② (*distort*) verdrehen **II.** *vi* **to ~ around** sich drehen **III.** *adj pred* schräg, schief

skew·bald ['skjuːbɔːld, AM -bɑːld] *n* Schecke *m o f*

skewed ['skjuːd] *adj* schief

skew·er ['skjuːəʳ, AM -ɚ] **I.** *n* Spieß *m* **II.** *vt* ① (*pierce*) aufspießen ② (*pierce with skewer*) anstechen

skew-whiff [ˌskjuː'(h)wɪf] BRIT, AUS **I.** *adj*

pred (*fam*) schief **II.** *adv* (*fam*) schief

ski [skiː] **I.** *n* Ski *m;* **on ~s** auf Skiern **II.** *vi* Ski fahren [*o* laufen]; **to ~ down the slope** die Piste hinunterfahren

'ski boot *n* Skischuh *m*

skid [skɪd] **I.** *vi* <-dd-> (*on foot*) rutschen; (*in a vehicle*) schleudern; **to ~ to a halt** schlitternd zum Stehen kommen **II.** *n* (*on foot*) Rutschen *nt;* (*skewing round*) Schleudern *nt;* **to go into a ~** ins Schleudern geraten

'skid mark *n* Reifenspur *f;* (*from braking*) Bremsspur *f* **skid 'row** *n no pl esp* AM Pennerviertel *nt fam*

ski·er ['skiːəʳ, AM -ɚ] *n* Skifahrer(in) *m(f)*

skiff [skɪf] *n* ① (*rowing boat*) Skiff *nt* ② (*sailing boat*) Einer *m*

'ski gog·gles *npl* Skibrille *f*

ski·ing ['skiːɪŋ] *n no pl* Skifahren *nt*

'ski·ing holi·day *n* Skiurlaub *m*

'ski in·struc·tor *n* Skilehrer(in) *m(f)* **'ski in·struc·tress** *n* Skilehrerin *f* **'ski jump** *n* ① (*runway*) Sprungschanze *f* ② *no pl* (*jump*) Skisprung *m;* (*event*) Skispringen *nt*

skil·ful *adj* ① (*adroit*) geschickt ② (*showing skill*) gekonnt

skil·ful·ly *adv* geschickt, gekonnt

'ski lift *n* Skilift *m*

skill [skɪl] *n* ① *no pl* (*expertise*) Geschick *nt;* **to involve some ~** einige Geschicklichkeit erfordern ② (*particular ability*) Fähigkeit *f;* (*technique*) Fertigkeit *f;* **communication ~s** Kommunikationsfähigkeit *f;* **language ~s** Sprachkompetenz *f*

skilled [skɪld] *adj* ① (*trained*) ausgebildet; (*skilful*) geschickt ② (*requiring skill*) Fach-; **a highly ~ job** eine hoch qualifizierte Tätigkeit; **semi-~ occupation** Anlernberuf *m*

skil·let ['skɪlɪt] *n* AM (*frying pan*) Bratpfanne *f*

skill·ful *adj* AM *see* **skilful**

skill·ful·ly *adv* AM *see* **skilfully**

skim <-mm-> [skɪm] **I.** *vt* ① (*move lightly above*) streifen; **to ~ the surface of sth** (*fig*) nur an der Oberfläche von etw *dat* kratzen ② (*read*) überfliegen ③ FOOD (*remove from surface*) abschöpfen; **to ~ the cream from the milk** die Milch entrahmen **II.** *vi* ■ **to ~ over sth** über etw *akk* hinwegstreifen

'ski mask *n* Skimaske *f*

skimmed milk [ˌskɪmd'-], **skim 'milk** *n no pl* entrahmte Milch, Magermilch *f*

skim·mer ['skɪməʳ, AM -ɚ] *n* Schaumlöffel *m*

skimp [skɪmp] **I.** *vt* nachlässig erledigen **II.** *vi* sparen (**on** an +*dat*)

skimpy ['skɪmpi] *adj* ① (*not big enough*) dürftig; *meal* karg ② (*small and tight-fitting*) knapp

skin [skɪn] **I.** *n* ① *usu sing* (*on body*) Haut *f;* **to be soaked to the ~** nass bis auf die Haut sein ② (*animal hide*) Fell *nt* ③ (*rind*) *of fruit, potato* Schale *f; of boiled potato* Pelle *f; of sausage* [Wurst]haut *f; of almonds, tomatoes* Haut *f* ④ (*outer covering*) *aircraft, ship* [Außen]haut *f* ⑤ (*on hot liquid*) Haut *f* ▸ PHRASES: **it's no ~ off my nose** das ist nicht mein Problem; **by the ~ of one's teeth** nur mit knapper Not **II.** *vt* <-nn-> ① (*remove skin*) häuten; *fruit* schälen; **to ~ sb alive** (*hum*) Hackfleisch aus jdm machen *fam* ② (*graze*) **to ~ one's knees** sich *dat* die Knie aufschürfen

'skin can·cer *n no pl* Hautkrebs *m* **'skin·care** *n* Hautpflege *f* **skin-'deep** *adj pred* oberflächlich; **beauty is only ~** man darf nicht nur nach den Äußerlichkeiten urteilen **'skin dis·ease** *n* Hautkrankheit *f* **'skin-div·er** *n* SPORTS Taucher(in) *m(f)* (*ohne Anzug*) **'skin-div·ing** *n no pl* Tauchen *nt* (*ohne Anzug*) **'skin flick** *n* (*fam*) Porno *m*

'skin·flint *n* (*pej*) Geizkragen *m fam*

skin·ful ['skɪnfʊl] *n no pl* BRIT (*sl*) **to have had a ~** einen sitzen haben

'skin graft *n* MED ① (*skin transplant*) Hauttransplantation *f* ② (*skin section*) Hauttransplantat *nt* **'skin·head** *n* Skinhead *m*

skin·ny ['skɪni] *adj* mager

'skin·ny-dip <-pp-> *vi* (*fam*) im Adams-/Evakostüm baden

skint [skɪnt] *adj pred* BRIT (*sl*) ■ **to be ~** pleite sein *fam*

'skin-tight *adj* hauteng

skip¹ [skɪp] **I.** *vi* <-pp-> ① (*hop*) hüpfen ② BRIT, AUS (*hop with rope*) seilspringen ③ (*omit*) springen; ■ **to ~ over sth** etw überspringen; **let's ~ to the interesting bits** lasst uns direkt zu den interessanten Dingen übergehen **II.** *vt* <-pp-> ① AM (*hop with rope*) **to ~ rope** seilspringen ② (*leave out*) überspringen, auslassen ③ (*not participate in*) nicht teilnehmen (an +*dat*); *meal* auslassen; *classes* schwänzen *fam* **III.** *n* Hüpfer *m;* **to give a ~ of joy** einen Freudensprung machen

skip² [skɪp] *n* BRIT, AUS (*rubbish container*) [Müll]container *m*

'ski pants *npl* Skihose *f* **'ski pass** *n* Skipass *m* **'ski-plane** *n* Kufenflugzeug *nt* **'ski pole** *n* Skistock *m*

skip·per ['skɪpəʳ, AM -ɚ] **I.** *n* NAUT Kapitän *m* [zur See]; AVIAT [Flug]kapitän *m;* SPORTS [Mannschafts]kapitän *m;* (*form of address*)

Kapitän *m* **II.** *vt* befehligen; **to ~ a ship** Kapitän eines Schiffes sein; **to ~ an aircraft** Flugkapitän sein; **to ~ a team** Mannschaftsführer sein

'skip·ping rope, AM **'skip rope** *n* Springseil *nt*

'ski rack *n* Skiträger *m* **'ski re·sort** *n* Wintersportort *m*

skir·mish <*pl* -es> ['skɜːmɪʃ, AM 'skɜːr-] **I.** *n* MIL Gefecht *nt;* (*argument*) Wortgefecht *nt* **II.** *vi* MIL sich *dat* Gefechte liefern (**with** mit +*dat*); (*fig: argue*) sich heftig streiten (**with** mit +*dat*)

skirt [skɜːt, AM skɜːrt] **I.** *n* Rock *m* **II.** *vt* ① (*encircle*) umgeben; (*proceed around edge of*) umfahren ② (*avoid*) *questions* [bewusst] umgehen

skirt·ing, skirt·ing board ['skɜːtɪŋ-] *n* BRIT, AUS Fußleiste *f*

'ski run *n* Skipiste *f* **'ski school** *n* Skischule *f* **'ski slope** *n* Skipiste *f* **'ski stick** *n* BRIT Skistock *m* **'ski suit** *n* Skianzug *m*

skit [skɪt] *n* [satirischer] Sketch (**on** über +*akk*), Parodie *f* (**on** auf +*akk*)

'ski tow *n* Schlepplift *m*

skit·ter ['skɪtəʳ, AM -t̬ɚ] *vi* umherschwirren; *papers* flattern

skit·tish ['skɪtɪʃ, AM -t̬-] *adj* ① (*nervous*) *horse, person* nervös ② (*playful*) *person* übermütig

skit·tle ['skɪtl̩, AM -t̬l̩] *n esp* BRIT ① (*target*) Kegel *m* ② (*bowling game*) ■**~s** *pl* Kegeln *nt kein pl*

skive [skaɪv] *vi* BRIT (*fam*) sich drücken ◆**skive off** *vi* BRIT (*fam*) sich verdrücken; **to ~ off work** blau machen *fam*

skiv·er ['skaɪvəʳ] *n* BRIT (*fam*) Drückeberger(in) *m(f)*

skiv·vy ['skɪvi] **I.** *n* ① BRIT (*low-grade servant*) Dienstmädchen *nt a. pej* ② AM (*fam: men's underwear*) ■**skivvies** *pl* Unterwäsche *f* **II.** *vi* BRIT niedere Arbeiten erledigen

skul·dug·gery [skʌl'dʌgəri, AM -ɚi] *n no pl* üble Tricks *pl;* (*dishonesty*) Hinterlist *f*

skulk [skʌlk] *vi* ① (*lurk*) herumlungern *fam* ② (*move furtively*) schleichen

skull [skʌl] *n* Schädel *m;* **to get sth into one's [thick] ~** (*fam*) etw in seinen Schädel hineinbekommen

'skull·cap *n* ① (*top of skull*) Schädeldecke *f* ② REL Scheitelkäppchen *nt;* (*for Jews*) Kippa[h] *f;* (*for jockeys*) Kopfschutz *m*

skunk [skʌŋk] *n* ① (*animal*) Stinktier *nt* ② *no pl* (*sl: marijuana*) Shit *m o nt*

sky [skaɪ] *n* ① (*the sky*) Himmel *m;* **in the ~** am Himmel ② (*area above earth*) ■**skies** *pl* Himmel *m;* **cloudy skies** bewölkter Himmel ▶PHRASES: **the ~'s the limit** alles ist möglich

'sky-blue *adj attr* himmelblau

sky 'blue **I.** *n no pl* Himmelblau *nt* **II.** *adj pred* himmelblau **'sky·div·ing** *n no pl* Fallschirmspringen *nt* **sky-'high** **I.** *adv* (*direction*) [hoch] in die Luft; (*position*) [hoch] am Himmel; **to go ~** *prices* in die Höhe schnellen **II.** *adj* (*fig*) *prices, premiums* Schwindel erregend hoch **'sky·jack** **I.** *vt* entführen **II.** *n* Flugzeugentführung *f* **'sky·lark** *n* Feldlerche *f* **'sky·light** *n* Oberlicht *nt;* (*in roof*) Dachfenster *nt* **'sky·line** *n of city* Skyline *f;* (*horizon*) Horizont *m* **'sky·rock·et** *vi cost, price* in die Höhe schießen; **to ~ to fame/to power** *person* [auf einen Schlag] berühmt werden/zur Macht kommen **'sky·scrap·er** *n* Wolkenkratzer *m*

slab [slæb] *n* ① *of rock* Platte *f; of wood* Tafel *f;* (*in mortuary*) Tisch *m;* (*for paving*) Pflasterstein *m* ② *of food* [dicke] Scheibe; **a ~ of chocolate** eine Tafel Schokolade ③ (*foundation of house*) Plattenfundament *nt*

slack [slæk] **I.** *adj* ① (*not taut*) schlaff ② (*pej: lazy*) *person* träge; **discipline has become very ~ lately** die Disziplin hat in letzter Zeit sehr nachgelassen ③ (*not busy*) ruhig; *market* flau **II.** *adv* schlaff **III.** *n no pl* ① (*looseness*) Schlaffheit *f;* **the men pulled on the rope to take up the ~** die Männer zogen am Seil, um es zu spannen; **to cut sb some ~** AM (*fam*) jdm Spielraum einräumen ② (*coal*) [Kohlen]grus *m* **IV.** *vi* (*fam*) faulenzen ◆**slack off** *vi see* **slacken off**

slack·en ['slækᵊn] **I.** *vt* ① (*make less tight*) locker lassen; *grip* lockern ② (*reduce*) *pace* verlangsamen **II.** *vi* ① (*become less tight*) sich lockern ② (*diminish*) langsamer werden; *demand, intensity* nachlassen ◆**slacken off** **I.** *vi* ① (*at work*) *person* es langsamer angehen lassen ② (*move slower*) *person* langsamer gehen; *car* langsamer fahren; *speed, pace* langsamer werden **II.** *vt* reduzieren; *speed* drosseln

slack·en·ing ['slækᵊnɪŋ] *n no pl* ① (*loosening*) Lockern *nt* ② *of speed* Verlangsamung *f; of demand* Nachlassen *nt*

slack·er ['slækəʳ, AM -ɚ] *n* (*fam*) Faulenzer(in) *m(f)*

slack·ness ['slæknəs] *n no pl* ① (*looseness*) Schlaffheit *f* ② (*lack of activity*) Nachlassen *nt;* (*in demand*) Flaute *f* ③ (*pej: laziness*) Trägheit *f*

slacks [slæks] *npl* Hose *f;* **a pair of ~** eine Hose

slag [slæg] **I.** *n* ① *no pl* (*in mining*) Schlacke *f* ② BRIT (*pej fam!: slut*) Schlampe *f*

S

II. *vt* <-gg-> (*fam*) ■**to ~ [off] ↻ sb/sth** über jdn/etw herziehen

'slag·heap ['slægi:p] *n* Schlackehügel *m*

slain [sleɪn] **I.** *vi, vt pp of* **slay II.** *n* (*liter*) ■**the ~** *pl* die Gefallenen *pl*

slake [sleɪk] *vt needs, wants* befriedigen; *thirst* stillen

sla·lom ['slɑ:ləm] *n* Slalom *m*

slam [slæm] **I.** *n* ① (*sound*) Knall *m; of door* Zuschlagen *nt* ② (*punch*) Schlag *m;* (*push*) harter Stoß **II.** *vt* <-mm-> ① (*close*) *door* zuschlagen, zuknallen *fam;* **to ~ the door in sb's face** jdm die Tür vor der Nase zuschlagen ② (*hit hard*) schlagen ③ (*fam: criticize*) heruntermachen **III.** *vi* <-mm-> ① (*shut noisily*) zuschlagen ② (*hit hard*) **to ~ into a car** ein Auto rammen; **to ~ on the brakes** voll auf die Bremsen treten ◆**slam down** *vt* hinknallen *fam;* **to ~ down ↻ the receiver** den Hörer auf die Gabel knallen *fam*

slam·mer ['slæməʳ, AM -ɚ] *n* (*sl: prison*) ■**the ~** das Kittchen *fam*

slan·der ['slɑ:ndəʳ, AM 'slændɚ] LAW **I.** *n* ① *no pl* (*action*) üble Nachrede, Verleumdung *f* ② (*statement*) Verleumdung *f* **II.** *vt* verleumden

slan·der·er ['slɑ:ndᵊrəʳ, AM 'slændɚɚ] *n* Verleumder(in) *m(f)*

slan·der·ous ['slɑ:ndᵊrəs, AM 'slændɚ-] *adj* verleumderisch

slang [slæŋ] **I.** *n no pl* Slang *m;* **army ~** Militärjargon *m* **II.** *adj attr* Slang-; **~ term** [*or* **word**] Slangausdruck *m*

'slang·ing match *n esp* BRIT, AUS Schlagabtausch *m*

slangy ['slæŋi] *adj* (*fam*) salopp

slant [slɑ:nt, AM slænt] **I.** *vi* sich neigen; **the evening sun ~ed through the narrow window** die Abendsonne fiel schräg durch das schmale Fenster ein; **to ~ to the right** sich nach rechts neigen **II.** *vt* ① (*make diagonal*) ausrichten ② (*make appealing to*) zuschneiden; (*pej: in biased way*) zurechtbiegen *fig fam* **III.** *n* ① (*slope*) Neigung *f* ② (*perspective*) Tendenz *f;* **to have a right-wing ~** *newspaper* rechtsgerichtet sein

slant·ing ['slɑ:ntɪŋ, AM 'slæ-] *adj* schräg

slap [slæp] **I.** *n* ① (*with hand*) Klaps *m fam;* **to give sb a ~ on the back** jdm [anerkennend] auf den Rücken klopfen; (*fig*) jdn loben; **a ~ in the face** eine Ohrfeige; (*fig*) ein Schlag ins Gesicht ② (*noise*) Klatschen *nt* **II.** *adv* (*fam*) genau; **the child sat down ~ in the middle of the floor** das Kind setzte sich mitten auf den Boden **III.** *vt* <-pp-> ① (*with hand*) schlagen; **to ~ sb on the back** jdn auf den Rücken schlagen; (*in congratulation*) jdm [anerkennend] auf die Schulter klopfen ② (*strike*) schlagen (**against** gegen +*akk*) ③ (*fam: impose*) **to ~ a fine on sth** eine Geldstrafe auf etw *akk* draufschlagen **IV.** *vi water* ■**to ~ against sth** gegen etw *akk* schlagen ◆**slap down** *vt* ① (*put down*) hinknallen *fam* ② (*silence rudely*) ■**to ~ sb down** jdn zusammenstauchen *fam*

slap-'bang *adv* BRIT (*fam*) genau **'slap·dash** *adj* (*pej fam*) schlampig **'slap·head** *n* BRIT (*pej sl*) Glatzkopf *m fam* **'slap·stick** *n no pl* Slapstick *m* **'slap-up** *adj attr* BRIT, AUS **a ~ meal** ein Essen mit allem Drum und Dran *fam*

slash [slæʃ] **I.** *vt* ① (*cut deeply*) **to ~ sb's tyres** [*or* AM **tires**] jds Reifen aufschlitzen *fam;* **to ~ one's wrists** sich *dat* die Pulsadern aufschneiden; **~ed sleeve** Ärmel *m* mit Schlitz ② (*reduce*) *budget* kürzen; *price* senken; *staff* abbauen; *workforce* verringern **II.** *vi* (*with a knife*) ■**to ~ at sb/sth** [mit einem Messer] auf jdn/etw losgehen **III.** *n* <*pl* -es> ① (*cut on person*) Schnittwunde *f;* (*in object*) Schnitt *m* ② (*in clothing*) Schlitz *m* ③ (*punctuation mark*) Schrägstrich *m*

slat [slæt] *n* Leiste *f;* (*in grid*) Stab *m;* **wooden ~** Holzlatte *f*

slate [sleɪt] **I.** *n* ① *no pl* (*rock*) Schiefer *m* ② (*on roof*) [Dach]schindel *f* ③ AM, AUS POL (*list of candidates*) Kandidatenliste *f* ▸PHRASES: **to wipe the ~ clean** reinen Tisch machen **II.** *adj* Schiefer- **III.** *vt* ① (*cover with slates*) decken ② *usu passive* AM, AUS (*assign*) ■**to be ~d for sth** für etw *akk* vorgesehen sein ③ BRIT, AUS (*fam: criticize severely*) zusammenstauchen; *book* verreißen

slat·tern ['slætən, AM -t̬ɚn] *n* (*pej*) Schlampe *f fam*

slat·tern·ly ['slætənli, AM -t̬ɚn-] *adj* (*pej*) schlampig

slaugh·ter ['slɔ:təʳ, AM 'slɑ:t̬ɚ] **I.** *vt* ① (*kill*) abschlachten; *animal* schlachten ② SPORTS (*fam*) vom Platz fegen **II.** *n no pl* ① (*killing*) *of people* Abschlachten *nt; of animals* Schlachten *nt* ② (*fam: in sports*) Schlappe *f; see also* **neighbour**

'slaugh·ter·house *n* Schlachthaus *nt,* Schlachthof *m*

Slav [slɑ:v] **I.** *n* Slawe, Slawin *m, f* **II.** *adj* slawisch

slave [sleɪv] **I.** *n* Sklave, Sklavin *m, f* **II.** *vi* schuften; ■**to ~ [away] at sth** sich mit etw *dat* herumschlagen

'slave driv·er *n* Sklaventreiber(in) *m(f)*

S

slav·er[1] ['slævəʳ, AM -ɚ] **I.** *vi* ❶ (*drool*) *animal* geifern; *person* speicheln ❷ (*pej: show excitement*) gieren (**over** nach +*dat*) **II.** *n no pl animal* Geifer *m; person* Speichel *m*

slav·er[2] ['sleɪvəʳ, AM -ɚ] *n* (*hist*) ❶ (*ship*) Galeere *f hist* ❷ (*trader*) Sklavenhändler(in) *m(f)*

slav·ery ['sleɪvᵊri, AM -ɚi] *n no pl* Sklaverei *f;* (*fig*) sklavische Abhängigkeit

'slave trade *n* (*hist*) Sklavenhandel *m*

Slav·ic ['slɑːvɪk] *adj* slawisch

slav·ish ['sleɪvɪʃ] *adj* ❶ (*without originality*) sklavisch ❷ (*servile*) sklavisch

Sla·von·ic [slə'vɒnɪk, AM -'vɑːn-] *adj* slawisch

slay [sleɪ] *vt* ❶ <slew, slain> (*liter or old: kill*) *dragon* erlegen; *enemy* bezwingen ❷ <slew, slain> AM (*murder*) ■ **to be slain** ermordet werden

sleaze [sliːz] *n* ❶ *no pl* (*immorality*) Korruption *f* ❷ AM (*fam: person*) schmieriger Typ

sleazy ['sliːzi] *adj* anrüchig; *area* zweifelhaft; ~ **bar** Spelunke *f fam*

sledge [sledʒ], AM **sled** [sled] **I.** *n* ❶ (*for snow*) Schlitten *m* ❷ (*fam: sledgehammer*) Vorschlaghammer *m* **II.** *vt* mit dem Schlitten transportieren; *see also* **fridge**

'sledge·ham·mer *n* Vorschlaghammer *m* ▶ PHRASES: **to use a ~ to crack a <u>nut</u>** mit Kanonen auf Spatzen schießen

sleek [sliːk] *adj* ❶ (*glossy*) *fur, hair* geschmeidig; (*streamlined*) elegant; *car* schnittig ❷ (*fig: in manner*) [aal]glatt *pej* ❸ (*well-groomed*) gepflegt

sleep [sliːp] **I.** *n* ❶ *no pl* (*resting state*) Schlaf *m;* (*nap*) Nickerchen *nt;* **I didn't get to ~ until 4 a.m.** ich bin erst um 4 Uhr morgens eingeschlafen; **to lose ~ over sth** wegen einer S. *gen* schlaflose Nächte haben; **to send sb to ~** jdn einschlafen lassen *fig* ❷ *no pl* (*in eyes*) Schlaf *m* ▶ PHRASES: **to be <u>able</u> to do sth in one's ~** etw im Schlaf beherrschen **II.** *vi* <slept, slept> schlafen; (*fig: be buried*) ruhen; **~ tight!** schlaf schön!; **we'll be ~ing at Steve's on Saturday night** Samstagnacht werden wir bei Steve übernachten; **to ~ late** lange schlafen, ausschlafen; **to ~ sound[ly]** [tief und] fest schlafen; ■ **to ~ with sb** mit jdm schlafen ▶ PHRASES: **to ~ on <u>it</u>** eine Nacht darüber schlafen **III.** *vt* **to ~ ten** zehn Personen beherbergen können; **to ~ the night with sb** bei jdm übernachten ◆**sleep around** *vi* (*fam*) herumschlafen ◆**sleep in** *vi* ❶ (*sleep late*) ausschlafen ❷ (*sleep on premises*) im Hause wohnen ◆**sleep off** *vt hangover* ausschlafen; *cold, headache* sich gesund schlafen ◆**sleep out** *vi* draußen schlafen ◆**sleep over** *vi* über Nacht bleiben, übernachten ◆**sleep through** *vt* verschlafen; **I must have slept through the alarm/lecture** ich muss den Wecker/die Vorlesung verschlafen haben; **to ~ through a storm** trotz eines Sturms weiterschlafen ◆**sleep together** *vi* (*have sex*) miteinander schlafen; (*share bedroom*) zusammen [in einem Zimmer] schlafen

sleep·er ['sliːpəʳ, AM -ɚ] *n* ❶ (*person*) Schläfer(in) *m(f);* (*sofa*) Bettsofa *nt;* **to be a light ~** einen leichten Schlaf haben ❷ *esp* AM (*pyjamas*) ■ **~s** *pl* Schlafanzug *m* ❸ (*train*) Zug *m* mit Schlafwagenabteil; (*sleeping car*) Schlafwagen *m;* (*berth*) Schlafwagenplatz *m* ❹ BRIT, AUS (*on railway track*) Schwelle *f* ❺ (*earring*) Kreole *f* ❻ (*spy*) Schläfer *m*

'sleep·er cell *n* MIL, POL Schläferzelle *f*

sleepi·ness ['sliːpɪnəs] *n no pl* Schläfrigkeit *f*

sleep·ing ['sliːpɪŋ] *adj attr* schlafend *attr* ▶ PHRASES: **let ~ <u>dogs</u> lie** (*prov*) schlafende Hunde soll man nicht wecken *prov*

'sleep·ing bag *n* Schlafsack *m* **Sleep·ing 'Beau·ty** *n* Dornröschen *nt* **'sleep·ing car** *n* Schlafwagen *m* **'sleep·ing part·ner** *n* BRIT COMM stiller Teilhaber **'sleep·ing pill** *n* Schlaftablette *f* **sleep·ing po·'lice·man** *n* BRIT Bodenschwelle *f* **'sleep·ing sick·ness** *n no pl* Schlafkrankheit *f* **'sleep·ing tab·let** *n* Schlaftablette *f*

sleep·less ['sliːpləs] *adj* schlaflos

'sleep·walk *vi* schlafwandeln

'sleep·walk·er *n* Schlafwandler(in) *m(f)*

sleepy ['sliːpi] *adj* ❶ (*drowsy*) schläfrig ❷ (*quiet*) *town* verschlafen *fam*

'sleepy·head ['sliːpihed] *n* (*fam*) Schlafmütze *f*

sleet [sliːt] **I.** *n no pl* Eisregen *m* **II.** *vi impers* **it is ~ing** es fällt Eisregen

sleeve [sliːv] *n* ❶ (*on clothing*) Ärmel *m;* **to roll up one's ~s** (*for hard work*) die Ärmel hochkrempeln *a. fig* ❷ (*for rod, tube*) Manschette *f* ❸ (*for record*) [Schallplatten]hülle *f* ▶ PHRASES: **to <u>have</u> sth up one's ~** etw im Ärmel haben

sleeve·less ['sliːvləs] *adj* ärmellos *attr*

sleigh [sleɪ] *n* Pferdeschlitten *m; see also* **neighbour**

sleight of 'hand *n no pl* (*in tricks*) Fingerfertigkeit *f;* (*fig*) Trick *m*

slen·der ['slendəʳ, AM -ɚ] *adj* ❶ *legs, waist* schlank; *railings, poles* schmal ❷ *means,*

S

resources, majority knapp

slen·der·ize ['slendəraɪz] AM **I.** *vi* (*fam*) abnehmen **II.** *vt* (*fam*) **to ~ one's figure** seine Figur trimmen; (*reduce*) *budget* kürzen

slept [slept] *pt, pp of* **sleep**

slew [slu:] *pt of* **slay**

slice [slaɪs] **I.** *n* ① *of bread, ham* Scheibe *f; of cake, pizza* Stück *nt* ② (*portion*) Anteil *m* ③ (*tool*) Pfannenwender *m;* **cake ~** Tortenheber *m* **II.** *vt* ① (*cut in slices*) in Scheiben schneiden; *cake, pizza* in Stücke schneiden ② (*in golf, cricket*) *ball* verschlagen; (*in tennis*) anschneiden **III.** *vi* ① (*food*) sich schneiden lassen ② (*cut*) ■**to ~ through sth** etw durchschneiden ◆**slice off** *vt* abschneiden ◆**slice up** *vt* ① (*make slices*) in Scheiben schneiden; *bread* aufschneiden; *cake, pizza* in Stücke schneiden ② (*divide*) *profits* aufteilen

sliced [slaɪst] *adj* geschnitten; *bread* aufgeschnitten

slic·er ['slaɪsəʳ, AM -ɚ] *n* (*machine*) Schneidemaschine *f;* (*knife*) Bratenmesser *nt*

slick [slɪk] **I.** *adj* ① (*skilful*) gekonnt; (*great*) geil *sl; performance* tadellos ② (*pej: overly-polished*) *answer, manner* glatt; (*clever*) gewieft ③ (*shiny*) *hair* geschniegelt *fam;* AM (*slippery*) *road, floor* glatt **II.** *n* (*oil slick*) Ölteppich *m* **III.** *vt* **to ~ back one's hair** sich *dat* die Haare nach hinten klatschen *fam*

slick·er ['slɪkɚ] *n* AM ① (*city slicker*) feiner Pinkel aus der [Groß]stadt *fam* ② (*raincoat*) Regenmantel *m*

slid [slɪd] *pp, pt of* **slide**

slide [slaɪd] **I.** *vi* <slid, slid> ① (*glide*) rutschen; (*smoothly*) gleiten; **to ~ down the banisters** das Geländer herunterrutschen ② (*decline in value*) *currency* sinken ▸PHRASES: **to let things ~** die Dinge schleifen lassen **II.** *vt* <slid, slid> **can you ~ your seat forward a little?** können Sie mit Ihrem Sitz etwas nach vorne rutschen?; **she slid the hatch open** sie schob die Luke auf **III.** *n* ① (*act of sliding*) Rutschen *nt* ② (*on ice*) Eisbahn *f* ③ (*at playground*) Rutsche *f* ④ GEOG (*landslide*) **rock ~** Felslawine *f* ⑤ *usu sing* (*decline*) Sinken *nt; of a currency* Wertverlust *m* ⑥ (*in photography*) Dia *nt*

'slide pro·jec·tor *n* Diaprojektor *m* **'slide rule** *n* Rechenschieber *m*

slid·ing ['slaɪdɪŋ] *adj attr* Schiebe-

slid·ing 'scale *n* FIN gleitende Skala

slight [slaɪt] **I.** *adj* ① (*small*) *chance, possibility* gering; *mistake* klein; *injury, accent* leicht; **there's been a ~ improvement in the situation** die Situation hat sich geringfügig gebessert; **there was a ~ smell of onions in the air** es roch ein wenig nach Zwiebeln; **he has a ~ tendency to exaggerate** er neigt etwas zu Übertreibungen; **not in the ~est** nicht im Geringsten ② (*slim*) *person* zierlich ③ (*superficial*) *play, plot* bescheiden **II.** *n* Beleidigung *f* **III.** *vt* beleidigen

slight·ly ['slaɪtli] *adv* ein wenig, etwas; **I feel ~ peculiar** ich fühle mich irgendwie komisch; **to know sb ~** jdn flüchtig kennen

slim [slɪm] **I.** *adj* <-mm-> ① *person, figure* schlank; *waist* schmal; *object* dünn ② *chance, possibility* gering; *profits, income* mager; **~ pickings** magere Ausbeute **II.** *vi* <-mm-> abnehmen ◆**slim down I.** *vi* abnehmen **II.** *vt workforce* reduzieren

slime [slaɪm] *n no pl* (*substance*) Schleim *m*

'slime·bag *n* (*pej fam*) Schleimer(in) *m(f)* **'slime ball** *n* (*pej fam*) Schleimer(in) *m(f)*

slim·mer ['slɪməʳ, AM -ɚ] *n Person, die eine Diät macht*

slim·ming ['slɪmɪŋ] **I.** *n no pl* Abnehmen *nt* **II.** *adj* ① (*for slimmers*) *magazine, colours* schlank machend *attr;* **~ pill** Schlankheitspille *f* ② (*fam: non-fattening*) schlank machend *attr;* **~ food** Diätkost *f*

slimy ['slaɪmi] *adj slug, pond, seaweed* schleimig; (*fig*) *character, person* schleimig

sling [slɪŋ] **I.** *n* ① (*for broken arm, for lifting*) Schlinge *f;* (*for baby*) Tragetuch *nt;* (*for camera, gun*) Tragegurt *m* ② (*weapon*) Schleuder *f* **II.** *vt* <slung, slung> ① (*fling*) werfen, schleudern ② (*suspend*) ■**to be slung from sth** von etw *dat* herunterhängen; **soldiers with rifles slung over their shoulders** Soldaten mit geschulterten Gewehren ◆**sling out** *vt* (*fam*) ■**to ~ out** ↔ **sb/sth** jdn/etw rauswerfen

'sling·shot ['slɪŋʃɑ:t] *n* AM, AUS (*catapult*) [Stein]schleuder *f*

slink <slunk, slunk> [slɪŋk] *vi* schleichen; ■**to ~ away** [sich] davonschleichen

slinky ['slɪŋki] *adj* verführerisch

slip [slɪp] **I.** *n* ① (*in price, value*) Fall *m* ② (*for ordering*) Formular *nt;* (*sales slip*) Kassenzettel *m;* **a ~ of paper** ein Stück *nt* Papier ③ (*mistake*) Flüchtigkeitsfehler *m;* **a ~ of the tongue** ein Versprecher *m* ④ (*petticoat*) Unterrock *m* ▸PHRASES: **to give sb the ~** jdn abhängen **II.** *vi* <-pp-> ① (*lose position*) *person* ausrutschen; *knife, hand* abrutschen; *tyres* wegrutschen; *clutch* schleifen ② (*move quietly*) **to ~ into the house** ins Haus schleichen; **to ~ through a gap** durch ein Loch schlüpfen ③ (*decline*) *dollar, price, productivity* sinken ④ (*make mistake*) *person* sich versprechen; **to let sth ~** *secret* etw ausplaudern ⑤ (*start to have*) ■**to ~ into sth** *routine, habit* sich *dat* etw angewöhnen; **everything seemed to ~ into place** alles schien [plötzlich] zusammenzupassen; **to ~ into bad habits** sich *dat* schlechte Gewohnheiten aneignen ▸PHRASES: **to ~ through sb's fingers** jdm entkommen **III.** *vt* <-pp-> ① (*put smoothly*) **she ~ped the key under the mat** sie schob den Schlüssel unter die Matte; **he ~ped the letter into his pocket** er steckte den Brief in seine Tasche; **to ~ sb a note** jdm eine Nachricht zustecken ② (*escape from*) **to ~ sb's attention** jds Aufmerksamkeit entgehen; **sth ~s sb's mind** jd vergisst etw ③ AUTO *clutch* lösen ④ MED **to ~ a disk** sich *dat* einen Bandscheibenschaden zuziehen

Falsche Freunde

Nicht verwechseln mit Slip *m* — *briefs*!

◆**slip away** *vi* ① (*leave unnoticed*) *person* sich wegstehlen ② (*not be kept*) ■**to ~ away [from sb]** *control, power* [jdm] entgleiten; **they wouldn't let this chance of victory ~ away from them** sie würden sich diese Siegeschance nicht entgehen lassen ③ (*time*) verstreichen *geh* ◆**slip by** *vi* ① (*pass quickly*) *years* verfliegen ② (*move past*) *person* vorbeihuschen ③ (*go unnoticed*) *mistake, remark* durchgehen ◆**slip down** *vi trousers, socks* herunterrutschen ◆**slip in I.** *vt* einbringen **II.** *vi person* sich hereinschleichen ◆**slip off I.** *vi* ① (*leave unnoticed*) sich davonstehlen ② (*fall off*) herunterrutschen **II.** *vt* abstreifen ◆**slip on** *vt* anziehen; *ring* sich *dat* anstecken ◆**slip out** *vi* ① (*for short time*) **to ~ out for a moment** kurz weggehen ② *words, secret* herausrutschen ◆**slip up** *vi* einen Fehler begehen

'slip·case *n* Schuber *m* **'slip·knot** *n* Schlaufe *f* **'slip-on I.** *adj attr* **~ shoes** Slipper *pl* **II.** *n* ■**~s** *pl* Slipper *pl*

slip·page ['slɪpɪdʒ] *n no pl* ① (*in popularity, price*) Sinken *nt* ② (*delay*) Verzögerung *f*

slip·pers ['slɪpəz, AM -ɚz] *npl* Hausschuhe *pl*

slip·pery ['slɪpəri, AM -ɚi] *adj* ① *surface, object* rutschig; (*fig*) *situation* unsicher; *road* glatt ② (*pej: untrustworthy*) windig *fam* ▸PHRASES: **to be as ~ as an eel** aalglatt sein

'slip road *n* BRIT Zubringer *m*

'slip·shod *adj* schludrig *fam*

'slip·stream *n* AUTO Windschatten *m;* AVIAT Sog *m* **'slip-up** *n* Fehler *m* **'slip·way** *n* NAUT Ablaufbahn *f*

slit [slɪt] **I.** *vt* <-tt-, slit, slit> aufschlitzen; **to ~ one's wrists** sich *dat* die Pulsadern aufschneiden; **~** *skirt* geschlitzter Rock **II.** *n* ① (*tear*) Schlitz *m* ② (*narrow opening*) *of eyes* Schlitz *m; of door* Spalt *m*

slith·er ['slɪðəʳ, AM -ɚ] *vi lizard, snake* kriechen; *person* rutschen

sliv·er ['slɪvəʳ, AM -ɚ] *n* ① (*shard*) Splitter *m* ② (*small piece*) *of cheese* Scheibchen *nt; of cake* Stückchen *nt*

slob [slɒb, AM slɑ:b] **I.** *n* (*pej fam*) Gammler(in) *m(f)* **II.** *vi* ■**to ~ about** herumgammeln *pej fam*

slob·ber ['slɒbəʳ, AM 'slɑ:bɚ] **I.** *vi* sabbern **II.** *n no pl* Sabber *m*

slob·bery ['slɒbəri, AM 'slɑ:bɚi] *adj* (*wet*) feucht; (*slobbered on*) vollgesabbert *fam;* **~ kiss** feuchter Kuss

sloe [sləʊ, AM sloʊ] *n* Schlehe *f*

slog [slɒg, AM slɑ:g] **I.** *n no pl* (*fam: hard work*) Schufterei *f;* (*strenuous hike*) [Gewalt]marsch *m* **II.** *vi* <-gg-> (*fam*) ① (*walk*) **to ~ up the hill** sich auf den Hügel schleppen ② (*work*) sich durcharbeiten (**through** durch +*akk*)

slo·gan ['sləʊgən, AM 'sloʊ-] *n* Slogan *m;* **campaign ~** Wahlspruch *m*

sloop [slu:p] *n* NAUT Slup *f*

slop [slɒp, AM slɑ:p] **I.** *n* ① (*waste*) ■**~s** *pl* Abfälle *pl;* (*food waste*) Essensreste *pl* ② *no pl* (*pej fam: food*) Schlabber *m* **II.** *vt* <-pp-> (*fam*) verschütten **III.** *vi* <-pp-> (*fam*) *a liquid* überschwappen ◆**slop out** *vi* BRIT (*in prison*) den/die Toiletteneimer [aus]leeren

slope [sləʊp, AM sloʊp] **I.** *n* ① (*hill*) Hang *m;* **ski ~** Skipiste *f* ② *no pl* (*angle*) Neigung *f;* **~ of a roof** Dachschräge *f* ③ MATH (*on graph*) Gefälle *nt* **II.** *vi* ① (*incline/decline*) *ground* abfallen; *roof* geneigt sein; ■**to ~ down/up** abfallen/ansteigen ② (*lean*) sich neigen **III.** *vt roof, path* schräg anlegen ◆**slope off** *vi* (*fam*) sich verziehen *fam*

slop·ing ['sləʊpɪŋ, AM 'sloʊ-] *adj attr* schräg; (*upwards*) ansteigend; (*downwards*) abfallend; **~ shoulders** hängende Schultern

slop·pi·ness ['slɒpɪnəs, AM 'slɑ:-] *n no pl* Schlampigkeit *f*

slop·py ['slɒpi, AM 'slɑ:pi] *adj* ① (*careless*) schlampig ② (*hum o pej: overly romantic*) kitschig; **~ love song** Schnulze *f*

S

fam ③ (*fam: loose-fitting*) *clothing* schlabb[e]rig

slosh [slɒʃ, AM slɑːʃ] (*fam*) **I.** *vt* ① (*pour carelessly*) **I ~ed some water on my face** ich habe mir etwas Wasser ins Gesicht geworfen ② BRIT (*sl: hit*) ■**to ~ sb** jdm eine verpassen **II.** *vi* ① (*splash around*) *a liquid* [herum]schwappen; *person* [herum]planschen ② (*move through water*) waten ◆**slosh about, slosh around** (*fam*) **I.** *vi* herumspritzen; *person* herumplanschen; (*in container*) herumschwappen **II.** *vt* umrühren

sloshed [slɒʃt, AM slɑːʃt] *adj pred* (*fam*) besoffen *sl*

slot [slɒt, AM slɑːt] **I.** *n* ① (*narrow opening*) Schlitz *m;* (*groove*) Rille *f;* (*for money*) Geldeinwurf *m;* (*for mail*) Briefschlitz *m* ② (*in TV programming*) Sendezeit *f* **II.** *vt* <-tt-> [hinein]stecken (**into** in +*akk*) **III.** *vi* <-tt-> ■**to ~ into sth** in etw *akk* hineinpassen ◆**slot in I.** *vi* hineinstecken **II.** *vt* ① (*into frame*) einpassen ② (*into schedule*) ■**to ~ in** ↻ **sb/sth** jdn/etw dazwischenschieben *fam* ◆**slot together I.** *vi parts* ineinanderpassen **II.** *vt* ■**to ~ together** ↻ **sth** etw ineinanderstecken

sloth [sləʊθ, AM slɑːθ] *n* ① *no pl* (*laziness*) Trägheit *f* ② (*animal*) Faultier *nt;* (*pej: person*) Faultier *nt a. hum o iron*

sloth·ful [ˈsləʊθfᵊl, AM ˈslɑːθ-] *adj* faul

ˈslot ma·chine *n* ① (*for gambling*) Spielautomat *m* ② BRIT, AUS (*vending machine*) [Münz]automat *m* **ˈslot me·ter** *n* Münzautomat *m*

slouch [slaʊtʃ] **I.** *n* <*pl* -es> (*bad posture*) krumme Haltung **II.** *vi* ① (*have shoulders bent*) gebeugt stehen ② (*move lazily*) **to ~ along the street** die Straße entlangschlendern

slough¹ [slaʊ, AM *esp* sluː] *n* **a ~ of despair** ein Sumpf *m* der Verzweiflung *liter*

slough² [slʌf] *vt* **to ~ old skin** sich häuten

Slo·vak [ˈsləʊvæk, AM ˈsloʊvɑːk] **I.** *n* ① (*person*) Slowake, Slowakin *m, f* ② *no pl* (*language*) Slowakisch *nt* **II.** *adj* slowakisch

Slo·vakia [slə(ʊ)ˈvækiə, AM sloʊˈvɑːk-] *n no pl* die Slowakei

Slo·vak·ian [slə(ʊ)ˈvækiən, AM sloʊˈvɑːk-] **I.** *n* ① (*person*) Slowake, Slowakin *m, f* ② *no pl* (*language*) Slowakisch *nt* **II.** *adj* slowakisch

slov·en [ˈslʌvᵊn] *n* (*dated: messy*) schlampige Person; (*unkempt*) ungepflegte Person

Slo·vene [slə(ʊ)ˈviːn, AM ˈsloʊviːn] **I.** *n* ① (*person*) Slowene, Slowenin *m, f* ② *no pl* (*language*) Slowenisch *nt* **II.** *adj* slowenisch

Slo·venia [slə(ʊ)ˈviːniə, AM sloʊ-] *n no pl* Slowenien *nt*

Slo·ven·ian [slə(ʊ)ˈviːniən, AM sloʊ-] **I.** *n* ① (*person*) Slowene, Slowenin *m, f* ② *no pl* (*language*) Slowenisch *nt* **II.** *adj* slowenisch

slov·en·ly [ˈslʌvᵊnli] *adj* schlampig; *appearance* ungepflegt

slow [sləʊ, AM sloʊ] **I.** *adj* ① (*without speed*) langsam; *business, market* flau; ■**to be ~ to do sth** lange brauchen, um etw zu tun ② (*not quick-witted*) begriffsstutzig; **to be ~ on the uptake** schwer von Begriff sein ③ *clock, watch* **to be** [*or* **run**] [**10 minutes**] ~ [10 Minuten] nachgehen **II.** *vi* langsamer werden; **to ~ to a crawl** fast zum Stillstand kommen **III.** *vt* verlangsamen ◆**slow down I.** *vt* verlangsamen; **I don't like working with him, he ~s me down** ich arbeite nicht gerne mit ihm, er hält mich auf **II.** *vi* ① (*reduce speed*) langsamer werden; (*speak*) langsamer sprechen; (*walk*) langsamer laufen ② (*relax more*) kürzer treten *fam*

ˈslow·coach *n* BRIT, AUS (*fam*) lahme Ente

slow ˈcook·er *n* (*a large electric pot used for cooking food very slowly*) Crock-Pot® *m* (*elektrischer Kochtopf mit Keramiktopfeinsatz, in dem der Inhalt bei konstant niedriger Temperatur gegart wird*) **ˈslow·down** *n* ① ECON (*business activity*) Verlangsamung *f;* **economic ~** Konjunkturabschwächung *f* ② AM ECON (*go-slow*) Bummelstreik *m*

slow·ly [ˈsləʊli, AM ˈsloʊ-] *adv* langsam; **~ but surely** langsam, aber sicher

slow ˈmo·tion I. *n no pl* FILM Zeitlupe *f* **II.** *adj* Zeitlupen- **slow-ˈmov·ing** <slower-, slowest-> *adj* sich [nur] langsam bewegend; *story, film, plot* langatmig; *traffic* zähflüssig

slow·ness [ˈsləʊnəs, AM ˈsloʊ-] *n no pl* ① (*lack of speed*) Langsamkeit *f* ② (*lack of intelligence*) Begriffsstutzigkeit *f*

ˈslow train *n* TRANSP Bummelzug *m fam*

slow-ˈwit·ted *adj* begriffsstutzig, schwer von Begriff *nach n* **ˈslow-worm** *n* Blindschleiche *f*

SLR [ˌeselˈɑːʳ, AM -ˈɑːr], **SLR cam·era** *n* PHOT *abbrev of* **single lens reflex** (**camera**) einäugige Spiegelreflexkamera

sludge [slʌdʒ] *n no pl* Schlamm *m*

slug [ˈslʌg] **I.** *vt* <-gg-> (*fam*) ① (*hit with hard blow*) ■**to ~ sb** jdm eine verpassen *sl* ② (*fight physically or verbally*) **to ~ it out** es untereinander ausfechten **II.** *n* ① (*mollusc*) Nacktschnecke *f* ② (*swig*) Schluck *m*

S

slug·gish ['slʌgɪʃ] *adj* träge; *market* flau; *engine* lahm

sluice [slu:s] **I.** *n* Schleuse *f* **II.** *vi* ■**to ~ out** [**from sth**] *water* herausschießen [aus etw *dat*] **III.** *vt* ■**to ~ sth down** etw [mit dem Schlauch] abspritzen

'sluice gate *n* Schleusentor *nt* **'sluice·way** *n* [Schleusen]kanal *m*

slum [slʌm] **I.** *n* Slum *m*, Elendsviertel *nt* **II.** *vi* <-mm-> **to go ~ming** sich unters gemeine Volk mischen **III.** *vt* <-mm-> **to ~ it** (*iron*) primitiv leben

slum·ber ['slʌmbəʳ, AM -bɚ] (*poet*) **I.** *vi* schlummern *geh* **II.** *n* (*sleep*) Schlummer *m geh;* (*fig*) Dornröschenschlaf *m;* **~ party** AM Party *f* mit Übernachtung

slum 'clear·ance *n no pl* Beseitigung *f* der Slums **'slum dwell·er** *n* Slumbewohner(in) *m(f)*

slump [slʌmp] **I.** *n* ECON ① (*decline*) [plötzliche] Abnahme; **~ in prices** Preissturz *m* ② (*recession*) Rezession *f;* **economic ~** Wirtschaftskrise *f* **II.** *vi* ① (*fall dramatically*) *prices* stürzen; *numbers, sales* zurückgehen ② (*fall heavily*) fallen

slung [slʌŋ] *pt, pp of* **sling**

slunk [slʌŋk] *pt, pp of* **slink**

slur [slɜ:ʳ, AM slɜ:r] **I.** *vt* <-rr-> ① (*pronounce unclearly*) undeutlich artikulieren; (*because of alcohol*) lallen ② (*damage sb's reputation*) verleumden **II.** *n* Verleumdung *f;* **to cast a ~ on sb/sth** jdn/etw in einem schlechten Licht erscheinen lassen

slurp [slɜ:p, AM slɜ:rp] (*fam*) **I.** *vi* (*drink noisily*) schlürfen **II.** *vt* schlürfen **III.** *n* Schlürfen *nt*

slur·ry ['slʌri, AM 'slɜ:ri] *n no pl* TECH Brei *m*

slush [slʌʃ] *n no pl* ① (*melting snow*) [Schnee]matsch *m* ② (*pej: very sentimental language*) Gefühlsduselei *f*

'slush fund *n* (*pej*) Schmiergeldfonds *m*

slushy ['slʌʃi] *adj* ① (*melting*) matschig ② (*very sentimental*) kitschig

slut [slʌt] *n* (*pej*) ① (*promiscuous woman*) Schlampe *f derb* ② (*lazy, untidy woman*) [liederliche] Schlampe *sl*

slut·tish ['slʌtɪʃ, AM 'slʌt̬-] *adj* (*pej*) schlampig

sly [slaɪ] *adj* ① (*secretive*) verstohlen; *smile* verschmitzt; **on the ~** heimlich ② (*cunning*) gerissen ▸PHRASES: **as ~ as a fox** schlau wie ein Fuchs

sly·ly ['slaɪli] *adv* ① (*secretively*) verstohlen; *grin* verschmitzt ② (*deceptively*) gerissen

smack¹ [smæk] **I.** *n* ① (*slap*) [klatschender] Schlag ② (*hearty kiss*) Schmatz *m* ③ (*loud noise*) Knall *m* **II.** *adv* ① (*exactly*) direkt; **his shot landed ~ in the middle of the target** sein Schuss landete haargenau im Zentrum der Zielscheibe ② (*forcefully*) voll *fam;* **I walked ~ into a lamp post** ich lief voll gegen einen Laternenpfahl **III.** *vt* ① (*slap*) ■**to ~ sb** jdm eine knallen *fam;* **to ~ sb's bottom** jdm den Hintern versohlen ② (*slap sth against sth*) ■**to ~ sth on sth** etw auf etw *akk* knallen *fam* ◆**smack of** *vt* ■**to ~ of sth** nach etw *dat* riechen

smack² [smæk] *n no pl* (*sl*) Heroin *nt*

smack·er ['smækəʳ, AM -ɚ] *n* (*sl*) ① *usu pl* BRIT (*pound*) Pfund *nt;* AM (*dollar*) Dollar *m* ② (*loud kiss*) Schmatz[er] *m fam*

smack·ing ['smækɪŋ] *adj* kräftig; **~ breeze** steife Brise

small [smɔ:l, AM *also* smɑ:l] **I.** *adj* ① (*not large*) klein; *amount a.* gering; **~ circulation** MEDIA niedrige Auflage; **in ~ quantities** in kleinen Mengen; **~ child** Kleinkind *nt* ② (*insignificant*) unbedeutend; **~ consolation** ein schwacher Trost; **to make sb look ~** jdn niedermachen *fam* ▸PHRASES: **it's a ~ <u>world</u>!** (*prov*) die Welt ist klein! **II.** *n no pl* **the ~ of the back** das Kreuz

'small ad *n* Kleinanzeige *f* **'small arms** *npl* Handfeuerwaffen *pl* **small 'beer** *n no pl* BRIT (*fig*) Kleinigkeit *f* **small 'busi·ness** *n* Kleinunternehmen *nt* **small 'bus·iness·man** *n* Kleinunternehmer *m* **small 'change** *n no pl* Kleingeld *nt;* (*fig: small amount*) Klacks *m fam* **small 'claims** *npl* LAW Bagatellsachen *pl* **small 'claims court** *n* LAW *Zivilgericht für Bagatellfälle* **'small fry** *n no pl, + sing/pl vb* (*fam*) ① (*children*) junges Gemüse *hum* ② (*unimportant people*) kleine Fische **'small·hold·er** *n* BRIT Kleinbauer, -bäuerin *m, f* **'small·hold·ing** *n* BRIT kleiner Landbesitz **'small hours** *npl* **the** [**wee**] **~** die frühen Morgenstunden **small in·'tes·tine** *n* Dünndarm *m*

small·ish ['smɔ:lɪʃ, AM 'smɑ:l-] *adj* [eher] klein

small-'mind·ed *adj* (*pej*) engstirnig

small·ness ['smɔ:lnəs, AM *also* 'smɑ:l-] *n no pl* Kleinheit *f*

'small·pox *n no pl* Pocken *pl* **small 'print** *n no pl* ■**the ~** das Kleingedruckte **'small-scale** <smaller-, smallest-> *adj* **~ map** Karte *f* in einem kleinen Maßstab; *business, conflict* klein **small 'screen** *n no pl* [Fernseh]bildschirm *m* **'small talk** *n no pl* Smalltalk *m o nt* **'small-time** *adj* mickerig *fam; person* unbedeutend; **~ crook** kleiner Gauner

smarmy ['smɑ:mi, AM 'smɑ:rmi] *adj* (*pej*) schmeichlerisch

S

smart [smɑːt, AM smɑːrt] **I.** *adj* ① (*intelligent*) schlau, clever *fam; child* intelligent; **to make a ~ move** klug handeln ② (*stylish*) schick ③ (*quick and forceful*) [blitz]schnell **II.** *n* ① AM (*sl: intelligence*) ■**the ~s** *pl* die [nötige] Intelligenz ② (*sharp pain*) Schmerz *m* **III.** *vi eyes, wound* brennen

smart alec(k) [ˈsmɑːtˌælek, AM ˌsmɑːrtˈælek] *n* (*pej fam*) Schlauberger(in) *m(f) fam* **ˈsmart arse** BRIT, AUS, AM **ˈsmart ass** *n* (*pej fam!*) Klugscheißer(in) *m(f) sl* **ˈsmart bomb** *n* MIL [laser]gelenkte Bombe **ˈsmart card** *n* COMPUT Chipkarte *f*

smart·en [ˈsmɑːtᵊn, AM ˈsmɑːrt-] **I.** *vt* ■**to ~ sth** ↻ **up** etw herrichten; *house, town* etw verschönern; ■**to ~ oneself** ↻ **up** sich in Schale werfen *fam* **II.** *vi* ■**to ~ up** mehr Wert auf sein Äußeres legen

smart·ness [ˈsmɑːtnəs, AM ˈsmɑːrt-] *n no pl* ① BRIT, AUS (*neatness*) Schick *m* ② (*intelligence*) Schlauheit *f*

smash [smæʃ] **I.** *n* <*pl* -es> ① (*crashing sound*) Krachen *nt* ② (*traffic or rail accident*) Unfall *m;* **rail ~** Zugunglück *nt* ③ SPORTS Schlag *m;* TENNIS Schmetterball *m* ④ (*fam: smash hit*) Superhit *m;* **box-office ~** Kassenschlager *m* **II.** *vt* ① (*break into pieces*) zerschlagen; *window* einschlagen ② (*strike against*) schmettern (**against** gegen +*akk*) ③ SPORTS *record* brechen; *ball* schmettern **III.** *vi* ① (*break into pieces*) zerbrechen ② (*strike against*) prallen (**into** gegen +*akk*); ■**to ~ through sth** etw durchbrechen ◆**smash in** *vt* einschlagen ◆**smash up** *vt* zertrümmern; *car* zu Schrott fahren

smash-and-ˈgrab raid *n* BRIT, AUS Schaufenstereinbruch *m*

smashed [smæʃt] *adj pred* (*fam*) sternhagelvoll *fam*

smash·er [ˈsmæʃəʳ, AM -ɚ] *n* BRIT (*dated fam: man*) toller Typ; (*woman*) Klassefrau *f*

smash ˈhit *n* Superhit *m fam*

smash·ing [ˈsmæʃɪŋ] *adj* BRIT (*dated fam*) klasse

ˈsmash-up *n* schwerer Unfall; (*pile-up*) Karambolage *f*

smat·ter·ing [ˈsmætᵊrɪŋ, AM ˈsmæṭ-] *n usu sing* ① (*very small amount*) **a ~ of applause** [ein] schwacher Applaus ② (*slight knowledge*) **to have a ~ of a language** ein paar Brocken einer Sprache können

smear [smɪəʳ, AM smɪr] **I.** *vt* ① (*spread messily*) ■**to ~ sth on sth** etw mit etw *dat* beschmieren ② (*attack reputation*) verunglimpfen **II.** *n* ① (*blotch*) Fleck *m* ② (*public accusations*) Verleumdung *f* ③ MED (*smear test*) Abstrich *m*

ˈsmear tac·tics *npl* Verleumdungstaktik *f*

ˈsmear test *n* MED Abstrich *m*

smell [smel] **I.** *n* ① (*sense of smelling*) Geruch *m;* **sense of ~** Geruchssinn *m;* **to have a ~ of sth** an etw *dat* riechen ② (*characteristic odour*) Geruch *m; of perfume* Duft *m* ③ (*pej: bad odour*) Gestank *m* **II.** *vi* <smelt *or* AM -ed, smelt *or* AM -ed> ① (*perceive*) riechen ② + *adj* (*give off odour*) riechen; (*pleasantly*) duften; ■**to ~ of** [*or* **like**] **sth** nach etw *dat* riechen ③ (*pej: smell bad*) stinken ▶ PHRASES: **to come out of sth ~ing of roses** frei von jedem Verdacht aus etw *dat* hervorgehen **III.** *vt* <smelt *or* AM -ed, smelt *or* AM -ed> riechen ▶ PHRASES: **to ~ a rat** den Braten riechen *fam* ◆**smell out** *vt* (*a. fig: discover by smelling*) aufspüren

ˈsmell·ing bot·tle, **ˈsmell·ing salts** *npl* Riechfläschchen *nt*

smelly [ˈsmeli] *adj* (*pej*) stinkend *attr*

smelt¹ [smelt] *vi, vt* BRIT, AUS *pt, pp of* **smell**

smelt² [smelt] *vt metal* erschmelzen

smid·gen, smid·geon, smid·gin [ˈsmɪdʒᵊn] *n* ■**a ~ ...** ein [klitzekleines] bisschen ...; *of liquid* ein winziges Schlückchen

smile [smaɪl] **I.** *n* Lächeln *nt;* **to be all ~s** über das ganze Gesicht strahlen; **to give sb a ~** jdm zulächeln **II.** *vi* ① (*produce a smile*) lächeln; ■**to ~ at sb** jdn anlächeln ② (*look favourably upon*) ■**to ~ on sb** es gut mit jdm meinen **III.** *vt* **the hostess ~d a welcome** die Gastgeberin lächelte einladend

smiley [ˈsmaɪli] *adj* immer lächelnd *attr;* **~ face** COMPUT Smiley *m*

smil·ing [ˈsmaɪlɪŋ] *adj* lächelnd, strahlend

smirch [smɜːtʃ, AM smɜːrtʃ] *vt* (*dated*) besudeln

smirk [smɜːk, AM smɜːrk] (*pej*) **I.** *vi* grinsen; ■**to ~ at sb** jdn süffisant anlächeln **II.** *n* Grinsen *nt*

smite <smote, smitten> [smaɪt] *vt* (*liter*) schlagen; **to ~ sb dead** (*dated*) jdn totschlagen

smith [smɪθ] *n* Schmied *m*

smith·er·eens [ˌsmɪðəˈriːnz] *npl* **to smash sth to ~** etw in tausend Stücke schlagen

smithy [ˈsmɪði, AM ˈsmɪθi] *n* Schmiede *f*

smit·ten [ˈsmɪtᵊn] *adj pred* (*in love*) ■**to be ~ with sb/sth** in jdn/etw vernarrt sein

smock [smɒk, AM smɑːk] *n* Kittel *m*

smock·ing [ˈsmɒkɪŋ, AM ˈsmɑːk-] *n no pl* FASHION Smokarbeit *f*

smog [smɒg, AM smɑːg] *n no pl* Smog *m*

S

'smog alert *n* Smogalarm *m* **'smog warn·ing** *n* Smogwarnung *f*

smoke [sməʊk, AM smoʊk] **I.** *n* ❶ *no pl* (*from burning*) Rauch *m;* **a puff of ~** ein Rauchwölkchen *nt* ❷ (*act of smoking*) **to have a ~** eine rauchen *fam* ❸ (*fam: cigarettes*) ■ **~s** *pl* Glimmstängel *pl* ▸PHRASES: **to go up in ~** in Rauch [und Flammen] aufgehen **II.** *vt* ❶ (*use tobacco*) rauchen ❷ FOOD räuchern ▸PHRASES: **put that in your pipe and ~ it!** schreib dir das hinter die Ohren! **III.** *vi* rauchen ◆**smoke out** *vt* ausräuchern; (*fig*) entlarven

'smoke bomb *n* MIL Rauchbombe *f*

smoked [sməʊkt, AM smoʊkt] *adj* geräuchert; **~ fish** Räucherfisch *m*

'smoke de·tec·tor *n* Rauchmelder *m*

smoke·less ['sməʊkləs, AM 'smoʊk-] *adj* (*without smoke*) rauchfrei

smok·er ['sməʊkəʳ, AM 'smoʊkɚ] *n* ❶ (*person*) Raucher(in) *m(f);* **~'s cough** Raucherhusten *m* ❷ (*compartment in train*) Raucherabteil *nt* ❸ (*device*) Räuchergefäß *nt*

'smoke·screen *n* ❶ (*pretext*) Vorwand *m* ❷ (*smoke cloud*) Rauchvorhang *m*

'smoke sig·nal *n* Rauchzeichen *nt*

'smoke·stack *n* Schornstein *m* **'smoke-stained** *adj* rauchgeschwärzt

smok·ing ['sməʊkɪŋ, AM 'smoʊk-] *n no pl* Rauchen *nt;* **~ ban** Rauchverbot *nt*

Falsche Freunde

Nicht verwechseln mit Smoking *m* — *dinner-jacket!*

'smok·ing com·part·ment, AM **'smok·ing car** *n* Raucherabteil *nt* **'smok·ing jack·et** *n* (*dated*) Hausjacke *f veraltet*

smoky ['sməʊki, AM 'smoʊki] *adj* ❶ (*filled with smoke*) verraucht ❷ (*producing smoke*) rauchend *attr* ❸ (*tasting of smoke*) rauchig

smol·der *vi* AM *see* **smoulder**

smooch [smu:tʃ] **I.** *vi* (*fam: kiss vigorously*) knutschen; (*tenderly*) schmusen **II.** *n usu sing* (*fam: vigorous*) Knutschen *nt;* (*tender*) Schmusen *nt*

smooth [smu:ð] **I.** *adj* ❶ (*not rough*) glatt; *sea* ruhig ❷ (*free from difficulty*) problemlos; *flight* ruhig; *landing* sanft ❸ (*mild flavour*) mild; **~ wine** Wein *m* mit einem weichen Geschmack ❹ (*polished, suave*) [aal]glatt *pej;* **~ operator** gewiefte Person **II.** *vt* ❶ (*make less difficult*) **to ~ the path [to sth]** den Weg [zu etw *dat*] ebnen ❷ (*rub in evenly*) einmassieren (**into** in +*akk*) ◆**smooth away** *vt* glätten; (*fig*) besänftigen ◆**smooth down** *vt* glatt streichen ◆**smooth over** *vt* in Ordnung bringen

smoothie ['smu:ði] *n* ❶ (*pej: charmer*) Charmeur *m* ❷ (*drink*) Smoothie *m* (*Getränk aus Yoghurt und Früchten*)

smooth·ly ['smu:ðli] *adv* ❶ (*without difficulty*) reibungslos; **to go ~** glattlaufen *fam* ❷ (*suavely*) aalglatt *pej*

smooth·ness ['smu:ðnəs] *n no pl* ❶ (*evenness*) Glätte *f; of silk* Weichheit *f; of skin* Glattheit *f* ❷ (*pleasant consistency*) *of taste* Milde *f; of texture* Glätte *f*

smooth-'shav·en *adj* glatt rasiert

'smooth-talk *vi* (*fam*) sich einschmeicheln

smoothy ['smu:ði] *n* Charmeur *m*

smote [sməʊt, AM smoʊt] *pt of* **smite**

smoth·er ['smʌðəʳ, AM -ɚ] *vt* ❶ (*suffocate*) ersticken (**with** mit +*dat*) ❷ (*prevent from growing*) unterdrücken ❸ (*cover*) ■ **to be ~ed in sth** von etw *dat* völlig bedeckt sein

smoul·der ['sməʊldəʳ, AM 'smoʊldɚ] *vi* ❶ (*burn slowly*) schwelen; *cigarette* glimmen; (*fig*) *dispute* schwelen ❷ (*repressed emotions*) **to ~ with rage** vor Zorn glühen

SMS [ˌesem'es] *n abbrev of* **short message service** SMS *f*

smudge [smʌdʒ] **I.** *vt* ❶ (*smear*) *lipstick* verwischen ❷ (*soil*) beschmutzen **II.** *vi* verlaufen; *ink* klecksen; **her mascara had ~d** ihre Wimperntusche war verschmiert **III.** *n* (*a. fig*) Fleck *m*

smudge-proof ['smʌdʒpru:f] *adj lipstick* kussecht; *mascara* wischfest

smudgy ['smʌdʒi] *adj* verschmiert

smug <-gg-> [smʌg] *adj* selbstgefällig

smug·gle ['smʌgl̩] *vt* schmuggeln

smug·gler ['smʌgləʳ, AM -lɚ] *n* Schmuggler(in) *m(f)*

smug·gling ['smʌgl̩ɪŋ] *n no pl* Schmuggel *m*

smut [smʌt] *n* ❶ *no pl* (*pej: indecent material*) Schweinereien *pl* ❷ (*soot from burning*) Rußflocke *f*

smut·ty ['smʌti, AM 'smʌt̬i] *adj* (*pej*) schmutzig; *joke* dreckig *fam*

snack [snæk] **I.** *n* Snack *m,* Imbiss *m* **II.** *vi* naschen

'snack bar *n* Imbissstube *f*

snacky ['snæki] *adj* (*fam*) *food, meal* für zwischendurch *nach n*

snaf·fle ['snæfl̩] *vt* BRIT, AUS (*fam*) sich *dat* unter den Nagel reißen *fam*

snag [snæg] **I.** *n* ❶ (*hidden disadvantage*) Haken *m fam* (**with** an +*dat*); **to hit a ~** auf Schwierigkeiten stoßen ❷ (*damage to textiles*) gezogener Faden **II.** *vt* <-gg->

S

❶ (*damage by catching*) **be careful not to ~ your coat on the barbed wire** pass auf, dass du mit deiner Jacke nicht am Stacheldraht hängen bleibst ❷ AM (*get*) sich *dat* schnappen *fam* **III.** *vi* <-gg-> ■**to ~ on sth** durch etw *akk* belastet sein

snail [sneɪl] *n* Schnecke *f*

'snail mail *n no pl* (*hum fam*) Schneckenpost *f* **'snail shell** *n* Schneckenhaus *nt*

snake [sneɪk] **I.** *n* ❶ (*reptile*) Schlange *f* ❷ (*pej: untrustworthy person*) **a ~ in the grass** eine falsche Schlange **II.** *vi* sich schlängeln

'snake bite *n* Schlangenbiss *m* **'snake charm·er** *n* Schlangenbeschwörer(in) *m(f)* **'snake·skin** *n* ❶ (*skin*) Schlangenhaut *f* ❷ FASHION Schlangenleder *nt* **'snake ven·om** *n no pl* Schlangengift *nt*

snap [snæp] **I.** *n* ❶ *usu sing* (*act*) Knacken *nt;* (*sound*) Knacks *m* ❷ (*photograph*) Schnappschuss *m* ❸ AM (*snap fastener*) Druckknopf *m* **II.** *vi* <-pp-> ❶ (*break cleanly*) auseinanderbrechen; **her patience finally ~ped** (*fig*) ihr riss schließlich der Geduldsfaden ❷ (*make a whip-like motion*) peitschen ❸ (*sudden bite*) schnappen (**at** nach +*dat*); **to ~ at sb's heels** nach jds Fersen schnappen; (*fig*) jdm auf den Fersen sein ❹ (*speak sharply*) bellen *fam;* ■**to ~ at sb** jdn anfahren **III.** *vt* <-pp-> ❶ (*break cleanly*) entzweibrechen; ■**to ~ sth ↻ off** etw abbrechen ❷ (*close sharply*) **to ~ sth shut** etw zuknallen; *book* zuklappen ❸ (*attract attention*) **to ~ one's fingers** mit den Fingern schnippen ❹ (*speak sharply*) **to ~ sb's head off** jdm den Kopf abreißen *fam*
◆**snap out** *vi* ❶ (*in anger*) brüllen ❷ (*get over*) ■**to ~ out of sth** etw überwinden; **~ out of it!** krieg dich wieder ein! ◆**snap up** *vt* schnell kaufen

'snap·drag·on *n* HORT Löwenmaul *nt* **'snap fast·en·er** *n* BRIT Druckknopf *m*

snap·pish ['snæpɪʃ] *adj* gereizt

snap·py ['snæpi] *adj* ❶ (*fam: smart, fashionable*) schick ❷ (*quick*) zackig; **make it ~!** mach fix! *fam* ❸ (*pej: irritable*) gereizt

'snap·shot *n* PHOT Schnappschuss *m*

snare [sneəʳ, AM sner] **I.** *n* (*trap*) Falle *f;* (*noose*) Schlinge *f* **II.** *vt* ❶ (*catch animals*) [mit einer Falle] fangen ❷ (*capture*) fangen

'snare drum *n* MUS Schnarrtrommel *f*

snarl¹ [snɑ:l, AM snɑ:rl] **I.** *vi* ❶ (*growl*) *dog* knurren ❷ (*speak angrily*) ■**to ~ at sb** jdn anknurren **II.** *n* ❶ (*growl*) Knurren *nt* ❷ (*angry utterance*) **to say sth with a ~** etw knurren

snarl² [snɑ:l, AM snɑ:rl] **I.** *n* (*knot*) Knoten *m;* (*tangle*) Gewirr *nt* **II.** *vi* (*become tangled*) sich verheddern ◆**snarl up** *vi usu passive* durcheinandergeraten; **traffic was ~ed up for several hours after the accident** nach dem Unfall herrschte ein stundenlanges Verkehrschaos

'snarl-up *n* **traffic ~** Verkehrschaos *nt*

snatch [snætʃ] **I.** *n* <*pl* -es> ❶ (*sudden grab*) schneller Griff; **to make a ~ at sth** nach etw *dat* greifen ❷ (*fragment*) Fetzen *m* ❸ (*spell of activity*) **to do sth in ~es** etw mit Unterbrechungen tun **II.** *vt* ❶ (*grab quickly*) schnappen ❷ (*steal*) sich *dat* greifen; (*fig*) **he ~ed the gold medal from the Canadian champion** er schnappte dem kanadischen Champion die Goldmedaille weg ❸ (*kidnap*) entführen **III.** *vi* (*grab quickly*) greifen (**at** nach +*dat*)
◆**snatch away** *vt* ■**to ~ sth away from sb** jdm etw entreißen ◆**snatch up** *vt* sich *dat* schnappen

snaz·zy ['snæzi] *adj* (*sl*) schick *fam*

sneak [sni:k] **I.** *vi* <-ed *or esp* AM snuck, -ed *or esp* AM snuck> ❶ (*move stealthily*) schleichen; **to ~ up on sb/sth** sich an jdn/etw heranschleichen ❷ BRIT (*pej fam: tell tales*) petzen; ■**to ~ on sb** jdn verpetzen **II.** *vt* <-ed *or esp* AM snuck, -ed *or esp* AM snuck> ❶ (*view secretly*) **to ~ a look at sb/sth** einen verstohlenen Blick auf jdn/etw werfen ❷ (*move secretly*) ■**to ~ sb/sth in** jdn/etw hineinschmuggeln **III.** *n* BRIT (*pej fam*) Petze(r) *f(m)*

sneak·er ['sni:kəʳ] *n usu pl* AM (*shoe*) Turnschuh *m*

sneak·ing ['sni:kɪŋ] *adj attr* heimlich; **~ suspicion** leiser Verdacht

sneak 'pre·view *n* FILM [inoffizielle] Vorschau **'sneak thief** *n* [Taschen]dieb(in) *m(f)*

sneaky ['sni:ki] *adj* raffiniert

sneer [snɪəʳ, AM snɪr] **I.** *vi* ❶ (*smile derisively*) spöttisch grinsen ❷ (*express disdain*) spotten (**at** über +*akk*) **II.** *n* spöttisches Lächeln

sneer·ing ['snɪərɪŋ, AM 'snɪr-] *adj* spöttisch

sneeze [sni:z] **I.** *vi* niesen ▶PHRASES: **not to be ~d at** nicht zu verachten **II.** *n* Niesen *nt*

snick [snɪk] *vt* BRIT, AUS SPORTS **to ~ a ball** einen Ball auf Kante schlagen (*beim Kricket*)

snick·er ['snɪkəʳ] AM *see* **snigger**

snide [snaɪd] *adj* (*pej*) *remark* abfällig

sniff [snɪf] **I.** *n* Riechen *nt; dog* Schnüffeln *nt* **II.** *vi* ❶ (*inhale sharply*) die Luft einziehen; *animal* wittern; ■**to ~ at sth** an etw *dat* schnuppern; *animal* die Witterung von

S

etw *dat* aufnehmen ② (*show disdain*) ■**to ~ at sth** über etw *akk* die Nase rümpfen **III.** *vt* (*test by smelling*) ■**to ~ sth** an etw *dat* riechen ◆**sniff out** *vt* aufspüren; (*fig*) entdecken

'sniff·er dog *n* Spürhund *m*

snif·fle ['snɪfl̩] **I.** *vi* schniefen **II.** *n* (*repeated sniffing*) Schniefen *nt;* MED leichter Schnupfen

snif·fy ['snɪfi] *adj* (*fam*) ■**to be ~ about sth** über etw *akk* die Nase rümpfen

snif·ter ['snɪftəʳ, AM -ɚ] *n* ① *esp* AM (*glass*) Schwenker *m* ② (*drink of alcohol*) Gläschen *nt hum*

snig·ger ['snɪgəʳ, AM -ɚ] **I.** *vi* kichern (**at** über +*akk*) **II.** *n* Kichern *nt,* Gekicher *nt*

snip [snɪp] **I.** *n* ① (*cut*) Schnitt *m* ② BRIT (*fam: bargain*) Schnäppchen *nt* **II.** *vt* schneiden

snipe [snaɪp] **I.** *vi* ① MIL aus dem Hinterhalt schießen ② (*criticize*) ■**to ~ at sb** jdn attackieren **II.** *n* <*pl* - *or* -es> Schnepfe *f*

snip·er ['snaɪpəʳ, AM -ɚ] *n* MIL Heckenschütze *m*

'snip·ing [snaɪpɪŋ] *n* (*criticism*) scharfes Kritisieren

snip·pet ['snɪpɪt] *n* ① (*small piece*) Stückchen *nt;* **~s of paper** Papierschnipsel *pl* ② (*information*) Bruchstück *nt; of information, knowledge a.* Brocken *m;* **~s of a conversation** Gesprächsfetzen *pl*

snitch [snɪtʃ] **I.** *vt* (*fam: steal*) klauen **II.** *vi* (*pej sl: tell tales*) petzen; ■**to ~ on sb** jdn verpfeifen *fam* **III.** *n* <*pl* -es> (*pej sl: informer*) Petze *f*

sniv·el ['snɪvᵊl] **I.** *vi* <BRIT -ll- *or* AM *usu* -l-> ① (*sniffle*) schniefen *fam* ② (*cry*) flennen *pej fam* **II.** *n* ① *no pl* AM (*snivelling*) Geplärre *nt pej fam* ② (*sad sniffle*) Schniefen *nt*

sniv·el·ling, AM **sniv·el·ing** ['snɪvᵊlɪŋ] **I.** *n no pl* Geheul *nt pej fam* **II.** *adj attr person, manner* weinerlich

snob [snɒb, AM snɑ:b] *n* Snob *m*

snob·bery ['snɒbᵊri, AM 'snɑ:bɚi] *n no pl* Snobismus *m*

snob·bish ['snɒbɪʃ, AM 'snɑ:b-] *adj* snobistisch

snog [snɒg] **I.** *vi* <-gg-> BRIT (*fam*) [rum]knutschen (**with** mit +*dat*) **II.** *vt* <-gg-> BRIT (*fam*) küssen **III.** *n* (*fam*) Kuss *m;* **to have a ~** rumknutschen

snook [snu:k] *n no pl* ►PHRASES: **to cock a ~ at sb/sth** sich über jdn/etw lustig machen

snook·er ['snu:kəʳ, AM 'snʊkɚ] **I.** *vt* ① *usu passive* ■**to be ~ed** BRIT, AUS (*be defeated*) festsitzen ② (*in snooker*) abblocken; ■**to ~ oneself** sich selbst ausmanövrieren **II.** *n* Snooker *nt*

snoop [snu:p] **I.** *n* (*fam*) ① (*look*) Herumschnüffeln *nt kein pl;* **to have a ~** sich [mal] ein bisschen umschauen ② (*interloper, investigator*) Schnüffler(in) *m(f);* (*spy*) Spion(in) *m(f)* **II.** *vi* (*fam*) ① (*look secretly*) [herum]schnüffeln; (*pry*) [herum]spionieren; ■**to ~ on sb** jdn ausspionieren ② (*investigate*) sich umsehen ◆**snoop about, snoop around** *vi* (*fam*) ① (*look secretly*) herumschnüffeln ② *police* sich umsehen

snoop·er ['snu:pəʳ, AM -ɚ] *n* (*fam*) ① (*interloper, investigator*) Schnüffler(in) *m(f)* ② (*spy*) Spion(in) *m(f)*

snooty ['snu:ti, AM -t̬-] *adj* (*fam*) hochnäsig

snooze [snu:z] (*fam*) **I.** *vi* ein Nickerchen machen **II.** *n* Nickerchen *nt*

'snooze but·ton *n* Schlummertaste *f* (*am Wecker*)

snore [snɔ:ʳ, AM snɔ:r] **I.** *vi* schnarchen **II.** *n* Schnarchen *nt kein pl*

snor·kel ['snɔ:kᵊl, AM 'snɔ:r-] SPORTS **I.** *n* Schnorchel *m* **II.** *vi* <BRIT -ll- *or* AM *usu* -l-> schnorcheln

snor·kel·ling *n no pl* SPORTS Schnorcheln *nt*

snort [snɔ:t, AM snɔ:rt] **I.** *vi* schnauben **II.** *vt* ① (*sl: inhale*) **to ~ cocaine** Kokain schnupfen ② (*disapprovingly*) [verächtlich] schnauben **III.** *n* (*noise*) Schnauben *nt kein pl*

snot [snɒt, AM snɑ:t] *n no pl* (*fam: mucus*) Rotz *m*

'snot-rag *n* (*sl*) Rotzfahne *f fam*

snot·ty ['snɒti, AM 'snɑ:t̬i] *adj* (*fam*) ① (*full of mucus*) Rotz-; *handkerchief* vollgerotzt ② (*pej: rude*) rotzfrech *sl; answer* pampig; *look, manner* unverschämt

snout [snaʊt] *n* (*nose*) *of animal* Schnauze *f; of pig, insect* Rüssel *m; of person* Rüssel *m sl*

snow [snəʊ, AM snoʊ] **I.** *n* ① *no pl* Schnee *m* ② (*snowfall*) Schneefall *m* **II.** *vi impers* **it's ~ing** es schneit **III.** *vt* AM (*fam*) ■**to ~ sb** jdm Honig ums Maul schmieren ◆**snow in** *vt usu passive* **to be ~ed in** eingeschneit sein ◆**snow under** *vt usu passive* **to be ~ed under with work** mit Arbeit eingedeckt sein

'snow·ball I. *n* Schneeball *m* ►PHRASES: **to not have a ~'s chance in hell [of doing sth]** (*fam*) Null Chancen haben[, etw zu tun] **II.** *vi* lawinenartig anwachsen; **to keep ~ing** eskalieren

'snow·ball ef·fect *n no pl* Schneeballeffekt *m*

'snow bank *n esp* AM (*snow drift*) Schneewehe *f* **'snow blind·ness** *n no pl* Schneeblindheit *f* **'snow·board** *n* Snowboard *nt* **'snow·board·ing** *n* Snowboarding *nt,* Snowboardfahren *nt* **'snow·bound** *adj* (*snowed-in*) eingeschneit; *road* wegen Schnees gesperrt **'snow-capped** *adj* schneebedeckt **'snow chains** *npl* AUTO Schneeketten *pl* **'snow·drift** *n* Schneewehe *f* **'snow·drop** *n* Schneeglöckchen *nt* **'snow·fall** *n* ❶ *no pl* (*amount*) Schneemenge *f* ❷ (*snowstorm*) Schneefall *m* **'snow·flake** *n* Schneeflocke *f* **'snow goggles** *npl* Schneebrille *f* **'snow·line** *n* Schneefallgrenze *f* **'snow·man** *n* Schneemann *m* **snow·mo·bile** ['snəʊməˌbiːl, AM 'snoʊmoʊˌ-] *n* Schneemobil *nt* **'snow·plough** *n* Schneepflug *m* **'snow·shoe I.** *n usu pl* Schneeschuh *m* **II.** *vi* mit Schneeschuhen gehen **'snow·storm** *n* Schneesturm *m* **'snow·suit** *n* Schneeanzug *m* **'snow tyre**, AM **'snow tire** *n* Winterreifen *m* **snow-'white I.** *adj* schneeweiß; *blouse, sheets a.* blütenweiß; *face* kalkweiß **II.** *n no pl* Schneeweiß *nt* **Snow 'White** *n no pl* Schneewittchen *nt*

snowy ['snəʊi, AM 'snoʊ-] *adj* ❶ (*with much snow*) *region, month* schneereich ❷ (*snow-covered*) verschneit; *mountain* schneebedeckt ❸ (*colour*) schneeweiß

snub [snʌb] **I.** *vt* <-bb-> (*offend by ignoring*) brüskieren; (*insult*) beleidigen **II.** *n* Brüskierung *f*

snub 'nose *n* Stupsnase *f* **'snub-nosed** *adj attr* ❶ *person* stupsnasig ❷ MIL *gun* mit kurzem Lauf *nach n*

snuff [snʌf] **I.** *n* Schnupftabak *m* **II.** *vt* **to ~ it** BRIT, AUS (*fam*) abkratzen *sl* ◆**snuff out** *vt* ❶ (*extinguish*) auslöschen ❷ (*end*) *hopes* zunichtemachen ❸ AM (*die*) **to ~ one's life out** sein Leben aushauchen *geh*

'snuff box *n* Schnupftabak[s]dose *f*

snuf·fle ['snʌfl̩] **I.** *vi* ❶ (*sniffle*) schniefen *fam* ❷ (*speak nasally*) ■**to ~ [out]** näseln **II.** *n* ❶ (*runny nose*) laufende Nase ❷ (*noisy breathing*) Schnüffeln *nt kein pl*

snug [snʌg] *adj* ❶ (*cosy*) kuschelig, gemütlich; (*warm*) mollig warm ❷ FASHION (*tight*) eng

snug·gle ['snʌgl̩] **I.** *vi* sich kuscheln (mit +*dat*); ■**to ~ into sth** sich in etw *akk* kuscheln **II.** *vt* ❶ (*hold*) an sich *akk* drücken ❷ *usu passive* (*nestle*) ■**to be ~d** sich schmiegen **III.** *n* (*sl*) Umarmung *f* ◆**snuggle up** *vi* ■**to ~ up to sb** sich an jdn schmiegen; ■**to ~ up with sb** mit jdm kuscheln

so [səʊ, AM soʊ] **I.** *adv* ❶ (*to an indicated degree*) so; **he's quite nice, more ~ than I was led to believe** er ist ganz nett, viel netter als ich angenommen hatte ❷ (*to a great degree*) so; **what are you looking ~ pleased about?** was freut dich denn so [sehr]?; **what's ~ wrong with that?** was ist denn daran so falsch? ❸ (*also, likewise*) auch; **I've got an enormous amount of work to do – ~ have I** ich habe jede Menge Arbeit – ich auch ❹ (*yes*) ja; **can I watch television? – I suppose ~** darf ich fernsehen? – na gut, meinetwegen [*o* von mir aus]; **I'm afraid ~** ich fürchte ja ❺ (*that*) das; **~ they say** so sagt man; **I'm sorry I'm late – ~ you should be** es tut mir leid, dass ich mich verspätet habe – das will ich auch schwer hoffen; **I told you ~** ich habe es dir ja gesagt ❻ (*as stated*) so; (*true*) wahr; **is that ~?** stimmt das?; **if ~ ...** wenn das so ist ...; **and ~ it was** und so kam es dann auch; **and ~ forth** [*or* **on**] und so weiter; **~ to speak** sozusagen ▶ PHRASES: **~ long** bis dann [*o* später]; **~ what?** na und? *fam* **II.** *conj* ❶ (*therefore*) deshalb, daher; **I couldn't find you ~ I left** ich konnte dich nicht finden, also bin ich gegangen ❷ (*introducing a sentence*) also; **~ where have you been?** wo warst du denn die ganze Zeit?; **~ what's the problem?** wo liegt denn das Problem? ❸ (*so that*) damit; **be quiet ~ she can concentrate** sei still, damit sie sich konzentrieren kann ▶ PHRASES: **~ long as ...** (*if*) sofern; (*for the time*) solange; **~ long as he doesn't go too far, ...** solange er nicht zu weit geht, ... **III.** *adj* (*sl*) typisch *fam;* **that's ~ 70's** das ist typisch 70er

soak [səʊk, AM soʊk] **I.** *n* (*immersion*) Einweichen *nt kein pl* **II.** *vt* ❶ (*immerse*) einweichen; (*in alcohol*) einlegen ❷ (*make wet*) durchnässen **III.** *vi* (*immerse*) einweichen lassen ◆**soak in I.** *vi* ❶ (*be absorbed*) einziehen ❷ (*be understood*) in den Schädel gehen *fam;* **will it ever ~ in?** ob er/sie das wohl jemals kapiert? *fam* **II.** *vt* einsaugen; (*fig*) in sich *akk* aufnehmen ◆**soak off** *vt* [mit Wasser] ablösen ◆**soak up** *vt* ❶ (*absorb*) aufsaugen; (*fig*) [gierig] in sich *akk* aufnehmen ❷ (*bask in*) *atmosphere* in sich *akk* aufnehmen; *sun*[*shine*] sich aalen (in +*dat*) ❸ (*use up*) **to ~ up resources** Mittel aufbrauchen

soaked [səʊkt, AM soʊkt] *adj* (*wet*) ■**to be ~** pitschnass sein *fam;* **~ in sweat** schweißgebadet; *shirt* völlig durchgeschwitzt

soak·ing ['səʊkɪŋ, AM 'soʊk-] **I.** *n* ❶ (*immersion*) Einweichen *nt kein pl* ❷ (*becoming wet*) Nasswerden *nt kein pl;* **to get a ~** patschnass werden *fam* **II.** *adj* **~ [wet]**

S

klatschnass *fam*

so-and-so ['səʊən(d)səʊ, AM 'soʊən(d)soʊ] *n* (*fam*) ① (*unspecified person*) Herr/Frau Soundso; (*unspecified thing*) das und das ② (*pej fam: disliked person*) **oh, he was a right old ~ that Mr Baker** ja, dieser Mr. Baker war ein richtiger alter Fiesling *sl*

soap [səʊp, AM soʊp] **I.** *n* ① *no pl* (*substance*) Seife *f* ② TV, MEDIA (*soap opera*) Seifenoper *f* **II.** *vt* einseifen

'soap·box *n* ① (*cart*) Seifenkiste *f* ② (*pedestal*) Obstkiste *f* (*improvisierte Rednerbühne, z.B. in Speaker's Corner im Hyde Park*) **'soap bub·ble** *n* Seifenblase *f* **'soap dish** *n* Seifenschale *f* **'soap dis·pens·er** *n* Seifenspender *m* **'soap flakes** *npl* Seifenflocken *pl* **'soap op·era** *n* TV, MEDIA Seifenoper *f* **'soap pow·der** *n no pl* Seifenpulver *nt* **'soap·suds** *npl* Seifenschaum *m kein pl*

soapy ['səʊpi, AM 'soʊp-] *adj* ① (*lathery*) seifig; **~ water** Seifenwasser *nt* ② (*like soap*) seifig

soar [sɔːʳ, AM sɔːr] *vi* ① (*rise*) aufsteigen; *mountain peaks* sich erheben ② (*increase*) *temperature, prices, profits* in die Höhe schnellen ③ (*glide*) *bird* [*of prey*] [in großer Höhe] segeln; *glider, hang-glider* gleiten

soar·ing ['sɔːrɪŋ] *adj attr* ① (*flying*) segelnd, schwebend ② (*increasing*) rasch steigend

sob [sɒb, AM sɑːb] **I.** *n* Schluchzen *nt kein pl* **II.** *vi* <-bb-> schluchzen **III.** *vt* <-bb-> ① (*cry*) **to ~ one's heart out** sich *dat* die Seele aus dem Leib weinen ② (*say while crying*) schluchzen

so·ber ['səʊbəʳ, AM 'soʊbɚ] **I.** *adj* ① (*not drunk*) nüchtern; **stone cold ~** stocknüchtern ② (*unemotional*) *thought, judgement* sachlich, nüchtern; *person* nüchtern ③ (*plain*) *colour* gedeckt; (*simple*) *truth* einfach **II.** *vt* ernüchtern **III.** *vi person* ruhiger werden ◆**sober up** **I.** *vi* (*become less drunk*) nüchtern werden **II.** *vt* (*make less drunk*) nüchtern machen

so·ber·ing ['səʊbᵊrɪŋ, AM 'soʊ-] *adj effect, thought* ernüchternd

so·ber·ness ['səʊbənəs, AM 'soʊbɚ-], **so·bri·ety** [sə(ʊ)'braɪəti, AM sə'braɪət̬i] *n no pl* ① Nüchternheit *f;* (*life without alcohol*) Abstinenz *f* ② (*seriousness*) Ernst *m*

so·bri·quet ['səʊbrɪkeɪ, AM 'soʊ-] *n* (*form*) Spitzname *m*

'sob sto·ry *n* (*fam*) ① (*story*) rührselige Geschichte ② (*excuse*) Ausrede *f*

so-called [ˌsəʊ'kɔːld, AM ˌsoʊ'kɑːld] *adj attr* ① (*supposed*) so genannt ② (*with neologisms*) so genannt

soc·cer ['sɒkəʳ, AM 'sɑːkɚ] *n no pl* Fußball *m* **'soc·cer ball** *n* Fußball *m* **'soc·cer coach** *n* [Fußball]trainer *m*

so·cia·bil·ity [ˌsəʊʃə'bɪləti, AM 'soʊʃə'bɪlət̬i] *n no pl* Geselligkeit *f*

so·cia·ble ['səʊʃəbl̩, AM 'soʊ-] **I.** *adj* ① (*keen to mix*) gesellig ② (*friendly*) freundlich, umgänglich **II.** *n* AM (*party*) Treffen *nt;* **church ~** Gemeindefest *nt*

so·cial ['səʊʃᵊl, AM 'soʊ-] *adj* ① (*of human contact*) Gesellschafts-, gesellschaftlich; **I'm a ~ drinker** ich trinke nur, wenn ich in Gesellschaft bin ② SOCIOL (*concerning society*) gesellschaftlich, Gesellschafts- ③ SOCIOL (*of human behaviour*) sozial, Sozial-; **~ skills** soziale Fähigkeiten; *see also* **delicious**

So·cial 'Demo·crat *n* Sozialdemokrat(in) *m(f);* BRIT (*hist*) *Mitglied der britischen Sozialdemokratischen Partei*

so·cial·ism ['səʊʃᵊlɪzᵊm, AM 'soʊ-] *n no pl* Sozialismus *m*

so·cial·ist ['səʊʃᵊlɪst, AM 'soʊ-] **I.** *n* Sozialist(in) *m(f)* **II.** *adj* sozialistisch

so·cial·ite ['səʊʃᵊlaɪt, AM 'soʊʃə-] *n* Persönlichkeit *f* des öffentlichen Lebens

so·cial·ize ['səʊʃᵊlaɪz, AM 'soʊʃəl-] **I.** *vi* unter Leuten sein; ■**to ~ with sb** mit jdm gesellschaftlich verkehren **II.** *vt* SOCIOL, BIOL sozialisieren; *offender* [re]sozialisieren; *animal* zähmen

so·cial·ly ['səʊʃᵊli, AM 'soʊ-] *adv* ① (*in society*) gesellschaftlich; **~ acceptable** gesellschaftlich akzeptabel ② (*not at work*) **to meet sb ~** jdn privat treffen

so·cial 'sci·ence *n* Sozialwissenschaft *f* **so·cial se·'cur·ity** *n no pl* ① BRIT, AUS (*welfare*) Sozialhilfe *f* ② AM (*pension*) Sozial[versicherungs]rente *f* **so·cial 'ser·vice** *n* ① (*community help*) gemeinnützige Arbeit ② (*welfare*) ■**~s** *pl* staatliche Sozialleistungen **'so·cial work** *n no pl* Sozialarbeit *f* **'so·cial work·er** *n* Sozialarbeiter(in) *m(f)*

so·ci·etal [sə'saɪətᵊl, AM -t̬ᵊl] *adj* gesellschaftlich

so·ci·ety [sə'saɪəti, AM -ət̬i] *n* ① (*all people*) Gesellschaft *f* ② (*elite*) die [feine] Gesellschaft ③ (*organization*) Verein *m*, Vereinigung *f*

so·cio·cul·tur·al [ˌsəʊʃiəʊ'kʌltʃᵊrəl, -si-, AM ˌsoʊsioʊ-, -ʃi-] *adj* soziokulturell

so·cio-eco·nom·ic [ˌsəʊʃiəʊˌiːkə'nɒmɪk, -si-, AM ˌsoʊsioʊˌekə'nɑːmɪk, -ʃi-] *adj* sozioökonomisch

so·cio·lin·guis·tics [ˌsəʊʃiəʊlɪŋ'gwɪstɪks, AM ˌsoʊsioʊ-] *n* Soziolinguistik *f*

so·cio·logi·cal [ˌsəʊʃiə'lɒdʒɪkᵊl, -si-, AM

S

ˌsoʊsiə'lɑːdʒɪ-, -ʃi-] *adj* soziologisch

so·ci·olo·gist [ˌsəʊʃi'ɒlədʒɪst, -si-, AM ˌsoʊsi'ɑːlə-, -ʃi-] *n* Soziologe, Soziologin *m, f*

so·ci·ol·ogy [ˌsəʊʃi'ɒlədʒi, -si-, AM ˌsoʊsi'ɑːlə-, -ʃi-] *n no pl* Soziologie *f*

so·cio·po·liti·cal [ˌsəʊʃiəʊpəl'ɪtɪkəl, -si-, AM ˌsoʊsioʊpəlɪt̬-, -ʃi-] *adj* soziopolitisch

sock[1] [sɒk, AM sɑːk] *n* Socke *f*

sock[2] [sɒk, AM sɑːk] *vt* ① (*dated fam: punch*) **to ~ sb in the eye** jdm eins aufs Auge geben ② AM SPORTS *ball* schlagen

sock·et ['sɒkɪt, AM 'sɑː-] *n* ① ELEC (*for a plug*) Steckdose *f;* (*for lamps*) Fassung *f* ② ANAT, MED **knee ~** Kniegelenkpfanne *f;* **eye ~** Augenhöhle *f*

sod[1] [sɒd, AM sɑːd] *n* Grassode *f,* Grasnarbe *f*

sod[2] [sɒd] *n* BRIT ① (*sl: mean person*) Sau *f derb;* (*vexing thing*) blödes Ding *fam,* Mist *m fam* ② (*fam: person*) **poor ~** armes Schwein ◆**sod off** *vi* BRIT **~ off!** zieh Leine! *sl*

soda ['səʊdə, AM 'soʊ-] *n* ① *no pl* (*water*) Sodawasser *nt* ② AM (*sweet drink*) Limonade *f*

'soda bread *n no pl mit Backpulver gebackenes Brot* **'soda si·phon**, *esp* AM **'soda foun·tain** *n* Siphon *m* **'soda wa·ter** *n no pl* Sodawasser *nt*

sod·den ['sɒdən, AM 'sɑː-] *adj* (*soaked*) durchnässt; *grass* durchweicht

sod·ding ['sɒdɪŋ, AM 'sɑː-] *adj attr* BRIT (*sl*) verdammt

so·dium ['səʊdiəm, AM 'soʊ-] *n no pl* Natrium *nt*

so·dium bi·'car·bon·ate *n no pl* Natriumhydrogenkarbonat *nt;* (*baking soda*) Natron *nt* **so·dium 'car·bon·ate** *n no pl* Natriumkarbonat *nt* **so·dium 'chlo·ride** *n no pl* Natriumchlorid *nt*

sodo·mize ['sɒdəmaɪz, AM 'sɑː-] *vt usu passive* ■**to ~ sb** Analverkehr mit jdm haben

sodo·my ['sɒdəmi, AM 'sɑː-] *n no pl* (*form*) Sodomie *f*

sod's 'law, Sod's 'law *n no pl* (*hum*) Murphys Gesetz *nt;* **that's ~** das musste ja passieren

sofa ['səʊfə, AM 'soʊ-] *n* Sofa *nt*

'sofa bed *n* Schlafcouch *f*

soft [sɒft, AM sɑːft] *adj* ① (*not hard*) weich ② (*smooth*) weich; *cheeks, skin* zart; *leather* geschmeidig; *hair* seidig ③ (*weak*) weich, schlaff ④ (*subtle*) *colour* zart ⑤ (*not loud*) *music* gedämpft; *sound, voice* leise; *words* sanft

soft as·'sault *n* MIL Angriff *m* mit weichem Ziel **'soft·ball** *n* Softball *m* **soft-'boiled** *adj* weich [gekocht]

sof·ten ['sɒfən, AM 'sɑːf-] **I.** *vi* ① (*melt*) weich werden; *ice cream* schmelzen ② (*moderate*) nachgiebiger werden **II.** *vt* ① (*melt*) weich werden lassen ② (*moderate*) mildern; *colour, light* dämpfen ◆**soften up I.** *vt* ① (*make less hard*) weicher machen ② (*win over*) erweichen; (*persuade*) rumkriegen *fam* ③ MIL schwächen **II.** *vi* weich werden

sof·ten·er ['sɒfənəʳ, AM 'sɑːfənɚ] *n* ① (*softening agent*) Weichmacher *m;* **fabric ~** Weichspüler *m* ② (*mineral reducer*) Enthärter *m*

sof·ten·ing ['sɒfənɪŋ, AM 'sɑːf-] **I.** *n no pl* ① (*making less hard*) Weichmachen *nt; of clothes* Weichspülen *nt; of a voice* Dämpfen *nt; of an attitude, opinion* Mäßigen *nt; of a manner* Mäßigung *f* ② (*making less bright*) *of a colour, light* Dämpfen *nt; of a contrast* Abschwächen *nt* **II.** *adj attr* Enthärtungs-, enthärtend

soft 'furn·ish·ings *npl* BRIT, AUS, **'soft goods** *npl* AM Heimtextilien *pl* **soft-'head·ed** *adj* (*fam*) blöd, doof **soft-'heart·ed** *adj* ① (*compassionate*) weichherzig ② (*gullible*) leichtgläubig

softie ['sɒfti, AM 'sɑːfti] *n* (*fam*) Softie *m*

soft·ly ['sɒftli, AM 'sɑːft-] *adv* ① (*not hard*) sanft ② (*quietly*) leise ③ (*dimly*) schwach

soft·ness ['sɒftnəs, AM 'sɑːft-] *n no pl* ① (*not hardness*) Weichheit *f* ② (*smoothness*) Weichheit *f; of skin* Glätte *f; of hair* Seidigkeit *f* ③ (*subtlety*) *of lighting* Gedämpftheit *f; of colours* Zartheit *f*

'soft-soap *vt* (*fig fam*) ■**to ~ sb** jdm Honig ums Maul schmieren **soft-'spok·en** *adj sound* leise gesprochen; *person;* ■**to be ~** leise sprechen; **~ manner** freundliche und sanfte Art **soft 'toy** *n* BRIT Plüschtier *nt*

soft·ware ['sɒf(t)weəʳ, AM 'sɑːftwer] COMPUT **I.** *n no pl* Software *f* **II.** *adj company, development* Software-

'soft·ware en·gi·neer *n* Programmierer(in) *m(f)* **'soft·ware pack·age** *n* Softwarepaket *nt* **soft·ware 'pi·ra·cy** *n no pl* Software-Piraterie *f* **'soft·ware writ·er** *n* Programmierer(in) *m(f)*

'soft·wood *n* ① *no pl* (*wood*) Weichholz *nt* ② (*tree*) immergrüner Baum, Baum *m* mit weichem Holz

softy *n see* **softie**

sog·gy ['sɒgi, AM 'sɑːgi] *adj* ① (*sodden*) durchnässt; (*boggy*) glitschig *fam; soil* aufgeweicht ② FOOD matschig, pampig *fam*

soil[1] [sɔɪl] *vt* (*form*) ① (*dirty*) verschmutzen ② (*foul*) verunreinigen

soil[2] [sɔɪl] *n no pl* ① (*earth*) Boden *m,* Erde *f* ② (*territory*) Boden *m*

S

soi·rée, soiree ['swɑ:reɪ, AM swɑ:'reɪ] *n* (*form or hum*) Soiree *f*

so·journ ['sɒdʒɜ:n, AM 'soʊdʒɜ:rn] *n* (*liter or hum*) [vorübergehender] Aufenthalt

sol·ace ['sɒləs, AM 'sɑ:lɪs] *n no pl* Trost *m*

so·lar ['səʊləʳ, AM 'soʊlɚ] *adj* ① (*relating to sun*) Solar-, Sonnen- ② ASTRON ~ **time** Sonnenzeit *f*

so·lar 'bat·tery *n* Solarbatterie *f* **so·lar 'cell** *n* Solarzelle *f* **so·lar e'clipse** *n* Sonnenfinsternis *f* **so·lar 'en·er·gy** *n no pl* Solarenergie *f* **so·lar 'heat·ing** *n no pl* Solarheizung *f*

so·lar·ium <*pl* -aria *or* -s> [sə(ʊ)'leəriəm, AM soʊ'leri-, *pl* -iə] *n* ① (*tanning room*) Solarium *nt* ② AM (*conservatory*) Glashaus *nt*

so·lar 'pan·el *n* Sonnenkollektor *m* **so·lar plex·us** [ˌsəʊlə'pleksəs, AM ˌsoʊlɚ'-] *n no pl* ANAT, MED Solarplexus *m* **so·lar 'pow·er** *n no pl* Sonnenkraft *f* **so·lar 'pow·er s·ta·tion** *n* Solarkraftwerk *nt* **so·lar ra·di'a·tion** *n no pl* Sonnenstrahlung *f* **'so·lar sys·tem** *n* Sonnensystem *nt* **so·lar 'wind** *n no pl* ASTRON Sonnenwind *m*

sold [səʊld, AM soʊld] *pt, pp of* **sell**

sol·der ['səʊldəʳ, AM 'sɑ:dɚ] **I.** *vt* löten **II.** *n no pl* Lötmetall *nt*

sol·der·ing iron ['səʊldᵊrɪŋ-, AM 'sɑ:dɚ-] *n* Lötkolben *m*

sol·dier ['səʊldʒəʳ, AM 'soʊldʒɚ] *n* Soldat(in) *m(f)* ♦**soldier on** *vi* sich durchkämpfen

sold 'out *adj* ausverkauft

sole[1] [səʊl, AM soʊl] *adj attr* ① (*only*) einzig, alleinig ② (*exclusive*) Allein-

sole[2] [səʊl, AM soʊl] *n* ① FASHION [Schuh]sohle *f* ② ANAT [Fuß]sohle *f*

sole[3] <*pl* - *or* -s> [səʊl, AM soʊl] *n* ZOOL, FOOD Seezunge *f*

sol·ecism ['sɒlɪsɪzᵊm, AM 'sɑ:lə-] *n* (*form*) ① LING (*mistake*) Fehler *m* ② (*faux pas*) Fauxpas *m*

sole·ly ['səʊlli, AM 'soʊl-] *adv* einzig und allein, nur

so·lemn ['sɒləm, AM 'sɑ:ləm] *adj* ① (*ceremonial*) feierlich; *oath, promise* heilig ② (*grave*) ernst; *voice* getragen; *see also* **column**

so·lem·nity [sə'lemnəti, AM -t̬-] *n no pl* (*gravity*) Feierlichkeit *f*, Erhabenheit *f*

so·lem·nize ['sɒləmnaɪz, AM 'sɑ:-] *vt* (*form*) feiern

so·lenoid ['səʊlənɔɪd, AM 'soʊ-] *n* ELEC Magnetspule *f*

so·lic·it [sə'lɪsɪt] **I.** *vt* (*form: ask for*) ■**to ~ sth** um etw *akk* bitten **II.** *vi* (*as a prostitute*) sich *akk* anbieten

so·lic·it·ing [sə'lɪsɪtɪŋ, AM -t̬-] *n no pl* Ansprechen *nt* von Männern (*durch Prostituierte*)

so·lici·tor [sə'lɪsɪtəʳ, AM -t̬ɚ] *n* ① *esp* BRIT, AUS LAW Rechtsanwalt, -anwältin *m, f* (*der/die seine/ihre Mandanten nur in den unteren Instanzen vertreten darf, im Gegensatz zum Barrister*) ② AM POL Rechtsreferent(in) *m(f)* (*einer Stadt*); *see also* **pencil**

so·lici·tous [sə'lɪsɪtəs, AM -t̬-] *adj* (*form*) ① (*careful*) sorgfältig ② (*attentive*) aufmerksam

so·lici·tude [sə'lɪsɪtju:d, AM *esp* -tu:d] *n* (*form*) ① *no pl* (*attentiveness*) *of a waiter* zuvorkommende Art ② (*anxiety*) Sorge *f* (**about** um), Besorgtheit *f* (**about** über)

sol·id ['sɒlɪd, AM 'sɑ:-] **I.** *adj* ① (*hard, not liquid*) fest; *chair, wall* solide; *foundation* stabil; *punch* kräftig; *rock* massiv ② (*not hollow*) massiv ③ (*completely*) ganz; ~ **silver** massives [*o* reines] Silber ④ (*substantial*) verlässlich; *argument* stichhaltig; *evidence* handfest; *grounding* solide ⑤ (*uninterrupted*) *line, wall* durchgehend; *month, week* ganz ⑥ (*dependable*) *person* solide, zuverlässig; *marriage, relationship* stabil ⑦ ECON (*financially sound*) *investment* solide, sicher **II.** *n* ① PHYS fester Stoff, Festkörper *m*; MATH Körper *nt* ② FOOD ■**~s** *pl* feste Nahrung *kein pl*

soli·dar·ity [ˌsɒlɪ'dærəti, AM ˌsɑ:lə'derət̬i] *n no pl* ① (*unity*) Solidarität *f* (**with** mit +*dat*) ② (*movement*) **S~** Solidarität *f*

sol·id 'fuel *n* (*power source*) fester Brennstoff

so·lidi·fy <-ie-> [sə'lɪdɪfaɪ, AM -'lɪdə-] **I.** *vi* ① (*harden*) fest werden; *lava* erstarren; *cement* hart werden; *water* gefrieren ② (*fig: take shape*) *plans* sich konkretisieren; *idea, thought* konkret[er] werden **II.** *vt* ① (*harden*) fest werden lassen; *water* gefrieren lassen ② (*fig: reinforce*) festigen; *plan* konkretisieren

so·lid·ity [sə'lɪdɪti, AM -'lɪdət̬i] *n no pl* ① (*hardness*) fester Zustand; *of wood* Härte *f*; *of a foundation, table* Stabilität *f* ② (*reliability*) *of facts, evidence* Zuverlässigkeit *f*; *of an argument, reasoning* Stichhaltigkeit *f*; *of a judgement* Fundiertheit *f*; *of commitment* Verlässlichkeit *f* ③ (*strength*) Stabilität *f* ④ (*financial soundness*) *of an investment* Solidität *f*; (*financial strength*) *of a company* finanzielle Stärke

sol·id·ly ['sɒlɪdli, AM 'sɑ:-] *adv* ① (*sturdily*) solide; **to be ~ built** solide gebaut sein ② (*uninterruptedly*) *work* ununterbrochen

'sol·id-state *adj* Festkörper-

so·lilo·quy [sə'lɪləkwi] *n* Selbstgespräch *nt*;

S

THEAT Monolog *m*

soli·taire [ˌsɒlɪˈteəʳ, AM ˈsɑːləter] *n* ❶ (*jewel*) Solitär *m* ❷ *no pl esp* AM (*card game*) Patience *f*

soli·tary [ˈsɒlɪtəri, AM ˈsɑːləteri] *adj* ❶ (*single*) einzelne(r, s) *attr;* ZOOL solitär *fachspr* ❷ (*lonely*) einsam; (*remote*) abgeschieden, abgelegen

soli·tary con·ˈfine·ment *n* Einzelhaft *f*

soli·tude [ˈsɒlɪtjuːd, AM ˈsɑːlətuːd, -tjuːd] *n* ❶ *no pl* (*being alone*) Alleinsein *nt;* **in ~** alleine ❷ *no pl* (*loneliness*) Einsamkeit *f*

solo [ˈsəʊləʊ, AM ˈsoʊloʊ] **I.** *adj attr* (*unaccompanied*) Solo- **II.** *adv* (*single-handed*) allein; MUS solo **III.** *n* MUS Solo *nt*

solo·ist [ˈsəʊləʊɪst, AM ˈsoʊloʊ-] *n* Solist(in) *m(f)*

Solo·mon Is·lands [ˈsɒləmənˌaɪləndz, AM ˈsɑːlə-] *n* ■ **the ~** die Salomonen *pl*

sol·stice [ˈsɒlstɪs, AM ˈsɑːl-] *n* Sonnenwende *f*

sol·uble [ˈsɒljəbl̩, AM ˈsɑːl-] *adj* ❶ (*that dissolves*) löslich ❷ (*solvable*) lösbar

so·lu·tion [səˈljuːʃən, AM -ˈluː-] *n* ❶ (*to a problem*) Lösung *f;* (*to riddle/puzzle*) [Auf]lösung *f* ❷ *no pl* (*act of solving*) Lösen *nt* ❸ (*in business*) Vorrichtung *f;* **software ~s** Softwareanwendungen *pl* ❹ CHEM Lösung *f*

solve [sɒlv, AM sɑːlv] *vt* lösen; *crime* aufklären; *mystery* aufdecken

sol·ven·cy [ˈsɒlvən(t)si, AM ˈsɑːl-] *n no pl* FIN Zahlungsfähigkeit *f*

sol·vent [ˈsɒlvənt, AM ˈsɑːl-] **I.** *n* CHEM Lösungsmittel *nt* **II.** *adj* ❶ FIN zahlungsfähig ❷ (*fam: having sufficient money*) flüssig

ˈsol·vent abuse *n esp* BRIT Missbrauch *m* von Lösungsmitteln (*als Rauschgift*)

So·ma·li [səˈmɑːli, AM soʊˈ-] **I.** *n* <*pl* - *or* -s> ❶ (*person*) Somalier(in) *m(f)* ❷ *no pl* (*language*) Somali *nt* **II.** *adj* somalisch

So·ma·lia [səˈmɑːliə, AM soʊˈ-] *n* Somalia *nt*

som·bre [ˈsɒmbəʳ], AM **som·ber** [ˈsɑːmbɚ] *adj* ❶ (*sad*) düster; *setting* ernst ❷ (*dark-coloured*) dunkel; *day* trüb, finster

some [sʌm, səm] **I.** *adj attr* ❶ (*unknown amount: + pl*) einige, ein paar; (*+ sing n*) etwas; **there's ~ cake in the kitchen** es ist noch Kuchen in der Küche; **~ more** noch etwas ❷ (*certain: + pl*) gewisse ❸ (*general, unknown*) irgendein(e); **he's in ~ kind of trouble** er steckt in irgendwelchen Schwierigkeiten; **~ day or another** irgendwann ❹ (*noticeable*) gewiss; **to ~ extent** bis zu einem gewissen Grad ❺ (*slight*) etwas; **there is ~ hope that he will get the job** es besteht noch etwas Hoffnung, dass er die Stelle bekommt **II.** *pron* ❶ (*unspecified number of persons or things*) welche; **have you got any drawing pins? – if you wait a moment, I'll get you ~** haben Sie Reißnägel? – wenn Sie kurz warten, hole ich [Ihnen] welche ❷ (*unspecified amount of sth*) welche(r, s); **if you need money, I can lend you ~** wenn du Geld brauchst, kann ich dir gerne welches leihen ❸ (*at least a small number*) einige, manche ❹ + *pl vb* (*among larger number*) einige, ein paar; **~ of you have already met Imran** einige von euch kennen Imran bereits **III.** *adv* (*roughly*) ungefähr, in etwa; **~ twenty or thirty metres deep** ungefähr zwanzig oder dreißig Meter tief

some·body [ˈsʌmbədi, AM -ˌbɑːdi] *pron indef* ❶ (*unnamed, unknown person*) jemand; **~ or other** irgendwer; **~ else** [*or* **or other**] jemand anders; **surely ~ knows where the documents are** sicher weiß jemand, wo die Dokumente sind; **there's ~ at the door** jemand ist an der Tür ❷ (*one person unspecified or from group*) irgendwer; **~ must have seen what happened** irgendwer muss gesehen haben, was geschehen ist ❸ (*important person*) **to be ~** jemand [*o* etwas] sein

some·how [ˈsʌmhaʊ] *adv* irgendwie

some·one [ˈsʌmwʌn] *pron see* **somebody**

some·place [ˈsʌmpleɪs] *adv* AM irgendwo; **~ else** (*in a different place*) woanders, irgendwo anders; (*to a different place*) woandershin, irgendwo anders hin

som·er·sault [ˈsʌməsɔːlt, AM -ɚsɑːlt] **I.** *n* (*on ground*) Purzelbaum *m;* (*in air*) Salto *m* **II.** *vi* einen Purzelbaum schlagen; (*in air*) einen Salto machen; *vehicle, car* sich überschlagen

some·thing [ˈsʌm(p)θɪŋ] *pron indef* ❶ (*unspecified object, action, etc.*) etwas; **~ else** etwas anderes; **~ special/sharp/stronger** etwas Besonderes/Scharfes/Stärkeres; **to do ~** [**about sb/sth**] etwas [gegen jdn/etw] unternehmen; **I need ~ to write with** ich brauche etwas zum Schreiben; **is there ~ you'd like to say?** möchtest du mir etwas sagen?; **~ about her frightened me** etwas an ihr machte mir Angst; **there's ~ about her that men find appealing** sie hat etwas, das die Männer attraktiv finden ❷ (*indicating similarity*) **it was ~ of a surprise** es war eine kleine Überraschung; **... or ~** (*fam: similar*) ... oder so; **she works for a bank or ~** sie arbeitet für eine Bank oder so was; **~ like** (*similar*) ungefähr wie ...; (*approximately*) um die ...; **~ like fifty** um die fünfzig ▶ PHRASES: **that's ~** das ist schon

S

was; **there's ~ in sth** an etw *dat* ist etwas dran; **there's ~ in catching the earlier train** es macht in der Tat Sinn, den früheren Zug zu nehmen

some·time ['sʌmtaɪm] *adv* irgendwann; **come up and see me ~** komm mich mal besuchen; **~ soon** demnächst irgendwann, bald einmal

some·times ['sʌmtaɪmz] *adv* manchmal

some·what ['sʌm(h)wɒt, AM -(h)wɑːt] *adv* etwas, ein wenig [*o* bisschen]

some·where ['sʌm(h)weəʳ, AM -(h)wer] *adv* ① (*in unspecified place*) irgendwo; **~ else** woanders, irgendwo anders ② (*to unspecified place*) irgendwohin; **~ else** woandershin, irgendwo anders hin ③ (*roughly*) ungefähr; **~ between 30 and 40** so zwischen 30 und 40

som·nam·bu·lism [sɒm'næmbjəlɪzᵊm, AM sɑːm'-] *n no pl* MED Somnambulismus *m*

som·no·lent ['sɒmnᵊlənt, AM 'sɑːm-] *adj* ① (*sleepy*) schläfrig; *village* verschlafen ② (*inducing drowsiness*) einschläfernd

son [sʌn] *n* Sohn *m*

so·nar ['səʊnɑːʳ, AM 'soʊnɑːr] *n no pl* Sonar[gerät] *nt*

so·na·ta [sə'nɑːtə, AM -t̬-] *n* Sonate *f*

song [sɒŋ, AM sɑːŋ] *n* ① MUS Lied *nt* ② (*singing*) Gesang *m* ③ *of bird* Gesang *m; of cricket* Zirpen *nt*

'song·bird *n* Singvogel *m* **'song·book** *n* Liederbuch *nt* **'song·trad·ing, 'song·swap·ping** *n no pl* INET, MUS Musikaustausch *m* **'song·writ·er** *n* Texter(in) *m(f)* und Komponist(in) *m(f)*; **singer-~** Liedermacher(in) *m(f)*

son·ic ['sɒnɪk, AM 'sɑːn-] *adj* Schall-

son·ic 'boom *n* Überschallknall *m*

'son-in-law <*pl* sons- *or* -s> *n* Schwiegersohn *m*

son·net ['sɒnɪt, AM 'sɑːn-] *n* Sonett *nt*

son·ny ['sʌni] *n no pl* (*fam*) Kleiner *m*

son·or·ous ['sɒnᵊrəs, AM sə'nɔːr-] *adj* klangvoll; *voice* sonor, volltönend

soon [suːn] *adv* ① (*in a short time*) bald; **~ after sth** kurz nach etw *dat*; **how ~** wie bald [*o* schnell]; **~er rather than later** lieber früher als später; **as ~ as possible** so bald wie möglich ② (*early*) früh; **the ~er the better** je eher, desto besser; **not a moment too ~** gerade noch rechtzeitig ③ (*rather*) lieber; **I'd ~er not speak to him** ich würde lieber nicht mit ihm sprechen

soot [sʊt] *n no pl* Ruß *m*

soothe [suːð] *vt* ① (*calm*) beruhigen ② (*relieve*) lindern

sooth·ing ['suːðɪŋ] *adj* ① (*calming*) beruhigend; *bath* entspannend ② (*pain-relieving*) [Schmerz] lindernd

sooth·say·er ['suːθ,seɪəʳ, AM -ɚ] *n* (*hist*) Wahrsager(in) *m(f)*

sooty ['sʊti, AM -t̬-] *adj* rußig, verrußt

sop [sɒp, AM sɑːp] **I.** *n* (*pej*) Beschwichtigungsmittel *nt* **II.** *vt* ■**to ~ up** ⊂ **sth** etw aufsaugen

so·phis·ti·cat·ed [sə'fɪstɪkeɪtɪd, AM -təkeɪt̬ɪd] *adj* (*approv*) ① (*urbane*) [geistig] verfeinert; (*cultured*) kultiviert, gebildet; *audience, readers* niveauvoll, anspruchsvoll; *restaurant* gepflegt ② (*highly developed*) hoch entwickelt, ausgeklügelt; *method* raffiniert; (*complex*) *approach* differenziert

so·phis·ti·ca·tion [sə,fɪstɪ'keɪʃᵊn, AM -tə'-] *n no pl* (*approv*) ① (*urbanity*) Kultiviertheit *f*; (*finesse*) Gepflegtheit *f*, Feinheit *f* ② (*complexity*) hoher Entwicklungsstand

soph·ist·ry ['sɒfɪstri, AM 'sɑːf-] *n* (*form*) ① *no pl* (*pej: nitpicking*) Sophisterei *f* ② (*sophistical argument*) Augenwischerei *f*

sopho·more ['sɑːfəmɔːr] *n* AM (*in college*) Student(in) *m(f)* im zweiten Studienjahr; (*at high school*) Schüler(in) *m(f)* einer Highschool im zweiten Jahr

sopo·rif·ic [,sɒpᵊr'ɪfɪk, AM ,sɑːpə'rɪf-] *adj* einschläfernd *a. fig*

sop·ping ['sɒpɪŋ, AM 'sɑːp-] (*fam*) **I.** *adj* klatschnass **II.** *adv* **~ wet** klatschnass

sop·py ['sɒpi, AM 'sɑːpi] *adj* (*fam*) gefühlsdus[e]lig *pej*; *story, film* schmalzig

so·pra·no [sə'prɑːnəʊ, AM -'prænoʊ] **I.** *n* ① (*vocal range*) Sopran *m* ② (*singer*) Sopranistin *f* **II.** *adj* Sopran- **III.** *adv* **to sing ~** Sopran singen

sor·bet ['sɔːbeɪ, AM 'sɔːr-] *n* Sorbet *nt o selten m*

sor·cer·er ['sɔːsᵊrəʳ, AM 'sɔːrsɚɚ] *n* (*esp liter*) Zauberer *m*, Hexenmeister *m*

sor·cer·ess <*pl* -es> ['sɔːsᵊrɪs, AM 'sɔːrsɚ-] *n* (*esp liter*) Zauberin *f*

sor·cery ['sɔːsᵊri, AM 'sɔːrsɚi] *n no pl* (*esp liter*) Zauberei *f*, Hexerei *f*

sor·did ['sɔːdɪd, AM 'sɔːr-] *adj* ① (*dirty*) schmutzig; (*squalid*) schäbig; *apartment* verkommen, heruntergekommen ② (*pej: disreputable*) schmutzig *fig*

sore [sɔːʳ, AM sɔːr] **I.** *adj* (*hurting*) schlimm, weh; (*through overuse*) wund [gescheuert], entzündet; **~ muscles** Muskelkater *m*; **~ point** (*fig*) wunder Punkt **II.** *n* wunde Stelle; **to open an old ~** (*fig*) alte Wunden aufreißen

sore·ly ['sɔːli, AM 'sɔːr-] *adv* sehr, arg; **to be ~ tempted to do sth** stark versucht sein, etw zu tun

so·ror·ity [səˈrɔːrət̬i] *n* AM Studentinnenvereinigung *f*

sor·rel [ˈsɒrᵊl, AM ˈsɔːr-] *n no pl* Sauerampfer *m*

sor·row [ˈsɒrəʊ, AM ˈsɑːroʊ] *n* (*form*) ① (*feeling*) Kummer *m*, Betrübnis *f*, Traurigkeit *f* ② (*sad experience*) Leid *nt*

sor·row·ful [ˈsɒrə(ʊ)fᵊl, AM ˈsɑːrəfᵊl] *adj* (*form*) traurig, betrübt (**at** über +*akk*)

sor·ry [ˈsɒri, AM ˈsɑːri] **I.** *adj* ① *pred* (*regretful*) **I'm/she's ~** es tut mir/ihr leid; ■**to be ~ about sth** etw bedauern; **to say ~ [to sb]** sich [bei jdm] entschuldigen ② *pred* (*sad*) traurig; **we were ~ to hear [that] you've not been well** es tat uns leid zu hören, dass es dir nicht gut ging; **sb feels ~ for sb/sth** jd/etw tut jdm leid ③ *attr* (*wretched*) traurig, armselig **II.** *interj* ① (*expressing apology*) ■**~!** Verzeihung!, Entschuldigung! ② *esp* BRIT, AUS (*asking sb to repeat sth*) ■**~?** wie bitte?

sort [sɔːt, AM sɔːrt] **I.** *n* ① (*type*) Sorte *f*, Art *f* ② (*fam: expressing vagueness*) **I had a ~ of feeling that ...** ich hatte so ein Gefühl, dass ... ③ (*person*) **I know your ~!** Typen wie euch kenne ich [zur Genüge]! *fam* ▶ PHRASES: **nothing of the ~** nichts dergleichen **II.** *adv* (*fam*) ■**~ of** ① (*rather*) irgendwie; **that's ~ of difficult to explain** das ist nicht so einfach zu erklären ② (*not exactly*) mehr oder weniger, so ungefähr **III.** *vt* ① (*classify*) sortieren ② *usu passive* BRIT (*fam: restore to working order*) in Ordnung bringen **IV.** *vi* ■**to ~ through sth** etw sortieren ◆**sort out** *vt* ① (*arrange*) ordnen, sortieren; (*choose, select*) aussuchen; (*for throwing or giving away*) aussortieren ② (*tidy up mess*) in Ordnung bringen ③ (*resolve*) klären, regeln; *problem* lösen

'sort code *n* FIN ≈ Bankleitzahl *f*

sort·er [ˈsɔːtəʳ, AM ˈsɔːrt̬ɚ] *n* ① AM (*postal employee*) Sortierer(in) *m(f)* ② (*machine*) Sortiermaschine *f*

sor·tie [ˈsɔːtiː, AM ˈsɔːrt̬i] *n* MIL Ausfall *m*; (*by aircraft*) Einsatz *m*

'sort·ing of·fice *n* Sortierstelle *f*; (*central office*) Verteilerpostamt *nt*

SOS [ˌesəʊˈes, AM -oʊˈ-] *n* SOS *nt*; (*fig*) Hilferuf *m*

so-so [ˈsəʊsəʊ, AM ˈsoʊsoʊ] (*fam*) **I.** *adj* so lala *präd*, mittelprächtig *hum* **II.** *adv* so lala

souf·flé [ˈsuːfleɪ, AM suːˈfleɪ] *n* Soufflé *nt*, Soufflee *nt*

sought [sɔːt, AM sɑːt] *pt, pp of* **seek**

'sought-after *adj* begehrt

soul [səʊl, AM soʊl] *n* ① (*spirit*) Seele *f*; **not a ~** keine Menschenseele ② *no pl* (*approv: profound feeling*) Seele *f*, Gefühl *nt* ③ *no pl* MUS Soul *m*

'soul-de·stroy·ing *adj esp* BRIT (*pej*) nervtötend; *work* geisttötend; (*destroying sb's confidence*) zermürbend

soul·ful [ˈsəʊlfᵊl, AM ˈsoʊl-] *adj* gefühlvoll

soul·less [ˈsəʊlləs, AM ˈsoʊl-] *adj* (*pej*) seelenlos; *building, town, person* kalt; (*dull*) öde

'soul mate *n* Seelenverwandte(r) *f(m)* **'soul mu·sic** *n* Soulmusik *f*, Soul *m* **'soul-search·ing** *n no pl* Prüfung *f* des Gewissens **'soul-stir·ring** *adj* aufwühlend, bewegend

sound[1] [saʊnd] *n* (*sea channel*) Meerenge *f*; (*inlet*) Meeresarm *m*

sound[2] [saʊnd] **I.** *n* ① (*noise*) Geräusch *nt*; (*musical tone*) *of a bell* Klang *m*; (*verbal, TV, film*) Ton *m*; **don't make a ~!** sei still! ② LING Laut *m* ③ *no pl* PHYS Schall *m* ④ *no pl* (*on film*) Sound *m* **II.** *vi* ① (*resonate*) erklingen; *alarm* ertönen; *alarm clock* klingeln; *bell* läuten ② (*fam: complain*) ■**to ~ off** herumtönen ③ + *adj* (*seem*) klingen, sich anhören **III.** *vt* (*produce sound from*) *alarm* auslösen; [*car*] *horn* hupen

sound[3] [saʊnd] **I.** *adj* ① (*healthy*) gesund; (*in good condition*) intakt, in gutem Zustand; *animal, person* kerngesund; **to be of ~ mind** bei klarem Verstand sein ② (*trustworthy*) solide; (*reasonable*) vernünftig; *advice* gut; *argument* schlagend ③ (*undisturbed*) *sleep* tief **II.** *adv* **to be ~ asleep** tief [und fest] schlafen ◆**sound out** *vt* ■**to ~ out** ↻ **sb** bei jdm vorfühlen; (*ask*) bei jdm anfragen

'sound ar·chives *npl* Tonarchiv *nt* **'sound bar·ri·er** *n* Schallmauer *f* **'sound bite** *n* prägnanter Ausspruch (*eines Politikers*) **'sound·board** *n* MUS Resonanzboden *m* **'sound·box** *n* Resonanzkörper *m* **'sound card** *n* COMPUT Soundkarte *f* **'sound en·gi·neer** *n* Toningenieur(in) *m(f)*

sound·ing [ˈsaʊndɪŋ] *n usu pl* NAUT [Aus]loten *nt*

'sound·ing board *n* (*resonator*) Resonanzboden *m*

sound·less [ˈsaʊndləs] *adj* lautlos, geräuschlos

sound·ly [ˈsaʊndli] *adv* ① (*thoroughly*) gründlich, ordentlich; (*clearly*) eindeutig, klar; (*severely*) schwer *fam* ② (*reliably*) fundiert *geh* ③ (*deeply*) *sleep* tief

sound·ness [ˈsaʊndnəs] *n no pl* Solidität *f geh*, Verlässlichkeit *f*, Zuverlässigkeit *f*

'sound·proof **I.** *adj* schalldicht, schallisoliert **II.** *vt* schalldicht machen

'sound sys·tem *n* Stereoanlage *f*
'sound·track *n* ① (*on film*) Tonspur *f* ② (*film music*) Filmmusik *f*, Soundtrack *m*
'sound wave *n* Schallwelle *f*
soup [su:p] *n* ① (*fluid food*) Suppe *f*; **vegetable ~** Gemüsesuppe *f* ② *esp* AM (*fig: fog*) Suppe *f*
soup·çon ['su:psɔ̃:(ŋ), AM su:p'sɔ̃ʊn] *n no pl* Spur *f*, Hauch *m*
'soup kit·chen *n* Armenküche *f* **'soup plate** *n* Suppenteller *m* **'soup spoon** *n* Suppenlöffel *m*
sour ['saʊəʳ, AM -ɚ] **I.** *adj* ① (*in taste*) sauer ② (*fig: bad-tempered*) griesgrämig, missmutig; (*embittered*) verbittert **II.** *n esp* AM *saures, alkoholisches Getränk*; **whisky ~** Whisky *m* mit Zitrone **III.** *vt* ① (*give sour taste*) sauer machen ② (*fig: make unpleasant*) trüben, beeinträchtigen **IV.** *vi* ① (*become sour*) sauer werden ② (*fig*) getrübt werden
source [sɔ:s, AM sɔ:rs] **I.** *n* ① (*origin, spring*) Quelle *f*; (*reason*) Grund *m* (**of** für +*akk*) ② (*of information*) ■ **~s** *pl* LIT (*for article, essay*) Quellen[angaben] *pl*; **according to Government ~s** wie in Regierungskreisen verlautete **II.** *vt usu passive* ■ **to be ~d** ① (*have origin*) belegt sein ② ECON (*be obtained*) stammen
sour 'cream *n* Sauerrahm *m*
sour·puss <*pl* -es> ['saʊəpʊs, AM -ɚ-] *n* (*fam*) Miesepeter *m*
souse [saʊs] *vt* ① (*drench*) übergießen (**in** mit +*dat*) ② (*pickle*) einlegen
south [saʊθ] **I.** *n no pl* (*compass direction*) Süden *m*; **Canberra lies to the ~ of Sydney** Canberra liegt südlich von Sydney; (*southern US states*) ■ **the S~** die Südstaaten *pl* **II.** *adj* (*opposite of north*) Süd-, südlich **III.** *adv* (*toward the south*) **my room faces ~** mein Zimmer ist nach Süden ausgerichtet; **to drive ~** Richtung Süden [*o* südwärts] fahren
South 'Af·ri·ca *n* Südafrika *nt* **South 'Af·ri·can** **I.** *adj* südafrikanisch **II.** *n* Südafrikaner(in) *m(f)* **South A'meri·ca** *n* Südamerika *nt* **South A'meri·can** **I.** *adj* südamerikanisch **II.** *n* Südamerikaner(in) *m(f)*
'south·bound *adj* [in] Richtung Süden; **~ passengers** Richtung Süden reisende Passagiere
South Caro·li·na [ˌkærə'laɪnə, AM ˌkerə'-] *n* Südkarolina *nt* **South Da·ko·ta** [də'kəʊtə, AM -'koʊ-] *n* Süddakota *nt* **south-'east** **I.** *n no pl* Südosten *m* **II.** *adj* Südost-, südöstlich **III.** *adv* südostwärts, nach Südosten **south-'east·er·ly** *adj* südöstlich **south-'east·ern** *adj* südöstlich **south-'east·ward(s)** **I.** *adj* südostwärts *präd*; **in a ~ direction** in südöstlicher Richtung **II.** *adv* südostwärts *präd*, nach Südosten *nach n*
south·er·ly ['sʌðəli, AM -ɚli] **I.** *adj* südlich; **in a ~ direction** in südlicher Richtung **II.** *adv* südlich; (*going south*) südwärts; (*coming from south*) von Süden **III.** *n* Südwind *m*; NAUT Süd *m kein pl*
south·ern ['sʌðən, AM -ɚn] *adj* südlich, Süd-
South·ern 'Cross *n* ASTRON Kreuz *nt* des Südens
south·ern·er ['sʌðənəʳ, AM -ɚnɚ] *n* **to be a ~** aus dem Süden kommen; AM ein Südstaatler *m* sein
south·ern 'hemi·sphere *n* **the ~** die südliche [Erd]halbkugel **South·ern 'Lights** *npl* Südlicht *nt kein pl*
south·ern·most ['sʌðənməʊst, AM -ɚnmoʊst] *adj* ■ **the ~ ...** der/die/das südlichste ...
south-'fac·ing *adj* nach Süden gelegen [*o* ausgerichtet] **South Ko·'rea** *n* Südkorea *nt* **South Ko·'rean** **I.** *adj* südkoreanisch **II.** *n* Südkoreaner(in) *m(f)* **'south·paw** *n* AM SPORTS (*fam*) Linkshänder(in) *m(f)*
South 'Pole *n* Südpol *m*
south·ward(s) ['saʊθwəd(z), AM -wɚd(z)] **I.** *adj* südlich **II.** *adv* südwärts, nach [*o* in] Richtung] Süden
south-'west **I.** *n no pl* Südwesten *m* **II.** *adj* südwestlich, Südwest- **III.** *adv* südwestwärts, nach Südwesten **south-'west·er·ly** **I.** *adj* südwestlich, Südwest- **II.** *adv* südwestlich, nach Südwesten **south-'west·ern** *adj* südwestlich **south-'west·ward(s)** **I.** *adj* südwestlich **II.** *adv* südwestlich, nach Südwesten
sou·ve·nir [ˌsu:vəⁿn'ɪəʳ, AM -'nɪr] *n* Andenken *nt* (**of** an +*akk*)
sou'west·er [ˌsaʊ'westəʳ, AM -ɚ] *n* (*hat*) Südwester *m*
sov·er·eign ['sɒvəⁿrɪn, AM 'sɑ:vrən] **I.** *n* ① (*ruler*) Herrscher(in) *m(f)* ② (*hist: British coin*) Zwanzigshillingmünze *f* **II.** *adj attr* ① (*chief*) höchste(r, s), oberste(r, s); **~ power** Hoheitsgewalt *f* ② POL (*independent*) *state* souverän
sov·er·eign·ty ['sɒvrəⁿnti, AM 'sɑ:v-] *n no pl* (*supremacy*) höchste Gewalt, Oberhoheit *f*; (*right of self-determination*) Souveränität *f*; **to have ~ over sb/sth** oberste Herrschaftsgewalt über jdn/etw besitzen
so·vi·et ['səʊviət, AM 'soʊ-] *n* (*hist*) Sowjet *m*
So·vi·et 'Un·ion *n no pl* (*hist*) ■ **the ~** die Sowjetunion
sow[1] <sowed, sown *or* sowed> [səʊ, AM soʊ] **I.** *vt* ① (*plant*) säen; MIL *mines* legen ② (*fig: cause*) säen; *terror* hervorrufen;

doubts wecken **II.** *vi* säen

sow² [saʊ] *n* (*pig*) Sau *f*

'sow·ing ma·chine *n* Sämaschine *f*

sown [səʊn, AM soʊn] *vt, vi pp of* **sow¹**

sox [sɒks, AM sɑːks] *npl* (*fam*) Socken *pl*

soya ['sɔɪə], AM **soy** [sɔɪ] *n no pl* Soja *f*

'soya bean *n, esp* AM **'soy bean** *n* Sojabohne *f* **soya 'sauce** *n, esp* AM **soy 'sauce** *n* Sojasoße *f*

soz·zled ['sɒzl̩d, AM 'sɑː-] *adj pred* (*fam*) besoffen

spa [spɑː] *n* ❶ (*spring*) Heilquelle *f* ❷ (*place*) [Bade]kurort *m*, Bad *nt* ❸ AM (*health centre*) Heilbad *nt*

space [speɪs] *n* ❶ *no pl* (*expanse*) Raum *m* ❷ (*gap*) Platz *m;* (*between two things*) Zwischenraum *m;* **parking ~** Parklücke *f;* (*seat*) [Sitz]platz *m* ❸ *no pl* (*vacancy*) Platz *m*, Raum *m* ❹ (*premises*) Fläche *f;* (*for living*) Wohnraum *m* ❺ *no pl* (*cosmos*) Weltraum *m* ❻ (*blank*) Platz *m;* (*for a photo*) freie Stelle; TYPO (*between words*) Zwischenraum *m;* **blank ~** Lücke *f*
◆**space out** *vt* ❶ (*position at a distance*) verteilen ❷ TYPO (*put blanks between*) *words* auseinanderschreiben ❸ *usu passive* (*sl*) ■**to be ~d out** (*in excitement*) geistig weggetreten sein *fam;* (*scatterbrained*) schusselig sein *fam*

'space age *n no pl* ■**the ~** das Weltraumzeitalter

'space bar *n* COMPUT Leertaste *f*

'space cap·sule *n* Weltraumkapsel *f* **'space cen·tre**, AM **'space cen·ter** *n* Weltraumzentrum *nt* **'space·craft** <*pl* -> *n* Raumfahrzeug *nt* **'space flight** *n* [Welt]raumflug *m* **'space·man** *n* [Welt]raumfahrer *m* **'space probe** *n* Raumsonde *f*

spac·er ['speɪsəʳ, AM -ɚ] *n* ❶ TYPO Leerzeichen *nt* ❷ TECH Distanzstück *nt*

'space-sav·ing *adj* Platz sparend; *furniture* Raum sparend **'space·ship** *n* Raumschiff *nt* **'space shut·tle** *n* [Welt]raumfähre *f* **'space sta·tion** *n* [Welt]raumstation *f* **'space trav·el** *n no pl* Raumfahrt *f* **'space·wom·an** *n* Raumfahrerin *f*

spac·ing ['speɪsɪŋ] *n no pl* Abstände *pl;* TYPO **double ~** TYPO zweizeiliger Abstand

spa·cious ['speɪʃəs] *adj* (*approv*) *house, room* geräumig; *area* weitläufig

spade [speɪd] *n* ❶ (*tool*) Spaten *m* ❷ CARDS Pik *nt*

spade·work ['speɪdwɜːk, AM -wɜːrk] *n no pl* Vorarbeit *f*

spa·ghet·ti [spə'geti, AM -t̬-] *n no pl* FOOD Spaghetti *pl*

spa·ghet·ti 'west·ern *n* (*fam*) Italowestern *m*

Spain [speɪn] *n no pl* Spanien *nt*

Spam® [spæm] *n no pl* Frühstücksfleisch *nt*

spam [spæm] *n no pl* COMPUT Spam-Mail *f*, Spam *m*

spam·bot ['spæmbɒt, AM -bɑːt] *n* COMPUT, INET Spambot-Programm *nt*

span¹ [spæn] **I.** *n usu sing* ❶ (*period of time*) Spanne *f;* **life ~** Lebensspanne *f* ❷ (*distance*) Breite *f;* (*as measurement*) Spanne *f selten;* **wing ~** Flügelspannweite *f* ❸ (*fig: scope*) Umfang *m*, Spannweite *f fig* ❹ ARCHIT (*arch of bridge*) Brückenbogen *m;* (*of arch*) Spannweite *f* **II.** *vt* <-nn-> ❶ (*stretch over*) *river* überspannen; (*cross*) führen (über +*akk*) ❷ (*contain*) *knowledge* umfassen **III.** *adj* ▶ PHRASES: **spick and ~** blitzblank *fam*

span² [spæn] *vt, vi* BRIT *pt of* **spin**

span·gle ['spæŋgl̩] **I.** *n* Paillette *f* **II.** *vt* mit Pailletten besetzen

span·gled ['spæŋgl̩d] *adj* ❶ (*with spangles*) mit Pailletten besetzt ❷ (*shiny*) glitzernd

Span·iard ['spænjəd, AM -jɚd] *n* Spanier(in) *m(f)*

span·iel ['spænjəl] *n* Spaniel *m*

Span·ish ['spænɪʃ] **I.** *n* ❶ *no pl* (*language*) Spanisch *nt* ❷ + *pl vb* (*people*) ■**the ~** die Spanier *pl* **II.** *adj* spanisch

spank [spæŋk] **I.** *vt* (*slap*) ■**to ~ sb** jdm den Hintern versohlen; (*sexually*) jdm einen Klaps auf den Hintern geben **II.** *n* Klaps *m fam*

spank·ing [spæŋkɪŋ] **I.** *adj* (*fam or approv: fast*) schnell; **at a ~ pace** in einem hohen Tempo **II.** *n* Tracht *f* Prügel

span·ner [spænəʳ] *n* BRIT, AUS Schraubenschlüssel *m*

spar¹ [spɑːʳ, AM spɑːr] *n* ❶ NAUT Rundholz *nt*, Spiere *f fachspr* ❷ AVIAT Holm *m fachspr*

spar² [spɑːʳ, AM spɑːr] **I.** *vi* <-rr-> ❶ BOXING sparren *fachspr* ❷ (*argue*) ■**to ~ [with sb]** sich [mit jdm] zanken **II.** *n* Sparring *nt kein pl fachspr*

spar³ [spɑːʳ, AM spɑːr] *n* GEOL Spat *m*

spare [speəʳ, AM sper] **I.** *vt* ❶ (*not kill*) verschonen ❷ (*go easy on*) schonen ❸ (*avoid*) ersparen; **to ~ sb embarrassment** jdm Peinlichkeiten ersparen ❹ (*not use*) sparen; **to ~ no costs** keine Kosten scheuen ❺ (*give*) **could you ~ me £10?** kannst du mir 10 Pfund leihen?; **to ~ a thought for sb** an jdn denken **II.** *adj* ❶ (*extra*) Ersatz-; **~ [bed]room** Gästezimmer *nt* ❷ BRIT (*sl: crazy*) **to drive sb ~** jdn wahnsinnig machen *fam* **III.** *n* ❶ (*reserve*)

S

Reserve *f* ② (*parts*) ■~**s** *pl* Ersatzteile *pl*

spare·'ribs *npl* [Schäl]rippchen *pl* **spare 'time** *n no pl* Freizeit *f* **spare 'tyre**, AM **spare 'tire** *n* ① AUTO Ersatzreifen *m* ② (*fam: fat*) Rettungsring *m*

spar·ing ['speərɪŋ, AM 'sper-] *adj* (*economical*) sparsam

spark [spɑːk, AM spɑːrk] **I.** *n* ① (*fire, electricity*) Funke[n] *m* ② (*fig: trace*) **a ~ of hope** ein Fünkchen *nt* Hoffnung ③ (*fig: person*) **a bright ~** ein Intelligenzbolzen *m fam* **II.** *vt* (*ignite, cause*) entfachen *a. fig; interest* wecken; *problems* verursachen **III.** *vi* Funken sprühen ◆**spark off** *vt* entfachen *a. fig*

spark·ing plug ['spɑːkɪŋˌplʌg, AM 'spɑːrk-] *n* BRIT (*dated*) Zündkerze *f*

spar·kle ['spɑːkl̩, AM 'spɑːr-] **I.** *vi* ① (*a. fig: glitter*) funkeln, glitzern; *fire* sprühen ② (*fig: be witty*) sprühen (**with** vor +*dat*) **II.** *n no pl* ① (*a. fig: light*) Funkeln *nt*, Glitzern *nt* ② (*fig: liveliness*) **sth lacks ~** einer S. *dat* fehlt es an Schwung

spar·kler ['spɑːkləʳ, AM 'spɑːrlɚ] *n* ① (*firework*) Wunderkerze *f* ② (*sl: diamond*) Klunker *m fam*

spar·kling ['spɑːkl̩ɪŋ, AM 'spɑːr-] *adj* ① (*shining*) glänzend; *eyes* funkelnd, glitzernd ② (*fig, approv: lively*) *person* vor Leben sprühend ③ (*bubbling*) *drink* mit Kohlensäure *nach n; lemonade* perlend; *wine* schäumend, moussierend

'spark plug *n* Zündkerze *f*

'spar·ring match *n* ① BOXING [Trainings]boxkampf *m* ② (*fig: row*) Wortgefecht *nt* **'spar·ring part·ner** *n* ① BOXING Sparringspartner(in) *m(f)* ② (*fig: arguer*) Kontrahent(in) *m(f)*

spar·row ['spærəʊ, AM 'speroʊ] *n* Spatz *m*

spar·row·hawk ['spærəʊhɔːk, AM 'speroʊhɑːk] *n* ① (*in Europe*) Sperber *m* ② (*in North America*) Falke *m*

sparse [spɑːs, AM spɑːrs] *adj* ① (*scattered, small*) spärlich ② (*meagre*) dünn, dürftig

sparse·ly ['spɑːsli, AM 'spɑːr-] *adv* ① (*thinly*) spärlich ② (*meagrely*) dürftig

Spar·tan ['spɑːtᵊn, AM 'spɑːr-] **I.** *adj life* spartanisch; *meal* frugal *geh* **II.** *n* Spartaner(in) *m(f)*

spasm ['spæzᵊm] *n* ① MED (*cramp*) Krampf *m* ② (*surge*) Anfall *m;* **a ~ of pain** krampfartige Schmerzen *pl*

spas·mod·ic [spæz'mɒdɪk, AM -'mɑː-] *adj* ① (*fig: occasional*) sporadisch ② (*fig, pej: erratic*) schwankend

spas·tic ['spæstɪk] **I.** *adj* (*fig, pej! sl: stupid*) schwach **II.** *n* (*pej! sl*) Spastiker(in) *m(f)*

spat[1] [spæt] *vt, vi pt, pp of* **spit**

spat[2] [spæt] **I.** *n* (*fam*) Krach *m* **II.** *vi* <-tt-> [sich] streiten [*o* zanken]

spate [speɪt] *n no pl* ① *esp* BRIT (*flood*) **to be in full ~** Hochwasser führen ② (*fig: large number*) ■**a ~ of sth** eine Flut [*o* Reihe] von etw *dat*

spa·tial ['speɪʃᵊl] *adj* räumlich

spat·ter ['spætəʳ, AM -t̬ɚ] **I.** *vt* bespritzen; **to ~ sb with water** jdn nass spritzen **II.** *vi raindrops* prasseln **III.** *n* (*of dirt*) Spritzer *m;* (*sound*) Prasseln *nt kein pl*

spatu·la ['spætjələ, AM -tʃə-] *n* ART, FOOD Spachtel *m o f*

spawn [spɔːn, AM spɑːn] **I.** *vt* ① (*lay eggs*) *fish, frog* ablegen ② (*fig: produce*) hervorbringen, produzieren **II.** *vi frog* laichen **III.** *n no pl* (*eggs*) Laich *m*

spay [speɪ] *vt animal* sterilisieren

speak <spoke, spoken> [spiːk] **I.** *vi* ① (*say words*) sprechen ② (*converse*) sich unterhalten; ■**to ~ to** [*or esp* AM **with**] **sb** [**about sth**] mit jdm [über etw *akk*] reden ③ + *adv* (*view*) **scientifically ~ing** wissenschaftlich gesehen; **strictly ~ing** genau genommen ④ (*make speech*) reden, sprechen **II.** *vt* ① (*say*) sagen; **to not ~ a word** kein Wort herausbringen; **to ~ one's mind** sagen, was man denkt ② (*language*) sprechen; **to ~ English fluently** fließend Englisch sprechen ◆**speak against** *vi* ■**to ~ against sth** sich gegen etw *akk* aussprechen ◆**speak for** *vt* ① (*represent*) ■**to ~ for sb** in jds Namen sprechen; ■**to ~ for oneself** für sich selbst sprechen ② (*allocated*) ■**to be spoken for** [bereits] vergeben sein ▸PHRASES: **~ for yourself!** (*hum, pej fam*) du vielleicht! ◆**speak out** *vi* seine Meinung deutlich vertreten; ■**to ~ out against sth** sich gegen etw *akk* aussprechen ◆**speak up** *vi* ① (*raise voice*) lauter sprechen ② (*support*) seine Meinung sagen; **to ~ up for sb/sth** für jdn/etw eintreten

speak·er ['spiːkəʳ, AM -ɚ] *n* ① (*at meeting, in debate*) Redner(in) *m(f)* ② *of language* Sprecher(in) *m(f);* **native ~** Muttersprachler(in) *m(f)* ③ (*loudspeaker*) Lautsprecher *m* ④ POL (*in parliament*) **S~** Sprecher(in) *m(f);* **the S~ of the House** AM der/die Vorsitzende des Repräsentantenhauses

speak·ing ['spiːkɪŋ] **I.** *n no pl* (*act*) Sprechen *nt;* (*hold a speech*) Reden *nt* **II.** *adj attr* (*able to speak*) sprechend ▸PHRASES: **to be on ~ terms** (*acquainted*) miteinander bekannt sein; **they are no longer on ~ terms with each other** sie reden nicht mehr miteinander

speak·ing 'clock *n* ① (*device*) sprechende

S

Uhr ② Brit (*service*) telefonische Zeitansage **'speak·ing part** *n* Sprechrolle *f*

spear [spɪəʳ, Am spɪr] **I.** *n* (*weapon*) Speer *m,* Lanze *f* **II.** *vt* aufspießen, durchbohren

'spear·head I. *n* ① (*point of spear*) Speerspitze *f* ② (*fig: leading group or thing*) Spitze *f* **II.** *vt* (*a. fig*) anführen **'spear·mint** *n no pl* grüne Minze

spe·cial ['speʃᵊl] **I.** *adj* ① (*more*) besondere(r, s); **to pay ~ attention to sth** bei etw *dat* ganz genau aufpassen ② (*unusual*) besondere(r, s); *circumstances* außergewöhnlich; **on ~ occasions** zu besonderen Gelegenheiten ③ (*dearest*) beste(r, s); ■ **to be ~ to sb** jdm sehr viel bedeuten ④ *attr* (*for particular purpose*) speziell; (*for particular use*) *tyres, equipment* Spezial- **II.** *n* ① *esp* Am, Aus (*meal*) Tagesgericht *nt* ② *pl esp* Am (*bargains*) ■ **~s** Sonderangebote *pl; see also* **vicious**

'Spe·cial Branch *n no pl usu* Brit ■ **the ~** der Sicherheitsdienst **spe·cial de·'liv·ery** *n* ① *no pl* (*service*) Eilzustellung *f* ② (*letter*) Eilbrief *m* **spe·cial e'di·tion** *n* Sonderausgabe *f* **spe·cial ef·'fect** *n usu pl* Spezialeffekt *m,* Special Effect *m fachspr*

spe·cial·ism ['speʃᵊlɪzᵊm] *n* ① *no pl* (*studies*) Spezialisierung *f* ② (*speciality*) Spezialgebiet *nt*

spe·cial·ist ['speʃᵊlɪst] **I.** *n* ① (*expert*) Fachmann, -frau *m, f,* Spezialist(in) *m(f)* (**in** für +*akk,* **on** in +*dat*) ② (*doctor*) Spezialist(in) *m(f),* Facharzt, -ärztin *m, f* **II.** *adj attr bookshop, knowledge* Fach-

spe·ci·al·ity [ˌspeʃi'æləti] *n esp* Brit ① (*product, quality*) Spezialität *f* ② (*skill*) Fachgebiet *nt*

spe·ciali·za·tion [ˌspeʃᵊlaɪ'zeɪʃᵊn, Am -lɪ'-] *n* ① *no pl* (*studies*) Spezialisierung *f* (**in** auf +*akk*) ② (*skill*) Spezialgebiet *nt*

spe·cial·ize ['speʃᵊlaɪz, Am -ʃəl-] *vi* sich spezialisieren (**in** auf +*akk*)

spe·cial·ized ['speʃᵊlaɪzd, Am -ʃəl-] *adj* ① (*skilled*) spezialisiert; **~ knowledge** Fachwissen *f* ② (*particular*) spezial; **~ magazine** Fachzeitschrift *f*

spe·cial·ly ['speʃᵊli] *adv* ① (*specifically*) speziell, extra ② (*particularly*) besonders, insbesondere ③ (*very*) besonders

spe·cial 'of·fer *n* Sonderangebot *nt;* ■ **on ~** im Sonderangebot **spe·cial 'plead·ing** *n no pl* ① Law Beibringung *f* neuen Beweismaterials ② (*unfair argument*) Berufung *f* auf einen Sonderfall

spe·cial·ty ['speʃᵊlti] *n* Am, Aus *see* **speciality**

spe·cies <*pl* -> ['spi:ʃi:z] *n* Biol Art *f,* Spezies *f fachspr; see also* **vicious**

spe·cif·ic [spə'sɪfɪk] *adj* ① (*exact*) genau; **could you be a bit more ~?** könntest du dich etwas klarer ausdrücken? ② *attr* (*particular*) bestimmte(r, s), speziell; **~ details** besondere Einzelheiten

spe·cifi·cal·ly [spə'sɪfɪkli] *adv* ① (*particularly*) speziell, extra ② (*clearly*) ausdrücklich

speci·fi·ca·tion [ˌspesɪfɪ'keɪʃᵊn, Am -fə'-] *n* ① (*specifying*) Angabe *f* ② (*plan*) detaillierter Entwurf; (*for building*) Bauplan *m* ③ *no pl* (*description*) genaue Angabe; (*for patent*) Patentschrift *f;* (*for machines*) Konstruktionsplan *m*

speci·fy <-ie-> ['spesɪfaɪ] *vt* angeben; (*list in detail*) spezifizieren; (*list expressly*) ausdrücklich angeben

speci·men ['spesəmɪn, Am -mən] *n* ① (*example*) Exemplar *nt* ② Med Probe *f*

spe·cious ['spi:ʃəs] *adj* (*pej form*) *allegation, argument* fadenscheinig

speck [spek] *n* ① (*spot*) Fleck *m; of blood, mud* Spritzer *m,* Sprenkel *m* ② (*particle*) Körnchen *nt;* (*fig*) **not a ~ of truth** kein Fünkchen Wahrheit

speck·le ['spekl̩] *n* Tupfen *m,* Sprenkel *m*

speck·led ['spekl̩d] *adj* gesprenkelt

specs¹ [speks] *npl* (*fam*) *short for* **specifications** technische Daten

specs² [speks] *npl esp* Brit (*fam*) *short for* **spectacles** Brille *f*

spec·ta·cle ['spektəkl̩] *n* ① (*display*) Spektakel *nt* ② (*event*) Schauspiel *nt geh,* Spektakel *nt pej;* (*sight*) Anblick *m*

'spec·ta·cle case *n* Brit Brillenetui *nt*

spec·ta·cled ['spektəkl̩d] *adj esp* Brit bebrillt

spec·ta·cles ['spektəkl̩z] *npl* Brit Brille *f*

Grammatik

spectacles (oder umgangssprachlich **specs**) wird im Plural gebraucht: *are those spectacles new?*
a pair of spectacles/specs wird aber im Singular verwendet: *I need a new pair of specs*

spec·tacu·lar [spek'tækjələʳ, Am -ɚ] *adj* ① (*wonderful*) *dancer, scenery* atemberaubend, großartig ② (*striking*) *increase, failure, success* spektakulär, sensationell

spec·ta·tor [spek'teɪtəʳ, Am -t̬ɚ] *n* Zuschauer(in) *m(f)* (**at** bei +*dat*)

spec·ter *n* Am *see* **spectre**

spec·tra ['spektrə] *n pl of* **spectrum**

spec·tral ['spektrᵊl] *adj* (*ghostly*) geisterhaft, gespenstisch

spec·tre *n* ① (*liter or old: ghost*) Gespenst

nt ② (*fig liter: threat*) [Schreck]gespenst *nt*

spec·tro·scope ['spektrəskəʊp, AM -skoʊp] *n* PHYS Spektroskop *nt*

spec·trum <*pl* -tra *or* -s> ['spektrəm, *pl* -trə] *n* ① PHYS (*band of colours*) Spektrum *nt a. fig* ② (*frequency band*) Palette *f*, Skala *f*

specu·late ['spekjəleɪt] *vi* spekulieren

specu·la·tion [,spekjə'leɪʃən] *n* ① (*guess*) Spekulation *f*, Vermutung *f* (**about** über +*akk*) ② (*trade*) Spekulation *f*

specu·la·tive ['spekjələtɪv, AM -leɪt̬ɪv] *adj* ① (*conjectural*) spekulativ *geh;* PHILOS hypothetisch *geh* ② (*risky*) spekulativ

specu·la·tor ['spekjəleɪtəʳ, AM -leɪt̬ɚ] *n* Spekulant(in) *m(f)*

specu·lum <*pl* -ula> ['spekjələm, *pl* -jələ] *n* ① MED (*instrument*) Spekulum *nt* ② (*mirror*) [Metall]spiegel *m*

sped [sped] *pt, pp of* **speed**

speech <*pl* -es> [spi:tʃ] *n* ① *no pl* (*faculty of speaking*) Sprache *f;* (*act of speaking*) Sprechen *nt;* **in everyday ~** in der Alltagssprache ② *no pl* (*spoken style*) Sprache *f*, Redestil *m* ③ (*oration*) Rede *f;* (*shorter*) Ansprache *f* (**about, on** über +*akk*); **freedom of ~** POL Redefreiheit *f*

'speech act *n* LING Sprechakt *m* **'speech day** *n* BRIT Schulfeier *f* **'speech de·fect** *n* Sprachfehler *m*

speechi·fy <-ie-> ['spi:tʃɪfaɪ, AM -tʃə-] *vi* (*pej o hum*) salbadern *pej fam*

'speech im·pedi·ment *n* Sprachfehler *m*

speech·less ['spi:tʃləs] *adj* ① (*shocked*) sprachlos ② (*mute*) stumm

'speech rec·og·ni·tion *n no pl* COMPUT Spracherkennung *f* **'speech thera·pist** *n* Sprachtherapeut(in) *m(f)*, Logopäde, Logopädin *m, f* **'speech thera·py** *n* Sprachtherapie *f*, Logopädie *f* **'speech writ·er** *n* Redenschreiber(in) *m(f)*

speed [spi:d] **I.** *n* ① (*velocity*) Geschwindigkeit *f*, Tempo *nt;* **maximum ~** Höchstgeschwindigkeit *f;* **to gain ~** an Geschwindigkeit gewinnen; *vehicle* beschleunigen; *person* schneller werden ② *no pl* (*quickness*) Schnelligkeit *f* ③ TECH (*operating mode*) Drehzahl *f;* **full ~ ahead!** NAUT volle Kraft voraus! ④ *no pl* (*sl: drug*) Speed *nt* ▶ PHRASES: **to bring sb/sth up to ~** *esp* BRIT (*update*) jdn/etw auf den neuesten Stand bringen **II.** *vi* <sped, sped> ① (*rush*) sausen, flitzen; ■**to ~ along** vorbeisausen ② (*drive too fast*) rasen **III.** *vt* <-ed *or* sped, -ed *or* sped> ① (*quicken*) beschleunigen ② (*transport*) ■**to ~ sb somewhere** jdn schnell irgendwohin bringen ◆**speed up I.** *vt* beschleunigen; ■**to ~ up ↻ sb** jdn antreiben **II.** *vi* (*accelerate*) beschleunigen, schneller werden; *person* sich beeilen

'speed·boat *n* Rennboot *nt* **'speed bump** *n* Bodenschwelle *f* **'speed cop** *n* (*fam*) Verkehrsbulle *m pej sl* **'speed dat·ing** *n no pl, no art organisierte Partnersuche, wobei man mit jedem Kandidaten nur wenige Minuten spricht* **'speed-dial but·ton** *n* Kurzwahltaste *f*

speed·ing ['spi:dɪŋ] *n no pl* Geschwindigkeitsüberschreitung *f*, Rasen *nt*

'speed lim·it *n* Geschwindigkeitsbegrenzung *f*, Tempolimit *nt*

speed·om·eter [spi:'dɒmɪtəʳ, AM -'dɑ:mət̬ɚ] *n* Tachometer *m o nt*, Geschwindigkeitsmesser *m*

'speed sail·ing *n no pl* SPORTS Strandsegeln *nt* **'speed skat·er** *n* Eisschnellläufer(in) *m(f)* **'speed skat·ing** *n no pl* Eisschnelllauf *m* **'speed trap** *n* Radarfalle *f* **'speed·way** *n* ① *no pl* (*sport*) Speedwayrennen *nt* ② (*racetrack*) Speedwaybahn *f* ③ AM (*highway*) Schnellstraße *f*

speedy ['spi:di] *adj* schnell; *decision, solution, recovery a.* rasch; *delivery, service* prompt

spe·leolo·gist [,spi:li'ɒlədʒɪst, AM -'ɑ:lə-] *n* Höhlenforscher(in) *m(f)*

spe·leol·ogy [,spi:li'ɒlədʒi, AM -'ɑ:lə-] *n no pl* Höhlenkunde *f*

spell¹ [spel] *n* (*state*) Zauber *m*, Bann *m geh;* (*words*) Zauberspruch *m;* **to cast a ~ on sb** jdn verzaubern; **to be under sb's ~** (*fig*) von jdm verzaubert sein

spell² [spel] **I.** *n* ① (*period of time*) Weile *f;* **to go through a bad ~** eine schwierige Zeit durchmachen ② (*period of weather*) **~ of sunny weather** Schönwetterperiode *f* ③ (*period of sickness*) Anfall *m;* **to suffer from dizzy ~s** unter Schwindelanfällen leiden **II.** *vt* ablösen

spell³ <spelled *or* BRIT *a.* spelt, spelled *or* BRIT *a.* spelt> [spel] **I.** *vt* ① (*using letters*) buchstabieren ② (*signify*) bedeuten; **to ~ disaster/trouble** Unglück/Ärger bedeuten **II.** *vi* (*in writing*) [richtig] schreiben; (*aloud*) buchstabieren ◆**spell out** *vt* ① (*using letters*) buchstabieren ② (*explain*) klarmachen

spell·bind·ing ['spelbaɪndɪŋ] *adj film, performance, speech* fesselnd

spell·bound ['spelbaʊnd] *adj* gebannt, fasziniert; **to hold sb ~** jdn fesseln

'spell-check·er *n* COMPUT Rechtschreibhilfe *f*

spell·er ['speləʳ, AM -ɚ] *n* ① (*person*) **to be a good ~** gut in Orthographie sein ② AM

S

(*spelling book*) Rechtschreib[e]buch *nt*

spell·ing ['spelɪŋ] **I.** *n* ① *no pl* (*orthography*) Rechtschreibung *f,* Orthographie *f* ② (*activity*) Buchstabieren *nt kein pl* **II.** *adj attr* Rechtschreib-

spelt [spelt] *pp, pt of* **spell**

spend [spend] **I.** *vt* <spent, spent> ① (*pay out*) *money* ausgeben (**on** für *+akk*) ② (*pass time*) *time* verbringen; **my sister always ~s ages in the bathroom** meine Schwester braucht immer eine Ewigkeit im Bad **II.** *vi* <spent, spent> Geld ausgeben **III.** *n* Brit Ausgabe *f*

Falsche Freunde

Nicht verwechseln mit spenden — *to donate*!

spend·ing ['spendɪŋ] *n no pl* Ausgaben *pl* (**on** für *+akk*)

'spend·ing cuts *npl* FIN Kürzungen *pl* **'spend·ing mon·ey** *n no pl* (*as allowance*) Taschengeld *nt;* (*for special circumstances*) frei verfügbares Geld **'spend·ing pow·er** *n no pl* ECON Kaufkraft *f* **'spend·ing spree** *n* Großeinkauf *m*

spend·thrift ['spen(d)θrɪft] (*pej*) **I.** *adj* (*fam*) verschwenderisch **II.** *n* (*fam*) Verschwender(in) *m(f)*

spent [spent] **I.** *pp, pt of* **spend II.** *adj* ① (*used up*) *match, cartridge* verbraucht; *creativity* verbraucht ② (*tired*) *person* ausgelaugt; **to feel ~** sich erschöpft fühlen

sperm <*pl* - *or* -s> [spɜːm, AM spɜːrm] *n* ① (*male reproductive cell*) Samenzelle *f* ② (*fam: semen*) Sperma *nt*

'sperm count *n* Spermienzählung *f* **'sperm do·nor** *n* Samenspender *m*

sper·mi·cide [ˌspɜːmɪ'saɪd, AM ˌspɜːrmə'-] *n* Spermizid *nt*

'sperm whale *n* Pottwal *m*

spew [spjuː] **I.** *vt* ① (*emit*) ausspeien; *lava* auswerfen, spucken *fam; exhaust* ausstoßen ② (*vomit*) erbrechen; *blood* spucken **II.** *vi* ① (*flow out*) *exhaust, lava, gas* austreten; *ash, dust* herausgeschleudert werden; *flames* hervorschlagen; *water* hervorsprudeln ② (*vomit*) erbrechen

sphere [sfɪəʳ, AM sfɪr] *n* ① (*round object*) Kugel *f;* (*representing earth*) Erdkugel *f* ② (*area*) Bereich *m,* Gebiet *nt;* **social ~** soziales Umfeld

spheri·cal ['sferɪkᵊl, AM 'sfɪr-] *adj* kugelförmig

spice [spaɪs] **I.** *n* ① (*aromatic*) Gewürz *nt* ② *no pl* (*fig: excitement*) Pep *m* **II.** *vt* ① (*flavour*) würzen (**with** mit *+dat*) ② (*fig: add excitement to*) aufpeppen *fam*

spick and 'span *adj* (*fam*) *house, kitchen* blitzsauber

spicy ['spaɪsi] *adj* ① *food* würzig; (*hot*) scharf ② (*fig: sensational*) *tale, story* pikant

spi·der ['spaɪdəʳ, AM -ɚ] *n* Spinne *f*

'spi·der's web, 'spi·der·web *n* Spinnennetz *nt*

spi·dery ['spaɪdᵊri] *adj writing* krakelig; *drawing, design* fein; *arms, legs* spinnenhaft

spiel [ʃpiːl] *n* (*pej fam*) Leier *f;* **sales ~** Verkaufsmasche *f*

spig·ot ['spɪgət] *n* ① (*stopper*) Zapfen *m* ② AM (*faucet*) Wasserhahn *m*

spike [spaɪk] **I.** *n* ① (*nail*) Nagel *m; on a railing* Spitze *f; of a plant, animal* Stachel *m* ② (*on shoes*) Spike *m;* ■ **~s** *pl* (*running shoes*) Spikes *pl* **II.** *vt* ① (*with pointy object*) aufspießen ② JOURN (*fam: reject*) *article, story* ablehnen; (*stop*) *plan, project* einstellen ③ (*fam: secretly add alcohol*) **to ~ sb's drink** einen Schuss Alkohol in jds Getränk geben

spiky ['spaɪki] *adj* ① (*with spikes*) *railing, wall, fence* mit Metallspitzen *nach n; branch, plant* dornig; *animal, bush* stachelig ② (*pointy*) *grass, leaf* spitz; *handwriting* steil

spill [spɪl] **I.** *n* (*spilled liquid*) Verschüttete(s) *nt;* (*pool*) Lache *f;* (*stain*) Fleck *m;* **oil ~** Ölteppich *m* **II.** *vt* <spilt *or* AM, AUS *usu* spilled, spilt *or* AM, AUS *usu* spilled> ① (*tip over*) verschütten ② (*fam: reveal*) ausplaudern **III.** *vi* ① (*flow out*) *liquid* überlaufen; *flour, sugar* verschüttet werden ② (*fig: spread*) *crowd* strömen; *conflict, violence* sich ausbreiten ◆**spill over** *vi* ① (*overflow*) überlaufen ② (*spread to*) ■ **to ~ over into sth** *conflict, violence* sich auf etw *akk* ausdehnen

spill·age ['spɪlɪʤ] *n* ① *no pl* (*action*) Verschütten *nt; of a liquid* Vergießen *nt;* **chemical ~** Austreten *nt* von Chemikalien ② (*amount spilled*) verschüttete Menge

spilt [spɪlt] **I.** *pp, pt of* **spill II.** *adj* ▶ PHRASES: **don't cry over ~ milk** (*saying*) was passiert ist, ist passiert

spin [spɪn] **I.** *n* ① (*rotation*) Drehung *f;* **to send a car into a ~** ein Auto zum Schleudern bringen ② (*in washing machine*) Schleudern *nt kein pl* ③ *no pl* (*fam: positive slant*) **to put a ~ on sth** etw ins rechte Licht rücken ④ (*drive*) Spritztour *f fam* **II.** *vi* <-nn-, spun *or* BRIT *a.* span, spun> ① (*rotate*) *earth, wheel* rotieren; *washing machine* schleudern; **to ~ out of control** außer Kontrolle geraten ② (*fig: be dizzy*)

my head is ~ning mir dreht sich alles *fam* ③ (*make thread*) spinnen **III.** *vt* <-nn-, spun *or* BRIT *a.* span, spun> ① (*rotate*) drehen; *clothes* schleudern; *coin* werfen; *records* spielen ② (*give positive slant*) ins rechte Licht rücken ③ (*make thread of*) spinnen ◆**spin out** *vt* (*prolong*) ■**to ~ out** ↻ **sth** etw ausdehnen

spi·na bi·fi·da [ˌspaɪnəˈbɪfɪdə] *n no pl* MED Spina bifida *f*

spin·ach [ˈspɪnɪtʃ] *n no pl* Spinat *m*

spi·nal [ˈspaɪnᵊl] *adj muscle, vertebra* Rücken-; *injury* Rückgrat-, spinale(r, s) *fachspr; nerve, anaesthesia* Rückenmark[s]-

ˈspi·nal col·umn *n* Wirbelsäule *f* **ˈspi·nal cord** *n* Rückenmark *nt*

spin·dle [ˈspɪndl̩] *n* Spindel *f*

spin·dly [ˈspɪndl̩i] *adj legs, stem* spindeldürr

ˈspin doc·tor I. *n* ≈ Pressesprecher(in) *m(f)*; POL *a.* Spin-Doctor *m* **II.** *vt* (*fam*) ■**to ~ sth** das Image einer S. *gen* aufpolieren *fig*

spin-ˈdri·er *n* Wäscheschleuder *f* **spin-ˈdry** *vt clothes* schleudern **spin-ˈdry·er** *n* Wäscheschleuder *f*

spine [spaɪn] *n* ① (*spinal column*) Wirbelsäule *f* ② (*spike*) *of a plant, fish, hedgehog* Stachel *m* ③ *of a book* [Buch]rücken *m*

spine-chil·ling [-ˌtʃɪlɪŋ] *adj film, tale* gruselig, Schauer-

spine·less [ˈspaɪnləs] *adj* ① (*without backbone*) wirbellos; (*without spines*) *plant, fish* ohne Stacheln *nach n* ② (*fig, pej: weak*) *person* rückgratlos

spin·ner [ˈspɪnəʳ, AM -ɚ] *n* ① (*for thread*) Spinner(in) *m(f)* ② (*spin-dryer*) Wäscheschleuder *f*

spin·ney [ˈspɪni] *n* BRIT Dickicht *nt*

spin·ning [ˈspɪnɪŋ] *n no pl* Spinnen *nt*

ˈspin·ning top *n* Kreisel *m* **ˈspin·ning wheel** *n* Spinnrad *nt*

ˈspin-off I. *n* Nebenprodukt *nt* **II.** *adj attr* **~ effect** Folgewirkung *f*

spin·ster [ˈspɪn(t)stəʳ, AM -stɚ] *n* (*usu pej*) alte Jungfer *veraltet*

spiny [ˈspaɪni] *adj* BIOL stach[e]lig, Stachel-; *plant a.* dornig

spiny ˈlob·ster *n* Gemeine Languste

spi·ral [ˈspaɪərᵊl, AM ˈspaɪrᵊl] **I.** *n* Spirale *f* **II.** *adj attr* spiralförmig **III.** *vi* <BRIT -ll- *or* AM *usu* -l-> ① (*move up*) sich hochwinden; *smoke, hawk* spiralförmig aufsteigen; (*move down*) *smoke, hawk* spiralförmig absteigen ② (*fig: increase*) ansteigen

spire [spaɪəʳ, AM spaɪr] *n* Turmspitze *f*

spir·it [ˈspɪrɪt] *n* ① (*sb's soul*) Geist *m* ② (*ghost*) Geist *m*, Gespenst *nt* ③ (*the Holy Spirit*) ■**the S~** der Heilige Geist ④ (*mood*) Stimmung *f*; **team ~** Teamgeist *m* ⑤ (*person*) Seele *f* ⑥ *no pl* (*vitality*) Temperament *nt* ⑦ (*whisky, rum, etc.*) ■**~s** *pl* Spirituosen *pl*

spir·it·ed [ˈspɪrɪtɪd, AM -t̬-] *adj* (*approv*) temperamentvoll; *discussion* lebhaft; *person* beherzt; *reply* mutig

spir·it·less [ˈspɪrɪtləs] *adj* (*pej*) schwunglos; *person, performance, book* saft- und kraftlos; *answer, defence, reply* lustlos

ˈspir·it lev·el *n* Wasserwaage *f*

spir·itu·al [ˈspɪrɪtʃuəl] *adj* ① (*relating to the spirit*) geistig, spirituell ② REL *leader* religiös

spir·itu·al·ism [ˈspɪrɪtʃuᵊlɪzᵊm] *n no pl* Spiritismus *m*

spir·itu·al·ist [ˈspɪrɪtʃuᵊlɪst] *n* Spiritist(in) *m(f)*

spit¹ [spɪt] *n* ① (*rod for roasting*) Bratspieß *m* ② (*beach*) Sandbank *f*

spit² [spɪt] **I.** *n* (*fam*) Spucke *f* **II.** *vi* <-tt-, spat *or* spit, spat *or* spit> ① (*expel saliva*) spucken; ■**to ~ at sb** jdn anspucken ② *impers* (*fam: raining*) **it is ~ting [with rain]** es tröpfelt ③ (*crackle*) *bacon, fat* brutzeln; *fire* zischen; (*hiss*) *cat* fauchen **III.** *vt* <-tt-, spat *or* spit, spat *or* spit> (*out of mouth*) ausspucken ◆**spit out** *vt* ① (*from mouth*) ausspucken ② (*fig fam: say angrily*) fauchen; **~ it out!** spuck's schon aus!

spite [spaɪt] **I.** *n no pl* ① (*desire to hurt*) Bosheit *f* ② (*despite*) ■**in ~ of sth** trotz einer S. *gen* **II.** *vt* ärgern

spite·ful [ˈspaɪtfᵊl] *adj* gehässig

spit·ting ˈim·age *n* Ebenbild *nt*

spit·tle [ˈspɪtl̩, AM ˈspɪt̬l̩] *n no pl* Spucke *f fam*

spit·toon [spɪˈtuːn] *n* Spucknapf *m*

splash [splæʃ] **I.** *n* <*pl* -es> ① (*sound*) Platschen *nt kein pl* ② (*small amount*) *of sauce, dressing* Klecks *m fam; of water, lemonade* Spritzer *m* **II.** *vt* ① (*scatter liquid*) verspritzen ② (*spray*) bespritzen ③ (*fig: print prominently*) **her picture was ~ed all over the newspapers** ihr Bild erschien groß in allen Zeitungen **III.** *vi* ① (*fall in drops*) *rain, waves* klatschen; *tears* tropfen ② (*spill out*) spritzen ◆**splash down** *vi* AEROSP wassern ◆**splash out** *vi* BRIT, AUS (*fam*) ■**to ~ out on sth** Geld für etw *akk* hinauswerfen

ˈsplash·board *n* ① (*on vehicle, in kitchen*) Spritzschutz *m* ② (*on boat*) Wellenbrecher *m* **ˈsplash·down** *n* AEROSP Wasserung *f*

splat [splæt] (*fam*) **I.** *n no pl* Klatschen *nt*, Platschen *nt* **II.** *adv* klatsch, platsch **III.** *vt* <-tt-> *bug, fly* todklatschen *fam*

splat·ter [ˈsplætəʳ, AM -ɚ] **I.** *vt* bespritzen;

S

her photograph was ~ed across the front pages of newspapers (*fig*) ihr Bild prangte groß auf allen Titelseiten **II.** *vi* spritzen

splay [spleɪ] **I.** *vt one's fingers, legs* spreizen **II.** *vi* ■**to ~ out** *legs, fingers* weggestreckt sein; *river, pipe* sich weiten

spleen [spli:n] *n* ① ANAT Milz *f* ② *no pl esp* BRIT, AUS (*fig: anger*) Wut *f*

splen·did ['splendɪd] *adj* großartig *a. iron*

splen·dif·er·ous [splen'dɪfᵊrəs] *adj* (*hum fam*) prächtig

splen·dour, AM **splen·dor** ['splendəʳ, AM -dɚ] *n* ① *no pl* (*beauty*) Pracht *f* ② (*beautiful things*) ■**~s** *pl* Herrlichkeiten *pl*

splice [splaɪs] *vt* (*unite*) *DNA, wires* verbinden; *rope* spleißen; *film* kleben; ■**to ~ sth** ↻ **together** etw zusammenfügen

splint [splɪnt] *n* MED Schiene *f*

splin·ter ['splɪntəʳ, AM -ɚ] *n* Splitter *m*; **~ [of wood]** Holzsplitter *m*, Schiefer *m* ÖSTERR

'splin·ter group, **'splin·ter par·ty** *n* POL Splittergruppe *f*

split [splɪt] **I.** *n* ① (*crack*) Riss *m* (**in** in +*dat*); (*in wall, wood*) Spalt *m* ② (*division in opinion*) Kluft *f*; POL Spaltung *f* ③ (*marital separation*) Trennung *f* ④ (*sharing-out*) Aufteilung *f*; **a four-way ~** eine Aufteilung in vier Teile **II.** *vt* <-tt-, split, split> ① (*divide*) teilen; *in half* halbieren; **to ~ the difference** (*fig*) sich *akk* auf halbem Weg einigen; **we ~ the proceeds among the four of us** wir teilten die Einnahmen unter uns vier auf ② (*fig: create division*) *group, party* spalten ③ (*rip, crack*) *seam* aufplatzen lassen; **to ~ one's head open** sich *dat* den Kopf aufschlagen **III.** *vi* <-tt-, split, split> ① (*divide*) *wood, stone* [entzwei]brechen; *seam, cloth* aufplatzen; *hair* splissen; **to ~ into groups** sich aufteilen ② (*become splinter group*) ■**to ~ from sth** sich von etw *dat* abspalten ③ (*end relationship*) sich trennen ◆**split off I.** *vt* (*break off*) abbrechen; (*with axe*) abschlagen; (*separate*) abtrennen **II.** *vi* ① (*become detached*) *rock, brick* sich lösen ② (*leave*) ■**to ~ off from sth** *party, group, faction* sich von etw *dat* abspalten ◆**split up I.** *vt* ① (*share*) *money, work* aufteilen ② (*separate*) *a group, team* teilen **II.** *vi* ① (*divide up*) sich teilen; **to ~ up into groups** sich in Gruppen aufteilen ② (*end relationship*) sich trennen (**with** von +*dat*)

split in·'fini·tive *n* LING gespaltener Infinitiv

'split-lev·el I. *adj* mit Zwischengeschossen nach *n* **II.** *n* Haus *nt* mit Zwischengeschossen **split 'pea** *n* Schälerbse *f* **split per·son·'al·ity** *n* gespaltene Persönlichkeit **split 'screen** *n* geteilter Bildschirm

split·ting ['splɪtɪŋ, AM 'splɪt̬-] *n no pl* FIN Splitting *nt*

split·ting 'head·ache *n* (*fam*) rasende Kopfschmerzen *pl*

'split-up *n* Trennung *f*

splodge [splɒdʒ] **I.** *n esp* BRIT (*fam*) *of paint, colour* Klecks *m*; *of blood, grease* Fleck *m* **II.** *vt esp* BRIT (*fam*) bespritzen

splotch [splɒtʃ, AM splɑ:tʃ] *esp* AM, AUS **I.** *n* (*fam: mark*) *of paint, colour* Klecks *m*; *of blood* Fleck *m*; (*daub*) *of whipped cream* Klecks *m* **II.** *vt* (*fam*) bespritzen

splotchy [splɒtʃi, AM splɑ:tʃi] *adj* fleckig

splurge [splɜ:dʒ, AM splɜ:rdʒ] **I.** *vt* (*fam*) **to ~ one's savings on sth** sein Gespartes für etw *akk* verprassen **II.** *vi* (*fam*) prassen *fam*; ■**to ~ on sth** viel Geld für etw *akk* ausgeben

splut·ter ['splʌtəʳ, AM -t̬ɚ] **I.** *vi* ① (*make noise*) *person, vehicle, engine* stottern; *fire* zischen ② (*spit*) spucken; **to cough and ~** husten und spucken **II.** *vt* ① (*say*) **to ~ an excuse** eine Entschuldigung hervorstoßen; **'well I never!' she ~ed** „na so was!" platzte sie los ② (*spit out*) *water* ausspucken **III.** *n of a person* Prusten *nt kein pl*; *of a car* Stottern *nt kein pl*; *of fire* Zischen *nt kein pl*

spoil [spɔɪl] **I.** *n* ① *no pl* (*debris*) Schutt *m* ② (*profits*) ■**~s** *pl* Beute *f kein pl* **II.** *vt* <spoiled *or* BRIT *usu* spoilt, spoiled *or* BRIT *usu* spoilt> ① (*ruin*) verderben; **to ~ sb's chances for sth** jds Chancen für etw *akk* ruinieren ② (*treat too kindly*) verwöhnen; *child* verziehen; **to be spoilt for choice** eine große Auswahl haben **III.** *vi* <spoiled *or* BRIT *usu* spoilt, spoiled *or* BRIT *usu* spoilt> *food* schlecht werden, verderben; *milk* sauer werden

spoil·er ['spɔɪləʳ, AM -ɚ] *n of car* Spoiler *m*

'spoil·sport ['spɔɪlspɔ:t, AM -spɔ:rt] *n* (*pej fam*) Spielverderber(in) *m(f)*

spoilt [spɔɪlt] **I.** *vt, vi esp* BRIT *pp, pt of* **spoil** **II.** *adj child* verwöhnt; (*pej*) verzogen

spoke[1] [spəʊk, AM spoʊk] *n* Speiche *f*

spoke[2] [spəʊk, AM spoʊk] *pt of* **speak**

spok·en [spəʊkᵊn, AM spoʊk-] **I.** *pp of* **speak** **II.** *adj attr* (*not written*) gesprochen

spokes·man ['spəʊks-, AM 'spoʊks-] *n* Sprecher *m*

'spokes·per·son <*pl* -people> *n* Sprecher(in) *m(f)*

'spokes·wom·an *n* Sprecherin *f*

sponge [spʌndʒ] **I.** *n* ① (*for washing*) ZOOL *a.* Schwamm *m* ② (*soft cake*) Rührkuchen *m*; (*without fat*) Biskuit[kuchen] *m* **II.** *vt* [mit einem Schwamm] abwischen

Aussprache

Das **o** in sp**o**nge wird wie das **u** in f**u**n ausgesprochen:

sponge [spʌndʒ]
fun [fʌn]

◆**sponge down, sponge off** *vt* ■**to ~ down** ⇄ **sb/sth** jdn/etw schnell [mit einem Schwamm] [ab]waschen

'sponge bag *n* BRIT, AUS Waschbeutel *m* **'sponge bath** *n* AM **to give oneself/sb a ~** sich/jdn mit einem Schwamm waschen **'sponge cake** *n* Biskuitkuchen *m*

spong·er ['spʌndʒəʳ, AM -ɚ] *n* (*pej*) Schmarotzer(in) *m(f)*

spon·gy ['spʌndʒi] *adj* schwammig; *grass, moss* weich, nachgiebig; *pudding* locker

spon·sor ['spɒn(t)səʳ, AM 'spɑːn(t)sɚ] **I.** *vt* ① (*support*) ■**to ~ sb/sth** *person* jdn/etw sponsern; *government* jdn/etw unterstützen; **to ~ a marathon runner** einen Marathonläufer für einen guten Zweck unterstützen ② POL (*support in election*) *candidate* unterstützen ③ MEDIA *TV programme, show* sponsern **II.** *n* (*supporter*) *of match, event* Sponsor(in) *m(f)*; *of a charity* Förderer, Förderin *m, f*; *of a TV programme* Sponsor *m*

spon·sor·ship ['spɒn(t)səʃɪp, AM 'spɑːn(t)sɚ-] *n no pl* (*by corporation, people*) Unterstützung *f*; (*at fund-raiser*) Förderung *f*; POL *of a match, event* Sponsern *nt*; **to get ~** gefördert werden

spon·ta·neity [ˌspɒntə'neɪəti, AM ˌspɑːntᵊn'eɪəṱi] *n no pl* (*approv*) Spontaneität *f*

spon·ta·neous [spɒn'teɪniəs, AM spɑːn-] *adj* ① (*unplanned*) spontan ② (*approv: unrestrained*) impulsiv

spoof [spuːf] *n* ① (*satire*) Parodie *f* (**of, on** von +*dat*) ② (*trick*) Scherz *m*

spook [spuːk] *n* ① (*fam: ghost*) Gespenst *nt* ② (*spy*) Spion(in) *m(f)*

spooki·ness ['spuːkinəs] *n* (*fam*) gespenstische Stimmung

spooky ['spuːki] *adj* (*fam: scary*) schaurig; *house, woods, person* unheimlich; *story, film, novel* gespenstisch

spool [spuːl] *n* Rolle *f*

spoon [spuːn] *n* Löffel *m*

'spoon·bill ['spuːnbɪl] *n* ORN Löffelreiher *m*

'spoon-feed <-fed, -fed> *vt* ■**to ~ sb** ① (*feed with spoon*) jdn mit einem Löffel füttern ② (*supply*) jdm alles vorgeben

spoon·ful <*pl* -s *or* spoonsful> ['spuːnfʊl] *n* Löffel *m*

spo·rad·ic [spə'rædɪk] *adj* sporadisch

spore [spɔːʳ, AM spɔːr] *n* BIOL Spore *f*

spor·ran [spɒrən] *n* SCOT Felltasche *f* (*die über dem Schottenrock getragen wird*)

sport [spɔːt, AM spɔːrt] **I.** *n* ① (*game*) Sport *m*; (*type of*) Sportart *f* ② *no pl* BRIT, AUS ■AM **~s** *pl* (*athletic activity*) Sport *m*; **to be good at ~** sportlich sein ③ (*fam: co-operative person*) **to be a bad ~** ein Spielverderber/eine Spielverderberin sein; **to be a [good] ~** kein Spielverderber/keine Spielverderberin sein **II.** *vt* (*esp hum: wear*) tragen; **to ~ a huge moustache** mit einem riesigen Schnurrbart herumlaufen *fam*

sport·ing ['spɔːtɪŋ, AM 'spɔːrṱɪŋ] *adj* SPORTS ① *attr* (*involving sports*) Sport- ② (*approv dated: fair*) fair; (*nice*) anständig

'sports arena *n* Sportstadion *nt* **'sports bar** *n Bar mit Fernseher für Sportübertragungen* **'sports bra** *n* Sport-BH *m* **'sports car** *n* Sportwagen *m* **'sports·cast** [-kæst] *n esp* AM Sportübertragung *f* **sports·cast·er** [-kæstɚ] *n esp* AM Sportreporter(in) *m(f)* **'sports coat** *n* Sportsakko *nt* **'sports com·men·ta·tor** *n* Sportkommentator(in) *m(f)* **'sports day** *n* BRIT SCH Sportfest *nt* **'sports equip·ment** *n no pl* Sportausrüstung *f* **'sports field, 'sports ground** *n* Sportplatz *m* **'sports jack·et** *n* Sportsakko *nt*

'sports·man *n* Sportler *m*

'sports·man·like *adj* fair

'sports·man·ship *n no pl* Fairness *f*

'sports page *n* Sportseite *f* **'sports·wear** *n no pl* Sportkleidung *f* **'sports·wom·an** *n* Sportlerin *f* **'sports writ·er** *n* Sportjournalist(in) *m(f)*

sporty ['spɔːti, AM 'spɔːrṱi] *adj* ① (*athletic*) sportlich ② (*fast*) *car* schnell

spot [spɒt, AM spɑːt] **I.** *n* ① (*mark*) Fleck *m* ② (*dot*) Punkt *m*; (*pattern*) Tupfen *m* ③ BRIT (*pimple*) Pickel *m*; (*pustule*) Pustel *f* ④ (*place*) Stelle *f*; **on the ~** an Ort und Stelle ⑤ TV, RADIO Beitrag *m* ▶PHRASES: **to put sb on the ~** jdn in Verlegenheit bringen **II.** *vt* <-tt-> entdecken; (*notice*) bemerken

Falsche Freunde

Nicht verwechseln mit spotten — *to mock*!

spot 'cash *n no pl* FIN, COMM Sofortliquidität *f* **spot 'check** *n* Stichprobe *f*

spot·less ['spɒtləs, AM 'spɑːt-] *adj* ① (*clean*) makellos ② (*unblemished*) makellos, tadellos

'spot·light **I.** *n* Scheinwerfer *m*; **to be in**

S

the ~ (*fig*) im Rampenlicht stehen **II.** *vt* <-lighted *or* -lit, -lighted *or* -lit> ■**to ~ sth** etw beleuchten; (*fig*) auf etw *akk* aufmerksam machen

'spot mar·ket *n* FIN Lokomarkt *m fachspr*

spot-'on *adj pred* BRIT, AUS (*fam*) ① (*exact*) haargenau; (*correct*) goldrichtig ② (*on target*) punktgenau

'spot price *n* FIN Lokopreis *m fachspr*

spot·ted ['spɒtɪd, AM 'spɑːt̬ɪd] *adj* ① (*pattern*) getupft, gepunktet ② *pred* (*covered*) gesprenkelt (**with** mit +*dat*)

spot·ter ['spɒtəʳ, AM 'spɑːt̬ɚ] *n* SPORTS Stütze *f*

spot·ty ['spɒti, AM 'spɑːt̬i] *adj* ① BRIT, AUS (*pimply*) pickelig ② AM, AUS (*patchy*) bescheiden *iron*

spouse [spaʊs] *n* (*form*) [Ehe]gatte, -gattin *m, f*

spout [spaʊt] **I.** *n* ① (*opening*) Ausguss *m* ② (*discharge*) Strahl *m* **II.** *vt* ① (*pej: hold forth*) faseln *fam;* **to ~ facts and figures** mit Fakten und Zahlen um sich *akk* werfen *fam* ② (*discharge*) speien **III.** *vi* ① (*pej: hold forth*) Reden schwingen *fam* ② (*gush*) hervorschießen

sprain [spreɪn] **I.** *vt* ■**to ~ sth** sich *dat* etw verstauchen; **to ~ one's ankle** sich *dat* den Knöchel verstauchen **II.** *n* Verstauchung *f*

sprang [spræŋ] *vi, vt pt of* **spring**

sprat [spræt] *n* Sprotte *f*

sprawl [sprɔːl, AM sprɑːl] **I.** *n usu sing* (*expanse*) Ausdehnung *f;* **urban ~** (*town*) riesiges Stadtgebiet; (*area*) Ballungsraum *m* **II.** *vi* ① (*slouch*) ■**to ~ on sth** auf etw *dat* herumlümmeln *pej fam* ② (*expand*) sich ausbreiten

sprawl·ing ['sprɔːlɪŋ, AM 'sprɑːl-] *adj* (*pej*) ① (*expansive*) ausgedehnt ② (*irregular*) unregelmäßig

spray[1] [spreɪ] **I.** *n* ① *no pl* (*mist, droplets*) Sprühnebel *m; of fuel, perfume* Wolke *f; of water* Gischt *m o f* ② (*aerosol*) Spray *m o nt* ③ (*sprinkler*) Sprühvorrichtung *f;* (*for irrigation*) Bewässerungsanlage *f* **II.** *vt* ① (*cover*) besprühen; *plants* spritzen ② (*disperse in a mist*) sprühen; (*in a spurt*) spritzen ③ (*shoot all around*) **to ~ sb with bullets** jdn mit Kugeln durchsieben **III.** *vi* spritzen

spray[2] [spreɪ] *n* ① (*branch*) Zweig *m* ② (*bouquet*) Strauß *m*

'spray gun *n* Spritzpistole *f*

spread [spred] **I.** *n* ① (*act of spreading*) Verbreitung *f* ② (*range*) Vielfalt *f* ③ JOURN Doppelseite *f* ④ (*soft food to spread*) Aufstrich *m* **II.** *vi* <spread, spread> ① (*extend over larger area*) *fire* sich ausbreiten; *news, panic* sich verbreiten ② (*stretch*) sich erstrecken ③ FOOD sich streichen lassen **III.** *vt* <spread, spread> ① (*open, extend*) *arms, papers, wings* ausbreiten; *net* auslegen ② (*cover with spread*) *bread* bestreichen ③ (*distribute*) *sand* verteilen; *fertilizer* streuen; *disease* übertragen; *panic* verbreiten ④ (*make known*) *rumour* verbreiten

spread-eagled [-'iːgl̩d] *adj* ausgestreckt

'spread·sheet *n* Tabellenkalkulation *f*

spree [spriː] *n* Gelage *nt;* **shopping ~** Einkaufstour *f*

sprig [sprɪg] *n* Zweig *nt*

spright·ly ['spraɪtli] *adj* munter; *old person* rüstig

spring [sprɪŋ] **I.** *n* ① (*season*) Frühling *m* ② TECH (*part in machine*) Feder *f* ③ (*source of water*) Quelle *f* **II.** *vi* <sprang *or* AM *a.* sprung, sprung> ① (*move quickly*) springen; **to ~ into action** den Betrieb aufnehmen ② (*suddenly appear*) auftauchen; **where did you ~ from?** wo kommst du denn plötzlich her?; **to ~ to mind** in den Kopf schießen **III.** *vt* ① (*operate*) auslösen; **to ~ a trap** eine Falle zuschnappen lassen ② (*provide with springs*) federn ◆**spring back** *vi* zurückschnellen ◆**spring up** *vi* plötzlich auftauchen; *business* aus dem Boden schießen

spring 'bal·ance *n* Federwaage *f* **'spring·board** *n* (*a. fig*) Sprungbrett *nt a. fig* **spring-'clean** **I.** *vi* Frühjahrsputz machen **II.** *vt* **to ~ a house** in einem Haus Frühjahrsputz machen **spring-'clean·ing** *n no pl* Frühjahrsputz *m* **spring 'on·ion** *n* BRIT, AUS Frühlingszwiebel *f* **spring 'roll** *n* Frühlingsrolle *f* **'spring·time** *n no pl* Frühling *m*

springy ['sprɪŋi] *adj* federnd *attr,* elastisch

sprin·kle ['sprɪŋkl̩] **I.** *vt* ① (*scatter*) streuen (**on** auf +*akk*) ② (*cover*) bestreuen (**with** mit +*dat*); (*with a liquid*) besprengen (**with** mit +*dat*) **II.** *n usu sing* **a ~ of snow** leichter Schneefall

sprin·kler ['sprɪŋkləʳ, AM -kl̩ɚ] *n* ① AGR Beregnungsanlage *f;* (*for a lawn*) Sprinkler *m* ② (*for fires*) Sprinkler *m;* ■**~s** *pl* (*system*) Sprinkleranlage *f*

sprin·kling ['sprɪŋklɪŋ] *n* ① *see* **sprinkle** ② *usu sing* (*light covering*) **a ~ of salt** eine Prise Salz ③ *usu sing* (*small number*) ■**a ~ of ...** ein paar ...

sprint [sprɪnt] **I.** *vi* sprinten **II.** *n* SPORTS *dash* Sprint *m;* **100-metre ~** Hundertmeterlauf *m,* 100-m-Lauf *m*

sprint·er ['sprɪntəʳ, AM 'sprɪnt̬ɚ] *n* Sprinter(in) *m(f)*

sprite [spraɪt] *n* (*liter*) Naturgeist *m*

spritz·er ['sprɪtsəʳ, AM -sɚ] *n* Schorle *f*, Gespritzte(r) *m* ÖSTERR, SCHWEIZ

sprock·et, sprock·et wheel ['sprɒkɪt-, AM 'sprɑ:-] *n* Zahnrad *nt*

sprog [sprɒg] *n* BRIT, AUS (*sl*) Balg *m o nt* *meist pej fam*

sprout [spraʊt] **I.** *n* ❶ (*shoot*) Spross *m* ❷ *esp* BRIT (*vegetable*) ■**~s** *pl* Rosenkohl *m kein pl* **II.** *vi* ❶ (*grow*) sprießen *geh*, wachsen ❷ (*germinate*) keimen **III.** *vt* BOT *buds, leaves* treiben; **he's beginning to ~ a beard** er bekommt einen Bart ◆**sprout up** *vi* aus dem Boden schießen

spruce[1] [spru:s] *n* Fichte *f*

spruce[2] [spru:s] *adj* adrett

spruce up *vt* (*tidy*) auf Vordermann bringen *fam*; ■**to ~ up** ◌ **oneself** sich zurechtmachen

sprung [sprʌŋ] **I.** *adj* BRIT gefedert **II.** *pp, pt of* **spring**

spry [spraɪ] *adj* agil *geh; old person* rüstig

spud [spʌd] *n* BRIT (*fam*) Kartoffel *f*, Erdapfel *m* DIAL, ÖSTERR

spun [spʌn] *pp, pt of* **spin**

spunk [spʌŋk] *n no pl* (*dated fam: bravery*) Mumm *m fam*

spur [spɜ:ʳ, AM spɜ:r] **I.** *n* ❶ (*on a heel*) Sporn *m* ❷ (*fig: encouragement*) Ansporn *m kein pl* (**to** zu +*dat*) ▶ PHRASES: **on the ~ of the moment** spontan **II.** *vt* <-rr-> ❶ (*encourage*) anspornen; (*persuade*) bewegen; (*incite*) anstacheln ❷ (*urge to go faster*) **to ~ a horse** einem Pferd die Sporen geben

spu·ri·ous ['spjʊəriəs, AM 'spjʊri-] *adj* falsch

spurn [spɜ:n, AM spɜ:rn] *vt* (*form*) zurückweisen; (*contemptuously*) verschmähen *geh*

spurt [spɜ:t, AM spɜ:rt] **I.** *n* ❶ (*jet*) Strahl *m* ❷ (*surge*) Schub *m*; **to do sth in ~s** etw schubweise machen ❸ (*run*) **to put on a ~** einen Spurt hinlegen **II.** *vt* [ver]spritzen **III.** *vi* (*gush*) spritzen

sput·ter ['spʌtəʳ, AM 'spʌt̬ɚ] **I.** *n* Knattern *nt kein pl*, Stottern *nt kein pl* **II.** *vi* zischen; (*car, engine*) stottern **III.** *vt* heraussprudeln; (*stutter*) stottern

spu·tum ['spju:təm, AM -t̬-] *n no pl* MED Schleim *m*, Sputum *nt fachspr*

spy [spaɪ] **I.** *n* Spion(in) *m(f)* **II.** *vi* (*gather information*) spionieren; ■**to ~ on sb** jdm nachspionieren **III.** *vt* (*see*) sehen; (*spot*) entdecken

'spy·glass *n* Fernglas *nt* **'spy·hole** *n* BRIT, AUS Guckloch *nt*, Spion *m* **'spy sat·el·lite** *n* Spionagesatellit *m*

sq *n abbrev of* **square** Pl.

squab·ble [skwɒbl̩, AM skwɑ:bl̩] **I.** *n* Zankerei *f*, Streiterei *f* **II.** *vi* sich zanken (**over, about** um +*akk*)

squad [skwɒd, AM skwɑ:d] *n* + *sing/pl vb* ❶ SPORTS Mannschaft *f* ❷ MIL Gruppe *f*, Trupp *m*

'squad car *n* BRIT Streifenwagen *m*

squad·die ['skwɒdi] *n* BRIT (*sl*) Soldat *m*, Bundesheerler *m* ÖSTERR *pej fam*

squad·ron ['skwɒdrᵊn, AM 'skwɑ:d-] *n* + *sing/pl vb* (*cavalry*) Schwadron *f*; (*air force*) Staffel *f*; (*navy*) Geschwader *nt*

squal·id ['skwɒlɪd, AM 'skwɑ:-] *adj* ❶ (*pej: dirty*) schmutzig; (*neglected*) verwahrlost ❷ (*immoral*) verkommen

squall [skwɔ:l] **I.** *n* (*gust*) Bö *f*; **~ of rain** Regenschauer *m* **II.** *vi* schreien

squally ['skwɔ:li] *adj* böig

squal·or ['skwɒləʳ, AM 'skwɑ:lɚ] *n no pl* ❶ (*foulness*) Schmutz *m* ❷ (*immorality*) Verkommenheit *f*

squan·der ['skwɒndəʳ, AM 'skwɑ:ndɚ] *vt* verschwenden, vergeuden; *opportunity* vertun

square [skweəʳ, AM skwer] **I.** *n* ❶ (*shape*) Quadrat *nt* ❷ (*in town*) Platz *m*; **town ~** zentraler Platz ❸ AM, AUS (*tool*) Winkelmaß *nt* ❹ MATH Quadratzahl *f* **II.** *adj* ❶ (*square-shaped*) *piece of paper, etc.* quadratisch; *face* kantig ❷ (*on each side*) im Quadrat; (*when squared*) zum Quadrat; *metre, mile* Quadrat- ❸ (*fam: level*) plan; **to be [all] ~** auf gleich sein **III.** *adv* direkt, geradewegs **IV.** *vt* ❶ (*make square*) quadratisch machen; (*make right-angled*) rechtwinklig machen; ■**to ~ sth with sth** etw mit etw *dat* in Übereinstimmung bringen ❷ (*settle*) *matter* in Ordnung bringen ❸ MATH quadrieren ◆**square up** *vi* ❶ (*fam: settle debt*) abrechnen ❷ BRIT (*deal with*) ■**to ~ up to sth** mit etw *dat* zurande kommen *fam*

square 'brack·et *n* eckige Klammer

'square dance *n* Squaredance *m*

square·ly ['skweəli, AM 'skwer-] *adv* ❶ (*straight*) aufrecht ❷ (*directly*) direkt; **to look sb ~ in the eyes** jdm gerade in die Augen blicken

square 'num·ber *n* MATH Quadratzahl *f*

square 'root *n* MATH Quadratwurzel *f*

squash[1] [skwɒʃ, AM skwɑ:ʃ] *n esp* AM (*pumpkin*) Kürbis *m*

squash[2] [skwɒʃ, AM skwɑ:ʃ] **I.** *n* ❶ *no pl* (*dense pack*) Gedränge *nt* ❷ *no pl* (*racket game*) Squash *nt* ❸ BRIT, AUS (*diluted drink*) Fruchtsaftgetränk *nt* **II.** *vt*

S

❶ (*crush*) zerdrücken; **to ~ sth flat** etw platt drücken ❷ (*fig: end*) *rumour* aus der Welt schaffen ❸ (*push*) **I should be able to ~ myself into this space** ich glaube, ich kann mich da hineinzwängen

'squash court *n* Squashplatz *m* **'squash rack·et, 'squash rac·quet** *n* Squashschläger *m*

squashy ['skwɒʃi, AM 'skwɑːʃi] *adj* weich

squat [skwɒt, AM skwɑːt] **I.** *vi* <-tt-> ❶ (*crouch*) hocken; ■**to ~ [down]** sich hinhocken ❷ (*occupy land*) *on land* sich illegal ansiedeln; **to ~ [in a house]** [ein Haus] besetzen **II.** *n* ❶ *no pl* (*position*) Hocke *f* ❷ SPORTS (*exercise*) Kniebeuge *f* ❸ (*building*) besetztes Haus **III.** *adj* <-tt-> niedrig; *person* gedrungen, untersetzt

squat·ter ['skwɒtəʳ, AM 'skwɑːt̬ɚ] *n* (*illegal house-occupier*) Hausbesetzer(in) *m(f)*

squaw [skwɔː, AM skwɑː] *n* (*pej!*) Squaw *f*

squawk [skwɔːk, AM skwɑːk] **I.** *vi* (*cry*) kreischen **II.** *n* (*cry*) Kreischen *nt kein pl*

squeak [skwiːk] **I.** *n* Quietschen *nt kein pl; of an animal* Quieken *nt kein pl; of a mouse* Pieps[er] *m fam; of a person* Quiekser *m fam* **II.** *vi* (*make sound*) quietschen; *animal, person* quieken; *mouse* piepsen

squeaky ['skwiːki] *adj* ❶ (*high-pitched*) quietschend; *voice* piepsig *fam* ❷ AM (*narrow*) äußerst knapp, hauchdünn *fig* ▶ PHRASES: **the ~ wheel gets the grease** AM (*prov*) nur wer am lautesten schreit wird gehört

'squeaky-clean *adj* (*a. fig*) blitzsauber *fam*

squeal [skwiːl] **I.** *n* [schriller] Schrei; *of tyres* Quietschen *nt kein pl; of brakes* Kreischen *nt kein pl; of a pig* Quieken *nt kein pl* **II.** *vi* (*scream*) kreischen; *pig* quieken; *tyres* quietschen; *brakes* kreischen; **to ~ to a halt** mit quietschenden Reifen anhalten

squeam·ish ['skwiːmɪʃ] **I.** *adj* zimperlich *pej,* zart besaitet; **he is ~ about seeing blood** er ekelt sich vor Blut **II.** *npl* **to be not for the ~** nichts für schwache Nerven sein

squee·gee ['skwiːdʒiː] **I.** *n* Gummiwischer *m* **II.** *vt window* mit einem Gummiwischer putzen

squeeze [skwiːz] **I.** *n* ❶ (*press*) Drücken *nt kein pl;* **to give sth a ~** etw drücken ❷ ECON (*limit*) Beschränkung *f;* **a ~ on spending** eine Beschränkung der Ausgaben ❸ *no pl* (*fit*) Gedränge *nt;* **it'll be a tight ~** es wird eng werden **II.** *vt* ❶ (*press*) drücken; *a lemon, an orange* auspressen; *a sponge* ausdrücken ❷ (*push in*) [hinein]zwängen; (*push through*) [durch]zwängen ❸ (*constrict*) einschränken **III.** *vi* (*fit into*) sich [hinein]zwängen (**into** in +*dat*), sich vorbeizwängen (**past** an +*dat*), sich [durch]zwängen (**through** durch +*akk*) ◆**squeeze out** *vt* (*press*) ausdrücken; *juice* auspressen

squeez·er ['skwiːzəʳ, AM -ɚ] *n* Fruchtpresse *f*

squelch [skweltʃ] *vi mud, water* patschen *fam;* ■**to ~ through sth** durch etw *akk* waten

squib [skwɪb] *n* ❶ AM (*filler*) Füllartikel *m* ❷ (*firework*) Knallkörper *m*

squid <*pl* - *or* -s> [skwɪd] *n* Tintenfisch *m*

squig·gle ['skwɪgl̩] *n* Schnörkel *m*

squint [skwɪnt] **I.** *vi* ❶ (*have a squint*) schielen ❷ (*close one's eyes*) blinzeln ❸ (*look*) ■**to ~ at sb/sth** einen Blick auf jdn/etw werfen **II.** *n* ❶ (*glance*) kurzer Blick ❷ (*eye condition*) Schielen *nt kein pl*

squire [skwaɪəʳ, AM skwaɪɚ] *n* (*old*) ❶ (*knight's attendant*) Knappe *m* ❷ (*landowner*) Gutsherr *m*

squirm [skwɜːm, AM skwɜːrm] **I.** *vi* sich winden; **to ~ in pain** sich vor Schmerzen krümmen **II.** *n* Krümmen *nt kein pl;* **to give a ~ of embarrassment** sich vor Verlegenheit winden

squir·rel ['skwɪrəl, AM 'skwɜːr-] *n* Eichhörnchen *nt*

squirt [skwɜːt, AM skwɜːrt] **I.** *vt* ❶ (*spray*) spritzen ❷ (*cover*) ■**to ~ sb with sth** jdn mit etw *dat* bespritzen **II.** *vi* ■**to ~ out** herausspritzen, herausschießen **III.** *n* (*quantity*) Spritzer *m*

Sri Lan·ka [ˌsriː'læŋkə, AM -'lɑːn-] *n* Sri Lanka *nt*

Sri Lan·kan [ˌsriː'læŋkən, AM -'lɑːn-] **I.** *adj* srilankisch; **to be ~** aus Sri Lanka sein **II.** *n* Sri-Lanker(in) *m(f)*

SRP [ˌesɑː'piː, AM -ɑːr'-] *n abbrev of* **suggested retail price** empfohlener Einzelhandelspreis

SSW *abbrev of* **south-southwest** SSW

St *n* ❶ *abbrev of* **saint** St. ❷ *abbrev of* **street** Str.

st <*pl* -> *n* BRIT *abbrev of* **stone I 5**

stab [stæb] **I.** *vt* <-bb-> ❶ (*pierce*) einstechen (auf +*akk*); **the victim was ~bed** das Opfer erlitt eine Stichverletzung; **to ~ sth with a fork** mit einer Gabel in etw *dat* herumstochern ❷ (*make thrusting movement*) **to ~ the air [with sth]** [mit etw *dat*] in der Luft herumfuchteln **II.** *vi* <-bb-> ■**to ~ at sb/sth** auf jdn/etw einstechen; **to ~ at sth with one's finger** mit dem Finger immer wieder auf etw *akk* drücken **III.** *n* ❶ (*with weapon,*) Stich *m*

S

❷ (*wound*) Stichwunde *f* ❸ (*of pain*) Stich *m* ▸ PHRASES: **to have a ~ at [doing] sth** etw probieren

stab·bing ['stæbɪŋ] **I.** *n* (*assault*) Messerstecherei *f* **II.** *adj pain* stechend; *fear, memory* durchdringend

sta·bil·ity [stə'bɪləti, AM -ət̬i] *n no pl* Stabilität *f*

sta·bi·li·za·tion [ˌsteɪbəlaɪ'zeɪʃən, AM -lɪ'-] *n no pl* Stabilisierung *f*

sta·bi·lize ['steɪbəlaɪz] **I.** *vt* ❶ (*make firm*) stabilisieren ❷ (*maintain level*) festigen, stabilisieren **II.** *vi* sich stabilisieren; **his condition has now ~d** MED sein Zustand ist jetzt stabil

sta·bi·liz·er ['steɪbəlaɪzər, AM -ɚ] *n* ❶ AM AVIAT Stabilisator *m* ❷ NAUT Stabilisierungsflosse *f*

sta·ble[1] <-r, -st *or* more ~, most ~> ['steɪbl̩] *adj* ❶ (*firmly fixed, steadfast*) MED, CHEM stabil; *relationship* fest ❷ PSYCH ausgeglichen

sta·ble[2] ['steɪbl̩] **I.** *n* ❶ (*building, horses*) Stall *m* ❷ (*business*) Rennstall *m* **II.** *vt* **to ~ a horse** ein Pferd unterstellen

'sta·ble lad *n* BRIT Stallbursche *m veraltend*

stack [stæk] **I.** *n* ❶ *of videos* Stapel *m; of papers* Stoß *m* ❷ (*fam: large amount*) Haufen *m;* **we've got ~s of time** wir haben massenhaft Zeit ❸ *of hay, straw* Schober *m* ❹ MUS *hi-fi equipment* Stereoturm *m* ❺ (*chimney*) Schornstein *m,* Kamin *m* SCHWEIZ **II.** *vt* ❶ (*arrange in pile*) [auf]stapeln ❷ (*fill*) **the fridge is ~ed with food** der Kühlschrank ist randvoll mit Lebensmitteln; *dishwasher* einräumen; *shelves* auffüllen

sta·dium <*pl* -s *or* -dia> ['steɪdiəm, *pl* -iə] *n* Stadion *nt*

staff [stɑːf, AM stæf] **I.** *n* ❶ + *sing/pl vb* (*employees*) Belegschaft *f;* **nursing ~** Pflegepersonal *nt* ❷ + *sing/pl vb* SCH, UNIV Lehrkörper *m* ❸ + *sing/pl vb* MIL Stab *m* ❹ (*stick*) [Spazier]stock *m* ❺ (*for surveying*) Messstab *m* **II.** *vt usu passive* **many charities are ~ed by volunteers** viele Wohltätigkeitsvereine beschäftigen ehrenamtliche Mitarbeiter

Grammatik

Wenn man von **the staff** im Sinne von einer Einheit spricht, wird es mit einem Verb im Singular gebraucht: *the staff is striking*
Wenn man jedoch von den einzelnen Gruppenmitgliedern sprechen will, wird **the staff** mit einem Verb im Plural gebraucht: *the staff work in shifts*

'staff as·so·cia·tion *n* + *sing/pl vb* Betriebsrat *m* **'staff nurse** *n* BRIT MED examinierte Krankenschwester **'staff of·fic·er** *n* MIL Stabsoffizier(in) *m(f)* **'staff·room** *n* SCH Lehrerzimmer *nt*

stag [stæg] *n* ZOOL Hirsch *m*

'stag bee·tle *n* Hirschkäfer *m*

stage [steɪdʒ] **I.** *n* ❶ (*period*) Etappe *f,* Station *f;* **crucial ~** entscheidende Phase ❷ *of a journey, race* Etappe *f,* Abschnitt *m* ❸ THEAT (*platform*) Bühne *f;* **to take centre ~** (*fig*) im Mittelpunkt [des Interesses] stehen ❹ ELEC Schaltstufe *f* **II.** *vt* ❶ THEAT aufführen; *concert* geben ❷ (*organize*) *congress, meeting* veranstalten; *demonstration, strike* organisieren; *match* austragen

'stage·coach *n* (*hist*) Postkutsche *f* **'stage di·rec·tion** *n* Bühnenanweisung *f* **stage 'door** *n* Bühneneingang *m* **'stage fright** *n no pl* Lampenfieber *nt* **'stage·hand** *n* Bühnenarbeiter(in) *m(f)* **stage-'man·age I.** *vt* inszenieren **II.** *vi* (*act as stage manager*) Regie führen **stage 'man·ag·er** *n* Bühnenmeister(in) *m(f),* Inspizient(in) *m(f) fachspr* **'stage name** *n* Künstlername *m*

stag·er ['steɪdʒər, AM -ɚ] *n* (*dated*) Mime *m*

stage 'whis·per *n* ❶ THEAT Beiseitesprechen *nt* ❷ (*whisper*) unüberhörbares Flüstern

stag·fla·tion [stæg'fleɪʃən] *n no pl* ECON Stagflation *f*

stag·ger ['stægər, AM -ɚ] **I.** *vi* ❶ (*totter*) ■**to ~ somewhere** irgendwohin wanken [*o* torkeln]; **to ~ to one's feet** sich aufrappeln ❷ (*waver*) schwanken, wanken **II.** *vt* ❶ (*shock*) erstaunen ❷ (*arrange*) staffeln **III.** *n* ❶ (*lurch*) Wanken *nt kein pl,* Taumeln *nt kein pl* ❷ (*arrangement*) Staffelung *f*

stag·gered ['stægəd, AM -ɚd] *adj* gestaffelt

stag·ger·ing ['stægərɪŋ] *adj* ❶ (*amazing*) erstaunlich, umwerfend *fam; news* unglaublich ❷ (*shocking*) erschütternd

stag·ing ['steɪdʒɪŋ] *n* ❶ THEAT Inszenierung *f* ❷ (*scaffolding*) [Bau]gerüst *nt*

stag·nant ['stægnənt] *adj* (*not flowing*) stagnierend; *pool* still; *water* stehend

stag·nate [stæg'neɪt, AM 'stæg-] *vi* ❶ (*stop flowing*) sich stauen ❷ (*stop developing*) stagnieren

stag·na·tion [stæg'neɪʃən] *n no pl* Stagnation *f*

'stag night, 'stag par·ty *n* Junggesellenabschiedsparty *f*

stagy ['steɪdʒi] *adj* (*pej*) theatralisch

staid [steɪd] *adj* seriös, gesetzt; (*pej*) spießig

stain [steɪn] **I.** *vt* ❶ (*discolour*) verfärben;

(*cover with spots*) Flecken auf etw *akk* machen ② (*blemish*) *reputation* schaden ③ (*colour*) *wood* [ein]färben **II.** *vi* ① (*cause discolouration*) abfärben, Flecken machen ② (*discolour*) sich verfärben ③ (*take dye*) Farbe annehmen, sich färben **III.** *n* ① (*discoloration*) Verfärbung *f,* Fleck *m* ② (*blemish*) Makel *m* ③ (*dye*) Beize *f,* Färbemittel *nt*

stained [steɪnd] *adj* ① (*discoloured*) verfärbt; (*with spots*) fleckig ② (*dyed*) gefärbt, gebeizt

stained 'glass *n no pl* Buntglas *nt* **'stained-glass win·dow** *n* Buntglasfenster *nt*

stain·less ['steɪnləs] *adj* makellos; *character* tadellos

stain·less 'steel *n no pl* rostfreier Stahl

'stain re·mov·er *n* Fleckenentferner *m*

stair [steəʳ, AM ster] *n* ① (*set of steps*) ■ **~s** *pl* Treppe *f;* **a flight of ~s** eine Treppe ② (*step*) Treppenstufe *f*

'stair·case *n* (*stairs*) Treppenhaus *nt,* Treppenaufgang *m;* **spiral ~** Wendeltreppe *f* **'stair·lift** *n* Treppenlift *m* **'stair·way** *n* Treppe *f* **'stair·well** *n* Treppenhausschacht *m*

stake¹ [steɪk] **I.** *n* (*stick*) Pfahl *m,* Pflock *m* **II.** *vt animal* anbinden; *plant* hochbinden

stake² [steɪk] **I.** *n* ① *usu pl* (*wager*) Einsatz *m;* (*in games*) [Wett]einsatz *m* ② (*interest*) *a.* FIN, ECON Anteil *m* ③ (*horse race*) ■ **~s** *pl* Pferderennen *nt* ④ (*fam: competitive situation*) **to be high in the popularity ~s** weit oben auf der Beliebtheitsskala stehen ▶ PHRASES: **to be at ~** (*in question*) zur Debatte stehen; (*at risk*) auf dem Spiel stehen **II.** *vt* ① (*wager*) *money* setzen; **to ~ one's future on sth** seine Zukunft auf etw *akk* aufbauen ② AM (*fig fam: support*) ■ **to ~ sb to sth** jdm etw ermöglichen ◆**stake out** *vt* ① (*mark territory*) *frontiers* abstecken; *position* behaupten ② (*establish*) *position* einnehmen

'stake·hold·er *n* Teilhaber(in) *m(f)*

stal·ac·tite ['stæləktaɪt, AM *esp* stə'læktaɪt] *n* Tropfstein *m,* Stalaktit *m fachspr*

stal·ag·mite ['stæləgmaɪt, AM *esp* stə'læg-] *n* Tropfstein *m,* Stalagmit *m fachspr*

stale [steɪl] *adj* ① (*not fresh*) fade, schal; *beer, lemonade* abgestanden; *air* muffig; **~ bread** altbackenes Brot ② (*unoriginal*) fantasielos; *joke* abgedroschen ③ (*without zest*) abgestumpft; **to go ~** stumpfsinnig werden

stale·mate ['steɪlmeɪt] **I.** *n* ① CHESS Patt *nt* ② (*deadlock*) Stillstand *m* **II.** *vt* ① CHESS patt setzen ② (*bring to deadlock*) zum Stillstand bringen

stalk¹ [stɔ:k, AM *also* stɑ:k] *n* Stiel *m; see also* **salmon**

stalk² [stɔ:k, AM *also* stɑ:k] **I.** *vt* ① (*hunt*) jagen ② (*harass*) ■ **to ~ sb** jdm nachstellen **II.** *vi* (*haughtily*) stolzieren; (*angrily*) marschieren

stalk·er [stɔ:kəʳ, AM stɑ:kɚ] *n* ① (*hunter*) Jäger(in) *m(f)* ② *of people jd, der prominente Personen verfolgt und belästigt*

'stalk·ing horse *n* ① (*pretext*) Täuschungsmanöver *nt,* Vorwand *m* ② POL Strohmann *m*

stall [stɔ:l, AM *also* stɑ:l] **I.** *n* ① (*for selling*) [Verkaufs]stand *m* ② (*for an animal*) Stall *m,* Verschlag *m* ③ AM (*for parking*) [markierter] Parkplatz ④ BRIT, AUS (*in a theatre*) ■ **the ~s** *pl* das Parkett *kein pl* **II.** *vi* ① (*stop running*) *motor* stehen bleiben; *aircraft* abrutschen ② (*come to standstill*) zum Stillstand kommen ③ (*fam: delay*) zaudern, zögern; **to ~ for time** Zeit gewinnen **III.** *vt* ① (*cause to stop running*) *car, engine* abwürgen ② (*delay*) aufhalten, verzögern ③ (*fam: keep waiting*) ■ **to ~ sb** jdn hinhalten

'stall hold·er *n* BRIT Markthändler(in) *m(f);* (*woman*) Marktfrau *f*

stal·lion ['stæljən] *n* Hengst *m*

stal·wart ['stɔ:lwət, AM 'stɑ:lwɚt] (*form*) **I.** *adj* ① (*loyal*) unentwegt; *supporter* treu ② (*sturdy*) robust, unerschütterlich **II.** *n* Anhänger(in) *m(f)*

sta·men <*pl* -s *or* -mina> ['steɪmən, *pl* -mənə] *n* Staubgefäß *nt*

stami·na ['stæmɪnə, AM -mənə] *n no pl* Durchhaltevermögen *nt,* Ausdauer *f*

stam·mer ['stæməʳ, AM -ɚ] **I.** *n* Stottern *nt* **II.** *vi* stottern, stammeln

stam·mer·er ['stæmərəʳ, AM -ɚɚ] *n* Stotterer, Stotterin *m, f*

stamp [stæmp] **I.** *n* ① (*implement*) Stempel *m* ② (*mark*) Stempel *m;* **~ of approval** Genehmigungsstempel *m* ③ (*adhesive*) **postage ~** Briefmarke *f* ④ (*step*) Stampfer *m fam;* (*sound*) Stampfen *nt* **II.** *vt* ① (*crush*) zertreten; (*stomp*) **to ~ one's foot** mit dem Fuß aufstampfen ② (*mark*) [ab]stempeln ③ (*affix postage to*) **to ~ a letter** einen Brief frankieren **III.** *vi* ① (*step*) stampfen; ■ **to ~ [up]on sth** auf etw *akk* treten ② (*walk*) stampfen, stapfen ◆**stamp down** *vt* ■ **to ~ down** ⟲ **sth** etw niedertrampeln; *earth* etw festtreten ◆**stamp out** *vt* ■ **to ~ out** ⟲ **sth** (*eradicate*) etw ausmerzen; *crime, corruption* etw bekämpfen; *a disease* etw ausrotten; *a fire* etw austreten

S

'stamp al·bum *n* Briefmarkenalbum *nt* **'stamp col·lec·tor** *n* Briefmarkensammler(in) *m(f)* **'stamp duty** *n* LAW Stempelgebühr *f*

stam·pede [stæm'pi:d] **I.** *n* ① *of animals* wilde Flucht ② *of people* [Menschen]auflauf *m* **II.** *vi animals* durchgehen; *people* irgendwohin stürzen **III.** *vt* ① (*cause to rush*) aufschrecken ② (*force into action*) ■**to ~ sb into [doing] sth** jdn zu etw *dat* drängen

'stamp·ing ground *n usu pl* Schauplatz *m* der Vergangenheit

stance [sta:n(t)s, AM stæn(t)s] *n* ① (*posture*) Haltung *f kein pl;* AM SPORTS *Schlagpositur beim Baseball, Golf usw.* ② (*attitude*) Standpunkt *m,* Einstellung *f* (**on** zu +*dat*)

stand [stænd] **I.** *n* ① (*physical position*) Stellung *f* ② (*position on an issue*) Einstellung *f* (**on** zu +*dat*); **what's her ~ on sexual equality?** wie steht sie zur Gleichberechtigung?; **to take a ~ on sth** sich für etw *akk* einsetzen ③ *usu pl* (*raised seating for spectators*) [Zuschauer]tribüne *f* ④ (*support*) Ständer *m* ⑤ AM LAW ■**the ~** der Zeugenstand; **to take the ~** vor Gericht aussagen ⑥ MIL (*resistance*) Widerstand *m;* (*battle*) Gefecht *nt;* **to make a ~** (*fig*) klar Stellung beziehen **II.** *vi* <stood, stood> ① (*be upright*) stehen; **~ against the wall** stell dich an die Wand; **to ~ clear** aus dem Weg gehen, beiseitetreten; **to ~ still** stillstehen ② (*be located*) stehen, liegen; **to ~ in sb's way** jdm im Weg stehen ③ + *adj* (*be in a specified state*) stehen; **to ~ open/empty/in second place** offen/leer/an zweiter Stelle stehen; **with the situation as it ~s right now ...** so wie die Sache im Moment aussieht, ...; **I never know where I ~ with my boss** ich weiß nie, wie ich mit meinem Chef dran bin *fam* ④ (*remain valid*) gelten, Bestand haben; **does that still ~?** ist das noch gültig? ► PHRASES: **to ~ on one's own two** <u>**feet**</u> auf eigenen Füßen stehen **III.** *vt* <stood, stood> ① (*place upright*) ■**to ~ sth somewhere** etw irgendwohin stellen; **to ~ sth on its head** etw auf den Kopf stellen ② (*bear*) ■**to ~ sth** etw ertragen; **she can't ~ anyone touching her** sie kann es nicht leiden, wenn man sie anfasst; **to ~ the test of time** die Zeit überdauern ③ LAW **to ~ trial** sich vor Gericht verantworten müssen ► PHRASES: **to ~ sb in** <u>**good**</u> **stead** jdm von Nutzen sein ◆**stand about, stand around** *vi* herumstehen ◆**stand aside** *vi* ① (*move aside*) zur Seite treten ② (*resign*) zurücktreten ◆**stand back** *vi* ① (*fig: take detached view*) ■**to ~ back from sth** etw aus der Distanz betrachten ② (*not get involved*) tatenlos zusehen ③ (*be located away from*) abseits liegen (**from** von +*dat*) ◆**stand by** *vi* ① (*observe*) dabeistehen, zugucken *fam* ② (*be ready*) bereitstehen ③ (*support*) ■**to ~ by sb** zu jdm stehen ④ (*abide by*) *promise* halten; **one's word** stehen (zu +*dat*) ◆**stand down I.** *vi* ① BRIT, AUS (*resign*) zurücktreten ② (*relax*) entspannen **II.** *vt* ■**to ~ down** ↻ **sb** jdn entspannen ◆**stand for** *vi* ① (*tolerate*) ■**to not ~ for sth** sich *dat* etw nicht gefallen lassen ② (*represent*) ■**to ~ for sth** für etw *akk* stehen ◆**stand in** *vi* ■**to ~ in for sb** für jdn einspringen ◆**stand out** *vi* hervorragen; **to ~ out in a crowd** sich von der Menge abheben ◆**stand over** *vi* ■**to ~ over sb** jdm auf die Finger schauen *fam* ◆**stand up** *vi* (*rise*) aufstehen; (*be standing*) stehen

stand·ard ['stændəd, AM -dɚd] **I.** *n* ① (*level of quality*) Standard *m,* Qualitätsstufe *f;* **to raise ~s** das Niveau heben ② (*criterion*) Gradmesser *m,* Richtlinie *f* ③ (*principles*) ■**~s** *pl* Wertvorstellungen *pl* ④ (*flag*) Standarte *f* **II.** *adj* ① (*customary, authoritative*) LING Standard- ② (*average*) durchschnittlich ③ AM (*manual*) **~ transmission** Standardgetriebe *nt*

'stand·ard-bear·er *n* (*leader*) Vorkämpfer(in) *m(f)*

Land und Leute

Die **Standard Grades** sind ein schottischer Schulabschluss für 15- bis 16-jährige Schüler. Sie entsprechen in etwa dem *General Certificate of Secondary Education* (GCSE), einer Abschlussprüfung, die in anderen Teilen Großbritanniens abgelegt wird. Die **Standard Grade**-Kurse besuchen Schüler im 3. und 4. Jahr ihrer weiterführenden Schulbildung und in der Regel werden zwischen 7 und 9 Fächer belegt. Prüfungen finden am Ende des 4. Schuljahres statt und sind unterteilt in *foundation level, general level* und *credit level.*

stand·ardi·za·tion [ˌstændədaɪ'zeɪʃᵊn, AM -dɚdɪ'-] *n no pl* Standardisierung *f*

stand·ard·ize ['stændədaɪz, AM -dɚ-] *vt* ① (*make conform*) standardisieren ② (*compare*) vereinheitlichen

'stand·ard lamp *n* BRIT, AUS Stehlampe *f* **stand·ard 'size** *n* Standardgröße *f*

stand·by <pl -s> ['stæn(d)baɪ] **I.** *n* ❶ *no pl* (*readiness*) **on ~** in Bereitschaft ❷ (*backup*) Reserve *f* ❸ (*plane ticket*) Stand-by-Ticket *nt* **II.** *adj* ❶ (*emergency*) Ersatz-; **~ generator** Ersatzgenerator *m* ❷ TRANSP **~ ticket** Stand-by-Ticket *nt* **III.** *adv* AVIAT, TOURIST **to fly ~** mit einem Stand-by-Ticket fliegen

'stand-in *n* Vertretung *f;* FILM, THEAT Ersatz *m*

stand·ing ['stændɪŋ] **I.** *n no pl* ❶ (*status*) Status *m,* Ansehen *nt* ❷ (*duration*) Dauer *f;* **to be of long ~** von langer Dauer sein **II.** *adj attr* ❶ (*upright*) [aufrecht] stehend ❷ (*permanent*) ständig ❸ (*stationary*) stehend

stand·ing 'or·der *n* ❶ *esp* BRIT (*for money*) Dauerauftrag *m* ❷ (*for goods*) Vorbestellung *f* **stand·ing o'va·tion** *n* stehende Ovationen *pl* **stand·ing 'start** *n* Start *m* aus dem Stand heraus

stand-off·ish [-'ɒfɪʃ, AM -'ɑ:fɪʃ] *adj* (*pej fam*) kühl, reserviert

'stand·pipe *n* Steigrohr *nt* **'stand·point** *n* (*attitude*) Standpunkt *m* **'stand·still** *n no pl* Stillstand *m;* **to be at a ~** zum Erliegen kommen **'stand-up** *adj attr* (*performed standing*) **~ comedy** Stand-up-Comedy *f,* Stegreifkomödie *f;* **~ comedian** Stand-up-Comedian *m,* Alleinunterhaltungskünstler *m;* **~ routine** Stegreifroutine *f*

stank [stæŋk] *pt of* **stink**

stan·za ['stænzə] *n* Strophe *f*

sta·ple¹ ['steɪpl̩] **I.** *n* ❶ (*for paper*) Heftklammer *f* ❷ (*not for paper*) Krampe *f* **II.** *vt* heften; ■**to ~ sth together** etw zusammenheften

sta·ple² ['steɪpl̩] **I.** *n* ❶ (*main component*) Grundstock *m;* FOOD Grundnahrungsmittel *nt* ❷ ECON Hauptprodukt *nt* ❸ *no pl* (*of cotton*) Rohbaumwolle *f;* (*of wool*) Rohwolle *f* **II.** *adj attr* Haupt-; **~ foods** Grundnahrungsmittel *pl*

'sta·ple gun *n* Heftmaschine *f*

sta·pler ['steɪplə^r, AM -plɚ] *n* Hefter *m,* Tacker *m fam*

star [stɑ:^r, AM stɑ:r] **I.** *n* ❶ ASTRON Stern *m* ❷ (*asterisk*) Sternchen *nt;* (*symbol*) Stern *m* ❸ (*performer*) Star *m* **II.** *vt* <-rr-> ❶ THEAT, FILM **the new production of 'King Lear' will ~ John Smith as Lear** die neue Produktion von „King Lear" zeigt John Smith in der Rolle des Lear ❷ (*mark with asterisk*) mit einem Sternchen versehen **III.** *vi* <-rr-> THEAT, FILM **to ~ in a film** in einem Film die Hauptrolle spielen **IV.** *adj attr* Star-; **~ witness** Hauptzeuge, -zeugin *m, f*

star 'bill·ing *n no pl* **to get ~** auf Plakaten groß herausgestellt werden

star·board ['stɑ:bəd, AM 'stɑ:rbɚd] *n* Steuerbord *nt kein pl*

starch [stɑ:tʃ, AM stɑ:rtʃ] **I.** *n no pl* FOOD, FASHION Stärke *f* **II.** *vt laundry* stärken

starchy ['stɑ:tʃi, AM 'stɑ:rtʃi] *adj* ❶ FOOD stärkehaltig ❷ (*pej fam: formal*) *people* reserviert

star·dom ['stɑ:dəm, AM 'stɑ:r-] *n no pl* Leben *nt* als Star

stare [steə^r, AM ster] **I.** *n* Starren *nt;* **accusing ~** vorwurfsvoller Blick **II.** *vi* ❶ (*look fixedly*) starren; ■**to ~ at sb/sth** jdn/etw anstarren ❷ (*gawp*) große Augen machen **III.** *vt* (*look at*) **to ~ sb in the eye** jdn anstarren; **to ~ sb up and down** jdn anstieren *fam* ▶ PHRASES: **to be <u>staring</u> sb in the face** (*be evident*) auf der Hand liegen

'star·fish *n* Seestern *m*

star·gaz·er [-geɪzə^r, AM -geɪzɚ] *n* ❶ (*hum fam*) Sterngucker(in) *m(f)* ❷ (*fish*) Seestern *m*

star·ing ['steərɪŋ, AM 'sterɪŋ] *adj eyes* starrend

stark [stɑ:k, AM stɑ:rk] **I.** *adj* ❶ (*bare*) *landscape* karg; (*austere*) schlicht ❷ (*obvious*) krass; **to be a ~ reminder** drastisch an etw *akk* erinnern **II.** *adv* **~ naked** splitterfasernackt *fam;* **~ raving mad** (*hum, iron*) völlig übergeschnappt *fam*

stark·ers ['stɑ:kəz] *adj pred* BRIT, AUS (*fam*) im Adams-/Evakostüm *hum,* nackert ÖSTERR

star·let ['stɑ:lət, AM 'stɑ:r-] *n* (*actress*) Starlet *nt*

'star·light *n no pl* Sternenlicht *nt*

star·ling ['stɑ:lɪŋ, AM 'stɑ:r-] *n* (*bird*) Star *m*

star·lit ['stɑ:lɪt, AM 'stɑ:r-] *adj* sternenklar

star·ry ['stɑ:ri] *adj* ❶ ASTRON sternenklar; *sky* mit Sternen übersät ❷ (*star-like*) sternförmig ❸ FILM, THEAT **~ cast** Starbesetzung *f*

'star·ry-eyed *adj idealist* blauäugig

Stars and Stripes [ˌstɑ:zənd'straɪps, AM ˌstɑ:rz-] *npl + sing vb* ■**the ~** die Stars and Stripes *pl* (*Nationalflagge der USA*)

Land und Leute

Die *U.S. flag* hat verschiedene Namen: **The Stars and Stripes** bezieht sich auf die inzwischen 50 Sterne, die die heutigen US-Staaten symbolisieren und die 13 Streifen für die ursprünglich 13 US-Staaten. Die patriotische Bezeichnung *Old Glory* stammt von dem Schiffskapitän William Driver. Der Titel der amerikanischen Nationalhymne, *The Star-spangled Banner,* bezieht sich auch auf die Flagge.

S

'star sign *n* ASTROL Sternzeichen *nt* **Star-Span·gled 'Ban·ner** *n no pl* ■**the ~** ① (*US flag*) das Sternenbanner (*die Nationalflagge der USA*) ② (*US national anthem*) der Star Spangled Banner (*die Nationalhymne der USA*) **'star-stud·ded** *adj* ① ASTRON mit Sternen übersät ② FILM, THEAT (*fam*) mit Stars besetzt; **~ cast** Starbesetzung *f*

start [stɑːt, AM stɑːrt] **I.** *n usu sing* ① (*beginning*) Anfang *m,* Beginn *m;* **the race got off to an exciting ~** das Rennen fing spannend an; **promising ~** viel versprechender Anfang; **to make a ~ on sth** mit etw *dat* anfangen; **to make a fresh ~** einen neuen Anfang machen; **for a ~** zunächst [einmal] ② SPORTS Start *m;* **false ~** Fehlstart *m* ③ (*advantage*) Vorsprung *m;* **to have a good ~ in life** einen guten Start ins Leben haben ④ (*sudden movement*) Zucken *nt;* **to give a ~** zusammenzucken **II.** *vi* ① (*begin*) anfangen; **let's get ~ed on this load of work** lasst uns mit der vielen Arbeit anfangen; **to ~ afresh** von neuem beginnen; **to ~ with** (*at first*) anfangs; (*firstly*) zunächst einmal ② (*begin a journey*) losfahren ③ (*begin to operate*) *vehicle, motor* anspringen ④ (*begin happening*) beginnen ⑤ (*jump in surprise*) zusammenfahren, hochfahren **III.** *vt* ① (*begin*) *family, business* gründen; ■**to ~ [doing] sth** anfangen[,] etw zu tun; **when do you ~ your new job?** wann fängst du mit deiner neuen Stelle an? ② (*set in motion*) ■**to ~ sth** etw ins Leben rufen; **to ~ a fight** Streit anfangen; **to ~ a fire** Feuer machen ③ MECH einschalten; *machine* anstellen; *motor* anlassen; *car* starten ◆**start back** *vi* ① (*jump back*) zurückschrecken ② (*return*) sich auf den Rückweg machen ◆**start off I.** *vi* ① (*begin activity*) ■**to ~ off with sb/sth** bei jdm/etw anfangen; **they ~ed off by reading the script through** zuerst lasen sie das Skript durch ② (*begin career*) ■**to ~ off as sth** seine Laufbahn als etw beginnen **II.** *vt* ① (*begin*) ■**to ~ sth** ↻ **off** etw beginnen ② (*cause to begin*) ■**to ~ sb off on sth** jdn zu etw *dat* veranlassen ③ (*help to begin*) ■**to ~ sb off** jdm den Start erleichtern ◆**start out** *vi* ① (*embark*) aufbrechen ② (*begin*) anfangen; ■**to ~ out as sth** als etw beginnen; (*on a job*) als etw anfangen ◆**start up I.** *vt* ① (*organize*) *business, club* gründen ② MECH *motor* anlassen **II.** *vi* ① (*occur*) beginnen ② (*begin running*) *engine, vehicle* anspringen

START [stɑːt, AM stɑːrt] *abbrev of* **Strategic Arms Reduction Talks** START-Vertrag *m*

start·er ['stɑːtəʳ, AM 'stɑːrt̬ɚ] *n* ① *esp* BRIT FOOD (*fam*) Vorspeise *f* ② MECH Anlasser *m* ③ (*for race*) Starter *m* ④ (*participant*) Wettkampfteilnehmer(in) *m(f);* AM (*in baseball*) Starter *m*

start·ing ['stɑːtɪŋ, AM 'stɑːrt̬ɪŋ] *adj attr* SPORTS Start-

'start·ing line *n* SPORTS Startlinie *f* **'start·ing point** *n* Ausgangspunkt *m*

star·tle ['stɑːtl̩, AM 'stɑːrt̬l̩] *vt* erschrecken

star·tling ['stɑːtl̩ɪŋ, AM 'stɑːrtl-] *adj* (*surprising*) überraschend, verblüffend; (*alarming*) erschreckend

'start-up *n* ① COMM [Neu]gründung *f,* Existenzgründung *f* ② MECH Start *m,* Inbetriebnahme *f* ③ COMPUT Hochfahren *nt kein pl,* Start *m;* **~ disk** Startdiskette *f*

'start-up capi·tal *n no pl* Startkapital *nt*

'start-up costs *npl* Anlaufkosten *pl*

star·va·tion [stɑː'veɪʃᵊn, AM stɑːr-] *n no pl* ① (*death from hunger*) Hungertod *m;* **to die of ~** verhungern ② (*serious malnutrition*) Unterernährung *f*

star·'va·tion diet *n* Hungerkur *f*

starve [stɑːv, AM stɑːrv] **I.** *vi* ① (*die of hunger*) verhungern ② (*suffer from hunger*) hungern; (*be malnourished*) unterernährt sein ③ (*fam: feel very hungry*) *to be starving* am Verhungern sein *fam* ④ (*crave*) hungern (**for** nach +*dat*) **II.** *vt* ① (*deprive of food*) aushungern; ■**to ~ oneself to death** sich zu Tode hungern ② *usu passive* (*fig: deprive*) ■**to be ~d of sth** um etw *akk* gebracht werden; **people ~d of sleep start to lose their concentration** Menschen, die unter Schlafmangel leiden, können sich nicht mehr konzentrieren ③ *usu passive* AM (*fig: crave*) ■**to be ~d for sth** sich nach etw *dat* sehnen

starv·ing ['stɑːvɪŋ, AM 'stɑːr-] *adj* ① (*malnourished*) ausgehungert, unterernährt; **~ children** hungernde Kinder ② (*fam: very hungry*) [ganz] ausgehungert; **I'm ~!** ich bin am Verhungern!

stash [stæʃ] **I.** *n* <*pl* -es> (*cache*) [geheimes] Lager, Vorrat *m* **II.** *vt* (*fam*) verstecken; *money* bunkern

state [steɪt] **I.** *n* ① (*existing condition*) CHEM Zustand *m;* **~ of war** Kriegszustand *m* ② (*physical condition*) körperliche Verfassung; **to be in a good ~ of health** in einem guten Gesundheitszustand sein ③ PSYCH (*frame of mind*) Gemütszustand *m;* **to be in a fit ~ to do sth** in der Lage sein, etw zu tun ④ (*fam: upset state*) **to be in a ~** mit den nerven fertig sein; **to get into a ~ [about sth]** [wegen etw *dat*]

S

durchdrehen 5 (*nation*) Staat *m* 6 (*unit within nation: in USA*) [Bundes]staat *m;* (*in Germany*) Land *nt;* ▪ **the S~s** *pl* (*fam: the USA*) die Staaten *pl* 7 (*civil government*) Staat *m,* Regierung *f* **II.** *adj attr* 1 (*pertaining to a nation*) staatlich, Staats- 2 (*pertaining to unit*) **the ~ capital of Texas** die Hauptstadt von Texas; **~ forest** *von einem US-Bundesstaat finanzierter Wald;* **~ police** *Polizei eines US-Bundesstaates* 3 (*pertaining to civil government*) Regierungs-; **~ secret** (*a. fig*) Staatsgeheimnis *nt;* **~ subsidy** [staatliche] Subvention 4 (*showing ceremony*) Staats- **III.** *vt* 1 (*express*) aussprechen, äußern; *objections* vorbringen; *source* angeben; ▪ **to ~ why ...** darlegen, warum ... 2 (*specify, fix*) nennen, angeben; *demands* stellen

state-con·'trol·led *adj* (*controlled by the government*) staatlich gelenkt [*o* kontrolliert], unter staatlicher Aufsicht *nach n, präd;* (*owned by the state*) staatseigene(r, s) *attr* **'state·craft** *n no pl* Staatskunst *f*

stat·ed ['steɪtɪd] *adj* 1 (*declared*) genannt, angegeben; **as ~ above** wie oben angegeben 2 (*fixed*) festgelegt, festgesetzt

'State De·part·ment *n no pl, + sing/pl vb* AM ▪ **the ~** das US-Außenministerium **state edu·'ca·tion** *n no pl* staatliches Bildungswesen

state·less ['steɪtləs] *adj* staatenlos; **~ person** Staatenlose(r) *f(m)*

state·ly ['steɪtli] *adj* 1 (*formal and imposing*) würdevoll, majestätisch 2 (*splendid*) prächtig, imposant; **~ home** herrschaftliches Anwesen

state·ment ['steɪtmənt] *n* 1 (*act of expressing sth*) Äußerung *f,* Erklärung *f* 2 (*formal declaration*) Stellungnahme *f,* Verlautbarung *f;* LAW Aussage *f;* **to make a ~ to the press** eine Presseerklärung abgeben 3 (*bank statement*) [Konto]auszug *m*

state of the 'art *adj pred,* **state-of-the-'art** *adj attr* auf dem neuesten Stand der Technik *nach n,* hoch entwickelt, hochmodern

state-owned [-ˌəʊnd, AM -ˌoʊnd] *adj* staatseigene(r, s) *attr,* staatlich, in Staatsbesitz *präd* **state 'pris·on** *n* 1 AM (*prison on the state level*) Staatsgefängnis *nt* (*eines US-Bundesstaates*) 2 (*prison for political offenders*) Gefängnis *nt* für politische Gefangene **'state·room** *n* 1 (*in a hotel*) Empfangszimmer *nt;* (*in a palace*) Empfangssaal *m* 2 NAUT Luxuskabine *f* 3 RAIL Luxusabteil *nt* **'state school** *n* öffentliche [*o* staatliche] Schule **'state·side** **I.** *adj* in den Staaten *präd;* **a ~ newspaper** eine Zeitung aus den Staaten **II.** *adv* in die Staaten

'states·man *n* Staatsmann *m*

'states·man·ship ['steɪtsmənʃɪp] *n no pl* Staatskunst *f*

'states·wom·an *n* Staatsfrau *f*

state 'vis·it *n* Staatsbesuch *m*

stat·ic ['stætɪk, AM -t̬-] **I.** *adj* (*fixed*) statisch; (*not changing*) konstant **II.** *n no pl* (*electrical charge*) statische Elektrizität; (*atmospherics*) atmosphärische Störungen

stat·ic elec·'tric·ity *n no pl* statische Elektrizität

sta·tion ['steɪʃən] **I.** *n* 1 RAIL Bahnhof *m;* **tube** BRIT [*or* AM **subway**] **~** U-Bahn-Haltestelle *f* 2 (*for designated purpose*) -station *f;* **police ~** Polizeiwache *f;* **power ~** Kraftwerk *nt* 3 (*broadcasting station*) Sender *m* 4 (*position*) Position *f,* Platz *m;* **several destroyers are on ~ off the coast of Norway** mehrere Zerstörer liegen vor der Küste Norwegens 5 AUS, NZ AGR (*large farm*) [große] Farm **II.** *vt* postieren, aufstellen; *soldiers, troops* stationieren

sta·tion·ary ['steɪʃənəri, AM -ʃəneri] *adj* (*not moving*) ruhend; (*not changing*) unverändert

sta·tion·er ['steɪʃənəʳ, AM -ʃənɚ] *n* BRIT 1 (*person*) Schreibwarenhändler(in) *m(f)* 2 (*shop*) Schreibwarenladen *m*

sta·tion·ery ['steɪʃənəri, AM -ʃəneri] *n no pl* Schreibwaren *pl;* (*writing paper*) Schreibpapier *nt*

'sta·tion house *n* AM Polizeiwache *f* **'sta·tion·mas·ter** *n* Stationsvorsteher(in) *m(f)* **'sta·tion wag·on** *n* AM, AUS Kombi[wagen] *m*

sta·tis·ti·cal [stə'tɪstɪkəl] *adj* statistisch

stat·is·ti·cian [ˌstætɪ'stɪʃən] *n* Statistiker(in) *m(f)*

sta·tis·tics [stə'tɪstɪks] *npl* 1 + *sing vb* (*science*) Statistik *f kein pl* 2 (*data*) Statistik *f*

statu·ary ['stætʃuəri, AM -eri] *n no pl* (*form: statues*) Statuen *pl*

statue ['stætʃuː] *n* Statue *f,* Standbild *nt*

Statue of 'Lib·er·ty *n* ▪ **the ~** die Freiheitsstatue

Land und Leute

Die **Statue of Liberty** (*Freiheitsstatue*) steht auf Liberty Island im New Yorker Hafen. Sie ist 102 m hoch und stellt eine Frau dar, die eine Fackel in der rechten Hand trägt. Sie ist zum weltweiten Symbol der Freiheit geworden. Entworfen wurde die Statue von dem französischen Bildhauer Frédéric Auguste Bartholdie und

S

war 1886 ein Freundschaftsgeschenk Frankreichs an die Vereingten Staaten.

statu·esque [ˌstætʃuːˈesk] *adj* (*approv form*) stattlich

statu·ette [ˌstætʃuːˈet] *n* Statuette *f*

stat·ure [ˈstætʃəʳ, AM -ʃɚ] *n* ❶ (*height*) Statur *f*, Gestalt *f*; **short ~** kleiner Wuchs ❷ (*reputation*) Geltung *nt*, Prestige *nt*

sta·tus [ˈsteɪtəs, AM ˈstæt̬əs] *n no pl* Status *m*; (*prestige a.*) Prestige *nt*; **legal ~** Rechtsposition *f*

ˈsta·tus bar *n* COMPUT Statusleiste *f* **ˈsta·tus line** *n* COMPUT Statuszeile *f* **sta·tus quo** [ˌsteɪtəsˈkwəʊ, AM ˌstæt̬əsˈkwoʊ, ˌsteɪ-] *n no pl* Status quo *m* **ˈsta·tus re·port** *n* COMPUT Statusbericht *m* **ˈsta·tus sym·bol** *n* Statussymbol *nt*

stat·ute [ˈstætjuːt, AM ˈstætʃuːt] *n* ❶ (*written rule*) Statut *nt meist pl*, Satzung *f*; ■**by ~** satzungsgemäß ❷ (*law*) Gesetz *nt*

ˈstat·ute book *n* Gesetzbuch *nt* **stat·ute ˈlaw** *n* LAW ❶ *no pl* (*not common law*) geschriebenes Gesetz ❷ (*statute*) Statut *nt*, Satzung *f* **stat·ute of limi·ˈta·tions** *n* Verjährungsgesetz *nt*

statu·tory [ˈstætjətᵊri, AM ˈstætʃuːtɔːri] *adj* gesetzlich; **~ law** kodifiziertes Recht

staunch[1] [stɔːntʃ, AM *also* stɑːntʃ] *adj* (*steadfastly loyal*) standhaft, zuverlässig; *Catholic* überzeugt; *opponent* erbittert

staunch[2] [stɔːntʃ, AM *also* stɑːntʃ] *vt* stauen; *blood* stillen

stave [steɪv] **I.** *n* ❶ (*musical staff*) Notenlinien *pl* ❷ (*in construction*) Sprosse *f*, Querholz *nt* **II.** *vt* ■**to ~ in ↻ sth** etw eindrücken; **to ~ a hole in sth** ein Loch in etw *akk* schlagen ◆**stave off** *vt* ■**to ~ off ↻ sth** (*postpone*) etw hinauszögern [*o* aufschieben]; (*prevent*) etw abwenden [*o* abwehren]; *hunger* stillen; ■**to ~ off ↻ sb** jdn hinhalten *fam*

stay [steɪ] **I.** *n* Aufenthalt *m*; **overnight ~** Übernachtung *f* **II.** *vi* ❶ (*remain present*) bleiben; **to ~ put** (*fam: keep standing*) stehen bleiben; (*not stand up*) sitzen bleiben; (*not move*) sich nicht vom Fleck rühren ❷ (*reside temporarily*) untergebracht sein, wohnen; **to ~ overnight** übernachten ❸ + *n/adj* (*remain*) bleiben; **the shops ~ open until 8 p.m.** die Läden haben bis 20 Uhr geöffnet; **to ~ in touch** in Verbindung bleiben

Falsche Freunde

Nicht verwechseln mit stehen — *to stand*!

◆**stay away** *vi* ❶ (*keep away*) wegbleiben, fernbleiben ❷ (*avoid*) ■**to ~ away from sb/sth** jdn/etw meiden ◆**stay behind** *vi* [noch] [da]bleiben; SCH nachsitzen ◆**stay down** *vi* ❶ *food* im Magen bleiben ❷ (*remain lowered*) unten bleiben ❸ SCH sitzen bleiben ◆**stay in** *vi* zu Hause bleiben ◆**stay on** *vi* ❶ (*remain longer*) [noch] bleiben ❷ (*remain in place*) *lid, top* halten, darauf bleiben; *sticker* haften ❸ (*remain in operation*) *light* an bleiben; *device* eingeschaltet bleiben ◆**stay out** *vi* ❶ (*not come home*) ausbleiben, wegbleiben ❷ (*not go somewhere*) **~ out of the kitchen!** bleib aus der Küche! ❸ (*not become involved*) **to ~ out of trouble** sich *dat* Ärger vom Hals halten *fam* ◆**stay up** *vi* aufbleiben, wach bleiben

ˈstay-at-home I. *n* (*pej*) Stubenhocker(in) *m(f) fam* **II.** *adj* ungesellig

stay·er [ˈsteɪəʳ, AM -ɚ] *n* (*approv: persevering person*) ausdauernder Mensch

stay·ing power [ˈsteɪɪŋ-] *n no pl* Durchhaltevermögen *nt*, Ausdauer *f*

STD[1] [ˌestiːˈdiː] *n* MED *abbrev of* **sexually transmitted disease** Geschlechtskrankheit *f*

STD[2] [ˌestiːˈdiː] *n no pl* BRIT, AUS TECH *abbrev of* **subscriber trunk dialling** Selbstwählferndienst *m*

stead [sted] *n no pl* **in his/her ~** an seiner/ihrer Stelle ▶ PHRASES: **to stand sb in good ~ [for sth]** jdm [bei etw *dat*] zugutekommen

stead·fast [ˈstedfɑːst, AM -fæst] *adj* fest, standhaft, unerschütterlich; *ally* loyal; *friend* treu

steadi·ly [ˈstedɪli] *adv* ❶ (*gradually*) stetig, unaufhaltsam ❷ (*unwaveringly*) fest, unerschütterlich

steady [ˈstedi] **I.** *adj* ❶ (*stable*) fest, stabil ❷ (*regular*) kontinuierlich, gleich bleibend; *breathing, flow, pulse* regelmäßig; *increase, decrease* stetig; *rain* anhaltend; *speed* konstant ❸ (*not wavering*) *voice* fest; *pain* permanent; *hand* ruhig ❹ (*calm and dependable*) verlässlich, solide; *nerves* stark **II.** *vt* <-ie-> ❶ (*stabilize*) stabilisieren; *ladder* festhalten; **to ~ oneself** ins Gleichgewicht kommen, Halt finden ❷ (*make calm*) *aim* fixieren; *nerves* beruhigen **III.** *adv* (*still*) **to hold ~** *prices* stabil bleiben; **to hold sth ~** etw festhalten **IV.** *interj* (*warning*) sachte!; **~ on!** BRIT halt!

steak [steɪk] *n* ❶ *no pl* (*cut of beef*) *zum Kurzbraten geeignetes Stück vom Rind;* (*poorer-quality*) Rindfleisch *nt*; **braising ~** Schmorfleisch *nt* ❷ (*thick slice*) [Beef]steak *nt*

S

steal [stiːl] **I.** *vt* <stole, stolen> ❶ (*take illegally*) stehlen; **to ~ [sb's] ideas** [jds] Ideen klauen *fam* ❷ (*gain artfully*) *heart* erobern ❸ (*do surreptitiously*) **she stole a glance at her watch** sie lugte heimlich auf ihre Armbanduhr ▶ PHRASES: **to ~ sb's thunder** jdm den Wind aus den Segeln nehmen **II.** *vi* <stole, stolen> ❶ (*take things illegally*) stehlen ❷ (*move surreptitiously*) sich wegstehlen; **he stole out of the room** er stahl sich aus dem Zimmer

stealth [stelθ] *n no pl* (*furtiveness*) Heimlichkeit *f;* **by ~** heimlich

'stealth bomb·er *n* Tarnkappenbomber *m*

'stealth fight·er *n* Tarnkappenjäger *m*

stealthy [ˈstelθi] *adj* heimlich, verstohlen

steam [stiːm] **I.** *n no pl* Dampf *m;* **to let off ~** Dampf ablassen *a. fig* **II.** *vi* dampfen **III.** *vt fish* dämpfen; **to ~ open a letter** einen Brief über Wasserdampf öffnen

◆**steam up I.** *vi mirror, window* beschlagen **II.** *vt* ❶ (*cause to become steamy*) **the windows are ~ed up** die Fenster sind beschlagen ❷ (*fam: cause to become excited*) **to get all ~ed up [about sth]** sich [über etw *akk*] unheimlich aufregen

'steam bath *n* Dampfbad *nt* **'steam·boat** *n* Dampfschiff *nt,* Dampfer *m* **'steam en·gine** *n* ❶ (*engine*) Dampfmaschine *f* ❷ (*locomotive*) Dampflok[omotive] *f*

steam·er [ˈstiːməʳ, AM -ɚ] *n* ❶ (*boat*) Dampfer *m,* Dampfschiff *nt* ❷ (*for cooking*) Dampfkochtopf *m*

'steam iron *n* Dampfbügeleisen *nt*

'steam·roll·er I. *n* Dampfwalze *f* **II.** *vt* ■**to ~ sb into doing sth** jdn unter Druck setzen, etw zu tun; *opposition* niederwalzen

'steam·ship *n* Dampfschiff *nt,* Dampfer *m*

steamy [ˈstiːmi] *adj* ❶ (*full of steam*) dampfig, dunstig ❷ (*hot and humid*) feuchtheiß ❸ (*fam: torrid, sexy*) heiß, scharf; *love scene, novel a.* prickelnd

steed [stiːd] *n* (*dated liter*) Ross *nt*

steel [stiːl] **I.** *n* ❶ *no pl* (*iron alloy*) Stahl *m;* **nerves of ~** Nerven *pl* wie Drahtseile ❷ (*knife sharpener*) Wetzstahl *m* **II.** *vt* ■**to ~ oneself against/for sth** sich gegen/für etw *akk* wappnen; ■**to ~ oneself [to do sth]** all seinen Mut zusammennehmen[, um etw zu tun]

steel 'band *n* Steelband *f* **steel 'grey I.** *adj* stahlgrau **II.** *n* Stahlgrau *nt* **'steel mill** *n* Stahl[walz]werk *nt* **steel 'wool** *n no pl* Stahlwolle *f* **'steel·work·er** *n* Stahlarbeiter(in) *m(f)* **'steel·works** *npl + sing/pl vb* Stahlwerk *nt,* Stahlfabrik *f*

steely [ˈstiːli] *adj* ❶ (*of steel*) stählern ❷ (*hard, severe*) stahlhart; *determination* eisern; *expression* hart

steep[1] [stiːp] *adj* ❶ (*sharply sloping*) steil; *slope* abschüssig; *steps* hoch ❷ (*dramatic*) drastisch, dramatisch; *decline* deutlich ❸ (*unreasonably expensive*) überteuert

steep[2] [stiːp] **I.** *vt* ❶ (*soak in liquid*) tränken; *washing* einweichen ❷ *usu passive* (*imbue*) **~ed in history** geschichtsträchtig **II.** *vi* einweichen; **she never lets the tea ~ long enough** sie lässt den Tee nie lang genug ziehen

steep·en [ˈstiːpᵊn] *vi* ❶ (*become steeper*) steiler werden; *road, slope* ansteigen ❷ (*fam: increase in cost*) steigen, sich erhöhen

stee·ple [ˈstiːpl̩] *n* Turmspitze *f; of a church* Kirchturm *m*

'stee·ple·chase *n* ❶ (*for horses*) Hindernisrennen *nt* ❷ (*for runners*) Hindernislauf *m* **'stee·ple·jack** *n* Hochbauarbeiter(in) *m(f)*

steer[1] [stɪəʳ, AM stɪr] **I.** *vt* ❶ (*direct*) steuern ❷ (*follow*) *course* einschlagen **II.** *vi* steuern, lenken; *vehicle* sich lenken lassen

steer[2] [stɪəʳ, AM stɪr] *n* ZOOL junger Ochse

steer·age [ˈstɪəʳɪdʒ, AM ˈstɪr-] *n no pl* NAUT (*hist*) Zwischendeck *nt*

steer·ing [ˈstɪəʳɪŋ, AM ˈstɪr-] **I.** *n no pl* AUTO Lenkung *f;* NAUT Steuerung *f* **II.** *adj attr* AUTO Lenk-; NAUT Ruder-, Steuerungs-

'steer·ing com·mit·tee *n* Lenkungsausschuss *m* **'steer·ing lock** *n* AUTO Lenkradschloss *nt* **'steer·ing wheel** *n* Steuer[rad] *nt; of a car a.* Lenkrad *nt*

'steers·man *n* NAUT Steuermann *m*

stel·lar [ˈsteləʳ, AM -ɚ] *adj* ❶ ASTRON (*form*) stellar *fachspr* ❷ (*fam: exceptionally good*) grandios, phänomenal

stem [stem] **I.** *n* ❶ *of a tree, bush* Stamm *m; of a leaf, flower* Stiel *m,* Stängel *m; of grain, corn* Halm *m; of a glass* [Glas]stiel *m* ❷ LING [Wort]stamm *m* **II.** *vt* <-mm-> eindämmen, aufhalten; *bleeding* stillen; **to ~ the tide [***or* **flow] of sth** etw zum Stillstand bringen **III.** *vi* <-mm-> ❶ (*be traced back*) ■**to ~ back to sth** sich bis zu etw *dat* zurückverfolgen lassen, auf etw *akk* zurückgehen; ■**to ~ from sb/sth** auf jdn/etw zurückzuführen sein ❷ (*slide a ski outwards*) stemmen

stench [stentʃ] *n no pl* Gestank *m a. fig*

sten·cil [ˈsten(t)sᵊl] *n* Schablone *f;* (*picture*) Schablonenzeichnung *f*

ste·nog·ra·pher [stəˈnɒgrəfəʳ, AM -ˈnɑːgrəfɚ] *n* (*dated*) Stenograf(in) *m(f)*

ste·nog·ra·phy [stəˈnɒgrəfi, AM -ˈnɑː-] *n no pl* (*dated*) Stenografie *f*

step [step] **I.** *n* ❶ (*foot movement*) Schritt

S

m; **to walk in ~** im Gleichschritt laufen ② (*dance movement*) [Tanz]schritt *m;* ■**in ~** im Takt; (*fig*) im Einklang ③ (*stair*) Stufe *f; of a ladder* Sprosse *f;* BRIT (*stepladder*) ■**~s** *pl* Trittleiter *f;* **'mind the ~'** „Vorsicht, Stufe!" ④ (*stage in a process*) Schritt *m;* **to be one ~ ahead [of sb]** [jdm] einen Schritt voraus sein; **~ by ~** Schritt für Schritt ⑤ (*measure, action*) Schritt *m,* Vorgehen *nt;* **to take drastic ~s** zu drastischen Mitteln greifen **II.** *vi* <-pp-> ① (*tread*) ■**to ~ over sth** über etw *akk* steigen; **to ~ on sb's foot** jdm auf den Fuß treten ② (*walk*) ■**to ~ somewhere** irgendwohin gehen; **would you care to ~ this way please, sir?** würden Sie bitte hier entlanggehen, Sir?; **to ~ aside** zur Seite gehen; **to ~ out of line** (*fig*) sich danebenbenehmen **III.** *vi* (*tread on accelerator, brake*) treten (**on** auf +*akk*); **~ on it** gib Gas! *fam* ◆**step aside** *vi* zur Seite treten, Platz machen ◆**step back** *vi* ① (*move back*) zurücktreten ② (*gain a new perspective*) Abstand nehmen ◆**step down** *vi* ① (*resign*) zurücktreten, sein Amt niederlegen ② LAW *witness* den Zeugenstand verlassen ◆**step in** *vi* ① (*enter building*) eintreten; (*enter vehicle*) einsteigen ② (*intervene*) eingreifen, einschreiten ◆**step up** *vt* verstärken; *pace* beschleunigen

'step·broth·er *n* Stiefbruder *m* **'step·child** *n* Stiefkind *nt* **'step·daugh·ter** *n* Stieftochter *f* **'step·fa·ther** *n* Stiefvater *m* **'step·lad·der** *n* Stehleiter *f,* Trittleiter *f* **'step·moth·er** *n* Stiefmutter *f*

steppe [step] *n* Steppe *f*

'step·ping stone *n* ① (*stone*) [Tritt]stein *m* ② (*fig: intermediate stage*) Sprungbrett *nt*

'step·sis·ter *n* Stiefschwester *f* **'step·son** *n* Stiefsohn *m*

ste·reo[1] <*pl* -os> ['steriəʊ, AM -oʊ] *n* ① *no pl* (*transmission*) Stereo *nt* ② (*fam: unit*) Stereoanlage *f*

ste·reo[2] ['steriəʊ, AM -oʊ] *adj short for* **stereophonic** Stereo-

ste·reo·phon·ic [ˌsteriə(ʊ)'fɒnɪk, AM ˌsteriə'fɑːnɪk] *adj* MUS, MEDIA (*form*) stereophon *fachspr;* **~ sound** Stereoklang *m*

ste·reo·scop·ic [ˌsteriə(ʊ)'skɒpɪk, AM ˌsteriə'skɑː-] *adj* stereoskopisch

ste·reo·type ['steriə(ʊ)taɪp, AM 'steriə-] **I.** *n* Stereotyp *nt,* Klischee *nt;* (*character*) stereotype Figur **II.** *vt* **to ~ sb/sth** jdn/etw in ein Klischee zwängen

ster·ile ['steraɪl, AM -rəl] *adj* ① MED unfruchtbar, steril ② (*free from bacteria*) steril, keimfrei

ste·ril·ity [stə'rɪləti, AM -əṭi] *n no pl* MED Unfruchtbarkeit *f,* Sterilität *f*

steri·li·za·tion [ˌsterəlaɪ'zeɪʃən, AM -əlɪ'-] *n no pl* ① (*operation*) Sterilisierung *f* ② (*making sth chemically clean*) Desinfizierung *f*

steri·lize ['sterəlaɪz] *vt* MED ① *usu passive* (*make infertile*) ■**to be ~d** sterilisiert sein/werden ② (*disinfect*) desinfizieren; *water* abkochen

ster·ling ['stɜːlɪŋ, AM 'stɜːr-] **I.** *n no pl* ① FIN Sterling *m,* [britisches] Pfund ② (*metal*) Sterlingsilber *nt* **II.** *adj* (*approv*) gediegen, meisterhaft; **to make a ~ effort** beachtliche Anstrengungen unternehmen

stern[1] [stɜːn, AM stɜːrn] *adj* (*severe*) ernst; (*strict*) streng, unnachgiebig; (*difficult*) *test* hart, schwierig

stern[2] [stɜːn, AM stɜːrn] *n* NAUT Heck *nt*

stern·ness ['stɜːnnəs, AM 'stɜːrn-] *n no pl* ① (*severity*) Strenge *f,* Härte *f* ② (*earnestness*) Ernst *m,* Ernsthaftigkeit *f*

ster·num <*pl* -s *or* -na> ['stɜːnəm, AM 'stɜːr-, *pl* -nə] *n* Brustbein *nt*

ster·oid ['sterɔɪd] *n* CHEM, MED, PHARM Steroide *pl*

stetho·scope ['steθəskəʊp, AM -skoʊp] *n* Stethoskop *nt*

ste·vedore ['stiːvədɔːʳ, AM -dɔr] *n* Stauer(in) *m(f)*

stew [stjuː, AM *esp* stuː] **I.** *n* Eintopf *m;* **Irish S~** *irischer Eintopf aus Kartoffeln, Fleisch und Gemüse* **II.** *vt meat* schmoren; **to ~ plums** Pflaumenkompott kochen **III.** *vi* (*simmer*) *meat* [vor sich *akk* hin] schmoren; BRIT *tea* zu lange ziehen [und bitter werden]

stew·ard ['stjuːəd, AM 'stuːɚd, 'stjuː-] *n* ① (*on flight*) Flugbegleiter *m,* Steward *m;* (*on cruise*) Schiffsbegleiter *m,* Steward *m* ② (*at an event*) Ordner(in) *m(f)*

stew·ard·ess <*pl* -es> ['stjuːədes, AM 'stuːɚdɪs, 'stjuː-] *n* (*on flight*) Flugbegleiterin *f,* Stewardess *f;* (*on cruise*) Schiffsbegleiterin *f,* Stewardess *f*

stewed [stjuːd, AM stuːd, 'stjuː-] *adj* **~ apples** Apfelkompott *nt;* **~ meat** geschmortes Fleisch

stick[1] [stɪk] *n* ① (*thin branch*) Zweig *m* ② (*wooden implement*) Stock *m;* **walking ~** Spazierstock *m;* **hockey ~** Hockeyschläger *m* ③ (*severe criticism*) **to get ~** herbe Kritik einstecken müssen; **to give sb ~** jdn heruntermachen ④ (*a piece of sth*) **celery ~s** Selleriestangen *pl;* **a ~ of chewing gum** ein Stück Kaugummi ⑤ AUTO, MECH Hebel *m;* **gear ~** Hebel *m* der Gang[schaltung]

stick[2] <stuck, stuck> [stɪk] **I.** *vi* ① (*fix by adhesion*) kleben (**to** an +*dat*); (*be fixed*)

S

zugeklebt bleiben; **this glue won't ~** dieser Klebstoff hält nicht ② (*be unable to move*) feststecken; *car* stecken bleiben; (*be unmovable*) festsitzen; *door, window, gear* klemmen ③ (*endure*) hängen bleiben; **to ~ in sb's mind** jdm in Erinnerung bleiben ④ (*persevere*) ■**to ~ at sth** an etw *dat* dranbleiben ⑤ (*keep within limits*) **to ~ to one's budget** sich an sein Budget halten; **to ~ to a diet** eine Diät einhalten ⑥ (*continue to support, comply with*) ■**to ~ by sb/sth** zu jdm/etw halten ▸ PHRASES: **to ~ to one's guns** nicht lockerlassen; **I'm ~ing to my guns** ich stehe zu dem, was ich gesagt habe **II.** *vt* ① (*affix*) kleben (**to** an +*akk*) ② (*fam: put*) **~ your things wherever you like** stellen Sie Ihre Sachen irgendwo ab; **to ~ one's head around the door** seinen Kopf durch die Tür stecken ▸ PHRASES: **to ~ one's nose into sb's business** seine Nase in jds Angelegenheiten stecken ◆**stick around** *vi* (*fam*) da bleiben ◆**stick down** *vt* ① (*glue*) ■**to ~ sth ↔ down** etw festkleben ② (*fam: write hastily*) **to ~ sth down [on paper]** etw sofort aufschreiben ◆**stick in I.** *vi dart* stecken bleiben ▸ PHRASES: **to get stuck in** BRIT (*fam: start*) anfangen; (*start eating*) [mit dem Essen] anfangen **II.** *vt* (*fam*) ① (*affix*) ■**to ~ sth in sth** etw in etw *akk* einkleben ② (*put into*) ■**to ~ sth in[to] sth** etw in etw *akk* hineinstecken ◆**stick out I.** *vt* ① (*make protrude*) *hand* ausstrecken; *tongue* herausstrecken ② (*endure*) ■**to ~ it out** es [bis zum Ende] durchhalten **II.** *vi* ① (*protrude*) [her]vorstehen; *hair, ears* abstehen; *nail* herausstehen ② (*fig: be obvious*) offensichtlich sein; **to ~ out a mile** wie ein bunter Pudel auffallen *fam* ③ (*insist on*) ■**to ~ out for sth** hartnäckig auf etw *dat* bestehen ◆**stick together I.** *vt* zusammenkleben **II.** *vi* ① (*adhere*) zusammenkleben ② (*fig: not separate*) immer zusammen sein; (*inseparable*) unzertrennlich sein ③ (*fig: remain loyal to each other*) zusammenhalten, zueinander stehen ◆**stick up I.** *vt* (*fam*) ① (*attach*) **to ~ up a notice** einen Aushang machen ② (*armed robbery*) ■**to ~ up ↔ sb/sth** jdn/etw überfallen **II.** *vi* ① (*protrude*) hochragen, emporragen ② (*stand on end*) abstehen ③ (*defend*) ■**to ~ up for sb/sth** sich für jdn/etw einsetzen

stick·er ['stɪkəʳ, AM -ɚ] *n* (*adhesive label*) Aufkleber *m;* (*for collecting*) Sticker *m;* **price ~** Preisschild[chen] *nt*

'stick·ing plaster *n* BRIT [Heft]pflaster *nt*

'stick in·sect *n* Gespenstheuschrecke *f*

'stick-in-the-mud I. *n* (*fam*) Muffel *m,* Spaßverderber(in) *m(f) pej* **II.** *adj attr* altmodisch, rückständig

stick·le·back ['stɪk|bæk] *n* ZOOL Stichling *m*

stick·ler ['stɪkləʳ, AM -ɚ] *n* Pedant(in) *m(f) pej;* **to be a ~ for accuracy** pingelig auf Genauigkeit achten

'stick-on *adj attr* Klebe- **'stick·pin** *n* AM (*tiepin*) Krawattennadel *f* **'stick-up** *n esp* AM (*fam*) Überfall *m*

sticky ['stɪki] *adj* ① (*texture*) klebrig; ■**to be ~ with sth** mit etw *dat* verklebt sein ② (*sweaty*) *person* verschwitzt; (*humid*) *weather* schwül; *air* stickig ▸ PHRASES: **to come to a ~ end** ein böses Ende nehmen

stiff [stɪf] **I.** *n* (*fam: corpse*) Leiche *f* **II.** *adj* ① (*rigid*) steif (**with** vor +*dat*); *paper, lid* fest; **his clothes were ~ with dried mud** seine Kleidung starrte vor angetrocknetem Schmutz ② (*sore*) *neck, joints* steif; *muscles* hart ③ (*dense*) *paste* dick; *batter, mixture, dough* fest ④ (*strong*) *opposition* stark; *penalty, punishment, drink* hart; *breeze* steif; *criticism* herb **III.** *adv* **to be scared ~** zu Tode erschrocken sein **IV.** *vt* AM (*fam: cheat*) ■**to be ~ed** betrogen werden

stiff·en ['stɪfᵊn] **I.** *vi* ① (*tense up*) sich versteifen; *muscles* sich verspannen; (*with nervousness*) *person* sich verkrampfen; (*with fear, fright*) erstarren ② (*become stronger*) stärker werden, sich verstärken; *resistance* wachsen **II.** *vt* ① (*make rigid*) *arms, legs* versteifen; *collar* stärken ② (*make more severe*) *penalty, rules* verschärfen ③ (*strengthen*) [ver]stärken; *competition* verschärfen

stiff·en·ing ['stɪfᵊnɪŋ] **I.** *n no pl* ① (*becoming rigid*) *of muscles, joints* Versteifung *f* ② FASHION (*rigid material*) Einlage *f* **II.** *adj attr* (*fig*) **~ resolve** zunehmende Entschlossenheit

stiff-necked [-'nekt] *adj* (*pej*) ① (*stubborn*) halsstarrig, stur ② (*arrogant*) hochnäsig, arrogant

sti·fle ['staɪf|] **I.** *vi* ersticken **II.** *vt* ① (*smother*) *person, flames* ersticken ② (*fig: suppress*) *revolt* unterdrücken; **to ~ the urge to laugh** sich *dat* das Lachen verbeißen

sti·fling ['staɪf|ɪŋ] *adj* ① (*smothering*) *fumes, smoke* erstickend; *air* zum Ersticken *nach n, präd;* (*fig*) *heat, humidity* drückend; *room* stickig ② (*fig: repressive*) erdrückend

stig·ma ['stɪgmə] *n* (*shame*) Stigma *nt geh;* **social ~** gesellschaftlicher Makel

stig·ma·tize ['stɪgmətaɪz] *vt* (*mark*) brandmarken

stile [staɪl] *n* Pfosten *m; of a door* Höhenfries *m*

sti·let·to <*pl* -os> [stɪ'letəʊ, AM -'letoʊ] *n* ① (*knife*) Stilett *nt* ② (*shoe*) Pfennigabsatz *m;* ■ **~s** *pl* Schuhe *pl* mit Pfennigabsätzen

sti·let·to 'heel *n* Pfennigabsatz *m*

still¹ [stɪl] **I.** *n* ① *no pl* (*peace and quiet*) Stille *f* ② *usu pl* (*photo of film scene*) Standfoto *nt* **II.** *adj* ① (*quiet and peaceful*) ruhig, friedlich; *lake, sea* ruhig ② (*motionless*) reglos, bewegungslos; **to keep ~** still halten, sich nicht bewegen ③ (*not fizzy*) *drink* ohne Kohlensäure *nach n; mineral water* still, ohne Kohlensäure *nach n*

still² [stɪl] *adv* ① (*continuing situation*) [immer] noch, noch immer; (*in future as in past*) nach wie vor; **there's ~ time for us to get to the cinema before the film starts** wir können es noch schaffen, ins Kino zu kommen, bevor der Film anfängt ② (*nevertheless*) trotzdem; **..., but he's ~ your brother** ..., [aber] er ist immer noch dein Bruder ③ (*greater degree*) noch; **to want ~ more** immer noch mehr wollen

still³ [stɪl] *n* ① (*distillery*) Brennerei *f* ② (*appliance*) Destillierapparat *m*

'still·birth *n* Totgeburt *f* **'still·born** *adj baby, animal young* tot geboren **still 'life** <*pl* -s> *n* ① (*painting*) Stillleben *nt* ② *no pl* (*style*) Stilllebenmalerei *f*

still·ness ['stɪlnəs] *n no pl* ① (*tranquillity*) Stille *f,* Ruhe *f* ② (*lack of movement*) *of the air, trees* Unbewegtheit *f,* Bewegungslosigkeit *f; of a person* Reglosigkeit *f*

stilt [stɪlt] *n usu pl* ① (*post*) Pfahl *m* ② (*for walking*) Stelze *f*

stilt·ed ['stɪltɪd] *adj* (*pej: stiff and formal*) *way of talking* gestelzt; (*not natural*) *behaviour* unnatürlich, gespreizt

stimu·lant ['stɪmjələnt] **I.** *n* ① (*boost*) Stimulanz *f,* Anreiz *m* ② MED (*drug*) Stimulans *nt;* SPORTS Aufputschmittel *nt* **II.** *adj attr* anregend, belebend

stimu·late ['stɪmjəleɪt] **I.** *vt* ① (*encourage*) beleben, ankurbeln ② (*excite*) stimulieren **II.** *vi* begeistern, mitreißen

stimu·lat·ing ['stɪmjəleɪtɪŋ, AM -t̬-] *adj* ① (*mentally*) stimulierend; *conversation, discussion* anregend; *atmosphere, environment* animierend ② (*sexually*) erregend, stimulierend ③ (*physically*) *shower, exercise* belebend; *drug* stimulierend

stimu·la·tion [ˌstɪmjə'leɪʃən] *n no pl* ① (*mental*) Anregung *f;* (*physical*) belebende Wirkung; (*sexual*) Stimulieren *nt,* Erregen *nt* ② (*motivation*) *of the economy* Ankurbelung *f;* (*of interest, enthusiasm*) Erregung *f*

stimu·lus <*pl* -li> ['stɪmjələs, *pl* -laɪ] *n* ① (*economic boost*) Anreiz *m,* Stimulus *m geh* ② (*motivation*) Ansporn *m kein pl,* Antrieb *m kein pl* ③ BIOL, MED Reiz *m,* Stimulus *m fachspr*

sting [stɪŋ] **I.** *n* ① BIOL *of a bee, hornet* Stachel *m; of a jellyfish* Brennfaden *m; of a plant* Brennhaar *nt* ② (*wound*) Stich *m;* (*caused by jellyfish*) Brennen *nt* ③ *no pl* (*from antiseptic, ointment*) Brennen *nt;* (*from needle*) Stechen *nt* **II.** *vi* <stung, stung> *bee, hornet* stechen; *disinfectant, sunburn* brennen; *wound, cut* schmerzen, weh tun; (*fig*) *words, criticism* schmerzen **III.** *vt* <stung, stung> ① (*insect*) stechen; (*jellyfish*) brennen ② (*cause pain*) **to ~ sb's eyes** *sand, wind, hail* jdm in den Augen brennen ③ (*upset*) **he was stung by her criticisms** ihre Kritik hat ihn tief getroffen

stin·gi·ness ['stɪndʒɪnəs] *n no pl* Geiz *m,* Knaus[e]rigkeit *f pej fam*

'sting·ing net·tle *n* Brennnessel *f*

sting·ray ['stɪŋreɪ] *n* Stachelrochen *m*

stin·gy ['stɪndʒi] *adj* (*fam*) geizig, knaus[e]rig *pej;* **to be ~ with money** mit Geld knausern

stink [stɪŋk] **I.** *n* ① *usu sing* (*smell*) Gestank *m* ② *usu sing* (*fam: trouble*) Stunk *m;* **to kick up a ~ [about sth]** [wegen einer S. *gen*] Stunk machen **II.** *vi* <stank *or* stunk, stunk> ① (*smell bad*) stinken; ■ **to ~ of sth** nach etw *dat* stinken ② (*fig fam: be bad*) **his acting ~s** er ist ein miserabler Schauspieler ③ (*fig fam: be disreputable*) stinken; (*be wrong*) zum Himmel stinken *sl*

'stink bomb *n* Stinkbombe *f*

stink·er ['stɪŋkəʳ, AM -ɚ] *n* ① (*pej fam: person*) Fiesling *m sl* ② (*fam: sth difficult*) harter Brocken

stint [stɪnt] **I.** *n* ① (*restricted amount of work*) [Arbeits]pensum *nt;* **to do one's ~** seinen Teil beitragen ② (*restricted time of work*) Zeit *f;* **her most productive period was her five-year ~ as a foreign correspondent** ihre produktivste Zeit waren die fünf Jahre, die sie als Auslandskorrespondentin verbrachte **II.** *vt money, resources* sparen (mit +*dat*) **III.** *vi* sparen, geizen (**on** mit +*dat*)

stipu·late ['stɪpjəleɪt] *vt* (*person*) verlangen, fordern; (*contract*) festlegen; (*law, legislation*) zur Auflage machen, vorschreiben

S

stipu·la·tion [ˌstɪpjəˈleɪʃᵊn] *n* Auflage *f,* Bedingung *f;* (*in contract*) Klausel *f*

stir [stɜːʳ, AM stɜːr] **I.** *n usu sing* ❶ (*with spoon*) [Um]rühren *nt* ❷ (*physical movement*) Bewegung *f; of emotion* Erregung *f* ❸ (*excitement*) Aufruhr *f;* **to cause a ~** Aufsehen erregen **II.** *vt* <-rr-> ❶ (*mix*) rühren; ■**to ~ sth into sth** etw in etw *akk* [hin]einrühren ❷ (*physically move*) rühren, bewegen ❸ (*arouse*) bewegen, rühren; *anger, curiosity* erregen; *emotions* aufwühlen ❹ (*inspire*) **to ~ sb into action** jdn zum Handeln bewegen **III.** *vi* <-rr-> ❶ (*mix*) rühren ❷ (*move*) sich regen; *person a.* sich rühren; *grass, water, curtains* sich bewegen ❸ (*awaken*) wach werden, aufwachen; ■**to ~ within sb** (*fig*) *emotions* sich in jdm regen ◆**stir up** *vt* ❶ (*mix*) umrühren ❷ (*fig*) **to ~ up trouble/unrest** Ärger/Unruhe stiften; **to ~ up a crisis** eine Krise auslösen; **to ~ up the crowd/mob** die Menge/den Pöbel aufhetzen; **to ~ up anger/interest/resentment** Ärger/Interesse/Groll erregen; **to ~ up enthusiasm/hope/sympathy** Begeisterung/Hoffnung/Sympathie wecken; **to ~ up hatred** Hass hervorrufen; **to ~ up support** Unterstützung gewinnen

ˈstir-fry **I.** *n* Chinapfanne *f,* Wok *m* **II.** *vi* <-ie-> kurz anbraten **III.** *vt* <-ie-> **to ~ vegetables** Gemüse kurz anbraten

stir·ring [ˈstɜːrɪŋ] **I.** *n* Regung *f* **II.** *adj appeal, song, speech* bewegend, aufwühlend

stir·rup [ˈstɪrəp, AM ˈstɜːr-] *n* (*on saddle*) *a.* ANAT Steigbügel *m*

stitch [stɪtʃ] **I.** *n* <*pl* -es> ❶ (*in sewing, surgery*) Stich *m;* (*in knitting, crocheting*) Masche *f;* **to drop a ~** eine Masche fallen lassen; **not to have a ~ on** splitterfasernackt sein ❷ (*method*) Stichart *f;* **cross ~** Kreuzstich *m* ❸ (*pain*) Seitenstechen *nt kein pl* ▶ PHRASES: **in ~es** (*fam*) sich schieflachen **II.** *vi* sticken; (*sew*) nähen **III.** *vt* (*in sewing*) MED nähen; **to ~ a button onto sth** einen Knopf an etw *akk* [an]nähen ◆**stitch up** *vt* (*sew*) *a hem* hochnähen; *a rip, a wound* nähen

stoat [stəʊt, AM stoʊt] *n* Hermelin *nt*

stock¹ [stɒk, AM stɑːk] *n no pl* FOOD Brühe *f;* **fish ~** Fischfond *m*

stock² [stɒk, AM stɑːk] **I.** *n* ❶ (*reserves*) Vorrat *m* (**of** an +*dat*); **housing ~** Bestand *m* an Wohnhäusern ❷ *no pl* (*inventory*) Bestand *m;* **to be in ~** vorrätig sein; **to take ~** Inventur machen ❸ ■**~s** *pl* AM (*shares in a company*) Aktien *pl;* BRIT (*government shares*) Staatspapiere *pl,* Staatsanleihen *pl;* **~ and shares** Wertpapiere *pl* ❹ *no pl* (*livestock*) Viehbestand *m* **II.** *adj attr* ❶ (*in inventory*) Lager-, Vorrats- ❷ (*standard*) Standard- **III.** *vt* ❶ (*keep in supply*) führen, vorrätig haben ❷ (*fill up*) ■**to ~ sth** etw füllen; *shelves* auffüllen ❸ (*supply goods to*) beliefern ◆**stock up** **I.** *vi* [neue] Vorräte anlegen; ■**to ~ up on sth** sich mit etw *dat* eindecken **II.** *vt* (*fill*) wieder auffüllen

stock·ade [stɒkˈeɪd, AM stɑːˈkeɪd] *n* ❶ (*wooden fence*) Palisade *f;* (*enclosed area*) umzäuntes Gebiet ❷ AM (*prison*) Militärgefängnis *nt*

ˈstock·bro·ker *n* Börsenmakler(in) *m(f)* **ˈstock·brok·ing** *n no pl* Wertpapierhandel *m,* Effektenhandel *m* **ˈstock car** *n* Stockcar *m* **ˈstock com·pa·ny** *n* AM ❶ FIN Aktiengesellschaft *f* ❷ THEAT Repertoiretheater *nt* **ˈstock con·trol** *n no pl* Bestandskontrolle *f,* [regelmäßige] Bestandsaufnahme **ˈstock cube** *n esp* BRIT Brühwürfel *m,* Suppenwürfel *m* ÖSTERR **ˈstock ex·change** *n* Börse *f* **ˈstock-farm·er** *n* Viehhalter(in) *m(f)* **ˈstock·fish** *n* Stockfisch *m* **ˈstock·hold·er** *n* AM (*shareholder*) Aktionär(in) *m(f)*

stock·ing [ˈstɒkɪŋ, AM ˈstɑːk-] *n* ❶ (*leg garment*) ■**~s** *pl* Strümpfe *pl* ❷ (*on horse*) Färbung *f* am Fuß

stock-in-ˈtrade *n no pl* ❶ (*tools of trade*) Handwerkszeug *nt;* (*fig*) Rüstzeug *nt* ❷ (*fig: typical characteristic*) Eigenart *f*

stock·ist [ˈstɒkɪst] *n* BRIT, AUS [Fach]händler(in) *m(f)*

ˈstock mar·ket *n* [Wertpapier]börse *f* **ˈstock·pile** **I.** *n* Vorrat *m* **II.** *vt* ■**to ~ sth** Vorräte an etw *dat* anlegen, etw horten *pej;* **to ~ weapons** ein Waffenarsenal anlegen **ˈstock price** *n* AM (*share price*) Aktienpreis *m* **ˈstock·room** *n* Lager *nt,* Lagerraum *m* **stock-ˈstill** *adj pred* stocksteif **ˈstock·tak·ing** *n no pl* Inventur *f;* (*fig*) [Selbst]besinnung *f*

stocky [ˈstɒki, AM ˈstɑːki] *adj* stämmig, kräftig

ˈstock·yard *n* AM Viehhof *m;* (*at slaughterhouse*) Schlachthof *m*

stodge [stɒdʒ, AM stɑːdʒ] *n no pl esp* BRIT (*pej fam*) Pampe *f*

stodgy [ˈstɒdʒi, AM ˈstɑːdʒi] *adj* (*pej fam*) ❶ *food* schwer [verdaulich], pampig ❷ (*dull*) langweilig, fad

stoic [ˈstəʊɪk, AM ˈstoʊ-] **I.** *n* (*reserved person*) stoischer Mensch; ■**S~** PHILOS Stoiker *m* **II.** *adj* (*in general*) stoisch; (*about sth specific*) gelassen

stoi·cal [ˈstəʊɪkᵊl, AM ˈstoʊ-] *adj* stoisch

S

stoi·cism ['stəʊɪsɪzəm, AM 'stoʊ-] *n no pl* stoische Ruhe; (*about sth specific*) Gleichmut *m;* ■**S~** PHILOS Stoizismus

stoke [stəʊk, AM stoʊk] *vt* ① (*add fuel to*) *fire* schüren; *furnace* beschicken ② (*fig: encourage*) *anger, hatred* schüren

stok·er ['stəʊkəʳ, AM 'stoʊkɚ] *n* RAIL Heizer(in) *m(f)*

stole¹ [stəʊl, AM stoʊl] *pt of* **steal**

stole² [stəʊl, AM stoʊl] *n* ① (*scarf*) Stola *f* ② (*priest's vestments*) [Priester]stola *f*

stol·en ['stəʊlən, AM 'stoʊ-] **I.** *vt pp of* **steal** **II.** *adj* gestohlen; (*fig*) *glance, kiss* verstohlen

stol·id ['stɒlɪd, AM 'stɑːl-] *adj* (*not emotional*) *person* stumpf *pej;* (*calm*) gelassen, phlegmatisch *pej; silence, determination* beharrlich

stom·ach ['stʌmək] **I.** *n* ① (*digestive organ*) Magen *m;* **to have an upset ~** eine Magenverstimmung haben ② (*abdomen*) Bauch *m;* **to have a flat ~** einen flachen Bauch haben ③ (*appetite*) **to have no ~ for sth** keinen Appetit auf etw *akk* haben; (*fig: desire*) keine Lust haben, etw zu tun **II.** *adj cramp, operation* Magen-; **~ muscles** Bauchmuskeln *pl* **III.** *vt* (*fam*) **to not be able to ~ sth** etw *akk* nicht ertragen können; **to be hard to ~** schwer zu verkraften sein

'stom·ach ache *n usu sing* Magenschmerzen *pl,* Bauchschmerzen *pl* **'stom·ach up·set** *n* Magenverstimmung *f*

stomp [stɒmp, AM stɑːmp] **I.** *n* ① (*with foot*) Stampfen *nt* ② *no pl* (*jazz dance*) Stomp *m* **II.** *vi* ① (*walk heavily*) stapfen; (*intentionally*) trampeln ② *esp* AM (*kick*) ■**to ~ on sb/sth** auf jdn/etw treten; (*fig: suppress*) jdn/etw niedertrampeln **III.** *vt* AM **to ~ one's feet** mit den Füßen [auf]stampfen

stone [stəʊn, AM stoʊn] **I.** *n* ① *no pl* GEOL Stein *m* ② (*piece of rock*) MED Stein *m;* **to be a ~'s throw away** [nur] einen Katzensprung [weit] entfernt sein ③ (*jewel*) [Edel]stein *m* ④ (*in fruit*) Stein *m,* Kern *m* ⑤ <*pl* -> BRIT (*14 lbs*) *britische Gewichtseinheit, die 6,35 kg entspricht* **II.** *adj attr floor, wall* Stein-; **~ statue** Statue *f* aus Stein **III.** *vt* ① (*throw stones at*) steinigen ② (*remove pit*) *cherries, olives* entsteinen

'Stone Age *n* ■**the ~** die Steinzeit **stone-'broke** *adj* AM (*stony-broke*) völlig pleite *fam,* total blank [*o* abgebrannt] *sl* **stone-'cold** **I.** *adj* eiskalt **II.** *adv* **~ sober** stocknüchtern *fam*

stoned [stəʊnd, AM stoʊnd] *adj* ① (*without pits*) *olives, cherries* entsteint ② (*sl: drugged*) high; (*drunk*) betrunken, besoffen

stone 'deaf *adj* stocktaub *fam* **'stone·ma·son** *n* Steinmetz(in) *m(f)*

stone·'wall **I.** *vi* ① (*in answering questions*) ausweichen ② SPORTS mauern *fam* **II.** *vt* abblocken

'stone·ware ['stəʊnweəʳ, AM 'stoʊnwer] *n no pl* Steingut *nt* **'stone·work** *n no pl* Mauerwerk *nt*

stony ['stəʊni, AM 'stoʊni] *adj* ① (*with many stones*) *beach, ground* steinig ② (*fig: unfeeling*) steinern; *silence* eisig

stony-'broke *adj pred* BRIT, AUS (*fam*) völlig pleite, total blank [*o* abgebrannt] *sl*

stood [stʊd] *pt, pp of* **stand**

stooge [stuːdʒ] **I.** *n* ① (*comedian partner*) Stichwortgeber(in) *m(f)* ② (*fig, pej: puppet*) Handlanger(in) *m(f),* Marionette *f* **II.** *vi* THEAT als Stichwortgeber(in) *m(f)* fungieren

stool¹ [stuːl] *n* (*seat*) Hocker *m;* **piano ~** Klavierstuhl *m*

Falsche Freunde

Nicht verwechseln mit Stuhl *m* — *chair*.

stool² [stuːl] *n* (*faeces*) Stuhl *m*

stoop¹ [stuːp] **I.** *n usu sing* krummer Rücken, Buckel *m* **II.** *vi* sich beugen; **we had to ~ to go through the doorway** wir mussten den Kopf einziehen, um durch die Tür zu gehen; ■**to ~ down** sich bücken; **to ~ so low as to do sth** so weit sinken, dass man etw tut

stoop² [stuːp] *n* AM (*porch*) offene Veranda

stop [stɒp, AM stɑːp] **I.** *vt* <-pp-> ① (*halt*) *person, car* anhalten; *traffic* aufhalten; **~ that man!** haltet den Mann! ② (*make cease*) stoppen, beenden; (*temporarily*) unterbrechen; *bleeding* stillen; *clock* anhalten; *machine* abstellen; **this will ~ the pain** davon gehen die Schmerzen weg *fam;* **~ it!** hör auf [damit]! ③ (*cease an activity*) ■**to ~ sth** mit etw *dat* aufhören ④ (*prevent*) ■**to ~ sb [from] doing sth** jdn davon abhalten, etw zu tun **II.** *vi* <-pp-> ① (*cease moving*) *person* stehen bleiben; *car* [an]halten; **~!** halt!; **to ~ dead** abrupt innehalten ② (*cease, discontinue*) *machine* nicht mehr laufen; *clock, heart, watch* stehen bleiben; *rain* aufhören; *pain* abklingen, nachlassen; *production, payments* eingestellt werden ③ (*cease an activity*) ■**to ~ [doing sth]** aufhören[, etw zu tun]; **she's ~ped drinking** sie trinkt nicht mehr ④ TRANSP *bus, train* halten ▶ PHRASES: **to ~ at nothing** vor nichts zu-

S

rückschrecken **III.** *n* ❶ (*standstill*) Halt *m;* **to come to a ~** stehen bleiben; *car a.* anhalten; *rain* aufhören; *project, production* eingestellt werden; **to put a ~ to sth** etw *dat* ein Ende setzen ❷ (*break*) Pause *f;* AVIAT Zwischenlandung *f;* (*halt*) Halt *m* ❸ TRANSP Haltestelle *f;* (*for ship*) Anlegestelle *f* ❹ (*punctuation mark*) Satzzeichen *nt* ◆**stop by** *vi* vorbeischauen ◆**stop in** *vi* zuhause bleiben, daheimbleiben *bes* ÖSTERR, SCHWEIZ, SÜDD ◆**stop off** *vi* kurz bleiben, Halt machen; (*while travelling*) Zwischenstation machen ◆**stop out** *vi* BRIT (*fam*) wegbleiben ◆**stop over** *vi* ❶ (*stay overnight*) Zwischenstation machen ❷ BRIT (*stay the night*) über Nacht bleiben ◆**stop up** **I.** *vi* ❶ BRIT (*not go to bed*) aufbleiben ❷ PHOT eine größere Blende einstellen **II.** *vt* ■**to ~ sth** ↻ **up** etw verstopfen; *hole* [zu]stopfen

'stop·cock *n* Absperrhahn *m* **'stop·gap** **I.** *n* Notlösung *f,* Notbehelf *m* **II.** *adj attr* Überbrückungs-; **~ solution** Zwischenlösung *f* **'stop·light** *n* ❶ AM (*traffic lights*) [Verkehrs]ampel *f* ❷ (*brake light*) Bremslicht *nt* **'stop·over** *n of plane* Zwischenlandung *f; of person* Zwischenstation *f;* (*length of break*) Zwischenaufenthalt *m*

stop·page ['stɒpɪdʒ, AM 'stɑ:p-] *n* ❶ (*act of stopping*) *of pay, a cheque* Sperrung *f* ❷ (*cessation of work*) Arbeitseinstellung *f* ❸ (*unintentional*) Unterbrechung *f;* **~ in production** Produktionsstillstand *m* ❹ BRIT (*deductions from pay*) ■**~s** *pl* (*workers*) Lohnabzüge *pl;* (*employees*) Gehaltsabzüge *pl*

'stop·page time *n* BRIT SPORTS Auszeit *f*

stop·per ['stɒpəʳ, AM 'stɑ:pɚ] **I.** *n* Stöpsel *m* **II.** *vt* zustöpseln

stop·ping ['stɒpɪŋ, AM 'stɑ:p-] **I.** *n no pl* Anhalten *nt* **II.** *adj attr* **~ distance** Sicherheitsabstand *m;* **~ train** Nahverkehrszug

stop 'press *n no pl* ❶ (*last minute news*) letzte Meldungen ❷ (*space in newspaper*) *für letzte Meldungen reservierte Spalte* **'stop sign** *n* Stoppschild *nt* **'stop·watch** *n* Stoppuhr *f*

stor·age ['stɔ:rɪdʒ] *n no pl* ❶ (*for future use*) *of food, goods* Lagerung *f; of books* Aufbewahrung *f; of water, electricity* Speicherung *f;* **to put sth into ~** etw [ein]lagern ❷ COMPUT *of data* Speicherung *f*

'stor·age bat·tery *n* Akku[mulator] *m* **'stor·age ca·pac·ity** *n* (*in computer*) Speicherkapazität *f;* (*for furniture, books*) Lagerraum *m;* (*in tank*) Fassungsvermögen *nt*

'stor·age cell *n* Akku[mulator] *m* **'stor·age heat·er** *n* BRIT [Nacht]speicherofen *m* **'stor·age room, 'stor·age space** *n* ❶ *no pl* (*capacity*) Stauraum *m* ❷ (*room in house*) Abstellraum *m;* (*in warehouse*) Lagerraum *m* **'stor·age tank** *n* Vorratstank *m*

store [stɔ:ʳ, AM stɔ:r] **I.** *n* ❶ (*supply*) Vorrat *m* (**of** an +*dat*); (*fig*) Schatz *m;* ■**~s** *pl* Vorräte *pl;* ■**to be in ~** [**for sb**] (*fig*) [jdm] bevorstehen; **we have a surprise in ~ for your father** wir haben für deinen Vater eine Überraschung auf Lager ❷ *esp* AM, AUS (*any shop*) Laden *m* ❸ *esp* BRIT (*large shop*) Geschäft *nt;* (*department store*) Kaufhaus *nt* ❹ (*warehouse*) Lager *nt;* **grain ~** Getreidespeicher *m* **II.** *vt* ❶ (*keep for future use*) *heat, information, electricity* [auf]speichern; *furniture* unterstellen; *supplies* lagern ❷ COMPUT (*file*) speichern; *data* [ab]speichern

'store card *n* Kunden[kredit]karte *f* **'store de·tec·tive** *n* Kaufhausdetektiv(in) *m(f)* **'store·front** *n* AM ❶ (*shop front*) Schaufenster *nt;* (*larger*) Schaufensterfront *f* ❷ (*front room*) Verkaufsraum *m* [eines Ladens], Ladenlokal *nt* **'store·house** *n* AM (*warehouse*) Kaufhaus *nt,* Warenhaus *nt;* (*fig form*) Fundgrube *f* **'store·keep·er** [-ˌki:pəʳ, AM -ˌki:pɚ] *n* ❶ (*in warehouse*) Lagerist(in) *m(f),* Lagerverwalter(in) *m(f)* ❷ AM (*shopkeeper*) Ladenbesitzer(in) *m(f),* Geschäftsinhaber(in) *m(f)* **'store·room** *n* Lagerraum *m;* (*for food*) Vorratskammer *f,* Speisekammer *f;* (*for personal items*) Abstellkammer *f*

sto·rey *n* Stockwerk *nt,* Stock *m,* Etage *f;* **a three-~ house** ein dreistöckiges Haus

sto·ried ['stɔ:rid] *adj attr esp* AM (*liter: illustrious*) sagenumwoben *geh*

stork [stɔ:k, AM stɔ:rk] *n* Storch *m*

storm [stɔ:m, AM stɔ:rm] **I.** *n* ❶ (*strong wind*) Sturm *m;* (*with thunder*) Gewitter *nt;* (*with rain*) Unwetter *nt* ❷ (*fig: uproar*) **~ of applause** Beifallssturm *m;* **to raise a ~ of protest** einen [Protest]sturm hervorrufen ▶PHRASES: **a ~ in a teacup** BRIT ein Sturm im Wasserglas; **to take sth/sb by ~** etw/jdn im Sturm erobern **II.** *vi* ❶ (*speak angrily*) toben ❷ (*move fast*) stürmen, jagen; ■**to ~ out** hinausstürmen ❸ *impers esp* AM *strong winds* stürmen **III.** *vt* stürmen

'storm cloud *n* Gewitterwolke *f;* (*fig liter*) dunkle Wolken *pl* **'storm door** *n* AM *zusätzliche Tür zur Sturmsicherung*

Stor·mont ['stɔ:mɒnt, AM 'stɔ:rmɑ:nt] *n Stormont Castle in Belfast, Sitz des nordirischen Parlaments, auch benutzt zur Be-*

S

zeichnung der nordirischen Regierung

storm-tossed [-ˌtɒst, AM -ˌtɑːst] *adj attr* (*liter*) sturmgepeitscht

stormy [ˈstɔːmi, AM ˈstɔːr-] *adj* ❶ *weather, night, sea* stürmisch ❷ (*fig: fierce*) stürmisch; *life* bewegt; *argument* heftig; *debate* hitzig

sto·ry¹ [ˈstɔːri] *n* ❶ (*tale*) Geschichte *f;* (*narrative*) Erzählung *f;* (*plot*) Handlung *f;* **a tall ~** eine unglaubliche Geschichte ❷ (*rumour*) Gerücht *nt;* **the ~ goes that ...** man erzählt sich, dass ... ❸ (*news report*) Beitrag *m;* (*in newspaper*) Artikel *m* ❹ (*lie*) Geschichte *f,* [Lügen]märchen *nt fam* ▸ PHRASES: **to cut a long ~ short** um es kurz zu machen

sto·ry² *n* AM *see* **storey**

ˈsto·ry·book *n* Geschichtenbuch *nt,* Buch *nt* mit Kindergeschichten **ˈsto·ry line** *n* Handlung *f* **ˈsto·ry·tell·er** *n* ❶ (*narrator*) Geschichtenerzähler(in) *m(f)* ❷ (*fam: liar*) Lügner(in) *m(f)*

stout¹ [staʊt] *n* Stout *m* (*dunkles Bier*)

stout² [staʊt] *adj* ❶ (*corpulent*) beleibt, korpulent *geh; woman* füllig *euph* ❷ (*thick and strong*) kräftig, stabil; *door, stick* massiv; *shoes, boots* fest

stout-heart·ed [ˌstaʊtˈhɑːtɪd, AM -ˈhɑːrt̬ɪd] *adj* (*dated form, liter*) wacker

stout·ly [ˈstaʊtli] *adv* ❶ (*of person*) **~ built** stämmig gebaut ❷ (*strong*) stabil; **~ built house** solide gebautes Haus ❸ (*firmly*) entschieden, steif und fest *fam;* **to believe ~ in sth** fest an etw *akk* glauben

stove [stəʊv, AM stoʊv] *n* ❶ (*heater*) Ofen *m* ❷ *esp* AM, AUS (*for cooking*) Herd *m*

ˈstove·pipe *n* Ofenrohr *nt*

stow [stəʊ, AM stoʊ] *vt* ❶ (*put away*) verstauen; (*hide*) verstecken ❷ (*fill*) vollmachen; NAUT befrachten; *goods* verladen ◆**stow away** I. *vt* ■**to ~ away** ⟲ **sth** etw verstauen [*o* wegpacken]; (*hide*) etw verstecken II. *vi* (*travel without paying*) als blinder Passagier reisen

stow·age [ˈstəʊɪdʒ, AM ˈstoʊ-] *n no pl* (*stowing*) Verstauen *nt;* NAUT [Be]laden *nt*

stow·away [ˈstəʊəˌweɪ, AM ˈstoʊ-] *n* blinder Passagier/blinde Passagierin

strad·dle [ˈstrædl̩] I. *vt* ❶ ■**to ~ sth** (*standing*) mit gespreizten Beinen über etw *dat* stehen; (*sitting*) rittlings auf etw *dat* sitzen; (*jumping*) [mit gestreckten Beinen] über etw *akk* springen ❷ (*bridge*) *border* überbrücken, überspannen *geh* ❸ (*part*) *legs* spreizen ❹ *esp* AM (*fig: equivocal position*) **to ~ an issue** bei einer Frage nicht klar Stellung beziehen II. *vi* (*stand*) breitbeinig [da]stehen; (*sit*) mit gegrätschten [*o* gespreizten] Beinen [da]sitzen III. *n* (*jump*) Scherensprung *m*

strag·gle [ˈstræɡl̩] I. *vi* ❶ (*move as a disorganized group*) umherstreifen ❷ (*come in small numbers*) sich sporadisch einstellen ❸ (*hang untidily*) *hair, beard* zottelig herunterhängen II. *n of things* Sammelsurium *nt; of people* Ansammlung *f*

strag·gler [ˈstræɡləʳ, AM -ɚ] *n* Nachzügler(in) *m(f)*

strag·gly [ˈstræɡl̩i] *adj hair* zottelig, zerzaust; *beard* struppig

straight [streɪt] I. *n* (*race track*) Gerade *f;* **in the home ~** in der Zielgeraden II. *adj* ❶ (*without curve*) *line, back, nose* gerade; *hair* glatt; *skirt* gerade geschnitten; *road, row, furrow* [schnur]gerade; **the picture isn't ~** das Bild hängt schief ❷ (*frank*) *advice, denial, refusal* offen, freimütig; (*honest*) ehrlich; *answer* klar ❸ (*heterosexual*) heterosexuell, hetero *fam* ❹ (*plain*) einfach; (*undiluted*) pur ❺ (*simply factual*) tatsachengetreu, nur auf Fakten basierend *attr* ❻ *pred* (*in order*) in Ordnung; (*clarified*) geklärt; **to put things ~** (*tidy*) Ordnung schaffen; (*organize*) etwas auf die Reihe kriegen *fam;* **to set sb ~ about sth** jdm Klarheit über etw *akk* verschaffen III. *adv* ❶ (*in a line*) gerade[aus]; **go ~ along this road** folgen Sie immer dieser Straße; **to look ~ ahead** geradeaus schauen ❷ (*immediately*) sofort; **we've got to leave ~ away** wir müssen unverzüglich aufbrechen; **to get ~ to the point** sofort zur Sache kommen ❸ (*clearly*) klar; **I'm so tired I can't think ~ any more** ich bin so müde, dass ich nicht mehr klar denken kann; *see also* **fright**

straight·away [ˌstreɪtəˈweɪ, AM -t̬əˈ-] I. *adv esp* BRIT sofort, auf der Stelle II. *n* AM (*straight*) Gerade *f*

straight·en [ˈstreɪtᵊn] I. *vt* ❶ (*make straight, level*) gerade machen; *hair* glätten; *river, road* begradigen ❷ (*arrange in place*) richten, ordnen; *tie* zurechtrücken II. *vi person* sich aufrichten; *road, river* gerade werden; *hair* sich glätten ◆**straighten out** I. *vt* ❶ (*make straight*) etw gerade machen; *clothes* glatt streichen; *wire* ausziehen ❷ (*put right*) in Ordnung bringen; (*clarify*) klarstellen; *misunderstanding* aus der Welt schaffen II. *vi* gerade werden ◆**straighten up** I. *vi* ❶ (*stand upright*) sich aufrichten ❷ (*move straight*) *vehicle, ship* [wieder] geradeaus fahren; *aircraft* [wieder] geradeaus fliegen II. *vt* ■**to ~ up** ⟲ **sth** ❶ (*make level*) etw gerade machen ❷ (*tidy up*) etw

S

aufräumen; (*fig: put in order*) etw regeln [*o* in Ordnung bringen]

straight·for·ward [streɪtˈfɔːwəd, AM -ˈfɔːrwɚd] *adj* ❶ (*direct*) direkt; *explanation* unumwunden; *look* gerade ❷ (*honest*) *answer, person* aufrichtig, ehrlich ❸ (*easy*) einfach, leicht

ˈ**straight-out** *adj esp* AM (*fam*) offen, unverblümt

strain[1] [streɪn] *n* (*breed*) *of animals* Rasse *f; of plants* Sorte *f; of virus* Art *f*

strain[2] [streɪn] **I.** *n usu sing* ❶ *no pl* (*physical pressure*) Druck *m*, Belastung *f* ❷ (*fig: emotional pressure*) Druck *m*, Belastung *f*; **to be under a lot of ~** unter hohem Druck stehen ❸ (*overexertion*) [Über]beanspruchung *f*, [Über]belastung *f* ❹ (*pulled tendon, muscle*) Zerrung *f* **II.** *vi* ❶ (*pull*) ziehen; **the dog is ~ing at the leash** der Hund zerrt an der Leine ❷ (*try hard*) sich anstrengen **III.** *vt* ❶ (*pull*) ziehen (an +*dat*); MED, SPORTS überdehnen, zerren ❷ (*overexert*) [stark] beanspruchen; *eyes* überanstrengen ❸ (*remove solids from liquids*) *coffee* filtrieren; (*remove liquid from solids*) *vegetables* abgießen

strained [streɪnd] *adj* ❶ (*forced*) bemüht, angestrengt; (*artificial*) gekünstelt *pej* ❷ (*tense*) *relations* belastet, angespannt ❸ (*stressed*) abgespannt, mitgenommen

strain·er [ˈstreɪnəʳ, AM -ɚ] *n* Sieb *nt*

strait [streɪt] *n* GEOG Meerenge *f*, Straße *f*

strait·ened [ˈstreɪtᵊnd] *adj* (*form: poor*) knapp; (*restricted*) beschränkt, dürftig; **to be in ~ circumstances** sich *akk* einschränken müssen

ˈ**strait·jack·et** *n* (*a. fig*) Zwangsjacke *f*

strait-laced [-ˈleɪst] *adj* (*pej*) puritanisch

strand[1] [strænd] **I.** *vt* **to ~ a boat** ein Boot auf Grund setzen **II.** *vi* stranden

strand[2] [strænd] *n* ❶ (*single thread*) Faden *m*; *of rope* Strang *m*; *of tissue* Faser *f*; *of hair* Strähne *f* ❷ (*element of whole*) Strang *m*; **~ of the plot** Handlungsstrang *m*

Falsche Freunde

Nicht verwechseln mit Strand *m* — *beach*!

strand·ed [ˈstrændɪd] *adj ship, whale* gestrandet; ■**to be ~** (*fig*) festsitzen; (*without money*) auf dem Trockenen sitzen; **to leave sb ~** jdn sich *dat* selbst überlassen

strange [streɪndʒ] *adj* ❶ (*peculiar, odd*) sonderbar, merkwürdig; (*unusual*) ungewöhnlich, außergewöhnlich; (*weird*) unheimlich, seltsam; (*exceptional*) erstaunlich ❷ (*uneasy*) komisch; (*unwell*) seltsam, unwohl ❸ (*not known*) fremd, unbekannt; (*unfamiliar*) nicht vertraut

strange·ly [ˈstreɪndʒli] *adv* ❶ (*oddly*) merkwürdig, sonderbar ❷ (*unexpectedly*) **she was ~ calm** sie war auffällig still; **~ enough** seltsamerweise

strang·er [ˈstreɪndʒəʳ, AM -ɚ] *n* (*unknown person*) Fremde(r) *f(m)*; (*person new to a place*) Neuling *m a. pej*; **are you a ~ here, too?** sind Sie auch fremd hier?

stran·gle [ˈstræŋgl̩] *vt* ❶ (*murder*) *person* erdrosseln, erwürgen ❷ (*fig: suppress*) ■**to ~ sth** etw unterdrücken [*o* ersticken]

ˈ**strangle·hold** *n* ❶ (*grip*) Würgegriff *m* ❷ (*fig: complete control*) Vormacht[stellung] *f kein pl*

stran·gu·la·tion [ˌstræŋgjəˈleɪʃᵊn] *n no pl* (*strangling*) Erdrosselung *f*, Strangulierung *f*; (*death from throttling*) Tod *m* durch Erwürgen

strap [stræp] **I.** *n* (*for fastening*) Riemen *m*; (*for safety*) Gurt *m*; (*for clothes*) Träger *m*; (*hold in a vehicle*) Halteschlaufe *f*; **watch ~** Uhrarmband *nt* **II.** *vt* <-pp-> ❶ (*fasten*) ■**to ~ sth** [**to sth**] etw [an etw *dat*] befestigen ❷ (*bandage*) bandagieren; (*with plaster*) verpflastern

strap·less [ˈstræpləs] *adj* trägerlos

strap·ping [ˈstræpɪŋ] *adj* (*hum fam*) kräftig; **~ lad** strammer Bursche

strata·gem [ˈstrætədʒəm, AM -t̬-] *n* [Einzel]strategie *f*

stra·tegic [strəˈtiːdʒɪk] *adj* strategisch, taktisch

strat·egist [ˈstrætədʒɪst, AM -t̬-] *n* Stratege(in) *m(f)*, Taktiker(in) *m(f)*

strat·egy [ˈstrætədʒi, AM -t̬ə-] *n* ❶ (*plan of action*) Strategie *f*; (*fig a.*) Taktik *f* ❷ *no pl* (*art of planning*) Taktieren *nt*; (*of war*) Kriegsstrategie *f*

strati·fy <-ie-> [ˈstrætɪfaɪ, AM -t̬ə-] *vt* ❶ (*arrange in layers*) GEOL schichten ❷ (*place in groups*) klassifizieren (**by** nach +*dat*); **stratified society** mehrschichtige Gesellschaft

strato·sphere [ˈstrætə(ʊ)ˌsfɪəʳ, AM ˈstræt̬əsfɪr] *n* Stratosphäre *f*

stra·tum <*pl* -ta> [ˈstrɑːtəm, *pl* -tə, AM ˈstreɪt̬-, *pl* -t̬ə] *n* ❶ (*layer*) SOCIOL Schicht *f* ❷ GEOL (*layer of rock*) [Gesteins]schicht *f*

straw [strɔː, AM *esp* strɑː] *n* ❶ *no pl* (*crop, fodder*) Stroh *nt* ❷ (*single dried stem, drinking tube*) Strohhalm *m*; **to draw ~s** losen ▶PHRASES: **to be the final ~** das Fass zum Überlaufen bringen

straw·berry [ˈstrɔːbᵊri, AM ˈstrɑːˌberi] *n* Erdbeere *f*

'straw-col·oured, AM **'straw-col·ored** *adj* strohfarben; *hair* strohblond **'straw man** *n* ① (*cover person*) Strohmann *m* ② (*discussion tactic*) Scheinargument *nt* (*als rhetorischer Kniff*) **'straw poll**, **'straw vote** *n* Probeabstimmung *f;* (*test of opinion*) [Meinungs]umfrage *f*

stray [streɪ] **I.** *vi* ① (*wander*) streunen; (*escape from control*) frei herumlaufen; (*go astray*) sich verirren ② (*move casually*) umherstreifen; **her eyes kept ~ing to the clock** ihre Blicke wanderten immer wieder zur Uhr ③ (*fig: digress*) abweichen; *orator, thoughts* abschweifen **II.** *n* ① (*animal*) streunendes [Haus]tier ② (*person*) Umherirrende(r) *f(m);* (*homeless*) Heimatlose(r) *f(m)* **III.** *adj attr* ① (*homeless*) *animal* streunend, herrenlos; (*lost*) *person* herumirrend ② (*isolated*) vereinzelt; (*occasional*) gelegentlich; **to be hit by a ~ bullet** von einem Blindgänger getroffen werden

streak [stri:k] **I.** *n* ① (*line*) Streifen *m;* (*mark of colour*) Spur *f;* (*on window*) Schliere *f* ② (*coloured hair*) ■ **~s** *pl* Strähnen *pl,* Strähnchen *pl* ③ (*run of fortune*) Strähne *f;* **lucky** [*or* **winning**] **~** Glückssträhne *f* **II.** *vt usu passive* ■ **to be ~ed** gestreift sein; **~ed with grey** *hair* von grauen Strähnen durchzogen **III.** *vi* ① (*move very fast*) flitzen *fam;* ■ **to ~ ahead** (*fig*) eine Blitzkarriere machen ② (*fam: run naked in public*) flitzen

streak·er ['stri:kəʳ, AM -ɚ] *n* (*fam*) Flitzer(in) *m(f)*

streaky ['stri:ki] *adj* ① (*with irregular stripes*) streifig; *pattern* gestreift; *face* verschmiert; *hair* strähnig; *window, mirror* schlierig ② BRIT FOOD **~ bacon** durchwachsener Speck

stream [stri:m] **I.** *n* ① (*small river*) Bach *m,* Flüsschen *nt* ② (*flow*) *of liquid* Strahl *m; of people* Strom *m;* **~ of light** breiter Lichtstrahl ③ (*continuous series*) Flut *f,* Schwall *m;* **a ~ of abuse** eine Schimpfkanonade; **a ~ of consciousness** ein Bewusstseinsstrom ④ (*a. fig: current*) Strömung *f a. fig* **II.** *vi* ① (*flow*) *blood, tears* strömen; *water* fließen, rinnen ② (*run*) *nose* laufen; *eyes* tränen ③ (*move in stream*) *light, sun, crowd* strömen ④ (*flutter*) *clothing* flattern; *hair* wehen

stream·er ['stri:məʳ, AM -ɚ] *n* ① (*pennant*) Wimpel *m,* Fähnchen *nt* ② (*decoration*) *of ribbon* Band *nt; of paper* Luftschlange *f*

stream·line ['stri:mlaɪn] *vt* ① (*shape*) stromlinienförmig [aus]formen ② (*fig: improve efficiency*) rationalisieren; (*simplify*) vereinfachen

stream·lined ['stri:mlaɪnd] *adj* ① (*aerodynamic*) stromlinienförmig; *car a.* windschnittig ② (*efficient*) rationalisiert; (*simplified*) vereinfacht

street [stri:t] *n* ① (*road*) Straße *f;* ■ **in the ~** auf der Straße; **I live in** [*or* AM **on**] **King S~** ich wohne in der King Street; **side ~** Seitenstraße *f* ② + *sing/pl vb* (*residents*) Straße *f* ▶ PHRASES: **the <u>man</u>/<u>woman</u> in the ~** der Mann/die Frau von der Straße; **to <u>be</u>** [**right**] **up sb's ~** genau das Richtige für jdn sein

'street bat·tle *n* Straßenschlacht *f* **'street·car** *n* AM (*tram*) Straßenbahn *f* **'street cred, street cred·i'bil·ity** *n no pl* (*sl*) In-Sein *nt sl;* **that jacket won't do much for your ~** mit diesem Jackett bist du einfach nicht in **street di·'rec·tory** *n* Straßenverzeichnis *nt* **'street lamp** *n* Straßenlaterne *f* **'street light** *n* Straßenlicht *nt* **'street light·ing** *n no pl* Straßenbeleuchtung *f* **'street value** *n no pl Verkaufspreis für illegale Waren, z.B. Drogen* **'street·walk·er** *n* (*dated*) Straßendirne *f meist pej* **'street·wise** *adj* gewieft, raffiniert

strength [streŋ(k)θ] *n* ① *no pl* (*of person*) Kraft *f,* Stärke *f;* **physical ~** körperliche Kraft, Muskelkraft *f;* (*of object, structure*) Widerstandskraft *f,* Belastbarkeit *f* ② *no pl* (*health and vitality*) Robustheit *f,* Lebenskraft *f;* **to gain ~** wieder zu Kräften kommen ③ *no pl* (*effectiveness, influence*) Wirkungsgrad *m,* Stärke *f;* (*of an argument*) Überzeugungskraft *f;* **to gather ~** an Stabilität gewinnen; **to go from ~ to ~** sich *akk* immer stärker entwickeln ④ *no pl* (*mental firmness*) Stärke *f;* **to show great ~ of character** große Charakterstärke zeigen; **to draw ~ from sth** aus etw *dat* Kraft ziehen ⑤ (*potency*) *of tea* Stärke *f; of alcoholic drink a.* Alkoholgehalt *m; of a drug* Konzentration *f; of medicine* Wirksamkeit *f* ⑥ (*strong point*) Stärke *f;* **sb's ~s and weaknesses** jds Stärken und Schwächen ⑦ (*intensity*) Intensität *f; of a colour* Leuchtkraft *f; of a feeling* Intensität *f; of belief* Stärke *f* ⑧ (*number of members*) [Mitglieder]zahl *f;* (*number of people*) [Personen]zahl *f;* **we're below ~ today** wir treten heute nicht in voller Stärke an; **to turn out in ~** in Massen anrücken ▶ PHRASES: **<u>on</u> the ~ of sth** aufgrund einer S. *gen*

strength·en ['streŋ(k)θᵊn] **I.** *vt* ① (*make stronger*) kräftigen, stärken; (*fortify*) befestigen, verstärken ② (*increase*) [ver]stärken; (*intensify*) intensivieren; (*improve*)

S

verbessern; *currency* stabilisieren **II.** *vi* ① (*become stronger*) stärker werden; *muscles* kräftiger werden; *wind* auffrischen ② FIN, STOCKEX (*increase in value*) *stock market* an Wert gewinnen; *currency* zulegen

strenu·ous ['strenjuəs] *adj* ① (*exhausting*) anstrengend ② (*energetic*) energisch, heftig; **despite ~ efforts** trotz angestrengter Bemühungen

strep·to·coc·cus <*pl* -cci> [ˌstreptə(ʊ)-'kɒkəs, AM -tə'kɑːk-, *pl* -'kɒksaɪ] *n usu pl* MED Streptokokkus *m*

stress [stres] **I.** *n* <*pl* -es> ① (*mental strain*) Stress *m*, Druck *m*, Belastung *f*; **to be under ~** starken Belastungen ausgesetzt sein; (*at work*) unter Stress stehen ② *no pl* (*emphasis*) Bedeutung *f*, Gewicht *nt* ③ PHYS (*force causing distortion*) Belastung *f*; (*tension*) Spannung *f*; (*pressure*) Druck *m kein pl* **II.** *vt* ① (*emphasize*) betonen, hervorheben; **I'd just like to ~ that ...** ich möchte lediglich darauf hinweisen, dass ... ② (*strain*) belasten, beanspruchen; ■**to ~ sb** jdn stressen ◆**stress out** *vt* (*fam*) stressen; ■**to be ~ed out** völlig gestresst sein (**by** von)

stressed [strest] *adj* ① (*under mental pressure*) gestresst ② (*forcibly pronounced*) betont

'stress frac·ture *n* MED Ermüdungsbruch *m*; PHYS Spannungsriss *m* **stress-'free** *adj* stressfrei, ohne Stress *nach n*

stress·ful ['stresfʊl] *adj* stressig *fam*, anstrengend, aufreibend; **~ situation** Stresssituation *f*

'stress mark *n* LING Betonungszeichen *nt*, Akzent *m fachspr*

stretch [stretʃ] **I.** *n* <*pl* -es> ① *no pl* (*elasticity*) Dehnbarkeit *f*; *of fabric* Elastizität *f* ② (*muscle extension*) Dehnungsübungen *pl*, Strecken *nt kein pl*; **to have a ~** sich [recken und] strecken ③ (*an extended area*) Stück *nt*; (*section of road*) Streckenabschnitt *m*, Wegstrecke *f*; **~ of railway** Bahnstrecke *f*; **~ of water** Wasserfläche *f* ④ AM (*straight part of a race track*) Gerade *f* ⑤ (*period of time*) Zeitraum *m*, Zeitspanne *f* **II.** *adj attr* Stretch- **III.** *vi* ① (*become longer, wider*) *rubber, elastic* sich dehnen; *clothes* weiter werden ② (*extend the body*) sich recken; (*as exercise*) Dehnungsübungen machen ③ (*cover an area*) sich erstrecken **IV.** *vt* ① (*extend*) [aus]dehnen, strecken; (*extend by pulling*) dehnen; (*tighten*) straff ziehen, straffen; **to ~ one's legs** sich *dat* die Beine vertreten ② (*increase number of portions*) strecken; *sauce, soup* verlängern ③ (*demand a lot of*) ■**to ~ sb/sth** jdn/etw bis zum Äußersten fordern; **we're already fully ~ed** wir sind schon voll ausgelastet; **to ~ sb's patience** jds Geduld auf eine harte Probe stellen ④ (*go beyond*) ■**to ~ sth** über etw *akk* hinausgehen ◆**stretch out** **I.** *vi* sich ausstrecken **II.** *vt* (*extend*) ausstrecken

stretch·er ['stretʃəʳ, AM -ɚ] **I.** *n* MED (*for carrying*) Tragbahre *f* **II.** *vt* ■**to ~ sb** [**off**] jdn auf einer Tragbahre [weg]tragen

'stretch·er-bear·er *n* Krankenträger(in) *m(f)*

strew <strewed, strewn *or* strewed> [struː] *vt* ① (*scatter*) [ver]streuen ② (*cover*) bestreuen (**with** mit +*dat*)

strick·en ['strɪkᵊn] *adj* ① (*be overcome*) geplagt; ■**to be ~ by sth** von etw *dat* heimgesucht werden; **to be ~ with an illness** mit einer Krankheit geschlagen sein *geh* ② (*severely damaged*) *vessel, tanker* leckgeschlagen ③ (*distressed*) *face, expression* leidend

strict [strɪkt] *adj* ① (*severe, unswerving*) streng; *boss* strikt, herrisch; *penalty* hart; *vegetarian* überzeugt ② (*demanding compliance*) streng, genau; *time limit* festgesetzt; *neutrality* strikt ③ (*absolute*) streng, absolut; **in the ~est confidence** streng vertraulich

strict·ly ['strɪktli] *adv* ① (*absolutely*) streng; **for a ~ limited period** für sehr kurze Zeit; **~ forbidden** streng verboten; **~ confidential** streng vertraulich ② (*precisely*) **not ~ comparable** nicht ohne weiteres vergleichbar; **~ defined** genau definiert; **~ speaking** genau genommen

stride [straɪd] **I.** *vi* <strode, stridden> **to ~ purposefully up to sth** zielstrebig auf etw *akk* zugehen; ■**to ~ forward** (*fig*) vorankommen, Fortschritte machen **II.** *n* ① (*step*) Schritt *m*; **to get into** [*or* AM *usu* **hit**] **one's ~** (*fig*) in Schwung kommen, seinen Rhythmus finden; **to put sb off their ~** *esp* BRIT (*fig*) jdn aus dem Konzept bringen; **to take sth in** [BRIT **one's**] **~** (*fig*) mit etw *dat* gut fertigwerden ② (*approv: progress*) Fortschritt *m*; **to make ~s forward** Fortschritte machen

stri·dent ['straɪdᵊnt] *adj* ① (*harsh*) grell, schrill ② (*forceful*) scharf, schneidend

strife [straɪf] *n no pl* Streit *m*, Zwist *m geh*; **industrial ~** Auseinandersetzungen *pl* in der Industrie

strike¹ [straɪk] **I.** *n* (*of labour*) Streik *m*, Ausstand *m*; **sit-down ~** Sitzstreik *m*; **to be** [**out**] **on ~** streiken; **to call a ~** einen Streik ausrufen **II.** *vi* streiken, in den Ausstand treten *form*

strike[2] [straɪk] **I.** *n* ① MIL Angriff *m*, Schlag *m* (**against** gegen +*akk*); **pre-emptive ~** Präventivschlag *m;* (*fig*) vorbeugende Maßnahme ② (*discovery*) Fund *m* ③ AM (*in baseball*) Fehlschlag *m* **II.** *vt* <struck, struck *or* AM *a.* stricken> ① (*hit*) schlagen; FBALL schießen; (*bang against*) ■**to ~ sth** gegen etw *akk* schlagen; (*bump into*) gegen etw *akk* stoßen; (*drive against*) gegen etw *akk* fahren; (*collide with*) mit etw *dat* zusammenstoßen; **to ~ one's fist on the table** mit der Faust auf den Tisch schlagen ② *usu passive* (*reach, damage*) treffen; **to be struck by lightning** vom Blitz getroffen werden ③ (*inflict*) **to ~ a blow** zuschlagen; **to ~ a blow against sb/sth** (*fig*) jdm/etw einen Schlag versetzen ④ (*devastate*) heimsuchen; **the flood struck Worcester** die Flut brach über Worcester herein ⑤ (*give an impression*) ■**to ~ sb as ...** jdm ... scheinen; **she doesn't ~ me as [being] very motivated** sie scheint mir nicht besonders motiviert [zu sein] ⑥ (*impress*) ■**to be struck by sth** von etw *dat* beeindruckt sein ⑦ (*achieve*) erreichen; **how can we ~ a balance between economic growth and environmental protection?** wie können wir einen Mittelweg zwischen Wirtschaftswachstum und Umweltschutz finden?; **to ~ a deal with sb** mit jdm eine Vereinbarung treffen ⑧ *clock* **to ~ the hour** die [volle] Stunde schlagen ⑨ (*occur to*) **has it ever struck you that ...?** ist dir je der Gedanke gekommen dass ...?; **it's just struck me that ...** mir ist gerade eingefallen, dass ... ⑩ (*ignite*) *match* anzünden ⑪ discover, auf etw *akk* stoßen; **to ~ oil** auf Öl stoßen; **to ~ it rich** das große Geld machen **III.** *vi* <struck, struck> ① (*reach aim, have impact*) treffen; *lightning* einschlagen; **to ~ at the heart of sth** etw vernichtend treffen; **to ~ home** ins Schwarze treffen ② (*act*) zuschlagen; (*attack*) angreifen ③ (*cause suffering*) *illness, disaster* ausbrechen; *fate* zuschlagen ④ *clock* schlagen ▶PHRASES: **to ~ lucky** BRIT, AUS (*fam*) einen Glückstreffer landen *fig* ◆**strike back** *vi* (*a. fig*) zurückschlagen ◆**strike down** *vt usu passive* ① (*knock down*) ■**to ~ down ○ sb** jdn niederschlagen ② (*kill*) ■**to ~ sb down** jdn dahinraffen *geh;* **to be struck down by a bullet** von einer Kugel getötet werden ③ *usu passive* (*become ill*) ■**to be struck down by** [*or* **with**] **sth** [schwer] an etw *dat* erkranken ◆**strike off** *vt usu passive* BRIT, AUS ■**to ~ sb off for sth** jdm wegen einer S. *gen* die Zulassung entziehen ◆**strike out I.** *vt* ① (*delete*) ■**to ~ out ○ sth** etw [aus]streichen ② AM (*in baseball*) ■**to ~ out ○ sb** jdn ausmachen **II.** *vi* ① (*hit out*) zuschlagen; ■**to ~ out at sb** nach jdm schlagen; (*fig*) jdn scharf angreifen ② (*start afresh*) neu beginnen; **to ~ out on one's own** eigene Wege gehen ◆**strike through** *vt* ■**to ~ sth through** etw [durch]streichen ◆**strike up I.** *vt* (*initiate*) anfangen; **to ~ up a friendship with sb** sich mit jdm anfreunden **II.** *vi* beginnen, anfangen

'strike ac·tion *n no pl* Streikmaßnahmen *pl* **'strike·bound** *adj* bestreikt **'strike-break·er** *n* Streikbrecher(in) *m(f)* **'strike com·mit·tee** *n + sing/pl vb* Streikausschuss *m* **'strike fund** *n* Streikkasse *f* **'strike pay** *n no pl* Streikgeld *nt*

strik·er ['straɪkəʳ, AM -ɚ] *n* ① (*in football*) Stürmer(in) *m(f)* ② (*worker*) Streikende(r) *f(m)*

strik·ing ['straɪkɪŋ] *adj* ① (*unusual*) bemerkenswert, auffallend; **the most ~ aspect of sth** das Bemerkenswerteste an etw *dat; differences* erheblich; *feature* herausragend; *parallels, result* erstaunlich; *personality* beeindruckend ② (*good-looking*) umwerfend; **~ beauty** bemerkenswerte Schönheit ③ (*close*) **within ~ distance [of sth]** in unmittelbarer Nähe [einer S. *gen*]; (*short distance*) einen Katzensprung [von etw *dat*] entfernt

string [strɪŋ] **I.** *n* ① *no pl* (*twine*) Schnur *f*, Kordel *f;* **ball of ~** Knäuel *m o nt* ② (*fig: controls*) **to pull ~s** seine Beziehungen spielen lassen; **with no ~s attached** ohne Bedingungen ③ MUS, SPORTS Saite *f* ④ (*in an orchestra*) ■**the ~s** *pl* (*instruments*) die Streichinstrumente *pl;* (*players*) die Streicher *pl* ⑤ (*chain*) Kette *f;* **~ of pearls** Perlenkette *f* ⑥ (*fig: series*) Kette *f*, Reihe *f* ⑦ COMPUT Zeichenfolge *f;* **search ~** Suchbegriff *m* **II.** *vt* <strung, strung> ① (*fit*) besaiten; *racket* bespannen ② (*attach*) auffädeln, aufziehen ◆**string along** *vt* (*fam*) ■**to ~ sb ○ along** (*deceive*) jdn täuschen [*o* übers Ohr hauen] ◆**string out I.** *vi* sich verteilen **II.** *vt* ■**to ~ sth ○ out** etw verstreuen ◆**string up** *vt* ① (*hang*) ■**to ~ up ○ sth** etw aufhängen ② ■**to ~ up ○ sb** (*fam: execute*) jdn [auf]hängen

string 'bag *n* Einkaufsnetz *nt* **'string band** *n* kleines Streichorchester **string 'bean** *n* AM, AUS grüne Bohne

stringed in·stru·ment [ˌstrɪŋd'-] *n* Saiteninstrument *nt*

S

strin·gen·cy ['strɪndʒən(t)si] *n no pl* ① (*strictness*) Strenge *f* ② (*thriftiness*) Knappheit *f*

strin·gent ['strɪndʒənt] *adj* ① (*strict*) streng; *measures* drastisch ② (*financial situation*) angespannt

string·er ['strɪŋəʳ, AM -ɚ] *n* JOURN (*sl*) freiberuflicher Korrespondent/freiberufliche Korrespondentin

'string-pull·ing *n* Strippenziehen *nt;* **she did some ~ to get the job** sie hat ihre Beziehungen spielen lassen, um die Stelle zu bekommen

'string quar·tet *n* Streichquartett *nt*

stringy ['strɪŋi] *adj food* faserig; *hair* strähnig

strip [strɪp] **I.** *n* ① (*narrow piece*) Streifen *m;* **narrow ~ of land** schmales Stück Land ② BRIT, AUS (*soccer kit*) Trikot *nt* **II.** *vt* <-pp-> ① (*lay bare*) *house, cupboard* leer räumen, ausräumen; **to ~ sth bare** etw kahl fressen ② (*undress*) ■**to ~ sb** jdn ausziehen ③ *usu passive* (*remove*) ■**to ~ sb of sth** jdn einer S. *gen* berauben; **to ~ sb of his/her title** jdm seinen Titel aberkennen **III.** *vi* <-pp-> AM, AUS sich ausziehen; **~ped to the waist** mit nacktem Oberkörper

'strip car·toon *n* BRIT Comic[strip] *m*

stripe [straɪp] *n* ① (*band*) Streifen *m* ② MIL [Ärmel]streifen *m*

striped [straɪpt] *adj clothes* gestreift, Streifen-

stripey *adj see* **stripy**

'strip light *n* BRIT Neonröhre *f* **'strip light·ing** *n no pl* Neonlicht *nt,* Neonbeleuchtung *f* **'strip min·ing** *n no pl* AM (*opencast mining*) Tagebau *m*

strip·per ['strɪpəʳ, AM -ɚ] *n* ① (*person*) Stripperin *f,* Stripteasetänzerin *f* ② *no pl* (*solvent*) Farbentferner *m;* (*for wallpaper*) Tapetenlöser *m*

S

'strip-search **I.** *n Leibesvisitation, bei der sich der/die Durchsuchte ausziehen muss;* **to undergo a ~** sich zu einer Durchsuchung ausziehen müssen **II.** *vt* ■**to ~ sb** *jdn einer Durchsuchung unterziehen, bei der sich der Betreffende ausziehen muss* **'strip show** *n* Strip[tease]show *f* **'strip·tease** *n* Striptease *m*

stripy ['straɪpi] *adj clothes* gestreift, Streifen-

strive <strove *or* -d, striven *or* -d> [straɪv] *vi* sich bemühen; ■**to ~ after sth** nach etw *dat* streben, etw anstreben; ■**to ~ for sth** um etw *akk* ringen

striv·en ['strɪvᵊn] *pp of* **strive**

strobe [strəʊb, AM stroʊb] *n* (*fam*) *short for* **stroboscope** ① PHYS Stroboskop *nt* ② (*flashing lamp*) Stroboskoplicht *nt*

'strobe light *n* Stroboskoplicht *nt*

stro·bo·scope ['strəʊbəskəʊp, AM 'stroʊbəskoʊp] *n* ① PHYS Stroboskop *nt* ② (*flashing lamp*) Stroboskoplicht *nt*

strode [strəʊd, AM stroʊd] *pt of* **stride**

stroke [strəʊk, AM stroʊk] **I.** *vt* ① (*rub*) streicheln; **to ~ one's hair into place** sich das Haar glatt streichen ② (*hit*) **to ~ the ball** den Ball [leicht] streifen **II.** *n* ① (*rub*) Streicheln *nt kein pl;* **to give sb a ~** jdn streicheln; **to give sth a ~** über etw *akk* streichen ② MED (*attack*) Schlaganfall *m* ③ (*mark*) Strich *m* ④ (*hitting a ball*) Schlag *m* ⑤ *no pl* (*swimming style*) **breast ~** Brustschwimmen *nt* ⑥ (*piece*) **by a ~ of fate** durch eine Fügung des Schicksals; **a ~ of luck** ein Glücksfall *m* ⑦ (*action*) [geschickter] Schachzug; **a ~ of genius** ein genialer Einfall ⑧ *of a clock* Schlag *m;* **at the ~ of ten** um Punkt zehn Uhr

stroll [strəʊl, AM stroʊl] **I.** *n* Spaziergang *m;* **to go for a ~** einen Spaziergang machen, spazieren gehen **II.** *vi* (*amble*) schlendern, bummeln

stroll·er ['strəʊləʳ, AM 'stroʊlɚ] *n* ① (*person*) Spaziergänger(in) *m(f)* ② *esp* AM, AUS (*pushchair*) Sportwagen *m*

strong [strɒŋ, AM strɑːŋ] **I.** *adj* ① (*powerful*) stark; *desire* brennend; *economy* gesund; *currency* hart, stark; *incentive, influence* groß; *reaction, wind* heftig; *resistance* erbittert; *rivalry* ausgeprägt; **~ language** (*vulgar*) derbe Ausdrucksweise; **~ lenses** starke [Brillen]gläser ② (*effective*) gut, stark; **tact is not her ~ point** Takt ist nicht gerade ihre Stärke ③ (*physically powerful*) kräftig, stark; (*healthy*) gesund, kräftig; **to be as ~ as an ox** bärenstark sein ④ (*robust*) stabil; (*tough*) *person* stark ⑤ (*deep-seated*) überzeugt; *conviction* fest; *objections* stark; *tendency* deutlich ⑥ (*bright*) hell, kräftig; *light* grell ⑦ (*pungent*) streng; *flavour* kräftig; *smell* beißend **II.** *adv* (*fam*) **to come on ~** (*sexually*) rangehen *fam;* (*aggressively*) in Fahrt kommen *fam;* **still going ~** noch gut in Form

'strong-arm **I.** *adj attr* (*pej*) brutal, gewaltsam, Gewalt- **II.** *vt* ■**to ~ sb** jdn einschüchtern **'strong·box** *n* [Geld]kassette *f*

'strong·hold *n* ① (*bastion*) Stützpunkt *m,* Bollwerk *nt,* Festung *f;* (*fig*) Hochburg *f,* Zentrum *nt* ② (*sanctuary*) Zufluchtsort *m,* Refugium *nt*

strong·ly ['strɒŋli, AM 'strɑː-] *adv* ① (*powerfully*) stark; *advise* nachdrücklich; *criticize* heftig; *deny* energisch; *recommend* dringend ② (*durably*) robust, stabil ③ (*muscularly*) stark; ~ **built** kräftig gebaut ④ (*pungently*) *smell* stark

strong-'mind·ed *adj* willensstark, entschlossen **'strong·room** *n* Stahlkammer *f*, Tresor[raum] *m* **strong-'willed** *adj* willensstark, entschlossen

stron·tium ['strɒntiəm, AM 'strɑːn(t)ʃi-] *n no pl* Strontium *nt*

strop [strɒp] *n* BRIT, AUS (*fam*) Schmollen *nt kein pl;* **to be in a ~** eingeschnappt sein *fam*, schmollen

strop·py ['strɒpi] *adj* BRIT, AUS (*fam*) muffig *fam*, gereizt; **to get ~** pampig werden *fam*

strove [strəʊv, AM stroʊv] *pt of* **strive**

struck [strʌk] *pt, pp of* **strike**

struc·tur·al ['strʌktʃᵊrᵊl, AM -ɚᵊl] *adj* ① (*organizational*) strukturell, Struktur- ② (*of a construction*) baulich, Bau-, Konstruktions-; **the houses suffered ~ damage** die Struktur der Häuser wurde beschädigt

struc·tur·al un·em·'ploy·ment *n no pl* ECON, SOCIOL strukturelle Arbeitslosigkeit

struc·ture ['strʌktʃəʳ, AM -ɚ] **I.** *n* ① (*arrangement*) Struktur *f*, Aufbau *m* ② (*system*) Struktur *f* ③ (*construction*) Bau[werk] *nt;* (*make-up of a construction*) Konstruktion *f* **II.** *vt* strukturieren; (*construct*) konstruieren; *life* regeln

strug·gle ['strʌgl̩] **I.** *n* ① (*great effort*) Kampf *m* (**for** um +*akk*); **uphill ~** mühselige Aufgabe, harter Kampf ② (*fight*) Kampf *m* (**against** gegen, **with** mit +*dat*) **II.** *vi* ① (*toil*) sich abmühen [*o* quälen]; ■**to ~ with sth** sich mit etw *dat* herumschlagen; **to ~ to one's feet** sich mühsam aufrappeln ② (*fight*) kämpfen, ringen; **to ~ for survival** ums Überleben kämpfen

strum [strʌm] MUS **I.** *vt* <-mm-> *stringed instrument* herumzupfen (auf +*dat*); *guitar* herumklimpern (auf +*dat*) **II.** *vi* <-mm-> [herum]klimpern **III.** *n usu sing* (*sound of strumming*) Klimpern *nt*, Geklimper *nt pej fam*

strung [strʌŋ] *pt, pp of* **string**

strut [strʌt] **I.** *vi* <-tt-> ■**to ~ about** herumstolzieren; ■**to ~ past** vorbeistolzieren **II.** *vt* <-tt-> **to ~ one's stuff** (*esp hum fam: dance*) zeigen, was man hat; (*showcase*) zeigen, was man kann **III.** *n* (*in a car, vehicle*) Strebe *f;* (*in a building, structure*) Verstrebung *f*

strych·nine ['strɪkniːn, AM *esp* -naɪn] *n no pl* Strychnin *nt*

stub [stʌb] **I.** *n of a ticket, cheque* [Kontroll]abschnitt *m*, Abriss *m; of a cigarette* [Zigaretten]stummel *m*, Kippe *f fam; of a pencil* Stummel *m* **II.** *vt* <-bb-> **to ~ one's toes** sich die Zehen anstoßen ◆**stub out** *vt cigarette* ausdrücken; *with one's foot* austreten

stub·ble ['stʌbl̩] *n no pl* Stoppeln *pl*

stub·bly ['stʌbl̩i] *adj* ① (*bristly*) stoppelig, Stoppel- ② (*of crops*) Stoppel-

stub·born ['stʌbən, AM -ɚn] *adj* (*esp pej*) ① (*obstinate*) *of a person* stur *fam*, dickköpfig *fam*, starrköpfig, störrisch ② (*persistent*) *stain, refusal* hartnäckig; *problem* vertrackt

stub·by ['stʌbi] **I.** *adj* ~ **fingers** Wurstfinger *pl fam;* ~ **tail** Stummelschwanz *m* **II.** *n* AUS *375 ml fassende Bierflasche*

stuc·co ['stʌkəʊ, AM -koʊ] *n no pl* (*fine plaster*) Stuck *m*

stuck [stʌk] **I.** *pt, pp of* **stick II.** *adj* ① (*unmovable*) fest; **the door is ~** die Tür klemmt ② *pred* (*trapped*) **I hate being ~ behind a desk** ich hasse Schreibtischarbeit; ■**to be ~ in sth** in etw *dat* feststecken; ■**to be ~ with sb** jdn am Hals haben ③ *pred* (*at a loss*) ■**to be ~** nicht klarkommen *fam;* **I'm really ~** ich komme einfach nicht weiter

stuck-'up *adj* (*pej fam*) hochnäsig *fam*, eingebildet, arrogant

stud[1] [stʌd] *n* ① (*horse*) Deckhengst *m*, Zuchthengst *m* ② (*breeding farm*) Gestüt *nt*, Stall *m* ③ (*sl: man*) geiler Typ

stud[2] [stʌd] *n* ① (*jewellery*) Stecker *m* ② (*for a collar*) Kragenknopf *m;* (*for a shirt*) Hemdknopf *m;* (*for a cuff*) Manschettenknopf *m* ③ AM (*in a tyre*) Spike *m*

stu·dent ['stjuːdᵊnt, AM *esp* 'stuː] *n* ① (*at university*) Student(in) *m(f)*, Studierende(r) *f(m);* (*pupil*) Schüler(in) *m(f);* **graduate ~** AM *Doktorand oder Student eines Magisterstudiengangs;* **postgraduate ~** Habilitand(in) *m(f)* ② (*unofficial learner*) **to be a ~ of sth** sich mit etw *dat* befassen

stu·dent 'teach·er *n* Praktikant(in) *m(f)* **stu·dent 'un·ion, stu·dents' 'un·ion** *n* Studentenvereinigung *f*

'stud farm *n* Gestüt *nt* **'stud horse** *n* Zuchthengst *m*

stud·ied ['stʌdid] *adj* wohl überlegt, [gut] durchdacht; **she listened to his remarks with ~ indifference** sie hörte ihm mit gestellter Gleichgültigkeit zu; **~ insult** gezielte Beleidigung; **~ politeness** gewollte Höflichkeit

stu·dio ['stjuːdiəʊ, AM 'stuːdioʊ] *n* ① (*artist's room*) Atelier *nt* ② (*for film-making, photography, etc.*) Studio *nt* ③ (*film company*) Filmgesellschaft *f* ④ *esp* AM (*studio flat*) Appartement *nt*

S

stu·dio a'part·ment *n esp* Am Appartement *nt* **stu·dio 'audi·ence** *n + sing/pl vb* Studiopublikum *nt* **'stu·dio couch** *n* Schlafcouch *f,* Bettcouch *f*

stu·di·ous ['stju:diəs, AM *esp* 'stu:-] *adj* ① (*bookish*) *person* lernbegierig, lerneifrig; *environment* gelehrt ② (*earnest*) ernsthaft; (*intentional*) bewusst

study ['stʌdi] **I.** *vt* <-ie-> ① (*scrutinize*) studieren, sich befassen (mit +*dat*); (*look at*) eingehend betrachten; ■**to ~ how/whether ...** erforschen [*o* untersuchen], wie/ob ... ② (*learn*) studieren; (*at school*) lernen **II.** *vi* <-ie-> lernen; (*at university*) studieren **III.** *n* ① (*investigation*) Untersuchung *f;* (*academic investigation*) Studie *f,* wissenschaftliche Untersuchung ② *no pl* (*studying*) Lernen *nt;* (*at university*) Studieren *nt* ③ (*room*) Arbeitszimmer *nt* ④ (*pilot drawing*) Studie *f,* Entwurf *m*

'study group *n + sing/pl vb* Arbeitsgruppe *f* **'study vis·it** *n* Studienreise *f*

stuff [stʌf] **I.** *n no pl* ① (*fam: indeterminate matter*) Zeug *nt oft pej fam;* **we've heard all this ~ before** das haben wir doch alles schon mal gehört!; **his latest book is good ~** sein neues Buch ist echt gut; **to know one's ~** sich auskennen ② (*possessions*) Sachen *pl,* Zeug *nt oft pej fam* ③ (*material*) Material *nt,* Stoff *m* **II.** *vt* ① (*push inside*) stopfen; (*fill, a. in taxidermy*) ausstopfen; (*in cookery*) füllen ② (*fam: gorge*) ■**to ~ sb/oneself** jdn/sich vollstopfen; ■**to ~ down** ↻ **sth** etw in sich *akk* hineinstopfen ③ (*vulg: expressing strong disapproval*) **~ it!** Scheiß drauf! *derb; esp* Brit, Aus **~ him!** der kann mich mal! *derb*

stuffed 'shirt *n* (*pej fam*) Wichtigtuer(in) *m(f)*

stuff·ing ['stʌfɪŋ] *n no pl* Füllung *f*

stuffy ['stʌfi] *adj* (*pej*) ① (*prim*) spießig ② (*airless*) stickig, muffig

stul·ti·fy·ing ['stʌltɪfaɪɪŋ] *adj* (*pej form*) lähmend

stum·ble ['stʌmbl̩] *vi* ① (*trip*) stolpern, straucheln; ■**to ~ on sth** über etw *akk* stolpern ② (*fig: while speaking*) stocken; ■**to ~ over sth** über etw *akk* stolpern ③ (*stagger*) ■**to ~ about** herumtappen ④ (*find*) ■**to ~ across sb/sth** [zufällig] auf jdn/etw stoßen

'stum·bling block *n* Stolperstein *m,* Hemmschuh *m,* Hindernis *nt*

stump [stʌmp] **I.** *n* ① (*part left*) *of a tree* Stumpf *m; of an arm* Armstumpf *m; of a leg* Beinstumpf *m; of a tooth* Zahnstummel *m* ② Am pol **out on the ~** im Wahlkampf **II.** *vt* (*usu fam: baffle*) verwirren, durcheinanderbringen; **we're all completely ~ed** wir sind mit unserem Latein am Ende **III.** *vi* (*stamp*) **she ~ed out of the room** sie stapfte aus dem Raum

stumpy ['stʌmpi] *adj* (*usu pej fam*) [klein und] gedrungen, stämmig; *fingers* dick; **~ tail** Stummelschwanz *m*

stun <-nn-> [stʌn] *vt* ① (*shock*) betäuben, lähmen; (*amaze*) verblüffen, überwältigen; **~ned silence** fassungsloses Schweigen ② (*make unconscious*) betäuben

stung [stʌŋ] *pp, pt of* **sting**

'stun gre·nade *n* mil Blendgranate *f*

stunk [stʌŋk] *pt, pp of* **stink**

stunned [stʌnd] *adj* fassungslos, sprachlos

stun·ner ['stʌnəʳ, AM -ɚ] *n* ① (*fam: man*) toller Mann; (*woman*) tolle Frau; (*thing, event*) tolle Sache ② (*surprise*) [Riesen]überraschung *f*

stun·ning ['stʌnɪŋ] *adj* ① (*approv: gorgeous*) toll *fam,* fantastisch, umwerfend ② (*amazing*) unfassbar ③ (*hard*) *blow* betäubend

stunt¹ [stʌnt] *n* ① film Stunt *m* ② (*for publicity*) Gag *m,* Trick *m pej;* **to pull a ~** (*fig fam*) etwas Verrücktes tun

stunt² [stʌnt] *vt* hemmen, beeinträchtigen

stunt·ed ['stʌntɪd, AM -t̬ɪd] *adj* (*deteriorated*) verkümmert; (*limited in development*) unterentwickelt

'stunt·man *n* Stuntman *m*

stu·pefac·tion [ˌstju:pɪ'fækʃᵊn, AM ˌstu:pə'-, ˌstju:-] *n no pl* ① (*befuddled state*) Benommenheit *f* ② (*astonishment*) Verblüffung *f;* (*involving intense shock*) Bestürzung *f*

stu·pefy <-ie-> ['stju:pɪfaɪ, AM 'stu:pə-, ˌstju:-] *vt usu passive* ■**to be stupefied by sth** ① (*render numb*) von etw *dat* benommen sein ② (*astonish*) über etw *akk* verblüfft sein; (*shocked*) über etw *akk* bestürzt sein; **we were stupefied by the news** die Nachricht hatte uns die Sprache verschlagen

stu·pen·dous [stju:'pendəs, AM stu:'-, ˌstju:-] *adj* (*immense*) gewaltig, enorm; (*amazing*) erstaunlich; *beauty* außergewöhnlich; *news* toll *fam*

stu·pid ['stju:pɪd, AM *esp* 'stu:-] **I.** *adj* <-er, -est *or* more ~, most ~> ① (*slow-witted*) dumm, blöd *fam,* einfältig ② (*silly*) blöd *fam;* **have your ~ book!** behalte doch dein blödes Buch! *fam;* **to drink oneself ~** sich bis zur Bewusstlosigkeit betrinken **II.** *n* (*fam*) Blödmann *m,* Dummkopf *m*

stu·pid·ity [stju:'pɪdəti, AM stu:'pɪdət̬i, ˌstju:-] *n no pl* Dummheit *f,* Blödheit *f fam,* Einfältigkeit *f*

stu·por ['stju:pəʳ, AM 'stu:pɚ, ˌstju:-] *n usu sing* Benommenheit *f;* **in a drunken ~** im Vollrausch
stur·dy ['stɜ:di, AM 'stɜ:r-] *adj* ① (*robust*) *box, chair, wall* stabil; *material* robust; *shoes* fest ② (*physically*) *arms, legs* kräftig; *body, person, legs a.* stämmig
stur·geon ['stɜ:dʒᵊn, AM 'stɜ:r-] *n* Stör *m*
stut·ter ['stʌtəʳ, AM -t̬ɚ] **I.** *vi, vt* stottern **II.** *n* Stottern *nt kein pl;* **to have a bad ~** stark stottern
stut·ter·er ['stʌtᵊrəʳ, AM -t̬ɚɚ] *n* Stotterer, Stotterin *m, f*
sty [staɪ] *n* (*pig pen*) Schweinestall *m*
stye <*pl* sties *or* -s> [staɪ] *n* MED Gerstenkorn *nt*
style [staɪl] **I.** *n* ① (*distinctive manner*) Stil *m,* Art *f;* **in the ~ of sb/sth** im Stil einer Person/einer S. *gen;* **that's not my ~** (*fig fam*) das ist nicht mein Stil *fig* ② (*approv: stylishness*) Stil *m;* **to have real ~** Klasse haben; **to do things in ~** alles im großen Stil tun ③ (*fashion*) Stil *m;* **the latest ~** die neueste Mode **II.** *vt* (*arrange*) *plan, design* entwerfen; (*shape*) gestalten; *hair* frisieren
'style sheet *n* COMPUT Stylesheet *nt*
styl·ing ['staɪlɪŋ] **I.** *n* Styling *nt,* Design *nt; of hair* Frisur *f* **II.** *adj attr* Styling-; **~ mousse** Schaumfestiger *m*
styl·ish ['staɪlɪʃ] *adj* (*approv*) ① (*chic*) elegant; (*smart*) flott *fam;* (*fashionable*) modisch ② (*polished*) stilvoll
styl·ist ['staɪlɪst] *n* ① (*arranger of hair*) Friseur(in) *m(f),* Friseuse *f;* (*designer*) Designer(in) *m(f)* ② (*writer*) Stilist(in) *m(f)*
styl·is·tic ['staɪlɪstɪk] *adj* stilistisch, Stil-
styl·ize ['staɪlaɪz] *vt* stilisieren
sty·lus <*pl* -es> ['staɪləs] *n* ① (*needle*) Abspielnadel *f* ② (*pen-like device*) [Licht]stift *m*
sty·mie <-y-> ['staɪmi] *vt person* mattsetzen *fig;* ■**to be ~d by sth** durch etw *akk* behindert werden [*o* nicht vorankommen]
suave [swɑ:v] *adj* (*urbane*) weltmännisch; (*polite*) verbindlich
sub **I.** *n* ① (*fam*) *short for* **substitute** Vertretung *f* ② (*fam*) *short for* **submarine** U-Boot *nt* ③ AM (*fam*) *short for* **submarine sandwich** Jumbo-Sandwich *nt* **II.** *vi* <-bb-> *short for* **substitute:** ■**to ~ for sb** für jdn einspringen, jdn vertreten
sub·agen·cy [ˌsʌb'eɪdʒᵊn(t)si] *n esp* AM Unteragentur *f* **sub·agent** [ˌsʌb'eɪdʒᵊnt] *n* Unteragent(in) *m(f)*
sub·al·tern ['sʌbᵊltən, AM səb'ɔ:ltɚn] *n* BRIT MIL Subalternoffizier *m fachspr*
sub·atom·ic [ˌsʌbə'tɒmɪk, AM -'tɑ:m-] *adj* PHYS subatomar **sub·class** ['sʌbklɑ:s, AM -klæs] *n* BIOL Unterklasse *f* **sub·com·mit·tee** ['sʌbkəˌmɪti, AM -ɪt̬i] *n* Unterausschuss *m* **sub·con·scious** [sʌb'kɒn(t)ʃəs, AM -'kɑ:n-] **I.** *n no pl* Unterbewusstsein *nt,* Unterbewusste(s) *nt* **II.** *adj attr* unterbewusst **sub·con·ti·nent** [sʌb'kɒntɪnənt, AM -'kɑ:ntᵊn-] *n* GEOG Subkontinent *m* **sub·con·tract** **I.** *vt* [ˌsʌbkən'trækt, AM sʌb'kɑ:n-] untervergeben (**to** an +*akk*); ■**to ~ sth out to sb/sth** etw an jdn/etw als Untervertrag hinausgeben **II.** *n* ['sʌbˌkɒntækt, AM -ˌkɑ:n-] Subkontrakt *m,* Untervertrag *m* **sub·con·trac·tor** [ˌsʌbkən'træktəʳ, AM sʌb'kɑ:ntræktɚ] *n* Subunternehmer(in) *m(f)*
sub·cul·ture ['sʌbˌkʌltʃəʳ, AM -ɚ] *n* Subkultur *f* **sub·cu·ta·neous** [ˌsʌbkju:'teɪniəs] *adj* MED subkutan **sub·di·vide** [ˌsʌbdɪ'vaɪd] *vt* unterteilen (**into** in +*akk*) **sub·di·vi·sion** [ˌsʌbdɪ'vɪʒᵊn] *n* ① (*secondary division*) erneute Teilung; (*in aspects of a whole*) Aufgliederung *f,* Unterteilung *f* ② AM, AUS (*housing estate*) Wohngebiet *nt,* Wohnsiedlung *f*
sub·due [sʌb'dju:, AM *esp* -'du:] *vt* (*get under control*) unter Kontrolle bringen; (*bring into subjection*) unterwerfen; (*suppress*) unterdrücken; *animal, emotion* bändigen
sub·dued [sʌb'dju:d, AM *esp* -'du:d] *adj* (*controlled*) beherrscht; (*reticent*) zurückhaltend; (*toned down*) *noise, voice, lighting* gedämpft; (*quiet*) leise, ruhig; *mood* gedrückt
sub·edit [sʌb'edɪt] *vt* JOURN, PUBL redigieren **sub·edi·tor** [sʌb'edɪtəʳ, AM -t̬ɚ] *n* ① (*assistant editor*) Redaktionsassistent(in) *m(f)* ② (*sb who edits copy for printing*) Redakteur(in) *m(f)* **sub·group** ['sʌbgru:p] *n* Untergruppe *f,* Unterabteilung *f* **sub·head** [sʌb'hed], **sub·head·ing** ['sʌbˌhedɪŋ] *n* Untertitel *m*
sub·ject **I.** *n* ['sʌbdʒɪkt, -dʒekt] ① (*theme, topic*) Thema *nt;* **while we're on the ~** wo wir gerade beim Thema sind; **off the ~** nicht zum Thema gehörend ② (*person*) Versuchsperson *f,* Testperson *f* ③ (*field*) Fach *nt;* (*at school*) [Schul]fach *nt;* (*specific research area*) Spezialgebiet *nt* ④ LING Subjekt *nt,* Satzgegenstand *m* **II.** *adj* ['sʌbdʒɪkt] ① *attr* POL (*dominated*) *people* unterworfen ② *pred* (*exposed to*) ■**to be ~ to sth** etw *dat* ausgesetzt sein; **to be ~ to a high rate of tax** einer hohen Steuer unterliegen ③ (*contingent on*) ■**to be ~ to sth** von etw *dat* abhängig sein; **~ to payment** vorbehaltlich einer Zahlung **III.** *vt* [səb'dʒekt] *usu passive* (*cause to undergo*)

■ **to ~ sb/sth to sth** jdn/etw etw *dat* aussetzen; **to ~ sb to torture** jdn foltern
'sub·ject in·dex *n* Sachregister *nt*
sub·jec·tion [səb'dʒekʃᵊn] *n no pl* POL Unterwerfung *f*
sub·jec·tive [səb'dʒektɪv] *adj* subjektiv
'sub·ject mat·ter *n* Thema *nt; of a meeting* Gegenstand *m; of a book* Inhalt *m; of a film* Stoff *m*
sub ju·di·ce [ˌsʌb'dʒuːdɪsi, AM -əsi] *adj pred* LAW rechtshängig
sub·ju·gate ['sʌbdʒəgeɪt] *vt* (*make subservient*) unterwerfen, unterjochen
sub·ju·ga·tion [ˌsʌbdʒə'geɪʃᵊn] *n* Unterwerfung *f*, Unterjochung *f*
sub·junc·tive [səb'dʒʌŋ(k)tɪv] **I.** *n no pl* LING Konjunktiv *m* **II.** *adj* LING konjunktivisch, Konjunktiv-
sub·lease I. *vt* ['sʌbliːs] (*sublet*) untervermieten; (*give leasehold*) unterverpachten **II.** *n* [sʌb'liːs] (*sublet*) Untermiete *f*; (*give leasehold*) Unterverpachtung *f* **sub·let** [sʌb'let] **I.** *vt* <-tt-, sublet, sublet> untervermieten **II.** *n* untervermietetes Objekt
sub·lieu·ten·ant [ˌsʌblef'tenənt] *n* BRIT MIL Oberleutnant *m* zur See
sub·li·mate ['sʌblɪmeɪt] *vt* PSYCH sublimieren
sub·lime [sə'blaɪm] *adj* ❶ (*imposing, majestic*) erhaben ❷ (*usu iron: very great*) komplett *fam*, vollendet *iron*
sub·limi·nal [sʌb'lɪmɪnᵊl, AM -mᵊn-] *adj* (*covert*) unterschwellig; (*subconscious*) unterbewusst
sub·ma·chine gun [ˌsʌbmə'ʃiːn,-] *n* Maschinenpistole *f*
sub·ma·rine [ˌsʌbmᵊr'iːn, AM 'sʌbməriːn] **I.** *n* ❶ (*boat*) U-Boot *nt*, Unterseeboot *nt* ❷ AM (*doorstep sandwich*) Jumbo-Sandwich *nt* **II.** *adj* Unterwasser-, unterseeisch
sub·menu [ˌsʌb'menjuː] *n* COMPUT Untermenü *nt*
sub·merge [səb'mɜːdʒ, AM -'mɜːrdʒ] **I.** *vt* ❶ (*place under water*) tauchen (**in** in +*akk*) ❷ (*override*) vereinnahmen ❸ (*inundate*) überschwemmen, überfluten **II.** *vi* abtauchen, untertauchen
sub·merged [səb'mɜːdʒd, AM -'mɜːr-] *adj* (*under water*) unter Wasser *nach n*; (*sunken*) versunken
sub·mers·ible [səb'mɜːsəbl̩, AM -'mɜːr-] *n* Tauchboot *nt*, Unterseeboot *nt*
sub·mer·sion [səb'mɜːʃᵊn, AM -'mɜːrʒ-] *n no pl* Eintauchen *nt*, [Unter]tauchen *nt*
sub·mis·sion [səb'mɪʃᵊn] *n no pl* ❶ (*compliance*) Unterwerfung *f*; (*to orders, wishes etc.*) Gehorsam *m* ❷ *no pl* (*handing in*) Einreichung *f*, Abgabe *f* ❸ (*sth submitted*) Vorlage *f*, Eingabe *f*
sub·mis·sive [səb'mɪsɪv] *adj* (*subservient*) unterwürfig *pej*; (*humble*) demütig; (*obedient*) gehorsam
sub·mit <-tt-> [səb'mɪt] **I.** *vt* ❶ (*yield*) ■ **to ~ oneself to sb/sth** sich jdm/etw unterwerfen ❷ (*agree to undergo*) **to ~ oneself to a treatment** sich einer Behandlung unterziehen ❸ (*hand in*) einreichen; ■ **to ~ sth to sb** jdm etw vorlegen **II.** *vi* (*resign*) aufgeben; (*yield*) nachgeben; (*yield unconditionally*) sich unterwerfen
sub·nor·mal [sʌb'nɔːmᵊl, AM -'nɔːrm-] *adj* ❶ (*mentally*) minderbegabt ❷ (*below average*) unterdurchschnittlich
sub·or·di·nate I. *n* [sə'bɔːdᵊnət, AM -'bɔːrdᵊnɪt] Untergebene(r) *f(m)* **II.** *vt* [sə'bɔːdɪneɪt, AM -'bɔːrdᵊn-] unterordnen; ■ **to be ~d to sb/sth** jdm/etw untergeordnet sein **III.** *adj* [sə'bɔːdᵊnət, AM -'bɔːrdᵊnɪt] ❶ (*secondary*) zweitrangig, nebensächlich ❷ (*lower in rank*) untergeordnet, rangniedriger
sub·or·di·nate 'clause *n* Nebensatz *m*
sub·or·di·na·tion [səˌbɔːdɪ'neɪʃᵊn, AM -ˌbɔːrdᵊn'eɪ-] *n no pl* ❶ (*inferior status*) Unterordnung *f* (**to** unter +*akk*) ❷ (*submission*) Zurückstellung *f*
sub·orn [sə'bɔːn, AM -'bɔːrn] *vt* LAW ■ **to ~ sb to do sth** jdn dazu anstiften, etw zu tun; *witnesses* bestechen
sub·plot ['sʌbplɒt, AM -plɑːt] *n* Nebenhandlung *f*
sub·poe·na [səb'piːnə, AM sə'p-] LAW **I.** *vt* <-ed, -ed *or* -'d, -'d> vorladen **II.** *n* Ladung *f*; **to serve a ~ on sb** jdn vorladen
sub·scribe [səb'skraɪb] **I.** *vt* (*donate*) spenden **II.** *vi* ❶ (*pay regularly for*) ■ **to ~ to sth** *newspaper, magazine* etw abonnieren; *TV channels* Gebühren bezahlen ❷ (*donate*) spenden; **to ~ to an appeal** sich an einer Spendenaktion beteiligen ❸ STOCKEX (*offer to purchase*) **to ~ to shares** Aktien zeichnen ❹ (*form: agree*) ■ **to ~ to sth** etw *dat* beipflichten; **I do not ~ to that opinion** diese Meinung kann ich nicht unterstützen
sub·scrib·er [səb'skraɪbəʳ, AM -ɚ] *n* ❶ (*regular payer*) *newspaper, magazine* Abonnent(in) *m(f)* ❷ (*form: signatory*) Unterzeichnete(r) *f(m)*, Unterzeichner(in) *m(f)* ❸ (*paying for service*) Kunde, Kundin *m, f* ❹ STOCKEX *of shares* Zeichner(in) *m(f)*
sub·script ['sʌbskrɪpt] *adj* TYPO tiefgestellt
sub·scrip·tion [səb'skrɪpʃᵊn] *n* ❶ (*to a newspaper, magazine*) Abonnementgebühr *f*; (*TV channels*) Fernsehgebühr *f* ❷ (*agreement to receive*) Abonnement *nt*;

to take out a ~ to sth etw abonnieren ❸ (*membership fee*) [Mitglieds]beitrag *m* ❹ (*money raised*) Spende *f*

sub·sec·tion ['sʌbˌsekʃᵊn] *n* Unterabschnitt *m; of legal text* Paragraph *m*

sub·se·quent ['sʌbsɪkwənt] *adj* (*resulting*) [nach]folgend, anschließend; (*later*) später; **~ treatment** Nachbehandlung *f*

sub·se·quent·ly ['sʌbsɪkwəntli] *adv* (*later*) später, anschließend

sub·ser·vi·ent [səb'sɜːviənt, AM -'sɜːrv-] *adj* ❶ (*pej: servile*) unterwürfig ❷ (*serving as means*) ■**to be ~ to sth** etw *dat* dienen

sub·set ['sʌbset] *n* (*sub-classification*) Untermenge *f;* MATH (*special type of set*) Teilmenge *f*

sub·side [səb'saɪd] *vi* ❶ (*abate*) nachlassen, sich legen ❷ (*into sth soft or liquid*) absinken, einsinken

sub·sid·ence [səb'saɪdᵊn(t)s, AM 'sʌbsɪd-] *n no pl* Senkung *f,* Absenken *nt*

sub·sidi·ary [səb'sɪdiᵊri, AM -eri] **I.** *adj* untergeordnet; **~ company** ECON Tochtergesellschaft *f* **II.** *n* ECON Tochtergesellschaft *f*

sub·si·dize ['sʌbsɪdaɪz, AM -sə-] *vt* subventionieren

sub·si·dy ['sʌbsɪdi, AM -sə-] *n* Subvention *f* (**to** für *+akk*); **to receive a ~** subventioniert werden

sub·sist [səb'sɪst] *vi* ❶ (*exist*) existieren ❷ (*make a living*) leben; ■**to ~ on sth** von etw *dat* leben

sub·sist·ence [səb'sɪstən(t)s] **I.** *n* ❶ (*minimum for existence*) [Lebens]unterhalt *m* ❷ (*livelihood*) **means of ~** Lebensgrundlage *f* **II.** *adj attr* Existenz-; **~ farming** Subsistenzwirtschaft *f fachspr*

sub·'sist·ence al·low·ance *n esp* BRIT Unterhaltszuschuss *m* **sub·'sist·ence lev·el** *n* Existenzminimum *nt* **sub·'sist·ence wage** *n* Mindestlohn *m*

sub·stance ['sʌbstᵊn(t)s] *n* ❶ (*material element*) Substanz *f,* Stoff *m;* (*material*) Materie *f kein pl;* **chemical ~** Chemikalie *f* ❷ *no pl* (*significance*) Substanz *f;* (*decisive significance*) Gewicht *nt;* **the book lacks ~** das Buch hat inhaltlich wenig zu bieten ❸ *no pl* (*main point*) Wesentliche(s) *nt,* Essenz *f* ❹ *no pl* (*wealth*) Vermögen *nt*

sub·stand·ard [sʌb'stændəd, AM -ɚd] *adj* unterdurchschnittlich, minderwertig

sub·stan·tial [səb'stæn(t)ʃᵊl] *adj attr* ❶ (*significant*) *fortune* bedeutend; *contribution* wesentlich; *difference, amount* erheblich; *improvement* deutlich; **~ evidence** hinreichender Beweis ❷ (*weighty*) überzeugend, stichhaltig ❸ (*of solid material or structure*) solide; (*physically a.*) kräftig, stark

sub·stan·tial·ly [səb'stæn(t)ʃᵊli] *adv* ❶ (*significantly*) beträchtlich, erheblich ❷ (*in the main*) im Wesentlichen

sub·stan·ti·ate [səb'stæn(t)ʃieɪt] *vt* bekräftigen, untermauern; *report* bestätigen; *claim* begründen

sub·stan·tive ['sʌbstᵊntɪv, AM -t̬ɪv] *adj* beträchtlich, wesentlich

sub·sta·tion ['sʌbˌsteɪʃᵊn] *n* Nebenstelle *f;* **police ~** AM Polizeidienststelle *f*

sub·sti·tute ['sʌbstɪtjuːt, AM -stətuːt, -tjuːt] **I.** *vt* ersetzen, austauschen; FBALL, SPORTS *players* auswechseln (**for** gegen *+akk*) **II.** *vi* (*take over from*) einspringen (**for** für *+akk*); (*deputize*) als Stellvertreter fungieren (**for** für *+akk*) **III.** *n* ❶ (*replacement*) Ersatz *m;* **there's no ~ for sb/sth** es geht nichts über jdn/etw ❷ (*replacement player*) Ersatzspieler(in) *m(f),* Auswechselspieler(in) *m(f)*

sub·sti·tu·tion [ˌsʌbstɪ'tjuːʃᵊn, AM -stə'tuːʃᵊn, -tjuː-] *n* ❶ (*replacement*) Ersetzung *f* ❷ SPORTS (*action of replacing*) Austausch *m,* [Spieler]wechsel *m*

sub·stra·tum [sʌb'strɑːtəm, AM -'streɪt̬-] *n* ❶ GEOL (*deep[er] layer*) Unterschicht *f* ❷ (*fig: common basis*) Grundlage *f,* Basis *f*

sub·sume [səb'sjuːm, AM -'suːm] *vt usu passive* (*form*) einordnen (**into** in *+akk*); (*several*) zusammenfassen (**into** zu *+dat*)

sub·ten·ant [sʌb'tenᵊnt, AM 'sʌbˌ-] *n* Untermieter(in) *m(f)*

sub·ter·fuge ['sʌbtəfjuː(dʒ), AM -tɚ-] *n* List *f,* Trick *m*

sub·ter·ra·nean [ˌsʌbtᵊr'eɪniən, AM -tə'reɪ-] *adj* ❶ GEOL (*below ground*) unterirdisch ❷ (*fig: sub-cultural, alternative*) Untergrund-

sub·text ['sʌbtekst] *n* Botschaft *f* **sub·ti·tle** ['sʌbˌtaɪtl, AM -t̬l] **I.** *vt* (*add captions*) *film* untertiteln **II.** *n* ❶ (*secondary title on book*) Untertitel *m* ❷ (*caption*) ■**~s** *pl* Untertitel *pl*

sub·tle <-er, -est *or* more ~, most ~> ['sʌtl, AM -t̬l] *adj* ❶ (*approv: understated*) fein[sinnig], subtil ❷ (*approv: delicate*) *flavour, nuance* fein; **~ tact** ausgeprägtes Taktgefühl; (*elusive*) subtil; *charm* unaufdringlich ❸ (*approv: astute*) scharfsinnig, raffiniert; *strategy* geschickt

sub·tle·ty ['sʌtl̩ti, AM -t̬l̩t̬i] *n* (*approv*) ❶ (*discernment*) Scharfsinnigkeit *f,* Raffiniertheit *f* ❷ (*delicate but significant*) Feinheit *f,* Subtilität *f*

sub·to·tal ['sʌbˌtəʊtᵊl, AM -ˌtoʊt̬-] *n* Zwischensumme *f*

S

sub·tract [səbˈtrækt] *vt* ■**to ~ sth** [**from sth**] etw [von etw *dat*] abziehen; **four ~ed from ten equals six** zehn minus vier ergibt sechs

sub·trac·tion [səbˈtrækʃᵊn] *n no pl* Subtraktion *f*

sub·tropi·cal [sʌbˈtrɒpɪkᵊl, AM -ˈtrɑːp-] *adj* subtropisch

sub·urb [ˈsʌbɜːb, AM -bɜːrb] *n* (*outlying area*) Vorstadt *f*, Vorort *m;* ■**the ~s** *pl* der Stadtrand, die Randbezirke *pl*

sub·ur·ban [səˈbɜːbᵊn, AM -ˈbɜːrb-] *adj* ① (*of the suburbs*) Vorstadt-, vorstädtisch; **they live in ~ Washington** sie wohnen in einem Vorort von Washington ② (*pej: provincial*) spießig *fam*, kleinbürgerlich

sub·ur·bia [səˈbɜːbiə, AM -ˈbɜːrb-] *n no pl* (*esp pej*) ① (*areas*) Vororte *pl*, Randbezirke *pl* ② (*people*) Vorstadtbewohner *pl*

sub·ven·tion [səbˈven(t)ʃᵊn] *n* [staatliche] Subvention

sub·ver·sion [səbˈvɜːʃᵊn, AM -ˈvɜːrʒ-] *n no pl* ① (*undermining*) Subversion *f geh*, Unterwanderung *f* ② (*successful putsch*) [Um]sturz *m*

sub·ver·sive [səbˈvɜːsɪv, AM -ˈvɜːr-] **I.** *adj* subversiv *geh*, umstürzlerisch, staatsgefährdend **II.** *n* Umstürzler(in) *m(f)*, subversives Element *pej*

sub·vert [sʌbˈvɜːt, AM -ˈvɜːrt] *vt* ① (*overthrow*) stürzen ② (*undermine principle*) untergraben ③ (*destroy*) zunichtemachen

sub·way [ˈsʌbweɪ] *n* ① BRIT, AUS (*subterranean walkway*) Unterführung *f* ② *esp* AM (*underground railway*) U-Bahn *f*

sub-zero [sʌbˈzɪərəʊ, AM -ˈzɪroʊ] *adj* unter Null [Grad] *nach n*, unter dem Gefrierpunkt *nach n;* **~ temperatures** Minusgrade *pl*

suc·ceed [səkˈsiːd] **I.** *vi* ① (*achieve purpose*) Erfolg haben (**in** mit +*dat*); *plan* gelingen, erfolgreich sein; **she ~ed in doing it** es gelang ihr, es zu tun ② (*follow*) nachfolgen, die Nachfolge antreten; **to ~ to the throne** die Thronfolge antreten **II.** *vt* **to ~ sb in office** jds Amt übernehmen

suc·ceed·ing [səkˈsiːdɪŋ] *adj attr* ① (*next in line*) [nach]folgend ② (*subsequent*) aufeinanderfolgend; **in the ~ weeks** in den darauffolgenden Wochen

suc·cess <*pl* -es> [səkˈses] *n* ① *no pl* (*attaining goal*) Erfolg *m;* **to be a big ~ with sb** bei jdm einschlagen *fam;* **to achieve ~** erfolgreich sein ② (*successful person or thing*) Erfolg *m;* **box-office ~** Kassenschlager *m fam*

suc·cess·ful [səkˈsesfᵊl] *adj* ① (*having success*) erfolgreich ② (*lucrative, profitable*) erfolgreich, lukrativ ③ (*effective*) gelungen, geglückt

suc·ces·sion [səkˈseʃᵊn] *n no pl* ① (*sequence*) Folge *f*, Reihe *f; of events, things a.* Serie *f;* ■**in** [**close**] **~** [dicht] hintereinander ② (*line of inheritance*) Nachfolge *f*, Erbfolge *f;* **~ to the throne** Thronfolge *f; see also* **mission**

suc·ces·sive [səkˈsesɪv] *adj attr* aufeinanderfolgend; **six ~ weeks** sechs Wochen hintereinander

suc·ces·sor [səkˈsesəʳ, AM -ɚ] *n* Nachfolger(in) *m(f);* **~ in office** Amtsnachfolger(in) *m(f)*

suc·cinct [səkˈsɪŋ(k)t] *adj* (*approv*) knapp, kurz [und bündig]

suc·cour, AM **suc·cor** [ˈsʌkəʳ, AM -ɚ] **I.** *n* Beistand *m*, Unterstützung *f*, Hilfe *f* **II.** *vt* ■**to ~ sb** jdm beistehen

suc·cu·lent [ˈsʌkjəlᵊnt] **I.** *adj* (*approv*) saftig **II.** *n* BOT Sukkulente *f fachspr*

suc·cumb [səˈkʌm] *vi* ① (*surrender*) sich beugen; MIL kapitulieren; (*be defeated*) unterliegen; (*yield to pressure*) ■**to ~ to sb/sth** jdm/etw nachgeben, sich jdm/etw beugen ② (*die from*) ■**to ~ to sth** an etw *dat* sterben; **to ~ to one's injuries** seinen Verletzungen erliegen; *see also* **thumb**

such [sʌtʃ, sətʃ] **I.** *adj* ① *attr* (*of that kind*) solcher(r, s); **I had never met ~ a person before** so ein Mensch war mir noch nie begegnet; **~ a thing** so etwas [*o fam* was]; **there's no ~ thing as ghosts** so etwas wie Geister gibt es nicht ② (*so great*) solche(r, s), derartig; **he's ~ an idiot!** er ist so ein Idiot!; **why are you in ~ a hurry?** warum bist du derart in Eile? **II.** *pron* ① (*of that type*) solche(r, s); **~ is life** so ist das Leben; **~ as** wie ② (*suchlike*) dergleichen ③ (*strictly speaking*) ■**as ~** an [und für] sich, eigentlich; **there was no vegetarian food as ~** es gab kein eigentlich vegetarisches Essen **III.** *adv* so; **she's ~ an arrogant person** sie ist dermaßen arrogant; **I've never had ~ good coffee** ich habe noch nie [einen] so guten Kaffee getrunken; **to be ~ a long way** [**away**] so weit weg sein; **~ ... that ...** so ..., dass ...

ˈsuch and such *adj attr* (*fam*) der und der/die und die/das und das; **to arrive at ~ a time** um die und die Zeit ankommen

such·like [ˈsʌtʃlaɪk] **I.** *pron* dergleichen; **in the shop they sell chocolates and ~** in dem Laden gibt es Schokolade und dergleichen **II.** *adj attr* derlei; **food, drink, clothing and ~ provisions** Essen, Trinken, Kleidung und Ähnliches

suck [sʌk] **I.** *n* (*drawing in*) Saugen *nt;*

(*keeping in the mouth*) Lutschen *nt* **II.** *vt* ❶ (*draw into mouth*) ■**to ~ sth** an etw *dat* saugen ❷ *sweets* lutschen ❸ (*exert strong pull*) ■**to ~ sb/sth under** jdn/etw in die Tiefe ziehen; ■**to be ~ed into sth** in etw *akk* hineingezogen werden **III.** *vi* ❶ (*draw into mouth*) saugen (**on** an +*dat*), nuckeln *fam; on sweets* lutschen ❷ *esp* AM (*sl: be disagreeable*) ätzend sein; **man this job ~s!** Mann, dieser Job ist echt Scheiße! ◆**suck up I.** *vt* ■**to ~ up** ⟲ **sth** ❶ (*consume*) etw aufsaugen ❷ (*absorb*) *liquid, moisture* aufsaugen; *gases* ansaugen **II.** *vi* (*pej fam*) ■**to ~ up to sb** sich bei jdm einschmeicheln

suck·er ['sʌkəʳ, AM -ɚ] **I.** *n* ❶ (*pej fam: gullible person*) Einfaltspinsel *m*, Simpel *m* DIAL ❷ (*fam: sb finding sth irresistible*) Fan *m* (**for** von +*dat*); **to be a ~ for sth** nach etw *dat* verrückt sein ❸ BRIT, AUS (*fam: sticking device*) Saugfuß *m* ❹ AM, AUS (*fam: lollipop*) Lutscher *m* ❺ BOT (*part of plant*) Wurzelspross *m* **II.** *vt* AM (*trick*) ■**to ~ sb into sth** jdn zu etw *dat* verleiten

suck·le ['sʌkl̩] **I.** *vt* säugen **II.** *vi* trinken, saugen

suck·ling ['sʌklɪŋ] *n* Säugling *m*

'suck·ling pig *n* AM Frischling *m;* (*for roasting*) Spanferkel *nt*

su·crose ['suːkrəʊs, AM -roʊs] *n no pl* Rohr- und Rübenzucker *m*

suc·tion ['sʌkʃᵊn] *n no pl* ❶ (*act of removal by sucking*) [Ab]saugen *nt;* (*initiating act of sucking*) Ansaugen *nt* ❷ (*force*) Saugwirkung *f*, Sog *m*

'suc·tion ma·chine, 'suc·tion pump *n* Saugpumpe *f*

Su·dan [suː'dɑːn, AM -'dæn] *n* Sudan *m*

Su·da·nese [ˌsuːdᵊn'iːz] **I.** *n* Sudanese, Sudanesin *m, f* **II.** *adj* sudanesisch, sudanisch

sud·den ['sʌdᵊn] *adj* plötzlich, jäh; *departure* überhastet; *movement* abrupt; **it was so ~** es kam so überraschend; **it's all a bit ~** (*fam*) das geht alles ein bisschen schnell; **~ drop in temperature** unerwarteter Temperatureinbruch; **to get a ~ fright** plötzlich Angst bekommen; **all of a ~** (*fam*) [ganz] plötzlich, urplötzlich

sud·den·ly ['sʌdᵊnli] *adv* plötzlich, auf einmal

su·do·ku [suː'dəʊkuː] *n* Sudoku *kein art* (*ursprünglich japanisches Zahlenrätsel*)

suds [sʌdz] *npl* (*soapy mixture*) Seifenwasser *nt kein pl;* (*mostly foam*) Schaum *m kein pl*

sue [suː] **I.** *vt* verklagen; **to ~ sb for damages/libel** jdn auf Schadenersatz/wegen Beleidigung verklagen; **to ~ sb for divorce** gegen jdn die Scheidung einreichen **II.** *vi* (*take legal action*) klagen, prozessieren; ■**to ~ for sth** etw einklagen

suede [sweɪd] *n* Wildleder *nt*, Veloursleder *nt*

suet ['suːɪt] *n no pl* Talg *m*, Nierenfett *nt*

suf·fer ['sʌfəʳ, AM -ɚ] **I.** *vi* ❶ (*experience trauma, illness*) leiden (**from** an +*dat*) ❷ (*deteriorate*) leiden, Schaden erleiden; **his work ~s from it** seine Arbeit leidet darunter ❸ (*experience sth negative*) ■**to ~ from sth** unter etw *dat* zu leiden haben; **the economy ~ed from the strikes** die Streiks machten der Wirtschaft zu schaffen **II.** *vt* ❶ (*experience sth negative*) erleiden; **both sides ~ed considerable casualties** auf beiden Seiten kam es zu erheblichen Opfern; **to ~ neglect** vernachlässigt werden ❷ (*put up with*) ertragen; **not to ~ fools gladly** mit dummen Leuten keine Geduld haben

suf·fer·ance ['sʌfᵊrᵊn(t)s, AM -ɚ-] *n* **on ~** (*with unspoken reluctance*) stillschweigend geduldet; (*with unwilling tolerance*) nur geduldet

suf·fer·er ['sʌfᵊrəʳ, AM -ɚɚ] *n* (*with a chronic condition*) Leidende(r) *f(m);* (*with an acute condition*) Erkrankte(r) *f(m);* **AIDS ~** AIDS-Kranke(r) *f(m);* **asthma ~** Asthmatiker(in) *m(f)*

suf·fer·ing ['sʌfᵊrɪŋ, AM -ɚ-] *n* ❶ (*pain*) Leiden *nt* ❷ *no pl* (*distress*) Leid *nt*

suf·fice [sə'faɪs] *vi* genügen, [aus]reichen; **~ [it] to say that ...** es genügt [*o* reicht] wohl, wenn ich sage, dass ...

suf·fi·cien·cy [sə'fɪʃᵊn(t)si] *n no pl* ❶ (*adequacy*) Hinlänglichkeit *f*, Zulänglichkeit *f* ❷ (*sufficient quantity*) ausreichende Menge

suf·fi·cient [sə'fɪʃᵊnt] **I.** *adj* genug, ausreichend; ■**to be ~ for sth/sb** für etw/jdn ausreichen [*o* genügen] **II.** *n* genügende Menge; **they didn't have ~ to live on** sie hatten nicht genug zum Leben

suf·fix ['sʌfɪks] **I.** *n* LING Suffix *nt fachspr*, Nachsilbe *f* **II.** *vt* anfügen, anhängen

suf·fo·cate ['sʌfəkeɪt] **I.** *vi* ersticken *a. fig* **II.** *vt* ❶ (*asphyxiate*) ersticken ❷ (*fig: suppress*) ersticken, erdrücken

suf·fo·cat·ing ['sʌfəkeɪtɪŋ, AM -t̬-] *adj* ❶ *usu attr* (*life-threatening*) erstickend ❷ (*fig: uncomfortable*) erstickend, zum Ersticken *präd; air* stickig; *atmosphere* erdrückend ❸ (*fig: stultifying*) erdrückend; *regulations, traditions* lähmend

suf·frage ['sʌfrɪdʒ] *n no pl* (*right to vote*) Wahlrecht *nt*, Stimmrecht *nt;* **universal ~** allgemeines Wahlrecht

S

suf·fra·gette [ˌsʌfrəˈdʒet] *n* (*hist*) Suffragette *f hist*, Frauenrechtlerin *f*

sug·ar [ˈʃʊgəʳ, AM -ɚ] **I.** *n* ① *no pl* (*sweetener*) Zucker *m* ② *esp* AM (*sl: term of affection*) Schätzchen *nt fam* ③ CHEM Kohle[n]hydrat *nt* **II.** *vt* ① (*sweeten*) zuckern; *coffee, tea* süßen ② (*fig: make agreeable*) versüßen

Aussprache

Manche Wörter, welche die Buchstabenfolge **su** enthalten, werden mit [ʃ], wie in **sh**ould [ʃʊd], ausgesprochen, anstatt mit [s], wie in **su**per [ˈsuːpəʳ]: **sugar** = [ˈʃʊgəʳ]. Andere Beispiele hierfür sind:

assure	[əˈʃʊəʳ]	(*zusichern*)
fissure	[ˈfɪʃəʳ]	(*Spalte*)
insurance	[ɪnˈʃʊərᵊn(t)s]	(*Versicherung*)
issue	[ˈɪʃuː]	(*Thema*)
pressure	[ˈpreʃəʳ]	(*Druck*)
sure	[ʃʊəʳ]	(*sicher*)

ˈ**sug·ar beet** *n no pl* Zuckerrübe *f* ˈ**sug·ar bowl** *n* Zuckerdose *f* ˈ**sug·ar cane** *n* Zuckerrohr *nt* ˈ**sug·ar-coat·ed** *adj* ① FOOD mit Zucker überzogen ② (*fig, pej: acceptable*) viel versprechend, verheißungsvoll; *offer, promises* verführerisch ˈ**sug·ar dad·dy** *n wohlhabender älterer Mann, der ein junges Mädchen aushält* ˈ**sug·ar·loaf** *adj* (*liter*) Zuckerhut *m* ˈ**sug·ar lump** *n esp* BRIT Stück *nt* Zucker, Zuckerwürfel *m*

sug·ary [ˈʃʊgᵊri, AM -ɚi] *adj* ① (*sweet*) zuckerhaltig ② (*sugar-like*) zuckerig ③ (*fig, pej: insincere*) zuckersüß; *smile* süßlich

sug·gest [səˈdʒest, AM *also* segˈ-] *vt* ① (*propose*) ■**to ~ sth [to sb]** [jdm] etw vorschlagen; **what do you ~ we do with them?** was, meinst du, sollen wir mit ihnen machen? ② (*indicate*) hinweisen (auf +*akk*); **the footprints ~ that ...** die Fußspuren lassen darauf schließen, dass ... ③ (*indirectly state*) ■**to ~ sth** etw andeuten [*o pej* unterstellen]; ■**to ~ that ...** darauf hindeuten, dass ...; **are you ~ing that ...?** willst du damit sagen, dass ...?

sug·gest·ible [səˈdʒestəbl̩, AM *also* segˈ-] *adj* (*pej form*) beeinflussbar, zu beeinflussen; **highly ~** sehr leicht zu beeinflussen

sug·ges·tion [səˈdʒestʃᵊn, AM *also* segˈ-] *n* ① (*idea*) Vorschlag *m;* **to be always open to ~** immer ein offenes Ohr haben ② *no pl* (*hint*) Andeutung *f,* Anspielung *f* ③ (*indication*) Hinweis *m* ④ (*trace*) Spur *f fig*

sug·ˈges·tion box *n* Kasten *m* für Verbesserungsvorschläge

sug·ges·tive [səˈdʒestɪv, AM *also* segˈ-] *adj* ① (*that suggests*) andeutend ② (*risqué*) anzüglich, zweideutig

sui·cid·al [ˌsuːɪˈsaɪdᵊl, AM -əˈ-] *adj* ① (*depressed*) Selbstmord-, selbstmörderisch *a. fig; person* selbstmordgefährdet; **to feel ~** sich am liebsten umbringen wollen ② (*disastrous*) [selbst]zerstörerisch; **that would be ~** das wäre glatter Selbstmord

sui·cide [ˈsuːɪsaɪd, AM -əs-] *n* ① (*killing*) Selbstmord *m a. fig;* **to commit ~** Selbstmord begehen ② (*disastrous action*) selbstmörderische Aktion *fam;* **it would be ~ to ...** es wäre [glatter] Selbstmord, wenn ... *fam*

suit [suːt] **I.** *n* ① (*jacket and trousers*) Anzug *m;* **three-piece ~** Dreiteiler *m;* (*jacket and skirt*) Kostüm *nt* ② (*for sports*) Anzug *m;* **ski ~** Skianzug *m* ③ CARDS Farbe *f* ▸ PHRASES: **to follow ~** (*form*) dasselbe tun **II.** *vt* ① (*be convenient for*) ■**to ~ sb** jdm passen [*o* recht sein]; **what time ~s you best?** wann passt es Ihnen am besten? ② (*choose*) ■**to ~ oneself** tun, was man will; **you can ~ yourself about when you work** man kann selbst bestimmen, wann man arbeitet; **~ yourself** (*hum o pej*) [ganz,] wie du willst ③ (*enhance*) ■**to ~ sb** *clothes* jdm stehen; ■**to ~ sth** zu etw *dat* passen **III.** *vi* angemessen sein, passen

suit·able [ˈsuːtəbl̩, AM -t̬-] *adj* geeignet, passend; *clothes* angemessen

ˈ**suit·case** *n* Koffer *m*

suite [swiːt] *n* ① (*rooms*) Suite *f;* **~ of offices** Reihe *f* von Büroräumen ② (*furniture*) Garnitur *f;* **bedroom ~** Schlafzimmereinrichtung *f* ③ MUS Suite *f*

Aussprache

Das **ui** in s**ui**te wird wie das **ee** in sw**ee**t ausgesprochen:

suite	[swiːt]
sweet	[swiːt]

suit·or [ˈsuːtəʳ, AM -t̬ɚ] *n* ① (*liter or hum: wooer*) Freier *m veraltend o hum,* Bewerber *m* ② ECON (*buyer*) Interessent *m* (*für einen Firmenkauf*)

sul·fate *n* AM *see* **sulphate**

sul·fide *n* AM *see* **sulphide**

sul·fur *n* AM *see* **sulphur**

sul·fu·ric *adj* AM *see* **sulphuric**

sul·fur·ous *adj* AM *see* **sulphurous**

sulk [sʌlk] **I.** *vi* schmollen, beleidigt sein **II.** *n* **to be in a ~** beleidigt sein, schmollen

sulky [ˈsʌlki] *adj person* beleidigt, eingeschnappt *fam; face* mürrisch

sul·len [ˈsʌlən] *adj* (*pej: bad-tempered*) missmutig, mürrisch

sul·ly <-ie-> [ˈsʌli] *vt* (*liter*) beschmutzen *a.*

fig, besudeln *geh*
sul·phate *n* Sulfat *nt*
sul·phide *n* Sulfid *nt*
sul·phur *n* ❶ *no pl* CHEM Schwefel *m* ❷ (*colour*) Schwefelgelb *nt* **sul·phur di·ox·ide** *n no pl* Schwefeldioxid *nt*
sul·phu·ric *adj* Schwefel-
sul·phu·ric 'acid *n no pl* Schwefelsäure *f*
sul·phur·ous *adj* CHEM schwefelhaltig, Schwefel-
sul·tan ['sʌltᵊn] *n* Sultan *m*
sul·tana¹ [sᵊl'tɑːnə, AM sʌl'tænə] *n* (*grape*) Sultanine *f*
sul·tana² [sʌl'tɑːnə, AM sʌl'tænə] *n* (*sultan's wife*) Sultanin *f*
sul·try ['sʌltri] *adj* ❶ METEO schwül ❷ (*sexy*) *woman, woman's voice* erotisch, sinnlich
sum [sʌm] *n* ❶ (*money*) Summe *f,* Betrag *m;* **five-figure ~** fünfstelliger Betrag ❷ *no pl* (*total*) Summe *f,* Ergebnis *nt* ❸ *usu pl* (*calculation*) Rechenaufgabe *f;* **to do ~s** rechnen ◆ **sum up** **I.** *vi* ❶ (*summarize*) zusammenfassen ❷ LAW *judge* resümieren **II.** *vt* (*summarize*) zusammenfassen; (*evaluate*) einschätzen; **to ~ up a situation at a glance** eine Situation auf einen Blick erfassen
sum·ma·rize ['sʌmᵊraɪz, AM -mər-] **I.** *vt* [kurz] zusammenfassen **II.** *vi* zusammenfassen, resümieren; **to ~, ...** kurz gesagt, ...
sum·mary ['sʌmᵊri, AM -ɚi] **I.** *n* Zusammenfassung *f; of a plot, contents* [kurze] Inhaltsangabe **II.** *adj* (*brief*) knapp, gedrängt; *dismissal* fristlos
sum·ma·tion [sʌm'eɪʃᵊn, AM sə'meɪ-] *n* (*form*) ❶ *no pl* (*addition*) Summierung *f* ❷ (*sum*) Summe *f* ❸ (*summary*) Zusammenfassung *f*
sum·mer ['sʌməʳ, AM -ɚ] **I.** *n* (*season*) Sommer *m;* **a ~'s day** ein Sommertag *m;* **in [the] ~** im Sommer **II.** *vi* den Sommer verbringen; **to ~ outdoors** *animals, plants* im Sommer im Freien bleiben
sum·mer 'holi·day, sum·mer 'holi·days *npl* Sommerurlaub *m;* SCH, UNIV Sommerferien *pl* **'sum·mer house** *n* Gartenhaus *nt,* Gartenlaube *f;* AM Ferienhaus *nt,* Sommerhaus *nt* **'sum·mer·time** *n* Sommerzeit *f;* **in the ~** im Sommer
sum·mery ['sʌmᵊri, AM -ɚi] *adj weather* sommerlich
sum·ming-up <*pl* summings-> [ˌsʌmɪŋ'ʌp] *n* LAW (*by a judge*) Resümee *nt;* (*by a lawyer*) [Schluss]plädoyer *nt*
sum·mit ['sʌmɪt] *n* ❶ *of a mountain* Gipfel *m;* (*fig: highest point*) Gipfel *m,* Höhepunkt *m* ❷ POL Gipfel *m;* **~ conference** Gipfelkonferenz *f*
sum·mon ['sʌmən] *vt* ❶ (*call*) *person* rufen, zu sich *dat* bestellen; LAW vorladen; **to ~ a meeting** eine Versammlung einberufen ❷ (*demand*) *help* holen ❸ (*gather*) **to ~ up the courage to do sth** den Mut aufbringen, etw zu tun
sum·mons ['sʌmənz] **I.** *n* <*pl* -es> ❶ LAW [Vor]ladung *f;* **to issue a ~** [vor]laden ❷ (*call*) Aufforderung *f;* (*iron, hum*) Befehl *m* **II.** *vt* LAW ■**to ~ sb** jdn vorladen lassen
sump [sʌmp] *n* ❶ (*container*) **[collection] ~** Sammelbehälter *m;* (*hole*) Senkgrube *f* ❷ AUTO Ölwanne *f*
sump·tu·ous ['sʌm(p)tʃuəs] *adj* luxuriös, kostspielig; *dinner* üppig; *gown* festlich, prächtig
sun [sʌn] **I.** *n* ❶ (*star*) Sonne *f* ❷ *no pl* ■**the ~** (*sunshine*) die Sonne, der Sonnenschein; **to sit in the ~** in der Sonne sitzen ❸ **to try everything under the ~** alles Mögliche versuchen **II.** *vt* <-nn-> ❶ (*sit in sun*) ■**to ~ oneself** sich sonnen ❷ (*expose to sun*) ■**to ~ sth** etw der Sonne aussetzen
'sun-baked *adj* [von der Sonne] ausgedörrt **'sun·bath** *n* Sonnenbad *nt* **'sun·bathe** *vi* sonnenbaden **'sun·beam** *n* Sonnenstrahl *m* **'sun·bed** *n esp* BRIT ❶ (*chair*) Liegestuhl *m* ❷ (*bed*) Sonnenbank *f* **'sun·blind** *n* BRIT Markise *f* **'sun·block** *n no pl* Sunblocker *m* **'sun·burn** **I.** *n no pl* Sonnenbrand *m* **II.** *vi* <-ed *or* -burnt, -ed *or* -burnt> sich verbrennen, sich *dat* einen Sonnenbrand holen *fam* **'sun·burned, 'sun·burnt** *adj* (*tanned*) sonnengebräunt; (*red*) sonnenverbrannt, sonnverbrannt SCHWEIZ **'sun·cream** *n no pl* Sonnen[schutz]creme *f*
sun·dae ['sʌndeɪ, AM *esp* -di] *n* Eisbecher *m*
Sun·day ['sʌndeɪ] *n* Sonntag *m; see also* **Tuesday**
Sun·day 'best *n no pl,* **Sun·day 'clothes** *npl* (*dated*) Sonntagsstaat *m kein pl veraltend*
Sun·day 'pa·per *n* Sonntagszeitung *f*
'Sun·day school *n* REL, SCH Sonntagsschule *f*
'sun deck *n* ❶ NAUT Sonnendeck *nt* ❷ AM (*balcony*) Sonnenterrasse *f* **'sun·dial** *n* Sonnenuhr *f* **'sun·down** *n esp* AM, AUS Sonnenuntergang *m;* **at/before ~** bei/vor Sonnenuntergang **'sun-dried** *adj* an der Sonne getrocknet
sun·dry ['sʌndri] **I.** *adj attr* verschiedene(r, s) ▶PHRASES: **all and ~** (*fam*) Hinz und Kunz *pej,* jedermann **II.** *n* Verschiedenes *nt kein pl*
'sun·flow·er *n* Sonnenblume *f*

S

'sun·flow·er oil *n* Sonnenblumenöl *nt* **'sun·flow·er seeds** *npl* Sonnenblumenkerne *pl*
sung [sʌŋ] *pp of* **sing**
'sun·glasses *npl* Sonnenbrille *f* **'sun hat** *n* Sonnenhut *m*
sunk [sʌŋk] *pp of* **sink**
sunk·en ['sʌŋkən] *adj* ❶ *attr* (*submerged*) *ship* gesunken; *ship, treasure* versunken ❷ *attr* (*below surrounding level*) tief[er] liegend *attr; bath* eingelassen ❸ (*hollow*) *cheeks* eingefallen; *eyes* tief liegend
'sun·lamp *n* ❶ (*for therapy*) Höhensonne *f* ❷ FILM Jupiterlampe® *f* **'sun·light** *n no pl* Sonnenlicht *nt* **'sun·lit** *adj* sonnenbeschienen; *room* sonnig
sun·ny ['sʌni] *adj* ❶ (*bright, exposed to sun*) *weather, room* sonnig; ~ **intervals** Aufheiterungen *pl* ❷ (*cheery*) *person* heiter, unbeschwert; *character, disposition* heiter, sonnig
sun pro·'tec·tion fac·tor *n* Sonnenschutzfaktor *m* **'sun·ray** *n* Sonnenstrahl *m* **'sun·rise** *n* Sonnenaufgang *m;* **at/before** ~ bei/vor Sonnenaufgang **sun·rise 'in·dus·try** *n* Zukunftsindustrie *f,* Zukunftsbranche *f* **'sun·roof** *n* Schiebedach *nt* **'sun room, 'sun par·lor,** AM **'sun porch** *n* Glasveranda *f,* Wintergarten *m* **'sun·screen** *n* ❶ *no pl* (*cream*) Sonnenschutzmittel *nt* ❷ (*ingredient*) Zusatzstoff *m* gegen Sonnenbrand **'sun·set** *n* ❶ (*time*) Sonnenuntergang *m;* **at/before** ~ bei/vor Sonnenuntergang ❷ (*fig: final stage*) Endphase *f* **'sun·shade** *n* ❶ (*umbrella*) Sonnenschirm *m* ❷ AM (*awning*) Markise *f,* Sonnenblende *f*
'sun·shine ['sʌnʃaɪn] *n no pl* ❶ (*sunlight*) Sonnenschein *m;* **to bask in the** ~ sich in der Sonne aalen *fam* ❷ METEO sonniges Wetter **'sun·spot** *n* ASTRON Sonnenfleck *m* **'sun·stroke** *n no pl* Sonnenstich *m* **'sun·tan I.** *n* Sonnenbräune *f;* **to get a** ~ braun werden **II.** *vi* <-nn-> sich von der Sonne bräunen lassen **'sun·tan cream, 'sun·tan lo·tion** *n* Sonnencreme *f* **'sun·tanned** *adj* sonnengebräunt, braun gebrannt **'sun·tan oil** *n* Sonnenöl *nt* **'sun·trap** *n* BRIT, AUS sonniges Plätzchen **'sun·up** *n* AM Sonnenaufgang *m* **'sun vi·sor** *n* AUTO Sonnenblende *f* **'sun wor·ship·per** *n* (*hum*) Sonnenanbeter(in) *m(f)*
sup¹ [sʌp] **I.** *vt* <-pp-> *esp* NENG (*hum*) trinken; *soup* löffeln **II.** *vi* <-pp-> *esp* NENG trinken; ■**to** ~ **up** austrinken **III.** *n* Schluck *m*
sup² [sʌp] *vi* (*dated: eat*) zu Abend essen; ■**to** ~ **on sth** etw zu Abend essen
su·per ['su:pəʳ, AM -ɚ] **I.** *adj* (*fam: excellent*) klasse, fantastisch **II.** *interj* super!, spitze! **III.** *adv* (*fam*) besonders **IV.** *n* (*fam*) ❶ BRIT (*superintendent*) Aufseher(in) *m(f),* Kommissar(in) *m(f);* AM Hausmeister(in) *m(f)* ❷ AUS (*superannuation*) Pension *f,* Ruhestand *m*
super·abun·dant [ˌsu:pᵊrə'bʌndənt, AM -ɚə'-] *adj* überreichlich
super·an·nu·at·ed [ˌsu:pᵊr'ænjueɪtɪd, AM -ɚ'ænjueɪt̬-] *adj* ❶ (*part of superannuation scheme*) pensioniert ❷ (*hum: obsolete*) überholt, veraltet
super·an·nua·tion [ˌsu:pᵊrˌænju'eɪʃᵊn, AM -ɚˌ-] *n no pl* ❶ (*payment*) Rentenbeitrag *m* ❷ (*pension*) [Alters]rente *f; of civil servants* Pension *f,* Ruhegeld *nt*
su·perb [su:'pɜ:b, AM sə'pɜ:rb] *adj* ❶ (*excellent*) ausgezeichnet, hervorragend ❷ (*impressive*) erstklassig; *building, view* großartig
'super·bug *n* Superbakterium *nt,* Superbazillus *m*
super·charged ['su:pətʃɑ:dʒd, AM -ɚtʃɑ:r-] *adj* ❶ (*more powerful*) *car* mit Lader nach *n; engine* aufgeladen ❷ (*emotional*) *atmosphere* gereizt
super·charg·er ['su:pəˌtʃɑ:dʒəʳ, AM -ɚˌtʃɑ:rdʒɚ] *n* AUTO Lader *m,* Aufladegebläse *nt*
super·cili·ous [ˌsu:pə'sɪliəs, AM -ɚ'-] *adj* (*pej*) hochnäsig
super·ego [ˌsu:pᵊr'i:gəʊ, AM -ɚ'i:goʊ] *n* Überich *nt*
super·fi·cial [ˌsu:pə'fɪʃᵊl, AM -ɚ'-] *adj* ❶ (*a. fig: on the surface, shallow*) *person* oberflächlich; *damage* geringfügig ❷ (*apparent*) äußerlich ❸ (*cursory*) *knowledge* oberflächlich; *treatment* flüchtig
super·fi·ci·al·ity [ˌsu:pəˌfɪʃi'æləti, AM -ɚˌfɪʃi'ælət̬i] *n no pl* Oberflächlichkeit *f*
super·flu·ous [su:'pɜ:fluəs, AM -'pɜ:r-] *adj* überflüssig
'super·glue® **I.** *n* Sekundenkleber *m* **II.** *vt* festkleben **'super·grass** *n* BRIT (*fam*) Informant(in) *m(f),* Polizeispitzel *m* **'super·he·ro** *n* Superheld *m fam* **'super·high·way** *n* ❶ AM AUTO Autobahn *f* ❷ COMPUT [**information**] ~ Datenautobahn *f* **super·'hu·man** *adj* übermenschlich
super·im·pose [ˌsu:pᵊrɪm'pəʊz, AM -ɚɪm'poʊz] *vt images* überlagern
super·in·tend [ˌsu:pᵊrɪn'tend, AM -ɚɪn'-] *vt* beaufsichtigen, überwachen; *department* leiten
super·in·ten·dent [ˌsu:pᵊrɪn'tendᵊnt, AM -ɚɪn'-] *n* ❶ (*person in charge*) Aufsicht *f; of schools* Oberschulrat, -rätin *m, f; of an office, department* Leiter(in) *m(f)* ❷ BRIT

S

(*police officer*) Hauptkommissar(in) *m(f);* AM Polizeichef(in) *m(f)* ③ AM (*caretaker*) Hausverwalter(in) *m(f)*

su·peri·or [suːˈpɪəriəʳ, AM səˈpɪriɚ] **I.** *adj* ① (*higher in rank*) höhergestellt, vorgesetzt; ■**to be ~ [to sb]** [jdm] vorgesetzt sein ② (*excellent*) *artist* überragend; *taste* erlesen, gehoben ③ (*better*) überlegen; **to be ~ in numbers** in der Überzahl sein ④ (*pej: arrogant*) überheblich, arrogant **II.** *n* (*higher person*) Vorgesetzte(r) *f(m)*

su·peri·or·ity [suːˌpɪəriˈɒrəti, AM səˌpɪriˈɔːrət̬i] *n no pl* ① (*position*) Überlegenheit *f* (**over** über +*akk*) ② (*pej: arrogance*) Überheblichkeit *f,* Arroganz *f*

su·peri·ˈor·ity com·plex *n* PSYCH (*fam*) Superioritätskomplex *m fachspr*

super·la·tive [suːˈpɜːlətɪv, AM səˈpɜːrlət̬-] **I.** *adj* ① (*best*) unübertrefflich, sagenhaft ② LING superlativisch *fachspr* **II.** *n* LING (*form*) Superlativ *m*

ˈsuper·man *n* ① (*cartoon character*) **S~** Superman *m* ② (*fam: exceptional man*) ■**a ~** ein Superman *m*

super·mar·ket [ˈsuːpəˌmɑːkɪt, AM -ɚˌmɑːr-] *n* Supermarkt *m*

ˈsuper·mar·ket trol·ley *n* BRIT Einkaufswagen *m* **ˈsuper·mod·el** *n* FASHION Supermodel *nt* **super·natu·ral** [ˈsuːpəˌnætʃərəl, AM -ɚˌnætʃɚəl] **I.** *adj* ① (*mystical*) übernatürlich ② (*extraordinary*) außergewöhnlich **II.** *n* ■**the ~** das Übernatürliche

super·nu·mer·ary [ˌsuːpəˈnjuːmərəri, AM -ɚˈnuːməreri] *adj* (*form*) ① (*extra*) zusätzlich ② (*not wanted*) überzählig ③ FILM, THEAT Statisten-

ˈsuper·pow·er *n* Supermacht *f* **super·script** [ˈsuːpəskrɪpt, AM -pɚ-] TYPO **I.** *adj* hochgestellt **II.** *n* hochgestelltes Zeichen

super·sede [ˌsuːpəˈsiːd, AM -ɚˈ-] *vt* ersetzen, ablösen

ˈsuper·sized *adj* AM (*fam*) *portion, clothes* extragroß; **a ~ meal** eine XXL-Portion

super·son·ic [ˌsuːpəˈsɒnɪk, AM -ɚˈsɑːn-] *adj* Überschall-

super·star [ˈsuːpəstɑːʳ, AM -ɚstɑːr] *n* Superstar *m*

super·sti·tion [ˌsuːpəˈstɪʃən, AM -ɚˈ-] *n* ① *no pl* (*belief*) Aberglaube[n] *m;* ■**according to ~** nach einem Aberglauben ② (*practice*) Aberglaube *m kein pl*

super·sti·tious [ˌsuːpəˈstɪʃəs, AM -ɚˈ-] *adj* abergläubisch

super·store [ˈsuːpəstɔːʳ, AM -ɚstɔːr] *n* Großmarkt *m,* Verbrauchermarkt *m* **super·struc·ture** [ˈsuːpəˌstrʌktʃəʳ, AM -ɚˌstrʌktʃɚ] *n* ① (*upper structure*) Oberbau *m* ② NAUT [Deck]aufbauten *pl* **super·tank·er** [ˈsuːpəˌtæŋkəʳ, AM -ɚˌtæŋkɚ] *n* NAUT Riesentanker *m,* Supertanker *m*

super·vene [ˌsuːpəˈviːn, AM -ɚˈ-] *vi* (*form*) dazwischenkommen

super·vise [ˈsuːpəvaɪz, AM -pɚ-] *vt* beaufsichtigen

super·vi·sion [ˌsuːpəˈvɪʒən, AM -ɚˈ-] *n no pl of children* Beaufsichtigung *f; of prisoners, work* Überwachung *f*

super·vi·sor [ˈsuːpəvaɪzəʳ, AM -ɚvaɪzɚ] *n* (*person in charge*) Aufsichtsbeamte(r), -beamtin *m, f;* (*in shop*) Abteilungsleiter(in) *m(f);* (*in factory*) Vorarbeiter(in) *m(f);* SCH Betreuungslehrer(in) *m(f);* UNIV Betreuer(in) *m(f);* (*for doctoral candidates*) Doktorvater *m;* BRIT Tutor(in) *m(f)*

super·vi·sory [ˌsuːpəˈvaɪzəri, AM -ɚˈvaɪzɚi] *adj* Aufsichts-

su·pine [ˈsuːpaɪn, AM suːˈpaɪn] *adj* ① (*lying on back*) **to be** [*or* **lie**] **~** auf dem Rücken liegen ② (*fig, pej: indolent*) träge, gleichgültig

sup·per [ˈsʌpəʳ, AM -ɚ] *n* FOOD (*meal*) Abendessen *nt,* Abendbrot *nt,* Nachtmahl *nt* ÖSTERR

ˈsup·per·time [ˈsʌpətaɪm, AM -ɚ-] *n no pl* Abendbrotzeit *f,* Abendessenszeit *f*

sup·plant [səˈplɑːnt, AM -ˈplænt] *vt* ersetzen, ablösen

sup·ple [ˈsʌpl̩] *adj* ① (*flexible*) *human body* gelenkig, geschmeidig; (*fig*) *mind* flexibel ② (*not stiff*) *leather* geschmeidig; *skin* weich

sup·ple·ment **I.** *n* [ˈsʌplɪmənt, AM -lə-] ① (*something extra*) Ergänzung *f* (**to** zu +*dat*); (*book*) Supplement *nt;* (*information*) Nachtrag *m,* Anhang *m;* **vitamin ~** Nahrungsmittelergänzung *f* ② (*section*) Beilage *f* ③ BRIT (*surcharge*) Zuschlag *m* **II.** *vt* [ˈsʌplɪment, AM -lə-] ergänzen; **to ~ one's income by doing sth** sein Einkommen aufbessern, indem man etw tut

sup·ple·men·ta·ry [ˈsʌpləmentəri, AM -t̬ɚi], AM **sup·ple·men·tal** [ˈsʌpləmentəl, AM ˈsʌpləment̬əl] *adj* (*additional*) ergänzend *attr,* zusätzlich, Zusatz-

sup·ple·ness [ˈsʌpl̩nəs] *n no pl* ① (*flexibility*) *of the human body* Gelenkigkeit *f;* (*fig*) *of mind* Flexibilität *f* ② (*softness*) *of leather* Geschmeidigkeit *f; of skin* Weichheit *f*

sup·pli·cant [ˈsʌplɪkənt, AM -lə-] *n* (*form, liter*) Bittsteller(in) *m(f)*

sup·pli·ca·tion [ˌsʌplɪˈkeɪʃən, AM -ləˈ-] *n* (*form, liter*) Flehen *nt kein pl* (**for** um +*akk*)

sup·pli·er [səˈplaɪəʳ, AM -ɚ] *n* ① (*provider*)

S

Lieferant(in) *m(f)*; ~ **of services** Erbringer *m* von Dienstleistungen ② (*company*) Lieferfirma *f*, Zulieferbetrieb *m*

sup·ply [sə'plaɪ] **I.** *vt* <-ie-> ① (*provide sth*) sorgen (für +*akk*), bereitstellen; **to come supplied with sth** *car, radio* mit etw *dat* ausgestattet sein; ■**to ~ sth to sb** *arms, drugs* jdm etw beschaffen ② (*provide sb with sth*) versorgen; ECON beliefern ③ (*act as source*) liefern **II.** *n* ① (*stock*) Vorrat *m* (**of** an +*dat*) ② *no pl* (*action*) Versorgung *f*; **oil ~** Ölzufuhr *f*; (*action of providing*) Belieferung *f* ③ ECON Angebot *nt*; **to be in short ~** Mangelware sein ④ ■**supplies** *pl* (*provision*) Versorgung *f kein pl*; (*amount needed*) Bedarf *m*; **to cut off supplies** die Lieferungen einstellen

sup·'ply teach·er *n* BRIT, AUS Aushilfslehrer(in) *m(f)*, Vertretungslehrer(in) *m(f)*

sup·port [sə'pɔːt, AM -'pɔːrt] **I.** *vt* ① (*hold up*) stützen; ■**to ~ oneself on sth** sich auf etw *akk* stützen; **the ice is thick enough to ~ our weight** das Eis ist so dick, dass es uns trägt ② (*provide with money*) [finanziell] unterstützen; *lifestyle* finanzieren ③ (*provide with necessities*) ■**to ~ sb** für jds Lebensunterhalt aufkommen; *family* unterhalten ④ (*comfort, encourage*) unterstützen (**in** bei +*dat*); *plan* befürworten; SPORTS **to ~ a team** für ein Team sein ⑤ COMPUT *device, language, program* unterstützen **II.** *n* ① (*prop*) Stütze *f*; ARCHIT Träger *m* ② *no pl* (*act of holding*) **to give sth ~** etw *dat* Halt geben ③ *no pl* (*material assistance, encouragement*) Unterstützung *f*; LAW Unterhalt *m* ④ *no pl* (*comfort*) Stütze *f fig*; **to give sb moral ~** jdn moralisch unterstützen ⑤ COMPUT Support *m*

sup·port·er [sə'pɔːtəʳ, AM -'pɔːrt̬ə] *n* ① (*encouraging person*) Anhänger(in) *m(f)*; *of a campaign, policy* Befürworter(in) *m(f)*; *of a theory* Verfechter(in) *m(f)* ② SPORTS Fan *m*

sup·port·ing [sə'pɔːtɪŋ, AM -'pɔːrt̬-] *adj attr* BRIT FILM ~ **part** [*or* **role**] Nebenrolle *f*

sup·por·tive [sə'pɔːtɪv, AM -'pɔːrt̬-] *adj* (*approv*) ■**to be ~ of sb** jdm eine Stütze sein, jdn unterstützen; ■**to be ~ of sth** etw unterstützen [*o* befürworten]

sup·pose [sə'pəʊz, AM -'poʊz] *vt* ① (*think likely*) ■**to ~ [that] ...** annehmen [*o* vermuten], dass ...; **I ~ you think that's funny** du hältst das wohl auch noch für komisch; **I don't ~ you could ...** Sie könnten mir nicht zufällig ... ② (*as a suggestion*) **~ we leave right away?** wie wär's, wenn wir jetzt gleich fahren würden? ③ (*believe*) glauben, vermuten; **her new book is ~d to be very good** ihr neues Buch soll sehr gut sein ④ *pred* (*expected*) **you're ~d to be asleep** du solltest eigentlich schon schlafen ▸PHRASES: **I ~ <u>so</u>** wahrscheinlich, wenn du meinst

sup·posed [sə'pəʊzd, AM -'poʊ-] *adj attr* vermutet, angenommen; *killer* mutmaßlich

sup·pos·ed·ly [sə'pəʊzɪdli, AM -'poʊ-] *adv* ① (*allegedly*) angeblich ② (*apparently*) anscheinend, scheinbar

sup·pos·ing [sə'pəʊzɪŋ, AM -'poʊ-] *conj* angenommen; **~ he doesn't show up?** was, wenn er nicht erscheint?

sup·po·si·tion [ˌsʌpə'zɪʃᵊn] *n* ① *no pl* (*act*) Spekulation *f*, Mutmaßung *f* ② (*belief*) Vermutung *f*, Annahme *f*; **on the ~ that ...** vorausgesetzt, dass ...

sup·posi·tory [sə'pɒzɪtᵊri, AM -'pɑːzɪtɔːri] *n* MED Zäpfchen *nt*

sup·press [sə'pres] *vt* ① (*end, restrain*) *feelings, impulses* unterdrücken; *revolution* niederschlagen; *terrorism* bekämpfen ② (*prevent from spreading*) *evidence, information* zurückhalten ③ (*inhibit*) hemmen; *the immune system* schwächen; *a process, reaction* abschwächen ④ PSYCH *ideas, memories* verdrängen

sup·pres·sion [sə'preʃᵊn] *n no pl* ① (*act of ending, controlling*) Unterdrückung *f*; *of an uprising, a revolution* Niederschlagung *f*; *of terrorism* Bekämpfung *f* ② *of evidence, information* Zurückhaltung *f* ③ MED Hemmung *f*

sup·pu·rate ['sʌpjəreɪt] *vi* eitern

su·prema·cy [suː'preməsi, AM sə'-] *n no pl* Vormachtstellung *f*; SPORTS Überlegenheit *f*

su·preme [suː'priːm, AM sə'-] *adj* ① (*superior*) höchste(r, s), oberste(r, s) ② (*extreme*) äußerste(r, s), größte(r, s); (*causing great pleasure*) überragend, unübertroffen; *moment* einzigartig

sur·charge ['sɜːtʃɑːdʒ, AM 'sɜːrtʃɑːrdʒ] **I.** *n* ① (*extra charge*) Zuschlag *m* (**for** für +*akk*), Aufschlag *m* (**on** auf +*akk*) ② (*penalty*) Strafgebühr *f*; (*tax*) [Steuer]zuschlag *m* **II.** *vt usu passive* ■**to ~ sb** einen Zuschlag von jdm verlangen; ■**to ~ sth** einen Zuschlag auf etw *akk* erheben

sure [ʃɔːʳ, ʃʊəʳ, AM ʃʊr] **I.** *adj* ① *pred* (*confident*) sicher; ■**to be ~ [that] ...** [sich *dat*] sicher sein, dass ...; **I'm not really ~** ich weiß nicht so genau; **to feel ~ [that] ...** überzeugt [davon] sein, dass ... ② (*certain*) sicher, gewiss; **we're ~ to see you again before we leave** bestimmt sehen wir Sie noch einmal, bevor wir abreisen ▸PHRASES: **~ <u>thing</u>** (*fam: certainty*) sicher!; *esp* AM (*of course*) [aber] natürlich!, [na] klar! *fam;* **to be ~ of oneself** sehr von sich *dat* überzeugt sein *pej;* **to make ~ [that]** ... darauf achten, dass ... **II.** *adv esp* AM (*fam: certainly*) echt; **I ~ am hungry!** hab ich vielleicht einen Hunger! **III.** *interj* (*fam: certainly!*) **~ I will!** natürlich!, aber klar doch!; *see also* **sugar**

sure-'foot·ed *adj* ❶ (*able to walk*) trittsicher ❷ (*confident*) sicher, souverän *geh*

sure·ly ['ʃɔːli, 'ʃʊə-, AM 'ʃʊr-] *adv* ❶ (*certainly*) sicher[lich], bestimmt ❷ (*showing astonishment*) doch; **~ you don't expect me to believe that** du erwartest doch wohl nicht, dass ich dir das abnehme! *fam;* **~ not!** das darf doch wohl nicht wahr sein! ❸ *esp* AM (*yes, certainly*) [aber] natürlich

sure·ty ['ʃɔːrəti, 'ʃʊə-, AM 'ʃʊrət̬i] *n* LAW ❶ (*person*) Bürge, Bürgin *m, f* ❷ (*money*) Bürgschaft *f,* Sicherheitsleistung *f*

surf [sɜːf, AM sɜːrf] **I.** *n* Brandung *f* **II.** *vi* ❶ (*on surfboard*) surfen ❷ (*windsurf*) windsurfen **III.** *vt* COMPUT **to ~ the internet** im Internet surfen

sur·face ['sɜːfɪs, AM 'sɜːrf-] **I.** *n* ❶ (*top layer*) Oberfläche *f; of a lake, the sea* Spiegel *m;* **road ~** Straßenbelag *m* ❷ SPORTS (*of playing area*) Untergrund *m* ▶ PHRASES: **to scratch the ~ [of sth]** *topic, problem* [etw] streifen **II.** *vi* ❶ (*rise to top*) auftauchen ❷ (*fig: become apparent*) auftauchen, aufkommen **III.** *vt* ■**to ~ sth** ❶ (*cover*) etw mit einem Belag versehen ❷ (*make even*) etw ebnen **IV.** *adj attr* ❶ (*of outer part, superficial*) oberflächlich; (*outward*) äußerlich ❷ (*not underwater*) Überwasser-

'sur·face area *n* Fläche *f;* MATH Flächeninhalt *m* **'sur·face mail** *n Postsendung, die auf dem Land- bzw. Seeweg befördert wird* **sur·face 'ten·sion** *n* PHYS Oberflächenspannung *f* **sur·face-to-air 'mis·sile** *n* MIL Boden-Luft-Rakete *f*

surf·board ['sɜːfbɔːd, AM 'sɜːrfbɔːrd] *n* Surfbrett *nt*

sur·feit ['sɜːfɪt, AM 'sɜːr-] (*form*) **I.** *n no pl* Übermaß *nt* (**of** an +*dat*) **II.** *vt* ■**to be ~ed with sth** etw satthaben *fam*

surf·er ['sɜːfəʳ, AM 'sɜːrfɚ] *n* Surfer(in) *m(f);* (*windsurfer*) Windsurfer(in) *m(f)*

surf·ing ['sɜːfɪŋ, AM 'sɜːr-] *n no pl* Surfen *nt,* Wellenreiten *nt;* (*windsurfing*) Windsurfen *nt*

surge [sɜːdʒ, AM sɜːrdʒ] **I.** *vi* ❶ (*move powerfully*) *sea* branden; *waves* wogen, sich auftürmen; (*fig*) *people* wogen ❷ (*increase strongly*) *profits* [stark] ansteigen ❸ (*fig*) ■**to ~ [up]** (*well up*) *emotion* aufwallen; (*grow louder*) *cheer, roar* aufbrausen **II.** *n* ❶ (*sudden increase*) [plötzlicher] Anstieg; ELEC Spannungsanstieg *m,* Spannungsstoß *m* ❷ (*large wave*) Woge *f;* (*breakers*) Brandung *f;* (*tidal breaker*) Flutwelle *f* ❸ *no pl* (*fig: pressing movement*) Ansturm *m* ❹ (*fig: wave of emotion*) Welle *f,* Woge *f*

sur·geon ['sɜːdʒᵊn, AM 'sɜːr-] *n* Chirurg(in) *m(f)*

sur·gery ['sɜːdʒᵊri, AM 'sɜːrdʒɚi] *n* ❶ BRIT, AUS (*doctor's premises*) [Arzt]praxis *f* ❷ BRIT, AUS (*treatment session*) Sprechstunde *f* ❸ *no pl* (*surgical treatment*) chirurgischer Eingriff

sur·gi·cal ['sɜːdʒɪkᵊl, AM 'sɜːr-] *adj* ❶ (*used by surgeons*) *gloves, instruments* chirurgisch ❷ (*orthopaedic*) medizinisch

sur·ly ['sɜːli, AM 'sɜːr-] *adj* unwirsch, ruppig

sur·mise (*form*) **I.** *vt* [sɜː'maɪz, AM sɚ'-] vermuten, annehmen **II.** *n* ['sɜːmaɪz, AM sɚ'-] ❶ (*guess*) Vermutung *f* ❷ *no pl* (*guessing*) Vermutung *f,* Mutmaßung *f*

sur·mount [sə'maʊnt, AM sɚ'-] *vt* (*overcome*) *challenge, problem* meistern; *obstacle, opposition* überwinden

sur·name ['sɜːneɪm, AM 'sɜːr-] *n* Familienname *m,* Nachname *m*

sur·pass [sə'pɑːs, AM sɚ'pæs] *vt* (*form*) übertreffen; ■**to ~ oneself** sich selbst übertreffen

sur·plus ['sɜːpləs, AM 'sɜːr-] **I.** *n* <*pl* -es> ❶ (*excess*) Überschuss *m* (**of** an +*dat*) ❷ (*financial*) Überschuss *m* **II.** *adj* ❶ (*extra*) zusätzlich ❷ (*dispensable*) überschüssig; **to be ~ to requirements** BRIT nicht mehr benötigt werden

sur·prise [sə'praɪz, AM sɚ'-] **I.** *n* Überraschung *f;* **~! ~!** (*fam*) Überraschung! *a. iron;* **to take sb by ~** jdn überraschen; **to sb's [great] ~** zu jds [großem] Erstaunen **II.** *vt* ❶ (*amaze*) überraschen; **well, you do ~ me** nun, das erstaunt mich! ❷ (*take unawares*) überraschen; ■**to ~ sb doing sth** jdn bei etw *dat* überraschen [*o* ertappen] **III.** *adj attr* überraschend, unerwartet

sur·prised [sə'praɪzd, AM sɚ'-] *adj* ❶ (*taken unawares*) überrascht; (*amazed*) erstaunt (**at** über +*akk*); **I wouldn't be ~ if it snowed tomorrow** es würde mich nicht wundern, wenn es morgen schneite; **pleasantly ~** angenehm überrascht ❷ *pred* (*disappointed*) enttäuscht (**at** von +*dat*)

sur·pris·ing [sə'praɪzɪŋ, AM sɚ'-] *adj* überraschend

sur·pris·ing·ly [sə'praɪzɪŋli, AM sɚ'-] *adv* ❶ (*remarkably*) erstaunlich ❷ (*unexpectedly*) überraschenderweise

S

sur·re·al [sə'rɪəl, AM -'riːəl] *adj* surreal *geh,* [traumhaft-]unwirklich

sur·re·al·ism [sə'rɪəlɪzəm, AM -'riːəl-] *n no pl* Surrealismus *m*

sur·re·al·ist [sə'rɪəlɪst, AM -'riːəl-] **I.** *n* Surrealist(in) *m(f)* **II.** *adj* surrealistisch

sur·ren·der [sər'endəʳ, AM sə'rendɚ] **I.** *vi* ① MIL aufgeben, kapitulieren; ■**to ~ to sb** sich jdm ergeben ② (*fig: give in*) nachgeben, kapitulieren; **to ~ to temptation** der Versuchung erliegen **II.** *vt* (*form: give*) ■**to ~ sth** [**to sb**] [jdm] etw übergeben [*o* aushändigen]; *territory* abtreten; *weapons* abgeben **III.** *n no pl* ① (*capitulation*) Kapitulation *f* (**to** vor +*dat*) ② (*form: giving up*) Preisgabe *f* (**to** an +*akk*)

sur·rep·ti·tious [ˌsʌrəp'tɪʃəs, AM ˌsɜːr-] *adj* heimlich; *glance* verstohlen

sur·ro·ga·cy ['sʌrəgəsi, AM 'sɜːr-] *n no pl* Leihmutterschaft *f*

sur·ro·gate ['sʌrəgɪt, AM 'sɜːr-] **I.** *adj attr* Ersatz- **II.** *n* Ersatz *m,* Surrogat *nt geh* (**for** für +*akk*)

sur·ro·gate 'moth·er *n* Leihmutter *f*

sur·round [sə'raʊnd] **I.** *vt* ① (*enclose*) umgeben ② (*encircle*) einkreisen; MIL umstellen, umzingeln ③ (*fig: be associated with*) umgeben; **to be ~ed by speculation** Spekulationen hervorrufen **II.** *n esp* BRIT ① (*border*) Rahmen *m* ② (*area around sth*) Umrahmung *f,* Einfassung *f*

sur·round·ing [sə'raʊndɪŋ] *adj attr* umgebend; **~ area** Umgebung *f;* **the ~ buildings** die umliegenden Gebäude

sur·round·ings [sə'raʊndɪŋz] *npl* ① (*area*) Umgebung *f* ② (*living conditions*) Umgebung *f,* [Lebens]verhältnisse *pl*

sur·rounds [sə'raʊndz] *npl* AM ■**the ~** die Umgebung

sur·tax <*pl* -es> ['sɜːtæks, AM 'sɜːr-] *n no pl* FIN (*extra income tax*) Zusatzabgabe *f* (*zur Einkommenssteuer*)

sur·veil·lance [sɜː'veɪlən(t)s, AM sɚ'-] *n no pl* Überwachung *f,* Kontrolle *f;* **to be under ~** unter Beobachtung stehen, überwacht werden

sur·vey **I.** *vt* [sə'veɪ, AM sɚ'-] ① *usu passive* (*carry out research*) befragen ② (*look at*) betrachten; (*carefully*) begutachten ③ (*give overview*) umreißen **II.** *n* ['sɜːveɪ, AM 'sɜːr-] ① (*opinion poll*) Untersuchung *f;* (*research*) Studie *f;* **nationwide ~** landesweite Umfrage ② (*overview*) Übersicht *f;* *of a topic* Überblick *m* (**of** über +*akk*) ③ *of land* Vermessung *f*

sur·vey·or [sə'veɪəʳ, AM sɚ'veɪɚ] *n* ① *of land* [Land]vermesser(in) *m(f)* ② BRIT *of buildings* Gutachter(in) *m(f)*

sur·viv·al [sə'vaɪvəl, AM sɚ'-] *n no pl* (*not dying*) Überleben *nt* ▸PHRASES: **the ~ of the <u>fittest</u>** das Überleben des Stärkeren

sur·'viv·al in·stinct *n* Überlebensinstinkt *m*

sur·'viv·al rate *n* (*a. fig*) Überlebenschance *f*

sur·vive [sə'vaɪv, AM sɚ'-] **I.** *vi* ① (*stay alive*) überleben, am Leben bleiben; ■**to ~ on sth** sich mit etw *dat* am Leben halten ② (*fig: not be destroyed*) überleben, erhalten bleiben; *monument* überdauern; *tradition* fortbestehen **II.** *vt* ① (*stay alive after*) *accident, crash* überleben; (*fig*) hinwegkommen (über +*akk*) ② (*still exist after*) *fire, flood* überstehen ③ (*outlive*) *person* überleben

sur·viv·ing [sə'vaɪvɪŋ, AM sɚ'-] *adj* ① (*still living*) noch lebend; *relative* hinterblieben; **the rhinoceros is one of the oldest ~ species** das Nashorn ist eine der ältesten noch existierenden Spezies ② (*fig: still existing*) [noch] vorhanden

sur·vi·vor [sə'vaɪvəʳ, AM sɚ'vaɪvɚ] *n* ① (*person still alive*) Überlebende(r) *f(m);* **she's a ~ of cancer** sie hat den Krebs besiegt ② (*fig: tough person*) Stehaufmännchen *hum fam,* Überlebenskünstler(in) *m(f);* **he's one of life's ~s** er lässt sich vom Leben nicht kleinkriegen *fam*

sus·cep·tible [sə'septəbl] *adj* ① *usu pred* (*easily influenced*) ■**to be ~ to sth** für etw *akk* empfänglich sein; **children are very ~ to TV** Kinder sind durch das Fernsehen leicht beeinflussbar ② MED anfällig

sus·pect **I.** *vt* [sə'spekt] ① (*think likely*) vermuten; **I ~ed as much** das habe ich mir gedacht ② (*consider guilty*) verdächtigen; ■**to be ~ed of sth** einer S. *gen* verdächtigt werden ③ (*doubt*) ■**to ~ sth** etw *akk* anzweifeln; *motives* etw *dat* misstrauen **II.** *n* ['sʌspekt] Verdächtige(r) *f(m);* (*fig*) Verursacher(in) *m(f)* **III.** *adj* ['sʌspekt] ① *usu attr* (*possibly dangerous*) verdächtig, suspekt ② (*possibly defective*) zweifelhaft

sus·pend [sə'spend] *vt* ① (*stop temporarily*) [vorübergehend] aussetzen, einstellen; **to ~ judgement** mit seiner Meinung zurückhalten ② LAW *constitution* zeitweise außer Kraft setzen; *sentence* [zur Bewährung] aussetzen ③ *usu passive* (*from work*) suspendieren; (*from school*) [zeitweilig] [vom Unterricht] ausschließen; SPORTS sperren ④ *usu passive* (*hang*) herabhängen (**from** von +*dat*)

sus·pend·er [sə'spendəʳ, AM -ɚ] *n* ① (*for stockings*) Strumpfbandhalter *m* ② AM (*braces*) ■**~s** *pl* Hosenträger *pl*

S

sus·ˈpend·er belt *n* BRIT, AUS Strumpfbandhalter *m*

sus·pense [səˈspen(t)s] *n no pl* Spannung *f;* **to keep sb in ~** jdn im Ungewissen lassen

sus·pen·sion [səˈspen(t)ʃ^{ə}n] *n* ❶ *no pl* (*temporary stoppage*) [zeitweilige] Einstellung ❷ (*from work, school*) Suspendierung *f;* SPORTS Sperrung *f* ❸ AUTO Radaufhängung *f*

sus·ˈpen·sion bridge *n* Hängebrücke *f* **sus·ˈpen·sion points** *npl* Auslassungspunkte *pl*

sus·pi·cion [səˈspɪʃ^{ə}n] *n* ❶ (*unbelief*) Verdacht *m* ❷ *no pl* (*being suspected*) Verdacht *m;* **to be above ~** über jeglichen Verdacht erhaben sein ❸ *no pl* (*mistrust*) Misstrauen *nt; see also* **vicious**

sus·pi·cious [səˈspɪʃəs] *adj* ❶ (*causing suspicion*) verdächtig ❷ (*feeling suspicion*) misstrauisch, argwöhnisch; ■**to be ~ of sth** einer S. *dat* gegenüber skeptisch sein

suss [sʌs] *vt esp* BRIT, AUS ■**to ~ [out]** ○ **sb/sth** ❶ (*understand*) jdn/etw durchschauen ❷ (*discover*) jdm/etw auf die Spur kommen; ■**to ~ [out] how/why ...** herauskriegen, wie/warum ... *fam;* ■**to ~ [out] that ...** herausfinden, dass ...

sus·tain [səˈsteɪn] *vt* ❶ (*form: suffer*) **to ~ damages** Schäden erleiden; (*object*) beschädigt werden ❷ (*maintain*) aufrechterhalten ❸ (*keep alive*) [am Leben] erhalten; *a family* unterhalten ❹ (*support emotionally*) unterstützen

sus·tain·able [səˈsteɪnəbḷ] *adj* (*maintainable*) haltbar; *argument* stichhaltig; ECOL *resources* erneuerbar; **~ development** nachhaltige Entwicklung

sus·tained [səˈsteɪnd] *adj* ❶ (*long-lasting*) anhaltend ❷ (*determined*) nachdrücklich; **to make a ~ effort to do sth** entschieden an etw *akk* herangehen

sus·te·nance [ˈsʌstɪnən(t)s, AM -t^{ə}n-] *n no pl* ❶ (*form: food*) Nahrung *f* ❷ (*emotional support*) Unterstützung *f;* **to find ~ in sth** eine Stütze an etw *dat* finden

su·ture [ˈsuːtʃə^{r}, AM -ɚ] MED **I.** *n* Naht *f* **II.** *vt* [ver]nähen

svelte [ˈsvelt] *adj* (*approv*) *woman* schlank, grazil

swab [swɒb, AM swɑːb] **I.** *n* MED ❶ (*pad*) Tupfer *m* ❷ (*test sample*) Abstrich *m* **II.** *vt* <-bb-> ❶ MED (*clean*) abtupfen ❷ *esp* NAUT *deck* schrubben

swad·dle [ˈswɒdḷ, AM ˈswɑː-] *vt* (*dated*) einwickeln; *baby* wickeln

swad·dling clothes [ˈswɒdḷɪŋ-, AM ˈswɑː-] *npl* (*dated*) Windeln *pl*

swag·ger [ˈswægə^{r}, AM -ɚ] **I.** *vi* ❶ (*walk boastfully*) stolzieren ❷ (*behave boastfully*) angeben *fam,* prahlen **II.** *n no pl* Angeberei *f fam,* Prahlerei *f*

swal·low[1] [ˈswɒləʊ, AM ˈswɑːloʊ] *n* Schwalbe *f*

swal·low[2] [ˈswɒləʊ, AM ˈswɑːloʊ] **I.** *n* ❶ (*action*) Schlucken *nt kein pl* ❷ (*quantity*) Schluck *m* **II.** *vt* ❶ (*eat*) [hinunter]schlucken; (*greedily*) verschlingen ❷ *usu passive* ECON (*fig: take over*) ■**to be ~ed [up] by sth** von etw *dat* geschluckt werden *fam* ❸ (*fig: engulf*) ■**to ~ [up]** ○ **sb/sth** jdn/etw verschlingen ❹ (*fig fam: believe unquestioningly*) schlucken **III.** *vi* schlucken ◆**swallow down** *vt* ■**to ~ down** ○ **sth** etw hinunterschlucken; (*gulp down*) etw hinunterschlingen

swam [swæm] *vi, vt pt of* **swim**

swamp [swɒmp, AM swɑːmp] **I.** *vt* ❶ (*fill with water*) *boat, canoe* volllaufen lassen ❷ (*flood*) überschwemmen, unter Wasser setzen ❸ (*fig: overwhelm*) überschwemmen; **I'm ~ed with work at the moment** im Moment ersticke ich in Arbeit **II.** *n* ❶ (*bog*) Sumpf *m* ❷ *no pl* (*boggy land*) Sumpfland *nt*

ˈswamp fe·ver *n no pl* Sumpffieber *nt*

ˈswamp·land, ˈswamp·lands *npl* Sumpfland *nt,* Sumpfgebiet *nt*

swampy [ˈswɒmpi, AM ˈswɑː-] *adj* sumpfig, morastig

swan [swɒn, AM swɑːn] **I.** *n* Schwan *m* **II.** *vi* <-nn-> BRIT, AUS (*usu pej fam*) **to ~ into the room** ins Zimmer spaziert kommen

swank [swæŋk] (*pej*) **I.** *vi* (*fam*) herumprotzen (**about** mit +*dat*) **II.** *n no pl* (*fam*) Prahlerei *f,* Protzerei *f*

swanky [ˈswæŋki] *adj* (*fam*) ❶ (*stylish*) schick ❷ (*pej: boastful*) protzig; *talk, manner* großspurig

ˈswan·song *n* (*fig*) Schwanengesang *m geh*

swap [swɒp, AM swɑːp] **I.** *n* ❶ (*exchange*) Tausch *m;* (*interchange*) Austausch *m* ❷ (*deal*) Tauschhandel *m* ❸ (*thing*) Tauschobjekt *nt* **II.** *vt* <-pp-> ❶ (*exchange*) tauschen; ■**to ~ sth for sth** etw gegen etw *akk* eintauschen ❷ (*tell one another*) *stories* austauschen **III.** *vi* <-pp-> tauschen; ■**to ~ with sb** (*exchange objects*) mit jdm tauschen; (*change places*) mit jdm [Platz] tauschen

swarm [swɔːm, AM swɔːrm] **I.** *n* ❶ (*insects*) Schwarm *m* ❷ + *sing/pl vb* (*fig: people*) Schar *f* **II.** *vi* ❶ ZOOL *insects* schwärmen ❷ (*fig*) *people* schwärmen ❸ (*be full of*) ■**to be ~ing with sth** von etw *dat* [nur so] wimmeln

swarthy [ˈswɔːði, AM ˈswɔːr-] *adj* dun-

S

kel[häutig]

swash·buck·ling ['swɒʃ,bʌklɪŋ, AM 'swɑ:ʃ,-] *adj attr hero, pirate* verwegen, säbelrasselnd; *pseudo-hero* großschnäuzig *pej*

swas·ti·ka ['swɒstɪkə, AM 'swɑ:-] *n* Hakenkreuz *nt*

swat [swɒt, AM swɑ:t] **I.** *vt* <-tt-> ① (*kill*) *insect* totschlagen, zerquetschen ② (*hit*) hart schlagen; *ball* schmettern **II.** *n* ① (*blow*) [heftiger] Schlag ② (*swatter*) Fliegenklatsche *f*

swatch <*pl* -es> [swɒtʃ, AM swɑ:tʃ] *n* [Textil]muster *nt*, [Textil]probe *f*

swathe [sweɪð] **I.** *vt* einwickeln **II.** *n* ① (*long strip*) Bahn *f*, Streifen *m* ② (*wide area*) Gebiet *nt*, Gegend *f*

sway [sweɪ] **I.** *vi person* schwanken; *trees* sich wiegen **II.** *vt* ① (*swing*) schwenken; *wind* wiegen ② *usu passive* (*influence*) ■**to be ~ed by sb/sth** sich von jdm/etw beeinflussen lassen; (*change mind*) von jdm/etw umgestimmt werden ③ (*fig: alter*) ändern

swear <swore, sworn> [sweəʳ, AM swer] **I.** *vi* ① (*curse*) fluchen (**at** auf *+akk*) ② (*take an oath*) schwören, einen Eid ablegen **II.** *vt* schwören; *oath* leisten, ablegen ◆**swear in** *vt usu passive* vereidigen ◆**swear off** *vt* ■**to ~ off sth** *alcohol, cigarettes, drugs* etw *dat* abschwören

'swear·ing [sweərɪŋ, AM swer-] *n* Fluchen *nt*

'swear word *n* derbes Schimpfwort, Fluch *m*

sweat [swet] **I.** *n no pl* ① (*perspiration*) Schweiß *m* ② (*fig fam: worried state*) **just thinking about the exams brings me out in a cold ~** wenn ich nur ans Examen denke, bricht mir der kalte Schweiß aus; **to work oneself into a ~ [about sth]** sich [wegen einer S. *dat*] verrückt machen *fam* **II.** *vi* ① (*perspire*) schwitzen (**with** vor *+dat*) ② (*fig: work hard*) schwitzen (**over** über *+dat*) **III.** *vt* ▶PHRASES: **to ~ blood** Blut [und Wasser] schwitzen *fam* ◆**sweat out** *vt* **to ~ it out** (*exercise hard*) sich verausgaben; (*suffer while waiting*) zittern

'sweat band *n* Schweißband *nt*

sweat·ed ['swetɪd, AM -t̬-] *adj attr* **~ labour** [schlecht bezahlte] Schwerarbeit

sweat·er ['swetəʳ, AM -t̬ɚ] *n* Pullover *m*, Sweater *m*

'sweat gland *n* Schweißdrüse *f* **'sweat·shirt** *n* Sweatshirt *nt* **'sweat·shop** *n* Ausbeuterbetrieb *m pej*

sweaty ['sweti, AM -t̬-] *adj* ① (*covered in sweat*) *person* verschwitzt ② (*causing sweat*) *work* schweißtreibend

swede [swi:d] *n* BRIT, AUS Kohlrübe *f*

Swe·den ['swi:dᵊn] *n no pl* Schweden *nt*

Swe·dish ['swi:dɪʃ] **I.** *n no pl* Schwedisch *nt* **II.** *adj* schwedisch

sweep [swi:p] **I.** *n* ① *no pl* (*a clean with a brush*) Kehren *nt*, Fegen *nt* NORDD ② (*movement*) schwungvolle Bewegung; (*with sabre, scythe*) ausholender Hieb ③ (*range*) Reichweite *f a. fig*, Spielraum *m* ④ (*fam*) *see* **sweepstake** **II.** *vt* <swept, swept> ① (*with a broom*) kehren, fegen NORDD ② (*take in powerful manner*) **she swept the pile of papers into her bag** sie schaufelte den Stapel Papiere in ihre Tasche ③ (*spread*) ■**to ~ sth** über etw *akk* kommen; **a 1970s fashion revival is ~ing Europe** ein Modetrend wie in den 70ern rollt derzeit über Europa hinweg ▶PHRASES: **to ~ the board** allen Gewinn einstreichen **III.** *vi* <swept, swept> (*move smoothly*) gleiten; *person* rauschen *fam* ◆**sweep aside** *vt* ① (*cause to move*) [hin]wegfegen ② (*fig: dismiss*) *doubts, objections* beiseiteschieben, abtun ◆**sweep away** *vt* ① (*remove*) [hin]wegfegen; (*water*) fortspülen; (*fig*) *doubts, objections* beiseiteschieben ② (*fig: carry away*) mitreißen ◆**sweep down** *vi* abfallen; **the mountains ~ down to the sea** die Berge fallen zum Meer hin ab ◆**sweep off** *vt* **to ~ sb off his/her feet** jdn mitreißen; (*fig*) jdn begeistern ◆**sweep out I.** *vt* auskehren **II.** *vi* hinausstürmen ◆**sweep up I.** *vt* ① (*brush and gather*) zusammenkehren ② (*gather*) zusammensammeln **II.** *vi* heranrauschen

sweep·er ['swi:pəʳ, AM -ɚ] *n* ① (*device*) Kehrmaschine *f* ② (*person*) [Straßen]feger(in) *m(f)*, [Straßen]kehrer(in) *m(f)* ③ FBALL Libero *m*

sweep·ing ['swi:pɪŋ] *adj* ① (*large-scale*) weitreichend; *changes* einschneidend; **~ cuts** drastische Einsparungen ② (*very general*) pauschal; *generalization* grob ③ *attr* (*broad*) *curve* weit

sweep·stake ['swi:psteɪk] *n Art Lotterie, wobei mit kleinen Einsätzen z. B. auf Pferde gesetzt wird und diese Einsätze an den Gewinner gehen*

sweet [swi:t] **I.** *adj* ① (*like sugar*) süß ② (*not dry*) *sherry, wine* lieblich ③ (*fig: pleasant*) süß, angenehm; *sound* lieblich; *temper* sanft ④ (*fig: endearing*) süß, niedlich; (*kind*) freundlich, lieb **II.** *n* ① *esp* BRIT, AUS (*candy*) Süßigkeit *f meist pl*; ■**~s** *pl* Süßigkeiten *pl* ② BRIT, AUS (*dessert*) Nachspeise *f*

'sweet-and-sour *adj* süßsauer **'sweet·bread** *n usu pl* Bries *nt* **sweet 'chest·nut**

S

n Esskastanie *f* **'sweet·corn** *n no pl* [Zucker]mais *m*

sweet·en ['swi:tᵊn] *vt* ① (*make sweet*) süßen ② (*make more amenable*) ■**to ~ [up]** ⟳ **sb** jdn günstig stimmen

sweet·en·er ['swi:tᵊnəʳ, AM -ɚ] *n* ① *no pl* (*sugar substitute*) Süßstoff *m;* (*pill*) Süßstofftablette *f* ② (*inducement*) Lockspeise *f geh,* Versuchung *f*

'sweet·heart *n* (*term of endearment*) Liebling *m,* Schatz *m fam*

sweet·ness ['swi:tnəs] *n no pl* ① (*sweet taste*) Süße *f* ② (*fig: pleasantness*) *of sb's nature* Freundlichkeit *f; of freedom, victory* süßes [*o* wohliges] Gefühl

sweet 'pea *n* Wicke *f* **sweet po·'ta·to** *n* Süßkartoffel *f* **'sweet-talk** *vt* einwickeln *fam;* ■**to ~ sb into doing sth** jdn beschwatzen, etw zu tun **sweet 'tooth** *n* **to have a ~** eine Naschkatze sein **sweet 'wil·liam** *n* HORT [Bart]nelke *f*

swell <swelled, swollen *or* swelled> [swel] **I.** *vt* ① (*enlarge*) anwachsen lassen; *river* anschwellen lassen; *fruit* wachsen [und gedeihen] lassen ② (*fig: increase*) [an]steigen lassen; *sales* steigern **II.** *vi* ① (*become swollen*) ■**to ~ [up]** anschwellen ② (*increase*) zunehmen; *population* ansteigen ③ (*get louder*) lauter werden, anschwellen **III.** *n no pl* ① (*increase in sound*) zunehmende Lautstärke; *of music* Anschwellen *nt kein pl* ② *of sea* Seegang *m*

'swell·head *n esp* AM (*pej*) Angeber(in) *m(f)*

swell·ing ['swelɪŋ] *n* ① MED (*lump*) Schwellung *f,* Geschwulst *f;* (*sudden growth*) Beule *f* ② *no pl* (*activity*) Anschwellen *nt* ③ (*lasting form*) Wölbung *f,* Ausbauchung *f*

swel·ter ['sweltəʳ, AM -ɚ] *vi* verschmachten, [vor Hitze] umkommen

swel·ter·ing ['sweltᵊrɪŋ, AM -ɚ-] *adj* drückend heiß; *heat, weather* schwül

swept [swept] *vt, vi pt of* **sweep**

swerve [swɜ:v, AM swɜ:rv] **I.** *vi* ① (*change direction*) [plötzlich] ausweichen; *horse* seitlich ausbrechen; *car* ausscheren ② (*fig liter: deviate*) eine Schwenkung vollziehen *geh;* **to ~ from one's principles** von seiner seinen Grundsätzen abweichen **II.** *n* ① (*sudden move*) plötzliche Seitenbewegung, Schlenker *m;* (*evading move*) Ausweichbewegung *f;* **a ~ to the right** ein Ausscheren *nt* nach rechts ② (*fig*) Abweichung *f;* POL Richtungswechsel *m*

swift[1] [swɪft] *adj* ① (*fast-moving*) schnell ② (*occurring quickly*) schnell, rasch

swift[2] [swɪft] *n* Mauersegler *m*

swift·ly ['swɪftli] *adv* schnell, rasch

swift·ness ['swɪftnəs] *n no pl* Schnelligkeit *f*

swig [swɪg] (*fam*) **I.** *vt* <-gg-> schlucken **II.** *n* Schluck *m*

swill [swɪl] **I.** *n no pl* ① (*pig feed*) Schweinefutter *nt;* (*fig, pej: unpleasant drink*) Gesöff *nt fam;* (*unpleasant food*) Fraß *m fam* ② (*rinsing*) Spülung *f;* (*act of rinsing*) Spülen *nt* **II.** *vt* ① (*usu pej fam: drink fast*) hinunterstürzen; *alcohol, beer* hinunterkippen ② (*swirl a liquid*) ■**to ~ sth around** etw [hin und her] schwenken ③ (*rinse*) ■**to ~ sth out** etw ausspülen

swim [swɪm] **I.** *vi* <swam *or* AUS *a.* swum, swum, -mm-> ① SPORTS schwimmen ② (*whirl*) verschwimmen; (*be dizzy*) schwindeln **II.** *vt* <swam *or* AUS *a.* swum, swum, -mm-> ① (*cross*) *channel, river* durchschwimmen ② (*do*) **to ~ a few strokes** ein paar Züge schwimmen **III.** *n* Schwimmen *nt kein pl*

swim·mer ['swɪməʳ, AM -ɚ] *n* ① (*person*) Schwimmer(in) *m(f)* ② AUS (*fam: clothes*) ■**~s** *pl* Schwimmsachen *pl*

swim·ming ['swɪmɪŋ] *n no pl* Schwimmen *nt*

'swim·ming bath(s) *n* BRIT Schwimmbecken *nt* **'swim·ming cap** *n* Badekappe *f,* Badehaube *f* ÖSTERR **'swim·ming cos·tume** *n* BRIT, AUS Badeanzug *m*

swim·ming·ly ['swɪmɪŋli] *adv* (*fam or dated*) glatt

'swim·ming pool *n* Schwimmbecken *nt;* (*private*) Swimmingpool *m;* (*public*) Schwimmbad *nt;* **indoor/outdoor ~** Hallen-/Freibad *nt* **'swim·ming trunks** *npl* Badehose *f*

'swim·suit *n esp* AM (*swimming costume*) Badeanzug *m;* (*swimming trunks*) Badehose *f*

swin·dle ['swɪndl̩] **I.** *vt* betrügen; ■**to ~ sb out of sth** jdn um etw *akk* betrügen **II.** *n* Betrug *m kein pl außer* SCHWEIZ

swin·dler ['swɪndləʳ, AM -l̩ɚ] *n* (*pej*) Betrüger(in) *m(f)*

swine [swaɪn] *n* <*pl* - *or* -s> (*pej fam: person*) Schwein *nt*

swing [swɪŋ] **I.** *n* ① (*movement*) Schwingen *nt kein pl* ② (*punch*) Schlag *m* ③ (*hanging seat*) Schaukel *f* ④ (*change*) Schwankung *f;* POL Umschwung *m* ⑤ AM (*in baseball*) Swing *m* ▸ PHRASES: **to be in full ~** voll im Gang sein **II.** *vi* <swung, swung> ① (*move*) [hin und her] schwingen; (*move circularly*) sich drehen; **the door swung open in the wind** die Tür ging durch den Wind auf ② (*attempt to hit*) zum Schlag ausholen; ■**to ~ at sb**

S

nach jdm schlagen ③ (*alternate*) *mood* schwanken ④ *music, party* swingen ▶PHRASES: **to ~ into action** loslegen *fam* **III.** *vt* <swung, swung> ① (*move*) [hin- und her]schwingen ② (*fam: arrange*) **do you think you could ~ the job for me?** glaubst du, du könntest die Sache für mich schaukeln?; **to ~ it** es deichseln ◆**swing around, swing round I.** *vi* ① (*turn around*) sich schnell umdrehen; (*in surprise, fright*) herumfahren ② (*go fast*) **she swung around the corner at full speed** sie kam mit vollem Tempo um die Ecke geschossen **II.** *vt* ① (*turn round*) ■**to ~ sth around** etw [her]umdrehen; (*move in a circle*) etw herumschwingen ② (*change*) **to ~ a conversation [a]round to sth** ein Gespräch auf etw *akk* bringen

'swing bridge *n* Drehbrücke *f* **swing 'door** *n* BRIT, AUS Schwingtür *f,* Pendeltür *f*

swinge·ing ['swɪndʒɪŋ] *adj* BRIT (*form*) extrem; *penalty* exorbitant; *cuts* drastisch

swing·ing ['swɪŋɪŋ] *adj* (*dated fam: fun, exciting*) schwungvoll; (*promiscuous*) freizügig

swin·ish ['swaɪnɪʃ] *adj* (*pej dated fam*) schweinisch

swipe [swaɪp] **I.** *vi* schlagen (**at** nach +*dat*) **II.** *vt* ① *esp* AM (*graze*) *car* streifen ② (*fam: steal*) klauen ③ (*pass through*) *magnetic card* durchziehen, einlesen **III.** *n* Schlag *m;* **to take a ~ at sb/sth** auf jdn/etw losschlagen

swirl [swɜːl, AM swɜːrl] **I.** *vi* wirbeln **II.** *vt* ① (*move circularly*) ■**to ~ sth around** etw herumwirbeln ② (*twist together*) ■**to ~ sth together** etw miteinander vermischen **III.** *n of water* Strudel *m; of snow, wind* Wirbel *m; of dust* Wolke *f*

swish [swɪʃ] **I.** *vi* ① (*make hissing noise*) zischen ② (*make brushing noise*) rascheln **II.** *vt liquid* hin und her schwenken **III.** *adj* <-er, -est> (*fam*) ① (*posh*) todschick ② (*pej: too extravagant*) nobel *oft iron* **IV.** *n* ① (*sound*) Rascheln *nt kein pl* ② AM (*pej sl: effeminate man*) Schwuchtel *f*

Swiss [swɪs] **I.** *adj* Schweizer-, schweizerisch **II.** *n* <*pl* -> Schweizer(in) *m(f)*

switch [swɪtʃ] **I.** *n* <*pl* -es> ① (*control*) Schalter *m;* **to flick a ~** (*turn on*) einen Schalter anknipsen; (*turn off*) einen Schalter ausknipsen ② (*substitution*) Wechsel *m meist sing* ③ (*alteration*) Änderung *f;* (*change*) Wechsel *m* **II.** *vi* wechseln, tauschen (**with** mit +*dat*) **III.** *vt* ① (*adjust settings*) umschalten ② (*change abruptly*) wechseln ③ (*substitute*) auswechseln, eintauschen ◆**switch off I.** *vt* ELEC ausschalten **II.** *vi* ① (*turn off*) ausschalten ② (*stop paying attention*) abschalten *fam* ◆**switch on I.** *vt* ELEC einschalten; *the TV* anmachen **II.** *vi* einschalten, anschalten ◆**switch over** *vi* wechseln (**to** zu +*dat*); TV umschalten (**to** auf +*akk*)

'switch·back *n* (*road*) Serpentinenstraße *f;* (*path*) Serpentinenweg *m*

'switch·blade *n* AM (*flick knife*) Klappmesser *nt* **'switch·board** *n* ELEC Schaltbrett *nt;* TELEC [Telefon]zentrale *f,* Vermittlung *f* **'switch·board op·era·tor** *n* Telefonist(in) *m(f)* **'switch·man** <-men> *n* AM Weichensteller(in) *m(f)* **'switch·yard** *n* AM Rangierbahnhof *m*

Swit·zer·land ['swɪtsᵊlənd, AM -ərlənd] *n* Schweiz *f*

swiv·el ['swɪvᵊl] **I.** *n* Drehring *m,* Drehgelenk *nt* **II.** *vt* <BRIT, AUS -ll- *or* AM *usu* -l-> drehen **III.** *vi* <BRIT, AUS -ll- *or* AM *usu* -l-> sich drehen

swiv·el 'chair *n* Drehstuhl *m*

'swiz·zle stick *n* Sektquirl *m*

swol·len ['swəʊlən, AM 'swoʊ-] **I.** *pp of* **swell II.** *adj* ① (*puffy*) geschwollen; *face* aufgequollen ② (*larger than usual*) angeschwollen

swol·len-head·ed [-'hedɪd] *adj* (*pej fam*) hochnäsig

swoon [swuːn] *vi* ① (*dated: faint*) ohnmächtig werden ② (*fig*) schwärmen (**over** für +*akk*)

swoop [swuːp] **I.** *n* ① (*dive*) Sturzflug *m* ② (*fam: attack*) Überraschungsangriff *m;* (*by police*) Razzia *f* ▶PHRASES: **at [or in] one fell ~** auf einen Streich **II.** *vi* ① (*dive*) niederstoßen, herabstoßen ② (*fam: attack*) ■**to ~ on sb/sth** jdn/etw angreifen; *police* bei jdm/etw eine Razzia machen

swop <-pp-> [swɒp, AM swɑːp] *vt, vi esp* BRIT, CAN *see* **swap**

sword [sɔːd, AM sɔːrd] *n* Schwert *nt*

Aussprache

Das **w** in **sword** wird nicht gesprochen: [sɔːd]

'sword dance *n* Schwert[er]tanz *m* **'sword·fish** *n* Schwertfisch *m* **'sword·play** *n no pl* Fechten *nt* **'sword-point** *n no pl* Schwertspitze *f;* (*fig*) ■**to do sth at ~** etw gezwungenermaßen tun

swords·man ['sɔːdzmən, AM 'sɔːrdz-] *n* Fechter *m*

swords·man·ship ['sɔːdzmənʃɪp, AM 'sɔːrdz-] *n no pl* Fechtkunst *f*

swore [swɔːʳ, AM swɔːr] *pt of* **swear**

sworn [swɔːn, AM swɔːrn] **I.** *pp of* **swear**

S

II. *adj attr* beschworen; *testimony* beeidet; **a ~ statement** eine eidliche Aussage; **~ enemy** Todesfeind(in) *m(f)*

swot <-tt-> [swɒt] **I.** *vi* BRIT, AUS (*fam*) büffeln, pauken **II.** *vt* ■**to ~ up** ↻ **sth** etw büffeln

swoz·zled [swɑːzl̩d] *adj pred* AM (*sl*) besoffen *derb*

swum [swʌm] *pp, also Aus pt of* **swim**

swung [swʌŋ] *pt, pp of* **swing**

syca·more [ˈsɪkəmɔːʳ, AM -mɔːr] *n* Sykomore *f,* Maulbeerfeigenbaum *m;* AM Platane *f*

syco·phant [ˈsɪkəfænt, ˈsaɪkə-, AM -fᵊnt] *n* (*pej form*) Schmeichler(in) *m(f);* (*pej*) Schleimer(in) *m(f),* Kriecher(in) *m(f)*

syco·phan·tic [ˌsɪkə(ʊ)ˈfæntɪk, ˈsaɪkə-, AM -əˈfænt̬ɪk] *adj* (*pej form*) kriecherisch

syl·la·ble [ˈsɪləbl̩] *n* Silbe *f*

syl·la·bus <*pl* -es *or form* syllabi> [ˈsɪləbəs, *pl* -aɪ] *n* ① (*course outline*) Lehrplan *m* ② (*course reading list*) Leseliste *f*

sylph [sɪlf] *n* Sylphide *f geh*

sym·bio·sis [ˌsɪmbaɪˈəʊsɪs, AM -biˈoʊ-] *n no pl* Symbiose *f*

sym·bi·ot·ic [ˌsɪmbaɪˈɒtɪk, AM -biˈɑːt̬ɪk] *adj* symbiotisch

sym·bol [ˈsɪmbᵊl] *n* Symbol *nt,* Zeichen *nt*

sym·bol·ic [sɪmˈbɒlɪk, AM -ˈbɑː-] *adj* symbolisch, symbolhaft

sym·bol·ism [ˈsɪmbᵊlɪzᵊm] *n no pl* Symbolik *f;* ■**S~** ART, LIT Symbolismus *m*

sym·bol·ize [ˈsɪmbᵊlaɪz, AM -bə-] *vt* symbolisieren

sym·met·ri·cal [sɪˈmetrɪkᵊl] *adj* symmetrisch; *face* ebenmäßig

sym·me·try [ˈsɪmətri] *n no pl* (*balance*) MATH Symmetrie *f;* (*evenness*) Ebenmäßigkeit *f;* (*correspondence*) Übereinstimmung *f*

sym·pa·thet·ic [ˌsɪmpəˈθetɪk, AM -t̬-] *adj* ① (*understanding*) verständnisvoll; ■**to be ~ about sth** für etw *akk* Verständnis haben; (*sympathizing*) mitfühlend, teilnahmsvoll ② (*likeable*) *fictional characters* sympathisch ③ (*approving*) wohlgesinnt; ■**to be ~ to[wards] sb/sth** mit jdm/etw sympathisieren

sym·pa·thize [ˈsɪmpəθaɪz] *vi* ① (*show understanding*) Verständnis haben; (*show compassion*) Mitleid haben, mitfühlen ② (*agree with*) sympathisieren

sym·pa·thiz·er [ˈsɪmpəθaɪzəʳ, AM -ɚ] *n* Sympathisant(in) *m(f)*

sym·pa·thy [ˈsɪmpəθi] *n* ① *no pl* (*compassion*) Mitleid *nt* (**for** mit +*dat*); (*commiseration*) Mitgefühl *nt;* (*understanding*) Verständnis *nt* ② *no pl* (*agreement*) Übereinstimmung *f;* (*affection*) Sympathie *f* (**with** für +*akk*) ③ (*condolences*) ■**sympathies** *pl* Beileid *nt kein pl*

sym·phon·ic [sɪmˈfɒnɪk, AM -ˈfɑːn-] *adj* symphonisch, sinfonisch

sym·pho·ny [ˈsɪm(p)fəni] *n* Symphonie *f,* Sinfonie *f;* **Beethoven's Fifth S~** die fünfte Symphonie von Beethoven

ˈsym·pho·ny con·cert *n* Symphoniekonzert *nt,* Sinfoniekonzert *nt* **ˈsym·pho·ny or·ches·tra** *n* Symphonieorchester *nt,* Sinfonieorchester *nt*

sym·po·sium <*pl* -s *or* -sia> [sɪmˈpəʊziəm, AM -ˈpoʊ-, *pl* -ziə] *n* (*form*) Symposium *nt,* Symposion *nt*

symp·tom [ˈsɪm(p)təm] *n* ① MED Symptom *nt,* Krankheitszeichen *nt* ② (*fig: indicator*) [An]zeichen *nt,* Symptom *nt geh*

symp·to·mat·ic [ˌsɪm(p)təˈmætɪk, AM -ˈmæt̬-] *adj* symptomatisch

syna·gogue [ˈsɪnəgɒg, AM -gɑːg] *n* Synagoge *f; see also* **colleague**

syn·chro·nize [ˈsɪŋkrənaɪz] **I.** *vt* aufeinander abstimmen; **to ~ watches** Uhren gleichstellen **II.** *vi* zeitlich zusammenfallen

syn·chro·nized swim·ming [ˌsɪŋkrənaɪzdˈ-] *n no pl* Synchronschwimmen *nt*

syn·chro·nous [ˈsɪŋkrənəs] *adj* gleichzeitig, synchron

syn·co·pate [ˈsɪŋkəpeɪt] *vt* MUS synkopieren

syn·di·cate **I.** *n* [ˈsɪndɪkət, AM -dəkɪt] ① + *sing/pl vb* COMM, FIN Syndikat *nt,* Verband *m* ② JOURN Pressesyndikat *nt* **II.** *vt* [ˈsɪndɪkeɪt, AM -də-] ① JOURN an mehrere Zeitungen verkaufen ② (*finance*) über ein Syndikat finanzieren

syn·di·ca·tion [ˌsɪndɪˈkeɪʃᵊn, AM -dəˈ-] *n no pl* ① JOURN Verkauf *m* an mehrere Zeitungen ② (*financing*) Finanzierung *f* durch ein Syndikat

syn·drome [ˈsɪndrəʊm, AM -droʊm] *n* MED (*a. fig*) Syndrom *nt*

syn·er·gism [ˈsɪnədʒɪzᵊm, AM -ɚdʒɪ-], **syn·er·gy** [ˈsɪnədʒi, AM -ɚdʒi] *n no pl* Synergismus *m;* (*energy*) Synergie *f*

syn·od [ˈsɪnəd] *n* Synode *f*

syno·nym [ˈsɪnənɪm] *n* Synonym *nt*

syn·ony·mous [sɪˈnɒnɪməs, AM -ˈnɑːnə-] *adj* synonym

syn·op·sis <*pl* -ses> [sɪˈnɒpsɪs, AM -ˈnɑːp-, *pl* -siːz] *n* Zusammenfassung *f*

syn·tac·tic [sɪnˈtæktɪk] *adj* syntaktisch, Syntax-

syn·tax [ˈsɪntæks] *n no pl* Syntax *f*

syn·the·sis <*pl* -theses> [ˈsɪn(t)θəsɪs, *pl* -siːz] *n* Synthese *f,* Verbindung *f*

syn·the·size [ˈsɪn(t)θəsaɪz] *vt* künstlich herstellen

syn·the·siz·er [ˈsɪn(t)θəsaɪzəʳ, AM -ɚ] *n* Syn-

S

thesizer *m*

syn·thet·ic [sɪnˈθetɪk, AM -t̬-] **I.** *adj* (1) (*man-made*) synthetisch, künstlich; ~ **fibre** Kunstfaser *f* (2) (*fig, pej: fake*) künstlich, gekünstelt **II.** *n* synthetischer Stoff

syphi·lis [ˈsɪfɪlɪs, AM -ᵊlɪs] *n no pl* Syphilis *f*

syphi·lit·ic [ˌsɪfɪˈlɪtɪk, AM -əˈlɪt̬-] *adj* syphilitisch

sy·phon [ˈsaɪfᵊn] *n see* **siphon**

Syria [ˈsɪriə] *n* Syrien *nt*

Syr·ian [ˈsɪriən] **I.** *adj* syrisch **II.** *n* Syr[i]er(in) *m(f)*

sy·ringe [sɪˈrɪnʤ, AM səˈ-] MED **I.** *n* Spritze *f* **II.** *vt* [aus]spülen

syr·up [ˈsɪrəp] *n no pl* (1) (*sauce*) Sirup *m* (2) (*medicine*) Saft *m*, Sirup *m*

syr·upy [ˈsɪrəpi] *adj* (1) (*usu pej*) *food* süßlich (2) (*pej: overly sweet*) zuckersüß *fig;* (*sentimental*) sentimental, rührselig

sys·tem [ˈsɪstəm] *n* System *nt*

sys·tem·at·ic [ˌsɪstəˈmætɪk, AM -ˈmæt̬-] *adj* systematisch

sys·tema·tize [ˈsɪstəmətaɪz] *vt* systematisieren

ˈsys·tem check *n* Systemüberprüfung *f* **ˈsys·tem crash** *n* COMPUT Systemabsturz *m* **ˈsys·tem disk** *n* Systemdiskette *f* **ˈsys·tem er·ror** *n* Systemfehler *m* **ˈsys·tem reg·is·try** *n* Systemregistrierung *f*

sys·tems aˈnaly·sis *n* Systemanalyse *f* **sys·tems ˈana·lyst** *n* Systemanalytiker(in) *m(f)* **sys·tem ˈsoft·ware** *n* Systemsoftware *f*

T t

T <*pl* -'s *or* -s>, **t** <*pl* -'s> [tiː] *n* T *nt*, t *nt*; ~ **for Tommy** [*or* AM **as in Tare**] T wie Theodor ▶PHRASES: **to a ~** (*fam*) **that's Philip to a ~** das ist Philip, wie er leibt und lebt

t *n abbrev of* **metric ton** t

ta [tɑː] *interj* BRIT (*fam: thanks*) danke

tab [tæb] **I.** *n* (1) (*flap*) Lasche *f;* (*on file*) [Kartei]reiter *m* (2) COMPUT Schreibschutz *m* (3) (*fam: bill*) Rechnung *f;* **to pick up the ~** die Rechnung übernehmen (4) AM (*ring pull*) Dosenring *m* ▶PHRASES: **to keep ~s on sth/sb** etw/jdn [genau] im Auge behalten **II.** *vi* <-bb-> COMPUT mit dem Tabulator springen

tab·by [ˈtæbi] **I.** *adj* (*with stripes*) *cat* getigert **II.** *n* Tigerkatze *f*

tab·er·nac·le [ˈtæbəˌnækl̩, AM -bɚˌ] *n* (1) (*old form: Jewish place of worship*) Stiftshütte *f* (2) (*container*) Tabernakel *m* (3) (*Christian church*) Kirche *f*

ˈtab key *n* COMPUT Tabulatortaste *f*

ta·ble [ˈteɪbl̩] *n* (1) (*furniture*) Tisch *m;* **to lay the ~** den Tisch decken (2) (*information*) Tabelle *f;* (*list*) Verzeichnis *nt* ▶PHRASES: **to turn the ~s on sb** jdm gegenüber den Spieß umdrehen

ˈta·ble·cloth *n* Tischtuch *nt* **ˈta·ble·land** *n* Hochebene *f* **ˈta·ble lin·en** *n no pl* Tischwäsche *f* **ˈta·ble man·ners** *npl* Tischmanieren *pl* **ˈta·ble mat** *n* Platzdeckchen *nt* **ˈta·ble·spoon** *n* (*for measuring*) Esslöffel *m;* (*for serving*) Servierlöffel *m*

tab·let [ˈtæblət, AM -lɪt] *n* (1) (*pill*) Tablette *f* (2) (*flat slab*) Block *m; of metal* Platte *f;* (*commemorative*) [Gedenk]tafel *f*

Falsche Freunde

Nicht verwechseln mit Tablett *nt* — *tray*!

ˈta·ble talk *n* Tischgespräch *nt* **ˈta·ble ten·nis** *n no pl* Tischtennis *nt*

Tab·let PˈC *n* COMPUT, INET Tablet PC *m*

ˈta·ble·ware *n no pl* (*form*) *Tafelgeschirr, Besteck und Gläser*

ˈta·ble wine *n* Tafelwein *m*

tab·loid [ˈtæblɔɪd] *n* Boulevardzeitung *f*

Land und Leute

Der Begriff **tabloid** bezieht sich auf kleinformatige Zeitungen von ungefähr 30 × 40 cm. Diese Art von Zeitungen wird traditionell mit der Regenbogenpresse in Verbindung gebracht und ist bekannt für fette Schlagzeilen, Sensationsjournalismus und kurze Artikel. Bekannte britische **tabloids** sind unter anderen *The Mirror* und *The Sun*. In letzter Zeit haben einige der *broadsheet*-Zeitungen ihr Format auf *tabloid*-Größe verkleinert. Diese werden jedoch nicht der traditionellen *tabloid*-Gruppe zugerechnet.

tab·loid ˈpress *n no pl* Regenbogenpresse *f fam*, Boulevardpresse *f*

ta·boo, tabu [təˈbuː] **I.** *n* Tabu *nt* **II.** *adj* tabu, Tabu-

tabu·lar [ˈtæbjələʳ, AM -lɚ] *adj* tabellarisch

tabu·late [ˈtæbjəleɪt] *vt* (*form*) tabellarisch [an]ordnen

tabu·la·tor [ˈtæbjəleɪtəʳ] *n* (*form: tab key*) Tabulator *m*

tacho·graph [ˈtækə(ʊ)grɑːf, AM -əgræf] *n* Fahrtenschreiber *m*

tac·it [ˈtæsɪt] *adj agreement, approval, con-*

sent stillschweigend
taci·turn ['tæsɪtɜ:n, AM -ətɜ:rn] *adj* schweigsam
taci·turn·ity [ˌtæsɪ'tɜ:nɪti, AM -ə'tɜ:rnət̬i] *n no pl* (*form*) Schweigsamkeit *f*
tack [tæk] **I.** *n* ① (*nail*) kurzer Nagel; (*pin*) Reißzwecke *f* ② (*approach*) Weg *m;* **to try a different ~** eine andere Richtung einschlagen ③ (*loose stitch*) Heftstich *m* **II.** *vt* ① (*nail down*) festnageln ② (*sew loosely*) anheften; *hem* heften **III.** *vi* NAUT wenden
tack·le ['tækl̩] **I.** *n no pl* ① (*gear*) Ausrüstung *f;* NAUT Tauwerk *nt;* **fishing ~** Angelausrüstung *f* ② (*lifting device*) Winde *f;* **block and ~** Flaschenzug *m* ③ SPORTS Angriff *m* **II.** *vt* ① (*deal with*) in Angriff nehmen; *problem* angehen; (*manage*) fertigwerden (mit +*dat*); ■**to ~ sb [about sth]** jdn [wegen einer S. *gen*] zur Rede stellen ② SPORTS angreifen
tacky[1] ['tæki] *adj* (*sticky*) klebrig
tacky[2] ['tæki] *adj esp* AM (*pej fam*) ① (*in bad taste*) billig ② (*shoddy*) schäbig
tact [tækt] *n no pl* (*diplomacy*) Taktgefühl *nt;* (*sensitiveness*) Feingefühl *nt*
tact·ful ['tæktfᵊl] *adj* taktvoll
tac·tic ['tæktɪk] *n* ① (*strategy*) Taktik *f;* **delaying ~s** Verzögerungstaktik *f* ② MIL ■**~s** + *sing/pl vb* Taktik *f kein pl*
tac·ti·cal ['tæktɪkᵊl] *adj a.* MIL, POL taktisch; (*skilful*) geschickt
tac·ti·cian [tæk'tɪʃᵊn] *n* Taktiker(in) *m(f)*
tac·tile ['tæktaɪl] *adj* (*form*) ① BIOL Tast-; **~ sense** Tastsinn *m* ② (*pleasing to touch*) **~ materials** sich angenehm anfühlende Materialien
tact·less ['tæktləs] *adj* taktlos
tact·less·ness ['tæktləsnəs] *n no pl* Taktlosigkeit *f*
tad [tæd] *n no pl* (*fam*) **a ~ more** etwas mehr
tad·pole ['tædpəʊl, AM -poʊl] *n* Kaulquappe *f*
taf·fe·ta ['tæfɪtə, AM -ɪt̬ə] *n no pl* Taft *m*
tag [tæg] **I.** *n* ① (*label*) Schild[chen] *nt;* (*on food, clothes*) Etikett *nt;* (*on suitcase*) [Koffer]anhänger *m* ② (*electronic device*) *for person* elektronische Fessel; *for thing* Sicherungsetikett *nt* **II.** *vt* <-gg-> ① (*label*) mit einem Schild versehen; *suitcase* mit Anhänger versehen ② (*electronically*) *person* eine elektronische Fessel anlegen; *thing* ein Sicherungsetikett anbringen (an +*akk*) ③ COMPUT markieren ◆**tag along** *vi* (*fam*) hinterherlaufen; **do you mind if I ~ along?** darf ich mitkommen? ◆**tag on I.** *vt* anhängen **II.** *vi* **to ~ on to a group** sich an eine Gruppe [an]hängen
tail [teɪl] **I.** *n* ① (*of animal*) Schwanz *m; of horse a.* Schweif *m geh; of bear, badger, wild boar* Bürzel *m* ② (*fig: rear*) Schwanz *m; of aeroplane a.* Rumpfende *nt; of car* Heck *nt;* **to have sb on one's ~** jdn auf den Fersen haben ③ (*reverse of coin*) ■**~s** *pl* Zahlseite *f;* **heads or ~s?** Kopf oder Zahl? ④ (*fam: person following sb*) Beschatter(in) *m(f);* **to put a ~ on sb** jdn beschatten lassen ▶PHRASES: **to not be able to make head or ~ of sth** aus etw *dat* nicht schlau werden **II.** *vt* (*fam*) beschatten ◆**tail away** *vi see* **tail off** ◆**tail back** *vi* BRIT sich stauen ◆**tail off** *vi* nachlassen; *sound, voice* schwächer werden; *interest* zurückgehen; *race participant* zurückfallen
'tail·back *n* BRIT [Rück]stau *m* **'tail·board** *n* BRIT Ladeklappe *f; of van* Laderampe *f* **tail 'end** *n* Ende *nt,* Schluss *m* **'tail·gate I.** *n* AM, AUS (*tailboard*) Heckklappe *f; of lorry* Ladeklappe *f; of van* Laderampe *f* **II.** *vt, vi* (*fam*) [zu] dicht auffahren
tail·less ['teɪlləs] *adj* schwanzlos
'tail light *n* Rücklicht *nt*
tai·lor ['teɪləʳ, AM -ɚ] **I.** *n* Schneider(in) *m(f);* **~'s dummy** Schneiderpuppe *f* **II.** *vt* ① (*make clothes*) [nach Maß] schneidern ② (*modify*) *to sb's needs* abstimmen
tai·lor-'made *adj* ① (*made-to-measure*) maßgeschneidert ② (*fig: suited*) ■**to be ~ for sb/sth** für jdn/etw maßgeschneidert sein
'tail·piece *n* ① (*addition*) Anhang *m* ② TYPO Schlussvignette *f* **'tail·pipe** *n* AM AUTO Auspuffrohr *nt* **'tail·spin I.** *n* AVIAT (*a. fig*) Trudeln *nt kein pl* **II.** *vi irreg* abtrudeln
'tail wind *n* Rückenwind *m*
taint [teɪnt] **I.** *n no pl* (*flaw*) Makel *m;* (*trace*) Spur *f* **II.** *vt* (*a. fig*) verderben; *reputation* beflecken
taint·less ['teɪntləs] *adj* (*poet*) rein
Tai·wan [ˌtaɪ'wɑ:n] *n* Taiwan *nt*
Tai·wan·ese [ˌtaɪwə'ni:z] **I.** *adj* taiwanisch **II.** *n* Taiwaner(in) *m(f)*
Ta·jiki·stan [tɑ:'dʒi:ki'stɑ:n] *n* Tadschikistan *nt*
take [teɪk] **I.** *n* ① *no pl* (*money received*) Einnahmen *pl* ② (*filming of a scene*) Take *m o nt fachspr* ▶PHRASES: **to be on the ~** AM (*fam*) Bestechungsgelder nehmen **II.** *vt* <took, taken> ① (*accept*) *advice, bet, offer* annehmen; *credit card, criticism* akzeptieren; **to ~ sth badly** etw schlecht aufnehmen ② (*transport*) bringen; **to ~ sb to the station** jdn zum Bahnhof fahren ③ (*seize*) nehmen; *power* ergreifen; *city* einnehmen; **to ~ sb by the hand/throat**

T

jdn bei der Hand nehmen/am Kragen packen ④ (*tolerate*) ertragen; *abuse, insults* hinnehmen ⑤ (*hold*) aufnehmen; **my car ~s five people** mein Auto hat Platz für fünf Leute ⑥ (*require*) erfordern; **I ~ [a] size five shoe** ich habe Schuhgröße fünf; ■**it ~s ...** man braucht ...; **hold on, it won't ~ long** warten Sie, es dauert nicht lange ⑦ (*receive*) erhalten, bekommen ⑧ (*remove*) [weg]nehmen; (*steal a.*) stehlen; *chess piece* schlagen; MATH abziehen ⑨ (*travel by*) nehmen; **to ~ the bus** mit dem Bus fahren ⑩ (*eat, consume*) zu sich *dat* nehmen; *medicine* einnehmen ⑪ (*have*) *rest, walk* machen; BRIT *exam* ablegen; *notes* sich *dat* Notizen machen; *pictures* machen ⑫ (*feel*) **to ~ notice of sb/sth** jdn/etw beachten; **to ~ offence** beleidigt sein ⑬ (*assume to be*) **I ~ it [that] ...** ich nehme an, [dass] ... ▸PHRASES: **to ~ sb by surprise** jdn überraschen; **what do you ~ me for?** wofür hältst du mich? **III.** *vi* <took, taken> (*have effect*) wirken; *plant* angehen; *dye* angenommen werden; *medicine* anschlagen ◆**take aback** *vt* (*surprise*) verblüffen; (*shock*) schockieren ◆**take after** *vi* ■**to ~ after sb** nach jdm kommen ◆**take along** *vt* mitnehmen ◆**take apart** *vt* ① (*disassemble*) ■**to ~ apart ↻ sth** etw auseinandernehmen ② (*fam: analyse critically*) auseinandernehmen ◆**take away** *vt* ① (*remove, deprive of*) [weg]nehmen; **to ~ away sb's fear** jdm die Angst nehmen ② (*lead away*) ■**to ~ away ↻ sb** jdn mitnehmen; *police* jdn abführen ③ BRIT, AUS *food* mitnehmen; **to ~ away** zum Mitnehmen ▸PHRASES: **to ~ sb's breath away** jdm den Atem verschlagen ◆**take back** *vt* ① (*retract*) zurücknehmen ② (*return*) [wieder] zurückbringen; **to ~ sb back [home]** jdn nach Hause bringen ③ (*repossess*) [sich *dat*] zurückholen; *territory* zurückerobern ◆**take down** *vt* ① (*write down*) [sich *dat*] notieren; *particulars* aufnehmen ② (*remove*) abnehmen; (*remove from higher position*) herunternehmen; *curtains, picture* abhängen ③ (*disassemble*) *tent* abschlagen; *scaffolding* abbauen ◆**take in** *vt* ① (*bring inside*) *person* hineinführen; *sth* hineinbringen ② (*accommodate*) aufnehmen; *child* zu sich *dat* nehmen ③ (*admit*) *hospital* aufnehmen; *university* zulassen ④ (*bring to police station*) festnehmen; **they took the suspect in for questioning** sie nahmen den Verdächtigen zum Verhör mit auf die Wache ⑤ (*deceive*) hereinlegen; ■**to be ~n in [by sb/sth]** sich [von jdm/etw] täuschen lassen ⑥ (*understand*) aufnehmen; **to ~ in a situation** eine Situation erfassen ⑦ FASHION enger machen ◆**take off I.** *vt* ① (*remove*) abnehmen; *clothes* ausziehen; *coat a.* ablegen; *hat* absetzen; **to ~ sth off the menu** etw von der Speisekarte streichen; ■**to ~ sth off sb** (*fam*) jdm etw wegnehmen ② (*bring away*) **he was ~n off to hospital** er wurde ins Krankenhaus gebracht ③ (*subtract*) abziehen **II.** *vi* ① (*leave the ground*) abheben ② (*fam: leave*) verschwinden; (*flee*) abhauen ③ (*have sudden success*) *idea, plan, project* ankommen; *product a.* einschlagen ◆**take on** *vt* ① (*agree to do*) *responsibility* auf sich *akk* nehmen; *work, job* annehmen ② (*employ*) einstellen ③ (*load*) *goods* laden; *passengers* aufnehmen ◆**take out** *vt* ① (*remove*) herausnehmen ② (*bring outside*) hinausbringen ③ (*invite*) ausführen; **to ~ sb out for dinner** jdn zum Abendessen einladen ④ AM (*take away*) mitnehmen ⑤ (*obtain*) *insurance* abschließen; *loan* aufnehmen; *money* abheben ◆**take over I.** *vt* (*seize control*) übernehmen; (*fig*) in Beschlag nehmen; *power* ergreifen **II.** *vi* (*assume responsibility*) ■**to ~ over [from sb]** jdn ablösen; **the night shift ~s over at six o'clock** die Nachtschicht übernimmt um achtzehn Uhr ◆**take to** *vi* ① (*start to like*) ■**to ~ to sb/sth** an jdm/etw Gefallen finden ② (*begin as a habit*) anfangen; ■**to ~ to doing sth** anfangen etw zu tun; **to ~ to drink** anfangen zu trinken ▸PHRASES: **to ~ to sth like a duck to water** bei etw *dat* gleich in seinem Element sein ◆**take up I.** *vt* ① (*bring up*) hinaufbringen; *floorboards, carpet* herausreißen; (*shorten*) *skirt* kürzen ② (*start doing*) anfangen; *job* antreten ③ (*start to discuss*) ■**to ~ sth up with sb** etw mit jdm erörtern; **to ~ up a point** einen Punkt aufgreifen ④ (*accept*) *challenge, offer* annehmen; *opportunity* wahrnehmen ⑤ (*occupy*) **my job ~s up all my time** mein Beruf frisst meine ganze Zeit auf; **to ~ up room/space** Raum einnehmen **II.** *vi* (*start to associate with*) ■**to ~ up with sb** sich mit jdm einlassen *meist pej*

'take·away *n* BRIT, AUS ① (*shop*) Imbissbude *f* ② (*food*) Essen *nt* zum Mitnehmen

take-home 'pay *n no pl* Nettoeinkommen *nt; of employee* Nettogehalt *nt; of worker* Nettolohn *m*

tak·en ['teɪkən] **I.** *vt, vi pp of* **take II.** *adj pred* begeistert; ■**to be ~ with sb/sth** von jdm/etw angetan sein

'take-off *n* ① AVIAT Start *m;* **to be ready**

T

for ~ startklar sein ② SPORTS Absprungstelle *f*

'take-out *n* AM *see* **takeaway**

'take·over *n* Übernahme *f* **'take·over bid** *n* Übernahmeangebot *nt*

tak·er ['teɪkəʳ, AM -ɚ] *n* ① (*at betting*) Wettende(r) *f(m)*; **any ~s?** wer nimmt die Wette an? ② (*at an auction*) Interessent(in) *m(f)*; (*when buying*) Käufer(in) *m(f)*; **any ~s?** wer bietet?

tak·ing ['teɪkɪŋ] **I.** *n* (*receipts*) ■**~s** *pl* Einnahmen *pl* ▶ PHRASES: **to be there for the ~** (*for free*) zum Mitnehmen sein; (*not settled*) offen sein **II.** *adj* einnehmend

talc [tælk], **tal·cum pow·der** ['tælkəm-] *n no pl* Talkpuder *m*; (*perfumed*) Körperpuder *m*

tale [teɪl] *n* ① (*story*) Geschichte *f*; LIT Erzählung *f*; (*true story*) Bericht *m*; **fairy ~** Märchen *nt* ② (*lie*) Märchen *nt*; (*gossip*) Geschichte[n] *f[pl]*; **to tell ~s** (*tell on sb*) petzen ▶ PHRASES: **to live to tell the ~** (*a. hum fam*) überleben

tal·ent ['tælənt] *n* ① (*natural ability*) Talent *nt*, Begabung *f* ② (*talented person*) Talent *nt*; **fresh ~** neue Talente *pl*

tal·ent·ed ['tæləntɪd, AM -t̬-] *adj* begabt

Tali·ban ['tælibæn] *n no pl* Taliban *f*

tal·is·man <*pl* -s> ['tælɪzmən] *n* Talisman *m*

talk [tɔːk, AM *usu* tɑːk] **I.** *n* ① (*discussion*) Gespräch *nt*; (*conversation*) Unterhaltung *f*; (*private*) Unterredung *f*; **to have a ~ with sb** mit jdm reden; (*conversation*) sich mit jdm unterhalten; (*formal discussions*) ■**~s** *pl* Gespräche *pl* ② (*lecture*) Vortrag *m* ③ *no pl* (*things said*) Worte *pl*; **idle ~** leeres Gerede **II.** *vi* (*speak*) sprechen, reden (**about** über +*akk*, **to** mit +*dat*); (*converse*) sich unterhalten; **to ~ to sb on the phone** mit jdm telefonieren ▶ PHRASES: **look who's ~ing** (*fam*) du hast es gerade nötig, etwas zu sagen **III.** *vt* (*fam: discuss*) **to ~ politics** über Politik sprechen ▶ PHRASES: **to ~ a blue streak** AM ohne Punkt und Komma reden *fam*; **~ about ...** so was von ... *fam*
◆**talk back** *vi* eine freche Antwort geben
◆**talk down** **I.** *vt* (*dissuade*) ■**to ~ sb down from sth** jdm etw ausreden **II.** *vi* (*pej*) ■**to ~ down to sb** mit jdm herablassend reden ◆**talk out** *vt* ① (*be persuasive*) **to ~ one's way out of sth** sich aus etw *dat* herausreden ② (*convince not to*) ■**to ~ sb out of sth** jdm etw ausreden ◆**talk over** *vt* durchsprechen ◆**talk round** **I.** *vt* (*convince*) ■**to ~ sb round** jdn überreden (**to** zu +*dat*) **II.** *vi* ■**to ~ [a]round sth** um etw *akk* herumreden ◆**talk through** *vt* ① (*discuss thoroughly*) durchsprechen ② (*reassure with talk*) ■**to ~ sb through sth** jdm bei etw *dat* gut zureden

talka·tive ['tɔːkətɪv, AM -t̬-] *adj* gesprächig, redselig

talk·er ['tɔːkəʳ, AM 'tɑːkɚ] *n* (*person who speaks*) Sprechende(r) *f(m)*; (*talkative person*) Schwätzer(in) *m(f) pej*

talk·ing ['tɔːkɪŋ, AM *usu* 'tɑːk-] **I.** *adj* sprechend **II.** *n no pl* Sprechen *nt*; **'no ~, please!'** „Ruhe bitte!"

'talk·ing point *n* Gesprächsthema *nt* **'talk·ing shop** *n* BRIT (*fig fam*) *Gruppe von Personen, die nur redet und nicht handelt*

'talk·ing-to *n* (*pej*) Standpauke *f fam*

'talk show *n* Talkshow *f*

tall [tɔːl] *adj* ① (*high*) *building, fence, grass, ladder, tree* hoch; *person* groß; **to be six feet ~** 1,83 m groß sein; **to grow ~** groß werden ② (*long*) *rod, stick, stalk* lang ③ (*fig: considerable*) *amount, price* ziemlich hoch

'tall·boy *n* BRIT (*chest*) hohe Kommode; (*chest on chest*) Doppelkommode *f*; (*closet*) Kleiderschrank *m*

tall·ness ['tɔːlnəs] *n no pl of person* Größe *f*; *of building, plant* Höhe *f*; *of stick* Länge *f*

tal·low ['tæləʊ, AM -loʊ] *n no pl* Talg *m*; MECH, TECH Schmiere *f*

tal·ly <-ie-> ['tæli] **I.** *vi figures, statements, signatures* übereinstimmen (**with** mit +*dat*) **II.** *vt* COMM ① (*count*) ■**to ~ [up] sth** *amounts, sums* etw zusammenzählen ② (*check off*) *goods, items* nachzählen; NAUT (*register*) *cargo, load, shipment* kontrollieren; SPORTS *point, score* notieren **III.** *n usu sing* ① (*list for goods*) Stückliste *f*; (*for single item*) [Zähl]strich *m*; (*account*) Abrechnung *f* ② (*count*) [zahlenmäßige] Aufstellung; **to keep a ~** eine [Strich]liste führen

tal·ly-ho [ˌtæli'həʊ, AM -'hoʊ] *interj* ■**~!** (*when sighting game*) halali!; (*hum: when facing a challenge*) auf geht's!

tal·on ['tælən] *n* ORN (*claw*) Klaue *f*; ANAT (*finger*) Finger *m*

tama·rind ['tæmᵊrɪnd, AM -mɚ-] *n* (*tree*) Tamarinde *f*; (*fruit*) Frucht *f* der Tamarinde

tama·risk ['tæmᵊrɪsk, AM -mɚ-] *n* Tamariske *f*

tam·bour ['tæmbʊəʳ, AM -bʊr] *n* MUS (*instrument*) Trommel *f*; (*musician*) Trommler(in) *m(f)*

tam·bou·rine [ˌtæmbᵊr'iːn, AM -bə'riːn] *n* Tamburin *nt*

tame [teɪm] **I.** *adj* ① (*domesticated*) zahm; (*harmless*) friedlich ② (*unexciting*) *book,*

T

joke, person lahm; *criticism, report* zahm **II.** *vt* (*a. fig*) *person, river, animal* zähmen, bändigen; *anger, curiosity, hunger* bezähmen; *impatience, passion* zügeln

tam·er ['teɪmər, AM -ɚ] *n* Tierbändiger(in) *m(f)*

tamp [tæmp] *vt* ① (*fill*) [zu]stopfen; *pipe* stopfen; MIN verdämmen ② (*compact*) ■**to ~ sth** [**down**] etw [fest]stampfen; *tobacco* festklopfen; *concrete, loam* stampfen

tam·per ['tæmpər, AM -ɚ] *vi* ■**to ~ with sth** ① (*handle improperly*) herummachen *fam* (an +*dat*) ② (*manipulate*) etw [in betrügerischer Absicht] verändern

'tam·per-proof, tam·per re·'sist·ant *adj* Sicherheits-; **~ cap** Sicherheitsverschluss *m*

tam·pon ['tæmpɒn, AM -pɑːn] *n* Tampon *m*

tan [tæn] **I.** *vi* <-nn-> braun werden **II.** *vt* <-nn-> ① (*make brown*) bräunen; **to be ~ned** braun gebrannt sein ② CHEM (*convert*) *hides, leather* gerben **III.** *n* ① (*brown colour of skin*) [Sonnen]bräune *f* ② (*light brown*) Gelbbraun *nt* **IV.** *adj clothing, shoes* gelbbraun

tan·dem ['tændəm] **I.** *n* (*vehicle*) *as bicycle* Tandem *nt; as carriage* [Wagen]gespann *nt; as team of horses* [Pferde]gespann *nt* **II.** *adv* **to ride ~** Tandem fahren

tang [tæŋ] *n* (*smell*) [scharfer] Geruch; (*taste*) [scharfer] Geschmack

tan·gent ['tændʒənt] *n* MATH Tangente *f* ▶PHRASES: **to fly** [*or* AM, AUS *a.* **go**] **off on a ~** [plötzlich] das Thema wechseln

tan·gen·tial [tæn'dʒen(t)ʃəl] *adj* nebensächlich

tan·ge·rine [ˌtændʒər'iːn, AM -dʒə'riːn] **I.** *n* Mandarine *f* **II.** *adj* orangerot

tan·gible ['tændʒəbl̩] *adj* ① (*a. fig: perceptible*) fassbar, greifbar, fühlbar, spürbar ② (*real*) real; *advantage* echt; **to have ~ evidence** handfeste Beweise haben

Tan·gier [tæn'dʒɪər, AM -'dʒɪr] *n* Tanger *nt*

tan·gle ['tæŋgl̩] **I.** *n* ① (*a. fig, pej: mass*) *of hair, wool* [wirres] Knäuel; *of branches, roads, wires* Gewirr *nt* ② (*a. fig, pej: confusion*) Durcheinander *nt;* **to get into a ~** sich verfangen **II.** *vt* (*a. fig, pej*) durcheinanderbringen; *threads* verwickeln **III.** *vi* (*a. fig, pej: knot up*) *hair, wool* verfilzen; *threads, wires* sich verwickeln

tan·go ['tæŋgəʊ, AM -goʊ] **I.** *n* Tango *m* **II.** *vi* Tango tanzen

tangy ['tæŋi] *adj taste* scharf; *smell* durchdringend

tank [tæŋk] *n* ① (*container*) Tank *m;* **fish ~** Aquarium *nt* ② MIL Panzer *m*

tank·ard ['tæŋkəd, AM -ɚd] *n* [Bier]krug *m*

tank·er ['tæŋkər, AM -ɚ] *n* ① (*ship*) Tanker *m* ② (*truck*) Tankwagen *m*

tanned [tænd] *adj* ① *skin* braun [gebrannt] ② *hides, leather* gegerbt

tan·ner ['tænər, AM -ɚ] *n* Gerber(in) *m(f)*

tan·nery ['tænəri, AM -ɚi] *n* Gerberei *f*

tan·nic 'acid *n* [Gallus]gerbsäure *f fachspr*

tan·nin ['tænɪn] *n* Tannin *nt*

tan·ning ['tænɪŋ] *n no pl* ① *of skin* Bräunen *nt* ② *of hides, leather* Gerben *nt*

tan·noy® ['tænɔɪ] *n* BRIT [öffentliche] Lautsprecheranlage

tan·ta·lize ['tæntəlaɪz, AM -t̬əl-] **I.** *vt* ① (*excite*) reizen; (*fascinate*) in den Bann ziehen ② (*keep in suspense*) auf die Folter spannen **II.** *vi* (*excite*) reizen

tan·ta·liz·ing ['tæntəlaɪzɪŋ, AM -t̬əl-] *adj* (*enticing*) verlockend; *smile* verführerisch

tan·ta·mount ['tæntəmaʊnt, AM -t̬ə-] *adj* ■**to be ~ to sth** mit etw *dat* gleichbedeutend sein

tan·trum ['tæntrəm] *n* Wutanfall *m*

Tan·zania [ˌtænzə'niːə] *n* Tansania *nt*

Tan·za·nian [ˌtænzə'niːən] *adj* tansanisch

tap¹ [tæp] **I.** *n* ① BRIT (*water tap*) Wasserhahn *m* ② (*outlet*) Hahn *m;* **to be on ~** (*fig*) [sofort] verfügbar sein ③ TELEC Abhörgerät *nt* **II.** *vt* <-pp-> ① (*intercept*) abhören ② (*make available*) *energy, sources* erschließen ③ (*let out*) [ab]zapfen; *barrel* anstechen; *beer* zapfen **III.** *vi* (*fam: gain access*) vorstoßen; **to ~ into new markets** neue Märkte erschließen

tap² [tæp] **I.** *n* ① (*light hit*) [leichter] Schlag ② (*tap-dancing*) Stepp[tanz] *m* **II.** *vt* <-pp-> (*strike lightly*) [leicht] klopfen; **to ~ sb on the shoulder** jdm auf die Schulter tippen **III.** *vi* <-pp-> [leicht] klopfen

'tap dance *n* Stepptanz *m*

tape [teɪp] **I.** *n* ① (*strip*) Band *nt;* SPORTS (*at finish*) Zielband *nt;* (*for measuring*) Maßband *nt;* (*adhesive*) Klebeband *nt;* **masking ~** Abdeckband *nt;* **Scotch ~®** AM Tesafilm® *m*, Tixo® *nt* ÖSTERR ② (*for recording*) [Ton-/Magnet]band *nt;* **audio ~** Audiokassette *f* **II.** *vt* ① (*fasten*) **she ~d a note to the door** sie heftete eine Nachricht an die Tür ② (*record*) aufnehmen

'tape-cas·sette *n* Tonbandkassette *f*

'tape-deck *n* Tapedeck *nt* **'tape meas·ure** *n* Maßband *nt*

ta·per ['teɪpər, AM -ɚ] **I.** *n* ① (*candle*) [spitz zulaufende] Wachskerze; (*spill*) wachsüberzogener Span ② *of spire* Verjüngung *f* **II.** *vt column, spire* verjüngen **III.** *vi column, spire* sich verjüngen (**into** zu +*dat*)

◆**taper off** **I.** *vt* (*fig*) *production, series* auslaufen lassen; *enthusiasm, interest* abklingen lassen **II.** *vi* ❶ (*become pointed*) sich verjüngen (**into** zu +*dat*) ❷ (*decrease*) [allmählich] abnehmen; *interest* nachlassen

'tape-re·cord *vt* [auf Band] aufnehmen **'tape re·cord·er** *n* Tonbandgerät *nt* **'tape re·cord·ing** *n* Tonbandaufnahme *f*

ta·pered 'wing *n* AVIAT *spitz zulaufender Flügel*

tap·es·try ['tæpɪstri, AM -pə-] *n* ❶ (*fabric*) Gobelingewebe *nt;* (*for furniture*) Dekorationsstoff *m* ❷ (*carpet*) Gobelin *m*

'tape·worm *n* Bandwurm *m*

tapio·ca [ˌtæpi'əʊkə, AM -'oʊ-] *n no pl* Tapioka *f* (*Stärkemehl aus den Wurzeln des Maniokstrauches*)

ta·pir ['teɪpəʳ, AM -ɚ] *n* Tapir *m*

tap·pet ['tæpɪt] *n* MECH Daumen *m;* (*on car engine*) [Ventil]stößel *m fachspr*

'tap·room *n* Schankstube *f*

'tap wa·ter *n* Leitungswasser *nt*

tar [tɑːʳ, AM tɑːr] **I.** *n no pl* ❶ (*for paving*) Teer *m,* Asphalt *m* ❷ (*in cigarettes*) Teer *m* **II.** *vt* <-rr-> (*pave*) teeren ▶ PHRASES: **to be ~red with the same brush** (*pej*) um kein Haar besser sein

ta·ran·tu·la [tə'ræntjələ, AM -tʃələ] *n* Tarantel *f*

tar·dy ['tɑːdi, AM 'tɑːrdi] *adj* ❶ (*slow*) langsam; *progress* schleppend ❷ (*late*) unpünktlich; (*overdue*) verspätet

tare [teəʳ, AM ter] *n* Leergewicht *nt*

tar·get ['tɑːgɪt, AM 'tɑːr-] **I.** *n* ❶ (*mark aimed at*) MIL Ziel *nt;* ■**to be on ~** auf [Ziel]kurs liegen; *analysis, description* zutreffen; **to hit the ~** ins Schwarze treffen ❷ ECON (*goal*) Zielsetzung *f,* [Plan]ziel *nt;* ■**to be on ~** im Zeitplan liegen; **to set oneself a ~** sich *dat* ein Ziel setzen **II.** *vt* <BRIT -tt- *or* AM *usu* -t-> (*address, direct*) [ab]zielen (auf +*akk*), sich richten (an +*akk*)

'tar·get date *n* (*for completion*) Stichtag *m,* Termin *m;* (*for delivery*) Liefertermin *m;* (*for payment*) Fälligkeitsdatum *nt*

'tar·get·ed *adj* BRIT *customer, market, group* Ziel-; *profit* angestrebt

'tar·get fig·ures *npl* Sollzahlen *pl* **tar·get 'lan·guage** *n* Zielsprache *f* **'tar·get prac·tice** *n* MIL Übungsschießen *nt,* Zielschießen *nt* **'tar·get price** *n* Richtpreis *m,* Orientierungspreis *m* **'tar·get range** *n* Zielentfernung *f*

tar·iff ['tærɪf, AM *esp* 'ter-] *n* ❶ (*form: table of charges*) Preisliste *f; of insurance* [Versicherungs]tarif *m;* (*for services*) [Gebühren]satz *m* ❷ ECON, LAW (*table of customs*) Zolltarif *m;* (*customs*) Zoll *m kein pl*

'tar·iff bar·ri·ers *npl* ECON Zollschranken *pl*

tar·mac® ['tɑːmæk, AM 'tɑːr-] **I.** *n no pl* ❶ BRIT (*paving material*) Asphalt *m* ❷ (*paved surface*) ■**the ~** (*road*) die Fahrbahn; AVIAT das Rollfeld *nt* **II.** *vt* <-ck-> BRIT asphaltieren

tarn *n,* **Tarn** [tɑːn, AM tɑːrn] *n* GEOL Bergsee *m*

tar·nish ['tɑːnɪʃ, AM 'tɑːr-] **I.** *vi* ❶ (*dull*) *metal* stumpf werden; (*discolour*) anlaufen ❷ (*fig, pej: lose shine*) an Glanz verlieren; (*lose purity*) *honour, reputation* beschmutzt werden **II.** *vt* ❶ (*dull*) *metals* trüben; (*discolour*) anlaufen lassen ❷ (*fig, pej*) *success* den Glanz nehmen; *reputation* beflecken **III.** *n* ❶ (*coating*) Belag *m* ❷ (*fig, pej: loss of shine*) Glanzlosigkeit *m;* (*loss of purity*) Makel *m*

ta·rot ['tærəʊ, AM -oʊ] *n* Tarot *nt o m*

tar·pau·lin [tɑː'pɔːlɪn, AM tɑːr'pɑːl-] *n* ❶ *no pl* (*fabric*) [wasserdichtes] geteertes Leinwandgewebe ❷ (*covering*) [Abdeck]plane *f*

tar·ra·gon ['tærəgən, AM 'terəgɑːn] *n no pl* Estragon *m*

tar·sus <*pl* -si> ['tɑːsəs, AM 'tɑːr-, *pl* -saɪ] *n* ANAT Fußwurzel *f*

tart[1] [tɑːt, AM tɑːrt] **I.** *n* ❶ (*small pastry*) [Obst]törtchen *nt;* **jam ~** Marmeladentörtchen *nt* ❷ BRIT (*pie*) [Obst]torte *f* **II.** *adj* ❶ (*sharp*) *sauce, soup* scharf; *apples, grapes* sauer ❷ (*cutting*) scharf; *irony* beißend; *remark* bissig

tart[2] [tɑːt, AM tɑːrt] *n* (*usu pej*) ❶ (*loose female*) Schlampe *f* ❷ (*prostitute*) Nutte *f*

◆**tart up** *vt esp* BRIT (*fam*) ■**to ~ oneself up** sich aufdonnern

tar·tan ['tɑːtᵊn, AM 'tɑːr-] *n* ❶ *no pl* (*cloth*) Schottenstoff ❷ (*design*) Schottenkaro *nt*

tar·tar ['tɑːtəʳ, AM 'tɑːrt̬ɚ] *n no pl* ❶ MED (*on teeth*) Zahnstein *m* ❷ CHEM Weinstein *m*

Tar·tar ['tɑːtəʳ, AM 'tɑːrt̬ɚ] *n* (*person*) Tatar(in) *m(f);* (*language*) Tatarisch *nt*

tar·tar(e) 'sauce *n no pl* Remouladensoße *f*

tar·tar·ic [tɑː'tærɪk, AM tɑːr'-] *adj attr* CHEM Weinstein-; **~ acid** Wein[stein]säure *f*

task [tɑːsk, AM tæsk] *n* ❶ (*work*) Aufgabe *f;* **~ in hand** zu erledigende Arbeit ❷ *no pl* (*reprimand*) **to bring sb to ~** jdn zur Rede stellen

'task force *n* ❶ MIL Eingreiftruppe *f; in police* Spezialeinheit *f* ❷ COMM Arbeitsgruppe *f* **'task mas·ter** *n* (*superior*) [strenger] Vorgesetzter; **to be a hard ~** ein strenger Meister sein

Tas·ma·nia [tæz'meɪniə] *n* Tasmanien *nt*

Tas·ma·nian [tæz'meɪniən] **I.** *n* (*person*) Tasmanier(in) *m(f)* **II.** *adj* (*of Tasmania*) tasmanisch

T

tas·sel ['tæsəl] *n* (*on caps, curtains, cushions*) Quaste *f;* (*on carpets, cloths, skirts*) Franse *f*

taste [teɪst] **I.** *n* ① *no pl* (*flavour, aesthetic quality, discernment*) Geschmack *m;* **sense of ~** Geschmackssinn *m;* **to be in poor ~** geschmacklos sein ② (*liking*) Vorliebe *f;* **to acquire a ~ for sth** an etw *dat* Geschmack finden ③ *no pl* (*short encounter*) Kostprobe *f;* **to have a ~ of sth** einen Vorgeschmack von etw *dat* bekommen **II.** *vt* ① (*perceive flavour*) schmecken; (*test*) probieren ② (*experience briefly*) *luxury, success* [einmal] erleben **III.** *vi* schmecken (**of** nach +*dat*); **to ~ sweet** süß schmecken

Falsche Freunde

Nicht verwechseln mit Taste *f* — *key, button!*

'taste bud *n* ANAT Geschmacksknospe *f*

taste·ful ['teɪstfəl] *adj* geschmackvoll, stilvoll

taste·less ['teɪstləs] *adj* ① (*without physical taste*) geschmacksneutral; (*unappetizing*) *food* fad[e]; *beer, wine* schal ② (*pej: unstylish, offensive*) geschmacklos

tast·er ['teɪstəʳ, AM -ɚ] *n* ① (*quality expert*) Koster(in) *m(f)* ② (*sample*) Kostprobe *f*

tasty ['teɪsti] *adj* (*appetizing*) lecker, schmackhaft

tat [tæt] *n no pl* BRIT (*pej fam*) Ramsch *m*

ta-ta [tə'tɑː, AM tɑː'tɑː] *interj esp* BRIT (*fam*) tschüs *fam;* (*childspeak*) winke, winke

tat·ter ['tætəʳ, AM -t̬ɚ] *n usu pl* ① (*pej*) *of cloth, a flag* Fetzen *m;* ■**to be in ~s** zerfetzt sein; (*fig*) *reputation* ruiniert sein ② (*pej: clothing*) ■**~s** abgerissene Kleidung

tat·tered ['tætəd, AM -t̬ɚd] *adj clothing* zerlumpt; *cloth, flag* zerrissen; *reputation* ramponiert

T

tat·tle ['tætl̩, AM -t̬l̩] **I.** *n* (*pej*) Tratsch *m* **II.** *vi* AM (*esp childspeak*) ■**to ~ on sb** jdn verpetzen

tat·tler ['tætl̩əʳ, AM -t̬l̩ɚ] *n* ① (*gossip*) Klatschmaul *nt* ② AM (*fam: informer*) Petzer(in) *m(f)*

tat·too¹ [tæt'uː] *n* MIL (*signal*) Zapfenstreich *m;* BRIT (*display*) [Musik]parade *f*

tat·too² [tæt'uː] **I.** *n* Tattoo *m o nt,* Tätowierung *f* **II.** *vt* tätowieren

tat·ty ['tæti, AM -t̬-] *adj* (*pej*) ① (*tawdry*) geschmacklos [aufgemacht] ② (*showing wear*) zerfleddert; *book a.* abgegriffen; *furnishing, room* schäbig; *clothing* zerschlissen

taught [tɔːt, AM *esp* tɑːt] *pt, pp of* **teach**

taunt [tɔːnt, AM *esp* tɑːnt] **I.** *vt* ① (*mock*) verspotten, hänseln (**about** wegen +*gen*) ② (*provoke*) sticheln (gegen +*akk*) **II.** *n* spöttische Bemerkung; (*tease*) Hänselei *f;* (*provocation*) Stichelei *f*

Taurus ['tɔːrəs] *n* ASTROL Stier *m*

taut [tɔːt, AM *esp* tɑːt] *adj* ① (*tight*) *rope* straff [gespannt]; *elastic* stramm; *muscle, skin* gespannt ② (*pej: tense*) *expression, face, nerves* angespannt

tau·to·logi·cal [ˌtɔːtə'lɒdʒɪkəl, AM 'tɑːt̬ə'lɑː-] *adj* doppelt gesagt *attr*

tau·tolo·gous [tɔː'tɒləgəs, AM tɑː'tɑː-] *adj* tautologisch *fachspr*

tau·tol·ogy [tɔː'tɒlədʒi, AM tɑː'tɑː-] *n* Doppelaussage *f,* Tautologie *f fachspr*

tav·ern ['tævən, AM -ɚn] *n* ① BRIT (*old: pub*) Schenke *f;* AM Bar *f* ② AM (*inn*) Gasthaus *nt*

taw·dry ['tɔːdri, AM *esp* 'tɑː-] *adj* (*pej*) ① (*gaudy*) protzig ② (*cheap*) geschmacklos

taw·ny ['tɔːni, AM *esp* 'tɑː-] *adj* lohfarben, gelbbraun

'taw·ny owl *n* Waldkauz *m*

tax [tæks] **I.** *n* <*pl* -es> ① (*levy*) Steuer *f;* **income ~** Einkommenssteuer *f;* **to impose a ~ on sth** etw besteuern ② (*burden: on a person*) Belastung *f* (**on** für +*akk*); (*on patience, resources, time*) Beanspruchung *f* (**on** +*gen*) **II.** *vt* ① (*levy*) besteuern; **to be ~ed [heavily]** [hoch] besteuert werden ② (*burden*) belasten; (*make demands*) beanspruchen; (*confront*) beschuldigen (**with** +*gen*)

tax·able ['tæksəbl̩] *adj* steuerpflichtig

'tax ad·vis·er *n* Steuerberater(in) *m(f)* **'tax al·low·ance** *n* Steuerfreibetrag *m*

taxa·tion [tæk'seɪʃən] *n no pl* ① (*levying*) Besteuerung *f* ② (*money obtained*) Steuereinnahmen *pl*

'tax avoid·ance *n* [legale] Steuerumgehung **'tax brack·et** *n* Steuerklasse *f* **'tax col·lec·tor** *n* Steuerbeamte(r), -beamtin *m, f* **'tax con·sult·ant** *n* Steuerberater(in) *m(f)* **tax-de·'duc·tible** *adj* steuerlich absetzbar **'tax disc** *n* BRIT (*on motor vehicle*) Steuerplakette *f,* Vignette *f* ÖSTERR, SCHWEIZ **'tax dodg·er** *n* (*fam*), **'tax evad·er** *n* Steuerhinterzieher(in) *m(f)* **'tax eva·sion** *n* Steuerhinterziehung *f* **'tax ex·emp·tion** *n* FIN Steuerbefreiung *f;* AM Freibetrag *m* **tax-'free** *adj* steuerfrei **'tax ha·ven** *n* Steueroase *f*

taxi ['tæksi] **I.** *n* Taxi *nt* **II.** *vi* AVIAT (*move*) rollen

taxi·der·mist ['tæksidɜːmɪst, AM -dɜːr-] *n*

[Tier]präparator(in) *m(f)*

taxi·der·my [ˈtæksidɜ:mi, AM -dɜ:rmi] *n* Taxidermie *f*

ˈtaxi-driv·er *n* Taxifahrer(in) *m(f)*

taxi·me·ter [ˈtæksi,mi:təʳ, AM -t̬ɚ] *n* Taxameter *m*

tax·ing [ˈtæksɪŋ] *adj* ① (*burdensome*) anstrengend ② (*hard*) schwierig

ˈtaxi·plane *n* Lufttaxi *nt* **ˈtaxi rank** BRIT, AM **ˈtaxi stand** *n* Taxistand *m*

ˈtax·man *n* Finanzbeamte(r), -beamtin *m, f;* ■**the ~** das Finanzamt

tax·ono·my [tækˈsɒnəmi, AM -ˈsɑ:n-] *n* BIOL Taxonomie *f;* COMPUT Systematik *f*

ˈtax·pay·er *n* Steuerzahler(in) *m(f)* **ˈtax re·bate** *n* Steuernachlass *m* **ˈtax re·lief** *n* Steuervergünstigung *f* **ˈtax re·turn** *n* Steuererklärung *f* **ˈtax rev·enues** *npl* Steueraufkommen *nt* **tax-ˈsen·si·tive** *adj* steuerbegünstigt **ˈtax sys·tem** *n* Steuerwesen *nt* **ˈtax year** *n* Steuerjahr *nt*

TB [,ti:ˈbi:] *n no pl* MED *abbrev of* **tuberculosis** TB

ˈT-bar *n* ① ARCHIT T-Träger *m* ② (*on ski lift*) [Sicherheits]bügel *m* ③ (*lift*) Schlepplift *m*

tbsp *<pl -> n abbrev of* **tablespoonful** Essl., EL

tea [ti:] *n* ① *no pl* (*plant*) Tee *m,* Teepflanze *f* ② (*drink*) Tee *m;* **peppermint ~** Pfefferminztee *m;* **two ~s, please** zwei Tee, bitte ③ BRIT (*late afternoon meal*) Tee *m* (*mit Tee, Sandwiches, Kuchen*); (*early evening meal*) [frühes] Abendessen/Abendbrot
▶PHRASES: **to [not] be sb's <u>cup</u> of ~** [nicht] jds Fall sein

ˈtea bag *n* Teebeutel *m* **ˈtea break** *n* Teepause *f* **ˈtea cad·dy** *n* Teedose *f* **ˈtea·cake** *n* ① BRIT (*bun*) [getoastetes] Rosinenbrötchen ② (*biscuit*) Keks *m;* (*tart*) Teekuchen *m*

teach <taught, taught> [ti:tʃ] **I.** *vt* ① (*impart knowledge*) unterrichten; ■**to ~ sb sth** jdm etw beibringen; **to ~ history** Geschichte unterrichten; **to ~ school** AM Lehrer(in) *m(f)* sein ② (*show*) **this has taught him a lot** daraus hat er viel gelernt; **to ~ sb a lesson** jdm eine Lehre erteilen **II.** *vi* unterrichten

teach·er [ˈti:tʃəʳ, AM -ɚ] *n* Lehrer(in) *m(f)*

teach·er ˈtrain·ing *n* Lehrerausbildung *f*

teach·er ˈtrain·ing col·lege *n* pädagogische Hochschule

ˈtea chest *n* Teekiste *f*

teach·ing [ˈti:tʃɪŋ] **I.** *n* ① *no pl* (*imparting knowledge*) Unterrichten *nt* ② *no pl* (*profession*) Lehrberuf *m* **II.** *adj aids, methods* Lehr-, Unterrichts-

ˈteach·ing staff *n + sing/pl vb* Lehrerkollegium *nt*

ˈtea cloth *n* ① BRIT (*for dishes*) Geschirrtuch *nt* ② (*for table*) [kleine] Tischdecke **ˈtea cosy** *n* Teewärmer *m* **ˈtea·cup** *n* Teetasse *f* **ˈtea-house** *n* Teehaus *nt*

teak [ti:k] *n no pl* ① (*wood*) Teak[holz] *nt* ② (*tree*) Teakbaum *m*

ˈtea-leaves *npl* [zurückgebliebene] Teeblätter *pl*

team [ti:m] *n + sing/pl vb* ① (*group of people*) Team *nt;* SPORTS *a.* Mannschaft *f;* **research ~** Forschungsgruppe *f* ② (*harnessed animals*) Gespann *nt*

Grammatik

Wenn man von **the team** im Sinne von einer Einheit spricht, wird es mit einem Verb im Singular gebraucht: *our team is young and highly motivated.*
Wenn man jedoch von den einzelnen Gruppenmitgliedern sprechen will, wird **the team** mit einem Verb im Plural gebraucht: *the team are celebrating their victory.*

◆**team up** *vi* ein Team bilden (**with** mit *+dat*)

team ˈcap·tain *n* Mannschaftskapitän *m* **team ˈef·fort** *n* Teamarbeit *f* **ˈteam-mate** *n* Mitspieler(in) *m(f)* **ˈteam play** *n* Mannschaftsspiel *nt* **ˈteam spir·it** *n* Teamgeist *m* **ˈteam work** *n* Teamarbeit *f*

ˈtea·pot *n* Teekanne *f*

tear[1] [tɪəʳ, AM tɪr] *n* (*watery fluid*) Träne *f;* ■**to be in ~s** weinen; **~s of joy** Freudentränen *pl;* **to burst into ~s** in Tränen ausbrechen

tear[2] [teəʳ, AM ter] **I.** *n* Riss *m* **II.** *vt* <tore, torn> ① (*rip*) zerreißen ② (*injure*) **to ~ a muscle** sich *dat* einen Muskelriss zuziehen **III.** *vi* <tore, torn> ① (*rip*) *fabric, paper* [zer]reißen; *buttonhole, lining* ausreißen ② (*fam: rush*) rasen; ■**to ~ away** losrasen

Aussprache

Die Aussprache von **tear** ändert sich entsprechend der Bedeutung:

tear	[tɪəʳ]	(*Träne*)
tear	[teəʳ]	(*Riss*)

◆**tear apart** *vt* ① *fabric, paper* zerreißen ② *article, book, play* verreißen ◆**tear at** *vt* (*pull*) herumreißen (an *+dat*); **to ~ at each other's throats** aufeinander losgehen; (*verbally a.*) übereinander herziehen ◆**tear away** *vt* ① (*make leave*) ■**to ~ sb ↻ away** jdn wegreißen; ■**to ~ oneself**

away sich losreißen ② (*rip from*) ■**to ~ sth** ↻ **away** *page of calendar, poster* etw abreißen ◆**tear down** *vt* (*destroy*) abreißen; *forest* abholzen ◆**tear into** *vt* heftig kritisieren ◆**tear off** *vt* ① (*rip from*) abreißen ② (*undress*) **to ~ off one's clothes** sich *dat* die Kleider vom Leib reißen ◆**tear open** *vt* aufreißen ◆**tear out** *vt hair, nail* ausreißen; *page* herausreißen ◆**tear up** *vt* ① (*rip, annul*) zerreißen ② (*destroy*) kaputtmachen *fam; pavement, road* aufreißen

tear·away ['teərəweɪ] *n* BRIT, AUS (*fam*) Randalierer(in) *m(f)*

'tear·drop *n* Träne *f*

tear·ful ['tɪəfᵊl, AM 'tɪr-] *adj* ① (*inclined to cry*) den Tränen nah *präd;* (*crying*) weinerlich *pej* ② *farewell, reunion* tränenreich

'tear gas *n no pl* Tränengas *nt* **'tear jerk·er** *n* (*fam: film*) Schnulze *f*

'tea room, **'tea shop** *n* Teestube *f*

tease [ti:z] **I.** *n* Quälgeist *m fam;* (*playfully*) neckische Person; (*pej: erotic arouser*) Aufreißer(in) *m(f)* **II.** *vt* ① (*make fun of*) aufziehen; (*playfully*) necken ② (*provoke*) provozieren **III.** *vi* sticheln

teas·er ['ti:zəʳ, AM -ɚ] *n* ① (*person*) neckische Person ② (*riddle*) harte Nuss *fam*

'tea ser·vice, **'tea set** *n* Teeservice *nt* **'tea·spoon** *n* Teelöffel *m* **'tea·spoon·ful** *n* Teelöffelvoll *m* **'tea-strain·er** *n* Teesieb *nt*

teat [ti:t] *n* ① (*nipple of breast*) Zitze *f* ② (*artificial nipple*) Sauger *m*

'tea·time *n* Teestunde *f* **'tea tow·el** *n* Geschirrtuch *nt* **'tea tray** *n* Tablett *nt* zum Teeservieren **'tea trol·ley** *n esp* BRIT Teewagen *m* **'tea urn** *n esp* BRIT Teespender *m* **'tea wag·on** *n* AM (*tea trolley*) Teewagen *m*

tech·ni·cal ['teknɪkᵊl] *adj* ① (*concerning applied science, technique*) technisch ② (*detailed*) Fach-; **~ term** Fachausdruck *m*

'tech·ni·cal college *n* technische Hochschule

tech·ni·cal·ity [ˌteknɪ'kæləti, AM -nə'kæləṭi] *n* LAW ① (*unimportant detail*) Formsache *f* ② (*confusing triviality*) unnötiges Detail

'tech·ni·cal school *n* Technikum *nt*

tech·ni·cian [tek'nɪʃᵊn] *n* Techniker(in) *m(f)*

tech·nique [tek'ni:k] *n* Technik *f,* Verfahren *nt;* (*method*) Methode *f*

tech·no ['teknəʊ, AM -noʊ] *n no pl* MUS Techno *m o nt*

tech·no·logi·cal [ˌteknə'lɒdʒɪkᵊl, AM -'lɑ:dʒ-] *adj* technologisch

tech·nol·ogy [tek'nɒlədʒi, AM -'nɑ:l-] *n* Technologie *f,* Technik *f;* **computer ~** Computertechnik *f;* **modern ~** moderne Technologie

tech·no·phile ['teknə(ʊ)faɪl, AM -nəfaɪl] *n* Technologieliebhaber(in) *m(f)*

tech·no·phobe ['teknə(ʊ)fəʊb, AM -nəfoʊb] *n* Technologiehasser(in) *m(f)*

ted·dy ['tedi] *n* ① (*teddy bear*) Teddybär *m* ② (*female undergarment*) Body *m*

'ted·dy bear *n* Teddybär *m*

te·di·ous ['ti:diəs] *adj* langweilig; *job a.* öde; *conversation* zäh

te·di·ous·ness ['ti:diəsnəs] *n no pl* Langweiligkeit *f*

te·dium ['ti:diəm] *n no pl* Langeweile *f*

tee [ti:] *n* (*in golf*) Tee *nt* ◆**tee off I.** *vi* (*in golf*) abschlagen **II.** *vt* AM (*fam*) verärgern; **to get ~d off** sauer werden *fam*

teem [ti:m] *vi* ① *impers* **it's ~ing [with rain]** es gießt [in Strömen] ② (*be full*) ■**to ~ with sth** von etw *dat* wimmeln

teem·ing ['ti:mɪŋ] *adj place, streets* überfüllt, von Menschen wimmelnd

teen [ti:n] *n* Teenager *m*

teen·age(d) ['ti:neɪdʒ(d)] *adj attr* (*characteristic of a teenager*) jugendlich; (*sb who is a teenager*) im Teenageralter *nach n*

teen·ager ['ti:nˌeɪdʒəʳ, AM -ɚ] *n* Teenager *m*

teens [ti:nz] *npl* Jugendjahre *pl*

teen·sy, **teen·sy ween·sy** [ˌti:nzi'wi:nsi], **tee·ny**, **tee·ny wee·ny** [ˌti:ni'wi:ni] *adj* (*fam*) klitzeklein

tee·ny·bop·per ['ti:niˌbɒpəʳ, AM -ˌbɑ:pɚ] *n* (*dated fam*) *Teenager, der gerne tanzt*

tee shirt *n* T-Shirt *nt*

tee·ter ['ti:təʳ, AM -ṭɚ] *vi + adv/prep* taumeln; **to ~ on the brink of a disaster** (*fig*) sich am Rande einer Katastrophe bewegen

teeth [ti:θ] *npl pl of* **tooth** ▶PHRASES: **in the ~ of sth** (*against*) angesichts einer S. *gen;* (*despite*) trotz einer S. *gen*

teethe [ti:ð] *vi* zahnen

'teeth·ing prob·lems, **'teeth·ing trou·bles** *npl* BRIT, AUS (*fig*) Anfangsschwierigkeiten *pl*

tee·to·tal [ˌti:'təʊtᵊl, AM -'toʊṭᵊl] *adj* ■**to be ~** abstinent sein

tee·to·tal·ler, AM **tee·to·tal·er** [ˌti:'təʊtᵊləʳ, AM -'toʊṭᵊlɚ] *n* Abstinenzler(in) *m(f)*

tel *n abbrev of* **telephone number** Tel.

tele·cast ['telɪkæst] *n* AM TV-Sendung *f*

tele·com·muni·ca·tions [ˌtelɪkəˌmju:nɪ'keɪʃᵊnz] *npl + sing vb* Fernmeldewesen *nt kein pl*

tele·com·mut·ing [ˌtelɪkə'mju:tɪŋ, AM 'telɪkəˌmju:ṭɪŋ] *n* COMPUT Telearbeit *f*

tele·con·fer·ence [ˌtelɪ'kɒnfᵊrᵊn(t)s, AM

'telɪˌkɑːn-] *n* Konferenzschaltung *f*

tele·copi·er® ['telɪˌkɑːpiɚ] *n* AM Telekopierer *m*

tele·copy ['telɪkɒpi, AM -kɑːpi] *n* AM Fax *nt*

tele·fax® ['telɪfæks] *n* ① (*device*) [Tele]faxgerät *nt* ② (*message*) Tele[fax] *nt*

tele·gen·ic [ˌtelɪ'dʒenɪk, AM -ə'-] *adj* telegen

tele·gram ['telɪgræm] *n* Telegramm *nt*

tele·graph ['telɪgrɑːf, AM -græf] **I.** *n no pl* Telegraf *m* **II.** *vt* ① (*send by telegraph*) telegrafieren ② (*inform by telegraph*) telegrafisch benachrichtigen

tele·graph·ese [ˌtelɪgrɑː'fiːz, AM -græf-] *n no pl* Telegrammstil *m*

tele·graph·ic [ˌtelɪ'græfɪk, AM -ə'-] *adj* telegrafisch

'tele·graph mes·sage *n* Telegramm *nt*

'tele·graph pole, 'tele·graph post *n* BRIT, AUS Telegrafenmast *m*

te·leg·ra·phy [tɪ'legrəfi, AM tə'-] *n no pl* Telegrafie *f*

tele·mes·sage, Tele·mes·sage ['telɪˌmesɪdʒ] *n* BRIT Telex *nt*

tele·path·ic [ˌtelɪ'pæθɪk, AM -ə'-] *adj* telepathisch

te·lepa·thy [tɪ'lepəθi, AM tə'-] *n no pl* Telepathie *f*

tele·phone ['telɪfəʊn, AM -əfoʊn] **I.** *n* ① (*device*) Telefon *nt;* **mobile** [*or* AM *a.* **cell**[**ular**]] ~ Handy *nt,* Mobiltelefon *nt* ② *no pl* (*system*) ■**by** ~ telefonisch **II.** *vt* anrufen **III.** *vi* telefonieren

'tele·phone book *n* Telefonbuch *nt* **'tele·phone box,** AM **'tele·phone booth** *n* Telefonzelle *f* **'tele·phone call** *n* Telefonanruf *m* **'tele·phone con·nec·tion** *n* Telefonverbindung *f* **'tele·phone con·ver·sa·tion** *n* Telefongespräch *nt* **'tele·phone di·rec·tory** *n* Telefonverzeichnis *nt* **'tele·phone ex·change** *n* Fernsprechvermittlung *f* **tele·phone in·for·'ma·tion ser·vice** *n* (*form*) Telefonauskunft *f* **'tele·phone mes·sage** *n* (*form*) telefonische Nachricht **'tele·phone num·ber** *n* Telefonnummer *f* **'tele·phone op·era·tor** *n* AM Vermittlung *f* **'tele·phone rates** *npl* Telefontarife *pl*

te·lepho·nist [tɪ'lefənɪst] *n* BRIT Telefonist(in) *m(f)*

te·lepho·ny [tɪ'lefəni, AM tə'-] *n no pl* Fernmeldewesen *nt*

tele·pho·to 'lens *n* Teleobjektiv *nt*

tele·print·er ['telɪˌprɪntəʳ, AM -əˌprɪnt̬ɚ] *n* Fernschreiber *m*

tele·pro·cess·ing [ˌtelɪ'prəʊsesɪŋ, AM 'telɪproʊ-] *n* COMPUT Datenfernverarbeitung *f*

tele·prompt·er ['teləˌprɑːm(p)tɚ] *n* AM, AUS Teleprompter *m fachspr*

tele·sales ['telɪseɪlz] *npl* Telefonmarketing *nt kein pl*

tele·scope ['telɪskəʊp, AM -skoʊp] **I.** *n* Teleskop *nt* **II.** *vt* ineinanderschieben **III.** *vi* sich ineinanderschieben

tele·scop·ic [ˌtelɪ'skɒpɪk, AM -ə'skɑː-] *adj* ① (*done by telescope*) ~ **observation** Teleskopbeobachtung *f* ② (*concerning telescopes*) ~ **lens** Teleobjektiv *nt* ③ (*folding into each other*) Teleskop-; (*automatic*) ausfahrbar; *ladder* ausziehbar

tele·shop·ping ['telɪʃɒpɪŋ, AM 'teləʃɑːpɪŋ] *n* Teleshopping *nt*

tele·text ['telɪtekst] *n no pl* Videotext *m*

tele·type® ['telɪtaɪp, AM -lə-] *n* (*machine*) Fernschreibegerät *nt;* (*message*) Telex *nt*

tele·type·writ·er [ˌtelɪ'taɪpˌraɪtəʳ, AM -lə'taɪpˌraɪt̬ɚ] *n esp* AM Fernschreibegerät *nt*

tele·van·gel·ist [ˌtelɪ'vændʒəlɪst] *n esp* AM Fernsehprediger(in) *m(f)*

tele·view·er ['telɪˌvjuːəʳ, AM -əˌvjuːɚ] *n* Fernsehzuschauer(in) *m(f)*

tele·vise ['telɪvaɪz, AM -lə-] *vt* [im Fernsehen] übertragen

tele·vi·sion ['telɪvɪʒən, AM -lə-] *n* ① (*device*) Fernsehgerät *nt,* Fernseher *m fam* ② *no pl* (*TV broadcasting*) Fernsehen *nt;* ■**on** ~ im Fernsehen

tele·vi·sion an·'nounc·er *n* Fernsehsprecher(in) *m(f)* **tele·vi·sion 'cam·era** *n* Fernsehkamera *f* **tele·vi·sion 'pro·gramme,** AM **tele·vi·sion 'pro·gram** *n* Fernsehprogramm *nt* **'tele·vi·sion set** *n* Fernsehapparat *m,* Fernseher *m* **tele·vi·sion 'stu·dio** *n* Fernsehstudio *nt*

tele·work·ing ['telɪˌwɜːkɪŋ, AM -əˌwɜːrk-] *n no pl* Telearbeit *f*

tel·ex ['teleks] **I.** *n* <*pl* -es> Telex *nt;* (*device a.*) Fernschreiber *m* **II.** *vt* per Telex schicken; ■**to** ~ **sb** jdm ein Telex schicken **III.** *vi* ein Telex verschicken

tell [tel] **I.** *vt* <told, told> ① (*say, communicate*) sagen; (*relate*) *account, joke, story* erzählen (**about** von +*dat*); **to** ~ **a lie** lügen; **can you** ~ **me the way to the station?** können Sie mir sagen, wie ich zum Bahnhof komme? ② (*discern*) erkennen; (*notice*) [be]merken; (*know*) wissen; (*determine*) feststellen; **to** ~ **right from wrong** Recht und Unrecht unterscheiden; **to** ~ **the time** die Uhr lesen **II.** *vi* <told, told> ① (*inform*) ■**to** ~ **on sb** jdn verraten ② (*have an effect or impact*) sich bemerkbar machen; *blow, punch, word* sitzen ◆**tell apart** *vt* auseinanderhalten ◆**tell off** *vt* (*reprimand*) ausschimpfen (**about, for** wegen +*gen*)

T

tell·er ['teləʳ, AM -ɚ] *n* ① (*vote counter*) Stimmenzähler(in) *m(f)* ② (*bank employee*) Kassierer(in) *m(f)*

tell·ing ['telɪŋ] *adj* (*revealing*) aufschlussreich; (*effective*) wirkungsvoll; *argument* schlagend; **a ~ name** LIT ein sprechender Name

tell·ing-off <*pl* tellings-> [ˌtelɪŋ'ɒf, AM -'ɑːf] *n* Tadel *m;* **to give sb a ~ for [doing] sth** jdn für etw *akk* tadeln

tell·tale ['telteɪl] **I.** *n* (*pej*) Petze(r) *f(m)* **II.** *adj* verräterisch

tel·ly ['teli] *n* BRIT, AUS (*fam*) ① (*television set*) Glotze *f pej* ② *no pl* (*TV broadcasting*) ■**on ~** im Fernsehen

te·mer·ity [tɪ'merəti, AM tə'merət̬i] *n no pl* (*form: cheek*) Frechheit *f*

temp [temp] (*fam*) **I.** *n* (*temporary employee*) Zeitarbeiter(in) *m(f);* (*temporary secretary*) Aushilfssekretär(in) *m(f)* **II.** *vi* aushilfsweise arbeiten, jobben *fam;* **she spent the summer ~ing** sie hat sich über den Sommer bei einer Zeitarbeitsagentur angemeldet

tem·per ['tempəʳ, AM -ɚ] **I.** *n* ① *usu sing* (*state of mind*) Laune *f;* (*angry state*) Wut *f kein pl;* (*predisposition to anger*) Reizbarkeit *f kein pl;* **~s were getting [rather] frayed** die Stimmung wurde [ziemlich] gereizt; **to lose one's ~** die Geduld verlieren ② *usu sing* (*characteristic mood*) Naturell *nt;* **she has a very sweet ~** sie hat ein sehr sanftes Wesen **II.** *vt* ① (*form: mitigate*) ausgleichen (**with** durch +*akk*); *enthusiasm* zügeln ② (*make hard*) härten; *iron* glühfrischen

tem·pera·ment ['tempᵊrəmənt, -prə-] *n* ① (*person's nature*) Temperament *nt;* **to be of an artistic ~** eine Künstlerseele sein ② *no pl* (*pej: predisposition to anger*) **fit of ~** Temperamentsausbruch *m;* (*angry*) Wutanfall *m*

tem·pera·men·tal [ˌtempᵊrə'mentᵊl, -prə'-, AM -t̬ᵊl] *adj* launisch

tem·per·ance ['tempᵊrᵊn(t)s, -prən(t)s] *n no pl* (*form: abstinence from alcohol*) Abstinenz *f*

tem·per·ate ['tempᵊrət, -prət] *adj* (*mild*) *climate, zone* gemäßigt

tem·pera·ture ['temprətʃəʳ, AM -pɚətʃɚ] *n* Temperatur *f;* **to have a ~** Fieber haben

tem·pest ['tempɪst] *n* Sturm *m*

tem·pes·tu·ous [tem'pestjuəs, -tʃu-, AM -tʃu-] *adj* ① (*liter: very stormy*) stürmisch ② (*turbulent*) turbulent

tem·plate ['templeɪt, AM -plɪt], **tem·plet** ['templɪt] *n* Schablone *f;* **to serve as a ~ for sth** (*fig*) als Muster für etw *akk* dienen

tem·ple¹ ['templ̩] *n* (*place of worship*) Tempel *m*

tem·ple² ['templ̩] *n* (*part of head*) Schläfe *f*

tem·po <*pl* -s *or* -pi> ['tempəʊ, AM -poʊ, *pl* -piː] *n* MUS Tempo *nt;* **change in ~** Tempowechsel *m*

tem·po·ral ['tempᵊrᵊl] *adj* (*form*) weltlich

tem·po·rari·ly ['tempᵊrᵊli] *adv* vorübergehend

tem·po·rary ['tempᵊrᵊri, AM -pəreri] *adj* (*not permanent*) vorübergehend; (*with specific limit*) befristet; **~ staff** Aushilfspersonal *nt*

tem·po·rize ['tempᵊraɪz, AM -pər-] *vi* (*form*) Verzögerungstaktiken einsetzen

tempt [tempt] *vt* ① (*entice*) in Versuchung führen; ■**to be ~ed** schwachwerden; ■**to ~ sb into doing sth** jdn dazu verleiten, etw zu tun ② (*attract*) reizen ▶ PHRASES: **to ~ fate** das Schicksal herausfordern

temp·ta·tion [temp'teɪʃᵊn] *n* ① (*enticement*) Versuchung *f;* **to resist the ~ [to do sth]** der Versuchung widerstehen[, etw zu tun] ② (*sth tempting*) Verlockung *f*

tempt·ing ['temptɪŋ] *adj* verführerisch; *offer a.* verlockend

temp·tress <*pl* -es> ['temptrəs, AM -trɪs] *n* (*liter or hum*) Verführerin *f*

ten [ten] **I.** *adj* zehn; *see also* **eight** ▶ PHRASES: **sth is ~ a penny** BRIT es gibt etw wie Sand am Meer **II.** *n* Zehn *f;* **~s of thousands** zehntausende; *see also* **eight**

ten·able ['tenəbl̩] *adj* (*defendable*) *approach* vertretbar; *argument* haltbar

te·na·cious [tɪ'neɪʃəs, AM tə'-] *adj* ① (*tight*) *grip* fest ② (*persistent*) *person, legend, theory* hartnäckig; *person a.* beharrlich

te·nac·ity [tɪ'næsəti, AM tə'næsət̬i] *n no pl* Beharrlichkeit *f*

ten·an·cy ['tenən(t)si] *n* ① (*status concerning lease*) Pachtverhältnis *nt;* (*rented lodgings*) Mietverhältnis *nt* ② (*duration of lease*) Pachtvertrag *m;* (*of rented lodgings*) Mietvertrag *m*

ten·ant ['tenənt] *n of rented accommodation* Mieter(in) *m(f); of leasehold* Pächter(in) *m(f)*

ten·ant 'farm·er *n* Pächter(in) *m(f)*

tench <*pl* -> [ten(t)ʃ] *n* (*fish*) Schleie *f*

tend¹ [tend] *vi* ① (*be directed towards*) tendieren; **to ~ upwards** eine Tendenz nach oben aufweisen ② (*incline*) ■**to ~ to[wards] sth** zu etw *dat* neigen; **he ~s to come early** er kommt meistens früh

tend² [tend] *vt* sich kümmern (um +*akk*); **to ~ a road accident victim** dem Opfer eines Verkehrsunfalls Hilfe leisten ◆**tend to** *vt* sich kümmern um +*akk*

ten·den·cy ['tendən(t)si] *n* Tendenz *f;*

(*inclination*) Neigung *f;* (*trend*) Trend *m* (**to[wards]** zu +*dat*); ■ **to have a ~ to[wards] sth** zu etw *dat* neigen; **hereditary ~** erbliche Veranlagung

ten·den·tious [ten'den(t)ʃəs] *adj* (*pej form*) tendenziös *pej geh*

ten·der[1] ['tendəʳ, AM -ɚ] *adj* ① (*not tough*) *meat, vegetable* zart ② (*easily hurt*) *skin, plants* zart; (*sensitive to pain*) *part of body* [schmerz]empfindlich ③ (*affectionate*) zärtlich; *heart* weich

ten·der[2] ['tendəʳ, AM -ɚ] **I.** *n* (*price quote*) Angebot *nt;* **to invite ~s** Angebote einholen **II.** *vt* **to ~ one's resignation** die Kündigung einreichen; (*from office*) seinen Rücktritt anbieten **III.** *vi* ein Angebot machen; *goods* andienen

'ten·der·foot <*pl* -s *or* -feet> *n* Neuling *m*

ten·der-'heart·ed *adj* weichherzig

ten·der·ize ['tendᵊraɪz, AM -dər-] *vt* zart machen

ten·der·iz·er ['tendᵊraɪzəʳ, AM -dəraɪzɚ] *n* Weichmacher *m*

ten·der·loin ['tendᵊlɔɪn, AM -dɚ-] *n no pl* Filet *nt,* Lendenstück *nt*

ten·der·ly ['tendᵊli, AM -ɚli] *adv* zärtlich; (*lovingly*) liebevoll

ten·der·ness ['tendənəs, AM -dɚ-] *n no pl* ① (*fondness*) Zärtlichkeit *f* ② (*physical sensitivity*) [Schmerz]empfindlichkeit *f*

ten·don ['tendən] *n* Sehne *f*

ten·dril ['tendrᵊl] *n* Ranke *f*

ten·ement ['tenəmənt] *n* Mietwohnung *f;* AM *a.* (*run-down*) heruntergekommene Mietwohnung

Ten·erife [ˌtenᵊr'iːf, AM -ə'riːf] *n no pl* Teneriffa *nt*

ten·et ['tenɪt] *n* (*form*) Lehre *f*

'ten·fold *adj* zehnfach

ten·ner ['tenəʳ, AM -ɚ] *n* (*fam*) Zehner *m*

ten·nis ['tenɪs] *n no pl* Tennis *nt*

'ten·nis ball *n* Tennisball *m* **'ten·nis court** *n* Tennisplatz *m* **ten·nis 'el·bow** *n no pl* MED Tennisarm *m* **'ten·nis rack·et** *n* Tennisschläger *m*

ten·on ['tenən] *n* Zapfen *m*

ten·or[1] ['tenəʳ, AM -ɚ] *n* Tenor *m;* (*voice a.*) Tenorstimme *f*

ten·or[2] ['tenəʳ, AM -ɚ] *n no pl* (*general meaning*) Tenor *m;* (*content a.*) Inhalt *m*

ten·pin 'bowl·ing *n no pl* Bowling *nt*

tense[1] [ten(t)s] *n* LING Zeit[form] *f*

tense[2] [ten(t)s] **I.** *adj muscle, person, voice* angespannt; *atmosphere, moment* spannungsgeladen **II.** *vt muscle* anspannen ◆**tense up** *vi muscle, person* sich [an]spannen

ten·sion ['ten(t)ʃᵊn] *n no pl* ① (*tightness, emotional excitement*) Spannung *f; of muscle* Verspannung *f* ② (*uneasiness*) [An]spannung *f* ③ (*strain*) Spannung[en] *f[pl]* (**between** zwischen +*dat*); **to ease the ~** Spannungen reduzieren

tent [tent] *n* Zelt *nt;* **to pitch a ~** ein Zelt aufschlagen

ten·ta·cle ['tentəkl̩] *n* Tentakel *m;* (*as a sensor*) Fühler *m*

ten·ta·tive ['tentətɪv, AM -t̬ət̬ɪv] *adj* ① (*provisional*) vorläufig ② (*hesitant*) vorsichtig; *attempt, effort a.* zaghaft

ten·ta·tive·ly ['tentətɪvli, AM -t̬ət̬ɪv-] *adv* ① (*provisionally*) provisorisch ② (*hesitatingly*) zögernd

ten·ter·hooks ['tentəhʊks, AM -tɚ-] *npl* Spannhaken *m* ▶ PHRASES: **to be [kept] on ~** wie auf glühenden Kohlen sitzen

tenth [ten(t)θ] **I.** *n* ■ **the ~** der Zehnte; ■ **a ~** ein Zehntel *nt* **II.** *adj attr* zehnte(r, s); ■ **to be ~** Zehnte(r, s) sein **III.** *adv* als Zehnte(r, s)

'tent peg *n* Hering *m* **'tent pole** *n* Zeltstange *f*

tenu·ous ['tenjuəs] *adj* spärlich; *argument, excuse* schwach

ten·ure ['tenjəʳ, AM -ɚ] *n* (*form*) ① *no pl* (*right of title*) Besitz *m;* **security of ~** Kündigungsschutz *m* ② *no pl* (*term of possession*) Pachtdauer *f* ③ (*holding of office*) Amtszeit *f*

te·pee ['tiːpiː] *n* Indianerzelt *nt*

tep·id ['tepɪd] *adj* lau[warm]; *applause* schwach

term [tɜːm, AM tɜːrm] **I.** *n* ① (*of two*) Semester *nt;* (*of three*) Trimester *nt;* **half-~** *kurze Ferien, die zwischen den langen Ferien liegen, z.B. Pfingst-/Herbstferien* ② (*set duration*) *of job* Amtszeit *f; of office* Amtsperiode *f;* **prison ~** Gefängnisstrafe *f* ③ (*range*) Dauer *f;* **in the short ~** kurzfristig ④ (*phrase*) Ausdruck *m;* **to be on friendly ~s with sb** mit jdm auf freundschaftlichem Fuß stehen; **in no uncertain ~s** unmissverständlich **II.** *vt* bezeichnen

ter·mi·nal ['tɜːmɪnᵊl, AM 'tɜːr-] **I.** *adj* ① (*fatal*) End-; **~ disease** tödlich verlaufende Krankheit ② (*concerning travel terminals*) Terminal-; **~ building** Flughafengebäude *nt* **II.** *n* ① AVIAT, TRANSP Terminal *m o nt;* **air ~** Flughafengebäude *nt;* **rail ~** Endstation *f* ② (*point in circuit*) Anschluss *m*

ter·mi·nate ['tɜːmɪneɪt, AM 'tɜːr-] **I.** *vt* beenden; *contract* aufheben; *pregnancy* abbrechen **II.** *vi* enden

ter·mi·na·tion [ˌtɜːmɪ'neɪʃᵊn, AM ˌtɜːr-] *n no pl* Beendigung *f; of contract* Aufhebung *f; of pregnancy* Abbruch *m*

ter·mi·no·logi·cal [ˌtɜːmɪnəˈlɒdʒɪkəl, AM ˌtɜːrmɪnəˈlɑː-] *adj* terminologisch

ter·mi·nol·ogy [ˌtɜːmɪˈnɒlədʒi, AM ˌtɜːrmɪˈnɑː-] *n* Terminologie *f*

ter·mi·nus <*pl* -es *or* -ni> [ˈtɜːmɪnəs, AM ˈtɜːr-, *pl* -naɪ] *n* Endstation *f; of train a.* Endbahnhof *m*

ter·mite [ˈtɜːmaɪt, AM ˈtɜːr-] *n* Termite *f*

tern [tɜːn, AM tɜːrn] *n* Seeschwalbe *f*

ter·race [ˈterɪs] **I.** *n* 1 (*patio*) Terrasse *f* 2 BRIT ■ **~s** *pl* (*in a stadium*) Tribüne *f* 3 *esp* BRIT (*row of houses*) Reihenhäuser *pl* **II.** *vt* terrassenförmig anlegen

ter·raced ˈhouse *n* Reihenhaus *nt*

ter·rain [təˈreɪn, AM terˈeɪn] *n* Gelände *nt,* Terrain *nt*

ter·ra·pin <*pl* - *or* -s> [ˈterəpɪn] *n* Dosenschildkröte *f*

ter·res·trial [təˈrestriəl] (*form*) **I.** *adj* 1 (*relating to earth*) MEDIA, TV terrestrisch *geh,* Erd- 2 (*living on the ground*) *animal, plant* Land- **II.** *n* Erdling *m,* Erdbewohner(in) *m(f)*

ter·ri·ble [ˈterəbl̩] *adj* 1 (*shockingly bad*) schrecklich, furchtbar; **to look ~** schlimm aussehen 2 (*fam: very great*) schrecklich, fürchterlich; **to be a ~ nuisance** schrecklich lästig sein

ter·ri·bly [ˈterəbli] *adv* 1 (*awfully*) schrecklich 2 (*fam: extremely*) außerordentlich

ter·ri·er [ˈterɪəʳ, AM -ɚ] *n* Terrier *m*

ter·rif·ic [təˈrɪfɪk] *adj* (*fam*) 1 (*excellent*) großartig, toll 2 (*very great*) gewaltig, unglaublich

ter·ri·fied [ˈterəfaɪd] *adj* (*through sudden fright*) erschrocken; (*scared*) verängstigt; ■ **to be ~ of sth** [große] Angst vor etw *dat* haben

ter·ri·fy <-ie-> [ˈterəfaɪ] *vt* fürchterlich erschrecken

ter·ri·fy·ing [ˈterəfaɪɪŋ] *adj thought, sight* entsetzlich; *speed* Angst erregend; *experience* schrecklich

ter·ri·to·rial [ˌterɪˈtɔːriəl, AM -əˈ-] *adj* 1 GEOG, POL territorial, Gebiets- 2 ZOOL regional begrenzt; **~ bird** Vogel *m* mit Territorialverhalten

ter·ri·tory [ˈterɪtəri, AM -ətɔːri] *n* 1 (*area of land*) Gebiet *nt* 2 *no pl* POL Hoheitsgebiet *nt;* **forbidden ~** (*fig*) verbotenes Terrain 3 BIOL Revier *nt* 4 (*of activity or knowledge*) Bereich *m,* Gebiet *nt;* **familiar ~** (*fig*) vertrautes Gebiet ▶ PHRASES: **to come with the ~** dazugehören

ter·ror [ˈterəʳ, AM -ɚ] *n* 1 *no pl* (*great fear*) schreckliche Angst; **to strike ~ into sb's heart** jdn mit großer Angst erfüllen 2 (*political violence*) Terror *m;* **reign of ~** Schreckensherrschaft *f;* **war on ~** Bekämpfung *f* des Terrorismus

ˈter·ror cell *n* Terrorzelle *f*

ter·ror·ism [ˈterərɪzəm] *n no pl* Terrorismus *m;* **act of ~** Terroranschlag *m*

ter·ror·ist [ˈterərɪst] **I.** *n* Terrorist(in) *m(f)* **II.** *adj attr* terroristisch; **~ attack** Terroranschlag *m*

ter·ror·ize [ˈterəraɪz, AM -əraɪz] *vt* (*frighten*) in Angst und Schrecken versetzen; (*coerce by terrorism*) terrorisieren

ˈter·ror-strick·en, ˈter·ror-struck *adj* starr vor Schreck

ter·ry, ter·ry cloth [ˈteri-] *n no pl* (*type*) Frottee *m o nt;* (*cloth*) Frottiertuch *nt*

terse [tɜːs, AM tɜːrs] *adj* kurz und bündig; *reply* kurz

ter·tiary [ˈtɜːʃəri, AM ˈtɜːrʃieri] **I.** *adj* 1 (*third in place/degree*) drittrangig; **~ education** Hochschulbildung *f* 2 MED dritten Grades *nach n* **II.** *n* (*tertiary feather*) Flaumfeder *f*

tes·sel·lat·ed [ˈtesəleɪtɪd, AM -əleɪt̬ɪd] *adj* mosaikartig

test [test] **I.** *n* 1 (*of knowledge, skill*) Prüfung *f,* Test *m;* SCH Klassenarbeit *f;* UNIV Klausur *f;* **driving ~** Fahrprüfung *f;* **to fail a ~** eine Prüfung nicht bestehen; **to pass a ~** eine Prüfung bestehen 2 MED, SCI (*examination*) Untersuchung *f,* Test *m;* **blood ~** Blutuntersuchung *f* 3 (*challenge*) Herausforderung *f;* **to put sth to the ~** etw auf die Probe stellen ▶ PHRASES: **to stand the ~ of time** die Zeit überdauern **II.** *vt* 1 (*for knowledge, skill*) prüfen, testen 2 (*check performance*) testen, überprüfen 3 (*for medical purposes*) untersuchen; **to ~ sb's hearing** jds Hörvermögen testen 4 (*by touching*) prüfen; (*by tasting*) probieren **III.** *vi* MED einen Test machen; **she ~ed positive for HIV** ihr Aidstest ist positiv ausgefallen

tes·ta·ment [ˈtestəmənt] *n* 1 (*will*) Testament *nt* 2 REL **the New/Old T~** das Neue/Alte Testament

ˈtest ban *n* Teststopp *m* **ˈtest bench** *n* Prüfstand *m* **ˈtest card** *n* TV Testbild *nt* **ˈtest case** *n* LAW (*case establishing a precedent*) Musterprozess *m;* (*precedent*) Präzedenzfall *m* **ˈtest drive** *n* Probefahrt *f*

test·er [ˈtestəʳ, AM -ɚ] *n* 1 (*person*) Prüfer(in) *m(f)* 2 (*machine*) Prüfgerät *nt*

ˈtest flight *n* Testflug *m*

tes·ti·cle [ˈtestɪkl̩] *n* Hoden *m*

tes·ti·fy <-ie-> [ˈtestɪfaɪ] *vi* 1 LAW (*give evidence*) [als Zeuge/Zeugin] aussagen (**against, for** gegen, für +*akk*) 2 (*prove*) ■ **to ~ to sth** von etw *dat* zeugen *geh;* LAW etw bezeugen

tes·ti·mo·nial [ˌtestɪˈməʊniəl, AM -ˈmoʊ-] *n* ① (*assurance of quality*) Bestätigung *f* ② (*tribute for achievements*) Ehrengabe *f*

tes·ti·mo·ny [ˈtestɪməni, AM -moʊni] *n* ① (*statement in court*) [Zeugen]aussage *f* ② (*fig: proof*) Beweis *m;* ■**to be ~ to sth** etw beweisen

test·ing [ˈtestɪŋ] **I.** *n no pl* Testen *nt,* Prüfen *nt* **II.** *adj attr* hart; *situation* schwierig

ˈtest·ing ground *n* Testgebiet *nt,* Versuchsfeld *nt*

ˈtest match *n* Testmatch *nt* **ˈtest piece** *n* (*sample*) Muster *nt* **ˈtest pi·lot** *n* Testpilot(in) *m(f)* **ˈtest stage** *n* Versuchsstadium *nt* **ˈtest tube** *n* Reagenzglas *nt* **test tube ˈbaby** *n* Retortenbaby *nt*

tes·ty [ˈtesti] *adj person* leicht reizbar; *answer* gereizt

teta·nus [ˈtetᵊnəs] *n no pl* Tetanus *m*

tetchy [ˈtetʃi] *adj* reizbar

teth·er [ˈteðəʳ, AM -ɚ] **I.** *n* [Halte]seil *nt* ▶ PHRASES: **to be at the end of one's ~** am Ende seiner Kräfte [*o* Geduld] sein **II.** *vt animal* anbinden (**to** an +*dat*)

Teu·ton·ic [tjuːˈtɒnɪk, AM tuːˈtɑː-, tjuː-] *adj* ① (*Germanic*) germanisch ② (*showing German characteristics*) deutsch; (*hist or hum*) teutonisch

Tex·an [ˈteksᵊn] **I.** *n* Texaner(in) *m(f)* **II.** *adj* texanisch

Tex·as [ˈteksəs] *n* Texas *nt*

text [tekst] **I.** *n* ① *no pl* (*written material*) Text *m; of document* Inhalt *m* ② (*book*) Schrift *f;* **set ~** Pflichtlektüre *f* ③ *no pl* COMPUT Text[teil] *m* ④ TELEC SMS *f* **II.** *vt* TELEC ■**to ~ [sb] sth** [jdm] eine SMS[-Nachricht] senden

ˈtext·book **I.** *n* Lehrbuch *nt* (**on** für, über +*akk*) **II.** *adj attr* (*very good*) Parade-; **~ landing** Bilderbuchlandung *f* **ˈtext edi·tor** *n* COMPUT Texteditor *m*

text·er [ˈtekstəʳ, AM -tɚ] *n* **she is an avid ~** sie schickt oft SMS

tex·tile [ˈtekstaɪl] *n* (*fabric*) Stoff *m;* ■**~s** *pl* Textilien *pl*

ˈtex·tile mill *n* Textilfabrik *f*

ˈtext-mes·sage **I.** *n* SMS *f* **II.** *vt* ■**to ~ sth** etw per SMS schicken

ˈtext pro·cess·ing *n* COMPUT Textverarbeitung *f*

tex·tu·al [ˈtekstjuəl, AM -tʃu-] *adj* textlich; **~ analysis** Textanalyse *f*

tex·ture [ˈtekstʃəʳ, AM -ɚ] *n* ① (*feel*) Struktur *f* ② (*consistency*) Konsistenz *f* ③ *no pl* (*surface appearance*) [Oberflächen]beschaffenheit *f*

Thai [taɪ] **I.** *n* ① (*person*) Thai *m o f,* Thailänder(in) *m(f)* ② (*language*) Thai *nt* **II.** *adj* thailändisch

Thai·land [ˈtaɪlænd] *n* Thailand *nt*

tha·lido·mide [θəˈlɪdə(ʊ)maɪd, AM -əmaɪd] *n no pl* MED Thalidomid *nt,* Contergan® *nt*

Thames [temz] *n no pl* Themse *f*

than [ðæn, ðᵊn] **I.** *prep* ① *after superl* (*in comparison to*) als; **bigger ~** größer als ② (*instead of*) **rather ~ sth** anstatt etw *gen* ③ (*besides*) **other ~ sb/sth** außer jdm/etw; **other ~ that ...** abgesehen davon ... **II.** *conj* als

thank [θæŋk] *vt* ■**to ~ sb** jdm danken, sich bei jdm bedanken; **~ you [very much]!** danke [sehr]!, vielen herzlichen Dank; **no, ~ you/yes, ~ you** nein, danke/ja, bitte ▶ PHRASES: **thank goodness** [*or* **God**]! Gott sei Dank!

thank·ful [ˈθæŋkfᵊl] *adj* ① (*pleased*) froh ② (*grateful*) dankbar (**for** für +*akk*)

thank·ful·ly [ˈθæŋkfᵊli] *adv* ① (*fortunately*) glücklicherweise, zum Glück ② (*gratefully*) dankbar

thank·less [ˈθæŋkləs] *adj* (*not rewarding*) wenig lohnend; *task* undankbar

thanks [θæŋks] *npl* ① (*gratitude*) Dank *m kein pl;* **to express one's ~** seinen Dank zum Ausdruck bringen *geh* ② (*thank you*) danke; **many ~!** vielen Dank!

thanks·giv·ing [ˌθæŋksˈgɪvɪŋ] *n no pl* ① (*gratitude*) Dankbarkeit *f;* **a prayer of ~** ein Dankgebet *nt* ② AM (*public holiday*) ■**T~** Thanksgiving *nt;* (*celebration of harvest*) amerikanisches Erntedankfest

Land und Leute

Thanksgiving (*Erntedank*) ist einer der höchsten Feiertage in den USA. Er wird am vierten Donnerstag im November gefeiert. Der erste **Thanksgiving Day** wurde 1621 von den *Pilgrims* (*Pilger*) in Plymouth Colony zum Dank an Gott für Beistand und Hilfe in schweren Zeiten gefeiert. Traditionell trifft man sich mit der Familie zu einem Festessen mit *stuffed turkey* (*gefüllter Truthahn*), *cranberry sauce* (*Cranberrysoße*), *yams* (*Süßkartoffeln*) und *corn* (*Mais*).

ˈthank you *n* Danke[schön] *nt;* **to say a ~ to sb** sich bei jdm bedanken

ˈthank-you let·ter, ˈthank-you note *n* Dankschreiben *nt geh,* Dankesbrief *m*

that [ðæt, ðət] **I.** *adj dem* (*person, thing specified*) der/die/das; (*farther away*) der/die/das [... dort [*o* da]]; **who is ~ girl?** wer ist das Mädchen? **II.** *pron* ① *dem* (*person, thing, action specified*) das; (*farther away*) das [da [*o* dort]]; **~'s a good idea**

T

das ist eine gute Idee; **~'s why** deshalb ② *dem, after prep* **after/before ~** danach/davor; **like ~** (*in such a way*) so; (*of such a kind*) derartig; (*fam: effortlessly*) einfach so ③ *dem* (*when finished*) **~'s it!** das war's!, jetzt reicht's!; **I won't agree to it and ~'s ~** ich stimme dem nicht zu, und damit Schluss ④ *rel* (*which, who*) der/die/das; (*when*) als; **the year ~ Anna was born** das Jahr, in dem Anna geboren wurde **III.** *conj* ① (*as subject/object*) dass; **I knew [~] he'd never get here on time** ich wusste, dass er niemals rechtzeitig hier sein würde ② (*as a result*) **it was so dark [~] I couldn't see anything** es war so dunkel, dass ich nichts sehen konnte ③ (*with a purpose*) **so ~** damit ④ *after adj* (*in apposition to 'it'*) **is it true [~] she's gone back to teaching?** stimmt es, dass sie wieder als Lehrerin arbeitet? **IV.** *adv* so; **it wasn't [all] ~ good** so gut war es [nun] auch wieder nicht

thatch [θætʃ] **I.** *n no pl* (*roof*) Reetdach *nt* **II.** *vt* mit Reet decken

thatched [θætʃt] *adj* reetgedeckt

thaw [θɔː, AM θɑː] **I.** *n* ① (*weather*) Tauwetter *nt* ② *no pl* (*improvement in relations*) Tauwetter *nt;* **there are signs of a ~ in relations between the two countries** zwischen den beiden Ländern gibt es Anzeichen für eine Entspannung **II.** *vi* (*unfreeze, become friendlier*) auftauen; *ice* schmelzen **III.** *vt* FOOD auftauen

the [ðiː, ði, ðə] **I.** *art def* ① (*denoting thing mentioned*) der/die/das; **on ~ table** auf dem Tisch ② (*particular thing/person*) ■**~ ...** *der/die/das ...*; **Harry's Bar is ~ place to go** Harry's Bar ist in der Szene total in *fam* ③ (*with family name*) **~ Smiths** die Schmidts ④ (*before relative clause*) der/die/das; **I really enjoyed ~ book I've just read** das Buch, das ich gerade gelesen habe, hat mir wirklich gefallen ⑤ (*before adjective*) der/die/das; **~ inevitable** das Unvermeidliche ⑥ (*to represent group*) der/die/das; (*with mass group*) die; **~ panda is becoming an increasingly rare animal** der Pandabär wird immer seltener; **~ democrats/poor** die Demokraten/Armen ⑦ (*with superlative*) der/die/das; **~ highest/longest ...** der/die/das höchste/längste ... ⑧ (*with measurements*) pro; **these potatoes are sold by ~ kilo** diese Kartoffeln werden kiloweise verkauft **II.** *adv + comp* **all ~ better/worse** umso besser/schlechter; **~ colder it got, ~ more she shivered** je kälter es wurde, desto mehr zitterte sie

thea·tre, AM **thea·ter** ['θɪətəʳ, AM 'θiːəṭɚ] *n* ① (*for performances*) Theater *nt;* **to go to the ~** ins Theater gehen ② AM, AUS, NZ (*cinema*) Kino *nt* ③ BRIT MED Operationssaal *m* ④ *no pl* (*dramatic art*) Theater *nt;* **the Greek ~** das griechische Theater

'thea·tre com·pa·ny *n* [Theater]ensemble *nt,* Schauspieltruppe *f* **'thea·tre crit·ic** *n* Theaterkritiker(in) *m(f)* **'thea·tre·goer** *n* Theaterbesucher(in) *m(f)*

'thea·tre nurse *n* Operationsschwester *f*

'thea·tre weap·on *n* Kurzstreckenrakete *f*

the·at·ri·cal [θi'ætrɪkᵊl] *adj* ① (*of theatre*) Theater-; **~ agent** Theateragent(in) *m(f)* ② (*exaggerated*) theatralisch

thee [ðiː, ði] *pron object pron* DIAL (*old: you*) dir *in dat,* dich *in akk*

theft [θeft] *n* Diebstahl *m*

their [ðeəʳ, ðᵊr, AM ðer, ðɚ] *adj poss* ① (*of them*) ihr(e); **the children brushed ~ teeth** die Kinder putzten sich die Zähne ② (*his or her*) **has everybody got ~ passport?** hat jeder seinen Pass dabei?

theirs [ðeəz, AM ðerz] *pron* ihr(e, es); **they think everything is ~** sie glauben, dass ihnen alles gehört; **a favourite game of ~** eines ihrer Lieblingsspiele

the·ism ['θiːɪzᵊm] *n no pl* Theismus *m geh*

them [ðem, ðəm] *pron object pron* ① (*persons, animals*) sie *in akk,* ihnen *in dat;* **the cats are hungry – could you feed ~?** die Katzen haben Hunger – könntest du sie füttern? ② (*objects*) sie *in akk;* **I've lost my keys – I can't find ~ anywhere** ich habe meine Schlüssel verloren – ich kann sie nirgends finden ③ (*him/her*) ihm/ihr *in dat,* ihn/sie *in akk;* **we want to show every customer that we appreciate ~** wir wollen jedem Kunden zeigen, wie sehr wir ihn schätzen

the·mat·ic [θɪ'mætɪk, AM θiː'mæṭ-] *adj* thematisch

theme [θiːm] *n* ① (*subject*) Thema *nt* ② MUS Thema *nt;* FILM, TV Melodie *f*

'theme mu·sic *n no pl* FILM, TV Titelmusik *f* **'theme park** *n* Themenpark *m* **'theme song** *n* FILM, TV Titelmelodie *f* **'theme tune** *n* Erkennungsmelodie *f*

them·selves [ðəm'selvz] *pron refl* ① (*direct object*) sich; **the children behaved ~ very well** die Kinder benahmen sich sehr gut ② (*emph: personally*) selbst; **to try sth for ~** etw selbst versuchen ③ (*himself or herself*) sich selbst; **anyone who fancies ~ as a racing driver** jeder, der sich selbst für einen Rennfahrer hält

then [ðen] **I.** *adj* (*form*) damalige(r, s) **II.** *adv* ① (*at an aforementioned time*) da-

T

mals; **before** ~ davor, vorher; **by/until** ~ bis dahin ② (*after that*) dann, danach, darauf ③ (*however*) **but** ~ aber schließlich

thence [ðen(t)s] *adv* (*dated form*) ① (*from there*) von dort ② (*from then on*) seit jener Zeit ③ (*therefore*) deshalb

thence·forth [ˌðen(t)s'fɔːθ, AM -'fɔːrθ], **thence·for·ward** [ˌðen(t)s'fɔːwəd, AM -'fɔːrwɚd] *adv* (*form*) seit jener Zeit

the·oc·ra·cy [θi'ɒkrəsi, AM -'ɑːk-] *n no pl* Theokratie *f*

the·odo·lite [θi'ɒdəlaɪt, AM -'ɑːdə-] *n* Winkelmessgerät *nt*

theo·lo·gian [ˌθiːə'ləʊdʒən, AM -'loʊ-] *n* Theologe, Theologin *m, f*

theo·logi·cal [ˌθiːə'lɒdʒɪkəl, AM -'lɑː-] *adj* Theologie-; ~ **college** Priesterseminar *nt*

the·ol·ogy [θi'ɒlədʒi, AM -'ɑːl-] *n* ① (*principle*) Glaubenslehre *f* ② *no pl* (*study*) Theologie *f*

theo·rem ['θɪərəm, AM 'θiːɚ-] *n* MATH Lehrsatz *m;* **Pythagoras'** ~ der Satz des Pythagoras

theo·reti·cal [θɪə'retɪkəl, AM ˌθiːə'reţ-] *adj* theoretisch

theo·reti·cal·ly [θɪə'retɪkəli, AM ˌθiːə'reţ-] *adv* theoretisch

theo·rist ['θɪərɪst, AM 'θiːɚ-] *n* Theoretiker(in) *m(f)*

theo·rize ['θɪəraɪz, AM 'θiːə-] *vi* Theorien aufstellen (**about** über +*akk*)

theo·ry ['θɪəri, AM 'θiːə-] *n* Theorie *f;* **in** ~ theoretisch

thera·peut·ic [ˌθerə'pjuːtɪk, AM -ţɪk] *adj* ① (*healing*) therapeutisch ② (*beneficial to health*) gesundheitsfördernd

thera·peut·ics [ˌθerə'pjuːtɪks, AM -ţɪks] *n* + *sing vb* Therapielehre *f*

thera·pist ['θerəpɪst] *n* Therapeut(in) *m(f)*

thera·py ['θerəpi] *n* Therapie *f,* Behandlung *f*

there [ðeəʳ, ðəʳ, AM ðer, ðɚ] **I.** *adv* ① (*in, at that place*) dort, da; ~**'s that book you were looking for** hier ist das Buch, das du gesucht hast; **here and** ~ hier und da ② (*at the place indicated*) dort, da; **in/up** ~ da drin[nen]/oben ③ (*to a place*) dahin, dorthin; **the museum is closed today – we'll go ~ tomorrow** das Museum ist heute zu – wir gehen morgen hin; **to get** ~ (*arrive*) hinkommen; (*fig: succeed*) es schaffen; (*understand*) es verstehen ④ (*used to introduce sentences*) ~ **are lives at stake** es stehen Leben auf dem Spiel; ~**'s a good dog** braver Hund; ~ **comes a point where ...** es kommt der Punkt, an dem ... ▶ PHRASES: **been ~, done that** (*fam*) kalter Kaffee; ~ **you have it** na siehst du **II.** *interj* ① (*expressing sympathy*) da!, schau!; ~, ~**!** ganz ruhig!, schon gut! ② (*expressing satisfaction*) na bitte!, siehst du!

there·abouts ['ðeərəbaʊts, AM 'ðerə-] *adv* ① (*in that area*) dort in der Nähe ② (*approximate time*) **or** ~ oder so; **he's lived in Norwich for 40 years, or** ~ er lebt seit ungefähr vierzig Jahren in Norwich

there·'after *adv* (*form*) darauf; **shortly** ~ kurze Zeit später

'there·by *adv* dadurch ▶ PHRASES: ~ **hangs a tale** *esp* BRIT (*hum*) das ist eine lange Geschichte

there·fore ['ðeəfɔːʳ, AM 'ðerfɔːr] *adv* deshalb, deswegen, daher

there·in [ˌðeə'rɪn, AM ˌðer'-] *adv* (*form*) darin

there·of [ˌðeə'rɒv, AM ˌðer'ɑːv] *adv* (*form*) davon

there·upon [ˌðeərə'pɒn, AM ˌðerə'pɑːn] *adv* (*form*) daraufhin

therm [θɜːm, AM θɜːrm] *n* BRIT (*dated*) *veraltete britische Einheit für Arbeit und Energie*

ther·mal ['θɜːməl, AM 'θɜːrm-] **I.** *n* ① (*air current*) Thermik *f* ② (*underwear*) ■ ~**s** *pl* Thermounterwäsche *f kein pl* **II.** *adj attr* ① MED Thermal-; ~ **bath** Thermalbad *nt* ② PHYS thermisch, Thermo-

ther·mal 'under·wear *n no pl* Thermounterwäsche *f*

ther·mo·dy·nam·ic [ˌθɜːmə(ʊ)daɪ'næmɪk, AM ˌθɜːrmoʊ-] *adj attr* thermodynamisch

ther·mo·elec·tric [ˌθɜːməʊɪ'lektrɪk, AM ˌθɜːrmoʊ-] *adj* thermoelektrisch

ther·mom·eter ['θɜːmɒmɪtəʳ, AM 'θɜːrmɑːməţɚ] *n* Thermometer *nt o* SCHWEIZ *a. m*

ther·mo·nu·clear [ˌθɜːmə(ʊ)'njuːkliəʳ, AM ˌθɜːrmoʊ'nuːkliɚ] *adj* thermonuklear

Thermos®, Thermos® bot·tle, Thermos® flask ['θɜːmɒs-, AM 'θɜːrməs-] *n* Thermosflasche *f*

ther·mo·stat ['θɜːməstæt, AM 'θɜːr-] *n* Thermostat *m*

ther·mo·stat·ic ['θɜːməstætɪk, AM 'θɜːrməstæţ-] *adj* thermostatisch

the·sau·rus <*pl* -es *or pl* -ri> [θɪ'sɔːrəs, *pl* -raɪ] *n* Synonymwörterbuch *nt,* Thesaurus *m fachspr*

these [ðiːz] **I.** *adj pl of* **this II.** *pron dem pl of* **this** ① (*the things here*) diese; **are ~ your bags?** sind das hier deine Taschen; ~ **here** die da ② (*the people here*) das; ~ **are my kids** das sind meine Kinder

the·sis <*pl* -ses> ['θiːsəs, *pl* -siːz] *n* ① (*written study*) wissenschaftliche Arbeit; (*for diploma*) Diplomarbeit *f;* (*for*

PhD) Doktorarbeit *f* ② (*proposition*) These *f*

they [ðeɪ] *pron pers* ① (*3rd person plural*) sie; **where are my glasses? ~ were on the table just now** wo ist meine Brille? sie lag doch gerade noch auf dem Tisch ② (*he or she*) er, sie; **ask a friend if ~ could help** frag einen Freund, ob er/sie helfen kann ③ (*people in general*) sie; **~ say ...** es heißt ...

they'd [ðeɪd] = **they had/they would** *see* **have, would**

they'll [ðeɪl] = **they will** *see* **will**[1]

they're [ðeəʳ, AM ðer] = **they are** *see* **be**

they've [ðeɪv] = **they have** *see* **have I, II**

thick [θɪk] **I.** *adj* ① (*not thin*) *coat, layer, volume* dick ② (*dense*) *fog, clouds* dicht; *hair a.* voll ③ *after n* (*measurement*) dick, stark; **the walls are two metres ~** die Wände sind zwei Meter dick ④ (*not very fluid*) dick, zähflüssig ⑤ (*pej sl: mentally slow*) dumm; **to be [a bit] ~** [ein bisschen] begriffsstutzig sein ▶ PHRASES: **to have ~ skin** ein dickes Fell haben; **to be as ~ as two short planks** dumm wie Bohnenstroh sein **II.** *n no pl* (*fam*) ■ **in the ~ of sth** mitten[drin] in etw *dat* **III.** *adv* (*heavily*) dick; **the snow lay ~ on the path** auf dem Weg lag eine dicke Schneedecke ▶ PHRASES: **to come ~ and fast the complaints were coming ~ and fast** es hagelte Beschwerden

thick·en [ˈθɪkᵊn] **I.** *vt sauce* eindicken **II.** *vi* ① (*become less fluid*) dick[er] werden ② (*become denser*) dicht[er] werden

thick·en·er [ˈθɪkᵊnəʳ, AM -ɚ], **thick·en·ing agent** [ˈθɪkᵊnɪŋ-] *n* Bindemittel *nt;* **gravy ~** Soßenbinder *m*

thick·et [ˈθɪkɪt] *n* Dickicht *nt*

thick-ˈhead·ed *adj* ① (*mentally slow*) begriffsstutzig ② (*stupid*) dumm

thick·ness [ˈθɪknəs] *n* ① *no pl* (*size, depth*) Dicke *f* ② (*denseness*) Dichte *f* ③ (*layer*) Schicht *f*

T

thick-ˈset *adj person* stämmig

thick-ˈskinned *adj* dickhäutig

thief <*pl* thieves> [θiːf] *n* Dieb(in) *m(f)*

thieve [θiːv] *vi, vt* (*liter*) stehlen

thiev·ing [ˈθiːvɪŋ] **I.** *n* (*liter, form*) Stehlen *nt* **II.** *adj attr* diebisch; **take your ~ hands off my cake!** (*hum*) lass deine Finger von meinem Kuchen!

thigh [θaɪ] *n* [Ober]schenkel *m*

ˈthigh bone *n* Oberschenkelknochen *m*

thim·ble [ˈθɪmbl] *n* Fingerhut *m*

thin <-nn-> [θɪn] **I.** *adj* ① (*not thick*) dünn; **~ line** feine Linie ② (*slim*) *person* dünn; (*too slim*) hager ③ (*not dense*) *fog* leicht; *crowd* klein; (*lacking oxygen*) *air* dünn ④ (*very fluid*) dünn[flüssig] ⑤ (*feeble*) schwach; *disguise* dürftig; *excuse* fadenscheinig ▶ PHRASES: **to disappear into ~ air** sich in Luft auflösen; **to be on ~ ice** sich auf dünnem Eis bewegen **II.** *vt* <-nn-> ① (*make more liquid*) verdünnen ② (*remove some*) ausdünnen, lichten **III.** *vi* <-nn-> ① (*become weaker*) *soup, blood* dünner werden; *hair, fog a.* sich lichten; *crowd* sich zerstreuen ② (*become worn*) *material* sich verringern ◆**thin down I.** *vi* abnehmen **II.** *vt* verdünnen ◆**thin out I.** *vt* ausdünnen; *plants* pikieren **II.** *vi* weniger werden, sich verringern; *crowd* kleiner werden, sich verlaufen

thine [ðaɪn] DIAL **I.** *adj det* (*old*) dein **II.** *pron poss* (*old*) der/die/das Deinige

thing [θɪŋ] *n* ① (*unspecified object*) Ding *nt,* Gegenstand *m,* Dings[bums] *nt fam;* **I haven't got a ~ to wear** ich habe nichts zum Anziehen ② (*possessions*) ■ **~s** *pl* Besitz *m kein pl;* (*objects for special purpose*) Sachen *pl,* Zeug *nt kein pl;* **swimming ~s** Schwimmzeug *nt kein pl* ③ (*unspecified idea, event, activity*) Sache *f;* **if there's one ~ I want to know it's this** wenn es etwas gibt, das ich wissen will, dann ist es das; **one ~ leads to another** das Eine führt zum Andern; **to not be sb's ~** nicht jds Ding *nt* sein *fam;* **the whole ~** das Ganze; **to do one's own ~** (*fam*) seinen [eigenen] Weg gehen ④ (*fam: what is needed*) **just the ~** genau das Richtige ⑤ (*matter*) Thema *nt,* Sache *f;* **sure ~!** *esp* AM na klar!; **to know a ~ or two** eine ganze Menge wissen ⑥ (*person*) **you lucky ~!** du Glückliche(r)!; **the poor ~** der/die Ärmste; (*young woman, child*) das arme Ding ▶ PHRASES: **to be just one of those ~s** (*be unavoidable*) einfach unvermeidlich sein; (*typical happening*) typisch sein; **to be onto a good ~** (*fam*) etwas Gutes auftun

thinga·ma·bob [ˈθɪŋəməˌbɒb, AM -ˌbɑːb], **thinga·ma·jig** [ˈθɪŋəməˌdʒɪg], BRIT **thingum·my** [ˈθɪŋəmi], *esp* BRIT **thingy** [ˈθɪŋi] *n* der/die/das Dings[da] [*o* Dingsbums]

think [θɪŋk] **I.** *n no pl* (*fam*) **to have a ~ about sth** sich *dat* etw überlegen, über etw *akk* nachdenken **II.** *vi* <thought, thought> ① (*believe*) denken, glauben, meinen; **yes, I ~ so** ich glaube schon ② (*reason, have views/ideas*) denken; **not everybody ~s like you** nicht jeder denkt wie du ③ (*consider to be, have an opinion*) **I want you to ~ of me as a**

friend ich möchte, dass du mich als Freund siehst; **to ~ highly of sb/sth** viel von jdm/etw halten ④ (*expect*) **I thought as much!** das habe ich mir schon gedacht! ⑤ (*intend*) ■**to ~ of doing sth** erwägen, etw zu tun ⑥ (*come up with*) ■**to ~ of sth** sich *dat* etw ausdenken; **to ~ of a solution** auf eine Lösung kommen ⑦ (*reflect*) [nach]denken, überlegen; **that'll give him something to ~ about** das sollte ihm zu denken geben; **to ~ better of sth** sich *dat* etw anders überlegen ⑧ (*have in one's mind*) denken (**of** an +*akk*) ▶ PHRASES: **to be <u>unable</u> to hear oneself ~** sein eigenes Wort nicht mehr verstehen **III.** *vt* <thought, thought> ① (*hold an opinion*) denken, glauben; **to ~ the world of sb/sth** große Stücke auf jdn/etw halten ② (*consider to be*) **who do you ~ you are?** für wen hältst du dich eigentlich?; **to ~ it [un]likely that ...** es für [un]wahrscheinlich halten, dass ... ③ (*remember*) ■**to ~ to do sth** daran denken, etw zu tun
◆**think about** *vi* ① (*have in one's mind*) denken (an +*akk*) ② (*reflect*) nachdenken (über +*akk*) ③ (*consider*) ■**to ~ about sth** sich *dat* etw überlegen ◆**think ahead** *vi* vorausdenken; (*be foresighted*) sehr vorausschauend sein ◆**think back** *vi* zurückdenken (**to** an +*akk*) ◆**think on** *vt* NEng, Am (*fam*) nachdenken (über) ◆**think out** *vt* ① (*prepare carefully*) durchdenken ② (*plan*) vorausplanen ③ (*come up with*) sich *dat* ausdenken; (*develop*) entwickeln ◆**think over** *vt* überdenken; **I'll ~ it over** ich überleg's mir noch mal ◆**think through** *vt* [gründlich] durchdenken ◆**think up** *vt* (*fam*) sich *dat* ausdenken

think·er ['θɪŋkəʳ, Am -ɚ] *n* Denker(in) *m(f)*

think·ing ['θɪŋkɪŋ] **I.** *n no pl* ① (*using thought*) Denken *nt;* **to do some ~ about sth** sich *dat* über etw *akk* Gedanken machen ② (*reasoning*) Überlegung *f;* **good ~! that's a brilliant idea!** nicht schlecht! eine geniale Idee! **II.** *adj attr* denkend, vernünftig

'think tank *n* (*fig*) Expertenkommission *f*

thin·ly ['θɪnli] *adv* dünn

thin·ner ['θɪnəʳ, Am -ɚ] **I.** *n* Verdünnungsmittel *nt;* **paint ~** Farbverdünner *m* **II.** *adj comp of* **thin**

thin·ness ['θɪnnəs] *n no pl* ① (*not fat*) Magerkeit *f* ② (*fig: lack of depth*) Dünnheit *f*

thin-'skinned *adj* (*fig*) empfindlich, sensibel

third [θɜːd, Am θɜːrd] **I.** *n* ① (*number 3*) Dritte(r, s); **the ~ of September** der dritte September ② (*fraction*) Drittel *nt* ③ (*gear position*) dritter Gang **II.** *adj* dritte(r, s); **~ best** drittbeste(r, s); **the ~ time** das dritte Mal

third 'age *n* ■**the ~** das dritte Leben [*o* Alter] **third de·'gree** *n* Polizeimaßnahme *f* (*zur Erzwingung eines Geständnisses*); **to give sb the ~** (*fam*) jdn in die Mangel nehmen **third-de·gree 'burn** *n* Verbrennung *f* dritten Grades

third·ly ['θɜːdli, Am 'θɜːrdli] *adv* drittens

third 'par·ty *n* dritte Person; Law Dritte(r) *f(m)* **third-par·ty in·'sur·ance** *n no pl* Haftpflichtversicherung *f* **third-par·ty lia·'bil·ity** *n no pl* Haftpflicht *f;* **to be covered for ~** haftpflichtversichert sein **third 'per·son** *n* (*person*) Ling dritte Person **third-'rate** *adj* drittklassig, minderwertig **Third 'World** *n* ■**the ~** die Dritte Welt; **~ country** Drittweltland *nt*

thirst [θɜːst, Am θɜːrst] *n no pl* ① (*need for a drink*) Durst *m;* **to die of ~** verdursten ② (*strong desire*) Verlangen *nt;* **~ for knowledge** Wissensdurst *m*

thirsty ['θɜːsti, Am 'θɜːrsti] *adj* durstig; **gardening is ~ work** Gartenarbeit macht durstig; ■**to be ~ for sth** nach etw *dat* hungern

thir·teen [θɜː'tiːn, Am θɜːr'-] **I.** *n* Dreizehn *f; see also* **eight II.** *adj* dreizehn; *see also* **eight**

thir·teenth [θɜː'tiːn(t)θ, Am θɜːr'-] **I.** *n* ① (*order*) ■**the ~** der/die/das Dreizehnte; *see also* **eighth** ② (*date*) **the ~** der Dreizehnte; *see also* **eighth** ③ (*fraction*) Dreizehntel *nt; see also* **eighth II.** *adj* dreizehnte(r, s); *see also* **eighth III.** *adv* als Dreizehnte(r, s); *see also* **eighth**

thir·ti·eth ['θɜːtiəθ, Am 'θɜːrt̬i-] **I.** *n* ① (*after twenty-ninth*) Dreißigste(r, s); *see also* **eighth** ② (*date*) **the ~** der Dreißigste; *see also* **eighth** ③ (*fraction*) Dreißigstel *nt; see also* **eighth II.** *adj* dreißigste(r, s); *see also* **eighth III.** *adv* als Dreißigste(r, s); *see also* **eighth**

thir·ty ['θɜːti, Am 'θɜːrt̬i] **I.** *n* ① (*number*) Dreißig *f; see also* **eight** ② (*age*) **to be in one's thirties** in den Dreißigern sein ③ (*time period*) ■**the thirties** *pl* die dreißiger Jahre **II.** *adj* dreißig; *see also* **eight**

this [ðɪs, ðəs] **I.** *adj attr* ① (*close in space*) diese(r, s); **can you sign ~ form [here] for me?** kannst du dieses Formular für mich unterschreiben? ② (*close in future*) diese(r, s); **I'll do it ~ Monday** ich erledige es diesen Montag; **~ minute** sofort ③ (*referring to specific*) diese(r, s); **don't listen to ~ guy** hör nicht auf diesen Typen; **by ~**

time dann **II.** *pron* ① (*the thing here*) das; **is ~ your bag?** ist das deine Tasche? ② (*the person here*) das; **~ is my husband, Stefan** das ist mein Ehemann Stefan ③ (*this matter here*) das; **what's ~?** was soll das?; **~ is what I was talking about** davon spreche ich ja ④ (*with an action*) das; **every time I do ~, it hurts** jedes Mal, wenn ich das mache, tut es weh; **like ~** so ▶ PHRASES: **~ and that** (*fam*) dies und das **III.** *adv* so; **~ far and no further** (*a. fig*) bis hierher und nicht weiter

this·tle ['θɪsl̩] *n* Distel *f; see also* **hustle**

tho' [ðəʊ, AM ðoʊ] *conj short for* **though** obwohl

thong [θɒŋ, AM θɑ:ŋ] *n* ① (*strip of leather*) Lederband *nt* ② (*G-string panty*) Tanga *m* ③ AM, AUS (*flip-flop*) ■**~s** *pl* [Zehen]sandalen *pl,* Badeschuhe *pl* (*mit Leder- oder Plastikriemen zwischen ersten beiden Zehen*)

thor·ax <*pl* -es *or* -races> ['θɔ:ræks, *pl* -rəsi:z] *n* ANAT Brustkorb *m*

thorn [θɔ:n, AM θɔ:rn] *n* ① (*prickle*) Dorn *m* ② (*bush with prickles*) Dornenstrauch *m* ▶ PHRASES: **there is no rose without a ~** (*prov*) keine Rose ohne Dornen *prov*

thorny ['θɔ:ni, AM 'θɔ:rni] *adj* ① (*with thorns*) dornig ② (*difficult*) schwierig; *issue* heikel

thor·ough ['θʌrə, AM 'θɜ:roʊ] *adj* ① (*detailed*) genau, exakt ② (*careful*) sorgfältig, gründlich; *reform* durchgreifend; *see also* **fright**

'thor·ough·bred **I.** *n* Vollblut[pferd] *nt* **II.** *adj horse* reinrassig, Vollblut-

'thor·ough·fare *n* (*form*) Durchgangsstraße *f;* **'no ~'** „keine Durchfahrt"

'thor·ough·go·ing *adj* (*form*) ① (*complete*) gründlich ② *attr* (*absolute*) radikal; **a ~ idiot** ein Vollidiot *m pej*

thor·ough·ly ['θʌrəli, AM 'θɜ:roʊli] *adv* ① (*in detail*) genau, sorgfältig ② (*completely*) völlig; **to ~ enjoy sth** etw ausgiebig genießen

thor·ough·ness ['θʌrənəs, AM 'θɜ:roʊ-] *n no pl* Gründlichkeit *f,* Sorgfältigkeit *f*

those [ðəʊz, AM ðoʊz] **I.** *adj det* ① *pl of* **that** (*to identify specific persons/things*) diese; **how much are ~ brushes?** wie viel kosten die Bürsten da? ② *pl of* **that** (*singling out*) **I like ~ biscuits with the almonds in them** ich mag die Kekse mit den Mandeln drinnen **II.** *pron pl of* **that** ① (*the things over there*) diejenigen; **these peaches aren't ripe, try ~ on the table** diese Pfirsiche sind noch nicht reif, versuch' die auf dem Tisch ② (*the people over there*) das; **~ are my kids over there** das sind meine Kinder da drüben ③ (*the people*) ■**~ who ...** diejenigen, die ...; ■**one of ~** (*belonging to a group*) eine(r) davon

thou[1] [ðaʊ] *pron pers* DIAL (*old: you*) du

thou[2] <*pl* -> [θaʊ] *n* (*fam*) ① *abbrev of* **thousand** ② *abbrev of* **thousandth**

though [ðəʊ, AM ðoʊ] **I.** *conj* ① (*despite the fact that*) obwohl ② (*however*) [je]doch ③ (*if*) ■**as ~** als ob **II.** *adv* trotzdem

thought [θɔ:t, AM *esp* θɑ:t] **I.** *n* ① *no pl* (*thinking*) Nachdenken *nt,* Überlegen *nt;* **to be deep in ~** tief in Gedanken versunken sein; **to give sth some ~** sich *dat* Gedanken über etw *akk* machen ② (*opinion, idea*) Gedanke *m;* **I've just had a ~** mir ist eben was eingefallen; **to spare a ~ for sb/sth** an jdn/etw denken ▶ PHRASES: **it's the ~ that counts** (*fam*) der gute Wille zählt **II.** *vt, vi pt, pp of* **think**

Aussprache

Die Buchstabenfolge **ought** reimt sich oft auf Wörter wie **port** [pɔ:t] oder **sort** [sɔ:t]. Man findet sie in Wörtern wie:

bought	[bɔ:t]	(*kaufte, gekauft*)
fought	[fɔ:t]	(*kämpfte, gekämpft*)
nought	[nɔ:t]	(*Null*)
sought	[sɔ:t]	(*suchte, gesucht*)
thought	[θɔ:t]	(*dachte, gedacht*)

thought·ful ['θɔ:tfəl, AM *esp* 'θɑ:t-] *adj* ① (*considerate*) aufmerksam ② (*mentally occupied*) nachdenklich ③ (*careful*) sorgfältig

thought·less ['θɔ:tləs, AM *esp* 'θɑ:t-] *adj* ① (*inconsiderate*) rücksichtslos ② (*without thinking*) unüberlegt

thought-'out *adj* durchdacht

'thought-pro·vok·ing *adj remarks, book* nachdenklich stimmend

thou·sand ['θaʊzənd] **I.** *n* ① *no pl* (*number*) Tausend *f;* **two ~** zweitausend ② *no pl* (*year*) **two ~ and five** [das Jahr] zweitausend und fünf ③ *no pl* (*quantity*) **a ~ pounds** [ein]tausend Pfund ④ *pl* (*lots*) ■**~s** Tausende *pl* **II.** *adj det, attr* tausend; **I've said it a ~ times** ich habe es jetzt unzählige Male gesagt

thou·sandth ['θaʊzən(d)θ] **I.** *n* (*in series*) Tausendste(r, s); (*fraction*) Tausendstel *nt* **II.** *adj* tausendste(r, s); ■**the ~ ...** der/die/das tausendste ...; **a ~ part** ein Tausendstel *nt*

thrash [θræʃ] **I.** *vt* ① (*beat*) verprügeln ② (*fam: defeat*) haushoch schlagen **II.** *vi* (*liter*) rasen ◆**thrash about, thrash**

T

around *vi* ▪ **to ~ about** um sich *akk* schlagen ◆**thrash out** *vt* ❶ (*fam: discuss*) ausdiskutieren ❷ (*produce by discussion*) aushandeln

thrash·ing ['θræʃɪŋ] *n* Prügel *pl;* **to give sb a [good] ~** jdm eine [anständige] Tracht Prügel verpassen

thread [θred] **I.** *n* ❶ *no pl* (*for sewing*) Garn *nt* ❷ (*fibre*) Faden *m*, Faser *f* ❸ (*groove*) Gewinde *nt;* (*part of groove*) Gewindegang *m* ❹ INET Thread *m* **II.** *vt* ❶ (*put through*) einfädeln; **she ~ed her way through the crowd** sie schlängelte sich durch die Menge ❷ (*put onto a string*) auffädeln; **to ~ beads onto a chain** Perlen auf einer Kette aufreihen

'thread·bare *adj* ❶ *material* abgenutzt; *clothes* abgetragen; *carpet* abgelaufen; (*fig*) *argument* fadenscheinig; *joke* abgedroschen ❷ *person, building* schäbig

threat [θret] *n* ❶ (*warning*) Drohung *f;* **an empty ~** eine leere Drohung ❷ *no pl* (*potential danger*) Gefahr *f,* Bedrohung *f;* **to pose a ~ to sb/sth** eine Gefahr für jdn/etw darstellen; ▪ **to be under ~ of sth** von etw *dat* bedroht sein

threat·en ['θretᵊn] **I.** *vt* ❶ (*warn*) ▪ **to ~ sb** jdn bedrohen, jdm drohen; ▪ **to ~ sb with sth** jdm mit etw *dat* drohen; (*with weapon*) jdn mit etw *dat* bedrohen ❷ (*be a danger*) gefährden, eine Bedrohung sein (für +*akk*) **II.** *vi* drohen; ▪ **to ~ to do sth** damit drohen, etw zu tun

threat·en·ing ['θretᵊnɪŋ] *adj* ❶ (*hostile*) drohend, Droh-; **~ letter** Drohbrief *m* ❷ (*menacing*) bedrohlich; *clouds* dunkel

three [θri:] **I.** *n* ❶ (*number*) Drei *f; see also* **eight** ❷ (*quantity*) drei; **in ~s** in Dreiergruppen ❸ (*score*) CARDS Drei *f;* **the ~ of diamonds** die Karodrei ❹ (*the time*) drei [Uhr]; **at ~ pm** um drei Uhr [nachmittags], um fünfzehn Uhr; *see also* **eight** ▶ PHRASES: **two's company, ~'s a crowd** drei sind einer zu viel **II.** *adj* drei; **I'll give you ~ guesses** dreimal darfst du raten; *see also* **eight** ▶ PHRASES: **~ cheers!** (*a. iron*) das ist ja großartig!

three-'cor·nered *adj* ❶ (*triangular*) dreieckig; **~ hat** Dreispitz *m* ❷ SPORTS Drei-; **~ battle** Dreikampf *m*

three-'D *adj* (*fam*), **three-di·'men·sion·al** *adj* dreidimensional

'three·fold *adj* dreifach

'three-part *adj attr song* dreistimmig

three·pen·ny 'bit *n* BRIT (*hist*) Dreipencestück *nt*

'three-piece **I.** *adj* ❶ (*of three items*) dreiteilig ❷ (*of three people*) Dreimann- **II.** *n* Dreiteiler *m* **three-piece 'suit** *n* (*man's*) Dreiteiler *m;* (*lady's*) dreiteiliges Ensemble

'three-ply **I.** *adj* ❶ (*of three layers*) *wood* dreischichtig; *tissue* dreilagig ❷ (*of three strands*) **~ wool** Dreifachwolle *f* **II.** *n no pl* (*wool*) Dreifachwolle *f;* (*wood*) dreischichtiges Spanholz

three-'quar·ter **I.** *adj attr* dreiviertel **II.** *n* SPORTS (*in rugby*) Dreiviertelspieler *m*

three-'quar·ters **I.** *n* Dreiviertel *nt;* **~ of the book** drei Viertel des Buches; **~ of an hour** eine Dreiviertelstunde **II.** *adv* dreiviertel

three·some ['θri:səm] *n* (*three people*) Dreiergruppe *f;* **as a ~** zu dritt

three-'wheel·er *n* (*car*) dreirädriges Auto; (*tricycle*) Dreirad *nt*

thresh [θreʃ] *vt crop* dreschen

'thresh·ing ma·chine *n* AGR Dreschmaschine *f*

thresh·old ['θreʃ(h)əʊld, AM -(h)oʊld] *n* ❶ (*of doorway*) [Tür]schwelle *f* ❷ (*fig: beginning*) Anfang *m,* Beginn *m;* (*limit*) Grenze *f,* Schwelle *f;* **I have a low boredom ~** ich langweile mich sehr schnell; **pain ~** Schmerzgrenze *f* ❸ PHYS, COMPUT Schwellenwert *m*

threw [θru:] *pt of* **throw**

thrice [θraɪs] *adv* (*old*) dreimal

thrift [θrɪft] *n no pl* ❶ (*use of resources*) Sparsamkeit *f* ❷ (*plant*) Grasnelke *f*

thrifty ['θrɪfti] *adj* sparsam

thrill [θrɪl] **I.** *n* (*wave of emotion*) Erregung *f;* (*titillation*) Nervenkitzel *m;* **the ~ of the chase** der besondere Reiz der Jagd **II.** *vt* (*excite*) erregen; (*fascinate*) faszinieren; (*frighten*) Angst machen; (*delight*) entzücken

thrill·er ['θrɪləʳ, AM -ɚ] *n* Thriller *m*

thrill·ing ['θrɪlɪŋ] *adj* aufregend; *story* spannend

thrive <-d, -d> [θraɪv] *vi* gedeihen; *business* florieren

thriv·ing ['θraɪvɪŋ] *adj* **it's a ~ community** das ist eine gut funktionierende Gemeinschaft

throat [θrəʊt, AM θroʊt] *n* ❶ (*inside the neck*) Rachen *m,* Hals *m;* **to have a sore ~** Halsschmerzen haben ❷ (*front of the neck*) Kehle *f,* Hals *m;* **to cut sb's ~** jdm die Kehle durchschneiden ▶ PHRASES: **to have a lump in one's ~** einen Kloß im Hals haben; **to jump down sb's ~** jdn anschnauzen

throaty ['θrəʊti, AM 'θroʊţi] *adj* ❶ (*harsh-sounding*) kehlig, rau ❷ (*hoarse*) heiser, rau

throb [θrɒb, AM θrɑ:b] **I.** *n* Klopfen *nt,* Häm-

T

mern *nt; of heart, pulse* Pochen *nt; of bass, engine* Dröhnen *nt* **II.** *vi* <-bb-> klopfen; *pulse, heart* pochen; *bass, engine* dröhnen; **his head ~bed** er hatte rasende Kopfschmerzen

throes [θrəʊz, AM θroʊz] *npl* **death ~** Todeskampf *m;* **to be in the ~ of sth** mitten in etw *dat* stecken

throm·bo·sis <*pl* -ses> [θrɒm'bəʊsɪs, AM θrɑːm'boʊ-, *pl* -siːz] *n* Thrombose *f*

throne [θrəʊn, AM θroʊn] *n* Thron *m;* REL Stuhl *m*

throng [θrɒŋ, AM θrɑːŋ] **I.** *n + sing/pl vb* [Menschen]menge *f* **II.** *vt* sich drängen (in *+akk*); **visitors ~ed the narrow streets** die engen Straßen wimmelten nur so von Besuchern

throt·tle ['θrɒtḷ, AM 'θrɑːt̬ḷ] **I.** *n* ① AUTO Drosselklappe *f* ② (*speed*) **at full ~** mit voller Geschwindigkeit; (*fig*) mit Volldampf **II.** *vt* ① (*try to strangle*) würgen; (*strangle*) erdrosseln ② (*fig: stop, hinder*) drosseln
◆**throttle back** **I.** *vi* den Motor drosseln **II.** *vt* drosseln

through [θruː] **I.** *prep* ① (*from one side to other*) durch *+akk;* **we drove ~ the tunnel** wir fuhren durch den Tunnel ② (*in*) durch *+akk;* **her words kept running ~ my head** ihre Worte gingen mir ständig durch den Kopf ③ *esp* AM (*up until*) bis; **she works Monday ~ Thursday** sie arbeitet von Montag bis Donnerstag ④ (*during*) während *+gen;* **they drove ~ the night** sie fuhren durch die Nacht ⑤ (*because of*) wegen *+gen,* durch *+akk;* **I can't hear you ~ all this noise** ich kann dich bei diesem ganzen Lärm nicht verstehen ⑥ (*by means of*) über *+akk;* **I got my car ~ my brother** ich habe mein Auto über meinen Bruder bekommen; **~ chance** durch Zufall ⑦ (*at*) durch *+akk;* **she looked ~ her mail** sie sah ihre Post durch; **to go ~ sth** etw durchgehen ⑧ (*to the finish*) **to get ~ sth** etw durchstehen ⑨ (*into*) **we were cut off halfway ~ the conversation** unser Gespräch wurde mittendrin unterbrochen **II.** *adj* ① *pred* (*finished*) fertig; **we're ~** (*finished relationship*) mit uns ist es aus; (*finished job*) es ist alles erledigt ② *pred* (*successful*) durch; **Henry is ~ to the final** Henry hat sich für das Finale qualifiziert ③ *attr* TRANSP (*without stopping*) durchgehend; **~ station** Durchgangsbahnhof *m* **III.** *adv* ① (*to a destination*) durch; **the train goes ~ to Hamburg** der Zug fährt bis nach Hamburg durch ② (*from beginning to end*) [ganz] durch; **Paul saw the project ~ to its completion** Paul hat sich bis zum Abschluss um das Projekt gekümmert; **to be halfway ~ sth** etw halb durch haben ③ (*from outside to inside*) durch und durch, völlig; **cooked ~** durchgegart; *see also* **neighbour**

through·'out [θruː'aʊt] **I.** *prep* ① (*all over in*) **people ~ the country** Menschen im ganzen Land ② (*at times during*) während *+gen;* **~ the performance** die ganze Vorstellung über **II.** *adv* ① (*in all parts*) vollständig ② (*the whole time*) die ganze Zeit [über]

'through·put *n no pl* Verarbeitungsmenge *f;* COMPUT Datendurchlauf *m*

'through tick·et *n* Fahrkarte *f* für die gesamte Strecke **through 'traf·fic** *n no pl* Durchgangsverkehr *m;* **'no ~!'** „keine Durchfahrt!" **'through train** *n* durchgehender Zug **'through·way** *n* AM Autobahn *f*

throve *pt of* **thrive**

throw [θrəʊ, AM θroʊ] **I.** *n* ① (*act of throwing*) SPORTS Wurf *m;* **a stone's ~** [**away**] (*fig*) nur einen Steinwurf von hier ② (*furniture cover*) Überwurf *m* **II.** *vi* <threw, thrown> werfen **III.** *vt* <threw, thrown> ① (*propel with arm*) werfen; (*hurl*) schleudern; ■**to ~ sb sth** jdm etw zuwerfen; **to ~ a punch at sb** jdm einen Schlag versetzen ② (*pounce upon*) ■**to ~ oneself onto sb/sth** sich auf jdn stürzen/auf etw *akk* werfen ③ SPORTS (*in wrestling*) zu Fall bringen; *rider* abwerfen ④ (*direct*) zuwerfen; *glance* werfen (**at** auf *+akk*); ■**to ~ oneself at sb** (*embrace*) sich jdm an den Hals werfen; (*attack*) sich auf jdn stürzen ⑤ (*move violently*) ■**to ~ sth against sth** etw gegen etw *akk* schleudern ⑥ (*show emotion*) **to ~ a fit** (*fam*) einen Anfall bekommen; **to ~ a tantrum** einen Wutanfall bekommen ⑦ (*give*) **to ~ a party** eine Party geben ⑧ (*fam: confuse*) durcheinanderbringen ▸PHRASES: **to ~ caution to the wind** eine Warnung in den Wind schlagen
◆**throw away** **I.** *vt* ① (*discard*) wegwerfen ② (*waste*) **to ~ money away on sth** Geld für etw *akk* zum Fenster hinauswerfen ③ (*in card games*) **to ~ away ↔ a card** eine Karte abwerfen **II.** *vi* (*in card games*) abwerfen
◆**throw back** *vt* ① (*move with force*) **to ~ one's hair back** seine Haare nach hinten werfen ② (*open*) *curtains* aufreißen ③ *esp passive* (*delay*) ■**to ~ sb ↔ back** jdn zurückwerfen ▸PHRASES: **to ~ sth back in sb's face** jdm etw wieder auftischen
◆**throw down** *vt* ① (*throw from above*) herunterwerfen; **to**

~ **oneself down** sich niederwerfen ② (*deposit forcefully*) hinwerfen ③ (*drink quickly*) hinunterstürzen; (*eat quickly*) hinunterschlingen ◆**throw in I.** *vt* ① (*put into*) ■**to ~ sth in[to] sth** etw in etw *akk* [hinein]werfen ② (*include in price*) ■**to ~ sth ⟲ in** etw gratis dazugeben ③ (*throw onto pitch*) *ball* einwerfen ▶PHRASES: **to ~ in the towel** das Handtuch werfen **II.** *vi* [den Ball] einwerfen ◆**throw off** *vt* ① (*remove forcefully*) herunterreißen *fam; clothing* schnell ausziehen ② (*jump*) ■**to ~ oneself off sth** sich von etw *dat* hinunterstürzen ③ (*escape*) ■**to ~ sb ⟲ off** jdn abschütteln ◆**throw on** *vt* ① (*place*) werfen (auf +*akk*); ~ **a log on the fire, will you?** legst du bitte noch einen Scheit aufs Feuer? ② (*pounce upon*) ■**to ~ oneself on sb** sich auf jdn stürzen ③ (*get dressed*) eilig anziehen ④ (*cast*) **to ~ light on a crime** ein Verbrechen aufklären; **to ~ suspicion on[to] sb** den Verdacht auf jdn lenken ◆**throw open** *vt* aufreißen; **to ~ open a door** eine Tür aufstoßen ◆**throw out** *vt* ① (*fling outside*) hinauswerfen ② (*eject*) hinauswerfen; (*dismiss*) entlassen ③ (*discard*) wegwerfen; **to ~ out a case** einen Fall abweisen ④ (*emit*) abgeben; *heat, warmth a.* ausstrahlen ◆**throw over** *vt* ① (*propel across top*) ■**to ~ sth over sth** etw über etw *akk* werfen ② **to ~ sth over one's shoulder** (*carry*) etw schultern; (*discard*) etw hinter sich *akk* werfen ◆**throw together** *vt* ① (*fam: make quickly*) *meal* zaubern ② (*cause to meet*) zusammenbringen ◆**throw up I.** *vt* ① (*project upwards*) hochwerfen; *hands* hochreißen ② (*build quickly*) schnell errichten ③ (*fam: vomit*) erbrechen **II.** *vi* (*fam*) sich übergeben

'throw·away ['θrəʊəweɪ, AM 'θroʊ-] *adj attr* ① (*disposable*) wegwerfbar; ~ **razor** Einwegrasierer *m* ② (*unimportant*) achtlos dahingeworfen *attr*

'throw-back *n* Rückschritt *m*

throw·er ['θrəʊəʳ, AM 'θroʊɚ] *n* Töpferscheibe *f*

'throw-in *n* SPORTS Einwurf *m*

throw·ing ['θrəʊɪŋ, AM 'θroʊ-] *n no pl* (*hurling action*) Werfen *nt*

thrown [θrəʊn, AM θroʊn] *pp of* **throw**

thru [θruː] *prep, adv usu* AM (*fam*) *see* **through**

thrum [θrʌm] **I.** *vt* <-mm-> herumklimpern *pej fam* (auf +*akk*) **II.** *vi* <-mm-> *engine, machine* dröhnen **III.** *n no pl* ① (*thrumming sound*) Geklimper *nt pej fam* ② (*machines*) Dröhnen *nt*

thrush[1] <*pl* -es> [θrʌʃ] *n* ORN Drossel *f*

thrush[2] <*pl* -es> [θrʌʃ] *n* MED Soor *m;* (*of vagina*) Pilzinfektion *f*

thrust [θrʌst] **I.** *n* ① (*forceful push*) Stoß *m* ② *no pl* (*impetus, purpose*) Stoßrichtung *f;* **the main ~ of an argument** die Hauptaussage eines Arguments **II.** *vi* <thrust, thrust> **to ~ at sb with a knife** nach jdm mit einem Messer stoßen **III.** *vt* <thrust, thrust> ① (*push with force*) **to ~ the money into sb's hand** jdm das Geld in die Hand stecken ② (*compel to do*) ■**to ~ sth [up]on sb** jdm etw auferlegen; ■**to ~ oneself [up]on sb** sich jdm aufdrängen ③ (*impel*) hineinstoßen; **she was suddenly ~ into a position of responsibility** sie wurde plötzlich in eine sehr verantwortungsvolle Position hineingedrängt

thrust·ing ['θrʌstɪŋ] *adj* zielstrebig

thru·way *n esp* AM *see* **throughway**

thud [θʌd] **I.** *vi* <-dd-> dumpf aufschlagen **II.** *n* dumpfer Schlag; ~ **of hooves** Geklapper *nt* von Hufen

thug [θʌg] *n* Schlägertyp *m pej*

thumb [θʌm] **I.** *n* Daumen *m* ▶PHRASES: **to stand out like a sore ~** unangenehm auffallen; **to be under sb's ~** unter jds *dat* Fuchtel stehen **II.** *vt* ① (*hitchhike*) **to ~ a lift** per Anhalter fahren, trampen ② (*mark by handling*) *book, pages* abgreifen **III.** *vi* (*glance through*) **to ~ through a newspaper** durch die Zeitung blättern

Aussprache

Bei Wörtern, die auf **mb** enden, wird das **b** nicht gesprochen: **thumb** = [θʌm]. Andere Beispiele hierfür sind:

crumb	[krʌm]	(*Krümel*)
dumb	[dʌm]	(*stumm, dumm*)
lamb	[læm]	(*Lamm*)
succumb	[sə'kʌm]	(*sich beugen, nachgeben*)
womb	[wuːm]	(*Gebärmutter*)

thumb-'in·dex *n* Daumenregister *nt* **'thumb·nail** *n* Daumennagel *m* **thumb·nail 'sketch** *n* Abriss *m* **'thumb·screw** *n usu pl* Daumenschraube *f* **'thumb·tack** *n* AM, AUS (*drawing-pin*) Reißnagel *m* **'thumb-typ·er** *n* Daumentipper(in) *m(f)* **'thumb typ·ing** *n no pl Tippen auf einer winzigen Tastatur, z.B. eines Handys, nur mit den Daumen*

thump [θʌmp] **I.** *n* dumpfer Knall **II.** *vt* schlagen **III.** *vi* schlagen (**on** auf +*akk*); *heart* klopfen

thump·ing ['θʌmpɪŋ] (*fam*) **I.** *adj* kolossal; **to have a ~ headache** grässliches Kopfweh haben **II.** *adv* unglaublich *fam*

thun·der ['θʌndəʳ, AM -ɚ] **I.** *n no pl* ❶ METEO Donner *m;* **rumble of ~** Donnergrollen *nt* ❷ (*loud sound*) Getöse *nt* ▶ PHRASES: **to steal sb's ~** jdm die Schau stehlen **II.** *vi* ❶ (*make rumbling noise*) donnern; ■**to ~ by** vorbeidonnern ❷ (*declaim*) schreien; ■**to ~ about sth** sich lautstark über etw *akk* äußern **III.** *vt* brüllen

'thun·der·bolt *n* ❶ (*lightning*) Blitzschlag *m* ❷ SPORTS (*powerful shot*) Bombe *f sl* **'thun·der·clap** *n* Donnerschlag *m* **'thun·der·cloud** *n usu pl* Gewitterwolke *f*

thun·der·ing ['θʌndəʳrɪŋ, AM -dɚ-] **I.** *n no pl* Donnern *nt* **II.** *adj* ❶ (*extremely loud*) tosend; *voice* dröhnend ❷ (*enormous*) enorm; *success a.* riesig

thun·der·ous ['θʌndəʳrəs, AM -dɚ-] *adj attr* donnernd; **~ applause** Beifallsstürme *pl*

'thun·der·storm *n* Gewitter *nt* **'thun·der·struck** *adj pred* wie vom Donner gerührt

thun·dery ['θʌndəʳri, AM -ɚi] *adj* gewittrig

Thurs·day ['θɜːzdeɪ, AM 'θɜːr-] *n* Donnerstag *m; see also* **Tuesday**

thus [ðʌs] *adv* ❶ (*therefore*) folglich ❷ (*in this way*) so

thwart [θwɔːt, AM θwɔːrt] *vt* vereiteln; *escape* verhindern; *plan* durchkreuzen

thy [ðaɪ] *adj poss* DIAL (*old*) dein

thyme [taɪm] *n no pl* Thymian *m*

thy·roid ['θaɪrɔɪd] **I.** *n* Schilddrüse *f* **II.** *adj attr* Schilddrüsen-

ti·ara [ti'ɑːrə, AM -'erə] *n* Tiara *f*

Ti·bet [tɪ'bet] *n no pl* GEOG Tibet *nt*

tibia <*pl* -biae> ['tɪbiə, *pl* -biiː] *n* Schienbein *nt*

tic [tɪk] *n* [nervöses] Zucken

tick¹ [tɪk] *n* ZOOL Zecke *f*

tick² [tɪk] **I.** *n* ❶ (*sound of watch*) Ticken *nt kein pl;* **'~ tock'** (*fam*) „ticktack"; **hold on [just] a ~** BRIT (*fam*) warte einen Moment ❷ (*mark*) Haken *m* **II.** *vi* ticken ▶ PHRASES: **what makes sb ~** was jdn bewegt **III.** *vt* abhaken ◆**tick off** *vt* ❶ (*mark with tick*) abhaken ❷ BRIT, AUS (*fam: reproach*) schelten ❸ AM (*fam: irritate*) auf die Palme bringen ◆**tick over** *vi esp* BRIT ❶ TECH (*operate steadily*) auf Leerlauf geschaltet sein ❷ (*function at minimum level*) am Laufen halten

tick·er ['tɪkəʳ, AM -ɚ] *n* (*fam*) Pumpe *f sl*

'tick·er tape *n no pl* ❶ (*paper strip*) Lochstreifen *m* ❷ (*confetti*) Konfetti *nt* **tick·er-tape pa·'rade** *n* AM Konfettiparade *f*

tick·et ['tɪkɪt] *n* ❶ (*card*) Karte *f;* **concert ~** Konzertkarte *f;* **lottery ~** Lottoschein *m;* **plane ~** Flugticket *nt* ❷ (*price tag*) Etikett *nt;* **price ~** Preisschild *nt* ❸ (*notification of offence*) Strafzettel *m*

'tick·et agen·cy *n* Kartenbüro *nt* **'tick·et-col·lec·tor** *n* (*on the train*) Schaffner(in) *m(f);* (*on the platform*) Bahnsteigschaffner(in) *m(f)* **'tick·et count·er** *n* Fahrkartenschalter *m* **'tick·et hold·er** *n* Kartenbesitzer(in) *m(f)* **'tick·et ma·chine** *n* Fahrkartenautomat *m* **'tick·et-of·fice** *n* RAIL Fahrkartenschalter *m;* THEAT Vorverkaufsschalter *m* **'tick·et tout** *n* BRIT Schwarzhändler(in) *m(f)* (*für Eintrittskarten*)

tick·ing ['tɪkɪŋ] **I.** *n no pl* ❶ *of clock* Ticken *nt* ❷ (*for mattress*) Matratzenüberzug *m* **II.** *adj* tickend; **~ bomb** Zeitbombe *f*

tick·ing-'off <*pl* tickings-> *n* BRIT (*fam*) Tadel *m;* **to get a ~ from sb** von jdm getadelt werden

tick·le ['tɪk|] **I.** *vi* kitzeln **II.** *vt* ❶ (*touch lightly*) kitzeln ❷ (*fam: appeal to sb*) **to ~ sb's fancy** jdn reizen ▶ PHRASES: **to be ~d pink** (*fam*) vor Freude völlig aus dem Häuschen sein **III.** *n no pl* ❶ (*itching sensation*) Jucken *nt* ❷ (*irritating cough*) **a ~ in one's throat** ein Kratzen *nt* im Hals

tick·lish ['tɪklɪʃ] *adj* ❶ (*sensitive to tickling*) kitzlig ❷ (*awkward*) heikel

tid·al ['taɪdəʳl] *adj* von Gezeiten abhängig; **~ basin** Tidebecken *nt*

'tid·al wave *n* Flutwelle *f;* (*fig*) Flut *f*

tid·bit ['tɪdbɪt] *n* AM *see* **titbit**

tid·dly ['tɪdli] *adj* ❶ (*fam: tiny*) winzig ❷ BRIT, AUS (*fam: slightly drunk*) beschwipst

tid·dly·wink ['tɪd|iwɪŋk] *n* ❶ (*flat disc*) Spielstein *m* ❷ (*game*) ■**~s** *pl* Flohhüpfen *nt kein pl*

tide [taɪd] *n* ❶ (*of sea*) Gezeiten *pl;* **high ~** Flut *f;* **low ~** Ebbe *f* ❷ (*main trend of opinion*) öffentliche Meinung; **the ~ has turned** die Meinung ist umgeschlagen; **to swim against the ~** gegen den Strom schwimmen ❸ (*powerful trend*) Welle *f* ◆**tide over** *vt* über die Runden helfen

'tide·land *n* AM (*mud-flats*) Watt *nt* **'tide·mark** *n* ❶ (*mark left by tide*) Gezeitenmarke *f* ❷ *esp* BRIT (*on bath*) schwarzer Rand

tidi·ness ['taɪdɪnəs] *n no pl* Ordnung *f*

tidy ['taɪdi] **I.** *adj* ❶ (*in order*) ordentlich ❷ (*fam: considerable*) beträchtlich **II.** *n* ❶ BRIT (*little receptacle*) Abfallbehälter *m* ❷ (*period of cleaning*) **he gave his room a good ~** er räumte sein Zimmer gründlich auf **III.** *vt* aufräumen

tie [taɪ] **I.** *n* ❶ (*necktie*) Krawatte *f;* **bow ~** Fliege *f* ❷ (*cord*) Schnur *f* ❸ *pl* (*links*) **diplomatic ~s** diplomatische Bezie-

T

hungen; **family ~s** Familienbande *pl* ④ (*equal score*) Punktegleichstand *m kein pl* **II.** *vi* <-y-> ① (*fasten*) schließen ② (*equal in points*) ■**to ~ with sb/sth** denselben Platz wie jd/etw belegen **III.** *vt* <-y-> ① (*fasten together*) *hands* fesseln; *knot* machen; *tie* binden ② (*restrict in movement*) ■**to be ~d to sth/somewhere** an etw *akk*/einen Ort gebunden sein ▶ PHRASES: **sb's hands are ~d** jds Hände sind gebunden ◆**tie back** *vt* zurückbinden ◆**tie down** *vt* ① (*secure to ground*) festbinden ② (*restrict*) ■**to be ~d down** gebunden sein; ■**to ~ sb down to sth** (*fam*) jdn auf etw *akk* festlegen ◆**tie in** *vi* ■**to ~ in with sth** mit etw *dat* übereinstimmen ◆**tie up** *vt* ① (*bind*) festbinden; *hair* hochbinden ② (*delay*) aufhalten ③ (*busy*) ■**to be ~d up** beschäftigt sein ④ *capital, money* binden ▶ PHRASES: **to ~ up some loose ends** etw erledigen

'tie-break·er, BRIT **'tie-break** *n* Verlängerung *f;* TENNIS Tie-Break *m o nt* **'tie clip** *n* Krawattennadel *f* **'tie-in** *n* Verbindung *f* **tie-on 'la·bel** *n* Etikett *nt* **'tie·pin** *n* Krawattennadel *f*

tier [tɪəʳ, AM tɪr] **I.** *n* (*row*) Reihe *f;* (*level*) Lage *f;* **~ of management** Managementebene *f* **II.** *vt usu passive* (*next to each other*) aufreihen; (*on top of each other*) aufschichten

'tie-up *n* (*connection*) Verbindung *f*

tiff [tɪf] *n* (*fam*) Plänkelei *f;* **to have a ~** eine Meinungsverschiedenheit haben

ti·ger ['taɪgəʳ, AM -ɚ] *n* Tiger *m*

tight [taɪt] **I.** *adj* ① (*firm*) fest; *clothes* eng ② (*close together*) dicht; **in ~ formation** in geschlossener Formation; **~ finish** knapper Zieleinlauf ③ (*stretched tautly*) gespannt; *muscle* verspannt; *face, voice* angespannt ④ (*severe*) streng; *bend* eng; *budget* knapp; **~ spot** (*fig*) Zwickmühle *f* ⑤ (*pej fam: with money*) knauserig ▶ PHRASES: **to run a ~ ship** ein strenges Regime führen **II.** *adv pred* straff; *close, seal* fest; **to hang on ~ to sb/sth** sich an jdm/etw festklammern

tight·en ['taɪtᵊn] **I.** *vt* ① (*make tight*) festziehen; *rope* festbinden; *screw* anziehen ② (*increase pressure*) verstärken ▶ PHRASES: **to ~ one's belt** den Gürtel enger schnallen **II.** *vi* straff werden; **sb's lips ~** jd kneift die Lippen zusammen

tight-'fist·ed *adj* (*pej fam*) geizig **tight-'fit·ting** *adj* eng anliegend **tight-'lipped** *adj* ① (*compressing lips*) schmallippig ② (*saying little*) *silence* eisig; ■**to be ~ about sth** wortkarg auf etw *akk* reagieren

tight·ness ['taɪtnəs] *n no pl* ① (*firmness, strength*) Festigkeit *f* ② (*close fitting*) enge Passform ③ (*tight sensation*) Spannen *nt*

'tight·rope *n* Drahtseil *nt;* **~ walker** Seiltänzer(in) *m(f)*

'tight·rope walk·er *n* Seiltänzer(in) *m(f)*

tights [taɪts] *npl* ① (*leggings*) Strumpfhose *f;* **pair of ~** Strumpfhose *f* ② AM, AUS (*for dancing, aerobics*) Leggings *pl,* Gymnastikhose *f*

Grammatik

tights wird immer im Plural gebraucht: *her tights are bright red*
a pair of tights wird aber im Singular verwendet: *I bought a pair of tights; I always carry a spare pair of tights in my bag*

tight·wad ['taɪtwɑːd] *n* AM, AUS (*pej sl*) Geizkragen *m*

ti·gress <*pl* -es> ['taɪgres, AM -grɪs] *n* (*female tiger*) Tigerin *f*

tike *n see* **tyke**

tile [taɪl] **I.** *n* Fliese *f;* **roof ~** Dachziegel *m* **II.** *vt* fliesen

til·er ['taɪləʳ, AM -ɚ] *n* Fliesenleger(in) *m(f)*

till[1] [tɪl] **I.** *prep see* **until II.** *conj see* **until**

till[2] [tɪl] *n* Kasse *f* ▶ PHRASES: **to be caught with one's hand in the ~** auf frischer Tat ertappt werden

till[3] [tɪl] *vt soil* bestellen

till·er ['tɪləʳ, AM -ɚ] *n* Ruderpinne *f*

tilt [tɪlt] **I.** *n* (*slope*) Neigung *f* ▶ PHRASES: **at full ~** mit voller Kraft **II.** *vt* neigen; **to ~ the balance in favour of sth/sb** einen Meinungsumschwung zugunsten einer S./Person *gen* herbeiführen **III.** *vi* ① (*slope*) sich neigen ② (*movement of opinion*) sich abwenden (**away from** von +*dat*), sich zuwenden (**towards** +*dat*)

tim·ber ['tɪmbəʳ, AM -ɚ] *n* ① *no pl esp* BRIT (*wood for building*) Bauholz *nt;* **to fell ~** Holz fällen ② (*elongated piece of wood*) Holzplanke *f*

tim·bered ['tɪmbəd, AM -ɚd] *adj* Fachwerk-

'tim·ber·line *n* AM (*treeline*) Baumgrenze *f*

'tim·ber mer·chant *n* Holzhändler(in) *m(f)*

time [taɪm] **I.** *n* ① *no pl* (*considered as a whole*) Zeit *f;* **~ stood still** die Zeit stand still; **as ~ goes by** im Lauf[e] der Zeit; **for all ~** für immer ② *no pl* (*period, duration*) Zeit *f;* **~'s up** (*fam*) die Zeit ist um; **it will take some ~** es wird eine Weile dauern; **extra ~** SPORTS Verlängerung *f;* **free ~** [*or* **spare**] Freizeit *f;* **to have ~ on one's hands** viel Zeit zur Verfügung haben;

period of ~ Zeitraum *m;* **in one week's** ~ in einer Woche; **a long** ~ **ago** vor langer Zeit; **to be pressed for** ~ in Zeitnot sein; **to take one's** ~ sich *dat* Zeit lassen; **for the** ~ **being** vorläufig; **to tell the** ~ die Uhr lesen; **this** ~ **tomorrow** morgen um diese Zeit; **on** ~ pünktlich ❸ (*occasion, frequency*) Mal *nt;* **for the first** ~ zum ersten Mal; **from** ~ **to** ~ ab und zu; **three** ~**s a week** drei Mal in der Woche; **for the hundredth** ~ zum hundertsten Mal ❹ *usu pl* (*era, lifetime*) Zeit *f;* ~**s are changing** die Zeiten ändern sich; **to be behind the** ~**s** seiner Zeit hinterherhinken ❺ (*schedule*) **departure** ~ Abfahrtszeit *f* ❻ SPORTS Zeit *f;* **record** ~ Rekordzeit *f* ❼ MATH **two** ~**s five is ten** zwei mal fünf ist zehn ❽ *no pl* MUS Takt *m;* **to keep** ~ den Takt halten ❾ ([*not*] *like*) **to not have much** ~ **for sb** jdn nicht mögen ▸PHRASES: ~ **is of the** <u>**essence**</u> die Zeit drängt; [**only**] ~ **will** <u>**tell**</u> (*saying*) erst die Zukunft wird es zeigen **II.** *vt* ❶ (*measure duration*) ■**to** ~ **sb over 100 metres** jds Zeit beim 100-Meter-Lauf nehmen ❷ (*choose best moment for*) ■**to** ~ **sth** [**right**] den richtigen Zeitpunkt wählen (für +*akk*)

'time bomb *n* (*a. fig*) Zeitbombe *f* **'time card** *n* AM Stechkarte *f* **'time clock** *n* Stechuhr *f* **'time-con·sum·ing** *adj* zeitintensiv **'time dif·fer·ence** *n* Zeitunterschied *m* **'time·keep·er** *n* ❶ SPORTS Zeitnehmer(in) *m(f)* ❷ (*clock, watch*) Zeitmesser *m;* **to be a good** ~ *person* sein Zeitsoll immer erfüllen **'time lag** *n* Zeitdifferenz *f* **'time-lapse** *adj attr film, photography* Zeitraffer-

time·less ['taɪmləs] *adj* ❶ (*not dated*) *book, dress, values* zeitlos ❷ (*unchanging*) *landscape, beauty* immer während *attr*

'time lim·it *n* Zeitbeschränkung *f* **'time lock I.** *n* (*on a safe*) Zeitschloss *nt;* (*on a computer*) Abschaltzeit *f* **II.** *vt* mit einem Zeitschloss versehen

time·ly ['taɪmli] *adj* rechtzeitig; *remark* passend

'time-out I. *n* <*pl* times- *or* -s> SPORTS Auszeit *f* **II.** *interj* AM Stopp

tim·er ['taɪməʳ, AM -ɚ] *n* ❶ (*for lights, VCR*) Timer *m;* (*for cooking eggs*) Eieruhr *f* ❷ (*time recorder*) Zeitmesser *m;* (*person*) Zeitnehmer(in) *m(f)* ❸ AM (*time switch*) Zeitschalter *m*

'time-sav·ing *adj* Zeit sparend **'time scale** *n* Zeitrahmen *m* **'time share** *n* Timeshare-Projekt *nt* **'time-shar·ing** *n no pl* Timesharing *nt* **'time sheet** *n* Arbeitsblatt *nt* **'time switch** *n* BRIT, AUS Zeitschalter *m* **'time·ta·ble I.** *n* ❶ (*for bus, train*) Fahrplan *m;* (*for events, project*) Programm *nt;* (*for appointments*) Zeitplan *m* ❷ BRIT, AUS (*at school, university*) Stundenplan *m* **II.** *vt usu passive* planen **'time·worn** *adj* abgenutzt; *excuse* abgedroschen **'time zone** *n* Zeitzone *f*

tim·id <-er, -est *or* more ~, most ~> ['tɪmɪd] *adj* ängstlich; (*shy*) schüchtern; (*lacking courage*) zaghaft

ti·mid·ity [tɪ'mɪdəti, AM -ət̬i] *n no pl* Ängstlichkeit *f;* (*shyness*) Schüchternheit *f;* (*lack of courage*) Zaghaftigkeit *f*

tim·ing ['taɪmɪŋ] *n* ❶ *no pl* (*of words, actions*) Timing *nt* ❷ (*measuring of time*) Zeitabnahme *f; of a race, runners a.* Stoppen *nt kein pl;* (*in factories*) Zeitkontrolle *f*

tim·or·ous ['tɪmᵊrəs, AM -ɚəs] *adj* (*form, liter: shy*) schüchtern; (*fearful*) ängstlich

tim·pa·ni ['tɪmpəni] *npl* MUS Pauken *pl*

tin [tɪn] **I.** *n* ❶ *no pl* (*metal*) Zinn *nt* ❷ *esp* BRIT (*can*) Büchse *f,* Dose *f* ❸ (*for baking*) Backform *f;* **cake** ~ Kuchenform *f* **II.** *vt* <-nn-> *esp* BRIT eindosen, in Dosen konservieren

tin 'can *n* Blechdose *f*

tinc·ture ['tɪŋktʃəʳ, AM -ɚ] *n* Tinktur *f*

tin·der ['tɪndəʳ, AM -ɚ] *n no pl* Zunder *m;* ~**-dry** staubtrocken

'tin·foil ['tɪnfɔɪl] *n no pl* Alufolie *f*

ting [tɪŋ] **I.** *adv* **to go** ~ „bing" machen **II.** *n* Klingen *nt kein pl* **III.** *vi* klingen

tinge [tɪndʒ] **I.** *n* ❶ (*of colour*) Hauch *m;* ~ **of red** [leichter] Rotstich ❷ (*of emotion*) Anflug *m kein pl* **II.** *vt usu passive* ❶ (*with an emotion*) ~**d with regret** mit einer Spur von Bedauern ❷ (*with colours*) **to be** ~**d with orange** mit Orange [leicht] getönt sein

tin·gle ['tɪŋgl̩] **I.** *vi* kribbeln; **to** ~ **with excitement** vor Aufregung zittern **II.** *n no pl* Kribbeln *nt*

tin 'god *n* (*fam*) Abgott *m pej;* **little** ~ kleiner Gott *iron* **tin 'hat** *n* Stahlhelm *m* **'tin·horn** *esp* AM **I.** *adj attr* angeberisch **II.** *n* Angeber(in) *m(f)*

tink·er ['tɪŋkəʳ, AM -ɚ] **I.** *n* (*repairman*) wandernder Kesselflicker *hist;* BRIT (*pej: gypsy*) Zigeuner(in) *m(f)* **II.** *vi* ■**to** ~ [**around**] [**with sth**] [an etw *dat*] herumbasteln

tin·kle ['tɪŋkl̩] **I.** *vi* ❶ (*make sound*) *piano* klimpern; *bell* klingen; *fountain* plätschern ❷ (*fam: urinate*) Pipi machen **II.** *vt* **to** ~ **a bell** mit einer Glocke klingeln **III.** *n* ❶ (*of bell*) Klingen *nt kein pl;* (*of water*) Plätschern *nt kein pl* ❷ (*fam: urine*) Pipi *nt*

tinned [tɪnd] *adj* BRIT, AUS konserviert; ~ **milk** Büchsenmilch *f*

T

tin·ny ['tɪni] *adj* ① *recording* blechern ② *taste, food* nach Blech schmeckend *attr* ③ AUS (*fam*) Bierdose *f*
'tin-open·er *n* BRIT, AUS Dosenöffner *m* **tin·'plate** *n no pl* Zinnblech *nt*
tin·sel ['tɪn(t)səl] *n no pl* ① (*for magic wand*) Flitter *m;* (*for Christmas tree*) Lametta *nt* ② (*fig: sth showy*) Prunk *m*
tint [tɪnt] **I.** *n* ① (*hue*) Farbton *m* ② (*dye*) Tönung *f* **II.** *vt hair* tönen
tiny ['tɪni] *adj* winzig; **teeny ~** klitzeklein
tip¹ [tɪp] **I.** *vt* <-pp-> (*attach to extremity of*) **mountains ~ped with snow** Berge *pl* mit schneebedeckten Gipfeln **II.** *n* (*pointed end*) Spitze *f* ▶PHRASES: **it's on the ~ of my tongue** es liegt mir auf der Zunge
tip² [tɪp] **I.** *n* BRIT ① (*garbage dump*) Deponie *f* ② (*fam: mess*) Saustall *m pej sl* **II.** *vt* <-pp-> ① (*empty out*) ausschütten (**into** in +*akk*) ② (*tilt*) neigen; **to ~ the balance** den Ausschlag geben **III.** *vi* <-pp-> ① BRIT (*dump*) **'No ~ping'** „Müll abladen verboten" ② (*tilt*) umkippen
tip³ [tɪp] **I.** *n* ① (*money*) Trinkgeld *nt;* **to leave a 10% ~** 10% Trinkgeld geben ② (*suggestion*) Rat[schlag] *m,* Tipp *m* **II.** *vt* <-pp-> ① (*give money to*) Trinkgeld geben ② *esp* BRIT (*predict*) tippen (auf +*akk*); **he is being ~ped as the next Prime Minister** er gilt als der nächste Premierminister **III.** *vi* <-pp-> Trinkgeld geben ◆**tip off** *vt* einen Tipp geben ◆**tip out I.** *vi* herauskippen **II.** *vt* ausleeren ◆**tip over** *vt, vi* umschütten, umkippen ◆**tip up** *vt, vi* kippen; *seat* hochklappen
'tip-off *n* (*fam*) Tipp *m*
tip·ple ['tɪpl] **I.** *vi* (*drink alcohol*) trinken **II.** *vt beer, champagne* süffeln *fam* **III.** *n* (*fam*) **white wine is her ~** sie trinkt am liebsten Weißwein
tip·ster ['tɪpstəʳ, AM -ɚ] *n* (*in sports*) Tippgeber(in) *m(f)*
tip·sy ['tɪpsi] *adj* beschwipst
tip·toe ['tɪptəʊ, AM -toʊ] **I.** *n* **on ~[s]** auf Zehenspitzen **II.** *vi* auf Zehenspitzen gehen
tip-'top *adj* (*fam*) Spitzen-, Spitze *präd,* tipptopp
'tip-up seat *n* Klappsitz *m*
ti·rade [taɪ'reɪd, AM 'taɪreɪd] *n* Tirade *f geh*
tire¹ ['taɪəʳ, AM -ɚ] **I.** *vt* ermüden; **to ~ oneself doing sth** von etw *dat* müde werden **II.** *vi* müde werden; ■**to ~ of sth/sb** etw/jdn satthaben; **to never ~ of doing sth** nie müde werden, etw zu tun
tire² ['taɪəʳ, AM -ɚ] *n* AM *see* **tyre**
tired <-er, -est *or* more ~, most ~> ['taɪəd, AM -ɚd] *adj* ① (*exhausted*) müde ② (*bored with*) **to be sick and ~ of sth/sb** von etw/jdm die Nase gestrichen voll haben *fam* ③ (*over-used*) *excuse* lahm; *phrase* abgedroschen
tired·ness ['taɪədnəs, AM -ɚd-] *n no pl* Müdigkeit *f*
tire·less ['taɪələs, AM -ɚ-] *adj* unermüdlich (**in** bei +*dat*)
tire·some ['taɪəsəm, AM -ɚ-] *adj* mühsam; *habit* unangenehm
tir·ing ['taɪərɪŋ, AM -ɚ-] *adj* ermüdend
'tis [tɪz] (*old*) = **it is** *see* **be**
tis·sue ['tɪʃuː, -sjuː, AM 'tɪʃuː] *n* ① (*for wrapping*) Seidenpapier *nt* ② (*for wiping noses*) Tempo® *nt* ③ *no pl* (*of animals or plants*) Gewebe *nt*
tit [tɪt] *n* ① (*bird*) Meise *f;* **blue ~** Blaumeise *f;* **coal ~** Tannenmeise *f;* **great ~** Kohlmeise *f* ② (*vulg: breast*) Titte *f* ③ (*sl: fool*) Depp *m* ▶PHRASES: **~ for tat** wie du mir, so ich dir
ti·tan·ic [taɪ'tænɪk] *adj* gigantisch
ti·ta·nium [tɪ'teɪniəm, AM taɪ'-] *n no pl* Titan *nt*
tit·bit ['tɪtbɪt] *n esp* BRIT ① (*snack*) Leckerbissen *m* ② *usu pl* (*of information*) Leckerbissen *m;* **juicy ~s** pikante Einzelheiten
tit·il·late ['tɪtɪleɪt, AM -təl-] **I.** *vt* anregen **II.** *vi* erregen
tit·il·la·tion [ˌtɪtɪ'leɪʃən, AM -təl'eɪ-] *n no pl* (*sexual*) Erregung *f;* (*intellectual*) Anregung *f*
tit·ivate ['tɪtɪveɪt, AM 'tɪt̬ə-] **I.** *vi* sich zurechtmachen **II.** *vt* ■**to ~ oneself** sich fein machen
ti·tle ['taɪtl̩, AM -t̬l̩] **I.** *n* ① SPORTS *a. of book, film* Titel *m* ② (*film credits*) ■**~s** *pl* Vor-/Nachspann *m* ③ (*status, rank*) Titel *m;* **job ~** Berufsbezeichnung *f* **II.** *vt book, film* betiteln
ti·tle 'deed *n* LAW Eigentumsurkunde *f* **ti·tle·hold·er** *n* Titelverteidiger(in) *m(f)* **ti·tle page** *n* Titelblatt *nt* **'ti·tle role** *n* Titelrolle *f* **'ti·tle track** *n* Titelsong *m*
tit·ter ['tɪtəʳ, AM -t̬ɚ] **I.** *vi* kichern **II.** *n* Gekicher *nt kein pl*
'tit·tle-tat·tle *n no pl* (*fam*) Geschwätz *nt pej*
tiz·zy ['tɪzi], BRIT *a.* **tizz** [tɪz] *n no pl* (*fam*) Aufregung *f;* ■**to be in a ~** in heller Aufregung sein
TNT [ˌtiːen'tiː] *n no pl* CHEM *abbrev of* **trinitrotoluene** TNT *nt*
to [tuː, tu, tə] **I.** *prep* ① (*moving towards*) in +*akk,* nach +*dat,* zu +*dat;* **they go ~ work on the bus** sie fahren mit dem Bus zur Arbeit; **we moved ~ Germany last year** wir sind letztes Jahr nach Deutsch-

T

land gezogen; ~ **the north** nördlich; **from place ~ place** von Ort zu Ort ② (*attending regularly*) zu +*dat*, in +*dat*; **she goes ~ university** sie geht auf die Universität ③ (*inviting to*) zu +*dat*; **I've asked them ~ dinner** ich habe sie zum Essen eingeladen ④ (*in direction of*) auf +*akk*; **to point ~ sth** auf etw *akk* zeigen ⑤ (*in contact with, attached to*) an +*dat*; **cheek ~ cheek** Wange an Wange; **tie the lead ~ the fence** mach die Leine am Zaun fest ⑥ (*with indirect object*) ■~ **sb/sth** jdm/etw; **give that gun ~ me** gib mir das Gewehr; **to be married ~ sb** mit jdm verheiratet sein; **to tell sth ~ sb** jdm etw erzählen ⑦ (*compared to*) mit +*dat*; **I prefer beef ~ seafood** ich ziehe Rindfleisch Meeresfrüchten vor ⑧ (*until, to point in time*) bis +*dat*, zu +*dat*; **and ~ this day ...** und bis auf den heutigen Tag ... ⑨ (*expressing change of state*) zu +*dat*; **he converted ~ Islam** er ist zum Islam übergetreten ⑩ BRIT (*in clock times*) vor +*dat*; **it's twenty ~ six** es ist zwanzig vor sechs ⑪ (*in honour of*) auf +*akk*; **here's ~ you!** auf dein/Ihr Wohl!; **the record is dedicated ~ her mother** die Schallplatte ist ihrer Mutter gewidmet ⑫ MATH (*defining exponent*) hoch; **ten ~ the power of three** zehn hoch drei ►PHRASES: **there's not much ~ it** das ist nichts Besonderes **II.** *to form infin* ① (*expressing future intention*) **I'll have ~ tell him** ich werde es ihm sagen müssen; **to be about ~ do sth** gerade etw tun wollen ② (*forming requests*) zu; **he told me ~ wait** er sagte mir, ich solle warten; **I asked her ~ give me a call** ich bat sie, mich anzurufen ③ (*omitting verb*) **would you like to go? – yes, I'd love ~** möchtest du hingehen? – ja, sehr gern ④ *after adj* (*to complete meaning*) **I'm sorry ~ hear that** es tut mir leid, das zu hören; **easy ~ use** leicht zu bedienen ⑤ (*after wh- words*) **I don't know what ~ do** ich weiß nicht, was ich tun soll; **I don't know where ~ begin** ich weiß nicht, wo ich anfangen soll ⑥ (*introducing clause*) ~ **be honest** um ehrlich zu sein **III.** *adv* zu; **to push the door ~** die Tür anlehnen; **to come ~** zu sich *dat* kommen

toad [təʊd, AM toʊd] *n* Kröte *f*

toad-in-the-'hole *n* BRIT *in Teig gebackene Wurst*

'toad·stool *n* Giftpilz *m*

toady ['təʊdi, AM 'toʊdi] (*pej*) **I.** *n* Speichellecker *m* **II.** *vi* <-ie-> kriechen (**to** vor +*dat*)

to and 'fro I. *adv* hin und her; (*back and forth*) vor und zurück **II.** *vi* (*move*) ■**to be toing and froing** vor- und zurückgehen; (*be indecisive*) hin und her schwanken

toast [təʊst, AM toʊst] **I.** *n* ① *no pl* (*bread*) Toast *m*; **slice of ~** Scheibe *f* Toast ② (*when drinking*) Toast *m*, Trinkspruch *m*; **to drink a ~ to sb** auf jdn trinken **II.** *vt* ① (*cook over heat*) *nuts* rösten; *bread, muffin* toasten ② (*drink to*) trinken (auf +*akk*)

toast·er ['təʊstəʳ, AM 'toʊstɚ] *n* Toaster *m*

'toast·mas·ter *n ein Mann/eine Frau, der/die Tischredner ankündigt und Toasts ausspricht*

'toast rack *n* Toastständer *m*

to·bac·co [tə'bækəʊ, AM -koʊ] *n no pl* Tabak *m*

to·bac·co·nist [tə'bækᵊnɪst] *n* Tabakwarenhändler(in) *m(f)*

-to-be [tə'bi:] *in compounds* (*boss-, husband-*) zukünftige(r, s) *attr*; **mother-~** werdende Mutter

to·bog·gan [tə'bɒgᵊn, AM -'bɑ:-] **I.** *n* Schlitten *m*, Rodel *f* ÖSTERR **II.** *vi* Schlitten fahren, rodeln

to·'bog·gan run, to·'bog·gan slide *n* Rodelbahn *f*

toby, toby jug ['təʊbi-, AM 'toʊbi-] *n* Figurkrug *m*

tod [tɒd] *n no pl* BRIT (*fam*) **to be on one's ~** allein sein

to·day [tə'deɪ] **I.** *adv* ① (*on this day*) heute ② (*nowadays*) heutzutage **II.** *n no pl* ① (*this day*) heutiger Tag; **what's ~'s date?** welches Datum haben wir heute? ② (*present period of time*) Heute *nt*; **cars of ~** Autos *pl* von heute

tod·dle ['tɒdl̩, AM 'tɑ:dl̩] *vi child* wackeln; *adult* schlappen *fam*

tod·dler ['tɒdl̩əʳ, AM 'tɑ:dl̩ɚ] *n* Kleinkind *nt*

tod·dy ['tɒdi, AM 'tɑ:di] *n* Toddy *m*

to-do [tə'du:] *n usu sing* (*fam*) ① (*fuss*) Getue *nt pej*; **to make a great ~ about sth** ein großes Theater um etw *akk* machen ② (*confrontation*) Wirbel *m*

toe [təʊ, AM toʊ] **I.** *n* ① (*on foot*) Zehe *f* ② (*of sock, shoe*) Spitze *f* ►PHRASES: **to keep sb on their ~s** jdn auf Zack halten **II.** *vt* **to ~ the party line** der Parteilinie folgen

'toe cap *n* Schuhkappe *f*

'toe·hold *n* ① (*in climbing*) Halt *m* für die Zehen ② (*fig: starting point*) Ausgangspunkt *m*

'toe·nail *n* Zehennagel *m*

tof·fee *n* Toffee *nt*, Sahnebonbon *nt*

'tof·fee ap·ple *n* kandierter Apfel **'tof·fee-**

T

nosed *adj* BRIT (*pej fam*) hochnäsig
tofu ['təʊfu:, AM 'toʊ-] *n no pl* Tofu *m*
to·geth·er [tə'geðəʳ, AM -ɚ] **I.** *adv* ① (*in relationship, with each other*) zusammen; **close ~** nah beisammen ② (*collectively*) zusammen, gemeinsam; **all ~ now** jetzt alle miteinander ③ (*simultaneously*) gleichzeitig **II.** *adj* (*fam*) ausgeglichen
to·geth·er·ness [tə'geðənəs, AM -ðɚ-] *n no pl* Zusammengehörigkeit *f*
tog·gle ['tɒgl̩, AM 'tɑ:gl̩] **I.** *n* ① (*switch*) Kippschalter *m;* COMPUT (*key*) Umschalttaste *f* ② (*fastener*) Knebel *m* **II.** *vi* COMPUT hin- und herschalten
'tog·gle switch *n* Kippschalter *m*
Togo ['təʊgəʊ, AM 'toʊgoʊ] *n* Togo *nt*
To·go·lese [ˌtəʊgə(ʊ)'li:z, AM ˌtoʊgoʊ'-] **I.** *adj* togoisch **II.** *n* Togoer(in) *m(f)*
toil [tɔɪl] **I.** *n no pl* Mühe *f;* **honest ~** ehrliche Arbeit **II.** *vi* ① (*work hard*) hart arbeiten ② (*go with difficulty*) **to ~ up a hill** sich einen Hügel hochschleppen **III.** *vt* **to ~ one's way through sth** sich durch etw *akk* durcharbeiten
toi·let ['tɔɪlɪt] *n* (*lavatory*) Toilette *f,* Klo *nt fam*
'toi·let bag *n* Kulturbeutel *m,* Toilettentasche *f* **'toi·let pa·per** *n* Toilettenpapier *nt*
toi·let·ries ['tɔɪlɪtriz] *npl* Toilettenartikel *pl*
'toi·let·ries bag *n* Kulturbeutel *m*
'toi·let roll *n* BRIT, AUS Rolle *f* Toilettenpapier **'toi·let soap** *n* Toilettenseife *f* **'toi·let wa·ter** *n no pl* Eau *nt* de Toilette
toing and froing [ˌtu:ɪŋən(d)'frəʊɪŋ, AM -'froʊ-] *n no pl* Hin und Her *nt;* (*back and forth*) Vor und Zurück *nt*
to·ken ['təʊkᵊn, AM 'toʊ-] **I.** *n* ① (*symbol*) Zeichen *nt* ② BRIT, AUS (*voucher*) Gutschein *m* ③ (*money substitute*) Chip *m* ▸PHRASES: **by the same ~** aus demselben Grund **II.** *adj attr* ① (*symbolic*) nominell; *fine, gesture, resistance* symbolisch ② (*pej: an appearance of*) Schein-; **the ~ woman** die Alibifrau
told [təʊld, AM toʊld] *pt, pp of* **tell**
tol·er·able ['tɒlᵊrəbl̩, AM 'tɑ:lɚ-] *adj* erträglich; (*fairly good*) annehmbar
tol·er·ably ['tɒlᵊrəbli, AM 'tɑ:lɚ-] *adv* recht, ganz
tol·er·ance ['tɒlᵊrᵊn(t)s, AM 'tɑ:lɚ-] *n* ① *no pl* (*open-mindedness*) Toleranz *f* (**of, towards** gegenüber +*dat*) ② (*capacity to endure*) Toleranz *f,* Widerstandsfähigkeit *f* (**to** gegen +*akk*); **~ to alcohol** Alkoholverträglichkeit *f* ③ (*in quantity, measurement*) Toleranz *f*
tol·er·ant ['tɒlᵊrᵊnt, AM 'tɑ:lɚ-] *adj* ① (*open-minded*) tolerant (**of, towards** gegenüber +*dat*) ② (*resistant*) *person* widerstandsfähig; *plant* resistent (**of** gegen +*akk*)
tol·er·ate ['tɒlᵊreɪt, AM 'tɑ:lə-] *vt* ① (*accept*) tolerieren; *person* ertragen ② (*resist*) *heat, pain, stress* aushalten; *of plant: cold, insects* widerstehen; *drug* vertragen
tol·era·tion [ˌtɒlᵊr'eɪʃᵊn, AM ˌtɑ:lə'reɪ-] *n no pl* Toleranz *f*
toll¹ [təʊl, AM toʊl] *n* ① (*for motorways, bridges*) Maut *f* ② AM (*for phone call*) [Fernsprech]gebühr *f* ③ *no pl* (*deaths, loss*) Tribut *m;* **death ~** Opferzahl *f*
toll² [təʊl, AM toʊl] *vt, vi bell* läuten
'toll bridge *n* Mautbrücke *f* **'toll call** *n* AM Ferngespräch *nt* **'toll-free** *adj* gebührenfrei **'toll·house** *n* Mautstelle *f* **'toll road** *n* Mautstraße *f*
tom [tɒm, AM tɑ:m] *n* (*male cat*) Kater *m*
to·ma·to <*pl* -es> [tə'mɑ:təʊ, AM -'meɪt̬oʊ] *n* Tomate *f,* Paradeiser *m* ÖSTERR
to·'ma·to juice *n no pl* Tomatensaft *m* **to·ma·to 'ketch·up** *n no pl* Tomatenketchup *nt* **to·ma·to 'soup** *n no pl* Tomatensuppe *f*
tomb [tu:m] *n* Grab *nt;* (*mausoleum*) Gruft *f;* (*below ground*) Grabkammer *f; see also* **comb**
tom·bo·la [tɒm'bəʊlə] *n* BRIT, AUS Tombola *f*
tom·boy ['tɒmbɔɪ, AM 'tɑ:m-] *n* Wildfang *m*
tomb·stone ['tu:mstəʊn, AM -stoʊn] *n* Grabstein *m*
tom·cat ['tɒmkæt, AM 'tɑ:m-] *n* Kater *m*
tome [təʊm, AM toʊm] *n* (*usu hum*) Schmöker *m fam*
tom·fool·ery [ˌtɒm'fu:lᵊri, AM ˌtɑ:m'fu:lɚ-] *n no pl* Albernheit *f*
tom·my gun ['tɒmi-, AM 'tɑ:m-] *n* Maschinenpistole *f*
tomo·graph ['təʊməgræf, AM 'toʊ-] *n* MED ① (*device*) Tomograph *m* ② (*image*) Tomographie *f*
to·mog·ra·phy [tə'mɒgrəfi, AM -'mɑ:g-] *n no pl* MED Tomographie *f*
to·mor·row [tə'mɒrəʊ, AM -'mɑ:roʊ] **I.** *adv* morgen **II.** *n* morgiger Tag; **~'s problems** Probleme *pl* von morgen; **a better ~** eine bessere Zukunft ▸PHRASES: **~ is another day** (*saying*) morgen ist auch noch ein Tag
tom-tom ['tɒmtɒm, AM 'tɑ:mtɑ:m] *n* Tamtam *nt*
ton <*pl* - *or* -s> [tʌn] *n* ① (*unit of measurement*) Tonne *f* ② (*fam: very large amount*) **how much money does he have? – ~s** wie viel Geld besitzt er? – jede Menge; **to weigh a ~** Unmengen wiegen ▸PHRASES: **to come down on sb like a ~ of bricks** jdn völlig fertigmachen
tone [təʊn, AM toʊn] **I.** *n* ① (*of instrument*) Klang *m* ② (*manner of speaking*) Ton *m;*

T

a **disrespectful ~** ein respektloser Ton ③ (*character*) Ton *m;* **to lower the ~ of sth** der Qualität einer S. *gen* schaden ④ (*of colour*) Farbton *m* ⑤ (*of telephone*) Ton *m;* **dialling** [*or* AM **dial**] **~** Wählton *m;* **engaged** [*or* AM **busy**] **~** Besetztzeichen *nt* **II.** *vt* **to ~ the muscles** die Muskeln fit halten **III.** *vi* harmonieren (**with** mit +*dat*) ◆**tone down** *vt* abmildern; *colour, sound* abschwächen ◆**tone in** *vi* sich anpassen ◆**tone up I.** *vt muscles* kräftigen **II.** *vi* sich in Form bringen

'tone con·trol *n* Klangregler *m* **tone-'deaf** *adj* ■**to be ~** unmusikalisch sein

tone·less ['təʊnləs, AM 'toʊn-] *adj* (*liter*) tonlos

'tone poem *n* Tondichtung *f*

ton·er ['təʊnəʳ, AM 'toʊnɚ] *n* ① (*for skin*) Gesichtswasser *nt* ② COMPUT, PHOT Toner *m;* **~ cartridge** Tonerpatrone *f*

Tonga ['tɒŋə, AM 'tɑːŋ-] *n* Tonga *nt*

Tong·an ['tɒŋgən, AM 'tɑːŋ-] **I.** *adj* tongaisch **II.** *n* ① (*person*) Tongaer(in) *m(f)* ② LING Tongasprache *f*

tongs [tɒŋz, AM tɑːŋz] *npl* Zange *f*

tongue [tʌŋ] *n* ① (*mouth part, language*) Zunge *f;* **have you lost your ~?** hat es dir die Sprache verschlagen?; **to bite one's ~** sich *dat* in die Zunge beißen ② (*tongue-shaped object*) **~ of land** Landzunge *f* ▶PHRASES: **to say sth ~ in cheek** etw als Scherz meinen

'tongue-tied *adj* sprachlos; **to be/get ~ with surprise** vor Überraschung kein Wort herausbekommen

'tongue twist·er *n* Zungenbrecher *m*

ton·ic¹ ['tɒnɪk, AM 'tɑː-] *n* ① (*medicine*) Tonikum *nt geh* ② (*sth that rejuvenates*) Erfrischung *f*

ton·ic² ['tɒnɪk, AM 'tɑː-], **ton·ic wa·ter** ['tɒnɪk-, AM 'tɑː-] *n* Tonic[water] *nt*

to·night [təˈnaɪt] **I.** *adv* (*during today's night*) heute Abend; (*till after midnight*) heute Nacht **II.** *n* (*today's night*) der heutige Abend

ton·nage ['tʌnɪdʒ] *n no pl* Tonnage *f*

tonne <*pl* -s *or* -> [tʌn] *n* Tonne *f*

ton·sil·li·tis [ˌtɒn(t)səˈlaɪtɪs, AM ˌtɑːn(t)səˈlaɪt̬ɪs] *n no pl* Mandelentzündung *f*

ton·sils ['tɒn(t)səlz, AM 'tɑːn(t)-] *npl* MED Mandeln *pl*

too [tuː] *adv* ① (*overly*) *big, heavy, small* zu; **to be ~ bad** wirklich schade sein; **far ~ difficult** viel zu schwierig ② (*very*) sehr; **to not be ~ sure if ...** sich *dat* nicht ganz sicher sein, ob ... ③ (*also*) auch; **me ~!** ich auch! ④ (*moreover*) überdies

took [tʊk] *vt, vi pt of* **take**

tool [tuːl] **I.** *n* ① (*implement*) Werkzeug *nt* ② (*aid*) Mittel *nt* ③ (*occupational necessity*) Instrument *nt;* **to be a ~ of the trade** zum Handwerkszeug gehören **II.** *vt* bearbeiten

'tool bag *n* Werkzeugtasche *f* **'tool bar** *n* COMPUT Symbolleiste *f* **'tool box** *n* Werkzeugkiste *f* **'tool chest, 'tool kit** *n* Werkzeugkasten *m* **'tool·mak·er** *n* Werkzeugmacher(in) *m(f)* **'tool shed** *n* Geräteschuppen *m*

toot [tuːt] **I.** *n* Hupen *nt kein pl;* **to give a ~** hupen **II.** *vt* (*sound*) anhupen; **to ~ a horn** auf die Hupe drücken **III.** *vi* (*honk*) hupen

tooth <*pl* teeth> [tuːθ, *pl* tiːθ] *n* ① (*in mouth*) Zahn *m;* **to brush one's teeth** die Zähne putzen; **to grit one's teeth** die Zähne zusammenbeißen ② *usu pl of comb* Zinke *f; of saw* [Säge]zahn *m; of cog* Zahn *m* ▶PHRASES: **to fight ~ and <u>nail</u>** [**to do sth**] mit aller Macht [um etw *akk*] kämpfen; **to <u>get</u> one's teeth into sth** sich in etw *akk* hineinstürzen

'tooth·ache *n no pl* Zahnschmerzen *pl* **'tooth·brush** *n* Zahnbürste *f* **'tooth fairy** *n Fee, die in der Nacht die ausgefallenen Milchzähne der Kinder gegen Süßigkeiten oder Geldmünzen austauscht* **'tooth·paste** *n no pl* Zahnpasta *f* **'tooth·pick** *n* Zahnstocher *m*

tooth·some ['tuːθsəm] *adj* köstlich

'tooth tour·ism *n no pl* Zahntourismus *m*

toothy ['tuːθi] *adj* zähnefletschend; *grin* breit

too·tle ['tuːtl̩, AM 'tuːt̬l̩] *vi* (*fam*) ■**to ~ along** dahinzockeln

toots [tʊtz] *n esp* AM (*fam*) Süße *f*

top¹ [tɒp, AM tɑːp] *n* (*toy*) Kreisel *m*

top² [tɒp, AM tɑːp] **I.** *n* ① (*highest part*) oberes Ende, Spitze *f; of mountain* [Berg]gipfel *m; of tree* [Baum]krone *f;* **from ~ to bottom** von oben bis unten; **to get on ~ of sth** (*fig*) etw in den Griff bekommen ② (*upper surface*) Oberfläche *f;* **there was a pile of books on ~ of the table** auf dem Tisch lag ein Stoß Bücher ③ *no pl* (*highest rank*) Spitze *f;* **to be at the ~ of the class** Klassenbeste(r) *f(m)* sein ④ FASHION Top *nt* ⑤ (*lid*) Deckel *m* ▶PHRASES: **off the ~ of one's <u>head</u>** (*fam*) aus dem Stegreif; **to go <u>over</u> the ~** überreagieren **II.** *adj* ① *attr* (*highest*) oberste(r, s); **~ floor** oberstes Stockwerk ② (*best*) beste(r, s); **sb's ~ choice** jds erste Wahl ③ (*most successful*) Spitzen-; **~ athlete** Spitzensportler(in) *m(f)* ④ (*maximum*) höchste(r, s); **~ speed** Höchstgeschwindig-

T

keit *f* **III.** *adv* BRIT **to come ~** [**of the class**] Klassenbeste(r) *f(m)* sein **IV.** *vt* <-pp-> ❶ (*be at top of*) anführen; **to ~ a list** oben auf einer Liste stehen ❷ (*cover*) überziehen (**with** mit +*dat*) ❸ (*surpass*) übertreffen ◆**top off** *vt* ❶ FOOD (*give topping to*) garnieren ❷ *esp* AM, AUS (*conclude satisfactorily*) abrunden; (*more than satisfactorily*) krönen ◆**top up** *vt* ❶ (*fill up again*) nachfüllen; ■**to ~ sb up** (*fam*) jdm nachschenken ❷ (*bring to a certain level*) aufbessern

to·paz ['təʊpæz, AM 'toʊ-] *n* Topas *m*

'top·coat *n* ❶ (*outer layer*) Deckanstrich *m* ❷ (*paint*) Deckfarbe *f* **top 'copy** *n* Original[manuskript] *nt* **top 'dog** *n* (*fam*) Boss *m fam* **top 'draw·er** *n* ❶ (*uppermost drawer*) oberste [Schub]lade ❷ *esp* BRIT (*fam: social position*) Oberschicht *f* **top ex·'ecu·tive** *n* Topmanager(in) *m(f)* **'top-flight** *adj attr* beste(r, s) **top 'hat** *n* Zylinder *m* **top-'heavy** *adj* (*usu pej: unbalanced*) kopflastig

top·ic ['tɒpɪk, AM 'tɑːp-] *n* Thema *nt*

topi·cal ['tɒpɪkəl, AM 'tɑːp-] *adj* ❶ (*currently of interest*) aktuell ❷ (*by topics*) thematisch ❸ MED (*applied locally*) lokal

topi·cal·ity [ˌtɒpɪ'kæləti, AM ˌtɑːpɪ'kæləṭi] *n no pl* Aktualität *f*

top·less ['tɒpləs, AM 'tɑːp-] **I.** *adj* oben ohne *präd*, barbusig **II.** *adv* **to go ~** oben ohne gehen

'top-lev·el *adj negotiations, talks* Spitzen- **top 'load·er** *n* Toplader *m* **top 'man·age·ment** *n usu no pl* Topmanagement *nt* **'top·most** *adj attr* oberste(r, s) **'top-notch** *adj* (*fam*) erstklassig **'top note** *n* (*fig*) Kopfnote *f* (*eines Parfüms*)

to·pog·raph·er [tə'pɒgrəfəʳ, AM -'pɑːgrəfɚ] *n* Vermessungsingenieur(in) *m(f)*

topo·graphi·cal [ˌtɒpə(ʊ)'græfɪkəl, AM ˌtɑːpə'-] *adj* topographisch

to·pog·ra·phy [tə'pɒgrəfi, AM -'pɑːg-] *n no pl* Topographie *f*

top·per ['tɒpəʳ, AM 'tɑːpɚ] *n* (*fam: top hat*) Zylinder *m*

top·ping ['tɒpɪŋ, AM 'tɑːp-] *n* Garnierung *f*

top·ple ['tɒpl̩, AM 'tɑːpl̩] **I.** *vt* ❶ (*knock over*) umwerfen ❷ POL (*overthrow*) stürzen **II.** *vi* stürzen; *prices* fallen ◆**topple over I.** *vt* umwerfen **II.** *vi* umfallen, stürzen (über +*akk*)

top 'price *n* Höchstpreis *m* **top pri·'or·ity** *n* höchste Priorität **top 'qual·ity** *n* Spitzenqualität *f* **top-'rank·ing** *adj* Spitzen-; **~ university** Eliteuniversität *f* **'top·sail** *n* Toppsegel *nt* **top 'sala·ry** *n* Spitzengehalt *nt* **top 'se·cret** *adj* streng geheim **'top-sell·ing** *adj attr* meistverkauft **'top·soil** *n no pl* Mutterboden *m* **top 'speed** *n* Höchstgeschwindigkeit *f* **'top·spin** *n no pl* SPORTS Topspin *m*

topsy-turvy [ˌtɒpsi'tɜːvi, AM ˌtɑːpsi'tɜːr-] (*fam*) **I.** *adj* chaotisch **II.** *adv* **to turn sth ~** etw auf den Kopf stellen

torch [tɔːtʃ, AM tɔːrtʃ] **I.** *n* <*pl* -es> ❶ AUS, BRIT (*hand-held light*) Taschenlampe *f* ❷ (*burning stick*) Fackel *f;* **Olympic ~** olympisches Feuer ❸ AM (*blowlamp*) Lötlampe *f* **II.** *vt* (*fam*) in Brand setzen

'torch·light *n no pl* Fackelschein *m*

tore [tɔːʳ, AM tɔːr] *vi, vt pt of* **tear**

tor·ment ['tɔːment, AM 'tɔːr-] **I.** *n* ❶ (*mental suffering*) Qual *f* ❷ (*physical pain*) starke Schmerzen *pl* ❸ (*torture*) Tortur *f* **II.** *vt* (*cause to suffer*) quälen; **to be ~ed by grief** großen Kummer haben

tor·men·tor [tɔː'mentəʳ, AM tɔːr'menṭɚ] *n* Peiniger(in) *m(f)*

torn [tɔːn, AM tɔːrn] **I.** *vi, vt pp of* **tear II.** *adj pred* (*unable to choose*) [innerlich] zerrissen

tor·na·do [tɔː'neɪdəʊ, AM tɔːr'neɪdoʊ] *n* <*pl* -s *or* -es> Tornado *m*

tor·pe·do [tɔː'piːdəʊ, AM tɔːr'piːdoʊ] MIL, NAUT **I.** *n* <*pl* -es> Torpedo *m* **II.** *vt* torpedieren

tor·pid ['tɔːpɪd, AM 'tɔːr-] *adj* (*form*) träge

tor·por ['tɔːpəʳ, AM 'tɔːrpɚ] *n no pl* (*form*) Trägheit *f;* (*hibernation*) Winterschlaf *m*

torque [tɔːk, AM tɔːrk] *n no pl* PHYS Drehmoment *nt*

tor·rent ['tɒrənt, AM 'tɔːr-] *n* ❶ (*large amount of water*) Sturzbach *m;* **to come down in ~s** in Strömen gießen ❷ (*large amount*) Strom *m*

tor·ren·tial [tə'ren(t)ʃəl, AM tɔː'-] *adj* sintflutartig

tor·sion ['tɔːʃən, AM 'tɔːr-] *n no pl* MECH, MED Verdrehung *f*

tor·so ['tɔːsəʊ, AM 'tɔːrsoʊ] *n* ❶ (*body*) Rumpf *m* ❷ (*statue*) Torso *m*

tor·toise ['tɔːtəs, AM 'tɔːrṭəs] *n* [Land]schildkröte *f*

'tor·toise·shell I. *n no pl* Schildpatt *nt* **II.** *adj attr* Schildpatt-

tor·tuous ['tɔːtʃuəs, AM 'tɔːr-] *adj* gewunden; (*complicated*) umständlich; *process* langwierig

tor·ture ['tɔːtʃəʳ, AM 'tɔːrtʃɚ] **I.** *n* ❶ *no pl* (*act of cruelty*) Folter *f* ❷ (*painful suffering*) Qual *f,* Tortur *f* **II.** *vt* ❶ (*cause suffering to*) foltern ❷ (*greatly disturb*) quälen; ■**to be ~d by sth** von etw *dat* gequält werden

tor·tur·er ['tɔːtʃərəʳ, AM 'tɔːrtʃɚɚ] *n* Folterer *m*

T

Tory ['tɔːri] *n* BRIT POL (*British Conservative*) Tory *m* (*Angehöriger der britischen konservativen Partei*); ■**the Tories** *pl* die Tories *pl*

tosh [tɒʃ] *n no pl* BRIT (*dated fam*) Unsinn *m*

toss <*pl* -es> [tɒs, AM tɑːs] **I.** *n* Wurf *m;* **to win the ~** den Münzwurf gewinnen **II.** *vt* ❶ (*throw*) werfen; (*fling*) schleudern; (*from horse*) abwerfen; (*throw back head*) zurückwerfen ❷ (*move up and back*) hin und her schleudern; FOOD schwenken; *pancake* wenden (*durch Hochwerfen*) **III.** *vi* (*with coin, dice*) knobeln (**for** um +*akk*) ▶ PHRASES: **to ~ and turn** sich hin und her wälzen ◆**toss about, toss around** *vt* hin und her werfen; (*fig*) *proposal* zur Debatte stellen ◆**toss away** *vt* wegwerfen ◆**toss off** *vi* BRIT, AUS (*vulg, sl*) sich *dat* einen runterholen ◆**toss out** *vt* ❶ (*throw out*) hinauswerfen ❷ (*offer unsolicited*) *remark* rauslassen *fam; suggestion* einwerfen ◆**toss up** *vi* eine Münze werfen

'toss-up *n* ❶ (*uncertain situation*) ungewisse Situation; ■**to be a ~** [noch] offen sein ❷ (*tossing a coin*) Werfen *nt* einer Münze

tot [tɒt, AM tɑːt] *n* ❶ (*fam: small child*) Knirps *m* ❷ *esp* BRIT (*small amount of alcohol*) Schlückchen *nt* ◆**tot up** **I.** *vt* (*fam*) zusammenrechnen **II.** *vi* ausmachen; **that ~s up to £20** das macht zusammen 20 Pfund

to·tal ['təʊtᵊl, AM 'toʊt̬ᵊl] **I.** *n* Gesamtsumme *f;* **in ~** insgesamt **II.** *adj* ❶ *attr* (*complete*) gesamt ❷ (*absolute*) völlig; *disaster* rein; **to be a ~ stranger** vollkommen fremd sein **III.** *vt* <BRIT -ll- *or* AM *usu* -l-> ❶ (*add up*) zusammenrechnen; **their debts ~ £8,000** ihre Schulden belaufen sich auf 8.000 Pfund ❷ AM (*fam*) **to ~ a car** einen Wagen zu Schrott fahren ◆**total up** *vt* zusammenrechnen

to·tali·tar·ian [tə(ʊ),tælɪ'teəriən, AM toʊ,tælə'teri-] *adj* POL totalitär

to·tali·tar·ian·ism [tə(ʊ),tælɪ'teəriənɪzᵊm, AM toʊ,tælə'teri-] *n no pl* POL Totalitarismus *m*

to·tal·ity [tə(ʊ)'tælɪti, AM toʊ'tælət̬i] *n no pl* (*whole amount*) Gesamtheit *f*

to·tal·ly ['təʊtᵊli, AM 'toʊt̬ᵊli] *adv* völlig

tote [təʊt, AM toʊt] *vt* (*fam*) schleppen

'tote bag *n* Einkaufstasche *f*

to·tem ['təʊtəm, AM 'toʊt̬əm] *n* Totem *nt*

tot·ter ['tɒtəʳ, AM 'tɑːt̬ɚ] *vi* wanken

tot·tery ['tɒtᵊri, AM 'tɑːt̬-] *adj* wack[e]lig; *person* zittrig

tou·can ['tuːkæn] *n* Tukan *m*

touch [tʌtʃ] **I.** *n* <*pl* -es> ❶ *no pl* (*ability to feel*) Tasten *nt;* **the material was soft to the ~** das Material fühlte sich weich an ❷ (*instance of touching*) Berührung *f;* **at the ~ of a button** auf Knopfdruck ❸ *no pl* (*communication*) Kontakt *m;* **to be in ~ with sb/sth** mit jdm/etw in Kontakt sein ❹ *no pl* (*skill*) Gespür *nt* ❺ *no pl* (*small amount*) **a ~ of flu** (*fam*) eine leichte Grippe ❻ *no pl* (*rather*) ■**a ~** ziemlich ▶ PHRASES: **to be a soft ~** (*fam*) leichtgläubig sein **II.** *vt* ❶ (*feel with fingers*) berühren, anfassen ❷ (*come in contact with*) in Berührung kommen (mit +*dat*); (*border*) grenzen (an +*akk*) ❸ (*move emotionally*) bewegen ▶ PHRASES: **to ~ a [raw] nerve** einen wunden Punkt berühren; **not to ~ sb/sth with a barge** [*or* AM **ten-foot**] **pole** jdm/etw meiden wie die Pest **III.** *vi* ❶ (*feel with fingers*) berühren ❷ (*come in contact*) sich berühren ◆**touch at** *vi* NAUT **to ~ at a port** in einem Hafen anlegen ◆**touch down** *vi* AVIAT landen ◆**touch in** *vt* ART skizzieren ◆**touch off** *vt* auslösen ◆**touch on, touch upon** *vi* ansprechen ◆**touch up** *vt* ❶ (*improve*) auffrischen; *photograph* retuschieren ❷ BRIT (*fam: assault sexually*) begrapschen *pej*

touch-and-'go *adj* unentschieden; ■**to be ~ whether ...** auf Messers Scheide stehen, ob ...

'touch·down *n* ❶ (*landing*) Landung *f* ❷ *esp* AM SPORTS (*scoring play*) Versuch *m*

touched [tʌtʃt] *adj pred* gerührt

touchi·ness ['tʌtʃɪnəs] *n no pl* (*fam*) ❶ (*sensitive nature*) Überempfindlichkeit *f* ❷ (*delicacy, precariousness*) Empfindlichkeit *f*

touch·ing ['tʌtʃɪŋ] **I.** *adj* berührend **II.** *n* Berühren *nt kein pl*

touch-'sen·si·tive *adj* COMPUT Touch-; **~ screen** Touchscreen *m* **'touch·stone** *n* Kriterium *nt geh* (**for** für +*akk*) **'touch-type** *vi* blind schreiben

touchy ['tʌtʃi] *adj* (*fam*) ❶ (*oversensitive*) *person* empfindlich ❷ (*delicate*) *situation, topic* heikel

tough [tʌf] **I.** *adj* ❶ (*strong*) robust; **~ plastic** Hartplastik *nt* ❷ (*hardy*) *person, animal* zäh; **to be as ~ as old boots** nicht unterzukriegen sein ❸ (*hard to cut*) *meat* zäh ❹ (*difficult, harsh*) schwierig, hart; *climate* rau; *competition* hart; *winter, law* streng ❺ (*violent*) rau, brutal **II.** *n esp* AM (*fam*) Rowdy *m pej; see also* **cough** ◆**tough out** *vt* (*fam*) aussitzen

tough·en ['tʌfᵊn] **I.** *vt* ❶ (*strengthen*) verstärken; *glass* härten ❷ (*make difficult to* *cut*) hart werden lassen **II.** *vi* stärker werden

tough·ness ['tʌfnəs] *n no pl* ① (*strength*) Härte *f,* Robustheit *f* ② (*determination*) Entschlossenheit *f* ③ (*of meat*) Zähheit *f*

tou·pee *n* Toupet *nt*

tour [tɔːʳ, tʊəʳ, AM tʊr] **I.** *n* ① (*journey*) Reise *f,* Tour *f;* **guided ~** Führung *f* ② (*spell of duty*) Tournee *f;* **lecture ~** Vortragsreise *f* **II.** *vt* ① (*travel around*) bereisen ② (*visit professionally*) besuchen ③ (*perform*) **to ~ Germany** eine Deutschlandtournee machen **III.** *vi* ■**to ~ [with sb]** [mit jdm] auf Tournee gehen

tour·ing ['tɔːrɪŋ, 'tʊə-, AM 'tʊr-] **I.** *adj attr* THEAT, MUS Tournee-; **~ company** Wandertheater *nt* **II.** *n* Reisen *nt kein pl;* **to do some ~** herumreisen

tour·ism ['tɔːrɪzᵊm, 'tʊə-, AM 'tʊr-] *n no pl* Tourismus *m*

tour·ist ['tɔːrɪst, 'tʊə-, AM 'tʊr-] *n* (*traveller*) Tourist(in) *m(f)*

'tour·ist agen·cy *n* Reisebüro *nt* **'tour·ist bu·reau** *n* Fremdenverkehrsamt *nt* **'tour·ist class** *n* Touristenklasse *f* **'tour·ist des·ti·na·tion** *n* Reiseziel *nt* **'tour·ist guide** *n* ① (*book*) Reiseführer *m* ② (*person*) Fremdenführer(in) *m(f)* **'tour·ist in·dus·try** *n* Tourismusindustrie *f* **tour·ist in·for·'ma·tion of·fice**, **'tour·ist of·fice** *n* Touristeninformation *f* **'tour·ist sea·son** *n* Hauptsaison *f* **'tour·ist tick·et** *n* Touristenkarte *f* **'tour·ist visa** *n* Reisevisum *nt*

tour·na·ment ['tɔːnəmənt, 'tʊə-, AM 'tɜːr-] *n* SPORTS Turnier *nt*

'tour op·era·tor *n* Reiseveranstalter *m*

tou·sle ['taʊzl̩] *vt hair* zerzausen

tou·sled ['taʊzl̩d] *adj* zerzaust

tout [taʊt] **I.** *n* (*pej*) Schwarzhändler(in) *m(f)* **II.** *vt* ① (*advertise*) Reklame machen (für +*akk*); ■**to ~ sb as sth** jdn als etw preisen ② BRIT (*pej: sell unofficially*) unter der Hand verkaufen **III.** *vi* ■**to ~ for sth/sb** um etw/jdn werben

tow [təʊ, AM toʊ] **I.** *n* Schleppen *nt kein pl;* **to have sb in ~** jdn im Schlepptau haben **II.** *vt* ziehen; *vehicle* abschleppen

to·ward(s) [tə'wɔːd(z), AM tɔːrd(z), tə'wɔːrd(z)] *prep* ① (*in direction of*) in Richtung; **she walked ~ him** sie ging auf ihn zu ② (*near*) nahe +*dat;* **we're well ~ the front of the queue** wir sind nahe dem Anfang der Schlange ③ (*just before*) gegen +*akk;* **~ midnight** gegen Mitternacht ④ (*to goal of*) **to count ~ sth** auf etw *akk* angerechnet werden

'tow bar *n* Abschleppstange *f* **'tow boat** *n* AM NAUT Schlepper *m*

tow·el ['taʊəl] **I.** *n* Handtuch *nt;* **paper ~** Papiertuch *nt* ▸ PHRASES: **to throw in the ~** das Handtuch werfen **II.** *vt* <-ll-> **to ~ sth dry** etw trocken reiben

tow·el·ling, AM **tow·el·ing** ['taʊəlɪŋ] *n no pl* Frottee *nt o m*

'tow·el rail, AM **'tow·el rack** *n* Handtuchhalter *m*

tow·er [taʊəʳ, AM taʊɚ] *n* Turm *m;* **office ~** Bürohochhaus *nt* ▸ PHRASES: **a ~ of strength** ein Fels in der Brandung ◆**tower above, tower over** *vi* aufragen; ■**to ~ above sb/sth** jdn/etw überragen

'tow·er block *n* BRIT Hochhaus *nt*

tow·er·ing ['taʊərɪŋ, AM 'taʊɚ-] *adj* ① (*very high*) hoch aufragend ② (*very great*) überragend

town [taʊn] *n* ① (*small city*) Stadt *f;* **home ~** Heimatstadt *f* ② *no art* (*residential or working location*) Stadt *f;* ■**to be in ~** in der Stadt sein ③ (*downtown*) ■**[the] ~** das Zentrum ▸ PHRASES: **to go to ~ [on sth]** sich [bei etw *dat*] ins Zeug legen

town 'cen·tre *n* ■**the ~** das Stadtzentrum **town 'clerk** *n* Magistratsbeamte(r), -beamtin *m, f* **town 'coun·cil** *n* Stadtrat *m* **town 'coun·cil·lor** *n* Stadtrat, -rätin *m, f* **town 'hall** *n* Rathaus *nt* **'town house** *n* ① (*residence*) Stadthaus *nt* ② *esp* AM (*row house*) Reihenhaus *nt* **town 'plan·ning** *n no pl* Stadtplanung *f* **town·scape** ['taʊnskeɪp] *n* Stadtbild *nt;* (*picture of town*) Stadtansicht *f*

'towns·folk *npl* Stadtbevölkerung *f kein pl*

town·ship ['taʊnʃɪp] *n* AM, CAN (*local government*) Gemeinde *f;* SA Township *f*

'towns·peo·ple *npl* Stadtbevölkerung *f kein pl*

town 'twin·ning *n no pl* Städtepartnerschaft *f*

'tow truck *n* AM, AUS Abschleppwagen *m*

tox·aemia, AM **tox·emia** [tɒk'siːmiə, AM tɑːk-] *n no pl* Blutvergiftung *f*

tox·ic ['tɒksɪk, AM 'tɑːk-] *adj* giftig; **~ waste** Giftmüll *m*

toxi·col·ogy [ˌtɒksɪ'kɒlədʒi, AM ˌtɑːksɪ'kɑːlə-] *n no pl* Toxikologie *f*

tox·in ['tɒksɪn, AM 'tɑːk-] *n* Toxin *nt*

toy [tɔɪ] *n* Spielzeug *nt;* **cuddly ~** Kuscheltier *nt* ◆**toy with** *vt* ① (*consider*) herumspielen (mit +*dat*); *idea* spielen (mit +*dat*); *food* herumstochern (in +*dat*) ② (*not treat seriously*) spielen

'toy·shop *n* Spielwarengeschäft *nt*

trace [treɪs] **I.** *n* ① (*sign*) Zeichen *nt,* Spur *f;* **to disappear without a ~** spurlos verschwinden ② (*slight amount*) Spur *f;* **~s of poison** Giftspuren *pl;* **~ of a smile**

Anflug *m* eines Lächelns ❸ (*electronic search, measurement line*) Aufzeichnung *f* ❹ *esp* AM (*path*) [Trampel]pfad *m* **II.** *vt* ❶ (*follow trail*) auffinden; ■**to ~ sb** jds Spur verfolgen ❷ (*track back*) *phone call, computer virus* zurückverfolgen ❸ (*through paper*) durchpausen; (*with a finger*) nachmalen
trace·able ['treɪsəbl̩] *adj* zurückverfolgbar
'trace el·ement *n* Spurenelement *nt*
trac·er ['treɪsəʳ, AM -ɚ] *n* ❶ MIL Leuchtspurgeschoss *nt* ❷ (*monitoring programme*) Überwachungsprogramm *nt*
trac·ery ['treɪsᵊri] *n* ❶ *no pl* (*ornamental work*) Maßwerk *nt* ❷ (*pattern*) Filigranmuster *nt*
tra·chea <*pl* -s *or* -chae> [trə'kiə, *pl* -i, AM 'treɪkiə, *pl* -i] *n* ANAT Luftröhre *f*
trac·ing ['treɪsɪŋ] *n* Skizze *f*
'trac·ing pa·per *n no pl* Pauspapier *nt*
track [træk] **I.** *n* ❶ (*path*) Weg *m,* Pfad *m* ❷ RAIL (*rails*) ■**~s** *pl* Gleise *pl,* Schienen *pl;* AM (*platform*) Bahnsteig *m* ❸ (*for curtains*) Schiene *f* ❹ *usu pl* (*mark*) Spur *f; of deer* Fährte *f;* **tyre ~s** Reifenspuren *pl* ❺ *no pl* (*course*) Weg *m;* **to get one's life back on ~** sein Leben wieder in die Reihe bringen ❻ SPORTS *for running* Laufbahn *f; for race cars* Piste *f; for bikes* Radrennbahn *f* ❼ *no pl* (*athletics*) Leichtathletik *f* ❽ (*piece of music*) Stück *nt;* (*in film*) Soundtrack *m* ▸ PHRASES: **to be off the beaten ~** abgelegen sein; **to keep ~ of sb/sth** jdn/etw im Auge behalten; **to stop in one's ~s** vor Schreck erstarren **II.** *vt* ❶ (*pursue*) verfolgen; ■**to ~ sb** jds Spur verfolgen ❷ (*find*) aufspüren ◆**track away** *vi camera* abschwenken ◆**track down** *vt* aufspüren; *piece of information* ausfindig machen ◆**track in I.** *vt* AM *mud, dirt* hereintragen **II.** *vi camera* heranfahren ◆**track up** *vt* AM **to ~ up** ⊂ **the house** Schmutzspuren im Haus hinterlassen
track and 'field *n no pl* SPORTS Leichtathletik *f*
'track ball *n* COMPUT Rollkugel *f*
'track·er dog *n* Spürhund *m*
'track event *n* SPORTS Laufwettbewerb *m*
'track·ing sta·tion *n* AEROSP Bodenstation *f*
track 'rec·ord *n* ❶ SPORTS Streckenrekord *m* ❷ *of company, person* Erfolgsbilanz *f* **'track shoe** *n* Laufschuh *m* **'track·suit** *n* Trainingsanzug *m*
tract [trækt] *n* ❶ (*area of land*) Gebiet *nt;* AM (*property*) Grundstück *nt* ❷ ANAT (*bodily system*) Trakt *m;* **respiratory ~** Atemwege *pl*
trac·table ['træktəbl̩] *adj* (*form*) *person, child* lenkbar; *metal* formbar; *problem* lösbar
trac·tion ['trækʃᵊn] *n no pl* ❶ *of car, wheels* Bodenhaftung *f* ❷ MECH (*pulling*) Antrieb *m* ❸ (*medical treatment*) Strecken *nt;* **to be in ~** im Streckverband liegen
'trac·tion en·gine *n* Zugmaschine *f*
trac·tor ['træktəʳ, AM -ɚ] *n* Traktor *m*
trad [træd] *adj* BRIT, AUS (*fam*) *short for* **traditional** traditionell
trade [treɪd] **I.** *n* ❶ *no pl* (*buying and selling*) Handel *m* ❷ *no pl* (*business activity*) Umsatz *m* ❸ (*type of business*) Branche *f;* **building ~** Baugewerbe *nt* ❹ (*handicraft*) Handwerk *nt;* **to learn a ~** ein Handwerk erlernen ❺ AM SPORTS (*transfer*) Transfer *m* **II.** *vi* ❶ (*exchange goods*) tauschen (**with** mit +*dat*) ❷ (*do business*) Geschäfte machen ❸ STOCKEX (*be bought and sold*) handeln **III.** *vt* ❶ (*exchange*) austauschen; **to ~ places [with sb]** [mit jdm] den Platz tauschen ❷ STOCKEX (*buy and sell*) handeln (mit +*dat*) ◆**trade in** *vt* in Zahlung geben ◆**trade on, trade upon** *vt* ausnutzen
'trade agree·ment *n* Handelsabkommen *nt* **'trade as·so·cia·tion** *n* Wirtschaftsverband *m* **'trade bal·ance** *n* Handelsbilanz *f* **'trade bar·ri·er** *n* Handelsschranke[n] *f*[*pl*] **'trade cy·cle** *n* Konjunkturzyklus *m* **trade di·'rec·tory** *n* Branchenverzeichnis *nt* **trade 'dis·count** *n* Händlerrabatt *m* **'trade fair** *n* Messe *f* **'trade gap** *n* Außenhandelsdefizit *nt*
'trade-in I. *n* Tauschware *f* **II.** *adj attr* Eintausch-
'trade-in value *n* Gebrauchtwert *m*
trade 'jour·nal *n* Handelsblatt *nt* **'trade·mark** *n* ❶ (*of company*) Warenzeichen *nt* ❷ (*of person, music*) charakteristisches Merkmal **'trade name** *n* Markenname *m* **'trade-off** *n* Einbuße *f* **'trade poli·cy** *n* Handelspolitik *f* **trade 'press** *n no pl* Wirtschaftspresse *f* **'trade price** *n* BRIT Großhandelspreis *m*
trad·er ['treɪdəʳ, AM -ɚ] *n* (*person*) Händler(in) *m(f);* STOCKEX Wertpapierhändler(in) *m(f)*
'trade reg·is·ter *n* Handelsregister *nt* **'trade route** *n* Handelsweg *m* **trade 'se·cret** *n* Betriebsgeheimnis *nt*
trades·man ['treɪdzmən] *n* (*shopkeeper*) Händler *m;* (*craftsman*) Handwerker *m* **'trades·peo·ple** *npl* Händler *pl*
trade 'sur·plus *n* Handelsbilanzüberschuss *m* **trade 'un·ion** *n* Gewerkschaft *f* **trade 'un·ion·ism** *n no pl* Gewerkschaftswesen *nt* **trade 'un·ion·ist** *n* Gewerkschaftler(in) *m(f)* **'trade war** *n* Handelskrieg *m*

T

ˈtrade wind *n* Passat *m*
trad·ing [ˈtreɪdɪŋ] *n no pl* Handel *m*
ˈtrad·ing es·tate *n* BRIT Industriegelände *nt* **ˈtrad·ing floor** *n* Börsenparkett *nt* **ˈtrad·ing li·cence** *n* Gewerbekonzession *f*
tra·di·tion [trəˈdɪʃ(ə)n] *n* ① *no pl* (*customary behaviour*) Tradition *f* ② (*custom*) Tradition *f*, Brauch *m* ③ (*style*) Tradition *f*, Stil *m*
tra·di·tion·al [trəˈdɪʃ(ə)n(ə)l] *adj* traditionell; *person* konservativ
tra·di·tion·al·ism [trəˈdɪʃ(ə)n(ə)lɪz(ə)m] *n no pl* Traditionalismus *m geh*
tra·di·tion·al·ist [trəˈdɪʃ(ə)n(ə)lɪst] **I.** *n* Traditionalist(in) *m(f) geh* **II.** *adj* traditionalistisch *geh*
traf·fic [ˈtræfɪk] **I.** *n no pl* ① (*vehicles*) Verkehr *m*; **to get stuck in ~** im Verkehr stecken bleiben ② (*on telephone*) Fernsprechverkehr *m*; **data ~** COMPUT Datenverkehr *m* ③ (*in illegal items*) illegaler Handel (**in** mit +*dat*) **II.** *vi* <-ck-> handeln (**in** mit +*dat*); **to ~ in arms** Waffenhandel betreiben

Grammatik

traffic ist unzählbar; d.h. es wird nicht mit *a* oder im Plural gebraucht: *the traffic is very heavy during the rush hour*

ˈtraf·fic ac·ci·dent *n* Verkehrsunfall *m*
ˈtraf·fic-calm·ing BRIT **I.** *n no pl* Verkehrsberuhigung *f* **II.** *adj attr* **~ measures** verkehrsberuhigende Maßnahmen **ˈtraf·fic cir·cle** *n* AM Kreisverkehr *m* **ˈtraf·fic is·land** *n* ① (*pedestrian island*) Verkehrsinsel *f* ② AM (*central reservation*) Mittelstreifen *m* **ˈtraf·fic jam** *n* Stau *m*
traf·ficked [ˈtræfɪkt] *vi pp, pt of* **traffic**
traf·fick·er [ˈtræfɪkə(r), AM -ɚ] *n* (*pej*) Händler(in) *m(f)*
ˈtraf·fic lane *n* Fahrstreifen *m* **ˈtraf·fic light** *n* Ampel *f* **ˈtraf·fic regu·la·tion** *n* Straßenverkehrsordnung *f* **ˈtraf·fic sign** *n* Verkehrszeichen *nt* **ˈtraf·fic war·den** *n* BRIT Verkehrspolizist(in) *m(f)*
trag·edy [ˈtrædʒədi] *n* Tragödie *f*; **it's a ~ that ...** es ist tragisch, dass ...
trag·ic [ˈtrædʒɪk] *adj* tragisch
tragi·com·edy [ˌtrædʒɪˈkɒmədi, AM -ˈkɑːmə-] *n* Tragikomödie *f*
trail [treɪl] **I.** *n* ① (*path*) Weg *m*, Pfad *m* ② (*track*) Spur *f*; ■**to be on the ~ of sth/sb** etw/jdm auf der Spur sein **II.** *vt* ■**to ~ sb** ① (*follow*) jdm auf der Spur sein ② (*in a competition*) hinter jdm liegen **III.** *vi* ① (*drag*) schleifen; *plant* sich ranken ② (*be losing*) zurückliegen ③ (*move sluggishly*) ■**to ~ [after sb]** [hinter jdm her] trotten ◆**trail away** *vi* verstummen ◆**trail behind I.** *vi* zurückbleiben **II.** *vt* hinterherlaufen ◆**trail off** *vi* verstummen
trail·blaz·er [-ˌbleɪzə(r), AM -ɚ] *n* Wegbereiter(in) *m(f)* **trail-blaz·ing** [ˈtreɪlbleɪzɪŋ] *adj attr* bahnbrechend
trail·er [ˈtreɪlə(r), AM -ɚ] *n* ① (*wheeled container*) Anhänger *m* ② AM (*caravan*) Wohnwagen *m* ③ (*advertisement*) Trailer *m*
ˈtrail·er camp, ˈtrail·er park *n* AM Wohnwagenabstellplatz *m*
ˈtrail·wear *n no pl* Outdoorbekleidung *f*
train [treɪn] **I.** *n* ① RAIL Zug *m*; **to change ~s** umsteigen ② (*retinue*) Gefolge *nt kein pl*; (*procession*) Zug *m* ③ (*part of dress*) Schleppe *f* **II.** *vi* trainieren (**for** für +*akk*) **III.** *vt* ① (*teach*) ausbilden (**for** für +*akk*); *dogs* abrichten ② HORT *roses, vines* ziehen ③ (*point at*) *gun, light* richten (**on** auf +*akk*)
ˈtrain ac·ci·dent *n* Zugunglück *nt* **ˈtrain driv·er** *n* Lokführer(in) *m(f)*
trained [treɪnd] *adj* ① (*educated*) ausgebildet; *animal* abgerichtet ② (*expert*) *ear, eye* geschult; *voice* ausgebildet
trainee [ˌtreɪˈniː] **I.** *n* Auszubildende(r) *f(m)*, Trainee *m* **II.** *adj* **~ manager** Management-Trainee *m*; **~ teacher** Referendar(in) *m(f)*
trainee·ship [ˌtreɪˈniːʃɪp] *n* Praktikum *nt*
train·er [ˈtreɪnə(r), AM -ɚ] *n* ① (*teacher*) Trainer(in) *m(f)*; (*of animals*) Dresseur(in) *m(f)*; (*in circus*) Dompteur *m*, Dompteuse *f* ② BRIT (*shoe*) Turnschuh *m*
train·ing [ˈtreɪnɪŋ] **I.** *n no pl* ① (*education*) Ausbildung *f*; *of new employee* Schulung *f*; *of dogs* Abrichten *nt* ② SPORTS (*practice*) Training *nt* **II.** *adj attr* Schulungs-
ˈtrain·ing camp *n* SPORTS Trainingscamp *nt* **ˈtrain·ing col·lege** *n* BRIT Lehrerbildungsanstalt *f* **ˈtrain·ing course** *n* Vorbereitungskurs *m* **ˈtrain·ing pro·gramme**, AM **ˈtrain·ing pro·gram** *n* Ausbildungsprogramm *nt* **ˈtrain·ing ship** *n* Schulschiff *nt*
ˈtrain ser·vice *n no pl* Zugverkehr *m*; (*between two towns*) [Eisen]bahnverbindung *f*
traipse [treɪps] *vi* latschen *fam*
trait [treɪ, treɪt, AM treɪt] *n* Eigenschaft *f*; **genetic ~** genetisches Merkmal
trai·tor [ˈtreɪtə(r), AM -t̬ɚ] *n* Verräter(in) *m(f)*
trai·tor·ous [ˈtreɪt(ə)rəs, AM -t̬ɚ-] *adj* verräterisch
tra·jec·tory [trəˈdʒektəri, AM -ɚi] *n* PHYS Flugbahn *f*; MATH Kurve *f*
tram [træm] *n* BRIT, AUS Straßenbahn *f*
ˈtram·line *n* BRIT, AUS ① (*route*) Straßen-

bahnlinie *f* ❷ (*tracks*) ■ **~s** *pl* Straßenbahnschienen *pl* ❸ SPORTS ■ **~s** *pl* Seitenlinien *pl*

tram·mel [ˈtræmᵊl] *n* ❶ (*liter*) ■ **~s** *pl* (*restrictions*) Fesseln *pl* ❷ (*net*) Schleppnetz *nt*

tramp [træmp] **I.** *vi* (*walk*) marschieren; (*walk heavily*) trampeln **II.** *vt* **you're ~ing dirt and mud all over the house!** du schleppst den Schmutz und Matsch durch das ganze Haus! **III.** *n* ❶ (*vagrant*) Land-/Stadtstreicher(in) *m(f),* Vagabund(in) *m(f),* Sandler(in) *m(f)* ÖSTERR ❷ *no pl* (*stomping sound*) schwere Schritte *pl* ❸ *esp* AM (*pej: woman*) Flittchen *nt*

Falsche Freunde

Nicht verwechseln mit Tramper(in) *m(f)* — *hitch-hiker*!

tram·ple [ˈtræmpl̩] **I.** *vt* niedertrampeln; *grass, flowers, crops* zertrampeln; **to be ~d to death** zu Tode getrampelt werden **II.** *vi* herumtrampeln (**on** auf +*dat*)

tram·po·line [ˈtræmpᵊliːn, AM -pə-] *n* Trampolin *nt*

ˈtram·way *n* (*rails*) Straßenbahnschienen *pl;* (*system*) Straßenbahnnetz *nt*

trance [trɑːn(t)s, AM træn(t)s] *n* ❶ (*mental state*) Trance *f* ❷ *no pl* (*music*) Trance-Musik *f*

tran·ny [ˈtræni] *n esp* BRIT (*sl*) *short for* **transistor radio** Transistorradio *nt*

tran·quil [ˈtræŋkwɪl] *adj setting* ruhig; *voice, expression* gelassen

tran·quil·lity, AM **tran·quil·ity** [træŋˈkwɪləti, AM -əţi] *n no pl* Ruhe *f,* Gelassenheit *f*

tran·quil·lize, AM **tran·quil·ize** [ˈtræŋkwɪlaɪz] *vt person, animal* ruhigstellen

tran·quil·liz·er, AM **tran·quil·iz·er** [ˈtræŋkwɪlaɪzəʳ, AM -ɚ] *n* Beruhigungsmittel *nt*

trans·act [trænˈzækt] *vt deal* abschließen; *negotiations* durchführen

trans·ac·tion [trænˈzækʃᵊn] *n* ECON Transaktion *f;* **business ~** Geschäft *nt*

trans·al·pine [trænˈzælpaɪn] *adj* transalpin

trans·at·lan·tic, trans-At·lan·tic [ˌtrænzətˈlæntɪk, AM ˌtræn(t)sæt-] *adj* transatlantisch; **a ~ voyage** eine Reise über den Atlantik

trans·ceiv·er [trænˈsiːvəʳ, AM -ɚ] *n* Sende- und Empfangsgerät *nt*

trans·cend [trænˈsend] *vt* ❶ (*go beyond*) hinausgehen (über +*akk*); *barriers* überschreiten ❷ (*surpass*) überragen

trans·cen·dent [trænˈsendənt] *adj* ❶ (*supreme*) *authority, being* übernatürlich ❷ (*exceptional*) *love, genius* überragend

trans·cen·den·tal [ˌtræn(t)senˈdentᵊl, AM -ţᵊl] *adj* transzendent[al] *geh*

trans·con·ti·nen·tal [ˌtrænsˌkɒntɪˈnentᵊl, AM ˌtræn(t)sˌkɑːntᵊnˈentᵊl] *adj* transkontinental

tran·scribe [trænˈskraɪb] *vt* ❶ (*put in written form*) *conversation, recording* protokollieren ❷ MUS, LING transkribieren; BIOL *a.* übertragen

tran·script [ˈtræn(t)skrɪpt] *n* ❶ (*copy*) Abschrift *f* ❷ (*in genetics*) Transkription *f*

tran·scrip·tion [trænˈskrɪpʃᵊn] *n* ❶ (*copy*) Abschrift *f,* Protokoll *nt* ❷ *no pl* (*putting into written form*) Abschrift *f;* BIOL, LING, MUS Transkription *f; of genetic information a.* Übertragung *f*

trans·duc·er [trænzˈdjuːsəʳ, AM træn(t)sˈduːsɚ, -djuːs-] *n* ELEC Wandler *m*

tran·sept [træn(t)ˈsept] *n* ARCHIT Querschiff *nt*

trans·fer **I.** *vt* <-rr-> [træn(t)sˈfɜːʳ, AM -ˈfɜːr] ❶ *money* überweisen ❷ (*re-assign*) versetzen; *power* abgeben; *responsibility* übertragen ❸ (*redirect*) übertragen; *call* weiterleiten ❹ SPORTS (*sell*) verkaufen **II.** *vi* <-rr-> [træn(t)sˈfɜːʳ, AM -fɜːr] ❶ (*change job*) *employee* überwechseln; (*change club, university*) wechseln (**to** in, nach +*dat*) ❷ (*change bus*) umsteigen ❸ (*change system*) umstellen **III.** *n* [ˈtræn(t)sfɜːʳ, AM -fɜːr] ❶ *no pl of hospital patients, prisoners* Verlegung *f* (**to** in, nach +*dat*) ❷ (*reassignment*) *of money* Überweisung *f; of ownership, power* Übertragung *f* ❸ (*at work*) Versetzung *f; of teams, clubs* Transfer *m* ❹ SPORTS (*player*) Transferspieler(in) *m(f)* ❺ (*pattern*) Abziehbild *nt*

trans·fer·able [træn(t)sˈfɜːrəbl̩] *adj* übertragbar

trans·fer·ence [trɑːn(t)sˈfᵊrᵊn(t)s, ˈtræn(t)sfɜːrᵊnts, AM ˈtræn(t)sfɚ-, træn(t)sˈfɜːr-ˈtræn(t)sfɜːrᵊnts] *n no pl* ❶ (*act of changing*) Übergabe *f* ❷ PSYCH *of emotions* Übertragung *f*

trans·ferred charge call [ˌtræn(t)sfɜːdtʃɑːdʒˈ-, AM -fɜːrdtʃɑːrdʒˈ-] *n* BRIT R-Gespräch *nt*

trans·fig·ure [træn(t)sˈfɪgəʳ, AM -ˈfɪgjɚ] *vt* verwandeln (**into** in +*akk*)

trans·fix [træn(t)sˈfɪks] *vt usu passive* ■ **to be ~ed by sth/sb** von etw/jdm fasziniert sein; **to be ~ed with horror** starr vor Entsetzen sein

trans·form [træn(t)sˈfɔːm, AM -ˈfɔːrm] *vt* ❶ (*change*) verwandeln ❷ ELEC transformieren

trans·for·ma·tion [ˌtræn(t)sfəˈmeɪʃᵊn, AM

-fəˈ-] *n* ❶ (*great change*) Verwandlung *f* ❷ (*in theatre*) Verwandlungsszene *f* ❸ ELEC Transformation *f* ❹ MATH Umwandlung *f*

trans·form·er [træn(t)sˈfɔːməʳ, AM -ˈfɔːrmɚ] *n* ELEC Transformator *m*

trans·fuse [træn(t)sfjuːz] *vt* MED *blood* übertragen

trans·fu·sion [træn(t)sˈfjuːʒᵊn] *n no pl* MED Transfusion *f*

trans·gress [trænzˈgres, AM *also* træn(t)s-] **I.** *vt* (*form*) *law* übertreten **II.** *vi* ❶ (*form: break rule*) die Regeln verletzen ❷ REL sündigen

trans·gres·sion [trænzˈgreʃᵊn, AM *also* træn(t)s-] *n* ❶ *no pl* (*form: violation*) Übertretung *f;* ~ **of the law** Gesetzesverstoß *m* ❷ REL (*sin*) Sünde *f*

trans·gres·sor [trænzˈgresəʳ, AM *usu* træn(t)sˈgresɚ] *n* ❶ (*form: violator*) Schuldige(r) *f(m)* ❷ REL (*sinner*) Sünder(in) *m(f)*

tran·si·ent [ˈtrænziənt, AM ˈtræn(t)ʃᵊnt, -ʒᵊnt, -ziənt] **I.** *adj* ❶ (*temporary*) vergänglich ❷ (*mobile*) ~ **population** nicht ansässiger Teil der Bevölkerung **II.** *n* Durchreisende(r) *f(m)*

tran·sis·tor [trænˈzɪstəʳ, AM -ɚ] *n* ELEC Transistor *m*

tran·sis·tor·ize [trænˈzɪstᵊraɪz, AM -təraɪz] *vt* ELEC transistorisieren

tran·sit [ˈtræn(t)sɪt] **I.** *n* ❶ *no pl of people, goods* Transit *m;* **passengers in** ~ Transitreisende *pl* ❷ (*crossing*) Transit *m* ❸ AM (*public transport*) öffentliches Verkehrswesen; **mass** ~ öffentlicher Nahverkehr **II.** *vt* durchqueren

ˈtrans·it busi·ness *n* Transitgeschäft *nt* **ˈtran·sit camp** *n* Auffanglager *nt* **ˈtrans·it desk** *n* AVIAT Transitschalter *m*

tran·si·tion [trænˈzɪʃᵊn] *n* Übergang *m;* ■**to be in** ~ in einer Übergangsphase sein

tran·si·tion·al [trænˈzɪʃᵊnᵊl] *adj* Übergangs-

tran·si·tive [ˈtræn(t)sətɪv, AM -t̬-] LING **I.** *adj* transitiv **II.** *n* Transitiv *nt*

ˈtran·sit lounge *n* Transitraum *m*

tran·si·tory [ˈtræn(t)sɪtᵊri, AM -sətɔːri] *adj* vergänglich

ˈtran·sit pas·sen·ger *n* Transitreisende(r) *f(m)* **ˈtran·sit visa** *n* Transitvisum *nt*

trans·lat·able [trænzˈleɪtəbl̩, AM træn(t)sleɪt̬əbl̩] *adj* übersetzbar

trans·late [trænzˈleɪt, AM trænˈs-] **I.** *vt* ❶ (*change language*) übersetzen; **to ~ sth from Greek into Spanish** etw aus dem Griechischen ins Spanische übersetzen ❷ (*adapt*) adaptieren ❸ (*make a reality*) umsetzen **II.** *vi* ❶ (*change words*) übersetzen; **to ~ from Hungarian into Russian** aus dem Ungarischen ins Russische übersetzen ❷ (*transfer*) sich umsetzen lassen

trans·la·tion [trænzˈleɪʃᵊn, AM trænˈs-] *n* ❶ (*of text, word*) Übersetzung *f* ❷ *no pl* (*process*) Übersetzen *nt* ❸ (*conversion*) Umsetzung *f*

trans·la·tor [trænzˈleɪtəʳ, AM trænˈsleɪt̬ɚ] *n* Übersetzer(in) *m(f)*

trans·lit·era·tion [ˌtrænzlɪtᵊrˈeɪʃᵊn, AM trænˌslɪt̬əˈreɪʃᵊn] *n* LING Transliteration *f* (**into** in +*akk*)

trans·lu·cent [trænzˈluːsᵊnt, AM trænˈsuː-] *adj* lichtdurchlässig; (*fig*) *writing, logic, prose* klar; *skin* durchsichtig

trans·mi·gra·tion [ˌtrænzmaɪˈgreɪʃᵊn, AM ˌtræn(t)s-] *n* ❶ *of soul* Seelenwanderung *f* ❷ (*emigration*) Auswanderung *f*

trans·mis·sible [trænzˈmɪsəbl̩, AM trænˈsmɪs-] *adj* übertragbar

trans·mis·sion [trænzˈmɪʃᵊn, AM trænˈsmɪʃ-] *n* ❶ *no pl* (*act of broadcasting*) Übertragen *nt* ❷ (*broadcast*) Sendung *f* ❸ *no pl of disease* Übertragung *f; of hereditary disease* Vererbung *f* ❹ (*in car engine*) Getriebe *nt; see also* **passion**

trans·ˈmis·sion speed *n* COMPUT Übertragungsgeschwindigkeit *f*

trans·mit <-tt-> [trænzˈmɪt, AM trænˈsmɪt] **I.** *vt* ❶ MED (*pass on*) übertragen ❷ (*impart*) übermitteln; *knowledge* vermitteln **II.** *vi* senden

trans·mit·ter [trænzˈmɪtəʳ, AM trænˈsmɪt̬ɚ] *n* Sender *m*

trans·ˈmit·ting sta·tion [trænzˈmɪtɪŋ-, AM trænˈsmɪt̬ɪŋ-] *n* Sendestation *f*

trans·mo·gri·fy <-ie-> [trænzˈmɒgrɪfaɪ, AM trænˈsmɑːgrə-] *vt* verwandeln (**into** in)

trans·mu·ta·tion [ˌtrænzmjuːˈteɪʃᵊn, AM ˌtræn(t)s-] *n* (*form: change*) Umwandlung *f; of elements, metals, species* Transmutation *f*

trans·mute [trænzˈmjuːt, AM træn(t)s-] (*form*) **I.** *vt* verwandeln (**into** in) **II.** *vi* ❶ (*change completely*) ■**to ~ into sth** sich in etw *akk* verwandeln ❷ (*spec*) transmutieren (**into** zu)

trans·ocean·ic [ˌtrænzəʊsiˈænɪk, AM ˌtræn(t)soʊʃi-] *adj attr people, cultures* aus Übersee *nach n; communications, flight* Übersee-

tran·som [ˈtræn(t)səm] *n* ❶ (*on boat*) [Heck]Spiegel *m* ❷ AM (*fanlight*) Oberlicht *nt*

trans·par·en·cy [trænsˈpærᵊn(t)si, AM trænˈsper-] *n* ❶ *no pl* (*quality*) Lichtdurchlässigkeit *f* ❷ (*slide*) Dia *nt* ❸ *no pl* (*obviousness*) Durchschaubarkeit *f*

trans·par·ent [trænsˈpærᵊnt, AM trænˈsper-]

adj ❶ (*see-through*) durchsichtig ❷ (*fig*) transparent *geh*

tran·spi·ra·tion [ˌtræn(t)spɪˈreɪʃᵊn] *n no pl* BIOL Transpiration *f*

tran·spire [trænˈspaɪəʳ, AM -ɚ] *vi* ❶ (*occur*) passieren, sich ereignen ❷ (*become known*) sich herausstellen ❸ BIOL transpirieren

trans·plant **I.** *vt* [trænˈsplɑːnt, AM -ˈsplænt] ❶ (*re-plant*) umpflanzen ❷ MED (*from donor*) transplantieren ❸ (*relocate*) umsiedeln **II.** *n* [ˈtræn(t)splɑːnt, AM -splænt] ❶ (*surgery*) Transplantation *f* ❷ (*organ*) Transplantat *nt* ❸ (*plant*) umgesetzte Pflanze

trans·plan·ta·tion [ˌtræn(t)splɑːnˈteɪʃᵊn, AM -splænˈ-] *n no pl* Transplantation *f* (**from** von +*dat*)

trans·port **I.** *vt* [trænˈspɔːt, AM -ˈspɔːrt] ❶ (*carry*) transportieren, befördern ❷ (*remind*) **to ~ sb to a time** jdn in eine Zeit versetzen **II.** *n* [ˈtræn(t)spɔːt, AM -spɔːrt] ❶ *no pl* (*conveying*) Transport *m,* Beförderung *f* ❷ *no pl* (*traffic*) Verkehrsmittel *nt;* **means of ~** Transportmittel *nt* ❸ (*vehicle*) [Transport]fahrzeug *nt*

trans·port·able [trænˈspɔːtəbl̩, AM -ˈspɔːrt̬-] *adj* transportabel

trans·por·ta·tion [ˌtræn(t)spɔːˈteɪʃᵊn, AM -spɚˈ-] *n no pl* ❶ (*conveying*) Transport *m,* Beförderung *f* ❷ *esp* AM, AUS (*traffic*) Transportmittel *nt,* Verkehrsmittel *nt;* **to provide ~** ein Beförderungsmittel zur Verfügung stellen

ˈtrans·port café *n* BRIT Fernfahrerraststätte *f*

trans·port·er [trænˈspɔːtəʳ, AM -ˈspɔːrt̬ɚ] *n* Transporter *m*

trans·pose [trænˈspəʊz, AM -ˈspoʊz] *vt* ❶ (*form: swap*) *numbers* vertauschen ❷ MUS transponieren

trans·sexu·al [trænˈsekʃʊəl] **I.** *n* Transsexuelle(r) *f(m)* **II.** *adj* transsexuell

trans·verse [trænzˈvɜːs, AM -n(t)sˈvɜːrs] *adj* TECH quer laufend; **~ beam** Querbalken *m*

trans·ves·tite [trænzˈvestaɪt, AM træn(t)sˈ-] *n* Transvestit *m*

trap [træp] **I.** *n* ❶ (*snare*) Falle *f;* **to set a ~** eine Falle aufstellen ❷ (*trick*) Falle *f;* (*ambush*) Hinterhalt *m;* **to fall into a ~** in die Falle gehen ❸ BRIT (*fam!: mouth*) Klappe *f* **II.** *vt* <-pp-> ❶ (*snare*) *animal* [in einer Falle] fangen ❷ *usu passive* (*confine*) ■**to be ~ped** eingeschlossen sein; **to feel ~ped** sich gefangen fühlen ❸ (*trick*) in die Falle locken; ■**to ~ sb into sth/doing sth** jdn dazu bringen, etw zu tun ❹ (*catch*) *finger, nerve* sich *dat* einklemmen (**in** in +*dat*)

ˈtrap·door *n* ❶ (*door*) Falltür *f;* THEAT Versenkung *f* (**into** in +*akk*) ❷ COMPUT Fangstelle *f*

tra·peze [trəˈpiːz, AM træpˈiːz] *n* Trapez *nt*

tra·pezium <*pl* -s *or* -zia> [trəˈpiːziəm, *pl* -ziə] *n* BRIT, AUS, AM **trap·ezoid** [ˈtræpɪzɔɪd] *n* MATH Trapez *nt*

trap·per [ˈtræpəʳ, AM -ɚ] *n* Trapper(in) *m(f);* **fur ~** Pelztierjäger(in) *m(f)*

trap·pings [ˈtræpɪŋz] *npl* Drumherum *nt kein pl fam* (**of** +*gen*); **the ~ of power** die Insignien *pl* der Macht

Trap·pist, Trap·pist ˈmonk [ˈtræpɪst-] *n* Trappist *m*

ˈtrap·shoot·ing *n no pl* Tontaubenschießen *nt*

trash [træʃ] **I.** *n no pl* ❶ AM (*waste*) Müll *m,* Abfall *m* ❷ AM (*pej fam: people*) Gesindel *nt* ❸ (*pej fam: art*) Kitsch *m,* Plunder *m;* (*literature*) Schund *m* ❹ (*pej fam: nonsense*) Mist *m* **II.** *vt* (*fam*) ❶ (*wreck*) kaputt machen; *place* verwüsten ❷ (*criticize*) auseinandernehmen ❸ AM (*sl: to speak badly about*) ■**to ~ sb** über jdn herziehen

ˈtrash can *n* AM (*dustbin*) Mülltonne *f*

trashy [ˈtræʃi] *adj* (*pej fam*) wertlos; **~ novels** Kitschromane *pl*

trau·ma [ˈtrɔːmə, AM ˈtrɑː-] *n* <*pl* -s *or* -ta> ❶ *no pl* (*shock*) Trauma *nt* ❷ MED (*injury*) Trauma *nt*

trau·mat·ic [trɔːˈmætɪk, AM ˈtrɑːˈmæt̬-] *adj* ❶ (*disturbing*) traumatisierend; *experience* traumatisch ❷ (*upsetting*) furchtbar

trau·ma·tize [ˈtrɔːmətaɪz, AM ˈtrɑː-] *vt usu passive* ■**to be ~d by sth** durch etw *akk* traumatisiert sein

trav·el [ˈtrævᵊl] **I.** *vi* <BRIT -ll- *or* AM *usu* -l-> ❶ (*journey*) *person* reisen; (*by air*) fliegen; **to ~ by train** mit dem Zug fahren ❷ (*move*) sich [fort]bewegen ❸ (*react to travelling*) **to ~ badly** *person* lange Reisen nicht vertragen; *freight* lange Transporte nicht vertragen **II.** *vt* <BRIT -ll- *or* AM *usu* -l-> **to ~ the world** die Welt bereisen **III.** *n* ❶ *no pl* (*travelling*) Reisen *nt* ❷ *pl* (*journeys*) ■**~s** *pl* Reisen *pl*

ˈtrav·el agen·cy *n* Reisebüro *nt* **ˈtrav·el agent** *n* Reisebürokaufmann *m,* Reisebürokauffrau *f* **ˈtrav·el al·low·ance** *n* Reisekostenzuschuss *m* **ˈtrav·el bu·reau** *n* Reisebüro *nt* **ˈtrav·el card** *n* Tages-/Wochen-/Monatskarte *f;* (*for train a.*) Netzkarte *f* **ˈtrav·el cot** *n* BRIT Kinderreisebett[chen] *nt*

trav·eled *adj* AM *see* **travelled**

trav·el·er *n* AM *see* **traveller**

'trav·el ex·penses *npl* Reisekosten *pl* **'trav·el guide** *n* Reiseführer *m*
trav·el·ing *n* AM *see* **travelling**
'trav·el in·sur·ance *n no pl* Reiseversicherung *f;* (*for cancellations*) Reiserücktrittsversicherung *f*
trav·elled *adj* **widely ~** weit gereist; **a well-~ route** eine gut befahrene Strecke
trav·el·ler *n* ❶ (*organized*) Reisende(r) *f(m)* ❷ BRIT (*gypsy*) Zigeuner(in) *m(f)*
trav·el·ler's 'cheque *n* Reisescheck *m*
trav·el·ling *n no pl* Reisen *nt*
'trav·el·ling bag *n* Reisetasche *f* **trav·el·ling 'cir·cus** *n* Wanderzirkus *m* **trav·el·ling 'crane** *n* Rollkran *m* **trav·el·ling ex·hi·'bi·tion** *n* Wanderausstellung *f* **trav·el·ling 'sales·man** *n* (*dated*) Vertreter(in) *m(f)*
trav·elogue, *esp* AM **trav·elog** ['trævəlɒg, AM -vəlɑ:g] *n* (*book*) Reisebericht *m;* (*film*) Reisebeschreibung *f*
'trav·el-sick *adj* reisekrank **'trav·el sick·ness** *n no pl* Reisekrankheit *f*
trav·erse [trə'vɜ:s, AM -'vɜ:rs] **I.** *vt* (*form*) ❶ (*travel*) bereisen ❷ (*cross*) *foundation* überspannen ❸ (*in mountaineering*) *ice, slope* queren, traversieren **II.** *n* ❶ (*in mountaineering*) Queren *nt* ❷ ARCHIT Querbalken *m*
trav·es·ty ['trævəsti, AM -vɪ-] *n* Karikatur *f;* (*burlesque*) Travestie *f;* **a ~ [of justice]** ein Hohn *m* [auf die Gerechtigkeit]
trawl [trɔ:l, AM trɑ:l] **I.** *vt* ❶ (*fish*) mit dem Schleppnetz fangen ❷ (*search*) ■**to ~ sth [for sth]** etw [nach etw *dat*] durchkämmen **II.** *vi* ❶ (*fish*) ■**to ~ [for sth]** mit dem Schleppnetz [nach etw *dat*] fischen ❷ (*search*) ■**to ~ through sth** *data* etw durchsuchen **III.** *n* ❶ (*net*) Schleppnetz *nt* ❷ (*search*) Suche *f;* (*process*) [Ab]suchen *nt kein pl* (**for** nach +*dat*)
trawl·er ['trɔ:lə^r, AM 'trɑ:lɚ] *n* Trawler *m*
tray [treɪ] *n* ❶ (*for serving*) Tablett *nt* ❷ *esp* BRIT (*for papers*) Ablage *f*
treach·er·ous ['tretʃərəs, AM -ɚəs] *adj* ❶ (*deceitful*) verräterisch; (*disloyal*) treulos ❷ (*dangerous*) tückisch; *sea, weather* trügerisch
treach·ery ['tretʃəri, AM -ɚi] *n no pl* (*esp hist*) Verrat *m*
trea·cle ['tri:kl̩] *n no pl* BRIT ❶ (*black*) Melasse *f* ❷ (*golden*) Sirup *m*
trea·cly ['tri:kl̩i] *adj* ❶ (*sticky*) sirupartig ❷ (*pej: sentimental*) zuckersüß
tread [tred] **I.** *vi* <trod *or* AM *a.* treaded, trodden *or* AM, AUS trod> ❶ (*step*) treten; ■**to ~ in/on sth** in/auf etw *akk* treten ❷ (*maltreat*) ■**to ~ on sb** jdn treten ▶PHRASES: **to ~ carefully** vorsichtig vorgehen **II.** *vt* <trod *or* AM *a.* treaded, trodden *or* AM, AUS trod> ■**to ~ sth down** *grass* etw niedertreten; **to ~ water** Wasser treten **III.** *n* ❶ *no pl* (*walking*) Tritt *m,* Schritt *m* ❷ (*step*) Stufe *f* ❸ (*profile*) *of tyre* [Reifen]profil *nt; of shoe* [Schuh]profil *nt*
trea·dle ['tredl̩] *n* Pedal *nt*
tread·mill ['tredmɪl] *n* ❶ (*exerciser*) Heimtrainer *m* ❷ (*boring routine*) Tretmühle *f fam*
trea·son ['tri:zən] *n no pl* [Landes]verrat *m;* **high ~** LAW Hochverrat *m*
trea·son·able ['tri:zənəbl̩] *adj,* **trea·son·ous** ['tri:zənəs] *adj* (*form*) verräterisch
treas·ure ['treʒə^r, AM -ɚ] **I.** *n* ❶ *no pl* (*hoard*) Schatz *m* ❷ (*valuables*) ■**~s** *pl* Schätze *pl* **II.** *vt* [hoch]schätzen; *memories* bewahren
'treas·ure house *n* ❶ (*building*) Schatzhaus *nt* ❷ (*collection*) Fundgrube *f*
'treas·ure hunt *n* Schatzsuche *f*
treas·ur·er ['treʒərə^r, AM -ɚɚ] *n* Schatzmeister(in) *m(f); of club* Kassenwart(in) *m(f)*
'treas·ure trove *n* ❶ (*find*) Schatzfund *m* ❷ (*collection*) Fundgrube *f*
treas·ury ['treʒəri, AM -ɚi] *n* ❶ (*office*) ■**the ~** die Schatzkammer ❷ *no pl* POL ■**the T~** das Finanzministerium
treas·ury 'bill *n* AM [kurzfristiger] Schatzwechsel **treas·ury 'bond** *n* AM [langfristige] Schatzanleihe **treas·ury 'note** *n* AM [mittelfristiger] Schatzschein **Treas·ury 'Sec·re·tary** *n* AM Finanzminister(in) *m(f)*
treat [tri:t] **I.** *vt* ❶ (*handle*) MED behandeln; **to ~ sb/sth badly** jdn/etw schlecht behandeln ❷ (*regard*) betrachten (**as** als); **to ~ sth with contempt** etw mit Verachtung begegnen ❸ *usu passive* (*process*) *material* behandeln (**with** mit +*dat*); *sewage* klären ❹ (*pay for*) ■**to ~ sb [to sth]** jdn [zu etw *dat*] einladen; ■**to ~ oneself [to sth]** sich *dat* etw gönnen **II.** *vi* (*fam: pay*) einen ausgeben; **Jack's ~ing!** Jack gibt einen aus! **III.** *n* ❶ (*event*) **[it's] my ~** das geht auf meine Rechnung; **it is a special ~ to do that** es ist ein besonderes Vergnügen, das zu tun; **to give oneself a ~** sich *dat* etw gönnen ❷ *no pl* BRIT (*fam: very well*) **to work a ~** gut funktionieren
trea·tise ['tri:tɪz, AM -t̬ɪz] *n* Abhandlung *f* (**on** über +*akk*)
treat·ment ['tri:tmənt] *n* ❶ *no pl* (*handling, processing*) Behandlung *f; of waste* Verarbeitung *f* ❷ *usu sing* (*cure*) Behandlung *f* (**for** gegen +*akk*); **to respond to ~** auf eine Behandlung ansprechen
trea·ty ['tri:ti, AM -t̬i] *n* Vertrag *m* (**between**

T

zwischen *+dat,* **on** über *+akk,* **with** mit *+dat*); **to sign a ~** einen Vertrag schließen

tre·ble ['trebḷ] **I.** *adj* ❶ (*three*) dreifach ❷ *attr* (*high-pitched*) *notes* Diskant-; **~ voice** Sopranstimme *f* **II.** *adv* ❶ (*three*) das Dreifache ❷ (*high-pitched*) **to sing ~** hoch singen **III.** *vt* verdreifachen **IV.** *vi price* sich verdreifachen **V.** *n* Sopran *m*

tre·ble 'clef *n* MUS Violinschlüssel *m*

tree [triː] *n* Baum *m*

'tree frog *n* Laubfrosch *m* **'tree house** *n* Baumhaus *nt*

tree·less ['triːləs] *adj* baumlos

'tree·line *n no pl* ■**the ~** die Baumgrenze **'tree-lined** *adj* von Bäumen gesäumt **'tree sur·geon** *n* Baumchirurg(in) *m(f)* **'tree·tops** *npl* ■**the ~** die [Baum]wipfel *pl* **'tree trunk** *n* Baumstamm *m*

tre·foil ['trefɔɪl, AM 'triː-] *n* ❶ BOT Dreiblatt *nt* ❷ ARCHIT Dreipass *m*

trek [trek] **I.** *vi* <-kk-> wandern **II.** *vt* (*fam*) latschen **III.** *n* Wanderung *f;* (*fig: long way*) Marsch *m*

'trek·king *n* Trekking *nt*

trel·lis ['trelɪs] **I.** *n* <*pl* -es> Gitter *nt;* (*for plants*) Spalier *nt* **II.** *vt* HORT *vines* am Spalier ziehen

trem·ble ['trembḷ] **I.** *vi* zittern (**with** vor *+dat*); *lip, voice* beben; **to ~ like a leaf** zittern wie Espenlaub **II.** *n* Zittern *nt*

tre·men·dous [trɪ'mendəs] *adj* ❶ (*big*) enorm; *crowd, scope* riesig; *help* riesengroß *fam* ❷ (*good*) klasse *fam*

tremo·lo <*pl* -s> ['tremᵊləʊ, AM -əloʊ] *n* Tremolo *nt*

trem·or ['treməʳ, AM -ɚ] *n* ❶ (*shiver*) Zittern *nt;* MED Tremor *m* ❷ (*earthquake*) Beben *nt* ❸ (*fluctuation*) Schwanken *nt*

tremu·lous ['tremjələs] *adj hand* zitternd; *voice* zittrig

trench <*pl* -es> [tren(t)ʃ] *n* ❶ (*hole*) Graben *m* ❷ MIL Schützengraben *m*

trench·ant ['tren(t)ʃənt] *adj* (*form*) energisch; *criticism, wit* scharf

'trench coat *n* Trenchcoat *m* **trench 'war·fare** *n no pl* Grabenkrieg *m*

trend [trend] *n* ❶ (*tendency*) Trend *m,* Tendenz *f* ❷ (*style*) Mode *f,* Trend *m;* **the latest ~** der letzte Schrei *fam*

'trend·set·ter ['trend,setəʳ, AM -t̬ɚ] *n* Trendsetter(in) *m(f)*

trendy ['trendi] *adj* modisch, in *fam*

trepi·da·tion [,trepɪ'deɪʃᵊn] *n no pl* (*form*) Ängstlichkeit *f;* **a feeling of ~** ein beklommenes Gefühl

tres·pass **I.** *n* <*pl* -es> ['trespəs] LAW (*intrusion*) unbefugtes Betreten **II.** *vi* ['trespəs, AM -pæs] (*intrude*) unbefugt eindringen; **to ~ on sb's land** jds Land unerlaubt betreten

tres·pass·er ['trespəsəʳ, AM -pæsɚ] *n* Eindringling *m;* **'~s will be prosecuted!'** „unbefugtes Betreten wird strafrechtlich verfolgt!"

tres·tle ['tresḷ] *n* [Auflage]bock *m*

tres·tle 'ta·ble *n auf Böcke gestellter Tisch*

tri·ad ['traɪæd] *n* ❶ MUS Dreiklang *m* ❷ (*Chinese gang*) ■**T~** Triade *f*

tri·al [traɪəl] **I.** *n* ❶ (*in court*) Prozess *m,* [Gerichts]verhandlung *f;* **~ by jury** Schwurgerichtsverhandlung *f;* **to stand ~** vor Gericht stehen ❷ (*test*) Probe *f,* Test *m;* **clinical ~s** klinische Tests *pl;* **to be on ~** *product* getestet werden; (*employee*) auf Probe eingestellt sein ❸ (*competition*) Qualifikationsspiel *nt* **II.** *vt* <-ll- *or* -l-> *drugs* testen

'tri·al flight *n* Testflug *m* **'tri·al pe·ri·od** *n* Probezeit *f* **tri·al 'run** *n* Generalprobe *f* (**for** für) **tri·al sepa·'ra·tion** *n* Trennung *f* auf Probe

tri·an·gle ['traɪæŋgḷ] *n* ❶ (*shape*) Dreieck *nt* ❷ (*object*) dreieckiges Objekt ❸ (*percussion*) Triangel *f* ❹ AM (*setsquare*) Zeichendreieck *nt*

tri·an·gu·lar [traɪ'æŋgjələʳ, AM -ɚ] *adj* dreieckig

tri·ath·lon [traɪ'æθlɒn, AM -lɑːn] *n* Triathlon *nt*

trib·al ['traɪbᵊl] *adj* ❶ (*ethnic*) Stammes- ❷ (*fam: group*) *attitudes* Gruppen-

trib·al·ism ['traɪbᵊlɪzᵊm] *n no pl* (*loyalty*) Stammesverbundenheit *f*

tri·band ['traɪbænd] *adj mobile phone* mit Triband-Funktion *nach n*

tribe [traɪb] *n + sing/pl vb* ❶ (*community*) Stamm *m* ❷ (*fam: group*) Sippe *f*

tribes·man *n* Stammesangehöriger *m*

tribu·la·tion [,trɪbjə'leɪʃᵊn] *n usu pl* (*cause*) Kummer *m*

tri·bu·nal [traɪ'bjuːnᵊl] *n* ❶ (*court*) Gericht *nt* ❷ (*investigative body*) Untersuchungsausschuss *m*

trib·une ['trɪbjuːn] *n* (*dais*) Tribüne *f*

tribu·tary ['trɪbjətᵊri, AM -teri] **I.** *n* Nebenfluss *m* **II.** *adj* (*form: secondary*) Neben-

trib·ute ['trɪbjuːt] *n* ❶ (*respect*) Tribut *m;* **to pay ~ to sb/sth** jdm/etw Tribut zollen *geh* ❷ *no pl* (*beneficial result*) ■**to be a ~ to sb/sth** jdm/etw Ehre machen

trice [traɪs] *n no pl* (*liter*) **in a ~** im Handumdrehen

trick [trɪk] **I.** *n* ❶ (*ruse*) Trick *m;* **to play a ~ on sb** jdm einen Streich spielen; **a dirty ~** ein gemeiner Trick ❷ (*knack*) Kunstgriff *m;* **he knows all the ~s of the trade** er ist ein alter Hase ③ (*illusion*) **a ~ of the light** eine optische Täuschung ▶PHRASES: **not to <u>miss</u> a ~** keine Gelegenheit auslassen; **to <u>do</u> the ~** (*fam*) klappen *fam* **II.** *adj attr* ① (*deceptive*) *question* Fang- ② (*acrobatic*) Kunst- **III.** *vt* ① (*deceive*) täuschen; ■**to ~ sb into doing sth** jdn dazu bringen, etw zu tun ② (*fool*) reinlegen *fam*

trick·ery ['trɪkᵊri, AM -ɚi] *n no pl* (*pej*) Betrug *m;* (*repeated*) Betrügerei *f*

trick·le ['trɪkl̩] **I.** *vi* ① (*flow*) sickern; (*in drops*) tröpfeln; *sand* rieseln; *tear* kullern ② (*come*) in kleinen Gruppen kommen ③ (*become known*) durchsickern **II.** *vt* tröpfeln, träufeln **III.** *n* ① (*flow*) Rinnsal *nt geh;* (*in drops*) *of blood* Tropfen *pl* ② (*few, little*) ■**a ~ of people** wenige Leute ◆**trickle away** *vi* ① *water* langsam abfließen ② (*fig: stop gradually*) versiegen

trick·ster ['trɪkstəʳ, AM -ɚ] *n* (*pej*) Schwindler(in) *m(f)*

tricky ['trɪki] *adj* ① (*deceitful*) betrügerisch ② (*sly*) raffiniert ③ (*awkward*) *situation* schwierig ④ (*fiddly*) verzwickt *fam*

tri·cy·cle ['traɪsɪkl̩] *n* Dreirad *nt*

tri·dent ['traɪdᵊnt] *n* (*fork*) Dreizack *m*

tried [traɪd] *vi, vt pt, pp of* **try**

tri·en·nial [traɪ'eniəl] *adj* dreijährlich

tri·er ['traɪəʳ, AM -ɚ] *n* Kämpfernatur *f*

tri·fle ['traɪfl̩] *n* ① BRIT (*dessert*) Trifle *nt* (*Biskuitdessert mit Obst und Schlagsahne*) ② (*form: petty thing*) Kleinigkeit *f* ③ + *adj* (*form: slightly*) **I'm a ~ surprised about your proposal** ich bin über deinen Vorschlag etwas erstaunt

tri·fling ['traɪfl̩ɪŋ] *adj* (*form*) unbedeutend; *sum of money* geringfügig

trig [trɪg] *n no pl* (*fam*) *short for* **trigonometry** Trigonometrie *f*

trig·ger ['trɪgəʳ, AM -ɚ] **I.** *n* ① (*gun part*) Abzug *m;* **to pull the ~** abdrücken ② (*start*) Auslöser *m* (**for** für +*akk*) **II.** *vt* auslösen

'trig·ger-hap·py <more ~ , most ~> *adj* schießfreudig, schießwütig

trigo·nom·etry [ˌtrɪgə'nɒmɪtri, AM -'nɑːmə-] *n no pl* Trigonometrie *f*

trike [traɪk] *n short for* **tricycle** Dreirad *nt*

tri·lat·er·al [traɪ'lætᵊrᵊl, AM -'læt̬ɚ-] *adj* ① POL trilateral ② MATH dreiseitig

tril·by ['trɪlbi] *n esp* BRIT [weicher] Filzhut

tri·lin·gual [traɪ'lɪŋgwᵊl] *adj* dreisprachig

trill [trɪl] **I.** *n* ① (*chirp*) Trillern *nt* ② MUS (*note*) Triller *m* **II.** *vi* trillern; *lark* tirilieren *geh* **III.** *vt* ① MUS trillern ② LING **to ~ one's r's** das R rollen

tril·lion ['trɪljən] *n* ① <*pl* - *or* -s> (10^{12}) Billion *f* ② *pl* (*fam: many*) ■**~s** *pl* Tausende *pl* (**of** von +*dat*)

tril·ogy ['trɪlədʒi] *n* Trilogie *f*

trim [trɪm] **I.** *n no pl* ① (*cutting*) Nachschneiden *nt* ② (*edging*) Applikation *f* **II.** *adj* <-mer, -mest> ① (*neat*) ordentlich; *lawn* gepflegt ② (*slim*) schlank **III.** *vt* <-mm-> ① (*cut*) [nach]schneiden; *beard, hedge* stutzen ② (*reduce*) kürzen; *costs a.* verringern ③ (*decorate*) schmücken (**with** mit +*dat*) ④ (*boat, plane*) trimmen; *sail* richtig stellen ◆**trim down** *vi* abnehmen ◆**trim off** *vt* ① (*cut*) abschneiden ② (*reduce*) kürzen

trim·ming ['trɪmɪŋ] *n* ① (*pieces*) ■**~s** *pl* Abfälle *pl* ② *usu pl* (*edging*) Besatz *m* ③ (*accompaniment*) ■**the ~s** *pl* das Zubehör; **turkey with all the ~s** Truthahn *m* mit allem Drum und Dran

Trini·dad ['trɪnɪdæd] *n no pl* Trinidad *nt*

Trini·dad·ian [ˌtrɪnɪ'dædiən] **I.** *adj* trinidadisch **II.** *n* Trinidader(in) *m(f)*

trini·ty ['trɪnɪti] *n no pl* ■**the** [**Holy**] **T~** die [Heilige] Dreifaltigkeit

trin·ket ['trɪŋkɪt] *n* ① (*bauble*) wertloser Schmuckgegenstand ② (*rubbish*) ■**~s** *pl* Plunder *m kein pl*

trio <*pl* -s> ['triəʊ, AM -oʊ] *n* Trio *nt* (**of** von +*dat*)

trip [trɪp] **I.** *n* ① (*journey*) Reise *f,* Fahrt *f;* **round ~** Rundreise *f* ② *esp* BRIT (*outing*) Ausflug *m* ③ (*stumble*) Stolpern *nt* ④ (*self-indulgence*) **an ego ~** ein Egotrip *m* **II.** *vi* <-pp-> ① (*unbalance*) stolpern ② (*be uttered*) **to ~ off the tongue** leicht von der Zunge gehen ③ (*fam: be on drugs*) auf einem Trip sein *sl* **III.** *vt* <-pp-> ① (*unbalance*) ■**to ~ sb** jdm ein Bein stellen ② *switch* anschalten ◆**trip over** *vi* (*stumble*) stolpern (über +*akk*); **to ~ over one's words** über seine Worte stolpern ◆**trip up I.** *vt* ① (*unbalance*) ■**to ~ up** ↔ **sb** jdm ein Bein stellen ② (*foil*) zu Fall bringen **II.** *vi* ① (*stumble*) stolpern ② (*blunder*) einen Fehler machen

tri·par·tite [ˌtraɪ'pɑːtaɪt, AM -'pɑːr-] *adj* ① (*form: three-part*) *structure* dreiteilig ② POL *meetings, coalition* Dreiparteien-

tripe [traɪp] *n no pl* ① (*food*) Kutteln *pl* ② (*fam: nonsense*) Quatsch *m*

tri·ple ['trɪpl̩] **I.** *adj* ① *attr* (*threefold*) dreifach ② *attr* (*of three parts*) Dreier- **II.** *adv* dreimal so viel **III.** *vt* verdreifachen **IV.** *vi* sich verdreifachen

'tri·ple jump *n no pl* Dreisprung

tri·plet ['trɪplət] *n usu pl* (*baby*) Drilling *m*

trip·li·cate ['trɪplɪkət] *adj attr* (*form*) dreifach; **in ~** in dreifacher Ausfertigung

tri·pod ['traɪpɒd, AM -pɑːd] *n* Stativ *nt*

trip·per ['trɪpəʳ, AM -ɚ] *n esp* BRIT Ausflüg-

ler(in) *m(f)*
'trip·ping ['trɪpɪŋ] *adj* trippelnd
trip·tych ['trɪptɪk] *n* Triptychon *nt*
tri·sect [traɪ'sekt] *vt* dreiteilen
trite [traɪt] *adj* (*pej*) platt; *cliché* abgedroschen
tri·umph ['traɪəm(p)f] **I.** *n* ❶ (*victory*) Triumph *m*, Sieg *m* (**for** für +*akk*, **over** über +*akk*) ❷ (*feat*) **a ~ of engineering** ein Triumph *m* der Ingenieurskunst ❸ *no pl* (*joy*) Siegesfreude *f* **II.** *vi* (*win, exult*) triumphieren (**over** über +*akk*)
tri·um·phal [traɪ'ʌm(p)fᵊl] *adj* triumphal
tri·um·phant [traɪ'ʌm(p)fənt] *adj* ❶ (*victorious*) siegreich ❷ (*successful*) erfolgreich ❸ (*exulting*) *smile* triumphierend
trivia ['trɪvɪə] *npl* Lappalien *pl*
triv·ial ['trɪvɪəl] *adj* ❶ (*unimportant*) trivial; *issue* belanglos; *details* bedeutungslos ❷ (*petty*) kleinlich
trivi·al·ity [ˌtrɪvɪ'æləti, AM -əṭi] *n* ❶ *no pl* (*unimportance*) Belanglosigkeit *f* ❷ (*unimportant thing*) Trivialität *f*
trivi·al·ize ['trɪvɪᵊlaɪz] *vt* (*pej*) trivialisieren
trod [trɒd, AM trɑːd] *pt, pp of* **tread I, II**
trod·den ['trɒdᵊn, AM 'trɑːd-] *pp of* **tread I, II**
trog·lo·dyte ['trɒglə(ʊ)daɪt, AM 'trɑːglə-] *n* ❶ (*cave dweller*) Höhlenbewohner(in) *m(f)* ❷ (*loner*) Einsiedler(in) *m(f)*
Tro·jan ['trəʊdʒᵊn, AM 'troʊ-] **I.** *n* Trojaner(in) *m(f)*; **to work like a ~** arbeiten wie ein Pferd *fam* **II.** *adj* trojanisch
trol·ley ['trɒli, AM 'trɑːli] *n* ❶ *esp* BRIT, AUS (*cart*) Karren *m*; **luggage ~** Gepäckwagen *m* ❷ *esp* BRIT, AUS (*table*) Servierwagen *m* ❸ AM (*tram*) Straßenbahn *f* ▸ PHRASES: **to be off one's ~** *esp* BRIT, AUS nicht mehr ganz dicht sein
'trol·ley·bus *n* Oberleitungsbus *m* **'trol·ley car** *n* AM (*tram*) Straßenbahn *f*
trol·lop ['trɒləp, AM 'trɑː-] *n* (*pej*) Flittchen *nt*
trom·bone [trɒm'bəʊn, AM trɑːm'boʊn] *n* Posaune *f*
trom·bon·ist [trɒm'bəʊnɪst, AM trɑːm'boʊn-] *n* Posaunist(in) *m(f)*
troop [truːp] **I.** *n* ❶ (*group*) Truppe *f*; *of animals* Schar *f*; *of soldiers* Trupp *m*; **cavalry ~** Schwadron *f* ❷ (*soldiers*) ■**~s** *pl* Truppen *pl* **II.** *vi* ■**to ~ off** abziehen *fam*
'troop car·ri·er *n* Truppentransporter *m*
troop·er ['truːpəʳ, AM -ɚ] *n* ❶ (*soldier*) [einfacher] Soldat ❷ AM (*police officer*) **state ~** Polizist(in) *m(f)*
tro·phy ['trəʊfi, AM 'troʊ-] *n* ❶ (*prize*) Preis *m* ❷ (*memento*) Trophäe *f*; **war ~** Kriegsbeute *f kein pl*
trop·ic ['trɒpɪk, AM 'trɑː-] *n* ❶ (*latitude*) Wendekreis *m*; **the T~ of Cancer/Capricorn** der Wendekreis des Krebses/Steinbocks ❷ (*hot region*) ■**the ~s** *pl* die Tropen *pl*
tropi·cal ['trɒpɪkᵊl, AM 'trɑː-] *adj* ❶ (*of tropics*) Tropen-; **~ hardwoods** tropische Harthölzer ❷ *weather* tropisch
tropo·sphere ['trɒpə(ʊ)sfɪəʳ, AM 'trɑːpəsfɪr] *n no pl* SCI Troposphäre *f*
trot [trɒt, AM trɑːt] **I.** *n* ❶ *no pl* (*pace*) Trab *m*; *of horse* Trott; **to go at a ~** *horse* traben ❷ (*fam: diarrhoea*) ■**the ~s** *pl* Dünnpfiff *m* **II.** *vi* <-tt-> ❶ (*walk*) trotten; *horse* traben ❷ (*ride*) im Trab reiten ❸ (*run*) laufen **III.** *vt* <-tt-> *horse* traben lassen ◆**trot along** *vi* traben ◆**trot off** *vi* (*fam*) losziehen ◆**trot out** *vt* (*pej*) vorführen
trot·ter ['trɒtəʳ, AM 'trɑːṭɚ] *n* ❶ (*food*) ■**~s** *pl* Schweinshaxen *pl* ❷ (*horse*) Traber *m*
trou·ble ['trʌbl̩] **I.** *n* ❶ *no pl* (*difficulties*) Schwierigkeiten *pl*; (*annoyance*) Ärger *m*; **to spell ~** (*fam*) nichts Gutes bedeuten; **to stay out of ~** sauber bleiben *hum fam* ❷ (*problem*) Problem *nt*; (*cause of worry*) Sorge *f*; **the only ~ is that we ...** der einzige Haken [dabei] ist, dass wir ... ❸ *no pl* (*inconvenience*) Umstände *pl*, Mühe *f*; **it's no ~ at all** das macht gar keine Umstände ❹ *no pl* (*malfunction*) Störung *f*; **engine ~** Motorschaden *m* ❺ (*strife*) Unruhe *f* **II.** *vt* ❶ (*form: cause inconvenience*) ■**to ~ sb for sth** jdn um etw *akk* bemühen *geh* ❷ (*cause worry*) beunruhigen; (*grieve*) bekümmern ❸ (*cause pain*) plagen **III.** *vi* sich bemühen
trou·bled ['trʌbl̩d] *adj* ❶ (*beset*) *situation* bedrängt; *times* unruhig ❷ (*worried*) besorgt
'trou·ble-free *adj* problemlos **'trou·ble·mak·er** *n* Unruhestifter(in) *m(f)* **'trou·ble·shoot·er** *n* (*examiner*) Troubleshooter *m* (*jd, der Störungen aufspürt und beseitigt*)
'trou·ble·shoot·ing *n no pl* ❶ (*fixing*) Fehler-/Störungsbeseitigung *f* ❷ (*mediation*) Vermittlung *f*
trou·ble·some ['trʌbl̩səm] *adj* schwierig
'trou·ble spot *n* Unruheherd *m*
trough [trɒf, AM trɑːf] *n* ❶ (*container*) Trog *m* ❷ METEO Trog *m* ❸ (*low*) Tiefpunkt *m*; (*in economy*) Talsohle *f*
troupe [truːp] *n + sing/pl vb* THEAT Truppe *f*
troup·er ['truːpəʳ, AM -ɚ] *n* ❶ (*actor*) **an old ~** ein alter Hase *fam* ❷ (*reliable*) treue Seele
trou·ser clip ['traʊzə-, AM -zɚ-] *n* Hosenklammer *f* **'trou·ser leg** *n* Hosenbein *nt*

trou·sers ['traʊzəz, AM -zɚz] *npl* Hose *f;* **a pair of ~** eine Hose

Grammatik

trousers wird immer im Plural gebraucht: *black trousers are compulsory for school*
a pair of trousers wird aber im Singular verwendet: *she needs a new pair of trousers; I bought a new pair of trousers*

'trou·ser suit *n* BRIT Hosenanzug *m*
trous·seau <*pl* -s *or* -x> ['tru:səʊ, *pl* -səʊz, AM '-soʊ, *pl* -soʊz] *n* (*dated*) Aussteuer *f kein pl*
trout [traʊt] *n* <*pl* -s *or* -> Forelle *f*
'trout farm *n* Forellenzucht *f* **'trout farm·ing** *n no pl* Forellenzucht *f*
trow·el ['traʊəl] *n* ① *for building* Maurerkelle *f* ② *for gardening* kleiner Spaten
Troy [trɔɪ] *n no pl* (*hist*) Troja *nt*
'troy weight *n* Troygewicht *nt*
tru·an·cy ['tru:ən(t)si] *n no pl* [Schule]schwänzen *nt fam*
tru·ant ['tru:ənt] **I.** *n* Schulschwänzer(in) *m(f) fam;* **to play ~ [from school]** *esp* BRIT, AUS [die Schule] schwänzen *fam* **II.** *adj* schwänzend **III.** *vi esp* BRIT, AUS [die Schule] schwänzen *fam*
truce [tru:s] *n* Waffenstillstand *m* (**between** zwischen +*dat*)
truck [trʌk] **I.** *n* ① (*lorry*) Last[kraft]wagen *m;* **pickup ~** Lieferwagen *m* ② BRIT RAIL Güterwagen *m* ▸ PHRASES: **to <u>have</u> no ~ with sb/sth** (*fam*) mit jdm/etw nichts zu tun haben **II.** *vt esp* AM per Lastwagen transportieren
'truck driv·er, truck·er ['trʌkəʳ, AM -ɚ] *n* Lastwagenfahrer(in) *m(f);* (*long-distance*) Fernfahrer(in) *m(f)* **'truck farm·ing** *n no pl* AM, CAN Gemüseanbau *m*
truck·ing ['trʌkɪŋ] *n no pl* AM, AUS Lkw-Transport *m*
'truck·ing com·pa·ny *n* AM, AUS Spedition[sfirma] *f*
trucu·lence ['trʌkjələn(t)s] *n no pl* ① (*aggression*) Wildheit *f* ② (*defiance*) Aufsässigkeit *f*
trucu·lent ['trʌkjələnt] *adj* ① (*aggressive*) wild ② (*defiant*) aufsässig
trudge [trʌdʒ] **I.** *vi* (*walk*) wandern; **to ~ along sth** etw entlanglatschen *fam* **II.** *n* (*walk*) [anstrengender] Fußmarsch
true [tru:] **I.** *adj* <-r, -st> ① (*not false*) wahr; **it is ~ [to say] that ...** es stimmt, dass ...; **to ring ~** glaubhaft klingen ② (*exact*) richtig; *aim* genau ③ *attr* (*actual*) echt, wahr, wirklich; **~ love** wahre Liebe ④ (*loyal*) treu; **to be ~ to one's word** zu seinem Wort stehen ▸ PHRASES: **sb's ~ <u>colours</u>** jds wahres Gesicht; **~ to <u>form</u>** wie zu erwarten **II.** *adv* ① (*admittedly*) stimmt ② (*exactly*) genau
◆**true up** *vt machinery* genau einstellen; *wheel* einrichten
'true-blue *adj attr* ① (*loyal*) treu ② (*typical*) waschecht *fam* **true-'heart·ed** *adj servant* treu **'true-life** *adj* lebensecht
'true·love *n* ■ **sb's ~** jds Geliebte(r) *f(m)*
truf·fle ['trʌfl̩] *n* Trüffel *f o m*
tru·ism ['tru:ɪzəm] *n* Binsenweisheit *f;* (*platitude*) Plattitüde *f geh*
tru·ly ['tru:li] *adv* ① (*not falsely*) wirklich, wahrhaftig ② (*genuinely*) wirklich, echt ③ (*very*) wirklich ▸ PHRASES: **<u>yours</u> ~** (*fam*) meine Wenigkeit *hum;* **<u>Yours</u> ~** (*at end of letter*) mit freundlichen Grüßen
trump [trʌmp] **I.** *n* ① (*card*) Trumpf *m* ② (*suit*) ■ **~s** *pl* Trumpf *m,* Trumpffarbe *f* ▸ PHRASES: **to <u>come</u> up ~s** BRIT Glück haben; (*help out*) die Situation retten **II.** *vt* ① (*cards*) übertrumpfen ② (*better*) ausstechen ◆**trump up** *vt charge, evidence* erfinden
trum·pet ['trʌmpɪt, AM -pət] **I.** *n* ① (*instrument*) Trompete *f* ② *of elephant* Trompeten *nt* **II.** *vi* trompeten **III.** *vt* (*esp pej*) ausposaunen *fam*
trum·pet·er ['trʌmpɪtəʳ, AM -pət̬ɚ] *n* Trompeter(in) *m(f)*
trun·cate [trʌŋ'keɪt, AM 'trʌŋkeɪt] *vt* kürzen
trun·cheon ['trʌn(t)ʃən] *n* BRIT, AUS Schlagstock *m*
trun·dle ['trʌndl̩] **I.** *vi* **to ~ along** (*proceed leisurely*) zuckeln **II.** *vt pram, wheelbarrow* rollen
trunk [trʌŋk] *n* ① BOT (*stem*) Stamm *m* ② ANAT (*body*) Rumpf *m* ③ ZOOL (*of elephant*) Rüssel *m* ④ AM (*boot of car*) Kofferraum *m*
'trunk call *n* BRIT (*dated*) Ferngespräch *nt*
'trunk road *n* BRIT Fern[verkehrs]straße *f*
trunks [trʌŋks] *npl* Badehose *f*

Grammatik

trunks wird immer im Plural gebraucht: *he put on his trunks to go swimming*
a pair of trunks wird aber im Singular verwendet: *take a pair of trunks and a towel with you; I bought a new pair of trunks*

truss [trʌs] **I.** *n* ① (*belt*) Bruchband *nt* ② ARCHIT (*frame*) Gerüst *nt* **II.** *vt* fesseln; **to ~ poultry** Geflügel dressieren ◆**truss up** *vt* fesseln
trust [trʌst] **I.** *n* ① *no pl* (*belief*) Vertrauen

T

nt ② *no pl* (*responsibility*) **a position of ~** ein Vertrauensposten *m;* ■**in sb's ~** in jds Obhut *f* ③ (*arrangement*) Treuhand *f kein pl;* **investment ~** Investmentfonds *m;* **to set up a ~** eine Treuhandschaft arrangieren ④ (*trustees*) Treuhandgesellschaft *f;* **charitable ~** Stiftung *f* ⑤ AM (*union*) Ring *m;* BRIT (*trust company*) Trust *m* **II.** *vt* (*believe, rely on*) vertrauen (auf +*akk*); ■**to ~ sb to do sth** jdm zutrauen, dass er/sie etw tut ▶PHRASES: **~ you to do that!** (*fam*) das musstest du natürlich machen! *iron* **III.** *vi* ① (*form: believe*) ■**to ~ in sb/sth** auf jdn/etw vertrauen ② (*form: hope*) ■**to ~ [that] ...** hoffen, [dass] ...

trust·ed ['trʌstɪd] *adj attr* ① (*loyal*) getreu *geh* ② (*proved*) bewährt

trus·tee [trʌs'tiː] *n* Treuhänder(in) *m(f);* **board of ~s** Kuratorium *nt*

trust·ful ['trʌstfəl] *adj see* **trusting**

'trust fund *n* Treuhandfonds *m*

trust·ing ['trʌstɪŋ] *adj* ① (*artless*) vertrauensvoll ② (*gullible*) leichtgläubig

trust·wor·thi·ness ['trʌstˌwɜːðɪnəs, AM -ˌwɜːr-] *n no pl* ① (*honesty*) Vertrauenswürdigkeit *f* ② (*accuracy*) Zuverlässigkeit *f*

trust·wor·thy ['trʌstˌwɜːði, AM -ˌwɜːr-] *adj* ① (*honest*) vertrauenswürdig ② (*accurate*) zuverlässig

trusty ['trʌsti] *adj attr* (*hum*) ① (*reliable*) zuverlässig ② (*loyal*) *servant* getreu *liter*

truth <*pl* -s> [truːθ] *n* ① *no pl* (*not falsity*) Wahrheit *f* (**of** über +*akk*); **there is no ~ in what she says** es ist nichts Wahres an dem, was sie sagt ② *no pl* (*facts*) ■**the ~** die Wahrheit (**about, of** über +*akk*) ③ (*principle*) Grundprinzip *nt*

truth·ful ['truːθfəl] *adj* ① (*true*) wahr ② (*sincere, not lying*) ehrlich ③ (*accurate*) wahrheitsgetreu

truth·ful·ness ['truːθfəlnəs] *n no pl* ① (*veracity*) Wahrhaftigkeit *f* ② (*sincerity*) Ehrlichkeit *f* ③ (*accuracy*) Wahrheit *f*

try [traɪ] **I.** *n* (*attempt, in rugby*) Versuch *m;* **to give sth a ~** etw ausprobieren **II.** *vi* <-ie-> ① (*attempt*) versuchen ② (*make an effort*) sich bemühen **III.** *vt* <-ie-> ① (*attempt*) versuchen; **to ~ one's best** sein Bestes versuchen ② (*test by experiment*) probieren, versuchen ③ (*sample*) [aus]probieren ④ (*put on trial*) vor Gericht stellen ◆**try for** *vt* sich bemühen (um +*akk*) ◆**try on** *vt clothes* anprobieren ▶PHRASES: **to ~ on ◌ sth for size** etw versuchsweise ausprobieren ◆**try out I.** *vt* ausprobieren; ■**to ~ out ◌ sb** jdn testen **II.** *vi* AM, AUS **to ~ out for a post/a role/a team** sich auf einem Posten/in einer Rolle/ bei einer Mannschaft versuchen

try·ing ['traɪɪŋ] *adj* ① (*annoying*) anstrengend ② (*difficult*) *time* schwierig

'try-out *n* (*fam*) ① SPORTS Testspiel *nt* ② (*test run*) Erprobung *f;* *of play* Probevorstellung *f*

tsar [zɑːʳ] *n* BRIT, AUS Zar *m;* **drug ~** Drogenzar *m*

tsa·ri·na [zɑː'riːnə] *n* BRIT, AUS Zarin *f*

tsar·ist BRIT, AUS **I.** *adj* zaristisch **II.** *n* Zarist(in) *m(f)*

tset·se fly ['tetsi-, AM 'tsetsi-] *n* Tsetsefliege *f*

T-shirt ['tiːʃɜːt, AM -ʃɜrt] *n* T-Shirt *nt*

tsp <*pl* - *or* -s> *n abbrev of* **teaspoon** TL

T-square ['tiːskweəʳ, AM -skwer] *n* Reißschiene *f*

tsu·na·mi [tsuː'nɑːmi] *n* Tsunami *m*

tub [tʌb] *n* ① (*vat*) Kübel *m* ② (*fam: bath*) [Bade]wanne *f* ③ (*carton*) Becher *m*

tuba ['tjuːbə, AM *esp* 'tuː-] *n* Tuba *f*

tub·by ['tʌbi] *adj* pummelig

tube [tjuːb, AM *esp* tuːb] *n* ① (*pipe*) Röhre *f;* (*bigger*) Rohr *nt;* **inner ~** Schlauch *m;* **test ~** Reagenzglas *nt* ② (*container*) Tube *f* ③ *no pl* BRIT RAIL (*fam: underground*) ■**the ~** die [Londoner] U-Bahn ④ *no pl* (*fam: TV*) ■**the ~** die Glotze *sl* ▶PHRASES: **to go down the ~[s]** den Bach runter gehen *fam*

tu·ber ['tjuːbəʳ, AM 'tuːbɚ, 'tjuː-] *n* BOT Knolle *f*

tu·ber·cu·lar [tjuː'bɜːkjələʳ, AM tuː'bɜːrkjəlɚ, tjuː-] *adj* tuberkulös

tu·ber·cu·lo·sis [tjuːˌbɜːkjə'ləʊsɪs, AM tuːˌbɜːrkjə'loʊsɪs, tjuː-] *n no pl* Tuberkulose *f*

tu·ber·cu·lous [tjuː'bɜːkjələs, AM tuː'bɜːr-, tjuː-] *adj* tuberkulös

'tube sta·tion *n* U-Bahn-Station *f*

'tub-thump·er *n* (*pej fam*) Demagoge *m*, Demagogin *f*

TUC [ˌtiːjuː'siː] *n no pl* BRIT *abbrev of* **Trades Union Congress**: ■**the ~** ≈ der DGB, ≈ der ÖGB ÖSTERR

tuck [tʌk] **I.** *n* ① (*pleat*) Abnäher *m;* (*ornament*) Biese *f* ② MED **a tummy ~** *Operation, bei der am Bauch Fett abgesaugt wird* **II.** *vt* ① (*fold*) stecken; **to ~ sb into bed** jdn ins Bett [ein]packen *fam* ② (*stow*) verstauen; **to ~ one's legs under one** seine Beine unterschlagen ◆**tuck away** *vt* (*stow*) verstauen; (*hide*) verstecken; **to be ~ed away somewhere** irgendwo versteckt liegen ◆**tuck in I.** *vt* ① (*fold*) hineinstecken; *shirt* in die Hose stecken ② (*put to bed*) zudecken ③ (*fam: hold in*) **to ~ in ◌ one's tummy** seinen Bauch einziehen **II.** *vi* (*fam: eat*) reinhauen ◆**tuck up** *vt*

BRIT ■**to ~ up** ↻ **sb** jdn ins Bett stecken *fam*

tuck·er ['tʌkəʳ, AM -ɚ] (*fam*) **I.** *n no pl* AUS Essen *nt* **II.** *vt* AM fix und fertig machen

'tuck shop *n* BRIT (*dated*) Schulkiosk *nt* (*für Snacks und Süßwaren*)

Tues·day ['tju:zdeɪ] *n* Dienstag *m;* [**on**] **~ afternoon/evening/morning/night** [am] Dienstagnachmittag/-abend/-morgen/-nacht; **on ~ afternoons/evenings/mornings/nights** dienstagnachmittags/-abends/-morgens/-nachts; **a week/fortnight on ~** Dienstag in einer Woche/zwei Wochen; **a week/fortnight last ~** Dienstag vor einer Woche/zwei Wochen; **every ~** jeden Dienstag; **last/next/this ~** [am] letzten/[am] nächsten/diesen Dienstag; **~ before last/after next** vorletzten/übernächsten Dienstag; **one ~** an einem Dienstag; [**on**] **~** [am] Dienstag; **on ~ 4th March** [*or esp* AM **March 4**] am Dienstag, den 4. März; [**on**] **~s** dienstags

tuft [tʌft] *n* Büschel *nt*

tug [tʌg] **I.** *n* ❶ (*pull*) Ruck *m* (**at** an +*dat*); **to give sth a ~** an etw *dat* zerren ❷ (*boat*) Schlepper *m* **II.** *vt* <-gg-> ziehen **III.** *vi* <-gg-> zerren (**at** an +*dat*)

tui·tion [tju'ɪʃᵊn, AM tu'-] *n no pl* ❶ *esp* BRIT (*teaching*) Unterricht *m* (**in** in +*dat*) ❷ *esp* AM (*tuition fee*) Studiengebühr *f; of school* Schulgeld *nt kein pl*

tu'i·tion fee *n esp* BRIT Studiengebühr *f; of school* Schulgeld *nt kein pl*

tu·lip ['tju:lɪp, AM *esp* 'tu:-] *n* Tulpe *f*

tum·ble ['tʌmbl̩] **I.** *vi* ❶ (*fall*) fallen; (*faster*) stürzen ❷ *prices* [stark] fallen **II.** *n* (*fall*) Sturz *m;* **to take a ~** stürzen ◆**tumble down I.** *vi building* einstürzen **II.** *vt* hinabstürzen ◆**tumble over** *vi* (*unbalance*) hinfallen; (*collapse*) umfallen

'tum·ble·down *adj attr building* baufällig

tum·ble 'dri·er, tum·ble 'dry·er *n* Wäschetrockner *m*

tum·bler ['tʌmbl̩əʳ, AM -ɚ] *n* ❶ (*glass*) [Trink]glas *nt* ❷ (*acrobat*) Bodenakrobat(in) *m(f)*

tum·ble·weed ['tʌmbl̩wi:d] *n no pl* Steppenhexe *f*

tu·mes·cent [tju:'mesᵊnt, AM *esp* tu:-] *adj* ANAT anschwellend

tum·my [tʌmi] *n* (*fam*) Bauch *m;* **~ ache** Bauchweh *nt kein pl*

'tum·my ache *n* (*fam*) Bauchweh *nt kein pl*

tu·mour, AM **tu·mor** ['tju:məʳ, AM 'tu:mɚ, 'tju:-] *n* Geschwulst *f,* Tumor *m*

tu·mult ['tju:mʌlt, AM *esp* 'tu:-] *n* ❶ (*noise*) Krach *m* ❷ (*disorder*) Tumult *m* ❸ (*uncertainty*) Verwirrung *f*

tu·mul·tu·ous [tju:'mʌltjuəs, AM tu:'mʌltʃu:əs, tju:-] *adj* ❶ (*loud*) lärmend; *applause* stürmisch ❷ (*confused*) turbulent ❸ (*excited*) aufgeregt

tun [tʌn] *n* ❶ (*vat*) Fass *nt* ❷ (*measure*) Tonne *f*

tuna ['tju:nə, AM *esp* 'tu:-] *n* ❶ <*pl* -s *or* -> ZOOL Thunfisch *m* ❷ *no pl* FOOD Thunfisch *m*

tun·dra ['tʌndrə] *n no pl* Tundra *f*

tune [tju:n, AM *esp* tu:n] **I.** *n* ❶ (*melody*) Melodie *f* ❷ *no pl* (*pitch*) ■**to be out of ~** falsch spielen ❸ (*amount*) ■**to the ~ of £2 million** in Höhe von 2 Millionen Pfund ▶ PHRASES: **to change one's ~** einen anderen Ton anschlagen **II.** *vt* ❶ MUS stimmen ❷ RADIO, AUTO einstellen ◆**tune in I.** *vi* ❶ RADIO, TV einschalten; **to ~ in to a station** einen Sender einstellen ❷ (*fam: be sensitive to sth*) ■**to be ~d in to sth** eine Antenne für etw *akk* haben **II.** *vt* AUS RADIO, TV einschalten ◆**tune up I.** *vi* MUS stimmen **II.** *vt* ❶ AUTO einstellen ❷ MUS stimmen

tune·ful ['tju:nfᵊl, AM *esp* 'tu:n-] *adj* melodisch

tune·less ['tju:nləs, AM *esp* 'tu:n-] *adj* unmelodisch

tun·er ['tju:nəʳ, AM *esp* 'tu:nɚ] *n* ❶ TECH (*for selecting stations*) Empfänger *m* ❷ MUS (*person*) Stimmer(in) *m(f)*

'tune-up *n* TECH Einstellung *f;* **to give a car a ~** einen Wagen [neu] einstellen

tung·sten ['tʌŋ(k)stᵊn] *n no pl* Wolfram *nt*

tu·nic ['tju:nɪk, AM *esp* 'tu:-] *n* Kittel *m;* HIST Tunika *f*

tun·ing ['tju:nɪŋ, AM *esp* 'tu:n-] *n no pl* ❶ MUS Stimmen *nt;* (*correctness of pitch*) Klangreinheit *f* ❷ TECH Einstellen *nt*

'tun·ing fork *n* Stimmgabel *f*

Tu·ni·sia [tju:'nɪziə, AM tu:'ni:ʒə] *n* Tunesien *nt*

Tu·ni·sian [tju:'nɪziən, AM tu:'ni:ʒən] **I.** *n* Tunesier(in) *m(f)* **II.** *adj* tunesisch

tun·nel ['tʌnᵊl] **I.** *n* Tunnel *m;* ZOOL, BIOL Gang *m* ▶ PHRASES: **to see [the] light at the end of the ~** das Licht am Ende des Tunnels sehen **II.** *vi* <BRIT -ll- *or* AM *usu* -l-> einen Tunnel graben; **to ~ under a river** einen Fluss untertunneln **III.** *vt* <BRIT -ll- *or* AM *usu* -l-> graben; **to ~ one's way out** sich herausgraben

tun·ny <*pl* - *or* -nies> ['tʌni] *n* (*fam*) Thunfisch *m*

tup·pence ['tʌpᵊn(t)s] *n no pl* BRIT (*fam*) zwei Pence; (*fig*) **to not give ~ for sth** keinen Pfifferling auf etw *akk* geben

T

tup·pen·ny ['tʌpᵊni] *adj attr* BRIT (*dated*) *coin* Zwei-Pence -

tur·ban ['tɜ:bən, AM 'tɜ:r-] *n* Turban *m*

tur·bid ['tɜ:bɪd, AM 'tɜ:r-] *adj* ① *liquid* trüb ② *clouds* dicht ③ *emotions, thoughts* verworren

tur·bine ['tɜ:baɪn, AM 'tɜ:rbɪn] *n* Turbine *f*

'tur·bo·charged *adj* ① TECH mit Turboaufladung *nach n* ② (*sl: energetic*) Turbo-

'tur·bo·charg·er *n* Turbolader *m*

tur·bo 'die·sel *n* TECH Turbodiesel *m fachspr*

'tur·bo en·gine *n* Turbomotor *m*

'tur·bo·jet *n* ① (*engine*) Turbojet *m* ② (*aircraft*) Turbojet-Flugzeug *nt*

tur·bot <*pl* - *or* -s> ['tɜ:bət, AM 'tɜ:r-] *n* Steinbutt *m*

tur·bu·lence ['tɜ:bjələn(t)s, AM 'tɜ:r-] *n no pl* Turbulenz *f;* **air ~** Turbulenzen *pl*

tur·bu·lent ['tɜ:bjələnt, AM 'tɜ:r-] *adj* turbulent, stürmisch; *sea a.* unruhig

turd [tɜ:d, AM tɜ:rd] *n* (*vulg, sl*) Scheißhaufen *m derb*

tu·reen [tə'ri:n, AM tʊ-] *n* FOOD Terrine *f*

turf <*pl* -s *or* BRIT *usu* turves> [tɜ:f, AM tɜ:rf] **I.** *n* ① *no pl* (*grassy earth*) Rasen *m* ② (*square of grass*) Sode *f;* **to lay ~s** Rasen[flächen] anlegen ③ (*fam: personal territory*) Revier *nt;* (*field of expertise*) Spezialgebiet *f* **II.** *vt* Rasen verlegen

'turf ac·count·ant *n* BRIT (*form: bookmaker*) Buchmacher(in) *m(f)*

tur·gid ['tɜ:dʒɪd, AM 'tɜ:r-] *adj* ① (*form: swollen*) [an]geschwollen ② *speech, style* schwülstig

Turk [tɜ:k, AM tɜ:rk] *n* Türke *m,* Türkin *f*

tur·key ['tɜ:ki, AM 'tɜ:r-] *n* ① ZOOL Pute(r) *f(m)* ② *no pl* (*meat*) Truthahn *m,* Putenfleisch *nt*

Tur·key ['tɜ:ki, AM 'tɜ:r-] *n no pl* GEOG Türkei *f*

Turk·ish ['tɜ:kɪʃ, AM 'tɜ:r-] **I.** *adj* türkisch **II.** *n* Türkisch *nt*

Turk·ish de·'light *n no pl* Lokum *nt* (*geleeartiges, mit Puderzucker bestäubtes Konfekt*)

tur·moil ['tɜ:mɔɪl, AM 'tɜ:r-] *n* Tumult *m,* Aufruhr *m;* **her mind was in** [**a**] **~** sie war völlig durcheinander

turn [tɜ:n, AM tɜ:rn] **I.** *n* ① (*rotation*) *of wheel* Drehung *f* ② (*change in direction*) Kurve *f;* SPORTS Wende *f;* **'no right ~'** „Rechts abbiegen verboten"; (*fig*) **things took an ugly ~** die Sache nahm eine üble Wendung ③ (*changing point*) **the ~ of the century** die Jahrhundertwende ④ (*allotted time*) **it's my ~ now!** jetzt bin ich dran!; **to do sth in ~** etw abwechselnd tun ⑤ (*service*) **to do sb a good ~** jdm einen guten Dienst erweisen ⑥ (*not appropriate*) **out of ~** unangebracht ▶ PHRASES: **one <u>good</u> ~ deserves another** (*saying*) eine Hand wäscht die andere; **to be <u>on</u> the ~** sich wandeln; *milk* einen Stich haben; *leaves* gelb werden **II.** *vt* ① (*rotate*) *knob, screw* drehen ② (*switch direction*) wenden, drehen; **to ~** [**round**] **the corner** um die Ecke biegen ③ (*aim*) *lamp, hose, gun* richten (**on** auf +*akk*); **to ~ one's attention to sth** seine Aufmerksamkeit etw *dat* zuwenden ④ + *adj* (*cause to become*) **the shock ~ed her hair grey overnight** durch den Schock wurde sie über Nacht grau ⑤ (*change*) ■**to ~ sth/sb into sth** etw/jdn in etw *akk* umwandeln ⑥ (*reverse*) *garment, mattress* wenden, umdrehen; *page* umblättern ▶ PHRASES: **to ~ one's <u>back</u> on sb/sth** sich von jdm/etw abwenden; **to ~ a blind <u>eye</u> to sth** die Augen vor etw *dat* verschließen **III.** *vi* ① (*rotate*) sich drehen; *person* sich umdrehen; **to ~ upside down** *boat* umkippen; *car* sich überschlagen ② (*switch direction*) *person* sich umdrehen; *car* wenden; (*in bend*) abbiegen; *wind* drehen; (*fig*) sich wenden; **to ~ on one's heel** auf dem Absatz kehrtmachen ③ (*for aid or advice*) **to ~ to sb for help** jdn um Hilfe bitten ④ (*change*) werden; *milk* sauer werden; *leaves* sich verfärben; *luck* sich wenden; **his face ~ed green** er wurde ganz grün im Gesicht; ■**to ~ into sth** zu etw *dat* werden ⑤ (*turn attention to*) ■**to ~ to sth** *conversation, subject* sich etw *dat* zuwenden ⑥ (*attain particular age*) **to ~ 20/40** 20/40 werden ▶ PHRASES: **to ~** [**over**] **in one's <u>grave</u>** sich im Grabe umdrehen ◆**turn against I.** *vi* sich auflehnen (gegen +*akk*) **II.** *vt* ■**to ~ sb against sb/sth** jdn gegen jdn/etw aufwiegeln ◆**turn away I.** *vi* sich abwenden **II.** *vt* ① (*move*) wegrücken ② (*refuse entry, deny help*) abweisen ◆**turn back I.** *vi* [wieder] zurückgehen; (*fig*) **there's no ~ing back now!** jetzt gibt es kein Zurück [mehr]! **II.** *vt* ① (*send back*) zurückschicken; (*at frontier*) zurückweisen ② (*fold*) *bedcover* zurückschlagen ③ (*put back*) **to ~ back ○ the clocks** die Uhren zurückstellen; **to ~ back time** (*fig*) die Zeit zurückdrehen ◆**turn down** *vt* ① (*reject*) abweisen; *proposal, offer, invitation* ablehnen ② (*reduce level*) niedriger stellen; (*make quieter*) leiser stellen ③ (*fold*) umschlagen; *blanket* zurückschlagen; *collar* herunterschlagen ◆**turn in I.** *vt* ① (*give to police*) *thing* abgeben; *person* verpfeifen; **to ~ oneself in to the police** sich der Polizei stellen ② (*submit*) *assignment* einreichen; **to ~ in good results** gute Ergebnisse abliefern ❸ (*inwards*) nach innen drehen **II.** *vi* ❶ (*fam: go to bed*) sich in die Falle hauen ❷ (*drive in*) einbiegen ❸ (*inwards*) **his toes ~ in when he walks** er läuft über den großen Onkel *fam* ◆**turn off I.** *vt* ❶ (*switch off*) abschalten; *engine, power* abstellen; *gas* abdrehen; *light* ausmachen; *radio, TV* ausschalten ❷ (*cause to lose interest*) ■**to ~ sb off** jdm die Lust nehmen; (*be sexually unappealing*) jdn abtörnen *sl* **II.** *vi* (*leave one's path*) abbiegen; **to ~ off the path** den Weg verlassen ◆**turn on I.** *vt* ❶ (*switch on*) einschalten; *gas, heat* aufdrehen; *light* anmachen ❷ (*fam: excite*) anmachen; (*sexually a.*) antörnen *sl* **II.** *vi* ❶ (*switch on*) einschalten ❷ (*attack*) ■**to ~ on sb** auf jdn losgehen ◆**turn out I.** *vi* ❶ (*work out*) sich entwickeln; **how did it ~ out?** wie ist es gelaufen? *fam* ❷ (*be revealed*) sich herausstellen ❸ (*come to*) *event* erscheinen ❹ (*point*) *feet* sich nach außen drehen **II.** *vt* ❶ (*switch off*) *radio, TV* ausschalten; *gas* abstellen; *light* ausmachen ❷ (*kick out*) [hinaus]werfen *fam* ❸ (*empty contents*) [aus]leeren; *pockets* umdrehen ❹ (*produce*) produzieren ◆**turn over I.** *vi* ❶ (*move*) *person, stomach* sich umdrehen; *boat* kentern; *car* sich überschlagen ❷ (*sell*) laufen ❸ (*operate*) *engine* laufen; (*start*) anspringen ❹ (*in book*) umblättern **II.** *vt* ❶ (*move*) umdrehen; *mattress* wenden; *page* umblättern; *soil* umgraben ❷ ■**to ~ over** ⊂ **sth to sb** (*delegate responsibility*) jdm etw übertragen; (*give*) jdm etw [über]geben ❸ (*ponder*) sorgfältig überdenken; **to ~ sth over in one's mind** sich *dat* etw durch den Kopf gehen lassen ▶PHRASES: **to ~ over a new leaf** einen [ganz] neuen Anfang machen ◆**turn up I.** *vi* ❶ (*show up*) erscheinen ❷ (*become available*) sich ergeben; *solution* sich finden ❸ (*happen*) passieren **II.** *vt* ❶ (*increase volume*) aufdrehen; *music* lauter machen; *heat* höher stellen ❷ (*hem clothing*) aufnähen ❸ (*point to face upwards*) *collar* hochschlagen; *one's palms* nach oben drehen ❹ (*find*) finden; **I'll see if I can ~ up something for you** ich schau mal, ob ich etwas für Sie finden kann

'turn·about *n* Umschwung *m*

'turn·around *n no pl* ❶ (*improvement*) Wende *f; of health* Besserung *f; of company* Aufschwung *m;* (*sudden reversal*) Kehrtwendung *f* ❷ COMM Bearbeitungszeit *f* ❸ AVIAT ~ **time** Wartezeit *f* (*eines Flugzeugs am Boden zwischen zwei Flügen*)

'turn·coat *n* Überläufer(in) *m(f)*

turn·er ['tɜːnəʳ, AM 'tɜːrnɚ] *n* Drechsler(in) *m(f)*

Land und Leute

Der **Turner Prize**, der nach dem englischen Maler JMW Turner (1775–1851) benannt wurde, ist seit 1984 ein mit 20.000 Pfund dotierter Preis für zeitgenössische Kunst und wird jedes Jahr einem britischen Künstler unter 50 Jahren verliehen. Der Wettbewerb wird von der Londoner *Tate Gallery* organisiert, und das Werk des Gewinners wird dort auch ausgestellt.

turn·ing ['tɜːnɪŋ, AM 'tɜːrn-] *n* ❶ (*road*) Abzweigung *f* ❷ *no pl* (*changing direction*) Abbiegen *nt*

'turn·ing point *n* Wendepunkt *m*

tur·nip ['tɜːnɪp, AM 'tɜːr-] *n* [Steck]rübe *f*

turn·key ['tɜːnkiː, AM 'tɜːrn-] *adj attr* schlüsselfertig; ~ **system** Fertigteilsystem *nt*

'turn-off *n* ❶ (*sth unappealing*) Gräuel *nt* ❷ (*sth sexually unappealing*) **to be a real** ~ abtörnen *sl*

'turn·out ['tɜːnaʊt, AM 'tɜːrn-] *n no pl* ❶ (*attendance*) Teilnahme *f* (**for** an +*dat*) ❷ POL Wahlbeteiligung *f*

'turn·over ['tɜːnˌəʊvəʳ, AM 'tɜːrnˌoʊvɚ] *n* ❶ (*rate change in staff*) Fluktuation *f geh* ❷ (*volume of business*) Umsatz *m* ❸ (*rate of stock movement*) Absatz *m*

'turn·pike *n* AM Mautschranke *f*

'turn·round *n no pl* BRIT *see* **turnaround**

'turn·stile *n* SPORTS Drehkreuz *nt*

'turn·ta·ble *n* ❶ TECH, RAIL Drehscheibe *f* ❷ (*on record player*) Plattenteller *m*

'turn-up *n esp* BRIT Aufschlag; **trouser ~** Hosenaufschlag *m* ▶PHRASES: **to be a ~ for the book[s]** mal ganz was Neues sein *fam*

tur·pen·tine ['tɜːpᵊntaɪn, AM 'tɜːr-] *n no pl* Terpentin *nt*

tur·pi·tude ['tɜːpɪtjuːd, AM 'tɜːrpɪtuːd, -tjuːd] *n no pl* (*form*) Verworfenheit *f*

turps [tɜːps, AM tɜːrps] *n no pl* (*fam*) *short for* **turpentine** Terpentin *nt*

tur·quoise ['tɜːkwɔɪz, AM 'tɜːr-] **I.** *n* ❶ (*stone*) Türkis *m* ❷ (*colour*) Türkis *nt* **II.** *adj* türkis[farben]

tur·ret ['tʌrɪt, AM 'tɜːrɪt] *n* ❶ (*poet*) [Mauer]turm *m* ❷ MIL **bomber's ~** Geschützturm *m* eines Bombers; **tank's ~** Panzerturm *m*

tur·tle <*pl* - *or* -s> ['tɜːtl̩, AM 'tɜːrt̬l̩] *n* Schildkröte *f*

'tur·tle·dove *n* Turteltaube *f*

'tur·tle·neck *n* ❶ BRIT Stehkragen *m;* (*pull-*

T

over) Stehkragenpullover *m* ② AM (*polo neck pullover*) Rollkragenpullover *m*

tusk [tʌsk] *n* Stoßzahn *m*

tus·sle ['tʌsl̩] **I.** *vi* ① (*scuffle*) sich balgen (**with** mit +*dat*) ② (*quarrel*) ■**to ~ [with sb] over sth** [mit jdm] über etw *akk* streiten **II.** *n* ① (*struggle*) Rauferei *f* ② (*quarrel*) Streiterei *f* (**for** um +*akk*, **over** wegen +*gen*)

tus·sock ['tʌsək] *n* [Gras]büschel *nt*

tut [tʌt] *interj* (*pej*) ~ ~ na, na!

tu·telage ['tju:tɪlɪdʒ, AM 'tu:t̬əlɪdʒ, 'tju:-] *n no pl* [An]leitung *f*

tu·tor ['tju:təʳ, AM 'tu:t̬ɚ, 'tju:-] **I.** *n* (*giving extra help*) Nachhilfelehrer(in) *m(f)*; (*private teacher*) Privatlehrer(in) *m(f)*; BRIT UNIV (*supervising teacher*) Tutor(in) *m(f)* **II.** *vt* (*in addition to school lessons*) Nachhilfestunden geben; (*private tuition*) Privatunterricht erteilen

tu·to·rial [tju:'tɔ:riəl, AM *esp* tu:'-] *n* Tutorium *nt geh*

tux <*pl* -es> [tʌks] *n* AM (*fam*) *short for* **tuxedo** Smoking *m*

tux·edo [tʌk'si:doʊ] *n* AM (*dinner jacket*) Smoking *m*

TV [ˌti:'vi:] *n* ① (*appliance*) *abbrev of* **television** Fernseher *m* ② *no pl* (*programming*) *abbrev of* **television** Fernsehen *nt*

TV 'guide *n* Fernsehzeitschrift *f* **TV 'star** *n* Fernsehstar *m*

twad·dle ['twɒdl̩, AM 'twɑ:dl̩] *n no pl* (*fam*) Unsinn *m*

twang [twæŋ] **I.** *n no pl* ① (*sound*) Doing *nt* ② LING (*nasal accent*) Näseln *nt* **II.** *vt* zupfen **III.** *vi* einen sirrenden Ton von sich geben

tweak [twi:k] **I.** *vt* ① (*pull sharply*) zupfen ② (*adjust*) ■**to ~ sth** etw gerade ziehen; **this proposal still needs some ~ing** an diesem Vorschlag muss noch etwas gefeilt werden **II.** *n* Zupfen *nt kein pl*

twee [twi:] *adj esp* BRIT (*fam or pej*) niedlich

tweed [twi:d] *n no pl* (*cloth*) Tweed *m*

tweedy ['twi:di] *adj* (*made of tweed*) Tweed-

'tween·ager, 'tween·ie [twi:ni] *n* (*fam*) *8 bis 12 Jahre altes Kind*

tweet [twi:t] **I.** *vi* piepsen **II.** *n* Piepsen *nt kein pl*

tweet·er ['twi:təʳ, AM -ɚ] *n* TECH Hochtonlautsprecher *m*

tweez·ers ['twi:zəz] *npl* ■**[a pair of] ~** [eine] Pinzette

Grammatik

tweezers wird im Plural gebraucht: *I use these tweezers to pluck my eyebrows*

a pair of tweezers wird aber im Singular verwendet: *he used a pair of tweezers to pull out the splinter*

twelfth [twelfθ] **I.** *adj* zwölfte(r, s) **II.** *adv* als zwölfte(r, s) **III.** *n* ■**the ~** der/die/das Zwölfte

twelve [twelv] **I.** *adj* zwölf; *see also* **eight** **II.** *n* Zwölf *f*; *see also* **eight**

twen·ti·eth ['twentiɪθ, AM -t̬i-] **I.** *adj* zwanzigste(r, s) **II.** *adv* an zwanzigster Stelle **III.** *n* ■**the ~** der/die/das Zwanzigste

twen·ty ['twenti, AM -t̬i-] **I.** *adj* zwanzig; *see also* **eight** **II.** *n* Zwanzig *f*; *see also* **eight**

24/7 [ˌtwentifɔ:'sevən, AM -fɔ:r-] (*24 hours per day, 7 days per week*) rund um die Uhr [und sieben Tage die Woche]

twerp [twɜ:p, AM twɜ:rp] *n* (*pej sl*) Blödmann *m fam*

twice [twaɪs] *adv* ① (*two times*) zweimal; **~ a day** zweimal täglich ② (*doubly*) doppelt; **she is ~ his age** sie ist doppelt so alt wie er

twid·dle ['twɪdl̩] **I.** *vt* [herum]drehen (an +*dat*); **to ~ one's thumbs** Däumchen drehen **II.** *vi* [herum]drehen (**with** an +*dat*)

twig[1] [twɪg] *n* (*of tree*) [kleiner] Zweig

twig[2] <-gg-> [twɪg] (*fam*) **I.** *vt* kapieren **II.** *vi* ① (*understand*) kapieren ② (*realize*) ■**to ~ to sth** etw merken

twi·light ['twaɪlaɪt] *n no pl* Dämmerung *f*, Zwielicht *nt*

twin [twɪn] **I.** *n* ① (*one of two siblings*) Zwilling *m*; (*similar or connected thing*) Pendant *nt geh*; **identical/fraternal ~s** eineiige/zweieiige Zwillinge ② (*room*) Zweibettzimmer *nt* **II.** *adj* ① (*born at the same time*) Zwillings- ② (*connected*) *room, town* miteinander verbunden **III.** *vt* <-nn-> ■**to ~ sth [with sth]** etw [mit etw *dat*] [partnerschaftlich] verbinden **IV.** *vi* <-nn-> eine Städtepartnerschaft bilden

twin 'bed *n* Einzelbett *nt* (*eines von zwei gleichen Betten*)

twin 'broth·er *n* Zwillingsbruder *m*

twine [twaɪn] **I.** *vi* (*twist around*) sich schlingen (**around** um +*akk*), sich hochranken (**up** an +*dat*) **II.** *vt* ■**to ~ sth together** etw ineinanderschlingen **III.** *n no pl* Schnur *f*

'twin-en·gined *adj* zweimotorig

twinge [twɪndʒ] *n* Stechen *nt kein pl*; **a ~ of guilt** ein Anflug *m* eines schlechten Gewissens; **a ~ of pain** ein stechender Schmerz

twin·kle ['twɪŋkl̩] **I.** *vi* funkeln **II.** *n no pl* Funkeln *nt*; **to do sth with a ~ in one's**

eye etw mit einem [verschmitzten] Augenzwinkern tun

twin·kling ['twɪŋkl̩ɪŋ] **I.** *adj eyes, light, star* funkelnd **II.** *n no pl* kurzer Augenblick ▸PHRASES: **to do sth in the ~ of an eye** etw im Handumdrehen tun

twin·ning ['twɪnɪŋ] *n no pl* gemeinsame Durchführung

twin 'room *n* Zweibettzimmer *nt* **'twin·set** *n* BRIT, AUS Twinset *nt* **twin 'sis·ter** *n* Zwillingsschwester *f* **twin 'town** *n* BRIT Partnerstadt *f*

twirl [twɜːl, AM twɜːrl] **I.** *vi* wirbeln **II.** *vt* rotieren lassen; (*in dancing*) [herum]wirbeln **III.** *n* Wirbel *m;* (*in dancing*) Drehung *f*

twist [twɪst] **I.** *vt* ❶ (*wind*) [ver]drehen; ■**to ~ sth off** etw abdrehen ❷ (*coil*) herumwickeln (**around** um *+akk*) ❸ (*sprain*) sich verrenken; **to ~ sb's arm** (*fig*) auf jdn Druck ausüben **II.** *vi* (*squirm*) sich winden; **to ~ and turn** *road* sich schlängeln **III.** *n* ❶ (*rotation*) Drehung *f;* **to give sth a ~** etw [herum]drehen ❷ (*sharp bend*) Kurve *f* ❸ (*unexpected change*) Wendung *f;* **a cruel ~ of fate** eine grausame Wendung des Schicksals

twist·ed ['twɪstɪd] *adj* ❶ (*bent and turned, perverted*) verdreht; *ankle* gezerrt ❷ (*winding*) verschlungen; *path* gewunden

twist·er ['twɪstəʳ, AM -ɚ] *n* Tornado *m*

twisty ['twɪsti] *adj* (*fam*) *road* kurvenreich; *path* gewunden

twit [twɪt] *n esp* BRIT (*pej fam*) Trottel *m*

twitch ['twɪtʃ] **I.** *vi* zucken **II.** *vt* ❶ (*jerk*) zucken mit *+dat;* **to ~ one's nose** *rabbit* schnuppern ❷ (*tug quickly*) zupfen **III.** *n* <*pl* -es> ❶ (*jerky spasm*) **to have a [nervous] ~** nervöse Zuckungen *pl* haben ❷ (*quick tug*) Ruck *m*

twit·ter ['twɪtəʳ, AM -t̬ɚ] *vi* ❶ (*chirp*) zwitschern ❷ (*talk rapidly*) ■**to ~ away** vor sich hinplappern

two [tuː] **I.** *adj* zwei; **~ [o'clock]** zwei [Uhr]; **to break sth in ~** etw entzwei brechen; **the ~ of you** ihr beide; *see also* **eight** ▸PHRASES: **to throw in one's ~ cents worth** AM, AUS seinen Senf dazugeben; **~'s company three's a crowd** (*prov*) drei sind einer zu viel; **to be ~ of a kind** aus dem gleichen Holz geschnitzt sein; **to be in ~ minds** hin- und hergerissen sein; **there are no ~ ways about it** es gibt keine andere Möglichkeit **II.** *n* Zwei *f; see also* **eight**

'two-bit *adj attr* AM (*pej fam*) billig *pej* **two-di·'men·sion·al** *adj* zweidimensional; (*pej*) *character, plot* flach **'two-door** **I.** *adj attr* AUTO zweitürig **II.** *n* zweitüriges Auto **'two-edged** *adj* (*a. fig*) zweischneidig **'two-faced** *adj* (*pej*) falsch

two·fold ['tuːfəʊld, AM -foʊld] **I.** *adj* (*double*) zweifach; (*with two parts*) zweiteilig **II.** *adv* (*double*) zweifach; **to increase sth ~** etw verdoppeln

'two-part *adj attr* zweiteilig **two-par·ty 'sys·tem** *n* Zweiparteiensystem *nt* **two·pence** ['tʌpᵊn(t)s] *n* BRIT zwei Pence; (*fig*) **this thing isn't worth ~** dieses Ding ist keinen Pfifferling wert **two·pen·ny** ['tʌpᵊni] *adj attr* BRIT (*fam: worthless*) wertlos **'two-phase** *adj attr* ELEC Zweiphasen- **'two-piece** *n* ❶ (*suit*) Zweiteiler *m* ❷ (*bikini*) Bikini *m* **two-'seat·er** *n* (*car, sofa*) Zweisitzer *m*

two·some ['tuːsəm] *n* ❶ (*duo*) Duo *nt;* (*couple*) Paar *nt* ❷ (*dance for two*) Paartanz *m;* (*game for two*) Spiel *nt* für zwei Personen

'two-stroke *n* (*car, engine*) Zweitakter *m* **'two-tiered** *adj* (*two levels*) zweistufig; (*pej: two standards*) Zweiklassen- **'two-time** *vt* (*fam*) ■**to ~ sb [with sb]** jdn [mit jdm] betrügen **'two-way** *adj attr* ❶ (*traffic*) **~ tunnel** Tunnel *m* mit Gegenverkehr ❷ *conversation, process* wechselseitig ❸ ELEC **~ switch** Wechselschalter *m* **two-way 'ra·dio** *n* Funksprechgerät *nt*

TXT [tekst] *vt* TELEC *short for* **text:** ■**to ~ sth** etw texten

'TXT mes·sag·ing *n no pl* TELEC *short for* **text messaging** Versenden *nt* von SMS-Nachrichten

ty·coon [taɪ'kuːn] *n* [Industrie]magnat(in) *m(f)*

tyke [taɪk] *n* ❶ (*dog*) Hund *m;* (*mongrel*) Mischling[shund] *m* ❷ (*fam: mischievous child*) Gör *nt*

tym·pa·num <*pl* -s *or* tympana> ['tɪmpᵊnəm, *pl* -nə] *n* ❶ ANAT Paukenhöhle *f* im Mittelohr ❷ ARCHIT Tympanon *nt*

type [taɪp] **I.** *n* ❶ (*kind*) Art *f; of hair, skin* Typ *m; of food, vegetable* Sorte *f* ❷ (*character*) Typ *m;* ■**to be one's ~** jds Typ sein *fam* ❸ TYPO (*lettering*) Schriftart *f;* **italic ~** Kursivschrift *f* **II.** *vt* ❶ (*write with machine*) tippen ❷ (*categorize*) typisieren *geh* **III.** *vi* Maschine schreiben ◆**type out** *vt* tippen ◆**type up** *vt report* erfassen

'type·cast *vt irreg, usu passive* FILM, THEAT (*pej*) ■**to be ~** auf eine Rolle festgelegt sein/werden **'type·face** *n no pl* Schrift[art] *f* **'type·script** *n* Maschine geschriebenes Manuskript **'type·set·ter** *n* TYPO ❶ (*machine*) Setzmaschine *f* ❷ (*printer*) [Schrift]setzer(in) *m(f)* **'type·set·ting** TYPO

T

I. *n no pl* Setzen *nt* **II.** *adj attr* (*machine, technique*) Satz- **'type·write** *vt irreg* tippen **'type·writ·er** *n* Schreibmaschine *f* **'type·writ·er rib·bon** *n* Farbband *nt* **'type·writ·ten** *adj* Maschine geschrieben

ty·phoid, ty·phoid 'fe·ver ['taɪfɔɪd-] *n no pl* Typhus *m*

ty·phoon [taɪ'fuːn] *n* Taifun *m*

ty·phus ['taɪfəs] *n no pl* Typhus *m*

typi·cal ['tɪpɪkᵊl] *adj* typisch; *symptom a.* charakteristisch (**of** für +*akk*)

typi·cal·ly ['tɪpɪkᵊli] *adv* typisch; **~, ...** normalerweise ...

typi·fy <-ie-> ['tɪpɪfaɪ] *vt* kennzeichnen; (*symbolize*) ein Symbol sein (für +*akk*)

typ·ing ['taɪpɪŋ] **I.** *n no pl* Tippen *nt* **II.** *adj attr* Tipp-; **~ error** Tippfehler *m*

typ·ist ['taɪpɪst] *n* Schreibkraft *f*

ty·pog·ra·pher [taɪ'pɒgrəfəʳ, AM -'pɑːgrəfɚ] *n* [Schrift]setzer(in) *m(f)*

ty·po·graph·ic(al) [ˌtaɪpə(ʊ)'græfɪk(ᵊl), AM -pə'-] *adj* typografisch

ty·pog·ra·phy [taɪ'pɒgrəfi, AM -'pɑː-] *n no pl* Typografie *f*

ty·ran·ni·cal [tɪ'rænɪkᵊl, AM tə'-] *adj* (*pej*) tyrannisch; **~ regime** Tyrannei *f*

tyr·an·nize ['tɪrᵊnaɪz] *vt* tyrannisieren

tyr·an·ny ['tɪrᵊni] *n* Tyrannei *f*

ty·rant ['taɪrᵊnt] *n* Tyrann(in) *m(f)*; (*bossy man*) [Haus]tyrann *m pej;* (*bossy woman*) [Haus]drachen *m pej fam*

tyre *n* Reifen *m;* **spare ~** Ersatzreifen *m;* (*fig, hum fam*) Rettungsring *m*

'tyre gauge *n* Reifendruckmesser *m* **'tyre pres·sure** *n no pl* Reifendruck *m*

Ty·rol [tɪ'rəʊl, AM 'roʊl] *n no pl* GEOG ■**the ~** Tirol *nt*

tzar [zɑːʳ, AM zɑːr] *n see* **tsar**

U u

U

U <*pl* -'s *or* -s> [juː], **u** <*pl* -'s> [juː] *n* ① (*letter*) U *nt,* u *nt;* **~ for Uncle** U wie Ulrich ② INET (*you*) du

U[1] [juː] *n* ① BRIT (*film*) jugendfrei ② CHEM *see* **uranium** U *nt*

U[2] [juː] AM, AUS (*fam*) *abbrev of* **university** Uni *f*

UAE [ˌjuːeɪ'iː] *n pl abbrev of* **United Arab Emirates:** ■**the ~** die VAE

ubiqui·tous [juː'bɪkwɪtəs, AM -wət̬əs] *adj* allgegenwärtig

ubiquity [juː'bɪkwɪti, AM -wət̬i] *n no pl* (*form*) Allgegenwart *f*

U-boat ['juːbəʊt, AM -boʊt] *n* U-Boot *nt*

ud·der ['ʌdəʳ, AM -ɚ] *n* Euter *nt*

UEFA [juː'eɪfə] *n no pl, + sing/pl vb* SPORTS *acr for* **Union of European Football Associations** UEFA *f*

UFO [ˌjuːef'əʊ, AM -'oʊ] *n* <*pl* -s *or* -'s> *abbrev of* **unidentified flying object** UFO *nt*

Ugan·da [juː'gændə] *n* Uganda *nt*

Ugan·dan [juː'gændən] **I.** *n* Ugander(in) *m(f)* **II.** *adj* ugandisch

ugh [ʊg, ʊh, AM *also* ʊk] *interj* (*fam*) igitt!

ugli·ness ['ʌglɪnəs] *n no pl* Hässlichkeit *f;* (*fig a.*) Scheußlichkeit *f*

ugly ['ʌgli] *adj* ① (*plain*) hässlich; **~ as sin** hässlich wie die Nacht *fam* ② (*unpleasant*) *scene* hässlich; *weather* scheußlich; *rumours* übel; *mood* unerfreulich; *look* böse; *thought* schrecklich; **to turn ~** eine üble Wendung nehmen

UHT [ˌjuːeɪtʃ'tiː] *adj abbrev of* **ultra heat treated: ~ milk** H-Milch *f*

UK [juː'keɪ] *n abbrev of* **United Kingdom:** ■**the ~** das Vereinigte Königreich

Ukraine [juː'kreɪn] *n* ■**the ~** die Ukraine

Ukrain·ian [juː'kreɪniən] **I.** *n* ① (*person*) Ukrainer(in) *m(f)* ② (*language*) Ukrainisch *nt* **II.** *adj* ukrainisch

uku·lele *n* Ukulele *f*

ul·cer ['ʌlsəʳ, AM -sɚ] *n* Geschwür *nt;* **stomach ~** Magengeschwür *nt*

ul·cer·ate ['ʌlsᵊreɪt, AM -sə-] *vi* ulzerieren *fachspr*

ul·cer·ous ['ʌlsᵊrəs] *adj* geschwürig

ul·lage ['ʌlɪdʒ] *n no pl die Menge, die in einem Flüssigkeitsbehälter bis zum Gefülltsein fehlt;* (*liquid loss*) Flüssigkeitsschwund *m;* (*in brewery*) Restbier *nt*

ulna <*pl* -nae *or* -s> ['ʌlnə, *pl* -niː] *n* Elle *f*

Ul·ster ['ʌlstəʳ, AM -stɚ] *n no pl* Nordirland *nt,* Ulster *nt*

ul·te·ri·or [ʌl'tɪəriəʳ, AM 'tɪriɚ] *adj* versteckt; **~ measures** geheime Maßnahmen; **~ motive** Hintergedanke *m*

ul·ti·mate ['ʌltɪmət, AM -t̬əmɪt] **I.** *adj attr* ① (*unbeatable*) beste(r, s) ② (*highest*) höchste(r, s); *deterrent, weapon* wirksamste(r, s) ③ (*final*) letzte(r, s); *decision a.* endgültig; *effect* eigentlich; **~ destination** Endziel *nt* **II.** *n* ■**the ~** das Nonplusultra; (*highest*) **the ~ in happiness** das größte Glück

ul·ti·mate·ly ['ʌltɪmətli, AM -t̬əmɪt-] *adv* (*in the end*) letzten Endes; (*eventually*) letztlich

ul·ti·ma·tum <*pl* -ta *or* -tums> [ˌʌltɪ'meɪtəm, AM -t̬ə'meɪt̬əm] *n* Ultimatum *nt;*

to give sb an ~ jdm ein Ultimatum stellen
ul·ti·mo ['ʌltɪməʊ, AM -t̬ɪmoʊ] *adj* ECON (*dated*) des vergangenen Monats *nach n*
ultra·high 'fre·quen·cy *n no pl* Ultrahochfrequenz *f* **ultra·ma·'rine I.** *adj* ultramarin[blau] **II.** *n no pl* Ultramarin[blau] *nt* **ultra·'mod·ern** *adj* hypermodern **ultra·pre·'cise** *adj* äußerst genau **ultra-re·'li·able** *adj* extrem zuverlässig **ultra-'short wave** *n* Ultrakurzwelle *f* **ultra·'son·ic** *adj* Ultraschall- **'ultra·sound** *n no pl* Ultraschall *m* **ultra·sound 'pic·ture** *n* Ultraschallbild *nt* **ultra·'vio·let** *adj* ultraviolett; **~ lamp** UV-Lampe *f*
um·bel ['ʌmbəl] *n* Dolde *f*
um·ber ['ʌmbəʳ, AM -ɚ] **I.** *adj* umbra[braun] **II.** *n no pl* Umbra *nt*
um·bili·cal [ʌm'bɪlɪkl̩] *adj attr* ❶ MED Nabel- ❷ AEROSP Versorgungs-, Verbindungs-
um·bili·cal 'cord *n* Nabelschnur *f*
um·brage ['ʌmbrɪdʒ] *n no pl* Anstoß *m;* **to take ~ at sth** Anstoß an etw *dat* nehmen
um·brel·la [ʌm'brelə] *n* ❶ Regenschirm *m;* **folding ~** Knirps® *m;* (*parasol*) Sonnenschirm *m* ❷ (*protection*) Schutz *m;* MIL Jagdschutz *m*
um·'brel·la fund *n* Investmentfonds *m* **um·brel·la or·gani·'za·tion** *n* Dachorganisation *f* **um·'brel·la 'term** *n* Sammelbegriff *m*
um·pire ['ʌmpaɪəʳ, AM -paɪɚ] **I.** *n* ❶ SPORTS Schiedsrichter(in) *m(f)* ❷ (*arbitrator*) Schlichter(in) *m(f)* **II.** *vt* leiten
ump·teen [ʌm(p)'tiːn] *adj* (*fam*) zig; **~ times** zigmal
ump·teenth [ʌm(p)'tiːnθ] *adj* (*fam*) x-te(r, s) *fam*
UN [juː'en] *n pl abbrev of* **United Nations:** ■**the ~** die UN [*o* UNO]
un·abashed [ˌʌnə'bæʃt] *adj* unverschämt
un·abat·ed [ˌʌnə'beɪtɪd, AM -t̬-] *adj* unvermindert
un·able [ʌn'eɪbl̩] *adj* unfähig; **to be ~ to do sth** etw nicht tun können
un·abridged [ˌʌnə'brɪdʒd] *adj* ungekürzt
un·ac·cep·table [ˌʌnək'septəbl̩] *adj* inakzeptabel; *offer* unannehmbar; *conditions* untragbar; **the ~ face of sth** BRIT, AUS die Kehrseite einer S. *gen*
un·ac·com·pa·nied [ˌʌnə'kʌmpənɪd] *adj* ❶ (*unescorted*) ohne Begleitung *nach n, präd; baggage* herrenlos ❷ MUS ohne Begleitung *nach n*
un·ac·count·able [ˌʌnə'kaʊntəbl̩, AM -t̬ə-] *adj* ❶ (*not responsible*) nicht verantwortlich ❷ (*inexplicable*) unerklärlich; *reason* unerfindlich
un·ac·count·ed for [ˌʌnə'kaʊntɪdˌfɔːʳ, AM -t̬ɪdˌfɔːr] *adj pred* ❶ (*unexplained*) ungeklärt ❷ (*not included in count*) nicht erfasst; (*missing*) fehlend *attr; person* vermisst
un·ac·cus·tomed [ˌʌnə'kʌstəmd] *adj* ❶ (*rare*) selten ❷ (*new*) ungewohnt; **to be ~ to doing sth** es nicht gewohnt sein, etw zu tun
un·ac·knowl·edged [ˌʌnək'nɒlɪdʒd, AM -'nɑːlɪdʒd] *adj* unbeachtet; (*unrecognized*) nicht anerkannt
un·ad·dressed [ˌʌnə'drest] *adj* ❶ *envelope* nicht adressiert ❷ *question* unbeantwortet
un·adorned [ˌʌnə'dɔːnd, AM -'dɔːrnd] *adj* (*plain*) schlicht; *story* nicht ausgeschmückt; *beauty* natürlich; *truth* ungeschminkt
un·adul·ter·at·ed [ˌʌnə'dʌltəreɪtɪd, AM -təreɪt̬ɪd] *adj* unverfälscht; *alcohol* rein; **~ nonsense** blanker Unsinn
un·ad·ven·tur·ous [ˌʌnəd'ventʃərəs] *adj person* wenig unternehmungslustig; *life* unspektakulär; *style* einfallslos
un·ad·vis·able [ˌʌnəd'vaɪzəbl̩] *adj* nicht empfehlenswert
un·af·fect·ed [ˌʌnə'fektɪd] *adj* ❶ (*unchanged*) unberührt; (*unmoved*) unbeeindruckt; (*not influenced*) nicht beeinflusst; MED nicht angegriffen ❷ (*natural*) natürlich; *manner* ungekünstelt; (*sincere*) echt
un·afraid [ˌʌnə'freɪd] *adj* unerschrocken; ■**to be ~ of sb/sth** vor jdm/etw keine Angst haben
un·aid·ed [ʌn'eɪdɪd] *adj* ohne fremde Hilfe *nach n*
un·alike [ˌʌnə'laɪk] *adj pred* unähnlich
un·al·loyed [ˌʌnə'lɔɪd] *adj* ❶ (*liter: complete*) rein; *pleasure* ungetrübt ❷ *metal* rein
un·al·tered [ʌn'ɔːltəd, AM -tɚd] *adj* unverändert
un·am·bigu·ous [ˌʌnæm'bɪgjuəs] *adj* unzweideutig; *statement* eindeutig
un-Ameri·can [ˌʌnə'merɪkən] *adj* unamerikanisch; **~ activities** ≈Landesverrat *m* (*gegen den amerikanischen Staat gerichtete Umtriebe*)
una·nim·ity [juːnə'nɪməti, AM -ət̬i] *n no pl* Einstimmigkeit *f*
unani·mous [juː'nænɪməs, AM -nəməs] *adj* einstimmig
un·an·nounced [ˌʌnə'naʊn(t)st] **I.** *adj* unangekündigt; (*unexpected*) unerwartet **II.** *adv* unangemeldet; (*unexpected*) unerwartet
un·an·swer·able [ʌn'ɑːn(t)sərəbl̩, AM 'æn(t)-] *adj* ❶ unbeantwortbar; ■**to be ~** nicht zu beantworten sein ❷ (*irrefutable*) unwiderlegbar; *proof* eindeutig

U

un·an·swered [ʌn'ɑːn(t)sᵊd, AM -'æn(t)sɚd] *adj* unbeantwortet

un·ap·pe·tiz·ing [ʌn'æpətaɪzɪŋ] *adj* unappetitlich

un·ap·proach·able [ˌʌnə'prəʊtʃəbl̩, AM -'proʊ-] *adj* unzugänglich; *person a.* unnahbar

un·armed [ʌn'ɑːmd, AM -'ɑːrmd] *adj* unbewaffnet; (*unprepared*) unvorbereitet

un·ashamed [ˌʌnə'ʃeɪmd] *adj* schamlos; *attitude* unverhohlen

un·asked [ʌn'ɑːskt] **I.** *adj* ❶ ungefragt; **an ~ question** eine Frage, die keiner zu stellen wagt ❷ (*not requested*) ■**~-for** ungebeten **II.** *adv* ❶ (*spontaneously*) spontan ❷ (*unwanted*) ungebeten

un·as·sign·able [ˌʌnə'saɪnəbl] *adj* LAW nicht übertragbar

un·as·sum·ing [ˌʌnə'sjuːmɪŋ, AM *esp* -'suː-] *adj* bescheiden

un·at·tached [ˌʌnə'tætʃt] *adj* ❶ (*not connected*) einzeln ❷ (*independent*) unabhängig ❸ (*bachelor*) ungebunden

un·at·tain·able [ˌʌnə'teɪnəbl] *adj* unerreichbar

un·at·tend·ed [ˌʌnə'tendɪd] *adj* ❶ (*alone*) unbegleitet; *child, baggage* unbeaufsichtigt ❷ (*without care*) unerledigt; (*unmanned*) nicht besetzt; **to go ~** *patient, wound* unbehandelt bleiben

un·at·trac·tive [ˌʌnə'træktɪv] *adj* unattraktiv; *place a.* ohne Reiz *nach n, präd; personality* wenig anziehend

un·author·ized [ʌn'ɔːθᵊraɪzd, AM -'ɑːθə-] *adj* nicht autorisiert; *person, access* unbefugt *attr*

un·avail·able [ˌʌnə'veɪləbl] *adj* ❶ (*not in*) nicht verfügbar; *person* nicht erreichbar; (*busy*) nicht zu sprechen ❷ (*not for the public*) [der Öffentlichkeit] nicht zugänglich

un·avail·ing [ˌʌnə'veɪlɪŋ] *adj* (*liter*) vergeblich

un·avoid·able [ˌʌnə'vɔɪdəbl] *adj* unvermeidlich

un·aware [ˌʌnə'weəʳ, AM -'wer] *adj* ■**to be/be not ~ of sth** sich *dat* einer S. *gen* nicht/durchaus bewusst sein

un·awares [ˌʌnə'weəz, AM -'werz] *adv* unerwartet; **to catch sb ~** jdn überraschen

un·bal·anced [ʌn'bælən(t)st] *adj* ❶ (*uneven*) schief; *account* nicht ausgeglichen; *economy* unausgeglichen; *diet* unausgewogen; (*biassed*) einseitig ❷ (*unstable*) labil; **mentally ~** psychisch labil

un·bar <-rr-> [ʌn'bɑːʳ, AM -'bɑːr] *vt* entriegeln

un·bear·able [ʌn'beərəbl̩, AM -'berə-] *adj* unerträglich

un·beat·able [ʌn'biːtəbl̩, AM -t̬ə-] *adj* ❶ (*sure to win*) unschlagbar; *army* unbesiegbar ❷ (*perfect*) unübertrefflich; *value, quality* unübertroffen

un·beat·en [ʌn'biːtᵊn] *adj* ungeschlagen; *army* unbesiegt

un·be·com·ing [ˌʌnbɪ'kʌmɪŋ] *adj* ❶ *dress* unvorteilhaft ❷ *behaviour* unschön

un·be·known [ˌʌnbɪ'nəʊn, AM -'noʊn], **un·be·knownst** [ˌʌnbɪ'nəʊnst, AM -'noʊnst] *adv* ■**~ to sb** ohne jds Wissen; **~ to anyone he was leading a double life** kein Mensch ahnte, dass er ein Doppelleben führte

un·be·lief [ˌʌnbɪ'liːf] *n no pl* Ungläubigkeit *f*

un·be·liev·able [ˌʌnbɪ'liːvəbl̩] *adj* ❶ (*surprising*) unglaublich ❷ (*fam: extraordinary*) sagenhaft

un·be·liev·er [ˌʌnbɪ'liːvəʳ, AM -ɚ] *n* Ungläubige(r) *f(m)*

un·be·liev·ing [ˌʌnbɪ'liːvɪŋ] *adj* ungläubig

un·bend [ʌn'bend] **I.** *vt* <-bent, -bent> strecken; *wire* gerade biegen **II.** *vi* <-bent, -bent> ❶ (*straighten out*) [wieder] gerade werden; *person* sich aufrichten ❷ (*relax*) sich entspannen; (*become less reserved*) auftauen

un·bend·ing [ʌn'bendɪŋ] *adj* (*form*) unnachgiebig; *will* unbeugsam

un·bi·as(s)ed [ʌn'baɪəst] *adj* unparteiisch; *judge* nicht befangen; *opinion, report* objektiv

un·bid·den [ʌn'bɪdᵊn] *adj, adv* (*liter*) ungebeten

un·bind <-bound, -bound> [ʌn'baɪnd] *vt* losbinden

un·bleached [ʌn'bliːtʃt] *adj* ungebleicht

un·blink·ing [ʌn'blɪŋkɪŋ] *adj* starr

un·blush·ing [ʌn'blʌʃɪŋ] *adj* schamlos

un·bolt [ʌn'bəʊlt, AM -'boʊlt] *vt* entriegeln

un·born [ʌn'bɔːn, AM -bɔːrn] *adj* ungeboren

un·bos·om [ʌn'bʊzəm] *vt* (*old*) ❶ (*reveal*) enthüllen ❷ (*confide in*) ■**to ~ oneself to sb** jdm sein Herz ausschütten

un·bound·ed [ʌn'baʊndɪd] *adj* grenzenlos; *ambition* maßlos; *hope* unbegrenzt

un·bowed [ʌn'baʊd] *adj pred* ❶ (*erect*) erhoben ❷ (*not submitting*) ungebrochen

un·break·able [ʌn'breɪkəbl] *adj* unzerbrechlich; *code* nicht zu knacken *nach n; habit* fest verankert; *promise* bindend; *record* nicht zu brechen *nach n; rule* unumstößlich

un·brib·able [ʌn'braɪbəbl] *adj* unbestechlich

un·bri·dled [ʌn'braɪdl̩d] *adj* ❶ (*unrestrained*) ohne Zügel ❷ (*form o liter: not*

U

controlled) ungezügelt; *ambition, greed* hemmungslos; *passion* zügellos

un·brok·en [ʌn'brəʊkᵊn, AM -'broʊ-] *adj* ❶ unbeschädigt; *spirit, record* ungebrochen; **~ promise** gehaltenes Versprechen ❷ (*continuous*) stetig; *peace* beständig; *sleep* ungestört

un·buck·le [ʌn'bʌkl̩] *vt* aufschnallen; *seatbelt* öffnen

un·bur·den [ʌn'bɜːdᵊn, AM -'bɜːr-] *vt* ■**to ~ oneself [to sb]** [jdm] sein Herz ausschütten; **to ~ one's sorrows** seine Sorgen abladen

un·busi·ness·like [ʌn'bɪznɪslaɪk] *adj* unprofessionell

un·but·ton [ʌn'bʌtᵊn] *vt, vi* aufknöpfen

un·'called for *adj pred,* **un·'called-for** *adj attr* unnötig; *remark* unpassend

un·can·ny [ʌn'kæni] *adj* unheimlich; **an ~ likeness** eine unglaubliche Ähnlichkeit

un·cared for *adj pred,* **un·cared-for** [ʌn'keədfɔːʳ, AM -'kerdfɔːr] *adj attr* ungepflegt

un·car·pet·ed [ʌn'kɑːpɪtɪd, AM -'kɑːrpət̬-] *adj* nicht mit Teppich ausgelegt

un·ceas·ing [ʌn'siːsɪŋ] *adj* unaufhörlich; *efforts, support* unablässig

un·cer·emo·ni·ous [ʌn,serɪ'məʊniəs, AM -'moʊ-] *adj* ❶ (*abrupt*) rüde *pej* ❷ (*informal*) locker

un·cer·tain [ʌn'sɜːtᵊn, AM -'sɜːr-] *adj* ❶ (*unsure*) unsicher; ■**to be ~ of sth** sich *dat* einer S. *gen* nicht sicher sein; **in no ~ terms** klar und deutlich ❷ (*unpredictable*) ungewiss; *temper* launenhaft

un·cer·tain·ty [ʌn'sɜːtᵊnti, AM -'sɜːrtᵊnt̬i] *n no pl* ❶ (*doubtfulness*) Ungewissheit *f,* Zweifel *m* (**about** über +*akk*) ❷ (*hesitancy*) Unsicherheit *f*

un·chal·lenged [ʌn'tʃælɪndʒd, AM -əndʒd] *adj* unangefochten; (*unopposed*) unwidersprochen; **to go ~** unangefochten bleiben

un·changed [ʌn'tʃeɪndʒd] *adj* ❶ (*unaltered*) unverändert ❷ (*not replaced*) nicht [aus]gewechselt

un·char·ac·ter·is·tic [ʌnkærəktᵊr'ɪstɪk, AM -,kerɪktə'rɪs-] *adj* untypisch (**of** für +*akk*)

un·chari·table [ʌn'tʃærɪtəbl̩, AM -'tʃerət̬ə-] *adj* ❶ (*severe*) unbarmherzig ❷ (*unkind*) unfair; *person* gemein

un·checked [ʌn'tʃekt] *adj* ❶ (*unrestrained*) unkontrolliert; **~ violence** hemmungslose Gewalt; **to continue ~** ungehindert weitergehen ❷ (*not examined*) ungeprüft

un·chris·tian [ʌn'krɪstʃən] *adj* unchristlich

un·civ·il [ʌn'sɪvᵊl] *adj* unhöflich

un·clad [ʌn'klæd] *adj* (*form*) unbekleidet

un·claimed [ʌn'kleɪmd] *adj* nicht beansprucht; *letter, baggage* nicht abgeholt

un·clas·si·fied [ʌn'klæsɪfaɪd] *adj* ❶ nicht klassifiziert ❷ (*not secret*) nicht geheim

un·cle ['ʌŋkl̩] *n* Onkel *m* ▶ PHRASES: **to cry ~** AM klein beigeben

un·clean [ʌn'kliːn] *adj* ❶ (*unhygienic*) verunreinigt ❷ (*impure*) schmutzig

un·clear [ʌn'klɪəʳ, AM -'klɪr] *adj* ❶ (*not certain*) unklar; ■**to be ~ about sth** in Bezug auf etw *akk* nicht sicher sein ❷ (*vague*) vage; *statement* unklar

un·clut·tered [ʌn'klʌtəd, AM -t̬ɚd] *adj* ❶ (*tidy*) aufgeräumt ❷ (*fig*) *mind* frei

un·col·lect·ed [,ʌnkə'lektɪd] *adj fare, tax* nicht erhoben; *baggage, mail* nicht abgeholt

un·col·oured [-əd], AM **un·col·ored** [ʌn'kʌlɚd] *adj* ❶ (*colourless*) farblos ❷ (*unbiased*) objektiv

un·com·fort·able [ʌn'kʌm(p)ftəbl̩, AM -fɚt̬ə-] *adj* ❶ (*causing discomfort*) unbequem ❷ (*ill at ease*) **to feel ~** sich unwohl fühlen ❸ (*uneasy*) unbehaglich; *silence* gespannt

un·com·mit·ted [,ʌnkə'mɪtɪd, AM -'mɪt̬-] *adj* ❶ (*undecided*) unentschieden ❷ (*not dedicated*) **to be ~ to a relationship** einer Beziehung halbherzig gegenüberstehen

un·com·mon [ʌn'kɒmən, AM -'kɑːm-] *adj* selten; *name a.* ungewöhnlich

un·com·mon·ly [ʌn'kɒmənli, AM -'kɑːm-] *adv* ungewöhnlich

un·com·mu·ni·ca·tive [,ʌnkə'mjuːnɪkətɪv, AM -t̬ɪv] *adj* verschlossen; ■**to be ~ about sth/sb** wenig über etw/jdn sprechen

un·com·pro·mis·ing [ʌn'kɒmprəmaɪzɪŋ, AM ʌn'kɑːm-] *adj* kompromisslos

un·con·cerned [,ʌnkən'sɜːnd, AM -'sɜːrnd] *adj* ❶ (*not worried*) unbekümmert; ■**to be ~ about sth/sb** sich *dat* keine Sorgen über etw/jdn machen ❷ (*indifferent*) desinteressiert

un·con·di·tion·al [,ʌnkən'dɪʃᵊnᵊl] *adj* bedingungslos; *love a.* rückhaltlos

un·con·firmed [,ʌnkən'fɜːmd, AM -'fɜːrmd] *adj* unbestätigt

un·con·gen·ial [,ʌnkən'dʒiːniəl] *adj* ❶ *person* unsympathisch ❷ (*unpleasant*) unangenehm; *climate* unwirtlich

un·con·nec·ted [,ʌnkə'nektɪd] *adj* unzusammenhängend (**with** mit +*dat*)

un·con·scion·able [ʌn'kɒn(t)ʃᵊnəbl̩, AM -'kɑːn-] *adj* (*form*) unzumutbar

un·con·scious [ʌn'kɒn(t)ʃəs, AM -'kɑːn-] *adj* ❶ MED bewusstlos; **~ state** Bewusstlosigkeit *f* ❷ PSYCH unbewusst; **the ~ mind** das Unterbewusste ❸ (*unaware*) unabsicht-

U

lich; ■**to be ~ of sth** sich *dat* einer S. *gen* nicht bewusst sein

un·con·scious·ly [ʌnˈkɒn(t)ʃəsli, AM -ˈkɑːn-] *adv* unbewusst

un·con·scious·ness [ʌnˈkɒn(t)ʃəsnəs, AM -ˈkɑːn-] *n no pl* ① MED Bewusstlosigkeit *f* ② (*unawareness*) Unbewusstheit *f*

un·con·si·dered [ˌʌnkənˈsɪdəd, AM -ɚd] *adj* unüberlegt

un·con·sti·tu·tion·al [ʌnˌkɒn(t)stɪˈtjuːʃənəl, AM -ˌkɑːn(t)stəˈtuː-] *adj* verfassungswidrig

un·con·sum·mat·ed [ʌnˌkɒn(t)səmeɪtɪd, AM -ˌkɑːn(t)sə-] *adj* nicht umgesetzt; *marriage* nicht vollzogen

un·con·test·ed [ˌʌnkənˈtestɪd] *adj* ① (*unchallenged*) unbestritten; *claim* unstreitig ② LAW unangefochten; **~ divorce** einvernehmliche Scheidung

un·con·trol·lable [ˌʌnkənˈtrəʊləbl̩, AM -ˈtroʊ-] *adj* unkontrollierbar; *bleeding, urge* unstillbar; *child* unzähmbar

un·con·trolled [ˌʌnkənˈtrəʊld, AM -ˈtroʊld] *adj* unkontrolliert; *children, dogs* unbeaufsichtigt; *aggression* unbeherrscht

un·con·tro·ver·sial [ʌnˌkɒntrəˈvɜːʃəl, AM -ˌkɑːntrəˈvɜːr-] *adj* unumstritten

un·con·vinced [ˌʌnkənˈvɪn(t)st] *adj* nicht überzeugt (**of** von +*dat*)

un·con·vinc·ing [ˌʌnkənˈvɪn(t)sɪŋ] *adj* ① (*not persuasive*) nicht überzeugend ② (*not credible*) unglaubwürdig

un·cooked [ʌnˈkʊkt] *adj* roh

un·co·opera·tive [ˌʌnkəʊˈɒpərətɪv, AM -koʊˈɑːpɚət̬ɪv] *adj* unkooperativ

un·cork [ʌnˈkɔːk, AM -ˈkɔːrk] *vt* entkorken

un·cor·robo·rat·ed [ˌʌnkərˈɒbəreɪtɪd, AM ˌʌnkəˈrɑːbəreɪt̬ɪd] *adj* unbestätigt

un·count·able [ʌnˈkaʊntəbl̩, AM -t̬ə-] *adj* unzählbar; (*countless*) zahllos

un·cou·ple [ʌnˈkʌpl̩] *vt* ① MECH abkuppeln (**from** von +*dat*) ② (*fig*) trennen

un·couth [ʌnˈkuːθ] *adj* ungehobelt

un·cov·er [ʌnˈkʌvəʳ, AM -ɚ] *vt* ① (*bare*) freilegen ② (*disclose*) entdecken; *scandal, secret* aufdecken

un·criti·cal [ʌnˈkrɪtɪkəl, AM -t̬-] *adj* unkritisch; ■**to be ~ of sth/sb** gegenüber etw/jdm eine unkritische Einstellung haben

un·crowned [ʌnˈkraʊnd] *adj* ungekrönt *a. fig*

unc·tion [ˈʌŋkʃən] *n* REL Salbung *f;* **extreme ~** letzte Ölung

unc·tu·ous [ˈʌŋktjuəs, AM -tʃu-] *adj* ① (*pej form: obsequious*) salbungsvoll ② (*spec: oily*) ölig

unc·tu·ous·ness [ˈʌŋktjuəsnəs, AM -tʃu-] *n* (*form*) salbungsvolles Gehabe

un·cut [ʌnˈkʌt] *adj* ① ungeschnitten; *drugs* unverschnitten; *diamond* ungeschliffen ② (*not shortened*) ungekürzt

un·dam·aged [ʌnˈdæmɪdʒd] *adj* unbeschädigt, unversehrt

un·dat·ed [ʌnˈdeɪtɪd, AM -t̬ɪd] *adj* undatiert

un·daunt·ed [ʌnˈdɔːntɪd, AM -ˈdɑːnt̬ɪd] *adj* unerschrocken; **to remain ~** unverzagt bleiben

un·de·ceive [ˌʌndɪˈsiːv] *vt* (*liter*) ■**to ~ sb [of sth]** jdn [über etw *akk*] aufklären

un·de·cid·ed [ˌʌndɪˈsaɪdɪd] *adj* ① (*hesitant*) unentschlossen; ■**to be ~ about sth** sich *dat* über etw *akk* [noch] unklar sein ② (*unsettled*) offen; *vote* unentschieden

un·de·clared [ˌʌndɪˈkleəd, AM -ˈklerd] *adj* ① FIN nicht deklariert ② (*unofficial*) nicht erklärt; **~ war** Krieg *m* ohne Kriegserklärung

un·de·fined [ˌʌndɪˈfaɪnd] *adj* ① unbestimmt ② (*lacking clarity*) vage

un·de·liv·er·able [ˌʌndɪˈlɪvərəbl] *adj* unzustellbar

un·de·liv·ered [ˌʌndɪˈlɪvəd, AM -ɚd] *adj* nicht zugestellt

un·de·mand·ing [ˌʌndɪˈmɑːndɪŋ, AM -ˈmæn-] *adj* anspruchslos

un·demo·crat·ic [ʌndeməˈkrætɪk, AM -t̬-] *adj* undemokratisch

un·de·mon·stra·tive [ˌʌndɪˈmɒn(t)strətɪv, AM -ˈmɑːn(t)strət̬ɪv] *adj* zurückhaltend

un·de·ni·able [ˌʌndɪˈnaɪəbl̩] *adj* unbestritten; **~ evidence** eindeutiger Beweis

un·de·ni·ably [ˌʌndɪˈnaɪəbli] *adv* unbestreitbar

un·der [ˈʌndəʳ, AM -ɚ] **I.** *prep* ① (*below*) unter +*dat; with verbs of motion* unter +*akk;* **he walked ~ the bridge** er ging unter die Brücke; **he stood ~ a bridge** er stand unter einer Brücke ② (*supporting*) unter +*dat;* **to break ~ the weight** unter dem Gewicht zusammenbrechen ③ (*less than*) unter +*dat;* **to cost ~ £5** weniger als fünf Pfund kosten ④ (*governed by*) unter +*dat;* **~ the supervision of sb** unter jds Aufsicht; **to be ~ sb's influence** (*fig*) unter jds Einfluss stehen ⑤ (*in state of*) unter +*dat;* **~ arrest/suspicion** unter Arrest/Verdacht; **~ [no] circumstances** unter [keinen] Umständen ►PHRASES: **[already] ~ way** [bereits] im Gange **II.** *adv* ① (*down*) **to go ~** untergehen; *company* Pleite machen ② (*less*) **suitable for kids of five and ~** geeignet für Kinder von fünf Jahren und darunter ►PHRASES: **to get out from ~** sich aufrappeln *fam*

under·ˈachieve *vi* weniger leisten als erwartet

under·ˈact I. *vi* [in einer Rolle] zu verhalten

U

spielen **II.** *vt* ■**to ~ sth** etw zu schwach wiedergeben

under·'age *adj* minderjährig; **~ drinking** der Genuss von Alkohol durch Minderjährige **under·'bid** <-bid, -bid> **I.** *vi* ein zu niedriges Angebot machen **II.** *vt* unterbieten **under·'capi·tal·ized** *adj* FIN mit zu geringer Kapitalausstattung *nach n;* ■**to be ~** zu wenig Kapital haben **'under·car·riage** *n* Fahrwerk *nt* **under·'charge** *vt, vi* zu wenig berechnen **'under·clothes** *npl,* **'under·cloth·ing** *n no pl* (*form*) Unterwäsche *f* **'under·coat** *n* ① *no pl* (*paint*) Grundierung *f* ② (*fur*) Wollhaarkleid *nt*

'under·cov·er **I.** *adj attr* geheim; *detective* verdeckt; **~ police officer** Geheimpolizist(in) *m(f)* **II.** *adv* geheim

'under·cur·rent *n* ① (*of sea, river*) Unterströmung *f* ② (*fig*) Unterton *m* **under·'cut** <-cut, -cut> *vt* ① (*charge less*) unterbieten ② (*undermine*) untergraben **under·de·'vel·oped** *adj* unterentwickelt; **~ country** Entwicklungsland *nt* **'under·dog** *n* Außenseiter(in) *m(f);* **to side with the ~** den Außenseiter/die Außenseiterin unterstützen **under·'done** *adj* (*undercooked*) nicht gar; *meat* blutig **under·em·'ployed** *adj person* unterbeschäftigt; *thing* nicht voll genutzt **under·e'quipped** *adj* unzureichend ausgerüstet

under·'es·ti·mate **I.** *vt* unterschätzen **II.** *vi* eine zu geringe Schätzung abgeben **III.** *n* Unterbewertung *f*

under·ex·'pose *vt photo* unterbelichten **under·ex·'po·sure** *n no pl* PHOT Unterbelichtung *f* **under·'fed** *adj* unterernährt **'under·felt** *n no pl* BRIT Filzunterlage *f* **'under·floor** *adj esp* BRIT Unterboden- **under·floor 'heat·ing** *n esp* BRIT Fußbodenheizung *f* **under·'foot** *adv* unter den Füßen; **it was very muddy ~** der Weg war sehr schlammig **under·'fund** *vt* unterfinanzieren **under·'fund·ing** *n no pl* Unterfinanzierung *f* **'under·gar·ment** *n* Unterbekleidung *f* **under·'go** <-went, -gone> *vt* **to ~ a change** eine Veränderung durchmachen; **to ~ surgery** sich einer Operation unterziehen **under·'gradu·ate** *n* Student(in) *m(f)*

'under·ground **I.** *adj* ① unterirdisch; **~ cable** Erdkabel *nt* ② POL Untergrund-; **~ movement** Untergrundbewegung *f* ③ *attr* RAIL U-Bahn-; **~ station** U-Bahn-Station *f* **II.** *adv* ① GEOG unter der Erde ② POL **to go ~** in den Untergrund gehen **III.** *n no pl esp* BRIT RAIL U-Bahn *f;* ■**by ~** mit der U-Bahn

under·ground 'rail·way *n* Untergrundbahn *f*

'under·growth *n no pl* Dickicht *nt;* **dense ~** dichtes Gestrüpp

'under·hand **I.** *adj* ① (*devious*) hinterhältig; **~ dealings** betrügerische Machenschaften ② *serve* mit der Hand von unten *nach n* **II.** *adv* SPORTS mit der Hand von unten

under·in·'sure *vt* unterversichern **'under·lay** **I.** *n no pl* Unterlage *f* **II.** *vt pt of* **under·lie** **under·'lie** <-y-, -lay, -lain> *vt* zugrunde liegen **under·'line** *vt* ① (*draw line*) unterstreichen; **to ~ sth in red** etw rot unterstreichen ② (*emphasize*) betonen

under·ling [ˈʌndəlɪŋ, AM -dɚ-] *n* (*pej*) Handlanger *m pej*

under·'ly·ing *adj attr* ① GEOG tiefer liegend ② (*basic*) zugrunde liegend; **the ~ reason for sth** der Grund für etw **under·'manned** *adj* unterbesetzt **under·'man·ning** *n no pl* Unterbesetzung *f* **'under·men·tioned** *adj attr esp* BRIT (*form*) unten genannt

under·'mine *vt* ① (*tunnel*) untertunneln; *river bank* unterhöhlen ② (*weaken*) untergraben; *currency, confidence* schwächen; *health* schädigen; *hopes* zunichtemachen

under·most [ˈʌndəməʊst, AM -ɚmoʊst] *adj* ■**the ~ ...** der/die/das unterste ...

under·neath [ˌʌndəˈniːθ, AM -ɚˈ-] **I.** *prep* unter +*dat; with verbs of motion* unter +*akk* **II.** *adv* darunter **III.** *n no pl* ■**the ~** die Unterseite **IV.** *adj* untere(r, s)

under·'nour·ished *adj* unterernährt **under·'paid** *adj* unterbezahlt **'under·pants** *npl* Unterhose *f* **'under·pass** <*pl* -es> *n* Unterführung *f* **under·'pay** <-paid, -paid> *vt usu passive* unterbezahlen **under·per·'form** *vi* eine [unerwartet] schlechte Leistung erbringen **under·'play** *vt* herunterspielen **under·'popu·lat·ed** *adj* unterbevölkert **under·'privi·leged** **I.** *adj* unterprivilegiert **II.** *n* ■**the ~** *pl* die Unterprivilegierten *pl* **under·'rate** *vt* unterschätzen **under·rep·re·'sent·ed** *adj* unterrepräsentiert **under·'score** *vt* ① (*draw line*) unterstreichen ② (*emphasize*) betonen **'under·seal** *esp* BRIT **I.** *n* AUTO Unterbodenschutz *m kein pl* **II.** *vt* AUTO mit Unterbodenschutz versehen **under·'sell** <-sold, -sold> *vt* ① (*offer cheaper*) *competitor* unterbieten; *goods* unter Preis verkaufen ② (*undervalue*) unterbewerten; ■**to ~ oneself** sich unter Wert verkaufen *fam* **'under·shirt** *n* AM Unterhemd *nt* **'under·side** *n usu sing* Unterseite *f* **under·'signed** <*pl* -> *n* (*form*) ■**the ~** der/die Unterzeichnete **under·'size(d)** *adj* zu klein **'under·skirt** *n*

understanding	
signalling understanding	**Verstehen signalisieren**
(Yes,) I understand!	**(Ja, ich) verstehe!**
Exactly!	**Genau!**
Yes, I appreciate that.	**Ja, das kann ich gut verstehen.**
signalling non-comprehension	**Nicht-Verstehen signalisieren**
What do you mean by that?	**Was meinen Sie damit?**
Excuse me?/Pardon? – I didn't quite catch that.	**Wie bitte? – Das habe ich eben akustisch nicht verstanden.**
Could you repeat that, please?	**Könnten Sie das bitte noch einmal wiederholen?**
I don't (quite) understand that.	**Das verstehe ich nicht (ganz).**
(I'm sorry, but) I didn't understand that.	**(Es tut mir leid, aber) das hab ich eben nicht verstanden.**
I don't quite follow you.	**Ich kann Ihnen nicht ganz folgen.**
I don't understand!	**Versteh ich nicht!**
I don't get it! (*fam*)	**Kapier ich nicht!** (*fam*)

Unterrock *m* **under·'staffed** *adj* unterbesetzt

under·stand <-stood, -stood> [ˌʌndəˈstænd, AM -ɚˈ-] **I.** *vt* ❶ (*perceive meaning*) verstehen; **to not ~ a single word** kein einziges Wort verstehen; **to ~ one another** sich verstehen; **to make oneself understood** sich verständlich machen ❷ (*comprehend significance*) begreifen ❸ (*sympathize with*) ■**to ~ sb/sth** für jdn/etw Verständnis haben ❹ (*empathize*) ■**to ~ sb** sich in jdn einfühlen können ❺ (*be informed*) ■**to ~ [that] ...** hören, dass ...; **to give sb to ~ that ...** jdm zu verstehen geben, dass ... **II.** *vi* ❶ (*comprehend*) verstehen, kapieren *fam* ❷ (*infer*) ■**to ~ from sth that ...** aus etw *dat* schließen, dass ... ❸ (*be informed*) ■**to ~ from sb that ...** von jdm hören, dass ...

under·stand·able [ˌʌndəˈstændəbl̩, AM -ɚˈ-] *adj* verständlich

under·stand·ing [ˌʌndəˈstændɪŋ, AM -ɚˈ-] **I.** *n* ❶ *no pl* (*comprehension*) Verständnis *nt;* **to be beyond sb's ~** über jds Verständnis *nt* hinausgehen ❷ (*agreement*) Übereinkunft *f;* **tacit ~** stillschweigendes Abkommen ❸ *no pl* (*condition*) Bedingung *f;* **to do sth on the ~ that ...** etw unter der Bedingung machen, dass ... **II.** *adj* verständnisvoll

under·state [ˌʌndəˈsteɪt, AM -ɚˈ-] *vt* abschwächen; **to ~ the case** untertreiben

under·stat·ed [ˌʌndəˈsteɪtɪd, AM -ɚˈsteɪt̬ɪd] *adj* ❶ (*downplayed*) untertrieben ❷ (*restrained*) zurückhaltend; *elegance* schlicht **under·state·ment** [ˌʌndəˈsteɪtmənt, AM -ɚˈ-] *n* Untertreibung *f,* Understatement *nt* **under·'stocked** *adj* ungenügend bestückt; *shelves* halb leer

under·stood [ˌʌndəˈstʊd, AM -ɚˈ-] *pt, pp of* **understand**

under·sto·rey <*pl* -s> [ˌʌndəˈstɔːri, AM -ɚˈ-] *n* BOT Unterholz *nt kein pl*

under·study [ˈʌndəˌstʌdi, AM -ɚˌ-] THEAT **I.** *n* Zweitbesetzung *f* **II.** *vt* <-ie-> ■**to ~ sb** jdn als Zweitbesetzung vertreten

under·take <-took, -taken> [ˌʌndəˈteɪk, AM -ɚˈ-] *vt* ❶ (*take on*) durchführen; *journey* unternehmen ❷ (*guarantee*) ■**to ~ to do sth** sich verpflichten, etw zu tun

under·tak·er [ˈʌndəteɪkəʳ, AM -ɚteɪkɚ] *n* ❶ (*person*) Leichenbestatter(in) *m(f)* ❷ (*firm*) Bestattungsinstitut *nt*

Falsche Freunde

Nicht verwechseln mit Unternehmer(in) *m(f)* — *employer*!

under·tak·ing [ˌʌndəˈteɪkɪŋ, AM -ɚˈ-] *n* ❶ (*project*) Unternehmung *f* ❷ (*pledge*) Verpflichtung *f*

un·der the 'count·er **I.** *adj attr* illegal **II.** *adv* unter der Hand

'under·tone *n* ❶ (*voice*) gedämpfte Stimme ❷ (*insinuation*) Unterton *m* **under·'used, under·'uti·lized** *adj* nicht [voll] ausgelastet

U

under·'value *vt* unterbewerten; *person* unterschätzen **'under·wa·ter** **I.** *adj* Unterwasser- **II.** *adv* unter Wasser **'under·wear** *n no pl* Unterwäsche *f* **under·'weight** *adj* untergewichtig

under·went [ˌʌndəˈwent, AM -ɚˈ-] *pt of* **undergo**

under·'worked *adj* ❶ (*insufficiently used*) nicht [voll] ausgelastet ❷ (*insufficiently challenged*) zu wenig gefordert **'under·world** *n* ❶ *no pl* (*milieu*) Unterwelt *f* ❷ (*afterworld*) ■**the U~** die Unterwelt **under·'write** <-wrote, -written> *vt* **to ~ an insurance policy** die Haftung für eine Versicherung übernehmen; **to ~ a loan** für einen Kredit bürgen **'under·writ·er** *n* Versicherer, Versicherin *m, f*

un·de·served [ˌʌndɪˈzɜːvd, AM -ˈzɜːrvd] *adj* unverdient

un·de·sir·able [ˌʌndɪˈzaɪ(ə)rəbl̩, AM -ˈzaɪr-] **I.** *adj* unerwünscht; **~ character** windiger Typ *pej fam* **II.** *n usu pl* unerwünschte Person

un·de·tect·ed [ˌʌndɪˈtektɪd] *adj* unentdeckt

un·de·vel·oped [ˌʌndɪˈveləpt] *adj* ❶ *land* unerschlossen ❷ ECON unterentwickelt ❸ PHOT nicht entwickelt

un·did [ʌnˈdɪd] *pt of* **undo**

un·dies [ˈʌndiz] *npl* (*fam*) Unterwäsche *f kein pl*

un·dis·ci·plined [ʌnˈdɪsɪplɪnd] *adj* undiszipliniert

un·dis·closed [ˌʌndɪsˈkləʊzd, AM -ˈkloʊ-] *adj* nicht veröffentlicht; *location, source* geheim

un·dis·cov·ered [ˌʌndɪsˈkʌvəd, AM -ɚd] *adj* unentdeckt

un·dis·put·ed [ˌʌndɪˈspjuːtɪd, AM -t̬ɪd] *adj* unumstritten

un·dis·tin·guished [ˌʌndɪˈstɪŋgwɪʃt] *adj* mittelmäßig *usu pej*

un·dis·turbed [ˌʌndɪˈstɜːbd, AM -ɜːrbd] *adj* ❶ (*untouched*) unberührt ❷ (*uninterrupted*) ungestört ❸ (*unconcerned*) nicht beunruhigt

un·di·vid·ed [ˌʌndɪˈvaɪdɪd] *adj* ❶ (*not split*) ungeteilt ❷ (*concentrated*) uneingeschränkt; *attention* ungeteilt

un·do <-did, -done> [ʌnˈduː] **I.** *vt* ❶ (*unfasten*) öffnen; *buttons, zip* aufmachen ❷ (*cancel*) *damage* beheben; **to ~ the good work** die gute Arbeit zunichtemachen ❸ (*ruin*) zugrunde richten ▶ PHRASES: **what's done cannot be ~ne** (*saying*) Geschehenes kann man nicht mehr ungeschehen machen **II.** *vi button* aufgehen

un·do·ing [ʌnˈduːɪŋ] *n no pl* Ruin *m;* **to be sb's ~** jds Ruin *m* sein

un·done [ʌnˈdʌn] **I.** *vt pp of* **undo** **II.** *adj* offen; **to come ~** aufgehen

un·doubt·ed [ʌnˈdaʊtɪd, AM -t̬ɪd] *adj* unbestritten

un·doubt·ed·ly [ʌnˈdaʊtɪdli, AM -t̬ɪd-] *adv* zweifellos

un·dreamed of *adj pred,* **un·dreamed-of** [ʌnˈdriːmdˌɒv, AM -ˌɑːv] *adj attr,* **un·dreamt of** *adj pred,* **un·dreamt-of** [ˌʌnˈdrem(p)tˌɒv, AM -ˌɑːv] *adj attr* unvorstellbar; *success* ungeahnt

un·dress [ʌnˈdres] **I.** *vt* ausziehen **II.** *vi* sich ausziehen **III.** *n no pl* **in a state of ~** spärlich bekleidet

un·dressed [ʌnˈdrest] *adj pred* unbekleidet; **to get ~** sich ausziehen

un·due [ʌnˈdjuː, AM *esp* -ˈduː] *adj* ungebührlich; **~ pressure** übermäßiger Druck

un·du·late [ˈʌndjəleɪt, AM -dʒə-] *vi* (*form*) auf und ab verlaufen

un·du·lat·ing [ˈʌndjəleɪtɪŋ, AM -dʒəleɪt̬-] *adj* ❶ (*rocking*) wallend ❷ (*wavy*) **~ hills** sanft geschwungene Hügel

un·du·ly [ʌnˈdjuːli, AM *esp* -ˈduːli] *adv* unangemessen; *concerned* übermäßig

un·dy·ing [ʌnˈdaɪɪŋ] *adj attr* unvergänglich; *devotion* unerschütterlich; *love* ewig

un·earned [ʌnˈɜːnd, AM -ˈɜːrnd] *adj* ❶ (*undeserved*) unverdient ❷ (*not worked for*) nicht erarbeitet; **~ income** (*from real estate*) Besitzeinkommen *nt;* (*from investments*) Kapitaleinkommen *nt*

un·earth [ʌnˈɜːθ, AM -ˈɜːrθ] *vt* ❶ (*dig up*) ausgraben ❷ (*discover*) entdecken; *truth* ans Licht bringen; *person* ausfindig machen

un·earth·ly [ʌnˈɜːθli, AM -ˈɜːrθ-] *adj* ❶ (*eerie*) gespenstisch; *beauty* übernatürlich; *noise* grässlich ❷ (*fam: inconvenient*) unmöglich; **at some ~ hour** zu einer unchristlichen Zeit

un·ease [ʌnˈiːz], **un·easi·ness** [ʌnˈiːzɪnəs] *n no pl* Unbehagen *nt* (**over, at** über +*akk*)

un·easy [ʌnˈiːzi] *adj* ❶ (*anxious*) besorgt; *smile* gequält; ■**to be/feel ~ about sth/sb** sich in Bezug auf etw/jdn unbehaglich fühlen ❷ (*causing anxiety*) unangenehm; *feeling* ungut; *relationship* gespannt; *suspicion* beunruhigend

un·eco·nom·ic [ʌnˌiːkəˈnɒmɪk, AM -ˌekəˈnɑːm-] *adj* unwirtschaftlich

un·edu·cat·ed [ʌnˈedʒʊkeɪtɪd, AM -t̬ɪd] *adj* ungebildet

un·emo·tion·al [ˌʌnɪˈməʊʃənəl, AM -ˈmoʊ-] *adj* ❶ (*not feeling emotions*) kühl ❷ (*not revealing emotions*) emotionslos

un·em·ploy·able [ˌʌnɪmˈplɔɪəbl̩] *adj* unvermittelbar

un·em·ployed [ˌʌnɪmˈplɔɪd] **I.** *n* ■**the ~** *pl*

die Arbeitslosen **II.** *adj* arbeitslos

un·em·ploy·ment [ˌʌnɪm'plɔɪmənt] *n no pl* ❶ (*state*) Arbeitslosigkeit *f* ❷ (*rate*) Arbeitslosenrate *f;* **mass ~** Massenarbeitslosigkeit *f* ❸ AM (*insurance*) Arbeitslosengeld *nt*

un·em·'ploy·ment ben·efit *n*, AM **un·em·ploy·ment com·pen·'sa·tion** *n no pl*, AM **un·em·ploy·ment in·'sur·ance** *n no pl* Arbeitslosenunterstützung *f,* Arbeitslosengeld *nt*

un·end·ing [ʌn'endɪŋ] *adj* endlos

un·en·dur·able [ˌʌnɪn'djʊərəbl̩, AM -'dʊr-, -'djʊr-] *adj* unerträglich

un·en·light·ened [ˌʌnɪn'laɪtᵊnd] *adj* ❶ (*unwise*) unklug; *person a.* ignorant ❷ (*superstitious*) unaufgeklärt ❸ (*uninformed*) ahnungslos; **to remain ~** im Dunkeln tappen *fam*

un·en·vi·able [ʌn'enviəbl̩] *adj* wenig beneidenswert

un·equal [ʌn'iːkwᵊl] *adj* ❶ (*different*) unterschiedlich; **~ triangle** ungleichseitiges Dreieck ❷ (*unjust*) ungerecht; *contest, treatment* ungleich; *relationship* einseitig ❸ (*inadequate*) ■**to be ~ to sth** etw *dat* nicht gewachsen sein

un·equalled, AM **un·equaled** [ʌn'iːkwᵊld] *adj* unübertroffen

un·equivo·cal [ˌʌnɪ'kwɪvəkᵊl] *adj* unmissverständlich; *success* eindeutig

un·err·ing [ʌn'ɜːrɪŋ] *adj* unfehlbar

UNESCO, Unesco [juː'neskəʊ, AM -koʊ] *n no pl, + sing/pl vb acr for* **United Nations Educational, Scientific and Cultural Organization:** ■**[the] ~** die UNESCO

un·ethi·cal [ʌn'eθɪkᵊl] *adj* unmoralisch

un·even [ʌn'iːvᵊn] *adj* ❶ (*not flat*) uneben; *road* holprig ❷ (*unequal*) ungleich; **~ bars** AM (*gymnastics*) Stufenbarren *m* ❸ (*unfair*) unterschiedlich; *contest, treatment* ungleich ❹ (*inadequate*) uneinheitlich ❺ (*odd*) ungerade

un·event·ful [ˌʌnɪ'ventfᵊl] *adj* ereignislos

un·ex·am·pled [ˌʌnɪg'zɑːmpl̩d, AM -'zæm-] *adj* (*form*) unvergleichlich

un·ex·cep·tion·able [ˌʌnɪk'sepʃᵊnəbl̩] *adj* untadelig; *behaviour* tadellos

un·ex·cep·tion·al [ˌʌnɪk'sepʃᵊnᵊl] *adj* nicht außergewöhnlich

un·ex·cit·ing [ˌʌnɪk'saɪtɪŋ, AM -t̬ɪŋ] *adj* ❶ (*commonplace*) durchschnittlich ❷ (*uneventful*) ereignislos

un·ex·pect·ed [ˌʌnɪk'spektɪd, AM -tɪd] **I.** *adj* unerwartet; *opportunity* unvorhergesehen; *windfall* unverhofft **II.** *n no pl* ■**the ~** das Unerwartete; **life is full of the ~** das Leben ist voller Überraschungen

un·ex·plained [ˌʌnɪk'spleɪnd] *adj* unerklärt

un·ex·plod·ed [ˌʌnɪk'spləʊdɪd, AM -'sploʊd-] *adj* nicht detoniert

un·ex·ploit·ed [ˌʌnɪk'splɔɪtɪd, AM -t̬ɪd] *adj* nicht ausgeschöpft

un·ex·plored [ˌʌnɪk'splɔːd, AM -ɔːrd] *adj* unerforscht

un·ex·pressed [ˌʌnɪk'sprest] *adj* unausgesprochen

un·ex·pres·sive [ˌʌnɪk'spresɪv] *adj* ausdruckslos

un·ex·pur·gat·ed [ʌn'ekspəgeɪtɪd, AM -spɚgeɪt̬ɪd] *adj* unzensiert

un·fail·ing [ʌn'feɪlɪŋ] *adj* ❶ (*dependable*) beständig; *loyalty* unerschütterlich ❷ (*continuous*) unerschöpflich

un·fair [ʌn'feəʳ, AM -'fer] *adj* ungerecht

un·faith·ful [ʌn'feɪθfᵊl] *adj* ❶ (*adulterous*) untreu ❷ (*disloyal*) illoyal *geh* ❸ (*inaccurate*) ungenau

un·fal·ter·ing [ʌn'fɔːltᵊrɪŋ, AM -'fɑːltɚ-] *adj* unbeirrbar; **with ~ steps** mit festem Schritt

un·fa·mil·iar [ˌʌnfə'mɪljəʳ, AM -ɚ] *adj* ❶ (*new*) unvertraut; *experience* ungewohnt; *place* unbekannt; ■**to be ~ to sb** jdm fremd sein ❷ (*unacquainted*) ■**to be ~ with sth** mit etw *dat* nicht vertraut sein

un·fash·ion·able [ʌn'fæʃᵊnəbl̩] *adj* unmodisch

un·fas·ten [ʌn'fɑːsᵊn, AM -'fæs-] **I.** *vt button, belt* öffnen; *jewellery* abnehmen **II.** *vi* aufgehen

un·fath·om·able [ʌn'fæðəməbl̩] *adj* ❶ (*deep*) unergründlich ❷ (*inexplicable*) unverständlich

un·fa·vour·able, AM **un·fa·vor·able** [ʌn'feɪvᵊrəbl̩] *adj* ❶ (*adverse*) ungünstig; *comparison* unvorteilhaft; *decision* negativ ❷ (*disadvantageous*) nachteilig; **to appear in an ~ light** in einem ungünstigen Licht erscheinen

un·feel·ing [ʌn'fiːlɪŋ] *adj* gefühllos

un·feigned [ʌn'feɪnd] *adj* aufrichtig; *surprise* echt

un·fet·tered [ʌn'fetəd, AM -'fet̬ɚd] *adj* ❶ (*form: not restricted*) uneingeschränkt ❷ (*unchained*) nicht gefesselt

un·filled [ʌn'fɪld] *adj* leer; *job* offen

un·fin·ished [ʌn'fɪnɪʃt] *adj* ❶ (*incomplete*) unvollendet; **~ business** offene Fragen *pl* ❷ (*rough*) halbfertig; (*unpainted*) unlackiert

un·fit [ʌn'fɪt] *adj* ❶ (*unhealthy*) nicht fit; **to be ~ for work** arbeitsuntauglich sein ❷ (*incompetent*) ungeeignet (**for** für +*akk*); ■**to be ~ to do sth** unfähig sein, etw zu tun

un·flag·ging [ʌnˈflægɪŋ] *adj* unermüdlich; *optimism* ungebrochen
un·flap·pable [ʌnˈflæpəbl̩] *adj* (*fam*) unerschütterlich; ■**to be ~** nicht aus der Ruhe zu bringen sein
un·flinch·ing [ʌnˈflɪn(t)ʃɪŋ] *adj* unerschrocken; *determination* unbeirrbar; *report* wahrheitsgetreu; *support* beständig
un·fold [ʌnˈfəʊld, AM -ˈfoʊld] **I.** *vt* ❶ (*open*) entfalten; *furniture* aufklappen ❷ (*reveal*) darlegen **II.** *vi* ❶ (*develop*) sich entwickeln ❷ (*open*) aufgehen
un·fore·see·able [ˌʌnfɔːˈsiːəbl̩, AM -fɔːrˈ-] *adj* unvorhersehbar
un·fore·seen [ˌʌnfɔːˈsiːn, AM -fɔːrˈ-] *adj* unvorhergesehen
un·for·get·table [ˌʌnfəˈgetəbl̩, AM -fɚˈgeţ-] *adj* unvergesslich
un·for·giv·able [ˌʌnfəˈgɪvəbl̩, AM -fɚˈ-] *adj* unverzeihlich; **~ sin** Todsünde *f*
un·for·tu·nate [ʌnˈfɔːtʃᵊnət, AM -ˈfɔːr-] **I.** *adj* ❶ (*unlucky*) unglücklich; ■**it's ~ that ...** es ist ungünstig, dass ... ❷ (*regrettable*) bedauerlich; *manner* ungeschickt **II.** *n* Unglückselige(r) *f(m)*
un·for·tu·nate·ly [ʌnˈfɔːtʃᵊnətli, AM -ˈfɔːr-] *adv* unglücklicherweise
un·found·ed [ʌnˈfaʊndɪd] *adj* unbegründet
un·freeze <-froze, -frozen> [ʌnˈfriːz, AM ˌʌnˈ-] *vt, vi* auftauen; *assets* freigeben
un·fre·quent·ed [ˌʌnfrɪˈkwentɪd, AM ʌnˈfriːkwenţɪd] *adj* wenig besucht
un·friend·ly [ʌnˈfrendli] *adj* unfreundlich; (*hostile*) feindlich; **environmentally ~** umweltschädlich
un·ful·filled [ˌʌnfʊlˈfɪld] *adj* ❶ (*unperformed*) unvollendet; *promise* unerfüllt ❷ (*unsatisfied*) unausgefüllt; *life* unerfüllt
un·furl [ʌnˈfɜːl, AM -ˈfɜːrl] **I.** *vt* ausrollen; *banner, flag* entfalten; *umbrella* aufspannen; *sail* setzen **II.** *vi* sich öffnen
un·fur·nished [ʌnˈfɜːnɪʃt, AM -ˈfɜːr-] *adj* unmöbliert
un·gain·ly [ʌnˈgeɪnli] *adj* unbeholfen
UN Gen·eral ˈAs·sem·bly *n* UN-Vollversammlung *f*
un·gen·er·ous [ʌnˈdʒenᵊrəs] *adj* knausrig *pej fam*
un·gen·tle·man·ly [ʌnˈdʒentl̩mənli] *adj* ungalant *geh*
un·get-at-able [ˌʌngetˈætəbl̩, AM -geţˈæţ-] *adj* (*sl*) unerreichbar
un·god·ly [ʌnˈgɒdli, AM -ˈgɑːd-] *adj* (*fam*) unerhört; **at some ~ hour** zu einer unchristlichen Zeit
un·gov·ern·able [ʌnˈgʌvᵊnəbl̩, AM -vɚn-] *adj* *country* unregierbar; *temper* unkontrollierbar
un·grace·ful [ʌnˈgreɪsfᵊl] *adj* plump
un·gra·cious [ʌnˈgreɪʃəs] *adj* (*form*) unhöflich; *behaviour* unfreundlich
un·grate·ful [ʌnˈgrəɪtfᵊl] *adj* undankbar
un·grudg·ing [ʌnˈgrʌdʒɪŋ] *adj* ❶ (*without reservation*) bereitwillig; *admiration* rückhaltlos; *encouragement* großzügig ❷ (*not resentful*) neidlos
un·grudg·ing·ly [ʌnˈgrʌdʒɪŋli] *adv* großzügig
un·guard·ed [ʌnˈgɑːdɪd, AM -ˈgɑːrd-] *adj* ❶ (*undefended*) unbewacht; *border* offen ❷ (*unwary*) unvorsichtig; **~ moment** unbedachter Augenblick
un·guent [ˈʌŋgwənt] *n* (*spec*) Salbe *f*
un·hal·lowed [ʌnˈhæləʊd, AM -loʊd] *adj* ❶ (*not consecrated*) ungeweiht ❷ (*unholy*) unheilig *veraltend o hum*
un·hap·pi·ness [ʌnˈhæpɪnəs] *n no pl* Traurigkeit *f*
un·hap·py [ʌnˈhæpi] *adj* ❶ (*sad*) unglücklich ❷ (*unfortunate*) unglücksselig; *coincidence* unglücklich
un·harmed [ʌnˈhɑːmd, AM -ˈhɑːrmd] *adj* unversehrt
un·healthy [ʌnˈhelθi] *adj* ❶ (*unwell*) kränklich ❷ (*harmful*) ungesund ❸ (*morbid*) krankhaft
un·heard [ʌnˈhɜːd, AM -ˈhɜːrd] *adj* ungehört
un·ˈheard-of *adj* ❶ (*unknown*) unbekannt ❷ (*unthinkable*) undenkbar
un·help·ful [ʌnˈhelpfᵊl] *adj* nicht hilfreich; *person* nicht hilfsbereit
un·hesi·tat·ing [ʌnˈhezɪteɪtɪŋ, AM -ţɪŋ] *adj* unverzüglich
un·hinge [ʌnˈhɪndʒ] *vt* aus der Fassung bringen
un·holy [ʌnˈhəʊli, AM -ˈhoʊli] *adj* ❶ (*wicked*) ruchlos ❷ REL gottlos; *ground* ungeweiht ❸ (*dangerous*) gefährlich; **~ alliance** unheilige Allianz *hum*
un·hook [ʌnˈhʊk] *vt* ❶ (*detach*) abhängen; *fish* vom Haken nehmen ❷ *clothing* aufmachen
un·hoped-for [ʌnˈhəʊptˌfɔːʳ, AM -ˈhoʊptˌfɔːr] *adj* unverhofft
un·horse [ʌnˈhɔːs, AM -ˈhɔːrs] *vt* abwerfen
un·hurt [ʌnˈhɜːt, AM -ˈhɜːrt] *adj* unverletzt
uni [ˈjuːni] *n* BRIT, AUS (*fam*) *short for* **university** Uni *f fam*
UNICEF, Unicef [ˈjuːnɪsef] *n no pl, + sing/pl vb acr for* **United Nations** (**International**) **Children's** (**Emergency**) **Fund** UNICEF *f*
uni·corn [ˈjuːnɪkɔːn, AM -kɔːrn] *n* Einhorn *nt*
uni·cul·ture [ˈjuːnɪkʌltʃəʳ, AM -nəkʌltʃɚ] *n* Einheitskultur *f*
un·iden·ti·fied [ˌʌnaɪˈdentɪfaɪd, AM -ţə-] *n*

U

❶ (*unknown*) nicht identifiziert ❷ (*not public*) unbekannt
un·iden·ti·fied fly·ing 'ob·ject *n* unbekanntes Flugobjekt
uni·fi·ca·tion [ˌjuːnɪfɪˈkeɪʃən, AM -nə-] *n no pl* Vereinigung *f*
uni·form [ˈjuːnɪfɔːm, AM -nəfɔːrm] **I.** *n* ❶ (*dress*) Uniform *f* ❷ AM (*fam: police*) Polizist(in) *m(f)* **II.** *adj* ❶ (*same*) einheitlich ❷ (*consistent*) gleich bleibend; *temperature, rate* konstant; *colour, design* einförmig; *scenery* gleichförmig
uni·form·ity [ˌjuːnɪˈfɔːməti, AM -nəˈfɔːrməṭi] *n no pl* ❶ (*sameness*) Einheitlichkeit *f;* (*monotony*) Eintönigkeit *f* ❷ (*consistency*) Gleichmäßigkeit *f*
uni·fy [ˈjuːnɪfaɪ, AM -nə-] *vt, vi* [sich *akk*] vereinigen
uni·lat·er·al [ˌjuːnɪˈlætərəl, AM -nəˈlæṭ-] *adj* einseitig
un·im·agi·nable [ˌʌnɪˈmædʒɪnəbl̩] *adj* unvorstellbar
un·im·peach·able [ˌʌnɪmˈpiːtʃəbl̩] *adj* (*form*) untadelig
un·im·por·tant [ˌʌnɪmˈpɔːtənt, AM -ˈpɔːr-] *adj* unwichtig
un·in·formed [ˌʌnɪnˈfɔːmd, AM -ˈfɔːrmd] *adj* uninformiert
un·in·hab·it·able [ˌʌnɪnˈhæbɪtəbl̩, AM -ṭə-] *adj building* unbewohnbar; *land a.* unbesiedelbar
un·in·hab·it·ed [ˌʌnɪnˈhæbɪtɪd, AM -ṭɪd] *adj building* unbewohnt; *land a.* unbesiedelt
un·in·hib·it·ed [ˌʌnɪnˈhɪbɪtɪd, AM -ṭɪd] *adj* ungehemmt
un·in·jured [ʌnˈɪndʒəd, AM -ɚd] *adj* unverletzt
un·in·stall [ˌʌnɪnˈstɔːl] *vt* ■**to ~ sth** etw deinstallieren
un·in·sured [ˌʌnɪnˈʃʊəd, AM -ˈʃʊrd] *adj* nicht versichert (**against** gegen +*akk*)
un·in·tel·li·gent [ˌʌnɪnˈtelɪdʒənt] *adj* unintelligent
un·in·tel·li·gible [ˌʌnɪnˈtelɪdʒəbl̩] *adj* unverständlich
un·in·ten·tion·al [ˌʌnɪnˈten(t)ʃənəl] *adj* unabsichtlich; *humour* unfreiwillig
un·in·ten·tion·al·ly [ˌʌnɪnˈten(t)ʃənəli] *adv* unabsichtlich
un·in·ter·est·ed [ʌnˈɪntrəstɪd, AM -trɪstɪd] *adj* uninteressiert; ■**to be ~ in sth/sb** kein Interesse an etw/jdm haben
un·in·ter·est·ing [ʌnˈɪntrəstɪŋ, AM -trɪstɪŋ] *adj* uninteressant
un·in·ter·rupt·ed [ʌnˌɪntərˈʌptɪd, AM -təˈrʌp-] *adj* ununterbrochen; *rest, view* ungestört; *growth* beständig
un·ion [ˈjuːnjən] *n* ❶ *no pl* (*state*) Union *f;* **monetary ~** Währungsunion *f* ❷ (*act*) Vereinigung *f* ❸ + *sing/pl vb* (*organization*) Verband *m;* (*trade union*) Gewerkschaft *f*
un·ion·ist [ˈjuːnjənɪst] *n* Gewerkschaftler(in) *m(f)*
un·ion·ize [ˈjuːnjənaɪz] *vt, vi* [sich *akk*] gewerkschaftlich organisieren
Un·ion 'Jack *n* Union Jack *m;* NAUT Gösch *f*

Land und Leute

Union Jack ist ein gängiger Name für die **Union Flag**, die Nationalflagge des Vereinigten Königreichs. Er besteht aus drei separaten Kreuzen: dem *St George's Cross* von England, dem *St Andrew's Cross* von Schottland und dem *St Patrick's Cross* von Irland.

unique [juːˈniːk] *adj* ❶ (*only*) einzigartig; *characteristic* besondere(r, s); **the coral is ~ to this reef** die Koralle ist nur an diesem Riff heimisch ❷ (*exceptional*) einzigartig; *opportunity* einmalig
unique·ness [juːˈniːknəs] *n no pl* Einzigartigkeit *f*
u'nique·ness theo·rem *n* MATH Eindeutigkeitssatz *m*
uni·sex [ˈjuːnɪseks, AM -nə-] *adj* unisex
uni·son [ˈjuːnɪsən, AM -nə-] *n no pl* ❶ MUS Gleichklang *m;* **to sing in ~** einstimmig singen ❷ (*simultaneously*) ■**to do sth in ~** gleichzeitig dasselbe tun ❸ (*in agreement*) **to act in ~** in Übereinstimmung handeln
unit [ˈjuːnɪt] *n* ❶ (*standard*) Einheit *f;* **~ of currency** Währungseinheit *f* ❷ + *sing/pl vb* (*group*) Abteilung *f;* **anti-terrorist ~** Antiterroreinheit *f* ❸ MECH (*part*) Teil *m,* Einheit *f* ❹ (*furniture*) Element *nt* ❺ MATH Einer *m*
'unit cost *n* COMM Kosten *pl* pro Einheit
unite [juːˈnaɪt] **I.** *vt* vereinigen (**with** mit +*dat*) **II.** *vi* sich vereinigen, sich zusammentun
unit·ed [juːˈnaɪtɪd, AM -ṭ-] *adj* ❶ (*joined*) vereinigt; **~ Germany** wiedervereinigtes Deutschland ❷ (*solidarity*) **to present a ~ front** Einigkeit demonstrieren ▶ PHRASES: **~ we stand, divided we fall** (*saying*) nur gemeinsam sind wir stark
Unit·ed Arab 'Emir·ates *npl* ■**the ~** die Vereinigten Arabischen Emirate **Unit·ed 'King·dom** *n* ■**the ~** das Vereinigte Königreich **Unit·ed 'Na·tions** *n* ■**the ~** die Vereinten Nationen *pl* **Unit·ed 'States** *n* + *sing vb* ■**the ~ [of America]** die Vereinigten Staaten *pl* [von Amerika] **Unit·ed States of A'meri·ca** *n,* **USA** *n* die Ver-

U

einigten Staaten *pl* von Amerika
'unit price *n* COMM Preis *m* pro Einheit **unit 'trust** *n* BRIT FIN Investmentfonds *m*
unity ['ju:nəti, AM -ţi] *n usu no pl* ❶ (*oneness*) Einheit *f* ❷ (*harmony*) Einigkeit *f*
uni·ver·sal [ˌju:nɪ'vɜ:səl, AM -nə'vɜ:r-] *adj* universell; *agreement* allgemein; ~ **truth** allgemein gültige Wahrheit
uni·verse ['ju:nɪvɜ:s, AM -nəvɜ:rs] *n* ❶ ■**the** ~ das Universum ❷ *no pl* (*fig*) Welt *f*
uni·ver·sity [ˌju:nɪ'vɜ:səti, AM -nəvɜ:rsəţi] *n* Universität *f*
uni·ver·sity 'edu·ca·tion *n* Hochschulbildung *f* **uni·ver·sity 'gradu·ate** *n* Akademiker(in) *m(f)* **uni·ver·sity 'lec·ture** *n* Vorlesung *f* **uni·ver·sity 'lec·tur·er** *n* Hochschuldozent(in) *m(f)* **uni·ver·sity 'stu·dent** *n* Student(in) *m(f)* **uni·'ver·sity town** *n* Universitätsstadt *f*
un·just [ʌn'dʒʌst] *adj* ungerecht
un·jus·ti·fi·able [ʌnˌdʒʌstɪ'faɪəbl̩] *adj* nicht zu rechtfertigen *präd*
un·jus·ti·fied [ʌn'dʒʌstɪfaɪd] *adj* ungerechtfertigt; *complaint* unberechtigt
un·just·ly [ʌn'dʒʌstli] *adv* ❶ (*unfairly*) ungerecht ❷ (*wrongfully*) zu Unrecht
un·kempt [ʌn'kem(p)t] *adj* ungepflegt; *hair* ungekämmt
un·kind [ʌn'kaɪnd] *adj* ❶ (*mean*) unfreundlich, gemein ❷ *pred* **to be ~ to hair** die Haare angreifen
un·kind·ly [ʌn'kaɪndli] *adv* unfreundlich; **she speaks ~ of him** sie hat für ihn kein gutes Wort übrig
un·know·ing [ʌn'nəʊɪŋ, AM -'noʊ-] *adj* ahnungslos
un·known [ʌn'nəʊn, AM -'noʊn] **I.** *adj* ❶ (*not known*) unbekannt; ~ **to me, ...** ohne mein Wissen ... ❷ *personage* unbekannt **II.** *n* ❶ Ungewissheit *f;* MATH Unbekannte *f;* ■**the** ~ das Unbekannte ❷ (*personage*) Unbekannte(r) *f(m)*
un·law·ful [ʌn'lɔ:fəl, AM -'lɑ:-] *adj* rechtswidrig
un·lead·ed [ʌn'ledɪd] *adj* unverbleit; *petrol* bleifrei
un·learn [ʌn'lɜ:n, AM -'lɜ:rn] *vt* verlernen; *habit* sich *dat* abgewöhnen
un·leash [ʌn'li:ʃ] *vt dog* von der Leine lassen; **to ~ a storm of protest** einen Proteststurm auslösen
un·leav·ened [ʌn'levənd] *adj* ~ **bread** ungesäuertes Brot
un·less [ʌn'les] *conj* ~ **I'm mistaken, ...** wenn ich mich nicht irre, ...; **he won't come ~ he has time** er wird nicht kommen, außer wenn er Zeit hat
un·li·censed [ʌn'laɪsən(t)st] *adj* ohne Lizenz *nach n; car* nicht zugelassen; *restaurant* ohne Konzession *nach n;* BRIT ohne Schankkonzession *nach n*
un·like [ʌn'laɪk] **I.** *adj pred* unähnlich **II.** *prep* ❶ (*different*) **to be ~ sb/sth** jdm/etw nicht ähnlich sein ❷ (*in contrast to*) im Gegensatz zu ❸ (*not normal for*) **to be ~ sb/sth** für jdn/etw nicht typisch sein
un·like·ly [ʌn'laɪkli] *adj* ❶ (*improbable*) unwahrscheinlich; **it seems ~ that ...** es sieht nicht so aus, als ... ❷ (*unconvincing*) nicht überzeugend
un·lim·it·ed [ʌn'lɪmɪtɪd, AM -ţ-] *adj* ❶ unbegrenzt ❷ (*great*) grenzenlos
un·list·ed [ʌn'lɪstɪd] *adj* ❶ STOCKEX nicht notiert; *securities* unnotiert ❷ AM, AUS TELEC nicht verzeichnet; **to have an ~ number** nicht im Telefonbuch stehen
un·load [ʌn'ləʊd, AM -'loʊd] **I.** *vt* ❶ *vehicle* entladen; *container, boot* ausladen; *dishwasher* ausräumen ❷ (*fam: get rid*) abstoßen; *rubbish* abladen **II.** *vi* ❶ (*empty*) abladen ❷ ECON entladen; *ship* löschen
un·lock [ʌn'lɒk, AM -'lɑ:k] *vt* ❶ (*open*) aufschließen ❷ *mystery* lösen
un·locked [ʌn'lɒkt, AM -'lɑ:kt] *adj* unverschlossen
un·looked-for *adj attr,* **un·looked for** [ʌn'lʊktfɔ:ʳ, AM -fɔ:r] *adj pred* unerwartet; *problem* unvorhergesehen
un·loved [ʌn'lʌvd] *adj* ungeliebt
un·lucky [ʌn'lʌki] *adj* ❶ (*unfortunate*) glücklos; **he's always been ~** er hat immer Pech ❷ (*causing bad luck*) ■**to be ~** Unglück bringen; ~ **day** Unglückstag *m*
un·man <-nn-> [ʌn'mæn] *vt* (*dated*) entmutigen; (*shock*) erschüttern
un·man·age·able [ʌn'mænɪdʒəbl̩] *adj* unkontrollierbar; *child* außer Rand und Band *präd;* **to become ~** *situation* außer Kontrolle geraten
un·manned ['ʌnmænd] *adj* unbemannt
un·man·ner·ly [ʌn'mænəli, AM -əli] *adj* (*form*) *behaviour* ungehörig; *language* salopp
un·marked [ʌn'mɑ:kt, AM -'mɑ:rkt] *adj* ❶ (*uninjured*) unverletzt; (*without mark, stain*) unbeschädigt ❷ (*undistinguished*) nicht gekennzeichnet; *grave* namenlos; ~ [**police**] **car** Zivilfahrzeug *nt* der Polizei
un·mar·ried [ʌn'mærɪd, AM *esp* -'mer-] *adj* unverheiratet
un·mask [ʌn'mɑ:sk, AM -'mæsk] *vt* entlarven; (*uncover*) aufdecken
un·matched [ʌn'mætʃt] *adj* unübertroffen
un·men·tion·able [ʌn'men(t)ʃənəbl̩] *adj* unaussprechlich; ■**to be ~** tabu sein

U

un·men·tioned [ʌn'men(t)ʃᵊnd] *adj* unerwähnt
un·mind·ful [ʌn'maɪndfᵊl] *adj* (*form*) ■**to be ~ of sth** auf etw *akk* keine Rücksicht nehmen
un·mis·tak·able, un·mis·take·able [ʌnmɪ'steɪkəbl̩] *adj* unverkennbar; *symptom* eindeutig
un·miti·gat·ed [ʌn'mɪtɪgeɪtɪd, AM -'mɪt̬əgeɪt̬ɪd] *adj* absolut; *contempt* voll; *disaster* total
un·moved [ʌn'mu:vd] *adj usu pred* unbewegt; (*emotionless*) ungerührt
un·named [ʌn'neɪmd] *adj* ungenannt
un·natu·ral [ʌn'nætʃᵊrᵊl, AM -ɚəl] *adj* unnatürlich; PSYCH abnorm; (*perverse*) pervers
un·nec·es·sari·ly [ʌnˌnesə'serɪli] *adv* unnötigerweise
un·nec·es·sary [ʌn'nesəsᵊri, AM -ser-] *adj* ❶ unnötig ❷ (*uncalled for*) überflüssig
un·nerve [ʌn'nɜ:v, AM -'nɜ:rv] *vt* nervös machen
un·nerv·ing [ʌn'nɜ:vɪŋ, AM -'nɜ:rv-] *adj* entnervend
un·no·ticed [ʌn'nəʊtɪst, AM -'noʊt̬ɪst] *adj pred* unbemerkt
un·num·bered [ʌn'nʌmbəd, AM -bɚd] *adj* nicht nummeriert; *house* ohne Hausnummer *nach n; page* ohne Zahl *nach n*
UN 'ob·serv·er *n* UNO-Beobachter(in) *m(f)*
un·ob·tain·able [ˌʌnəb'teɪnəbl̩] *adj* unerreichbar
un·ob·tru·sive [ˌʌnəb'tru:sɪv] *adj* unaufdringlich; *make-up* dezent
un·oc·cu·pied [ʌn'ɒkjəpaɪd, AM -'ɑ:kjə-] *adj* ❶ (*uninhabited*) unbewohnt ❷ *seat* frei
un·of·fi·cial [ˌʌnə'fɪʃᵊl] *adj* inoffiziell; **in an ~ capacity** inoffiziell; **~ strike** BRIT wilder Streik
un·opened [ʌn'əʊpᵊnd, AM 'oʊ] *adj* ungeöffnet, [noch] verschlossen
un·or·gan·ized [ʌn'ɔ:gᵊnaɪzd, AM -'ɔ:r-] *adj* unorganisiert
un·or·tho·dox [ʌn'ɔ:θədɒks, AM -'ɔ:rθədɑ:ks] *adj* unkonventionell; *method* ungewöhnlich
un·pack [ʌn'pæk] *vt, vi* auspacken; *car* ausladen
un·paid [ʌn'peɪd] *adj* unbezahlt; *invoice a.* ausstehend
un·pal·at·able [ʌn'pælətəbl̩, AM -ət̬ə-] *adj* ❶ (*not tasty*) ■**to be ~** schlecht schmecken ❷ (*distasteful*) unangenehm
un·par·al·leled [ʌn'pærᵊleld, AM -'per-] *adj* einmalig; *success* noch nie da gewesen
un·par·lia·men·tary [ʌnˌpɑ:lə'mentᵊri, AM -ˌpɑ:rlə'ment̬ɚi] *adj* unparlamentarisch
UN peace-keep·ing 'mis·sion *n* UNO-Friedensmission *f*
un·per·turbed [ˌʌnpə'tɜ:bd, AM -pɚ'tɜrbd] *adj* nicht beunruhigt; ■**to be ~ by sth** sich durch etw *akk* nicht aus der Ruhe bringen lassen
un·pick [ʌn'pɪk] *vt sewing* auftrennen
un·placed [ʌn'pleɪst] *adj* SPORTS unplatziert
un·pleas·ant [ʌn'plezᵊnt] *adj* ❶ (*unpleasing*) unangenehm ❷ (*unfriendly*) unfreundlich; *relations* frostig
un·pleas·ant·ness [ʌn'plezᵊntnəs] *n no pl* ❶ (*quality*) Unerfreulichkeit *f* ❷ (*feelings*) Unstimmigkeit[en] *f[pl]*
un·plug <-gg-> [ʌn'plʌg] *vt* ausstecken
un·plumbed [ʌn'plʌmd] *adj* ❶ (*not known*) unergründet; *mystery* ungelöst ❷ (*not plumbed*) ohne Wasserleitungen *nach n*
un·pol·ished [ʌn'pɒlɪʃt, AM -'pɑ:-] *adj* ❶ unpoliert ❷ (*coarse*) ungehobelt
un·pol·lut·ed [ˌʌnpə'lu:tɪd, AM -t̬-] *adj* unverschmutzt; *water* sauber
un·popu·lar [ʌn'pɒpjələʳ, AM -'pɑ:pjəlɚ] *adj* ❶ (*not liked*) unbeliebt ❷ (*not accepted*) unpopulär; **to be ~** wenig Anklang finden
un·popu·lar·ity [ʌnˌpɒpjə'lærəti, AM -ˌpɑ:pjə'lerət̬i] *n no pl of person* Unbeliebtheit *f; of policies* Unpopularität *f*
un·prac·ti·cal [ʌn'præktɪkᵊl] *adj* ❶ (*impractical*) unpraktisch ❷ (*unfeasible*) unpraktikabel
un·prac·tised, AM **un·prac·ticed** [ʌn'præktɪst] *adj* (*form*) unerfahren
un·prec·edent·ed [ʌn'presɪdᵊntɪd, AM -'presədent̬ɪd] *adj* noch nie da gewesen; *action* beispiellos; **on an ~ scale** in bislang ungekanntem Ausmaß
un·pre·dict·able [ˌʌnprɪ'dɪktəbl̩] *adj* unvorhersehbar; *weather, temperament* unberechenbar
un·preju·diced [ʌn'predʒədɪst] *adj* unvoreingenommen; *opinion* objektiv
un·pre·medi·tat·ed [ˌʌnpri:'medɪteɪtɪd, AM -t̬-] *adj* unüberlegt; **~ crime** nicht vorsätzliches Verbrechen
un·pre·pared [ˌʌnprɪ'peəd, AM -'perd] *adj* unvorbereitet
un·pre·ten·tious [ˌʌnprɪ'ten(t)ʃəs] *adj* bescheiden; *tastes* einfach
un·prin·ci·pled [ʌn'prɪn(t)səpl̩d] *adj* skrupellos; *person a.* ohne Skrupel *nach n*
un·pro·duc·tive [ˌʌnprə'dʌktɪv] *adj* unproduktiv; *business* unrentabel; *land* unfruchtbar; *negotiation* unergiebig
un·pro·fes·sion·al [ˌʌnprə'feʃᵊnᵊl] *adj* ❶ (*amateurish*) unprofessionell ❷ (*unethical*) gegen die Berufsehre *präd;* **~ conduct** berufswidriges Verhalten; (*against colleagues*) unkollegiales Verhalten

U

un·prof·it·able [ʌnˈprɒfɪtəbl̩, AM -ˈprɑːfɪṭəbl̩] *adj* ① unrentabel; **to be ~** keinen Gewinn abwerfen ② (*unproductive*) unproduktiv
un·prompt·ed [ʌnˈprɒm(p)tɪd, AM -ˈprɑːm(p)-] *adj* unaufgefordert
un·pro·tect·ed [ˌʌnprəˈtektɪd] *adj* ① (*exposed to harm*) schutzlos ② (*without safety guards*) unbewacht ③ (*without a condom*) *sex* ungeschützt
un·pro·ˈvid·ed for *adj pred* unversorgt *präd;* **to leave sb ~ in one's will** jdn in seinem Testament nicht bedenken
un·pro·voked [ˌʌnprəˈvəʊkt, AM -ˈvoʊkt] *adj* grundlos
un·pub·lished [ʌnˈpʌblɪʃt] *adj* unveröffentlicht
un·punc·tual [ʌnˈpʌŋktʃuːəl] *adj* unpünktlich
un·quali·fied [ʌnˈkwɒlɪfaɪd, AM -ˈkwɑːlə-] *adj* ① unqualifiziert; ■ **to be ~ for sth** für etw *akk* nicht qualifiziert sein ② (*unreserved*) bedingungslos; *denial* strikt; *success* voll
un·ques·tion·able [ʌnˈkwestʃənəbl̩] *adj* fraglos; *evidence, fact* unumstößlich; *honesty* unzweifelhaft
un·ques·tion·ably [ʌnˈkwestʃənəbli] *adv* zweifellos
un·ques·tion·ing [ʌnˈkwestʃənɪŋ] *adj* bedingungslos; *obedience* absolut
un·quote [ˈʌnkwəʊt, AM -kwoʊt] *vi* **quote ... ~** Zitatanfang ... Zitatende; (*iron*) **they are quote 'just good friends' ~** sie sind, in Anführungszeichen, „nur gute Freunde"
un·quot·ed [ʌnˈkwəʊtɪd, AM -ˈkwoʊṭ-] *adj* STOCKEX nicht notiert
un·rav·el <BRIT -ll- *or* AM *usu* -l-> [ʌnˈrævᵊl] **I.** *vt* ① (*undo*) auftrennen ② (*untangle*) entwirren; *knot* aufmachen ③ (*solve*) enträtseln; *mystery* lösen **II.** *vi* sich auftrennen
un·read·able [ʌnˈriːdəbl̩] *adj* ① (*illegible*) unleserlich ② (*dull*) schwer zu lesen *präd*
un·real [ʌnˈrɪəl, AM ʌnˈriːl] *adj* ① unwirklich ② AM (*fam: good*) unmöglich *fam*
un·re·al·is·tic [ˌʌnrɪəˈlɪstɪk, AM -riːə-] *adj* ① unrealistisch ② (*unconvincing*) nicht realistisch
un·re·al·ized [ʌnˈrɪəlaɪzd, AM -ˈriːə-] *adj* ① nicht verwirklicht ② (*into money*) unrealisiert
un·rea·son·able [ʌnˈriːzᵊnəbl̩] *adj* ① unvernünftig; **it's not ~ to assume that ...** es ist nicht abwegig anzunehmen, dass ... ② (*unfair*) übertrieben; *demand* überzogen
un·rea·son·ing [ʌnˈriːzᵊnɪŋ] *adj* unbegründet
un·re·deemed [ˌʌnrɪˈdiːmd] *adj* nicht ausgeglichen; REL *sinner* unerlöst
un·re·fined [ˌʌnrɪˈfaɪnd] *adj* ① CHEM nicht raffiniert; **~ sugar** Rohzucker *m* ② (*coarse*) unkultiviert; *manners* rüde *pej*
un·re·flect·ing [ˌʌnrɪˈflektɪŋ] *adj* (*form*) unbedacht
un·reg·is·tered [ʌnˈredʒɪstəd, AM -ɚd] *adj* nicht registriert; *birth* nicht eingetragen; *mail* nicht eingeschrieben
un·re·lat·ed [ˌʌnrɪˈleɪtɪd, AM -ṭ-] *adj* ① (*not of family*) nicht [miteinander] verwandt ② (*unconnected*) ■ **to be ~** nicht zusammenhängen (**to** mit +*dat*)
un·re·lent·ing [ˌʌnrɪˈlentɪŋ, AM -ṭ-] *adj* ① (*unyielding*) unerbittlich; *opponent* unbeugsam ② (*incessant*) unaufhörlich; *pressure* konstant; *rain* anhaltend; **to be ~** nicht nachlassen
un·re·li·abil·ity [ˌʌnrɪlaɪəˈbɪlɪti, AM -əṭi] *n no pl* Unzuverlässigkeit *f*
un·re·li·able [ˌʌnrɪˈlaɪəbl̩] *adj* unzuverlässig
un·re·lieved [ˌʌnrɪˈliːvd] *adj* ununterbrochen; *poverty* unvermindert; *pressure, stress* anhaltend; *boredom* dauernd
un·re·mark·able [ˌʌnrɪˈmɑːkəbl̩, AM -ˈmɑːr-] *adj* nicht bemerkenswert
un·re·mit·ting [ˌʌnrɪˈmɪtɪŋ, AM -ˈmɪṭɪŋ] *adj* (*form*) unablässig; ■ **to be ~ in sth** in etw *dat* beharrlich sein
un·re·peat·able [ˌʌnrɪˈpiːtəbl̩, AM -ṭ-] *adj* nicht wiederholbar
un·re·pen·tant [ˌʌnrɪˈpentənt, AM -ṭᵊnt] *adj* reu[e]los; ■ **to be ~** keine Reue zeigen
un·re·quit·ed [ˌʌnrɪˈkwaɪtɪd, AM -ṭɪd] *adj* (*form or hum*) unerwidert
un·re·served [ˌʌnrɪˈzɜːvd, AM -ˈzɜːrvd] *adj* ① (*without reservations*) uneingeschränkt; *support* voll ② (*not booked*) nicht reserviert; *seat* frei
un·re·serv·ed·ly [ˌʌnrɪˈzɜːvɪdli, AM -ˈzɜːrv-] *adv* vorbehaltlos; **to apologize ~** sich ohne Einschränkungen entschuldigen
un·re·solved [ˌʌnrɪˈzɒlvd, AM -ˈzɑːlvd] *adj* ① (*unsettled*) ungelöst; *tension* anhaltend ② *pred* (*old: undecided*) unentschlossen
un·rest [ʌnˈrest] *n no pl* Unruhen *pl;* **social ~** soziale Spannungen
un·re·strained [ˌʌnrɪˈstreɪnd] *adj* uneingeschränkt; *criticism* hart; *laughter* ungehemmt; *praise* unumschränkt
un·re·strict·ed [ˌʌnrɪˈstrɪktɪd] *adj* uneingeschränkt; *access* ungehindert
un·re·ward·ing [ˌʌnrɪˈwɔːdɪŋ, AM -ˈwɔːrd-] *adj* nicht lohnend, undankbar *fig*
un·ripe [ʌnˈraɪp] *adj* unreif
un·ri·valled [ʌnˈraɪvᵊld] *adj* einzigartig
un·roll [ʌnˈrəʊl, AM -ˈroʊl] **I.** *vt* aufrollen **II.** *vi* sich abrollen [lassen]
un·ruf·fled [ʌnˈrʌfl̩d] *adj* ① (*not agitated*)

U

gelassen ② (*hair*) unzerzaust, ordentlich; *feathers* glatt

un·ru·ly <-ier, -iest *or* more ~, most ~> [ʌn'ru:li] *adj* ① (*disorderly*) ungebärdig; *crowd* aufrührerisch ② *child* außer Rand und Band; *hair* nicht zu bändigen *präd*

un·sad·dle [ʌn'sædl̩] *vt* ① (*remove saddle*) absatteln ② (*unseat*) abwerfen

un·safe [ʌn'seɪf] *adj* (*dangerous*) unsicher; (*in danger*) nicht sicher; *animal* gefährlich; *sex* ungeschützt; ■**to be ~ to do sth** gefährlich sein, etw zu tun

un·said [ʌn'sed] *adj* ungesagt; **to be better left ~** besser ungesagt bleiben ▸PHRASES: **what's said cannot be ~** (*prov*) gesagt ist gesagt

un·sala·ried [ʌn'sælərid] *adj* unbezahlt; **~ position** Tätigkeit ohne Monatsgehalt

un·sale·able [ʌn'seɪləbl̩] *adj* unverkäuflich

UN 'sanc·tion *n* UN-Sanktion *f*

un·sat·is·fac·tory [ʌnˌsætɪs'fæktəri, AM -t̬-] *adj* ① unzureichend; *answer* unbefriedigend ② SCH (*grade*) ungenügend

un·sat·is·fied [ʌn'sætɪsfaɪd, AM -t̬-] *adj* ① unzufrieden; **to leave sb/sth ~** jdn/etw nicht befriedigen ② (*unconvinced*) nicht überzeugt; **to be ~ with sth** sich mit etw nicht zufriedengeben

un·sa·voury, AM **un·sa·vory** [ʌn'seɪvəri] *adj* ① (*unpalatable*) unappetitlich ② (*asocial*) fragwürdig; *area* übel; *reputation* zweifelhaft; *character* zwielichtig

un·say <-said, -said> [ʌn'seɪ] *vt* ungesagt machen ▸PHRASES: **what's said cannot be unsaid** (*prov*) gesagt ist gesagt

un·scathed [ʌn'skeɪðd] *adj* unverletzt; (*fig*) **to emerge ~ from sth** etw unbeschadet überstehen

un·sche·duled [ʌn'ʃedju:ld, AM -'skedʒʊld] *adj* außerplanmäßig; *stop* außerfahrplanmäßig

un·schooled [ʌn'sku:ld] *adj* (*form*) ① (*uninstructed*) nicht ausgebildet (**in** in), nicht vertraut (**in** mit) ② *horse* undressiert

un·screened [ʌn'skri:nd] *adj* ① (*not checked*) unkontrolliert ② (*not broadcast*) nicht ausgestrahlt

un·screw [ʌn'skru:] **I.** *vt* ① (*detach*) abschrauben ② (*open*) aufschrauben; *lid* abschrauben **II.** *vi* (*detach*) sich abschrauben lassen; (*open*) aufschrauben

un·script·ed [ʌn'skrɪptɪd] *adj* improvisiert

un·scru·pu·lous [ʌn'skru:pjələs] *adj* skrupellos

un·seal [ʌn'si:l] *vt* entsiegeln

un·sealed [ʌn'si:ld] *adj* ① unversiegelt ② (*open*) nicht zugeklebt

un·seat [ʌn'si:t] *vt* ① (*oust*) ■**to ~ sb** jdn seines Amtes entheben ② *rider* abwerfen

un·se·cured [ˌʌnsɪ'kjʊəd, AM -'kjʊrd] *adj* ① FIN ungesichert; **an ~ loan** Blankokredit *m* ② (*unfastened*) unbefestigt

UN 'Se·cu·rity Coun·cil *n* UN-Sicherheitsrat *m*

un·see·ing [ʌn'si:ɪŋ] *adj* blind; **with ~ eyes** mit leerem Blick

un·seem·ly [ʌn'si:mli] *adj* (*form or dated*) unschicklich; *behaviour* ungehörig

un·seen [ʌn'si:n] *adj* ungesehen; **sight ~** unbesehen

un·self·ish [ʌn'selfɪʃ] *adj* selbstlos

un·ser·vice·able [ʌn'sɜ:vɪsəbl̩, AM -'sɜ:r-] *adj* unnütz; *appliances* unbrauchbar

un·set·tle [ʌn'setl̩, AM -'set̬l̩] *vt* ① (*make nervous*) verunsichern ② (*make unstable*) stören

un·set·tled [ʌn'setl̩d, AM -'set̬l̩d] *adj* ① (*unstable*) instabil; *political climate* unruhig; *weather* unbeständig ② (*unresolved*) noch anstehend ③ (*queasy*) gereizt

un·set·tling [ʌn'setlɪŋ, AM -t̬-] *adj* ① (*causing nervousness*) beunruhigend ② (*causing disruption*) ■**to be ~** einen aus der Bahn werfen

un·shak·able, un·shake·able [ʌn'ʃeɪkəbl̩] *adj belief, feeling* unerschütterlich; *alibi* felsenfest; **to have ~ faith in sth** fest an etw *akk* glauben

un·shaved [ʌn'ʃeɪvd], **un·shav·en** [ʌn'ʃeɪvən] *adj* unrasiert

un·shod [ʌn'ʃɒd, AM -'ʃɑ:d] *adj* (*form*) unbeschuht

un·shrink·able [ʌn'ʃrɪŋkəbl̩] *adj* ■**to be ~** nicht einlaufen

un·shrink·ing [ʌn'ʃrɪŋkɪŋ] *adj* furchtlos

un·sight·ly <-ier, -iest *or* more ~, most ~> [ʌn'saɪtli] *adj* unansehnlich

un·signed [ʌn'saɪnd] *adj* ① nicht unterschrieben; *painting* unsigniert ② (*not under contract*) nicht unter Vertrag stehend *attr*

un·skilled [ʌn'skɪld] *adj* ① (*inept*) ungeschickt ② *labourer* ungelernt; **~ work** Hilfsarbeiten *pl*

un·so·ciable [ʌn'səʊʃəbl̩, AM -'soʊ-] *adj person* ungesellig; *place* nicht einladend

un·so·cial [ʌn'səʊʃəl, AM -'soʊ-] *adj* ① BRIT (*inconvenient*) nicht sozialverträglich; **to work ~ hours** außerhalb der normalen Arbeitszeiten arbeiten ② (*not seeking company*) unsozial

un·sold [ʌn'səʊld, AM -'soʊld] *adj* unverkauft

un·so·lic·it·ed [ˌʌnsə'lɪsɪtɪd, AM -t̬-] *adj* unerbeten; *advice* ungebeten

un·solved [ʌn'sɒlvd, AM -'sɑ:lvd] *adj mystery, problem* ungelöst; *murder* unaufge-

U

klärt

un·so·phis·ti·cat·ed [ˌʌnsəˈfɪstɪkeɪtɪd, AM -təkeɪt̬ɪd] *adj* ❶ (*naive*) naiv; *taste* einfach ❷ (*genuine*) unverfälscht

un·sound [ʌnˈsaʊnd] *adj* ❶ (*unstable*) instabil ❷ *argument* nicht stichhaltig; *judgement* anfechtbar ❸ (*unhealthy*) ungesund; **of ~ mind** unzurechnungsfähig

un·spar·ing [ʌnˈspeərɪŋ, AM -ˈsper-] *adj* ❶ (*merciless*) schonungslos ❷ (*form: lavish*) großzügig; **to be ~ in one's efforts** keine Mühen scheuen

un·speak·able [ʌnˈspiːkəbl̩] *adj* unbeschreiblich

un·speci·fied [ʌnˈspesɪfaɪd] *adj* unspezifiziert; (*unnamed*) [namentlich] nicht genannt

un·spoiled [ʌnˈspɔɪld], **un·spoilt** [ʌnˈspɔɪlt] *adj* BRIT *person* natürlich; *child* nicht verwöhnt; *landscape* unberührt; *view* unverbaut

un·spok·en [ʌnˈspəʊkᵊn, AM ˈspoʊ-] *adj* unausgesprochen; *agreement* stillschweigend

un·sta·ble [ʌnˈsteɪbl̩] *adj* ❶ (*not firm*) nicht stabil; *furniture* wack[e]lig ❷ (*fig*) instabil; *future* ungewiss; PSYCH [psychisch] labil

un·steady [ʌnˈstedi] *adj* ❶ (*unstable*) nicht stabil; *furniture* wack[e]lig; **to be ~ on one's feet** wack[e]lig auf den Beinen sein ❷ (*wavering*) zittrig ❸ (*irregular*) unregelmäßig

un·stressed [ʌnˈstrest] *adj* ❶ LING unbetont ❷ (*not worried*) unbelastet

un·stuck [ʌnˈstʌk] *adj* **to come ~** sich [ab]lösen; (*fam: waver*) ins Schleudern geraten; (*fam: fail*) scheitern

un·stud·ied [ʌnˈstʌdid] *adj* (*form: natural*) ungezwungen; *response* spontan

un·sub·stan·tial [ˌʌnsəbˈstæn(t)ʃᵊl] *adj* unwesentlich; (*immaterial*) körperlos

un·sub·stan·ti·at·ed [ˌʌnsəbˈstæn(t)ʃieɪtɪd, AM -t̬ɪd] *adj* unbegründet

un·suc·cess·ful [ˌʌnsəkˈsesfᵊl] *adj* erfolglos; *attempt* vergeblich; *candidate* unterlegen; ■**to be ~ in sth** bei etw *dat* keinen Erfolg haben

un·suit·able [ʌnˈsjuːtəbl̩, AM -ˈsuːt̬ə-] *adj* nicht geeignet

un·sul·lied [ʌnˈsʌliːd] *adj* ❶ (*form: not tarnished*) unbefleckt; *reputation* makellos ❷ (*dated: pure*) unberührt

un·sung [ʌnˈsʌŋ] *adj* unbesungen; *achievements* unbeachtet

un·sure [ʌnˈʃʊəʳ, AM -ˈʃʊr] *adj* unsicher; ■**to be ~ how/why ...** nicht genau wissen, wie/warum ...; ■**to be ~ about sth** sich *dat* einer S. *gen* nicht sicher sein

un·sur·passed [ˌʌnsəˈpɑːst, AM -sɚˈpæst] *adj* unübertroffen, einzigartig

un·sus·pect·ing [ˌʌnsəˈspektɪŋ] *adj* ahnungslos

un·sus·tain·able [ˌʌnsəˈsteɪnəbl̩] *adj* ❶ (*not maintainable*) nicht aufrechtzuerhalten *präd* ❷ (*polluting*) umweltschädigend

un·sweet·ened [ʌnˈswiːtᵊnd] *adj esp* FOOD ungesüßt

un·swerv·ing [ʌnˈswɜːvɪŋ, AM -ˈswɜːr-] *adj* unerschütterlich

un·sym·pa·thet·ic [ˌʌnsɪmpəˈθetɪk, AM -t̬ɪk] *adj* ❶ ohne Mitgefühl *nach n* ❷ (*disapproving*) verständnislos; ■**to be ~ toward sth** für etw *akk* kein Verständnis haben

un·tan·gle [ʌnˈtæŋgl̩] *vt* entwirren *a. fig; mystery* lösen

un·tapped [ʌnˈtæpt] *adj market* nicht erschlossen; *resources* ungenutzt

un·taxed [ʌnˈtækst] *adj* (*tax-free*) steuerfrei; (*tax unpaid*) unversteuert

un·ten·able [ʌnˈtenəbl̩] *adj* nicht vertretbar

un·ten·ant·ed [ʌnˈtenəntɪd] *adj house* unbewohnt

un·think·able [ʌnˈθɪŋkəbl̩] **I.** *adj* ❶ (*unimaginable*) undenkbar ❷ (*shocking*) unfassbar **II.** *n no pl* ■**the ~** das Unvorstellbare

un·think·ing [ʌnˈθɪŋkɪŋ] *adj* unbedacht; (*unintentional*) unabsichtlich

un·thought of [ʌnˈθɔːtɒv, AM -ɑːv] *adj pred*, **un·thought-of** [ʌnˈθɔːtɒv, AM -ɑːv] *adj attr* unvorstellbar; *detail* nicht bedacht

un·tidi·ness [ʌnˈtaɪdɪnəs] *n no pl* Unordnung *f; of person, dress* Unordentlichkeit *f*

un·tidy [ʌnˈtaɪdi] *adj* ❶ (*disordered*) unordentlich; *appearance* ungepflegt ❷ (*badly organized*) unsystematisch

un·tie <-y-> [ʌnˈtaɪ] *vt* ❶ (*undo*) lösen; *shoelaces* aufbinden ❷ *boat* losbinden; *parcel* aufschnüren

un·til [ʌnˈtɪl] **I.** *prep* ❶ (*up to*) bis +*akk*; **two more days ~ Easter** noch zwei Tage bis Ostern ❷ (*beginning at*) bis +*akk*; **we didn't eat ~ midnight** wir aßen erst um Mitternacht **II.** *conj* ❶ (*up to time when*) bis; **I laughed ~ tears rolled down my face** ich lachte, bis mir die Tränen kamen ❷ (*not before*) ■**to not do sth ~ ...** etw erst [dann] tun, wenn ...; **not ~ he's here** erst wenn er da ist

un·time·ly [ʌnˈtaɪmli] *adj* ❶ (*inopportune*) ungelegen ❷ (*premature*) verfrüht

unto [ˈʌntuː] *prep* (*old: until*) bis; **~ this day** bis zum heutigen Tage

un·told [ʌnˈtəʊld, AM -ˈtoʊld] *adj* ❶ *attr* (*immense*) unsagbar; *damage* immens; *misery* unsäglich; *wealth* unermesslich ❷ (*not told*) ungesagt

un·touched [ʌnˈtʌtʃt] *adj* ❶ (*not touched*)

unberührt ❷ (*unconsumed*) nicht angerührt ❸ (*unaffected*) ■ **to be ~ by sth** von etw *dat* nicht betroffen sein; **to leave sth ~** etw verschont lassen

un·to·ward [ˌʌntəˈwɔːd, AM -ˈtɔːrd] *adj* ❶ (*unfortunate*) ungünstig; **unless anything ~ happens** wenn nichts dazwischenkommt ❷ *remark* unpassend

un·trained [ʌnˈtreɪnd] *adj* ungeübt; *eye* ungeschult

un·trans·fer·able [ˌʌntræn(t)sˈfɜːrəbl̩] *adj* LAW nicht übertragbar

un·trans·lat·able [ˌʌntræn(t)sˈleɪtəbl̩, AM -t̬əbl̩] *adj* unübersetzbar

un·treat·ed [ʌnˈtriːtɪd, AM -t̬ɪd] *adj* unbehandelt; **~ sewage** ungeklärte Abwässer *pl*

un·tried [ʌnˈtraɪd] *adj* ❶ (*untested*) ungetestet ❷ (*inexperienced*) unerfahren

UN ˈtroops *npl* UNO-Truppen *pl*

un·trou·bled [ʌnˈtrʌbl̩d] *adj* sorglos; ■ **to be ~ by sth** sich von etw *dat* nicht beunruhigen lassen

un·true [ʌnˈtruː] *adj* unwahr, falsch

un·trust·wor·thy [ʌnˈtrʌstˌwɜːði, AM -ˌwɜːr-] *adj* unzuverlässig

un·truth [ʌnˈtruːθ] *n* (*usu euph*) Unwahrheit *f*; **to tell an ~** flunkern *fam*

un·truth·ful [ʌnˈtruːθfəl] *adj* unwahr; *person* unaufrichtig

un·turned [ʌnˈtɜːnd, AM -ˈtɜːrnd] *adj* nicht umgedreht; *soil* nicht umgegraben

un·tu·tored [ʌnˈtjuːtəd, AM -ˈtuːt̬ɚd] *adj* (*form*) ungeschult

un·used¹ [ʌnˈjuːzd] *adj* unbenutzt; *clothes* ungetragen; **to go ~** nicht genutzt werden

un·used² [ʌnˈjuːst] *adj pred* ■ **to be ~ to sth** an etw *akk* nicht gewöhnt sein

un·usual [ʌnˈjuːʒəl, AM -ʒuəl] *adj* ❶ (*not habitual*) ungewöhnlich; (*for a person*) untypisch ❷ (*remarkable*) außergewöhnlich

un·usual·ly [ʌnˈjuːʒəli, AM -ʒuəli] *adv* ungewöhnlich; **~ for me, ...** ganz gegen meine Gewohnheit ...

U

un·ut·ter·able [ʌnˈʌtərəbl̩, AM -t̬-] *adj* (*form*) unsäglich; *suffering* unbeschreiblich

un·var·nished [ʌnˈvɑːnɪʃt, AM -ˈvɑːr-] *adj* ❶ unlackiert ❷ (*straightforward*) einfach; *truth* ungeschminkt

un·vary·ing [ʌnˈveəriɪŋ, AM -ˈveri-] *adj* unveränderlich; *landscape* eintönig

un·veil [ʌnˈveɪl] *vt* ❶ enthüllen; *face* entschleiern ❷ (*present*) der Öffentlichkeit vorstellen

un·versed [ʌnˈvɜːst, AM -ˈvɜːrst] *adj pred* (*form*) nicht versiert (**in** in)

un·waged [ʌnˈweɪdʒd] BRIT **I.** *adj* ❶ (*out of work*) arbeitslos ❷ (*unpaid*) unbezahlt **II.** *n* ■ **the ~** *pl* die Arbeitslosen *pl*

un·want·ed [ʌnˈwɒntɪd, AM -ˈwɑːnt̬ɪd] *adj* unerwünscht; *clothes* abgelegt; *advice* ungebeten; *child* ungewollt

un·war·rant·ed [ʌnˈwɒrəntɪd, AM -ˈwɔːrənt̬ɪd] *adj* ungerechtfertigt; *fears* unbegründet; *criticism* unberechtigt

un·wa·ver·ing [ʌnˈweɪvərɪŋ] *adj* unerschütterlich; *determination* eisern

un·wed [ʌnˈwed] *adj* (*dated*) unverheiratet

un·welcome [ʌnˈwelkəm] *adj* unwillkommen; *news* unerfreulich; **to make sb feel ~** jdm das Gefühl geben, nicht willkommen zu sein

un·well [ʌnˈwel] *adj pred* ■ **sb is ~** jdm geht es nicht gut; **to feel ~** sich unwohl fühlen

un·wieldy [ʌnˈwiːldi] *adj* ❶ (*cumbersome*) unhandlich; *furniture* sperrig ❷ (*ineffective*) unüberschaubar; *system* schwerfällig

un·will·ing [ʌnˈwɪlɪŋ] *adj* widerwillig; ■ **to be ~ to do sth** nicht gewillt sein, etw zu tun

un·will·ing·ly [ʌnˈwɪlɪŋli] *adv* ungern

un·wind <unwound, unwound> [ʌnˈwaɪnd] **I.** *vi* ❶ (*unroll*) sich abwickeln ❷ (*relax*) sich entspannen **II.** *vt* abwickeln

un·ˈwired *adj* drahtlos

un·wise [ʌnˈwaɪz] *adj* unklug

un·wit·ting [ʌnˈwɪtɪŋ, AM -t̬-] *adj* ❶ (*unaware*) ahnungslos ❷ (*unintentional*) unbeabsichtigt

un·wit·ting·ly [ʌnˈwɪtɪŋli, AM -t̬-] *adv* ❶ (*without realizing*) unwissentlich ❷ (*unintentionally*) unbeabsichtigterweise

un·wonted [ʌnˈwəʊntɪd, AM -ˈwɔːnt̬ɪd] *adj attr* ungewohnt

un·work·able [ʌnˈwɜːkəbl̩, AM -ˈwɜːr-] *adj* undurchführbar

un·world·ly [ʌnˈwɜːldli, AM -ˈwɜːrld-] *adj* ❶ (*odd*) weltabgewandt ❷ (*naive*) weltfremd

un·wor·thy [ʌnˈwɜːði, AM -ˈwɜːr-] *adj* ❶ (*undeserving*) unwürdig; **~ of interest** nicht von Interesse ❷ (*unacceptable*) nicht würdig

un·wound [ʌnˈwaʊnd] *vt, vi pp, pt of* **unwind**

un·wrap <-pp-> [ʌnˈræp] *vt* ❶ *contents* auspacken ❷ (*reveal*) enthüllen

un·written [ʌnˈrɪtən] *adj* nicht schriftlich fixiert; *agreement* stillschweigend; *law* ungeschrieben

un·yield·ing [ʌnˈjiːldɪŋ] *adj* ❶ *ground* hart; ■ **to be ~** nicht nachgeben ❷ (*resolute*) unnachgiebig; *opposition* hartnäckig

un·zip <-pp-> [ʌnˈzɪp] *vt* ❶ (*open*) ■ **to ~ sth** den Reißverschluss einer S. *gen* aufmachen ② COMPUT auspacken

up [ʌp] **I.** *adv* ① (*to higher*) nach oben, hinauf; **hands ~!** Hände hoch!; **halfway ~** auf halber Höhe; **~ and ~** immer höher ② (*erect*) aufrecht; **lean it ~ against the wall** lehnen Sie es gegen die Wand ③ (*out of bed*) auf; **~ and about** auf den Beinen ④ (*at higher*) oben; **~ there** da oben; **I live on the next floor ~** ich wohne ein Stockwerk höher ⑤ (*toward*) ■**~ to sb/sth** auf jdn/etw zu; **to walk ~ to sb** auf jdn zugehen ⑥ (*higher*) höher; **children aged 13 and ~** Kinder ab 13 Jahren ⑦ (*to point of*) **~ until** [*or* **to**] bis +*akk;* **~ to £300** bis zu 300 Pfund ⑧ (*depend on*) **to be ~ to sb** von jdm abhängen; **I'll leave it ~ to you** ich überlasse dir die Entscheidung ⑨ (*be adequate*) **to be ~ to sth** einer Sache *dat* gewachsen sein; **to not be ~ to much** nicht viel taugen ▶PHRASES: **to be ~ to the ears in problems** bis zum Hals in Schwierigkeiten stecken **II.** *prep* ① (*to higher*) hinauf/herauf; **~ the ladder** die Leiter hinauf/herauf ② (*along*) [**just**] **~ the road** ein Stück die Straße hinauf/herauf; **~ and down** auf und ab ③ (*against*) **~ the river** flussauf[wärts] ④ (*at top of*) **he's ~ that ladder** er steht dort oben auf der Leiter ▶PHRASES: **to be ~ the creek** [**without a paddle**] [schön] in der Klemme sitzen; **~ yours!** (*vulg, sl*) ihr könnt/du kannst mich mal! **III.** *adj* ① *attr* (*rising*) nach oben ② *pred* (*leading*) in Führung ③ *pred* (*working*) funktionstüchtig; ■**to be ~** in Betrieb sein ④ *pred* (*finished*) vorbei, um; **your time is ~!** Ihre Zeit ist um! ⑤ *pred* (*fam: happening*) **something is ~** irgendetwas ist im Gange; **what's ~?** was ist los? ⑥ *pred* (*scheduled*) **to be ~ for sale** zum Verkauf stehen ⑦ *pred* (*interested in*) **who's ~ for a walk?** wer hat Lust auf einen Spaziergang? **IV.** *n* (*fam*) Hoch *nt;* **~s and downs** Höhen und Tiefen *pl* ▶PHRASES: **to be on the ~ and ~** BRIT, AUS (*fam: improve*) im Aufwärtstrend begriffen sein; *esp* AM (*honest*) sauber sein **V.** *vt* <-pp-> erhöhen; *price, tax* anheben; **to ~ the stakes** den Einsatz erhöhen **VI.** *interj* los, aufstehen!

up-and-'com·ing *adj attr* aufstrebend

up·beat ['ʌpbi:t] **I.** *n* MUS Auftakt *m* **II.** *adj* (*fam*) optimistisch; *mood* fröhlich

up·braid [ʌp'breɪd] *vt* (*form*) tadeln

up·bring·ing ['ʌp,brɪŋɪŋ] *n usu sing* Erziehung *f*

up·com·ing ['ʌp,kʌmɪŋ] *adj* bevorstehend

up-coun·try I. *adv* [ʌp'kʌntri] landeinwärts **II.** *adj* [ˌʌp'kʌntri, AM 'ʌpkʌntri] im Landesinnern **III.** *n* [ˌʌp'kʌntri, AM 'ʌpkʌntri] *no pl* das Landesinnere

up·date I. *vt* [ʌp'deɪt] ① (*modernize*) ■**to ~ sth** etw aktualisieren; COMPUT ein Update von etw *dat* machen; *hardware* etw nachrüsten ② (*inform*) auf den neuesten Stand bringen; (*permanently*) auf dem Laufenden halten **II.** *n* ['ʌpdeɪt] Aktualisierung *f,* Update *nt fachspr*

'up·draught *n* Zug *m;* AVIAT Aufwind *m*

up·end [ʌp'end] **I.** *vt* hochkant stellen **II.** *vi* sich aufstellen

up·front [ʌp'frʌnt] *adj* ① *pred* (*frank*) offen; **to be ~ about sth** etw offen sagen ② *attr* (*advance*) Voraus-; **~ payment** Anzahlung *f*

up·grade I. *vt* [ʌp'greɪd] ① (*improve*) verbessern; COMPUT erweitern; *hardware* nachrüsten ② (*promote*) befördern **II.** *n* ['ʌpgreɪd] ① COMPUT Aufrüsten *nt* ② (*version*) verbesserte Version ③ AM (*slope*) Steigung *f*

up·grade·able [ʌp'greɪdəbl̩] *adj* COMPUT aufrüstbar

up·heav·al [ʌp'hi:vəl] *n no pl* Aufruhr *m;* **political ~** politische Umwälzung[en] *f*[*pl*]

up·held [ʌp'held] *vt pp, pt of* **uphold**

up·hill [ʌp'hɪl] **I.** *adv* bergauf **II.** *adj* ① bergauf ② (*difficult*) mühselig; **~ battle** harter Kampf

up·hold <-held, -held> [ʌp'həʊld, AM -'hoʊld] *vt* aufrechterhalten; *traditions* pflegen; *verdict* bestätigen; **to ~ the law** das Gesetz [achten und] wahren

up·hol·ster [ʌp'həʊlstəʳ, AM -'hoʊlstɚ] *vt* [auf]polstern; (*cover*) beziehen

up·hol·ster·er [ʌp'həʊlstərəʳ, AM -'hoʊlstɚɚ] *n* Polsterer, Polsterin *m, f*

up·hol·stery [ʌp'həʊlstəri, AM -'hoʊl-] *n no pl* ① (*padding*) Polsterung *f;* (*covering*) Bezug *m* ② (*activity*) Polstern *nt*

up·keep ['ʌpki:p] *n no pl* ① (*maintenance*) Instandhaltung *f* ② (*cost*) Instandhaltungskosten *pl* ③ *of person* Unterhalt *m; of animals* Haltungskosten *f*

up·land ['ʌplənd] **I.** *adj attr* Hochland-; **~ plain** Hochebene *f* **II.** *n* ■**the ~s** *pl* das Hochland *kein pl*

up·lift ['ʌplɪft] **I.** *vt* ① (*raise*) anheben; *soil* aufwerfen ② (*inspire*) [moralisch] aufrichten **II.** *n* ① (*elevation*) Aufschwung *m* ② (*influence*) Erbauung *f*

up·lift·ing [ʌp'lɪftɪŋ] *adj* erbaulich

'up·light·er *n* Lampe *f* mit Lichtaustritt nach unten

'up·load *vt* COMPUT laden

up·'mar·ket, up-mar·ket [ˌʌp'mɑ:kɪt, AM 'ʌpˌmɑ:r-] **I.** *adj goods* hochwertig; *con-*

U

sumer anspruchsvoll **II.** *adv* in der gehobenen Preisklasse; **to go ~** exklusiver werden

upon [əˈpɒn, AM əˈpɑːn] *prep* (*form*) ❶ (*on top of*) auf +*dat; with verbs of motion* auf +*akk* ❷ (*hanging on*) an +*dat* ❸ (*at time of*) **~ arrival** bei Ankunft; **once ~ a time** [es war einmal] vor langer Zeit ❹ (*about*) über +*akk;* **I'll have more to say ~ that subject later** ich werde zu diesem Punkt später noch mehr sagen ❺ (*concerning*) **we settled ~ a price** wir einigten uns auf einen Preis

up·per [ˈʌpəʳ, AM -ɚ] **I.** *adj attr* ❶ (*higher*) obere(r, s); *arm, lip* Ober-; **~ part of the body** Oberkörper *m* ❷ *rank* höhere(r, s) ❸ *location* höher gelegen; **the U~ Rhine** der Oberrhein **II.** *n* ❶ (*of shoe*) Obermaterial *nt* ❷ *usu pl* (*fam: drug*) Aufputschmittel *nt*

up·per ˈcase *n* TYPO ■**in ~** in Großbuchstaben **up·per ˈclass** *n + sing/pl vb* Oberschicht *f* **ˈup·per-class** *adj* der Oberschicht *nach n;* **in ~ circles** in den gehobenen Kreisen **ˈup·per-cut** *n* BOXING Aufwärtshaken *m* **up·per ˈdeck** *n* Oberdeck *nt* **up·per·most** [ˈʌpəməʊst, AM ˈʌpɚmoʊst] **I.** *adj* ❶ (*highest*) oberste(r, s), höchste(r, s) ❷ (*important*) wichtigste(r, s); **to be ~ in one's mind** jdn am meisten beschäftigen **II.** *adv* ganz oben

up·pish [ˈʌpɪʃ] *adj,* **up·pi·ty** [ˈʌpɪti, AM -t̬-] *adj* hochmütig; *reaction* schnippisch

up·right [ˈʌpraɪt] **I.** *adj* ❶ (*vertical*) senkrecht; (*erect*) aufrecht; **~ freezer** Gefrierschrank *m* ❷ (*honest*) anständig **II.** *adv* (*vertical*) senkrecht; (*erect*) aufrecht; **bolt ~** kerzengerade **III.** *n* ❶ (*pillar*) [Stütz]pfeiler *m* ❷ FBALL Pfosten *m*

up·ris·ing [ˈʌpˌraɪzɪŋ] *n* Aufstand *m*

up·roar [ˈʌprɔːʳ, AM -rɔːr] *n no pl* ❶ (*noise*) Lärm *m* ❷ (*protest*) Aufruhr *m*

up·roari·ous [ʌpˈrɔːriəs] *adj* ❶ (*loud and disorderly*) stürmisch; *crowd* lärmend; *laughter* schallend ❷ (*extremely amusing*) urkomisch

up·root [ʌpˈruːt] *vt* ❶ (*extract*) herausreißen; *tree* entwurzeln ❷ (*drive away*) aus der gewohnten Umgebung herausreißen; ■**to ~ oneself** seine Heimat verlassen

up·set **I.** *vt* [ʌpˈset] ❶ (*push over*) umwerfen; *boat* zum Kentern bringen; *glass* umstoßen ❷ (*unsettle*) aus der Fassung bringen; (*distress*) mitnehmen; ■**to ~ oneself** sich aufregen ❸ (*muddle*) durcheinanderbringen ▶ PHRASES: **to ~ the apple cart** (*fam*) alle Pläne über den Haufen werfen **II.** *adj* [ʌpˈset] ❶ (*upended*) umgestoßen ❷ *pred* (*nervous*) aufgeregt; (*angry*) aufgebracht; (*distressed*) bestürzt; (*sad*) traurig ❸ **to have an ~ stomach** sich *dat* den Magen verdorben haben **III.** *n* [ˈʌpset] ❶ *no pl* (*trouble*) Ärger *m;* (*argument*) Verstimmung *f;* (*psychological*) Ärgernis *nt;* ■**to be an ~ to sb** jdn mitnehmen ❷ **stomach ~** Magenverstimmung *f*

ˈup·set price *n* Mindestpreis *m*

up·set·ting [ʌpˈsetɪŋ, AM -t̬-] *adj* erschütternd; (*saddening*) traurig; (*annoying*) ärgerlich

up·shot [ˈʌpʃɒt, AM -ʃɑːt] *n no pl* [End]ergebnis *nt*

up·side ˈdown **I.** *adj* ❶ (*inverted*) auf dem Kopf stehend *attr;* **that picture is ~** das Bild hängt verkehrt herum ❷ (*confused*) verkehrt **II.** *adv* verkehrt herum; **to turn sth ~** etw auf den Kopf stellen *a. fig*

up·stage [ˈʌpsteɪdʒ] *vt* ■**to ~ sb** jdm die Schau stehlen

up·stairs [ʌpˈsteəz, AM -ˈsterz] **I.** *adj* oben *präd,* obere(r, s) *attr* **II.** *adv* (*to higher*) nach oben; (*at higher*) oben **III.** *n no pl* Obergeschoss *nt*

up·stand·ing [ʌpˈstændɪŋ] *adj* ❶ (*honest*) aufrichtig ❷ (*erect*) groß gewachsen; (*strong*) kräftig

up·start [ˈʌpstɑːt, AM -stɑːrt] *n* (*pej*) Emporkömmling *m*

up·state [ˈʌpsteɪt] AM **I.** *adj* im ländlichen Norden [des Bundesstaates] *nach n;* **in ~ New York** im ländlichen Teil New Yorks **II.** *adv* in den/im ländlichen Norden [des Bundesstaates]

up·stream [ʌpˈstriːm] **I.** *adj* **~ pollution** Verschmutzung *f* im oberen Flusslauf **II.** *adv* flussaufwärts; **to swim ~** gegen den Strom schwimmen

up·surge [ˈʌpsɜːdʒ, AM -sɜːrdʒ] *n* rasche Zunahme; **the ~ of violence** die stark zunehmende Gewalt

up·swing [ˈʌpswɪŋ] *n* ECON Aufschwung *m*

up·take [ˈʌpteɪk] *n no pl* ❶ (*absorption*) Aufnahme *f* ❷ (*usage*) Nutzungsgrad *m* ▶ PHRASES: **to be quick/slow on the ~** (*fam*) schnell schalten/schwer von Begriff sein

up·tight [ʌpˈtaɪt] *adj* (*fam*) ❶ (*nervous*) nervös; (*anxious*) ängstlich; **to be ~ [about sth]** [wegen einer S. *gen*] nervös sein ❷ (*inhibited*) verklemmt

ˈup-to-date *adj attr* zeitgemäß; *information, report* aktuell

up-to-the-ˈmin·ute *adj* hochaktuell

up·town [ʌpˈtaʊn] AM **I.** *adj* **to live in ~ Manhattan** im nördlichen/vornehmen Teil Manhattans leben **II.** *adv* in den [nörd-

U

lichen] Wohngebieten; (*wealthy*) im Villenviertel **III.** *n* Wohnviertel *nt;* (*wealthy*) Villenviertel *nt*

up·trend ['ʌptrend] *n esp* AM Aufwärtstrend *m*

up·turn ['ʌptɜ:n, AM -tɜ:rn] *n* Aufschwung *m*

up·turned ['ʌptɜ:nd, AM -tɜ:rnd] *adj* nach oben gewendet; *table* umgeworfen; *boat* gekentert

up·ward ['ʌpwəd, AM -wɚd] **I.** *adj* Aufwärts- **II.** *adv* nach oben; **from childhood ~** von Kindheit an

up·ward·ly ['ʌpwədli, AM -wɚd-] *adv* nach oben, aufwärts

up·ward·ly 'mo·bile *adj* ■**to be ~** *ehrgeizig daran arbeiten, in der Gesellschaft aufzusteigen;* **he belongs to the new ~ generation** er gehört zu der neuen aufstrebenden Generation

up·wards ['ʌpwədz, AM -wɚdz] *adv* nach oben, aufwärts

up·ward 'trend *n* Aufwärtstrend *m;* **~ in inflation** Inflationsstoß *m*

ura·nium [jʊə'reɪniəm, AM jʊ'-] *n no pl* Uran *nt*

Ura·nus ['jʊərənəs, AM 'jʊr-] *n no art, no pl* ASTRON Uranus *m*

ur·ban ['ɜ:bən, AM 'ɜ:r-] *adj attr* städtisch; **~ area** Stadtgebiet *nt;* **~ redevelopment** Stadtsanierung *f*

ur·bane [ɜ:'beɪn, AM ɜ:r'-] *adj* weltmännisch; *manner* kultiviert

ur·ban·ity [ɜ:'bænəti, AM ɜ:r'bænət̬i] *n no pl* weltmännische Art

ur·bani·za·tion [ˌɜ:bənaɪ'zeɪʃən, AM ˌɜ:rbənɪ'-] *n no pl* Verstädterung *f*

ur·ban·ize ['ɜ:bənaɪz, AM 'ɜ:r-] *vt* verstädtern

ur·chin ['ɜ:tʃɪn, AM 'ɜ:r-] *n* ❶ ZOOL Seeigel *m* ❷ (*child*) [**street**] ~ Straßenkind *nt;* (*boy*) Gassenjunge *m*

urethra <*pl* -s *or* -rae> [jʊə'ri:θrə, AM jʊ'-, *pl* -ri:] *n* ANAT Harnröhre *f*

urge [ɜ:dʒ, AM ɜ:rdʒ] **I.** *n* Verlangen *nt* (**for** nach +*dat*); (*compulsion*) Drang *m* (**for** nach +*dat*); PSYCH Trieb *m;* **to get the ~ to do sth** Lust bekommen, etw zu tun; **sexual ~** Sexual-/Geschlechtstrieb *m* **II.** *vt* ❶ (*persuade*) ■**to ~ sb** [**to do sth**] jdn drängen[, etw zu tun] ❷ (*advocate*) ■**to ~ sth** auf etw *akk* dringen, zu etw *dat* drängen; **I ~ you to reconsider your decision** ich rate Ihnen dringend, Ihren Beschluss zu überdenken; **to ~ caution** zur Vorsicht mahnen ◆**urge on** *vt* ■**to ~ on** ⟲ **sb** [**to do sth**] jdn [dazu] antreiben[, etw zu tun]

ur·gen·cy ['ɜ:dʒən(t)si, AM 'ɜ:r-] *n no pl* Dringlichkeit *f; of problem, situation a.* Vordringlichkeit *f;* **to be a matter of ~** äußerst dringend sein

ur·gent ['ɜ:dʒənt, AM 'ɜ:r-] *adj* ❶ (*imperative*) dringend; *situation* brisant; (*on letter*) „eilt" ❷ (*insistent*) eindringlich; *steps* eilig; *plea* deutlich

ur·gent·ly ['ɜ:dʒəntli, AM 'ɜ:r-] *adv* ❶ (*imperatively*) dringend ❷ (*insistently*) eindringlich

uri·nal [jʊə'raɪnəl, -rɪ-, AM 'jʊrənəl] *n* ❶ (*toilet*) Pissoir *nt* ❷ (*for patient*) Uringlas *nt*

uri·nary ['jʊərɪnəri, AM 'jʊrəneri] *adj* Harn-; **~ diseases** Erkrankungen *pl* der Harnwege

uri·nate ['jʊərɪneɪt, AM 'jʊrə-] *vi* urinieren

urine ['jʊərɪn, AM 'jʊr-] *n no pl* Urin *m*

URL [ˌju:ɑ:'el, AM -ɑ:r'-] *n abbrev of* **uniform resource locator** URL *m*

urn [ɜ:n, AM ɜ:rn] *n* ❶ (*vase*) Krug *m;* (*for remains*) [Grab]urne *f* ❷ (*for drinks*) *großer, hoher Metallbehälter mit Deckel für heiße Getränke;* **tea ~** Teekessel *m*

Uru·guay ['jʊərəgwaɪ, AM 'jʊrəgweɪ] *n* Uruguay *nt*

Uru·guay·an [ˌjʊərə'gwaɪən, AM ˌjʊrə'gweɪ] *adj* uruguayisch

us [ʌs, əs] *pron* (*object of we*) uns *dat o akk;* **let ~ know** lassen Sie es uns wissen; **both/many of ~** wir beide/viele von uns; **it's ~** wir sind's; **older than ~** älter als wir

USA [ˌju:es'eɪ] *n no pl* ❶ (*country*) *abbrev of* **United States of America:** ■**the ~** die USA *pl* ❷ (*army*) *abbrev of* **United States Army:** ■**the ~** die US-Armee

USAF [ˌju:eseɪ'ef] *n no pl abbrev of* **United States Air Force:** ■**the ~** die US-Luftwaffe

us·age ['ju:sɪdʒ] *n* ❶ *no pl* (*handling*) Gebrauch *m;* (*consumption*) Verbrauch *m* ❷ *no pl* (*practice*) Usus *m geh;* **it's common ~ ...** es ist allgemein üblich ... ❸ *of word* Verwendung *f,* Gebrauch *m*

USB [ˌju:es'bi:] *n* COMPUT *abbrev of* **Universal Serial Bus** USB, universeller serieller Bus

use I. *vt* [ju:z] ❶ (*utilize*) benutzen; *building, chance, skills, talent* nutzen; *method, force* anwenden; *dictionary, idea* verwenden; *poison, gas, chemical warfare* einsetzen; **I could ~ some help** ich könnte etwas Hilfe gebrauchen; **to ~ drugs** Drogen nehmen; **to ~ sth against sb** etw gegen jdn verwenden ❷ (*employ*) einsetzen; **~ your imagination!** lass doch mal deine Fantasie spielen!; **to ~ common sense** seinen gesunden Menschenverstand benutzen ❸ (*consume*) verbrauchen; **this**

radio ~s 1.5 volt batteries für dieses Radio braucht man 1,5 Volt Batterien ❹ (*manipulate*) benutzen; (*exploit*) ausnutzen **II.** *n* [ju:s] ❶ (*utilization*) Verwendung *f* (**for** für *+akk*); *of dictionary a.* Benutzung *f; of talent, experience* Nutzung *m; of force, method* Anwendung *f; of poison, gas, labour* Einsatz *m;* **to lose the ~ of sth** *finger, limb* etw nicht mehr benutzen können; **directions for ~** Gebrauchsanweisung *f;* **for ~ in an emergency** für den Notfall; **for external ~ only** nur zur äußerlichen Anwendung; **to be no longer in ~** nicht mehr benutzt werden; **to find a ~ for sth** für etw *akk* Verwendung finden; **to make ~ of sth** etw benutzen; *experience, talent* etw nutzen; **can you make ~ of that?** kannst du das gebrauchen? ❷ (*consumption*) Verwendung *f* ❸ (*usefulness*) Nutzen *m;* **can I be of any ~?** kann ich vielleicht irgendwie behilflich sein?; **to be no/not much ~ to sb** jdm nichts/nicht viel nützen; **it's no ~ [doing sth]** es hat keinen Zweck[, etw zu tun] ❹ (*right to use*) **to have the ~ of sth** *room, car* etw benutzen dürfen ◆**use up** *vt* verbrauchen; (*completely*) [völlig] aufbrauchen

used[1] [ju:st] *vt only in past* **he ~ to teach** er hat früher unterrichtet; **my father ~ to say ...** mein Vater sagte [früher] immer, ...

used[2] [ju:zd] *adj* ❶ (*old*) gebraucht; **~ clothes** Secondhandkleidung *f* ❷ (*familiar*) ■**to be ~ to sth** etw gewohnt sein

use·ful [ˈju:sfəl] *adj* ❶ (*practical*) nützlich (**for** für *+akk*); **to make oneself ~** sich nützlich machen ❷ (*advantageous*) wertvoll; **to come in ~** gut zu gebrauchen sein ❸ (*effective*) hilfreich; *discussion* ergiebig

use·ful·ness [ˈju:sfəlnəs] *n no pl* Nützlichkeit *f; of contribution, information a.* Brauchbarkeit *f;* (*applicability*) Verwendbarkeit *f*

use·less [ˈju:sləs] *adj* ❶ (*pointless*) sinnlos ❷ (*fam: inept*) zu nichts zu gebrauchen *präd;* **he's a ~ goalkeeper** er taugt nichts als Torwart ❸ (*unusable*) unbrauchbar; **to be ~** nichts taugen

user [ˈju:zəʳ, AM -ɚ] *n* Benutzer(in) *m(f); of software, system a.* Anwender(in) *m(f); of electricity, gas* Verbraucher(in) *m(f);* **drug ~** Drogenkonsument(in) *m(f)*

user-ˈfriend·ly *adj* COMPUT benutzerfreundlich **user ˈinter·face** *n* COMPUT Benutzeroberfläche *f* **user ˈpro·gram** *n* COMPUT Anwenderprogramm *nt* **user ˈsoft·ware** *n* COMPUT Anwendersoftware *f*

ush·er [ˈʌʃəʳ, AM -ɚ] **I.** *n* ❶ (*in theatre, church*) Platzanweiser(in) *m(f)* ❷ LAW Gerichtsdiener(in) *m(f)* **II.** *vt* **to ~ sb into a room/to his seat** jdn in einen Raum hineinführen/zu seinem Platz führen

ush·er·ette [ˌʌʃəˈret, AM -ɚˈ-] *n* Platzanweiserin *f*

USP [ˌju:esˈpi:] *n* ECON *abbrev of* **unique selling proposition** USP *m*

USS [ˌju:esˈes] *n abbrev of* **United States Ship** *Schiff aus den Vereinigten Staaten*

USSR [ˌju:esesˈɑ:, AM -ˈɑ:r] *n* (*hist*) *abbrev of* **Union of Soviet Socialist Republics** UdSSR *f hist*

usu·al [ˈju:ʒəl, AM -ʒuəl] **I.** *adj* üblich, normal; **to find sth in its ~ place** etw an seinem gewohnten Platz vorfinden; **as [per] ~** wie üblich **II.** *n* (*fam: drink*) ■**the/one's ~** das Übliche

usu·al·ly [ˈju:ʒəli, AM -ʒuəli] *adv* normalerweise; **more ... than ~** mehr ... als sonst

usu·fruct [ˈju:sjʊfrʌkt, AM -zʊ-] *n no pl* LAW Nießbrauch *m fachspr*

usu·rer [ˈju:ʒərəʳ, AM -ɚ] *n* Wucherer, Wucherin *m, f*

usu·ri·ous [ju:ˈzjʊəriəs, AM -ˈʒʊr-] *adj esp* LAW wucherisch; **~ rates** Wucherzinsen *pl*

usurp [ju:ˈzɜ:p, AM -ˈsɜ:rp] *vt* ❶ (*take*) sich *dat* widerrechtlich aneignen; *power* an sich *akk* reißen ❷ (*oust*) verdrängen

usurp·er [ju:ˈzɜ:pəʳ, AM -ˈsɜ:rpɚ] *n* Usurpator(in) *m(f) geh*

usu·ry [ˈju:ʒəri, AM -ɚi] *n no pl esp* LAW Wucher *m*

uten·sil [ju:ˈten(t)səl] *n* Utensil *nt;* **kitchen ~s** Küchengeräte *pl*

uter·ine [ˈju:təraɪn, AM -t̬ɚɪn] *adj* Gebärmutter-

uter·us <*pl* -ri *or* -es> [ˈju:tərəs, AM -t̬ɚ-] *n* ANAT Gebärmutter *f*

utili·tar·ian [ˌju:tɪlɪˈteəriən, AM ju:ˌtɪləˈter-] *adj* ❶ (*philosophy*) utilitaristisch *fachspr* ❷ (*functional*) funktionell

util·ity [ju:ˈtɪləti, AM -ət̬i] **I.** *n* ❶ (*usefulness*) Nützlichkeit *f* ❷ (*provider*) **public ~** öffentlicher Versorgungsbetrieb **II.** *adj* Mehrzweck-; **~ vehicle** Mehrzweckfahrzeug *nt*

uˈtil·ity room *n Raum, in dem Haushaltsgeräte, wie z.B. Waschmaschine und Trockner stehen, und der ebenfalls als Vorratskeller dient*

uti·li·za·tion [ˌju:təlaɪˈzeɪʃən, AM -t̬əlɪˈ-] *n no pl* Verwendung *f;* ECON Auslastung *f*

uti·lize [ˈju:tɪlaɪz, AM -t̬əl-] *vt* nutzen

ut·most [ˈʌtməʊst, AM -moʊst] **I.** *adj attr* größte(r, s); **with the ~ care** so sorgfältig wie möglich; **of the ~ importance** von äußerster Wichtigkeit **II.** *n no pl* ■**the ~**

das Äußerste (**in** an +*dat*); **to try one's ~** sein Bestes geben

uto·pian [juːˈtəʊpiən, AM -ˈtoʊ-] *adj* utopisch

ut·ter[1] [ˈʌtəʳ, AM ˈʌt̬ɚ] *adj attr* vollkommen; **~ nonsense** absoluter Blödsinn; **a complete and ~ waste of time** eine totale Zeitverschwendung

ut·ter[2] [ˈʌtəʳ, AM ˈʌt̬ɚ] *vt* 1 (*give voice to*) von sich *dat* geben; **to ~ a groan** stöhnen; **without ~ing a word** ohne ein Wort zu sagen 2 (*speak out*) sagen; *curse, threat* ausstoßen; *oath* schwören; *prayer* sprechen; *warning* aussprechen

ut·ter·ance [ˈʌtᵊrᵊn(t)s, AM ˈʌt̬ɚ-] *n* 1 (*form: statement*) Äußerung *f;* **a child's first ~s** die ersten Worte eines Kindes 2 *no pl* (*form: act of speaking*) Sprechen *nt*

ut·ter·ly [ˈʌtəli, AM ˈʌt̬ɚ-] *adv* vollkommen; **to be ~ convinced that ...** vollkommen [davon] überzeugt sein, dass ...

ut·ter·most [ˈʌtəməʊst, AM ˈʌt̬ɚmoʊst] *n, adj see* **utmost**

U-turn [ˈjuːtɜːn, AM -tɜːrn] *n* 1 (*of car*) Wende *f;* **to do a ~** wenden 2 (*change*) Kehrtwendung *f*

UV [ˌjuːˈviː] *abbrev of* **ultraviolet** UV

uvu·la <*pl* -lae> [ˈjuːvjələ, *pl* -liː] *n* ANAT [Gaumen]zäpfchen *nt*

uxo·ri·ous [ʌkˈsɔːriəs] *adj* (*form*) *husband* blind ergeben

Uz·beki·stan [ʊzˌbekɪˈstɑːn, AM stæn] *n no pl* GEOG Usbekistan *nt*

V v

V <*pl* -'s *or* -s> *n,* **v** <*pl* -'s> [viː] *n* 1 (*letter*) V *nt,* v *nt;* **~ for Victor** V wie Viktor 2 (*five*) V (*römisches Zahlzeichen für 5*)

v [viː] **I.** *adv abbrev of* **very** **II.** *n* LING *abbrev of* **verb** v **III.** *prep abbrev of* **verse, verso, versus** vs.

vac [væk] **I.** *n* BRIT (*fam*) 1 *short for* **vacuum cleaner** Staubsauger *m* 2 *short for* **vacuum clean**: **to give sth a ~** etw [staub]saugen **II.** *vt* <-cc-> BRIT (*fam*) *short for* **vacuum clean** [staub]saugen **III.** *vi short for* **vacuum clean** [staub]saugen

va·can·cy [ˈveɪkᵊn(t)si] *n* 1 (*room*) freies Zimmer; **'vacancies'** „Zimmer frei"; **'no vacancies'** „belegt" 2 (*appointment*) freier Termin 3 (*job*) freie Stelle; **to fill a ~** eine [freie] Stelle besetzen

va·cant [ˈveɪkᵊnt] *adj* 1 (*empty*) *bed, chair, seat* frei; *house* unbewohnt; *land* unbebaut; (*on toilet door*) **'~'** „frei" 2 *job* unbesetzt; **to fall ~** frei werden 3 (*expressionless*) leer; **~ stare** ausdrucksloser Blick

va·cate [vəˈkeɪt, AM ˈveɪkeɪt] *vt* räumen; *job, position, post* aufgeben; *place, seat* frei machen

va·ca·tion [vəˈkeɪʃᵊn, AM *esp* veɪˈ-] **I.** *n* 1 AM (*holiday*) Ferien *pl,* Urlaub *m;* **to take a ~** Urlaub machen; ■**on ~** im Urlaub 2 UNIV Semesterferien *pl;* LAW Gerichtsferien *pl;* AM, AUS SCH [Schul]ferien *pl* **II.** *vi* AM Urlaub machen

va·ca·tion·er [veɪˈkeɪʃᵊnɚ] *n* AM Urlauber(in) *m(f)*

vac·ci·nate [ˈvæksɪneɪt, AM -ksə-] *vt* impfen (**against** gegen +*akk*)

vac·ci·na·tion [ˌvæksɪˈneɪʃᵊn, AM -səˈ-] *n* [Schutz]impfung *f* (**against** gegen +*akk*)

vac·cine [ˈvæksiːn, AM vækˈsiːn] *n* Impfstoff *m; see also* **pencil**

vac·il·late [ˈvæsᵊleɪt, AM -sə-] *vi* schwanken

vac·il·la·tion [ˌvæsᵊlˈeɪʃᵊn, AM -səˈleɪ-] *n* Schwanken *nt kein pl*

va·cu·ity [vækˈjuːəti, AM -ət̬i] *n* 1 *no pl* (*pej: vacancy of mind*) Leere *f;* (*brainlessness*) Geistlosigkeit *f;* (*lack of expression*) Ausdruckslosigkeit *f* 2 (*inane remarks*) ■**vacuities** *pl* Plattheiten *pl*

vacu·ous [ˈvækjuəs] *adj* 1 (*inane*) *person, question* geistlos; *remark a.* nichts sagend 2 (*expressionless*) *look, expression* ausdruckslos, leer

vacuum <*pl* -s *or* -cua> [ˈvækjuːm, *pl* -kjuə] **I.** *n* 1 Vakuum *nt* 2 (*fig: gap*) Vakuum *nt,* Lücke *f;* **to leave a ~** eine Lücke hinterlassen 3 <*pl* -s> (*Hoover*) Staubsauger *m* **II.** *vt* [staub]saugen; ■**to ~ up** ⊂ **sth** etw aufsaugen

'vacuum bot·tle *n* Thermosflasche *f* **'vacuum clean·er** *n* Staubsauger *m* **'vacuum flask** *n esp* BRIT Thermosflasche *f* **'vacuum-pack·aged, 'vacuum-packed** *adj* vakuumverpackt **'vacuum suc·tion** *n* Vakuumabsaugung *f*

vaga·bond [ˈvægəbɒnd, AM -bɑːnd] **I.** *n* (*dated*) Vagant *m* **II.** *adj* umherziehend *attr,* vagabundierend *attr*

va·gary [ˈveɪgᵊri, AM -ɚi] *n* ■**vagaries** *pl* Launen *pl;* **the vagaries of life** die Wechselfälle *pl* des Lebens

va·gi·na <*pl* -s *or* -ae> [vəˈdʒaɪnə] *n* ANAT Vagina *f,* Scheide *f*

va·gran·cy [ˈveɪgrᵊn(t)si] *n no pl* Obdachlosigkeit *f*

va·grant [ˈveɪgrᵊnt] *n* Obdachlose(r) *f(m)*

vague [veɪg] *adj* 1 (*indistinct*) ungenau,

V

vage; *blurred* verschwommen, undeutlich ❷ (*imprecise*) *person* zerstreut; *see also* **colleague**

vague·ness ['veɪgnəs] *n no pl* ❶ (*imprecision*) Unbestimmtheit *f* ❷ (*absent-mindedness*) Zerstreutheit *f*

vain [veɪn] *adj* ❶ (*conceited*) eingebildet; (*about one's looks*) eitel ❷ (*futile*) sinnlos; *hope* töricht ❸ (*unsuccessful*) vergeblich; **in ~** vergeblich, umsonst

vain·glo·ri·ous [ˌveɪn'glɔːriəs] *adj* (*pej liter*) dünkelhaft; *behaviour* überheblich; *manner* hochnäsig

va·lance ['væləntʃ(t)s] *n* ❶ (*on bed*) Volant *m* ❷ (*on curtain rail*) Querbehang *m*

vale [veɪl] *n* ❶ (*liter: valley*) Tal *nt* ❷ (*in names*) **the V~ of York** das Tal von York

val·edic·tion [ˌvælɪ'dɪkʃən, AM -ə'-] *n* (*form*) Abschiedsrede *f*

val·edic·tory [ˌvælɪ'dɪktəri, AM -ə'dɪktɚi] *adj* Abschieds-; AM (*school-leaving*) **~ address** Abschiedsrede *f*

va·lence ['veɪlən(t)s], **va·len·cy** ['veɪlən(t)si] *n* CHEM, PHYS Valenz *f fachspr;* **~ band/bond** Verbindungs-/Bindungswertigkeit *f fachspr*

val·en·tine ['væləntaɪn] *n Person, die am Valentinstag von ihrem Verehrer/ihrer Verehrerin beschenkt wird*

'Val·en·tine's Day *n* Valentinstag *m*

va·lerian [və'lɪəriən, AM -'lɪr-] *n* Baldrian *m*

val·et ['væleɪ, AM væ'leɪ] *n* ❶ (*servant*) Kammerdiener *m* ❷ AM *Person, die Autos* (*meist im Hotel*) *einparkt*

'val·et ser·vice *n* Hotelwäscherei *f*

val·etu·di·nar·ian [ˌvælɪtjuːdɪ'neəriən, AM -əˌtuːdə'neri-] *n* (*esp pej form*) ❶ (*hypochondriac*) Hypochonder(in) *m(f);* (*health fanatic*) Gesundheitsapostel *m hum, pej fam* ❷ (*in poor health*) kränkelnde Person

val·iant ['væliənt, AM -jənt] *adj* mutig; *effort* kühn; *resistance* tapfer

val·id ['vælɪd] *adj* ❶ (*well-founded*) begründet; (*worthwhile*) berechtigt; *argument* stichhaltig; *criticism* gerechtfertigt ❷ (*in force*) gültig; LAW (*binding*) rechtskräftig

vali·date ['vælɪdeɪt, AM -lə-] *vt* ❶ (*approve*) anerkennen ❷ (*verify*) bestätigen

va·lid·ity [və'lɪdəti, AM -əţi] *n no pl* Gültigkeit *f;* (*value*) Wert *m*

val·ley ['væli] *n* Tal *nt*

val·our, AM **val·or** ['vælə', AM -lɚ] *n no pl* Wagemut *m*

valu·able ['væljuəbl̩] *adj* wertvoll; *gems* kostbar

valua·tion [ˌvælju'eɪʃən] *n* ❶ (*instance*) Schätzwert *m* ❷ (*act*) Schätzung *f;* **to make a ~ of sth** etw schätzen

valua·tor ['væljueɪtə', AM -ţɚ] *n* Schätzer(in) *m(f)*

value ['væljuː] **I.** *n* ❶ *no pl* (*significance*) Wert *m,* Bedeutung *f;* **to be of little ~** wenig Wert haben; **to place a high ~ on sth** auf etw *akk* großen Wert legen ❷ *no pl* (*monetary*) Wert *m;* **that restaurant is ~ for money** in diesem Restaurant bekommt man etwas für sein Geld ❸ (*ethics*) ■**~s** *pl* Werte *pl,* Wertvorstellungen *pl* **II.** *vt* ❶ (*esteem*) schätzen; **to ~ sb as a friend** jdn als Freund schätzen ❷ (*estimate*) schätzen; ■**to have sth ~d** etw schätzen lassen

value 'add·ed tax *n* Mehrwertsteuer *f*

valued ['væljuːd] *adj* geschätzt

value·less ['væljuːləs] *adj* wertlos

valu·er ['væljuːə', AM -ɚ] *n esp* BRIT Schätzer(in) *m(f)*

valve [vælv] *n* ❶ TECH Ventil *nt* ❷ ANAT Klappe *f*

vamp[1] [væmp] *vi* MUS improvisieren

vamp[2] [væmp] *n* (*woman*) Vamp *m*

vam·pire ['væmpaɪə', AM -ɚ] *n* Vampir(in) *m(f)*

van [væn] *n* ❶ (*truck*) Transporter *m;* **delivery ~** Lieferwagen *m* ❷ AM (*car*) Kleinbus *m;* (*smaller*) Minibus *m* ❸ BRIT RAIL Gepäckwagen *m*

van·dal ['vændəl] *n* Vandale(in) *m(f) pej*

van·dal·ism ['vændəlɪzəm] *n no pl* Vandalismus *m*

van·dal·ize ['vændəlaɪz] *vt* mutwillig zerstören

vane [veɪn] *n* Propellerflügel *m*

van·guard ['vængɑːd, AM -gɑːrd] *n no pl* ❶ (*guard*) Vorhut *f;* (*forefront*) Spitze *f* ❷ (*fig: leader*) **to be in the ~ of sth** zu den Vorreitern +*dat* gehören

va·nil·la [və'nɪlə] **I.** *n no pl* Vanille *f* **II.** *adj* Vanille-; **~ custard** ≈ Vanillepudding *m*

van·ish ['vænɪʃ] *vi* ❶ (*disappear*) verschwinden; **to ~ into thin air** sich in Luft auflösen; **to ~ without trace** spurlos verschwinden ❷ (*extinct*) verloren gehen; **a ~ed era** ein verflossenes Zeitalter

'van·ish·ing cream *n* (*dated*) Pflegecreme *f* **'van·ish·ing point** *n* ❶ (*horizon*) Fluchtpunkt *m* ❷ (*fig*) Nullpunkt *m*

van·ity ['vænəti, AM -əţi] *n* ❶ *no pl* Eitelkeit *f* ❷ AM, AUS (*table*) Schminktisch *m*

'van·ity bag, 'van·ity case *n* (*bag*) Schminktasche *f;* (*case*) Beautycase *nt*

van·quish ['væŋkwɪʃ] *vt* (*esp liter*) bezwingen

van·tage ['vɑːntɪdʒ, AM 'vænţ-] *n* Aussichtspunkt *m*

'van·tage point *n* ❶ (*outlook*) Aussichts-

V

punkt *m* ② (*fig: perspective*) Blickpunkt *m*
vap·id ['væpɪd] *adj* banal
va·pori·za·tion [ˌveɪpᵊraɪ'zeɪʃᵊn, AM -rɪ'-] *n* (*slow*) Verdunstung *f;* (*quick*) Verdampfung *f*
va·por·ize ['veɪpᵊraɪz, AM -pər-] **I.** *vt* verdampfen **II.** *vi* (*slowly*) verdunsten; (*quickly*) verdampfen
va·por·iz·er ['veɪpᵊraɪzəʳ, AM -pəraɪzɚ] *n* Inhalator *m*
va·por·ous ['veɪpᵊrəs] *adj* Dampf-, dunstig, nebelhaft *a. fig*
va·pour, AM **va·por** ['veɪpəʳ, AM -ɚ] *n* Dampf *m*
'va·pour pres·sure *n no pl* Dampfdruck *m*
'va·pour trail *n* Kondensstreifen *m*
varia·bil·ity [ˌveəriə'bɪləti, AM ˌveriə'bɪləṱi] *n no pl* Veränderlichkeit *f*
vari·able ['veəriəbl̩, AM 'ver-] **I.** *n* Variable *f* **II.** *adj* variabel, veränderlich; *quality* wechselhaft; *weather* unbeständig
vari·ance ['veəriən(t)s, AM 'ver-] *n* ① *no pl* ▪**to be at ~ with sth** mit etw *dat* nicht übereinstimmen ② *no pl* (*variation*) Abweichung *f* ③ AM LAW (*permission*) Sondergenehmigung *f*
vari·ant ['veəriənt, AM 'ver-] **I.** *n* Variante *f* **II.** *adj* variierend, unterschiedlich
varia·tion [ˌveəri'eɪʃᵊn, AM ˌver-] *n* ① *no pl* (*variability*) Abweichung *f* ② (*difference*) Schwankung[en] *f*[*pl*] ③ MUS Variation *f* (**on** über +*akk*)
vari·cose ['værɪkə(ʊ)s, AM 'verəkoʊs] *adj* varikös *fachspr;* ~ **veins** Krampfadern
var·ied ['veərid, AM 'ver-] *adj* unterschiedlich; *career* bewegt; *group* bunt gemischt
varie·gat·ed ['veərɪgeɪtɪd, AM 'veriəgeɪṱɪd] *adj* ① (*diverse*) vielfältig ② (*multicoloured*) mischfarbig; BOT panaschiert *fachspr; leaves* bunt
va·ri·ety [və'raɪəti, AM -əṱi] *n* ① *no pl* (*diversions*) Vielfalt *f;* (*in job a.*) Abwechslungsreichtum *m;* ECON Auswahl *f* ② *no pl* (*diversity*) Verschiedenartigkeit *f* ③ (*category*) Art *f;* BIOL Spezies *f;* **a new ~ of tulip** eine neue Tulpensorte
va·'ri·ety show *n* Varieteeshow *f* **va·'ri·ety thea·tre** *n* BRIT Varieteetheater *nt*
vari·fo·cal ['veərɪfəʊkᵊl, AM 'verɪfoʊ-] *adj lenses, glasses* Gleitsicht-
vari·ous ['veəriəs, AM 'ver-] *adj* verschieden
var·mint ['vɑːrmɪnt] *n* AM Schädling *m;* (*fig fam: mischievous person*) Tunichtgut *m*
var·nish ['vɑːnɪʃ, AM 'vɑːr-] **I.** *n* <*pl* -es> Lack *m;* (*on painting*) Firnis *m* **II.** *vt* lackieren
var·sity ['vɑːsəti, AM 'vɑːrsəṱi] *n* BRIT (*dated*) Uni *f*
vary <-ie-> ['veəri, AM 'veri] **I.** *vi* ① (*differ*) variieren, verschieden sein; **to ~ greatly** stark voneinander abweichen ② (*change*) sich verändern; (*fluctuate*) schwanken **II.** *vt* variieren; **to ~ one's diet** abwechslungsreich essen
vary·ing ['veərɪɪŋ, AM 'ver-] *adj* (*different*) unterschiedlich; (*fluctuating*) variierend; *costs* schwankend
vas·cu·lar ['væskjələʳ, AM -ɚ] *adj* BOT, MED vaskulär *fachspr*
vase [vɑːz, AM veɪs, veɪz] *n* Vase *f*
vas·sal ['væsᵊl] *n* ① (*hist: feudal subject*) Vasall *m* ② (*fig, pej: puppet*) Marionette *f*
vas·sal·age ['væsᵊlɪdʒ] *n no pl* (*hist*) Vasallentum *nt*
vast [vɑːst, AM væst] *adj* gewaltig, riesig; *country* weit; *majority* überwältigend
vast·ly ['vɑːstli, AM 'væst-] *adv* wesentlich, erheblich; ~ **superior** haushoch überlegen
vast·ness ['vɑːstnəs, AM 'væst-] *n no pl* riesige Ausmaße *pl*
vat [væt] *n* Fass *nt;* (*with open top*) Bottich *m*
VAT [ˌviːeɪ'tiː] *n no pl abbrev of* **value added tax** MwSt *f*
Vati·can ['vætɪkən, AM -ṱ-] **I.** *n no pl* ▪**the ~** der Vatikan **II.** *adj attr* Vatikan-, des Vatikans *nach n*
vau·de·ville ['vɑːdvɪl] *n no pl* AM (*old: variety theatre*) Varietee *nt*
vault [vɔːlt, AM vɑːlt] **I.** *n* ① (*arch*) Gewölbebogen *m* ② (*strongroom*) Tresorraum *m;* (*safe*) Magazin *nt* ③ (*in church*) Krypta *f;* (*at cemetery*) Gruft *f* ④ (*jump*) Sprung *m* **II.** *vt* ▪**to ~ sth** über etw *akk* springen; *athletics* etw überspringen **III.** *vi* springen (**over** über +*akk*)
vault·ed ['vɔːltɪd, AM 'vɑːl-] *adj* gewölbt
vault·ing ['vɔːltɪŋ, AM 'vɑːl-] **I.** *n no pl* Wölbung *f* **II.** *adj attr* rasch ansteigend; *ambition* skrupellos; *costs* explodierend
'vault·ing horse *n* Sprungpferd *nt* **'vault·ing pole** *n* Stab *m* (*für Stabhochsprung*)
vaunt [vɔːnt, AM vɑːnt] *vt* preisen
VC [ˌviː'siː] *n* BRIT *abbrev of* **Victoria Cross** Viktoriakreuz *nt* (*Tapferkeitsmedaille*)
VCR [ˌviːsiː'ɑː, AM ˌviːsiː'ɑːr] *n abbrev of* **video cassette recorder** Videorekorder *m*
VDU [ˌviːdiː'juː] *n abbrev of* **visual display unit** Sichtgerät *nt*
veal [viːl] **I.** *n no pl* Kalbfleisch *nt* **II.** *adj* Kalbs-
vec·tor ['vektəʳ, AM -ɚ] *n* ① (*quantity*) Vektor *m* ② (*transmitter*) Überträger *m*
veer [vɪəʳ, AM vɪr] *vi* ① (*turn*) abdrehen; ▪**to ~ towards sth** auf etw *akk* hinsteuern

V

2 (*alter goal*) umschwenken

veg[1] [vedʒ] **I.** *n no pl* BRIT (*fam*) *short for* **vegetable II.** *adj* BRIT (*fam*) *short for* **vegetable: fruit and ~ stall** Obst- und Gemüsestand *m*

veg[2] <-gg-> [vedʒ] *vi* (*fam*) ■**to ~ out** herumhängen

ve·gan ['vi:gən] **I.** *n* Veganer(in) *m(f)* **II.** *adj* vegan

Land und Leute

Vegemite ist ein brauner Brotaufstrich aus Gemüse- und Hefeextrakt mit viel Vitamin B, den man überall in Australien auf Toast zum Frühstück oder auf dem Pausenbrot isst.

veg·eta·ble ['vedʒtəbl̩] **I.** *n* 1 (*plant*) Gemüse *nt* 2 (*pej! fam: handicapped person*) Scheintote(r) *f(m)* 3 (*fam: idler*) **to be a ~** vor sich *dat* hin vegetieren 4 (*not animal or mineral*) Pflanze *f* **II.** *adj* Gemüse-; **~ diet** (*for person*) pflanzliche Ernährung; (*for animal*) Grünfutter *nt*

'veg·eta·ble fat *n* pflanzliches Fett **'veg·eta·ble gar·den** *n* Gemüsegarten *m* **veg·eta·ble 'king·dom** *n no pl* Pflanzenreich *nt* **'veg·eta·ble oil** *n* pflanzliches Öl

veg·etar·ian [ˌvedʒɪ'teəriən, AM -ə'ter-] **I.** *n* Vegetarier(in) *m(f)* **II.** *adj* vegetarisch

veg·etate ['vedʒɪteɪt, AM -dʒə-] *vi* vegetieren

veg·eta·tion [ˌvedʒɪ'teɪʃən, AM -dʒə'-] *n no pl* Pflanzen *pl;* (*in specific area*) Vegetation *f*

veg·gie[1] ['vedʒi] *n* (*fam*) *short for* **vegetarian** Vegetarier(in) *m(f)*

veg·gie[2] ['vedʒi] *n esp* AM, AUS (*fam*) *short for* **vegetable** Gemüse *nt*

veg·gie·bur·ger ['vedʒiˌbɜ:gəʳ, AM -ˌbɜ:rgɚ] *n* Gemüseburger *m*

ve·he·mence ['vi:əmən(t)s] *n no pl* Vehemenz *f*

ve·he·ment ['vi:əmənt] *adj* vehement, heftig; *critic* scharf

ve·hi·cle ['vɪəkl̩, AM 'vi:ə-] *n* 1 (*transport*) Fahrzeug *nt* 2 (*fig: means*) Vehikel *nt* (**for** für +*akk*)

ve·hi·cle reg·is·'tra·tion cen·tre *n* BRIT Kfz-Zulassungsstelle *f* **ve·hi·cle reg·is·'tra·tion num·ber** *n* Kfz-Kennzeichen *nt*

ve·hicu·lar [vɪ'ɪkjələʳ, AM vi:'hɪkjəlɚ] *adj attr* (*form*) Fahrzeug-; **~ access** Zufahrt *f*

veil [veɪl] **I.** *n* Schleier *m a. fig* **II.** *vt* 1 *usu passive* ■**to be ~ed** verschleiert sein; ■**to ~ oneself** sich verschleiern 2 (*fig: hide*) *feelings, opinion* verbergen; *truth, intention, scandal* verschleiern

veiled [veɪld] *adj* 1 verschleiert 2 (*fig: hidden*) verschleiert; *criticism, hint, threat* versteckt

vein [veɪn] *n* 1 (*vessel*) Vene *f* 2 BOT, ZOOL, MIN Ader *f* 3 *usu sing* (*style*) Stil *m*

veined [veɪnd] *adj* geädert

Vel·cro® ['velkrəʊ, AM -roʊ] *n no pl* Klettverschluss *m*

veld, veldt [velt] *n* Steppe *f*

ve·loc·ity [vɪ'lɒsəti, AM və'lɑ:sət̬i] **I.** *n* Geschwindigkeit *f* **II.** *adj attr* Geschwindigkeits-

vel·vet ['velvɪt] *n no pl* Samt *m*

vel·vet·een [ˌvelvɪ'ti:n] *n no pl* Veloursamt *m*

vel·vety ['velvɪti, AM -ət̬i] *adj* samtig

ve·nal ['vi:nəl] *adj* (*pej form*) bestechlich; *character* verdorben; *regime, ruler* korrupt

ve·nal·ity [vi:'næləti, AM vɪ'nælət̬i] *n no pl* (*pej form*) Korruption *f*

vend [vend] *vt* verkaufen

ven·det·ta [ven'detə, AM -t̬-] *n* Vendetta *f*

'vend·ing ma·chine *n* Automat *m*

ven·dor ['vendɔ:ʳ, AM -ɚ] *n* 1 (*street seller*) Straßenverkäufer(in) *m(f)* 2 LAW (*seller*) Verkäufer(in) *m(f)*

ven·due ['vendu:] *n* AM Auktion *f*

ve·neer [və'nɪəʳ, AM -'nɪr] *n* 1 (*layer*) Furnier *nt* 2 *no pl* (*fig: front*) Fassade *f*

ven·er·able ['venərəbl̩] *adj* 1 (*respected*) ehrwürdig; *family* angesehen; *tradition* alt 2 (*old*) *ruins* altehrwürdig; *age* ehrwürdig

ven·er·ate ['venəreɪt, AM -nər-] *vt* verehren, bewundern (**for** für +*akk*)

ven·era·tion [ˌvenər'eɪʃən, AM -nə'reɪ-] *n no pl* Verehrung *f*

ve·nereal [və'nɪəriəl, AM -'nɪr-] *adj* MED venerisch *fachspr*

ve·nereal dis·'ease *n*, **VD** *n* Geschlechtskrankheit *f*

ve·netian 'blind *n* Jalousie *f*

Ven·ezue·la [ˌvenɪ'zweɪlə, AM -ə'-] *n no pl* Venezuela *nt*

Ven·ezue·lan [ˌvenɪ'zweɪlən, AM -ə'-] **I.** *adj* venezolanisch **II.** *n* Venezolaner(in) *m(f)*

venge·ance ['vendʒən(t)s] *n no pl* 1 (*revenge*) Rache *f;* **to vow ~** Rache schwören 2 (*fig: energy*) ■**with a ~** mit voller Kraft

ve·nial ['vi:niəl] *adj* (*form*) verzeihlich; *sin* harmlos

veni·son ['venɪsən] *n no pl* Rehfleisch *nt*

ven·om ['venəm] *n no pl* Gift *nt;* (*fig: spite*) Bosheit *f*

ven·om·ous ['venəməs] *adj* giftig *a. fig*

ve·nous ['vi:nəs] *adj* ANAT, MED venös *fachspr*

vent [vent] **I.** *n* 1 (*outlet*) Abzug *m;* **air ~** Luftschacht *m* 2 (*fig: release*) Ventil *nt;* **to give ~ to one's anger** seinem Ärger Luft machen; **to give ~ to one's feelings** sei-

V

nen Gefühlen Ausdruck geben **II.** *vt* ■ **to ~ sth** etw *dat* Ausdruck geben; **to ~ one's anger on sb** seine Wut an jdm auslassen **III.** *vi* Dampf ablassen *fam*
ven·ti·late ['ventɪleɪt, AM -tə-] *vt* lüften
ven·ti·la·tion [ˌventɪ'leɪʃᵊn, AM -tə'-] *n no pl* Belüftung *f*
ven·ti·'la·tion duct *n* Belüftungsschacht *m*
ven·ti·la·tor ['ventɪleɪtəʳ, AM -əleɪt̬ɚ] *n* ① (*outlet*) Abzug *m;* (*freshener*) Ventilator *m* ② (*respirator*) Beatmungsgerät *nt*
ven·tri·cle ['ventrɪkl̩] *n* Herzkammer *f*
ven·trilo·quist [ven'trɪləkwɪst] *n* Bauchredner(in) *m(f)*
ven·ture ['ventʃəʳ, AM -ɚ] **I.** *n* Projekt *nt;* ECON Unternehmen *nt* **II.** *vt opinion* vorsichtig äußern **III.** *vi* sich vorwagen ◆**venture on** *vt* ■ **to ~ sth on sth** etw auf etw *akk* setzen ◆**venture out** *vi* sich hinauswagen
'ven·ture capi·tal *n no pl* Risikokapital *nt*
ven·ture·some ['ventʃəsəm, AM -tʃɚ-] *adj* ① (*adventurous*) *person* wagemutig; *entrepreneur* risikofreudig ② (*risky*) riskant; *journey* gefährlich
venue ['venjuː] *n* ① (*site*) Veranstaltungsort *m;* (*for competition*) Austragungsort *m* ② LAW (*jurisdiction*) Verhandlungsort *m*
Ve·nus ['viːnəs] *n no pl* Venus *f*
ve·ra·cious [və'reɪʃəs] *adj* (*rare form*) ① (*marked by honesty*) *person* ehrlich; *witness* glaubwürdig ② (*accurate*) *statement, testimony* wahrheitsgemäß
ve·rac·ity [və'ræsəti, AM -ət̬i] *n no pl* (*form*) Aufrichtigkeit *f; of an alibi* Glaubwürdigkeit *f*
ve·ran·da(h) [və'rændə] *n* Veranda *f*
verb [vɜːb, AM vɜːrb] *n* Verb *nt*
ver·bal ['vɜːbᵊl, AM 'vɜːr-] *adj* ① (*oral*) mündlich ② (*of verb*) **~ noun** Verbalsubstantiv *nt*
ver·bal·ize ['vɜːbᵊlaɪz, AM 'vɜːrbə-] **I.** *vt* ausdrücken **II.** *vi* sich verbal ausdrücken; **to start to ~** *child* anfangen zu sprechen
ver·bal·ly ['vɜːbᵊli, AM 'vɜːr-] *adv* verbal, mündlich
ver·ba·tim [vɜː'beɪtɪm, AM vɚ'beɪt̬-] **I.** *adj* wörtlich **II.** *adv* wortwörtlich
ver·bi·age ['vɜːbiɪdʒ, AM 'vɜːr-] *n no pl* Worthülsen *pl;* (*in speech*) Floskeln *pl*
ver·bose [vɜː'bəʊs, AM vɚ'boʊs] *adj* wortreich; *speech* weitschweifig
ver·bos·ity [vɜː'bɒsəti, AM vɚ'bɑːsət̬i] *n no pl* (*pej*) Wortfülle *f*
ver·dant ['vɜːdᵊnt, AM 'vɜːr-] *adj* (*liter*) fruchtbar; *garden* üppig; *lawn* sattgrün
ver·dict ['vɜːdɪkt, AM 'vɜːr-] *n* ① (*judgement*) Urteil *nt;* **~ of not guilty** Freispruch *m;* **unanimous ~** einstimmiges Urteil; **to deliver a ~** ein Urteil verkünden ② (*opinion*) Urteil *nt;* **to give a ~ on sth** ein Urteil über etw *akk* fällen
ver·di·gris ['vɜːdɪgrɪs, AM 'vɜːrdɪgriːs] *n no pl* Grünspan *m*
verge [vɜːdʒ, AM vɜːrdʒ] *n* ① (*edge*) Rand *m;* **on the ~ of the desert** am Rand der Wüste ② *esp* BRIT (*roadside*) [seitlicher] Grünstreifen ③ (*fig: brink*) **to be on the ~ of collapse** kurz vor dem Zusammenbruch stehen ◆**verge on** *vi* **to ~ on the ridiculous** ans Lächerliche grenzen
ver·ger ['vɜːdʒəʳ, AM 'vɜːrdʒɚ] *n* Küster(in) *m(f)*
veri·fi·able [ˌverɪ'faɪəbl̩, AM ˌverə-] *adj* verifizierbar *geh; fact* überprüfbar; *theory* nachweisbar
veri·fi·ca·tion [ˌverɪfɪ'keɪʃᵊn, AM ˌverə-] **I.** *n no pl* Verifizierung *f geh;* (*checking*) Überprüfung *f* **II.** *adj* Überprüfungs-; **~ procedure** Prüfungsverfahren *nt*
veri·fy <-ie-> ['verɪfaɪ, AM 'verə-] *vt* verifizieren *geh;* (*check*) überprüfen; (*confirm*) belegen
veri·si·mili·tude [ˌverɪsɪ'mɪlɪtjuːd, AM -əsə'mɪlɪtuːd, -tjuːd] *n no pl* (*form*) Wahrhaftigkeit *f; of a painting* Wirklichkeitsnähe *f; of a story also* Authentizität *f*
veri·table ['verɪtəbl̩, AM -ət̬ə-] *adj attr* wahr; **a ~ war of words** das reinste Wortgefecht
ver·mi·cel·li [ˌvɜːmɪ'tʃeli, AM ˌvɜːrmə'-] *npl* ① (*pasta*) Fadennudeln *pl* ② BRIT (*chocolate*) Schokosplitter *pl*
ver·mi·cide ['vɜːmɪsaɪd, AM 'vɜːrmə-] *n* MED Wurmmittel *nt*
ver·mil·ion, ver·mil·lion [və'mɪljən, AM vɚ'-] **I.** *n* Zinnoberrot *nt* **II.** *adj* zinnoberrot
ver·min ['vɜːmɪn, AM 'vɜːr-] *npl* (*animals*) Schädlinge *pl;* (*persons*) nutzloses Pack *pej;* **to control ~** Ungeziefer bekämpfen
ver·min·ous ['vɜːmɪnəs, AM 'vɜːr-] *adj* voller Ungeziefer *nach n*
ver·mouth ['vɜːməθ, AM vɚ'muːθ] *n no pl* Wermut *m*
ver·nacu·lar [və'nækjələʳ, AM vɚ'nækjəlɚ] **I.** *n* Umgangssprache *f;* (*dialect*) Dialekt *m;* (*jargon*) Jargon *m* **II.** *adj* (*of language*) umgangssprachlich; (*as one's mother tongue*) muttersprachlich
ver·nal 'equi·nox *n* Frühlingsäquinoktium *nt fachspr*
ve·roni·ca [və'rɒnɪkə, AM -'rɑːn-] *n* Veronika *f geh*
ver·ru·ca <*pl* -s *or* -ae> [və'ruːkə, *pl* -kiː] *n* Warze *f*
ver·sa·tile ['vɜːsətaɪl, AM 'vɜːrsət̬ᵊl] *adj person* vielseitig; *material* vielseitig verwend-

bar

ver·sa·til·ity [ˌvɜːsəˈtɪləti, AM ˌvɜːrsəˈtɪləṱi] *n no pl* Vielseitigkeit *f;* (*adjustability*) Anpassungsfähigkeit *f;* *of device* vielseitige Verwendbarkeit

verse [vɜːs, AM vɜːrs] *n* ❶ *no pl* (*poetry*) Dichtung *f;* **in ~** in Versen *m* ❷ (*poem*) *a.* MUS Strophe *f* ❸ (*scripture*) Vers *m*

versed [vɜːst, AM vɜːr-] *adj* **to be [well] ~ in sth** (*knowledgeable about*) in etw *dat* [sehr] versiert sein *geh;* (*familiar with*) sich mit etw *dat* [gut] auskennen

ver·si·fy [ˈvɜːsɪfaɪ, AM ˈvɜːrsə-] **I.** *vi* dichten **II.** *vt* in Versform bringen

ver·sion [ˈvɜːʃᵊn, -ʒᵊn, AM ˈvɜːrʒ-, ʃᵊn] *n* ❶ (*account*) Version *f;* (*description*) Darstellung *f* ❷ (*variant*) Version *f;* *of book, text, film* Fassung *f;* **abridged ~** Kurzfassung *f;* **revised ~** revidierte Ausgabe

ver·sion·ing [ˈvɜːʃᵊnɪŋ, ˈvɜːʒ-, AM ˈvɜːrʒᵊn-] *n no pl* FILM, COMPUT Versioning *nt* (*per Computer seine eigene Version eines Films erstellen*)

ver·so [ˈvɜːsəʊ, AM ˈvɜːrsoʊ] *n* ❶ PUBL (*left-hand page*) linke Seite; (*back of page*) Verso *nt fachspr* ❷ (*reverse side*) Rückseite *f;* *of coin also* Revers *m fachspr*

ver·sus [ˈvɜːsəs, AM ˈvɜːr-] *prep* gegen

ver·te·bra <*pl* -brae> [ˈvɜːtɪbrə, AM ˈvɜːrṱə-, *pl* -briː] *n* Wirbel *m*

ver·te·bral [ˈvɜːtɪbrᵊl, AM ˈvɜːrṱə-] *adj* Wirbel-

ver·te·brate [ˈvɜːtɪbreɪt, AM ˈvɜːrṱəbrɪt] **I.** *n* Wirbeltier *nt* **II.** *adj attr* Wirbel-

ver·tex <*pl* -es *or* -tices> [ˈvɜːteks, AM ˈvɜːr-, *pl* -tɪsiːz] *n* ❶ MATH Scheitel[punkt] *m* ❷ (*apex*) Spitze *f*

ver·ti·cal [ˈvɜːtɪkᵊl, AM ˈvɜːrṱə-] **I.** *adj* senkrecht, vertikal; *cliffs* senkrecht abfallend **II.** *n* Senkrechte *f,* Vertikale *f geh*

ver·tigi·nous [vɜːˈtɪdʒɪnəs, AM vɚˈtɪdʒə-] *adj* (*form*) ❶ (*causing vertigo*) Schwindel erregend ❷ (*dizzy*) schwindlig

ver·ti·go [ˈvɜːtɪgəʊ, AM ˈvɜːrṱəgoʊ] *n no pl* Schwindel *m;* MED Gleichgewichtsstörung *f*

verve [vɜːv, AM vɜːrv] *n no pl* Begeisterung *f,* Verve *f geh*

very [ˈveri] **I.** *adv* ❶ (*extremely*) sehr, außerordentlich; **how are you? – ~ well, thanks** wie geht es dir? – sehr gut, danke ❷ (*to great degree*) sehr; **~ much** sehr; **to feel ~ much at home** sich ganz wie zu Hause fühlen ❸ + *superl* (*to add force*) aller-; **the ~ best** der/die/das Allerbeste; **to do the ~ best one can** sein Allerbestes geben; **at the ~ most/least** allerhöchstens/zumindest; **the ~ next day** schon am nächsten Tag; **the ~ same** genau der/die/das Gleiche **II.** *adj attr* **at the ~ bottom** zuunterst; **at the ~ end of sth** ganz am Ende einer S. *gen;* **the ~ fact that ...** allein schon die Tatsache, dass ...; **they're the ~ opposite of one another** sie sind völlig unterschiedlich; **the ~ thought ...** allein der Gedanke ...

Very light [ˈveri, ˈvɪəri, AM ˈvɪri-] *n* Leuchtkugel *f*

Very pis·tol [ˈveri, ˈvɪəri, AM ˈvɪri-] *n* Leuchtpistole *f*

vesi·cle [ˈvesɪkl] *n* (*blister*) *a.* GEOL Blase *f;* (*pustule*) Pustel *f;* (*fluid-filled sac*) *a.* BOT Bläschen *nt;* (*cyst*) Zyste *f*

ves·pers [ˈvespəʳs, AM -ɚs] *npl* Vesper *f*

ves·sel [ˈvesᵊl] *n* ❶ (*ship*) Schiff *nt* ❷ (*container*) Gefäß *nt*

vest [vest] **I.** *n* ❶ BRIT (*underwear*) Unterhemd *nt* ❷ (*jersey*) Trikot *nt* ❸ AM, AUS (*waistcoat*) [Anzug]weste *f* **II.** *vt* ❶ *usu passive* (*give*) **to be ~ed with the power to do sth** berechtigt sein, etw zu tun ❷ (*place*) **to ~ one's hopes in sb/sth** seine Hoffnungen auf jdn/etw setzen

ves·ti·bule [ˈvestɪbjuːl, AM -tə-] *n* ❶ (*foyer*) Vorraum *m;* (*larger*) Eingangshalle *f;* (*in theatre*) Foyer *nt* ❷ AM (*porch*) Veranda *f*

ves·tige [ˈvestɪdʒ] *n* ❶ (*trace*) Spur *f;* (*remainder*) Überrest *m* ❷ (*fig*) **there's not a ~ of truth in what she says** es ist kein Körnchen Wahrheit an dem, was sie sagt; **to remove the last ~ of doubt** den letzten Rest Zweifel ausräumen

vest·ments [ˈves(t)mənts] *npl* Messgewand *nt;* (*for special occasion*) Ornat *m geh*

ˈvest-pock·et *adj attr* AM ❶ (*pocket-size*) Westentaschen-, im Westentaschenformat *nach n* ❷ (*small*) Miniatur-, Mini-

ves·try [ˈvestri] *n* Sakristei *f*

vet[1] [vet] **I.** *n* BRIT Tierarzt, Tierärztin *m, f* **II.** *vt* <-tt-> ❶ (*examine*) überprüfen ❷ *usu passive* BRIT (*screen*) ▪ **to be ~ted** [auf Herz und Nieren] [über]prüft werden *fam*

vet[2] [vet] *n* AM (*fam*) *short for* **veteran** Veteran(in) *m(f)*

vetch [vetʃ] *n* Wicke *f*

vet·er·an [ˈvetᵊrᵊn, AM ˈveṱɚ-] **I.** *n* ❶ (*expert*) Veteran(in) *m(f) hum,* alter Hase *hum* ❷ (*ex-military*) Veteran(in) *m(f)* **II.** *adj attr* (*experienced*) erfahren; (*of many years*) langjährig; (*of actor*) altgedient

vet·er·an ˈcar *n* BRIT Oldtimer *m*

ˈVet·er·ans Day *n* AM *11. November, an dem als staatlicher Feiertag die Kriegsveteranen geehrt werden und der Kriegsopfer gedacht wird*

vet·eri·nar·ian [ˌvetᵊrɪˈneriən] *n* AM Tierarzt, Tierärztin *m, f*

vet·eri·nary ['vetᵊrɪnᵊri, AM -neri] *adj attr* tierärztlich; ~ **medicine** Tiermedizin *f*

veto ['vi:təʊ, AM -t̬oʊ] **I.** *n* <*pl* -es> ❶ (*nullification*) Veto *nt;* **presidential** ~ Veto *nt* des Präsidenten ❷ (*right of refusal*) Vetorecht *nt;* **to have the power of** ~ das Vetorecht haben **II.** *vt* ❶ (*refuse*) ein Veto einlegen (gegen +*akk*) ❷ (*forbid*) untersagen

vex [veks] *vt* verärgern

vexa·tion [vek'seɪʃᵊn] *n no pl* (*dated*) Ärger *m*

vexa·tious [vek'seɪʃəs] *adj* (*dated*) ärgerlich; *child* unausstehlich; *problem* leidig; LAW schikanös

v. g. *abbrev of* **very good** sehr gut

VHF [ˌvi:eitʃ'ef] **I.** *n no pl abbrev of* **very high frequency:** ■**on** ~ auf UKW **II.** *adj attr abbrev of* **very high frequency** UKW-

via ['vaɪə, AM *esp* 'vi:ə] *prep* ❶ (*through*) über ❷ (*using*) per, via

vi·abil·ity [ˌvaɪə'bɪləti, AM -ət̬i] *n no pl* ❶ BIOL Lebensfähigkeit *f* ❷ *of business* Rentabilität *f* ❸ (*feasibility*) Realisierbarkeit *f*

vi·able ['vaɪəbl̩] *adj* ❶ (*successful*) existenzfähig; *company* rentabel ❷ (*feasible*) machbar; *alternative* durchführbar ❸ BIOL (*able to live*) lebensfähig; (*able to reproduce*) zeugungsfähig

via·duct ['vaɪədʌkt] *n* Viadukt *m o nt;* (*bridge*) Brücke *f*

vibes [vaɪbz] *npl* (*fam*) ❶ (*atmosphere*) Schwingungen *pl;* (*general feeling*) Klima *nt* ❷ (*vibraphone*) Vibraphon *nt*

vi·brant ['vaɪbrənt] *adj* ❶ *person* lebhaft; (*dynamic*) dynamisch ❷ *atmosphere, place* lebendig ❸ ECON ~ **economy** boomende Wirtschaft ❹ *colour* leuchtend

vi·bra·phone ['vaɪbrəfəʊn, AM -foʊn] *n* Vibraphon *nt*

vi·brate [vaɪ'breɪt, AM 'vaɪbreɪt] **I.** *vi* ❶ (*pulsate*) vibrieren; *person* zittern ❷ *sound* nachklingen **II.** *vt* vibrieren lassen; MUS zum Schwingen bringen

vi·bra·tion [vaɪ'breɪʃᵊn] *n* Vibration *f; of earthquake* Erschütterung *f;* PHYS Schwingung *f*

vi·bra·tor [vaɪ'breɪtəʳ, AM 'vaɪbreɪt̬ɚ] *n* Vibrator *m*

vic·ar ['vɪkəʳ, AM -ɚ] *n* Pfarrer *m*

vic·ar·age ['vɪkᵊrɪdʒ] *n* Pfarrhaus *nt*

vi·cari·ous [vɪ'keəriəs, AM -'keri-] *adj* nachempfunden; *pleasure* indirekt; ~ **satisfaction** Ersatzbefriedigung *f;* **to get a** ~ **thrill out of sth** sich an etw *dat* aufgeilen *sl*

vice¹ [vaɪs] *n* ❶ (*weakness*) Laster *nt* ❷ *no pl* (*behaviour*) Lasterhaftigkeit *f*

vice² *n* Schraubstock *m*

vice-'chair·man *n* stellvertretende(r) Vorsitzende(r) **vice-'chan·cel·lor** *n* Vizekanzler(in) *m(f);* BRIT UNIV Rektor(in) *m(f)* **Vice 'Presi·dent** *n,* **vice-'presi·dent** *n* Vizepräsident(in) *m(f)*

vice ver·sa [ˌvaɪsi'vɜ:sə, AM -ə'vɜ:r-] *adv* umgekehrt

vi·cin·ity [vɪ'sɪnəti, AM və'sɪnət̬i] *n* Nähe *f;* (*surroundings*) Umgebung *f;* ■**in the** ~ **[of sth]** in der Nähe [einer S. *gen*]; (*fig*) **they paid in the** ~ **of £3 million for their latest new player** sie haben um die 3 Millionen Pfund für ihren jüngsten Neuzugang gezahlt

vi·cious ['vɪʃəs] *adj* ❶ (*malicious*) boshaft, gemein; *attack* heimtückisch; *crime, murder* grauenhaft; *dog* bissig; *fighting* brutal; *gossip* gehässig ❷ (*causing pain*) grausam ❸ (*nasty*) gemein

Aussprache

Die Buchstabenfolge **ci** + **Vokal** wird oft als [ʃ], wie in **sh**ow [ʃəʊ], ausgesprochen: **vicious** = ['vɪʃəs]. Andere Beispiele hierfür sind:

crucial	['kru:ʃᵊl]	(*entscheidend*)
financial	[faɪ'næn(t)ʃᵊl]	(*finanziell*)
malicious	[mə'lɪʃəs]	(*boshaft*)
special	['speʃᵊl]	(*besondere(r, s)*)
species	['spi:ʃi:z]	(*Art*)
suspicion	[sə'spɪʃᵊn]	(*Verdacht*)

vi·cious 'cir·cle, vi·cious 'cy·cle *n* Teufelskreis *m;* **to be caught in a** ~ in einen Teufelskreis geraten sein

vi·cis·si·tude [vɪ'sɪsɪtju:d, AM -ətu:d, -tju:d] *n* (*form*) steter Wandel; ■~**s** *pl of circumstances* Unbeständigkeit *f;* **the** ~**s of life** die Launen *pl* des Schicksals

vic·tim ['vɪktɪm] *n* ❶ (*harmed*) Opfer *nt;* **to fall** ~ **to sb/sth** jdm/etw zum Opfer fallen ❷ (*sufferer*) **cancer** ~ Krebskranke(r) *f(m)* ❸ (*fig*) **to fall** ~ **to sb's charms** jds Charme *m* erliegen; **to be a** ~ **of fortune** dem Schicksal ausgeliefert sein

vic·tim·ize ['vɪktɪmaɪz, AM -təm-] *vt* ungerecht behandeln; (*pick at*) schikanieren

vic·tor ['vɪktəʳ, AM -ɚ] *n* Sieger(in) *m(f);* **to be the** ~ **in sth** in etw *dat* siegen

Victoria Cross [vɪktɔ:riə'-, AM -'krɑ:s] *höchste Tapferkeitsauszeichnung in Großbritannien*

Vic·to·rian [vɪk'tɔ:riən] **I.** *adj* ❶ (*era*) viktorianisch ❷ (*prudish*) prüde **II.** *n* Viktorianer(in) *m(f)*

vic·to·ri·ous [vɪk'tɔ:riəs] *adj* siegreich; **to**

V

emerge ~ als Sieger/Siegerin hervorgehen

vic·tory ['vɪktᵊri] *n* Sieg *m* (**against** über +*akk*); **to win a ~ [in sth]** [bei etw *dat*] einen Sieg erringen

vict·ual·ler ['vɪtᵊləʳ, AM 'vɪt̬ᵊlɚ] *n* **licensed ~** *Gastwirt, der eine Lizenz für den Verkauf von Alkohol hat*

vid [vɪd] *n* (*fam*) *short for* **video** Video *nt*

vi·deli·cet [vɪ'diːlɪset, AM -'deləsɪt] *adv* (*form*) nämlich

video ['vɪdiəʊ, AM -dioʊ] **I.** *n* ① *no pl* (*recording*) Video *nt* ② (*tape*) Videokassette *f* ③ (*material*) Videoaufnahme *f* ④ BRIT (*recorder*) Videorekorder *m* **II.** *vt* auf Video aufnehmen

'video cam·era *n* Videokamera *f* **'video cas·sette** *n* Videokassette *f* **video 'con·fer·ence** *n* Videokonferenz *f* **'video game** *n* Videospiel *nt* **'video·phone** *n* Bildtelefon *nt* **'video re·cord·er** *n* Videorekorder *m* **'video set** *n* Videogerät *nt* **video sur·'veil·lance** *n no pl* Videoüberwachung *f* **'video·tape I.** *n* ① (*cassette*) Videokassette *f* ② *no pl* (*tape*) Videoband *nt* ③ (*material*) Videoaufnahme *f* **II.** *vt* auf Video aufnehmen **'video·text** *n* Videotext *m* **'video trans·mis·sion** *n* Videoübertragung *f* **'video trans·mit·ter** *n* Videosender *m*

vie <-y-> [vaɪ] *vi* wetteifern (**with** mit +*dat*, **for** um +*akk*); (*in commerce, business*) konkurrieren

Vi·en·na [vi'enə] *n* Wien *nt*

Vi·en·nese [ˌvɪə'niːz, AM ˌviːə'-] **I.** *n* <*pl* -> Wiener(in) *m(f)* **II.** *adj* Wiener-, wienerisch

Vi·et·cong <*pl* -> [ˌvjet'kɒŋ, AM ˌviːet'kɑːŋ] *n* Vietkong *m*

Vi·et·nam [ˌvjet'næm, AM ˌviːet'nɑːm] *n* Vietnam *nt*

Vi·et·nam·ese [ˌvjetnə'miːz, AM viˌet-] **I.** *adj* vietnamesisch **II.** *n* ① (*language*) Vietnamesisch *nt* ② (*person*) Vietnamese, -mesin *m, f*

view [vjuː] **I.** *n* ① *no pl* (*sight*) Sicht *f;* **in full ~ of all the spectators** vor den Augen aller Zuschauer; **to come into ~** sichtbar werden; **to hide from ~** sich dem Blick entziehen; **to be on ~** *artwork* ausgestellt werden ② (*panorama*) [Aus]blick *m;* **he paints rural ~s** er malt ländliche Motive; **he lifted his daughter up so that she could get a better ~** er hob seine Tochter hoch, so dass sie besser sehen konnte ③ (*inspection*) Besichtigung *f* ④ (*opinion*) Ansicht *f,* Meinung *f* (**about, on** über +*akk*); **it's my ~ that the price is much too high** meiner Meinung nach ist der Preis viel zu hoch; **point of ~** Standpunkt *m;* **from my point of ~ ...** meiner Meinung nach ...; ■**in sb's ~** jds Ansicht *f* nach ⑤ (*perspective*) Ansicht *f;* **from the money/work point of ~ ...** vom Finanziellen her/von der Arbeit her ...; ■**in ~ of sth** angesichts einer S. *gen;* ■**with a ~ to doing sth** mit der Absicht, etw zu tun **II.** *vt* ① (*watch*) ■**to ~ sth [from sth]** etw [von etw *dat* aus] betrachten; *spectator* etw *dat* [von etw *dat* aus] zusehen [*o bes* SÜDD, ÖSTERR, SCHWEIZ zuschauen] ② (*consider*) ■**to ~ sb/sth [as sb/sth]** jdn/etw [als jdn/etw] betrachten; **we ~ the situation with concern** wir betrachten die Lage mit Besorgnis; **to ~ sth from a different angle** etw aus einem anderen Blickwinkel betrachten ③ (*inspect*) ■**to ~ sth** sich *dat* etw ansehen

view·er ['vjuːəʳ, AM -ɚ] *n* ① (*person*) [Fernseh]zuschauer(in) *m(f)* ② (*for film*) Filmbetrachter *m;* (*for slides*) Diabetrachter *m*

'view·find·er *n* PHOT [Bild]sucher *m*

view·ing ['vjuːɪŋ] *n no pl* ① (*inspection*) Besichtigung *f* ② FILM Anschauen *nt;* TV Fernsehen *nt*

'view·point *n* ① (*opinion*) Standpunkt *m;* (*aspect*) Gesichtspunkt *m* ② (*place*) Aussichtspunkt *m*

vig·il ['vɪdʒɪl, AM -ᵊl] *n* [Nacht]wache *f*

vigi·lance ['vɪdʒɪlən(t)s, AM -ᵊl-] *n no pl* Wachsamkeit *f*

vigi·lant ['vɪdʒɪlənt] *adj* wachsam; **to be ~ about/for sth** auf etw *akk* achten

vi·gnette [vɪ'njet] *n* Vignette *f*

vig·or·ous ['vɪgᵊrəs, AM -gɚ-] *adj* ① (*strong*) kräftig, kraftvoll; *health* robust ② (*intensive*) intensiv; *walk* stramm ③ (*passionate*) leidenschaftlich; *criticism, protest* heftig; *attempt, denial* energisch; *speech* feurig, schwungvoll

vig·our, AM, AUS **vig·or** ['vɪgəʳ, AM -gɚ] *n no pl* ① (*liveliness*) Energie *f,* [Tat]kraft *f;* (*vitality*) Vitalität *f;* **with ~** mit vollem Eifer ② (*forcefulness*) Ausdruckskraft *f*

Vi·king ['vaɪkɪŋ] **I.** *n* Wikinger(in) *m(f)* **II.** *adj* Wikinger-, wikingisch

vile [vaɪl] *adj* ① (*wicked*) gemein, niederträchtig ② (*unpleasant*) abscheulich

vili·fy <-ie-> ['vɪlɪfaɪ, AM -lə-] *vt* verleumden

vil·la ['vɪlə] *n* ① (*rural residence*) Villa *f* ② BRIT (*holiday home*) Ferienhaus *nt* ③ BRIT (*Victorian, Edwardian house*) Einfamilienhaus *nt*

vil·lage ['vɪlɪdʒ] **I.** *n* ① (*settlement*) Dorf *nt* ② + *sing/pl vb* (*populace*) Dorfbevölkerung *f* **II.** *adj* Dorf-

vil·lage com·'mun·ity *n* Dorfgemeinschaft *f* **vil·lage 'green** *n* Dorfwiese *f* **vil·lage 'inn** *n* Dorfgasthaus *nt*

vil·lag·er ['vɪlɪdʒəʳ, AM -ədʒɚ] *n* Dorfbewohner(in) *m(f)*

vil·lain ['vɪlən] *n* ❶ (*lawbreaker*) Verbrecher(in) *m(f)* ❷ (*rogue*) Schurke *m;* (*in novel, film*) Bösewicht *m*

vil·lain·ous ['vɪlənəs] *adj* schurkisch; (*mean*) gemein; *deed* niederträchtig

vil·lainy ['vɪləni] *n no pl* Schurkerei *f;* (*meanness*) Gemeinheit *f*

vim [vɪm] *n no pl* (*dated fam*) Schwung *m*

vinai·grette, vinai·grette 'dress·ing [ˌvɪnɪ'gret, AM -ə'-] *n no pl* Vinaigrette *f*

vin·di·cate ['vɪndɪkeɪt, AM -də-] *vt* ❶ (*justify*) *thing* rechtfertigen; *person* verteidigen ❷ (*support*) *theory* bestätigen ❸ (*exonerate*) *person* rehabilitieren

vin·di·ca·tion [ˌvɪndɪ'keɪʃᵊn, AM -də'-] *n no pl* ❶ (*justification*) Rechtfertigung *f;* **in ~ of sth** zur Rechtfertigung einer S. *gen* ❷ (*exoneration*) Rehabilitierung *f*

vin·dic·tive [vɪn'dɪktɪv] *adj* nachtragend; (*vengeful*) rachsüchtig

vine [vaɪn] *n* ❶ (*of grape*) Weinrebe *f* ❷ (*creeper*) Rankengewächs *nt*

'vine fruit *n usu pl* getrocknete Weinbeeren *f[pl]*

vin·egar ['vɪnɪgəʳ, AM -əgɚ] *n no pl* Essig *m*

vin·egary ['vɪnɪgᵊri, AM -əgɚi] *adj* ❶ (*sour*) sauer ❷ (*with vinegar*) Essig-

vine·yard ['vɪnjəd, AM -jɚd] *n* Weinberg *m;* (*area*) Weinanbaugebiet *nt*

vin·tage ['vɪntɪdʒ, AM -t̬-] **I.** *n* ❶ (*wine*) Jahrgangswein *m* ❷ (*year*) Jahrgang *m* **II.** *adj* ❶ Jahrgangs- ❷ (*classic*) erlesen; **this film is ~ Disney** dieser Film ist ein Disneyklassiker ❸ BRIT, AUS AUTO Oldtimer-; **~ car** Oldtimer *m*

vint·ner ['vɪntnəʳ, AM -ɚ] *n* Weinhändler(in) *m(f)*

vi·nyl ['vaɪnᵊl] **I.** *n no pl* Vinyl *nt* **II.** *adj* ❶ Vinyl- ❷ CHEM Vinyl-, Äthenyl-

vio·la¹ [vi'əʊlə, AM vaɪ'oʊ-] *n* MUS Viola *f,* Bratsche *f*

vio·la² ['vaɪələ, AM 'viːə-] *n* BOT Veilchen *nt*

vio·late ['vaɪəleɪt] *vt* ❶ (*breach*) brechen; *regulation* verletzen; **to ~ a law/rule** gegen ein Gesetz/eine Regel verstoßen ❷ (*enter*) ■**to ~ sth** in etw *akk* eindringen ❸ (*disrespect*) **to ~ sb's rights** jds Rechte *pl* verletzen

vio·la·tion [ˌvaɪə'leɪʃᵊn] *n* Verletzung *f,* Verstoß *m; of holy places* Entweihung *f*

vio·lence ['vaɪəlᵊn(t)s] *n no pl* ❶ (*behaviour*) Gewalt *f* (**against** gegen +*akk*); **act of ~** Gewalttat *f* ❷ (*force*) Heftigkeit *f*

vio·lent ['vaɪəlᵊnt] *adj* ❶ (*brutal*) gewalttätig; *person a.* brutal; *death* gewaltsam; **~ crime** Gewaltverbrechen *nt* ❷ (*strong*) heftig; *colour* grell; *argument* heftig; *contrast* krass; **to have a ~ temper** jähzornig sein

vio·let ['vaɪələt, AM -lɪt] **I.** *n* ❶ (*colour*) Violett *nt* ❷ BIOL Veilchen *nt* **II.** *adj* violett

vio·lin [ˌvaɪə'lɪn] *n* Violine *f,* Geige *f*

vio·lin·ist [vaɪə'lɪnɪst] *n* Violinist(in) *m(f),* Geiger(in) *m(f)*

vio·lon·cel·lo [ˌvaɪələn'tʃeləʊ, AM ˌviːəlɑːn'tʃeloʊ, ˌvaɪə-] *n* (*form*) Violoncello *nt*

V.I.P., VIP [ˌviːaɪ'piː] **I.** *n abbrev of* **very important person** Promi *m fam* **II.** *adj attr abbrev of* **very important person** VIP-

vi·per ['vaɪpəʳ, AM -ɚ] *n* Viper *f*

vi·ra·go <*pl* -s *or* -es> [vɪ'rɑːgəʊ, AM və'rɑːgoʊ] *n* ❶ (*pej: shrew*) Xanthippe *f* ❷ (*dated: warrior*) Amazone *f*

vir·gin ['vɜːdʒɪn, AM 'vɜːr-] **I.** *n* ❶ Jungfrau *f* ❷ (*novice*) unbeschriebenes Blatt *fam* **II.** *adj attr* ❶ (*chaste*) jungfräulich ❷ (*fig: unexplored*) jungfräulich, unerforscht; **~ territory** Neuland *nt*

vir·gin·al ['vɜːdʒɪnᵊl, AM 'vɜːr-] *adj* jungfräulich

vir·gin 'for·est *n* Urwald *m*

Vir·ginia [və'dʒɪnjə, AM vɚ'-] *n* ❶ (*state*) Virginia *nt* ❷ (*tobacco*) Virginia *m*

'Vir·gin Isles *npl* ■**the ~** die Jungferninseln *pl*

vir·gin·ity [və'dʒɪnəti, AM vɚ'dʒɪnət̬i] *n no pl* Jungfräulichkeit *f*

Vir·go ['vɜːgəʊ, AM 'vɜːrgoʊ] *n no art* ASTROL Jungfrau *f*

vir·ile ['vɪraɪl, AM -ᵊl] *adj* potent; (*masculine*) männlich

vi·ril·ity [vɪ'rɪləti, AM və'rɪlət̬i] *n no pl* Potenz *f;* (*masculinity*) Männlichkeit *f*

vi·rol·ogy [vaɪə'rɒlədʒi, AM vaɪ'rɑːlə-] *n no pl* Virologie *f*

vir·tual ['vɜːtʃuəl, AM 'vɜːr-] *adj* ❶ (*almost*) so gut wie, quasi; **to be a ~ unknown** praktisch unbekannt sein ❷ COMPUT, PHYS virtuell

vir·tu·al·ly ['vɜːtʃuəli, AM 'vɜːr-] *adv* ❶ (*almost*) praktisch, eigentlich, so gut wie ❷ COMPUT virtuell

vir·tual 'of·fice *n* virtuelles Büro **vir·tual re·'al·ity** *n no pl* virtuelle Realität **vir·tual 'shop·ping mall** *n* virtuelle Einkaufspassage **vir·tual 'stor·age** *n no pl* virtueller Speicher

vir·tue ['vɜːtjuː, -tʃuː, AM 'vɜːrtʃuː] *n* ❶ (*quality*) Tugend *f* ❷ *no pl* (*morality*) Tugendhaftigkeit *f* ❸ (*advantage*) Vorteil *m* ④ *no pl* (*benefit*) Nutzen *m*

vir·tu·os·ity [ˌvɜːtjuˈɒsəti, -tʃuː-, AM ˌvɜːrtʃuˈɑːsət̬i] *n no pl* (*form*) Virtuosität *f*

vir·tuo·so [ˌvɜːtjuˈəʊsəʊ, -tʃu-, AM ˌvɜːrtʃuˈoʊsoʊ, *pl* -si] **I.** *n* <*pl* -s *or* -si> Virtuose(in) *m(f)* **II.** *adj* virtuos

vir·tu·ous [ˈvɜːtʃuəs, -tju-, AM ˈvɜːr-] *adj* ① (*good*) tugendhaft; (*upright*) rechtschaffen ② (*better*) moralisch überlegen; (*self-complacent*) selbstgerecht

viru·lence [ˈvɪrʊlᵊn(t)s, AM -jəl-] *n no pl* ① MED Virulenz *f fachspr* ② (*form: bitterness*) Schärfe *f;* (*maliciousness*) Bösartigkeit *f*

viru·lent [ˈvɪrʊlᵊnt, AM -jəl-] *adj* virulent *fachspr; poison* stark; (*fig*) *critic* scharf

vi·rus [ˈvaɪ(ə)rəs, AM ˈvaɪr-] **I.** *n* <*pl* -es> ① MED Virus *nt o fam m* ② COMPUT Virus *m* **II.** *adj* Virus-; ~ **disease** Viruserkrankung *f*

visa [ˈviːzə] *n* Visum *nt*

vis-à-vis [ˌviːzɑːˈviː, AM -əˈ-] *prep* ① (*concerning*) bezüglich +*gen,* wegen +*gen* ② (*compared with*) gegenüber +*dat*

vis·cera [ˈvɪsᵊrə] *npl* Eingeweide *pl*

vis·cose [ˈvɪskəʊs, AM -koʊs] *n no pl* Viskose *f*

vis·cos·ity [ˈvɪskɒsəti, AM -skɑːsət̬i] *n no pl* Zähflüssigkeit *f*

vis·count [ˈvaɪkaʊnt] *n* Viscount *m*

vis·count·ess <*pl* -es> [ˌvaɪkaʊnˈtəs, AM ˈvaɪkaʊnt̬ɪs] *n* Viscountess *f*

vis·cous [ˈvɪskəs] *adj* zähflüssig

vise *n* AM *see* **vice²**

vis·ibil·ity [ˌvɪsəˈbɪləti, AM -ət̬i] *n no pl* ① (*view*) Sichtweite *f;* **poor** ~ schlechte Sicht ② (*being seen*) Sichtbarkeit *f*

vis·ible [ˈvɪsəbl̩] *adj* ① sichtbar; **to be barely** ~ kaum zu sehen sein; **clearly** ~ deutlich sichtbar ② (*fig*) sichtbar; (*imminent*) deutlich

vi·sion [ˈvɪʒᵊn] *n* ① *no pl* (*sight*) Sehvermögen *nt;* **to have blurred** ~ verschwommen sehen ② (*mental image*) Vorstellung *f;* ~ **of the future** Zukunftsvision *f* ③ (*supernatural*) Vision *f* ④ *no pl* (*forethought*) Weitblick *m*

vi·sion·ary [ˈvɪʒᵊnᵊri, AM -eri] **I.** *adj* ① (*unrealistic*) unrealistisch; (*imagined*) eingebildet ② (*future-orientated*) visionär *geh* **II.** *n* Visionär(in) *m(f) geh*

vis·it [ˈvɪzɪt] **I.** *n* ① Besuch *m;* **to have a** ~ **from sb** von jdm besucht werden; **to pay a** ~ **to sb** jdn besuchen; (*consult*) jdn aufsuchen ② AM (*fam: chat*) Plauderei *f* **II.** *vt* ① besuchen ② (*consult*) aufsuchen **III.** *vi* ① einen Besuch machen; ■ **to** ~ **with sb** AM sich mit jdm treffen ② AM (*fam: chat*) ein Schwätzchen halten

vis·ita·tion [ˌvɪzɪˈteɪʃᵊn, AM -əˈ-] *n* ① *no pl* Besuch *m* ② (*supernatural*) Erscheinung *f* ③ (*official*) offizieller Besuch ④ *no pl* AM (*for child*) ≈ Besuchszeit *f;* (*right to see child*) Besuchsrecht *nt*

vis·it·ing [ˈvɪzɪtɪŋ] *adj attr* Gast-; ~ **monarch/dignitary** Monarch/Würdenträger, der zu Besuch ist

ˈvis·it·ing hours *npl* Besuchszeiten *pl* **vis·it·ing pro·ˈfes·sor** *n* Gastprofessor(in) *m(f)*

visi·tor [ˈvɪzɪtəʳ, AM -t̬ɚ] *n* Besucher(in) *m(f);* (*at hotel*) Gast *m*

vi·sor [ˈvaɪzəʳ, AM -ɚ] *n* ① (*of helmet*) Visier *nt* ② AM (*of cap*) Schild *nt* ③ AUTO Sonnenblende *f*

vis·ta [ˈvɪstə] *n* Aussicht *f,* Blick *m*

vis·ual [ˈvɪʒuəl] **I.** *adj* visuell, Seh-; ~ **imagery** Bildersymbolik *f* **II.** *n* ■ ~**s** *pl* Bildmaterial *nt*

visu·al·ize [ˈvɪʒuᵊlaɪz, AM -ʒuə-] *vt* ■ **to** ~ **sth** ① (*imagine*) sich *dat* etw vorstellen; (*out of the past*) sich *dat* etw vergegenwärtigen ② (*foresee*) etw erwarten

vi·tal [ˈvaɪtᵊl, AM -t̬ᵊl] *adj* ① (*essential*) unerlässlich; (*stronger*) lebensnotwendig; **to play a** ~ **part** eine entscheidende Rolle spielen; **to be of** ~ **importance** von entscheidender Bedeutung sein ② (*energetic*) vital, lebendig

vi·tal·ity [vaɪˈtæləti, AM -ət̬i] *n no pl* ① (*energy*) Vitalität *f* ② (*durability*) Dauerhaftigkeit *f*

vi·tal·ize [ˈvaɪtᵊlaɪz, AM -t̬əl-] *vt* beleben

vita·min [ˈvɪtəmɪn, AM ˈvaɪt̬ə-] *n* Vitamin *nt*

ˈvita·min de·fi·cien·cy *n no pl* Vitaminmangel *m* **ˈvita·min tab·lets** *npl* Vitamintabletten *pl*

vit·reous [ˈvɪtriəs] *adj attr* Glas-

vit·ri·fy [ˈvɪtrɪfaɪ, AM -trə-] *vt esp passive* zu Glas schmelzen

vit·ri·ol [ˈvɪtriəl, AM *esp* -ɔːl] *n no pl* Schärfe *f*

vit·ri·ol·ic [ˌvɪtriˈɒlɪk, AM -ɑːlɪk] *adj criticism* scharf; *remark* beißend

vi·tu·per·ate [vɪˈtjuːpᵊreɪt, AM vaɪˈtuːpə-] (*form*) **I.** *vt* schelten **II.** *vi* schmähen *veraltend*

vi·tu·pera·tion [vɪˌtjuːpᵊrˈeɪʃᵊn, AM vaɪˌtuːpəˈr-] *n no pl* (*form*) Schmähungen *pl geh*

vi·va·cious [vɪˈveɪʃəs] *adj* (*lively*) lebhaft; (*cheerful*) munter

vi·vac·ity [vɪˈvæsəti, AM -ət̬i] *n no pl* Lebhaftigkeit *f;* (*cheerfulness*) Munterkeit *f*

vi·var·ium <*pl* -s *or* -ria> [vɪˈveəriəm, AM vaɪˈver-, *pl* -riə] *n* Vivarium *nt fachspr*

viva voce [ˌvaɪvəˈvəʊsi, AM -ˈvoʊsiː] **I.** *n* mündliche Prüfung **II.** *adv* mündlich

viv·id [ˈvɪvɪd] *adj* ① (*graphic*) anschaulich,

lebendig; *memories* lebhaft ② *colours* kräftig

vi·vip·ar·ous [vɪˈvɪpᵊrəs, AM vaɪˈ-] *adj* BIOL (*spec*) vivipar

vivi·sect [ˈvɪvɪsekt, AM ˈvɪvə-] *vt* vivisezieren *fachspr*

vivi·sec·tion [ˌvɪvɪˈsekʃᵊn, AM ˌvɪvə-] *n no pl* Vivisektion *f fachspr*

vix·en [ˈvɪksᵊn] *n* Füchsin *f*

viz, viz. *adv* (*dated*) nämlich

V-neck [ˈviːnek] *n* FASHION V-Ausschnitt *m*

vo·cabu·lary [və(ʊ)ˈkæbjəlᵊri, AM voʊˈkæbjəleri] *n* Vokabular *nt,* Wortschatz *m;* (*words*) Vokabeln *pl;* (*glossary*) Wörterverzeichnis *nt*

vo·cal [ˈvəʊkᵊl, AM ˈvoʊ-] **I.** *adj* ① stimmlich; *communication* mündlich ② (*outspoken*) laut; *minority* lautstark; ■**to be ~** sich freimütig äußern ③ (*communicative*) gesprächig **II.** *n* MUS Vokalpartie *f fachspr*

vo·cal·ist [ˈvəʊkᵊlɪst, AM ˈvoʊ-] *n* Sänger(in) *m(f)*

vo·cal·ize [ˈvəʊkᵊlaɪz, AM ˈvoʊ-] *vt* LING ① (*utter*) in Töne umsetzen ② (*express*) aussprechen; *thoughts, ideas* in Worte fassen

vo·ca·tion [və(ʊ)ˈkeɪʃᵊn, AM voʊˈ-] *n* ① (*calling*) Berufung *f* ② (*trade*) Beruf *m*

vo·ca·tion·al [və(ʊ)ˈkeɪʃᵊnᵊl, AM voʊˈ-] *adj* beruflich; **~ training** Berufsausbildung *f*

Land und Leute

Die **Vocational A levels** sind eine Ausbildung, die es Schülern ermöglicht, sich in den Berufsfeldern Fähigkeiten, Wissen und Erkenntnisse anzueignen, die sie studieren. Sie sollen auf die Arbeitswelt oder auch auf ein weiterführendes Universitätsstudium vorbereiten und wurden entwickelt, um Schülern sowohl das aktuelle Wissen und Können als auch die neusten Erkenntnisse zu vermitteln, auf denen die Grundlagen und Vorgehensweisen der entsprechenden Bereiche basieren.

vo·cif·er·ate [və(ʊ)ˈsɪfəreɪt, AM voʊˈ-] **I.** *vi* lautstark protestieren (**against** gegen) **II.** *vt* lautstark zum Ausdruck bringen

vo·cif·era·tion [vəʊˌsɪfəˈreɪʃən, AM voʊˌ-] *n* (*form*) Aufschrei *m*

vo·cif·er·ous [və(ʊ)ˈsɪfᵊrəs, AM voʊˈ-] *adj* lautstark; (*impetuous*) vehement

vod·ka [ˈvɒdkə, AM ˈvɑːd-] *n* Wodka *m*

vogue [vəʊg, AM voʊg] *n* Mode *f;* **to be back in ~** wieder Mode sein

voice [vɔɪs] **I.** *n* ① Stimme *f;* **at the top of one's ~** in voller Lautstärke; **inner ~** innere Stimme; **sb's ~ is breaking** jd ist im Stimmbruch; **to keep one's ~ down** leise sprechen; **to raise one's ~** seine Stimme erheben ② (*ability*) Artikulationsfähigkeit *f geh* ③ (*opinion*) Stimme *f;* **to make one's ~ heard** sich *dat* Gehör verschaffen ④ (*agency*) Stimme *f;* **to give sb a ~** jdm ein Mitspracherecht einräumen **II.** *vt* zum Ausdruck bringen; *complaint* vorbringen; *desire* aussprechen

voice-ˈac·ti·vat·ed *adj* **~ dialling** Wählen *nt* mittels Spracheingabe **ˈvoice box** *n* Kehlkopf *m* **voice-ˈca·pable** *adj* ELEC mit Sprachbefehl *nach n* **ˈvoice com·mand** *n* Sprachbefehl *m*

voiced [vɔɪst] *adj* LING stimmhaft

voice·less [ˈvɔɪsləs] *adj* stumm *a. fig;* (*powerless*) ohne Mitspracherecht *nach n*

ˈvoice mail *no pl* Voicemail *f fachspr*

ˈvoice-over *n* TV, FILM Offkommentar *m fachspr*

void [vɔɪd] **I.** *n* Leere *f kein pl a. fig;* (*in building*) Hohlraum *m;* ■**into the ~** ins Leere **II.** *adj* ① (*invalid*) nichtig ② (*form*) *office* frei ③ *action, speech* nutzlos; **to render sth ~** etw zunichtemachen **III.** *vt esp* AM (*annul*) aufheben

vol *n abbrev of* **volume** (*book*) Bd.; (*measure*) vol.

vola·tile [ˈvɒlətaɪl, AM ˈvɑːlət̬ᵊl] *adj* ① (*changeable*) unbeständig; (*unstable*) instabil ② (*explosive*) *situation* explosiv ③ CHEM flüchtig

vol·can·ic [vɒlˈkænɪk, AM vɑːlˈ-] *adj* vulkanisch, Vulkan- *m*

vol·ca·no <*pl* -es *or* -s> [vɒlˈkeɪnəʊ, AM vɑːlˈkeɪnoʊ] *n* Vulkan *m a. fig*

vole [vəʊl, AM voʊl] *n* Wühlmaus *f*

vo·li·tion [və(ʊ)ˈlɪʃᵊn, AM voʊˈ-] *n no pl* Wille *m;* **of** [*or* **on**] **one's own ~** aus freien Stücken

vol·ley [ˈvɒli, AM ˈvɑːli] **I.** *n* ① (*salvo*) Salve *f* ② (*onslaught*) Flut *f* ③ TENNIS Volley *m fachspr;* FBALL Volleyschuss *m fachspr* **II.** *vi* TENNIS einen Volley schlagen *fachspr;* FBALL einen Volley schießen *fachspr* **III.** *vt* ① TENNIS, FBALL *ball* volley nehmen *fachspr* ② (*let fly*) *questions* loslassen

vol·ley·ball [ˈvɒlibɔːl, AM ˈvɑːli-] *n no pl* Volleyball *m*

volt [vəʊlt, vɒlt, AM voʊlt] *n* Volt *nt*

volt·age [ˈvəʊltɪʤ, AM ˈvoʊlt̬ɪʤ] *n* Spannung *f;* **high ~** Hochspannung *f*

ˈvolt·age de·tec·tor *n* ELEC Spannungsdetektor *m* **ˈvolt·age drop** *n* ELEC Spannungsabfall *m*

volte-face <*pl* volte-faces> [ˌvɒltˈfæs, AM ˌvɑːlt̬ˈfɑːs] *n usu sing* (*a. fig liter*) Kehrtwendung *f*

vol·uble ['vɒljəbl̩, AM 'vɑːl-] *adj* ❶ (*fluent*) redegewandt ❷ (*talkative*) redselig

vol·ume ['vɒljuːm, AM 'vɑːl-] *n* ❶ *no pl* (*space*) Volumen *nt* ❷ *no pl* (*amount*) Umfang *m* ❸ *no pl* (*sound*) Lautstärke *f* ❹ (*book*) Band *m*

'vol·ume con·trol, 'vol·ume regu·la·tor *n* Lautstärkeregler *m*

vo·lu·mi·nous [və'luːmɪnəs, AM -mənəs] *adj* *clothes* weit [geschnitten]; *account* umfangreich; *writer* produktiv

vol·un·tary ['vɒləntᵊri, AM 'vɑːlᵊnteri] *adj* freiwillig; ~ **work** ehrenamtliche Tätigkeit

vol·un·tary eutha·'na·sia *n* freiwillige Euthanasie **vol·un·tary or·gani·'za·tion** *n* + *sing/pl vb* Freiwilligenorganisation *f* **vol·un·tary re·'dun·dan·cy** *n* freiwilliges Ausscheiden

vol·un·teer [ˌvɒlən'tɪəʳ, AM ˌvɑːlən'tɪr] **I.** *n* ❶ (*worker*) ehrenamtlicher Mitarbeiter/ehrenamtliche Mitarbeiterin ❷ (*helper*) Freiwillige(r) *f(m)* **II.** *vt information* bereitwillig geben; *one's services* anbieten; ■**to ~ oneself for sth** sich freiwillig zu etw *dat* melden **III.** *vi* ❶ (*offer*) ■**to ~ to do sth** sich [freiwillig] anbieten, etw zu tun ❷ (*join*) **to ~ for the army** sich freiwillig zur Armee melden **IV.** *adj* ehrenamtlich

vo·lup·tu·ous [və'lʌptʃuəs] *adj* üppig; *woman* a. kurvenreich; *lips* sinnlich; (*sumptuous*) verschwenderisch

vol·ute [və(ʊ)'luːt, AM və'-] **I.** *n* ❶ ARCHIT Volute *f fachspr* ❷ (*marine gastropod*) Meeresschnecke *f* ❸ (*snail's shell*) Schneckenhaus *nt* **II.** *adj* spiralförmig

vom·it ['vɒmɪt, AM 'vɑːmɪt] **I.** *vi* [sich] erbrechen **II.** *vt* ■**to ~ [up ↔] sth** etw erbrechen **III.** *n no pl* Erbrochene(s) *nt*

voo·doo ['vuːduː] *n no pl* ❶ (*cult*) Voodoo *m* ❷ (*fam: jinx*) Hexerei *f;* (*spell*) Zauber *m*

vo·ra·cious [və'reɪʃəs, AM vɔː-] *adj* gefräßig; (*fig*) gierig

vo·rac·ity [və'ræsəti, AM vɔː'ræsət̬i] *n no pl* Gefräßigkeit *f;* (*fig*) Gier *f* (**for** nach)

vor·tex <*pl* -es *or* -tices> ['vɔːteks, *pl* -tɪsiːz, AM 'vɔːr-, *pl* -t̬ɪsiːz] *n* ❶ (*wind*) Wirbel *m* ❷ (*water*) Strudel *m*

vote [vəʊt, AM voʊt] **I.** *n* ❶ (*choice*) Stimme *f;* **to cast one's ~** seine Stimme abgeben ❷ (*election*) Abstimmung *f;* **to hold a ~** eine Abstimmung durchführen ❸ *no pl* (*right*) ■**the ~** das Wahlrecht **II.** *vi* ❶ (*elect*) wählen; **to ~ in an election** zu einer Wahl gehen; ■**to ~ against/for sb/sth** gegen/für jdn/etw stimmen ❷ (*choose*) ■**to ~ to do sth** dafür stimmen, etw zu tun ❸ (*decide*) abstimmen (**on** über +*akk*) **III.** *vt* ❶ (*elect*) **to ~ sb into office** jdn ins Amt wählen; **to ~ sb out [of office]** jdn [aus dem Amt] abwählen ❷ (*propose*) ■**to ~ that ...** vorschlagen, dass ... ❸ (*declare*) **she was ~d the winner** sie wurde zur Siegerin erklärt ◆**vote down** *vt* niederstimmen ◆**vote in** *vt* LAW ■**to ~ in ↔ sb** jdn [durch Abstimmung] wählen ◆**vote out** *vt* LAW ■**to ~ out ↔ sb** jdn abwählen

vot·er ['vəʊtəʳ, AM 'voʊt̬ɚ] *n* Wähler(in) *m(f)*

vot·er reg·is·'tra·tion *n* Eintragung *f* ins Wählerverzeichnis **vot·er 'turn·out** *n* Wahlbeteiligung *f*

vot·ing ['vəʊtɪŋ, AM 'voʊt̬-] **I.** *adj attr* wahlberechtigt **II.** *n no pl* Wählen *nt*

'vot·ing booth *n* Wahlkabine *f* **'vot·ing box** <-es> *n* Wahlurne *f* **'vot·ing ma·chine** *n esp* AM Wahlmaschine *f*

vouch [vaʊtʃ] *vi* ■**to ~ for sb/sth** sich für jdn/etw verbürgen

vouch·er ['vaʊtʃəʳ, AM -ɚ] *n* Gutschein *m;* **school ~** AM *öffentliche Mittel, die in Amerika bereitgestellt werden, damit Eltern ihre Kinder in Privatschulen schicken können*

vow [vaʊ] **I.** *vt* geloben *geh* **II.** *n* Versprechen *nt;* **to take a ~** ein Gelübde ablegen *geh;* **to take a ~ to do sth** geloben, etw zu tun *geh;* ■**~s** *pl* (*of marriage*) Eheversprechen *nt;* (*of religious order*) Gelübde *nt geh*

vow·el [vaʊəl] *n* Vokal *m,* Selbstlaut *m*

voy·age ['vɔɪɪdʒ] *n* Reise *f;* (*by sea*) Seereise *f;* ~ **of discovery** Entdeckungsreise *f a. fig*

voy·ag·er ['vɔɪɪdʒəʳ, AM -ɚ] *n* Reisende(r) *f(m);* (*by sea*) Seereisende(r) *f(m);* (*in space*) Raumfahrer(in) *m(f)*

vo·yeur [vwɑː'jɜːʳ, AM vɔɪ'jɜːr] *n* Voyeur(in) *m(f)*

VTOL ['viːtɒl, AM -tɑːl] *abbrev of* **vertical take-off and landing**: **~ aircraft** Senkrechtstarter *m*

vul·can·ite ['vʌlkənaɪt] *n no pl* Hartgummi *m o nt*

vul·cani·za·tion [ˌvʌlkənaɪ'zeɪʃᵊn, AM -nɪ'-] *n no pl* Vulkanisierung *f*

vul·can·ize ['vʌlkənaɪz] *vt* vulkanisieren

vul·gar ['vʌlgəʳ, AM -ɚ] *adj* ordinär, vulgär; (*bad taste*) abgeschmackt

vul·gar·ity [vʌl'gærəti, AM -'gerət̬i] *n no pl* Vulgarität *f geh;* (*bad taste*) Geschmacklosigkeit *f*

vul·gar·ize ['vʌlgəraɪz] *vt* vulgarisieren *geh*

vul·ner·able ['vʌlnᵊrəbl̩, AM -nɚə-] *adj* verletzlich; ■**to be ~ to sth** anfällig für etw *akk* sein; **to be ~ to criticism** Kritik ausgesetzt sein; **to be in a ~ position** in einer prekären Lage sein; **~ spot** schwache Stelle; **to feel ~** sich verwundbar fühlen

vul·ture ['vʌltʃəʳ, AM -tʃɚ] *n* Geier *m a. fig*

vul·va <*pl* -s *or* vulvae> ['vʌlvə, *pl* -viː] *n* ANAT Vulva *f*

vy·ing ['vaɪɪŋ] *pp of* **vie**

Ww

W <*pl* -'s *or* -s>, **w** <*pl* -'s> ['dʌbljuː] *n* W *nt*, w *nt*; **~ for William** W wie Wilhelm

W¹ I. *adj* ① *abbrev of* **West** W- ② *abbrev of* **western I II.** *n no pl abbrev of* **West** W

W² <*pl* -> *n abbrev of* **Watt** W

wack [wæk] *n* AM (*fam*) ① (*person*) Querkopf *m* ② *no pl* (*nonsense*) Blödsinn *m*

wacky ['wæki] *adj* (*fam*) *person* verrückt; *place* skurril

wad [wɒd, AM wɑːd] *n* ① (*mass*) Knäuel *nt*; (*for stuffing*) Pfropfen *m*; *of cotton wool* Wattebausch *m* ② (*fam: bundle*) Bündel *nt*; **~[s *pl*] of money** schöne Stange Geld *fam*

wad·ding ['wɒdɪŋ, AM 'wɑːd-] *n no pl* Watte *f*; (*for stuffing*) Polstermaterial *nt*

wad·dle ['wɒdl̩, AM 'wɑːd-] *vi* watscheln

wade [weɪd] *vi* ① waten; **to ~ into the sea** in das Meer hineinwaten ② (*fig: deal with*) ■**to ~ through sth** sich durch etw *akk* durchkämpfen

wad·er ['weɪdəʳ, AM 'weɪdɚ] *n* ① (*bird*) Watvogel *m* ② (*boots*) ■**~s** *pl* Watstiefel *pl*

wa·fer ['weɪfəʳ, AM -ɚ] *n* ① (*biscuit*) Waffel *f*; (*thin*) Oblate *f* ② (*host*) Hostie *f*

wa·fer-'thin *adj, adv* hauchdünn

waf·fle¹ ['wɒfl̩, AM 'wɑːfl̩] BRIT **I.** *vi* (*fam*) ■**to ~ on** schwafeln *pej fam* **II.** *n no pl* (*fam*) Geschwafel *nt pej fam*

waf·fle² ['wɒfl̩, AM 'wɑːfl̩] *n* (*food*) Waffel *f*

'waf·fle iron *n* Waffeleisen *nt*

waft [wɒft, AM wɑːft] *vi* schweben; **to ~ through the air** *smell* durch die Luft ziehen; *sound, smoke* durch die Luft schweben

wag¹ [wæg] **I.** *vt* <-gg-> **to ~ one's finger** mit dem Finger drohen; **to ~ its tail** mit dem Schwanz wedeln **II.** *vi* <-gg-> wedeln **III.** *n* Wackeln *nt kein pl*; *of head* Schütteln *nt kein pl*; *of tail* Wedeln *nt kein pl*

wag² [wæg] *n* (*dated*) Witzbold *m fam*

wage [weɪdʒ] **I.** *n* Lohn *m*; **to get a decent ~** anständig verdienen **II.** *vt* **to ~ war against sth/sb** gegen etw/jdn zu Felde ziehen; **to ~ war on sth** (*fig*) gegen etw *akk* vorgehen

'wage ad·just·ment *n* Lohnangleichung *f* **'wage bill** *n* Lohnrechnung *f* **'wage claim** *n* BRIT, AUS Lohnforderung *f* **'wage costs** *npl* Lohnkosten *pl* **'wage de·mand** *n* BRIT, AUS Lohnforderung *f* **'wage dis·pute** *n* Lohnstreitigkeit *f* **'wage earn·er** *n* Lohnempfänger(in) *m(f)* **'wage freeze** *n* Lohnstopp *m* **'wage in·crease** *n* Lohnerhöhung *f* **'wage lev·el** *n* Lohnniveau *nt* **'wage ne·go·tia·tion** *n* Lohnverhandlung *f* **'wage pack·et** *n* AUS, BRIT ① (*pay*) Lohn *m* ② (*envelope*) Lohntüte *f*

wa·ger ['weɪdʒəʳ, AM -ɚ] (*form*) **I.** *n* ① (*bet*) Wette *f* ② (*stake*) [Wett]einsatz *m* **II.** *vt* ■**to ~ that ...** wetten, dass ...

'wage scale *n* Lohnskala *f*

'wages clerk *n* Lohnbuchhalter(in) *m(f)*

'wage slip *n* Lohnzettel *m*

'wages poli·cy <-ies> *n* Lohnpolitik *kein pl*

'wage work·er *n* AM Lohnempfänger(in) *m(f)*

wag·gish ['wægɪʃ] *adj* (*dated fam*) schelmisch

wag·gle ['wægl̩] **I.** *vt* wackeln **II.** *vi* wackeln

wag·gly ['wægl̩i] *adj* wack[e]lig

wag·(g)on ['wægən] *n* ① (*cart*) Wagen *m*; (*wooden*) Karren *m* ② AUS, BRIT (*freight*) Wagon *m*

'wag·on train *n* Planwagenzug *m*

waif [weɪf] *n* ① (*child*) verwahrlostes Kind ② (*animal*) streunendes Tier

wail [weɪl] **I.** *vi* jammern; *siren* heulen; *wind* pfeifen **II.** *n* Gejammer *nt kein pl*; *of sirens* Geheul *nt kein pl*

wail·ing ['weɪlɪŋ] *adj* jammernd; *sirens* heulend

Wail·ing 'Wall *n no pl* ■**the ~** die Klagemauer

waist [weɪst] *n* Taille *f*; *of skirt, trousers* Bund *m*

'waist·band *n* Bund *m* **'waist·coat** *n* BRIT Weste *f* **waist-'deep I.** *adj* bis zur Taille *nach n* [reichend *attr*] **II.** *adv* bis zur Taille **'waist·line** *n* Taille *f*

wait [weɪt] **I.** *n no pl* Warten *nt* (**for** auf +*akk*) ▸PHRASES: **to <u>lie</u> in ~ [for sb]** [jdm] auflauern **II.** *vi* ① (*bide time*) warten (**for** auf +*akk*); **~ a minute!** Moment mal!; **I can't ~** ich kann's kaum erwarten ② (*be delayed*) warten **III.** *vt* AM (*serve*) **to ~ a meal for sb** mit dem Essen auf jdn warten ▸PHRASES: **to ~ one's <u>turn</u>** warten, bis man an der Reihe ist ◆**wait about, wait**

around *vi* warten ◆**wait behind** *vi* zurückbleiben ◆**wait in** *vi* zu Hause warten ◆**wait on** **I.** *vi* noch länger warten **II.** *vt* ▪**to ~ on sb** jdn bedienen ◆**wait out** *vt* ▪**to ~ out ⊂ sth** etw aussitzen ◆**wait up** *vi* ① (*not go to bed*) ▪**to ~ up for sb** wegen jdm aufbleiben ② AM (*wait*) ▪**~ up!** warte mal!

Land und Leute

Der **Waitangi Day** oder **New Zealand Day** wird am 6. Februar gefeiert. Am 6. Februar 1840 unterschrieben 512 *Maori*-Häuptlinge einen Vertrag mit der britischen Regierung, der den Beginn der neuen Nation Neuseeland bedeutete.

wait·er ['weɪtəʳ, AM -t̬ɚ] *n* Bedienung *f,* Kellner *m;* **~!** Herr Ober!

wait·ing ['weɪtɪŋ, AM -t̬-] *n no pl* ① (*time*) die Warterei (**for** auf +*akk*) ② (*parking*) **'no ~'** „Halten verboten"

'wait·ing game *n* **to play a ~** zunächst einmal abwarten **'wait·ing list** *n* Warteliste *f* **'wait·ing room** *n* Wartezimmer *nt*

wait·ress <*pl* -es> ['weɪtrɪs] *n* Kellnerin *f,* Bedienung *f*

waive [weɪv] *vt* verzichten (auf +*akk*); *fee* erlassen; *objection* fallen lassen; *right* verzichten (auf +*akk*)

waiv·er ['weɪvəʳ, AM -ɚ] *n* Verzichterklärung *f*

wake[1] [weɪk] *n* NAUT Kielwasser *nt;* AEROSP Turbulenz *f;* ▪**in the ~ of sth** (*fig*) infolge einer S. *gen*

wake[2] [weɪk] *n* (*vigil*) Totenwache *f*

wake[3] <woke *or* waked, woken *or* waked> [weɪk] **I.** *vi* aufwachen **II.** *vt* aufwecken ◆**wake up** **I.** *vi* aufwachen *a. fig* **II.** *vt* aufwecken

wake·ful ['weɪkfəl] *adj* ① (*sleepless*) **to be ~** nicht schlafen können; **~ night** schlaflose Nacht ② (*vigilant*) wach[sam]

wak·en ['weɪkən] *vi* aufwachen

wakey ['weɪki] *interj* BRIT (*fam*) **~~!** aufwachen!

Wales [weɪlz] *n no pl* Wales *nt*

walk [wɔːk, AM wɑːk] **I.** *n* ① (*going*) Gehen *nt;* (*as recreation*) Spaziergang *m;* **it's a five minute ~** es sind fünf Minuten [zu Fuß] ② (*promenade*) Spazierweg *m;* (*path*) Wanderweg *m* ▸ PHRASES: **~ of life** soziale Schicht **II.** *vt* ① **to ~ the streets** (*wander*) durch die Straßen gehen; *prostitute* auf den Strich gehen *sl* ② (*accompany*) **to ~ sb home** jdn nach Hause bringen ③ *dog* ausführen **III.** *vi* ① (*go*) zu Fuß gehen ② (*for recreation*) spazieren gehen; *see also* **salmon** ◆**walk about** *vi,* **walk around** *vi* herumlaufen ◆**walk away** *vi* ① (*withdraw*) sich zurückziehen (**from** von +*dat*) ② (*fam: steal*) ▪**to ~ away with sth** etw mitgehen lassen *fam* ③ (*win*) ▪**to ~ away with sth** etw spielend gewinnen ◆**walk back** *vi* zurücklaufen ◆**walk in** *vi* hereinkommen; ▪**to ~ in on sb/sth** bei jdm/etw hereinplatzen *fam* ◆**walk off** **I.** *vt* **to ~ off a meal** einen Verdauungsspaziergang machen **II.** *vi* ① (*leave*) weggehen ② (*fam: steal*) ▪**to ~ off with sth** etw mitgehen lassen *fam* ③ (*win*) ▪**to ~ off with sth** etw spielend gewinnen ◆**walk on** *vi* THEAT eine Nebenrolle spielen ◆**walk out** *vi* ① (*leave*) gehen; ▪**to ~ out on sb** jdn im Stich lassen; **to ~ out of a meeting** eine Sitzung [aus Protest] verlassen ② (*strike*) streiken ◆**walk over** *vt* (*fam*) **to ~ [all] over sb** jdn ausnutzen [*o bes* SÜDD, ÖSTERR ausnützen] ◆**walk through** *vt* ▪**to ~ sb through sth** etw mit jdm durchgehen ◆**walk up** *vi* ① (*go up*) hinaufgehen ② (*approach*) ▪**to ~ up to sb** auf jdn zugehen

'walk·about *n esp* BRIT Rundgang *m* ▸ PHRASES: **to go ~** (*hum*) *person* verschwinden; *object* sich selbstständig machen *hum* **'walk·away** *n* AM leichter Sieg; **to win in a ~** einen leichten Sieg davontragen

walk·er ['wɔːkəʳ, AM 'wɑːkɚ] *n* ① (*pedestrian*) Fußgänger(in) *m(f);* (*for recreation*) Spaziergänger(in) *m(f)* ② (*athlete*) Geher(in) *m(f)*

walk·er-'on *n* Statist(in) *m(f)*

walkie-talkie [ˌwɔːki'tɔːki, AM ˌwɑːki'tɑː-] *n* [tragbares] Funksprechgerät, Walkie-Talkie *nt*

'walk-in *adj wardrobe* begehbar

walk·ing ['wɔːkɪŋ, AM 'wɑː-] **I.** *n no pl* Gehen *nt;* (*as recreation*) Spazierengehen *nt* **II.** *adj attr* ① Geh-; **within ~ distance** zu Fuß erreichbar ② (*human*) wandelnd; **to be a ~ encyclopaedia** ein wandelndes Lexikon sein *hum fam*

'walk·ing frame *n* AUS, BRIT Gehhilfe *f* **'walk·ing shoes** *npl* Wanderschuhe *pl* **'walk·ing stick** *n* Spazierstock *m;* (*for elderly*) Stock *m;* (*for invalids*) Krücke *f* **'walk·ing tour** *n* ① (*in town*) [Stadt]rundgang *m* (**of, through** durch +*akk*) ② (*in countryside*) Wanderung *f*

Walk·man® <*pl* -men *or* -s> ['wɔːkmən, AM 'wɑːk-, *pl* -mən(z)] *n* Walkman® *m*

'walk-on *adj attr* THEAT, FILM **~ part** [*or* **role**] Statistenrolle *f* **'walk·out** *n* Arbeitsniederlegung *f;* **to stage a ~** aus Protest die Arbeit niederlegen **'walk·over** *n* leichter Sieg, Spaziergang *m fam* **'walk-through** *n* Probe *f* **'walk·way** *n* [Fuß]weg *m;* **moving ~** Laufband *nt*

wall [wɔːl] *n* ① Mauer *f;* (*in room*) Wand *f;* MED, ANAT Wand *f;* **the Great W~ of China** die Chinesische Mauer ② *of tyre* Mantel *m* ▶ PHRASES: **to drive sb up the ~** jdn zur Weißglut treiben *fam* ◆**wall in** *vt usu passive* ummauern ◆**wall off** *vt usu passive* durch eine Mauer abtrennen ◆**wall up** *vt* ① (*imprison*) einmauern ② (*fill*) zumauern

'wall bars *npl* Sprossenwand *f* **'wall chart** *n* Schautafel *f* **'wall clock** *n* Wanduhr *f*

wal·let ['wɒlɪt, AM 'wɑːl-] *n* (*for money*) Brieftasche *f;* (*for documents*) Dokumentenmappe *f*

'wall·flow·er *n* ① HORT Goldlack *m* ② (*fam: woman*) Mauerblümchen *nt* **'wall hang·ing** *n* Wandteppich *m* **'wall map** *n* Wandkarte *f*

Wal·loon [wɒl'uːn, AM wɑː'luːn] *n* ① (*person*) Wallone(in) *m(f)* ② *no pl* (*language*) Wallonisch *nt*

wal·lop ['wɒləp, AM 'wɑː-] (*fam*) **I.** *vt* ① (*hit*) schlagen ② (*fig: win*) jdn haushoch besiegen **II.** *n* Schlag *m*

wal·lop·ing ['wɒləpɪŋ, AM 'wɑː-] (*fam*) **I.** *adj attr* ① (*big*) riesig ② AM (*good*) super **II.** *n usu sing* **to give sb a ~** jdm eine Tracht Prügel verpassen

wal·low ['wɒləʊ, AM 'wɑːloʊ] *vi* ■**to ~ in sth** sich in etw *dat* wälzen; **to ~ in self-pity** in Selbstmitleid zerfließen

'wall·pa·per I. *n* Tapete *f;* **roll of ~** Tapetenrolle *f* **II.** *vt* tapezieren **'wall sock·et** *n* [Wand]steckdose *f*

'Wall Street *n no pl, + sing/pl vb* Wall Street *f,* Wallstreet *f*

Land und Leute

Wall Street heißt eine kurze, enge Straße in New York. Zusammen mit der Broad Street und der New Street bildet sie einen Bezirk, in dem sich das wichtigste Banken- und Wirtschaftszentrum der USA befindet. Der Name dieser Straße ist zum Synonym für die amerikanische Finanzwelt geworden.

wall-to-'wall *adj* ① **~ carpet** Teppichboden *m* ② (*fig: constant*) ständig; **~ coverage** Berichterstattung *f* rund um die Uhr

wal·nut ['wɔːlnʌt] *n* ① (*nut*) Walnuss *f* ② (*tree*) Walnussbaum *m* ③ *no pl* (*wood*) Nussbaumholz *nt*

wal·rus <*pl* - *or* -es> ['wɔːlrəs] *n* Walross *nt*

wal·rus mous·'tache *n* Schnauzbart *m*

waltz [wɒls, AM wɔːlts] **I.** *n* <*pl* -es> Walzer *m* **II.** *vi* Walzer tanzen ◆**waltz about, waltz around** *vi* herumtanzen ◆**waltz in** *vi* hereintanzen *fam* ◆**waltz off** *vi* abtanzen *fam* ◆**waltz out** *vi* (*fam*) abrauschen; **to ~ out of the room** aus dem Zimmer rauschen

wan <-nn-> [wɒn, AM wɑːn] *adj* fahl; *face* blass; *light* fahl; *smile* matt

wand [wɒnd, AM wɑːnd] *n* Zauberstab *m*

wan·der ['wɒndəʳ, AM 'wɑːndɚ] **I.** *vt* **to ~ the streets** (*stroll*) durch die Straßen schlendern; (*be lost*) durch die Straßen irren **II.** *vi* ① (*lose concentration*) **my attention is ~ing** ich bin nicht bei der Sache ② (*become confused*) **her mind is beginning to ~** sie wird allmählich wirr [im Kopf *fam*] ◆**wander around** *vi* umherstreifen; **to ~ around the city** einen Bummel durch die Stadt machen

wan·der·er ['wɒndᵊrəʳ, AM 'wɑːndəɚ] *n* Wandervogel *m hum veraltet*

wan·der·ing ['wɒndᵊrɪŋ, AM 'wɑːndɚ-] *adj attr* ① (*nomadic*) wandernd; *minstrel, tinker* fahrend; *people, tribe* nomadisierend ② (*not concentrating*) abschweifend; (*rambling*) wirr

wan·der·ings ['wɒndᵊrɪŋz, AM 'wɑːndɚ-] *npl* (*travels*) Reisen *pl;* (*walks*) Streifzüge *pl*

wane [weɪn] *vi* abnehmen; *interest, popularity* schwinden *geh; moon* abnehmen; **to wax and ~** zu- und abnehmen

wan·gle ['wæŋgl̩] *vt* (*fam*) deichseln; **to ~ one's way into sth** sich in etw *akk* [hinein]mogeln; **to ~ one's way out of sth** sich aus etw *dat* herauswinden

wan·na ['wɒnə, AM 'wɑːnə] (*fam*) = **want to** *see* **want**

want [wɒnt, AM wɑːnt] **I.** *n* ① (*need*) Bedürfnis *nt;* **to be in ~ of sth** etw benötigen ② *no pl* (*lack*) Mangel *m;* **for ~ of sth** aus Mangel an etw *dat* **II.** *vt* ① (*wish*) wünschen, wollen; (*politely*) mögen; **to be ~ed by the police** polizeilich gesucht werden; ■**to ~ to do sth** etw tun wollen; **what do you ~ to eat?** was möchtest/willst du essen? ② (*need*) brauchen; **you'll ~ a coat on** du wirst einen Mantel brauchen ▶ PHRASES: **waste not, ~ not** (*prov*) spare in der Zeit, dann hast du in der Not *prov* ◆**want in** *vi esp* AM (*fam*) ■**to ~ in [on sth]** [bei etw *dat*] dabei sein wollen ◆**want out** *vi esp* AM (*fam*) ■**to ~ out [of sth]** [aus etw *dat*] aussteigen wollen

want·age ['wɑːnt̬ɪdʒ] *n usu sing* AM (*need*)

W

Mangel *m kein pl*

want·ing ['wɒntɪŋ, AM 'wɑ:nṭ-] *adj pred* ❶ (*missing*) ■**to be** ~ fehlen ❷ (*deficient*) unzulänglich

wan·ton ['wɒntən, AM 'wɑ:ntᵊn] *adj* leichtfertig; ~ **destruction** mutwillige Zerstörung

WAP [wɒp, AM wɑ:p] *n* INET *acr for* **Wireless Application Protocol** WAP *nt*

wapi·ti <*pl* - *or* -s> ['wɒpɪti, AM 'wɑ:pəṭi] *n* Wapiti *m*

war [wɔ:ʳ, AM wɔ:r] *n* ❶ *no pl* (*hostilities*) Krieg *m;* **at** ~ im Kriegszustand *a. fig;* **to declare** ~ **on sb/sth** jdm/etw den Krieg erklären; **to go to** ~ in den Krieg ziehen ❷ (*conflict*) Krieg *m* ❸ (*struggle*) Kampf *m;* **price** ~ Preiskrieg *m*

'war atroc·ities *npl* Kriegsgräuel *pl geh,* Kriegsverbrechen *pl* **'war baby** *n* Kriegskind *nt*

war·ble ['wɔ:bl̩, AM 'wɔ:r-] *vi bird* trillern; *person* trällern

war·bler ['wɔ:bləʳ, AM 'wɔ:rblɚ] *n* Grasmücke *f*

'war bond *n* Kriegsanleihe *f* **'war bul·letin** *n* Kriegsbericht *m* **'war cor·res·pond·ent** *n* Kriegsberichterstatter(in) *m(f)* **'war crime** *n* Kriegsverbrechen *nt* **'war crimi·nal** *n* Kriegsverbrecher(in) *m(f)* **'war cry** *n* Schlachtruf *m*

ward [wɔ:d, AM wɔ:rd] *n* Station *f* ◆**ward off** *vt* abwehren

war·den ['wɔ:dᵊn, AM 'wɔ:r-] *n* ❶ (*manager*) [Heim]leiter(in) *m(f)* ❷ AM (*in prison*) Gefängnisdirektor(in) *m(f)* ❸ (*official*) **park** ~ Parkwächter(in) *m(f);* **traffic** ~ BRIT Verkehrspolizist(in) *m(f)*

war·der ['wɔ:dəʳ, AM 'wɔ:rdɚ] *n esp* BRIT [Gefängnis]aufseher(in) *m(f)*

war·dress <*pl* -es> ['wɔ:drɪs, AM 'wɔ:r-] *n esp* BRIT [Gefängnis]aufseherin *f*

ward·robe ['wɔ:drəʊb, AM 'wɔ:rdroʊb] *n* ❶ (*cupboard*) [Kleider]schrank *m* ❷ *no pl* (*clothes*) Garderobe *f*

'ward·robe trunk *n* Schrankkoffer *m*

ward·ship ['wɔ:dʃɪp, AM 'wɔ:r-] *n no pl* Vormundschaft *f* (**of** für)

'war ef·fort *n* Kriegsanstrengungen *pl*

ware·house ['weəhaʊs, AM 'wer-] *n* Lagerhaus *nt*

Falsche Freunde

Nicht verwechseln mit Warenhaus *nt* — *warehouse*!

'ware·house keep·er *n* Lagerverwalter(in) *m(f)*

wares [weəz, AM werz] *npl* Ware[n] *f*[*pl*]

war·fare ['wɔ:feəʳ, AM 'wɔ:rfer] *n no pl* Krieg[s]führung *f*

'war game *n* Kriegsspiel *nt* **war·head** ['wɔ:hed, AM 'wɔ:r-] *n* Sprengkopf *m*

wari·ly ['weərᵊli, AM 'wer-] *adv* vorsichtig; (*suspiciously*) misstrauisch

war·like ['wɔ:laɪk, AM 'wɔ:r-] *adj* ❶ (*military*) kriegerisch ❷ (*hostile*) militant **'war·lord** *n* Kriegsherr *m*

warm [wɔ:m, AM wɔ:rm] **I.** *adj* ❶ (*not cool*) warm ❷ (*hearty*) warm; *person* warmherzig; **welcome** herzlich **II.** *n* **to come into the** ~ ins Warme kommen; **to have a** ~ sich [auf]wärmen **III.** *vt* wärmen; *food* aufwärmen ◆**warm up I.** *vi* ❶ *engine* warm laufen ❷ (*limber up*) aufwärmen **II.** *vt engine* warm laufen lassen; *room* erwärmen; *food* aufwärmen

warm-'blood·ed *adj* warmblütig **'warm front** *n* METEO Warmfront *f* **warm-'heart·ed** *adj* warmherzig

warm·ly ['wɔ:mli, AM 'wɔ:r-] *adv* ❶ **to dress** ~ sich warm anziehen ❷ (*heartily*) herzlich

warm 'start *n* COMPUT Warmstart *m fachspr*

warmth [wɔ:mθ, AM wɔ:rmθ] *n no pl* ❶ (*heat*) Wärme *f* ❷ (*affection*) Herzlichkeit *f*

'warm-up *n* [Sich]aufwärmen *nt kein pl*

warn [wɔ:n, AM wɔ:rn] **I.** *vi* warnen (**of** vor +*dat*) **II.** *vt* warnen (**about** vor +*dat*); ■**to** ~ **sb not to do sth** jdn davor warnen, etw zu tun

warn·ing ['wɔ:nɪŋ, AM 'wɔ:r-] *n* ❶ *no pl* (*notice*) Warnung *f* ❷ (*threat*) Drohung *f* ❸ *of danger, risk* Warnung *f* (**about, of, on** vor +*dat*); **a word of** ~ ein guter Rat; **to issue a** ~ [**about sth**] [vor etw *dat*] warnen

'warn·ing light *n* Warnleuchte *f* **'warn·ing shot** *n* Warnschuss *m* **'warn·ing sign** *n* ❶ (*signboard*) Warnschild *nt* ❷ *usu pl* (*symptom*) Anzeichen *nt*

warp [wɔ:p, AM wɔ:rp] **I.** *vi, vt* verziehen **II.** *n* ❶ (*in space*) **time** ~ Zeitverwerfung *f* ❷ *no pl* (*threads*) ~ **and weft** Kette und Schuss

'war·paint *n no pl* (*a. fig fam*) Kriegsbemalung *f* **'war·path** *n no pl* **to be on the** ~ auf dem Kriegspfad sein *hum*

warped [wɔ:pt, AM wɔ:rpt] *adj* ❶ (*bent*) verzogen ❷ (*perverted*) verschroben *pej*

war·rant ['wɒrᵊnt, AM 'wɔ:r-] **I.** *n* [Vollziehungs]befehl *m;* **search** ~ Durchsuchungsbefehl *m* **II.** *vt* rechtfertigen

war·ran·tee [ˌwɒrᵊn'ti:, AM ˌwɔ:r-] *n* Garantienehmer(in) *m(f)*

'war·rant of·fic·er *n ranghöchster Unterof-*

W

fizier

war·ran·tor ['wɒrᵊntɔːʳ, AM 'wɔːrᵊntɔːr] *n* Garantiegeber(in) *m(f)*

war·ran·ty ['wɒrᵊnti, AM 'wɔːrᵊnṭi] *n* Garantie *f*

war·ren ['wɒrᵊn, AM 'wɔːr-] *n* ❶ (*burrows*) Kaninchenbau *m* ❷ (*maze*) Labyrinth *nt*

war·ring ['wɔːʳɪŋ, AM 'wɔːr-] *adj attr* **the ~ factions** die Krieg führenden Parteien

war·ri·or ['wɒriəʳ, AM 'wɔːrjɚ] *n* (*usu hist*) Krieger *m*

War·saw ['wɔːsɔː, AM 'wɔːrsɑː] *n* Warschau *nt*

War·saw Pact [ˌwɔːsɔː'pækt, AM ˌwɔːrsɑː'-], **War·saw Trea·ty** *n* (*hist*) ■**the ~** der Warschauer Pakt

war·ship ['wɔːʃɪp, AM 'wɔːr-] *n* Kriegsschiff *nt*

wart [wɔːt, AM wɔːrt] *n* Warze *f* ▶ PHRASES: **~s and all** (*fam*) mit all seinen/ihren Fehlern und Schwächen

wart·hog ['wɔːthɒg, AM 'wɔːrthɑːg] *n* Warzenschwein *nt*

'war·time *n no pl* Kriegszeit[en] *f[pl]* **'war-torn** *adj usu attr* vom Krieg erschüttert

warts-and-all ['wɔːtzən(d)ɔːl, AM 'wɔːrtz-] *adj attr* umfassend, mit allen Vor- und Nachteilen *nach n*

'war-weary *adj* kriegsmüde

wary ['weəri, AM 'weri] *adj* vorsichtig; ■**to be ~ of sb/sth** sich vor jdm/etw in Acht nehmen

'war zone *n* Kriegsgebiet *nt*

was [wɒz, wəz, AM wɑːz, wəz] *pt of* **be**

wash [wɒʃ, AM wɑːʃ] **I.** *n* <*pl* -es> ❶ *usu sing* (*cleaning*) Waschen *nt kein pl;* **to have a ~** sich waschen ❷ *no pl* (*clothes*) **to be in the ~** in der Wäsche sein ❸ *usu sing* (*layer*) [Farb]überzug *m* **II.** *vt* ❶ (*clean*) waschen; *dishes* abwaschen, spülen; *wound* spülen ❷ *usu passive* (*sweep*) **to be ~ed ashore** an Land gespült werden ▶ PHRASES: **to ~ one's hands of sb/sth** mit jdm/etw nichts zu tun haben wollen **III.** *vi* sich waschen ◆**wash away** *vt* ❶ *sea* wegspülen ❷ (*clean*) auswaschen ◆**wash down** *vt* ❶ (*swallow*) hinunterspülen ❷ (*clean*) waschen ❸ *usu passive* (*carry off*) herabschwemmen ◆**wash off I.** *vi* sich abwaschen lassen **II.** *vt* abwaschen ◆**wash out I.** *vi* sich herauswaschen lassen **II.** *vt* ❶ (*clean*) auswaschen ❷ (*remove*) herauswaschen ❸ (*launder*) [aus]waschen ◆**wash over** *vi* ❶ (*flow over*) ■**to ~ over sb/sth** über jdn/etw [hinweg]spülen ❷ (*fig: overcome*) überkommen ◆**wash up I.** *vi* ❶ BRIT *dishes* abspülen, abwaschen ❷ AM (*wash oneself*) sich waschen **II.** *vt sea* anspülen

wash·able ['wɒʃəbl̩, AM 'wɑː-] *adj garment* waschbar; *surface* abwaschbar; **machine-~** waschmaschinenfest

wash-and-'wear *adj* bügelfrei **'wash·bag** *n* Kulturbeutel *m,* Necessaire *nt* SCHWEIZ, ÖSTERR

'wash·ba·sin *n* Waschbecken *nt* **'wash·board** *n* (*dated*) Waschbrett *nt* **'wash-bowl** *n* AM (*washbasin*) Waschbecken *nt* **'wash·cloth** *n* AM (*face cloth*) Waschlappen *m* **'wash·day** *n* Waschtag *m* **'wash·down** *n* Wäsche *f;* **to give sth a ~** etw abwaschen

washed-out [ˌwɒʃt'aʊt, AM ˌwɑːʃt'-] *adj* ❶ *clothes* verwaschen ❷ (*tired*) fertig *fam*

wash·er ['wɒʃəʳ, AM 'wɑːʃɚ] *n* ❶ (*machine*) Waschmaschine *f* ❷ (*ring*) Unterlegscheibe *f;* (*seal*) Dichtung *f*

wash-'hand ba·sin *n* Waschbecken *nt*

'wash house *n* Waschhaus *nt*

wash·ing ['wɒʃɪŋ, AM 'wɑː-] *n no pl* Wäsche *f;* **to do the ~** [Wäsche] waschen

'wash·ing ma·chine *n* Waschmaschine *f* **'wash·ing pow·der** *n* BRIT Waschpulver *nt* **'wash·ing soda** *n no pl* Bleichsoda *nt*

> **Land und Leute**
>
> **Washington's Birthday** ist ein gesetzlicher Feiertag in den USA. Obwohl George Washington eigentlich am 22. Februar 1732 geboren wurde, wird sein Geburtstag seit einigen Jahren immer am dritten Montag im Februar gefeiert, um allen Arbeitnehmern ein langes Wochenende zu ermöglichen.

wash·ing-'up *n no pl* BRIT, AUS ❶ (*cleaning*) **to do the ~** abspülen, abwaschen ❷ (*dishes*) Abwasch *m fam*

wash·ing-'up ba·sin *n* BRIT Spülbecken *nt* **wash·ing-'up bowl** *n* BRIT Spülschüssel *f* **wash·ing-'up liq·uid** *n* BRIT Spülmittel *nt* **'wash leath·er** *n* ❶ *no pl* (*material*) Waschleder *nt* ❷ (*to clean windows*) Fensterleder *nt*

'wash·out *n usu sing* (*fam*) Reinfall *m fam*

'wash·room *n* AM (*toilet*) Toilette *f*

wasn't ['wɒzᵊnt, AM 'wɑː-] = **was not** *see* **be**

wasp [wɒsp, AM wɑːsp] *n* Wespe *f*

wasp·ish ['wɒspɪʃ, AM 'wɑːsp-] *adj* giftig *fam,* gehässig *pej*

'wasps' nest *n* Wespennest *nt*

wasp-'waist·ed *adj* mit einer Wespentaille *nach n*

wast·age ['weɪstɪdʒ] *n no pl* ❶ (*misuse*) Verschwendung *f* ❷ BRIT, AUS *of labour* natürlicher Arbeitskräfteabgang ③ (*product*) Ausschuss *m*

waste [weɪst] **I.** *n* ① *no pl* (*misuse*) Verschwendung *f;* ~ **of effort** vergeudete Mühe; ~ **of time** Zeitverschwendung *f* ② *no pl* (*matter*) Abfall *m;* **industrial** ~ Industriemüll *m;* **to go to** ~ verkommen ③ (*excrement*) Exkremente *pl* **II.** *vt* ① (*misuse*) verschwenden; **don't ~ my time!** stiehl mir nicht meine wertvolle Zeit! ② AM (*fam*) ■**to ~ sb** jdn umlegen **III.** *vi* ▶PHRASES: ~ **not, want not** (*prov*) spare in der Zeit, dann hast du in der Not ◆**waste away** *vi* dahinsiechen *geh;* (*get thinner*) immer dünner werden

'waste·bas·ket *n* AM Papierkorb *m*

'waste dis·pos·al *n no pl* Abfallbeseitigung *f,* Müllentsorgung *f*

waste-dis·'pos·al unit *n* Müllschlucker *m*

waste·ful ['weɪs(t)fᵊl] *adj* verschwenderisch (**of** mit +*dat*)

waste 'heat *n no pl* TECH Abwärme *f fachspr*

'waste·land *n* (*neglected*) unbebautes Land; (*unproductive*) Öde *f*

waste 'man·age·ment *n no pl* Abfallwirtschaft *f* **'waste·pa·per** *n no pl* Papiermüll *m;* (*for recycling*) Altpapier *nt* **'waste·pa·per bas·ket,** BRIT, AUS *a.* **'waste·pa·per bin** *n* Papierkorb *m* **'waste pipe** *n* Abflussrohr *nt* **waste 'prod·uct** *n* Abfallprodukt *nt*

wast·er ['weɪstəʳ, AM -ɚ] *n* ① (*person*) Verschwender(in) *m(f)* ② (*fam: good-for-nothing*) Taugenichts *m pej veraltend*

waste re·'pro·cess·ing *n no pl* Müllwiederaufbereitung *f* **'waste sepa·ra·tion** *n no pl* Mülltrennung *f* **waste 'steam** *n no pl* Abdampf *m* **'waste wa·ter** *n* Abwasser *nt*

wast·ing ['weɪstɪŋ] *adj attr* **muscle-~ disease** muskelschwächende Krankheit

wast·rel ['weɪstrᵊl] *n* (*liter*) Nichtsnutz *m pej veraltend*

watch [wɒtʃ, AM wɑːtʃ] **I.** *n* ① (*on wrist*) Armbanduhr *f;* (*on chain*) Taschenuhr *f* ② *no pl* (*duty*) Wache *f;* **on ~** auf Wache; **to keep close ~ over sb/sth** über jdn/etw sorgsam wachen ③ (*unit*) Wacheinheit *f* **II.** *vt* ① (*look at*) beobachten; **I ~ed him walk/walking down the road** ich sah, wie er die Straße hinunterging; **to ~ TV** fernsehen ② (*keep vigil*) aufpassen (auf +*akk*) ③ (*be careful*) **~ it!** pass auf!; **to ~ one's weight** auf sein Gewicht achten ▶PHRASES: **to ~ one's step** aufpassen **III.** *vi* ① (*look*) zusehen, zuschauen ② (*be attentive*) aufpassen ◆**watch out** *vi* ① (*keep lookout*) Ausschau halten (**for** nach +*dat*) ② (*beware of*) ~ **out!** Achtung!

'watch·band *n* AM, AUS Uhr[arm]band *nt*

'watch·dog *n* ① (*dog*) Wachhund *m* ② (*organization*) Überwachungsgremium *nt;* (*state-controlled*) Aufsichtsbehörde *f*

watch·er ['wɒtʃəʳ, AM 'wɑːtʃɚ] *n* Zuschauer(in) *m(f);* (*observer*) Beobachter(in) *m(f)*

watch·ful ['wɒtʃfᵊl, AM 'wɑː-] *adj* wachsam

'watch·mak·er [-ˌmeɪkəʳ, AM -ˌmeɪkɚ] *n* Uhrmacher(in) *m(f)* **'watch·man** *n* Wachmann *m;* **night ~** Nachtwächter *m* **'watch·strap** *n esp* BRIT Uhr[arm]band *nt* **'watch·tow·er** *n* Wachturm *m* **'watch·word** *n usu sing* ① (*slogan*) Parole *f* ② (*password*) Kennwort *nt*

wa·ter ['wɔːtəʳ, AM 'wɑːt̬ɚ] **I.** *n* ① *no pl* Wasser *nt* ② *no pl* (*urine*) **to pass ~** Wasser lassen ③ (*area*) ■**~s** *pl* Gewässer *pl* ▶PHRASES: **to be ~ under the bridge** Schnee von gestern sein *fam;* **to be [like] ~ off a duck's back** an jdm einfach abprallen; **like a fish out of ~** wie ein Fisch auf dem Trocknen; **come hell or high ~** komme, was [da] wolle **II.** *vt* bewässern; *animals* tränken; *garden* sprengen; *plants* gießen **III.** *vi* ① *eyes* tränen ② **my mouth is ~ing** mir läuft das Wasser im Munde zusammen ◆**water down** *vt* [mit Wasser] verdünnen

'wa·ter·bird *n* Wasservogel *m* **wa·ter 'boat·man** *n* ZOOL Rückenschwimmer *m*

'wa·ter-borne *adj* ① (*floating*) ~ **trade** Handelsschifffahrt *f;* ~ **attack** Angriff *m* zu Wasser ② (*transmitted*) ~ **disease** durch das Wasser übertragene Krankheit

'wa·ter bot·tle *n* Wasserflasche *f* **'wa·ter butt** *n* BRIT Regentonne *f* **'wa·ter can·non** *n* Wasserwerfer *m* **'wa·ter car·ri·er** *n* ① ASTROL ■**the W~ C~** der Wassermann ② (*pipe*) Wasserleitung *f* **'wa·ter cart** *n* (*hist*) Wasserkarren *m* **'wa·ter clos·et** *n* WC *nt* **'wa·ter·col·our,** AM **'wa·ter·col·or I.** *n* ① (*paint*) Aquarellfarbe *f* ② (*picture*) Aquarell *nt* **II.** *adj usu attr* Aquarell- **'wa·ter con·tent** *n* Wassergehalt *m* **'wa·ter-cooled** *adj* wassergekühlt **'wa·ter·course** *n* Wasserlauf *m* **'wa·ter·craft** *n* (*liter: vessel*) Wasserfahrzeug *nt* **'wa·ter·cress** *n no pl* Brunnenkresse *f* **'wa·ter cure** *n* (*hist*) MED Wasserkur *f* **'wa·ter·fall** *n* Wasserfall *m* **'wa·ter·fowl** *n pl* Wasservögel *pl* **'wa·ter·front** *n* (*shore*) Ufer *nt;* (*area*) Hafengebiet *nt* **'wa·ter gauge** *n* Wasserstandsmesser *m* **'wa·ter heat·er** *n* Heißwassergerät *nt* **'wa·ter·hole** *n* Wasserloch *nt* **'wa·ter hose** *n* Wasserschlauch

W

m **'wa·ter ice** *n* Sorbet *nt*
wa·ter·ing ['wɔːtᵊrɪŋ, AM 'wɑːt̬ɚ-] *n of land* Bewässerung *f; of garden* Sprengen *nt; of plants* Gießen *nt*
'wa·ter·ing can *n* Gießkanne *f* **'wa·ter·ing place** *n* Wasserstelle *f*
wa·ter·less ['wɔːtᵊləs, AM 'wɑːt̬ɚ-] *adj* wasserlos; ~ **desert** trockene Wüste
'wa·ter lev·el *n* (*of surface water*) Wasserstand *m; of river* Pegel[stand] *m;* (*of groundwater*) Grundwasserspiegel *m* **'wa·ter lily** *n* Seerose *f,* Teichrose *f* **'wa·ter line** *n no pl* NAUT Wasserlinie *f;* GEOL Grundwasserspiegel *m* **'wa·ter-logged** *adj ship* vollgelaufen; *ground* feucht
Wa·ter·loo [ˌwɔːtə'luː, AM 'wɑːt̬ɚluː] *n* ▸PHRASES: **to meet one's** ~ ein Fiasko erleiden
'wa·ter main *n* Haupt[wasser]leitung *f* **'wa·ter·man** *n* ❶ (*ferryman*) Fährmann *m* ❷ SPORTS Ruderer *m* **'wa·ter·mark** *n* ❶ *of tide* Wasser[stands]marke *f* ❷ (*on paper*) Wasserzeichen *nt* **'wa·ter·mel·on** *n* Wassermelone *f* **'wa·ter me·ter** *n* Wasserzähler *m* **'wa·ter pipe** *n* ❶ (*conduit*) Wasserleitung *f* ❷ (*hookah*) Wasserpfeife *f* **'wa·ter pis·tol** *n* Wasserpistole *f* **'wa·ter pol·lu·tion** *n* Wasserverschmutzung *f; of sea, river* Gewässerverschmutzung *f; of drinking water* Trinkwasserbelastung *f* **'wa·ter polo** *n* Wasserball *m kein pl* **'wa·ter pow·er** *n no pl* Wasserkraft *f* **'wa·ter pres·sure** *n* Wasserdruck *m* **'wa·ter·proof** I. *adj* wasserdicht II. *n esp* BRIT Regenmantel *m* III. *vt* wasserundurchlässig machen
wa·ter-re·'pel·lent *adj* Wasser abweisend **'wa·ter·shed** *n* ❶ (*high ground*) Wasserscheide *f* ❷ (*fig: change*) Wendepunkt *m* **'wa·ter short·age** *n* Wassermangel *m kein pl* **'wa·ter·side** *n* (*by lake*) Seeufer *nt;* (*by river*) Flussufer *nt;* (*by sea*) Strand *m* **'wa·ter-ski** I. *vi* Wasserski fahren II. *n* Wasserski *m* **'wa·ter sof·ten·er** *n* Wasserenthärter *m* **wa·ter-'sol·uble** *adj* wasserlöslich **'wa·ter spout** *n esp* AM ❶ (*whirlwind*) Wasserhose *f;* (*cloudburst*) Wolkenbruch *m* ❷ (*pipe*) Abfluss *m*
'wa·ter sup·ply *n* (*for area*) Wasservorrat *m;* (*for households*) Wasserversorgung *f*
wa·ter 'sup·ply pipe *n* Wasserzuleitung *f* **wa·ter 'supply point** *n* Wasserentnahmestelle *f* **'wa·ter·ta·ble** *n* Grundwasserspiegel *m* **'wa·ter tank** *n* Wassertank *m*
'wa·ter·tight ['wɔːtətaɪt, AM 'wɑːt̬ɚ-] *adj* ❶ (*impermeable*) wasserdicht ❷ (*fig*) *agreement* wasserdicht; *argument* unanfechtbar
'wa·ter tow·er *n* Wasserturm *m* **'wa·ter va·pour,** AM **'wa·ter va·por** *n* Wasserdampf *m* **'wa·ter vole** *n* Schermaus *f* **'wa·ter wave** *n* Wasserwelle *f* **'wa·ter·way** *n* Wasserstraße *f,* Schifffahrtsweg *m* **'wa·ter·wings** *npl* Schwimmflügel *pl* **'wa·ter·works** *npl* ❶ (*facility*) Wasserwerk *nt* ❷ BRIT (*fam: bladder*) [Harn]blase *f* ▸PHRASES: **to turn on the** ~ (*fam*) losheulen *fam*
wa·tery <more, most *or* -ier, -iest> ['wɔːtᵊri, AM 'wɑːt̬ɚi] *adj* ❶ (*bland*) *drink* dünn; *soup* wässrig ❷ *light, sun* fahl; *smile* müde
watt *n* Watt *nt*
watt·age ['wɒtɪdʒ, AM 'wɑːt̬-] *n no pl* Wattzahl *f*
wave [weɪv] I. *n* ❶ *of water, hair* Welle *f* ❷ (*fig: feeling*) ~ **of emotion** Gefühlswallung *f;* ~ **of panic** Welle der Panik ❸ (*series*) ~ **of redundancies** Entlassungswelle *f* ❹ *of hand* Wink *m;* **to give sb a** ~ jdm [zu]winken II. *vi* ❶ (*greet*) winken; **I** ~**d at him across the room** ich winkte ihm durch den Raum zu ❷ (*sway*) wogen *geh; flag* wehen III. *vt* ❶ (*with hand*) **to** ~ **sb goodbye** jdm zum Abschied [nach]winken ❷ (*swing*) **to** ~ **a magic wand** einen Zauberstab schwingen ◆**wave aside** *vt* **to** ~ **aside** ↻ **an objection** einen Einwand abtun ◆**wave down** *vt* anhalten ◆**wave on** *vt* **the policeman** ~**d the traffic on** der Polizist winkte den Verkehr durch ◆**wave through** *vt* durchwinken
'wave·band *n* Wellenbereich *m* **'wave·length** *n* Wellenlänge *f* ▸PHRASES: **to be on the same** ~ auf derselben Wellenlänge liegen **'wave pow·er** *n* Wellenkraft *f*
wa·ver ['weɪvəʳ, AM -ɚ] *vi* ❶ wanken; *concentration, support* nachlassen ❷ (*be indecisive*) schwanken; ■**to** ~ **over sth** sich *dat* etw hin- und herüberlegen
'wave·range *n* Wellenbereich *m*
wa·ver·er ['weɪvᵊrəʳ, AM -ɚɚ] *n* Unentschlossene(r) *f(m)*
wa·ver·ing ['weɪvᵊrɪŋ, AM -ɚ-] *adj* ❶ (*unsteady*) *flame, candle* flackernd; *courage* wankend; *voice* zitternd ❷ (*indecisive*) unentschlossen; *between two options* schwankend *attr*
wavy ['weɪvi] *adj* wellig; *hair* gewellt
wax[1] [wæks] I. *n* ❶ Wachs *nt* ❷ (*in ear*) Ohrenschmalz *nt* II. *vt* ❶ (*polish*) wachsen; *floorboards* bohnern; *shoes* wichsen ❷ (*remove hair*) enthaaren
wax[2] [wæks] *vi moon* zunehmen; **to** ~ **and wane** zu- und abnehmen
waxed [wækst] *adj usu attr* gewachst; *floor*

gebohnert

'wax pa·per *n* Butterbrotpapier *nt*

'wax·work *n* Wachsfigur *f*

'wax·works *n + sing vb* Wachsfigurenkabinett *nt*

waxy ['wæksi] *adj* Wachs-, aus Wachs *nach n*

way [weɪ] **I.** *n* ① (*road*) Weg *m;* **one-~ street** Einbahnstraße *f* ② (*route*) **'~ in/out'** „Eingang/Ausgang"; **we have to go by ~ of Copenhagen** wir müssen über Kopenhagen fahren; **to ask the ~** nach dem Weg fragen; **to be on the ~** *letter, baby* unterwegs sein; **to get under ~** in Gang kommen; **to go out of one's ~ to do sth** einen Umweg machen, um etw zu tun; (*fig*) sich bei etw *dat* besondere Mühe geben; **to go the wrong ~** sich verlaufen; (*in car*) sich verfahren; **to lead the ~** vorausgehen; **to lose one's ~** sich verirren; **to show sb the ~** jdm den Weg zeigen ③ (*distance*) Weg *m,* Strecke *f;* **I'll support you all the ~** du hast meine volle Unterstützung; **to be a long ~ off** (*in space*) weit entfernt sein; (*in time*) fern sein; **to go a long ~** (*fig*) lange reichen ④ (*direction*) **this ~ round** so herum; **to be the wrong ~ up** auf dem Kopf stehen; **which ~ are you going?** in welche Richtung gehst du? ⑤ (*manner*) Art *f,* Weise *f;* **the ~ things are going ...** so wie sich die Dinge entwickeln, ...; **this is definitely not the ~ to do it** so macht man das auf gar keinen Fall!; **to see the error of one's ~s** seine Fehler einsehen; **~s and means** Mittel und Wege; **one ~ or another** so oder so; **no ~** auf gar keinen Fall ⑥ (*respect*) Weise *f,* Hinsicht *f;* **in a ~** in gewisser Weise; **in many ~s** in vielerlei Hinsicht ⑦ *no pl* (*area*) Weg *m,* Platz *m;* **to be in sb's ~** jdm im Weg sein *a. fig;* **to get out of sb's/sth's ~** jdm/etw aus dem Weg gehen ▶ PHRASES: **there are no two ~s about it** daran gibt es keinen Zweifel; **by the ~** übrigens **II.** *adv* (*fam*) weit; **to be ~ past sb's bedtime** für jdn allerhöchste Zeit zum Schlafengehen sein

'way·bill *n* (*of passengers*) Passagierliste *f;* (*of goods*) Frachtbrief *m*

way·lay <-laid, -laid> [ˌweɪ'leɪ, AM 'weɪleɪ] *vt* ① (*hum: accost*) abfangen ② (*attack*) überfallen

way 'out *n* Ausgang *m* **way-'out** *adj* (*fam*) irre *sl,* abgefahren *sl* **'way·side** *n* Straßenrand *m* ▶ PHRASES: **to fall by the ~** auf der Strecke bleiben

way·ward ['weɪwəd, AM -wɚd] *adj* eigenwillig

WC [ˌdʌblju:'si:] *n* BRIT *abbrev of* **water closet** WC *nt*

we [wi:, wi] *pron pers* wir; **in this section ~ discuss ...** in diesem Abschnitt besprechen wir ..; **~ all ...** wir alle ...

weak [wi:k] *adj* ① schwach; *coffee, tea* dünn; **to be/go ~ at the knees** weiche Knie haben/bekommen ② (*ineffective*) *leader* unfähig; *argument, attempt* schwach

weak·en ['wi:kᵊn] **I.** *vi* schwächer werden, nachlassen; (*less resolute*) schwach werden **II.** *vt* schwächen

weak·ling ['wi:klɪŋ] *n* Schwächling *m*

weak·ly ['wi:kli] *adv* ① schwach, kraftlos ② (*unconvincingly*) schwach, matt

weak-mind·ed [-'maɪndɪd] *adj* ① (*irresolute*) unentschlossen; (*weak-willed*) willensschwach ② (*deficient*) schwachsinnig

weak·ness <*pl* -es> ['wi:knəs] *n* ① *no pl* (*frailty*) Schwäche *f* ② (*vulnerability*) Schwachstelle *f* ③ (*flaw*) Schwäche *f*

weal [wi:l] *n* Schwiele *f,* Striemen *m*

wealth [welθ] *n no pl* ① (*money*) Reichtum *m;* (*fortune*) Vermögen *nt* ② (*amount*) Fülle *f*

'wealth crea·tion, **'wealth gen·era·tion** *n* Vermögensbildung *f* **'wealth tax** *n* Vermögenssteuer *f*

wealthy ['welθi] **I.** *adj* reich, wohlhabend **II.** *n* ■**the ~** *pl* die Reichen *pl*

wean [wi:n] *vt* ① *baby* abstillen; *animal* entwöhnen ② ■**to ~ sb off sth** jdm etw abgewöhnen

weap·on ['wepən] *n* Waffe *f a. fig*

wea·pon·ry ['wepənri] *n no pl* Waffen *pl*

wear [weəʳ, AM wer] **I.** *n* ① (*clothes*) Kleidung *f* ② (*damage*) **signs of ~** Abnutzungserscheinungen; **~ and tear** Verschleiß *m* **II.** *vt* <wore, worn> tragen ▶ PHRASES: **to ~ one's heart on one's sleeve** das Herz auf der Zunge tragen **III.** *vi* <wore, worn> *clothes* abtragen; *machine* abnutzen ◆**wear away** *vi* sich abnutzen ◆**wear down** *vt* ① (*reduce*) abtragen ② (*tire*) fertigmachen *fam;* (*weaken*) zermürben ◆**wear off** *vi* nachlassen ◆**wear on** *vi time* sich hinziehen ◆**wear out** **I.** *vi* abnutzen **II.** *vt* erschöpfen

wear·able ['weərəbḷ, AM 'wer-] *adj* tragbar

wear·ing ['weərɪŋ, AM 'wer-] *adj* ermüdend

weari·some ['wɪərɪsᵊm, AM 'wɪr-] *adj* (*form*) ① (*tiring*) ermüdend ② (*boring*) langweilig

weary ['wɪəri, AM 'wɪri] **I.** *adj* ① (*tired*) müde ② (*bored*) gelangweilt; (*unenthusiastic*) lustlos; **~ of life** lebensmüde **II.** *vi* <-ie-> ■**to ~ of sth** von etw *dat* genug haben

wea·sel ['wi:zᵊl] *n* Wiesel *nt*

weath·er ['weðəʳ, AM -ɚ] **I.** *n no pl* Wetter *nt;* (*climate*) Witterung *f;* **in all ~s** bei jedem Wetter ▶ PHRASES: **to be under the ~** (*fam*) angeschlagen sein *fam* **II.** *vi object* verwittern; *person* altern **III.** *vt* ① *usu passive wood* auswittern; *skin* gerben ② (*survive*) **to ~ the storm** *ship* dem Sturm trotzen

'weath·er-beat·en *adj* ① (*of person*) wettergegerbt ② (*of object*) verwittert **'weath·er·board** *n* ① *usu pl* [Dach]schindel[n] *f*[*pl*] ② *no pl* (*covering*) Verschalung *f* ③ (*for window*) Überdachung *f* **'weath·er-bound** *adj* wetterbedingt behindert **'weath·er bu·reau** *n* AM Wetteramt *nt* **'weath·er chart** *n* Wetterkarte *f* **'weath·er·cock** *n* Wetterhahn *m* **'weath·er con·di·tions** *npl* Witterungsverhältnisse *pl* **'weath·er fore·cast** *n* Wettervorhersage *f*

'weath·er·ing ['weðᵊrɪŋ] *n no pl* Verwitterung *f*

'weath·er·man *n* Wettermann *m fam* **'weath·er·proof** *adj* wetterfest **'weath·er re·port** *n* Wetterbericht *m* **'weath·er sta·tion** *n* Wetterstation *f,* Wetterwarte *f*

weave [wi:v] **I.** *vt* <wove *or* AM *a.* weaved, woven *or* AM *a.* weaved> ① *cloth* weben ② (*a. fig: intertwine*) ■**to ~ sth together** etw zusammenflechten **II.** *vi* <wove *or* AM *a.* weaved, woven *or* AM *a.* weaved> weben **III.** *n* Webart *f*

weav·er ['wi:vəʳ, AM -ɚ] *n* Weber(in) *m(f)*

'weav·er bird *n* Webervogel *m*

web [web] *n* ① *of spider* Netz *nt;* **spider['s] ~** Spinnennetz *nt* ② (*fig: network*) Netzwerk *nt;* **a ~ of intrigue** ein Netz *nt* von Intrigen

Web [web] *n* COMPUT, INET (*fam*) *short for* **World Wide Web**: ■**the ~** das [World Wide] Web *fachspr,* das Netz; ■**on the ~** im [World Wide] Web *fachspr,* im Netz

'web addict *n* INET Internetsüchtige(r) *f(m)* **'web brows·er** *n* INET [Web-]Browser *m fachspr* **web·cam** ['webkæm] *n* INET Webcam *f fachspr* (*Kamera, deren Aufnahmen ins Internet eingespeist werden*)

web-foot·ed [-'fʊtɪd, AM -t̬-] *adj* mit Schwimmfüßen *nach n*

'web·log *n* INET Weblog *nt* **web·mas·ter** ['webmɑ:stəʳ, AM -mæstɚ] *n* INET Web-Administrator(in) *m(f)*

web-off·set 'print·ing *n no pl* Rotationsdruck *m*

'web page *n* INET Webseite *f* **'web·site** *n* INET Website *f fachspr* **'web surf·er** *n* INET Internetsurfer(in) *m(f)* **'web·wise** *adj attr* INET **~ consumers** mit dem Internet vertraute Verbraucher

web·zine ['webzi:n] *n* INET Webzine *nt*

wed <wedded *or* wed, wedded *or* wed> [wed] **I.** *vt* (*form or old*) ■**to ~ sb** jdn ehelichen *veraltend o hum* **II.** *vi* (*form or old*) sich vermählen *geh*

we'd [wi:d, wid] ① = **we had** *see* **have I, II** ② = **we would** *see* **would**

wed·ded ['wedɪd] **I.** *adj attr* verheiratet, Ehe-; **~ bliss** Eheglück *nt* **II.** *pt, pp of* **wed**

wed·ding ['wedɪŋ] *n* Hochzeit *f*

'wed·ding an·ni·ver·sa·ry *n* Hochzeitstag *m* **'wed·ding break·fast** *n* BRIT Hochzeitsessen *nt* **'wed·ding cake** *n* Hochzeitstorte *f* **'wed·ding day** *n* Hochzeitstag *m* **'wed·ding dress** *n* Brautkleid *nt* **'wed·ding guest** *n* Hochzeitsgast *m* **'wed·ding night** *n* Hochzeitsnacht *f* **'wed·ding pres·ent** *n* Hochzeitsgeschenk *nt* **'wed·ding ring** *n* Ehering *m,* Trauring *m*

wedge [wedʒ] **I.** *n* Keil *m* ▶ PHRASES: **the thin end of the ~** der Anfang vom Ende **II.** *vt* ① (*jam*) einkeilen ② (*keep*) **to ~ sth closed/open** etw verkeilen; *see also* **edge**

wed·lock ['wedlɒk, AM -lɑ:k] *n no pl* Ehe *f;* **to be born out of ~** unehelich geboren sein

Wednes·day ['wenzdeɪ] *n* Mittwoch *m; see also* **Tuesday**

wee [wi:] **I.** *adj* SCOT winzig; **a ~ bit** ein [*fam* klitze]kleines bisschen **II.** *n no pl* BRIT (*fam*) ■**~** [~] Pipi *nt* **III.** *vi* BRIT (*fam*) Pipi machen

weed [wi:d] **I.** *n* ① (*plant*) Unkraut *nt kein pl* ② *no pl* (*fam: marijuana*) Gras *nt* **II.** *vt garden* jäten **III.** *vi* [Unkraut] jäten ◆**weed out** *vt* aussortieren

'weed·kill·er *n* Unkrautvernichtungsmittel *nt*

weedy ['wi:di] *adj* ① *garden* unkrautbewachsen ② BRIT (*fam: thin*) [spindel]dürr

week [wi:k] *n* ① (*seven days*) Woche *f;* **twice a ~** zweimal die Woche; ■**~ in, ~ out** Woche für Woche ② (*work period*) [Arbeits]woche *f;* **five-day ~** 5-Tage-Woche

'week·day *n* Wochentag *m* **week·'end** *n* Wochenende *nt;* ■**at** [*or* AM, AUS **on**] **the ~[s]/at** [*or* AM, AUS **on**] **~s** am Wochenende/an Wochenenden **week·'end·er** *n* Wochenendausflügler(in) *m(f)* **week·end 'war·ri·or** *n* Sonntagssportler(in) *m(f)*

week·ly ['wi:kli] **I.** *adj* wöchentlich; **bi~** zweimal wöchentlich **II.** *adv* wöchentlich **III.** *n* (*magazine*) Wochenzeitschrift *f;* (*newspaper*) Wochenzeitung *f*

W

weel-kent ['wi:lkent] *adj attr* SCOT vertraut
weeny ['wi:ni] *adj* (*fam*) klitzeklein
weep [wi:p] **I.** *vi* <wept, wept> ① (*cry*) weinen; (*sob*) schluchzen; **to ~ with joy** vor Freude weinen ② (*secrete*) nässen **II.** *vt* <wept, wept> **to ~ tears of joy** Freudentränen weinen
weep·ing ['wi:pɪŋ] **I.** *adj attr* ① (*of person*) weinend ② (*of wound*) nässend **II.** *n no pl* Weinen *nt*
weep·ing 'wil·low *n* Trauerweide *f*
w.e.f. *abbrev of* **with effect from** gültig ab
weigh [weɪ] **I.** *vi* ① (*in measurement*) wiegen ② (*fig*) **to ~ heavily** eine große Bedeutung haben **II.** *vt* ① (*measure*) [ab]wiegen ② (*consider*) ■**to ~ sth against sth** etw gegen etw *akk* abwägen ◆**weigh down** *vt* niederdrücken; ■**to be ~ed down with sth** schwer mit etw *dat* beladen sein ◆**weigh in** *vi* ① **to ~ in at 60 kilos** 60 Kilo auf die Waage bringen ② (*fam: intervene*) sich einschalten; ■**to ~ in with sth** *opinion, proposal* etw einbringen ◆**weigh out** *vt* abwiegen ◆**weigh up** *vt* ① (*consider*) abwägen ② (*evaluate*) einschätzen
'weigh·bridge *n* Brückenwaage *f* **'weigh-in** *n no pl* SPORTS Wiegen *nt*
weight [weɪt] **I.** *n* ① *no pl* Gewicht; **to lose/put on ~** ab-/zunehmen ② (*for training*) **to lift ~s** Gewicht[e] heben ③ *no pl* (*importance*) Gewicht *nt,* Bedeutung *f dat;* **to carry ~** ins Gewicht fallen ▶PHRASES: **to <u>throw</u> one's ~ about** (*fam*) seinen Einfluss geltend machen **II.** *vt* ■**to ~ sth down** etw beschweren; *see also* **neighbour**
'weight-bear·ing *adj exercise, activity* unter Einsatz des eigenen Körpergewichts [als Belastungsreiz] *nach n*
weight·ing ['weɪtɪŋ, AM -t̬ɪŋ] *n no pl* ① BRIT (*allowance*) Zulage *f* ② MATH Gewichtung *f*
weight·less ['weɪtləs] *adj* schwerelos
weight·less·ness ['weɪtləsnəs] *n no pl* Schwerelosigkeit *f*
'weight·lift·er *n* Gewichtheber(in) *m(f)* **'weight·lift·ing** *n no pl* Gewichtheben *nt*
weighty ['weɪti, AM -t̬i] *adj* ① (*heavy*) schwer ② (*fig: important*) [ge]wichtig
weir [wɪəʳ, AM wɪr] *n* Wehr *nt*
weird [wɪəd, AM wɪrd] *adj* (*fam*) seltsam, komisch; (*crazy*) irre *fam;* **that's ~** das ist aber merkwürdig
weirdo ['wɪədəʊ, AM 'wɪrdoʊ] *n* <*pl* -os> (*fam*) seltsame Person, Freak *m*
wel·come ['welkəm] **I.** *vt* ① (*greet*) willkommen heißen ② (*be glad of*) begrüßen **II.** *n* ① (*reception*) **to give sb a warm ~** jdm einen herzlichen Empfang bereiten ② (*approval*) Zustimmung *f* ▶PHRASES: **to <u>outstay</u> one's ~** länger bleiben, als man erwünscht ist **III.** *adj* ① (*received*) willkommen; **to make sb very ~** jdn sehr freundlich aufnehmen ② (*permitted*) **you're ~ to use the garage** Sie können gerne unsere Garage benutzen ③ **thank you very much – you're ~** vielen Dank – nichts zu danken
wel·com·ing ['welkəmɪŋ] *adj* Begrüßungs-; **~ smile** freundliches Lächeln
weld [weld] **I.** *vt* schweißen **II.** *n* Schweißnaht *f*
weld·er ['weldəʳ, AM -ɚ] *n* Schweißer(in) *m(f)*
weld·ing ['weldɪŋ] *n no pl* Schweißen *nt*
'weld·ing torch *n* Schweißbrenner *m*
wel·fare ['welfeəʳ, AM -fer] *n no pl* ① (*health*) Wohlergehen *nt* ② (*aid*) Sozialhilfe *f;* **~ policy** Gesundheits- und Sozialpolitik *f;* ■**to be on ~** AM von [der] Sozialhilfe leben
'wel·fare pay·ments *npl* AM Sozialabgaben *pl* **'wel·fare ser·vices** *npl* ① (*support*) Sozialleistungen *pl* ② + *sing vb* (*office*) Sozialamt *nt* **wel·fare 'state** *n* Sozialstaat *m,* Wohlfahrtsstaat *m oft pej* **'wel·fare to work** *n no pl Regierungsmaßnahme, die Arbeitslose und Fürsorgeempfänger veranlassen soll, Arbeit zu suchen* **'wel·fare work** *n no pl* Fürsorgearbeit *f* **'wel·fare work·er** *n* Sozialarbeiter(in) *m(f)*
we'll [wi:l, wil] = **we will** *see* **will**[1]
well[1] [wel] **I.** *adj* <better, best> *usu pred* ① (*healthy*) gesund; **to feel ~** sich gut fühlen; **to get ~** gesund werden; **get ~ soon!** gute Besserung! *f* ② (*okay*) **all's ~ here** hier ist alles in Ordnung; **all being ~, we should arrive on time** wenn alles gut geht, müssten wir pünktlich ankommen; **all ~ and good** gut und schön **II.** *adv* <better, best> ① (*in a good way*) gut; **~ done!** gut gemacht!, super! *fam;* **to be money ~ spent** gut angelegtes Geld sein; **to mean ~** es gut meinen; **to speak ~ of sb/sth** nur Gutes über jdn/etw sagen ② (*thoroughly*) gut; **to know sb ~** jdn gut kennen ③ (*used for emphasis*) [sehr] wohl; **to be ~ aware of sth** sich *dat* einer S. *gen* durchaus bewusst sein; **to be ~ over forty** weit über vierzig sein; **~ and truly** ganz einfach ④ (*justifiably*) wohl; **you may ~ ask!** das kann man wohl fragen! ⑤ (*also*) **as ~** auch; (*and*) **... as ~ as ...** ... sowie ... **III.** *interj* (*introducing, continuing*) nun [ja], also; (*hesitating, resignedly*) tja *fam;* (*surprised*) **~ [, ~]!**

sieh mal einer an!

well² [wel] *n* ❶ (*for water*) Brunnen *m* ❷ (*for mineral*) Schacht *m;* **oil ~** Ölquelle *f* ❸ (*for stairs*) Treppenhaus *nt;* (*for lift*) Fahrstuhlschacht *m* ◆**well up** *vi* **tears ~ed up in her eyes** Tränen stiegen ihr in die Augen; ■**to ~** [**up**] **out of sth** aus etw *dat* hervorquellen

well-ad·'vised *adj pred* (*form*) ■**to be ~ to do sth** gut beraten sein, etw zu tun **well-ap·'point·ed** *adj* (*form*) gut ausgestattet **well-'bal·anced** *adj* ❶ (*objective*) *article, report* objektiv; *team* harmonisch ❷ *diet, meal* ausgewogen ❸ *person* ausgeglichen **well-be·'haved** *adj attr child* artig; *dog* brav **well-'be·ing** *n no pl* Wohlbefinden *nt;* **feeling of ~** wohliges Gefühl **well-'bred** *adj* (*with good manners*) wohlerzogen *geh;* (*refined*) gebildet **well-brought-'up** *adj* gut erzogen **well-'built** *adj* ❶ (*approv: of muscular body*) gut gebaut, muskulös ❷ BRIT, AUS (*euph: overweight*) kräftig ❸ (*construction*) solide gebaut, stabil **well-'chos·en** *adj* gut gewählt; [**to say**] **a few ~ words** ein paar passende Worte [sagen] **well-con·'nect·ed** *adj* ■**to be ~** gute Beziehungen haben **well-de·'served** *adj* wohlverdient **well-de·'vel·oped** *adj* gut entwickelt; *humour* ausgeprägt **well-dis·'posed** *adj* wohlgesinnt; ■**to be ~ to**[**wards**] **sb/sth** jdm/etw wohlgesinnt sein **well-'docu·ment·ed** *adj* gut belegt **well-'done** *adj* ❶ (*of meat*) gut durch[gebraten] ❷ (*of work*) gut gemacht **well-'dressed** *adj* gut gekleidet **well-'earned** *adj* wohlverdient; **a ~ break** eine wohlverdiente Pause **well-'edu·cat·ed** *adj* gebildet **well-'fed** *adj* (*having good food*) [ausreichend] mit Nahrung versorgt; (*result of good feeding*) wohlgenährt **well-'found·ed** *adj* [wohl]begründet; **~ fears/suspicions** [wohl]begründete Ängste/Vermutungen **well-'groomed** *adj* gepflegt **well-'heeled** *adj attr* (*fam*) [gut] betucht

wel·lie ['weli] *n esp* BRIT (*fam*) *short for* **wellington** [**boot**] Gummistiefel *m*

well-in·'formed *adj* (*approv*) gut informiert; **to be ~ on a subject** über ein Thema gut Bescheid wissen

wel·ling·ton, wel·ling·ton 'boot ['welɪŋtən-] *n esp* BRIT Gummistiefel *m*

well-in·'ten·tioned *adj* gut gemeint **well-'kept** *adj* ❶ (*of person, property*) gepflegt ❷ (*not revealed*) gut gehütet; **a ~ secret** ein gut gehütetes Geheimnis **well-'knit** *adj* **a ~ group** eine fest gefügte Gruppe; **a ~ plot/story** eine gut durchdachte Handlung/Geschichte **well-'known** *adj* [allgemein] bekannt; (*famous*) berühmt **well-'man·nered** *adj* wohlerzogen **well-'mean·ing** *adj* wohlmeinend; **~ advice** gut gemeinte Ratschläge **well-'meant** *adj* gut gemeint

well-nigh [ˌwel'naɪ] *adv* beinah[e]; **to be ~ impossible** praktisch unmöglich sein

well-'off *adj attr* ❶ (*wealthy*) wohlhabend ❷ *pred* (*fortunate*) gut dran *fam*

well-'oiled *adj attr* ❶ (*functioning*) gut funktionierend *attr* ❷ (*fam: drunk*) betrunken **well-'or·gan·ized** *adj* gut organisiert **well-'paid** *adj* gut bezahlt **well-'placed** *adj* gut platziert; **a ~ remark** die richtige Bemerkung zum richtigen Zeitpunkt **well-pro·'por·tioned** *adj* wohlproportioniert **well-'read** *adj* [sehr] belesen **well-'spok·en** *adj* (*polite*) höflich; (*refined*) beredt **well-'thought-of** *adj attr* (*regarded*) angesehen; (*recognized*) anerkannt **well-'timed** *adj attr* zeitlich gut gewählt; **his remark was ~** seine Bemerkung kam zur rechten Zeit

well-to-'do (*fam*) **I.** *adj* [gut] betucht **II.** *n* ■**the ~** *pl* die [Gut]betuchten *pl* **well-'turned** *adj speech* wohlgesetzt *geh* **'well-wish·er** *n* wohlwollender Freund/wohlwollende Freundin; (*supporter*) Sympathisant(in) *m(f)*

well-'worn *adj* ❶ (*damaged*) *clothes* abgetragen; *object* abgenützt ❷ (*cliché*) abgedroschen *fam*

wel·ly ['weli] *n esp* BRIT (*fam*) *short for* **wellington** Gummistiefel *m*

Welsh [welʃ] **I.** *adj* walisisch **II.** *n* ❶ *no pl* (*language*) Walisisch *nt* ❷ (*people*) ■**the ~** *pl* die Waliser *pl*

Land und Leute

Am 18. September 1997 stimmten die Waliser durch ein Referendum für die Errichtung einer **Welsh Assembly** (*eines Parlaments*), die einige der Befugnisse des *Secretary of State for Wales* übernehmen sollte. Die **Assembly** mit ihren 60 Abgeordneten hat seit 1999 ihren neuen Sitz in der Landeshauptstadt Cardiff.

'Welsh·man *n* Waliser *m* **'Welsh·wom·an** *n* Waliserin *f*

welt [welt] *n* ❶ *usu pl* (*scar*) Striemen *m* ❷ (*seam*) Rahmen *m*

wel·ter·weight ['weltəweɪt, AM -t̬ɚ-] *n* Weltergewicht *nt*

wend [wend] *vt* (*liter*) **to ~ one's way home** sich auf den Heimweg machen

went [went] *pt of* **go**

wept [wept] *pt, pp of* **weep**
were [wɜːʳ, wəʳ, AM wɜːr, wər] *pt of* **be**
we're [wiːəʳ, AM wɪr] = **we are** *see* **be**
weren't [wɜːnt, AM wɜːrnt] = **were not** *see* **be**
west [west] **I.** *n no pl* ① (*direction*) Westen *m;* **to be to the ~ of sth** westlich von etw *dat* liegen ② (*of US*) **the Wild W~** der Wilde Westen ③ + *sing/pl vb* POL ■**the W~** die westliche Welt; (*the Occident*) das Abendland; (*hist: non-communist*) der Westen **II.** *adj attr* westlich, West-; **the ~ coast of Ireland** die Westküste Irlands **III.** *adv* westwärts; **to travel ~** nach Westen reisen
'west·bound *adj* in Richtung Westen **West 'End I.** *n no pl* ■**the ~** das [Londoner] Westend **II.** *adj attr* **the ~ theatres** die Theater *pl* des Londoner Westends
west·er·ly ['westᵊli, AM -tɚli] *adj* westlich; **~ gales** Weststürme *pl*
west·ern ['westən, AM -tɚn] **I.** *adj attr* West-, westlich; **~ Europe** Westeuropa *nt* **II.** *n* (*film*) Western *m*
west·ern·er ['westənəʳ, AM -tɚnɚ] *n* Abendländer(in) *m(f);* POL Person *f* aus dem Westen
west·ern·ize ['westənaɪz, AM -tɚ-] **I.** *vt* verwestlichen **II.** *vi* sich dem Westen anpassen
West 'Ger·ma·ny *n no pl* (*hist*) Westdeutschland *nt* **West 'In·dies** *npl* ■**the ~** die Westindischen Inseln
west·ward(s) ['wes(t)wəd(z), AM -wɚd(z)] *adj* westlich; *road* nach Westen *nach n*
wet [wet] **I.** *adj* <-tt-> ① (*soaked*) nass; ■**~ through** [völlig] durchnässt ② (*covered with moisture*) feucht ③ (*not dried*) **'~ paint!'** „frisch gestrichen!" ④ (*rainy*) regnerisch **II.** *vt* <-tt-, wet *or* wetted, wet *or* wetted> ① (*moisten*) anfeuchten; (*soak*) nass machen ② (*urinate*) **to ~ the bed** das Bett nass machen **III.** *n* ① *no pl* (*rain*) ■**the ~** die Nässe ② *no pl* (*liquid*) Flüssigkeit *f;* (*moisture*) Feuchtigkeit *f*
'wet nurse *n* (*usu hist*) Amme *f* **'wet room** *n* Nasszelle *f* **'wet·suit** *n* Taucheranzug *m*
wet·ting ['wetɪŋ, AM 'weţɪŋ] *n no pl* ① (*making wet*) **to get a ~** nass werden ② (*urination*) **bed ~** Bettnässen *nt*
we've [wiːv, wiv] = **we have** *see* **have I, II**
whack [(h)wæk] (*fam*) **I.** *vt* ① (*hit*) schlagen ② (*defeat*) [haushoch] besiegen **II.** *n* ① (*blow*) Schlag *m* ② *no pl* BRIT **to pay full ~** den vollen Satz bezahlen ▶ PHRASES: **to be out of ~** AM, AUS (*fam*) nicht in Ordnung sein
whacked [(h)wækt] *adj* BRIT (*fam*) kaputt
whack·ing ['(h)wækɪŋ] **I.** *adv* enorm; **a ~ big kiss** ein dicker Kuss **II.** *n* BRIT, AUS Prügel *pl*
whacko ['(h)wækəʊ, AM -oʊ] *adj* (*sl*) durchgeknallt
whale [(h)weɪl] *n* Wal *m*
whal·ing ['(h)weɪlɪŋ] *n no pl* der Walfang
wham [(h)wæm] (*fam*) **I.** *interj* ① (*bang*) **~, zap!** zack, peng! ② (*suddenly*) wumm **II.** *vi* <-mm-> ■**to ~ into sth** in etw *akk* [hinein]krachen
whang [(h)wæŋ] *interj* (*fam*) **~!** boing!
wharf <*pl* wharves *or* -s> [(h)wɔːf, *pl* (h)wɔːvz, AM (h)wɔːrf, *pl* (h)wɔːrvz] *n* Kai *m*
wharf·age ['wɔːfɪdʒ, AM 'wɔːr-] *n* NAUT Kaigebühr *f;* (*for repairs*) Werftgebühr *f*
what [(h)wɒt, AM (h)wʌt] **I.** *pron* ① *interrog* was; **~ is your name?** wie heißt du?; **~ are you looking for?** wonach suchst du?; **~ on earth ...?** (*fam*) was in aller Welt ...?; **~ about sb/sth?** (*fam*) was ist mit jdm/etw?; **~ for?** (*for what purpose?*) wofür?; (*fam: why?*) warum?; **~ if ...?** was ist, wenn ...?; **so ~?** (*fam*) na und? ② *rel* was; **I can't decide ~ to do next** ich kann mich nicht entschließen, was ich als nächstes tun soll; **~'s more, ...** darüber hinaus ... ③ *rel* (*whatever*) was; **do ~ you can** tu, was du kannst ④ *in exclamations* was; **is he smart or ~!** ist er intelligent oder was! ▶ PHRASES: **to have [got] ~ it takes** ausgesprochen fähig sein **II.** *adj* ① (*which*) welche(r, s); **~ time is it?** wie spät ist es? ② (*emphasizing*) was für; **~ luck!** was für ein Glück!; **~ a pity!** wie schade! **III.** *adv* was; **~ does it matter?** was macht's? *fam* **IV.** *interj* ① (*pardon?*) **~? I can't hear you** was? ich höre dich nicht ② **~! you left him there alone!** was? du hast ihn da allein gelassen?
what·ever [(h)wɒt'evəʳ, AM (h)wʌt'evɚ] **I.** *pron* ① was [auch immer]; **I eat ~ I want** ich esse, was ich will; **~ happens** was auch passieren mag ② (*fam*) **or ~** wie du willst ③ *interrog* **~ are you talking about?** worüber in Gottes Namen sprichst du? **II.** *adj* ① (*any*) was auch immer; **take ~ action is needed** mach, was auch immer nötig ist ② (*regardless*) gleichgültig welche(r, s); **we'll go ~ the weather** wir fahren bei jedem Wetter **III.** *adv with neg* überhaupt
what·not ['(h)wɒtnɒt, AM '(h)wʌtnaːt] *n no pl* (*fam*) ■**and ~** und was weiß ich noch alles
what·sit ['(h)wɒtsɪt, AM '(h)wʌt-] *n* BRIT (*fam*) Dingsda *m o f o nt fam;* (*object a.*)

Dings *nt fam*

what·so·ever [ˌ(h)wɒtsəʊ'evəʳ, AM ˌ(h)wʌtsoʊ'evɚ] *adv* überhaupt; **I have no idea ~** ich habe nicht die leiseste Idee

wheat [(h)wi:t] *n no pl* Weizen *m*

'wheat belt *n esp* AM Weizengürtel *m* (*extensives Weizenanbaugebiet*) **'wheat·germ** *n no pl* Weizenkeim *m*

wheel [wi:l] **I.** *n* ❶ Rad *nt;* **rear ~** Hinterrad *nt* ❷ (*for steering*) Steuer *nt;* AUTO Lenkrad *nt;* ■ **to be at the ~** am Steuer sitzen ❸ (*fam: vehicle*) ■ **~s** *pl* fahrbarer Untersatz *hum* ❹ (*fig: workings*) ■ **~s** *pl* Räder *pl;* **to set the ~s in motion** die Sache in Gang bringen **II.** *vt* rollen; *pram* schieben **III.** *vi* kreisen ◆**wheel around, wheel round** *vi* BRIT, AUS sich schnell umdrehen; (*esp shocked*) herumfahren

'wheel·bar·row *n* Schubkarre *f* **'wheel brace** *n* Kreuzschlüssel *m* **'wheel·chair** *n* Rollstuhl *m* **'wheel clamp** *n esp* BRIT, AUS Parkkralle *f* **'wheel-clamp** *vt esp* BRIT, AUS **to ~ a car** ein Auto mit einer Parkkralle festsetzen

wheel·er-deal·er [ˌ(h)wi:lə'di:ləʳ, AM -lɚ'di:lɚ] *n* Schlitzohr *nt*

'wheel·house ['(h)wi:lhaʊs] *n* NAUT Ruderhaus *nt*

wheelie ['(h)wi:li] *n* Wheelie *nt sl* (*Fahren auf dem Hinterrad*)

'wheelie bin *n* BRIT, AUS Mülltonne *f* auf Rollen

wheel·ing ['(h)wi:lɪŋ] *n no pl* **~ and dealing** Abzockerei *f sl;* (*shady*) Gemauschel *nt*

wheeze [(h)wi:z] **I.** *vi* keuchen **II.** *n* Keuchen *nt kein pl*

wheezy ['(h)wi:zi] *adj* keuchend

whelp [(h)welp] *n* (*old*) ❶ (*pup*) Welpe *m* ❷ (*young animal*) Junge(s) *nt*

when [(h)wen] **I.** *adv* ❶ *interrog* wann; **~ do you want to go?** wann möchtest du gehen?; **since ~ ...?** seit wann ...? ❷ *rel* (*during*) wenn, wo; **there are times ~ ...** es gibt Momente, wo ... **II.** *conj* ❶ (*once in past*) als; (*several times in past*) wenn; **I loved that film ~ I was a child** als Kind liebte ich diesen Film ❷ (*after*) wenn; **call me ~ you've finished** ruf mich an, wenn du fertig bist ❸ (*whenever*) wenn ❹ (*and just then*) als; **I was just getting into the bath ~ the telephone rang** ich stieg gerade in die Badewanne, als das Telefon läutete

whence [(h)wen(t)s] *adv* (*old*) ❶ *interrog* (*form: from what place*) woher ❷ *rel* (*form: from where*) wo ❸ *rel* (*form: as a consequence*) daraus

when·ever [(h)wen'evəʳ, AM -ɚ] **I.** *conj* ❶ wann auch immer ❷ (*every time*) jedes Mal, wenn ... **II.** *adv* ❶ wann auch immer; **~ possible** wenn möglich ❷ *interrog* (*when*) wann denn [nur]

where [(h)weəʳ, AM (h)wer] *adv* ❶ *interrog* wo; (*to where*) wohin; (*from where*) woher; **~ are you going?** wohin gehst du? ❷ *rel* wo; (*to where*) wohin; (*from where*) woher; **Bradford, ~ Phil comes from ...** Bradford, wo Phil herkommt ... ▶ PHRASES: **to know/see ~ sb's coming from** wissen/verstehen, was jd meint

where·abouts **I.** *n* ['(h)weərəbaʊts, AM '(h)wer-] + *sing/pl vb, no pl* Aufenthaltsort *m;* **do you know the ~ of my silver pen?** weißt du, wo mein Silberfüller hingekommen ist? **II.** *adv* [ˌ(h)weərə'baʊts, AM ˌ(h)wer-] wo [genau]; **~ in Manchester do you live?** wo genau in Manchester wohnst du?

where·as [(h)weə'ræz, AM (h)wer'æz] *conj* ❶ (*in contrast to*) während, wo[hin]gegen ❷ LAW (*considering that*) in Anbetracht dessen, dass ...

where·by [(h)weə'baɪ, AM (h)wer-] *conj* (*form or old*) wodurch, womit

where·in [(h)weə'rɪn, AM (h)wer'ɪn] *conj* (*old form, liter: in which*) worin

where·so·ever [ˌ(h)weəsəʊ'evəʳ, AM ˌ(h)wersoʊ'evɚ] (*form*) **I.** *conj* (*form*) ❶ (*at which place*) wo [auch] immer ❷ (*to which place*) wohin [auch] immer **II.** *adv* wo [nur]

where·upon [ˌ(h)weərə'pɒn, AM '(h)werəˌpɑ:n] *conj* worauf[hin]

wher·ever [(h)weə'revəʳ, AM (h)wer'evɚ] **I.** *conj* ❶ (*to whatever place*) wohin auch immer ❷ (*at all places*) wo auch immer **II.** *adv* ❶ (*in every case*) wann immer; **~ possible** wenn möglich ❷ *interrog* (*where*) wo [nur]; **~ did you find that hat?** wo hast du nur diesen Hut gefunden?

where·with·al ['(h)weəwɪðɔ:l, AM '(h)wer-] *n no pl* ■ **the ~** die [erforderlichen] Mittel

whet <-tt-> [(h)wet] *vt* **to ~ sb's appetite [for sth]** jdm Appetit [auf etw *akk*] machen

wheth·er ['(h)weðəʳ, AM -ɚ] *conj* ❶ (*if*) ob; **to ask ~ ...** fragen, ob ...; **she can't decide ~ to tell him** sie kann sich nicht entscheiden, ob sie es ihm sagen soll ❷ (*no matter*) **~ you like it or not** ob es dir [nun] gefällt oder nicht

'whet·stone *n* Wetzstein *m*

whew [fju:] *interj* puh

whey [(h)weɪ] *n no pl* Molke *f*

which [(h)wɪtʃ] **I.** *pron* ❶ *interrog* (*one*) welche(r, s); **~ [one] is mine?** welches

W

gehört mir? ② *rel* (*with defining clause*) der/die/das; **a conference in Vienna ~ ended on Friday** eine Konferenz in Wien, die am Freitag geendet hat ③ *rel* (*with non-defining clause*) was; **she says it's Anna's fault, ~ is rubbish** sie sagt, das ist Annas Schuld, was aber Blödsinn ist; **at/upon ~ ...** woraufhin ... **II.** *adj* ① *interrog* (*one*) welche(r, s); **~ doctor did you see?** bei welchem Arzt warst du? ② *rel* (*introducing more*) der/die/das; **it might be made of plastic, in ~ case you could probably carry it** es könnte aus Plastik sein – in dem Fall könntest du es wahrscheinlich tragen

which·ever [(h)wɪtʃ'evəʳ, AM -ɚ] **I.** *pron* ① (*any one*) wer/was auch immer ② (*regardless*) was/wer auch immer **II.** *adj attr* ① (*any one*) ■**~ ...** der-/die-/dasjenige, der/die/das ...; **choose ~ brand you prefer** wähle die Marke, die du lieber hast ② (*regardless*) egal welche(r, s), welche(r, s) ... auch immer; **~ way** wie auch immer

whiff [(h)wɪf] *n usu sing* Hauch *m kein pl*

whiffy ['(h)wɪfi] *adj* BRIT (*sl*) muffig *fam*

while [(h)waɪl] **I.** *n no pl* Weile *f;* **in a ~** in Kürze; **to be worth [the] ~** die Mühe wert sein **II.** *conj* ① (*during*) während ② (*although*) obwohl; **~ I fully understand your point of view, ...** wenn ich Ihren Standpunkt auch vollkommen verstehe, ... **III.** *vi* **to ~ away the time** sich *dat* die Zeit vertreiben

whilst [waɪlst] *conj* BRIT *see* **while**

whim [(h)wɪm] *n* Laune *f;* [**to do sth**] **on a ~** [etw] aus einer Laune heraus [tun]

whim·per ['(h)wɪmpəʳ, AM -pɚ] **I.** *vi person* wimmern; *dog* winseln **II.** *n of person* Wimmern *nt kein pl; of dog* Winseln *nt kein pl*

whim·sey, whim·sy ['(h)wɪmzi] *n* ① *no pl* (*playfulness*) Spleenigkeit *f* ② (*whim*) Laune *f*

whim·si·cal ['(h)wɪmzɪkᵊl] *adj* ① (*playful*) skurril *geh* ② (*capricious*) launenhaft

whim·si·cal·ity [ˌ(h)wɪmzɪ'kæləti, AM -əţi] *n no pl* ① (*playfulness*) Skurrilität *f geh* ② (*capriciousness*) Launenhaftigkeit *f*

whine [(h)waɪn] **I.** *vi* jammern; *animal* jaulen; *engine* heulen **II.** *n usu sing of child* Jammern *nt kein pl; of animal* Jaulen *nt kein pl; of engine* Heulen *nt kein pl*

whinge [(h)wɪndʒ] *vi* BRIT, AUS (*fam*) meckern

whin·ny ['(h)wɪni] **I.** *vi* wiehern **II.** *n* Wiehern *nt kein pl*

whip [(h)wɪp] **I.** *n* ① (*lash*) Peitsche *f* ② *no pl* (*cream*) Creme *f* **II.** *vt* <-pp-> ① (*hit*) [mit der Peitsche] schlagen; *horse* die Peitsche geben ② *cream* schlagen ③ (*fam: defeat*) [vernichtend] schlagen ◆**whip away** *vt* wegziehen, wegreißen ◆**whip off** *vt clothes* vom Leib reißen; *tablecloth* wegziehen ◆**whip on** *vt* ■**to ~ sth** ↻ **on** ① (*urge on*) etw *akk* antreiben ② (*put on quickly*) sich *dat* etw *akk* überwerfen ◆**whip out** *vt* zücken ◆**whip up** *vt* ① (*excite*) **to ~ up support** Unterstützung finden ② (*cook*) zaubern *fig, hum*

'whip·cord *n* Whipcord *m fachspr*

whip 'hand *n* **to get/hold the ~** die Oberhand gewinnen/haben

'whip·lash *n* ① (*blow*) Peitschenhieb *m* ② *no pl* (*injury*) **~ [injury]** Schleudertrauma *nt*

whipped [(h)wɪpt] *adj* (*beaten*) geschlagen; **~ cream** Schlagsahne *f,* Schlagobers *nt* ÖSTERR, Schlagrahm *m* SCHWEIZ

whip·per-in <*pl* whippers-in> [ˌ(h)wɪpəʳ'ɪn, AM -ɚ'-] *n* HUNT Pikör *m fachspr*

'whip·per-snap·per *n* (*fam*) **young ~** Grünschnabel *m oft pej*

whip·pet ['(h)wɪpɪt] *n* Whippet *m*

whip·ping ['(h)wɪpɪŋ] *n* ① *no pl* (*hitting*) [Aus]peitschen *nt kein pl* ② (*punishment*) **to get a ~** Prügel beziehen

'whip·ping boy *n* Prügelknabe *m*

'whip·ping cream *n no pl* Schlagsahne *f,* Schlagobers *nt* ÖSTERR, Nidel *m o f* SCHWEIZ

'whip·ping top *n* Kreisel *m*

'whip-round *n* BRIT (*fam*) **to have a ~ [for sb]** [für jdn] sammeln

whir *n, vi* AM *see* **whirr**

whirl [(h)wɜːl, AM (h)wɜːrl] **I.** *vi, vt* wirbeln **II.** *n* ① *no pl* (*action*) Wirbeln *nt* ② (*activity*) Trubel *m*

whirli·gig ['(h)wɜːlɪgɪg, AM '(h)wɜːr-] *n* ① (*top*) Kreisel *m* ② (*changing thing*) Wechselspiel *nt*

whirl·pool ['(h)wɜːlpuːl, AM '(h)wɜːrl-] *n* Whirlpool *m;* (*in river, sea*) Strudel *m*

whirl·wind ['(h)wɜːlwɪnd, AM '(h)wɜːrl-] *n* Wirbelwind *m*

whirly·bird ['(h)wɜːrlibɜːrd] *n* AM (*dated: helicopter*) Hubschrauber *m*

whirr [(h)wɜːʳ] *vi* (*buzz*) summen; (*hum*) surren

whisk [(h)wɪsk] **I.** *n* Schneebesen *m;* **electric ~** [elektrisches] Rührgerät **II.** *vt* ① *cream* schlagen ② (*take*) **I was ~ed off to hospital** ich wurde ins Krankenhaus überwiesen ◆**whisk away** *vt* schnell wegnehmen

whisk·er ['(h)wɪskəʳ, AM -kɚ] *n* ① (*of animal*) Schnurrhaar[e] *nt[pl]* ② (*beard*) ■**~s** *pl* Bartstoppeln *pl* ▶ PHRASES: **by a ~** um Haaresbreite, haarscharf

W

whis·ky BRIT, AUS, *esp* AM, IRISH **whis·key** ['hwɪski] *n* Whisk[e]y *m*

whis·per ['(h)wɪspəʳ, AM -pɚ] **I.** *vi* flüstern; ■**to ~ to sb** mit jdm flüstern **II.** *vt* ■**to ~ sth [in sb's ear]** etw [in jds Ohr] flüstern **III.** *n* ① Flüstern *nt kein pl,* Geflüster *nt;* **to speak in a ~** etw im Flüsterton sagen ② (*liter: rustle*) Rascheln *nt*

whis·per·ing ['(h)wɪspᵊrɪŋ] **I.** *n no pl* Flüstern *nt,* Geflüster *nt* **II.** *adj attr* ① flüsternd ② (*liter: rustling*) raschelnd

'whis·per·ing cam·paign *n* Verleumdungskampagne *f*

whist [(h)wɪst] *n no pl* Whist *nt;* **game of ~** Partie *f* Whist

whis·tle ['(h)wɪsl̩] **I.** *vi* ① pfeifen; ■**to ~ at sb** hinter jdm herpfeifen ② *bird* zwitschern **II.** *vt* pfeifen **III.** *n* ① (*sound*) *a. of wind* Pfeifen *nt; of referee* Pfiff *m* ② (*device*) Pfeife *f;* **referee's ~** Trillerpfeife *f;* **as clean as a ~** blitzsauber; *see also* **bristle**

whit [(h)wɪt] *n no pl* (*old form*) **not a ~** keinen Deut; **not a ~ of sense** keinen Funken Verstand

white [(h)waɪt] **I.** *n* ① *no pl* Weiß *nt* ② *of eye* Weiße *nt* ③ *of egg* Eiweiß *nt,* Eiklar *nt* ÖSTERR ④ (*person*) Weiße(r) *f(m)* **II.** *adj* ① weiß; **black and ~** schwarz-weiß ② *coffee* mit Milch *nach n* ③ **~ bread** Weißbrot *nt;* **~ pepper** weißer Pfeffer ④ (*Caucasian*) weiß; (*pale-skinned*) hellhäutig ▸ PHRASES: **as ~ as a sheet** weiß wie die Wand, kreidebleich

'white·bait [-beɪt] *n no pl* (*sprat*) junge Sprotte; (*herring*) junger Hering **'white-col·lar** *adj* **~ job** Schreibtischposten *m;* **~ worker** Angestellte(r) *f(m)* **white 'cor·pus·cle** *n* MED weißes Blutkörperchen **white 'el·ephant** *n* (*object*) Fehlinvestition *f;* (*property*) lästiger Besitz **white 'en·sign** *n* NAUT *Fahne der Royal Navy* **white 'feath·er** *n* BRIT **to show the ~ feather** BRIT sich feig[e] benehmen **white 'flag** *n* weiße Fahne **'white goods** *npl* Haushaltsgeräte *pl*

'White·hall *n* ① Whitehall ② (*fig: government*) Whitehall

Land und Leute

Whitehall ist die Straße in London, die vom *Trafalgar Square* zu den *Houses of Parliament* führt und in der sich die wichtigsten Regierungsgebäude befinden. Der Name wird oft verwendet, wenn von der britischen Regierung oder der Hauptverwaltung die Rede ist.
Der Cenotaph, das wichtigste Kriegsdenkmal in Großbritannien, befindet sich in der Mitte der Straße und ist Mittelpunkt der jährlichen Gedenkfeier am *Remembrance Day,* an dem aller Soldaten gedacht wird, die in den beiden Weltkriegen gefallen sind.

white 'heat *n no pl* Weißglut *f a. fig* **white 'horse** *n* ① (*animal*) Schimmel *m* ② (*waves*) ■**~s** *pl* Schaumkronen *pl* **'White House** *n no pl* ■**the ~** ① (*residence*) das Weiße Haus ② (*fig: government*) das Weiße Haus **white 'lead** *n no pl* Bleiweiß *nt* **white 'lie** *n* Notlüge *f* **'white meat** *n* helles Fleisch

whit·en ['(h)waɪtᵊn] **I.** *vt* weiß machen; *shoe, wall* etw weißen [*o* ÖSTERR, SCHWEIZ, SÜDD weißeln]; *teeth* bleichen **II.** *vi* weiß werden

whit·en·er ['(h)waɪtᵊnəʳ, AM -ɚ] *n no pl* (*for coffee*) Kaffeeweißer *m;* (*for shoes*) Schuhweiß *nt*

whit·en·ing ['(h)waɪtᵊnɪŋ] *n* Schuhweiß *nt* **'white-out** *n* [starker] Schneesturm **white 'pa·per** *n* BRIT, AUS POL Weißbuch *nt fachspr* **'white sale** *n* Weißwäscheausverkauf *m* **white 'slave** *n* (*pej*) ≈ Prostitutionssklavin *f* **white 'spir·it** *n no pl* BRIT Terpentinersatz *m*

'white·thorn *n* Weißdorn *m*

white 'tie I. *adj* mit Frackzwang *nach n* **II.** *n* ① (*bowtie*) weiße Fliege ② (*evening dress*) Frack *m*

'white·wash I. *n* ① *no pl* (*solution*) Tünche *f* ② *no pl* (*cover-up*) Schönfärberei *f* **II.** *vt* ① (*paint*) weiß anstreichen; *walls* tünchen ② (*conceal*) schönfärben

white·wa·ter 'raft·ing *n no pl* Wildwasserfahren *nt*

white 'wine *n* Weißwein *m*

whith·er ['(h)wɪðəʳ, AM -ɚ] *adv* (*old*) wohin

whit·ing¹ <*pl* -> ['(h)waɪtɪŋ, AM -ţ-] *n* (*fish*) Weißfisch *m*

whit·ing² ['(h)waɪtɪŋ, AM -ţ-] *n no pl* (*substance*) Schlämmkreide *f*

Whit 'Mon·day *n* Pfingstmontag *m*

Whit·sun ['(h)wɪtsᵊn] *n* Pfingsten *nt;* **at ~** an Pfingsten

Whit 'Sun·day *n* Pfingstsonntag *m*

whit·tle ['(h)wɪtl̩, AM '(h)wɪţl̩] *vt* schnitzen
◆**whittle down** *vt* reduzieren

whizz, AM **whiz** [(h)wɪz] **I.** *vi* ① **to ~ by** vorbeijagen ② *time* rasen; **the holidays just ~ed past** die Ferien vergingen im Nu **II.** *vt* [mit dem Mixer] verrühren **III.** *n* (*fam*) Genie *nt;* **computer ~** Computerass *nt fam*

'whiz(z)-kid *n* Wunderkind *nt,* Genie *nt oft hum*

W

who [huː] *pron* ❶ *interrog* (*which person*) wer; ~ **did this?** wer war das? ❷ *interrog* (*whom*) wem *dat,* wen *akk;* ~ **do you want to talk to?** mit wem möchten Sie sprechen? ❸ *interrog* (*unknown*) wer; ~ **knows?** wer weiß? ❹ *rel* der/die/das; **I think it was your dad ~ phoned** ich glaube, das war dein Vater, der angerufen hat; **he rang Chris, ~ was a good friend** er rief Chris an, der ein guter Freund war

whoa [(h)wəʊ, AM (h)woʊ] *interj* ❶ (*to horse*) brr!, hoo! ❷ (*fam: slow down!*) langsam!

who·dun·nit, AM **who·dun·it** [ˌhuːˈdʌnɪt] *n* (*fam*) Krimi *m fam*

who·ever [huːˈevəʳ, AM -ɚ] *pron* ❶ *rel* wer auch immer; **come out, ~ you are** kommen Sie heraus, wer auch immer Sie sind ❷ *interrog* (*who on earth*) wer; ~ **does he think he is?** wer glaubt er denn, dass er ist?

whole [həʊl, AM hoʊl] **I.** *adj* ❶ (*entire*) ganz, gesamt; **this ~ thing is ridiculous!** das Ganze ist ja lächerlich!; **the ~ [wide] world** die ganze [weite] Welt ❷ (*in one piece*) ganz, heil; (*intact*) intakt ❸ (*fam: emphasizing*) **flying is a ~ lot cheaper these days** Fliegen ist heutzutage sehr viel billiger **II.** *n* ❶ (*entire thing*) ■**a ~** ein Ganzes *nt* ❷ *no pl* (*entirety*) ■**the ~** das Ganze ❸ (*in total*) **as a ~** als Ganzes [betrachtet]; **on the ~** im Großen und Ganzen **III.** *adv* ganz; **a ~ new approach** ein ganz neuer Ansatz

ˈwhole·food *n* BRIT ❶ *no pl* (*food*) Vollwertkost *f* ❷ (*food products*) ■**~s** *pl* Vollwertprodukte *pl* **ˈwhole·food shop** *n* BRIT Reformhaus *nt* **ˈwhole·grain** *adj* Vollkorn-; ~ **bread** Vollkornbrot *nt* **whole·heart·ed** [-ˈhɑːtɪd, AM -hɑːrt̬ɪd] *adj* ❶ (*sincere*) aufrichtig; (*cordial*) herzlich ❷ (*committed*) engagiert **ˈwhole·meal** *adj* BRIT Vollkorn-; ~ **bread** Vollkornbrot *nt*

whole·sale [ˈhəʊlseɪl, AM ˈhoʊl-] **I.** *adj* ❶ *attr* ~ **business** Großhandel *m* ❷ (*extensive*) Massen-; ~ **reform** umfassende Reform **II.** *adv* ❶ (*at bulk price*) zum Großhandelspreis ❷ (*in bulk*) in Großmengen **whole·sal·er** [ˈhəʊlseɪləʳ, AM ˈhoʊlseɪlɚ] *n* Großhändler(in) *m(f)*

whole·some [ˈhəʊlsəm, AM ˈhoʊl-] *adj* wohltuend; (*healthy*) gesund

whole-tone ˈscale *n* Ganztonleiter *f*

ˈwhole·wheat *adj attr* Voll[korn]weizen-; ~ **flour** Weizenvollkornmehl *nt*

who'll [huːl] = **who will** *see* **who**

whol·ly [ˈhəʊl(l)i, AM ˈhoʊl(l)i] *adv* ganz, völlig

whom [huːm] *pron* (*form*) ❶ *interrog* wem *dat,* wen *akk;* ~ **did he marry?** wen hat er geheiratet? ❷ *rel* das/der/die; **none/some of ~ ...** keiner, der ... /einige, die ...

whoop [(h)wuːp] **I.** *vi* jubeln **II.** *n* ❶ (*shout*) Jauchzer *m;* **to give a ~ of triumph** einen Triumphschrei loslassen ❷ (*of cough*) Keuchen *nt*

whoo·pee (*fam*) **I.** *interj* [(h)wʊˈpiː] juchhe, hurra; (*iron*) toll; **~, another letter to type up!** super, noch ein Brief zum Abtippen! **II.** *n* [ˈ(h)wʊpi, AM ˈ(h)wuːpi] *no pl* **to make ~** (*have sex*) es tun

ˈwhoop·ing cough *n no pl* Keuchhusten *m*

whoops [(h)wʊps] *interj* (*fam*) hoppla; **~-a-daisy** BRIT hopsala

whoosh [(h)wʊʃ] (*fam*) **I.** *interj* zisch **II.** *vi* zischen *fam* **III.** *vt* ■**to ~ sb/sth somewhere** jdn/etw schnell irgendwohin bringen **IV.** *n usu sing* ❶ (*of air*) Zischen *nt kein pl* ❷ (*fig*) **they expect a ~ of money** sie erwarten eine wahre Geldflut

whop [(h)wɒp, AM (h)wɑːp] *vt* <-pp-> (*fam*) ❶ (*strike*) schlagen; **to ~ sb one** jdm eine reinhauen ❷ (*defeat*) ■**to ~ sb** jdn schlagen

whop·per [ˈ(h)wɒpəʳ, AM ˈ(h)wɑːpɚ] *n* (*fam*) ❶ (*huge thing*) Apparat *m sl;* **that's a ~ of a fish** das ist ja ein Riesenfisch ❷ (*lie*) faustdicke Lüge *fam;* **to tell sb a ~** jdm einen Bären aufbinden

whop·ping [ˈ(h)wɒpɪŋ, AM ˈ(h)wɑːp-] (*fam*) **I.** *adj* saftig *fam* **II.** *n* ❶ (*beating*) Prügel *pl fam* ❷ (*defeat*) Schlappe *f fam*

whore [hɔːʳ, AM hɔːr] *n* (*pej*) ❶ (*prostitute*) Nutte *f sl* ❷ (*woman*) Flittchen *nt fam*

whorl [(h)wɜːl, AM (h)wɜːrl] *n* (*liter*) Windung *f*

whor·tle·berry [ˈ(h)wɜːtlˌberi, AM ˈ(h)wɜːrt̬l-] *n* Heidelbeere *f*

who's [huːz] = **who is, who has** *see* **who**

whose [huːz] **I.** *adj* ❶ (*in questions*) wessen; ~ **round is it?** wer ist dran? ❷ (*indicating possession*) dessen; **she's the woman ~ car I crashed into** sie ist die Frau, in deren Auto ich gefahren bin **II.** *pron poss, interrog* wessen; ~ **is this bag?** wessen Tasche ist das?

why [(h)waɪ] *adv* ❶ (*for what reason*) warum; ~ **did he say that?** warum hat er das gesagt? ❷ (*for that reason*) **the reason ~ I ...** der Grund, warum ich ...

wick [wɪk] *n* Docht *m*

wick·ed [ˈwɪkɪd] **I.** *adj* ❶ (*evil*) böse ❷ (*cunning*) raffiniert ❸ (*fam: good*) saugut *sl* **II.** *n pl* ■**the ~** die Bösen *pl* ▶PHRASES: **there's no rest for the ~** (*say-*

W

ing) es gibt keine Ruhe für die Schuldigen **III.** *interj* (*fam*) super *fam*

wick·er ['wɪkəʳ, AM -ɚ] *n no pl* Korbgeflecht *nt*

wick·er 'bot·tle *n* Korbflasche *f* **wick·er 'fur·ni·ture** *n no pl* Korbmöbel *pl*

'wick·er·work *n no pl* ❶ (*material*) Korbmaterial *nt* ❷ (*articles*) Korbwaren *pl*

wick·et ['wɪkɪt] *n* ❶ (*cricket posts*) Tor *nt*, Wicket *nt fachspr* ❷ (*cricket area*) Spielbahn *f* ▶ PHRASES: **to be on a sticky ~** (*fam*) in der Klemme stecken

'wick·et-keep·er *n* BRIT Torwächter(in) *m(f)*

wide [waɪd] **I.** *adj* ❶ (*broad*) breit ❷ (*considerable*) enorm, beträchtlich ❸ (*open*) geweitet; *eyes* groß ❹ *after n* (*with a width of*) breit; **4 metres ~** 4 Meter breit ❺ (*varied*) breit gefächert; **~ range of goods** großes Sortiment an Waren **II.** *adv* weit; **~ apart** weit auseinander

'wide-an·gle, wide-an·gle 'lens *n* PHOT Weitwinkelobjektiv *nt*

wide-a'wake *adj* hellwach

'wide boy *n* BRIT (*fam*) Gauner *m*

wide-'eyed *adj* mit großen Augen *nach n*; (*fig*) blauäugig

wide·ly ['waɪdli] *adv* ❶ (*broadly*) breit ❷ (*extensively*) weit; **~ admired** weithin bewundert ❸ (*considerably*) beträchtlich; **~ differing aims** völlig verschiedene Ziele

wid·en ['waɪdᵊn] **I.** *vt* (*make broader*) verbreitern; (*make wider*) erweitern; (*enlarge*) vergrößern **II.** *vi* breiter werden

wide-'open *adj* ❶ (*undecided*) völlig offen ❷ (*vulnerable, exposed*) anfällig **'wide·screen** *adj attr television* Breitbild-; *film* Breitwand-; *monitor* Widescreen-

'wide·spread *adj* weit verbreitet; **there is ~ speculation that ...** es wird weithin spekuliert, dass ...

wid·ow ['wɪdəʊ, AM -doʊ] **I.** *n* Witwe *f* **II.** *vt usu passive* ■**to be ~ed** zur Witwe/zum Witwer werden

wid·owed ['wɪdəʊd, AM -oʊd] *adj* verwitwet

wid·ow·er ['wɪdəʊəʳ, AM -oʊɚ] *n* Witwer *m*

wid·ow·hood ['wɪdəʊhʊd, AM -doʊ-] *n no pl of women* Witwenschaft *f*; *of men* Witwerschaft *f*

wid·ow's al·'low·ance *n* Witwenunterstützung *f* **wid·ow's 'peak** *n spitz zulaufender Haaransatz in der Stirnmitte* **wid·ow's 'pen·sion** *n* Witwenrente *f*

width [wɪtθ] *n* ❶ *no pl* (*measurement*) Breite *f*; *of clothes* Weite *f*; **to be five metres in ~** fünf Meter breit sein ❷ (*unit*) Breite *f*; **to come in different ~s** unterschiedlich breit sein

wield [wi:ld] *vt* ❶ (*brandish*) schwingen ❷ (*exercise*) ausüben (**over** über +*akk*)

wife <*pl* wives> [waɪf] *n* [Ehe]frau *f*, Gattin *f form o hum*

wife·ly ['waɪfli] *adj* einer Ehefrau *nach n*; **her ~ duties** ihre Pflichten als Ehefrau

wig [wɪg] *n* Perücke *f*

wig·gle ['wɪgl̩] **I.** *vt, vi* wackeln **II.** *n* Wackeln *nt kein pl*; **she walks with a sexy ~** sie hat einen sexy Gang *fam*

wig·wam ['wɪgwæm, AM -wa:m] *n* Wigwam *m*

wild [waɪld] **I.** *adj* ❶ (*undomesticated*) wild; *cat, duck, goose* Wild- ❷ (*uncultivated*) *country, landscape* rau, wild; **~ flowers** wild wachsende Blumen ❸ (*uncontrolled*) unbändig; (*disorderly*) *hair, lifestyle* wirr; *behaviour* undiszipliniert ❹ (*stormy*) *wind, weather* rau, stürmisch ❺ (*fam: angry*) wütend ❻ (*fam: enthusiastic*) ■**to be ~ about sb/sth** auf jdn/etw ganz wild sein ▶ PHRASES: **~ horses couldn't make sb do sth** keine zehn Pferde könnten jdn dazu bringen, etw zu tun *fam* **II.** *adv* wild; **to run ~** *child, person* sich *dat* selbst überlassen sein; *animals* frei herumlaufen **III.** *n* ❶ (*natural environment*) ■**the ~** die Wildnis ❷ (*fig: remote places*) ■**the ~s** *pl* die Pampa *f kein pl oft hum fam*

wild 'boar *n* Wildschwein *nt* **'wild card** *n* ❶ CARDS Joker *m* ❷ COMPUT Wildcard *f*

'wild·cat **I.** *n* Wildkatze *f* **II.** *adj attr* ❶ (*risky*) riskant ❷ (*unofficial*) **~ strike** wilder Streik; **~ company** Schwindelfirma *f*

wil·der·ness <*pl* -es> ['wɪldənəs, AM -ɚ-] *n usu no pl* ❶ (*wild area*) Wildnis *f*; (*desert*) Wüste *f* ❷ (*fam: overgrown area*) wild wachsendes Stück Land

'wild·fire *n no pl* Lauffeuer *nt*; **to spread like ~** (*fig*) sich wie ein Lauffeuer verbreiten **'wild·fowl** *n* Federwild *nt kein pl*; FOOD Wildgeflügel *nt kein pl* **wild 'goose** <-geese> *n* Wildgans *f* **wild-'goose chase** *n* (*hopeless search*) aussichtslose Suche; (*pointless venture*) fruchtloses Unterfangen

'wild·life **I.** *n no pl* [natürliche] Tier- und Pflanzenwelt **II.** *adj* Natur-; **~ sanctuary** Wildschutzgebiet *nt*

wild·ly ['waɪldli] *adv* ❶ (*in uncontrolled way*) wild; (*boisterously*) unbändig; **to talk ~** wirres Zeug reden *fam* ❷ (*haphazardly*) ungezielt; **to guess ~** [wild] drauflosraten *fam* ❸ (*fam: extremely*) äußerst; (*totally*) völlig; **~ exaggerated** maßlos

W

übertrieben

wild·ness ['waɪldnəs] *n no pl* ① (*natural state*) Wildheit *f* ② (*behaviour*) Wildheit *f;* (*lack of control*) Unkontrolliertheit *f*

wiles [waɪlz] *npl* Trick *m,* Schliche *pl;* **to use all one's ~** mit allen Tricks arbeiten

wil·ful *adj* ① (*deliberate*) bewusst, absichtlich; *damage* mutwillig ② (*self-willed*) eigensinnig; (*obstinate*) starrsinnig

wili·ness ['waɪlɪnəs] *n no pl* Listigkeit *f,* Schläue *f*

will[1] <would, would> [wɪl] *aux vb* ① (*in future tense*) **do you think he ~ come?** glaubst du, dass er kommt [*o* kommen wird]?; (*in immediate future*) **we'll be off now** wir fahren jetzt ② (*repeating question*) **you won't forget to tell him, ~ you?** du vergisst aber nicht, es ihm zu sagen, oder? ③ (*expressing intention*) werden; **I ~ always love you** ich werde dich immer lieben ④ (*in requests, instructions*) **~ you stop that!** hör sofort damit auf!; **~ you sit down?** setzen Sie sich doch! ⑤ (*expressing facts*) **fruit ~ keep longer in the fridge** Obst hält sich im Kühlschrank länger

will[2] [wɪl] **I.** *n* ① *no pl* Wille *m;* **strength of ~** Willensstärke *f* ② LAW letzter Wille, Testament *nt* ▸ PHRASES: **with the best ~ in the <u>world</u>** beim besten Willen **II.** *vt* ■**to ~ sb to do sth** jdn [durch Willenskraft] dazu bringen, etw zu tun; **I was ~ing you to win** ich habe mir ganz fest gewünscht, dass du gewinnst

will·ful *adj* AM *see* **wilful**

William ['wɪljəm] *n* Wilhelm *m*

wil·lies ['wɪliz] *npl* (*fam*) **sb gets/has the ~** jd kriegt Zustände

will·ing ['wɪlɪŋ] **I.** *adj* ① (*unopposed*) bereit, gewillt *geh* ② (*enthusiastic*) willig **II.** *n no pl* BRIT **to show ~** [seinen] guten Willen zeigen

will·ing·ly ['wɪlɪŋli] *adv* ① (*gladly*) gern[e]; **I would ~ help you** ich würde euch gern[e] helfen ② (*voluntarily*) freiwillig

will·ing·ness ['wɪlɪŋnəs] *n no pl* (*readiness*) Bereitschaft *f;* (*enthusiasm*) Bereitwilligkeit *f*

will-o'-the-wisp [ˌwɪləðə'wɪsp] *n* ① (*light*) Irrlicht *nt* ② (*fig: phantom*) Trugbild *nt*

wil·low ['wɪləʊ, AM -loʊ] *n* Weide *f*

wil·lowy ['wɪləʊi, AM -oʊi] *adj* gertenschlank

'will·pow·er *n no pl* Willenskraft *f*

willy-nilly [ˌwɪli'nɪli] *adv* ① (*like it or not*) wohl oder übel ② (*haphazardly*) aufs Geratewohl

wilt [wɪlt] *vi* ① (*droop*) [ver]welken ② (*tire*) schlappmachen *fam*

wily ['waɪli] *adj* listig; *deception, plan* raffiniert; *person a.* gewieft

wimp [wɪmp] (*fam*) **I.** *n* Waschlappen *m* **II.** *vi* ■**to ~ out** (*shirk*) kneifen; (*give in*) den Schwanz einziehen

win [wɪn] **I.** *vt* <won, won> ① (*be victorious*) gewinnen; *victory* erringen ② (*get*) gewinnen, bekommen; *approval, recognition* finden ▸ PHRASES: **you can't ~ them <u>all</u>** (*saying*) man kann nicht immer Glück haben **II.** *vi* <won, won> gewinnen; **to ~ hands down** spielend gewinnen ▸ PHRASES: **may the best <u>man</u> ~** dem Besten der Sieg **III.** *n* Sieg *m;* **away ~** Auswärtssieg *m*

◆**win back** *vt* ① SPORTS **to ~ back ↻ the cup** den Pokal zurückholen ② *customers* zurückgewinnen ◆**win over** *vt* (*persuade*) überzeugen; (*gain support*) ■**to ~ sb over** jdn für sich gewinnen ◆**win round** *vt* BRIT überzeugen ◆**win through** *vi* [letztlich] Erfolg haben

wince [wɪn(t)s] **I.** *n* Zusammenzucken *nt* **II.** *vi* zusammenzucken

winch [wɪn(t)ʃ] **I.** *n* <*pl* -es> Winde *f* **II.** *vt* mit einer Winde [hoch]ziehen

wind[1] [wɪnd] **I.** *n* ① (*air*) Wind *m;* **gust of ~** Windböe *f;* **to see which way the ~ is blowing** sehen, woher der Wind weht *a. fig;* **to run like the ~** rennen wie der Wind ② *no pl* (*breath*) Atem *m* ③ *no pl* (*flatulence*) Blähungen *pl* ▸ PHRASES: **to be three <u>sheets</u> in the ~** (*fam*) völlig betrunken sein **II.** *vt* ① (*hit*) ■**to ~ sb** jdm den Atem nehmen ② BRIT **to ~ a baby** ein Baby ein Bäuerchen machen lassen

wind[2] [waɪnd] **I.** *n* ① (*bend*) Windung *f; in river* Schleife *f; in road* Kurve *f* ② (*turn*) Umdrehung *f* **II.** *vt* <wound, wound> ① (*wrap*) wickeln; *yarn* aufwickeln; *film* spulen ② *clock, watch* aufziehen ③ (*turn*) winden, kurbeln ④ (*spool*) spulen; **to ~ a tape forwards** ein Band vorspulen **III.** *vi* <wound, wound> ① (*meander*) sich schlängeln ② (*coil*) sich wickeln

Aussprache

Die Aussprache von **wind** ändert sich entsprechend der Bedeutung:

wind	[wɪnd]	(*Wind*)
wind	[waɪnd]	(*wickeln*)

◆**wind down** **I.** *vt* ① *car window* herunterkurbeln ② (*reduce*) zurückschrauben; *business* auflösen; *production* drosseln **II.** *vi* ① (*calm down*) ruhiger werden; *business* nachlassen; *party* an Schwung verlieren ② (*relax*) [sich] entspannen ◆**wind up** **I.** *vt* ① (*raise*) hochziehen; *car window* hochkurbeln ② (*tighten*) aufziehen; *clock, watch* aufziehen ③ BRIT (*fam: tease*) ■**to ~ up** ◌ **sb** jdn aufziehen ④ (*annoy*) ■**to ~ up** ◌ **sb** jdn auf die Palme bringen; **to get wound up** sich aufregen ⑤ (*end*) abschließen; *debate, meeting, speech* beenden **II.** *vi* (*fam*) ① (*land*) enden; **to ~ up in prison** im Gefängnis landen *fam* ② (*end*) schließen *fam; speech* abschließend bemerken

'wind·bag *n* (*pej fam*) Schwätzer(in) *m(f)* **'wind·break** *n* Windschutz *m* **'wind cone** *n* Windsack *m* **'wind en·er·gy** *n no pl* Windenergie *f*

wind·er ['waɪndəʳ, AM -ɚ] *n* Aufziehschraube *f;* (*for clock*) Schlüssel *m;* (*on watch*) Krone *f*

'wind·fall *n* ① (*fruit*) ■**~s** *pl* Fallobst *nt kein pl* ② (*money*) warmer [Geld]regen *fam* **'wind farm** *n* Windpark *m* **'wind gen·era·tor** *n* Windgenerator *m*

wind·ing ['waɪndɪŋ] **I.** *adj* gewunden; *road* kurvenreich **II.** *n* ① *no pl* (*of road, course*) Windung *f* ② ELEC (*coils*) Wicklung *f; of machinery* Aufwickeln *nt*

'wind·ing rope *n* Wickelseil *nt*

'wind·ing sheet *n* Leichentuch *nt*

wind·ing 'stair·case *n* Wendeltreppe *f*

wind·ing 'up *n no pl* [Geschäfts]auflösung *f; of company's affairs* Abwicklung *f*

'wind in·stru·ment *n* Blasinstrument *nt*

wind·jam·mer ['wɪn(d),dʒæməʳ, AM -ɚ] *n* Windjammer *m*

wind·lass ['wɪndləs] *n* <*pl* -es> Winde *f;* NAUT Winsch *f fachspr*

'wind·mill *n* ① (*for grinding*) Windmühle *f* ② (*turbine*) Windrad *nt*

win·dow ['wɪndəʊ, AM -doʊ] *n* ① Fenster *nt; of shop* Schaufenster *nt; of vehicle* [Fenster]scheibe *f;* **rear ~** Heckscheibe *f;* **bay ~** Erkerfenster *nt* ② (*opportunity*) Gelegenheit *f* ③ COMPUT Fenster *nt*

'win·dow box *n* Blumenkasten *m* **'win·dow clean·er** *n* ① (*person*) Fensterputzer(in) *m(f)* ② *no pl* (*detergent*) Glasreiniger *m* **'win·dow dis·play** *n* Schaufensterauslage *f* **'win·dow dress·ing** *n no pl* ① (*in shop*) Schaufensterdekoration *f* ② (*swindle*) Augenwischerei *f* **'win·dow en·velope** *n* Fenster[brief]umschlag *m* **'win·dow frame** *n* Fensterrahmen *m* **'win·dow pane** *n* Fensterscheibe *f* **'win·dow-shop·ping** *n no pl* Schaufensterbummel *m* **'win·dow sill** *n* (*inside*) Fensterbank *f;* (*outside*) Fenstersims *m o nt*

'wind·pipe *n* Luftröhre *f* **'wind pow·er** *n no pl* ① (*strength*) Windkraft *f* ② (*energy*) Windenergie *f* **'wind·screen** *n* BRIT, AUS Windschutzscheibe *f* **'wind·screen wip·er** *n* BRIT, AUS Scheibenwischer *m* **'wind·shield** *n* AM (*windscreen*) Windschutzscheibe *f* **'wind·sock** *n* Windsack *m*

wind·surf·er ['wɪn(d),sɜːfəʳ, AM -,sɜːrfɚ] *n* Windsurfer(in) *m(f)* **wind·surf·ing** ['wɪn(d),sɜːfɪŋ, AM -,sɜːr-] *n no pl* Windsurfen *nt* **'wind·swept** *adj* ① (*exposed*) dem Wind ausgesetzt; *beach, coast* windgepeitscht ② *appearance* [vom Wind] zerzaust **'wind tun·nel** *n* Windkanal *m* **'wind tur·bine** *n* Windturbine *f*

wind·ward ['wɪn(d)wəd, AM -wɚd] **I.** *adj, adv* windwärts **II.** *n* Windseite *f*

windy[1] ['wɪndi] *adj* ① METEO windig ② *digestion* blähend

windy[2] ['waɪndi] *adj* gewunden; (*meandering*) sich schlängelnd; *road* kurvenreich

wine [waɪn] **I.** *n* Wein *m* **II.** *vt* **to ~ and dine sb** jdn fürstlich bewirten **III.** *vi* **to ~ and dine** fürstlich essen

'wine bot·tle *n* Weinflasche *f* **'wine cool·er** *n* Weinkühler *m* **'wine glass** *n* Weinglas *nt* **'wine·grow·er** [-,grəʊəʳ, AM -,groʊɚ] *n* Winzer(in) *m(f)* **'wine·grow·ing** [-,grəʊɪŋ, AM -,groʊ-] **I.** *n no pl* Wein[an]bau *m* **II.** *adj attr* Wein[an]bau-; **~ area** Weingegend *f* **'wine list** *n* Weinkarte *f* **'wine mer·chant** *n esp* BRIT Weinhändler(in) *m(f)* **'wine press** *n* [Wein]kelter *f*

win·ery ['waɪnᵊri, AM -ɚi] *n* Weinkellerei *f*

'wine tast·ing *n* Weinprobe *f* **'wine wait·er** *n* BRIT Weinkellner(in) *m(f)*

wing [wɪŋ] *n* ① Flügel *m; of plane* Flügel *m,* Tragfläche *f;* **to take sb under one's ~** jdn unter seine Fittiche nehmen *hum fam* ② *of building* Flügel *m* ③ THEAT **to be waiting in the ~s** in den Kulissen warten ④ FBALL Flügel *m* ⑤ + *sing/pl vb* POL **the left ~** der linke Flügel

wing 'chair *n* Ohrensessel *m* **wing com·'mand·er** *n* BRIT MIL Oberstleutnant(in) *m(f)* (*der Luftwaffe*); AM Geschwaderkommodore(in) *m(f)*

winged [wɪŋd] *adj* ① ZOOL mit Flügeln *nach n* ② (*with projections*) Flügel-

wing·er ['wɪŋəʳ, AM -ɚ] *n* FBALL (*left*) Linksaußen *m;* (*right*) Rechtsaußen *m*

'wing nut *n* Flügelmutter *f* **'wing·span** *n* Flügelspannweite *f*

wink [wɪŋk] **I.** *vi* ① (*one eye*) zwinkern; ■**to ~ at sb** jdm zuzwinkern ② (*twinkle*) *light* blinken; *star* funkeln **II.** *vt* **to ~ one's eye** [mit den Augen] zwinkern **III.** *n* [Augen]zwinkern *nt;* **to give sb a ~** jdm zuzwinkern ▸ PHRASES: **to not sleep a ~** kein Auge zutun; **to take forty ~s** ein Nickerchen machen

W

wink·er ['wɪŋkəʳ] *n* BRIT AUTO Blinker *m*

win·ner ['wɪnəʳ, AM -ɚ] *n* ① (*victor*) Gewinner(in) *m(f);* (*in competition*) Sieger(in) *m(f)* ② SPORTS (*goal*) Siegestor *nt;* (*shot*) [Sieges]treffer *m* ③ (*fam: successful thing*) Knaller *m fam;* ■ **to be on to a ~** das große Los gezogen haben *fam*

win·ning ['wɪnɪŋ] **I.** *adj* ① *attr* Gewinn-; (*in competition*) Sieger-; (*victorious*) siegreich; **to be on a ~ streak** eine Glückssträhne haben ② (*charming*) gewinnend **II.** *n* ■ **~s** *pl* Gewinn *m*

win·now ['wɪnəʊ, AM -noʊ] *vt* ① AGR *grain* reinigen ② (*fig: sift*) sichten

win·some ['wɪnsəm] *adj* (*liter*) *person, looks* reizend; *charm, smile* gewinnend

win·ter ['wɪntəʳ, AM -t̬ɚ] **I.** *n* Winter *m* **II.** *adj* Winter- **III.** *vi animals* überwintern; *person* den Winter verbringen

win·ter 'sports *npl* Wintersport *m kein pl*

'win·ter·time *n no pl* Winterzeit *f*

win·t(e)ry ['wɪntri, AM *also* -t̬ə-] *adj* ① (*typical of winter*) winterlich ② (*fig: unfriendly*) *greeting, smile* frostig; *look* eisig

win-'win situa·tion *n* (*fam*) eine Situation, in der man nur gewinnen kann

wipe [waɪp] **I.** *vt* ① (*clean*) abwischen; *feet* abtreten; *nose* putzen ② (*dry*) *hands, dishes* abtrocknen ③ (*erase*) *cassette, disk* löschen **II.** *vi* BRIT, AUS abtrocknen **III.** *n* ① (*clean*) Wischen *nt;* **to give the floor a ~** den [Fuß]boden [auf]wischen ② (*tissue*) Reinigungstuch *nt* ◆**wipe down** *vt* abwischen; (*with water*) abwaschen; (*rub*) abreiben ◆**wipe off** *vt* ① (*clean*) wegwischen; (*from hand, shoes, surface*) abwischen ② (*erase*) löschen ▶ PHRASES: **to ~ the smile off sb's face** dafür sorgen, dass jdm das Lachen vergeht ◆**wipe out** **I.** *vt* ① (*clean*) auswischen ② (*destroy*) auslöschen; *disease* ausrotten ③ (*kill*) beseitigen **II.** *vi esp* AM, AUS (*fam: have accident*) einen Unfall bauen ◆**wipe up** **I.** *vt* aufwischen; (*dry*) abtrocknen **II.** *vi* abtrocknen

wip·er ['waɪpəʳ, AM -ɚ] *n* ① AUTO [Scheiben]wischer *m* ② TECH Abstreifer *m*

'wip·er blade *n* Wischerblatt *nt*

wire ['waɪəʳ, AM -ɚ] **I.** *n* ① *no pl* (*thread*) Draht *m* ② ELEC (*cable*) Leitung *f* ③ (*microphone*) Wanze *f* ▶ PHRASES: **to be a live ~** (*fam*) ein Energiebündel *nt* sein **II.** *adj* Draht- **III.** *vt* ① (*fasten*) mit Draht binden (**to** an +*akk*) ② ELEC (*connect*) mit elektrischen Leitungen versehen ③ *esp* AM (*fam*) **to ~ sb money** jdm telegrafisch Geld überweisen

'wire-cut·ters *npl* [**pair of**] ~ Drahtschere *f*

wire-haired 'ter·ri·er *n* Drahthaarterrier *m*

wire·less ['waɪələs, AM -ɚ-] **I.** *n* <*pl* -es> BRIT (*dated*) ① (*set*) Radioapparat *m,* Radio *nt* ② *no pl* (*radio*) ■ **on the ~** im Rundfunk **II.** *adj* drahtlos; (*radio*) Funk-, Radio-

wire·less·ly ['waɪələsli, AM 'waɪɚ-] *adv* COMPUT, INET drahtlos

wire·less 'net·work·ing *n* COMPUT drahtlose Vernetzung

'wire·less op·era·tor *n* AVIAT Funker(in) *m(f)* **'wire·less set** *n* BRIT Radioapparat *m,* Radio *nt*

'wire·photo *n* ① (*process*) Bildtelegrafie *f ohne pl* ② (*picture*) Bildtelegramm *nt*

wire·pull·er [-ˌpʊləʳ, AM -ˌpʊlɚ] *n esp* AM (*fam*) Drahtzieher(in) *m(f)* **'wire·pull·ing** *n no pl esp* AM (*fam*) Drahtziehen *nt;* **to do some ~** seine Beziehungen spielen lassen **wire·tap·ping** ['waɪəˌtæpɪŋ, AM 'waɪɚ-] *n no pl* Abhören *nt* von Telefonleitungen

'wire trans·fer *n* AM telegrafische Geldüberweisung

wir·ing ['waɪərɪŋ, AM -ɚ-] *n no pl* ① (*wires*) elektrische Leitungen *pl* ② (*installation*) Stromverlegen *nt;* **to do the ~** die elektrischen Leitungen verlegen

'wir·ing dia·gram *n* Schaltplan *m*

wiry ['waɪəri, AM -ɚi] *adj* ① (*rough*) drahtig; *hair* borstig ② (*fig: lean*) drahtig

wis·dom ['wɪzdəm] *n no pl* ① (*judgement*) Weisheit *f;* **with the ~ of hindsight** im Nachhinein ② (*sensibleness*) Klugheit *f* ③ (*sayings*) weise Sprüche *pl;* **words of ~** (*a. iron*) weise Worte

'wis·dom tooth *n* Weisheitszahn *m*

wise [waɪz] *adj* ① (*sage*) weise *geh,* klug; **the Three W~ Men** REL die drei Weisen [aus dem Morgenland]; **to be older and ~r** durch Schaden klug geworden sein ② (*sensible*) vernünftig; **a ~ choice** eine gute Wahl ③ *pred* (*experienced*) **worldly ~** weltklug ④ *pred* (*fam: aware*) **to get ~ to sb** jdn durchschauen; **to get ~ to sth** etw spitzkriegen *fam* ◆**wise up** *vi* (*fam*) aufwachen; ■ **to ~ up to sb/sth** jdn durchschauen/etw spitzkriegen *fam*

wise·acre ['waɪzˌeɪkəʳ, AM -ɚ] *n* (*fam*), AM **wise-ass** ['waɪzæs] *n* (*fam!*) Klugschwätzer(in) *m(f)* **wise·crack** ['waɪzkræk] **I.** *n* Witzelei[en] *f[pl]* **II.** *vi* witzeln **'wise guy** *n* AM (*fam*) Klugschwätzer *m pej fam*

wise·ly ['waɪzli] *adv* ① (*showing wisdom*) weise *geh;* **to speak ~** weise Worte sprechen *geh* ② (*sensibly*) klug, vernünftig; **to invest one's money ~** sein Geld schlau investieren; **to act ~** sich klug verhalten

wish [wɪʃ] **I.** *n* <*pl* -es> ① (*desire*) Wunsch *m,* Verlangen *nt* ② (*thing desired*) Wunsch *m;* **to grant sb a ~** jdm einen Wunsch erfüllen ③ (*regards*) ■ **~es** *pl* Grüße *pl;* **with best ~es** mit den besten Wünschen; (*in letter*) mit herzlichen Grüßen **II.** *vt* ① (*be desirous*) wünschen; **whatever you ~** was immer du möchtest ② (*make a magic wish*) ■ **to ~ [that]** ... sich *dat* wünschen, dass ...; **I ~ you were here** ich wünschte, du wärst hier ③ (*express wishes*) **to ~ sb happy birthday** jdm zum Geburtstag gratulieren **III.** *vi* ① (*want*) wollen, wünschen; **[just] as you ~** [ganz] wie Sie wünschen ② (*make a wish*) wünschen

'wish·bone ['wɪʃbəʊn, AM -boʊn] *n* Gabelbein *nt*

wish·ful ['wɪʃfᵊl] *adj* ① (*desirous*) sehnsuchtsvoll; (*desiring*) begierig ② (*fanciful*) traumverloren

wish·ful 'think·ing *n no pl* Wunschdenken *nt*

'wish list *n* Wunschliste *f*

wishy-washy ['wɪʃi,wɒʃi, AM -,wɑːʃi] *adj* ① (*irresolute*) lasch, wischiwaschi *pej sl* ② (*watery*) *drink, colours* wässrig; *food* fad[e]

wisp [wɪsp] *n* Büschel *nt;* **~ of hair** Haarsträhne *f;* **~s of smoke** [kleine] Rauchfahnen

wispy ['wɪspi] *adj* dünn; *person* schmächtig; *hair* strähnig

wis·te·ria [wɪ'stɪəriə, AM -'stɪr-] *n no pl* BOT Glyzin[i]e *f*

wist·ful ['wɪs(t)fᵊl] *adj note, smile* wehmütig; *glance, look* sehnsüchtig

wit [wɪt] *n* ① *no pl* (*humour*) Witz *m;* **biting/dry ~** beißender/trockener Humor ② (*intelligence*) ■ **~s** *pl* geistige Fähigkeiten; **to be at one's ~s' end** mit seiner Weisheit am Ende sein; **to keep one's ~s about one** seine fünf Sinne zusammenhalten *fam* ③ (*person*) geistreiche Person

witch <*pl* -es> [wɪtʃ] *n* ① (*sorceress*) Hexe *f* ② (*fam: woman*) [alte] Hexe

'witch·craft *n no pl* Hexerei *f* **'witch doc·tor** *n* Medizinmann *m*

witch·ery ['wɪtʃᵊri, AM -ɚi] *n no pl* Hexerei *f*

'witch-hunt *n* Hexenjagd *f*

'witch·ing hour *n* ■ **the ~** die Geisterstunde

with [wɪθ] *prep* ① (*having*) mit +*dat;* **~ a little luck** mit ein wenig Glück ② (*accompanied*) **~ friends** mit Freunden ③ (*concerning*) **to have something to do ~ sb/sth** etwas mit jdm/etw zu tun haben ④ (*in addition*) **~ that ...** [und] damit ... ⑤ (*using*) **she paints ~ watercolours** sie malt mit Wasserfarben ⑥ (*while*) **~ things the way they are** so wie die Dinge sind ⑦ (*in state of*) vor +*dat;* **she was shaking ~ rage** sie zitterte vor Wut ⑧ (*despite*) bei +*dat;* **~ all her faults** bei all ihren Fehlern ⑨ (*in company of*) bei +*dat;* **to stay ~ relatives** bei Verwandten übernachten ⑩ (*matching*) **to go ~ sth** zu etw *dat* passen ⑪ (*on one's person*) **do you have a pen ~ you?** hast du einen Stift bei dir?

with·draw <-drew, -drawn> [wɪð'drɔː, AM *esp* -'drɑː] **I.** *vt* ① (*remove*) herausziehen; **to ~ one's hand** seine Hand zurückziehen ② *money* abheben ③ (*take back*) *coins, notes, stamps* aus dem Verkehr ziehen; *goods* zurückrufen; *team, troops* abziehen ④ (*cancel*) LAW *charge* fallen lassen; *funding* einstellen; **to ~ one's support for sth** etw nicht mehr unterstützen **II.** *vi* sich zurückziehen

with·draw·al [wɪð'drɔːᵊl, AM *esp* -'drɑː-] *n* ① FIN [Geld]abhebung *f* ② MIL Rückzug *m* ③ *no pl* (*taking back*) Zurücknehmen *nt;* (*cancel*) Zurückziehen *nt; of consent, support, funds* Entzug *m; of allegation* Widerruf *m; of action* Zurückziehen *nt; of charge* Fallenlassen *nt; from contract* Rücktritt *m* ④ *no pl of addict* Entzug *m*

with·'draw·al symp·toms *npl* Entzugserscheinungen *pl*

with·er ['wɪðəʳ, AM -ɚ] *vi* ① *plant* verdorren ② *person* verfallen; **to ~ with age** mit dem Alter an Vitalität verlieren ③ *interest* nachlassen

with·er·ing ['wɪðrɪŋ, AM -ɚɪŋ] **I.** *adj look* vernichtend **II.** *n no pl* ① (*shrivelling*) Verdorren *nt* ② (*lessening*) Abnahme *f*

with·hold <-held, -held> [wɪθ'həʊld, AM -'hoʊld] *vt* ① (*not give*) zurückhalten; ■ **to ~ sth from sb** jdm etw *akk* vorenthalten; **to ~ information** Informationen verschweigen ② (*not pay*) etw nicht zahlen; **to ~ benefit payments** Leistungen nicht auszahlen

with·in [wɪ'ðɪn] **I.** *prep* innerhalb +*gen* ① (*inside*) innerhalb +*gen;* **~ the EU** innerhalb der EU ② (*in limit of*) **~ sight/reach** in Sicht-/Reichweite ③ (*in less than*) **~ six months** innerhalb von sechs Monaten **II.** *adv* innen; **'cleaning personnel wanted, enquire ~'** „Raumpflegepersonal gesucht, Näheres im Geschäft"; ■ **from ~** von innen [heraus]

with·out [wɪ'ðaʊt, AM *also* -θaʊt] *prep* ohne +*akk* ① (*not having*) ohne +*akk;* **~ a dime** ohne einen Pfennig ② (*no occurrence of*) **~ delay** ohne Verzögerung ③ (*no feeling of*) **~ conviction** ohne Überzeugung ④ (*not with*) **~ sugar** ohne Zucker

with·stand <-stood, -stood> [wɪð'stænd, wɪθ-, AM -θ'-, -ð-] *vt* ■ **to ~ sb/sth** jdm/etw standhalten; **to ~ rough treatment** eine unsanfte Behandlung aushalten

wit·less ['wɪtləs] *adj* dumm; *person also* einfältig; **to be scared ~** Todesängste ausstehen

wit·ness ['wɪtnəs] **I.** *n* <*pl* -es> ① Zeuge(in) *m(f)* (**to** +*gen*); *to marriage* Trauzeuge(in) *m(f)* ② LAW Zeuge(in) *m(f); **character** ~* Leumundszeuge(in) *m(f); **expert** ~* Gutachter(in) *m(f)* **II.** *vt* ① (*see*) beobachten; ■**to ~ sb doing sth** sehen, wie jd etw tut ② (*attest*) bestätigen; **to ~ a will** ein Testament als Zeuge/Zeugin unterschreiben

'wit·ness box, *esp* AM **'wit·ness stand** *n* Zeugenstand *m kein pl*

wit·ty ['wɪti, AM -t̬i] *adj* (*clever*) geistreich; (*funny*) witzig

wives [waɪvz] *n pl of* **wife**

wiz·ard ['wɪzəd, AM -ɚd] *n* ① (*magician*) Zauberer *m* ② (*expert*) Genie *nt oft hum;* **financial ~** Finanzgenie *nt*

wiz·ard·ry ['wɪzədri, AM -ɚd-] *n no pl* ① Zauberei *f* ② (*equipment*) **high-tech ~** hochtechnologische Wunderdinge

wiz·ened ['wɪzᵊnd] *adj person* verhutzelt; *face, skin* runz[e]lig; *apple* schrump[e]lig

WMD [ˌdʌblju:em'di:] *n abbrev of* **weapons of mass destruction** Massenvernichtungswaffen *pl*

w/o *prep abbrev of* **without** o.

wob·ble ['wɒbl̩, AM 'wɑ:-] **I.** *vi* ① (*move*) wackeln; *wheel* eiern *fam; jelly, fat* schwabbeln *fam; knees* zittern, schlottern ② (*tremble*) *voice* zittern **II.** *vt* rütteln **III.** *n* ① (*movement*) Wackeln *nt kein pl* ② (*sound*) Vibrieren *nt kein pl; of voice* Zittern *nt kein pl*

wob·bly ['wɒbl̩i, AM 'wɑ:-] **I.** *adj* wack[e]lig; *writing, voice* zitt[e]rig **II.** *n* BRIT (*fam*) **to throw a ~** einen Wutanfall kriegen

woe [wəʊ, AM woʊ] *n* ① *no pl* (*liter*) Kummer *m* ② ■**~s** *pl* Nöte *pl*

woe·be·gone ['wəʊbɪgɒn, AM 'woʊbɪgɑ:n] *adj* kummervoll

woe·ful ['wəʊfᵊl, AM 'woʊ-] *adj* beklagenswert; *ignorance, incompetence* erschreckend; *standard* erbärmlich

wog [wɒg] *n* (*pej! fam*) ① BRIT, AUS (*non-white*) ≈ Kanake(in) *m(f) pej fam* ② AUS (*immigrant*) Ausländer(in) *m(f)*

wok [wɒk, AM wɑ:k] *n* Wok *m*

'wok burn·er *n* Wok-Untersatz *m* (*für einen Gasherd*)

woke [wəʊk, AM woʊk] *vt, vi pt of* **wake**

wok·en [wəʊkᵊn, AM woʊ-] *vt, vi pp of* **wake**

wolf [wʊlf] **I.** *n* <*pl* wolves> Wolf *m* ▸PHRASES: **to cry ~** blinden Alarm schlagen **II.** *vt* ■**to ~ [down] sth** etw verschlingen

◆**wolf down** *vt* (*fam*) ■**to ~ down ◌ sth** etw verschlingen

'wolf cub *n* Wolfsjunge(s) *nt* **'wolf·hound** *n* Wolfshund *m* **'wolf whis·tle** *n* bewundernder Pfiff; **to give sb a ~** jdm nachpfeifen

wolves [wʊlvz] *n pl of* **wolf**

wom·an **I.** *n* <*pl* women> ['wʊmən, *pl* wɪmɪn] ① Frau *f* ② (*fam: term of address*) Weib *pej* ▸PHRASES: **hell knows no fury like a ~ scorned** (*saying*) die Hölle [selbst] kennt nicht solche Wut wie eine zurückgewiesene Frau **II.** *adj* weiblich; **~ driver** Frau *f* am Steuer; **~ police officer** Polizistin *f*

wom·anhood ['wʊmənhʊd] *n no pl* Frausein *nt;* **to reach ~** eine Frau werden

wom·an·ish ['wʊmənɪʃ] *adj* (*pej*) weibisch

wom·an·ize ['wʊmənaɪz] *vi* Frauengeschichten haben *fam*

wom·an·iz·er ['wʊmənaɪzəʳ, AM -ɚ] *n* Weiberheld *m usu pej*

wom·an·kind [ˌwʊmən'kaɪnd] *n no pl* (*dated form*) das weibliche Geschlecht, die Frauen *pl*

wom·an·ly ['wʊmənli] *adj* ① (*character*) weiblich ② (*body*) fraulich

womb [wu:m] *n* Mutterleib *m,* Gebärmutter *f; see also* **thumb**

wom·en ['wɪmɪn] *n pl of* **woman**

wom·en·folk ['wɪmɪnfəʊk, AM -foʊk] *npl* Frauen *pl*

'wom·en's cen·tre *n* Frauenzentrum *nt* **wom·en's lib** [-'lɪb] *n* (*fam*) *short for* **women's liberation** die Frauen[rechts]bewegung **wom·en's 'ref·uge**, AM **wom·en's 'shel·ter** *n* Frauenhaus *nt*

won [wʌn] *vt, vi pt, pp of* **win**

won·der ['wʌndəʳ, AM -ɚ] **I.** *vi* ① (*ask*) sich fragen; **why do you ask? – I was just ~ing** warum fragst du? – ach, nur so; ■**to ~ about sb/sth** sich Gedanken über jdn/etw machen; ■**to ~ about doing sth** darüber nachdenken, ob man etw tun sollte ② (*surprised*) ■**to ~ at sb/sth** sich über jdn/etw wundern; (*astonished*) über jdn/etw erstaunt sein **II.** *n* ① *no pl* (*surprise*) Staunen *nt,* Verwunderung *f* ② (*marvel*) Wunder *nt;* **no ~ ...** kein Wunder, dass ...; **the Seven W~s of the World** die sieben Weltwunder; **to work ~s** [wahre] Wunder wirken

Aussprache

Das **o** in wonder wird wie das **u** in thunder ausgesprochen:

wonder	['wʌndəʳ]
thunder	['θʌndəʳ]

'won·der boy *n* (*iron, hum fam*) Wunderknabe *m* **'won·der drug** *n* Wundermittel *nt*

won·der·ful ['wʌndəfᵊl, AM -dɚ-] *adj* wunderbar, wundervoll

'won·der·land *n* Wunderland *nt;* **winter ~** winterliche Märchenlandschaft

won·der·ment ['wʌndəmənt, AM -dɚ-] *n no pl* Verwunderung *f,* Erstaunen *nt*

won·ky ['wɒŋki] *adj* (*fam*) ① (*unsteady*) wack[e]lig *a. fig* ② (*askew*) schief

wont [wəʊnt, AM wɔːnt] *n no pl* (*form or hum*) Gewohnheit *f;* **as is her ~** wie sie zu tun pflegt

won't [wəʊnt, AM woʊnt] = **will not** *see* **will**[1]

woo [wuː] *vt* **to ~ voters** Wähler umwerben; ■**to ~ sb with sth** jdn mit etw *dat* locken

wood [wʊd] *n* ① *no pl* Holz *nt;* **plank of ~** [Holz]brett *nt* ② (*forest*) ■**~s** *pl* Wald *m* ▸PHRASES: **in our <u>neck</u> of the ~s** in unseren Breiten; **to not be <u>out</u> of the ~[s]** (*still critical*) noch nicht über den Berg sein *fam;* (*still difficult*) noch nicht aus dem Schneider sein *fam;* **<u>touch</u> ~!** unberufen!

wood 'al·co·hol *n no pl* Methanol *nt*

wood·bine ['wʊdbaɪn] *n* BOT ① BRIT (*honeysuckle*) Geißblatt *nt* ② AM (*Virginia creeper*) Wilder Wein

'wood·carv·er *n* Holzschnitzer(in) *m(f)* **'wood·craft** *n no pl esp* AM ① (*outdoor*) *Fähigkeiten/Kenntnisse zum Überleben in der freien Natur* ② (*artistic*) Geschick *nt* für das Arbeiten mit Holz **'wood·cut** *n* ART Holzschnitt *m* **'wood·cut·ter** *n* (*dated*) Holzfäller *m*

wood·ed ['wʊdɪd] *adj* bewaldet; **~ area** Waldgebiet *nt*

wood·en ['wʊdᵊn] *adj* ① Holz-, hölzern, aus Holz *nach n* ② (*stiff*) *movements* hölzern; *smile* ausdruckslos

'wood·land I. *n* ■**~[s** *pl*] Wald *m* **II.** *adj* Wald- **wood 'pan·el·ling** *n no pl* Holzverkleidung *f*

'wood·peck·er *n* Specht *m*

'wood·pile *n* Holzstoß *m* **'wood pre·ser·va·tive** *n* Holzschutzmittel *nt* **'wood pulp** *n no pl* Zellstoff *m,* Holzschliff *m fachspr* **'wood·shed** *n* Holzschuppen *m* **'wood·wind** *n* ① (*instrument*) Holzblasinstrument *nt* ② + *sing/pl vb* ■**the ~** die Holzbläser *pl* **'wood·work** *n no pl* ① *of building* Holzwerk *nt* ② BRIT (*carpentry*) Tischlern *nt;* (*business*) Tischlerei *f;* SCH ≈ Werkunterricht *m* (*mit Holz als Werkstoff*) ▸PHRASES: **to <u>come</u> out of the ~** ans Licht kommen **'wood·worm** <*pl* -> *n* ① (*larva*) Holzwurm *m* ② *no pl* (*damage*) Wurmfraß *m*

woody ['wʊdi] *adj* ① HORT holzig, Holz- ② (*wooded*) bewaldet

woof [wʊf] **I.** *n* Bellen *nt* **II.** *vi dog* bellen; **~, ~!** wau, wau

woof·er ['wʊfəʳ, AM -ɚ] *n* Tieftonlautsprecher *m*

wool [wʊl] **I.** *n no pl* Wolle *f;* **ball of ~** Wollknäuel *nt* ▸PHRASES: **to pull the ~ over sb's <u>eyes</u>** jdm Sand in die Augen streuen *fam* **II.** *adj* Woll-

wool-gath·er·ing ['wʊl,gæðᵊrɪŋ, AM -ɚɪŋ] **I.** *n no pl* Träumen *nt* **II.** *vi* ■**to be ~** [vor sich *akk* hin]träumen

wool·len, AM **wool·en** ['wʊlən] *adj* wollen, aus Wolle *nach n;* **~ dress** Wollkleid *nt*

wool·ly, AM **wooly** ['wʊli] *adj* ① Woll-, wollen; **~ hat** Wollmütze *f* ② (*vague*) verschwommen; *mind, ideas* verworren; *thoughts* kraus **'wool trade** *n* Wollhandel *m*

woozy ['wuːzi] *adj* (*fam: dizzy*) benommen; (*drunk*) beschwipst *fam*

wop [wɒp, AM wɑːp] *n* (*pej! fam*) Spaghettifresser(in) *m(f)*

Worces·ter sauce [,wʊstəʳsɔːs], AM, AUS **Worces·ter·shire sauce** [,wʊstəʃəʳsɔːs, AM -ɚʃɚ'sɑːs] *n* Worcestersoße *f*

word [wɜːd, AM wɜːrd] **I.** *n* ① Wort *nt;* **hush, not a ~!** pst, keinen Mucks!; **or ~s to that effect** oder so ähnlich; **in other ~s** mit anderen Worten; **in a ~** um es kurz zu sagen ② (*talk*) [kurzes] Gespräch; (*formal*) Unterredung *f;* **to have a ~ with sb [about sth]** mit jdm [über etw *akk*] sprechen; **to have a quiet ~ with sb** jdn zur Seite nehmen ③ *no pl* (*news*) Nachricht *f;* (*message*) Mitteilung *f;* **to get ~ of sth [from sb]** etw [von jdm] erfahren ④ *no pl* (*order*) Kommando *nt;* **to give the ~** den Befehl geben ⑤ *no pl* (*promise*) Wort *nt,* Versprechen *nt;* **to go back on one's ~** sein Wort brechen ⑥ (*lyrics*) ■**~s** *pl* Text *m* ▸PHRASES: **by ~ of <u>mouth</u>** mündlich; **to <u>have</u> ~s with sb** eine Auseinandersetzung mit jdm haben; **<u>my</u> ~!** du meine Güte! **II.** *vt* formulieren

'word break, **'word di·vi·sion** *n no pl* [Silben]trennung *f*

word·ing ['wɜːdɪŋ, AM 'wɜːrd-] *n no pl* ① (*words*) Formulierung *f* ② (*expression*) Formulieren *nt*

word·less ['wɜːdləs, AM 'wɜːrd-] *adj* wortlos, ohne Worte

'word or·der *n no pl* Wortstellung *f* **word-'per·fect** *adj* textsicher **'word·play** *n no*

W

pl Wortspiel *nt* **word 'pro·cess·ing** *n no pl* Textverarbeitung *f* **word 'pro·ces·sor** *n* COMPUT ① (*computer*) Textverarbeitungssystem *nt* ② (*program*) Textverarbeitungsprogramm *nt* **'word wrap** *n no pl* COMPUT [automatischer] Zeilenumbruch

wordy ['wɜːdi, AM 'wɜːrdi] *adj* langatmig, weitschweifig

wore [wɔːʳ, AM wɔːr] *vt, vi pt of* **wear**

work [wɜːk, AM wɜːrk] **I.** *n* ① *no pl* (*activity*) Arbeit *f;* **good ~!** gute Arbeit!; **to be hard ~** (*strenuous*) anstrengend sein; (*difficult*) schwierig sein ② *no pl* (*employment*) Arbeit *f;* **to look for ~** auf Arbeitssuche sein; **to be out of ~** arbeitslos sein; **to be at ~** bei der Arbeit sein; **to be off ~** frei haben; (*due to illness*) sich krankgemeldet haben ③ (*repairs*) ■**~s** *pl* Arbeiten *pl;* **road ~s** Straßenarbeiten *pl* ④ (*opus*) Werk *nt;* **~s of art** Kunstwerke *pl* ⑤ (*factory*) ■**~s** + *sing/pl vb* Werk *nt,* Fabrik *f* ⑥ (*fam: all*) ■**the ~s** *pl* das ganze Drum und Dran *kein pl* **II.** *adj* ① *climate, report, week* Arbeits- ② ■**~s** Werks-; **~s premises** Werksgelände *nt* **III.** *vi* ① (*do job*) arbeiten; **to ~ hard** hart arbeiten; **to ~ together** zusammenarbeiten ② (*be busy*) arbeiten; ■**to ~ at/on sth** an etw *dat* arbeiten; ■**to ~ for/towards sth** auf etw *akk* hinwirken ③ (*function*) funktionieren; *motor* laufen; **my cell phone doesn't ~** mein Handy geht nicht ④ (*succeed*) funktionieren, klappen *fam; plan, tactics* aufgehen; *medicine, pill* wirken **IV.** *vt* ① (*operate*) *machine* bedienen; *equipment* etw betätigen ② (*move*) **to ~ one's way down a list** eine Liste durchgehen; **to ~ sth free/loose** etw losbekommen/lockern ③ (*cultivate*) *land* bewirtschaften ④ (*pay by working*) **to ~ one's way through university** sich *dat* sein Studium finanzieren ▶ PHRASES: **to ~ one's fingers to the bone [for sb]** (*fam*) sich *dat* [für jdn] den Rücken krumm arbeiten ◆**work around** *vi* (*fam*) ■**to ~ around to sth** sich an etw *akk* herantasten ◆**work away** *vi* vor sich hinarbeiten ◆**work for** *vt* ① (*be employed by*) arbeiten (für +*akk*) ② (*appeal to*) ■**to [not] ~ for sb** jdm [nicht] zusagen ◆**work in** *vt* (*mix in, rub in*) einarbeiten; *food* hineingeben; (*on skin*) einreiben; *fertilizer, manure* einarbeiten ◆**work off** *vt* ① (*counteract*) abarbeiten; *energy* loswerden; *stress* abbauen ② (*pay by working*) abtragen ◆**work out I.** *vt* ① (*calculate*) errechnen, ausrechnen ② (*develop*) ausarbeiten; *solution* erarbeiten ③ (*figure out*) ■**to ~ out ↻ sth** hinter etw *akk* kommen ④ (*solve itself*) **things usually ~ themselves out** die Dinge erledigen sich meist von selbst **II.** *vi* ① (*amount to*) **to ~ out cheaper** billiger kommen ② (*develop*) sich entwickeln; (*progress*) laufen *fam;* **to ~ out badly** schiefgehen *fam;* **to ~ out well** gut laufen *fam* ③ (*do exercise*) trainieren ◆**work over** *vt* (*fam*) ■**to ~ over ↻ sb** jdn zusammenschlagen ◆**work round** *vi* (*fam*) **what are you ~ing round to?** worauf willst du hinaus? ◆**work through I.** *vt* durcharbeiten; *problems* aufarbeiten **II.** *vi* ① (*not stop*) durcharbeiten ② (*deal with*) ■**to ~ through sth** sich durch etw *akk* durcharbeiten ◆**work to** *vt* **to ~ to a deadline** auf einen Termin hinarbeiten; **to ~ to rule** Dienst nach Vorschrift tun ◆**work up I.** *vt* ① (*generate*) **to ~ up an appetite** Appetit bekommen; **to ~ up courage** sich *dat* Mut machen ② (*upset*) ■**to ~ oneself/sb up** sich/jdn aufregen ③ (*develop*) **to ~ up a sweat** ins Schwitzen kommen **II.** *vi* ① (*progress to*) ■**to ~ up to sth** sich zu etw *dat* hocharbeiten ② (*get ready for*) ■**to ~ up to sth** auf etw *akk* zusteuern

work·able ['wɜːkəbl̩, AM 'wɜːrk-] *adj* ① (*feasible*) durchführbar; **~ compromise** vernünftiger Kompromiss ② (*able to be manipulated*) bearbeitbar; **~ land** bebaubares Land

worka·day ['wɜːkədeɪ, AM 'wɜːrk-] *adj* ① (*of job*) Arbeits- ② (*normal*) alltäglich

worka·hol·ic [ˌwɜːkə'hɒlɪk, AM ˌwɜːrkə'hɑːl-] *n* (*fam*) Arbeitssüchtige(r) *f(m),* Arbeitstier *nt fig, oft pej*

'work·bag *n* Handarbeitsbeutel *m* **'work·bench** *n* Werkbank *f* **'work·book** *n* Arbeitsbuch *nt* **'work camp** *n Lager, in dem Freiwillige gemeinnützige Arbeiten verrichten* **'work·day** *n* ① (*work time*) Arbeitstag *m* ② (*not holiday*) Werktag *m*

work·er ['wɜːkəʳ, AM 'wɜːrkɚ] *n* ① (*employee*) Arbeiter(in) *m(f);* **blue-collar ~** [Fabrik]arbeiter(in) *m(f);* **white-collar ~** [Büro]angestellte(r) *f(m)* ② (*hard worker*) Arbeitstier *nt fam*

'work eth·ic *n* Arbeitsethos *nt* **'work·force** *n* + *sing/pl vb* Belegschaft *f,* Betriebspersonal *nt* **'work·horse** *n* Arbeitstier *nt* **'work-in** *n* ECON Betriebsbesetzung *f*

work·ing ['wɜːkɪŋ, AM 'wɜːrk-] **I.** *adj attr* ① (*employed*) berufstätig ② (*for work*) Arbeits-; **~ conditions** Arbeitsbedingungen *pl* ③ (*functioning*) funktionierend *attr;* **~ order** Betriebsfähigkeit *f;* **in ~ order**

betriebsfähig **II.** *n no pl* Arbeiten *nt,* Arbeit *f* ▶PHRASES: **the ~s of fate** die Wege des Schicksals

work·ing 'class *n + sing/pl vb* ■**the ~** die Arbeiterklasse *kein pl* **'work·ing-class** *adj* der Arbeiterklasse *nach n;* **a ~ family** eine Arbeiterfamilie **work·ing 'day** *n* BRIT ① (*work time*) Arbeitstag *m* ② (*not holiday*) Werktag *m* **work·ing-'out** *n no pl* MATH Rechenweg *m* **work·ing-'over** *n* (*fam*) Abreibung *f*

'work·load *n* Arbeitspensum *nt kein pl;* TECH Leistungsumfang *m*

'work·man *n* ① (*craftsman*) Handwerker *m* ② (*worker*) Arbeiter *m*

'work·man·like *adj* ① (*skilful*) fachmännisch ② (*sufficient*) annehmbar

work·man·ship ['wɜːkmənʃɪp, AM 'wɜːrk-] *n no pl* Verarbeitung[sgüte] *f;* **fine ~** feine Verarbeitung

work of 'art *n* Kunstwerk *nt*

'work·out *n* Fitnesstraining *nt* **'work per·mit** *n* Arbeitserlaubnis *f,* Arbeitsgenehmigung *f* **'work·place** *n* Arbeitsplatz *m*

works com·'mit·tee *n,* **works 'coun·cil** *n* Betriebsrat *m*

'work-shar·ing *n* Arbeitsteilung *f* **work·sheet** ['wɜːkshiːt, AM 'wɜːrk-] *n* COMPUT Arbeitsblatt *nt* **'work·shop** *n* ① (*room*) Werkstatt *f* ② (*meeting*) Workshop *m* **'work-shy** *adj* arbeitsscheu

works 'man·ag·er *n* Betriebsleiter(in) *m(f)*

works 'out·ing *n* Betriebsausflug *m*

'work·sta·tion *n* ① COMPUT Workstation *f fachspr* ② (*work area*) Arbeitsplatz *m* **'work·table** *n* Arbeitstisch *m;* MECH Werktisch *m;* (*for sewing*) Nähtisch *m* **'work·top** *n* BRIT Arbeitsfläche *f* **work-to-'rule** *n no pl esp* BRIT Dienst *m* nach Vorschrift **'work·week** *n* AM Arbeitswoche *f*

world [wɜːld, AM wɜːrld] *n* ① *no pl* (*earth*) ■**the ~** die Welt [*o* Erde] ② (*planet*) Welt *f;* **beings from other ~s** Außerirdische *pl* ③ (*society*) **the ancient ~** die antike Welt; **the industrialized ~** die Industriegesellschaft ④ *usu sing* (*domain*) **the Catholic/Christian/Muslim ~** die katholische/christliche/moslemische Welt ▶PHRASES: **the ~ is sb's oyster** die Welt steht jdm offen; **to mean [all] the ~ to sb** jds Ein *nt* und Alles sein; **to be out of this ~** (*fam*) himmlisch sein; **not for [all] the ~** nie im Leben

World 'Bank *n no pl* ■**the ~** die Weltbank **'world-beat·er** *n* der/die/das Weltbeste **'world-class** *adj* von Weltklasse *nach n* **world 'con·gress** *n* Weltkongress *m* **World 'Cup** *n* ① (*competition*) Weltmeisterschaft *f;* (*in soccer*) Fußballweltmeisterschaft *f* ② (*trophy*) Worldcup *m,* Weltpokal *m* **world-'fa·mous** *adj* weltberühmt **world 'lan·guage** *n* Weltsprache *f*

world·ly ['wɜːldli, AM 'wɜːrld-] *adj* ① *attr* (*physical*) weltlich; **~ goods** materielle Güter ② (*experienced*) weltgewandt

world o'pin·ion *n* Meinung *f* der Weltöffentlichkeit **world popu·'la·tion** *n no pl* Weltbevölkerung *f* **world 'pow·er** *n* Weltmacht *f* **world 'rec·ord** *n* Weltrekord *m*

'World's Fair *n* Weltausstellung *f*

'world-shak·ing, 'world-shat·ter·ing *adj* weltbewegend **'world view** *n* Weltanschauung *f* **world 'war** *n* Weltkrieg *m;* **W~ W~ II** der 2. Weltkrieg **'world-weary** *adj* lebensmüde

world·'wide [ˌwɜːld'waɪd, AM 'wɜːrldˌwaɪd] *adj, adv* weltweit; **to travel ~** die ganze Welt bereisen

World Wide 'Web *n no pl* INET ■**the ~** das World Wide Web, das Internet

worm [wɜːm, AM wɜːrm] **I.** *n* ① Wurm *m;* (*larva*) Larve *f;* (*maggot*) Made *f* ② TECH (*gear*) Schnecke *f fachspr* **II.** *vt* ① (*insinuate*) **to ~ oneself into someone's heart** sich in jds Herz *nt* einschleichen ② (*treat for worms*) *an animal* entwurmen

'worm-eat·en *adj* wurmzerfressen **'worm·hole** *n* ① (*burrow*) Wurmloch *nt* ② PHYS Wurmloch *nt*

wormy ['wɜːmi, AM 'wɜːrmi] *adj* ① (*infested*) von Würmern befallen; *fruit, vegetable* wurmig ② (*damaged*) wurmzerfressen; *wood* wurmstichig

worn [wɔːn, AM wɔːrn] **I.** *vt, vi pp of* **wear** **II.** *adj* ① (*damaged*) abgenutzt; *carpet* abgetreten; *clothing, furniture* abgewetzt; *shoes* durchgelaufen; *tyres* abgefahren ② (*tired*) erschöpft

worn 'out *adj pred,* **'worn-out** *adj attr* ① (*tired*) erschöpft ② (*damaged*) *clothes* verschlissen; *shoes a.* durchgelaufen

wor·ried ['wʌrɪd, AM 'wɜːr-] *adj* beunruhigt, besorgt; ■**to be ~ about sb/sth** sich *dat* um jdn/etw Sorgen machen; ■**to be ~ that ...** Angst haben, dass ...

wor·ri·some ['wʌrisəm, AM 'wɜːri-] *adj* beunruhigend; *problem* drückend

wor·ry ['wʌri, AM 'wɜːri] **I.** *vi* <-ie-> sich *dat* Sorgen machen (**about** um +*akk*); **I'm sorry – don't ~** tut mir leid – das macht doch nichts ▶PHRASES: **not to ~!** (*fam*) keine Sorge [*o* Angst]! **II.** *vt* <-ie-> ① (*disturb*) beunruhigen ② (*bother*) stören **III.** *n* ① *no pl* (*anxiety*) Sorge *f,* Besorgnis *f*

W

❷ (*cause*) Sorge *f;* **to be a major ~ for sb** jdm ernste Sorgen machen

Aussprache

Das **o** in w**o**rry wird wie das **u** in h**u**rry ausgesprochen:

worry	['wʌri]
hurry	['hʌri]

wor·ry·ing ['wʌriɪŋ, AM 'wɜːr-] *adj* Besorgnis erregend, beunruhigend

worse [wɜːs, AM wɜːrs] **I.** *adj comp of* **bad** schlechter; (*harder, uglier*) schlimmer; **~ luck!** (*fam*) so ein Pech! ▸PHRASES: **[a bit] the ~ for wear** (*fam*) [ziemlich] mitgenommen **II.** *adv comp of* **badly** ❶ (*less well*) schlechter; (*more seriously*) schlimmer ❷ (*introducing*) **even ~, ...** was noch schlimmer ist, ... **III.** *n no pl* ■**the ~** das Schlechtere; **to change for the ~** schlechter werden

wors·en ['wɜːsᵊn, AM 'wɜːr-] **I.** *vi* sich verschlechtern **II.** *vt* verschlechtern

wor·ship ['wɜːʃɪp, AM 'wɜːr-] **I.** *n no pl* ❶ Verehrung *f;* **act of ~** Anbetung *f* ❷ (*service*) Gottesdienst *m* **II.** *vt* <-pp- *or* AM *a.* -p-> ❶ (*revere*) **to ~ a deity** einer Gottheit huldigen *geh* ❷ (*adore*) vergöttern ❸ (*be obsessed with*) besessen sein; **to ~ money** geldgierig sein ▸PHRASES: **to ~ the ground sb walks on** jdn abgöttisch verehren *fam* **III.** *vi* <-pp- *or* AM *a.* -p-> beten; **to ~ in a church** in einer Kirche zu Gott beten

wor·ship·per, AM *a.* **wor·ship·er** ['wɜːʃɪpəʳ, AM 'wɜːrʃɪpɚ] *n* Kirchgänger(in) *m(f);* (*believer*) Gläubige(r) *f(m);* **devil ~** Teufelsanbeter(in) *m(f)*

worst [wɜːst, AM wɜːrst] **I.** *adj superl of* **bad** ❶ (*poorest, least*) ■**the ~ ...** der/die/das schlechteste ... ❷ (*most dangerous*) übelste(r, s), schlimmste(r, s) ❸ (*least advantageous*) ungünstigste(r, s) **II.** *adv superl of* **badly** ❶ (*most severely*) am schlimmsten ❷ (*least well*) am schlechtesten ❸ (*introducing*) **~ of all ...** und was am schlimmsten war, ... **III.** *n no pl* ■**the ~** der/die/das Schlimmste; ■**at ~** schlimmstenfalls ▸PHRASES: **to be at one's ~** sich von seiner schlechtesten Seite zeigen

worst·ed ['wʊstɪd] *n no pl* Kammgarn *nt*

worth [wɜːθ, AM wɜːrθ] **I.** *adj pred* ❶ (*valued*) wert; **to be ~ one's weight in gold** Gold wert sein ❷ (*meriting*) wert; **to be ~ visiting** einen Besuch wert sein ▸PHRASES: **if a thing is ~ doing, it's ~ doing well** (*saying*) wenn schon, denn schon *fam;* **to be [well] ~ it** die Mühe wert sein **II.** *n no pl* ❶ (*value*) Wert *m;* **to get one's money's ~** etw für sein Geld bekommen ❷ (*merit*) Bedeutung *f,* Wert *m;* **of little ~** von geringem Wert

worth·less ['wɜːθləs, AM 'wɜːr-] *adj* wertlos *a. fig*

worth·while [ˌwɜːθ'(h)waɪl, AM ˌwɜːr-] *adj* lohnend; ■**to be ~** sich lohnen; **that's hardly ~** das ist kaum der Mühe wert

worthy ['wɜːði, AM 'wɜːr-] *adj* ❶ (*estimable*) würdig; **to donate to a ~ cause** für einen wohltätigen Zweck spenden ❷ (*meriting*) **~ of attention/praise** beachtens-/lobenswert

would [wʊd] *aux vb* ❶ (*in indirect speech*) **they promised that they ~ help** sie versprachen zu helfen ❷ (*expressing condition*) **what ~ you do if ...?** was würdest du tun, wenn ...? ❸ (*expressing inclination*) **I'd go myself, but I'm too busy** ich würde [ja] selbst gehen, aber ich bin zu beschäftigt; **sb ~ rather/sooner do sth** jd würde lieber etw tun ❹ (*expressing opinion*) **I ~ imagine that ...** ich könnte mir vorstellen, dass ...

'would-be *adj attr* Möchtegern- *pej fam*

wouldn't ['wʊdᵊnt] = **would not** *see* **would**

wound[1] [wuːnd] **I.** *n* ❶ (*injury*) Wunde *f;* **gunshot ~** Schussverletzung *f* ❷ (*psychological*) Wunde *f,* Kränkung *f;* **to reopen old ~s** alte Wunden wieder aufreißen **II.** *vt* ❶ (*injure*) verletzen, verwunden ❷ (*psychologically*) kränken; **to ~ sb deeply** jdn tief verletzen

wound[2] [waʊnd] *vt, vi pt, pp of* **wind**

Aussprache

Die Aussprache von **wound** ändert sich entsprechend der Bedeutung:

wound	[wuːnd]	(*Wunde*)
wound	[waʊnd]	(*pt, pp of wind*)

wound·ed ['wuːndɪd] **I.** *adj* ❶ (*injured*) verletzt, verwundet ❷ (*psychologically*) gekränkt, verletzt **II.** *n* ■**the ~** *pl* die Verletzten *pl;* MIL die Verwundeten *pl*

wove [wəʊv, AM woʊv] *vt, vi pt of* **weave**

wov·en ['wəʊvᵊn, AM 'woʊv-] **I.** *vt, vi pp of* **weave** **II.** *adj* ❶ (*on loom*) gewebt; **~ fabric** Gewebe *nt* ❷ (*intertwined*) geflochten

wow [waʊ] (*fam*) **I.** *interj* wow *sl,* toll! *fam,* super! *sl* **II.** *vt* ■**to ~ sb** jdn hinreißen

WPC [ˌdʌbljuːpiː'siː] *n* BRIT *abbrev of* **Woman Police Constable** Polizistin *f;* (*rank*) Wachtmeisterin *f*

wpm *abbrev of* **words per minute** WpM

W

wraith [reɪθ] *n* ① (*spirit*) Geist *m* ② (*person*) Gespenst *nt*

Aussprache
Bei Wörtern, die mit **wr** beginnen, wird das **w** nicht gesprochen: **wraith** = [reɪθ]. Andere Beispiele hierfür sind:

wrap	[ræp]	(*wickeln*)
wrestle	['resl̩]	(*ringen*)
wrist	[rɪst]	(*Handgelenk*)

wran·gle ['ræŋgl̩] **I.** *vi* streiten, rangeln (**about** um +*akk*) **II.** *vt* AM *cattle, horses* hüten **III.** *n* Gerangel *nt* (**about, over** um +*akk*); **legal ~** Rechtsstreit *m*

wrap [ræp] **I.** *n* ① (*robe*) Umhang *m;* (*stole*) Stola *f* ② *no pl* (*packaging*) Verpackung *f* ③ FILM (*fam*) **it's a ~** die Szene ist im Kasten ④ FOOD Tortillawrap *m* **II.** *adj* **~ skirt** Wickelrock *m* **III.** *vt* <-pp-> ① (*cover*) einpacken; *in paper* einwickeln ② (*draw round*) ■**to ~ sth around sb/sth** etw um jdn/etw wickeln ③ COMPUT **to ~ text/words** Texte/Wörter umbrechen ▶ PHRASES: **to ~ sb [a]round one's little finger** jdn um den kleinen Finger wickeln **IV.** *vi* <-pp-> ① COMPUT umbrechen ② FILM (*fam*) die Dreharbeiten beenden; *see also* **wraith**

wrap·around ['ræpəraʊnd], BRIT *a.* **wrap·round** ['ræpraʊnd] **I.** *adj* ① (*curving*) herumgezogen ② FASHION Wickel-; **~ skirt** Wickelrock *m* **II.** *n* ① FASHION Wickelrock *m* ② COMPUT Zeilenumbruch *m* ◆**wrap up I.** *vt* ① (*cover*) einwickeln ② (*dress*) warm einpacken ③ (*end*) abschließen; *deal* unter Dach und Fach bringen **II.** *vi usu passive* ■**to be ~ped up in sb/sth** mit jdm/etw ganz beschäftigt sein

wrap·per ['ræpəʳ, AM -ɚ] *n* ① (*packaging*) Verpackung *f;* **sweet** [*or* AM **candy**] **~** Bonbonpapier *nt* ② (*for book*) [Schutz]umschlag *m* ③ AM (*robe*) Umhang *m*

'wrap·ping pa·per *n no pl* (*for package*) Packpapier *nt;* (*for present*) Geschenkpapier *nt*

wrath [rɒθ, AM ræθ] *n no pl* (*liter or hum*) Zorn *m*

wrath·ful ['rɒθfᵊl, AM 'ræθ-] *adj* (*liter*) zornig

wreak [ri:k] *vt* ① (*cause*) **to ~ damage/havoc [on sth]** Schaden [an etw *dat*] anrichten ② (*inflict*) **to ~ revenge on sb** sich an jdm rächen

wreath [ri:θ] *n* Kranz *m* (**of** aus +*dat*)

wreathe [ri:ð] **I.** *vt usu passive* ① (*encircle*) umwinden; **~d in cloud** in Wolken gehüllt ② (*form into wreath*) zu einem Kranz flechten **II.** *vi* sich kräuseln; **the smoke ~d upwards** der Rauch stieg in Kringeln auf

wreck [rek] **I.** *n* ① *of ship* Schiffbruch *m* ② (*ship*) [Schiffs]wrack *nt* ③ (*person, vehicle*) Wrack *nt;* **to be a nervous ~** ein nervliches Wrack sein ④ (*remains*) Trümmerhaufen *m,* Ruine *f* ⑤ (*accident*) Unfall *m* **II.** *vt* ① (*sink*) ■**to be ~ed** *ship* Schiffbruch erleiden ② (*destroy*) zerstören ③ (*spoil*) ruinieren; *chances, hopes, plans* zunichtemachen; *life* zerstören

wreck·age ['rekɪdʒ] *n no pl* Wrackteile *pl,* Trümmer *pl a. fig*

wreck·er ['rekəʳ, AM -ɚ] *n* ① (*destroyer*) Zerstörer(in) *m(f)* ② *esp* AM (*salvager*) Bergungsarbeiter(in) *m(f)* ③ AM (*truck*) Abschleppwagen *m*

wren [ren] *n* Zaunkönig *m*

wrench [ren(t)ʃ] **I.** *n* <*pl* -es> ① *usu sing* (*twisting*) Ruck *m* ② *usu sing* (*pain*) Trennungsschmerz *m* ③ *esp* AM (*spanner*) Schraubenschlüssel *m;* **screw ~** Franzose *m* **II.** *vt* ① (*twist*) ■**to ~ sb/sth from sb** jdm jdn/etw entreißen *a. fig;* ■**to ~ off** abreißen ② (*injure*) *muscle* zerren; *joint* verrenken

wres·tle ['resl̩] **I.** *vi* ① SPORTS ringen ② (*struggle*) ringen (**with** mit +*dat*) **II.** *vt* SPORTS ringen; **to ~ sb to the ground** jdn zu Boden bringen; *see also* **hustle, wraith**

wres·tler ['resl̩əʳ, AM -ɚ] *n* Ringer(in) *m(f);* **Sumo ~** Sumoringer(in) *m(f)*

wres·tling ['resl̩ɪŋ] *n no pl* Ringen *nt*

'wres·tling bout, 'wres·tling match *n* Ringkampf *m*

wretch <*pl* -es> [retʃ] *n* **poor ~** armer Kerl *fam*

wretch·ed ['retʃɪd] *adj* ① (*unhappy*) unglücklich; **to feel ~** sich elend fühlen ② (*bad*) schlimm; *state, condition* jämmerlich; **she had a ~ life as a child** sie hatte eine schreckliche Kindheit

wrig·gle ['rɪgl̩] **I.** *vi* ① (*twist*) sich winden; **to ~ free [of sth]** sich [aus etw *dat*] herauswinden ② (*move*) schlängeln, sich hindurchwinden (**through** durch +*akk*) ▶ PHRASES: **to ~ out of doing sth** sich davor drücken, etw zu tun **II.** *vt* **to ~ one's toes in the sand** die Zehen in den Sand graben **III.** *n usu sing* Schlängeln *nt*

wring <wrung, wrung> [rɪŋ] **I.** *n usu sing* [Aus]wringen *nt* **II.** *vt* ① (*twist*) auswringen ② (*break*) **to ~ sb's/an animal's neck** jdm/einem Tier den Hals umdrehen *a. fig* ③ (*get*) ■**to ~ sth out of sb** etw aus jdm herauspressen

wring·er ['rɪŋəʳ, AM -ɚ] *n* Wäschemangel *f* ▶ PHRASES: **to put sb through the ~** (*fam*) jdn in die Mangel nehmen

wrin·kle ['rɪŋkl̩] **I.** *n* ① (*crease*) Knitterfalte *f;* (*in face*) Falte *f,* Runzel *f* ② (*fam: difficulty*) **to iron out the ~s** einige Unklarheiten beseitigen **II.** *vt* zerknittern **III.** *vi* zerknittern; *face, skin* Falten bekommen; *fruit* schrumpeln

wrin·kled ['rɪŋkl̩d] *adj* zerknittert; *face, skin* faltig, runzlig; *fruit* verschrumpelt

'wrin·kle-free *adj* knitterfrei

wrin·kly ['rɪŋkli] *adj clothes* zerknittert; *face, skin* faltig; *fruit* schrumpelig

wrist [rɪst] *n* Handgelenk *nt;* **to slash one's ~s** sich *dat* die Pulsadern aufschneiden; *see also* **wraith**

'wrist·band *n* ① (*strap*) Armband *nt* ② (*absorbent*) Schweißband *nt*

wrist·let ['rɪs(t)lɪt] *n* ① (*bracelet*) Armreif *m* ② (*handcuff*) Handschelle *f*

'wrist·watch *n* Armbanduhr *f*

writ [rɪt] *n* [gerichtliche] Verfügung; **~ of summons** [schriftliche] Vorladung; **to issue a ~ against sb** jdn vorladen

write <wrote, written *or old* writ> [raɪt] **I.** *vt* ① (*pen*) schreiben; **to ~ a letter to sb** jdm einen Brief schreiben ② (*fill out*) ausstellen; *will* aufsetzen ③ (*compose*) schreiben; ■**to ~ to sb** [*or* AM *a.* **to ~ sb**] [**that ...**] jdm schreiben[, dass ...] ④ COMPUT ■**to ~ sth to sth** etw auf etw *dat* speichern ▶PHRASES: **to be nothing to ~ home about** nichts Weltbewegendes sein **II.** *vi* ① (*pen letters*) schreiben; **to know how to read and ~** Lesen und Schreiben können ② COMPUT speichern ◆**write away** *vi* ■**to ~ away for sth** etw [schriftlich] anfordern ◆**write back** *vt, vi* zurückschreiben ◆**write down** *vt* ① (*record*) aufschreiben ② FIN abschreiben ◆**write in I.** *vt* ■**to ~ in** ⟲ **sth** (*in text*) etw einfügen; (*in form*) etw eintragen **II.** *vi* schreiben; **he wrote in expressing his dissatisfaction** er schickte einen Brief, um seine Unzufriedenheit auszudrücken ◆**write off I.** *vi* ■**to ~ off for sth** etw [schriftlich] anfordern **II.** *vt* ① (*dismiss*) abschreiben *fam* ② FIN abschreiben ③ BRIT (*destroy*) **to ~ off a car** ein Auto zu Schrott fahren *fam* ◆**write out** *vt* ① (*remove*) streichen; THEAT, FILM *character, series* einen Abgang schaffen ② (*in full*) ausschreiben ③ (*put in writing*) aufschreiben ◆**write up** *vt* ① (*pen*) *article, notes* ausarbeiten ② (*critique*) **to ~ up a film** eine Kritik zu einem Film schreiben ③ AM (*report*) aufschreiben *fam*

'write-in *adj* AM POL **a ~ candidate** *ein nachträglich auf der Liste hinzugefügter Kandidat* **'write-off** *n* ① BRIT (*vehicle*) **to be a complete ~** ein absoluter Totalschaden sein ② (*person*) Versager(in) *m(f);* (*event*) Reinfall *m* ③ FIN Abschreibung *f*

'write-pro·tect·ed *adj* COMPUT schreibgeschützt

writ·er ['raɪtəʳ, AM -ɚ] *n* ① (*person*) Verfasser(in) *m(f)* ② (*author*) Autor(in) *m(f);* **travel ~** Reiseschriftsteller(in) *m(f)*

wri·ter-in-'resi·dence *n* <*pl* -s-in-residence> *Schriftsteller, der Gast ist an einer Universität oder einer anderen Institution und ev. dort Workshops veranstaltet*

'write-up *n of play, film* Kritik *f; of book a.* Rezension *f*

writhe [raɪð] *vi* ① (*squirm*) sich winden ② (*emotionally*) beben; **she ~d in suppressed fury** sie bebte innerlich vor unterdrückter Wut

writ·ing ['raɪtɪŋ, AM -t̬ɪŋ] *n* ① *no pl* (*skill*) Schreiben *nt;* ■**in ~** schriftlich ② *no pl* (*occupation*) Schriftstellerei *f* ③ *no pl* (*literature*) Literatur *f* ④ (*works*) ■**~s** *pl* Werke *pl* ⑤ *no pl* (*handwriting*) [Hand]schrift *f* ▶PHRASES: **the ~ is on the wall** die Stunde hat geschlagen

'writ·ing desk *n* Schreibtisch *m* **'writ·ing pad** *n* Schreibblock *m* **'writ·ing pa·per** *n no pl* Schreibpapier *nt*

writ·ten ['rɪtᵊn] **I.** *vt, vi pp of* **write II.** *adj* schriftlich; **the ~ word** das geschriebene Wort ▶PHRASES: **to have sth ~ all over one's face** jdm steht etw ins Gesicht geschrieben

wrong [rɒŋ, AM rɑːŋ] **I.** *adj* ① (*incorrect*) falsch; **it's all ~** das ist völlig verkehrt; **sorry, you've got the ~ number** tut mir leid, Sie haben sich verwählt; **to be proved ~** widerlegt werden; ■**to be ~ about sth** sich bei etw *dat* irren ② *pred* (*amiss*) **is there anything ~?** stimmt etwas nicht?; **what's ~ with you today?** was ist denn heute mit dir los? ③ (*immoral*) verwerflich *geh;* **it was ~ of her to ...** es war nicht richtig von ihr, ... ▶PHRASES: **to get hold of the ~ end of the stick** etw in den falschen Hals bekommen *fam* **II.** *adv* ① (*incorrectly*) falsch ② (*amiss*) **to go ~** *things* schiefgehen *fam; people* vom rechten Weg abkommen **III.** *n* ① *no pl* (*immorality*) **to know right from ~** richtig und falsch unterscheiden können ② *no pl* (*unjustness*) Unrecht *nt* ▶PHRASES: **to be in the ~** (*mistaken*) sich irren; (*immoral*) im Unrecht sein **IV.** *vt usu passive* ■**to ~ sb** jdm Unrecht tun; (*misjudge*) jdn falsch einschätzen

wrong·do·er ['rɒŋˌduːəʳ, AM 'rɑːŋˌduːɚ] *n* Übeltäter(in) *m(f)*

wrong·do·ing ['rɒŋˌduːɪŋ, AM 'rɑːŋ-] *n no pl* Übeltat *nt;* **to accuse sb of ~** jdm Fehlverhalten vorwerfen
wrong·ful ['rɒŋfᵊl, AM 'rɑːŋ-] *adj* unrechtmäßig
wrong-'head·ed *adj* querköpfig *pej; idea, plan* hirnverbrannt *fam*
wrong·ly ['rɒŋli, AM 'rɑːŋ-] *adv* ❶ (*mistakenly*) fälschlicherweise ❷ (*unjustly*) zu Unrecht ❸ (*incorrectly*) falsch
wrote [rəʊt, AM roʊt] *vt, vi pt of* **write**
wrought [rɔːt, AM *esp* rɑːt] *adj* ❶ (*crafted*) [aus]gearbeitet; (*conceived*) [gut] durchdacht; *writing* [gut] konzipiert ❷ *attr silver, gold* gehämmert
wrought 'iron I. *n no pl* Schmiedeeisen *nt* **II.** *adj* schmiedeeisern **wrought 'up** *adj usu pred* beunruhigt, aufgeregt
wrung [rʌŋ] *vt pt, pp of* **wring**
wry <-ier, -iest *or* -er, -est> [raɪ] *adj usu attr comments, humour* trocken; *smile* bitter
WSW *abbrev of* **west southwest** WSW
wt *n abbrev of* **weight** Gew.
WWF [ˌdʌbljuːˌdʌbljuː'ef] *n no pl abbrev of* **Worldwide Fund for Nature:** ■**the ~** der WWF
WWW [ˌdʌbljuːdʌbljuː'dʌbljuː] *n no pl abbrev of* **World Wide Web** WWW *nt*

Xx

X <*pl* -'s *or* -s>, **x** <*pl* -'s> [eks] *n* X *nt,* x *nt;* **~ for Xmas** [*or* AM **as in X-ray**] X wie Xanthippe
x [eks] **I.** *vt* AM ■**to ~ [out** ⊂**] sth** [aus]streichen **II.** *n* ❶ MATH x *nt;* **~-axis** x-Achse *f* ❷ (*kiss*) *Kusssymbol, etwa am Briefende;* **all my love, Katy ~~~** alles Liebe, Gruß und Kuss, Katy
X 'chro·mo·some *n* X-Chromosom *nt*
xeno·phobe ['zenə(ʊ)fəʊb, AM -əfoʊb] *n* Ausländerfeind(in) *m(f)*

Aussprache
Das **x** in **xenophobe** wird als [z] wie in **ze**ro ['zɪərəʊ] ausgesprochen: ['zenə(ʊ)fəʊb]

xeno·pho·bia [ˌzenə(ʊ)'fəʊbiə, AM -ə'foʊ-] *n no pl* Fremdenhass *m*
xeno·phob·ic [ˌzenə(ʊ)'fəʊbɪk, AM -ə'foʊ-] *adj* fremdenfeindlich
Xer·ox® ['zɪərɒks, AM 'zɪrɑːks] *n* Kopie *f*
Xmas ['krɪs(t)məs, 'eksməs, AM 'krɪs-] *n* <*pl* -es> (*fam*) *short for* **Christmas** Weihnachten *nt*

Land und Leute
Das X von **Xmas** ist eigentlich der griechische Buchstabe chi. Er wurde in frühchristlicher Zeit zusammen mit rho als eine Abkürzung für Christus verwendet. In Großbritannien wird Xmas als Abkürzung für *Christmas* (*Weihnachten*) benutzt.

X-ray ['eksreɪ] **I.** *n* ❶ (*radiation*) Röntgenstrahl *m* ❷ (*examination*) Röntgenuntersuchung *f;* **to give sb an ~** jdn röntgen; **to go for an ~** sich röntgen lassen ❸ (*picture*) Röntgenbild *nt* **II.** *adj* Röntgen-; **~ vision** (*fig*) Röntgenblick *m* **III.** *vt* röntgen
xy·lo·phone ['zaɪləfəʊn, AM -foʊn] *n* Xylophon *nt*

Aussprache
Das **x** in **xylophone** wird als [z] wie in **z**one [zəʊn] ausgesprochen: ['zaɪləfəʊn]

Yy

Y <*pl* -'s *or* -s>, **y** <*pl* -'s> [waɪ] *n* Y *nt,* y *nt;* **~ for Yellow** [*or* AM **as in Yoke**] Y wie Ypsilon
y [waɪ] *n* MATH y *nt;* **~-axis** y-Achse *f*
yacht [jɒt, AM jɑːt] *n* Jacht *f*
yacht·ing ['jɒtɪŋ, AM 'jɑːt̬-] *n no pl* Segeln *nt*
'yachts·man *n* (*owner*) Jachtbesitzer *m;* (*sailor*) Segler *m;* **round-the-world ~** Weltumsegler *m* **'yachts·wom·an** *n* (*owner*) Jachtbesitzerin *f;* (*person sailing*) Seglerin *f;* **round-the-world ~** Weltumseglerin *f*
yack [jæk] *vi* (*sl*) quasseln
yak [jæk] **I.** *n* Jak *m* **II.** *vi* <-kk-> (*fam*) quasseln
yam [jæm] *n* ❶ (*vegetable*) Jamswurzel *f* ❷ AM Süßkartoffel *f*

Land und Leute
Yams sind ein süßes Wurzelgemüse. In den USA werden sie oft gebacken und dann mit Butter gegessen, oder auch mit einer süßen Soße gekocht. Man isst **yams** besonders häufig an *Thanksgiving.*

yank [jæŋk] (*fam*) **I.** *n* Ruck *m* **II.** *vt* [ruckartig] ziehen (an +*dat*) **III.** *vi* zerren (**on** an +*dat*) ◆**yank out** *vt* herausreißen; *tooth* ziehen

Yank [jæŋk] *n* (*usu pej fam*) Ami *m*

yap [jæp] **I.** *vi* <-pp-> ❶ *dog* kläffen ❷ (*fam: talk*) quasseln **II.** *n no pl* Kläffen *nt*

yard[1] [jɑːd, AM jɑːrd] *n* Yard *nt;* **to sell sth by the ~** etw in Yards verkaufen; **a list a ~ long** (*fig*) eine ellenlange Liste

yard[2] [jɑːd, AM jɑːrd] *n* ❶ (*paved*) Hof *m* ❷ (*work site*) Werksgelände *nt;* (*for storage*) Lagerplatz *m;* (*dockyard*) [Schiffs]werft *f* ❸ AM (*garden*) Garten *m*

'yard·stick *n* ❶ (*tool*) Zollstock *m* ❷ (*standard*) Maßstab *m*

yarn [jɑːn, AM jɑːrn] *n* ❶ *no pl* (*for knitting, weaving*) Wolle *f;* (*for sewing*) Garn *nt* ❷ (*story*) Geschichte *f;* (*tall story*) *of sailor* Seemannsgarn *nt; of angler* Anglerlatein *nt*

yaw [jɔː, AM *esp* jɑː] **I.** *vi ship* gieren; *plane* ausbrechen **II.** *n no pl* Gieren *nt*

yawl [jɔːl, AM *esp* jɑːl] *n* Jolle *f*

yawn [jɔːn, AM *esp* jɑːn] **I.** *vi* gähnen *a. fig* **II.** *vt* **to ~ one's head off** (*fam*) hemmungslos gähnen **III.** *n* ❶ (*gape*) Gähnen *nt kein pl* ❷ (*fam: bore*) [stink]langweilige Angelegenheit; **I thought the film was a big ~** ich fand den Film stinklangweilig

yawn·ing ['jɔːnɪŋ, AM *esp* 'jɑːn-] *adj* gähnend *a. fig*

yd *n abbrev of* **yard**[1]

yea [jeɪ] *adv* (*form*) **~ or nay** ja oder nein

yeah [jeə] *adv* (*fam: yes*) ja[wohl]; **oh ~!** [*or* **~, ~!**] klar!, ganz bestimmt!

year [jɪəʳ, AM jɪr] *n* ❶ Jahr *nt;* **how much does he earn a ~?** wie viel verdient er im Jahr?; **five times a ~** fünfmal im [*o* pro] Jahr; **two ~s' work** zwei Jahre Arbeit; **last ~** letztes Jahr; **for two ~s** zwei Jahre lang ❷ (*age*) [Lebens]jahr *nt;* **a two-~-old child** ein zweijähriges Kind ❸ (*fam: ages*) ■**~s** *pl* Jahre *pl;* **for ~s** (*since a long time ago*) seit Jahren; (*for a long time*) jahrelang ❹ SCH Schuljahr *nt;* UNIV Studienjahr *nt;* (*group*) Klasse *f;* **she was in the ~ above** [*or* AM **ahead of**]/**below** [*or* AM **behind**] **me at school** sie war in der Schule ein Jahr über/unter mir; **a three-~ course** ein dreijähriger Kurs; **the second-~s** die Schüler(innen) *pl* der zweiten Klasse

'year·book *n* ❶ Jahresausgabe *f* ❷ AM SCH, UNIV Jahrbuch *nt* **'year-long** *adj* (*one year*) einjährig; (*many years*) jahrelang

year·ly ['jɪəli, AM 'jɪr-] *adj, adv* jährlich; **twice-~** zweimal pro Jahr

yearn [jɜːn, AM jɜːrn] *vi* sich sehnen (**for** nach +*dat*)

yearn·ing ['jɜːnɪŋ, AM 'jɜːrn-] *n* Sehnsucht *f*

yeast [jiːst] *n no pl* Hefe *f*

yell [jel] **I.** *n* ❶ (*shout*) [Auf]schrei *m;* **to let out a ~** einen Schrei ausstoßen ❷ AM (*chant*) Schlachtruf *m* **II.** *vi* gellend schreien; **to ~ for help** um Hilfe rufen; ■**to ~ at sb** jdn anschreien **III.** *vt* laut rufen; ■**to ~ sth at sb** jdm etw laut zurufen

yel·low ['jeləʊ, AM -oʊ] **I.** *adj* ❶ (*colour*) gelb; (*yellowed*) vergilbt ❷ (*fam: cowardly*) feige; **to have a ~ streak** feige sein **II.** *n* ❶ *no pl* (*colour*) Gelb *nt* ❷ (*shade*) Gelbton *m* **III.** *vi* vergilben

yel·low 'fe·ver *n no pl* Gelbfieber *nt*

yel·low·ish ['jeləʊɪʃ, AM -loʊ-] *adj* gelblich

yel·low·ness ['jeləʊnəs, AM -loʊ-] *n no pl* gelbe Farbe

Yel·low 'Pages® *npl* ■**the ~** die Gelben Seiten

yelp [jelp] **I.** *vi dog* kläffen, aufjaulen; *person* aufschreien **II.** *n* (*bark*) Gebell *nt,* Gejaule *nt;* (*shout*) Schrei *m*

Yem·en ['jemən] *n no pl* Jemen *m*

Yem·eni ['jeməni] **I.** *adj* jemenitisch **II.** *n* Jemenit(in) *m(f)*

yen[1] <*pl* -> [jen] *n* Yen *m*

yen[2] [jen] *n no pl* (*fam*) Faible *nt;* **to have a ~ to do sth** den Drang haben, etw zu tun

yep [jep] *adv* (*fam*) ja

Ye·re·van [jerə'vɑːn] *n* Eriwan *nt*

yes [jes] **I.** *adv* ❶ ja; **~ sir** jawohl; **~ please** ja bitte; **to say ~ [to sth]** ja [zu etw *dat*] sagen, etw bejahen ❷ (*contradicting*) aber ja [doch]; **she didn't really mean it – oh ~ she did!** sie hat es nicht so gemeint – oh doch, das hat sie! **II.** *n* <*pl* -[s]es> Ja *nt;* **was that a ~ or a no?** war das ein Ja oder ein Nein?

'yes-man *n* (*fam*) Jasager *m*

yes·ter·day ['jestədeɪ, AM -tɚ-] **I.** *adv* gestern; **the day before ~** vorgestern **II.** *n no pl* Gestern *nt*

yet [jet] **I.** *adv* ❶ (*till now*) bis jetzt; **as ~** bis jetzt; +*superl;* **the best ~** der/die/das Beste bisher ❷ (*already*) schon; **is it time to go ~? – no, not ~** ist es schon Zeit zu gehen? – nein, noch nicht ❸ (*still*) noch; **the best is ~ to come** das Beste kommt [erst] noch; **not ~** noch nicht ❹ (*despite that*) trotzdem; (*but*) aber [auch]; (*in spite of everything*) schon **II.** *conj* doch

yeti ['jeti, AM -t̬-] *n* Yeti *m*

yew [juː] *n* Eibe *f*

Y-fronts® ['waɪfrʌnts] *npl* BRIT Herrenunterhose *f* mit Eingriff

Yid·dish ['jɪdɪʃ] *n no pl* Jiddisch *nt*

yield [jiːld] **I.** *n* ❶ AGR Ertrag *m* ❷ MIN Ausbeute *f* ③ FIN [Zins]ertrag *m* **II.** *vt* ① (*produce*) hervorbringen; *cereals, fruit* erzeugen; *information, results* liefern ② FIN abwerfen; **the bonds are currently ~ing 6-7%** die Pfandbriefe bringen derzeit 6-7% ③ (*concede*) **to ~ a point to sb** jdm ein Zugeständnis machen; (*in discussion*) jdm in einem Punkt Recht geben; (*in competition*) einen Punkt an jdn abgeben **III.** *vi* ■**to ~ [to sb/sth]** [jdm/etw [gegenüber]] nachgeben; (*give right of way*) ■**to ~ to sb** jdm den Vortritt lassen ◆**yield up** *vt* ① (*surrender*) aufgeben; *rights* abtreten ② (*reveal*) *secret* lüften

yield·ing ['ji:ldɪŋ] *adj* ① (*pliable*) dehnbar ② (*compliant*) nachgiebig

YMCA [ˌwaɪemsi:'eɪ] *n + sing/pl vb abbrev of* **Young Men's Christian Association** CVJM *m*

yob [jɒb, AM jɑ:b] *n esp* BRIT, AUS (*fam*) Rabauke *m*, Rüpel *m*

yob·bish ['jɒbɪʃ] *adj* BRIT (*fam*) *behaviour* rowdyhaft

yob·bo <*pl* -os *or* -oes> ['jɒbəʊ, AM 'jɑ:boʊ] *n esp* BRIT, AUS (*fam*) Rabauke *m*, Rüpel *m*

yo·del ['jəʊdəl, AM 'joʊ-] **I.** *vi, vt* <BRIT -ll- *or* AM *usu* -l-> jodeln **II.** *n* Jodler *m*

yoga ['jəʊgə, AM 'joʊ-] *n no pl* Yoga *nt*

yo·ghourt, yo·gurt ['jəʊgət, AM 'joʊgɚt] *n* Joghurt *m o nt*

yoke [jəʊk, AM joʊk] **I.** *n* (*for pulling*) Joch *nt a. fig;* (*for carrying*) Tragjoch *nt* **II.** *vt* ① *ox* ins Joch spannen ② (*fig*) ■**to ~ sth together** etw [miteinander ver]koppeln

yo·kel ['jəʊkəl, AM 'joʊ-] *n* Tölpel *m*

yolk [jəʊk, AM joʊk] *n* Eigelb *nt; see also* **behalf**

yon·der ['jɒndəʳ, AM 'jɑ:ndɚ] (*liter*) **I.** *adv* dort drüben **II.** *adj* jene(r, s) ... dort [drüben]

you [ju:, ju, jə] *pron* ① (*singular*) du *in nomin,* dich *in akk,* dir *in dat;* (*polite form*) Sie *in nomin, akk,* Ihnen *in dat;* **if I were ~** wenn ich du/Sie wäre, an deiner/Ihrer Stelle ② (*plural*) ihr *in nomin,* euch *in akk o dat;* (*polite form*) Sie *in nomin, akk,* Ihnen *in dat;* **how many of ~ are there?** wie viele seid ihr?; **are ~ two ready?** seid ihr zwei [*o* beide] fertig? ③ (*one*) man; **~ learn from experience** aus Erfahrung wird man klug; **it's not good for ~** das ist nicht gesund

you'd[1] [ju:d] = **you had** *see* **have**

you'd[2] [ju:d] = **you would** *see* **would**

you'll [ju:l] = **you will** *see* **will**[1]

young [jʌŋ] **I.** *adj* jung; **I'm not as ~ as I was** ich bin nicht mehr der Jüngste; **she's ~ for sixteen** für sechzehn ist sie noch recht kindlich; **~ children** kleine Kinder; **to be ~ at heart** im Herzen jung [geblieben] sein; ■**the Y~er** (*in titles*) der/die Jüngere **II.** *npl* ① (*youths*) ■**the ~** die jungen Leute ② ZOOL Junge *pl*

young·ster ['jʌŋ(k)stəʳ, AM -ɚ] *n* Jugendliche(r) *f(m)*

your [jɔ:ʳ, jʊəʳ, AM jʊr] *adj poss* ① (*singular*) dein(e); (*plural*) euer/eure; (*polite form*) Ihr(e) ② (*one's*) sein(e); **it's enough to break ~ heart** es bricht einem förmlich das Herz

you're [jɔ:ʳ, jəʳ, AM jʊr, jɚ] = **you are** *see* **be**

yours [jɔ:z, AM jʊrz] *pron poss* ① deine/deiner/dein[e]s, Ihre/Ihrer/Ihr[e]s; **is this pen ~?** ist das dein Stift?; **the choice is ~** Sie haben die Wahl; **it's no business of ~** das geht dich nichts an ② (*in letter*) **Y~ sincerely/faithfully** mit freundlichen Grüßen

your·self <*pl* yourselves> [jɔ:'self, AM jʊr'-] *pron* ① (*singular*) dich *akk,* dir *dat;* (*plural*) euch; (*polite form, sing/pl*) sich; **how would you describe ~?** wie würden Sie sich beschreiben?; **help yourselves, boys** bedient euch, Jungs; **do you always talk to ~ like that?** sprichst du immer so mit dir selbst? ② (*oneself*) sich; **you tell ~ everything's all right** man sagt sich, dass alles in Ordnung ist; **to have sth [all] to ~** etw für dich [*o* sich] allein haben ③ (*personally*) selbst; **you can do that ~** du kannst das selbst machen; **to be ~** du selbst sein; **just be ~** sei ganz natürlich; **to not be ~** nicht du selbst sein; **to try sth for ~** etw selbst versuchen; ■**[all] by ~** [ganz] allein

youth [ju:θ] *n* ① *no pl* (*period*) Jugend *f* ② (*young man*) junger Mann, Jugendliche(r) *m* ③ *pl* (*young people*) **the ~ of today** die Jugend von heute

'youth cen·tre, AM **'youth cen·ter**, **'youth club** *n* Jugendzentrum *nt*

youth·ful ['ju:θfəl] *adj* jugendlich

'youth hos·tel *n* Jugendherberge *f*

Youth 'Train·ing Scheme *n*, **YTS** *n* BRIT *Berufsfindungsprojekt für Jugendliche*

you've [ju:v] = **you have** *see* **have I, II**

yowl [jaʊl] **I.** *vi* jaulen **II.** *n* Gejaule *nt*

yo-yo <*pl* -s> ['jəʊjəʊ, AM 'joʊjoʊ] *n* Jo-Jo *nt;* **to go up and down like a ~** rauf- und runterschnellen

yuan [ˌju:'æn] *n* FIN Yuan *m*

yuck [jʌk] *interj* (*fam*) igitt

yucky ['jʌki] *adj* (*fam*) ek[e]lig

Yu·go·slav ['ju:gə(ʊ)slɑ:v, AM -goʊ-] (*hist*) **I.** *adj* jugoslawisch **II.** *n* Jugoslawe, Jugoslawin *m, f*

Yu·go·sla·via [ˌju:gə(ʊ)ˈslɑ:viə, AM -goʊˈ-] *n no pl* (*hist*) Jugoslawien *nt;* **the former ~** das ehemalige Jugoslawien

Yu·go·sla·vian [ˌju:gə(ʊ)ˈslɑ:viən, AM -goʊˈ-] (*hist*) **I.** *adj* jugoslawisch; **to be ~** Jugoslawe, Jugoslawin *m, f* sein **II.** *n* Jugoslawe, Jugoslawin *m, f*

yuk·ky *adj see* **yucky**

Yu·kon Ter·ri·tory [ˌju:kɒnˈterɪtəri, AM ju:kɑ:nˈterətɔ:ri] *n* Yukon Territory *nt*

ˈyule log *n* ❶ (*log*) *großes Holzscheit, das zur Weihnachtszeit im offenen Feuer brennt* ❷ (*cake*) *Schokoladenkuchen in der Form eines Holzscheits, der zur Weihnachtszeit gegessen wird*

Yule·tide [ˈju:ltaɪd] *n* (*old*) Weihnachtszeit *f*

yum·my [ˈjʌmi] *adj* (*fam*) lecker *a. fig*

yup·pie [ˈjʌpi] *n* Yuppie *m*

Zz

Z <*pl* -'s *or* -s>, **z** <*pl* -'s> [zed, AM zi:] *n* Z *nt,* z *nt;* **~ for Zebra** Z wie Zacharias

z [zed, AM zi:] *n* MATH z *nt;* **~-axis** z-Achse *f*

Za·ire [zaɪˈɪəʳ, AM -ˈɪr] *n no pl* Zaire *nt*

Za·irean, Za·irian [zaɪˈɪəriən, AM -ˈɪr-] **I.** *adj* zairisch **II.** *n* Zairer(in) *m(f)*

Zam·bia [ˈzæmbiə] *n no pl* Sambia *nt*

Zam·bian [ˈzæmbiən] **I.** *adj* ❶ (*country*) sambisch ❷ (*nationality*) sambisch **II.** *n* Sambier(in) *m(f)*

zany [ˈzeɪni] *adj* ulkig

zap [zæp] (*fam*) **I.** *vt* <-pp-> ❶ (*destroy*) *person* erledigen; *thing* kaputtmachen ❷ AM in der Mikrowelle aufwärmen ❸ COMPUT (*delete*) löschen **II.** *vi* <-pp-> ❶ (*speed*) düsen ❷ TV zappen **III.** *n no pl* AM Pep *m* **IV.** *interj* schwups!

zap·ping [ˈzæpɪŋ] *n* (*fam*) Zappen *nt fam*

zeal [zi:l] *n no pl* Eifer *m*

zeal·ot [ˈzelət] *n* Fanatiker(in) *m(f)*

zeal·ous [ˈzeləs] *adj* ❶ (*eager*) [über]eifrig ❷ (*enthusiastic*) leidenschaftlich

zeb·ra <*pl* -s *or* -> [ˈzebrə, AM ˈzi:-] *n* Zebra *nt*

zeb·ra ˈcross·ing *n* BRIT, AUS Zebrastreifen *m*

zen·ith [ˈzenɪθ, AM ˈzi:n-] *n* Zenit *m a. fig*

zero [ˈzɪərəʊ, AM ˈzɪroʊ] **I.** *n* <*pl* -s> ❶ MATH Null *f* ❷ (*temperature*) Gefrierpunkt *m;* **10 degrees below ~** zehn Grad unter Null **II.** *adj* **his prospects are ~** seine Aussichten sind gleich Null; **~ growth** Nullwachstum *nt;* **~ hour** die Stunde Null **III.** *vt* auf Null einstellen ◆**zero in** *vi* ❶ (*aim*) **to ~ in on a target** ein Ziel anvisieren ❷ (*fig*) sich konzentrieren (**on** auf +*akk*)

zero-ˈrat·ed *adj* BRIT FIN von der Mehrwertsteuer befreit **zero ˈtol·er·ance** *n no pl* LAW Nulltoleranz *f*

zest [zest] *n no pl* ❶ (*enthusiasm*) Eifer *m;* **~ for life** Lebensfreude *f* ❷ **lemon ~** Zitronenschale *f*

zig·zag [ˈzɪgzæg] **I.** *n* Zickzack *m* **II.** *adv* im Zickzack **III.** *vi* <-gg-> sich im Zickzack bewegen; *line, path* im Zickzack verlaufen

Zim·ba·bwe [zɪmˈbɑ:bweɪ] *n no pl* Simbabwe *nt*

Zim·ba·bwean [zɪmˈbɑ:bwiən] **I.** *adj* simbabwisch **II.** *n* Simbabwer(in) *m(f)*

zinc [zɪŋk] *n no pl* Zink *nt*

zip [zɪp] **I.** *n* ❶ BRIT (*zipper*) Reißverschluss *m;* **to do up a ~** einen Reißverschluss zumachen ❷ *no pl* (*fam: vigour*) Schwung *m* **II.** *pron* AM (*fam*) null; **I know ~ about computers** ich habe null Ahnung von Computern **III.** *vt* <-pp-> **would you mind helping me to ~ [up] my dress?** könntest du mir vielleicht helfen, den Reißverschluss an meinem Kleid zuzumachen?; **to ~ sth together** etw mit einem Reißverschluss zusammenziehen ▶PHRASES: **to ~ one's lip** den Mund halten **IV.** *vi* <-pp-> ❶ (*fasten*) **it ~s [up] at the back** es hat hinten einen Reißverschluss ❷ (*speed*) rasen, flitzen; **to ~ through** *job* im Eiltempo erledigen ◆**zip up** **I.** *vt* ■**to ~ up** ○ **sth** den Reißverschluss an etw *dat* zuziehen **II.** *vi* **the dress ~s up at the back** das Kleid hat hinten einen Reißverschluss

ˈzip code *n* AM ≈ Postleitzahl *f* **zip ˈfast·en·er**, AM, AUS **zip·per** [ˈzɪpəʳ, AM -ɚ] *n* Reißverschluss *m*

zip·py [ˈzɪpi] *adj* (*fam*) spritzig

zo·di·ac [ˈzəʊdiæk, AM ˈzoʊ-] *n* **sign of the ~** Tierkreiszeichen *nt*

zom·bie [ˈzɒmbi, AM ˈzɑ:-] *n* Zombie *m*

zone [zəʊn, AM zoʊn] **I.** *n* Zone *f;* **combat ~** Kampfgebiet *nt;* **danger ~** Gefahrenzone *f;* **earthquake ~** Erdbebenregion *f;* **no-fly ~** Flugverbotszone *f* **II.** *vt* in [Nutzungs]zonen aufteilen

zon·ing [ˈzəʊnɪŋ, AM ˈzoʊn-] **I.** *n no pl* Bodenordnung *f* **II.** *adj* **~ law** Baugesetz *nt;* **~ restriction** Planungsbeschränkung *f*

zoo [zu:] *n* Zoo *m*

zoo·logi·cal [ˌzəʊə(ʊ)ˈlɒdʒɪkəl, AM ˌzoʊəˈlɑ:-] *adj* zoologisch

zo·olo·gist [zuˈɒlədʒɪst, AM zoʊˈɑ:l-] *n* Zoologe, Zoologin *m, f*

zo·ol·ogy [zuˈɒlədʒi, AM zoʊˈɑːl-] *n no pl* Zoologie *f*

zoom [zuːm] **I.** *n* ~ [**lens**] Zoom[objektiv] *nt* **II.** *vi* ❶ (*speed*) rasen; ■**to ~ ahead** [*or* **off**] davonsausen; (*in race*) vorpreschen; ■**to ~ past** vorbeirasen; (*fig*) *year* rasend schnell vergehen ❷ PHOT zoomen ◆**zoom in** *vi* [nahe] heranfahren, heranzoomen, [ein]schwenken (**on** auf +*akk*) ◆**zoom out** *vi* wegzoomen

zuc·chi·ni <*pl* -s *or* -> [zʊˈkiːni, AM zuːˈ-] *n* AM, AUS Zucchini *f*

Z

Aa

A, a <-, - *o fam* -s, -s> [aː] *nt* ❶ (*Buchstabe*) A, a; **ein großes A/ein kleines a** a capital A/a small a; **~ wie Anton** A for Andrew BRIT, A as in Abel AM ❷ MUS A, a; **A-Dur/a-Moll** A major/A minor ▸WENDUNGEN: **wer ~ sagt, muss auch B sagen** (*prov*) as you make your bed, so you must lie in it *prov;* **das ~ und [das] O** the be-all and end-all; **von ~ bis Z** from beginning to end
à [a] *präp* at; **20 Flaschen ~ 8 Euro** 20 bottles at 8 euros each
Aachen <-s> [ˈaːxn̩] *nt* Aachen
Aal <-[e]s, -e> [aːl] *m* eel
aalen [ˈaːlən] *vr* (*fam*) ■**sich** *akk* **auf dem Sofa ~** to stretch out on the sofa; ■**sich** *akk* **in der Sonne ~** to bask in the sun
aalglatt [ˈaːlˈglat] **I.** *adj* slippery **II.** *adv* artfully
a. a. O. *Abk von* **am angegebenen Ort** loc. cit.
Aargau <-s> [ˈaːɐ̯gau̯] *m* Aargau
Aas[1] <-es, -e> [aːs] *nt* (*Tierleiche*) carrion
Aas[2] <-es, Äser> [aːs, *pl* ˈɛːzɐ] *nt* (*fam: männliche Person*) bastard, AM *a.* jerk; (*weibliche Person*) bitch
Aasfresser <-s, -> *m* carrion-eating animal
Aasgeier *m* vulture *a. pej*
ab [ap] **I.** *adv* ❶ (*weg, entfernt*) off; **zur Post geht es links ~** the post office is off to the left; **weit ~ liegen** to be far away ❷ (*abgetrennt*) off; **~ sein** to be broken [off]; **mein Knopf ist ~** I've lost a button; **erst muss die alte Farbe ~** the old paint has to come off first ▸WENDUNGEN: **~ und zu** now and then **II.** *präp* +*dat* ❶ (*räumlich*) from; **~ Köln** from Cologne ❷ (*zeitlich*) from; **~ heute** from today ❸ (*von ... aufwärts*) from; **Kinder ~ 14 Jahren** children from the age of 14 up ❹ SCHWEIZ (*bei der Uhrzeit*) past; **Viertel ~ 8** quarter past eight ❺ SCHWEIZ (*von*) on; **~ Kassette** on cassette
ab|ändern *vt* to amend (**in** +*akk* to); *Programm* to change
Abänderung *f* amendment
abänderungsfähig *adj* amendable
ab|arbeiten I. *vt* ❶ (*durch Arbeit tilgen*) to work off *sep* ❷ (*erledigen*) to work through **II.** *vr* (*fam*) ■**sich** *akk* **~** to work like a madman
Abart [ˈapʔaːɐ̯t] *f* ❶ BIOL mutation *spec* ❷ BOT variety
abartig I. *adj* ❶ (*abnorm*) abnormal; (*pervers a.*) perverted ❷ (*sl: verrückt*) mad **II.** *adv* abnormally
Abb. *Abk von* **Abbildung** Fig.
Abbau <-s> *m kein pl* ❶ (*Förderung*) mining; **~ von Bodenschätzen** mining for mineral resources ❷ (*Verringerung*) revocation; **der ~ von Vorurteilen** the breaking down of prejudices
abbaubar *adj* CHEM, MED degradable; **biologisch ~** biodegradable
ab|bauen I. *vt* ❶ *Bodenschätze* to mine ❷ (*demontieren*) to dismantle ❸ (*verringern*) to reduce ❹ CHEM, MED to break down *sep* **II.** *vi* ■**jd baut ab** sb wilts; (*geistig*) to deteriorate
Abbauprodukt *nt* break-down product
ab|beißen *irreg* **I.** *vt* to bite [off] **II.** *vi* to take a bite
ab|beizen *vt* to strip
ab|bekommen* *vt irreg* ❶ (*Anteil erhalten*) to get one's share; **die Hälfte von etw** *dat* **~** to receive half of sth ❷ (*beschädigt werden*) to get damaged ❸ (*verletzt werden*) to be injured ❹ (*entfernen können*) to get off
ab|bestellen* *vt Zeitung, Reservierung* to cancel; **den Klempner ~** to tell the plumber he needn't come anymore
Abbestellung *f* cancellation
ab|bezahlen* *vt* to pay off *sep*
ab|biegen *irreg* **I.** *vi sein* **[nach] links/rechts ~** to turn left/right; *Straße* to bend **II.** *vt haben* (*fam*) ■**etw ~** to get out of sth; *Plan* to forestall
Abbiegespur *f* turn-off [*or* AM turning] lane
Abbild *nt* image; (*im Spiegel*) reflection
ab|bilden *vt* to copy; *Person* to portray; *Landschaft* to depict; **auf dem Foto war ... abgebildet** the photo showed ...
Abbildung <-, -en> *f* (*Illustration*) illustration
ab|binden *irreg vt* to untie
ab|blasen *vt irreg* (*fam: absagen*) to call off
ab|blättern *vi sein* to peel [off]
ab|blenden *vi* AUTO to dip [*or* AM dim] the lights
Abblendlicht *nt* AUTO dipped [*or* AM dimmed] headlights
ab|blitzen *vi sein* (*fam*) ■**bei jdm ~** to not get anywhere with sb; **jdn ~ lassen** to turn sb down
ab|blocken I. *vt* to block **II.** *vi* to refuse to talk
ab|brechen *irreg* **I.** *vt haben* ❶ (*lösen*) to

A

break off *sep* ❷ *Lager, Zelt* to strike ❸ *Gebäude* to pull down *sep* ❹ (*beenden*) to stop; *Beziehung* to break off; *Streik* to call off; **das Studium ~** to drop out of college [*or* BRIT *a.* university]; **den Urlaub ~** to cut short one's holidays **II.** *vi sein* ❶ (*sich lösen*) to break off ❷ (*aufhören*) to stop; *Beziehung* to end; **etw ~ lassen** to break off sth

ab|bremsen *vt, vi* to slow down *sep*

ab|brennen *irreg vi sein* to burn down

ab|bringen *vt irreg* ■**jdn von etw** *dat* **~** to get sb to give up sth; (*abraten*) to change sb's mind about sth; ■**jdn davon ~, etw zu tun** to prevent sb [from] doing sth; **jdn vom Thema ~** to get sb away from the subject

ab|bröckeln *vi sein* to crumble (**von** *+dat* away from)

Abbruch *m* ❶ *eines Gebäudes* demolition ❷ (*Beendigung*) breaking off

abbruchreif *adj* ❶ (*baufällig*) dilapidated ❷ SCHWEIZ (*schrottreif*) ready for the scrap heap *pred*

ab|buchen *vt Bank* to debit; **etw [vom Konto] ~** to debit sth [from the bank account]

Abbuchung *f* direct debit; (*abgebuchter Betrag*) debit

ab|bürsten *vt* ❶ (*entfernen*) to brush off *sep* ❷ **einen Anzug ~** to brush down a suit

ab|büßen *vt* to serve

Abc <-, -> [a:be:ˈtse:] *nt* ❶ (*Alphabet*) abc, ABC; **etw nach dem ~ ordnen** to put sth in alphabetical order ❷ (*fig: Grundwissen*) ABC; **„~ der Astronomie für Anfänger"** "Basic Astronomy for Beginners"

ab|checken [-tʃɛkn] *vt* (*fam*) to check out *sep;* ■**etw mit jdm ~** to confirm sth with sb

Abc-Schütze, -Schützin [a:be:ˈtse:-] *m, f* school starter

ABC-Waffen [a:be:ˈtse:-] *pl* nuclear, biological and chemical [*or* NBC] weapons *pl*

ab|danken *vi* to resign; *König* to abdicate

Abdankung <-, -en> *f* ❶ (*Rücktritt*) resignation; *König* abdication ❷ SCHWEIZ (*Trauerfeier*) funeral service

ab|decken *vt* ❶ (*bedecken*) to cover [over] ❷ *Gebäude* to lift the roof off ❸ (*berücksichtigen*) to cover ❹ *Tisch* to clear

Abdeckstift *m* concealer stick

Abdeckung <-, -en> *f* cover

ab|dichten *vt* ❶ *Leitung* to seal; *Leck* to plug ❷ (*gegen Feuchtigkeit*) to damp proof

Abdichtung *f kein pl* (*das Abdichten*) sealing; *eines Lecks* plugging

ab|drängen *vt* to push

ab|drehen I. *vt* ❶ (*abstellen*) to turn off *sep* ❷ (*entfernen*) to twist [off] **II.** *vi* (*fam*) to go crazy

ab|driften *vi sein* (*sl: abgleiten*) to drift

ab|drosseln *vt* ■**etw ~** AUTO *Motor* to throttle back sth *sep;* (*fig*) *Produktion* to cut back sth *sep*

Abdruck[1] <-drücke> *m* ❶ (*Spur*) print ❷ (*Umriss*) impression

Abdruck[2] <-drucke> *m* ❶ (*Veröffentlichung*) printing ❷ *kein pl* (*das Nachdrucken*) reprint

ab|drucken *vt* to print

ab|drücken *vi* (*feuern*) to shoot

ab|dunkeln *vt* ❶ (*abschirmen*) to dim ❷ (*dunkler machen*) to darken; *Fenster* to black out ❸ (*dunkler werden lassen*) to tone down

ab|ebben *vi sein* to subside; *Lärm* to die down

Abend <-s, -e> [ˈa:bn̩t] *m* evening; **gestern/morgen ~** yesterday/tomorrow evening; **heute ~** tonight, this evening; **jdm guten ~ sagen** [*o* **wünschen**] to wish sb good evening, to say good evening to sb; **zu ~ essen** to eat dinner; **am ~** in the evening; **~ für** [*o* **um**] **~** every night, night after night; **gegen ~** towards evening; **den ganzen ~ über** the whole evening, all evening

Abendandacht *f* evening service **Abendbrot** *nt* supper **Abenddämmerung** *f* dusk **Abendessen** *nt* dinner **abendfüllend** *adj* all-night *attr,* lasting the whole evening *pred* **Abendkasse** *f* evening box-office **Abendkleid** *nt* evening dress **Abendkurs** *m* evening class **Abendland** *nt kein pl* (*geh*) ■**das ~** the Occident

abendländisch *adj* (*geh*) occidental

abendlich [ˈa:bn̩tlɪç] *adj* evening

Abendmahl *nt* [Holy] Communion; **das Letzte ~** the Last Supper **Abendprogramm** *nt* evening programme **Abendrot** <-s> [ˈa:bn̩tro:t] *nt kein pl* [red] sunset; **im ~** in the evening glow

abends [ˈa:bn̩ts] *adv* in the evening

Abendschule *f* evening school **Abendsonne** *f kein pl* sunset **Abendständchen** *nt* serenade **Abendstunde** *f meist pl* evening [hour]; **in den frühen ~n** in the early hours of the evening **Abendvorstellung** *f* FILM evening showing; THEAT evening performance

Abenteuer <-s, -> [ˈa:bn̩tɔyɐ] *nt* ❶ (*aufregendes Erlebnis*) adventure ❷ (*Liebesabenteuer*) fling; **auf [ein] ~ aus sein** to be looking for a fling *fam* ③ (*risikoreiches Unternehmen*) venture

Abenteuerferien *pl* adventure holiday

abenteuerlich ['a:bn̩tɔyɐlɪç] *adj* ① (*abenteuerlustig*) adventurous ② *Geschichte* fantastic[al] ③ (*riskant*) *Vorhaben* risky, hazardous

Abenteuerlust *f* thirst for adventure **abenteuerlustig** *adj* adventurous **Abenteuerroman** *m* adventure novel **Abenteuerspielplatz** *m* adventure playground

Abenteurer, Abenteu(r)erin <-s, -> ['a:bn̩tɔyrɐ, 'a:bn̩tɔy(r)ərɪn] *m, f* adventurer

Abenteurertum <-s> ['a:bn̩tɔyrətu:m] *nt kein pl* (*pej*) [reckless] adventurism

aber ['a:bɐ] *konj* but; ~ **dennoch ...** but in spite of this ...; **oder** ~ or else

Aber <-s, - *o fam* -s> ['a:bɐ] *nt* but *fam;* **kein ~!** no buts!

Aberglaube *m* ① (*falscher Glaube*) superstition ② (*fam: Unsinn*) rubbish BRIT, nonsense AM

abergläubisch ['a:bɐglɔybɪʃ] *adj* superstitious

Aberhunderte *pl* (*geh*) hundreds upon hundreds of

ab|erkennen* ['apʔɛɐ̯kɛnən] *vt irreg* ■**jdm etw** ~ to divest sb of sth *form*

Aberkennung <-, -en> *f* divestiture *form*

abermals ['a:bɐma:ls] *adv* once again

ab|ernten *vt* to harvest

Abertausende *pl* (*geh*) thousands upon thousands **aberwitzig** *adj* (*geh*) ludicrous

Abf. *Abk von* **Abfahrt** dep.

abfahrbereit *adj s.* **abfahrtbereit**

ab|fahren *irreg* **I.** *vi sein* ① (*losfahren*) to depart ② ■**jdn ~ lassen** (*abweisen*) to turn sb down ③ ■**auf jdn/etw ~** (*sl*) to be crazy about sb/sth **II.** *vt* ① *sein o haben* (*suchend*) *Strecke* to [drive along and] check ② *haben* (*abnutzen*) *Reifen* to wear down *sep*

Abfahrt *f* ① (*Wegfahren*) departure ② (*Autobahnabfahrt*) exit ③ (*beim Skifahren, Rodeln*) run; (*Abfahrtsstrecke*) slope

abfahrtbereit *adj* ready to depart *pred* **Abfahrtslauf** *m* SKI downhill [event] **Abfahrtszeit** *f* departure time

Abfall *m* rubbish *esp* BRIT, garbage AM, trash *esp* AM

Abfallaufbereitung <-, -en> *f* waste processing **Abfallbehälter** *m* waste container; (*kleiner*) waste bin **Abfallbeseitigung** *f* refuse disposal **Abfalleimer** *m* [rubbish] bin BRIT, garbage [*or* AM trash] can

ab|fallen *vi irreg sein* ① (*herunterfallen*) to fall off ② (*schlechter werden*) to fall behind ③ (*übrig bleiben*) to be left over ④ *Gelände* to slope

Abfallentsorgung *f* waste disposal; *industriell* waste management **Abfallhaufen** *m* rubbish [*or* AM garbage] heap

abfällig **I.** *adj* derogatory; *Lächeln* derisive **II.** *adv* disparagingly; **sich ~ über jdn/etw äußern** to make disparaging remarks about sb/sth

Abfallprodukt *nt* ① CHEM waste product ② (*Nebenprodukt*) by-product **Abfallsortierung** *f kein pl* sifting of refuse **Abfallstoff** *m meist pl* waste product **Abfalltonne** *f* rubbish bin BRIT, trash can AM **Abfallvermeidung** *f* waste reduction **Abfallverwertung** *f* recycling of waste

ab|fangen *vt irreg* ① (*vor dem Ziel einfangen*) to intercept ② (*abwehren*) to ward off *sep* ③ (*mildernd auffangen*) to cushion

ab|färben *vi* to run (**auf** +*akk* into); ■**auf jdn ~** (*fig*) to rub off (**auf** +*akk* on)

ab|fassen *vt* to write

ab|faulen *vi sein Blätter* to rot away

ab|federn *vt Stoß* to cushion

ab|fegen *vt* ① *Schmutz, Schnee* to sweep away ② *Treppe, Terrasse* to brush off

ab|feiern *vt* (*fam*) **Überstunden ~** *to take time off by using up hours worked overtime*

ab|fertigen *vt* ① (*fertig machen*) to process ② (*be- und entladen*) *Flugzeug* to prepare for take-off; *Lastwagen* to clear for departure; *Schiff* to prepare to sail ③ (*bedienen*) to serve; *Passagiere* to handle ④ (*kontrollieren und passieren lassen*) to clear ⑤ (*abspeisen*) to fob off (**mit** +*dat* with) ⑥ (*behandeln*) to treat

Abfertigung *f* ① (*Bearbeitung für den Versand*) processing ② (*Abfertigungsstelle*) check-in counter ③ (*Bedienung*) service ④ (*Kontrolle*) check

Abfertigungshalle *f* check-in hall **Abfertigungsschalter** *m* check-in counter

ab|feuern *vt* to fire; *Flugkörper, Granate* to launch

ab|finden *irreg* **I.** *vt* (*entschädigen*) to compensate (**mit** +*dat* with) **II.** *vr* (*fam*) ■**sich** *akk* **mit etw** *dat* ~ to put up with sth

Abfindung <-, -en> *f* compensation; (*bei Entlassung*) severance pay

ab|flachen **I.** *vi sein* (*sinken*) to drop **II.** *vt haben* to flatten **III.** *vr haben* ■**sich ~** to level off

ab|flauen *vi sein Wind, Sturm* to subside, to abate; *Nachfrage* to decrease; *Lärm* to drop; *Interesse* to wane

ab|fliegen *vi irreg sein* to depart [by plane]

ab|fließen *vi irreg sein Wasser* to flow away

A

Abflug *m* departure
abflugbereit *adj* ready for departure *pred* **Abflughalle** *f* departure lounge **Abflugzeit** *f* flight departure time
Abfluss *m* (*Rohr*) drain pipe
Abflussreiniger *m* drain cleaner **Abflussrinne** *f* drainage channel **Abflussrohr** *nt* drain pipe
Abfolge *f* sequence
Abfrage *f von Daten* query
ab|fragen *vt* ① (*prüfen*) to test; ■**jdn etw ~** *Vokabeln, Chemie, etc.* to test sb on sth ② *Daten* to call up
Abfuhr <-, -en> *f* (*Zurückweisung*) snub; **jdm eine ~ erteilen** to snub sb
ab|führen **I.** *vt* ① *Person* to lead away ② *Geld* to pay **II.** *vi* MED to loosen the bowels
Abführmittel *nt* laxative **Abführtee** *m* laxative tea
Abführung *f* FIN payment
ab|füllen *vt* ① *Flüssigkeit* to fill (**in** *+akk* into); (*in Flaschen*) to bottle ② (*sl: betrunken machen*) to get drunk
Abgabe *f* ① (*Gebühr*) [additional] charge ② (*Steuer*) tax
abgabenfrei **I.** *adj* non-taxable **II.** *adv* tax-free
abgabenpflichtig *adj* taxable
Abgabetermin *m* deadline for submission
Abgang *m* ① *kein pl* (*Schulabgang*) leaving ② ÖSTERR (*Fehlbetrag*) deficit
abgängig *adj* ÖSTERR (*geh: vermisst*) missing
Abgangszeugnis *nt* [school-]leaving certificate BRIT, diploma AM
Abgas *nt* exhaust *no pl*
abgasarm *adj* low-emission **Abgaskatalysator** *m* catalytic converter **Abgasrückführung** *f* exhaust-gas recirculation, EGR **Abgassonderuntersuchung** *f* exhaust emission check
ab|geben *irreg* **I.** *vt* ① (*übergeben*) to give (**an** *+akk* to); (*einreichen*) to submit (**an** *+akk* to) ② (*hinterlassen*) to leave; *Gepäck* to check in; **den Mantel an der Garderobe ~** to leave one's coat in the cloakroom ③ (*verschenken*) to give away ④ (*überlassen*) ■**jdm etw ~** to give sb sth; ■**etw [an jdn] ~** to hand over sth [to sb] ⑤ (*teilen*) **jdm die Hälfte [von etw** *dat*] **~** to go halves [on sth] with sb; **jdm nichts ~** to not share with sb ⑥ *Erklärung, Urteil* to make; *Gutachten* to submit; *Stimme* to cast ⑦ (*darstellen*) to be; **die perfekte Hausfrau ~** to be the perfect wife **II.** *vr* ① (*sich beschäftigen*) ■**sich** *akk* **mit jdm ~** to look after sb; ■**sich** *akk* **mit etw** *dat* **~** to spend [one's] time on sth ② (*fam: sich einlassen*) ■**sich** *akk* **mit jdm ~** to associate with sb
abgebrannt **I.** *adj* (*fam*) broke, BRIT *a.* skint **II.** *pp von* **abbrennen**
abgebrüht *adj* (*fam*) unscrupulous
abgedroschen *adj* (*pej fam*) hackneyed
abgefahren **I.** *adj* (*sl*) ① (*außergewöhnlich, schräg*) way-out ② (*begeisternd*) cool **II.** *pp von* **abfahren**
abgefuckt ['apgəfakt] *adj* (*sl*) fucked-up *attr,* fucked up *pred*
abgehackt **I.** *adj* broken; **~e Worte** clipped words **II.** *adv* **~ sprechen** to speak in a clipped manner **III.** *pp von* **abhacken**
abgehangen *adj* hung
abgehärtet *adj* hardened (**gegen** *+akk* to)
ab|gehen *irreg vi sein* ① (*sich lösen*) to come off ② **von der Schule ~** to leave school ③ (*abzweigen*) to branch off (**von** *+dat* from) ④ (*verlaufen*) to go ⑤ (*fam: fehlen*) ■**jdm ~** to be lacking in sb
abgehoben **I.** *adj* (*weltfremd*) far from reality *pred* **II.** *pp von* **abheben**
abgekartet *adj* (*fam*) rigged; **eine ~e Sache sein** to be a put-up job; **ein ~es Spiel treiben** to play a double game
abgeklärt **I.** *adj* prudent **II.** *adv* prudently **III.** *pp von* **abklären**
abgelaufen *adj* expired; **~ sein** to have expired
abgelegen *adj* remote
abgemacht *adj* ■**es ist ~, dass ...** it was arranged, that ...; **~!** ok, that's settled then!, it's a deal!
abgeneigt *adj* ■**nicht ~ sein etw zu tun** to not be averse to doing sth
abgenutzt *adj* worn
Abgeordnete(r) ['apgəʔɔrdnətə, -tɐ] *f(m) dekl wie adj* Member of Parliament
Abgeordnetenhaus *nt* ≈ House of Commons BRIT, ≈ House of Representatives AM **Abgeordnetensitz** *m* parliamentary seat
abgereichert ['apgəraiçɐt] *adj* **~es Uran** depleted uranium
abgerissen **I.** *adj* ① (*zerlumpt*) tattered ② (*heruntergekommen*) scruffy ③ (*unzusammenhängend*) incoherent **II.** *pp von* **abreißen**
abgerundet *adj* ① (*nicht spitz*) rounded off ② (*ausgewogen*) balanced, rounded
Abgesandte(r) *f(m) dekl wie adj* envoy
abgeschieden (*geh*) **I.** *adj* isolated **II.** *adv* in isolation
Abgeschiedenheit <-> *f kein pl* isolation
abgeschlagen *adj* ① SPORT (*abgedrängt*) lagging behind *after n* ② POL, ÖKON outstripped

abgeschlossen **I.** *adj* ❶ (*isoliert*) secluded ❷ *attr* (*separat*) separate ❸ (*umgeben*) enclosed **II.** *adv* (*isoliert*) in seclusion **III.** *pp von* **abschließen**

abgeschmackt ['apgəʃmakt] **I.** *adj* tasteless **II.** *adv* tastelessly

abgeschnitten **I.** *adj* isolated; **von der Welt ~** cut off from the rest of civilization **II.** *adv* in isolation

abgesehen **I.** *adj* **es auf jdn ~ haben** (*schikanieren wollen*) to have it in for sb; (*interessiert sein*) to have a thing for sb; **es auf etw ~ haben** to have one's eye on sth; **du hast es nur darauf ~, mich zu ärgern** you're just out to annoy me **II.** *adv* ■**~ von jdm/etw** except for sb/sth; ■**~ davon, dass ...** apart from the fact that ... **III.** *pp von* **absehen**

abgespannt *adj, adv* weary, tired out

abgestanden **I.** *adj* stale; *Limonade* flat **II.** *adv* **~ schmecken** to taste flat **III.** *pp von* **abstehen**

abgestorben *adj* MED numb

abgestumpft *adj* ❶ (*gefühllos*) unfeeling, numb ❷ (*unempfindlich geworden*) insensitive, apathetic

abgetragen *adj* worn *attr,* worn out *pred*

abgetreten **I.** *adj* worn *attr,* worn down *pred* **II.** *pp von* **abtreten**

abgewetzt *adj* worn

ab|gewinnen* *vt irreg* ■**einer S.** *dat* **etwas/nichts ~** to get something/not get anything out of sth

abgewogen **I.** *adj* well-considered **II.** *pp von* **abwägen, abwiegen**

ab|gewöhnen* *vt* ■**jdm etw ~** to break sb of sth; ■**sich** *dat* **etw ~** to give up sth

abgezehrt *adj* emaciated

ab|gießen *vt irreg Flüssigkeit* to pour off *sep; Nudeln, Kartoffeln* to drain, to strain

Abglanz *m kein pl* reflection

Abgleich <-[e]s, -e> *m* comparison

ab|gleichen *vt irreg* to compare (**mit** +*dat* with)

ab|gleiten *vi irreg sein* (*geh*) ❶ (*abrutschen*) to slip (**von** +*dat* off) ❷ (*abprallen*) ■**an jdm ~** to bounce off sb

Abgott, -göttin *m, f* idol

abgöttisch **I.** *adj* inordinate **II.** *adv* **jdn ~ lieben** to idolize sb

ab|grasen *vt* ❶ (*abfressen*) to graze on ❷ (*fam: absuchen*) to comb

ab|grenzen *vt* ❶ (*mit einem Zaun, einer Hecke*) to enclose; ■**etw [von etw** *dat***] ~** to close sth off [from sth] ❷ **zwei Begriffe gegeneinander ~** to differentiate between two terms

Abgrenzung <-, -en> *f* ❶ *kein pl* (*das Einfrieden*) enclosing ❷ (*Einfriedung*) boundary; (*Zaun*) enclosure ❸ (*fig: Eingrenzung*) definition ❹ (*das Abgrenzen*) disassociation

Abgrund *m* ❶ (*steiler Hang*) precipice; (*Schlucht*) abyss ❷ (*Verderben*) abyss; **am Rande des ~s stehen** to be on the brink of disaster

abgrundhässlich *adj* ugly as sin *pred*

abgrundtief ['apgrʊnt'tiːf] *adj* ❶ (*äußerst groß*) profound ❷ (*äußerst tief*) bottomless

ab|gucken *vt, vi* to copy (**bei** +*dat* from)

Abguss <-es, Abgüsse> *m* ❶ (*Nachbildung*) cast ❷ (*Ausguss*) drain[pipe]; **etwas in den ~ kippen** to tip sth down the drain

ab|hacken *vt* to chop down; *Finger* to chop off

ab|haken *vt* ❶ (*in einer Liste*) to tick off ❷ (*vergessen*) to forget; **die Affäre ist abgehakt** the affair is over and done with

ab|halten *vt irreg* ❶ (*hindern*) ■**jdn von etw** *dat* **~** to keep sb from sth; ■**sich ~ lassen** to be deterred ❷ (*fernhalten*) *Hitze* to protect from; *Insekten* to deter ❸ (*veranstalten*) to hold; *Demonstration* to stage

ab|handeln[1] *vt* ❶ (*abkaufen*) to buy [after having haggled] ❷ (*herunterhandeln*) ■**20 Euro [von etw** *dat*] ~ to get 20 euros knocked off [sth]

ab|handeln[2] *vt* to deal with

abhanden|kommen [ap'handn̩-] *vi irreg sein* ■**[jdm] ~** to get lost; **mir ist meine Geldbörse abhandengekommen** I've lost my purse

Abhandenkommen <-s> *nt kein pl* disappearance

Abhandlung *f* ❶ (*gelehrte Veröffentlichung*) paper ❷ (*das Abhandeln*) dealing

Abhang *m* inclination

ab|hängen[1] *vt* ❶ (*abnehmen*) to take down ❷ (*abkoppeln*) to uncouple ❸ (*fam: hinter sich lassen*) ■**jdn ~** to lose sb

ab|hängen[2] *vi irreg* ❶ (*bedingt sein*) to depend (**von** +*dat* on); **das hängt davon ab** that [all] depends ❷ (*angewiesen sein*) to be dependent (**von** +*dat* on) ❸ (*meist pej sl: nichts tun*) to laze about

abhängig *adj* ❶ (*bedingt*) ■**von etw** *dat* **~ sein** to depend on sth ❷ (*angewiesen*) ■**von jdm ~ sein** to be dependent on sb ❸ (*süchtig*) addicted; ■**[von etw** *dat*] **~ sein** to be addicted [to sth]

Abhängige(r) *f(m) dekl wie adj* ❶ (*Süchtige(r)*) addict ❷ (*abhängiger Mensch*) dependant

Abhängigkeit <-, -en> *f* ❶ (*Bedingtheit,*

A

Angewiesensein) dependence ❷ (*Sucht*) addiction
Abhängigkeitsverhältnis *nt* relationship of dependence
ab|härten *vt, vi* to harden (**gegen** +*akk* to)
Abhärtung <-> *f kein pl* ❶ (*das Abhärten*) hardening ❷ (*Widerstandsfähigkeit*) resistance
ab|hauen <haute ab, abgehauen> *vi sein* (*fam: weggehen*) to do a runner BRIT, to skip out of town AM; **hau ab!** get lost!
ab|heben *irreg* **I.** *vi* ❶ *Flugzeug* to take off ❷ (*den Hörer abnehmen*) to answer [the phone] **II.** *vt Geld* to withdraw **III.** *vr* ■**sich** *akk* **von jdm/etw ~** to stand out from sb/sth
ab|heften *vt* to file [away *sep*]
ab|heilen *vi sein Wunde* to heal [up]
ab|helfen *vi irreg* ■**etw** *dat* **~** to remedy sth
ab|hetzen *vr* ■**sich** *akk* **~** to stress oneself out
Abhilfe *f kein pl* remedy; **~ schaffen** to do something about it
ab|hobeln *vt* ❶ (*durch Hobeln entfernen*) to plane off *sep* ❷ (*glatt hobeln*) to plane smooth
abholbereit *adj* ready for collection [*or* AM to be picked up] *pred*
ab|holen *vt* ■**etw ~** to collect sth; ■**jdn ~** to pick sb up *sep*
Abholmarkt *m* furniture superstore (*where customers transport goods themselves*) **Abholpreis** *m* price without delivery
ab|holzen *vt Bäume* to fell; *Wald* to clear
Abholzung <-, -en> *f* deforestation
Abhöraktion *f* bugging campaign **Abhöranlage** *f* bugging system
ab|horchen *vt* to listen to; ■**jdn ~** to auscultate sb
ab|hören *vt* ❶ (*belauschen*) to bug ❷ (*überwachen*) to observe; ■**jds Telefon ~** to monitor sb's telephone [line] ❸ SCH to test ❹ MED to auscultate ❺ *Tonband* to listen to
abhörsicher *adj* TELEK tap-proof; *Raum* bug-proof
ab|hungern *vr* (*fam*) **sich** *dat* **10 Kilo ~** to lose 10 kilos [by not eating]
Abi <-s, -s> ['abi] *nt pl selten* (*fam*), **Abitur** <-s, -e> [abi'tuːɐ̯] *nt pl selten* ≈ A levels *pl* BRIT, ≈ high-school diploma AM; **[das] ~ machen** to do [one's] Abitur

Land und Leute

Das Abitur, the school leaving examination needed for entry to higher education, is taken in most German grammar schools in Year 13. As this is relatively late in comparison to other countries, there are some schools in which the **Abitur** can be taken in Year 12. In Austria and Switzerland the **Abitur** is known as the *Matura* or *Maturität* and can be taken as early as Year 9.

Land und Leute

The **Abiball** is a huge party celebrated and organized by *Abiturienten*, school leavers who have passed their *Abitur* exams. Sometimes *Abiturienten* choose to invite their relatives and teachers to the **Abiball** and on some occasions, the *Abitur* certificates are distributed as part of the celebrations.

Abiturient(in) <-en, -en> [abitu'ri̯ɛnt] *m(f)* Abitur student (*student who is taking or has passed the Abitur*)
Abiturzeugnis *nt* Abitur certificate
Abk. *f Abk von* **Abkürzung** abbr.
ab|kapseln *vr* ■**sich** *akk* **~** to cut oneself off
ab|kassieren* **I.** *vt* **das Essen ~** to ask sb to settle the bill for a meal **II.** *vi* ❶ (*fam: finanziell profitieren*) to clean up (**bei** +*dat* in); **kräftig ~** to make a tidy sum ❷ (*abrechnen*) ■**bei jdm ~** to hand sb the bill; **darf ich bei Ihnen ~?** could I ask you to settle up?
ab|kauen *vt* **sich** *dat* **die Fingernägel ~** to bite one's nails
ab|kaufen *vt* ■**jdm etw ~** (*a. fam: glauben*) to buy sth off sb; **das kaufe ich dir nicht ab!** I don't buy that!
Abkehr <-> *f kein pl* rejection; *vom Glauben* renunciation; *von der Familie* estrangement
ab|kehren *vt s.* **abfegen**
ab|kippen *vt* to dump
ab|klappern *vt* (*fam*) ■**etw [nach etw** *dat*] **~** to go round sth [looking for sth]; **ich habe die ganze Gegend nach dir abgeklappert** I've been looking for you everywhere
ab|klären *vt* ■**etw [mit jdm] ~** to clear sth up [with sb]; **[mit jdm] ~, ob ...** to check [with sb] whether ...
Abklatsch <-[e]s, -e> *m* (*pej*) pale imitation
ab|klemmen *vt* ❶ (*abquetschen*) to crush ❷ *Kabel* to disconnect
ab|klingen *vi irreg sein* ❶ (*leiser werden*) to fade away ❷ (*schwinden*) to subside
ab|klopfen *vt* ❶ (*abschlagen*) to knock off

❷ (*reinigen*) ■**etw** ~ to beat the dust out of sth; **den Schmutz von einer Jacke** ~ to tap off the dust from a jacket

ab|knallen *vt* (*sl*) to blast

ab|knicken **I.** *vt haben* ❶ (*durch Knicken abbrechen*) to break off ❷ (*umknicken*) to fold over; *Blume* to knock over **II.** *vi sein* ❶ (*umknicken und abbrechen*) to break off ❷ (*abzweigen*) to branch off

ab|knöpfen *vt* ■**jdm etw** ~ (*fam*) to get sth off sb

ab|knutschen *vt* (*fam*) to neck, to snog BRIT

ab|kochen *vt* to boil

ab|kommandieren* *vt* ❶ MIL to post; **er wurde an die Front abkommandiert** he was posted to the Front ❷ (*befehlen*) ■**jdn [zu etw]** ~ to order sb [to do sth]

ab|kommen *vi irreg sein* ❶ *von der Straße* to veer off; *vom Weg* to stray from ❷ (*aufgeben*) to give up; **von einer Meinung** ~ to change one's mind ❸ **vom Thema** ~ to digress from the topic

Abkommen <-s, -> *nt* agreement; **ein** ~ **abschließen** to conclude an agreement

abkömmlich *adj* available; ■**nicht** ~ **sein** to be unavailable

Abkömmling <-s, -e> *m* ❶ (*geh: Nachkomme*) descendant ❷ (*Sprössling*) offspring *no pl*

ab|können *vt irreg* (*fam*) ❶ (*leiden können*) ■**jdn/etw nicht** ~ to not be able to stand sb/sth ❷ (*vertragen*) **nicht viel** ~ to not [be able to] take a lot

ab|koppeln *vt* to uncouple; RAUM to undock

ab|kratzen **I.** *vt haben* to scratch off *sep*, to scrape off **II.** *vi sein* (*sl*) to kick the bucket

ab|kriegen *vt* (*fam*) *s.* **abbekommen**

ab|kühlen **I.** *vi sein* ❶ (*kühler werden*) to cool [down] ❷ (*an Intensität verlieren*) to cool [off]; *Begeisterung* to wane **II.** *vt haben* **das Wetter hat stark abgekühlt** the weather has become a lot cooler **III.** *vr haben* ■**sich** *akk* ~ *Person* to cool off; *Wetter* to become cooler

Abkühlung *f* ❶ (*Verminderung der Wärme*) cooling; **sich** *dat* **eine** ~ **verschaffen** to cool oneself down ❷ (*Verringerung der Intensität*) cooling off

Abkunft <-> *f kein pl* (*geh*) **einer bestimmten** ~ **sein** to be of [a] particular origin; **sie ist asiatischer** ~ she is of Asian descent

ab|kupfern **I.** *vt* (*fam*) to copy (**von** +*dat* from) **II.** *vi* (*fam*) ■**[aus etw]** ~ to quote [from sth]; ■**voneinander** ~ to copy from one another

ab|kürzen *vt* ❶ *Wort* to abbreviate ❷ *Weg, Gespräch* to cut short

Abkürzung *f* ❶ (*Wort*) abbreviation ❷ (*Weg*) short cut; **eine** ~ **nehmen** to take a short cut

Abkürzungsverzeichnis *nt* list of abbreviations

ab|küssen *vt* to smother in kisses

ab|laden *vt irreg* ❶ (*deponieren*) to dump ❷ (*entladen*) to unload ❸ (*fam: absetzen*) ■**jdn** ~ drop sb off ❹ (*abreagieren*) **seinen Ärger bei jdm** ~ to take out one's anger on sb ❺ (*abwälzen*) ■**etw auf jdn** ~ to shift sth on to sb

Ablage *f* ❶ (*Möglichkeit zum Deponieren*) storage place ❷ (*Aktenablage*) filing cabinet ❸ SCHWEIZ (*Annahmestelle*) delivery point; (*Zweigstelle*) branch [office]

ab|lagern *vr* ■**sich** ~ to be deposited

Ablagerung *f* ❶ (*Sedimentbildung*) sedimentation ❷ (*Sediment*) sediment ❸ (*Inkrustierung*) incrustation BRIT, encrustation AM ❹ *kein pl* (*das Ablagern zum Reifen*) maturing

Ablass <-es, Ablässe> ['aplas, *pl* 'aplɛsə] *m* ❶ REL indulgence ❷ (*fam*) outlet valve

ab|lassen *irreg vt Wasser, Öl* to drain; *Dampf* to let off (**aus** +*dat* from)

Ablauf <-es, -läufe> *m* ❶ (*Verlauf*) course; *von Verbrechen, Unfall* sequence of events ❷ *kein pl* **nach/vor** ~ **der Frist** on/prior to expiry of a period of time ❸ (*Abflussrohr*) outlet pipe

ab|laufen *irreg* **I.** *vi sein* ❶ (*verlaufen*) to proceed ❷ (*abfließen*) to run (**aus** +*dat* out of); **das Badewasser** ~ **lassen** to let the bath water out ❸ (*sich leeren*) to empty ❹ (*ungültig werden*) to expire ❺ (*zu Ende gehen*) to run out **II.** *vt haben Schuhe* to wear down *sep*

Ableben *nt kein pl* (*geh*) demise

ab|lecken *vt* ❶ *Blut, Marmelade* to lick off ❷ *Finger, Teller* to lick [clean]

ab|legen **I.** *vt* ❶ (*deponieren*) to put ❷ *Eid* to swear; *Prüfung* to pass; *Geständnis* to confess **II.** *vi* NAUT to [set] sail; **die Fähre legt gleich ab** the ferry's just leaving

Ableger <-s, -> *m* BOT shoot

ab|lehnen **I.** *vt* ❶ (*zurückweisen*) to turn down; *Antrag* to reject; ■**jdn** ~ to reject sb ❷ (*sich weigern*) ■**es** ~, **etw zu tun** to refuse to do sth ❸ (*missbilligen*) to disapprove of **II.** *vi* (*nein sagen*) to refuse

ablehnend **I.** *adj* negative **II.** *adv* negatively; ■**jdm/etw** ~ **gegenüberstehen** to disapprove of sb/sth

Ablehnung <-, -en> *f* ❶ (*Zurückweisung*) rejection ❷ (*Missbilligung*) disapproval; **auf** ~ **stoßen** to meet with disapproval

A

ab|leisten *vt* **seinen Wehrdienst ~** to do one's military service

ab|leiten **I.** *vt* ① (*umleiten*) to divert; *Blitz* to conduct ② LING to derive ③ (*logisch folgern*) to deduce **II.** *vr* ■**sich ~** ① LING to stem (**von, aus** +*dat* from) ② (*logisch folgen*) to be derived (**aus** +*dat* from)

Ableitung *f* ① (*Umleitung*) diversion ② LING derivation; (*abgeleitetes Wort*) derivative ③ MATH differentiation ④ (*Folgerung*) deduction

ab|lenken **I.** *vt* ① (*zerstreuen*) to divert; **Gartenarbeit lenkt ihn ab** working in the garden diverts his thoughts ② (*abbringen*) to distract (**von** +*dat* from) ③ (*eine andere Richtung geben*) to divert **II.** *vi* ① (*ausweichen*) to change the subject ② (*stören*) to distract

Ablenkung *f* ① (*Zerstreuung*) diversion; **zur ~** in order to relax ② (*Störung*) distraction

Ablenkungsmanöver *nt* diversionary tactic

ab|lesen *irreg vt, vi* ① *Messgeräte, Strom* to read ② **[etw] von etw ~** to read [sth] from sth ③ (*folgern*) to read (**aus** +*dat* from)

ab|lichten *vt* (*fam: fotografieren*) to take a photo of

ab|liefern *vt* ① (*abgeben*) to turn in *sep* ② (*liefern*) to deliver (**bei** +*dat* to) ③ (*fam: nach Hause bringen*) ■**jdn ~** to hand sb over

ab|lösen **I.** *vt* ① (*abmachen*) to remove; *Pflaster* to peel off *sep* ② **einen Kollegen ~** to take over from a colleague; **die Wache ~** to change the guard ③ (*fig: ersetzen*) to replace **II.** *vr* ■**sich ~** ① (*abgehen*) to peel off ② (*abwechseln*) to take turns (**bei** +*dat* at); **sich bei der Arbeit ~** to work in shifts

Ablösesumme *f* transfer fee

Ablösung *f* ① (*Auswechslung*) relief; **die ~ der Schichtarbeiter** change of shift; **die ~ der Wache** the changing of the guard ② (*Ersatzmann*) replacement ③ (*Entlassung*) dismissal ④ (*das Ablösen*) removal; *Farbe, Lack* peeling off; (*Abtrennung*) separation

ab|lotsen, ab|luchsen [-lʊksn] *vt* (*fam*) ■**jdm etw ~** [*o* **luchsen**] to wangle sth out of sb

ABM <-, -s> [aːbeːˈɛm] *f Abk von* **Arbeitsbeschaffungsmaßnahme** job creation scheme [*or* AM plan]

ab|machen *vt* ① (*entfernen*) to take off ② (*vereinbaren*) ■**etw [mit jdm] ~** to arrange sth [with sb] ③ (*klären*) to sort out *sep*; **wir sollten das lieber unter uns ~** we should better settle this between ourselves

Abmachung <-, -en> *f* agreement; **sich** *akk* **[nicht] an eine ~ halten** to [not] carry out *sep* an agreement

ab|magern *vi sein* to grow thin; ■**abgemagert** very thin; **die Flüchtlinge waren völlig abgemagert** the refugees were emaciated

Abmagerungskur *f* diet

Abmahnung *f* warning, BRIT *form a.* caution

ab|malen *vt* to paint

Abmarsch *m* march off; **fertig machen zum ~!** ready to march!

ab|mehren *vi* SCHWEIZ to vote [on sth] [by a show of hands]

ab|melden **I.** *vt* ① **jdn bei einem Verein ~** to cancel sb's membership [of an association] [*or* [AM in sth]]; **jdn von einer Schule ~** to withdraw sb from a school ② **ein Fernsehgerät/Radio ~** to cancel a TV/radio licence; **ein Auto ~** to cancel a car's registration; **das Telefon ~** to have the phone disconnected ③ (*fam*) ■**bei jdm abgemeldet sein** no longer be of interest to sb; **er ist endgültig bei mir abgemeldet** I've had it with him **II.** *vr* ■**sich** *akk* **~** (*bei einem Umzug*) to give [official] notification of a change of address

Abmeldung *f* ① *vom Auto* request to deregister a car; *vom Fernsehgerät, Radio* cancellation; *vom Telefon* disconnection ② (*Anzeige des Umzugs*) [official] notification of a change of address ③ (*fam*) change of address form

ab|messen *vt irreg* ① (*ausmessen*) to measure ② (*abschätzen*) **etw ~ können** to be able to assess sth

Abmessung *f meist pl* measurements; (*von dreidimensionalen Objekten a.*) dimensions

ABM-Kraft *f* ÖKON *employee on job creation scheme*

ab|montieren* *vt* to remove

ABM-Stelle *f* position assisted by job creation scheme [*or* AM plan]

ab|mühen *vr* ■**sich** *akk* **~** to work hard (**mit** +*dat* at); ■**sich** *akk* **~ etw zu tun** to try hard to do sth

ab|murksen *vt* (*sl: umbringen*) to bump off *sep*

ab|nabeln *vr* ■**sich** *akk* **[von jdm/etw] ~** to become independent [of sb/sth]

ab|nagen *vt* ① *Knochen* to gnaw clean ② **das Fleisch [vom Knochen] ~** to gnaw off *sep* the meat from the bone

Abnäher <-s, -> *m* MODE dart
Abnahme <-, -n> ['apna:mə] *f* ① (*Verringerung*) reduction [of] ② (*das Nachlassen*) loss; *der Kräfte* weakening
ab|nehmen *irreg* **I.** *vi* ① (*Gewicht verlieren*) to lose weight ② (*sich verringern*) to decrease ③ (*nachlassen*) to diminish; **die Nachfrage hat stark abgenommen** demand has dropped dramatically ④ (*den Hörer abheben*) to answer [the phone] **II.** *vt* ① (*wegnehmen*) ■**jdm etw ~** to take sth [away *sep*] from sb ② (*herunternehmen*) to take down *sep; Hut* take off ③ *Telefonhörer* to pick up *sep* ④ (*tragen helfen*) ■**jdm etw ~** to take sth [from sb] ⑤ (*a. fig: abkaufen*) ■**jdm etw ~** to buy sth [from sb] ⑥ (*übernehmen*) ■**jdm etw ~** to take on sth for sb; **deine Arbeit kann ich dir nicht ~** I can't do your work for you
Abnehmer(in) <-s, -> *m(f)* (*Käufer*) customer
Abneigung *f* dislike (**gegen** +*akk* of)
ab|nicken *vt* (*fam*) ■**etw ~** to give sth the nod
abnorm [ap'nɔrm], **abnormal** ['apnɔrma:l] *adj bes* ÖSTERR, SCHWEIZ abnormal
ab|nötigen *vt* (*geh*) ■**jdm etw ~** to wring sth out of sb
ab|nutzen, ab|nützen SÜDD, ÖSTERR **I.** *vt* to wear out; ■**abgenutzt** worn **II.** *vr* ■**sich ~** ① (*verschleißen*) to wear ② (*an Wirksamkeit verlieren*) to lose effect
Abnutzung *f*, **Abnützung** *f* <-, -en> SÜDD, ÖSTERR (*Verschleiß durch Gebrauch*) wear and tear
Abnutzungserscheinungen *pl* signs of wear
Abo <-s, -s> ['abo] *nt* (*fam*) *kurz für* **Abonnement** subscription
A-Bombe ['a:bɔmbə] *f* MIL (*Atombombe*) atomic [*or* nuclear] bomb
Abonnement <-s, -s> [abɔnə'mã:] *nt* subscription; (*Theaterabonnement*) season ticket [*or* AM tickets]
Abonnent(in) <-en, -en> [abɔ'nɛnt] *m(f)* subscriber
abonnieren* [abɔ'ni:rən] *vt* to subscribe to
ab|ordnen *vt* to delegate (**zu** +*dat* to); (*abkommandieren*) to detail (**zu** +*dat* for); **er wurde nach Berlin abgeordnet** he was posted to Berlin
Abordnung *f* delegation
Abort <-s, -e> ['apʔɔrt] *m* MED (*Fehlgeburt*) miscarriage
ab|passen *vt* ① (*abwarten*) to wait for; **die richtige Gelegenheit ~** to bide one's time ② (*timen*) **etw gut ~** to time sth well ③ (*abfangen*) to waylay
ab|pausen *vt* to trace sth (**von** +*dat* from)
ab|pfeifen *irreg* **I.** *vt* to stop by blowing a whistle; *Spiel* to blow the final whistle **II.** *vi* to blow the whistle
Abpfiff *m* the [final] whistle
ab|plagen *vr* ■**sich** *akk* [**mit etw** *dat*] **~** to struggle [with sth]; **er hat sich sein ganzes Leben lang abgeplagt** he slaved away his whole life
Abprall <-[e]s, *selten* -e> *m* rebound, ricochet
ab|prallen *vi sein* ① (*zurückprallen*) to rebound (**von** +*dat* off) ② (*nicht treffen*) ■**an jdm ~** to bounce off sb
ab|pumpen *vt* to pump (**aus** +*dat* out of)
ab|putzen *vt* to clean; ■**jdm etw ~** to clean sb's sth; ■**sich** *dat* **etw ~** to clean sth; **putz dir die Schuhe ab!** wipe your shoes!
ab|quälen *vr* ① ■**sich** *akk* [**mit etw** *dat*] ~ to struggle [with sth] (**mit** +*dat* with) ② ■**sich** *dat* **etw ~** to force sth; **er quälte sich ein Grinsen ab** he managed to force a grin
ab|qualifizieren *vt* to scorn *fam;* ■**etw ~** to dismiss sth [out of hand]
ab|rackern *vr* (*fam*) ■**sich** *akk* [**mit etw** *dat*] **~** to slave [over/away at sth]; ■**sich** *akk* **für jdn/etw ~** to work one's fingers to the bone for sb/sth
ab|rahmen *vt* **Milch ~** to skim milk; **alles ~** (*fig*) to cream off everything
ab|rasieren* *vt* to shave [off *sep*]
ab|raten *vi irreg* ■**jdm von etw** *dat* **~** to advise sb against sth
ab|räumen *vt Tisch* to clear
ab|reagieren* ['apreagi:rən] **I.** *vt Wut, Frust* to work off **II.** *vr* ■**sich** *akk* **~** to calm down
ab|rechnen I. *vt* (*abziehen*) to deduct (**von** +*dat* from) **II.** *vt, vi* to settle up; **die Kasse ~** to total the cash **III.** *vi* (*zur Rechenschaft ziehen*) ■**mit jdm ~** to call sb to account
Abrechnung *f* ① (*Erstellung der Rechnung*) calculation of a bill; **die ~ machen** to add up the bill ② (*Aufstellung*) itemized bill ③ (*Rache*) pay off; **der Tag der ~** the day of reckoning
Abrede *f* (*geh*) **etw in ~ stellen** to deny sth
ab|regen *vr* (*fam*) ■**sich** *akk* **~** to calm down; **reg dich ab!** keep your shirt [*or* BRIT hair] on!
ab|reiben *vt irreg* ① (*abwischen*) to rub off; **bitte reib dir doch nicht immer die Hände an der Hose ab!** please don't always wipe your hands on your trousers!

② (*durch Reiben säubern*) to rub down; *Autolack, Fenster* to polish ③ (*trocknen*) to rub down; **er rieb das Baby mit einem Frotteehandtuch ab** he dried the baby with a terry towel

Abreibung <-, -en> *f* (*fam*) ① (*Prügel*) a good thump *fam;* **dafür hast du eine ~ verdient!** you deserve to get clobbered! *fam* ② (*Tadel*) criticism

Abreise *f kein pl* departure

ab|reisen *vi sein* to depart

ab|reißen *irreg* **I.** *vt haben* ① (*abtrennen*) to tear (**von** +*dat* off); *Blumen* to pull off; ■**sich** *dat* **etw ~** to tear off *sep* sth ② *Gebäude* to tear down **II.** *vi sein* ① (*sich lösen*) to tear off ② (*aufhören*) to break off; ■**nicht ~** to go on and on; **den Kontakt nicht ~ lassen** to not lose contact

Abreißkalender *m* tear-off calendar

ab|richten *vt* (*dressieren*) to train

ab|riegeln *vt* ① *Straße, Gebiet* to cordon off *sep* ② *Tür, Fenster* to bolt

Abriegelung <-, -en>, **Abrieglung** <-, -en> *f* (*Absperrung*) cordoning off

ab|ringen *irreg* **I.** *vt* ■**jdm etw ~** to force sth out of sb **II.** *vr* **sich ein Lächeln ~** to force a smile

Abriss *m eines Gebäudes* demolition

ab|rücken **I.** *vi sein* ① (*sich distanzieren*) ■**von etw/jdm ~** to distance oneself from sth/sb ② (*abmarschieren*) to march off ③ (*hum: weggehen*) to go away ④ (*wegrücken*) to move away **II.** *vt haben* (*wegschieben*) to move away (**von** +*dat* from)

Abruf *m von Daten* recall

abrufbereit **I.** *adj* ① (*einsatzbereit*) on alert ② (*abholbereit*) ready for collection ③ (*verfügbar*) disposable **II.** *adv* ① (*einsatzbereit*) on alert ② (*abholbereit*) ready for collection

ab|rufen *vt irreg Daten* to retrieve (**aus** +*dat* from)

ab|runden *vt* ① *Zahl, Betrag* to round down (**auf** +*akk* to); **einen Betrag nach oben/unten ~** to round a sum up/down ② (*perfektionieren*) to round off

abrupt [a'brʊpt] **I.** *adj* abrupt **II.** *adv* abruptly

ab|rüsten *vi* MIL to disarm

Abrüstung *f kein pl* MIL disarmament

Abrüstungsverhandlungen *pl* disarmament negotiations

ab|rutschen *vi sein* ① (*abgleiten*) to slip (**an** +*dat* on, **von** +*dat* from) ② (*sich verschlechtern*) to drop (**auf** +*akk* to)

ABS <-> [a:be:'ɛs] *nt Abk von* **Antiblockiersystem** ABS

Abs. *m Abk von* **Absatz** par.

ab|sacken *vi sein* (*fam*) ① *Boden, Fundament* to subside ② *Flugzeug* to drop ③ *Leistung* to drop (**auf** +*akk* to); **sie ist in ihren Leistungen sehr abgesackt** her performance has deteriorated considerably ④ *Blutdruck* to sink

Absage <-, -n> *f* ① (*negativer Bescheid*) refusal; *auf eine Bewerbung* rejection ② (*Ablehnung*) ■**eine ~ an etw** a rejection of sth

ab|sagen **I.** *vt* (*rückgängig machen*) to cancel **II.** *vi* ■**jdm ~** to decline sb's invitation; **ich muss leider ~** I'm afraid I'll have to cry off *fam;* **hast du ihr schon abgesagt?** have you told her you're not coming?

ab|sägen *vt* ① (*abtrennen*) *Ast* to saw off *sep; Baum* to saw down *sep* ② (*um seine Stellung bringen*) ■**jdn ~** (*fam*) to give sb the chop [*or* AM ax]

ab|sahnen *vt, vi* (*fam*) to cream off *sep;* **100 Euro ~** to pocket 100 euros

ab|satteln **I.** *vt* **ein Pferd ~** to unsaddle a horse **II.** *vi* (*fig: aufhören*) to stop

Absatz *m* ① (*Schuhabsatz*) heel ② (*Abschnitt*) paragraph ③ (*Treppenabsatz*) landing ④ (*Verkauf*) sales *pl;* **~ finden** to find a market

Absatzflaute *f* ÖKON period of slack sales

Absatzmarkt *m* market

absatzweise *adv* (*Absatz für Absatz*) paragraph by paragraph

ab|saugen *vt* ① *Flüssigkeit* to draw off; *Fett* to suck up ② *Teppich, Sofa* to vacuum

ab|schaben *vt* (*entfernen*) to scrape (**von** +*dat* off)

ab|schaffen *vt* ① (*außer Kraft setzen*) to do away with; *Gesetz* to repeal; *Todesstrafe* to abolish ② (*weggeben*) to get rid of

Abschaffung <-, -en> *f pl selten* abolition; **die ~ eines Gesetzes** the repeal of a law; **die ~ der Todesstrafe** the abolition of death penalty

ab|schalten **I.** *vt* (*abstellen*) to turn off **II.** *vi* (*fam: unaufmerksam werden*) to switch off

ab|schätzen *vt* ① (*einschätzen*) to assess; **ich kann ihre Reaktion schlecht ~** I can't even guess at her reaction ② (*ungefähr schätzen*) to estimate

abschätzig ['apʃɛtsɪç] **I.** *adj* disparaging **II.** *adv* disparagingly; **sich** *akk* **~ über jdn/etw äußern** to make disparaging remarks about sb/sth

ab|schauen *vt, vi* SÜDD, ÖSTERR, SCHWEIZ *s.* **abgucken**

Abschaum *m kein pl* (*pej*) scum *no pl*

ab|scheiden *irreg vt haben* ① MED to secrete ② (*separieren*) to separate

Abscheu <-[e]s> ['apʃɔy] *m kein pl* (*Ekel*) revulsion (**vor** +*dat* against); **sie konnte ihren ~ vor Spinnen kaum verbergen** she could hardly conceal her loathing for spiders

abscheulich [ap'ʃɔylɪç] **I.** *adj* ❶ (*entsetzlich*) revolting; *Verbrechen* horrifying ❷ (*fam: unerträglich*) dreadful **II.** *adv* **~ wehtun** to hurt like hell; **~ kalt/warm** terribly cold/hot

Abscheulichkeit <-, -en> *f* ❶ *kein pl* (*Scheußlichkeit*) atrociousness ❷ (*schreckliche Sache*) atrocity

ab|schicken *vt E-Mail* to send [off]; *Brief, Paket* to post, to mail AM

ab|schieben *irreg vt* ❶ (*ausweisen*) to deport ❷ (*abwälzen*) ▪**etw auf jdn ~** to pass sth on to sb; **die Schuld auf jdn ~** to shift the blame onto sb

Abschiebestopp *m* deportation prevention

Abschiebung <-, -en> *f* deportation

Abschied <-[e]s, -e> ['apʃiːt] *m* farewell; **der ~ fiel ihr nicht leicht** she found it difficult to say goodbye; **von jdm ~ nehmen** to say goodbye to sb; **zum ~** as a token of farewell *liter;* **sie gab ihm zum ~ einen Kuss** she gave him a goodbye kiss

Abschiedsbesuch *m* farewell visit **Abschiedsbrief** *m* farewell letter **Abschiedsfeier** *f* farewell party **Abschiedsgruß** *m* goodbye **Abschiedskuss** *m* goodbye kiss **Abschiedsszene** *f* farewell scene

ab|schießen *vt irreg* ❶ (*durch Schüsse zerstören*) to shoot; *Flugzeug* to shoot down; *Panzer* to disable ❷ (*abfeuern*) to fire [off] (**auf** at); *Böller* to let off BRIT, to shoot off AM; *Rakete, Torpedo* to launch

ab|schirmen *vt* ❶ (*schützen*) to isolate (**von** from); ▪**abgeschirmt** isolated ❷ (*verdecken, dämpfen*) to shield; *Licht* to shade

Abschirmung <-, -en> *f* ❶ (*Schutz*) isolation ❷ (*Dämpfen, Zurückhalten*) protection; *von Licht* shading; **eine ~ aus Blei** a lead screen

ab|schlachten *vt* to slaughter

ab|schlaffen *vi sein* (*fam*) to droop; ▪**abgeschlafft** dog-tired; **sie wirkt in letzter Zeit ziemlich abgeschlafft** she's been looking quite frazzled recently

Abschlag *m* ❶ (*Preisnachlass*) discount ❷ (*Vorschuss*) ▪**ein ~ auf etw** an advance payment on sth

ab|schlagen *irreg vt* ❶ (*durch Schlagen abtrennen*) to knock (**von** +*dat* off); *Ast* to knock down; **jdm den Kopf ~** to chop off sb's head ❷ *Bitte, Wunsch* to turn down; **er kann keinem etwas ~** he can't refuse anybody anything

abschlägig ['apʃlɛːgɪç] *adj* negative; **ein ~er Bescheid** a negative reply

Abschlag(s)zahlung *f* part payment

ab|schleifen *irreg vt* to sand [down]

Abschleppdienst *m* breakdown [*or* AM towing] service

ab|schleppen **I.** *vt* ❶ *Fahrzeug, Schiff* to tow [away] ❷ (*fam*) *Person* to pick up; **jede Woche schleppt er eine andere ab** he comes home with a different girl every week **II.** *vr* (*fam*) ▪**sich** *akk* **~** to struggle (**mit** +*dat* with)

Abschleppfahrzeug *nt* breakdown [*or* AM tow] truck **Abschleppseil** *nt* tow rope **Abschleppwagen** *m* recovery vehicle BRIT, tow truck AM

ab|schließen *irreg* **I.** *vt* ❶ (*verschließen*) to lock ❷ (*beenden*) to finish; *Diskussion* to end ❸ (*vereinbaren*) *Geschäft* to close; *Versicherung* to take out; *Vertrag* to sign; *Wette* to place **II.** *vi* (*zuschließen*) to lock up

abschließend **I.** *adj* closing; **einige ~e Bemerkungen machen** to make a few closing remarks **II.** *adv* finally

Abschluss *m* ❶ *kein pl* (*Ende*) conclusion; **etw zum ~ bringen** to bring sth to a conclusion; **zum ~ kommen** to draw to a conclusion; **kurz vor dem ~ stehen** to be shortly before the end ❷ (*abschließendes Zeugnis*) (*final certificate from educational establishment*)*;* **ohne ~ haben Bewerber keine Chance** applicants without a certificate don't stand a chance; **viele Schüler verlassen die Schule ohne ~** a lot of pupils leave school without taking their final exams; **welchen ~ haben Sie?** what is your final qualification? ❸ (*das Vereinbaren*) settlement; *einer Versicherung* taking out; *eines Vertrags* signing ❹ (*Jahresabrechnung*) accounts, books

Abschlussprüfung *f* SCH final exam[s], finals **Abschlusszeugnis** *nt* SCH leaving certificate BRIT, diploma AM

ab|schmecken *vt* ❶ (*probieren*) to taste ❷ (*würzen*) to season

ab|schmieren **I.** *vt haben* (*mit Schmierfett versehen*) to lubricate [*or* grease] **II.** *vi sein* (*abstürzen*) to crash

Abschmieren <-s> *nt kein pl* TYPO smearing, set off

ab|schminken **I.** *vr, vt* ▪**sich** *akk* **~** to take off one's make-up **II.** *vt* (*fam: aufgeben*) ▪**sich** *dat* **etw ~** to give sth up; **das können Sie sich ~!** you can forget about that!; **das habe ich mir schon längst**

A

abgeschminkt I gave that idea up ages ago

ab|schnallen I. *vt* (*losschnallen*) to unbuckle II. *vi* (*sl*) ❶ (*nicht verstehen können*) to be lost ❷ (*fassungslos sein*) to be thunderstruck; **da schnallst du ab!** it's incredible! III. *vr* ■**sich** *akk* ~ to undo the seat belt

ab|schneiden *irreg* I. *vt* ❶ (*abtrennen*) to cut [off] ❷ (*unterbrechen, absperren*) **jdm den Weg** ~ to intercept sb; **jdm das Wort** ~ to cut sb short ❸ (*isolieren*) **jdn von der Außenwelt** ~ to cut sb off from the outside world II. *vi* (*fam*) **bei etw** *dat* **gut/schlecht** ~ to do well/badly at sth

Abschnitt *m* ❶ (*Textabschnitt*) passage ❷ (*Zeitabschnitt*) phase, period; **ein neuer** ~ **der Geschichte** a new era in history; **ein neuer** ~ **in seinem Leben** a new chapter of his life ❸ (*Unterteilung*) part; *einer Autobahn* section

ab|schöpfen *vt* ❶ (*herunternehmen*) to skim off ❷ *Gewinne* to cream off

ab|schotten ['apʃɔtn̩] I. *vt* (*isolieren*) to cut off II. *vr* ■**sich** *akk* ~ to isolate oneself

ab|schrauben *vt* to unscrew

ab|schrecken I. *vt* ❶ (*abhalten*) ■**jdn** [**von etw** *dat*] ~ to put sb off [sth] ❷ KOCHK to rinse with cold water II. *vi* (*abschreckend sein*) to deter

abschreckend I. *adj* deterrent; **ein** ~**es Beispiel** a warning II. *adv* ~ **wirken** to act as a deterrent

Abschreckung <-, -en> *f* deterrent; **als** ~ **dienen** to act as a deterrent

ab|schreiben *irreg vt* ❶ *Text* to copy ❷ (*verloren geben*) to write off; **bei jdm abgeschrieben sein** (*fam*) to be out of favour with sb

Abschreibung *f* ❶ (*steuerliche Geltendmachung*) deduction ❷ (*Wertminderung*) depreciation

Abschrift *f* duplicate

ab|schürfen *vt Haut* to graze

Abschürfung <-, -en> *f* (*Wunde*) graze

Abschuss <-es, Abschüsse> *m* ❶ (*das Abfeuern*) firing; *einer Rakete* launch; **fertig machen zum** ~**!** stand by to fire! ❷ (*das Abschießen*) shooting down; **Fasane sind zum** ~ **freigegeben** it's open season for pheasants ❸ SPORT [goal] kick

abschüssig ['apʃʏsɪç] *adj* steep

Abschussliste *f* hit list; **bei jdm auf der** ~ **stehen** (*fam*) to be on sb's hit list

Abschussrampe *f* launch[ing] pad

ab|schütteln *vt* to shake off

ab|schütten *vt s.* **abgießen**

ab|schwächen *vt* to tone down

ab|schwatzen, ab|schwätzen *vt* SÜDD (*fam*) ■**jdm etw** ~ to talk sb into parting with sth

ab|schweifen *vi sein Gedanken* to deviate (**von** +*dat* from); **vom Thema** ~ to digress [from a topic]; **bitte schweifen Sie nicht ab!** please stick to the point

ab|schwellen *vi irreg sein* ❶ *Körperteil* to go down; **sein Knöchel ist abgeschwollen** the swelling has gone down in his ankle ❷ *Lärm* to fade away

ab|schwören *vi irreg* ■**einer S.** *dat* ~ to give up sth; **dem Alkohol** ~ to abstain from alcohol

ab|segnen *vt* (*fam: genehmigen*) to bless; ■**etw von jdm** ~ **lassen** to get sb's blessing on sth

absehbar ['apze:ba:ɐ̯] *adj* foreseeable; **das Ende ist nicht** ~ the end is not in sight; **in** ~**er Zeit** in the foreseeable future

ab|sehen *irreg* I. *vt* (*voraussehen*) to predict II. *vi* (*verzichten auf*) ■**von etw** *dat* ~ to refrain from sth; ■**davon** ~**, etw zu tun** to refrain from doing sth

ab|seilen *vr* (*fam: verschwinden*) ■**sich** *akk* ~ to clear off

abseits ['apzaits] I. *adv* SPORT ■~ **sein** to be offside II. *präp* +*gen* **ein wenig** ~ **der Straße** not far from the road

abseits|halten *vr* ■**sich** *akk* ~ to be aloof

abseits|stehen *vi irreg haben o sein* to stand on the sidelines

ab|senden *vt reg o irreg s.* **abschicken**

Absender(in) <-s, -> *m(f)* sender

ab|servieren* [-zɛr'vi:rən] *vt* (*fam*) ■**jdn** ~ to get rid of sb; (*sl: umbringen*) to bump off sb; **sich** *akk* **von jdm** ~ **lassen** to let oneself be pushed around

absetzbar *adj* ❶ (*verkäuflich*) saleable; **nicht** ~ **sein** to be unsaleable ❷ (*steuerlich zu berücksichtigen*) tax-deductible ❸ (*des Amtes zu entheben*) removable [from office]

ab|setzen I. *vt* ❶ (*des Amtes entheben*) to remove [from office]; *Herrscher* to depose; *König, Königin* to dethrone ❷ *Hut, Brille* to take off ❸ (*hinstellen*) to put down ❹ (*aussteigen lassen*) ■**jdn** ~ to drop sb off; **wo kann ich dich** ~**?** where shall I drop you off? ❺ **etw von der Steuer** ~ to deduct sth from tax ❻ *Medikament* to stop taking II. *vr* ■**sich** *akk* ~ ❶ *Dreck, Staub* to settle ❷ (*fam: verschwinden*) to clear out; **sich ins Ausland** ~ to clear out of the country

ab|sichern *vr* ■**sich** *akk* ~ to cover oneself (**gegen** +*akk* against); **sich** *akk* **vertrag-**

lich ~ to cover oneself by signing a contract

Absicht <-, -en> *f* intention; **~ sein** to be intentional; **das war nicht meine ~!** I didn't mean to do it!; **die ~ haben, etw zu tun** to have the intention of doing sth; **mit/ohne ~** intentionally/unintentionally

absichtlich ['apzɪçtlɪç] **I.** *adj* deliberate, intentional **II.** *adv* deliberately, on purpose

ab|sinken *vi irreg sein* ① (*sich verringern*) to drop (**auf** to) ② (*sich verschlechtern*) to deteriorate; **das Niveau ist abgesunken** the standard has fallen off ③ (*tiefer sinken*) to sink ④ (*sich senken*) to subside (**um** by)

ab|sitzen *irreg vt Zeit* to sit out; *Haftstrafe* to serve

absolut [apzo'lu:t] **I.** *adj* absolute; **~e Ruhe** complete calm **II.** *adv* (*fam*) absolutely; **~ nicht** positively not; **~ nichts** absolutely nothing

Absolution <-, -en> [apzolu'tsi̯o:n] *f* REL absolution; **die ~ erteilen** to grant absolution

Absolutismus <-> [apzolu'tɪsmʊs] *m kein pl* absolutism *no pl*

absolutistisch **I.** *adj* absolutist **II.** *adv* in an absolutist manner; **~ regieren** to rule absolutely

Absolvent(in) <-en, -en> [apzɔl'vɛnt] *m(f)* graduate

absolvieren* [apzɔl'vi:rən] *vt* ① (*bestehen*) to [successfully] complete; *Prüfung* to pass ② (*ableisten*) to do

absonderlich [ap'zɔndɐlɪç] **I.** *adj* peculiar **II.** *adv* peculiarly

Absonderlichkeit <-, -en> *f* ① *kein pl* (*Merkwürdigkeit*) strangeness; *von Verhalten* oddness ② (*merkwürdige Eigenart*) peculiarity

ab|sondern **I.** *vt* ① (*ausscheiden*) to secrete ② (*isolieren*) to isolate; ■**jdn von jdm ~** to separate sb from sb **II.** *vr* ■**sich** *akk* **~** to keep oneself apart

Absonderung <-, -en> *f* ① *kein pl* (*Isolierung*) isolation ② *kein pl* (*Vorgang des Absonderns*) discharge ③ (*abgeschiedener Stoff*) secretion

absorbieren* [apzɔr'bi:rən] *vt* to absorb

ab|spalten *vr* ■**sich ~** to split away/off

Abspann <-[e]s, -e> *m* FILM, TV credits *pl*

ab|specken ['apʃpɛkn̩] (*fam*) **I.** *vi* (*abnehmen*) to slim down **II.** *vt* (*reduzieren*) ■**etw ~** to reduce the size of sth

ab|speichern *vt* to store; **eine Datei auf Diskette ~** to save a file onto [a] disk

ab|speisen *vt* ■**jdn ~** to fob sb off *sep*

abspenstig ['apʃpɛnstɪç] *adj* **jdm etw ~ machen** to take sth away from sb; **er hat mir meine Verlobte ~ gemacht** he has stolen my fiancée from me

ab|sperren **I.** *vt* ① (*versperren*) to cordon off ② (*abstellen*) *Strom, Wasser* to cut off ③ SÜDD (*zuschließen*) to lock **II.** *vi* SÜDD (*die Tür verschließen*) to lock up

Absperrung *f* (*Sperre*) cordon; *durch Polizei* police cordon

ab|spielen **I.** *vr* (*ablaufen*) ■**sich ~** to happen; **was hat sich hier abgespielt?** what happened here? **II.** *vt* ① (*laufen lassen*) to play ② *Ball* to pass

Absprache *f* agreement; **eine ~ treffen** to come to an agreement

ab|sprechen *irreg* **I.** *vt* ① (*vereinbaren*) to agree on ② (*aberkennen*) ■**jdm etw ~** to deny sb sth **II.** *vr* ■**sich** *akk* **mit jdm ~** to come to an agreement with sb

ab|springen *vi irreg sein* ① (*fam: sich zurückziehen*) to bale out (**von** +*dat* of) ② (*hinunterspringen*) to jump (**von** +*dat* from); *mit dem Fallschirm* to parachute ③ (*sich lösen*) to come off

Absprung *m* ① (*Sprung*) jump ② (*fam: Ausstieg*) getting out; **den ~ schaffen** to make a getaway; **den ~ verpassen** to miss the boat

ab|spülen **I.** *vt* ① (*reinigen*) to rinse ② (*entfernen*) to wash off **II.** *vi* to do the dishes, BRIT *a.* to wash up

ab|stammen *vi* ■**~ von** to descend from; LING to stem from

Abstammung <-, -en> *f* origins *pl;* **adeliger ~ sein** to be of noble birth

Abstand *m* ① (*räumlich*) distance; **ein ~ von 20 Metern** a distance of 20 metres; **in einigem ~** at some distance; **~ halten** to maintain a distance; **fahr nicht so dicht auf, halt ~!** don't drive so close, leave a space! ② (*zeitlich*) interval; **in kurzen/regelmäßigen Abständen** at short/regular intervals ③ (*emotional*) aloofness

ab|statten ['apʃtatn̩] *vt* (*geh*) **jdm einen Besuch ~** to pay sb a visit

ab|stauben *vt* ① (*fam: ergattern*) to rip off ② (*vom Staub befreien*) to dust

ab|stechen *irreg* **I.** *vt* to stab to death; ■**ein Tier ~** to slit an animal's throat **II.** *vi* (*sich abheben*) to stand out (**von** +*dat* from)

Abstecher <-s, -> *m* ① (*Ausflug*) trip ② (*Umweg*) detour

ab|stecken *vt* ① (*markieren*) to mark out; *mit Pfosten* to stake out ② (*umreißen*) to sketch out ③ MODE to pin; **der Anzug wurde von der Schneiderin abgesteckt** the suit was fitted by the tailor

ab|stehen *vi irreg* to stick out; **er hat ~de**

Ohren his ears stick out

Absteige <-, -n> *f* (*schäbiges Hotel*) dive, dosshouse Brit, flophouse Am

ab|steigen *vi irreg sein* ① (*heruntersteigen*) to dismount; **von einer Leiter ~** to get down off a ladder ② (*fam*) **in einem Hotel ~** to stay in a hotel ③ **beruflich/gesellschaftlich ~** to slide down the job/social ladder

ab|stellen *vt* ① *Gerät* to switch off *sep* ② *Wasser, Strom* to cut off *sep;* **den Haupthahn ~** to turn off the mains [*or* Am main tap] ③ (*absetzen*) to put down ④ (*parken*) to park

Abstellgleis *nt* siding **Abstellkammer** *f* broom closet, Brit *a.* box room **Abstellraum** *m* storeroom, Brit *a.* box room

ab|stempeln *vt* ① (*mit einem Stempel versehen*) to stamp ② (*pej*) ■**jdn [als etw] ~** to brand sb [as sth]

ab|sterben *vi irreg sein* ① *Zellen, Blätter* to die ② *Finger, Zehen* to go numb

Abstieg <-[e]s, -e> *m* ① (*das Hinabklettern*) descent ② (*Niedergang*) decline; **der berufliche/gesellschaftliche ~** descent down the job/social ladder

ab|stillen *vt, vi Baby* to stop breast-feeding

ab|stimmen I. *vi* (*die Stimme abgeben*) to vote; **[über etw] ~ lassen** to have a vote [on sth] **II.** *vt* (*anpassen*) ■**aufeinander ~** to co-ordinate [with each other]; *Farben, Kleidung* to match

Abstimmung *f* (*Stimmabgabe*) vote (**über** +*akk* on)

abstinent [apsti'nɛnt] **I.** *adj* ① (*enthaltsam*) abstinent; ■**~ sein** to be a teetotaller ② (*sexuell enthaltsam*) celibate **II.** *adv* abstinently; (*sexuell*) in celibacy

Abstinenz <-> [apsti'nɛnts] *f kein pl* abstinence; (*sexuell*) celibacy

Abstinenzler(in) <-s, -> *m(f)* (*pej*) teetotaller

Abstoß *m* ① (*das Abstoßen*) shove, push ② FBALL goal kick

ab|stoßen *irreg vt* ① MED to reject ② (*anwidern*) to repel ③ (*durch einen Stoß abschlagen*) to chip off; (*durch Stöße abnutzen*) to damage ④ (*verkaufen*) to get rid of

abstoßend I. *adj* repulsive **II.** *adv* in a repulsive way; **~ aussehen** to look repulsive; **~ riechen** to smell disgusting

ab|stottern *vt* (*fam*) to pay by instalments

ab|strafen *vt* ■**jdn ~** to punish sb

abstrahieren* [apstra'hi:rən] *vi* to abstract

abstrakt [ap'strakt] **I.** *adj* abstract **II.** *adv* in the abstract; **etw zu ~ darstellen** to present sth too much in the abstract

Abstraktion <-, -en> *f* (*abstraktes Denken*) abstraction

ab|streifen *vt* ① (*abziehen*) to take off ② (*säubern*) *Füße* to wipe

ab|streiten *vt irreg* to deny; **er stritt ab, sie zu kennen** he denied knowing her

Abstrich *m* ① *pl* (*Kürzungen*) cuts; **~e machen** to make cuts; (*Kompromisse*) to lower one's sights (**bei** in) ② MED swab

abstrus [ap'stru:s] *adj* (*geh*) abstruse

ab|stufen *vt* ① (*nach Intensität staffeln*) to shade; ■**abgestuft** shaded ② (*terrassieren*) to terrace ③ (*nach der Höhe staffeln*) to grade

Abstufung <-, -en> *f* ① (*Staffelung*) grading; **die ~ der Gehälter** the grading of salaries ② (*Stufe*) grade ③ (*Schattierung*) shading ④ (*Nuance*) shade

ab|stumpfen *vi sein* to blunt; (*fig*) to become inured (**gegen** +*akk* to), to dull

Absturz *m* ① (*Sturz in die Tiefe*) fall; *von Flugzeug* crash ② *von Computer* crash

ab|stürzen *vi sein* ① *Person* to fall; *Flugzeug* to crash ② *Computer* to crash ③ (*fam: sich betrinken*) to get blind drunk

Absturzstelle *f* ① LUFT crash site ② (*Stelle eines Bergsteigerunfalls*) location of the fall

ab|stützen *vt* to support

ab|suchen *vt* ① (*durchstreifen*) to search (**nach** +*dat* for) ② (*untersuchen*) to examine (**nach** +*dat* for)

absurd [ap'zʊrt] *adj* absurd

Absurdität <-, -en> *f* absurdity

Abszess <-es, -e> [aps'tsɛs] *m* MED abscess

Abt, Äbtissin <-[e]s, Äbte> [apt, ɛp'tɪsɪn, *pl* 'ɛptə] *m, f* abbot *masc,* abbess *fem*

Abt. *f Abk von* **Abteilung** dept.

ab|tanzen *vi* (*sl*) to boogie *fam,* to get down [on the dance floor]

ab|tasten *vt* ① (*medizinisch*) ■**jdn ~** to examine sb ② **jdn nach Waffen ~** to frisk sb for weapons ③ INFORM to scan

ab|tauen I. *vi sein Eis* to thaw **II.** *vt haben Kühlschrank* to defrost

Abtei <-, -en> *f* abbey

Abteil *nt* compartment

ab|teilen *vt* to divide off

Abteilung *f* department; *eines Krankenhauses* ward

Abteilungsleiter(in) *m(f) einer Verkaufsabteilung* department[al] manager; *einer Firma* head of department

ab|tippen *vt* (*fam*) to type [up *sep*]

Äbtissin <-, -nen> [ɛp'tɪsɪn] *f fem form von* **Abt** abbess

ab|töten *vt* ① *Keime* to destroy ② *Gefühl* to deaden

ab|tragen *irreg vt* ① (*abnutzen*) to wear out ② (*geh: abräumen*) *Geschirr* to clear away *sep* ③ (*entfernen*) *Boden* to clear away ④ *Mauer* to take down *sep* ⑤ GEOG to wash away *sep*

abträglich ['aptrɛːklɪç] *adj* (*geh*), **abträgig** *adj* SCHWEIZ ■**etw** *dat* **~sein** to be detrimental to sth

ab|transportieren* *vt* to transport [away]

ab|treiben *irreg vi, vt* [**ein Kind**] **~ lassen** to have an abortion

Abtreibung <-, -en> *f* abortion

Abtreibungspille *f* morning-after pill

ab|trennen *vt* ① (*ablösen*) to detach ② (*abteilen*) to divide off ③ *Körperteil* to cut off *sep*

ab|treten *irreg vt* ① (*übertragen*) *Rechte* to transfer; *Land* to cede ② (*fam: überlassen*) ■**jdm etw ~** to give sth to sb; **er hat ihr seinen Platz abgetreten** he gave up his seat to her ③ **seine Schuhe ~** (*säubern*) to wipe off *sep* one's shoes ④ (*durch Treten entfernen*) to stamp off *sep*

Abtreter <-s, -> *m* (*fam*) doormat

Abtretung <-, -en> *f* signing over; *von Rechten* transferring; *von Gebiet* ceding

ab|trocknen **I.** *vt haben* to dry **II.** *vt, vi haben* [**das Geschirr**] **~** to dry the dishes, to dry up BRIT **III.** *vi sein* to dry

ab|tropfen *vi sein* to drain; ■**etw ~ lassen** to leave sth to drain

abtrünnig ['aptrʏnɪç] *adj* renegade; *Provinz, Staat* rebel

Abtrünnige(r) *f(m) dekl wie adj* renegade; REL apostate

ab|tun *vt irreg* to dismiss; **etw mit einem Achselzucken/Lächeln ~** to shrug/laugh sth off

ab|tupfen *vt* ① (*durch Tupfen entfernen*) to dab away; **sich** *dat* **den Schweiß von der Stirn ~** to dab the sweat from one's brow ② (*durch Tupfen reinigen*) to swab; *Wunde* to clean

abturnen [-tøːɐnən] *vi* (*sl*) to be a pain in the neck

abturnend ['aptøːɐ̯nənt] *adj* (*sl*) repulsive; **das finde ich super ~** I think that's a major turn-off

Abverkauf *m* ÖSTERR sale

ab|verlangen* *vt* to demand

ab|wägen *vt irreg* ■**etw** [**gegeneinander**] **~** to weigh sth up [against sth else]; **die Vor- und Nachteile ~** to weigh [up] the disadvantages and advantages

ab|wählen *vt Person* to vote out [of office]; *Schulfach* to drop

ab|wälzen *vt* ■**etw** [**auf jdn**] **~** to unload sth [on to sb]; *Kosten* to pass on; *Verantwortung* to shift

ab|wandeln *vt* to adapt; *Vertrag* to modify

ab|wandern *vi sein* to migrate (**aus** *+dat* from, **in** *+akk* to); (*in ein anderes Land*) to emigrate (**aus** *+dat* from, **in** *+akk* to)

Abwanderung *f* migration

Abwärme *f* waste heat

Abwart(in) <-s, -e> *m(f)* SCHWEIZ caretaker

ab|warten *vt, vi* to wait [for]; **das bleibt abzuwarten** that remains to be seen; **sie konnte es einfach nicht mehr ~** she simply couldn't wait any longer

abwartend **I.** *adj* expectant; **eine ~e Haltung einnehmen** to adopt a policy of wait and see **II.** *adv* expectantly; **sich ~ verhalten** to behave cautiously

abwärts ['apvɛrts] *adv* ① (*nach unten*) down, downward[s]; **den Fluss ~** downstream ② (*bergab*) downhill

abwärts|gehen *vi impers, irreg sein* ■**es geht mit jdm/etw abwärts** sb/sth is going downhill

abwärtskompatibel *adj* INFORM downward compatible **Abwärtstrend** *m* downhill trend

Abwasch[1] <-[e]s> *m kein pl* ① (*Spülgut*) dirty dishes *pl*, BRIT *a.* washing-up ② (*das Spülen*) washing the dishes, washing-up BRIT; **den ~ machen** to do the dishes, BRIT *a.* to do the washing-up

Abwasch[2] <-, -en> *f* ÖSTERR (*Spülbecken*) sink

abwaschbar *adj* washable

ab|waschen *irreg* **I.** *vt* ① (*reinigen*) to wash up ② (*entfernen*) to wash off **II.** *vi* to do the dishes, BRIT *a.* to do the washing-up

Abwaschmaschine *f* SCHWEIZ dishwasher

Abwasser <-wässer> *nt* waste water; *von Industrieanlagen* effluent

Abwasseraufbereitung *f* sewage treatment **Abwasserkanal** *m* sewer **Abwasserleitung** *f* waste pipe

ab|wechseln [-vɛksl̩n] *vi, vr* ■[**sich**] **~** ① (*im Wechsel handeln*) to take turns ② (*im Wechsel erfolgen*) to alternate; **Sonne und Regen wechselten [sich] ab** it alternated between sun and rain

abwechselnd [-vɛksl̩nd] *adv* alternately

Abwechselung [-vɛksəlʊŋ], **Abwechslung** <-, -en> [-vɛkslʊŋ] *f* change; **die ~ lieben** to like a bit of variety; **zur ~** for a change

abwechslungshalber [-vɛks-] *adv* for variety's sake

abwechslungslos *adj* unchanging

abwechslungsreich *adj* varied

Abweg *m meist pl* **jdn auf ~e führen** to lead sb astray; **auf ~e geraten** to go astray; (*moralisch*) to stray from the straight and narrow

abwegig ['apve:gɪç] *adj* ① (*unsinnig*) absurd; *Idee* far-fetched; *Verdacht* unfounded ② (*merkwürdig*) strange

Abwehr <-> *f kein pl* ① (*inneres Widerstreben*) resistance; **seine Pläne stießen auf starke ~** his plans met [with] strong resistance ② SPORT (*Verteidigung*) defence; (*die Abwehrspieler*) defenders

ab|wehren **I.** *vt* ① MIL to repel ② SPORT to fend off; *Ball* to clear ③ (*abwenden*) to turn away; *Gefahr, Unheil, Verdacht* to avert; *Vorwurf* to fend off **II.** *vi* (*ablehnen*) to refuse

Abwehrkräfte *pl* the body's defences **Abwehrmechanismus** *m* PSYCH, MED defence mechanism **Abwehrreaktion** *f* defensive reaction **Abwehrspieler(in)** *m(f)* SPORT defender

ab|weichen *vi irreg sein* ① (*abkommen*) to deviate (**von** +*dat* from) ② (*sich unterscheiden*) ■**von jdm/etw ~** to differ from sb/sth

abweichend *adj* different

Abweichung <-, -en> *f* ① (*Unterschiedlichkeit*) difference; *einer Auffassung* deviation ② (*das Abkommen*) deviation ③ TECH **zulässige ~** tolerance

ab|weisen *vt irreg* ① (*wegschicken*) to turn away; **sich** *akk* **[von jdm] nicht ~ lassen** to not take no for an answer [from sb] ② (*ablehnen*) to turn down *sep; Antrag, Bitte* to deny

abweisend *adj* cold

ab|wenden **I.** *vr reg o irreg* ■**sich** *akk* **~** to turn away **II.** *vt* ① *reg* **eine Katastrophe ~** to avert a catastrophe ② *reg o irreg* **die Augen ~** to avert one's gaze

ab|werben *vt irreg* to entice away

ab|werfen *irreg vt* to drop; *Blätter, Nadeln* to shed

ab|werten *vt* ① *Währung* to devalue (**um** +*akk* by) ② (*Bedeutung mindern*) to debase

abwertend **I.** *adj* derogatory **II.** *adv* derogatorily; **ein Wort ~ gebrauchen** to use a word in a derogatory way

Abwertung *f* ① *einer Währung* devaluation ② (*Bedeutungsminderung*) debasement

abwesend ['apve:zn̩t] *adj* ① (*nicht da*) absent ② (*geistesabwesend*) absent-minded

Abwesenheit <-, -en> *f pl selten* ① (*Fehlen*) absence ② (*Geistesabwesenheit*) absent-mindedness

ab|wickeln *vt* ① (*von etw wickeln*) to unwind ② (*erledigen*) to deal with; *Auftrag* to process; *Geschäft* to carry out

ab|wiegen *vt irreg* to weigh [out]

ab|wimmeln *vt* (*fam*) ■**jdn ~** to get rid of sb; ■**etw ~** to get out of [doing] sth

ab|winken *vi* to signal one's refusal

ab|wischen *vt* to wipe; **sich** *dat* **die Tränen ~** to dry one's tears; **sich** *dat* **den Schweiß von der Stirn ~** to mop the sweat from one's brow

Abwurf *m* ① (*das Hinunterwerfen*) dropping; *von Ballast* shedding ② (*das Abgeworfenwerden*) throwing ③ (*Speerwerfen*) throwing; (*beim Fußball*) throw-out

ab|würgen *vt* (*fam*) ① *Motor* to stall ② (*im Keim ersticken*) to nip in the bud; ■**jdn ~** (*unterbrechen*) to cut sb short

ab|zahlen *vt* to pay off; (*in Raten*) to pay in instalments

ab|zählen *vt, vi* to count [out]; **bitte das Fahrgeld abgezählt bereithalten** please tender [the] exact fare

Abzahlung *f* ① (*Rückzahlung*) paying off ② (*Bezahlung auf Raten*) repayment

Abzeichen *nt* ① (*Anstecknadel*) badge ② MIL insignia of rank

ab|zeichnen **I.** *vt* ① (*abmalen*) to copy ② (*signieren*) to initial **II.** *vr* ■**sich ~** ① (*erkennbar werden*) to become apparent ② (*Umrisse erkennen lassen*) to show

Abziehbild *nt* TECH transfer

ab|ziehen *irreg* **I.** *vi sein* ① *Truppen* to withdraw (**aus** +*dat* from) ② *Rauch* to clear (**aus** +*dat* from) ③ (*fam: weggehen*) to go away; **zieh ab!** clear off! **II.** *vt haben* ① (*einbehalten*) to deduct (**von** +*dat* from) ② MATH to subtract (**von** +*dat* from) ③ *Truppen* to withdraw (**aus** +*dat* from) ④ *Bett* to strip ⑤ *Schlüssel* to take out ⑥ SCHWEIZ (*ausziehen*) to take off **III.** *vr* SCHWEIZ (*sich ausziehen*) ■**sich** *akk* **~** to undress

ab|zielen *vi* ■**auf jdn/etw ~** to aim at sb/sth

Abzocke <-> *f kein pl* (*pej fam*) profiteering, price gouging AM

ab|zocken *vt* (*sl*) ■**jdn ~** to fleece sb

Abzug *m* ① (*das Einbehalten*) deduction ② *von Fotos* print ③ *von Truppen* withdrawal ④ (*Dunstabzug*) extractor [fan]

abzüglich ['aptsy:klɪç] *präp* +*gen* minus sth

abzugsfrei *adj* tax-free **Abzugshaube** *f* extractor hood

ab|zweigen **I.** *vi sein* to branch off; **nach links ~** to turn off to the left **II.** *vt* (*fam*) **Geld ~** to put aside money (**für** +*akk* to)

Abzweigung <-, -en> *f* turning

Accessoire <-s, -s> [aksɛ'so̯a:ɐ̯] *nt meist pl* accessory

Aceton <-s, -e> [atse'to:n] *nt* acetone

Ach [ax] *nt* ▶ WENDUNGEN: **mit ~ und Krach**

(*fam*) by the skin of one's teeth

Achse <-, -n> ['aksə] *f* ① AUTO axle ② (*Linie*) axis ▶ WENDUNGEN: **auf ~ sein** (*fam*) to be on the move

Achsel <-, -n> ['aksl] *f* ① ANAT armpit ② **mit den ~n zucken** to shrug one's shoulders

Achselhaare ['aksl-] *pl* armpit hair **Achselhöhle** *f* armpit **Achselzucken** <-> *nt kein pl* shrug [of the shoulders] **achselzuckend** **I.** *adj* shrugging **II.** *adv* with a shrug [of the shoulders]

Achsenbruch ['aksn-] *m* broken axle

acht[1] [axt] *adj* eight; **~ mal drei ist 24** eight times three is 24; **das kostet ~ Euro** that costs eight euros; **die Linie ~ fährt zum Bahnhof** the No. 8 goes to the station; **es steht ~ zu drei** the score is eight three; **~ [Jahre alt] sein/werden** to be/turn eight [years old]; **mit ~ [Jahren]** at the age of eight; **~ Uhr sein** to be eight o'clock; **gegen ~ [Uhr]** [at] about eight [o'clock]; **um ~** at eight [o'clock]; **... [Minuten] nach/vor ~ ...** [minutes] past/to eight [o'clock]; **alle ~ Tage** [regularly] every week; **heute/Freitag in ~ Tagen** a week today/on Friday; **heute/Freitag vor ~ Tagen** a week ago today/on Friday

acht[2] [axt] *adv* **wir waren zu ~** there were eight of us

Acht[1] <-, -en> [axt] *f* ① (*Zahl*) eight ② (*etw von der Form einer 8*) **ich habe eine ~ im Vorderrad** my front wheel is buckled; **auf dem Eis eine ~ laufen** to skate a figure of eight on the ice ③ KARTEN **die Kreuz-~** the eight of clubs ④ (*Verkehrslinie*) ■ **die ~** the [number] eight

Acht[2] [axt] *f* **~ geben** to be careful; **sie gab genau ~, was der Professor sagte** she paid careful attention to what the professor said; **auf jdn/etw ~ geben** to look after sb/sth; **etw außer ~ lassen** to not take sth into account; **sich** *akk* **[vor jdm/etw] in ~ nehmen** to be wary [of sb/sth]

achtbar *adj* (*geh*) respectable

achte(r, s) ['axtə, -tɐ, -təs] *adj* ① (*an achter Stelle*) eighth; **an ~r Stelle** [in] eighth [place]; **die ~ Klasse** third year of senior school BRIT, eighth grade AM ② (*Datum*) eighth; **am ~n September** on the eighth of September

Achte(r) ['axtə, -tɐ] *f(m) dekl wie adj* ① (*Person*) ■ **der/die/das ~** the eighth; **du bist jetzt der ~, der fragt** you're the eighth person to ask; **als ~ an der Reihe** [*o* **dran**] **sein** to be the eighth [in line]; **~[r] sein/werden** to be/finish [in] eighth [place]; **als ~r durchs Ziel gehen** to finish eighth, to cross the line in eighth place; **jeder ~** every eighth person, one in eight [people] ② (*bei Datumsangabe*) ■ **der ~** [*o geschrieben* **der 8.**] the eighth *spoken,* the 8th *written;* **heute ist der ~** it's the eighth today; ■ **am ~n** on the eighth ③ (*Namenszusatz*) **Karl der ~** [*o geschrieben* **Karl VIII.**] Karl the Eighth *spoken* [*or written* Karl VIII]

Achteck <-[e]s, -e> ['axtʔɛk] *nt* octagon **achteckig** *adj* octagonal, eight-sided *attr*

achtel ['axtl̩] *adj* eighth

Achtel <-s, -> ['axtl̩] *nt* eighth

Achtelfinale *nt* round of the last sixteen **Achtelnote** *f* MUS quaver

achten ['axtn̩] **I.** *vt* (*schätzen*) to respect **II.** *vi* ① (*aufpassen*) ■ **auf jdn/etw ~** to look after sb/sth ② (*beachten*) ■ **auf jdn/etw ~** to pay attention to sb/sth; ■ **darauf ~, etw zu tun** to remember to do sth; **achtet darauf, dass ihr nichts umwerft!** be careful not to knock anything over!

ächten ['ɛçtn̩] *vt* (*verdammen*) to ostracize

achtens ['axtn̩s] *adv* eighthly

Achterbahn *f* roller-coaster

achterlei ['axtɐ'laj] *adj* eight [different]; **~ Brot/Käse** eight [different] kinds of bread/cheese; **in ~ Farben/Größen** in eight [different] colours/sizes

achtfach, 8fach ['axtfax] **I.** *adj* eightfold; **die ~e Menge** eight times the amount **II.** *adv* eightfold, eight times over

achthundert ['axt'hʊndɐt] *adj* eight hundred

achtjährig, 8-jährig ['axtjɛːrɪç] *adj* ① (*Alter*) eight-year-old *attr,* eight years old *pred;* **das ~e Jubiläum einer S.** *gen* the eighth anniversary of sth ② (*Zeitspanne*) eight-year *attr;* **eine ~e Amtszeit** an eight-year tenure

achtkantig *adj* MATH octagonal ▶ WENDUNGEN: **jdn ~ hinauswerfen** (*fam*) to throw sb out on his ear

achtlos **I.** *adj* careless **II.** *adv* without noticing

Achtlosigkeit <-> *f kein pl* ① (*Unachtsamkeit*) carelessness ② (*unachtsames Verhalten*) thoughtlessness

achtmal, 8-mal ['axtmaːl] *adv* eight times; **~ so viel/so viele** eight times as much/as many

achtsam ['axtzaːm] (*geh*) **I.** *adj* careful **II.** *adv* carefully

Achtsamkeit <-> *f kein pl* (*geh*) care

Achtstundentag [axt'ʃtʊndn̩taːk] *m* eight-hour day

achtstündig, 8-stündig ['axtʃtʏndɪç] *adj* eight-hour *attr,* lasting eight hours *pred*

A

achttägig, 8-tägig ['axttɛ:gɪç] *adj* eight-day *attr,* lasting eight days *pred*

achttausend ['axt'tau̯zn̩t] *adj* ❶ (*Zahl*) eight thousand ❷ (*fam: €8.000*) eight grand *no pl,* eight thou *no pl sl*

Achtundsechziger(in) <-s, -> *m(f) sb who took an active part in the demonstrations and student revolts of 1968*

Achtung <-> ['axtʊŋ] *f kein pl* respect (**vor** +*dat* for)

Achtungserfolg *m* reasonable success

achtzehn ['axtse:n] *adj* eighteen; **ab ~ frei[gegeben] sein** *Film* to be for eighteens and over; ■ **~ Uhr** 6pm, 1800hrs *written,* eighteen hundred hours *spoken; s. a.* **acht** [1]

achtzehnte(r, s) *adj* ❶ (*an achtzehnter Stelle*) eighteenth; *s. a.* **achte(r, s) 1** ❷ (*Datum*) eighteenth, 18th; *s. a.* **achte(r, s) 2**

achtzig ['axtsɪç] *adj* ❶ (*Zahl*) eighty; **die Linie ~ fährt zum Bahnhof** the No. 80 goes to the station; **~ [Jahre alt] sein** to be eighty [years old]; **mit ~ [Jahren]** at the age of eighty, at eighty [years old], as an eighty-year-old ❷ (*fam: Stundenkilometer*) eighty [kilometres an hour]; **[mit] ~ fahren** to do eighty [kilometres an hour] ▶ WENDUNGEN: **jdn auf ~ bringen** (*fam*) to make sb's blood boil, to make sb flip his/her lid

achtziger, 80er ['axtsɪgɐ] *adj attr* (*das Jahrzehnt von 80 bis 90*) **die ~ Jahre** the eighties, the '80s

achtzigste(r, s) ['axtsɪçstə, -tɐ, -təs] *adj* eightieth; *s. a.* **achte(r, s) 1**

ächzen ['ɛçtsn̩] *vi* ❶ (*stöhnen*) to groan ❷ (*knarren*) to creak

Acker <-s, Äcker> ['akɐ, *pl* 'ɛkɐ] *m* field

Ackerbau *m kein pl* [arable] farming; **~ betreiben** to farm [the land] **Ackerland** *nt kein pl* arable [farm]land

ackern ['akɐn] *vi* (*fam: hart arbeiten*) to slog away

Ackersalat *m* DIAL lamb's lettuce

Acryl <-s> [a'kry:l] *nt kein pl* acrylic

Action <-> ['ɛkʃn̩] *f* (*fam*) action; **jede Menge ~** loads of action; **~ geladen** action packed

Actionfilm ['ɛkʃən-] *m* action film **Actionheld(in)** ['ɛkʃən-] *m(f)* action hero

a. D. *Abk von* **außer Dienst** retd.

A. D. *Abk von* **Anno Domini** AD

ADAC <-> [a:de:ʔa:'tse:] *m kein pl Abk von* **Allgemeiner Deutscher Automobil-Club** *German automobile club,* ≈ AA BRIT, ≈ RAC BRIT, ≈ AAA AM

ad acta [at 'akta] *adv* **etw ~ legen** (*geh*) to consider sth [as] finished

Adamsapfel *m* Adam's apple **Adamskostüm** *nt* ▶ WENDUNGEN: **im ~** (*hum fam*) in one's birthday suit

Adaptation <-, -en> [adapta'tsi̯o:n] *f* (*fachspr*) adaptation

Adapter <-s, -> [a'daptɐ] *m* adapter

adaptieren* [adap'ti:rən] *vt* ❶ (*umarbeiten*) to adapt (**für** +*akk* for) ❷ ÖSTERR (*herrichten*) to renovate

adäquat [adɛ'kva:t] *adj* adequate; *Position, Stellung* suitable

addieren* [a'di:rən] *vt* to add up *sep;* ■ **etw zu etw** *dat* **~** to add sth to sth

Addition <-, -en> [adi'tsi̯o:n] *f* addition

Additiv <-s, -e> [adi'ti:f, *pl* adi'ti:və] *nt* additive

ade [a'de:] *interj* SÜDD goodbye

Adel <-s> ['a:dl̩] *m kein pl* nobility, aristocracy

adelig ['a:dəlɪç] *adj s.* **adlig**

Adelige(r) ['a:dəlɪgə, -gɐ] *f(m) dekl wie adj s.* **Adlige(r)**

adeln ['a:dl̩n] *vt* ❶ (*den Adel verleihen*) to bestow a title on ❷ (*geh: auszeichnen*) to ennoble

Adelstitel *m* title [of nobility]

Ader <-, -n> ['a:dɐ] *f* ❶ (*Vene*) vein; (*Schlagader*) artery ❷ (*Begabung*) **eine ~ für etw haben** to have a talent for sth; **eine künstlerische ~ haben** to have an artistic bent

Aderlass <-es, -lässe> *m* ❶ (*geh: fühlbarer Verlust*) drain ❷ MED (*veraltet*) bleeding

ADFC [a:de:ʔɛf'tse:] *m Abk von* **Allgemeiner Deutscher Fahrrad-Club** ≈ Royal Cycling Club

ad hoc [at 'hɔk] *adv* (*geh*) ad hoc

Ad-hoc-Mitteilung [at 'hɔk-, at 'ho:k-] *f* BÖRSE ad hoc report (*as required by the German Securities Trade Act*)

adieu [a'di̯ø:] *interj* (*geh*) *s.* **ade**

Adjektiv <-s, -e> ['atjɛkti:f, *pl* -ti:və] *nt* adjective

adjektivisch ['atjɛkti:vɪʃ] **I.** *adj* adjectival **II.** *adv* adjectivally

Adjunkt(in) <-en, -en> [at'jʊŋkt] *m(f)* ÖSTERR, SCHWEIZ low-ranking civil servant

Adler <-s, -> ['a:dlɐ] *m* eagle

Adlernase *f* aquiline nose

adlig ['a:dlɪç] *adj* aristocratic, noble; ■ **~ sein** to have a title

Adlige(r) ['a:dlɪgə, -gɐ] *f(m) dekl wie adj* aristocrat, nobleman *masc,* noblewoman *fem*

Administration <-, -en> [atminɪstra'tsi̯o:n] *f* administration

administrativ [atminɪstra'ti:f] **I.** *adj* administrative **II.** *adv* administratively

Admiral(in) <-s, -e *o* Admiräle> [atmi'ra:l] *m(f)* admiral
adoptieren* [adɔp'ti:rən] *vt* to adopt
Adoption <-, -en> [adɔp'tsi̯o:n] *f* adoption; **ein Kind zur ~ freigeben** to put a child up for adoption
Adoptiveltern [adɔp'ti:f-] *pl* adoptive parents **Adoptivkind** *nt* adopted child
Adr. *f Abk von* **Adresse** addr.
Adrenalin <-s> [adrena'li:n] *nt kein pl* adrenalin *no pl*
Adrenalinspiegel *m* adrenalin level **Adrenalinstoß** *m* rush of adrenalin
Adressat(in) <-en, -en> [adrɛ'sa:t] *m(f)* addressee
Adressatenkreis *m* target group
Adressbuch *nt* address book
Adresse <-, -n> [a'drɛsə] *f* address ▶ WENDUNGEN: **bei jdm [mit etw** *dat*] **an der falschen/richtigen ~ sein** to have addressed the wrong/right person [with sth]
adressieren* [adrɛ'si:rən] *vt* to address (**an** +*akk* to)
adrett [ad'rɛt] **I.** *adj* smart **II.** *adv* smartly; **sie ist immer ~ gekleidet** she's always neatly turned out
Adria <-> ['a:dria] *f* Adriatic [Sea]
adriatisch [adri'a:tɪʃ] *adj* Adriatic; ■**das ~e Meer** the Adriatic Sea
Advent <-s, -e> [at'vɛnt] *m* Advent [season]; ■**im ~** during [the] Advent [season]; **erster ~** first Sunday in Advent
Adventskalender *m* Advent calendar **Adventskranz** *m* Advent wreath **Adventszeit** *f* Advent [season]
Adverb <-s, -ien> [at'vɛrp, *pl* -'vɛrbi̯ən] *nt* adverb
adverbial [atvɛr'bi̯a:l] **I.** *adj* adverbial **II.** *adv* adverbially
Advokat(in) <-en, -en> [atvo'ka:t] *m(f)* ❶ ÖSTERR, SCHWEIZ (*Rechtsanwalt*) lawyer, solicitor BRIT, attorney AM ❷ (*geh: Fürsprecher*) advocate
Advokatur <-, -en> [atvoka'tu:ɐ̯] *f* SCHWEIZ ❶ (*Amt eines Advokaten*) legal profession ❷ (*Kanzlei*) lawyer's office
Aerobic <-s> [ɛ'ro:bɪk] *nt kein pl* aerobics + *sing/pl vb*
Aerodynamik [aerody'na:mɪk] *f* aerodynamics + *sing/pl vb* **aerodynamisch** [aerody'na:mɪʃ] **I.** *adj* aerodynamic **II.** *adv* aerodynamically
Affäre <-, -n> [a'fɛ:rə] *f* ❶ (*Angelegenheit*) business *no pl* ❷ (*Liebesabenteuer*) [love] affair ❸ (*unangenehmer Vorfall*) affair; (*Skandal*) scandal; **in eine ~ verwickelt sein** to be involved in an affair ▶ WENDUNGEN: **sich** *akk* **aus der ~ ziehen** (*fam*) to wriggle out of a sticky situation
Affe <-n, -n> ['afə] *m* ❶ (*Tier*) ape, monkey ❷ (*sl: blöder Kerl*) twit; **ein eingebildeter ~** (*fam*) a conceited ass
Affekt <-[e]s, -e> [a'fɛkt] *m* affect; **im ~ handeln** to act in the heat of the moment
Affekthandlung *f* act committed in the heat of the moment
affektiert [afɛk'ti:ɐ̯t] (*geh*) **I.** *adj* affected **II.** *adv* affectedly
affenartig *adj* apelike, like a monkey *pred*
affengeil ['afn̩'gai̯l] *adj* (*sl*) wicked **Affenhitze** ['afn̩'hɪtsə] *f* (*fam*) scorching heat **Affenkäfig** *m* monkey cage **Affenschande** *f* (*fam*) **es ist eine ~** it's a sin **Affentempo** *nt* (*fam*) breakneck speed; **in einem ~** at breakneck speed **Affentheater** *nt* (*pej fam*) [**wegen etw** *gen*] **ein ~ machen** to make a right [*or* AM real] fuss [about sth] **Affenzahn** *m* (*sl*) breakneck speed
Affiche <-, -n> [a'fiʃə] *f* SCHWEIZ (*Plakat*) poster
affig ['afɪç] (*fam*) **I.** *adj* (*pej*) affected **II.** *adv* (*pej*) affectedly
Äffin <-, -nen> ['ɛfɪn] *f fem form von* **Affe 1**
Affront <-s, -s> [a'frõ:] *m* (*geh*) affront
Afghane, Afghanin <-n, -n> [af'ga:nə, af'ga:nɪn] *m, f* Afghan; *s. a.* **Deutsche(r)**
afghanisch [af'ga:nɪʃ] *adj* Afghan; *s. a.* **deutsch**
Afghanistan <-s> [af'ga:nɪsta:n] *nt* Afghanistan; *s. a.* **Deutschland**
Afrika <-s> ['a:frika] *nt* Africa
Afrikaner(in) <-s, -> [afri'ka:nɐ] *m(f)* African
afrikanisch [afri'ka:nɪʃ] *adj* African
Afroamerikaner(in) ['a:fro-] *m(f)* Afro-American **afroamerikanisch** *adj* Afro-American **Afrolook** <-s, -s> *m* Afro[-look]
After <-s, -> ['aftɐ] *m* (*geh*) anus
Aftershave <-[s], -s> ['a:ftɐʃe:f] *nt* aftershave
After-Show-Party, Aftershowparty ['a:ftəʃo:pa:tɪ] *f* after show party
AG <-, -s> [a:'ge:] *f Abk von* **Aktiengesellschaft** plc, public limited company BRIT, [stock] corporation AM
Ägäis <-> [ɛ'gɛ:ɪs] *f* the Aegean [Sea]
Agave <-, -n> [a'ga:və] *f* agave
Agenda <-, -den> [a'gɛnda] *f* ❶ (*Notizbuch*) diary, notebook ❷ (*Tagesordnung*) agenda
Agent(in) <-en, -en> [a'gɛnt] *m(f)* ❶ (*Spion*) spy ❷ (*Generalvertreter*) agent
Agentur <-, -en> [agɛn'tu:ɐ̯] *f* agency
Agenturbericht *m* [news] agency report

A

Agenturmeldung *f* agency report
Agglomeration <-, -en> [aglomera'tsi̯o:n] *f* SCHWEIZ (*Ballungsraum*) conurbation
Aggregat <-[e]s, -e> [agre'ga:t] *nt* unit; (*Stromaggregat*) power unit
Aggregatzustand *m* CHEM state
Aggression <-, -en> [agrɛ'si̯o:n] *f* aggression; **~en gegen jdn/etw empfinden** to feel aggressive towards sb/sth
aggressiv [agrɛ'si:f] **I.** *adj* aggressive **II.** *adv* aggressively
Aggressivität <-> [agrɛsivi'tɛ:t] *f kein pl* aggressiveness
agieren* [a'gi:rən] *vi* (*geh*) to act
agil [a'gi:l] *adj* (*geh*) agile
Agitation <-, -en> [aguta'tsi̯o:n] *f* agitation
Agitator(in) <-en, -toren> [agi'ta:to:ɐ̯, agita'to:rɪn *pl* agita'to:rən] *m(f)* agitator
agitatorisch [agita'to:rɪʃ] **I.** *adj* inflammatory **II.** *adv* for purposes of agitation
agnostisch [a'gnɔstɪʃ] *adj* PHILOS (*geh*) agnostic
Agonie <-, -n> [ago'ni:, *pl* -'ni:ən] *f* (*geh*) death throes *npl*
Agrarfläche *f* agrarian land **Agrarmarkt** *m* agricultural market **Agrarpolitik** *f* agricultural policy **Agrarwende** *f* POL, AGR [movement for] sustainable agriculture **Agrarwirtschaft** *f* agricultural economy
Ägypten <-s> [ɛ'gʏptn̩] *nt* Egypt; *s. a.* **Deutschland**
Ägypter(in) <-s, -> [ɛ'gʏptɐ] *m(f)* Egyptian; *s. a.* **Deutsche(r)**
ägyptisch [ɛ'gʏptɪʃ] *adj* Egyptian; *s. a.* **deutsch**
ah [a:] *interj* ❶ (*sieh an*) ah, oh; **~, jetzt verstehe ich** ah, now I understand; **~, da kommt ja unser Essen!** oh look, here comes our food ❷ (*Ausdruck von Wohlbehagen*) mmm; **~, das schmeckt lecker!** mmm, that tastes lovely!
Ah *Abk von* **Amperestunde** ampere-hour
aha [a'ha:] *interj* ❶ (*ach so*) aha; **~, ich verstehe!** aha, I understand ❷ (*sieh da*) look!
Aha-Erlebnis [a'ha:-] *nt* PSYCH aha experience
ahnden ['a:ndn̩] *vt* (*geh*) to punish
Ahne <-n, -n> ['a:nə] *m, f* (*geh*) ancestor *masc*, ancestress *fem*
ähneln ['ɛ:nl̩n] *vt* to resemble; **du ähnelst meiner Frau** you remind me of my wife
ahnen ['a:nən] *vt* ❶ (*vermuten*) to suspect ❷ (*voraussehen*) to have a premonition of; **das kann/konnte ich doch nicht ~!** how can/could I know that?
Ahnenforschung *f* genealogy **Ahnenreihe** *f* ancestral line **Ahnentafel** *f* genealogical table
ähnlich ['ɛ:nlɪç] **I.** *adj* similar **II.** *adv* similarly; ■**jdm ~ sehen** to look like sb ▶WENDUNGEN: **das sieht ihm/ihr [ganz] ~!** (*fam*) that's just like him/her *fam*
Ähnlichkeit <-, -en> *f* ❶ (*ähnliches Aussehen*) resemblance; ■**mit jdm/etw ~ haben** to resemble sb/sth; **sie hat große ~ mit ihrem Vater** she bears a great resemblance to her father ❷ (*Vergleichbarkeit*) similarity
Ahnung <-, -en> *f* ❶ (*Vorgefühl*) premonition; **~en haben** to have premonitions ❷ (*Vermutung*) suspicion; **es ist eher so eine ~** it's more of a hunch *fam* ❸ (*Idee*) idea; **keine ~ haben** to have no idea; **keine blasse ~ haben** to not have the faintest idea; **hast du eine ~!** (*iron fam*) that's what you think!; **keine ~!** (*fam*) [I've] no idea!
ahnungslos **I.** *adj* ❶ (*nichts ahnend*) unsuspecting ❷ (*unwissend*) ignorant **II.** *adv* unsuspectingly
Ahorn <-s, -e> ['a:hɔrn] *m* maple [tree]
Ähre <-, -n> ['ɛ:rə] *f* ❶ (*Samenstand*) ear ❷ (*Blütenstand*) spike
Aids <-> [e:ts] *nt Akr von* **acquired immune deficiency syndrome** Aids
Aidserreger *m* Aids virus **Aidshilfe** *f* Aids relief **aidsinfiziert** *adj* infected with Aids *pred* **Aidsinfizierte(r)** *f(m) dekl wie adj* person infected with Aids **aidskrank** *adj* suffering from Aids *pred* **Aidskranke(r)** *f(m) dekl wie adj* person suffering from Aids **Aidstest** *m* Aids test **Aidsübertragung** *f* Aids transmission **Aidsvirus** *nt* Aids virus
Airbag <-s, -s> ['ɛ:ɐ̯bɛk] *m* airbag **Airbus** ['ɛ:ɐ̯bʊs] *m* airbus
Ajatollah <-s, -s> [aja'tɔla] *m* Ayatollah
Akademie <-, -n> [akade'mi:, *pl* -'mi:ən] *f* ❶ (*Fachhochschule*) college ❷ (*wissenschaftliche Vereinigung*) academy
Akademiker(in) <-s, -> [aka'de:mikɐ] *m(f)* graduate
akademisch [aka'de:mɪʃ] **I.** *adj* academic **II.** *adv* **~ gebildet sein** to be academically educated
Akazie <-, -n> [a'ka:tsi̯ə] *f* ❶ (*Acacia*) acacia ❷ (*Robinia pseudoacacia*) robinia
akklimatisieren* [aklimati'zi:rən] *vr* ■**sich akk ~** ❶ (*klimatisch*) to become acclimatized ❷ (*sich einleben*) to get used to sth
Akklimatisierung <-, -en> *f* acclimatization
Akkord <-[e]s, -e> [a'kɔrt, *pl* a'kordə] *m* piece-work; ■**im ~ arbeiten** to be on piece-work

Akkordarbeit *f* piece-work

Akkordeon <-s, -s> [a'kɔrdeɔn] *nt* accordion

Akkreditiv <-s, -e> [akredi'ti:f, *pl* -'ti:və] *nt* FIN [commercial] letter of credit

Akku <-s, -s> ['aku] *m* (*fam*) *kurz für* **Akkumulator** accumulator, [storage] battery

akkurat [aku'ra:t] **I.** *adj* ① (*sorgfältig*) meticulous ② (*exakt*) accurate **II.** *adv* ① (*sorgfältig*) meticulously ② (*exakt*) accurately

Akkusativ <-s, -e> ['akuzati:f] *m* accusative [case]

Akkusativobjekt *nt* accusative object

Akne <-, -n> ['aknə] *f* acne

akquirieren [akvi'ri:rən] *vt* ① (*veraltet: erwerben*) to acquire ② ÖKON (*werben*) *Aufträge* to procure; **Kunden ~** to win clients

akribisch [a'kri:bɪʃ] (*geh*) **I.** *adj* meticulous **II.** *adv* meticulously

Akrobat(in) <-en, -en> [akro'ba:t] *m(f)* acrobat

Akrobatik <-> [akro'ba:tɪk] *f kein pl* ① (*Körperbeherrschung und Geschicklichkeit*) acrobatic skill ② (*Disziplin*) acrobatics + *sing vb*

akrobatisch *adj* acrobatic

Akronym <-s, -e> [akro'ny:m] *nt* acronym

Akt[1] <-[e]s, -e> [akt] *m* ① (*Gemälde*) nude [painting] ② (*Handlung*) act; **ein ~ der Rache** an act of revenge ③ (*Zeremonie*) ceremony ④ *eines Theaterstücks* act

Akt[2] <-[e]s, -en> [akt] *m* ÖSTERR (*Akte*) file

Akte <-, -n> ['aktə] *f* file; **die ~ Borgfeld** the Borgfeld file ▸ WENDUNGEN: **etw zu den ~n legen** to lay sth to rest

Aktenkoffer *m* briefcase **aktenkundig** *adj* ① (*mit dem Inhalt der Akte vertraut sein*) familiar with the records *pred* ② (*in Akten vermerkt*) on record ▸ WENDUNGEN: **sich ~ machen** to make oneself familiar with the records **Aktennotiz** *f* memorandum **Aktenordner** *m* file **Aktenschrank** *m* filing cabinet **Aktentasche** *f* briefcase **Aktenzeichen** *nt* file reference [number]

Akteur(in) <-s, -e> [ak'tø:ɐ̯] *m(f)* ① (*geh: Handelnder*) player ② THEAT, FILM actor ③ SPORT player

Aktfoto *nt* nude photograph

Aktie <-, -n> ['aktsi̯ə] *f* BÖRSE share, stock *esp* AM; **die ~n stehen gut/schlecht** (*einen guten Kurs haben*) the shares are doing well/badly; (*fig: die Umstände sind vorteilhaft*) things are/aren't looking good

Aktienfonds *m* share fund **Aktiengesellschaft** *f* public limited company BRIT, [stock] corporation AM **Aktienindex** *m* share index **Aktienkapital** *nt* BÖRSE share [*or* equity] capital (*both authorized and unissued*) **Aktienkurs** *m* share [*or* AM *a.* stock] price **Aktienmarkt** *m* stock market

Aktion <-, -en> [ak'tsi̯o:n] *f* ① (*Handlung*) action; **in ~ sein** to be [constantly] in action; **in ~ treten** to come into action ② (*Sonderverkauf*) sale ③ (*Militär-, Werbeaktion*) campaign

Aktionär(in) <-s, -e> [aktsi̯o'nɛ:ɐ̯] *m(f)* FIN shareholder, AM *a.* stockholder

Aktionspreis *m* special offer **Aktionsradius** *m* ① (*Reichweite*) radius of action ② (*Wirkungsbereich*) sphere of activity

aktiv [ak'ti:f] **I.** *adj* active **II.** *adv* actively

Aktiv <-s, -e> ['akti:f, *pl* 'akti:və] *nt pl selten* LING active [voice]

Aktiva [ak'ti:va] *pl* ÖKON assets; **~ und Passiva** assets and liabilities

Aktivgeschäft *nt* ÖKON *einer Bank* lending business

aktivieren* [akti'vi:rən] *vt* ① (*anspornen*) ■**jdn ~** to get sb moving ② (*aktiver gestalten*) to intensify ③ (*anregen*) to stimulate ④ (*in Gang setzen*) to activate

Aktivierung <-, -en> *f* activation

Aktivist(in) <-en, -en> [akti'vɪst] *m(f)* activist

Aktivität <-, -en> [aktivi'tɛ:t] *f* activity

Aktmalerei *f* nude painting **Aktmodell** *nt* nude model

aktualisieren* *vt* to update

Aktualisierung <-, -en> [aktu̯ali'zi:rʊŋ] *f* update

Aktualität <-> [aktu̯ali'tɛ:t] *f kein pl* topicality

Aktuar(in) <-s, -e> [ak'tu̯a:ɐ̯] *m(f)* SCHWEIZ secretary

aktuell [ak'tu̯ɛl] *adj* ① (*gegenwärtig*) topical; **~e Vorgänge** current events; **eine ~e Sendung** a current affairs programme ② (*modern*) fashionable; **solche Schuhe sind schon lange nicht mehr ~** shoes like that haven't been in fashion for ages

> **Falsche Freunde**
>
> Nicht verwechseln mit *actual* — eigentlich!

Aktzeichnung *f* nude drawing

Akupressur <-, -en> [akuprɛ'su:ɐ̯] *f* acupressure

akupunktieren* [akupʊŋk'ti:rən] *vt, vi* to perform acupuncture [on sb]

Akupunktur <-, -en> [akupʊŋktu:ɐ̯] *f* acupuncture

Akustik <-> [a'kʊstɪk] *f kein pl* acoustics

A

+ *pl vb;* **der Raum hat eine gute ~** the room has good acoustics
akustisch [a'kʊstɪʃ] **I.** *adj* acoustic **II.** *adv* acoustically; **ich habe dich rein ~ nicht verstanden** I just didn't hear what you said
akut [a'ku:t] *adj* ❶ (*plötzlich auftretend*) acute ❷ (*dringend*) urgent
AKW <-s, -s> [a:ka:'ve:] *nt Abk von* **Atomkraftwerk**
Akzent <-[e]s, -e> [ak'tsɛnt] *m* ❶ (*Aussprache*) accent; **mit ~ sprechen** to speak with an accent ❷ LING (*Zeichen*) accent ❸ (*Betonung*) stress ❹ (*Schwerpunkt*) emphasis; **den ~ auf etw legen** to emphasize sth
akzentfrei *adj, adv* without an accent
akzentuieren* [aktsɛntu'i:rən] *vt* (*geh*) ❶ (*betonen*) to emphasize ❷ (*hervorheben*) to accentuate
akzeptabel [aktsɛp'ta:bl̩] *adj* acceptable (**für** +*akk* to)
Akzeptanz <-> [aktsɛp'tants] *f* acceptance
akzeptieren* [aktsɛp'ti:rən] *vt* to accept
Alabaster <-s, -> [ala'bastɐ] *m* alabaster
Alarm <-[e]s, -e> [a'larm] *m* ❶ (*Warnsignal*) alarm; ■ **~ schlagen** to raise the alarm ❷ (*Alarmzustand*) alert
Alarmanlage *f* alarm [system] **Alarmbereitschaft** *f* stand-by; ■ **in ~ sein** to be on stand-by; **jdn/etw in ~ versetzen** to put sb/sth on stand-by
alarmieren* [alar'mi:rən] *vt* ❶ (*zum Einsatz rufen*) to call out ❷ (*aufschrecken*) to alarm
Alarmismus <-> [alar'mɪsmʊs] *m kein pl* (*pej*) alarmism
Alarmist(in) <-en, -en> [alar'mɪst] *m(f)* (*pej*) alarmist
alarmistisch *adj* (*pej geh*) alarmist
Alarmsignal *nt* alarm signal **Alarmstufe** *f* state of alert
Alaska <-s> [a'laska] *nt* Alaska
Albaner(in) <-s, -> [al'ba:nɐ] *m(f)* Albanian; *s. a.* **Deutsche(r)**
Albanien <-s> [al'ba:ni̯ən] *nt* Albania; *s. a.* **Deutschland**
albanisch [al'ba:nɪʃ] *adj* Albanian; *s. a.* **deutsch**
Albatros <-, -se> ['albatrɔs] *m* albatross
Alben *pl von* **Album**
albern[1] ['albɐn] **I.** *adj* ❶ (*kindisch*) childish ❷ (*lächerlich*) trivial **II.** *adv* childishly
albern[2] ['albɐn] *vi* to fool around
Albernheit <-, -en> *f* ❶ *kein pl* (*kindisches Wesen*) childishness ❷ (*Lächerlichkeit*) triviality ❸ (*kindische Handlung*) tomfoolery
Albino <-s, -s> [al'bi:no] *m* albino
Albtraum *m* nightmare
Album <-s, Alben> ['albʊm, *pl* 'albən] *nt* album
Alchemie <-> [alçə'mi:], **Alchimie** <-> [alçi'mi:] *f kein pl bes* ÖSTERR alchemy
al dente [al 'dɛntə] *adj* al dente ([*of pasta*] *tender but still firm when bitten*)
Alge <-, -n> ['algə] *f* alga
Algebra <-> ['algebra] *f* algebra
Algenpest *f* ÖKOL plague of algae
Algerien <-s> [al'ge:ri̯ən] *nt* Algeria; *s. a.* **Deutschland**
Algerier(in) <-s, -> *m(f)* Algerian; *s. a.* **Deutsche(r)**
algerisch [al'ge:rɪʃ] *adj* Algerian; *s. a.* **deutsch**
Algorithmus <-, -men> [algo'rɪtmʊs] *m* algorithm
alias ['a:li̯as] *adv* alias
Alibi <-s, -s> ['a:libi] *nt* ❶ (*bei Tatverdacht*) alibi ❷ (*Vorwand*) excuse
Alibifunktion *f* use as an alibi; ■ **[nur] ~ haben** to [only] serve as an alibi
Alien <-, -s> ['eɪlɪən] *m* alien
Alimente [ali'mɛntə] *pl* maintenance *no pl,* alimony *no pl* AM
alkalisch [al'ka:lɪʃ] *adj* alkaline; **etw ~ machen** to alkalify sth; **~ reagieren** to react alkaline
Alkohol <-s, -e> ['alkoho:l] *m* alcohol
Alkoholeinfluss *m* influence of alcohol; **unter ~ stehen** to be under the influence of alcohol [*or* BRIT *a.* drink] **Alkoholeinwirkung** *f* influence of alcohol **Alkoholfahne** *f* (*fam*) alcohol breath; ■ **eine ~ haben** to smell of alcohol **alkoholfrei** *adj* non-alcoholic **Alkoholgehalt** *m* alcohol[ic] content **Alkoholgenuss** *m* consumption of alcohol
alkoholhaltig *adj* alcoholic
Alkoholiker(in) <-s, -> [alko'ho:likɐ] *m(f)* alcoholic; **~ sein** to be [an] alcoholic
alkoholisch [alko'ho:lɪʃ] *adj* alcoholic
alkoholisiert [alkoholi'zi:ɐ̯t] *adj* inebriated
Alkoholismus <-> [alkoho'lɪsmʊs] *m kein pl* alcoholism
Alkoholkonsum *m* consumption of alcohol **alkoholkrank** *adj* alcoholic **Alkoholleiche** *f* (*hum fam*) alcohol casualty, person in an alcohol-induced stupor **Alkoholmissbrauch** *m kein pl* alcohol abuse **Alkoholpegel** *m* level of alcohol in one's blood **Alkoholproblem** *nt* (*fam*) drink problem **Alkoholspiegel** *m* level of alcohol in one's blood **alkoholsüchtig** *adj* alcoholic **Alkoholsünder(in)** *m(f)* (*fam*) [convicted] drunk driver *fam* **Alkoholtest**

A

m breath test *fam* **Alkoholverbot** *nt* ban on alcohol **Alkoholvergiftung** *f* alcohol poisoning **Alkoholwirkung** *f* effect of alcohol

all [al] *pron indef* all; ~ **ihr Geld** all her money

All <-s> [al] *nt kein pl* space

allabendlich [al'ʔa:bn̩tlɪç] **I.** *adj* regular evening *attr;* **der ~e Spaziergang** the regular evening walk **II.** *adv* every evening

Allah <-s> [a'la:] *m kein pl* REL Allah

alldem [al'de:m] *pron* all that; **trotz ~** in spite of that

alle ['alə] *adj präd (fam)* ❶ *(aufgebraucht)* ■~ **sein** to be all gone; **etw ~ machen** to finish sth off *sep* ❷ *(erschöpft)* ■~ **sein** to be finished

alle(r, s) ['alə, -lɐ, -ləs] *pron indef* ❶ *attr (mit Singular)* all; **er hat ~s Geld verloren** he's lost all his money; **[ich wünsche dir] ~s Gute** [I wish you] all the best ❷ *(mit Plural)* all, all the; **~e Anwesenden** all those present; ~ **auf einmal** all at once ❸ *substantivisch (jeder)* ■~ all of you, everyone, all of them; **und damit sind ~ gemeint** and that means everyone; **ihr seid ~ beide Schlitzohren!** you're both a couple of crafty devils!; **wir haben ~ kein Geld mehr** none of us have any money left; ■~ **die[jenigen], die ...** everyone, who ... ❹ *substantivisch (aller Dinge)* ■~**s** everything; **das ist ~s** that's everything; **ist das schon ~s?** is that it? ❺ *substantivisch (insgesamt)* ■~**s** all [that]; **das ist doch ~s Unsinn** that's all nonsense ❻ *(bei Zeit- und Maßangaben)* every; ~ **fünf Minuten/Meter** every five minutes/metres ▶WENDUNGEN: **~s in ~m** all in all; **[wohl] nicht mehr ~ <u>haben</u>** *(fam)* to be mad; **<u>vor</u> ~m** above all

Allee <-, -n> [a'le:, *pl* a'le:ən] *f* avenue

Allegorie <-, -n> [alego'ri:, *pl* -ri:ən] *f* allegory

allein [a'la͜in], **alleine** [a'la͜inə] *(fam)* **I.** *adj präd* ❶ *(ohne andere)* alone; **jdn ~ lassen** to leave sb alone; **wir sind jetzt endlich ~** we're on our own at last; **sind Sie ~ oder in Begleitung?** are you by yourself or with someone? ❷ *(einsam)* lonely ❸ *(ohne Hilfe)* on one's own **II.** *adv* ❶ *(bereits)* just; ~ **der Schaden war schon schlimm genug** the damage alone was bad enough; ~ **der Gedanke daran** the mere thought of it ❷ *(ausschließlich)* exclusively; **das ist ~ deine Entscheidung** it's your decision [and yours alone] ❸ *(ohne Hilfe)* by oneself; **er kann sich schon ~ anziehen** he can already dress himself; ~ **erziehend sein** to be a single parent; **von ~** by itself/oneself; **ich wäre auch von ~ darauf gekommen** I would have thought of it myself ❹ *(unbegleitet)* unaccompanied; *(isoliert)* alone; **sich ~ gelassen fühlen** to feel abandoned; ~ **stehend** single

Alleinerbe, -erbin *m, f* sole heir *masc* [*or fem* heiress] **Alleinerziehende(r)** *f(m) dekl wie adj* single parent **Alleingang** <-gänge> *m (fam)* solo effort; **etw im ~ machen** to do sth on one's own **Alleinherrschaft** *f* absolute power **Alleinherrscher(in)** *m(f)* absolute ruler

alleinig [a'la͜inɪç] *adj attr* sole

Alleinsein <-s> *nt kein pl* solitariness; *(Einsamkeit)* loneliness **alleinstehend** *adj* single **Alleinstehende(r)** *f(m) dekl wie adj* unmarried person

Alleinstellungsmerkmal *nt* ÖKON unique selling point

Alleinunterhalter(in) <-s, -> *m(f)* solo entertainer **Alleinvertretung** *f* ÖKON sole and exclusive agency [*or* representation]; **die ~ einer Firma haben** to be the sole representative of a firm

allemal ['alə'ma:l] *adv* without any trouble; **was er kann, kann ich ~** whatever he can do, I can do, too ▶WENDUNGEN: **<u>ein</u> für ~** once and for all

allenfalls ['alən'fals] *adv* at [the] most, at best

allerbeste(r, s) ['alɐ'bɛstə, -tɐ, -təs] *adj* very best; **ich wünsche dir das A~** I wish you all the best

allerdings ['alɐ'dɪŋs] *adv* ❶ *(jedoch)* although; **ich rufe dich an, ~ erst morgen** I'll call you, although not till tomorrow ❷ *(in der Tat)* definitely; **~!** indeed!, AM *fam a.* you bet!; **hast du mit ihm gesprochen? – ~!** did you speak to him? – I certainly did!

allererste(r, s) ['alɐ'ʔe:ɐ̯stə, -tɐ, -təs] *adj* the [very] first; ■**als A~r** the first; ■**als A~s** first of all **allerfrühestens** *adv* at the [very] earliest

Allergie <-, -n> [alɛr'gi:, *pl* -'gi:ən] *f* allergy (**gegen** +*akk* to); ~ **auslösend** allergenic

Allergietest *m* allergy test

Allergiker(in) <-s, -> *m(f)* person suffering from an allergy

allergisch [a'lɛrgɪʃ] **I.** *adj* allergic (**gegen** +*akk* to) **II.** *adv* ~ **auf etw reagieren** MED to have an allergic reaction to sth; *(fig)* to get hot under the collar about sth

allerhand ['alɐ'hant] *adj (fam)* all sorts of; *(ziemlich viel)* a great deal of; **ich habe noch ~ zu tun** I've still got so much to do

A

▶WENDUNGEN: **das ist ja ~!** that's a bit rich [*or* AM much]!

Allerheiligen <-> [alɐˈhaɪ̯lɪgn̩] *nt* All Saints' Day

allerlei [ˈalɐˈlaɪ̯] *adj* (1) *substantivisch* (*viel*) a lot; **ich muss noch ~ erledigen** I still have a lot to do (2) *attr* (*viele Sorten*) all sorts of

allerletzte(r, s) [ˈalɐˈlɛtstə, -tɐ, -təs] *adj* [very] last ▶WENDUNGEN: **das A~ sein** (*fam*) to be beyond the pale; **er ist das A~!** he's just vile! **allerliebste(r, s)** [ˈalɐˈliːpstə, -tɐ, -təs] *adj* favourite; ■**am ~n** most [of all]; **mir wäre es am ~n, wenn ...** I would prefer it if ... **allermeiste(r, s)** [ˈalɐˈmaɪ̯stə, -tɐ, -təs] *adj* most *generalization*, the most *comparison;* ■**am ~n** most of all; **die ~n Leute** the vast majority of the people **allerneueste(r, s), allerneuste(r, s)** *adj* latest; **auf dem ~n Stand** state-of-the-art; ■**das A~** the latest

Allerseelen <-> [alɐˈzeːlən] *nt* All Souls' Day

allerseits [ˈalɐˈzaɪ̯ts] *adv* (1) (*bei allen*) on all sides; **sie war ~ ein gerne gesehener Gast** she was a welcome guest everywhere (2) (*an alle*) everyone; **„Abend, ~!"** "evening, everyone!" **allerspätestens** *adv* at the latest **allerwenigste(r, s)** *adj* (*zählbar*) fewest; (*unzählbar*) least; **in den ~n Fällen** in only a very few cases; **das ~ Geld** the least money; ■**am ~n** the least

Allerwerteste [ˈalɐˈveːɐ̯təstə] *m dekl wie adj* (*hum*) behind

allesamt [ˈaləˈzamt] *adv* all [of them/you/us]; **die Politiker sind doch ~ korrupt** politicians are corrupt to a man

Allesfresser <-s, -> *m* BIOL omnivore **Alleskleber** *m* general purpose glue

allfällig [ˈalfɛlɪç] *adj* SCHWEIZ necessary

allg. *adj Abk von* **allgemein**

Allgäu <-s> [ˈalgɔy] *nt* ■**das ~** the Allgäu (*German Alpine region*)

allgegenwärtig *adj* ubiquitous; REL omnipresent

allgemein [ˈalgəˈmaɪ̯n] **I.** *adj* general; **von ~em Interesse sein** to be of interest to everyone; **zur ~en Überraschung** to everyone's surprise; **~e Vorschriften** universal regulations; **das ~e Wohl** the common good ▶WENDUNGEN: **im A~en** (*normalerweise*) generally speaking; (*insgesamt*) on the whole **II.** *adv* generally; **~ bekannt sein** to be common knowledge; **~ gültig** general; **~ verständlich** intelligible to everybody

Allgemeinbefinden <-s> [ˈalgəˈmaɪ̯nbəfɪndn̩] *nt kein pl* general health **Allgemeinbildung** *f kein pl* general education **allgemeingültig** *adj attr s.* **allgemein II** **Allgemeingültigkeit** *f* [universal] validity

Allgemeinheit <-> [algəˈmaɪ̯nhaɪ̯t] *f kein pl* (1) (*Öffentlichkeit*) general public (2) (*Undifferenziertheit*) generality

Allgemeinmedizin *f* general medicine **allgemeinverständlich** *adj s.* **allgemein II** **Allgemeinwissen** *nt* general knowledge **Allgemeinwohl** *nt* welfare of the general public **Allgemeinzustand** *m* general health

Allheilmittel *nt* cure-all

Allianz <-, -en> [aˈli̯ants] *f* alliance

Alligator <-s, -en> [aliˈgaːtoːɐ̯, *pl* -ˈtoːrən] *m* alligator

alliiert [aliˈiːɐ̯t] *adj attr* allied

Alliierte(r) [aliˈiːɐ̯tə -tɐ] *f(m) dekl wie adj* ally; ■**die ~n** the Allies

Alliteration <-, -en> [alɪteraˈtsi̯oːn] *f* LIT alliteration

alljährlich [ˈalˈjɛːɐ̯lɪç] **I.** *adj attr* annual **II.** *adv* annually **Allmacht** [ˈalmaxt] *f kein pl* unlimited power; REL omnipotence **allmächtig** [alˈmɛçtɪç] *adj* all-powerful; REL omnipotent

allmählich [alˈmɛːlɪç] **I.** *adj attr* gradual **II.** *adv* (1) (*langsam*) gradually; **~ geht er mir auf die Nerven** he's beginning to get on my nerves (2) (*endlich*) **wir sollten jetzt ~ gehen** it's time we left

Allradantrieb *m* four-wheel drive

allseitig [ˈalzaɪ̯tɪç] **I.** *adj* widespread **II.** *adv* **~ interessiert sein** to be interested in everything; **~ begabt sein** to be an all-round talent

allseits [ˈalzaɪ̯ts] *adv* everywhere

Alltag [ˈaltaːk] *m* (1) (*Werktag*) working day BRIT, workday AM (2) *kein pl* (*Realität*) everyday life **alltäglich** [ˈaltɛːklɪç] *adj* (1) *attr* (*tagtäglich*) daily, everyday (2) (*gang und gäbe*) usual; **diese Probleme sind bei uns ~** these problems are part of everyday life here (3) (*gewöhnlich*) ordinary

alltags [ˈaltaːks] *adv* on workdays

Allüren [aˈlyːrən] *pl* (1) (*geziertes Verhalten*) affectation (2) (*Starallüren*) airs and graces

allwissend [alˈvɪsn̩t] *adj* knowing it all; REL omniscient

Allwissenheit <-> [ˈalˈvɪsn̩haɪ̯t] *f kein pl* omniscience

allzu [ˈaltsuː] *adv* **~ gern** only too much; **nicht ~ gern** not very much; **~ oft** only too often; **nicht ~ oft** not [all] too often; **~ sehr** too much; **~ viel** too much

Allzweckhalle *f* [multipurpose] hall **Allzweckreiniger** *m* general-purpose cleaner

Alm <-, -en> [alm] *f* mountain pasture
Almosen <-s, -> ['almo:zn̩] *nt* ① (*pej: geringer Betrag*) pittance ② (*geh: Spende*) alms
Alpaka <-s, -s> [al'paka] *nt* alpaca
Alpen ['alpn̩] *pl* ■**die ~** the Alps
Alpenpass *m* alpine pass **Alpenveilchen** *nt* cyclamen **Alpenvorland** [alpn̩'fo:ɐ̯lant] *nt kein pl* foothills *pl* of the Alps
Alphabet <-[e]s, -e> [alfa'be:t] *nt* alphabet
alphabetisch [alfa'be:tɪʃ] **I.** *adj* alphabetical **II.** *adv* alphabetically
alphabetisieren* [alfabeti'zi:rən] *vt* ① (*ordnen*) to put into alphabetical order ② ■**jdn ~** to teach sb to read and write
alphanumerisch [alfanu'me:rɪʃ] *adj* INFORM alphanumeric **Alphastrahlen** *pl* PHYS alpha rays
alpin [al'pi:n] *adj* alpine
Alpinismus <-> [alpi'nɪsmʊs] *m kein pl* SPORT alpinism
Alptraum ['alptraʊ̯m] *m* nightmare
als [als] *konj* ① (*zeitlich*) when, as; **ich kam, ~ er ging** I came as he was leaving; **gleich, ~ ...** as soon as ...; **damals, ~ ...** in the days when ...; **gerade ~ ...** just when ... ② *nach Komparativ* than; **der Bericht ist interessanter ~ erwartet** the report is more interesting than would have been expected ③ (*wie*) as; **alles andere ~ ...** everything but ...; **anders ~ jd sein** to be different from sb; **niemand anders ~ ...** (*a. hum, iron*) none other than ...; **sie haben andere Verfahren ~ wir** they have different procedures from ours ④ ■**..., ~ habe/könne/sei/würde ...** as if; **es sieht aus, ~ würde es bald schneien** it looks like snow ⑤ (*in der Eigenschaft*) as; **schon ~ Kind hatte er immer Albträume** even as a child, he had nightmares; **sich ~ wahr/falsch erweisen** to prove to be true/false
alsbald [als'balt] *adv* (*geh*) presently
alsbaldig [als'baldɪç] *adj* (*geh*) immediate
also ['alzo] *adv* (*folglich*) so, therefore *form*
Alsterwasser *nt* (*Bier mit Limonade*) ≈ shandy
alt <älter, älteste> [alt] *adj* ① (*betagt*) old; **ich möchte mit dir ~ werden** I'd like to grow old with you; ■**älter sein/werden** to be/get older; **ältere Mitbürger** senior citizens; **A~ und Jung** young and old alike ② (*ein bestimmtes Alter habend*) old; **wie ~ ist er? – er ist 18 Monate/21 Jahre ~** how old is he? – he's 18 months [old]/ 21 [years old] ③ (*aus früheren Zeiten*) ancient ▶WENDUNGEN: **~ aussehen** (*fam: dumm dastehen*) to look a [*or* AM like a] complete fool

Altar <-s, Altäre> [al'ta:ɐ̯, *pl* al'tɛ:rə] *m* altar
Altarm *m* oxbow lake
altbacken *adj* ① (*nicht mehr frisch*) stale ② (*altmodisch*) old-fashioned
Altbau <-bauten> *m* old building
Altbauwohnung *f* flat [*or* AM apartment] in an old building
altbekannt ['altbə'kant] *adj* well-known **altbewährt** ['altbə'vɛ:ɐ̯t] *adj* ① (*seit langem bewährt*) well-tried ② (*lange gepflegt*) well-established; **eine ~e Freundschaft** a long-standing friendship **Altbier** *nt top-fermented dark beer* **Altbundeskanzler(in)** *m(f)* former German chancellor **altdeutsch** ['altdɔytʃ] **I.** *adj* traditional German **II.** *adv* in traditional German style
Alte(r) ['altə, -tɐ] *f(m) dekl wie adj* (*fam*) ① (*alter Mann*) old geezer; (*alte Frau*) old dear ② (*Ehemann, Vater*) old man; (*Mutter*) old woman; ■**meine ~e** (*Ehefrau*) the old wife *fam;* ■**meine ~n** (*Eltern*) my old folks ③ (*Vorgesetzte(r)*) ■**der/die ~** the boss
alteingesessen *adj* old-established **Alteisen** *nt* scrap iron
Altenheim *nt s.* **Altersheim** **Altenhilfe** *f* geriatric welfare **Altenpflege** *f* care for the elderly **Altenpflegeheim** *nt* old people's home **Altenpfleger(in)** *m(f)* geriatric nurse **Altenwohnheim** *nt* sheltered housing
Alter <-s, -> ['altɐ] *nt* ① (*Lebensalter*) age; **in jds** *dat* **~** at sb's age; **in jds ~ sein** to be the same age as sb; **er ist in meinem ~** he's my age; **mittleren ~s** middle-aged ② (*Bejahrtheit*) old age; **er hat keinen Respekt vor dem ~** he doesn't respect his elders; **im ~** in old age ▶WENDUNGEN: **~ schützt vor Torheit nicht** (*prov*) there's no fool like an old fool *prov*
älter ['ɛltɐ] *adj komp von* **alt**
altern ['altɐn] *vi sein Mensch* to age
alternativ [altɛrna'ti:f] **I.** *adj* alternative **II.** *adv* **~ leben** to live an alternative lifestyle
Alternative <-, -n> [altɛrna'ti:və] *f* alternative
Alternativreisende(r) *f(m) dekl wie adj* TOURIST alternative traveller
alters *adv* **von** [*o* **seit**] **~ [her]** (*geh*) of old; **das ist schon von ~ her bei uns so Sitte** that's a time-honoured custom here
Altersarmut *f* old-age poverty **Altersasyl** *nt* SCHWEIZ old people's home, home for senior citizens **altersbedingt** *adj* due to old age; **~e Kurzsichtigkeit** myopia caused by old age **Altersbeschwerden** *pl*

A

complaints *pl* of old age **Altersbezüge** *pl* benefits for senior citizens **Alterserscheinung** *f* symptom of old age **Altersgenosse, -genossin** *m, f* person of the same age **Altersgrenze** *f* age limit; (*für den Rentenbeginn*) retirement age **Altersgründe** *pl* ■**aus ~n** by reason of age **Altersgruppe** *f* age group **Altersheim** *nt* old people's home, AM *a.* home for senior citizens **Alterspyramide** *f* SOZIOL age pyramid **Altersrente** *f,* **Altersruhegeld** *nt* (*geh*) old-age pension BRIT, social security AM **altersschwach** *adj* ❶ (*gebrechlich*) frail ❷ (*fam: abgenutzt*) decrepit **Altersschwäche** *f kein pl* (*Gebrechlichkeit*) infirmity **altersspezifisch** *adj* age-related **Altersstufe** *f* ❶ (*Altersgruppe*) age group ❷ (*Lebensabschnitt*) stage of life

Altersteilzeit *f* BRD ÖKON partial retirement (*part-time employment scheme for people approaching retirement age in Germany*) **Altersunterschied** *m* age difference **Altersversorgung** *f* retirement pension; (*betrieblich*) pension scheme [*or* AM plan]

Altertum <-> ['altɐtuːm] *nt kein pl* antiquity; **das Ende des ~s** the end of the ancient world

altertümlich ['altɐtyːmlɪç] *adj* ❶ (*veraltet*) dated ❷ (*archaisch*) ancient; LING archaic

Altertumswert *m* antique value ▸ WENDUNGEN: **schon ~ haben** (*hum fam*) to be an antique

Alterung <-, -en> *f* ageing

Alterungsprozess *m* ageing process

älteste(r, s) ['ɛltəstə, -tɐ, -təs] *adj superl von* **alt** oldest

Ältestenrat *m* council of elders; (*in der BRD*) parliamentary advisory committee (*consisting of members of all parties whose task it is to assist the President of the Bundestag*)

Altgerät *nt* second-hand equipment

Altglas *nt* glass for recycling **Altglascontainer** *m* bottle bank BRIT, glass-recycling collection point AM

altgriechisch *adj* classical Greek

althergebracht ['alt'heːɐ̯gəbraxt] *adj* traditional **altherkömmlich** ['alt'heːɐ̯kœmlɪç] *adj* traditional; **eine ~e Sitte** an ancient custom; ■**etwas Althergebrachtes** a tradition

Althochdeutsch ['althoːxdɔytʃ] *nt dekl wie adj* Old High German **Altjahresabend** ['altjaːɐ̯əsʔaːbn̩t] *m* SCHWEIZ New Year's Eve **Altkleidersammlung** *f* collection of used clothes **altklug** ['alt'kluːk] *adj* precocious **Altlasten** *pl* ❶ ÖKOL (*Umwelt gefährdender Müll*) hazardous waste from the past ❷ (*fig: Überbleibsel*) relics (*problems caused by one's predecessor*)

ältlich ['ɛltlɪç] *adj* oldish

Altmaterial *nt* waste material **Altmeister(in)** *m(f)* ❶ (*großer Könner*) doyen *masc,* doyenne *fem,* dab hand *fam* ❷ SPORT former champion **Altmetall** *nt* scrap metal **altmodisch** **I.** *adj* old-fashioned; (*rückständig*) old-fangled **II.** *adv* **~ gekleidet** dressed in old-fashioned clothes; **~ eingerichtet** furnished in an old-fashioned style **Altöl** *nt* used oil

Altpapier *nt* waste paper

Altpapiersammlung *f* waste paper collection

Altschulden *pl* POL, ÖKON *public debt left behind by the former GDR* **Altstadt** *f* old town centre **Altstimme** *f* alto; (*Frauenstimme*) contralto [voice]

Altstoff *m* waste material **Altstoffcontainer** *m* waste container; (*für wiederverwertbare Stoffe*) recycling bin

Altwarenhändler(in) *m(f)* second-hand dealer

Altweiberfas(t)nacht *f* DIAL *part of the carnival celebrations: last Thursday before Ash Wednesday, when women assume control*

Altweibersommer [alt'vai̯bɐzɔmɐ] *m* Indian summer

Alu ['aːlu] *nt kurz für* **Aluminium**

Alufelge *f* aluminium [*or* AM aluminum] [wheel] rim **Alufolie** *f* tin foil

Aluminium <-s> [alu'miːni̯ʊm] *nt kein pl* aluminium BRIT, aluminum AM

Alzheimer <-s> ['altshai̯mɐ] *m kein pl* (*fam*), **Alzheimerkrankheit** *f kein pl* Alzheimer's [disease]; ■**~ haben** to suffer from Alzheimer's [disease]

am [am] ❶ = **an dem** *s.* **an** ❷ + *superl* **ich fände es ~ besten, wenn ...** I think it would be best if ...; **es wäre mir ~ liebsten, wenn ...** I would prefer it if ...; **~ schnellsten/schönsten sein** to be [the] fastest/most beautiful ❸ (*fam: beim*) **ich bin ~ Schreiben!** I'm writing!

Amalgam <-s, -e> [amal'gaːm] *nt* amalgam

Amateur(in) <-s, -e> [ama'tøːɐ̯] *m(f)* amateur

Amateurliga *f* amateur league

Amazonas <-> [ama'tsoːnas] *m* Amazon

Ambiente <-> [am'bi̯ɛntə] *nt kein pl* (*geh*) ambience

Ambition <-, -en> [ambi'tsi̯oːn] *f meist pl* ambition; **~en haben** to be ambitious

ambitioniert [ambitsi̯o'niːrt] *adj* (*geh*) ambitious

ambivalent [ambiva'lɛnt] *adj* (*geh*) ambivalent; **~e Gefühle haben** to have mixed feelings

Amboss <-es, -e> ['ambɔs] *m* anvil

ambulant [ambu'lant] **I.** *adj* **ein ~er Patient** an out-patient **II.** *adv* **jdn ~ behandeln** to treat sb as an out-patient

Ambulanz <-, -en> [ambu'lants] *f* ① (*im Krankenhaus*) out-patient department ② (*Unfallwagen*) ambulance

Ameise <-, -n> ['a:majzə] *f* ant

Ameisenbär *m* anteater **Ameisenhaufen** *m* anthill **Ameisensäure** *f* formic acid

Amen <-s, -> ['a:mɛn] *nt* Amen ▶ WENDUNGEN: **so sicher wie das ~ in der Kirche** (*fam*) as sure as eggs are eggs

Amerika <-s> [a'me:rika] *nt* ① (*Kontinent*) America ② (*USA*) the USA, the United States, the States *fam*

Amerikaner(in) <-s, -> [ameri'ka:nɐ] *m(f)* American; *s. a.* **Deutsche(r)**

amerikanisch [ameri'ka:nɪʃ] *adj* American

amerikanisieren* [amerikani'zi:rən] *vt* to Americanize

Amerikanismus <-, -men> [amerika'nɪsmʊs] *m* LING Americanism

Amethyst <-s, -e> [ame'tʏst] *m* amethyst

Ami <-s, -s> ['ami] *m* ① (*fam: US-Bürger*) Yank ② (*sl: US-Soldat*) GI

Amiland *nt kein pl* (*sl: USA*) Yankland *pej*

Aminosäure *f* amino acid

Ammann <-männer> ['aman, *pl* 'amɛnɐ] *m* SCHWEIZ (*Landammann*) cantonal president; (*Gemeindeammann*) mayor; (*Vollstreckungsbeamter*) [local] magistrate

Amme <-, -n> ['amə] *f* wet nurse

Ammenmärchen *nt* (*fam*) old wives' tale

Ammoniak <-s> [amo'ni̯ak] *nt kein pl* ammonia

Amnesie <-, -n> [amne'zi:, *pl* -'zi:ən] *f* amnesia

Amnestie <-, -n> [amnɛs'ti:, *pl* -'ti:ən] *f* amnesty; **eine ~ verkünden** to declare [BRIT *a.* an] amnesty

amnestieren* [amnɛs'ti:rən] *vt* to grant [BRIT *a.* an] amnesty to

Amöbe <-, -n> [a'mø:bə] *f* amoeba

Amok ['a:mɔk] *m* **~ laufen** to run amok

Amokläufer(in) *m(f)* madman *masc,* madwoman *fem*

amoralisch ['amora:lɪʃ] *adj* ① (*unmoralisch*) immoral ② (*außerhalb moralischer Werte*) amoral

Amortisation <-, -en> [amɔrtiza'tsi̯o:n] *f* (*Deckung vor Ertrag*) amortization

amortisieren* [amɔrti'zi:rən] **I.** *vt* **eine Investition ~** to amortize an investment **II.** *vr* ■**sich ~** to pay for itself

amourös [amu'rø:s] *adj* (*geh*) amorous

Ampel <-, -n> ['ampl̩] *f* traffic lights *npl;* **die ~ ist auf Rot gesprungen** the lights have turned red; **du hast eine rote ~ überfahren** you've just driven through a red light

Ampere <-[s], -> [am'pe:ɐ̯] *nt* amp, ampere *form*

Amperemeter [ampe:ɐ̯'me:tɐ] *nt* ammeter

Amphetamin <-s, -e> [amfeta'mi:n] *nt* amphetamine

Amphibie <-, -n> [am'fi:bi̯ə, *pl* -bi̯ən] *f* amphibian

Amphitheater [am'fi:tea:tɐ] *nt* amphitheatre

Ampulle <-, -n> [am'pʊlə] *f* ampoule

Amputation <-, -en> [amputa'tsi̯o:n] *f* amputation

amputieren* [ampu'ti:rən] *vt, vi* to amputate

Amsel <-, -n> ['amzl̩] *f* blackbird

Amt <-[e]s, Ämter> [amt, *pl* 'ɛmtɐ] *nt* ① (*Behörde*) office, department; **aufs ~ gehen** (*fam*) to go to the authorities; **Auswärtiges ~** Foreign Office BRIT, State Department AM ② (*öffentliche Stellung*) post; (*ehrenamtliche Stellung*) office; **im ~ sein** to be in office; **ein ~ antreten** to take up one's post; **ein ~ innehaben** to hold an office

Ämterhäufung *f* holding of multiple posts

amtieren* [am'ti:rən] *vi* ① (*ein Amt innehaben*) to hold office; ■**~d** official ② (*fungieren*) ■**als etw ~** to act [as] sth

amtlich **I.** *adj* official **II.** *adv* officially

Amtsantritt *m* assumption of office **Amtsarzt, -ärztin** *m, f* ADMIN ≈ medical officer **Amtsdeutsch** *nt* (*pej*) officialese *pej* **Amtseid** *m* oath of office **Amtsenthebung** <-, -en> *f,* **Amtsentsetzung** <-, -en> *f* SCHWEIZ dismissal, removal from office **Amtsgericht** *nt* ≈ magistrates' [*or* AM district] court **Amtshandlung** *f* official duty **Amtsmissbrauch** *m* abuse of authority **Amtsperiode** *f* term of office **Amtsrichter(in)** *m(f)* ≈ magistrate BRIT, district court judge AM **Amtssprache** *f* official language **Amtsweg** *m* official channels *pl;* **auf dem ~** through official channels **Amtszeichen** *nt* dialling [*or* AM dial] tone **Amtszeit** *f* period of office

Amulett <-[e]s, -e> [amu'lɛt] *nt* amulet

amüsant [amy'zant] *adj* amusing

amüsieren* [amy'zi:rən] **I.** *vr* ■**sich** *akk* **~** to enjoy oneself; **amüsiert euch gut!** have a good time!; ■**sich** *akk* **mit jdm ~** to have a good time with sb; ■**sich** *akk* **über jdn/etw ~** to laugh about sb/sth **II.** *vt* ■**jdn ~** to amuse sb

A

Amüsierviertel *nt* red light district

an [an] **I.** *präp* ❶ +*akk o dat* (*räumlich*) ■**etw hängt ~ der Wand** sth is hanging on the wall; **sich** *akk* **~ den Tisch setzen** to sit down at the table; **am Tisch sitzen** to sit at the table; **~s Telefon gehen** to answer the telephone; **am Telefon sein** to be on the phone; **etw ~ die Tafel schreiben** to write sth on the board; **jdn ~ die Hand nehmen** to take sb by the hand; **Tür ~ Tür wohnen** to be next-door neighbours ❷ +*dat* (*zeitlich*) **am Freitag** on Friday; **am Morgen** in the morning; **~ jenem Morgen** that morning; **~ Weihnachten** at Christmas; (*25. Dezember*) on Christmas Day ❸ +*dat* (*Eigenschaft*) **das Angenehme ~ etw** *dat* the pleasant thing about sth; **was ist ~ ihm so besonders?** what's so special about him? ❹ +*dat* (*mit Hilfe von*) **jdn ~ der Stimme erkennen** to recognize sb by his/her voice; **~ Krücken gehen** to walk on crutches ❺ SCHWEIZ (*auf*) on; (*bei*) at; (*in*) in; (*zu*) to; **das kam gestern am Fernsehen** it was on television yesterday ▶ WENDUNGEN: **~ [und für] sich** actually **II.** *adv* ❶ (*ungefähr*) ■**~ die ...** about ... ❷ (*fam: angeschaltet*) on; *Licht a.* burning

Anabolikum <-s, -ka> [ana'bo:likʊm] *nt* anabolic steroid

anachronistisch [anakro'nɪstɪʃ] *adj* (*geh*) anachronistic

anal [a'na:l] **I.** *adj* anal **II.** *adv* anally; **~ verkehren** to have anal intercourse

analog [ana'lo:k] *adj* ❶ (*entsprechend*) analogous ❷ INFORM analog

Analogie <-, -n> [analo'gi:, *pl* -'gi:ən] *f* analogy

Analogieschluss *m* PHILOS argument by analogy

Analphabet(in) <-en, -en> ['anʔalfabe:t] *m(f)* illiterate

Analphabetentum <-s> *nt kein pl*, **Analphabetismus** <-> [anʔalfabe'tɪsmʊs] *m kein pl* illiteracy

Analverkehr *m* anal sex

Analyse <-, -n> [ana'ly:zə] *f* analysis

analysieren* [analy'zi:rən] *vt* to analyse

Analytiker(in) <-s, -> [ana'ly:tikɐ] *m(f)* (*geh*) analyst

analytisch [ana'ly:tɪʃ] **I.** *adj* (*geh*) analytic **II.** *adv* analytically

Anämie <-, -n> [anɛ'mi:, *pl* -i:ən] *f* MED anaemia

Ananas <-, - *o* -se> ['ananas] *f* pineapple

Anarchie <-, -n> [anar'çi:, *pl* -'çi:ən] *f* anarchy

Anarchismus <-> [anar'çɪsmʊs] *m kein pl* anarchism *no pl*

Anarchist(in) <-en, -en> [anar'çɪst] *m(f)* anarchist

anarchistisch *adj* anarchic

Anästhesie <-, -n> [anʔɛste'zi:, *pl* -i:ən] *f* anaesthesia

Anatolien <-s> [ana'to:li̯ən] *nt* Anatolia

Anatomie <-, -n> [anato'mi:, *pl* -'mi:ən] *f* anatomy

anatomisch [ana'to:mɪʃ] **I.** *adj* anatomic **II.** *adv* anatomically

an|baggern *vt* (*sl*) to chat up BRIT, to hit on AM

an|bahnen *vr* ■**sich ~** ❶ (*sich andeuten*) to be in the offing ❷ (*sich entwickeln*) to be in the making; **zwischen ihnen bahnt sich etwas an** there's sth going on there

an|bändeln ['anbɛndl̩n] *vi* ■**mit jdm ~** to take up with sb

Anbau¹ *m kein pl* AGR cultivation

Anbau² <-bauten> *m* (*Nebengebäude*) extension BRIT, annex AM

an|bauen *vt* ❶ *Gemüse* to grow ❷ *Gebäude* to build an extension to

Anbaufläche *f* AGR ❶ (*zum Anbau geeignet*) land suitable for cultivation ❷ (*bebaut*) acreage **Anbaugebiet** *nt* AGR area [of cultivation]

Anbeginn *m* (*geh*) beginning; **seit ~ [einer S.** *gen*] since the beginning [of sth]

anbei [an'bai̯] *adv* enclosed; **~ die erbetenen Prospekte** please find enclosed the requested brochure

an|beißen *irreg* **I.** *vi* to take the bait **II.** *vt* ■**etw ~** to take a bite of sth ▶ WENDUNGEN: **zum A~** (*fam*) fetching BRIT, hot AM *sl*

an|belangen* *vt* (*geh*) **was jdn/etw anbelangt, ...** as far as sb/sth is concerned...

an|bellen *vt* to bark at

an|beraumen* ['anbəraʊ̯mən] *vt* (*geh*) *Termin* to fix

an|beten *vt* ❶ REL to worship ❷ (*verehren*) to adore

Anbetracht *m* ■**in ~ einer S.** *gen* in view of

an|biedern ['anbi:dɐn] *vr* (*pej*) ■**sich** *akk* **bei jdm ~** to curry favour with sb

an|bieten *irreg* **I.** *vt* to offer **II.** *vr* ■**sich** *akk* **~** ❶ (*sich zur Verfügung stellen*) to offer one's services; ■**sich ~ etw zu tun** to offer to do sth ❷ (*naheliegen*) to be just the right thing

Anbieter(in) <-s, -> *m(f)* supplier

an|binden *vt irreg* (*festbinden*) to tie (**an** +*akk* to)

Anblick *m* sight; **beim ersten ~** at first sight

A

an|blicken *vt* to look at

Anbot <-[e]s, -e> *nt* ÖSTERR (*geh: Angebot*) offer

an|brechen *irreg* **I.** *vi sein* to begin; *Tag* to dawn; *Winter, Abend* to set in; *Dunkelheit, Nacht* to fall **II.** *vt haben* ① (*zu verbrauchen beginnen*) to open; **die Vorräte ~** to break into supplies ② (*teilweise brechen*) to chip

an|brennen *irreg vi sein* to burn; ■**etw ~ lassen** to let sth burn; **es riecht hier so angebrannt** it smells of burning in here ▶WENDUNGEN: **nichts ~ lassen** (*fam*) to not hesitate

an|bringen *vt irreg* ① (*befestigen*) to fix ② (*vorbringen*) to introduce

Anbruch *m kein pl* (*geh*) **bei ~ des Tages** at the break of day; **bei ~ der Dunkelheit** at dusk

an|brüllen *vt* to shout at

Anchovis <-, -> [an'ço:vɪs] *f* anchovy

Andacht <-, -en> ['andaxt] *f* prayer service

andächtig ['andɛçtɪç] **I.** *adj* ① REL devout ② (*ehrfürchtig*) reverent; (*in Gedanken versunken*) rapt **II.** *adv* ① REL devoutly ② (*hum: ehrfürchtig*) reverently; (*inbrünstig*) raptly

an|dauern *vi* to continue; *Gespräche* to go on

andauernd **I.** *adj* continuous **II.** *adv* continuously

Anden ['andn̩] *pl* Andes *npl*

Andenken <-s, -> *nt* ① (*Souvenir*) souvenir ② (*Erinnerungsstück*) keepsake ③ *kein pl* (*Erinnerung*) memory; **zum ~ an jdn** in memory of sb

andere(r, s) ['andərə, -rɐ, -rəs] *pron indef* ① (*abweichend*) different, other; **das ist eine ~ Frage** that's another question; **das ~ Geschlecht** the opposite sex; **ein ~s Mal** another time ② (*weitere*) other; **haben Sie noch ~ Fragen?** have you got any more questions? ③ *substantivisch* **es gibt noch ~, die warten!** there are others waiting!; ■**ein ~r/eine ~** someone else; **alle ~n** all the others; **wir ~n** the rest of us; **das T-Shirt ist schmutzig – hast du noch ein ~s** that T-shirt is dirty – have you got another one?; **das ist etwas ganz ~s!** that's something quite different; **es bleibt uns nichts ~s übrig** there's nothing else we can do; **unter ~m ...** ... amongst other things

anderenfalls ['andərənfals] *adv* otherwise

anderenorts ['andərən?ɔrts] *adv* (*geh*) elsewhere

andererseits ['andərɐzaits] *adv* on the other hand

andermal ['andɐma:l] *adv* ■**ein ~** another time

ändern ['ɛndɐn] *vt, vr* ■[**sich** *akk*] **~** to change; **ich kann es nicht ~** I can't do anything about it; **daran kann man nichts ~** there's nothing you can do about it; **seine Meinung ~** to change one's mind; **es hat sich nichts geändert** nothing's changed

andernfalls ['andɐnfals] *adv* otherwise

andernorts ['andɐn?ɔrts] *adv* (*geh*) elsewhere

anders ['andɐs] *adv* ① (*verschieden*) differently; ■**~ als ...** different to [*or* AM *a.* than] ...; **~ als sonst** different than usual; **es sich** *dat* **~ überlegen** to change one's mind; **~ denkend** dissenting ② (*sonst*) otherwise; **~ kann ich es mir nicht erklären** I can't think of another explanation; **jemand ~** somebody else; **niemand ~** nobody else; **es ging leider nicht ~** I'm afraid I couldn't do anything about it ▶WENDUNGEN: **nicht ~ können** (*fam*) to be unable to help it; **jdm wird ganz ~** sb feels dizzy

andersartig ['andɐs?a:ɐ̯tɪç] *adj* different

andersdenkend *adj attr* dissenting

Andersdenkende(r) *f(m) dekl wie adj* dissident

andersfarbig **I.** *adj* of a different colour **II.** *adv* a different colour; **~ lackiert** painted a different colour

andersgläubig *adj* of a different faith

anders(he)rum ['andɐs(hɛ)rʊm] **I.** *adv* the other way round **II.** *adj präd* (*fam: homosexuell*) gay

anderswo ['andɐsvo:] *adv* ① (*an einer anderen Stelle*) somewhere else ② (*an anderen Orten*) elsewhere

anderswoher ['andɐsvo:he:ɐ̯] *adv* from somewhere else

anderswohin ['andɐsvo'hɪn] *adv* somewhere else, elsewhere

anderthalb ['andɐt'halp] *adj* one and a half; **~ Stunden** an hour and a half

Änderung <-, -en> *f* change; **eine ~ an etw** *dat* **vornehmen** to change sth; **geringfügige ~en** slight alterations

Änderungsschneider(in) *m(f)* ≈ tailor *masc*, ≈ seamstress *fem*

Änderungsvorschlag *m* proposed change

Änderungswunsch *m* request for a change

anderweitig ['andɐvaɪ̯tɪç] **I.** *adj attr* other **II.** *adv* ① (*mit anderen Dingen*) **~ beschäftigt sein** to be otherwise engaged ② (*bei anderen Leuten*) **~ verpflichtet sein** to have other commitments ③ (*an einen anderen*) to somebody else ④ (*anders*) **etw ~ verwenden** to use sth in a different way

an|deuten *vt* ① (*erwähnen*) to indicate

② (*zu verstehen geben*) to imply

Andeutung *f* hint; **eine versteckte ~** an insinuation; **eine ~ machen** to make a remark

andeutungsweise *adv* ① (*indirekt*) as an indication of ② (*rudimentär*) as an intimation

Andorra <-s> [anˈdɔra] *nt* Andorra; *s. a.* **Deutschland**

Andorraner(in) <-s, -> [andɔˈraːnɐ] *m(f)* Andorran; *s. a.* **Deutsche(r)**

andorranisch *adj* Andorran; *s. a.* **deutsch**

Andrang *m kein pl* rush

andre(r, s) [ˈandrə, -drɐ, -drəs] *pron indef s.* **andere(r, s)**

an|drehen *vt* ① (*anstellen*) to turn on ② (*fam: verkaufen*) ■**jdm etw ~** to flog sb sth; ■**sich** *dat* **etw ~ lassen** to be flogged sth

andrerseits [ˈandrɐzaɪ̯ts] *adv s.* **andererseits**

an|drohen *vt* ■**jdm etw ~** to threaten sb with sth

an|ecken *vi sein* (*fam*) to put people's backs up

an|eignen *vr* ■**sich** *dat* **etw ~** ① (*an sich nehmen*) to take sth ② *Wissen* to learn sth

aneinander [anʔaɪ̯ˈnandɐ] *adv* to one another; **~ denken** to think about each other; **etw ~ finden** to see sth in each other; **~ vorbeireden** to talk at cross purposes

aneinander|fügen *vt* ■**etw ~** to put sth together **aneinander|geraten*** *vi irreg sein* to have a fight [*or* BRIT *a.* row] **aneinander|reihen** **I.** *vt* **etw ~** to string sth together **II.** *vr* ■**sich** *akk* **~** to follow one another **aneinander|schmiegen** *vr* ■**sich** *akk* **~** to cuddle **aneinander|stellen** *vt* ■**etw ~** to put sth next to one another

Anekdote <-, -n> [anɛkˈdoːtə] *f* anecdote

an|ekeln *vt* ■**jdn ~** to make sb sick; ■**von etw** *dat* **angeekelt sein** to be disgusted by sth

Anemone <-, -n> [aneˈmoːnə] *f* BOT anemone

anerkannt *adj* recognized

an|erkennen* [ˈanʔɛɐ̯kɛnən] *vt irreg* ① (*offiziell akzeptieren*) to recognize; *Kind* to acknowledge; *Forderung* to accept ② (*würdigen*) to appreciate ③ (*gelten lassen*) to accept; *Meinung* to respect

anerkennend **I.** *adj* acknowledging; **ein ~er Blick** a look of acknowledg[e]ment **II.** *adv* in acknowledg[e]ment

anerkennenswert *adj* commendable

Anerkennung <-, -en> *f* ① (*offizielle Bestätigung*) recognition ② (*lobende Zustimmung*) praise; **~ finden** to gain recognition

an|erziehen* *vt irreg* ■**jdm etw ~** to teach sb sth; ■**anerzogen sein** to be acquired

an|fachen *vt* (*fig geh*) to arouse

an|fahren *irreg* **I.** *vi sein* to drive off; *Zug* to draw in **II.** *vt haben* ① (*beim Fahren streifen*) to hit ② (*schelten*) ■**jdn ~** to snap at sb ③ TRANSP to call at; **einen Hafen ~** to pull in at a port

Anfahrt *f* journey [to]

Anfall *m* ① MED attack; **epileptischer ~** epileptic fit ② (*Wutanfall*) fit of rage; **der kriegt einen ~, wenn er das mitbekommt!** he's going to go round the bend when he hears about this! ③ (*Anwandlung*) ■**in einem ~ von etw** *dat* in a fit of sth

an|fallen *irreg* **I.** *vi sein* ① (*entstehen*) to arise ② *Kosten* to incur ③ (*sich anhäufen*) to accumulate; *Arbeit a.* to pile up **II.** *vt haben* (*angreifen*) to attack

anfällig *adj* to be prone (**für** *+akk* to); AUTO, TECH temperamental

Anfälligkeit <-> *f meist sing* ① (*anfällige Konstitution*) delicateness; ■**die ~ für etw** *akk* susceptibility to sth ② AUTO, TECH temperamental nature

Anfang <-[e]s, -fänge> *m* ① (*Beginn*) beginning, start; **den ~ machen** to make a start; **einen neuen ~ machen** to make a fresh start; **~ September/der Woche** at the beginning of September/the week; **der Täter war ca. ~ 40** the perpetrator was in his early 40s; **von ~ bis Ende** from start to finish; **am ~** (*zu Beginn*) in the beginning; (*anfänglich*) to begin with; **von ~ an** from the [very] start ② (*Ursprung*) origin[s] *usu pl* ▶ WENDUNGEN: **der ~ vom Ende** the beginning of the end; **aller ~ ist schwer** (*prov*) the first step is always the hardest

an|fangen *irreg* **I.** *vi, vt* to begin, to start **II.** *vt* (*machen*) **etw anders ~** to do sth differently; **jd kann mit etw** *dat*/**jdm nichts ~** (*fam*) sth/sb is [of] no use to sb; **was soll ich damit ~?** what am I supposed to do with that?; **mit jdm ist nichts anzufangen** nothing can be done with sb; **nichts mit sich** *dat* **anzufangen wissen** to not know what to do with oneself

Anfänger(in) <-s, -> *m(f)* beginner; (*im Straßenverkehr*) learner [driver] BRIT, student driver AM; **~ sein** to be a novice; **ein blutiger ~ sein** (*fam*) to be an absolute beginner

Anfängerkursus(us) *m* beginners' course

anfänglich **I.** *adj attr* initial *attr* **II.** *adv* initially

anfangs **I.** *adv* at first **II.** *präp* SCHWEIZ at the

A

start of

Anfangsbuchstabe *m* initial [letter] **Anfangsschwierigkeiten** *pl* initial difficulties *pl* **Anfangsstadium** *nt* initial stage[s] *usu pl* **Anfangszeit** *f* early stages *pl*

an|fassen **I.** *vt* ❶ (*berühren*) to touch ❷ (*behandeln*) to treat **II.** *vi* ■ **mit ~** to lend a hand

an|fauchen *vt* ❶ *Katze* to spit at ❷ (*fig fam*) to snap at

anfechtbar *adj* contestable

an|fechten *vt irreg* to dispute; JUR to contest

an|fertigen *vt* to make

Anfertigung <-, -en> *f* making [up]

an|feuchten *vt* to moisten

an|feuern *vt* ❶ (*ermutigen*) to cheer on ❷ (*anzünden*) to light

an|flehen *vt* to beg (**um** +*akk* for)

an|fliegen *irreg vt* to fly to

Anflug *m* ❶ LUFT approach ❷ (*fig: Andeutung*) hint; (*Anfall*) fit

an|fordern *vt* (*die Zusendung erbitten*) to request; *Katalog* to order

Anforderung *f* ❶ *kein pl* (*das Anfordern*) request; *Katalog* ordering; ■ **auf ~** on request ❷ *meist pl* (*Anspruch*) demands; **~en [an jdn] stellen** to place demands [on sb]; **du stellst zu hohe ~en** you're too demanding

Anfrage *f* inquiry; ■ **auf ~** on request

an|fragen *vi* to ask

an|freunden ['anfrɔyndn̩] *vr* ❶ (*Freunde werden*) ■ **sich ~** to become friends; ■ **sich** *akk* **mit jdm ~** to make friends with sb ❷ (*sich gewöhnen*) ■ **sich** *akk* **mit etw** *dat* **~** to get to like sth

an|fügen *vt* to add

an|fühlen *vr* **sich weich ~** to feel soft

Anfuhr *f* transportation

an|führen *vt* ❶ (*vorangehen*) to lead ❷ (*zitieren*) to quote; *Beispiel, Grund* to give ❸ (*benennen*) to name

Anführer(in) *m(f)* leader

Anführungsstrich *m*, **Anführungszeichen** *nt meist pl* quotation mark[s], BRIT *a.* inverted comma[s]

Angabe <-, -n> *f* ❶ *meist pl* (*Mitteilung*) details *pl;* **genauere ~n** further details; **~n zur Person** personal details; **~n machen** to give details (**über** +*akk* about, **zu** +*dat* about) ❷ *kein pl* (*Prahlerei*) boasting

an|gaffen *vt* (*pej*) to gape at, BRIT *a.* to gawp at, AM *a.* to gawk at

an|geben *irreg* **I.** *vt* ❶ (*nennen*) to give; **seinen Namen ~** to give one's name; **jdn als Zeugen ~** to cite sb as a witness ❷ (*behaupten*) to claim ❸ (*anzeigen*) to indicate ❹ (*bestimmen*) to set; *Takt* to give; **das Tempo ~** to set the pace **II.** *vi* (*prahlen*) to boast (**mit** +*dat* about)

Angeber(in) <-s, -> *m(f)* show-off, poser

Angeberei <-, -en> [ange:bəˈrai̯] *f* (*fam*) showing-off

Angeberin <-, -nen> *f fem form von* **Angeber**

angeberisch **I.** *adj* pretentious **II.** *adv* pretentiously

Angebetete(r) *f(m) dekl wie adj* (*hum*) beloved

angeblich ['ange:plɪç] **I.** *adj attr* alleged **II.** *adv* allegedly; **er hat ~ nichts gewusst** apparently, he didn't know anything about it

angeboren *adj* innate; MED congenital

Angebot *nt* ❶ (*das Anbieten*) offer ❷ *kein pl* (*Warenangebot*) range of goods; **~ und Nachfrage** supply and demand ❸ (*Sonderangebot*) special offer; **im ~** on special offer

angebracht **I.** *adj* ❶ (*sinnvoll*) sensible ❷ (*angemessen*) suitable **II.** *pp von* **anbringen**

angegossen *adj* ▶ WENDUNGEN: **wie ~ sitzen** (*fam*) to fit like a glove

angegriffen **I.** *adj* frail; *Nerven* raw **II.** *adv* **~ aussehen** to look exhausted **III.** *pp von* **angreifen**

angeheitert ['angəhai̯tɐt] *adj* (*fam*) tipsy

an|gehen *irreg* **I.** *vi sein* ❶ (*sich einschalten, entzünden*) *Licht, Radio* to come on; *Feuer* to start ❷ (*bekämpfen*) ■ **gegen etw ~** to fight against sth **II.** *vt* ❶ *haben o* SÜDD, ÖSTERR *sein* (*in Angriff nehmen*) to tackle ❷ *haben* (*betreffen*) to concern; **was geht mich das an?** what's that got to do with me?; **das geht dich nichts an!** (*fam*) that's none of your business!; **was mich angeht, ...** as far as I am concerned, ...

angehend *adj* prospective

an|gehören* *vi* to belong to

Angehörige(r) *f(m) dekl wie adj* ❶ (*Familienangehörige*) relative; **die nächsten ~n** the next of kin ❷ (*Mitglied*) member

Angeklagte(r) *f(m) dekl wie adj* accused

Angel <-, -n> ['aŋl̩] *f* fishing-rod and line, AM *a.* fishing pole

Angelegenheit <-, -en> *f* matter; **sich** *akk* **um seine eigenen ~en kümmern** to mind one's own business

angelernt *adj* ❶ (*eingearbeitet*) semi-skilled ❷ (*oberflächlich gelernt*) acquired

Angelhaken *m* fish-hook

angeln ['aŋl̩n] **I.** *vi* ❶ (*Fische fangen*) to fish ❷ (*zu greifen versuchen*) to fish [around] (**nach** +*dat* for) **II.** *vt* to catch; **sich** *dat* **einen Mann** ~ (*fam*) to catch oneself a man

an|geloben *vt* ① (*geh: versprechen*) to swear ② ÖSTERR to swear in

Angelobung <-, -en> *f* ÖSTERR swearing in

Angelpunkt *m* crucial point

Angelrute *f* fishing rod

Angelsachse, -sächsin <-n, -n> ['aŋl̩zaksə] *m, f* Anglo-Saxon

angemessen **I.** *adj* ① (*entsprechend*) fair; ■**einer S.** *dat* ~ **sein** to be proportionate to sth ② (*passend*) appropriate **II.** *adv* ① (*entsprechend*) proportionately ② (*passend*) appropriately

angenehm **I.** *adj* pleasant; *Nachricht* good; *Wetter* agreeable ▶WENDUNGEN: **das A~e mit dem Nützlichen verbinden** to mix business with pleasure **II.** *adv* pleasantly

angenommen **I.** *adj* assumed; *Kind* adopted **II.** *konj* assuming

angepasst **I.** *adj, adv* conformist **II.** *pp von* **annehmen**

angeregt **I.** *adj* animated **II.** *adv* animatedly; **sie diskutierten** ~ they had an animated discussion **III.** *pp von* **anregen**

angesagt **I.** *adj* (*fam*) ■~ **sein** (*in Mode*) to be in; (*geplant*) to be scheduled **II.** *pp von* **ansagen**

angeschlagen **I.** *adj* weak[ened]; *Gesundheit* poor **II.** *pp von* **anschlagen**

angesehen **I.** *adj* respected; *Firma* of good standing **II.** *pp von* **ansehen**

Angesicht *nt* (*geh*) **von** ~ **zu** ~ face to face

angesichts *präp* +*gen* in the face of

angespannt **I.** *adj* tense; *Situation* critical **II.** *adv* ~ **wirken** to seem tense; **etw** ~ **verfolgen** to follow sth tensely **III.** *pp von* **anspannen**

angestammt *adj* (*geerbt*) hereditary; (*überkommen*) traditional

angestaubt *adj* outdated; ~**e Ansichten** antiquated views

Angestellte(r) *f(m) dekl wie adj* employee

angestrengt **I.** *adj* ① *Gesicht* strained ② (*intensiv*) hard **II.** *adv* (*konzentriert*) concentratedly; ~ **diskutieren** to discuss intensively **III.** *pp von* **anstrengen**

angetan **I.** *adj* ■**von jdm/etw** ~ **sein** to be taken with sb/sth; ■**es jdm** ~ **haben** to appeal to sb **II.** *pp von* **antun**

angetrunken **I.** *adj* slightly drunk **II.** *pp von* **antrinken**

angewandt **I.** *adj attr* applied **II.** *pp von* **anwenden**

angewiesen **I.** *adj* dependent (**auf** +*akk* on) **II.** *pp von* **anweisen**

an|gewöhnen* *vt* ■**sich** *dat* **etw** ~ to get into the habit of [doing] sth

Angewohnheit *f* habit

angewurzelt *adj* ▶WENDUNGEN: **wie** ~ **dastehen** to stand rooted to the spot

angezeigt *adj* (*geh*) appropriate

Angina <-, Anginen> [aŋ'giːna, *pl* -nən] *f* MED angina; ~ **Pectoris** angina pectoris

an|gleichen *irreg* **I.** *vt* to bring into line **II.** *vr* ■**sich** *akk* ~ to adapt oneself (+*dat* to)

Angleichung *f* adaptation

Angler(in) <-s, -> ['aŋlɐ] *m(f)* angler

an|gliedern *vt* to incorporate (+*dat* into)

Angliederung *f* ① (*Anschluss*) incorporation ② (*Annexion*) annexation

anglikanisch [aŋgli'kaːnɪʃ] *adj* Anglican; **die** ~**e Kirche** the Church of England

Anglist(in) <-en, -en> ['aŋglɪst] *m(f)* ① (*Wissenschaftler*) Anglist ② (*Student*) student of English [language and literature]

Anglistik <-> [aŋ'glɪstɪk] *f kein pl* study of English [language and literature]

Anglizismus <-, -men> [aŋgli'tsɪsmʊs] *m* LING Anglicism

angloamerikanisch [aŋglo-] *adj* Anglo-American

an|glotzen *vt* (*fam*) to gape at

an|graben *irreg vt* ■**jdn** ~ (*sl*) to chat sb up BRIT *fam*, to come on to sb

angreifbar *adj* contestable

an|greifen *irreg* **I.** *vt, vi* (*attackieren*) to attack **II.** *vt* ① (*schädigen*) to damage ② (*zersetzen*) to corrode ③ (*beeinträchtigen*) to affect

Angreifer(in) <-s, -> *m(f)* ① MIL attacker ② *meist pl* SPORT attacking player

an|grenzen *vi* to border (**an** +*akk* on)

angrenzend *adj attr* bordering; **die** ~**en Bauplätze** the adjoining building sites

Angriff *m* ① MIL attack; **zum** ~ **übergehen** to go on the offensive ② SPORT (*Vorgehen*) attack; (*die Angriffsspieler*) forwards *pl;* **im** ~ **spielen** to play in attack ▶WENDUNGEN: ~ **ist die beste Verteidigung** (*prov*) offence is the best defence *prov;* **etw in** ~ **nehmen** to tackle sth

Angriffsfläche *f* target **Angriffslust** *f kein pl* aggressiveness **angriffslustig** *adj* aggressive **Angriffspunkt** *m* target

an|grinsen *vt* to grin at

angst [aŋst] *adj* ■**jdm ist/wird** ~ [**und bange**] sb is/becomes afraid

Angst <-, Ängste> [aŋst, *pl* 'ɛŋstə] *f* fear (**vor** +*dat* of); ~ **bekommen** (*fam*) to become frightened; ~ [**vor etw** *dat*] **haben** to be afraid [of sth]; ~ **um etw haben** to be worried about sth; **jdm** ~ **machen** to frighten sb

angstfrei *adj* anxiety-free **Angsthase** *m* (*fam*) scaredy-cat
ängstigen ['ɛŋstɪgn̩] **I.** *vt* ❶(*in Furcht versetzen*) to frighten ❷(*beunruhigen*) to worry **II.** *vr* ■**sich** *akk* ~ ❶(*Furcht haben*) to be afraid ❷(*sich sorgen*) to worry
ängstlich ['ɛŋstlɪç] *adj* ❶(*verängstigt*) frightened ❷(*besorgt*) worried
Ängstlichkeit <-> *f kein pl* ❶(*Furchtsamkeit*) fear ❷(*Besorgtheit*) anxiety
Angstmacher(in) *m(f)* (*pej*) scaremonger
Angstmacherei <-> ['aŋstmaxəraɪ] *f kein pl* (*pej*) scaremongering
Angstschweiß *m* cold sweat **Angstzustand** *m* state of panic
an|gucken *vt* (*fam*) to look at
an|gurten *vr* ■**sich** *akk* ~ to fasten one's seat belt, Am *a.* to buckle up
an|haben *vt irreg* ❶*Kleidung* to have on ❷(*Schaden zufügen*) **jdm nichts ~ können** to be unable to harm sb
an|haften *vi* (*sich zugehörig fühlen*) to belong to; **einer Idee ~** to adhere to an idea
an|halten *irreg* **I.** *vi* ❶(*stoppen*) to stop ❷(*fortdauern*) to continue **II.** *vt* ❶(*stoppen*) to bring to a stop ❷(*anleiten*) ■**jdn** [**zu etw** *dat*] ~ to teach sb [to do sth]
anhaltend *adj* continuous; *Lärm* incessant; *Schmerz* persistent; **die ~e Hitzewelle** the continuing heatwave
Anhalter(in) <-s, -> ['anhaltɐ] *m(f)* hitch-hiker; **per ~ fahren** to hitch-hike
Anhaltspunkt *m* clue
anhand [an'hant] *präp +gen* on the basis of
Anhang <-[e]s, -hänge> *m* ❶(*Nachtrag*) appendix ❷*kein pl* (*Angehörige*) [close] family, dependants ❸*kein pl* (*Gefolgschaft*) followers
an|hängen *vt* ❶(*ankuppeln*) to couple (**an** *+akk* to) ❷(*hinzufügen*) to add ❸(*fam: anlasten*) ■**jdm etw ~** to blame sth on sb
Anhänger <-s, -> *m* ❶AUTO trailer ❷(*Schmuckstück*) pendant ❸(*Gepäckanhänger*) label
Anhänger(in) <-s, -> *m(f)* ❶SPORT fan ❷(*Gefolgsmann*) follower, supporter
Anhängerschaft <-> *f kein pl* ❶(*Gefolgsleute*) followers *pl*, supporters *pl* ❷SPORT fans *pl*
anhänglich ['anhɛŋlɪç] *adj* (*sehr an jdm hängend*) devoted; (*sehr zutraulich*) friendly
Anhänglichkeit <-> *f kein pl* ❶(*anhängliche Art*) devotion ❷(*Zutraulichkeit*) trusting nature
an|hauchen *vt* to breathe on
an|hauen *vt irreg* (*sl*) to accost; **jdn um 5 Euro ~** to tap sb for 5 euros
an|häufen *vt, vr* ■[**sich**] ~ ❶(*aufhäufen*) to pile up ❷(*fig: ansammeln*) to accumulate
Anhäufung <-, -en> *f* ❶(*das Aufhäufen*) piling up ❷(*fig: das Ansammeln*) accumulation
an|heben *irreg vt* ❶(*hochheben*) to lift [up] ❷(*erhöhen*) to increase
Anhebung <-, -en> *f* increase; **die ~ der Preise** the increase in prices
an|heften *vt* ❶(*daran heften*) to attach ❷(*anstecken*) to pin on
anheim|fallen *vi irreg sein* (*geh*) ■**jdm/etw ~** to fall victim to sb/sth
an|heuern *vt, vi* NAUT to sign on
Anhieb *m* **auf ~** (*fam*) straight away; **das kann ich nicht auf ~ sagen** I couldn't say off the top of my head
an|himmeln *vt* (*fam*) to idolize
Anhöhe *f* high ground
an|hören **I.** *vt* ❶(*zuhören*) ■[**sich** *dat*] **etw ~** to listen to sth ❷(*mithören*) **ein Geheimnis** [**mit**] ~ to overhear a secret ❸(*anmerken*) ■**jdm etw ~** to hear sth in sb['s voice]; **dass er Däne ist, hört man ihm nicht an** you can't tell from his accent that he's Danish **II.** *vr* (*klingen*) ■**sich ~** to sound
Anhörung <-, -en> *f* hearing
Animateur(in) <-s, -e> [anima'tøːɐ̯] *m(f)* host *masc*, hostess *fem*
animieren* [ani'miːrən] *vt* to encourage
Anis <-[es], -e> [a'niːs] *m* ❶(*Pflanze*) anise ❷(*Gewürz*) aniseed
Ank. *Abk von* **Ankunft** arr.
an|kämpfen *vi* to fight (**gegen** *+akk* against); **sie kämpfte gegen ihre Tränen an** she fought back her tears
Ankauf *m* buy
an|kaufen *vt* to buy
an|keksen ['ankeːksən] *vt* ■**jdn ~** (*sl*) to get on sb's nerves
Anker <-s, -> ['aŋkɐ] *m* anchor; **vor ~ gehen** to drop anchor [somewhere]; **den ~ lichten** to weigh anchor; **vor ~ liegen** to lie at anchor
ankern ['aŋkɐn] *vi* ❶(*Anker werfen*) to drop anchor ❷(*vor Anker liegen*) to lie at anchor
Ankerplatz *m* anchorage
an|ketten *vt* to chain up (**an** *+akk* to)
Anklage <-, -n> *f* ❶(*Beschuldigung*) accusation ❷*kein pl* JUR charge; **gegen jdn ~ [wegen etw** *gen*] **erheben** to charge sb [with sth]; **unter ~ stehen** to be charged
Anklagebank <-bänke> *f pl selten* JUR dock; **auf der ~ sitzen** to be in the dock
an|klagen *vt* ❶JUR to charge ❷(*beschuldi-

A

gen) to accuse ❸ (*anprangern*) to denounce

anklagend **I.** *adj* ❶ (*anprangernd*) denunciatory ❷ (*eine Beschuldigung beinhaltend*) accusatory **II.** *adv* (*als Anklage*) accusingly

Ankläger(in) <-s, -> *m(f)* JUR prosecutor

Anklageschrift *f* JUR indictment

Anklang *m* ▶ WENDUNGEN: ~ **finden** to meet with approval

an|kleben *vt* to stick on

an|kleiden *vt* (*geh*) to dress

Ankleideraum *m* changing room

an|klicken *vt* INFORM to click on

an|klopfen *vi* to knock

an|knabbern *vt* (*fam*) to gnaw [away] at

an|knipsen *vt* (*fam*) to flick on *fam*

an|knüpfen **I.** *vt* to tie (**an** +*akk* to) **II.** *vi* (*wieder aufnehmen*) ■ **an etw** ~ to resume sth; **an ein altes Argument** ~ to take up an old argument

an|kommen *irreg* **I.** *vi sein* ❶ (*eintreffen*) to arrive; **seid ihr gut angekommen?** did you arrive safely? ❷ (*gelangen zu*) ■ **bei etw** *dat* ~ to reach sth ❸ (*fam: Anklang finden*) ■ [**bei jdm**] ~ *Sache* to go down well [with sb]; *Person* to make an impression [on sb] ❹ (*sich durchsetzen*) ■ **gegen jdn/etw** ~ to get the better of sb/sth **II.** *vi impers sein* ❶ (*wichtig sein*) ■ **auf etw** ~ sth matters; ■ **es kommt darauf an, dass ...** what matters is that ... ❷ (*abhängen von*) ■ **auf jdn/etw** ~ to be dependent on sb/sth; **das kommt darauf an** it depends; ■ **es kommt darauf an, ob ...** it depends on whether ...

Ankömmling <-s, -e> *m* newcomer

an|kotzen *vt* (*derb: anwidern*) to make sick

an|kreiden *vt* ■ **jdm etw** ~ to hold sth against sb

an|kreuzen *vt* to mark with a cross

an|kündigen *vt* to announce

Ankündigung *f* announcement

Ankunft <-, -künfte> ['ankunft, *pl* -kʏnftə] *f* arrival

Ankunftshalle *f* arrivals [lounge] **Ankunftszeit** *f* time of arrival

an|kurbeln *vt* ÖKON to boost

Ankurbelung <-, -en> *f* ÖKON boost

an|lächeln *vt* to smile at

an|lachen *vr* (*fam*) ■ **sich** *dat* **jdn** ~ to pick sb up

Anlage <-, -n> *f* ❶ (*Fabrikanlage*) plant ❷ (*Grünanlage*) park ❸ (*Sportanlage*) facilities *pl* ❹ (*Stereoanlage*) sound system ❺ **sanitäre ~n** sanitary facilities ❻ (*Kapitalanlage*) investment ❼ *meist pl* (*Veranlagung*) disposition

an|langen *vt* SÜDD (*anfassen*) to touch

Anlass <-es, -lässe> ['anlas, *pl* 'anlɛsə] *m* ❶ (*Grund*) reason; **es besteht kein ~ zu etw** *dat*/**, etw zu tun** there are no grounds for sth/to do sth; [**jdm**] **~ zu etw** *dat* **geben** to give [sb] grounds for sth; **keinen ~ haben, etw zu tun** to have no grounds to do sth; **etw zum ~ nehmen, etw zu tun** to use sth as an opportunity to do sth ❷ (*Gelegenheit*) occasion; **dem ~ entsprechend** to fit the occasion

an|lassen *irreg vt* ❶ AUTO to start [up] ❷ (*fam: anbehalten*) to keep on ❸ (*fam: in Betrieb lassen*) to leave on

Anlasser <-s, -> *m* AUTO starter [motor]

anlässlich ['anlɛslɪç] *präp* +*gen* on the occasion of

an|lasten *vt* ■ **jdm etw** ~ to blame sb for sth

Anlauf <-[e]s, -läufe> *m* ❶ SPORT run-up; ~ **nehmen** to take a run-up; **mit** ~ with a run-up ❷ (*fig: Versuch*) attempt; **beim ersten/zweiten** ~ at the first/second attempt; **noch einen ~ nehmen** to make another attempt

an|laufen *irreg* **I.** *vi sein* ❶ (*beginnen*) to begin ❷ *Brillengläser, Glasscheibe* to steam up; *Metall* to tarnish ❸ **vor Wut rot** ~ to turn purple with rage **II.** *vt haben* **den Hafen** ~ to put into port

Anlaufschwierigkeit *f meist pl* teething problem *fig*, initial difficulty **Anlaufstelle** *f* refuge

Anlaut *m* LING initial sound

an|legen **I.** *vt* ❶ (*erstellen*) to compile; *Liste* to draw up ❷ *Garten, Park* to lay out ❸ *Vorrat* to lay in ❹ *Geld* to invest **II.** *vi Schiff* to berth **III.** *vr* ■ **sich** *akk* **mit jdm** ~ to pick an argument with sb

Anlegeplatz *m* dock

an|lehnen **I.** *vt* ❶ (*daran lehnen*) to lean [against] ❷ *Tür* to leave ajar **II.** *vr* ■ **sich ~ an** to lean against; *Text* to follow

Anlehnung *f* **in ~ an jdn/etw** following sb/sth

anlehnungsbedürftig *adj* needing affection *pred*

an|leiern *vt* (*fam*) to get going

Anleihe <-, -n> *f* FIN (*Kredit*) loan; (*Wertpapier*) bond

an|leiten *vt* to instruct

Anleitung *f* ❶ (*Gebrauchsanleitung*) instructions *pl* ❷ (*das Anleiten*) instruction; **unter jds** *dat* ~ under sb's guidance

an|lernen *vt* to train

an|lesen *irreg* **I.** *vt* (*den Anfang von etw lesen*) to start to read **II.** *vr* (*sich durch Lesen aneignen*) ■ **sich** *dat* **etw** ~ to learn sth by reading

an|liefern *vt* to deliver

an|liegen *vi irreg* (*fam: zu erledigen sein*) to be on the agenda; ■**was liegt an?** (*fam*) what's up?

Anliegen <-s, -> *nt* request; **ein ~ [an jdn] haben** to have a request to make [of sb]

anliegend *adj* ① (*beiliegend*) enclosed ② (*angrenzend*) adjacent

Anlieger <-s, -> *m* ① (*Anwohner*) resident; **~ frei** residents only ② (*Anrainer*) neighbour

an|locken *vt* to attract; *Tier* to lure

an|lügen *vt irreg* to lie to

Anm. *f Abk von* **Anmerkung**

Anmache <-> *f kein pl* (*sl: Annäherungsversuch*) come-on

an|machen *vt* ① (*einschalten*) to turn on ② (*anzünden*) to light ③ *Salat* to dress ④ (*sl: aufreizen*) to turn on ⑤ (*sl: aufreißen wollen*) to pick up ⑥ (*sl: rüde ansprechen*) to have a go at

an|mailen ['anmeɪlən] *vt* to [e-]mail

an|malen **I.** *vt* to paint; **mit Buntstiften ~** to colour in with pencils **II.** *vr* (*fam: sich schminken*) ■**sich** *akk* **~** to paint one's face

an|maßen *vr* ■**sich** *dat* **etw ~** to claim sth [unduly] for oneself; **was maßen Sie sich an!** what right do you [think you] have!

anmaßend ['anma:sn̩t] *adj* arrogant

Anmaßung <-, -en> *f* arrogance

Anmeldegebühr *f* registration fee

an|melden **I.** *vt* ① **jdn zu einem Kurs ~** to enrol sb in [*or* on] a course; **ein Kind in der Schule ~** to enrol a child at a school ② (*ankündigen*) to announce ③ **ein Fernsehgerät/Radio ~** to get a TV/radio licence; **ein Auto ~** to register a car; **das Telefon ~** to request the connection of the phone ④ (*geltend machen*) to assert; **Bedenken ~** to make [one's] misgivings known **II.** *vr* ■**sich** *akk* **~** ① (*sich ankündigen*) to give notice of a visit (**bei** +*dat* to) ② (*sich eintragen lassen*) to apply (**zu** +*dat* for) ③ (*bei einem Umzug*) to register one's new address

anmeldepflichtig *adj präd* ■**~ sein** to be obliged to have a licence

Anmeldung <-, -en> *f* ① (*Ankündigung*) [advance] notice [of a visit]; **ohne ~** without an appointment ② SCH enrolment ③ (*Registrierung*) registration; **die ~ eines Fernsehers** the licensing of a television ④ (*Anmelderaum*) reception

an|merken *vt* ① (*bemerken*) to notice; **er ließ sich nichts ~** he didn't let it show ② (*eine Bemerkung machen*) to add ③ (*notieren*) to make a note of

Anmerkung <-, -en> *f* ① (*Erläuterung*) note ② (*Fußnote*) footnote ③ (*Kommentar*) comment

Anmoderation *f* TV continuity [*or* AM voice-over] announcement

an|moderieren *vt* ■**etw ~** to deliver a piece to camera

an|motzen *vt* (*fam*) ■**jdn ~** to bite sb's head off

Anmut <-> ['anmu:t] *f kein pl* (*geh*) ① (*Grazie*) grace[fulness] ② (*liebliche Schönheit*) beauty

anmutig *adj* (*geh*) ① (*graziös*) graceful ② (*hübsch anzusehen*) beautiful

an|nähen *vt* to sew on

an|nähern **I.** *vr* ■**sich [einander] ~** to come closer [to one another] **II.** *vt* ■**aneinander ~** to bring into line with each other

annähernd **I.** *adj* approximate **II.** *adv* approximately

Annäherung <-, -en> *f* convergence

Annäherungsversuch *m* advance[s] *esp pl*; **~e machen** to make advances

annäherungsweise *adv* approximately; ■**nicht ~** nowhere near

Annahme <-, -n> ['anna:mə] *f* ① (*Vermutung*) assumption; **von einer ~ ausgehen** to proceed on the assumption; **in der ~, dass ...** on the assumption that ... ② (*das Annehmen*) acceptance

Annahmestelle *f* ① (*Lottoannahmestelle*) outlet selling lottery tickets ② (*Abgabestelle für Altmaterialen/Müll*) [rubbish [*or* AM garbage]] dump ③ (*Stelle für die Annahme*) counter

Annalen *pl* annals; **in die ~ eingehen** to go down in the annals [of history]

annehmbar **I.** *adj* ① (*akzeptabel*) acceptable ② (*nicht übel*) reasonable **II.** *adv* reasonably

an|nehmen *irreg* **I.** *vt* ① (*entgegennehmen, akzeptieren*) to accept ② (*übernehmen*) *Job, Auftrag* to take [on] ③ (*vermuten, voraussetzen*) to assume; ■**angenommen, das stimmt ...** assuming that's right ... ④ (*sich zulegen*) to adopt ⑤ (*zulassen*) *Patienten, Schüler* to take on ⑥ (*fam: adoptieren*) to adopt **II.** *vr* ① (*sich kümmern*) ■**sich jds** *gen* **~** to look after sb ② (*erledigen*) ■**sich einer S.** *gen* **~** to take care of sth

Annehmlichkeit <-, -en> *f meist pl* convenience

annektieren* [anɛk'ti:rən] *vt* to annex

Anno, anno ['ano] *adv* ÖSTERR in the year ▸ WENDUNGEN: **von ~ dazumal** (*fam*) from

A

the year dot BRIT, from long ago AM

Annonce <-, -n> [a'nõ:sə] *f* advertisement, ad[vert] *fam*

annoncieren* [anõ'si:rən] *vi* to advertise

annullieren* [anʊ'li:rən] *vt* JUR to annul

Anode <-, -n> [a'no:də] *f* PHYS anode

an|öden ['an'ø:dn̩] *vt* (*fam*) to bore silly

anomal [ano'ma:l] *adj* abnormal

Anomalie <-, -n> [anoma'li:, *pl* -'li:ən] *f* ① (*Missbildung*) abnormality ② (*Unregelmäßigkeit*) anomaly

anonym [ano'ny:m] **I.** *adj* anonymous; ~ **bleiben** to remain anonymous **II.** *adv* anonymously

anonymisieren* [anonymi'zi:rən] *vt* to make anonymous

Anonymität <-> [anonymi'tɛ:t] *f kein pl* anonymity

Anorak <-s, -s> ['anorak] *m* anorak

an|ordnen *vt* ① (*festsetzen*) to order ② (*ordnen*) to arrange (**nach** +*dat* according to)

Anordnung <-, -en> *f* ① (*Verfügung*) order; **auf ~ seines Arztes** on [his] doctor's orders ② (*systematische Ordnung*) order

anorganisch ['an'ɔrga:nɪʃ] *adj* CHEM inorganic

anormal ['anɔrma:l] *adj* abnormal

an|packen **I.** *vt* ① (*anfassen*) to touch ② (*beginnen*) to tackle; **packen wir's an!** let's get started! **II.** *vi* (*mithelfen*) ■ **[mit]** ~ to lend a hand

an|passen **I.** *vt* ① (*adaptieren*) to adapt (**an** +*akk* to) ② (*entsprechend verändern*) ■ **etw einer S.** *dat* ~ to adjust sth to sth **II.** *vr* ① (*sich darauf einstellen*) ■ **sich** ~ to adjust ② (*sich angleichen*) ■ **sich jdm/etw** ~ to fit in with sb/sth; (*gesellschaftlich*) to conform to sth

Anpassung <-, -en> *f* ① (*Abstimmung*) adaptation (**an** +*akk* to); **mangelnde ~** maladaptation ② (*Angleichung*) conformity *no art* (**an** +*akk* to)

anpassungsfähig *adj* adaptable **Anpassungsfähigkeit** *f* adaptability **Anpassungsschwierigkeiten** *pl* difficulties in adapting

an|peilen *vt* (*fam*) ① (*ansteuern wollen*) to head for ② (*anvisieren*) to set one's sights on

an|pfeifen *irreg vt* **das Spiel** ~ to blow the whistle [to start the game]

Anpfiff *m* ① SPORT ~ [**des Spiels**] whistle [to start the game]; FBALL *a.* kick-off ② (*fam: Rüffel*) ticking-off BRIT, chewing-out AM

an|pflanzen *vt* (*setzen*) to plant; (*anbauen*) to grow

an|pflaumen *vt* (*fam*) ■ **jdn** ~ to make fun of sb

an|pirschen *vr* ■ **sich** *akk* [**an ein Tier**] ~ to stalk [an animal]; ■ **sich** *fam* [**an jdn**] ~ *akk* to creep up [on sb]

an|pöbeln *vt* (*fam*) ■ **jdn** ~ to get snotty with sb

an|prangern ['anpraŋɐn] *vt* to denounce

an|preisen *vt irreg* to extol

Anprobe *f* fitting

an|probieren* *vt* to try on *sep*

an|pumpen *vt* (*fam*) ■ **jdn** ~ to cadge sb; **jdn um 100 Euro** ~ to tap sb for 100 euros

an|quatschen *vt* (*fam*) to speak to; (*anbaggern*) to chat up *sep*, to hit on AM

Anrainerstaat *m* neighbouring country

an|rechnen *vt* ① (*gutschreiben*) to take into consideration; **die 2000 Euro werden auf die Gesamtsumme angerechnet** the 2000 euros will be deducted from the total ② (*in Rechnung stellen*) ■ **jdm etw** ~ to charge sb with sth ③ (*bewerten*) ■ **jdm etw als Fehler** ~ to count sth as a mistake; (*fig*) to consider sth as a fault on sb's part; **dass er ihr geholfen hat, rechne ich ihm hoch an** I think very highly of him for having helped her

Anrecht *nt* ■ **ein ~ auf etw haben** to have a right to sth

Anrede *f* form of address

an|reden **I.** *vt* **jdn** ~ to address sb **II.** *vi* ■ **gegen jdn** ~ to argue against sb

an|regen **I.** *vt* ① (*ermuntern*) ■ **jdn** [**zu etw** *dat*] ~ to encourage sb [to do sth]; **jdn zum Nachdenken** ~ to make sb ponder ② (*vorschlagen*) to suggest ③ (*stimulieren*) to stimulate; **den Appetit** ~ to stimulate the appetite **II.** *vi* (*beleben*) to be a stimulant

anregend *adj* ① (*stimulierend*) stimulating ② (*sexuell stimulierend*) sexually arousing

Anregung *f* ① (*Vorschlag*) idea; **auf jds ~** at sb's suggestion ② (*Impuls*) stimulus ③ *kein pl* (*Stimulierung*) stimulation

an|reichern ['anraiçɐn] *vt* ① (*gehaltvoller machen*) to enrich ② CHEM ■ **etw** ~ to add sth (**mit** to)

Anreise *f* ① (*Anfahrt*) journey [here/there] ② (*Ankunft*) arrival

an|reisen *vi sein* ① (*ein Ziel anfahren*) to travel [here/there] ② (*eintreffen*) to arrive

Anreiz *m* incentive

an|rempeln *vt* to bump into

an|rennen *vi irreg sein* ■ **gegen etw** ~ to storm sth

Anrichte <-, -n> *f* sideboard

an|richten *vt* ① (*zubereiten*) to prepare ② (*fam: anstellen*) **Unfug** ~ to get up to

mischief; **was hast du da wieder angerichtet!** what have you done now! ③ *Schaden, Unheil* to cause
anrüchig ['anrʏçɪç] *adj* indecent
Anruf *m* [telephone] call
Anrufbeantworter <-s, -> *m* answering machine, BRIT *a.* answerphone
an|rufen *irreg vt, vi* to call [on the telephone], to phone; ■**angerufen werden** to get a telephone call
Anrufer(in) <-s, -> *m(f)* caller
Anrufweiterschaltung *f* call forwarding
an|rühren *vt* ① (*anfassen*) to touch; **rühr mich ja nicht an!** don't you touch me! ② *meist verneint* (*konsumieren*) ■**etw nicht ~** to not touch sth ③ (*zubereiten*) to mix; *Soße* to blend
ans [ans] = **an das** *s.* **an**
Ansage *f* announcement
an|sagen **I.** *vt* to announce **II.** *vr* ■**sich** *akk* ~ to announce a visit
Ansager(in) <-s, -> ['anza:gɐ] *m(f)* RADIO announcer
an|sammeln **I.** *vt* to accumulate; *Vorräte* to build up **II.** *vr* ■**sich ~** *Staub* to collect; *Krimskrams, Müll* to accumulate
Ansammlung *f* ① *von Menschen* crowd ② *von Dingen* accumulation
ansässig ['anzɛsɪç] *adj* resident; **in einer Stadt ~ sein** to be resident in a city
Ansatz *m* ① (*Basis*) base; *von Haar* hairline; **im ~** basically ② (*erster Versuch*) ■**der/ein ~ zu etw** *dat* the/an [initial] attempt at sth ③ (*Ausgangspunkt*) first sign[s *pl*]
Ansatzpunkt *m* starting point
ansatzweise *adv* basically
an|saufen *vr irreg* (*sl*) ■**sich** *dat* **einen** [**Rausch**] ~ to get plastered [*or* BRIT pissed] [*or* AM hammered]
an|schaffen **I.** *vt* (*kaufen*) to buy; ■**sich** *dat* **etw ~** to buy oneself sth **II.** *vi* (*sl*) ~ [**gehen**] to be on the game BRIT, to hook AM *pej fam*
Anschaffung <-, -en> *f* purchase; **eine ~ machen** to make a purchase
an|schalten *vt* to switch on
an|schauen **I.** *vt* to look at; *Film* to watch **II.** *vr* **sich** *dat* **etw** [**genauer**] ~ to take a [closer] look at sth
anschaulich **I.** *adj* illustrative **II.** *adv* vividly
Anschaulichkeit <-> *f kein pl* vividness; *einer Beschreibung* graphicness
Anschauung <-, -en> *f* view; **eine ~ teilen** to share a view
Anschauungsmaterial *nt* visual aids *pl*
Anschein *m* appearance; **den ~ erwecken, als** [**ob**] ... to give the impression that ...; **den ~ haben, als** [**ob**] ... to seem that ...; **allem ~ nach** to all appearances
anscheinend *adv* apparently
an|scheißen *vt irreg* (*sl*) ① (*zurechtweisen*) to give a dressing down [*or* BRIT *a.* bollocking] ② (*betrügen*) to screw
an|schicken *vr* (*geh*) ■**sich ~, etw zu tun** to prepare to do sth
an|schieben *vt irreg Fahrzeug* to push
an|schießen *irreg* **I.** *vt* (*durch Schuss verletzen*) to shoot and wound **II.** *vi* ■**angeschossen kommen** (*fam*) to come shooting along
Anschiss <-es, -e> *m* (*sl*) dressing down, BRIT *a.* bollocking
Anschlag *m* ① (*Attentat*) attempted assassination; **einen ~ auf jdn/etw verüben** to make an attack on sb/sth; **einem ~ zum Opfer fallen** to be assassinated; **einen ~ auf jdn vorhaben** (*hum fam*) to have a request for sb ② (*Plakat*) placard
Anschlagbrett *nt* notice [*or* AM bulletin] board
an|schlagen *irreg* **I.** *vt haben* ① *Aushang, Plakat* to put up ② (*Splitter abschlagen*) to chip; (*Sprung, Riss verursachen*) to crack ③ ÖSTERR (*anzapfen*) **ein Fass ~** to tap a barrel **II.** *vi* ① *sein* (*anprallen*) ■**mit etw** *dat* ~ to knock sth (**an** +*dat* on) ② *haben Hund* to bark ③ *haben* (*wirken*) to have an effect
an|schleichen *vr irreg* ■**sich an jdn/etw ~** to creep up on sb/up to sth
an|schleppen *vt* ① (*mitbringen*) to drag along ② *Fahrzeug* to tow-start
an|schließen *irreg* **I.** *vt* ① TECH to connect (**an** +*akk* to) ② (*befestigen*) *Fahrrad* to padlock ③ (*hinzufügen*) to add **II.** *vr* ① (*sich zugesellen*) ■**sich** *akk* **jdm ~** to join sb ② (*beipflichten*) ■**sich** *akk* **jdm/etw ~** to fall in with sb/sth; **dem schließe ich mich an** I think I'd go along with that
anschließend **I.** *adj* following; **die ~e Diskussion** the ensuing discussion **II.** *adv* afterwards
Anschluss *m* ① TELEK connection; **der ~ ist gestört** there's a disturbance on the line ② TECH connecting ③ **im ~ an etw** after sth ④ *kein pl* (*Kontakt*) contact; **~ finden** to make friends; **~ suchen** to want to make friends ⑤ BAHN, LUFT (*Verbindung*) connection; ~ [**nach London/München**] **haben** to have a connection [to London/Munich]; **den ~ verpassen** to miss one's connecting train/flight
Anschlusszug *m* BAHN connecting train, connection
an|schmiegen *vr* ■**sich** *akk* [**an jdn/etw**] ~ to cuddle up [to sb/sth]; *Katze,*

A

Hund to nestle [up to sb/into sth]
anschmiegsam *adj* ❶ (*anlehnungsbedürftig*) affectionate ❷ (*weich*) soft
an|schnallen *vr* ■**sich** *akk* ~ to fasten one's seat belt
Anschnallpflicht *f kein pl* obligatory wearing of seat belts
an|schnauzen *vt* (*fam*) to bawl at
an|schneiden *vt irreg* ❶ *Brot, Fleisch* to cut ❷ *Thema* to touch on
Anschovis <-, -> *f s.* **Anchovis**
an|schrauben *vt* to screw (**an** +*akk* to)
an|schreiben *irreg* **I.** *vt* ❶ (*an eine Tafel*) to write (**an** +*akk* on) ❷ ■**jdn ~** to write to sb **II.** *vi* (*fam*) ■**~ lassen** to buy on credit [*or* BRIT *a.* tab]
an|schreien *vt irreg* to shout at
Anschrift *f* address
an|schuldigen *vt* ■**jdn [einer S.** *gen*] ~ to accuse sb [of sth]
Anschuldigung <-, -en> *f* accusation
an|schwärzen *vt* (*fam*) ■**jdn ~** ❶ (*schlechtmachen*) to blacken sb's name ❷ (*denunzieren*) to run sb down
an|schweigen *vr irreg* ■**sich ~** to say nothing to each other
an|schwellen *vi irreg sein* ❶ *Körperteil* to swell [up] ❷ *Fluss* to swell, to rise ❸ *Lärm, Beifall* to rise
Anschwellung *f* ❶ MED slight swelling ❷ (*zunehmende Lautstärke*) *Beifall* roar ❸ (*zunehmend mehr Wasser*) *Fluss* rising levels
an|schwemmen *vt* to wash up
an|schwindeln *vt* (*fam*) to tell fibs
an|sehen *irreg vt* ❶ (*ins Gesicht sehen*) to look at; **jdn böse ~** to give sb an angry look ❷ *Film* to watch; *Theaterstück, Fußballspiel* to see ❸ (*betrachten*) to take a look at; **etw genauer ~** to take a closer look at sth; **hübsch anzusehen sein** to be pretty to look at ❹ (*ablesen können*) **jdm sein Alter nicht ~** sb doesn't look his/her age; **ihre Erleichterung war ihr deutlich anzusehen** her relief was obvious ❺ (*hinnehmen*) ■**etw [mit] ~** to stand by and watch sth; **das kann ich nicht länger mit ~** I can't stand it any more
Ansehen <-s> *nt kein pl* reputation; **[bei jdm] ~ genießen** to enjoy a reputation [with sb]; **an ~ verlieren** to lose standing
ansehnlich *adj* ❶ (*beträchtlich*) considerable; **eine ~e Leistung** an impressive performance ❷ (*stattlich*) good-looking
an|seilen *vt* to fasten with a rope; ■**sich ~** to fasten a rope to oneself; ■**angeseilt sein** to be roped together
an|sengen **I.** *vt haben* to singe **II.** *vi sein* to be[come] singed
an|setzen **I.** *vt* ❶ (*anfügen*) to attach (**an** +*akk* to) ❷ (*daran setzen*) to place in position; *Trinkgefäß* to raise to one's lips; **wo muss ich den Wagenheber ~?** where should I put the jack? ❸ (*veranschlagen*) to estimate ❹ (*auf jdn hetzen*) ■**jdn auf jdn/etw ~** to put sb on[to] sb/sth **II.** *vi* ❶ (*beginnen*) to start; **zum Überholen ~** to start to overtake ❷ (*dick werden*) to put on weight
Ansicht <-, -en> *f* view, opinion; **in etw** *dat* **geteilter ~ sein** to have a different view of sth; **ich bin ganz Ihrer ~** I agree with you completely; **der ~ sein, dass ...** to be of the opinion that ...; **meiner ~ nach** in my opinion
Ansichtskarte *f* [picture] postcard
Ansichtssache *f* **[reine] ~ sein** to be [purely] a matter of opinion
an|siedeln **I.** *vt* (*ansässig machen*) to settle; *Tierart* to introduce **II.** *vr* ■**sich ~** (*sich niederlassen*) to settle
Ansiedlung *f* ❶ (*Siedlung*) settlement ❷ (*das Ansiedeln*) introduction ❸ (*Etablierung*) establishment
ansonsten [an'zɔnstn̩] *adv* otherwise
an|spannen *vt* ❶ (*zusammenziehen*) to tighten; *Muskeln* to tense ❷ (*überanstrengen*) to strain; **jdn [zu sehr] ~** to [over]tax sb
Anspannung *f* strain; (*körperlich*) effort
Anspiel <-s> *nt kein pl* ❶ (*Spielbeginn: Schach*) first move; SPORT start of play ❷ SPORT pass
an|spielen *vi* (*andeuten*) to allude (**auf** +*akk* to); (*böse*) to insinuate; **worauf willst du ~?** what are you driving at?
Anspielung <-, -en> *f* allusion (**auf** +*akk* to); (*böse*) insinuation
an|spitzen *vt* ❶ (*spitz machen*) to sharpen ❷ (*fam: antreiben*) to egg on
Ansporn <-[e]s> *m kein pl* incentive; **innerer ~** motivation
an|spornen *vt* to spur on (**zu** +*dat* to); *Spieler* to cheer on
Ansprache *f* speech; **eine ~ halten** to make a speech
ansprechbar *adj präd* ❶ (*zur Verfügung stehend*) available ❷ (*bei Bewusstsein*) responsive ❸ (*zugänglich*) **sie ist heute nicht ~** you can't talk to her at all today
an|sprechen *irreg* **I.** *vt* ❶ (*anreden*) to speak to ❷ **jdn [mit Peter/mit seinem Namen] ~** to address sb [as Peter/by his name] ❸ (*meinen*) to concern; **damit sind wir alle angesprochen** this concerns us all ❹ (*erwähnen*) to mention

5 (*gefallen*) ■**jdn** ~ to appeal to sb **II.** *vi* (*reagieren*) to respond (**auf** +*akk* to)
ansprechend *adj* appealing; *Umgebung* pleasant
Ansprechpartner(in) *m(f)* contact
an|springen *irreg vi sein* 1 *Motor* to start 2 (*fam: reagieren*) ■**auf etw** ~ to jump at sth
Anspruch *m* 1 (*Recht*) claim (**auf** +*akk* to); ~ **auf etw erheben** to make a claim for sth; ~ **auf etw haben** *akk* to be entitled to sth 2 (*Anforderung*) demand; **den Ansprüchen [voll] gerecht werden** to [fully] meet the requirements; **Ansprüche stellen** to be exacting; **hohe Ansprüche [an jdn/etw] stellen** to place great demands [on sb/sth] ▸WENDUNGEN: **etw in ~ nehmen** to claim sth; **jds Hilfe in ~ nehmen** to enlist sb's help
anspruchslos *adj* 1 (*keine Ansprüche habend*) modest 2 (*trivial*) trivial 3 (*pflegeleicht*) undemanding
Anspruchslosigkeit <-> *f kein pl* 1 (*anspruchsloses Wesen*) modesty 2 (*Trivialität*) triviality 3 (*Pflegeleichtigkeit*) undemanding nature
anspruchsvoll *adj* 1 (*besondere Anforderungen habend*) demanding; **sehr** ~ fastidious 2 (*geistige Ansprüche stellend*) demanding; *Geschmack, Lesestoff, Film a.* highbrow 3 (*qualitativ hochwertig*) high-quality
an|spucken *vt* to spit at
an|stacheln *vt* to drive (**zu** +*dat* to)
Anstalt <-, -en> ['anʃtalt] *f* institute; **öffentliche** ~ public institution
Anstand *m kein pl* decency; **keinen ~ haben** to have no sense of decency
anständig **I.** *adj* 1 (*gesittet*) decent 2 (*ehrbar*) respectable 3 (*fam: ordentlich*) proper **II.** *adv* 1 (*gesittet*) decently; **sich** *akk* ~ **benehmen** to behave oneself 2 (*fam: ausgiebig*) properly; ~ **essen/ausschlafen** to get a decent meal/a good night's sleep
anständigerweise *adv* out of decency
Anständigkeit <-> *f kein pl* 1 (*Ehrbarkeit*) respectability 2 (*Sittsamkeit*) decency
Anstandsbesuch *m* duty call **Anstandsdame** *f* (*veraltet*) chaperon[e]
anstandshalber *adv* out of politeness
anstandslos *adv* without difficulty
an|starren *vt* to stare at
anstatt [an'ʃtat] **I.** *präp* +*gen* instead of **II.** *konj* ■~ **etw zu tun** instead of doing sth
an|stauen **I.** *vt* to dam up **II.** *vr* ■**sich** ~ to bank; *Blut* to congest
an|stechen *vt irreg* 1 KOCHK to prick 2 *Fass* to tap
an|stecken **I.** *vt* 1 (*befestigen*) to pin on 2 *Zigarette, Kerze* to light [up] 3 *Gebäude* to set on fire 4 (*infizieren*) to infect (**mit** +*dat* with); **ich möchte dich nicht** ~ I don't want to give it to you **II.** *vr* (*sich infizieren*) ■**sich** *akk* [**bei jdm**] ~ to catch sth [from sb]; **sich** +*akk* **leicht/schnell** ~ to catch illnesses easily **III.** *vi* (*fig: sich übertragen*) to be contagious
ansteckend *adj* 1 MED infectious; (*durch Berührung*) contagious 2 (*fig: sich leicht übertragend*) contagious
Anstecknadel *f* pin
Ansteckung <-, -en> *f pl selten* infection; (*durch Berührung*) contagion
Ansteckungsgefahr *f* risk of infection
an|stehen *vi irreg haben o* SÜDD *sein* 1 (*Schlange stehen*) to queue [up], AM to line [up] (**nach** +*dat* for) 2 (*zu erledigen sein*) **steht bei dir heute etwas an?** are you planning on doing anything today?; ~**de Fragen** questions on the agenda
an|steigen *vi irreg sein* 1 (*sich erhöhen*) to go up (**auf** +*akk* to, **um** +*akk* by) 2 (*steiler werden*) to ascend; **stark/steil** ~ to ascend steeply
anstelle [an'ʃtɛlə] *präp* +*gen* instead of
an|stellen **I.** *vt* 1 (*einschalten*) to turn on 2 (*beschäftigen*) to employ 3 (*durchführen*) **Betrachtungen/Vermutungen [über etw]** ~ to make observations [on sth]/assumptions [about sth]; **Nachforschungen [über etw]** ~ to conduct enquiries [into sth] 4 (*fam: bewerkstelligen*) to manage; **etw geschickt** ~ to bring sth off 5 (*fam: anrichten*) **Blödsinn** ~ to get up to nonsense; **was hast du da wieder angestellt?** what have you done now? *fam* **II.** *vr* ■**sich** *akk* ~ 1 (*Schlange stehen*) to queue [up] BRIT, to line up AM; **sich hinten** ~ to join the back of the queue [*or* AM line[-up]] 2 (*fam: sich verhalten*) to act; **sich dumm** ~ to act as if one is stupid 3 (*wehleidig sein*) to make a fuss; **stell dich nicht [so] an!** don't go making a fuss!
Anstellung *f* post
Anstich *m* tapping
Anstieg <-[e]s> ['anʃti:k] *m kein pl* (*Zunahme*) rise
an|stiften *vt* 1 (*anzetteln*) to instigate 2 (*veranlassen*) **jdn zu einem Verbrechen** ~ to incite sb to commit a crime; ■**jdn [dazu] ~, etw zu tun** to incite sb to do sth
Anstifter(in) <-s, -> *m(f)* instigator
Anstiftung *f* ~ **eines Verbrechens** instiga-

tion of a crime; ■ ~ **einer Person** incitement of a person

an|stimmen *vt* ① *Lied* to begin singing ② **ein Geschrei** ~ to start screaming; **ein Gelächter** ~ to burst out laughing

Anstoß *m* ① (*Ansporn*) impetus (**zu** +*dat* for); **den ~ zu etw** *dat* **bekommen** to be encouraged to do sth; **jdm den ~ geben, etw zu tun** to encourage sb to do sth ② (*geh: Ärgernis*) ~ **erregen** to cause annoyance; **an etw** *dat* **~nehmen** to take offence at sth ③ SPORT start of the game; (*Billard*) break; (*Fußball*) kick off; (*Eishockey*) face-off ④ SCHWEIZ (*Angrenzung*) ■ ~ **an etw** border to sth

an|stoßen *irreg* **I.** *vi* ① *sein* **mit dem Kopf an etw** *akk o dat* ~ to bump one's head on sth ② *haben* **auf jdn/etw** ~ to drink to sb/sth; **lasst uns ~!** let's drink to it/that! **II.** *vt haben* ① (*leicht stoßen*) to bump ② (*in Gang setzen*) to set in motion **III.** *vr haben* **sich** *dat* **den Kopf/Arm** ~ to knock one's head/arm

Anstößer(in) <-s, -> *m(f)* SCHWEIZ [local] resident

anstößig **I.** *adj* offensive; **ein ~er Witz** an offensive [*or* BRIT *a.* a blue] joke **II.** *adv* offensively

an|strahlen *vt* (*strahlend ansehen*) to beam at

an|streben *vt* to strive for

an|streichen *vt irreg* ① (*mit Farbe bestreichen*) to paint; **etw neu/frisch** ~ to give sth a new/fresh coat of paint ② (*markieren*) to mark; **etw rot** ~ to mark sth in red

Anstreicher(in) <-s, -> *m(f)* [house] painter

an|strengen **I.** *vr* ■ **sich** *akk* ~ ① (*sich intensiv einsetzen*) to exert oneself (**bei** +*dat* in, **für** +*akk* for); **sich mehr** ~ to make a greater effort ② (*sich besondere Mühe geben*) to try hard **II.** *vt* ① (*strapazieren*) ■ **jdn** ~ to tire sb out ② (*intensiv beanspruchen*) to strain; *Geist, Muskeln* to exert

anstrengend *adj* strenuous; (*geistig*) taxing; (*körperlich*) exhausting; **das ist ~ für die Augen** it's a strain on the eyes

Anstrengung <-, -en> *f* ① (*Kraftaufwand*) exertion *no pl* ② (*Bemühung*) effort; **mit letzter** ~ with one last effort

Anstrich *m* ① *kein pl* (*das Anstreichen*) painting ② (*Farbüberzug*) coat [of paint]

Ansturm *m* (*Andrang*) rush (**auf** +*akk* on)

an|suchen *vi* ÖSTERR (*veraltend: förmlich erbitten*) ■ **bei jdm um etw** *akk* ~ to ask sb for sth, to request sth of sb *form*

Ansuchen <-s, -> *nt* ÖSTERR (*a. form*) request (**um** +*dat* for); **auf jds** ~ at sb's request

Antagonist(in) <-en, -en> *m(f)* antagonist

Antarktis <-> [antˈʔarktɪs] *f* Antarctic

antarktisch [antˈʔarktɪʃ] *adj* Antarctic *attr*

an|tasten *vt* ① **jds Ehre/Würde** ~ to offend against sb's honour/dignity; **jds Privileg/Recht** ~ to encroach [up]on sb's privilege/right ② **Vorräte/Ersparnisse** ~ to break into supplies

Anteil [ˈantail] *m* ① (*Teil*) share (**an** +*dat* of); ~ **an einem Werk** contribution to a work; **der ~ an Asbest** the proportion of asbestos ② (*geh: Mitgefühl*) sympathy (**an** +*dat* for) ③ (*Beteiligung*) interest (**an** +*dat* in); ~ **an etw** *dat* **haben** to take part in sth; ~ **an etw** *dat* **nehmen** to show an interest in sth

anteilig, anteilmäßig *adj* proportionate

Anteilnahme <-> [ˈantailnaːmə] *f kein pl* (*Beileid*) sympathy

Antenne <-, -n> [anˈtɛnə] *f* aerial

Anthrazit <-s, *selten* -e> [antraˈtsiːt] *m* anthracite

Anthropologie <-> [antropoloˈgiː] *f kein pl* anthropology

Antialkoholiker(in) [antiʔalkoˈhoːlikɐ] *m(f)* teetotaller **antialkoholisch** *adj* anti-alcohol *attr* **antiamerikanisch** *adj* anti-American **antiautoritär** [antiʔautoriˈtɛːɐ̯] *adj* anti[-]authoritarian

Antibabypille [antiˈbeːbipɪlə] *f* (*fam*) the pill

antibakteriell **I.** *adj* antibacterial **II.** *adv* antibacterially; ~ **wirken** to work as an antibacterial agent

Antibiotikum <-s, -biotika> [antiˈbi̯oːtikʊm, *pl* -ˈbi̯oːtika] *nt* antibiotic

Antiblockiersystem [antiblɔˈkiːɐ̯-] *nt* antilock [braking] system, ABS

Antidepressivum <-s, -va> [antidepʀɛˈsiːvʊm, *pl* -va] *nt* antidepressant

Antifaltencreme *f* anti-wrinkle cream

Antifaschismus [antifaˈʃɪsmʊs] *m* antifascism **Antifaschist(in)** [antifaˈʃɪst] *m(f)* antifascist **antifaschistisch** *adj* antifascist

antik [anˈtiːk] *adj* ① *Möbel* antique ② (*aus der Antike*) ancient; **~e Kunst** ancient art forms *pl*

Antike <-> [anˈtiːkə] *f kein pl* antiquity; **die Kunst der** ~ the art of the ancient world

antiklerikal [antikleriˈkaːl] *adj* anticlerical

Antikörper *m* MED antibody

Antikriegsbewegung [ˈanti-] *f* POL anti-war movement

Antilope <-, -n> [antiˈloːpə] *f* antelope

Antipathie <-, -n> [antipaˈtiː, *pl* -ˈtiːən] *f* antipathy (**gegen** +*akk* to)

an|tippen *vt* ■ **jdn** ~ to give sb a tap;

■ **etw** ~ to touch sth

Antiquariat <-[e]s, -e> [antikva'ri̯a:t] *nt* second-hand bookshop [*or* AM *a.* bookstore]

antiquarisch [anti'kva:rɪʃ] *adj* (*alt*) antiquarian; (*von modernen Büchern*) second-hand

antiquiert [anti'kvi:rt] *adj* (*pej*) antiquated, AM *a.* horse-and-buggy *attr*

Antiquität <-, -en> [antikvi'tɛ:t] *f* antique

Antiquitätengeschäft *nt* antiques shop

Antisemit(in) <-en, -en> [antize'mi:t] *m(f)* anti-Semite; ~[**in**] **sein** to be anti-Semitic **antisemitisch** [antize'mi:tɪʃ] *adj* anti-Semitic **Antisemitismus** <-> [antizemi'tɪsmʊs] *m kein pl* anti-Semitism

antiseptisch [anti'zɛptɪʃ] *adj* antiseptic

Antiterroreinheit *f* antiterrorist squad **Antiterrorkrieg** *m* MIL war on terror

Antithese [anti'te:zə] *f* antithesis

Antivirenprogramm *nt* INFORM anti-virus [program]

antizipieren* [antitsi'pi:rən] *vt* (*geh*) to anticipate

Antlitz <-es, -e> ['antlɪts] *nt* (*poet*) countenance

an|tönen *vt* ÖSTERR, SCHWEIZ *s.* **andeuten**

an|törnen *vt* (*sl*) to give a kick

Antrag <-[e]s, -träge> ['antra:k, *pl* 'antrɛ:gə] *m* ❶ (*Beantragung*) application (**auf** +*akk* for); **einen ~ stellen** to put in an application ❷ (*Formular*) application form (**auf** +*akk* for) ❸ (*Heiratsantrag*) [marriage] proposal; **jdm einen ~ machen** to propose to sb

an|tragen *vt irreg* (*geh*) ■ **jdm etw** ~ to offer sb sth; ■ **jdm ~, etw zu tun** to suggest that sb does sth

Antragsformular *nt* application form

Antragsteller(in) <-s, -> *m(f)* applicant **Antragstellung** <-> *f kein pl* application

an|treffen *vt irreg* ❶ (*treffen*) to catch; **jdn beim Putzen ~** to catch sb cleaning ❷ (*vorfinden*) to come across

an|treiben *irreg vt* ❶ (*vorwärtstreiben*) to drive [on] ❷ (*drängen*) to urge; (*aufdringlicher*) to push ❸ TECH to drive

an|treten *irreg vt* ❶ (*beginnen*) to begin ❷ (*übernehmen*) to take up; **seine Amtszeit ~** to take office; **ein Erbe ~** to come into an inheritance; **eine Stellung ~** to take up a post ❸ *Motorrad* to kick-start

Antrieb *m* ❶ AUTO, LUFT drive ❷ (*Impuls*) energy *no indef art;* **aus eigenem ~** on one's own initiative; **jdm [neuen] ~ geben** to give sb new impetus

Antriebskraft *f* TECH [driving] power **Antriebswelle** *f* TECH drive shaft

an|trinken *irreg* **I.** *vt* (*fam*) **die Flasche ~** to drink a little from the bottle; **eine angetrunkene Flasche** an opened bottle **II.** *vr* (*fam*) **sich** *dat* **einen [Schwips] ~** to get [oneself] tiddly [*or* AM *fam* tipsy]

Antritt *m kein pl* ❶ (*Beginn*) start ❷ (*Übernahme*) **nach ~ seines Amtes/der Erbschaft** after assuming office/coming into the inheritance

Antrittsbesuch *m* first courtesy call **Antrittsrede** *f* maiden speech

an|tun *vt irreg* ■ **jdm etwas/nichts ~** to do something/not to do anything to sb; **tu mir das nicht an!** (*hum fam*) spare me, please! ▶ WENDUNGEN: **sich** *dat* **etwas ~** to kill oneself

an|turnen ['antø:ɐ̯nən] *vt* ■ **jdn** ~ to turn sb on

Antwort <-, -en> ['antvɔrt] *f* ❶ (*Beantwortung*) answer (**auf** +*akk* to); **jdm [eine] ~ geben** to give sb an answer ❷ (*Reaktion*) response (**auf** +*akk* to); **als ~ auf etw** in response to sth

antworten ['antvɔrtn̩] *vi* ❶ (*als Antwort geben*) to answer (**auf** +*akk* to), to reply; **mit Ja/Nein ~** to answer yes/no; **schriftlich ~** to answer in writing ❷ (*reagieren*) to respond (**mit** +*dat* with)

Antwortschreiben *nt* reply

an|vertrauen* ['anfɛɐ̯trau̯ən] **I.** *vt* ■ **jdm etw ~** (*übergeben*) to entrust sb with sth; (*erzählen*) to confide sth to sb **II.** *vr* ■ **sich** *akk* **jdm ~** to confide in sb

an|visieren* [-vi-] *vt* ❶ (*ins Visier nehmen*) to sight ❷ (*geh: ins Auge fassen*) to set one's sights on

an|wachsen [-ks-] *vi irreg sein* ❶ (*festwachsen*) to grow ❷ (*zunehmen*) to increase (**auf** +*akk* to)

Anwalt, Anwältin <-[e]s, -wälte> ['anvalt, 'anvɛltɪn, *pl* 'anvɛltə] *m, f* ❶ (*Rechtsanwalt*) lawyer, solicitor BRIT, attorney AM; **sich** *dat* **einen ~ nehmen** to engage the services of a lawyer ❷ (*geh: Fürsprecher*) advocate

Anwaltsbüro *nt* ❶ *s.* **Anwaltskanzlei** ❷ (*Anwaltsfirma*) law firm, BRIT *a.* firm of solicitors

Anwaltschaft <-, *selten* -en> *f* ❶ (*Vertretung eines Klienten*) case; **eine ~ übernehmen** to take on a case ❷ (*Gesamtheit der Anwälte*) legal profession **Anwaltskanzlei** *f* lawyer's [*or* AM law] office, law firm **Anwaltskosten** *pl* legal expenses

Anwandlung <-, -en> *f* mood; **aus einer ~ heraus** on an impulse; **in einer ~ von Großzügigkeit** in a fit of generosity; **~en bekommen** (*fam*) to go into fits

Anwärter(in) *m(f)* candidate (**auf** +*akk* for); SPORT contender (**auf** +*akk* for)

Anwartschaft <-, *selten* -en> *f* candidature (**auf** for)

an|weisen *vt irreg* ① (*beauftragen*) ■**jdn ~ etw zu tun** to order sb to do sth ② (*anleiten*) to instruct

Anweisung <-, -en> *f* ① (*Anordnung*) order ② (*Anleitung*) instruction ③ (*Gebrauchsanweisung*) instructions *pl*

anwendbar *adj* applicable (**auf** +*akk* to); **in der Praxis ~** practicable

an|wenden *vt reg o irreg* ① (*gebrauchen*) to use (**bei** +*dat* on) ② (*übertragen*) to apply (**auf** +*akk* to)

Anwender(in) <-s, -> *m(f)* INFORM user

anwenderfreundlich *adj* INFORM user-friendly **anwenderorientiert** *adj* INFORM user-oriented **Anwenderprogramm** *nt* INFORM application program **Anwendersoftware** *f* application software

Anwendung *f* ① (*Gebrauch*) use ② (*Übertragung*) application (**auf** +*akk* to) ③ (*therapeutische Maßnahme*) administration

Anwendungsbereich *m* area of application

an|werben *vt irreg* to recruit (**für** +*akk* for)

Anwesen <-s, -> *nt* (*geh*) estate

anwesend *adj* present *pred;* ■**~ sein** to be present (**bei** +*dat* at); **nicht ganz ~ sein** (*hum fam*) to be a million miles away

Anwesende(r) *f(m) dekl wie adj* person present; ■**die ~n** those present

Anwesenheit <-> *f kein pl* presence; *von Studenten* attendance; **in jds ~** in sb's presence

an|widern ['anvi:dɐn] *vt* to nauseate

Anwohner(in) <-s, -> *m(f)* [local] resident

Anwohnerparkplatz *m* resident parking

Anzahl *f kein pl* number

an|zahlen *vt* **500 Euro ~** to pay a deposit of 500 euros; **ein Auto ~** to pay a deposit on a car

Anzahlung *f* deposit; **eine ~ auf etw machen** to pay a deposit on sth

an|zapfen *vt* (*a. fam*) to tap

Anzeichen *nt* sign; MED symptom

Anzeige <-, -n> *f* ① (*Strafanzeige*) charge; **eine ~ [wegen einer S. *gen*] bekommen** to be charged [with sth] ② (*Inserat*) ad[vertisement] ③ (*Bekanntgabe*) announcement ④ TECH (*Instrument*) gauge; (*ablesbarer Wert*) display

an|zeigen *vt* ① ■**jdn [wegen etw *gen*] ~** to report sb [for sth] ② (*angeben*) to indicate; (*digital*) to display; **diese Uhr zeigt auch das Datum an** this watch also shows the date

Anzeigenannahme *f* ① (*Stelle für die Anzeigenannahme*) advertising sales department ② (*Erfassung einer Anzeige*) advertising sales **Anzeigenblatt** *nt* advertiser **Anzeigenseite** *f* MEDIA page of advertising **Anzeigenstrecke** *f* MEDIA multi-page advertisement, advertising insert **Anzeigenteil** *m* advertising section

Anzeigetafel *f* LUFT, BAHN departure and arrivals board; SPORT scoreboard

an|zetteln *vt Schlägerei, Streit* to provoke; *Aufstand, Krieg* to instigate

an|ziehen *irreg* **I.** *vt* ① *Kleidungsstück* to put on *sep; Person* to dress ② (*festziehen*) *Schraube* to tighten; *Handbremse* to apply ③ *Arm, Bein* to draw up ④ (*anlocken*) to attract; **sich *akk* von jdm/etw angezogen fühlen** to be attracted to sb/sth ⑤ SCHWEIZ **das Bett frisch ~** to change the bed **II.** *vi Preise* to rise **III.** *vr* ■**sich** *akk* **~** to get dressed; **sich schick/warm ~** to put on smart/warm clothing

anziehend *adj* attractive

Anziehung <-, -en> *f* ① (*Reiz*) attraction ② *kein pl s.* **Anziehungskraft 2**

Anziehungskraft *f* ① PHYS [force of] attraction; **~ der Erde** [force of] gravitation ② *kein pl* (*Verlockung*) appeal; **auf jdn eine ~ ausüben** to appeal to sb

Anzug *m* ① (*Herrenanzug*) suit ② SCHWEIZ (*Bezug*) duvet cover; **Anzüge fürs Bett** linen *no pl*

anzüglich ['antsy:klɪç] *adj* ① (*schlüpfrig*) insinuating ② (*zudringlich*) personal; ■**~ werden** to get personal

Anzüglichkeit <-, -en> *f* ① *kein pl* (*Schlüpfrigkeit*) suggestiveness *no pl* ② *kein pl* (*Zudringlichkeit*) advances *pl* ③ (*zudringliche Handlung*) pushiness *no pl*

an|zünden *vt* ① *Feuer, Zigarette* to light ② *Haus* to set on fire

an|zweifeln *vt* to question

AOL INFORM *Abk von* **America Online** AOL

apart [a'part] *adj* striking

Apartheid <-> [a'pa:ɐ̯thaɪ̯t] *f kein pl* POL (*hist*) apartheid *no pl, no indef art*

Apartment <-s, -s> [a'partmənt] *nt* flat BRIT, apartment AM

Apathie <-, -n> [apa'ti:, *pl* -'ti:ən] *f* apathy; MED listlessness

apathisch [a'pa:tɪʃ] **I.** *adj* apathetic; MED listless **II.** *adv* apathetically; MED listlessly

aper ['a:pɐ] *adj* SÜDD, ÖSTERR, SCHWEIZ (*schneefrei*) snowless, clear [*or* free] of snow

Aperitif <-s, -s *o* -e> [aperi'ti:f] *m* aperitif

Apfel <-s, Äpfel> ['apf̩l, *pl* 'ɛpf̩l] *m* apple ▶ WENDUNGEN: **in den <u>sauren</u> ~ beißen**

(*fam*) to bite the bullet; **der ~ fällt nicht weit vom Stamm** (*prov*) like father, like son

Apfelbaum *m* apple tree **Apfelkuchen** *m* apple pie **Apfelmus** *nt* apple sauce **Apfelsaft** *m* apple juice

Apfelsine <-, -n> [apfl̩'zi:nə] *f* orange

Apfelstrudel *m* apple strudel

Apfelwein *m* cider

aphrodisisch [afro'di:zɪʃ] *adj* (*geh*) aphrodisiac

apodiktisch [apo'dɪktɪʃ] (*geh*) **I.** *adj* apodictic **II.** *adv* apodictically

apolitisch ['apoli:tɪʃ] *adj* apolitical

Apostel <-s, -> [a'pɔstl̩] *m* apostle

Apostelgeschichte *f kein pl* Acts *pl* of the Apostles

Apostroph <-s, -e> [apo'stro:f] *m* apostrophe

Apotheke <-, -n> [apo'te:kə] *f* pharmacy, BRIT *a.* [dispensing] chemist's

apothekenpflichtig *adj* available only at the pharmacy [*or* BRIT *a.* chemist's]

Apotheker(in) <-s, -> [apo'te:kɐ] *m(f)* pharmacist, BRIT *a.* [dispensing] chemist

App. *Abk von* **Appartement** flat BRIT, apartment *esp* AM

Apparat <-[e]s, -e> [apa'ra:t] *m* ❶ TECH apparatus *no pl form;* (*kleineres Gerät*) gadget ❷ (*Telefon*) telephone; **am ~ bleiben** to hold the line; **am ~!** speaking! ❸ (*sl: großer Gegenstand*) whopper

Apparatur <-, -en> [apara'tu:ɐ̯] *f* [piece of] equipment *no pl*

Appartement <-s, -s> [apartə'mã:] *nt s.* **Apartment**

Appeasement <-s> [ə'pi:zmənt] *nt kein pl* POL (*oft pej*) appeasement

Appell <-s, -e> [a'pɛl] *m* appeal; **einen ~ an jdn richten** to make an appeal to sb

Appellation <-, -en> [apɛla'tsi̯o:n] *f* JUR SCHWEIZ appeal

appellieren* [apɛ'li:rən] *vi* ❶ ■**an jdn ~** to appeal to sb ❷ **an jds Vernunft ~** to appeal to sb's common sense ❸ SCHWEIZ (*Berufung einlegen*) ■**gegen etw ~** to appeal against sth

Appenzell <-s> [apn̩'tsɛl] *nt* Appenzell

Appetit <-[e]s> [ape'ti:t] *m kein pl* appetite; **~ auf etw haben** to feel like [having] sth; **er hat keinen ~** he doesn't have much of an appetite; [**jdm**] **~ machen** to whet sb's appetite; **jdm den ~ verderben** to spoil sb's appetite; **guten ~!** enjoy your meal!

appetitanregend *adj* ❶ (*appetitlich*) appetizing ❷ (*appetitfördernd*) **ein ~es Mittel** an appetite stimulant **Appetithappen** *m* canapé **appetithemmend** *adj* appetite suppressant

appetitlich **I.** *adj* ❶ (*Appetit anregend*) appetizing ❷ (*fam: Lust anregend*) tempting **II.** *adv* appetizingly, temptingly

Appetitlosigkeit <-> *f kein pl* lack of appetite

Appetitzügler <-s, -> *m* appetite suppressant

applaudieren* [aplau̯'di:rən] *vi* (*geh*) to applaud

Applaus <-es, -e> [a'plau̯s, *pl* a'plau̯zə] *m pl selten* (*geh*) applause *no pl*

Après-Ski <-> [aprɛ'ʃi:] *nt kein pl* après-ski

Aprikose <-, -n> [apri'ko:zə] *f* apricot

April <-s, -e> [a'prɪl] *m pl selten* April; *s. a.* **Februar** ▶ WENDUNGEN: **~! ~!** April fool!; **jdn in den ~ schicken** to make an April fool of sb

Aprilscherz *m* April fool's trick **Aprilwetter** *nt* April weather

a priori [a pri'o:ri] *adv* PHILOS (*geh*) a priori

apropos [apro'po:] *adv* ❶ (*übrigens*) by the way ❷ (*was ... angeht*) **~ Männer, ...** talking of men, ...

Apsis <-, -siden> ['apsɪs, *pl* a'psi:dn̩] *f* ❶ ARCHIT (*Chorabschluss*) apse ❷ (*im Zelt*) bell

Aquädukt <-[e]s, -e> [akvɛ'dʊkt] *m o nt* ARCHÄOL aqueduct

Aquamarin <-s, -e> [akvama'ri:n] *m* aquamarine

aquamarinblau *adj* aquamarine

Aquaplaning <-s> [akva'pla:nɪŋ] *nt kein pl* aquaplaning *no pl*

Aquarell <-s, -e> [akva'rɛl] *nt* watercolour [painting]

Aquarium <-s, -rien> [a'kva:ri̯ʊm, *pl* -ri̯ən] *nt* aquarium

Äquator <-s> [ɛ'kva:to:ɐ̯] *m kein pl* equator

Äquivalent <-s, -e> [ɛkviva'lɛnt] *nt* equivalent

Ar <-s, -e> [a:ɐ̯] *nt o m* (100 m^2) are

Ära <-, Ären> ['ɛ:ra] *f* (*geh*) era

Araber(in) <-s, -> ['arabɐ] *m(f)* Arab

Arabien <-s> [a'ra:bi̯ən] *nt* Arabia

arabisch [a'ra:bɪʃ] *adj* ❶ GEOG Arabian; **A~es Meer** Arabian Sea ❷ LING Arabic; **auf ~** in Arabic

Arbeit <-, -en> ['arbai̯t] *f* ❶ (*Tätigkeit*) work *no pl, no indef art;* **gute/schlechte ~ leisten** to do a good/bad job; **sich akt an die ~ machen** to get down to working ❷ (*Arbeitsplatz*) job; **er fand ~ als Kranfahrer** he got a job as a crane driver ❸ (*handwerkliches Produkt*) handiwork ❹ (*schriftliches Werk*) work ❺ SCH test; **eine ~ schreiben** to do a test ❻ *kein pl* (*Mühe*) troubles *pl;* **sich** *dat* **~ machen** to go to trouble ▶ WENDUNGEN: **erst die ~,**

dann das Vergnügen (*prov*) business before pleasure *prov*

arbeiten ['arbaitn̩] *vi* ① (*tätig sein*) to work; ■**an etw** *dat* ~ to be working on sth ② (*berufstätig sein*) to have a job ③ (*funktionieren*) *Maschine* to work; *Körperorgan* to function

Arbeiter(in) <-s, -> *m(f)* (*Industrie*) [blue-collar] worker; (*Landwirtschaft*) labourer

Arbeiterbewegung *f* POL labour movement **Arbeiterfamilie** *f* working-class family

Arbeiterin <-, -nen> *f fem form von* **Arbeiter**

Arbeiterschaft <-> *f kein pl* work force + *sing/pl vb*

Arbeiterviertel *nt* working-class area **Arbeiterwohlfahrt** *f kein pl* workers' welfare union

Arbeitgeber(in) <-s, -> *m(f)* employer **Arbeitgeberanteil** *m* employer's contribution

Arbeitgeberin <-, -nen> *f fem form von* **Arbeitgeber**

Arbeitgeberverband *m* employers' association

Arbeitnehmer(in) <-s, -> *m(f)* employee **Arbeitnehmeranteil** *m* employee's contribution

Arbeitnehmerin <-, -nen> *f fem form von* **Arbeitnehmer**

Arbeitsablauf *m* work routine

arbeitsam *adj* (*geh o veraltend*) industrious

Arbeitsamt *nt* (*hist*) ≈ jobcentre BRIT, ≈ employment office AM **Arbeitsaufwand** *m* expenditure of energy; **was für ein ~!** what a lot of work! **arbeitsaufwändig** *adj* labour-intensive **Arbeitsausfall** *m* loss of working hours **Arbeitsbedingungen** *pl* working conditions *pl* **Arbeitsbelastung** *f* workload

Arbeitsbeschaffungsmaßnahme *f* job creation scheme [*or* AM plan]

Arbeitseifer *m* enthusiasm for one's work **Arbeitseinstellung** *f* ① (*Streik*) walkout ② (*Arbeitsauffassung*) work morale **Arbeitseinteilung** *f* work allocation **Arbeitserlaubnis** *f* work permit **Arbeitserleichterung** *f* saving of labour; **zur ~** to facilitate work **Arbeitsessen** *nt* business lunch/dinner **arbeitsfähig** *adj* able to work **Arbeitsgang** <-gänge> *m* ① (*Produktionsabschnitt*) production stage; (*Bearbeitungsabschnitt*) stage [of operation] ② *s.* **Arbeitsablauf** **Arbeitsgemeinschaft** *f* working-group; SCH study-group **Arbeitsgericht** *nt* industrial tribunal **Arbeitsgruppe** *f* team **arbeitsintensiv** *adj* labour-intensive **Arbeitskampf** *m* industrial action **Arbeitskleidung** *f* work clothes *pl* **Arbeitsklima** *nt* working atmosphere **Arbeitskollege, -kollegin** *m, f* colleague **Arbeitskraft** *f* ① *kein pl* (*Leistungskraft*) work capacity; **die menschliche ~** human labour ② (*Mitarbeiter*) worker **Arbeitskreis** *m* working group **Arbeitslager** *nt* labour camp **Arbeitslohn** *m* wages *pl*

arbeitslos *adj* unemployed

Arbeitslose(r) *f(m) dekl wie adj* unemployed person; ■**die ~n** the unemployed

Arbeitslosengeld *nt* unemployment benefit, BRIT *fam a.* the dole **Arbeitslosenhilfe** *f* unemployment aid **Arbeitslosenquote** *f* unemployment figures *pl* **Arbeitslosenunterstützung** *f kein pl* (*hist*) unemployment benefit, BRIT *fam a.* the dole **Arbeitslosenversicherung** *f* unemployment insurance, National Insurance BRIT **Arbeitslosenzahlen** *pl* unemployment figures *pl* **Arbeitslosenziffer** *f* unemployment figures *pl*

Arbeitslosigkeit <-> *f kein pl* unemployment *no indef art, + sing vb*

Arbeitsmangel *m* lack of work **Arbeitsmarkt** *m* job market **Arbeitsmittel** *nt* material required for work **Arbeitsmoral** *f* work morale **Arbeitsniederlegung** *f* walkout **Arbeitsoberfläche** *f* INFORM user interface **Arbeitspensum** *nt* work quota

Arbeitsplatz *m* ① (*Arbeitsstätte*) workplace; **am ~** at work ② (*Stelle*) job; **freier ~** vacancy **Arbeitsplatzbeschaffungsmaßnahme** *f* POL *s.* **Arbeitsbeschaffungsmaßnahme** **Arbeitsplatzsicherung** *f kein pl* safeguarding of jobs *no pl* **Arbeitsplatzteilung** *f* job-sharing **Arbeitsplatzwechsel** *m* change of employment

Arbeitsprobe *f* sample of one's work **Arbeitsrecht** *nt* industrial law

arbeitsreich *adj* busy **Arbeitsrichter(in)** *m(f)* judge in an industrial tribunal **arbeitsscheu** *adj* (*pej*) work-shy **Arbeitsschutz** *m* health and safety protection at the workplace **Arbeitsspeicher** *m* INFORM main memory **Arbeitsstätte** *f* (*geh*) place of work **Arbeitsstelle** *f* job **Arbeitssuche** *f* search for employment; **auf ~ sein** to be job-hunting **Arbeitstag** *m* working day **Arbeitsteilung** *f* job-sharing **Arbeitsuchende(r)** *f(m) dekl wie adj* job-seeker **arbeitsunfähig** *adj* unfit for work; **jdn ~ schreiben** to write sb a sick note **Arbeitsunfähigkeit** *f* inability to work

Arbeitsunfall *m* work-related accident **Arbeitsverhältnis** *nt contractual relationship between employer and employee;* **in einem ~ stehen** to be in employment **Arbeitsvermittler, -vermittlerin** *m, f* ÖKON recruitment [*or* AM recruiting] agency **Arbeitsvermittlung** *f* ❶ (*Vermittlung einer Beschäftigung*) arrangement of employment ❷ (*Bundesagentur für Arbeit*) ≈ jobcentre BRIT ❸ (*Vermittlungsagentur*) employment agency **Arbeitsvertrag** *m* contract of employment **Arbeitsverweigerung** *f* refusal to work **Arbeitsweise** *f* (*Vorgehensweise bei der Arbeit*) working method; (*Funktionsweise von Maschinen*) mode of operation **arbeitswillig** *adj* willing to work **Arbeitswoche** *f* working week **Arbeitswut** *f* (*fam*) work mania **arbeitswütig** *adj* (*fam*) ▪**~ sein** to be suffering from work mania

Arbeitszeit *f* ❶ (*tägliche betriebliche Arbeit*) working hours *pl;* **gleitende ~** flexitime, AM *a.* flextime ❷ (*benötigte Zeit*) required [working] time **Arbeitszeitverkürzung** *f* reduction of working hours

Arbeitszeugnis *nt* reference **Arbeitszimmer** *nt* study

archaisch [ar'ça:ɪʃ] *adj* archaic

Archäologe, Archäologin <-n, -n> [arçɛo'lo:gə, arçɛo'lo:gɪn] *m, f* archaeologist

Archäologie <-> [arçɛolo'gi:] *f kein pl* archaeology

Archäologin <-, -nen> *f fem form von* **Archäologe**

archäologisch [arçɛo'lo:gɪʃ] *adj, adv* archaeological, *esp* AM archeological

Arche <-, -n> ['arçə] *f* ark; **die ~ Noah** REL Noah's Ark

archetypisch *adj* archetypal

Architekt(in) <-en, -en> [arçi'tɛkt] *m(f)* architect

architektonisch [arçitɛk'to:nɪʃ] **I.** *adj* architectural **II.** *adv* from an architectural point of view

Architektur <-, -en> [arçitɛk'tu:ɐ̯] *f* architecture

Archiv <-s, -e> [ar'çi:f, *pl* -və] *nt* archives *pl*

Archivar(in) <-s, -e> [arçi'va:ɐ̯] *m(f)* archivist

archivieren* [arçi'vi:rən] *vt* to archive

Land und Leute

The **ARD** (*Arbeitsgemeinschaft der öffentlich-rechtlichen Rundfunkanstalten der Bundesrepublik Deutschland*) was founded in 1950. It is now an organization of 9 independent regional broadcasters and offers a mixture of regional and national TV and radio programmes. It is financed by a combination of license fees and a limited amount of advertising.

Areal <-s, -e> [are'a:l] *nt* ❶ (*Gebiet*) area ❷ (*Grundstück*) grounds *pl*

Ären *pl von* **Ära**

Arena <-, Arenen> [a're:na, *pl* a're:nən] *f* ❶ (*Manege*) [circus-]ring ❷ SPORT arena ❸ (*Stierkampfarena*) [bull-]ring

arg <ärger, ärgste> [ark] *bes* SÜDD **I.** *adj* ❶ (*schlimm*) bad ❷ *attr* (*groß*) *Enttäuschung* great **II.** *adv* (*sehr*) badly; **tut es ~ weh?** does it hurt badly?; **er hat dazu ~ lang gebraucht** he took a terribly long time for it

Argentinien <-s> [argɛn'ti:ni̯ən] *nt* Argentina; *s. a.* **Deutschland**

Argentinier(in) <-s, -> [argɛn'ti:ni̯ɐ] *m(f)* Argentinian; *s. a.* **Deutsche(r)**

argentinisch [argɛn'ti:nɪʃ] *adj* Argentinian; *s. a.* **deutsch**

ärger ['ɛrgɐ] *adj komp von* **arg**

Ärger <-s> ['ɛrgɐ] *m kein pl* ❶ (*Wut*) anger ❷ (*Unannehmlichkeiten*) trouble; **~ bekommen** to get into trouble; **~ haben** to have problems; **[jdm] ~ machen** to cause [sb] trouble

ärgerlich **I.** *adj* ❶ (*verärgert*) annoyed (**über** +*akk* about); **jdn ~ machen** to annoy sb ❷ (*unangenehm*) unpleasant **II.** *adv* (*verärgert*) annoyed; **sie sah mich ~ an** she looked at me crossly

ärgern ['ɛrgɐn] **I.** *vt* ❶ (*ungehalten machen*) to annoy; **du willst mich wohl ~?** are you trying to annoy me? ❷ (*reizen*) to tease; **hör auf mich zu ~!** stop teasing me! **II.** *vr* ▪**sich** *akk* **~** to be annoyed (**über** +*akk* about); **ich ärgere mich, dass ich nicht hingegangen bin** I'm annoyed with myself for not having gone

Ärgernis <-, -se> *nt kein pl* (*Anstoß*) offence; **ein ~ sein** to be a terrible nuisance

Arglist <-> *f kein pl* (*geh*) cunning

arglistig **I.** *adj* cunning **II.** *adv* cunningly

arglos *adj* innocent

ärgste(r, s) ['ɛrkstə, -tɐ, -təs] *adj superl von* **arg**

Argument <-[e]s, -e> [argu'mɛnt] *nt* argument; **das ist kein ~** (*unsinnig*) that's a poor argument; (*keine Entschuldigung*) that's no excuse

Argumentation <-, -en> [argumɛnta'tsi̯o:n] *f* argumentation *no pl*

argumentieren* *vi* to argue; ▪**mit etw** *dat* **~** to use sth as an argument

A

Argwohn <-s> ['arkvo:n] *m kein pl* suspicion; **jds ~ erregen** to arouse sb's suspicion[s]
argwöhnen ['arkvø:nən] *vt* (*geh*) to suspect
argwöhnisch ['arkvø:nɪʃ] **I.** *adj* suspicious **II.** *adv* suspiciously
Arie <-, -n> ['a:ri̯ə] *f* MUS aria
Arier(in) <-s, -> ['a:ri̯ɐ] *m(f)* ❶ LING (*Indogermane*) Aryan ❷ HIST Aryan
arisch ['a:rɪʃ] *adj* ❶ LING Indo-Germanic ❷ HIST Aryan
Aristokrat(in) <-en, -en> [arɪsto'kra:t] *m(f)* aristocrat
Aristokratie <-, -n> [arɪstokra'ti:, *pl* -'ti:ən] *f* aristocracy
Aristokratin <-, -nen> *f fem form von* **Aristokrat**
aristokratisch *adj* aristocratic
Arithmetik <-> [arɪt'me:tɪk] *f kein pl* arithmetic *no pl*
arithmetisch [arɪt'me:tɪʃ] **I.** *adj* arithmetic **II.** *adv* arithmetically
Arkade <-, -n> [ar'ka:də] *f* ARCHIT ❶ (*Torbogen*) archway ❷ *pl* (*Bogengang*) arcade ❸ (*überdachte Einkaufsstraße*) [shopping] arcade
Arktis <-> ['arktɪs] *f* Arctic
arktisch ['arktɪʃ] *adj* arctic
arm <ärmer, ärmste> [arm] *adj* ❶ (*besitzlos, bedauernswert*) poor ❷ **~ dran sein** (*fam*) to have a hard time
Arm <-[e]s, -e> [arm] *m* arm; **jdn im ~ halten** to hold sb in one's arms; **ein Kind auf den ~ nehmen** to pick up a child; **jdn in die ~e nehmen** to take sb in one's arms ▶ WENDUNGEN: **jdn mit offenen ~en empfangen** to welcome sb with open arms; **jdm [mit etw** *dat*] **unter die ~e greifen** to help sb out [with sth]; **jdn auf den ~ nehmen** to pull sb's leg
Armatur <-, -en> [arma'tu:ɐ̯] *f meist pl* ❶ TECH (*Mischbatterie mit Hähnen*) fitting ❷ AUTO (*Kontrollinstrument*) instrument
Armaturenbrett *nt* AUTO dashboard
Armband <-bänder> *nt* ❶ (*Uhrarmband*) [watch] strap ❷ (*Schmuckarmband*) bracelet **Armbanduhr** *f* [wrist-]watch
Armbinde *f* ❶ (*Armschlinge*) sling ❷ (*Abzeichen*) armband
Arme(r) *f(m) dekl wie adj* (*besitzloser Mensch*) poor person ▶ WENDUNGEN: [**ach,**] **du/Sie ~(r)!** (*iron*) poor you!
Armee <-, -n> [ar'me:, *pl* -'me:ən] *f* army
Ärmel <-s, -> ['ɛrml̩] *m* sleeve; **sich** *dat* **die ~ hochkrempeln** to roll up one's sleeves ▶ WENDUNGEN: **etw aus dem ~ schütteln** (*fam*) to produce/do sth just like that
Ärmelaufschlag *m* MODE cuff **Ärmelkanal** *m* ■**der ~** the English Channel
ärmellos *adj* sleeveless
Armenhaus *nt* HIST poorhouse
Armenien <-s> [ar'me:ni̯ən] *nt* Armenia; *s. a.* **Deutschland**
Armenier(in) <-s, -> [ar'me:ni̯ɐ] *m(f)* Armenian; *s. a.* **Deutsche(r)**
armenisch [ar'me:nɪʃ] *adj* Armenian; *s. a.* **deutsch**
Armenküche *f* (*veraltend*) soup kitchen
Armenviertel *nt* poor district
ärmer ['ɛrmɐ] *adj komp von* **arm**
Armlehne *f* armrest **Armleuchter** *m* (*pej fam: Dummkopf*) twat
ärmlich ['ɛrmlɪç] **I.** *adj* ❶ (*von Armut zeugend*) poor; (*Kleidung*) shabby ❷ (*dürftig*) meagre **II.** *adv* poorly; **~ gekleidet sein** to be cheaply dressed
armselig *adj* ❶ (*primitiv*) shabby ❷ (*dürftig*) miserable ❸ (*meist pej: unzulänglich*) pathetic
ärmste(r, s) ['ɛrmstə, -tɐ, -təs] *adj superl von* **arm**
Armut <-> ['armu:t] *f kein pl* poverty; **geistige ~** intellectual poverty
Armutsflüchtling *m* economic refugee
Armutsgrenze *f* poverty line; **unterhalb der ~ leben** to live below the poverty line
Armutszeugnis *nt* ▶ WENDUNGEN: **ein ~ für jdn sein** to be the proof of sb's shortcomings
Aroma <-s, Aromen *o* -s *o* -ta> [a'ro:ma] *nt* ❶ (*Geruch*) aroma; (*Geschmack*) taste, flavour ❷ (*Aromastoff*) [artificial] flavouring
Aromastoff *m* flavouring
Aromata *pl von* **Aroma**
Aromatherapie *f* aromatherapy
aromatisch [aro'ma:tɪʃ] **I.** *adj* aromatic; (*wohlschmeckend*) flavoursome BRIT, flavorful AM **II.** *adv* **~ schmecken** to have a distinctive taste
aromatisieren* [aromati'zi:rən] *vt* to aromatize
Aromen *pl von* **Aroma**
Arrangement <-s, -s> [arãʒə'mã:] *nt* (*geh*) arrangement
arrangieren* [arã'ʒi:rən] **I.** *vt* to arrange; ■**~, dass ...** to arrange, so that ... **II.** *vr* ❶ (*übereinkommen*) ■**sich** +*akk* [**mit jdm**] **~** to come to an arrangement [with sb] ❷ (*sich abfinden*) ■**sich** +*akk* [**mit etw** *dat*] **~** to come to terms [with sth]
Arrest <-[e]s, -e> [a'rɛst] *m* JUR (*Freiheitsentzug*) detention
arretieren* [are'ti:rən] *vt* (*feststellen*) to lock
arrogant [aro'gant] **I.** *adj* arrogant **II.** *adv*

arrogantly

Arroganz <-> [aro'gants] *f kein pl* arrogance

Arsch <-[e]s, Ärsche> [arʃ, *pl* 'ɛrʃə] *m* (*derb*) ① (*Hintern*) arse BRIT, ass AM, BRIT *a.* bum ② (*blöder Kerl*) [stupid] bastard, BRIT *sl a.* bugger ▸WENDUNGEN: **am ~ der Welt** (*sl*) out in the sticks; **jdm in den ~ kriechen** to kiss *sl* sb's arse [*or* AM ass]; **jdn [mal] am ~ lecken können** sb can get stuffed *sl;* **im ~ sein** (*sl*) to be fucked [up]

Arschbacke *f* (*derb*) [bum-]cheek BRIT, [butt-]cheek AM **Arschkarte** *f* (*derb*) ▸WENDUNGEN: **die ~ ziehen** to draw the short straw **Arschkriecher(in)** <-s, -> *m(f)* (*pej derb*) arse-licker BRIT, ass-kisser AM **Arschloch** *nt* (*derb*) arsehole BRIT, asshole AM **Arschtritt** *m* (*derb*) kick up the arse

Arsen <-s> [ar'ze:n] *nt kein pl* CHEM arsenic *no pl*

Arsenal <-s, -e> [arze'na:l] *nt* arsenal

Art <-, -en> [a:ɐ̯t, *pl* 'a:ɐ̯tn̩] *f* ① (*Sorte*) sort, kind ② (*Methode*) way; **eine merkwürdige ~** an odd way; **auf diese ~ und Weise** [in] this way ③ (*Wesensart*) nature ④ (*Verhaltensweise*) behaviour; **das ist doch keine ~!** (*fam*) that's no way to behave! ⑤ BIOL species ⑥ (*Stil*) style ▸WENDUNGEN: **nach ~ des Hauses** à la maison

Art. *Abk von* **Artikel**

Artdirector <-s, -s> ['ɑ:tdɪ'rɛktə] *m* ÖKON, MEDIA art director

Artenreichtum *m kein pl* BIOL abundance of species **Artenschutz** *m* protection of species **Artensterben** *nt kein pl* extinction of the species **Artenvielfalt** <-> *f kein pl* BIOL abundance of species

Arterhaltung *f* survival of the species

Arterie <-, -n> [ar'te:ri̯ə] *f* artery

Arterienverkalkung *f,* **Arteriosklerose** <-, -n> [arteri̯oskle'ro:zə] *f* hardening of the arteries

artfremd *adj* uncharacteristic **artgemäß** *adj s.* **artgerecht** **Artgenosse, -genossin** *m, f* BIOL plant/animal of the same species **artgerecht** *adj, adv* appropriate to a species

artig ['a:ɐ̯tɪç] *adj* well-behaved

Artigkeit <-, -en> *f kein pl* (*veraltend*) courteousness *no pl*

Artikel <-s, -> [ar'ti:kl̩] *m* ① (*Zeitungsartikel*) article ② (*Lexikoneintrag*) entry ③ (*Ware*) item ④ LING article

Artikulation <-, -en> [artikula'tsi̯o:n] *f* (*geh*) enunciation

artikulieren* [artiku'li:rən] **I.** *vt* (*geh*) to enunciate **II.** *vr* (*geh*) **sich gut/schlecht ~** to articulate oneself well/badly

Artillerie <-, *selten* -n> ['artiləri:, *pl* -i:ən] *f* artillery

Artischocke <-, -n> [arti'ʃɔkə] *f* artichoke

Artist(in) <-en, -en> [ar'tɪst] *m(f)* (*Zirkuskunst etc.*) performer

artistisch *adj* ① (*Zirkuskunst betreffend*) spectacular ② (*sehr geschickt*) skilful

artverwandt *adj* BIOL of similar species

Arznei <-, -en> [a:ɐ̯ts'nai̯] *f* medicine

Arzneiflasche *f* medicine bottle **Arzneiformel** *f* medical formula

Arzneimittel *nt* drug

Arzneimittelabhängigkeit *f* drug addiction **Arzneimittelallergie** *f* drug allergy **Arzneimittelgesetz** *nt* law governing the manufacture and prescription of drugs **Arzneimittelhersteller** *m* drug manufacturer **Arzneimittelmissbrauch** *m* drug abuse **Arzneimittelsucht** *f* prescription drug addiction **Arzneimittelvergiftung** *f* prescription drug overdose

Arzneipflanze *f* medicinal plant

Arzt, Ärztin <-es, Ärzte> [a:ɐ̯tst, 'ɛ:ɐ̯tstɪn, *pl* 'ɛɐ̯tstə] *m, f* doctor; **~ für Allgemeinmedizin** general practitioner, GP; **behandelnder ~** personal doctor

Arztbesuch *m* ① (*Besuch des Arztes*) doctor's visit ② (*Aufsuchen eines Arztes*) visit to the doctor

Ärztekammer *f* General Medical Council BRIT, medical association AM **Ärzteschaft** <-> *f kein pl* medical profession

Arzthelfer(in) *m(f)* [doctor's] receptionist

Ärztin <-, -nen> ['ɛ:ɐ̯tstɪn] *f fem form von* **Arzt**

Arztkosten *pl* medical costs *pl*

ärztlich ['ɛ:ɐ̯tstlɪç] **I.** *adj* medical **II.** *adv* medically; **sich** *akk* **~ behandeln lassen** to get medical advice

Arztpraxis *f* doctor's surgery

Asbest <-[e]s> [as'bɛst] *nt kein pl* asbestos *no pl*

aschblond *adj* ash-blond

Asche <-, -n> ['aʃə] *f* ash

Aschenbahn *f* SPORT cinder track **Aschenbecher** *m* ashtray **Aschenbrödel** <-s> ['aʃn̩brø:dl̩] *nt kein pl,* **Aschenputtel** <-> ['aʃn̩pʊtl̩] *nt kein pl* LIT Cinderella

Ascher <-s, -> ['aʃɐ] *m* (*fam*) ashtray

Aschermittwoch [aʃɐ'mɪtvɔx] *m* REL Ash Wednesday

aschgrau *adj* ash-grey

ASCII-Code <-s, -s> *m* ASCII code

Ascorbinsäure <-> [askɔr'bi:n-] *f kein pl* BIOL, CHEM (*Vitamin C*) ascorbic acid *no pl*

Äser *pl von* **Aas²**

asexuell ['azɛksu̯ɛl] *adj* asexual

A

Asiat(in) <-en, -en> *m(f)* Asian
Asiate, Asiatin <-en, -en> [a'zi̯a:tə, a'zi̯a:tɪn] *m, f* Asian
asiatisch [a'zi̯a:tɪʃ] *adj* Asiatic; *Sprache, Kultur* Asian
Asien <-s> ['a:zi̯ən] *nt* Asia
Askese <-> [as'ke:zə] *f kein pl* (*geh*) asceticism *no pl*
Asket(in) <-en, -en> [as'ke:t] *m(f)* (*geh*) ascetic
asketisch *adj* ascetic
asozial ['azotsi̯a:l] **I.** *adj* antisocial **II.** *adv* antisocially
Asoziale(r) *f(m) dekl wie adj* (*pej*) social misfit
Aspekt <-[e]s, -e> [as'pɛkt] *m* aspect
Asphalt <-[e]s, -e> [as'falt] *m* asphalt *no pl*
asphaltieren* [asfal'ti:rən] *vt* to asphalt
Aspirin® <-s> [aspi'ri:n] *nt kein pl* aspirin
Ass <-es, -e> *nt* ace ▸WENDUNGEN: **[noch] ein ~ im Ärmel haben** to have an ace up one's sleeve
aß [a:s] *imp von* **essen**
Assel <-, -n> ['as l̩] *f* ZOOL isopod
Assimilation <-, -en> [asimila'tsi̯o:n] *f* ① BIOL, CHEM photosynthesis ② (*geh: Anpassung*) assimilation
assimilieren* [asimi'li:rən] **I.** *vr* (*geh*) ■**sich an etw** *akk* ~ to assimilate oneself into sth **II.** *vt* BIOL, CHEM to photosynthesize
Assistent(in) <-en, -en> [asɪs'tɛnt] *m(f)* assistant
Assistenzarzt, -ärztin *m, f* assistant physician BRIT, resident [doctor] AM **Assistenztrainer, -trainerin** *m, f* SPORT assistant coach
assistieren* [asɪs'ti:rən] *vi* to assist (**bei** + *dat* with)
Assoziation <-, -en> [asotsi̯a'tsi̯o:n] *f* (*geh*) association
assoziieren* [asotsi'i:rən] *vt* (*geh*) to associate
Ast <-[e]s, Äste> [ast, *pl* 'ɛstə] *m* branch ▸WENDUNGEN: **auf dem absteigenden ~ sein** (*fam*) sb/sth is going downhill; **sich** *dat* **einen ~ lachen** (*sl*) to double up with laughter
Aster <-, -n> ['astɐ] *f* Michaelmas daisy
Astgabel *f* fork of a tree
Ästhet(in) <-en, -en> [ɛs'te:t] *m(f)* (*geh*) aesthete
Ästhetik <-> [ɛs'te:tɪk] *f kein pl* aesthetics *pl*
ästhetisch [ɛs'te:tɪʃ] *adj* aesthetic
Asthma <-s> ['astma] *nt kein pl* asthma *no pl*
Asthmatiker(in) <-s, -> [ast'ma:tikɐ] *m(f)* asthmatic
asthmatisch [ast'ma:tɪʃ] **I.** *adj* asthmatic **II.** *adv* asthmatically
Astralreise [as'tra:l-] *f* astral journey
astrein *adj* ① (*fam: moralisch einwandfrei*) straight ② (*sl: spitze*) fantastic
Astrologe, Astrologin <-n, -n> [astro'lo:gə, astro'lo:gɪn] *m, f* astrologer
Astrologie <-> [astrolo'gi:] *f kein pl* astrology *no pl*
Astrologin <-, -nen> *f fem form von* **Astrologe**
astrologisch [astro'lo:gɪʃ] **I.** *adj* astrological **II.** *adv* astrologically
Astronaut(in) <-en, -en> [astro'nau̯t] *m(f)* astronaut
Astronom(in) <-en, -en> [astro'no:m] *m(f)* astronomer
Astronomie <-> [astrono'mi:] *f kein pl* astronomy *no pl*
Astronomin <-, -nen> *f fem form von* **Astronom**
astronomisch [astro'no:mɪʃ] *adj* (*a. fig*) astronomical
Astrophysik [astrofy'zi:k] *f* astrophysics + *sing vb, no art* **Astrophysiker(in)** [astro'fy:zikɐ] *m(f)* astrophysicist
Asyl <-s, -e> [a'zy:l] *nt* asylum; **um ~ bitten** to apply for [political] asylum; **jdm ~ gewähren** to grant sb [political] asylum
Asylant(in) <-en, -en> [azy'lant] *m(f) s.* **Asylbewerber**
Asylantenwohnheim *nt* home for asylum-seekers
Asylantrag *m* application for political asylum **Asylbewerber(in)** *m(f)* applicant for [political] asylum **Asylrecht** *nt* right of political asylum **Asylsuchende(r)** *f(m) dekl wie adj* asylum seeker
Asymmetrie [azʏme'tri:] *f* asymmetry
asymmetrisch ['azʏme:trɪʃ] *adj* asymmetric
Atelier <-s, -s> [atə'li̯e:] *nt* KUNST studio
Atem <-s> ['a:təm] *m kein pl* breath; **den ~ anhalten** to hold one's breath; **~ holen** to take a breath; **wieder zu ~ kommen** to catch one's breath; **außer ~** out of breath ▸WENDUNGEN: **den längeren ~ haben** to have the whip hand; **jdn in ~ halten** to keep sb on their toes; **jdm den ~ verschlagen** to take sb's breath away
atemberaubend *adj* breath-taking **Atembeschwerden** *pl* breathing difficulties *pl* **Atemgerät** *nt* respirator; (*von Taucher, Feuerwehr*) breathing apparatus **Atemlähmung** *f* respiratory paralysis
atemlos **I.** *adj* ① (*außer Atem*) breathless ② (*perplex*) speechless **II.** *adv* breathlessly
Atemnot *f kein pl* shortness of breath *no pl* **Atempause** *f* breather **Atemstillstand** *m*

respiratory arrest
Atemwege *pl* respiratory tracts *pl*
Atemwegserkrankung *f* respiratory disease
Atemzug *m* breath ▶WENDUNGEN: **in einem ~** in one breath
Atheismus <-> [ate'ɪsmʊs] *m kein pl* atheism *no pl*
Atheist(in) <-en, -en> [ate'ɪst] *m(f)* atheist
atheistisch *adj* atheist
Athen <-s> [a'te:n] *nt* Athens
Athener(in) <-s, -> [a'te:nɐ] *m(f)* Athenian; *s. a.* **Deutsche(r)**
Äther <-s> ['ɛ:tɐ] *m kein pl* CHEM ether *no pl* ▶WENDUNGEN: **etw in den ~ schicken** RADIO to put sth on the air; **über den ~** over the air
ätherisch [ɛ'te:rɪʃ] *adj* ethereal
Äthiopien <-s> [ɛ'ti̯o:pi̯ən] *nt* Ethiopia; *s. a.* **Deutschland**
Äthiopier(in) <-s, -> [ɛ'ti̯o:pi̯ɐ] *m(f)* Ethiopian; *s. a.* **Deutsche(r)**
äthiopisch [ɛ'ti̯o:pɪʃ] *adj* Ethiopian; *s. a.* **deutsch**
Athlet(in) <-en, -en> [at'le:t] *m(f)* athlete
athletisch [at'le:tɪʃ] *adj* athletic
Atlanten *pl von* **Atlas**
Atlantik <-s> [at'lantɪk] *m* Atlantic
atlantisch [at'lantɪʃ] *adj* Atlantic; **ein ~es Hoch** a high-pressure area coming from the Atlantic
Atlas <- *o* -ses, Atlanten *o* -se> ['atlas, *pl* 'atlasə, at'lantn̩] *m* atlas
atmen ['a:tmən] *vi, vt* to breathe
Atmosphäre <-, -n> [atmo'sfɛ:rə] *f* atmosphere
atmosphärisch [atmo'sfɛ:rɪʃ] *adj* atmospheric
Atmung <-> *f kein pl* breathing *no pl*
atmungsaktiv *adj* MODE breathable **Atmungsorgane** *pl* respiratory organs
Ätna <-[s]> ['ɛtna] *m* ■**der ~** Mount Etna
Atoll <-s, -e> [a'tɔl] *nt* atoll
Atom <-s, -e> [a'to:m] *nt* atom
Atomangriff *m* nuclear attack
atomar [ato'ma:ɐ̯] **I.** *adj* nuclear **II.** *adv* ❶ MIL (*Atomwaffen betreffend*) with nuclear weapons ❷ TECH with nuclear power; ■**~ angetrieben sein** to be nuclear-powered
Atombombe *f* nuclear bomb
Atombombenexplosion *f* nuclear explosion **Atombombenversuch** *m* nuclear [weapons] test
Atombunker *m* nuclear fall-out shelter **Atomenergie** *f* nuclear energy **Atomexplosion** *f* nuclear explosion **Atomforschungszentrum** *nt* nuclear research centre **Atomgegner(in)** *m(f)* person who is against nuclear power **Atomindustrie** *f* nuclear industry
atomisieren* [atomi'zi:rən] *vt* to atomize
Atomkern *m* PHYS nucleus **Atomkraft** *f kein pl* nuclear power **Atomkraftwerk** *nt* nuclear power station **Atomkrieg** *m* nuclear war **Atommacht** *f* nuclear power
Atommüll *m* nuclear waste **Atommüllendlager** *nt* nuclear waste disposal site **Atommülllagerung** <-> *f kein pl* nuclear waste disposal *no pl*
Atomphysik *f* nuclear physics + *sing vb* **Atomprogramm** *nt* nuclear [*or* atomic] programme **Atomrakete** *f* nuclear missile **Atomreaktor** *m* nuclear reactor **Atomspaltung** *f* nuclear fission **Atomsprengkopf** *m* nuclear warhead
Atomtest *m* nuclear [weapons] test **Atomteststopp** *m* nuclear test ban
Atomuhr *f* atomic watch
Atomwaffe *f* nuclear weapon **atomwaffenfrei** *adj* POL nuclear-free
Atomzeitalter *nt kein pl* nuclear age **Atomzerfall** *m kein pl* radioactive decay
atoxisch ['atɔksɪʃ] *adj* (*fachspr*) non-toxic
Atrium <-s, Atrien> ['a:triʊm, *pl* -riən] *nt* ARCHIT atrium
ätsch [ɛ:tʃ] *interj* (*fam*) ha-ha; **du hast verloren, ~ [bätsch]!** ha-ha, you lost!
Attacke <-, -n> [a'takə] *f* ❶ (*Angriff*) attack (**gegen** +*akk* against) ❷ (*Anfall*) fit
attackieren* [ata'ki:rən] *vt* to attack
Attentat <-[e]s, -e> ['atn̩ta:t] *nt* attempt on sb's life; **ein ~ auf jdn verüben** to make an attempt on sb's life
Attentäter(in) ['atn̩tɛ:tɐ] *m(f)* assassin
Attest <-[e]s, -e> [a'tɛst] *nt* certificate; **jdm ein ~ ausstellen** to certify sth
attestieren* [atɛs'ti:rən] *vt* to confirm; (*ärztlich*) to certify
Attitüde <-, -n> [ati'ty:də] *f meist pl* (*geh*) posture
Attraktion <-, -en> [atrak'tsi̯o:n] *f* attraction
attraktiv [atrak'ti:f] *adj* attractive
Attraktivität <-> [atraktivi'tɛ:t] *f kein pl* attractiveness *no pl*
Attrappe <-, -n> [a'trapə] *f* dummy
Attribut <-[e]s, -e> [atri'bu:t] *nt* (*geh*) ❶ LING attribute ❷ (*Kennzeichen*) symbol
attributiv [atribu'ti:f] *adj* LING attributive
atypisch ['aty:pɪʃ] *adj* atypical
ätzen ['ɛtsn̩] **I.** *vi* ❶ (*versetzend sein*) to corrode ❷ (*sl*) to make catty remarks **II.** *vt* KUNST to etch
ätzend *adj* ❶ *Substanz* corrosive ❷ *Geruch* pungent ❸ (*sl: sehr übel*) lousy

A

au [au̯] *interj* ① (*bei Schmerz*) ouch ② (*bei Freude*) ~ **ja!** (*fam*) oh yeah!

aua ['au̯a] *interj s.* **au 1**

Aubergine <-, -n> [obɛr'ʒiːnə] *f* aubergine BRIT, egg-plant AM

auch [au̯x] *adv* ① (*ebenfalls*) too, also, as well; **ich ~** me too; **~ nicht** not ... either, ... neither, nor ...; **ich ~ nicht** me neither; **ich gehe nicht mit! – ich ~ nicht!** I'm not coming! – nor am I!; **wenn du nicht hingehst, gehe ich ~ nicht** if you don't go, I won't either ② (*sogar*) even; **~ wenn** even if ③ (*tatsächlich*) too; **ich habe das nicht nur gesagt, ich meine das ~** [**so**]! I didn't just say it, I mean it too! ④ (*einräumend*) **wie dem ~ sei** whatever ▶ WENDUNGEN: **~ das noch!** that's all I need!

Audienz <-, -en> [au̯'di̯ɛnts] *f* audience

Audioführung *f* audio tour **Audiokassette** *f* audio cassette **audiovisuell** [au̯di̯o-vizu̯'ɛl] *adj* audio-visual

Auditorium <-s, -rien> [au̯di'toːri̯ʊm, *pl* -ri̯ən] *nt* ① SCH auditorium ② (*Zuhörerschaft*) audience

Aue <-, -n> ['au̯ə] *f* DIAL (*liter*) meadow

Auerhahn ['au̯ɐhaːn] *m* ORN [male/cock] capercaillie **Auerochse** ['au̯ɐʔɔksə] *m* ZOOL aurochs

auf [au̯f] **I.** *präp* ① +*dat* on, upon *form;* **~ dem Stuhl** on the chair ② +*akk* on, onto; **sie fiel ~ den Rücken** she fell on[to] her back ③ +*akk* (*zu*) to; **er muss ~ die Post** he has to go to the post office; **wollen wir ~ das Fest gehen?** shall we go to the party? ④ +*dat* (*in, bei*) at; **sie ist** [*o* **arbeitet**] **~ der Post** she works at the post office ⑤ +*akk* (*bei Zeitangaben*) on; **Heiligabend fällt ~ einen Dienstag** Christmas Eve falls on a Tuesday; **die Konferenz muss ~ morgen verlegt werden** the conference has to be postponed until tomorrow ⑥ +*dat* (*während*) on; **~ der Busfahrt wurde es einigen schlecht** some people felt sick on the bus ride **II.** *adv* **~ sein** (*fam: geöffnet*) to be open; (*nicht mehr im Bett*) to be up ▶ WENDUNGEN: **~ und ab** up and down; **~ und davon** (*fort*) up and away

auf|arbeiten *vt* ① *Akten, Korrespondenz* to get through ② *Vergangenheit* to reappraise

auf|atmen *vi* [**erleichtert**] ~ to heave a sigh of relief

auf|bahren ['au̯fbaːrən] *vt* to lay out in state

Aufbau *m kein pl* ① (*das Zusammenbauen*) assembling ② (*Schaffung*) *eines Landes* the building ③ (*Wiedererrichtung*) reconstruction ④ (*Struktur*) structure

auf|bauen **I.** *vt* ① (*zusammenbauen*) to assemble ② (*errichten*) *Zelt* to put up *sep; Haus, Stadt* to build; **ein Haus neu ~** to rebuild a house ③ (*aufmuntern*) **jdn** [**wieder**] ~ to cheer up *sep* sb ④ (*schaffen*) *Partei, Existenz* to build; ■**sich** *dat* **etw ~** to build up *sep* sth ⑤ (*basieren*) to base (**auf** +*dat* on) ⑥ (*gliedern*) to structure **II.** *vr* ① (*sich bilden*) ■**sich** *akk* ~ to build up ② (*fam*) ■**sich** *akk* **vor jdm ~** to stand up in front of sb

Aufbaukurs *m* continuation course

auf|bäumen *vr* ■**sich** *akk* ~ to revolt (**gegen** +*akk* against)

auf|bauschen *vt* ① (*übertreiben*) to blow up *sep* (**zu** +*dat* into) ② (*blähen*) to fill

auf|begehren* *vi* ① (*geh*) to rebel (**gegen** +*akk* against) ② SCHWEIZ (*protestieren*) to protest (**gegen** +*akk* against)

auf|behalten* *vt irreg* to keep on *sep*

auf|bekommen* *vt irreg* (*fam*) ① (*öffnen*) to get open ② *Hausaufgaben* to get as homework

auf|bereiten* *vt* ① (*verwendungsfähig machen*) to process; *Trinkwasser* to purify ② *Text* to edit

Aufbereitung <-, -en> *f* ① (*das Aufbereiten*) processing; *von Trinkwasser* the purification ② *eines Texts* editing

auf|bessern *vt* to improve; *Gehalt* to increase

Aufbesserung <-, -en> *f* improvement

auf|bewahren* *vt* ① (*aufheben*) to keep ② (*lagern*) to store

Aufbewahrung <-> *f kein pl* [safe]keeping

auf|bieten *vt irreg* to muster

auf|binden *vt irreg* ① (*öffnen, lösen*) to untie ② (*befestigen*) to fasten ③ **jdm eine Lüge ~** (*fam*) to tell sb a lie

auf|blähen *vr* ■**sich** *akk* ~ (*pej: sich wichtigmachen*) to puff oneself up

aufblasbar *adj* inflatable

auf|blasen *irreg* **I.** *vt* to inflate; *Luftballon* to blow up *sep* **II.** *vr* ■**sich** *akk* ~ (*pej: sich wichtigmachen*) to puff oneself up

auf|bleiben *vi irreg sein* ① (*nicht zu Bett gehen*) to stay up ② (*geöffnet bleiben*) to stay open

auf|blenden *vi* ① AUTO to turn up *sep* the headlights ② FOTO to increase the aperture

auf|blicken *vi* ■**zu jdm ~** to look up at sb; (*verehrend*) to look up to sb

auf|blitzen *vi* to flash

auf|blühen *vi sein* ① *Blume* to bloom ② (*aufleben*) to blossom out

auf|brauchen *vt* to use up *sep*

auf|brausen *vi sein* (*wütend werden*) to flare up

A

aufbrausend *adj* quick-tempered
auf|brechen *irreg* **I.** *vt haben* to break open *sep;* **ein Auto ~** to break into a car **II.** *vi sein* ① (*aufplatzen*) to break up; *Wunde* to open ② (*sich auf den Weg machen*) to start off; **ich glaube, wir müssen ~** I think we've got to go
aufbrezeln *vr* (*fam*) ■**sich** *akk* **~** to get all dolled up
auf|bringen *vt irreg* ① *Geld* to raise; *Mut, Kraft, Geduld* to summon [up *sep*] ② (*wütend machen*) to irritate ③ (*aufwiegeln*) ■**jdn gegen jdn ~** to set sb against sb
Aufbruch *m kein pl* departure
Aufbruchssignal *nt* green light **Aufbruchsstimmung** *f kein pl* ① (*vor dem Aufbrechen*) atmosphere of departure; **in ~ sein** to be wanting to go; **hier herrscht schon ~** it's all breaking up ② (*Stimmung der Erneuerung*) atmosphere of awakening
auf|brühen *vt* to brew up *sep*
auf|brummen *vt* (*fam*) ■**jdm etw ~** to land sb with sth
auf|bürden *vt* (*geh*) *Verantwortung, Arbeit* to burden with
auf|decken *vt* ① (*enthüllen*) to uncover ② (*bloßlegen*) to expose; *Fehler* to discover; *Verbrechen, Skandal* to reveal
auf|donnern *vr* ■**sich** *akk* **~** (*pej fam*) to doll [*or* BRIT *a.* tart] oneself up
auf|drängen I. *vt* ■**jdm etw ~** to force sth on sb **II.** *vr* ■**sich** *akk* **jdm ~** to impose oneself on sb; **ich will mich nicht ~** I don't want to impose [myself]
auf|drehen I. *vt* ① (*durch Drehen öffnen*) to turn on *sep; Flasche, Ventil* to open; *Schraubverschluss* to unscrew ② (*fam: lauter stellen*) to turn up *sep* **II.** *vi* (*fam: loslegen*) to get going; ■**aufgedreht sein** to be full of go
aufdringlich *adj* ① *Benehmen* obtrusive, importunate; *Person* insistent ② *Geruch* pungent
Aufdringlichkeit <-, -en> *f* ① (*Zudringlichkeit*) obtrusiveness *no pl* ② (*zu intensive Art*) pungency *no pl* ③ (*grelle Gestaltung*) loudness *no pl*
auf|drücken *vt* ① *Tür* to push open *sep* ② (*fam: aufzwingen*) ■**jdm etw ~** to impose sth on sb
aufeinander [aʊfʔaiˈnandɐ] *adv* ① (*räumlich*) on top of each other ② (*gegeneinander*) **~ losgehen** to hit away at each other ③ (*wechselseitig*) **~ angewiesen sein** to be dependent on each other; **~ zugehen** to approach each other
aufeinander|folgen [aʊfʔaiˈnandɐfɔlgən] *vi sein* to follow each other; **dicht ~** to come thick and fast **aufeinanderfolgend** *adj* successive **aufeinander|stoßen** *vi irreg sein* to clash
Aufenthalt <-[e]s, -e> [ˈaʊfʔɛnthalt] *m* ① (*das Verweilen*) stay ② (*das Wohnen*) residence ③ (*Aufenthaltsort*) place of residence ④ BAHN stop[over]; **wie lange haben wir in Köln ~?** how long do we stop [for] in Cologne?
Aufenthalter(in) <-s, -> *m(f)* SCHWEIZ non-permanent [*or* foreign] resident; JUR resident alien
Aufenthaltserlaubnis *f,* **Aufenthaltsgenehmigung** *f* residence permit **Aufenthaltsort** *m* whereabouts + *sing/pl vb* **Aufenthaltsraum** *m* day room; (*in Firma*) recreation room
auf|erlegen* [ˈaʊfʔɛɐ̯leːgn̩] *vt* (*geh*) ■**jdm etw ~** to impose sth on sb
auf|erstehen* *vi irreg sein* REL to rise from the dead; *Christus* to rise again
Auferstehung <-, -en> *f* REL resurrection; **Christi ~** the Resurrection [of Christ]
auf|essen *irreg vt, vi* to eat up *sep*
auf|fahren *irreg vi sein* ① (*aufprallen*) ■**auf jdn/etw ~** to run into sb/sth ② (*näher heranfahren*) to drive up (**auf** + *akk* to); **zu dicht ~** to tailgate ③ (*hochschrecken*) to start [up] ④ (*aufbrausen*) to fly into a rage
Auffahrt *f* ① (*Autobahnauffahrt*) [motorway] slip road, AM [freeway] slip ramp ② (*vor einem Haus*) drive[way] ③ SCHWEIZ *s.* **Himmelfahrt**
Auffahrunfall *m* collision; (*von mehreren Fahrzeugen*) pile-up
auf|fallen *vi irreg sein* ① ■**jdm fällt etw auf** sb notices sth; **ist Ihnen etwas Ungewöhnliches aufgefallen?** did you notice anything unusual?; **jdm positiv ~** to make a positive impression on sb ② ■**etw/jd fällt auf** to attract attention, to stand out; **der Fehler fällt nicht besonders auf** the mistake is not all that noticeable; **unangenehm ~** to make a bad impression; **nur nicht ~!** don't go attracting attention!
auffallend I. *adj* conspicuous; **~e Ähnlichkeit** striking likeness; **das A~ste an ihm sind die roten Haare** the most striking thing about him is his red hair **II.** *adv* conspicuously; **~ schön** strikingly beautiful
auffällig I. *adj* conspicuous; ■**an jdm ~ sein** to be noticeable about sb; ■**etwas A~es** something conspicuous **II.** *adv* conspicuously
auf|fangen *vt irreg* ① (*einfangen, mitbekommen*) to catch ② (*kompensieren*) to

offset ❸ (*sammeln*) to collect
Auffanglager *nt* reception camp
auf|fassen *vt* to interpret; **etw falsch ~** to misinterpret sth
Auffassung *f* opinion; **ich bin der ~, dass ...** I think [that] ...; **nach jds ~** in sb's opinion
Auffassungsgabe *f kein pl* perception
auffindbar *adj* ■**etw ist nicht ~** sth cannot be found
auf|finden *vt irreg* to find
auf|fliegen *vi irreg sein* ❶ *Vogel* to fly up ❷ *Tür* to fly open ❸ (*fam: öffentlich bekannt werden*) to be busted; *Betrug, Machenschaften* to be blown; ■**jdn/etw ~ lassen** to blow sb/sth
auf|fordern *vt* ■**jdn ~, etw zu tun** to ask sb to do sth; **jdn zum Tanz ~** to ask sb to dance
Aufforderung *f* request; (*stärker*) demand; **~ zum Tanz** invitation to dance
auf|forsten ['aufforstn̩] *vt* to [re]afforest
Aufforstung *f* afforestation; (*wieder*) reforestation
auf|fressen *irreg vt* ❶ (*verschlingen*) to eat up *sep; Beute* to devour ❷ (*fig: erschöpfen*) to exhaust
auf|frischen **I.** *vt haben* ❶ *Beziehung* to renew; *Erinnerung* to refresh; *Kenntnisse* to polish up *sep;* **sein Englisch ~** to brush up *sep* one's English ❷ *Anstrich* to brighten up *sep; Make-up* to retouch ❸ *Vorräte* to replenish **II.** *vi sein o haben Wind* to freshen, to pick up
Auffrischungskurs *m* refresher course
auf|führen **I.** *vt* ❶ *Theaterstück* to perform ❷ (*auflisten*) to list; *Beispiele, Zeugen* to cite **II.** *vr* ■**sich** *akk* **~** to behave; **sich ~, als ob ...** to act as if ...
Aufführung *f* (*Theateraufführung*) performance
auf|füllen *vt* ❶ (*befüllen*) to fill up *sep* ❷ (*nachfüllen*) to top up *sep*
Aufgabe <-, -n> *f* ❶ (*Pflicht*) job, task ❷ *meist pl* (*Übungsaufgabe*) exercise; (*Hausaufgabe*) homework *no pl* ❸ (*zu lösendes Problem*) question; **eine schwierige ~ lösen** to solve a difficult problem ❹ (*Zweck*) purpose ❺ *kein pl* (*Verzicht auf weiteren Kampf*) surrender
auf|gabeln *vt* (*fam: kennen lernen*) to pick up sb *sep*
Aufgabenbereich *m*, **Aufgabengebiet** *nt* area of responsibility
Aufgang *m* ❶ *der Sonne, des Mondes* rising ❷ (*Treppenaufgang*) staircase
auf|geben *irreg* **I.** *vt* ❶ *Brief, Päckchen* to post, to mail AM ❷ *Gepäck* to register; LUFT to check in ❸ *Anzeige* to place ❹ (*mit etw aufhören*) to give up *sep;* **eine Gewohnheit ~** to give up a habit ❺ (*verloren geben*) ■**jdn ~** to give up with sb **II.** *vi* (*sich geschlagen geben*) to give up; MIL to surrender
aufgeblasen **I.** *adj* (*pej: arrogant*) self-important **II.** *pp von* **aufblasen**
Aufgebot *nt* ❶ (*aufgebotene Menschenmenge*) crowd; *von Polizei, Truppen* contingent *form* ❷ (*Heiratsankündigung*) notice of [an] intended marriage; **das ~ bestellen** to give notice of one's intended marriage
aufgebracht **I.** *adj* outraged (**über** *+akk* with) **II.** *pp von* **aufbringen**
aufgedreht **I.** *pp von* **aufdrehen** **II.** *adj* (*fam: lebhaft*) in high spirits
aufgedunsen *adj* bloated; *Gesicht* puffy
auf|gehen *vi irreg sein* ❶ (*sich öffnen*) to open; *Vorhang* to rise; *Knoten, Reißverschluss etc.* to come undone ❷ *Sonne, Mond* to rise ❸ *Samen* to sprout ❹ *Teig* to rise ❺ (*klar werden*) ■**jdm ~** to dawn on sb ❻ (*seine Erfüllung finden*) ■**in etw** *dat* **~** to be taken up in sth
aufgehoben **I.** *adj* [**bei jdm**] **gut/schlecht ~ sein** to be/to not be in good hands [with sb] **II.** *pp von* **aufheben**
auf|geilen (*sl*) **I.** *vt* to work up *sep* **II.** *vr* ■**sich** *akk* [**an jdm/etw**] **~** to get off [on sb/sth]
aufgeklärt *adj* ❶ PHILOS enlightened ❷ (*sexualkundlich*) to know the facts of life
aufgekratzt **I.** *adj* (*fam*) full of beans **II.** *pp von* **aufkratzen**
aufgelegt **I.** *adj* **gut/schlecht ~ sein** to be in a good/bad mood; ■**dazu ~ sein, etw zu tun** to feel like doing sth **II.** *pp von* **auflegen**
aufgelöst **I.** *adj* ■**~ sein** to be beside oneself **II.** *pp von* **auflösen**
aufgeregt **I.** *adj* ❶ (*gespannt*) excited ❷ (*nervös*) nervous; (*durcheinander*) flustered **II.** *adv* ❶ (*gespannt*) excitedly ❷ (*nervös*) nervously **III.** *pp von* **aufregen**
aufgeschlossen **I.** *adj* open-minded **II.** *adv* **neuen Ideen ~ gegenüberstehen** to be open to new ideas **III.** *pp von* **aufschließen**
Aufgeschlossenheit <-> *f kein pl* open-mindedness *no pl*
aufgeschmissen *adj* (*fam*) ■**~ sein** to be in a fix
aufgesetzt **I.** *adj Lächeln* false **II.** *pp von* **aufsetzen**
aufgeweckt **I.** *adj* bright **II.** *pp von* **aufwe-**

cken

auf|gießen *vt irreg* ① *Kaffee, Tee* to make ② (*nachfüllen*) to pour in *sep*

auf|gliedern *vt* to subdivide (**in** +*akk* into)

Aufgliederung *f* breakdown

auf|greifen *vt irreg* ① (*festnehmen*) to pick up *sep* ② (*weiterverfolgen*) to take up *sep*

aufgrund, auf Grund [aʊ̯fˈgrʊnt] *präp* +*gen* owing to

Aufguss <-es, Aufgüsse> *m* ① PHARM [herbal] brew ② (*in der Sauna*) *a preparation of herbs suspended in water for vaporization on hot stones in a sauna*

auf|haben *irreg* (*fam*) **I.** *vt* ① (*geöffnet haben*) *Reißverschluss* to have undone; *Tür, Fenster* to have open ② *Hut, Mütze* to wear **II.** *vi Geschäft, Museum* to be open

auf|halsen *vt* (*fam*) ■**jdm etw ~** to saddle sb with sth

auf|halten *irreg* **I.** *vt* ① (*am Weiterkommen hindern*) to hold up *sep* ② (*zum Halten bringen*) to stop ③ (*abhalten*) to keep back (**bei** +*dat* from) ④ **jdm die Tür ~** to hold open *sep* the door for sb; **die Hand ~** to hold out *sep* one's hand **II.** *vr* ① (*verweilen*) ■**sich** *akk* ~ to stay ② (*sich weiterhin befassen*) ■**sich** *akk* **mit jdm/etw ~** to spend time [dealing] with sb/sth

auf|hängen **I.** *vt* ① (*daran hängen*) to hang up; **die Wäsche ~** to hang out the washing [*or* AM laundry] ② (*durch Erhängen töten*) to hang **II.** *vr* ■**sich** *akk* ~ to hang oneself

Aufhänger <-s, -> *m* ① (*Schlaufe*) loop ② (*Anknüpfungspunkt*) peg

auf|heben *irreg* **I.** *vt* ① (*vom Boden nehmen*) to pick up *sep* ② (*nicht wegwerfen*) to keep ③ (*aufbewahren*) to keep, to preserve ④ *Gesetz* to abolish; *Urteil* to quash; *Verbot* to lift **II.** *vr* (*sich ausgleichen*) ■**sich ~** to offset each other

Aufheben *nt* [**nicht**] **viel ~**[**s**] [**von etw** *dat*] **machen** to [not] make a lot of fuss [about sth]

Aufhebung <-, -en> *f* abolition; *eines Urteils* reversal; *eines Verbots* lifting

auf|heitern **I.** *vt* to cheer up *sep* **II.** *vr, vi impers* ■[**sich**] ~ *Wetter* to brighten up

Aufheiterung <-, -en> *f* METEO bright period

auf|hellen **I.** *vt* ① (*blonder, heller machen*) to lighten ② (*klarer machen*) to throw light upon **II.** *vr* ■**sich ~** (*sonniger werden*) to brighten [up]

auf|hetzen *vt* (*pej*) to incite (**gegen** +*akk* against)

auf|holen **I.** *vt* to make up *sep;* **versäumten Lernstoff ~** to catch up on missed learning **II.** *vi* to catch up; *Läufer, Rennfahrer* to make up ground

auf|horchen *vi* to prick up one's ears

auf|hören *vi* to stop

auf|hübschen [ˈaʊ̯fhʏpʃn̩] *vt* (*iron fam*) ■**jdn/etw ~** to make sb/sth look good; (*schönen*) *Bilanz* to massage sth; (*verschönern*) *Gebäude* to prettify sth

auf|kaufen *vt* to buy up *sep*

auf|keimen *vi sein* ① (*sprießen*) to germinate ② (*geh: sich zaghaft zeigen*) to bud

aufklappbar *adj* hinged; **~es Verdeck** fold[-]down top

auf|klappen *vt* ① *Buch* to open [up *sep*]; *Liegestuhl* to unfold; *Messer* to unclasp; *Verdeck* to fold back *sep* ② *Kragen* to turn up *sep*

auf|klären **I.** *vt* ① (*erklären*) to clarify; *Irrtum, Missverständnis* to resolve ② (*aufdecken*) to solve; *Verbrechen* to clear up ③ (*informieren*) to inform (**über** +*akk* about) ④ (*sexuell informieren*) to explain the facts of life; ■**aufgeklärt sein** to know the facts of life **II.** *vr* ■**sich ~** ① *Geheimnis, Irrtum etc.* to resolve itself ② (*sonniger werden*) to brighten [up]

Aufklärer <-s, -> *m* ① MIL reconnaissance plane ② PHILOS philosopher of the Enlightenment

Aufklärung *f* ① (*Erklärung*) clarification; *von Irrtum, Missverständnis* resolution ② (*Aufdeckung*) solution (+*gen* of, **von** +*dat* to); *von Verbrechen* clearing up ③ (*Information*) information (**über** +*akk* about) ④ (*sexuelle Information*) sex education

Aufklärungsbedarf *m kein pl* need for information **Aufklärungskampagne** *f* information campaign

auf|klatschen *vt* (*sl: verprügeln*) to beat up

auf|kleben *vt* to stick (**auf** +*akk* on); *Briefmarke* to put on *sep*

Aufkleber *m* sticker

auf|knöpfen *vt* to unbutton; *Knopf* to undo

auf|kochen **I.** *vt haben* to bring to the [*or* AM a] boil **II.** *vi sein* to come to the [*or* AM a] boil

auf|kommen *vi irreg sein* ① (*finanziell*) ■**für etw ~** to pay for sth; ■**für jdn ~** to pay for sb's upkeep ② (*entstehen*) to arise; *Nebel* to come down; *Regen* to set in; *Wind* to rise; ■**etw ~ lassen** to give rise to sth

auf|kratzen *vt Wunde* to scratch open *sep*

auf|kreischen *vi* to shriek

auf|krempeln *vt* to roll up *sep*

auf|kreuzen *vi sein* (*fam*) to turn up

auf|kriegen *vt* (*fam*) *s.* **aufbekommen**

A

Aufl. *f Abk von* **Auflage** ed.
auf|lachen *vi* to [give a] laugh
auf|laden *irreg vt* ① **etw auf den Wagen ~** to load on[to] the vehicle ② ■**jdm etw ~** to burden sb with sth ③ *Batterie* to charge
Auflage <-, -n> *f* ① *eines Buchs* edition; **verbesserte ~** revised edition ② (*Auflagenhöhe*) *eines Buchs* number of copies; *einer Zeitung* circulation ③ (*Bedingung*) condition; **die ~ haben, etw zu tun** to be obliged to do sth ④ (*Polster*) pad
Auflage(n)höhe *f* (*von Buch*) number of copies published; *von Zeitung* circulation
auf|lassen *vt irreg* (*fam*) ① (*offen lassen*) to leave open *sep* ② (*aufbehalten*) to leave on *sep*
auf|lauern *vi* ■**jdm ~** to lie in wait for sb
Auflauf *m* ① KOCHK *savoury or sweet dish baked in the oven* ② (*Menschenauflauf*) crowd
auf|laufen *vi irreg sein* ① (*sich ansammeln*) to accumulate ② (*auf Grund laufen*) to run aground ③ ■**jdn ~ lassen** (*fam*) to drop sb in it
auf|leben *vi sein* ① (*munter werden*) to liven up ② (*neuen Lebensmut bekommen*) to find a new lease of [*or* AM on] life ③ (*wiederbeleben*) to revive; **Bräuche wieder ~ lassen** to revive traditions
auf|legen *vt* ① (*herausgeben*) to publish; **ein Buch neu ~** to reprint a book; (*neue Bearbeitung*) to bring out a new edition of a book ② **eine CD ~** to put on *sep* a CD ③ **den Hörer ~** to hang up ④ **Holz/Kohle ~** to put on *sep* more wood/coal
auf|lehnen *vr* ■**sich** *akk* **~** to revolt (**gegen** +*akk* against)
auf|lesen *vt irreg* (*fam*) ① (*aufsammeln*) to pick up ② **jdn [von der Straße] ~** (*fam*) to pick sb up [off the street]
auf|leuchten *vi sein o haben* to light up
auf|listen *vt* to list
auf|lockern **I.** *vt* ① (*abwechslungsreicher machen*) to liven up *sep* ② (*zwangloser machen*) to ease ③ (*weniger streng machen*) to soften ④ **die Erde ~** to break up the earth **II.** *vr* ■**sich ~** (*sich zerstreuen*) to break up; **aufgelockerte Bewölkung** thinning cloud cover
Auflockerung *f* ① (*das Erleichtern*) **zur ~ des Unterrichtsstoffes** [in order] to liven up the lesson; **zur ~ der Atmosphäre** to ease the atmosphere ② (*Beseitigung von Verspannungen*) loosening up; (*vor Leibesübungen*) limbering up
auf|lösen **I.** *vt* ① (*in Flüssigkeit lösen*) to dissolve ② (*aufklären*) to clear up *sep* ③ (*das Bestehen beenden*) *Partei, Verein* to disband; *Parlament* to dissolve; *Konto, Geschäft* to close; *Haushalt* to break up *sep* **II.** *vr* ■**sich ~** ① (*in Flüssigkeit zergehen*) to dissolve ② (*sich klären*) to resolve itself ③ *Bewölkung* to break up; *Nebel a.* to lift
Auflösung *f* ① (*Beendigung des Bestehens*) *einer Partei, eines Vereins* disbanding; *des Parlaments* dissolution; *eines Kontos, Geschäfts* closing; *eines Haushalts* breaking up ② (*Lösung*) *eines Rätsels* solution ③ (*Bildqualität*) resolution
auf|machen **I.** *vt* ① (*fam: öffnen*) to open; *Knopf* to undo ② (*gestalten*) to make up *sep* **II.** *vi* (*fam*) ① (*die Tür öffnen*) to open the door ② (*ein Geschäft eröffnen*) to open up **III.** *vr* ■**sich** *akk* **~** to set out (**in** +*akk* for)
Aufmachung <-, -en> *f* ① (*Kleidung*) turnout ② (*Gestaltung*) *eines Buchs* presentation; *einer Seite, Zeitschrift* layout
aufmerksam **I.** *adj* attentive; ■**auf etw ~ werden** to take notice of sth; **jdn auf etw ~ machen** to draw sb's attention to sth; **das ist sehr ~ [von Ihnen]**! that's most kind [of you] **II.** *adv* attentively
Aufmerksamkeit <-, -en> *f* ① *kein pl* (*aufmerksames Verhalten*) attention ② *kein pl* (*Zuvorkommenheit*) attentiveness ③ (*Geschenk*) token [gift]
auf|mischen *vt* (*sl: verprügeln*) to lay into *sl*
auf|möbeln *vt* (*fam*) ① (*restaurieren*) to do up *sep* ② (*aufmuntern*) to cheer up *sep*
auf|mucken, auf|mucksen *vi* (*fam*) ■**gegen etw ~** to protest against sth, to kick [out] against sth
auf|muntern *vt* ① (*aufheitern*) to cheer up *sep* ② (*beleben*) to liven up *sep* ③ (*Mut machen*) to encourage
aufmunternd **I.** *adj* encouraging **II.** *adv* encouragingly
Aufmunterung <-, -en> *f* ① (*Aufheiterung*) cheering up ② (*Ermutigung*) encouragement ③ (*Belebung*) livening up
aufmüpfig *adj* (*fam*) rebellious
Aufnahme <-, -n> *f* ① (*Fotografie*) photo[graph]; **eine ~ machen** to take a photo[graph] ② (*Tonbandaufnahme*) [tape-]recording ③ (*Beginn*) start; *von Tätigkeit a.* taking up; *von Beziehung, Verbindung a.* establishment ④ (*Verleihung der Mitgliedschaft*) admission (**in** +*akk* into)
Aufnahmebedingung *f* entry [*or* admittance] requirement **aufnahmefähig** *adj* ■**[für etw] ~ sein** to be able to grasp *sep* **Aufnahmegebühr** *f* membership fee **Aufnahmelager** *nt* POL, SOZIOL refugee camp

Aufnahmeland *nt* host country **Aufnahmeprüfung** *f* entrance examination

auf|nehmen *vt irreg* 1 (*fotografieren*) to photograph 2 (*filmen*) to film 3 (*aufzeichnen*) to record (**auf** +*akk* on) 4 (*unterbringen*) ■**jdn [bei sich** *dat*] ~ to take in *sep* sb 5 (*beitreten lassen*) to admit (**in** +*akk* to) 6 (*geistig registrieren*) to grasp 7 (*auflisten*) to include 8 (*beginnen*) to begin; *Tätigkeit* to take up *sep;* **Kontakt mit jdm** ~ to contact sb 9 (*absorbieren*) to absorb 10 (*auf etw reagieren*) to receive; **wie hat sie es aufgenommen?** how did she take it? 11 NORDD (*aufwischen*) to wipe up *sep*

auf|nötigen *vt* ■**jdm etw** ~ to force sth on sb

auf|opfern *vr* ■**sich** *akk* ~ to sacrifice oneself

aufopfernd I. *adj* devoted **II.** *adv* with devotion

Aufopferung *f* sacrifice

auf|passen *vi* 1 (*aufmerksam sein*) to pay attention; **genau** ~ to pay close attention; ■**pass auf!** (*sei aufmerksam*) [be] careful!; (*Vorsicht*) watch [*or* BRIT *a.* mind] out! 2 (*beaufsichtigen*) to keep an eye (**auf** +*akk* on); **auf die Kinder** ~ to mind the children

Aufpasser(in) <-s, -> *m(f)* (*pej*) watchdog

auf|peitschen *vt* (*aufhetzen*) to inflame *sep;* (*stärker*) to whip up *sep* into a frenzy

auf|peppen ['aufpɛpn̩] *vt* (*sl*) to jazz up *sep*

auf|platzen *vi sein* to burst open; *Wunde* to open up

auf|plustern *vr* ■**sich** *akk* ~ 1 *Vogel* to ruffle [up *sep*] its feathers 2 (*pej fam*) *Mensch* to puff oneself up

auf|poppen ['aufpɔpn̩] *vi* INFORM *Fenster* to pop up

Aufprall <-[e]s, -e> *m* impact

auf|prallen *vi sein* ■**auf etw** ~ to hit sth; *Mensch, Fahrzeug a.* to run into sth

Aufpreis *m* extra charge; **gegen** ~ for an extra charge

auf|probieren* *vt* to try [on *sep*]

auf|pumpen *vt* to pump up *sep*

auf|putschen I. *vt* 1 (*aufwiegeln*) to stir up *sep* (**gegen** +*akk* against) 2 (*Leistungsfähigkeit steigern*) to stimulate **II.** *vr* ■**sich** *akk* [**mit etw** *dat*] ~ to pep oneself up [with sth]

Aufputschmittel *nt* stimulant

auf|putzen *vt* to wipe [up]

auf|quellen *vi irreg sein* to swell [up]

auf|raffen *vr* 1 ■**sich** *akk* [**vom Stuhl**] ~ to pull oneself up [from the chair] 2 (*überwinden*) ■**sich** *akk* **zu etw** *dat* ~ to bring oneself to do sth

auf|ragen *vi* to rise; (*sehr hoch*) to tower [up]

auf|rappeln *vr* (*fam*) ■**sich** *akk* ~ 1 (*sich erholen*) to recover 2 *s.* **aufraffen**

auf|rauchen I. *vt Zigarette* to smoke [completely] **II.** *vi* to finish smoking a cigarette

auf|räumen I. *vt Zimmer* to tidy up *sep; Schrank* to clear out *sep; Schreibtisch* to clear [up *sep*]; *Spielsachen* to clear away *sep* **II.** *vi* 1 (*Ordnung machen*) to tidy up 2 (*beseitigen*) ■**mit etw** *dat* ~ to do away with sth

Aufräumungsarbeiten *pl* clear[ing]-up operations

aufrecht ['aufrɛçt] *adj, adv* upright

aufrecht|erhalten* ['aufrɛçtʔɛɐhaltn̩] *vt irreg* to maintain; *Kontakt, Freundschaft* to keep up *sep;* **seine Behauptung** ~ to stick to one's view; **seine Entscheidung** ~ to abide by one's decision **Aufrechterhaltung** *f* 1 (*das Aufrechterhalten*) maintenance; *von Anklage* upholding; *von Behauptung* sticking (+*gen* to); *von Entscheidung* abiding (+*gen* by) 2 (*das weitere Bestehenlassen*) continuation

auf|regen I. *vt* (*erregen*) to excite; (*verärgern*) to annoy; (*nervös machen*) to make nervous **II.** *vr* ■**sich** *akk* ~ to get worked up (**über** +*akk* about); **reg dich nicht so auf!** don't get [yourself] so worked up!

aufregend *adj* exciting

Aufregung *f* 1 (*aufgeregte Erwartung*) excitement *no pl* 2 (*Beunruhigung*) agitation *no pl;* **nur keine** ~**!** don't get flustered; **in heller** ~ in utter confusion; **jdn in** ~ **versetzen** to get sb into a state *fam*

auf|reiben *irreg* **I.** *vt* (*zermürben*) ■**jdn** ~ to wear down sb *sep;* **jdn nervlich** ~ to fray sb's nerves **II.** *vr* (*sich zermürben*) ■**sich** ~ to wear oneself out

aufreibend *adj* wearing

auf|reihen I. *vt* to string (**auf** on) **II.** *vr* ■**sich** ~ to line up

auf|reißen *irreg vt haben* 1 *Tüte, Geschenk* to tear open *sep* 2 *Fenster, Tür* to fling open *sep* 3 *Augen, Mund* to open wide 4 ■**jdn** ~ (*sl: aufgabeln*) to pick up *sep* sb

auf|reizen *vt* 1 (*erregen*) to excite; (*stärker*) to inflame 2 (*provozieren*) to provoke

aufreizend I. *adj* exciting; (*sexuell*) provocative; *Unterwäsche a.* sexy *fam* **II.** *adv* provocatively

auf|richten I. *vt* 1 (*in aufrechte Lage bringen*) to put upright 2 (*Mut machen*) ■**jdn** [**wieder**] ~ to give fresh courage to sb **II.** *vr* ■ **sich** *akk* ~ to straighten up

aufrichtig **I.** *adj* honest; *Gefühl* sincere; *Liebe* true **II.** *adv* sincerely

Aufrichtigkeit <-> *f kein pl* sincerity *no pl*

auf|rollen *vt* ① (*zusammenrollen*) to roll up *sep; Kabel* to coil [up *sep*], to wind up *sep* ② (*entrollen*) to unroll ③ (*erneut aufgreifen*) to re[-]open

auf|rücken *vi sein* ① (*weiterrücken*) to move up; (*auf einer Bank a.*) to budge up BRIT *fam* ② (*avancieren*) to be promoted (**zu** +*dat* to)

Aufruf *m* ① (*Appell*) appeal ② INFORM call; *von Daten a.* retrieval

auf|rufen *irreg* **I.** *vt* ① *Zeuge, Schüler* to call [out] ② (*auffordern*) ■ **jdn ~, etw zu tun** to request sb to do sth ③ INFORM to call up *sep; Daten* to retrieve **II.** *vi* ■ **zu etw** *dat* ~ to call for sth

Aufruhr <-[e]s, -e> [ˈaufruːɐ̯] *m* ① *kein pl* (*Erregung*) turmoil *no pl;* (*in der Stadt/im Volk*) unrest *no pl, no indef art;* **jdn in ~ versetzen** to throw sb into a turmoil ② (*Aufstand*) revolt

aufrührerisch *adj* ① *attr* (*rebellisch*) rebellious ② (*aufwiegelnd*) inflammatory

auf|runden *vt* to round up *sep* (**auf** +*akk* to); **etw auf einen glatten Betrag ~** to bring up *sep* sth to a round figure

auf|rüsten **I.** *vi, vt* MIL to [re]arm **II.** *vt* (*hochwertiger machen*) to upgrade

Aufrüstung *f kein pl* MIL arming *no pl,* armament *no pl;* **die atomare ~** nuclear armament

auf|rütteln *vt* ① **jdn [aus dem Schlaf] ~** to rouse sb [from sleep] ② (*fig*) **jds Gewissen ~** to stir sb's conscience

aufs [aufs] ① = **auf das** *s.* **auf** ② + *superl* **~ entschiedenste/grausamste** most decisively/cruelly

auf|sagen *vt* to recite

auf|sammeln *vt* to gather [up *sep*]; (*Fallengelassenes*) to pick up *sep*

aufsässig [ˈaufzɛsɪç] *adj* ① (*widerspenstig*) unruly ② (*widersetzlich*) rebellious

Aufsatz *m* ① (*Text*) essay ② (*oberer Teil*) top part

auf|saugen *vt reg o irreg* ① *Flüssigkeit* to soak up *sep* ② (*mit dem Staubsauger*) to vacuum up *sep* ③ (*fig: in sich aufnehmen*) to absorb

auf|schauen *vi s.* **aufblicken**

auf|scheuchen *vt* ① *Tiere* to frighten away *sep* ② (*fam*) *Person* to disturb

auf|schichten *vt* to stack

auf|schieben *vt irreg* ① *Fenster, Tür* to slide open *sep; Riegel* to push back *sep* ② (*verschieben*) to postpone ▸ WENDUNGEN: **aufgeschoben ist nicht aufgehoben** (*prov*) there'll be another opportunity

Aufschlag *m* ① (*Aufprall*) impact *no pl* ② (*Aufpreis*) extra charge

auf|schlagen *irreg* **I.** *vi* ① *sein* (*auftreffen*) to strike; **das Flugzeug schlug in einem Waldstück auf** the plane crashed into a wood; **mit dem Kopf [auf etw** *akk o dat*] ~ to hit one's head [on sth] ② *haben* (*sich verteuern*) to rise (**um** +*akk* by) **II.** *vt haben* ① (*aufklappen*) to open; **Seite 35 ~** to turn to page 35 ② (*durch Schläge aufbrechen*) to break open *sep* ③ (*aufbauen*) to put up *sep* ④ (*verteuern*) to raise (**um** +*akk* by)

auf|schließen *irreg* **I.** *vt Tür* to unlock **II.** *vi* ■ **[jdm]** ~ to unlock the door [for sb]

auf|schlitzen *vt* to slash [open *sep*]

Aufschluss *m* **~ über jdn/etw geben** to give information about sb/sth

auf|schlüsseln *vt* to classify (**nach** +*dat* according to)

aufschlussreich *adj* informative; (*enthüllend*) revealing

auf|schnappen *vt* (*fam: mitbekommen*) to pick up *sep;* **einzelne Worte ~** to catch the odd word *sep*

auf|schneiden *irreg* **I.** *vt* ① (*in Scheiben schneiden*) to slice ② (*öffnen*) to cut open *sep* **II.** *vi* (*fam: angeben*) to boast

Aufschneider(in) *m(f)* (*fam*) boaster

Aufschnitt *m kein pl* (*Wurstaufschnitt*) assorted sliced cold meats *pl,* cold cuts *npl* AM; (*Käseaufschnitt*) assorted sliced cheese[s *pl*]

auf|schnüren *vt* to untie; *Paket* to unwrap; *Schuh* to unlace

auf|schrauben *vt* to unscrew; *Flasche* to take the cap off

auf|schrecken **I.** *vt* <schreckte auf, aufgeschreckt> *haben* to startle (**aus** +*dat* from) **II.** *vi* <schreckte *o* schrak auf, aufgeschreckt> *sein* to start [up] (**aus** +*dat* from)

Aufschrei *m* ① (*schriller Schrei*) scream ② (*Lamento*) outcry

auf|schreiben *vt irreg* to write down *sep;* ■ **sich** *dat* **etw ~** to make a note of sth

auf|schreien *vi irreg* to shriek

Aufschrift *f* inscription

Aufschub *m* ① (*Verzögerung*) delay (+*gen* in); (*das Hinauszögern*) postponement ② (*Stundung*) grace *no pl, no art;* **jdm ~ gewähren** to allow sb grace

auf|schütten *vt* (*aufhäufen*) to heap up *sep*

auf|schwatzen, auf|schwätzen *vt* DIAL (*fam*) ■ **jdm etw ~** to fob sth off on sb; ■ **sich** *dat* **etw ~ lassen** to get talked into taking sth

Aufschwung *m* ❶ (*Auftrieb*) impetus *no pl, no indef art;* **jdm neuen ~ geben** to give sb fresh impetus ❷ (*Aufwärtstrend*) upswing

auf|sehen *vi irreg s.* **aufblicken**

Aufsehen <-s> *nt kein pl* sensation; **ohne [großes] ~** without any [real] fuss; **etw erregt [großes] ~** sth causes a [great] sensation; **~ erregend** sensational

aufsehenerregend *adj* sensational

Aufseher(in) <-s, -> *m(f)* (*Gefängnisaufseher*) [prison] guard, BRIT *a.* warder; (*Museumsaufseher*) attendant

aufseiten [aʊ̯fˈzaɪ̯tn̩] *präp +gen* on the part of

auf|setzen **I.** *vt* ❶ *Hut, Brille* to put on *sep* ❷ *Essen, Wasser* to put on *sep* ❸ (*zur Schau tragen*) to put on *sep* **II.** *vr* ■**sich** *akk* ~ to sit up **III.** *vi* to land (**auf** +*dat* on)

Aufsicht <-, -en> *f* ❶ *kein pl* (*Überwachung*) supervision (**über** +*akk* of); **jdn ohne ~ lassen** to leave sb unsupervised ❷ (*Person*) person in charge

Aufsichtspflicht *f kein pl* obligatory supervision (*legal responsibility to look after sb, esp children*)*;* **die elterliche ~** parental responsibility **Aufsichtsrat** *m* supervisory board

auf|sitzen *vi irreg* ❶ *sein* (*auf ein Pferd*) to mount ❷ *haben* NAUT (*festsitzen*) to run aground (**auf** on)

auf|spannen *vt Schirm* to open

auf|sparen *vt* to save

auf|sperren *vt* ❶ (*fam: weit öffnen*) to open wide *sep* ❷ SÜDD, ÖSTERR (*aufschließen*) to unlock

auf|spielen *vr* (*fam*) ■**sich** *akk* ~ to give oneself airs

auf|spießen *vt* **ein Stück Fleisch ~** to skewer a piece of meat; **etw mit der Gabel ~** to stab one's fork into sth

auf|springen *vi irreg sein* ❶ (*hochspringen*) to leap up ❷ **auf ein Fahrzeug ~** to jump on[to] a vehicle ❸ (*sich abrupt öffnen*) to burst open

auf|spritzen *vt* ■**etw** ~ MED to augment sth via injections

auf|spüren *vt* to track down *sep*

auf|stacheln *vt* ■**jdn [zu etw** *dat*] ~ to incite sb [to do sth]; ■**jdn gegen jdn ~** to turn sb against sb

Aufstand *m* rebellion

aufständisch *adj* rebellious; (*meuternd*) mutinous

Aufständische(r) *f(m) dekl wie adj* rebel; (*einer politischen Gruppe a.*) insurgent

auf|stapeln *vt* to stack [up *sep*]

auf|stauen *vr* ■**sich** ~ *Ärger, Wut* to be bottled up

auf|stehen *vi irreg* ❶ *sein* (*sich erheben*) to stand up ❷ *sein* (*das Bett verlassen*) to get up ❸ *haben* (*fam: offen sein*) to be open

auf|steigen *vi irreg sein* ❶ (*sich in die Luft erheben*) to soar [up]; *Flugzeug* to climb; *Ballon* to ascend ❷ (*besteigen*) ■**[auf etw]** ~ to get on [sth] ❸ (*befördert werden*) to be promoted (**zu** +*dat* to) ❹ (*entstehen*) ■**in jdm** ~ *Gefühl* to well up in sb

auf|stellen **I.** *vt* ❶ (*aufbauen*) to put up *sep; Maschine* to install; *Denkmal* to erect; *Falle* to set ❷ *Rekord* to set ❸ *Kandidat* to nominate ❹ *Wache* to post ❺ (*aufrichten*) to prick up *sep* ❻ SCHWEIZ (*aufmuntern*) to pick up *sep* **II.** *vr* ■**sich** ~ to stand; **sich hintereinander ~** to line up; **sich im Kreis ~** to form a circle

Aufstellung <-> *f kein pl* ❶ (*Errichtung*) erection *no pl;* (*von Maschine*) installation *no pl* ❷ (*Ausarbeitung*) drawing up *no pl; von Theorie* elaboration *no pl* ❸ (*Erstellung*) making [out] *no pl; von Rechnung* making out *no pl; von Tabelle* compiling *no pl* ❹ (*Nominierung*) nomination *no pl* ❺ (*Postierung*) posting; **~ nehmen** to take up position ❻ *von Mannschaft* drawing up *no pl; von Truppen* raising *no pl* ❼ SPORT (*Auswahl*) team ❽ (*Erzielung*) setting *no pl*

Aufstieg <-[e]s, -e> [ˈaʊ̯fʃtiːk] *m* ❶ (*Verbesserung*) rise; **sozialer ~** social advancement; **den ~ ins Management schaffen** to work one's way up into the management ❷ (*Weg zum Gipfel*) climb (**auf** +*akk* up)

Aufstiegschance [-ʃãːsə] *f,* **Aufstiegsmöglichkeit** *f* prospect of promotion

auf|stöbern *vt* ■**jdn** ~ to track down *sep* sb; ■**etw** ~ to discover sth

auf|stocken *vt* to increase (**um** +*akk* by); **das Team ~** to expand the team

auf|stoßen *irreg* **I.** *vi* ❶ *haben* (*rülpsen*) to burp; **das Essen stößt mir immer noch auf** the food is still repeating on me ❷ *sein* (*fam*) **jdm sauer/übel ~** to stick in sb's craw **II.** *vt haben* (*öffnen*) to push open **III.** *vr haben* **sich** *dat* **den Kopf/das Knie ~** to hit one's head/knee

auf|stützen *vr* ■**sich** *akk* **[auf etw] ~** to support oneself [on sth]; *Gebrechliche a.* to prop oneself up [on sth]

auf|suchen *vt* (*geh*) ❶ ■**jdn** ~ to go to [see] sb ❷ ■**etw** ~ to go to sth

Auftakt *m* prelude (**zu** +*dat* to); **den ~ zu etw** *dat* **bilden** to mark the beginning of

A

sth

auf|tanken *vt, vi* to fill up *sep; Flugzeug* to refuel

auf|tauchen *vi sein* ❶ (*an die Oberfläche kommen*) to surface; *Taucher a.* to come up ❷ (*zum Vorschein kommen*) to turn up; *verlorener Gegenstand a.* to be found ❸ (*plötzlich da sein*) to suddenly appear ❹ (*sichtbar werden*) to appear (**aus** *+dat* out of)

auf|tauen I. *vi sein* ❶ *Eis* to thaw ❷ (*fig*) to open up II. *vt haben* to thaw [out *sep*]

auf|teilen *vt* ❶ (*aufgliedern*) to divide [up *sep*] (**in** *+akk* into) ❷ (*verteilen*) to share out *sep* (**unter** *+dat* between)

Aufteilung *f* division (**in** *+akk* into)

auf|tischen *vt* (*fam: erzählen*) to tell; **jdm Lügen ~** to give sb a pack of lies

Auftrag <-[e]s, Aufträge> ['aʊ̯ftraːk, *pl* 'aʊ̯ftrɛːgə] *m* ❶ (*Beauftragung*) contract; (*an Freiberufler*) commission ❷ (*Bestellung*) [sales] order (**über** *+akk* for) ❸ (*Anweisung*) orders *pl;* **jdm den ~ geben, etw zu tun** to instruct sb to do sth ❹ *pl selten* (*Mission*) mission; **„~ erledigt!"** 'mission accomplished'

auf|tragen *irreg vt* ❶ (*aufstreichen*) to apply (**auf** *+akk* to) ❷ (*in Auftrag geben*) ■**jdm etw ~** to instruct sb to do sth ❸ *Kleidung* to wear out *sep*

Auftraggeber(in) <-s, -> *m(f)* client

Auftragsbestätigung *f* confirmation of [an] order **Auftragsbuch** *nt* order book **auftragsgemäß** I. *adj* as ordered *pred,* as per order *pred* II. *adv* as ordered [*or* instructed] **Auftragskiller(in)** <-s, -> [-kɪlɐ] *m(f)* JUR (*pej fam*) contract [*or* hired] killer **Auftragslage** *f* order position

auf|treiben *vt irreg* (*fam*) ■**jdn/etw ~** to get hold of sb/sth

auf|trennen *vt* to undo

auf|treten *irreg* I. *vi sein* ❶ (*eintreten*) to occur; *Schwierigkeiten* to arise ❷ (*erscheinen*) to appear [on the scene *a. pej*]; **geschlossen ~** to appear as one body ❸ (*in einem Stück spielen*) to appear [on the stage] ❹ (*sich benehmen*) to behave; **selbstbewusst ~** to have a self-confident manner II. *vt haben Tür* to kick open *sep*

Auftreten <-s> *nt kein pl* (*Benehmen*) behaviour *no pl*

Auftrieb *m kein pl* (*Schwung*) impetus *no pl;* **jdm neuen ~ geben** to give sb fresh impetus

Auftritt *m* (*Erscheinen auf der Bühne*) entrance

auf|trumpfen *vi* to show one's superiority

auf|tun *irreg* I. *vr* ■**sich ~** *Möglichkeit* to open [up] II. *vt* (*sl: ausfindig machen*) to find

auf|türmen I. *vt* to pile up; **Holz ~** to stack [up *sep*] wood II. *vr* (*geh: hoch aufragen*) to tower up; (*bedrohlich*) to loom up

auf|wachen *vi sein* to wake [up]

auf|wachsen [-ks-] *vi irreg sein* to grow up

auf|wallen *vi sein* ■**in jdm ~** to surge [up] [with]in sb

Aufwand <-[e]s> ['aʊ̯fvant] *m kein pl* ❶ (*Einsatz*) expenditure *no pl;* **der ~ war umsonst** it was a waste of energy/money/time ❷ (*großer Luxus*) extravagance; **[großen] ~ treiben** to be [very] extravagant

aufwändig I. *adj* ❶ (*teuer und luxuriös*) lavish; **~es Material** costly material[s *pl*] ❷ (*umfangreich*) costly, expensive II. *adv* lavishly

Aufwandsentschädigung *f* expense allowance

auf|wärmen I. *vt* ❶ *Essen* to heat up *sep* ❷ (*fam*) *Thema* to drag up *sep* II. *vr* ■**sich** *akk* ~ ❶ (*bei Kälte*) to warm oneself [up] ❷ (*Muskulatur auflockern*) to warm up

aufwärts ['aʊ̯fvɛrts] *adv* ❶ (*nach oben*) up, upward[s]; **den Fluss ~** upstream ❷ (*bergauf*) uphill

Aufwärtsentwicklung *f* upward trend (*+gen* in) **aufwärts|gehen** *vi impers, irreg sein* ■**es geht [mit jdm/etw] aufwärts** things are looking up [for sb/sth] **aufwärtskompatibel** *adj* INFORM upward compatible **Aufwärtstendenz** *f,* **Aufwärtstrend** *m* upward trend

auf|waschen *vt irreg* DIAL (*abwaschen*) to wash the dishes, BRIT *a.* to wash up ▶ WENDUNGEN: **das ist [dann] ein A~** (*fam*) [that way] we can kill two birds with one stone

auf|wecken *vt* to wake [up *sep*]

auf|weichen I. *vt haben Boden* to make sodden; **Brot in Wasser ~** to soak bread in water II. *vi sein Boden* to become soft

auf|weisen *vt irreg* to show; **zahlreiche Fehler ~** to be full of mistakes

auf|wenden *vt irreg o reg* to use; *Zeit, Mühe* to expend; *Geld* to spend; **viel Energie ~, etw zu tun** to put a lot of energy into doing sth

aufwendig *adj, adv s.* **aufwändig**

auf|werfen *irreg vt Frage* to raise

auf|werten *vt* ❶ *Währung* to revalue (**um** *+akk* by) ❷ (*fig*) to increase the value of

Aufwertung <-, -en> *f* ❶ *einer Währung* revaluation (**um** *+akk* by) ❷ (*fig*) enhancement

auf|wickeln *vt* ❶ (*aufrollen*) to roll up *sep* ❷ (*auseinanderwickeln*) to unwind

auf|wiegeln ['aufvi:gln] *vt* to stir up *sep;* **Leute gegeneinander ~** to set people at each other's throats

auf|wiegen *vt irreg* to compensate for

Aufwind *m* ① *kein pl* (*Aufschwung*) impetus *no pl;* [**neuen**] **~ bekommen** to be given fresh impetus ② LUFT upcurrent, updraught

auf|wirbeln *vi, vt* to swirl up

auf|wischen *vt, vi* to wipe [up *sep*]

auf|wühlen *vt* ■**jdn** [**innerlich**] **~** to stir up *sep* sb

auf|zählen *vt* to list

Aufzählung <-, -en> *f* list; *von Gründen, Namen a.* enumeration

auf|zäumen *vt* to bridle; **etw von hinten aufzäumen** (*fig fam*) to set about sth the wrong way

auf|zeichnen *vt* ① (*aufnehmen*) to record (**auf** +*akk* on); *mit dem Videorekorder* to video ② (*als Zeichnung erstellen*) to draw (**auf** +*akk* on) ③ (*notieren*) to note [down *sep*]

Aufzeichnung *f* ① (*Aufnahme*) recording *no pl, no indef art;* (*auf Band a.*) taping *no pl, no indef art;* (*auf Videoband a.*) videoing *no pl, no indef art* ② *meist pl* (*Notizen*) notes

auf|zeigen *vt* to show, to demonstrate

auf|ziehen *irreg* **I.** *vt haben* ① (*durch Ziehen öffnen*) to open; *Reißverschluss* to undo; *Vorhänge* to draw back ② **die Uhr ~** to wind up *sep* the clock ③ (*großziehen*) to raise ④ (*fam: verspotten*) to tease (**mit** +*dat* about) **II.** *vi sein* (*sich nähern*) to gather

Aufzucht *f* raising *no pl, no indef art*

Aufzug *m* ① (*Fahrstuhl*) lift BRIT, elevator AM; [**mit dem**] **~ fahren** to take the lift ② (*pej fam: Kleidung*) get-up

auf|zwingen *irreg vt* ■**jdm etw ~** to force sth on sb

Augapfel ['aukʔapfl] *m* eyeball ▶WENDUNGEN: **jdn/etw wie seinen ~ hüten** to cherish sb/sth like life itself

Auge <-s, -n> ['augə] *nt* ① (*Sehorgan*) eye; **gute/schlechte ~n haben** to have good/poor eyesight *sing;* **da blieb kein ~ trocken** (*hum fam*) there wasn't a dry eye in the place ② (*Punkt beim Würfeln*) point ▶WENDUNGEN: **mit einem blauen ~ davonkommen** (*fam*) to get off lightly; **mit offenen ~n schlafen** (*fam*) to daydream; **jdm schöne ~n machen** to make eyes at sb; **unter vier ~n** in private; **jdm etw aufs ~ drücken** (*fam*) to force sth on sb; **ins ~ gehen** (*fam*) to backfire; **ein ~ auf jdn/etw geworfen haben** to have one's eye on sb/sth; **jdn nicht aus den ~n lassen** to not let sb out of one's sight; [**große**] **~n machen** (*fam*) to be wide-eyed [*or* BRIT *fam a.* gobsmacked]; **ein ~ riskieren** (*fam*) to risk a glance; **ins ~ springen** to catch the eye; **etw aus den ~n verlieren** to lose track of sth; **sich aus den ~n verlieren** to lose contact; **die ~n vor etw** *dat* **verschließen** to close one's eyes to sth; **ein ~/beide ~n zudrücken** (*fam*) to turn a blind eye; **kein ~ zutun** (*fam*) to not sleep a wink; **~n zu und durch** (*fam*) take a deep breath and get to it

Augenarzt, -ärztin *m, f* eye specialist

Augenaufschlag *m* look

Augenblick ['augnblɪk] *m* moment; **im ersten ~** for a moment; **im letzten ~** at the [very] last moment; **~ mal!** just a minute!

augenblicklich ['augnblɪklɪç] **I.** *adj* ① (*sofortig*) immediate ② (*derzeitig*) present **II.** *adv* ① (*sofort*) immediately; (*herausfordernd*) at once, this minute ② (*zurzeit*) at present

Augenbraue *f* eyebrow; **die ~n hochziehen** to raise one's eyebrows

augenfällig *adj* obvious

Augenfarbe *f* colour of [one's] eyes

Augenheilkunde *f* ophthalmology *spec*

Augenhöhe *f* ■**in ~** at eye level **Augenhöhle** *f* [eye] socket **Augenklappe** *f* eyepatch; ■**~n** (*für Pferd*) blinkers *pl* BRIT, blinders *pl* AM **Augenlicht** *nt kein pl* (*geh*) [eye]sight *no pl, no art* **Augenlid** *nt* eyelid **Augenmaß** *nt kein pl* eye for distance[s]; [**ein**] **gutes/**[**ein**] **schlechtes ~ haben** to have a good/no eye for distance[s]; **nach ~** by eye **Augenmerk** <-s> *nt kein pl* attention *no pl, no art;* **sein ~ auf jdn/etw richten** to give one's attention to sb/sth **Augenoptiker(in)** *m(f)* [ophtalmic] optician BRIT, *esp* AM optometrist **Augenränder** *pl* rims of the/one's eyes **Augenringe** *pl* rings under one's/the eyes *pl* **Augenschein** *m kein pl* ① (*Anschein*) appearance; **dem ~ nach** by all appearances ② SCHWEIZ (*Lokaltermin*) visit to the scene of the crime ▶WENDUNGEN: **jdn/etw in ~ nehmen** to look closely at sb/sth

augenscheinlich ['augnʃainlɪç] **I.** *adj* obvious **II.** *adv* obviously

Augentropfen *pl* eye drops *npl* **Augenweide** *f* feast for one's eyes; **nicht gerade eine ~** a bit of an eyesore **Augenwinkel** *m* corner of the eye **Augenwischerei** <-, -en> *f* (*pej*) eyewash *no pl, no indef art* **Augenzeuge, -zeugin** *m, f* eyewitness (**bei** +*dat* to) **Augenzwinkern** *nt kein pl* blinking *no pl, no indef art;* (*mit einem Auge*) winking *no pl, no indef art* **augenzwinkernd** *adv* with a wink

August <-[e]s, -e> [au̯'gʊst] *m* August; *s. a.* **Februar**

Auktion <-, -en> *f* auction

Auktionator(in) <-s, -toren> [au̯ktsi̯o'naːtoːɐ̯, *pl* -na'toːrən] *m(f)* auctioneer

Auktionshaus *nt* auctioneers *pl*

Aula <-, Aulen> ['au̯la, *pl* 'au̯lən] *f* [assembly] hall

Aupairmädchen, Au-pair-Mädchen [o'pɛːɐ̯-] *nt* au pair [girl]

Aura <-> ['au̯ra] *f kein pl* (*geh*) aura

aus [au̯s] **I.** *präp +dat* ① (*von innen nach außen*) out of; **~ dem Fenster/der Tür** out of the window/door; **das Öl tropfte ~ dem Fass** the oil was dripping from the barrel ② (*Herkunft*) from; **~ Stuttgart kommen** to be from Stuttgart; **~ dem 17. Jahrhundert stammen** to be [from the] 17th century; **Zigaretten ~ dem Automaten** cigarettes from a machine ③ (*Ursache*) **~ Dummheit/Angst/Verzweiflung** out of stupidity/fear/desperation; **~ Unachtsamkeit** due to carelessness; **~ einer Laune heraus** on a whim ④ (*Material*) **~ Glas/Holz** [made] of glass/wood **II.** *adv* (*fam*) ① (*gelöscht*) out ② (*ausgeschaltet*) off ③ (*zu Ende*) ■ **~ sein** to have finished; *Krieg* to have ended; *Schule* to be out; **mit etw** *dat* **ist es ~** sth is over; **es ist ~ [zwischen jdm]** (*fam*) it's over [between sb] ▶ WENDUNGEN: **~ und vorbei sein** to be over and done with; **auf jdn/etw ~ sein** to be after sb/sth

aus|arbeiten *vt* to work out *sep;* (*verbessern*) to perfect; *System, Theorie* to elaborate; *Text* to prepare

aus|arten *vi sein* ① (*außer Kontrolle geraten*) to get out of hand ② (*zu etw werden*) to degenerate (**in** *+akk*/**zu** *+dat* into)

aus|atmen *vi, vt* to exhale

aus|baden *vt* (*fam*) to pay [*or* BRIT *a.* carry the can] for

Ausbau *m kein pl* ① *eines Gebäudes* extension *no pl* (**zu** *+dat* into); (*innen*) conversion *no pl* (**zu** *+dat* [in]to) ② (*das Herausmontieren*) removal *no pl* (**aus** *+dat* from)

aus|bauen *vt* ① *Gebäude* to extend (**zu** *+dat* into); (*innen*) to fit out *sep* ② (*herausmontieren*) to remove (**aus** *+dat* from)

ausbaufähig *adj* ① (*fam: viel versprechend*) promising ② (*erweiterungsfähig*) expandable ③ (*sich vertiefen lassend*) that can be built up ④ (*möglich zu entfernen*) removable

aus|bedingen* *vr irreg* ■ **sich** *dat* **[von jdm] etw ~** to insist on sth

aus|beißen *vr irreg* ■ **sich** *dat* **einen Zahn [an etw** *dat*] **~** to break a tooth [on sth]

aus|bessern *vt* to mend

Ausbesserung <-, -en> *f* mending *no pl*

aus|beulen **I.** *vt* ■ **etw ~** ① (*nach außen wölben*) to make sth bulge; (*verschleißen*) to make sth [go] baggy; ■ **ausgebeult** baggy ② *Kotflügel* to remove dents **II.** *vr* ■ **sich ~** to go baggy

Ausbeute <-, -n> *f* ① (*Förderung*) gains *pl;* ■ **die ~ an etw** *dat* the yield in sth ② (*Gewinn*) profits *pl*

aus|beuten *vt* to exploit

Ausbeuter(in) <-s, -> *m(f)* (*pej*) exploiter

Ausbeutung <-, -en> *f* exploitation *no pl*

aus|bezahlen* *vt Betrag* to pay out *sep; Person* to pay off *sep*

aus|bilden *vt* ① (*beruflich qualifizieren*) to train; (*unterrichten a.*) to instruct; (*akademisch*) to educate; **jdn zum Arzt ~** to train sb to be a doctor ② (*entwickeln*) to develop

Ausbilder(in) <-s, -> *m(f),* **Ausbildner(in)** <-s, -> *m(f)* ÖSTERR, SCHWEIZ trainer; MIL instructor

Ausbildung <-, -en> *f* ① (*Schulung*) training *no pl, no indef art;* (*Unterricht*) instruction *no pl, no indef art;* (*akademisch*) education *no pl;* **in der ~ sein** to be in training; (*akademisch*) to still be at university [*or* college] BRIT, to still be in school [*or* college] AM ② (*Entwicklung*) development *no pl*

Ausbildungsbeihilfe *f* educational grant; (*für Lehrlinge*) training allowance **Ausbildungsplatz** *m* place to train

aus|bitten *vr irreg* (*geh*) to ask, to request

aus|blasen *vt irreg* to blow out *sep*

aus|bleiben *vi irreg sein* to fail to appear; *Regen, Schnee* to hold off

aus|blenden *vt* (*fam*) *Problem* to blend out *sep*

Ausblick *m* ① (*Aussicht*) view; **ein Zimmer mit ~ aufs Meer** a room overlooking the sea ② (*Zukunftsvision*) prospect

aus|borgen *vt* (*fam*) *s.* **ausleihen**

aus|brechen *irreg vi sein* ① (*entkommen*) to escape (**aus** *+dat* from) ② (*sich befreien*) to break away (**aus** *+dat* from) ③ *Vulkan* to erupt ④ *Feuer, Seuche, Panik* to break out ⑤ **in Gelächter/Tränen ~** to burst into laughter/tears

Ausbrecher(in) <-s, -> *m(f)* escapee

aus|breiten **I.** *vt* ① *Decke, Landkarte* to spread [out *sep*] ② *einzelne Gegenstände* to lay out *sep* ③ *Arme, Flügel* to spread [out *sep*] **II.** *vr* ■**sich** *akk* ~ ① (*sich erstrecken*) to spread [out] ② (*übergreifen*) to spread (**auf** +*akk* to) ③ (*fam: sich breitmachen*) to spread oneself out

Ausbreitung <-, -en> *f* spread *no pl* (**auf** +*akk* to)

Ausbruch *m* ① (*Gefängnisausbruch*) escape (**aus** +*dat* from) ② (*Beginn*) outbreak ③ *eines Vulkans* eruption ④ (*Gefühlsausbruch*) outburst

aus|brüten *vt* ① *Eier* to hatch ② (*fam*) *Erkältung* to become sick; **er brütet irgendetwas aus** he's sickening for a cold BRIT

aus|büchsen *vi sein* (*fam: abhauen*) to push off

aus|bügeln *vt* ① (*durch Bügeln glätten*) to iron out *sep* ② (*fam: wettmachen*) to make good *sep*

Ausbund *m kein pl* paragon *no pl* (**an** of)

aus|bürgern ['aʊsbʏrgn̩] *vt* to expatriate

Ausbürgerung <-, -en> *f* expatriation

aus|bürsten *vt* to brush [out]

Ausdauer *f kein pl* ① (*Beharrlichkeit*) perseverance *no pl* ② (*körperlich*) endurance *no pl*

ausdauernd **I.** *adj* ① (*beharrlich*) persevering; (*hartnäckig a.*) persistent ② (*Durchhaltevermögen besitzend*) with stamina; (*im Ertragen*) with endurance **II.** *adv* ~ **arbeiten** to apply oneself to working

aus|dehnen **I.** *vr* ■**sich** ~ ① (*größer werden*) to expand ② (*sich ausbreiten*) to spread (**auf** +*akk* to) **II.** *vt* ① (*verlängern*) to extend ② (*erweitern, vergrößern*) to expand (**auf** +*akk* to)

Ausdehnung <-, -en> *f* ① (*Verlängerung*) extension ② (*Ausbreitung*) spread[ing] *no pl* (**auf** +*akk* to) ③ (*Erweiterung, Vergrößerung*) expansion *no pl* ④ (*Fläche*) area; **eine ~ von 10.000 km² haben** to cover an area of 10,000 km²

aus|denken *vr irreg* ■**sich** *dat* **etw** ~ to think up *sep* sth; **sich eine Überraschung** ~ to plan a surprise

aus|dienen *vi* (*fam*) ■**ausgedient** worn-out, BRIT *fam a.* clapped-out; ■**ausgedient haben** to have had its day

aus|diskutieren* *vt* to discuss fully

aus|drehen *vt* (*fam*) to turn off

Ausdruck[1] <-drücke> *m* ① (*Bezeichnung*) expression ② (*Gesichtsausdruck*) [facial] expression ③ **als ~ der Dankbarkeit** an expression of one's gratitude; **etw zum ~ bringen** to express sth

Ausdruck[2] <-drucke> *m* [computer] printout; **einen ~ [von etw** *dat*] **machen** to run off *sep* a copy [of sth]

aus|drucken *vt* to print [out *sep*]

aus|drücken **I.** *vt* ① (*bekunden*) to express ② (*formulieren*) to put into words; **anders ausgedrückt** in other words; **einfach ausgedrückt** put simply ③ (*zeigen*) to show ④ (*auspressen*) to squeeze ⑤ *Zigarette* to stub out *sep* **II.** *vr* ■**sich** *akk* ~ to express oneself; **sich falsch** ~ to use the wrong word

ausdrücklich ['aʊsdrʏklɪç] **I.** *adj attr* explicit **II.** *adv* explicitly; (*besonders*) particularly

ausdruckslos *adj* inexpressive; *Gesicht* expressionless; (*ungerührt*) impassive; *Blick* vacant

ausdrucksvoll *adj* expressive

Ausdrucksweise *f* mode of expression

auseinander [aʊsʔaiˈnandɐ] *adv* apart

auseinander|biegen *vt irreg* ■**etw** ~ to bend apart sth *sep* **auseinander|brechen** *irreg vi, vt sein* to break apart; **etw** ~ to break sth in two **auseinander|bringen** *vt irreg* (*fam*) **jdn** ~ to separate sb **auseinander|fallen** *vi irreg sein* to fall apart **auseinander|falten** *vt* ■**etw** ~ to unfold sth **auseinander|gehen** *vi irreg sein Menschen* to part; *Beziehung* to break up; *Ehe a.* to fall apart; *Meinungen* to differ; (*fam: dick werden*) to [start to] fill out *a. hum* **auseinander|halten** *vt irreg* ■**etw** ~ to distinguish between sth **auseinander|nehmen** *vt irreg* ■**etw** ~ (*demontieren*) to take apart sth *sep;* (*zerpflücken*) to tear apart sth *sep* **auseinander|setzen** *vt, vr* ■**jdm etw** ~ to explain sth to sb; ■**sich** *akk* **mit etw** *dat* ~ to tackle sth

Auseinandersetzung <-, -en> [aʊsʔaiˈnandɐzɛtsʊŋ] *f* ① (*Streit*) argument ② (*Beschäftigung*) ■**die ~ mit etw** *dat* the examination of sth

auserkoren *adj* (*geh*) chosen

auserlesen **I.** *adj* select **II.** *adv* particularly

aus|erwählen* *vt* (*geh*) to choose (**zu** +*dat* for)

ausfahrbar *adj* extendable; *Antenne* retractable

aus|fahren *irreg vt* ① (*spazieren fahren*) to take [out *sep*] for a drive ② (*ausliefern*) to deliver ③ TECH (*ausstrecken*) to extend

Ausfahrt *f* ① (*Spazierfahrt*) drive; **eine ~ machen** to go for a drive ② (*Hof-, Garagenausfahrt*) exit; (*mit Tor*) gateway ③ (*Autobahnausfahrt*) slip road BRIT, exit [ramp] AM

Ausfall *m* ① (*Verlust*) loss ② (*das Versagen*) failure; AUTO breakdown; (*Produktionsausfall*) stoppage; MED failure ③ *kein pl* (*das Nichtstattfinden*) cancellation; (*das Fehlen*) absence

A

aus|fallen *vi irreg sein* ① (*herausfallen*) to fall out ② (*nicht stattfinden*) to be cancelled; ■**etw ~ lassen** to cancel sth ③ (*nicht funktionieren*) *Niere* to fail; *Motor* to break down ④ (*entfallen*) to be lost ⑤ (*nicht zur Verfügung stehen*) to be absent

ausfallend, ausfällig *adj* abusive; ■**~ werden** to become abusive (**gegen** +*akk* towards)

Ausfallstraße *f* arterial road

aus|fechten *vt irreg* to fight [out *sep*]

aus|fegen *vt* to sweep [out *sep*]

aus|feilen *vt* ① (*wegfeilen*) to file down *sep* ② (*den letzten Schliff geben*) to polish [up *sep*]; ■**ausgefeilt** polished

aus|fertigen *vt* (*geh*) to draft; *Pass* to issue; *Rechnung* to make out *sep*

Ausfertigung *f* (*geh*) ① *kein pl* (*Ausstellung*) drawing up, drafting; *einer Rechnung* making out; *von Pass a.* issuing ② (*Abschrift*) copy; **in doppelter ~** as two copies

ausfindig *adj* ■**jdn/etw ~ machen** to locate sb/sth

aus|fließen *vi irreg sein* to leak out

aus|flippen ['a̯usflɪpn̩] *vi sein* (*fam*) ① (*wütend werden*) to freak out, BRIT *a.* to do one's nut ② (*sich wahnsinnig freuen*) to jump for joy ③ (*überschnappen*) to lose it [completely]

Ausflucht <-, Ausflüchte> *f* excuse; **Ausflüchte machen** to make excuses

Ausflug *m* outing, excursion; **einen ~ machen** to go on an outing

Ausflügler(in) <-s, -> ['a̯usfly:klɐ] *m(f)* tripper; (*für einen Tag*) day-tripper

Ausflugslokal *nt* tourist café **Ausflugsort** *m* pleasure resort

Ausfluss <-es, Ausflüsse> *m* ① (*Ausflussstelle*) outlet ② *kein pl* MED [vaginal *form*] discharge

aus|formulieren *vt Gedanken* to tidy up *sep; Text* to formulate in words

aus|fragen *vt* to question

aus|fransen *vi sein* to fray

aus|fressen *vt irreg* (*fam*) ■**etwas/nichts ausgefressen haben** to have done something/nothing wrong

Ausfuhr <-> *f kein pl* export[ation]

ausführbar *adj* feasible, practicable, workable; INFORM executable; **kaum/leicht ~** difficult/easy to carry out *pred*

Ausfuhrbestimmungen *pl* export regulations *pl*

aus|führen *vt* ① (*durchführen*) to carry out *sep; Befehl* to execute ② (*spazieren führen*) to take out *sep;* **jdn zum Essen ~** to take sb out *sep* for dinner ③ (*exportieren*) to export (**in** +*akk* to) ④ (*erläutern*) to explain; (*darlegen*) to set out *sep*

ausführlich ['a̯usfy:ɐ̯lɪç] **I.** *adj* detailed **II.** *adv* in detail; **sehr ~** in great detail

Ausführlichkeit <-> *f kein pl* detail[edness]; **in aller ~** in [great] detail

Ausführung *f* ① *kein pl* (*Durchführung*) carrying out; *von Befehl* execution ② (*Qualität*) quality; *von Möbel a.* workmanship ③ (*Modell*) model ④ *meist pl* (*Darlegung, Erklärung*) explanation

Ausfuhrzoll *m* export duty

aus|füllen *vt* ① *Formular* to fill in *sep* ② (*befriedigen*) to satisfy ③ **seine Zeit mit etw** *dat* **~** to fill up *sep* one's time with sth ④ (*füllen*) to fill

Ausgabe *f* ① *kein pl* (*Austeilung*) distribution; (*Aushändigung a.*) handing out ② MEDIA, LIT edition; *von Zeitschrift a.* issue; (*Version*) version ③ *pl* (*Kosten*) expenses

Ausgabegerät *nt* INFORM output drive

Ausgabenbeleg *m* FIN receipt [for expenditure]

Ausgang *m* ① (*Weg nach draußen*) exit (+*gen* from) ② (*Erlaubnis zum Ausgehen*) permission to go out; MIL pass; **~ haben** to have permission to go out; MIL to be on leave ③ *kein pl* (*Ende*) end; *einer Epoche a.* close; *von Film, Roman a.* ending; (*Ergebnis*) outcome

Ausgangsbasis *f* basis **Ausgangsposition** *f* starting position **Ausgangspunkt** *m* starting point; *einer Reise a.* departure **Ausgangssperre** *f* MIL (*für die Bevölkerung*) curfew; (*für Soldaten*) confinement to barracks

aus|geben *irreg* **I.** *vt* ① *Geld* to spend (**für** +*akk* on) ② (*austeilen*) to distribute (**an** +*akk* to); (*aushändigen a.*) to hand out *sep* ③ (*fam: spendieren*) ■**jdm etw ~** to treat sb to sth; **eine Runde ~** to buy a round; **[jdm] einen ~** (*fam*) to buy sb a drink **II.** *vr* ■**sich** *akk* **als jd/etw ~** to pass oneself off as sb/sth

ausgebrannt *adj* drained, BRIT *fam a.* knackered; (*geistig erschöpft a.*) burned-out

ausgebucht *adj* booked up

ausgebufft ['a̯usgəbʊft] *adj* (*fam*) shrewd, BRIT *a.* fly

Ausgeburt *f* ① (*Gebilde*) monstrous product; **eine ~ der Fantasie** a product of a diseased imagination *pej* ② (*pej: Geschöpf, Kreatur*) monster; **eine ~ der Hölle** a fiend from hell

ausgedehnt **I.** *adj* ① (*lang*) long ② (*um-

fangreich) extensive **II.** *pp von* **ausdehnen**

ausgedient *adj* (*fam*) worn-out; ■ **~ haben** to have had its day

ausgefallen I. *adj* unusual; (*sonderbar*) weird **II.** *pp von* **ausfallen**

ausgeflippt I. *adj* freaky **II.** *pp von* **ausflippen**

ausgeglichen I. *adj* equable **II.** *pp von* **ausgleichen**

Ausgeglichenheit <-> *f kein pl* evenness; *Mensch* level-headedness

aus|gehen *vi irreg sein* ❶ (*abends weggehen*) to go out ❷ *Feuer, Licht* to go out ❸ *Haare* to fall out ❹ (*herrühren*) ■ **von jdm ~** to come from sb ❺ (*als Basis nehmen*) ■ **von etw** *dat* **~** to take sth as a basis; ■ **davon ~, dass ...** to start out from the fact that ...; **es ist davon auszugehen, dass ...** it can be assumed that ...; **davon kann man nicht ~** you can't go by that ❻ (*enden*) to end; ■ **gut/schlecht ~** to turn out well/badly; *Buch, Film* to have a happy/sad ending

Ausgehmeile *f* (*fam*) entertainment quarter, party district

ausgehungert *adj* ❶ (*sehr hungrig*) starved ❷ (*ausgezehrt*) emaciated

ausgeklügelt *adj* ingenious, cleverly thought-out

ausgekocht *adj* (*pej fam*) cunning

ausgelassen I. *adj* wild; *Kinder* boisterous **II.** *adv* **es wurde ~ gefeiert** there was a lively party going on **III.** *pp von* **auslassen**

Ausgelassenheit <-> *f kein pl* wildness; *von Kindern* boisterousness

ausgelutscht ['au̯sgəlʊtʃt] *adj* (*sl*) worn out *fam*

ausgemacht I. *adj attr* (*komplett*) complete; **~er Unsinn** complete [*or* utter] nonsense **II.** *pp von* **ausmachen**

ausgemergelt *adj* emaciated; *Gesicht* gaunt

ausgenommen I. *konj* except; **wir kommen, ~ es regnet** we'll come, but only if it doesn't rain **II.** *pp von* **ausnehmen**

ausgepowert [-pau̯ɐt] *adj* (*fam*) washed out, BRIT *a.* done in *pred fam*

ausgeprägt *adj* distinctive; *Interesse* pronounced; *Stolz* deep-seated

ausgepumpt ['au̯sgəpʊmpt] *adj* (*fig fam*) whacked BRIT, pooped out

ausgerechnet ['au̯sgərɛçnət] **I.** *adv* ❶ *personenbezogen* ■ **~ jd/jdn/jdm** sb of all people; **warum muss das ~ mir passieren?** why does it have to happen to me [of all people]? ❷ *zeitbezogen* ■ **~ jetzt** now of all times; ■ **~ gestern/heute** yesterday/today of all days; **~ dann war ich nicht zu Hause** right then I was not in, of course **II.** *pp von* **ausrechnen**

ausgeschlafen *adj* (*fam*) sharp

ausgeschlossen I. *adj präd* **es ist nicht ~, dass ...** it is just possible that ...; ■ **[völlig] ~!** [that's] [completely] out of the question **II.** *pp von* **ausschließen**

ausgeschnitten *adj* **tief ~** *Kleid, Bluse* low-cut

ausgesorgt *adv* ■ **~ haben** to be set up for life *fam*

ausgesprochen I. *adv* really **II.** *pp von* **aussprechen**

ausgestorben I. *adj* ❶ *Tier-, Pflanzenart* extinct ❷ *Straßen, Dorf* deserted **II.** *pp von* **aussterben**

ausgesucht I. *adj* ❶ (*erlesen*) choice ❷ (*gewählt*) well-chosen **II.** *adv* extremely **III.** *pp von* **aussuchen**

ausgewachsen [-vaks-] *adj* ❶ (*voll entwickelt*) fully grown ❷ (*fam: komplett*) utter

ausgewählt *adj* ❶ (*selektiert*) selected ❷ (*erlesen*) select; **eine ~e Mannschaft** a hand-picked team; **~e Weine** choice [*or* select] wines

ausgewogen *adj* balanced

ausgezeichnet ['au̯sgətsai̯çnət] **I.** *adj* excellent **II.** *adv* extremely well; **mir geht es ~** I'm feeling just great **III.** *pp von* **auszeichnen**

ausgiebig ['au̯sgiːbɪç] **I.** *adj* extensive; *Mahlzeit* substantial; *Mittagsschlaf* long **II.** *adv* extensively; **~ schlafen** to have a good [long] sleep

aus|gießen *vt irreg* ❶ *Gefäß* to empty [out *sep*]; *Inhalt* to pour away *sep* ❷ (*füllen*) to fill [in *sep*] (**mit** +*dat* with)

Ausgleich <-[e]s, -e> *m pl selten* evening out, balancing

aus|gleichen *irreg* **I.** *vt Unterschied* to even out; *Mangel* to compensate for; *Meinungsverschiedenheit* to reconcile; *Konto* to balance off **II.** *vr* ■ **sich ~** to balance out

Ausgleichssport *m* keep-fit activities **Ausgleichstor** *nt*, **Ausgleichstreffer** *m* equalizer, tying goal AM

aus|graben *vt irreg* ❶ (*aus der Erde graben*) to dig up *sep; Altertümer* to excavate ❷ (*hervorholen*) to dig out *sep; alte Geschichten* to bring up *sep*

Ausgrabung <-, -en> *f* (*Grabungsarbeiten*) excavation[s *pl*]; (*Grabungsort*) excavation site; (*Grabungsfund*) [archaeological] find

aus|grenzen *vt* to exclude (**aus** +*dat* from)

Ausgrenzung <-> *f kein pl* exclusion (**aus** +*dat* from)

aus|gucken *vt* (*fam*) ▪**sich** *dat* **jdn/etw ~** to set one's sights on sb/sth

Ausguss <-es, Ausgüsse> *m* ❶ (*Spüle*) sink ❷ (*Tülle*) spout

aus|haben *irreg vt* (*fam: ausgezogen haben*) to have taken off *sep*

aus|halten *irreg vt* ❶ (*ertragen können*) to bear; **hältst du es noch eine Stunde aus?** can you hold out another hour?; **die Kälte ~** to endure the cold; **es ist nicht** [**länger**] **auszuhalten** it's [getting] unbearable; **es lässt sich** [**mit jdm**] **~** it's bearable [being with sb]; **es lässt sich hier ~** it's not a bad place ❷ (*standhalten*) to be resistant to; **eine hohe Temperatur ~** to withstand a high temperature; **den Druck ~** to [with]stand the pressure; **viel ~** to take a lot ❸ (*fam: finanziell*) ▪**jdn ~** to keep sb

aus|handeln *vt* to negotiate

aus|händigen [ˈausʰɛndɪgn̩] *vt* to hand over *sep*

Aushang *m* notice; **etw durch ~ bekannt geben** to put up a notice about sth

aus|hängen **I.** *vt* (*aufhängen*) to put up *sep; Plakat* to post **II.** *vi irreg* to be/have been put up; **am schwarzen Brett ~** to be on the notice board

Aushängeschild *nt* ❶ (*Reklametafel*) sign [board] ❷ (*Renommierstück*) showpiece

aus|harren *vi* to wait [patiently]

aus|hauchen *vt* (*geh*) ❶ (*Luft schwach ausstoßen*) to exhale ❷ (*sterben*) **sein Leben ~** to breathe one's last

aus|heben *vt irreg Graben, Grab* to dig

Aushebung <-, -en> *f* SCHWEIZ conscription

aus|hecken *vt* (*fam*) to hatch; **neue Streiche ~** to think up new tricks

aus|helfen *vi irreg* to help out *sep* (**mit** +*dat* with)

aus|heulen *vr* (*fam*) ▪**sich** *akk* **bei jdm ~** to have a good cry on sb's shoulder

Aushilfe *f* temporary worker; [**bei jdm**] **als ~ arbeiten** to temp [for sb] *fam*

aushilfsweise *adv* on a temporary basis

aus|höhlen *vt* ❶ (*Inneres herausmachen*) to hollow out *sep* ❷ (*fig: untergraben*) to undermine

aus|holen *vi* ❶ (*Schwung nehmen*) ▪[**mit etw** *dat*] **~** to swing back *sep* [sth]; [**mit der Hand**] **~** to take a swing; **zum Schlag ~** to draw back *sep* one's arm/fist etc. for a blow ❷ (*ausschweifen*) to beat about the bush

aus|horchen *vt* (*fam*) to sound out (**über** +*akk* about)

aus|kehren *vt* **das Haus ~** to sweep [out *sep*] the house

aus|kennen *vr irreg* ❶ ▪**sich irgendwo ~** to know one's way around somewhere ❷ ▪**sich** [**in etw** *dat*] **~** to know a lot [about sth]

aus|kippen *vt Gefäß* to empty [out *sep*]; *Inhalt* to pour away *sep*

aus|klammern *vt* to ignore

Ausklang *m kein pl* conclusion; **zum ~ des Abends** to conclude the evening

ausklappbar *adj* folding; (*mit Scharnieren*) hinged

aus|klappen *vt* to open out

aus|kleiden *vt* ❶ (*beziehen*) to line (**mit** with) ❷ (*geh: entkleiden*) to undress; ▪**sich ~** to get undressed

aus|klingen *vi irreg sein* (*geh*) to conclude (**mit** +*dat* with); *Abend, Feier a.* to finish off

aus|klopfen *vt* to beat the dust out of; *Teppich* to beat; *Pfeife* to knock out *sep*

aus|klügeln *vt* (*fam*) to work out *sep* to perfection; ▪**ausgeklügelt** cleverly thought-out

aus|knipsen *vt* (*fam*) to switch off

aus|knobeln *vt* to work out *sep*

aus|kochen *vt* ❶ KOCHK to boil [down *sep*] ❷ (*in kochendes Wasser legen*) to boil [clean]; *Instrumente, Spritzen* to sterilize ❸ (*fam: sich ausdenken*) to cook up *sep fam*

aus|kommen *vi irreg sein* ❶ (*ausreichend haben*) ▪**mit etw** *dat* **~** to get by on sth; ▪**ohne jdn/etw ~** to manage without sb/sth; (*nicht benötigen*) to go without sb/sth ❷ (*sich mit jdm vertragen*) ▪**mit jdm** [**gut**] **~** to get on well with sb ❸ ÖSTERR (*entkommen*) to escape

Auskommen <-s> *nt kein pl* livelihood; **sein ~ haben** to get by

aus|kosten *vt* to make the most of; **das Leben ~** to enjoy life to the full; **den Moment/seine Rache ~** to savour the moment/one's revenge

aus|kotzen (*derb*) **I.** *vt* to puke [up *sep*] **II.** *vr* (*fam*) ▪**sich** *akk* **bei jdm ~** to have a bloody good moan to sb *sl*

aus|kramen *vt* (*hervorholen*) to unearth; (*alte Geschichten*) to bring up *sep*

aus|kratzen *vt* to scrape out *sep*

aus|kriegen *vt* (*fam: ausziehen können*) to get off *sep*

aus|kugeln *vt* to dislocate

aus|kundschaften *vt* ❶ (*herausfinden*) to find out ❷ (*ausfindig machen*) to find; MIL to reconnoitre

Auskunft <-, Auskünfte> [ˈauskʊnft, *pl* ˈauskʏnftə] *f* ❶ (*Information*) information *no pl, no indef art* (**über** +*akk* about); **nähere ~** more information ❷ (*Auskunfts-

schalter) information office/desk; (*am Bahnhof a.*) enquiry office/desk ❸ (*Fernsprechschalter*) directory enquiries *pl, no art* BRIT, the operator AM

aus|kuppeln *vi* AUTO to declutch

aus|kurieren* (*fam*) **I.** *vt* to cure [completely] **II.** *vr* ■**sich** *akk* ~ to get better

aus|lachen *vt* to laugh at; (*höhnisch*) to jeer at

aus|laden *irreg vt* ❶ (*entladen*) to unload; NAUT *a.* to discharge ❷ (*Einladung widerrufen*) ■**jdn** ~ to tell sb not to come; (*förmlich*) to cancel sb's invitation

Auslage <-, -n> *f* ❶ (*ausgestellte Ware*) display ❷ (*Schaufenster*) shop window; (*Schaukasten*) showcase ❸ *meist pl* (*finanziell*) expenses *npl*

aus|lagern *vt* ❶ to evacuate ❷ *Teil einer Firma, Produktion etc.* to outsource

Ausland ['au̯slant] *nt kein pl* ■[**das**] ~ foreign countries *pl;* ■**aus dem** ~ from abroad; ■**ins/im** ~ abroad

Ausländer(in) <-s, -> ['au̯slɛndɐ] *m(f)* foreigner; JUR alien

Ausländerbeauftragte(r) *f(m) dekl wie adj official assigned to the integration of foreign immigrants* **ausländerfeindlich** *adj* racist **Ausländerfeindlichkeit** <-> *f kein pl* racism

Ausländerin <-, -nen> *f fem form von* **Ausländer**

Ausländerpolitik *f* policy on foreigners **Ausländerwahlrecht** *nt* voting rights for foreigners *pl* **Ausländerwohnheim** *nt* home for immigrants

ausländisch ['au̯slɛndɪʃ] *adj attr* foreign

Auslandsaufenthalt *m* stay abroad **Auslandsbeziehungen** *pl* POL foreign relations **Auslandseinsatz** *m* MIL foreign [military] deployment **Auslandsgespräch** *nt* TELEK international call **Auslandskorrespondent(in)** *m(f)* foreign correspondent **Auslandskrankenschein** *m* ≈ E107 BRIT (*health insurance document for overseas travel*) **Auslandsreise** *f* journey [*or* trip] abroad

aus|lassen *irreg* **I.** *vt* ❶ (*weglassen*) to omit; (*überspringen*) to skip ❷ (*verpassen*) to miss ❸ (*abreagieren*) ■**etw an jdm** ~ to vent sth on sb ❹ (*fam: ausgeschaltet lassen*) to keep switched off ❺ ÖSTERR (*loslassen*) to let go of; (*aus einem Käfig etc. freilassen*) to let out *sep* **II.** *vr* ■**sich** *akk* **über jdn/etw** ~ to go on about sb/sth *pej* **III.** *vi* ÖSTERR to let go

Auslassung <-, -en> ['au̯slasʊŋ] *f kein pl* omission

Auslassungspunkte *pl* ellipsis *spec,* suspension points

aus|lasten *vt* ❶ *Maschine, Betrieb* to use to capacity; ■**voll ausgelastet sein** to be running to capacity *pred;* **teilweise ausgelastet** running at partial capacity *pred* ❷ *Person* to occupy fully

Auslauf <-[e]s> *m* ❶ *kein pl* (*Bewegungsfreiheit*) exercise; (*für Tiere*) space to move about in; (*für Kinder*) room to run about ❷ (*Ausfluss*) outlet

aus|laufen *irreg vi sein* ❶ (*herauslaufen*) to run out (**aus** +*dat* of); (*wegen Undichtheit*) to leak out ❷ (*undicht sein*) to leak ❸ (*Hafen verlassen*) to [set] sail (**nach** +*dat* for) ❹ (*enden*) to end; *Vertrag* to expire

Ausläufer *m* ❶ METEO *Hochdruckgebiet* ridge; *Tiefdruckgebiet* trough ❷ *meist pl* (*Vorberge*) foothills *npl* ❸ BOT runner

Auslaufmodell *nt* discontinued model

aus|laugen *vt* to exhaust

Auslaut *m* LING final position

aus|leben *vr* ■**sich** *akk* ~ to live it up

aus|leeren *vt Gefäß* to empty [out *sep*]; *Inhalt* to pour away *sep*

aus|legen *vt* ❶ (*ausbreiten*) to lay out *sep* ❷ (*deuten*) to interpret; **etw falsch** ~ to misinterpret sth ❸ **jdm Geld** ~ to lend sb money ❹ (*konzipieren*) to design (**für** +*akk* for)

Auslegeware *f kein pl* carpeting material

Auslegung <-, -en> *f* interpretation

Auslegungssache *f* matter of interpretation

aus|leiern I. *vt haben* to wear out *sep* **II.** *vi sein* to wear out

Ausleihe <-, -n> *f* ❶ (*das Ausleihen*) lending ❷ (*Schalter*) issuing desk

aus|leihen *irreg vt* ■**jdm etw** *akk* ~ to lend sb sth; ■[**sich** *dat*] **etw** *akk* **von jdm** ~ to borrow sth from sb

aus|lernen *vi* to finish one's studies; ■**ausgelernt** qualified ▶ WENDUNGEN: **man lernt** [**eben**] **nie aus** (*prov*) [you] live and learn *prov*

Auslese <-> *f kein pl* (*Auswahl*) selection; **die natürliche** ~ natural selection

aus|lesen *irreg* **I.** *vt, vi* to finish reading **II.** *vt* (*auswählen*) to pick out *sep* (**aus** +*dat* from)

aus|liefern *vt* ❶ *Waren* to deliver (**an** +*akk* to) ❷ *Menschen* to hand over *sep* (**an** +*akk* to) ❸ (*fig*) ■**jdm/etw ausgeliefert sein** to be at the mercy of sb/sth

Auslieferung *f* ❶ *von Waren* delivery ❷ *von Menschen* handing over (**an** +*akk* to); *an ein anderes Land* extradition (**an** +*akk* to)

A

aus|liegen *vi irreg* to be [made] available (**für** +*akk* to, for); (*im Schaufenster*) to be displayed
aus|loben *vt* to offer as a reward (**für** for)
aus|löffeln *vt* ▸WENDUNGEN: **etw ~ müssen** (*fam*) to take the consequences
aus|loggen *vr* ■**sich** *akk* **~** INFORM to log off
aus|löschen *vt* (*löschen*) to extinguish
aus|losen I. *vt* ■**jdn/etw ~** to draw sb/sth **II.** *vi* to draw lots
aus|lösen *vt* ❶ (*in Gang setzen*) to set off *sep; Bombe* to trigger off ❷ (*bewirken*) *Aufstand* to unleash; *Begeisterung* to arouse; *Beifall* to elicit; *Erleichterung, allergische Reaktion* to cause ❸ (*einlösen*) to redeem; *Gefangene* to release; (*durch Lösegeld*) to ransom
Auslöser <-s, -> *m* ❶ FOTO [shutter] release ❷ PSYCH trigger mechanism ❸ (*fam: Anlass*) trigger
Auslosung <-, -en> *f* draw
aus|machen *vt* ❶ (*löschen*) to extinguish ❷ (*ausschalten*) to turn off *sep; Motor* to switch off *sep* ❸ (*vereinbaren*) to agree [up]on ❹ (*betragen*) to amount to ❺ (*bewirken*) ■**kaum etwas ~** to hardly make any difference; ■**nichts ~** to not make any difference; ■**viel ~** to make a big difference ❻ (*stören*) ■**es macht jdm nichts aus, etw zu tun** sb doesn't mind doing sth; ■**es macht jdm viel aus, etw zu tun** it matters a great deal to sb to do sth; **macht es Ihnen etwas aus, wenn ...?** do you mind if ...?
aus|malen *vr* ■**sich** *dat* **etw ~** to imagine sth
Ausmaß *nt* ❶ (*Größe*) size; (*Fläche*) area; **das ~ von etw** *dat* **haben** to cover the area of sth ❷ (*fig: Tragweite*) extent *no pl;* **Besorgnis erregende ~e annehmen** to assume alarming proportions
aus|merzen *vt* to exterminate; *Unkraut* to eradicate
aus|messen *vt irreg* to measure [out]
aus|misten *vt* ❶ *Stall* to muck out *sep* ❷ (*fam*) *Zimmer* to clean out *sep,* to tidy out *sep; alte Sachen* to throw out *sep*
aus|mustern *vt* (*aussortieren*) to take out *sep* of service; *Möbel* to discard
Ausnahme <-, -n> [ˈausnaːmə] *f* exception ▸WENDUNGEN: **~n bestätigen die Regel** (*prov*) the exception proves the rule *prov*
Ausnahmefall *m* exception[al case] **Ausnahmegenehmigung** *f* special licence **Ausnahmesituation** *f* special situation; POL state of emergency **Ausnahmezustand** *m* POL state of emergency; **den ~ verhängen** to declare a state of emergency (**über** +*akk* in)
ausnahmslos *adv* without exception
ausnahmsweise *adv* as a special exception
aus|nehmen *irreg vt* ❶ (*ausweiden*) to gut; *Geflügel* to draw ❷ (*ausschließen*) to exempt (**von** +*dat* from); **ich nicht ausgenommen** myself not excepted ❸ (*fam: viel Geld abnehmen*) ■**jdn ~** to fleece sb *fam;* (*beim Glücksspiel*) to clean out *sep* sb *fam* ❹ ÖSTERR (*erkennen*) ■**jdn/etw ~** to make out *sep* sb/sth
ausnehmend *adv* exceptionally; **das gefällt mir ~ gut** I like it very much indeed
aus|nüchtern *vi* to sober up
aus|nutzen *vt* ❶ (*ausbeuten*) to exploit ❷ (*sich zunutze machen*) to make the most of; **jds Leichtgläubigkeit ~** to take advantage of sb's gullibility
aus|packen I. *vt* to unpack; *Geschenk* to unwrap **II.** *vi* (*fam: gestehen*) to talk
aus|peitschen *vt* to whip
aus|pfeifen *vt irreg* to boo off the stage/to boo at
aus|plaudern *vt* to let out
aus|plündern *vt Menschen* to plunder; *Laden* to loot
aus|posaunen* *vt* (*fam*) to broadcast
aus|pressen *vt* **eine Zitrone/Orange ~** to squeeze out *sep* a lemon/an orange; **den Saft ~** to press the juice
aus|probieren* **I.** *vt* to try [out *sep*] **II.** *vi* ■**~, ob/wie ...** to see whether/how ...
Auspuff <-[e]s, -e> *m* exhaust [pipe], AM *a.* tailpipe
Auspuffgase *pl* exhaust fumes [*or form* emissions] **Auspuffrohr** *nt* exhaust [pipe], AM *a.* tailpipe
aus|pumpen *vt* ❶ (*leer pumpen*) to pump out *sep* ❷ (*fam: völlig erschöpfen*) to drain; ■**ausgepumpt sein** to be completely drained
aus|quartieren* *vt* to move out *sep*
aus|quetschen *vt* ❶ **Orangen ~** to press oranges; **den Saft ~** to squeeze out *sep* the juice ❷ (*fam: ausfragen*) ■**jdn ~** to pump sb [for information]; *Polizei* to grill sb
aus|radieren* *vt* ❶ (*mit Radiergummi entfernen*) to rub out *sep* ❷ (*vernichten*) to wipe out *sep*
aus|rangieren* [-raŋʒiːrən] *vt* to throw out *sep*
aus|rasten *vi sein* ❶ (*herausspringen*) to come out ❷ (*fam: wild werden*) to go apeshit, to throw a wobbly BRIT, to have a spaz AM
aus|rauben *vt* to rob
aus|raufen *vt Haare* to tear out *sep*

aus|räumen *vt* ① *Möbel* to move out *sep; Zimmer* to clear out *sep* ② (*beseitigen*) to clear up *sep; Zweifel, Missverständnis* to dispel
aus|rechnen *vt* to calculate
Ausrede *f* excuse; **eine faule ~** a feeble excuse
aus|reden **I.** *vi* to finish speaking **II.** *vt* ■**jdm etw ~** to talk sb out of sth **III.** *vr bes* ÖSTERR ■**sich** *akk* **~** to have a heart-to-heart [talk]
aus|reichen *vi* to be sufficient (**für** +*akk* for); **es muss für uns alle ~** it will have to do for us all
ausreichend **I.** *adj* sufficient; *Kenntnisse, Leistungen* adequate; ■**nicht ~** insufficient/inadequate **II.** *adv* sufficiently
Ausreise *f* departure [from a/the country]; **jdm die ~ verweigern** to prohibit sb from leaving the country
Ausreiseerlaubnis *f,* **Ausreisegenehmigung** *f* exit permit
aus|reisen *vi sein* to leave the country
Ausreisevisum [-viː-] *nt* exit visa
aus|reißen *irreg* **I.** *vt haben* to pull out *sep; Haare* to tear out *sep; Blätter* to pull off *sep* **II.** *vi sein* (*fam: davonlaufen*) to run away
Ausreißer(in) <-s, -> *m(f)* (*fam*) runaway
aus|reiten *irreg* **I.** *vi sein* to ride out **II.** *vt haben* ■**ein Pferd ~** to take out *sep* a horse
aus|renken *vt* to dislocate
aus|richten *vt* ① (*übermitteln*) ■**jdm etw ~** to tell sb sth; **kann ich etwas ~?** can I give him/her a message?; **richten Sie ihr einen Gruß [von mir] aus** give her my regards ② (*veranstalten*) to organize; *Fest* to arrange ③ (*erreichen*) ■**bei jdm etwas/nichts ~** to achieve something/nothing with sb ④ ÖSTERR (*schlechtmachen*) ■**jdn ~** to run down *sep* [*or* AM *a.* badmouth] sb ⑤ SCHWEIZ (*zahlen*) ■**jdm etw ~** to pay sb sth
Ausrichtung <-> *f kein pl* ① (*Orientierung*) orientation (**an** to) ② (*Einstellung*) orientating (**auf** to) ③ (*Organisieren*) organization; *einer Hochzeit* arrangements *pl* (+*gen* for)
Ausritt *m* ride [out]; (*das Ausreiten*) riding out
aus|rollen *vt* to roll out
aus|rotten *vt* to exterminate; *Termiten* to destroy; *Unkraut* to wipe out *sep; Ideen, Religion* to eradicate
Ausrottung <-, -en> *f* extermination
aus|rücken *vi sein* ① *Truppen, Polizei* to turn out; *Feuerwehr* to go out on a call ② (*fam: ausreißen*) to make off
Ausruf *m* cry; **ein ~ des Entsetzens** a cry of horror
aus|rufen *vt irreg* to call out *sep; Haltestelle, Streik* to call; *Krieg* to declare; ■**jdn ~** to put out a call for sb
Ausrufezeichen *nt,* **Ausrufungszeichen** *nt,* **Ausrufzeichen** *nt* ÖSTERR, SCHWEIZ exclamation mark [*or* AM point]
aus|ruhen *vi, vr* ■[**sich** *akk*] **~** to [take a] rest; ■**ausgeruht [sein]** [to be] well rested
aus|rüsten *vt* to equip; *Fahrzeug, Schiff* to fit out *sep*
Ausrüstung <-> *f* ① *kein pl* (*das Ausrüsten*) equipping; *Fahrzeug, Schiff* fitting out ② (*Ausrüstungsgegenstände*) equipment *no pl; Expedition a.* tackle; (*Kleidung*) outfit *no pl*
aus|rutschen *vi sein* ① (*ausgleiten*) to slip (**auf** +*dat* on); **sie ist ausgerutscht** she slipped ② (*entgleiten*) ■**jdm ~** to slip [out of sb's hand]; **mir ist die Hand ausgerutscht** my hand slipped
Ausrutscher <-s, -> *m* (*fam*) slip-up
Aussaat *f* ① *kein pl* (*das Säen*) sowing ② (*Saat*) seed *no pl*
aus|säen *vt* to sow
Aussage *f* ① *a.* JUR (*Darstellung*) statement; (*Zeugenaussage*) evidence *no pl;* **eine ~ machen** to make a statement ② *eines Texts* message
aussagekräftig *adj* convincing
aus|sagen *vt* ■**etw [über jdn/etw] ~** to say sth [about sb/sth]
Aussatz <-es> *m kein pl* MED (*veraltet*) leprosy *no art*
Aussätzige(r) *f(m) dekl wie adj* (*veraltet o fig*) leper
aus|saugen *vt* ① (*leer saugen*) ■**etw ~** to suck sth [dry] ② (*ausbeuten*) ■**jdn ~** to drain sb dry
aus|schaffen *vt* SCHWEIZ to deport
aus|schalten *vt* ① (*abstellen*) to turn off *sep* ② (*eliminieren*) to eliminate
Ausschank <-[e]s, -schänke> *m* ① (*Schankraum*) taproom; (*Schanktisch*) bar ② *kein pl* (*Getränkeausgabe*) serving of drinks
Ausschau *f* ■**~ halten** to keep an eye out (**nach** +*dat* for)
aus|schauen *vi* DIAL, SÜDD, ÖSTERR *s.* **aussehen**
aus|scheiden *irreg* **I.** *vi sein* ① (*nicht weitermachen*) to retire (**aus** +*dat* from); *aus Verein* to leave ② SPORT to drop out ③ (*nicht in Betracht kommen*) to be ruled out **II.** *vt haben* (*absondern*) to excrete
Ausscheidung <-, -en> *f* ① *kein pl* (*das Absondern*) excretion; *eines Organs* se-

A

cretion ② *pl* (*Exkremente*) excrement *no pl, no indef art* ③ SPORT (*Vorkampf*) qualifying contest; FBALL qualifying round

aus|schenken *vt* (*servieren*) to serve

aus|scheren *vi sein* to pull out; (*ausschwenken*) to swing out

Ausschilderung *f* signposting

aus|schimpfen *vt* ■**jdn** ~ to tell sb off, AM *a.* to give sb hell

aus|schlachten *vt* ① (*Verwertbares ausbauen*) to cannibalize ② (*fam: ausnutzen*) to exploit

aus|schlafen *irreg* **I.** *vt* ■**etw** ~ to sleep off *sep* sth **II.** *vi, vr* ■[**sich** *akk*] ~ to have a good [night's] sleep

Ausschlag *m* MED rash ►WENDUNGEN: [**bei etw** *dat*] **den** ~ **geben** to be the decisive factor [for/in sth]

aus|schlagen *irreg vt* ① (*ablehnen*) to turn down *sep;* (*höflicher*) to decline; *Erbschaft* to disclaim; ■**jdm etw** ~ to refuse sb sth ② **jdm einen Zahn** ~ to knock out *sep* one of sb's teeth

ausschlaggebend *adj* decisive; **von** ~**er Bedeutung sein** to be of prime importance

aus|schließen *irreg* **I.** *vt* ① (*entfernen*) to exclude (**aus** +*dat* from); (*als Strafe a.*) to bar; *Mitglied* to expel; (*vorübergehend*) to suspend ② (*für unmöglich halten*) to rule out *sep* ③ (*aussperren*) ■**jdn** ~ to lock out *sep* sb **II.** *vr* ■**sich** *akk* ~ lock oneself out

ausschließlich ['aʊsʃliːslɪç] **I.** *adj attr* exclusive **II.** *adv* exclusively; **darüber habe** ~ **ich zu bestimmen** I'm the one to decide on this matter **III.** *präp* excluding; (*geschrieben a.*) excl[.]

aus|schlüpfen *vi sein* to hatch out (**aus** +*dat* of)

Ausschluss *m* exclusion; *von Mitglied* expulsion; (*vorübergehend*) suspension; **unter** ~ **der Öffentlichkeit stattfinden** to be closed to the public

aus|schmücken *vt* ① (*dekorieren*) to decorate ② (*ausgestalten*) to embellish

aus|schneiden *vt irreg* to cut out *sep* (**aus** +*dat* of)

Ausschnitt *m* ① (*Zeitungsausschnitt*) clipping ② (*an Kleidung*) neckline; **ein tiefer** ~ a low neckline; **jdm in den** ~ **schauen** to look down sb's dress ③ (*Teil*) part (**aus** +*dat* of); *aus einem Gemälde, Foto* detail; *aus einem Roman* excerpt; *aus einem Film* clip

aus|schöpfen *vt Möglichkeiten, Reserven* to exhaust

aus|schreiben *vt irreg* ① (*ungekürzt schreiben*) to write out *sep* ② (*bekannt machen*) to announce; (*um Angebote zu erhalten*) to invite tenders for; *Stelle* to advertise

Ausschreibung <-, -en> *f* announcement; (*für Angebote*) invitation to tender; *einer Stelle* advertisement (**von** for); *von Neuwahlen* the calling of a new election

Ausschreitung <-, -en> *f meist pl* riot[s *pl*]

Ausschuss *m* ① (*Gremium*) committee ② *kein pl* (*fehlerhaftes Teil*) rejects *pl*

aus|schütteln *vt* to shake out

aus|schütten *vt Gefäß* to empty; *Inhalt* to pour away ►WENDUNGEN: **sich** *akk* **vor** <u>**Lachen**</u> ~ to split one's sides laughing

Ausschüttung <-, -en> *f* FIN distribution; (*das Ausschütten*) distribution of dividends

ausschweifend *adj Leben* hedonistic; *Fantasie* wild

Ausschweifung <-, -en> *f meist pl* excess

aus|schweigen *vr irreg* ■**sich** *akk* ~ to remain silent; **sich eisern** ~ to maintain a stony silence

aus|schwenken *vt* ① (*ausspülen*) to rinse out *sep* ② (*zur Seite schwenken*) to swing out

aus|schwitzen *vt* to sweat out *sep*

aus|sehen *vi irreg* to look; ■~ **wie ...** to look like ...; **es sieht gut/schlecht aus** things are looking good/not looking too good; **nach Schnee/Regen** ~ to look as if it is going to snow/rain; **nach etwas/nichts** ~ to look good/not look anything special; **seh' ich so aus?** what do you take me for?; **wie sieht's aus?** (*fam*) how's things? [*or* BRIT *a.* tricks]

Aussehen <-s> *nt kein pl* appearance; ■**dem** ~ **nach** judging by appearances

außen ['aʊsn̩] *adv* on the outside; **links/rechts** ~ on the outside left/right; ■**von** ~ from the outside ►WENDUNGEN: **jdn/etw** ~ **vor** <u>**lassen**</u> to leave sb/sth out; ~ **vor** <u>**sein**</u> to be left out

Außenbeleuchtung *f* exterior lighting **Außenbezirk** *m* outer district **Außenbordmotor** *m* outboard [motor]

aus|senden *vt irreg* (*geh*) ① (*ausschicken*) to send out ② (*ausstrahlen*) to broadcast

Außendienst *m* employment as a sales representative; **im** ~ **sein** to work as a sales representative; ~ **machen** to work outside the office **Außendienstmitarbeiter(in)** *m(f)* sales representative

Außenhandel *m* foreign trade **Außenminister(in)** *m(f)* foreign minister, foreign secretary BRIT, Secretary of State AM

Außenministerium *nt* foreign ministry, Foreign Office BRIT, State Department AM

Außenpolitik ['aus̯n̩politi:k] *f* foreign policy **außenpolitisch** ['aus̯n̩poli:tɪʃ] **I.** *adj* foreign policy *attr;* **~er Sprecher** foreign policy spokesman **II.** *adv* as regards foreign policy **Außenquartier** *nt* SCHWEIZ suburb **Außenseite** *f* outside; *eines Gebäudes* exterior **Außenseiter(in)** <-s, -> *m(f)* (*a. fig*) outsider **Außenspiegel** *m* AUTO [out]side mirror **Außenstände** *pl* ÖKON debts outstanding **Außenstehende(r)** *f(m) dekl wie adj* outsider **Außenstelle** *f* branch **Außenstürmer(in)** *m(f)* FBALL wing **Außentemperatur** *f* outside temperature **Außenwelt** *f* outside world **Außenwirtschaft** *f* ÖKON foreign trade

außer ['aus̯ɐ] **I.** *präp +dat* ① (*abgesehen von*) apart from ② (*zusätzlich zu*) in addition to ③ **~ Betrieb/Sicht/Gefahr sein** to be out of order/sight/danger ▸ WENDUNGEN: **[über jdn/etw] ~ sich** *dat* **sein** to be beside oneself [about sb/sth] **II.** *konj* ■**~ dass** except that; ■**~ [wenn]** except [when]

außerdem ['aus̯ɐde:m] *adv* besides

äußere(r, s) ['ɔy̯sərə, -rɐ, -rəs] *adj* ① (*außen gelegen*) outer; *Verletzung* external ② (*von außen wahrnehmbar*) exterior ③ (*außenpolitisch*) external

Äußere(s) ['ɔy̯sərə, -rəs] *nt dekl wie adj* outward appearance

außerehelich *adj* extramarital; *Kind* illegitimate **außereuropäisch** *adj attr* non-European **außergerichtlich** *adj, adv* out of court *attr* **außergewöhnlich** ['aus̯ɐgə'vø:nlɪç] **I.** *adj* unusual; *Leistung* extraordinary; *Mensch* remarkable **II.** *adv* extremely

außerhalb ['aus̯ɐhalp] **I.** *adv* outside; **von ~** from out of town **II.** *präp +gen* outside; **~ der Sprechstunde** outside [of] surgery/visiting, etc. hours

außerirdisch *adj* extraterrestrial

äußerlich ['ɔy̯sɐlɪç] *adj* ① (*außen befindlich*) external ② (*oberflächlich*) superficial

Äußerlichkeit <-, -en> *f* ① (*Oberflächlichkeit*) superficiality; (*Formalität*) formality ② *pl* (*oberflächliche Details*) trivialities *pl*

äußern ['ɔy̯sɐn] **I.** *vr* ■**sich** *akk* **~** ① (*Stellung nehmen*) to say something (**zu** *+dat* about); **sich über jdn/etw abfällig ~** to make disparaging comments about sb/sth ② (*sich manifestieren*) to manifest itself **II.** *vt* (*sagen*) to say; (*zum Ausdruck bringen*) to utter; *Kritik* to voice; *Wunsch* to express

außerordentlich ['aus̯ɐ'ʔɔrdn̩tlɪç] **I.** *adj* extraordinary **II.** *adv* extraordinarily

außerorts *adv* SCHWEIZ, ÖSTERR out of town

außerplanmäßig ['aus̯ɐpla:nmɛ:sɪç] *adj* unscheduled; *Ausgaben, Kosten* non-budgetary

äußerst ['ɔy̯sɐst] *adv* extremely

außerstande [aus̯ɐ'ʃtandə] *adj* ■**~, etw zu tun** unable to do sth

äußerste(r, s) *adj* ① (*entfernteste*) outermost; **am ~n Ende der Welt** at the farthest point of the globe; **der ~ Norden/Süden** the extreme north/south ② (*höchste*) utmost; **von ~r Wichtigkeit** of supreme importance; **der ~ Preis** the last price

Äußerste(s) *nt dekl wie adj* **auf das ~ gefasst sein** to be prepared for the worst; **bis zum ~n gehen** to go to any extreme

äußerstenfalls ['ɔy̯sɐstn̩'fals] *adv* at the most

außertariflich *adj* non-union

Äußerung <-, -en> *f* ① (*Bemerkung*) comment ② (*Zeichen*) expression

aus|setzen **I.** *vt* ① *Kind, Haustier* to abandon ② **eine Belohnung ~** to offer a reward ③ (*preisgeben*) ■**jdn/etw einer S.** *dat* **~** to expose sb/sth to sth ④ (*bemängeln*) **an etw** *dat* **etwas auszusetzen haben** to find fault with sth; **was hast du an ihr auszusetzen?** what don't you like about her?; **daran ist nichts auszusetzen** there's nothing wrong with that **II.** *vi* ① (*versagen*) to stop; *Motor* to fail ② (*unterbrechen*) ■**mit etw** *dat* **~** to interrupt sth; **ohne auszusetzen** non-stop

Aussetzer <-s, -> *m* TECH (*fam*) *abrupt failure of a machine or one of its functions during operation*

Aussicht *f* ① (*Blick*) view; ■**die ~ auf etw** the view overlooking sth ② (*Chance*) prospect; ■**die ~ auf etw** the chance of sth; **keine ~en [auf etw] haben** to have no chance [of sth]; **etw in ~ haben** to have good prospects of sth; **jdm etw in ~ stellen** to promise sb sth; **das sind ja schöne ~en!** (*iron fam*) what a prospect!

aussichtslos *adj* hopeless

Aussichtslosigkeit <-> *f kein pl* hopelessness

Aussichtsplattform *f* viewing platform **Aussichtspunkt** *m* viewpoint **aussichtsreich** *adj* promising **Aussichtsturm** *m* lookout tower

aus|sieben *vt* ① (*mit Sieb entfernen*) to strain (**aus** out of) ② (*aussondern*) to sift (**aus** out of)

aus|siedeln *vt* to resettle

Aussiedler(in) *m(f)* emigrant

aus|sitzen *vt* to sit out

aus|söhnen ['aus̯zø:nən] *vr* ■**sich** *akk* **~** to

make [it] up; ■**sich** *akk* **mit jdm/etw ~** to become reconciled with sb/to sth

Aussöhnung <-, -en> *f* reconciliation

aus|sondern *vt* to sort out

aus|sorgen *vi* ■**ausgesorgt haben** to be set up for life *fam*

aus|sortieren* *vt* to sort out

aus|spannen **I.** *vi* to relax **II.** *vt* **jdm die Freundin/den Freund ~** (*fam*) to pinch sb's girlfriend/boyfriend

aus|sperren **I.** *vt* ■**jdn ~** to lock sb out **II.** *vr* ■**sich** *akk* **~** to lock oneself out

Aussperrung <-, -en> *f* ÖKON lockout

aus|spielen *vt* ■**jdn gegen jdn ~** to play sb off against sb

aus|spionieren* *vt* to spy out

Aussprache *f* ❶ (*Akzent*) pronunciation; (*Art des Artikulierens*) articulation ❷ (*Unterredung*) talk ▸WENDUNGEN: **eine feuchte ~ haben** (*fam*) to splutter when one speaks

aus|sprechen *irreg* **I.** *vt* ❶ (*artikulieren*) to pronounce ❷ (*äußern*) to express; *Warnung* to issue; **ein Lob ~** to give a word of praise ❸ (*ausdrücken*) ■**jdm etw ~** to express sth to sb **II.** *vr* ■**sich** *akk* **~** ❶ (*sein Herz ausschütten*) to talk things over ❷ ■**sich** *akk* **für/gegen jdn/etw ~** to voice one's support for/opposition against sb/sth **III.** *vi* to finish [speaking]

Ausspruch *m* remark; (*geflügeltes Wort*) saying

aus|spucken **I.** *vt* to spit out **II.** *vi* to spit

aus|spülen *vt* to wash out

aus|staffieren* *vt* (*fam*) ❶ (*ausstatten*) to fit out (**mit** +*dat* with) ❷ (*einkleiden*) to rig out (**mit** +*dat* in)

Ausstand *m* ❶ (*Streik*) **im ~ sein** to be on strike; **in den ~ treten** to go on strike, BRIT *a.* to take industrial action ❷ SCHWEIZ, ÖSTERR, SÜDD (*Ausscheiden aus Stelle o Schule*) going away *no pl*, leaving BRIT *no pl*; **seinen ~ geben** to hold a going-away [*or* BRIT leaving] party

aus|statten [ˈausʃtatn̩] *vt* ❶ (*versorgen*) to provide (**mit** +*dat* with) ❷ (*einrichten*) to furnish (**mit** +*dat* with) ❸ (*versehen*) to equip (**mit** +*dat* with)

Ausstattung <-, -en> *f* ❶ *kein pl* (*Ausrüstung*) equipment; (*das Ausrüsten*) equipping *no pl* ❷ (*Einrichtung*) furnishings *pl* ❸ (*Aufmachung*) features *pl*

aus|stechen *vt irreg* ❶ (*entfernen, herausnehmen*) *Auge* to poke out; *Plätzchen* to cut out; *Unkraut* to dig out ❷ (*fam: übertreffen und verdrängen*) ■**jdn ~** to outdo sb

aus|stehen *irreg* **I.** *vt* ❶ (*ertragen*) to endure; **jdn/etw nicht ~ können** to not be able to stand sb/sth ❷ (*durchmachen*) to go through; **ausgestanden sein** (*vorbei sein*) to be all over [and done with] **II.** *vi* (*noch nicht da sein*) to be due; **die Antwort steht seit 5 Wochen aus** the reply has been due for 5 weeks

aus|steigen *vi irreg sein* ❶ (*aus einem Bus, Zug, Flugzeug*) to get off; (*aus einem Auto*) to get out of; **du kannst mich dort ~ lassen** you can let me out over there ❷ (*aufgeben*) to drop out (**aus** +*dat* of)

Aussteiger(in) <-s, -> *m(f)* (*aus Gesellschaft, Beruf, Studium*) dropout *esp pej*, BRIT *a.* downshifter; (*für begrenzte Zeit*) sb on a career break, gapper *fam;* (*aus Terroristenkreisen*) deserter, apostate

aus|stellen **I.** *vt* ❶ (*zur Schau stellen*) to display; (*auf Messe, in Museum*) to exhibit ❷ **[jdm] eine Rechnung ~** to issue [sb] an invoice; **sie ließ sich die Bescheinigung ~** she had the certificate made out in her name ❸ (*ausschalten*) to switch off *sep* **II.** *vi* (*als Aussteller*) to exhibit

Aussteller(in) <-s, -> *m(f)* (*Messeaussteller*) exhibitor

Ausstellung *f* (*Kunstausstellung, Messe*) exhibition

Ausstellungsgelände *nt* exhibition site

Ausstellungshalle *f* exhibition hall

aus|sterben *vi irreg sein* to die out; *Geschlecht, Spezies* to become extinct

Aussteuer <-, -n> *f* dowry

Ausstieg <-[e]s, -e> *m* ❶ (*Öffnung*) exit ❷ (*das Aufgeben*) ■**der ~ aus etw** *dat* abandoning sth; **der ~ aus der Kernenergie** abandoning [of] nuclear energy

aus|stopfen *vt* to stuff

Ausstoß *m* ❶ (*Produktion*) output, production ❷ (*Ausschluss*) expulsion ❸ (*Emission*) emission

aus|stoßen *vt irreg* ❶ (*hinausblasen*) to eject; *Gase* to emit ❷ *Seufzer* to utter; *Schrei* to give [out]; *Laute* to make ❸ (*ausschließen*) to expel (**aus** +*dat* from)

aus|strahlen **I.** *vt* ❶ (*abstrahlen, verbreiten*) to radiate; *Licht, Wärme* to give off; *Radioaktivität* to emit ❷ RADIO, TV to transmit **II.** *vi* ■**in etw ~** *Schmerz* to extend to sth

Ausstrahlung *f* ❶ (*besondere Wirkung*) radiance; **eine besondere ~ haben** to have a special charisma ❷ RADIO, TV broadcast[ing]

aus|strecken **I.** *vt Hände, Beine* to stretch out **II.** *vr* ■**sich** *akk* **[auf dem Sofa] ~** to stretch oneself out [on the sofa]

aus|streichen *vt irreg* (*durchstreichen*) to

cross out *sep*
aus|streuen *vt* to scatter
aus|strömen **I.** *vi sein Gas, Dampf* to escape (**aus** +*dat* from); *Flüssigkeit* to stream (**aus** +*dat* out of) **II.** *vt haben Hitze* to radiate; *Duft* to give off
aus|suchen *vt* to choose; ■[**sich** *dat*] **etw** ~ to choose sth; ■[**sich** *dat*] **jdn** ~ to pick sb
Austausch *m* exchange
austauschbar *adj* interchangeable; *defekte Teile, Mensch* replaceable
aus|tauschen **I.** *vt* ① (*ersetzen*) to replace (**gegen** +*akk* with) ② (*miteinander wechseln*) to exchange **II.** *vr* ■**sich** *akk* **über jdn/etw** ~ to exchange stories about sb/sth
Austauschschüler(in) *m(f)* exchange pupil
Austauschstudent(in) *m(f)* exchange student
aus|teilen *vt* to distribute (**an** +*akk* to)
Auster <-, -n> ['aʊ̯stɐ] *f* oyster
Austernpilz *m* Chinese mushroom
aus|toben *vr* ■**sich** *akk* ~ to romp around
aus|tragen *vt irreg* ① *Post, Zeitung* to deliver ② *Baby* to carry to [the full] term ③ **einen Streit mit jdm** ~ to have it out with sb ④ SPORT *Wettkampf* to hold
Austragungsort *m* venue
Australien <-s> [aʊ̯s'traːli̯ən] *nt* Australia; *s. a.* **Deutschland**
Australier(in) <-s, -> [aʊ̯s'traːli̯ɐ] *m(f)* Australian; *s. a.* **Deutsche(r)**
australisch [aʊ̯s'traːlɪʃ] *adj* Australian; *s. a.* **deutsch**
aus|treiben *irreg* **I.** *vt* ① ■**jdm etw** ~ to knock sth out of sb ② *Teufel* to exorcise **II.** *vi* BOT to sprout
Austreibung <-, -en> *f* REL exorcism
aus|treten *irreg* **I.** *vi sein* ① (*herausdringen*) to come out (**aus** +*dat* of); *Blut, Eiter etc. a.* to issue (**aus** +*dat* from); *Öl* to leak (**aus** +*dat* from); *Gas* to escape (**aus** +*dat* from) ② (*fam: zur Toilette gehen*) to go to the loo BRIT *fam* [*or* AM bathroom] ③ (*ausscheiden*) to leave (**aus** +*dat* from) **II.** *vt haben* ① (*auslöschen*) to stamp out ② *Schuhe* to wear out
aus|tricksen *vt* (*fam*) to trick
aus|trinken *irreg* **I.** *vt* to finish **II.** *vi* to drink up
Austritt *m* (*das Ausscheiden*) departure (**aus** +*dat* from)
aus|trocknen *vi sein* to dry out; *Fluss, Brot, Käse, Kuchen* to dry up; *Haut* to dehydrate; *Kehle* to become parched
aus|tüfteln *vt* (*fam: geschickt ausarbeiten*) to work out; (*sich ausdenken*) to think up
aus|üben *vt* ① *Beruf* to practise; *Amt* to hold; *Aufgabe, Funktion* to perform; *Macht, Recht* to exercise ② *Druck, Einfluss* to exert (**auf** +*akk* on); *Wirkung* to have (**auf** +*akk* on)
Ausübung *f kein pl* ① (*das Praktizieren*) practising *no pl;* (*das Innehaben*) *Amt* holding *no pl; Aufgabe, Funktion* performing *no pl;* **in ~ eines Amtes** (*geh*) in the line of duty ② (*die Entfaltung einer Wirkung*) exertion ③ (*das Verwalten*) exercise
aus|ufern ['aʊ̯sʔuːfɐn] *vi sein* to escalate (**zu** +*dat* into)
Ausverkauf *m von Waren* clearance sale
aus|verkaufen* *vt* ■**etw ausverkauft haben** to have sold out of sth
ausverkauft *adj* sold out
Auswahl *f* ① (*Warenangebot*) selection (**an** +*dat* of) ② *kein pl* (*das Aussuchen*) **die ~ haben** to have the choice; **eine ~ treffen** to make one's choice (**unter** +*dat* from) ③ SPORT representative team
aus|wählen *vt, vi* to choose (**unter** +*dat* from)
Auswahlmenü *nt* INFORM menu bar **Auswahlverfahren** *nt* selection process
Auswanderer, -wanderin *m, f* emigrant
aus|wandern *vi sein* to emigrate (**nach** +*dat* to)
Auswanderung *f* emigration
auswärtig ['aʊ̯svɛrtɪç] *adj attr* ① (*nicht vom Ort*) from out of town ② POL foreign
auswärts ['aʊ̯svɛrts] *adv* ① (*außerhalb des Ortes*) out of town; **von ~ kommen** to be from another town ② **~ essen** to eat out
Auswärtsspiel *nt* SPORT away game
aus|waschen *vt irreg* ① (*entfernen*) to wash out (**aus** +*dat* from) ② (*säubern*) to rinse
auswechselbar *adj* (*untereinander auswechselbar*) interchangeable; (*ersetzbar*) replaceable
aus|wechseln [-ks-] *vt* to replace (**gegen** +*akk* with); *Spieler* to substitute (**gegen** +*akk* for)
Auswechselspieler(in) *m(f)* SPORT substitute
Auswechselung, Auswechslung <-, -en> *f* replacement; SPORT substitution
Ausweg *m* way out (**aus** +*dat* of); **der letzte ~** the last resort
ausweglos *adj* hopeless
aus|weichen *vi irreg sein* ① (*vermeiden*) ■[**etw** *dat*] ~ to get out of the way [of sth] ② (*zu entgehen versuchen*) to evade ③ (*als Alternative*) ■**auf etw** ~ to fall back on sth [as an alternative]
aus|weichend **I.** *adj* evasive **II.** *adv*

A

~ **antworten** to be evasive
Ausweichmanöver *nt* ① AUTO, LUFT evasive manoeuvre ② (*Ausflucht*) evasion **Ausweichmöglichkeit** *f* means of getting out of the way; (*Alternative*) alternative
aus|weinen *vr* ■**sich** *akk* **bei jdm** ~ to have a good cry on sb's shoulder
Ausweis <-es, -e> ['a̯usva̯is] *m* (*Personal-, Firmenausweis*) identity card, I.D.; (*Mitglieds-, Leser-, Studentenausweis*) card, I.D.; (*Behindertenausweis*) identification card
aus|weisen *irreg* **I.** *vt* (*abschieben*) to deport **II.** *vr* ① (*sich identifizieren*) ■**sich** *akk* ~ to identify oneself; **können Sie sich ~?** do you have any means of identification? ② SCHWEIZ (*nachweisen*) ■**sich** *akk* **über etw** ~ to have proof of sth
Ausweiskontrolle *f* identity check **Ausweispapiere** *pl* identity papers *pl*
Ausweisung *f* ADMIN deportation
aus|weiten **I.** *vt* ① (*weiter machen*) to stretch ② (*umfangreicher machen*) to expand **II.** *vr* ■**sich** ~ ① (*weiter werden*) to stretch [out] ② (*sich ausdehnen*) to extend ③ (*eskalieren*) to escalate
Ausweitung <-, -en> *f* ① (*Ausdehnung*) stretching *no pl* ② (*das Auswachsen*) escalation
auswendig *adv* [off] by heart; **etw ~ können** to know sth [off] by heart
aus|werfen *vt irreg Netz, Leine* to cast out
aus|werten *vt Statistiken, Daten* to analyze
Auswertung *f* ① (*Nutzbarmachung*) utilization ② (*Evaluierung*) evaluation; (*von Statistiken*) analysis
aus|wickeln *vt* to unwrap (**aus** +*dat* from)
aus|wirken *vr* ■**sich** ~ to have an effect (**auf** +*akk* on)
Auswirkung *f* (*Wirkung*) effect; (*Folge*) consequence; **negative ~en haben** to have negative repercussions
aus|wischen *vt* ① (*wegwischen*) to wipe ② (*sauber wischen*) to wipe clean *sep* ▶ WENDUNGEN: **jdm eins** ~ (*fam*) to get one's own back on sb
aus|wringen *vt irreg* to wring out *sep*
Auswuchs <-es, -wüchse> *m* (*Missstand*) excess
aus|wuchten *vt* AUTO **ein Rad** ~ to balance a wheel
Auswurf *m kein pl* ① MED phlegm ② GEOL (*das Auswerfen*) ejection, eruption
aus|zahlen **I.** *vt* ① *Lohn, Betrag* to pay out ② (*abfinden*) to pay off *sep; Kompagnon, Miterben* to buy out *sep* **II.** *vr* (*sich lohnen*) ■**sich** [**für jdn**] ~ to pay [off] [for sb]
aus|zählen *vt* to count
Auszahlung *f* ① (*Aushändigung als Zahlung*) paying out ② (*Abfindung*) paying off; *eines Kompagnons, Miterbens* buying out
aus|zeichnen **I.** *vt* ① *Ware* to price ② (*ehren*) to honour; **jdn mit einem Preis ~** to give sb an award; **jdn mit einem Orden ~** to decorate sb with a medal ③ (*positiv hervorheben*) ■**jdn** ~ to distinguish sb [from all others] **II.** *vr* ■**sich** *akk* ~ to stand out
Auszeichnung *f* (*Medaille*) medal; (*Orden*) decoration; (*Preis*) award
Auszeit *f* time out
ausziehbar *adj* extendable [*or* BRIT *a.* -ible]; **~e Antenne** telescopic aerial; **~er Tisch** pull-out table
aus|ziehen *irreg* **I.** *vt haben* ① (*ablegen*) ■[**sich** *dat*] **etw** ~ to take off *sep* sth ② (*entkleiden*) to undress ③ (*herausziehen*) to pull out *sep* ④ (*verlängern*) to extend **II.** *vi sein* [**aus einem Haus**] ~ to move out [of] a house
Ausziehtisch *m* pull-out table
Auszubildende(r) *f(m) dekl wie adj* trainee
Auszug *m* ① (*aus einer Wohnung*) move ② (*Ausschnitt*) excerpt; *Buch a.* extract ③ (*Kontoauszug*) statement ④ PHARM extract (**aus** +*dat* of)
auszugsweise *adv* in excerpts [*or* extracts]
autark [a̯u'tark] *adj* ÖKON self-sufficient
Autarkie <-, -n> [a̯utar'kiː, *pl* -kiːən] *f* ÖKON autarky
authentisch [a̯u'tɛntɪʃ] *adj* authentic
Authentizität <-> [a̯utɛntitsi'tɛːt] *f kein pl* authenticity
autistisch *adj* MED autistic
Auto <-s, -s> ['a̯uto] *nt* car; ~ **fahren** to drive [a car]; (*als Mitfahrer*) to drive [by car]; **mit dem ~ fahren** to go by car
Autoapotheke *f* car first-aid kit **Autoatlas** *m* road atlas
Autobahn *f* motorway BRIT, freeway AM; (*in Deutschland a.*) autobahn

Land und Leute

The **Autobahn** is a multilane fast highway for vehicles travelling faster than 60 km/h. There is no countrywide speed limit on German motorways; in Austria the speed limit for cars is 130 km/h and in Switzerland 120 km/h.

Autobahnauffahrt *f* motorway slip-road BRIT, freeway on ramp AM **Autobahnausfahrt** *f* motorway exit BRIT, freeway exit AM **Autobahn(benutzungs)gebühr** *f* [motorway] toll **Autobahndreieck** *nt* motorway junction **Autobahngebühr** *f* [motorway] toll **Autobahnkreuz** *nt* motorway intersection **Autobahnraststätte** *f* motorway services *pl* BRIT, services *pl* AM **Autobahnzubringer** *m* motorway approach road BRIT, entrance ramp AM (*to the freeway*)

Autobatterie *f* car battery

Autobiografie, Autobiographie [autobiogra'fi:] *f* autobiography

autobiografisch, autobiographisch *adj* autobiographical

Autobombe *f* car bomb

Autobus ['autobʊs] *m*, **Autocar** ['autoka:ɐ̯] *m* SCHWEIZ bus

Autodidakt(in) <-en, -en> [autodi'dakt] *m(f)* self-educated person

autodidaktisch **I.** *adj* self-taught **II.** *adv* autodidactically

Autodieb(in) *m(f)* car thief **Autofähre** *f* car ferry **Autofahrer(in)** *m(f)* [car] driver **Autofahrt** *f* car journey **Autofriedhof** *m* (*fam*) car dump

autogen [auto'ge:n] *adj* **~es Training** relaxation through self-hypnosis

Autogramm <-s, -e> [auto'gram] *nt* autograph

Autohändler(in) *m(f)* car dealer

Autoimmunkrankheit *f* auto-immune disease

Autokarte *f* road map **Autokennzeichen** *nt* number plate BRIT, license plate AM; (*Länderkennzeichen*) international number [*or* AM license] plate code **Autokino** ['autoki:no] *nt* drive-in cinema

Autokrat(in) <-en, -en> [auto'kra:t] *m(f)* autocrat

Autokratie <-, -n> [autokra'ti:, *pl* -'ti:ən] *f* autocracy

Autokratin <-, -nen> *f fem form von* **Autokrat**

autokratisch *adj* autocratic

Autolenker(in) *m(f) bes* SCHWEIZ [car] driver

Automat <-en, -en> [auto'ma:t] *m* (*Geldautomat*) cash dispenser; (*Musikautomat*) jukebox; (*Spielautomat*) slot-machine; (*Verkaufsautomat*) vending machine

Automatenverkauf *m kein pl selling/sales from vending machines*

Automatik[1] <-, -en> [auto'ma:tɪk] *f* ❶ (*Steuerungsautomatik*) automatic system ❷ (*Automatikgetriebe*) automatic transmission

Automatik[2] <-s, -s> [auto'ma:tɪk] *m* (*Wagen mit Automatikgetriebe*) automatic

Automatikschaltung *f* automatic transmission **Automatikwagen** *m* automatic

automatisch [auto'ma:tɪʃ] **I.** *adj* automatic **II.** *adv* automatically

automatisieren* [automati'zi:rən] *vt* to automate

Automatisierung <-, -en> *f* automation

Automechaniker(in) *m(f)* car mechanic

Automobil <-s, -e> [automo'bi:l] *nt* (*veraltet geh*) automobile

Automobilausstellung *f* motor show **Automobilbranche** *f* car industry **Automobilhersteller** *m* car manufacturer **Automobilindustrie** *f* car industry

Automobilisierung <-> [automobilɪ'zi:rʊŋ] *f kein pl* TRANSP automobilization

Automobilist(in) <-en, -en> [automobi'lɪst] *m(f)* SCHWEIZ (*geh: Autofahrer*) [car] driver

autonom [auto'no:m] *adj* POL autonomous

Autonome(r) *f(m) dekl wie adj* POL independent

Autonomie <-, -n> [autono'mi:, *pl* -'mi:ən] *f* POL autonomy

Autonomieverhandlungen *pl* negotiations on autonomy *pl*

Autonummer *f* car [registration] number

Autopilot ['autopilo:t] *m* LUFT autopilot

Autopsie <-, -n> [autɔ'psi:, *pl* -'psi:ən] *f* MED autopsy

Autor, Autorin <-s, Autoren> ['auto:ɐ̯, au'to:rɪn, *pl* au'to:rən] *m, f* author

Autoradio *nt* car radio; (*mit Kassettenspieler*) car stereo **Autoreifen** *m* car tyre **Autorennen** *nt* motor race; (*Rennsport*) motor racing

Autorin <-, -nen> [au'to:rɪn] *f fem form von* **Autor**

autorisieren* [autori'zi:rən] *vt* to authorize; **ich habe ihn dazu autorisiert** I gave him authorization for it

autoritär [autori'tɛ:ɐ̯] *adj* authoritarian

Autoritarismus <-> *m kein pl* POL, SOZIOL authoritarianism

Autorität <-, -en> [autori'tɛ:t] *f* authority

Autoschalter *m* FIN drive-through teller

Autoschlange *f* queue [*or* AM line] of cars **Autoschlosser(in)** *m(f)* auto mechanic **Autoschlüssel** *f* car key **Autoskooter** <-s, -> [-sku:tɐ] *m* bumper car **Autostopp** ['autoʃtɔp] *m* hitch-hiking

Autosuggestion [autozʊgɛsti̯o:n] *f* PSYCH autosuggestion

Autotelefon *nt* car phone **Autounfall** *m* car accident **Autoverleih** <-[e]s, -e> *m*, **Autovermietung** <-, -en> *f* car rental firm **Autowerkstatt** *f* garage, car repair shop **Autozubehör** *nt* car accessories *pl*

autsch [autʃ] *interj* (*fam*) ouch

avancieren* [avã'si:rən] *vi sein* (*geh*) to advance (**zu** +*dat* to)

Avantgarde <-, -n> [avã'gardə] *f* (*geh*) avant-garde

B

avantgardistisch *adj* avant-garde
Aversion <-, -en> [avɛr'zi̯o:n] *f* aversion (**gegen** +*akk* to)
avisieren* [avi'zi:rən] *vt* (*geh*) to announce, to advise
Avocado <-, -s> [avo'ka:do] *f* avocado
axial [a'ksi̯a:l] *adj* TECH axial
Axiom <-s, -e> [a'ksi̯o:m] *nt* axiom
Axt <-, Äxte> [akst, *pl* 'ɛkstə] *f* axe ▶WENDUNGEN: **die ~ im Haus erspart den Zimmermann** (*prov*) self-help is the best help
Azalee <-, -n> [atsa'le:ə] *f*, **Azalie** <-, -n> [a'tsa:li̯ə] *f* BOT azalea
Azeton <-s> *nt kein pl* MED acetone
Azoren [a'tso:rən] *pl* ■**die ~** the Azores *npl*
Azteke, Aztekin <-n, -n> [ats'te:kə, ats'te:kɪn] *m, f* HIST Aztec
Azubi [a'tsu:bi] *m* <-s, -s>, *f* <-, -s> *kurz für* **Auszubildende(r)**
Azubine <-, -n> [atsu'bi:nə] *f* (*fam*) *fem form von* **Azubi** [female] trainee

Bb

B, b <-, - *o fam* -s, -s> [be:] *nt* ① (*Buchstabe*) B, b; **~ wie Berta** B for Benjamin BRIT, B as in Baker AM ② MUS (*Note*) B flat; (*Erniedrigungszeichen*) flat
babbeln ['babl̩n] *vi, vt* (*fam*) to babble; (*viel reden a.*) to chatter
Baby <-s, -s> ['be:bi] *nt* baby
Babyausstattung *f* MODE baby clothes *npl* **Babyklappe** ['be:bi-] *f hatch or container in which unwanted babies can be left anonymously* **Babynahrung** *f* baby food **Babypause** ['be:bi-] *f* (*fam*) parental leave *no pl*
babysitten ['be:bizɪtn̩] *vi meist infin* to babysit
Babysitter(in) <-s, -> ['be:bizɪtɐ] *m(f)* babysitter
Babyspeck *m* (*hum fam*) puppy fat BRIT, baby fat AM **Babystrich** *m* (*fam*) child prostitution **Babytragetasche** *f* carrycot, baby carrier AM **Babyzelle** *f* mini[ature] cell [battery]
Bach <-[e]s, Bäche> [bax, *pl* 'bɛçə] *m* brook, creek AM; (*kleiner a.*) stream ▶WENDUNGEN: **den ~ runtergehen** (*fam*) to go down the drain
Bachstelze <-, -n> *f* wagtail
Backblech *nt* baking tray
Backbord <-[e]s> ['bakbɔrt] *nt kein pl* NAUT port [side]
backbord(s) *adv* NAUT on the port side
Backe <-, -n> ['bakə] *f* ① (*Wange*) cheek ② (*fam: Pobacke*) buttock
backen <backt *o* bäckt, backte, gebacken> ['bakn̩] *vt, vi* (*im Ofen*) to bake; (*in Fett*) to fry (**in** +*dat* with)
Backenbart *m* sideburns *pl* **Backenknochen** *m* cheekbone **Backenzahn** *m* back tooth
Bäcker(in) <-s, -> ['bɛkɐ] *m(f)* ① (*Mensch*) baker; **beim ~** at the baker's [shop] ② (*Bäckerei*) bakery
Bäckerei <-, -en> [bɛkə'rai̯] *f* ① (*Bäckerladen*) baker's [shop]; (*Backstube*) bakery ② ÖSTERR (*Gebäck*) small pastries and biscuits
Bäckerin <-, -nen> *f fem form von* **Bäcker**
Bäckermeister(in) *m(f)* master baker
Backfisch ['bakfɪʃ] *m* ① (*gebackener Fisch*) fried fish in batter ② (*veraltet: Teenager*) teenage girl **Backform** *f* baking tin; (*Kuchenform a.*) cake tin
Background <-s, -s> [-grau̯nt] *m* background; (*Musik*) background music
Backmischung *f* cake mixture **Backofen** ['bakʔo:fn̩] *m* oven **Backpfeife** *f* DIAL slap in the face **Backpflaume** *f* prune **Backpulver** *nt* baking powder **Backrohr** *nt* ÖSTERR, **Backröhre** *f* oven
Backslash <-s, -s> ['bɛkslɛʃ] *m* INFORM backslash
Backstein *m* BAU [red]brick **Backstube** *f* bakery
bäckt *3. pers sing pres von* **backen**
Backup <-s, -s> ['bɛkʔap] *nt o m* INFORM backup [copy]
Backwaren *pl* bakery produce
Bad <-[e]s, Bäder> [ba:t, *pl* 'bɛ:dɐ] *nt* ① (*Wannenbad*) bath; **jdm/sich** *dat* **ein ~ einlassen** to run sb/oneself a bath; **ein ~ nehmen** to take a bath ② (*Badezimmer*) bathroom ③ (*Schwimmbad*) swimming pool [*or* BRIT bath[s]] ④ (*Heilbad*) spa; (*Seebad*) seaside resort
Badeanstalt *f* swimming pool **Badeanzug** *m* swimming costume **Badehose** *f* swimming trunks *npl* **Badekappe** *f* swimming cap **Badelatschen** *pl* (*fam*) flip-flops *pl* **Bademantel** *m* bathrobe **Bademeister(in)** *m(f)* [pool] attendant; (*am Strand*) lifeguard
baden ['ba:dn̩] **I.** *vi* ① (*ein Wannenbad nehmen*) to have a bath ② (*schwimmen*) to swim (**in** +*dat* in); **~ gehen** to go for a swim ▶WENDUNGEN: [**bei/mit etw** *dat*] **~ gehen** (*fam*) to come a cropper [doing/with sth] **II.** *vt* ■**jdn ~** to bath sb **III.** *vr*

■ **sich** *akk* ~ to have a bath
Baden-Württemberg <-s> ['ba:dn̩vʏrtəm-bɛrk] *nt* Baden-Württemberg
Badeort *m* seaside resort; (*Kurort*) spa resort **Badeschuh** *m* flip flop **Badestrand** *m* bathing beach **Badetuch** *nt* bath towel **Badewanne** *f* bath [tub] **Badewasser** *nt* bath water **Badezimmer** *nt* bathroom
Badminton <-> ['bɛtmɪntən] *nt* badminton
baff [baf] *adj* (*fam*) ■ ~ **sein** to be flabbergasted
BAföG, Bafög <-> ['ba:fœk] *nt kein pl Akr von* **Bundesausbildungsförderungsgesetz** [student] grant; ~ **bekommen** to receive a grant
Bagatelle <-, -n> [baga'tɛlə] *f* trifle, bagatelle *dated*
bagatellisieren* [bagatɛli'zi:rən] *vt, vi* to trivialize
Bagatellschaden *m* minor damage
Bagdad <-s> ['bakdat] *nt* Bag[h]dad
Bagel <-s, -s> [beɪgᵊl] *m* KOCHK bagel
Bagger <-s, -> ['bagɐ] *m* BAU excavator
baggern ['bagɐn] *vi* ❶ BAU to dig ❷ (*sl*) to flirt
Baggersee *m artificial lake formed in gravel pit*
Baguette <-s, -s> [ba'gɛt] *nt* baguette
Bahamas [ba'ha:mas] *pl* ■ **die** ~ the Bahamas *pl*
Bahn <-, -en> [ba:n] *f* ❶ (*Eisenbahn*) train; (*Straßenbahn*) tram; **mit der** ~ by train/tram ❷ *kein pl* (*Eisenbahngesellschaft*) railway[s] ❸ SPORT track; *eines Schwimmbeckens* lane ❹ (*Fahrbahn*) lane ▶ WENDUNGEN: **freie ~ haben** to have the go-ahead; **in geregelten ~en verlaufen** to take an orderly course; **auf die schiefe ~ kommen** to get off the straight and narrow; **jdn aus der ~ werfen** to get sb off course
Bahnbeamte(r) *f(m)*, **-beamtin** *f* railway official **bahnbrechend** *adj* ground-breaking **Bahnbus** *m* TRANSP rail coach **Bahncard** <-, -s> [-ka:d] *f* ≈ railcard BRIT **Bahndamm** *m* railway embankment
bahnen *vt* **sich** *dat* **einen Weg durch etw** *akk* ~ to fight one's way through sth
Bahnfahrt *f* train journey **Bahngleis** *nt* railway line
Bahnhof *m* [railway] station ▶ WENDUNGEN: **nur** [**noch**] ~ **verstehen** (*hum fam*) to not have the foggiest [idea] **Bahnhofsgaststätte** *f* station restaurant **Bahnhofshalle** *f* station concourse **Bahnhofsvorsteher(in)** *m(f)*, **Bahnhofsvorstand** *m* ÖSTERR, SCHWEIZ stationmaster
Bahnlinie *f* railway line **Bahnpolizei** *f* railway police **Bahnschranke** *f*, **Bahnschranken** *m* ÖSTERR level crossing barrier
Bahnsteig <-[e]s, -e> *m* [station] platform **Bahnsteigkante** *f* platform edge
Bahnübergang *m* level crossing **Bahnunterführung** *f* [railway [*or* AM railroad]] underpass **Bahnverbindung** *f* [rail] connection **Bahnwärter(in)** *m(f)* level crossing attendant
Bahre <-, -n> ['ba:rə] *f* stretcher; (*Totenbahre*) bier
Bai <-, -en> ['baɪ] *f* GEOG bay
Baiser <-s, -s> [bɛ'ze:] *nt* meringue
Baisse <-, -n> ['bɛ:sə] *f* BÖRSE slump
Bajonett <-[e]s, -e> [bajo'nɛt] *nt* MIL bayonet
Bakterie <-, -n> [bak'te:ri̯ə] *f meist pl* bacterium
bakteriell [bakte'ri̯ɛl] *adj* MED bacterial, bacteria *attr*
Bakteriologe, Bakteriologin <-n, -n> [bakteri̯o'lo:gə, -lo:gɪn] *m, f* bacteriologist
Bakteriologie <-> [bakteri̯olo'gi:] *f kein pl* bacteriology *no pl*
Bakteriologin <-, -nen> *f fem form von* **Bakteriologe**
bakteriologisch [bakteri̯o'lo:gɪʃ] *adj* bacteriological
Balance <-, -n> [ba'lã:sə] *f* balance
balancieren* [balã'si:rən] *vi, vt* to balance (**auf** +*dat* on)
bald [balt] *adv* soon; **komm ~ wieder!** come back soon!; **wird's ~?** (*fam*) move it!; **bis ~!** see you later!; **nicht so ~** not as soon
Baldachin <-s, -e> ['baldaxi:n] *m* canopy
Bälde ['bɛldə] *f* **in ~** in the near future
baldig ['baldɪç] *adj attr* speedy; **wir hoffen auf Ihr ~es Kommen!** we hope to see you soon!
baldigst *adv* (*geh*) as soon as possible
baldmöglichst *adv* as soon as possible
Baldrian <-s, -e> *m* BOT valerian
Balearen [bale'a:rən] *pl* ■ **die** ~ the Balearic Islands *pl*
Balg[1] <-[e]s, Bälge> [balk, *pl* 'bɛlgə] *m* (*Blasebalg*) bellows *npl*
Balg[2] <-[e]s, Bälger> [balk, *pl* 'bɛlgɐ] *m o nt* (*pej fam: Kind*) brat
balgen ['balgn̩] *vr* ■ **sich** *akk* [**um etw**] ~ to scrap [over sth]
Balgerei <-, -en> [balgə'raj] *f* scrap
Balkan <-s> ['balka:n] *m* ❶ (*Halbinsel, Länder*) ■ **der** ~ the Balkans *pl;* **auf dem** ~ on the Balkans ❷ (*Balkangebirge*) Balkan Mountains *pl*
Balkanländer *pl* Balkan States
Balken <-s, -> ['balkn̩] *m a.* SPORT beam

B

B

▸ WENDUNGEN: **lügen, dass sich die ~ biegen** *(fam)* to lie through one's teeth
Balkendecke *f* wood-beam ceiling **Balkenkode** *m* bar code **Balkenwaage** *f* beam balance
Balkon <-s, -s *o* -e> [bal'kɔŋ, bal'kõ:] *m* ❶ ARCHIT balcony ❷ THEAT dress circle
Balkonpflanze *f* balcony plant **Balkontür** *f* French window[s]
Ball[1] <-[e]s, Bälle> [bal, *pl* 'bɛlə] *m* ball; ~ **spielen** to play ball ▸ WENDUNGEN: **am ~ bleiben** to stay on the ball; **am ~ sein** to be on the ball
Ball[2] <-[e]s, Bälle> [bal, *pl* 'bɛlə] *m* *(Tanzfest)* ball; *(mit Mahl a.)* dinner-dance BRIT
Ballade <-, -n> [ba'la:də] *f* ballad
Ballast <-[e]s, -e> ['balast, ba'last] *m pl selten* NAUT, LUFT ballast; *(fig)* burden
Ballaststoffe *pl* roughage *sing*
ballen ['balən] **I.** *vt* to press together [into a ball]; *Papier* to crumple [into a ball]; *Faust* to clench; **die Hand zur Faust ~** to clench one's fist **II.** *vr* ■**sich** *akk* ~ to crowd [together]; *Wolken* to gather
Ballen <-s, -> ['balən] *m* ❶ *(rundlicher Packen)* bale ❷ *(an Hand o Fuß)* ball; *(bei Tieren)* pad
Ballerina[1] <-, Ballerinen> [balə'ri:na, *pl* balə'ri:nən] *f* *(Tänzerin)* ballerina
Ballerina[2] <-s, -s> [balə'ri:na] *m* *(Schuh)* court shoe BRIT, pump AM
Ballermann ['balɐman] *m* TOURIST *(fam)* *beach on the Spanish island of Majorca especially popular with Germans on cheap package tours*
ballern ['balɐn] *(fam)* **I.** *vi* ❶ *(schießen)* to shoot; **zu Silvester wird viel geballert** there are lots of fireworks on New Year's Eve ❷ *(knallen, poltern)* to bang; **gegen die Tür ~** to bang on the door **II.** *vt* **jdm eine ~** to sock sb one
Ballett <-[e]s, -e> [ba'lɛt] *nt* ❶ *(Tanz)* ballet ❷ *(Tanzgruppe)* ballet [company]; **zum ~ gehen** to become a ballet dancer
Balletttänzer(in) *m(f)* ballet dancer
Balljunge *m* TENNIS ball boy
Ballkleid *nt* ball dress
Ballmädchen *nt* TENNIS ball girl
Ballon <-s, -s *o* -e> [ba'lɔŋ, ba'lõ:] *m* balloon
Ballonfahrt *f* ■**auf ~ gehen** to go up in a [hot air] balloon
Ballsaal *m* ballroom
Ballspiel *nt* ball game **Ballspielen** <-s> *nt kein pl* playing ball
Ballung <-, -en> *f* ❶ *(Ansammlung)* concentration ❷ *(Verdichtung)* accumulation
Ballungsgebiet *nt*, **Ballungsraum** *m* conurbation **Ballungszentrum** *nt* centre of population; **industrielles ~** centre of industry
Ballwechsel *m* rally
Balsam <-s, -e> ['balza:m] *m* ❶ *(Salbe)* balsam ❷ *(fig)* balm; **~ für die Seele sein** to be like balm for the soul
balsamieren [balza'mi:rən] *vt* ❶ *(vor Verwesung schützen)* to embalm ❷ *(geh: einölen)* to anoint
Balte, Baltin <-n, -n> ['baltə] *m, f* Balt, person from the Baltic; *s. a.* **Deutsche(r)**
Baltikum <-s> ['baltikʊm] *nt* ■**das ~** the Baltic states
baltisch ['baltɪʃ] *adj* Baltic; *s. a.* **deutsch**
Balustrade <-, -n> [balʊs'tra:də] *f* balustrade
balzen ['baltsn̩] *vi* to perform a courtship display
Bambus <-ses *o* -, -se> ['bambʊs] *m* bamboo
Bambusrohr *nt* bamboo cane **Bambussprossen** *pl* bamboo shoots *pl*
Bammel <-s> ['baml̩] *m* *(fam)* ■**~ vor jdm/etw haben** to be scared of sb/sth
banal [ba'na:l] *adj* banal; *Angelegenheit, Ausrede* trivial; *Bemerkung* trite; *Thema* commonplace
banalisieren* [banali'zi:rən] *vt* *(geh)* to trivialize
Banalität <-, -en> [banali'tɛ:t] *f* ❶ *kein pl* *(Beschaffenheit)* banality; *eines Themas, einer Angelegenheit* triviality ❷ *meist pl* *(Äußerung)* platitude
Banane <-, -n> [ba'na:nə] *f* banana
Bananenschale *f* banana skin
Banause <-n, -n> [ba'nauzə] *m* *(pej)* philistine
band [bant] *imp von* **binden**
Band[1] <-[e]s, Bänder> [bant, *pl* 'bɛndɐ] *nt* ❶ *(Stoffstreifen)* ribbon; *(Hutband)* hatband; *(Schürzenband)* apron string ❷ *(Tonband)* [recording] tape; **etw auf ~ aufnehmen** to tape [record] sth ❸ *(Fließband)* conveyor belt; **am ~ arbeiten** to work on an assembly line ❹ *meist pl* ANAT ligament; **sich** *dat* **die Bänder zerren** to strain ligaments ▸ WENDUNGEN: **am laufenden ~** *(fam)* non-stop
Band[2] <-[e]s, Bände> [bant, *pl* bɛndə] *m* *(Buch)* volume ▸ WENDUNGEN: **Bände sprechen** *(fam)* to speak volumes
Band[3] <-, -s> [bɛnt] *f* MUS band
Bandage <-, -n> [ban'da:ʒə] *f* bandage ▸ WENDUNGEN: **mit harten ~n kämpfen** *(fam)* to fight with no holds barred
bandagieren* [banda'ʒi:rən] *vt* to bandage
Bandaufnahme *f* tape-recording

Bandbreite *f* ① (*geh*) range; **eine ~ von ... bis ... haben** to range from ... to ... ② RADIO, INET bandwidth
Bande[1] <-, -n> ['bandə] *f* (*Gruppe*) gang
Bande[2] <-, -n> ['bandə] *f* SPORT barrier; *eines Billardtisches* cushion; *einer Reitbahn* boards
Banderole <-, -n> [bandə'ro:lə] *f* revenue stamp
Bänderriss ['bɛndɐ-] *m* torn ligament
bändigen ['bɛndɪgn̩] *vt* ① (*zähmen*) to tame ② (*zügeln*) to bring under control; *Haare* to control; *Naturgewalten* to harness
Bandit(in) <-en, -en> [ban'di:t] *m(f)* bandit
Bandmaß *nt* tape measure **Bandnudel** *f* tagliatelle *no pl*
Bandscheibe *f* ANAT [intervertebral] disc; **es an den ~n haben** to have a slipped disc **Bandscheibenvorfall** *m* MED slipped disc
Bandwurm *m* tapeworm
bang <-er *o* bänger, -ste *o* bängste> [baŋ] *adj* scared; *Schweigen* uneasy; **es ist/wird jdm ~ [zumute]** sb is/becomes uneasy
Bange ['baŋə] *f* **jdm ~ machen** to scare sb; **[nur] keine ~!** (*fam*) don't be afraid!; (*keine Sorge*) don't worry!
bangen ['baŋən] *vi* ■**um jdn/etw ~** to worry about sb/sth; **um jds Leben ~** to fear for sb's life
banger, bänger *adj komp von* **bang**
Bangladesch, Bangladesh <-> [baŋla'dɛʃ] *nt* Bangladesh; *s. a.* **Deutschland**
bangste(r, s), bängste(r, s) *adj superl von* **bang**
Bank[1] <-, Bänke> [baŋk, *pl* 'bɛŋkə] *f* bench ▸ WENDUNGEN: **etw auf die lange ~ schieben** (*fam*) to put sth off; **[alle] durch die ~** (*fam*) every single one [of them]
Bank[2] <-, -en> [baŋk] *f* FIN bank; **auf der ~** in the bank; **ein Konto bei einer ~ haben** to have an account with a bank
Bankangestellte(r) *f(m)* bank employee **Bankautomat** *m* [automated] cash dispenser, automated teller machine, ATM **Bankdirektor, -direktorin** *m, f* bank manager
Banker(in) <-s, -> ['bɛŋkɐ] *m(f)* (*fam*) banker
Bankett <-[e]s, -e> [baŋ'kɛt] *nt* banquet
Bankgeheimnis *nt kein pl* [the bank's duty to maintain] confidentiality **Bankgeschäfte** *pl* banking transactions *pl*
Bankier <-s, -s> [baŋ'ki̯e:] *m* banker
Bankkaufmann, -frau *m, f* [qualified] bank clerk **Bankkonto** *nt* bank account **Bankkredit** *m* bank loan **Bankleitzahl** *f* bank sorting code [number] **Banknote** *f* banknote **Bankraub** *m* bank robbery **Bankräuber(in)** *m(f)* bank robber
bankrott [baŋk'rɔt] *adj* bankrupt; **jdn ~ machen** to bankrupt sb
Bankrott <-[e]s, -e> [baŋk'rɔt] *m* bankruptcy
bankrott|gehen *vi irreg sein* to go bankrupt
Bankschließfach *nt* safe-deposit box **Banküberfall** *m* bank raid **Banküberweisung** *f* bank transfer **Bankverbindung** *f* banking arrangements; **wie ist Ihre ~?** what are the particulars of your bank account? **Bankwesen** *nt kein pl* banking
Bann <-[e]s> [ban] *m kein pl* (*geh*) spell; **in jds ~ akk geraten** to come under sb's spell; **jdn in seinen ~ ziehen** to cast one's spell over sb
bannen ['banən] *vt* ① (*geh: faszinieren*) to entrance ② *Gefahr* to avert
Banner <-s, -> ['banɐ] *nt* banner
bar [ba:ɐ̯] *adj* ① FIN cash; **[in] ~ bezahlen** to pay [in] cash ② *attr* (*rein*) pure; *Unsinn* utter
Bar <-, -s> [ba:ɐ̯] *f* bar
Bär <-en, -en> [bɛ:ɐ̯] *m* bear; **stark wie ein ~** (*fam*) strong as an ox; **wie ein ~ schlafen** (*fam*) to sleep like a log ▸ WENDUNGEN: **jdm einen ~en aufbinden** (*fam*) to have [*or* AM put] sb on
Baracke <-, -n> [ba'rakə] *f* shack
Barbar(in) <-en, -en> [bar'ba:ɐ̯] *m(f)* (*pej*) barbarian
Barbarei <-, -en> [barba'rai̯] *f* ① (*Unmenschlichkeit*) barbarity ② *kein pl* (*Kulturlosigkeit*) barbarism
Barbarin <-, -nen> *f fem form von* **Barbar**
barbarisch [bar'ba:rɪʃ] **I.** *adj* ① (*grausam*) barbarous, barbaric; *Folter* brutal; *Strafe* savage ② (*unkultiviert*) barbaric **II.** *adv* ① (*grausam*) barbarously ② (*unkultiviert*) barbaricly
Barbe <-, -n> ['barbə] *f* ZOOL barbel
bärbeißig ['bɛ:ɐ̯bai̯sɪç] *adj* (*fam*) grumpy
Barbier <-s, -e> [bar'bi:ɐ̯] *m* (*veraltet*) barber
Barcode <-s, -s> ['ba:ko:t] *m* INFORM bar code
Bardame *f* barmaid
Bärendienst *m* ▸ WENDUNGEN: **jdm einen ~ erweisen** to do sb a bad turn **Bärendreck** *m* SÜDD, SCHWEIZ liquorice BRIT, licorice AM **Bärenhunger** *m* (*fam*) a massive appetite; **einen ~ haben** to be famished **Bärenkräfte** *pl* the strength of an ox **bärenstark** *adj* ① (*fam: sehr stark*) as strong as an ox *pred* ② (*sl: toll*) cool
Barett <-[e]s, -e *o* -s> [ba'rɛt] *nt* beret; (*von*

B

Geistlichem) biretta; (*von Richter*) cap; (*von Professor*) mortarboard
barfuß ['baːɐ̯fuːs] *adj präd* barefoot[ed]
barg [bark] *imp von* **bergen**
Bargeld *nt* cash
bargeldlos **I.** *adj* cashless **II.** *adv* without using cash
Bargeldumstellung *f* circulation of a new currency; (*auf Euro*) introduction of the Euro in cash form
Barhocker *m* bar stool
Bärin <-, -nen> *f fem form von* **Bär**
Bariton <-s, -e> ['ba(ː)ritɔn] *m* baritone
Barium <-s> ['baːri̯ʊm] *nt kein pl* barium *no pl*
Barkasse <-, -n> [bar'kasə] *f* launch **Barkauf** *m* cash purchase
Barke <-, -n> ['barkə] *f* skiff
Barkeeper(in) <-s, -> ['baːɐ̯kiːpɐ] *m(f)* bartender
Barmann *m* bartender
barmherzig [barm'hɛrtsɪç] *adj* compassionate; ■ ~ **sein** to show compassion; **eine ~e Tat** an act of compassion
Barmherzigkeit <-> *f kein pl* mercy *no pl*
Barmixer(in) <-s, -> *m(f)* bartender
Barock <-[s]> [ba'rɔk] *nt o m kein pl* baroque *no pl*
Barometer <-s, -> [baro'meːtɐ] *nt* barometer; **das ~ fällt/steigt** the barometer is falling/rising
Baron(in) <-s, -e> [ba'roːn] *m(f)* baron *masc*, baroness *fem*
Barren <-s, -> ['barən] *m* ① SPORT parallel bars *pl* ② (*Goldbarren*) bar, ingot
Barriere <-, -n> [ba'ri̯eːrə] *f* (*a. fig*) barrier
Barrikade <-, -n> [bari'kaːdə] *f* barricade ▶ WENDUNGEN: [**für etw**] **auf die ~n gehen** to man the barricades [for sth]
barsch [barʃ] **I.** *adj* curt **II.** *adv* curtly
Barsch <-[e]s, -e> [barʃ] *m* perch
Barscheck *m* FIN open cheque BRIT, cashable check AM
barst [barst] *imp von* **bersten**
Bart <-[e]s, Bärte> [baːɐ̯t, *pl* 'bɛːɐ̯tə] *m* ① (*Vollbart*) beard; **sich** *dat* **einen ~ wachsen lassen** to grow a beard ② (*Schnurrbart*) moustache ③ ZOOL whiskers
bärtig ['bɛːɐ̯tɪç] *adj* bearded
bartlos *adj* beardless
Bartstoppeln *pl* stubble *sing* **Bartwuchs** *m* growth of beard; (*Frau*) facial hair
Barvermögen *nt* cash assets **Barzahlung** *f* payment in cash
Basar <-s, -e> [ba'zaːɐ̯] *m* bazaar
Base <-, -n> ['baːzə] *f* ① (*veraltet: Cousine*) cousin ② SCHWEIZ *s.* **Tante** aunt

Baseball <-s> ['bɛɪsbɔːl] *m kein pl* baseball
Basel <-s> ['baːzl̩] *nt* Basle
Basen *pl von* **Base, Basis**
basieren* [ba'ziːrən] *vi* to be based (**auf** +*dat* on)
Basilika <-, Basiliken> [ba'ziːlika, *pl* ba'ziːlikən] *f* basilica
Basilikum <-s> [ba'ziːlikʊm] *nt kein pl* basil
Basis <-, Basen> ['baːzɪs, *pl* 'baːzn̩] *f* ① (*Grundlage*) basis ② POL (*die Parteimitglieder/die Bürger*) ■ **die ~** the grass roots ③ MIL base
basisch ['baːzɪʃ] **I.** *adj* CHEM basic **II.** *adv* CHEM as a base
Basisdemokratie *f kein pl* grass-roots democracy **Basiswissen** *nt* basic knowledge
Baske, Baskin <-n, -n> ['baskə, 'baskɪn] *m*, *f* Basque; *s. a.* **Deutsche(r)**
Baskenland *nt* ■ **das ~** the Basque region **Baskenmütze** *f* beret
Basketball <-s> ['ba(ː)skətbal] *m kein pl* basketball
Baskin <-, -nen> *f fem form von* **Baske**
baskisch ['baskɪʃ] *adj* Basque; *s. a.* **deutsch**
Bass <-es, Bässe> [bas, *pl* 'bɛsə] *m* bass
Bassgitarre *f* bass guitar
Bassin <-s, -s> [ba'sɛ̃ː] *nt* ① (*Schwimmbecken*) pool ② (*Gartenbassin*) pond
Bassist(in) <-en, -en> [ba'sɪst] *m(f)* ① (*Sänger*) bass [singer] ② (*Spieler eines Bassinstrumentes*) [double] bass player
Bassschlüssel *m* bass clef
Bast <-[e]s, *selten* -e> [bast] *m* ① BOT bast; (*Pflanzenfaser zum Binden*) raffia ② (*Geweih*) velvet
basta ['basta] *interj* [**und damit**] **~!** [and that's] enough!
Bastard <-[e]s, -e> ['bastart] *m* (*fam*) ① (*mieser Kerl*) bastard ② (*pej: uneheliches Kind*) bastard
Bastelbogen *m* (*Spiel*) cardboard cut-out model
basteln ['bastl̩n] **I.** *vi* ① (*als Hobby*) to do handicrafts ② ■ **an etw** *dat* **~** to work on sth **II.** *vt* (*fertigen*) to make; *Gerät* to build
Bastion <-, -en> [bas'ti̯oːn] *f* bastion
Bastler(in) <-s, -> *m(f)* handicraft enthusiast; **ein guter ~ sein** to be good with one's hands
bat [baːt] *imp von* **bitten**
Bataillon <-s, -e> [batal'joːn] *nt* battalion
Batik <-, -en> ['baːtɪk] *f* batik
Batist <-[e]s, -e> [ba'tɪst] *m* batiste
Batterie <-, -n> [batə'riː, *pl* -'riːən] *f* ELEK, MIL battery
Batteriebetrieb *m* battery operation; **auf ~ laufen** to run on batteries **batteriebetrieben** *adj* battery-powered **Batteriehaltung**

<-> *f kein pl* battery farming

Batzen <-s, -> ['batsn̩] *m* ① (*Klumpen*) lump; *Erde* clod ② **ein schöner ~ [Geld]** (*fam*) a pile [of money]

Bau¹ <-[e]s, -ten> [bau̯, *pl* 'bau̯tn̩] *m* ① *kein pl* (*das Bauen*) building *no pl;* **im ~ sein** to be under construction ② (*Gebäude*) building; (*Bauwerk*) construction ③ *kein pl* (*fam: Baustelle*) building site; **auf dem ~ arbeiten** to work on a building site

Bau² <-[e]s, -e> [bau̯] *m* (*Erdhöhle*) burrow; (*Biberbau*) [beaver] lodge; (*Fuchsbau*) earth

Bauabschnitt *m* stage [of construction] **Bauamt** *nt* building control department **Bauarbeiten** *pl* building work *sing;* **wegen ~ gesperrt** closed for repair work **Bauarbeiter(in)** *m(f)* building [*or* AM construction] worker

Bauch <-[e]s, Bäuche> [bau̯x, *pl* 'bɔyçə] *m* stomach, tummy *fam;* (*Fettbauch*) paunch; **einen dicken ~ bekommen** to develop a paunch; **sich** *dat* **den ~ vollschlagen** (*fam*) to stuff oneself ▸WENDUNGEN: **aus dem ~** (*fam*) from the heart; **aus dem hohlen ~ [heraus]** (*fam*) off the top of one's head

Bauchbinde *f* ① MED abdominal bandage ② (*Papierring/-streifen*) band **Bauchentscheidung** *f* (*fam*) gut decision *fam*

Bauchfell *nt* ANAT peritoneum **Bauchfellentzündung** *f* peritonitis

Bauchfleisch *nt* belly **Bauchgefühl** *nt kein pl* (*fam*) gut feeling *fam* **Bauchhöhle** *f* abdominal cavity

bauchig ['bau̯xɪç] *adj* bulbous

Bauchladen *m* vendor's tray **Bauchlandung** *f* (*fam*) belly-landing ▸WENDUNGEN: **eine ~ mit etw** *dat* **machen** to make a flop of sth **Bauchnabel** *m* navel, belly button *fam* **Bauchredner(in)** *m(f)* ventriloquist **Bauchschmerzen** *pl* stomach ache **Bauchspeck** *m* ① (*Fleischstück*) streaky bacon ② (*Fettansatz*) spare tyre **Bauchspeicheldrüse** *f* ANAT pancreas **Bauchtanz** *m* belly-dance **Bauchtänzerin** *f* belly-dancer **Bauchweh** *nt s.* **Bauchschmerzen**

Baudenkmal *nt* architectural monument

bauen ['bau̯ən] **I.** *vt* ① (*errichten, herstellen*) to build ② (*zusammenbauen*) to construct; *Auto, Flugzeug* to build ③ (*fam: verursachen*) **Mist ~** to mess things up; **einen Unfall ~** to cause an accident **II.** *vi* ① (*eigenes Haus*) to build a house ② (*vertrauen*) ■ **auf jdn/etw ~** to rely on sb/sth

Bauer, Bäuerin¹ <-n, -n> ['bau̯ɐ, 'bɔyərɪn] *m, f* ① (*Landwirt*) farmer ② (*pej: ungehobelter Mensch*) yokel ③ (*Schachfigur*) pawn ▸WENDUNGEN: **die dümmsten ~n ernten die größten Kartoffeln** (*prov fam*) fortune favours fools

Bauer² <-s, -> ['bau̯ɐ] *nt o selten m* (*Vogelkäfig*) [bird] cage

Bäuerchen <-s, -> *nt* (*Kindersprache*) burp; **~ machen** to burp

Bäuerin <-, -nen> ['bɔyərɪn] *f* ① *fem form von* **Bauer** ② (*Frau des Bauern*) farmer's wife

bäuerlich **I.** *adj* ① (*ländlich*) rural; **~e Betriebe** farms; **~e Sitten** rustic customs ② (*rustikal*) country **II.** *adv* ① (*agrarisch*) rural ② (*rustikal*) **~ eingerichtet** decorated with rustic charm

Bauernfänger <-s, -> *m* (*pej fam*) con-man **Bauernhaus** *nt* farmhouse **Bauernhof** *m* farm **Bauernregel** *f* country saying **bauernschlau** *adj* crafty **Bauernschläue** *f* native cunning **Bauernverband** *m* farmer's association

baufällig *adj* dilapidated

Baufirma *f* building firm **Baugelände** *nt* construction site **Baugenehmigung** *f* planning consent **Baugerüst** *nt* scaffolding **Baugesellschaft** *f* construction company **Baugewerbe** *nt kein pl* building trade **Baugrube** *f* foundation ditch **Baugrundstück** *nt* plot of land **Bauherr, -herrin** *m, f* client for whom a building is being built **Bauholz** *nt* timber BRIT, lumber AM **Bauingenieur(in)** *m(f)* civil engineer **Baujahr** *nt* ① (*Jahr der Errichtung*) year of construction ② (*Produktionsjahr*) year of manufacture **Baukasten** *m* construction set; (*für Kleinkinder*) box of building blocks **Bauklotz** *m* building block ▸WENDUNGEN: **Bauklötze staunen** (*fam*) to be flabbergasted **Baukonzern** *m* building [*or* construction] company **Bauland** ['bau̯lant] *nt* building land **Baulärm** *m* construction noise **Bauleiter(in)** *m(f)* [building] site manager, BRIT *a.* clerk of [the] works

baulich **I.** *adj* structural; **sich in einem guten/schlechten ~en Zustand befinden** to be structurally sound/unsound **II.** *adv* structurally

Baum <-[e]s, Bäume> [bau̯m, *pl* 'bɔymə] *m* tree ▸WENDUNGEN: **jd könnte Bäume ausreißen** (*fam*) sb is full of energy

Baumarkt *m* DIY superstore, building supplies store AM **Baumaterial** *nt* building material

Baumbestand *m* [stock of] trees

Baumeister(in) *m(f)* ① (*Techniker im Bauwesen*) master builder ② (*geh: Erbauer*)

B

builder, architect
baumeln ['baumḷn] *vi* to dangle (**an** +*dat* from)
Baumgrenze *f* tree line **Baumkrone** *f* treetop **Baumnuss** *f* SCHWEIZ walnut **Baumrinde** *f* [tree] bark **Baumschule** *f* tree nursery **Baumstamm** *m* tree trunk **Baumsterben** *nt* dying[-off] of trees **Baumstruktur** *f* INFORM tree structure **Baumstumpf** *m* tree stump **Baumwipfel** *m* treetop **Baumwolle** *f* cotton **Baumzucht** *f* arboriculture *spec*
Bauordnung *f* building regulations *pl* **Bauplan** *m* building plans *pl* **Bauplanung** *f* [construction] project planning **Bauplatz** *m* site **Bauruine** *f* (*fam*) unfinished building which has been abandoned
Bausch <-es, Bäusche *o* -e> [bauʃ, *pl* 'bɔyʃə] *m* ① *Watte* ball ② (*von Stoff*) puff; (*von Vorhang*) pleat ▶WENDUNGEN: **in ~ und Bogen** lock, stock and barrel
bauschig *adj* full; *Hose* baggy
Bauschutt *m* building rubble **bausparen** *vi nur infin* to save with a building society [*or* AM a savings and loan association] **Bausparkasse** *f* building society BRIT, savings and loan association AM **Bausparvertrag** *m* savings contract with a building society [*or* AM a savings and loan association] **Baustein** *m* ① (*Material zum Bauen*) building stone ② (*Bestandteil*) element ③ INFORM chip **Baustelle** *f* building site; (*auf Straßen*) roadworks BRIT *npl*, [road] construction site AM **Baustil** *m* architectural style **Baustoff** *m* building material **Bausubstanz** *f* fabric; **historische ~** historic building stock **Bauteil** *nt einer Maschine* component; **fertiges ~** prefabricated element
Bauten *pl von* **Bau**[1]
Bauunternehmen *nt* builder, building contractor **Bauunternehmer(in)** *m(f)* builder **Bauvorhaben** *nt* construction project **Bauweise** *f* ① (*Art des Bauens*) method of building ② (*Baustil*) style **Bauwerk** *nt* (*Gebäude*) building; (*Brücke etc.*) construction
Bauxit <-s, -e> [bau'ksi:t] *m* bauxite
Bayer(in) <-n, -n> ['baiɐ] *m(f)* Bavarian; *s. a.* **Deutsche(r)**
bayerisch ['baiərɪʃ] *adj* Bavarian; *s. a.* **deutsch**
Bayern <-s> ['baiɐn] *nt* Bavaria; *s. a.* **Deutschland**
bayrisch ['bairɪʃ] *adj s.* **bayerisch**
Bazillus <-, Bazillen> [ba'tsɪlʊs, *pl* ba'tsɪlən] *m* MED bacillus
Bd. *Abk von* **Band** vol.
beabsichtigen* [bə'ʔapzɪçtɪgṇ] *vt* to intend; **das hatte ich nicht beabsichtigt!** I didn't mean to do that!
beachten* [bə'ʔaxtṇ] *vt* ① (*befolgen*) to observe; *Anweisung, Rat* to follow; **die Vorfahrt ~** to yield [right of way], BRIT *a.* to give way ② (*Aufmerksamkeit schenken*) to pay attention, to take notice ③ (*berücksichtigen*) to take account of
beachtenswert *adj* remarkable
beachtlich *adj* considerable; *Erfolg, Leistung* notable; *Verbesserung* marked
Beachtung *f* ① (*Befolgung*) observance; **die strikte ~ der Vorschriften** compliance with [the] regulations ② (*Aufmerksamkeit*) **~ finden** to receive attention; **keine ~ finden** to be ignored; **jdm/etw ~ schenken** to pay attention to sb/sth
Beamte(r) [bə'ʔamtə, bə'ʔamtɐ] *f(m) dekl wie adj,* **Beamtin** <-, -nen> [bə'ʔamtɪn] *f* public official, civil servant
Beamtenbeleidigung *f* insulting an official **Beamtenlaufbahn** *f* civil service career
Beamtentum <-[e]s> *nt kein pl* civil service
Beamtenverhältnis *nt* status as a civil servant
beamtet [bə'ʔamtət] *adj* appointed on a permanent basis
beängstigen* *vt* (*geh*) to alarm
beängstigend I. *adj* alarming **II.** *adv* alarmingly
beanspruchen* [bə'ʔanʃprʊxṇ] *vt* ① (*fordern*) to claim ② (*brauchen*) to require; *Zeit, Platz* to take up ③ (*Anforderungen stellen*) ■**jdn ~** to make demands on sb; **ich will Sie nicht länger ~** I don't want to take up any more of your time; ■**etw ~** to demand sth; **jds Zeit ~** to make demands on sb's time; **jds Geduld ~** to try sb's patience ④ (*belasten*) to put under stress
Beanspruchung <-, -en> *f* ① (*das Fordern*) claim (+*gen* to) ② (*Inanspruchnahme*) demands *pl* (+*gen* on) ③ (*Belastung*) use; **berufliche/physische/psychologische ~** job-related/physical/psychological stress; **übermäßige ~ einer Maschine** subjecting a machine to excessive load
beanstanden* [bə'ʔanʃtandṇ] *vt* ■**etw ~** to complain about sth; **er findet an allem etwas zu ~** he always finds something to complain about; **das ist beanstandet worden** there have been complaints about that
Beanstandung <-, -en> *f* complaint
beantragen* *vt* to apply for; POL to propose
beantworten* *vt* ① (*Antwort geben*) to an-

swer; **schwer zu ~** difficult to answer ② (*reagieren*) ■**etw mit etw** *dat* ~ to respond to sth with sth

Beantwortung <-, -en> *f* answer

bearbeiten* *vt* ① (*behandeln*) to work on; **Holz ~** to work wood ② (*sich befassen mit*) to deal with ③ (*redigieren*) to revise ④ (*fam: auf jdn einwirken*) ■**jdn ~** to work on sb; **wir haben ihn so lange bearbeitet, bis er zusagte** we worked on him until he agreed ⑤ *Feld* to cultivate ⑥ (*adaptieren*) to arrange (**für** +*akk* for); **ein Musikstück ~** to arrange a piece of music

Bearbeiter(in) *m(f)* ① (*Sachbearbeiter*) person [responsible for] dealing with sth ② (*bearbeitender Autor*) editor ③ MUS (*adaptierender Komponist*) arranger

Bearbeitung <-, -en> *f* ① (*das Behandeln*) working [on] ② (*das Bearbeiten*) handling; **die ~ eines Falles** to handle a case; **die ~ eines Antrags** to deal with an application ③ (*das Redigieren*) editing; **das ist eine neue ~ des Buchs** that's a new edition of the book ④ (*adaptierte Fassung*) adaptation

Bearbeitungsgebühr *f* administrative charge

beargwöhnen* *vt* to regard with suspicion

Beat <-[s]> [biːt] *m kein pl* beat [music]

beatmen* *vt* to give artificial respiration to

beaufsichtigen* [bəˈʔaufzɪçtɪgn̩] *vt* to supervise; *Kinder* to mind [*or* AM look after]; (*bei Prüfung*) to invigilate, to proctor AM

beauftragen* *vt Architekt, Künstler* to commission; *Firma* to hire, BRIT *a.* to engage; ■**jdn mit etw** *dat* ~ to give sb the task of doing sth; ■**jdn ~, etw zu tun** to ask sb to do sth

Beauftragte(r) *f(m) dekl wie adj* representative

beäugen* *vt* (*fam*) to eye up

bebauen* *vt* ① *Baugrundstück* to build on; **dicht bebaut sein** to be heavily built-up ② *Acker, Feld* to cultivate

Bebauung <-, -en> *f* ① (*das Bebauen*) development; **der Konzern plant die ~ des Grundstückes** the firm plans to develop this site ② (*Bauten*) buildings ③ (*das Bestellen*) cultivation

beben [ˈbeːbn̩] *vi* to tremble; **vor Zorn ~** to quiver with anger

Beben <-s, -> [ˈbeːbn̩] *nt* (*Erdbeben*) earthquake

bebildern* [bəˈbɪldɐn] *vt* to illustrate

Becher <-s, -> [ˈbɛçɐ] *m* ① (*Trinkgefäß*) glass; (*aus Plastik*) beaker; (*für Tee/Kaffee*) mug ② (*Verpackung*) carton; **ein ~ Eis** a carton of ice-cream ③ SCHWEIZ (*Bierglas*) mug

bechern [ˈbɛçɐn] *vi* (*hum fam*) to booze [away]

becircen* *vt s.* **bezirzen**

Becken <-s, -> [ˈbɛkn̩] *nt* ① (*Bassin*) basin; (*Spülbecken*) sink; (*von Toilette*) bowl, BRIT *a.* pan; (*Schwimmbecken*) pool ② ANAT pelvis ③ MUS cymbals *pl*

bedacht [bəˈdaxt] **I.** *pp von* **bedenken** **II.** *adj* ① (*überlegt*) cautious ② ■**auf etw** *akk* **~sein** to be concerned about sth **III.** *adv* carefully

bedächtig [bəˈdɛçtɪç] **I.** *adj* ① (*ohne Hast*) deliberate ② (*besonnen*) thoughtful **II.** *adv* ① (*ohne Hast*) deliberately; **~ sprechen** to speak in measured tones ② (*besonnen*) carefully

bedanken* *vr* ■**sich** *akk* ~ to express thanks; ■**sich** *akk* **bei jdm ~** to thank sb (**für** +*akk* for); **ich bedanke mich!** thank you!

Bedarf <-[e]s> [bəˈdarf] *m kein pl* need (**an** +*dat* for); **der tägliche ~ an Vitaminen** the daily requirement of vitamins; **Dinge des täglichen ~s** everyday necessities; **keinen ~ an etw** *dat* **haben** to have no need for sth; **bei ~** if required; **[je] nach ~** as required

Bedarfsfall *m* **im ~** if necessary

bedauerlich *adj* regrettable; **sehr ~!** how unfortunate!; ■**~ sein, dass ...** to be unfortunate that ...

bedauerlicherweise *adv* unfortunately

bedauern* *vt* ① (*schade finden*) to regret ② (*bemitleiden*) to feel sorry [for]; **er ist zu ~** he is to be pitied

Bedauern <-s> *nt kein pl* regret; **zu jds [größtem] ~** to sb's [great] regret

bedauernd **I.** *adj* sympathetic **II.** *adv* sympathetically

bedauernswert *adj*, **bedauernswürdig** *adj* (*geh*) pitiful; **ein ~er Zwischenfall** an unfortunate incident

bedecken* **I.** *vt* to cover **II.** *vr* ■**sich** *akk* ~ *Himmel* to cloud over

bedeckt *adj präd* (*bewölkt*) overcast ▶ WENDUNGEN: **sich** *akk* **~halten** to keep a low profile

Bedeckung *f* ① (*das Bedecken*) covering ② MIL (*Schutz*) escort ③ (*das Bedeckende*) covering

bedenken* *irreg vt* to consider; **[jdm] etw zu ~ geben** to ask [sb] to consider sth; **[jdm] zu ~ geben, dass ...** to ask [sb] to keep in mind that ...

Bedenken <-s, -> *nt meist pl* doubt;

~ **haben** to have doubts; **moralische ~** moral scruples; **jdm kommen ~** sb has second thoughts; **ohne ~** without hesitation

bedenkenlos *adv* ① (*ohne Überlegung/Zögern*) without hesitation ② (*rücksichtslos*) unscrupulously

bedenkenswert *adj* worthy of consideration

bedenklich *adj* ① (*fragwürdig*) questionable ② (*Besorgnis erregend*) disturbing; *Gesundheitszustand* serious; **jdn ~ stimmen** to give sb cause for concern

Bedenkzeit *f* time to think about sth

bedeuten* *vt* ① (*bezeichnen, meinen*) to signify; **was bedeutet dieses Symbol?** what does this symbol signify?; **das hat nichts zu ~** that doesn't mean anything ② (*wichtig sein*) [**jdm**] **etw ~** to mean something [to sb]; **du bedeutest mir sehr viel** you mean a lot to me

bedeutend **I.** *adj* ① (*wichtig*) important; *Person* eminent; *Politiker* leading; **eine ~e Rolle spielen** to play a significant role ② (*beachtlich*) considerable **II.** *adv* considerably

bedeutsam *adj* ① (*wichtig*) important; *Entscheidung, Verbesserung* significant ② (*vielsagend*) meaningful

Bedeutung <-, -en> *f* ① (*Sinn*) meaning, significance; **in wörtlicher/übertragener ~** in the literal/figurative sense ② (*Wichtigkeit*) importance; [**für jdn/etw**] **von ~ sein** to be of importance [for sb/sth]; **etw** *dat* **~ beimessen** to attach importance to sth; **nichts von ~** nothing important

bedeutungslos *adj* ① (*ohne große Wirkung*) insignificant ② (*nichts besagend*) meaningless

Bedeutungslosigkeit <-> *f kein pl* insignificance *no pl*

bedeutungsvoll *adj s.* **bedeutsam** **Bedeutungswandel** *m* change in meaning

bedienen* **I.** *vt* ① *Kunde, Gast* to serve ② *Maschine* to operate ▶ WENDUNGEN: **mit etw** *dat* **gut/schlecht bedient sein** to be well-/ill-served by sth; **bedient sein** (*fam*) to have had enough **II.** *vi* to serve; **wird hier nicht bedient?** is there no-one serving here? **III.** *vr* ① (*sich Essen nehmen*) ■ **sich** *akk* [**mit etw** *akk*] **~** to help oneself [to sth]; **~ Sie sich!** help yourself! ② (*geh: gebrauchen*) ■ **sich einer S.** *gen* **~** to make use of sth

bedienerfreundlich *adj* user-friendly

Bedienerin <-, -nen> *f fem form von* **Bediener** waitress

Bedienstete(r) *f(m) dekl wie adj* employee

Bedienung <-, -en> *f* ① (*Kellner*) waiter *masc*, waitress *fem* ② *kein pl* (*Handhabung*) operation ③ *kein pl* (*das Bedienen*) service; **~ inbegriffen** service included

Bedienungsanleitung *f* operating instructions *pl* **Bedienungsfehler** *m* operator['s] error

bedingen* [bəˈdɪŋən] *vt* ① (*verursachen*) to cause; ■ **durch etw** *akk* **bedingt sein** to be a result of sth ② (*verlangen*) to require

bedingt **I.** *adj* ① (*eingeschränkt*) qualified ② JUR conditional **II.** *adv* ① (*eingeschränkt*) to some extent; **~ gültig** of limited validity ② JUR SCHWEIZ, ÖSTERR (*mit Bewährungsfrist*) conditionally

Bedingung <-, -en> *f* ① (*Voraussetzung*) condition; **unter der ~, dass ...** on condition that ... ② (*Forderung*) [**jdm**] **eine ~ stellen** to set a condition [on sb] ③ *pl* (*Umstände*) conditions

bedingungslos **I.** *adj* unconditional; *Gehorsam, Treue* unquestioning **II.** *adv* unconditionally; *gehorchen* unquestioningly

bedrängen* *vt* to pester (**mit** +*dat* with); ■ **jdn ~, etw zu tun** to pressure sb into doing sth

Bedrängnis <-ses, -se> [bəˈdrɛŋnɪs] *f* (*geh*) difficulties *pl;* **in finanzieller ~ sein** to be in financial difficulties; **jdn in ~ bringen** to get sb into trouble

bedrohen* *vt* ① (*drohen*) to threaten (**mit** +*dat* with) ② (*gefährden*) to endanger

bedrohlich **I.** *adj* threatening **II.** *adv* alarmingly

Bedrohung *f* threat

bedrucken* *vt* to print on

bedrücken* *vt* to depress; **was bedrückt dich?** what's troubling you?

bedrückend *adj* depressing; *Stimmung* oppressive

bedrückt *adj* depressed; **~es Schweigen** oppressive silence

Beduine, **Beduinin** <-n, -n> [beduˈiːnə, beduˈiːnɪn] *m, f* Bed[o]uin

bedürfen <bedurfte, bedurft> *vi* (*geh*) ■ **einer S.** *gen* **~** to require sth; **es bedarf keiner weiteren Erklärung** no further explanation is necessary

Bedürfnis <-ses, -se> [bəˈdʏrfnɪs] *nt* need; **die ~se des täglichen Lebens** everyday needs; **das ~ haben, etw zu tun** to feel the need to do sth; **es ist jdm ein ~, etw zu tun** it is sb's need to do sth ▶ WENDUNGEN: **ein dringendes ~** (*euph*) a call of nature *usu hum*

Bedürfnisanstalt *f* **öffentliche ~** (*geh o veraltend*) public convenience *esp* BRIT *form* [*or* AM restroom]

bedürftig *adj* needy *attr,* in need *pred;* ■**die B~en** the needy + *pl vb*

Bedürftigkeit <-> *f kein pl* need, neediness *no pl*

Beefsteak <-s, -s> ['bi:fste:k, -ʃte:k] *nt bes* NORDD steak; **deutsches ~** beefburger

beehren* *vt* (*geh*) to honour (**mit** +*dat* with)

beeiden* [bə'ʔaidn̩], **beeidigen** [bə'ʔaidɪgn̩] *vt* ■**etw ~** to swear to sth

beeilen* *vr* ■**sich** *akk* ~ to hurry [up]; ■**sich** *akk* **~, etw zu tun** to hurry to do sth

beeindrucken* [bə'ʔaindrʊkn̩] *vt* to impress; **sich** *akk* [**von etw** *dat*] **nicht ~ lassen** to not be impressed [by sth]

beeindruckend *adj* impressive

beeinflussbar *adj* easily influenced *pred*

beeinflussen* [bə'ʔainflʊsn̩] *vt* to influence

Beeinflussung <-, -en> *f* influence

beeinträchtigen* [bə'ʔaintrɛçtɪgn̩] *vt* to disturb; *Reaktionsvermögen, Leistungsfähigkeit* to impair; *Verhältnis* to damage; **jdn in seiner Freiheit ~** to restrict sb's freedom

Beeinträchtigung <-, -en> *f Freiheit* restriction; *Genuss* detracting (+*gen* from); *Kreativität* curbing; *Qualität* reduction (+*gen* in); *Reaktionsvermögen* impairing; *Verhältnis* damaging

beenden* *vt* to end

Beendigung <-> *f kein pl* ending

Beendung <-> *f kein pl* completion

beengen* *vt* to restrict; (*fig*) to stifle; **etw als ~d empfinden** to find sth confining; **kleine Zimmer ~ mich irgendwie** small rooms somehow make me feel confined; **~de Kleidung** tight clothing; ■**jdn ~** to make sb feel confined

beerben* *vt* to be heir to

beerdigen* [bə'ʔe:ɐ̯dɪgn̩] *vt* to bury

Beerdigung <-, -en> *f* funeral

Beerdigungsfeier *f* funeral service **Beerdigungsinstitut** *nt* funeral parlour, undertaker's

Beere <-, -n> ['be:rə] *f* berry

Beerenauslese *f wine whose characteristic richness derives from noble rot induced by the use of overripe grapes*

Beet <-[e]s, -e> [be:t] *nt* bed; (*Blumenbeet*) flowerbed; (*Gemüsebeet*) vegetable patch

Beete <-, -n> ['be:tə] *f s.* **Bete**

befähigen* [bə'fɛ:ɪgn̩] *vt* ■**jdn dazu ~, etw zu tun** to enable sb to do sth

befähigt [bə'fɛ:ɪçt] *adj* qualified; ■**für etw ~ sein** to be competent at sth

Befähigung <-> *f kein pl* qualification[s]

befahl [bə'fa:l] *imp von* **befehlen**

befahrbar *adj* passable; NAUT navigable; **nicht ~** impassable; NAUT unnavigable

befahren* **I.** *vt irreg Straße, Weg* to drive along; **diese Straße darf nur in einer Richtung ~ werden** this road is only open in one direction; **eine Strecke ~** to use a route **II.** *adj Straße* used; **kaum/stark ~ sein** to be little/much used; **eine viel ~e Kreuzung** a busy junction

Befall <-[e]s> *m kein pl* HORT infestation

befallen* *vt irreg* ① MED to infect; **von etw** *dat* **~ werden** to be infected by sth ② HORT to infest ③ (*geh*) ■**jdn ~** to overcome sb; **von Müdigkeit ~ werden** to feel tired

befangen [bə'faŋən] *adj* ① (*gehemmt*) inhibited ② (*voreingenommen*) biased, BRIT *a.* biassed; **jdn als ~ ablehnen** to challenge [*or* AM *a.* disqualify] sb on grounds of bias

Befangenheit <-> *f kein pl* ① (*Gehemmtheit*) inhibition ② (*Voreingenommenheit*) bias

befassen* *vr* ■**sich** *akk* **mit etw** *dat* **~** to concern oneself with sth; *mit einer Angelegenheit* to look into; *mit einem Problem* to tackle; ■**sich** *akk* **mit jdm ~** to spend time with sb

Befehl <-[e]s, -e> [bə'fe:l] *m* ① (*Anweisung*) order; **einen ~ ausführen** to carry out an order; **jdm den ~ geben, etw zu tun** to order sb to do sth ② INFORM command

befehlen <befiehlt, befahl, befohlen> [bə'fe:lən] *vt* to order; **von dir lasse ich mir nichts ~!** I won't take orders from you!

befehligen* [bə'fe:lɪgn̩] *vt* MIL to command

Befehlsempfänger(in) *m(f)* one who takes an order **Befehlsform** *f* LING imperative **befehlsgemäß** *adj, adv* as ordered *pred* **Befehlsgewalt** *f* MIL command; **jds ~ unterstehen** to be under sb's command

Befehlshaber(in) <-s, -> [bə'fe:lsha:bɐ] *m(f)* MIL commander

Befehlsverweigerung *f* MIL refusal to obey orders **Befehlszeile** *f* INFORM command line

befeinden* [bə'faindn̩] *vt* (*geh*) to attack; *Land* to be hostile towards

befestigen* *vt* ① (*anbringen*) to fasten (**an** +*dat* to); *Boot* to tie up ② BAU *Fahrbahn, Straße* to make up [*or* pave]; *Böschung* to stabilize; *Damm, Deich* to reinforce

Befestigung <-, *selten* -en> *f* ① (*das*

B

Anbringen) fixing ② BAU stabilizing, making up BRIT, paving ③ (*zu Verteidigungszwecken*) reinforcement ④ MIL fortification

befeuchten* *vt* to moisten

befiehlt [bəˈfiːlt] *pp von* **befehlen**

befinden* *irreg* **I.** *vr* ■ **sich** *akk* **irgendwo ~** to be somewhere; **unter den Geiseln ~ sich zwei Deutsche** there are two Germans amongst the hostages **II.** *vi* ■ **über etw** *akk* **~** to decide [on] sth

befindlich [bəˈfɪntlɪç] *adj meist attr* (*geh*) ① (*sich an einer Stelle befindend*) situated ② (*sich in einem Zustand befindend*) **das im Umlauf ~e Geld** the money in circulation; **die im Bau ~en Häuser** those houses currently being built

Befindlichkeit *f* mental state

befingern* *vt* (*fam*) to finger

beflaggen* *vt* to [be]deck with flags; *Schiff* to dress

beflecken* *vt* ① (*schmutzig machen*) to stain (**mit** *+dat* with); **etw mit Farbe ~** to get paint [stains] on sth ② **jds Ehre ~** to slur sb's honour

befleißigen* [bəˈflaisɪgn̩] *vr* (*geh*) ■ **sich einer S.** *gen* **~** to strive for sth

beflissen [bəˈflɪsn̩] **I.** *adj* keen **II.** *adv* keenly

Beflissenheit <-> *f kein pl* keenness *no pl*

beflügeln* *vt* (*geh*) to inspire; **Hoffnung beflügelte seine Schritte** hope spurred him on; **die Fantasie ~** to fire the imagination

befohlen [bəˈfoːlən] *pp von* **befehlen**

befolgen* *vt Rat* to follow; *Vorschrift, Befehl* to obey

befördern* *vt* ① (*transportieren*) to transport ② (*beruflich*) to promote (**zu** *+dat* to)

Beförderung *f* ① (*Transport*) transport[ation] ② (*beruflich*) promotion (**zu** *+dat* to)

Beförderungsmittel *nt* means of transport

befrachten* *vt* ① (*beladen*) to load ② (*fig geh*) to overload

befragen* *vt* to question (**zu** *+dat* about); **jdn nach seiner Meinung ~** to ask sb for his/her opinion

Befragte(r) *f(m) dekl wie adj* person questioned; **die Befragten** those questioned

Befragung <-, -en> *f* ① (*das Befragen*) questioning ② (*Umfrage*) survey, [opinion] poll

befreien* **I.** *vt* ① *Gefangene* to free (**aus** *+dat* from) ② *Volk, Land* to liberate (**von** *+dat* from) ③ (*freistellen*) to excuse (**von** *+dat* from); **jdn vom Wehrdienst ~** to exempt sb from military service ④ (*Störendes entfernen*) to clear (**von** *+dat* of); **seine Schuhe vom Dreck ~** to remove the dirt from one's shoes ⑤ (*von Schmerzen, Sorgen*) to free (**von** *+dat* from) **II.** *vr* ① (*freikommen*) ■ **sich** *akk* **~** *Gefangene* to escape (**aus** *+dat* from) ② (*etw überwinden*) ■ **sich** *akk* **von etw** *dat* **~** to rid oneself of sth; **sich** *akk* **von Vorurteilen ~** to rid oneself of prejudice

Befreier(in) <-s, -> *m(f)* liberator

Befreiung <-, -en> *f pl selten* ① *von Gefangenen* release ② *eines Volkes, Landes* liberation ③ (*Freistellung*) exemption (**von** *+dat* from)

Befreiungsbewegung *f* liberation movement **Befreiungsfront** *f* liberation front **Befreiungskampf** *m* struggle for freedom **Befreiungsorganisation** *f* liberation organization

befremden* **I.** *vt* to disconcert **II.** *vi* to be disconcerting

Befremden <-s> *nt kein pl* disconcertment

befremdend, befremdlich [bəˈfrɛmtlɪç] *adj* (*geh*) disconcerting

befreunden* [bəˈfrɔyndn̩] *vr* ■ **sich** *akk* **mit jdm ~** to make friends with sb; **mit jdm befreundet sein** to be friends with sb

befreundet *adj* ① (*freundlich gesinnt*) friendly; **das ~e Ausland** friendly [foreign] countries *pl* ② (*Freunde sein*) **mit jdm ~ sein** to be friends with sb

befrieden* [bəˈfriːdn̩] *vt* **ein Land ~** to bring peace to a country

befriedigen* [bəˈfriːdɪgn̩] **I.** *vt* to satisfy; *Ansprüche, Wünsche* to fulfil; **leicht/schwer zu ~ sein** to be easily/not easily satisfied **II.** *vi* (*zufriedenstellend sein*) to be satisfactory **III.** *vr* ■ **sich** *akk* **[selbst] ~** to masturbate

befriedigend *adj* satisfactory; ■ **~ sein** to be satisfying

Befriedigung <-> *f kein pl* satisfaction

befristen* *vt* to limit (**auf** *+akk* to)

befristet *adj* restricted; ÖKON, JUR *a.* fixed-term; *Stelle, Tätigkeit* fixed-term; *Vertrag* of limited duration; *Visum* temporary; **eine ~e Aufenthaltsgenehmigung** *a residence permit valid for a restricted period of time;* ■ **auf etw** *akk* **~ sein** to be valid for sth; ÖKON, JUR to be limited [to sth]

Befristung <-, -en> *f* restriction; (*Zeitbegrenzung*) time limit

befruchten* *vt* ① BIOL to fertilize; *Blüte* to pollinate; **künstlich ~** to inseminate artificially ② (*fig: anregen*) to stimulate

Befruchtung <-, -en> *f* fertilization; *Blüte* pollination; **künstliche ~** *Mensch* in vitro fertilization, IVF; *Tier* artificial insemination, AI

Befruchtungsklinik *f* MED fertility clinic

Befugnis <-ses, -se> [bəˈfuːknɪs] *f* authorization *no pl;* **zu etw** *dat* **keine ~ haben** to not be authorized to do sth

befugt [bəˈfuːkt] *adj* authorized; ▪**zu etw** *dat* **~ sein** to be authorized to do sth

befühlen* *vt* to feel

Befund <-[e]s, -e> *m* MED result[s *pl*]; **ohne ~** negative

befunden [bəˈfʊndn̩] *pp von* **befinden**

befürchten* *vt* to fear; ▪**~, dass ...** to be afraid that ...; **nichts zu ~ haben** to have nothing to fear

Befürchtung <-, -en> *f meist pl* fear; **die ~ haben, dass ...** to fear that ...

befürworten* [bəˈfyːɐ̯vɔrtn̩] *vt* to be in favour of

Befürworter(in) <-s, -> *m(f)* supporter

begabt [bəˈgaːpt] *adj* gifted; ▪**für etw** *akk* **~ sein** to have a gift for sth; **künstlerisch sehr ~ sein** to be very artistic

Begabung <-, -en> *f* gift; **eine [besondere] ~ für etw** *akk* **haben** to have a [special] gift for sth

begangen *pp von* **begehen**

begann [bəˈgan] *imp von* **beginnen**

begatten* *vt* ZOOL ▪**ein Weibchen ~** to mate with a female

begeben* *vr irreg* (*geh*) ① (*gehen*) ▪**sich** *akk* **irgendwohin ~** to proceed somewhere; **sich** *akk* **nach Hause ~** to set off home; **sich** *akk* **zur Ruhe ~** to retire ② (*beginnen*) ▪**sich** *akk* **an etw ~** to commence sth; **sich** *akk* **an die Arbeit ~** to commence work ③ **sich** *akk* **in Gefahr ~** to expose oneself to danger ④ **sich** *akk* **in ärztliche Behandlung ~** to undergo medical treatment

Begebenheit <-, -en> *f* (*geh*) event

begegnen* [bəˈgeːgnən] *vi sein* ① (*treffen*) ▪**jdm ~** to meet sb; ▪**sich** *dat* **~** to meet ② (*antreffen*) ▪**etw ~** to encounter sth ③ (*entgegentreten*) *Person* to treat; *Sache* to face; *Vorschlag a.* to respond to

Begegnung <-, -en> *f* meeting; SPORT encounter

Begegnungsstätte *f* meeting place

begehbar *adj* passable on foot; **~er Kleiderschrank** walk-in wardrobe

begehen* *vt irreg* ① (*verüben*) to commit; *Fehler* to make; **eine Dummheit ~** to do something foolish ② (*betreten*) to walk across/along/into ③ *Feiertag, Jubiläum* to celebrate

begehren* [bəˈgeːɐ̯n] *vt* (*geh*) ▪**jdn ~** to desire sb; **alles, was das Herz begehrt** everything the heart could wish for

begehrenswert *adj* desirable

begehrlich *adj* (*geh*) longing

begehrt *adj* ① (*sehr umworben*) [much] sought-after; *Frau, Mann* desirable; *Junggeselle* eligible; *Preis* [much-]coveted ② (*beliebt, gefragt*) popular

begeistern* **I.** *vt* to fill with enthusiasm (**für** +*akk* for) **II.** *vr* ▪**sich** *akk* **für jdn/etw ~** to be enthusiastic about sb/sth

begeistert **I.** *adj* enthusiastic; ▪**[von etw** *dat*] **~ sein** to be thrilled [by sth] **II.** *adv* enthusiastically

Begeisterung <-> *f kein pl* enthusiasm (**für** +*akk* for)

begeisterungsfähig *adj* able to get enthusiastic *pred; Publikum* appreciative **Begeisterungssturm** *m* storm of enthusiasm

Begierde <-, -n> [bəˈgiːɐ̯də] *f* desire (**nach** +*dat* for)

begierig **I.** *adj* ① (*gespannt*) eager (**auf** +*akk* for) ② (*verlangend*) longing; (*sexuell*) lascivious **II.** *adv* ① (*gespannt*) eagerly ② (*verlangend*) longingly; (*sexuell*) lasciviously

begießen* *vt irreg* (*fam: feiern*) to celebrate [with a drink]; **das muss begossen werden!** that calls for a drink!

Beginn <-[e]s> [bəˈgɪn] *m kein pl* beginning, start; **zu ~** at the beginning

beginnen <begann, begonnen> [bəˈgɪnən] *vi, vt* ① (*anfangen*) to begin (**mit** +*dat* with) ② (*eine Arbeit aufnehmen*) ▪**als etw ~** to start out as sth

beginnend *adj attr* beginning; **im ~en 20. Jahrhundert** in the early 20th century

beglaubigen* [bəˈglaʊ̯bɪgn̩] *vt* to authenticate; **eine beglaubigte Kopie** a certified [*or* AM *a.* an exemplified] copy

Beglaubigung <-, -en> *f* certification

begleichen* *vt irreg Schulden* to pay; *Rechnung* to settle

Begleitbrief *m* covering [*or* AM cover] letter

begleiten* *vt* (*a. fig*) to accompany; **jdn zur Tür ~** to take sb to the door

Begleiter(in) <-s, -> *m(f)* companion

Begleiterscheinung *f* concomitant *form;* MED [accompanying] symptom **Begleitinstrument** *nt* accompanying instrument **Begleitmusik** *f* ① (*Hintergrundmusik*) [musical] accompaniment, background music; (*im Film*) incidental music ② (*sl: begleitende Aktionen*) incidentals *pl* **Begleitperson** *f* escort **Begleitschreiben** *nt* covering [*or* AM cover] letter [*or* BRIT *a.* note] **Begleitumstände** *pl* attendant circumstances *pl*

Begleitung <-, -en> *f* ① (*das Begleiten*)

B

company; **kommst du allein oder in ~?** are you coming on your own or with someone?; **in** [**jds** *gen*] ~ accompanied by sb; **ohne** ~ unaccompanied ❷ (*Begleiter*[*in*]) companion ❸ MUS accompaniment; **ohne ~ spielen** to play unaccompanied

beglücken* *vt* (*geh*) ❶ (*glücklich stimmen*) to make happy ❷ (*hum: sexuell befriedigen*) to bestow favours on *hum fam*

beglückt **I.** *adj* happy **II.** *adv* happily

beglückwünschen* *vt* to congratulate (**zu** +*dat* on)

begnadet [bəˈgnaːdət] *adj* (*geh*) gifted

begnadigen* [bəˈgnaːdɪgn̩] *vt* to pardon; (*bei Todesurteil*) to reprieve

Begnadigung <-, -en> *f* reprieve; **um ~ bitten** to petition for a pardon

Begnadigungsgesuch *nt* JUR plea for [a] reprieve

begnügen* [bəˈgnyːgn̩] *vr* ■**sich** *akk* **mit etw** *dat* ~ to content oneself with sth

Begonie <-, -n> [beˈgoːni̯ə] *f* begonia

begonnen [bəˈgɔnən] *pp von* **beginnen**

begossen [bəˈgɔsn̩] *pp von* **begießen**

begraben* *vt irreg* ❶ (*beerdigen*) to bury ❷ (*aufgeben*) *Hoffnung, Plan* to abandon; **die Sache ist ~ und vergessen** the matter is dead and buried; **einen Streit ~** to bury the hatchet

Begräbnis <-ses, -se> [bəˈgrɛpnɪs] *nt* burial

begradigen* [bəˈgraːdɪgn̩] *vt* BAU to straighten [out]

begreifbar *adj* comprehensible; **leicht/schwer** ~ easy/difficult to understand

begreifen* *irreg* **I.** *vt* ❶ (*verstehen*) to understand; (*erfassen*) to comprehend; ■**~, dass ...** to realize that ...; **kaum zu ~ sein** to be incomprehensible ❷ (*für etw halten*) to regard **II.** *vi* **langsam/schnell ~** to be slow/quick on the uptake **III.** *vr* ■**sich** *akk* **als etw ~** to consider oneself to be sth

begreiflich *adj* understandable; **jdm etw ~ machen** to make sth clear to sb

begreiflicherweise *adv* understandably

begrenzen* *vt* ❶ (*räumlich*) to mark the border of ❷ (*beschränken*) to limit (**auf** +*akk* to); **die Geschwindigkeit auf ... km/h ~** to impose a speed limit of ... km/h

begrenzt **I.** *adj* limited; **in einem zeitlich ~en Rahmen** in a limited time frame **II.** *adv* with limits; **nur ~ möglich sein** to be only partially possible

Begrenztheit <-> *f kein pl* limitedness *no pl*

Begrenzung <-, -en> *f* ❶ (*räumliches Begrenzen*) limiting ❷ (*das Beschränken*) restriction ❸ (*Grenze*) boundary

Begriff <-[e]s, -e> *m* ❶ (*Ausdruck*) term; **ein ~ aus der Philosophie** a philosophical term ❷ (*Vorstellung*) idea; **keinen ~ von etw** *dat* **haben** to have no idea about sth; **jdm ein/kein ~ sein** to mean sth/nothing to sb; **für jds ~e** in sb's opinion ▶ WENDUNGEN: **schwer von ~ sein** (*fam*) to be quick/slow on the uptake; **im ~ sein, etw zu tun** to be on the point of doing sth

begriffen *adj* (*geh*) ■**in etw** *dat* **~sein** to be in process of [doing] sth

begrifflich *adj attr* conceptual

begriffsstutzig *adj* slow on the uptake

Begriffsstutzigkeit <-> *f kein pl* slow-wittedness *no pl*

begründen* *vt* ❶ (*Gründe angeben*) to give reasons for; *Ablehnung, Forderung* to justify; *Behauptung, Verdacht* to substantiate ❷ (*gründen*) to found

Begründer(in) *m(f)* founder

begründet *adj* well-founded; **in etw** *dat* **~ liegen** to be the result of sth

Begründung <-, -en> *f* ❶ (*Grund*) reason ❷ (*das Gründen*) foundation

begrünen* *vt* to cover with greenery

begrüßen* *vt* ❶ (*willkommen heißen*) to greet ❷ (*gutheißen*) to welcome; **es ist zu ~, dass ...** it is to be welcomed that ...

begrüßenswert *adj* welcome

Begrüßung <-, -en> *f* greeting; **offizielle ~** official welcome; **jdm zur ~ die Hand schütteln** to greet sb with a handshake

Begrüßungsansprache *f* speech of welcome

begucken* *vt* (*fam*) to [have a] look at

begünstigen* [bəˈgʏnstɪgn̩] *vt* ❶ *Export, Wachstum* to favour, to encourage; **von etw** *dat* **begünstigt werden** to be helped by sth ❷ (*bevorzugen*) to favour

Begünstigung <-, -en> *f* (*Bevorzugung*) preferential treatment

begutachten* *vt* ❶ (*fachlich prüfen*) to examine; **etw ~ lassen** to get sth examined ❷ (*fam*) ■**jdn/etw** ~ to have a look at sb/sth

Begutachtung <-, -en> *f* assessment; *eines Gebäudes* survey

begütert [bəˈgyːtɐt] *adj* (*geh*) affluent

behaart [bəˈhaːɐ̯t] *adj* hairy; **stark/schwach ~ sein** to be thickly/thinly covered with hair

Behaarung <-, -en> *f* hair

behäbig [bəˈhɛːbɪç] *adj* ❶ (*gemütlich, geruhsam*) placid; (*langsam, schwerfällig*) ponderous ❷ (*dicklich*) portly ❸ SCHWEIZ (*stattlich*) imposing

behaftet *adj* ■**mit etw** *dat* **~sein** to be marked with sth; (*mit Makel*) to be flawed with sth; **mit Problemen ~ sein** to be fraught with problems

behagen* [bəˈhaːgn̩] *vi* ■**etw behagt jdm** sth pleases sb; **es behagt ihm nicht, so früh aufzustehen** he doesn't like getting up so early

behaglich [bəˈhaːklɪç] **I.** *adj* ① (*gemütlich*) cosy; **es sich** *dat* **~machen** to make oneself comfortable ② (*genussvoll*) **ein ~es Schnurren** a contented purring **II.** *adv* ① (*gemütlich*) cosily ② (*genussvoll*) contentedly

Behaglichkeit <-> *f kein pl* cosiness *no pl*

behalten* *vt irreg* ① (*nicht wegwerfen*) to keep ② (*nicht preisgeben*) **etw für sich** *akk* **~** to keep sth to oneself ③ (*bewahren*) to maintain; **die Nerven ~** to keep one's nerve ④ (*sich merken*) to remember; **ich habe leider seinen Namen nicht ~** sorry, I cannot remember his name; **etw im Kopf ~** to keep sth in one's head

Behälter <-s, -> *m* container

behämmert *adj* (*fam*) *s.* **bescheuert**

behänd [bəˈhɛnt], **behände** [bəˈhɛndə] **I.** *adj* nimble **II.** *adv* nimbly

behandeln* *vt* ① (*damit umgehen, bearbeiten*) to treat (**mit** +*dat* with); **jdn gut/schlecht ~** to treat sb well/badly ② (*abhandeln*) *Antrag, Punkt* to deal with

behändigen *vt* SCHWEIZ to get hold of

Behandlung <-, -en> *f* treatment

Behandlungskosten *pl* cost of treatment **Behandlungsmethode** *f* method of treatment **Behandlungsraum** *m,* **Behandlungszimmer** *nt* treatment room

behängen* **I.** *vt* to hang (**mit** +*dat* with); *Weihnachtsbaum* to decorate; **Wände mit Bildern ~** to hang walls with pictures **II.** *vr* (*pej fam*) ■**sich** *akk* **~** *mit Schmuck* to festoon oneself

beharren* *vi* to insist (**auf** +*akk* on); **auf seiner Meinung ~** to persist with one's opinion

beharrlich **I.** *adj* insistent; (*ausdauernd*) persistent **II.** *adv* persistently; **~ schweigen** to persist in remaining silent

Beharrlichkeit <-> *f kein pl* insistence

behauen *vt Holz* to hew, to axe; *Stein* to cut; (*mit einem Meißel*) to chisel

behaupten* [bəˈhaupt n̩] **I.** *vt* ① (*äußern*) to claim; ■**von jdm ~, dass ...** to say of sb that ...; ■**es wird behauptet, dass ...** it is said that ... ② (*aufrechterhalten*) to maintain; **seinen Vorsprung gegen jdn ~** to maintain one's lead over sb **II.** *vr* ■**sich** *akk* **~** to assert oneself (**gegen** +*akk* over); **sich gegen die Konkurrenz ~ können** to be able to survive against one's competitors

Behauptung <-, -en> *f* assertion; **eine ~ aufstellen** to make an assertion

Behausung <-, -en> *f* (*hum*) accommodation

beheben* *vt irreg* to remove; *Fehler, Mangel* to rectify; *Missstände* to remedy; *Schaden, Störung* to repair

Behebung <-, -en> *f* removal; *eines Fehlers, Mangels* rectification; *eines Schadens, einer Störung* repair

beheimatet [bəhaịmaːtət] *adj* ① (*ansässig*) ■**~ sein** to be resident ② BOT, ZOOL native; **in Kalifornien ~ sein** to be native to California

beheizen* *vt* to heat (**mit** +*dat* with)

Behelf <-[e]s, -e> [bəˈhɛlf] *m* [temporary] replacement

behelfen* *vr irreg* **sich** *dat* **mit etw** *dat* **~** [**müssen**] to [have to] make do with sth; ■**sich** *dat* **~** [**können**] to manage

behelfsmäßig **I.** *adj* temporary **II.** *adv* temporarily

behelligen* [bəˈhɛlɪgn̩] *vt* to bother

beherbergen* *vt* to accommodate

beherrschen* **I.** *vt* ① (*als Herrscher regieren*) to rule ② (*im Griff haben*) to control; **ein Fahrzeug ~** to have control over a vehicle ③ (*gut können*) to have mastered; **sein Handwerk ~** to be good at one's trade; **ein Instrument ~** to play an instrument well; **eine Sprache ~** to have good command of a language; **alle Tricks ~** to know all the tricks ④ (*prägen, dominieren*) to dominate **II.** *vr* ■**sich** *akk* **~** to control oneself

beherrscht **I.** *adj* [self-]controlled **II.** *adv* with self-control

Beherrschung <-> *f kein pl* ① (*das Gutkönnen*) mastery ② (*Selbstbeherrschung*) self-control; **die ~ verlieren** to lose one's self-control

beherzigen* [bəˈhɛrtsɪgn̩] *vt* to take to heart; *Rat* to heed

beherzt **I.** *adj* intrepid **II.** *adv* intrepidly

behilflich [bəˈhɪlflɪç] *adj* ■**jdm ~ sein** to help sb

behindern* *vt* ■**jdn ~** to obstruct [*or* hinder] sb; ■**etw ~** to hinder sth

behindert *adj* disabled; **geistig/körperlich ~** mentally/physically disabled

Behinderte(r) *f(m) dekl wie adj* disabled person; ■**die B~n** the disabled; **geistig/körperlich ~** mentally/physically disabled person

behindertengerecht *adj* suitable for the disabled **Behindertenparkplatz** *m* parking place for the disabled

Behinderung <-, -en> *f* ① (*das Behindern*) obstruction; **es muss mit ~en gerechnet werden** delays are to be expected ② MED disability; **geistige/körperliche ~** mental/physical disability

Behörde <-, -n> [bəˈhøːɐ̯də] *f* ① (*Amt*) department; ■ **die ~n** the authorities ② (*Amtsgebäude*) [local] council offices

behördlich [bəˈhøːɐ̯tlɪç] **I.** *adj* official **II.** *adv* officially; **~ genehmigt** authorized by the authorities

behüten* *vt* ① (*schützend bewachen*) to watch over ② (*bewahren*) to protect (**vor** +*dat* from); **jdn vor einem Fehler ~** to save sb from a mistake

behutsam [bəˈhuːtzaːm] **I.** *adj* gentle **II.** *adv* gently; **jdm etw ~ beibringen** to break sth to sb gently

Behutsamkeit <-> *f kein pl* care

bei [bai̯] *präp* +*dat* ① (*in der Nähe von*) near; **Böblingen ist eine Stadt ~ Stuttgart** Böblingen is a town near Stuttgart ② ■ **~ jdm** [**zu Hause**] at sb's place; **am Wochenende sind sie ~ ihm** at the weekend they will be at his place; **~ uns zu Hause** at our house; **ich war ~ meinen Eltern** I was at my parents' [house] ③ (*berufliche/geschäftliche Verbindung*) **er ist ~ der Bahn** he works for the railways; **seit wann bist du eigentlich ~ dieser Firma?** how long have you been working for this company?; **~m Bäcker/Friseur** at the baker's/hairdresser's; **~ wem nimmst du Klavierstunden?** who do you have your piano lessons with? ④ **etw ~ sich** *dat* **haben** to have sth with one; **ich habe gerade kein Geld ~ mir** I haven't any money on me at the moment ⑤ (*Ereignis*) **~ dem Zugunglück starben viele Menschen** many people died in the train crash ⑥ (*zeitlich*) **~ Tag/Nacht** by day/night; **~m Lesen kann ich nicht Radio hören** I cannot read and listen to the radio at the same time; **störe mich bitte nicht ~ der Arbeit!** please stop disturbing me when I'm working! ⑦ (*Begleitumstände*) by; **wir aßen ~ Kerzenlicht** we had dinner by candlelight; **wir können das ja ~ einer Flasche Wein besprechen** let's talk about it over a bottle of wine; **~ dieser Hitze/Kälte** in such a heat/cold; **~ Nebel/Regen** when it is foggy/raining; **~ Wind und Wetter** come rain or shine; **~ 45° unter Null** at 45° below zero ⑧ (*ungefähr*) around; **der Preis liegt ~ 1000 Euro** the price is around 1000 euros ⑨ (*wegen, mit*) with; **~ deinen Fähigkeiten** with your talents

bei|behalten* *vt irreg* to maintain; *Tradition, Brauch* to uphold; *Meinung* to stick to

Beibehaltung <-> *f kein pl* ① (*das Beibehalten*) *Gewohnheit, Methode* maintenance ② (*das Fortsetzen*) *Richtung* keeping to

Beiboot *nt* tender (*vessel attendant on others*)

bei|bringen *vt irreg* (*fam*) ① (*übermitteln*) **jdm etw** [**schonend**] **~** to break sth [gently] to sb ② (*lehren*) to teach

Beichte <-, -n> [ˈbai̯çtə] *f* confession; **die ~ ablegen** to make one's confession; **jdm die ~ abnehmen** to hear sb's confession

beichten [ˈbai̯çtn̩] **I.** *vt* ■ [**jdm**] **etw ~** to confess sth [to sb] **II.** *vi* to confess; **~ gehen** to go to confession

Beichtgeheimnis *nt kein pl* seal of confession **Beichtstuhl** *m* confessional **Beichtvater** *m* (*veraltend*) father confessor *a. fig*

beide [ˈbai̯də] *pron* both; **sie hat ~ Kinder gleich lieb** she loves both children equally; **meine ~n Töchter** my two daughters; **alle ~** both of them; **~ Mal**[**e**] both times; **keiner von ~n** neither of them; ■ **ihr ~** the two of you; **ihr habt ~ Recht** both of you are right; **ihr ~ solltet euch wieder vertragen** you two really should make up again; ■ **wir ~** the two of us; ■ **die ~n** both [of them]; **die ~n vertragen sich sehr gut** they both get on very well; **die ersten/letzten ~n** the first/last two; **einer von ~n** one of the two; ■ **~s** both; **~s ist möglich** both are possible

beiderlei [ˈbai̯dɐˈlai̯] *adj attr* both

beiderseitig [ˈbai̯dɐzai̯tɪç] *adj* on both sides; *Abkommen* bilateral; *Vertrauen, Einverständnis, Zufriedenheit* mutual

beiderseits [ˈbai̯dɐˈzai̯ts] *adv* on both sides

beidseitig [ˈbai̯dzai̯tɪç] *adj, adv* on both sides; *Beschichtung* double-sided

beidseits [ˈbai̯dzai̯ts] *präp* +*gen* SÜDD, SCHWEIZ *s.* **beiderseits**

beieinander [bai̯ʔai̯ˈnandɐ] *adv* together ▶ WENDUNGEN: **gut/schlecht ~ sein** (*fam: körperlich*) to be in good/bad shape; (*geistig*) to be/not be all there

beieinander|haben *vt irreg* (*fam*) ■ **jdn/etw** [**wieder**] **~** to have [got] sb/sth together [again] ▶ WENDUNGEN: **jd hat sie nicht** [**mehr**] **alle beieinander** sb has a screw loose **beieinander|liegen** *vi irreg haben o sein* to lie together **beieinander|sitzen** *vi irreg haben o sein* to sit together

beieinander|stehen *vi irreg haben o sein* to stand together

Beifahrer(in) *m(f)* front-seat passenger; (*zusätzlicher Fahrer*) co-driver

Beifahrerairbag [-ɛːɐbɛk] *m* passenger airbag **Beifahrersitz** *m* [front] passenger seat

Beifall <-[e]s> *m kein pl* ① (*Applaus*) applause; **~ klatschen** to applaud ② (*Zustimmung*) approval; **[jds** *akk*] **~ finden** to meet with [sb's] approval

beifällig I. *adj* approving **II.** *adv* approvingly

Beifallssturm *m* storm of applause

bei|fügen *vt* ① (*mitsenden*) to enclose ② (*hinzufügen*) to add

Beigabe <-, -n> *f* ① *sing* (*das Hinzufügen*) addition ② *sing o pl* (*Beilage*) side dish ③ *pl* ARCHÄOL burial gift

beige [beːʃ, ˈbeːʒə] *adj* beige

bei|geben *vt irreg* to add ▶ WENDUNGEN: **klein ~** to give in

Beigeschmack *m* [after]taste; (*fig*) overtone[s]

Beiheft *nt* (*zusätzlich beigelegtes Heft*) supplement; SCH answer book

Beihilfe *f* (*finanzielle Unterstützung*) financial assistance

bei|kommen *vi irreg sein* ① (*mit jdm fertigwerden*) ■**jdm/einer S.** *dat* **~** to sort out sb/sth *sep* ② DIAL (*endlich kommen*) to come ③ DIAL (*erreichen können*) ■**irgendwo ~** to reach somewhere; **die Öffnung ist so eng, dass man mit der Zange nicht beikommt** the opening is too narrow to reach with the pliers

Beil <-[e]s, -e> [bail] *nt* [short-handled] axe

beil. *Abk von* **beiliegend**

Beilage *f* ① (*beigelegte Speise*) side dish, *esp* AM side order ② (*Beiheft*) supplement, addition ③ (*beigelegte Werbung*) insert ④ ÖSTERR (*Anlage*) enclosure

beiläufig I. *adj* passing **II.** *adv* ① (*nebenbei*) in passing; **etw ~ erwähnen** to mention sth in passing ② ÖSTERR (*ungefähr*) about

bei|legen *vt* ① (*dazulegen*) to insert in; **einem Brief einen Rückumschlag ~** to enclose an SAE [*or* AM SASE] in a letter ② (*schlichten*) to settle; **lass uns die Sache ~!** let's settle the matter

Beilegung <-, -en> *f pl selten* (*Schlichtung*) settlement

beileibe [baiˈlaibə] *adv* on no account; **~ nicht!** certainly not

Beileid *nt* condolence[s *pl*]; **[mein] herzliches ~** [you have] my heartfelt sympathy; **jdm [zu etw** *dat*] **sein ~ aussprechen** to offer sb one's condolences [on sth]

Beileidskarte *f* condolence card

bei|liegen *vi irreg* (*einem Brief, Paket*) to be enclosed [in]

beiliegend *adj* enclosed

beim [baim] = **bei dem** *s.* **bei**

bei|mengen *vt* to add **bei|messen** *vt irreg* **etw** *dat* **Bedeutung/Wert ~** to attach importance/value to sth **bei|mischen** *vt* to add

Bein <-[e]s, -e> [bain] *nt* ① (*Körperteil*) leg; **das ~ heben** *Hund* to lift a leg; **jdm auf die ~e helfen** to help sb back on his feet; **jdm ein ~ stellen** to trip up *sep* sb; **die ~e übereinanderschlagen** to cross one's legs; **unsicher auf den ~en sein** to be unsteady on one's feet ② (*Hosenbein*) leg ▶ WENDUNGEN: **sich** *dat* **die ~e in den Bauch stehen** (*fam*) to be standing until one is ready to drop; **auf eigenen ~en stehen** to be able to stand on one's own two feet; **mit dem linken ~ zuerst aufgestanden sein** to have got out of bed on the wrong side; **sich** *dat* **[bei etw** *dat*] **kein ~ ausreißen** (*fam*) to not bust a gut [over sth]; **wieder auf die ~e kommen** (*gesundheitlich*) to be up on one's feet again; (*finanziell*) to recover one's economic state; **jdm ~e machen** (*fam*) to give sb a kick in the arse [*or* AM ass]; **auf den ~en sein** (*in Bewegung sein*) to be on one's feet; (*auf sein*) to be up and about; **etw auf die ~e stellen** to get sth going

beinah [ˈbainaː, ˈbaiˈnaː, baiˈnaː], **beinahe** [ˈbainaːə, ˈbaiˈnaːə, baiˈnaːə] *adv* almost

Beiname *m* epithet

Beinbruch *m* fracture of the leg ▶ WENDUNGEN: **das ist kein ~!** (*fam*) it's not as bad as all that!

beinhalten* [bəˈʔɪnhaltn̩] *vt* to contain

Beinprothese *f* artificial leg

bei|ordnen *vt* ■**jdm jdn ~** to assign sb to sb

Beipackzettel *m* instruction leaflet

bei|pflichten *vi* ■**jdm ~** to agree with sb

Beirat *m kein pl* advisory board

Beiried <-[e]s> *nt* ÖSTERR rump steak, roast beef

beirren* *vt* ■**sich** *akk* **[nicht] ~ lassen** to [not] let oneself be put off

Beirut <-s> [baiˈruːt, ˈ--] *nt* Beirut

beisammen [baiˈzamən] *adv* ① (*zusammen*) together; **~ sein** to be [all] together ② (*fam: geistig rege*) **[nicht] gut ~ sein** to [not] be with it

Beisammensein *nt* get-together

Beischlaf *m* sexual intercourse; **außerehelicher ~** (*form*) adultery

Beisein *nt* ■**in jds ~** in sb's presence

beiseite [baiˈzaitə] *adv* to one side

beiseite|gehen *vi irreg sein* to step aside

beiseite|lassen *vt irreg* ■**etw** ~ to leave aside sth *sep* **beiseite|legen** *vt* ■**etw** ~ (*weglegen*) to put sth to one side; (*sparen*) to put aside sth *sep* **Beiseiteschaffen** <-s> *nt kein pl* removing by stealth

Beis(e)l <-s, -n> ['bajzl̩] *nt* ÖSTERR (*fam*) dive *pej fam*, BRIT *fam a.* boozer

bei|setzen *vt* (*geh*) to inter; *Urne* to install

Beisetzung <-, -en> *f* (*geh*) interment; *einer Urne* installing [in its resting place]

Beisitzer(in) <-s, -> *m(f)* ① JUR associate judge [*or* BRIT *spec a.* puisne] ② (*Kommissionsmitglied*) assessor

Beispiel <-[e]s, -e> ['bajʃpi:l] *nt* example; **anschauliches** ~ illustration; **praktisches** ~ demonstration; **zum** ~ for example; **wie zum** ~ such as ▶ WENDUNGEN: **mit gutem** ~ **vorangehen** to set a good example; **sich** *dat* **an jdm ein** ~ **nehmen** to take a leaf out of sb's book

beispielhaft *adj* ① (*vorbildlich*) exemplary ② (*typisch*) typical (**für** +*akk* of)

beispiellos *adj* ① (*unerhört*) outrageous ② (*einzigartig*) unprecedented

Beispielsatz *m* example [sentence]

beispielsweise *adv* for example

beißen <biss, gebissen> ['bajsn̩] **I.** *vt* to bite ▶ WENDUNGEN: **etw/nichts zu** ~ **haben** (*fam*) to have something/nothing to eat **II.** *vi* ① (*mit den Zähnen*) ■**auf/in etw** *akk* ~ to bite into sth ② (*brennend sein*) to sting; *Säure* to burn; **in den Augen** ~ to make one's eyes sting ▶ WENDUNGEN: **an etw** *dat* **zu** ~ **haben** to have sth to chew over **III.** *vr* ① **sich** *akk o dat* **auf die Zunge** ~ to bite one's tongue ② (*nicht harmonieren*) *Farben* ■**sich** *akk* [**mit etw** *dat*] ~ to clash [with sth]

beißend *adj* ~**er Geruch** acrid [*or* pungent] smell; ~**e Kälte** biting cold; ~**e Kritik** scathing [*or* pungent] criticism; ~**er Rauch** acrid smoke; ~**er Witz** caustic humour

Beißzange *f* DIAL *s.* **Kneifzange**

Beistand *m kein pl* (*Unterstützung*) support; (*Hilfe*) assistance; *eines Priesters* attendance; **ärztlicher** ~ medical aid; **jdm** ~ **leisten** to give sb one's support

bei|stehen *vi irreg* ■**jdm** ~ to stand by sb

bei|stellen *vt* ÖSTERR ■[**jdm**] **etw** ~ to provide [sb with] sth

bei|steuern *vt* to contribute (**zu** +*dat* to); **seinen Teil** ~ to contribute one's share

bei|stimmen *vi s.* **zustimmen**

Beistrich *m bes* ÖSTERR comma

Beitrag <-[e]s, -träge> ['bajtra:k, *pl* 'bajtrɛ:gə] *m* ① (*Mitgliedsbeitrag*) fee; (*Versicherungsbeitrag*) premium ② (*Artikel*) article ③ (*Mitwirkung*) contribution; **einen** ~ **zu etw** *dat* **leisten** to make a contribution to sth ④ SCHWEIZ (*Subvention*) subsidy

bei|tragen *vt, vi irreg* to contribute (**zu** +*dat* to); **der Vorschlag soll dazu beitragen, dass ...** the proposal is to help ...; **seinen Teil zur Rettung der Hungernden** ~ to do one's bit to help the starving

beitragspflichtig *adj* liable to pay contribution **Beitragssatz** *m* membership rate **Beitragszeit** *f* contribution period

bei|treten *vi irreg sein* to join [as a member]; **der EU** ~ to enter the EU

Beitritt *m* entry (**zu** +*dat* into); **der** ~ **zur EU** the accession to the EU

Beitrittserklärung *f* confirmation of membership **Beitrittsgespräch** *nt meist pl* POL [EU] accession discussion

Beiwagen *m* sidecar

Beiwerk *nt* (*geh*) embellishment[s *pl*]

bei|wohnen *vi* (*geh*) ■**einer S.** *dat* ~ to be present at sth

Beize[1] <-, -n> ['bajtsə] *f* ① (*Beizmittel*) stain[ing agent] ② (*Marinade*) marinade

Beize[2] <-, -n> ['bajtsə] *f* DIAL (*fam: Kneipe*) pub BRIT, bar AM

beizeiten [baj'tsajtn̩] *adv* in good time

beizen ['bajtsn̩] *vt* ① (*mit Beizmittel*) to stain ② (*marinieren*) to marinade

bejahen* [bə'ja:ən] *vt* ① (*mit Ja beantworten*) to answer in the affirmative ② (*gutheißen*) to approve [of]

bejahend **I.** *adj* affirmative **II.** *adv* affirmatively

bejahrt [bə'ja:ɐ̯t] *adj* (*geh*) ① (*älter*) elderly, advanced in years *pred* ② (*hum: von Tier: alt*) aged

bejammern* *vt* to lament

bejammernswert *adj* lamentable

bejubeln* *vt* to cheer; ■**bejubelt werden** to be met with cheering

bekakeln* *vt* DIAL to discuss

bekämpfen* **I.** *vt* to fight; **Schädlinge** ~ to control pests **II.** *vr* ■**sich** *akk* [**gegenseitig**] ~ to fight one another

Bekämpfung <-, *selten* -en> *f* ① (*das Bekämpfen*) fighting (+*gen* against) ② (*versuchte Eindämmung*) combatting; **zur** ~ **der Drogenkriminalität** to combat drug-related crime ③ (*versuchte Ausrottung*) controlling

bekannt [bə'kant] *adj* ① (*allgemein gekannt*) well-known; **etw ist allgemein** ~ sth is common knowledge; **etw** ~ **geben** to announce sth; *Presse* to publish sth; **etw** ~ **machen** (*öffentlich*) to make sth known to the public ② (*berühmt*) **jdn** ~ **machen** to make sb famous; ~ **werden**

to become famous; **für etw** *akk* **~sein** to be well-known for sth ③ (*nicht fremd, vertraut*) familiar; **ist dir dieser Name ~?** are you familiar with this name?; **mit jdm ~ sein** to be acquainted with sb

Bekannte(r) *f(m) dekl wie adj* acquaintance; **ein guter ~r** a friend

Bekanntenkreis *m* circle of acquaintances

bekanntermaßen *adv s.* **bekanntlich**

Bekanntgabe *f pl selten* announcement; *Presse* publication

bekannt|geben *vt irreg s.* **bekannt 1**

Bekanntheit <-> *f kein pl* fame *no pl*

Bekanntheitsgrad *m* degree of fame

bekanntlich *adv* as is [generally] known

bekannt|machen *vt s.* **bekannt 1, 2**

Bekanntmachung <-, -en> *f* announcement; **öffentliche ~** public announcement

Bekanntschaft <-, -en> *f* ① *pl selten* (*das Bekanntsein*) acquaintance; **jds ~ machen** to make sb's acquaintance *a. iron;* **eine nette ~ machen** to meet a nice person; **mit etw** *dat* **~machen** (*iron*) to get to know sth ② (*Bekannte[r]*) acquaintance; (*Bekanntenkreis*) acquaintances *pl*

bekehren* *vt* to convert (**zu** +*dat* to)

Bekehrung <-, -en> *f* conversion

bekennen* *irreg* **I.** *vt* to confess **II.** *vr* ① (*eintreten für*) ■**sich** *akk* **zu jdm/etw ~** to declare one's support for sb/sth; **sich zu einem Glauben ~** to profess a faith ② (*zugeben*) **sich** *akk* **zu einem Irrtum ~** to admit to a mistake; **sich** *akk* **zu einer Tat ~** to confess to a deed

Bekenntnis *nt* ① (*Eingeständnis*) confession ② (*das Eintreten für etw*) declared belief (**zu** in) ③ REL (*Konfession*) [religious] denomination

bekieken *vt* NORDD (*fam*) to look at

bekifft [bəˈkɪft] *adj* (*fam*) stoned, high

beklagen* **I.** *vt* to lament; **bei dem Unglück waren 23 Tote zu ~** the accident claimed 23 lives **II.** *vr* ■**sich** *akk* [**bei jdm**] **~** to complain [to sb] (**über** +*akk* about)

beklagenswert *adj* lamentable; *Irrtum, Versehen* unfortunate

Beklagte(r) *f(m) dekl wie adj* JUR defendant

beklauen* *vt* (*fam*) to rob

bekleckern* (*fam*) **I.** *vt* to stain **II.** *vr* (*fam*) **sich** *akk* **mit Soße ~** to spill sauce all down oneself

beklecksen* *vt* to splatter

bekleiden* *vt* (*geh*) ① (*innehaben*) to fill ② (*geh*) ■**sich ~** to dress oneself

bekleidet *adj* ■**mit etw** *dat* **~sein** to be wearing sth; **leicht ~** lightly dressed

Bekleidung *f* clothing *no pl, no indef art*

Bekleidungsstück *nt* (*geh*) *s.* **Kleidungsstück**

beklemmend I. *adj* ① *Raum* claustrophobic ② (*drückend*) *Gefühl* oppressive; *Gedanke* depressing; **~es Schweigen** oppressive silence **II.** *adv* oppressively

Beklemmung <-, -en> *f* constriction

beklommen [bəˈklɔmən] **I.** *adj* anxious; (*von Mensch a.*) uneasy **II.** *adv* anxiously

Beklommenheit <-> *f kein pl* anxiety; (*von Mensch a.*) uneasiness *no pl*

bekloppt [bəˈklɔpt] *adj* (*fam*) *s.* **bescheuert**

Bekloppte(r) *f(m) dekl wie adj* (*fam*) idiot

beknackt [bəˈknakt] *adj* (*fam*) *s.* **bescheuert**

beknien* *vt* (*fam*) to beg

bekochen* *vt* to cook for

bekommen* *irreg* **I.** *vt haben* ① (*erhalten*) to receive; *Genehmigung* to obtain; *Massage, Spritze* to be given; *Ohrfeige* to get; **ich habe das zum Geburtstag ~** I received this for my birthday; **sie bekommt 21 Euro die Stunde** she earns 21 euros an hour; **was ~ Sie dafür?** how much is it?; **ich bekomme noch 4.000 Euro von dir** you still owe me 4,000 euros; **Ärger/Schwierigkeiten ~** to get into trouble/difficulties; **eine Ermäßigung ~** to qualify for a reduction; **etw in die Hände ~** (*fam*) to get hold of sth ② (*erreichen*) **den Bus ~** to catch the bus ③ (*serviert erhalten*) ■**etw ~** to be served with sth; **ich bekomme ein Bier** I'd like a beer ④ (*entwickeln*) **eine Erkältung ~** to catch a cold; **eine Glatze/graue Haare ~** to go bald/to go grey; **Heimweh ~** to get homesick; **Lust ~, etw zu tun** to feel like doing sth ⑤ + *infin* **etw zu essen/trinken ~** to get sth to eat/drink; **etw zu hören/sehen ~** to get to hear/see sth; **der wird von mir etwas zu hören ~!** (*fam*) I'll give him a piece of my mind! ⑥ + *pp o adj* **etw bezahlt ~** to get paid for sth; **etw gemacht ~** to get sth done; **etw geschenkt ~** to be given sth [as a present] **II.** *vi* **jdm** [**gut**]/**schlecht ~** to do sb good/to not do sb any good; *Essen* to agree/to disagree with sb

Falsche Freunde

Nicht verwechseln mit *to become* — werden!

bekömmlich [bəˈkœmlɪç] *adj* [easily] digestible

beköstigen* [bəˈkœstɪgn̩] *vt* to feed

bekräftigen* *vt* to confirm (**durch** +*akk/* **mit** +*dat* by); **etw noch einmal ~** to reaffirm sth; ■**jdn in etw** *dat* ~ to strengthen sb's sth

Bekräftigung <-, -en> *f* confirmation

bekränzen* *vt* ① (*mit einem Kranz*) to crown with a wreath ② (*mit Girlanden*) to adorn with garlands

bekreuzigen* *vr* ■**sich** *akk* [**vor jdm/etw**] ~ to cross oneself [on seeing sb/sth]

bekriegen* **I.** *vt* ■**jdn/etw** ~ to wage war on sb/sth **II.** *vr* ■**sich** *akk* [**gegenseitig**] ~ to be warring [with one another]

bekritteln *vt* to find fault; *Argument* to pick holes in

bekritzeln* *vt* to scribble

bekümmern* *vt* to worry

bekümmert *adj* worried (**über** +*akk* about)

bekunden* [bəˈkʊndn̩] *vt* to express; **Interesse** [**an etw** *dat*] ~ to express interest [in sth]

belächeln* *vt* to smile at; ■**belächelt werden** to be a target of ridicule

belachen* *vt* to laugh at

beladen* *irreg vt* to load [up *sep*]

Belag <-[e]s, Beläge> [bəˈlaːk, *pl* bəˈlɛːgə] *m* ① (*Schicht*) coating ② (*Pizza-, Brotbelag*) topping; (*Sandwich*) filling ③ (*Zahnbelag*) film; (*Zungenbelag*) fur ④ (*Fußbodenbelag*) covering; (*Straßenbelag*) surface

Belagerer <-s, -> *m* besieger

belagern* *vt* to besiege

Belagerung <-, -en> *f* siege

Belagerungszustand *m* state of siege; **den ~ verhängen** to proclaim a state of siege

belämmert [bəˈlɛmɐt] *adj* (*fam*) sheepish

Belang <-[e]s, -e> [bəˈlaŋ] *m* ① *kein pl* ■**ohne ~ sein** to be of no importance; ■**von ~ sein** to be of importance ② *pl* (*Interessen*) interests; **jds ~e vertreten** to represent the interests of sb

belangen* *vt* JUR to prosecute; ■**jdn** [**wegen einer S.** *gen*] ~ to prosecute sb [for sth]

belanglos *adj* (*unwichtig*) unimportant; (*nebensächlich*) irrelevant

Belanglosigkeit <-, -en> *f* ① *kein pl* (*belanglose Beschaffenheit*) unimportance ② (*Unwichtigkeit*) triviality

belassen* *vt irreg* ① ■**es bei etw** *dat* ~ to leave it at sth; ~ **wir es dabei!** let's leave it at that ② **etw an seinem Platz ~** to leave sth in its place

belastbar *adj* ① (*zu belasten*) loadable; ■**bis zu etw** *dat* **~sein** to have a maximum load of sth ② (*fig: beanspruchbar*) **kein Mensch ist unbegrenzt ~** nobody can take work/abuse indefinitely; **unter Stress ist ein Mitarbeiter weniger ~** stress reduces an employee's working capacity; **die Nerven sind nur bis zu einem bestimmten Grad ~** the nerves can only take so much; **Training macht das Herz ~er** training strengthens the heart ③ *Umwelt* able to withstand contamination

Belastbarkeit <-, -en> *f* ① (*durch Gewicht*) load-bearing capacity ② (*Beanspruchbarkeit*) ability to take stress; *von Organen, Körper* maximum resilience

belasten* *vt* ① (*mit Gewicht*) to load (**mit** +*akk* with) ② (*seelisch/geistig*) to burden; **jdn mit Problemen ~** to burden sb with problems; **jdn** [**schwer**] ~ to weigh [heavily] on one's mind; **diese Situation belastet mich** I'm finding the situation a real strain; ■**~d** crippling ③ (*leistungsmäßig beanspruchen*) to strain; **jdn/etw zu sehr ~** to overstrain sb/sth; MED **etw belastet das Herz** sth puts a strain on the heart ④ JUR to incriminate; **~des Material** incriminating evidence ⑤ *Umwelt* to pollute ⑥ FIN *Konto* to debit; **etw mit einer Hypothek ~** to mortgage sth

belästigen* [bəˈlɛstɪgn̩] *vt* (*lästig werden*) to bother; (*zudringlich werden*) to pester; **jdn sexuell ~** to harass sb sexually

Belästigung <-, -en> *f* annoyance *no pl;* **sexuelle ~** sexual harassment

Belastung <-, -en> *f* ① (*das Belasten*) loading ② (*Gewicht*) load; **die maximale ~ des Aufzugs** the maximum load for the lift [*or* AM elevator] ③ (*Anstrengung*) burden ④ (*leistungsmäßige Beanspruchung*) strain (**für** +*akk* on) ⑤ ÖKOL pollution *no pl, no indef art*

Belastungsmaterial *nt* JUR incriminating evidence **Belastungsprobe** *f* ① (*Erprobung der Belastbarkeit*) load[ing] test ② (*Erprobung der Beanspruchbarkeit*) endurance test ③ (*Zerreißprobe*) tolerance test; **einer ~ ausgesetzt sein** to be put to the test **Belastungszeuge, -zeugin** *m, f* JUR witness for the prosecution

belaubt [bəˈlaupt] *adj* in leaf *pred*

belauern* *vt* ① (*lauernd beobachten*) to observe unseen ② (*argwöhnisch beobachten*) to watch secretly

belaufen* *vr irreg* ■**sich** *akk* **auf etw ~** to amount to sth

belauschen* *vt* to eavesdrop on

beleben* **I.** *vt* ① (*anregen*) *Konjunktur* to stimulate; *Party, Unterhaltung* to liven up ② (*erfrischen*) to make feel better ③ (*zum Leben erwecken*) to bring [back] to life **II.** *vr* ■**sich** *akk* ~ to liven up; *Konjunktur* to be stimulated

belebend *adj* ❶ (*anregend*) invigorating ❷ (*erfrischend*) refreshing
belebt [bəˈleːpt] *adj* ❶ (*bevölkert*) busy ❷ (*lebendig*) animate
Belebung <-, -en> *f* stimulation
Beleg <-[e]s, -e> [bəˈleːk, *pl* bəˈleːgə] *m* ❶ (*Quittung*) receipt; **kann ich einen ~ haben?** may I have a receipt? ❷ (*Beweis*) proof *no art, no pl*
belegen* *vt* ❶ (*mit Belag versehen*) **ein Brot mit etw** *dat* **~** to spread sth on a slice of bread; **belegte Brote** [open] sandwiches ❷ (*beweisen*) to verify; *Behauptung* to substantiate; *Zitat* to give a reference for ❸ (*auferlegen*) ■**jdn mit etw** *dat* **~** to impose sth on sb ❹ *Kurs* to enrol for ❺ (*okkupieren*) to occupy; ■**belegt sein** to be occupied; **ist der Stuhl hier schon belegt?** is this chair free? ❻ SPORT **den vierten Platz ~** to take fourth place
Belegexemplar *nt* specimen copy
Belegschaft <-, -en> *f* (*Beschäftigte*) staff; (*Arbeiter*) workforce
Belegschaftsaktionär, -aktionärin *m, f* ÖKON, FIN employee stock [*or* BRIT share] owner
belegt *adj Stimme* hoarse
belehren* *vt* (*informieren*) to inform; **sich** *akk* **von jdm ~ lassen** to listen to sb
belehrend I. *adj* didactic **II.** *adv* didactically
Belehrung <-, -en> *f* (*belehrender Rat*) explanation; **deine ~en kannst du dir sparen!** there's no need to lecture me *fam*
beleibt [bəˈlaipt] *adj* corpulent
beleidigen* [bəˈlaidɪgn̩] *vt* to insult
beleidigend I. *adj* insulting **II.** *adv* insultingly
Beleidigung <-, -en> *f* insult; **etw als [eine] ~ auffassen** to take sth as an insult
beleihen* *vt irreg* to lend money on
belesen [bəˈleːzn̩] *adj* well-read
beleuchten* *vt* ❶ (*durch Licht erhellen*) to light ❷ (*anstrahlen*) to light up *sep* ❸ (*fig: betrachten*) to throw light on
Beleuchtung <-, -en> *f* ❶ *pl selten* (*das Beleuchten*) lighting ❷ (*künstliches Licht*) light; (*Lichter*) lights *pl;* **die ~ der Straßen** street lighting
Belgien <-s> [ˈbɛlgi̯ən] *nt* Belgium; *s. a.* **Deutschland**
Belgier(in) <-s, -> [ˈbɛlgi̯ɐ] *m(f)* Belgian; *s. a.* **Deutsche(r)**
belgisch [ˈbɛlgɪʃ] *adj* Belgian; *s. a.* **deutsch**
Belgrad <-s> [ˈbɛlgraːt] *nt* Belgrade
belichten* *vt* FOTO to expose
Belichtung *f* FOTO exposure
Belichtungsmesser *m* light meter **Belichtungszeit** *f* exposure [time]
Belieben *nt* [**ganz**] **nach ~** just as you/they etc. like
beliebig [bɛˈliːbɪç] **I.** *adj* any; **eine ~e Zahl** any number at all; ■**jeder B~e** anyone at all **II.** *adv* **~ lange** as long as you like; **~ viele** as many as you like; **etw ~ verändern** to change sth at will
beliebt [bəˈliːpt] *adj* popular (**bei** *+dat* with); **sich** *akk* [**bei jdm**] **~ machen** to make oneself popular [with sb]
Beliebtheit <-> *f kein pl* popularity *no pl;* **sich** *akk* **großer ~ erfreuen** to enjoy great popularity
beliefern* *vt* to supply
Belieferung *f* delivery
bellen [ˈbɛlən] *vi* to bark
Belletristik <-> [bɛleˈtrɪstɪk] *f kein pl* belles lettres *npl*
belohnen* *vt* to reward
Belohnung <-, -en> *f* ❶ (*das Belohnen*) rewarding ❷ (*Lohn*) reward; **eine ~ aussetzen** to offer a reward
belüften* *vt* to ventilate
Belüftung *f* ❶ *kein pl* (*das Belüften*) ventilating ❷ ELEK ventilation *no indef art*
Belüftungsanlage *f* ventilation system **Belüftungsschacht** *m* ventilation shaft
belügen* *irreg* **I.** *vt* ■**jdn ~** to lie to sb **II.** *vr* ■**sich** *akk* **selbst ~** to deceive oneself
belustigen* [bəˈlʊstɪgn̩] *vt* to amuse; **was belustigt dich?** what's amusing you?
belustigt [bəˈlʊstɪçt] **I.** *adj* amused **II.** *adv* in amusement
Belustigung <-, -en> *f* amusement; **zu jds ~** for sb's amusement
bemächtigen* [bəˈmɛçtɪgn̩] *vr* (*geh*) ❶ (*in seine Gewalt bringen*) ■**sich jds/einer S. ~** to take hold of sb/sth ❷ (*überkommen*) ■**sich jds ~** to come over sb
bemäkeln* *vt* to find fault with
bemalen* *vt* ■**etw** [**mit etw** *dat*] **~** to paint [sth on] sth
Bemalung <-, -en> *f* ❶ (*das Bemalen*) painting ❷ (*aufgetragene Farbe*) paint (*+gen* on) ❸ (*Kriegsbemalung*) war paint
bemängeln* [bəˈmɛŋl̩n] *vt* to find fault with
bemannen* *vt* NAUT, RAUM to man; ■[**nicht**] **bemannt** [un]manned
bemannt [bəˈmant] *adj* manned, occupied; **~e Raumfahrt** manned space flight
bemerkbar *adj* (*wahrnehmbar*) noticeable; **sich** *akk* [**bei jdm**] **~ machen** to attract [sb's] attention; **ich werde mich schon ~ machen, wenn ich Sie benötige** I'll let you know when I need you; ■**etw macht sich** *akk* **~** sth makes itself felt

bemerken* *vt* ① (*wahrnehmen*) to notice ② (*äußern*) to say

bemerkenswert **I.** *adj* remarkable **II.** *adv* remarkably

Bemerkung <-, -en> *f* remark; **eine ~ über etw machen** to remark on sth; **eine ~ fallen lassen** to drop a remark

bemessen* *irreg* **I.** *vt* ■**jdm etw ~** to determine sth for sb; **großzügig/knapp ~ sein** to be generous/not very generous **II.** *vr* (*geh*) ■**sich nach etw** *dat* **~** to be proportionate to sth

Bemessung *f* determination

Bemessungsgrundlage *f* FIN assessment basis

bemitleiden* [bəˈmɪtla͜idn̩] **I.** *vt* to pity **II.** *vr* ■**sich** *akk* [**selbst**] **~** to feel sorry for oneself

bemitleidenswert *adj* pitiable

bemühen* *vr* ■**sich** *akk* **~** to try hard; **sich vergebens ~** to try in vain; **sich um eine Stelle ~** to try hard to get a job

Bemühen <-s> *nt kein pl* (*geh*) efforts *pl* (**um** +*akk* for)

bemüht *adj* keen; ■**um etw ~ sein** to try hard to do sth

Bemühung <-, -en> *f* effort; **danke für Ihre ~en** thank you for your trouble

bemüßigt [bəˈmyːsɪçt] *adj* **sich ~ fühlen, etw zu tun** (*meist iron geh*) to feel obliged to do sth

bemuttern* [bəˈmʊtɐn] *vt* to mother

benachbart [bəˈnaxbaːɐ̯t] *adj* ① (*in der Nachbarschaft gelegen*) nearby; (*nebenan*) neighbouring *attr;* **das ~e Haus** the house next door ② (*angrenzend*) adjoining

benachrichtigen* [bəˈnaːxrɪçtɪgn̩] *vt* to inform; (*amtlich*) to notify

Benachrichtigung <-, -en> *f* notification

benachteiligen* [bəˈnaːxta͜ilɪgn̩] *vt* to put at a disadvantage; (*wegen Rasse, Geschlecht, Glaube*) to discriminate against

Benachteiligte(r) *f(m) dekl wie adj* victim; ■**der/die ~e sein** to be at a disadvantage

Benachteiligung <-, -en> *f* ① (*das Benachteiligen*) ■**die ~ einer Person** discriminating against sb ② (*Chancenungleichheit*) discrimination

benebeln* *vt* (*fam*) to befuddle; *Narkose, Sturz a.* to daze; *Dämpfe, Duft, Rauch a.* to make sb's head reel

benebelt [bəˈneːbl̩t] **I.** *pp von* **benebeln** **II.** *adj* (*fam*) dazed; (*im Alkoholrausch*) woozy

Benefizkonzert *nt* charity concert **Benefizveranstaltung** *f* benefit event [*or* performance]

benehmen* *vr irreg* ■**sich** *akk* **~** to behave [oneself]; **benimm dich!** behave yourself!; **sich** *akk* **gut/schlecht ~** to behave well/badly

Benehmen <-s> *nt kein pl* manners *pl;* **kein ~ haben** to have no manners

beneiden* *vt* ■**jdn** [**um etw**] **~** to envy sb [sth]

beneidenswert **I.** *adj* enviable **II.** *adv* amazingly

Beneluxländer, Beneluxstaaten [ˈbeːnelʊks-] *pl* Benelux countries *pl*

benennen* *vt irreg* to name (**nach** +*dat* after); **Gegenstände ~** to denote objects

Benennung <-, -en> *f* ① (*das Benennen*) naming ② (*Bezeichnung*) name

benetzen* *vt* (*geh*) to moisten; *mit Tau, Tränen* to cover

Bengel <-s, -[s]> [ˈbɛŋl̩] *m* rascal

Benimm <-s> [bəˈnɪm] *m kein pl* (*fam*) manners *npl*

Benimmregel *f* [rule of] etiquette *no pl*

benommen [bəˈnɔmən] *adj* dazed; **jdn ~ machen** to befuddle sb

Benommenheit <-> *f kein pl* daze[d state]; **ein Gefühl von ~** a dazed feeling

benoten* [bəˈnoːtn̩] *vt* to mark; **ihr Aufsatz wurde mit „sehr gut" benotet** her essay was given an A

benötigen* *vt* to need; **etw dringend ~** to be in urgent need of sth

benutzen*, benützen* *vt* DIAL ① (*gebrauchen*) to use; **den Aufzug ~** to take the lift ② (*ausnutzen*) ■**jdn ~** to take advantage of sb; **sich** *akk* **benutzt fühlen** to feel [that one has been] used

Benutzer(in) <-s, -> *m(f),* **Benützer(in)** <-s, -> *m(f)* DIAL INFORM user

benutzerdefiniert *adj* INFORM user-defined **Benutzerebene** *f* INFORM user interface **benutzerfreundlich** *adj* user-friendly **Benutzerhandbuch** *nt* user manual

Benutzerin, Benützerin <-, -nen> *f fem form von* **Benutzer**

Benutzerkonto *nt* INFORM user account **Benutzername** *m* INFORM user name **Benutzeroberfläche** *f* INFORM user interface **benutzerunfreundlich** *adj* non-user-friendly

Benutzung *f,* **Benützung** *f* DIAL use; **jdm etw zur ~ überlassen** to put sth at sb's disposal

Benutzungsgebühr *f* hire [*or* AM rental] charge

Benzin <-s, -e> [bɛnˈtsiːn] *nt* petrol BRIT, gas[oline] AM

Benzinfeuerzeug *nt* petrol lighter **Benzin-**

kanister *m* petrol canister **Benzinpreis** *m* the price of fuel **Benzinpumpe** *f* fuel pump **Benzintank** *m* petrol tank **Benzinverbrauch** *m* fuel consumption
Benzol <-s, -e> [bɛn'tsoːl] *nt* benzene; (*im Handel erhältlich*) BRIT *usu* benzol[e]
beobachtbar *adj* observable
beobachten* [bə'ʔoːbaxtn̩] *vt* ① (*betrachten*) to observe; ■**jdn** [**bei etw** *dat*] ~ to watch sb [doing sth]; **gut beobachtet!** well spotted! ② (*überwachen*) ■**beobachtet werden** to be kept under the surveillance; ■**jdn ~ lassen** to put sb under the surveillance; **sich** *akk* **auf Schritt und Tritt beobachtet fühlen** to feel that one is being dogged ③ (*bemerken*) ■**etw an jdm** ~ to notice sth in sb
Beobachter(in) <-s, -> *m(f)* observer
Beobachtung <-, -en> *f* ① (*das Betrachten*) observation ② (*Überwachung*) surveillance ③ *meist pl* (*Ergebnis des Beobachtens*) observations *pl*
Beobachtungsgabe *f* talent for observation; **eine gute ~ haben** to have a very keen eye
beordern* [bə'ʔɔrdɐn] *vt* ■**jdn zu jdm** ~ to send sb to sb; **jdn zu sich** *dat* ~ to send for sb; ■**jdn irgendwohin** ~ to order sb to go somewhere
bepacken* *vt* to load up *sep*
bepflanzen* *vt* to plant
bequatschen* *vt* (*fam*) ① (*bereden*) ■**etw** [**mit jdm**] ~ to talk over sth *sep* [with sb] ② (*überreden*) ■**jdn** ~ [**etw zu tun**] to talk sb into doing sth
bequem [bə'kveːm] **I.** *adj* ① (*angenehm*) comfortable; **es sich** *dat* ~ **machen** to make oneself comfortable ② (*leicht zu bewältigen*) easy; **ein ~es Leben haben** to have an easy life ③ (*pej: träge*) idle **II.** *adv* ① (*leicht*) easily ② (*angenehm*) comfortably
bequemen* [bə'kveːmən] *vr* (*geh*) ① (*sich zu etw verstehen*) ■**sich zu etw** *dat* ~ to bring oneself to do sth; (*herablassend*) to condescend to do sth *a. iron* ② (*sich begeben*) ■**sich zu jdm/etw** ~ to come/go to sb/sth
Bequemlichkeit <-, -en> *f* ① (*Behaglichkeit*) comfort ② (*Trägheit*) idleness; **aus** [**reiner**] ~ out of [sheer] laziness
berappen* [bə'rapn̩] *vt* (*fam*) to fork out *sep*
beraten* *irreg* **I.** *vt* ① (*Rat geben*) to advise; **jdn finanziell** ~ to give sb financial advice; ■**sich** *akk* [**von jdm**] ~ **lassen** to ask sb's advice ② (*besprechen*) to discuss; POL to debate **II.** *vi* ■**über etw** *akk* ~ to discuss sth
beratend *adj* advisory
Berater(in) <-s, -> *m(f)* advisor; (*in politischen Sachen a.*) counsellor; (*Fachberater*) consultant
beratschlagen* [bə'raːtʃlaːgn̩] *vt, vi* to discuss
Beratung <-, -en> *f* ① *kein pl* (*das Beraten*) advice ② (*Besprechung*) discussion; POL debate ③ (*beratendes Gespräch*) consultation
Beratungsstelle *f* advice centre
berauben* *vt* to rob
berauschen* (*geh*) **I.** *vt* to intoxicate; *Alkohol a.* to inebriate; *Geschwindigkeit* to exhilarate **II.** *vr* ■**sich** *akk* **an etw** *dat* ~ to become intoxicated by sth
berauschend *adj* intoxicating
Berber <-s, -> ['bɛrbɐ] *m* (*fam*) Berber [carpet]
berechenbar [bə'rɛçn̩baːɐ̯] *adj* ① (*voraussehbar*) predictable ② (*auszurechnen*) calculable
Berechenbarkeit <-> *f kein pl* (*Einschätzbarkeit*) predictability
berechnen* *vt* ① (*ausrechnen*) to calculate ② (*in Rechnung stellen*) to charge
berechnend *adj* (*pej*) scheming
Berechnung *f* ① (*Ausrechnung*) calculation; **nach meiner** ~ according to my calculations ② (*pej: Eigennutz*) scheming; **aus** ~ in cold deliberation
berechtigen* [bə'rɛçtɪgn̩] *vt* ■**zu etw** *dat* ~ ① (*bevollmächtigen*) to entitle to [do] sth; **sich** *akk* **zu etw** *dat* **berechtigt fühlen** to feel justified in doing sth ② (*Anlass geben*) to give grounds for sth
berechtigt [bə'rɛçtɪçt] *adj* justifiable; *Frage, Hoffnung, Anspruch* legitimate; *Vorwurf* just
berechtigterweise *adv* legitimately
Berechtigung <-, -en> *f pl selten* ① (*Befugnis*) authority; **die/keine ~ haben, etw zu tun** to have the/no authorization to do sth ② (*Rechtmäßigkeit*) justifiability
bereden* **I.** *vt* to discuss **II.** *vr* ■**sich** *akk* [**über etw** *akk*] ~ to discuss [sth]; **wir ~ uns noch** we are still discussing it
Beredsamkeit <-> *f kein pl* eloquence *no pl*
beredt [bə'reːt] *adj* eloquent
Bereich <-[e]s, -e> *m* ① (*Gebiet*) area; **im ~ des Möglichen liegen** to be within the realms of possibility ② (*Fachgebiet*) field; **in jds ~** *akk* **fallen** to be within sb's field
bereichern* [bə'raɪçɐn] *vr* ■**sich** *akk* [**an etw** *dat*] ~ to grow rich [on sth]
Bereicherung <-, -en> *f* ① (*Erweiterung*)

B

enrichment; *von Sammlung* enlargement; (*Gewinn*) gain ❷ (*innerer Gewinn*) **das Gespräch mit Ihnen war mir eine ~** I gained a lot from our conversation

bereifen *vt Wagen, Fahrrad* to put on [new] tyres

Bereifung <-, -en> *f* AUTO set of tyres

bereinigen* *vt* to resolve; **eine Meinungsverschiedenheit ~** to settle differences

bereisen* *vt* ■**etw ~** to travel around sth; **die Welt ~** to travel the world

bereit [bəˈraɪ̯t] *adj meist präd* ❶ (*fertig*) ready; (*vorbereitet*) prepared ❷ (*willens*) ■**zu etw** *dat* **~ sein** to be prepared to do sth; **sich** *akk* **~ erklären etw zu tun** to agree to do sth; **sich** *akk* **zu etw** *dat* **~ finden** to be willing to do sth

bereiten* *vt* ❶ (*verursachen*) to cause; *Freude, Überraschung* to give; **jdm Kopfschmerzen ~** to give sb a headache ❷ (*zubereiten*) to prepare

bereit|halten *vt irreg* ❶ (*griffbereit haben*) to have ready ❷ (*in petto haben*) to have in store **bereit|legen** *vt* to lay out *sep* ready **bereit|liegen** *vi irreg* ❶ (*abholbereit liegen*) to be ready ❷ (*griffbereit liegen*) to be within reach **bereit|machen** *vr* ■**sich** *akk* **~** to get ready

bereits [bəˈraɪ̯ts] *adv* already; **~ damals** even then

Bereitschaft <-, -en> [bəˈraɪ̯tʃaft] *f* ❶ *kein pl* willingness; **seine ~ zu etw** *dat* **erklären** to express one's willingness to do sth ❷ *kein pl* (*Bereitschaftsdienst*) emergency service; **~ haben** *Apotheke* to provide emergency services; *Arzt, Feuerwehr* to be on call; (*im Krankenhaus*) to be on duty; *Polizei, Soldaten* to be on standby; *Beamter* to be on duty ❸ (*Einheit der Bereitschaftspolizei*) squad [of police]

Bereitschaftsarzt, -ärztin *m, f* doctor on duty **Bereitschaftsdienst** *m* emergency service; *von Apotheker a.* after-hours service

bereit|stehen *vi irreg* to be ready; *Truppen* to stand by **bereit|stellen** *vt* ❶ (*zur Verfügung stellen*) to provide; *Truppen* to put on standby ❷ (*vorbereitend hinstellen*) to make ready **Bereitstellung** *f* provision

bereitwillig **I.** *adj Auskunft* given willingly; *Helfer* willing; *Verkäufer* obliging; **~e Hilfe** eager hands **II.** *adv* readily

Bereitwilligkeit <-> *f kein pl* willingness *no pl*

bereuen* *vt* to regret; **das wirst du noch ~!** you'll be sorry [for that]!

Berg <-[e]s, -e> [bɛrk] *m* ❶ GEOG mountain; (*kleiner*) hill; **am ~ liegen** to lie at the foot of the hill ❷ (*große Menge*) ■**~e von etw** *dat* piles of sth; **~e von Papier** mountains of paper ▶WENDUNGEN: **über alle ~e sein** (*fam*) to be miles away; **mit etw** *dat* **hinterm ~ halten** to keep quiet about sth; **über den ~ sein** to be out of the woods; **die Patientin ist noch nicht über den ~** the patient's state is still critical

bergab [bɛrkˈʔap] *adv* (*a. fig*) downhill; **mit seinem Geschäft geht es ~** his business is going downhill

Bergabhang *m* mountainside

Bergamotte <-, -n> [bɛrgaˈmɔtə] *f* BOT bergamot [orange]

Bergarbeiter(in) *m(f)* miner **bergauf** [bɛrkˈʔau̯f] *adv* uphill; **es geht wieder ~** (*fig*) things are looking up **Bergbahn** *f* mountain railway; (*Seilbahn*) funicular railway **Bergbau** *m kein pl* mining **Bergbesteigung** *f* mountain climb **Bergbewohner(in)** *m(f)* mountain dweller **Bergdorf** *nt* mountain village

bergen <birgt, barg, geborgen> [ˈbɛrgn̩] *vt* ❶ (*retten*) to rescue (**aus** +*dat* from); *Giftstoffe, Tote* to recover; *Schiff* to salvage ❷ (*geh: enthalten*) to hold ❸ (*geh: mit sich bringen*) to involve

Bergführer(in) *m(f)* mountain guide **Berggipfel** *m* mountain top **Berghütte** *f* mountain hut

bergig [ˈbɛrgɪç] *adj* hilly; (*gebirgig*) mountainous

Bergkette *f* mountain range **Bergkristall** *m* rock [*or* mountain] crystal *no art* **Bergland** *nt* hilly country; (*gebirgig*) mountainous country **Bergmann** <-leute> [ˈbɛrkman, *pl* -lɔy̯tə] *m* miner **Bergpredigt** *f kein pl* REL ■**die ~** the Sermon on the Mount **Bergrücken** *m* mountain ridge **Bergrutsch** *m* landslide, BRIT *a.* landslip **Bergschuh** *m* climbing boot **Bergsteigen** <-s> *nt kein pl* mountaineering **Bergsteiger(in)** <-s, -> *m(f)* mountain climber **Bergtour** *f* [mountain] climb **Berg-und-Tal-Fahrt** *f* roller coaster ride; **das war die reinste ~** it was like being on a roller coaster

Bergung <-, -en> *f* rescuing; *eines Schiffs* salvaging; *von Toten, Giftstoffen* recovering

Bergungsarbeiten *pl* rescue work *no pl, no indef art; von Schiff[sladung]* salvage work *no pl, no indef art* **Bergungsmannschaft** *f* rescue team; *von Schiff[sladung]* salvage team

Bergwacht <-, -en> *f* mountain rescue service **Bergwand** *f* mountain face **Bergwanderung** *f* mountain hike, BRIT *a.* hillwalk **Bergwerk** *nt* mine

Bericht <-[e]s, -e> [bəˈrɪçt] *m* report; (*Zeitungsbericht a.*) article

berichten* **I.** *vt* ① (*mitteilen*) to tell ② SCHWEIZ **falsch/recht berichtet** wrong/right; **bin ich falsch/recht berichtet, wenn ich annehme ...?** am I wrong/right in assuming ...? **II.** *vi* ① ■ **über etw** *akk* ~ to report on sth; **wie unser Korrespondent berichtet** according to our correspondent; **wie soeben berichtet wird, ...** we are just receiving reports that ... ② (*Bericht erstatten*) ■ **jdm** ~ to tell sb (**über** +*akk* about) ③ SCHWEIZ (*erzählen*) to talk

Berichterstatter(in) <-s, -> *m(f)* reporter; (*Korrespondent*) correspondent **Berichterstattung** <-, -en> *f* reporting (**über** +*akk* on)

berichtigen* [bəˈrɪçtɪgn̩] *vt* to correct

Berichtigung <-, -en> *f* correction

berieseln* *vt* ① (*bewässern*) to spray ② (*fig fam*) ■ **von etw** *dat* **berieselt werden** to be exposed to a constant stream of sth

Berieselung <-, -en> *f* (*Bewässerung*) spraying

beritten *adj* mounted, on horseback *pred;* ~**e Polizei** mounted police + *sing/pl vb*

Berlin <-s> [bɛrˈliːn] *nt* Berlin

Berliner[1] <-s, -> [bɛrˈliːnɐ] *m* (*Gebäck*) ≈ doughnut

Berliner[2] [bɛrˈliːnɐ] *adj attr* Berlin

berlinerisch [bɛrˈliːnərɪʃ] *adj* **sie spricht** ~ she speaks with a Berlin accent

Bermudas[1] [bɛrˈmuːdas] *pl* ■ **die** ~ Bermuda *no art,* + *sing vb;* **auf den** ~ in Bermuda

Bermudas[2] [bɛrˈmuːdas], **Bermudashorts** [bɛrˈmuːdaʃɔrts, -ʃɔːɐts] *pl* Bermuda[short]s

Bern <-s> [bɛrn] *nt* Bern[e]

Berner [ˈbɛrnɐ] *adj attr* Berne[se]

Bernhardiner <-s, -> [bɛrnharˈdiːnɐ] *m* Saint Bernard [dog]

Bernstein [ˈbɛrnʃtain] *m kein pl* amber

Berserker <-s, -> [bɛrˈzɛrkɐ] *m* HIST berserker; (*Irrer*) madman

bersten <birst, barst, geborsten> [ˈbɛrstn̩] *vi sein* ① (*platzen*) to explode; *Ballon* to burst; *Glas, Eis* to break; *Erde* to burst open; **zum B~ voll** (*fam*) full to bursting[-point] ② (*fig*) ■ **vor etw** *dat* ~ to burst with sth

berüchtigt [bəˈrʏçtɪçt] *adj* notorious (**für** +*akk* for)

berücksichtigen* [bəˈrʏkzɪçtɪgn̩] *vt* ① (*beachten*) to take into consideration ② (*positiv bedenken*) to consider

Berücksichtigung <-> *f kein pl* consideration; **unter** ~ **einer S.** *gen* in consideration of sth

Beruf <-[e]s, -e> [bəˈruːf] *m* occupation; (*Stellung*) job; **sie ist Ärztin von** ~ she's a doctor; **was sind Sie von** ~**?** what do you do [for a living]?; **ein akademischer** ~ an academic profession; **ein handwerklicher** ~ a trade; **einen** ~ **ergreifen** to take up an occupation

berufen[1] *adj* ■ **zu etw** *dat* ~ **sein** to have a vocation for sth; **sich** *akk* ~ **fühlen etw zu tun** to feel called to do sth

berufen*[2] *irreg* **I.** *vt* ■ **jdn zu etw** *dat* ~ to appoint sb to sth **II.** *vr* ■ **sich** *akk* **auf jdn/etw** ~ to refer to sb/sth **III.** *vi* JUR ÖSTERR (*Berufung einlegen*) to [lodge an] appeal

beruflich **I.** *adj* professional; ~**e Aussichten** career prospects; ~**e Laufbahn** career **II.** *adv* as far as work is concerned; **was macht sie** ~**?** what does she do for a living?; **sich** *akk* ~ **weiterbilden** to undertake further training; ~ **unterwegs sein** to be away on business; ~ **verhindert sein** to be detained by work

Land und Leute

The **Berufsakademie** is a form of university offering degree programmes which include a significant amount of practical training and work experience. It provides an alternative for school leavers who prefer to follow more practice-based degree courses.

Berufsarmee *f* regular army **Berufsausbildung** *f* [professional] training; (*zum Handwerker*) apprenticeship **Berufsaussichten** *pl* career prospects *pl* **berufsbedingt** *adj* occupational **Berufsberater(in)** *m(f)* careers advisor **Berufsberatung** *f* ① (*Beratungsstelle*) careers [*or* AM career] advisory service ② (*das Beraten*) careers [*or* AM career] advice **Berufsbezeichnung** *f* [official] job title **Berufsbild** *nt* job outline (*analysis of an occupation as a career*) **berufserfahren** *adj* [professionally] experienced **Berufserfahrung** *f* work experience **Berufsfachschule** *f* training college **berufsfremd** *adj* with no experience of [*or* AM in] a field **Berufsgeheimnis** *nt kein pl* professional confidentiality **Berufsgenossenschaft** *f* professional association **Berufsgruppe** *f* occupational group **Berufskleidung** *f* work[ing] clothes *npl* **Berufskrankheit** *f* occupational disease **Berufsleben** *nt* working life **berufsmäßig** **I.** *adj* professional **II.** *adv* professionally **Berufspendler(in)** *m(f)* commuter

Berufspraxis *f kein pl* professional practice **Berufsrisiko** *nt* occupational hazard **Berufsschule** *f* vocational school, technical college

Land und Leute

School leavers embarking on an *Ausbildung* (*professional training*) are also required to visit the **Berufsschule**, usually for one or two days a week. At the **Berufsschule** students are able to continue their general education as well taking theory-based lessons in their chosen field of work.

Berufssoldat(in) *m(f)* professional soldier **Berufssportler(in)** *m(f)* professional [sportsman/sportswoman] **berufstätig** *adj* working; ■**~ sein** to have a job; **sie ist nicht mehr ~** she's left work **Berufstätige(r)** *f(m) dekl wie adj* working person; ■**die ~n** the working people **berufsunfähig** *adj* disabled; **zu 10 % ~ sein** to have a 10% occupational disability **Berufsunfähigkeit** *f* occupational incapacity **Berufsunfall** *m* occupational accident **Berufsverband** *m* professional organization **Berufsverbot** *nt official debarment from one's occupation;* **~ haben** to be banned from one's occupation **Berufsverkehr** *m* rush-hour traffic **Berufswahl** *f kein pl* choice of career **Berufswechsel** *m* change of occupation

Berufung <-, -en> *f* ❶ JUR appeal; **in die ~ gehen** to lodge an appeal ❷ (*in ein Amt*) appointment ❸ (*innerer Auftrag*) vocation (**zu** +*dat* for) ❹ (*das Sichbeziehen*) **unter ~ auf jdn/etw** with reference to sb/sth

Berufungsinstanz *f* court of appeal **Berufungsklage** *f* appeal

beruhen* *vi* ■**auf etw** *dat* **~** to be based on sth; **die ganze Angelegenheit beruht auf einem Irrtum** the whole affair is due to a mistake ▶WENDUNGEN: **etw auf sich** *akk* **~ <u>lassen</u>** to drop sth

beruhigen* [bəˈruːɪgn̩] **I.** *vt* ❶ (*beschwichtigen*) ■**jdn ~** to comfort sb; **jds Gewissen ~** to ease sb's conscience ❷ (*ruhig machen*) to calm [down]; *Nerven* to soothe; *Schmerzen* to ease; **dieses Getränk wird deinen Magen ~** this drink will settle your stomach; **den Verkehr ~** to introduce traffic calming measures **II.** *vr* ■**sich** *akk* **~** ❶ (*ruhig werden*) to calm down; *politische Lage* to stabilize; *Meer* to grow calm ❷ (*abflauen*) *Unwetter, Nachfrage* to die down; *Krise* to ease off

beruhigend I. *adj* ❶ (*ruhig machend*) reassuring; *Musik, Bad, Massage* soothing ❷ MED (*ruhigstellend*) sedative **II.** *adv* reassuringly; *Spritze, Medikament* with a sedative effect

beruhigt [bəˈruːɪçt] **I.** *adj* relieved; **dann bin ich ~!** that's a relief! **II.** *adv* with an easy mind

Beruhigung <-, -en> *f* ❶ (*das Beschwichtigen*) reassurance ❷ (*das Beruhigen*) soothing; **geben Sie der Patientin etwas zur ~** give the patient something to calm her; **ein Mittel zur ~** a sedative; **zu jds** *dat* **~** to reassure sb ❸ (*Erleichterung*) **zu jds ~** to sb's relief; **sehr zu meiner ~** much to my relief

Beruhigungsmittel *nt* sedative **Beruhigungspille** *f* tranquillizer

berühmt [bəˈryːmt] *adj* famous (**für** +*akk* for)

berühmt-berüchtigt *adj* notorious

Berühmtheit <-, -en> *f* ❶ *kein pl* (*Ruf*) fame; **~ erlangen** to rise to fame ❷ (*berühmter Mensch*) celebrity

berühren* *vt* ❶ (*Kontakt haben*) to touch ❷ (*seelisch bewegen*) to move; **das berührt mich überhaupt nicht!** I couldn't care less! ❸ (*kurz erwähnen*) to allude to

Berührung <-, -en> *f* contact, touch; **jdn mit etw** *dat* **in ~ bringen** to bring sb into contact with sth; **mit jdm/etw in ~ kommen** (*physisch*) to brush up against sb/sth; (*in Kontakt kommen*) to come into contact with sb/sth

Berührungsangst *f meist pl* fear of contact **Berührungsbildschirm** *m* touchscreen **Berührungsfläche** *f* area of contact **Berührungspunkt** *m* point of contact

bes. *adv s.* **besonders** esp.

besagen* *vt* to mean; **das will noch nicht viel ~** that doesn't mean anything

besagt [bəˈzaːkt] **I.** *vt pp von* **besagen II.** *adj attr* (*geh*) aforementioned

besaiten* [bəˈzaitn̩] *vt Instrument* to string

besamen* [bəˈzaːmən] *vt Tier* to inseminate; *Pflanze* to pollinate

besammeln* *vr* SCHWEIZ *s.* **versammeln**

Besammlung *f* SCHWEIZ *s.* **Versammlung**

besänftigen* [bəˈzɛnftɪgn̩] **I.** *vt* to soothe **II.** *vr* ■**sich** *akk* **~** to calm down; *Sturm, Unwetter* to die down

besänftigend *adj* soothing

Besänftigung <-, -en> *f* soothing

Besatz <-es, Besätze> [bəˈzats, *pl* bəˈzɛtsə] *m* (*Borte*) trimming

Besatzung <-, -en> [bəˈzatsʊŋ] *f* ❶ (*Mannschaft*) crew ❷ MIL occupation

Besatzungsgebiet *nt* occupied territory **Besatzungsmacht** *f* occupying power **Besatzungszone** *f* occupation zone

besaufen* *vr irreg* (*fam*) ■**sich** *akk* ~ to get sloshed [*or* BRIT *a.* legless]

Besäufnis <-ses, -se> *nt* (*fam*) booze-up

besäuselt *adj* (*fam*) tipsy

beschädigen* *vt* to damage

Beschädigung <-, -en> *f* damage *no pl*

beschaffen*[1] **I.** *vt* ■[**jdm**] **etw** ~ to get sth [for sb] **II.** *vr* ■**sich** *dat* **etw** ~ to get sth; **du musst dir Arbeit** ~ you've got to find yourself a job

beschaffen[2] *adj* ■**so** ~ **sein, dass ...** to be made in such a way that ...

Beschaffenheit <-> *f kein pl* composition; *Zustand* state; *Material* structure, quality; *Körper* constitution; *Psyche* make-up; ■**je nach** ~ **von etw** *dat* according to the nature of sth

Beschaffung <-> *f kein pl* obtaining (**von** of)

beschäftigen* [bəˈʃɛftɪgn̩] **I.** *vt* ① (*einstellen*) to employ ② (*eine Tätigkeit geben*) to keep busy ③ (*gedanklich*) ■**jdn** ~ to be on sb's mind; **mit einer Frage/einem Problem beschäftigt sein** to be preoccupied with a question/problem **II.** *vr* ■**sich** *akk* [**mit etw** *dat*] ~ to occupy oneself [with sth]; **hast du genug, womit du dich ~ kannst?** have you got enough to do?; ■**sich** *akk* **mit jdm** ~ to pay attention to sb; **du musst dich mehr mit den Kindern** ~ you should spend more time with the children

beschäftigt [bəˈʃɛftɪçt] *adj* ① (*befasst*) busy (**mit** +*dat* with); **sehr ~ sein** to be very busy ② (*angestellt*) employed; **wo bist du ~?** where do you work?

Beschäftigte(r) *f(m) dekl wie adj* employee

Beschäftigung <-, -en> *f* ① (*Anstellung*) employment *no pl*, job ② (*Tätigkeit*) occupation ③ (*geistige Auseinandersetzung*) consideration (**mit** +*dat* of)

beschäftigungsfeindlich *adj* ÖKON employment-unfriendly **Beschäftigungslage** *f* [situation on the] job market

beschäftigungslos *adj* (*arbeitslos*) unemployed

Beschäftigungsmaßnahme *f* ÖKON job-creation scheme **Beschäftigungspolitik** *f* employment policy **Beschäftigungstherapie** *f* occupational therapy

beschämen* *vt* ■**jdn** ~ to shame sb; **es beschämt mich, zuzugeben ...** I'm ashamed to admit ...

beschämend *adj* ① (*schändlich*) shameful ② (*demütigend*) humiliating; **ein ~es Gefühl** a feeling of shame

beschämt *adj* ashamed; (*verlegen*) shamefaced; ■**von etw** *dat* **~sein** to be embarrassed by sth

beschatten* *vt* to shadow

Beschattung <-, *selten* -en> *f* ① (*Überwachung*) shadowing ② (*das Schattenwerfen*) shade

beschauen* *vt* ① *Fleisch* to inspect ② DIAL (*betrachten*) to look at

beschaulich **I.** *adj* peaceful; **ein ~es Leben führen** to lead a contemplative life **II.** *adv* peacefully

Beschaulichkeit <-> *f kein pl* tranquillity *no pl*

Bescheid <-[e]s, -e> [bəˈʃait] *m* information *no pl, no indef art;* ADMIN answer; **~ erhalten** to be informed; **jdm ~ geben** to inform sb; **ich habe noch keinen ~** I still haven't heard anything; [**über etw** *akk*] **~ wissen** to know [about sth] ▶WENDUNGEN: **jdm <u>ordentlich</u> ~ sagen** (*fam*) to give sb a piece of one's mind

bescheiden [bəˈʃaidn̩] **I.** *adj* ① (*genügsam, einfach*) modest; **ein ~es Leben führen** to lead a humble life; **aus ~en Verhältnissen kommen** to have a humble background ② (*gering*) meagre ③ (*euph fam: beschissen*) lousy, BRIT *a.* bloody-awful; **seine Leistung war eher ~** his performance was rather lousy **II.** *adv* ① (*selbstgenügsam*) modestly ② (*einfach*) plainly

Bescheidenheit <-> *f kein pl* modesty; **in aller ~** in all modesty

bescheinigen* [bəˈʃainɪgn̩] *vt* ■**jdm etw ~** to certify sth for sb *form;* (*quittieren*) to provide sb with a receipt; ■[**jdm**] **~, dass ...** to confirm [to sb] in writing that ...; ■**sich** *dat* **etw ~ lassen** to have sth certified

Bescheinigung <-, -en> *f* certification

bescheißen* *irreg* (*derb*) **I.** *vt* ■**jdn ~** to rip sb off **II.** *vi* ■[**bei etw** *dat*] ~ to cheat [at sth]

beschenken* **I.** *vt* ■**jdn ~** to give sb a present; **reich beschenkt werden** to be showered with presents **II.** *vr* ■**sich** *akk* [**gegenseitig**] ~ to give each other presents

bescheren* **I.** *vt* ① (*zu Weihnachten*) to give a Christmas present ② (*zuteilwerden lassen*) ■**jdm etw ~** to give sb sth **II.** *vi* to give each other Christmas presents

Bescherung <-, -en> *f* giving of Christmas presents ▶WENDUNGEN: [**das ist ja**] **eine <u>schöne</u> ~!** (*iron*) this is a pretty kettle of fish!; **jetzt <u>haben</u> wir die ~!** well, there you are! haven't I told you!

B

> **Land und Leute**
>
> On Christmas Eve (24th December) presents are placed under the Christmas tree in preparation for them to be given out, a tradition known as **die Bescherung.** In many families, the children are allowed to unwrap their presents after Christmas dinner, following a visit by *das Christkind.*

bescheuert (*fam*) **I.** *adj* ❶ (*blöd*) screwy, BRIT *fam a.* daft; **dieser ~e Kerl** that daft idiot; **der ist etwas ~** he's got a screw loose *fam* ❷ (*unangenehm*) stupid; **so was B~es!** how stupid! **II.** *adv* stupidly; **du siehst total ~ aus** you look really daft; **sich** *akk* **~anstellen** to act like an idiot

beschichten* *vt* to coat (**mit** +*dat* with)

Beschichtung <-, -en> *f* coating

beschießen* *vt irreg* to shoot at

beschildern* *vt* (*im Straßenverkehr*) to signpost; **gut/schlecht beschildert [sein]** [to be] well/badly signposted

Beschilderung <-, -en> *f* ❶ (*das Beschildern*) signposting ❷ (*Verkehrsschild*) signpost

beschimpfen* **I.** *vt* to insult; **jdn aufs Übelste ~** to abuse sb in the worst possible manner **II.** *vr* ■**sich** *akk* **[gegenseitig] ~** to insult each other

Beschimpfung <-, -en> *f* insult

Beschiss <-es> *m kein pl* (*derb*) rip-off

beschissen (*sl*) **I.** *adj* lousy, BRIT *a.* bloody-awful **II.** *adv* in a lousy fashion; **es geht ihr wirklich ~** she's having a miserable time of it; **~ behandelt werden/aussehen** to be treated/to look like a piece of shit

Beschlag <-[e]s, Beschläge> [bəˈʃlaːk, *pl* bəˈʃlɛːgə] *m* ❶ *Koffer* lock; *Buch* clasp; *Tür, Fenster, Möbelstück* fitting ❷ (*Belag*) film; *Metall* tarnish; *Glasscheibe* steam ▸WENDUNGEN: **etw/jdn in ~ nehmen** to monopolize sth/sb; **jd wird in ~ genommen** sb's hands are full [with sth]

beschlagen* *irreg vi sein Spiegel, Scheibe* to mist up

beschlagnahmen* [bəʃlaːknaːmən] *vt* to seize, to confiscate

Beschlagnahmung <-, -en> *f* JUR confiscation

beschleichen* *vt irreg* ■**jdn ~** to come over sb

beschleunigen* [bəˈʃlɔynɪgn̩] **I.** *vt* to accelerate; *Tempo* to increase; *Schritte* to quicken; *Vorgang* to speed up **II.** *vi* to accelerate; **stark ~** to accelerate hard

Beschleunigung <-, -en> *f* acceleration *no pl*

beschließen* *irreg* **I.** *vt* ❶ (*entscheiden über*) to decide; **ein Gesetz ~** to pass a motion ❷ (*beenden*) to conclude **II.** *vi* ■**über etw ~** to decide on sth

beschlossen *adj* decided; **das ist ~e Sache** the matter is settled

Beschluss <-es, Beschlüsse> *m* decision; **einen ~ fassen** to reach a decision

beschlussfähig *adj* quorate; ■**~ sein** to have a quorum **beschlussunfähig** *adj* inquorate

beschmieren* **I.** *vt* ❶ (*bestreichen*) ■**etw mit etw** *akk* **~** to spread sth on sth ❷ (*besudeln*) **du bist da am Kinn ja ganz beschmiert** you've got something smeared on your chin; **etw mit Gekritzel ~** to scribble [all] over sth **II.** *vr* ■**sich** *akk* **~** to get oneself dirty

beschmutzen* **I.** *vt* ❶ (*schmutzig machen*) to dirty ❷ (*fig: in den Schmutz ziehen*) to blacken **II.** *vr* ■**sich** *akk* **~** to get oneself dirty

beschneiden* *vt irreg* ❶ (*zurechtschneiden*) to cut; (*stutzen*) to clip; HORT to prune ❷ MED, REL to circumcise

Beschneidung <-, -en> *f* ❶ (*das Zurechtschneiden*) cutting; (*das Stutzen*) clipping; HORT pruning ❷ MED, REL circumcision

beschnitten *adj* circumcised

beschnüffeln* *vt* ❶ (*riechen an*) to sniff at ❷ (*pej fam: bespitzeln*) to check out

beschnuppern* *vt* ❶ (*riechen an*) to sniff at ❷ (*fam: prüfend kennen lernen*) to size up

beschönigen* [bəˈʃøːnɪgn̩] *vt* to gloss over

beschränken* **I.** *vt* ❶ (*begrenzen*) to limit (**auf** +*akk* to) ❷ (*einschränken*) to curtail; **jdn in seinen Rechten ~** to curtail sb's rights **II.** *vr* ■**sich** *akk* **[auf etw] ~** to restrict oneself [to sth]; **sich** *akk* **auf das Wesentliche ~** to keep to the essential points

beschränkt *adj* restricted; *Sicht* low; *Intelligenz* limited; *Sichtweise* narrow-minded; **finanziell/räumlich/zeitlich ~ sein** to have a limited amount of cash/space/time; **Gesellschaft mit ~er Haftung** limited [liability] company [*or* AM corporation]

Beschränkung <-, -en> *f* restriction

beschreiben* *vt irreg* ❶ (*darstellen*) to describe ❷ (*vollschreiben*) to cover with writing

Beschreibung <-, -en> *f* ❶ (*Darstellung*) description ❷ (*fam: Beipackzettel*) description; (*Gebrauchsanweisung*) instructions *pl* ▸WENDUNGEN: **das spottet jeder ~** it beggars description

beschreiten* *vt irreg* (*geh*) ❶ (*begehen*) to

walk on ② (*einschlagen*) **einen Weg ~** to follow a course

beschriften* [bəˈʃrɪftn̩] *vt* to inscribe; (*mit Etikett*) to label

Beschriftung <-, -en> *f* inscription

beschuldigen* [bəˈʃʊldɪgn̩] *vt* to accuse (+*gen* of)

Beschuldigte(r) *f(m) dekl wie adj* accused

Beschuldigung <-, -en> *f* accusation

Beschuss <-es> *m kein pl* fire; (*durch Granaten, Raketen*) shelling; (*durch schwere Geschütze*) bombardment; **unter ~ geraten** to come under fire; **jdn/etw unter ~ nehmen** (*a. fig*) to attack sb/sth; (*mit Maschinengewehren*) to fire at sb/sth; (*mit Granaten, Raketen*) to shell sb/sth

beschützen* *vt* to protect (**vor** +*dat* from)

Beschützer(in) <-s, -> *m(f)* protector

beschwatzen* *vt* (*fam*) ① (*überreden*) to talk round; (*schmeichelnd*) to wheedle ② (*bereden*) to chat [*or* BRIT *a.* have a chinwag] about

Beschwerde <-, -n> [bəˈʃveːɐ̯də] *f* ① (*Beanstandung, Klage*) complaint; **Grund zur ~ haben** to have grounds for complaint ② *pl* MED complaint *form;* **~n mit etw** *dat* **haben** to have problems with sth; **mein Magen macht mir ~n** my stomach is giving me trouble

beschwerdefrei *adj* MED healthy

Beschwerdeführer(in) *m(f)* (*geh*) person lodging a complaint; JUR complainant

beschweren* [bəˈʃveːrən] **I.** *vr* ▪**sich** *akk* **~** to complain (**über** +*akk* about); **ich kann mich nicht ~** I can't complain **II.** *vt* to weight [down]

beschwerlich *adj* difficult, exhausting; *Reise* arduous; **das Laufen ist für ihn sehr ~** walking is hard for him

beschwichtigen* [bəˈʃvɪçtɪgn̩] *vt* to soothe

beschwichtigend I. *adj* soothing **II.** *adv* soothingly

Beschwichtigung <-, -en> *f* soothing

beschwindeln* *vt* (*fam*) ① (*belügen*) to tell fibs ② (*betrügen*) to con

beschwingen* *vt* to get going; **die Musik beschwingte uns** the music elated us

beschwingt I. *adj* lively; *Mensch a.* vivacious **II.** *adv* chirpily; **sich** *akk* **~ fühlen** to feel elated

beschwipsen *vt* (*fam*) to make tipsy

beschwipst [bəˈʃvɪpst] *adj* (*fam*) tipsy

beschwören* *vt irreg* ① (*beeiden*) to swear [to]; **~ kann ich das nicht** I wouldn't like to swear to it ② (*anflehen*) ▪**jdn ~** to beg sb

beseelen* [bəˈzeːlən] *vt* ① (*durchdringen*) to animate ② (*mit innerem Leben erfüllen*) to breathe life into

besehen* *irreg vt* to look at; **etw näher ~** to inspect sth closely

beseitigen* [bəˈzaj̯tɪgn̩] *vt* ① (*entfernen*) to dispose of; *Zweifel* to dispel; *Missverständnis* to clear up; *Hindernis* to clear away; *Fehler* to eliminate; *Ungerechtigkeiten* to abolish ② (*euph: umbringen*) to eliminate

Beseitigung <-> *f kein pl* ① (*das Beseitigen*) disposal; *Farben/Spuren/Regime* removal; *Zweifel* dispelling; *Missverständnis* clearing-up ② (*euph: Liquidierung einer Person*) elimination

Besen <-s, -> [ˈbeːzn̩] *m* ① (*Kehrbesen*) broom; (*kleiner*) brush; *einer Hexe* broomstick ② (*pej fam: kratzbürstige Frau*) old bag ③ SÜDD (*fam*) *Swabian vineyard's own public bar selling its wine, signalled by a broom hanging outside the door* ▶ WENDUNGEN: **ich fresse einen ~, wenn ...** (*fam*) I'll eat my hat if ...

Besenstiel *m* broomstick ▶ WENDUNGEN: **als habe jd einen ~ verschluckt** as stiff as a post

besessen [bəˈzɛsn̩] *adj* obsessed (**von** +*dat* with); **wie ~** like mad

Besessenheit <-> *f kein pl* obsession

besetzen* *vt* ① (*belegen*) to reserve; *Stühle, Plätze* to occupy; **die Leitung ist besetzt** the line is engaged [*or* AM busy] ② *Land* to occupy; *Haus* to squat in ③ *Posten* to fill

besetzt *adj* ① (*vergeben*) taken, occupied ② ▪**~ sein** *Telefon, Toilette* to be occupied [*or* BRIT *a.* engaged] [*or* AM *a.* busy]; *Terminkalender, Termine* to be fully booked-up ③ MIL occupied; (*bemannt*) manned

Besetztzeichen *nt* engaged [*or* AM busy] tone

Besetzung <-, -en> *f Land* occupation; *Haus* squatting [in]

besichtigen* [bəˈzɪçtɪgn̩] *vt* to visit; *Sehenswürdigkeit a.* to have a look at; *Betrieb* to have a tour of; *Haus, Wohnung* to view

Besichtigung <-, -en> *f* visiting; *Wohnung, Haus etc.* viewing; **eine ~ der Sehenswürdigkeiten** a sightseeing tour; **die ~ einer Stadt** a tour of a town

besiedeln* *vt* to settle; (*kolonisieren*) to colonize; **dicht/dünn besiedelt** densely/thinly populated

besiedelt *adj* populated; **nicht ~** unpopulated

Besied(e)lung <-, -en> *f* settlement; (*Kolonisierung*) colonization; *Ballungsraum,*

Landstrich, etc population; **dichte/dünne ~** dense/sparse population

besiegeln* *vt* to seal

besiegen* *vt* ① (*schlagen*) to beat; *Land* to conquer ② (*überwinden*) to overcome

Besiegte(r) *f(m) dekl wie adj* loser; ■ **die Besiegten** the defeated [*or liter* vanquished]

besinnen* *irreg vr* ■ **sich** *akk* **~** ① (*überlegen*) to think [for a moment]; **sich anders ~** to change one's mind [about sth] ② (*sich erinnern*) to remember; **wenn ich mich recht besinne** if I remember rightly

besinnlich [bəˈzɪnlɪç] *adj* thoughtful; (*geruhsam*) leisurely; **er verbrachte einige ~e Tage im Kloster** he spent a few days of contemplation in the monastery

Besinnung <-> *f kein pl* (*Bewusstsein*) consciousness *no pl;* **die ~ verlieren** to faint; **[wieder] zur ~ kommen** to come round

besinnungslos *adj* ① (*ohnmächtig*) unconscious; ■ **~ werden** to pass out ② (*blind*) insensate; *Wut* blind; **~ vor Angst** blind with fear

Besinnungslosigkeit <-> *f kein pl* unconsciousness *no pl*

Besitz <-es> [bəˈzɪts] *m kein pl* ① (*Eigentum*) property; (*Vermögen*) possession ② AGR land; (*Landsitz, Gut*) estate ③ (*das Besitzen*) possession; **von etw** *dat* **~ ergreifen** (*geh*) to take possession of sth; **in den ~ einer S.** *gen* **gelangen** to come into possession of sth; **in jds** *akk* **~ übergehen** to pass into sb's possession; **in staatlichem/privatem ~** state-owned/privately-owned

besitzanzeigend *adj* LING **[ein] ~es Fürwort** [a] possessive pronoun

besitzen* *vt irreg* ① (*Eigentümer sein*) to own ② (*haben, aufweisen*) to have [got]; **die Frechheit ~, etw zu tun** to have the cheek to do sth; **jds Vertrauen ~** to have sb's confidence

Besitzer(in) <-s, -> *m(f)* owner; *eines Geschäfts etc.* proprietor; **den ~ wechseln** to change hands

besitzergreifend *adj* possessive

besitzlos *adj* poor

Besitztum <-s, -tümer> *nt* property *no pl; Land* estate

besoffen [bəˈzɔfn̩] *adj* (*fam*) sloshed, BRIT *a.* pissed; **total ~** dead drunk

Besoffene(r) *f(m) dekl wie adj* (*fam*) drunk

besohlen* *vt* to sole

besolden* [bəˈzɔldn̩] *vt* to pay

Besoldung <-, -en> *f* salary

besondere(r, s) [bəˈzɔndərə, -ərɐ, -ərəs] *adj* ① (*ungewöhnlich*) unusual; (*eigentümlich*) peculiar; (*außergewöhnlich*) particular ② (*speziell*) special; **ein ~s Interesse an etw** *dat* **haben** to be especially interested in sth; **von ~r Bedeutung** of great significance; **~n Wert auf etw legen** to attach great importance to sth

Besonderheit <-, -en> *f* (*Merkmal*) feature; (*Außergewöhnlichkeit*) special quality; (*Eigentümlichkeit*) peculiarity

besonders [bəˈzɔndɐs] *adv* ① (*außergewöhnlich*) particularly; **[nicht] ~ klug/fröhlich** [not] particularly bright/happy; **~ viel** a great deal ② (*vor allem*) in particular, above all ③ (*fam*) **nicht ~ sein** to be nothing out of the ordinary; **jd fühlt sich** *akk* **nicht ~** sb feels not too good

besonnen [bəˈzɔnən] **I.** *adj* sensible; **~ bleiben** to stay calm **II.** *adv* sensibly, calmly

Besonnenheit <-> *f kein pl* calmness *no pl*

besorgen* *vt* ① (*beschaffen*) to get; **sich** *dat* **einen Job ~** to find oneself a job ② (*kaufen*) to buy ③ (*erledigen*) to see to; *Angelegenheiten* to look after; **den Haushalt ~** to run the household ▶ WENDUNGEN: **es jdm ~** (*fam: verprügeln*) to give sb a thrashing; (*derb: sexuell befriedigen*) to give it to sb

Besorgnis <-, -se> [bəˈzɔrknɪs] *f pl selten* ① (*Sorge*) concern; **jds** *akk* **~ erregen** to cause sb's concern; **~ erregend** worrying; **kein Grund zur ~!** no need to worry! ② (*Befürchtung*) misgivings *pl,* fears *pl*

besorgniserregend *adj* worrying

besorgt [bəˈzɔrkt] *adj* worried; ■ **[wegen einer S.** *gen*] **~ sein** to be worried [about sth]; **ein ~es Gesicht machen** to look troubled; ■ **um jdn/etw ~ sein** to be anxious about sb/sth

Besorgung <-, -en> *f* ① (*Einkauf*) errand[s]; **~en machen** to do some errands; (*das Kaufen*) purchase *form* ② (*das Erledigen*) *Geschäfte, Aufgaben* management [of affairs]

Besorgungen *pl* **~ machen** to do some errands

bespannen* *vt* to cover (**mit** +*dat* with); **einen Schläger neu ~** to re-string a racket

bespielbar *adj* ① *Kassette* capable of being recorded on ② *Platz* fit for playing on

bespielen* *vt* ① *Kassette* to record ② *Platz* to play on

bespitzeln* *vt* to spy on

besprechen* *irreg vt* ① (*erörtern*) to discuss; **wie besprochen** as agreed ② *Buch, Film* to review ③ *Kassette* to make a recording on

Besprechung <-, -en> *f* ① (*Konferenz*) meeting; (*Unterredung*) discussion ② (*Rezension*) review

bespritzen* *vt* to splash (**mit** +*dat* with)

besser ['bɛsɐ] **I.** *adj, adv komp von* **gut** better; *Qualität* superior; **etwas B~es** something better; **nichts B~es** nothing better; **es ~ haben** to be better off ▸ WENDUNGEN: **jdn eines B~en belehren** to put sb right; **ich lasse mich gerne eines B~en belehren** I'm willing to admit I'm wrong **II.** *adv* ① (*nicht mehr schlecht*) **es geht jdm ~** MED sb is better ② (*lieber*) better; **dem solltest du ~ aus dem Wege gehen!** it would be better if you avoided him!

besser|gehen *vi impers, irreg sein s.* **besser II 1**

Bessergestellte(r) *f(m) dekl wie adj* better off person

bessern ['bɛsɐn] *vr* ■ **sich** *akk* ~ to improve; *Person* to mend one's ways

Besserung <-> *f kein pl* improvement; **gute ~!** get well soon!; **auf dem Weg der ~ sein** to be on one's way to recovery

Besserverdienende(r) *f(m) dekl wie adj* high earner

Besserwessi *m* (*pej fam*) *person from former West Germany who displays an attitude of superiority towards people from former East Germany*

Besserwisser(in) <-s, -> *m(f)* (*pej*) know-all

Besserwisserei <-> *f kein pl* (*pej*) know-all manner; **verschone uns mit deiner ständigen ~!** spare us this little Mr/Miss Know-it-all attitude of yours!

Besserwisserin <-, -nen> *f fem form von* **Besserwisser**

besserwisserisch (*pej*) **I.** *adj* know-all **II.** *adv* like a know-all

Bessrung <-> *f s.* **Besserung**

Bestand <-[e]s, Bestände> *m* ① *kein pl* (*Fortdauer*) survival; **~ haben** to be long-lasting ② (*vorhandene Menge*) supply (**an** +*dat* of); *Bäume* stand [of trees]

bestanden *adj* SCHWEIZ (*alt, bejahrt*) advanced in years *pred*

beständig *adj* ① *attr* (*ständig*) constant ② (*gleich bleibend*) consistent; *Wetter* settled ③ (*widerstandsfähig*) resistant (**gegen** +*akk* to)

Beständigkeit <-> *f kein pl* ① (*das Anhalten*) persistence; *Wetter* continuation ② (*gleich bleibende Eigenschaft*) consistency ③ (*Widerstandsfähigkeit*) resistance (**gegen** +*akk* to)

Bestandsaufnahme *f* ① ÖKON stocktaking; **eine ~ machen** to take stock; (*in der Gastronomie, im Haushalt*) to make an inventory ② (*fig: Bilanz*) taking stock; **eine ~ machen** to do a stocktaking

Bestandteil *m* part; SCI component; **notwendiger ~** essential part; **sich in seine ~e auflösen** to fall apart; **etw in seine ~e zerlegen** to take sth to pieces

bestärken* *vt* ■ **jdn [in etw** *dat*] ~ to encourage sb['s sth]; **jdn in seinem Vorhaben ~** to confirm sb in their intention; **jdn in einem Verdacht ~** to reinforce sb's suspicion

Bestärkung *f* ① (*Unterstützung*) support ② (*Erhärtung*) confirmation

bestätigen* [bə'ʃtɛːtɪgn̩] **I.** *vt* ① (*für zutreffend erklären*) to confirm; *Alibi* to corroborate; **die Richtigkeit einer S.** *gen* ~ to verify sth; **ein ~des Kopfnicken** a nod of confirmation ② (*bestärken*) ■ **jdn [in etw** *dat*] ~ to support sb [in sth] ③ (*quittieren*) to certify; *Empfang* to confirm ④ **jdn im Amt ~** to confirm sb in office **II.** *vr* ■ **sich** *akk* ~ to prove to be true

Bestätigung <-, -en> *f* confirmation; (*Schriftstück*) written confirmation, certification

Bestätigungsschreiben *nt* FIN letter of acknowledg[e]ment

bestatten* [bə'ʃtatn̩] *vt* (*geh*) to bury, to lay to rest

Bestattung <-, -en> *f* (*geh*) funeral

Bestattungsinstitut *nt,* **Bestattungsunternehmen** *nt* (*geh*) funeral parlour

bestäuben* *vt* ① KOCHK to dust (**mit** +*dat* with) ② BOT to pollinate

Bestäubung <-, -en> *f* BOT pollination

bestaunen* *vt* to admire

bestbezahlte(r, s) *adj attr* highest paid

beste(r, s) ['bɛstə, 'bɛstɐ, 'bɛstəs] *adj superl von* **gut** *attr* best; **mit den ~n Wünschen** with all best wishes; **sich** *akk* **~r Gesundheit erfreuen** to be in the best of health; **in ~r Laune** the best of spirits; ■ **am ~n ...** it would be best if ...; **es wäre am ~n, wenn Sie jetzt gingen** you had better go now

bestechen* *irreg* **I.** *vt Beamte* to bribe **II.** *vi* (*Eindruck machen*) to be impressive; ■ **durch etw ~** to win people over with sth

bestechend **I.** *adj* captivating; *Angebot* tempting; *Gedanke* fascinating; *Lächeln* winning; *Schönheit* entrancing; *Geist* brilliant **II.** *adv* winningly

bestechlich [bə'ʃtɛçlɪç] *adj* corrupt

Bestechlichkeit <-> *f kein pl* corruptibility

Bestechung <-, -en> *f* bribery

Bestechungsgeld *nt meist pl* bribe

B

B

Bestechungsversuch *m* attempt to bribe
Besteck <-[e]s, -e> [bəˈʃtɛk] *nt* ① (*Essbesteck*) cutlery *n sing* ② (*Instrumentensatz*) set of instruments; *eines Heroinsüchtigen* needles *pl*
bestehen* *irreg* **I.** *vt Prüfung* to pass; **einen Kampf ~** to win a fight; **eine Probe ~** to stand the test [of sth]; ■**etw nicht ~** to fail sth; **die Prüfer ließen ihn nicht ~** the examiners failed him **II.** *vi* ① (*existieren*) to be; + *Zeitangabe* to exist; **es ~ gute Aussichten, dass ...** the prospects of ... are good; **es besteht die Gefahr, dass ...** there is a danger of ...; **es besteht kein Zweifel** there is no doubt; **~ bleiben** (*weiterhin existieren*) to last; (*weiterhin gelten*) *Versprechen, Wort* to remain; **etw ~ lassen** to retain sth ② (*sich zusammensetzen*) to consist (**aus** +*dat* of); *Material* to be made (**aus** +*dat* of) ③ (*beinhalten*) ■**in etw** *dat* **~** to consist in sth; **das Problem besteht darin, dass ...** the problem is that ...; **der Unterschied besteht darin, dass ...** the difference is that ... ④ (*beharren*) ■**auf etw** *dat* **~** to insist on sth; **auf einer Meinung ~** to stick to an opinion; ■**darauf ~, dass ...** to insist that ...; **wenn Sie darauf ~!** if you insist!
bestehend *adj* existing
bestehlen* *vt irreg* to rob; **man hat mich bestohlen!** I've been robbed!
besteigen* *vt irreg* ① (*auf etw klettern*) to climb [up onto]; *Podest* to get up onto ② *Thron* to ascend ③ *Pferd, Fahrrad, Motorrad* to mount ④ *Bus* to get on; *Taxi, Auto* to get into; *Flugzeug* to board; *Schiff* to go on board
bestellen* *vt* ① (*in Auftrag geben*) to order (**bei** +*dat* from); *Zeitung* to subscribe to ② (*reservieren*) to reserve ③ (*ausrichten*) to tell; [**jdm**] **Grüße ~** to send [sb] one's regards; **können Sie ihr etwas ~?** may I leave a message for her? ④ (*kommen lassen*) to ask to come; *Taxi* to call ⑤ *Acker* to cultivate ▶ WENDUNGEN: **mit etw** *dat* **ist es schlecht bestellt** sth is in a bad way; **wie bestellt und nicht abgeholt** (*hum fam*) standing around, making the place look untidy
Bestellnummer *f* order number **Bestellschein** *m* order form
Bestellung <-, -en> *f* order; **eine ~ aufgeben** to make an order
besten [ˈbɛstn̩] *adv s.* **beste(r, s)**
bestenfalls [ˈbɛstn̩ˈfals] *adv* at best
bestens [ˈbɛstn̩s] *adv* very well; **~ vorsorgen** to take very careful precautions
besteuern* *vt* to tax
Besteuerung <-, -en> *f* taxation
Bestform *f* top form
bestialisch [bɛsˈti̯aːlɪʃ] **I.** *adj* atrocious; *Gestank* vile; *Schmerz* excruciating; **~ stinken** to stink to high heaven **II.** *adv* (*fam*) dreadfully
Bestialität [bɛsti̯aliˈtɛːt] *f* bestiality
besticken* *vt* to embroider
Bestie <-, -n> [ˈbɛsti̯ə] *f* ① (*Tier*) beast *form* ② (*Mensch*) brute
bestimmen* **I.** *vt* ① (*festsetzen*) to decide on; *Preis, Ort, Zeit* to fix; *Grenze* to set ② (*prägen*) to set the tone for; **Wälder ~ das Landschaftsbild** forests characterize the scenery ③ (*vorsehen*) **für jdn/etw bestimmt sein** to be for sb/sth; **füreinander bestimmt** meant for each other **II.** *vi* ① (*befehlen*) to be in charge ② (*verfügen*) ■**über jdn/etw ~** to control sb/sth
bestimmend **I.** *adj* decisive **II.** *adv* decisively
bestimmt [bəˈʃtɪmt] **I.** *adj* ① (*speziell*) particular; **ganz ~e Vorstellungen** very particular ideas ② (*festgelegt*) *Tag, Termin* fixed ③ LING **ein ~er Artikel** a definite article ④ (*entschieden*) *Auftreten* firm ⑤ (*genau*) *Anweisung* precise **II.** *adv* ① (*sicher*) definitely; **ganz ~ kommt er noch** he's bound to come; **Sie sind ~ derjenige, der ...** you must be the person who ...; **das ist ~ für dich** *Anruf, Besuch* it's bound to be for you; **etw ganz ~ wissen** to be positive about sth; **~ nicht** certainly not ② (*entschieden*) determinedly, firmly
Bestimmtheit <-> *f kein pl* determination; **etw in aller ~ ablehnen** to categorically refuse sth; **etw mit ~ sagen können** to be able to state sth definitely
Bestimmung <-, -en> *f* ① (*Vorschrift*) regulation ② (*Schicksal*) destiny
Bestimmungsort *m* destination
Bestleistung *f* best performance; **jds persönliche ~** sb's personal best
bestmöglich [ˈbɛstˈmøːklɪç] *adj* best possible
Best.-Nr. *f* ÖKON *Abk von* **Bestellnummer**
bestrafen* *vt* to punish (**mit** +*dat* by, with, **für** +*akk* for); **etw wird mit Gefängnis bestraft** sth is punishable by imprisonment
Bestrafung <-, -en> *f* punishment; **zur ~** as a punishment
bestrahlen* *vt* ① MED to treat with radiotherapy ② (*beleuchten*) to illuminate
Bestrahlung <-, -en> *f* MED radiotherapy
Bestreben <-s> *nt kein pl* endeavour[s]
bestrebt *adj* ■**~ sein etw zu tun** to be keen to do sth

bestreichen* *vt irreg* ① (*beschmieren*) ■**etw mit etw** *dat* ~ to spread sth on sth; **eine Scheibe Brot mit Butter** ~ to butter a slice of bread ② (*einpinseln*) to coat (**mit** +*dat* with); *mit Farbe* to paint

bestreiken* *vt* to take strike action [*or* AM go on strike] against; **dieser Betrieb wird bestreikt** there is a strike in progress at this company

bestreitbar *adj* disputable; **nicht** ~ indisputable

bestreiten* *vt irreg* ① (*leugnen*) to deny; *Behauptung* to reject; **es lässt sich nicht ~, dass ...** it cannot be denied that ... ② (*finanzieren*) to finance; *Kosten* to cover; **seinen Unterhalt** ~ to earn a living

bestreuen* *vt* to strew; *mit Puderzucker* to dust; *mit Zucker* to sprinkle

Bestseller <-s, -> ['bɛstzɛlɐ] *m* bestseller

Bestsellerautor(in) *m(f)* bestselling author

Bestsellerliste *f* bestseller list

bestsituiert *adj attr bes* ÖSTERR well-situated [*or* -off]

bestürmen* *vt* to bombard

bestürzen* *vt* to upset

bestürzt **I.** *adj* dismayed (**über** +*akk* by); **zutiefst** ~ deeply dismayed **II.** *adv* in a dismayed [*or* disturbed] manner

Bestürzung <-> *f kein pl* consternation *no pl;* ~ **auslösen** to arouse [great] consternation

Bestzeit *f* best time

Besuch <-[e]s, -e> [bə'zu:x] *m* ① (*das Besuchen*) visit (**bei** +*dat* to, **in** +*dat* to); **jdm einen ~ abstatten** to pay sb a visit; (*kurz*) to call on sb; [**bei jdm**] **auf ~ sein** to be on a visit [to sb]; **ich bin hier nur zu ~** I'm just visiting ② (*Besucher*) visitor[s]; (*eingeladen*) guest[s]; **hoher ~** important visitor[s]

besuchen* *vt* ① (*als Besuch kommen*) to visit; **besuch mich bald mal wieder!** come again soon! ② (*aufsuchen*) *Ausstellung, Museum* to visit; *Konzert* to attend ③ (*teilnehmen*) **die Schule/einen Kurs** ~ to go to [*or* attend] school/a course

Besucher(in) <-s, -> *m(f)* visitor, guest; *Kino, Theater* cinema/theatre goer; *Sportveranstaltung* spectator; **ein regelmäßiger** ~ a frequenter

Besucherzahl *f* number of visitors

Besuchszeit *f* visiting hours *pl*

besudeln* (*geh*) **I.** *vt* ① (*beschmieren*) to besmear; **jetzt habe ich meine Bluse mit Kaffee besudelt** now I've got coffee all over my blouse ② (*herabwürdigen*) *Name, Ruf* to besmirch **II.** *vr* ■**sich** *akk* ~ to soil oneself

betagt [bə'ta:kt] *adj* (*geh*) aged, advanced in years *pred*

betasten* *vt* to feel; MED to palpate

Betastrahlung *f* PHYS beta radiation

betätigen* **I.** *vt Schalter* to press; *Hebel* to operate; *Bremse* to apply **II.** *vr* ■**sich** *akk* ~ to busy oneself; **sich** *akk* **politisch** ~ to be politically active; **sich** *akk* **sportlich** ~ to exercise

Betätigung <-, -en> [bə'tɛ:tɪgʊŋ] *f* (*Aktivität*) activity; (*berufliche Tätigkeit*) work

Betätigungsfeld *nt* field of activity

betatschen* *vt* (*pej fam*) to paw

betäuben* [bə'tɔybn̩] *vt* ① (*narkotisieren*) to anaesthetize; **die Entführer betäubten ihr Opfer** the kidnappers drugged their victim ② (*unempfindlich machen*) to deaden; *Schmerz* to kill ③ (*ruhigstellen*) to silence; *Emotionen* to suppress; *Gewissen* to ease; **seinen Kummer mit Alkohol** ~ to drown one's sorrows in drink

Betäubung <-, -en> *f* ① (*das Narkotisieren*) anaesthetization ② (*das Betäuben*) deadening; *von Schmerz* killing ③ (*Narkose*) anaesthetic; **örtliche** ~ local anaesthetic

Betäubungsmittel *nt* drug

Bete <-, *selten* -n> ['be:tə] *f* **rote** ~ beetroot

beteilen* *vt* ÖSTERR ■**jdn** [**mit etw** *dat*] ~ to provide [for] sb [with sth]

beteiligen* [bə'tailɪgn̩] **I.** *vt* to give a share (**an** +*dat* in) **II.** *vr* ■**sich** *akk* [**an etw** *dat*] ~ to participate [in sth]; *an einem Unternehmen* to have a stake in

beteiligt [bə'tailɪçt] *adj* ■**an etw** *dat* ~ **sein** ① (*mit dabei*) to be involved in sth ② FIN, ÖKON to hold a stake in sth

Beteiligte(r) *f(m) dekl wie adj* person involved

Beteiligung <-, -en> *f* ① (*Teilnahme*) participation (**an** in) ② (*Anteil*) stake (**an** in); (*das Beteiligen*) share (**an** in)

Beteiligungsverkauf *m* ÖKON, BÖRSE sale of shares [in other companies]

beten ['be:tn̩] **I.** *vi* to pray (**zu** +*dat* to) **II.** *vt* to recite

beteuern* [bə'tɔyɐn] *vt* ■**jdm ~, dass ...** to protest to sb that ...; **seine Unschuld** ~ to protest one's innocence

Beteuerung <-, -en> *f* protestation

Bet(h)lehem ['be:tlehɛm] *nt* Bethlehem

betiteln* *vt* ① (*anreden*) to address; **er möchte gerne [als] Herr Professor betitelt werden** he would like to be addressed as 'Professor' ② (*mit Titel versehen*) to [en]title

Beton <-s, *selten* -s> [be'tɔŋ, be'tõ:] *m* concrete

B

betonen* *vt* ① (*hervorheben*) to stress; *die Figur* to accentuate ② LING *Wort* to stress
betonieren* [beto'ni:rən] *vt* to concrete
Betonklotz *m* ① (*Klotz aus Beton*) concrete block ② (*pej: grässlicher Betonbau*) concrete monstrosity **Betonmischer** <-s, -> *m* concrete-mixer
betont **I.** *adj* emphatic; **~e Höflichkeit** studied politeness **II.** *adv* markedly
Betonung <-, -en> *f* ① *kein pl* (*das Hervorheben*) accentuation ② LING stress ③ (*Gewicht*) emphasis
betören* [bə'tø:rən] *vt* to bewitch
betörend *adj* bewitching
betr. *adj, adv Abk von* **betreffen, betreffend, betreffs** re, ref.
Betracht [bə'traxt] *m* **in ~ kommen** to be considered; **etw außer ~ lassen** to disregard sth; **jdn/etw in ~ ziehen** to consider sb/sth
betrachten* *vt* ① (*anschauen*) to look at; **bei näherem B~** on closer examination ② (*halten für*) to regard
Betrachter(in) <-s, -> *m(f)* observer
beträchtlich [bə'trɛçtlɪç] **I.** *adj* considerable; *Schaden* extensive **II.** *adv* considerably
Betrachtung *f kein pl* contemplation; **bei näherer ~** on closer examination
Betrachtungsweise *f* way of looking at things
Betrag <-[e]s, Beträge> [bə'tra:k, *pl* bə'trɛ:gə] *m* amount
betragen* *irreg* **I.** *vi* to be; **die Rechnung beträgt 10 Euro** the bill comes to 10 euros **II.** *vr* ■**sich** *akk* **~** to behave
Betragen <-s> *nt kein pl* behaviour; SCH conduct
betrauen* *vt* to entrust (**mit** +*dat* with)
betrauern* *vt* to mourn
Betreff <-[e]s, -e> [bə'trɛf] *m* (*geh: Bezug*) reference; **Betreff: Ihr Schreiben vom 23.6.** Re: your letter of June 23
betreffen* *vt irreg* ① (*angehen*) ■**jdn ~** to concern sb; ■**etw ~** to affect sth; **was das betrifft, ...** as far as that is concerned ② (*bestürzen*) to affect
betreffend *adj attr* ① (*erwähnt*) in question *pred;* **die ~e Person** the person in question ② (*in Bezug auf*) concerning
Betreffende(r) *f(m) dekl wie adj* person in question
betreffs [bə'trɛfs] *präp* (*geh*) concerning
betreiben* *vt irreg* ① *Laden, Firma* to run ② (*antreiben*) to power (**mit** +*dat* with); **das U-Boot wird atomar betrieben** the submarine is nuclear-powered
Betreiber(in) <-s, -> *m(f)* (*Firma, Träger*) operator
Betreibung <-, -en> *f* ① (*das Vorantreiben*) pursuit, pursuance; *von Untersuchungen* carrying out ② *Geschäft* running ③ SCHWEIZ collection
betreten*[1] *vt irreg* (*hineingehen*) to enter; (*auf etw treten*) to walk on; (*steigen auf*) to step onto
betreten[2] **I.** *adj* embarrassed **II.** *adv* embarrassedly
betreuen* [bə'trɔyən] *vt* ① (*sich kümmern um*) to look after ② (*verantwortlich sein für*) to be responsible for
Betreuer(in) <-s, -> *m(f)* person who looks after sb
Betreuung <-, -en> *f* ① (*das Betreuen*) looking after; *von Patienten* care ② (*Betreuer*) nurse
Betrieb <-[e]s, -e> [bə'tri:p] *m* ① (*Firma*) company ② (*die Belegschaft*) workforce ③ *kein pl* (*Betriebsamkeit*) activity; **heute war nur wenig/herrschte großer ~** it was very quiet/busy today ④ (*Tätigkeit*) operation; **etw in ~ nehmen** to put sth into operation; **außer ~** out of order; **in ~** in operation
betrieblich [bə'tri:plɪç] *adj attr* (*den Betrieb betreffend*) operational; (*vom Betrieb geleistet*) company; **das ist eine rein ~e Angelegenheit** that is purely an internal matter; **~e Altersversorgung** company pension plan
betriebsam [bə'tri:pza:m] **I.** *adj* busy **II.** *adv* busily
Betriebsamkeit <-> *f kein pl* business
Betriebsangehörige(r) *f(m) dekl wie adj* employee **Betriebsanleitung** *f* operating instructions *pl* **Betriebsarzt, -ärztin** *m, f* company doctor **Betriebsausflug** *m* staff outing **betriebsbedingt** *adj* operational; **~e Kündigung** lay-off **betriebsbereit** *adj* ready for operation **betriebseigen** *adj* company[-owned] **Betriebsferien** *pl* [annual] works [*or* AM company] holidays *pl* **betriebsfertig** *adj* ÖKON in working order **Betriebsfest** *nt* office party **Betriebsgeheimnis** *nt* trade secret **Betriebsgelände** *nt* company grounds *pl* **Betriebshof** *m* depot **betriebsintern** *adj s.* **betrieblich** **Betriebskapital** *nt* ÖKON working capital **Betriebsklima** *nt* working atmosphere **Betriebskosten** *pl* operating costs; *einer Maschine* running costs **Betriebsleitung** *f* management **Betriebsprüfung** *f* FIN ≈ tax audit (*regular audit of a company and its accounts by the tax authorities*) **Betriebsrat** *m* employee representative committee, BRIT *a.* works council **Betriebsschließung** *f* company closure **Betriebsschluss** *m* end

of business hours; **nach ~** after work **Betriebsstilllegung** *f s.* **Betriebsschließung** **Betriebsstörung** *f* interruption of operation **Betriebssystem** *nt* INFORM operating system **Betriebsunfall** *m* ≈ industrial accident (*accident at or on the way to or from work*) **Betriebsversammlung** *f* works [*or* AM company] meeting **Betriebswirt(in)** *m(f)* graduate in business management

Betriebswirtschaft *f* business management **Betriebswirtschaftslehre** *f kein pl* business management

betrinken* *vr irreg* ■**sich** *akk* [**mit etw** *dat*] ~ to get drunk [on sth]

betroffen **I.** *pp von* **betreffen** **II.** *adj* shocked; **~es Schweigen** stunned silence **III.** *adv* **jdn ~ anschauen** to look at sb with dismay; **~ schweigen** to be too upset to say anything

Betroffene(r) *f(m) dekl wie adj* person affected

Betroffenheit <-> *f kein pl* shock

betrüben* *vt* to sadden

betrüblich [bəˈtryːplɪç] *adj* distressing

Betrübnis <-, -se> [bəˈtryːpnɪs] *f* (*geh*) sorrow

betrübt **I.** *adj* sad (**über** +*akk* about) **II.** *adv* sadly

Betrug <-[e]s, SCHWEIZ Betrüge> [bəˈtruːk, *pl* bəˈtryːgə] *m* fraud

betrügen* *irreg* **I.** *vt* ❶ (*vorsätzlich täuschen*) to cheat (**um** +*akk* out of); ■**betrogen** cheated; **ich fühle mich betrogen!** I feel betrayed! ❷ (*durch Seitensprung*) to be unfaithful to **II.** *vr* ■**sich** *akk* ~ to deceive oneself

Betrüger(in) <-s, -> [bəˈtryːgɐ] *m(f)* con man

Betrügerei <-, -en> [bətryːgəˈraj] *f* (*pej*) ❶ (*ständiges Betrügen*) swindling ❷ (*ständige Seitensprünge*) cheating

Betrügerin <-, -nen> *f fem form von* **Betrüger**

betrügerisch [bəˈtryːgərɪʃ] *adj* (*pej*) deceitful; **in ~er Absicht** JUR with intent to defraud

betrunken [bəˈtrʊnkn̩] **I.** *adj* drunken *attr,* drunk *pred* **II.** *adv* drunkenly

Betrunkene(r) *f(m) dekl wie adj* drunk

Bett <-[e]s, -en> [bɛt] *nt* ❶ (*Schlafstätte*) bed; **jdn ins ~ bringen** to put sb to bed; **ins ~ gehen** to go to bed; **jdn aus dem ~ holen** to get sb out of bed; **das ~ hüten müssen** to be confined to [one's] bed; **ins ~ machen** to wet the bed ❷ (*Oberbett*) duvet ❸ (*Flussbett*) [river] bed

Bettbezug *m* duvet cover **Bettcouch** *f* sofa bed **Bettdecke** *f* blanket; (*Steppdecke*) duvet

bettelarm [ˈbɛtl̩ˈʔarm] *adj* destitute **Bettelbrief** *m* (*pej fam*) begging letter

Bettelei <-, -en> [bɛtəˈlaj] *f* (*pej*) begging

Bettelmönch *m* mendicant friar

betteln [ˈbɛtl̩n] *vi* to beg (**um** +*akk* for)

Bettelstab *m* **jdn an den ~ bringen** to reduce sb to beggary

betten [ˈbɛtn̩] **I.** *vt* ❶ (*hinlegen*) to lay down ❷ (*liter*) ■**in etw** *akk* **gebettet sein** to be nestled in sth **II.** *vr* ▶ WENDUNGEN: **wie man sich bettet, so liegt man** (*prov*) as you make your bed, so you must lie on it

Bettflasche *f* SÜDD, SCHWEIZ hot-water bottle **Bettgeflüster** *nt* pillow talk **Bettgeschichte** *f* ❶ (*sexuelles Verhältnis*) [love] affair ❷ MEDIA (*sl*) ≈ sex scandal (*gossip story on the sex lives of the rich and famous*) **Bettgestell** *nt* bedstead

Betthupferl <-s, -> *nt* ≈ bedtime treat (*sweets given to children before they go to bed*)

Bettkante *f* edge of the bed ▶ WENDUNGEN: **den/die würde ich nicht von der ~ stoßen!** (*euph fam*) I wouldn't say 'no' to him/her!

bettlägerig *adj* bedridden, confined to bed *pred*

Bettlaken *nt s.* **Betttuch** **Bettlektüre** *f* bedtime reading

Bettler(in) <-s, -> [ˈbɛtlɐ] *m(f)* beggar

Bettnässer(in) <-s, -> *m(f)* bed-wetter **bettreif** *adj* (*fam*) ready for bed *pred* **Bettruhe** *f* bed rest **Bettschwere** *f* ▶ WENDUNGEN: **die nötige ~ haben** (*fam*) to be ready for bed **Betttuch** [ˈbɛttuːx] *nt* sheet **Bettvorleger** *m* bedside rug **Bettwäsche** *f* bedlinen **Bettzeug** *nt* bedding

betucht [bəˈtuːxt] *adj* (*fam*) well off

betüddeln [bəˈtydl̩n] *vt* (*fam*) to [molly]coddle

betulich [bəˈtuːlɪç] **I.** *adj* ❶ (*übertrieben besorgt*) fussing ❷ (*gemächlich*) leisurely **II.** *adv* in a leisurely manner

betuppen* *vt* (*fam*) to con (**um** +*akk* out of)

Beugehaft *f* JUR coercive detention

beugen [ˈbɔy̯gn̩] **I.** *vt* ❶ (*neigen*) to bend; *Kopf* to bow ❷ LING (*konjugieren*) to conjugate; (*deklinieren*) to decline **II.** *vr* ❶ (*sich neigen*) ■**sich** *akk* **nach vorn/hinten ~** to bend forwards/backwards; **sich** *akk* **aus dem Fenster ~** to lean out of the window ❷ (*sich unterwerfen*) ■**sich** *akk* [**jdm/etw**] ~ to submit [to sb/sth]; **ich werde mich der Mehrheit ~**

B

I will bow to the majority

Beugung <-, -en> *f* LING *von Adjektiv, Substantiv* declension; *von Verb* conjugation

Beule <-, -n> ['bɔylə] *f* ❶ (*Delle*) dent ❷ (*Schwellung*) bump

Beulenpest *f* MED bubonic plague

beunruhigen* [bə'ʔʊnruːɪgn̩] *vt* to worry

beunruhigend *adj* disturbing

Beunruhigung <-, -en> *f pl selten* concern

beurkunden* [bə'ʔuːɐ̯kʊndn̩] *vt* to certify

beurlauben* [bə'ʔuːɐ̯laubn̩] *vt* ❶ (*Urlaub geben*) to give time off; **können Sie mich für eine Woche ~?** can you give me a week off? ❷ (*suspendieren*) to suspend; **Sie sind bis auf weiteres beurlaubt** you are suspended until further notice

Beurlaubung <-, -en> *f* ❶ (*das Beurlauben*) time off (**von** from) ❷ ADMIN (*Suspendierung*) suspension (**von** from) ❸ SCH (*Entpflichtung*) sabbatical (**von** from) ❹ MIL (*fam: Urlaubsschein*) pass

beurteilen* *vt* ❶ (*einschätzen*) to judge ❷ (*abschätzen*) to assess

Beurteilung <-, -en> *f* ❶ (*das Beurteilen*) assessment ❷ (*Kritik*) review; (*Einschätzung*) appraisal ❸ SCH (*schriftliches Urteil*) [school] report; ADMIN [progress] report

Beute <-> ['bɔytə] *f kein pl* ❶ (*Jagdbeute*) prey ❷ (*erbeutete Dinge*) haul; **[fette] ~ machen** to make a [big] haul

Beutel <-s, -> ['bɔytl̩] *m* ❶ (*Tasche*) bag ❷ (*fam: Geldbeutel*) purse ❸ ZOOL pouch

beuteln ['bɔytl̩n] *vt* (*fam*) to shake

Beutelschneider, -schneiderin *m, f* (*pej fam*) ❶ (*Taschendieb*) pickpocket ❷ (*Wucherer*) extortionist **Beuteltier** *nt* marsupial

bevölkern* [bə'fœlkɐn] *vt* ❶ (*beleben*) to fill ❷ (*besiedeln*) to inhabit; **dicht bevölkert** densely populated

bevölkert *adj* populated

Bevölkerung <-, -en> *f* population

Bevölkerungsdichte *f* population density **Bevölkerungsentwicklung** <-> *f kein pl* population development **Bevölkerungsexplosion** *f* population explosion **Bevölkerungsgruppe** *f* section of the population **bevölkerungsreich** *adj* populous **Bevölkerungsrückgang** *m* decrease in population **Bevölkerungsschicht** *f* class [of society] **Bevölkerungszahl** *f* population **Bevölkerungszuwachs** *m* population growth

bevollmächtigen* *vt* to authorize (**zu** +*dat* to)

Bevollmächtigte(r) *f(m) dekl wie adj* authorized representative; POL plenipotentiary

Bevollmächtigung <-, -en> *f pl selten* authorization

bevor [bə'foːɐ̯] *konj* before; ■**nicht ~** not until

bevormunden* [bə'foːɐ̯mʊndn̩] *vt* to treat like a child

Bevormundung <-, -en> *f* being treated like a child

bevor|stehen *vi irreg* ❶ (*zu erwarten haben*) ■**jdm ~** to await sb; **der schwierigste Teil steht dir erst noch bevor!** the most difficult part is yet to come!; **uns steht ein harter Winter bevor** a hard winter is in store for us ❷ (*in Kürze eintreten*) to be approaching

bevorstehend *adj* approaching; **~e Gefahr** impending danger

bevorzugen* [bə'foːɐ̯tsuːgn̩] *vt* ❶ (*begünstigen*) to favour (**vor** +*dat* over); **keines unserer Kinder wird bevorzugt** none of our children receive preferential treatment; **hier wird niemand bevorzugt!** there's no favouritism around here! ❷ (*den Vorzug geben*) to prefer

bevorzugt [bə'foːɐ̯tsuːkt] **I.** *adj* ❶ (*privilegiert*) privileged; *Behandlung* preferential ❷ (*beliebteste*) favourite **II.** *adv* **etw ~ abfertigen** to give sth priority; **jdn ~ behandeln** to give sb preferential treatment

Bevorzugung <-, -en> *f* ❶ (*das Bevorzugen*) preference (**vor** over) ❷ (*bevorzugte Behandlung*) preferential treatment

bewachen* *vt* to guard

bewachsen [bə'vaksn̩] *adj* overgrown; **mit Gras ~ sein** to be overgrown with grass

Bewachung <-, -en> *f* ❶ (*das Bewachen*) guarding; **unter [strenger] ~** under [close] guard ❷ (*Wachmannschaft*) guard

bewaffnen* *vt* to arm (**mit** +*dat* with)

bewaffnet *adj* armed

Bewaffnung <-, -en> *f* ❶ *kein pl* (*das Bewaffnen*) arming ❷ (*Gesamtheit der Waffen*) weapons *pl*

bewahren* *vt* ❶ (*schützen*) to save (**vor** +*dat* from); ■**jdn davor ~, etw zu tun** to save sb from doing sth; **vor etw** *dat* **bewahrt bleiben** to be spared sth ❷ (*geh: aufheben*) to keep ❸ (*erhalten, behalten*) ■**[sich** *dat***] etw ~** to keep sth

bewähren* *vr* ■**sich** *akk* **~** ❶ *Gerät, Methode, Medikament* to prove itself ❷ *Mensch* to prove oneself; **sich** *akk* **als Freund ~** to prove to be a friend

bewahrheiten* [bə'vaːɐ̯haitn̩] *vr* ■**sich** *akk* **~** to come true

bewährt *adj* tried and tested; *Mitarbeiter* reliable

Bewährung <-, -en> *f* JUR probation; **eine Strafe zur ~ aussetzen** to suspend a sentence; **~ bekommen** to be put on probation

Bewährungsfrist *f* JUR period of probation **Bewährungshelfer(in)** *m(f)* JUR probation officer **Bewährungsprobe** *f* [acid] test; **jdn/etw einer ~ unterziehen** to put sb/sth to the test

bewaldet [bəˈvaldət] *adj* wooded

bewältigen* [bəˈvɛltɪgn̩] *vt* ① (*meistern*) to cope with; *Schwierigkeiten* to overcome; **diese kurze Strecke kann ich zu Fuß ~** I'll be able to manage this short distance on foot ② (*überwinden*) to get over; *Vergangenheit* to come to terms with

Bewältigung <-, -en> *f* ① (*das Meistern*) coping with; *von Schwierigkeiten* overcoming; *einer Strecke* covering ② (*das Überwinden*) getting over; *der Vergangenheit* coming to terms with

bewandert [bəˈvandɐt] *adj* well-versed (**in** +*dat* in)

Bewandtnis [bəˈvantnɪs] *f* **mit etw** *dat* **hat es eine besondere ~** sth has a particular reason

bewässern* *vt Feld* to irrigate; *Garten* to water

Bewässerung <-, -en> *f Feld* irrigation; *Garten* watering

bewegen*[1] [bəˈveːgn̩] **I.** *vt* ① (*regen*) *Gegenstand, Körperteil* to move ② (*beschäftigen*) ■**etw bewegt jdn** sth concerns sb; **dieser Gedanke bewegt mich schon längere Zeit** this thought has been on my mind for some time ③ (*innerlich aufwühlen*) ■**etw bewegt jdn** sth moves sb ④ (*bewirken*) to achieve; **etw/nichts/viel/wenig ~** to achieve something/nothing/a lot/little **II.** *vr* ■**sich** *akk* **~** ① (*sich regen/rühren*) to move ② (*sich körperlich betätigen*) to [take some] exercise ③ (*variieren, schwanken*) to range; **der Preis bewegt sich um 3000 Euro** the price is around 3,000 euros

bewegen*[2] <bewog, bewogen> [bəˈveːgn̩] *vt* (*veranlassen*) ■**jdn dazu ~, etw zu tun** to move sb to do sth

Beweggrund *m* motive (+*gen* for)

beweglich [bəˈveːklɪç] *adj* ① (*bewegbar*) movable; *Glieder* supple; *Feiertag* movable ② (*leicht manövrierbar*) manoeuvrable ③ (*körperlich mobil*) mobile; (*geistig wendig*) agile-minded

Beweglichkeit <-> *f kein pl* ① (*Mobilität*) mobility *no pl* ② (*geistige Wendigkeit*) mental agility ③ (*bewegliche Beschaffenheit*) suppleness *no pl*

bewegt *adj* ① (*innerlich gerührt*) moved; **mit ~er Stimme** in an emotional voice ② *Leben, Vergangenheit* eventful

Bewegung <-, -en> *f* ① (*körperliche Aktion*) movement; **jdn in ~ halten** to keep sb moving ② *kein pl* (*körperliche Betätigung*) exercise ③ (*Ergriffenheit*) emotion ④ KUNST, POL movement

Bewegungsablauf *m* sequence of movements **Bewegungsarmut** *f* lack of [voluntary] movement **Bewegungsfreiheit** *f* freedom to move

bewegungslos *adj* motionless

Bewegungsmangel *m kein pl* lack of exercise **Bewegungsmelder** <-s, -> *m* motion detector **bewegungsunfähig** **I.** *adj* unable to move **II.** *adv* paralyzed

beweihräuchern* [bəˈvaiʀɔyçɐn] *vt* (*pej: übertrieben loben*) to praise to the skies

beweinen* *vt* to weep over

Beweis <-es, -e> [bəˈvais] *m* proof (**für** +*akk* of)

Beweisaufnahme *f* JUR hearing evidence

beweisbar *adj* provable

beweisen* *irreg vt* ① (*nachweisen*) to prove ② (*erkennen lassen*) to show

Beweisführung *f* JUR giving [of] evidence **Beweiskraft** *f kein pl* JUR evidential value **beweiskräftig** *adj* JUR of evidential value *pred* **Beweislage** *f* JUR evidence **Beweismaterial** *nt* JUR [body of] evidence **Beweisstück** *nt* JUR exhibit

bewenden *vt* ■**es bei etw** *dat* **~lassen** to leave it at sth

bewerben* *irreg vr* ■**sich** *akk* **~** to apply (**bei** +*dat* to, **um** +*akk* for)

Bewerber(in) <-s, -> *m(f)* applicant

Bewerbung <-, -en> *f* application

Bewerbungsgespräch *nt* [job] interview **Bewerbungsschreiben** *nt* [letter of] application **Bewerbungsunterlagen** *pl* documents in support of an application **Bewerbungsverfahren** *nt* application procedure

bewerfen* *vt irreg* to throw at

bewerkstelligen* [bəˈvɛrkʃtɛlɪgn̩] *vt* to manage

bewerten* *vt* to assess; ■**jdn/etw nach etw** *dat* **~** to judge sb/sth according to sth; **etw zu hoch/niedrig ~** to overvalue/undervalue sth

Bewertung *f* assessment

Bewertungsmaßstab *m* assessment criterion

bewilligen* [bəˈvɪlɪgn̩] *vt* to approve; FIN to grant; *Stipendium* to award

Bewilligung <-, -en> *f* ① (*das Bewilligen*) approval; *von Mitteln, Kredit* granting; *von Stipendium* awarding ② (*schriftliche

B

Genehmigung) approval
bewirken* *vt* ❶ (*verursachen*) to cause ❷ (*erreichen*) ■**etwas ~** to achieve something
bewirten* *vt* to entertain (**mit** +*dat* with)
bewirtschaften* *vt* ❶ (*betreiben*) to run ❷ AGR to work
Bewirtschaftung <-, -en> *f* ❶ (*das Betreiben*) running ❷ AGR (*die Bestellung*) working; *Felder* cultivation
Bewirtung <-, -en> *f* entertaining
bewog [bəˈvo:k] *imp von* **bewegen²**
bewogen *pp von* **bewegen²**
bewohnbar *adj* habitable
bewohnen* *vt* ❶ *Haus* to live in ❷ *Gegend, Insel* to inhabit
Bewohner(in) <-s, -> *m(f)* ❶ (*Einwohner*) inhabitant ❷ *eines Hauses, Zimmers* occupant
bewölken* *vr* ■**sich** *akk* ~ to cloud over
bewölkt *adj* cloudy; **leicht ~** partly cloudy
Bewölkung <-, -en> *f* cloud cover; **wechselnde ~** variable amounts of clouds [cover]
Bewunderer, Bewunderin <-s, -> [bəˈvʊndrɐ, bəˈvʊndərɪn] *m, f* admirer
bewundern* *vt* to admire; **was ich an dir bewundere, ist ...** what I admire about you is ...
bewundernswert **I.** *adj* admirable **II.** *adv* admirably
bewundernswürdig **I.** *adj* admirable **II.** *adv* admirably
Bewunderung <-, -en> *f pl selten* admiration
Bewundrer, Bewund(r)erin <-s, -> [bəˈvʊndrɐ, bəˈvʊndrərɪn] *m, f s.* **Bewunderer**
bewusst [bəˈvʊst] **I.** *adj* ❶ (*vorsätzlich*) **~es Nichtbefolgen von Anordnungen** wilful disobedience of orders ❷ (*überlegt*) considered; **eine ~e Entscheidung** a deliberate decision; **~e Lebensführung** socially and environmentally aware lifestyle ❸ **jdm etw ~ machen** to make sb realize sth; **sich** *dat* **etw ~ machen** to realize sth; ■**sich** *dat* **etw** *gen* **~ sein** to be aware of sth; ■**jdm ~ sein** to be clear to sb **II.** *adv* ❶ (*vorsätzlich*) deliberately ❷ (*überlegt*) **~ leben** to live with great awareness
bewusstlos [bəvʊstlo:s] **I.** *adj* unconscious; **~ werden** to faint **II.** *adv* unconsciously
Bewusstlosigkeit <-> *f kein pl* unconsciousness *no pl*
Bewusstsein <-s> *nt kein pl* consciousness *no pl;* **bei [vollem] ~ sein** to be [fully] conscious; **etw aus dem ~ verdrängen** to banish sth from one's mind; **jdm etw ins ~ rufen** to remind sb of sth
Bewusstseinsstörung *f* disturbance of consciousness
Bewusstseinsstrom *m* LIT stream of consciousness **Bewusstseinsveränderung** *f* change of awareness
bez.[1] *Abk von* **bezahlt** paid
bez.[2] *Abk von* **bezüglich** re.
bezahlbar *adj* affordable
bezahlen* **I.** *vt* to pay; *Rechnung* to settle; *Getränke, Speisen* to pay for **II.** *vi* to pay; **~, bitte!** the bill please!
Bezahlinhalt [bəˈtsa:lɪnhalt] *m* MEDIA paid content
bezahlt *adj* paid; *Schulden* settled
Bezahlung *f* (*Lohn*) pay; **gegen ~** for payment
bezähmen* *vt* (*geh*) to keep under control; *Durst, Hunger* to master; *Neugierde* to restrain
bezaubern* *vt, vi* to enchant
bezaubernd *adj* ❶ (*entzückend*) enchanting ❷ (*iron*) **das sind ja ~e Aussichten!** what fine prospects!; **wirklich ~!** that's really great!
bezeichnen* **I.** *vt* ❶ (*benennen*) to call ❷ (*bedeuten*) to denote **II.** *vr* ■**sich** *akk* **als etw** *akk* ~ to call oneself sth
bezeichnend *adj* typical (**für** +*akk* of)
bezeichnenderweise *adv* typically
Bezeichnung *f* term
bezeugen* *vt* to testify to
bezichtigen* [bəˈtsɪçtɪgn̩] *vt* to accuse (+*gen* of)
beziehen* *irreg* **I.** *vt* ❶ (*überziehen*) to cover; **das Bett neu ~** to change the bed[linen] ❷ *Wohnung, Haus* to move into ❸ (*bekommen*) to receive ❹ *Standpunkt* adopt; **zu etw** *dat* **Stellung ~** to take a stand on sth ❺ (*kaufen*) to obtain ❻ SCHWEIZ (*einziehen*) to collect ❼ (*in Beziehung setzen*) to apply (**auf** +*akk* to); **warum bezieht er immer alles gleich auf sich?** why does he always take everything personally? **II.** *vr* ❶ *Himmel* ■**sich** *akk* ~ to cloud over ❷ (*betreffen, sich berufen*) ■**sich** *akk* **auf jdn/etw ~** to refer to sb/sth
Bezieher(in) <-s, -> *m(f)* FIN drawer; (*Abonnent*) subscriber
Beziehung <-, -en> [bəˈtsi:ʊŋ] *f* ❶ (*Verhältnis*) relationship (**zu** +*dat* with); (*sexuell*) [sexual] relationship; **menschliche ~en** human relations ❷ (*Verbindung*) connection; **etw zu etw** *dat* **in ~ setzen** to connect sth with sth; **in keiner ~ zueinander stehen** to have no connection with one another ❸ *meist pl* (*fördernde*

Bekanntschaften) **~en haben** to have connections; **seine ~en spielen lassen** to pull [some] strings ❹ (*Hinsicht*) respect; **in jeder ~** in every respect; **in mancher ~** in many respects

Beziehungskiste *f* (*sl*) relationship

beziehungslos **I.** *adj* unconnected **II.** *adv* without any connection

Beziehungsprobleme *pl* relationship problems *pl* **beziehungsunfähig** *adj* PSYCH incapable of forming close relationships

beziehungsweise *konj* or rather

beziffern* [bəˈtsɪfɐn] *vt* to estimate (**auf** +*akk* at)

Bezirk <-[e]s, -e> [bəˈtsɪrk] *m* district

Bezirksgericht *nt* JUR ÖSTERR, SCHWEIZ ≈ county [*or* AM district] court **Bezirksschule** *f* SCHWEIZ district school **Bezirksspital** *nt bes* SCHWEIZ district hospital

bezirzen* [bəˈtsɪrtsn̩] *vt* (*fam*) to bewitch

Bezug <-[e]s, Bezüge> [bəˈtsuːk, *pl* bəˈtsyːgə] *m* ❶ (*Kissenbezug*) pillowcase; (*Bettbezug*) duvet cover ❷ (*Bezugsstoff*) covering ❸ *kein pl* (*das Kaufen*) purchasing ❹ *pl* (*Einkünfte*) income *sing* ❺ (*Verbindung*) connection; **etw zu etw** *dat* **in ~ setzen** to connect sth with sth ❻ SCHWEIZ (*das Einziehen*) collection ❼ SCHWEIZ (*das Beziehen*) moving in[to] ❽ **~ auf etw** *akk* **nehmen** to refer to sth; ▪**in ~ auf etw** *akk* with regard to sth

Bezüger(in) <-s, -> *m(f)* SCHWEIZ drawer, recipient; *von Waren* buyer, purchaser; *Zeitung* regular reader (+*gen* of), subscriber (+*gen* to)

bezüglich [bəˈtsyːklɪç] *präp* +*gen* regarding

Bezugnahme <-, -n> *f* **unter ~ auf etw** *akk* (*geh*) with reference to sth

bezugsfertig *adj* ready to move into

Bezugsperson *f* ≈ role model (*a person on whom sb models their thinking and behaviour due to their personal relationship*) **Bezugsquelle** *f* source of supply

bezuschussen* [bəˈtsuːʃʊsn̩] *vt* to subsidize

bezwecken* [bəˈtsvɛkn̩] *vt* to aim to achieve; **was willst du damit ~?** what do you hope to achieve by doing that?

bezweifeln* *vt* to question; ▪**~, dass ...** to doubt that ...

bezwingen* *irreg vt* ❶ (*besiegen*) to defeat; *Berg* to conquer ❷ (*bezähmen*) to keep under control; *Durst, Hunger, Schmerz* to master; *Emotionen* to overcome; *Neugierde* to restrain

BGB <-> [beːgeːˈbeː] *nt kein pl Abk von* **Bürgerliches Gesetzbuch** *the German civil code*

BH <-[s], -[s]> [beːˈhaː] *m Abk von* **Büstenhalter** bra

Bhagvan <-s, -s> [ˈbakvan] *m*, **Bhagwan** <-s, -s> [ˈbagvan] *m* Bhagwan

Bhf. *Abk von* **Bahnhof** stn.

bi [biː] *adj präd* (*sl*) bi *pred sl*

BI [beːˈiː] *f Abk von* **Bürgerinitiative** POL [citizens'] action group

Biathlon <-s, -s> [ˈbiːatlɔn] *nt* biathlon

bibbern [ˈbɪbɐn] *vi* (*fam*) to tremble (**vor** +*dat* with); (*vor Kälte*) to shiver; ▪**um etw** *akk* **~** to fear for sth

Bibel <-, -n> [ˈbiːbl̩] *f* Bible

bibelfest *adj* well-versed in the Bible *pred* **Bibelstelle** *f* passage from the Bible

Biber <-s, -> [ˈbiːbɐ] *m* beaver

Bibliografie, Bibliographie <-, -n> [bibliograˈfiː, *pl* -ˈfiːən] *f* bibliography

bibliografieren*, bibliographieren* [bibliograˈfiːrən] *vt* ❶ (*bibliografisch verzeichnen*) to record in a bibliography ❷ (*bibliografische Daten feststellen*) to take the bibliographic details

Bibliothek <-, -en> [biblioˈteːk] *f* library

Bibliothekar(in) <-s, -e> [biblioteˈkaːɐ̯] *m(f)* librarian

biblisch [ˈbiːblɪʃ] *adj* biblical

Bidet <-s, -s> [biˈdeː] *nt* bidet

bieder [ˈbiːdɐ] *adj* (*pej: spießig*) conventional; *Geschmack* conservative

Biedermann <-männer> [ˈbiːdɐman] *m* (*pej*) upright citizen

biegen <bog, gebogen> [ˈbiːgn̩] **I.** *vt haben* ❶ (*krümmen*) to bend ❷ LING ÖSTERR (*flektieren*) to inflect **II.** *vi sein* (*abbiegen*) to turn **III.** *vr haben* ▪**sich** *akk* **~** to bend

biegsam [ˈbiːkzaːm] *adj Material* flexible

Biegsamkeit <-> *f kein pl* ❶ (*Elastizität*) suppleness *no pl* ❷ (*Flexibilität*) ductility

Biegung <-, -en> *f* ❶ (*Kurve*) bend; **eine ~ machen** to turn ❷ LING ÖSTERR (*Flexion*) inflection

Biene <-, -n> [ˈbiːnə] *f* bee

Bienenhonig *m* bees' honey **Bienenkönigin** *f* queen bee **Bienenschwarm** *m* swarm of bees **Bienenstich** *m* ❶ (*Stich einer Biene*) bee sting ❷ (*Kuchen*) *flat cake with an almond and sugar coating and a custard or cream filling* **Bienenstock** *m* beehive **Bienenvolk** *nt* bee colony **Bienenwabe** *f* honeycomb **Bienenwachs** *nt* beeswax **Bienenzucht** *f* bee-keeping **Bienenzüchter(in)** *m(f)* bee-keeper

Biennale <-, -n> [biɛˈnaːlə] *f* KUNST, FILM *biennial arts exhibition or show*

Bier <-[e]s, -e> [biːɐ̯] *nt* beer; **~ vom Fass**

B

draught beer; **dunkles/helles** ~ dark/light beer ▶WENDUNGEN: **das ist dein** ~ *(fam)* that's your business; **das ist nicht mein** ~ *(fam)* that's nothing to do with me

Bierbauch *m (fam)* beer belly **Bierbrauerei** *f* brewery **Bierdeckel** *m* beer mat **Bierdose** *f* beer can **bierernst** ['bi:ɐ̯ʔɛrnst] *adj (fam)* dead[ly] serious **Bierfass** *nt* beer barrel **Bierflasche** *f* beer bottle **Biergarten** *m* beer garden **Bierglas** *nt* beer glass **Bierhefe** *f kein pl* brewer's yeast **Bierkasten** *m* crate of beer **Bierkneipe** *f* pub BRIT, bar AM **Bierkrug** *m (aus Glas)* tankard; *(aus Steingut)* stein **Bierlaune** *f (fam)* ▶WENDUNGEN: **aus einer** ~ **heraus** in a high-spirited mood [after a few beers] **Bierleiche** *f (fam)* [sb who is dead] drunk [due to drinking beer] **Bierschaum** *m* head **Bierschinken** *m* KOCHK ≈ ham sausage *(type of sausage containing large pieces of ham)* **Bierzelt** *nt* beer tent

Biest <-[e]s, -er> [bi:st] *nt (pej fam)* ① *(lästiges Insekt)* [damn] bug; *(bösartiges Tier)* creature ② *(bösartiger Mensch)* beast

biestig *(pej)* **I.** *adj (fam)* beastly **II.** *adv (fam)* nastily

bieten <bot, geboten> ['bi:tn̩] **I.** *vt* ① *(anbieten)* to offer ② *(geben)* to give; *Gewähr* to provide; *Sicherheit, Schutz* to provide ③ *(zumuten)* **sich** *dat* **etw nicht** ~ **lassen** to not stand for sth **II.** *vr* ▪**sich** *akk* **[jdm]** ~ *Möglichkeit, Gelegenheit* to present itself [to sb]

Bigamie <-, -n> [biga'mi:, *pl* -'mi:ən] *f* bigamy

Bigamist(in) <-en, -en> [biga'mɪst] *m(f)* bigamist

bigott [bi'gɔt] *adj (frömmelnd)* devout; *(scheinheilig)* hypocritical

Bikini <-s, -s> [bi'ki:ni] *m* bikini

Bilanz <-, -en> [bi'lants] *f* ① ÖKON balance sheet ② *(Ergebnis)* end result ▶WENDUNGEN: ~ **ziehen** to take stock

bilanzieren* [bilan'tsi:rən] *vi, vt* ÖKON to balance

Bilanzprüfer(in) *m(f)* auditor **Bilanzsumme** *f* ÖKON balance-sheet total

bilateral ['bi:latera:l] *adj* bilateral

Bild <-[e]s, -er> [bɪlt, *pl* 'bɪldɐ] *nt* picture ▶WENDUNGEN: **ein** ~ **für die Götter** *(fam)* a sight for sore eyes; **sich** *dat* **von jdm/etw ein** ~ **machen** to form an opinion about sb/sth; **im** ~**e sein** to be in the picture

Bildband <-bände> *m* book of pictures **Bilddatei** *f* INFORM photo file

bilden ['bɪldn̩] **I.** *vt* ① *(hervorbringen, formen)* to form ② *Ausschuss* to set up ③ *(darstellen)* to make up; *Gefahr, Problem* to constitute ④ *(mit Bildung versehen)* to educate **II.** *vr* ① *(entstehen)* ▪**sich** *akk* ~ to develop; CHEM to form; BOT to grow ② *(sich Bildung verschaffen)* ▪**sich** *akk* ~ to educate oneself ③ *(sich formen)* ▪**sich** *dat* **eine Meinung** ~ to form an opinion **III.** *vi* ▪**etw bildet** sth broadens the mind

bildend *adj* **die** ~**e Kunst** fine art[s]

Bilderbogen *m* pictorial broadsheet

Bilderbuch *nt* picture book **Bildergalerie** *f* art gallery **Bildergeschichte** *f* picture story **Bilderrahmen** *m* picture frame **Bilderrätsel** *nt* picture puzzle **Bilderschrift** *f* pictographic system of writing **Bildersturm** *m* HIST iconoclasm **Bilderverbot** *nt* REL image prohibition *(rule prohibiting the depiction of certain figures in some religions)*

Bildfläche *f* FILM, FOTO projection surface ▶WENDUNGEN: **auf der** ~ **erscheinen** *(fam)* to appear on the scene; **von der** ~ **verschwinden** *(fam)* to disappear from the scene **Bildfunk** *m* facsimile transmission

bildhaft **I.** *adj* vivid; *Beschreibung* graphic **II.** *adv* vividly

Bildhauer(in) <-s, -> ['bɪlthaʊ̯ɐ] *m(f)* sculptor

Bildhauerei <-> *f kein pl* sculpture *no pl, no art*

Bildhauerin <-, -nen> *f fem form von* **Bildhauer**

bildhübsch ['bɪlt'hʏpʃ] *adj* as pretty as a picture

Bildlaufleiste *f* INFORM scroll bar **Bildlaufpfeil** *m* INFORM scroll arrow

bildlich **I.** *adj* figurative; **ein** ~**er Ausdruck** a figure of speech **II.** *adv* figuratively; ~ **gesprochen** metaphorically speaking; **sich** *dat* **etw** ~ **vorstellen** to picture sth

Bildnis <-ses, -se> ['bɪltnɪs, *pl* -nɪsə] *nt (geh)* portrait

Bildplatte *f* video disc [*or* AM *a.* disk] **Bildqualität** *f* TV, FILM picture quality; FOTO print quality **Bildreportage** *f* photographic report; TV photographic documentary **Bildröhre** *f* TV picture tube **Bildschärfe** *f* TV, FOTO definition *no pl, no indef art*

Bildschirm *m* TV, INFORM screen **Bildschirmarbeit** *f* VDU work *no pl, no indef art* **Bildschirmgerät** *nt* visual display unit **Bildschirmschoner** *m* screen saver **Bildschirmtext** *m* TELEK videotext

bildschön ['bɪlt'ʃø:n] *adj s.* **bildhübsch**

Bildsprache *f* KUNST, MEDIA visual language **Bildstelle** *f* picture and film archive

Bildstörung *f* TV interference *no pl, no indef art* **Bildtelefon** *nt* videophone

Bildung <-> *f kein pl* education *no pl;* **keine ~ haben** to be uneducated

Bildungsbürger(in) *m(f)* member of the educated classes **Bildungseinrichtung** *f* educational establishment **Bildungsgut** *nt* facet of general education **Bildungslücke** *f* gap in one's education **Bildungsniveau** *nt* level of education **Bildungspolitik** *f* education policy **Bildungsreform** *f* reform of the education system **Bildungsreise** *f* educational trip **bildungssprachlich** *adj* erudite **Bildungsstand** *m s.* **Bildungsniveau** **Bildungssystem** *nt* education system **Bildungsurlaub** *m* educational holiday **Bildungsweg** *m* course of education; **auf dem zweiten ~** through evening classes

Bildverarbeitung *f* TYPO, INFORM image processing **Bildzuschrift** *f* reply with a photograph enclosed

bilingual [bilɪŋ'gu̯aːl] *adj* bilingual

Billard <-s, -e *o* ÖSTERR -s> ['bɪljart] *nt* billiards + *sing vb*

Billardkugel ['bɪljart-] *f* billiard ball **Billardstock** *m* billiard cue **Billardtisch** *m* billiard table

Billett <-[e]s, -s *o* -e> [bɪl'jɛ(t)] *nt* ① SCHWEIZ (*Fahrkarte*) ticket ② SCHWEIZ (*Eintrittskarte*) admission ticket ③ ÖSTERR (*Glückwunschkarte*) greetings [*or* AM greeting] card

Billiarde <-, -n> [bɪ'li̯ardə] *f* thousand trillion

billig ['bɪlɪç] **I.** *adj* cheap **II.** *adv* cheaply; **~ abzugeben** going cheap ▶WENDUNGEN: **~ davonkommen** (*fam*) to get off lightly

Billiganbieter *m* supplier of cheap products **Billigarbeiter(in)** *m(f)* cheap labourer

billigen ['bɪlɪgn̩] *vt* to approve of

Billigflug *m* cheap flight **Billiglinie** *f* low-cost airline **Billiglösung** *f* cheap solution **Billigprodukt** *nt* cheap product

Billigung <-, -en> *f pl selten* approval

Billigwaren *pl* cheap goods

Billion <-, -en> [bɪ'li̯oːn] *f* trillion

Bimbam ['bɪmbam] *m* ▶WENDUNGEN: **ach du heiliger ~!** (*fam*) good grief!

Bimmel <-, -n> ['bɪml̩] *f* (*fam*) little bell

bimmeln ['bɪml̩n] *vi* (*fam*) to ring

Bimsstein ['bɪmsʃtai̯n] *m* ① GEOL pumice stone ② BAU breeze block

bin [bɪn] *1. pers sing pres von* **sein**

binär [bi'nɛːɐ̯] *adj* binary

Binde <-, -n> ['bɪndə] *f* ① MED bandage; (*Schlinge*) sling ② (*Monatsbinde*) sanitary towel [*or* AM napkin]

Bindegewebe *nt* ANAT connective tissue

Bindeglied *nt* [connecting] link

Bindehaut *f* ANAT conjunctiva

Bindehautentzündung *f* conjunctivitis *no pl, no indef art*

Bindemittel *nt* binder; KOCHK *a.* thickener

binden <band, gebunden> ['bɪndn̩] **I.** *vt* ① (*befestigen*) to tie [up *sep*] (**an** + *akk* to) ② (*zusammenbinden*) *Schnürsenkel* to tie; *Krawatte* to knot; *Kranz, Blumenstrauß, Buch* to bind ▶WENDUNGEN: **mir sind die Hände gebunden** my hands are tied **II.** *vr* ① (*sich verpflichten*) ▪**sich** *akk* **an jdn/etw ~** to commit oneself to sb/sth ② (*feste Partnerschaft eingehen*) **ich will mich momentan nicht ~** I don't want to tie myself down right now

bindend *adj* binding

Bindestrich *m* hyphen **Bindewort** *nt* LING conjunction

Bindfaden *m* string

Bindung <-, -en> *f* ① (*Verbundenheit*) bond (**an** + *dat* to) ② (*Verpflichtung*) commitment; **eine vertragliche ~ eingehen** to enter into a binding contract ③ (*am Ski*) binding

binnen ['bɪnən] *präp* + *dat o gen* (*geh*) within; **~ kurzem** shortly

Binnengewässer *nt* inland water *no indef art* **Binnenhafen** *m* inland port **Binnenhandel** *m* domestic [*or* home] trade *no pl* **Binnenland** ['bɪnənlant] *nt* landlocked country **Binnenmarkt** *m* domestic market; **der [Europäische] ~** the Single [European] Market **Binnenmeer** *nt* inland sea **Binnenschifffahrt** *f* inland navigation **Binnensee** *m* lake **Binnenwert** *m* FIN purchasing power

Binse <-, -n> ['bɪnzə] *f* BOT rush ▶WENDUNGEN: **in die ~n gehen** (*fam*) *Vorhaben* to fall through; *Veranstaltung* to be a washout *fam; Unternehmen* to go down the drain *fam; Geld* to go up in smoke

Binsenwahrheit *f,* **Binsenweisheit** *f* truism

Bioabfall *m* ÖKOL organic waste [matter] **bioaktiv** [bio'ʔak'tiːf] *adj* biologically active **Biobauer, -bäuerin** *m, f* organic farmer **Biobrennstoff** *m* bio-fuel **Biochemie** [bioçeː'miː] *f* biochemistry **Biochemiker(in)** [bio'çeːmikɐ] *m(f)* biochemist **biochemisch** [bio'çeːmɪʃ] *adj* biochemical **Biochip** *nt* ELEK, ÖKOL biochip **biodynamisch** [biody'naːmɪʃ] *adj* organic **Bioelektrizität** *f kein pl* bioelectricity *no pl* **Bioenergie** *f kein pl* bioenergy *no pl* **Bioethik** *f* bioethics + *sing vb* **Biogas** *nt* biogas

Biografie <-, -n> [biogra'fiː, *pl* -'fiːən] *f* ① (*Buch*) biography ② (*Lebenslauf*) life

[history]

biografisch [bio'gra:fɪʃ] *adj* biographical

Biographie <-, -n> [biogra'fi:, *pl* -'fi:ən] *f s.* **Biografie**

biographisch [bio'gra:fɪʃ] *adj s.* **biografisch**

Biokost *f* organic food **Bioladen** *m* health-food shop [*or* AM *usu* store] **Biolandbau** *m kein pl* organic farming

Biologe, Biologin <-n, -n> [bio'lo:gə, bio'lo:gɪn] *m, f* biologist

Biologie <-> [biolo'gi:] *f kein pl* biology *no pl, no indef art*

Biologin <-, -nen> *f fem form von* **Biologe**

biologisch **I.** *adj* biological; (*natürlich*) natural **II.** *adv* biologically; ~ **abbaubar** biodegradable

Biomechanik *f kein pl* biomechanics + *sing vb*

Biometrie <-> [biome'tri:] *f kein pl* biometry **Biometrie-Ausweis** *m* biometric passport

Biomüll *m* organic waste **Biophysik** [bio-fy'zi:k] *f* biophysics + *sing vb* **Biopiraterie** *f* ÖKON, POL (*pej*) biopiracy **Biorhythmus** *m* biorhythm **Biosphäre** [bio'sfɛ:rə] *f* ÖKOL biosphere **Biotechnik** [bio'tɛçnɪk] *f* bioengineering *no pl* **Biotonne** *f* bio-bin

Biotop <-s, -e> [bio'to:p] *nt* ÖKOL biotope

Biotreibstoff *m* biofuel **Biowaffe** *f* biological weapon **Biowaschmittel** *nt* biological detergent

BIP *nt* ÖKON *Abk von* **Bruttoinlandsprodukt** GDP

birgt [bɪrkt] *3. pers sing pres von* **bergen**

Birke <-, -n> ['bɪrkə] *f* birch [tree]

Birkhuhn *nt* black grouse

Birma <-s> ['bɪrma] *nt* Burma; *s. a.* **Deutschland**

Birmane, Birmanin <-n, -n> [bɪr'ma:nə, -'ma:nɪn] *m, f* Burmese

Birmanisch [bɪr'ma:nɪʃ] *nt dekl wie adj* Burmese

Birnbaum *m* pear tree

Birne <-, -n> ['bɪrnə] *f* ① (*Frucht*) pear ② ELEK [light] bulb ③ (*fam: Kopf*) nut

birnenförmig *adj* pear-shaped

birst *3. pers sing pres von* **bersten**

bis [bɪs] **I.** *präp +akk* ① *zeitlich* till, until; (*nicht später als*) by; ~ **jetzt** up to now; ~ **morgen!** see you tomorrow!; ~ **bald!** see you soon!; ~ **anhin** SCHWEIZ (*bis jetzt*) up to now ② *räumlich* as far as; ~ **dort/dorthin/dahin** to, up to; ~ **hierher** up to this point; ~ **wo/wohin ...?** where ... to? ③ (*erreichend*) up to; **ich zähle ~ drei** I'll count [up] to three; **die Tagestemperaturen steigen ~ [zu] 30°C** daytime temperatures rise to 30°C; **Kinder ~ sechs Jahre** children up to the age of six ④ (*mit Ausnahme von*) ■~ **auf** [*o* SCHWEIZ ~ **an**] except [for] **II.** *konj* ① (*ungefähre Angabe*) to; **400 ~ 500 Gramm Schinken** 400 to 500 grams of ham ② *zeitlich* ~ **es dunkel wird, möchte ich zu Hause sein** I want to be home by the time it gets dark; **ich warte noch, ~ es dunkel wird** I'll wait until it gets dark

Bisam <-s, -e *o* -s> ['bi:zam] *m* ① MODE musquash *no pl* ② *no pl* (*Moschus*) musk *no pl*

Bisamratte *f* muskrat

Biscaya *f s.* **Biskaya**

Bischof, Bischöfin <-s, Bischöfe> ['bɪʃɔf, 'bɪʃœfɪn, *pl* 'bɪʃœfə] *m, f* bishop

bischöflich ['bɪʃœflɪç, 'bɪʃø:flɪç] *adj* episcopal

Bischofsamt *nt* episcopate **Bischofssitz** *m* bishop's seat **Bischofsstab** *m* bishop's crook

bisexuell [bizɛ'ksu̯ɛl, 'bi:-] *adj* bisexual

bisher [bɪs'he:ɐ̯] *adv* until now

bisherig [bɪs'he:rɪç] *adj attr* (*vorherig*) previous *attr;* (*momentan*) present, to date, up to now; **die ~e politische Entwicklung** current political developments; **nach unseren ~en Erkenntnissen** according to our current knowledge

Biskaya <-> [bɪs'ka:ja] *f* ■**die** ~ [the Bay of] Biscay

Biskuit <-[e]s, -s *o* -e> [bɪs'kvi:t, bɪs'ku̯i:t] *nt o m* sponge

bislang [bɪs'laŋ] *adv s.* **bisher**

Bismarckhering ['bɪsmark-] *m* Bismarck herring

Bison <-s, -e> ['bi:zɔn] *m* bison

biss [bɪs] *imp von* **beißen**

Biss <-es, -e> [bɪs] *m* ① (*das Zubeißen, Bisswunde*) bite ② (*fam: engagierter Einsatz*) drive; ~ **haben** to have drive

bisschen ['bɪsçən] *pron indef* ① + *Substantiv* ■**ein ~ ...** a bit of ...; ■**kein ~ ...** not one [little] bit of ...; ■**das ~ ...** the little bit of ... ② + *adj/adv/vb* ■**ein ~ ...** a bit ...; **das war ein ~ dumm von ihr!** that was a little stupid of her!; ■**kein ~ ...** not the slightest bit ...

Bissen <-s, -> ['bɪsn̩] *m* morsel; **kann ich einen ~ von deinem Brötchen haben?** can I have a bite of your roll?; **er brachte keinen ~ herunter** he couldn't eat a thing

bissfest *adj* KOCHK *Fleisch, Gemüse* firm

bissig ['bɪsɪç] *adj* ① **ein ~er Hund** a dog

B

bitten

bitten	requesting
Kannst/Könntest du bitte mal den Müll runterbringen?	**Can/Could you please** take the rubbish down?
Bitte sei so gut und bring mir meine Jacke.	**Be a love and** bring me my jacket. *(fam)*
Wärst du so nett und würdest mir die Zeitung mitbringen?	**Would you be good enough to** bring me back a paper?
Würden Sie bitte so freundlich sein und Ihr Gepäck etwas zur Seite rücken?	**Would you mind** moving your luggage slightly to one side?
Darf ich Sie bitten, Ihre Musik etwas leiser zu stellen?	**Could I ask you** to turn your music down a little?
um Hilfe bitten	**asking for help**
Kannst du mir einen Gefallen tun?	**Could you do me favour?**
Darf/Dürfte ich Sie um einen Gefallen bitten?	**Can/Could I ask you a favour?**
Könntest du mir bitte helfen?	**Could you help me please?**
Könnten Sie mir bitte behilflich sein?	**Could you give me a hand please?**
Ich wäre Ihnen dankbar, wenn Sie mir dabei helfen könnten.	**I would be grateful if** you could give me hand with this.

that bites ② (*sarkastisch*) caustic; *Kritik* scathing; **sie hat eine sehr ~e Art** she's very sarcastic

Bisswunde *f* bite

bist [bɪst] *2. pers sing pres von* **sein**

Bistum <-s, Bistümer> ['bɪstuːm, *pl* 'bɪstyːmɐ] *nt* bishopric

bisweilen [bɪs'vai̯lən] *adv* (*geh*) at times

Bit <-[s], -[s]> [bɪt] *nt* INFORM bit

bitte ['bɪtə] *interj* ① (*auffordernd*) please; **~ nicht!** no, please!; **ja, ~?** (*am Telefon*) hello?; **tun Sie** [**doch**] **~ ...** won't you please ... ② (*Dank erwidernd*) **danke für die Auskunft! – ~**[**, gern geschehen**] thanks for the information – you're [very] welcome!; **danke, dass du mir geholfen hast! – ~**[**, gern geschehen**]! thanks for helping me – not at all!; **danke schön! – ~ schön, war mir ein Vergnügen!** thank you! – don't mention it, my pleasure!; **Entschuldigung! – ~!** I'm sorry! – that's all right! ③ (*anbietend*) **~ schön** here you are ④ (*um Wiederholung bittend*) **~? könnten Sie die Nummer noch einmal wiederholen?** sorry, can you repeat the number?

Bitte <-, -n> ['bɪtə] *f* request (**um** *+akk* for); **eine ~ äußern** to make a request

bitten <bat, gebeten> ['bɪtn̩] *vt, vi* to ask (**um** *+akk* for), to request; **könnte ich dich um einen Gefallen ~?** could I ask you a favour?; **um Verzeihung ~** to beg for forgiveness ▶ WENDUNGEN: **wenn ich ~ darf!** if you wouldn't mind!

bitter ['bɪtɐ] **I.** *adj* ① (*herb*) bitter; *Schokolade* plain ② (*schmerzlich*) bitter; *Reue* deep; *Verlust, Wahrheit* painful **II.** *adv* (*sehr*) bitterly; **etw ~ bereuen** to regret sth bitterly

bitterböse ['bɪtɐ'bøːzə] *adj* furious **bitterernst** ['bɪtɐ'ʔɛrnst] *adj* extremely serious; ■**jdm ist es mit etw** *dat* **~** sb is deadly serious about sth **bitterkalt** ['bɪtɐ'kalt] *adj attr* bitterly cold

Bitterkeit <-> *f kein pl* bitterness *no pl*

Bitter Lemon <-[s], -> ['bɪtɐ̯ 'lɛmən] *nt* bitter lemon

bitterlich **I.** *adj* slightly bitter **II.** *adv* bitterly

Bitternis <-, -se> ['bɪtɐnɪs] *f* (*liter*) bitterness *no pl*

Bitterstoff *m* bitter principle **bittersüß** ['bɪtɐ'zyːs] *adj* bittersweet *a. fig*

Bittschrift *f* (*veraltend*) plead **Bittsteller(in)** <-s, -> *m(f)* petitioner

Biwak <-s, -s *o* -e> ['biːvak] *nt* bivouac

bizarr [bi'tsar] *adj* bizarre

Bizeps <-es, -e> ['biːtsɛps] *m* biceps

BKA <-> [beːkaː'ʔaː] *nt kein pl Abk von* **Bundeskriminalamt**

Blabla <-s> [bla'blaː] *nt kein pl* (*pej fam*)

waffle

Blackout, Black-out <-s, -s> ['blɛkʔaut, 'blɛk'ʔaut, blɛk'ʔaut] *m* ❶ (*Gedächtnislücke*) lapse of memory ❷ (*Bewusstseinsverlust, Stromausfall*) blackout

Blag <-s, -en> ['bla:g] *nt* DIAL (*pej*), **Blage** <-, -n> ['bla:gə] *f* DIAL (*pej*) brat *pej*

blähen ['blɛ:ən] **I.** *vt* ❶ (*mit Luft füllen*) to fill [out] ❷ ANAT to distend **II.** *vr* ■**sich** *akk* ~ to billow; ANAT to dilate **III.** *vi* (*blähend wirken*) to cause flatulence

Blähung <-, -en> *f meist pl* flatulence *no pl, no indef art;* ~**en haben** to have flatulence

blamabel [bla'ma:bl̩] *adj* (*geh*) shameful; *Situation* embarrassing

Blamage <-, -n> [bla'ma:ʒə] *f* (*geh*) disgrace *no pl*

blamieren* [bla'mi:rən] **I.** *vt* to disgrace **II.** *vr* ■**sich** *akk* ~ to make a fool of oneself

blanchieren* [blã'ʃi:rən] *vt* KOCHK to blanch

blank [blaŋk] **I.** *adj* ❶ (*glänzend, sauber*) shining ❷ (*abgescheuert*) shiny ❸ (*total*) *Chaos, Unsinn* utter ❹ (*fam: pleite*) ■~ **sein** to be broke **II.** *adv* ~ **gewetzt** shiny; ~ **poliert** brightly polished

Blankoscheck *m* blank cheque **Blankovollmacht** *f* carte blanche

Blankvers *m* blank verse

Blase <-, -n> ['bla:zə] *f* ❶ ANAT bladder; **sich** *dat* **die** ~ **erkälten** to get a chill on the bladder ❷ MED blister; **sich** *dat* ~**n laufen** to get blisters on one's feet ❸ (*Hohlraum*) bubble; ~**n werfen** to form bubbles

Blasebalg <-[e]s, -bälge> *m* bellows *npl*

blasen <bläst, blies, geblasen> ['bla:zn̩] *vt, vi* to blow

Blasenentzündung *f* inflammation of the bladder **Blasenschwäche** *f* bladder weakness **Blasentee** *m herbal tea to relieve bladder problems*

Bläser(in) <-s, -> ['blɛ:zɐ] *m(f)* MUS wind player; ■**die** ~ the wind section

blasiert [bla'zi:ɐ̯t] *adj* (*pej geh*) arrogant

Blasinstrument *nt* wind instrument

Blaskapelle *f* brass band

Blasmusik *f* brass-band music

Blasphemie <-, -n> [blasfe'mi:, *pl* -'mi:ən] *f* (*geh*) blasphemy

Blasrohr *nt* blowpipe

blass [blas] *adj* ❶ (*bleich*) pale; ~ **um die Nase sein** to be green about the gills *hum* ❷ (*hell, matt*) pale; *Schrift* faint; **ein Hemd in einem** ~**en Grün** a pale-green shirt ❸ (*schwach*) vague; *Erinnerung* dim

Blässe <-> ['blɛsə] *f* paleness *no pl*

blässlich ['blɛslɪç] *adj* palish

bläst [blɛ:st] *3. pers sing pres von* **blasen**

Blatt <-[e]s, Blätter> [blat, *pl* 'blɛtɐ] *nt* ❶ BOT leaf ❷ (*Papierseite*) sheet ❸ (*Zeitung*) paper ▶ WENDUNGEN: **kein ~ vor den Mund nehmen** to not mince one's words; **das ~ hat sich gewendet** things have changed

Blattader *f* leaf vein

Blättchen <-s, -> ['blɛtçən] *nt dim von* **Blatt 1, 2, 3**

blättern ['blɛtɐn] *vi* **in einem Buch** ~ to flick through a book

Blätterteig *m* flaky pastry

Blattfall <-s> *m kein pl* falling *no pl* of leaves **Blattgold** *nt* gold leaf *no pl, no indef art* **Blattgrün** *nt* chlorophyll *no pl, no indef art* **Blattlaus** *f* aphid **Blattpflanze** *f* foliate plant **Blattsalat** *m* lettuce **Blattstiel** *m* BOT stalk **Blattwerk** *nt kein pl* (*geh*) foliage *no pl*

blau [blau̯] *adj* ❶ (*Farbe*) blue ❷ (*blutunterlaufen*) bruised; **ein ~er Fleck** a bruise; **ein ~es Auge** a black eye ❸ *meist präd* (*fam: betrunken*) plastered

blauäugig *adj* ❶ (*blaue Augen habend*) blue-eyed ❷ (*naiv*) naïve

Blaubeere *f s.* **Heidelbeere**

Blaue *nt* ▶ WENDUNGEN: **jdm das ~ vom Himmel versprechen** (*fam*) to promise sb the earth; **ins ~ hinein** (*fam*) at random; **eine Fahrt ins ~** a mystery tour

Blaufuchs *m* blue fox **blaugrau** *adj* blue-grey **blaugrün** *adj* blue-green **Blauhelm** *m* (*sl*) blue beret **Blaukraut** *nt* SÜDD, ÖSTERR red cabbage

bläulich *adj* bluish

Blaulicht *nt* flashing blue light **blau|machen** *vi* (*fam: krankfeiern*) to go [*or* AM call in] sick; SCH to play truant [*or* AM hook[e]y] **Blaumann** <-männer> *m* (*fam*) blue overalls, boiler suit BRIT **Blaumeise** *f* blue tit **Blausäure** *f* hydrocyanic acid **Blauschimmelkäse** *m* blue cheese **blauschwarz** *adj* blue-black **Blauwal** *m* blue whale

Blazer <-s, -> ['ble:zɐ] *m* blazer

Blech <-[e]s, -e> [blɛç] *nt* ❶ *kein pl* (*Material*) sheet metal *no pl, no indef art* ❷ (*Blechstück*) metal plate ❸ (*Backblech*) [baking] tray

Blechblasinstrument *nt* MUS brass instrument **Blechbüchse** *f* tin [box] **Blechdose** *f* tin

blechen ['blɛçn̩] *vt, vi* (*fam*) to fork out (**für** +*akk* for)

blechern **I.** *adj* ❶ *attr* (*aus Blech*) metal

② (*hohl klingend*) tinny; *Stimme* hollow **II.** *adv* tinnily; **~ klingen** to sound tinny

Blechlawine *f* (*pej fam*) river of metal **Blechschaden** *m* AUTO damage *no pl, no indef art* to the bodywork **Blechtrommel** *f* tin drum

Blei <-[e]s> [blai̯] *nt kein pl* lead *no pl, no indef art*

Bleibe <-, -n> ['blai̯bə] *f* place to stay

bleiben <blieb, geblieben> ['blai̯bn̩] *vi sein* ① (*verweilen*) to stay; **wo bleibst du so lange?** what has been keeping you all this time?; **wo sie nur so lange bleibt?** wherever has she got to? ② (*weiterhin sein*) to remain; **unbeachtet ~** to go unnoticed; **wach ~** to stay awake ③ (*übrig bleiben*) **eine Möglichkeit bleibt uns noch** we still have one possibility left; **es blieb mir keine andere Wahl** I was left with no other choice ▶WENDUNGEN: **das bleibt unter uns** that's [just] between ourselves

bleibend *adj* lasting

Bleiberecht *nt kein pl* POL right of residence

bleich [blai̯ç] *adj* pale; ■**~ werden** to go pale

bleichen ['blai̯çn̩] *vt* to bleach

Bleichgesicht *nt* ① (*fam*) pale face ② (*Weiße(r)*) paleface

Bleichmittel *nt* bleach *no pl*

bleiern ['blai̯ɐn] **I.** *adj* ① *attr* (*aus Blei*) lead ② (*grau wie Blei*) leaden ③ (*schwer lastend*) heavy **II.** *adv* heavily

bleifrei *adj* lead-free

bleihaltig *adj* containing lead

Bleikristall *nt* lead crystal *no pl, no indef art* **bleischwer** ['blai̯'ʃveːɐ̯] *adj s.* **bleiern 3**

Bleistift *m* pencil

Bleistiftspitzer *m* pencil sharpener **Bleistiftzeichnung** *f* pencil drawing

Blende <-, -n> ['blɛndə] *f* ① (*Lichtschutz*) blind ② FOTO aperture

blenden ['blɛndn̩] **I.** *vt* ① (*quasi blind machen*) to dazzle ② (*täuschen*) to deceive (**durch** *+akk* with) **II.** *vi* to be dazzling; **~d weiß** dazzling white

blendend **I.** *adj* brilliant; **~er Laune sein** to be in a sparkling mood **II.** *adv* wonderfully; **sich** *akk* **~amüsieren** to have great fun

Blender(in) <-s, -> *m(f)* fraud

Blendung <-, -en> *f* dazzling *no pl*

Blesse <-, -n> ['blɛsə] *f* (*weißer Fleck*) blaze

Blessur <-, -en> [blɛ'suːɐ̯] *f* (*geh*) wound

Blick <-[e]s, -e> [blɪk] *m* ① (*das Blicken*) look; **er warf einen ~ aus dem Fenster** he glanced out of the window; **auf einen ~** at a glance; **auf den ersten ~** at first sight; **auf den zweiten ~** on closer inspection; **jds ~ ausweichen** to avoid sb's gaze; **einen ~ auf jdn/etw werfen** to glance at sb/sth; **jdn keines ~es würdigen** to not deign to look at sb ② (*Augenausdruck*) look in one's eye ③ (*Ausblick*) view; **ein Zimmer mit ~ auf den Strand** a room overlooking the beach ▶WENDUNGEN: **wenn ~e töten könnten!** (*fam*) if looks could kill!

blicken ['blɪkn̩] **I.** *vi* ① (*schauen*) to look (**auf** *+akk* at), to have a look (**auf** *+akk* at); **er blickte aus dem Fenster** he glanced out of the window ② **sich** *akk* **~lassen** to put in an appearance; **sie hat sich hier nicht wieder ~ lassen** she hasn't shown up here again **II.** *vt* (*sl: verstehen*) to understand

Blickfang *m* eye-catcher **Blickfeld** *nt* field of view **Blickkontakt** *m* visual contact; **~ haben** to have eye contact **Blickpunkt** *m* ① (*Standpunkt*) point of view ② (*Fokus*) **im ~ [der Öffentlichkeit] stehen** to be the focus of [public] attention **Blickrichtung** *f* direction of sight **Blickwinkel** *m* ① (*Perspektive*) perspective ② (*Gesichtspunkt*) point of view

blies *imp von* **blasen**

Blimp <-s, -s> [blɪmp] *m* LUFT blimp

blind [blɪnt] **I.** *adj* blind; ■**~ werden** to go blind; **auf einem Auge ~ sein** to be blind in one eye; **~ vor Hass/Eifersucht sein** to be blinded by hatred/jealousy **II.** *adv* blindly; **jdm ~ vertrauen** to trust sb implicitly

Blindbewerbung *f* speculative application

Blinddarm *m* appendix

Blinddarmentzündung *f* appendicitis

Blind Date [blaɪnd'deɪt] *nt* blind date

Blinde(r) *f(m)* *dekl wie adj* blind woman *fem,* blind man *masc,* blind person

Blindekuh ['blɪndəkuː] *f kein art* blind man's buff *no art*

Blindenhund *m* guide dog **Blindenschrift** *f* Braille *no art*

Blindflug *m* ① LUFT blind flight ② (*fig*) process of trial and error

Blindgänger <-s, -> *m* MIL dud

blindgläubig **I.** *adj* credulous **II.** *adv* blindly

Blindheit <-> *f kein pl* blindness *no pl*

blindlings ['blɪntlɪŋs] *adv* blindly

Blindschleiche <-, -n> ['blɪntʃlai̯çə] *f* slow-worm

blindwütig **I.** *adj* raging, in a blind fury *pred* **II.** *adv* in a blind fury

B

blinken ['blɪŋkn̩] *vi* ❶ (*funkeln*) to gleam ❷ (*Blinkzeichen geben*) to flash; (*zum Abbiegen*) to indicate; **mit der Lichthupe ~** to flash one's [head]lights

Falsche Freunde

Nicht verwechseln mit *to blink* — blinzeln!

Blinker <-s, -> ['blɪŋkɐ] *m* AUTO indicator
Blinklicht *nt* ❶ TRANSP flashing light ❷ (*fam*) *s.* **Blinker** **Blinkzeichen** *nt* flashing signal; **~ geben** to flash a signal
blinzeln ['blɪntsl̩n] *vi* to blink; (*geblendet*) to squint
Blitz <-es, -e> [blɪts] *m* ❶ (*Blitzstrahl*) lightning *no pl, no indef art;* **vom ~ getroffen werden** to be struck by lightning; **der ~ schlägt in etw** *akk* **[ein]** lightning strikes sth ❷ FOTO flash ▸WENDUNGEN: **wie ein ~ aus heiterem Himmel** like a bolt from the blue; **wie ein geölter ~** (*fam*) like greased lightning; **wie vom ~ getroffen** thunderstruck; **wie ein ~ einschlagen** to come as a bombshell; **wie der ~** (*fam*) like lightning
Blitzableiter <-s, -> *m* lightning conductor **Blitzaktion** *f* lightning operation
blitzartig **I.** *adj* lightning *attr* **II.** *adv* like lightning; **er ist ~ verschwunden** he disappeared as quick as a flash
blitzblank *adj* squeaky clean
blitzen ['blɪtsn̩] **I.** *vi impers* ■**es blitzt** there is [a flash of] lightning **II.** *vi* ❶ (*strahlen*) to sparkle ❷ (*funkeln*) to flash (**vor** +*dat* with) ❸ FOTO (*fam*) to use [a] flash **III.** *vt* (*fam: in Radarfalle*) ■**geblitzt werden** to be zapped
Blitzesschnelle ['blɪtsəs'ʃnɛlə] *f* lightning speed *no pl, no indef art*
Blitzgerät *nt* FOTO flash unit **blitzgescheit** *adj* (*fam*) brilliant **Blitzlicht** *nt* FOTO flash[light] **blitzsauber** ['blɪts'zau̯bɐ] *adj* (*fam*) sparkling clean **Blitzschlag** *m* lightning strike **blitzschnell** ['blɪts'ʃnɛl] *adj s.* **blitzartig**
Blizzard <-s, -s> ['blɪzɐt] *m* blizzard
Block[1] <-[e]s, Blöcke> [blɔk, *pl* blœkə] *m* (*Form*) block
Block[2] <-[e]s, Blöcke *o* -s> [blɔk, *pl* blœkə] *m* ❶ (*Häuserblock*) block; (*großes Mietshaus*) block [of flats] BRIT, apartment building AM ❷ (*Papierstapel*) book; **ein ~ Briefpapier** a pad of writing paper
Blockade <-, -n> [blɔ'ka:də] *f* ❶ (*Wirtschaftsblockade*) blockade; **über etw** *akk* **eine ~ verhängen** to impose a blockade on sth ❷ MED block ❸ (*Denkhemmung*) mental block
Blockadetaktik *f* POL blocking tactics *pl*
blocken ['blɔkn̩] *vt* ❶ (*verhindern*) to block, to stall ❷ SÜDD (*bohnern*) to polish
Blockflöte *f* recorder
Blockfreiheit *f* POL non-alignment
Blockhaus *nt* log cabin **Blockhütte** *f* log cabin
blockieren* [blɔ'ki:rən] **I.** *vt* to block; *Stromzufuhr* to interrupt; *Verkehr* to stop **II.** *vi Bremse, Räder* to lock
Blocksatz *m* TYPO justification **Blockschrift** *f* block capitals *pl*
blöd [blø:t], **blöde** ['blø:də] **I.** *adj* (*fam*) ❶ (*dumm*) silly ❷ (*unangenehm*) disagreeable; *Situation* awkward; **ein ~es Gefühl** a funny feeling; **zu ~!** how annoying! **II.** *adv* (*fam*) idiotically; **frag doch nicht so ~!** don't ask such stupid questions!; **sich** *akk* **~anstellen** to act stupid
Blödelei <-, -en> *f* (*fam*) ❶ (*das Blödeln*) messing about *no pl, no indef art;* **lass endlich diese ~!** will you stop messing about! ❷ (*Albernheit*) silly prank
blödeln ['blø:dl̩n] *vi* (*fam*) to tell silly jokes
blöderweise *adv* (*fam*) stupidly
Blödheit <-, -en> *f* (*fam*) ❶ *kein pl* (*Dummheit*) stupidity *no pl* ❷ (*dumme Bemerkung*) stupid remark
Blödian <-[e]s, -e> ['blø:di̯a:n] *m,* **Blödmann** *m* (*fam*) idiot
Blödsinn *m kein pl* (*pej fam*) nonsense *no pl, no indef art;* **machen Sie keinen ~!** don't mess about!
blödsinnig ['blø:tzɪnɪç] *adj* (*pej fam*) idiotic
Blog <-s, -s> [blɔg] *nt o m* INET *kurz für* **Weblog** blog
blöken ['blø:kn̩] *vi* to bleat
blond [blɔnt] *adj* blond[e]; (*hellgelb*) fair-haired
blondieren* [blɔn'di:rən] *vt* to bleach
Blondine <-, -n> [blɔn'di:nə] *f* blonde
bloß [blo:s] **I.** *adj* ❶ (*unbedeckt*) bare; **mit ~em Oberkörper** stripped to the waist ❷ *attr* (*nichts als*) mere; (*allein schon*) very; **schon der ~e Gedanke machte ihn rasend** the very thought made him furious; **mit ~em Auge** with the naked eye **II.** *adv* (*nur*) only **III.** *part* (*verstärkend*) **lass mich ~ in Ruhe!** just leave me in peace!; **was er ~ hat?** whatever is the matter with him?
Blöße ['blø:sə] *f* ▸WENDUNGEN: **sich** *dat* **keine ~ geben** to not show any weakness
bloß|legen *vt* ❶ (*ausgraben*) to uncover ❷ (*enthüllen*) to bring to light **bloß|stellen** *vt* ❶ (*verraten*) to expose ❷ (*blamieren*) to show up *sep*

blubbern ['blʊbɐn] *vi (fam)* to bubble
Blue Jeans <-, -> ['blu:dʒi:ns] *pl* [blue] jeans
Blues <-, -> [blu:s] *m* MUS blues + *sing vb*
Bluff <-[e]s, -s> [blʊf, blaf, blœf] *m* bluff
bluffen ['blʊfn̩, 'blafn̩, 'blœfn̩] *vi* to bluff
Bluffer(in) ['blʊfɐ, 'blafɐ, 'blœfɐ] *m(f)* bluffer
blühen ['bly:ən] *vi* ❶ (*Blüten haben*) to bloom ❷ (*florieren*) to flourish ❸ (*fam*) ■ **jdm** ~ to be in store for sb; **dann blüht dir aber was!** then you'll be for it!
blühend *adj* ❶ (*in Blüte sein*) blossoming ❷ (*strahlend*) radiant ❸ (*prosperierend*) flourishing ❹ (*fam*) **eine ~e Fantasie haben** to have a fertile imagination
Blume <-, -n> ['blu:mə] *f* flower; (*Topfblume*) pot plant ▶ WENDUNGEN: **jdm etw durch die ~ sagen** to say sth in a roundabout way to sb
Blumenbeet *nt* flowerbed **Blumenerde** *f* potting compost **Blumenkasten** *m* flower-box **Blumenkohl** *m kein pl* cauliflower **Blumenladen** *m* flower shop **Blumenstrauß** <-sträuße> *m* bouquet of flowers **Blumentopf** *m* flowerpot **Blumenvase** *f* flower vase **Blumenzwiebel** *f* bulb
blumig *adj* flowery
Bluse <-, -n> ['blu:zə] *f* blouse
Blut <-[e]s> [blu:t] *nt kein pl* blood *no pl, no indef art;* **jdm ~ abnehmen** to take a blood sample from sb ▶ WENDUNGEN: **~ und Wasser schwitzen** (*fam*) to sweat blood [and tears]; **böses ~ schaffen** to cause bad blood; **[nur] ruhig ~!** [just] calm down!; **~ geleckt haben** to have developed a liking for sth; **jdm im ~ liegen** to be in sb's blood
Blutabnahme *f* blood taking **Blutalkoholspiegel** *m* blood alcohol level **blutarm** ['blu:tʔarm] *adj* MED anaemic **Blutarmut** *f* MED anaemia **Blutbad** *nt* bloodbath; **ein ~ anrichten** to create carnage **Blutbahn** *f* bloodstream **Blutbank** <-banken> *f* blood bank **blutbefleckt** *adj* bloodstained **Blutbild** *nt* MED blood count **Blutbildung** *f* blood formation *spec* **Blutblase** *f* blood blister **Blutdruck** *m kein pl* blood pressure *no pl, no indef art* **Blutdruckmessgerät** *nt* MED sphygmomanometer
Blüte <-, -n> ['bly:tə] *f* ❶ (*Pflanzenteil*) bloom; *Baum* blossom; **in voller ~ stehen** to be in full flower; **~n treiben** to [be in] bloom; *Baum* to [be in] blossom ❷ (*Blütezeit*) blooming *no pl* ❸ (*fam: falsche Banknote*) dud ▶ WENDUNGEN: **merkwürdige ~n treiben** to take on strange forms
Blutegel *m* leech
bluten ['blu:tn̩] *vi* to bleed (**an, aus** + *dat* from)
Blütenblatt *nt* petal **Blütenkelch** *m* calyx **Blütenstaub** *m* pollen *no pl, no indef art* **Blutentnahme** *f* taking of a blood sample **blütenweiß** *adj* sparkling white
Bluter(in) <-s, -> ['blu:tɐ] *m(f)* MED haemophiliac
Bluterguss <-es, -ergüsse> *m* bruise
Bluterin <-, -nen> *f fem form von* **Bluter**
Bluterkrankheit *f* MED haemophilia *no pl, no art*
Blütezeit *f* ❶ (*Zeit des Blühens*) blossoming *no pl* ❷ (*fig*) heyday
Blutfaktor *m* blood factor **Blutfleck** *m* bloodstain **Blutgefäß** *nt* blood vessel **Blutgerinnsel** *nt* blood clot **Blutgerinnung** *f* clotting of the blood **Blutgruppe** *f* blood group **Bluthochdruck** *m* high blood pressure **Bluthund** *m* bloodhound
blutig ['blu:tɪç] **I.** *adj* ❶ (*blutend*) bloody; (*blutbefleckt*) bloodstained ❷ KOCHK underdone; **sehr ~** rare ❸ (*mit Blutvergießen verbunden*) bloody **II.** *adv* bloodily
blutjung ['blu:t'jʊŋ] *adj* very young **Blutkonserve** [-kɔnsɛrvə] *f* unit of stored blood **Blutkörperchen** *nt* blood corpuscle; **rote/weiße ~** red/white [blood] corpuscles **Blutkrebs** *m* MED leukaemia **Blutkreislauf** *m* [blood] circulation *no pl, no indef art* **Blutlache** *f* pool of blood **blutleer** *adj* ❶ (*ohne Blut*) bloodless, drained of blood *pred* ❷ MED anaemic **Blutorange** *f* blood orange **Blutplasma** *nt* blood plasma *no pl, no indef art* **Blutplättchen** <-s, -> *nt* blood platelet
Blutpräparat *nt* blood preparation **Blutprobe** *f* ❶ (*Entnahme*) blood sample ❷ (*Untersuchung*) blood test **Blutrache** *f* blood vendetta **blutrot** *adj* blood-red
blutrünstig ['blu:trʏnstɪç] *adj* bloodthirsty
Blutsauger *m* ZOOL bloodsucker
Blutsbruder *m* blood brother **Blutsbrüderschaft** *f* blood brotherhood
Blutschande *f* incest **Blutsenkung** *f* MED sedimentation of the blood; (*Test*) [erythrocyte] sedimentation test **Blutspende** *f* donation of blood **Blutspender(in)** *m(f)* blood donor **Blutspur** *f* trail of blood; **~en** traces of blood **blutstillend** *adj* MED styptic
Blutstropfen *m* drop of blood **blutsverwandt** *adj* related by blood *pred* **Blutsverwandte(r)** *f(m)* blood relation **Blutsverwandtschaft** *f* blood relationship
Bluttat *f* (*geh*) bloody deed **Bluttest** *m* blood test **Bluttransfusion** *f* blood transfusion **blutüberströmt** *adj* streaming with blood *pred*
Blutung <-, -en> *f* ❶ (*das Bluten*) bleeding

no pl, no indef art; **innere ~en** internal bleeding ② [**monatliche**] ~ menstruation

blutunterlaufen *adj Augen* bloodshot; ■ **~ sein** to be suffused with blood **Blutuntersuchung** *f* blood test **Blutvergießen** <-s> *nt kein pl* bloodshed *no pl, no indef art* **Blutvergiftung** *f* blood poisoning *no indef art* **Blutverlust** *m* loss of blood **Blutwäsche** *f* MED haemodialysis **Blutwurst** *f* black pudding BRIT, blood sausage AM

Blutzucker *m* MED ① (*Zuckeranteil*) blood sugar ② (*fam*) blood sugar test

Blutzuckerspiegel *m* MED blood sugar level **Blutzuckerwert** *m* MED blood sugar count

BLZ <-> [beːʔɛlˈtsɛt] *f Abk von* **Bankleitzahl**

b-Moll <-s, -> [ˈbeːmɔl, ˈbeːˈmɔl] *nt kein pl* MUS B flat minor

Bö <-, -en> [bøː] *f* gust [of wind]

Boa <-, -s> [ˈboːa] *f* ZOOL, MODE boa

Bob <-s, -s> [bɔp] *m* bob[sleigh] BRIT, bob[sled] AM

Bock[1] <-[e]s, Böcke> [bɔk, *pl* ˈbœkə] *m* ① ZOOL buck; (*Schafsbock*) ram; (*Ziegenbock*) billy-goat ② (*pej*) **ein alter ~** an old goat; **ein sturer ~** a stubborn sod ▶ WENDUNGEN: **~** [**auf etw**] **haben** (*sl*) to fancy [sth]; **einen ~ schießen** (*fam*) to drop a clanger

Bock[2] <-s, -> [bɔk] *nt,* **Bockbier** *nt* bock beer (*type of strong beer*)

bocken [ˈbɔkn̩] *vi* ① *Esel, Pferd* to refuse to move ② (*fam: trotzig sein*) to act up

bockig [ˈbɔkɪç] *adj* (*fam*) stubborn

Bockmist *m* (*sl*) bullshit

Bockshorn [ˈbɔkshɔrn] *nt* ▶ WENDUNGEN: **sich** *akk* [**von jdm**] **ins ~ jagen lassen** (*fam*) to be intimidated [by sb]

Bockshornklee *m* (*Gewürz*) fenugreek

Bockspringen *nt kein pl* SPORT vaulting *no pl, no art;* **~ spielen** to play leapfrog

Bockwurst *f* bockwurst (*type of sausage*)

Boden <-s, Böden> [ˈboːdn̩, *pl* bøːdn̩] *m* ① (*Erdreich, Acker*) soil; **magerer ~** barren soil ② (*Erdboden*) ground; (*Fußboden*) floor ③ *kein pl* (*Territorium*) land; **auf britischem ~** on British soil ④ (*Dachboden*) loft; **auf dem ~** in the loft ⑤ (*Grund*) bottom; *eines Gefäßes a.* base ▶ WENDUNGEN: **am ~ zerstört sein** (*fam*) to be devastated; **etw** [**mit jdm**] **zu ~ reden** SCHWEIZ to chew over sth *sep* [with sb]

Bodenbelag *m* floor covering **Bodenbelastung** *f* ÖKOL pollution of the ground **Bodenerosion** *f* erosion of the earth's surface **Bodenfreiheit** *f* AUTO ground clearance **Bodenfrost** *m* ground frost *no pl* **Bodenhaftung** *f* ① AUTO wheel grip ② (*fig*) grounding; **die ~ verlieren** to lose one's grounding

bodenlos **I.** *adj* ① (*fam: unerhört*) outrageous; **das ist eine ~e Frechheit!** that's absolutely outrageous! ② (*sehr tief*) bottomless; **ein ~er Abgrund** an abyss **II.** *adv* extremely

Bodennebel *m* ground fog **Bodenoffensive** *f* MIL ground offensive **Bodenpersonal** *nt* LUFT ground crew **Bodenprobe** *f* soil sample **Bodenreform** *f* JUR agrarian reform **Bodensatz** *m* sediment; *von Kaffee* grounds *npl* **Bodenschätze** *pl* mineral resources *pl* **Bodensee** [ˈbɔdn̩zeː] *m* ■ **der ~** Lake Constance

bodenständig *adj* ① (*lange ansässig*) long-established ② (*unkompliziert*) uncomplicated

Bodenstation *f* RAUM ground station **Bodenstreitkräfte** *pl* MIL ground forces *pl* **Bodentruppen** *pl* MIL ground troops *pl* **Bodenturnen** *nt kein pl* floor exercises *pl* **Bodenuntersuchung** *f* soil survey

Body <-s, -s> [ˈbɔdi] *m* body BRIT, bodysuit AM

Bodybuilding <-s> [-bɪldɪŋ] *nt kein pl* bodybuilding *no pl*

Body-Mass-Index [ˈbɔdimɛsɪndɛks] *m* MED body mass index

Böe <-, -n> [ˈbøːə] *f s.* **Bö**

bog [boːg] *imp von* **biegen**

Bogen <-s, - *o* ÖSTERR, SCHWEIZ, SÜDD Bögen> [ˈboːgn̩, *pl* ˈbøːgn̩] *m* ① (*Kurve*) curve; *eines großen Flusses a.* sweep; **einen ~ machen** to curve [round] ② (*Blatt Papier*) sheet [of paper] ③ (*Schusswaffe*) bow; **Pfeil und ~** bow and arrow[s *pl*] ④ ARCHIT arch ▶ WENDUNGEN: **in hohem ~ hinausfliegen** (*fam*) to be turned out; **den ~ heraushaben** (*fam*) to have got the hang of it; **einen** [**großen**] **~ um jdn/etw machen** (*fam*) to steer [well] clear of sb/sth

bogenförmig *adj* arched

Bogengang <-gänge> *m* ARCHIT archway **Bogenschießen** *nt kein pl* SPORT archery *no pl* **Bogenschütze, -schützin** *m, f* SPORT archer; HIST *a.* bowman

Bohle <-, -n> [ˈboːlə] *f* [thick] plank, board

Böhmen <-s> [ˈbøːmən] *nt* Bohemia

böhmisch [ˈbøːmɪʃ] *adj* Bohemian

Bohne <-, -n> [ˈboːnə] *f* bean; **dicke/grüne/rote/weiße ~n** broad/French/kidney/haricot beans

Bohnenkaffee *m* ① (*gemahlen*) real coffee ② (*ungemahlen*) unground coffee [beans *pl*] **Bohnenkraut** *nt kein pl* savory *no pl* **Bohnenstange** *f* (*a. hum*) beanpole *a. hum* **Bohnensuppe** *f* bean soup

B

bohnern ['bo:nɐn] *vt* to polish
Bohnerwachs [-vaks] *nt* floor polish
bohren ['bo:rən] **I.** *vt* ① *Loch* to bore; (*mit Bohrmaschine*) to drill; *Brunnen* to sink ② (*hineinstoßen*) to sink (**in** +*akk* into); **er bohrte ihm das Messer in den Bauch** he plunged the knife into his stomach **II.** *vi* ① (*mit dem Bohrer arbeiten*) to drill ② (*stochern*) **in der Nase ~** to pick one's nose ③ (*fam: drängen*) ▪**so lange ~, bis ...** to keep on asking until ...
bohrend *adj* gnawing; *Blick* piercing; *Fragen* probing
Bohrer <-s, -> *m* drill
Bohrinsel *f* drilling rig; (*Öl a.*) oil rig **Bohrloch** *nt* ① (*das in das Gestein vorgetriebene Loch*) borehole ② (*gebohrtes Loch*) drill hole **Bohrmaschine** *f* drill[ing machine] **Bohrturm** *m* derrick
Bohrung <-, -en> *f* ① (*das Bohren*) drilling (**nach** for) ② (*Bohrloch*) bore[hole]
böig ['bø:ɪç] **I.** *adj* gusty; *Wetter* windy **II.** *adv* **~ auffrischender Westwind** a freshening westerly
Boiler <-s, -> ['bɔy̆lɐ] *m* hot-water tank; **den ~ anstellen** to turn on the water heater
Boje <-, -n> ['bo:jə] *f* buoy
Bolero <-s, -s> [bo'le:ro] *m* ① MUS (*a. Tanz*) bolero ② (*Kleidungsstück*) bolero
Bolivianer(in) <-s, -> [boli'vi̯a:nɐ] *m(f)* Bolivian; *s. a.* **Deutsche(r)**
bolivianisch [boli'vi̯anɪʃ] *adj* Bolivian; *s. a.* **deutsch**
Bolivien <-s> [bo'li:vi̯ən] *nt* Bolivia; *s. a.* **Deutschland**
Böller <-s, -> ['bœlɐ] *m* (*fam: Feuerwerkskörper*) firework, banger BRIT, firecracker AM
Bollwerk ['bɔlvɛrk] *nt* (*geh*) bulwark
Bolschewismus <-> [bɔlʃe'vɪsmʊs] *m kein pl* ▪**der ~** Bolshevism
bolschewistisch *adj* Bolshevist, Bolshevik *attr*
Bolzen <-s, -> ['bɔltsn̩] *m* TECH pin; (*mit Gewinde*) bolt
Bombardement <-s, -s> [bɔmbardə'mã:] *nt* ① MIL bombardment ② (*geh*) deluge (**von** of)
bombardieren* [bɔmbar'di:rən] *vt* ① MIL to bomb ② (*fam: überschütten*) to bombard
Bombardierung <-, -en> *f* MIL bombing
bombastisch *adj* (*pej*) ① (*schwülstig*) bombastic ② (*pompös*) pompous
Bombe <-, -n> ['bɔmbə] *f* ① (*Sprengkörper*) bomb; **wie eine ~ einschlagen** to come as a bombshell; **eine ~ legen** MIL to plant a bomb ② (*Geldbombe*) strongbox

Bombenangriff *m* bomb attack **Bombenanschlag** *m* bomb strike **Bombenattentat** *nt* bomb attack **Bombendrohung** *f* bomb scare **Bombenerfolg** *m* (*fam*) smash hit **Bombengeschäft** *nt* (*fam*) roaring business **bombensicher** ['bɔmbn̩zɪçɐ] *adj* ① MIL bombproof ② (*fam*) sure; **ein ~er Tipp** a dead cert **Bombenstimmung** *f kein pl* (*fam*) ▪**in ~ sein** to be in a brilliant mood; **auf der Party herrschte eine ~** the place was jumping
Bomber <-s, -> ['bɔmbɐ] *m* (*fam*) bomber
bombig ['bɔmbɪç] *adj* (*fam*) fantastic
Bon <-s, -s> [bɔŋ, bõ:] *m* ① (*Kassenzettel*) receipt ② (*Gutschein*) voucher
Bonbon <-s, -s> [bɔŋ'bɔŋ, bõ'bõ:] *m o* ÖSTERR *nt* ① (*Süßigkeit*) sweet BRIT, candy AM ② (*etwas Besonderes*) treat
Bongo <-, -s> ['bɔŋgo] *f*, **Bongotrommel** <-, -n> *f* bongo [drum]
Bonität <-, -en> [boni'tɛ:t] *f* financial standing, credit worthiness
Bonn <-s> [bɔn] *nt* Bonn
Bonner ['bɔnɐ] *adj attr* Bonn
Bonsai <-[s], -s> ['bɔnza̯i] *m* bonsai
Bonus <- *o* -ses, - *o* -se *o* Boni> ['bo:nʊs, *pl* 'bo:ni] *m* FIN bonus
Bonusmeile *f* LUFT airmile
Bonze <-n, -n> ['bɔntsə] *m* (*pej*) bigwig
Boom <-s, -s> [bu:m] *m* ÖKON boom
boomen ['bu:mən] *vi* ÖKON to [be on the] boom
Boot <-[e]s, -e> [bo:t] *nt* boat; (*Segelboot*) yacht; **~ fahren** to go boating
Bootsfahrt *f* boat trip **Bootsflüchtlinge** *pl* boat people **Bootshaus** *nt* boathouse **Bootsmann** <-leute> *m* NAUT bo[']sun; MIL petty officer **Bootsverleih** *m* boat hire
Bor <-s> [bo:ɐ̯] *nt kein pl* boron *no pl*
Bord[1] [bɔrt] *m* **an ~** aboard; **an ~ gehen** to board; **über ~ gehen** to go overboard; **von ~ gehen** *Lotse* to leave the plane/ship; *Passagier a.* to disembark; **Mann über ~!** man overboard!
Bord[2] <-[e]s, -e> [bɔrt] *nt* shelf
Bordbuch *nt* logbook **Bordcomputer** *m* RAUM, LUFT onboard computer; AUTO trip computer **Bordelektronik** *f kein pl* LUFT on-board electronics
Bordell <-s, -e> [bɔr'dɛl] *nt* brothel
Bordkarte *f* boarding card **Bordpersonal** *nt kein pl* crew *no pl* **Bordstein** *m*, **Bordsteinkante** *f* kerb
Bordüre <-, -n> [bɔr'dy:rə] *f* border
borgen ['bɔrgn̩] *vt* ① (*sich leihen*) to borrow ② (*verleihen*) to lend
Borke <-, -n> ['bɔrkə] *f* BOT bark

B

Borkenkäfer *m* bark beetle
borniert [bɔrˈniːɐ̯t] *adj* (*pej*) bigoted
Börse <-, -n> [ˈbœrzə] *f* (*Wertpapierhandel*) stock market; (*Gebäude*) stock exchange; **an die ~ gehen** to go public; **an der ~ [gehandelt]** [traded] on the exchange; **an der ~ spekulieren** to speculate on the stock exchange
Börsenbericht *m* market report **Börsengang** *m* stock market flotation *no pl* **Börsenkrach** *m* [stock market] crash **Börsenkurs** *m* market price **Börsenmakler(in)** *m(f)* stockbroker **börsennotiert** *adj* FIN *Firma* listed [on the stock exchange] **Börsenspekulant(in)** *m(f)* speculator [on the stock market], BRIT *a.* stockjobber *fam* **Börsenstart** *m* stock market flotation [of an enterprise]
Börsianer(in) <-s, -> [bœrˈzi̯aːnɐ] *m(f)* (*fam*) ❶ (*Börsenmakler*) broker ❷ (*Spekulant an der Börse*) speculator
Borste <-, -n> [ˈbɔrstə] *f* bristle
borstig [ˈbɔrstɪç] *adj* bristly
Borte <-, -n> [ˈbɔrtə] *f* border
Borwasser *nt kein pl* boric acid solution
bösartig *adj* ❶ (*tückisch*) malicious; *Tier* vicious ❷ MED malignant; *Krankheit* pernicious
Böschung <-, -en> [ˈbœʃʊŋ] *f* embankment; *eines Flusses, einer Straße a.* bank
böse [ˈbøːzə] **I.** *adj* ❶ (*sittlich schlecht*) bad; (*stärker*) evil, wicked; **~ Absicht** malice; **das war keine ~ Absicht!** no harm intended!; **jdm B~s tun** to cause sb harm ❷ *attr* (*unangenehm, übel*) bad; **~s Blut schaffen** to cause bad blood; **ein ~s Ende nehmen** to end in disaster; **~ Folgen haben** to have dire consequences; **eine ~ Geschichte** a nasty affair; **jdm einen ~n Streich spielen** to play a nasty trick on sb; **eine ~ Überraschung erleben** to have an unpleasant surprise; **ein ~r Zufall** a terrible coincidence; **nichts B~s ahnen** to not suspect anything is wrong ❸ (*verärgert*) angry; (*stärker*) furious; **ein ~s Gesicht machen** to scowl ❹ (*fam: unartig*) naughty **II.** *adv* ❶ (*übelwollend*) evilly; **das habe ich nicht ~ gemeint** I meant no harm; **~ lächeln** to give an evil smile ❷ (*fam: sehr, schlimm*) badly; **sich** *akk* **~ irren** to make a serious mistake; **~ ausgehen** to end in disaster; **~ [für jdn] aussehen** to look bad [for sb]
Bösewicht <-[e]s, -er *o* -e> [ˈbøːzəvɪçt] *m* ❶ (*hum fam*) little devil ❷ (*veraltend: Schurke*) villain
boshaft [ˈboːshaft] **I.** *adj* malicious **II.** *adv* **~ grinsen** to give an evil grin
Bosheit <-, -en> *f* malice *no pl;* (*Bemerkung*) nasty remark; **aus [lauter] ~** out of [pure] malice
Bosnien <-s> [ˈbɔsniən] *nt* Bosnia; *s. a.* **Deutschland**
Bosnien-Herzegowina, Bosnien und Herzegowina <-s> *nt* ÖSTERR Bosnia-Herzegovina; *s. a.* **Deutschland**
Bosnier(in) <-s, -> [ˈbɔsniɐ] *m(f)* Bosnian; *s. a.* **Deutsche(r)**
Boss <-es, -e> [bɔs] *m* boss
böswillig **I.** *adj* malevolent; JUR wilful **II.** *adv* malevolently
Böswilligkeit <-> *f kein pl* malevolence *no pl*
bot [bɔt] *imp von* **bieten**
Botanik <-> [boˈtaːnɪk] *f kein pl* botany *no pl*
Botaniker(in) <-s, -> [boˈtaːnikɐ] *m(f)* botanist
botanisch [boˈtaːnɪʃ] *adj* botanical
Bote, Botin <-n, -nen> [ˈboːtə, ˈboːtɪn] *m, f* ❶ (*Kurier*) courier; (*mit Nachricht*) messenger ❷ *bes* SÜDD (*Postbote*) postman
Botengang <-gänge> *m* errand; **einen ~ machen** to run an errand
Botin <-, -nen> *f fem form von* **Bote**
Botox [ˈboːtɔks] *nt* MED botox
Botschaft <-, -en> [ˈboːtʃaft] *f* ❶ (*Nachricht*) message *no pl, no indef art;* **hast du schon die freudige ~ gehört?** have you heard the good news yet?; **eine ~ erhalten** to receive a message; **jdm eine ~ hinterlassen** to leave sb a message ❷ (*Botschaftsgebäude*) embassy
Botschafter(in) <-s, -> *m(f)* ambassador
Bottich <-[e]s, -e> [ˈbɔtɪç] *m* tub; (*für Wäsche*) washtub
Bouillon <-, -s> [bʊlˈjɔŋ, bʊlˈjõː] *f* [beef] bouillon; (*im Restaurant*) consommé
Boulevard <-s, -s> [buləˈvaːɐ̯] *m* boulevard
Boulevardpresse *f* (*fam*) yellow press **Boulevardzeitung** *f* tabloid
Bourgeoisie <-, -n> [bʊrʒoaˈziː, *pl* ˈziːən] *f* (*veraltend geh*) bourgeoisie
Boutique <-, -n> [bʊˈtiːk] *f* boutique
Bowle <-, -n> [ˈboːlə] *f* ❶ (*Getränk*) punch *no pl* ❷ (*Schüssel*) punchbowl
Bowling <-s, -s> [ˈboːlɪŋ] *nt* [tenpin] bowling *no pl, no art*
Box <-, -en> [bɔks] *f* ❶ (*Behälter*) box ❷ (*fam: Lautsprecher*) loudspeaker
boxen [ˈbɔksn̩] **I.** *vi* to box; ■**gegen jdn ~** to fight sb **II.** *vt* (*schlagen*) to punch **III.** *vr* (*fam*) ■**sich** *akk* **[mit jdm] ~** to have a punch-up BRIT [*or* AM fist fight] [with sb]
Boxen <-s> [ˈbɔksn̩] *nt kein pl* boxing *no art*

Boxengasse *f* SPORT pit lane **Boxenluder** *nt* SPORT (*pej*) pit groupie
Boxer(in) <-s, -> ['bɔksɐ] *m(f)* boxer
Boxershorts, Boxer-Shorts [-ʃo:ɐts, -ʃɔrts] *pl* boxer shorts *npl*
Boxhandschuh *m* boxing glove **Boxkampf** *m* boxing match
Boykott <-[e]s, -e *o* -s> [bɔy'kɔt] *m* boycott
boykottieren* [bɔykɔ'ti:rən] *vt* to boycott
brabbeln ['brabl̩n] *vi, vt* (*fam*) to mumble; *Säugling* to gurgle
brach [bra:x] *imp von* **brechen**
brachial [bra'xi̯a:l] *adj* **mit ~er Gewalt vorgehen** to use brute force
Brachland *nt* fallow [land]
brach|liegen *vi irreg Land* to lie fallow; (*fig*) to be left unexploited
brachte ['braxtə] *imp von* **bringen**
Braindrain <-s> *m kein pl* brain drain *no pl*
Brainstorming <-s> ['breɪnstɔ:mɪŋ] *nt kein pl* brainstorming session
Branche <-, -n> ['brã:ʃə] *f* ① (*Wirtschaftszweig*) line of business ② (*Tätigkeitsbereich*) field
Branchenbuch *nt* classified directory, ≈ Yellow Pages **Branchenverzeichnis** *nt* classified directory
Brand <-[e]s, Brände> [brant, *pl* 'brɛndə] *m* fire; **in ~ geraten** to catch fire; **etw in ~ stecken** to set sth alight; *Gebäude* to set sth on fire
brandaktuell *adj* (*fam*) highly topical; *Buch* hot off the press; *CD, Schallplatte* very recent; *Thema, Frage* red-hot **Brandanschlag** *m* arson attack **Brandblase** *f* burn blister **Brandbombe** *f* incendiary bomb [*or* device] **brandeilig** *adj* (*fam*) extremely urgent
branden ['brandn̩] *vi* to break (**an, gegen** +*akk* against)
Brandenburg <-s> ['brandn̩bʊrk] *nt* Brandenburg
Brandherd *m* source of the fire **Brandkatastrophe** *f* conflagration **Brandmal** <-s, -e> *nt* brand **brandmarken** *vt* to brand **brandneu** ['brant'nɔy] *adj* (*fam*) brand new **Brandsatz** *m* incendiary mixture **Brandschaden** *m* fire damage *no pl* **Brandschutz** *m kein pl* fire safety *no art, no pl,* protection against fire **Brandstifter(in)** <-s, -> *m(f)* arsonist **Brandstiftung** *f* arson *no pl*
Brandung <-, -en> *f* surf
Brandursache *f* cause of the fire **Brandwache** *f* SCHWEIZ fire brigade **Brandwunde** *f* burn
Brandy <-s, -s> ['brɛndi] *m* brandy
brannte ['brantə] *imp von* **brennen**
Branntwein ['brantvai̯n] *m* spirits *pl*
Brasilianer(in) <-s, -> [brazi'li̯a:nɐ] *m(f)* Brazilian; *s. a.* **Deutsche(r)**
brasilianisch [brazi'li̯a:nɪʃ] *adj* Brazilian; *s. a.* **deutsch**
Brasilien <-s> [bra'zi:li̯ən] *nt* Brazil; *s. a.* **Deutschland**
brät *3. pers sing pres von* **braten**
Bratapfel *m* baked apple
braten <brät, briet, gebraten> ['bra:tn̩] *vt, vi* (*in der Pfanne*) to fry; (*am Spieß*) to roast
Braten <-s, -> ['bra:tn̩] *m* roast [meat]; **kalter ~** cold meat ▶ WENDUNGEN: **ein fetter ~** (*fam*) a good catch; **den ~ riechen** (*fam*) to smell a rat *fam*
Bratensaft *m* dripping BRIT, drippings AM **Bratensoße** *f* gravy
Brathähnchen *nt,* **Brathendl** <-s, -[n]> *nt* ÖSTERR, SÜDD grilled chicken **Brathering** *m* fried herring **Bratkartoffeln** *pl* fried potatoes *pl* **Bratpfanne** *f* frying pan **Bratrost** *m* grill
Bratsche <-, -n> ['bra:tʃə] *f* viola
Bratwurst *f* [fried] sausage; (*vor dem Braten*) [frying] sausage
Brauch <-[e]s, Bräuche> [brau̯x, *pl* 'brɔy̯çə] *m* custom; **nach altem ~** according to custom; [**bei jdm so**] **~ sein** to be customary [with sb]
brauchbar *adj* useful; **nicht ~ sein** to be of no use
brauchen ['brau̯xn̩] **I.** *vt* ① (*benötigen*) to need; **wozu brauchst du das?** what do you need that for?; **ich brauche bis zum Bahnhof eine Stunde** I need an hour to get to the station ② DIAL (*fam: gebrauchen*) to use; **kannst du die Dinge ~?** can you find a use for these?; **das könnte ich jetzt gut ~** I could do with that right now ③ (*fam: verbrauchen*) to use **II.** *modal vb* (*müssen*) to need; ■**etw nicht [zu] tun ~** to not need to do sth; **du hättest doch nur etwas [zu] sagen ~** you need only have said something **III.** *vt impers* SCHWEIZ, SÜDD ■**es braucht etw** sth is needed; **es braucht noch ein bisschen Salz** a little more salt is needed
Brauchtum <-[e]s, -tümer> *nt pl selten* customs *pl;* **ein altes ~** a tradition
Braue <-, -n> ['brau̯ə] *f* [eye]brow
brauen ['brau̯ən] *vt* ① *Bier* to brew ② (*fam: zubereiten*) to make; *Zaubertrank* to concoct
Brauer(in) <-s, -> ['brau̯ɐ] *m(f)* brewer
Brauerei <-, -en> [brau̯ə'rai̯] *f* brewery
Brauerin <-, -nen> *f fem form von* **Brauer**
Brauhaus *nt* [privately-owned] brewery

braun [braun] *adj* ① *(Farbe)* brown ② *(sonnengebräunt)* *Haut* [sun-]tanned; ■**~ werden** to become brown [*or* [sun-]tanned] ③ *(pej: nationalsozialistisch)* Nazi *attr;* ■**die B~en** *pl* the Brownshirts *pl*
Braunbär *m* brown bear
Bräune <-> ['brɔynə] *f kein pl* *(Sonnenbräune)* [sun]tan
bräunen ['brɔynən] **I.** *vt Haut* to tan **II.** *vr* ■**sich** *akk* **~** *(sich sonnen)* to get a tan; *(braun werden)* to go brown
Braunkohle *f* brown coal
Brause <-, -n> ['brauzə] *f* ① DIAL *(Dusche)* shower ② *(Aufsatz von Gießkannen)* spray [attachment], sprinkler ③ *(Limonade)* lemonade; *(Brausepulver)* sherbet powder
brausen ['brauzn̩] *vi* ① *haben* *(tosen)* to roar; *Wind, Sturm* to howl ② *sein* *(fam: rasen)* to storm; *Wagen* to race
Brausetablette *f* effervescent tablet
Braut <-, Bräute> [braut, *pl* 'brɔytə] *f* ① *(bei Hochzeit)* bride ② *(veraltend: Verlobte)* fiancée
Brautführer *m* bride's male attendant
Bräutigam <-s, -e> ['brɔytɪgam, 'brɔyti-] *m* ① *(bei Hochzeit)* [bride]groom ② *(veraltend: Verlobter)* fiancé
Brautjungfer *f* bridesmaid **Brautkleid** *nt* wedding dress **Brautleute** *pl,* **Brautpaar** *nt* ① *(bei Hochzeit)* bride and groom + *pl vb* ② *(veraltend: Verlobte)* engaged couple **Brautschau** *f* **auf ~ gehen** *(hum)* to go looking for a wife **Brautschleier** *m* bridal [*or* wedding] veil
brav [bra:f] **I.** *adj* ① *(artig)* good; **sei schön ~!** be a good boy/girl ② *(bieder)* plain ③ *(rechtschaffen)* worthy **II.** *adv* ① *(folgsam)* **geh ~ spielen!** be a good boy/girl, and go and play ② *(rechtschaffen)* worthily

Falsche Freunde

Nicht verwechseln mit *brave* — mutig!

bravo ['bra:vo] *interj* well done
Bravour, Bravur <-> [bra'vu:ɐ̯] *f kein pl* *(geh)* brilliance *no pl;* ■**mit ~** with style
BRD <-> [be:ʔɛr'de:] *f Abk von* **Bundesrepublik Deutschland** FRG
Breakdance <-[s]> ['breɪkda:ns] *m kein pl* break-dance
Brechdurchfall *m* vomiting and diarrhoea *no art* **Brecheisen** *nt* crowbar; **etw mit einem ~ aufbrechen** to crowbar sth [open]
brechen <bricht, brach, gebrochen> ['brɛçn̩] **I.** *vt haben* ① *(zerbrechen)* to break ② *Abmachung, Vertrag* to break; *Eid* to violate; **sein Schweigen ~** to break one's silence **II.** *vi* ① *sein* *(auseinander)* to break [apart] ② *haben* ■**mit jdm ~** to break with sb ③ *(sich erbrechen)* to throw up
Brecher <-s, -> ['brɛçɐ] *m* breaker
Brechmittel *nt* emetic [agent] **Brechreiz** *m kein pl* nausea *no pl, no art*
Brechung <-, -en> *f* *(von Wellen)* breaking; PHYS diffraction; *(von Schall)* rebounding
Brei <-[e]s, -e> [brai] *m* ① *(Nahrungsmittel)* mash *no pl* ② *(zähe Masse)* paste ▶ WENDUNGEN: **um den [heißen] ~ herumreden** to beat about the bush *fam*
breiig ['braiɪç] *adj* pulpy
breit [brait] **I.** *adj* ① *(flächig ausgedehnt)* wide; *Nase* flattened; *Schultern* broad; **etw ~er machen** to widen sth; **x cm ~ sein** to be x cm wide ② *(ausgedehnt)* wide; **ein ~es Publikum** a wide audience; **die ~e Öffentlichkeit** the general public; **~e Zustimmung** wide[-ranging] approval ③ *Dialekt* broad ④ DIAL *(sl: betrunken)* smashed **II.** *adv* **~ gebaut** strongly built; **sich** *akk* **~hinsetzen** to plump down

Falsche Freunde

Nicht verwechseln mit *bright* — hell!

breitbeinig *adj* with one's legs apart
Breite <-, -n> ['braitə] *f* ① *(bei Maßen)* width; **von x cm ~** x cm in width ② *(Vielfalt)* **die ~ des Angebots** the wide range of offers
Breitengrad *m* [degree of] latitude **breitenwirksam** *adj* widely effective
breitflächig *adj Phänomen, Problem* large-scale
breit|machen *vr* *(fig fam)* ■**sich** *akk* **~** to spread oneself [out] (**auf** + *dat* on)
breitrandig *adj* wide-rimmed; *Hut* broad-brimmed
breit|schlagen *vt irreg* *(fam)* to talk round; ■**sich** *akk* **~lassen** to let oneself be talked round
breitschult(e)rig *adj* broad-shouldered *attr*
Breitseite *f* NAUT broadside
breit|treten *vt irreg* *(fam),* **breit|walzen** *vt* *(fam)* *Thema* to go on about
Breitwandfilm *m* wide-screen film, film for the wide screen
Bremen <-s> ['bre:mən] *nt* Bremen
Bremer(in) <-s, -> ['bre:mɐ] *m(f)* native of Bremen
Bremsbacke *f* brake shoe **Bremsbelag** *m*

brake lining; AUTO brake pad

Bremse[1] <-, -n> ['brɛmzə] *f* (*Bremsvorrichtung*) brake; **auf die ~ treten** to put on the brakes

Bremse[2] <-, -n> ['brɛmzə] *f* (*Stechfliege*) horsefly

bremsen ['brɛmzn̩] **I.** *vi Fahrzeug* to brake **II.** *vt* ① *Fahrzeug* to brake ② (*verzögern*) to slow down *sep* ③ (*zurückhalten*) to check; **sie ist nicht zu ~** there's no holding her

Bremsflüssigkeit *f* brake fluid **Bremsklotz** *m* brake pad **Bremslicht** *nt* stop light **Bremspedal** *nt* brake pedal **Bremsspur** *f* skid marks *pl*

Bremsung <-, -en> *f* braking *no art*

Bremsweg *m* braking distance

brennbar *adj* combustible

Brennelemente *pl* PHYS fuel elements *pl*

brennen <brannte, gebrannt> ['brɛnən] **I.** *vi* ① (*in Flammen stehen*) to be on fire; **es brennt!** fire! fire!; **in der Fabrik brennt es** there's a fire in the factory; **lichterloh ~** to be ablaze ② (*angezündet sein*) to burn, to be alight ③ ELEK (*fam: an sein*) to be on; *Lampe a.* to be burning; ■**etw ~ lassen** to leave sth on ④ (*schmerzen*) to be sore; **auf der Haut ~** to burn the skin ⑤ ■**darauf ~, etw zu tun** to be dying to do sth **II.** *vt* ① *Schnaps* to distil; **schwarz ~** to moonshine AM ② *CD* to burn

brennend I. *adj Durst* scorching; *Frage* urgent; *Wunsch* fervent **II.** *adv* ▶ WENDUNGEN: **etw interessiert jdn ~** sb is dying to know sth

Brenner <-s, -> ['brɛnɐ] *m* TECH burner

Brenner(in) <-s, -> ['brɛnɐ] *m(f)* (*Beruf*) distiller

Brennerei <-, -en> [brɛnə'rai̯] *f* distillery

Brennerin <-, -nen> *f fem form von* **Brenner**

Brennglas *nt* burning glass **Brennholz** *nt* firewood *no pl* **Brennmaterial** *nt* [heating] fuel **Brennnessel** ['brɛnnɛsl̩] *f* stinging nettle **Brennpunkt** *m* ① PHYS focal point ② (*Zentrum*) focus; **im ~ [des Interesses] stehen** to be the focus [of interest] **Brennspiritus** *m* methylated spirit **Brennstab** *m* (*Kernphysik*) fuel rod

Brennstoff *m* fuel **Brennstoffzelle** *f* TECH, PHYS fuel cell

Brennweite *f* PHYS focal length

brenzlig ['brɛntslɪç] *adj* (*fam*) dicey; **die Situation wird mir zu ~** things are getting too hot for me

Bresche <-, -n> ['brɛʃə] *f* breach ▶ WENDUNGEN: **[für jdn] in die ~ springen** to step in [for sb]

Bretagne <-> [bre'tanjə, brə'tanjə] *f* ■**die ~** Brittany

Bretone, Bretonin <-n, -n> [bre'to:nə, bre'to:nɪn] *m, f* Breton; *s. a.* **Deutsche(r)**

bretonisch [bre'to:nɪʃ] *adj* Breton; *s. a.* **deutsch**

Brett <-[e]s, -er> [brɛt] *nt* ① (*Holzplatte*) [wooden] board; (*Planke*) plank; (*Sprungbrett*) [diving-]board; (*Regalbrett*) shelf; **schwarzes ~** noticeboard ② (*Spielbrett*) [game]board ▶ WENDUNGEN: **ein ~ vorm Kopf haben** (*fam*) to be slow on the uptake

Bretterbude *f* booth

brettern ['brɛtɐn] *vi sein* (*fam*) to hammer

Bretterzaun *m* wooden fence; (*an Baustellen*) hoarding

Brettspiel *nt* board game

Brezel <-, -n> ['bre:tsl̩] *f* pretzel

Land und Leute

Brezeln (*pretzels*) are a south German speciality whose light-coloured dough is turned brown by dipping in a salt solution before baking. They are sprinkled with coarse salt and sold in baker's shops or on pretzel stalls. When spread with butter they are called **Butterbrezeln**.

bricht [brɪçt] *3. pers sing pres von* **brechen**

Bridge <-> [brɪdʒ] *nt kein pl* bridge *no pl*

Brief <-[e]s, -e> [bri:f] *m* letter

Briefbeschwerer <-s, -> *m* paperweight **Briefblock** *m* writing pad **Briefbogen** *m* [sheet of] writing paper **Briefbombe** *f* letter bomb **Brieffreund(in)** *m(f)* pen pal, BRIT *a.* penfriend **Briefgeheimnis** *nt kein pl* privacy of correspondence

Briefing <-s, -s> ['bri:fɪŋ] *nt* MIL, ÖKON briefing

Briefkasten *m* (*Hausbriefkasten*) letter box BRIT, mailbox AM; (*Postbriefkasten*) postbox BRIT, mailbox AM, BRIT *a.* pillar box; **elektronischer ~** INET electronic mailbox **Briefkastenfirma** *f* letter-box company

Briefkopf *m* letterhead

brieflich *adj* in writing *pred*, by letter *pred*

Briefmarke *f* [postage] stamp

Briefmarkenautomat *m* stamp[-dispensing] machine **Briefmarkensammler(in)** *m(f)* stamp collector **Briefmarkensammlung** *f* stamp collection

Brieföffner *m* letter opener **Briefpapier** *nt* letter paper **Briefroman** *m* epistolary novel **Brieftasche** *f* wallet, AM *a.* billfold **Brieftaube** *f* carrier pigeon **Briefträger(in)** *m(f)* postman *masc*, postwoman *fem* **Briefumschlag** *m* envelope

Briefwaage *f* letter scales *npl* **Briefwahl** *f* postal vote BRIT, absent[ee] ballot AM **Briefwechsel** *m* correspondence

brief [bri:t] *imp von* **braten**

Brigade <-, -n> [bri'ga:də] *f* MIL brigade

Brikett <-s, -s> [bri'kɛt] *nt* briquette

brillant [brɪl'jant] **I.** *adj* brilliant **II.** *adv* brilliantly

Brillant <-en, -en> [brɪl'jant] *m* brilliant

Brillantine <-, -n> [brɪljan'ti:n(ə)] *f* brilliantine

Brillanz <-> [brɪl'jants] *f kein pl* ① (*meisterliche Art*) brilliance ② (*von Lautsprecher*) bounce ③ (*Bildschärfe*) quality

Brille <-, -n> ['brɪlə] *f* ① (*Sehhilfe*) glasses *npl;* ■**eine ~** a pair of glasses; **eine ~ tragen** to wear glasses ② (*Toilettenbrille*) [toilet] seat

Brillenetui *nt* glasses case **Brillengestell** *nt* spectacles frame **Brillenglas** *nt* lens **Brillenschlange** *f* ① ZOOL [spectacled] cobra ② (*pej fam*) four-eyes **Brillenträger(in)** *m(f)* person wearing glasses

Brilli <-s, -s> ['brɪli] *m* (*hum fam*) [big] diamond

brillieren* [brɪl'ji:rən] *vi* (*geh*) to scintillate (**mit** with)

Brimborium <-s> [brɪm'bo:ri̯ʊm] *nt kein pl* (*pej fam*) fuss (**um** about)

bringen <brachte, gebracht> ['brɪŋən] *vt* ① (*hinbringen*) to bring; ■**jdm eine Nachricht ~** to bring sb news ② (*befördern, begleiten*) **jdn nach Hause ~** to take sb home; **den Müll nach draußen ~** to take out the rubbish [*or* AM garbage]; **die Kinder ins Bett ~** to put the children to bed ③ (*senden*) to broadcast; TV to show ④ (*versetzen*) **jdn in Bedrängnis ~** to get sb into trouble; **jdn ins Gefängnis ~** to put sb in prison; **jdn ins Grab ~** to be the death of sb; **jdn in Schwierigkeiten ~** to put sb into a difficult position; **jdn zur Verzweiflung ~** to make sb desperate ⑤ (*rauben*) ■**jdn um etw** *akk* **~** to rob sb of sth; **jdn um den Verstand ~** to drive sb mad ⑥ (*einbringen*) to bring in; **das bringt nicht viel Geld** that won't bring [us] in much money ⑦ (*bewegen*) ■**jdn dazu ~, etw zu tun** to get sb to do sth ⑧ + *substantiviertem vb* (*bewerkstelligen*) **jdn zum Laufen/Singen/Sprechen ~** to make sb run/sing/talk; **jdn zum Schweigen ~** to silence sb ⑨ (*sl: machen*) **das kannst du doch nicht ~!** you can't [go and] do that! ⑩ (*fam: gut sein*) **sie bringt's** she's got what it takes; **das bringt er nicht** he's not up to it; **das bringt nichts** it's pointless; **das bringt's nicht** that's useless ▶WENDUNGEN: **etw <u>hinter</u> sich** *akk* **~** to get sth over and done with; **etw bringt etw <u>mit</u> sich** sth involves sth; **es nicht <u>über</u> sich** *akk* **~, etw zu tun** not to be able to bring oneself to do sth

Bringer <-s, -> ['brɪŋɐ] *m* (*fam*) **nicht [so] der [große] ~ sein** to not be all that *sl*

brisant [bri'zant] *adj* explosive

Brisanz <-> [bri'zants] *f kein pl* explosive nature

Brise <-, -n> ['bri:zə] *f* breeze

Britannien <-s> [bri'tani̯ən] *nt* HIST Britannia; (*Großbritannien*) Britain; *s. a.* **Deutschland**

Brite, Britin <-n, -n> ['brɪtə, 'bri:tə, 'brɪtɪn, 'bri:tɪn] *m, f* Briton, Brit *fam; s. a.* **Deutsche(r)**

britisch ['brɪtɪʃ, 'bri:tɪʃ] *adj* British, Brit *attr fam; s. a.* **deutsch**

bröckelig ['brœkəlɪç] *adj* ① (*zerbröckelnd*) crumbling *attr* ② (*leicht bröckelnd*) crumbly

bröckeln ['brœkl̩n] *vi* to crumble

Brocken <-s, -> ['brɔkn̩] *m* ① (*Bruchstück*) chunk ② *pl* **ein paar ~ Russisch** a smattering of Russian ③ (*fam: massiger Mensch*) hefty bloke [*or* AM guy] ▶WENDUNGEN: **ein <u>harter</u> ~ sein** (*fam*) to be a tough nut

brodeln ['bro:dl̩n] *vi* to bubble; *Lava a.* to seethe

Brokat <-[e]s, -e> [bro'ka:t] *m* brocade

Broker(in) <-s, -> ['bro:kɐ] *m(f)* FIN broker

Brokkoli ['brɔkoli] *pl* broccoli *no pl, no indef art*

Brom <-s> [bro:m] *nt kein pl* bromine *no pl*

Brombeere ['brɔmbe:rə] *f* ① (*Strauch*) blackberry bush ② (*Frucht*) blackberry

Brombeerstrauch *m s.* **Brombeere 1**

Bronchialkatarr, Bronchialkatarrh *m* bronchial catarrh

Bronchie <-, -n> ['brɔnçi̯ə, *pl* -çi̯ən] *f meist pl* bronchial tube

Bronchitis <-, Bronchitiden> [brɔn'çi:tɪs, *pl* brɔnçi'ti:dn̩] *f* bronchitis *no art*

Bronze <-, -n> ['brõ:sə] *f* bronze

bronzefarben *adj* bronze-coloured

Bronzemedaille [-medaljə] *f* bronze medal

bronzen ['brõ:sn̩, 'brɔŋsn̩] *adj* ① (*aus Bronze*) bronze *attr,* of bronze *pred* ② (*von bronzener Farbe*) bronze[-coloured]

Bronzezeit *f* ■**die ~** the Bronze Age

Brosche <-, -n> ['brɔʃə] *f* brooch

Broschüre <-, -n> [brɔ'ʃy:rə] *f* brochure

Brösel <-s, -> ['brø:zl̩] *m* DIAL crumb

Brot <-[e]s, -e> [bro:t] *nt* bread *no pl;* (*Laib*) loaf [of bread]; **ein ~ mit Käse** a slice of bread and cheese; **belegtes ~** [open] sandwich; **sich** *dat* **sein ~ verdienen** to earn one's living

Brotaufstrich *m* [sandwich] spread **Brotbelag** *m* topping **Brotberuf** *m* [additional] job to pay the bills

Brötchen <-s, -> ['brøːtçən] *nt* [bread] roll ▶WENDUNGEN: **sich** *dat* **seine ~ verdienen** (*fam*) to earn one's living

Brötchengeber <-s, -> *m* (*hum fam*) provider

Broteinheit *f* MED carbohydrate unit **Broterwerb** *m* [way of earning one's] living **Brotkasten** *m* bread bin **Brotkorb** *m* bread basket **Brotkrume** *f*, **Brotkrümel** *m* breadcrumb

brotlos *adj* out of work *pred*

Brotmesser *nt* bread knife **Brotrinde** *f* [bread] crust **Brotschneidemaschine** *f* bread slicer **Brotzeit** *f* DIAL ❶ (*Pause*) tea break ❷ (*Essen*) snack

Brownie <-s, -s> ['braʊni] *m* KOCHK brownie

browsen ['braʊzn̩] *vi* INET to browse

Browser <-s, -> ['braʊzɐ] *m* INET browser

Bruch <-[e]s, Brüche> [brʊx, *pl* 'brʏːçə] *m* ❶ (*das Brechen*) violation, infringement; *eines Vertrags* infringement; *von Vertrauen* breach ❷ (*in Beziehung, Freundschaft*) rift; **in die Brüche gehen** to break up ❸ (*Knochenbruch*) fracture; **ein komplizierter ~** a compound fracture ❹ (*Eingeweidebruch*) hernia; **sich** *dat* **einen ~ heben** to give oneself a hernia

Bruchband *m* MED truss, surgical belt **Bruchbude** *f* (*pej fam*) dump **bruchfest** *adj* unbreakable

brüchig ['brʏçɪç] *adj* ❶ (*bröckelig*) friable; *Leder* cracked ❷ *Stimme* cracked

Bruchlandung *f* crash-landing; **eine ~ machen** to crash-land

Bruchrechnen *nt* fractions *pl*

Bruchstück *nt* fragment

bruchstückhaft **I.** *adj* fragmentary **II.** *adv* in fragments

Bruchteil *m* fraction; **im ~ einer Sekunde** in a split second **Bruchzahl** *f* MATH fraction

Brücke <-, -n> ['brʏkə] *f* ❶ (*Bauwerk*) bridge ❷ NAUT [captain's] bridge ❸ (*Zahnbrücke*) [dental] bridge ❹ (*Teppich*) rug ▶WENDUNGEN: **alle ~n hinter sich** *dat* **abbrechen** to burn [all] one's bridges behind one

Brückenbau *m kein pl* bridge-building *no art* **Brückengeländer** *nt* parapet **Brückenpfeiler** *m* [bridge] pier **Brückenschlag** *m kein pl* bridging *no art;* **das war der erste ~** that forged the first link **Brückentag** *m extra day off to bridge single working day between a bank holiday and the weekend*

Bruder <-s, Brüder> ['bruːdɐ, *pl* 'bryːdɐ] *m* ❶ (*Verwandter*) brother; ■**die Brüder Schmitz/Grimm** the Schmitz brothers/the Brothers Grimm ❷ (*Mönch*) brother; **~ Cadfael** Brother Cadfael ❸ (*pej sl: Kerl*) bloke BRIT, guy AM

Bruderkrieg *m* war between brothers

brüderlich **I.** *adj* fraternal **II.** *adv* like brothers; **~ teilen** to share and share alike

Brüderlichkeit <-> *f kein pl* fraternity *no pl*

Brudermord *m* fratricide

Bruderschaft <-, -en> *f* REL fraternity

Brüderschaft <-> *f kein pl* intimate friendship; **mit jdm ~ schließen** to make close friends with sb; **mit jdm ~ trinken** to agree to use the familiar 'du' [over a drink]

Brühe <-, -n> ['bryːə] *f* ❶ (*Suppe*) [clear] soup ❷ (*pej fam: schmutziges Wasser*) sludge ❸ (*pej fam: Getränk*) slop

brühen ['bryːən] *vt* **einen Kaffee/Tee ~** to make coffee/tea

brühwarm ['bryː'varm] (*fam*) **I.** *adj Neuigkeiten* hot **II.** *adv* **etw ~ weitererzählen** to immediately start spreading sth around

Brühwürfel *m* stock cube

brüllen ['brʏlən] **I.** *vi* ❶ (*schreien*) to roar, to shout; (*weinen*) to bawl; **brüll doch nicht so!** don't shout like that!; **vor Lachen/Schmerzen ~** to roar with laughter/pain ❷ *Löwe* to roar; *Stier* to bellow; *Affe* to howl **II.** *vt* ■**jdm etw ins Ohr ~** to shout sth in sb's ear

Brummbär ['brʊm-] *m* (*fam*) crosspatch *fam*

brummeln ['brʊml̩n] *vi, vt* (*fam*) to mumble

brummen ['brʊmən] **I.** *vi* ❶ *Insekt, Klingel* to buzz; *Bär* to growl; *Wagen, Motor* to drone; *Bass* to rumble ❷ (*fam: in Haft sein*) to be doing time ❸ (*murren*) to grumble **II.** *vt* to mumble

Brummer <-s, -> *m* (*fam: Fliege*) bluebottle; (*Hummel*) bumble-bee; (*Lastwagen*) juggernaut

brummig ['brʊmɪç] *adj* (*fam*) grouchy *fam*

Brummschädel *m* (*fam*) headache; (*durch Alkohol a.*) hangover

Brunch <-[e]s, -[e]s *o* -e> [brantʃ] *nt* brunch

brunchen [brantʃn̩] *vi* to brunch

brünett [bry'nɛt] *adj* brunet[te]

Brunnen <-s, -> ['brʊnən] *m* ❶ (*Wasserbrunnen*) well; **einen ~ bohren** to sink a well ❷ (*Springbrunnen*) fountain

Brunnenkresse *f* watercress **Brunnenschacht** *m* well shaft

Brunst <-, Brünste> [brʊnst, *pl* 'brʏnstə] *f*

B

(*Brunstzeit*) rutting season
brünstig ['brʏnstɪç] *adj männliches Tier* rutting; *weibliches Tier* on [*or* AM in] heat *pred*
brüsk [brʏsk] **I.** *adj* brusque **II.** *adv* brusquely
brüskieren* [brʏs'ki:rən] *vt* to snub
Brüssel <-s> ['brʏsl̩] *nt* Brussels
Brüsseler *adj* Brussels; ~ **Spitzen** Brussels lace *no pl, no art*
Brust <-, Brüste> [brʊst, *pl* 'brʏstə] *f* ❶ (*Brustkasten*) chest; **es auf der ~ haben** (*fam*) to have chest trouble ❷ (*weibliche Brust*) breast; **einem Kind die ~ geben** to breast-feed a baby ❸ KOCHK breast; (*von Rind*) brisket ▸ WENDUNGEN: **schwach auf der ~ sein** (*hum fam: eine schlechte Kondition haben*) to have a weak chest; (*an Geldmangel leiden*) to be a bit short
Brustbein *nt* ANAT breastbone **Brustbeutel** *m* money bag [worn round the neck]
brüsten ['brʏstn̩] *vr* ■ **sich** *akk* ~ to boast (**mit** +*dat* about)
Brustfell *nt* ANAT pleura **Brustfellentzündung** *f* pleurisy
Brustkasten *m* ANAT chest **Brustkorb** *m* ANAT chest **Brustkrebs** *m* breast cancer **Brustmuskel** *m* pectoral muscle **Brustschwimmen** *nt* breast-stroke **Brusttasche** *f* breast pocket **Brustumfang** *m* chest measurement; *Frau* bust measurement
Brüstung <-, -en> ['brʏstʊŋ] *f* parapet; (*Fensterbrüstung*) breast
Brustwarze *f* nipple
Brut <-, -en> [bru:t] *f* ❶ *kein pl* (*das Brüten*) brooding *no pl* ❷ (*die Jungen*) brood; (*von Hühnern*) clutch; (*von Bienen*) nest ❸ *kein pl* (*pej: Gesindel*) mob
brutal [bru'ta:l] **I.** *adj* ❶ (*roh*) brutal; **ein ~er Kerl** a brute ❷ (*fam: besonders groß, stark*) bastard *attr sl;* **~e Kopfschmerzen haben** (*fam*) to have a throbbing headache; **eine ~e Niederlage** a crushing defeat **II.** *adv* ❶ (*roh*) brutally ❷ (*fam: sehr*) **das tut ~ weh** it hurts like hell; **das war ~ knapp!** that was damned close!; **~ viel[e]** a hell of a lot
Brutalität <-, -en> [brutali'tɛ:t] *f* ❶ *kein pl* (*Rohheit*) brutality ❷ (*Gewalttat*) brutal act
Brutapparat *m* incubator
brüten ['bry:tn̩] *vi* ❶ (*über den Eiern sitzen*) to brood; *Hühner a.* to sit ❷ (*grübeln*) to brood (**über** +*dat* over)
Brüter <-s, -> *m* (*Kernphysik*) [nuclear] breeder; **schneller ~** fast breeder
Brutkasten *m* MED incubator **Brutplatz** *m* breeding place; (*von Hühnern*) hatchery **Brutstätte** <-, -n> *f* ❶ (*Nistplatz*) breeding ground (+*gen* for) ❷ (*geh: Herd*) breeding ground (+*gen* for)
brutto ['brʊto] *adv* [in the] gross; **3.800 Euro ~ verdienen** to have a gross income of 3,800 euros
Bruttoeinkommen *nt* gross income **Bruttogehalt** *nt* gross salary **Bruttogewicht** *nt* gross weight **Bruttogewinn** *m* gross profit **Bruttoinlandsprodukt** *nt* gross domestic product, GDP **Bruttolohn** *m* gross wage **Bruttoregistertonne** *f* register [*or form*] gross registered] ton **Bruttosozialprodukt** *nt* gross national product, GNP
brutzeln ['brʊtsl̩n] **I.** *vi* (*braten*) to sizzle **II.** *vt* to fry
BSE <-> [be:ʔɛs'ʔe:] *f* MED *Abk von* **bovine spongiforme Enzephalopathie** BSE
BSP [be:ʔɛs'pe:] *nt Akr von* **Bruttosozialprodukt** GNP
bt INFORM *Abk von* **Bit** bit
btto *Abk von* **brutto** gr.
Btx [be:te:'ʔɪks] *Abk von* **Bildschirmtext** Vtx
Bub <-en, -en> [bu:p, *pl* bu:bn̩] *m* SÜDD, ÖSTERR, SCHWEIZ boy, BRIT *a.* cock
Bube <-n, -n> ['bu:bə] *m* (*Spielkarte*) jack
Bubenstreich *m* childish prank
Buch <-[e]s, Bücher> [bu:x, *pl* 'by:çɐ] *nt* ❶ LIT book ❷ *meist pl* ÖKON (*Geschäftsbuch*) books *pl;* **[jdm] die Bücher führen** to keep sb's accounts ▸ WENDUNGEN: **ein ~ mit sieben Siegeln** a closed book; **über etw** *akk* **~ führen** to keep a record of sth
Buchbesprechung *f* book review **Buchbinder(in)** <-s, -> *m(f)* bookbinder **Buchbinderei** <-, -en> *f* bookbindery **Buchbinderin** <-, -nen> *f fem form von* **Buchbinder** **Buchdruck** *m kein pl* letterpress printing *no art* **Buchdrucker(in)** *m(f)* [letterpress] printer
Buche <-, -n> ['bu:xə] *f* beech
Buchecker <-, -n> *f* beechnut
buchen ['bu:xn̩] *vt* ❶ (*vorbestellen*) to book ❷ ÖKON (*verbuchen*) to enter
Buchenholz *nt* beech[wood]
Bücherbord <-e> *nt,* **Bücherbrett** *nt* bookshelf
Bücherei <-, -en> [by:çə'rai̯] *f* [lending] library
Bücherregal *nt* bookshelf **Bücherschrank** *m* bookcase **Büchersendung** *f* ❶ (*Paket mit Büchern*) consignment of books ❷ (*Versendungsart*) book post *no indef art* **Bücherwurm** *m* (*hum*) bookworm
Buchfink *m* chaffinch
Buchführung *f* bookkeeping *no pl*

B

Buchhalter(in) *m(f)* bookkeeper
buchhalterisch *adj* bookkeeping *attr*
Buchhaltung *f* ① (*Abteilung*) accounts department ② *s.* **Buchführung** **Buchhandel** *m* book trade; **im ~ erhältlich** available in bookshops **Buchhändler(in)** *m(f)* bookseller **Buchhandlung** *f* bookshop **Buchmacher(in)** <-s, -> *m(f)* bookmaker **Buchmesse** *f* book fair **Buchprüfer(in)** *m(f)* auditor **Buchprüfung** *f* audit
Buchsbaum ['bʊks-] *m* box[-tree]
Büchse <-, -n> ['bʏksə] *f* ① (*Dose*) tin BRIT, can AM ② (*Sammelbüchse*) collecting-box ③ (*Jagdgewehr*) rifle
Buchse <-, -n> ['bʊksə] *f* ① ELEK jack ② TECH bushing
Büchsenmilch *f* evaporated milk *no pl* **Büchsenöffner** *m* can-opener, BRIT *a.* tin-opener
Buchstabe <-n[s], -n> ['bu:xʃta:bə] *m* character, letter
buchstabengetreu *adj* literal **Buchstabentreue** *f kein pl* literal, word-for-word *attr*
buchstabieren* [bu:xʃta'bi:rən] *vt* to spell
buchstäblich ['bu:xʃtɛ:blɪç] *adv* literally
Buchstütze *f* book-end
Bucht <-, -en> [bʊxt] *f* bay; **die Deutsche ~** the Heligoland Bight
Buchtel <-, -n> ['bʊxtl̩] *f meist pl* ÖSTERR *a yeast pastry filled with jam or sth similar*
Buchung <-, -en> *f* ① (*Reservierung*) booking ② FIN (*Verbuchung*) posting
Buchweizen *m* buckwheat
Buchwert *m* FIN book value
Buckel <-s, -> ['bʊkl̩] *m* ① (*fam: Rücken*) back; **einen [krummen] ~ machen** to arch one's back ② ANAT hunchback, humpback ③ (*kleine Wölbung*) bump ▶ WENDUNGEN: **etw auf dem ~ haben** (*fam*) to have been through sth; **das Auto hat schon einige Jahre auf dem ~** the car has been around for a good few years; **rutsch mir [doch] den ~ runter!** (*fam*) get off my back!
buckeln ['bʊkl̩n] *vi* (*pej: sich unterwürfig verhalten*) to crawl (**vor** +*dat* up to)
bücken ['bʏkn̩] *vr* ■**sich** *akk* [**nach etw** *dat*] ~ to bend down [to pick sth up]
bucklig ['bʊklɪç] *adj* (*fam*) ① (*mit einem Buckel*) hunchbacked ② (*fam: uneben*) bumpy
Bückling <-s, -e> ['bʏklɪŋ] *m* ① (*Fisch*) smoked herring ② (*hum fam: Verbeugung*) bow
Budapest <-s> ['bu:dapɛst] *nt* Budapest
buddeln ['bʊdl̩n] (*fam*) **I.** *vi* to dig [up] **II.** *vt* to dig [out]
Buddhismus <-> [bʊ'dɪsmʊs] *m kein pl* Buddhism *no pl*
Buddhist(in) <-en, -en> [bʊ'dɪst] *m(f)* Buddhist
buddhistisch *adj* Buddhist
Bude <-, -n> ['bu:də] *f* ① (*Hütte*) [wooden] cabin; (*Baubude*) [builder's] hut BRIT, trailer [on a construction site] AM ② (*fam: Wohnung*) digs *npl* BRIT, pad AM; **sturmfreie ~ haben** (*fam*) to have the place to oneself ▶ WENDUNGEN: **jdm fällt die ~ auf den Kopf** (*fam*) sb feels claustrophobic
Budget <-s, -s> [bʏ'dʒe:] *nt* budget
budgetieren* [bʏdʒe'ti:rən] *vt* to draw up a budget for
Büfett <-[e]s, -s *o* -e> [bʏ'fɛt, bʏ'fe:] *nt*, **Buffet** <-s, -s> [bʏ'fe:] *nt bes* ÖSTERR, SCHWEIZ ① (*Essen*) buffet ② (*Anrichte*) sideboard ③ SCHWEIZ (*Bahnhofsgaststätte*) station restaurant
Büffel <-s, -> ['bʏfl̩] *m* buffalo
büffeln ['bʏfl̩n] *vt* (*fam: pauken*) to swot up on [*or* AM cram for]
Bug <-[e]s, Büge *o* -e> [bu:k, *pl* 'by:gə] *m* NAUT bow; LUFT nose
Bügel <-s, -> ['by:gl̩] *m* ① (*Kleiderbügel*) coat hanger ② (*Brillenbügel*) leg [of glasses] ③ (*Steigbügel*) stirrup ④ (*beim Schlepplift*) grip
Bügelbrett *nt* ironing board **Bügeleisen** <-s, -> *nt* iron **Bügelfalte** *f* crease **bügelfrei** *adj* crease-free **Bügelmaschine** *f* ironing machine
bügeln ['by:gl̩n] *vt, vi* to iron
bugsieren* [bʊ'ksi:rən] *vt* (*fam*) ① (*mühselig bewegen*) to shift ② (*drängen*) to shove
buh [bu:] *interj* boo
buhen ['bu:ən] *vi* (*fam*) to boo
buhlen ['bu:lən] *vi* (*pej veraltet*) ■**um etw** *akk* ~ to court sth
Buhmann *m* (*fam*) scapegoat, AM *a.* fall guy
Bühne <-, -n> ['by:nə] *f* stage; **auf der ~ stehen** to be on the stage; **hinter der ~** behind the scenes ▶ WENDUNGEN: **etw über die ~ bringen** (*fam*) to get sth over with; **über die ~ gehen** (*fam*) to take place
Bühnenbearbeitung *f* stage adaptation **Bühnenbild** *nt* scenery **Bühnenbildner(in)** <-s, -> *m(f)* scene-painter **bühnenreif** *adj* ① THEAT fit for the stage ② (*iron: theatralisch*) dramatic **Bühnenstück** *nt* [stage] play **bühnenwirksam** THEAT **I.** *adj* dramatically effective **II.** *adv* in a dramatically effective manner
Buhruf *m* [cry of] boo
Bukarest <-s> ['bu:karɛst] *nt* Bucharest
Bukett <-s, -s *o* -e> [bu'kɛt] *nt* bouquet

B

Bulette <-, -n> [bu'lɛtə] *f* DIAL (*Frikadelle*) meat ball

Bulgare, Bulgarin <-n, -n> [bʊl'gaːrə, bʊl'gaːrɪn] *m, f* Bulgarian; *s. a.* **Deutsche(r)**

Bulgarien <-s> [bʊl'gaːri̯ən] *nt* Bulgaria; *s. a.* **Deutschland**

Bulgarin <-, -nen> *f fem form von* **Bulgare**

bulgarisch [bʊl'gaːrɪʃ] *adj* Bulgarian; *s. a.* **deutsch**

Bulimie <-> [buli'miː] *f kein pl* bulimia [nervosa] *no pl*

Bullauge ['bʊl-] *nt* porthole

Bulldogge *f* bulldog

Bulldozer <-s, -> ['bʊldoːzɐ] *m* bulldozer

Bulle <-n, -n> ['bʊlə] *m* ❶ (*männliches Tier*) bull ❷ (*sl: Polizist*) cop[per] *fam;* ■ **die ~n** *pl* the [Old] Bill + *sing/pl vb* BRIT *sl,* the cops *pl* AM *sl* ❸ (*fam: starker Mann*) hulk

Bullenhitze *f kein pl* (*fam*) stifling heat *no pl* **bullenstark** *adj* beefy, as strong as an ox *pred;* **das ist ja ~!** (*fam*) that's fantastic!

Bullerei *f* (*pej*) cops *pl sl*

Bulletin <-s, -s> [byl'tɛ̃ː] *nt* bulletin

Bullette <-, -n> ['bʊlɛtə] *f* (*hum sl: Polizistin*) policewoman

bullig ['bʊlɪç] *adj* (*fam*) hulking

Bumerang <-s, -s *o* -e> ['buːməraŋ] *m* boomerang

Bummel <-s, -> ['bʊml̩] *m* stroll; **einen ~ machen** to go for a stroll

Bummelant(in) <-en, -en> [bʊmə'lant] *m(f)* (*pej fam*) slowcoach BRIT *fam,* slowpoke AM *fam*

Bummelei <-> [bʊmə'la̯i] *f kein pl* (*pej fam*) dilly-dallying

bummeln ['bʊml̩n] *vi* ❶ *sein* (*spazieren gehen*) to stroll; **~ gehen** to go for a stroll ❷ *haben* (*fam: trödeln*) to dilly-dally

Bummelstreik *m* go-slow **Bummelzug** *m* (*fam*) local [passenger] train

bums [bʊms] *interj* bang

bumsen ['bʊmzn̩] **I.** *vi* ❶ *haben* (*fam: schlagen*) to bang (**an, gegen** +*akk* against) ❷ *sein* (*fam: prallen, stoßen*) to bang (**gegen** +*akk* against) **II.** *vi, vt haben* (*derb: Sex haben*) ■ **[jdn/mit jdm] ~** to screw [sb], BRIT *a.* to have it off [with sb]

Bund[1] <-[e]s, Bünde> [bʊnt, *pl* 'bʏndə] *m* ❶ (*Vereinigung, Gemeinschaft*) association ❷ (*die Bundesrepublik Deutschland*) ■ **der ~** the Federal Republic of Germany; **~ und Länder** the Federation and the [German] States (Länder) ❸ SCHWEIZ (*Eidgenossenschaft*) confederation ❹ (*fam: Bundeswehr*) ■ **der ~** the [German] army; **beim ~ sein** to be doing one's military service ❺ *eines Kleidungsstücks* waistband

Bund[2] <-[e]s, -e> [bʊnt, *pl* 'bʊndə] *nt* bundle, bunch

Bündchen <-s, -> ['bʏntçən] *nt* (*Abschluss am Ärmel*) cuff; (*Abschluss am Halsausschnitt*) neckband

Bündel <-s, -> ['bʏndl̩] *nt* bundle

bündeln *vt* to tie in[to] bundles; *Karotten* to tie in[to] bunches

Bundesagentur für Arbeit *f* BRD ≈ jobcentre BRIT, ≈ employment office AM **Bundesarbeitsgericht** *nt kein pl* JUR Federal Labour [*or* AM -or] Court (*highest labour court in Germany*) **Bundesausbildungsförderungsgesetz** *nt federal law concerning the promotion of education and training* **Bundesbahn** *f* **die [Deutsche] ~** German Federal Railway, ≈ British Rail BRIT, ≈ Amtrak AM **Bundesbank** *f kein pl* Federal Bank of Germany **Bundesbehörde** *f* Federal authority [*or* AM agency] **Bundesbürger(in)** *m(f)* German citizen **Bundesgebiet** *nt* BRD, ÖSTERR federal territory

Bundesgenosse, -genossin *m, f* ally

Bundesgericht *nt* SCHWEIZ [Swiss] Federal Court

Bundesgerichtshof *m* BRD Federal German supreme court (*highest German court of appeal*) **Bundesgesetzblatt** *nt* JUR BRD, ÖSTERR Federal Law Gazette, ≈ Statutes of the Realm BRIT, ≈ United States Statutes at large AM **Bundesgrenzschutz** *m* BRD German Border Police **Bundeshauptstadt** *f* federal capital **Bundeshaus** *nt* ❶ BRD Bundestag building ❷ SCHWEIZ federal parliament [building] **Bundesheer** *nt* ÖSTERR Austrian Armed Forces **Bundesinnenminister(in)** *m(f)* German Minister of the Interior **Bundeskanzler(in)** *m(f)* BRD German Chancellor; ÖSTERR Austrian Chancellor; SCHWEIZ Head of the Federal Chancellery

Land und Leute

In Germany the **Bundeskanzler** (*Federal Chancellor*) is elected by the *Bundestag* (*Lower House of the Federal Parliament*) and then invested by the head of state, the Federal President. In Austria, the **Bundeskanzler** is proposed by the largest party in the *Nationalrat* (*National Assembly*) and appointed by the President. He/she is the leader of the government and heads the *Bundeskanzleramt* (*Federal Chancellery*) which in Switzerland is called the *Bundeskanzlei.*

Bundeskanzleramt *nt* POL Federal Chancellor's Office (*responsible for planning, control and coordination of the Bundeskanzler's functions and duties*)

Bundeskanzlerin *f fem form von* **Bundeskanzler** **Bundeskartellamt** *nt kein pl* Federal Cartel Office **Bundeskriminalamt** *nt* Federal Criminal Police Office (*central organization for combatting and investigating crime*)

Bundesland *nt* federal state; (*nur BRD*) Land; **die alten/neuen Bundesländer** former West/East Germany

Land und Leute

Since reunification the Federal Republic of Germany has been made up of 16 **Bundesländer** (*federal states*). Austria is divided up into nine federal states. Each state has a capital containing the seat of state government.

Bundesliga *f kein pl* German football [*or* AM soccer] league **Bundesminister(in)** *m(f)* BRD, ÖSTERR federal minister **Bundesministerium** *nt* BRD, ÖSTERR federal ministry **Bundesnachrichtendienst** *m* BRD Federal Intelligence Service [of Germany] **Bundespost** *f kein pl* Federal Post Office (*German Postal Service*)

Bundespräsident(in) *m(f)* BRD, ÖSTERR President of the Federal Republic of Germany/Austria; SCHWEIZ President of the Confederation

Land und Leute

The **Bundespräsident/-in** (*Federal President*) in Germany and Austria is head of state with predominantly ceremonial functions. In Switzerland however, he/she is a member of the government and one of the seven members of the *Bundesrat* (*Federal Council*) which each year elects one of its members to be Federal President - albeit as 'Primus inter Pares', first among equals.

Bundesrat *m* ❶ BRD, ÖSTERR Bundesrat (*upper house of parliament*) ❷ SCHWEIZ Federal Council (*executive body*)

Land und Leute

Der Bundesrat (*the Upper House of the German Parliament*) is composed of members of the individual state governments. The number of representatives is determined by the size of the state. The **Bundesrat** plays a role in the passing of legislation. In Austria, the **Bundesrat** is the part of parliament where the *Länder* (*provinces*) are represented according to their population. The exact number of representatives from the provinces is stipulated by the Federal President after each national census. In Switzerland however, the **Bundesrat** is the government, which consists of seven members who are elected for four years and is chaired by the Federal President.

Bundesregierung *f* federal government **Bundesrepublik** *f* federal republic; **die ~ Deutschland** the Federal Republic of Germany **Bundesstaat** *m* ❶ (*Staatenbund*) confederation ❷ (*Gliedstaat*) federal state; **im ~ Kalifornien** in the state of California **Bundesstraße** *f* BRD, ÖSTERR ≈ A road BRIT, ≈ interstate [highway] AM

Bundestag *m kein pl* BRD Bundestag (*lower house of the German parliament*)

Land und Leute

Der Bundestag (*the Lower House of the German Parliament*) is the representative body of the people and is elected every four years. The **Bundestag** elects the *Bundeskanzler* (*Federal Chancellor*) and debates and passes bills.

Bundestagsabgeordnete(r) *f(m)* member of the Bundestag **Bundestagspräsident(in)** *m(f)* President of the Bundestag **Bundestagswahl** *f* Bundestag election

Bundestrainer(in) *m(f)* BRD [German] national coach **Bundesverdienstkreuz** *nt* BRD Order of Merit of the Federal Republic of Germany, ≈ OBE BRIT **Bundesverfassungsgericht** *nt kein pl* BRD Federal Constitutional Court (*supreme legal body that settles issues relating to the basic constitution*) **Bundesverfassungsrichter, -richterin** *m, f* Judge of the German Federal Constitutional Court **Bundesversammlung** *f* POL ❶ BRD Federal Assembly ❷ SCHWEIZ Parliament **Bundeswehr** *f* Federal Armed Forces **bundesweit** *adj, adv* throughout Germany *pred*

Bundfaltenhose *f* trousers [*or* AM *a.* pants] *pl* with a pleated front

bündig ['bʏndɪç] *adj* ❶ (*bestimmt*) concise ❷ (*schlüssig*) conclusive ❸ (*in gleicher Ebene*) level

Bündnis <-ses, -se> ['bʏntnɪs] *nt* alliance; **~ 90** Bündnis 90 (*political party comprising members of the citizens' movements of former East Germany*)

Bündnisgrüne *pl* Green party alliance **Bündnispartner** *m* POL, ÖKON alliance partner, ally
Bungalow <-s, -s> ['bʊŋgalo:] *m* bungalow
Bungeejumping <-s> ['bandʒidʒampɪŋ] *nt kein pl*, **Bungeespringen** ['bandʒiʃprɪŋən] *nt kein pl* bungee jumping *no pl*
Bunker <-s, -> ['bʊŋkɐ] *m* ① (*Schutzraum*) bunker; (*Luftschutzbunker*) air-raid shelter ② (*beim Golf*) bunker ③ (*sl: Gefängnis*) slammer
Bunkermentalität *f kein pl* siege mentality
bunkern ['bʊŋkɐn] *vt* to hoard
bunt [bʊnt] **I.** *adj* ① (*farbig*) colourful ② (*ungeordnet*) muddled; (*vielfältig*) varied **II.** *adv* ① (*farbig*) colourfully; ~ **gestreift** with colourful stripes *pl*; ~ **kariert** with a coloured check [pattern] ② (*ungeordnet*) in a muddle; ~ **gemischt** (*abwechslungsreich*) diverse; (*vielfältig*) varied ▶ WENDUNGEN: **es zu ~ treiben** (*fam*) to go too far; **jdm wird es zu ~** (*fam*) sb has had enough
buntgemischt *adj attr s.* **bunt II 2** **Buntsandstein** *m* ① BAU red sandstone ② GEOL Bunter **Buntspecht** *m* great spotted woodpecker **Buntstift** *m* coloured pencil **Buntwäsche** *f* colour wash
Bürde <-, -n> ['bʏrdə] *f* (*geh*) ① (*Last*) load ② (*Beschwernis*) burden
Burg <-, -en> [bʊrk] *f* castle
Bürge, Bürgin <-n, -n> ['bʏrgə, 'bʏrgɪn] *m, f* guarantor
bürgen *vi* ① ■**für jdn** ~ to act as guarantor for sb ② (*fig: garantieren*) ■**für etw** *akk* ~ to be a guarantee of sth
Bürger(in) <-s, -> ['bʏrgɐ] *m(f)* citizen
Bürgerbegehren *nt* BRD public petition for a referendum **Bürgerbewegung** *f* citizens' movement **bürgerfern** *adj* non-citizen-friendly, not in touch with the people *pred*
Bürgerin <-, -nen> *f fem form von* **Bürger**
Bürgerinitiative *f* citizens' group
Bürgerkrieg *m* civil war **bürgerkriegsähnlich** *adj* similar to civil war *pred* **Bürgerkriegsflüchtling** *m* civil war refugee
bürgerlich ['bʏrgɐlɪç] *adj* ① *attr* (*den Staatsbürger betreffend*) civil; ~**e Pflicht** civic duty ② (*dem Bürgerstand angehörend*) bourgeois *pej*
Bürgermeister(in) ['bʏrgɐmaɪstɐ] *m(f)* mayor; **der regierende ~ von Hamburg** the governing mayor of Hamburg **bürgernah** *adj* citizen-friendly, in touch with the people *pred* **Bürgernähe** *f kein pl* citizen-friendliness *no pl* **Bürgerpflicht** *f* civic duty
Bürgerrecht *nt meist pl* civil right
Bürgerrechtler(in) <-s, -> *m(f)* civil rights activist
Bürgerrechtsbewegung *f* civil rights movement
Bürgerschaft <-, -en> *f* POL ① (*die Bürger*) citizenry ② (*Bürgervertretung*) ≈ city-state parliament (*in the states of Bremen and Hamburg*)
Bürgersteig <-[e]s, -e> *m* pavement BRIT, sidewalk AM
Bürgertum <-s> *nt kein pl* bourgeoisie + *sing/pl vb*
Bürgerversammlung *f* citizen's meeting
Bürgin <-, -nen> *f fem form von* **Bürge**
Burgruine *f* castle ruin
Bürgschaft <-, -en> *f* JUR ① (*gegenüber Gläubigern*) guaranty; **die ~ für jdn übernehmen** to act as sb's guarantor ② (*Haftungssumme*) security
Burgund <-[s]> [bʊr'gʊnt] *nt* Burgundy
Burgunder <-s, -> [bʊr'gʊndɐ] *m* (*Wein aus Burgund*) burgundy
burgundisch [bʊr'gʊndɪʃ] *adj* Burgundy
Burka <-, -s> ['bʊrka] *f* REL burka
burlesk [bʊr'lɛsk] *adj* burlesque
Büro <-s, -s> [by'ro:] *nt* office
Büroangestellte(r) *f(m)* office worker **Büroarbeit** *f* office work **Bürobedarf** *m* office supplies *pl* **Bürogebäude** *nt* office building **Bürohaus** *nt* office block **Bürokaufmann, -kauffrau** *m, f* office administrator [with commercial training] **Büroklammer** *f* paper clip **Bürokram** *m kein pl* (*pej fam*) [bureaucratic] paperwork *no pl*
Bürokrat(in) <-en, -en> [byro'kra:t] *m(f)* (*pej*) bureaucrat
Bürokratie <-, -n> [byrokra'ti:, *pl* -'ti:ən] *f* bureaucracy
Bürokratin <-, -nen> *f fem form von* **Bürokrat**
bürokratisch **I.** *adj* ① *attr* bureaucratic ② (*pej*) involving a lot of red tape **II.** *adv* bureaucratically
Büroraum *m* office **Bürostunden** *pl*, **Bürozeit** *f* office hours *pl*
Bursche <-n, -n> ['bʊrʃə] *m* ① (*Halbwüchsiger*) adolescent ② (*fam: Kerl*) so-and-so BRIT, character AM
Burschenschaft <-, -en> *f* SCH ≈ fraternity (*student's duelling association with colours*)
burschikos [bʊrʃi'ko:s] **I.** *adj* (*salopp*) casual; (*Mensch*) laid-back; ~**es Mädchen** tomboy **II.** *adv* casually
Bürste <-, -n> ['bʏrstə] *f* brush
bürsten ['bʏrstn̩] *vt* to brush
Bus <-ses, -se> [bʊs, *pl* 'bʊsə] *m* bus; (*Rei-*

sebus) coach, AM *usu* bus
Busbahnhof *m* bus station
Busch <-[e]s, Büsche> [bʊʃ, *pl* 'bʏʃə] *m* ① (*Strauch*) shrub ② (*Buschwald*) bush ▶WENDUNGEN: **mit etw** *dat* **hinter dem ~ halten** (*fam*) to keep sth to oneself; **da ist etw im ~** (*fam*) sth is up; **bei jdm auf den ~ klopfen** (*fam*) to sound sb out
Buschbohne *f* dwarf [*or* AM bush] bean
Büschel <-s, -> ['bʏʃl̩] *nt* tuft
büschelweise *adv* in tufts
buschig *adj* bushy
Buschmesser *nt* machete
Busen <-s, -> ['bu:zn̩] *m* bust
Busenfreund(in) *m(f)* buddy
Busfahrer(in) *m(f)* bus driver **Bushaltestelle** *f* bus stop **Buslinie** *f* bus route
Bussard <-s, -e> ['bʊsart, *pl* 'bʊsardə] *m* buzzard
Buße <-, -n> ['bu:sə] *f* (*Geldbuße*) fine
Bussel <-s, -(n)> ['bʊsəl] *nt s.* **Busserl**
büßen ['by:sn̩] **I.** *vt* ① (*bezahlen*) to pay for; **das wirst du mir ~!** I'll make you pay for that! ② SCHWEIZ (*mit einer Geldbuße belegen*) to fine **II.** *vi* (*leiden*) to suffer (**für** *+akk* because of); **dafür wird er mir ~!** I'll make him suffer for that!
Büßer(in) <-s, -> *m(f)* penitent
Busserl <-s, -[n]> ['bʊsɐl] *nt* SÜDD, ÖSTERR (*fam*) kiss
Bußgeld *nt* fine, BRIT *a.* penalty (*imposed for traffic and tax offences*)
Bußgeldbescheid *m* notice of a fine, BRIT *a.* penalty notice
Bussi <-s, -s> ['bʊsi] *nt* SÜDD, ÖSTERR kiss
Bußtag *m* day of repentance; **Buß- und Bettag** day of prayer and repentance (*on the Wednesday before Advent*)
Büste <-, -n> ['bʏstə] *f* bust
Büstenhalter *m* bra[ssiere]
Busverbindung *f* bus service
Butangas *nt* butane gas
Butt <-[e]s, -e> [bʊt] *m* butt
Bütte <-, -n> ['bʏtə] *f* DIAL tub
Büttenpapier *nt kein pl* handmade paper
Büttenrede *f* DIAL humorous speech (*made from the barrel-like platform at a carnival*)
Butter <-> ['bʊtɐ] *f kein pl* butter *no pl* ▶WENDUNGEN: **weich wie ~** as soft as can be; **alles [ist] in ~** (*fam*) everything is hunky-dory
Butterblume *f* buttercup
Butterbrot *nt* slice of buttered bread
Butterbrotpapier *nt* greaseproof paper
Buttermilch *f* buttermilk **Butterschmalz** *nt* clarified butter **butterweich** ['bʊtɐ'vaɪç] **I.** *adj* really soft **II.** *adv* softly
Button <-s, -s> ['batn̩] *m* badge
Butzenscheibe *f* bullion point sheet
b. w. *Abk von* **bitte wenden** PTO
BWL [be:ve:'ʔɛl] *f Abk von* **Betriebswirtschaftslehre**
Byte <-s, -s> [bait] *nt* byte
byzantinisch [bytsan'ti:nɪʃ] *adj* Byzantine
Byzanz <-> [by'tsants] *nt* Byzantium
bzw. *adv Abk von* **beziehungsweise**

C

Cc

C, c <-, - *o fam* -s, -s> [tse:] *nt* ① C, c; **~ wie Cäsar** C for Charlie ② MUS C, c; **das hohe ~** top c
C *Abk von* **Celsius** C
ca. *Abk von* **circa** approx., ca.
Cabrio <-s, -s> ['ka:brio] *nt s.* **Kabriolett**
Cabriolet <-[s], -s> [kabrio'le:] *nt s.* **Kabriolett**
CAD <-, -s> *nt Abk von* **computer-aided design** CAD
Café <-s, -s> [ka'fe:] *nt* café
Cafeteria <-, -s> [kafetə'ri:a] *f* cafeteria
Calcium <-s> ['kaltsi̯ʊm] *nt kein pl s.* **Kalzium**
Callboy ['kɔ:lbɔɪ] *m male version of a call girl* **Callgirl** <-s, -s> [-gœrl] *nt* call girl
Camcorder <-s, -> ['kamkɔrdɐ] *m* camcorder
Camembert <-s, -s> ['kaməmbɛ:ɐ̯] *m* Camembert
Camion <-s, -s> [ka'mjõ] *m* SCHWEIZ lorry BRIT, truck AM
Camp <-s, -s> [kɛmp] *nt* camp
campen ['kɛmpn̩] *vi* to camp
campieren* [kam'pi:rən] *vi* ① *s.* **kampieren** ② ÖSTERR, SCHWEIZ to camp
Camping <-s> ['kɛmpɪŋ] *nt kein pl* camping
Campingausrüstung *f* camping equipment **Campingbus** *m* camper **Campingplatz** *m* campsite
Cannabis <-> ['kanabɪs] *m kein pl* cannabis *no pl*
Cappuccino <-[s], -[s]> [kapʊ'tʃi:no] *m* cappuccino
Car <-s, -s> ['ka:ɐ̯] *m* SCHWEIZ *kurz für* **Autocar** bus
Caravan <-s, -s> ['ka(:)ravan] *m* caravan
Car-Sharing, Carsharing <-s> ['ka:ɐ̯ʃɛ:ɐ̯rɪŋ] *nt kein pl* car sharing
Cartoon <-s, -s> [kar'tu:n] *m* cartoon
Casanova <-s, -s> [kaza'no:va] *m* Casanova
cash [kɛʃ] *adv* cash

C

Cash <-s> [kɛʃ] *nt kein pl* cash *no pl*
Casino <-s, -s> [ka'zi:no] *nt s.* **Kasino**
Castortransport <-> *m kein pl* transport[ation] of radioactive material
Cayennepfeffer [ka'jɛn-] *m* cayenne pepper
CB-Funk *m* CB radio
CD <-, -s> [tse:'de:] *f Abk von* **Compactdisc** CD
CD-Brenner *m* CD rewriter **CD-Player** <-s, -> [tse:'de:ple:ɐ] *m* CD player **CD-ROM** <-, -s> [tse:de:'rɔm] *f* CD-ROM **CD-ROM-Laufwerk** *nt* CD-ROM drive **CD-Spieler** *m s.* **CD-Player** **CD-Ständer** *m* CD rack
CDU <-> [tse:de:'ʔu:] *f Abk von* **Christlich-Demokratische Union** CDU

Land und Leute
The **CDU** is one of the two main political parties in Germany. It traditionally promotes conservative and Christian values, although in recent times its links with the church lessened in their significance. In Bavaria the party cooperates with its sister party, the *CSU* (*Christlich-Soziale Union*). The combination of both parties is usually referred to as *Die Union.*

Cellist(in) <-en, -en> [tʃɛ'lɪst] *m(f)* cellist
Cello <-s, -s *o* Celli> ['tʃɛlo, *pl* 'tʃɛli] *nt* cello
Cellophan® <-s> [tsɛlo'fa:n] *nt kein pl* cellophane
Celsius ['tsɛlzi̯ʊs] *no art* Celsius
Cembalo <-s, -s *o* Cembali> ['tʃɛmbalo, *pl* -li] *nt* cembalo
Cent <-(s), -(s)> ['sɛnt] *m* cent
Ces, ces <-, -> [tsɛs] *nt* MUS C flat
Ceylon ['tsai̯lɔn] *nt früher für* **Sri Lanka** Ceylon
Chamäleon <-s, -s> [ka'mɛ:leɔn] *nt* chameleon
Champagner <-s, -> [ʃam'panjɐ] *m* champagne
Champignon <-s, -s> ['ʃampɪnjɔŋ] *m* mushroom
Champion <-s, -s> ['tʃɛmpi̯ən] *m* champion
Chance <-, -n> ['ʃã:sə, ʃã:s, ʃaŋs(ə), *pl* -sn̩] *f* chance; **die ~n** *pl* **stehen gut/schlecht** there's a good chance/there's little chance
Chancengleichheit *f kein pl* equal opportunities
chancenlos *adj* no chance; **~ gegen jdn/etw sein** to not stand a chance against sb/sth
Chanson <-s, -s> [ʃã'sõ:] *nt* chanson
Chaos <-> ['ka:ɔs] *nt kein pl* chaos *no pl*
Chaostruppe ['ka:ɔs-] *f* (*pej fam*) bunch of incompetents, shambolic organization BRIT
Chaot(in) <-en, -en> [ka'o:t] *m(f)* chaotic person
chaotisch [ka'o:tɪʃ] **I.** *adj* chaotic **II.** *adv* chaotically
Charakter <-s, -e> [ka'raktɐ, *pl* -'te:rə] *m* character; **~ haben** to have strength of character; *eines Gesprächs* nature *no indef art*
Charaktereigenschaft *f* characteristic **Charakterfehler** *m* character defect **charakterfest** *adj* with strength of character *pred;* **~ sein** to have strength of character
charakterisieren* [karakteri'zi:rən] *vt* to characterize
Charakterisierung <-, -en> *f* characterization; **explizite ~** explicit [*or* direct] characterization; **implizite ~** implicit [*or* indirect] characterization
Charakteristik <-, -en> [karakte'rɪstɪk] *f* ❶ (*treffende Schilderung*) characterization ❷ (*typische Eigenschaft*) feature
Charakteristikum <-s, -ristika> [karakte'rɪstɪkʊm, *pl* -ka] *nt* characteristic
charakteristisch [karakte'rɪstɪʃ] *adj* characteristic (**für** +*akk* of)
charakterlich **I.** *adj* of sb's character *pred* **II.** *adv* in character, as far as sb's character is concerned *pred*
charakterlos **I.** *adj* despicable **II.** *adv* despicably
Charakterschwäche *f* weakness of character **Charakterschwein** *nt* bad lot **Charakterstärke** *f* strength of character **Charakterzug** *m* characteristic
charmant [ʃar'mant] **I.** *adj* charming **II.** *adv* charmingly
Charme <-s> ['ʃarm] *m kein pl* charm
Charmebolzen [ʃarm'bɔltsn̩] *m* (*hum fam*) charmer
Charmeur(in) <-s, -e> [ʃar'mø:ɐ̯] *m(f)* charmer
charmieren* [ʃar'mi:rən] *vi* to charm
Charta <-, -s> ['karta] *f* charter
Charter <-s, -s> ['tʃartɐ] *m* charter
Charterflug ['tʃartɐ-] *m* charter flight **Chartermaschine** *f* charter [aeroplane] [*or* AM airplane]
chartern ['tʃartɐn] *vt* to charter
Charts [tʃa:ts] *pl* charts *pl*
Chassis <-, -> [ʃa'si:] *nt* chassis
Chat <-s, -s> [tʃɛt] *m* INFORM chat
chatten ['tʃɛtn̩] *vi* INET to chat
Chauffeur(in) <-s, -e> [ʃɔ'fø:ɐ̯] *m(f)* chauffeur
Chauffeuse <-, -n> [ʃɔfø:zə] *f* SCHWEIZ *fem form von* **Chauffeur** female professional driver
chauffieren* [ʃɔ'fi:rən] *vt* ■**jdn ~** to drive sb

Chaussee <-, -n> [ʃɔ'se:] *f* Avenue
Chauvi <-s, -s> ['ʃo:vi] *m* (*sl*) [male] chauvinist [pig] *pej*
Chauvinismus <-> [ʃovi'nɪsmʊs] *m kein pl* chauvinism *no pl*
Chauvinist(in) <-en, -en> [ʃovi'nɪst] *m(f)* chauvinist
chauvinistisch [ʃovi'nɪstɪʃ] **I.** *adj* chauvinistic **II.** *adv* chauvinistically
checken ['tʃɛkn̩] *vt* ① (*überprüfen*) to check ② (*sl: begreifen*) ■ **etw** ~ to get sth
Check-in <-s, -s> ['tʃɛkʔɪn] *m o nt* check-in
Checkliste ['tʃɛk-] *f* checklist
Check-up <-s, -s> ['tʃɛkap] *m* check-up
Chef(in) <-s, -s> ['ʃɛf] *m(f)* head; (*einer Firma*) manager, boss *fam*

Falsche Freunde

Nicht verwechseln mit *chef* — Koch *m*, Köchin *f*!

Chefarzt, -ärztin *m, f* head doctor **Chefetage** *f* management floor
Chefin <-, -nen> *f fem form von* **Chef**
Chefkoch, -köchin *m, f* chief cook **Chefredakteur(in)** *m(f)* editor-in-chief **Chefsekretär(in)** *m(f)* manager's secretary **Chefsessel** *m* ÖKON (*fig fam*) top job
Chemie <-> [çe'mi:] *f kein pl* chemistry
Chemiefaser *f* man-made fibre **Chemiekonzern** *nt* chemical manufacturer **Chemiemüll** *m kein pl* chemical waste
Chemikalie <-, -n> [çemi'ka:li̯ə] *f meist pl* chemical
Chemiker(in) <-s, -> ['çe:mikɐ] *m(f)* chemist
chemisch ['çe:mɪʃ] SÜDD *bes* **I.** *adj* chemical **II.** *adv* chemically
Chemotherapie *f* chemotherapy
Chiasmus <-, -men> ['çi̯asmʊs] *m* LING chiasmus
chic ['ʃɪk] *adj s.* **schick**
Chicorée <-s> ['ʃikore] *m kein pl* chicory *no pl*
Chiffre <-, -n> ['ʃɪfrə] *f* ① (*Kennziffer*) box number ② (*Zeichen*) cipher
Chiffreanzeige *f* box number advertisement
chiffrieren* [ʃɪ'fri:rən] *vt* to [en]code
Chile <-s> ['tʃi:le] *nt* Chile; *s. a.* **Deutschland**
Chilene, Chilenin <-n, -n> [tʃi'le:nə] *m, f* Chilean; *s. a.* **Deutsche(r)**
chilenisch [tʃi'le:nɪʃ] *adj* Chilean; *s. a.* **deutsch**
Chili <-s> ['tʃi:li] *m kein pl* chilli BRIT, chili AM
Chili-Sauce <-, -n> ['tʃi:lizo:sə] *f* chilli sauce
chillen ['tʃɪlən] *vi* (*sl*) to chill [out]
China <-s> ['çi:na] *nt* China; *s. a.* **Deutschland**
Chinakohl *m* Chinese cabbage **Chinarestaurant** *nt* Chinese [restaurant]
Chinese, Chinesin <-n, -n> [çi'ne:zə, çi'ne:zɪn] *m, f* Chinese [person]; *s. a.* **Deutsche(r)**
chinesisch [çi'ne:zɪʃ] *adj* Chinese ▸ WENDUNGEN: ~ **für jdn sein** (*fam*) to be double Dutch to sb; *s. a.* **deutsch**
Chinin <-s> [çi'ni:n] *nt kein pl* quinine *no pl*
Chip <-s, -s> [tʃɪp] *m* ① INFORM [micro]chip ② (*Jeton*) chip ③ *meist pl* KOCHK crisp *usu pl* BRIT, chip *usu pl* AM
Chipkarte *f* smart card
Chirurg(in) <-en, -en> [çi'rʊrk, *pl* -'rʊrgn̩] *m(f)* surgeon
Chirurgie <-, -n> [çirʊr'gi:] *f kein pl* surgery
Chirurgin <-, -nen> *f fem form von* **Chirurg**
chirurgisch [çi'rʊrgɪʃ] **I.** *adj* surgical **II.** *adv* surgically
Chlor <-s> [klo:ɐ̯] *nt kein pl* chlorine
chloren ['klo:rən] *vt* to chlorinate
Chlorid <-s, -e> [klo'ri:t] *f* CHEM chloride *no pl*
Chloroform <-s> [kloro'fɔrm] *nt kein pl* chloroform *no pl*
Chlorophyll <-s> [kloro'fʏl] *nt kein pl* chlorophyll *no pl*
Chlorwasserstoff *m* hydrogen chloride
Choke <-s, -s> [tʃo:k] *m* choke
Cholera <-> ['ko:lera] *f kein pl* cholera *no pl*
Choleraepidemie *f* cholera epidemic
Choleriker(in) <-s, -> [ko'le:rikɐ] *m(f)* choleric person
cholerisch [ko'le:rɪʃ] *adj* choleric
Cholesterin <-s> [kolɛste'ri:n] *nt kein pl* cholesterol *no pl*
Cholesterinspiegel *m* cholesterol level
Chopsuey <-(s), -s> [tʃɔ'psu:i] *nt* chop suey
Chor <-[e]s, Chöre> [ko:ɐ̯, *pl* 'kø:rə] *m* ① (*Gruppe von Sängern*) choir ② MUS chorus; **im** ~ in chorus
Choral <-s, Choräle> [ko'ra:l, *pl* ko'rɛ:lə] *m* chorale
Choreograf(in) <-en, -en> [koreo'gra:f] *m(f)* choreographer
Choreografie <-, -n> [koreogra'fi:] *f* choreography
choreografieren [koreogra'fi:rən] *vi* to choreograph
Choreografin <-, -nen> *f fem form von* **Choreograf**
choreografisch [koreo'gra:fɪʃ] *adj* choreographic

Choreograph(in) <-en, -en> *m(f) s.* **Choreograf**

Choreographie <-, -n> *f s.* **Choreografie**

choreographieren [koreogra'fi:rən] *vi s.* **choreografieren**

Choreographin <-, -nen> *f fem form von* **Choreograf**

choreographisch *adj s.* **choreografisch**

Chorknabe *m* choirboy

Chose <-, -n> ['ʃo:zə] *f (fam)* ① *(Angelegenheit)* thing, affair ② *(Zeug)* stuff; ■**die [ganze]** ~ the whole lot

Chr. *Abk von* **Christus, Christi** Christ

Christ(in) <-en, -en> ['krɪst] *m(f)* Christian

Christbaum *m* DIAL Christmas tree

Christenheit <-> *f kein pl* Christendom *no pl*

Christentum <-s> *nt kein pl* Christianity *no pl*

Christi ['krɪsti] *gen von* **Christus**

Christin <-, -nen> *f fem form von* **Christ**

Christkind *nt* ① *(Jesus)* Christ child ② *(weihnachtliche Gestalt) Christ child, who brings presents for children on 24th December;* **ans ~ glauben** to believe in Father Christmas

christlich I. *adj* Christian; **C~-Demokratische Union** [*o* **CDU**] Christian Democratic Union, CDU; **C~-Soziale Union** [*o* **CSU**] Christian Social Union **II.** *adv* in a Christian manner

Christmesse *f*, **Christmette** *f* Christmas mass

Land und Leute

A **Christstollen** is a Christmas fruit loaf made from sweetened yeast dough filled with raisins, candied fruit or marzipan, and is eaten in slices.

Christus <Christi, *dat* - *o geh* Christo, *akk* - *o geh* Christum> ['krɪstʊs] *m* Christ; **nach** ~ AD; **vor** ~ BC; **Christi Himmelfahrt** Ascension

Chrom <-s> ['kro:m] *nt kein pl* chrome *no pl*

chromatisch [kro'ma:tɪʃ] *adj* MUS, ORN chromatic

Chromosom <-s, -en> [kromo'zo:m] *nt* chromosome

Chronik <-, -en> ['kro:nɪk] *f* chronicle

chronisch ['kro:nɪʃ] *adj* chronic; ■**etw ist bei jdm** ~ sb has [a] chronic [case of] sth; **ein ~ kranker Mensch** a chronically ill person

Chronist(in) <-en, -en> [kro'nɪst] *m(f)* chronicler

Chronologie <-> [kronolo'gi:] *f kein pl* ① *(zeitliche Abfolge)* sequence ② *(Zeitrechnung)* chronology

chronologisch [krono'lo:gɪʃ] **I.** *adj* chronological **II.** *adv* chronologically, in chronological order

Chronometer <-s, -> [krono-] *nt* chronometer

Chrysantheme <-, -n> [kryzan'te:mə] *f* chrysanthemum

circa ['tsɪrka] *adv s.* **zirka**

Circus <-, -se> ['tsɪrkʊs] *m* circus

Cis, cis <-, -> ['tsɪs] *nt* MUS C sharp

City <-, -s> ['sɪti] *f* city [centre] BRIT, downtown AM

cl *Abk von* **Zentiliter** cl

Clan <-s, -s> ['kla:n] *m* ① *(Stamm)* clan ② *(Clique)* clique

clean ['kli:n] *adj präd (sl)* ■**~ sein** to be clean

Clementine <-, -n> [klemɛn'ti:nə] *f* clementine

clever ['klɛvɐ] **I.** *adj* ① *(aufgeweckt)* smart, bright ② *(raffiniert)* cunning **II.** *adv* ① *(geschickt)* artfully ② *(pej)* cunningly

Clinch <-[e]s> ['klɪntʃ] *m kein pl* clinch; **[mit jdm] im ~ liegen** *(fig)* to be in dispute [with sb]

Clip <-s, -s> ['klɪp] *m* ① *(Klemme)* clip ② *(Ohrschmuck)* clip-on [earring] ③ *(Videoclip)* video

Clique <-, -n> ['klɪkə] *f* ① *(Freundeskreis)* circle of friends ② *(pej)* clique

Clou <-s, -s> ['klu:] *m* ① *(Glanzpunkt)* highlight ② *(Kernpunkt)* crux ③ *(Pointe)* punch line

Clown(in) <-s, -s> [klaun] *m(f)* clown ▶ WENDUNGEN: **sich** *akk* **zum ~ machen** to make a fool of oneself; **den ~ spielen** to play the clown

Club <-s, -s> ['klʊp] *m s.* **Klub**

cm *Abk von* **Zentimeter** cm

c-Moll <-s> ['tse:mɔl] *nt kein pl* MUS C flat minor

Coach <-[s], -s> [ko:tʃ] *m* coach

Coca ['ko:ka] *nt* <-[s], -s>, *f* <-, -s> *(fam)* Coke®

Coca-Cola® <-, -(s)> *f* Coca-Cola®

Cockpit <-s, -s> ['kɔkpɪt] *nt* cockpit

Cocktail <-s, -s> ['kɔkte:l] *m* cocktail

Cocktailbar *f* cocktail bar

Code <-s, -s> ['ko:t] *m s.* **Kode**

Codex <-es *o* -, -e *o* Codices> ['ko:dɛks, *pl* 'ko:ditse:s] *m s.* **Kodex**

codieren* [ko'di:rən] *vt* to code

Codierung <-, -en> *f s.* **Kodierung**

Cognac® <-s, -s> ['kɔnjak] *m* cognac

Coiffeuse <-, -n> [koa'føzə] *f* SCHWEIZ hairdresser

Cola ['kɔ:la] *nt* <-[s], -s>, *f* <-, -s> (*fam*) Coke® *fam*
Collage <-, -n> [kɔ'la:ʒə] *f* collage
College <-[s], -s> ['kɔlɪdʒ] *nt* college
Colt® <-s, -s> [kɔlt] *m* Colt
Come-back, Comeback <-[s], -s> [kam'bɛk] *nt* comeback; **ein ~ feiern** to enjoy a comeback
Comic <-s, -s> ['kɔmɪk] *m meist pl* comic
Comicheft <-(e)s, -e> ['kɔmɪk-] *nt* comic
Compactdisc, Compact Disc <-, -s> [kɔm'pakt 'dɪsk] *f* compact disc
Computer <-s, -> [kɔm'pju:tɐ] *m* computer; [**etw**] **auf ~ umstellen** to computerize [sth] **Computerarbeitsplatz** *m* computerized workstation **computergeneriert** *adj* computer-generated **computergesteuert** **I.** *adj* computer-controlled **II.** *adv* under computer control **computergestützt** *adj* computer-aided **Computergrafik** *f* computer graphics *npl*
computerisieren* [kɔmpjutəri'zi:rən] *vt* to computerize
computerlesbar *adj* machine-readable
Computerlinguist(in) *m(f)* computer linguist **Computerlinguistik** *f* computer linguistics + *sing vb*
computern* [kɔm'pju:tɐn] *vi* (*fam*) to compute
Computernetz(werk) *nt* computer network **Computerprogramm** *nt* [computer] programme **Computersimulation** *f* computer simulation **Computerspiel** *nt* computer game **Computersystem** *nt* computer system **computerunterstützt** *adj* computer-aided **Computervirus** *nt o m* computer virus
Comtesse <-, -n> [kɔm'tɛs, kõ'tɛs, *pl* -'tɛsn̩] *f* countess
Conférencier <-s, -s> [kõferã'si̯e:] *m* compère
Consultingfirma [kɔn'zaltɪŋ-] *f* consulting firm
Container <-s, -> [kɔn'te:nɐ] *m* container
Containerschiff *nt* container ship
Cookie <-s, -s> ['kʊkɪ] *nt* INET cookie
cool ['ku:l] *adj* (*sl*) ❶ (*gefasst*) calm and collected ❷ (*sehr zusagend*) cool
Copilot(in) ['ko:pilo:t] *m(f)* co-pilot
Copyright <-s, -s> ['kɔpirai̯t] *nt* copyright
Cord <-s> ['kɔrt] *m kein pl* cord[uroy]
Cordon bleu <- -, -s -s> [kɔrdõ'blø] *nt veal cutlet filled with boiled ham and cheese and covered in breadcrumbs*
Corner <-s, -> ['ko:ɐ̯nɐ] *m* ÖSTERR, SCHWEIZ (*Eckball*) corner
Cornflakes® ['ko:ɐ̯nfle:ks] *pl* cornflakes *pl*
Cornichon <-s, -s> [kɔrni'ʃõ:] *nt* pickled gherkin
Cortison <-s> [kɔrti'zo:n] *nt kein pl* cortisone *no pl*
Costa Rica <-s> ['kɔsta 'ri:ka] *nt* Costa Rica; *s. a.* **Deutschland**
Costa-Ricaner(in) <-s, -> [kɔstari'ka:nɐ] *m(f)* Costa Rican
costa-ricanisch [kɔstari'ka:nɪʃ] *adj* Costa Rican
Couch <-, -s *o* -en> [kau̯tʃ] *f o* SCHWEIZ *m* couch
Couchgarnitur *f* three-piece suite, AM *a.* couch set **Couchtisch** *m* coffee table
Count-down, Countdown <-s, -s> ['kau̯nt'dau̯n] *m o nt* countdown
Coup <-s, -s> ['ku:] *m* coup; **einen ~ landen** to score a coup
Coupé <-s, -s> [ku'pe:] *nt* ❶ (*Sportlimousine*) coupé ❷ ÖSTERR (*Zugabteil*) compartment
Coupon <-s, -s> [ku'põ:] *m* coupon
Courage <-> [ku'ra:ʒə] *f kein pl* courage *no pl*
couragiert [kura'ʒi:ɐ̯t] **I.** *adj* bold **II.** *adv* boldly
Cousin, Cousine <-s, -s> [ku'zɛ̃:, ku'zinə] *m, f* cousin
Cousine <-, -n> [ku'zi:nə] *f* cousin
Couvert <-s, -s> [ku've:ɐ] *nt* (*veraltet*) ❶ (*Bettbezug*) cover ❷ (*Briefumschlag*) *s.* **Kuvert**
Cover <-s, -s> ['kavɐ] *nt* ❶ (*Titelseite*) [front] cover ❷ (*Plattenhülle*) [record] sleeve
covern ['kavɐn] *vt* MUS to cover
Coverversion <-, -en> ['kavɐ-] *f* MUS cover version
Cowboy <-s, -s> ['kau̯bɔy] *m* cowboy
Crack[1] <-s, -s> ['krɛk] *m* (*ausgezeichneter Spieler*) ace
Crack[2] <-s> ['krɛk] *nt kein pl* (*Rauschgift*) crack *no pl*
Crashkurs ['krɛʃ-] *m* crash course
Creme <-, -s> ['kre:m, 'krɛ:m] *f* ❶ (*Salbe*) cream ❷ (*Sahnespeise*) mousse
cremefarben *adj* cream
Cremetorte *f* cream cake
cremig *adj* creamy
Crêpe <-, -s> ['krɛp] *m s.* **Krepp**[1]
Creuzfeldt-Jakob-Krankheit ['krɔy̯tsfɛlt-] *f* MED Creutzfeldt-Jakob disease
Crew <-, -s> ['kru:] *f* crew
Croissant <-s, -s> [kro̯a'sã:] *nt* croissant
Croupier <-s, -s> [kru'pi̯e:] *m* croupier
cruisen ['kru:zn̩] *vi* (*fam*) to cruise, to go cruising *fam*
C-Schlüssel *m* C clef
CSU <-> [tse:ʔɛs'ʔu:] *f Abk von* **Christlich-**

C

Soziale Union CSU
Cup <-s, -s> [kap] *m* cup
Curry <-s, -s> ['kœri] *m o nt* curry
Currywurst *f a sausage served with curry-flavoured ketchup and curry powder*
Cursor <-s, -> ['kø:ɐ̯zɐ] *m* cursor
Cutter(in) <-s, -> ['katɐ] *m(f)* cutter
CVP <-> *f kein pl* SCHWEIZ *Abk von* **Christlichdemokratische Volkspartei** Christian-Democratic People's Party
Cybercafé *nt* cyber [*or* Internet] café **Cybercash** <-s> ['sa͜ibɐ̯kɛʃ] *nt* cyber cash *no pl* **Cybergeld** ['sa͜ibɐ-] *nt* INFORM cybermoney **CyberPatrol®** <-(s), -s> ['sa͜ibɐpɛtrl̩] *m* INFORM CyberPatrol® **Cybersex** <-> *m kein pl* cybersex *no pl* **Cyberspace** <-, -s> [-spəɪs] *m kein pl* cyberspace *no pl*
Cyborg <-s, -s> ['saɪbɔ:g] *m* LIT, FILM cyborg

D d

D, d <-, - *o fam* -s, -s> [de:] *nt* ❶ (*Buchstabe*) D, d; ~ **wie Dora** D for David BRIT, D as in Dog AM ❷ MUS D, d
da ['da:] **I.** *adv* ❶ (*dort*) there; (*hier*) here; ~ **sein** to be there/here; ~ **bist du ja!** there you are!; ~ **drüben/hinten/vorne** over there; ~ **draußen/drinnen** out/in there; **der/die/das ...** ~ this/that ... [over here] ❷ (*dann*) then; **von** ~ **an herrschte endlich Ruhe** after that it was finally quiet ❸ (*in diesem Fall*) in such a case (*usually not translated*); ~ **bin ich ganz deiner Meinung** I completely agree with you **II.** *konj* (*weil*) as, since
DAAD <-> [de:ʔa:ʔa:'de:] *m kein pl* SCH *Abk von* **Deutscher Akademischer Austauschdienst** *independent organization of institutions of higher education that arranges international exchanges for students*
da|behalten* ['da:bəhaltn̩] *vt irreg* to keep here/there
dabei [da'ba͜i] *adv* ❶ (*örtlich*) with [it/them]; **die Rechnung war nicht** ~ the bill was not enclosed; **direkt/nahe** ~ right next/near to it ❷ (*zeitlich*) at the same time; (*dadurch*) as a result; (*währenddessen*) while doing it; **die** ~ **entstehenden Kosten** the resulting costs ❸ (*anwesend, beteiligt*) there; ~ **sein** to be there; (*mitmachen*) to take part; **er war bei dem Treffen** ~ he was there at the meeting ❹ (*damit verbunden*) through it/them; **was hast du dir denn** ~ **gedacht?** what were you thinking of?; **ich habe mir nichts** ~ **gedacht** I didn't mean anything by it; **da ist [doch] nichts** ~ (*das ist nicht schwierig*) there's nothing to it; (*das ist nicht schlimm*) there's no harm in it; **das Dumme/Schöne** ~ **ist, ...** the stupid/good thing about it is ...
dabei|bleiben *vi irreg sein* ■**bei etw** *dat* ~ to carry on with sth **dabei|haben** *vt irreg* ■**etw** ~ to have sth on oneself; ■**jdn** ~ to have sb with oneself **dabei|stehen** *vi irreg* ■**[mit]** ~ to be there; (*untätig a.*) to stand there
da|bleiben *vi irreg sein* to stay [on]
Dach <-[e]s, Dächer> ['dax, *pl* 'dɛçɐ] *nt* (*Gebäudeteil, a. vom Auto*) roof; **[mit jdm] unter einem** ~ **wohnen** to live under the same roof [as sb]; **unterm** ~ **wohnen** to live in an attic room/flat [*or* AM *a.* apartment]; **[k]ein** ~ **über dem Kopf haben** (*fam*) to [not] have a roof over one's head ▶ WENDUNGEN: **[von jdm] eins aufs** ~ <u>**kriegen**</u> (*fam: geohrfeigt werden*) to get a clout round [*or* AM slap upside] the head [from sb]; (*getadelt werden*) to be given a talking to [by sb]; **jdm aufs** ~ <u>**steigen**</u> (*fam*) to jump down sb's throat
Dachbalken *m* roof beam **Dachboden** *m* attic **Dachdecker(in)** <-s, -> *m(f)* roofer **Dachfenster** *nt* skylight **Dachfirst** *m* [roof] ridge **Dachgepäckträger** *m* roof rack **Dachgeschoss** *nt* attic storey **Dachkammer** *f* attic room **Dachkännel** <-s, -> *m* SCHWEIZ gutter **Dachkonzern** *m* ÖKON holding company **Dachlawine** *f mass of snow sliding from a roof* **Dachluke** *f* skylight **Dachorganisation** *f* holding [*or* parent] organization **Dachpappe** *f* roofing felt **Dachrinne** *f* gutter
Dachs <-es, -e> ['daks] *m* badger
Dachschaden *m* **einen** ~ **haben** (*fam*) to have a screw loose
Dächsin ['dɛksɪn] *f fem form von* **Dachs**
Dachstuhl *m* roof truss
dachte ['daxtə] *imp von* **denken**
Dachverband *m* umbrella organization **Dachwohnung** *f* attic flat [*or* AM *a.* apartment] **Dachziegel** *m* [roofing] tile
Dackel <-s, -> ['dakl̩] *m* dachshund
Dadaismus <-> [dada'ɪsmʊs] *m kein pl* Dadaism
Daddler <-s, -> ['dɛdlɐ] *m* INFORM (*fam*) gamer
dadurch [da'dʊrç] *adv* ❶ *örtlich* through [it/them]; (*emph*) through there ❷ (*aus diesem Grund*) so; (*auf diese Weise*) in

this way; ■**~, dass ...** because ...

dafür [da'fyːɐ̯] *adv* ❶ (*für das*) for it/this/that; **warum ist er böse? er hat doch keinen Grund ~** why's he angry? he has no reason to be; **es ist ein Beweis ~, dass ...** it's proof that ...; **~ bin ich ja da** that's what I'm here for; **ich bezahle Sie nicht ~, dass Sie nur rumstehen!** I'm not paying you just to stand around; **ich kann nichts ~!** I can't help it! ❷ (*als Gegenleistung*) in return ❸ (*andererseits*) **in Mathematik ist er schlecht, ~ kann er gut Fußball spielen** he's bad at maths, but he makes up for it at football; **er ist zwar nicht kräftig, ~ aber intelligent** he may not be strong, but he's intelligent for all that ❹ (*im Hinblick darauf*) ■**~, dass ...** seeing [that] ... ❺ ■**~ sein** (*zustimmen*) to be for it/that

dafür|können *vt irreg* **er kann nichts dafür** it's not his fault

dagegen [da'geːgn̩] **I.** *adv* ❶ (*räumlich*) against it ❷ (*als Einwand, Ablehnung*) against it/that; **~ müsst ihr was tun** you must do something about it; **etwas/nichts ~ haben** to object/to not object; **haben Sie was ~, wenn ich rauche?** do you mind if I smoke?; **ich habe nichts ~ [einzuwenden]** that's fine by me ❸ (*als Gegenmaßnahme*) **das ist gut/hilft ~** it's good for it; **~ lässt sich nichts machen** nothing can be done about it ❹ (*verglichen damit*) compared with it/that/them ❺ ■**~ sein** (*nicht zustimmen*) to be against it **II.** *konj* (*jedoch*) whereas

dagegen|halten *vt irreg* **ich habe nichts dagegenzuhalten** I have no objection[s] [to it]

da|haben *vt irreg* ❶ ■**etw ~** (*vorrätig*) to have sth in stock; (*zur Hand*) to have sth ❷ (*zu Besuch*) ■**jdn ~** to have sb come to visit

daheim [da'haim] *adv* SÜDD, ÖSTERR, SCHWEIZ at home

daher ['daːheːɐ̯] *adv* ❶ (*von dort*) from there ❷ (*aus diesem Grunde*) [and] that's why ❸ (*aus dieser Quelle, dadurch begründet*) **~ hat er das** that's where he got it from; **~ weißt du es also** so that's how you know that; **das kommt ~, dass ...** that is because ...; **etw kommt ~, dass ...** the cause of sth is that ... ❹ DIAL (*hierher*) here/there

daher|bringen *vt irreg* ÖSTERR ■**etw ~** to bring along sth *sep*

dahergelaufen *adj* **jeder ~e Kerl** (*pej*) any [old] Tom, Dick or Harry **daher|reden** (*pej*) **I.** *vi* to talk away; **dumm ~** to talk rubbish **II.** *vt* to say sth without thinking; **das war nur so dahergeredet!** that was just empty talk!

dahin [da'hɪn] *adv* ❶ (*an diesen Ort*) there; **kommst du mit ~?** are you coming too?; **ist es noch weit bis ~?** is there still far to go? ❷ (*zeitlich*) ■**bis ~** until then ❸ (*in dem Sinne*) **er äußerte sich ~ gehend, dass ...** he said something to the effect that ...

dahingestellt [da'hɪngəʃtɛlt] *adj* ■**~ sein/bleiben** to be/remain an open question

dahin|raffen *vt* (*liter*) ■**jdn ~** to carry off sb *sep* **dahin|sagen** *vt* ■**etw [nur so] ~** to say sth without [really] thinking **dahin|schleppen** *vr* ■**sich** *akk* **~** to drag on **dahin|schmelzen** *vi irreg sein* (*hum*) to melt, to go [all] gooey *fam*

dahinten [da'hɪntn̩] *adv* over there

dahinter [da'hɪntɐ] *adv* behind it/that/them etc.

dahinter|klemmen *vr* (*fam*) **sich** *akk* **~** to buckle down **dahinter|kommen** *vi irreg sein* (*fam: erfahren*) to find out; (*begreifen*) to figure out **dahinter|stecken** *vi* (*fam*) **wer steckt ~?** who's behind it?

dahin|vegetieren* [-ve-] *vi sein* to vegetate

Dahlie <-, -n> ['daːli̯ə] *f* dahlia

da|lassen *vt irreg* ■**jdn ~** to leave sb here/there; ■**jdm etw ~** to leave sb sth

dalli ['dali] *adv* (*fam*) **..., aber ~!** ..., and be quick about it!; **hau ab, aber ~!** get lost, go on, quick!

damalig ['daːmaːlɪç] *adj attr* at that time *pred*

damals ['daːmaːls] *adv* then, at that time

Damast <-[e]s, -e> [da'mast] *m* damask

Dame <-, -n> ['daːmə, *pl* 'daːmən] *f* ❶ (*geh*) lady; **die ~ des Hauses** the lady of the house; **meine ~n und Herren!** ladies and gentlemen! ❷ (*Damespiel*) draughts + *sing vb* BRIT, checkers + *sing vb* AM ❸ (*bei Schach, Karten*) queen

Damebrett ['daːməbrɛt] *nt* draught[s]board

Damenbegleitung *f* female company **Damenbekanntschaft** *f* lady friend **Damenbesuch** *m* lady visitor[s] **Damenbinde** *f* sanitary towel [*or* AM napkin] **Damenfahrrad** *nt* lady's bicycle **Damenfriseur** *m* ladies' hairdresser **damenhaft** **I.** *adj* ladylike **II.** *adv* like a lady **Damenmannschaft** *f* ladies' team **Damenmode** *f* ladies' fashion[s] **Damenoberbekleidung** *f kein pl* ladies' wear **Damensattel** *m* side-saddle **Damensitz** *m* **im ~ [reiten]** [to ride] side-saddle **Damentoilette** *f* ladies, ladies' toilet **Damenunterwäsche**

f ladies' underwear **Damenwahl** *f* ladies' choice

Damespiel *nt* [game of] draughts BRIT + *sing vb* **Damestein** *m* king

Damhirsch ['damhɪrʃ] *m* fallow deer; (*männliches Tier*) fallow buck

damisch ['da:mɪʃ] *adj* SÜDD, ÖSTERR (*fam: dämlich*) stupid

damit [da'mɪt] **I.** *adv* with it/that; **was soll ich ~?** what am I supposed to do with that?; **weißt du, was sie ~ meint?** do you know what she means by that?; **er konnte mir nicht sagen, was es ~ auf sich hat** he couldn't tell me what it was all about; **ist Ihre Frage ~ beantwortet?** has that answered your question?; **ich habe nichts ~ zu tun** I have nothing to do with it; **hör auf ~!** pack it in!; **sind Sie ~ einverstanden?** do you agree to that? **II.** *konj* so that

dämlich ['dɛ:mlɪç] (*fam*) **I.** *adj* stupid **II.** *adv* **sich** *akk* **~ anstellen** to be awkward

Dämlichkeit <-, -en> *f* (*fam*) ① *kein pl* (*Verhalten*) stupidity ② (*Bemerkung*) stupid [*or* AM *a.* dumb] remark

Damm <-[e]s, Dämme> ['dam, *pl* 'dɛmə] *m* (*Staudamm*) dam; (*Deich*) dyke ▸ WENDUNGEN: **wieder auf dem ~ sein** to be up on one's legs again

Dammbruch *m* breach in a/the dam [*or* dyke]

dämmen ['dɛmən] *vt* to insulate

dämmerig ['dɛmərɪç] *adj s.* **dämmrig**

Dämmerlicht *nt* gloom

dämmern ['dɛmɐn] **I.** *vi* ① *Tag, Morgen* to dawn; *Abend* to approach ② (*fig*) ■**jdm ~** to [gradually] dawn on sb **II.** *vi impers* ■**es dämmert** (*morgens*) dawn is breaking; (*abends*) dusk is falling

Dämmerung <-, -en> *f* twilight; (*Abenddämmerung*) dusk; (*Morgendämmerung*) dawn

dämmrig ['dɛmrɪç] *adj Beleuchtung* dim

Dämon <-s, Dämonen> ['dɛ:mɔn, *pl* dɛ'mo:nən] *m* demon

dämonisch [dɛ'mo:nɪʃ] *adj* demonic

Dampf <-[e]s, Dämpfe> ['dampf, *pl* 'dɛmpfə] *m* steam *no pl;* **~ ablassen** (*a. fig*) to let off steam

Dampfbad *nt* steam bath **Dampfbügeleisen** *nt* steam iron **Dampfdruck** *m* steam pressure

dampfen ['dampfn̩] *vi* to steam

dämpfen ['dɛmpfn̩] *vt* ① *Gemüse* to steam ② *Stimme* to lower ③ *Stoß, Begeisterung* to dampen

Dampfer <-s, -> ['dampfɐ] *m* steamship ▸ WENDUNGEN: **auf dem falschen ~ sein** (*fam*) to be barking up the wrong tree

Dämpfer <-s, -> ['dɛmpfɐ] *m* MUS, TECH damper ▸ WENDUNGEN: **jdm einen ~ aufsetzen** to dampen sb's spirits

Dampfkessel *m* [steam] boiler **Dampfkochtopf** *m* pressure cooker **Dampfkraftwerk** *nt* steam[-driven] power station **Dampflok** *f* steam engine **Dampfmaschine** *f* steam engine

Dampfplauderer, -plauderin <-s, -> *m, f* (*hum fam*) windbag

Dampfschiff *nt s.* **Dampfer** **Dampfschifffahrt** *f kein pl* steam navigation **Dampfturbine** *f* steam turbine **Dampfwalze** *f* steamroller

danach [da'na:x] *adv* ① *zeitlich* after it/that; (*nachher a.*) afterwards; **ein paar Minuten ~** a few minutes later ② *örtlich* behind [her/him/it/them etc.] ③ (*dementsprechend*) **~ gekleidet** appropriately dressed ④ (*laut dem*) according to that ⑤ (*nach dieser Sache*) **~ greifen** to [make a] grab at it; **sich** *akk* **~ sehnen** to long for it/that; ■**jdm ist ~/nicht ~** (*fam*) sb feels/doesn't feel like it

Däne, Dänin <-n, -n> ['dɛ:nə, 'dɛ:nɪn] *m, f* Dane; *s. a.* **Deutsche(r)**

daneben [da'ne:bn̩] *adv* ① (*räumlich*) next to her/him/it/that etc.; **links/rechts ~** (*bei Gegenständen*) to the left/right of it/them; (*bei Menschen*) to her/his left/right ② (*verglichen damit*) compared with her/him/it/that etc. ③ (*außerdem*) in addition [to that] ▸ WENDUNGEN: **~ sein** (*unangemessen*) to be inappropriate

daneben|benehmen* *vr irreg* (*fam*) ■**sich** *akk* **~** to make an exhibition of oneself **daneben|gehen** *vi irreg sein* ① (*Ziel verfehlen*) to miss; *Pfeil, Schuss a.* to miss its/their mark ② (*scheitern*) to go wrong **daneben|liegen** *vi irreg* (*fam*) ■**jd liegt daneben** sb is wide of the mark; **er liegt mit seiner Vermutung völlig daneben** his suspicion is way off mark

Dänemark <-s> ['dɛ:nəmark] *nt* Denmark; *s. a.* **Deutschland**

Dänin ['dɛ:nɪn] *f s.* **Däne**

dänisch ['dɛ:nɪʃ] *adj* Danish; *s. a.* **deutsch**

dank ['daŋk] *präp +gen* (*a. iron*) thanks to

Dank <-[e]s> ['daŋk] *m kein pl* gratitude; **besten/vielen ~!** thank you very much!; **das ist der [ganze] ~ dafür!** that is/was all the thanks one gets/got!; **jdm ~ schulden** to owe sb a debt of gratitude; **als ~ für etw** *akk* in grateful recognition of sth

dankbar ['daŋkba:ɐ̯] *adj* grateful; ■**jdm ~ sein** to be grateful to sb

Dankbarkeit <-> *f kein pl* gratitude

danke *interj* thank you, thanks *fam*

D

sich bedanken

sich bedanken	thanking
Danke!	Thank you!/Thanks!
Danke sehr/Danke schön!/ Vielen Dank!	Thank you very much!/Many thanks!
Tausend Dank!	Thanks a million!
Danke, das ist sehr lieb von dir!	Thank you, that's very kind of you!
Vielen (herzlichen) Dank!	Thank you very much!
Ich bedanke mich (recht herzlich)!	Thank you very much (indeed)!
auf Dank reagieren	**reacting to being thanked**
Bitte!	You're welcome!
Bitte schön!/Gern geschehen!/ Keine Ursache!	You're welcome!/My pleasure./ Don't mention it.
Bitte, bitte!/Aber bitte, das ist doch nicht der Rede wert!	Not at all!/Please don't mention it!
(Aber) das habe ich doch gern getan!/ Das war doch selbstverständlich!	(Not at all,) it was a pleasure!/ The pleasure was mine!/I was happy to do it!
dankend anerkennen	**acknowledging gratefully**
Vielen Dank, du hast mir sehr geholfen.	Many thanks, you've been a great help.
Wo wären wir ohne dich!	What would we do without you!
Ohne deine Hilfe hätten wir es nicht geschafft.	We would not have managed it without your help.
Sie waren uns eine große Hilfe.	You were a great help to us.
Ich weiß Ihr Engagement **sehr zu schätzen.**	**I very much appreciate** your commitment.

danken ['daŋkn̩] **I.** *vi* ■**jdm ~** to express one's thanks to sb; **nichts zu ~** you're welcome **II.** *vt* ■**jdm etw ~** to repay sb for sth; **wie kann ich Ihnen das jemals ~?** how can I ever thank you?

dankenswert ['daŋkn̩sveːɐ̯t] *adj* commendable

Dankeschön <-s> *nt kein pl* thank you; [**jdm**] **ein herzliches ~ sagen** to express heartfelt thanks to sb

Danksagung <-, -en> *f* note of thanks

dann ['dan] *adv* ① (*danach*) then; **noch eine Woche, ~ ist Weihnachten** another week till Christmas ② (*zu dem Zeitpunkt*) ■**immer ~, wenn ...** always when ... ③ (*unter diesen Umständen*) then; ■**wenn ..., ~ ...** if ..., [then] ...; **etw nur ~ tun, wenn ...** to do sth only when ...; ■**selbst ~** even then ④ (*außerdem*) ■**und ~ auch noch ...** on top of that ... ►WENDUNGEN: **~ und wann** now and then

daran [da'ran] *adv* ① (*räumlich*) **halt deine Hand ~!** put your hand against it; **etw ~ kleben/befestigen** to stick/fasten sth to it; **~ riechen** to smell it; **~ vorbei** past it ② (*zeitlich*) **im Anschluss ~** following that/this ③ (*an dieser Sache*) **es ändert sich nichts ~** it won't change; **denk ~!** bear it/that in mind; **das Gute ~ ist, dass ...** the good thing about it is that ...; **kein Interesse ~** no interest in it/that; **ein Mangel ~** a lack of it; **~ arbeiten** to work on it/that; **sich** *akk* **~ beteiligen** to take part in it/that; **sich** *akk* **~ erinnern** to remember it/that

daran|gehen *vi irreg sein* to set about it

daran|machen *vr* (*fam*) ■**sich** *akk* **~** to set about it

daran|setzen [da'ranzɛtsn̩] *vt* **alles ~, etw zu tun** to spare no effort to do sth

darauf [da'rauf] *adv* ① (*räumlich*) on it/that/them etc.; **etw ~ legen** to lay sth on top ② (*zeitlich*) after that; **bald ~** shortly afterwards; **am Abend ~** the next evening; **im Jahr ~** [in] the following year ③ (*auf das*) **wir müssen ~ Rücksicht nehmen** we must take that into consideration; **stolz ~ sein** to be proud of it; **~ antworten/reagieren** to reply/react to it; **sich** *akk* **~freuen** to look forward to it; **etw ~ sagen** to say sth to it/this/that; **ein Recht ~** a right to it; **sich** *akk* **~verlassen** to rely on it; **sich** *akk* **~vorbereiten** to prepare for it

darauffolgend *adj attr* following **daraufhin** [darauf'hɪn] *adv* (*infolgedessen*) as a result [of this/that]

daraus [da'raus] *adv* ① (*aus Gefäß o Raum*) out of it/that/them; **etw ~ entfernen** to remove sth from it ② (*aus diesem Material*) out of it/that/them ③ (*aus dieser Tatsache*) **~ ergibt sich/folgt, dass ...** the result of which is that ...

dar|bieten ['da:ɐ̯bi:tn̩] *irreg* **I.** *vt* (*geh*) ■ **[jdm] etw ~** to perform sth [before sb] **II.** *vr* ■ **sich jdm ~** *Gelegenheit, Möglichkeit* to offer itself to sb

Darbietung <-, -en> ['da:ɐ̯bi:tʊŋ] *f* performance

darin [da'rɪn] *adv* ① (*in dem/der*) in there; (*in vorher Erwähntem*) in it/them; **was steht ~ [geschrieben]**? what does it say? ② (*in dem Punkt*) in that respect; **~ übereinstimmen, dass** to agree that ...

dar|legen ['da:ɐ̯le:gn̩] *vt* to explain

Darlehen <-s, -> ['da:ɐ̯le:ən] *nt* loan

Darm <-[e]s, Därme> ['darm, *pl* 'dɛrmə] *m* intestine

Darmerkrankung *f* intestinal disease **Darmgrippe** *f* gastric flu **Darminfektion** *f* intestinal [*or* bowel] infection **Darmkrebs** *m* intestinal [*or* bowel] cancer, cancer of the intestine [*or* bowel] **Darmspiegelung** *f* MED enteroscopy **Darmverschluss** *m* intestinal obstruction

dar|stellen ['da:ɐ̯ʃtɛlən] **I.** *vt* ① (*wiedergeben*) *a.* THEAT to portray ② (*beschreiben*) to describe; **etw knapp ~** to give a brief description of sth ③ (*bedeuten*) to represent **II.** *vr* ■ **sich** *akk* **[jdm] ~** to appear [to sb]

Darsteller(in) <-s, -> ['da:ɐ̯ʃtɛlɐ] *m(f)* actor *masc*, actress *fem*

Darstellung <-, -en> *f* ① (*bildlich*) portrayal ② THEAT performance ③ (*das Schildern*) representation *no pl*

darüber [da'ry:bɐ] *adv* ① (*räumlich*) over it/that/them; (*direkt auf etw*) on top [of it/that]; (*oberhalb von etw*) above [it/that/them]; (*über etw hinweg*) over [it/that/them] ② (*hinsichtlich einer Sache*) about it/that/them; **~ spricht er nicht gern** he doesn't like to talk about it ③ (*dabei und deswegen*) in the process ④ (*über dieser Grenze*) above [that]; **Kinder im Alter von 12 Jahren und ~** children of 12 years and older; **10 Stunden oder ~** 10 hours and/or longer ▶ WENDUNGEN: **~ hinaus** what is more; **~ hinweg sein** to have got over it

darüber|stehen *vi irreg* (*a. fig*) to be above it [all]

darum [da'rʊm] *adv* ① (*deshalb*) that's why ② (*um das*) **~ bitten** to ask for it/that; **es geht nicht ~, wer zuerst kommt** it's not a question of who comes first; **~ geht es ja gerade!** that's just it! ③ (*räumlich*) ■ **~ [herum]** around it

darunter [da'rʊntɐ] *adv* ① (*räumlich*) under it/that; (*unterhalb von etw*) below [it/that]; **~ hervorgucken** to look out [from underneath] ② (*unter dieser Sache*) **was verstehst du ~?** what do you understand by it/that?; **~ kann ich mir nichts vorstellen** it doesn't mean anything to me; **~ leiden** to suffer under it/that ③ (*dazwischen*) among[st] them ④ (*unter dieser Grenze*) lower; **Kinder im Alter von 12 Jahren und ~** children of 12 years and younger; **~ liegen** to be less

das[1] <*gen:* des, *dat:* dem, *akk:* das, *pl:* die> ['das] *art def, sing nt* the; **~ Kind/Tier/Schiff** the child/animal/ship; *s. a.* **der**[1], **die**[1]

das[2] <*gen:* dessen, *dat:* dem, *akk:* das, *pl:* die> ['das] *pron dem, sing nt* that; **~ Kind/Haus [da]** that child/house [there]; **was ist denn ~?** (*fam*) what on earth is that/this?; *s. a.* **der**[2], **die**[3]

das[3] <*gen:* dessen, *dat:* dem, *akk:* das, *pl:* die> ['das] *pron rel, sing nt* that; (*Person a.*) who/whom *form;* (*Gegenstand, Tier a.*) which; **ich sah ein Auto, ~ um die Ecke fuhr** I saw a car driving around the corner; **ein Mädchen, ~ gut singen kann** a girl who can sing well; *s. a.* **der**[3], **die**[5]

Dasein <-s> ['da:zain] *nt kein pl* (*Existenz*) existence

Daseinsberechtigung *f* right to exist *no pl*

da|sitzen ['da:zɪtsn̩] *vi irreg* to sit there

dasjenige <*gen:* desjenigen, *dat:* demjenigen, *akk:* dasjenige, *pl:* diejenigen> ['dasje:nɪgə] *pron dem* ① *substantivisch* ■ **~, was ...** that which ... ② *adjektivisch* **~ Kind, das ...** the child that ...; *s. a.* **die-**

jenige, derjenige

dass ['das] *konj* that; **ich habe gehört, ~ du Vater geworden bist** I've heard [that] you've become a father; **die Tatsache, ~ ...** the fact that ...

dasselbe <*gen:* desselben, *dat:* demselben, *akk:* dasselbe, *pl:* dieselben> *pron dem* ~ **Kleid** the same dress; *s. a.* **derselbe, dieselbe**

da|stehen ['daːʃteːən] *vi irreg* to stand there; **dumm ~** to stand there stupidly ▶ WENDUNGEN: **besser/schlechter ~** to be in a better/worse position

Datei <-, -en> [da'tai̯] *f* [data] file

Dateiname *m* filename **Dateisystem** *nt* INFORM file system; **hierarchisches ~** hierarchical file system

Daten ['daːtn̩] *pl* ❶ (*Angaben*) data ❷ *pl von* **Datum**

Datenabruf *m* data retrieval **Datenaufbereitung** *f* data editing **Datenautobahn** *f* information highway **Datenbank** <-banken> *f* database **Datenbestand** *m* data stock **Dateneingabe** *f* data entry **Datenerfassung** *f* data collection **Datenfernübertragung** *f* remote data transmission **Datenflut** *f* flood of data **Datenformat** *nt* data format **Datenhandschuh** *m* dataglove **Datenklau** <-s> *m kein pl* (*fam*) data theft **Datenmissbrauch** *m* data misuse **Datennetz** *nt* data network **Datenpflege** *f* data administration **Datensatz** *nt* record **Datenschutz** *m* data [privacy] protection **Datenschutzbeauftragte(r)** *f(m) dekl wie adj* controller for data protection **Datenschützer(in)** <-s, -> *m(f)* (*fam*) data watchdog **Datensicherheit** *f kein pl* data protection **Datensicherung** *f* [data] backup **Datensichtgerät** *nt* [visual] display unit, VDU **Datenträger** *m* data medium **Datentypist(in)** *m(f)* keyboarder **Datenübertragung** *f* data transmission **Datenverarbeitung** *f* data processing *no pl, no art*

datieren* [da'tiːrən] *vt, vi* to date

Dativ <-s, -e> ['daːtiːf, *pl* 'daːtiːvə] *m* dative [case]

Dativobjekt *nt* dative object

dato ['daːto] *adv* (*geh*) **bis ~** to date

Dattel <-, -n> ['datl̩, *pl* 'datl̩n] *f* date

Dattelpalme *f* date [palm]

Datum <-s, Daten> ['daːtʊm, *pl* 'daːtn̩] *nt* date; **welches ~ haben wir heute?** what's the date today?

Dauer <-> ['dau̯ɐ] *f kein pl* duration; *eines Aufenthalts* length ▶ WENDUNGEN: **von kurzer ~ sein** to be short-lived; **auf die ~** in the long run; **diesen Lärm kann auf die ~ keiner ertragen** nobody can stand this noise for any length of time

Dauerarbeitslosigkeit *f* long-term unemployment **Dauerauftrag** *m* standing order **Dauerbeschäftigung** *f* permanent employment *no pl* **Dauerbetrieb** *m kein pl* continuous operation **Dauerbrenner** *m* (*fam*) ❶ (*Ofen*) slow-burning stove ❷ *Theater-/Musikstück* long runner **Dauererfolg** *m* continuous success **Dauerfrost** *m* long period of frost **dauergewellt** ['dau̯ɐgəvɛlt] *adj Haare* permed

dauerhaft **I.** *adj Beziehung* permanent; *Frieden, Wirkung* durable, lasting; **~er Schaden** lasting [*or* permanent] damage **II.** *adv* permanently

Dauerkarte *f* season ticket **Dauerlauf** *m* jog

dauern ['dau̯ɐn] *vi* ❶ (*anhalten*) to last; **der Film dauert 3 Stunden** the film is 3 hours long ❷ *impers* (*Zeit erfordern*) to take; **vier Stunden? das dauert mir zu lange** four hours? that's too long for me; **einen Augenblick, es wird nicht lange ~** just a moment, it won't take long; **das dauert und dauert!** (*fam*) it's taking ages [and ages]

dauernd ['dau̯ɐnt] **I.** *adj* constant **II.** *adv* constantly; **etw ~ tun** to keep [on] doing sth

Dauerregen *m* continuous rain **Dauerschaden** *m* long-term damage **Dauerstellung** *f* permanent post **Dauerstress** *m* continuous stress **Dauerthema** *nt* permanent topic **Dauerwelle** *f* perm **Dauerwirkung** *f* long-lasting effect **Dauerzustand** *m* permanent state of affairs

Däumchen ['dɔymçən] *nt* ▶ WENDUNGEN: **~ drehen** (*fam*) to twiddle one's thumbs

Daumen <-s, -> ['dau̯mən] *m* thumb; **am ~ lutschen** to suck one's thumb ▶ WENDUNGEN: **jdm die ~ drücken** to keep one's fingers crossed [for sb]

Daune <-, -n> ['dau̯nə] *f* down *no pl*

Daunendecke *f* duvet **Daunenjacke** *f* quilted jacket

Daviscup, Davis-Cup <-[s]> ['deːviskap] *m,* **Davispokal, Davis-Pokal** *m* (*Tennispokal*) ■ **der ~** the Davis Cup

davon [da'fɔn] *adv* ❶ (*räumlich*) **links/rechts ~** to the left/right of it/that/them; **etw ~ lösen** to loosen sth from it/that ❷ (*von dieser Sache*) **was hältst du ~?** what do you think of it/that/them?; **~ weiß ich nichts** I don't know anything about that; **~ stirbst du nicht!** it won't kill you!; **das Gegenteil ~** the opposite of it/that; **die Hälfte ~** half of it/that/them;

~ **essen/trinken** to eat/drink [some] of it/that; **etwas/nichts ~ haben** to have something/nothing of it

davon|fliegen *vi irreg sein* to fly away; *Vögel a.* to fly off **davon|gehen** *vi irreg sein* to go [away] **davon|jagen I.** *vt haben* (*verscheuchen*) ■**jdn ~** to drive sb away *sep; Kinder, Tiere* to chase sb away *sep* **II.** *vi sein* (*schnell wegfahren*) to roar off **davon|kommen** *vi irreg sein* **mit dem Leben ~** to escape with one's life; **mit einem Schock ~** to come away with no more than a shock **davon|laufen** *vi irreg sein* ■**jdm ~** ① (*weglaufen*) to run away from sb ② (*jdn abhängen*) to run ahead of sb ③ (*überraschend verlassen*) to run out on sb **davon|machen** *vr* (*fam*) ■**sich** *akk* ~ to slip away **davon|schleichen** *irreg* **I.** *vi sein* to slink away **II.** *vr haben* ■**sich** *akk* ~ to steal away **davon|stehlen** *irreg vr* ■**sich** *akk* ~ to steal away **davon|tragen** *vt irreg* ① (*wegtragen*) ■**jdn/etw ~** to take sb/sth away ② (*geh*) *Preis* to carry off; *Ruhm* to achieve; *Sieg* to score ③ **Verletzungen/Knochenbrüche ~** to suffer injury/broken bones

davor [da'fo:ɐ̯, 'da:fo:ɐ̯] *adv* ① (*räumlich*) in front [of it/that/them]; **~ musst du links abbiegen** you have to make a left turn before it ② (*zeitlich*) before [it/that/them/etc.] ③ *mit Verben* **ich ekle mich ~** I'm disgusted by it; **er hat Angst ~** he's afraid of it/that; **er hatte mich ~ gewarnt** he warned me about that

DAX <-> ['daks] *m kein pl Akr von* **Deutscher Aktienindex** DAX, German share index

dazu [da'tsu:, 'da:tsu:] *adv* ① (*zu dem gehörend*) with it ② (*außerdem*) at the same time ③ (*zu diesem Ergebnis*) **wie konnte es nur ~ kommen?** how could that happen?; **~ reicht das Geld nicht** we/I haven't enough money for that ④ **im Gegensatz ~** contrary to this; **im Vergleich ~** in comparison to that ⑤ (*zu dieser Sache*) **ich würde dir ~ raten** I would advise you to do that; **ich bin noch nicht ~ gekommen** I haven't got round to it yet; **es gehört viel Mut ~** that takes a lot of courage ⑥ (*dafür*) **ich bin ~ nicht bereit** I'm not prepared to do that; **~ ist es da** that's what it's there for; **~ habe ich keine Lust** I don't feel like it ⑦ (*darüber*) **er hat sich noch nicht ~ geäußert** he hasn't commented on it yet; **was meinst du ~?** what do you think about it/that?

dazu|geben *vt irreg* to add **dazu|gehören*** *vi* ① (*zu der Sache gehören*) to belong [to it/etc.] ② (*nicht wegzudenken sein*) be a part of it **dazugehörig** [da'tsu:gəhø:rɪç] *adj attr* to go with it/them *pred,* which goes/go with it/them *pred* **dazu|gesellen*** *vr* ■**sich** *akk* ~ to join them/her/him/you/us/etc. **dazu|kommen** *vi irreg sein* ① (*hinzukommen*) to arrive; (*zufällig*) to happen to arrive ② (*hinzugefügt werden*) to be added **dazu|lernen** *vt* **einiges ~** to learn a few [new] things **dazu|rechnen** *vt* to add on **dazu|setzen** *vr* ■**sich** *akk* [**zu jdm**] ~ to sit down [at sb's table]; **kann ich mich ~?** do you mind if I join you? **dazu|tun** *vt irreg* (*fam*) to add

Dazutun *nt* **ohne jds ~** without sb's intervention

dazwischen [da'tsvɪʃn̩] *adv* ① (*zwischen zwei Dingen*) [in] between; (*darunter*) among[st] them ② (*zeitlich*) in between

dazwischen|fahren [da'tsvɪʃn̩fa:rən] *vi irreg sein* ① (*eingreifen*) to intervene ② (*unterbrechen*) to interrupt **dazwischen|funken** *vi* (*fam*) ■[**jdm**] ~ to mess sth up *sep* [for sb] **dazwischen|kommen** *vi irreg sein* **wenn nichts dazwischenkommt!** if all goes to plan!; **leider ist** [**mir**] **etwas dazwischengekommen** I'm afraid something has come up **dazwischen|reden** *vi* ■[**jdm**] ~ to interrupt [sb] **dazwischen|treten** *vi irreg sein* to intervene

DB <-> *f Abk von* **Deutsche Bahn** *German Railways*

DDR <-> [de:de:'ʔɛr] *f* HIST *Abk von* **Deutsche Demokratische Republik:** ■**die ~** the GDR

Deal <-s, -s> [di:l] *m* deal

dealen ['di:lən] *vi* (*sl*) ■[**mit etw** *dat*] ~ to deal [sth]

Dealer(in) <-s, -> ['di:lɐ] *m(f)* (*sl*) dealer

Debakel <-s, -> [de'ba:kl̩] *nt* (*geh*) debacle, shutout AM

Debatte <-, -n> [de'batə] *f* debate; (*schwächer*) discussion; **zur ~ stehen** to be under discussion; **das steht hier nicht zur ~** that's beside the point

debattieren* [deba'ti:rən] *vt* to debate; (*schwächer*) to discuss

Debüt <-s, -s> [de'by:] *nt* debut

dechiffrieren* [deʃɪ'fri:rən] *vt* to decode

Deck <-[e]s, -s> ['dɛk] *nt* deck

Deckanstrich *m* BAU finish [*or* top] coat **Deckblatt** *nt* ① BOT bract *spec* ② (*Titelblatt*) title page

Decke <-, -n> ['dɛkə] *f* ① (*Zimmerdecke*) ceiling ② (*Tischdecke*) tablecloth ③ (*Wolldecke*) blanket; (*Bettdecke*) cover ► WEN-

DUNGEN: **jdm fällt die ~ auf den Kopf** sb feels really cooped in; **an die ~ gehen** to hit the roof

Deckel <-s, -> ['dɛkl̩] *m* ① (*Verschluss*) lid; *von Glas, Schachtel a.* top ② (*Buchdeckel*) cover ▶ WENDUNGEN: **jdm eins auf den ~ geben** to give sb a clip round the earhole

deckeln ['dɛkl̩n] *vt* ■**jdn ~** to take [*or* knock] sb down a peg [or two]

Deckelung <-, -en> ['dɛkl̩ʊŋ] *f* FIN [price-]capping

decken ['dɛkn̩] **I.** *vt* ① *Tisch* to set ② *Dach* to tile ③ (*etw verheimlichen*) ■**jdn ~** to cover up for sb; ■**etw ~** to cover up *sep* sth ④ *Nachfrage* to meet; *Kosten* to cover **II.** *vi* **diese Farbe deckt besser** this paint gives a better cover **III.** *vr* ■**sich** *akk* **~** *Aussagen* to correspond

Deckenbeleuchtung *f* ceiling lights *pl*

Deckmantel *m* ■**unter dem ~ einer S.** *gen* under the guise of sth **Deckname** *m* code name

Deckung <-, -en> *f* ① (*Schutz*) cover; **jdm ~ geben** to give sb cover ② *der Kosten* defrayment *form; der Nachfrage* meeting

deckungsgleich *adj* concurrent

Decoder <-s, -> [de'ko:dɐ] *m* decoder

Deeskalation <-, -en> [deʔɛskala'tsi̯o:n] *f* de-escalation

deeskalierend *adv* calmingly

de facto [de: 'fakto] *adv* de facto

defekt [de'fɛkt] *adj* faulty

Defekt <-[e]s, -e> [de'fɛkt] *m* defect

defensiv [defɛn'zi:f] **I.** *adj* defensive **II.** *adv* defensively

Defensive [defɛn'zi:və] *f* **in die ~ gehen** to go on the defensive

definieren* [defi'ni:rən] *vt* to define

Definition <-, -en> [defini'tsi̯o:n] *f* definition

definitiv [defini'ti:f] **I.** *adj* (*genau*) definite; (*endgültig a.*) definitive **II.** *adv* (*genau*) definitely; (*endgültig a.*) definitively

Defizit <-s, -e> ['de:fitsɪt] *nt* deficit

Deflation <-, -en> [defla'tsi̯o:n] *f* deflation

deformieren* [defɔr'mi:rən] *vt* to deform

deftig ['dɛftɪç] *adj* *Mahlzeit* substantial; *Witz* coarse

Degen <-s, -> ['de:gn̩] *m* ([*Sport-*]*Waffe*) epée; HIST rapier

degenerieren* [degene'ri:rən] *vi* to degenerate

degradieren* [degra'di:rən] *vt* MIL to demote

dehnbar *adj* ① *Material* elastic ② *Begriff* flexible

dehnen ['de:nən] *vt, vr* ■[**sich** *akk*] **~** to stretch

Deich <-[e]s, -e> ['dai̯ç] *m* dyke

Deichsel <-, -n> ['dai̯ksl̩] *f* shaft; (*Doppeldeichsel*) shafts *pl*

deichseln ['dai̯ksl̩n] *vt* (*fam*) to wangle

dein ['dai̯n] *pron poss, adjektivisch* your; **herzliche Grüße, ~e Anita/~ Paul** with best wishes, yours/love Anita/Paul

deine(r, s) ['dai̯nə] *pron poss, substantivisch* yours; **diese Tasche ist ~** this bag is yours

deiner ['dai̯nɐ] *pron pers gen von* **du: wir werden uns ~ erinnern** (*geh*) we will remember you

deinerseits ['dai̯nɐ'zai̯ts] *adv* (*von dir aus*) on your part; (*auf deiner Seite*) for your part

deinesgleichen ['dai̯nəs'glai̯çn̩] *pron* people like you; (*pej*) the likes of you; ■**du und ~** you and your sort

deinetwegen ['dai̯nətve:gn̩] *adv* ① (*wegen dir*) because of you ② (*dir zuliebe*) for your sake

deinetwillen ['dai̯nətvɪlən] *adv* ■**um ~** for your sake

deinige ['dai̯nɪgə] *pron poss, substantivisch* (*veraltend geh*) ① (*der/die/das dir Gehörende*) yours ② (*deine Angehörigen*) ■**die ~n** your family + *sing/pl vb* ③ (*das in deiner Macht stehende*) **tu du das ~** you do your bit

deins ['dai̯ns] *pron poss, substantivisch* yours; **welches Auto ist ~?** which car is yours?

Déjà-vu-Erlebnis [deʒa'vy:-] *nt* déjà vu

Dekade <-, -n> [de'ka:də] *f* decade

dekadent [deka'dɛnt] *adj* decadent

Dekadenz <-> [deka'dɛnts] *f kein pl* decadence

Dekagramm ['dɛkagram] *nt* ÖSTERR ten gram[me]s *pl*, decagram[me] *spec*

Dekan(in) <-s, -e> [de'ka:n] *m(f)* dean

Dekanat <-[e]s, -e> [deka'na:t] *nt* (*Amtssitz*) office of a/the dean; REL deanery

Dekanin <-, -nen> *f fem form von* **Dekan**

deklamieren* [dekla'mi:rən] *vt, vi* (*geh*) to recite

deklarieren* [dekla'ri:rən] *vt* to declare

Deklination <-, -en> [deklina'tsi̯o:n] *f* LING declension

deklinieren* [dekli'ni:rən] *vt* to decline

dekodieren* [deko'di:rən] *vt* to decode

Dekolleté, Dekolletee <-s, -s> [dekɔl'te:] *nt* ① (*Körperpartie*) cleavage ② MODE low-cut neckline

Dekor <-s, -s *o* -e> [de'ko:ɐ̯] *m o nt* pattern

Dekorateur(in) <-s, -e> [dekora'tø:ɐ̯] *m(f)* (*Schaufensterdekorateur*) window dresser

Dekoration <-, -en> [dekora'tsi̯o:n] *f* decoration

dekorativ [dekora'ti:f] **I.** *adj* decorative **II.** *adv* decoratively

dekorieren* [deko'ri:rən] *vt* to decorate

Dekret <-[e]s, -e> [de'kre:t] *nt* decree *form*

Delegation <-, -en> [delega'tsi̯o:n] *f* delegation

delegieren* [dele'gi:rən] *vt* to delegate (**an** +*akk* to)

Delegierte(r) *f(m) dekl wie adj* delegate

Delfin <-s, -e> [dɛl'fi:n] *m s.* **Delphin**

delikat [deli'ka:t] *adj* ❶ (*wohlschmeckend*) delicious ❷ (*heikel*) sensitive

Delikatesse <-, -n> [delika'tɛsə] *f* delicacy

Delikatessengeschäft *nt* delicatessen

Delikt <-[e]s, -e> [de'lɪkt] *nt* (*Vergehen*) offence; (*Straftat*) crime

Delinquent(in) <-en, -en> [delɪŋ'kvɛnt] *m(f)* (*geh*) offender

Delirium <-s, -rien> [de'li:ri̯ʊm, *pl* de'li:ri̯ən] *nt* delirium

Delle <-, -n> ['dɛlə] *f* dent

delogieren* [delo'ʒi:rən] *vt* ÖSTERR ■**jd** ~ to evict sb

Delphin <-s, -e> [dɛl'fi:n] *m* dolphin

Delta <-s, -s *o* Delten> ['dɛlta, *pl* 'dɛltn̩] *nt* delta

dem ['de:m] **I.** *art def dat sing von* **der**[1], **das**[1]: **er gab ~ Kind das Geld** he gave the child the money, he gave the money to the child; **ich werde es ~ Klaus sagen** (*fam*) I'll tell Klaus **II.** *pron dem dat sing von* **der**[2], **das**[2]: **das Fahrrad gehört ~ Mann/Kind [da]** the bike belongs to that man/child [over] there **III.** *pron rel dat sing von* **der**[3]: **die Freund, mit ~ ich mich gut verstehe** the friend with whom I get on so well; **der Hund, ~ er zu fressen gibt** the dog which he feeds

Demagoge, Demagogin <-n, -n> [dema'go:gə, dema'go:gɪn] *m, f* demagogue

Demagogie <-, -n> [demago'gi:, *pl* demago'gi:ən] *f* demagoguism

Demagogin <-, -nen> *f fem form von* **Demagoge**

demagogisch [dema'go:gɪʃ] *adj* demagogic

demaskieren* [demas'ki:rən] *vt* to expose

Dementi <-s, -s> [de'mɛnti] *nt* [official] denial

dementieren* [demɛn'ti:rən] *vt* to deny

dementsprechend ['de:mʔɛnt'ʃprɛçn̩t] **I.** *adj* appropriate **II.** *adv* correspondingly; (*demnach*) accordingly; **sich** *akk* **~ äußern** to utter words to that effect; **~ bezahlt werden** to be paid commensurately *form* **demgegenüber** ['de:mge:gn̩ʔy:bɐ] *adv* in contrast

Demission <-, -en> [demɪ'si̯o:n] *f* resignation

demnach ['de:mna:x] *adv* therefore

demnächst [de:m'nɛ:çst] *adv* soon

Demo <-, -s> ['de:mo] *f* (*fam*) demo

Demokrat(in) <-en, -en> [demo'kra:t] *m(f)* democrat

Demokratie <-, -n> [demokra'ti:, *pl* demokra'ti:ən] *f* democracy

Demokratin <-, -nen> *f fem form von* **Demokrat**

demokratisch [demo'kra:tɪʃ] **I.** *adj* democratic **II.** *adv* democratically

demokratisieren* [demokrati'zi:rən] *vt* to democratize

Demokratisierung <-, -en> *f* democratization

demolieren* [demo'li:rən] *vt* to wreck

Demonstrant(in) <-en, -en> [demɔn'strant] *m(f)* demonstrator

Demonstration <-, -en> [demɔnstra'tsi̯o:n] *f* demonstration (**für** +*akk* in support of, **gegen** +*akk* against)

demonstrativ [demɔnstra'ti:f] **I.** *adj* demonstrative **II.** *adv* demonstratively

Demonstrativpronomen *nt* demonstrative pronoun

demonstrieren* [demɔn'stri:rən] *vi, vt* to demonstrate (**für** +*akk* in support of, **gegen** +*akk* against)

demontieren* [demɔn'ti:rən] *vt* to dismantle; *Reifen* to take off *sep*

demoralisieren* [demorali'zi:rən] *vt* to demoralize

Demo-Tape, Demotape <-s, -s> ['de:mote:p] *nt* MUS demo [tape]

demotiviert ['de:motivi:rt] *adj* demotivated

demselben *pron dat von* **derselbe, dasselbe** the same [one]; (*Person*) the same [person]

Demut <-> ['de:mu:t] *f kein pl* humility *no pl* (**gegenüber** +*dat* before)

demütig ['de:my:tɪç] **I.** *adj* humble **II.** *adv* humbly

demütigen ['de:my:tɪgn̩] *vt* to humiliate

Demütigung <-, -en> *f* humiliation *no pl, no indef art*

demzufolge ['de:mtsu'fɔlgə] **I.** *konj* (*laut dem*) according to which; (*aufgrund dessen*) owing to which **II.** *adv* therefore

den ['de:n] **I.** *art def* ❶ *akk sing von* **der**[1]: **er kennt ~ Mann** he knows the man; **grüße bitte ~ Klaus von mir** (*fam*) please give Klaus my regards ❷ *dat pl von* **die**[2]: **sie hilft ~ Armen** she helps the poor **II.** *pron dem akk sing von* **der**[2]: **~ Mann da [drüben]** that man [over] there **III.** *pron rel akk sing von* **der**[3]: **der Mann, ~ ich**

gesehen habe the man [that] I saw; **der Hund, ~ er füttert** the dog which he feeds

denen ['deːnən] *pron rel dat pl von* **die**[4]: **Menschen, ~ ich vertraue** people whom I trust; **Menschen, ~ ich Geld gegeben habe** people to whom I gave money; **Geschichten, ~ sie zuhören** stories [that] they listen to

Den Haag <-s> [den 'haːk] *nt* The Hague

Denkanstoß *m* **jdm einen ~ geben** to give sb food for thought **Denkaufgabe** *f* [brain-]teaser

denkbar **I.** *adj* conceivable **II.** *adv* **das ~ beste/schlechteste Wetter** the best/worst possible weather

Denkblockade *f* PSYCH mental block

denken <dachte, gedacht> ['dɛŋkn̩] *vi, vt* ❶ (*überlegen*) to think (**an** +*akk* of); **langsam/schnell ~** to be a slow/quick thinker ❷ (*meinen, glauben*) to think, to reckon *fam;* **was denkst du?** what do you think?; **ich denke nicht** I don't think so; **wer hätte das [von ihr] gedacht!** who'd have thought it [of her]?; **was sollen bloß die Leute ~!** what will people think! ❸ (*urteilen*) to think (**über** +*akk* about); **wie ~ Sie darüber?** what's your view [of it]?; **ich denke genauso darüber** that's exactly what I think ❹ (*sich erinnern*) **solange ich ~ kann** [for] as long as I can remember; **die wird noch an mich ~!** she won't forget me in a hurry! ❺ ■**für jdn/etw gedacht sein** to be meant for sb/sth ❻ (*beabsichtigen*) **ich habe mir nichts Böses dabei gedacht[, als ...]** I meant no harm [when ...] ▶WENDUNGEN: **jdm zu ~ geben** to give sb food for thought; **das gab mir zu ~** that made me think

Denker(in) <-s, -> *m(f)* thinker

denkfaul *adj* [mentally] lazy **Denkfehler** *m* error in one's/the logic

Denkmal <-s, Denkmäler> ['dɛŋkmaːl, *pl* 'dɛŋkmɛːlɐ] *nt* monument (**für** +*akk* to); **jdm ein ~ setzen** to erect a memorial/statue to sb

Denkmalschutz *m* protection of historical monuments; **unter ~ stehen** to be listed **Denkpause** *f* pause for thought **Denkweise** *f* way of thinking **denkwürdig** *adj* memorable **Denkzettel** *m* (*fam*) **jdm einen ~ verpassen** to give sb a warning [he/she/etc. won't forget in a hurry]

denn ['dɛn] *konj* ❶ (*weil*) because; **~ sonst** otherwise ❷ ■**es sei ~, [dass]** ... unless ... ❸ **kräftiger/schöner ~ je** stronger/more beautiful than ever

dennoch ['dɛnɔx] *adv* still, nonetheless form

Denomination <-, -en> [denomina'tsi̯oːn] *f* (*Konfession*) [religious] denomination; (*einer Banknote*) denomination of a bank note

Denominierung *f s.* **Denomination**

denselben **I.** *pron akk von* **derselbe** the same [one]; *auf männliche Personen bezogen a.* the same man/boy/etc. **II.** *pron dat von* **dieselben** the same [ones] + *pl vb; auf männliche Personen bezogen a.* the same men/boys/etc. **III.** *pron dem akk von* **derselbe** the same ... **IV.** *pron dem dat von* **dieselben** the same ...

Denunziant(in) <-en, -en> [denʊn'tsi̯ant] *m(f)* informer

denunzieren* [denʊn'tsiːrən] *vt* to denounce

Deo <-s, -s> ['deːo] *nt* (*fam*), **Deodorant** <-s, -s *o* -e> [deʔodo'rant] *nt* deodorant

Deoroller *m* roll-on [deodorant] **Deospray** *nt o m* deodorant spray **Deostift** *m* deodorant stick

Departement <-s, -s> [departə'mãː] *nt* (*in Frankreich*) département *spec;* (*in der Schweiz*) department

Depesche <-, -n> [de'pɛʃə] *f* (*veraltet*) telegram BRIT, wire AM

deplatziert [depla'tsiːɐ̯t] *adj* misplaced

Deponie <-, -n> [depo'niː, *pl* depo'niːən] *f* disposal site

deponieren* [depo'niːrən] *vt* to deposit

deportieren* [depɔr'tiːrən] *vt* to deport

Depot <-s, -s> [de'poː] *nt* ❶ (*Lager*) depot ❷ (*für Straßenbahnen, Omnibusse*) [bus/tram] depot ❸ SCHWEIZ (*Flaschenpfand*) deposit

Depp <-en *o* -s, -e[n]> ['dɛp] *m* SÜDD, ÖSTERR, SCHWEIZ (*fam*) twit

Depression <-, -en> [deprɛ'si̯oːn] *f* PSYCH, ÖKON depression

depressiv [deprɛ'siːf] **I.** *adj* depressive; (*deprimiert*) depressed **II.** *adv* **~ gestimmt/veranlagt** depressed/prone to depression

deprimieren* [depri'miːrən] *vt* to depress

Deputierte(r) *f(m)* deputy

der[1] <*gen:* des, *dat:* dem, *akk:* den, *pl:* die> ['deːɐ̯] *art def, sing m* the; **~ Nachbar/Hengst/Käse** the neighbour/stallion/cheese; **~ Papa hat's mir erzählt** (*fam*) dad told me; **~ Andreas lässt dich grüßen** (*fam*) Andreas sends his love; *s. a.* **das**[1], **die**[1]

der[2] <*gen:* dessen, *dat:* dem, *akk:* den, *pl:* die> ['deːɐ̯] *pron dem, sing m* that; **~ Mann/Hengst/Stuhl [da]** that man/stallion/chair [there]; **~ mit den roten**

Haaren the one with the red hair; **wo ist dein Bruder? – ~ kommt gleich** (*fam*) where's your brother? – he'll be here soon; *s. a.* **das[2], die[3]**

der[3] <*gen:* dessen, *dat:* dem, *akk:* den, *pl:* die> ['deːɐ̯] *pron rel, sing m* that; (*Person a.*) who/whom *form;* (*Gegenstand, Tier a.*) which; **der Mann, ~ es eilig hatte** the man who [*or* that] was in a hurry; **ein Film, ~ gut ankommt** a much-acclaimed film; **ein Zahn, ~ wackelt** a tooth that is loose; *s. a.* **das[3], die[5]**

der[4] ['deːɐ̯] **I.** *art def* ❶ *gen sing von* **die[1]**: **die Hände ~ Frau** the woman's hands; **die Augen ~ Maus** the eyes of the mouse; **die Augen ~ Katze** the cat's eyes; **die Form ~ Schüssel** the shape of the bowl ❷ *dat sing von* **die[1]**: **er half ~ Frau** he helped the woman; **an ~ Decke hängen** to hang from the ceiling; **ich werde es ~ Anne sagen** (*fam*) I'll tell Anne ❸ *gen pl von* **die[2]**: **die Wünsche ~ Männer/Frauen/Kinder** the men's/women's/children's wishes; **das Ende ~ Ferien** the end of the holidays **II.** *pron dem dat sing von* **die[3]**: **das Fahrrad gehört ~ Frau [da]** the bike belongs to that woman [over] there **III.** *pron rel dat sing von* **die[5]**: **die Freundin, mit ~ ich mich gut verstehe** the friend with whom I get on so well; **die Katze, ~ er zu fressen gibt** the cat which he feeds; **die Hitze, unter ~ sie leiden** the heat they're suffering from

derart ['deːɐ̯ʔaːɐ̯t] *adv* so, such; **~ ekelhaft/heiß sein, dass ...** to be so disgusting/hot that ...; **sie ist eine ~ unzuverlässige Frau, dass ...** she is such an unreliable woman that ... **derartig** ['deːɐ̯ʔaːɐ̯tɪç] **I.** *adj* such; **[etwas] D~es habe ich noch nie gesehen** I've never seen anything like it **II.** *adv* such; **~ schreien, dass ...** to screem so much that ...

derb [dɛrp] **I.** *adj* ❶ (*grob*) coarse; *Manieren* rough; *Ausdrucksweise, Witz* crude ❷ (*fest*) *Material, Schuhe* strong **II.** *adv* **jdn ~ anfassen** to handle sb strongly; **sich** *akk* **~ ausdrücken** to be crude

Derby <-s, -s> ['dɛrbi] *nt* derby (*horse race for three-year-olds*)

deregulieren* [deregu'liːrən] *vt Markt, Arbeitsverhältnisse* to deregulate

deren ['deːrən] **I.** *pron dem* ❶ *gen sing von* **die[3]**: **die Tochter und ~ Freundin** my daughter and her friend ❷ *gen pl von* **die[4]**: **meine Schwestern und ~ Kinder** my sisters and their children **II.** *pron rel* ❶ *gen sing von* **die[3]** whose; *auf eine Sache bezogen a.* of which; **eine Frau, ~ Namen ich nicht weiß** a woman whose name I do not know; **die Überschwemmung, ~ Folgen schrecklich waren** the flooding, the consequences of which were frightful ❷ *gen pl von* **die[6]** whose; *auf Sachen bezogen a.* of which; **Freunde, ~ Eltern ich nicht mag** friends whose parents I do not like; **Autos, ~ Reifen abgefahren sind** cars, the tyres of which are worn

derenthalben [deːrənt'halbn̩] *adv* (*veraltet*), **derentwegen** [deːrənt'veːgn̩] *adv* on whose account; *auf Sachen bezogen* because of which **derentwillen** ['deːrənt'vɪlən] *adv* ■**um ~** *auf Personen bezogen* for whose sake; *auf Sachen bezogen* for the sake of which

derer ['deːrɐ] *pron dem gen pl von* **die[4]**: **die Zahl ~, die einsam sind ...** the number of those who are lonely ...

dergestalt ['deːɐ̯gəʃtalt] *adv* (*geh*) thus; ■**etw ~ tun, dass ...** to do sth to such an extent that ...

dergleichen [deːɐ̯'glaɪçn̩] *pron dem* ❶ *adjektivisch* such, like that *pred,* of that kind *pred* ❷ *substantivisch* that sort of thing; **nichts ~** nothing like it; **ich will nichts ~ hören!** I don't want to hear any of it

derjenige <*gen:* desjenigen, *dat:* demjenigen, *akk:* denjenigen, *pl:* diejenigen> ['deːɐ̯jeːnɪgə] *pron dem* ❶ *substantivisch* ■**~, der ...** *auf eine Person bezogen* the one who ...; *auf eine Sache bezogen* the one that ... ❷ *adjektivisch* that; **~ Mann, der ...** that man who ...; *s. a.* **dasjenige, diejenige**

derlei ['deːɐ̯laɪ] *pron* such, like that *pred*

dermaßen ['deːɐ̯maːsn̩] *adv* **eine ~ lächerliche Frage** such a ridiculous question; **jdn ~ unter Druck setzen, dass ...** to put sb under so much pressure that ...

derselbe <*gen:* desselben, *dat:* demselben, *akk:* denselben, *pl:* dieselben> [deːɐ̯'zɛlbə] *pron dem* **~ Pulli** the same sweater; *s. a.* **dasselbe, dieselbe**

derweil(en) [deːɐ̯'vaɪl(ən)] **I.** *adv* meanwhile **II.** *konj* (*veraltend*) whilst

derzeit [deːɐ̯'tsaɪt] *adv* at present

derzeitig ['deːɐ̯tsaɪtɪç] *adj attr* present; (*aktuell a.*) current

des [dɛs] *art def gen sing von* **der[1], das[1]**: **das Aussehen ~ Kindes/Mannes** the child's/man's appearance; **ein Zeichen ~ Unbehagens** a sign of uneasiness

Desaster <-s, -> [de'zastɐ] *nt* disaster

Deserteur(in) <-s, -e> [dezɛr'tøːɐ] *m(f)* deserter

desertieren* [dezɛr'tiːrən] *vi sein* ■**[von etw** *dat*] **~** to desert [sth]

desgleichen [dɛsˈglai̯çn̩] *adv* likewise

deshalb [ˈdɛsˈhalp] *adv* ❶ (*daher*) therefore; ~ **beschließen, etw zu tun** to decide therefore to do sth ❷ (*aus dem Grunde*) because of it; ~ **frage ich ja** that's why I'm asking; **also ~!** so that's why!

Design <-s, -s> [diˈzai̯n] *nt* design

Designer(in) <-s, -> [diˈzai̯nɐ] *m(f)* designer

Designerdroge *f* designer drug

Designerin <-, -nen> *f fem form von* **Designer**

Designermode *f* designer fashion

Desinfektion <-, -en> [dɛsʔɪnfɛkˈtsi̯oːn] *f* disinfection

Desinfektionsmittel *nt* disinfectant; (*für Wunden a.*) antiseptic

desinfizieren* [dɛsʔɪnfiˈtsiːrən] *vt* to disinfect

Desinteresse [ˈdɛsʔɪntərɛsə] *nt kein pl* indifference

desinteressiert [ˈdɛsʔɪntərɛsiːɐ̯t] *adj* indifferent

desorientiert [dɛsʔɔri̯ɛnˈtiːɐ̯t, dezɔ-] *adj* disorientated

Desorientierung [dɛsʔɔ-, dezɔ-] *f* disorientation

Despot(in) <-en, -en> [dɛsˈpoːt] *m(f)* despot

despotisch [dɛsˈpoːtɪʃ] **I.** *adj* despotic **II.** *adv* despotically

desselben [dɛsˈzɛlbn̩] *pron gen von* **derselbe, dasselbe** the same [one]; (*Person*) the same [person]

dessen [ˈdɛsn̩] **I.** *pron dem gen sing von* **der², das²: ein Freund und ~ Schwester** a friend and his sister; **ein Buch und ~ Inhalt** a book and its content **II.** *pron rel gen von* **der³, das³** whose; (*von Sachen a.*) of which; **ein Junge, ~ Name ich nicht weiß** a boy whose name I do not know; **ein Buch, ~ Seiten verkleckst sind** a book, the pages of which are stained

Dessert <-s, -s> [dɛˈseːɐ, dɛˈsɛːɐ] *nt* dessert

Dessous <-, -> [dɛˈsuː, *pl* dɛˈsuːs] *nt meist pl* undergarment

destabilisieren [destabiliˈziːrən] *vt* to destabilize

Destillat <-[e]s, -e> [dɛstɪˈlaːt] *nt* distillation

destillieren* [dɛstɪˈliːrən] *vt* to distil

desto [ˈdɛsto] *konj* ~ **besser** all the better; ~ **eher** the earlier; ~ **schlimmer** so much the worse

destruktiv [destrʊkˈtiːf] *adj* destructive

deswegen [ˈdɛsˈveːgn̩] *adv s.* **deshalb**

Detail <-s, -s> [deˈtai̯, deˈtaːj] *nt* detail; **im ~** in detail; **ins ~ gehen** to go into detail[s]

detailliert [detaˈjiːɐt] **I.** *adj* detailed **II.** *adv* in detail

Detaillist(in) <-en, -en> [detaˈjɪst] *m(f)* SCHWEIZ retailer

Detektei <-, -en> [detɛkˈtai̯] *f* [private] detective agency

Detektiv(in) <-s, -e> [detɛkˈtiːf, *pl* detɛkˈtiːvə] *m(f)* (*Privatdetektiv*) private investigator

detektivisch [detɛkˈtiːvɪʃ] **I.** *adj* **~e Kleinarbeit** detailed detection work **II.** *adv* like a detective

Detektivroman *m* detective novel

Detonation <-, -en> [detonaˈtsi̯oːn] *f* explosion

detonieren* [detoˈniːrən] *vi sein* to detonate

Deut [dɔyt] *m* [**um**] **keinen ~ besser sein** not one bit [better]

deuten [ˈdɔytn̩] **I.** *vt* to interpret; **die Zukunft ~** to read the future; **etw falsch ~** to misinterpret sth **II.** *vi* [**mit dem Finger**] **auf jdn/etw ~** to point [one's finger] at sb/sth

deutlich [ˈdɔytlɪç] **I.** *adj* clear; *Umrisse* distinct; **das war ~!** that was clear enough! **II.** *adv* ❶ (*klar*) clearly; **sich** *akk* **~ ausdrücken** to make oneself clear; **~ fühlen, dass ...** to have the distinct feeling that ... ❷ (*spürbar*) **~ besser/wärmer** clearly better/warmer

Deutlichkeit <-> *f kein pl* clarity; [**jdm**] **etw in aller ~ sagen** to make sth perfectly clear [to sb]

deutsch [dɔytʃ] *adj* ❶ (*Deutschland betreffend*) German; **~er Abstammung sein** to be of German origin; **die ~e Sprache** German, the German language; **die ~e Staatsbürgerschaft besitzen** [*o* **haben**] to have German citizenship, to be a German citizen; **das ~e Volk** the Germans, the German people[s *pl*]; **die ~e Wiedervereinigung** German Reunification, the reunification of Germany; **typisch ~ sein** to be typically German ❷ LING German; **die ~e Schweiz** German-speaking Switzerland; **~ sprechen** [**können**] to speak German; **etw ~ aussprechen** to pronounce sth with a German accent ▶ WENDUNGEN: **mit jdm ~ reden** (*fam*) to be blunt with sb, to speak bluntly with so

Deutsch [dɔytʃ] *nt dekl wie adj* ❶ LING German; **können Sie ~?** do you speak/understand German?; **er spricht akzentfrei ~** he speaks German without an accent; **sie spricht fließend ~** she speaks German fluently, her German is fluent; **~ sprechend** German-speaking; **~ lernen/sprechen** to

D

learn/speak German; **~ verstehen/kein ~ verstehen** to understand/not understand [a word of [*or* any]] German; ■**auf ~** in German; **etw auf ~ sagen** to say sth in German; **sich** *akk* **auf ~ unterhalten** to speak [*or* converse] in German; ■**in ~** in German; **in ~ abgefasst sein** (*geh*) to be written in German; **etw in ~ schreiben** to write sth in German; ■**zu ~** in German ❷ (*Fach*) German; **~ unterrichten** to teach German ▸WENDUNGEN: **auf <u>gut</u> ~ [gesagt]** (*fam*) in plain English; **nicht mehr ~ [*o* kein ~ mehr] <u>verstehen</u>** (*fam*) to not understand plain English

Deutsche <-n> *nt* ■**das ~** German, the German language; **etw ins ~/aus dem ~n ins Englische übersetzen** to translate sth into German/from [the] German into English

Deutsche(r) *f(m) dekl wie adj* German; **er hat eine ~ geheiratet** he married a German [woman]; ■**die ~n** the Germans; **~ sein** to be [a] German, to be from Germany; **[schon] ein halber ~r sein** to be German by formation

Deutsche Demokratische Republik *f* HIST German Democratic Republic

Deutschland <-s> [ˈdɔytʃlant] *nt* Germany; **aus ~ kommen** to come from Germany; **in ~ leben** to live in Germany

deutschsprachig [ˈdɔytʃʃpraːxɪç] *adj* ❶ (*Deutsch sprechend*) German-speaking *attr* ❷ (*in deutscher Sprache*) German[-language] *attr*

deutschsprachlich [ˈdɔytʃʃpraːxlɪç] *adj* German *attr*

deutschstämmig *adj* of German origin *pred*

Deutung <-, -en> [ˈdɔytʊŋ] *f* interpretation

Devise <-, -n> [deˈviːzə] *f* motto

Devisenhandel *m* foreign currency exchange

Dezember <-s, -> [deˈtsɛmbɐ] *m* December; *s. a.* **Februar**

dezent [deˈtsɛnt] **I.** *adj* discreet; *Farbe* subdued **II.** *adv* discreetly

dezentral [detsɛnˈtraːl] *adj* decentralized

dezentralisieren* [detsɛntraliˈziːrən] *vt* to decentralize

Dezernat <-[e]s, -e> [detsɛrˈnaːt] *nt* department

Dezernent(in) <-en, -en> [detsɛrˈnɛnt] *m(f)* department head

Deziliter [detsiˈliːtɐ] *m o nt* decilitre *spec*

dezimal [detsiˈmaːl] *adj* decimal

Dezimalrechnung *f kein pl* MATH decimals *pl* **Dezimalstelle** *f* decimal place **Dezimalsystem** *nt* decimal system

Dezimeter [ˈdeːtsimeːtɐ] *m o nt* decimetre

dezimieren* [detsiˈmiːrən] *vt* to decimate

DFÜ <-> [deːɛfˈyː] *f kein pl Abk von* **Datenfernübertragung**

DGB <-s> [deːgeːˈbeː] *m Abk von* **Deutscher Gewerkschaftsbund:** ■**der ~** the Federation of German Trade Unions

d. h. *Abk von* **das heißt** i.e.

Dia <-s, -s> [ˈdiːa] *nt* slide

Diabetes <-> [diaˈbeːtɛs] *m kein pl* diabetes

Diabetiker(in) <-s, -> [diaˈbeːtikɐ] *m(f)* diabetic

diabolisch [diaˈboːlɪʃ] (*geh*) **I.** *adj* diabolical **II.** *adv* diabolically

Diadem <-s, -e> [diaˈdeːm] *nt* diadem

Diagnose <-, -n> [diaˈgnoːzə] *f* diagnosis

diagnostizieren* [diagnɔstiˈtsiːrən] *vt* to diagnose

diagonal [diagoˈnaːl] *adj* diagonal

Diagonale <-, -n> [diagoˈnaːlə] *f* diagonal [line]

Diagramm <-s, -e> [diaˈgram] *nt* diagram

Diakon(in) <-s *o* -en, -e[n]> [diaˈkoːn] *m(f)* deacon

Diakonie <-> [diakoˈniː] *f kein pl* **die ~** social welfare work

Diakonin <-, -nen> *f fem form von* **Diakon**

Diakonisse <-, -n> [diakoˈnɪsə] *f*, **Diakonissin** <-, -nen> [diakoˈnɪsɪn] *f* deaconess

Dialekt <-[e]s, -e> [diaˈlɛkt] *m* dialect

dialektal [dialɛkˈtaːl] *adj* dialectal

Dialektik <-> [diaˈlɛktɪk] *f kein pl* dialectics *+ sing vb*

Dialer <-s, -> [daɪəlɐ] *m* (*Internet-Einwahlprogramm*) dialer

Dialog <-[e]s, -e> [diaˈloːk, *pl* diaˈloːgə] *m* dialogue

Dialogbereitschaft *f kein pl* openness to dialogue **Dialogbetrieb** *m* INFORM dialogue, interactive [*or* conversational] mode; **im ~** online **Dialogfenster** *nt* INFORM pop-up window

Dialyse <-, -n> [diaˈlyːzə] *f* dialysis

Diamant <-en, -en> [diaˈmant] *f* diamond

Diamantring *m* diamond ring

Diaprojektor *m* slide projector

Diät <-, -en> [diˈɛːt] *f* diet; **~ halten** to keep to a diet; **auf ~ sein** (*fam*) to be on a diet; **jdn auf ~ setzen** (*fam*) to put sb on a diet

diätetisch [diɛˈteːtɪʃ] *adj* dietetic

Diätkur *f* dietary cure

Diavortrag *nt* slide show

dich [ˈdɪç] **I.** *pron pers akk von* **du** you **II.** *pron refl* yourself; **du solltest ~ da raushalten** you should keep out of that; **wie fühlst du ~?** how du you feel?

dicht [ˈdɪçt] **I.** *adj* ❶ (*eng beieinander*) dense; *Haar* thick ❷ (*undurchdringlich*) dense; *Verkehr* heavy ❸ (*wasserdicht*) watertight; **die Fenster sind wieder ~** the windows are sealed again now ▶WENDUNGEN: **nicht ganz ~ sein** (*pej fam*) to be off one's head *pej fam* **II.** *adv* ❶ (*örtlich*) closely; **~ vor jdm** just in front of sb; **~ beieinander/hintereinander** close together; **~ gedrängt** squeezed together; **~ übersät** thickly strewn ❷ (*zeitlich*) **~ bevorstehen** to be coming up soon ❸ (*sehr stark*) densely

Dichte <-, -n> ['dɪçtə] *f* density

dichten[1] ['dɪçtn̩] **I.** *vt* **ein Sonett ~** to write a sonnet **II.** *vi* (*Gedichte verfassen*) to write poetry

dichten[2] ['dɪçtn̩] *vt* (*dicht machen*) to seal

Dichter(in) <-s, -> ['dɪçtɐ] *m(f)* poet

dichterisch ['dɪçtərɪʃ] **I.** *adj* poetic[al] **II.** *adv* poetically

dichtgedrängt *adj attr s.* **dicht II 1**

dicht|halten ['dɪçthaltn̩] *vi irreg* (*sl*) to keep one's mouth shut **dicht|machen** *vt, vi* (*fam*) to close

Dichtung <-, -en> ['dɪçtʊŋ] *f* ❶ *kein pl* (*Dichtkunst*) poetry ❷ TECH seal[ing]

Dichtungsscheibe *f* washer

dick ['dɪk] **I.** *adj* ❶ (*von großem Umfang*) fat; *Backen* chubby; *Stamm, Buch, Kleidung* thick; *Pullover* chunky ❷ **fünf Meter ~** five metres thick ❸ (*geschwollen*) swollen; *Beule* big ❹ (*dickflüssig*) thick ❺ (*fam*) *Freunde* close ▶WENDUNGEN: **mit jdm durch ~ und dünn gehen** to go through thick and thin with sb **II.** *adv* ❶ (*warm*) **sich** *akk* **~ anziehen** to dress warmly ❷ (*reichlich*) thickly; **etw 10 cm ~ auftragen** to apply sth 10 cm thick ❸ (*fam*) **mit jdm ~ befreundet sein** to be as thick as thieves with sb ▶WENDUNGEN: **~ auftragen** (*pej fam*) to lay it on thick *sl;* **jdn/etw ~[e] haben** (*fam*) to be sick of sb/sth

dickbäuchig *adj* pot-bellied **Dickdarm** *m* colon

Dicke <-, -n> ['dɪkə] *f* thickness

dickfellig *adj* (*pej fam*) thick-skinned

dickflüssig *adj* thick

Dickhäuter <-s, -> *m* ❶ (*Tier*) pachyderm ❷ (*fig*) **ein ~ sein** to have a thick skin

Dickicht <-[e]s, -e> ['dɪkɪçt] *nt* thicket

Dickkopf *m* (*fam*) **ein ~ sein/einen ~ haben** to be stubborn; **seinen ~ durchsetzen** to have one's way

dickköpfig *adj* obstinate

dicklich *adj* (*etwas dick*) chubby

Dickmilch *f* curds *pl* **Dickschädel** *m* (*fam*) *s.* **Dickkopf** **Dickwanst** <-es, -wänste> *m* (*pej fam*) fatso, butterball AM

Didaktik <-, -en> [di'daktɪk] *f* didactics + *sing vb*

didaktisch [di'daktɪʃ] **I.** *adj* didactic **II.** *adv* didactically

die[1] <*gen:* der, *dat:* der, *akk:* die, *pl:* die> ['di:] *art def, sing fem* the; **~ Tochter/Stute/Theorie** the daughter/mare/theory; **~ Mama hat's mir erzählt** (*fam*) mum told me; **ich bin ~ Susi** (*fam*) I'm Susi; *s. a.* **das**[1], **der**[1]

die[2] <*gen:* der, *dat:* den, *akk:* die> ['di:] *art def, pl* **~ Männer/Mütter/Pferde** the men/mothers/horses; *s. a.* **das**[1], **der**[1]

die[3] <*gen:* deren, *dat:* der, *akk:* die, *pl:* die> ['di:] *pron dem, sing fem* that; **~ Frau/Stute/Tasche [da]** that woman/mare/bag [there]; **~ mit den roten Haaren** the one with the red hair; **wo ist deine Schwester? – ~ kommt gleich** (*fam*) where's your sister? – she'll be here soon; *s. a.* **das**[2], **der**[2]

die[4] <*gen:* deren/derer, *dat:* denen, *akk:* die> ['di:] *pron dem, pl* **~ Männer/Frauen/Stühle [da]** the men/women/chairs [over there]; **~ mit den roten Haaren** the ones with the red hair; **~ waren es!** it was them!; **welche Bücher? ~ da? oder ~ hier?** which books? those [ones] [there]? or these [ones] [here]?; *s. a.* **das**[2], **der**[2]

die[5] <*gen:* deren, *dat:* der, *akk:* die> ['di:] *pron rel, sing fem* that; (*Person a.*) who/whom *form;* (*Gegenstand, Tier a.*) which; **die Frau, ~ da drüben läuft** the woman walking along over there; **eine Katze, ~ nicht fressen mag** the cat which doesn't want to eat; **eine Geschichte, ~ Millionen gelesen haben** a story [that has been] read by millions; *s. a.* **das**[3], **der**[3]

die[6] <*gen:* deren, *dat:* denen, *akk:* die> ['di:] *pron rel, pl* that; (*Person a.*) who/whom *form;* (*Gegenstand, Tier a.*) which; **ich sah zwei Autos, ~ um die Ecke fuhren** I saw two cars driving around the corner; **die Abgeordneten, ~ dagegen stimmten, ...** the MPs who voted against ...; *s. a.* **das**[3], **der**[3]

Dieb(in) <-[e]s, -e> ['di:p, *pl* 'di:bə] *m(f)* thief

diebisch ['di:bɪʃ] **I.** *adj* thieving ▶WENDUNGEN: **mit ~er Freude** with fiendish joy **II.** *adv* ▶WENDUNGEN: **sich** *akk* **~ [über etw** *akk*] **freuen** to take a mischievous pleasure [in sth]

Diebstahl <-[e]s, -stähle> ['di:pʃta:l, *pl* -ʃtɛ:lə] *m* theft **Diebstahlsicherung** *f* anti-theft device

diejenige <*gen:* derjenigen, *dat:* derjeni-

D

gen, *akk:* diejenige, *pl:* diejenigen> ['diːjeːnɪɡə] *pron dem* ① *substantivisch* ■ **~, die …** *auf eine Person bezogen* the one who …; *auf eine Sache bezogen* the one that …; ■ **~n, die …** *auf Personen bezogen* the ones who …; *auf Gegenstände bezogen* the ones which … ② *adjektivisch* that; **~ Frau, die …** that woman who …; *s. a.* **dasjenige, derjenige**

D

Diele <-, -n> ['diːlə] *f* ① (*Vorraum*) hall ② (*Bodenbrett*) floorboard

dienen ['diːnən] *vi* ① (*nützlich sein*) ■ **etw** *dat* **~** to be [important] for sth; einem guten Zweck ~ to be for a good cause ② (*behilflich sein*) **womit kann ich Ihnen ~?** how can I help you?; **jdm ist mit etw** *dat* **nicht/kaum gedient** sth is of no/little use to sb ③ (*verwendet werden*) ■ **[jdm] als etw ~** to serve [sb] as sth

Diener¹ <-s, -> ['diːnɐ] *m* (*fam: Verbeugung*) bow

Diener(in)² <-s, -> ['diːnɐ] *m(f)* servant

Dienerschaft <-, -en> *f* [domestic] servants *pl*

dienlich *adj* useful

Dienst <-[e]s, -e> ['diːnst] *m* ① *kein pl* (*berufliche Tätigkeit*) work; **~ haben** to be at work; **im ~** at work ② *kein pl* (*Arbeitszeit*) **während/nach dem ~** during/outside working hours ③ *kein pl* (*Amt*) **diplomatischer ~** diplomatic service; **öffentlicher ~** civil service ④ *kein pl* (*Bereitschaftsdienst*) **~ haben** to be on call; **der ~ habende Arzt** the doctor on duty ⑤ (*Service*) service; **~ am Kunden** service to the customer ▶ WENDUNGEN: **jdm einen guten/schlechten ~ erweisen** to do sb a good/bad turn; **sich** *akk* **in den ~ einer S.** *gen* **stellen** to embrace a cause

Dienstag ['diːnstaːk] *m* Tuesday; **wir haben heute ~** it's Tuesday today; **treffen wir uns ~?** shall we get together on Tuesday?; **in der Nacht [von Montag] auf** [*o* **zu**] **~** on Monday night, in the early hours of Tuesday morning; **~ in acht Tagen** a week on Tuesday, Tuesday week BRIT; **~ vor acht Tagen** a week last [*or* BRIT *a.* [ago] on] Tuesday, Tuesday before last; **diesen** [*o* **an diesem**] **~** this Tuesday; **eines ~s** one Tuesday; **den ganzen ~ über** all day Tuesday; **jeden ~** every Tuesday; **letzten** [*o* **vorigen**] **~** last Tuesday; **seit letzten** [*o* **letztem**] **~** since last Tuesday; **[am] nächsten ~** next Tuesday; **ab nächsten** [*o* **nächstem**] **~** from next Tuesday [on]; **am ~** on Tuesday; **[am] ~ früh** early Tuesday [morning]; **an ~en** on Tuesdays; **an einem ~** one [*or* on a] Tuesday; **am ~, den 4. März** (*geschrieben*) on Tuesday 4th March [*or* AM March 4]; (*gesprochen*) on Tuesday the 4th of March [*or* AM March 4th]

dienstagabends *adv* [on] Tuesday evenings

dienstags ['diːnstaːks] *adv* [on] Tuesdays; **~ abends/nachmittags/vormittags** [on] Tuesday evenings/afternoons/mornings

Dienstanweisung *f* [civil] service regulations *pl* **Dienstausweis** *m* official identity card **Dienstbote, -botin** *m, f* (*veraltend*) [domestic] servant **Diensteifer** *m* assiduousness **dienstfrei** *adj* **~er Tag** day off **Dienstgeheimnis** *nt* official secret **Dienstgrad** *m* (*Rangstufe*) grade; MIL rank **diensthabend** *adj attr s.* **Dienst 4** **Dienstjahr** *nt meist pl* year of service **Dienstleister** *m* service provider

Dienstleistung *f meist pl* services *npl* **Dienstleistungsabend** *m* (*hist*) late night shopping (*formerly Thursday nights when stores were open until 8.30 p.m.*) **Dienstleistungsberuf** *m* job in the service industries **Dienstleistungsgesellschaft** *f* ÖKON service economy **Dienstleistungsgewerbe** *nt,* **Dienstleistungsindustrie** *f* service industries sector

dienstlich **I.** *adj* official **II.** *adv* **~ unterwegs sein** to be away on business

Dienstmädchen *nt* (*veraltend*) maid **Dienstpersonal** *nt kein pl* service personnel **Dienstplan** *m* [work] schedule **Dienstreise** *f* business trip **Dienstschluss** *m* closing time **Dienststelle** *f* department **Dienststunden** *pl* office hours *npl* **Dienstvorschrift** *f* service regulations *pl* **Dienstwagen** *m* company car **Dienstzeit** *f* ① ADMIN length of service ② (*Arbeitszeit*) working hours *pl*

dies ['diːs] *pron dem* **~ ist mein kleiner Bruder** this is my younger brother; **~ sind meine Eltern** these are my parents; **~ und das** this and that

diesbezüglich ['diːsbətsyːklɪç] **I.** *adj* relating to this **II.** *adv* with respect to this

diese(r, s) ['diːzə] *pron dem* ① *adjektivisch* this *sing,* these *pl* ② this one *sing,* these [ones] *pl;* **~s und jenes** this and that

Diesel¹ <-s> ['diːzl̩] *nt kein pl* (*fam*) diesel

Diesel² <-s, -> ['diːzl̩] *m* ① (*Wagen mit Dieselmotor*) diesel ② *s.* **Dieselmotor**

dieselbe <*gen:* derselben, *dat:* derselben, *akk:* dieselbe, *pl:* dieselben> *pron dem* **~ Frau** the same woman; **~n Männer** the same men; *s. a.* **dasselbe, derselbe**

Dieselmotor *m* diesel engine **Dieselöl** *nt* diesel

dieser ['diːzɐ], **dieses** ['diːzəs] *pron dem s.*

diese(r, s)
diesig ['di:zɪç] *adj* misty
diesjährig ['di:sjɛ:rɪç] *adj attr* this year's
diesmal ['di:sma:l] *adv* this time
diesseits ['di:szai̯ts] *präp +gen* this side of
Dietrich <-s, -e> ['di:trɪç] *m* picklock
Differential <-s, -e> [dɪfərɛn'tsi̯a:l] *nt s.* **Differenzial**
Differentialrechnung *f s.* **Differenzialrechnung**
Differenz <-, -en> [dɪfə'rɛnts] *f* ① (*Unterschied*) difference ② *meist pl* (*Meinungsverschiedenheit*) difference of opinion
Differenzial <-s, -e> *nt* differential
Differenzialrechnung *f* differential calculus
differenzieren* [dɪfərɛn'tsi:rən] *vi* ■**[bei etw** *dat*] ~ to discriminate [in doing sth]
differenziert **I.** *adj* discriminating **II.** *adv* **etw ~ beurteilen** to differentiate in making judgements
diffus [dɪ'fu:s] **I.** *adj* ① (*zerstreut*) diffuse[d] ② (*verschwommen*) diffuse, vague **II.** *adv* (*unklar*) diffusely; **sich ~ ausdrücken** to express oneself vaguely [*or* diffusely]
digital [digi'ta:l] **I.** *adj* digital **II.** *adv* digitally
digitalisieren* [digitali'zi:rən] *vt* to digitize
Digitalkamera *f* digital camera **Digitaluhr** *f* ① INFORM digital clock ② TECH digital watch
Diktat <-[e]s, -e> [dɪk'ta:t] *nt* ① (*in der Schule*) dictation; **ein ~ schreiben** to do a dictation ② (*geh: Gebot*) dictate[s]
Diktator, Diktatorin <-s, -toren> [dɪk'ta:to:ɐ̯, dɪkta'to:rɪn, *pl* -'to:rən] *m, f* despot
diktatorisch [dɪkta'to:rɪʃ] **I.** *adj* dictatorial **II.** *adv* like a dictator
Diktatur <-, -en> [dɪkta'tu:ɐ̯] *f* dictatorship
diktieren* [dɪk'ti:rən] *vt* to dictate
Diktiergerät *nt* Dictaphone®
Dilemma <-s, -s *o* -ta> [di'lɛma, *pl* di'lɛmata] *nt* (*geh*) dilemma
Dilettant(in) <-en, -en> [dilɛ'tant] *m(f)* dilettante
dilettantisch [dilɛ'tantɪʃ] **I.** *adj* amateurish **II.** *adv* amateurishly
Dill <-s, -e> ['dɪl] *m* dill
Dimension <-, -en> [dimɛn'zi̯o:n] *f* dimension
Dimmer <-s, -> ['dɪmɐ] *m* dimmer [switch]
DIN <-> [di:n] *f kein pl Akr von* **Deutsche Industrie-Normen** DIN®
Dinar <-s, -e> [di'na:ɐ̯] *m* dinar
Ding <-[e]s, -e *o fam* -er> ['dɪŋ] *nt* ① (*Gegenstand*) thing ② (*fam: Mädchen*) **ein junges ~/junge ~er** a young thing/young things ③ (*Angelegenheit*) matters *pl;* **so wie die ~e liegen** as things stand [at the moment] ▶WENDUNGEN: **krumme ~er drehen** (*fam*) to do sth dodgy *fam;* **das ist nicht so ganz mein ~** (*fam*) that's not really my thing; **das ist [ja] ein ~!** (*fam*) that's a bit much! BRIT; **über den ~en stehen** to be above it all
dingfest *adj* **jdn ~ machen** to put sb behind bars
Dings <-> ['dɪŋs] *nt kein pl* (*fam*), **Dingsbums** <-> ['dɪŋsbʊms] *nt kein pl* (*fam*), **Dingsda** <-> ['dɪŋsda:] *nt kein pl* (*Sache*) whatsit BRIT
Dink <-s, -s> ['dɪŋk] *m meist pl* SOZIOL *Akr von* **double income, no kids** dinky
Dinosaurier <-s, -> [dino'zau̯ri̯ɐ] *m* dinosaur
Diode <-, -n> [di'ʔo:də] *f* diode
Dioptrie <-, -n> [diɔp'tri:, *pl* -'tri:ən] *f* dioptre
Dioxin <-s, -e> [diɔ'ksi:n] *nt* dioxin
Diphtherie <-, -n> [dɪfte'ri:, *pl* -'ri:ən] *f* diphtheria
Diphthong <-s, -e> [dɪf'tɔŋ] *m* diphthong
Dipl. ['dipl̩] *Abk von* **Diplom**
Dipl.-Ing. ['dipl̩ ɪnʒ] *Abk von* **Diplomingenieur**
Diplom <-s, -e> [di'plo:m] *nt* (*Hochschulzeugnis*) degree; (*Zeugnis, Urkunde*) diploma; **ein ~ [in etw** *dat*] **machen** (*Studium*) to get a degree [in sth]; (*Ausbildung*) to get a diploma [in sth]

Land und Leute

A **Diplom** is awarded to graduates in economics, engineering and the social and natural sciences. The **Diplom** curriculum concentrates on one subject (sometimes in combination with a minor) and its practical application. It constitutes a full academic and professional qualification which entitles the holder to work independently in the corresponding professional field.

Diplomarbeit *f* thesis [for a degree]
Diplomat(in) <-en, -en> [diplo'ma:t] *m(f)* diplomat
Diplomatenkoffer *m* briefcase
Diplomatie <-> [diploma'ti:] *f kein pl* diplomacy
Diplomatin <-, -nen> *f fem form von* **Diplomat**
diplomatisch [diplo'ma:tɪʃ] **I.** *adj* diplomatic **II.** *adv* diplomatically
Diplomingenieur(in) [-ɪnʒeni̯ø:ɐ̯] *m(f)* qualified engineer **Diplomprüfung** *f* final exam[ination]s *pl*
dir ['di:ɐ̯] *pron* ① *pers dat von* **du** you; **ich**

D

hoffe, es geht ~ wieder besser I hope you feel better; **Freunde von ~** friends of yours ② *refl dat von* **sich** yourself, you; **was wünscht du ~ zum Geburtstag?** what would you like for your birthday?; **du solltest ~ die Haare waschen** you should wash your hair

D

direkt [di'rɛkt] **I.** *adj* direct; *Übertragung* live **II.** *adv* (*fam*) ① (*fam: geradezu*) almost; **das war ja ~ lustig** that was actually funny for a change ② (*unverblümt*) directly; **etw ~ zugeben** to admit sth outright ③ (*mit Ortsangabe*) direct[ly]; **~ am Bahnhof** right by the station ④ (*unverzüglich*) immediately

Direktbank <-banken> *f telephone and internet based commercial bank* **Direktflug** *m* direct flight

Direktion <-, -en> [dirɛk'tsi̯o:n] *f* ① (*Leitung*) management; (*Vorstand*) board of directors ② SCHWEIZ (*Ressort*) department

Direktor, Direktorin <-s, -toren> [di'rɛkto:ɐ̯, dirɛk'to:rɪn, *pl* -'to:rən] *m, f eines Unternehmens* manager; *einer öffentlichen Einrichtung* director; *einer Schule* head BRIT

Direktorium <-s, -rien> [dirɛk'to:ri̯ʊm, *pl* dirɛk'to:ri̯ən] *nt* board of directors

Direktrice <-, -n> [dirɛk'tri:sə] *f manager in the clothing industry who is a qualified tailor and who designs clothes*

Direktsaft *m* KOCHK pressé juice BRIT, juice not from concentrate AM

Direktübertragung *f* live broadcast **Direktverbindung** *f* direct train/flight **Direktvermarkter** [di'rɛktfɛɐ̯markte] *m* ÖKON direct marketer

Direktzugriff *m kein pl* direct memory access **Direktzugriffsspeicher** *m* random access memory, RAM, direct access storage device, DASD

Dirigent(in) <-en, -en> [diri'gɛnt] *m(f)* conductor

dirigieren* [diri'gi:rən] *vt, vi* MUS to conduct

Dirndl <-s, -> ['dɪrndl̩] *nt* ① (*Kleid*) dirndl ② SÜDD, ÖSTERR (*Mädchen*) lass NENG, gal AM

Dirne <-, -n> ['dɪrnə] *f* (*veraltend*) prostitute

dis <-, -> *nt*, **Dis** <-, -> ['dɪs] *nt* D sharp

Disco <-, -s> ['dɪsko] *f s.* **Disko**

Discountladen [dɪs'ka̯unt-] *m* discount shop

Diskette <-, -n> [dɪs'kɛtə] *f* disk

Diskettenlaufwerk *nt* disk drive

Diskjockey <-s, -s> ['dɪskdʒɔke, -dʒɔki] *m* disc jockey

Disko <-, -s> ['dɪsko] *f* disco

Diskont <-s, -e> [dɪs'kɔnt] *m* ① (*Rabatt*) discount ② *s.* **Diskontsatz**

Diskontsatz *m* bank rate

Diskothek <-, -en> [dɪsko'te:k] *f* discotheque BRIT

Diskrepanz <-, -en> [dɪskre'pants] *f* (*geh*) discrepancy

diskret [dɪs'kre:t] **I.** *adj* ① (*vertraulich*) confidential ② (*unauffällig*) discreet **II.** *adv* **etw ~ behandeln** to treat sth confidentially; **sich** *akk* **~ verhalten** to behave discreetly

Diskretion <-> [dɪskre'tsi̯o:n] *f kein pl* discretion

diskriminieren* [dɪskrimi'ni:rən] *vt* ■**jdn ~** to discriminate against sb

diskriminierend *adj* discriminatory

Diskriminierung <-, -en> *f* discrimination

Diskus <-, -se *o* Disken> ['dɪskʊs, *pl* 'dɪskʊsə, 'dɪskən] *m* discus

Diskussion <-, -en> [dɪskʊ'si̯o:n] *f* discussion

Diskuswerfen <-s> *nt kein pl* discus throwing

diskutieren* [dɪsku'ti:rən] *vt, vi* to discuss

Display <-s, -s> [dɪs'ple:] *nt* display

Dispokredit ['dɪspo-] *m* (*fam*) *s.* **Dispositionskredit**

disponieren* [dɪspo'ni:rən] *vi* (*geh*) ■**[frei] über etw** *akk* **~** to dispose [at will] of sth

Disposition <-, -en> [dɪspozi'tsi̯o:n] *f* disposal; **jdn/etw zu seiner ~ haben** to have sb/sth at one's disposal; **zur ~ stehen** to be available

Dispositionskredit *m* overdraft facility

Disput <-[e]s, -e> [dɪs'pu:t] *m* (*geh*) dispute

Disqualifikation <-, -en> [dɪskvalifika'tsi̯o:n] *f* disqualification

disqualifizieren* [dɪskvalifi'tsi:rən] *vt* to disqualify

Dissertation <-, -en> [dɪsɛrta'tsi̯o:n] *f* dissertation

Dissident(in) <-en, -en> [dɪsi'dɛnt] *m(f)* dissident

Dissonanz <-, -en> [dɪso'nants] *f* disharmony

dissozial [dɪsotsi̯a:l] *adj* PSYCH *Verhalten, Störung* dissocial, extremely antisocial

Distanz <-, -en> [dɪs'tants] *f* distance

distanzieren* [dɪstan'tsi:rən] *vr* ■**sich** *akk* **~** to distance oneself (**von** +*dat* from)

distanziert **I.** *adj* distant **II.** *adv* distantly; **sich** *akk* **~ verhalten** to be aloof

Distel <-, -n> ['dɪstl̩] *f* thistle

Distrikt <-[e]s, -e> [dɪs'trɪkt] *m* district

Disziplin <-, -en> [dɪstsi'pli:n] *f* discipline

disziplinarisch [dɪstsipli'naːrɪʃ] **I.** *adj* disciplinary **II.** *adv* **gegen jdn ~ vorgehen** to take disciplinary action against sb
Disziplinarverfahren *nt* disciplinary hearing
diszipliniert [dɪstsipli'niːɐ̯t] **I.** *adj* disciplined **II.** *adv* in a disciplined way
disziplinlos **I.** *adj* undisciplined **II.** *adv* in an undisciplined way
Diva <-, -s *o* Diven> ['diːva, *pl* 'diːvən] *f* ≈ prima donna (*actress or singer whose theatrical airs and graces make her a subject of discussion*)
Divergenz <-, -en> [divɛr'gɛnts] *f* divergence
divergieren* [divɛr'giːrən] *vi* to diverge (**von** +*dat* from)
divers [di'vɛrs] *adj attr* diverse
Diversifizierung [divɛrzifi'tsiːrʊŋ] *f* ÖKON diversification
Dividende <-, -n> [divi'dɛndə] *f* dividend
dividieren* [divi'diːrən] *vt* to divide (**durch** +*akk* by)
Division <-, -en> [divi'zi̯oːn] *f* division
Diwan <-s, -e> ['diːvaːn] *m* (*veraltend*) divan
DJ <-s, -s> ['diːdʒeɪ] *m* (*fam*) DJ, deejay
DKP <-> [deːkaː'peː] *f Abk von* **Deutsche Kommunistische Partei** *German communist party*
d.M. *Abk von* **dieses Monats** of this month
DM <-, -> [deː'ɛm] *kein art* (*hist*) *Abk von* **Deutsche Mark** Deutschmark
d-Moll <-s> ['deːmɔl] *nt kein pl* MUS D flat minor
D-Netz [deː-] *nt network for mobile telephones throughout Europe*
DNS <-> [deːʔɛn'ɛs] *f Abk von* **Desoxyribonukleinsäure** DNA
doch [dɔx] **I.** *konj* (*jedoch*) but, however **II.** *adv* (*emph*) 1 (*dennoch*) even so; **zum Glück ist aber ~ nichts passiert** fortunately, nothing happened 2 (*einräumend*) **du hattest ~ Recht** you were right after all 3 (*Widerspruch ausdrückend*) **du gehst jetzt ins Bett – nein! – ~!** go to bed now – no! – yes! 4 (*ja*) yes; **hat es dir nicht gefallen? – ~[, ~]!** didn't you enjoy it? – yes, I did!
Docht <-[e]s, -e> ['dɔxt] *m* wick
Dock <-s, -s> ['dɔk] *nt* dock
döfer *adj komp von* **doof**
döfste(r, s) *adj superl von* **doof**
Dogge <-, -n> ['dɔgə] *f* mastiff
Dogma <-s, -men> ['dɔgma, *pl* 'dɔgmən] *nt* dogma
dogmatisch [dɔ'gmaːtɪʃ] *adj* (*geh*) dogmatic
Dohle <-, -n> ['doːlə] *f* jackdaw
doktern ['dɔktɐn] *vi* (*fam*) ■ **an etw** *dat* ~ to tinker [around] with sth
Doktor, Doktorin <-s, -toren> ['dɔktoːɐ̯, dɔk'toːrɪn, *pl* -'toːrən] *m, f* **a.** MED doctor; **er ist ~ der Physik** he's got a PhD in physics
Doktorand(in) <-en, -en> [dɔkto'rant, *pl* dɔkto'randn̩] *m(f)* doctoral candidate
Doktorarbeit *f* doctoral dissertation
Doktorin <-, -nen> [dɔk'toːrɪn] *f fem form von* **Doktor**
Doktortitel *m* doctorate **Doktorvater, -mutter** *m, f* supervisor [of a doctoral candidate]
Doktrin <-, -en> [dɔk'triːn] *f* doctrine
Doku <-, -s> ['doku] *f kurz für* **Dokumentation** doc
Dokument <-[e]s, -e> [doku'mɛnt] *nt* document
Dokumentarfilm *m* documentary film
dokumentarisch [dokumɛn'taːrɪʃ] **I.** *adj* documentary **II.** *adv* **etw ~ beweisen** to prove sth by providing documentary evidence
Dokumentation <-, -en> [dokumɛnta'tsi̯oːn] *f* documentation
dokumentieren* [dokumɛn'tiːrən] *vt* to document
Doku-Soap <-, -s> [doku'soːp] *f* docusoap, fly-on-the-wall documentary
Dolch <-[e]s, -e> ['dɔlç] *m* dagger
Dollar <-[s], -s> ['dɔlar] *m* dollar
Dollarkurs *m* dollar rate
dolmetschen ['dɔlmɛtʃn̩] *vi, vt* to interpret
Dolmetscher(in) <-s, -> ['dɔlmɛtʃɐ] *m(f)* interpreter
Dolomiten [dolo'miːtn̩] *pl* ■ **die** ~ the Dolomites
Dom <-[e]s, -e> ['doːm] *m* (*Kirche*) cathedral
Domäne <-, -n> [do'mɛːnə] *f* domain
dominant [domi'nant] *adj* dominant; *Mensch* domineering
Dominante <-, -n> [domi'nantə] *f* dominant
Dominanz <-, -en> [domi'nants] *f* dominance
dominieren* [domi'niːrən] *vi, vt* to dominate
Dominikanische Republik *f* Dominican Republic
Domino <-s, -s> ['doːmino] *nt* dominoes + *sing vb*
Domizil <-s, -e> [domi'tsiːl] *nt* residence
Dompfaff <-en *o* -s, -en> ['doːmpfaf] *m* bullfinch
Dompteur(in) <-s, -e> [dɔmp'tøːɐ] *m(f),* **Dompteuse** <-, -n> [dɔmp'tøːzə] *f* animal

trainer
Domstadt *f kein pl* Cathedral City (*nickname for the city of Cologne*)
Donau <-> ['do:nau̯] *f* ■ **die ~** the Danube
Döner <-[s], -> ['dø:nɐ] *m,* **Dönerkebab** <-[s], -s> [dø:nɐke'bap] *m* [doner] kebab
Donner <-s, -> ['dɔnɐ] *m pl selten* thunder
donnern ['dɔnɐn] **I.** *vi impers haben* **hörst du, wie es donnert?** can you hear the thunder?; **es hat geblitzt und gedonnert** there was thunder and lightning **II.** *vi sein* (*krachen*) to crash (**gegen, in** +*akk* into) **III.** *vt haben* ■ **etw irgendwohin ~** to hurl sth somewhere
Donnerstag ['dɔnɐsta:k] *m* Thursday; *s. a.* **Dienstag**
donnerstagabends *adv* [on] Thursday evenings
donnerstags *adv* [on] Thursdays; *s. a.* **dienstags**
Donnerwetter ['dɔnɐvɛtɐ] *nt* (*fam: Schelte*) unholy row BRIT, an awful bawling out AM
Döntje <-s, -s> ['dœntjə, 'dø:ntjə] *m o nt meist pl* NORDD (*fam*) [little] anecdote
doof <doofer *o* döfer, doofste *o* döfste> ['do:f] *adj* (*fam*) stupid
Doofheit <-, -en> *f* (*fam*) stupidity
Doofkopp <-s, -köppe> [-kɔp, *pl* -køpə] *m,* **Doofmann** <-s, -männer> *m* (*fam*) twit
Dope <-s, -s> [do:p] *nt* (*sl*) pot
dopen ['do:pn̩, 'dɔpn̩] *vt* to dope
Doping <-s, -s> ['do:pɪŋ, 'dɔpɪŋ] *nt illicit use of drugs before sporting events*
Dopingkontrolle ['do:pɪŋ-] *f* drugs test **Dopingmittel** ['do:pɪŋ-] *nt* [performance-enhancing] drug **Dopingsperre** ['do:pɪŋ-] *f* SPORT doping ban **Dopingtest** ['do:pɪŋ-] *m* drugs test
Doppel <-s, -> ['dɔpl̩] *nt* ❶ (*Duplikat*) duplicate ❷ SPORT doubles; **gemischtes ~** mixed doubles
Doppelagent(in) *m(f)* double agent **Doppelbelastung** *f* double burden **Doppelbett** *nt* double bed **Doppelbürger(in)** *m(f)* POL *bes* SCHWEIZ person with dual nationality **Doppeldecker** <-s, -> *m* ❶ (*Flugzeug*) biplane ❷ (*fam: Omnibus*) double-decker [bus]
doppeldeutig ['dɔpl̩dɔytɪç] *adj* ambiguous
Doppeldeutigkeit <-, -en> *f* ambiguity
Doppelfenster *nt* double glazing **Doppelgänger(in)** <-s, -> [-gɛŋɐ] *m(f)* look-alike **Doppelglasfenster** *nt* window with double glazing **Doppelhaus** *nt* two semi-detached houses *pl* BRIT, duplex house AM **Doppelkinn** *nt* double chin **doppel|klicken** *vi* to double-click **Doppelleben** *nt* double life **Doppelmoral** *f* double standards *pl* **Doppelmord** *m* double murder **Doppelname** *m* (*Nachname*) double-barrelled [*or* AM hyphenated] [sur]name **Doppelpunkt** *m* colon **Doppelstecker** *m* twin socket
doppelt ['dɔpl̩t] **I.** *adj* ❶ (*zweifach*) double; *Staatsangehörigkeit* dual; **die ~e Menge** the double amount; **aus ~em Grunde** for two reasons ❷ (*verdoppelt*) doubled; **mit ~em Einsatz arbeiten** to double one's efforts **II.** *adv* ❶ (*zweimal*) twice; **~ so groß/klein** twice as big/small; **~ so viel** twice as much/many ❷ (*umso mehr*) doubly; **~ vorsichtig sein** to be doubly careful ▶ WENDUNGEN: **~ sehen** (*fam*) to see double
Doppelverdiener(in) <-s, -> *m(f)* ❶ (*Person mit zwei Einkünften*) double wage earner ❷ *pl* (*Paar mit zwei Gehältern*) double-income couple **Doppelwährungsphase** *f* FIN dual currency phase **Doppelzentner** *m* ≈ 2 hundredweights BRIT (*100 kilos*) **Doppelzimmer** *nt* double [room]
Dorf <-[e]s, Dörfer> ['dɔrf, *pl* 'dœrfɐ] *nt* village BRIT, AM *usu* [small] town
Dorfbewohner(in) *m(f)* villager **Dorfgemeinschaft** *f* SOZIOL village society [*or* AM *usu* small-town society]
Dorfschaft <-, -en> *f* SCHWEIZ village BRIT, [small] town AM
Dorftrottel *m* (*fam*) village idiot
Dorn <-[e]s, -en> ['dɔrn] *m* thorn ▶ WENDUNGEN: **jdm ein ~ im Auge sein** to be a thorn in sb's side
Dornbusch *m* thorn bush
Dornenkrone *f* crown of thorns
dornig ['dɔrnɪç] *adj* thorny
Dornröschen <-> [-'rø:sçən] *nt kein pl* Sleeping Beauty
dörren ['dœrən] **I.** *vt haben* to dry [out *sep*] **II.** *vi sein* to wither
Dörrobst *nt* dried fruit
Dorsch <-[e]s, -e> ['dɔrʃ] *m* cod
dort ['dɔrt] *adv* there; **~ drüben** over there
dorther ['dɔrt'he:ɐ̯] *adv* from there **dorthin** ['dɔrt'hɪn] *adv* there **dorthinaus** ['dɔrthɪ'naus] *adv* ▶ WENDUNGEN: **bis ~** (*fam*) awfully; **das ärgert mich bis ~!** that drives me up the wall! **dorthinein** *adv* over there
dortig ['dɔrtɪç] *adj attr* local
Dose <-, -n> ['do:zə, *pl* 'do:zn̩] *f* ❶ (*Büchse*) box; (*Blechdose*) tin BRIT, can AM ❷ (*Steckdose*) socket
Dosen *pl von* **Dose, Dosis**
dösen ['dø:zn̩] *vi* (*fam*) to doze
Dosenbier *nt* canned beer **Dosenmilch** *f* condensed milk **Dosenmusik** *f* (*hum fam*) canned music **Dosenöffner** *m* tin opener

Dosenpfand *nt kein pl* [beverage] can deposit **Dosensuppe** *f* canned soup
dosieren* [do'zi:rən] *vt* to measure out *sep*
Dosierung <-, -en> *f* dosage
Dosis <-, Dosen> ['do:zɪs, *pl* 'do:zn̩] *f* dose
Döskopp <-s, -köppe> [-kɔp] *m* DIAL (*fam*) dope
Dossier <-s, -s> [dɔ'sie:] *nt* dossier
Dotcom-Unternehmen ['dɒtkɒm-] *nt* dotcom [business]
dotieren* [do'ti:rən] *vt* **eine gut dotierte Stelle** a well-paid position; **eine Stelle mit 10.000 Euro ~** to remunerate a position with 10.000 euros
Dotter <-s, -> ['dɔtɐ] *m o nt* yolk
Dotterblume *f* marsh marigold
doubeln ['du:bln] *vt* ■ **jdn ~** to double for sb
Double <-s, -s> ['du:bl] *nt* double
Downlink ['daʊnlɪŋk] *nt* TELEK downlink
Download <-s, -s> ['daʊnlo:t] *m* INET download
downloaden ['daʊnlo:dn̩] *vt* INET to download
Downsyndrom *nt kein pl* Down's syndrome
Dozent(in) <-en, -en> [do'tsɛnt] *m(f)* lecturer
dozieren* [do'tsi:rən] *vi* to lecture
Dr. *Abk von* **Doktor** Dr
Drache <-n, -n> ['draxə] *m* dragon
Drachen <-s, -> ['draxn̩] *m* ❶ (*Spielzeug*) kite; **einen ~ steigen lassen** to fly a kite ❷ (*Fluggerät*) hang-glider ❸ (*fam: zänkisches Weib*) dragon
Drachenfliegen *nt* hang-gliding **Drachenflieger(in)** <-s, -> *m(f)* hang-glider
Drachme <-, -n> ['draxmə] *f* drachma
Dragee, Dragée <-s, -s> [dra'ʒe:] *nt* ❶ PHARM sugar-coated pill ❷ KOCHK sugar-coated sweet BRIT
Draht <-[e]s, Drähte> ['dra:t, *pl* 'drɛ:tə] *m* wire ▶ WENDUNGEN: **zu jdm einen guten ~ haben** to be on good terms with sb
Drahtbürste *f* wire brush **Drahtesel** *nt* (*fam*) bike **Drahtgitter** *nt* wire grating
drahtig *adj* wiry
drahtlos *adj* wireless
Drahtseil *nt* wire cable **Drahtseilbahn** *f* cable railway, gondola AM
Drahtzaun *m* wire fence **Drahtzieher(in)** <-s, -> *m(f)* sb pulling the strings
drakonisch [dra'ko:nɪʃ] **I.** *adj* Draconian **II.** *adv* harshly
drall ['dral] *adj* well-rounded; *Mädchen* shapely
Drama <-s, -men> ['dra:ma, *pl* 'dra:mən] *nt* drama
Dramatiker(in) <-s, -> [dra'ma:tikɐ] *m(f)* dramatist
dramatisch [dra'ma:tɪʃ] **I.** *adj* dramatic **II.** *adv* dramatically
dramatisieren* [dramati'zi:rən] *vt* ❶ LIT to dramatize ❷ (*fig: übertreiben*) to express in a dramatic way
Dramaturg(in) <-en, -en> [drama'tʊrk, *pl* drama'tʊrgn̩] *m(f)* dramaturg[e]
Dramaturgie <-, -en> [dramatʊr'gi:, *pl* dramatʊr'gi:ən] *f* ❶ (*Lehre des Dramas*) dramaturgy ❷ (*Bearbeitung eines Dramas*) dramatization
Dramaturgin <-, -nen> *f fem form von* **Dramaturg**
Dramen *pl von* **Drama**
dran ['dran] *adv* (*fam*) ❶ (*fertig*) **[zu] früh/spät ~ sein** to be [too] early/late ❷ (*an der Reihe*) **jetzt bist du ~!** now it's your turn!; **wer ist als Nächster ~?** who's next? ❸ (*zutreffen*) **an dem Gerücht ist etw/nichts ~** there is something/nothing in the rumour ▶ WENDUNGEN: **besser dran sein als ...** to be better off than ...; **schlecht ~ sein** (*gesundheitlich*) to be off colour; (*schlechte Möglichkeiten haben*) to have a hard time [of it]
dran|bleiben *vi irreg sein* (*fam*) ❶ ■ **an jdm/etw ~** to keep close to sb/sth ❷ (*am Telefon*) to hold the line BRIT, to hold AM
drang ['draŋ] *imp von* **dringen**
Drang <-[e]s, Dränge> ['draŋ, *pl* 'drɛŋə] *m* longing; **ein starker ~** a strong desire
dran|gehen *vi irreg sein* (*fam*) ❶ (*ans Telefon*) to answer ❷ *s.* **darangehen**
Drängelei <-, -en> [drɛŋə'lai] *f* (*pej fam*) ❶ (*in Menschenmenge*) jostling ❷ (*Bedrängen*) pestering
drängeln ['drɛŋl̩n] (*fam*) **I.** *vi* to push **II.** *vt, vi* (*bedrängen*) ■ **[jdn] ~** to pester [sb]
drängen ['drɛŋən] **I.** *vi* ❶ (*schiebend drücken*) to push ❷ (*fordern*) ■ **auf etw** *akk* **~** to insist on sth; **warum drängst du so zur Eile?** why are you in such a hurry? ❸ (*pressieren*) **die Zeit drängt** time is running out; **es drängt nicht** there's no hurry **II.** *vt* ❶ (*schiebend drücken*) to push ❷ (*antreiben*) ■ **jdn ~, etw zu tun** to pressurize sb into doing sth; ■ **jdn [zu etw** *dat*] **~** to force sb [to sth]; **sich** *akk* **[von jdm] gedrängt fühlen** to feel pressurized [*or* AM pressured] [by sb] **III.** *vr* ■ **sich** *akk* **~** to crowd; **vor dem Kino drängten sich die Leute** there was a throng of people in front of the cinema; **sich** *akk* **nach vorne ~** to press forwards; **sich** *akk* **durch die Menge ~** to force one's way through the crowd

D

D

Drangsal <-, -e> ['draŋza:l] *f* (*geh*) suffering
drangsalieren* [draŋza'li:rən] *vt* to plague
dran|halten *irreg* (*fam*) **I.** *vt* ■**etw** [**an etw** *akk*] ~ hold sth up [to sth] **II.** *vr* ■**sich** *akk* ~ to keep at it **dran|hängen** *vt* (*fam*) ❶ (*aufhängen*) to hang (**an** +*akk* on) ❷ ■**etw** ~ to add on sth; **eine Woche** [**an seinen Urlaub**] ~ to add on a week [to one's holiday] **dran|kommen** *vi irreg sein* (*fam: an die Reihe kommen*) **Sie kommen noch nicht dran** it's not your turn yet; **warte, bis du drankommst** wait your turn **dran|kriegen** *vt* (*fam*) ■**jdn** ~ ❶ (*zu etw veranlassen*) to get sb to do sth ❷ (*reinlegen*) to take sb in **dran|lassen** *vt irreg* (*fam: nicht entfernen*) to leave (**an** +*dat* on) **dran|nehmen** *vt irreg* (*fam: zur Behandlung*) to take **dran|setzen** **I.** *vt* (*fam*) ❶ (*anfügen*) to add (**an** to) ❷ (*einsetzen*) **wir müssen alles ~!** we must make every effort ! ❸ (*beschäftigen*) ■**jdn** ~ to put sb onto the job [*or* it] **II.** *vr* (*fam: sich nahe an etw setzen*) ■**sich an jdn** ~ to sit [down] next to sb
drapieren* [dra'pi:rən] *vt* to drape (**um** +*akk* around, **mit** +*dat* with)
drastisch ['drastɪʃ] **I.** *adj* drastic **II.** *adv* drastically
drauf ['drauf] *adv* (*fam*) ❶ (*darauf*) on it/them ❷ **gut/schlecht ~ sein** (*fam*) to feel good/strange/bad ▶WENDUNGEN: ~ **und <u>dran</u> sein, etw zu tun** to be on the verge of doing sth; **etw ~ <u>haben</u>** (*fam: etw beherrschen*) to be well up on sth
drauf|bekommen* *vt irreg* (*fam*) ▶WENDUNGEN: **<u>eins</u>** ~ to get a smack BRIT, to get it AM
Draufgabe *f* ÖSTERR encore
Draufgänger(in) <-s, -> ['draufgɛŋɐ] *m(f)* go-getter *fam*
draufgängerisch ['draufgɛŋərɪʃ] *adj* go-getting *fam*
drauf|gehen ['draufge:ən] *vi irreg sein* (*fam*) ❶ (*sterben*) to kick the bucket ❷ (*verbraucht werden*) to be spent ❸ (*kaputtgehen*) to get broken **drauf|haben** *vt irreg* (*fam*) ■**nichts/viel** ~ to know nothing/a lot **drauf|hauen** *vi irreg* (*fam*) **jdm eins** ~ to hit sb **drauf|kommen** *vi irreg sein* (*fam*) ❶ (*herausbekommen*) to figure it out ❷ (*sich erinnern*) to remember **drauf|kriegen** *vt* (*fam*) *s.* **draufbekommen** **drauf|lassen** *vt irreg* (*fam*) to leave on **drauf|legen** *vt* (*fam*) ❶ (*zusätzlich geben*) **wenn Sie noch 5000 ~, können Sie das Auto haben!** for another 5,000 the car is yours! ❷ (*legen*) ■**etw auf etw** *akk* ~ to put sth on sth
drauflos *adv* [**nur**] **immer feste ~!** (*drauf*) keep it up!; (*voran*) [just] keep at it!
drauflos|arbeiten *vi* (*fam*) to get straight down to work **drauflos|gehen** *vi irreg sein* (*fam*) to set off **drauflos|reden** *vi* (*fam*) to start talking **drauflos|schlagen** *vi irreg* (*fam*) ■**auf jdn** ~ to hit out at sb
drauf|machen *vt* (*fam*) to put on ▶WENDUNGEN: **<u>einen</u>** ~ (*fam*) to paint the town red **Drauf|sicht** *f* top view **drauf|stehen** *vi irreg* (*fam*) **ich kann nicht lesen, was da auf dem Etikett draufsteht** I can't read what it says on the label **drauf|stoßen** *irreg* (*fam*) **I.** *vi sein* to come to it **II.** *vt haben* (*fam*) ■**jdn** ~ to point it out to sb **drauf|zahlen** *vi* (*fam*) **500 Euro** ~ to pay an extra 500 euros; ~ **müssen** to make a loss
draus ['draus] *adv* (*fam*) *s.* **daraus**
draußen ['drausn̩] *adv* outside; **nach ~** outside
drechseln ['drɛksl̩n] *vt, vi* to turn
Drechsler(in) <-s, -> ['drɛkslɐ] *m(f)* turner
Dreck <-[e]s> ['drɛk] *m kein pl* ❶ (*Erde*) dirt; (*Schlamm*) mud ❷ (*Schund*) rubbish BRIT, trash AM ▶WENDUNGEN: ~ **am <u>Stecken</u> haben** to have a skeleton in the cupboard [*or* AM *usu* closet]; **jdn wie den <u>letzten</u> ~ behandeln** to treat sb like dirt
Dreckarbeit *f* (*fam*) menial work **Dreckfinger** *pl* (*fam*) dirty fingers [*or esp* AM hands] *pl* **Dreckfink** *m* (*fam*) ❶ (*Kind*) mucky pup BRIT, grubby urchin AM ❷ (*unmoralischer Mensch*) dirty [*or* filthy] beggar
dreckig **I.** *adj* dirty **II.** *adv* ▶WENDUNGEN: **jdm <u>geht</u> es ~** sb feels terrible; (*finanziell*) sb is badly off
Dreckloch *nt* (*fam*) dump **Drecknest** *nt* (*fam*) hole **Dreckpfoten** *pl* (*fam*) grubby paws *pl* **Drecksack** *m* (*fam*) bastard
Drecksarbeit *f* (*fam*) *s.* **Dreckarbeit**
Drecksau *m* (*fam*), **Dreckschwein** *nt* (*fam*) filthy swine
Dreckskerl *m* (*fam*) bastard
Dreckspatz *m* (*fam*) mucky pup
Dreh <-s, -s *o* -e> ['dre:] *m* (*fam*) trick; **den** [**richtigen**] ~ **heraushaben** to get the hang of it
Dreharbeit *f meist pl* shooting *no pl* **Drehbank** <-bänke> *f* lathe
drehbar *adj, adv* revolving
Drehbleistift *m* propelling [*or* AM mechanical] pencil
Drehbuch *nt* screenplay **Drehbuchautor(in)** *m(f)* screenplay writer
drehen ['dre:ən] **I.** *vt* ❶ (*herumdrehen*) to

turn ② *Zigarette* to roll ③ FILM to shoot ④ **das Radio lauter/leiser ~** to turn the radio up/down ⑤ (*sl: hinkriegen*) to manage ▶WENDUNGEN: **wie man es auch dreht und wendet** no matter how you look at it **II.** *vi* ① FILM to shoot ② ■**an etw** *dat* ~ to turn sth ③ *Wind* to change **III.** *vr* ① (*rotieren*) ■**sich** *akk* **~ to turn** ② (*wenden*) **sich** *akk* **zur Seite/auf den Bauch ~** to turn to the side/on to one's stomach ③ (*betreffen*) ■**sich** *akk* **um jdn/etw ~** to be about sb/sth; **das Gespräch dreht sich um Sport** the conversation revolves around sport ▶WENDUNGEN: **jdm dreht sich alles** sb's head is spinning

Dreher(in) <-s, -> ['dreːɐ] *m(f)* lathe operator

Drehkreuz *nt* turnstile **Drehorgel** *f* barrel organ **Drehort** *m* location **Drehscheibe** *f* ① (*sich drehende Vorrichtung*) revolving disc ② (*Töpferscheibe*) potter's wheel **Drehstuhl** *m* swivel chair **Drehtür** *f* revolving door

Drehung <-, -en> *f* revolution; **eine ~ machen** to turn

Drehwurm *m* ▶WENDUNGEN: **einen ~ haben** (*fam*) to feel giddy **Drehzahl** *f* [number of] revolutions *pl*

drei ['draɪ] *adj* three

Drei <-, -en> ['draɪ] *f* ① (*Zahl*) three ② (*Zeugnisnote*) C

dreidimensional *adj* three-dimensional

Dreieck <-s, -e> ['draɪʔɛk] *nt* triangle

dreieckig, 3-eckig ['draɪʔɛkɪç] *adj* triangular

Dreiecksverhältnis *nt* love triangle

dreieinhalb ['draɪʔaɪn'halp] *adj* three and a half

Dreieinigkeit <-> [draɪ'ʔaɪnɪçkaɪt] *f kein pl* *s.* **Dreifaltigkeit**

dreierlei ['draɪɐlaɪ] *adj attr* three [different]; *s. a.* **achterlei**

dreifach, 3fach ['draɪfax] **I.** *adj* threefold **II.** *adv* threefold, three times over

Dreifaltigkeit <-> [draɪ'faltɪçkaɪt] *f kein pl* Trinity

dreihundert ['draɪ'hʊndɐt] *adj* three hundred

dreijährig, 3-jährig *adj* ① (*Alter*) three-year-old *attr*, three years old *pred*; *s. a.* **achtjährig 1** ② (*Zeitspanne*) three-year *attr*; *s. a.* **achtjährig 2**

Dreikampf *m* three-event [athletics] competition (*100-metre sprint, long jump and shot put*)

Dreikäsehoch <-s, -s> [draɪ'kɛːzəhoːx] *m* (*hum fam*) little fellow [*or* AM guy]

Dreikönige [draɪ'køːnɪgə] *pl* Epiphany *no pl*

Dreikönigsfest *nt* REL [feast of] Epiphany

Dreiländereck <-s, -e> *nt region where three countries meet*

dreimal, 3-mal ['draɪmaːl] *adv* three times; *s. a.* **achtmal** ▶WENDUNGEN: **~ darfst du raten!** (*fam*) I'll give you three guesses

drein ['draɪn] *adv* (*fam: in das hinein*) in there

drein|blicken ['draɪnblɪkn̩] *vi* look **drein|reden** *vi* DIAL ■**jdm [bei etw** *dat*] **~** ① (*dazwischenreden*) to interrupt sb [during/in sth] ② (*sich einmischen*) to interfere in sb else's business **drein|schauen** *vi* to look

Dreirad *nt* tricycle **Dreisatz** *m kein pl* rule of three

dreißig ['draɪsɪç] *adj* thirty; *s. a.* **achtzig 1, 2**

dreißigjährig, 30-jährig ['draɪsɪçjɛːrɪç] *adj attr* ① (*Alter*) thirty-year-old *attr*, thirty years old *pred* ② (*Zeitspanne*) thirty-year *attr*

dreißigste(r, s) *adj* ① (*an dreißigster Stelle*) thirtieth; *s. a.* **achte(r, s) 1** ② (*Datum*) thirtieth, 30th; *s. a.* **achte(r, s) 2**

dreist ['draɪst] **I.** *adj* brazen **II.** *adv* **~ sein/werden** to be/become bold [*or* brazen]

dreistellig, 3-stellig *adj* three-figure *attr*

Dreistigkeit <-, -en> *f* brazenness

dreistimmig *adj* MUS **ein ~es Lied** a song composed for three voices; **ein ~er Chor** a three-part choir

Dreitagebart *m* designer stubble

dreitägig, 3-tägig *adj* three-day *attr*

dreitausend ['draɪ'taʊzn̩t] *adj* three thousand

dreiteilig, 3-teilig *adj* three-part; *Besteck* three-piece

dreiviertellang [draɪ'fiːrtl̩laŋ] *adj* three-quarter [length] **Dreiviertelstunde** ['draɪfɪrtl̩'ʃtʊndə] *f* three-quarters of an hour, AM *usu* 45 minutes **Dreivierteltakt** [draɪ'fiːrtl̩takt] *m* three-four [*or* AM three-quarter] time

Dreizack <-s, -e> *m* trident

dreizehn ['draɪtseːn] *adj* thirteen; **~ Uhr** 1pm; *s. a.* **acht**[1] ▶WENDUNGEN: **jetzt schlägt's aber ~** (*fam*) enough is enough **dreizehnte(r, s)** *adj* ① (*an dreizehnter Stelle*) thirteenth; *s. a.* **achte(r, s) 1** ② (*Datum*) thirteenth, 13th; *s. a.* **achte(r, s) 2**

Dreizimmerwohnung [draɪ'tsɪmɐvoːnʊŋ] *f* three-room flat [*or* AM apartment]

Dres. *pl Abk von* **doctores** Drs *pl* (*PhDs*)

Dresche <-> ['drɛʃə] *f kein pl* (*fam*) thrashing, AM licking; **~ kriegen** to get a thrashing

dreschen <drischt, drosch, gedroschen>

['drɛʃn̩] *vt* ① AGR to thresh ② (*fam: prügeln*) to thrash
Dreschmaschine *f* threshing machine
Dresden <-s> ['dreːsdn̩] *nt* Dresden
Dress <-es, -e> ['drɛs] *m o* ÖSTERR *f* SPORT [sports] kit; (*Fußball*) kit, BRIT *a.* strip
dressieren* [drɛ'siːrən] *vt* to train
Dressing <-s, -s> ['drɛsɪŋ] *nt* dressing
Dressman <-s, -men> ['drɛsmən] *m* male model
Dressur <-, -en> [drɛ'suːɐ̯] *f* training
dribbeln ['drɪbl̩n] *vi* to dribble
driften ['drɪftn̩] *vi sein* (*a. fig*) to drift
Drill <-[e]s> ['drɪl] *m kein pl* drill
Drillbohrer *m* drill
drillen ['drɪlən] *vt* to drill
Drilling <-s, -e> ['drɪlɪŋ] *m* triplet
drin ['drɪn] *adv* (*fam*) ① (*darin*) in it ② (*drinnen*) inside ▶ WENDUNGEN: **bei jdm ist alles ~** anything is possible with sb; **für jdn ist noch alles ~** anything is still possible for sb
dringen <drang, gedrungen> ['drɪŋən] *vi* ① *sein* (*stoßen*) ■ **durch/in etw** *akk* **~** to penetrate sth; **durch die Bewölkung/den Nebel ~** to pierce the clouds/fog ② *sein* (*vordringen*) ■ **an etw** *akk*/**zu jdm ~** to get through to sth/sb; **an die Öffentlichkeit ~** to leak to the public ③ *haben* (*fordern*) ■ **auf etw** *akk* **~** to insist on sth
dringend ['drɪŋənt] **I.** *adj* urgent, pressing; **eine ~e Bitte** an urgent request **II.** *adv* urgently; **ich muss dich ~ sehen** I really need to see you
dringlich ['drɪŋlɪç] *adj* urgent, pressing
Dringlichkeit <-> *f kein pl* urgency
drinhängen *vi irreg* (*fam*) to be mixed up (**in** +*dat* in)
Drink <-s, -s> ['drɪŋk] *m* drink
drinnen ['drɪnən] *adv* inside **drin|stecken** *vi* (*fam*) ■ **in etw** *dat* **~** ① (*sich befinden*) to be in sth ② (*investiert sein*) to go into sth ③ (*verwickelt sein*) to be mixed up in sth **drin|stehen** *vi* (*fam*) to be in it
drischt *3. pers sing pres von* **dreschen**
dritt ['drɪt] *adv* **wir waren zu ~** there were three of us
dritte(r, s) ['drɪtə] *adj* ① (*an dritter Stelle*) third; *s. a.* **achte(r, s) 1** ② (*Datum*) third, 3rd; *s. a.* **achte(r, s) 2**
drittel ['drɪtl̩] *adj* third
Drittel <-s, -> ['drɪtl̩] *nt* third
drittens ['drɪtn̩s] *adv* thirdly; *s. a.* **achtens**
Dritte-Welt-Laden *m* Third World import store (*shop which sells products from the Third World countries to support them*) **Dritte-Welt-Land** *nt* Third World country
drittklassig *adj* (*pej*) third-rate **Drittländer, Drittstaaten** *pl* third [*or* non-member] countries *pl*
DRK <-> [deːɛr'kaː] *nt Abk von* **Deutsches Rotes Kreuz** German Red Cross
droben ['droːbn̩] *adv* (*geh*) up there
Droge <-, -n> ['droːgə] *f* drug
drogenabhängig *adj* addicted to drugs *pred* **Drogenabhängige(r)** *f(m) dekl wie adj* drug addict **Drogenabhängigkeit** *f* drug addiction **Drogenbeauftragte(r)** *f(m)* ADMIN drug czar **Drogenbekämpfung** *f kein pl* war on drugs **Drogenberatungsstelle** *f* drug-advice centre [*or* AM -er] **Drogenhandel** *m* drug trade **Drogenkonsum** *m* drug-taking **Drogenkonsument(in)** *m(f)* drug consumer [*or* AM user] **Drogenkurier, -kurierin** *m, f* JUR drug mule **Drogenmissbrauch** *f kein pl* drug abuse **Drogensucht** *f s.* **Drogenabhängigkeit** **drogensüchtig** *adj s.* **drogenabhängig** **Drogensüchtige(r)** *f(m) dekl wie adj s.* **Drogenabhängige(r)** **Drogenszene** *f* drug scene **Drogentote(r)** *f(m) sb who died of drug abuse*
Drogerie <-, -n> [drogə'riː, *pl* drogə'riːən] *f* chemist's [shop] BRIT, drugstore AM
Drogist(in) <-en, -en> [dro'gɪst] *m(f)* chemist
Drohbrief *m* threatening letter
drohen ['droːən] *vi* ① (*bedrohen*) to threaten (**mit** +*dat* with) ② (*bevorstehen*) to threaten; **es droht ein Gewitter** a storm is threatening; **ein neuer Krieg droht** there is the threat of renewed war; **die Mauer drohte einzustürzen** the wall threatened to fall
drohend I. *adj* ① (*einschüchternd*) threatening ② (*bevorstehend*) impending **II.** *adv* threateningly
Drohkulisse *f* POL threat of force [*or* military action]
Drohne <-, -n> ['droːnə] *f* drone
dröhnen ['drøːnən] *vi* ① (*dumpf klingen*) to roar; *Donner* to rumble; *Lautsprecher, Musik, Stimme* to boom ② **jdm dröhnt der Kopf/~ die Ohren** sb's head is/ears are ringing
Dröhnung ['drøːnʊŋ] *f* (*sl*) high *fam;* **sich die ~ geben** to score a fix
Drohung <-, -en> ['droːʊŋ] *f* threat
drollig ['drɔlɪç] *adj* ① (*belustigend*) amusing ② (*niedlich*) sweet *esp* BRIT, cute *esp* AM
Dromedar <-s, -e> [drome'daːɐ̯] *nt* dromedary
Drops <-, - *o* -e> ['drɔps] *m o nt* fruit drop
drosch ['drɔʃ] *imp von* **dreschen**

Droschke <-, -n> ['drɔʃkə] *f* (*veraltend*) hackney cab

Drossel <-, -n> ['drɔsl̩] *f* thrush

drosseln ['drɔsl̩n] *vt* **die Heizung ~** to turn the heating down; **die Produktion ~** to decrease [*or* cut down] production; **das Tempo ~** to reduce speed

drüben ['dry:bn̩] *adv* over there

drüber ['dry:bɐ] *adv* (*fam*) *s.* **darüber**

Druck[1] <-[e]s, Drücke> ['drʊk, *pl* 'drʏkə] *m* pressure; **unter ~ stehen** to be under pressure; **jdn unter ~ setzen** to put pressure on sb

Druck[2] <-[e]s, -e> ['drʊk] *m* TYPO printing

Druckabfall *m* PHYS pressure drop, fall [*or* drop] in pressure **Druckausgleich** *m* PHYS pressure balance **Druckbleistift** *m* propelling [*or* AM mechanical] pencil **Druckbuchstabe** *m* **in ~n** in block capitals

Drückeberger <-s, -> *m* (*pej fam*) shirker

drucken ['drʊkn̩] *vt, vi* to print

drücken ['drʏkn̩] **I.** *vi* ① (*pressen*) ■**[auf etw** *akk*] **~** to push [sth]; **auf einen Knopf ~** to push a button ② *Kleidung* to pinch; **die Schuhe ~** the shoes are pinching my feet **II.** *vt* ① (*pressen*) ■**etw ~** to press sth; **einen Knopf ~** to press a button; ■**etw aus etw** *dat* **~** to squeeze sth from sth ② (*Kleidung*) ■**jdn ~** to be too tight for sb ③ (*umarmen*) ■**jdn ~** to hug sb ④ (*herabsetzen*) **den Preis ~** to force down the price **III.** *vr* (*fam*) ■**sich** *akk* [**vor etw** *dat*/**um etw** *akk*] **~** to dodge [sth]

drückend *adj* heavy; *Armut* grinding [*or esp* AM extreme]; *Sorgen* serious; *Stimmung, Hitze* oppressive

Drucker <-s, -> *m* INFORM printer

Drucker(in) <-s, -> *m(f)* printer

Drücker *m* ▶ WENDUNGEN: **auf den letzten ~** at the last minute

Druckerei <-, -en> [drʊkə'rai̯] *f* printer's

Druckerin <-, -nen> *f fem form von* **Drucker**

Druckerlaubnis *f* imprimatur

Druckerschwärze *f* printer's ink **Druckertreiber** *m* printer driver

Druckerzeugnis *nt* printed work (*any piece of printed material*) **Druckfehler** *m* typographical error **druckfrisch** *adj* hot off the press *pred* **Druckgeschwür** *nt* MED bedsore **Druckkabine** *f* pressurized cabin **Druckknopf** *m* press-stud BRIT, stud fastener AM **Druckkosten** *pl* printing costs *pl* **Druckluft** *f kein pl* compressed air **Druckmaschine** *f* printing press **Druckmesser** *m* pressure gauge **Druckmittel** *nt* **jdn/etw als ~ benutzen** to use sb/sth as a means of exerting pressure **druckreif** *adj* ready for publication *pred* **Drucksache** *f* printed matter **Druckschrift** *f* **in ~ schreiben** to write in capitals

drucksen ['drʊksn̩] *vi* (*fam*) to be indecisive

Druckstelle *f* mark [where pressure has been applied] **Druckverband** *m* pressure bandage **Druckwelle** *f* shock wave

drum ['drʊm] *adv* (*fam*) *s.* **darum** ▶ WENDUNGEN: **das D~ und Dran** the whole works

Drumherum <-s> ['drʊmhɛ'rʊm] *nt kein pl* (*fam*) ■**das [ganze] ~** all the trappings

drunten ['drʊntn̩] *adv* DIAL down there

drunter ['drʊntɐ] *adv* (*fam*) *s.* **darunter** ▶ WENDUNGEN: **alles geht ~ und drüber** everything is at sixes and sevens

Drüse <-, -n> ['dry:zə] *f* gland

Dschihadismus <-> [dʒiha'dɪsmʊs] *m kein pl* (*militanter Islamismus*) jihadism

Dschungel <-s, -> ['dʒʊŋl̩] *m* jungle

Dschunke <-, -n> ['dʒʊŋkə] *f* junk

DTP <-> [de:te:'pe:] *nt kein pl* INFORM *Abk von* **Desktoppublishing** DTP

dt(sch). *adj Abk von* **deutsch** G

du <*gen:* deiner, *dat:* dir, *akk:* dich> ['du:] *pron pers* you; **bist ~ das, Peter?** is it you Peter?

Du <-[s], -[s]> ['du:] *nt* you, 'du' (*familiar form of address*); **jdm das ~ anbieten** to suggest that sb use the familiar form of address

Dualsystem *nt* binary system

Dübel <-s, -> ['dy:bl̩] *m* plug

dubios [du'bi̯o:s] *adj* dubious

ducken ['dʊkn̩] *vr* ■**sich** *akk* **~** to duck one's head

Duckmäuser(in) <-s, -> ['dʊkmɔy̆zɐ] *m(f)* (*pej*) yes-man

dudeln ['du:dl̩n] *vi* (*pej fam*) to drone [on]; *Lautsprecher* to blare

Dudelsack ['du:dl̩zak] *m* bagpipes *pl*

Duell <-s, -e> [du'ɛl] *nt* duel

duellieren* [duɛ'li:rən] *vr* ■**sich** *akk* **~** to [fight a] duel

Duett <-[e]s, -e> [du'ɛt] *nt* duet

Duft <-[e]s, Düfte> ['dʊft, *pl* 'dʏftə] *m* [pleasant] smell; *einer Blume, eines Parfüms* scent; *von Essen, Kaffee, Gewürzen* aroma

dufte ['dʊftə] *adj* (*fam*) great

duften ['dʊftn̩] *vi* ■**[nach etw** *dat*] **~** to smell [of sth]

duftend *adj attr* fragrant

duftig ['dʊftɪç] *adj* MODE gossamer

Duftstoff *m* aromatic substance; BIOL scent **Duftwolke** *f* cloud of perfume

dulden ['dʊldn̩] *vt* to tolerate

duldsam ['dʊltza:m] *adj* tolerant (**gegenüber** +*dat* towards, of)

Duldung <-, -en> *f pl selten* toleration

dumm <dümmer, dümmste> ['dʊm] **I.** *adj* ① (*geistig beschränkt*) stupid ② (*unklug*) foolish; **kein ~er Vorschlag!** not a bad idea!; **so etwas D~es!** how foolish! ③ (*albern*) silly; ■**etw wird jdm zu ~** sb has had enough of sth ④ (*fam: ärgerlich*) *Geschichte, Sache* unpleasant **II.** *adv* stupidly; **frag nicht so ~** don't ask such stupid questions ▸WENDUNGEN: **~ dastehen** to look stupid; **jdn für ~ verkaufen** (*fam*) to take sb for a ride

dummdreist ['dʊmdraɪ̯st] *adj* impudent

Dumme(r) *f(m) dekl wie adj* idiot; **einen ~n finden** to find some idiot ▸WENDUNGEN: **der ~ sein** to be left holding the baby

Dummejungenstreich [dʊmə'jʊŋənʃtraɪ̯ç] *m* (*fam*) silly prank

dümmer *adj komp von* **dumm**

dummerweise *adv* ① (*leider*) unfortunately ② (*unklugerweise*) stupidly

Dummheit <-, -en> *f* ① *kein pl* (*geringe Intelligenz*) stupidity ② (*unkluge Handlung*) foolish action

Dummkopf *m* (*pej fam*) idiot

dümmste(r, s) *adj superl von* **dumm**

dumpf ['dʊmpf] *adj* ① (*hohl klingend*) dull; *Geräusch, Ton* muffled ② (*unbestimmt*) vague; *Gefühl* sneaking; *Schmerz* dull ③ (*feucht-muffig*) musty; *Atmosphäre, Luft* oppressive

Dumpingpreis ['dampɪŋ-] *m* dumping price

Düne <-, -n> ['dy:nə] *f* dune

Dung <-[e]s> ['dʊŋ] *m kein pl* dung *no pl*

Düngemittel *nt* fertilizer

düngen ['dʏŋən] *vt* to fertilize

Dünger <-s, -> *m* fertilizer

dunkel ['dʊŋkl̩] **I.** *adj* ① (*nicht hell*) dark; *Ton* deep ② (*unklar*) *Erinnerung* vague; **ein dunkles Kapitel** a dark chapter ③ (*pej: zwielichtig*) dubious, shady ▸WENDUNGEN: **im D~n tappen** to be groping around in the dark **II.** *adv* **sich** *akk* **~ an etw** *akk* **erinnern** to remember sth vaguely

dunkelblau ['dʊŋkl̩blaʊ̯] *adj* dark blue **dunkelblond** *adj* light brown **dunkelgrün** *adj* dark green **dunkelhaarig** *adj* dark-haired **dunkelhäutig** *adj* dark-skinned

Dunkelheit <-> *f kein pl* darkness *no pl*

Dunkelkammer *f* darkroom **dunkelrot** *adj* dark red **Dunkelziffer** *f* number of unreported cases

dünn ['dʏn] **I.** *adj* ① (*von geringer Stärke*) thin ② *Kleidung* light; *Strümpfe* fine **II.** *adv* thinly; **~ besiedelt** sparsely populated; **~ gesät** thinly scattered

Dünndarm *m* small intestine

dünne|machen *vr* (*fam*) ■**sich ~** to beat it

dünnflüssig *adj* runny **dünn|machen** *vr* (*fam*) ■**sich** *akk* **~** to make oneself scarce **Dünnpfiff** <-[e]s> *m kein pl* (*fam*) the runs *npl* **Dünnschiss** *m kein pl* (*derb*) the shits *npl*

Dunst <-[e]s, Dünste> ['dʊnst, *pl* 'dʏnstə] *m* ① (*leichter Nebel*) haze; (*durch Abgase*) fumes *npl* ② (*Dampf*) steam

Dunstabzugshaube *f* extractor hood

dünsten ['dʏnstn̩] *vt* to steam; *Fleisch* to braise

Dunstglocke *f* pall [*or* AM blanket] of smog

dunstig ['dʊnstɪç] *adj* METEO hazy

Dunstkreis *m* (*geh*) entourage **Dunstschleier** *m* [thin] layer of haze **Dunstwolke** *f* cloud of smog

Duo <-s, -s> ['du:o] *nt* ① (*Paar*) duo ② MUS duet

Duplikat <-[e]s, -e> [dupli'ka:t] *nt* duplicate

Dur <-, -> ['du:ɐ] *nt* MUS major; **in ~** in a major key

durch ['dʊrç] **I.** *präp* ① (*räumlich*) through; **~ den Fluss waten** to wade across the river; **mitten ~ etw** *akk* through the middle of sth ② (*vermittels*) by [means of]; **~ [einen] Zufall** by chance ③ (*zeitlich*) throughout; **damit kommen wir nicht ~ den Winter** we won't last the winter with that; **die ganze Nacht ~** the whole night through ④ MATH [**dividiert**] **~** divided by ▸WENDUNGEN: **jdm ~ und ~ gehen** to go right through sb **II.** *adj präd* ① (*durchgetrennt*) through ② (*fam: vorbei*) **es ist schon 12 Uhr ~** it's already past 12 [o'clock]; **der Zug ist vor zwei Minuten ~** the train went two minutes ago ③ (*gar, reif*) ■**~ sein** *Steak* to be well-done; *Käse* to be ripe ④ (*kaputt*) ■**~ sein** *Kleidung* to be worn out ⑤ (*fertig*) ■**mit etw/jdm ~ sein** to be through with sth/sb

durch|ackern ['dʊrçʔakɐn] (*fam*) **I.** *vt* to plough through **II.** *vr* ■**sich** *akk* [**durch etw** *akk*] **~** to plough one's way [through sth] **durch|arbeiten** ['dʊrçʔarbaɪ̯tn̩] **I.** *vt* to go through **II.** *vi* to work through **durch|atmen** ['dʊrçʔa:tmən] *vi* to breathe deeply

durchaus ['dʊrçʔaʊ̯s, dʊrç'ʔaʊ̯s] *adv* **~ kein schlechtes Angebot** not a bad offer [at all]; **ich bin ~ deiner Meinung, aber ...** I quite agree with you, but ...; **~ möglich sein** to be quite possible; **~ nicht schlecht sein** to be by no means bad

durch|beißen ['dʊrçbaisn̩] *irreg* **I.** *vt* to bite through **II.** *vr* (*fam*) ■**sich** *akk* [**durch etw** *akk*] ~ to struggle one's way through [sth] **durch|bekommen*** ['dʊrçbəkɔmən] *vt irreg* (*fam*) ① (*durchtrennen können*) to cut through ② (*durch eine Öffnung*) to get through ③ *einen Kranken* to pull through **durch|biegen** ['dʊrçbi:gn̩] *irreg* **I.** *vt* to bend **II.** *vr* ■**sich** *akk* ~ to sag **durch|blättern** ['dʊrçblɛtɐn], **durchblättern*** [dʊrç'blɛtɐn] *vt* to leaf through **Durchblick** ['dʊrçblɪk] *m* (*fam*) overall view; **den ~ [bei etw** *dat*] **haben** to know what's going on [in sth] **durch|blicken** ['dʊrçblɪkn̩] *vi* ① ■[**durch etw** *akk*] ~ to look through [sth] ② (*fam: den Überblick haben*) to know what's going on ③ **etw ~ lassen** to hint at sth **durchbluten*** [dʊrç'blu:tn̩] *vt* ANAT to supply with blood; **gut/schlecht durchblutet** with good/poor circulation

Durchblutung [dʊrç'blu:tʊŋ] *f* circulation **Durchblutungsstörung** *f* circulatory problem

durchbohren*¹ [dʊrç'bo:rən] *vt* ■**etw [mit etw** *dat*] ~ to pierce sth [with sth]

durch|bohren² ['dʊrçbo:rən] *vt* ■**etw durch etw** *akk* ~ to drill sth through sth

durch|boxen ['dʊrçbɔksn̩] (*fam*) **I.** *vt* to push through **II.** *vr* **sich** *akk* **nach oben** ~ to fight one's way up **durch|braten** ['dʊrçbra:tn̩] *irreg vt* to cook until it is well done

durch|brechen¹ ['dʊrçbrɛçn̩] *irreg* **I.** *vt haben* to break in two **II.** *vi sein* (*zerfallen*) to break in two

durchbrechen*² [dʊrç'brɛçn̩] *vt irreg Absperrung, Blockade* to burst [*or* break] through

durch|brennen ['dʊrçbrɛnən] *irreg vi sein* ① ELEK to burn out; *Sicherung* to blow ② (*fam*) ■[**jdm**] ~ to run away [from sb] **durch|bringen** ['dʊrçbrɪŋən] *vt irreg* ① (*durch eine Öffnung*) to get passed ② (*für Unterhalt sorgen*) to support ③ *einen Kranken* to pull through

durchbrochen [dʊrç'brɔçn̩] *adj* MODE openwork *attr*

Durchbruch ['dʊrçbrʊx] *m* ① *a.* MIL breakthrough ② (*Öffnung*) opening **durch|checken** ['dʊrçtʃɛkn̩] *vt* (*fam*) *Patienten* to check up on; **sich** *akk* **~ lassen** to have a check-up

durchdacht *adj* thought-out; **eine gut ~e Idee** a well thought-out idea

durch|denken ['dʊrçdɛŋkn̩], **durchdenken*** [dʊrç'dɛŋkn̩] *vt irreg* ■**etw** ~ *irreg* to think sth through **durch|diskutieren*** ['dʊrçdɪskuti:rən] *vt* to discuss thoroughly **durch|drängeln** ['dʊrçdrɛŋl̩n] *vr* (*fam*), **durch|drängen** ['dʊrçdrɛŋən] *vr* ■**sich** *akk* **durch etw** *akk* ~ to push one's way through sth **durch|drehen** ['dʊrçdre:ən] *vi* (*fam*) to crack up

durch|dringen¹ ['dʊrçdrɪŋən] *irreg vi sein* ① (*durch etw dringen*) to come through ② (*erreichen*) ■**zu jdm** ~ to get as far as sb

durchdringen*² [dʊrçdrɪŋən] *irreg vt* to penetrate

durchdringend *adj* piercing; *Geruch* pungent; *Gestank* penetrating; *Kälte, Wind* biting; *Schmerz* excruciating

durch|drücken ['dʊrçdrʏkn̩] *vt* (*erzwingen*) to push through

durchdrungen [dʊrç'drʊŋən] *adj präd* ■**von etw** *dat* **~ sein** to be imbued with sth

durch|dürfen ['dʊrçdʏrfn̩] *vi irreg* (*fam*) to be allowed through

durcheinander [dʊrçʔai̯'nandɐ] *adj präd* ■**~ sein** (*in Unordnung*) to be in a mess; (*verwirrt*) to be confused

Durcheinander <-s> [dʊrçʔai̯'nandɐ] *nt kein pl* ① (*Unordnung*) mess ② (*Wirrwarr*) confusion

durcheinander|bringen *vt irreg* ■**etw** ~ to get sth in a mess; (*verwechseln*) to mix up *sep* sth; ■**jdn [mit etw** *dat*] ~ to confuse sb [with sth] **durcheinander|geraten*** *vi irreg sein* to get mixed up; (*verwirrt werden*) to get confused **durcheinander|reden** *vi* to all talk at once **durcheinander|trinken** *vt irreg* **alles** ~ to mix one's drinks

durch|fahren¹ ['dʊrçfa:rən] *vi irreg sein* ① (*hindurch*) **durch eine Stadt** ~ to drive through a town ② (*nicht anhalten*) **bei Rot** ~ to drive straight through the red light; **die Nacht** ~ to drive through the night; (*ohne umzusteigen*) to travel direct; **der Zug fährt bis Berlin durch** the train is non-stop to Berlin

durchfahren*² [dʊrç'fa:rən] *vt irreg* ■**jdn** ~ *Gedanke* to flash through sb's mind; *Gefühl* to go through sb

Durchfahrt ['dʊrçfa:ɐ̯t] *f* ① (*Öffnung*) entrance; ~ **bitte freihalten** please do not obstruct ② (*das Durchfahren*) ~ **verboten** no thoroughfare; **auf der ~ sein** to be passing through **Durchfahrtsstraße** *f* through road

Durchfall ['dʊrçfal] *m* diarrhoea **durch|fallen** ['dʊrçfalən] *vi irreg sein* ① ■[**durch etw** *akk*] ~ to fall through [sth] ② (*fam*) **bei einer Prüfung** ~ to fail an exam

D

durch|feiern ['dʊrçfaɪɐn] *vi* (*fam*) to celebrate non-stop **durch|finden** ['dʊrçfɪndn̩] *irreg vi, vr* ■[**sich** *akk*] ~ to find one's way

durch|fliegen[1] ['dʊrçfli:gn̩] *vi irreg sein* ❶ LUFT to fly non-stop ❷ (*fam*) **durch ein Prüfung** ~ to fail an exam

durchfliegen*[2] [dʊrç'fli:gn̩] *vt irreg* to fly through

durch|fließen[1] ['dʊrçfli:sn̩] *vi irreg sein* to flow through

durchfließen*[2] [dʊrçfli:sn̩] *vt irreg* to flow through

durchforschen* [dʊrç'fɔrʃn̩] *vt* ❶ (*durchstreifen*) to explore ❷ (*durchsuchen*) to search through (**nach** +*dat* for) **durchforsten*** [dʊrç'fɔrstn̩] *vt* (*fam*) to sift through (**nach** +*dat* for) **durch|fragen** ['dʊrçfra:gn̩] *vr* ■**sich** *akk* ~ to find one's way by asking **durch|fressen** ['dʊrçfrɛsn̩] *irreg vr* ❶ *Tier* ■**sich** *akk* [**durch etw** *akk*] ~ to eat [its way] through [sth] ❷ (*pej*) ■**sich** *akk* [**bei jdm**] ~ to live on sb's hospitality

durchführbar *adj* feasible

durch|führen ['dʊrçfy:rən] **I.** *vt* (*verwirklichen*) to carry out **II.** *vi* ■**durch etw** *akk* ~ to run through sth **Durchführung** *f* carrying out *no pl* **durch|füttern** ['dʊrçfʏtɐn] *vt* (*fam*) to support

Durchgang ['dʊrçgaŋ] *m* ❶ (*Passage*) path[way] ❷ (*das Durchgehen*) entry; **kein ~!** no thoroughfare!; (*an Türen*) no entry!

durchgängig ['dʊrçgɛŋɪç] **I.** *adj* universal **II.** *adv* universally

Durchgangslager *nt* transit camp **Durchgangsstraße** *f* through road **Durchgangsverkehr** *m* through traffic

durch|geben ['dʊrçge:bn̩] *vt irreg Lottozahlen* to read; **eine Meldung** ~ to make an announcement **durchgefroren** *adj* frozen stiff *pred*

durch|gehen ['dʊrçge:ən] *irreg vi sein* ❶ (*hindurchgehen*) to go through ❷ (*fam: weglaufen*) to run off ❸ (*angenommen werden*) to go through; *Antrag, Gesetz* to be passed ❹ (*gehalten werden*) ■**für etw** ~ to be taken [*or* AM pass] for sth ❺ *Pferd* to bolt ▶WENDUNGEN: **jdm etw** ~ **lassen** to let sb get away with sth **durchgehend** ['dʊrçge:ənt] **I.** *adj* ❶ (*nicht unterbrochen*) continuous ❷ BAHN direct **II.** *adv* ~ **geöffnet** open right through

durchgeknallt *adj* (*sl*) ■~ **sein** to have gone crazy

durch|greifen ['dʊrçgraɪfn̩] *vi irreg* ❶ (*wirksam vorgehen*) to take drastic action ❷ (*hindurchfassen*) to reach through

durchgreifend **I.** *adj* drastic **II.** *adv* radically

durch|gucken ['dʊrçgʊkn̩] *vi* (*fam*) to look through **durch|haben** ['dʊrçha:bn̩] *vt irreg* (*fam*) ❶ (*durchgelesen haben*) to be through [reading] ❷ (*durchgearbeitet haben*) to have finished ❸ (*durchtrennt haben*) to have got through **durch|halten** ['dʊrçhaltn̩] *irreg* **I.** *vt* ❶ *Belastung* to stand ❷ (*beibehalten*) to keep up *sep;* **das Tempo** ~ to be able to stand the pace **II.** *vi* to hold out

Durchhaltevermögen *nt kein pl* stamina

durch|hängen ['dʊrçhɛŋən] *vi irreg* ❶ (*nach unten hängen*) to sag ❷ (*fam: erschöpft sein*) to be drained ❸ (*fam: deprimiert sein*) to be down **Durchhänger** <-s, -> *m* **einen** [**totalen**] ~ **haben** (*fam*) to be on a [real] downer

durch|hauen ['dʊrçhaʊən] *irreg vt* (*spalten*) to split [in two] **durch|helfen** ['dʊrçhɛlfn̩] *irreg vi* ■**jdm** [**durch etw** *akk*] ~ to help sb through [sth] **durch|hören** *vt* ❶ (*heraushören*) to detect ❷ (*durch etw hören*) to hear

durch|kämmen[1] ['dʊrçkɛmən] *vt Haar* to comb through *sep*

durchkämmen*[2] [dʊrç'kɛmən] *vt* ■**etw** [**nach jdm**] ~ to comb sth [for sb]

durch|kämpfen ['dʊrçkɛmpfn̩] **I.** *vt* (*durchsetzen*) to force through *sep* **II.** *vr* ■**sich** *akk* ~ to battle one's way through

durch|kauen ['dʊrçkaʊən] *vt* ❶ (*gründlich kauen*) to chew thoroughly ❷ (*fam*) to discuss thoroughly **durch|kommen** ['dʊrçkɔmən] *vi irreg sein* ❶ (*durchfahren*) ■[**durch etw** *akk*] ~ to come through [sth] ❷ *Sonne* to come through ❸ *Charakterzug* to become noticeable ❹ (*Erfolg haben*) ■**mit etw** *dat* ~ to get away with sth ❺ (*durch eine Öffnung*) to get through *sep* ❻ (*überleben*) to pull through **durch|können** ['dʊrçkœnən] *vi irreg* (*fam*) to be able to get through

durchkreuzen*[1] [dʊrç'krɔʏtsn̩] *vt* (*vereiteln*) to foil

durch|kreuzen[2] ['dʊrçkrɔʏtsn̩] *vt* to cross out *sep*

durch|kriechen ['dʊrçkri:çn̩] *vi irreg sein* to crawl through **durch|kriegen** *vt* (*fam*) *s.* **durchbekommen**

durch|lassen ['dʊrçlasn̩] *vt irreg* ❶ (*vorbei lassen*) ■**jdn/etw** ~ to let sb/sth through ❷ (*durchlässig sein*) ■**etw** ~ to let through *sep* sth ❸ (*fam: durchgehen lassen*) ■**jdm etw** ~ to let sb get away with sth **durchlässig** ['dʊrçlɛsɪç] *adj* porous (**für** +*akk* to)

durch|laufen[1] ['dʊrçlaufn̩] *irreg* **I.** *vi sein* to run through **II.** *vt haben Schuhe* to wear through *sep*
durchlaufen*[2] [dʊrç'laufn̩] *vt irreg* ① *(im Lauf durchqueren)* to run through ② *(zurücklegen)* to cover
Durchlauferhitzer <-s, -> *m* flow heater, continuous-flow water heater *form*
durchleben* [dɐç'le:bn̩] *vt* **schwere Zeiten ~** to go through hard times **durchleiden*** [dʊrç'laidn̩] *vt irreg* to endure **durch|lesen** ['dʊrçle:zn̩] *vt irreg* to read through *sep*
durchleuchten*[1] [dʊrç'lɔyçtn̩] *vt* ① *(röntgen)* to X-ray ② *(kritisch prüfen)* to investigate
durch|leuchten[2] ['dʊrçlɔyçtn̩] *vi* to shine through
durch|lüften ['dʊrçlʏftn̩] **I.** *vt Raum* to air out **II.** *vi* to air thoroughly **durch|machen** ['dʊrçmaxn̩] **I.** *vt* to go through; *Krankheit* to suffer; **eine Phase ~** to go through a stage **II.** *vi (fam)* ① *(feiern)* **die ganze Nacht ~** to make a night of it ② *(durcharbeiten)* to work right through **Durchmarsch** ['dʊrçmarʃ] *m* **auf dem ~ sein** to be marching through **durch|marschieren*** ['dʊrçmarʃi:rən] *vi sein* to march through
Durchmesser <-s, -> ['dʊrçmesɐ] *m* diameter
durch|mogeln *vr (fam)* ■**sich** *akk* **~** to wangle one's way through **durch|müssen** ['dʊrçmʏsn̩] *vi irreg (fam)* to have to go through **durchnässen*** [dʊrç'nɛsn̩] *vt* to drench **durch|nehmen** ['dʊrçne:mən] *vt irreg* to do **durch|pausen** ['dʊrçpauzn̩] *vt* to trace **durch|probieren*** *vt* to try in turn **durchqueren*** [dʊrç'kve:rən] *vt* to cross **durch|rasseln** *vi sein (fam)* to fail **durch|rechnen** ['dʊrçrɛçnən] *vt* to calculate; *(überprüfen)* to check thoroughly **durch|regnen** ['dʊrçre:gnən] *vi impers* ① *(Regen durchlassen)* to rain through ② *(ununterbrochen regnen)* to rain continuously
Durchreise ['dʊrçraizə] *f* journey through; **auf der ~ sein** to be passing through
durch|reisen[1] ['dʊrçraizn̩] *vi sein* to pass through
durchreisen*[2] [dʊrç'raizn̩] *vt* **die ganze Welt ~** to travel all over the world
Durchreisevisum *nt* transit visa
durch|reißen ['dʊrçraisn̩] *irreg* **I.** *vt haben* ■**etw ~** to tear sth in two **II.** *vi sein* to rip, to tear [in half] **durch|ringen** ['dʊrçrɪŋən] *vr irreg* ■**sich** *akk* **zu etw** *dat* **~** to finally manage to do sth; **sich** *akk* **zu einer Entscheidung ~** to force oneself to [make] a decision **durch|rosten** ['dʊrçrɔstn̩] *vi sein* to rust through **durch|rufen** *vi irreg (fam)* to give sb a ring [*or* Am *usu* call] **durch|rühren** *vt* to stir well **durch|rütteln** ['dʊrçrʏtl̩n] *vt* to shake about
durchs ['dʊrçs] *(fam)* = **durch das** *s.* **durch**
Durchsage <-, -n> ['dʊrçza:gə] *f* announcement
durch|sagen ['dʊrçza:gn̩] *vt* to announce
durch|sägen *vt* to saw through *sep*
durchschaubar [dʊrç'ʃauba:ɐ̯] *adj* obvious; **leicht ~** easy to see through; **schwer ~** enigmatic
durchschauen*[1] [dʊrç'ʃauən] *vt* ■**jdn ~** to see through sb
durch|schauen[2] ['dʊrçʃauən] *vt* to look through
durch|scheinen ['dʊrçʃainən] *vi irreg* ① *Licht, Sonne* to shine through ② *Farbe, Muster* to show [through] **durch|schieben** *vt irreg* to push through *sep* **durch|schlafen** ['dʊrçʃla:fn̩] *vi irreg* to sleep through [it]
Durchschlag ['dʊrçʃla:k] *m* ① *(Kopie)* copy ② *(Sieb)* colander
durch|schlagen[1] ['dʊrçʃla:gn̩] *irreg* **I.** *vt haben* ① *(durchbrechen)* to split [in two] ② **einen Nagel durch etw** *akk* **~** to knock a nail through sth **II.** *vi sein (durchdringen)* ■**[durch etw** *akk***] ~** to come through [sth] **III.** *vr haben* ■**sich** *akk* **~** ① *(seine Existenz behaupten)* to struggle along ② *(ans Ziel gelangen)* to make one's way through
durchschlagen*[2] [dʊrç'ʃla:gn̩] *vt irreg* to chop through
durchschlagend ['dʊrçʃla:gn̩t] *adj* ① *(überwältigend)* sweeping; *Erfolg* huge; **eine ~e Wirkung haben** to be extremely effective ② *(überzeugend)* convincing; *Beweis* conclusive
Durchschlagpapier *nt* carbon paper **Durchschlagskraft** *f kein pl* ① *(Wucht)* penetration ② *(fig)* effectiveness
durch|schlängeln *vr* ■**sich** *akk* **~** to thread one's way through
durch|schleusen ['dʊrçʃlɔyzn̩] *vt (fam)* to smuggle through *sep*
durch|schneiden ['dʊrçʃnaidn̩] *vt irreg* to cut through **Durchschnitt** ['dʊrçʃnɪt] *m* average; **im ~** on average; **über/unter dem ~ liegen** to be above/below average
durchschnittlich ['dʊrçʃnɪtlɪç] **I.** *adj* ① *(Mittelwert betreffend)* average *attr* ② *(mittelmäßig)* ordinary **II.** *adv* ① *(im Schnitt)* on average ② *(mäßig)* moderately; **~ intelligent** of average intelligence

D

Durchschnittsalter *nt* average age **Durchschnittseinkommen** *nt* average income **Durchschnittsgeschwindigkeit** *f* average speed **Durchschnittsmensch** *m* average person **Durchschnittstemperatur** *f* average temperature **Durchschnittswert** *m* average [*or* mean] value

D

Durchschrift *f* [carbon] copy **Durchschuss** ['dʊrçʃʊs] *m* ❶ (*durchgehender Schuss*) **es war ein glatter ~** the shot had passed clean through ❷ TYPO (*Zwischenraum*) leading *spec* **durch|schütteln** ['dʊrçʃʏtl̩n] *vt* ■**etw ~** to shake sth thoroughly; ■**jdn ~** to give sb a good shaking **durch|schwitzen** ['dʊrçʃvɪtsn̩] *vt* to soak in sweat **durch|sehen** ['dʊrçze:ən] *irreg* **I.** *vt* ■**etw ~** to go over sth **II.** *vi* ■**durch etw** *akk* **~** to look through sth **durch|setzen** ['dʊrçzɛtsn̩] **I.** *vt* *Maßnahmen* to impose; *Reformen* to carry out; *Ziel* to achieve; ■**etw bei jdm ~** to get sb to agree to sth; **seinen Willen [gegen jdn] ~** to get one's own way [with sb] **II.** *vr* ❶ (*sich Geltung verschaffen*) ■**sich** *akk* **~** to assert oneself (**gegen** + *akk* against); ■**sich** *akk* **mit etw** *dat* **~** to be successful with sth ❷ (*Gültigkeit erreichen*) ■**sich** *akk* **~** to gain acceptance; *Trend* to catch on

Durchsetzungsvermögen *nt kein pl* assertiveness

Durchsicht ['dʊrçzɪçt] *f* inspection; **zur ~** for inspection

durchsichtig ['dʊrçzɪçtɪç] *adj* transparent *a. fig; Bluse, Kleid* see-through; **~e Lüge** transparent lie

durch|sickern ['dʊrçzɪkɐn] *vi sein* ❶ *Flüssigkeit* to seep through ❷ *Nachricht, Neuigkeit* to leak out; **Informationen ~ lassen** to leak information **durch|spielen** *vt* (*durchdenken*) to go through **durch|sprechen** ['dʊrçʃprɛçn̩] *vt irreg* to discuss thoroughly **durch|stechen** ['dʊrçʃtɛçn̩] *vt irreg* to pierce **durch|stehen** ['dʊrçʃte:ən] *vt irreg* to get through; *Qualen* to endure; *Schwierigkeiten* to cope **durch|steigen** ['dʊrçʃtaign̩] *vi irreg sein* ❶ (*durch etw steigen*) to climb through ❷ (*fam: verstehen*) ■**bei etw** *dat* **~** to get sth; **da soll mal einer ~!** just let someone try and understand that lot! **durch|stellen** *vt* **ein Gespräch ~** to put a call through **durchstöbern*** [dʊrç'ʃtø:bɐn], **durch|stöbern** ['dʊrçʃtø:bɐn] *vt* to rummage through (**nach** + *dat* for)

durchstoßen*[1] [dʊrç'ʃto:sn̩] *vt irreg* to go through

durch|stoßen[2] ['dʊrçʃto:sn̩] *irreg vt* **einen Pfahl durch etw ~** to drive a stake through sth

durch|streichen ['dʊrçʃtraiçn̩] *vt irreg* *Fehler* to cross out **durchstreifen*** [dʊrç'ʃtraifn̩] *vt* to roam through

durch|strömen[1] ['dʊrçʃtrø:mən] *vi sein* to stream through

durchströmen*[2] [dʊrç'ʃtrø:mən] *vt* (*a. fig*) to flow through

durchsuchen* [dʊrç'zu:xn̩] *vt* to search (**nach** + *dat* for)

Durchsuchung <-, -en> [dʊrç'zu:xʊŋ] *f* search

durchtrainiert *adj* thoroughly fit **durch|treten** ['dʊrçtre:tn̩] *irreg vt* **die Bremse ~** to step on the brakes

durchtrieben [dʊrç'tri:bn̩] *adj* crafty

durchwachsen [dʊrç'vaksn̩] *adj* ❶ *Speck* streaky ❷ *präd* (*mittelmäßig*) so-so

Durchwahl *f* ❶ (*Durchwahlnummer*) extension number ❷ *kein pl* (*das Durchwählen*) direct dialling *no pl, no art* **durch|wählen** ['dʊrçvɛ:lən] *vi* to dial direct

durchweg ['dʊrçvɛk] *adv,* **durchwegs** ['dʊrçve:ks] *adv* ÖSTERR without exception

durch|winken *vt irreg* to wave through

durch|wühlen[1] ['dʊrçvy:lən] *vr* ■**sich** *akk* [**durch etw** *akk*] **~** to plough through [sth]

durchwühlen*[2] [dʊrç'vy:lən] *vt* (*durchstöbern*) to comb (**nach** + *dat* for)

durch|wurschteln, durch|wursteln *vr* (*sl*) ■**sich ~** to muddle through BRIT

durch|zählen ['dʊrçtsɛ:lən] *vt, vi* to count out *sep* **durch|ziehen** ['dʊrçtsi:ən] *irreg* **I.** *vt haben* ❶ (*durch eine Öffnung*) ■**etw [durch etw** *akk*] **~** to pull sth through [sth]; **eine Schnur [durch etw** *akk*] **~** to draw a cord through [sth] ❷ (*fam: vollenden*) to see through **II.** *vi sein* to come through **III.** *vr haben* ■**sich** *akk* **durch etw** *akk* **~** to occur throughout sth **durchzucken*** [dʊrç'tsʊkn̩] *vt* ❶ **den Himmel ~** to flash across the sky ❷ ■**jdn ~** to flash through sb's mind

Durchzug ['dʊrçtsu:k] *m kein pl* (*Luftzug*) draught

dürfen ['dʏrfn̩] **I.** *modal vb* <darf, durfte, dürfen> ❶ (*Erlaubnis haben*) ■**etw [nicht] tun ~** to [not] be allowed to do sth ❷ *verneint* **wir ~ den Zug nicht verpassen** we mustn't miss the train; **du darfst ihm das nicht übel nehmen** you mustn't hold that against him ❸ *im Konjunktiv* (*sollen*) ■**das/es dürfte ...** that/it should ...; **es dürfte wohl das Beste sein, wenn ...** it would probably be best when ... **II.** *vi* <darf, durfte, gedurft> **darf ich nach draußen?** may I go outside?; **sie hat nicht**

gedurft she wasn't allowed to **III.** *vt* <darf, durfte, gedurft> ■**etw ~** to be allowed to do sth; **darfst du das?** are you allowed to?

dürftig ['dʏrftɪç] **I.** *adj* ① (*karg*) paltry; *Unterkunft* poor ② (*schwach*) poor; *Ausrede* feeble; *Kenntnisse* scanty ③ (*spärlich*) *Informationen* sparse **II.** *adv* scantily

dürr ['dʏr] *adj* ① (*trocken*) dry; **~es Laub** withered leaves ② (*mager*) [painfully] thin

Dürre <-, -n> ['dʏrə] *f* drought *no pl*

Dürrekatastrophe *f* catastrophic drought

Durst <-[e]s> ['dʊrst] *m kein pl* thirst *no pl;* ■**~ haben** to be thirsty; **seinen ~ löschen** *dat* to quench one's thirst

dursten ['dʊrstn̩] *vi* (*geh*) to be thirsty

dürsten ['dʏrstn̩] *vi* (*geh*) ■**mich dürstet** [**es**] I am thirsty

durstig ['dʊrstɪç] *adj* thirsty

durstlöschend *adj* thirst-quenching **durststillend** *adj* thirst-quenching **Durststrecke** *f* lean period

Dusche <-, -n> ['du:ʃə] *f* shower; **unter die ~ gehen** to have a shower

duschen ['du:ʃn̩] **I.** *vi* to shower **II.** *vr* ■**sich** *akk* ~ to have a shower **III.** *vt* ■**jdn ~** to give sb a shower

Duschgel *nt* shower gel **Duschkabine** *f* shower cubicle **Duschvorleger** *m* shower mat

Düse <-, -n> ['dy:zə] *f* ① TECH nozzle ② LUFT jet

Dusel <-s> ['du:zl̩] *m kein pl* (*fam*) ① (*Glück*) **~ haben** to be lucky ② SCHWEIZ, SÜDD ■**im ~** (*benommen*) in a daze; (*angetrunken*) tipsy

dus(e)lig ['du:z(ə)lɪç] *adj* (*fam: schläfrig*) drowsy; (*angetrunken*) tipsy; **mir wird ~** I'm feeling dizzy

düsen ['dy:zn̩] *vi sein* (*fam: fahren*) to race; (*schnell gehen*) to dash

Düsenantrieb *m* jet propulsion *no pl, no art* **Düsenflugzeug** *nt* jet [aircraft]

dusselig ['dʊsəlɪç], **dusslig** ['dʊslɪç] (*fam*) **I.** *adj* daft **II.** *adv* ① (*dämlich*) **sich** *akk* **~ anstellen** to act stupidly ② (*enorm viel*) **sich** *akk* **~ arbeiten** to work oneself silly

düster ['dy:stɐ] *adj Himmel, Wetter* gloomy; **eine ~e Ahnung** a dark foreboding; **~e Gedanken** black thoughts; **eine ~e Miene** a gloomy [*or* melancholy] face; **~e Prognosen** gloomy predictions; **eine ~e Stimmung** a black [*or* melancholy] mood

Dutzend <-s, -e> ['dʊtsn̩t, *pl* 'dʊtsn̩də] *nt* dozen

dutzend(e)mal *adv* (*fam*) dozens of times

dutzendfach **I.** *adj* dozens of **II.** *adv* dozens of times

dutzendmal *adv* dozens of times

dutzendweise ['dʊtsn̩tvaizə] *adv* by the dozen

duzen ['du:tsn̩] *vt* to address as 'du'

DV <-> [de:'fau] *f Abk von* **Datenverarbeitung** DP

DVD <-, -s> [de:fau'de:] *f Abk von* **digital versatile disk** DVD

DVD-Player <-s, -> [-ple:ɐ] *m* DVD player

Dynamik <-> [dy'na:mɪk] *f kein pl* ① PHYS dynamics + *sing vb, no art* ② (*Triebkraft*) dynamism

dynamisch [dy'na:mɪʃ] **I.** *adj* dynamic **II.** *adv* dynamically

Dynamit <-s> [dyna'mi:t] *nt kein pl* dynamite

Dynamo <-s, -s> [dy'na:mo] *m* dynamo

Dynastie <-, -n> [dynas'ti:, *pl* dynas'ti:ən] *f* dynasty

D-Zug ['de:tsu:k] *m* (*veraltend*) express

E

Ee

E, e <-, - *o fam* -s, -s> [e:] *nt* ① (*Buchstabe*) E, e; **~ wie Emil** E for Edward BRIT, E as in Easy AM ② MUS E, e

Eau de Cologne <-> ['o:dəko'lɔnjə] *nt kein pl* eau de Cologne *no pl* BRIT, Cologne AM

Ebbe <-, -n> ['ɛbə] *f* ebb tide; (*Wasserstand*) low water; **~ und Flut** the tides *pl;* **bei ~** at low tide

eben[1] ['e:bn̩] **I.** *adj* ① (*flach*) flat ② (*glatt*) level **II.** *adv* evenly

eben[2] ['e:bn̩] **I.** *adv* ① *zeitlich* just ② (*nun einmal*) just; **das ist ~ so** that's [just] the way it is ③ (*gerade noch*) just [about] ④ (*kurz*) **mal ~** for a minute **II.** *part* ① (*genau das*) precisely ② (*Abschwächung von Verneinung*) **das ist nicht ~ billig** it's not exactly cheap

Ebenbild *nt* image

ebenbürtig ['e:bn̩bʏrtɪç] *adj* equal (**an** +*dat* in); **einander** [**nicht**] **~ sein** to be [un]evenly matched

ebenda ['e:bn̩'da:] *adv* ① (*genau dort*) exactly there ② (*bei Zitat*) ibidem; (*geschrieben a.*) ibid[.] **ebendarum** [e:bn̩'da:rʊm] *adv* for that very reason **ebender** [e:bn̩'de:ɐ̯], **ebendie** [e:bn̩'di:], **ebendas** ['e:bn̩'das] *pron* he/she/it **ebendeshalb** [e:bn̩'dɛs'halp] *adv,* **ebendeswegen** [e:bn̩dɛs've:gn̩] *adv s.* **ebendarum** **ebendiese(r, s)** [e:bn̩'di:zə] *pron* (*geh*) he/

she/it

Ebene <-, -n> ['e:bənə] *f* ① (*Tiefebene*) plain; (*Hochebene*) plateau ② MATH, PHYS plane ③ (*fig*) **auf wissenschaftlicher ~** at the scientific level

ebenerdig *adj* level with the ground; **eine ~e Wohnung** a residence at ground level

ebenfalls ['e:bn̩fals] *adv* as well; **danke, ~!** thanks, [and] the same to you

Ebenholz [e:bn̩hɔlts] *nt* ebony

Ebenmaß *nt kein pl* (*geh*) regularity

ebenmäßig **I.** *adj* evenly proportioned **II.** *adv* symmetrically

ebenso ['e:bn̩zo:] *adv* ① (*genauso*) just as; **~ gern** [**wie**] just as well/much [as]; **~ gut** [just] as well; **~ lang**(**e**) just as long; **~ oft** just as often; **~ sehr/viel** just as much; **~ wenig** just as little ② (*auch*) as well

Eber <-s, -> ['e:bɐ] *m* boar

Eberesche ['e:bɐʔɛʃə] *f* BOT mountain ash [*or* rowan]

ebnen ['e:bnən] *vt* to level [off] ▶ WENDUNGEN: **jdm/etw den Weg ~** to pave the way for sb/sth

E-Business <-> ['i:'bɪznɪs] *f kein pl* INET e-business

EC¹ <-s, -s> [e:'tse:] *m Abk von* **Eurocity** Eurocity train

EC² <-s, -s> [e:'tse:] *m* FIN *Abk von* **Electronic Cash** electronic cash

Echo <-s, -s> ['ɛço] *nt* ① (*Effekt*) echo ② (*Reaktion*) response (**auf** +*akk* to)

Echolot *nt* sonar

Echse <-, -n> ['ɛksə] *f* saurian *spec*

echt ['ɛçt] **I.** *adj* ① (*nicht künstlich*) real; (*nicht gefälscht*) genuine; *Haarfarbe* natural; *Silber, Gold* pure ② *Freundschaft, Schmerz* sincere ③ (*typisch*) typical ④ *Farben* fast ⑤ (*wirklich*) real **II.** *adv* ① (*typisch*) typically ② (*fam: wirklich*) really

Echtheit <-> *f kein pl* ① (*das Echtsein*) authenticity ② (*Aufrichtigkeit*) sincerity

Eck <-[e]s, -e> ['ɛk] *nt* ① ÖSTERR, SÜDD (*Ecke*) corner ② SPORT corner [of the goal]

EC-Karte *f* ① (*Debitkarte*) cash card, cashpoint card ② HIST Eurocheque card

Eckball *m* SPORT corner **Eckbank** *f* corner bench

Ecke <-, -n> ['ɛkə] *f* ① (*spitze Kante*) corner; (*Tischkante*) edge ② (*Straßen-, Zimmerecke*) corner ③ (*fam: Gegend*) area ④ SPORT corner

Eckhaus *nt* corner house, house on [*or* at] the corner

eckig ['ɛkɪç] *adj* ① (*nicht rund*) square; *Gesicht* angular ② (*ungelenk*) jerky

Eckpfeiler *m* ① (*liter*) corner pillar ② (*fig*) cornerstone **Eckstein** ['ɛkʃtai̯n] *m* cornerstone **Eckzahn** *m* canine [tooth]

ECOFIN-Rat ['e:kofinra:t] *m kein pl* FIN ECOFIN council

E-Commerce <-> ['i:'kɑ:mə:s] *m kein pl* INET e-commerce

Ecu <-[s], -[s]> [e'ky:] *m*, **ECU** <-, -> *m* (*hist*) *Akr von* **European Currency Unit** ECU

Ecuador <-s> [eku̯a'do:ɐ̯] *nt* Ecuador; *s. a.* **Deutschland**

Ecuadorianer(in) <-s, -> [eku̯ado'ri̯a:nɐ] *m(f)* Ecuadorean; *s. a.* **Deutsche**(**r**)

ecuadorianisch [eku̯ado'ri̯a:nɪʃ] *adj* Ecuadorean; *s. a.* **deutsch**

edel ['e:dl̩] **I.** *adj* ① (*großherzig*) generous ② (*hochwertig*) fine ③ (*aristokratisch*) noble **II.** *adv* nobly

Edelfrau *f* noblewoman **Edelgas** *nt* inert gas **Edelholz** *nt* high-grade [*or* precious] wood *no pl* **Edelkastanie** *f* sweet chestnut **Edelmann** <-leute> *m* nobleman **Edelmetall** *nt* precious metal **Edelmut** *m kein pl* (*geh*) magnanimity *no pl*

edelmütig ['e:dl̩my:tɪç] **I.** *adj* (*geh*) magnanimous **II.** *adv* magnanimously

Edelstahl *m* stainless steel **Edelstein** *m* precious stone **Edeltanne** *f* silver fir **Edelweiß** <-[es], -e> ['e:dl̩vai̯s] *nt* BOT edelweiss

Edikt <-[e]s, -e> [e'dɪkt] *nt* edict

editieren* [edi'ti:rən] *vt* INFORM to edit

Edition <-, -en> [edi'tsi̯o:n] *f* (*die Ausgabe*) edition

Editor <-s, -s> ['ɛdɪtɐ] *m* INFORM [text] editor

Editor, Editorin <-s, -toren> ['e:dito:ɐ̯, edi'to:rɪn, *pl* edi'to:rən] *m, f* (*geh*) publisher

Edutainment <-s> [ɛdju'teɪnmənt] *nt kein pl* edutainment

EDV <-> [e:de:'fau̯] *f* INFORM *Abk von* **elektronische Datenverarbeitung** EDP

EDV-gestützt [e:de:'fau̯-] *adj* EDP-assisted

Efeu <-s> ['e:fɔy] *m kein pl* ivy *no pl, no indef art*

Effeff ['ɛfʔɛf] *nt kein pl* **etw aus dem ~ beherrschen** to know sth backwards

Effekt <-[e]s, -e> [ɛ'fɛkt] *m* effect

Effekten [ɛ'fɛktn̩] *pl* securities *pl*

effektiv [ɛfɛk'ti:f] **I.** *adj* ① (*wirksam*) effective ② *attr* (*tatsächlich*) actual *attr* **II.** *adv* ① (*wirksam*) effectively ② (*tatsächlich*) actually

Effektivität <-> [ɛfɛktivi'tɛ:t] *f kein pl* effectiveness *no pl*

effektvoll *adj* effective

effizient [ɛfi'tsi̯ɛnt] (*geh*) **I.** *adj* efficient **II.** *adv* efficiently

EG <-> [eːˈgeː] *f* (*hist*) *Abk von* **Europäische Gemeinschaft** EC
e.G., E.G. <-> [eːˈgeː] *f* ÖKON *Abk von* **eingetragene Genossenschaft** registered cooperative society
egal [eˈgaːl] (*fam*) **I.** *adj* ■**jdm ~ sein** to be all the same to sb; **das ist mir ~** I don't mind; (*unhöflicher*) I couldn't care less ▶WENDUNGEN: **~, was/wie/wo/warum ...** no matter what/how/where/why ... **II.** *adv* DIAL (*gleich*) identically; **~ lang** identical in length
Egge <-, -n> [ˈɛgə] *f* harrow
Egoismus <-, Egoismen> [egoˈɪsmʊs] *m* ego[t]ism
Egoist(in) <-en, -en> [egoˈɪst] *m(f)* ego[t]ist
egoistisch [egoˈɪstɪʃ] **I.** *adj* ego[t]istical **II.** *adv* ego[t]istically
Ego-Shooter <-s, -> [ˈeːgoʃuːtɐ] *m* INFORM first-person shooter
Egotrip <-s, -s> [ˈeːgotrɪp] *m* **auf dem ~ sein** (*fam*) to be on an ego trip
Egozentriker(in) <-s, -> [egoˈtsɛntrikɐ] *m(f)* (*geh*) egocentric
egozentrisch [egoˈtsɛntrɪʃ] *adj* (*geh*) egocentric
EG-Staat [eːˈgeːʃtaːt] *m* EC country
eh[1] [ˈeː] *interj* (*sl*) ① (*Anrede*) hey ② (*was?*) eh?
eh[2] [eː] **I.** *adv bes* ÖSTERR, SÜDD (*sowieso*) anyway ▶WENDUNGEN: **wie ~ und je** as always **II.** *konj s.* **ehe**
ehe [ˈeːə] *konj* before; **~ das Wetter nicht besser wird ...** until the weather changes for the better ...
Ehe <-, -n> [ˈeːə] *f* marriage
eheähnlich *adj* **in einer ~en Gemeinschaft leben** to cohabit **Eheberater(in)** *m(f)* marriage [guidance] counsellor, marriage counselor AM **Eheberatung** *f* ① (*das Beraten*) marriage guidance [*or* AM counseling] ② (*Beratungsstelle*) marriage guidance council BRIT **Ehebett** *nt* double bed
Ehebrecher(in) <-s, -> *m(f)* adulterer *masc*, adulteress *fem* **Ehebruch** *m* adultery; **~ begehen** to commit adultery **Ehefrau** *f fem form von* **Ehemann** wife **Ehegatte** *m* (*geh*) ① *s.* **Ehemann** ② *pl* (*Ehepartner*) ■**die ~n** [married] partners *pl*
Ehegattensplitting [-splɪtɪŋ] *nt* separate taxation for man and wife
Ehegattin *f* (*geh*) *fem form von* **Ehegatte** wife **Ehekrach** *m* (*fam*) marital row [*or* AM fight] **Eheleben** *nt kein pl* married life **Eheleute** *pl* (*geh*) married couple + *sing/pl vb*
ehelich [ˈeːəlɪç] **I.** *adj* marital; *Kind* legitimate **II.** *adv* legitimately
ehelos *adv* unmarried
ehemalig [ˈeːəmaːlɪç] *adj attr* former
ehemals [ˈeːəmaːls] *adv* (*geh*) formerly
Ehemann <-männer> *m* husband **Ehepaar** *nt* [married] couple + *sing/pl vb* **Ehepartner(in)** *m(f)* husband *masc*, wife *fem*, spouse *form*
eher [ˈeːɐ] *adv* ① (*früher*) sooner ② (*wahrscheinlicher*) more likely ③ (*mehr*) more ④ (*lieber*) rather
Ehering *m* wedding ring **Ehescheidung** *f* divorce **Eheschließung** *f* (*geh*) marriage ceremony
ehest [ˈeːəst] *adv* ÖSTERR (*baldigst*) as soon as possible
eheste(r, s) **I.** *adj attr* earliest **II.** *adv* ■**am ~n** ① (*am wahrscheinlichsten*) [the] most likely ② (*zuerst*) the first
ehestens [ˈeːəstn̩s] *adv* ① (*frühestens*) at the earliest ② ÖSTERR (*baldigst*) *s.* **ehest**
Ehevermittlung *f kein pl* arrangement of marriages **Eheversprechen** *nt* promise of marriage **Ehevertrag** *m* marriage contract
ehrbar [ˈeːɐ̯baːɐ̯] *adj* respectable
Ehrbegriff *m kein pl* sense of honour
Ehre <-, -n> [ˈeːrə] *f* honour; **jdm eine ~ sein** to be an honour for sb; **jdm wird die ~ zuteil, etw zu tun** sb is given the honour of doing sth ▶WENDUNGEN: **habe die ~!** ÖSTERR, SÜDD (*ich grüße Sie!*) [I'm] pleased to meet you
ehren [ˈeːrən] *vt* to honour (**mit** + *dat* with); **dieser Besuch ehrt uns sehr** we are very much honoured by this visit
Ehrenamt *nt* honorary post **ehrenamtlich** **I.** *adj* **~e Tätigkeiten** voluntary work **II.** *adv* on a voluntary basis **Ehrenbürger(in)** *m(f)* honorary citizen **Ehrendoktor, -doktorin** *m, f* honorary doctor **Ehrengast** *m* guest of honour
ehrenhaft [ˈeːrənhaft] **I.** *adj* honourable **II.** *adv* honourably
Ehrenkodex *m* code of honour **Ehrenmal** *nt* [war] memorial **Ehrenmann** *m* man of honour **Ehrenmitglied** *nt* honorary member **Ehrenmord** *m* JUR honour [*or* AM honor] killing **Ehrenplatz** *m* place of honour **Ehrenrettung** *f* retrieval of one's honour; **zu jds ~** in sb's defence **Ehrenrunde** *f* ① SPORT lap of honour ② SCH (*fam: Wiederholung einer Klasse*) repeating a year **Ehrensache** *f* matter of honour **Ehrentag** *m* special day **Ehrenurkunde** *f* certificate of honour
ehrenvoll *adj* honourable
ehrenwert *adj s.* **ehrbar**
Ehrenwort <-worte> *nt* word of honour
ehrerbietig [ˈeːɐ̯ʔɛɐ̯ˌbiːtɪç] (*geh*) **I.** *adj* defer-

ential **II.** *adv* deferentially
Ehrfurcht *f kein pl* respect; (*fromme Scheu*) reverence; **vor jdm/etw ~ haben** to have [great] respect for sb/sth
ehrfürchtig ['e:ɐ̯fʏrçtɪç], **ehrfurchtsvoll** **I.** *adj* reverent **II.** *adv* reverentially
Ehrgefühl *nt kein pl* sense of honour
Ehrgeiz ['e:ɐ̯gai̯ts] *m kein pl* ambition
ehrgeizig ['e:ɐ̯gai̯tsɪç] *adj* ambitious
ehrlich ['e:ɐ̯lɪç] **I.** *adj* honest; **~e Zuneigung** genuine affection **II.** *adv* ① (*legal, vorschriftsmäßig*) **~ verdientes Geld** honestly earned money ② (*fam: wirklich*) honestly ▶WENDUNGEN: **~ gesagt ...** to be [quite] honest ...
Ehrlichkeit *f kein pl* ① (*Aufrichtigkeit*) sincerity ② (*Zuverlässigkeit*) honesty
ehrlos **I.** *adj* dishonourable **II.** *adv* dishonourably
Ehrlosigkeit <-> *f kein pl* dishonourableness
Ehrung <-, -en> *f* honour
Ehrwürden <*bei Voranstellung* -[s] *o bei Nachstellung* -> ['e:ɐ̯vʏrdn̩] *m kein pl, ohne art* REL Reverend
ehrwürdig ['e:ɐ̯vʏrdɪç] *adj* venerable
Ei <-[e]s, -er> [ai̯] *nt* ① (*Vogel-, Schlangenei*) egg; **ein hartes/hart gekochtes ~** a hard-boiled egg; **ein weiches/weich gekochtes Ei** a soft-boiled egg ② (*Eizelle*) ovum ③ *pl* (*sl: Hoden*) balls *pl* ④ *pl* (*sl: Geld*) ≈ quid *no pl* BRIT *fam,* ≈ bucks *pl* AM *fam*
Eibe <-, -n> ['ai̯bə] *f* BOT yew [tree]
Eiche <-, -n> ['ai̯çə] *f* (*a. Holz*) oak
Eichel <-, -n> ['ai̯çl̩] *f* ① BOT acorn ② ANAT glans
Eichelhäher ['ai̯çl̩hɛ:ɐ] *m* ORN jay
eichen ['ai̯çn̩] *vt* to gauge; *Instrument, Messgerät* to calibrate
Eichenholz *nt* oak[wood] **Eichenwald** *m* oak wood [*or* forest]
Eichhörnchen ['ai̯çhœrnçən] *nt,* **Eichkätzchen** *nt* DIAL squirrel
Eid <-[e]s, -e> [ai̯t, *pl* 'ai̯də] *m* oath; **einen ~ ablegen** to swear an oath
eidbrüchig *adj* oath-breaking; ■**~ werden** to break one's oath
Eidechse ['ai̯dɛksə] *f* lizard
eidesstattlich JUR **I.** *adj* in lieu of [an] oath **II.** *adv* **etw ~ erklären** to declare sth under oath
Eidgenosse, -genossin ['ai̯tgənɔsə, -gənɔsɪn] *m, f* Swiss [citizen] **Eidgenossenschaft** *f* **Schweizerische ~** the Swiss Confederation
eidgenössisch ['ai̯tgənœsɪʃ] *adj* Swiss
eidlich ['ai̯tlɪç] **I.** *adj* [made] under oath **II.** *adv* under oath
Eidotter *m o nt* egg yolk
Eierbecher *m* egg cup **Eierkohle** *f* egg[-shaped] coal **Eierkuchen** *m* pancake **Eierlikör** *m* egg liqueur
eiern ['ai̯ɐn] *vi* (*fam*) to wobble
Eierschale *f* eggshell **Eierschwamm** <-s, -schwämme> *m* ÖSTERR, **Eierschwammerl** <-s, -> [-ʃvamɐl] *nt* ÖSTERR (*fam*) chanterelle **Eierstock** *m* ANAT ovary **Eiertanz** *m* (*fam*) treading carefully *fig* **Eieruhr** *f* egg timer
Eifer <-s> ['ai̯fɐ] *m kein pl* enthusiasm ▶WENDUNGEN: **im ~ des Gefechts** (*fam*) in the heat of the moment
eifern ['ai̯fɐn] *vi* (*geh*) ① (*wettern*) ■**gegen etw** *akk* **~** to rail against sth ② (*veraltend: streben*) ■**nach etw** *dat* **~** to strive for sth
Eifersucht ['ai̯fɐzʊxt] *f kein pl* jealousy; **aus ~** out of jealousy
eifersüchtig ['ai̯fɐzʏçtɪç] *adj* jealous
Eifersuchtsszene *f* **jdm eine ~ machen** to make a scene [in a fit of jealousy]
Eiffelturm ['ai̯fl̩tʊrm] *m kein pl* ■**der ~** the Eiffel Tower
eiförmig *adj* egg-shaped, oval, ovoid
eifrig ['ai̯frɪç] **I.** *adj* keen; *Leser, Sammler* avid **II.** *adv* eagerly; **~ lernen** to learn assiduously
Eigelb <-s, -e *o bei Zahlenangaben* -> *nt* egg yolk
eigen ['ai̯gn̩] *adj* ① (*jdm gehörig*) own; **seine ~e Meinung/Wohnung haben** to have one's own opinion/flat ② (*separat*) **mit ~em Eingang** with a separate entrance ③ (*typisch*) **mit dem ihr ~en Optimismus ...** with her characteristic optimism ... ④ (*eigenartig*) peculiar
Eigenart ['ai̯gn̩ʔa:ɐ̯t] *f* ① (*besonderer Wesenszug*) characteristic ② (*Flair*) individuality
eigenartig ['ai̯gn̩ʔa:ɐ̯tɪç] **I.** *adj* strange **II.** *adv* strangely
Eigenbedarf *m* **zum ~** for one's [own] personal use
Eigenbrötler(in) <-s, -> ['ai̯gn̩brø:tlɐ] *m(f)* loner
eigenbrötlerisch ['ai̯gn̩brø:tlərɪʃ] *adj* reclusive
Eigendynamik *f* momentum of its/their own **Eigengewicht** *nt eines Fahrrades, Lkws* unladen [*or* service] weight; *von Waren* net weight
eigenhändig ['ai̯gn̩hɛndɪç] **I.** *adj* personal; *Brief* handwritten; *Testament* holographic **II.** *adv* personally
Eigenheim *nt* home of one's own

Eigenheit <-, -en> *f s.* **Eigenart**
Eigeninitiative *f* **in ~** on one's own initiative **Eigenkapital** *nt* (*einer Firma*) equity capital **Eigenliebe** *f* self-love **Eigenlob** *nt* self-praise, self-importance ▶ WENDUNGEN: **~ stinkt!** (*fam*) don't blow your own trumpet! *prov* **eigenmächtig** ['ai̯gn̩mɛçtɪç] **I.** *adj* high-handed **II.** *adv* high-handedly **Eigenmittel** *pl* FIN (*geh*) [one's] own resources **Eigenname** *m* LING proper noun
Eigennutz <-es> *m kein pl* self-interest
eigennützig ['ai̯gn̩nʏtsɪç] **I.** *adj* selfish **II.** *adv* selfishly
Eigenproduktion *f* **aus ~** home-produced; (*Obst, Gemüse*) home-grown
eigens ['ai̯gn̩s] *adv* [e]specially
Eigenschaft <-, -en> ['ai̯gn̩ʃaft] *f* ① (*Charakteristik*) quality ② (*Funktion*) capacity
Eigenschaftswort <-wörter> *nt* LING adjective
eigensinnig ['ai̯gn̩zɪnɪç] **I.** *adj* stubborn **II.** *adv* stubbornly
eigenständig ['ai̯gn̩ʃtɛndɪç] **I.** *adj* independent **II.** *adv* independently
eigentlich ['ai̯gn̩tlɪç] **I.** *adj* ① (*wirklich*) real; *Wesen* true ② (*ursprünglich*) original **II.** *adv* ① (*normalerweise*) really; **da hast du ~ Recht** you may be right there ② (*wirklich*) actually **III.** *part* (*überhaupt*) **was ist ~ mit dir los?** what [on earth] is wrong with you?; **wie alt bist du ~?** [exactly] how old are you?
Eigentor *nt* own goal
Eigentum <-s, *selten* -e> ['ai̯gn̩tuːm] *nt* property
Eigentümer(in) <-s, -> ['ai̯gn̩tyːmɐ] *m(f)* owner
eigentümlich ['ai̯gn̩tyːmlɪç] **I.** *adj* ① (*merkwürdig*) strange ② (*geh: typisch*) ■**jdm/einer S. ~** characteristic of sb/sth **II.** *adv* strangely; **~ aussehen** to look odd
Eigentümlichkeit <-, -en> *f* ① (*Besonderheit*) characteristic ② (*Eigenheit*) peculiarity
Eigentumswohnung *f* owner-occupied flat, condominium AM
eigenverantwortlich **I.** *adj* with sole responsibility *pred* **II.** *adv* on one's own authority **Eigenverantwortung** *f* personal responsibility **eigenwillig** ['ai̯gn̩vɪlɪç] *adj* ① (*eigensinnig*) stubborn ② (*unkonventionell*) unconventional
eignen ['ai̯gnən] *vr* ■**sich** *akk* **für etw** *akk* **~** to be suited to sth
Eignung <-, -en> ['ai̯gnʊŋ] *f* suitability
Eignungsprüfung *f*, **Eignungstest** *m* aptitude test
Eiklar <-s, -> *nt* SÜDD, ÖSTERR egg white
Eilbeschluss *m* JUR quick decision **Eilbote, -botin** *m, f* express messenger; **per ~n** by express delivery **Eilbrief** *m* express letter
Eile <-> ['ai̯lə] *f kein pl* haste; **etw hat ~** sth is urgent; **in ~ sein** to be in a hurry
Eileiter <-s, -> *m* ANAT fallopian tube
eilen ['ai̯lən] **I.** *vi* ① *sein* (*schnell gehen*) ■**irgendwohin ~** to hurry somewhere ② *haben* (*dringlich sein*) ■**etw eilt** sth is urgent **II.** *vi impers haben* ■**es eilt** it's urgent
Eilgut *nt kein pl* express freight *no pl*
eilig ['ai̯lɪç] **I.** *adj* ① (*schnell*) hurried ② (*dringend*) urgent; **es ~ haben** to be in a hurry **II.** *adv* quickly
Eiltempo *nt* **im ~** (*fam*) as quickly as possible **Eilzug** *m* BAHN ≈ fast stopping train **Eilzustellung** *f* express delivery
Eimer <-s, -> ['ai̯mɐ] *m* bucket
ein[1] ['ai̯n] *adv* (*eingeschaltet*) on; **E~/Aus** on/off
ein[2] ['ai̯n], **eine** ['ai̯nə], **ein** ['ai̯n] **I.** *adj* one; **mir fehlt noch ~ Cent** I need another cent ▶ WENDUNGEN: **~ für alle Mal** once and for all **II.** *art indef* ① (*einzeln*) a/an; **was für ~ Lärm!** what a noise! ② (*jeder*) a/an
Einakter <-s, -> ['ai̯nʔaktɐ] *m* THEAT one-act play
einander [ai̯'nandɐ] *pron* each other
ein|arbeiten **I.** *vr* ■**sich** *akk* [**in etw** *akk*] **~** to get used to [sth] **II.** *vt* ① (*praktisch vertraut machen*) ■**jdn** [**in etw** *akk*] **~** to train sb [for sth] ② (*einfügen*) ■**etw** [**in etw** *akk*] **~** to add sth in[to sth] ③ ÖSTERR (*nachholen*) *Zeitverlust* to make up [for] sth
Einarbeitungszeit *f* training period
einarmig ['ai̯nʔarmɪç] *adj* one-armed
ein|äschern ['ai̯nʔɛʃɐn] *vt Leiche* to cremate
ein|atmen *vt, vi* to breathe in *sep*
einäugig ['ai̯nʔɔy̯gɪç] *adj* one-eyed
Einbahnstraße *f* one-way street
ein|balsamieren* *vt Leiche* to embalm
Einband <-bände> ['ai̯nbant, *pl* -bɛndə] *m* [book] cover
einbändig ['ai̯nbɛndɪç] *adj* VERLAG one-volume *attr*
Einbau <-bauten> *m* ① *kein pl* (*das Einbauen*) fitting *no pl; einer Batterie, eines Motors* installation *no pl* ② *meist pl* (*eingebautes Teil*) fitting *usu pl*
ein|bauen *vt* ■**etw** [**in etw** *akk*] **~** ① (*installieren*) to build sth in[to sth]; *Batterie, Motor* to install sth in[to sth] ② (*fam: einfügen*) to incorporate sth [into sth]
Einbauküche *f* fitted kitchen **Einbauschrank** *m* fitted cupboard; (*im Schlafzim-*

mer) built-in wardrobe

ein|behalten* *vt irreg Abgaben, Steuern* to withhold

ein|berufen* *vt irreg* ❶ (*zusammentreten lassen*) to convene ❷ MIL to conscript

Einberufung *f* ❶ (*das Einberufen*) convention ❷ MIL call-up papers *pl* BRIT, draft card AM

ein|betten *vt* to embed (**in** +*akk* in)

Einbettzimmer *nt* single room

ein|beziehen* *vt irreg* to include (**in** +*akk* in)

ein|biegen *vi irreg sein* to turn (**in** +*akk* into)

ein|bilden *vr* ❶ (*fälschlicherweise glauben*) ■**sich** *dat* **etw** ~ to imagine sth; ■**sich** *dat* **~, dass ...** to think that ...; **was bildest du dir eigentlich ein?** (*fam*) what's got into your head? ❷ (*stolz sein*) ■**sich** *dat* **etw auf etw** *akk* ~ to be proud of sth

Einbildung *f* ❶ *kein pl* (*Fantasie*) imagination ❷ *kein pl* (*Arroganz*) conceitedness

Einbildungskraft *f kein pl* [powers of] imagination

ein|binden *vt irreg* ❶ VERLAG ■**etw** ~ to bind sth (**in** +*akk* in) ❷ (*einbeziehen*) ■**jdn/etw** ~ to integrate sb/sth (**in** +*akk* into)

ein|bläuen *vt* (*fam*) ■**jdm etw** ~ ❶ (*einschärfen*) to drum [*or* hammer] sth into sb['s head] ❷ (*einprügeln*) to beat sth into sb

ein|blenden *vt* to insert; *Geräusche, Musik* to dub in

Einblick *m* insight; **~ in etw** *akk* **haben** to be able to see into sth; (*informiert sein*) to have an insight into sth

ein|brechen *irreg* **I.** *vi* ❶ *sein o haben* (*Einbruch verüben*) to break in ❷ *sein Dämmerung, Nacht* to fall ❸ *sein* (*nach unten durchbrechen*) to fall through ❹ *sein* (*einstürzen*) to cave in **II.** *vt haben* to break down *sep*

Einbrecher(in) <-s, -> *m(f)* burglar

ein|bringen *irreg* **I.** *vt* ❶ (*eintragen*) to bring; **Zinsen** ~ to earn interest ❷ (*einfließen lassen*) **seine Erfahrung** ~ to bring one's experience to bear in sth ❸ *Ernte* to bring in ❹ (*vorschlagen*) **einen Antrag** ~ to table a motion **II.** *vr* ■**sich** *akk* ~ to contribute

ein|brocken *vt* (*fam*) ■**jdm etw** ~ to land sb in it

Einbruch <-[e]s, -brüche> ['ajnbrʊx, *pl* -brʏçə] *m* ❶ JUR break-in ❷ (*das Eindringen*) penetration ❸ *Mauer* collapse ❹ (*plötzlicher Beginn*) onset; **bei ~ der Dunkelheit** [at] nightfall

ein|buchten ['ajnbʊxtn̩] *vt* (*fam*) ■**jdn** ~ to lock [*or* BRIT *sl* bang] sb up

ein|buddeln *vt* (*fam*) to bury; ■**sich** ~ to dig oneself in

ein|bürgern ['ajnbʏrgɐn] **I.** *vt* ❶ ADMIN ■**jdn** ~ to naturalize sb ❷ (*heimisch werden*) ■**eingebürgert werden** to become established **II.** *vr* (*übernommen werden*) ■**sich** ~ to become established

Einbürgerung <-, -en> *f* ADMIN naturalization

Einbürgerungsantrag *m* application for naturalization

Einbuße *f* loss; [**mit etw** *dat*] **~n erleiden** to suffer losses [on sth]

ein|büßen **I.** *vt* to lose **II.** *vi* ■**an etw** *dat* ~ to lose sth

ein|checken [-tʃɛkn̩] **I.** *vi* to check in **II.** *vt* ■**etw/jdn** ~ to check in *sep* sth/sb

ein|cremen ['ajnkreːmən] *vt* ■**sich** *dat* **etw** ~ to put cream on sth

ein|dämmen *vt* to dam

ein|decken **I.** *vr* ■**sich** *akk* [**mit etw** *dat*] ~ to stock up [on sth] **II.** *vt* (*fam: überhäufen*) ■**jdn mit etw** *dat* ~ to swamp sb with sth

eindeutig ['ajndɔytɪç] **I.** *adj* ❶ (*unmissverständlich*) unambiguous ❷ (*unzweifelhaft*) clear **II.** *adv* ❶ (*unmissverständlich*) unambiguously ❷ (*klar*) clearly

ein|deutschen ['ajndɔytʃn̩] *vt* to Germanize

ein|dicken ['ajndɪkn̩] **I.** *vt haben* KOCHK to thicken **II.** *vi sein* to thicken

eindimensional *adj* one-dimensional

ein|dösen *vi sein* (*fam*) to doze off

ein|drängen *vi sein* ❶ (*bedrängen*) ■**auf jdn** ~ to crowd around sb *fig* ❷ (*sich aufdrängen*) to crowd in on sb *fig*

ein|dringen *vi irreg sein* ❶ (*einbrechen*) ■**in etw** *akk* ~ to force one's way into sth ❷ (*vordringen*) ■**in etw** *akk* ~ to force one's way into sth; MIL to penetrate [into] sth ❸ (*hineindringen*) ■**in etw** *akk* ~ to penetrate [into] sth ❹ (*bestürmen*) ■**auf jdn** ~ to besiege sb

eindringlich **I.** *adj* (*nachdrücklich*) powerful **II.** *adv* strongly

Eindringling <-s, -e> ['ajndrɪŋlɪŋ] *m* intruder

Eindruck <-[e]s, -drücke> ['ajndrʊk, *pl* -drʏkə] *m* (*Vorstellung*) impression; **den ~ erwecken, dass ...** to give the impression that ...; **den ~ haben, dass ...** to have the impression that ...

ein|drücken **I.** *vt* (*nach innen drücken*) to push in *sep; Kotflügel* to dent; *Fenster* to break **II.** *vr* (*einen Abdruck hinterlassen*) ■**sich in etw** *akk* ~ to make an imprint in sth

eindrücklich ['ai̯ndrʏklɪç] *adj* SCHWEIZ (*eindrucksvoll*) impressive

eindrucksvoll I. *adj* impressive II. *adv* impressively

eine(r, s) ['ai̯nə] *pron indef* ① (*jemand*) someone, somebody; **~s von den Kindern** one of the children ② (*fam: man*) one; **und das soll noch ~r glauben?** and I'm expected to swallow that? ③ (*ein Punkt*) ■ **~s** one thing

ein|ebnen *vt* to level

eineiig ['ai̯nʔai̯ɪç] *adj* BIOL identical

eineinhalb ['ai̯nʔai̯n'halp] *adj* one and a half

ein|engen ['ai̯nɛŋən] *vt* ① (*beschränken*) ■ **jdn in etw** *dat* **~** to restrict sb in sth ② (*drücken*) ■ **jdn ~** to restrict sb's movement[s] ③ (*begrenzen*) ■ **etw ~** to restrict sth

einer ['ai̯nɐ] *pron s.* **eine(r, s)**

einerlei ['ai̯nɐ'lai̯] *adj präd* (*egal*) **das ist mir ganz ~** it's all the same to me

einerseits ['ai̯nɐzai̯ts] *adv* **~ ... andererseits ...** on the one hand ..., on the other hand ...

einfach ['ai̯nfax] I. *adj* ① (*leicht*) easy, simple ② (*gewöhnlich*) simple ③ (*nur einmal gemacht*) single; **eine ~e Fahrkarte** a one-way [*or* BRIT single] ticket II. *adv* (*leicht*) easily; **es ist nicht ~ zu verstehen** it's not easy to understand III. *part* ① (*ohne weiteres*) simply, just ② + *Verneinung* (*zur Verstärkung*) simply, just

Einfachheit <-> *f kein pl* ① (*Unkompliziertheit*) straightforwardness ② (*Schlichtheit*) plainness ▶ WENDUNGEN: **der ~ halber** for the sake of simplicity

ein|fädeln ['ai̯nfɛːdl̩n] I. *vt* ① (*Faden*) to thread ② (*fam: anbahnen*) to engineer *fig* II. *vi* (*beim Skifahren*) to become entangled in a gate III. *vr* AUTO ■ **sich** *akk* **~** to filter in

ein|fahren *irreg* I. *vi sein* (*hineinfahren*) **auf einem Gleis ~** to arrive at a platform II. *vt haben* ① (*kaputtfahren*) ■ **etw ~** to [drive into and] knock down *sep* sth ② *Antenne, Objektiv* to retract ③ *Gewinne* to make ④ *Heu, Korn* to bring in

Einfahrt <-, -en> *f* ① *kein pl* (*das Einfahren*) entry; **die ~ eines Zuges** the arrival of a train ② (*Zufahrt*) entrance

Einfall ['ai̯nfal] *m* ① (*Idee*) idea ② MIL (*das Eindringen*) ■ **~ in etw** *akk* invasion of sth ③ (*das Eindringen*) incidence

ein|fallen *vi irreg sein* ① (*in den Sinn kommen*) ■ **etw fällt jdm ein** sb thinks of sth ② (*in Erinnerung kommen*) ■ **etw fällt jdm ein** sb remembers sth ③ (*einstürzen*) to collapse ④ (*eindringen*) **in ein Land ~** to invade a country ⑤ (*einsetzen*) ■ **[in etw** *akk*] **~** *Chor, Instrument* to join in [sth]; (*dazwischenreden*) to interrupt [sth] ⑥ (*Wangen*) to become hollow

einfallslos I. *adj* unimaginative II. *adv* unimaginatively

einfallsreich I. *adj* imaginative II. *adv* imaginatively **Einfallsreichtum** *m kein pl* imaginativeness

Einfalt <-> ['ai̯nfalt] *f kein pl* naivety

einfältig ['ai̯nfɛltɪç] I. *adj* naive II. *adv* naively

Einfaltspinsel *m* (*pej fam*) simpleton

Einfamilienhaus *nt* single family house

ein|fangen *irreg* I. *vt* ■ **jdn/ein Tier [wieder] ~** to [re]capture sb/an animal II. *vr* (*fam*) ■ **sich** *dat* **etw ~** to catch sth

einfarbig *adj* in one colour

ein|fassen *vt* ■ **etw ~** ① (*umgeben*) to border sth; *Garten* to enclose sth ② (*umsäumen*) to hem sth ③ *Diamant* to set sth

ein|fetten *vt* to grease

ein|finden *vr irreg* (*geh*) ■ **sich** *akk* **[irgendwo] ~** to arrive [somewhere]

ein|fließen *vi irreg sein* ① (*als Zuschuss gewährt werden*) ■ **[in etw** *akk*] **~** to pour in[to sth] ② (*anmerken*) **~ lassen, dass ...** to let slip that ... ③ METEO ■ **in etw** *akk* **~** to move into sth

ein|flößen *vt* ① (*langsam eingeben*) ■ **jdm etw ~** to give sb sth ② (*erwecken*) **jdm Angst/Vertrauen ~** to instil fear/confidence in sb

Einflugschneise *f* approach path

Einfluss <-flusses, -flüsse> ['ai̯nflʊs, *pl* -flʏsə] *m* ① (*Einwirkung*) influence; **auf etw/jdn ~ haben** to have an influence on sth/sb ② (*Beziehungen*) influence

Einflussbereich *m* ① POL sphere of influence ② METEO **Frankreich liegt im ~ eines atlantischen Tiefs** an Atlantic depression is affecting the weather over France **einflussreich** *adj* influential

ein|fordern *vt* (*geh*) ■ **etw [von jdm] ~** to demand payment of sth [from sb]

einförmig ['ai̯nfœrmɪç] I. *adj* monotonous; *Landschaft* uniform II. *adv* monotonously

ein|frieden ['ai̯nfriːdn̩] *vt* (*geh*) to enclose (**mit** with)

ein|frieren *irreg* I. *vi sein* ① (*zufrieren*) to freeze up ② (*von Eis eingeschlossen werden*) ■ **in etw** *dat* **~** to freeze into sth II. *vt haben* ① (*konservieren*) to [deep-]freeze ② (*suspendieren*) to suspend; *Projekt* to shelve ③ ÖKON to freeze

ein|fügen I. *vt* ■ **etw [in etw** *akk*] **~** ① (*einpassen*) to fit sth in[to sth] ② (*ein-

fließen lassen) to add sth [to sth] **II.** *vr* ■**sich** *akk* [**in etw** *akk*] ~ ① (*sich anpassen*) to adapt [oneself] [to sth] ② (*hineinpassen*) to fit in [with sth]

ein|fühlen *vr* ■**sich** *akk* **in jdn** ~ to empathize with sb

einfühlsam **I.** *adj* sensitive; *Worte* understanding; *Mensch* empathetic **II.** *adv* sensitively

Einfühlungsvermögen *nt* empathy

Einfuhr <-, -en> ['ai̯nfu:ɐ̯] *f* importation

Einfuhrbestimmungen *pl* import regulations *pl*

ein|führen **I.** *vt* ① (*importieren*) to import ② (*bekannt machen*) ■**etw** ~ to introduce sth; *Artikel, Firma* to establish ③ (*vertraut machen*) ■**jdn** ~ to introduce sb (**in** +*akk* to) ④ (*hineinschieben*) ■**etw** ~ to insert sth (**in** +*akk* into) **II.** *vi* ■**in etw** *akk* ~ to serve as an introduction into sth

Einführung *f* introduction

Einführungspreis *m* introductory price

Einfuhrzoll *m* import duty

Eingabe <-, -en> *f* ① (*Petition*) petition (**bei** +*dat* to) ② *kein pl Arznei* administration ③ *kein pl Daten, Informationen* entry

Eingabedaten *pl* INFORM input data *usu* + *sing vb* **Eingabetaste** *f* INFORM enter-key, return-key

Eingang <-[e]s, -gänge> ['ai̯ngaŋ, *pl* -gɛŋə] *m* ① (*Tür, Tor, Zugang*) entrance; *eines Waldes* opening; **„kein ~!"** 'no entry!' ② *pl* (*eingetroffene Sendungen*) incoming mail ③ *kein pl* (*Erhalt*) receipt ④ *kein pl* (*Beginn*) start

eingängig **I.** *adj* ① (*einprägsam*) catchy ② (*verständlich*) comprehensible **II.** *adv* clearly

eingangs ['ai̯ngaŋs] **I.** *adv* at the start **II.** *präp* at the start of

Eingangshalle *f* entrance hall **Eingangskontrolle** *f* HANDEL incoming inspection

ein|geben *irreg vt* ① (*verabreichen*) ■**jdm etw** ~ to give sb sth ② INFORM ■**etw** ~ to input sth (**in** +*akk* into) ③ (*geh: inspirieren*) ■**jdm etw** ~ to put sth into sb's head

eingebildet *adj* ① (*pej: hochmütig*) conceited (**auf** +*akk* about) ② (*imaginär*) imaginary

eingeboren ['ai̯ngəbo:rən] *adj* native

Eingeborene(r) *f(m)* native

Eingebung <-, -en> *f* (*Inspiration*) inspiration

eingefahren *adj* well-worn

eingefallen *adj* hollow; *Gesicht* gaunt

eingefleischt ['ai̯ngəflai̯ʃt] *adj attr* confirmed

ein|gehen *irreg* **I.** *vi sein* ① (*Aufnahme finden*) **in die Geschichte** ~ to go down in history ② (*ankommen*) to arrive [somewhere] ③ ([*ab*]*sterben*) to die (**an** +*dat* of); *Laden* to go bust *fam* ④ (*aufgenommen werden*) ■**jdm** ~ to be grasped by sb ⑤ (*einlaufen*) to shrink ⑥ (*sich beschäftigen mit*) ■**auf etw/jdn** ~ to deal with sth/to pay some attention to sb ⑦ (*zustimmen*) ■**auf etw** *akk* ~ to agree to sth; (*sich einlassen*) to accept sth **II.** *vt sein* ■**etw** ~ to enter into sth; **ein Risiko** ~ to take a risk; **ich gehe jede Wette ein, dass er wieder zu spät kommt** I'll bet [you] anything that he'll arrive late again

eingehend ['ai̯nge:ənt] **I.** *adj* detailed; *Prüfung* extensive **II.** *adv* in detail

Eingemachte(s) *nt dekl wie adj* KOCHK preserved fruit

Eingemeindung <-, -en> *f* ADMIN incorporation

eingenommen *adj präd* ① (*positiv beeindruckt*) ■**von jdm/etw** ~ **sein** to be taken with sb/sth ② (*voreingenommen*) biased, prejudiced (**gegen** against) ③ (*eingebildet*) ■**von sich** *dat* ~ **sein** to be conceited

eingeschnappt *adj* (*fam*) ■~ **sein** to be miffed

eingeschränkt *adj* limited

eingeschrieben **I.** *adj* registered **II.** *adv* ~ **schicken** to send as registered post [*or* AM mail]

eingespannt *adj präd* ■[**sehr**] ~ **sein** to be [very] busy

eingespielt *adj* working well together

Eingeständnis ['ai̯ngəʃtɛntnɪs] *nt* admission

ein|gestehen* *irreg* **I.** *vt* ■[**jdm**] **etw** ~ to admit sth [to sb] **II.** *vr* ■**sich** *dat* ~, **dass ...** to admit to oneself that ...

eingestellt *adj* ① (*gesinnt*) **fortschrittlich/ökologisch** ~ progressively/environmentally minded; ■**jd ist gegen jdn** ~ sb is set against sb ② (*vorbereitet*) ■**auf etw** *akk* ~ **sein** to be prepared for sth

eingetragen *adj Mitglied, Verein, Warenzeichen* registered

Eingeweide <-s, -> ['ai̯ngəvai̯də] *nt meist pl* entrails *npl*

Eingeweihte(r) *f(m)* initiate

ein|gewöhnen* *vr* ■**sich** *akk* ~ to settle in

Eingewöhnung *f* settling in

ein|gießen *vt irreg* ■[**jdm**] **etw** ~ to pour [sb] sth (**in** +*akk* into)

eingleisig ['ai̯nglai̯zɪç] *adj* single-track

ein|gliedern **I.** *vt* ① (*integrieren*) ■**jdn** ~ to integrate sb (**in** +*akk* into) ② ADMIN, POL (*einbeziehen*) ■**etw** ~ to incorporate sth (**in** +*akk* into) **II.** *vr* ■**sich** *akk* ~ to integrate oneself (**in** +*akk* into)

Eingliederung *f* ① (*Integration*) integration ② ADMIN, POL incorporation

ein|graben *irreg* **I.** *vt* ■**etw** ~ to bury sth **II.** *vr* ① (*sich verschanzen*) ■**sich** *akk* ~ to dig [oneself] in ② (*sich einprägen*) **sich in jds Gedächtnis** ~ to engrave itself on sb's memory ③ (*eindringen*) ■**sich in etw** *akk* ~ to dig into sth

ein|gravieren* *vt* to engrave (**in** +*akk* on)

ein|greifen *vi irreg* ① (*einschreiten*) to intervene (**in** +*akk* in) ② TECH (*sich hineinschieben*) ■**in etw** *akk* ~ to mesh with sth

Eingreiftruppe *f* intervention force

ein|grenzen *vt* ■**etw** ~ to limit sth (**auf** +*akk* to)

Eingriff *m* ① (*Einschreiten*) intervention (**in** +*akk* in) ② MED operation

ein|gruppieren* *vt* to group

ein|haken **I.** *vt* ■**etw** [**in etw** *akk*] ~ to hook sth in[to sth] **II.** *vi* (*fam*) ■[**bei etw** *dat*] ~ to butt in [on sth] **III.** *vr* ■**sich** *akk* [**bei jdm**] ~ to link arms [with sb]

Einhalt ['ai̯nhalt] *m kein pl* **jdm/einer S. ~ gebieten** (*geh*) to put a stop to sb/sth

ein|halten *irreg vt* **eine Diät/einen Vertrag** ~ to keep to a diet/treaty; **die Spielregeln/Vorschriften** ~ to obey the rules

Einhaltung <-, -en> *f* keeping; *von Spielregeln, Vorschriften* obeying

ein|handeln **I.** *vt* ■**etw gegen etw** *akk* ~ to barter sth for sth **II.** *vr* (*fam*) **sich** *dat* **eine Krankheit** ~ to catch a disease

einhändig ['ai̯nhɛndɪç] **I.** *adj* one-handed **II.** *adv* with one hand

ein|hängen **I.** *vt* ① (*einsetzen*) ■**etw** ~ to hang sth; *Fenster* to fit ② *Hörer* to hang up **II.** *vr* ■**sich** *akk* [**bei jdm**] ~ to link arms [with sb]

ein|heften *vt* ■**etw** ~ ① (*einordnen*) to file sth ② (*einnähen*) to tack in sth *sep*

einheimisch ['ai̯nhai̯mɪʃ] *adj* ① (*ortsansässig*) local ② BOT, ZOOL indigenous

Einheimische(r) *f(m)* (*Ortsansässige[r]*) local; (*Inländer*) native [citizen]

ein|heiraten *vi* ■**in etw** *akk* ~ to marry into sth

Einheit <-, -en> ['ai̯nhai̯t] *f* unity

Land und Leute

The German Democratic Republic (GDR) or the former East Germany became part of the Federal Republic of Germany on 3rd October, 1990. The treaty on the final settlement of the German question was signed by the four victorious powers of the Second World War, the Federal Republic and the minister-president of the GDR in Moscow on 12th September. Since then, 3rd October has been celebrated as **der Tag der deutschen Einheit** (*the Day of German Unity*).

einheitlich ['ai̯nhai̯tlɪç] **I.** *adj* ① (*gleich*) uniform ② (*in sich geschlossen*) integrated; *Front* united **II.** *adv* ~ **gekleidet** dressed the same

Einheitsgebühr *f* standard [*or* fixed] charge **Einheitspreis** *m* standard price **Einheitstarif** *m* standard [*or* uniform] tariff, flat rate **Einheitswährung** *f* single currency

ein|heizen *vi* (*gründlich heizen*) to turn the heater on

einhellig ['ai̯nhɛlɪç] **I.** *adj* unanimous **II.** *adv* unanimously

ein|holen **I.** *vt* ① (*einziehen*) to pull in *sep*; *Fahne, Segel* to lower ② *Genehmigung* to ask for ③ (*erreichen, nachholen*) ■**jdn/etw** ~ to catch up with sb/sth ④ (*wettmachen*) ■**etw** ~ to make up sth **II.** *vt, vi* DIAL (*einkaufen*) to go shopping

Einhorn ['ai̯nhɔrn] *nt* unicorn

ein|hüllen *vt* (*geh*) ■**jdn/etw** ~ to wrap [up] sb/sth (**in** +*akk* in)

einhundert ['ai̯n'hʊndɐt] *adj* (*geh*) one hundred

einig ['ai̯nɪç] *adj* ① (*geeint*) united ② *präd* (*einer Meinung*) ■**sich** *dat* [**über etw** *akk*] ~ **sein** to be in agreement [on sth]

einige(r, s) ['ai̯nɪgə] *pron indef* ① *sing, adjektivisch* (*ziemlich*) some; **nach ~r Zeit** after some time; (*etwas*) a little ② *sing, substantivisch* (*viel*) ■**~s** quite a lot ③ *pl, adjektivisch* (*mehrere*) several; **vor ~n Tagen** a few days ago ④ *pl, substantivisch* (*Menschen*) some; **~ von euch** some of you; (*Dinge*) some; **~ wenige** a few

einigen ['ai̯nɪgn̩] **I.** *vt* (*einen*) to unite **II.** *vr* (*sich einig werden*) ■**sich** ~ to agree (**auf** +*akk* on)

einigermaßen ['ai̯nɪgɐ'maːsn̩] *adv* ① (*ziemlich*) fairly ② (*leidlich*) all right

Einigkeit <-> ['ai̯nɪçkai̯t] *f kein pl* ① (*Eintracht*) unity ② (*Übereinstimmung*) agreement

Einigung <-, -en> *f* ① POL unification ② (*Übereinstimmung*) agreement (**über** +*akk* on)

ein|impfen *vt* ■**jdm etw** ~ to drum sth into sb

ein|jagen *vt* **jdm Angst/Furcht/Schrecken** ~ to scare/frighten/terrify sb

einjährig, 1-jährig ['ai̯njɛːrɪç] *adj* ① (*Alter*)

E

one-year-old *attr,* one year old *pred; s. a.* **achtjährig 1** ② BOT annual ③ *(Zeitspanne)* one-year *attr,* [of] one year *pred; s. a.* **achtjährig 2**

ein|kalkulieren* *vt* ■**etw** [**mit**] ~ to take sth into account

ein|kassieren* *vt* ■**etw** ~ ① *(kassieren)* to collect sth ② *(fam: wegnehmen)* to confiscate sth

E

Einkauf *m* ① *(das Einkaufen)* shopping; **beim ~ von Lebensmitteln sollte man auf das Verfallsdatum achten** buying food you should have a look at the best-before-date; **der ~ des Fußballstars machte Schlagzeile** buying this football star hit the headlines ② *(eingekaufter Artikel)* purchase

ein|kaufen I. *vt (käuflich erwerben)* to buy **II.** *vi* to shop **III.** *vr (einen Anteil erwerben)* ■**sich** *akk* **in etw** *akk* ~ to buy [one's way] into sth

Einkäufer(in) *m(f)* buyer

Einkaufsbummel *m* shopping trip **Einkaufspalast** *m (iron)* retail palace **Einkaufspassage** [-pasa:ʒə] *f* shopping arcade BRIT **Einkaufspreis** *m* purchase price **Einkaufstasche** *f* shopping bag **Einkaufswagen** *m* [shopping] trolley [*or* AM cart] **Einkaufszeile** *f* row of shops [*or* AM *usu* stores]; *(Haupteinkaufsstraße)* high [*or* AM main] street **Einkaufszentrum** *nt* [out-of-town] shopping centre **Einkaufszettel** *m* shopping list

ein|kehren *vi sein* ① *(veraltend: besuchen)* ■[**in etw** *dat*] ~ to stop off [at sth] ② *(geh: kommen)* to set in

ein|kellern ['ai̯nkɛlɐn] *vt* ■**etw** ~ to store sth in the/a cellar

ein|klagen *vt* JUR ■**etw** ~ to sue for sth

ein|klammern *vt* ■**etw** ~ to put sth in brackets

Einklang *m (geh)* harmony

ein|kleben *vt* ■**etw** ~ to stick sth in

ein|kleiden *vt* ■**sich** *akk* [**neu**] ~ to fit out oneself with a [new] set of clothes

ein|klemmen *vt* ■**etw** ~ ① *(quetschen)* catch sth, trap sth ② *(festdrücken)* to clamp sth

ein|kochen KOCHK **I.** *vt haben* to preserve **II.** *vi sein* to thicken

Einkommen <-s, -> *nt* income *no pl*

einkommensschwach *adj* low-income *attr* **einkommensstark** *adj* high-income *attr* **Einkommensteuer** *f* income tax **Einkommensteuererklärung** *f* income tax return [*or* declaration]

ein|kreisen *vt* ① *(einkringeln)* to circle ② *(umschließen)* ■**jdn/ein Tier** ~ to surround sb/an animal

ein|kriegen *vr (fam)* **sich** *akk* **nicht** [**mehr**] ~ [**können**] to not be able to contain oneself [any more]

Einkünfte ['ai̯nkʏnftə] *pl* income *no pl*

ein|laden *irreg vt* ① *(Hochzeit, Party)* to invite (**zu** +*dat* to) ② *(Gegenstände)* to load (**in** +*akk* in[to])

einladend I. *adj* ① *(auffordernd)* inviting *attr* ② *(appetitlich)* appetizing **II.** *adv* invitingly

Einladung *f* invitation

Einlage <-, -n> *f* ① *(eingezahltes Geld)* deposit ② FIN investment ③ *Schuhe* insole ④ THEAT interlude ⑤ *(Beilage)* enclosure; *(in Zeitung)* supplement ⑥ *(provisorische Zahnfüllung)* temporary filling

ein|lagern *vt* to store

ein|langen *vi sein* ÖSTERR to arrive

Einlass <-es, -lässe> ['ai̯nlas, *pl* 'ai̯nlɛsə] *m* admission

ein|lassen *irreg* **I.** *vt* ① *(eintreten lassen)* ■**jdn** ~ to let sb in ② *(einlaufen lassen)* **jdm ein Bad** ~ to run sb a bath ③ *(einfügen)* ■**etw** ~ to set sth (**in** +*akk* in) **II.** *vr* ① *(auf etw eingehen)* ■**sich** *akk* **auf etw** *akk* ~ to get involved in sth; *Abenteuer* to embark on sth; *Kompromiss* to accept sth ② *(bes pej: Kontakt aufnehmen)* ■**sich** *akk* **mit jdm** ~ to get involved with sb

Einlauf *m* ① MED enema ② *kein pl* SPORT finish

ein|laufen *irreg* **I.** *vi sein* ① *(schrumpfen)* to shrink ② *(Badewasser)* to run ③ SPORT **als Erster** ~ to come in first ④ *(einfahren)* ■[**in etw** *akk*] ~ to arrive **II.** *vt haben* **Schuhe** ~ to wear shoes in

ein|leben *vr* ■**sich** *akk* ~ to settle in

ein|legen *vt* ① *(hineintun)* ■**etw** [**in etw** *akk*] ~ to put sth in [sth] ② AUTO **den zweiten Gang** ~ to change into second [gear] ③ KOCHK ■**etw** [**in etw** *dat o akk*] ~ to pickle sth [in sth] ④ *(zwischendurch machen)* **eine Pause** ~ to take a break ⑤ *(einreichen)* **einen Protest** ~ to lodge a protest; JUR to file ⑥ *Geld* to deposit ⑦ *(intarsieren)* to inlay

Einlegesohle *f* inner sole, insole

ein|leiten *vt* ① *(in die Wege leiten)* **Schritte** [**gegen jdn**] ~ to take steps [against sb] ② MED to induce ③ *(eröffnen)* ■**etw** ~ to open sth ④ *(hineinfließen lassen)* ■**etw in etw** *akk* ~ to empty sth into sth

einleitend I. *adj* introductory **II.** *adv* as an introduction

Einleitung *f (a. Vorwort)* introduction;

eines Verfahrens institution; *einer Untersuchung* opening
ein|lenken *vi* ❶ (*nachgeben*) to give way (**in** +*akk* in), to make concessions (**in** +*akk* in) ❷ (*einbiegen*) *Straße* to turn (**in** +*akk* into)
ein|leuchten *vi* ■[**jdm**] ~ to make sense [to sb]
einleuchtend **I.** *adj* evident; *Argument* convincing; *Erklärung* plausible **II.** *adv* clearly
ein|liefern *vt* ❶ (*stationär aufnehmen lassen*) ■**jdn** ~ to admit sb ❷ (*aufgeben*) ■**etw** ~ to hand sth in
Einlieferung *f* ❶ MED admission ❷ *Brief, Paket* handing-in
ein|lochen *vt* ❶ (*fam: inhaftieren*) ■**jdn** ~ to lock sb up ❷ (*Golf*) to hole [out] BRIT
ein|loggen ['ain̯lɔgn̩] *vi* ■[**sich** *akk*] ~ to log in
ein|lösen *vt* ❶ *Scheck* to honour [*or* AM cash] ❷ *Pfand* to redeem (**bei** +*dat* from) ❸ *Versprechen* to honour
ein|lullen ['ain̯lʊlən] *vt* ■**jdn** ~ ❶ (*schläfrig machen*) to lull sb to sleep ❷ (*willfährig machen*) to lull sb into a false sense of security
ein|machen **I.** *vt* to preserve; **etw in Essig** ~ to pickle sth **II.** *vi* to preserve [sth]
Einmachglas *nt* [preserving] jar
einmal[1], **1-mal** ['ain̯ma:l] *adv* ❶ (*ein Mal*) once ❷ (*ein einziges Mal*) once; ~ **am Tag/in der Woche/im Monat** once a day/week/month; **auf** ~ all of a sudden; (*an einem Stück*) all at once ❸ (*mal*) first ❹ (*früher*) once; **es war** ~ once upon a time ❺ (*später*) sometime ▸ WENDUNGEN: ~ **ist keinmal** (*prov*) just once doesn't count
einmal[2] ['ain̯ma:l] *part* ❶ (*eben*) **so liegen die Dinge nun** ~ that's the way things are ❷ (*einschränkend*) **nicht** ~ not even
Einmaleins <-> [ain̯ma:l'ʔain̯s] *nt kein pl* ■**das** ~ [multiplication] tables *pl*
einmalig ['ain̯ma:lɪç] **I.** *adj* ❶ (*nicht wiederkehrend*) unique ❷ (*fam: ausgezeichnet*) outstanding **II.** *adv* (*besonders*) really
Einmalspritze *f* disposable syringe
Einmannbetrieb *m* ❶ (*Einzelunternehmen*) one-man business ❷ TRANSP one-man operation **Einmannkapelle** *f* one-man band
Einmarsch *m* invasion (**in** +*akk* of)
ein|marschieren* *vi sein* **in ein Land** ~ to invade a country
ein|mischen *vr* ■**sich** *akk* ~ to interfere (**bei, in** +*dat o akk* in)
Einmischung *f* interference
einmotorig *adj* single-engined
ein|münden *vi sein* ■**in etw** *akk* ~ ❶ (*auf etw führen*) to lead into sth ❷ (*in etw münden*) to flow into sth
Einmündung *f eines Flusses* confluence
einmütig ['ain̯my:tɪç] **I.** *adj* unanimous **II.** *adv* unanimously
Einnahme <-, -n> ['ain̯na:mə] *f* ❶ FIN earnings *npl; bei einem Geschäft* takings *npl* BRIT ❷ *kein pl Arzneimittel, Mahlzeiten* taking ❸ (*Eroberung*) capture
Einnahmequelle *f* source of income
ein|nehmen *vt irreg* ❶ *Geld* to take; *Steuern* to collect ❷ (*zu sich nehmen*) to take; *Mahlzeit* to have ❸ (*geh*) *Platz* to take ❹ *Standpunkt* to hold ❺ SPORT to hold ❻ (*erobern*) to take ❼ (*beeinflussen*) ■**jdn für sich** *akk* ~ to win favour with sb ❽ *Raum* to take up
einnehmend ['ain̯ne:mənt] *adj* engaging
ein|nicken *vi sein* (*fam*) to doze off
ein|nisten *vr* ❶ (*sich niederlassen*) ■**sich** *akk* **bei jdm** ~ to ensconce oneself [with sb] ❷ *Ungeziefer* ■**sich** ~ to nest
Einöde ['ain̯ʔø:də] *f* wasteland
ein|ordnen **I.** *vt* ❶ (*einsortieren*) ■**etw** ~ to organize sth ❷ (*klassifizieren*) ■**jdn/etw** ~ to classify sb/sth **II.** *vr* ❶ (*sich einfügen*) ■**sich** *akk* ~ to integrate (**in** +*akk* into) ❷ (*Fahrspur wechseln*) ■**sich** *akk* **links/rechts** ~ to get into the left-/right-hand lane
ein|packen **I.** *vt* ❶ (*verpacken*) ■**etw** ~ to wrap sth; (*um zu verschicken*) to pack sth ❷ (*einstecken*) ■[**jdm**] **etw** ~ to pack sth [for sb] ❸ (*fam: einmummeln*) ■**jdn** ~ to wrap sb up **II.** *vi* (*Koffer etc. füllen*) to pack [one's things] [up]
ein|parken *vi, vt* to park
ein|passen **I.** *vt* ■**etw** ~ to fit sth (**in** +*akk* into) **II.** *vr* ■**sich** *akk* ~ to integrate (**in** +*akk* into)
ein|pendeln *vr* ■**sich** ~ *Währung, Preise* to level off
ein|pennen *vi sein* (*fam*) to drop [*or* doze] off
Einpersonenhaushalt *m* (*geh*) one-person household
ein|pferchen *vt* to cram in; *Tiere* to pen (**in** +*akk* in)
ein|pflanzen *vt* ❶ (*Pflanze*) to plant (**in** +*akk* in) ❷ MED ■[**jdm**] **etw** ~ to implant sth [in sb]
ein|planen *vt* to plan; ■**etw** [**mit**] ~ to take sth into consideration
ein|prägen **I.** *vr* ❶ (*sich etw einschärfen*) ■**sich** *dat* **etw** ~ to fix sth in one's memory ❷ (*im Gedächtnis haften*) ■**sich jdm** ~ *Bilder, Eindrücke, Worte* to be imprinted on sb's memory **II.** *vt* ■**jdm etw** ~ to drum

E

sth into sb's head

einprägsam ['ainprɛːkzaːm] *adj* easy to remember *pred; Melodie* catchy

ein|programmieren* *vt* INFORM **Daten ~** to feed in data; ■**einprogrammiert** programmed

ein|prügeln **I.** *vt* (*fam*) ■**jdm etw ~** to knock sth into sb **II.** *vi* (*fam: immer wieder prügeln*) ■**auf jdn ~** to beat up sb *sep*

E

ein|quartieren* ['ainkvartiːrən] **I.** *vt* ❶ (*unterbringen*) ■**jdn ~** to put sb up ❷ MIL ■**jdn irgendwo ~** to billet sb somewhere **II.** *vr* ■**sich** *akk* **bei jdm ~** to move in with sb

ein|rahmen *vt* to frame

ein|rasten *vi sein* to click home

ein|räumen *vt* ❶ (*in etw räumen*) to put sth away (**in** +*akk* in) ❷ (*mit Möbeln füllen*) *Zimmer* to arrange ❸ (*zugestehen*) ■[**jdm gegenüber**] **etw ~** to concede sth [to sb] ❹ (*gewähren*) ■**jdm etw ~** *Frist, Kredit* to give sb sth

ein|rechnen *vt* ❶ (*mit einbeziehen*) ■**jdn** [**mit**] **~** to include sb ❷ (*als inklusiv rechnen*) ■**etw** [**mit**] **~** to include sth

ein|reden **I.** *vt* ■**jdm etw ~** to talk sb into thinking sth **II.** *vi* (*bedrängen*) ■**auf jdn ~** to keep on at sb *fam* **III.** *vr* ■**sich** *dat* **etw ~** to talk oneself into thinking sth

ein|reiben *vt irreg* **jdn mit Sonnenöl ~** to put suntan oil on sb

ein|reichen *vt a.* JUR ■**etw** [**bei jdm**] **~** to submit sth [to sb]

ein|reihen **I.** *vt* (*zuordnen*) ■**jdn/etw unter etw** *akk* **~** to classify sb/sth under sth **II.** *vr* (*sich einfügen*) ■**sich** *akk* **in etw** *akk* **~** to join sth

Einreise *f* entry [into a country]

Einreisebestimmungen *pl* entry requirements

Einreisegenehmigung *f* entry permit

ein|reisen *vi sein* (*geh*) to enter

Einreiseverbot *nt* refusal of entry **Einreisevisum** *nt* [entry] visa

ein|reißen *irreg* **I.** *vi sein* ❶ (*einen Riss bekommen*) to tear; *Haut* to crack ❷ (*fam: zur Gewohnheit werden*) to become a habit **II.** *vt haben* ❶ (*niederreißen*) to tear down *sep* ❷ (*mit Riss versehen*) to tear

ein|renken ['ainrɛŋkn̩] **I.** *vt* ❶ MED ■[**jdm**] **etw ~** to set sth [for sb] ❷ (*fam: bereinigen*) ■**etw** [**wieder**] **~** to straighten sth out [again] **II.** *vr* (*fam: ins Lot kommen*) ■**sich** *akk* **wieder ~** to sort itself out

ein|rennen *irreg* **I.** *vr* (*fam: sich anstoßen*) **sich** *dat* **den Kopf an der Wand ~** to bang one's head against the wall **II.** *vt* (*fam: einstoßen*) ■**etw ~** to break down *sep* sth

ein|richten **I.** *vt* ❶ (*möblieren*) to furnish; *Praxis* to fit out *sep* ❷ (*gründen*) to set up *sep* ❸ *Konto* to open ❹ (*arrangieren*) ■**es ~, dass ...** arrange it so that ... ❺ MED **einen gebrochenen Arm ~** to set a broken arm ❻ (*vorbereitet sein*) ■**auf etw** *akk* **eingerichtet sein** to be prepared for sth **II.** *vr* ❶ (*sich möblieren*) **ich richte mich völlig neu ein** I'm completely refurnishing my home ❷ (*sich einbauen*) ■**sich** *dat* **etw ~** to install sth ❸ (*sich der Lage anpassen*) ■**sich** *akk* **~** to adapt [to a situation] ❹ (*sich einstellen*) ■**sich** *akk* **auf etw** *akk* **~** to be prepared for sth

Einrichtung <-, -en> *f* ❶ (*Möbel*) [fittings and] furnishings *npl;* (*Ausstattung*) fittings *npl* ❷ (*das Möblieren*) furnishing; (*das Ausstatten*) fitting-out ❸ (*das Installieren*) installation ❹ (*Eröffnung*) opening; *eines Lehrstuhles* establishment ❺ FIN opening ❻ TRANSP establishment ❼ (*Institution*) organization

Einrichtungsgegenstand *m Wohnung* furnishings *npl,* fittings *npl; Labor, Apotheke, Praxis* piece of equipment

ein|rollen **I.** *vr haben* ■**sich** *akk* **~** to curl up **II.** *vi sein* (*einfahren*) to pull in

ein|rosten *vi sein* ❶ (*rostig werden*) to rust ❷ (*ungelenkig werden*) to get stiff

ein|rücken **I.** *vi sein* ❶ MIL ■[**in etw** *akk*] **~** to march [into sth] ❷ MIL (*eingezogen werden*) ■[**zu etw** *dat*] **~** to join up [to sth] **II.** *vt haben* ❶ (*vom Rand entfernen*) to indent ❷ VERLAG ■[**jdm**] **etw ~** to put sth in [for sb]

eins ['ains] **I.** *adj* one; *s. a.* **acht**[1] ► WENDUNGEN: **~ A** (*fam*) first class **II.** *adj präd* ❶ (*eine Ganzheit*) [all] one ❷ (*egal*) ■**etw ist jdm ~** sth is all one to sb ❸ (*einig*) ■**~ mit jdm/sich/etw sein** to be [at] one with sb/oneself/sth

ein|sacken[1] *vt* (*fam: an sich bringen*) ■**etw ~** to pocket sth; *Geld* to rake in

ein|sacken[2] *vi sein* to subside

einsam ['ainzaːm] **I.** *adj* ❶ (*verlassen*) lonely, lonesome AM ❷ (*vereinzelt*) solitary ❸ (*abgelegen*) isolated ❹ (*menschenleer*) deserted ❺ (*fam: absolut*) absolute **II.** *adv* (*abgelegen*) **~ liegen** to be situated in a remote place

Einsamkeit <-, *selten* -en> *f* ❶ (*Verlassenheit*) loneliness ❷ (*Abgeschiedenheit*) remoteness

ein|sammeln *vt* ■**etw ~** ❶ (*sich aushändigen lassen*) to collect [in *sep*] sth ❷ (*aufsammeln*) to pick up *sep* sth

Einsatz <-es, Einsätze> *m* ❶ (*eingesetzte Leistung*) effort; **unter ~ ihres Lebens** by putting her own life at risk ② *beim Glücksspiel* bet ③ FIN deposit ④ (*Verwendung*) use; *von Truppen* deployment ⑤ (*Aktion*) assignment; **im ~ sein** to be on duty ⑥ MUS entry; **den ~ geben** to cue sth in ⑦ (*eingesetztes Teil*) inset ⑧ (*eingelassenes Stück*) insert

einsatzbereit *adj* ready for use *pred; Menschen* ready for action; MIL ready for combat *pred* **Einsatzbereitschaft** *f* readiness for action; *von Maschinen* readiness for use; **in ~ sein** to be on standby **Einsatzfreude** *f* enthusiasm **Einsatzwagen** *m* (*Polizeifahrzeug*) squad car

ein|saugen *vt* to suck; *Luft* to inhale

ein|scannen [-skɛnən] *vt* INFORM to scan

ein|schalten **I.** *vt* ① (*in Betrieb setzen*) to switch on *sep* ② (*hinzuziehen*) ■**jdn ~** to call in *sep* sb **II.** *vr* ■**sich** *akk* [**in etw** *akk*] ~ ① RADIO, TV to tune in[to sth] ② (*sich einmischen*) to intervene [in sth]

Einschaltquote *f* [audience] ratings *npl*

ein|schärfen **I.** *vt* (*zu etw ermahnen*) ■**jdm etw ~** to impress on sb the importance of sth **II.** *vr* ■**sich** *dat* **etw ~** to remember sth

ein|schätzen *vt* to assess, to judge; **Sie haben ihn richtig eingeschätzt** your opinion of him was right

Einschätzung *f* assessment; *einer Person* opinion

ein|schenken *vt* ■**jdm etw ~** to pour sb sth

ein|scheren *vi* to merge

ein|schicken *vt* ■**etw ~** to send sth in (**an** to)

ein|schieben *vt irreg* ① (*in etw schieben*) ■**etw ~** to insert sth (**in** +*akk* into) ② (*zwischendurch einfügen*) ■**etw ~** to fit sth in

ein|schiffen **I.** *vt* ■**jdn/etw ~** to take sb/sth on board **II.** *vr* (*an Bord gehen*) ■**sich** *akk* ~ to embark

einschl. *Abk von* **einschließlich** inc[l].

ein|schlafen *vi irreg sein* ① (*in Schlaf fallen*) ■[**bei etw** *dat*] ~ to fall asleep [during sth] ② (*taub werden*) to go to sleep ③ (*nachlassen*) to peter out

ein|schläfern [ˈainʃlɛːfɐn] *vt* ① (*jds Schlaf herbeiführen*) ■**jdn ~** to lull sb to sleep ② (*schläfrig machen*) ■**jdn ~** to send sb to sleep ③ ([*schmerzlos*] *töten*) ■**ein Tier ~** to put an animal to sleep

einschläfernd [ˈainʃlɛːfɐnt] *adj* ① MED **ein ~es Mittel** a sleep-inducing drug ② (*langweilig*) ■**~ sein** to have a soporific effect

Einschlag *m* ① METEO *eines Blitzes* striking ② MIL shot; *einer Granate* burst of shellfire; *einer Kugel* bullet hole ③ (*Anteil*) strain

ein|schlagen *irreg* **I.** *vt haben* ① (*in etw schlagen*) ■**etw ~** to hammer in *sep* sth ② (*durch Schläge öffnen*) **eine Tür ~** to break down *sep* a door ③ (*zerschmettern*) **jdm die Zähne ~** to knock sb's teeth out ④ (*einwickeln*) ■**etw ~** to wrap sth ⑤ *Laufbahn, Weg* to choose ⑥ AUTO to turn ⑦ MODE to take in **II.** *vi* ① *sein o haben* ■[**in etw** *akk*] ~ *Blitz* to strike [sth] ② *sein Granaten* to fall ③ *sein o haben* (*durchschlagende Wirkung*) to have an impact ④ *haben* (*einprügeln*) ■**auf jdn ~** to hit sb ⑤ *haben* (*Anklang finden*) to catch on

einschlägig [ˈainʃlɛːgɪç] **I.** *adj* (*entsprechend*) relevant **II.** *adv* JUR in this connection

ein|schleichen *vr irreg* ■**sich** *akk* [**in etw** *akk*] ~ ① (*in etw schleichen*) to sneak in[to sth] ② (*unbemerkt auftreten*) to creep in[to sth]

ein|schleppen *vt* ■**etw ~** NAUT to tow sth in; *Krankheiten, Ungeziefer* to bring sth in

ein|schließen *vt irreg* ① (*in einen Raum schließen*) ■**jdn ~** to lock sb up ② (*wegschließen*) ■**etw ~** to lock sth away ③ (*einbegreifen*) ■**jdn ~** to include sb ④ (*einkesseln*) ■**jdn/etw ~** to surround sb/sth

einschließlich [ˈainʃliːslɪç] **I.** *präp* (*inklusive*) ■**~ einer S.** *gen* including sth **II.** *adv* (*inbegriffen*) inclusive

ein|schmeicheln *vr* ■**sich** *akk* [**bei jdm**] ~ to ingratiate oneself [with sb]

einschmeichelnd *adj* fawning

ein|schmieren *vt* ① (*einölen*) to lubricate ② (*einreiben*) **etw mit Salbe ~** to rub cream into sth ③ (*beschmutzen*) **sich** *akk* **mit Dreck ~** to cover oneself with dirt

einschnappen *vi sein* ① (*ins Schloss fallen*) to click shut ② (*fam: beleidigt sein*) to get in a huff

ein|schneiden *irreg* **I.** *vt* ■**etw ~** *Papier, Stoff* to make a cut in sth **II.** *vi* (*schmerzhaft eindringen*) ■[**in etw** *akk*] ~ to cut in[to sth]

einschneidend [ˈainʃnaidn̩t] *adj* **eine ~e Veränderung** a drastic change

Einschnitt *m* ① MED incision ② (*eingeschnittene Stelle*) cut ③ (*Zäsur*) turning-point

ein|schränken [ˈainʃrɛŋkn̩] **I.** *vt* ■**etw ~** ① (*reduzieren*) to cut [back on] sth ② (*beschränken*) to curb sth **II.** *vr* ■**sich** *akk* ~ to cut back (**in** +*dat* on)

Einschränkung <-, -en> *f* ① (*Beschränkung*) restriction ② (*Vorbehalt*) reservation ③ (*das Reduzieren*) reduction

Einschreib(e)brief *m* registered letter; **als ~** as registered post BRIT, as a registered letter

E

ein|schreiben *irreg* **I.** *vt* to register **II.** *vr* ❶ (*sich eintragen*) ■**sich** *akk* **~** to put one's name down ❷ SCH ■**sich** *akk* **~** to register

Einschreiben *nt* registered post [*or* AM letter]

Einschreibung *f* registration, enrolment

ein|schreiten *vi irreg sein* to take action (**gegen** +*akk* against)

Einschub *m* insertion

ein|schüchtern ['ai̯nʃʏçtɐn] *vt* ■**jdn ~** to intimidate sb

Einschüchterungsversuch *m* attempt to intimidate

ein|schulen *vt* to enrol at [primary] school

Einschulung *f* enrolment [*or* AM enrollment] at [primary] school; **die ~ erfolgt meist mit 6 Jahren** most children start school at 6

Einschuss <-schusses, *pl* -schüsse> *m* (*Schussloch*) bullet hole; (*Einschussstelle*) entry point of a bullet

ein|schweißen *vt Nahrungsmittel, Bücher* to seal, to shrink-wrap

Einschweißfolie [-fo:li̯ə] *f* plastic [wrapping]

einsehbar *adj Gelände, Raum* visible

ein|sehen *vt irreg* ❶ (*begreifen*) to see ❷ (*in etw hineinsehen*) ■**etw ~** to look into sth [from outside]

ein|seifen *vt* to soap; **jdn mit Schnee ~** to rub snow into sb's face

einseitig ['ai̯nzai̯tɪç] **I.** *adj* ❶ (*eine Person betreffend*) one-sided ❷ MED one-sided ❸ (*beschränkt*) one-sided; **eine ~e Ernährung** an unbalanced diet ❹ (*voreingenommen*) bias[s]ed **II.** *adv* ❶ (*auf einer Seite*) on one side ❷ (*beschränkt*) in a one-sided way ❸ (*parteiisch*) from a one-sided point of view

Einseitigkeit <-, *selten* -en> *f* ❶ (*Voreingenommenheit*) bias ❷ (*Beschränktheit*) one-sidedness; *Ernährung* imbalance

ein|senden *vt irreg* ■**etw ~** to send sth (**an** +*akk* to)

Einsender(in) *m(f)* sender

Einsendeschluss *m* closing date [for entries]

Einserschüler, -schülerin *m, f* SCH (*fam*) straight-A student [*or* BRIT *a.* pupil]

einsetzbar *adj* applicable

ein|setzen **I.** *vt* ❶ (*einfügen*) to insert ❷ (*einnähen*) ■**etw [in etw** *akk*] **~** to sew sth in[to sth] ❸ *Kommission* to set up ❹ (*ernennen*) ■**jdn [als etw** *akk*] **~** to appoint [*or* instal] sb [as sth] ❺ (*zum Einsatz bringen*) ■**jdn/etw [gegen jdn] ~** to use sb/sth [against sb]; SPORT to bring on *sep* ❻ (*aufbieten*) to use ❼ (*wetten*) to bet, to wager **II.** *vi* ❶ (*anheben*) to start [up] ❷ MUS to begin to play **III.** *vr* ❶ (*sich engagieren*) ■**sich** *akk* **~** to make an effort ❷ (*sich verwenden für*) ■**sich** *akk* **für jdn/etw ~** to support sb/sth

Einsicht *f* ❶ (*Vernunft*) sense; (*Erkenntnis*) insight; **jdn zur ~ bringen** to make sb see sense ❷ (*prüfende Durchsicht*) **~ in etw** *akk* **nehmen** to have access to sth

einsichtig ['ai̯nzɪçtɪç] *adj* ❶ (*verständlich*) understandable ❷ (*vernünftig*) reasonable

Einsichtnahme <-, -n> *f* (*geh: Einsicht 2.*) *von Akten* inspection (**in** of)

ein|sickern *vi* (*Flüssigkeit*) to seep in

Einsiedler(in) ['ai̯nzi:dlɐ] *m(f)* hermit

einsilbig ['ai̯nzɪlbɪç] *adj a.* LING monosyllabic

ein|sinken *vi irreg sein Morast, Schnee etc.* to sink in; *Boden* to cave in

ein|sortieren* *vt* to sort [out]; *Dokumente* to file away

ein|spannen *vt* ❶ (*heranziehen*) ■**jdn [für etw** *akk*] **~** to rope sb in [for sth] ❷ (*in etw spannen*) to insert; (*in einen Schraubstock*) to clamp ❸ *Tiere* to harness ❹ (*viel zu tun haben*) ■**sehr eingespannt sein** to be very busy

Einspänner <-s, -> ['ai̯nʃpɛnɐ] *m* ❶ (*einspännige Kutsche*) one-horse carriage ❷ KOCHK ÖSTERR *black coffee with whipped cream*

ein|sparen *vt* ❶ (*ersparen*) to save ❷ (*kürzen*) ■**etw ~** to save on sth

Einsparung <-, -en> *f* ❶ (*das Einsparen*) saving ❷ (*Kürzung*) cutting down

ein|sperren *vt* ❶ (*in etw sperren*) ■**jdn/ein Tier ~** to lock sb/an animal up ❷ (*inhaftieren*) ■**jdn ~** to lock sb up

ein|spielen **I.** *vr* ❶ (*einstellen*) ■**sich ~** *Methode, Regelung* to get going [properly] ❷ (*sich aneinander gewöhnen*) ■**sich aufeinander ~** to get used to each other ❸ SPORT ■**sich** *akk* **~** to warm up **II.** *vt* FILM ■**etw ~** to bring in sth; *Produktionskosten* to cover sth

Einsprache *f* JUR SCHWEIZ objection

einsprachig *adj* monolingual

ein|springen *vi irreg sein* (*fam*) ❶ (*vertreten*) ■**[für jdn] ~** to stand in [for sb] ❷ (*aushelfen*) ■**[mit etw** *dat*] **~** to help out [with sth]

Einspruch *m* (*Protest*) *a.* JUR objection

einspurig ['ai̯nʃpu:rɪç] **I.** *adj* ❶ TRANSP one-lane ❷ (*pej*) **~es Denken** one-track mind **II.** *adv* TRANSP **die Straße ist nur ~ befahrbar** only one lane of the road is open

einst ['ai̯nst] *adv* ❶ (*früher*) once ❷ (*geh: in*

Zukunft) one day

Einstand *m* ① *bes* SÜDD, ÖSTERR (*Arbeitsanfang*) start of a new job ② TENNIS deuce

ein|stecken *vt* ① (*in die Tasche stecken*) **er hat das Geld einfach eingesteckt!** he's just pocketed the money! ② *Brief* to post ③ (*fam: hinnehmen*) ■**etw ~** to put up with sth ④ (*verkraften*) ■**etw ~** to take sth ⑤ ELEK ■**etw ~** to plug in *sep* sth

ein|stehen *vi irreg sein* ① (*sich verbürgen*) ■**für jdn/etw ~** to vouch for sb/sth ② (*aufkommen*) ■**für etw** *akk* **~** to take responsibility for sth

ein|steigen *vi irreg sein* ■[**in etw** *akk*] **~** ① (*besteigen*) to get on [sth] ② (*fam: hineinklettern*) to climb in[to sth] ③ ÖKON to buy into sth ④ (*sich engagieren*) to go into sth

einstellbar *adj* adjustable

ein|stellen **I.** *vt* ① (*anstellen*) to employ ② (*beenden*) to stop; *Suche* to call off; *Projekt* to shelve ③ MIL to stop; **das Feuer ~** to cease fire ④ JUR to abandon ⑤ FOTO to adjust ⑥ ELEK to set ⑦ TV, RADIO to tune ⑧ TECH to adjust ⑨ (*hineinstellen*) **das Auto in die Garage ~** to put the car into the garage ⑩ SPORT **den Rekord ~** to equal the record **II.** *vr* ① (*auftreten*) ■**sich ~** *Bedenken* to begin; MED *Fieber, Symptome* to develop ② (*sich anpassen*) ■**sich** *akk* **auf jdn/etw ~** to adapt to sb/sth ③ (*sich vorbereiten*) ■**sich** *akk* **auf etw** *akk* **~** to prepare oneself for sth ④ (*geh: sich einfinden*) ■**sich** *akk* **~** to arrive **III.** *vi* (*beschäftigen*) to take on people

einstellig *adj* single-digit *attr*

Einstellung *f* ① (*Gesinnung*) attitude ② (*Anstellung*) taking on ③ (*Beendigung*) stopping ④ FOTO adjustment ⑤ FILM take ⑥ ELEK setting ⑦ TV, RADIO tuning

Einstellungsstopp *m* freeze on recruitment; **einen ~ verhängen** to impose a freeze on recruitment

Einstich *m* ① (*das Einstechen*) insertion ② (*Einstichstelle*) puncture

Einstieg <-[e]s, -e> ['ainʃtiːk, *pl* 'ainʃtiːgə] *m* ① *kein pl* (*das Einsteigen*) getting in ② (*Tür zum Einsteigen*) *Bahn* door; *Bus a.* entrance; *Panzer* hatch ③ (*Aufnahme*) start

Einstiegsdroge *f* soft drug (*which can supposedly lead on to harder drugs*)

einstig ['ainstɪç] *adj attr* former *attr*

ein|stimmen **I.** *vi* ■[**in etw** *akk*] **~** to join in [sth] **II.** *vt* (*innerlich einstellen*) ■**jdn auf etw** *akk* **~** to get sb in the right frame of mind for sth

einstimmig[1] ['ainʃtɪmɪç] **I.** *adj* MUS **ein ~es Lied** a song for one voice **II.** *adv* MUS in unison

einstimmig[2] ['ainʃtɪmɪç] **I.** *adj* unanimous **II.** *adv* unanimously

einstöckig ['ainʃtœkɪç] *adj* single-storey *attr*

Einstrahlung <-, -en> *f* METEO irradiation

ein|streuen *vt* ■**etw ~** ① (*einflechten*) to work sth in ② (*ganz bestreuen*) to scatter sth

ein|studieren* *vt* to rehearse

ein|stufen ['ainʃtuːfn̩] *vt* ① (*eingruppieren*) ■**jdn in etw** *akk* **~** to put sb in sth ② (*zuordnen*) ■**etw in etw** *akk* **~** to categorize sth as sth

Einstufung <-, -en> *f* classification

einstündig, 1-stündig *adj* one-hour *attr*, lasting one hour *pred*

ein|stürmen *vi sein* ① (*bestürmen*) to bombard ② (*eindringen*) to overwhelm

Einsturz *m* collapse; *Decke a.* caving-in; *Mauer* falling-down; **etw zum ~ bringen** to cause sth to collapse

ein|stürzen *vi sein* ① (*zusammenbrechen*) to collapse; *Decke a.* to cave in ② (*heftig eindringen*) ■**auf jdn ~** to overwhelm sb

Einsturzgefahr *f kein pl* danger of collapse

einstweilen ['ainst'vailən] *adv* ① (*vorläufig*) for the time being ② (*in der Zwischenzeit*) in the meantime

einstweilig ['ainst'vailɪç] *adj attr* temporary

eintägig, 1-tägig *adj* one-day *attr*, lasting one day *pred*

Eintagsfliege *f* ① ZOOL mayfly ② (*von kurzer Dauer*) nine days' wonder

ein|tauchen **I.** *vt haben* ■**etw ~** to dip sth in **II.** *vi sein* ■[**in etw** *akk*] **~** to plunge in[to sth]

ein|tauschen *vt* ■**etw ~** ① (*tauschen*) to exchange sth (**gegen** +*akk* for) ② (*umtauschen*) to [ex]change sth (**gegen** +*akk* for)

eintausend ['ain'tauzn̩t] *adj* one thousand

ein|teilen **I.** *vt* ① (*unterteilen*) ■**etw in etw** *akk* **~** to divide sth up into sth ② (*sinnvoll aufteilen*) ■**etw ~** to plan sth [out]; ■[**sich** *dat*] **etw ~** *Geld, Vorräte, Zeit* to be careful with sth ③ (*für etw verpflichten*) ■**jdn zu etw** *dat* **~** to assign sb to sth **II.** *vi* (*fam: haushalten*) to budget

Einteilung *f* ① (*Aufteilung*) management ② (*Verpflichtung*) ■**jds ~ zu etw** *dat* sb's assignment to sth

ein|tippen *vt* ■**etw ~** to key sth in

eintönig ['aintøːnɪç] **I.** *adj* monotonous **II.** *adv* monotonously; **~ klingen** to sound monotonous

Eintönigkeit <-> *f kein pl* monotony

Eintopf *m*, **Eintopfgericht** *nt* stew

Eintracht <-> ['aintraxt] *f kein pl* harmony
einträchtig ['aintrɛçtɪç] **I.** *adj* harmonious **II.** *adv* harmoniously
Eintrag <-[e]s, Einträge> ['aintraːk, *pl* -trɛːgə] *m* ① (*Vermerk*) note ② (*im Nachschlagewerk*) entry ③ ADMIN record
ein|tragen *vt irreg* ① (*einschreiben*) ■**jdn ~** to enter sb (**in** +*akk* in) ② (*amtlich registrieren*) to register ③ (*einzeichnen*) ■**etw ~** to note sth
einträglich ['aintrɛːklɪç] *adj* lucrative
Eintragung <-, -en> *f* JUR (*form*) entry, registration
ein|treffen *vi irreg sein* ① (*ankommen*) to arrive ② (*in Erfüllung gehen*) to come true; **die Katastrophe traf doch nicht ein** the catastrophe didn't happen after all
ein|treiben *vt irreg* ■**etw** [**von jdm**] **~** to collect sth [from sb]
ein|treten *irreg* **I.** *vi* ① *sein* (*betreten*) to enter ② *sein* (*beitreten*) *Partei, Verein* to join ③ *sein* (*sich ereignen*) to occur; **sollte der Fall ~, dass ...** if it should happen that ... ④ *sein* (*sich einsetzen*) ■**für jdn/etw ~** to stand up for sb/sth ⑤ *haben* (*wiederholt treten*) ■**auf jdn/ein Tier ~** to kick sb/an animal [repeatedly] **II.** *vt haben* ■**etw ~** to kick sth in
ein|trichtern ['aintrɪçtɐn] *vt* (*fam*) ■**jdm etw ~** to drum sth into sb
Eintritt *m* ① (*geh: das Betreten*) **~ verboten** no admission ② (*Beitritt*) ■**jds ~ in etw** *akk* sb's joining sth ③ (*Eintrittsgeld*) admission ④ (*Beginn*) onset
Eintrittsbedingung *f meist pl* condition of entry *usu pl* **Eintrittskarte** *f* [admission] ticket **Eintrittspreis** *m* admission charge
ein|trudeln *vi sein* (*fam*) to show up
ein|tunken *vt* DIAL (*eintauchen*) to dip, to dunk
ein|üben *vt* to practise; *Rolle, Stück* to rehearse
ein|verleiben* ['ainfɛɐ̯laibn̩] **I.** *vt* ■**etw einer S.** *dat* **~** *Gebiet, Land* to incorporate sth into sth **II.** *vr* ■**sich** *dat* **etw ~** ① ÖKON to incorporate sth ② (*hum fam: verzehren*) to put sth away
Einvernahme <-, -n> ['ainfɛɐ̯naːmə] *f* JUR *bes* ÖSTERR, SCHWEIZ (*Vernehmung*) examination; (*durch die Polizei*) questioning; (*aggressive Vernehmung*) interrogation
Einvernehmen <-s> *nt kein pl* agreement
einverstanden ['ainfɛɐ̯ʃtandn̩] *adj präd* ■**~ sein** to agree (**mit** +*dat* with)
Einverständnis ['ainfɛɐ̯ʃtɛntnɪs] *nt* ① (*Zustimmung*) consent ② (*Übereinstimmung*) agreement
Einwahlknoten *m* INFORM, TELEK point of presence **Einwahlnummer** *f* INET dial-up number
Einwand <-[e]s, Einwände> ['ainvant, *pl* -vɛndə] *m* objection (**gegen** +*akk* to)
Einwanderer, -wand[r]erin *m, f* immigrant
ein|wandern *vi sein* to immigrate
Einwanderung *f* immigration (**nach** +*dat* to, **in** +*akk* into)
Einwanderungsgesetz *nt* immigration laws *usu pl* **Einwanderungspolitik** *f kein pl* immigration policy
einwandfrei ['ainvantfrai] *adj* ① (*tadellos*) flawless; *Obst* perfect; *Qualität* excellent; *Benehmen* impeccable ② (*unzweifelhaft*) irrefutable
einwärts ['ainvɛrts] *adv* inwards
ein|wechseln *vt* ① *Währung* to change (**in** +*akk* into) ② SPORT ■**jdn** [**für jdn**] **~** to bring on *sep* sb [for sb]
Einwegflasche *f* non-returnable bottle **Einwegkamera** *f* disposable camera **Einwegrasierer** *m* disposable razor
ein|weichen *vt* ■**etw** [**in etw** *dat*] **~** to soak sth [in sth]
ein|weihen *vt* ① (*offiziell eröffnen*) ■**etw ~** to open sth [officially] ② (*vertraut machen*) ■**jdn ~** to initiate sb (**in** +*akk* into)
Einweihung <-, -en> *f* ① (*das Eröffnen*) inauguration ② (*das Vertrautmachen*) initiation
Einweihungsfeier *f* inauguration
ein|weisen *vt irreg* ① (*unterweisen*) ■**jdn ~** to brief sb (**in** +*akk* about) ② MED to refer
ein|wenden *vt irreg* ■**etw** [**gegen etw** *akk*] **~** to object [to sth]
ein|werfen *irreg* **I.** *vt* ■**etw ~** ① *Brief* to post [*or* AM mail] sth ② (*durch Wurf zerschlagen*) to break sth ③ SPORT to throw sth in ④ (*etw zwischendurch bemerken*) to throw sth in **II.** *vi* ① SPORT to throw in ② (*zwischendurch bemerken*) ■**~, dass ...** to throw in that ...
ein|wickeln *vt* ① (*in etw wickeln*) ■**etw ~** to wrap [up] sth ② (*fam: überlisten*) ■**jdn ~** to take sb in
ein|willigen ['ainvɪlɪgn̩] *vi* ■[**in etw** *akk*] **~** to consent [to sth]
Einwilligung <-, -en> *f* consent
ein|wirken *vi* ① (*beeinflussen*) ■**auf jdn/etw ~** to have an effect on sb/sth ② PHYS, CHEM (*Wirkung entfalten*) ■**auf etw** *akk* **~** to react to sth
Einwirkung *f* ① (*Beeinflussung*) influence (**auf** +*akk* on) ② PHYS, CHEM **nach ~ der Salbe** when the ointment has worked in
Einwohner(in) <-s, -> ['ainvoːnɐ] *m(f)* inhabitant

einwilligen

einwilligen	consenting
Einverstanden!/Okay!/Abgemacht!	**Agreed!/Okay!/It's a deal!**
Kein Problem!	**No problem!**
Geht in Ordnung!	**That's all right!**
Wird gemacht!/Mach ich!	**Will do!/I'll do that!**

Einwohnermeldeamt *nt residents' registration office* **Einwohnerzahl** *f* population

Einwurf *m* ① (*geh: das Hineinstecken*) *Münzen* insertion; *Briefe, Pakete* posting ② SPORT throw-in ③ (*Zwischenbemerkung*) interjection ④ (*schlitzartige Öffnung*) slit

Einzahl ['ai̯ntsa:l] *f* LING singular

ein|zahlen *vt* to pay [in]

Einzahlung *f* FIN deposit

Einzahlungsschein *m* FIN stub, counterfoil *esp* BRIT

ein|zäunen ['ai̯ntsɔy̯nən] *vt* ■**etw** ~ to fence sth in

ein|zeichnen *vt* ■**etw** ~ to draw sth in (**auf** +*akk* on)

Einzel <-s, -> ['ai̯ntsl̩] *nt* TENNIS singles + *sing vb*

Einzelbett *nt* single bed **Einzelfahrschein** *m* single ticket BRIT, one-way ticket AM **Einzelfall** *m* individual case; **im ~** in each case **Einzelfrage** *f meist pl* detailed question **Einzelgänger(in)** <-s, -> *m(f)* (*Mensch, Tier*) loner **Einzelhaft** *f* solitary confinement **Einzelhandel** *m* retail trade **Einzelhändler(in)** *m(f)* retailer

Einzelheit <-, -en> *f* detail

Einzelkind *nt* only child

einzeln ['ai̯ntsl̩n] **I.** *adj* ① (*für sich allein*) individual ② (*Detail*) ■**im E~en** in detail ③ (*individuell*) individual; **was kann ein E~er schon dagegen ausrichten?** what can one person do on his own?; **jede(r, s) E~e** each individual ④ (*allein stehend*) single ⑤ *pl* (*einige wenige*) a few ⑥ *pl* METEO **~e Schauer** scattered showers **II.** *adv* (*separat*) separately

Einzelperson *f* (*geh*) single person **Einzelstück** *nt* unique object **Einzelteil** *nt* (*einzelnes Teil*) separate part; (*Ersatzteil*) spare part **Einzelzimmer** *nt* single room

ein|ziehen *irreg* **I.** *vt haben* ① *Beiträge, Gelder* to collect ② (*aus dem Verkehr ziehen*) to withdraw ③ (*beschlagnahmen*) ■**etw** ~ to take sth away ④ MIL **jdn [zum Militär]** ~ to conscript [*or* AM draft] sb [into the army] ⑤ (*nach innen ziehen*) ■**etw** ~ to take sth in ⑥ (*entgegengesetzt bewegen*) ■**etw** ~ to draw in sth; **den Kopf** ~ to duck one's head ⑦ *Antenne, Periskop* to retract ⑧ BAU **eine Wand** ~ to put in a wall ⑨ (*einsaugen*) ■**etw** ~ to draw up sth; **Luft** ~ to breathe in **II.** *vi sein* ① (*in etw ziehen*) ■**bei jdm** ~ to move in with sb ② SPORT, MIL (*einmarschieren*) ■**in etw** *akk* ~ to march into sth ③ (*Flüssigkeit*) ■**[in etw** *akk*] ~ to soak [into sth]

einzig ['ai̯ntsɪç] **I.** *adj* ① *attr* only ② (*alleinige*) ■**der/die E~e** the only one; ■**das E~e** the only thing ③ (*fam: unglaublich*) ■**ein ~er/eine ~e/ein ~es ...** a complete... **II.** *adv* (*ausschließlich*) only

einzigartig ['ai̯ntsɪçʔa:ɐ̯tɪç] **I.** *adj* unique **II.** *adv* astoundingly

Einzigartigkeit <-> *f kein pl* uniqueness

Einzug *m* ① (*das Einziehen*) move (**in** +*akk* into) ② POL **bei dieser Wahl gelang der Partei der ~ ins Parlament** at this election the party won seats in Parliament ③ (*Einmarsch*) entry ④ FIN collection

Einzugsbereich *m* catchment area **Einzugsgebiet** *nt* GEOG *eines Flusses* drainage basin **Einzugsverfahren** *nt* FIN direct debit[ing]

ein|zwängen **I.** *vt* ■**jdn** ~ to constrain sb **II.** *vr* **sich [in etw** *dat*] **eingezwängt fühlen** to feel constricted [in sth]

Eis <-es> ['ai̯s] *nt kein pl* ① (*gefrorenes Wasser*) ice ② (*Eisdecke*) ice ③ (*Eiswürfel*) ice [cube]; (*Nachtisch*) ice [cream]

Eisbahn *f* SPORT ice rink **Eisbär** *m* polar bear **Eisbecher** *m* ① (*Pappbecher*) [ice-cream] tub; (*Metallschale*) sundae dish ② (*Eiscreme*) sundae **Eisbein** *nt* KOCHK knuckle of pork **Eisberg** *m* GEOG iceberg **Eisbeutel** *m* ice pack **Eisblume** *f meist pl* frost pattern **Eisbrecher** *m* NAUT icebreaker

Eischnee *m* beaten egg white

Eiscreme [-kre:m] *f* ice cream **Eisdiele** *f* ice cream parlour

Eisen <-s, -> ['ai̯zn̩] *nt kein pl* iron

Eisenbahn ['ai̯zn̩ba:n] *f* train

Eisenbahnbrücke *f* railway [*or* AM railroad] bridge

Eisenbahner(in) <-s, -> *m(f)* (*fam*) railway employee, railroader AM
Eisenbahnfähre *f* train ferry **Eisenbahnnetz** *nt* rail[way] [*or* AM railroad] network **Eisenbahntunnel** *m* railway tunnel **Eisenbahnüberführung** *f für Kfz* railway [*or* AM railroad] overpass; *für Fußgänger* footbridge **Eisenbahnunterführung** *f* [railway] underpass, [railroad] underpass AM **Eisenbahnwagen** *m* (*Personenwagen*) railway carriage BRIT, passenger car AM; (*Güterwaggon*) goods wagon BRIT, freight car AM
Eisenerz ['ai̯zn̩ʔɛts] *nt* CHEM, BERGB iron ore
eisenhaltig ['ai̯zn̩haltɪç] *adj*, **eisenhältig** ['ai̯zn̩hɛltɪç] *adj* ÖSTERR iron bearing; ■ **~ sein** to contain iron
Eisenindustrie *f* iron industry **Eisenmangel** *m* MED iron deficiency **Eisenstange** *f* iron bar **Eisenträger** *m* iron girder
Eisenwaren *pl* hardware *no pl, no art* **Eisenwarenhandlung** *f* ironmonger's [shop] BRIT, hardware store AM
eisern ['ai̯zɐn] **I.** *adj* ① *attr* CHEM iron ② (*unnachgiebig*) iron ③ *attr* (*für Notfälle*) iron **II.** *adv* resolutely
Eiseskälte *f* icy cold
Eisfach *nt* freezer compartment **Eisfläche** *f* [surface of the] ice **eisfrei** *adj* METEO, GEOG free of ice **eisgekühlt** *adj* ice-cold **Eisglätte** *f* black ice **Eisheiligen** ['ai̯shai̯lɪgn̩] *pl* ■ **die [drei] ~n** *3 saints' days, about 12th-14th May, which are often cold and after which further frost is rare* **Eishockey** *nt* ice hockey
eisig ['ai̯zɪç] **I.** *adj* ① (*bitterkalt*) icy ② (*abweisend*) icy; *Schweigen* frosty ③ (*jäh*) chilling; **ein ~er Schreck durchfuhr sie** a cold shiver ran through her **II.** *adv* coolly
eiskalt ['ai̯s'kalt] **I.** *adj* ① (*bitter kalt*) ice-cold ② (*kalt und berechnend*) cold-blooded ③ (*dreist*) cool **II.** *adv* (*kalt und berechnend*) coolly **Eiskasten** *m* ÖSTERR refrigerator **Eiskratzer** *m* ice scratch **Eiskrem** [-kreːm] *f* ice cream **Eiskunstlauf** *m* figure-skating **eis|laufen** *vi irreg sein* to ice-skate **Eislaufen** <-s> *nt kein pl* ice skating **Eisläufer(in)** *m(f)* ice-skater **Eismeer** ['ai̯smeːɐ̯] *nt* polar sea **Eispickel** *m* ice pick
Eisprung *m* ovulation
Eisregen *m* sleet **Eisschnelllauf** *m* speed skating **Eisscholle** *f* ice floe **Eisschrank** *m* (*veraltend*) *s.* **Kühlschrank Eiswürfel** *m* ice cube **Eiszapfen** *m* icicle **Eiszeit** *f* Ice Age
eitel ['ai̯tl̩] *adj* vain; (*eingebildet*) conceited
Eitelkeit <-, -en> ['ai̯tl̩kai̯t] *f* vanity
Eiter <-s> ['ai̯tɐ] *m kein pl* pus *no pl, no indef art*
eiterig ['ai̯tərɪç] *adj Ausfluss* purulent; *Geschwür, Pickel, Wunde* festering; ■ **~ sein** to fester
eitern ['ai̯tɐn] *vi* to fester
eitrig ['ai̯trɪç] *adj s.* **eiterig**
Eiweiß ['ai̯vai̯s] *nt* ① CHEM protein ② KOCHK [egg] white
eiweißreich *adj* rich in protein *pred*
Eizelle *f* ovum
Ejakulation <-, -en> [ejakula'tsi̯oːn] *f* ejaculation
ejakulieren* [ejaku'liːrən] *vi* to ejaculate
Ekel[1] <-s> ['eːkl̩] *m kein pl* disgust; **~ erregend** revolting
Ekel[2] <-s, -> ['eːkl̩] *nt* (*fam*) revolting person
ekelerregend *adj s.* **Ekel**[1]
ekelhaft **I.** *adj* ① (*widerlich*) disgusting ② (*fam: fies*) nasty **II.** *adv* ① (*widerlich*) disgusting ② (*fam: fies*) horribly
ekelig <-er, -ste> ['eːkəlɪç] *adj s.* **ekelhaft**
ekeln ['eːkl̩n] **I.** *vt* ■ **jdn ~** to disgust sb **II.** *vt impers* **es ekelt mich vor diesem Geruch** this smell is disgusting **III.** *vr* ■ **sich** *akk* **vor etw** *dat* **~** to find sth disgusting
EKG <-s, -s> [eːkaː'geː] *nt* MED *Abk von* **Elektrokardiogramm** ECG
Eklat <-s, -s> [e'klaː] *m* (*geh*) sensation
eklatant <-er, -este> [ekla'tant] *adj* (*geh*) *Beispiel* striking; *Fall* spectacular; *Fehler* glaring
eklig <-er, -ste> ['eːklɪç] *adj s.* **ekelhaft**
Eklipse <-, -n> [e'klɪpsə] *f* ASTRON eclipse
Ekstase <-, -n> [ɛk'staːzə] *f* ecstasy
Ekzem <-s, -e> [ɛk'tseːm] *nt* eczema
Elan <-s> [e'laːn] *m kein pl* vigour
elastisch [e'lastɪʃ] **I.** *adj* ① (*flexibel*) flexible; *Federkern* springy; *Stoff, Binde* stretchy ② (*spannkräftig*) *Gelenk, Muskel, Mensch* supple; *Gang* springy **II.** *adv* supply
Elastizität <-, -en> [elastitsi'tɛːt] *meist sing f* ① (*elastische Beschaffenheit*) elasticity ② *eines Muskel* suppleness
Elbe <-> ['ɛlbə] *f* river Elbe
Elb-Florenz, **Elbflorenz** *nt* (*hum fam*) Florence on the Elbe (*nickname for Dresden*)
Elch <-[e]s, -e> ['ɛlç] *m* elk
Electronic Banking <-> [elɛk'trɔnɪk'bɛŋkɪŋ] *nt kein pl* electronic banking **Electronic Cash** [ɪlɛk'trɔnɪk 'kɛʃ] *nt kein pl* electronic cash **Electronic Publishing** [ɪlɛk'trɔnɪk 'pʌblɪʃɪŋ] *nt kein pl* electronic publishing
Elefant <-en, -en> [ele'fant] *m* elephant
elegant [ele'gant] **I.** *adj* elegant **II.** *adv* ① MODE elegantly ② (*geschickt*) nimbly

Eleganz <-> [ele'gants] *f kein pl* ① (*geschmackvolle Beschaffenheit*) elegance ② (*Gewandtheit*) deftness

elektrifizieren* [elɛktrifi'tsi:rən] *vt* BAHN to electrify

Elektrik <-, -en> [e'lɛktrɪk] *f* electrical system

Elektriker(in) <-s, -> [e'lɛktrikɐ] *m(f)* electrician

elektrisch [e'lɛktrɪʃ] *adj* electric; **~e Geräte** electrical appliances

elektrisieren* [elɛktri'zi:rən] **I.** *vt* ① (*fig*) to electrify ② (*aufladen*) to charge with electricity **II.** *vr* (*einen elektrischen Schlag bekommen*) **wie elektrisiert** [as if he/she had been] electrified

Elektrizität <-> [elɛktritsi'tɛ:t] *f kein pl* electricity

Elektrizitätswerk *nt* [electric] power station

Elektroauto *nt* electric car

Elektrode <-, -n> [elɛk'tro:də] *f* electrode

Elektrogerät *nt* electrical appliance **Elektrogeschäft** *nt* electrical shop [*or* AM store] **Elektroherd** [e'lɛktrohe:ɐ̯t] *m* electric cooker **Elektroingenieur(in)** [-ɪnʒeni̯ø:ɐ̯] *m(f)* electrical engineer **Elektroinstallateur(in)** *m(f)* electrician **Elektrokardiogramm** [elɛktrokardi̯o'gram] *nt* MED electrocardiogram, ECG **Elektrolok** *f* electric locomotive **Elektromagnet** [e'lɛktromagne:t] *m* electromagnet **elektromagnetisch** **I.** *adj* electromagnetic **II.** *adv* electromagnetically **Elektromotor** [e'lɛktroˌmo:to:ɐ̯] *m* electric motor

Elektron <-s, -tronen> ['e:lɛktrɔn, e'lɛktrɔn, elɛk'tro:n] *nt* electron

Elektronenmikroskop *nt* electron microscope

Elektronik <-, -en> [elɛk'tro:nɪk] *f kein pl* electronics + *sing vb*

elektronisch [elɛk'tro:nɪʃ] **I.** *adj* electronic **II.** *adv* electronically

Elektrorasierer *m* electric razor **Elektroschock** [e'lɛktroʃɔk] *m* electroshock **Elektrosmog** [-smɔk] *m* electro-smog **Elektrotechnik** [elɛktro'tɛçnɪk] *f* electrical engineering **Elektrotechniker(in)** *m(f)* ① (*mit Hochschulabschluss*) electrical engineer ② (*Elektriker*) electrician **Elektrozaun** *m* electric fence

Element <-[e]s, -e> [ele'mɛnt] *nt* element

elementar [elemɛn'ta:ɐ̯] *adj* ① (*wesentlich*) elementary ② (*urwüchsig*) elemental

elend ['e:lɛnt] **I.** *adj* ① (*beklagenswert*) miserable ② (*krank*) wretched ③ (*erbärmlich*) dreadful ④ (*gemein*) miserable **II.** *adv* (*fam*) awfully

Elend <-[e]s> ['e:lɛnt] *nt kein pl* misery

Elendsviertel *nt* slums *pl*

elf ['ɛlf] *adj* eleven; *s. a.* **acht**[1]

Elf[1] <-, -en> ['ɛlf] *f* ① (*Zahl*) eleven ② FBALL team [*or* eleven]

Elf[2] <-en, -en> ['ɛlf] *m*, **Elfe** <-, -n> ['ɛlfə] *f* elf

Elfenbein ['ɛlfn̩bai̯n] *nt* ivory

elfenbeinfarben *adj* ivory-coloured **Elfenbeinküste** *f* Ivory Coast **Elfenbeinturm** *m* (*geh*) ivory tower *fig*

Elfmeter [ɛlf'me:tɐ] *m* penalty [kick]; **einen ~ schießen** to take a penalty

Elfmeterschießen *nt* penalty

elfte(r, s) ['ɛlftə] *adj* ① (*Zahl*) eleventh; *s. a.* **achte(r, s) 1** ② (*Datum*) eleventh, 11th; *s. a.* **achte(r, s) 2**

eliminieren* [elimi'ni:rən] *vt* to eliminate

elitär [eli'tɛ:ɐ̯] *adj* elitist

Elite <-, -n> [e'li:tə] *f* elite

Eliteeinheit *f*, **Elitetruppe** *f* MIL elite troops *pl* **Eliteuniversität** *f* elite university

Elixier <-s, -e> [elɪ'ksi:ɐ̯] *nt* elixir

Ellbogen <-s, -> ['ɛlbo:gn̩] *m* elbow

Ellbogengesellschaft *f* dog-eat-dog society

Elle <-, -n> ['ɛlə] *f* ① ANAT ulna ② HIST (*altes Längenmaß*) cubit

Ellenbogen ['ɛlənbo:gn̩] *m* elbow

Ellenbogenmensch *m* ruthless person

ellenlang *adj* (*fam*) incredibly long; **ein ~er Kerl** an incredibly tall bloke

Ellipse <-, -n> [ɛ'lɪpsə] *f* MATH ellipse; LING ellipsis

elliptisch [ɛ'lɪptɪʃ] *adj* MATH, LING elliptic[al]

E-Lok <-, -s> ['e:lɔk] *f* electric locomotive

El Salvador <-s> [ɛl zalva'do:ɐ̯] *nt* El Salvador; *s. a.* **Deutschland**

Elsass <- *o* Elsasses> ['ɛlzas] *nt* ▪**das ~** Alsace

Elsässer(in) <-s, -> ['ɛlzɛsɐ] *m(f)* inhabitant of Alsace

elsässisch ['ɛlzɛsɪʃ] *adj* ① GEOG Alsatian ② LING Alsatian

Elsass-Lothringen *nt* Alsace-Lorraine

Elster <-, -n> ['ɛlstɐ] *f* magpie

elterlich *adj* parental

Eltern ['ɛltɐn] *pl* parents *pl*

Elternabend *m* SCH parents' evening BRIT, parent-teacher conference **Elternhaus** *nt* ① (*Familie*) family ② (*Haus*) [parental] home **Elternteil** *m* parent

Email <-s, -s> [e'mai̯, e'ma:j] *nt* enamel

E-Mail <-, -s> ['i:me:l] *f* e-mail, email

E-Mail-Adresse ['i:me:l-] *f* e-mail address

Emaille <-, -n> [e'maljə, e'mai̯, e'ma:j] *f s.* **Email**

E-Mail-Programm ['i:me:l-] *nt* e-mail program

Emanze <-, -n> [e'mantsə] *f* (*fam*) wom-

E

en's libber

Emanzipation <-, -en> [emantsipa'tsi̯o:n] *f* ① (*Gleichstellung der Frau*) emancipation ② (*Befreiung aus Abhängigkeit*) liberation

emanzipatorisch [emantsipa'to:rɪʃ] *adj* (*geh*) emancipatory

emanzipieren* [emantsi'pi:rən] *vr* ■ **sich** *akk* ~ to emancipate oneself

emanzipiert *adj* emancipated

Embargo <-s, -s> [ɛm'bargo] *nt* embargo

Emblem <-[e]s, -e> [ɛm'ble:m, ã'ble:m] *nt* ① (*Zeichen*) emblem ② (*Sinnbild*) symbol

Embolie <-, -n> [ɛmbo'li:, *pl* ɛmbo'li:ən] *f* embolism

Embryo <-s, -s *o* Embryonen> ['ɛmbryo, *pl* ɛmbry'o:nən] *m o* ÖSTERR *nt* embryo

embryonal [ɛmbryo'na:l] *adj* ① MED, BIOL embryonic ② (*in Ansätzen*) embryonic

Embryonalentwicklung *f kein pl* BIOL, ZOOL embryonic development

Embryonenschutz [ɛmbry'o:nən-] *m* embryo protection

Emigrant(in) <-en, -en> [emi'grant] *m(f)* ① (*Auswanderer*) emigrant ② (*politischer Flüchtling*) émigré

Emigration <-, -en> [emigra'tsi̯o:n] *f* emigration

emigrieren* [emi'gri:rən] *vi sein* to emigrate

Emirat <-[e]s, -e> [emi'ra:t] *nt* emirate; **die Vereinigten Arabischen ~e** the United Arab Emirates, U.A.E.

Emission <-, -en> [emɪ'si̯o:n] *f* emission

emittieren [emɪ'ti:rən] *vt* ① *Wertpapiere* to issue ② *Abgase* to emit

Emmentaler <-s, -> ['ɛmənta:lɐ] *m* Emment[h]al[er] [cheese]

e-Moll <-s> ['e:mɔl] *nt kein pl* MUS E flat minor

Emoticon <-s, -s> [e'mo:tikon] *nt* emoticon

Emotion <-, -en> [emo'tsi̯o:n] *f* emotion

emotional [emotsi̯o'na:l] **I.** *adj* emotional **II.** *adv* emotionally

emotionell *adj s.* **emotional**

emotionsgeladen *adj* emotionally charged

empathisch [ɛm'pa:tɪʃ] *adj* (*geh*) empathic

empfahl [ɛm'pfa:l] *imp von* **empfehlen**

empfand [ɛm'pfant] *imp von* **empfinden**

Empfang <-[e]s, Empfänge> [ɛm'pfaŋ, *pl* -'pfɛŋə] *m* ① *kein pl* (*das Entgegennehmen*) receipt ② (*Begrüßung*) reception ③ *kein pl* TV, RADIO reception ④ (*Hotelrezeption*) reception [desk]

empfangen <empfing, empfangen> [ɛm'pfaŋən] *vt* ① RADIO, TV to receive ② (*begrüßen*) ■ **jdn mit etw** *dat* ~ to receive sb with sth

Empfänger(in) <-s, -> [ɛm'pfɛŋɐ] *m(f)* ① (*Adressat*) addressee ② FIN payee

Empfänger <-s, -> [ɛm'pfɛŋɐ] *m* RADIO, TV (*geh*) receiver

empfänglich [ɛm'pfɛŋlɪç] *adj* ■ **für etw** *akk* **~ sein** ① (*zugänglich*) to be receptive to sth ② (*beeinflussbar, anfällig*) to be susceptible to sth

Empfängnis <-, -se> [ɛm'pfɛŋnɪs, *pl* -'pfɛŋnɪsə] *f pl selten* conception

Empfängnisverhütung *f* contraception

Empfangsbescheinigung *f*, **Empfangsbestätigung** *f* [confirmation of] receipt

Empfangschef(in) *m(f)* head receptionist

Empfangsdame *f* receptionist

empfehlen <empfahl, empfohlen> [ɛm'pfe:lən] **I.** *vt* ■ [**jdm**] **etw ~** to recommend sth [to sb] **II.** *vr impers* ■ **es empfiehlt sich, etw zu tun** it is advisable to do sth

empfehlenswert *adj* ① (*wert, empfohlen zu werden*) recommendable ② (*ratsam*) ■ **es ist ~, etw zu tun** it is advisable to do sth

Empfehlung <-, -en> *f* ① (*Vorschlag*) recommendation ② (*Referenz*) reference; **auf ~ von jdm** on the recommendation of sb ③ (*geh*) **mit den besten ~en** with best regards

Empfehlungsschreiben *nt* letter of recommendation

empfiehl [ɛm'pfi:l] *imp sing von* **empfehlen**

empfinden <empfand, empfunden> [ɛm'pfɪndn̩] *vt* ① (*fühlen*) to feel ② (*auffassen*) ■ **jdn/etw als etw** *akk* ~ to feel sb/sth to be sth

empfindlich [ɛm'pfɪntlɪç] **I.** *adj* ① (*auf Reize leicht reagierend*) sensitive (**gegen** +*akk* to) ② (*leicht verletzbar*) sensitive; (*reizbar*) touchy ③ (*anfällig*) *Gesundheit* delicate; ~ **gegen Kälte** sensitive to cold **II.** *adv* ① (*sensibel*) **auf etw** *akk* **~ reagieren** to be very sensitive to sth ② (*spürbar*) severely; **es ist ~ kalt** it's bitterly cold

Empfindlichkeit <-, *selten* -en> *f* ① (*Feinfühligkeit*) sensitiveness ② (*Verletzbarkeit*) sensitivity; (*Reizbarkeit*) touchiness ③ *kein pl* (*Anfälligkeit*) delicateness

empfindsam [ɛm'pfɪntza:m] *adj* ① (*von feinem Empfinden*) sensitive; (*einfühlsam*) empathetic ② (*sentimental*) *Geschichte* sentimental

Empfindsamkeit <-> *f kein pl* (*Feinfühligkeit*) sensitivity

Empfindung <-, -en> *f* ① (*Wahrnehmung*) perception ② (*Gefühl*) emotion

empfing [ɛm'pfɪŋ] *imp von* **empfangen**

empfohlen [ɛm'pfo:lən] **I.** *pp von* **empfehlen II.** *adj* **sehr ~** highly recommended
empfunden [ɛm'pfʊndn̩] *pp von* **empfinden**
empor [ɛm'po:ɐ̯] *adv* (*geh*) upwards
empor|arbeiten *vr* (*geh*) ■**sich** *akk* ~ to work one's way up (**zu** +*dat* to)
Empore <-, -n> [ɛm'po:rə] *f* gallery
empören* [ɛm'pø:rən] **I.** *vt* ■**jdn ~** to fill sb with indignation **II.** *vr* ■**sich** *akk* ~ to be outraged
empörend *adj* outrageous
Emporkömmling <-s, -e> [-kœmlɪŋ] *m* (*pej*) upstart
empor|ragen *vi sein o haben* (*geh*) ■[**über etw** *akk*] ~ to tower above sth **empor|steigen** *irreg* **I.** *vi sein* (*geh*) to rise; **Zweifel stiegen in ihm empor** doubts rose in his mind; *Rauch* to rise [up] **II.** *vt sein* (*geh*) ■**etw ~** to climb [up] sth
empört I. *adj* scandalized (**über** +*akk* by) **II.** *adv* indignantly
Empörung <-, -en> *f kein pl* ■**~ über jdn/etw** indignation about sb/sth
emsig ['ɛmzɪç] **I.** *adj* busy; **~e Ameisen** hard-working ants **II.** *adv* industriously; **überall wird ~ gebaut** they are busy building everywhere
Emu <-s, -s> ['e:mu] *m* ORN emu
Endabnehmer *m* end customer [*or* purchaser], ultimate buyer **Endabrechnung** *f* final account **Endbahnhof** *m* terminus **Endbenutzer(in)** *m(f)* end user **Endbetrag** *m* final amount
Ende <-s, -n> ['ɛndə] *nt* ① (*Schluss*) end; **~ August/des Monats/~ 2005** the end of August/the month/2005; **~ 20 sein** to be in one's late 20s; **damit muss es jetzt ein ~ haben** this must stop now; **einer S.** *dat* **ein ~ machen** to put an end to sth; **das nimmt gar kein ~** there's no end to it; **am ~** (*fam*) finally; **etw zu ~ bringen** to complete sth; **zu ~ sein** to be finished ② FILM, LIT ending ③ (*räumliches Ende*) end ▸ WENDUNGEN: **~ gut, alles gut** (*prov*) all's well that ends well
Endeffekt ['ɛntʔɛfɛkt] *m* **im ~** (*fam*) in the end
enden ['ɛndn̩] *vi* ① *haben* (*nicht mehr weiterführen*) end ② *haben* (*auslaufen*) expire ③ *haben* LING ■**auf etw** *akk* ~ to end with sth ④ *sein* (*fam: landen*) end [up] ⑤ *haben* (*zu etw führen*) **das wird böse ~!** that will end in tears!
Endergebnis *nt* final result **endgültig I.** *adj* final; *Antwort* definitive **II.** *adv* finally **Endgültigkeit** <-> *f kein pl* finality **Endhaltestelle** *f* final stop
Endivie <-, -n> [ɛn'di:vi̯ə] *f* endive
Endiviensalat *m* endive
Endkampf *m* SPORT final **Endlager** *nt* ÖKOL permanent disposal site **endlagern** *vt* ÖKOL ■**etw** [**irgendwo**] ~ to permanently store sth [somewhere] **Endlagerung** *f* permanent disposal
endlich ['ɛntlɪç] **I.** *adv* ① (*nunmehr*) at last; **lass mich ~ in Ruhe!** can't you leave me in peace! ② (*schließlich*) finally; **na ~!** (*fam*) at [long] last! **II.** *adj* ASTRON, MATH finite
endlos I. *adj* endless **II.** *adv* interminably
Endlosigkeit *f kein pl* infinity
Endlospapier *nt* INFORM continuous paper
Endoskopie <-, -n> [ɛndosko'pi:, *pl* ɛndosko'pi:ən] *f* MED endoscopy
Endphase *f* final stage **Endprodukt** *nt* end product **Endrunde** *f* SPORT final round; *einer Fußballmeisterschaft* finals *pl; eines Autorennens* final lap **Endsilbe** *f* final syllable **Endspiel** *nt* SPORT final **Endspurt** *m* final spurt **Endstadium** *nt* final stage; MED terminal stage **Endstation** *f* terminus **Endsumme** *f* [sum] total
Endung <-, -en> *f* ending
Endverbraucher(in) *m(f)* end-user **Endziel** *nt* ① (*einer Reise*) destination ② (*Zweck*) ultimate goal [*or* aim] [*or* objective] **Endziffer** *f* final number **Endzustand** *m* final state
Energie <-, -n> [enɛr'gi:, *pl* -'gi:ən] *f* ① PHYS energy ② (*Tatkraft*) energy
Energiebedarf *m* energy requirement[s] **Energiegewinnung** *f kein pl* generation of energy **Energiequelle** *f* source of energy **Energiesparen** *nt* energy saving **Energiesparlampe** *f* energy-saving [electric] bulb **Energiesparmaßnahme** *f* energy-saving measure **Energieverbrauch** *m* energy consumption **Energieverschwendung** *f kein pl* energy waste **Energieversorgung** *f* energy supply **Energievorkommen** *nt* energy source **Energievorräte** *pl* energy supplies *pl*
energisch [e'nɛrgɪʃ] **I.** *adj* ① (*Tatkraft ausdrückend*) energetic ② (*entschlossen*) firm **II.** *adv* vigorously
Energy-Drink ['enədʒidrɪŋk] *m* energy drink
eng ['ɛŋ] **I.** *adj* ① (*schmal*) narrow ② (*knapp sitzend*) tight ③ (*beengt*) cramped ④ (*wenig Zwischenraum habend*) close together *pred* ⑤ (*intim*) close ⑥ (*eingeschränkt*) limited; **im ~eren Sinn** in the stricter sense **II.** *adv* ① (*knapp*) **ein ~ anliegendes Kleid** a close-fitting dress ② (*dicht*) densely; **~ nebeneinanderstehen** to stand close to each other

③ (*intim*) closely; ~ **befreundet sein** to be close friends ④ (*akribisch*) **etw zu ~ sehen** to take too narrow a view of sth

Engagement <-s, -s> [ãgaʒəˈmãː] *nt* ① (*Eintreten*) commitment (**für** +*akk* to) ② THEAT engagement

engagieren* [ãgaˈʒiːrən] **I.** *vt* ■**jdn ~** to engage sb **II.** *vr* ■**sich** *akk* [**für jdn/etw**] ~ to be committed [to sb/sth]

engagiert [ãgaˈʒiːɐt] *adj* (*geh*) **politisch/sozial ~** politically/socially committed

enganliegend *adj s.* **eng II 1** **engbefreundet** *adj attr s.* **eng II 3**

Enge <-, -n> [ˈɛŋə] *f* ① (*schmale Beschaffenheit*) narrowness ② *kein pl* (*Beschränktheit*) confinement

Engel <-s, -> [ˈɛŋl̩] *m* angel

Engel(s)geduld *f* **eine** [**wahre**] ~ **haben** to have the patience of a saint **Engel(s)zungen** *pl* [**wie**] **mit ~ reden** to use all one's powers of persuasion

engherzig *adj* ■[**in etw** *dat*] ~ **sein** to be petty [about sth]

England <-s> [ˈɛŋlant] *nt* ① (*Teil Großbritanniens*) England ② (*falsch für Großbritannien*) Great Britain; *s. a.* **Deutschland**

Engländer(in) <-s, -> [ˈɛŋlɛndɐ] *m(f)* Englishman *masc*, Englishwoman *fem;* ■**die ~** the English

englisch [ˈɛŋlɪʃ] *adj* English; *s. a.* **deutsch**

Englisch [ˈɛŋlɪʃ] *nt dekl wie adj* English; *s. a.* **Deutsch**

engmaschig [ˈɛŋmaʃɪç] *adj* close-meshed

Engpass *m* ① GEOG [narrow] pass ② (*Fahrbahnverengung*) bottleneck ③ (*Verknappung*) bottleneck

engstirnig [ˈɛŋʃtɪrnɪç] **I.** *adj* narrow-minded **II.** *adv* narrow-mindedly

Enjambement <-s, -s> [ãʒãbəˈmãː] *nt* enjambement

Enkel(in) <-s, -> [ˈɛŋkl̩] *m(f)* grandchild

Enkelkind *nt* grandchild **Enkelsohn** *m* (*geh*) grandson **Enkeltochter** *f* (*geh*) *fem form von* **Enkelsohn** granddaughter

enorm [eˈnɔrm] **I.** *adj* enormous; *Summe* vast **II.** *adv* (*fam*) tremendously; ~ **viel/viele** an enormous amount/number

en passant [ãpaˈsãː] *adv* en passant

Ensemble <-s, -s> [ãˈsãːbl̩] *nt* ensemble

entarten* [ɛntˈaːɐ̯tn̩] *vi sein* ■[**zu etw** *dat*] ~ to degenerate [into sth]

entbehren* [ɛntˈbeːrən] **I.** *vt* ① (*ohne auskommen*) ■**jdn/etw ~ können** to be able to do without sb/sth ② (*geh: vermissen*) ■**jdn/etw ~** to miss sb/sth **II.** *vi* (*geh*) to go without

entbehrlich *adj* dispensable

Entbehrung <-, -en> *f meist pl* privation

entbinden* *irreg* **I.** *vt* ① MED to deliver; ■[**von einem Kind**] **entbunden werden** to give birth to a baby ② (*dispensieren, befreien*) ■**jdn von etw** *dat* ~ to release sb from sth **II.** *vi* to give birth

Entbindung *f* delivery

Entbindungsklinik *f* maternity clinic **Entbindungsstation** *f* maternity ward

entblößen* [ɛntˈbløːsn̩] *vt* (*geh*) ■**sich** *akk* ~ to take one's clothes off

entblößt *adj* (*geh*) bare, exposed

entbrennen* *vi irreg sein* (*geh: ausbrechen*) to break out

entdecken* *vt* ① (*zum ersten Mal finden*) to discover ② (*ausfindig machen*) ■**jdn/etw ~** to find sb/sth; *Fehler* to spot

Entdecker(in) <-s, -> [ɛntˈdɛkɐ] *m(f)* discoverer

Entdeckung *f* discovery

Entdeckungsreise *f* voyage of discovery

Ente <-, -n> [ˈɛntə] *f* ① ORN duck ② (*fam: Zeitungsente*) canard ③ AUTO (*fam: Citroen 2 CV*) 'deux-chevaux' ▶ WENDUNGEN: **lahme** ~ (*fam*) slowcoach

entehren* *vt* ■**jdn/etw ~** to dishonour sb/sth

enteignen* *vt* ■**jdn ~** to dispossess sb

Enteignung <-, -en> *f* dispossession

enterben* *vt* ■**jdn ~** to disinherit sb

Enterich <-s, -e> [ˈɛntərɪç] *m* ORN drake

entern [ˈɛntɐn] *vt haben* to board

Entertainer(in) <-s, -> [ɛntɐˈteːnɐ] *m(f)* entertainer

Entertaste [ˈɛntɐ-] *f* INFORM enter key

entfachen* [ɛntˈfaxn̩] *vt* (*geh*) ① (*zum Brennen bringen*) to kindle; *Brand* to start ② (*entfesseln*) to provoke; *Leidenschaft* to arouse

entfahren* *vi irreg sein* ■**etw entfährt jdm** sth escapes sb's lips

entfallen* *vi irreg sein* ① (*dem Gedächtnis entschwinden*) ■**jdm ~** to slip sb's mind ② (*wegfallen*) to be dropped ③ (*als Anteil zustehen*) ■**auf jdn ~** to be allotted to sb

entfalten* **I.** *vt* ① (*auseinanderfalten*) *Landkarte, Brief* to unfold ② (*beginnen, entwickeln*) *Fähigkeiten, Kräfte* to develop ③ (*darlegen*) ■**etw ~** to set sth forth ④ (*zur Geltung bringen*) to display **II.** *vr* ① (*sich öffnen*) ■**sich** [**zu etw** *dat*] ~ *Blüte, Fallschirm* to open [into sth] ② (*sich voll entwickeln*) ■**sich** *akk* ~ to develop to the full

Entfaltung <-, -en> *f* ① (*das Entfalten*) unfolding ② (*Entwicklung*) development

entfärben* **I.** *vt* ■**etw ~** to remove the colour from sth **II.** *vr* ■**sich ~** to lose its colour

entfernen* [ɛntˈfɛrnən] **I.** *vt* ① (*beseitigen*) ■**etw ~** to remove sth (**aus, von** +*dat* from) ② MED **jdm den Blinddarm ~** to take out sb's appendix ③ (*weit abbringen*) ■**jdn von etw** *dat* **~** to take sb away from sth **II.** *vr* ① (*weggehen*) ■**sich** *akk* **~** to go away (**von, aus** +*dat* from); **sich vom Weg ~** to go off the path ② (*nicht bei etw bleiben*) ■**sich** *akk* **von etw** *dat* **~** to depart from sth

entfernt I. *adj* ① (*weitläufig*) distant ② (*gering*) *Ähnlichkeit* slight; *Ahnung* vague ③ (*abgelegen*) remote **II.** *adv* vaguely; **weit davon ~ sein, etw zu tun** to not have the slightest intention of doing sth

Entfernung <-, -en> *f* ① (*Distanz*) distance ② ADMIN (*geh: Ausschluss*) removal **Entfernungsmesser** <-s, -> *m* rangefinder

entfesseln* *vt* (*auslösen*) to unleash

Entfeuchter <-s, -> *m* dehumidifier

entflammbar *adj* ① (*leicht zu entflammen*) inflammable ② (*fig fam*) easily roused

entflammen* [ɛntˈflamən] **I.** *vt haben* ① (*anzünden*) to light ② *Leidenschaft* to [a]rouse **II.** *vr haben* ① (*sich entzünden*) ■**sich ~** to ignite ② (*sich begeistern*) **sie entflammte sich für seine Idee** she was filled with enthusiasm for his idea **III.** *vi sein* (*geh: plötzlich entstehen*) **ein Kampf um die Macht ist entflammt** a struggle for power has broken out

entfliehen* *vi irreg sein* (*geh*) ■[**aus etw** *dat*] **~** to escape from sth

entfremden* [ɛntˈfrɛmdn̩] **I.** *vt* to estrange; ■**etw seinem Zweck ~** to use sth for a different purpose; (*falscher Zweck*) to use sth for the wrong purpose **II.** *vr* ■**sich** *akk* **jdm ~** to become estranged from sb

Entfremdung <-, -en> *f* estrangement

Entfroster <-s, -> *m* defroster

entführen* *vt* ■**jdn ~** to abduct sb; *Fahrzeug, Flugzeug* to hijack

Entführer(in) *m(f)* kidnapper; *eines Fahrzeugs/Flugzeugs* hijacker

Entführung *f* kidnapping; *eines Fahrzeugs/Flugzeugs* hijacking

entgegen [ɛntˈgeːgn̩] **I.** *adv* (*geh*) towards **II.** *präp* against

entgegen|bringen *vt irreg* (*bezeigen*) ■**jdm etw ~** to display sth towards sb **entgegen|fahren** *vi irreg sein* ■**jdm ~** to go to meet sb **entgegen|fiebern*** *vi* ■**einer S.** *dat* **~** to feverishly look forward to sth **entgegen|gehen** *vi irreg sein* ■**jdm ~** to go to meet sb **entgegengesetzt** [ɛntˈgeːgn̩gəzɛtst] **I.** *adj* ① (*gegenüberliegend*) opposite ② (*einander widersprechend*) opposing; *Auffassungen* conflicting **II.** *adv* **~ denken/handeln** to think/do the exact opposite **entgegen|halten** *vt irreg* ① (*in eine bestimmte Richtung halten*) ■**jdm etw ~** to hold out sth towards sb ② (*einwenden*) **jdm einen Einwand ~** to express an objection to sb **entgegen|kommen** [ɛntˈgeːgn̩kɔmən] *vi irreg sein* ① (*in jds Richtung kommen*) ■**jdm ~** to come to meet sb ② (*Zugeständnisse machen*) ■**jdm/einer S. ~** to accommodate sb/sth ③ (*entsprechen*) ■**jdm/einer S. ~** to fit in with sb/sth **Entgegenkommen** <-s, -> [ɛntˈgeːgn̩kɔmən] *nt kein pl* ① (*gefällige Haltung*) cooperation ② (*Zugeständnis*) concession **entgegenkommend** *adj* obliging **entgegen|laufen** *vi irreg sein* ① (*in jds Richtung laufen*) ■**jdm ~** to run to meet sb ② (*im Gegensatz stehen*) ■**einer S.** *dat* **~** to run counter to sth **entgegen|nehmen** *vt irreg* ■**etw ~** *Lieferung* to receive sth; **nehmen Sie meinen Dank entgegen** (*form*) please accept my gratitude **entgegen|schlagen** *vi irreg sein* ■**jdm ~** to meet sb **entgegen|sehen** *vi irreg* ① (*geh: erwarten*) ■**einer S.** *dat* **~** to await sth ② (*in jds Richtung sehen*) ■**jdm/etw ~** to watch sb/sth **entgegen|setzen I.** *vt* ■**einer S.** *dat* **etw ~** to oppose sth with sth **II.** *vr* ■**sich** *akk* **einer S.** *dat* **~** to resist sth **entgegen|stehen** *vi irreg* ■**einer S.** *dat* **~** to stand in the way of sth **entgegen|stellen** *vr* ■**sich** *akk* **jdm/einer S. ~** to resist sb/sth **entgegen|steuern** *vi* to act against; *Entwicklung, Trend* to counter **entgegen|treten** *vi irreg sein* ① (*in den Weg treten*) ■**jdm ~** to walk up to sb ② (*sich zur Wehr setzen*) ■**einer S.** *dat* **~** to counter sth **entgegen|wirken** *vi* ■**einer S.** *dat* **~** to oppose sth

entgegnen* [ɛntˈgeːgnən] *vt* to reply

Entgegnung <-, -en> *f* reply

entgehen* *vi irreg sein* ① (*entkommen*) ■**jdm/einer S. ~** to escape sb/sth ② (*nicht bemerkt werden*) ■**etw entgeht jdm** sth escapes sb['s notice] ③ (*versäumen*) ■**sich** *dat* **etw ~ lassen** to miss sth

entgeistert [ɛntˈgaistɐt] **I.** *adj* dumbfounded **II.** *adv* in amazement

Entgelt <-[e]s, -e> [ɛntˈgɛlt] *nt* ① (*Bezahlung*) payment; (*Entschädigung*) compensation ② (*Gebühr*) **gegen ~** for a fee

entgiften* [ɛntˈgɪftn̩] *vt* ① ÖKOL to decontaminate ② MED to detoxify; *Blut* to purify

entgleisen* [ɛntˈglaizn̩] *vi sein* ① (*aus den Gleisen springen*) to be derailed ② (*geh: ausfallend werden*) to make a gaffe

E

Entgleisung <-, -en> *f* ① (*das Entgleisen*) derailment ② (*Taktlosigkeit*) gaffe
entgleiten* *vi irreg sein* ① (*geh: aus den Händen gleiten*) ■**etw entgleitet jdm** sb loses his/her grip on sth ② (*verloren gehen*) ■**jdm ~** to slip away from sb
entgräten* [ɛntˈgrɛːtn̩] *vt* to bone
enthaaren* *vt* to depilate
Enthaarung <-, -en> *f* depilation
Enthaarungscreme *f* depilatory cream **Enthaarungsmittel** *nt* hair remover, depilator
enthalten* *irreg* **I.** *vt* ① (*in sich haben*) to contain ② (*umfassen*) to include (**in** +*dat* in) **II.** *vr* (*verzichten*) to refrain
enthaltsam [ɛntˈhaltzaːm] **I.** *adj* [self-]restrained; (*genügsam*) abstinent; (*keusch*) chaste **II.** *adv* **völlig ~ leben** to live a completely abstinent life
Enthaltsamkeit <-> *f kein pl* abstinence; (*sexuelle Abstinenz*) chastity
Enthaltung *f* POL abstention
enthärten* *vt* to soften
enthaupten* [ɛntˈhau̯ptn̩] *vt* ■**jdn ~** (*durch Scharfrichter*) to behead sb; (*durch Unfall*) to decapitate sb
entheben* *vt irreg* ■**jdn einer S.** *gen* **~** ① (*suspendieren*) to relieve sb of sth ② (*geh: entbinden*) to release sb from sth
enthemmen* **I.** *vt* (*von Hemmungen befreien*) ■**jdn ~** to make sb lose their inhibitions **II.** *vi* (*enthemmend wirken*) to have a disinhibiting effect
enthemmt **I.** *adj* disinhibited **II.** *adv* uninhibitedly
enthüllen* *vt* ■[**jdm**] **etw ~** ① (*aufdecken*) to reveal sth [to sb] ② (*von einer Bedeckung befreien*) to unveil sth [to sb]
Enthüllung <-, -en> *f* ① (*die Aufdeckung*) disclosure; *von Skandal, Lüge* exposure *no pl, no indef art* ② (*das Enthüllen*) *von Denkmal, Gesicht* unveiling
Enthüllungsjournalismus <-> *f kein pl* investigative journalism
Enthusiasmus <-> [ɛntuˈzi̯asmʊs] *m kein pl* enthusiasm
enthusiastisch **I.** *adj* enthusiastic **II.** *adv* enthusiastically
entjungfern* [ɛntˈjʊŋfɐn] *vt* ■**jdn ~** to deflower sb
entkalken* *vt* to decalcify
entkernen* [ɛntˈkɛrnən] *vt* ■**etw ~** ① (*von Kernen befreien*) to stone sth; *Apfel* to core sth ② ARCHIT to remove the core of sth
entknoten* *vt* to untie
entkoffeiniert [ɛntkɔfeiˈniːɐ̯t] *adj* decaffeinated
entkommen* *vi irreg sein* to escape
Entkommen <-s> *nt kein pl* escape
entkorken* [ɛntˈkɔrkn̩] *vt* to uncork
entkräften* [ɛntˈkrɛftn̩] *vt* ① (*kraftlos machen*) ■**jdn ~** (*durch Anstrengung*) to weaken sb; (*durch Krankheit*) to debilitate sb *form* ② (*widerlegen*) ■**etw ~** to refute sth
Entkriminalisierung [ɛntkriminaliˈziːrʊŋ] *f* JUR decriminalization
entladen* *irreg* **I.** *vt* ① (*Ladung herausnehmen*) to unload ② ELEK to drain **II.** *vr* ■**sich ~** ① (*zum Ausbruch kommen*) *Gewitter, Sturm* to break ② ELEK *Akku, Batterie* to run down ③ (*fig: plötzlich ausbrechen*) *Begeisterung, Zorn etc.* to be vented
entlang [ɛntˈlaŋ] **I.** *präp* (*längs*) along; **den Fluss ~** along the river **II.** *adv* ■**an etw** *dat* **~** along sth
entlang|fahren *vt irreg sein* ① *Straße* to drive along ② (*eine Linie nachziehen*) to trace **entlang|gehen** *irreg* **I.** *vt sein* (*zu Fuß folgen*) ■**etw ~** to go along sth **II.** *vi sein* ■**an etw** *dat* **~** ① (*parallel zu etw gehen*) to go along the side of sth ② (*parallel zu etw verlaufen*) to run alongside sth
entlarven* [ɛntˈlarfn̩] *vt* ■**jdn/etw** [**als etw** *akk*] **~** *Dieb, Spion* to expose sb/sth [as sth]
entlassen* *vt irreg* ① (*kündigen*) ■**jdn ~** (*Stellen abbauen*) to make sb redundant; (*gehen lassen*) to dismiss sb ② MED, MIL to discharge sb ③ (*geh: entbinden*) ■**jdn aus etw** *dat* **~** to release sb from sth
Entlassung <-, -en> *f* (*Kündigung*) redundancy [notice] BRIT, pink slip AM
Entlassungsgrund *m* grounds *pl* for dismissal **Entlassungszeugnis** *nt* SCH *last report before leaving school*
entlasten* *vt* ① JUR ■**jdn** [**von etw** *dat*] **~** to clear sb [of sth] ② (*von einer Belastung befreien*) ■**jdn ~** to relieve sb
Entlastung <-, -en> *f* ① JUR exoneration ② (*das Entlasten*) relief
entlaufen*[1] *vi irreg sein* ■**jdm ~** to run away from sb
entlaufen[2] *adj* (*entflohen*) escaped; (*weggelaufen*) on the run
entlausen *vt* ■**jdn/sich ~** to delouse sb/oneself
entledigen* [ɛntˈleːdɪgn̩] *vr* ■**sich** *akk* **einer S.** *gen* **~** ① (*geh: ablegen*) to put sth down; *Kleidungsstück* to remove sth ② (*loswerden*) to get rid of sth
entleeren* *vt* to empty
entlegen [ɛntˈleːgn̩] *adj* remote
entleihen* *vt irreg* ■**etw ~** to borrow sth (**von, aus** from)

entlocken* *vt* ■**jdm etw** ~ to elicit sth from sb

entlohnen* *vt* ■**jdn** [**für etw** *akk*] ~ ① (*bezahlen*) to pay sb [for sth] ② (*entgelten*) to reward sb [for sth]

entlöhnen* *vt* SCHWEIZ to pay

Entlohnung <-, -en> *f* payment

Entlöhnung <-, -en> *f* SCHWEIZ payment

entlüften* *vt* ① (*verbrauchte Luft herauslassen*) to ventilate ② (*Luftblasen entfernen*) to bleed

entmachten* [ɛnt'maxtn̩] *vt* ■**jdn/etw** ~ to disempower sb/sth

entmilitarisieren* [ɛntmilitari'ziːrən] *vt* to demilitarize

entmündigen* [ɛnt'mʏndɪgn̩] *vt* ■**jdn** ~ **lassen** to have sb declared legally incapable

Entmündigung <-, -en> *f* JUR legal incapacitation

entmutigen* [ɛnt'muːtɪgn̩] *vt* ■**jdn** ~ to discourage sb

Entnahme <-, -n> [ɛnt'naːmə] *f* removal; *von Blut* extraction

entnehmen* *vt irreg* ① (*herausnehmen*) ■**etw** ~ to take sth (+*dat* from) ② MED ■**jdm etw** ~ to extract sth from sb ③ (*fig: aus etw schließen*) ■**aus etw** *dat* ~, **dass ...** to gather from sth that ...

entnervt I. *adj* (*der Nerven beraubt*) nerve-[w]racked; (*der Kraft beraubt*) enervated II. *adv* out of nervous exhaustion

entpuppen* [ɛnt'pʊpn̩] *vr* (*fig: sich enthüllen*) ■**sich** *akk* [**als etw** *akk*] ~ to turn out to be sth

entrahmen* *vt* to skim

entrahmt *adj* (*Milch*) skimmed

entreißen* *vt irreg* ① (*wegreißen*) ■**jdm etw** ~ to snatch sth [away] from sb ② (*geh: retten*) ■**jdn einer S.** *dat* ~ to rescue sb from sth

entrichten* *vt* (*geh*) *Gebühren, Steuern* to pay

entrinnen *vi irreg sein* (*geh: entkommen*) ■**jdm/einer S.** ~ to escape from sb/sth

Entrinnen *nt* **es gab kein ~ mehr** there was no escape

entrückt *adj* (*geh*) enraptured

entrümpeln* *vt* ■**etw** ~ ① (*von Gerümpel befreien*) to clear sth out *sep* ② (*fig: von Unnützem befreien*) to tidy sth up *sep*

entrüsten* I. *vt* (*empören*) ■**jdn** ~ to make sb indignant; (*stärker*) to outrage sb II. *vr* (*sich empören*) ■**sich** *akk* **über jdn/etw** ~ to be indignant about sb/sth; (*stärker*) to be outraged by sb/sth

entrüstet I. *adj* indignant (**über** +*akk* about, at) II. *adv* indignantly

Entrüstung *f* indignation (**über** +*akk* about)

Entsafter <-s, -> *m* juicer, BRIT *a.* juice extractor

entsagen* *vi* (*geh*) ■**einer S.** *dat* ~ to renounce sth

entschädigen* *vt* ■**jdn** [**für etw** *akk*] ~ ① (*Schadensersatz leisten*) to compensate sb [for sth] ② (*ein lohnender Ausgleich sein*) to make up to sb [for sth]

Entschädigung *f* compensation

entschärfen* *vt* (*a. fig*) ■**etw** ~ to defuse sth

Entscheid <-[e]s, -e> [ɛnt'ʃait, *pl* ɛnt'ʃaidə] *m* (*geh*) *s.* **Entscheidung**

entscheiden* *irreg* I. *vt* ① (*beschließen*) to decide; (*gerichtlich*) to rule ② (*endgültig klären*) to settle II. *vi* (*beschließen*) to decide (**über** +*akk* on); ■**für/gegen jdn/etw** ~ to decide in favour/against sb/sth; (*gerichtlich*) to rule in favour/against sb/sth III. *vr* ① (*eine Entscheidung treffen*) ■**sich** *akk* [**dazu**] ~ to decide ② (*sich herausstellen*) **es hat sich noch nicht entschieden, wer die Stelle bekommen wird** it hasn't been decided who will get the job

entscheidend [ɛnt'ʃaidn̩t] I. *adj* ① (*ausschlaggebend*) decisive ② (*gewichtig*) crucial II. *adv* (*in entschiedenem Maße*) decisively

Entscheidung *f* ① (*Beschluss*) decision; **eine ~ treffen** to make a decision ② JUR ruling

entscheidungsfreudig *adj* willing to make a decision **Entscheidungsspiel** *nt* decider BRIT, deciding match

entschieden [ɛnt'ʃiːdn̩] I. *pp von* **entscheiden** II. *adj* ① (*entschlossen*) resolute ② (*eindeutig*) definite III. *adv* ① (*entschlossen*) **den Vorschlag lehne ich ganz ~ ab** I categorically reject the proposal ② (*eindeutig*) **diesmal bist du ~ zu weit gegangen** this time you've definitely gone too far

Entschiedenheit <-, *selten* -en> *f* determination; **etw mit** [**aller**] **~ ablehnen** to refuse sth flatly; **mit ~ dementieren** to deny categorically

entschlacken* [ɛnt'ʃlakn̩] I. *vt* (*von Schlacken befreien*) to purify II. *vi* (*entschlackend wirken*) to have a purifying effect

entschlafen* *vi irreg sein* (*euph geh: sterben*) to pass away [*or* over] [*or* on] *euph*

entschließen* *vr irreg* (*sich entscheiden*) ■**sich** *akk* ~ to decide (**für** +*akk*/**zu** +*dat* on)

Entschließung *f* (*geh*) decision

sich entschuldigen

zugeben, eingestehen	admitting, confessing
Ich bin schuld daran.	**It's my fault.**
Ja, es war mein Fehler.	**Yes, it was my mistake.**
Da habe ich Mist gebaut. *(sl)*	**I've really messed that/things up** *(fam).*
Ich gebe es ja zu: Ich habe zu vorschnell gehandelt.	**I admit** I acted too hastily.
Sie haben Recht, ich hätte mir die Sache gründlicher überlegen **sollen.**	**You are right, I should have** given the matter more consideration.
sich entschuldigen	**apologizing**
(Oh,) das hab ich nicht gewollt!	**(Oh,) I didn't mean to do that!**
Das tut mir leid!	**I'm sorry!**
Entschuldigung!/Verzeihung!/Pardon!	**Excuse me!/Sorry!/I beg your pardon!**
Entschuldigen Sie bitte!	**Please excuse me!/I'm sorry!**
Das war nicht meine Absicht.	**That wasn't my intention.**
Ich muss mich dafür wirklich entschuldigen.	**I really must apologize.**
auf Entschuldigungen reagieren	**accepting apologies**
Schon okay! *(fam)***/Das macht doch nichts!**	**That's okay!/It doesn't matter at all!**
Keine Ursache!/Macht nichts!	**That's all right!/Never mind!**
Machen Sie sich darüber keine Gedanken.	**Don't worry about it.**
Lass' dir da mal keine grauen Haare wachsen. *(fam)*	**Don't lose any sleep over it.** *(fam)*

entschlossen [ənt'ʃlɔsn̩] **I.** *pp von* **entschließen II.** *adj* (*zielbewusst*) determined **III.** *adv* resolutely

Entschlossenheit <-> *f kein pl* determination

entschlüpfen* *vi sein* ① (*entkommen*) ■ **[jdm]** ~ to escape [from sb] ② (*fig: entfahren*) ■ **etw entschlüpft jdm** *Bemerkung, Worte* sb lets sth slip

Entschluss <-es, -schlüsse> [ɛnt'ʃlʊs, *pl* ɛnt'ʃlʏsə] *m* decision

entschlüsseln* [ɛnt'ʃlʏsl̩n] *vt* to decode

entschlussfreudig *adj* decisive

entschuldbar [ɛnt'ʃʊltbaːɐ̯] *adj* excusable

entschuldigen* [ɛnt'ʃʊldɪgn̩] **I.** *vi* (*als Höflichkeitsformel*) ~ **Sie** excuse me **II.** *vr* ■ **sich** *akk* ~ ① (*um Verzeihung bitten*) to apologize ② (*eine Abwesenheit begründen*) to ask to be excused **III.** *vt* ① (*als verzeihlich begründen*) ■ **etw mit etw** *dat* ~ to use sth as an excuse for sth ② (*eine Abwesenheit begründen*) ■ **jdn bei jdm** ~ to ask sb to excuse sb ③ (*als verständlich erscheinen lassen*) ■ **etw** ~ to excuse sth

entschuldigend *adj* apologetic

Entschuldigung <-, -en> *f* ① (*Bitte um Verzeihung*) apology ② (*Begründung, Rechtfertigung*) **als ~ für etw** *akk* as an excuse for sth ③ (*als Höflichkeitsformel*) **~!** sorry! ④ SCH note

Entschuldigungsbrief *m* letter of apology

Entschwefelungsanlage *f* desulphurization plant

entschwinden* *vi irreg sein* (*geh*) ① (*verschwinden*) to vanish ② (*rasch vergehen*) to pass quickly

entsenden* *vt irreg o reg* ■ **jdn** ~ to send sb; *Boten* to dispatch sb

Entsendung *f* (*von Abgeordneten*) dispatch

entsetzen* **I.** *vt* (*in Grauen versetzen*) ■**jdn ~** to horrify sb **II.** *vr* (*die Fassung verlieren*) ■**sich** *akk* **~** to be horrified (**über** +*akk* at)

Entsetzen <-s> *nt kein pl* horror; **voller ~** filled with horror; **mit ~** horrified

entsetzlich [ɛntˈzɛtslɪç] **I.** *adj* ① (*schrecklich*) dreadful ② (*fam: sehr stark*) terrible **II.** *adv* ① (*in furchtbarer Weise*) terribly ② (*fam*) awfully

entsetzt **I.** *adj* horrified **II.** *adv* (*großes Entsetzen zeigend*) **sie schrie ~ auf** she let out a horrified scream

entsichern* *vt* ■**etw ~** to release the safety catch on sth

entsinnen* *vr irreg* (*geh*) to remember; **wenn ich mich recht entsinne** if I remember correctly

entsorgen* *vt* ÖKOL ① (*wegschaffen*) ■**etw ~** to dispose of sth ② (*von Abfallstoffen befreien*) ■**eine Stadt ~** to dispose of a town's waste

Entsorgung <-, -en> *f* waste disposal

entspannen* **I.** *vr* ■**sich** *akk* **~** ① (*relaxen*) to unwind ② (*sich glätten*) to relax ③ POL *a.* (*sich beruhigen*) to ease **II.** *vt* ■**etw ~** ① (*lockern*) to relax sth ② (*Spannung beseitigen*) to ease sth

Entspannung *f* ① (*innerliche Ruhe*) relaxation ② POL easing of tension

Entspannungspolitik *f* policy of détente

Entspannungsübung *f meist pl* relaxation exercise

entsprechen* *vi irreg* ■**einer S.** *dat* **~** ① (*übereinstimmen*) to correspond to sth ② (*genügen*) to fulfil sth ③ (*geh: nachkommen*) to comply with sth

entsprechend [ɛntˈʃprɛçn̩t] **I.** *adj* ① (*angemessen*) appropriate ② (*zuständig*) relevant **II.** *präp* in accordance with

Entsprechung <-, -en> *f* equivalence

entspringen* *vi irreg sein* ■**einer S.** *dat* **~** ① GEOG to rise from sth ② (*seinen Ursprung haben*) to spring from sth

entstammen* *vi sein* ■**einer S.** *dat* **~** ① (*aus etw stammen*) to come from sth ② (*aus einer bestimmten Zeit stammen*) to originate from sth; (*abgeleitet sein*) to be derived from sth

entstehen* *vi irreg sein* ■[**aus etw** *dat*/**durch etw** *akk*] **~** ① (*zu existieren beginnen*) to come into being [from sth] ② (*verursacht werden*) to arise [from sth] ③ CHEM (*sich bilden*) to be produced [from/through sth] ④ (*sich ergeben*) to arise [from sth]

Entstehung <-, -en> *f* ① (*das Werden*) creation; *des Lebens* origin; *eines Gebäudes* construction ② CHEM formation

entsteigen* *vi irreg sein* (*geh*) ■**einer S.** *dat* **~** ① (*aussteigen*) to alight from sth *form* ② (*aufsteigen*) *Dampf, Rauch* to rise from sth

entstellen* *vt* ① (*verunstalten*) to disfigure ② (*verzerren*) **der Schmerz entstellte ihre Züge** her features were contorted with pain ③ (*verzerrt wiedergeben*) **etw entstellt wiedergeben** to distort sth

Entstellung *f* ① (*entstellende Narbe*) disfigurement ② (*Verzerrung*) *der Tatsachen, Wahrheit* distortion

entstören* *vt* ■**etw ~** ① TELEK (*von Störungen befreien*) to eliminate interference in sth ② ELEK (*von Interferenzen befreien*) to fit a suppressor to sth

Entstörungsstelle *f* TELEK customer hotline

entströmen* *vi sein* (*geh*) ■**einer S.** *dat* **~** to pour out of sth; *Gas, Luft* to escape from sth

enttäuschen* **I.** *vt* ① (*Erwartungen nicht erfüllen*) ■**jdn ~** to disappoint sb ② (*nicht entsprechen*) **jds Hoffnungen ~** to dash sb's hopes **II.** *vi* (*enttäuschend sein*) to be disappointing

enttäuschend *adj* disappointing

enttäuscht **I.** *adj* disappointed (**über** +*akk* about, **von** +*dat* by) **II.** *adv* disappointedly

Enttäuschung *f* disappointment

entthronen* *vt* (*geh*) ■**jdn ~** to dethrone sb

entwaffnen* [ɛntˈvafnən] *vt* (*a. fig*) ■**jdn ~** to disarm sb

entwaffnend **I.** *adj* disarming **II.** *adv* disarmingly

Entwarnung *f* all-clear

entwässern* *vt* ① AGR, BAU to drain ② MED to dehydrate

Entwässerung, **Entwässrung** <-, -en> *f* ① (*von Moor, Gelände*) drainage ② (*Kanalisation*) drainage [system] ③ CHEM dehydration

entweder [ɛntˈveːdɐ] *konj* **~ ... oder ...** either...or

entweichen* *vi irreg sein* ■[**aus etw** *dat*] **~** ① (*sich verflüchtigen*) to leak [from sth] ② (*geh: fliehen*) to escape [from sth]

entweihen* *vt* ■**etw ~** to desecrate sth

entwenden* *vt* (*hum geh*) ■[**jdm**] **etw ~** to purloin sth [from sb]

entwerfen* *vt irreg* ① (*zeichnerisch gestalten*) to sketch ② (*designen*) to design ③ (*im Entwurf erstellen*) to draft

entwerten* *vt* ① (*ungültig machen*) to invalidate; *Banknoten* to demonetize ② (*weniger wert machen*) *Preise* to devalue

Entwerter <-s, -> *m* ticket-cancelling machine

Entwertung *f* invalidation; (*Wertminderung*) devaluation

entwickeln* **I.** *vt* ① (*erfinden, entwerfen*) *a.* FOTO to develop ② CHEM (*entstehen lassen*) to produce **II.** *vr* ① (*zur Entfaltung kommen*) ■**sich** *akk* [**zu etw** *dat*] ~ to develop [into sth] ② (*vorankommen*) **na, wie entwickelt sich euer Projekt?** well, how is your project coming along? ③ CHEM (*entstehen*) ■**sich** ~ to be produced

Entwickler <-s, -> *m* FOTO developer

Entwicklung <-, -en> *f* ① (*das Entwickeln, das Entwerfen*) *a.* FOTO development ② (*das Vorankommen*) progression ③ ÖKON, POL trend

Entwicklungshelfer(in) *m(f)* development aid worker **Entwicklungshilfe** *f* development aid **Entwicklungsland** *nt* developing country **Entwicklungsstufe** *f* stage of development

entwirren* [ɛnt'vɪrən] *vt* ■**etw** ~ ① (*auflösen*) to disentangle sth ② (*klarmachen*) to sort sth out *sep*

entwischen* *vi sein* to escape

entwöhnen* [ɛnt'vø:nən] *vt* ① (*der Mutterbrust*) **einen Säugling** ~ to wean an infant ② (*nicht mehr gewöhnt sein*) **er war jeglicher Ordnung völlig entwöhnt** he had grown unaccustomed to any kind of order

entwürdigen* *vt* ■**jdn** ~ to degrade sb

entwürdigend **I.** *adj* degrading **II.** *adv* degradingly

Entwurf *m* ① (*Skizze*) sketch ② (*Design*) design ③ (*Konzept*) draft

entwurzeln* *vt* ■**etw** ~ to uproot sth

entziehen* *irreg* **I.** *vt* ■**jdm etw** ~ ① ADMIN (*aberkennen*) to withdraw sth from sb ② (*nicht länger geben*) to withdraw sth from sb **II.** *vr* ① (*sich losmachen*) to evade ② (*nicht berühren*) **das entzieht sich meiner Kenntnis** that's beyond my knowledge

Entziehungskur *f* cure for an addiction

entziffern* [ɛnt'tsɪfɐn] *vt* to decipher

entzücken* *vt* (*begeistern*) ■**jdn** ~ to delight sb

Entzücken <-s> *nt kein pl* delight; [**über etw** *akk*] **in** ~ **geraten** to go into raptures [over sth]

entzückend [ɛnt'tsʏkn̩t] *adj* delightful

Entzug <-[e]s> *m kein pl* ① ADMIN revocation ② MED withdrawal; (*Entziehungskur*) withdrawal treatment

Entzugserscheinung *f* withdrawal symptom *usu pl*

Entzugsklinik *f* detoxification clinic

entzündbar *adj* inflammable; **leicht** ~ highly inflammable

entzünden* **I.** *vt* (*geh: anzünden*) to light **II.** *vr* ① MED ■**sich** ~ to become inflamed ② (*in Brand geraten*) ■**sich** ~ to catch fire ③ (*fig: aufflackern*) ■**sich an etw** *dat* ~ to be sparked off by sth

entzündet *adj* MED inflamed

entzündlich [ɛnt'tsʏntlɪç] *adj* ① MED inflammatory ② *Substanz* inflammable; **leicht** ~ highly inflammable

Entzündung *f* MED inflammation

entzwei [ɛnt'tsvai̯] *adj präd* in two [pieces]; (*zersprungen*) broken

entzweien* [ɛnt'tsvai̯ən] **I.** *vt* to cause people to fall out **II.** *vr* (*sich überwerfen*) ■**sich mit jdm** ~ to fall out with sb

entzwei|gehen *vi irreg sein* to break [in two]

Enzian <-s, -e> ['ɛntsi̯a:n] *m* ① BOT gentian ② (*Schnaps*) *spirit distilled from the roots of gentian*

Enzyklopädie <-, -n> [ɛntsyklopɛ'di:, *pl* -'di:ən] *f* encyclopaedia

enzyklopädisch [ɛntsyklo'pɛ:dɪʃ] **I.** *adj* encyclopaedic **II.** *adv* encyclopaedically

Enzym <-s, -e> [ɛn'tsy:m] *nt* enzyme

Epen *pl von* **Epos**

Epidemie <-, -n> [epide'mi:, *pl* -'mi:ən] *f* epidemic

Epilepsie <-, -n> [epilɛ'psi:, *pl* -'psi:ən] *f* epilepsy

Epileptiker(in) <-s, -> [epi'lɛptikɐ] *m(f)* epileptic

epileptisch [epi'lɛptɪʃ] **I.** *adj* epileptic **II.** *adv* to have a tendency towards epileptic fits

Epilog <-s, -e> [epi'lo:k, *pl* epi'lo:gə] *m* epilogue

episch ['e:pɪʃ] *adj* epic

Episode <-, -n> [epi'zo:də] *f* episode

Epizentrum [epi'tsɛntrʊm] *nt* epicentre

Epoche <-, -n> [e'pɔxə] *f* epoch

Epos <-, Epen> ['e:pɔs, *pl* 'e:pən] *nt* epic

er <*gen* seiner, *dat* ihm, *akk* ihn> ['e:ɐ̯] *pron pers* he; **sie ist ein Jahr jünger als** ~ she is a year younger than him

Erachten <-s> [ɛɐ̯'ʔaxtn̩] *nt kein pl* **meines** ~**s** in my opinion

erahnen* *vt* (*geh*) to guess; ■**etw** ~ **lassen** to give an idea of sth

erarbeiten* *vt* ① (*durch Arbeit erwerben*) ■[**sich** *dat*] **etw** ~ *Vermögen* to work for sth ② (*erstellen*) ■**etw** ~ *Entwurf* to work out sth

Erbanlage *f meist pl* hereditary factor

erbarmen* [ɛɐ̯'barmən] **I.** *vt* (*leid tun*) ■**jdn** ~ to arouse sb's pity **II.** *vr* ■**sich** *akk* **jds/einer S.** ~ to take pity on sb/sth

Erbarmen <-s> [ɛɐ̯'barmən] *nt kein pl* pity;

■ **~ mit jdm [haben]** to [have] pity for sb; **ohne ~** merciless[ly]

erbärmlich [ɛɐ̯'bɛrmlɪç] **I.** *adj* (*pej*) ① (*fam: gemein*) miserable ② (*furchtbar*) terrible ③ (*jämmerlich*) *Zustand* wretched **II.** *adv* (*pej*) ① (*gemein*) abominably ② (*fam: furchtbar*) terribly

erbarmungslos [ɛɐ̯'barmʊŋslo:s] **I.** *adj* merciless **II.** *adv* mercilessly

erbauen* **I.** *vt* ① (*errichten*) to build ② (*seelisch bereichern*) ■ **jdn ~** to uplift sb ③ (*fam: begeistert sein*) ■ **[von etw** *dat*] **erbaut sein** to be enthusiastic [about sth] **II.** *vr* (*sich innerlich erfreuen*) ■ **sich** *akk* **an etw** *dat* **~** to be uplifted by sth

Erbauer(in) <-s, -> *m(f)* architect

erbaulich *adj* (*geh*) edifying

Erbauung <-, -en> *f* ① (*Errichtung*) building ② (*seelische Bereicherung*) edification

Erbe <-s> ['ɛrbə] *nt kein pl* ① (*Erbschaft*) inheritance *no pl* ② (*fig: Hinterlassenschaft*) legacy

Erbe, Erbin <-n, -n> ['ɛrbə, *pl* 'ɛrbn̩] *m, f* heir *masc*, heiress *fem*

erbeben* *vi sein* (*geh*) ① (*beben*) to tremble ② (*zittern*) ■ **[vor etw** *dat*] **~** to shake [with sth]

erben ['ɛrbn̩] **I.** *vt* ■ **etw [von jdm] ~** to inherit sth [from sb] **II.** *vi* (*Erbe sein*) to receive an inheritance

erbeuten* [ɛɐ̯'bɔytn̩] *vt* ■ **etw ~** ① (*als Beute erhalten*) to get away with sth ② (*als Kriegsbeute bekommen*) to capture sth ③ (*als Beute fangen*) to carry off *sep* sth

Erbfaktor *m* hereditary factor **Erbfehler** *m* BIOL hereditary defect **Erbfolge** *f* [line of] succession

Erbgut *nt kein pl* genetic make-up **erbgutschädigend** *adj* genetically harmful

Erbin <-, -nen> ['ɛrbɪn] *f fem form von* **Erbe** heiress

erbittert **I.** *adj* bitter **II.** *adv* bitterly

Erbitterung <-> *f kein pl* bitterness

Erbkrankheit *f* hereditary disease

erblassen* [ɛɐ̯'blasn̩] *vi sein* (*erbleichen*) ■ **[vor etw** *dat*] **~** to go pale [with sth]

Erblasser(in) <-s, -> ['ɛrplasɐ] *m(f)* JUR testator

erbleichen* *vi sein* (*geh*) ■ **[vor etw** *dat*] **~** to go pale [with sth]

erblich ['ɛrplɪç] **I.** *adj* hereditary **II.** *adv* by inheritance

erblicken* *vt* (*geh*) ■ **jdn/etw ~** to catch sight of sb/sth

erblinden* [ɛɐ̯'blɪndn̩] *vi sein* ■ **[durch etw** *akk*] **~** to go blind [as a result of sth]

Erblindung <-, -en> *f* loss of sight

erblühen* *vi sein* (*geh*) to bloom

Erbmasse *f* genetic make-up **Erbonkel** *m* (*hum fam*) rich uncle

erbost [ɛɐ̯'bo:st] *adj* (*geh*) ■ **~ sein über jdn/etw** to be furious about sb/sth

erbrechen*¹ *irreg* **I.** *vt* (*ausspucken*) ■ **etw ~** to bring up *sep* sth **II.** *vi* (*den Mageninhalt erbrechen*) to throw up *sl* **III.** *vr* (*sich übergeben*) ■ **sich** *akk* **~** to be sick

erbrechen*² *irreg vt* (*geh o veraltet*) ■ **etw ~** to break open *sep* sth

Erbrecht *nt* law of inheritance

erbringen* *vt irreg* ① (*aufbringen*) *a.* FIN to raise ② (*als Resultat zeitigen*) to produce ③ JUR *Proof* to produce

Erbschaft <-, -en> ['ɛrpʃaft] *f* inheritance

Erbschaft(s)steuer *f* estate [*or* death] duty [*or* duties], inheritance tax, death tax AM

Erbschleicher(in) <-s, -> *m(f)* legacy-hunter

Erbse <-, -n> ['ɛrpsə] *f* pea

Erbsensuppe *f* pea soup **Erbsenzähler(in)** *m(f)* (*pej sl*) pedant

Erbstück *nt* heirloom **Erbsünde** *f* original sin **Erbtante** *f* (*hum fam*) rich aunt

Erdachse ['e:ɐ̯daksə] *f* earth's axis

erdacht [ɛɐ̯'daxt] *adj* invented

Erdanziehung *f kein pl* gravitational pull of the earth **Erdapfel** *m* SÜDD, ÖSTERR (*Kartoffel*) potato **Erdarbeiten** *pl* excavation work **Erdatmosphäre** *f* earth's atmosphere **Erdball** *m* (*geh*) globe **Erdbeben** *nt* earthquake **Erdbeere** ['e:ɐ̯tbe:rə] *f* strawberry **Erdbevölkerung** *f* population of the earth **Erdboden** *m* ground

Erde <-, -n> ['e:ɐ̯də] *f* ① *kein pl* (*Welt*) earth; **auf der ganzen ~** in the whole world ② (*Erdreich*) earth ③ (*Boden*) ground; **zu ebener ~** at street level

erden ['e:ɐ̯dn̩] *vt* ELEK to earth

erdenken* *vt irreg* to devise

erdenklich *adj attr* conceivable

erdfarben *adj* earth-coloured

Erdgas *nt* natural gas **Erdgeschoss** *nt* ground [*or* AM first] floor

erdichten* *vt* (*geh*) to fabricate

erdig ['e:ɐ̯dɪç] **I.** *adj* ① (*nach Erde riechend/schmeckend*) earthy ② (*mit Erde beschmutzt*) muddy **II.** *adv* **~ schmecken** to have an earthy taste

Erdkruste *f* earth's crust **Erdkugel** *f* globe **Erdkunde** *f* geography **Erdnuss** *f* (*Pflanze und Frucht*) peanut **Erdoberfläche** *f* surface of the earth

Erdöl *nt* oil **Erdölvorkommen** *nt* oil deposit

Erdreich *nt* earth

erdreisten* [ɛɐ̯'drajstn̩] *vr* ■ **sich** *akk* **~** to take liberties; ■**sich** *akk* **~, etw zu tun** to have the audacity to do sth

erdröhnen* *vi sein* ■[**von etw** *dat*] ~ to resound [with sth]

erdrosseln* *vt* ■**jdn** ~ to strangle sb

erdrücken* *vt* ❶ (*zu Tode drücken*) ■**jdn/ein Tier** ~ to crush sb/an animal to death ❷ (*fam: Eigenständigkeit nehmen*) ■**jdn** [**mit etw** *dat*] ~ to stifle sb [with sth] ❸ (*sehr stark belasten*) ■**jdn** ~ to overwhelm sb

Erdrutsch *m* (*fig a.: überwältigender Wahlsieg*) landslide **Erdrutschsieg** *m* landslide victory

Erdscholle *f* clod [of earth] **Erdstoß** *m* seismic shock **Erdstrahlen** *pl* lines *pl* of energy **Erdteil** *m* continent

erdulden* *vt* ■**etw** ~ *Kränkungen, Leid* to endure sth

Erdumdrehung *f* rotation of the earth **Erdumkreisung** *f* orbit around the earth **Erdumlaufbahn** *f* [earth] orbit **Erdumsegelung** *f* circumnavigation of the earth

Erdung <-, -en> *f* ELEK ❶ (*das Erden*) earthing ❷ (*Strom leitende Verbindung*) earth

Erdwärme *f* geothermal heat **Erdzeitalter** *nt* geological era

ereifern* *vr* ■**sich** *akk* [**über etw** *akk*] ~ to get worked up [about sth]

ereignen* [ɛɐ̯ˈʔaignən] *vr* ■**sich** ~ to occur

Ereignis <-ses, -se> [ɛɐ̯ˈʔaignɪs, *pl* -nɪsə] *nt* event; (*etw Besonderes*) occasion; **bedeutendes/historisches** ~ important/historical incident

ereignislos **I.** *adj* uneventful **II.** *adv* uneventfully

ereignisreich *adj* eventful

ereilen* *vt* (*geh*) ■**jdn ereilt etw** sth overtakes sb

Erektion <-, -en> [erɛkˈtsi̯oːn] *f* erection

Eremit(in) <-en, -en> [ereˈmiːt] *m(f)* hermit

erfahren[1] [ɛɐ̯ˈfaːrən] *irreg* **I.** *vt* ❶ (*zu hören bekommen*) ■**etw** [**über jdn/etw**] ~ to hear sth [about sb/sth] ❷ (*geh: erleben*) to experience **II.** *vi* (*Kenntnis erhalten*) ■**von etw** *dat*/**über etw** *akk* ~ to learn of sth

erfahren[2] [ɛɐ̯ˈfaːrən] *adj* (*versiert*) experienced; ■~ **sein** to be experienced (**in** +*dat* in)

Erfahrung <-, -en> *f* ❶ (*prägendes Erlebnis*) experience (**mit** +*dat* of); **nach meiner** ~ in my experience ❷ (*Übung*) experience ❸ (*Kenntnis*) **etw in ~ bringen** to find out *sep* sth

Erfahrungsaustausch *m* exchange of experiences

erfahrungsgemäß *adv* in sb's experience; ~ **ist ...** experience shows ...

Erfahrungswert *m meist pl* empirical value *spec*

erfassen* *vt* ❶ (*mitreißen*) ■**etw/jdn** ~ *Auto, Strömung* to catch sth/sb ❷ (*befallen*) ■**jdn** ~ to seize sb ❸ (*begreifen*) to understand ❹ (*registrieren*) to record ❺ (*eingeben*) *Daten, Text* to enter

Erfassung *f* ❶ (*Registrierung*) recording ❷ *Daten, Text* entering

erfinden* [ɛɐ̯ˈfɪndn̩] *vt irreg* to invent

Erfinder(in) [ɛɐ̯ˈfɪndɐ] *m(f)* inventor

erfinderisch [ɛɐ̯ˈfɪndərɪʃ] *adj* inventive

Erfindung <-, -en> *f* invention

Erfindungsgabe *f* inventiveness

Erfolg <-[e]s, -e> [ɛɐ̯ˈfɔlk, *pl* -fɔlgə] *m* ❶ (*positives Ergebnis*) success; ~ **versprechend** promising; **viel ~!** good luck! ❷ (*Folge*) result, outcome

erfolgen* *vi sein* (*geh*) to occur

erfolglos [ɛɐ̯ˈfɔlkloːs] *adj* ❶ (*ohne Erfolg*) unsuccessful ❷ (*vergeblich*) futile

Erfolglosigkeit <-> *f kein pl* ❶ (*mangelnder Erfolg*) lack of success ❷ (*Vergeblichkeit*) futility

erfolgreich *adj* successful

Erfolgsaussichten *pl* prospects *pl* of success **Erfolgsautor(in)** *m(f)* best-selling author **Erfolgsbilanz** *f* success record **Erfolgsdenken** <-s> *nt kein pl* positive thinking **Erfolgsdruck** *m kein pl* performance pressure **Erfolgserlebnis** *nt* sense of achievement **Erfolgsmensch** *m* successful person **Erfolgsrezept** *nt* (*fam*) recipe for success

erfolgversprechend *adj s.* **Erfolg 1**

erforderlich [ɛɐ̯ˈfɔrdɐlɪç] *adj* necessary

erfordern* *vt* to require

Erfordernis <-ses, -se> [ɛɐ̯ˈfɔrdɐnɪs] *nt* requirement (**für** +*akk* for)

erforschen* *vt* ❶ (*durchstreifen und untersuchen*) to explore ❷ (*prüfen*) to investigate; *Gewissen* to examine

Erforschung *f* ❶ (*das Erforschen*) exploration ❷ (*das Prüfen*) investigation

erfragen* *vt* ■**etw** [**von jdm**] ~ to ask [sb] about sth; *Einzelheiten* to obtain

erfreuen* **I.** *vt* (*freudig stimmen*) ■**jdn** ~ to please sb **II.** *vr* ❶ (*Freude haben*) ■**sich** *akk* **an etw** *dat* ~ to take pleasure in sth ❷ (*geh: genießen*) ■**sich** *akk* **einer S.** *gen* ~ to enjoy sth

erfreulich [ɛɐ̯ˈfrɔylɪç] **I.** *adj Anblick* pleasant; *Nachricht* welcome **II.** *adv* happily

erfreulicherweise *adv* happily

erfreut **I.** *adj* pleased, delighted (**über** +*akk* about); **ein ~er Blick** a pleased look; **sehr ~!** (*geh*) pleased to meet you!, delighted!

form **II.** *adv* delightedly

erfrieren* *vi irreg sein* ① (*durch Frost eingehen*) to be killed by frost ② *Gliedmaßen* to get frostbitten ③ (*an Kälte sterben*) to freeze to death

erfrischen* [ɛɐ̯ˈfrɪʃən] **I.** *vt* ■**jdn ~** to refresh sb **II.** *vi* (*abkühlen*) to be refreshing **III.** *vr* (*sich abkühlen*) ■**sich** *akk* ~ to refresh oneself

erfrischend *adj* refreshing

Erfrischung <-, -en> *f* ① (*Abkühlung, Belebung*) refreshment *no pl* ② (*erfrischendes Getränk*) refreshment

Erfrischungsgetränk *nt* refreshment **Erfrischungstuch** *nt* tissue wipe

erfüllen* **I.** *vt* ① (*ausführen*) to fulfil ② (*durchdringen*) **von Ekel erfüllt wandte sie sich ab** filled with disgust she turned away ③ (*anfüllen*) to fill **II.** *vr* (*sich bewahrheiten*) ■**sich ~** to come true

Erfüllung *f* ① (*die Ausführung*) realization; *von Traum, Verpflichtung* fulfilment; *von Amtspflichten* execution ② (*innere Befriedigung*) fulfilment; **etw geht in ~** sth comes true

erfunden [ɛɐ̯ˈfʊndn̩] *pp von* **erfinden**

ergänzen* [ɛɐ̯ˈgɛntsn̩] *vt* ■**etw ~** to supplement sth; *Vorräte* to replenish sth; (*vollenden*) to complete sth

ergänzend **I.** *adj* additional **II.** *adv* additionally

Ergänzung <-, -en> *f* ① (*das Auffüllen*) replenishment; *einer Sammlung* completion ② (*das Hinzufügen*) supplementing ③ (*Zusatz*) addition

Ergänzungsfutter *nt* AGR feed supplement

ergattern* [ɛɐ̯ˈgatɐn] *vt* (*fam*) ■**etw ~** to get hold of sth

ergaunern* [ɛɐ̯ˈgaunɐn] *vt* (*fam*) ■[**sich** *dat*] **etw ~** to obtain sth by underhand means

ergeben*[1] *irreg* **I.** *vt* ① MATH ■**etw ~** to amount to sth ② (*als Resultat haben*) ■**etw ergibt etw** sth produces sth **II.** *vr* ① (*kapitulieren*) ■**sich** *akk* [**jdm**] ~ to surrender [to sb] ② (*sich fügen*) **sich** *akk* **in sein Schicksal ~** to resign oneself to one's fate ③ (*sich hingeben*) **sich** *akk* **dem Glücksspiel ~** to take to gambling ④ (*daraus folgen*) ■**sich aus etw** *dat* ~ to result from sth

ergeben[2] *adj* ① (*demütig*) humble ② (*treu*) devoted

Ergebenheit <-> *f kein pl* ① (*Demut*) humility ② (*Treue*) devotion

Ergebnis <-ses, -se> [ɛɐ̯ˈgeːpnɪs, *pl* -nɪsə] *nt a.* SPORT result

ergebnislos *adj* without result

ergehen* *irreg* **I.** *vi sein* ① (*offiziell erlassen*) ■**etw ~ lassen** to issue sth ② (*geduldig hinnehmen*) **etw über sich** *akk* **~ lassen** to endure sth ③ (*geh: abgesandt werden*) ■[**an jdn**] ~ to be sent [to sb] **II.** *vi impers sein* (*widerfahren*) ■**es ergeht jdm in einer bestimmten Weise** sb gets on in a certain way

ergiebig [ɛɐ̯ˈgiːbɪç] *adj* ① (*sparsam im Verbrauch*) economical ② (*nützlich*) productive

ergießen *irreg* **I.** *vt* (*verströmen*) to pour over; (*geh*) to pour forth *liter* **II.** *vr* (*in großer Menge fließen*) to pour [out] **ergonomisch** **I.** *adj* ergonomic **II.** *adv* ergonomically

ergötzen* [ɛɐ̯ˈgœtsn̩] **I.** *vt* (*geh: vergnügen*) ■**jdn ~** to amuse sb **II.** *vr* (*sich vergnügen*) ■**sich** *akk* [**an etw** *dat*] ~ to derive pleasure [from sth]

ergrauen* *vi sein* to turn grey

ergreifen* *vt irreg* ① (*fassen*) to seize ② (*dingfest machen*) ■**jdn ~** to apprehend sb ③ (*übergreifen*) *Feuer* to engulf ④ (*fig: wahrnehmen*) ■**etw ~** to seize sth ⑤ (*in die Wege leiten*) *Maßnahmen* to take ⑥ (*gefühlsmäßig bewegen*) ■**jdn ~** to seize sb; (*Angst*) to grip sb

ergreifend *adj* moving

Ergreifung <-, -en> *f* ① (*Festnahme*) capture ② (*Übernahme*) seizure

ergriffen [ɛɐ̯ˈgrɪfn̩] *adj* moved

ergründen* *vt* to discover

Erguss <-es, Ergüsse> *m* ① (*Ejakulation*) ejaculation ② MED bruise

erhaben [ɛɐ̯ˈhaːbn̩] *adj* ① (*feierlich stimmend*) *Gedanken* lofty; *Anblick* awe-inspiring; *Augenblick* solemn; *Schönheit* sublime ② (*über etw stehend*) ■**über etw** *akk* **~ sein** to be above sth

Erhabenheit <-> *f kein pl* grandeur; *eines Augenblicks* solemnity; *von Schönheit* sublimity

Erhalt <-[e]s> *m kein pl* (*geh*) ① (*geh: das Bekommen*) receipt; **den ~ einer S.** *gen* **bestätigen** to confirm receipt of sth ② (*das Aufrechterhalten*) maintenance

erhalten* *irreg* **I.** *vt* ① (*bekommen*) to receive; *Befehl* to be issued with ② (*erteilt bekommen*) ■**etw ~** to receive sth ③ (*eine Vorstellung gewinnen*) **einen Eindruck** [**von jdm/etw**] ~ to gain an impression [of sb/sth] ④ (*bewahren*) to maintain ⑤ BAU to preserve **II.** *vr* ① (*sich halten*) **sich** *akk* **gesund ~** to keep [oneself] healthy ② (*bewahrt bleiben*) ■**sich ~** to remain preserved

erhältlich [ɛɐ̯ˈhɛltlɪç] *adj* obtainable

E

Erhaltung *f kein pl* ① (*das Erhalten*) preservation ② (*Aufrechterhaltung*) maintenance
erhängen* **I.** *vt* ■**jdn** ~ to hang sb **II.** *vr* ■**sich** *akk* ~ to hang oneself
erhärten* **I.** *vt* ■**etw** ~ to support sth **II.** *vr* ■**sich** ~ to be reinforced
erhaschen* *vt* (*geh*) ① (*ergreifen*) to grab ② (*wahrnehmen*) to catch
erheben* *irreg* **I.** *vt* ① (*hochheben*) to raise ② (*einfordern*) ■**etw** ~ to levy sth ③ *Daten, Informationen* to gather ④ (*zum Ausdruck bringen*) **ein Geschrei/Gejammer** ~ to kick up a fuss/to start whing[e]ing; *Protest* to voice; *Einspruch* to raise **II.** *vr* ■**sich** *akk* ~ ① (*aufstehen*) to get up (**von** +*dat* from) ② (*sich auflehnen*) to rise up [*or* revolt] (**gegen** +*akk* against) ③ (*aufragen*) to rise up (**über** +*dat* above) ④ (*entstehen, aufkommen*) to start; *Brise* to come up; *Wind* to pick up; *Sturm* to blow up
erhebend *adj* (*geh*) uplifting
erheblich [ɛɐ̯ˈheːplɪç] **I.** *adj* ① (*beträchtlich*) considerable; *Nachteil, Vorteil* great; *Störung, Verspätung* major; *Verletzung* serious ② (*relevant*) relevant **II.** *adv* considerably
Erhebung *f* ① (*Aufstand*) uprising ② *von Abgaben, Steuern* levying ③ (*amtliche Ermittlung*) gathering
erheitern* [ɛɐ̯ˈhaitɐn] *vt* ■**jdn** ~ to amuse sb
Erheiterung <-, *selten* -en> *f* amusement
erhellen* [ɛɐ̯ˈhɛlən] **I.** *vt* ■**etw** ~ ① (*hell machen*) to light up sth ② (*klären*) to throw light on sth **II.** *vr* ■**sich** ~ to clear
erhitzen* [ɛɐ̯ˈhɪtsn̩] **I.** *vt* ① (*heiß machen*) ■**etw** ~ to heat sth ② (*zum Schwitzen bringen*) ■**jdn** ~ to make sb sweat **II.** *vr* (*sich erregen*) ■**sich** *akk* ~ to get excited (**an** +*dat* about)
erhoffen* *vt* ■[**sich** *dat*] **etw** ~ to hope for sth
erhöhen* [ɛɐ̯ˈhøːən] **I.** *vt* ■**etw** ~ ① (*höher machen*) to raise sth (**um** +*akk* by) ② (*anheben*) to increase sth (**auf** +*akk* to, **um** +*akk* by) ③ (*verstärken*) to heighten sth ④ MUS to sharpen sth **II.** *vr* ■**sich** ~ ① (*steigen*) to increase (**auf** +*akk* to, **um** +*akk* by) ② (*sich verstärken*) to increase
erhöht *adj* ① (*verstärkt*) high; *Herzschlag, Puls* rapid ② (*gesteigert*) increased
Erhöhung <-, -en> *f* ① (*Steigerung*) increase ② (*Anhebung*) raising ③ (*Verstärkung*) heightening
erholen* *vr* ■**sich** *akk* ~ ① (*wieder zu Kräften kommen*) to recover (**von** +*dat* from) ② (*ausspannen*) to take a break (**von** +*dat* from) ③ BÖRSE to rally
erholsam [ɛɐ̯ˈhoːlzaːm] *adj* relaxing
Erholung <-> *f kein pl* relaxation
Erholungsgebiet *nt* recreation area **Erholungswert** *m kein pl* recreational value
erhören* *vt* (*geh*) *Bitte* to grant; *Flehen, Gebete* to answer
erigieren* [eriˈgiːrən] *vi* to become erect
erinnern* [ɛɐ̯ˈʔɪnɐn] **I.** *vt* ① (*zu denken veranlassen*) ■**jdn an etw** *akk* ~ to remind sb about sth ② (*denken lassen*) ■**jdn an jdn/etw** ~ to remind sb of sb/sth **II.** *vr* (*sich entsinnen*) ■**sich** *akk* **an jdn/etw** ~ to remember sb/sth **III.** *vi* ① (*in Erinnerung bringen*) ■**an jdn/etw** ~ to be reminiscent of sb/sth *form* ② (*ins Gedächtnis rufen*) ■**daran ~, dass ...** to point out that ...
Erinnerung <-, -en> *f* ① (*Gedächtnis*) memory ② *pl* (*Eindrücke von Erlebnissen*) memories *pl* ③ (*geh: Mahnung*) reminder
erkälten* [ɛɐ̯ˈkɛltn̩] *vr* ■**sich** *akk* ~ to catch a cold
erkältet **I.** *adj* ~ **sein** to have a cold *pred* **II.** *adv* **du hörst dich ~ an** you sound as if you've got a cold
Erkältung <-, -en> *f* cold; **eine ~ bekommen** to catch a cold
Erkältungskrankheit *f* cold
erkämpfen* *vt* ■[**sich** *dat*] **etw** ~ to obtain sth [with some effort]
erkaufen* *vt* ① (*durch Bezahlung erhalten*) to buy ② (*durch Opfer erlangen*) **etw teuer** ~ to pay dearly for sth
erkennbar *adj* ① (*sichtbar*) discernible ② (*wahrnehmbar*) ■**für jdn/etw ~ sein** to be perceptible to sb/sth (**an** +*dat* from)
erkennen* *irreg* **I.** *vt* ① (*wahrnehmen*) ■**jdn/etw** ~ to discern sb/sth ② (*identifizieren*) ■**jdn/etw** ~ to recognize sb/sth (**an** +*dat* by) ③ (*einsehen*) **einen Irrtum** ~ to realize one's mistake ④ (*feststellen*) to detect **II.** *vi* ① (*wahrnehmen*) ■**~ ob/um was/wen ...** to see whether/what/who ... ② (*einsehen*) ■**~, dass/wie ...** to realize that/how ...
erkenntlich [ɛɐ̯ˈkɛntlɪç] *adj* grateful; ■**sich** *akk* **~zeigen** to show one's appreciation (**für** +*akk* for)
Erkenntnis <-, -se> [ɛɐ̯ˈkɛntnɪs, *pl* -nɪsə] *f* ① (*Einsicht*) insight; **zu der ~ kommen, dass ...** to realize that ... ② *ohne pl* (*das Erkennen*) understanding
Erkennungsdienst *m* police identification [*or* records] department **Erkennungszeichen** *nt* identification mark

Erker <-s, -> [ˈɛrkɐ] *m* oriel

erklärbar *adj* explicable

erklären* **I.** *vt* ① (*erläutern*) ■**[jdm] etw ~** to explain sth [to sb] ② (*interpretieren*) ■**[jdm] etw ~** to interpret sth [to sb] ③ (*bekannt geben*) to announce ④ (*offiziell bezeichnen*) ■**jdn für etw** *akk* **~** to pronounce sb sth **II.** *vr* ① (*sich deuten*) **wie ~ Sie sich, dass ...** how do you explain that ... ② (*sich aufklären*) ■**sich ~** to become clear ③ (*sich bezeichnen*) ■**sich irgendwie ~** to declare oneself sth

erklärend **I.** *adj* explanatory **II.** *adv* as an explanation

erklärlich *adj* explainable

erklärt *adj attr* declared

Erklärung *f* ① (*Darlegung*) explanation ② (*Mitteilung*) statement

erklingen* *vi irreg sein* (*geh*) to sound

erkranken* *vi* ■**[an etw** *dat***] ~** to be taken ill [with sth]

Erkrankung <-, -en> *f* illness

erkunden* [ɛɐ̯ˈkʊndn̩] *vt* ■**etw ~** ① (*auskundschaften*) to scout out *sep* sth ② (*in Erfahrung bringen*) to discover sth

erkundigen* [ɛɐ̯ˈkʊndɪgn̩] *vr* ■**sich** *akk* **[nach jdm/etw] ~** to ask [about sb/sth]

Erkundigung <-, -en> *f* enquiry BRIT, inquiry AM

Erkundung <-, -en> *f* MIL reconnaissance

erlahmen* *vi sein* ① (*kraftlos werden*) to tire; *Kräfte* ebb [away] ② (*nachlassen*) to wane

erlangen* [ɛɐ̯ˈlaŋən] *vt* (*geh*) to obtain

Erlass <Erlasses, Erlasse *o* ÖSTERR Erlässe> [ɛɐ̯ˈlas, *pl* ɛɐ̯ˈlɛsə] *m* ① (*Verfügung*) decree ② (*das Erlassen*) remission

erlassen* *vt irreg* ① (*verfügen*) to issue ② (*von etw befreien*) ■**jdm etw ~** to remit sb's sth

erlauben* [ɛɐ̯ˈlaubn̩] **I.** *vt* ① (*gestatten*) ■**jdm etw ~** to allow sb to do sth ② (*geh: zulassen*) **ich komme, soweit es meine Zeit erlaubt** if I have enough time, I'll come ▶WENDUNGEN: **~ Sie <u>mal</u>!** what do you think you're doing? **II.** *vr* ① (*sich gönnen*) ■**sich** *dat* **etw ~** to allow oneself sth ② (*geh: wagen*) **wenn ich mir die folgende Bemerkung ~ darf** if I might venture to make the following comment ③ (*sich herausnehmen*) ■**sich** *dat* **~, etw zu tun** to take the liberty of doing sth

Erlaubnis <-, *selten* -se> *f* ① (*Genehmigung*) permission ② (*genehmigendes Schriftstück*) permit

erlaucht [ɛɐ̯ˈlauxt] *adj* illustrious

erläutern* *vt* ■**[jdm] etw ~** to explain sth [to sb]

erläuternd **I.** *adj* explanatory **II.** *adv* as an explanation

Erläuterung <-, -en> *f* explanation

Erle <-, -n> [ˈɛrlə] *f* alder

erleben* *vt* ① (*im Leben mitmachen*) ■**etw ~** to live to see sth ② (*erfahren*) to experience ③ (*durchmachen*) ■**etw ~** to go through sth ④ (*mit ansehen*) ■**es ~, dass/wie ...** to see that/how ... ⑤ (*kennen lernen*) **so wütend habe ich ihn noch nie erlebt** I've never seen him so furious

Erlebnis <-ses, -se> [ɛɐ̯ˈleːpnɪs, *pl* -nɪsə] *nt* experience

erledigen* [ɛɐ̯ˈleːdɪgn̩] **I.** *vt* ① (*ausführen*) ■**etw ~** to carry out sth ② (*fam: erschöpfen*) ■**jdn ~** to wear sb out ③ (*sl: umbringen*) ■**jdn ~** to bump sb off **II.** *vr* ■**etw erledigt sich [von selbst]** sth sorts itself out [on its own]

erledigt [ɛɐ̯ˈleːdɪçt] *adj präd* ① (*fam: erschöpft*) shattered ② (*fam: am Ende*) ■**erledigt sein** to have had it ③ (*abgehakt*) ■**etw ist [für jdn] erledigt** sth is over and done with [as far as sb is concerned]; (*schon vergessen*) sth is forgotten [as far as sb is concerned]

Erledigung <-, -en> *f* ① (*Ausführung*) dealing with ② (*Besorgung*) purchase

erlegen* *vt* ① (*zur Strecke bringen*) ■**ein Tier ~** to bag an animal *spec* ② ÖSTERR (*bezahlen*) to pay

erleichtern* [ɛɐ̯ˈlaiçtɐn] *vt* ① (*ertragbarer machen*) ■**etw ~** to make sth easier ② (*innerlich beruhigen*) ■**jdn ~** to be of relief to sb ③ (*fam: beklauen*) ■**jdn um etw** *akk* **~** to relieve sb of sth

Erleichterung <-, -en> *f* ① (*Linderung*) relief ② *kein pl* (*Beruhigung*) relief; **zu jds ~** to sb's relief ③ (*Vereinfachung*) simplification

erleiden* *vt irreg* ■**etw ~** to suffer sth

erlernen* *vt* ■**etw ~** to learn sth

erlesen *adj* exquisite

erleuchten* *vt* ■**etw ~** to light [up] sth

Erleuchtung <-, -en> *f* (*Inspiration*) inspiration

erliegen* *vi irreg sein* ■**einer S.** *dat* **~** ① (*verfallen*) to fall prey to sth ② (*geh: zum Opfer fallen*) to fall victim to sth ▶WENDUNGEN: **zum E~ <u>kommen</u>** to come to a standstill

erlischt [ɛɐ̯ˈlɪʃt] *3. pers sing pres von* **erlöschen**

Erlös <-es, -e> [ɛɐ̯ˈløːs, *pl* -ˈløːzə] *m* proceeds *npl*

erlöschen <erlischt, erlosch, erloschen> *vi sein* ① (*zu brennen aufhören*) to stop

E

burning ② (*vergehen*) to fizzle out ③ (*seine Gültigkeit verlieren*) to expire; *Ansprüche* become invalid

erloschen [ɛɐ̯ˈlɔʃn̩] *pp von* **erlöschen**

erlösen* *vt* ■**jdn ~** ① (*befreien*) to release sb (**aus, von** +*dat* from) ② REL to redeem sb (**aus, von** +*dat* from)

erlösend **I.** *adj* relieving **II.** *adv* in a relieving manner *pred*

Erlösung *f* ① (*Erleichterung*) relief ② REL redemption

ermächtigen* [ɛɐ̯ˈmɛçtɪgn̩] *vt* ■**jdn** [**zu etw** *dat*] ~ to authorize sb [to do sth]

Ermächtigung <-, -en> *f* authorization

ermahnen* *vt* ① (*warnend mahnen*) ■**jdn** ~ to warn sb ② (*anhalten*) ■**jdn zu etw** *dat* ~ to admonish sb to do sth

Ermahnung *f* warning

Ermang(e)lung <-> *f kein pl* **in ~ einer S.** *gen* (*geh*) in the absence of sth

ermäßigen* *vt* to reduce

Ermäßigung <-, -en> *f* reduction

ermatten* [ɛɐ̯ˈmatn̩] **I.** *vt haben* (*geh*) ■**jdn** ~ to exhaust sb; ■[**von etw** *dat*] **ermattet sein** to be exhausted [by sth] **II.** *vi sein* (*geh*) to tire

ermattet *adj* (*geh*) exhausted

ermessen* *vt irreg* ■**etw** ~ to comprehend sth

Ermessen <-s> *nt kein pl* discretion

Ermessensfrage *f* matter of discretion **Ermessensspielraum** *m* powers *pl* of discretion

ermitteln* **I.** *vt* ■**etw** ~ ① (*herausfinden*) to find out *sep* sth ② (*errechnen*) to determine sth **II.** *vi* (*eine Untersuchung durchführen*) ■[**gegen jdn**] ~ to investigate [sb]

Ermittlung <-, -en> *f* ① *kein pl* (*das Ausfindigmachen*) determining ② (*Untersuchung*) investigation

Ermittlungsverfahren *nt* preliminary proceedings

ermöglichen* [ɛɐ̯ˈmøːklɪçn̩] *vt* ■**jdm etw** ~ to enable sb to do sth

ermorden* *vt* ■**jdn** ~ to murder sb

Ermordung <-, -en> *f* murder

ermüden* [ɛɐ̯ˈmyːdn̩] **I.** *vt haben* ■**jdn** ~ to tire sb [out] **II.** *vi sein* ① (*müde werden*) to become tired ② TECH to wear

ermüdend *adj* tiring

Ermüdung <-, *selten* -en> *f* ① (*das Ermüden*) tiredness ② TECH wearing

Ermüdungserscheinung *f* sign of tiredness

ermuntern* [ɛɐ̯ˈmʊntɐn] *vt* ① (*ermutigen*) ■**jdn** [**zu etw** *dat*] ~ to encourage sb [to do sth] ② (*beleben*) ■**jdn** ~ to perk sb up

Ermunterung <-, -en> *f* encouragement

ermutigen* [ɛɐ̯ˈmuːtɪgn̩] *vt* ■**jdn** [**zu etw** *dat*] ~ to encourage sb [to do sth]

ermutigend **I.** *adj* encouraging **II.** *adv* encouragingly

Ermutigung <-, -en> *f* encouragement

ernähren* **I.** *vt* ① (*mit Nahrung versorgen*) ■**jdn/ein Tier** ~ to feed sb/an animal ② (*unterhalten*) ■**jdn** ~ to support sb **II.** *vr* ① (*sich speisen*) ■**sich** *akk* **von etw** *dat* ~ to live on sth ② (*sich unterhalten*) ■**sich** *akk* [**von etw** *dat*] ~ to support oneself [by doing sth]

Ernährer(in) <-s, -> [ɛɐ̯ˈnɛːrɐ] *m(f)* breadwinner

Ernährung <-> *f kein pl* ① (*das Ernähren*) feeding ② (*Nahrung*) diet ③ (*Unterhalt*) support

Ernährungsberater, -beraterin *m, f* nutritionist **Ernährungsgewohnheiten** *pl* eating habits *npl* **Ernährungswissenschaft** *f* nutritional science **Ernährungswissenschaftler(in)** *m(f)* nutritionist

ernennen* *vt irreg* ■**jdn** [**zu etw** *dat*] ~ to appoint sb [as sth]

Ernennung *f* appointment (**zu** +*dat* as); **~ eines Stellvertreters** nomination of a deputy

erneuerbar *adj* renewable

erneuern* [ɛɐ̯ˈnɔyɐn] *vt* ① (*auswechseln*) to replace ② (*renovieren*) to renovate; *Fenster, Leitungen* to repair ③ (*verlängern*) to renew ④ (*restaurieren*) to restore

Erneuerung *f* ① (*das Auswechseln*) changing ② (*Renovierung*) renovation ③ (*Verlängerung*) renewal ④ (*Restaurierung*) restoration

erneut [ɛɐ̯ˈnɔyt] **I.** *adj attr* repeated **II.** *adv* again

erniedrigen* [ɛɐ̯ˈniːdrɪgn̩] *vt* ■**jdn/sich** ~ to demean sb/oneself

Erniedrigung <-, -en> *f* humiliation

ernst [ˈɛrnst] *adj* ① (*gravierend*) serious ② (*aufrichtig*) genuine; **es ~ meinen** [**mit jdm/etw**] to be serious [about sb/sth]; **jdn/etw ~ nehmen** to take sb/sth seriously; **~ gemeint** serious, genuine ③ *Anlass* solemn

Ernstfall *m* emergency **ernstgemeint** *adj attr s.* **ernst 2**

ernsthaft **I.** *adj* ① (*gravierend*) serious ② (*aufrichtig*) sincere **II.** *adv* seriously

Ernsthaftigkeit <-> *f kein pl* seriousness

ernstlich **I.** *adj attr* serious **II.** *adv* seriously

Ernte <-, -n> [ˈɛrntə] *f* harvest

Ernte(dank)fest *nt* harvest festival, AM *a.* Thanksgiving

ernten [ˈɛrntn̩] *vt* ① (*einbringen*) to harvest ② (*erzielen*) *Lob, Spott* to earn; *Anerkennung* to gain; *Applaus* to win

ernüchtern* [ɛɐ̯ˈnʏçtɐn] *vt* ■**jdn** ~ ① (*wieder nüchtern machen*) to sober up *sep* sb ② (*in die Realität zurückholen*) to bring sb back to reality

Ernüchterung <-, -en> *f* disillusionment

Eroberer, Erob(r)erin <-s, -> *m, f* conqueror

erobern* [ɛɐ̯ˈʔoːbɐn] *vt* ① (*mit Waffengewalt besetzen*) to conquer ② (*durch Bemühung erlangen*) ■**etw** ~ to win sth [with some effort]

Eroberung <-, -en> *f* ① (*das Erobern*) conquest ② (*erobertes Gebiet*) conquered territory

eröffnen* **I.** *vt* ① (*zugänglich machen*) to open ② (*beginnen*) to commence; *Sitzung, Ball* to open; **das Feuer** [**auf jdn**] ~ to open fire [on sb] ③ (*hum: mitteilen*) ■**jdm etw** ~ to reveal sth to sb **II.** *vr* (*sich bieten*) ■**sich jdm** ~ to open up [*or* one's heart] to sb

Eröffnung *f* ① (*das Eröffnen*) opening ② (*das Einleiten*) opening ③ (*Beginn*) commencing ④ (*geh: Mitteilung*) revelation

erogen [eroˈgeːn] *adj* erogenous

erörtern* [ɛɐ̯ˈœrtɐn] *vt* ■**etw** ~ to discuss sth [in detail]

Erörterung <-, -en> *f* discussion

Erosion <-, -en> [eroˈzi̯oːn] *f* erosion

Erotik <-> [eˈroːtɪk] *f kein pl* eroticism

erotisch [eˈroːtɪʃ] *adj* erotic

Erpel <-s, -> [ˈɛrpl̩] *m* drake

erpicht [ɛɐ̯ˈpɪçt] *adj* ■**auf etw** *akk* ~ **sein** to be after sth

erpressbar *adj* subject to blackmail

erpressen* *vt* ① (*durch Drohung nötigen*) ■**jdn** ~ to blackmail sb ② (*abpressen*) ■**etw** [**von jdm**] ~ to extort sth [from sb]

Erpresser(in) <-s, -> *m(f)* blackmailer

erpresserisch [ɛɐ̯ˈprɛsərɪʃ] **I.** *adj* extortive **II.** *adv* in an extortive manner

Erpressung <-, -en> *f* blackmail

Erpressungsversuch *m* attempted blackmail *no pl*

erproben* *vt* to test

erprobt *adj* ① (*erfahren*) experienced ② (*zuverlässig*) reliable

Erprobung <-, -en> *f* trial

erquicklich *adj* (*iron geh*) joyous *iron liter*

erraten* *vt irreg* to guess

errechnen* *vt* to calculate

erregbar *adj* ① (*leicht aufzuregen*) excitable ② (*sexuell zu erregen*) easily aroused

erregen* **I.** *vt* ① (*aufregen*) ■**jdn** ~ to irritate sb ② (*sexuell anregen*) ■**jdn** ~ to arouse sb ③ (*hervorrufen*) ■**etw** ~ to engender *form* **II.** *vr* ■**sich** *akk* **über jdn/etw** ~ to get annoyed about sb/sth

Erreger <-s, -> *m* pathogen

Erregung *f* ① (*erregter Zustand*) irritation ② (*sexuell erregter Zustand*) arousal

erreichbar *adj* ① (*telefonisch zu erreichen*) ■[**für jdn**] ~ **sein** to be able to be reached [by sb] ② (*zu erreichen*) **die Hütte ist zu Fuß nicht** ~ the hut cannot be reached on foot

erreichen* *vt* ① (*rechtzeitig hinkommen*) to catch ② (*antreffen*) ■**jdn** ~ to reach sb ③ (*eintreffen*) ■**etw** ~ to reach sth ④ (*erzielen*) to reach ⑤ (*einholen*) ■**jdn** ~ to catch up with sb ⑥ (*bewirken*) ■**etw** [**bei jdm**] ~ to get somewhere [with sb] ⑦ (*an etw reichen*) ■**etw** ~ to reach sth

errichten* *vt* ■**etw** ~ ① (*aufstellen*) to erect sth *form* ② (*erbauen*) to erect sth *form* ③ (*begründen*) to found sth

erringen* *vt irreg* ■**etw** ~ to win sth [with a struggle]

erröten* *vi sein* to blush

Errungenschaft <-, -en> [ɛɐ̯ˈrʊŋənʃaft] *f* achievement

Ersatz <-es> [ɛɐ̯ˈzats] *m kein pl* ① (*ersetzender Mensch*) substitute; (*ersetzender Gegenstand*) replacement ② (*Entschädigung*) compensation

Ersatzbank *f* bench **Ersatzbefriedigung** *f* vicarious satisfaction **Ersatzdienst** *m* non-military service for conscientious objectors **Ersatzdroge** *f* substitute drug **Ersatzkasse** *f* substitute health insurance scheme **Ersatzlösung** *f* alternative solution **Ersatzmann** <-männer *o* -leute> *m* substitute **Ersatzmine** *f* refill **Ersatzmittel** *nt* substitute **Ersatzreifen** *m* spare wheel **Ersatzschlüssel** *m* spare key **Ersatzspieler(in)** *m(f)* substitute **Ersatzteil** *nt* spare part **ersatzweise** *adv* as an alternative

ersaufen* *vi irreg sein* (*sl*) to drown

erschaffen *vt irreg* (*geh*) ■**jdn/etw** ~ to create sb/sth

Erschaffung *f* creation

erschaudern* *vi sein* (*geh*) to shudder

erscheinen* *vi irreg sein* ① (*auftreten*) to appear ② (*sichtbar werden*) to be able to be seen ③ (*veröffentlicht werden*) to come out ④ (*sich verkörpern*) ■**jdm** ~ *Geist* to appear to sb ⑤ (*scheinen*) **das erscheint mir recht weit hergeholt** this seems quite far-fetched to me

Erscheinen <-s> *nt kein pl* ① (*das Auftreten*) appearance ② (*die Verkörperung*) appearance ③ (*die Veröffentlichung*) publication

Erscheinung <-, -en> *f* ① (*Phänomen*) phenomenon ② (*Persönlichkeit*) ■**eine**

bestimmte ~ a certain figure ③ (*Vision*) vision ▶ WENDUNGEN: **in ~** **treten** to appear

Erscheinungsbild *nt* appearance **Erscheinungsjahr** *nt* year of publication

erschießen* *irreg vt* ■**jdn ~** to shoot sb dead

Erschießung <-, -en> *f* shooting

erschlaffen* [ɛɐ̯'ʃlafn̩] *vi sein* ① (*schlaff werden*) to become limp ② (*die Straffheit verlieren*) to become loose ③ (*welk werden*) to wither

erschlagen*¹ *vt* ■**jdn ~** *irreg* ① (*totschlagen*) to beat sb to death ② (*durch Darauffallen töten*) to fall [down] and kill sb [in the process] ③ (*überwältigen*) to overwhelm sb

erschlagen² *adj* (*fam*) ■**~ sein** to be knackered BRIT

erschleichen* *vr irreg* ■**sich** *dat* **etw ~** to fiddle sth

erschließen* *irreg vt* ① *Land* to develop ② (*nutzbar machen*) ■[**jdm**] **etw ~** to exploit sth [for sb]

Erschließung *f* ① (*das Zugänglichmachen*) development ② (*das Nutzbarmachen*) tapping

erschöpfen* *vt* ① (*ermüden*) ■**jdn ~** to exhaust sb ② (*aufbrauchen*) ■**etw ~** to exhaust sth

erschöpfend **I.** *adj* ① (*zur Erschöpfung führend*) exhausting ② (*ausführlich*) exhaustive **II.** *adv* exhaustively

Erschöpfung <-, *selten* -en> *f* exhaustion

erschossen [ɛɐ̯'ʃɔsn̩] *adj* (*fam*) knackered BRIT

erschrak *imp von* **erschrecken II**

erschrecken **I.** *vt* <erschreckte, erschreckt> *haben* ■**jdn ~** ① (*in Schrecken versetzen*) to give sb a fright ② (*bestürzen*) to shock sb **II.** *vi* <erschrickt, erschreckte *o* erschrak, erschreckt *o* erschrocken> *sein* ■[**vor jdm/etw**] **~** to get a fright [from sb/sth] **III.** *vr* <erschrickt, erschreckte, erschreckt *o* erschrocken> *haben* (*fam*) ■**sich** *akk* [**über etw** *akk*] **~** to be shocked [by sth]

erschreckend **I.** *adj* alarming **II.** *adv* ① (*schrecklich*) terrible ② (*fam: unglaublich*) incredibly

erschrickt *3. pers sing pres von* **erschrecken**

erschrocken **I.** *pp von* **erschrecken II, III** **II.** *adj* alarmed **III.** *adv* with a start *pred*

erschüttern* [ɛɐ̯'ʃʏtɐn] *vt* ① (*zum Beben bringen*) to shake ② (*in Frage stellen*) to shake; *Ansehen* to damage; *Glaubwürdigkeit* to undermine ③ (*tief bewegen*) ■**jdn ~** to shake sb

erschütternd *adj* distressing

erschüttert *adj* shaken (**über** +*akk* by)

Erschütterung <-, -en> *f* ① (*erschütternde Bewegung*) shake ② (*das Erschüttern*) *Vertrauen* shaking ③ (*seelische Ergriffenheit*) distress

erschweren* [ɛɐ̯'ʃveːrən] *vt* ■[**jdm**] **etw ~** to make sth more difficult [for sb]

erschwerend **I.** *adj* complicating **II.** *adv* **~ kommt noch hinzu ...** to make matters worse...

erschwindeln* *vt* to obtain by fraud; ■**etw von jdm ~** to con sth out of sb

erschwinglich [ɛɐ̯'ʃvɪŋlɪç] *adj* affordable

ersehen* *vt irreg* (*geh*) ■**etw aus etw** *dat* **~** to see sth from sth

ersehnen* *vt* (*geh*) ■**etw ~** to long for sth

ersetzbar [ɛɐ̯'zɛtsbaːɐ̯] *adj* replaceable

ersetzen* *vt* ① (*austauschen*) ■**etw** [**durch etw** *akk*] **~** to replace sth [with sth] ② (*vertreten*) ■**jdn/etw ~** to replace sb/sth ③ (*erstatten*) ■**jdm etw ~** to reimburse sb for sth

ersichtlich *adj* apparent; ■**aus etw** *dat* **~ sein, dass ...** to be apparent from sth that ...

ersparen* *vt* ① (*von Ärger verschonen*) ■**jdm etw ~** to spare sb sth ② (*durch Sparen erwerben*) ■[**sich** *dat*] **etw ~** to save up [to buy] sth

Ersparnis <-, -se> [ɛɐ̯'ʃpaːɐ̯nɪs, *pl* -nɪsə] *f* ① *kein pl* (*Einsparung*) ■**eine ~ an etw** *dat* a saving in sth ② *meist pl* (*erspartes Geld*) savings *npl*

Ersparte(s) *nt* savings *npl*

erst ['eːɐ̯st] **I.** *adv* ① (*zuerst*) [at] first ② (*nicht früher als*) only; **wecken Sie mich bitte ~ um 8 Uhr!** please don't wake me until 8 o'clock! ③ (*bloß*) only **II.** *part* (*verstärkend*) **an deiner Stelle würde ich ~ gar nicht anfangen** if I was in your shoes I wouldn't even start ▶ WENDUNGEN: **~ recht** all the more

erstarren* *vi sein* ① (*fest werden*) to solidify ② (*starr werden*) to freeze

erstatten* [ɛɐ̯'ʃtatn̩] *vt* ① (*ersetzen*) ■[**jdm**] **etw ~** to reimburse [sb] for sth ② (*geh: mitteilen*) **Anzeige ~** to report a crime

Erstattung <-, -en> *f von Auslagen, Unkosten* reimbursement

Erstaufführung *f* première

erstaunen* **I.** *vt haben* ■**jdn ~** to amaze sb **II.** *vi sein* ■**über etw** *akk* **~** to be amazed by sth

Erstaunen *nt* amazement; **jdn in ~ versetzen** to amaze sb

erstaunlich [ɛɐ̯'ʃtau̯nlɪç] **I.** *adj* amazing **II.** *adv* amazingly

erstaunlicherweise *adv* amazingly
erstaunt **I.** *adj* amazed **II.** *adv* in amazement
Erstausgabe *f* first edition **erstbeste(r, s)** *adj attr* first; ■**der/die/das E~** the next best
erste(r, s) ['eːɐ̯stə] *adj* 1 (*an erster Stelle*) first; **das E~, was ...** the first thing that ...; *s. a.* **achte(r, s) 1** 2 (*Datum*) first, 1st; *s. a.* **achte(r, s) 2** 3 (*führend*) leading ▶ WENDUNGEN: **fürs E~** to begin with
Erste(r) ['eːɐ̯stə] *f(m)* 1 (*an erster Stelle kommend*) first; *s. a.* **Achte(r) 1** 2 (*bei Datumsangabe*) ■**der ~** [*o geschrieben* **der 1.**] the first *spoken*, the 1st *written*; *s. a.* **Achte(r) 2** 3 (*Namenszusatz*) **Ludwig der ~** *geschrieben* Louis the First; **Ludwig I.** *geschrieben* Louis I; *s. a.* **Achte(r) 3** 4 (*beste*) the best
erstechen* *vt irreg* ■**jdn ~** to stab sb to death
erstehen* [ɛɐ̯'ʃteːən] *irreg vt haben* (*fam*) ■**etw ~** to pick up *sep* sth
Erste-Hilfe-Kasten [eːɐ̯stə'hɪlfəkastn̩] *m* first-aid box
ersteigen* *vt irreg* to climb; **die höchsten Stufen des Ruhmes ~** to rise to the dizzy heights of fame
ersteigern *vt* to buy [at an auction]
erstellen* *vt* 1 (*geh: errichten*) to build 2 *Liste, Plan* to draw up
erstens ['eːɐ̯stn̩s] *adv* firstly
erstere(r, s) *adj* ■**der/die/das E~** the former
ersticken* **I.** *vt haben* 1 (*durch Erstickung töten*) ■**jdn ~** to suffocate sb 2 (*erlöschen lassen*) to extinguish 3 (*dämpfen*) to deaden 4 (*unterdrücken*) to crush **II.** *vi sein* 1 (*durch Erstickung sterben*) ■**an etw** *dat* **~** to choke to death on sth 2 (*erlöschen*) to go out 3 (*übermäßig viel haben*) ■**in etw** *dat* **~** to drown in sth
Erstickung <-> *f kein pl* suffocation
erstklassig ['eːɐ̯stklasɪç] *adj* first-class
Erstkommunion *f* first communion **Erstkontakt** *m* ÖKON initial approach
erstmalig ['eːɐ̯stmaːlɪç] **I.** *adj* first **II.** *adv* (*geh*) *s.* **erstmals**
erstmals ['eːɐ̯stmaːls] *adv* for the first time
erstrangig ['eːɐ̯straŋɪç] *adj* 1 (*sehr wichtig*) major 2 (*erstklassig*) first-class
erstreben* *vt* (*geh*) ■**etw ~** to strive for sth
erstrebenswert [ɛɐ̯'ʃtreːbn̩sveːɐ̯t] *adj* worth striving for *pred*
erstrecken* **I.** *vr* 1 (*sich ausdehnen*) ■**sich** [**über etw** *akk*] **~** to extend [over sth] 2 (*betreffen*) ■**sich auf etw** *akk* **~** to include sth **II.** *vt* SCHWEIZ (*verlängern*) ■**etw ~** to extend sth
erstunken [ɛɐ̯'ʃtʊŋkn̩] *adj* ▶ WENDUNGEN: **das ist ~ und erlogen** (*fam*) that's a pack of lies
ersuchen* *vt* (*geh*) ■**jdn um etw** *akk* **~** to request sth from sb
ertappen* **I.** *vt* ■**jdn** [**bei etw** *dat*] **~** to catch sb [doing sth] **II.** *vr* ■**sich** *akk* **bei etw** *dat* **~** to catch oneself doing sth
erteilen* *vt* (*geh*) ■[**jdm**] **etw ~** to give [sb] sth
ertönen* *vi sein* (*geh*) 1 (*zu hören sein*) to sound 2 (*widerhallen*) ■**von etw** *dat* **~** to resound with sth
Ertrag <-[e]s, Erträge> [ɛɐ̯'traːk, *pl* ɛɐ̯'trɛːgə] *m* 1 (*Ernte*) yield; **~ bringen** to bring yields 2 *meist pl* (*Einnahmen*) revenue
ertragen* *vt irreg* to bear
erträglich [ɛɐ̯'trɛːklɪç] *adj* bearable
ertragreich *adv* productive; *Land* fertile
Ertragsausschüttung *f* dividend distribution **Ertragssteigerung** *f* profits increase
ertränken* *vt* ■**jdn/ein Tier ~** to drown sb/an animal
erträumen* *vt* ■[**sich** *dat*] **etw ~** to dream about sth
ertrinken* *vi irreg sein* to drown
ertrotzen* *vt* (*geh*) ■[**sich** *dat*] **etw ~** to obtain by forceful means
erübrigen* [ɛɐ̯'ʔyːbrɪgn̩] **I.** *vr* ■**sich ~** to be superfluous **II.** *vt* (*aufbringen*) **etw ~ können** *Geld, Zeit* to spare sth
eruieren* [eru'iːrən] *vt* (*geh*) 1 (*in Erfahrung bringen*) ■**etw ~** to find out *sep* sth 2 ÖSTERR, SCHWEIZ (*ausfindig machen*) ■**jdn ~** to find sb
erwachen* *vi sein* (*geh*) to wake up
erwachsen [ɛɐ̯'vaksn̩] *adj* adult
Erwachsene(r) *f(m)* adult
Erwachsenenbildung [ɛɐ̯'vaksenən-] *f* adult education **Erwachsenenstrafrecht** *nt kein pl* JUR adult criminal law
erwägen* *vt irreg* to consider
Erwägung <-, -en> *f* consideration
erwähnen* *vt* to mention
erwähnenswert *adj* worth mentioning *pred*
Erwähnung <-, -en> *f* mentioning
erwärmen* **I.** *vt* to warm [up] **II.** *vr* 1 (*warmwerden*) ■**sich ~** to warm up 2 (*sich begeistern*) ■**sich** *akk* **für jdn/etw ~** to work up enthusiasm for sb/sth
Erwärmung <-, -en> *f* warming [up]
erwarten* **I.** *vt* 1 (*entgegensehen*) to expect 2 (*auf etw warten*) ■**etw ~** to wait for sth 3 (*voraussetzen*) ■**von jdm ~, dass ...** to expect sb to do sth 4 (*mit etw rechnen*) **etw war zu ~** sth was to be

E

expected **II.** *vr* (*sich versprechen*) ■**sich** *dat* **etw von jdm/etw ~** to expect sth from [*or* of] sb/sth
Erwartung <-, -en> *f* ❶ *kein pl* (*Ungeduld*) anticipation ❷ *pl* (*Hoffnung*) expectations *pl;* **den ~en entsprechen** to fulfil the expectations
Erwartungsdruck <-[e]s> *m kein pl* **unter ~ stehen** to be under pressure to perform **erwartungsgemäß** *adv* as expected **Erwartungshaltung** *f* expectation **Erwartungshorizont** *m* level of expectations **erwartungsvoll I.** *adj* expectant, full of expectation *pred* **II.** *adv* expectantly
erwecken* *vt* ❶ (*hervorrufen*) ■**etw ~** to arouse sth; **den Eindruck ~, ...** to give the impression ... ❷ (*geh: aufwecken*) ■**jdn ~** to wake sb
erweichen* *vt* ■**jdn ~** to make sb change their mind; **sich ~ lassen** to let oneself be persuaded
erweisen* *irreg* **I.** *vt* ❶ (*nachweisen*) to prove ❷ (*zeigen*) ■**etw wird ~, dass/ob ...** sth will show that/whether ... ❸ (*geh: entgegenbringen*) **jdm einen Dienst/Gefallen ~** to do somebody a service/favour **II.** *vr* ❶ (*sich herausstellen*) **dieser Mitarbeiter hat sich als zuverlässig erwiesen** this employee has proved himself reliable ❷ (*sich zeigen*) **sie sollte sich dankbar [ihm gegenüber] ~** she should be grateful [to him]
erweiterbar *adj* expandable; INFORM *a.* extensible
erweitern* **I.** *vt* ■**etw ~** ❶ *Straße, Kleidung* to widen sth (**um** +*akk* by) ❷ (*vergrößern*) to expand sth (**um** +*akk* by) ❸ (*umfangreicher machen*) to increase sth (**um** +*akk* by) **II.** *vr* ❶ (*sich verbreitern*) ■**sich** *akk* **~** to widen (**um** +*akk* by) ❷ MED, ANAT ■**sich ~** to dilate
Erweiterung <-, -en> *f* ❶ (*Verbreiterung*) *Anlagen, Fahrbahn* widening ❷ (*Vergrößerung*) expansion ❸ (*Ausweitung*) increase ❹ MED, ANAT dilation
Erwerb <-[e]s, -e> [ɛɐ̯ˈvɛrp, *pl* ɛɐ̯ˈvɛrbə] *m* ❶ *kein pl* (*geh: Kauf*) purchase ❷ (*berufliche Tätigkeit*) occupation
erwerben* *vt irreg* ❶ (*kaufen*) ■**etw ~** to purchase sth ❷ (*an sich bringen*) ■**etw [durch etw** *akk*] **~** to acquire sth [through sth] ❸ (*gewinnen*) ■**[sich** *dat*] **etw ~** to earn sth
erwerbsfähig *adj* (*geh*) fit for gainful employment *pred*
erwerbslos *adj* (*geh*) unemployed
erwerbstätig *adj* working **Erwerbstätigkeit** <-> *f kein pl* employment **erwerbsunfähig** *adj* (*geh*) unfit for gainful employment
erwidern* [ɛɐ̯ˈviːdɐn] *vt* ❶ (*antworten*) ■**[jdm] etw [auf etw** *akk*] **~** to give [sb] a reply [to sth] ❷ (*zurückgeben*) ■**etw ~** to return sth
Erwiderung <-, -en> *f* ❶ (*Antwort*) reply ❷ (*das Erwidern*) returning
erwiesenermaßen [ɛɐ̯viːzənɐˈmaːsn̩] *adv* as has been proved
erwirtschaften* *vt* to make
erwischen* [ɛɐ̯ˈvɪʃn̩] *vt* (*fam*) ❶ (*ertappen*) ■**jdn [bei etw** *dat*] **~** to catch sb [doing sth] ❷ (*ergreifen, erreichen*) ■**jdn/etw ~** to catch sb/sth
erworben *adj* acquired
erwünscht [ɛɐ̯ˈvʏnʃt] *adj* ❶ (*gewünscht*) desired ❷ (*willkommen*) welcome; *Anwesenheit* desirable
erwürgen* *vt* to strangle
Erz <-es, -e> [ˈeːɐ̯ts] *nt* ore
erzählen* **I.** *vt* ❶ (*anschaulich berichten*) to explain ❷ (*sagen*) to tell **II.** *vi* to tell a story/stories
Erzähler(in) <-s, -> [ɛɐ̯ˈtsɛːlɐ] *m(f)* ❶ storyteller; (*Schriftsteller(in)*) author *masc,* authoress *fem* ❷ (*Romanperson*) narrator; **allwissender ~** third-person narrator; **auktorialer ~** intrusive narrator; **unglaubwürdiger ~** unreliable narrator
erzählerisch *adj* narrative
Erzählperspektive [ɛɐ̯ˈtsɛːlpɛrspɛktiːvə] *f* LIT narrative perspective
Erzählung *f* ❶ (*Geschichte*) story ❷ *kein pl* (*das Erzählen*) telling ❸ LIT **berichtende ~** panoramic presentation; **szenische ~** scenic presentation
Erzählzeit *f* LIT narrative time
Erzbischof, -bischöfin [ˈɛrtsbɪʃɔf, -bɪʃœfɪn] *m, f* archbishop **Erzengel** [ˈɛrtsʔɛŋl̩] *m* archangel
erzeugen* *vt* ❶ *bes* ÖSTERR (*produzieren*) to produce ❷ ELEK, SCI to generate ❸ (*hervorrufen*) to create
Erzeuger(in) <-s, -> *m(f)* ❶ *bes* ÖSTERR (*geh: Produzent*) producer ❷ (*hum fam: Vater*) father
Erzeugnis <-ses, -se> [ɛɐ̯ˈtsɔyknɪs, *pl* -nɪsə] *nt* product
Erzeugung <-, -en> *f* ❶ *kein pl* ELEK, SCI generation ❷ (*Produktion*) production
Erzfeind(in) *m(f)* arch-enemy **Erzgebirge** [ˈɛrtsgəbɪrgə] *nt* Erzgebirge (*mountain range on the border between Germany and the Czech Republic*) **Erzherzog(in)** [ˈɛrtshɛrtsoːk] *m(f)* archduke *masc,* archduchess *fem*
erziehbar *adj* educable; **schwer ~ sein** to

have behavioural problems

erziehen* *vt irreg* ① (*aufziehen*) ■ **jdn ~** to bring up *sep* sb ② (*anleiten*) ■ **jdn zu etw** *dat* **~** to teach sb to be sth

Erzieher(in) <-s, -> [ɛɐ̯'tsiːɐ] *m(f)* teacher

erzieherisch *adj* educative

Erziehung *f kein pl* ① (*das Erziehen*) education *no pl* ② (*Aufzucht*) upbringing

erziehungsberechtigt *adj* acting as legal guardian *pred* **Erziehungsberechtigte(r)** *f(m)* legal guardian **Erziehungsgeld** *nt* child benefit (*paid for at least 6 months after the child's birth to compensate the parent who takes time off work to look after the child*) **Erziehungsjahr** *nt year taken off work after the birth of a child to look after the child* **Erziehungsmethode** *f* method of education **Erziehungsurlaub** *m* maternity [*or* paternity] leave (*a period of up to three years taken by either the father or mother after the birth*) **Erziehungswissenschaft** *f kein pl* educational studies *npl* **Erziehungswissenschaftler(in)** *m(f)* educationalist BRIT, educational theorist AM

erzielen* *vt* ① (*erreichen*) to achieve; *Einigung* to reach ② SPORT ■ **etw ~** to score sth (**gegen** +*akk* against)

erzkonservativ *adj* ultra-conservative

erzürnen* *vt* (*geh*) ■ **jdn ~** to anger sb

erzwingen* *vt irreg* ■ **etw** [**von jdm**] **~** to force sth [from sb]; **ein Geständnis** [**von jdm**] **~** to make sb confess

es <*gen* seiner, *dat* ihm, *akk* es> ['ɛs] *pron pers, unbestimmt* ① *auf Dinge bezogen* (*das, diese*) it; **wer ist da? – ich bin ~** who's there? – it's me ② *auf vorangehenden Satzinhalt bezogen* it; **kommt er auch? – ich hoffe ~** is he coming too? – I hope so ③ *rein formales Subjekt* **jdm gefällt ~, etw zu tun** sb likes doing sth; **~ gefällt mir** I like it ④ *rein formales Objekt* **er hat ~ gut** he's got it made ⑤ *Subjekt bei impers Ausdrücken* **~ klopft** there's a knock at the door; **~ regnet** it's raining ⑥ *Einleitewort mit folgendem Subjekt* **~ waren Tausende** there were thousands

Esche <-, -n> ['ɛʃə] *f* ash

Esel(in) <-s, -> ['eːzl̩] *m(f)* ① (*Tier*) donkey ② *nur m* (*fam: Dummkopf*) idiot

Eselsbrücke *f* (*fam*) aide-memoire **Eselsohr** *nt* dog-ear

Eskalation <-, -en> [ɛskala'tsi̯oːn] *f* escalation

eskalieren* [ɛska'liːrən] *vi, vt* to escalate (**zu** +*dat* into)

Eskapade <-, -n> [ɛska'paːdə] *f* escapade

Eskimo, -frau <-s, -s> ['ɛskimo] *m, f* Eskimo

Eskorte <-, -n> [ɛs'kɔrtə] *f* escort

eskortieren* [ɛskɔr'tiːrən] *vt* ■ **jdn ~** to escort sb; ■ **etw ~** to convoy [*or* escort] sth

Esoterik <-> [ezo'teːrɪk] *f kein pl* esotericism

esoterisch [ezo'teːrɪʃ] *adj* esoteric

Espe <-, -n> ['ɛspə] *f* aspen

Espenlaub *nt* aspen leaves *pl;* **zittern wie ~** to be shaking like a leaf

Esperanto <-s> [ɛspe'ranto] *nt kein pl* Esperanto

Espresso <-[s], -s *o* Espressi> [ɛs'prɛso, *pl* ɛs'prɛsi] *m* espresso

Esprit <-s> [ɛs'priː] *m kein pl* (*geh*) wit

Essay <-s, -s> ['ɛse, ɛ'seː] *m o nt* essay

essbar *adj* edible

essen <isst, aß, gegessen> ['ɛsn̩] **I.** *vt* (*Nahrung zu sich nehmen*) to eat; **~ Sie gern Äpfel?** do you like apples?; **etw zum Nachtisch ~** to have sth for dessert **II.** *vi* to eat; **griechisch/italienisch ~** to have a Greek/an Italian meal

Essen <-s, -> ['ɛsn̩] *nt* ① (*Mahlzeit*) meal ② (*Nahrung*) food *no pl, no indef art*

Essen(s)marke *f* meal voucher [*or* AM ticket] **Essenszeit** *f* mealtime

essentiell *adj, adv s.* **essenziell**

Essenz <-, -en> [ɛ'sɛnts] *f* essence

essenziell [ɛsɛn'tsi̯ɛl] **I.** *adj* essential **II.** *adv* essentially

Essgeschirr *nt* (*Service*) dinner service; MIL (*Besteck*) mess tin [*or* kit] **Essgewohnheiten** *pl* eating habits *pl*

Essig <-s, -e> ['ɛsɪç, *pl* 'ɛsɪgə] *m* vinegar

Essiggurke *f* [pickled] gherkin **Essigsäure** *f* acetic acid

Esskastanie *f* sweet chestnut **Esslöffel** *m* ① (*Essbesteck*) soup spoon ② (*Maßeinheit beim Kochen*) tablespoon **Essstäbchen** *nt meist pl* chopstick **Essstörung** *f meist pl* eating disorder **Esssucht** *f kein pl* compulsive eating **Esstisch** *m* dining table **Esswaren** *pl* food *no pl, no indef art,* provisions *npl* **Esszimmer** *nt* dining room

Este, Estin <-n, -n> ['eːstə, 'eːstɪn] *m, f* Estonian; *s. a.* **Deutsche(r)**

Estland <-s> ['eːstlant] *nt* Estonia; *s. a.* **Deutschland**

estnisch ['eːstnɪʃ] *adj* Estonian; *s. a.* **deutsch**

Estragon <-s> ['ɛstragɔn] *m kein pl* tarragon

Estrich <-s, -e> ['ɛstrɪç] *m* ① (*Fußbodenbelag*) concrete floor ② SCHWEIZ attic, loft

ES-Zelle [eː'ɛstsɛlə] *f Abk von* **embryonale Stammzelle** BIOL, MED embryonic stem cell

etablieren* [eta'bliːrən] (*geh*) **I.** *vt* to establish **II.** *vr* ■ **sich** *akk* **~** to establish one-

self
etabliert *adj* (*geh*) established
Etablissement <-s, -s> [etablɪsəˈmãː] *nt* (*geh*) establishment
Etage <-, -n> [eˈtaːʒə] *f* floor; **auf der 5. ~** on the 5th floor BRIT, on the 6th floor AM
Etagenbett [eˈtaːʒən-] *nt* bunk bed **Etagenwohnung** [eˈtaːʒən-] *f* flat BRIT, apartment AM (*occupying a whole floor*)
Etappe <-, -n> [eˈtapə] *f* ① (*Abschnitt*) **in ~n arbeiten** to work in stages ② (*Teilstrecke*) leg ③ MIL communications zone
Etat <-s, -s> [eˈtaː] *m* budget
etc. [ɛt ˈtseːtera] *Abk von* **et cetera** etc.
etepetete [ˈeːtəpeˈteːtə] *adj präd* (*fam*) finicky
Ethik <-> [ˈeːtɪk] *f kein pl* ① (*Wissenschaft*) ethics + *sing vb* ② (*moralische Haltung*) ethics *npl* ③ (*bestimmte Werte*) ethic
ethisch [ˈeːtɪʃ] *adj* ethical
ethnisch [ˈɛtnɪʃ] *adj* ethnic
Ethnologe, Ethnologin [ɛtnoˈloːgə] *m, f* ethnologist
Ethnologie <-, -n> [ɛtnoloˈgiː, *pl* -ˈgiːən] *f* ethnology *no pl*
Ethnologin *f fem form von* **Ethnologe**
Etikett <-[e]s, -e> [etiˈkɛt] *nt* ① (*Preisschild*) price tag ② (*Aufnäher*) label
Etikette <-, -n> [etiˈkɛtə] *f* (*geh*) etiquette
etikettieren* [etikɛˈtiːrən] *vt* ■**etw ~** to label sth; *Preis* to price-tag sth
etliche(r, s) [ˈɛtlɪçə] *pron indef* ① *adjektivisch, sing o pl* quite a lot of ② *substantivisch, pl* quite a few ③ *substantivisch, sing* ■**~s** quite a lot
Etui <-s, -s> [ɛtˈviː, eˈtÿiː] *nt* case; (*verziert a.*) etui
etwa [ˈɛtva] **I.** *adv* ① (*ungefähr, annähernd*) about; **in ~** more or less ② (*zum Beispiel*) **wie ~ mein Bruder** like my brother for instance **II.** *part* ① (*womöglich*) **soll das ~ heißen, dass ...?** is that supposed to mean [that] ...?; **willst du ~ schon gehen?** [surely] you don't want to go already! ② (*Verstärkung der Verneinung*) **ist das ~ nicht wahr?** do you mean to say it's not true?
etwaig [ɛtˈvaːɪç] *adj attr* any
etwas [ˈɛtvas] *pron indef* ① *substantivisch* (*eine unbestimmte Sache*) something; (*bei Fragen*) anything ② *adjektivisch* (*nicht näher bestimmt*) something; (*bei Fragen*) anything; **~ anderes** something else; [**noch**] **~ Geld/Kaffee** some [more] money/coffee ③ *adverbial* (*ein wenig*) a little
Etwas <-> [ˈɛtvas] *nt kein pl* **ein hartes/spitzes/... ~** something hard/sharp/...; **das gewisse ~** that certain something
Etymologie <-, -n> [etymoloˈgiː, *pl* -ˈgiːən] *f* etymology *no pl*
etymologisch [etymoˈloːgɪʃ] *adj* etymological
EU [eːˈuː] *f Abk von* **Europäische Union** EU
EU-Beitritt *m* joining of the EU **EU-Bürger(in)** *m(f)* EU citizen, citizen of the EU
euch [ˈɔyç] **I.** *pron pers akk o dat von* **ihr** you; **ein Freund/eine Freundin von ~** a friend of yours **II.** *pron refl* **beeilt ~!** hurry [up]!; **macht ~ fertig!** get [*fam* yourselves] ready!
euer [ˈɔyɐ] **I.** *pron poss, adjektivisch* your; **es ist ~/eu[e]re/~[e]s** it's yours; **viele Grüße, ~ Martin!** best wishes, [yours,] Martin **II.** *pron pers gen von* **ihr**: **wir werden ~ gedenken** (*geh*) we will think of you
euere(r, s) [ˈɔyərə] *pron poss, substantivisch s.* **eure(r, s)**
EU-Gipfel *m* EU summit **EU-Gipfeltreffen** *nt* EU summit
Eukalyptus <-, -lypten> [ɔykaˈlʏptʊs] *m* ① (*Baum*) eucalyptus [tree] ② (*Öl*) eucalyptus [oil]
EU-Kommissar(in) *m(f)* EU commissioner **EU-Kommission** *f* EU Commission **EU-Land** *nt* EU country
Eule <-, -n> [ˈɔylə] *f* owl
EU-Minister(in) *m(f)* EU minister **EU-Ministerrat** *m* EU Council of Ministers **EU-Mitgliedsland** *nt* EU member-state **EU-Norm** *f* EU standard
Eunuch <-en, -en> [ɔyˈnuːx] *m* eunuch
Euphemismus <-, -mismen> [ɔyfeˈmɪsmʊs] *m* euphemism
euphemistisch [ɔyfeˈmɪstɪʃ] *adj* euphemistic
Euphorie <-, -n> [ɔyfoˈriː, *pl* -ˈriːən] *f* euphoria
euphorisch [ɔyˈfoːrɪʃ] *adj* euphoric
Euratom <-> [ɔyraˈtoːm] *f Akr von* **Europäische Atomgemeinschaft** Euratom
eure(r, s) [ˈɔyrə] *pron poss* (*geh*) ■[**der/die/das**] **E~** yours; **tut ihr das E~** you do your bit
eurerseits [ˈɔyrɐˈzaitṡ] *adv* (*soweit es euch angeht*) for your part; (*von eurer Seite aus*) on your part
euresgleichen [ˈɔyrəsˈglaiçn̩] *pron* people like you; (*pej: Leute eures Standes*) your like, people of your [own] kind
euretwegen [ˈɔyrətˈveːgn̩] *adv* (*wegen euch*) because of you; (*euch zuliebe*) for your sake[s]
euretwillen [ˈɔyrətvɪlən] *adv* for your sake
eurige(r, s) [ˈɔyrɪgə, -gɐ, -gəs] *pron* (*geh*)

yours; *geh für* **eu(e)re(r, s): der/die/das ~** yours; **die ~n** those near and dear to you

Euro ['ɔyro] *m* (*Währungseinheit*) euro

Eurobanknote *f* euro (bank)note **Eurocent** *m* cent **Eurocheque** [-ʃɛk] *m* HIST *s.* **Euroscheck** **Eurocity, Eurocityzug** ['ɔyrosɪti-] *m* Eurocity train (*connecting major European cities*) **Euro-Einführungsgesetz** *nt law concerning the introduction of the euro* **Eurogeld** *nt* eurocurrency

Eurokratie *f* POL eurocracy

Euromark *f kein pl* FIN euromark **Euromünze** *f* euro coin

Europa <-s> [ɔy'ro:pa] *nt* Europe

Europaabgeordnete(r) *f(m)* Member of the European Parliament, MEP

Europäer(in) <-s, -> [ɔyro'pɛ:ɐ] *m(f)* European

Europafrage *f* POL European question

europäisch [ɔyro'pɛ:ɪʃ] *adj* European; **E~e Einheitswährung** single European currency, euro; **E~e Gemeinschaft** [*o* **EG**] European Community, EC; **E~er Gerichtshof** European Court of Justice; **E~es Parlament** European Parliament; **E~er Rat** European Council; **E~e Union** European Union, EU; **E~es Währungssystem** [*o* **EWS**] European Monetary System, EMS; **E~e Währungsunion** [*o* **EWU**] European Monetary Union, EMU; **E~e Wirtschaftsgemeinschaft** [*o* **EWG**] [European] Common Market; **E~e Zentralbank** [*o* **EZB**] European Central Bank, ECB

Europäische Union *f* European Union

Europäisierung *f kein pl* POL Europeanization

Europameister(in) *m(f)* (*als Einzelner*) European champion; (*als Team, Land*) European champions *pl* **Europameisterschaft** *f* European championship **Europaparlament** *nt* the European Parliament **Europapokal** *m* European cup **Europarat** *m kein pl* Council of Europe *no pl, no indef art* **Europawahlen** *pl* European elections *pl*

Europol ['ɔyropo:l] *f* Europol

Euroscheck *m* HIST Eurocheque **Euroscheckkarte** *f* HIST Eurocheque card

Euroskeptiker(in) *m(f)* Euro-sceptic **Eurotunnel** *m* Channel tunnel **Eurovision** [ɔyrovi'zi̯o:n] *f* Eurovision **Eurowährung** *f* European currency **Eurozone** <-> *f kein pl* Euro-zone

EU-Staat *m* EU country

Euter <-s, -> ['ɔytɐ] *nt o m* udder

Euthanasie <-> [ɔytana'zi:] *f kein pl* euthanasia *no pl, no art,* mercy killing *fam*

EU-Verordnung *f* EU decree **EU-Vertrag** *m* JUR Treaty of Rome

ev. *adj Abk von* **evangelisch**

e.V., E.V. [e:'fau̯] *m Abk von* **eingetragener Verein** registered association

evakuieren* [evaku'i:rən] *vt* ❶ (*an sicheren Ort bringen*) ▪**jdn/etw ~** to evacuate sb/remove sth (**aus** *+dat* from, **in, auf** *+akk* to) ❷ (*auslagern*) to remove (**in** *+akk* to)

Evakuierung <-, -en> *f* evacuation

Evangele <-n, -n> [evaŋ'ge:lə] *m o f* (*oft pej fam*) evangelical

evangelisch [evaŋ'ge:lɪʃ] *adj* Protestant

Evangelium <-s, -lien> [evaŋ'ge:liʊm, *pl* -liən] *nt* Gospel; (*fig*) gospel

Eventualität <-, -en> [evɛntu̯ali'tɛ:t] *f* eventuality

eventuell [evɛn'tu̯ɛl] **I.** *adj attr* possible; **bei ~en Rückfragen wenden Sie sich bitte an ...** if you have any queries please contact ... **II.** *adv* possibly

Falsche Freunde

Nicht verwechseln mit *eventually* — schließlich!

Evolution <-, -en> [evolu'tsi̯o:n] *f* evolution

evtl. *adj, adv Abk von* **eventuell**

E-Werk ['e:vɛrk] *nt s.* **Elektrizitätswerk**

EWI <-[s]> *nt kein pl Abk von* **Europäisches Währungsinstitut** EMI

ewig ['e:vɪç] **I.** *adj* ❶ (*immer während*) eternal ❷ (*pej fam: ständig*) **~es Gejammer** never-ending moaning and groaning **II.** *adv* ❶ (*dauernd*) eternally; (*seit jeher*) always ❷ (*fam: ständig*) always ❸ (*fam: lange Zeitspanne*) for ages

Ewiggestrige(r) *f(m)* stick-in-the-mud

Ewigkeit <-, -en> ['e:vɪçkai̯t] *f* eternity; **eine [halbe] ~ dauern** (*hum fam*) to last an age

EWS <-> [e:ve:'ɛs] *nt kein pl Abk von* **Europäisches Währungssystem** EMS

EWU <-> [e:ve:'u:] *f Abk von* **Europäische Währungsunion** EMU

EWWU [e:ve:ve:'ʔu:] *f kein pl* EU *Abk von* **Europäische Wirtschafts- und Währungsunion** EEMU

EWWU-Teilnehmerland *nt,* **EWWU-Teilnehmerstaat** *m* EEMU member state

ex ['ɛks] *adv* **etw [auf] ~ trinken** to down sth in one ►WENDUNGEN: **~ und hopp** (*fam*) here today, gone tomorrow

exakt [ɛ'ksakt] **I.** *adj* exact; **das ist ~, was ich gemeint habe** that's precisely what I meant **II.** *adv* exactly; **~ arbeiten** to be ac-

E

curate in one's work

Examen <-s, - *o* Examina> [ɛ'ksa:mən, *pl* ɛ'ksa:mina] *nt* **mündliches/schriftliches ~** oral/written exam[ination]; **das ~ bestehen** to pass one's finals; **durch das ~ fallen** to fail [in] one's finals

exekutieren* [ɛkseku'ti:rən] *vt* (*geh*) ■**jdn ~** to execute sb

Exekution <-, -en> [ɛkseku'tsi̯o:n] *f* (*geh*) execution

Exekutive <-, -n> [ɛkseku'ti:və] *f* JUR executive authority

Exempel <-s, -> [ɛ'ksɛmpl̩] *nt* (*geh*) [warning] example

Exemplar <-s, -e> [ɛksɛm'pla:ɐ̯] *nt* specimen; (*Ausgabe*) *Buch, Heft* copy; *Zeitung* issue

exemplarisch [ɛksɛm'pla:rɪʃ] **I.** *adj* exemplary **II.** *adv* as an example

exerzieren* [ɛksɛr'tsi:rən] *vi* MIL to drill

Exhibitionismus <-> [ɛkshibitsi̯o'nɪsmʊs] *m kein pl* exhibitionism *no pl*

Exhibitionist(in) <-en, -en> [ɛkshibitsi̯o'nɪst] *m(f)* exhibitionist

exhumieren* [ɛkshu'mi:rən] *vt* (*geh*) to exhume

Exil <-s, -e> [ɛ'ksi:l] *nt* exile; **ins ~ gehen** to go into exile

Existentialismus <-> [ɛksɪstɛntsi̯a'lɪsmʊs] *m kein pl s.* **Existenzialismus**

existentiell [ɛksɪstɛn'tsi̯ɛl] *adj* (*geh*) *s.* **existenziell**

Existenz <-, -en> [ɛksɪs'tɛnts] *f* ① *kein pl* (*das Vorhandensein*) existence *no pl* ② (*Lebensgrundlage, Auskommen*) livelihood ③ (*Dasein, Leben*) life

Existenzangst *f* (*geh*) fear for one's existence **Existenzberechtigung** *f kein pl* right to exist **Existenzgründer(in)** *m(f)* founder of a new business **Existenzgrundlage** *f* basis of one's livelihood

Existenzialismus <-> [ɛksɪstɛntsi̯a'lɪsmʊs] *m kein pl* existentialism *no pl*

existenziell [ɛksɪstɛntsi̯ɛl] *adj* (*geh*) existential

Existenzkampf *m* struggle for survival **Existenzminimum** *nt* subsistence level **Existenzrecht** *nt kein pl* right to existence **Existenzsicherung** *f kein pl* securing a basic living

existieren* [ɛksɪs'ti:rən] *vi* ① (*vorhanden sein*) to exist ② (*sein Auskommen haben*) ■[**von etw** *dat*] **~** to live [on sth]

exklusiv [ɛksklu'zi:f] *adj* exclusive

exkommunizieren* [ɛkskɔmuni'tsi:rən] *vt* to excommunicate

Exkrement <-[e]s, -e> [ɛkskre'mɛnt] *nt meist pl* (*geh*) excrement *no pl*

Exkurs <-es, -e> [ɛks'kʊrs, *pl* -'kʊrzə] *m* digression

Exkursion <-, -en> [ɛkskʊr'zi̯o:n] *f* (*geh*) study trip BRIT; SCH field trip

Exmatrikulation <-, -en> [ɛksmatrikula'tsi̯o:n] *f removal of sb's name from the university register*

exmatrikulieren* [ɛksmatriku'li:rən] **I.** *vt* ■**jdn ~** to take sb off the university register **II.** *vr* ■**sich** *akk* **~** to have one's name taken off the university register

Exot(in) <-en, -en> [ɛ'kso:t] *m(f)* ① (*Person*) exotic foreigner; (*Pflanze oder Tier*) exotic [plant/animal] ② (*fam: Rarität, ausgefallenes Exemplar*) rarity; (*Person*) eccentric

exotisch [ɛ'kso:tɪʃ] *adj* ① (*aus fernem Land*) exotic ② (*fam: ausgefallen*) unusual

expandieren* [ɛkspan'di:rən] *vi* to expand

Expansion <-, -en> [ɛkspan'zi̯o:n] *f* expansion

Expedition <-, -en> [ɛkspedi'tsi̯o:n] *f* expedition

Experiment <-[e]s, -e> [ɛksperi'mɛnt] *nt* experiment

experimentell [eksperimɛn'tɛl] **I.** *adj* experimental **II.** *adv* by [way of] experiment

experimentieren* [ɛksperimɛn'ti:rən] *vi* ■[**an/mit etw** *dat*] **~** to experiment [on/with sth]

Experte, Expertin <-n, -n> [ɛks'pɛrtə] *m, f* expert

Expertenausschuss *m* panel of experts **Expertenbericht** *m* experts' report **Experteneinschätzung** *f* expert opinion **Expertengruppe** *f* panel of experts

Expertise <-, -n> [ɛkspɛr'ti:zə] *f* expert's report

explizit [ɛkspli'tsi:t] *adj* (*geh*) explicit

explodieren* [ɛksplo'di:rən] *vi sein* to explode *a. fig*

Explosion <-, -en> [ɛksplo'zi̯o:n] *f* explosion *a. fig;* **etw zur ~ bringen** to detonate sth

explosionsartig *adv* explosively **Explosionsgefahr** *f* danger of explosion

explosiv [ɛksplo'zi:f] *adj* explosive

Exponat <-[e]s, -e> [ɛkspo'na:t] *nt* exhibit

Exponent <-en, -en> [ɛkspo'nɛnt] *m* MATH exponent

Export <-[e]s, -e> [ɛks'pɔrt] *m kein pl* export

Exportartikel *m* exported article; *pl* exports

Exporteur(in) <-s, -e> [ɛkspɔr'tø:ɐ̯] *m(f)* exporter

Exportfirma *f* export firm

exportieren* [ɛkspɔr'ti:rən] *vt* to export

Exportschlager *m* (*fam*) export hit

Express <Expresses> [ɛks'prɛs] *m kein pl* ❶ (*Eilzug*) express [train] ❷ (*schnell*) **etw per ~ senden** to send sth [by] express [delivery]
Expressionismus <-> [ɛksprɛsi̯o'nɪsmʊs] *m kein pl* expressionism *no pl, no indef art*
expressionistisch *adj* expressionist[ic]
Expressstraße *f* SCHWEIZ expressway
exquisit [ɛkskvi'zi:t] (*geh*) **I.** *adj* exquisite **II.** *adv* exquisitely
Extension <-, -en> [ɛkstɛn'zi̯o:n] *f* (*geh*) extension
extern [ɛks'tɛrn] *adj* external
extra ['ɛkstra] *adv* ❶ (*besonders*) extra ❷ (*zusätzlich*) extra; **ich gebe Ihnen noch ein Exemplar ~** I'll give you an extra copy ❸ (*eigens*) just; **du brauchst mich nicht ~ anzurufen, wenn du ankommst** you don't need to call me just to say you've arrived ❹ (*fam: absichtlich*) on purpose ❺ (*gesondert*) separately
Extrablatt *nt* special supplement **Extrafahrt** *f* SCHWEIZ special excursion
Extrakt <-[e]s, -e> [ɛks'trakt] *m o fachspr a. nt* extract
extravagant [ɛkstrava'gant] **I.** *adj* extravagant **II.** *adv* extravagantly; **~ angezogen** flamboyantly dressed
Extravaganz <-, -en> [ɛkstrava'gants] *f* extravagance; *von Kleidung a.* flamboyance
extravertiert [ɛkstravɛr'ti:ɐ̯t] *adj* extrovert[ed]
Extrawurst *f* ❶ (*fam: Sonderwunsch*) **jdm eine ~ braten** to make an exception for sb ❷ ÖSTERR (*Lyoner*) pork [*or* veal] sausage **Extrazug** *f* SCHWEIZ special train
extrem [ɛks'tre:m] **I.** *adj* extreme; **~e Anforderungen** excessive demands **II.** *adv* (*sehr*) extremely; **~ links/rechts** POL ultra-left/right
Extremfall *m* extreme [case]
Extremismus <-, *selten* -men> [ɛkstre'mɪsmʊs] *m* extremism *no pl, no indef art*
Extremist(in) <-en, -en> [ɛkstre'mɪst] *m(f)* extremist
extremistisch *adj* extremist
Extremitäten [ɛkstremi'tɛ:tn̩] *pl* extremities *npl*
Extremsport *m* extreme sport **Extremsportart** *f* adventure sport
Extroversion <-> [ɛkstrovɛr'zi̯o:n] *f kein pl* PSYCH (*fachspr*) extroversion
extrovertiert [ɛkstrovɛr'ti:ɐ̯t] *adj s.* **extravertiert**
Extrovertiertheit *f kein pl* PSYCH extrovertedness
exzellent [ɛkstsɛ'lɛnt] (*geh*) **I.** *adj* excellent **II.** *adv* excellently; **sich** *akk* **~ fühlen** to feel on top form; **~ schmecken** to taste delicious
Exzellenz <-, -en> [ɛkstsɛ'lɛnts] *f* Excellency
exzentrisch [ɛks'tsɛntrɪʃ] *adj* (*geh*) eccentric
Exzess <Exzesses, Exzesse> [ɛks'tsɛs] *m meist pl* excess; **etw bis zum ~ treiben** to take sth to extremes
exzessiv [ɛkstsɛ'si:f] *adj* (*geh*) excessive
Eyeliner <-s, -> ['ai̯lai̯nɐ] *m* eyeliner
EZB <-> [e:tsɛt'be:] *f kein pl* FIN *Abk von* **Europäische Zentralbank** ECB
EZU <-> *f kein pl Abk von* **Europäische Zahlungsunion** EPU
E-Zug ['e:tsu:k] *m kurz für* **Eilzug** express train

F

Ff

F, f <-, - *o fam* -s, -s> [ɛf] *nt* ❶ (*Buchstabe*) F, f; **~ wie Friedrich** F for Frederick BRIT, F as in Fox AM ❷ MUS F, f
f. ❶ *Abk von* **folgende [Seite]** [the] following [page] ❷ *Abk von* **für**
Fa. *Abk von* **Firma** Co.
Fabel <-, -n> ['fa:bl̩] *f* ❶ LIT fable ❷ (*fam*) tale, story
fabelhaft ['fa:bl̩haft] **I.** *adj* marvellous **II.** *adv* marvellously
Fabeltier *nt*, **Fabelwesen** *nt* mythical creature
Fabrik <-, -en> [fa'bri:k] *f* factory

Falsche Freunde
Nicht verwechseln mit *fabric* — Stoff *m*!

Fabrikant(in) <-en, -en> [fabri'kant] *m(f)* ❶ (*Fabrikbesitzer*) industrialist ❷ (*Hersteller*) manufacturer
Fabrikarbeiter(in) *m(f)* industrial worker
Fabrikat <-[e]s, -e> [fabri'ka:t] *nt* ❶ (*Marke*) make ❷ (*Produkt*) product; (*Modell*) model
Fabrikation <-, -en> [fabrika'tsi̯o:n] *f* production
Fabrikationsfehler *m* manufacturing defect
Fabrikgelände *nt* factory site **Fabrikhalle** *f* factory building **fabrikneu** *adj* brand-new
fabrizieren* [fabri'tsi:rən] *vt* to manufacture
fabulieren [fabu'li:rən] *vi* ❶ (*erzählen*) to spin a yarn ❷ (*lügen*) to tell tales

Facette <-, -n> [fa'sɛtə] *f* facet

Fach <-[e]s, Fächer> [fax, *pl* fɛçɐ] *nt* ❶ (*im Schrank*) shelf; (*Ablegefach*) pigeonhole ❷ (*Sachgebiet*) subject; **vom ~ sein** to be a specialist

Facharbeiter(in) *m(f)* skilled worker **Facharzt, -ärztin** *m, f* specialist (**für** +*akk* in) **Fachausdruck** *m* technical term; **juristischer ~** legal term

fächeln ['fɛçl̩n] *vt, vi* (*geh*) to fan

Fächer <-s, -> ['fɛçɐ] *m* fan

Fachfrau *f fem form von* **Fachmann** **fachfremd** *adj Aufgabe* outside one's field; *Mitarbeiter* untrained **Fachgebiet** *nt* [specialist] field **Fachgeschäft** *nt* specialist shop **Fachhandel** *m* specialist [*or* retail] trade **Fachhändler(in)** *m(f)* specialist supplier **Fachhochschule** *f*

Land und Leute

A **Fachhochschule (FH)** is a college which offers degree courses in special technical or artistic subjects leading, for instance, to a Diploma in Engineering or DipEng, and the title of 'Diplom Ingenieur' shortened to 'Dipl.Ing. (FH)'. In recent years, many **Fachhochschulen** have also begun to offer Bachelor and Master degrees.

Fachidiot(in) *m(f)* (*pej sl*) blinkered specialist Brit (*a specialist who is not interested in anything outside his/her field*) **Fachkenntnis** *f meist pl* specialized knowledge **Fachkraft** *f* qualified employee **fachkundig** **I.** *adj* informed; ■**~ sein** to be an expert **II.** *adv* **jdn ~ beraten** to give sb informed advice **Fachleute** *pl* experts *pl*

fachlich **I.** *adj* ❶ (*fachbezogen*) specialist ❷ (*kompetent*) informed **II.** *adv* professionally; **sich** *akk* **~qualifizieren** to gain qualifications in one's field

Fachliteratur *f* specialist literature **Fachmann, -frau** <-leute> *m, f* expert, specialist

fachmännisch **I.** *adj* expert **II.** *adv* professionally; **jdn ~ beraten** to give sb expert advice

Fachmesse *f* trade [*or* Am show] fair **Fachpresse** *f* specialist publications *pl* **Fachrichtung** *f* subject area

Fachschaft <-, -en> *f* students *pl* of a/the department

Fachschule *f* technical college

fachsimpeln ['faxzɪmpl̩n] *vi* (*fam*) to talk shop

Fachsprache *f* technical jargon **fachübergreifend** *adj* interdisciplinary

Fachwerk *nt kein pl* half-timbering **Fachwerkhaus** *nt* half-timbered house

Fachwissen *nt* specialized knowledge **Fachwort** *nt* technical term **Fachwörterbuch** *nt* specialist [*or* Am technical] dictionary; **ein medizinisches ~** a dictionary of medical terms **Fachzeitschrift** *f* specialist journal; (*für bestimmte Berufe*) trade journal

Fackel <-, -n> ['fakl̩] *f* torch

fackeln ['fakl̩n] *vi* (*fam*) to dither [about]

fade ['fa:də] *adj,* **fad** [fa:t] *adj* südd, österr ❶ *Essen* bland; *Geschmack* insipid ❷ (*langweilig*) dull

Faden <-s, Fäden> ['fa:dn̩, *pl* fɛdn̩] *m* ❶ (*Woll-, Zwirnfaden*) thread ❷ med stitch; **die Fäden ziehen** to remove the stitches ▸ Wendungen: **der <u>rote</u> ~** the central theme; **den ~ <u>verlieren</u>** to lose the thread

fadenscheinig ['fa:dn̩ʃai̯nɪç] *adj* ❶ (*pej: nicht glaubhaft*) poor ❷ (*abgetragen*) threadbare

Fadheit <-> ['fa:thai̯t] *f kein pl* (*pej: Fadesein*) insipidness; (*fig*) banality

Fagott <-[e]s, -e> [fa'gɔt] *nt* bassoon

fähig ['fɛɪç] *adj* able, competent; (*imstande*) capable; ■**zu etw** *dat* [**nicht**] **~ sein** to be [in]capable of sth; **zu allem ~ sein** to be capable of anything

Fähigkeit <-, -en> *f* ability *no pl*

fahl [fa:l] *adj* (*geh*) pale

fahnden ['fa:ndn̩] *vi* to search (**nach** +*dat* for)

Fahndung <-, -en> *f* search (**nach** +*dat* for); **eine ~ nach jdm einleiten** to conduct a search for sb, to put out an APB on sb Am

Fahndungsfoto *nt* photo of a wanted person, mug-shot *sl* **Fahndungsliste** *f* wanted [persons] list

Fahne <-, -n> ['fa:nə] *f* ❶ (*Banner*) flag ❷ (*fig fam: Alkoholgeruch*) smell of alcohol *no indef art* ▸ Wendungen: **mit <u>fliegenden</u> ~n zu jdm [über]wechseln** to go over to sb quite openly

Fahneneid *m* mil oath of allegiance **Fahnenflucht** *f kein pl* mil desertion; **~ begehen** to desert **fahnenflüchtig** *adj* mil **~ sein** to be a deserter **Fahnenmast** *m* flagpole **Fahnenstange** *f* [flag]staff

Fahrausweis *m* ❶ (*Fahrkarte*) ticket ❷ schweiz (*Führerschein*) driving licence **Fahrbahn** *f* road; **von der ~ abkommen** to leave the road

fahrbar *adj* mobile; **ein ~er Büroschrank** an office cabinet on castors

Fähre <-, -n> ['fɛ:rə] *f* ferry

fahren <fährt, fuhr, gefahren> ['faːrən] **I.** *vi* ① *sein* (*sich fortbewegen*) to go; **mit dem Bus/Zug ~** to go by bus/train; (*als Fahrer*) to drive; **mit dem Auto ~** to drive, to go by car; **links/rechts ~** to drive on the left/right; **gegen etw** *akk* **~** to drive into sth; **wie lange fährt man von hier nach Basel?** how long does it take to get to Basel from here? ② *sein* (*losfahren*) to go, to leave; **wir ~ in 5 Minuten** we'll be going in 5 minutes ③ *sein* (*verkehren*) to run; **die Bahn fährt alle 20 Minuten** the train runs every 20 minutes ④ *sein* (*reisen*) to go; **in Urlaub ~** to go on holiday ⑤ *sein* (*blitzschnell bewegen*) **aus dem Schlaf ~** to wake with a start; **was ist denn in dich ge~?** what's got into you? ⑥ *sein o haben* (*streichen*) **sich** *dat* **mit der Hand über die Stirn ~** to pass one's hand over one's brow ⑦ *sein* (*zurechtkommen*) **gut/schlecht ~** to do well/badly **II.** *vt* ① *haben* (*lenken*) to drive; *Fahrrad, Motorrad* to ride ② *sein* **Fahrrad/Motorrad ~** to ride a bicycle/motorbike; **Schlittschuh ~** to skate ③ *haben* (*verwenden*) **Sommerreifen ~** to use normal tyres ④ *haben* (*befördern*) to take; **ich fahr dich nach Hause** I'll take you home ⑤ *sein* (*eine bestimmte Geschwindigkeit haben*) **90 km/h ~** to be doing 55 m.p.h. **III.** *vr haben* **der Wagen fährt sich gut** it's nice to drive this car

Fahrer(in) <-s, -> ['faːrɐ] *m(f)* ① (*Autofahrer*) driver; (*Motorradfahrer*) motorbike rider, biker *fam* ② (*Chauffeur*) driver

Fahrerflucht *f* hit-and-run offence

Fahrerlaubnis *f* (*geh*) driving licence BRIT, driver's license AM

Fahrersitz *m* driver's seat

Fahrgast *m* passenger **Fahrgeld** *nt* fare **Fahrgelegenheit** *f* lift **Fahrgemeinschaft** *f* **eine ~ bilden** to share a car to work, to car pool AM **Fahrgestell** *nt s.* **Fahrwerk**

fahrig ['faːrɪç] *adj* jumpy; *Bewegung* nervous; (*unkonzentriert*) distracted

Fahrkarte *f* ticket (**nach** +*dat* to) **Fahrkartenautomat** *m* ticket machine **Fahrkartenschalter** *m* ticket office

fahrlässig ['faːɐ̯lɛsɪç] **I.** *adj* negligent; **grob ~** reckless **II.** *adv* negligently; **~ handeln** to act with negligence

Fahrlässigkeit <-, -en> *f* negligence *no pl;* **grobe ~** recklessness

Fahrlehrer(in) *m(f)* driving instructor

Fährmann <-männer *o* -leute> *m* ferryman

Fahrplan *m* timetable, schedule AM

fahrplanmäßig **I.** *adj* scheduled **II.** *adv* as scheduled; (*rechtzeitig a.*) on time

Fahrpraxis *f kein pl* driving experience *no pl*

Fahrpreis *m* fare **Fahrpreisermäßigung** *f* fare reduction

Fahrprüfung *f* driving test

Fahrrad ['faːɐ̯raːt] *nt* [bi]cycle, bike *fam;* **~ fahren** to ride a bicycle, to cycle **Fahrradfahrer(in)** *m(f)* cyclist **Fahrradkette** *f* bicycle chain **Fahrradkurier(in)** *m(f)* bicycle courier **Fahrradständer** *m* [bi]cycle stand, kick stand AM **Fahrradweg** *m* [bi]cycle path, cycleway

Fahrschein *m* ticket **Fahrscheinautomat** *m* ticket machine

Fahrschule *f* ① (*Firma*) driving school; **in die ~ gehen** to take driving lessons ② (*Unterricht*) driving lessons *pl* **Fahrschüler(in)** *m(f)* learner [*or* AM student] driver **Fahrspur** *f* [traffic] lane **Fahrstil** *m* style of driving

Fahrstuhl *m* lift BRIT, elevator AM **Fahrstuhlmusik** *f* MUS (*pej*) elevator [*or* hotel lobby] music

Fahrstunde *f* driving lesson

Fahrt <-, -en> [faːɐ̯t] *f* ① (*das Fahren*) journey ② (*Fahrgeschwindigkeit*) speed; AUTO, BAHN **mit voller ~** at full speed ③ (*Reise*) journey; **gute ~!** [have a] safe journey!; **eine einfache ~** a single [*or* AM one-way] [ticket]; **eine ~ ins Blaue** a mystery tour ▶ WENDUNGEN: **in ~ kommen/sein** (*fam: wütend werden/sein*) to get/be riled [up] *fam;* (*in Schwung kommen*) to get/have got going

fährt [fɛːɐ̯t] *3. pers sing pres von* **fahren**

fahrtauglich *adj* fit to drive *pred*

Fährte <-, -n> ['fɛːɐ̯tə] *f* trail, tracks *pl;* **jdn auf eine falsche ~ locken** (*fig*) to throw sb off the scent; **auf der falschen/richtigen ~ sein** (*fig*) to be on the wrong/right track

Fahrtenbuch *nt* driver's log; (*Tagebuch*) diary of a trip **Fahrtenschreiber** *m* tachometer, *esp* BRIT tachograph

Fahrtkosten *pl* travelling expenses *npl*

Fahrtrichtung *f* direction of travel; **entgegen der/in ~ sitzen** *Bus* to sit facing backwards/the front; *Zug* to sit with one's back to the engine/facing the engine

fahrtüchtig *adj Fahrzeug* roadworthy; *Mensch* fit to drive *pred*

Fahrtwind *m* headwind

fahruntüchtig *adj Mensch* unfit to drive *pred; Fahrzeug* unroadworthy

Fahrverbot *nt* driving ban **Fahrverhalten** *nt kein pl Fahrer* behaviour behind the wheel; *Fahrzeug* vehicle dynamics *pl* **Fahrwerk** *nt* ① LUFT landing gear *no pl*

❷ AUTO chassis **Fahrzeit** *f* journey time
Fahrzeug <-s, -e> *nt* vehicle **Fahrzeugbrief** *m* registration document **Fahrzeughalter(in)** *m(f)* vehicle owner **Fahrzeugpapiere** *pl* registration papers *npl* **Fahrzeugschein** *m* motor vehicle registration certificate
Faible <-s, -s> ['fɛ:bl̩] *nt* (*geh*) liking; **ein ~ für etw** *akk* **haben** to be partial to sth
fair [fɛ:ɐ̯] *adj* fair; ■**[jdm gegenüber] ~ sein** to be fair [to sb]; **das ist nicht ~!** that's not fair!
Fairness <-> ['fɛ:ɐ̯nɛs] *f kein pl* fairness *no pl*
Fairplay <-> ['fɛ:ɐ̯'ple:] *nt kein pl* fairness; *a.* SPORT fair play
Fakefur <-s> ['feɪkfɜ:r] *nt kein pl* MODE fake fur
Fakir <-s, -e> ['fa:ki:ɐ̯] *m* fakir
Faksimile <-s, -s> [fak'zi:mile] *nt* facsimile
Fakten ['faktn̩] *pl* facts *pl*
Faktenhuber(in) ['faktn̩hu:bɐ] *m(f)* (*pej o iron sl*) anorak BRIT, wonk AM
faktisch ['faktɪʃ] **I.** *adj attr* real **II.** *adv* basically
Faktor <-s, -toren> ['fakto:ɐ̯, *pl* -t'o:rən] *m* factor
Faktum <-s, Fakten> ['faktʊm, *pl* 'faktn̩] *nt* (*geh*) [proven] fact
Fakultät <-, -en> [fakʊl'tɛt] *f* faculty
fakultativ [fakʊlta:'ti:f] *adj* (*geh*) optional
Falke <-n, -n> ['falkə] *m* falcon, hawk
Fall <-[e]s, Fälle> [fal, *pl* 'fɛlə] *m* ❶ *kein pl* (*Sturz*) fall ❷ (*Untergang*) downfall; *Festung* fall ❸ (*Umstand, Angelegenheit*) case, circumstance; **ein hoffnungsloser ~ sein** to be a hopeless case; **klarer ~!** (*fam*) you bet!; **etw ist [nicht] der ~** sth is [not] the case; **auf alle Fälle** in any case; (*unbedingt*) at all events; **auf keinen ~** never, under no circumstances; **für alle Fälle** just in case; **im günstigsten/schlimmsten ~[e]** at best/worst; **in diesem ~** in this case; **von ~ zu ~** from case to case ❹ JUR case ❺ MED case ▸ WENDUNGEN: **[nicht] jds ~ sein** (*fam*) [not] to be sb's cup of tea
Fallbeil *nt* guillotine
Falle <-, -n> ['falə] *f* trap; **~n stellen** to set traps; **jdm in die ~ gehen** to fall into sb's trap; **jdn in eine ~ locken** to lure sb into a trap; **in der ~ sitzen** to be trapped
fallen <fällt, fiel, gefallen> ['falən] *vi sein* ❶ (*nach unten*) *Person* to fall; *Gegenstand* to drop; *Beil* to fall; *Klappe, Vorhang* to drop; **sich** *akk* **aufs Bett ~ lassen** to flop onto the bed ❷ (*stolpern*) ■**über etw** *akk* **~** to trip over sth ❸ (*fam: nicht bestehen*) ■**durch etw** *akk* **~** to fail [*or* AM *fam* flunk] sth ❹ *Preise* to fall; *Temperatur* to drop; *Fieber, Wasserstand* to go down ❺ (*im Krieg*) to be killed ❻ (*stattfinden*) ■**auf etw** *akk* **~** to fall on sth; **der 1. April fällt auf einen Montag** April 1st falls on a Monday ❼ SPORT *Tor* to be scored ❽ *Schuss* to be fired ❾ (*verlauten*) to be spoken; **eine Bemerkung ~ lassen** to drop a remark ❿ (*aufgeben*) **jdn/etw ~ lassen** to abandon sb/sth
fällen ['fɛlən] *vt* ❶ (*umhauen*) to fell ❷ (*entscheiden*) to reach; **ein Urteil ~** to reach a verdict
fallen|lassen* *vt irreg s.* **fallen 1, 9, 10**
Fallensteller(in) *m(f)* trapper
Fallgeschwindigkeit *f* PHYS speed of fall
Fallgrube *f* pit[fall]
fällig ['fɛlɪç] *adj* ❶ (*anstehend*) due *usu pred* ❷ (*fam: dran sein*) ■**~ sein** to be [in] for it
Fälligkeit <-, -en> *f* FIN settlement date
Fallobst *nt kein pl* windfall
falls [fals] *konj* if
Fallschirm *m* parachute **Fallschirmjäger(in)** *m(f)* paratrooper **Fallschirmspringen** *nt* parachuting **Fallschirmspringer(in)** *m(f)* parachutist
Fallstudie *f* case study
fällt [fɛlt] *3. pers sing pres von* **fallen**
Falltür *f* trapdoor
falsch [falʃ] **I.** *adj* ❶ (*verkehrt*) wrong; **~e Anschuldigung** false accusation; **einen ~en Namen angeben** to give a false name; **~e Vorstellung** wrong idea ❷ (*unecht*) fake; **~es Geld** counterfeit money ❸ (*hinterhältig*) two-faced ❹ (*unangebracht*) false; **~e Scham** false shame **II.** *adv* wrongly; **etw ~ aussprechen** to mispronounce sth; **jdn ~ informieren** to misinform sb; **alles ~ machen** to do everything wrong; **~ singen** to sing out of tune
Falschaussage *f* JUR false testimony
fälschen ['fɛlʃn̩] *vt* to forge; ÖKON to falsify; *Geld* to counterfeit
Fälscher(in) <-s, -> *m(f)* forger; *Geld* counterfeiter
Falschfahrer(in) *m(f) person driving on the wrong side of the road* **Falschgeld** *nt kein pl* counterfeit money *no pl*
Falschheit <-> *f kein pl* falseness
fälschlich **I.** *adj* ❶ (*irrtümlich*) mistaken ❷ (*unzutreffend*) false **II.** *adv s.* **fälschlicherweise**
fälschlicherweise *adv* ❶ (*irrtümlicherweise*) mistakenly ❷ (*zu Unrecht*) wrongly

falsch|liegen *vi irreg haben o sein* ■**[mit etw** *dat***]** ~ to be wrong [in sth]
Falschmeldung *f* false report
Falschmünzer(in) <-s, -> *m(f)* counterfeiter
Falschparker(in) *m(f)* parking offender
falsch|spielen *vi* to cheat **Falschspieler(in)** *m(f)* cheat; (*professioneller* ~) [card]sharp[er] BRIT, card shark AM
Fälschung <-, -en> *f* forgery
fälschungssicher *adj* forgery-proof
Faltblatt *nt* leaflet **Faltboot** *nt* collapsible boat **Faltdach** *nt* (*Verdeck*) convertible top, soft top; (*textiles Schiebedach*) sun roof top
Falte <-, -n> ['faltə] *f* ① (*in Kleidung*) crease; **~n bekommen** to get creased; **etw in ~n legen** to pleat sth ② (*in Stoff*) fold; **~n werfen** to fall in folds ③ (*Hautfalte*) wrinkle; **die Stirn in ~n legen** to furrow one's brows
falten ['faltn̩] *vt* to fold; **die Stirn ~** to furrow one's brow
faltenfrei *adj* (*Stoffart*) skintight; (*Gesicht*) smooth **Faltenrock** *m* pleated skirt **Faltenwurf** *m* MODE fall of the folds
Falter <-s, -> ['faltɐ] *m* (*Tagfalter*) butterfly; (*Nachtfalter*) moth
faltig ['faltɪç] *adj* ① *Kleidung* creased ② *Haut* wrinkled
Falz <-es, -e> [falts] *m* ① TYPO (*Buchdeckel*) joint; (*Papier*) fold ② TECH join, [lock] seam
falzen ['faltsn̩] *vt* to fold
familiär [fami'li̯ɛɐ̯] *adj* ① (*die Familie betreffend*) family *attr;* **aus ~en Gründen** for family reasons ② (*zwanglos*) familiar; **in ~er Atmosphäre** in an informal atmosphere
Familie <-, -n> [fa'mi:li̯ə] *f* family; **„~ Lang"** 'The Lang Family'; **das liegt in der ~** it runs in the family; **eine vierköpfige ~** a family of four; **in der ~ bleiben** to stay in the family; **zur ~ gehören** to be one of the family; **~ haben** to have a family
Familienangehörige(r) *f(m) dekl wie adj* relative **Familienanschluss** *m kein pl* **eine Unterkunft mit ~** *accommodation with a family where one is treated as a member of the family* **Familienfeier** *f* family party **Familienkreis** *m* family circle **Familienleben** *nt kein pl* family life *no pl* **Familienmitglied** *nt* member of the family **Familienname** *m* surname, last name **Familienoberhaupt** *nt* head of the family **Familienplanung** *f* family planning *no art* **Familienstand** *m* marital status **Familienvater** *m* father **Familienzusammenführung** *f* organized family reunion **Familienzuwachs** *m* addition to the family
famos [fa'mo:s] *adj* (*veraltend fam*) capital
Fan <-s, -s> [fɛn] *m* fan; (*Fußballfan a.*) supporter
Fanatiker(in) <-s, -> [fa'na:tikɐ] *m(f)* fanatic; **ein politischer ~** an extremist
fanatisch [fa'na:tɪʃ] **I.** *adj* fanatical **II.** *adv* fanatically
Fanatismus <-> [fana'tɪsmʊs] *m kein pl* fanaticism
Fanclub ['fɛnklʊb] *m s.* **Fanklub**
fand ['fant] *imp von* **finden**
Fanfare <-, -n> [fan'fa:rə] *f* fanfare
Fang <-[e]s, Fänge> [faŋ, *pl* 'fɛŋə] *m* ① *kein pl* (*das Fangen*) catching ② *kein pl* (*Beute*) catch; *Fisch* haul ▶ WENDUNGEN: **einen guten ~ machen** to make a good catch
Fangarm *m* tentacle
Fänge ['fɛŋə] *pl von* **Fang**
fangen <fängt, fing, gefangen> ['faŋən] **I.** *vt* to catch **II.** *vi* **F~ spielen** to play catch **III.** *vr* ■**sich** *akk* ~ to steady oneself
Fangflotte *f* fishing fleet **Fangfrage** *f* trick question **Fangleine** *f* NAUT hawser **Fangschaltung** *f* interception circuit
fängt [fɛŋt] *3. pers sing pres von* **fangen**
Fanklub ['fɛnklʊp] *m* fan club
Fantasie <-, -n> [fanta'zi:, *pl* -'zi:ən] *f* ① *kein pl* (*Einbildungsvermögen*) imagination *no pl* ② *meist pl* (*Fantasterei*) fantasy
Fantasiegebilde *nt* fantastic form
fantasielos *adj* unimaginative
Fantasielosigkeit <-> *f kein pl* lack of imagination *no pl*
fantasieren* [fanta'zi:rən] **I.** *vi* to fantasize (**von** *+dat* about) **II.** *vt* to imagine
fantasievoll *adj* [highly] imaginative
Fantast(in) <-en, -en> *m(f)* dreamer
Fantasterei <-, -en> *f* (*geh*) fantasy
Fantastilliarde <-, -n> [fan'tastɪli̯ardə] *f* (*hum fam*) gazillion
Fantastin <-, -nen> *f fem form von* **Fantast**
fantastisch **I.** *adj* fantastic, incredible; **das klingt ~** that sounds incredible **II.** *adv* fantastically, incredibly
Fantasyroman ['fɛntəzi-] *m* fantasy novel
Fanzine <-s, -s> ['fɛnzi:n] *nt* fanzine
FAQ [ɛfʔeɪʔkju:] *pl* INFORM *Abk von* **Frequently Asked Questions** FAQ
Farbabzug *m* FOTO colour print **Farbaufnahme** *f* colour photo[graph] **Farbband** <-bänder> *nt* typewriter ribbon **Farbbildschirm** *m* colour screen **Farbdruck** *m* (*Druckverfahren*) colour printing; (*Bild*) colour print

F

Farbe <-, -n> ['farbə] *f* ① (*Farbton*) colour; **sanfte ~n** soft hues ② (*Anstreichmittel*) paint; (*Färbemittel*) dye ▶ WENDUNGEN: **~ bekennen** to come clean

farbecht *adj* colourfast

Färbemittel *nt* dye

färben ['fɛrbn̩] **I.** *vt* to dye; **rassistisch gefärbt sein** (*fig*) to have racist overtones **II.** *vi* (*abfärben*) to run **III.** *vr* ■**sich** *akk* ~ to change colour; **die Blätter ~ sich gelb** the leaves are turning yellow

farbenblind *adj* colour blind **farbenfroh** *adj* colourful **Farbenkasten** *m* paintbox **Farbenlehre** *f* theory of colour **Farbenpracht** *f* (*geh*) blaze of colour **Farbenspiel** *nt* play of colours

Färber(in) <-s, -> ['fɛrbɐ] *m(f)* dyer

Färberei <-, -en> [fɛrbə'rai̯] *f* dye-works

Farbfernsehen *nt* colour television **Farbfernseher** *m* (*fam*) colour television [set] [*or fam* TV] **Farbfilm** *m* colour film **Farbfoto** *nt* colour photograph **Farbfotografie** *f* colour photography

farbig ['farbɪç] **I.** *adj* ① (*bunt*) coloured ② (*anschaulich*) colourful ③ *attr* (*Hautfarbe betreffend*) coloured; **die ~e Bevölkerung** coloured people **II.** *adv* ① (*bunt*) in colour ② (*anschaulich*) colourfully

Farbige(r) *f(m) dekl wie adj* coloured person

Farbkasten *m* paint box **Farbkopierer** *m* colour copier **Farblehre** <-, -n> *f s.* **Farbenlehre**

farblich ['farplɪç] **I.** *adj* colour **II.** *adv* in colour

farblos ['farplo:s] *adj* ① (*ohne Farbe*) colourless; *Lippenstift* clear ② (*langweilig*) dull

Farbscanner *m* colour scanner **Farbskala** *f* colour range **Farbstift** *m* coloured pen **Farbstoff** *m* ① (*Färbemittel*) dye; (*in Nahrungsmitteln*) artificial colouring ② (*Pigment*) pigment **Farbton** *m* shade

Färbung <-, -en> *f* ① *kein pl* (*das Färben*) colouring ② (*Tönung*) shade; (*von Blättern*) hue

Farce <-, -n> ['farsə] *f* farce

Farm <-, -en> [farm] *f* farm

Farmer(in) <-s, -> ['farmɐ] *m(f)* farmer

Farn <-[e]s, -e> [farn] *m*, **Farnkraut** *nt* fern

Fasan <-s, -e[n]> [fa'za:n] *m* pheasant

Fasching <-s, -e *o* -s> ['faʃɪŋ] *m* SÜDD, ÖSTERR (*Fastnacht*) carnival

Faschingsdienstag *m* Shrove Tuesday

Faschismus <-> [fa'ʃɪsmʊs] *m kein pl* fascism

Faschist(in) <-en, -en> [fa'ʃɪst] *m(f)* fascist

faschistisch [fa'ʃɪstɪʃ] *adj* fascist

Faselei <-, -en> [fa:zə'lai̯] *f* (*pej fam*) drivel

faseln ['fa:zl̩n] **I.** *vi* (*pej fam*) to babble; **hör auf zu ~!** stop babbling on! **II.** *vt* (*pej fam*) ■**etw ~** to spout on about sth

Faser <-, -n> ['fa:zɐ] *f* fibre

faserig ['fa:zərɪç] *adj* fibrous

Faserstift *m* felt-tip [pen]

fasrig ['fa:zrɪç] *adj s.* **faserig**

Fass <-es, Fässer> [fas, *pl* fɛsɐ] *nt* barrel; **Bier vom ~** draught beer; **Wein vom ~** wine from the wood ▶ WENDUNGEN: **das ~ zum Überlaufen bringen** to be the final straw

Fassade <-, -n> [fa'sa:də] *f* façade, front; **nur ~ sein** (*fig*) to be just [a] show

fassbar *adj* tangible

Fassbier *nt* draught beer

fassen ['fasn̩] **I.** *vt* ① (*ergreifen*) to grasp; **jdn am Arm ~** to seize sb's arm; **jdn bei der Hand ~** to take sb by the hand ② *Täter* to apprehend ③ (*zu etw gelangen*) to take; *Entschluss, Vorsatz* to make; **keinen klaren Gedanken ~ können** not to be able to think clearly ④ (*begreifen*) to comprehend; **er konnte sein Glück kaum fassen** he could scarcely believe his luck ⑤ (*etw enthalten*) to contain ⑥ (*einfassen*) to mount (**in** +*akk* in) **II.** *vi* ① (*greifen*) to grip; *Zahnrad, Schraube* to bite ② (*berühren*) to touch; **sie fasste in das Loch** she felt inside the hole ③ *Hund* **fass!** get [him/her]! **III.** *vr* ■**sich** *akk* ~ to pull oneself together

Fassette <-, -n> [fa'sɛtə] *f s.* **Facette**

Fasson <-, -s> [fa'sõ:] *f* shape

Fassung <-, -en> *f* ① (*Rahmen*) mounting ② (*Brillengestell*) frame ③ (*für Lampen*) socket ④ (*Bearbeitung*) version ⑤ *kein pl* (*Selbstbeherrschung*) composure; **die ~ bewahren** to maintain one's composure; **jdn aus der ~ bringen** to unsettle sb; **etw mit ~ tragen** to bear sth calmly; **die ~ verlieren** to lose one's self-control

fassungslos **I.** *adj* staggered **II.** *adv* in bewilderment; **~ zusehen, wie ...** to watch in shocked amazement as ...

Fassungslosigkeit <-> *f kein pl* complete bewilderment

Fassungsvermögen *nt* capacity

fast [fast] *adv* almost, nearly; **~ nie** hardly ever

fasten ['fastn̩] *vi* to fast

Fastenkur *f* diet **Fastenmonat** *m* REL month of fasting **Fastenzeit** *f* REL Lent, period of fasting

Fast Food, Fastfood ['fa:stfu:t] *nt kein pl* fast food

Fastnacht ['fastnaxt] *f kein pl* DIAL carnival

Land und Leute

Die Fastnacht is the German for Shrovetide and marks the carnival season, the period of merrymaking before the start of Lent. Celebrations are usually concentrated in Catholic areas and involve parties, balls, special concerts and fancy dress. The festivities usually culminate in street processions on *Rosenmontag* (*the Monday preceding Shrove Tuesday*).

Fastnachtsdienstag *m* Shrove Tuesday
Faszination <-> [fastsina'tsi̯o:n] *f kein pl* fascination
faszinieren* [fastsi'ni:rən] *vt, vi* to fascinate; **was fasziniert dich so an ihm?** why do you find him so fascinating?
faszinierend *adj* fascinating
fatal [fa'ta:l] *adj* (*geh*) ① (*verhängnisvoll*) fatal; **~e Folgen haben** to have fatal repercussions ② (*peinlich*) *Lage* awkward
Fatalismus <-> [fata'lɪsmʊs] *m kein pl* (*geh*) fatalism
fatalistisch *adj* (*geh*) fatalistic
Fata Morgana <- -, - Morganen *o* -s> ['fa:ta mɔr'ga:na, *pl* -'ga:nən] *f* ① (*Luftspiegelung*) mirage ② (*Wahnvorstellung*) Fata Morgana
Fatwa <-, -s> ['fatva] *f* REL fatwa
Fatzke <-n *o* -s, -n> ['fatskə] *m* (*pej fam*) pompous twit
fauchen ['fau̯xn̩] *vi* ① (*Tierlaut*) to hiss ② (*wütend zischen*) to spit
faul [fau̯l] *adj* ① (*nicht fleißig*) lazy ② (*verfault*) rotten ③ (*fam: nicht einwandfrei*) bad; *Kompromiss* shabby; ■**an etw** *dat* **ist etw ~** something is fishy about sth
Fäule <-> ['fɔylə] *f kein pl* (*geh: Fäulnis*) rot; (*Zahnfäule*) [tooth] decay
faulen ['fau̯lən] *vi sein o haben* to rot; *Wasser* to stagnate
faulenzen ['fau̯lɛntsn̩] *vi* to laze about; ■**das F~** lazing about
Faulenzer(in) <-s, -> ['fau̯lɛntsɐ] *m(f)* (*pej*) layabout
Faulenzerei <-, *selten* -en> [fau̯lɛntsə'rai̯] *f* (*pej*) idleness
Faulheit <-> *f kein pl* laziness
faulig ['fau̯lɪç] *adj* rotten; *Geruch, Geschmack* foul; *Wasser* stagnant
Fäulnis <-> ['fɔylnɪs] *f kein pl* decay, rot
Faulpelz *m* (*pej fam*) lazybones **Faultier** *nt* ① (*Tier*) sloth ② (*fam*) *s.* **Faulpelz**
Fauna <-, Faunen> ['fau̯na, *pl* 'fau̯nən] *f* fauna
Faust <-, Fäuste> [fau̯st, *pl* fɔystə] *f* fist; **die ~ ballen** to clench one's fist ▶WENDUNGEN: **wie die ~ aufs Auge passen** (*nicht passen*) to clash horribly; (*perfekt passen*) to be a perfect match; **auf eigene ~** off one's own bat
Fäustchen <-s, -> ['fɔystçən] *nt dim von* **Faust** little fist ▶WENDUNGEN: **sich** *dat* **ins ~ lachen** (*fam*) to laugh up one's sleeve
faustdick ['fau̯st'dɪk] *adj* (*fam*) (*unerhört*) whopping; **das ist eine ~e Lüge!** that's a real whopper! ▶WENDUNGEN: **es ~ hinter den Ohren haben** to be a sly dog
Fausthandschuh *m* mitten **Faustregel** *f* rule of thumb **Faustschlag** *m* blow
Fauxpas <-, -> [fo'pa] *m* (*geh*) faux pas
favorisieren* [favori'zi:rən] *vt* (*geh*) to favour
Favorit(in) <-en, -en> [favo'ri:t, *pl* -'ri:tn̩] *m(f)* favourite
Fax <-, -e> [faks] *nt* ① (*Schriftstück*) fax ② (*Gerät*) fax [machine]
faxen ['faksn̩] *vi, vt* to fax
Faxen ['faksn̩] *pl* ① (*Albereien*) clowning around; **lass die ~!** stop clowning around! ② (*fam: Grimassen*) grimaces *pl;* **~ machen** to make faces
Faxmodem *nt* fax modem
Fazit <-s, -s *o* -e> ['fa:tsɪt] *nt* result; **das ~ aus etw** *dat* **ziehen** to sum up *sep* sth; (*Bilanz ziehen*) to take stock of sth
FCKW <-s, -s> [ɛftse:ka:'ve:] *m Abk von* **Fluorchlorkohlenwasserstoff** CFC
FCKW-frei *adj* CFC-free
FDP <-> [ɛfde:'pe:] *f Abk von* **Freie Demokratische Partei** FDP
Feber <-s, -> ['fe:bɐ] *m* ÖSTERR February
Februar <-[s], *selten* -e> ['fe:brua:ɐ̯] *m* February; **Anfang/Ende ~** at the beginning/end of February; **Mitte ~** in the middle of February, mid-February; **~ haben/sein** to be February; **jetzt haben wir schon ~, und ich habe noch immer nichts geschafft** it's February already and I still haven't achieved anything; **im ~** in February; **im Laufe des ~s** [*o* **des Monats ~**] during the course of February, in February; **im Monat ~** in [the month of] February; **in den ~ fallen/legen** to be in February/to schedule for February; **diesen ~** this February; **jeden ~** every February; **bis in den ~ [hinein]** until [well] into February; **den ganzen ~ über** for the whole of February; **am 14. ~** (*geschrieben*) on [the] 14th February [*or* February 14th] BRIT, on February 14 AM; (*gesprochen*) on the 14th of February [*or* AM February the 14th]; **am Freitag, dem** [*o* **den**] **14. Februar** on Friday, February [the] 14th; **Hamburg, den 14. ~ 2005** Hamburg, 14th February 2005 BRIT, Hamburg, February 14, 2005 *esp* AM;

F

auf den 14. ~ fallen/legen to fall on/to schedule for February 14th

fechten <fechtet *o* ficht, focht, gefochten> ['fɛçtn̩] *vi* to fence (**mit** +*dat* with, **gegen** +*akk* against)

Fechten <-s> ['fɛçtn̩] *nt kein pl* fencing

Fechter(in) <-s, -> ['fɛçtɐ] *m(f)* fencer

Fechtmeister(in) *m(f)* SPORT fencing master

Feder <-, -n> ['fɛdɐ] *f* ① (*Teil des Gefieders*) feather ② (*Schreibfeder*) nib ③ (*elastisches Metallteil*) spring ④ (*Bett*) **noch in den ~n liegen** (*fam*) to still be in bed; **raus aus den ~n!** (*fam*) rise and shine! ▶WENDUNGEN: **sich** *akk* **mit fremden ~n schmücken** to take the credit for sb else's efforts

Federball *m* ① *kein pl* (*Spiel*) badminton ② (*Ball*) shuttlecock **Federbett** *nt* duvet BRIT, comforter AM **Federbusch** *m* ① (*auf Vogelkopf*) crest ② (*auf Kopfbedeckung*) plume **federführend** *adj* in charge **Federgewicht** *nt kein pl* SPORT featherweight **Federhalter** *m* fountain pen **federleicht** ['feːdɐ'la̯içt] *adj* as light as a feather *pred* **Federlesen** *nt* **ohne langes ~** without further ado; **ohne viel ~s** without much ceremony

federn ['feːdɐn] **I.** *vi* ① (*nachgeben*) to be springy ② SPORT to flex **II.** *vt* ■**etw ~** to fit sth with suspension

federnd *adj* springy

Federung <-, -en> *f* springing; (*für Auto a.*) suspension

Federvieh *nt* (*fam*) poultry **Federzeichnung** *f* pen-and-ink drawing

Fee <-, -n> [feː, *pl* 'feːən] *f* fairy

Feed-back, **Feedback** <-s, -s> ['fiːtbɛk] *nt* feedback *no indef art, no pl*

Feeling <-s> ['fiːlɪŋ] *nt kein pl* ① (*Gefühl*) feeling ② (*Gefühl für etw*) feel; **ein ~ für etw** *akk* **haben** to have a feel for sth

Fegefeuer ['feːgə-] *nt* purgatory

fegen ['feːgn̩] **I.** *vt haben* ① (*kehren*) to sweep ② SCHWEIZ (*feucht wischen*) to wipe **II.** *vi* ① *haben* (*ausfegen*) to sweep up ② *sein* (*fam: schnell fahren*) to tear

Fehde <-, -n> ['feːdə] *f* feud; **mit jdm in ~ liegen** (*geh*) to be feuding with sb

fehl [feːl] *adj* **~ am Platz** out of place

Fehlalarm *m* false alarm **Fehlanzeige** *f* (*fam*) dead loss **fehlbesetzt** *adj Rolle, Schauspieler* miscast **Fehlbetrag** *m* ÖKON deficit **Fehlbildung** *f* abnormality; MED deformity **Fehldiagnose** *f* wrong diagnosis **Fehleinschätzung** *f* misjudgement

fehlen ['feːlən] **I.** *vi* ① (*nicht vorhanden sein*) ■**etw fehlt** sth is missing ② (*abhandengekommen sein*) ■**jdm fehlt etw** sb is missing sth ③ (*abwesend sein*) to be missing (**in** +*dat* from); **unentschuldigt ~** to be absent without an excuse ④ (*schmerzlich vermissen*) ■**jd fehlt jdm** sb misses sb ⑤ (*an etw leiden*) **fehlt Ihnen etwas?** is there anything wrong with you? **II.** *vi impers* ① (*abhandengekommen sein*) to be missing ② (*mangeln*) ■**jdm fehlt es an etw** *dat* sb is lacking sth; **jdm fehlt es an nichts** (*geh*) sb wants for nothing ▶WENDUNGEN: **es fehlte nicht viel, und ...** ... almost ...

Fehlentscheidung *f* wrong decision

Fehler <-s, -> ['feːlɐ] *m* ① (*Irrtum*) error, mistake; **einen ~ machen** [*o* **begehen**] to make a mistake; **jds ~ sein** to be sb's fault ② (*Mangel*) defect ③ (*schlechte Eigenschaft*) fault; **jeder hat [seine] ~** everyone has [their] faults

fehlerfrei *adj s.* **fehlerlos**

fehlerhaft *adj* ① (*mangelhaft*) poor; (*bei Waren*) defective ② (*falsch*) incorrect

fehlerlos *adj* faultless, perfect

Fehlermeldung *f* INFORM error message **Fehlerquelle** *f* source of error **Fehlersuche** *f* INFORM troubleshooting

Fehlfunktion *f* defective function **Fehlgeburt** *f* miscarriage **Fehlgriff** *m* mistake; **einen ~ tun** to make a mistake **Fehlinformation** *f* incorrect information *no indef art, no pl* **Fehlinvestition** *f* bad investment **Fehlkonstruktion** *f* (*pej*) flawed product; **eine totale ~ sein** to be extremely badly designed **Fehlplanung** *f* bad planning **Fehlschaltung** *f* faulty circuit **Fehlschlag** *m* failure **fehl|schlagen** *vi irreg sein* to fail **Fehlschluss** *m* **den ~ ziehen** to draw the wrong conclusion **Fehlstart** *m* ① LUFT faulty launch ② SPORT false start **Fehltritt** *m* (*geh*) ① (*Fauxpas*) lapse ② (*Ehebruch*) indiscretion **Fehlverhalten** *nt* inappropriate behaviour **Fehlzündung** *f* misfiring; **~ haben** to misfire

Feier <-, -n> ['fa̯iɐ] *f* celebration; **zur ~ des Tages** in honour of the occasion

Feierabend ['fa̯iɐʔaːbn̩t] *m* ① (*Arbeitsschluss*) end of work; **hoffentlich ist bald ~** I hope it's time to go home soon; **für mich ist jetzt ~** I'll call it a day!; ■**~!** that's it for today!; **~ machen** to finish work for the day; **nach ~** after work ② (*Zeit nach Arbeitsschluss*) evening; **schönen Feierabend!** have a nice evening!

feierlich ['fa̯iɐlɪç] **I.** *adj* ① (*erhebend*) *Akt* ceremonial; **ein ~er Anlass** a formal occasion ② (*nachdrücklich*) solemn; **ein ~er Schwur** a solemn oath **II.** *adv* ① (*würdig*) formally; **etw ~ begehen** to celebrate sth ② (*nachdrücklich*) solemnly

Feierlichkeit <-, -en> *f* ① *kein pl* (*würdevolle Beschaffenheit*) solemnity ② *meist pl* (*Feier*) celebrations

feiern ['fajɐn] *vt, vi* ① (*festlich begehen*) to celebrate; **eine Party ~** to have a party ② (*umjubeln*) ■**jdn ~** to acclaim sb

Feiertag ['fajɐta:k] *m* holiday

feiertags ['fajɐta:ks] *adv* on holidays

feig(e) *adj* cowardly; **los, sei nicht ~!** come on, don't be a coward!

Feige <-, -n> ['fajgə] *f* fig

Feigenbaum *m* fig tree **Feigenblatt** *nt* fig leaf

Feigheit <-, -en> *f kein pl* cowardice

Feigling <-s, -e> ['fajklɪŋ] *m* (*pej*) coward

Feile <-, -n> ['fajlə] *f* file

feilen ['fajlən] **I.** *vt* to file **II.** *vi* ■**an etw** *dat* ~ ① (*mit einer Feile bearbeiten*) to file sth ② (*verbessern*) to polish sth

feilschen ['fajlʃn̩] *vi* (*pej*) to haggle (**um** +*akk* over)

Feilspäne *m* TECH filings *pl*

fein ['fajn] **I.** *adj* ① (*nicht grob*) fine; (*zart*) delicate ② (*vornehm*) distinguished; **jd ist sich** *dat* **für etw** *akk* **zu ~** sth is beneath sb; **sich** *akk* **~ machen** to get dressed up ③ (*von hoher Qualität*) exquisite; **vom F~sten** of the highest quality ④ (*rein*) pure; **aus ~em Gold** made out of pure gold ⑤ (*fam: anständig*) decent; (*iron*) fine; **du bist mir ja ein ~er Freund!** you're a fine friend! ⑥ (*feinsinnig*) keen; **eine ~e Nase haben** to have a very keen sense of smell ⑦ *Humor* delicate; *Ironie* subtle ⑧ (*fam: erfreulich*) fine, great ▶ WENDUNGEN: **~ <u>raus</u> sein** to be in a nice position **II.** *adv* ① (*genau*) precise; **~ säuberlich** accurate ② (*zart, klein*) finely; **~ gemahlen** fine-ground

Feind(in) <-[e]s, -e> ['fajnt, *pl* fajndə] *m(f)* ① (*Gegner*) enemy; **sich** *dat* **jdn zum ~ machen** to make an enemy of sb ② (*Opponent*) opponent; ■**ein ~ einer S.** *gen* an opponent of sth

Feindbild *nt* concept of an/the enemy

feindlich *adj* ① (*gegnerisch*) enemy *attr* ② (*feindselig*) hostile; ■**jdm ~ gegenüberstehen** to be hostile to sb

Feindschaft <-, -en> *f kein pl* animosity, hostility

feindselig ['fajntze:lɪç] **I.** *adj* hostile **II.** *adv* hostilely; **sich** *akk* **~ verhalten** to behave in a hostile manner

Feindseligkeit <-, -en> *f* ① *kein pl* (*feindselige Haltung*) hostility ② *pl* (*Kampfhandlungen*) hostilities *npl*

feinfühlend *adj* sensitive, delicate

feinfühlig ['fajnfy:lɪç] *adj* sensitive

Feingefühl *nt kein pl* sensitivity; **etw verlangt viel ~** sth requires a great deal of tact

feingliederig ['fajngli:dərɪç], **feingliedrig** ['fajngli:drɪç] *adj* delicate

Feinheit <-, -en> *f* ① (*Feinkörnigkeit*) fineness; (*Zartheit*) delicacy ② *pl* (*Nuancen*) subtleties *pl*

feinkörnig *adj* ① (*aus kleinen Teilen*) fine-grained ② FOTO fine-grain

Feinkostgeschäft *nt* delicatessen

feinmaschig *adj* fine; *Netz* fine-meshed; *Pullover* finely knitted

Feinmechanik *f* precision engineering

Feinschmecker(in) <-s, -> *m(f)* gourmet

Feinschmeckerrestaurant [-rɛsto'rã:] *nt* KOCHK gourmet restaurant

feinsinnig *adj* sensitive

Feinwäsche *f* delicates *npl* **Feinwaschmittel** *nt* mild detergent

feist [fajst] *adj* fat

feixen ['fajksn̩] *vi* (*fam*) to smirk

Feld <-[e]s, -er> [felt, *pl* 'fɛldɐ] *nt* ① (*offenes Gelände, Acker*) field; **auf freiem ~** in the open country ② (*abgeteilte Fläche*) section, field; (*auf Spielbrett*) square ③ *kein pl* (*Schlachtfeld*) [battle]field ④ (*Bereich*) area; **ein weites ~ sein** to be a broad subject ▶ WENDUNGEN: **das ~ <u>räumen</u>** to quit the field; **jdm das ~ <u>überlassen</u>** to leave the field open to sb; **gegen etw** *akk* **zu ~e <u>ziehen</u>** (*geh*) to campaign against sth

Feldarbeit *f* work in the fields **Feldbett** *nt* camp bed **Feldflasche** *f* canteen **Feldforschung** *f* field research **Feldfrucht** <-, -früchte> *f meist pl* arable crop **Feldherr(in)** *m(f)* MIL, HIST general, strategist **Feldküche** *f* MIL field kitchen **Feldlager** *nt* (*Heerlager*) encampment **Feldlazarett** *nt* MIL field hospital **Feldmarschall(in)** ['feltmarʃal] *m(f)* field marshal **Feldmaus** *f* field mouse **Feldmesser** *nt* (*veraltet*) [land] surveyor **Feldpost** *f* MIL forces' postal service **Feldsalat** *m* lamb's lettuce

Feldstecher <-s, -> *m* binoculars *npl*

Feldwebel(in) <-s, -> ['feltve:bl̩] *m(f)* sergeant-major

Feldweg *m* field path **Feldzug** *m* campaign

Felge <-, -n> ['fəlgə] *f* rim

Felgenbremse *f* rim brake

Fell <-[e]s, -e> [fɛl] *nt* fur ▶ WENDUNGEN: **jdm das ~ über die <u>Ohren</u> ziehen** (*fam*) to take sb to the cleaners; **ein <u>dickes</u> ~ haben** (*fam*) to be thick-skinned

Fellatio <-> [fɛ'la:tsi̯o] *f kein pl* fellatio *no pl*

Fels <-en, -en> [fɛls] *m* ① (*geh*) cliff ② (*Ge-*

F

stein) rock
Felsblock <-blöcke> *m* boulder
Felsen <-s, -> ['fɛlzn̩] *m* cliff
felsenfest ['fɛlzn̩'fɛst] **I.** *adj* rock solid, steadfast **II.** *adv* steadfastly; ~ **von etw** *dat* **überzeugt sein** to be firmly convinced of sth
Felsgestein *nt* rock
felsig ['fɛlzɪç] *adj* rocky
Felsspalte *f* cleft in the rock **Felsvorsprung** *m* ledge **Felswand** *f* rock face
feminin [femi'ni:n] *adj* feminine
Feminismus <-> [femi'nɪsmʊs] *m kein pl* feminism *no pl*
Feminist(in) <-en, -en> [femi'nɪst] *m(f)* feminist
feministisch *adj* feminist
Fenchel <-s> ['fɛnçl̩] *m kein pl* BOT fennel *no pl*
Fenster <-s, -> ['fɛnstɐ] *nt* window ▶ WENDUNGEN: **weg vom ~ sein** (*fam*) to be out of the running
Fensterbank <-bänke> *f* window-sill **Fensterbrett** *nt* window-sill **Fensterbriefumschlag** *m* window envelope **Fensterflügel** *m* casement **Fensterglas** *nt* window glass **Fensterheber** <-s, -> *m* window regulator **Fensterladen** *m* [window] shutter **Fensterleder** *nt* shammy (leather)
fensterln ['fɛnstɐln] *vi* SÜDD, ÖSTERR to climb in one's lover's window
Fensterplatz *m* window seat **Fensterputzer(in)** <-s, -> *m(f)* window cleaner **Fensterrahmen** *m* window frame **Fensterscheibe** *f* window pane
Ferien ['fe:ri̯ən] *pl* ❶ (*Schulferien*) [school] holidays *pl* BRIT, [school] summer vacation AM; **die großen ~** the summer holidays *pl* BRIT; **~ haben** to be on holiday [*or* AM vacation] ❷ (*Urlaub*) holidays *pl*, vacation AM; **in die ~ fahren** to go on holiday [*or* AM vacation]
Feriengast *m* holiday-maker **Ferienhaus** *nt* holiday home **Ferienkurs** *m* vacation course BRIT, summer school AM **Ferienlager** *nt* holiday camp **Ferienort** *m* holiday resort **Ferienpark** *m* TOURIST holiday park BRIT, tourist resort AM **Ferientag** *m* holiday **Ferienwohnung** *f* holiday flat BRIT, vacation apartment AM **Ferienzeit** *f* holiday period
Ferkel <-s, -> ['fɛrkl̩] *nt* ❶ (*junges Schwein*) piglet ❷ (*pej fam: unsauberer Mensch*) pig ❸ (*pej fam: obszöner Mensch*) filthy pig
Ferkelei <-, -en> *f* (*pej fam*) ❶ (*Unsauberkeit*) mess ❷ *meist pl* (*obszöner Witz*) dirty joke
ferkeln ['fɛrkl̩n] *vi* ❶ (*Ferkel werfen*) to litter ❷ (*Dreck machen*) to make a mess
Ferment <-s, -e> [fɛr'mɛnt] *nt* (*veraltend*) enzyme
fern [fɛrn] **I.** *adj* ❶ (*räumlich entfernt*) faraway, far off; *Länder* distant; **von ~ beobachten** to observe from afar; **von ~ betrachtet** viewed from a distance ❷ (*zeitlich entfernt*) distant; **in nicht allzu ~er Zeit** in the not too distant future **II.** *präp + dat* far [away] from
Fernamt *nt* telephone exchange **Fernbedienung** *f* remote control **fern|bleiben** *vi irreg sein* (*geh*) to stay away **Fernblick** *m* vista, distant view
Ferne <-, *selten* -n> ['fɛrnə] *f* ❶ (*Entfernung*) distance; **aus der ~** from a distance; **in der ~** in the distance ❷ (*geh: ferne Länder*) distant lands *pl;* **in der ~** abroad ❸ (*längst vergangen*) **etw liegt [schon] in weiter ~** sth already happened such a long time ago ❹ (*in ferner Zukunft*) **das liegt [noch] in weiter ~** there is still a long way to go
ferner ['fɛrnɐ] **I.** *adj* ❶ *komp von* **fern** more distant ❷ (*künftig, weiter*) in [the] future; **in der ~en Zukunft** in the distant future ▶ WENDUNGEN: **unter ~ liefen** (*fam*) to be a runner-up **II.** *konj* furthermore
Fernfahrer(in) *m(f)* long-distance lorry [*or* AM truck] driver **Fernflug** *m* long-distance flight **Ferngespräch** *nt* long-distance call **ferngesteuert** *adj* remote-controlled **Fernglas** *nt* [pair of] binoculars **fern|gucken** *vi* (*fam: fernsehen*) to watch TV **fern|halten** **I.** *vt irreg* ■**jdn von jdm/etw ~** to keep sb away from sb/sth **II.** *vr irreg* ■**sich** *akk* **von jdm/etw ~** to keep away from sb/sth **Fernheizung** *f* district heating **Fernkopie** *f s.* **Telefax** **Fernkurs** *m* correspondence course **Fernleitung** *f* TELEK long-distance line **fern|lenken** *vt* to operate by remote control **Fernlenkung** *f* remote control **Fernlicht** *nt* full beam BRIT, high beams AM; **mit ~ fahren** to drive on full beam BRIT, to drive with your high beams on AM; **~ an haben** to be on full beam BRIT, to have your high beams on AM **fern|liegen** *vi impers, irreg* ■**etw liegt jdm fern** sth is far from sb's mind; ■**es liegt jdm fern, etw zu tun** it is far from sb's thoughts to do sth; **es liegt mir fern, jemanden zu beschuldigen** far be it from me to blame anyone
Fernmeldeamt *nt* telephone exchange **Fernmeldedienst** *m* telecommunications service **Fernmeldesatellit** *m* communica-

tions satellite **Fernmeldetechnik** *f kein pl* telecommunications engineering *no pl* **Fernmeldewesen** *nt kein pl* telecommunications + *sing vb*

fernmündlich *adj* (*geh*) by telephone

Fernost ['fɛrn'ʔɔst] *kein art* **aus/in/nach ~** from/in/to the Far East

fernöstlich ['fɛrn'ʔœstlɪç] *adj* Far Eastern

Fernrohr *nt* telescope **Fernschreiben** *nt* telex [message] **Fernschreiber** *m* telex [machine] **fernschriftlich** *adj* by telex

Fernsehansager(in) *m(f)* television announcer **Fernsehanstalt** *f* broadcasting company **Fernsehantenne** *f* television aerial **Fernsehapparat** *m* (*geh*) *s.* **Fernseher**

Fernsehen <-s> ['fɛrnze:ən] *nt kein pl* television *no pl;* **das ~ bringt nur Wiederholungen** they're only showing repeats on the TV; **beim ~ arbeiten** to work in television; **im ~ kommen** to be on television

fern|sehen ['fɛrnze:ən] *vi irreg* to watch television

Fernseher <-s, -> *m* television [set]

Fernsehfilm *m* television movie **Fernsehgebühr** *f meist pl* television licence fee **Fernsehgerät** *nt* (*geh*) television set **Fernsehinterview** *nt* televised interview **Fernsehjournalist(in)** *m(f)* television reporter **Fernsehkamera** *f* television camera **Fernsehkoch, -köchin** *m, f* MEDIA, TV TV chef **Fernsehnachrichten** *pl* television news + *sing vb* **Fernsehprediger(in)** *m(f)* televangelist AM **Fernsehprogramm** *nt* ① (*Programm im Fernsehen*) television programme ② (*Kanal*) [television] channel **Fernsehsender** *m* television station **Fernsehsendung** *f* television programme **Fernsehspiel** *nt* television play **Fernsehturm** *m* television tower **Fernsehübertragung** *f* television broadcast **Fernsehzeitschrift** *f* television guide

Fernsicht *f* view; **bei guter ~** by good visibility

Fernsprechamt *nt* (*form*) telephone exchange **Fernsprechanlage** *f* (*geh*) telephone **Fernsprechansagedienst** *m* telephone information service **Fernsprechanschluss** *m* (*geh*) telephone connection **Fernsprechauftragsdienst** *m* automatic telephone answering service **Fernsprechauskunft** *f* TELEK (*form*) directory enquiries [*or* AM assistance] *pl*

Fernsprecher ['fɛrnʃprɛçɐ] *m* telephone

Fernsprechgebühr *f* (*geh*) telephone charges *pl* **Fernsprechteilnehmer(in)** *m(f)* (*form: Besitzer eines Telefons*) telephone owner

fern|steuern *vt* to operate by remote control **Fernsteuerung** *f* remote control **Fernstraße** *f* highway, motorway BRIT, freeway AM, interstate AM **Fernstudium** *nt* correspondence course **Fernuniversität** *f* Open University **Fernverkehr** *m* long-distance traffic **Fernwärme** *f kein pl* district heating *spec* **Fernweh** <-[e]s> *nt kein pl* (*geh*) wanderlust *no pl* **Fernziel** *nt* long-term objective

Ferse <-, -n> ['fɛrzə] *f* heel ▸ WENDUNGEN: **sich** *akk* **jdm an die ~n hängen** to stick close to sb; **jdm [dicht] auf den ~n sein** to be [hot] on sb's tail

fertig ['fɛrtɪç] **I.** *adj* ① (*abgeschlossen*) finished; **etw ~ haben** to have finished sth; **mit etw** *dat* **~ sein** to be finished with sth; **mit etw** *dat* **~ werden** to finish sth ② (*bereit*) ready; **ich bin schon lange ~!** I've been ready for ages! ③ (*fam: erschöpft*) exhausted, knackered BRIT *sl* ④ (*fam: Beziehung beendet*) ■ **mit jdm ~ sein** to be through with sb **II.** *adv* ① (*zu Ende*) **etw ~ bekommen** to complete sth; **etw ~ machen** to finish [*or* complete] sth ② (*bereit*) **sich** *akk* **~ machen** to get ready [for sth] ▸ WENDUNGEN: **auf die Plätze, ~, los!** on your marks, get set, go!, ready, steady, go!

Fertigbau <-bauten> *m* ① *kein pl* (*Bauweise*) prefabricated construction *no pl* ② (*Gebäude*) prefab **Fertigbauweise** *f kein pl* prefabricated building *no pl*

fertig|bekommen*, **fertig|bringen** *vt irreg* (*fig fam*) ■ **es ~, etw zu tun** to manage to do sth; **der bringt es fertig und verlangt auch noch Geld** and he even has the cheek to ask for money

fertigen ['fɛrtɪgn̩] *vt* (*geh*) to manufacture

Fertiggericht *nt* instant meal **Fertighaus** *nt* prefabricated house

Fertigkeit <-, -en> *f* ① *kein pl* (*Geschicklichkeit*) skill ② *pl* (*Fähigkeiten*) competence

fertig|machen *vt* (*fig*) ① (*fam: schikanieren*) ■ **jdn ~** to wear sb down *sep* ② (*sl: zusammenschlagen*) ■ **jdn ~** to beat up sb *sep* ③ (*fam: zermürben*) ■ **etw macht jdn fertig** sth wears out sb *sep* **Fertignahrung** *f* convenience food **Fertigprodukt** *nt* finished product **fertig|stellen** *vt* ■ **etw ~** to finish [*or* complete] sth **Fertigstellung** *f* completion **Fertigteil** *nt* prefabricated component

Fertigung <-, -en> *f* manufacture **Fertigungsstraße** *f* production line

fertig|werden *vt irreg* (*fig*) ■ **mit jdm/etw ~** to cope with sb/sth

Fes <-, -> [feːs] *nt* MUS F flat
fesch [fɛʃ] *adj* SÜDD, ÖSTERR (*fam: flott*) smart
Fessel <-, -n> ['fɛsl̩] *f* ❶ (*Schnur*) bond; (*Kette*) shackles *npl;* **jdm ~n anlegen** to tie sb up ❷ ANAT (*von Mensch*) ankle; (*von Huftier*) pastern
Fesselballon [-balɔŋ] *m* captive balloon
fesseln ['fɛsl̩n] *vt* ❶ (*Fesseln anlegen*) to bind, to tie [up] (**an** +*akk* to) ❷ (*faszinieren*) to captivate
fesselnd *adj* captivating
fest [fɛst] **I.** *adj* ❶ (*hart, stabil*) strong, tough; *Schuhe* sturdy ❷ (*nicht flüssig*) solid; (*erstarrt*) solidified ❸ (*sicher, entschlossen*) firm; *Zusage* definite ❹ (*kräftig*) firm; *Händedruck* sturdy ❺ (*nicht locker*) tight ❻ (*konstant*) permanent; (*festgesetzt*) fixed; (*dauerhaft*) lasting; *Freund, Freundin* steady **II.** *adv* ❶ (*kräftig*) firmly; **jdn ~ an sich** *akk* **drücken** to give someone a big hug ❷ (*nicht locker*) tightly; **~ anziehen** to screw in tightly; **~ treten** to tread down *sep* ❸ (*mit Nachdruck*) definitely; **jdm etw ~ versprechen** to make sb a firm promise ❹ (*dauernd*) permanently; **Geld ~ anlegen** to invest in a fixed term deposit; **~ angestellt sein** to have a permanent job
Fest <-[e]s, -e> [fɛst] *nt* ❶ (*Feier*) celebration; **ein ~ geben** to have a party ❷ (*Feiertag*) feast; **frohes ~!** Happy Christmas/Happy Easter, etc. ► WENDUNGEN: **man soll die ~e feiern, wie sie fallen** (*prov*) one should make hay while the sun shines *prov*
Festakt *m* ceremony
festangestellt *adj s.* **fest II 4** **Festangestellte(r)** *f(m) dekl wie adj* permanent employee **Festanstellung** *f* steady employment **fest|beißen** *vr irreg* ■**sich** *akk* ~ ❶ (*sich verbeißen*) to get a firm grip with one's teeth ❷ (*nicht weiterkommen*) to get stuck (**an** +*dat* on) **fest|binden** *vt irreg* to tie (**an** +*akk* to)
feste ['fɛstə] *adv* (*fam*) like mad
Festessen *nt* banquet
fest|fahren *vr irreg* ■**sich** *akk* ~ to get stuck **fest|frieren** *vi irreg sein* to freeze [solid] (**an** to)
Festgeld *nt* FIN fixed-term deposit **Festgeldkonto** *nt* FIN term account
fest|haken **I.** *vt* (*mit einem Haken befestigen*) to hook (**an** +*dat* to) **II.** *vr* (*hängen bleiben*) ■**sich** *akk* **an/in etw** *dat* ~ to get caught on/in sth **fest|halten** *irreg* **I.** *vt* ❶ (*fest ergreifen*) to grab (**an** +*dat* by) ❷ (*gefangen halten*) to detain ❸ (*konstatieren*) to record **II.** *vi* ■**an etw** *dat* ~ to adhere to sth **III.** *vr* ■**sich** *akk* ~ to hold on (**an** +*dat* to)
festigen ['fɛstɪgn̩] **I.** *vt* to strengthen; *Freundschaft* to establish; *Stellung* secure **II.** *vr* ■**sich** *akk* ~ to become more firmly established
Festiger <-s, -> *m* setting lotion
Festigkeit <-> ['fɛstɪçkait] *f kein pl* strength *no pl*
Festival <-s, -s> ['fɛstivl̩] *nt* festival
fest|klammern **I.** *vt* to clip (**an** +*dat* to) **II.** *vr* ■**sich** *akk* ~ to cling (**an** +*dat* to) **fest|kleben** **I.** *vt haben* to stick [on]; **auf etw** *dat* **festgeklebt sein** to be stuck on sth **II.** *vi sein* to stick (**an** +*dat* to)
Festland ['fɛstlant] *nt kein pl* continent
fest|legen **I.** *vt* ❶ (*bestimmen*) to determine; ■**~, dass ...** to stipulate that ... ❷ (*bindend verpflichten*) ■**jdn [auf etw** *akk*] ~ to tie down sb [to sth] **II.** *vr* (*sich verpflichten*) ■**sich** *akk* ~ to commit oneself (**auf** +*akk* to); **er will sich nicht ~ lassen** he does not want to commit himself to anything
festlich **I.** *adj* festive **II.** *adv* festively; **~ gekleidet sein** to be dressed up
Festlichkeit <-, -en> *f* festivity
fest|liegen *vi irreg* ❶ (*festgesetzt sein*) to be determined; **die Termine liegen jetzt fest** the schedules have now been fixed ❷ (*nicht weiterkönnen*) to be stranded
fest|machen **I.** *vt* ❶ (*befestigen*) to fasten (**an** +*dat* to) ❷ (*vereinbaren*) to arrange ❸ (*herleiten*) ■**etw an etw** *akk* ~ to link sth to sth **II.** *vi* NAUT to tie up
Festmahl *nt* (*geh*) feast
fest|nageln *vt* ❶ (*mit Nägeln befestigen*) to nail (**an** +*akk* to) ❷ (*fam: festlegen*) ■**jdn** ~ to nail sb down (**auf** +*akk* to)
Festnahme <-, -n> ['fɛstnaːmə] *f* arrest
fest|nehmen *vt irreg* to take into custody; **Sie sind festgenommen** I'm arresting you **Festnetz** *nt* ground[-based] network
Festplatte *f* INFORM hard disk **Festplattenlaufwerk** *nt* INFORM hard disk drive
Festpreis *m* HANDEL fixed price
Festrede *f* official speech; **eine ~ halten** to give a formal address **Festsaal** *m* banquet hall
fest|schnallen **I.** *vt* to strap in *sep* **II.** *vr* ■**sich** *akk* ~ to fasten one's seat belt, AM *a.* to buckle up **fest|schrauben** *vt* to screw on *sep*
Festschrift *f* commemorative publication
fest|setzen **I.** *vt* (*bestimmen*) to determine **II.** *vr* (*fest anhaften*) ■**sich** *akk* ~ to collect **fest|sitzen** *vi irreg* to be stuck
Festspiele *pl* festival **Festspielhaus** *nt* festival theatre

fest|stehen *vi irreg* ① (*festgelegt sein*) to be certain; **steht das Datum schon fest?** has the date been fixed already? ② (*sicher sein*) to be firm; ■ **es steht fest, dass ...** it is certain that ...

feststellbar *adj* ① (*herauszufinden*) ■ **~ sein** to be ascertainable ② (*arretierbar*) lockable

fest|stellen *vt* ① (*ermitteln*) to identify; **den Täter ~** to identify the guilty party ② (*bemerken*) to detect; **zu meinem Erstaunen muss ich ~, dass ...** I am astounded to see that ...

Feststellung *f* ① (*Bemerkung*) remark ② (*Beobachtung*) observation; **die ~ machen, dass ...** to see that ... ③ (*Ergebnis*) **zu der ~ kommen, dass ...** to come to the conclusion that ... ④ JUR ascertainment

Festtag *m* ① (*Ehrentag*) special day ② (*Feiertag*) holiday

Festung <-, -en> ['fɛstʊŋ] *f* fortress

festverzinslich *adj* fixed-interest **fest|ziehen** *vt irreg* ■ **etw ~** to tighten sth **Festzins** *m* fixed interest

Festzug *m* procession, parade

Fete <-, -n> ['fe:tə] *f* party; **eine ~ machen** to have a party

Fetisch <-[e]s, -e> ['fe:tɪʃ] *m* fetish

Fetischismus <-> [fetɪ'ʃɪsmʊs] *m kein pl* fetishism *no def art*

Fetischist(in) <-en, -en> [fetɪ'ʃɪst] *m(f)* fetishist

fett [fɛt] *adj* ① (*fetthaltig*) fatty ② (*pej: dick*) fat ③ TYPO bold; **~ gedruckt** in bold [type] *pred* ④ (*üppig*) *Ackerboden* fertile; (*fam*) *Beute* rich

Fett <-[e]s, -e> [fɛt] *nt* ① (*Fettgewebe*) fat; **~ ansetzen** *Mensch* to gain weight; *Tier* to put on fat ② (*zum Schmieren*) grease; **pflanzliches/tierisches ~** vegetable/animal fat ▸ WENDUNGEN: **sein ~ abbekommen** (*fam*) to get one's come-uppance

fettarm *adj* low-fat **Fettauge** *nt* fatty globule **Fettdruck** *m* bold [type]

fetten ['fɛtn̩] **I.** *vt* (*einfetten*) to grease **II.** *vi* (*Fett absondern*) to become greasy

Fettfleck, Fettflecken *m* grease mark **fettgedruckt** *adj attr s.* **fett 3** **Fettgehalt** *m* fat content **Fettgewebe** *nt* fatty tissue

fetthaltig *adj* fatty

fettig ['fɛtɪç] *adj* greasy

Fettkloß *m* (*pej*) fatso

fettleibig ['fɛtlaibɪç] *adj* (*geh*) corpulent

Fettleibigkeit *f* (*geh*) corpulence

fettlöslich *adj* fat-soluble **Fettnäpfchen** *nt* ▸ WENDUNGEN: **ins ~ treten** to put one's foot in it **Fettpolster** *nt* (*fam*) cushion of fat **Fettsack** *m* (*sl*) fatso **Fettsäure** *f* fatty acid **Fettschicht** *f* layer of fat **Fettsucht** *f kein pl* obesity **fettsüchtig** *adj* MED [chronically] obese **Fettwanst** *m* (*pej*) fatso

fetzen ['fɛtsn̩] *vt haben* (*fam: prügeln*) ■ **sich** *akk* **~** to tear each other apart

Fetzen <-s, -> ['fɛtsn̩] *m* ① (*Stück*) scrap; *Haut* patch; **etw in ~ reißen** to tear sth to pieces ② *einer Unterhaltung* snatches *pl* BRIT, fragments *pl* AM ③ (*sl: billiges Kleid*) rag ▸ WENDUNGEN: **... dass die ~ fliegen** (*fam*) ... like mad

fetzig ['fɛtsɪç] *adj* (*sl: mitreißend*) fantastic; *Musik* hot; (*schick, flott*) trendy; *Typ* cool

feucht [fɔyçt] *adj* ① (*leicht nass*) damp; *Hände, Stirn* clammy; *Augen* misty ② *Klima, Luft* humid

feuchtfröhlich ['fɔyçt'frø:lɪç] **I.** *adj* (*hum fam*) merry **II.** *adv* (*hum fam*) merrily

Feuchtigkeit <-> ['fɔyçtɪçkait] *f kein pl* ① (*leichte Nässe*) dampness *no pl* ② (*Wassergehalt*) moisture *no pl; Luft* humidity *no pl*

Feuchtigkeitscreme [-kre:m] *f* moisturizing cream **Feuchtigkeitsgehalt** *m* moisture content; **der ~ der Luft** the humidity in the air **Feuchtigkeitslotion** *f* moisturizing lotion

feuchtkalt *adj* damp and cold **feuchtwarm** *adj* warm and humid **Feuchtwiese** *f* marshland

feudal [fɔy'da:l] *adj* ① HIST feudal ② (*fam*) magnificent; *Essen* sumptuous

Feudalherr *m* feudal lord

Feudalherrschaft *f*, **Feudalismus** <-> [fɔyda'lɪsmʊs] *m kein pl* feudalism

Feuer <-s, -> ['fɔyɐ] *nt* ① (*Flamme*) fire; **das olympische ~** the Olympic flame; **~ speien** to spit fire; *Vulkan* to spew out fire; *Drachen* to breathe fire; **~ machen** to make a fire; **am ~** by the fire ② (*für Zigarette*) **jdm ~ geben** to give sb a light; **~ haben** to have a light ③ (*Kochstelle*) **etw vom ~ nehmen** to take sth off the heat ④ (*Brand*) fire; **~ fangen** to catch [on] fire ⑤ MIL (*Beschuss*) fire; **~ frei!** open fire!; **das ~ einstellen** to cease fire; **das ~ eröffnen** to open fire ▸ WENDUNGEN: **~ und Flamme [für etw] sein** (*fam*) to be enthusiastic [about sth]; **wie ~ brennen** to sting like mad; **für jdn durchs ~ gehen** to go through hell and high water for sb; **mit dem ~ spielen** to play with fire

Feueralarm *m* fire alarm **Feueranzünder** *m* firelighter, AM *usu* fire starter **Feuerbefehl** *m* MIL order to fire **feuerbeständig** *adj* fireproof **Feuerbestattung** *f* cremation **Feuereifer** *m* zeal[ousness] **feuerfest** *adj* fireproof; *Geschirr* ovenproof **Feuergefahr** *f* fire hazard **feuergefährlich** *adj* [in]flammable **Feuergefecht** *nt* MIL gun fight **Feuerleiter** *f* ① (*Fluchtweg*) fire escape ② (*auf einem Feuerwehrauto*) [fire engine's] ladder **Feuerlöscher** *m* fire extinguisher **Feuermelder** <-s, -> *m* fire alarm

feuern I. *vi* to fire (**auf** +*akk* at) **II.** *vt* (*fam*) ① (*werfen*) to fling ② (*fam: entlassen*) to sack; ■**gefeuert werden** to get the sack

Feuerpause *f* MIL cease-fire **Feuerprobe** *f* acid test **feuerrot** [ˈfɔyɐˈroːt] *adj* ① (*Farbe*) fiery red; *Haar* flaming [red] ② (*sich schämen*) ■**~ werden** to turn crimson **Feuerschlucker(in)** <-s, -> *m(f)* fire-eater **feuersicher** [ˈfɔyɐzɪçɐ] *adj* fireproof **feuerspeiend** *adj attr Vulkan* spewing fire; *Drachen* fire-breathing **Feuerspritze** *f* fire hose **Feuerstein** *m* flint **Feuerstelle** *f* fireplace; (*draußen*) campfire site **Feuertaufe** *f* baptism of fire

Feuerung <-, -en> *f* ① *kein pl* (*Brennstoff*) fuel ② (*Heizung*) heating system, heater AM

Feuerversicherung *f* fire insurance **Feuerwache** *f* fire station **Feuerwaffe** *f* firearm **Feuerwasser** *nt* (*fam*) firewater

Feuerwehr <-, -en> *f* fire brigade + *sing/pl vb* **Feuerwehrauto** *nt* fire engine **Feuerwehrleiter** *f* fire ladder **Feuerwehrmann, -frau** <-leute *o* -männer> *m, f* firefighter

Feuerwerk *nt* fireworks *npl* **Feuerwerkskörper** *m* firework

Feuerzeug *nt* lighter

Feuilleton <-s, -s> [fœjəˈtõː] *nt* (*Zeitungsteil*) culture section

feurig [ˈfɔyrɪç] *adj* fiery

ff. [ɛfʔɛf] *Abk von* **folgende Seiten**: [**auf**] **Seite 200 ~** pages [*or* pp[.]] 200 ff[.]

FH [ɛfˈhaː] *f Abk von* **Fachhochschule**

Fiaker <-s, -> [ˈfi̯akɐ] *m* ÖSTERR ① (*Kutsche*) [BRIT hackney] cab ② (*Kutscher*) cab driver, cabby *fam*

Fiasko <-s, -s> [ˈfi̯asko] *nt* (*fam*) fiasco

Fibel <-, -n> [ˈfiːbl̩] *f* ① (*Lesebuch*) primer ② ARCHÄOL fibula

Fiche <-s> [fiːʃ] *m o nt* [micro]fiche

ficht [fɪçt] *3. pers sing pres von* **fechten**

Fichte <-, -n> [fɪçtə] *f* spruce

Fick <-s, -s> [fɪk] *m* (*vulg*) fuck

ficken [ˈfɪkn̩] (*vulg*) **I.** *vi* to fuck; ■**das F~** fucking **II.** *vt* ■**jdn ~** to fuck sb; ■**gefickt werden** to get fucked

fickerig, fickrig DIAL **I.** *adj* fidgety **II.** *adv* in a fluster [*or* flutter]

fidel [fiˈdeːl] *adj* (*fam*) jolly

Fidschi <-s> [ˈfɪdʒi] *nt* Fiji

Fidschiinseln *pl* Fiji Islands *pl*

Fieber <-s, -> [ˈfiːbɐ] *nt* fever; **~ haben** to have a temperature; [**jdm**] **das ~ messen** to measure sb's temperature

Fieberanfall *m* bout of fever **Fieberblase** *f meist pl* fever blister *usu pl* **fieberfrei** *adj* free of fever *pred*

fieberhaft I. *adj* feverish **II.** *adv* feverishly

Fieberkurve *f* temperature curve

fiebern [ˈfiːbɐn] *vi* ① (*Fieber haben*) to have a temperature ② (*aufgeregt sein*) to be in a fever

fiebersenkend *adj* fever-reducing **Fieberthermometer** *nt* [clinical] thermometer

fiebrig [ˈfiːbrɪç] *adj* feverish

Fiedel <-, -n> [ˈfiːdl̩] *f* (*veraltet*) fiddle

fiedeln [ˈfiːdl̩n] *vt, vi* to fiddle

fiel [fiːl] *imp von* **fallen**

fies [fiːs] *adj* (*pej fam*) ① (*abstoßend*) horrible, disgusting ② (*gemein*) mean

Fiesling <-s, -e> *m* (*fam*) [mean] bastard

fifty-fifty [ˈfɪftɪˈfɪftɪ] *adv* (*fam*) fifty-fifty; **~** [**mit jdm**] **machen** to go fifty-fifty [with sb]

Figur <-, -en> [fiˈguːɐ̯] *f* ① (*Gestalt*) figure; **auf seine ~ achten** to watch one's figure ② FILM, LIT character; **runde ~** round character; **typisierte ~** flat character ▶ WENDUNGEN: **eine gute/jämmerliche ~ machen** to cut a good/sorry figure

figurativ [figuraˈtiːf] **I.** *adj* figurative **II.** *adv* figuratively

Figurine <-, -n> [figuˈriːnə] *f* KUNST figurine

Fiktion <-, -en> [fɪkˈtsi̯oːn] *f* (*geh*) fiction

fiktiv [fɪkˈtiːf] *adj* (*geh*) fictitious

Filet <-s, -s> [fiˈleː] *nt* fillet

Filetsteak [fiˈleːsteːk] *nt* fillet steak

Filiale <-, -n> [fiˈli̯aːlə] *f* branch

Filialleiter(in) *m(f)* branch manager

Filipino, Filipina <-s, -s> [filiˈpiːno, filiˈpiːna] *m, f* Filipino

Film <-[e]s, -e> [fɪlm] *m* ① (*Spielfilm*) film, movie AM ② FOTO film ③ (*Filmbranche*) film industry; **beim ~ arbeiten** to work in the film industry ④ (*dünne Schicht*) film

Filmarchiv *nt* film archives *pl* **Filmatelier** *nt* film studio

Filmemacher(in) *m(f)* film-maker

filmen [ˈfɪlmən] *vt, vi* to film

Filmfestspiele *nt pl* film festival **Filmgeschäft** *nt kein pl* movie business *no pl*

filmisch [ˈfɪlmɪʃ] **I.** *adj* cinematic **II.** *adv* from a cinematic point of view

Filmkamera *f* film [*or* AM movie] camera **Filmmusik** *f* soundtrack **Filmproduzent(in)** *m(f)* film [*or* AM movie] producer **Filmprojektor** *m* film projector **Filmregisseur(in)** *m(f)* film [*or* AM movie] director **filmreif** *adv* with movie-star elegance

Filmriss *m* (*sl*) mental blackout; ■**einen ~ haben** to have a mental blackout **Filmschauspieler(in)** *m(f)* film [*or* AM movie] actor *masc* [*or fem* actress] **Filmstar** *m* film [*or* AM movie] star **Filmtheater** *nt* (*geh*) cinema, movie theater AM **Filmverleih** *m* film distributors *pl* **Filmvorführer(in)** *m(f)* projectionist **Filmvorführgerät** *nt* (*geh*) projector **Filmvorführung** *f* film showing **Filmvorschau** *f* [film] preview

Filter <-s, -> ['fɪltɐ] *nt o m* filter

Filteranlage *f* filter **Filtereinsatz** *m* filter element; AUTO strainer screen **Filterkaffee** *m* filter [*or* AM drip] coffee **Filtermundstück** *nt* filter tip

filtern ['fɪltɐn] *vt* to filter

Filterpapier *nt* filter paper **Filtertüte** *f* filter bag **Filterzigarette** *f* filter cigarette

filtrieren* [fɪltri:rən] *vt* to filter

Filz <-es, -e> [fɪlts] *m* felt

filzen ['fɪltsn̩] **I.** *vi* to felt **II.** *vt* (*fam: durchsuchen*) to frisk

Filzer <-s, -> ['fɪltsɐ] *m* (*fam*) felt-tip [pen]

Filzhut *m* trilby **Filzlaus** *f* crab louse **Filzpantoffel** *m* carpet slipper *usu pl* **Filzschreiber** *m* felt-tip [pen] **Filzstift** *m* felt-tip [pen]

Fimmel <-s, -> ['fɪml̩] *m* (*fam*) mania; **den ~ haben, etw zu tun** to have a thing about doing sth

Finale <-s, -s *o* -> [fi'na:lə] *nt* final

Finanzamt *nt* tax [and revenue] office; ■**das ~** the Inland Revenue BRIT, Internal Revenue Service AM **Finanzausgleich** *m* ≈ revenue sharing AM (*redistribution of revenue between government, federal states* (*Länder*) *and local authorities*) **Finanzbeamte(r), -beamtin** *m, f* tax official **Finanzberater(in)** *m(f) s.* **Steuerberater**

Finanzen [fi'nantsn̩] *pl* ① (*Einkünfte*) finances *npl* ② (*Geldmittel*) means *npl;* **jds ~ übersteigen** to be beyond sb's means

Finanzgericht *nt* tax court **Finanzhilfe** *f* financial assistance

finanziell [finan'tsi̯ɛl] **I.** *adj* financial **II.** *adv* financially

Finanzier <-s, -s> [finan'tsi̯e:] *m* (*geh*) financier

finanzierbar *adj* able to be financed

finanzieren* [finan'tsi:rən] *vt* to finance; **etw [nicht] ~ können** to [not] be able to afford sth

Finanzierung <-, -en> *f* financing

Finanzierungsplan *m* financing plan

Finanzkauf *m* FIN instalment purchase

finanzkräftig *adj* financially strong **Finanzmarkt** *m* financial market **Finanzminister(in)** *m(f)* finance minister, Chancellor of the Exchequer BRIT, Secretary of the Treasury AM **Finanzministerium** *nt* tax and finance ministry, treasury BRIT, Department of the Treasury AM **Finanzplanung** *f* fiscal planning **Finanzpolitik** *f kein pl* financial policy/policies **finanzschwach** *adj* financially weak **Finanzspritze** *f* cash infusion **Finanzverwaltung** *f* financial administration **Finanzwirtschaft** *f kein pl* public finance

Findelkind ['fɪndl̩kɪnt] *nt* (*veraltet*) foundling

finden <fand, gefunden> ['fɪndn̩] **I.** *vt* ① (*entdecken*) to find; **es muss doch irgendwo zu ~ sein!** it has to be found somewhere!; **einen Vorwand [für etw** *akk*] **~** to find an excuse [for sth] ② (*erhalten*) to find; **[reißenden] Absatz ~** to sell [like hot cakes]; **Berücksichtigung ~** to be taken into consideration; **Unterstützung ~** to receive support; **Zustimmung [bei jdm] ~** to meet with approval [from sb] ③ (*empfinden*) to find; **wie findest du das?** what do you think [of that]?; **ich finde, die Ferien sind zu kurz** I find that the holidays are too short; **jdn blöd/nett ~** to think [that] sb is stupid/nice; **es kalt/warm ~** to find it cold/warm ▶WENDUNGEN: **etwas an jdm/etw ~** to see sth in sb/sth; **nichts an etw** *dat* **~** not to think much of sth; **nichts dabei ~, etw zu tun** to think nothing of doing sth **II.** *vi* ① (*den Weg finden*) ■**zu jdm/etw ~** to find one's way to sb/sth; **zu sich** *dat* **selbst ~** to find oneself ② (*meinen*) to think; **~ Sie?** [do] you think so? **III.** *vr* ■**sich** *akk* **~** ① (*wieder auftauchen*) to turn up ② (*zu verzeichnen sein*) to be found; **es fand sich niemand, der es tun wollte** there was nobody to be found who wanted to do it ③ (*in Ordnung kommen*) to sort itself out

Finder(in) <-s, -> *m(f)* finder; **der ehrliche ~** the honest finder

Finderlohn *m* reward for the finder

findig ['fɪndɪç] *adj* resourceful

Finesse <-, -n> [fi'nɛsə] *f* (*geh*) ① *pl* finesse *nsing;* **mit allen ~n** with every refinement ② *kein pl* (*Schlauheit*) finesse *no pl*

fing ['fɪŋ] *imp von* **fangen**

Finger <-s, -> ['fɪŋɐ] *m* finger; **der kleine ~** the little finger, the pinkie AM *fam;* **~ weg!** hands off!; **jdm mit dem ~ drohen** to wag one's finger at sb; **den ~ heben** to lift one's finger; **jdm auf die ~ klopfen** (*fig fam*) to give sb a rap across the knuckles; **mit den ~n schnippen** (*fam*) to snap one's fingers; **mit dem ~ auf jdn/etw zeigen** to point [one's finger] at sb/sth ▶WENDUNGEN: **etw in die ~ bekommen** (*fam*) to get one's fingers on sth; **überall seine ~ im Spiel haben** (*fam*) to have a finger in every pie; **wenn man ihm den kleinen ~ gibt, [dann] nimmt er [gleich] die ganze Hand** (*prov*) give him an inch and he'll take a mile *prov;* **jdn juckt es in den ~n[, etw zu tun]** (*fam*) sb is itching to do sth; **keinen ~ krummmachen** (*fam*) not to lift a finger; **lange ~ machen** (*hum fam*) to be light-fingered; **die ~ von jdm/etw lassen** (*fam*) to keep away from sb/sth; **sich** *dat* **etw aus den ~n saugen** (*fam*) to conjure up *sep* sth; **sich** *dat* **nicht die ~ schmutzig machen** not to get one's hands dirty; **jdm auf die ~ sehen** (*fam*) to keep a watchful eye on sb; **jdn um den [kleinen] ~ wickeln** (*fam*) to wrap sb [a]round one's little finger

Fingerabdruck *m* fingerprint **Fingerbreit** <-, -> *m* finger['s]breadth ▶WENDUNGEN: **keinen ~** not an inch **fingerdick I.** *adj* as thick as a finger *pred* **II.** *adv* fingerthick **Fingerfarbe** *f* finger paint **fingerfertig** *adj* nimble-fingered **Fingerfertigkeit** *f* dexterity **Fingerhut** *m* ① (*fürs Nähen*) thimble ② BOT foxglove **Fingerkuppe** *f* fingertip

fingern ['fɪŋɐn] **I.** *vi* to fiddle (**mit, an** +*dat* with) **II.** *vt* (*fam: tricksen*) ■**etw ~** *dat* to fiddle sth

Fingernagel *m* fingernail; **an den Fingernägeln kauen** to bite one's nails

Fingerspitze *f* fingertip **Fingerspitzengefühl** *nt kein pl* fine feeling *no pl;* **~/kein ~ haben** to be tactful/tactless

Fingerzeig <-s, -e> *m* hint

fingieren* [fɪŋ'gi:rən] *vt* to fake; ■**fingiert** bogus

Fink <-en, -en> [fɪŋk] *m* finch

Finne, Finnin <-n, -n> ['fɪnə, 'fɪnɪn] *m, f* Finn, Finnish man/woman/boy/girl; ■**~ sein** to be Finnish

finnisch ['fɪnɪʃ] *adj* Finnish

Finnland <-s> ['fɪnlant] *nt* Finland

finster ['fɪnstɐ] *adj* ① (*düster*) dark; **das ~e Mittelalter** the Dark Ages *npl* ② (*mürrisch*) grim ③ (*unheimlich*) sinister

Finsternis <-, -se> ['fɪnstɐnɪs] *f* darkness *no pl*

Finte <-, -n> ['fɪntə] *f* subterfuge

Firlefanz <-es> ['fɪrləfants] *m kein pl* (*fam*) ① (*Krempel*) trumpery ② (*Quatsch*) nonsense *no art, no pl*

firm [fɪrm] *adj präd* ■**in etw** *dat* **~sein** to have a sound knowledge of sth

Firma <-, Firmen> ['fɪrma, *pl* 'fɪrmən] *f* company

Firmament <-s> [fɪrma'mɛnt] *nt kein pl* ■**das ~** the firmament

firmen ['fɪrmən] *vt* to confirm

Firmen ['fɪrmən] *pl von* **Firma**

firmeneigen *adj* company *attr;* ■**~ sein** to belong to the company **Firmengründer(in)** *m(f)* company founder

Firmengründung *f* formation of a business **Firmeninhaber(in)** *m(f)* owner of a company **Firmenleitung** *f* company management **Firmenwagen** *m* company car **Firmenzeichen** *nt* company logo, trademark

Firmling <-s, -e> ['fɪrmlɪŋ] *m* candidate for confirmation

Firmung <-, -en> *f* confirmation

Firn <-[e]s, -e> [fɪrn] *m* firn

Firnis <-ses, -se> ['fɪrnɪs] *m* [oil-]varnish

First <-[e]s, -e> [fɪrst] *m* roof ridge

Fis <-, -> [fɪs] *nt* MUS F sharp

Fisch <-[e]s, -e> [fɪʃ] *m* ① (*Tier*) fish ② *kein pl* ASTROL Pisces *no art, no pl* ▶WENDUNGEN: **weder ~ noch Fleisch sein** to be neither fish nor fowl; **ein großer ~** a big fish; **ein kleiner ~** one of the small fry

Fischauge *nt* fish eye **Fischdampfer** *m* trawler

fischen ['fɪʃn̩] *vi* to fish; ■**das F~** fishing *no art, no pl*

Fischer(in) <-s, -> ['fɪʃɐ] *m(f)* fisher, fisherman *masc*, fisherwoman *fem*

Fischerboot *nt* fishing boat **Fischerdorf** *nt* fishing village

Fischerei <-> [fɪʃə'rai̯] *f kein pl* fishing *no art, no pl*

Fischernetz *nt* fishing net

Fischfang *m kein pl* fishing *no art, no pl* **Fischfilet** [-file:] *nt* fillet of fish **Fischgründe** *pl* fisheries *npl* **Fischhändler(in)** *m(f)* ÖKON fishmonger BRIT, fish dealer AM **Fischkonserve** *f* canned [*or* BRIT *a.* tinned] fish **Fischkutter** *m* fishing cutter **Fischmehl** *nt* fish meal **Fischmesser** *nt* fish knife **Fischotter** *m* otter **fischreich** *adj* **~es Gewässer** rich fishing grounds **Fischstäbchen** *nt* fish-finger BRIT, fish stick AM **Fischsterben** *nt* dying of fish; (*als Statistik*) fish mortality *no indef art, no pl* **Fischsuppe** *f* fish soup **Fischzucht** *f* fish-farming

fiskalisch [fɪs'ka:lɪʃ] *adj* fiscal

Fiskus <-, -se *o* Fisken> ['fɪskʊs, *pl* 'fɪskən] *m* ■**der ~** the treasury, BRIT exchequer

Fisole <-, -n> [fi'zo:lə] *f* ÖSTERR green bean

fit [fɪt] *adj präd* fit; **sich** *akk* **~halten** to

keep fit

Fitness ['fɪtnɛs] *f kein pl* fitness *no art, no pl* **Fitnesscenter** [-sɛntɐ] *nt* gym **Fitnessgerät** ['fɪtnɛs-] *nt* SPORT fitness [*or* gym] equipment *no pl* **Fitnessstudio** *m s.* **Fitnesscenter**

Fittich <-[e]s, -e> ['fɪtɪç] *m* (*liter*) wing ▶ WENDUNGEN: **jdn unter die ~e nehmen** (*hum*) to take sb under one's wing

fix [fɪks] **I.** *adj* ❶ (*feststehend*) fixed ❷ (*fam: flink*) quick; **~ gehen** to not take long; **~ machen** to hurry up ▶ WENDUNGEN: **~ und fertig sein** (*erschöpft*) to be exhausted; (*am Ende*) to be at the end of one's tether; **jdn ~ und fertig machen** (*fam: erschöpfen*) to do in *sep* sb; (*erschöpfen*) to wear out sb **II.** *adv* quickly

Fixa ['fɪksa] *pl von* **Fixum**

fixen ['fɪksn̩] *vi* (*sl*) to fix

Fixer(in) <-s, -> ['fɪksɐ] *m(f)* (*sl*) fixer BRIT, junkie AM

fixieren* [fɪ'ksi:rən] *vt* ❶ (*anstarren*) to fix one's eyes on ❷ PSYCH ■ **auf etw** *akk* **fixiert sein** to be fixated on sth ❸ FOTO to fix ❹ (*geh: festlegen*) to fix ❺ SCHWEIZ (*befestigen*) to fix

Fixierung <-, -en> *f* ❶ (*Festlegung*) specification ❷ PSYCH (*Ausrichtung*) fixation

Fixkosten *pl* fixed costs *pl*

Fixum <-s, Fixa> ['fɪksʊm, *pl* 'fɪksa] *nt* basic salary; (*Zuschuss*) fixed allowance

Fjord <-[e]s, -e> [fjɔrt] *m* fjord

FKK [ɛfka:'ka:] *kein art Abk von* **Freikörperkultur**

FKK-Strand *m* nudist beach

flach [flax] **I.** *adj* flat; (*nicht hoch*) low; (*nicht steil*) gentle; **sich** *akk* **~ hinlegen** to lie [down] flat **II.** *adv* **~ abfallen** to slope down gently; **~ atmen** to take shallow breaths

Flachbildschirm *m* flat screen **flachbrüstig** *adj* flat-chested **Flachdach** *nt* flat roof **Flachdruck** *m* TYPO ❶ *kein pl* (*Verfahren*) planography *no pl* ❷ (*Produkt*) planograph

Fläche <-, -n> ['flɛçə] *f* ❶ (*flache Außenseite*) surface; (*Würfelfläche*) face ❷ (*Gebiet*) expanse; (*mit Maßangaben*) area

Flächenausdehnung *f* surface area **flächendeckend** *adj* covering the needs *pred* **Flächeninhalt** *m* [surface] area **Flächenmaß** *nt* [unit of] square measure **Flächenstilllegung** *f* AGR laying land fallow **Flächenstreik** *m* general strike

flach|fallen *vi sep irreg sein* (*fam*) to not come off

flächig ['flɛçɪç] *adj* ❶ (*breit*) flat ❷ (*ausgedehnt*) extensive

Flachland *nt* lowland **flach|legen** (*fam*) **I.** *vt* to knock out *sep* **II.** *vr* ■ **sich** *akk* **~** to lie down; (*flach hinfallen*) to fall flat [on one's face] **flach|liegen** *vi irreg* (*fam*) to be laid up [in bed]

Flachmann *m* (*fam*) hipflask

Flachs <-es> [flaks] *m kein pl* ❶ (*Pflanze*) flax *no art, no pl* ❷ (*fam: Witzelei*) kidding *no art, no pl fam;* **ohne ~** joking aside

flachsblond *adj* flax-coloured

flachsen ['flaksn̩] *vi* (*fam*) to kid around

flackern ['flakɐn] *vi* to flicker

Fladen <-s, -> ['fla:dn̩] *m* KOCHK round flat dough-cake

Fladenbrot *nt* round flat loaf [of bread], ≈ Turkish bread *no art, no pl*

Flagge <-, -n> ['flagə] *f* flag; **die englische ~ führen** to fly the English flag ▶ WENDUNGEN: **~ zeigen** to nail one's colours to the mast

flaggen ['flagn̩] *vi* to fly a flag

Flaggschiff *nt* flagship

flagrant [fla'grant] *adj* (*geh*) flagrant

Flair <-s> [flɛ:ɐ̯] *nt o selten m kein pl* (*geh*) aura

Flakon <-s, -s> [fla'kõ:] *nt o m* (*geh*) flacon

flambieren* [flam'bi:rən] *vt* to flambé[e]

Flame, Flamin *o* **Flämin** <-n, -n> ['flamə, fla:mɪn, flɛ:mɪn] *m, f* Fleming, Flemish man/woman/boy/girl

Flamingo <-s, -s> [fla'mɪŋgo] *m* flamingo

flämisch ['flɛmɪʃ] *adj* Flemish

Flamme <-, -n> ['flamə] *f* flame; **in ~n aufgehen** to go up in flames; **etw auf großer/kleiner ~ kochen** to cook sth on a high/low heat

flammend *adj* (*liter*) flaming

Flammenwerfer <-s, -> *m* flamethrower

Flandern <-s> ['flandɐn] *nt* Flanders + *sing vb*

Flanell <-s, -e> [fla'nɛl] *m* flannel

flanieren* [fla'ni:rən] *vi sein o haben* to stroll

Flaniermeile *f* (*fam*) promenade

Flanke <-, -n> ['flaŋkə] *f* ❶ ANAT flank ❷ FBALL cross

flanken ['flaŋkn̩] *vi* FBALL to centre [*or* AM -er]

flankieren* [flaŋ'ki:rən] *vt* to flank

Flansch <-[e]s, -e> [flanʃ] *m* TECH flange

flapsen ['flapsn̩] *vi* (*fam*) to joke

flapsig ['flapsɪç] (*fam*) **I.** *adj* cheeky BRIT; *Bemerkung* offhand **II.** *adv* cheekily BRIT

Flasche <-, -n> ['flaʃə] *f* ❶ (*Behälter*) bottle; **etw in ~n füllen** to bottle sth; **einem Kind die ~ geben** to bottle-feed a child; **aus der ~ trinken** to drink straight from the bottle ❷ (*fam: Versager*) dead loss; (*einfältiger Mensch*) pillock BRIT, dork AM

F

Flaschenbier *nt* bottled beer **Flaschengärung** *f* fermentation in the bottle **Flaschengestell** *nt* bottle rack **Flaschenhals** *m* bottleneck **Flaschenkind** *nt* bottle-fed baby **Flaschenöffner** *m* bottle-opener **Flaschenpfand** *m* deposit on a bottle **Flaschenpost** *f* message in a bottle **Flaschenzug** *m* TECH block and tackle

Flaschner(in) <-s, -> *m(f)* SÜDD, SCHWEIZ (*Klempner*) plumber

Flatrate <-, -s> [flɛt'reɪt] *f* INET flat rate

Flatter ['flatɐ] *f* **mach die ~!** (*sl*) beat it!

flatterhaft *adj* (*pej*) fickle

Flatterhaftigkeit <-> *f kein pl* (*pej*) fickleness *no pl*

Flattermann <-männer> *m* (*hum fam*) chicken

flattern ['flatɐn] *vi* ① *haben* (*mit den Flügeln*) to flap ② *haben* (*vom Wind bewegt*) to flutter; *lange Haare* to stream ③ *sein* (*fam: zugestellt werden*) **heute flatterte eine Rechnung ins Haus** a bill landed on the mat today

Flattersatz *m* unjustified text

flau [flau̯] *adj* ① (*leicht unwohl*) queasy ② (*träge*) *Geschäft* slack

Flaum <-[e]s> [flau̯m] *m kein pl* down *no art, no pl*

flaumig ['flau̯mɪç] *adj* downy

Flausch <-[e]s, -e> ['flau̯ʃ] *m* fleece *no pl*

flauschig *adj* fleecy

Flausen ['flau̯zən] *pl* (*fam*) nonsense *nsing;* **~ im Kopf haben** to have crazy ideas; **jdm die ~ austreiben** to get sb to return to reality

Flaute <-, -n> ['flau̯tə] *f* ① (*Windstille*) calm *no pl* ② (*mangelnde Nachfrage*) lull

Flechte <-, -n> ['flɛçtə] *f* BOT, MED lichen

flechten <flocht, geflochten> ['flɛçtn̩] *vt Haare* to plait (**zu** +*dat* into); *Korb, Kranz* to weave (**zu** +*dat* into)

Flechtwerk *nt kein pl* wickerwork *no art, no pl*

Fleck <-[e]s, -e *o* -en> [flɛk] *m* ① (*Schmutzfleck*) stain; **~en machen** to stain ② (*dunkle Stelle*) mark; **ein blauer ~** a bruise ③ (*Stelle*) spot, place; **sich** *akk* **nicht vom ~ rühren** not to move [an inch]

Fleckchen <-s, -> *nt* ① *dim von* **Fleck** mark ② (*Gegend*) **ein schönes ~ Erde** a nice little spot

Flecken <-s, -> ['flɛkn̩] *m* ① (*veraltet: Marktflecken*) small town ② *s.* **Fleck 1, 2**

fleckenlos *adj* spotless

Fleckentferner <-s, -> *m* stain remover

Fleckenwasser *nt* stain remover

Fleckerlteppich ['flɛkɐl-] *m* SÜDD, ÖSTERR rag rug

fleckig ['flɛkɪç] *adj* ① (*befleckt*) marked, stained ② (*voller dunkler Stellen*) blemished; *Haut* blotchy

Fledermaus ['fle:dɐmau̯s] *f* bat

Fleece <-> [fli:s] *nt kein pl* fleece *no pl*

Flegel <-s, -> ['fle:gl̩] *m* (*pej: Lümmel*) lout, yob[bo] BRIT

Flegelalter *nt* adolescence *no indef art, no pl*

Flegelei <-, -en> [fle:gə'lai̯] *f* (*pej*) uncouthness *no art, no pl*

flegelhaft *adj* (*pej*) uncouth

Flegeljahre *pl* awkward age

flehen ['fle:ən] *vi* (*geh*) to beg (**um** +*akk* for)

flehentlich ['fle:əntlɪç] **I.** *adj* (*geh*) pleading **II.** *adv* pleadingly

Fleisch <-[e]s> ['flai̯ʃ] *nt kein pl* ① (*Nahrungsmittel*) meat *no art, no pl;* **~ fressend** carnivorous ② (*Gewebe*) flesh *no indef art, no pl* ▸ WENDUNGEN: **jds eigen[es] ~ und Blut** (*geh*) sb's own flesh and blood; **jdm in ~ und Blut übergehen** to become sb's second nature; **sich** *dat o akk* **ins eigene ~ schneiden** to cut off one's nose to spite one's face

Fleischbrühe *f* ① (*Bouillon*) bouillon ② (*Fond*) meat stock **Fleischbrühwürfel** *m* stock [*or* bouillon] cube

Fleischer(in) <-s, -> ['flai̯ʃɐ] *m(f)* butcher

Fleischerei <-, -en> [flai̯ʃə'rai̯] *f* butcher's [shop BRIT]

fleischfarben *adj* flesh-coloured **fleischfressend** *adj* carnivorous

fleischig ['flai̯ʃɪç] *adj* fleshy

Fleischkäse *m* meatloaf **Fleischklößchen** *nt* [small] meatball

fleischlich *adj attr* **~e Genüsse** meat delicacies; **~ Begierden** (*fig*) carnal desires, desires of the flesh

fleischlos *adj* vegetarian

Fleischpastete *f* meat vol-au-vent [*or* BRIT pasty] **Fleischspieß** *m* meat skewer **Fleischtomate** *f* beef[steak] tomato **Fleischvergiftung** *f* meat poisoning **Fleischvogel** *m* SCHWEIZ beef olive **Fleischwaren** *pl* meat produce *nsing* **Fleischwolf** *m* mincer BRIT, grinder AM **Fleischwunde** *f* flesh wound **Fleischwurst** *f* ≈ pork sausage

Fleiß <-[e]s> [flai̯s] *m kein pl* industriousness *no art, no pl* ▸ WENDUNGEN: **ohne ~ kein Preis** (*prov*) success doesn't come easily

fleißig ['flai̯sɪç] **I.** *adj* industrious, diligent **II.** *adv* industriously, diligently; **~ arbeiten** to work industriously

flennen ['flɛnən] *vi* (*pej fam*) to blubber
Fleppe <-, -n> ['flɛpə] *f* (*sl*) driving licence BRIT, driver's license AM
fletschen ['flɛtʃn̩] *vt* **die Zähne ~** to bare one's/its teeth
flexibel [flɛ'ksi:bl̩] *adj* ❶ (*anpassungsfähig*) flexible ❷ (*elastisch*) pliable
flexibilisieren *vt* to adapt; **die Arbeitszeit ~** to introduce flexible working hours
Flexibilität <-> [flɛksibili'tɛ:t] *f kein pl* ❶ (*Anpassungsfähigkeit*) flexibility *no art, no pl* ❷ (*Elastizität*) pliability *no art, no pl*
Flexion <-, -en> [flɛ'ksi̯o:n] *f* (*Deklinieren*) inflection; (*Konjugieren*) conjugation
flicht *imp sing und 3. pers sing pres von* **flechten**
flicken ['flɪkn̩] *vt* to mend; *Fahrradschlauch* to patch [up *sep*]

Falsche Freunde
Nicht verwechseln mit *to flick* — schnalzen mit!

Flicken <-s, -> ['flɪkn̩] *m* patch
Flickenteppich *m* rag rug
Flickwerk *nt kein pl* (*pej*) **ein ~ sein** to have been carried out piecemeal **Flickzeug** *nt kein pl* ❶ (*für Fahrräder*) [puncture] repair kit ❷ (*Nähzeug*) sewing kit
Flieder <-s, -> ['fli:dɐ] *m* lilac
fliederfarben *adj* lilac
Fliege <-, -n> ['fli:gə] *f* ❶ (*Insekt*) fly ❷ MODE bow tie ▶WENDUNGEN: **zwei ~n mit einer Klappe schlagen** (*fam*) to kill two birds with one stone; **die ~ machen** (*fam*) to leg it
fliegen <flog, geflogen> ['fli:gn̩] *vi sein* ❶ (*durch die Luft*) to fly ❷ (*sl: hinausgeworfen werden*) to get kicked out ❸ (*fam: fallen*) to fall
fliegend *adj attr* mobile
Fliegenfänger *m* flypaper **Fliegengewicht** *nt kein pl* flyweight *no indef art, no pl* **Fliegengitter** *nt* fly screen BRIT, screen AM **Fliegenklatsche** *f* fly swatter **Fliegenpilz** *m* fly agaric *no indef art, no pl*
Flieger <-s, -> *m* (*fam*) plane
Flieger(in) <-s, -> *m(f)* (*Pilot*) pilot, airman *masc*, airwoman *fem*
Fliegeralarm *m* air-raid warning **Fliegerstaffel** *f* MIL (*Einheit der Luftwaffe*) air force squadron
fliehen <floh, geflohen> ['fli:ən] *vi sein* to flee; *aus dem Gefängnis* to escape
Fliehkraft *f kein pl* centrifugal force
Fliese <-, -n> [fli:zə] *f* tile
fliesen ['fli:zn̩] *vt* to tile
Fliesenleger(in) <-s, -> *m(f)* tiler
Fließband <-bänder> *nt* assembly line; (*Förderband*) conveyer [belt]; **am ~ arbeiten** to work on the production line
Fließbandarbeit *f* work on a production line **Fließbandfertigung** *f* assembly line production
fließen <floss, geflossen> ['fli:sn̩] *vi sein* to flow
fließend **I.** *adj* ❶ (*flüssig*) fluent ❷ (*übergangslos*) fluid **II.** *adv* ❶ (*bei Wasser*) **~ warmes und kaltes Wasser** running hot and cold water ❷ (*ohne zu stocken*) fluently; **~ Französisch sprechen** to speak fluent French
Fließheck *nt* AUTO fastback
flimmerfrei *adj* flicker[-]free **Flimmerkiste** *f* (*fam*) box BRIT, boob tube AM
flimmern ['flɪmɐn] *vi* to flicker
flink [flɪŋk] *adj* quick
Flinte <-, -n> ['flɪntə] *f* shotgun ▶WENDUNGEN: **die ~ ins Korn werfen** (*fam*) to throw in the towel
Flipper <-s, -> ['flɪpɐ] *m* pinball machine
Flipperautomat *m* pinball machine
flippern ['flɪpɐn] *vi* to play pinball
flippig *adj* (*fam*) hip
Flirt <-s, -s> [flø:ɐ̯t] *m* flirt[ation]
flirten ['fløɐ̯tn̩] *vi* to flirt
Flirtfaktor ['flœrtfakto:ɐ̯, 'flɪrt-] *m kein pl* (*fam*) flirt factor
Flittchen <-s, -> ['flɪtçən] *nt* (*pej fam*) slut
Flitter <-s, -> ['flɪtɐ] *m* ❶ (*Pailletten*) sequins *pl* ❷ *kein pl* (*pej: Tand*) trash *no art, no pl*
Flitterwochen *pl* honeymoon *nsing*
flitzen ['flɪtsn̩] *vi sein* to dash
flocht ['flɔxt] *imp von* **flechten**
Flocke <-, -n> ['flɔkə] *f* ❶ (*Schneeflocke*) snowflake ❷ (*Staubflocke*) ball of fluff
flockig ['flɔkɪç] *adj* fluffy
flog ['flo:k] *imp von* **fliegen**
Floh <-[e]s, Flöhe> [flo:, *pl* 'flø:ə] *m* flea ▶WENDUNGEN: **jdm einen ~ ins Ohr setzen** to put an idea into sb's head
floh ['flo:] *imp von* **fliehen**
Flohmarkt *m* flea market
Flop <-s, -s> [flɔp] *m* (*fam*) flop
Floppy Disk ['flɔpidɪsk] *f* INFORM floppy disk
Flora <-, Floren> ['flo:ra, *pl* 'flo:rən] *f* flora *npl*
Florenz <-> [flo'rɛnts] *nt kein pl* Florence
Florett <-[e]s, -e> [flo'rɛt] *nt* foil
florieren* [flo'ri:rən] *vi* to flourish; ■**~d** flourishing
Florist(in) <-en, -en> [flo'rɪst] *m(f)* florist
Floskel <-, -n> ['flɔskl̩] *f* set phrase

F

Floß <-es, Flöße> [flo:s, *pl* 'flø:sə] *nt* raft
floss ['flɔs] *imp von* **fließen**
Flosse <-, -n> ['flɔsə] *f* ① (*Fischflosse*) fin ② (*Schwimmflosse*) flipper
Flöte <-, -n> ['flø:tə] *f* ① (*Musikinstrument*) pipe; (*Querflöte*) flute; (*Blockflöte*) recorder ② (*Kelchglas*) flute [glass]
flöten ['flø:tn̩] *vi, vt* ① (*Flöte spielen*) to play the flute ② (*hum fam: süß sprechen*) to warble ▸WENDUNGEN: **etw geht jdm ~** sb loses sth
Flötenspieler(in) *m(f)* piper; (*Querflötenspieler*) flute player; (*Blockflötenspieler*) recorder player **Flötenton** *m* sound of a flute
Flötist(in) <-en, -en> [flø'tɪst] *m(f)* flautist
flott [flɔt] **I.** *adj* ① (*zügig*) quick; **aber ein bisschen ~!** (*fam*) make it snappy!; **ein ~es Tempo** [a] high speed ② (*schwungvoll*) lively ③ (*schick*) smart **II.** *adv* ① (*zügig*) fast ② (*schick*) smartly
flott|bekommen* *vt irreg* **ein Schiff ~** to float off *sep* a ship; **ein Auto ~** to get a car on the road
Flotte <-, -n> ['flɔtə] *f* fleet
Flottenabkommen *nt* naval treaty **Flottenstützpunkt** *m* naval base
flott|machen *vt* to get back in working order; **ein Auto ~** to get a car back on the road **flottweg** ['flɔt'vɛk] *adv* (*fam*) nonstop
Flöz <-es, -e> [flø:ts] *nt* BERGB seam
Fluch <-[e]s, Flüche> [flu:x, *pl* 'fly:çə] *m* curse, oath *dated*
fluchen ['flu:xn̩] *vi* to curse (**auf, über** +*akk* at)
Flucht <-, -en> [flʊxt] *f* escape (**vor** +*dat* from); **jdm glückt die ~** sb escapes [successfully]; ■**die ~ in etw** *akk* refuge in sth; **die ~ ergreifen** (*geh*) to take flight; **auf der ~ sein** to be on the run; **jdn in die ~ schlagen** to put sb to flight ▸WENDUNGEN: **die ~ nach vorn antreten** to take the bull by the horns
fluchtartig **I.** *adj* hasty **II.** *adv* hastily, in a hurry
flüchten ['flʏçtn̩] **I.** *vi sein* to flee; (*aus der Gefangenschaft, einer Gefahr*) to escape **II.** *vr haben* ■**sich** *akk* **irgendwohin ~** to seek refuge somewhere; ■**sich** *akk* **in etw** *akk* **~** (*fig*) to take refuge in sth; **sich** *akk* **in Ausreden ~** to resort to excuses
Fluchtfahrzeug *nt* getaway car **Fluchtgefahr** *f* **bei jdm besteht ~** sb is always trying to escape **Fluchthilfe** *f* escape aid
flüchtig ['flʏçtɪç] **I.** *adj* ① (*geflüchtet*) fugitive *attr;* ■**~ sein** to be a fugitive ② (*kurz*) fleeting, brief ③ (*oberflächlich*) cursory; **eine ~e Bekanntschaft** a passing acquaintance **II.** *adv* ① (*kurz*) briefly ② (*oberflächlich*) cursorily; **jdn ~ kennen** to have met sb briefly
Flüchtigkeit <-> *f kein pl* ① (*Kürze*) briefness *no pl* ② (*Oberflächlichkeit*) cursoriness *no pl*
Flüchtigkeitsfehler *m* careless mistake
Flüchtling <-s, -> ['flʏçtlɪŋ] *m* refugee
Flüchtlingslager *nt* refugee camp **Flüchtlingsstrom** *m* flood of refugees
Fluchtpunkt *m* vanishing point **Fluchtversuch** *m* attempted escape **Fluchtweg** *m* escape route
Flug <-[e]s, Flüge> [flu:k, *pl* 'fly:gə] *m* flight; **der ~ zum Mond** the journey to the moon ▸WENDUNGEN: **wie im ~[e]** in a flash
Flugabwehr *f* air defence **Flugabwehrrakete** *f* anti-aircraft missile
Flugangst *f* fear of flying **Flugaufkommen** *nt kein pl* air traffic *no pl* **Flugbahn** *f* flight path; (*Kreisbahn*) orbit; *einer Kugel, Rakete* trajectory **Flugbegleiter(in)** *m(f)* steward *masc,* stewardess *fem* **Flugblatt** *nt* leaflet, flyer **Flugboot** *nt* flying boat **Flugdatenschreiber** *m s.* **Flugschreiber** **Flugdauer** *f* flying time **Flugdrachen** *m* hang-glider
Flügel <-s, -> ['fly:gl̩] *m* ① (*zum Fliegen*) wing; (*Hubschrauberflügel*) rotor ② *einer Windmühle* sail ③ ARCHIT, POL, SPORT wing; *eines Altars* sidepiece; *eines Fensters* casement ④ (*Konzertflügel*) grand piano. ▸WENDUNGEN: **die ~ hängen lassen** (*fam*) to lose heart
Flügelmutter <-muttern> *f* butterfly nut **Flügelschraube** *f* wing bolt; (*Mutter*) wing nut **Flügeltür** *f* double door
Flugfeld *nt* airfield **Fluggast** *m* passenger
flügge ['flʏgə] *adj präd* fledged; ■**~ sein** (*fig fam*) to be ready to leave the nest
Fluggeschwindigkeit *f* (*von Flugzeug*) flying speed; (*von Rakete, Geschoss*) velocity; (*von Vögeln*) speed of flight **Fluggesellschaft** *f* airline **Flughafen** *m* airport **Flughöhe** *f* altitude **Flugkapitän(in)** *m(f)* captain **Flugkörper** *m* projectile **Fluglehrer(in)** *m(f)* flying instructor **Flugleitsystem** *nt* flight control system **Flugleitung** *f* air-traffic control **Fluglinie** *f* ① (*Strecke*) air route ② (*Fluggesellschaft*) airline **Fluglotse, -lotsin** *m, f* flight controller **Flugobjekt** *nt* **unbekanntes ~** unidentified flying object, UFO **Flugplan** *m* flight plan **Flugplatz** *m* airfield **Flugreise** *f* flight; **eine ~ machen** to travel by air
flugs [flʊks] *adv* (*veraltend*) at once

Flugschein *m* ① (*Pilotenschein*) pilot's licence ② (*Ticket*) [plane] ticket **Flugschneise** *f* flight path **Flugschreiber** *m* flight recorder, black box *fam* **Flugsicherheit** *f kein pl* air safety *no pl* **Flugsicherung** *f* flight control **Flugsimulator** *m* flight simulator **Flugstrecke** *f* ① (*Distanz*) flight route ② (*Etappe*) leg ③ (*Route*) route **flugtauglich** *adj* fit to fly *pred* **Flugticket** *nt* [plane] ticket **Flugverbindung** *f* [flight] connection

Flugverbot *nt* LUFT (*Menschen*) flying ban; (*Flugzeug*) aircraft grounding **Flugverbotszone** *f* no-fly zone

Flugverkehr *m* air traffic **Flugwaffe** *f* SCHWEIZ Swiss Air Force **Flugzeit** *f* flight time **Flugzettel** *m* ÖSTERR leaflet

Flugzeug <-[e]s, -e> *nt* [aero]plane BRIT, [air]plane AM; **mit dem ~** by [aero]plane **Flugzeugabsturz** *m* plane crash **Flugzeugbau** *m kein pl* aircraft construction **Flugzeugbesatzung** *f* flight crew **Flugzeugentführer(in)** *m(f)* [aircraft] hijacker **Flugzeugentführung** *f* [aircraft] hijacking **Flugzeughalle** *f* hangar **Flugzeugkatastrophe** *f* air disaster **Flugzeugträger** *m* aircraft carrier **Flugzeugunglück** *nt* plane crash

Fluktuation <-, -en> [flʊktu̯a'tsi̯o:n] *f* (*geh*) fluctuation

fluktuieren* [flʊktu'i:rən] *vi* (*geh*) to fluctuate

Flunder <-, -n> ['flʊndɐ] *f* flounder

Flunkerei <-, -en> [flʊŋkə'rai̯] *f* (*fam*) ① *kein pl* (*das Flunkern*) fibbing ② (*kleine Lüge*) fib

flunkern ['flʊŋkɐn] *vi* (*fam*) to fib

Flunsch <-[e]s, -e> [flʊnʃ] *m* (*fam*) **einen ~ ziehen/machen** to pout

Fluor <-s> ['flu:o:ɐ̯] *nt kein pl* fluorine *no pl*

Fluorchlorkohlenwasserstoff *m* chlorofluorocarbon, CFC

Fluoreszenz <-> [fluorɛs'tsɛnts] *f kein pl* fluorescence *no pl*

fluoreszieren* [fluorɛs'tsi:rən] *vi* to fluoresce

fluoreszierend *adj* fluorescent

Fluorid <-[e]s, -e> [fluo'ri:t] *nt* fluoride

Fluorkohlenwasserstoff *m* fluorocarbon

Fluppe <-, -n> ['flʊpə] *f* (*sl*) fag BRIT *fam*, ciggie *fam*

Flur[1] <-[e]s, -e> [flu:ɐ̯] *m* corridor; (*Hausflur*) entrance hall

Falsche Freunde

Nicht verwechseln mit *floor* — Fußboden *m*!

Flur[2] <-, -en> [flu:ɐ̯] *f* ① (*Gebiet*) plot ② (*geh: freies Land*) open fields *pl* ▸ WENDUNGEN: **allein auf weiter ~ sein** to be [all] on one's tod BRIT

Flurbereinigung *f* reallocation of agricultural land **Flurschaden** *m* damage to [fields and] crops

Fluse <-, -n> ['flu:zə] *f* piece of fluff

Fluss <-es, Flüsse> [flʊs, *pl* 'flʏsə] *m* ① (*Wasserlauf*) river; **jdn über den ~ setzen** to ferry sb across the river; **am ~** next to the river ② (*Verlauf*) flow; **sich** *akk* **im ~ befinden** to be in a state of flux

flussab [flʊs'ʔap], **flussabwärts** [flʊs'ʔapvɛrts] *adv* downriver **Flussarm** *m* arm of a river **flussaufwärts** [flʊs'ʔau̯fvɛrts] *adv* upriver **Flussbegradigung** *f* river straightening **Flussbett** *nt* riverbed **Flussdiagramm** *nt* flow chart

flüssig ['flʏsɪç] **I.** *adj* ① (*nicht fest*) liquid; *Glas, Stahl* molten; **etw ~ machen** to melt sth; **~ werden** to melt ② (*fließend*) flowing; *Verkehr* moving ③ FIN (*fam*) liquid; **[nicht] ~ sein** [not] to have a lot of money **II.** *adv* flowingly; **~ lesen** to read effortlessly; **~ sprechen** to speak fluently

Flüssiggas *nt* liquid gas

Flüssigkeit <-, -en> *f* ① (*flüssiger Stoff*) liquid, fluid ② *kein pl* (*fließende Beschaffenheit*) liquidity; *Rede* fluency

flüssig|machen *vt* (*fig fam*) ■**etw ~** to mobilize sth

Flüssigseife *f* liquid soap

Flusskrebs *m* crayfish **Flusslauf** *m* course of a river **Flussmündung** *f* river mouth **Flussniederung** *f* fluvial plain **Flusspferd** *nt* hippopotamus **Flussschifffahrt** *f* river navigation **Flussufer** *nt* river bank

flüstern ['flʏstɐn] *vi, vt* to whisper; **miteinander ~** to whisper to one another; ■**man flüstert, dass ...** rumour has it that ...

Flüsterton *m* whisper; **im ~** in whispers

Flut <-, -en> [flu:t] *f* ① (*angestiegener Wasserstand*) high tide; **die ~ geht zurück** the tide is going out; **es ist ~** the tide's in; **die ~ kommt** the tide is coming in; **bei ~** at high tide ② *meist pl* (*Wassermassen*) torrent ③ (*große Menge*) ■**eine ~ von etw** *dat* a flood of sth

fluten ['flu:tn̩] *vi, vt* to flood

Fluthilfe *f* flood relief **Flutkatastrophe** *f* flood disaster **Flutlicht** *nt kein pl* floodlight **Flutopfer** *nt* flood victim

flutschen ['flʊtʃn̩] **I.** *vi sein* (*fam: rutschen*) to slip **II.** *vi impers sein o haben* (*fam: gut verlaufen*) to go smoothly

Flutwelle *f* tidal wave

F

f-Moll <-s, -> ['ɛfmɔl] *nt kein pl* MUS F flat minor

focht ['fɔxt] *imp von* **fechten**

Föderalismus <-> [føderaːˈlɪsmʊs] *m kein pl* federalism *no pl*

föderalistisch [føderaːˈlɪstɪʃ] *adj* federalist

Föderation <-, -en> [føderaˈtsi̯oːn] *f* federation

Fohlen <-s, -> ['foːlən] *nt* foal

Föhn <-[e]s, -e> [føːn] *m* ① (*Wind*) föhn ② (*Haartrockner*) hair-dryer

föhnen *vt* to blow-dry

Föhnwelle *f* blow-dried hairstyle

Föhre <-, -n> ['føːrə] *f* DIAL pine tree

Fokus <-, -se> ['foːkʊs] *m* focus

Folge <-, -n> ['fɔlgə] *f* ① (*Auswirkung*) consequence; **etw zur ~ haben** to result in sth; **etw wird böse/unangenehme ~n nach sich ziehen** *dat* sth will have nasty/unpleasant consequences; **als ~ von etw** *dat* as a consequence/result of sth ② (*Abfolge*) series; *von Bildern, Tönen a.* sequence; **in rascher ~** in quick succession ③ (*Teil einer TV-Serie*) episode ▶ WENDUNGEN: **einem Befehl ~ leisten** to comply with an order

Folgeerscheinung *f* consequence

folgen ['fɔlgn̩] *vi* ① *sein* (*nachgehen, als Nächstes kommen*) to follow; **~ Sie mir unauffällig!** follow me quietly; **es folgt die Ziehung der Lottozahlen** the lottery draw will follow; **wie folgt** as follows; ■**auf etw** *akk* **~** to come after sth ② *haben* (*gehorchen*) to be obedient; *einem Befehl* to follow ③ *sein* (*verstehen*) **jdm/etw ~ können** to be able to follow sb/sth ④ *sein* (*sich richten nach*) **einer Politik ~** to pursue a policy; **einem Vorschlag ~** to act on a suggestion ⑤ *sein* (*hervorgehen*) ■**aus etw** *dat* **~** to follow from sth; ■**es folgt, dass ...** it follows that ...

folgend ['fɔlgn̩t] *adj* following; ■**F~es** the following; ■**im F~en** in the following

folgendermaßen ['fɔlgn̩dɐˈmaːsn̩] *adv* as follows

folgenlos *adj präd* without consequence

folgenschwer *adj* serious; *Entscheidung* momentous

folgerichtig *adj* logical

folgern ['fɔlgɐn] **I.** *vt* to conclude (**aus** + *dat* from) **II.** *vi* to draw a conclusion; **vorschnell ~** to jump to conclusions

Folgerung <-, -en> *f* conclusion; **eine ~ aus etw** *dat* **ziehen** to draw a conclusion from sth

Folgeschaden *m* consequential loss **Folgezeit** *f* following period

folglich ['fɔlklɪç] *adv* therefore

folgsam ['fɔlkzaːm] *adj* obedient

Folie <-, -n> ['foːli̯ə] *f* ① (*Plastikfolie*) [plastic] film; (*Metallfolie*) foil ② (*Projektorfolie*) slide

Folklore <-> [fɔlkˈloːrə] *f kein pl* folklore

folkloristisch *adj* folkloristic

Folter <-, -n> ['fɔltɐ] *f* torture ▶ WENDUNGEN: **jdn auf die ~ spannen** to keep sb on tenterhooks

Folterbank <-bänke> *f* rack **Folterkammer** *f* torture chamber

foltern ['fɔltɐn] *vt* to torture

Folterung <-, -en> *f* torture

Fon [foːn] *nt* (*fam*) *kurz für* **Telefon** phone

Fön®, Föhn <-[e]s, -e> [føːn] *m* hair-dryer

Fond <-s, -s> [fõː] *m* KOCHK juices

Fonds <-, -> [fõː, *pl* fõːs] *m* FIN (*Geldreserve*) fund; (*Kapital*) funds *pl*

Fondsmanager(in) *m(f)* BÖRSE fund manager

Fondue <-s, -s> [fõˈdyː] *nt* fondue

Fonotypist(in) <-en, -en> [fono-] *m(f) s.* **Phonotypist**

Font <-s, -s> [fɔnt] *m* INFORM font

Fontäne <-, -n> [fɔnˈtɛːnə] *f* fountain

foppen ['fɔpn̩] *vt* (*fam*) ■**jdn ~** to pull sb's leg

Fora ['foːra] *pl von* **Forum**

forcieren* [fɔrˈsiːrən] *vt* (*geh*) to push ahead with; *Export, Produktion* to boost

Förde <-, -n> ['føːɐ̯də] *f* firth

Förderanlage *f* conveyor **Förderband** <-bänder> *nt* conveyor belt

Förderer, Förderin <-s, -> *m, f* sponsor

Fördergelder *pl* ADMIN development funds **Förderkorb** *m* hoisting cage

förderlich *adj* useful

Fördermittel *nt* winding means *npl*

fordern ['fɔrdɐn] **I.** *vt* ① (*verlangen*) to demand ② (*erfordern*) to require (**von** + *dat* of, from) ③ (*kosten*) to claim; **der Flugzeugabsturz forderte 123 Menschenleben** the plane crash claimed 123 lives ④ (*Leistung abverlangen*) ■**jdn ~** to make demands on sb ⑤ (*herausfordern*) to challenge; **jdn zum Duell/Kampf ~** to challenge sb to a duel/fight **II.** *vi* (*verlangen*) to make demands; ■**[von jdm] ~, dass ...** to demand [of sb] that ...

fördern ['fœrdɐn] *vt* ① (*unterstützen*) to support; *Karriere, Talent* to further; ■**jdn ~** *Gönner, Förderer* to sponsor; **die Verdauung ~** to aid digestion ② (*steigern*) to promote; *Konjunktur, Umsatz* to boost ③ (*abbauen*) to mine for; *Erdöl* to drill for

fordernd **I.** *adj* overbearing **II.** *adv* in a

domineering manner *pred*
Förderschacht *m* winding shaft **Förderturm** *m* winding tower
Forderung <-, -en> *f* ❶ (*nachdrücklicher Wunsch*) demand; **jds ~en erfüllen** to meet sb's demands; **einer ~ nachkommen** to act as requested; **~en [an jdn] stellen** to make demands [on sb] ❷ ÖKON debt claim
Förderung <-, -en> *f* ❶ (*Unterstützung*) support ❷ (*das Fördern*) promotion ❸ MED (*Anregung*) stimulation ❹ BERGB mining; **die ~ von Erdöl** drilling for oil
Forelle <-, -n> [fo'rɛlə] *f* trout
Foren ['forən] *pl von* **Forum**
Forenmaster <-s, -> ['fo:rənma:stɐ] *m* INET forum moderator
Form <-, -en> [fɔrm] *f* ❶ (*äußere Gestalt*) shape; **etw in ~ bringen** to knock sth into shape; **seine ~ verlieren** to lose shape ❷ (*Kunstform*) form ❸ (*Substanz, Ausmaße*) **~ annehmen** to take shape; **in ~ von etw** *dat* in the form of sth ❹ (*Art und Weise*) form; **in mündlicher/schriftlicher ~** verbally/in writing ❺ (*fixierte Verhaltensweise*) conventions *pl;* **sich** *akk* **in aller ~ entschuldigen** to apologize formally; **die ~ wahren** (*geh*) to remain polite ❻ (*Kondition*) form, shape *fam;* **in ~ bleiben** to stay in form; **nicht in ~ sein** to be out of shape; **in guter/schlechter ~** in good/bad shape ❼ (*Gussform*) mould
formal [fɔr'ma:l] **I.** *adj* formal **II.** *adv* formally
Formalie <-, -n> [fɔr'ma:li̯ə] *f meist pl* formality
Formalität <-, -en> [fɔrmali'tɛt] *f* formality
Format <-[e]s, -e> [fɔr'ma:t] *nt* ❶ (*Größenverhältnis*) format; **im ~ DIN A 4** in A 4 format ❷ (*Niveau*) quality; **internationales ~** international standing; **[kein] ~ haben** to have [no] class
formatieren* [fɔrma'ti:rən] *vt* to format
Formatierung *f* formatting
Formation <-, -en> [fɔrma'tsi̯o:n] *f* formation
formbar *adj* malleable
formbeständig *adj* dimensionally stable **Formblatt** *nt* HANDEL form, blank
Formel <-, -n> ['fɔrml̩] *f* ❶ CHEM, MATH formula; **etw auf eine einfache ~ bringen** (*fig*) to reduce sth to a simple formula ❷ *in Brief, Eid* wording
formell [fɔr'mɛl] **I.** *adj* official, formal **II.** *adv* officially, formally
formen ['fɔrmən] *vt* ❶ (*modellieren, prägen*) to mould (**aus** *+dat* from); **wohl geformt** well formed ❷ (*bilden*) to form
Formenlehre *f* ❶ LING morphology ❷ MUS musical form
Formfehler *m* ❶ (*Verstoß gegen Vorschriften*) irregularity ❷ (*Verstoß gegen Etikette*) breach of etiquette
formieren* [fɔr'mi:rən] **I.** *vr* ■ **sich** *akk* ~ ❶ (*sich ordnen*) to form up ❷ (*sich bilden*) to form **II.** *vt* ■ **etw ~** to form sth; **eine Mannschaft ~** to position the players of a team
Formierung <-, -en> *f* formation
förmlich ['fœrmlɪç] **I.** *adj Bitte, Entschuldigung* official, formal **II.** *adv* ❶ (*unpersönlich*) formally ❷ (*geradezu*) really
Förmlichkeit <-, -en> *f kein pl* formality
formlos *adj* ❶ (*gestaltlos*) formless; (*die äußere Gestalt betreffend*) shapeless ❷ (*zwanglos*) informal
Formsache *f* formality; **eine [reine] ~ sein** to be a [mere] formality
formschön *adj* well-shaped
Formtief *nt* low; **ein ~ haben** to experience a low
Formular <-s, -e> [fɔrmu'la:ɐ̯] *nt* form

Falsche Freunde
Nicht verwechseln mit *formula* — Formel *f*!

formulieren* [fɔrmu'li:rən] *vt* to formulate; **... wenn ich es mal so ~ darf** ... if I might put it like that
Formulierung <-, -en> *f* wording
formvollendet **I.** *adj* perfect[ly shaped] **II.** *adv* perfectly
forsch [fɔrʃ] **I.** *adj* bold **II.** *adv* boldly
forschen ['fɔrʃn̩] *vi* to research; ■ **nach jdm/etw ~** to search for sb/sth
forschend **I.** *adj* inquiring **II.** *adv* inquiringly
Forscher(in) <-s, -> *m(f)* ❶ (*Wissenschaftler*) researcher ❷ (*Forschungsreisender*) explorer
Forschung <-, -en> *f* research; **die moderne ~** modern research; **~ und Lehre** research and teaching
Forschungsarbeit *f* ❶ (*Tätigkeit*) research [work] ❷ (*Veröffentlichung*) research paper **Forschungsergebnis** *nt* result of the research **Forschungslabor** *nt* research laboratory **Forschungspark** *m* research park **Forschungsreise** *f* expedition **Forschungssatellit** *m* research satellite **Forschungszentrum** *nt* research centre
Forst <-[e]s, -e[n]> [fɔrst] *m* [commercial] forest
Forstamt *nt* forestry office [*or* AM service]

F

Forstarbeiter(in) *m(f)* forest labourer

Förster(in) <-s, -> ['fœrstɐ] *m(f)* forester

Forsthaus *nt* forester's house **Forstwirt(in)** *m(f)* forester **Forstwirtschaft** *f kein pl* forestry *no pl*

fort [fɔrt] *adv* ① (*weg*) away; **nur ~ von hier!** (*geh*) let's get away! ② (*weiter*) **und so ~** and so on; **in einem ~** constantly

Fort <-s, -s> [foːɐ̯] *nt* fort

fortan [fɔrt'ʔan] *adv* (*geh*) henceforth

Fortbestand *m kein pl* continued existence *no pl*

fort|bestehen* *vi irreg* to survive **fort|bewegen*** *vt, vr* ■[**sich** *akk*] ~ to move

Fortbewegung *f kein pl* movement **Fortbewegungsmittel** *nt* means of locomotion

fort|bilden **I.** *vt* ■**jdn ~** to provide sb with further education **II.** *vr* ■**sich** *akk* ~ to take [further] education courses

Fortbildung *f kein pl* [further] training **Fortbildungskurs** *m*, **Fortbildungskursus** *m* [further] training course

fort|bleiben *vi irreg sein* to stay away (**von** +*dat* from) **fort|bringen** ['fɔrtbrɪŋən] *vt irreg* to take away *sep; Brief, Packet* to post [*or esp* AM mail] **Fortdauer** *f* continuation *no pl* **fort|dauern** *vi* to continue **fortdauernd** **I.** *adj* continuous **II.** *adv* continuously

forte ['fɔrtə] *adv* ① MUS forte ② PHARM extra

fort|entwickeln* *vt, vr* to develop [further] **Fortentwicklung** *f kein pl* development **fort|fahren** *vi* ① *sein* (*wegfahren*) to go [away/off] ② *sein o haben* (*weiterreden, -machen*) to continue **fort|fallen** *vi irreg sein* ■**etw fällt fort** sth does not apply **fort|fliegen** *vi sein* to fly away **fort|führen** *vt* ① (*fortsetzen*) to continue ② (*wegführen*) to lead away **Fortführung** *f* continuation **Fortgang** *m kein pl* ① (*weiterer Verlauf*) continuation *no pl* ② (*Weggang*) departure **fort|gehen** *vi sein* to go away

fortgeschritten *adj* advanced; **im ~en Alter** at an advanced age **Fortgeschrittene(r)** *f(m) dekl wie adj* advanced student **Fortgeschrittenenkurs** *m*, **Fortgeschrittenenkursus** *m* advanced course

fortgesetzt *adj* constant

fort|jagen *vt haben* to chase away **fort|kommen** *vi sein* ① (*fam: wegkommen*) to get out of/away (**aus, von** +*dat* from); **mach, dass du fortkommst!** (*fam*) get lost! ② (*abhandenkommen*) to go missing **Fortkommen** *nt* progress **fort|können** *vi irreg* to be able to go **fort|lassen** *vt irreg* ① (*weggehen lassen*) ■**jdn ~** to let sb go ② (*auslassen*) ■**etw ~** to leave out *sep* sth **fort|laufen** *vi irreg sein* to run away; ■**jdm ~** to go missing; **uns ist unsere Katze fortgelaufen** our cat has gone missing **fortlaufend** **I.** *adj* (*ständig wiederholt*) continual; (*ohne Unterbrechung*) continuous **II.** *adv* (*ständig*) constantly; (*in Serie*) consecutively **fort|leben** *vi* (*liter*) to live on **fort|müssen** *vi irreg* to have to go

fort|pflanzen *vr* ■**sich** *akk* ~ to reproduce

Fortpflanzung *f kein pl* reproduction *no pl* **fortpflanzungsfähig** *adj* able to reproduce *pred* **Fortpflanzungsklinik** *f* MED IVF [*or* fertility] clinic

fort|räumen *vt* to clear away *sep* **fort|reißen** *vt irreg* ■**etw mit sich** *dat* ~ to sweep away *sep* sth **fort|rennen** *vi irreg sein* (*fam*) to run away **fort|schaffen** *vt* to get rid of **fort|scheren** *vr* ■**sich ~** to clear off **fort|schicken** *vt* to send away **fort|schreiten** *vi irreg sein* to progress

Fortschritt ['fɔrtʃrɪt] *m* ① (*Schritt nach vorn*) step forward; [**gute**] **~e machen** to make progress *no pl* ② (*Verbesserung*) improvement

fortschrittlich **I.** *adj* progressive **II.** *adv* progressively

Fortschrittlichkeit <-> *f kein pl* progressiveness

fortschrittsfeindlich *adj* anti-progressive

fort|setzen *vt, vi* to continue

Fortsetzung <-, -en> ['fɔrtzɛtsʊŋ] *f* ① *kein pl* (*das Fortsetzen*) continuation *no pl* ② *eines Buches, Films* sequel; *einer Fernsehserie, eines Hörspiels* episode; **„~ folgt"** 'to be continued'

Fortsetzungsroman *m* serialized novel

fort|stehlen *vr irreg* ■**sich** *akk* ~ to steal away *sep* **fort|tragen** *vt irreg* to carry away *sep* **fort|treiben** *irreg* **I.** *vt haben* ① (*verjagen*) to chase away ② (*an einen anderen Ort treiben*) to sweep away **II.** *vi sein* to drift away

fortwährend ['fɔrtvɛːrənt] **I.** *adj attr* constant **II.** *adv* constantly

fort|werfen *vt irreg* to throw away *sep* **fort|wollen** *vi* to want to leave **fort|ziehen** *irreg* **I.** *vt haben* to pull away **II.** *vi sein* to move [away]

Forum <-s, Foren *o* Fora> ['foːrʊm, *pl* 'foːrən, 'foːra] *nt* ① (*Personenkreis*) audience ② *pl* (*öffentliche Diskussion*) public discussion ③ (*Ort für öffentliche Diskussion*) forum ④ INET [discussion] forum

Fossil <-s, -ien> [fɔ'siːl, *pl* -i̯ən] *nt* fossil

Föten ['føːtən] *pl von* **Fötus**

Foto <-s, -s> ['foːto] *nt* photograph, photo

fam; **ein ~** [**von jdm/etw**] **machen** to take a photo [of sb/sth]
Fotoalbum *nt* photo album **Fotoapparat** *m* camera **Foto-CD** *f* photo CD
fotogen [foto'ge:n] *adj* photogenic
Fotograf(in) <-en, -en> [foto'gra:f] *m(f)* photographer

Falsche Freunde
Nicht verwechseln mit *photograph* — Foto *nt*!

Fotografie <-, -n> [fotogra'fi:, *pl* fotogra'fi:ən] *f* ❶ *kein pl* (*Verfahren*) photography *no pl* ❷ (*Bild*) photograph
fotografieren* [fotogra'fi:rən] **I.** *vt* ■**jdn/etw ~** to take a photograph of sb/sth; **sich** *akk* **~ lassen** to have one's photograph taken **II.** *vi* to take photographs
fotografisch [foto'gra:fɪʃ] **I.** *adj* photographic **II.** *adv* photographically
Fotokopie [fotoko'pi:] *f* photocopy **fotokopieren*** [fotoko'pi:rən] *vt* to photocopy **Fotokopierer** *m* photocopier **Fotokopiergerät** *nt* photocopier **Fotolabor** *nt* photographic laboratory **Fotomodell** ['fo:tomodɛl] *nt* photographic model **Fotomontage** *f* photo montage **Fotosatz** *m* INFORM filmsetting, phototypesetting **Fotoshooting** <-s, -s> ['fo:toʃu:tɪŋ] *nt* FOTO [photo] shoot **Fotosynthese** *f* photosynthesis
Fötus <-[ses], Föten *o* -se> ['fø:tʊs, *pl* 'fø:tən, 'fø:tʊsə] *m* foetus
Fotze <-, -n> ['fɔtsə] *f* (*vulg*) cunt
Foul <-s, -s> [faul] *nt* foul
foulen ['faulən] *vt, vi* to foul
Foyer <-s, -s> [foa'je:] *nt* foyer
Fr. *Abk von* **Frau** Mrs, Ms (*feminist address*)
Fracht <-, -en> ['fraxt] *f* ❶ (*Ladung*) cargo ❷ (*Beförderungspreis*) carriage
Frachtbrief *m* consignment note
Frachter <-s, -> ['fraxtɐ] *m* cargo boat
Frachtflugzeug *nt* cargo plane, air freighter **frachtfrei** **I.** *adj Lieferung, Zustellung* carriage [pre]paid **II.** *adv* **etw ~ liefern** to deliver sth carriage free **Frachtgut** *nt* freight **Frachtkosten** *pl* carriage [costs *pl*] **Frachtraum** *m Schiff* cargo hold; *Flugzeug* cargo compartment **Frachtschiff** *nt* cargo boat; (*groß*) cargo ship **Frachtverkehr** *m* goods traffic *no pl*
Frack <-[e]s, Fräcke *o* -s> [frak, *pl* 'frɛkə] *m* tails *npl;* **einen ~ tragen** to wear tails; **im ~** in tails
Fracksausen <-s> *nt* **~ haben/bekommen** (*fam*) to be/become scared stiff
Frage <-, -n> ['fra:gə] *f* ❶ (*zu beantwortende Äußerung*) question; **eine ~ zu etw** *dat* **haben** to have a question about sth; **jdm eine ~ stellen** to ask sb a question ❷ (*Problem*) question, problem, issue; **keine ~** no problem; **ohne ~** without doubt; **die großen ~en unserer Zeit** the great issues of our time; **eine strittige ~** a contentious issue; **ungelöste ~en** unsolved issues; **~en aufwerfen** to prompt questions ❸ (*Betracht*) **in ~ kommen** to be worthy of consideration; **für diese Aufgabe kommt nur ein Spezialist in ~** only an expert can be considered for this task; **nicht in ~ kommen** to be out of the question
Fragebogen *m* questionnaire
fragen ['fra:gn̩] **I.** *vi* to ask; **man wird ja wohl noch ~ dürfen** (*fam*) I was only asking; **ohne** [**lange**] **zu ~** without asking [a lot of] questions; ■**nach jdm ~** to ask for sb; **nach der Uhrzeit ~** to ask the time; **nach dem Weg ~** to ask for directions; **nach jds Gesundheit ~** to enquire about sb's health **II.** *vr* ■**sich** *akk* **~, ob/wann/wie ...** to wonder whether/when/how ...; ■**es fragt sich, ob ...** it is doubtful whether ... **III.** *vt* ■[**jdn**] **etw ~** to ask [sb] sth
Fragerei <-, -en> [fra:gə'rai] *f* (*pej*) questions *pl;* **deine ~ geht mir auf die Nerven!** your stupid questions are getting on my nerves!
Fragesatz *m* LING interrogative clause **Fragestellung** *f* ❶ (*Formulierung*) formulation of a question ❷ (*Problem*) problem **Fragestunde** *f* question time **Fragewort** *nt* LING interrogative particle **Fragezeichen** *nt* question mark
fragil [fra'gi:l] *adj* (*geh*) fragile
fraglich ['fra:klɪç] *adj* ❶ (*fragwürdig*) suspect; **eine ~e Angelegenheit** a suspect matter ❷ (*unsicher*) doubtful; ■**es ist ~, ob ...** it's doubtful whether ... ❸ *attr* (*betreffend*) in question *pred;* **zur ~en Zeit** at the time in question
fraglos ['fra:klo:s] *adv* unquestionably
Fragment <-[e]s, -e> [fra'gmɛnt] *nt* fragment
fragmentarisch [fragmɛn'ta:rɪʃ] **I.** *adj* fragmentary **II.** *adv* in fragments
fragwürdig ['fra:kvʏrdɪç] *adj* (*pej*) dubious
Fraktion <-, -en> [frak'tsi̯o:n] *f* ❶ POL parliamentary party, congressional faction AM ❷ (*Sondergruppe*) faction *pej*
Fraktionsführer(in) *m(f)* chairman of a parliamentary party **Fraktionsvorsitzende(r)** *f(m) dekl wie adj* chairman of a parliamentary party

F

fragen

Informationen erfragen	obtaining information
Wie komme ich am besten zum Bahnhof?	**What's the best way** to the station?
Können Sie mir sagen, wie spät es ist?	**Could you tell me what** time it is?
Gibt es hier in der Nähe ein Café?	**Is there** a café **anywhere round here**?
Ist die Wohnung **noch zu haben**?	Is the flat **still available**?
Kennst/Weißt du einen guten Zahnarzt?	**Can you recommend** a good dentist?
Kennst du dich mit Autos **aus**?	**Do you know anything about** cars?
Weißt du Näheres über diese Geschichte?	**Do you have any details about** this story?
um Erlaubnis bitten	**asking permission**
Darf ich hereinkommen?	**May I come in?**
Störe ich gerade?	**Am I disturbing you?**
nach Meinungen fragen	**asking someone's opinion**
Was hältst du von dem neuen Gesetz?	**What do you think of** the new law?
Glaubst du, das ist so richtig?	**Do you think that's right?**
Hältst du das für möglich?	**Do you think it's possible?**
Meinst du, sie hat Recht?	**Do you reckon** she's right? *(fam)*

Fraktur <-, -en> [frak'tuːɐ̯] *f* ① TYPO Gothic type ② MED fracture ▸ WENDUNGEN: **mit jdm ~ reden** *(fam)* to talk straight to sb

Frame <-s, -s> [freːm] *m o nt* INFORM frame

Franc <-, -s *o bei Zahlenangabe* -> [frãː] *m* franc

Franchise <-, -n> ['frɛntʃai̯s] *f* franchise

Franchising <-s> ['frɛntʃai̯zɪŋ] *nt kein pl* franchising

frank [fraŋk] *adv* frank; **~ und frei antworten** to give a frank answer

Franke, Fränkin <-n, -n> ['fraŋkə, 'frɛŋkɪn] *m, f* Franconian; HIST Frank

Franken <-s, -> ['fraŋkn̩] *m* ① *(Währung)* franc ② *(Region)* Franconia

Frankfurt <-s> ['fraŋkfʊrt] *nt* Frankfurt

frankieren* [fraŋ'kiːrən] *vt* to stamp; *(mit Frankiermaschine)* to frank

Frankierung <-, -en> *f* ① *(das Frankieren)* franking ② *(Porto)* postage

fränkisch ['frɛŋkɪʃ] *adj* Franconian *hist; s. a.* **deutsch**

franko ['fraŋko] *adv* ÖKON prepaid

Frankreich <-s> ['fraŋkrai̯ç] *nt* France; *s. a.* **Deutschland**

Franse <-, -n> ['franzə] *f* fringe

fransig ['franzɪç] *adj* frayed

Franzose <-n, -n> [fran'tsoːzə] *m* adjustable spanner

Franzose, Französin <-n, -n> [fran'tsoːzə, fran'tsøːzɪn] *m, f* Frenchman *masc,* Frenchwoman *fem;* **~ sein** to be French; ■**die ~n** the French; *s. a.* **Deutsche(r)**

französisch [fran'tsøːzɪʃ] *adj* French; **~es Bett** double bed; *s. a.* **deutsch**

Französisch [fran'tsøːzɪʃ] *nt dekl wie adj* French; **auf ~** in French; *s. a.* **Deutsch**

frappieren* [fra'piːrən] *vt* *(geh: überraschen)* to amaze

fräsen ['frɛːzn̩] *vt* to mill; *Holz* to sink

Fräsmaschine *f* mortising machine

Fraß <-es, *selten* -e> [fraːs] *m* *(pej fam: schlechtes Essen)* muck

fraß ['fraːs] *imp von* **fressen**

Fratze <-, -n> ['fratsə] *f* ① *(hässliches Gesicht)* grotesque face ② *(Grimasse)* grimace; **[jdm] eine ~ schneiden** to pull a face [at sb]

Frau <-, -en> [frau̯] *f* ① *(weiblicher Mensch)* woman ② *(Ehefrau)* wife ③ *(Anrede)* Mrs, Ms *(feminist version of Mrs);* **~ Doktor** Doctor; **gnädige ~** *(geh)* my dear lady

Frauenarzt, -ärztin *m, f* gynaecologist **Frauenbewegung** *f kein pl* women's movement *no pl* **frauenfeindlich** *adj* anti-women **Frauenförderung** *f* promotion of women **Frauengruppe** *f* women's group **Frauenhaus** *nt* women's refuge **Frauenheilkunde** *f* gynaecology **Frauenheld** *m* ladies' man **Frauenklinik** *f* gynaecological clinic **Frauenquote** *f* proportion of women (*working in a certain sector*) **Frauenrechtler(in)** <-s, -> *m(f)* women's rights' activist **Frauentaxi** *nt* women's taxi (*driven by female taxi drivers for women only*) **Frauenwahlrecht** *nt* women's suffrage **Frauenzeitschrift** *f* women's magazine **Frauenzimmer** *nt* (*pej: Frau*) bird

Fräulein <-s, - *o* -s> ['frɔylain] *nt* (*fam*) ❶ (*veraltend: unverheiratete Frau*) young [unmarried] woman ❷ (*veraltend: Anrede*) Miss

fraulich ['fraulɪç] *adj* womanly

Freak <-s, -s> [fri:k] *m* (*fam*) freak

freakig ['fri:kɪç] *adj* (*ausgeflippt*) freaky

frech [frɛç] **I.** *adj* ❶ (*dreist*) cheeky BRIT, fresh AM ❷ (*kess*) daring; *Frisur* peppy **II.** *adv* ❶ (*dreist*) cheekily BRIT, freshly AM ❷ (*kess*) daringly; **~ angezogen sein** to be provocatively dressed

Frechdachs *m* (*fam*) cheeky [little] monkey

Frechheit <-, -en> *f* ❶ *kein pl* (*Dreistigkeit*) impudence; (*Unverfrorenheit*) barefacedness; **die ~ haben, etw zu tun** to have the nerve to do sth ❷ (*freche Äußerung*) cheeky remark BRIT; (*freche Handlung*) insolent behaviour

freeclimben ['fri:klaimən] *vi* to free-climb

Fregatte <-, -n> [fre'gatə] *f* frigate

frei [frai] **I.** *adj* ❶ (*nicht gefangen, unabhängig*) free; **~e Meinungsäußerung** freedom of speech; **~e(r) Mitarbeiter(in)** freelance[r]; **aus ~en Stücken** of one's own free will; **sich** *akk* **von etw** *dat* **~ machen** to free oneself from sth ❷ (*freie Zeit*) **~ haben** to have time off; **er hat heute ~** he's off today; **eine Woche ~ haben** to have a week off; **~ nehmen** to take time off ❸ (*verfügbar*) available; **es sind noch Mittel ~** there are still funds available; ■**sich** *akk* [**für jdn/etw**] **~ machen** to make oneself available [for sb/sth] ❹ (*nicht besetzt*) free; *Stelle, Zimmer* vacant; **ist dieser Platz ~?** is this seat taken?; **eine Zeile ~ lassen** to leave a line free ❺ (*kostenlos*) free; **„Eintritt ~"** 'admission free'; **„Lieferung ~ Haus"** 'free home delivery' ❻ (*ohne etw*) ■**~ von etw** *dat* **sein** to be free of sth ❼ (*ohne Hilfsmittel*) off-the-cuff; *Rede* impromptu ❽ (*offen*) *Gelände* open ❾ (*ungezwungen*) free and easy; **ich bin so ~** (*geh*) if I may ❿ (*unbekleidet*) bare; **sich** *akk* **~ machen** to get undressed ⓫ (*ungefähr*) **~ nach ...** roughly quoting... **II.** *adv* ❶ (*unbeeinträchtigt*) freely; **er läuft immer noch ~ herum!** he is still on the loose!; **~ atmen** to breathe easy ❷ (*uneingeschränkt*) casually; **sich** *akk* **~ bewegen können** to be able to move in an uninhibited manner ❸ (*nach eigenem Belieben*) **~ erfunden** to be completely made up ❹ (*ohne Hilfsmittel*) **~ sprechen** to speak off-the-cuff; **~ in der Luft schweben** to hover unsupported in the air ❺ (*nicht gefangen*) **~ laufend** *Tiere* free-range; **~ lebend** living in the wild

Freibad *nt* outdoor swimming pool **frei|bekommen*** *vt irreg* ❶ (*fam: nicht arbeiten müssen*) **einen Tag ~** to be given a day off ❷ (*befreien*) ■**jdn ~** to have sb released **Freiberufler(in)** <-s, -> *m(f)* freelance[r] **freiberuflich** *adj* freelance **Freibetrag** *m* allowance **Freibier** *nt* free beer **Freibrief** *m* charter ▶WENDUNGEN: **etw als einen ~ für etw** *dat* **betrachten** to see sth as carte blanche to do sth

Freie(r) *f(m) dekl wie adj* freeman

Freier <-s, -> *m* ❶ (*Kunde einer Hure*) punter BRIT, John AM ❷ (*veraltet: Bewerber*) suitor

Freiexemplar *nt* free copy **Freigänger(in)** <-s, -> *m(f)* prisoner on day-release **frei|geben** *irreg vt* ❶ (*nicht mehr zurückhalten*) to unblock; (*zur Verfügung stellen*) to make accessible ❷ (*Urlaub geben*) to give time off

freigebig ['fraige:bɪç] *adj* generous

Freigebigkeit <-> *f kein pl* generosity

Freigepäck *nt* luggage allowance **frei|haben** *vi irreg* to have time off; **ich habe heute frei** I've got the day off today **Freihafen** *m* free port **frei|halten** *vt irreg* ❶ (*nicht versperren*) to keep clear ❷ (*reservieren*) to save

Freihandel *m* free trade **Freihandelszone** *f* free trade area

freihändig ['fraihɛndɪç] *adv* **~ zeichnen** to draw freehand; **~ Rad fahren** to cycle with no hands

Freiheit <-, -en> ['fraihait] *f* ❶ *kein pl* (*das Nichtgefangensein*) freedom *no pl;* **in ~ sein** to have escaped ❷ ([*Vor*]*recht*) liberty; **sich** *dat* **die ~ nehmen, etw zu tun** to take the liberty of doing sth; **dichterische ~** poetic licence; **alle ~en haben** to be free to do as one pleases

freiheitlich *adj* liberal

Freiheitsberaubung *f* unlawful detention **Freiheitsdrang** *m* urge to be free **Freiheitskampf** *m* struggle for freedom **Freiheitsstatue** *f* ■**die ~** the Statue of Liberty **Freiheitsstrafe** *f* prison sentence

F

freiheraus [fraiheˈraus] *adv* frankly
Freikarte *f* free ticket **frei|kaufen** I. *vt* ■**jdn ~** to pay for sb's release II. *vr* ■**sich** *akk* ~ to buy one's freedom; ■**sich** *akk* **von etw** *dat* ~ to buy one's way out of sth **frei|kommen** *vi irreg sein* to be freed (**aus** +*dat* from)
Freikörperkultur *f kein pl* nudism *no pl*
Freiland *nt* open land **Freilandgemüse** *nt* vegetables grown outdoors
frei|lassen *vt irreg* to free
Freilassung <-, -en> *f* release
Freilauf *m Fahrrad* free-wheeling mechanism; *Maschinen* free-running mechanism **freilaufend** *adj s.* **frei II 5**
frei|legen *vt* to uncover **Freileitung** *f* overhead line
freilich [ˈfrailɪç] *adv* ❶ (*allerdings*) though, however ❷ *bes* SÜDD (*natürlich*) of course
Freilichtbühne *f* open-air theatre
Freilos *nt* free draw **frei|machen** I. *vt* (*frankieren*) to stamp II. *vi* (*fam: nicht arbeiten*) to take time off
Freimaurer [ˈfraimaurɐ] *m* Freemason
freimütig [ˈfraimy:tɪç] *adj* frank
Freimütigkeit <-> *f kein pl* frankness *no pl*
Freiraum *m* freedom **freischaffend** *adj attr* freelance **frei|schaufeln** *vt* to shovel free **frei|schwimmen** *vr irreg* to get one's swimming certificate **frei|setzen** *vt* to release
Freisetzung <-, -en> *f* release
frei|sprechen *vt irreg* JUR to acquit **Freisprechmikrofon** *nt* wireless headset
Freispruch *m* acquittal; **auf ~ plädieren** to plead for an acquittal **Freistaat** *m* free state **frei|stehen** *vi irreg* ■**jdm steht es frei, etw zu tun** sb is free to do sth **frei|stellen** *vt* ❶ (*selbst entscheiden lassen*) ■**jdm etw ~** to leave sth up to sb ❷ (*befreien*) to release, to exempt; **jdn vom Wehrdienst ~** to exempt sb from military service ❸ (*euph: entlassen*) ■**jdn ~** to make sb redundant **Freistoß** *m* free kick
Freitag <- [e]s, -e> [ˈfraita:k, *pl* -ta:gə] *m* Friday; *s. a.* **Dienstag**
freitags [ˈfraita:ks] *adv* [on] Fridays
Freitod *m* (*euph*) suicide **Freitreppe** *f* flight of stairs **Freiübung** *f* SPORT exercise **Freiumschlag** *m* stamped addressed envelope
freiweg *adv* (*fam*) cooly
Freiwild *nt* fair game
freiwillig [ˈfraivɪlɪç] I. *adj* voluntary II. *adv* voluntarily; **sich** *akk* **~versichern** to take out voluntary insurance
Freiwillige(r) [ˈfraivɪlɪgə, ˈfraivɪlɪgɐ] *f(m) dekl wie adj* volunteer
Freiwilligkeit <-> *f kein pl* voluntary nature
Freiwurf *m* free throw **Freizeichen** *nt* ringing tone
Freizeit *f* free time, leisure [time] **Freizeitaktivitäten** *pl* leisure time activities *pl* **Freizeitausgleich** *m* time off in lieu **Freizeiteinrichtung** *f* leisure facility **Freizeitgesellschaft** *f* SOZIOL leisure society **Freizeitgestaltung** *f* free-time activities **Freizeithemd** *nt* casual shirt **Freizeitindustrie** *f* leisure industry **Freizeitkleidung** *f* leisure wear **Freizeitpark** *m* amusement park
freizügig *adj* ❶ (*großzügig*) generous ❷ (*liberal*) liberal ❸ (*offenherzig*) revealing *a. hum;* **ein ~er Ausschnitt** a revealing[ly low] neckline
Freizügigkeit <-> *f kein pl* ❶ (*Großzügigkeit*) generosity ❷ (*lockere Einstellung*) liberalness ❸ (*Freiheit in der Wahl des Wohnortes*) freedom of movement
fremd [frɛmt] *adj* ❶ (*anderen gehörig*) somebody else's ❷ (*fremdländisch*) *Länder, Sitten* foreign; *bes* ADMIN alien ❸ (*unbekannt*) strange, unfamiliar; **ich bin hier ~** I'm not from round here
fremdartig [ˈfrɛmtʔa:ɐ̯tɪç] *adj* (*ungewöhnlich*) strange; (*exotisch*) exotic
Fremdartigkeit <-> *f kein pl* (*Ungewöhnlichkeit*) strangeness *no pl;* (*exotische Art*) exoticism *no pl*
fremdbestimmt *adj* heteronomous **Fremdbestimmung** *f* SOZIOL, POL foreign control
Fremde <-> [ˈfrɛmdə] *f kein pl* (*geh*) ■**die ~** foreign parts *npl;* **in der ~ sein** to be abroad
fremdeln [ˈfrɛmdl̩n] *vi* to be shy [*or* frightened] of strangers
fremdenfeindlich *adj* hostile to strangers *pred,* xenophobic **Fremdenfeindlichkeit** *f* hostility to strangers, xenophobia **Fremdenführer(in)** *m(f)* [tourist] guide **Fremdenlegion** *f kein pl* [French] Foreign Legion
Fremdentsorger *m* (*Entsorgungsfirma*) waste disposal firm
Fremdenverkehr *m* tourism *no indef art, no pl* **Fremdenverkehrsamt** *nt* tourist office **Fremdenverkehrsverein** *m* tourist association **Fremdenverkehrszentrum** *nt* tourist centre
Fremdenzimmer *nt s.* **Gästezimmer**
fremd|gehen *vi irreg sein* (*fam*) to be unfaithful
Fremdheit <-, *selten* -en> *f* strangeness
Fremdherrschaft *f kein pl* foreign rule **Fremdkörper** *m* ❶ MED foreign body ❷ (*fig*) alien element

Freude/Begeisterung ausdrücken

Freude ausdrücken	expressing pleasure
Wie schön, dass du gekommen bist!	**It's great of** you to come!
Ich bin sehr froh, dass wir uns wiedersehen.	**I'm so glad** to see you again.
Sie haben mir damit **eine große Freude bereitet.**	**You have made me very happy** (by doing that).
Ich könnte vor lauter Freude in die Luft springen. *(fam)*	**I could jump for joy!**
Begeisterung ausdrücken	**expressing enthusiasm**
Fantastisch!	**Fantastic!**
Toll! *(fam)*/**Wahnsinn!** *(sl)*/**Super!** *(sl)*/ **Cool!** *(sl)*/**Krass!** *(sl)*	**Great!/Amazing!** *(fam)*/**Super!** *(fam)*/ **Cool!** *(fam)*/**Wicked!** *(sl)*
Auf diesen Sänger **fahre ich voll ab.** *(sl)*	**I'm really into** this singer. *(fam)*
Ich bin ganz hin und weg. *(fam)*	**I'm completely bowled over.** *(fam)*
Ihre Darbietung **hat mich richtig mitgerissen.**	**I got really carried away by** her performance.

fremdländisch ['frɛmtlɛndɪʃ] *adj* foreign, exotic

Fremdsprache *f* foreign language **Fremdsprachenkorrespondent(in)** *m(f)* bilingual [*or* multilingual] secretary **Fremdsprachensekretär(in)** *m(f)* bilingual [*or* multilingual] secretary

fremdsprachig *adj* foreign-language *attr* **fremdsprachlich** *adj* foreign-language *attr* **Fremdverschulden** *nt* JUR third-party responsibility **Fremdwort** *nt* borrowed word **Fremdwörterbuch** *nt* dictionary of borrowed words

frenetisch [fre'neːtɪʃ] *adj* frenzied; **~er Beifall** wild applause

frequentieren* [frekvɛn'tiːrən] *vt* (*geh*) to frequent

Frequenz [fre'kvɛnts] *f* frequency

Fresko <-s, Fresken> ['frɛsko, *pl* 'frɛskən] *nt* fresco

Fressalien [frɛ'saːli̯ən] *pl* (*fam*) grub *no indef art, no pl*

Fressattacke *f* PSYCH (*fam*) attack of the munchies

Fresse <-, -n> ['frɛsə] *f* (*derb*) ① (*Mund*) gob ② (*Gesicht*) mug ▶ WENDUNGEN: **die ~ halten** to shut one's gob; **jdm die ~ polieren** to smash sb's face in

fressen <fraß, gefressen> ['frɛsn̩] **I.** *vi* ① (*von Tieren*) to eat ② (*pej derb: von Menschen*) to guzzle ③ (*fig: langsam zerstören*) to eat away (**an** *+dat* at) **II.** *vt* ① *Tiere* to eat; (*sich ernähren*) to feed on; **etw leer ~** to lick sth clean ② (*fig: verbrauchen*) to gobble up *sep* sth ▶ WENDUNGEN: **jdn zum F~ gernhaben** (*fam*) sb is good enough to eat; **ich werd dich schon nicht gleich ~** (*fam*) I'm not going to eat you

Fressen <-s> ['frɛsn̩] *nt kein pl* ① (*Tierfutter*) food ② (*pej sl: Fraß*) muck; (*Festessen*) blowout ▶ WENDUNGEN: **ein gefundenes ~ für jdn sein** (*fam*) to be handed to sb on a plate

Fresserei <-, -en> [frɛsə'rai̯] *f* (*pej sl*) guzzling

Fresskorb *m* (*fam*) food hamper [*or* AM basket] **Fressnapf** *m* [feeding] bowl **Fresssack** *m* (*fam*) greedyguts BRIT **Fresssucht** *f* gluttony; **an ~ leiden** to be a compulsive eater

Frettchen <-s, -> ['frɛtçən] *nt* ferret

Freude <-, -n> ['frɔydə] *f* pleasure, joy, delight; **was für eine ~, dich wiederzusehen!** what a pleasure to see you again!; **~ an etw** *dat* **haben** to derive pleasure from sth; **jdm eine ~ machen** to make sb happy; **etw macht jdm ~** sb enjoys sth; **vor ~ weinen** to weep for joy; **zu unserer großen ~** to our great delight ▶ WENDUNGEN: **Freud und Leid mit jdm teilen** to share one's joys and sorrows with sb

Freudenfest *nt* [joyful] celebration **Freudengeschrei** *nt* cries of joy **Freudenhaus** *nt* brothel **Freudenmädchen** *nt* (*veraltend*) prostitute **Freudensprung** *m* joyful leap; **einen ~ machen** to jump for joy **Freudentanz** *m* dance of joy; **einen ~ aufführen** to dance with joy **Freudentränen** *pl* tears of joy

freudestrahlend **I.** *adj nicht präd* beaming [with delight] **II.** *adv* joyfully

freudig ['frɔydɪç] **I.** *adj* ❶ (*voller Freude*) joyful; **in ~er Erwartung** in joyful expectation ❷ (*erfreulich*) pleasant **II.** *adv* with joy; **~ überrascht** pleasantly surprised

freudlos ['frɔytlo:s] *adj* cheerless

F

freuen ['frɔyən] **I.** *vr* ❶ (*voller Freude sein*) ■**sich** *akk* **~** to be pleased (**über** +*akk* about); ■**sich** *akk* **für jdn ~** to be pleased for sb; ■**sich** *akk* **mit jdm ~** to share sb's happiness ❷ (*freudig erwarten*) ■**sich** *akk* **auf etw** *akk* **~** to look forward to sth ▶ WENDUNGEN: **sich** *akk* **zu früh ~** to get one's hopes up too soon **II.** *vt impers* ■**es freut mich, dass ...** I'm pleased that ...

Freund(in) <-[e]s, -e> ['frɔynt, 'frɔyndɪn, *pl* 'frɔyndə] *m(f)* ❶ (*Kamerad*) friend ❷ (*intimer Bekannter*) boyfriend; (*intime Bekannte*) girlfriend; **jdn zum ~ haben** to be [going out] with sb ❸ (*fig: Anhänger*) lover; **ein ~ der Natur** a lover of nature; **kein ~ von vielen Worten sein** to not be one for talking much

Freundchen <-s, -> *nt* (*fam*) my [fine] friend *iron*, sonny [Jim] BRIT *iron;* **~!** watch it, pal! [*or* BRIT mate] *fam*

Freundeskreis *m* circle of friends; **im engsten ~** with one's closest friends

freundlich ['frɔyntlɪç] **I.** *adj* ❶ (*liebenswürdig*) kind; **das ist sehr ~ von Ihnen** that's very kind of you ❷ (*hell, heiter*) pleasant; *Himmel* beckoning; *Ambiente* friendly; *Farben* cheerful; **bitte recht ~!** smile please! ❸ (*wohlwollend*) friendly; **eine ~e Einstellung** a friendly attitude (**gegenüber** +*dat* towards) **II.** *adv* in a friendly way, kindly

freundlicherweise *adv* kindly; **er trug uns ~ die Koffer** he was kind enough to carry our cases

Freundlichkeit <-, -en> *f* ❶ *kein pl* (*Art*) friendliness *no pl, no indef art* ❷ (*Handlung*) kindness ❸ *meist pl* (*Bemerkung*) kind word

Freundschaft <-, -en> *f kein pl* friendship; **~ schließen** to make friends; **in aller ~** in all friendliness

freundschaftlich **I.** *adj* friendly **II.** *adv* **jdm ~ auf die Schulter klopfen** to give sb a friendly slap on the back; **jdm ~ gesinnt sein** to be well-disposed towards sb

Freundschaftsdienst *m* favour to a friend **Freundschaftspreis** *m* [special] price for a friend **Freundschaftsspiel** *nt* friendly match

Frevel <-s, -> ['fre:fl̩] *m* (*geh*) ❶ (*Verstoß*) heinous crime ❷ REL sacrilege

frevelhaft *adj* outrageous

Frevler(in) <-s, -> ['fre:flɐ] *m(f)* REL (*geh*) sinner

Friede <-ns, -n> ['fri:də] *m* peace; **~ seiner Asche** God rest his soul

Frieden <-s, -> ['fri:dn̩] *m* ❶ (*Gegenteil von Krieg*) peace; **~ schließen** to make peace; **im ~** in peacetime ❷ (*Friedensschluss*) peace treaty ❸ (*Harmonie*) peace, tranquillity; **ich traue dem ~ nicht** there's something fishy going on; **der häusliche ~** domestic harmony; **jdn in ~ lassen** to leave sb in peace; **~ stiften** to bring about peace; **um des lieben ~s willen** (*fam*) for the sake of peace and quiet

Friedensbemühungen *pl* efforts to bring about peace *pl* **Friedensbewegung** *f* peace movement **Friedensbruch** *m* POL violation of the peace **Friedenseinsatz** *m* MIL peacekeeping troops *pl* **Friedensgespräche** *pl* peace talks *pl* **Friedenskonferenz** *f* peace conference **Friedensmacht** *f political power which is opposed to war* **Friedensmarsch** *m* peace march **Friedensnobelpreis** *m* Nobel peace prize **Friedenspfeife** *f* peace pipe **Friedenspolitik** *f* policy of peace **Friedensprozess** *m* peace process **Friedensrichter(in)** *m(f)* ❶ (*Einzelrichter in USA, Großbritannien*) justice of the peace, JP ❷ SCHWEIZ (*Laienrichter*) lay justice **Friedenssicherung** *f* keeping of the peace **Frieden(s)stifter(in)** *m(f)* peacemaker **Friedenstaube** *f* dove of peace **Friedenstruppen** *pl* peacekeeping force[s *npl*] **Friedensverhandlungen** *pl* peace negotiations **Friedensvertrag** *m* peace treaty **Friedenszeit** *f* period of peace; **in ~en** in peacetime

friedfertig *adj* peaceable

Friedfertigkeit *f kein pl* peaceableness *no pl*

Friedhof *m* graveyard; (*in Städten*) cemetery

friedlich ['fri:tlɪç] **I.** *adj* ❶ (*gewaltlos*) peaceful ❷ (*friedfertig*) peaceable; *Tier* placid ❸ *Gegend* peaceful **II.** *adv* peacefully; **einen Konflikt ~ lösen** to settle a conflict amicably

friedliebend *adj* peace-loving

frieren <fror, gefroren> ['fri:rən] **I.** *vi* ❶ *haben* (*sich kalt fühlen*) ■**jd friert** sb is cold ❷ *sein* (*gefrieren*) to freeze **II.** *vi impers haben* ■**es friert** it's freezing

Fries <-es, -e> [fri:s, *pl* 'fri:zə] *m* ARCHIT frieze

Friese, **Friesin** <-n, -n> ['fri:zə, 'fri:zɪn] *m, f* Fri[e]sian; *s. a.* **Deutsche(r)**

friesisch ['fri:zɪʃ] *adj* Fri[e]sian; *s. a.* **deutsch**

Friesland ['fri:slant] *nt* Friesland

frigid [fri'gi:t], **frigide** [fri'gi:də] *adj* frigid

Frikadelle <-, -n> [frika'dɛlə] *f* rissole BRIT, meatball AM

Frikassee <-s, -s> [frika'se:] *nt* fricassee

Frisbee® <-, -s> ['frɪsbi] *nt*, **Frisbee-Scheibe** *f* frisbee

frisch [frɪʃ] **I.** *adj* ① (*noch nicht alt*) fresh ② (*neu, rein*) fresh, clean; **sich** *akk* **~ machen** to freshen up ③ *Farbe* wet ④ (*gesund*) *Hautfarbe* fresh, healthy; **~ und munter sein** (*fam*) to be [as] fresh as a daisy ⑤ (*kühl*) *Wind* fresh, cool **II.** *adv* (*gerade erst, neu*) freshly; **die Betten ~ beziehen** to change the beds; **~ gebacken** freshly-baked; **~ gestrichen** newly painted

Frische <-> ['frɪʃə] *f kein pl* ① *von Backwaren, Obst, etc.* freshness ② (*Kühle*) freshness, coolness ③ (*Sauberkeit*) freshness, cleanness ④ (*Fitness*) health; **in alter ~** (*fam*) as always

Frischfleisch *nt* fresh meat **frischgebacken** *adj* (*fig*) **eine ~e Ehefrau** a newly married wife

Frischhaltebox *f* airtight container **Frischhaltefolie** *f* cling film **Frischhaltepackung** *f* airtight pack; **in einer ~** vacuum-packed

Frischkäse *m* cream cheese **Frischmilch** *f* fresh milk

frischweg [frɪʃ'vɛk] *adv* straight out

Frischzelle *f* MED live cell

Friseur <-s, -e> [fri'zø:ɐ̯] *m* hairdresser's; (*Herrensalon*) barber's; **zum ~ gehen** to go to the hairdresser's/barber's

Friseur(in) <-s, -e> [fri'zø:ɐ̯] *m(f)* hairdresser; (*Herrenfriseur*) barber

Friseursalon [fri'zø:ɐ̯zalɔŋ] *m* hairdresser's

Friseuse <-, -n> [fri'zø:zə] *f* hairdresser

frisieren* [fri'zi:rən] *vt* ① *Haare* ■**jdn ~** to do sb's hair; **elegant frisiert sein** to have an elegant hairstyle ② (*fam: fälschen*) to fiddle; *Bericht, Beweis* to doctor ③ (*fam*) *Auto, Mofa* to soup up *sep*

Frisiersalon *m* hair stylist['s]; (*für Damen*) hairdresser's BRIT; (*für Herren*) barber's [shop]

Frisör <-s, -e> [fri'zø:ɐ̯] *m*, **Frisöse** <-, -n> [fri'zø:zə] *f s.* **Friseur(in)**

friss *imp sing von* **fressen**

Frist <-, -en> [frɪst] *f* ① (*Zeitspanne*) period; **festgesetzte ~** fixed time; **gesetzliche ~** statutory period; **innerhalb einer ~ von zwei Wochen** within [a period of] two weeks ② (*Aufschub*) respite; (*bei Zahlung*) extension

fristen ['frɪstn̩] *vt* **sein Dasein ~** to eke out an existence

Fristenregelung *f* JUR *law permitting an abortion within the first three months of pregnancy*

fristgemäß, **fristgerecht** *adj, adv* in due course; (*innerhalb vorgegebener Frist*) within the stipulated period *pred*

fristlos **I.** *adj* instant **II.** *adv* without notice; **jdn ~ entlassen** to fire sb on the spot

Frisur <-, -en> [fri'zu:ɐ̯] *f* hairstyle

Fritten ['frɪtn̩] *pl* (*fam*) chips BRIT, fries AM

Fritteuse <-, -n> [fri'tø:zə] *f* deep [*or* BRIT *a.* deep-fat] fryer

frittieren* [frɪ'ti:rən] *vt* to [deep-]fry

frivol [fri'vo:l] *adj* ① (*anzüglich*) suggestive ② (*leichtfertig*) frivolous

Frl. *nt* (*veraltend*) *Abk von* **Fräulein** Miss

froh [fro:] *adj* ① (*erfreut*) happy; ■**~ sein** to be pleased (**über** *+akk* with, about); **~ gelaunt** cheerful ② (*erfreulich*) pleasing; **die F~e Botschaft** the Gospel; **eine ~e Nachricht** good news ③ (*glücklich*) **~e Feiertage!** have a pleasant holiday!; **~e Ostern!** Happy Easter!; **~e Weihnachten!** Merry Christmas!

fröhlich ['frø:lɪç] **I.** *adj* ① (*heiter*) cheerful ② (*glücklich*) *s.* **froh 3** **II.** *adv* cheerfully

Fröhlichkeit <-> *f kein pl* cheerfulness *no pl*

Frohnatur *f* (*geh*) ① (*Wesensart*) cheerful nature ② (*Mensch*) cheerful soul **Frohsinn** *m kein pl s.* **Frohnatur 1**

fromm <frömmer *o* -er, frömmste *o* -ste> [frɔm] *adj* devout

Frömmelei <-, -en> [frœmə'la̯i] *f* (*pej*) false piety

frömmeln ['frœml̩n] *vi* (*pej*) to affect piety

Frömmigkeit <-> ['frœmɪçka̯it] *f kein pl* devoutness *no pl*

Fron <-, -en> [fro:n] *f* (*geh*) drudge[ry]

Fronarbeit *f* SCHWEIZ unpaid voluntary work

frönen ['frø:nən] *vi* (*geh*) ■**etw** *dat* **~** to indulge in sth

Fronleichnam <-[e]s> [fro:n'la̯içna:m] *m kein pl, meist ohne art* [the Feast of] Corpus Christi

Fronleichnamsfest *nt* ■**das ~** the Feast of Corpus Christi

Front <-, -en> [frɔnt] *f* ① (*Vorderseite*) face, front, frontage ② MIL front; **in vorderster ~ stehen** to be in the front line ③ (*Opposition*) **~ gegen jdn/etw machen** to make a stand against sb/sth ▶ WENDUNGEN: **klare ~en schaffen** to clarify one's position

frontal [frɔn'ta:l] **I.** *adj attr* frontal;

Zusammenstoß head-on **II.** *adv* frontally; ~ **zusammenstoßen** to collide head-on

Frontalzusammenstoß *m* head-on collision

Frontantrieb *m* front-wheel drive **Frontscheibe** *f* AUTO windscreen BRIT, windshield AM

Frontwechsel *m* (*fig*) about-turn

fror ['fro:ɐ̯] *imp von* **frieren**

Frosch <-[e]s, Frösche> [frɔʃ, *pl* 'frœʃə] *m* frog ▶WENDUNGEN: **einen ~ im Hals haben** (*fam*) to have a frog in one's throat

F

Froschkönig *m* Frog Prince **Froschmann** *m* (*Taucher*) frogman **Froschperspektive** *f* worm's-eye view **Froschschenkel** *m* frog's leg

Frost <-[e]s, Fröste> [frɔst, *pl* 'frœstə] *m* frost; ~ **abbekommen** to get frostbitten

Frostbeule *f* chilblain **Frostboden** *m* frozen ground; (*ständig*) permafrost

frösteln ['frœstl̩n] *vi* to shiver

frostig ['frɔstɪç] *adj* frosty

Frostschaden *m* frost damage **Frostschutzmittel** *nt* antifreeze

Frottee <-s, -s> [frɔ'te:] *nt o m* terry towelling [*or* AM cloth]

Frotteehandtuch *m* terry [*or* terry-cloth] towel

frottieren* [frɔ'ti:rən] *vt* to rub down *sep*

frotzeln ['frɔtsl̩n] *vi* (*fam*) to tease

Frucht <-, Früchte> [frʊxt, *pl* 'frʏçtə] *f* fruit; **kandierte Früchte** candied fruit *no pl, no indef art;* **Früchte tragen** to bear fruit *no pl*

fruchtbar ['frʊxtba:ɐ̯] *adj* fertile

Fruchtbarkeit <-> *f kein pl* fertility

Fruchtblase *f* ANAT amniotic sac

fruchten ['frʊxtn̩] *vi meist verneint* ■**nichts/wenig** ~ to be of no/little use

Fruchtfleisch *nt* [fruit] pulp

fruchtig *adj* fruity

fruchtlos *adj* (*fig*) fruitless

Fruchtsaft *m* fruit juice

Fruchtwasser *nt* MED amniotic fluid **Fruchtwasseruntersuchung** *f* MED amniocentesis *spec*

Fruchtwechsel *m* AGR crop rotation, succession of crops **Fruchtzucker** *m* fructose

früh [fry:] **I.** *adj* early; ~ **am Morgen** early in the morning; **der ~e Goethe** the young Goethe; **ein ~er Picasso** an early Picasso **II.** *adv* early; **Montag** ~ Monday morning; ~ **genug** in good time; **sich** *akk* **zu ~ freuen** to crow too soon; **von ~ bis spät** from morning till night

Frühaufsteher(in) <-s, -> *m(f)* early riser **Frühbuchung** *f* TRANSP early booking **Frühdienst** *m* early duty

Frühe <-> ['fry:ə] *f kein pl* **in aller ~** at the crack of dawn; SÜDD, ÖSTERR **in der ~** early in the morning

früher ['fry:ɐ] **I.** *adj* ❶ (*vergangen*) earlier; **in ~en Zeiten** in former times ❷ (*ehemalig*) former; *Adresse* previous; **~e Freundin** ex[-girlfriend] **II.** *adv* ❶ (*eher*) earlier; ~ **geht's nicht** it can't be done any earlier; ~ **oder später** sooner or later ❷ (*ehemals*) **ich habe ihn ~ [mal] gekannt** I used to know him; ~ **war das alles anders** things were different in the old days; **Erinnerungen an ~** memories of times gone by; **von ~** from former times

Früherkennung *f* early diagnosis

frühestens *adv* at the earliest

frühestmöglich *adj attr* earliest possible

Frühgeburt *f* ❶ (*zu frühe Geburt*) premature birth ❷ (*zu früh geborenes Kind*) premature baby

Frühjahr ['fry:ja:ɐ̯] *nt* spring **Frühjahrsmüdigkeit** *f* springtime lethargy

frühkindlich *adj* **~e Entwicklung** development in early childhood

Frühling <-s, -e> ['fry:lɪŋ] *m* spring[time]; **es wird ~** spring is coming

Frühlingsanfang *m* first day of spring **Frühlingsgefühl** *nt meist pl* spring feeling ▶WENDUNGEN: ~ **haben** (*hum fam*) to be frisky

frühlingshaft *adj* springlike

Frühlingsrolle *f* spring [*or* AM egg] roll **Frühlingssuppe** *f* spring vegetable soup

frühmorgens [fry:'mɔrgn̩s] *adv* early in the morning **Frühnebel** *m* early morning mist **Frühpension** *f* early retirement **Frühpensionierung** *f* early retirement **frühreif** *adj* precocious **Frührentner(in)** *m(f) person who has retired early* **Frühschicht** *f* morning shift; ~ **haben** to be on the morning shift **Frühschoppen** *m* morning pint BRIT, eye-opener AM **Frühsport** *m* [early] morning workout **Frühstadium** *nt* early stage **Frühstart** *m* SPORT false start

Frühstück <-s, -e> ['fry:ʃtʏk] *nt* breakfast; **zum ~** for breakfast; **zweites ~** midmorning snack

frühstücken ['fry:ʃtʏkn̩] **I.** *vi* to have [one's] breakfast **II.** *vt* ■**etw ~** to have sth for breakfast

Frühstücksfernsehen *nt* breakfast television **Frühstückspause** *f* morning break

Frühwerk *nt kein pl eines Künstlers* early work **Frühzeit** *f* early days; **die ~ einer Kultur** the early period of a culture **frühzeitig** ['fry:tsaitɪç] **I.** *adj* early **II.** *adv* early; ~ **gehen** to leave prematurely; **möglichst ~** as soon as possible

Frust <-[e]s> [frʊst] *m kein pl* (*fam*) frustration *no indef art, no pl;* **einen ~ haben** to be frustrated

frusten *vt* (*fam*) ■**jdn frustet es** sth is frustrating sb; **das hat mich total gefrustet** I found that very frustrating

Frustration <-, -en> [frʊstra'tsi̯o:n] *f* frustration

frustrieren* [frʊs'tri:rən] *vt* (*fam*) ■**jdn frustriert etw** sth is frustrating sb

frustrierend *adj* frustrating

F-Schlüssel ['ɛf-] *m* MUS F clef

Fuchs, Füchsin <-es, Füchse> [fʊks, 'fʏksɪn, *pl* 'fʏksə] *m, f* ❶ (*Tier*) fox; (*weibliches Tier*) vixen ❷ (*fam: schlauer Mensch*) cunning [old] devil

Fuchsbau *m* [fox's] earth

fuchsen ['fʊksn̩] *vt* (*fam*) ■**jdn fuchst etw** sth is riling sb

Füchsin ['fʏksɪn] *f fem form von* **Fuchs** vixen

Fuchsjagd *f* fox-hunt[ing] **fuchsrot** ['fʊksro:t] *adj* (*Haare*) ginger; (*Pferd*) chestnut **Fuchsschwanz** *m* ❶ (*Schwanz des Fuchses*) [fox's] tail ❷ (*Säge*) [straight back] handsaw

fuchsteufelswild ['fʊks'tɔyfl̩s'vɪlt] *adj* (*fam*) mad as hell

Fuchtel <-, -n> ['fʊxtl̩] *f* ÖSTERR, SÜDD (*fam*) shrew; **unter jds ~ stehen** to be [well] under sb's control

fuchteln ['fʊxtl̩n] *vi* (*fam*) ■**mit etw** *dat* **~** to wave sth about [wildly]; (*drohend*) to brandish sth

fuffzig ['fʊftsɪç] (*fam*) *s.* **fünfzig**

Fuffziger <-s, -> ['fʊftsɪgɐ] *m* DIAL fifty-cent piece

Fug [fu:k] *m* **mit ~ und Recht** (*geh*) with complete justification

Fuge <-, -n> ['fu:gə] *f* join; **aus den ~n geraten** (*fig*) to be out of joint

fügen ['fy:gn̩] **I.** *vt* ❶ (*anfügen*) to add; **Wort an Wort ~** to string words together ❷ (*geh: bewirken*) ■**etw fügt etw** sth ordains sth **II.** *vr* ❶ (*sich unterordnen*) ■**sich** *akk* **~** to toe the line; ■**sich** *akk* **jdm ~** to bow to sb; **sich** *akk* **den Anordnungen ~** to obey instructions ❷ (*akzeptieren*) ■**sich** *akk* **in etw** *akk* **~** to submit to sth ❸ ([*hinein*]*passen*) ■**sich** *akk* **in etw** *akk* **~** to fit into sth ❹ *impers* (*geh: geschehen*) **es wird sich schon alles ~** it'll all work out in the end

fügsam ['fy:kza:m] *adj* (*geh*) obedient

Fügung <-, -en> *f* stroke of fate; **eine ~ des Schicksals** an act of fate; **eine glückliche ~** a stroke of luck; **eine göttliche ~** divine providence *no indef art, no pl*

fühlbar *adj* noticeable

fühlen ['fy:lən] **I.** *vt* to feel (**nach** +*dat* for) **II.** *vr* ❶ (*das Empfinden haben*) **wie ~ Sie sich?** how are you feeling?; **sich** *akk* **besser ~** to feel better ❷ (*sich einschätzen*) ■**sich** *akk* **als jd ~** to regard oneself as sb

Fühler <-s, -> *m* ❶ (*Tastorgan*) antenna; (*von Schnecke*) horn ❷ (*Messfühler*) sensor ▶ WENDUNGEN: **die ~ [nach etw** *dat*] **ausstrecken** (*fam*) to put out [one's] feelers [towards sth]

fuhr ['fu:ɐ̯] *imp von* **fahren**

Fuhre <-, -n> ['fu:rə] *f* [cart]load

führen ['fy:rən] **I.** *vt* ❶ (*geleiten*) to take (**zu** +*dat* to, **durch** +*akk* through, **über** +*akk* across); (*vorangehen*) to lead; **was führt Sie zu mir?** (*geh*) what brings you to me?; **jdn durch ein Museum ~** to show sb round a museum ❷ (*leiten*) *Geschäft* to run; *Armee* to command; *Gruppe* to lead ❸ (*lenken*) ■**jdn ~** to lead sb (**auf** +*akk* to); **jdn auf Abwege ~** to lead sb astray ❹ (*registriert haben*) **jdn auf einer Liste ~** to have a record of sb on a list ❺ (*handhaben*) *Bogen, Pinsel* to wield; *Kamera* to guide; **etw zum Mund[e] ~** to raise sth to one's mouth ❻ (*geh*) *Titel, Namen* to bear ❼ (*geh: haben*) ■**etw mit sich** *dat* **~** to carry sth ❽ (*im Angebot haben*) to stock **II.** *vi* ❶ (*in Führung liegen*) **mit drei Punkten ~** to have a lead of three points ❷ (*verlaufen*) *Weg, etc.* to lead; *Kabel* to run ❸ (*als Ergebnis haben*) ■**zu etw** *dat* **~** to lead to sth; **das führt zu nichts** (*fam*) that will come to nothing

führend *adj* leading *attr;* **der ~e Wissenschaftler auf diesem Gebiet** the most prominent scientist in this field

Führer <-s, -> ['fy:rɐ] *m* (*Buch*) guide[book]

Führer(in) <-s, -> ['fy:rɐ] *m(f)* ❶ (*Leiter*) leader; ■**der ~** HIST (*Hitler*) the Führer ❷ (*Fremdenführer*) guide ❸ (*geh: Lenker*) driver

Führerausweis *m* SCHWEIZ driving licence BRIT, driver's license AM **Führerflucht** *m* SCHWEIZ a hit-and-run [accident] **Führerhaus** *nt* AUTO [driver's] cab

führerlos **I.** *adj* ❶ (*ohne Führung*) leaderless, without a leader *pred* ❷ (*geh: ohne Lenkenden*) driverless, without a driver *pred;* (*auf Schiff*) with no one at the helm **II.** *adv* without a driver; (*auf Schiff*) with no one at the helm

Führerschein *m* driving licence BRIT, driver's license AM; **den ~ machen** (*das Fahren lernen*) to learn to drive; (*die Fahrprüfung ablegen*) to take one's driving test **Führerscheinentzug** *m* driving ban

F

Führerscheinprüfung *f* driving test
Fuhrpark *m* fleet [of vehicles]
Führung <-, -en> *f* ① *kein pl* (*Leitung*) leadership; MIL command ② *kein pl* (*die Direktion*) management ③ (*Besichtigung*) guided tour (**durch** +*akk* of) ④ *kein pl* (*Vorsprung*) lead; (*in einer Liga o. Tabelle*) leading position; **in ~ gehen** to go into the lead; **in ~ liegen** to be in the lead ⑤ *kein pl* (*Betragen*) conduct; **bei guter ~** on good conduct ⑥ *kein pl* (*das fortlaufende Eintragen*) **die ~ der Akten** keeping the files

F

Führungsebene *f* top level [management] **Führungselite** *f* POL leadership elite **Führungsetage** *f* management level **Führungskraft** *f* executive [officer] **Führungsqualitäten** *pl* leadership qualities *pl* **Führungsspitze** *f* higher echelons *pl;* (*von Unternehmen*) top[-level] management **Führungsstil** *m* style of leadership; (*in einer Firma*) management style **Führungszeugnis** *nt* good-conduct certificate; **polizeiliches ~** clearance certificate BRIT
Fuhrunternehmen [fu:ɐ̯-] *nt* haulage business BRIT, trucking company AM **Fuhrunternehmer(in)** [fu:ɐ̯-] *m(f)* haulage contractor BRIT, haulier BRIT, trucking company, trucker AM **Fuhrwerk** [fu:ɐ̯-] *nt* wag[g]on; (*mit Pferden*) horse and cart
Fülle <-> ['fʏlə] *f kein pl* ① (*Körperfülle*) portliness ② (*Intensität*) richness; (*Volumen*) *Haar* volume ③ (*Menge*) wealth; ■**eine ~ von etw** *dat* a whole host of sth; **in [Hülle und] ~** in abundance
füllen ['fʏlən] **I.** *vt* ① (*vollmachen*) to fill ② KOCHK to stuff ③ (*einfüllen*) ■**etw in etw** *akk* **~** to put sth into sth; **etw in Flaschen ~** to bottle sth **II.** *vr* ■**sich** *akk* **~** to fill [up]
Füller <-s, -> ['fʏlɐ] *m* fountain pen; (*mit Tintenpatrone*) cartridge pen
Füllfederhalter *m s.* **Füller Füllgewicht** *nt* ① ÖKON net weight ② (*Fassungsvermögen*) maximum load
füllig ['fʏlɪç] *adj* ① (*rundlich*) plump ② (*voluminös*) **eine ~e Frisur** a bouffant hairstyle
Füllsel ['fʏlzl̩] *nt* filler *no indef art, no pl*
Füllung <-, -en> *f* stuffing
Fummel <-s, -> [fʊml̩] *m* (*sl*) cheap frock
Fummelei <-, -en> *f* (*fam*) fumbling
fummeln ['fʊml̩n] *vi* (*fam*) ① (*hantieren*) to fumble [around] ② (*Petting betreiben*) to pet
Fund <-[e]s, -e> [fʊnt, *pl* 'fʊndə] *m* ① *kein pl* (*geh: das Entdecken*) discovery ② (*das Gefundene*) find; **einen ~ machen** (*geh*) to make a find
Fundament <-[e]s, -e> [fʊnda'mɛnt] *nt* foundation[s *npl*]; **das ~ für etw** *akk* **sein** to form a basis for sth
fundamental [fʊndamɛn'ta:l] **I.** *adj* fundamental **II.** *adv* fundamentally
Fundamentalismus <-> [fʊndamɛnta'lɪsmʊs] *m kein pl* fundamentalism *no indef art, no pl*
Fundamentalist(in) <-en, -en> [fʊndamɛnta'lɪst] *m(f)* fundamentalist
fundamentalistisch *adj* fundamentalist
Fundbüro *nt* lost property office BRIT, lost-and-found office AM **Fundgrube** *f* treasure trove
fundieren [fʊn'di:rən] *vt* ① (*finanziell sichern*) to strengthen financially ② (*untermauern*) to underpin ③ (*geh: festigen*) to sustain
fundiert *adj* sound; **gut ~** well founded; **schlecht ~** unsound
fündig ['fʏndɪç] *adj* **~ werden** to discover what one is looking for
Fundsache *f* found object; (*in Fundbüro*) piece of lost property; ■**~n** lost property *no pl, no indef art*
fünf [fʏnf] *adj* five; *s. a.* **acht**[1]
Fünf <-, -en> [fʏnf] *f* ① (*Zahl*) five; *s. a.* **Acht**[1] ② (*Zeugnisnote*) 'unsatisfactory', ≈ 'E' BRIT **Fünfeck** *nt* pentagon
Fünfer <-s, -> ['fʏnfɐ] *m* SCH (*fam: Note: mangelhaft*) 'unsatisfactory', ≈ 'E' BRIT
fünferlei ['fʏnfɐ'lai̯] *adj attr* five [different]; *s. a.* **achterlei**
fünffach, 5fach ['fʏnffax] **I.** *adj* fivefold; **die ~e Menge** five times the amount **II.** *adv* fivefold, five times over
fünfhundert ['fʏnf'hʊndɐt] *adj* five hundred
Fünfling <-s, -e> *m* quin[tuplet]
fünfmal, 5-mal *adv* five times; *s. a.* **achtmal**
Fünfmarkstück *nt* five-mark piece **Fünfpfennigstück** *nt* five-pfennig piece **Fünfprozenthürde** *f* POL five-percent hurdle **Fünftagewoche** *f* five-day week
fünftausend ['fʏnf'tau̯zn̩t] *adj* five thousand
fünfte(r, s) ['fʏnftə, 'fʏnftɐ, 'fʏnftəs] *adj* ① (*an fünfter Stelle*) fifth; *s. a.* **achte(r, s) 1** ② (*Datum*) fifth, 5th; *s. a.* **achte(r, s) 2**
fünftel ['fʏnftl̩] *adj* fifth
Fünftel <-s, -> ['fʏnftl̩] *nt* fifth
fünftens ['fʏnftn̩s] *adv* fifth[ly], in [the] fifth place
Fünfunddreißigstundenwoche, 35-Stunden-Woche *f* thirty-five-hour week
fünfzehn ['fʏnftse:n] *adj* fifteen; **~ Uhr** 3pm; *s. a.* **acht**[1]
fünfzehnte(r, s) *adj* ① (*an fünfzehnter*

Stelle) fifteenth; *s. a.* **achte(r, s) 1** ② (*Datum*) fifteenth, 15th; *s. a.* **achte(r, s) 2**

fünfzig ['fʏnftsɪç] *adj* fifty; *s. a.* **achtzig 1, 2**

Fünfziger <-s, -> ['fʏnftsɪgɐ] *m* (*Fünfzigpfennigstück*) fifty-pfennig piece

Fünfzigmarkschein *m* fifty-mark note **Fünfzigpfennigstück** *nt* fifty-pfennig piece

fünfzigste(r, s) *adj* fiftieth; *s. a.* **achte(r, s) 1**

fungieren* [fʊŋ'gi:rən] *vi* ■**etw fungiert als etw** sth functions as sth

Fungizid <-s, -e> [fʊŋgi'tsi:t, *pl* -'tsi:də] *nt* fungicide

Funk <-s> [fʊŋk] *m kein pl* radio; **etw über ~ durchgeben** to announce sth on the radio

Funkamateur(in) *m(f)* radio ham **Funkausstellung** *f* radio and television exhibition

Fünkchen <-s, -> ['fʏŋçən] *nt* ① *dim von* **Funke** [tiny] spark ② (*geringes Maß*) **es besteht kein ~ Hoffnung** there's not a scrap of hope; **ein/kein ~ Wahrheit** *gen* a grain/not a shred of truth

Funke <-ns, -n> ['fʊŋkə] *m* ① (*glimmendes Teilchen*) spark; **~n sprühen** to emit sparks; **der zündende ~** (*fig*) the vital spark ② (*geringes Maß*) scrap; **ein ~ [von] Anstand** a scrap of decency; **ein ~ Hoffnung** a gleam of hope

funkeln ['fʊŋkl̩n] *vi* to sparkle; *Edelsteine, Gold* to glitter

funkelnagelneu ['fʊŋkl̩'na:gl̩'nɔy] *adj* (*fam*) spanking-new

funken ['fʊŋkn̩] **I.** *vt* to radio; **SOS ~** to send out *sep* an SOS **II.** *vi* ① (*senden*) to radio ② (*Funken sprühen*) to spark **III.** *vi impers* (*fam*) ① (*verstehen*) to click; **endlich hat es bei ihm gefunkt!** it finally clicked [with him] ② (*sich verlieben*) **zwischen den beiden hat's gefunkt** those two have really clicked

Funken <-s, -> ['fʊŋkn̩] *m s.* **Funke**

Funker(in) <-s, -> *m(f)* radio operator

Funkgerät *nt* ① (*Sende- und Empfangsgerät*) RT unit ② (*Sprechfunkgerät*) walkie-talkie **funkgesteuert** *adj* ELEK, TECH radio-controlled **Funkhaus** *nt* studios *pl* **Funkkolleg** *nt* educational [*or* BRIT ≈ Open University] radio broadcasts **Funkloch** *nt* [signal] shadow **Funkmast** *m* TECH, TELEK radio [antenna] mast **Funksignal** *nt* radio signal **Funksprechgerät** *nt* walkie-talkie **Funkspruch** *m* radio message **Funkstation** *f* radio station **Funkstille** *f* radio silence; **bei jdm herrscht ~** (*fig*) sb is [completely] incommunicado **Funkstreife** *f* [police] radio patrol **Funktaxi** *nt* radio taxi **Funktechnik** *f* radio technology **Funktelefon** *nt* cordless [tele]phone

Funktion <-, -en> [fʊŋk'tsi̯o:n] *f* ① *kein pl* (*Zweck*) function ② (*Stellung*) position; **in jds ~ als etw** in sb's capacity as sth ③ MATH function ④ (*Benutzbarkeit*) function; **außer/in ~ sein** [not] to be working

funktional [fʊŋktsi̯o'na:l] *adj s.* **funktionell**

Funktionär(in) <-s, -e> [fʊŋktsi̯o'nɛ:ɐ̯] *m(f)* official; **ein hoher ~** a high-ranking official

funktionell [fʊŋktsi̯o'nɛl] *adj* ① MED functional; **eine ~e Störung** a dysfunction ② (*funktionsgerecht*) practical

funktionieren* [fʊŋktsi̯o'ni:rən] *vi* ① (*betrieben werden, aufgebaut sein*) to work; *Maschine a.* to operate ② (*reibungslos ablaufen, intakt sein*) to work [out]; *Organisation* to run smoothly

funktionsfähig *adj* in working order *pred; Anlage* operative; **voll ~** fully operative, in full working order **Funktionstaste** *f* function key **funktionstüchtig** *adj s.* **funktionsfähig** **Funktionsweise** *f* functioning *no pl*

Funkturm *m* radio tower **Funkverbindung** *f* radio contact **Funkverkehr** *m* radio communication *no art*

Funsportart ['fan-] *f* trend sport

für [fy:ɐ̯] *präp +akk* ① (*Zweck betreffend*) ■**~ jdn/etw** for sb/sth; **sind Sie ~ den Gemeinsamen Markt?** do you support the Common Market?; **~ was ist denn dieses Werkzeug?** DIAL what's this tool [used] for?; **~ ganz** SCHWEIZ (*für immer*) for good; **~ sich** *akk* **bleiben** to remain by oneself ② (*was ... angeht*) for; **~ ihr Alter ist sie noch rüstig** she's still sprightly for her age; **~ jdn** (*jds Ansicht nach*) for sb ③ MED (*gegen*) for; **gut ~ Migräne** good for migraine ④ (*zugunsten*) for, in favour of; **was Sie da sagen, hat manches ~ sich** there's something in what you're saying ⑤ (*in Austausch mit*) for; **er hat es ~ 45 Euro bekommen** he got it for 45 euros ⑥ (*statt*) for, instead of ⑦ (*als etw*) **ich halte sie ~ intelligent** I think she is intelligent ⑧ + ‚*was*' **was ~ ein Blödsinn!** what nonsense!; **was ~ ein Pilz ist das?** what kind of mushroom is that?

Für <-> [fy:ɐ̯] *nt* **das ~ und Wider** the pros and cons

Fürbitte ['fy:ɐ̯bɪtə] *f* intercession

Furche <-, -n> ['fʊrçə] *f* ① (*Ackerfurche*) furrow ② (*Wagenspur*) rut

furchen ['fʊrçn̩] *vt* (*geh*) to furrow

Furcht <-> ['fʊrçt] *f kein pl* fear; **~ [vor jdm/etw] haben** to fear sb/sth; **hab' keine ~!** don't be afraid!; **~ erregend** ter-

F

rifying; **aus ~ vor jdm/etw** for fear of sb/sth

furchtbar **I.** *adj* terrible **II.** *adv* terribly

fürchten ['fʏrçtn̩] **I.** *vt* to fear; **jdn das F~ lehren** to teach sb the meaning of fear; ■ **zum F~** (*furchtbar*) frightful; ■ **~, dass ...** to fear that ... **II.** *vr* ■ **sich** *akk* **~** to be afraid (**vor** +*dat* of); **sich** *akk* **im Dunkeln ~** to be afraid of the dark

fürchterlich *adj s.* **furchtbar**

furchterregend *adj s.* **Furcht**

F

furchtlos **I.** *adj* fearless **II.** *adv* fearlessly, without fear

Furchtlosigkeit <-> *f kein pl* fearlessness *no pl*

furchtsam ['fʊrçtza:m] *adj* (*geh*) fearful

Furchtsamkeit <-, *selten* -en> *f* (*geh*) fearfulness *no pl*

füreinander [fy:ɐ̯ʔai̯'nandɐ] *adv* for each other; **~ einspringen** to help each other out

Furie <-, -n> ['fu:ri̯ə] *f* ❶ (*pej: wütende Frau*) hellcat ❷ (*mythisches Wesen*) fury

Furnier <-s, -e> [fʊr'ni:ɐ̯] *nt* veneer

furnieren* [fʊr'ni:rən] *vt* to veneer

Furore [fu'ro:rə] ▸ WENDUNGEN: **~ machen** to cause a sensation

Fürsorge ['fy:ɐ̯zɔrgə] *f kein pl* ❶ (*Betreuung*) care ❷ (*fam: Sozialamt*) welfare services *npl* ❸ (*fam: Sozialhilfe*) social security *no art,* welfare AM; **von der ~ leben** to live on benefits

Fürsorgeamt *nt* SCHWEIZ welfare services *npl* **Fürsorgepflicht** *f employer's obligation to provide welfare services*

fürsorglich ['fy:ɐ̯zɔrklɪç] **I.** *adj* considerate (**zu** +*dat* towards) **II.** *adv* with care

Fürsorglichkeit <-> *f kein pl* care

Fürsprache ['fy:ɐ̯ʃpra:xə] *f* recommendation

Fürsprecher(in) ['fy:ɐ̯ʃprɛçɐ] *m(f)* ❶ (*Interessenvertreter*) advocate ❷ JUR SCHWEIZ (*Anwalt*) barrister BRIT, attorney AM

Fürst(in) <-en, -en> [fʏrst] *m(f)* prince *masc,* princess *fem*

Fürstentum *nt* principality; **das ~ Monaco** the principality of Monaco

Fürstin <-, -nen> *f fem form von* **Fürst** (*Adlige*) princess; (*Herrscherin*) ruler

fürstlich ['fʏrstlɪç] **I.** *adj* ❶ (*den Fürsten betreffend*) princely ❷ (*fig: prächtig*) lavish **II.** *adv* lavishly; **~ speisen** to eat like a lord

Furt <-, -en> [fʊrt] *f* ford

Furunkel <-s, -> [fu'rʊŋkl̩] *nt o m* boil

fürwahr [fy:ɐ̯'va:ɐ̯] *adv* (*veraltet*) forsooth

Furz <-[e]s, Fürze> [fʊrts, *pl* 'fʏrtsə] *m* (*derb*) fart

furzen ['fʊrtsn̩] *vi* (*derb*) to fart

Fusel <-s, -> ['fu:zl̩] *m* (*pej*) rotgut, hooch AM

Fusion <-, -en> [fu'zi̯o:n] *f* ❶ ÖKON merger ❷ PHYS fusion

fusionieren* [fuzi̯o'ni:rən] *vi* ÖKON to merge (**zu** +*dat* into, **mit** +*dat* with)

Fuß <-es, Füße> [fu:s, *pl* 'fy:sə] *m* ❶ (*Körperteil*) foot; **gut/schlecht zu ~ sein** to be steady/not so steady on one's feet; **etw ist zu ~ zu erreichen** sth is within walking distance; **zu ~ gehen** to walk, to go on foot; **jdm auf die Füße treten** to stand on sb's feet; (*fig: jdn beleidigen*) to step on sb's toes; **bei ~!** (*Befehl für Hunde*) heel! ❷ SÜDD, ÖSTERR (*Bein*) leg ❸ (*Sockel*) base; (*vom Schrank, Berg*) foot ❹ *kein pl* (*Längenmaß*) foot; **sie ist sechs ~ groß** she's six feet tall; **ein sechs ~ großer Mann** a six-foot man ▸ WENDUNGEN: **keinen ~ vor die Tür setzen** not to set foot outside; **auf eigenen Füßen stehen** to stand on one's own two feet; **jdn auf dem falschen ~ erwischen** to catch sb unprepared; **sich** *akk* **auf freiem ~[e] befinden** to be free; *Ausbrecher* to be at large; **auf großem ~[e] leben** to live the high life; **kalte Füße bekommen** to get cold feet; **auf wackligen Füßen stehen** to rest on shaky foundations; **sich** *dat* **die Füße wund laufen** (*fam*) to run one's legs off; **jdm zu Füßen fallen** to go down on one's knees to sb; **[festen] ~ fassen** to gain a [firm] foothold; **jdm zu Füßen liegen** to lie at sb's feet; **sich** *dat* **die Füße vertreten** to stretch one's legs

Fußabdruck <-abdrücke> *m* footprint **Fußabstreifer** <-s, -> *m,* **Fußabtreter** <-s, -> *m* foot scraper [*or* grating]; (*Matte*) doormat

Fußball ['fu:sbal] *m* ❶ *kein pl* (*Spiel*) football BRIT, soccer AM ❷ (*Ball*) football BRIT, soccer ball AM

Fußballer(in) <-s, -> ['fu:sbalɐ] *m(f)* (*fam*) footballer

Fußballfan *m* football fan **Fußballmannschaft** *f* football team **Fußballplatz** *m* football pitch BRIT, soccer field AM **Fußballspiel** *nt* football match **Fußballspieler(in)** *m(f)* football player **Fußballstadion** *nt* football stadium **Fußballtoto** *m o nt* the [football] pools *npl* **Fußballverein** *m* football club **Fußballweltmeisterschaft** *f* football world championship[s]

Fußbank <-bänke> *f* footrest

Fußboden *m* floor **Fußbodenbelag** *m* floor covering **Fußbodenheizung** *f* [under]floor heating

Fußbreit <-> ['fu:sbrai̯t] *m kein pl* ❶ (*Breite

des Fußes) width of a foot ❷ (*fig: bisschen*) inch; **keinen ~ weichen** to not budge an inch

Fußbremse *f* footbrake

Fussel <-s, -> ['fʊsl̩] *m* fluff *no pl;* **ein(e) ~** a bit of fluff

fusselig ['fʊsəlɪç] *adj* fluffy *attr,* full of fluff *pred*

fusseln ['fʊsl̩n] *vi* to get fuzzy

fußen ['fu:sn̩] *vi* to rest (**auf** on)

Fußende *nt* foot

Fußgänger(in) <-s, -> *m(f)* pedestrian **Fußgängerbrücke** *f* footbridge **Fußgängerstreifen** *m* SCHWEIZ, **Fußgängerüberweg** *m* pedestrian crossing **Fußgängerzone** *f* pedestrian precinct

Fußgelenk *nt* ankle **Fußkettchen** <-s, -> *nt* anklet

fußläufig *adj* (*zu Fuß*) on foot

fusslig ['fʊslɪç] *adj s.* **fusselig**

Fußmarsch *m* ❶ MIL march ❷ (*anstrengender Marsch*) long hike **Fußmatte** *f* doormat **Fußnagel** *m* toenail **Fußnote** *f* LIT footnote **Fußpflege** *f* care of one's feet; (*professionell*) pedicure **Fußpfleger(in)** *m(f)* chiropodist **Fußpilz** *m kein pl* athlete's foot **Fußschaltung** *f* foot gearchange control **Fußsohle** *f* sole **Fußspitze** *f* toes *pl* **Fußspur** *f meist pl* footprints *pl* **Fußstapfen** <-s, -> *m* footprint; **in jds ~ treten** (*fig*) to follow in sb's footsteps **Fußtritt** *m* kick **Fußvolk** *nt kein pl* ❶ MIL (*veraltet*) infantry ❷ (*pej: bedeutungslose Masse*) ■**das ~** the rank and file **Fußweg** *m* ❶ (*Pfad*) footpath ❷ (*beanspruchte Zeit zu Fuß*) **es sind nur 15 Minuten ~** it's only 15 minutes walk **Fußzeile** *f* INFORM footer

futsch [fʊtʃ] *adj präd* bust; **~ sein** to have had it

Futter[1] <-s, -> ['fʊtɐ] *nt* ([*tierische*] *Nahrung*) [animal] feed; *von Pferd, Vieh a.* fodder

Futter[2] <-s> ['fʊtɐ] *nt kein pl* (*Innenstoff*) lining

Futteral <-s, -e> [fʊtə'ra:l] *nt* case

füttern[1] ['fʏtɐn] *vt* to feed

füttern[2] ['fʏtɐn] *vt* (*mit Stofffutter versehen*) to line

futtern ['fʊtɐn] **I.** *vi* (*hum fam*) to stuff oneself **II.** *vt* (*hum fam*) ■**etw ~** to scoff sth

Futternapf *m* [feeding] bowl **Futterpflanze** *f* fodder crop

Fütterung <-, -en> *f* feeding

Futterzusatz *m* AGR feed supplement

Futur <-s, -e> [fu'tu:ɐ̯] *nt* LING future [tense]

Futurismus <-> [futu'rɪsmʊs] *m kein pl* futurism *no pl*

futuristisch [futu'rɪstɪʃ] *adj* futurist[ic]

G g

G, g <-, - *o fam* -s, -s> [ge:] *nt* ❶ (*Buchstabe*) G, g; **~ wie Gustav** G for George ❷ MUS G, g

g *Abk von* **Gramm** g

gab ['ga:p] *imp von* **geben**

Gabe <-, -n> ['ga:bə] *f* ❶ (*geh: Geschenk*) gift; **eine milde ~** alms *pl* ❷ (*Begabung*) gift ❸ SCHWEIZ (*Preis, Gewinn*) prize

Gabel <-, -n> ['ga:bl̩] *f* ❶ (*Essensgabel*) fork ❷ (*Heu-, Mistgabel*) pitchfork ❸ (*Radgabel*) fork ❹ TELEK cradle

gabeln ['ga:bl̩n] *vr* ■**sich ~** *Straße, Ast* to fork

Gabelstapler <-s, -> [-ʃta:plɐ] *m* fork-lift truck

Gabelung <-, -en> ['ga:bəlʊŋ] *f* fork

gackern ['gakɐn] *vi* ❶ *Huhn* to cluck ❷ (*fig fam*) to cackle

gaffen ['gafn̩] *vi* (*pej fam*) to gape (**nach** at); **was gaffst du so?** what are you gawping at!

Gaffer(in) <-s, -> *m(f)* (*pej*) gaper

Gag <-s, -s> [gɛk] *m* (*fam*) gag

Gage <-, -n> ['ga:ʒə] *f* fee

gähnen ['gɛ:nən] *vi* to yawn

Gala <-, -s> ['ga:la] *f* ❶ *kein pl* formal dress *no pl* ❷ (*Vorstellung*) gala performance

galaktisch [ga'laktɪʃ] *adj* galactic

galant [ga'lant] *adj* (*veraltend*) chivalrous

Galaxie <-, -n> [gala'ksi:, *pl* gala'ksi:ən], **Galaxis** <-s, Galaxien> [ga'laksɪs, *pl* gala'ksi:ən] *f* galaxy

Galeere <-, -n> [ga'le:rə] *f* galley

Galerie <-, -n> [galə'ri:, *pl* -'ri:ən] *f* ❶ ARCHIT gallery ❷ (*Gemäldegalerie*) art gallery; (*Kunsthandlung*) art dealer's ❸ ÖSTERR, SCHWEIZ (*Tunnel mit fensterartigen Öffnungen*) gallery

Galerist(in) <-en, -en> [galə'rɪst] *m(f)* proprietor of a gallery

Galgen <-s, -> ['galgn̩] *m* gallows + *sing vb*

Galgenfrist *f* (*fam*) stay of execution **Galgenhumor** *m* gallows humour

Galicien [ga'li:tsi̯ən] *nt* Galicia

Galicier(in) [ga'li:tsi̯ɐ] *m(f)* Galician; *s. a.* **Deutsche(r)**

galicisch [ga'li:tsɪʃ] *adj* Galician; *s. a.* **deutsch**

Galiläa <-s> [gali'lɛ:a] *nt kein pl* Galilee

Galle <-, -n> ['galə] *f* ① (*Gallenblase*) gall bladder ② (*Gallenflüssigkeit*) bile
Gallenblase *f* gall bladder **Gallenkolik** *f* biliary colic **Gallenstein** *m* gallstone
gallertartig [ga'lɛrt-] *adj* gelatinous
Gallien <-s> ['galiə̯n] *nt* HIST Gaul
gallisch ['galɪʃ] *adj* Gallic; *s. a.* **deutsch**
Galopp <-s, -s *o* -e> [ga'lɔp] *m* gallop
galoppieren* [galɔ'piːrən] *vi sein o haben* to gallop
galt ['galt] *imp von* **gelten**
galvanisch [gal'vaːnɪʃ] *adj* galvanic
galvanisieren* [galvani'ziːrən] *vt* to galvanize
Gambia <-s> ['gambi̯a] *nt* the Gambia; *s. a.* **Deutschland**
Gameboy® <-s, -s> ['geːmbɔy] *m* Gameboy®
Gameshow <-, -s> ['geːmʃoː] *f* game show
Gamma <-[s], -s> ['gama] *nt* gamma
Gammastrahlen *pl* gamma rays *pl*
gammelig ['gaməlɪç] *adj* (*pej fam*) ① (*ungenießbar*) bad ② (*unordentlich*) scruffy
gammeln ['gamḷn] *vi* ① (*ungenießbar werden*) to go off ② (*herumhängen*) to laze around
Gammler(in) <-s, -> ['gamlɐ] *m(f)* (*veraltend fam*) layabout
Gams <-, -[en]> ['gams] *f* SÜDD, ÖSTERR chamois
Gämse <-, -n> ['gɛmzə] *f* chamois
Gang[1] <-[e]s, Gänge> ['gaŋ, *pl* 'gɛŋə] *m* ① *kein pl* (*Gangart*) walk ② (*Weg*) walk; (*Besorgung*) errand ③ *kein pl* TECH **den Motor in ~ halten** to keep the engine running; (*a. fig*) **etw in ~ bringen** to get sth going; (*a. fig*) **in ~ kommen** to get off the ground ④ (*Ablauf*) course; **alles geht wieder seinen gewohnten ~** everything is proceeding as normal again ⑤ (*in einer Speisenfolge*) course ⑥ AUTO gear; (*Fahrrad a.*) speed; **in den 2. ~ schalten** to change into 2nd gear ⑦ (*eingefriedeter Weg*) passageway; (*Korridor*) corridor; *Theater, Flugzeug, Laden* aisle
Gang[2] <-, -s> [gɛŋ] *f* (*Bande*) gang
Gangart *f* walk; (*bei Pferden*) pace
gangbar *adj* ① (*begehbar*) passable ② (*fig*) practicable
gängeln ['gɛŋḷn] *vt* (*pej*) ■**jdn ~** to treat sb like a child
gängig ['gɛŋɪç] *adj* ① (*üblich*) common ② (*gut verkäuflich*) in demand ③ (*im Umlauf befindlich*) current
Gangschaltung *f* gears *pl*
Gangster <-s, -> ['gɛŋstɐ] *m* (*pej*) gangster
Gangway <-, -s> ['gɛŋveː] *f* gangway
Ganove <-n, -n> [ga'noːvə] *m* (*pej fam*) crook
Gans <-, Gänse> ['gans, *pl* 'gɛnzə] *f* goose; **blöde ~** (*pej fam*) silly goose
Gänseblümchen *nt* daisy **Gänsefüßchen** *pl* (*fam*) inverted commas *pl* **Gänsehaut** *f kein pl* goose-pimples *pl*, goose bumps *esp* AM *pl* **Gänseleberpastete** *f* pâté de foie gras **Gänsemarsch** *m kein pl* **im ~** in single file
Gänserich <-s, -e> ['gɛnzərɪç] *m* gander
ganz ['gants] **I.** *adj* ① (*vollständig*) all; **die ~e Wahrheit** the whole truth; **es regnet schon den ~en Tag** it's been raining all day ② (*unbestimmtes Zahlwort*) **eine ~e Drehung** a complete turn; **eine ~e Menge** quite a lot; **eine ~e Note** a semibreve ③ (*fam: unbeschädigt*) intact; **etw wieder ~ machen** to mend sth ④ (*fam: nicht mehr als*) no more than **II.** *adv* ① (*sehr, wirklich*) really; **das war ~ lieb von dir** that was really kind of you; **~ besonders** particularly ② (*ziemlich*) quite ③ (*vollkommen*) completely; **~ und gar** completely; **~ und gar nicht** not at all; **~ allein sein** to be all alone; **das ist mir ~ gleich** it's all the same to me ④ (*räumliche Position ausdrückend*) **~ hinten/vorne** right at the back/front
Ganze(s) *nt* ① (*alles zusammen*) whole; **im ~n** on the whole ② (*die ganze Angelegenheit*) the whole business
Ganzheit <-, *selten* -en> *f* (*Einheit*) unity; (*Vollständigkeit*) entirety
ganzheitlich I. *adj* integral *attr* **II.** *adv* all in all
gänzlich ['gɛntslɪç] **I.** *adj* (*selten*) complete **II.** *adv* completely
ganztägig I. *adj* all-day **II.** *adv* all day
Ganztagsbetreuung *f* full-time childcare **Ganztagsschule** *f* full-time day school
ganzteilig ['gantstai̯lɪç] *adj Badeanzug, Kostüm* one-piece
gar[1] ['gaːɐ̯] *adj* KOCHK done
gar[2] ['gaːɐ̯] *adv* ① (*überhaupt*) at all, whatsoever; **~ keine[r]** no one whatsoever; **hattest du denn ~ keine Angst?** weren't you frightened at all?; **~ nichts** nothing at all [*or* whatsoever] ② ÖSTERR, SCHWEIZ, SÜDD (*sehr*) really
Garage <-, -n> [ga'raːʒə] *f* garage
Garant(in) <-en, -en> [ga'rant] *m(f)* guarantor
Garantie <-, -n> [garan'tiː, *pl* -'tiːən] *f* guarantee **Garantiefrist** *f* HANDEL warranty [*or* guarantee] period
garantieren* [garan'tiːrən] *vt, vi* to guarantee
Garantieschein *m* guarantee [certificate]

Garaus ['ga:ɐ̯ʔaʊ̯s] *m* ▶WENDUNGEN: **jdm den ~ <u>machen</u>** (*fam*) to bump sb off; **einer S.** *dat* **den ~ <u>machen</u>** to put an end to sth

Garbe <-, -n> ['garbə] *f* ① (*Getreidebündel*) sheaf ② MIL **eine ~ abgeben** to fire a short burst

Garde <-, -n> ['gardə] *f* guard

Garderobe <-, -n> [gardə'ro:bə] *f* ① (*Kleiderablage*) hall-stand; (*Aufbewahrungsraum*) cloakroom ② *kein pl* (*geh: Kleidung*) wardrobe ③ THEAT (*Ankleideraum*) dressing-room

Garderobenständer *m* hat-stand

Gardine <-, -n> [gar'di:nə] *f* net curtain

Gardinenstange *f* curtain rod

garen ['ga:rən] *vt, vi* to cook

gären ['gɛ:rən] *vi sein o haben* ① (*sich in Gärung befinden*) to ferment ② (*fig*) to seethe

Garette <-, -n> [ga'rɛtə] *f* SCHWEIZ wheelbarrow

Garn <-[e]s, -e> ['garn] *nt* thread

Garnele <-, -n> [gar'ne:lə] *f* prawn

garnieren* [gar'ni:rən] *vt* ■**etw ~** ① KOCHK to garnish sth (**mit** +*dat* with) ② (*fig*) to embellish sth (**mit** +*dat* with)

Garnitur <-, -en> [garni'tu:ɐ̯] *f* set

garstig ['garstɪç] *adj* (*veraltend*) ① (*ungezogen*) bad; *Kind* naughty ② (*abscheulich*) horrible

Garten <-s, Gärten> ['gartn̩, *pl* 'gɛrtn̩] *m* garden

Gartenarbeit *f* gardening *no pl* **Gartenarchitekt(in)** *m(f)* landscape gardener **Gartenbau** *m kein pl* horticulture *no pl* **Gartenfest** *nt* garden party **Gartenhaus** *nt* summer house; (*Geräteschuppen*) [garden] shed **Gartenlaube** *f* (*Pergola*) arbour **Gartenlokal** *nt* open-air restaurant **Gartenmöbel** *pl* garden furniture **Gartenschere** *f* pruning shears *npl* **Gartensitzplatz** *m* SCHWEIZ patio **Gartenzaun** *m* garden fence **Gartenzwerg** *m* garden gnome

Gärtner(in) <-s, -> ['gɛrtnɐ] *m(f)* gardener

Gärtnerei <-, -en> [gɛrtnə'raɪ̯] *f* (*für Setzlinge*) nursery; (*für Obst, Gemüse, Schnittblumen*) market garden

Gärung <-, -en> ['gɛ:rʊŋ] *f* fermentation

Gas <-es, -e> ['ga:s, *pl* 'ga:zə] *nt* ① (*luftförmiger Stoff*) gas ② (*fam*) **~ geben** to accelerate

Gasbrenner *m* gas burner **Gasfeuerzeug** *nt* gas lighter **Gasflamme** *f* gas flame **Gasflasche** *f* gas canister **gasförmig** *adj* gaseous **Gashahn** *m* gas tap **Gashebel** *m* accelerator [pedal] BRIT, gas pedal AM **Gasheizung** *f* gas heating **Gasherd** *m* gas cooker **Gaskammer** *f* HIST gas chamber **Gaskocher** *m* camping stove **Gaslaterne** *f* gas [street] lamp **Gasleitung** *f* gas main **Gasmann** *m* (*fam*) gasman **Gasmaske** *f* gas mask **Gasofen** *m* gas oven **Gaspedal** *nt* accelerator [pedal] **Gaspistole** *f* tear gas gun

Gasse <-, -n> ['gasə] *f* ① (*schmale Straße*) alley[way] ② ÖSTERR (*Straße*) street

Gassenjunge *m* (*pej*) street urchin

Gast <-es, Gäste> ['gast, *pl* 'gɛstə] *m* ① (*eingeladene Person*) guest ② (*Besucher einer fremden Umgebung*) **~ in einer Stadt/einem Land sein** to be a visitor to a city/country ③ (*Besucher eines Lokals, Hotels*) customer

Gastarbeiter(in) *m(f)* guest worker

Gästebuch *nt* visitors' book **Gästezimmer** *nt* spare room

gastfreundlich *adj* hospitable **Gastfreundschaft** *f* hospitality **Gastgeber(in)** <-s, -> *m(f)* host *masc*, hostess *fem* **Gastgewerbe** *nt* catering industry **Gasthaus, Gasthof** *m* inn **Gasthörer(in)** *m(f)* SCH observer, auditor AM

gastieren* [gas'ti:rən] *vi* to make a guest appearance

Gastland *nt* host country

gastlich ['gastlɪç] (*geh*) **I.** *adj* hospitable **II.** *adv* hospitably

Gastritis <-, Gastritiden> [gas'tri:tɪs, *pl* gastri'ti:dn̩] *f* gastritis

Gastronomie <-,-n> [gastrono'mi:, *pl* -'mi:ən] *f* ① (*geh: Gaststättengewerbe*) catering trade ② (*geh: Kochkunst*) gastronomy

gastronomisch *adj* gastronomic

Gastspiel *nt* THEAT guest performance **Gaststätte** *f* restaurant **Gaststube** *f Bar* lounge; *Restaurant* restaurant **Gastwirt(in)** *m(f)* restaurant manager; *einer Kneipe* landlord *masc*, landlady *fem* **Gastwirtschaft** *f s.* **Gaststätte**

Gasvergiftung *f* gas poisoning **Gaswerk** *nt* gasworks + *sing vb* **Gaszähler** *m* gas meter

Gatte, Gattin <-n, -n> ['gatə, 'gatɪn] *m, f* (*geh*) spouse

Gatter <-s, -> ['gatɐ] *nt* fence

Gattin <-, -nen> ['gatɪn] *f* (*geh*) *fem form von* **Gatte** wife

Gattung <-, -en> ['gatʊŋ] *f* ① BIOL genus ② KUNST, LIT genre

GAU <-s, -s> ['gaʊ̯] *m Akr von* **größter anzunehmender Unfall** MCA

Gaucho <-[s], -s> ['gaʊ̯tʃo] *m* gaucho

Gaudi <-> ['gaʊ̯di] *f o nt kein pl* ÖSTERR,

SÜDD (*fam: Spaß*) fun

Gaukler(in) <-s, -> ['gaukle] *m(f)* (*veraltet*) travelling performer

Gaul <-[e]s, Gäule> ['gaul, *pl* 'gɔylə] *m* (*pej*) nag

Gaumen <-s, -> ['gaumən] *m* palate

Gaumenfreude *f* (*geh*) culinary delight

Gauner(in) <-s, -> ['gaune] *m(f)* ① (*Betrüger*) crook ② (*Schelm*) rogue ③ (*fam: gerissener Kerl*) crafty customer

Gaunerei <-, -en> [gaunə'rai] *f* cheating *no pl*

Gazastreifen ['ga:za-] *m* Gaza Strip

Gazelle <-, -n> [ga'tsɛlə] *f* gazelle

geartet [gə'ʔa:ɐ̯tət] *adj* ① (*veranlagt*) natured ② (*beschaffen*) constituted

Geäst <-[e]s> [gə'ʔɛst] *nt kein pl* branches *pl*

geb. *Abk von* **geboren** née

Gebäck <-[e]s, -e> [gə'bɛk] *nt pl selten* (*Plätzchen*) biscuits *pl;* (*Teilchen*) pastries *pl;* (*kleine Kuchen*) cakes *pl*

gebacken *pp von* **backen**

Gebälk <-[e]s, -e> [gə'bɛlk] *nt pl selten* timberwork *no pl*

geballt I. *adj* ① (*konzentriert*) concentrated ② (*zur Faust gemacht*) **~e Fäuste** clenched fists **II.** *adv* in concentration

gebannt *adj* fascinated; **wie ~** as if spellbound

gebar [gə'ba:ɐ̯] *imp von* **gebären**

Gebärde <-, -n> [gə'bɛ:ɐ̯də] *f* gesture

gebärden* [gə'bɛ:ɐ̯dn̩] *vr haben* ■**sich** *akk* ~ to behave

Gebärdensprache *f* LING sign language

gebären <gebiert, gebar, geboren> [gə'bɛ:rən] **I.** *vt* ① (*zur Welt bringen*) ■**geboren werden** to be born ② (*eine natürliche Begabung haben*) ■**zu etw** *dat* **geboren sein** to be born to sth **II.** *vi* (*ein Kind zur Welt bringen*) to give birth

gebärfähig *adj* capable of child-bearing

Gebärmutter *f* womb

gebauchpinselt [gə'bauxpɪnzl̩t] *adj* (*hum fam*) flattered

Gebäude <-s, -> [gə'bɔydə] *nt* ① (*Bauwerk*) building ② (*Gefüge*) structure

Gebäudekomplex *m* building complex

gebaut *adj* built; ■**gut/stark ~ sein** to be well-built

Gebein <-[e]s, -e> [gə'bain] *nt* ■**~e** *pl* bones *pl; eines Heiligen* relics *pl*

Gebell(e) <-s> [gə'bɛl(ə)] *nt kein pl* (*pej fam*) incessant barking

geben <gibt, gab, gegeben> ['ge:bn̩] **I.** *vt* ① (*reichen*) ■**jdm etw** *akk* ~ to give sb sth, to give sth to sb; (*beim Kartenspiel*) to deal ② (*schenken*) to give [as a present] ③ (*mitteilen*) **jdm seine Telefonnummer ~** to give sb one's telephone number ④ (*verkaufen*) ■**jdm etw** *akk* ~ to get sb sth; **~ Sie mir bitte fünf Brötchen** I'd like five bread rolls please; (*bezahlen*) **ich gebe Ihnen 500 Euro für das Bild** I'll give you 500 euros for the picture ⑤ (*spenden*) ■**etw gibt jdm etw** *akk* sth gives [sb] sth; *Schutz, Schatten* to provide ⑥ TELEK ■**jdm jdn ~** to put sb through to sb; **~ Sie mir bitte Frau Schmidt** can I speak to Mrs Schmidt, please ⑦ (*stellen*) **eine Aufgabe/ein Problem/ein Thema ~** to set a task/problem/topic ⑧ *Pressekonferenz* to hold ⑨ (*zukommen lassen*) **jdm einen Namen ~** to name a person ⑩ (*veranstalten*) **ein Fest ~** to give a party ⑪ KOCHK **Wein in die Soße ~** to add wine to the sauce ⑫ (*ergeben*) **7 mal 7 gibt 49** 7 times 7 equals 49; **keinen Sinn ~** that makes no sense ⑬ (*äußern*) ■**etw von sich** *dat* ~ to utter sth ▶ WENDUNGEN: **jdm etw zu tun ~** to give sb sth to do; **ich gebe nicht viel auf die Gerüchte** I don't pay much attention to rumours **II.** *vi* ① KARTEN to deal ② SPORT to serve; **du gibst!** it's your serve **III.** *vt impers* ① (*gereicht werden*) **was gibt es zum Frühstück?** what's for breakfast?; **freitags gibt es bei uns immer Fisch** we always have fish on Fridays ② (*eintreten*) **heute gibt es noch Regen** it'll rain today ③ (*existieren, passieren*) **das gibt's doch nicht!** (*fam*) that's unbelievable; **was gibt's?** (*fam*) what's up? **IV.** *vr* ① (*nachlassen*) ■**etw gibt sich** sth eases [off]; (*sich erledigen*) to sort itself out ② (*sich benehmen, aufführen*) **sie gab sich sehr überrascht** she acted very surprised; **nach außen gab er sich heiter** outwardly he behaved cheerfully

Gebet <-[e]s, -e> [gə'be:t] *nt* prayer

Gebetbuch *nt* prayer book

gebeten [gə'be:tn̩] *pp von* **bitten**

Gebetskäppchen *nt* REL (*fam: jüdisch*) skullcap; (*islamisch*) prayer cap

gebetsmühlenhaft I. *adj* (*pej fam*) constant **II.** *adv* (*pej fam*) constantly

Gebetsnische *f* REL mihrab **Gebetsruf** *m* REL call to prayer

gebiert [gə'bi:ɐ̯t] *3. pers sing pres von* **gebären**

Gebiet <-[e]s, -e> [gə'bi:t] *nt* ① (*Fläche*) area; (*Region a.*) region; (*Staatsgebiet*) territory ② (*Fach*) field

gebieten* [gə'bi:tn̩] *irreg* (*geh*) **I.** *vt* ① (*befehlen*) ■**[jdm] etw** *akk* ~ to command [sb] to do sth; **Einhalt ~** to put an end to sth

② (*verlangen, erfordern*) ■**etw** ~ to demand sth **II.** *vi* ① (*herrschen*) ■**über jdn/etw** ~ to have control over sb/sth ② (*verfügen*) ■**über etw** *akk* ~ to have sth at one's disposal

Gebieter(in) <-s, -> *m(f)* (*veraltet geh*) lord

gebieterisch [gəˈbiːtərɪʃ] (*geh*) **I.** *adj* domineering **II.** *adv* domineeringly, in a domineering manner

Gebilde <-s, -> [gəˈbɪldə] *nt* ① (*Ding*) thing ② (*Form*) shape; (*Struktur*) structure

gebildet *adj* educated

Gebirge <-s, -> [gəˈbɪrgə] *nt* mountains *pl*

gebirgig [gəˈbɪrgɪç] *adj* mountainous **Gebirgszug** *m* mountain range

Gebiss <-es, -e> [gəˈbɪs] *nt* ① (*Zähne*) [set of] teeth ② (*Zahnprothese*) dentures *npl*

gebissen [gəˈbɪsn̩] *pp von* **beißen**

geblasen *pp von* **blasen**

geblieben [gəˈbliːbn̩] *pp von* **bleiben**

geblümt [gəˈblyːmt], **geblumt** [gəˈbluːmt] *adj* ÖSTERR ① (*mit Blumenmuster*) floral ② (*fig*) **ein ~er Stil** a flowery style

gebogen [gəˈboːgn̩] **I.** *pp von* **biegen** **II.** *adj* bent

geboren [gəˈboːrən] **I.** *pp von* **gebären** **II.** *adj* **der ~e Koch sein** to be a born cook

geborgen [gəˈbɔrgn̩] **I.** *pp von* **bergen** **II.** *adj* safe

Geborgenheit <-> *f kein pl* security

geborsten [gəˈbɔrstn̩] *pp von* **bersten**

Gebot <-[e]s, -e> [gəˈboːt] *nt* ① (*Gesetz*) law; (*Verordnung*) decree ② REL **die zehn ~e** the Ten Commandments ③ (*geh: Erfordernis*) requirement ④ ÖKON bid

geboten [gəˈboːtn̩] **I.** ① *pp von* **gebieten** ② *pp von* **bieten** **II.** *adj* (*geh: notwendig*) necessary; (*angebracht*) advisable

Gebotsschild <-[e]s, -er> *nt* mandatory sign

Gebrabbel <-s> [gəˈbrabl̩] *nt kein pl* (*pej fam*) jabbering

gebracht [gəˈbraxt] *pp von* **bringen**

gebrannt [gəˈbrant] **I.** *pp von* **brennen** **II.** *adj* burned, burnt; **~e Mandeln** roasted almonds

gebraten *pp von* **braten**

Gebräu <-[e]s, -e> [gəˈbrɔy] *nt* (*pej*) concoction

Gebrauch <-[e]s, Gebräuche> [gəˈbraux, *pl* gəˈbrɔyçə] *m* ① *kein pl* (*Verwendung*) use; (*Anwendung*) application; **von etw** *dat* **~ machen** to make use of sth ② *usu pl* **Sitten und Gebräuche** manners and customs

gebrauchen* *vt* (*verwenden*) to use

gebräuchlich [gəˈbrɔyçlɪç] *adj* ① (*allgemein üblich*) customary; (*in Gebrauch*) in use ② (*herkömmlich*) conventional

Gebrauchsanweisung *f* operating instructions **gebrauchsfertig** *adj* ready for use **Gebrauchsgegenstand** *m* basic commodity

gebraucht *adj* second-hand

Gebrauchtmarkt *m* second-hand market **Gebrauchtwagen** *m* second-hand car

Gebrechen <-s, -> [gəˈbrɛçn̩] *nt* (*geh*) affliction

gebrechlich [gəˈbrɛçlɪç] *adj* frail

gebrochen [gəˈbrɔxn̩] **I.** *pp von* **brechen** **II.** *adj* (*völlig entmutigt*) broken **III.** *adv* imperfectly; **sie sprach nur ~ Deutsch** she only spoke broken German

Gebrüder [gəˈbryːdɐ] *pl* (*veraltet*) brothers

Gebrüll <-[e]s> [gəˈbrʏl] *nt kein pl* *Löwe* roaring; (*pej*) *Kind* bawling; *Mensch* screaming

Gebühr <-, -en> [gəˈbyːɐ̯] *f* charge; (*Honorar, Beitrag*) fee

gebühren* [gəˈbyːrən] (*geh*) **I.** *vi* (*zukommen*) ■**jdm/etw gebührt etw** *akk* sb/sth deserves sth **II.** *vr* ■**sich** ~ to be fitting

gebührend **I.** *adj* (*zustehend*) due; (*angemessen*) appropriate **II.** *adv* (*angemessen*) appropriately

Gebühreneinheit *f* TELEK [tariff] unit **Gebühreneinzugszentrale** *f* collection centre for radio and television licence fees **gebührenfrei** *adj, adv* free of charge **gebührenpflichtig** **I.** *adj* subject to a charge **II.** *adv* **jdn ~ verwarnen** to fine sb **Gebührenzähler** *m* TELEK meter

gebunden [gəˈbʊndn̩] **I.** *pp von* **binden** **II.** *adj* **~es Buch** hardcover; **anderweitig ~ sein** to be otherwise engaged; **vertraglich ~ sein** to be bound by contract

Geburt <-, -en> [gəˈbuːɐ̯t] *f* ① (*Entbindung*) birth; **bei der ~** at the birth; **von ~ an** from birth ② (*Abstammung*) birth

Geburtenkontrolle *f kein pl* birth control **Geburtenrückgang** *m* decline in the birth rate **geburtenschwach** *adj* **ein ~er Jahrgang** a year in which there is a low birth rate **geburtenstark** *adj* with a high birth rate **Geburtenzahl** *f* birth rate

gebürtig [gəˈbʏrtɪç] *adj* by birth; **er ist ~er Londoner** he is a native Londoner

Geburtsdatum *nt* date of birth **Geburtshilfe** *f kein pl* obstetrics **Geburtsjahr** *nt* year of birth **Geburtsort** *m* place of birth **Geburtsstation** *f* obstetrics ward

Geburtstag *m* birthday; (*Geburtsdatum*) date of birth; **herzlichen Glückwunsch zum ~** happy birthday to you **Geburtstagsfeier** *f* birthday celebration *form* [*or*

party] **Geburtstagsgeschenk** *nt* birthday present **Geburtstagskind** *nt* (*hum*) birthday boy/girl

Geburtstermin *m* due date **Geburtsurkunde** *f* birth certificate **Geburtswehen** *pl* labour [*or* AM -or] pains *pl*

Gebüsch <-[e]s, -e> [gə'bʏʃ] *nt* bushes *pl;* (*Unterholz*) undergrowth

gedacht [gə'daxt] ① *pp von* **denken** ② *pp von* **gedenken**

Gedächtnis <-ses, -se> [gə'dɛçtnɪs, *pl* -nɪsə] *nt* ① (*Informationsspeicherung im Gehirn*) memory; **ein gutes/schlechtes ~ [für etw** *akk*] **haben** to have a good/poor memory [for sth] ② (*Gedenken*) memory

Gedächtnisschwund *m* amnesia **Gedächtnisverlust** *m kein pl* loss of memory

gedämpft *adj* **~er Schall/~e Stimme** muffled echo/voice

Gedanke <-ns, -n> [gə'daŋkə] *m* ① (*das Gedachte, Überlegung*) thought; **in ~n vertieft** deep in thought; **jdn auf andere ~n bringen** to take sb's mind off sth; **sich** *dat* **über etw** *akk* **~n machen** to be worried about sth ② (*Einfall*) idea; **einen ~n in die Tat umsetzen** to put a plan into action

Gedankenaustausch *m* exchange of ideas **Gedankenfreiheit** *f kein pl* freedom of thought *no pl* **Gedankengang** *m* train of thought

gedankenlos I. *adj* thoughtless II. *adv* thoughtlessly

Gedankenstrich *m* dash **Gedankenübertragung** *f* telepathy *no indef art* **gedankenverloren** *adj, adv* lost in thought

gedanklich [gə'daŋklɪç] *adj* intellectual

Gedärm <-[e]s, -e> [gə'dɛrm] *nt,* **Gedärme** <-s, -> [gə'dɛrmə] *nt* (*selten*) entrails *pl old liter*

Gedeck <-[e]s, -e> [gə'dɛk] *nt* cover

gedeckt I. *pp von* **decken** II. *adj* muted

Gedeih [gə'dai̯] ▸ WENDUNGEN: **auf ~ und <u>Verderb</u>** for better or [for] worse

gedeihen <gedieh, gediehen> [gə'dai̯ən] *vi sein* ① (*sich gut entwickeln*) to flourish ② (*vorankommen*) to make headway

gedenken* *vi irreg* (*geh*) ① (*ehrend zurückdenken*) ■**jds/einer S. ~** to remember sb/sth ② (*beabsichtigen*) ■**~, etw zu tun** to intend to do sth

Gedenken <-s> [gə'dɛŋkn̩] *nt kein pl* memory

Gedenkfeier *f* commemorative ceremony **Gedenkminute** *f* minute's silence **Gedenkstätte** *f* memorial **Gedenkstunde** *f* hour of commemoration **Gedenktafel** *f* commemorative plaque **Gedenktag** *m* day of remembrance

Gedicht <-[e]s, -e> [gə'dɪçt] *nt* poem

gediegen [gə'di:gn̩] *adj* ① (*rein*) pure ② (*solide gearbeitet*) high quality ③ (*geschmackvoll*) tasteful ④ (*gründlich*) **~e Kenntnisse haben** to have sound knowledge

gedieh [gə'di:] *imp von* **gedeihen**

gediehen [gə'di:ən] *pp von* **gedeihen**

Gedöns <-es> [gə'dø:ns] *nt kein pl* NORDD (*fam*) ① (*Krempel*) stuff ② (*Aufheben*) **viel ~ [um etw** *akk*] **machen** to make a lot of fuss [about sth]; **was soll das ganze ~?** what's all the fuss about?

Gedränge <-s> [gə'drɛŋə] *nt kein pl* ① (*drängende Menschenmenge*) crowd ② (*das Drängen*) jostling

gedrängt I. *adj* ① (*kurz*) brief, concise ② (*voll*) packed II. *adv* ① (*kurz*) briefly, concisely ② (*voll*) packed; **~ voll sein** to be packed full

gedroschen [gə'drɔʃn̩] *pp von* **dreschen**

gedrückt *adj* weak, dejected; BÖRSE depressed

gedrungen [gə'drʊŋən] I. *pp von* **dringen** II. *adj* stocky

Geduld <-> [gə'dʊlt] *f kein pl* patience

gedulden* *vr* ■**sich** *akk* **~** to be patient

geduldig [gə'dʊldɪç] *adj* patient

Geduldsfaden *m* ▸ WENDUNGEN: **jdm <u>reißt</u> der ~** (*fam*) sb is at the end of his/her tether **Geduldsprobe** *f* test of one's patience

gedurft [gə'dʊrft] *pp von* **dürfen**

geehrt *adj* honoured; **sehr ~e Damen, sehr ~e Herren!** ladies and gentlemen!; (*Anrede in Briefen*) **sehr ~e Damen und Herren!** Dear Sir or Madam

geeignet [gə'ʔai̯gnət] *adj* suitable; ■**für etw** *akk*/**zu etw** *dat* **~ sein** to be suited to sth

Gefahr <-, -en> [gə'fa:ɐ̯] *f* danger; **jdn in ~ bringen** to endanger sb; **auf eigene ~** at one's own risk

gefährden* [gə'fɛ:ɐ̯dn̩] *vt* ■**sich/jdn/etw ~** to endanger oneself/sb/sth; **den Erfolg einer S.** *gen* **~** to jeopardize the success of sth

Gefährdung <-, -en> *f* threat

gefahren *pp von* **fahren**

Gefahrenherd *m* source of danger

gefährlich [gə'fɛ:ɐ̯lɪç] I. *adj* dangerous; (*risikoreich*) risky II. *adv* dangerously

gefahrlos [gə'fa:ɐ̯lo:s] *adj* safe

Gefährte, Gefährtin <-n, -n> [gə'fɛ:ɐ̯tə, gə'fɛ:ɐ̯tɪn] *m, f* (*geh*) companion

Gefälle <-s, -> [gəˈfɛlə] *nt* ① (*Neigungsgrad*) gradient; (*Land*) slope; (*Fluss*) drop ② (*fig: Unterschied*) difference

gefallen <gefiel, gefallen> **I.** *vi* ■**jdm** ~ to please sb; **gefällt dir mein Kleid?** do you like my dress? **II.** *vr* (*fam*) ■**sich** *dat* **etw** ~ **lassen** to put up with sth

Gefallen[1] <-s, -> *m* favour; **jdn um einen** ~ **bitten** to ask sb for a favour; **jdm einen** ~ **tun** to do sb a favour

Gefallen[2] <-s> *nt kein pl* (*geh*) pleasure

Gefallene(r) *f(m)* soldier killed in action

gefällig [gəˈfɛlɪç] *adj* ① (*hilfsbereit*) helpful ② (*ansprechend*) pleasant ③ (*a. iron form: gewünscht*) **Kaffee ~?** would you care for a coffee? *form*

Gefälligkeit <-, -en> *f* ① (*Gefallen*) favour ② *kein pl* (*Hilfsbereitschaft*) helpfulness

gefälligst [gəˈfɛlɪçst] *adv* (*euph, pej fam*) kindly; **würden Sie mich ~ ausreden lassen!** would you kindly let me finish [speaking]!

gefangen [gəˈfaŋən] **I.** *pp von* **fangen** **II.** *adj* **jdn ~ halten** to hold sb captive; **jdn ~ nehmen** MIL to take sb prisoner; (*verhaften*) to arrest sb

Gefangene(r) *f(m)* captive; (*im Gefängnis*) prisoner; (*im Krieg*) prisoner of war

gefangen|halten *vt irreg* (*fig: beeindrucken*) ■**jdn** ~ to captivate sb

Gefangennahme <-, -n> *f* ① MIL capture ② (*Verhaftung*) arrest

gefangen|nehmen *vt irreg* (*fig: beeindrucken*) ■**jdn** ~ to captivate sb

Gefangenschaft <-, *selten* -en> *f* captivity

Gefängnis <-ses, -se> [gəˈfɛŋnɪs, *pl* -nɪsə] *nt* ① (*Haftanstalt*) prison, jail; **ins ~ kommen** to be sent to prison ② *kein pl* (*Haftstrafe*) imprisonment *no pl*

Gefängnisstrafe *f* prison sentence **Gefängniswärter(in)** *m(f)* prison officer

Gefasel <-s> [gəˈfaːzl̩] *nt kein pl* (*pej fam*) drivel

Gefäß <-es, -e> [gəˈfɛːs] *nt* ① (*Behälter*) container ② (*Ader*) vessel

gefasst **I.** *adj* ① (*beherrscht*) composed ② (*eingestellt*) ■**auf etw** *akk* **~ sein** to be prepared for sth **II.** *adv* calmly

Gefäßverengung *f* vascular constriction **Gefäßverkalkung** *f* vascular sclerosis

Gefecht <-[e]s, -e> [gəˈfɛçt] *nt* (*a. fig*) battle

gefeit [gəˈfai̯t] *adj* ■**gegen etw** *akk* **~ sein** to be immune to sth

Gefieder <-s, -> [gəˈfiːdɐ] *nt* plumage *no indef art, no pl*

gefiedert [gəˈfiːdɐt] *adj* (*geh*) feathered

gefinkelt [gəˈfɪŋkl̩t] *adj* ÖSTERR cunning, crafty, sly

Geflecht <-[e]s, -e> [gəˈflɛçt] *nt* ① (*Flechtwerk*) wickerwork ② (*Gewirr*) tangle

gefleckt *adj* spotted; *Gefieder* speckled; *Haut* blotchy

geflissentlich [gəˈflɪsn̩tlɪç] *adv* (*geh*) deliberately

geflochten [gəˈflɔxtn̩] *pp von* **flechten**

geflogen [gəˈfloːgn̩] *pp von* **fliegen**

geflohen [gəˈfloːən] *pp von* **fliehen**

geflossen [gəˈflɔsn̩] *pp von* **fließen**

Geflügel <-s> [gəˈflyːgl̩] *nt kein pl* poultry *no indef art, no pl*

geflügelt [gəˈflyːgl̩t] *adj* winged

Geflüster <-s> [gəˈflʏstɐ] *nt kein pl* whispering

gefochten [gəˈfɔxtn̩] *pp von* **fechten**

Gefolge <-s, -> [gəˈfɔlgə] *nt* retinue

Gefolgschaft <-, -en> *f* ① (*Anhängerschaft*) following *no pl* ② HIST retinue ③ *kein pl* (*veraltend: Treue*) allegiance (**gegenüber** +*dat* to)

gefragt *adj* in demand *pred*

gefräßig [gəˈfrɛːsɪç] *adj* ① (*fressgierig*) voracious ② (*pej: unersättlich*) greedy

gefressen [gəˈfrɛsn̩] *pp von* **fressen**

gefrieren* *vi irreg sein* to freeze

Gefrierfach *nt* freezer compartment **gefriergetrocknet** *adj* freeze-dried **Gefrierpunkt** *m* freezing point; **über/unter dem ~** above/below freezing **Gefrierschrank** *m* upright freezer **Gefriertruhe** *f* chest freezer

gefroren [gəˈfroːrən] *pp von* **frieren, gefrieren**

Gefüge <-s, -> [gəˈfyːgə] *nt* (*geh*) structure

gefügig [gəˈfyːgɪç] *adj* compliant

Gefühl <-[e]s, -e> [gəˈfyːl] *nt* ① (*Sinneswahrnehmung*) feeling ② (*seelische Empfindung, Instinkt*) feeling; **etw im ~ haben** to feel sth instinctively; **jds ~e erwidern** to return sb's affections ③ (*Sinn*) sense; **ein ~ für etw** *akk* **[haben]** [to have] a feeling for sth

gefühllos **I.** *adj* ① (*ohne Sinneswahrnehmung*) numb ② (*herzlos*) insensitive **II.** *adv* insensitively

Gefühlsausbruch *m* emotional outburst **gefühlsbetont** *adj* emotional **Gefühlsduselei** <-, -en> [-duːzəˈlai̯] *f* (*pej fam*) mawkishness **gefühlskalt** *adj* cold **gefühlsmäßig** *adv* instinctively **Gefühlsregung** *f* [stirring of] emotion **Gefühlssache** *f* matter of instinct

gefühlvoll **I.** *adj* (*empfindsam*) sensitive **II.** *adv* with feeling

gefüllt *adj* ① KOCHK **~e Paprikaschoten** stuffed peppers; **~e Kekse** biscuits with a

G

filling ② (*voll*) full; **eine gut ~e Brieftasche** a well-stuffed wallet

Gefummel <-s> [gəˈfʊml̩] *nt kein pl* (*fam*) ① (*lästiges Hantieren*) fiddling ② (*sexuelle Berührung*) groping *fam*

gefunden [gəˈfʊndn̩] *pp von* **finden**

gegangen [gəˈgaŋən] *pp von* **gehen**

gegeben [gəˈgeːbn̩] **I.** *pp von* **geben II.** *adj* ① (*vorhanden*) given ② (*geeignet*) right

gegebenenfalls [gəˈgeːbənənˈfals] *adv* if necessary

Gegebenheit <-, -en> *f meist pl* fact

gegen [ˈgeːgn̩] **I.** *präp* +*akk* ① (*wider*) against; **ich brauche etwas ~ meine Erkältung** I need sth for my cold ② (*ablehnend*) ■**~ jdn/etw sein** to be against sb/sth ③ (*entgegen*) contrary to ④ JUR, SPORT versus ⑤ (*an*) against ⑥ (*gegenüber*) towards, to ⑦ (*für*) for; **~ Kaution/Quittung** against a deposit/receipt ⑧ (*verglichen mit*) compared with ⑨ (*ungefähr*) **~ Morgen/Abend** towards morning/evening **II.** *adv* **er kommt ~ drei Uhr an** he's arriving around three o'clock

Gegenangriff *m* counterattack **Gegenanzeige** *f* contraindication **Gegenargument** *nt* counterargument **Gegenbeispiel** *nt* counterexample **Gegenbeweis** *m* counterevidence; **[jdm] den ~ [zu etw** *dat*] **erbringen** to furnish [sb] with evidence to the contrary

Gegend <-, -en> [ˈgeːgn̩t, *pl* ˈgeːgn̩dən] *f* ① (*Gebiet*) region; **durch die ~ fahren/laufen** (*fam*) to drive around/stroll about ② (*Wohngegend*) area, neighbourhood ③ (*Nähe*) area

Gegendarstellung *f* ① MEDIA reply ② (*gegensätzliche Darstellung*) account [of sth] from an opposing point of view

gegeneinander [geːgn̩ʔaiˈnandɐ] *adv* against each other

gegeneinander|halten *vt irreg* ■**etw ~** to hold up sth *sep* side by side **gegeneinander|prallen** *vi sein* to collide

Gegenfahrbahn *f* oncoming lane **Gegengewicht** *nt* counterweight **Gegengift** *nt* antidote

gegenläufig *adj* ① TECH contra-rotating ② (*entgegengesetzt*) **eine ~e Entwicklung/Tendenz** a reverse development/trend

Gegenleistung *f* **eine/keine ~ erwarten** to expect something/nothing in return **Gegenliebe** *f kein pl* **[bei jdm] auf keine/wenig ~ stoßen** to meet with no/little approval [from sb] **Gegenmaßnahme** *f* countermeasure **Gegenmehr** <-s> *nt* SCHWEIZ votes against; **ohne ~** unanimously **Gegenmittel** *nt* (*gegen Gift*) antidote; (*gegen Krankheit*) remedy (**gegen** +*akk* for) **Gegenoffensive** *f s.* **Gegenangriff Gegenreformation** *f* HIST Counter-Reformation **Gegenrichtung** *f* opposite direction

Gegensatz *m* ① (*Gegenteil*) opposite; **im ~ zu jdm/etw** unlike sb/sth ② *pl* differences; **unüberbrückbare Gegensätze** irreconcilable differences

gegensätzlich [ˈgeːgn̩zɛtslɪç] **I.** *adj* conflicting; *Menschen, Temperamente* different **II.** *adv* differently

Gegensätzlichkeit <-, -en> *f* difference[s]

Gegenschlag *m* retaliation **Gegenseite** *f* other side

gegenseitig [ˈgeːgn̩zaitɪç] **I.** *adj* mutual **II.** *adv* mutually; **sich ~ beschuldigen/helfen** to accuse/help each other

Gegenseitigkeit <-> *f kein pl* mutuality

Gegenspieler(in) *m(f)* opposite number **Gegensprechanlage** *f* two-way intercom

Gegenstand <-[e]s, Gegenstände> *m* ① (*Ding*) object ② (*Thema*) subject

gegenständlich [ˈgeːgn̩ʃtɛntlɪç] KUNST **I.** *adj* representational **II.** *adv* representationally

gegenstandslos *adj* ① (*unbegründet*) unfounded ② (*hinfällig*) invalid

Gegenstimme *f* ① (*bei einer Abstimmung*) vote against ② (*kritische Meinungsäußerung*) dissenting voice **Gegenstück** *nt* companion piece; **jds ~ sein** to be sb's opposite **Gegenteil** [ˈgeːgn̩tail] *nt* opposite

gegenteilig [ˈgeːgn̩tailɪç] **I.** *adj* opposite **II.** *adv* to the contrary

gegenüber [geːgn̩ˈʔyːbɐ] **I.** *präp* +*dat* ① (*örtlich*) ■**jdm/einer S. ~** opposite sb/sth ② (*in Bezug auf*) ■**jdm/einer S. ~** towards sb/sth ③ (*vor ...*) ■**jdm ~** in front of sb ④ (*im Vergleich zu*) ■**jdm ~** in comparison with sb **II.** *adv* opposite

Gegenüber <-s, -> [geːgn̩ˈʔyːbɐ] *nt* ① (*Mensch*) person opposite ② (*Terrain*) land opposite

gegenüberliegend *adj attr* opposite

gegenüber|stehen *irreg* **I.** *vi* ① (*zugewandt stehen*) ■**jdm ~** to stand opposite sb ② (*eingestellt sein*) ■**jdm/einer S. [...] ~** to have a [...] attitude towards sb/sth **II.** *vr* ■**sich** *dat* **als etw ~** to face each other as sth **gegenüber|stellen** *vt* ① (*konfrontieren*) ■**jdm jdn ~** to confront sb with sb ② (*vergleichen*) ■**einer S.** *dat* **etw ~** to compare sth with sth **Gegenüberstellung** *f* ① (*Konfrontation*) confrontation ② (*Vergleich*) comparison

Gegenverkehr *m* oncoming traffic **Gegenvorschlag** *m* counterproposal

Gegenwart <-> ['ge:gn̩vart] *f kein pl* ① (*jetziger Augenblick*) present ② (*heutiges Zeitalter*) present [day]; **die Literatur/Musik der ~** contemporary literature/music ③ LING present [tense] ④ (*Anwesenheit*) presence

gegenwärtig ['ge:gn̩vɛrtɪç] **I.** *adj* ① *attr* (*derzeitig*) present ② (*heutig*) present[-day] **II.** *adv* currently

Gegenwehr *f* resistance; [**keine**] **~ leisten** to put up [no] resistance

Gegenwert *m* equivalent; **im ~ von etw** *dat* to the value of sth **Gegenwind** *m* headwind **gegen|zeichnen** *vt* to countersign **Gegenzug** *m* counter[move]; **im ~ [zu etw** *dat*] as a counter[move] [to sth]

gegessen [gə'gɛsn̩] *pp von* **essen**

geglichen [gə'glɪçn̩] *pp von* **gleichen**

geglitten [gə'glɪtn̩] *pp von* **gleiten**

geglommen [gə'glɔmən] *pp von* **glimmen**

Gegner(in) <-s, -> ['ge:gnɐ] *m(f)* ① (*Feind*) enemy ② (*Gegenspieler*) *a.* SPORT opponent

gegnerisch *adj attr* opposing

Gegnerschaft <-, -en> *f* opposition

gegolten [gə'gɔltn̩] *pp von* **gelten**

gegoren [gə'go:rən] *pp von* **gären**

gegossen [gə'gɔsn̩] *pp von* **gießen**

gegraben *pp von* **graben**

gegriffen [gə'grɪfn̩] *pp von* **greifen**

Gegröle <-s> [gə'grø:lə] *nt kein pl* (*pej fam*) raucous bawling

Gehabe <-s> [gə'ha:bə] *nt kein pl* (*pej fam: Getue*) fuss; (*Gebaren*) affectation

Gehackte(s) *nt* mince[d meat] BRIT, ground[meat] AM

Gehalt[1] <-[e]s, Gehälter> [gə'halt, *pl* gə'hɛltɐ] *nt o* ÖSTERR *m* salary

Gehalt[2] <-[e]s, -e> [gə'halt] *m* ① (*Anteil*) content ② (*geistiger Wert*) meaning

gehalten *pp von* **halten**

gehaltlos *adj* ① (*nährstoffarm*) non-nutritious ② (*oberflächlich*) insubstantial

Gehaltsabrechnung *f* salary statement, pay slip **Gehaltsempfänger(in)** *m(f)* salaried employee **Gehaltserhöhung** *f* pay rise **Gehaltskonto** *nt* account into which a salary is paid **Gehaltsvorstellung** *f* salary expectation **Gehaltszulage** *f* salary bonus

gehaltvoll *adj* ① (*nahrhaft*) nutritious, nourishing ② (*gedankliche Tiefe aufweisend*) stimulating

gehandikapt [gə'hɛndikɛpt] *adj* handicapped (**durch** by)

gehangen [gə'haŋən] *pp von* **hängen**

gehässig [gə'hɛsɪç] **I.** *adj* spiteful **II.** *adv* spitefully

Gehässigkeit <-, -en> *f* ① *kein pl* (*Boshaftigkeit*) spite[fulness] ② (*gehässige Bemerkung*) spiteful remark

gehauen *pp von* **hauen**

gehäuft **I.** *adj* ① (*hoch gefüllt*) heaped ② (*wiederholt*) repeated **II.** *adv* in large numbers

Gehäuse <-s, -> [gə'hɔyzə] *nt* ① (*Schale*) casing; (*Kamera a.*) body ② (*Schneckengehäuse*) shell ③ (*Kerngehäuse*) core

gehbehindert *adj* **leicht/stark ~ sein** to have a slight/severe mobility handicap

Gehege <-s, -> [gə'he:gə] *nt* enclosure

geheim [gə'hai̯m] **I.** *adj* secret **II.** *adv* secretly; **etw [vor jdm] ~ halten** to keep sth secret [from sb]

Geheimagent(in) *m(f)* secret agent **Geheimdienst** *m* secret service BRIT, intelligence service AM

Geheimnis <-ses, -se> [gə'hai̯mnɪs, *pl* -nɪsə] *nt* ① (*Wissen*) secret ② (*Rätsel*) ■ **das ~ einer S.** *gen* the secret of sth

Geheimniskrämer(in) <-s, -> *m(f)* (*fam*) mystery-monger **Geheimniskrämerei** [gəhai̯mnɪskrɛ:mə'rai̯] *f* (*pej fam*) secretiveness **geheimniskrämerisch** [gə'hai̯mnɪskrɛ:m'ərɪʃ] *adj* (*pej*) secretive

geheimnisvoll **I.** *adj* mysterious **II.** *adv* mysteriously

Geheimnummer *f* ① TELEK ex-directory number ② (*geheime Kombination*) secret combination **Geheimpolizei** *f* secret police **Geheimsache** *f* classified information **Geheimschrift** *f* code **Geheimtipp** *m* inside tip **Geheimtür** *f* secret door **Geheimzahl** *f* FIN PIN number

Geheiß <-es> [gə'hai̯s] *nt kein pl* (*geh*) behest; **auf jds ~** at sb's behest

geheißen *pp von* **heißen**

gehemmt **I.** *adj* inhibited **II.** *adv* **sich** *akk* **~ benehmen** to act self-consciously

gehen <ging, gegangen> ['ge:ən] **I.** *vi sein* ① (*sich fortbewegen*) to go; (*zu Fuß*) to walk; **~ wir oder fahren wir mit dem Auto?** shall we walk or drive?; **in Urlaub ~** to go on holiday [*or* AM vacation] ② (*besuchen*) ■ **zu jdm ~** to go and visit sb; **in die Kirche/Schule/ins Theater ~** to go to church/school/the theatre ③ (*tätig werden*) **zum Film/Theater ~** to go into films/on the stage ④ (*weggehen*) to go; (*abfahren a.*) to leave; **ich muss jetzt ~** I have to be off; **wann geht der Zug nach Hamburg?** when does the train to Hamburg leave? ⑤ (*führen*) **die Brücke geht über den Fluss** the bridge crosses the river; **wohin geht dieser Weg?** where does this path lead to? ⑥ (*funktionieren*) to work; **meine Uhr geht nicht mehr** my watch has stopped ⑦ (*gelingen*) **versuch's einfach, es geht ganz leicht** just try it, it's really easy; **kannst du mir bitte erklären, wie das Spiel geht?** can you please explain the rules of the game to me? ⑧ ÖKON **das Geschäft geht vor Weihnachten immer gut** business is always good before Christmas ⑨ (*hineinpassen*) **es ~ über 450 Besucher in das neue Theater** the new theatre holds over 450 people; **wie viele Leute ~ in deinen Wagen?** how many people [can] fit in[to] your car? ⑩ (*dauern*) **dieser Film geht drei Stunden** this film lasts three hours ⑪ (*reichen*) **der Rock geht ihr bis zum Knie** the skirt goes down to her knee; **in die Tausende ~** to run into [the] thousands ⑫ KOCHK *Teig* to rise ⑬ (*verkleidet sein*) ■**als etw ~** to go as sth; **bei dem Nieselregen würde ich nicht ohne Schirm ~** I wouldn't go out in this drizzle without an umbrella ⑭ (*möglich sein*) **haben Sie am nächsten Mittwoch Zeit? – nein, das geht [bei mir] nicht** are you free next Wednesday? – no, that's no good [for me]; **ich muss mal telefonieren - geht das?** I have to make a phone call - would that be alright? ⑮ (*beeinträchtigen*) **das geht [mir] ganz schön an die Nerven** that really gets on my nerves ⑯ (*gerichtet sein*) ■**an jdn ~** to be addressed to sb; **das geht gegen meine Prinzipien** that is against my principles ⑰ (*fam: liiert sein*) ■**mit jdm ~** to go out with sb ⑱ (*überschreiten*) **zu weit ~** to go too far ⑲ (*fam: akzeptabel sein*) **er geht gerade noch, aber seine Frau ist furchtbar** he's just about OK but his wife is awful; **wie ist das Hotel? – es geht [so]** how's the hotel? – it's ok ▶ WENDUNGEN: **[ach] geh, ...!** (*fam*) [oh] come on, ...!; ÖSTERR, SÜDD **geh, was du nicht sagst!** go on, you're kidding!; **sich** *akk* **~<u>lassen</u>** (*sich nicht beherrschen*) to lose control of oneself [*or* one's self-control]; (*sich vernachlässigen*) to let oneself go; **es geht nichts <u>über</u> jdn/etw** there's nothing like sb/sth **II.** *vi impers sein* ① + *adv* (*sich befinden*) **wie geht es Ihnen? – danke, mir geht es gut!** how are you? – thank you, I am well!; **nach der Spritze ging es ihr gleich wieder besser** she soon felt better again after the injection ② + *adv* (*verlaufen*) **wie war denn die Prüfung? – ach, es ging ganz gut** how was the exam? – oh, it went quite well ③ (*sich handeln um*) **worum geht es in diesem Film?** what is this film about? ④ (*wichtig sein*) **worum geht es dir eigentlich?** what are you trying to say?; **es geht mir ums Prinzip** it's a matter of principle ⑤ (*ergehen*) **mir ist es ähnlich/genauso/nicht anders gegangen** it was the same/just the same/no different with me; **lass es dir/lasst es euch gut ~!** look after yourself! ⑥ (*sich machen lassen*) **ich werde arbeiten, solange es geht** I shall go on working as long as possible; **geht es, oder soll ich dir tragen helfen?** can you manage, or shall I help you carry it/them? ⑦ (*nach jds Kopf gehen*) **wenn es nach mir ginge** if it were up to me ▶ WENDUNGEN: **geht's <u>noch</u>!?** SCHWEIZ (*iron*) are you crazy?! **III.** *vt sein* **ich gehe immer diese Straße/diesen Weg** I always take this road/walk this way **IV.** *vr haben impers* **in diesen Schuhen geht es sich bequem** these shoes are very comfortable for walking

geheuer [gəˈhɔyɐ] *adj* **[jdm] nicht [ganz] ~ sein** to seem [a bit] suspicious [to sb]

Gehilfe, Gehilfin <-n, -n> [gəˈhɪlfə, gəˈhɪlfɪn] *m, f* assistant

Gehirn <-[e]s, -e> [gəˈhɪrn] *nt* brain

gehirnamputiert *adj* (*hum*) ■**~ sein** to be out of one's mind **Gehirnerschütterung** *f* concussion **Gehirnhautentzündung** *f* meningitis **Gehirnschlag** *m* stroke **Gehirntumor** *m* brain tumour **Gehirnwäsche** *f* brainwashing *no indef art, no pl* **Gehirnzelle** *f* brain cell

gehoben [gəˈhoːbn̩] **I.** *pp von* **heben II.** *adj* ① LING **sich** *akk* **~ausdrücken** to use elevated language ② *Stimmung* festive

Gehöft <-[e]s, -e> [gəˈhœft, gəˈhøːft] *nt* farm[stead]

geholfen [gəˈhɔlfn̩] *pp von* **helfen**

Gehör <-[e]s, *selten* -e> [gəˈhøːɐ̯] *nt* hearing; **sich** *dat* **~verschaffen** to make oneself heard

gehorchen* *vi* ① (*gefügig sein*) to obey ② (*reagieren*) ■**jdm ~** to respond to sb

gehören* **I.** *vi* ① (*jds Eigentum sein*) ■**jdm ~** to belong to sb; **ihm ~ mehrere Häuser** he owns several houses ② (*jdm zugewandt sein*) ■**jdm/einer S. ~** to belong to sb/sth; **ihre ganze Liebe gehört ihrem Sohn** she gives all her love to her son ③ (*den richtigen Platz haben*) **die Kinder ~ ins Bett** the children should be in bed ④ (*angebracht sein*) **dieser Vorschlag gehört nicht zum Thema/hierher** this suggestion is not to the point/is not relevant here ⑤ (*Mitglied sein*) ■**zu jdm/einer S. ~** to belong to sb/sth; **zur**

Familie ~ to be one of the family ⑥ (*Teil sein von*) ■**zu etw** *dat* **~** to be part of sth ⑦ (*Voraussetzung, nötig sein*) **zu dieser Arbeit gehört viel Konzentration** this work requires a lot of concentration; **es gehört viel Mut dazu, ...** it takes a lot of courage to ... **II.** *vr* ■**sich ~** to be fitting; **wie es sich gehört** as is right and proper; **sich [einfach/eben] nicht ~** to be [simply/just] not good manners

Gehörgang *m* ANAT auditory canal

gehörig [gəˈhøːrɪç] **I.** *adj* ① *attr* (*fam: beträchtlich*) good *attr;* **eine ~e Achtung vor jdm haben** to have a healthy respect for sb; **jdm einen ~en Schrecken einjagen** to give sb a good fright ② *attr* (*entsprechend*) proper ③ (*geh: gehörend*) ■**zu etw** *dat* **~** belonging to sth; **nicht zur Sache ~ sein** not to be relevant **II.** *adv* (*fam*) **jdn ~ ausschimpfen** to tell sb well and truly off

Gehörlose(r) *f(m)* (*geh*) deaf person

gehorsam [gəˈhoːɐ̯zaːm] **I.** *adj* obedient **II.** *adv* obediently

Gehorsam <-s> [gəˈhoːɐ̯zaːm] *m kein pl* obedience

Gehörschutz *m* ear protection

Gehsteig *m s.* **Bürgersteig**

Gehupe <-s> [gəˈhuːpə] *nt kein pl* (*pej*) honking

Gehweg *m* ① *s.* **Bürgersteig** ② (*Fußweg*) walk

Geier <-s, -> [ˈgai̯ɐ] *m* vulture

Geige <-, -n> [ˈgai̯gə] *f* violin, fiddle *fam*

geigen [ˈgai̯gn̩] **I.** *vi* to play the violin **II.** *vt* ■**etw ~** to play sth on the violin

Geiger(in) <-s, -> [ˈgai̯gɐ] *m(f)* violinist

Geigerzähler *m* Geiger counter

geil [ˈgai̯l] **I.** *adj* ① (*lüstern*) lecherous; ■**~ auf jdn sein** to have the hots for sb ② (*sl: toll*) wicked **II.** *adv* ① (*lüstern*) lecherously ② (*sl*) wicked

Geisel <-, -n> [ˈgai̯zl̩] *f* hostage

Geiselnahme <-, -n> *f* hostage-taking

Geiselnehmer(in) <-s, -> *m(f)* hostage-taker

Geiß <-, -en> [ˈgai̯s] *f* SÜDD, ÖSTERR, SCHWEIZ [nanny-]goat

Geißblatt *nt* honeysuckle, woodbine **Geißbock** *m* SÜDD, ÖSTERR, SCHWEIZ billy goat

Geißel <-, -n> [ˈgai̯sl̩] *f* scourge

geißeln [ˈgai̯sl̩n] *vt* ① (*mit der Geißel schlagen*) ■**jdn/sich ~** to flagellate sb/oneself ② (*anprangern*) ■**etw ~** to castigate sth

Geist <-[e]s, -er> [ˈgai̯st] *m* ① *kein pl* (*Vernunft*) mind ② *kein pl* (*Esprit*) wit ③ *kein pl* (*Wesen, Sinn, Gesinnung*) spirit ④ (*körperloses Wesen*) ghost; **böse/gute ~er** evil/good spirits; **der Heilige ~** the Holy Ghost ▸WENDUNGEN: **von allen guten ~ern verlassen sein** (*fam*) to have taken leave of one's senses; **den ~ aufgeben** (*fig fam*) to give up the ghost

Geisterbahn *f* ghost train **Geisterfahrer(in)** *m(f)* (*fam*) *sb driving down a road [often a motorway] in the wrong direction*

geisterhaft **I.** *adj* ghostly **II.** *adv* eerily

Geisterhand *f* ▸WENDUNGEN: **wie von ~** as if by magic

geistern [ˈgai̯stɐn] *vi sein* ■**durch etw** *akk* **~** ① (*herumgehen*) to wander through sth like a ghost ② (*spuken*) to haunt sth

Geisterstunde *f* witching hour

geistesabwesend **I.** *adj* absent-minded **II.** *adv* absent-mindedly **Geistesblitz** *m* (*fam*) brainwave, brainstorm **Geistesgegenwart** *f* presence of mind **geistesgegenwärtig** **I.** *adj* quick-witted **II.** *adv* with great presence of mind **geistesgestört** *adj* mentally disturbed **Geisteshaltung** *f* attitude [of mind] **geisteskrank** *adj* mentally ill **Geisteskrankheit** *f* mental illness **geistesverwandt** *adj* **~ sein** to be kindred spirits **Geisteswissenschaften** *pl* humanities **Geisteswissenschaftler(in)** *m(f)* ① (*Wissenschaftler*) humanities scholar ② (*Student*) humanities student **Geisteszustand** *m* state of mind

geistig [ˈgai̯stɪç] **I.** *adj* ① (*verstandesmäßig*) mental ② (*spirituell*) spiritual **II.** *adv* ① (*verstandesmäßig*) mentally ② MED **~ behindert/zurückgeblieben** mentally handicapped/retarded

geistlich [ˈgai̯stlɪç] **I.** *adj* ① (*religiös*) religious ② (*kirchlich*) ecclesiastical; *Amt* religious **II.** *adv* spiritually

Geistliche(r) *f(m)* clergyman *masc,* woman priest *fem*

geistlos *adj* ① (*dumm*) witless ② (*einfallslos*) inane

geistreich *adj Mensch* witty

Geiz <-es> [ˈgai̯ts] *m kein pl* miserliness, meanness BRIT

geizen [ˈgai̯tsn̩] *vi* ■**mit etw** *dat* **~** ① (*knauserig sein*) to be mean with sth ② (*zurückhaltend sein*) to be sparing with sth

Geizhals *m* miser

geizig [ˈgai̯tsɪç] *adj* stingy, miserly

Geizkragen *m* (*fam*) *s.* **Geizhals**

Gejammer <-s> [gəˈjamɐ] *nt kein pl* (*pej fam*) yammering

gekannt [gəˈkant] *pp von* **kennen**

Gekicher <-s> [gəˈkɪçɐ] *nt kein pl* (*pej fam*) giggling

Gekläffe <-s> [gəˈklɛfə] *nt kein pl* (*pej*) yap-

ping
Geklapper <-s> [gə'klapɐ] *nt kein pl* (*pej fam*) clatter[ing]
Geklimper <-s> [gə'klɪmpɐ] *nt kein pl* (*pej fam*) ❶ (*auf dem Klavier*) plonking ❷ (*mit Saiteninstrument*) twanging
Geklirr(e) <-[e]s> [gə'klɪr(ə)] *nt kein pl* clinking
geklommen [gə'klɔmən] *pp von* **klimmen**
geklungen [gə'klʊŋən] *pp von* **klingen**
geknickt *adj* (*fam*) glum
gekniffen [gə'knɪfn̩] *pp von* **kneifen**
gekommen *pp von* **kommen**
gekonnt [gə'kɔnt] **I.** *pp von* **können II.** *adj* accomplished
Gekritzel <-s> [gə'krɪtsl̩] *nt kein pl* (*pej*) scrawl
gekrochen [gə'krɔxn̩] *pp von* **kriechen**
gekünstelt *adj* (*pej*) artificial; **~es Lächeln** forced smile; *Sprache, Benehmen* affected
Gel <-s, -e> ['ge:l] *nt* gel
Gelaber(e) <-s> [gə'la:bɐ] *nt kein pl* (*pej fam*) blabbering
Gelächter <-s, *selten* -> [gə'lɛçtɐ] *nt* laughter
gelackmeiert [gə'lakmaiɐt] *adj* (*fam*) ■**~ sein** to be the one who has been conned
geladen I. *pp von* **laden II.** *adj* (*fam*) ■**~ sein** to be furious
Gelage <-s, -> [gə'la:gə] *nt* binge
gelähmt I. *pp von* **lähmen II.** *adj* paralyzed
Gelände <-s, -> [gə'lɛndə] *nt* ❶ (*Land*) terrain ❷ (*bestimmtes Stück Land*) site **Geländefahrzeug** *nt* all-terrain vehicle, ATV, off-road vehicle
Geländer <-s, -> [gə'lɛndɐ] *nt* railing[s]; (*Treppengeländer*) banister[s]
Geländerennen *nt* cross-country race **Geländewagen** *m* off-road vehicle
gelang [gə'laŋ] *imp von* **gelingen**
gelangen* *vi sein* ❶ (*hinkommen*) **ans Ziel ~** to reach one's destination ❷ (*erwerben*) ■**zu etw** *dat* **~** to achieve sth; *Ruhm, Reichtum* to gain ❸ SCHWEIZ ■**an jdn ~** to turn to sb (**mit** +*dat* about)
gelangweilt *adj, adv* bored
gelassen [gə'lasn̩] **I.** *pp von* **lassen II.** *adj* calm **III.** *adv* calmly
Gelassenheit <-> *f kein pl* calmness
Gelatine <-> [ʒela'ti:nə] *f kein pl* gelatin[e]
gelaufen *pp von* **laufen**
geläufig [gə'lɔyfɪç] *adj* familiar
gelaunt [gə'launt] *adj präd* ■**... ~ sein** to be in a ... mood
Geläut(e) <-[e]s> [gə'lɔyt(ə)] *nt kein pl* chiming
gelb ['gɛlp] *adj* yellow
Gelb <-s, - *o* -s> ['gɛlp] *nt* ❶ (*gelbe Farbe*) yellow ❷ (*bei Verkehrsampel*) amber
Gelbfieber *nt* yellow fever
gelblich ['gɛlplɪç] *adj* yellowish
Gelbsucht *f kein pl* jaundice
Geld <-[e]s, -er> ['gɛlt, *pl* 'gɛldɐ] *nt kein pl* (*Zahlungsmittel*) money; **bares ~** cash ▶ WENDUNGEN: **das ~ zum Fenster hinauswerfen** to throw money down the drain; **jdm das ~ aus der Tasche ziehen** to squeeze money out of sb
Geldangelegenheit *f meist pl* money matter **Geldanlage** *f* [financial] investment **Geldautomat** *m* cashpoint, automated teller machine, ATM **Geldbetrag** *m* sum **Geldbeutel** *m* SÜDD *s.* **Geldbörse Geldbörse** *f* ÖSTERR (*sonst geh: Portmonee*) purse **Geldbuße** *f* fine **Gelddruckmaschine** *f* (*fig fam*) goldmine **Geldentwertung** *f* currency depreciation
Gelder *pl* moneys *pl*
Geldgeber(in) <-s, -> *m(f)* [financial] backer **geldgierig** *adj* avaricious **Geldinstitut** *nt* financial institution **Geldkarte** *f* FIN money [*or* cash] card **Geldmacherei** <-, -> *f kein pl* (*pej*) moneymaking **Geldquelle** *f* financial source **Geldschein** *m* banknote, bill AM **Geldschrank** *m* safe **Geldschwierigkeiten** *pl* financial difficulties *pl* **Geldsorgen** *pl* money troubles *pl* **Geldspende** *f* [monetary] donation **Geldspielautomat** *m* slot machine **Geldstrafe** *f* fine **Geldstück** *nt* coin **Geldverlegenheit** *f* financial embarrassment *no pl;* **in ~en sein** to be short of money **Geldverschwendung** *f* waste of money **Geldwäsche** *f* money-laundering **Geldwechsel** *m* foreign exchange **Geldwert** *m* ❶ (*Kaufkraft*) value of a currency ❷ (*eines Gegenstandes*) cash value
Gelee <-s, -s> [ʒe'le:, ʒə'le:] *m o nt* jelly
gelegen [gə'le:gn̩] **I.** *pp von* **liegen II.** *adj* (*passend*) convenient; **jdm ~ kommen** to come at the right time for sb
Gelegenheit <-, -en> [gə'le:gn̩hait] *f* ❶ (*günstiger Moment*) opportunity; **bei passender ~** when the opportunity arises; **die ~ haben, etw zu tun** to have the opportunity of doing sth ❷ (*Anlass*) occasion; **bei dieser ~** on this occasion
Gelegenheitsarbeit *f* casual work **Gelegenheitsarbeiter(in)** *m(f)* casual labourer **Gelegenheitskauf** *m* bargain [purchase]
gelegentlich [gə'le:gn̩tlɪç] **I.** *adj attr* occasional **II.** *adv* ❶ (*manchmal*) occasionally ❷ (*bei Gelegenheit*) **wenn Sie ~ in der Nachbarschaft sind ...** if you happen to be around here ...
gelehrig [gə'le:rɪç] **I.** *adj* quick to learn

II. *adv* **sich** *akk* **~anstellen** to be quick to learn

gelehrt *adj* ❶ (*gebildet*) learned ❷ (*wissenschaftlich*) scholarly

Geleit <-[e]s, -e> [gəˈlait] *nt* **freies ~** safe-conduct; **jdm das letzte ~ geben** (*fig geh*) to pay one's last respects to sb

geleiten* *vt* (*geh*) to escort

Geleitschutz *m* escort; **jdm/einer S. ~ geben** to escort sb/sth **Geleitwort** <-s, -e> *nt* preface

Gelenk <-[e]s, -e> [gəˈlɛŋk] *nt* ANAT, TECH joint

Gelenkentzündung *f* arthritis

gelenkig [gəˈlɛŋkɪç] *adj* supple

Gelenkrheumatismus *m* MED rheumatic fever, acute [*or* articular] rheumatism

gelernt *adj* skilled *attr;* (*qualifiziert*) trained *attr*

gelesen *pp von* **lesen**

geliebt *adj* dear; **ihr ~er Mann** her dear [*or form a.* beloved] husband

Geliebte(r) *f(m)* lover

geliefert *adj* (*fam*) ■ **~ sein** to have had it

geliehen [gəˈliːən] *pp von* **leihen**

gelind(e) [gəˈlɪnt, gəˈlɪndə] *adj* ❶ (*geh: mild*) mild; *Regen, Frost* light ❷ (*fam: heftig*) awful ▸ WENDUNGEN: **~ gesagt** to put it mildly

gelingen <gelang, gelungen> [gəˈlɪŋən] *vi sein* ■ **jdm gelingt es, etw zu tun** sb manages to do sth; ■ **jdm gelingt es nicht, etw zu tun** sb fails to do sth

gelitten [gəˈlɪtn̩] *pp von* **leiden**

gell [ˈgɛl], **gelle** [ˈgɛlə] *interj* SÜDD, SCHWEIZ right?

gellen [ˈgɛlən] *vi* ■ **[laut] ~** to ring [loudly]

gellend **I.** *adj* piercing **II.** *adv* piercingly; **~ um Hilfe schreien** to scream for help

geloben* *vt* (*geh*) ■ **[jdm] etw ~** to vow sth [to sb]

Gelöbnis <-ses, -se> [gəˈløːpnɪs, *pl* -nɪsə] *nt* (*geh*) vow; **ein ~ ablegen** to take a vow

gelogen [gəˈloːgn̩] *pp von* **lügen**

gelöst *adj* relaxed

Gelse <-, -n> [ˈgɛlzə] *f* ÖSTERR gnat; (*größer*) mosquito

gelten <gilt, galt, gegolten> [ˈgɛltn̩] **I.** *vi* ❶ (*gültig sein*) ■ **[für jdn] ~** *Regelung* to be valid [for sb]; *Bestimmungen* to apply [to sb]; *Gesetz* to be in force ❷ (*bestimmt sein für*) ■ **jdm/einer S. ~** to be meant for sb/sth; *Buhrufe* to be aimed at sb/sth; *Frage* to be directed at sb ❸ (*zutreffen*) ■ **für jdn ~** to go for sb ❹ (*gehalten werden*) ■ **als etw ~** to be regarded as sth ▸ WENDUNGEN: **etw ~ lassen** to accept sth **II.** *vi impers* (*geh*) ■ **es gilt, etw zu tun** it is necessary to do sth; **das gilt nicht!** that's not allowed!

geltend *adj attr* (*gültig*) current; (*vorherrschend*) prevailing; **Ansprüche/Forderungen ~ machen** to make claims/demands

Geltung <-> *f kein pl* ❶ (*Gültigkeit*) validity *no indef art, no pl* ❷ (*Ansehen*) prestige *no indef art, no pl;* **etw zur ~ bringen** to show off *sep* sth to [its] advantage

Geltungsbedürfnis *nt kein pl* need for admiration **Geltungsdauer** *f* [period of] validity **Geltungsdrang** *m kein pl* need for recognition

Gelübde <-s, -> [gəˈlʏpdə] *nt* (*geh*) vow

gelungen [gəˈlʊŋən] **I.** *pp von* **gelingen** **II.** *adj attr* successful

GEMA <-> [ˈgeːma] *f kein pl Akr von* **Gesellschaft für musikalische Aufführungen und mechanische Vervielfältigungsrechte** *society for musical copyright enforcement*

gemächlich [gəˈmɛːçlɪç] **I.** *adj* leisurely; *Leben* quiet **II.** *adv* leisurely

Gemahl(in) <-s, -e> [gəˈmaːl] *m(f)* (*geh*) spouse

Gemälde <-s, -> [gəˈmɛːldə] *nt* painting

Gemäldegalerie *f* picture gallery

gemäß [gəˈmɛːs] **I.** *präp +dat* in accordance with; **~ § 198** according to § 198 **II.** *adj* ■ **jdm/einer S. ~** appropriate to sb/sth

gemäßigt *adj* ❶ METEO temperate ❷ (*moderat*) moderate

Gemäuer <-s> [gəˈmɔyɐ] *nt kein pl* (*geh*) walls *pl;* (*Ruine*) ruins *pl*

Gemecker [gəˈmɛkɐ], **Gemeckere** <-s> [gəˈmɛkərə], **Gemeckre** <-s> [gəˈmɛkrə] *nt kein pl* (*pej*) ❶ (*Tier*) bleating[s *pl*] ❷ (*fam: Nörgelei*) whinging

gemein [gəˈmain] **I.** *adj* ❶ (*niederträchtig*) mean; (*böse*) nasty ❷ *attr* BOT, ZOOL common ❸ *präd* (*geh: gemeinsam*) **etw mit jdm/etw ~ haben** to have sth in common with sb/sth **II.** *adv* (*fam*) horribly

Gemeinde <-, -n> [gəˈmaində] *f* ❶ (*Kommune*) municipality ❷ (*Pfarrgemeinde*) parish; (*Gläubige a.*) parishioners *pl*

Gemeindeammann *m* SCHWEIZ community spokesperson **Gemeindehaus** *nt* REL parish rooms *pl* **Gemeindeordnung** *f* by[e-]laws *pl* BRIT, municipal ordinance *no pl* AM **Gemeindepräsident(in)** *m(f)* SCHWEIZ mayor, *fem a.* mayoress BRIT **Gemeinderat**[1] *m* district council **Gemeinderat, -rätin**[2] *m, f* (*Gemeinderatsmitglied*) district councillor BRIT, councilman *masc* AM, councilwoman *fem* AM

Gemeindeschwester *f* REL *parish nun operating as visiting nurse to the elderly and sick* **Gemeindesteuer** *f* local tax **Gemeindeversammlung** *f* SCHWEIZ community meeting **Gemeindeverwaltung** *f* district council **Gemeindezentrum** *nt* REL parish rooms *pl*

Gemeineigentum *nt* common property **gemeingefährlich** *adj* constituting a public danger *pred form;* **ein ~er Krimineller** a dangerous criminal **Gemeingut** *nt kein pl* common property *no pl*

Gemeinheit <-, -en> *f* ① *kein pl* (*Niedertracht*) meanness *no art, no pl* ② (*niederträchtiges Handeln*) meanness *no art, no pl;* **so eine ~!** that was a mean thing to do/say!; (*Bemerkung*) mean remark

gemeinhin *adv* generally

gemeinnützig [gəˈmai̯nnʏtsɪç] *adj* charitable

Gemeinplatz *m* commonplace

gemeinsam [gəˈmai̯nzaːm] **I.** *adj* ① (*mehreren gehörend*) common; *Konto* joint; *Freund* mutual ② (*von mehreren unternommen*) joint *attr;* **etw ~ haben** to have sth in common **II.** *adv* jointly

Gemeinsamkeit <-, -en> *f* common ground *no art, no pl*

Gemeinschaft <-, -en> *f* ① POL community ② *kein pl* (*gegenseitige Verbundenheit*) sense of community *no pl*

gemeinschaftlich *adj s.* **gemeinsam**

Gemeinschaftsarbeit *f* teamwork *no art, no pl* **Gemeinschaftsgefühl** *nt kein pl* sense of community *no pl* **Gemeinschaftskunde** *f kein pl* social studies *+ sing vb* **Gemeinschaftspraxis** *f* joint practice **Gemeinschaftsproduktion** *f* ① *kein pl* joint production ② MEDIA, FILM co-production *spec* **Gemeinschaftsraum** *m* common room **Gemeinschaftssinn** *m kein pl* community spirit

gemeinverständlich *adj s.* **allgemeinverständlich** **Gemeinwohl** *nt* ■**das ~** the public welfare

Gemenge <-s, -> [gəˈmɛŋə] *nt* ① (*Mischung*) mixture (**aus** *+dat* of) ② (*Gewühl*) crowd ③ (*Durcheinander*) jumble *no pl*

gemessen [gəˈmɛsn̩] **I.** *pp von* **messen** **II.** *adj* (*geh*) proper; (*würdig langsam*) measured

Gemetzel <-s, -> [gəˈmɛtsl̩] *nt* bloodbath

gemieden [gəˈmiːdn̩] *pp von* **meiden**

Gemisch <-[e]s, -e> [gəˈmɪʃ] *nt* mixture (**aus** *+dat* of)

gemischt *adj* mixed

gemocht [gəˈmɔxt] *pp von* **mögen**

gemolken [gəˈmɔlkn̩] *pp von* **melken**

gemoppelt [gəˈmɔpl̩t] *adj* ▶WENDUNGEN: <u>**doppelt**</u> ~ (*fam*) the same thing twice over

Gemotze <-s> [gəˈmɔtsə] *nt kein pl* (*fam*) nagging

Gemunkel <-s> [gəˈmʊŋkl̩] *nt kein pl* rumour

Gemurmel <-s> [gəˈmʊrml̩] *nt kein pl* murmuring; (*unverständlich*) mumbling

Gemüse <-s, *selten* -> [gəˈmyːzə] *nt* vegetables *pl;* ■**ein ~** a vegetable

Gemüseanbau *m* vegetable-growing; (*für den Handel*) market gardening BRIT, truck farming AM **Gemüsegarten** *m* kitchen garden **Gemüsehändler(in)** *m(f)* greengrocer **Gemüseschäler** *m* vegetable peeler

gemusst [gəˈmʊst] *pp von* **müssen**

gemustert *adj* patterned; **grün und braun ~ sein** to have a green and brown pattern

Gemüt <-[e]s, -er> [gəˈmyːt] *nt* ① (*Seele*) soul ② (*Mensch*) soul ③ (*Emotionen*) feelings *pl;* **etwas fürs ~** (*hum*) something sentimental

gemütlich **I.** *adj* ① (*bequem*) comfortable, comfy *fam;* **es sich/jdm** *dat* **~ machen** to make oneself/sb comfortable ② (*gesellig*) pleasant; (*ungezwungen*) informal **II.** *adv* ① (*gemächlich*) leisurely ② (*behaglich*) comfortably

Gemütlichkeit <-> *f kein pl* cosiness *no art, no pl;* (*Ungezwungenheit*) informality *no art, no pl*

Gemütsbewegung *f* [signs *pl* of] emotion **gemütskrank** *adj* emotionally disturbed **Gemütsmensch** *m* (*fam*) good-natured person **Gemütsregung** *f s.* **Gemütsbewegung** **Gemütsruhe** *f* calmness *no pl;* **in aller ~** (*fam*) in one's own time **Gemütsverfassung** *f,* **Gemütszustand** *m* mood

Gen <-s, -e> [ˈgeːn] *nt* gene

genannt [gəˈnant] *pp von* **nennen**

genas [gəˈnaːs] *imp von* **genesen**

genau [gəˈnau̯] **I.** *adj* ① (*exakt*) exact; **man weiß noch nichts G~es** nobody knows any details as yet ② (*gewissenhaft*) meticulous **II.** *adv* exactly; **~ in der Mitte** right in the middle; **~ genommen** strictly speaking

genaugenommen *adv s.* **genau II**

Genauigkeit <-> [gəˈnau̯ɪçkai̯t] *f kein pl* exactness; *Daten* accuracy; (*Sorgfalt*) meticulousness

genauso [gəˈnau̯zoː] *adv* just the same; **~ gut/viel/wenig** just as well/much/little

Gendarm <-en, -en> [ʒan'darm, ʒã'darm] *m* ÖSTERR (*Polizist*) gendarme

Gendarmerie <-, -n> [ʒandarmə'ri:, ʒãdarmə'ri:, *pl* -'ri:ən] *f* ÖSTERR (*Polizeistation*) gendarmerie

Gendefekt *m* BIOL, MED genetic defect

genehm [gə'ne:m] *adj* (*geh*) acceptable; ■**jdm** [**nicht**] ~ **sein** to [not] be agreeable to sb

genehmigen* [gə'ne:mɪgn̩] **I.** *vt* ■[**jdm**] **etw** ~ to grant [sb] permission for sth **II.** *vr* ■**sich** *dat* **etw** ~ to indulge in sth

Genehmigung <-, -en> *f* ❶ (*das Genehmigen*) approval *no art, no pl* ❷ (*Berechtigungsschein*) permit

geneigt *adj* (*geh*) ■~ **sein, etw zu tun** to be inclined to do sth

Genera ['gɛnera] *pl von* **Genus**

General(in) <-[e]s, -e *o* Generäle> [genə'ra:l, *pl* genə'rɛ:lə] *m(f)* general

Generaldirektor(in) *m(f)* director general **Generalintendant(in)** *m(f)* THEAT, MUS director **Generalkonsul(in)** *m(f)* consul general **Generalkonsulat** *nt* consulate general **Generalprobe** *f* THEAT dress rehearsal; MUS final rehearsal **Generalsekretär(in)** *m(f)* general secretary **Generalstab** *m* general staff + *sing/pl vb* **Generalstreik** *m* general strike **generalüberholen*** *vt nur infin und pp* to completely overhaul **Generalüberholung** <-> *f kein pl* complete overhaul **Generaluntersuchung** *f* complete check-up **Generalversammlung** *f* general meeting

Generation <-, -en> [genəra'tsi̯o:n] *f* generation

Generationenvertrag *m younger generation's commitment to provide for the older generation, i.e. in form of pensions*

Generationskonflikt *m* generation gap **Generationswechsel** *m* ❶ SOZIOL change of generation ❷ BIOL alternation of generations

Generator <-s, -toren> [genə'ra:to:ɐ̯, *pl* -'to:rən] *m* generator

generell [genə'rɛl] **I.** *adj* general **II.** *adv* generally

generieren* [genə'ri:rən] *vt* to generate

genervt [gə'nɛrft] *adj* at the end of one's tether

genesen <genas, genesen> [gə'ne:zn̩] *vi sein* (*geh*) to recover (**von** + *dat* from)

Genesung <-, *selten* -en> [gə'ne:zʊŋ] *f* (*geh*) convalescence *no pl*

Genetik <-> [ge'ne:tɪk] *f kein pl* genetics + *sing vb*

genetisch [ge'ne:tɪʃ] *adj* genetic

Genf <-s> ['gɛnf] *nt* Geneva

Genforscher(in) *m(f)* genetic researcher **Genforschung** *f* genetic research

genial [ge'ni̯a:l] *adj* ❶ (*überragend*) brilliant; (*erfinderisch*) ingenious ❷ *Idee* inspired

Genialität <-> [geni̯ali'tɛ:t] *f kein pl* ❶ (*überragende Art*) genius *no pl* ❷ (*Erfindungsreichtum*) ingenuity *no art, no pl*

Genick <-[e]s, -e> [gə'nɪk] *nt* neck ▶ WENDUNGEN: **jdm das ~ brechen** (*fig*) to finish sb

Genickstarre *f* stiffness of the neck

Genie <-s, -s> [ʒe'ni:] *nt* genius

genieren* [ʒe'ni:rən] *vr* ■**sich** *akk* ~ to be embarrassed

genießbar *adj* (*essbar*) edible; (*trinkbar*) drinkable

genießen <genoss, genossen> [gə'ni:sn̩] *vt* ■**etw** ~ ❶ (*auskosten*) to enjoy sth; (*bewusst kosten*) to savour sth ❷ (*essen*) to eat sth

Genießer(in) <-s, -> *m(f)* gourmet

genießerisch **I.** *adj* appreciative **II.** *adv* with pleasure

Geniestreich [ʒe'ni:] *m* (*iron fam*) a stroke of genius

genital [geni'ta:l] *adj* genital

Genitalbereich *m* genital area

Genitalien [geni'ta:li̯ən] *pl* genitals *npl*

Genitiv <-s, -e> ['ge:niti:f, *pl* 'ge:niti:və] *m* genitive [case]

Genmanipulation *f* genetic manipulation

genommen [gə'nɔmən] *pp von* **nehmen**

genormt *adj* standardized

genoss [gə'nɔs] *imp von* **genießen**

Genosse, Genossin <-n, -n> [gə'nɔsə, gə'nɔsɪn] *m, f* comrade

genossen [gə'nɔsn̩] *pp von* **genießen**

Genossenschaft <-, -en> [gə'nɔsn̩ʃaft] *f* cooperative

genossenschaftlich **I.** *adj* cooperative **II.** *adv* ~ **organisiert** organized as a cooperative

Genossin *f fem form von* **Genosse**

genötigt *adj* forced

Genre <-s, -s> ['ʒãrə] *nt* genre

Gensoja *nt kein pl* genetically engineered soya beans

Gentechnik *f* genetic engineering *no art, no pl* **Gentechniker(in)** *m(f)* genetic engineer **gentechnikfrei** *adj* BIOL GM-free BRIT, not genetically engineered AM **gentechnisch** **I.** *adj* ~**e Methoden** methods in genetic engineering **II.** *adv* **etw ~ manipulieren** to genetically manipulate sth **Gentechnologie** *f* genetic engineering *no art, no pl* **Gentherapie** *f* MED gene [*or* genetic] therapy **Gentransfer** *m* BIOL, MED gene

G

transfer

genug [gəˈnuːk] *adv* enough; [**von etw** *dat*] ~ **haben** to have had enough [of sth]

Genüge [gəˈnyːgə] *f kein pl* **zur** ~ [quite] enough; (*oft genug*) often enough

genügen* [gəˈnyːgn̩] *vi* ① (*ausreichen*) ■[**jdm**] ~ to be enough [for sb] ② (*gerecht werden*) ■**einer S.** *dat* ~ to fulfil sth

genügend [gəˈnyːgn̩t] *adv* enough

genügsam [gəˈnyːkzaːm] **I.** *adj* (*bescheiden*) modest; (*pflegeleicht*) undemanding **II.** *adv* modestly

Genugtuung <-, *selten* -en> [gəˈnuːktuːʊŋ] *f* satisfaction

genuin [genuˈiːn] (*geh*) **I.** *adj* genuine **II.** *adv* genuinely

Genus <-, Genera> [ˈgɛnʊs, *pl* ˈgɛnera] *nt* gender

Genuss <-es, Genüsse> [gəˈnʊs, *pl* gəˈnʏsə] *m* ① (*Köstlichkeit*) [culinary] delight ② *kein pl* (*geh: das Zusichnehmen*) consumption *no art, no pl* ③ (*das Genießen*) enjoyment; **in den ~ einer S.** *gen* **kommen** to enjoy sth; (*aus etw Nutzen ziehen a.*) to benefit from sth

genüsslich **I.** *adj* pleasurable **II.** *adv* with relish

Genussmittel *nt* luxury foods, alcohol and tobacco

genussvoll **I.** *adv essen, trinken* with relish **II.** *adj* (*genüsslich*) appreciative; (*erfreulich*) highly enjoyable

genverändert *adj* genetically manipulated

geöffnet **I.** *pp von* **öffnen** **II.** *adj* open; **bis 1 Uhr** ~ open till 1 a.m.

Geograf(in) <-en, -en> *m(f) s.* **Geograph**

Geografie <-> *f kein pl s.* **Geographie**

geografisch *adj s.* **geographisch**

Geograph(in) <-en, -en> [geoˈgraːf] *m(f)* geographer

Geographie <-> [geograˈfiː] *f kein pl* geography *no art, no pl*

geographisch [geoˈgraːfɪʃ] *adj* geographic[al]

Geologe, Geologin <-n, -n> [geoˈloːgə, geoˈloːgɪn] *m, f* geologist

Geologie <-> [geoloˈgiː] *f kein pl* geology *no art, no pl*

geologisch [geoˈloːgɪʃ] *adj* geological

Geometrie <-> [geomeˈtriː] *f kein pl* geometry *no art, no pl*

geometrisch [geoˈmeːtrɪʃ] *adj* geometric

Geoökologie [geoʔøkoloˈgiː] *f* geoecology

Geophysik [geofyˈziːk] *f* geophysics *no art, + sing vb*

Georgien <-s> [geˈɔrgi̯ən] *nt* Georgia; *s. a.* **Deutschland**

Georgier(in) <-s, -> [geˈɔrgi̯ɐ] *m(f)* Georgian; *s. a.* **Deutsche(r)**

georgisch [geˈɔrgɪʃ] *adj* Georgian; *s. a.* **deutsch**

Geothermik [geoˈtɛrmɪk] *f* geothermal studies *pl* **geothermisch** [geoˈtɛrmɪʃ] *adj* geothermal

Gepäck <-[e]s> [gəˈpɛk] *nt kein pl* luggage *no pl,* baggage *no pl esp* Am

Gepäckabfertigung *f* luggage [*or esp* Am baggage] check-in *no pl* **Gepäckablage** *f* luggage [*or esp* Am baggage] rack **Gepäckannahme** *f* ① *kein pl* (*Vorgang*) checking-in of luggage [*or esp* Am baggage] *no pl* ② (*Schalter*) luggage [*or esp* Am baggage] check-in **Gepäckaufbewahrung** *f* left-luggage office Brit, baggage room Am **Gepäckausgabe** *f* luggage reclaim Brit, baggage pickup Am **Gepäckkontrolle** *f* luggage [*or esp* Am baggage] check **Gepäcknetz** *nt* luggage [*or esp* Am baggage] rack **Gepäckschließfach** *nt* baggage [*or* Brit *a.* luggage] locker **Gepäckstück** *nt* piece of luggage [*or esp* Am baggage] **Gepäckträger** *m* (*am Fahrrad*) carrier **Gepäckträger(in)** *m(f)* baggage handler Am, luggage carrier Brit **Gepäckwagen** *m* luggage van Brit, baggage car Am

Gepard <-s, -e> [ˈgeːpart, *pl* ˈgeːpardə] *m* cheetah

gepfeffert **I.** *pp von* **pfeffern** **II.** *adj* (*fam*) *Preis, Miete* steep

gepfiffen [gəˈpfɪfn̩] *pp von* **pfeifen**

gepflegt **I.** *adj* ① (*nicht vernachlässigt*) well looked after; *Aussehen* well-groomed; *Garten* well-tended; *Park* well-kept ② (*fam: kultiviert*) civilized; *Ausdrucksweise* cultured ③ (*erstklassig*) first-rate **II.** *adv* ① (*kultiviert*) **sich** *akk* **~ ausdrücken** to have a cultured way of speaking ② (*erstklassig*) **~ essen gehen** to go to a first-rate restaurant

Gepflogenheit <-, -en> [gəˈpfloːgn̩hai̯t] *f* (*geh*) habit

gepierct [-pɪəst] *adj* pierced

Geplänkel <-s> [gəˈplɛŋkl̩] *nt kein pl* squabble *fam*

Geplapper <-s> [gəˈplapɐ] *nt kein pl* chatter[ing] *no pl*

Geplärr <-[e]s> [gəˈplɛr], **Geplärre** <-s> [gəˈplɛrə] *nt kein pl* (*pej fam*) bawling *no def art, no pl*

Geplätscher <-s> [gəˈplɛtʃɐ] *nt kein pl* splashing *no def art, no pl*

Geplauder <-s> [gəˈplau̯dɐ] *nt kein pl* chatt[er]ing

gepriesen [gəˈpriːzn̩] *pp von* **preisen**

gepunktet *adj* ① *Linie* dotted ② *Stoff* spotted

gequält I. *adj* forced II. *adv* ~ **lachen/seufzen** to give a forced smile/sigh

Gequassel <-s> [gəˈkvasl̩] *nt kein pl* (*pej fam*) yacking

Gequatsche <-s> [gəˈkvatʃə] *nt kein pl* (*pej sl*) gabbing *no pl*

gequollen [gəˈkvɔlən] *pp von* **quellen**

gerade [gəˈraːdə] I. *adj* ① (*nicht krumm*) straight; (*aufrecht*) upright; **etw ~ biegen** to straighten out *sep* sth; **etw ~ halten** to hold sth straight; **~ sitzen** to sit up straight; **~ stehen** to stand up straight ② (*opp: ungerade*) even II. *adv* (*fam*) ① (*im Augenblick, soeben*) just; **haben Sie ~ einen Moment Zeit?** do you have time just now?; **da du ~ da bist, ...** just while you're here, ...; **ich wollte mich ~ ins Bad begeben, da ...** I was just about to get into the bath when ...; **der Bus ist uns ~ vor der Nase weggefahren!** we've just missed the bus!; **da wir ~ von Geld sprechen, ...** talking of money, ... ② (*knapp*) just; **sie verdient ~ so viel, dass sie davon leben kann** she earns just enough for her to live on; **sie hat die Prüfung ~ so bestanden** she only just passed the exam; **ich kam ~ [noch] rechtzeitig** I came just in time ③ (*genau*) just; **~ heute hab ich an dich gedacht** I was thinking of you only today III. *part* (*ausgerechnet*) **warum ~ er/ich?** why him/me of all people?; **~ heute/morgen** today/tomorrow of all days; **warum ~ jetzt?** why now of all times?; **~ du solltest dafür Verständnis haben** you of all people should understand that; **~ deswegen** that's precisely why ▸ WENDUNGEN: **das hat ~ noch <u>gefehlt</u>!** (*iron*) that's all I need!; **<u>nicht</u> ~ billig etc.** not exactly cheap etc.; **~, <u>weil</u> ...** especially because ...

Gerade <-n, -n> [gəˈraːdə] *f* ① MATH straight line ② SPORT straight

geradeaus [gəraːdəˈʔaʊ̯s] *adv* straight ahead; **~ fahren** to drive straight on

gerade|biegen *vt irreg* (*fig fam*) ■**etw ~** (*in Ordnung bringen*) to straighten out *sep* sth

geradeheraus [gəraːdəhɛˈraʊ̯s] I. *adj präd* (*fam*) straightforward II. *adv* (*fam*) frankly

gerädert *adj* (*fam*) ▸ WENDUNGEN: **<u>wie</u> ~ sein** to be completely exhausted

gerade|stehen *vi irreg* (*fig: einstehen*) ■**für jdn/etw ~** to answer for sb/sth

geradewegs [gəˈraːdəveːks] *adv* straight; **~ nach Hause** straight home

geradezu [gəˈraːdətsuː] *adv* really

Geradheit <-> *f kein pl* sincerity

geradlinig *adj, adv* straight

gerammelt *adv* ~ **voll** (*fam*) jam-packed

Gerangel <-s> [gəˈraŋl̩] *nt kein pl* ① (*Balgerei*) scrapping *no art, no pl;* (*Geschubse*) tussle ② (*Auseinandersetzung*) quarrelling *no art*

Geranie <-, -n> [geˈraːni̯ə] *f* geranium

gerann [gəˈran] *imp von* **gerinnen**

gerannt [gəˈrant] *pp von* **rennen**

Gerät <-[e]s, -e> [gəˈrɛːt] *nt* ① (*Vorrichtung*) device, gadget; (*Gartengerät*) tool ② ELEK, TECH appliance ③ SPORT (*Turngerät*) [piece of] apparatus ④ *kein pl* (*Ausrüstung*) equipment *no pl; eines Handwerkers* tools *pl*

geraten[1] <gerät, geriet, geraten> *vi sein* ① (*zufällig gelangen*) **in schlechte Gesellschaft/eine Schlägerei/einen Stau ~** to get into bad company/a fight/a traffic jam ② (*unbeabsichtigt kommen*) **unter einen Lastwagen ~** to fall under a lorry [*or* AM truck]; **in einen Sturm ~** to get caught in a storm ③ (*sich konfrontiert sehen mit*) ■**in etw** *akk* ~ to get into sth; **in Armut ~** to end up in poverty; **in eine Falle ~** to fall into a trap; **in Gefangenschaft ~** to be taken prisoner; **in Schwierigkeiten/eine Situation ~** to get into difficulties/a situation ④ (*erfüllt werden von*) **in Panik ~** to start to panic; **in Verlegenheit/Wut ~** to get embarrassed/angry ⑤ (*beginnen, etw zu tun*) **in Bewegung ~** to begin to move; **in Brand ~** to catch fire; **ins Schleudern ~** to get into a skid; **ins Schwärmen/Träumen ~** to fall into a rapture/dream; **ins Stocken ~** to come to a halt; **in Vergessenheit ~** to fall into oblivion ⑥ (*ausfallen*) **zu groß/klein ~** to turn out too big/short ⑦ (*gelingen*) **das Soufflé ist mir ~/mir nicht ~** my soufflé turned/didn't turn out well; **alle meine Kinder sind gut ~** all my children turned out well ⑧ (*fam: kennen lernen*) ■**an jdn ~** to come across sb ⑨ (*arten*) ■**nach jdm ~** to take after sb

geraten[2] I. *pp von* **raten** II. *adj* (*geh*) advisable

Geräteturnen *nt* gymnastics + *sing vb* (*on apparatus*)

Geratewohl [gəraːtəˈvoːl, gəˈraːtəvoːl] *nt* ▸ WENDUNGEN: **<u>aufs</u> ~** (*fam: auf gut Glück*) on the off-chance; (*willkürlich*) randomly

geraum [gəˈraʊ̯m] *adj attr* (*geh*) some *attr;* **seit ~er Zeit** for some time; **vor ~er Zeit** some time ago

geräumig [gəˈrɔymɪç] *adj* spacious

Geräusch <-[e]s, -e> [gəˈrɔyʃ] *nt* sound; (*unerwartet, unangenehm a.*) noise

geräuscharm *adj* low-noise *spec*

G

Geringschätzung ausdrücken

Geringschätzung/Missfallen ausdrücken	expressing disdain/displeasure
Ich halte nicht viel von dieser Theorie.	**I don't think much of** this theory.
Davon halte ich gar/überhaupt nichts.	**I don't think much of that at all./I'm not in the least impressed by that.**
Komm mir bloß nicht mit Psychologie! *(fam)*	**Don't give me any of that** psychology **nonsense!**
(Es tut mir leid, aber) **ich habe für** diese Typen **nichts übrig.** *(fam)*	(I'm sorry but) **I've got no time for** people like that.
Ich kann mit moderner Kunst **nichts anfangen.** *(fam)*	Modern art **doesn't do a thing for me** *(fam)*/**is not my cup of tea.**

geräuschempfindlich *adj* sensitive to noise *pred* **Geräuschkulisse** *f* background noise *no pl*

geräuschlos **I.** *adj* silent **II.** *adv* silently

geräuschvoll **I.** *adj* loud **II.** *adv* loudly

gerben ['gɛrbn̩] *vt* to tan

Gerber(in) <-s, -> ['gɛrbɐ] *m(f)* tanner

Gerberei <-, -en> [gɛrbəˈraj] *f* tannery

gerecht [gəˈrɛçt] **I.** *adj* ① (*rechtgemäß*) just; ■ **~ sein** to be fair [*or* just] ② (*verdient*) just; **einen ~en Lohn** (*Geld*) a fair wage; (*Anerkennung*) a just reward ③ (*berechtigt*) **eine ~e Sache** a just cause ④ (*angemessen beurteilen*) ■**jdm/einer S. ~ werden** to do justice to sb/sth ⑤ (*eine Aufgabe erfüllen*) ■**einer S.** *dat* **~ werden** to fulfil sth; **Erwartungen ~ werden** to meet expectations **II.** *adv* justly

gerechtfertigt *adj* justified

Gerechtigkeit <-> [gəˈrɛçtɪçkajt] *f kein pl* ① (*das Gerechtsein*) justice *no art, no pl* ② (*Unparteilichkeit*) fairness *no art, no pl*

Gerechtigkeitsgefühl *nt*, **Gerechtigkeitssinn** *m kein pl* sense of justice

Gerede <-s> [gəˈreːdə] *nt kein pl* gossip *no indef art, no pl;* (*Geschwätz*) talk *no indef art, no pl;* **kümmere dich nicht um das ~ der Leute** don't worry about what [other] people say

geregelt *adj* regular

gereizt **I.** *adj* (*verärgert*) irritated; (*nervös*) edgy **II.** *adv* touchily

Gericht[1] <-[e]s, -e> [gəˈrɪçt] *nt* (*Speise*) dish

Gericht[2] <-[e]s, -e> [gəˈrɪçt] *nt* ① JUR court [of justice]; (*Gebäude*) law courts *pl;* **jdn/einen Fall vor ~ bringen** to take sb/a case to court ② (*die Richter*) court ▶ WENDUNGEN: **das Jüngste ~** REL Judg[e]ment Day; **mit jdm ins ~ gehen** to sharply criticize sb

gerichtlich **I.** *adj attr* judicial **II.** *adv* legally; **~ gegen jdn vorgehen** to take sb to court

Gerichtsakten *pl* court records *pl*

Gerichtsbarkeit <-, -en> *f* jurisdiction

Gerichtsbeschluss *m* court decision **Gerichtsdiener** *m* (*veraltet*) court usher **Gerichtshof** *m* law court, court of law *esp* AM; **der Europäische ~** the European Court of Justice **Gerichtskosten** *pl* court fees **Gerichtsmedizin** *f* forensic medicine *no art, no pl* **Gerichtssaal** *m* courtroom **Gerichtsschreiber(in)** *m(f)* clerk [of a/the court], keeper of the records **Gerichtsstand** *m* court of jurisdiction **Gerichtsverfahren** *nt* legal proceedings *pl;* **ein ~ gegen jdn einleiten** to take legal proceedings against sb **Gerichtsverhandlung** *f* trial; (*zivil*) hearing **Gerichtsvollzieher(in)** <-s, -> *m(f)* bailiff BRIT, U.S Marshal AM

gerieben [gəˈriːbn̩] *pp von* **reiben**

geriet [gəˈriːt] *imp von* **geraten**[1]

gering [gəˈrɪŋ] **I.** *adj* ① (*niedrig*) low; *Anzahl, Menge* small; **von ~em Wert** of little value; **nicht das G~ste** nothing at all; **das stört mich nicht im G~sten** it doesn't disturb me in the slightest [bit] ② (*unerheblich*) slight; *Bedeutung* minor; *Chance* slim **II.** *adv* **jdn/etw ~ schätzen** to have a low opinion of sb/sth

geringfügig [gəˈrɪŋfyːgɪç] **I.** *adj* insignificant; *Betrag, Einkommen* small; *Unterschied* slight; *Vergehen, Verletzung* minor **II.** *adv* slightly

Geringfügigkeit <-, -en> *f* insignificance *no indef art, no pl*

gering|schätzen *vt s.* **gering II**

geringschätzig [gəˈrɪŋʃɛtsɪç] **I.** *adj* contemptuous **II.** *adv* disparagingly

Geringschätzung *f kein pl* contempt[uousness] *no indef art, no pl*

gerinnen <gerann, geronnen> *vi sein* to

coagulate; *Blut a.* to clot; *Milch a.* to curdle
Gerinnsel <-s, -> [gəˈrɪnzl̩] *nt* [blood] clot
Gerinnung <-, *selten* -en> *f* coagulation *no pl; von Blut a.* clotting *no art, no pl; von Milch a.* curdling *no art, no pl*
Gerippe <-s, -> [gəˈrɪpə] *nt* skeleton
gerissen [gəˈrɪsn̩] **I.** *pp von* **reißen** **II.** *adj* (*fam*) crafty; *Plan* cunning
Gerissenheit <-> *f kein pl* (*fam*) cunning *no art, no pl*
geritten [gəˈrɪtn̩] *pp von* **reiten**
Germane, Germanin <-n, -n> [gɛrˈmaːnə, gɛrˈmaːnɪn] *m, f* Teuton
germanisch [gɛrˈmaːnɪʃ] *adj* ① HIST Teutonic ② LING Germanic
Germanist(in) <-en, -en> [gɛrmaˈnɪst] *m(f)* ① (*Wissenschaftler*) Germanist ② (*Student*) student of German; ■~ **sein** to study German
Germanistik <-> [gɛrmaˈnɪstɪk] *f kein pl* German [studies *npl*]
gern(e) <lieber, am liebsten> [ˈgɛrn(ə)] *adv* ① (*freudig*) with pleasure; **ich mag ihn sehr ~** I like him a lot; **etw ~ tun** to like doing/to do sth; **seine Arbeit ~ machen** to enjoy one's work; **etw ~ essen** to like [eating] sth; **ich hätte ~ gewusst, ...** I would like to know ... ② (*ohne weiteres*) **das kannst du ~ haben** you're welcome to [have] it; **das glaube ich ~!** I can quite believe that! ▶ WENDUNGEN: **~ geschehen!** don't mention it!
gern|haben *vt, vr irreg* ■**jdn/sich ~** to be fond of sb/one another ▶ WENDUNGEN: **du kannst mich mal ~!** (*iron fam*) you can go to hell!
gerochen [gəˈrɔxn̩] *pp von* **riechen**
Geröll <-[e]s, -e> [gəˈrœl] *nt* scree *no pl spec*, talus; (*größer*) boulders *pl*
geronnen [gəˈrɔnən] *pp von* **rinnen, gerinnen**
Gerste <-, -n> [ˈgɛrstə] *f* barley *no art, no pl*
Gerstenkorn *nt* ① BOT barleycorn ② MED sty[e]
Gerte <-, -n> [ˈgɛrtə] *f* switch
Geruch <-[e]s, Gerüche> [gəˈrʊx, *pl* gəˈrʏçə] *m* smell; *einer Blume, eines Parfüms* scent; (*Gestank*) stench
geruchlos *adj* odourless
Geruch(s)belästigung *f* **das ist eine ~** the smell is a real nuisance **Geruch(s)sinn** *m kein pl* sense of smell
Gerücht <-[e]s, -e> [gəˈrʏçt] *nt* rumour; **etw für ein ~ halten** (*fam*) to have [one's] doubts about sth ▶ WENDUNGEN: **ein ~ in die Welt setzen** to start a rumour
Gerüchteküche *f* rumour-mongers *pl*
gerufen *pp von* **rufen**
geruhsam **I.** *adj* peaceful **II.** *adv* leisurely
Gerümpel <-s> [gəˈrʏmpl̩] *nt kein pl* junk *no indef art, no pl*
Gerundium <-s, -ien> [geˈrʊndi̯ʊm, *pl* geˈrʊndi̯ən] *nt* gerund *spec*
gerungen [gəˈrʊŋən] *pp von* **ringen**
Gerüst <-[e]s, -e> [gəˈrʏst] *nt* ① BAU scaffold[ing *no pl*] ② (*Grundplan*) framework
ges, Ges <-, -> [ˈgɛs] *nt* MUS G flat
gesalzen [gəˈzaltsn̩] **I.** *pp von* **salzen** **II.** *adj* (*fam: überteuert*) steep
gesamt [gəˈzamt] *adj attr* whole, entire; *Kosten* total
Gesamtansicht *f* general view **Gesamtausgabe** *f* complete edition **Gesamtbetrag** *m* total [amount] **Gesamtbild** *nt* overall picture **gesamtdeutsch** [gəˈzamtdɔytʃ] *adj* all-German **Gesamteindruck** *m* overall impression **Gesamtergebnis** *nt* total outcome **Gesamtgewicht** *nt* AUTO laden weight
Gesamtheit <-> *f kein pl* totality; **in seiner ~** in its entirety
Gesamtkosten *pl* total costs
Gesamtschule *f* ≈ comprehensive school

Land und Leute

Gesamtschulen teach students of all abilities and can be compared to the comprehensive schools in English-speaking countries. Integrated **Gesamtschulen** separate pupils into different ability groups for each subject, while cooperative **Gesamtschulen** divide pupils according to the three traditional school types *Hauptschule, Realschule* and *Gymnasium*.

Gesamtsumme *f* total [amount] **Gesamtübersicht** *f* general survey **Gesamtverbrauch** *m kein pl* total consumption **Gesamtwerk** *nt* complete works *pl* **Gesamtwert** *m* total value **Gesamtwertung** *f* SPORT overall placings *pl* **Gesamtzusammenhang** *m* general context
gesandt [gəˈzant] *pp von* **senden²**
Gesandte(r) [gəˈzantə] *f(m)*, **Gesandtin** [gəˈzantɪn] *f* envoy
Gesandtschaft <-, -en> [gəˈzantʃaft] *f* embassy
Gesang <-[e]s, Gesänge> [gəˈzaŋ, *pl* gəˈzɛŋə] *m* ① *kein pl* (*das Singen*) singing *no art, no pl* ② (*Lied*) song; **ein Gregorianischer ~** a Gregorian chant
Gesangbuch *nt* hymn book **Gesangseinlage** *f* MUS musical insert **Gesangverein** *m* choral society
Gesäß <-es, -e> [gəˈzɛːs] *nt* bottom
geschaffen *pp von* **schaffen²**

G

Geschäft <-[e]s, -e> [gəˈʃɛft] *nt* ① (*Laden*) shop, AM *usu* store ② (*Gewerbe, Handel*) business; [**mit jdm**] **~e machen** to do business [with sb]; **mit jdm ins ~ kommen** (*eine einmalige Transaktion*) to do a deal with sb; (*dauerhaftes Geschäft*) to do business with sb; **wie gehen die ~e?** how's business? ③ (*Geschäftsabschluss*) deal; **ein ~ machen** to do [*or esp* AM make] a deal; **ein gutes ~ machen** to get a good bargain ④ DIAL (*Firma*) work; **ich gehe um 8 Uhr ins ~** I go to work at 8 o'clock ⑤ DIAL (*große, mühsame Arbeit*) job *fam* ⑥ (*Angelegenheit*) business ▶ WENDUNGEN: **kleines/großes ~** (*fam*) number one/number two

geschäftig [gəˈʃɛftɪç] **I.** *adj* busy **II.** *adv* busily

geschäftlich [gəˈʃɛftlɪç] **I.** *adj* business *attr* **II.** *adv* on business; **~ verreist** away on business

Geschäftsabschluss *m* conclusion of a deal **Geschäftsbedingungen** *pl* terms and conditions of trade *pl* **Geschäftsbericht** *m* company report **Geschäftsbeziehung** *f* business connection; **gute ~en** good business relations **Geschäftsbrief** *m* business letter **Geschäftsbuch** *nt* accounts *pl* **Geschäftsessen** *nt* business lunch/dinner **geschäftsfähig** *adj* legally competent **Geschäftsfrau** *f fem form von* **Geschäftsmann** businesswoman *fem* **Geschäftsfreund(in)** *m(f)* business associate **geschäftsführend** *adj attr* acting **Geschäftsführer(in)** *m(f)* ① ADMIN manager ② (*in einem Verein*) secretary **Geschäftsführung** *f s.* **Geschäftsleitung** **Geschäftsjahr** *nt* financial year **Geschäftskosten** *pl* expenses *pl;* **auf ~** on expenses **Geschäftsleben** *nt* business life **Geschäftsleitung** *f* management **Geschäftsliste** *f* SCHWEIZ agenda **Geschäftsmann** *m* businessman **Geschäftsordnung** *f* procedural rules **Geschäftspartner(in)** *m(f)* business partner **Geschäftsraum** *m* business premises *pl* **Geschäftsreise** *f* business trip **Geschäftsreisende(r)** *f(m)* business traveller **geschäftsschädigend** **I.** *adj* damaging to [the interests of] a/the company **II.** *adv* in a way that may be bad for business **Geschäftsschluss** *m* ① (*Ladenschluss*) closing time ② (*Büroschluss*) **nach ~** after work **Geschäftssinn** *m* business sense **Geschäftsstelle** *f* (*Büro*) office; *einer Bank, Firma* branch **Geschäftsstunden** *pl* business hours; *eines Büros* office hours; *eines Ladens* opening hours **geschäftstüchtig** *adj* business-minded **Geschäftsverbindung** *f s.* **Geschäftsbeziehung** **Geschäftsviertel** *nt* business district **Geschäftswagen** *m* company car **Geschäftszeit** *f* opening hours **Geschäftszimmer** *nt* office

geschah [gəˈʃaː] *imp von* **geschehen**

geschätzt **I.** *pp von* **schätzen** **II.** *adj* ① (*eingeschätzt*) estimated ② (*sehr geachtet*) valued, esteemed

geschehen <geschah, geschehen> [gəˈʃeːən] *vi sein* ① (*stattfinden*) to happen; **es muss etwas ~** something's got to be done ② (*ausgeführt werden*) to be carried out ③ (*widerfahren*) ▪**jdm geschieht etw** sth happens to sb; **das geschieht dir recht!** it serves you right! ④ (*verfahren werden*) **als sie ihn sah, war es um sie ~** she was lost the moment she set eyes on him; **es ist um etw** *akk* **~** sth is shattered; **nicht wissen, wie einem geschieht** to not know what is happening [to one]

Geschehen <-s, -> [gəˈʃeːən] *nt* events *pl*

gescheit [gəˈʃai̯t] *adj* clever; **du bist wohl nicht** [**recht**] **~?** (*fam*) are you off your head?; **sei ~!** be sensible!; **aus etw** *dat* **nicht ~ werden** to be unable to make head or tail of sth

Geschenk <-[e]s, -e> [gəˈʃɛŋk] *nt* present; **jdm ein ~ machen** to give sb a present

Geschenkgutschein *m* gift voucher **Geschenkpackung** *f* gift pack **Geschenkpapier** *nt*, **Geschenkspapier** *nt* ÖSTERR gift wrap

Geschichte <-, -n> [gəˈʃɪçtə] *f* ① *kein pl* (*Historie*) history; **Alte/Neue ~** ancient/modern history; **~ machen** to make history ② (*Erzählung*) story ③ (*fam: Angelegenheit, Sache*) business; **die ganze ~** the whole lot; **das sind ja schöne ~n!** (*iron*) that's a fine state of affairs!

geschichtlich [gəˈʃɪçtlɪç] **I.** *adj* ① (*die Geschichte betreffend*) historical ② (*bedeutend*) historic **II.** *adv* historically; **~ bedeutsam** of historic importance

Geschichtsbuch *nt* history book **Geschichtsschreibung** *f* historiography

Geschick[1] <-[e]s> [gəˈʃɪk] *nt kein pl* skill

Geschick[2] <-[e]s, -e> [gəˈʃɪk] *nt* (*Schicksal*) fate

Geschicklichkeit <-> *f kein pl* skill

geschickt **I.** *adj* skilful; *Verhalten* diplomatic; **mit den Händen ~ sein** to be clever with one's hands **II.** *adv* skilfully

geschieden [gəˈʃiːdn̩] **I.** *pp von* **scheiden** **II.** *adj* divorced

geschienen [gəˈʃiːnən] *pp von* **scheinen**

Geschirr <-[e]s, -e> [gəˈʃɪr] *nt* ❶ *kein pl* (*Haushaltsgefäße*) dishes *pl* ❷ (*Service*) [tea/dinner] service ❸ (*Riemenzeug*) harness

Geschirrschrank *m* china cupboard **Geschirrspüler** <-s, -> *m*, **Geschirrspülmaschine** *f* dishwasher **Geschirrspülmittel** *nt* washing-up liquid BRIT, dish soap AM **Geschirrtuch** *nt* tea towel BRIT, dish cloth AM **Geschirrwaschmaschine** *f* SCHWEIZ dishwasher

geschissen [gəˈʃɪsn̩] *pp von* **scheißen**

geschlafen *pp von* **schlafen**

geschlagen *pp von* **schlagen**

Geschlecht <-[e]s, -er> [gəˈʃlɛçt] *nt* ❶ *kein pl* BIOL gender; **das andere ~** the opposite sex; **beiderlei ~s** of both sexes; **männlichen/weiblichen ~s** (*geh*) male/female; **das schwache/starke ~** (*hum*) the weaker/stronger sex ❷ (*Sippe*) family ❸ LING gender

geschlechtlich [gəˈʃlɛçtlɪç] **I.** *adj* sexual **II.** *adv* sexually

Geschlechtsakt *m* sexual intercourse *no pl* **Geschlechtshormon** *nt* sex hormone **Geschlechtskrankheit** *f* sexually transmitted disease **Geschlechtsleben** *nt kein pl* sexual habits **Geschlechtsorgan** *nt* sexual organ **Geschlechtsreife** *f* sexual maturity **Geschlechtsteil** *nt* genitals *npl* **Geschlechtstrieb** *m* sex drive **Geschlechtsumwandlung** *f* sex change **Geschlechtsverkehr** *m* sexual intercourse

geschlichen [gəˈʃlɪçn̩] *pp von* **schleichen**

geschliffen [gəˈʃlɪfn̩] **I.** *pp von* **schleifen²** **II.** *adj* polished

geschlossen [gəˈʃlɔsn̩] **I.** *pp von* **schließen** **II.** *adj* ❶ (*gemeinsam*) united; *Ablehnung* unanimous ❷ (*nicht geöffnet*) closed **III.** *adv* (*einheitlich*) unanimously

geschlungen [gəˈʃlʊŋən] *pp von* **schlingen**

Geschmack <-[e]s, Geschmäcke> [gəˈʃmak, *pl* gəˈʃmɛkə] *m* ❶ *kein pl* (*Aroma*) taste ❷ *kein pl* (*Geschmackssinn*) sense of taste ❸ (*ästhetisches Empfinden*) taste; **einen guten/keinen guten ~ haben** to have good/bad taste; **etw ist nicht mein/nach meinem ~** sth is not to my taste; **auf den ~ kommen** to acquire a taste for sth; **für meinen ~** for my taste ▶ WENDUNGEN: **über ~ lässt sich [nicht] streiten** (*prov*) there's no accounting for taste

geschmacklich *adj, adv* in terms of taste

geschmacklos *adj* ❶ KOCHK bland ❷ (*taktlos*) tasteless

Geschmacklosigkeit <-, -en> *f* ❶ *kein pl* (*Taktlosigkeit*) *a.* KOCHK tastelessness ❷ (*taktlose Bemerkung*) tasteless remark

Geschmackssache *f* **~ sein** to be a matter of taste **Geschmacksverirrung** *f* (*pej*) bad taste

geschmackvoll **I.** *adj* tasteful **II.** *adv* tastefully

geschmeidig [gəˈʃmaidɪç] **I.** *adj* ❶ (*schmiegsam*) sleek; *Haar, Fell* silky; *Haut* soft; **~es Leder** supple leather; *Masse, Teig* smooth ❷ (*biegsam*) supple **II.** *adv* (*biegsam*) supply

geschmissen [gəˈʃmɪsn̩] *pp von* **schmeißen**

geschmolzen [gəˈʃmɔltsn̩] *pp von* **schmelzen**

Geschnetzelte(s) *nt thin strips of meat*

geschniegelt [gəˈʃniːgl̩t] *adj* **~ und gebügelt** (*fam*) dressed to the nines *pred*

geschnitten [gəˈʃnɪtn̩] *pp von* **schneiden**

geschoben [gəˈʃoːbn̩] *pp von* **schieben**

gescholten [gəˈʃɔltn̩] *pp von* **schelten**

Geschöpf <-[e]s, -e> [gəˈʃœpf] *nt* ❶ (*Lebewesen*) creature ❷ (*Fantasiefigur*) creation

geschoren [gəˈʃoːrən] *pp von* **scheren¹**

Geschoss <-es, -e> [gəˈʃɔs] *nt* ❶ MIL projectile ❷ (*Wurfgeschoss*) missile ❸ (*Stockwerk*) floor, storey

geschossen [gəˈʃɔsn̩] *pp von* **schießen**

geschraubt **I.** *adj* (*pej*) affected **II.** *adv* affectedly

Geschrei <-s> [gəˈʃrai] *nt kein pl* ❶ (*Schreien*) shouting; (*schrill*) shrieking ❷ (*fam: Lamentieren*) fuss *no pl*

geschrieben [gəˈʃriːbn̩] *pp von* **schreiben**

geschrie(e)n [gəˈʃriː(ə)n] *pp von* **schreien**

geschritten [gəˈʃrɪtn̩] *pp von* **schreiten**

geschunden [gəˈʃʊndn̩] *pp von* **schinden**

Geschütz <-es, -e> [gəˈʃʏts] *nt* gun; **schweres ~ auffahren** (*a. fig*) to bring up the big guns

Geschwafel <-s> [gəˈʃvaːfl̩] *nt kein pl* (*pej fam*) waffle *no pl* BRIT

Geschwätz <-es> [gəˈʃvɛts] *nt kein pl* (*pej fam*) ❶ (*dummes Gerede*) waffle *no pl* BRIT ❷ (*Klatsch*) gossip *no pl*

geschwätzig [gəˈʃvɛtsɪç] *adj* (*pej*) talkative

Geschwätzigkeit <-> *f kein pl* (*pej*) talkativeness

geschweige [gəˈʃvaigə] *konj* ■ **~ [denn]** never mind, let alone

geschwiegen [gəˈʃviːgn̩] *pp von* **schweigen**

geschwind [gəˈʃvɪnt] **I.** *adj* SÜDD (*veraltet: rasch*) swift **II.** *adv* quickly

Geschwindigkeit <-, -en> [gəˈʃvɪndɪçkait] *f* speed

Geschwindigkeitsbegrenzung *f*, **Geschwindigkeitsbeschränkung** *f* speed limit **Geschwindigkeitskontrolle** *f* speed [*or* radar] trap **Geschwindigkeitsüberschreitung** *f* exceeding the speed limit

Geschwister [gəˈʃvɪstɐ] *pl* brothers and sisters *pl*

geschwollen [gəˈʃvɔlən] **I.** *pp von* **schwellen** **II.** *adj* (*pej*) pompous **III.** *adv* in a pompous way

geschwommen [gəˈʃvɔmən] *pp von* **schwimmen**

geschworen [gəˈʃvoːrən] **I.** *pp von* **schwören** **II.** *adj attr* sworn *attr*

G

Geschworene(r) *f(m)* juror; **die ~n** the jury

Geschwulst <-, Geschwülste> [gəˈʃvʊlst, *pl* gəˈʃvʏlstə] *f* tumour

geschwunden [gəˈʃvʊndn̩] *pp von* **schwinden**

geschwungen [gəˈʃvʊŋən] **I.** *pp von* **schwingen** **II.** *adj* curved

Geschwür <-s, -e> [gəˈʃvyːɐ̯] *nt* abscess; **Magengeschwür** stomach ulcer

gesehen *pp von* **sehen**

Geselle, Gesellin <-n, -n> [gəˈzɛlə, gəˈzɛlɪn] *m, f* ❶ (*Handwerksgeselle*) journeyman ❷ (*Kerl*) chap BRIT, guy AM

gesellen* [gəˈzɛlən] *vr* (*geh*) ❶ (*sich anschließen*) ■ **sich** *akk* **zu jdm ~** to join sb ❷ (*hinzukommen*) ■ **sich** *akk* **zu etw** *dat* **~** to add to sth

Gesellenprüfung *f* examination at the end of an apprenticeship

gesellig [gəˈzɛlɪç] **I.** *adj* sociable; *Abend* convivial; **ein ~es Beisammensein** a friendly get-together **II.** *adv* **~ zusammensitzen** to sit together and chat

Geselligkeit <-, -en> *f* gregariousness

Gesellin <-, -nen> [gəˈzɛlɪn] *f fem form von* **Geselle**

Gesellschaft <-, -en> [gəˈzɛlʃaft] *f* ❶ (*Gemeinschaft*) society ❷ ÖKON company BRIT, corporation AM ❸ (*Fest*) party ❹ (*Kreis von Menschen*) group of people; **sich** *akk* [**mit etw** *dat*] **in guter ~ befinden** to be in good company [with sth]; **in schlechte ~ geraten** to get in with the wrong crowd; **jdm ~ leisten** to join sb ❺ (*Umgang*) company

Gesellschafter(in) <-s, -> *m(f)* (*Teilhaber*) shareholder

gesellschaftlich *adj* social

gesellschaftsfähig *adj* socially acceptable **Gesellschaftsschicht** *f* social class **Gesellschaftsspiel** *nt* party game **Gesellschaftsvertrag** *m* ÖKON partnership agreement

gesessen [gəˈzɛsn̩] *pp von* **sitzen**

Gesetz <-es, -e> [gəˈzɛts] *nt* law

Gesetzbuch *nt* statute book; **Bürgerliches ~** Civil Code **Gesetzentwurf** *m* draft legislation

gesetzestreu *adj* law-abiding **Gesetzesvorlage** *f s.* **Gesetzentwurf**

gesetzgebend *adj attr* legislative

Gesetzgeber <-s, -> *m* legislature

Gesetzgebung <-, -en> *f* legislation

gesetzlich [gəˈzɛtslɪç] **I.** *adj* legal; *Verpflichtung* statutory **II.** *adv* legally

gesetzlos *adj* lawless

gesetzmäßig **I.** *adj* ❶ (*gesetzlich*) lawful ❷ (*regelmäßig*) regular **II.** *adv* (*einem Naturgesetz folgend*) according to the law of nature; (*rechtmäßig*) lawfully

Gesetzmäßigkeit <-, -en> *f* ❶ (*Gesetzlichkeit*) legality ❷ (*Rechtmäßigkeit*) legitimacy ❸ (*Regelmäßigkeit*) regularity

gesetzt **I.** *adj* dignified **II.** *konj* (*angenommen, ...*) ■ **~, ...** assuming that ...; (*vorausgesetzt, dass ...*) providing that ...

gesetzwidrig **I.** *adj* unlawful *form* **II.** *adv* illegally

gesichert **I.** *pp von* **sichern** **II.** *adj* secure[d]; *Erkenntnisse* solid; *Fakten* indisputable; **~es Einkommen** fixed income; **~e Existenz** secure livelihood

Gesicht[1] <-[e]s, -er> [gəˈzɪçt] *nt* (*Antlitz*) face; **jdn/etw zu ~ bekommen** to set eyes on sb/sth; **jdm etw** *akk* **vom ~ ablesen** to see sth from sb's expression; **ein böses/trauriges ~ machen** to look angry/sad; **jdm etw** *akk* [**direkt**] **ins ~ sagen** to say sth [straight] to sb's face ▶WENDUNGEN: **sein wahres ~ zeigen** to show one's true colours; **jdm wie aus dem ~ geschnitten sein** to be the spitting image of sb; **das ~ verlieren** to lose face; **das ~ wahren** to save face

Gesicht[2] <-[e]s, -e> [gəˈzɪçt] *nt* (*Anblick*) sight

Gesichtsausdruck *m* expression [on sb's face] **Gesichtscreme** [-kreːm] *f* face cream **Gesichtsfarbe** *f* complexion **Gesichtsfeld** *nt* field of vision **Gesichtspflege** *f* facial care **Gesichtspunkt** *m* point of view **Gesichtswasser** *nt* toner **Gesichtszug** *m meist pl* facial feature

Gesims <-es, -e> [gəˈzɪms, *pl* gəˈzɪmzə] *nt* ledge

Gesindel <-s> [gəˈzɪndl̩] *nt kein pl* (*pej*) riff-raff *no pl*

gesinnt [gəˈzɪnt] *adj meist präd* minded; **jdm gut/übel ~ sein** to be well-disposed/ill-disposed towards sb

Gesinnung <-, -en> *f* conviction

Gesinnungswandel *m* change of attitude

gesittet [gə'zɪtət] **I.** *adj* well-brought up **II.** *adv* **sich** *akk* **~ aufführen** to be well-behaved
Gesocks <-[es]> [gə'zɔks] *nt kein pl bes* SÜDD (*pej sl*) riff-raff, trash
Gesöff <-[e]s, -e> [gə'zœf] *nt* (*pej sl*) pig-swill, muck *no pl*
gesoffen [gə'zɔfn̩] *pp von* **saufen**
gesogen [gə'zo:gn̩] *pp von* **saugen**
gesondert [gə'zɔndɐt] **I.** *adj* separate; (*für sich*) individual **II.** *adv* separately; (*für sich*) individually
gesonnen [gə'zɔnən] **I.** *pp von* **sinnen** **II.** *adj* (*geh*) ■ **~ sein, etw zu tun** to feel inclined to do sth
gespalten [gə'ʃpaltn̩] *pp von* **spalten**
Gespann <-[e]s, -e> [gə'ʃpan] *nt* ① (*Wagen und Zugtier*) horse and cart ② (*fam: Paar*) pair
gespannt *adj* ① (*sehr erwartungsvoll*) expectant; **mit ~er Aufmerksamkeit** with rapt attention; ■ **~ sein, ob/was ...** to be anxious to see whether/what ...; **ich bin auf seine Reaktion ~** I wonder what his reaction will be *a. iron* ② (*konfliktträchtig*) tense
Gespenst <-[e]s, -er> [gə'ʃpɛnst] *nt* ghost
gespenstisch [gə'ʃpɛnstɪʃ] *adj* eerie
gesperrt *pp von* **sperren** *Konto* blocked, frozen
gespie(e)n [gə'ʃpi:(ə)n] *pp von* **speien**
gespielt *adj* feigned
gesponnen [gə'ʃpɔnən] *pp von* **spinnen**
Gespött <-[e]s> [gə'ʃpœt] *nt kein pl* mockery; **jdn/sich zum ~ [der Leute] machen** to make sb/oneself a laughing stock
Gespräch <-[e]s, -e> [gə'ʃprɛ:ç] *nt* ① (*Unterredung*) conversation; **ein ~ mit jdm führen** to have a conversation with sb; **mit jdm ins ~ kommen** to get into conversation with sb; **im ~ sein** to be under consideration ② (*Anruf*) [telephone/phone] call
gesprächig [gə'ʃprɛ:çɪç] *adj* talkative
gesprächsbereit *adj* ready to talk; (*bereit zu verhandeln*) ready to begin talks **Gesprächseinheit** *f* TELEK unit **Gesprächspartner(in)** *m(f)* **ein angenehmer ~** a pleasant person to talk to **Gesprächsstoff** *m* topics of conversation **Gesprächsthema** *nt* conversation topic
gespreizt **I.** *adj* affected **II.** *adv* affectedly
gesprenkelt *adj* mottled
gesprochen [gə'ʃprɔxn̩] *pp von* **sprechen**
gesprossen [gə'ʃprɔsn̩] *pp von* **sprießen**
gesprungen [gə'ʃprʊŋən] *pp von* **springen**
Gespür <-s> [gə'ʃpy:ɐ̯] *nt kein pl* instinct; **ein gutes ~ für Farben** a good feel for colours
Gestalt <-, -en> [gə'ʃtalt] *f* ① (*Mensch*) figure; **eine verdächtige ~** a suspicious character ② (*Wuchs*) build ③ (*Person, Persönlichkeit*) character; **in ~ jds** in the form of sb ▶ WENDUNGEN: **[feste] ~ annehmen** to take [definite] shape
gestalten* [gə'ʃtaltn̩] **I.** *vt* ■ **etw irgendwie ~** ① (*einrichten*) to design sth; *Garten* to lay out; *Schaufenster* to dress; **etw anders/neu ~** to redesign sth ② (*organisieren*) to organize sth ③ ARCHIT to build sth **II.** *vr* (*geh*) ■ **sich irgendwie ~** to turn out to be somehow
gestalterisch [gə'ʃtaltərɪʃ] **I.** *adj* (*Design betreffend*) **eine ~e Frage/ein ~es Problem** a question/problem of design; *Talent* creative **II.** *adv* **~ gelungen** well-designed; (*schöpferisch*) creatively
Gestaltung <-, -en> *f* ① (*das Einrichten*) design; *eines Gartens* laying-out; *eines Schaufensters* window dressing ② (*das Organisieren*) organization ③ ARCHIT building
Gestammel <-s> [gə'ʃtaml̩] *nt kein pl* stammering and stuttering
gestand *imp von* **gestehen**
gestanden [gə'ʃtandn̩] **I.** *pp von* **stehen, gestehen** **II.** *adj attr* experienced
geständig [gə'ʃtɛndɪç] *adj* ■ **~ sein** to have confessed
Geständnis <-ses, -se> [gə'ʃtɛntnɪs, *pl* gə'ʃtɛntnɪsə] *nt* admission; *eines Verbrechens* confession
Gestank <-[e]s> [gə'ʃtaŋk] *m kein pl* stench
gestatten* [gə'ʃtatn̩] (*geh*) **I.** *vt* ① (*erlauben*) to permit ② (*als Höflichkeitsformel*) **~ Sie mir den Hinweis, dass das Rauchen hier verboten ist** may I point out that smoking is not allowed here; ■ **jdm ~, etw zu tun** to allow sb to do sth **II.** *vi* **wenn Sie ~, das war mein Platz!** if you don't mind, that was my seat! **III.** *vr* (*sich erlauben*) ■ **sich** *dat* **etw ~** to allow oneself sth
Geste <-, -n> ['ge:stə, 'gɛstə] *f* gesture
gestehen <gestand, gestanden> *vi, vt* to confess
Gestein <-[e]s, -e> [gə'ʃtain] *nt* rock
Gestell <-[e]s, -e> [gə'ʃtɛl] *nt* ① (*Bretterregal*) shelves *pl* ② (*Brillengestell*) frame ③ (*Fahrgestell*) chassis
gestellt *adj* arranged
gestern [gɛstɐn] *adv* (*der Tag vor heute*) yesterday; **~ vor einer Woche** a week ago yesterday; **~ Abend/Morgen** yesterday evening/morning ② (*von früher*) **nicht**

G

von ~ sein (*fig fam*) to be not born yesterday
gestiegen [gəˈʃtiːgn̩] *pp von* **steigen**
Gestik <-> [ˈgeːstɪk, ˈgɛstɪk] *f kein pl* gestures *pl*
gestikulieren* [gɛstikuˈliːrən] *vi* to gesticulate
Gestirn <-[e]s, -e> [gəˈʃtɪrn] *nt* (*geh: Stern*) star
gestoben [gəˈʃtoːbn̩] *pp von* **stieben**
gestochen [gəˈʃtɔxn̩] **I.** *pp von* **stechen** **II.** *adj* (*sehr exakt*) exact **III.** *adv* **~ scharf** crystal clear; **wie ~ schreiben** to write [extremely] neatly
gestohlen [gəˈʃtoːlən] *pp von* **stehlen**
gestorben [gəˈʃtɔrbn̩] *pp von* **sterben**
gestört *adj* PSYCH ❶ (*beeinträchtigt*) disturbed ❷ (*fam: verrückt*) insane
gestoßen [gəˈʃtoːsn̩] *pp von* **stoßen**
Gestotter <-s> [gəˈʃtɔtɐ] *nt kein pl* stammering
gestreift **I.** *pp von* **streifen** **II.** *adj* striped
gestresst *adj* stressed
gestrichen [gəˈʃtrɪçn̩] **I.** *pp von* **streichen** **II.** *adj* level **III.** *adv* **~ voll** full to the brim ▸ WENDUNGEN: **jd hat die <u>Nase</u> ~ voll** sb is fed up to the back teeth
gestrig [ˈgɛstrɪç] *adj attr* yesterday's *attr*, [of] yesterday *pred*
gestritten [gəˈʃtrɪtn̩] *pp von* **streiten**
Gestrüpp <-[e]s, -e> [gəˈʃtrʏp] *nt* undergrowth
gestunken [gəˈʃtʊŋkn̩] *pp von* **stinken**
Gestüt <-[e]s, -e> [gəˈʃtyːt] *nt* stud farm
Gesuch <-[e]s, -e> [gəˈzuːx] *nt* (*veraltend*) request; (*Antrag*) application
gesucht *adj* (*gefragt*) in demand *pred*, much sought-after
Gesülze <-s> [gəˈzʏltsə] *nt kein pl* (*sl*) drivel
gesund <gesünder, gesündeste> [gəˈzʊnt] *adj* healthy; **geistig und körperlich ~** sound in mind and body; **~ und munter** in good shape; **Rauchen ist nicht ~** smoking is unhealthy; **wieder ~ werden** to get well again
gesunden* [gəˈzʊndn̩] *vi sein* (*geh*) to recover
Gesundheit <-> *f kein pl* health; **auf Ihre ~!** your health!; **~!** bless you!
gesundheitlich **I.** *adj* **ein ~es Problem** a health problem; **aus ~en Gründen** for health reasons **II.** *adv* (*hinsichtlich der Gesundheit*) as regards health; **wie geht es Ihnen ~?** how are you?
Gesundheitsamt *nt* local public health department **gesundheitsbewusst** *adj* health conscious **gesundheitsschädlich** *adj* detrimental to one's health; **Rauchen ist ~** smoking damages your health **Gesundheitstourist, -touristin** [gəˈzʊndhaitstʊrɪst] *m, f* health tourist **Gesundheitsversorgung** *f kein pl* healthcare **Gesundheitswesen** *nt* health system [*or* service] **Gesundheitszustand** *m kein pl* state of health
gesund|schreiben *irreg vt* to certify [as being] fit
gesungen [gəˈzʊŋən] *pp von* **singen**
gesunken [gəˈzʊŋkn̩] *pp von* **sinken**
getan [gəˈtaːn] *pp von* **tun**
getönt *adj* **~e Tagescreme** tinted day cream
Getöse <-s> [gəˈtøːzə] *nt kein pl* din; (*anhaltender Lärm*) racket
getragen [gəˈtraːgn̩] **I.** *pp von* **tragen** **II.** *adj* ❶ (*feierlich*) solemn ❷ (*gebraucht*) second-hand
Getrampel <-s> [gəˈtrampl̩] *nt kein pl* (*fam*) tramping; (*als Beifall*) stamping
Getränk <-[e]s, -e> [gəˈtrɛŋk] *nt* drink
Getränkeautomat *m* drinks dispenser **Getränkedose** *f* drinks can **Getränkemarkt** *m* off-licence BRIT
Getratsch(e) <-[e]s> [gəˈtraːtʃə] *nt kein pl* (*pej*) gossip[ing]
getrauen* *vr* (*wagen*) ■**sich** *akk* **~, etw zu tun** to dare to do sth
Getreide <-s, -> [gəˈtrajdə] *nt* cereal; (*geerntet*) grain
Getreide(an)bau *m kein pl* farming [*or* cultivation] [*or* growing] of cereal **Getreidemühle** *f* mill [for grinding grain]
getrennt **I.** *adj* separate **II.** *adv* separately
getreten *pp von* **treten**
getreu[1] [gəˈtrɔy] *adj* ❶ (*genau*) exact; *Wiedergabe* faithful ❷ (*geh: treu*) loyal
getreu[2] [gəˈtrɔy] *präp +dat* (*gemäß*) ■**~ einer S.** *dat* in accordance with sth
Getriebe <-s, -> [gəˈtriːbə] *nt* TECH gear[s] *pl*
getrieben [gəˈtriːbn̩] *pp von* **treiben**
getroffen [gəˈtrɔfn̩] *pp von* **treffen, triefen**
getrogen [gəˈtroːgn̩] *pp von* **trügen**
getrost [gəˈtroːst] *adv* (*ohne weiteres*) safely; **du kannst dich ~ auf ihn verlassen** take my word for it, you can rely on him
getrübt *adj* (*schlecht*) troubled
getrunken [gəˈtrʊŋkn̩] *pp von* **trinken**
Getto <-s, -s> [ˈgɛto] *nt* ghetto
Gettoblaster <-s, -> *m s.* **Ghettoblaster**
gettoisieren [gɛtoiˈziːrən] *vt* to ghettoize
Getue <-s> [gəˈtuːə] *nt kein pl* (*pej*) fuss; **ein ~ machen** to make a fuss
Getümmel <-s> [gəˈtʏml̩] *nt kein pl* commotion, hubbub
getunt [gəˈtjuːnt] *adj* AUTO (*fam*) tuned-up

getüpfelt [gə'tʏpfəlt] *adj* spotted; *Ei, Fell* speckled
Getuschel <-s> [gə'tʊʃl] *nt kein pl* whispering
geübt *adj* experienced; *Auge, Ohr, Griff* trained
Gewächs <-es, -e> [gə'vɛks] *nt* 1 (*Pflanze*) plant 2 (*Geschwulst*) growth
gewachsen I. *pp von* **wachsen**[1] II. *adj* (*ebenbürtig*) equal; ■**jdm ~ sein** to be sb's equal; **einem Gegner ~ sein** to be a match for an opponent; ■**einer S.** *dat* **~ sein** to be up to sth
Gewächshaus *nt* greenhouse
gewagt *adj* 1 (*kühn*) audacious; (*gefährlich*) risky 2 (*freizügig*) risqué
gewählt I. *adj* refined II. *adv* in an elegant way
Gewähr <-> [gə'vɛːɐ̯] *f kein pl* guarantee; **ohne ~** subject to change
gewähren* [gə'vɛːrən] *vt* 1 (*einräumen*) ■[**jdm**] **etw ~** to grant [sb] sth; **jdm einen Rabatt ~** to give sb a discount; **jdn ~ lassen** (*geh*) to give sb free rein 2 (*zuteilwerden lassen*) *Trost* to afford; *Sicherheit* to provide
gewährleisten* [gə'vɛːɐ̯laistn̩] *vt* to guarantee
Gewährleistung *f* guarantee
Gewahrsam <-s> [gə'vaːɐ̯zaːm] *m kein pl* 1 (*Verwahrung*) place; **etw in ~ nehmen** to take sth into safekeeping 2 (*Haft*) custody; **jdn in ~ nehmen** to take sb into custody
Gewährung <-, *selten* -en> *f* granting
Gewalt <-, -en> [gə'valt] *f* 1 (*Machtbefugnis, Macht*) power; **etw mit aller ~ erreichen** to do everything in one's power to get sth to happen; **elterliche ~** parental authority; **höhere ~** force majeure; **ein Gebiet/ein Land in seine ~ bringen** to bring a region/a country under one's control; **jdn in seiner ~ haben** to have sb in one's power; **~ über jdn haben** to exercise [complete] power over sb; **sich** *akk* **in der ~ haben** to have oneself under control; **in jds ~ sein** to be in sb's hands 2 *kein pl* (*gewaltsames Vorgehen*) force; (*Gewalttätigkeit*) violence; **nackte ~** brute force; **sich** *dat* **~ antun** to force oneself; **~ anwenden** to use force; **mit ~** with force 3 *kein pl* (*Heftigkeit*) force
gewaltbereit *adj* ready for forceful intervention **Gewaltbereitschaft** *f* willingness to use violence
Gewaltenteilung *f* separation of executive, legislative and judicial powers
gewaltfrei *adj* violence-free *attr,* free of violence *pred* **Gewaltherrschaft** *f kein pl* tyranny
gewaltig [gə'valtɪç] I. *adj* 1 (*heftig*) enormous 2 (*wuchtig*) powerful; *Last* heavy; (*riesig*) huge 3 (*fam: sehr groß*) tremendous II. *adv* (*fam: sehr*) considerably; **sich** *akk* **~ irren** to be very much mistaken
gewaltlos I. *adj* non-violent, without violence *pred* II. *adv* without violence
Gewaltlosigkeit <-> *f kein pl* non-violence
gewaltsam [gə'valtzaːm] I. *adj* violent; **~es Aufbrechen** forced opening II. *adv* by force
Gewalttat *f* act of violence **Gewalttäter(in)** *m(f)* violent criminal **gewalttätig** *adj* violent **Gewalttätigkeit** *f* violence **Gewaltverbrechen** *nt* violent crime **Gewaltverbrecher(in)** *m(f)* violent criminal **gewaltverherrlichend** [gə'valtfɛɐ̯hɛrlɪçənd] *adj* glorifying violence **Gewaltverherrlichung** *f* glorification of violence
Gewand <-[e]s, Gewänder> [gə'vant, *pl* gə'vɛndɐ] *nt* (*geh*) robe
gewandt [gə'vant] I. *pp von* **wenden** II. *adj* skilful; *Auftreten* confident; *Bewegung* deft; *Redner* good III. *adv* skilfully
gewann [gə'van] *imp von* **gewinnen**
Gewäsch <-[e]s> [gə'vɛʃ] *nt kein pl* (*pej fam*) drivel
gewaschen *pp von* **waschen**
Gewässer <-s, -> [gə'vɛsɐ] *nt* stretch of water
Gewässerschutz *m* prevention of water pollution *no pl*
Gewebe <-s, -> [gə'veːbə] *nt* 1 (*Stoff*) fabric 2 ANAT, BIOL tissue
Gewehr <-[e]s, -e> [gə'veːɐ̯] *nt* rifle; (*Schrotflinte*) shotgun
Gewehrkolben *m* butt of a rifle [*or* shotgun]
Gewehrlauf *m* barrel of a rifle [*or* shotgun]
Geweih <-[e]s, -e> [gə'vai̯] *nt* antlers *pl*
Gewerbe <-s, -> [gə'vɛrbə] *nt* 1 (*Betrieb*) [commercial] business 2 (*Handwerk, Handel*) trade
Gewerbeaufsichtsamt *nt* ≈ health and safety executive (*office with responsibility for enforcing laws regarding working conditions and health and safety at work*) **Gewerbegebiet** *nt* industrial estate **Gewerbeordnung** *f* laws regulating commercial and industrial business **Gewerbeschein** *m* trade licence **Gewerbesteuer** *f* trade tax **Gewerbetreibende(r)** *f(m)* business person; (*Handwerker*) tradesperson
gewerblich [gə'vɛrplɪç] I. *adj* (*handwerkliches Gewerbe*) trade; (*kaufmännisches Gewerbe*) commercial; (*industrielles

Gewerbe) industrial **II.** *adv* **Räume ~ nutzen** to use rooms for commercial/trade/industrial purposes

Gewerkschaft <-, -en> [gəˈvɛrkʃaft] *f* [trade] union

Gewerkschaft(l)er(in) <-s, -> [gəˈvɛrkʃaft(l)ɐ] *m(f)* trade unionist

gewerkschaftlich **I.** *adj* [trade] union **II.** *adv* **~ organisiert sein** to be a member of a [trade] union

Gewerkschaftsbund *m* federation of trade unions **Gewerkschaftsführer(in)** *m(f)* trade union leader **Gewerkschaftsmitglied** *nt* [trade] union member

gewesen [gəˈveːzn̩] **I.** *pp von* **sein**[1] **II.** *adj attr* (*ehemalig*) former *attr*

gewichen [gəˈvɪçn̩] *pp von* **weichen**

Gewicht <-[e]s, -e> [gəˈvɪçt] *nt* ① *kein pl* (*Schwere eines Körpers*) weight *no indef art, no pl, + sing vb;* **spezifisches ~** PHYS specific weight; **ein großes ~ haben** to be very heavy; **ein geringes ~ haben** to weigh little; **sein ~ halten** to stay the same weight ② *kein pl* (*fig: Wichtigkeit*) weight; **ins ~ fallen** to count; **auf etw** *akk* **[großes] ~ legen** to attach [great] significance to sth; (*hervorheben*) to lay stress on sth ③ (*Metallstück zum Beschweren*) weight

gewichten* [gəˈvɪçtn̩] *vt* to weight

Gewichtheben <-s> *nt kein pl* weightlifting *no pl*

gewichtig [gəˈvɪçtɪç] *adj* significant

Gewichtsverlust *m* weight loss **Gewichtszunahme** *f* increase in weight

gewieft [gəˈviːft] (*fam*) **I.** *adj* crafty **II.** *adv* with cunning

gewiesen [gəˈviːzn̩] *pp von* **weisen**

gewillt [gəˈvɪlt] *adj* ■**~ sein, etw zu tun** to be inclined to do sth

Gewimmel <-s> [gəˈvɪml̩] *nt kein pl* (*Insekten*) swarm[ing mass]; (*Menschen*) throng

Gewinde <-s, -> [gəˈvɪndə] *nt* TECH thread

Gewinn <-[e]s, -e> [gəˈvɪn] *m* ① ÖKON profit; **~ bringen** to make a profit ② (*Preis*) prize; (*beim Lotto, Wetten*) winnings *npl* ③ *kein pl* ([*innere*] *Bereicherung*) gain

Gewinnanteil *m* ÖKON dividend **Gewinnbeteiligung** *f* share of the profits **gewinnbringend** *adj* profitable **Gewinnchance** [-ʃãːsə, -ʃãːs, -ʃaŋs(ə)] *f* chance of winning

gewinnen <gewann, gewonnen> [gəˈvɪnən] **I.** *vt* ① (*als Gewinn erhalten*) to win ② (*überzeugen*) ■**jdn ~** to win sb over; **jdn als Freund ~** to win sb as a friend; **jdn als Kunden ~** to win sb's custom ③ (*erzeugen*) to obtain; *Kohle, Metall* to extract (**aus** *+dat* from) ④ *Einfluss, Selbstsicherheit* to gain **II.** *vi* ① (*Gewinner sein*) to win (**bei, in** *+dat* at) ② (*profitieren*) to profit (**bei** *+dat* from)

gewinnend *adj* charming, winning *attr*

Gewinner(in) <-s, -> *m(f)* winner; MIL *a.* victor

Gewinnlos *nt* winning ticket **Gewinnmarge** <-, -n> [-marʒə] *f* ÖKON profit margin **Gewinnnummer** *f* winning number **Gewinnspanne** *f* profit margin

Gewinnung <-> *f kein pl* ① GEOL extraction ② CHEM ■**die ~ einer S.** *gen* **aus etw** *dat* the extraction of sth from sth

Gewinnzahl *f* winning number

Gewinsel <-s> [gəˈvɪnzl̩] *nt kein pl* (*pej*) [constant] whining

Gewirr <-[e]s> [gəˈvɪr] *nt kein pl* (*Drähte, Fäden*) tangle; (*Gedanken*) confusion; *Stimmen* babble; *Straßen* maze

gewiss [gəˈvɪs] **I.** *adj* ① *attr* (*nicht näher bezeichnet*) certain; **eine ~e Frau Schmidt** a [certain] Ms Schmidt ② (*geh: sicher*) ■**sich** *dat* **einer S.** *gen* **~ sein** to be certain of sth **II.** *adv* (*geh*) certainly; **aber ~!** but of course!, *esp* AM sure!

Gewissen <-s> [gəˈvɪsn̩] *nt kein pl* conscience; **ein schlechtes ~ haben** to have a bad conscience; **jdn/etw auf dem ~ haben** to have sb/sth on one's conscience; **jdm ins ~ reden** to appeal to sb's conscience

gewissenhaft *adj* conscientious

gewissenlos **I.** *adj* unscrupulous **II.** *adv* without scruple[s *pl*]

Gewissenlosigkeit <-, -en> *f* unscrupulousness

Gewissensbisse *pl* pangs of conscience **Gewissensentscheidung** *f* question of conscience **Gewissensfrage** *f s.* **Gewissensentscheidung** **Gewissensfreiheit** *f* freedom of conscience **Gewissensgründe** *pl* conscientious reasons **Gewissenskonflikt** *m* moral conflict

gewissermaßen *adv* so to speak

Gewissheit <-, -en> *f selten pl* certainty; **~ haben** to be certain; **sich** *dat* **~ [über etw** *akk*] **verschaffen** to find out for certain [about sth]

Gewitter <-s, -> [gəˈvɪtɐ] *nt* thunderstorm

gewitterig [gəˈvɪtərɪç] **I.** *adj* thundery **II.** *adv* **~ drückend** [thundery and] oppressive

gewittern* *vi impers* ■**es gewittert** it's thundering

Gewitterregen *m,* **Gewitterschauer** *m* thunder[y] shower **Gewitterstimmung** *f* **es herrscht ~** there is thunder in the air *fig* **Gewitterwolke** *f* thundercloud

gewittrig [gəˈvɪtrɪç] *adj* thundery; **~e Schwüle** sultry heat
gewitzt [gəˈvɪtst] *adj* wily
gewoben [gəˈvoːbn̩] *pp von* **weben**
gewogen [gəˈvoːgn̩] **I.** *pp von* **wiegen**[1] **II.** *adj* (*geh*) well-disposed; ■**jdm/einer S. ~ sein** to be well-disposed toward[s] sb/sth
gewöhnen* [gəˈvøːnən] **I.** *vt* ■**jdn an etw** *akk* **~** to make sb used to sth; **ein Tier an sich/etw** *akk* **~** to make an animal get used to one/sth **II.** *vr* ■**sich** *akk* **an jdn/etw ~** to get used to sb/sth; ■**sich** *akk* **daran ~, etw zu tun** to get used to doing sth
Gewohnheit <-, -en> *f* habit; **aus [lauter] ~** from [sheer] force of habit
gewohnheitsmäßig **I.** *adj* habitual **II.** *adv* habitually, out of habit
Gewohnheitsmensch *m* creature of habit **Gewohnheitsrecht** *nt* (*als Rechtssystem*) common law *no art* **Gewohnheitstäter, -täterin** *m, f* JUR, PSYCH habitual offender **Gewohnheitstier** *nt* creature of habit **Gewohnheitstrinker(in)** *m(f)* habitual drinker **Gewohnheitsverbrecher(in)** *m(f)* habitual offender
gewöhnlich [gəˈvøːnlɪç] **I.** *adj* ❶ *attr* (*üblich*) usual ❷ (*normal*) normal ❸ (*pej: ordinär*) common **II.** *adv* ❶ (*üblicherweise*) usually; **für ~** normally; **wie ~** as [per *fam*] usual ❷ (*pej*) **sich** *akk* **~ ausdrücken** to use common language
gewohnt [gəˈvoːnt] *adj* usual; *Umgebung* familiar; ■**etw ~ sein** to be used to sth; ■**es ~ sein, etw zu tun** to be used to doing sth; ■**es ~ sein, dass jd etw tut** to be used to sb['s] doing sth
Gewöhnung <-> *f kein pl* habituation *form;* **das ist [alles] ~** it's [all] a question of habit
gewöhnungsbedürftig *adj* requiring getting used to **Gewöhnungssache** *f* matter of getting used to [it]
Gewölbe <-s, -> [gəˈvœlbə] *nt* vault
gewölbt *adj Dach, Decke* vaulted; *Stirn* domed; *Rücken* rounded
gewonnen [gəˈvɔnən] *pp von* **gewinnen**
geworben [gəˈvɔrbn̩] *pp von* **werben**
geworden [gəˈvɔrdn̩] *pp von* **werden**
geworfen [gəˈvɔrfn̩] *pp von* **werfen**
gewrungen *pp von* **wringen**
Gewühl <-[e]s> [gəˈvyːl] *nt kein pl* ❶ (*Gedränge*) throng ❷ (*pej: andauerndes Kramen*) rummaging around
gewunden [gəˈvʊndn̩] **I.** *pp von* **winden**[1] **II.** *adj* ❶ (*in Windungen verlaufend*) winding ❷ (*umständlich*) tortuous
gewunken [gəˈvʊŋkn̩] DIAL *pp von* **winken**
Gewürz <-es, -e> [gəˈvʏrts] *nt* spice
Gewürzgurke *f* pickled gherkin **Gewürzpflanze** *f* spice plant; (*Kräutersorte*) herb
Gewusel <-s> [gəˈvuːzl̩] *nt kein pl* DIAL crush
gewusst [gəˈvʊst] *pp von* **wissen**
gez. *Abk von* **gezeichnet** sgd
gezackt *adj* jagged; *Hahnenkamm* toothed; *Blatt* serrated
Gezänk <-s> [gəˈtsɛŋk], **Gezanke** <-s> [gəˈtsaŋkə] *nt kein pl* (*pej fam*) squabbling
gezeichnet *adj* marked
Gezeiten [gəˈtsaitn̩] *pl* tide[s *pl*]
Gezeitenkraftwerk *nt* tidal power station **Gezeitenstrom** *m* tidal current **Gezeitenwechsel** *m* turn of the tide
Gezeter <-s> [gəˈtseːtɐ] *nt kein pl* (*pej fam*) racket; **in ~ ausbrechen** to start a commotion
gezielt **I.** *adj* well-directed; *Fragen* specific **II.** *adv* specifically; **~ fragen** to ask questions with a specific aim in mind
geziemen* *vr impers* (*veraltend*) ■**es geziemt sich** it is proper; **wie es sich geziemt** as is proper; **wie es sich für ein artiges Kind geziemt** as befits a well-behaved child *form*
geziert (*pej*) **I.** *adj* affected **II.** *adv* affectedly
gezogen [gəˈtsoːgn̩] *pp von* **ziehen**
Gezwitscher <-s> [gəˈtsvɪtʃɐ] *nt kein pl* twittering
gezwungen [gəˈtsvʊŋən] **I.** *pp von* **zwingen** **II.** *adj* (*gekünstelt*) forced; *Benehmen* stiff **III.** *adv* (*gekünstelt*) stiffly; **~ lachen** to give a forced laugh
gezwungenermaßen *adv* of necessity
ggf. *adv Abk von* **gegebenenfalls**
Ghana <-s> [ˈgaːna] *nt* Ghana; *s. a.* **Deutschland**
Ghanaer(in) <-s, -> [ˈgaːnaɐ] *m(f)* Ghanaian; *s. a.* **Deutsche(r)**
ghanaisch [ˈgaːnaɪʃ] *adj* Ghanaian; *s. a.* **deutsch**
Ghetto <-s, -s> *nt s.* **Getto**
Ghettoblaster <-s, -> [ˈgɛtoblaːstə] *m* (*sl*) ghetto blaster BRIT, boombox
ghettoisieren* *vt s.* **gettoisieren**
Gibraltar [giˈbraltar] *nt* Gibraltar
Gibraltarer(in) <-s, -> *m(f)* Gibraltarian; *s. a.* **Deutsche(r)**
Gicht <-> [gɪçt] *f kein pl* gout
Giebel <-s, -> [ˈgiːbl̩] *m* gable [end]
Giebeldach *nt* gable[d] roof
Gier <-> [giːɐ̯] *f kein pl* greed *no pl* (**nach** +*dat* for); (*nach Reichtum a.*) avarice *no pl* (**nach** +*dat* for); (*nach etw Ungewöhn-*

G

lichem) craving (**nach** +*dat* for)

gieren ['giːrən] *vi* ■ **nach etw** *dat* ~ to crave [for] sth

gierig ['giːrɪç] **I.** *adj* greedy; ~ **nach Macht/Reichtum sein** to crave [for] power/riches **II.** *adv* greedily; **etw ~ trinken** to gulp down *sep* sth

gießen <goss, gegossen> ['giːsn̩] **I.** *vt* ① (*bewässern*) to water ② (*schütten*) to pour (**auf** +*akk* on, **über** +*akk* over); **etw daneben ~** to spill sth; **ein Glas halb voll/randvoll ~** to fill [up *sep*] a glass halfway [*or* to the halfway mark]/to the brim ③ TECH **etw [in Barren/Bronze] ~** to cast sth [into bars/in bronze] **II.** *vi impers* (*stark regnen*) **es gießt in Strömen** it's pouring [down] [with rain]

Gießerei <-, -en> [giːsəˈrai̯] *f* foundry

Gießkanne *f* watering can

Gift <-[e]s, -e> ['gɪft] *nt* ① (*giftige Substanz*) poison; (*Schlangengift*) venom; **jdm ~ geben** to poison sb; **darauf kannst du ~ nehmen** (*fig fam*) you can bet your life [*or* AM *a.* bottom dollar] on that ② (*fig: Bosheit*) venom; **~ und Galle spucken** (*fam*) to vent one's spleen; **sein ~ verspritzen** to be venomous

Falsche Freunde

Nicht verwechseln mit *gift* — Geschenk *nt*!

Giftgas *nt* poison gas **Giftgaskatastrophe** *f* [poison] gas disaster

giftgrün *adj* garish green

gifthaltig, gifthältig *adj* ÖSTERR poisonous, toxic

giftig ['gɪftɪç] **I.** *adj* ① (*Gift enthaltend*) poisonous ② (*boshaft*) venomous ③ (*grell*) garish **II.** *adv* (*pej*) **~ antworten** to give a catty reply

Giftmüll *m* toxic waste **Giftmüllexport** *m* toxic waste export **Giftmüllverbrennungsanlage** *f* toxic waste incineration plant

Giftnudel *f* (*pej fam*) spiteful old devil **Giftpilz** *m* poisonous fungus **Giftschlange** *f* poisonous snake **Giftspritze** *f* (*fam*) spiteful old devil **Giftstoff** *m* toxic substance **Giftwolke** *f* cloud of toxins **Giftzwerg(in)** *m(f)* (*pej fam*) poison[ed] dwarf

Gigabyte <-[s], -[s]> [giːgaˈbai̯t] *nt*, **Gbyte** *nt* INFORM gigabyte, Gb

Gigant(in) <-en, -en> [giˈgant] *m(f)* giant; (*fig a.*) colossus

gigantisch [giˈgantɪʃ] *adj* gigantic

gilt ['gɪlt] *3. pers sing pres von* **gelten**

Gimpel <-s, -> ['gɪmpl̩] *m* ① ORN bullfinch ② (*einfältiger Mensch*) dimwit *fam*

Gin <-s, -s> [dʒɪn] *m* gin; **~ Tonic** gin and tonic

ging ['gɪŋ] *imp von* **gehen**

Ginster <-s, -> ['gɪnstɐ] *m* broom

Gipfel <-s, -> ['gɪpfl̩] *m* ① (*Bergspitze*) peak; (*höchster Punkt*) summit; DIAL (*Wipfel*) treetop ② (*fig: Zenit*) peak; (*Höhepunkt*) height ③ POL summit [conference]

Gipfelkonferenz *f* summit conference

gipfeln ['gɪpfl̩n] *vi* ■ **in etw** *dat* ~ to culminate in sth

Gipfelpunkt *m* high point **Gipfeltreffen** *nt* summit [meeting]

Gips <-es, -e> ['gɪps] *m* ① (*Baumaterial*) plaster; (*in Mineralform*) gypsum; (*zum Modellieren*) plaster of Paris ② (*Kurzform für Gipsverband*) [plaster] cast; **den Arm/Fuß in ~ haben** to have one's arm/foot in a [plaster] cast

Gipsabdruck <-abdrücke> *m*, **Gipsabguss** *m* plaster cast **Gipsarm** *m* (*fam*) arm in plaster **Gipsbein** *nt* (*fam*) leg in plaster

gipsen ['gɪpsn̩] *vt* ■ **etw ~** ① (*mit Gips reparieren*) to plaster sth ② MED to put sth in plaster

Gipsverband *m* plaster cast

Giraffe <-, -n> [giˈrafə] *f* giraffe

Girlande <-, -n> [gɪrˈlandə] *f* garland (**aus** +*dat* of)

Giro <-s, -s *o* Giri> ['ʒiːro, *pl* 'ʒiːri] *nt* FIN ÖSTERR [bank] assignment

Girokonto ['ʒiːro-] *nt* current [*or* AM checking] account

Gis <-, -> ['gɪs] *nt* MUS G sharp

Gischt <-[e]s, -e (m) o -, -en (f)> ['gɪʃt] *m o f pl selten* [sea] spray

Gitarre <-, -n> [giˈtarə] *f* guitar

Gitarrist(in) <-en, -en> [gitaˈrɪst] *m(f)* guitarist

Gitter <-s, -> ['gɪtɐ] *nt* ① (*Absperrung*) fencing *no pl, no indef art;* (*vor Türen, Fenstern: engmaschig*) grille; (*grobmaschig*) grating; (*parallel laufende Stäbe*) bars *pl;* (*für Gewächse*) trellis ② (*fig fam*) **jdn hinter ~ bringen** to put sb behind bars

Gitterfenster *nt* barred window **Gitterrost** *m* grating

Glace <-, -n> ['glasə] *f* SCHWEIZ ice cream

Glaceehandschuh, Glacéhandschuh [glaˈseː-] *m* kid glove

Gladiole <-, -n> [glaˈdi̯oːlə] *f* BOT gladiolus

glamourös [glamuˈrøːs] *adj* glamorous

Glanz <-es> ['glants] *m kein pl* ① (*das Glänzen*) shine; *Augen* sparkle; *Lack* gloss;

Perlen, Seide sheen ❷ (*herrliche Pracht*) splendour

Falsche Freunde

Nicht verwechseln mit *glance* — Blick *m*!

glänzen ['glɛntsn̩] *vi* ❶ (*widerscheinen*) to shine; (*von polierter Oberfläche*) to gleam; *Augen* to sparkle; *Haut, Stoff* to be shiny; *Wasseroberfläche* to glisten; *Sterne* to twinkle ❷ (*sich hervortun*) to shine

Falsche Freunde

Nicht verwechseln mit *to glance* — kurz ansehen!

glänzend ['glɛntsn̩t] **I.** *adj* ❶ (*widerscheinend*) shining; *Oberfläche* gleaming; *Augen* sparkling; *Haar* shiny; *Papier* glossy ❷ (*hervorragend*) brilliant **II.** *adv* (*hervorragenderweise*) splendidly; **sich** *akk* **~ amüsieren** to have a great time [of it]

Glanzleistung *f* brilliant achievement

glanzlos *adj* dull, lacklustre [*or* AM -er]

Glanzpapier *nt* glossy paper

glanzvoll *adj* brilliant

Glanzzeit *f* prime

Glas <-es, Gläser> ['glaːs, *pl* 'glɛːzɐ] *nt* ❶ (*Werkstoff*) glass *no indef art, + sing vb;* **„Vorsicht ~!"** 'glass – handle with care' ❷ (*Trinkgefäß*) glass; **zwei ~ Wein** two glasses of wine ❸ (*Brillenglas*) lens; (*Fernglas*) binoculars *npl*

Glasauge *nt* glass eye **Glasbläser(in)** *m(f)* glassblower **Glascontainer** [-kɔnteːnɐ] *m* bottle bank BRIT

Glaser(in) <-s, -> ['glaːzɐ] *m(f)* glazier

Glaserei [glaːzə'rai̯] *f* glazier's workshop

Glaserin <-, -nen> ['glaːzərɪn] *f fem form von* **Glaser**

gläsern ['glɛːzɐn] *adj* ❶ (*aus Glas*) glass *attr,* [made] of glass *pred* ❷ (*fig*) **~e Augen/~er Blick** glassy eyes/gaze

Glasfaser *f meist pl* glass fibre

Glasfaserkabel *nt* fibre optic cable

Glashaus *nt* greenhouse; (*in botanischen Gärten*) glass house **Glashütte** ['glaːshʏtə] *f* glassworks + *sing/pl vb*

glasieren* [gla'ziːrən] *vt* to glaze

glasig ['glaːzɪç] *adj* ❶ (*ausdruckslos*) glassy ❷ KOCHK *Zwiebeln, Nudeln* transparent

Glaskasten *m* glass case; (*fam: mit Glas abgeteilter Raum*) glass box **glasklar** **I.** *adj* ❶ (*durchsichtig*) transparent, [as] clear as glass *pred* ❷ (*fig: klar und deutlich*) crystal-clear **II.** *adv* (*klar und deutlich*) in no uncertain terms **Glasmalerei** *f* glass painting

Glasnost <-> ['glasnɔst] *f kein pl* POL, HIST glasnost

Glasperle *f* glass bead **Glasscheibe** *f* ❶ (*dünne Glasplatte*) sheet of glass ❷ (*Fensterscheibe*) pane of glass **Glasscherbe** *f* shard of glass **Glastür** *f* glass door

Glasur [gla'zuːɐ̯] *f* ❶ (*Keramikglasur*) glaze ❷ KOCHK icing

Glaswolle *f* glass wool

glatt <-er *o fam* glätter, -este *o fam* glätteste> ['glat] **I.** *adj* ❶ *Fläche, Haut* smooth; *Gesicht* unlined; *Haar* straight; **~ rasiert** clean-shaven; **etw ~ hobeln/schmirgeln** to plane down/sand down sth; **etw ~ streichen** to smooth out *sep* sth ❷ *Straße* slippery ❸ (*problemlos*) smooth ❹ *attr* (*fam: eindeutig*) outright; *Lüge* downright **II.** *adv* (*fam: rundweg*) plainly; (*ohne Umschweife*) straight out; *leugnen* flatly

Glätte <-> ['glɛtə] *f kein pl* ❶ (*Ebenheit*) smoothness; *von Haar* sleekness ❷ (*Rutschigkeit*) slipperiness

Glatteis *nt* [thin sheet of] ice; **„Vorsicht ~!"** 'danger, black ice' ▸ WENDUNGEN: **sich** *akk* **auf ~ begeben** to skate on thin ice; **jdn aufs ~ führen** to trip up *sep* sb

Glatteisgefahr <-> *f kein pl* danger of black ice

glätten ['glɛtn̩] **I.** *vt* ❶ (*glatt streichen*) to smooth out *sep;* **sich** *dat* **die Haare ~** to smooth down *sep* one's hair ❷ (*besänftigen*) **jds Zorn ~** to calm sb's anger **II.** *vr* ■ **sich ~** ❶ *Meer, Wellen* to subside ❷ (*fig*) *Wut, Erregung* to die down

glattrasiert *adj s.* **glatt I 1** **glatt|streichen** *vt irreg s.* **glatt I 1**

glattweg ['glatvɛk] *adv* (*fam*) just like that; **etw ~ ablehnen** to turn sth down flat [*or* AM *a.* flat out]; **etw ~ abstreiten** to flatly deny sth

Glatze <-, -n> ['glatsə] *f* bald head; **eine ~ bekommen/haben** to go/be bald

Glatzkopf *m* (*fam*) ❶ (*kahler Kopf*) bald head ❷ (*Mann mit Glatze*) baldie

glatzköpfig ['glatskœpfɪç] *adj* bald[-headed]

Glaube <-ns> ['glau̯bə] *m kein pl* ❶ (*Überzeugung*) belief (**an** +*akk* in); (*gefühlsmäßige Gewissheit*) faith (**an** +*akk* in); **den festen ~n haben, dass ...** to be of the firm belief that ...; **in gutem ~n** in good faith; **jdn von seinem ~n abbringen** to dissuade sb; **jdm/einer S. [keinen] ~n schenken** to [not] believe sb/sth; **den ~n an jdn/etw verlieren** to lose faith in sb/sth ❷ REL [religious] faith; **der christliche/jüdische/muslimische etc. ~** the Chris-

G

glauben

Glauben ausdrücken	expressing belief
Ich glaube, dass sie die Prüfung bestehen wird.	**I think** she will pass the exam.
Ich glaube an den Sieg unserer Mannschaft.	**I'm sure** our team will win.
Ich halte diese Geschichte **für wahr.**	**I believe** this story **to be true.**
Vermutungen ausdrücken	**expressing assumption**
Ich vermute, sie wird nicht kommen.	**I don't think** she will come.
Ich nehme an, dass er mit seiner neuen Arbeit zufrieden ist.	**I assume/suppose** he's happy with/in his new job.
Ich halte einen Börsenkrach in der nächsten Zeit **für (durchaus) denkbar/möglich.**	**I consider it to be a distinct possibility** that the stockmarket will crash in the near future.
Ich habe da so eine Ahnung.	**I've got a feeling about it.**
Es kommt mir so vor, als würde er uns irgendetwas verheimlichen.	**I get the feeling** he's keeping something from us.
Ich habe da so den Verdacht, dass sie bei der Abrechnung einen Fehler gemacht hat.	**I suspect** she may have made a mistake with the final bill.
Ich habe das Gefühl, dass sie das nicht mehr lange mitmacht.	**I have an inkling** she won't put up with it much longer.

tian/Jewish/Muslim etc. faith

glauben ['glaʊ̯bn̩] **I.** *vt* ① (*für wahr halten*) ■**etw ~** to believe sth; **das glaubst du doch selbst nicht!** you don't really believe that, do you!; **kaum zu ~** incredible ② (*wähnen*) **sich** *akk* **allein/unbeobachtet ~** to think [that] one is alone/nobody is watching one **II.** *vi* ① (*vertrauen*) ■**jdm ~** to believe sb; **jdm aufs Wort ~** to take sb's word for it; ■**an jdn/etw ~** to believe in sb/sth ② (*für wirklich halten*) ■**an etw** *akk* **~** to believe in sth ▶WENDUNGEN: **dran ~ müssen** (*sl: sterben müssen*) to kick the bucket; (*weggeworfen werden müssen*) to get chucked out; (*etw tun müssen*) to be stuck with it

Glauben <-s> ['glaʊ̯bn̩] *m kein pl s.* **Glaube**

Glaubensbekenntnis *nt* (*Religionszugehörigkeit*) profession [of faith] **Glaubensfreiheit** *f* religious freedom **Glaubensgemeinschaft** *f* denomination

glaubhaft **I.** *adj* believable **II.** *adv* convincingly

Glaubhaftigkeit <-> *f kein pl* credibility

gläubig ['glɔʏbɪç] *adj* ① (*religiös*) religious ② (*vertrauensvoll*) trusting

Gläubige(r) ['glɔʏbɪgə] *f(m)* believer

Gläubiger(in) <-s, -> ['glɔʏbɪgɐ] *m(f)* ÖKON creditor

glaubwürdig *adj* credible

Glaubwürdigkeit <-> *f kein pl* credibility

gleich ['glaɪ̯ç] **I.** *adj* ① (*übereinstimmend*) same; **2 mal 2 [ist] ~ 4** 2 times 2 is 4; **~e Pflichten/Rechte** equal responsibilities/rights; **~ alt** the same age; **~ groß/lang** equal in size/length; **~ schwer** equally heavy; **~ gesinnt** like-minded ② (*unverändert*) **es ist immer das [ewig] G~e** it's always the same [old thing]; **~ bleibend gut** consistent[ly] good ③ (*gleichgültig*) ■**jdm ~ sein** to be all the same to sb; ■**ganz ~ wer/was [...]** no matter who/what [...] ▶WENDUNGEN: **G~ und G~ gesellt sich gern** (*prov*) birds of a feather flock together **II.** *adv* ① (*sofort, bald*) straightaway; **bis ~!** see you then!; (*sofort*) see you in a minute!; **ich komme ~!** I'll be right there!; **habe ich es nicht ~ gesagt!** what did I tell you?; **~ darauf** soon afterward[s]; (*sofort*) right away; **~ heute/morgen** [first thing] today/tomorrow; **~ nach dem Frühstück** right after breakfast ② (*unmittelbar daneben/danach*) immediately; ■**~ als ...** as soon as ...; **~ daneben** right beside it ③ (*zugleich*) at once **III.** *part* ① *in*

Aussagesätzen (*emph*) just as well; **du brauchst deswegen nicht ~ zu weinen** there's no need to start crying because of that ② *in Fragesätzen* (*noch*) again; **wie war doch ~ Ihr Name?** what was your name again? **IV.** *präp +dat* (*geh: wie*) like

gleichalt(e)rig ['glaiç?alt(ə)rɪç] *adj* [of] the same age *pred*

gleichartig *adj* of the same kind *pred;* (*ähnlich*) similar

Gleichbehandlung *f* equal treatment **gleichberechtigt** *adj* ■**~ sein** to have equal rights **Gleichberechtigung** *f kein pl* equal rights + *sing/pl vb*

gleichbleibend *adj, adv s.* **gleich I 2**

gleichen <glich, geglichen> ['glaiçn̩] *vt* ■**jdm/einer S. ~** to be [just] like sb/sth; ■**sich** *dat* **~** to be alike **gleichentags** *adv* SCHWEIZ on the same day

gleichermaßen *adv,* **gleicherweise** *adv* equally

gleichfalls *adv* likewise; **danke ~!** [and] the same to you *a. iron*

gleichförmig I. *adj* uniform **II.** *adv* uniformly

gleichgeschlechtlich *adj* (*homosexuell*) homosexual

gleichgesinnt *adj s.* **gleich I 1**

Gleichgewicht *nt kein pl* balance; **im ~ sein** to be balanced; **aus dem ~ kommen** to lose one's balance **Gleichgewichtsstörung** *f* impaired balance *no pl*

gleichgültig I. *adj* ① (*uninteressiert*) indifferent (**gegenüber** *+dat* to[wards]); (*apathisch*) apathetic (**gegenüber** *+dat* towards); **ein ~es Gesicht machen** to look impassive; **~e Stimme** expressionless voice ② (*unwichtig*) immaterial; ■**etw ist jdm ~** sb couldn't care [less] about sth **II.** *adv* (*uninteressiert*) with indifference; (*apathisch*) with apathy

Gleichgültigkeit ['glaiçgʏltɪçkait] *f kein pl* (*Desinteresse*) indifference; (*Apathie*) apathy

Gleichheit <-, -en> *f* ① (*Übereinstimmung*) similarity ② *kein pl* (*gleiche Stellung*) equality **Gleichheitszeichen** *nt* equals sign

gleich|kommen *vi irreg sein* ① (*Gleiches erreichen*) ■**jdm/einer S. ~** to equal sb/sth (**an** *+dat* in) ② (*gleichbedeutend sein*) ■**einer S.** *dat* **~** to be tantamount to sth **gleich|machen** *vt* ■**etw/alles ~** to make sth/everything the same

gleichmäßig I. *adj* even; *Bewegungen* regular; *Puls, Tempo* steady **II.** *adv* ① (*in gleicher Stärke/Menge*) equally; **Farbe ~ auftragen** to apply an even coat of paint; **~ schlagen** *Herz, Puls* to beat steadily; **~ atmen** to breathe regularly ② (*ohne Veränderungen*) consistently

Gleichmäßigkeit ['glaiçmɛːsɪçkait] *f* regularity; *von Puls, Tempo a.* steadiness

gleichmütig ['glaiçmyːtɪç] *adj* composed, serene

Gleichnis <-ses, -se> ['glaiçnɪs, *pl* -nɪsə] *nt* allegory; (*aus der Bibel*) parable

gleichrangig *adj* equal in rank *pred,* at the same level *pred*

gleichsam ['glaiçzaːm] *adv* (*geh*) so to speak

gleichschenk(e)lig ['glaiçʃɛŋk(ə)lɪç] *adj* MATH **~es Dreieck** isosceles triangle

Gleichschritt *m kein pl* marching *no pl* in step; **im ~ marschieren** to march in step

gleichseitig ['glaiçzaitɪç] *adj* equilateral

gleich|setzen *vt* to equate (**mit** *+dat* with) **Gleichstand** *m kein pl* tie **gleich|stellen** *vt* ■**jdn jdm ~** to give sb the same rights as sb **Gleichstellung** *f kein pl* equality (*+gen* of, for) **Gleichstrom** *m* ELEK direct current **gleich|tun** *vt impers, irreg* ① (*imitieren*) ■**es jdm ~** to follow sb['s example] ② (*gleichkommen*) ■**es jdm ~** to match sb (**in** *+dat* in)

Gleichung <-, -en> ['glaiçʊŋ] *f* equation

gleichwertig *adj* equal; ■**~ sein** to be equally matched

gleichwohl ['glaiçvoːl] *adv* (*geh: dennoch*) nonetheless

gleichzeitig I. *adj* simultaneous **II.** *adv* ① (*zur gleichen Zeit*) simultaneously ② (*ebenso, zugleich*) at the same time

gleich|ziehen *vi irreg* (*fam*) ■[**mit jdm**] **~** to draw level [with sb]

Gleis <-es, -e> ['glais, *pl* 'glaizə] *nt* track, rails *pl;* (*einzelne Schiene*) rail; (*Bahnsteig*) platform; **~ 2 ...** platform 2 ..., AM *a.* track 2 ... ▸ WENDUNGEN: [**völlig**] **aus dem ~ geraten** to go off the rails

Gleisarbeiten *pl* line [*or* track] repairs *pl,* work on the line *no pl*

gleiten <glitt, geglitten> ['glaitn̩] *vi* ① *sein* (*schweben*) to glide; *Wolke* to sail ② *sein* (*streichen, huschen*) ■**über etw** *akk* **~** *Augen* to wander over sth; *Blick* to pass over sth; *Finger* to explore sth; *Hand* to slide over sth ③ *sein* (*rutschen*) to slide; **zu Boden ~** to slip to the floor/ground; **ins Wasser ~** to slip into the water

Gleitflugzeug *nt* glider **Gleitmittel** *nt* lubricant **Gleitschirmfliegen** *nt* hang-gliding **Gleitzeit** *f* (*fam*) flexitime

Gletscher <-s, -> ['glɛtʃɐ] *m* glacier

Gletscherspalte *f* crevasse

glich ['glɪç] *imp von* **gleichen**

G

Glied <-[e]s, -er> ['gliːt, *pl* 'gliːdɐ] *nt* ❶ (*Körperteil*) limb; (*Finger-, Zehenglied*) joint; (*Fingerspitze*) fingertip; **an allen ~ern zittern** to be shivering all over ❷ (*Penis*) [male] member *form* ❸ (*Kettenglied*) link *a. fig* ❹ (*Teil*) part

gliedern ['gliːdɐn] **I.** *vt* ■**etw ~** (*unterteilen*) to [sub]divide sth (**in** +*akk* into); (*ordnen*) to organize sth (**in** +*akk* into); (*einordnen*) to classify sth (**in** +*akk* under); ■**gegliedert sein** to be divided (**in** +*akk* into) **II.** *vr* ■**sich in etw** *akk* **~** to be [sub]divided into sth

Gliederschmerz *m meist pl* rheumatic pains *pl*

Gliederung <-, -en> *f* ❶ *kein pl* (*das Gliedern*) structuring *no pl* (**in** +*akk* into); (*das Unterteilen*) subdivision (**in** +*akk* into); (*nach Eigenschaften a.*) classification ❷ (*Aufbau*) structure

Gliedmaßen *pl* limbs

glimmen <glomm, geglommen> ['glɪmən] *vi* to glow; *Feuer, Asche a.* to smoulder

Glimmstängel *m* (*hum fam*) ciggy

glimpflich ['glɪmpflɪç] **I.** *adj* ❶ (*ohne schlimmere Folgen*) without serious consequences *pred* ❷ (*mild*) mild **II.** *adv* ❶ (*ohne schlimmere Folgen*) **~ abgehen** to pass [off] without serious consequences; **~ davonkommen** to get off lightly ❷ (*mild*) **mit jdm ~ umgehen** to treat sb leniently

glitschig ['glɪtʃɪç] *adj* (*fam*) slippery; *Fisch* slithery

glitt ['glɪt] *imp von* **gleiten**

glitzerig ['glɪtsərɪç] *adj* (*fam*) sparkly

glitzern ['glɪtsɐn] *vi* to glitter; *Stern* to twinkle

global [glo'baːl] **I.** *adj* ❶ (*weltweit*) global ❷ (*umfassend*) general **II.** *adv* ❶ (*weltweit*) globally ❷ (*ungefähr*) generally

Globalisierung <-> *f* globalization

Globalisierungskritiker, -kritikerin *m, f* POL critic of globalization **globalisierungskritisch** *adj* POL critical of globalization *pred*

Globetrotter(in) <-s, -> ['gloːbətrɔtɐ, 'gloːptrɔtɐ] *m(f)* globetrotter

Globus <- *o* -ses, Globen *o* -se> ['gloːbʊs, *pl* 'gloːbn̩] *m* globe

Glocke <-, -n> ['glɔkə] *f* ❶ (*Läutewerk*) bell ❷ (*glockenförmiger Deckel*) [glass] cover ▶ WENDUNGEN: **etw an die <u>große</u> ~ hängen** (*fam*) to shout sth from the rooftops; **etw nicht an die <u>große</u> ~ hängen** (*fam*) to keep mum about sth

Glockenblume *f* bellflower

glockenförmig *adj* bell-shaped

Glockengeläut(e) *nt kein pl* peal of bells **Glockenschlag** *m* stroke [of a/the bell] **Glockenspiel** *nt* ❶ (*in Kirch- oder Stadttürmen*) carillon ❷ (*Musikinstrument*) glockenspiel **Glockenturm** *m* belfry

glomm ['glɔm] *imp von* **glimmen**

Glorie <-> ['gloːri̯ə] *f kein pl* (*geh*) glory

glorifizieren* [glorifi'tsiːrən] *vt* to glorify

glorios [glo'ri̯oːs] *adj s.* **glorreich 1**

glorreich *adj* ❶ (*meist iron*) magnificent ❷ (*großartig*) glorious

Glossar <-s, -e> [glɔ'saːɐ̯] *nt* glossary

Glosse <-, -n> ['glɔsə] *f* commentary; (*polemisch*) ironic comment[ary]

Glotzauge *nt meist pl* (*fam*) goggle eye

Glotze <-, -n> ['glɔtsə] *f* (*fam*) telly BRIT, boob tube AM

glotzen ['glɔtsn̩] *vi* (*pej fam*) to gape (**auf** +*akk* at); **in etw** *akk* **[hinein] ~** to stick one's nose into sth

Glück <-[e]s> ['glʏk] *nt kein pl* ❶ (*günstige Fügung*) luck; (*Fortuna*) fortune; **ein ~, dass ...** it is/was lucky that ...; **jdm zum Geburtstag ~ wünschen** to wish sb [a] happy birthday; **mehr ~ als Verstand haben** (*fam*) to have more luck than brains; **großes/seltenes ~** a great/rare stroke of luck; **jdm ~ bringen** to bring sb luck; **viel ~ [bei etw** *dat***]!** good luck [with sth]!; **~/kein ~ haben** to be lucky/unlucky; **sein ~ [bei jdm] versuchen** to try one's luck [with sb]; **zum ~** luckily ❷ (*Freude*) happiness ▶ WENDUNGEN: **etw auf <u>gut</u> ~ tun** to do sth on the off-chance; **jeder ist seines ~es <u>Schmied</u>** (*prov*) everyone is the architect of his own fortune; **~ im <u>Unglück</u> haben** it could have been much worse [for sb]

Glucke <-, -n> ['glʊkə] *f* sitting hen

glücken ['glʏkn̩] *vi sein* ❶ (*gelingen*) to be successful; ■**jdm glückt etw** sb succeeds in sth ❷ (*vorteilhaft werden*) to turn out well

gluckern ['glʊkɐn] *vi* to glug

glücklich ['glʏklɪç] **I.** *adj* ❶ (*vom Glück begünstigt*) lucky ❷ (*vorteilhaft, erfreulich*) happy; **~er Ausgang** a happy ending; **eine ~e Nachricht** [some] good news + *sing vb; Umstand* fortunate; **ein ~er Zufall** a stroke of luck ❸ (*froh*) happy (**mit** +*dat* with, **über** +*akk* about) **II.** *adv* ❶ (*vorteilhaft, erfreulich*) happily ❷ (*froh und zufrieden*) **~ [mit jdm] verheiratet sein** to be happily married [to sb] ❸ (*fam: zu guter Letzt*) after all

glücklicherweise *adv* luckily

Glücksbringer <-s, -> *m* lucky charm **Glücksfall** *m* stroke of luck **Glücksgriff** *m* stroke of luck **Glückskind** *nt* (*fam*) a lucky person **Glücksklee** *m* four-leaf[ed] clover **Glückspilz** *m* (*fam*) lucky devil **Glücksrad** *nt* wheel of fortune **Glückssache** *f* ■ **etw ist** [**reine**] ~ sth's a matter of [sheer] luck **Glücksspiel** *nt* game of chance **Glücksspieler(in)** *m(f)* gambler **Glückssträhne** *f* lucky streak **Glückstag** *m* lucky day **Glückstreffer** *m* stroke of luck; (*beim Schießen*) lucky shot **Glückszahl** *f* lucky number

Glückwunsch *m* congratulations *npl* (**zu** +*dat* on)

Glückwunschkarte *f* greetings [*or* AM greeting] card

Glühbirne *f* [electric] light bulb

glühen ['gly:ən] *vi* ① (*rot vor Hitze sein*) to glow ② (*geh*) ■ **vor etw** *dat* ~ to burn with sth; **vor Scham** ~ to be flushed with shame

glühend **I.** *adj* ① (*rot vor Hitze*) glowing; *Metall* [red-]hot ② (*brennend, sehr heiß*) burning; *Hitze* blazing **II.** *adv* ~ **heiß** scorching [hot]

Glühlampe *f* (*geh*) [electric] light bulb

Glühwein *m* [hot] mulled wine

Land und Leute

Glühwein – hot red wine, spiced with cinnamon, aniseed and cloves – is sold in winter, especially at the Christmas markets.

Glühwürmchen <-s, -> *nt* glow-worm; (*fliegend*) firefly

Glupschauge ['glʊpʃ-] *nt* NORDD (*fam*) ~**n machen** to stare goggle-eyed

Glut <-, -en> ['glu:t] *f* embers *npl;* (*Tabak*) burning ash

Gluthitze *f* sweltering heat

glutrot *adj* fiery red

Glykol <-s, -e> [gly'ko:l] *nt* glycol

Glyzerin <-s> [glytse'ri:n] *nt kein pl* glycerin[e]

GmbH <-, -s> [ge:ʔɛmbe:ha:] *f Abk von* **Gesellschaft mit beschränkter Haftung** ≈ Ltd BRIT

g-Moll <-> ['ge:mɔl] *nt kein pl* MUS G flat minor

Gnade <-, -n> ['gna:də] *f* ① (*Gunst*) favour ② (*Nachsicht*) mercy; ~ **vor Recht ergehen lassen** to temper justice with mercy; **um ~ bitten** to ask for mercy

Gnadenfrist *f* [temporary] reprieve **Gnadengesuch** *nt* plea for clemency

gnadenlos **I.** *adj* merciless **II.** *adv* mercilessly

Gnadenschuss *m,* **Gnadenstoß** *m* coup de grâce

gnädig ['gnɛ:dɪç] **I.** *adj* ① (*herablassend*) gracious *a. iron* ② (*Nachsicht zeigend*) merciful ③ (*veraltend: verehrt*) ~**e Frau** madam; ~**es Fräulein** madam; (*jünger*) miss; ~**er Herr** (*veraltet*) sir **II.** *adv* ① (*herablassend*) graciously ② (*milde*) leniently

Gnom <-en, -en> ['gno:m] *m* (*pej*) gnome

Gnu <-s, -s> ['gnu:] *nt* gnu

Goal <-s, -s> [go:l] *nt* FBALL ÖSTERR, SCHWEIZ goal

Gobelin <-s, -s> [gobə'lɛ̃:] *m* Gobelin [tapestry]

Gockel <-s, -> ['gɔkl̩] *m bes* SÜDD cock

Gokart <-[s], -s> ['go:kart] *m* go-cart

Gold <-[e]s> ['gɔlt] *nt kein pl* gold *no pl;* **nicht mit ~ zu bezahlen sein** to be worth one's/its weight in gold; **aus** ~ gold ▶ WENDUNGEN: **es ist nicht alles ~, was glänzt** (*prov*) all that glitters is not gold

Goldader *f* vein of gold **Goldbarren** *m* gold ingot **Goldbarsch** *m* redfish **Golddublee** [-duble:] *nt* gold-plated metal

golden ['gɔldn̩] **I.** *adj attr* gold[en *liter*] **II.** *adv* like gold

goldfarben, goldfarbig *adj* golden

Goldfisch *m* gold fish **Goldgehalt** *m* gold content **goldgelb** *adj* golden yellow; KOCHK golden brown **Goldgräber(in)** <-s, -> *m(f)* gold-digger **Goldgrube** *f* (*fig*) goldmine **Goldhamster** *m* [golden] hamster

goldig ['gɔldɪç] *adj* ① (*fam: allerliebst*) cute ② *präd* DIAL (*fam: rührend nett*) frightfully nice *a. iron* ③ DIAL (*iron fam*) **du bist aber ~!** you're a right one [, you are]!, you're funny! AM

Goldklumpen *m* gold nugget

Goldmedaille [-medaljə] *f* gold [medal] **Goldmedaillengewinner(in)** [-medaljən-] *m(f)* SPORT gold medallist

Goldmine *f* gold mine **Goldmünze** *f* gold coin **Goldregen** *m* ① BOT laburnum ② (*Feuerwerkskörper*) Roman candle **goldrichtig** *adj* (*fam*) ① (*völlig richtig*) dead right ② *präd* (*in Ordnung*) all right **Goldschatz** *m* ① (*Schatz*) golden treasure ② (*Kosewort*) treasure *fam* **Goldschmied(in)** *m(f)* goldsmith **Goldschmiedekunst** *f kein pl* goldsmith's art **Goldschmiedin** <-, -nen> *f fem form von* **Goldschmied** **Goldschnitt** *m kein pl* gilt edging **Goldstück** *nt* ① (*veraltet*) piece of gold ② (*Kosewort*) treasure *fam* **Goldwaage** *f* gold balance; **bei ihm muss man jedes Wort auf die ~ legen** one really has to weigh one's words with him **Goldwährung** *f* ÖKON *currency tied to the* *gold standard*

Golf¹ <-[e]s, -e> ['gɔlf] *m* GEOL gulf

Golf² <-s> ['gɔlf] *nt kein pl* SPORT golf *no pl*

Golfkrieg *m* ▪**der** ~ the Gulf War

Golfplatz *m* golf course + *sing/pl vb* **Golfschläger** *m* golf club **Golfspieler(in)** *m(f)* golfer

Golfstaat *m* ▪**die** ~**en** the Gulf States **Golfstrom** *m* GEOL ▪**der** ~ the Gulf Stream

Gondel <-, -n> ['gɔndl̩] *f* ① (*Boot in Venedig*) gondola ② (*Seilbahngondel*) [cable-]car ③ (*Ballongondel*) basket

Gong <-s, -s> ['gɔŋ] *m* gong; SPORT bell

gönnen ['gœnən] **I.** *vt* ① (*gern zugestehen*) ▪**jdm etw** ~ not to begrudge sb sth; **ich gönne ihm diesen Erfolg von ganzem Herzen!** I'm absolutely delighted that he has succeeded ② (*iron: es gern sehen*) ▪**es jdm ~, dass ...** to be pleased [to see] that sb ... **II.** *vr* ▪**sich** *dat* **etw** ~ to allow oneself sth; **sich ein Glas Wein** ~ to treat oneself to a glass of wine

Gönner(in) <-s, -> ['gœnɐ] *m(f)* patron *masc*, patroness *fem*

gönnerhaft **I.** *adj* (*pej*) patronizing **II.** *adv* patronizingly

Gönnerin <-, -nen> ['gœnərɪn] *f fem form von* **Gönner**

Gönnermiene *f* (*pej*) patronizing expression

googeln ['gu:gl̩n] INET **I.** *vt* ▪**jdn/etw** ~ to google sb/sth **II.** *vi* to google (**nach** +*dat* for)

gor ['go:ɐ̯] *imp von* **gären**

Göre <-, -n> ['gø:rə] *f* (*fam*) brat

Gorilla <-s, -s> [go'rɪla] *m* gorilla

Gospel <-s, -s> ['gɔspl̩] *nt o m* gospel

goss ['gɔs] *imp von* **gießen**

Gosse <-, -n> ['gɔsə] *f* (*veraltend: Rinnstein*) gutter ▶WENDUNGEN: **in der ~ enden** (*pej fam*) to end up in the gutter

Gotik <-> ['go:tɪk] *f kein pl* Gothic period

gotisch ['go:tɪʃ] *adj* Gothic

Gott, Göttin <-es, Götter> ['gɔt, *pl* 'gœtɐ] *m, f* ① (*ein Gott*) god *masc*, goddess *fem* ② *no pl* (*das höchste Wesen*) God; ~ **sei Dank!** (*a. fig fam*) thank God!; **bei ~ schwören** to swear by Almighty God ▶WENDUNGEN: **wie ~ in Frankreich leben** (*fam*) to live in the lap of luxury; **in ~es Namen!** (*fam*) in the name of God; **über ~ und die Welt reden** to talk about everything under the sun; **ach du lieber ~!** oh heavens!; ~ **bewahre!** God forbid!; **grüß ~!** *bes* SÜDD, ÖSTERR hello!; ~ **weiß was/wann ...** (*fam*) God knows what/when ...; **das ist weiß ~ nicht zu teuer** that is certainly not too expensive; **das wissen die Götter** (*fam*) Heaven only knows; **ach** ~ (*resignierend*) oh God!; (*tröstend*) oh dear; **um ~es willen!** (*emph: o je!*) [oh] my God!; (*bitte*) for God's sake!

Götterspeise *f* jelly

Gottesanbeterin *f* ZOOL praying mantis

Gottesdienst *m* [church] service

gottesfürchtig ['gɔtəsfʏrçtɪç] *adj* (*veraltend*) God-fearing

Gotteshaus *nt* place of worship

Gotteslästerung *f* blasphemy

gottgegeben *adj* God-given

Gottheit <-, -en> *f* deity

Göttin <-, -nen> ['gœtɪn] *f fem form von* **Gott** goddess

göttlich ['gœtlɪç] *adj* divine

gottlob [gɔt'lo:p] *adv* (*veraltend*) thank God

gottlos *adj* godless

gottserbärmlich ['gɔts?ɛɐ̯'bɛrmlɪç] **I.** *adj* (*emph fam*) dreadful **II.** *adv* terribly

gottverdammt *adj attr* (*emph sl*) damn[ed], goddamn[ed] *esp* AM **gottverlassen** *adj* (*emph fam*) god-forsaken *pej* **Gottvertrauen** *nt kein pl* trust in God *no pl*

Götze <-n, -n> ['gœtsə] *m* (*pej*) ① (*heidnischer Gott*) false god ② *s.* **Götzenbild**

Götzenbild *nt* (*pej*) idol, graven image

Götzendiener(in) *m(f)* (*pej*) idolater **Götzendienst** *m kein pl* idolatry *no art*

Gouverneur(in) <-s, -e> [guvɛr'nø:ɐ̯] *m(f)* governor

Grab <-[e]s, Gräber> ['gra:p, *pl* 'grɛ:bɐ] *nt* grave ▶WENDUNGEN: **ein Geheimnis mit ins ~ nehmen** to carry a secret [with one] to the grave; **sich** *dat* **sein eigenes ~ schaufeln** to dig one's own grave; **schweigen können wie ein ~** to be [as] silent as the grave; **jdn zu ~e tragen** (*geh*) to carry sb to the grave; **jd würde sich** *akk* **im ~[e] umdrehen, wenn ...** (*fam*) sb would turn in their grave if ...

Grabbeltisch ['grabl̩-] *m* DIAL (*fam*) counter with cheap goods

graben <grub, gegraben> ['gra:bn̩] **I.** *vi* to dig (**nach** +*dat* for) **II.** *vt Loch* to dig **III.** *vr* ▪**sich** *akk* **in etw** *akk* ~ to sink into sth

Graben <-s, Gräben> ['gra:bn̩, *pl* 'grɛ:bn̩] *m* ① (*Vertiefung in der Erde*) ditch ② MIL trench ③ (*Festungsgraben*) moat

Grabinschrift *f* epitaph, inscription on a/the gravestone

Grabkammer *f* burial chamber **Grabmal** *nt* ① (*Grabstätte*) mausoleum ② (*Gedenkstätte*) memorial **Grabrede** *f* funeral oration **Grabschändung** *f* desecration of a grave/[the] graves **Grabstein** *m* gravestone

Grad <-[e]s, -e> ['gra:t, *pl* 'gra:də] *m* ① SCI, MATH degree; **2 ~ unter Null** 2 degrees below [zero]; **3 ~ über Null** 3 degrees above [zero] ② (*Maß, Stufe*) level; **im höchsten/in hohem ~**[e] extremely/to a great extent ▸WENDUNGEN: **um [ein]hundertachtzig ~** (*fam*) complete[ly]

grade ['gra:də] *adj, adv* (*fam*) *s.* **gerade**

Gradmesser <-s, -> *m* yardstick

Graf, Gräfin[1] <-en, -en> ['gra:f, *pl* 'gra:fən] *m, f* count, earl BRIT *masc,* countess *fem*

Graf[2] <-en, -en> *m* LING, SCI *s.* **Graph**

Graffito <-[s], Graffiti> [gra'fi:to, *pl* gra'fi:ti] *m o nt* ■**Graffiti** graffiti

Grafik ['gra:fɪk] *f* ① *kein pl* (*grafische Technik*) graphic arts *pl* ② (*grafische Darstellung*) graphic ③ (*Schaubild*) diagram

Grafiker(in) <-s, -> ['gra:fikɐ] *m(f)* graphic artist

Grafikkarte *f* INFORM graphics card

Gräfin <-, -nen> ['grɛ:fɪn] *f fem form von* **Graf** countess *fem*

grafisch ['gra:fɪʃ] **I.** *adj* ① KUNST graphic ② (*schematisch*) diagrammatic **II.** *adv* diagrammatically

Grafit <-s, -e> [gra'fi:t] *m s.* **Graphit**

Grafschaft <-, -en> *f* ① HIST count's land, earldom BRIT ② (*Verwaltungsbezirk in Großbritannien*) county

Gram <-[e]s> ['gra:m] *m kein pl* (*geh*) grief

grämen ['grɛ:mən] *vr* (*geh*) ■**sich** *akk* ~ to grieve (**über** +*akk* over)

Gramm <-s, -e *o bei Zahlenangaben* -> ['gram] *nt* gram, BRIT *a.* gramme

Grammatik <-, -en> [gra'matɪk] *f* grammar

grammatikalisch [gramati'ka:lɪʃ] *adj s.* **grammatisch**

grammatisch [gra'matɪʃ] *adj* grammatical

Grammofon, Grammophon® <-s, -e> [gramo'fo:n] *nt* gramophone

Granat <-[e]s, -e *o* ÖSTERR -en> [gra'na:t] *m* garnet

Granatapfel *m* pomegranate

Granate <-, -n> [gra'na:tə] *f* shell

Granatfeuer *nt* MIL shellfire **Granatwerfer** <-s, -> *m* MIL mortar

Grandhotel ['grã:hotɛl] *nt* luxury hotel

grandios [gran'di̯o:s] *adj* magnificent

Grand Prix, Grandprix <-, -> [grã'pri:] *m* Grand Prix

Granit <-s, -e> [gra'ni:t] *m* granite

granteln ['grantl̩n] *vi* SÜDD (*fam*) to grumble

grantig ['grantɪç] *adj* (*fam*) grumpy

Grapefruit <-, -s> ['gre:pfru:t] *f* grapefruit

Graph <-en, -en> [gra:f] *m* SCI graph

Graphik <-, -en> *f s.* **Grafik**

Graphiker(in) <-s, -> *m(f) s.* **Grafiker(in)**

graphisch *adj, adv s.* **grafisch**

Graphit <-s, -e> [gra'fi:t] *m* graphite

grapschen ['grapʃn̩] **I.** *vr* (*fam*) ① (*an sich raffen*) ■**sich** *dat* **etw** ~ to grab sth [for oneself] ② (*packen*) ■**sich** *dat* **jdn** ~ to grab hold of sb **II.** *vi* (*fam*) ■**nach etw** *dat* ~ to make a grab for sth

Gras <-es, Gräser> ['gra:s, *pl* 'grɛ:zɐ] *nt* BOT grass ▸WENDUNGEN: **ins ~ beißen** (*sl*) to bite the dust; **das ~ wachsen hören** to have a sixth sense; **über etw** *akk* **wächst ~** (*fam*) [the] dust settles on sth

grasen ['gra:zn̩] *vi* to graze

grasgrün *adj* grass-green **Grashalm** *m* blade of grass **Grashüpfer** <-s, -> *m* (*fam*) grasshopper

grassieren* [gra'si:rən] *vi* ① (*sich verbreiten*) to be rampant ② (*um sich greifen*) to be rife

grässlich ['grɛslɪç] **I.** *adj* ① (*furchtbar*) horrible; **~e Kopfschmerzen haben** to have a splitting headache ② (*fam: widerlich*) horrible; **was für ein ~es Wetter!** what foul weather!; **einen ~en Geschmack haben** to have awful taste **II.** *adv* (*fam*) terribly

Grat <-[e]s, -e> ['gra:t] *m* ① (*oberste Kante*) ridge ② ARCHIT hip

Gräte <-, -n> ['grɛ:tə] *f* [fish]bone

gratinieren* [grati'ni:rən] *vt* KOCHK ■**etw** ~ to brown [the top of] sth

gratis ['gra:tɪs] *adv* free [of charge]

Gratisprobe *f* free sample

Gratulant(in) <-en, -en> [gratu'lant] *m(f)* well-wisher

Gratulation <-, -en> [gratula'tsi̯o:n] *f* ① (*das Gratulieren*) congratulating ② (*Glückwunsch*) congratulations *npl*

gratulieren* [gratu'li:rən] *vi* ■[**jdm**] ~ to congratulate [sb] (**zu** +*dat* on); **jdm zum Geburtstag ~** to wish sb many happy returns; [**ich**] **gratuliere** [my] congratulations!

grau ['grau̯] *adj* ① (*Farbe*) grey; **~ meliert** (*leicht ergraut*) greying; MODE flecked with grey *pred* ② (*trostlos*) drab; **der ~e Alltag** the dullness of everyday life

grauäugig ['grau̯ʔɔygɪç] *adj* grey-eyed

graubraun *adj* greyish-brown **Graubrot** *nt* DIAL (*Mischbrot*) *bread made from rye and wheat flour*

Graubünden <-s> [grau̯'bʏndn̩] *nt* GEOG the Grisons

Gräuel <-s, -> ['grɔyəl] *m* (*geh: Gräueltat*) atrocity ▸WENDUNGEN: **jdm ist es ein ~, etw zu tun** sb detests doing sth

Gräueltat *f* atrocity

grauen[1] ['grau̯ən] *vi* (*geh: dämmern*) to dawn; **der Tag graut** day is breaking

grauen[2] ['graʊ̯ən] *vi impers* ■ **es graut jdm vor jdm/etw** sb is terrified of sb/sth
Grauen <-s> ['graʊ̯ən] *nt kein pl* horror; ~ **erregend** terrible
grauenerregend *adj s.* **Grauen**
grauenhaft, grauenvoll *adj* ① (*furchtbar*) terrible ② (*fam: schlimm*) dreadful
grauhaarig *adj* grey-haired
gräulich[1] ['grɔylɪç] *adj* greyish
gräulich[2] *adj s.* **grässlich**
Graupe <-, -n> ['graʊ̯pə] *f meist pl* KOCHK grain of pearl barley
Graupel <-, -n> ['graʊ̯pl̩] *f meist pl* soft hail
Graupelschauer *m* sleet shower

G

grausam ['graʊ̯za:m] **I.** *adj* ① (*brutal*) cruel ② (*furchtbar*) terrible **II.** *adv* cruelly
Grausamkeit <-, -en> *f* ① *kein pl* (*Brutalität*) cruelty ② (*grausame Tat*) act of cruelty
grausen ['graʊ̯zn̩] *vi impers s.* **grauen**[2]
Grausen <-s> ['graʊ̯zn̩] *nt kein pl* horror
grausig ['graʊ̯zɪç] *adj s.* **grauenhaft**
grauslich *adj bes* ÖSTERR terrible, horrible
Grauzone *f* grey area
gravieren* [gra'vi:rən] *vt* to engrave (**in** *+akk* on)
gravierend [gra'vi:rənt] *adj* serious; *Unterschiede* considerable
Gravierung <-, -en> *f* engraving
Gravitation <-> [gravita'tsi̯o:n] *f kein pl* gravitation[al pull]
Gravitationskraft *f* gravitational force
Gravur <-, -en> [gra'vu:ɐ̯] *f* engraving
Grazie <-, -n> ['gra:tsi̯ə] *f* ① *kein pl* (*Anmut*) grace *no pl* ② (*hum veraltet: schöne junge Frau*) lovely
grazil [gra'tsi:l] *adj* (*geh*) delicate
graziös [gra'tsi̯ø:s] *adj* (*geh*) graceful
Greenpeace-Aktivist, -Aktivistin ['gri:npi:s-] *m, f* Greenpeace activist
gregorianisch [grego'ri̯a:nɪʃ] *adj* Gregorian
greifbar *adj* ① *präd* (*verfügbar*) **etw ~ haben/halten** to have/keep sth to hand ② (*konkret*) tangible
greifen <griff, gegriffen> ['graɪ̯fn̩] **I.** *vt* ■ **[sich** *dat*] **etw ~** to take hold of sth **II.** *vi* ① (*fassen*) ■ **hinter/neben etw/sich** *akk* **~** to reach behind/beside sth/one; ■ **in etw** *akk* **~** to reach into sth; **sie griff mich bei der Hand** she took my hand; ■ **nach etw** *dat* **~** to reach for sth ② (*einsetzen*) **zu Drogen/zur Zigarette ~** to turn to drugs/reach for a cigarette ③ TECH *Reifen, Zahnrad* ■ **etw greift** sth grips ④ (*wirksam werden*) *Methoden* to take effect ▸ WENDUNGEN: **um sich ~** (*sich ausbreiten*) to spread
Greis(in) <-es, -e> [graɪ̯s, *pl* 'graɪ̯zə] *m(f)* very old man/woman
grell ['grɛl] **I.** *adj* ① (*hell*) *Licht, Sonne* glaring, bright ② (*schrill*) *Stimme, Schrei* piercing ③ (*auffallend*) *Muster* loud **II.** *adv* ① (*sehr hell*) dazzlingly ② (*schrill*) **~ klingen** to sound shrill
Gremium <-s, -ien> ['gre:mi̯ʊm, *pl* 'gre:mi̯ən] *nt* committee
Grenze <-, -n> ['grɛntsə] *f* ① (*Landesgrenze*) border, frontier; **an der ~** on the border; **über die ~ fahren/gehen** to cross the border ② (*Trennlinie*) boundary ③ (*äußerstes Maß*) limit; **die oberste/unterste ~** the upper/lower limit; **alles hat seine ~n** there is a limit to everything; **seine ~n kennen** to know one's limitations; **sich in ~n halten** to keep within limits
grenzen ['grɛntsn̩] *vi* ■ **an etw** *akk* **~** to border on sth
grenzenlos I. *adj* ① (*unbegrenzt*) endless ② (*maßlos*) extreme; *Vertrauen* blind **II.** *adv* extremely
Grenzfall *m* borderline case **Grenzgänger(in)** <-s, -> *m(f)* regular cross-border commuter; **illegaler ~** illegal border crosser **Grenzgebiet** *nt* POL border area **Grenzkonflikt** *m* border conflict **Grenzkontrolle** *f* border control **Grenzlinie** *f* SPORT line [marking the edge of the playing area] **Grenzpfahl** *m* boundary post **Grenzschutz** *m* border protection **Grenzsituation** *f* (*fig*) borderline situation **Grenzstadt** *f* border town **Grenzstein** *m* boundary stone **Grenzstreitigkeit** *f meist pl* border dispute **Grenzübergang** *m* border crossing-point **grenzüberschreitend** *adj attr* JUR, ÖKON **~er Handel** international trade; **~er Verkehr** cross-border traffic **Grenzübertritt** *m* crossing of the border **Grenzverkehr** *m* [cross-]border traffic **Grenzwert** *m* limiting value
Griebe <-, -n> ['gri:bə] *f meist pl* [bacon] crackling
Grieche, Griechin <-n, -n> ['gri:çə] *m, f* Greek; *s. a.* **Deutsche(r)**
Griechenland <-s> ['gri:çn̩lant] *nt* Greece; *s. a.* **Deutschland**
Griechin <-, -nen> *f fem form von* **Grieche**
griechisch ['gri:çɪʃ] *adj* Greek; *s. a.* **deutsch**
Griesgram <-[e]s, -e> ['gri:sgra:m] *m* (*pej*) grouch
griesgrämig ['gri:sgrɛ:mɪç] *adj* grumpy
Grieß <-es, -e> ['gri:s] *m* semolina *no pl*
Grießbrei *m* semolina *no pl*
griff ['grɪf] *imp von* **greifen**
Griff <-[e]s, -e> ['grɪf] *m* ① (*Zugriff*) grip; **ein flinker ~ [nach etw** *dat*] a quick grab

[at sth] ② (*Handgriff*) movement; **mit einem ~** in a flash ③ SPORT hold ④ (*Öffnungsmechanismus*) *Tür, Revolver* handle; *Messer* hilt ▶ WENDUNGEN: **etw in den ~ bekommen** (*fam*) to get the hang of sth; **jdn/etw im ~ haben** to have sb/sth under control

griffbereit *adj* **etw ~ haben** to have sth ready to hand; **~ liegen** to be ready to hand **Griffbrett** *nt* MUS fingerboard

Griffel <-s, -> ['grɪfl̩] *m* ① (*Schreibstift für Schiefertafeln*) slate-pencil ② BOT style ③ *meist pl* (*sl: Finger*) mitt

griffig ['grɪfɪç] *adj* ① (*festen Griff ermöglichend*) easy to grip *pred* ② (*Widerstand bietend*) non-slip; *Fußboden, Profil* anti-skid ③ (*eingängig*) **ein ~er Slogan** a catchy slogan

Grill <-s, -s> ['grɪl] *m* ① (*Gerät*) grill ② (*Grillrost*) barbecue; **vom ~** grilled

Grille <-, -n> ['grɪlə] *f* cricket

grillen ['grɪlən] **I.** *vi* to have a barbecue **II.** *vt* to grill

Grimasse <-, -n> [gri'masə] *f* grimace; **~n schneiden** to make faces

grimmig ['grɪmɪç] **I.** *adj* ① (*zornig*) furious; *Gesicht* angry; **ein ~es Lachen** a grim laughter ② (*sehr groß, heftig*) severe; *Hunger* ravenous **II.** *adv* angrily; **~ lächeln** to smile grimly

grinsen ['grɪnzn̩] *vi* to grin; **frech ~** to smirk; **höhnisch ~** to sneer; **schadenfroh ~** to gloat

Grinsen <-s> ['grɪnzn̩] *nt kein pl* grin; **freches ~** smirk; **höhnisches ~** sneer

grippal [grɪ'pa:l] *adj* influenzal

Grippe <-, -n> ['grɪpə] *f* influenza, flu *fam;* **[die/eine] ~ haben** to have [the] flu

Grippemittel *nt* flu remedy *fam* **Grippevirus** *nt o m* influenza virus **Grippewelle** *f* wave of influenza [*or fam* flu]

Grips <-es, *selten* -e> ['grɪps] *m* (*fam*) brains *pl;* **seinen ~ anstrengen** to use one's grey matter; **~ haben** to have plenty up top

grob <gröber, gröbste> ['gro:p] **I.** *adj* ① (*nicht fein*) coarse ② (*ungefähr*) rough; **in ~en Umrissen** roughly ③ (*unhöflich*) rude; ■**~ werden** to become rude ④ (*unsanft, unsensibel*) rough; **ein ~er Mensch** a rough person ▶ WENDUNGEN: **aus dem Gröbsten heraus sein** to be able to see the light at the end of the tunnel **II.** *adv* ① (*nicht fein*) coarsely; **~ gemahlen** coarsely ground *pred,* coarse-ground ② (*in etwa*) roughly; **~ geschätzt** at a rough estimate; **etw ~ erklären** to give a rough explanation of sth; **etw ~ skizzieren** to make a rough outline of sth; **etw ~ wiedergeben** to give a rough account of sth ③ (*unhöflich*) rudely ④ (*unsanft, unsensibel*) roughly ⑤ (*schlimm*) **sich** *akk* **~ täuschen** to be badly mistaken

grobgemahlen *adj attr s.* **grob II 1**

Grobheit <-, -en> *f* ① *kein pl* (*gefühllose Art*) rudeness *no pl* ② (*grobe Äußerung*) rude remark ③ (*unsanfte Art, Behandlung*) roughness

Grobian <-[e]s, -e> ['gro:bi̯a:n] *m* (*pej*) boor

grobkörnig *adj* coarse-grained

gröblich ['grø:plɪç] **I.** *adj* (*geh, form*) gross **II.** *adv* (*geh, form: in grober Weise, heftig*) grossly; **etw ~ missachten** to willfuly disregard sth

Grog <-s, -s> ['grɔk] *m* grog

groggy ['grɔgi] *adj präd* ① (*schwer angeschlagen*) groggy ② (*fam: erschöpft*) exhausted

grölen ['grø:lən] **I.** *vi* (*pej fam*) to shout [loudly] **II.** *vt* (*pej fam*) to bawl

Groll <-[e]s> ['grɔl] *m kein pl* (*geh*) resentment; **[einen] ~ gegen jdn hegen** to harbour a grudge against sb

grollen ['grɔlən] *vi* (*geh*) ① (*zürnen*) ■**[jdm] ~** to be resentful [of sb] ② (*dumpf hallen*) to rumble

Grönland ['grø:nlant] *nt* Greenland; *s. a.* **Deutschland**

Grönländer(in) <-s, -> ['grø:nlɛndɐ] *m(f)* Greenlander; *s. a.* **Deutsche(r)**

grönländisch ['grø:nlɛndɪʃ] *adj* Greenlandic; *s. a.* **deutsch**

Gros <-, -> [gro:] *nt* ■**das ~** the majority

Groschen <-s, -> ['grɔʃn̩] *m* ÖSTERR groschen ▶ WENDUNGEN: **der ~ fällt** (*hum fam*) the penny has dropped BRIT, the big light went on AM

Groschenroman *m* (*pej*) cheap [*or* AM *a.* dime] novel

groß <größer, größte> ['gro:s] **I.** *adj* ① (*flächenmäßig*) large, big ② (*lang*) long; **ein ~er Mast/Turm** a high pylon/tower ③ (*das Maß oder Ausmaß betreffend*) great; **in ~en/größeren Formaten/Größen** in large/larger formats/sizes; **mit ~er Geschwindigkeit** at high speed ④ (*hoch gewachsen*) tall; **du bist ~ geworden** you've grown; **er ist 1,78 m ~** he is 5 foot 10 [*or* 1.78m] [tall] ⑤ (*älter*) big, elder ⑥ (*zeitlich ausgedehnt*) lengthy; **auf große[r] Fahrt** on a long journey ⑦ (*bevölkerungsreich*) large; **die ~e Masse** the majority of the people ⑧ (*erheblich*) great; *Aufstieg* meteoric; *Durchbruch, Reinfall* major; *Misserfolg* abject ⑨ (*hoch*) large

⑩ (*beträchtlich*) great; **~e Angst haben** to be terribly afraid; **eine ~e Dummheit** sheer stupidity; *Nachfrage* big; *Schrecken* nasty; *Schwierigkeiten* serious ⑪ (*bedeutend*) great; *Unternehmen, Supermarkt* leading ⑫ (*in Eigennamen*) **Friedrich der G~e** Frederick the Great ⑬ (*besonders* [*gut*]) **im Meckern ist sie ganz ~** she's quite good at moaning; **ich bin kein ~er Redner** I'm no great speaker ▶ WENDUNGEN: **im G~en und Ganzen** [**gesehen**] on the whole **II.** *adv* ① (*fam: besonders*) **was soll man da schon ~ sagen?** you can't really say very much; **ich habe mich nie ~ für Politik interessiert** I've never been particularly interested in politics; [**mit etw** *dat*] [**ganz**] **~ rauskommen** to have a real success [with sth] ② MODE **etw größer machen** to let out *sep* sth ③ (*von weitem Ausmaß*) **~ angelegt** large-scale ④ (*nicht klein*) **~ kariert** large-checked *attr*

Großabnehmer(in) *m(f)* bulk buyer [*or* purchaser] **Großalarm** *m* red alert

großartig ['gro:sʔa:ɐ̯tɪç] **I.** *adj* ① (*prächtig*) magnificent ② (*hervorragend*) brilliant ③ (*wundervoll*) wonderful **II.** *adv* magnificently

Großaufnahme *f* close-up **Großbetrieb** *m* large business; AGR large farm **Großbildschirm** *m* big screen

Großbritannien <-s> [gro:sbri'tani̯ən] *nt* Great Britain; *s. a.* **Deutschland**

Großbuchstabe *m* capital [letter] **Großbürgertum** *nt kein pl* upper classes *pl*

Größe <-, -n> ['grø:sə] *f* ① (*räumliche Ausdehnung*) *a.* ÖKON, MODE size ② (*Höhe, Länge*) height ③ MATH, PHYS quantity ④ *kein pl* (*Erheblichkeit*) magnitude; *eines Problems* seriousness *no pl; eines Erfolgs* extent *no pl* ⑤ *kein pl* (*Bedeutsamkeit*) significance *no pl*

Großeinkauf *m* bulk purchase **Großeinsatz** *m* large-scale operation **Großeltern** *pl* grandparents *pl* **Großenkel(in)** *m(f)* great-grandchild, great-grandson *masc,* great-granddaughter *fem*

Größenordnung *f* order of magnitude

großenteils *adv* largely

Größenwahn(sinn) *m* megalomania **größenwahnsinnig** *adj* megalomaniac[al]

größer ['grø:sɐ] *adj komp von* **groß**

Großfahndung *f* large-scale search **Großfamilie** *f* extended family **Großformat** *nt* TYPO large format [*or* broadsheet]; **im ~** in large format **Großgrundbesitzer(in)** *m(f)* big landowner **Großhandel** *m* wholesale trade; **etw im ~ kaufen** to buy sth wholesale **Großhändler(in)** *m(f)* wholesaler **großherzig** *adj* (*geh*) magnanimous **Großherzigkeit** <-> *f kein pl* (*geh*) magnanimity **Großherzog(in)** ['gro:shɛrtso:k] *m(f)* grand duke *masc,* grand duchess *fem* **Großherzogtum** *nt* grand duchy **Großhirn** *nt* cerebrum **Großhirnrinde** *f* cerebral cortex **Großkind** *nt* SCHWEIZ (*Enkelkind*) grandchild

großkotzig *adj* (*pej sl*) swanky

Großmacht *f* Great Power **Großmama** *f* (*fam*) *s.* **Großmutter** **Großmarkt** *m* central market **Großmaul** *nt* (*pej fam*) bigmouth

großmäulig ['gro:smɔ̯ylɪç] *adj* (*pej fam*) big-mouthed

Großmut *f s.* **Großherzigkeit**

großmütig ['gro:smy:tɪç] *adj s.* **großherzig**

Großmutter *f* grandmother, grandma *fam,* granny *fam* **Großneffe** *m* great-nephew **Großnichte** *f* great-niece **Großonkel** *m* great-uncle **Großrat, -rätin** *m, f* SCHWEIZ ≈ Great Councillor [*or* AM *usu* Councilor] (*member of a* [*Swiss*] *cantonal* [*Great Council*] *parliament*)

Großraum *m* conurbation; **im ~ Berlin** in the Berlin conurbation **Großraumabteil** *nt* BAHN open[-plan] carriage BRIT, open[-plan] car AM **Großraumbüro** *nt* open-plan office **Großraumflugzeug** *nt* wide-bodied [*or* large-capacity] aircraft

großräumig *adj* ① (*geräumig*) spacious ② (*große Flächen betreffend*) extensive

Großraumwagen *m* open-plan carriage

Großrechner *m* mainframe [computer] **Großreinemachen** <-s> [gro:s'ra̯inəmaxn̩] *nt kein pl* (*fam*) spring clean **Großschnauze** *f* (*pej fam*) bigmouth **groß|schreiben** *vt irreg* ① (*mit großen Anfangsbuchstaben*) ■**etw ~** to write sth with a[n initial] capital letter ② (*wichtig nehmen*) ■**etw wird** [**bei jdm**] **großgeschrieben** sth is high on the[/sb's] list of priorities **Großschreibung** *f* capitalization

großspurig *adj* (*pej*) boastful

Großstadt ['gro:sʃtat] *f* city **Großstädter(in)** ['gro:sʃtɛ:tɐ] *m(f)* city-dweller **großstädtisch** ['gro:sʃtɛ:tɪʃ] *adj* big-city *attr* **Großtante** *f* great-aunt

größte(r, s) ['grø:stə] *adj superl von* **groß**

Großteil *m* ① (*ein großer Teil*) ■**ein ~** a large part ② (*der überwiegende Teil*) ■**der ~** the majority; **zum ~** for the most part

größtenteils *adv* for the most part

größtmöglich ['grø:st'mø:klɪç] *adj attr* greatest possible

Großtuerei [gro:stu:ə'ra̯i] *f kein pl* (*pej*)

boasting

groß|tun *irreg* **I.** *vi* (*pej*) to boast **II.** *vr* ■ **sich** *akk* **mit etw** *dat* ~ to boast about sth

Großunternehmen *nt s.* **Großbetrieb**
Großunternehmer(in) *m(f)* entrepreneur **Großvater** *m* grandfather, grandpa *fam* **Großveranstaltung** *f* big event **Großverdiener(in)** *m(f)* big earner **Großwetterlage** *f* general weather situation; (*fig*) **die politische ~** the general political climate

groß|ziehen ['gro:stsi:ən] *vt irreg* **ein Kind ~** to raise a child; **ein Tier ~** to rear an animal

großzügig **I.** *adj* ① (*generös*) generous ② (*nachsichtig*) lenient ③ (*in großem Stil*) grand; **ein ~er Plan** a large-scale plan **II.** *adv* ① (*generös*) generously ② (*nachsichtig*) leniently ③ (*weiträumig*) spaciously

Großzügigkeit <-> *f kein pl* ① (*Generosität*) generosity ② (*Toleranz*) leniency ③ (*Weiträumigkeit*) spaciousness *no pl*

grotesk [gro'tɛsk] *adj* grotesque

Grotte <-, -n> ['grɔtə] *f* grotto

grottenschlecht *adj* (*sl*) abysmal; **~ sein** to be the pits *sl*

Groupie <-s, -s> ['gru:pi] *nt* (*sl*) groupie

grub ['gru:p] *imp von* **graben**

Grübchen <-s, -> ['gry:pçən] *nt* dimple

Grube <-, -n> ['gru:bə] *f* ① (*größeres Erdloch*) [large] hole ② (*Bergwerk*) pit ▶ WENDUNGEN: **wer andern eine ~ gräbt, fällt selbst hinein** (*prov*) you can easily fall into your own trap

Grübelei <-, -en> [gry:bə'lai̯] *f* brooding

grübeln ['gry:bl̩n] *vi* to brood (**über** +*akk* over)

Grubenarbeiter *m* miner **Grubenunglück** *nt* pit disaster

grüblerisch ['gry:blərɪʃ] *adj* broody

grüezi ['gry:ɛtsi] *interj* SCHWEIZ (*fam*) hi

Gruft <-, Grüfte> ['grʊft, *pl* 'grʏftə] *f* (*Grabgewölbe*) vault; (*Kirche*) crypt

Gruftie ['grʊfti] *m* SOZIOL, MUS goth

grummeln ['grʊml̩n] *vi* (*fam*) ① (*brummeln*) to mumble ② (*leise rollen*) to rumble

grün ['gry:n] *adj* (*Farbe*) *a.* POL green ▶ WENDUNGEN: **sich ~ und blau ärgern** to be furious; **jdn ~ und blau schlagen** (*fam*) to beat sb black and blue

Grün <-s, - *o fam* -s> ['gry:n] *nt* ① (*Farbe*) green; **die Ampel zeigt ~** the [traffic] lights are [at] green ② (*Grünflächen*) green spaces; **ein ~ am Golfplatz** a green on a/the golf course ③ (*grüne Pflanzen*) greenery; **das erste ~ nach dem Winter** the first green shoots of spring ▶ WENDUNGEN: **das ist dasselbe in ~** (*fam*) it's one and the same [thing]

grün-alternativ *adj* POL green alternative

Grünanlage *f* green space **grünblau** *adj* greenish blue

Grund <-[e]s, Gründe> ['grʊnt, *pl* 'grʏndə] *m* ① (*Ursache, Veranlassung*) reason; **jede Naturkatastrophe hat einen ~** every natural disaster has a cause; **keinen/nicht den geringsten ~** no/not the slightest reason; **eigentlich besteht kein ~ zur Klage** there is no [real] cause for complaint; **jdm ~ [zu etw** *dat*] **geben** to give sb reason [to do sth]; ■ **ein/kein ~ zu etw** *dat* [no] reason for sth ② (*Motiv*) grounds *pl*; **~ zu der Annahme haben, dass ...** to have reason to believe that ...; **aus finanziellen Gründen** for financial reasons; **aus gesundheitlichen Gründen** for reasons of health; **aus gutem ~** with good reason; **aus unerfindlichen Gründen** for some obscure reason; **aus diesem ~[e]** for this reason; **aus welchem ~[e]** for what reason ③ *kein pl* (*Erdboden*) ground ④ DIAL (*Land, Acker*) land; **~ und Boden** land ⑤ (*Boden eines Gewässers*) bed; **am ~e des Meeres** at the bottom of the sea ⑥ *kein pl* (*Untergrund*) background ▶ WENDUNGEN: **jdn in ~ und Boden reden** to shoot sb's arguments to pieces; **im ~e jds Herzens** (*geh*) in one's heart of hearts; **einer S.** *dat* **auf den ~ gehen** to get to the bottom of sth; **auf ~ einer S.** *gen* on the basis of sth; **im ~e [genommen]** basically; **von ~ auf** [*o* **aus**] completely; (*von Anfang an*) from scratch

grundanständig *adj* thoroughly decent
Grundausbildung *f* basic training **Grundbedeutung** *f* fundamental meaning; LING original meaning **Grundbedingung** *f* basic condition **Grundbegriff** *m meist pl* ① (*elementarer Begriff*) basic notion ② SCH rudiments *npl* **Grundbesitz** *m* landed property **Grundbesitzer(in)** *m(f)* landowner **Grundbuch** *nt* land register

grundehrlich [grʊnt'ʔe:ɐ̯lɪç] *adj* (*emph*) thoroughly honest

gründen ['grʏndn̩] **I.** *vt* ① (*neu schaffen*) to found; *Firma* to set up; *Partei* to form ② (*fußen lassen*) ■ **etw auf etw** *akk* ~ to base sth on sth **II.** *vr* ■ **sich auf etw** *akk* ~ to be based on sth

Gründer(in) <-s, -> *m(f)* founder

grundfalsch ['grʊnt'falʃ] *adj* (*emph*) completely wrong **Grundfarbe** *f* ① (*Primärfarbe*) primary colour ② (*als Untergrund aufgetragene Farbe*) ground colour

G

Grundfesten *pl* **etw bis in die ~ erschüttern** to shake sth to its [very] foundations; **an den ~ von etw** *dat* **rütteln** to shake the [very] foundations of sth

Grundfläche *f* area **Grundform** *f* basic form **Grundgebühr** *f* basic charge **Grundgedanke** *m* basic idea

Grundgesetz *nt* basic law

Land und Leute

The **Grundgesetz** is the constitution of the Federal Republic of Germany. It outlines Germany's legal and political system, defining amongst other things, the basic rights of people living in Germany and the relationship between the *Länder* (*federal states*) and the national government.

G

Grundhaltung *f* basic attitude

grundieren* ['grʊn'di:rən] *vt* to prime

Grundierfarbe *f* BAU primer paint

Grundierung <-, -en> *f* primary coat

Grundkapital *nt* share capital BRIT, stock capital AM; **genehmigtes ~** authorized capital **Grundkenntnis** *f meist pl* basic knowledge **Grundkonsens** *m* fundamental consensus **Grundkurs** *m* SCH basic course; (*Einführungskurs*) foundation course **Grundlage** *f* basis

grundlegend **I.** *adj* fundamental **II.** *adv* fundamentally

gründlich ['grʏntlɪç] **I.** *adj* thorough; **eine ~e Bildung** a broad education **II.** *adv* ❶ (*fam: total*) completely ❷ (*gewissenhaft*) thoroughly

Gründlichkeit <-> *f kein pl* thoroughness

Grundlinie *f* ❶ MATH ground-line ❷ SPORT baseline **Grundlohn** *m* basic pay

grundlos **I.** *adj* ❶ (*unbegründet*) unfounded ❷ (*ohne festen Boden*) bottomless **II.** *adv* groundlessly; **~ lachen** to laugh for no reason [at all]

Grundmauer *f* foundation wall **Grundnahrungsmittel** *nt* basic food[stuff]

Gründonnerstag [gry:n'dɔnɐsta:k] *m* Maundy Thursday

Grundpfeiler *m* ❶ (*tragender Pfeiler*) supporting pillar; *Brücke* supporting pier ❷ (*fig: wesentliches Element*) cornerstone **Grundrechenart** *f* fundamental rule of arithmetic **Grundrecht** *nt* basic right **Grundregel** *f* basic rule

Grundriss *m* ❶ BAU ground-plan ❷ (*Abriss*) outline

Grundsatz ['grʊntzats] *m* principle; **es sich** *dat* **zum ~ machen, etw zu tun** to make it a matter of principle to do sth

grundsätzlich ['grʊntzɛtslɪç] **I.** *adj* ❶ (*grundlegend*) fundamental; *Bedenken, Zweifel* serious ❷ (*prinzipiell*) in principle *pred* **II.** *adv* ❶ (*völlig*) completely ❷ (*prinzipiell*) in principle ❸ (*kategorisch*) absolutely

Grundschule *f* primary [*or* AM elementary] school

Land und Leute

German children start school later than their British counterparts. The **Grundschule** (*primary school*) takes pupils from the age of six, but some children do not start until they are seven. Pupils remain at the **Grundschule** for four years before progressing to one of the three different types of secondary school.

Grundschullehrer(in) *m(f)* primary[-school] teacher BRIT

Grundstein *m* foundation-stone; **den ~ zu etw** *dat* **legen** to lay the foundations for sth **Grundsteuer** *f* [local] property tax **Grundstoff** *m* ❶ (*Rohstoff*) raw material ❷ CHEM element

Grundstück *nt* plot [of land] **Grundstücksmakler(in)** *m(f)* estate agent

Grundton *m* ❶ (*eines Akkords*) root; (*einer Tonleiter*) keynote ❷ (*Grundfarbe*) ground colour **Grundübel** *nt* basic evil

Gründung <-, -en> *f* ❶ (*das Gründen*) foundation; *eines Betriebs* establishment ❷ BAU foundation[s]

grundverschieden ['grʊntfɛɐ̯'ʃi:dn̩] *adj* (*emph*) completely different

Grundwasser *nt* ground water **Grundwasserspiegel** *m* ground-water level

Grundwert *m meist pl* PHILOS basic value **Grundwortschatz** *m* basic vocabulary **Grundzahl** *f* MATH cardinal number **Grundzug** *m* essential feature

Grüne(r) ['gry:nə] *f(m)* POL [member of the] Green [Party]; **die ~n** the Green Party

Grüne(s) ['gry:nə(s)] *nt* ❶ (*Schmuckreisig*) ■**~s** greenery *sing* ❷ (*Gemüse*) ■**~s** greens ▶ WENDUNGEN: **ins ~ fahren** (*fam*) to drive into the country

grünen ['gry:nən] *vi* (*geh*) to become green

Grünfink *m* greenfinch **Grünfläche** *f* green space **Grünfutter** *nt* green fodder *no pl, no indef art*

Grunge [grʌndʒ] *m* MUS grunge

Grüngürtel *m* green belt **Grünkern** *m* dried unripe spelt grain *no indef art* **Grünkohl** *m* [curly] kale *no pl, no indef art*

grünlich ['gry:nlɪç] *adj* greenish

Grünschnabel *m* (*fam*) greenhorn

Grünspan ['gry:nʃpa:n] *m kein pl* verdigris

no pl
Grünstreifen *m* central reservation, median strip AM; (*am Straßenrand*) grass verge
grunzen ['grʊntsn̩] *vi, vt* to grunt
Grünzeug *nt* (*fam*) ❶ (*Kräuter*) herbs *pl* ❷ (*Salat*) green salad; (*Gemüse*) greens *pl*
Gruppe <-, -n> ['grʊpə] *f* group
Gruppenarbeit *f kein pl* teamwork *no pl, no indef art* **Gruppenaufnahme, Gruppenbild** *nt* group photograph **Gruppendruck** *m kein pl* SOZIOL peer pressure **Gruppendynamik** *f* group dynamics *+ sing/pl vb, no art* **Gruppenleiter(in)** *m(f)* team leader **Gruppenreise** *f* group travel *no pl, no art* **Gruppensex** *m* group sex *no pl, no art* **Gruppentherapie** *f* group treatment *no pl, no indef art* **Gruppenvergewaltigung** *f* JUR gang rape
gruppenweise *adv* in groups
gruppieren* [grʊ'pi:rən] **I.** *vt* ■**etw ~** to group sth **II.** *vr* ■**sich ~** to be grouped
Gruppierung <-, -en> *f* ❶ (*Gruppe*) group ❷ (*Aufstellung*) grouping
Gruselfilm *m* horror film **Gruselgeschichte** *f* horror story
grus(e)lig ['gru:z(ə)lɪç] *adj* gruesome; **~ zumute werden** to have a creepy feeling
gruseln ['gru:zl̩n] **I.** *vt, vi impers* ■**jdn gruselt es** sb gets the creeps **II.** *vr* ■**sich** *akk* [**vor jdm**] **~** to shudder [at the sight of sb]
Gruß <-es, Grüße> ['gru:s, *pl* 'gry:sə] *m* ❶ (*Begrüßung*) greeting; MIL salute; **einen** [**schönen**] **~ an Ihre Gattin** [please] give my [best] regards to your wife ❷ (*am Briefschluss*) regards; **mit freundlichen Grüßen** Yours sincerely; **herzliche Grüße** best wishes
grüßen ['gry:sn̩] **I.** *vt* ❶ (*begrüßen*) ■**jdn ~** to greet sb; MIL to salute sb; **grüß dich!** (*fam*) hello there! ❷ (*Grüße übermitteln*) ■**jdn von jdm ~** to send sb sb's regards; **jdn ~ lassen** to say hello to sb **II.** *vi* to say hello **III.** *vr* ■**sich ~** to say hello to one another
Grußwort *nt* welcoming speech
Grütze <-, -n> ['grʏtsə] *f* groats *npl,* grits *npl* AM; **rote ~** *red fruit slightly stewed and thickened*
Guatemala <-s> [gu̯ate'ma:la] *nt* Guatemala; *s. a.* **Deutschland**
Guatemalteke, Guatemaltekin <-n, -n> [gu̯atemal'te:kə, gu̯atemal'te:kɪn] *m, f* Guatemalan; *s. a.* **Deutsche(r)**
guatemaltekisch [gu̯atemal'te:kɪʃ] *adj* Guatemalan; *s. a.* **deutsch**
gucken ['gʊkn̩] *vi* ❶ (*sehen*) to look; (*heimlich*) to peep; **was guckst du so dumm!** take that silly look off your face! ❷ (*ragen*) ■**aus etw** *dat* **~** to stick out of sth
Guckloch *nt* peephole
Guerilla[1] <-, -s> [ge'rɪlja] *f* guerrilla war
Guerilla[2] <-[s], -s> [ge'rɪlja] *m* guerrilla
Guerillakämpfer(in) [ge'rɪlja-] *m(f)* guerrilla **Guerillakrieg** [ge'rɪlja-] *m* guerrilla war
Guillotine <-, -n> [gɪljo'ti:nə, gijo'ti:nə] *f* guillotine
Guinea <-s> [gi'ne:a] *nt* Guinea; *s. a.* **Deutschland**
Guineer(in) <-s, -> [gi'ne:ɐ] *m(f)* Guinean; *s. a.* **Deutsche(r)**
guineisch [gi'ne:ɪʃ] *adj* Guinean; *s. a.* **deutsch**

G

Gulasch <-[e]s, -e *o* -s> ['gʊlaʃ] *nt o m* goulash
Gulaschsuppe *f* goulash soup
Gulden <-s, -> ['gʊldn̩] *m* guilder
Gully <-s, -s> ['gʊli] *m o nt* drain
gültig ['gʏltɪç] *adj* ❶ (*Geltung besitzend*) valid; **der Sommerfahrplan ist ab dem 1.4. ~** the summer timetable comes into effect from 1.4. ❷ (*allgemein anerkannt*) universal
Gültigkeit <-> *f kein pl* ❶ (*Geltung*) validity *no pl* ❷ (*gesetzliche Wirksamkeit*) legal force
Gültigkeitsdauer *f* validity [period], period of validity
Gummi <-s, -s> ['gʊmi] *nt o m* ❶ (*Material*) rubber *no pl, no indef art* ❷ (*fam: Radiergummi*) rubber ❸ (*fam: Gummiband*) rubber band ❹ (*Gummizug*) elastic *no pl, no indef art* ❺ (*fam: Kondom*) rubber *sl*
Gummiband *nt* rubber band **Gummibärchen** <-s, -> [-bɛ:ɐ̯çən] *nt* jelly bear ≈ jelly baby **Gummibaum** *m* ❶ (*Kautschukbaum*) rubber tree ❷ (*Zimmerpflanze*) rubber plant **Gummihandschuh** *m* rubber glove **Gummiknüppel** *m* rubber truncheon **Gummireifen** *m* rubber tyre **Gummisohle** *f* rubber sole **Gummistiefel** *m* rubber boot **Gummistrumpf** *m* elastic stocking **Gummizelle** *f* padded cell **Gummizug** *m* elastic *no pl, no indef art*
Gunst <-> ['gʊnst] *f kein pl* ❶ (*Wohlwollen*) goodwill *no pl, no indef art;* **in jds ~ stehen** to be in sb's favour ❷ (*Vergünstigung*) **zu jds ~en** in sb's favour ❸ (*günstige Konstellation*) **er nutzte die ~ des Augenblicks aus** he took advantage of the favourable moment
günstig ['gʏnstɪç] **I.** *adj* ❶ (*zeitlich gut gelegen*) convenient ❷ (*begünstigend*) favourable ❸ (*preisgünstig*) reasonable **II.** *adv* ❶ (*preisgünstig*) reasonably ❷ (*passend,*

geeignet) favourably

günstigstenfalls *adv* at best

Günstling <-s, -e> ['gʏnstlɪŋ] *m* (*pej*) favourite

Günstlingswirtschaft *f kein pl* (*pej*) favouritism *no pl*

Gurgel <-, -n> ['gʊrgl̩] *f* throat; **jdm an die ~ springen** (*fam*) to go for sb's throat

Gurgelmittel *nt* gargle

gurgeln ['gʊrgl̩n] *vi* ① (*den Rachen spülen*) to gargle ② (*von ablaufender Flüssigkeit*) to gurgle

Gurke <-, -n> ['gʊrkə] *f* cucumber; (*Essiggurke*) gherkin; **saure ~n** pickled gherkins

gurren ['gʊrən] *vi Tauben* to coo; (*fam*) *Mensch* to purr

Gurt <-[e]s, -e> ['gʊrt] *m* ① (*Riemen*) strap ② (*Sicherheitsgurt*) seat belt ③ (*breiter Gürtel*) belt

Gürtel <-s, -> ['gʏrtl̩] *m* belt ▶ WENDUNGEN: **den ~ enger schnallen** (*fam*) to tighten one's belt

Gürtellinie *f* waist[line] ▶ WENDUNGEN: **unter die ~ zielen** to aim below the belt **Gürtelrose** *f* shingles *no art, + sing/pl vb* **Gürtelschnalle** *f* belt buckle **Gürteltasche** *f* bum bag BRIT, fanny pack AM **Gürteltier** *nt* armadillo

Gurtpflicht *f* compulsory wearing of seat belts

Guru <-s, -s> ['gu:ru] *m* guru

GUS <-> [gus, ge:ʔu:'ʔɛs] *f kein pl Akr von* **Gemeinschaft Unabhängiger Staaten** CIS

Guss <-es, Güsse> ['gʊs, *pl* 'gʏsə] *m* ① (*fam: Regenguss*) downpour ② (*Zuckerguss*) icing ③ MED **kalte Güsse** cold affusions

Gusseisen *nt* cast iron **gusseisern** *adj* cast-iron **Gussform** *f* mould

gut <besser, beste> ['gu:t] **I.** *adj* ① (*ausgezeichnet, hervorragend*) good; **jdn/etw ~ finden** to think sb/sth is good; **jdm geht es ~/nicht ~** sb is well/not well ② (*fachlich qualifiziert*) good ③ *attr* (*lieb*) good; (*intim*) close ④ *meist attr* (*untadelig*) good ⑤ (*nicht übel, vorteilhaft*) good; **das kann nicht ~ gehen!** that just won't work! ⑥ (*in Wünschen*) good; **~en Appetit** enjoy your meal; **~e Besserung/Erholung** get well soon; **~e Fahrt/Reise** have a good trip; **ein ~es neues Jahr** happy New Year! ▶ WENDUNGEN: **~ beieinander sein** SÜDD to be a bit tubby; **~ und schön** (*fam*) well and good; **~ drauf sein** (*fam*) to be in good spirits; **sich** *dat* **für etw** *akk* **zu ~ sein** to be too good for sth; **~ gegen etw** *akk* **sein** (*fam*) to be good for sth; **~ in etw** *dat* **sein** to be good at sth; **es ist ganz ~, dass ...** it's good that ...; **noch/nicht mehr ~ sein** to still be/no longer be any good; **lass mal ~ sein!** (*fam*) let's drop the subject!; **wer weiß, wozu es ~ ist** perhaps it's for the best; **~ werden** to turn out all right; **wieder ~ werden** to be all right; **also ~!** well, all right then!; **schon ~!** (*fam*) all right!; **~ so!** that's it!; **und das ist auch ~ so** and a good thing too; **sei so ~ und ...** would you be kind enough to ...; **wozu ist das ~?** (*fam*) what's the use of that?; **[wie] ~, dass ...** it's a good job that ...; **~!** (*in Ordnung!*) OK!; **~, ~!** yes, all right! **II.** *adv* ① (*nicht schlecht*) well; **~ aussehend** *attr* good-looking; **~ bezahlt** *attr* well-paid; **~ gehend** *attr* flourishing; **~ gelaunt** in a good mood; **~ gemeint** *attr* well-meant; **~ unterrichtet** *attr* well-informed; **du sprichst aber ~ Englisch!** you really can speak good English; **~ verdienend** *attr* high-income *attr* ② (*geschickt*) well ③ (*reichlich*) **es dauert noch ~ eine Stunde, bis Sie an der Reihe sind** it'll be a good hour before it's your turn ④ (*einfach, recht*) **ich kann ihn jetzt nicht ~ im Stich lassen** I can't very well leave him in the lurch now ⑤ (*leicht, mühelos*) **hast du die Prüfung ~ hinter dich gebracht?** did you get through the exam all right?; **~ leserlich** very legible ⑥ (*angenehm*) **hm, wonach riecht das denn so ~ in der Küche?** hm, what's making the kitchen smell so lovely?; **schmeckt es dir auch ~?** do you like it too? ⑦ (*wohltuend sein*) ■ **es tut jdm ~, etw zu tun** it does sb good to do sth ▶ WENDUNGEN: **~ und gern** easily; **so ~ es geht** as best one can; **[das hast du] ~ gemacht!** well done!; **es ~ haben** to be lucky; **das kann ~ sein** that's quite possible; **mach's ~!** (*fam*) bye!; **pass ~ auf!** be very careful!; **sich** *akk* **~ mit jdm stellen** to get into sb's good books

Gut <-[e]s, Güter> ['gu:t, *pl* 'gy:tɐ] *nt* ① (*Landgut*) estate ② (*Ware*) commodity ③ *kein pl* (*das Gute*) good *no pl, no indef art;* **~ und Böse** good and evil

Gutachten <-s, -> ['gu:tʔaxtn̩] *nt* [expert's] report

Gutachter(in) <-s, -> *m(f)* expert

gutartig *adj* ① MED benign ② (*nicht widerspenstig*) good-natured

gutbürgerlich ['gu:t'bʏrgɐlɪç] *adj* middle-class; KOCHK home-made; **~e Küche** home-style cooking

Gutdünken <-s> *nt kein pl* discretion *no pl, no indef art;* **nach [eigenem] ~** at one's

[own] discretion

Gute(s) *nt* ① (*Positives*) ■ **~s** good; **man hört viel ~s über ihn** you hear a lot of good things about him; ■ **etwas ~s** something good; **er tat in seinem Leben viel ~s** he did a lot of good in his life; **[auch] sein ~s haben** to have its good points [too]; **ein ~s hat die Sache** there is one good thing about it; **jdm schwant nichts ~s** sb has a nasty feeling about sth; **nichts ~s versprechen** to not sound very promising; **jdm ~s tun** to be good to sb; **was kann ich dir denn ~s tun?** how can I spoil you?; **sich zum ~n wenden** to take a turn for the better; **alles ~!** all the best!; **alles ~ und viele Grüße an deine Frau!** all the best and give my regards to your wife; **das ~ daran** the good thing about it ② (*friedlich*) **im ~n** amicably; **lass dir's im ~n gesagt sein, dass ich das nicht dulde** take a bit of friendly advice, I won't put up with it!; **sich** *akk* **im ~n trennen** to part on friendly terms ③ (*gute Charakterzüge*) **das ~ im Menschen** the good in man; **~s tun** to do good ▸ WENDUNGEN: **~s mit Bösem/~m vergelten** (*geh*) to return evil/good for good; **des ~n zuviel sein** to be too much [of a good thing]; **das ist wirklich des ~n zuviel!** that's really overdoing things!; **alles hat sein ~s** (*prov*) every cloud has a silver lining *prov;* **im ~n wie im Bösen** (*mit Güte wie mit Strenge*) every way possible; (*in guten und schlechten Zeiten*) through good [times] and bad

Güte <-> ['gy:tə] *f kein pl* ① (*milde Einstellung*) kindness; **die ~ haben, zu ...** to be so kind as to ... ② (*Qualität*) [good] quality ▸ WENDUNGEN: **erster ~** (*fam*) of the first order; **ach du liebe ~!** (*fam*) oh my goodness! *fam;* **in ~** amicably

Gutenachtgeschichte [gu:tə'naxt-] *f* bedtime story **Gutenachtkuss** [gu:tə'naxtkʊs] *m* goodnight kiss

Güterbahnhof *m* goods depot **Güterfernverkehr** *m* long-distance haulage *no pl, no art* **Gütergemeinschaft** *f* JUR community of property; **in ~ leben** to have community of property **Gütertrennung** *f* JUR separation of property; **in ~ leben** to have separation of property **Güterwagen** *m* goods truck, freight car **Güterzug** *m* goods [*or esp* AM freight] train

Gütezeichen *nt* mark of quality, kite mark BRIT

gutgläubig *adj* trusting, gullible

Gutgläubigkeit *f* gullibility *no pl*

gut|haben *vt irreg* ■ **etw bei jdm ~** to be owed sth by sb; **du hast ja noch 125 Euro/einen Gefallen bei mir gut** I still owe you 125 Euros/a favour

Guthaben <-s, -> *nt* credit balance

gut|heißen *vt irreg* ■ **etw ~** to approve of sth

gutherzig *adj* (*geh*) kind-hearted

gütig ['gy:tɪç] *adj* kind; **würden Sie so ~ sein, zu ...** (*geh*) would you be so kind as to ...; **[danke,] zu ~!** (*iron*) [thank you,] you're too kind!

gütlich ['gy:tlɪç] **I.** *adj* amicable **II.** *adv* amicably ▸ WENDUNGEN: **sich** *akk* **an etw** *dat* **~tun** to help oneself freely to sth

gut|machen *vt* ① (*in Ordnung bringen*) ■ **etw ~** to put sth right; **etw an jdm gutzumachen haben** to have sth to make up to sb for ② (*entgelten*) ■ **etw ~** to repay sth; **wie kann ich das nur je wieder ~?** how can I ever repay you? ③ (*wettmachen*) ■ **etw mit etw** *dat* **~** to make sth up again with sth

gutmütig ['gu:tmy:tɪç] *adj* good-natured

Gutmütigkeit <-> *f kein pl* good nature *no pl*

Gutsbesitzer(in) *m(f)* landowner

Gutschein *m* coupon **gut|schreiben** *vt irreg* ■ **jdm etw** *akk* **~** to credit sb with sth **Gutschrift** *f* ① *kein pl* (*Vorgang*) crediting *no pl* ② (*Bescheinigung*) credit note ③ (*Anlage*) credit slip ④ (*im Haben gebuchter Betrag*) credit entry

Gutsherr(in) *m(f)* lord/lady of the manor **Gutshof** *m* estate, manor **Gutsverwalter(in)** *m(f)* estate manager, steward, bailiff BRIT

gutwillig **I.** *adj* (*entgegenkommend*) willing, obliging **II.** *adv* (*freiwillig*) voluntarily

Gymnasiallehrer(in) *m(f),* **Gymnasialprofessor(in)** *m(f)* ÖSTERR ≈ grammar-school [*or* AM ≈ high-school] teacher

Gymnasiast(in) <-en, -en> [gʏmna'zi̯ast] *m(f)* ≈ grammar-school pupil BRIT, ≈ high-school student AM

Gymnasium <-s, -ien> [gʏm'na:zi̯ʊm, *pl* gʏm'na:zi̯ən] *nt* ≈ grammar school BRIT, ≈ high school AM; **humanistisches ~** ≈ grammar school specializing in humanities

Land und Leute

Pupils at German **Gymnasien** are trained to achieve the necessary academic standard required for university entrance between Years 5 and 12 or 13. Traditionally, there are several types of **Gymnasien**: those that specialize in classical languages (Latin and Greek), those that emphasize modern languages (with or without Latin), those that specialize in maths and science or economics, and those that focus on music and art.

Gymnastik <-> [gʏm'nastɪk] *f kein pl* gymnastics + *sing vb*

Gymnastikanzug *m* leotard

Gynäkologe, **Gynäkologin** <-n, -n> [gynɛko'lo:gə] *m, f* gynaecologist

Gynäkologie <-> [gynɛkolo'gi:] *f kein pl* gynaecology *no pl, no art*

Gynäkologin <-, -nen> *f fem form von* **Gynäkologe**

gynäkologisch [gynɛko'lo:gɪʃ] *adj* gynaecological

H

H h

H, h <-, - *o fam* -s, -s> [ha:] *nt* ① (*Buchstabe*) H, h; ~ **wie Heinrich** H for Harry BRIT, H as in How AM ② MUS B, b

h *Abk von* **hora**[e] hr ① *gesprochen: Uhr* (*Stunde der Uhrzeit*) hrs; **Abfahrt des Zuges: 9 h 17** train departure: 9.17 a.m. ② *gesprochen: Stunde* (*Stunde*) h.

ha [ha:] *Abk von* **Hektar** ha

Haar <-[e]s, -e> [ha:ɐ̯] *nt* ① (*einzelnes Haar*) hair ② *sing o pl* (*gesamtes Kopfhaar*) hair *no pl, no indef art;* **graue ~e bekommen** to go grey; **sich** *dat* **die ~e schneiden lassen** to get one's hair cut ▶WENDUNGEN: **jdm stehen die ~e zu Berge** (*fam*) sb's hair stands on end; **an jdm/etw kein gutes ~ lassen** to pick sb/sth to pieces; **sich** *dat* **in die ~e geraten** to quarrel; **jdm kein ~ krümmen** not to touch a hair on sb's head; **sich** *dat* **die ~e raufen** to tear one's hair; **etw ist an den ~en herbeigezogen** sth is be far-fetched; **um ein ~** within a hair's breadth

Haarausfall *m* hair loss *no pl* **Haarband** *nt* hairband **Haarbürste** *f* hairbrush **Haarbüschel** *nt* tuft of hair

haaren ['ha:rən] *vi* to moult

Haaresbreite *f* ▶WENDUNGEN: **um** ~ by a hair's breadth

Haarfarbe *f* colour of one's hair **Haarfestiger** <-s, -> *m* setting lotion **haargenau** *adj* exact

haarig ['ha:rɪç] *adj* ① (*behaart*) hairy ② (*fig: heikel*) hairy; *Angelegenheit* tricky

Haarklammer *f* hair clip

haarklein ['ha:ɐ̯'klain] *adv* in minute detail

Haarlack *m* hairspray

Haarnadel *f* hairpin **Haarnadelkurve** *f* hairpin bend

Haarnetz *nt* hairnet **Haarreif** *m* Alice band **haarscharf** *adv* ① (*ganz knapp*) by a hair's breadth ② (*sehr exakt*) exactly **Haarschnitt** *m* haircut, hairstyle **Haarspalterei** <-, -en> [ha:ɐ̯ʃpalte'rai] *f* (*pej*) splitting hairs *no pl, no art* **Haarspange** *f* hair slide **Haarspray** *nt o m* hairspray **Haarsträhne** *f* strand of hair **haarsträubend** ['ha:ɐ̯ʃtrɔybn̩t] *adj* hair-raising **Haarteil** *nt* hairpiece **Haartrockner** *m* hair dryer **Haarwaschmittel** *nt* shampoo **Haarwasser** *nt* hair lotion

Haarwuchs *m* growth of hair **Haarwuchsmittel** *nt* hair restorer

Haarwurzel *f* root of a/the hair

Hab [ha:p] *nt* **~und Gut** (*geh*) belongings *npl,* possessions *pl*

Habe <-> ['ha:bə] *f kein pl* (*geh*) belongings *npl,* possessions *pl*

haben <hatte, gehabt> ['ha:bn̩] **I.** *vt* ① (*besitzen, aufweisen*) to have; **wir ~ zwei Autos** we've got two cars ② (*erhalten*) **könnte ich mal das Salz ~?** could I have the salt please?; **ich hätte gern ein Bier** I'd like a beer, please ③ *in Maßangaben* **ein Meter hat 100 Zentimeter** there are 100 centimetres in a metre ④ (*von etw erfüllt sein*) **Durst/Hunger ~** to be thirsty/hungry; **gute/schlechte Laune ~** to be in a good/bad mood; **Angst/Sorgen ~** be afraid/worried; **hast du Lust, mit ins Theater zu kommen?** do you feel like coming to the theatre with us? ⑤ (*herrschen*) **wir ~ heute den 13.** it's the 13th today ⑥ + *adj* **es bei jdm gut ~** to be well off with sb ⑦ (*tun müssen*) ■**etw zu tun ~** to have to do sth; **ich habe noch zu arbeiten** I've still got work to do ⑧ DIAL (*geben*) ■**es hat ...** there is/are ...; **im Sommer hat es dort immer reichlich Obst** there's always an abundance of fruit there in summer ⑨ + *präp* ■**etw an sich** *dat* **~** to have sth about one; **jetzt weiß ich, was ich an ihr habe** now I know how lucky I am to have her; ■**für etw** *akk* **zu ~/nicht zu ~ sein** to be/not to be keen on sth; ■**etw von jdm/etw ~** to have sth from sb/sth; **das hast du jetzt davon!** now see where it's got you!; **nichts davon ~** not to gain anything from it; ■**jdn vor sich** *dat* **haben** to deal with sb; **wissen Sie überhaupt, wen Sie vor sich haben?** have you any idea whom you are dealing with? ▶WENDUNGEN: **noch/nicht mehr zu ~ sein** (*fam*) to be still/no longer available; **da hast du's/~ wir's!** (*fam*) there you are!; **was hat es damit auf sich?** what's all this about?; **wie gehabt** as usual **II.** *aux vb* ■**etw getan ~** to have done sth; **also, ich hätte das nicht gemacht** well, I wouldn't have done that

Haben <-s> ['ha:bn̩] *nt kein pl* credit; **mit etw** *dat* **im ~ sein** to be in credit by sth

Habenichts <-[es], -e> ['ha:bənɪçts] *m* (*fam*) have-not *usu pl,* pauper

Habgier ['ha:pgi:ɐ̯] *f* (*pej*) greed *no pl,* avarice *no pl*

habgierig ['ha:pgi:rɪç] *adj* (*pej*) greedy, avaricious

habhaft *adj* (*geh*) ■**einer S.** *gen* **~ werden** get hold of sth

Habicht <-s, -e> ['ha:bɪçt] *m* hawk

Habsburger(in) <-s, -> ['ha:psbʊrgɐ] *m(f)* Hapsburg

Habseligkeiten ['ha:pze:lɪçkaitn̩] *pl* [meagre] belongings *npl*

Habsucht *f s.* **Habgier**

habsüchtig ['ha:pzʏçtɪç] *adj s.* **habgierig**

Hackbraten *m* meat loaf

Hacke <-, -n> ['hakə] *f* ❶ (*Gartengerät*) hoe ❷ ÖSTERR (*Axt*) axe ❸ DIAL (*Ferse*) heel

hacken[1] ['hakn̩] **I.** *vt* ❶ *Gemüse, Nüsse* to chop [up *sep*] ❷ *Boden* to hoe ❸ *Stücke* to hack (**in** +*akk* in) **II.** *vi* ❶ (*mit dem Schnabel*) to peck ❷ (*mit der Hacke*) to hoe

hacken[2] ['hɛkn̩] *vi* INFORM (*sl*) ■**das H~** hacking

Hacker(in) <-s, -> ['hɛkə] *m(f)* (*sl: Computerpirat*) hacker

Hackfleisch *nt* mince, minced [*or* AM ground] meat **Hackordnung** *f* (*fig a.*) pecking order

Häcksel <-s> ['hɛksl̩] *nt o m kein pl* chaff *no pl, no indef art*

hadern ['ha:dɐn] *vi* (*geh*) to quarrel (**mit** +*dat* with); **mit seinem Schicksal ~** to rail against one's fate

Hafen[1] <-s, Häfen> ['ha:fn̩, *pl* 'hɛ:fn̩] *m* ❶ (*Ankerplatz*) harbour, port ❷ (*geh: Zufluchtsort*) [safe] haven

Hafen[2] <-s, Häfen *o* -> ['ha:fn̩, *pl* 'hɛ:fn̩] *m o nt* DIAL, BES ÖSTERR ❶ (*größerer Topf*) pot ❷ (*Nachttopf*) chamber pot

Hafenanlagen *pl* docks *pl* **Hafenarbeiter(in)** *m(f)* docker **Hafenbehörde** *f* harbour authority **Hafeneinfahrt** *f* harbour entrance **Hafengebühr** <-, -en> *f* port dues *pl* **Hafenrundfahrt** *f* boat trip round the harbour **Hafenstadt** *f* port

Hafer <-s, -> ['ha:fɐ] *m* oats *pl*

Haferflocken *pl* oat flakes *pl* **Haferschleim** *m* gruel *no pl*

Haft <-> [haft] *f kein pl* (*Haftstrafe*) imprisonment *no pl;* (*Haftzeit*) prison sentence; **in ~ sein** to be in custody; **aus der ~ entlassen werden** to be released from custody

Haftanstalt *f* detention centre, prison

haftbar ['haftba:ɐ̯] *adj* ■**für etw** *akk* **~ sein** to be liable for sth; **jdn für etw** *akk* **~ machen** to hold sb responsible for sth

Haftbefehl *m* [arrest] warrant

haften[1] ['haftn̩] *vi* ❶ ÖKON to be liable (**mit** +*dat* with) ❷ (*die Haftung übernehmen*) to be responsible (**für** +*akk* for)

haften[2] ['haftn̩] *vi* ❶ (*festkleben*) ■**auf etw** *dat* **~** to adhere to sth ❷ (*sich festsetzen*) ■**an etw** *dat* **~** to cling to sth ❸ (*hängen bleiben*) ■**an jdm ~** to stick to sb

Haftentlassung *f* release from custody

Häftling <-s, -e> ['hɛftlɪŋ] *m* prisoner

Haftnotiz *f* self-adhesive note

Haftpflicht *f* ❶ (*Schadenersatzpflicht*) liability ❷ (*fam: Haftpflichtversicherung*) personal [*or* AM public] liability insurance *no pl, no art;* AUTO third-party insurance *no pl, no art*

haftpflichtig *adj* liable

Haftpflichtversicherung *f* personal [*or* AM public] liability insurance *no pl, no art;* AUTO third-party insurance *no pl, no art*

Haftrichter(in) *m(f)* magistrate

Haftschale *f meist pl* contact lens

Haftstrafe *f* (*veraltend*) *s.* **Freiheitsstrafe**

Haftung[1] <-, -en> ['haftʊŋ] *f* JUR liability

Haftung[2] <-> ['haftʊŋ] *f kein pl* AUTO roadholding *no pl, no indef art*

Hafturlaub *m* parole *no pl, no art*

Hagebutte <-, -n> ['ha:gəbutə] *f* rose hip

Hagebuttentee *m* rose-hip tea

Hagel <-s> ['ha:gl̩] *m kein pl* ❶ METEO hail *no pl, no indef art* ❷ (*Kanonade*) torrent

Hagelkorn <-körner> *nt* hailstone

hageln ['ha:gl̩n] **I.** *vi impers* to hail **II.** *vt impers* (*fam*) ■**es hagelt etw** there is a hail of sth

Hagelschauer *m* hail shower

hager ['ha:gɐ] *adj* gaunt

haha [ha'ha:], **hahaha** [haha'ha:] *interj* haha, ha, ha, ha

Hahn[1] <-[e]s, Hähne> [ha:n, *pl* 'hɛnə] *m* (*männliches Huhn*) cock, rooster AM; (*jünger*) cockerel

Hahn[2] <-[e]s, Hähne *o* -en> [ha:n, *pl* 'hɛnə] *m* ❶ (*Wasserhahn*) tap, faucet AM ❷ (*Vorrichtung an Schusswaffen*) hammer

Hähnchen <-s, -> ['hɛnçən] *nt* chicken

Hahnenfuß *m* BOT buttercup

H

Hahnenschrei *m* cockcrow; **beim** [*o* **mit dem**] **ersten ~** at first cockcrow
Hahnentritt *m* (*Muster*) dog-tooth check BRIT, houndstooth [check] **Hahnentrittmuster** *nt* MODE dog-tooth check
Hai <-[e]s, -e> ['hai̯] *m*, **Haifisch** ['hai̯fɪʃ] *m* shark
Hain <-[e]s, -e> [hai̯n] *m* (*poet, geh*) grove
Haiti <-s> [ha'i:ti] *nt* Haiti; *s. a.* **Deutschland**
Haitianer(in) <-s, -> [hai̯'ti̯a:nɐ] *m(f)* Haitian; *s. a.* **Deutsche(r)**
haitianisch [hai̯'ti̯a:nɪʃ] *adj* Haitian; *s. a.* **deutsch**
häkeln ['hɛkl̩n] *vi, vt* to crochet
Häkelnadel *f* crochet hook

H

Haken <-s, -> ['ha:kn̩] *m* ① (*gebogene Halterung*) hook ② (*beim Boxen*) hook ③ (*hakenförmiges Zeichen*) tick ④ (*fam: hindernde Schwierigkeit*) catch; **einen ~ haben** (*fam*) to have a catch
Hakenkreuz *nt* swastika
Hakennase *f* hooked nose, hooknose
halb [halp] **I.** *adj* ① (*die Hälfte von*) half ② (*halbe Stunde der Uhrzeit*) **es ist genau ~ sieben** it is exactly half past six ③ *kein art* (*ein Großteil*) **~ Deutschland verfolgt die Fußballweltmeisterschaft** half of Germany is following the World Cup ▶WENDUNGEN: **nichts H~es und nichts Ganzes** neither one thing nor the other **II.** *adv* ① *vor vb* (*zur Hälfte*) half; ■**nur ~** only half; **etw nur ~ machen** to only half-do sth; **~ so ... sein** to be half as ...; **~ ..., ~ ...** half ..., half ... ② *vor adj, adv* (*halbwegs*) half; **~ nackt** half-naked; **~ offen** half-open; **~ voll** half-filled ▶WENDUNGEN: [**mit jdm**] **~e-~e machen** to go halves with sb; **das ist ~ so schlimm** it's not as bad as all that
halbamtlich *adj* semi-official **halbautomatisch** *adj* semi-automatic **Halbbruder** *m* half-brother **Halbdunkel** ['halpdʊŋkl̩] *nt* semi-darkness *no pl* **Halbedelstein** *m* semi-precious stone
halber ['halbɐ] *präp +gen nachgestellt* (*geh*) ■**der ... ~** for the sake of ...
halbfertig *adj attr* half-finished **Halbfinale** *nt* semi-final **halbflüssig** *adj Ei* very soft-boiled **Halbgeschwister** *pl* half-brother[s] and -sister[s] **Halbgott, -göttin** *m, f* demigod *masc*, demigoddess *fem* ▶WENDUNGEN: **~ in Weiß** MED (*iron fam*) God in a white coat
halbherzig *adj* half-hearted
halbieren* [hal'bi:rən] *vt* ① (*teilen*) to divide in half ② (*um die Hälfte vermindern*) to halve
Halbinsel ['halpʔɪnzl̩] *f* peninsula **Halbjahr** *nt* half-year
halbjährig ['halpjɛ:rɪç] *adj attr* ① (*ein halbes Jahr dauernd*) six-month *attr* ② (*ein halbes Jahr alt*) six-month-old *attr*
halbjährlich ['halpjɛ:g̊lɪç] **I.** *adj* half-yearly, six-monthly **II.** *adv* every six months, twice a year
Halbkanton *m* SCHWEIZ demicanton **Halbkreis** *m* semicircle **Halbkugel** *f* hemisphere **halblang** *adj* MODE mid-calf length; *Haar* medium-length ▶WENDUNGEN: [**nun**] **mach mal ~!** (*fam*) cut it out! **halblaut** **I.** *adj* quiet **II.** *adv* quietly **Halbleiter** *m* ELEK semiconductor **halbmast** ['halpmast] *adv* at half mast **Halbmesser** *m s.* **Radius** **Halbmetall** *nt* CHEM semimetal **Halbmond** *m* ① ASTRON half-moon ② (*Figur*) crescent **Halbpension** *f* half-board *no pl, no art* **halbrund** *adj* semicircular **Halbschatten** *m* half shade *no pl, no indef art* **Halbschlaf** *m* light sleep *no pl;* **im ~ sein** to be half-asleep **Halbschuh** *m* shoe **Halbschwergewicht** ['halpʃve:g̊gəvɪçt] *nt* SPORT ① *kein pl* (*Gewichtsklasse*) light heavyweight *no pl, no art* ② (*Sportler*) light heavyweight **Halbschwester** *f* half-sister **Halbstarke(r)** *f(m) dekl wie adj* (*veraltend fam*) [young] hooligan
halbstündig ['halpʃtʏndɪç] *adj attr* half-hour *attr*, lasting half an hour
halbstündlich ['halpʃtʏntlɪç] **I.** *adj* half-hourly **II.** *adv* every half-hour
halbtags *adv* on a part-time basis; **sie arbeitet wieder ~ im Büro** she's working half-day at the office again
Halbtagsbeschäftigung *f* half-day job, part-time employment **Halbtagskraft** *f* part-time worker
Halbton *m* MUS semitone **Halbwaise** *f* child without a father/mother; **~ sein** to be fatherless/motherless
halbwegs ['halp've:ks] *adv* ① (*einigermaßen*) partly ② (*nahezu*) almost ③ (*veraltend: auf halbem Wege*) halfway
Halbwelt *f kein pl* demimonde
Halbwert(s)zeit *f* PHYS half-life
Halbwüchsige(r) *f(m) dekl wie adj* adolescent
Halbzeit *f* half-time
Halde <-, -n> ['haldə] *f* ① (*Müllhalde*) landfill, rubbish tip BRIT ② BERGB slag heap ③ (*unverkaufte Ware*) stockpile; **etw auf ~ legen** to stockpile sth
half ['half] *imp von* **helfen**
Hälfte <-, -n> ['hɛlftə] *f* half; **die erste/zweite ~ einer S.** *gen* the first/second half of sth; **um die ~** by half

Halfter[1] <-s, -> ['halftɐ] *m o nt* (*Zaum*) halter

Halfter[2] <-s, - *o* -, -n> ['halftɐ] *nt o f* (*Tasche für Pistolen*) holster

Hall <-[e]s, -e> [hal] *m* ① (*dumpfer Schall*) reverberation ② (*Widerhall*) echo

Halle <-, -n> ['halə] *f* ① (*großer Raum*) hall ② (*Werkshalle*) workshop ③ (*Sporthalle*) sports hall; **in der ~** indoors ④ (*Hangar*) hangar

hallen ['halən] *vi* to echo

Hallenbad *nt* indoor swimming pool **Hallensport** *m kein pl* indoor sport

Halligalli <-s> ['haligali] *nt kein pl* (*meist pej fam*) hubbub

hallo [ha'lo:] *interj* hello

Hallo <-s, -s> [ha'lo:] *nt* hello

Halluzination <-, -en> [halutsina'tsi̯o:n] *f* hallucination

Halm <-[e]s, -e> [halm] *m* ① (*Stängel*) stalk ② (*Trinkhalm*) straw

Halogenbirne *f* halogen bulb **Halogenscheinwerfer** *f* AUTO halogen headlamp

Hals <-es, Hälse> [hals, *pl* 'hɛlzə] *m* ① ANAT neck; **den ~ recken** to crane one's neck; **jdm um den ~ fallen** to fling one's arms around sb's neck ② (*Kehle*) throat; **jdm im ~ stecken bleiben** to become stuck in sb's throat ③ (*Flaschenhals*) neck ▸WENDUNGEN: **~ über <u>Kopf</u>** in a hurry; **aus <u>vollem</u> ~[e]** at the top of one's voice

Halsabschneider(in) *m(f)* (*pej fam*) shark **Halsband** *nt* ① (*für Haustiere*) collar ② (*Samtband*) choker

halsbrecherisch ['halsbrɛçərɪʃ] *adj* breakneck *attr*

Halsentzündung *f* sore throat **Halskette** *f* necklace **Hals-Nasen-Ohren-Arzt, -Ärztin** *m, f* ear, nose and throat specialist **Halsschlagader** *f* carotid [artery] **Halsschmerzen** *pl* sore throat

halsstarrig ['halsʃtarɪç] *adj* (*pej*) obstinate, stubborn

Halstuch *nt* scarf, neckerchief **Halswirbel** *m* ANAT cervical vertebra

halt[1] [halt] *interj* halt!

halt[2] [halt] *adv* DIAL (*eben*) just; **du musst es ~ noch mal machen** you'll just have to do it again

Halt <-[e]s, -e> [halt] *m* ① (*Stütze*) hold; **~ geben** to support; **den ~ verlieren** to lose one's hold ② (*inneres Gleichgewicht*) stability ③ (*Stopp*) stop; **~ machen** to stop

haltbar ['haltba:ɐ̯] *adj* ① (*nicht leicht verderblich*) non-perishable; ■ **~ sein** to keep; **~ machen** to preserve ② (*widerstandsfähig*) durable ③ (*aufrechtzuerhalten*) tenable

Haltbarkeit <-> *f kein pl* ① (*Lagerfähigkeit*) shelf life ② (*Widerstandsfähigkeit*) durability

Haltbarkeitsdatum *nt* sell-by date **Haltbarkeitsdauer** *f kein pl* shelf life

Haltegriff *m* handle

halten <hielt, gehalten> ['haltn̩] **I.** *vt* ① (*festhalten, stützen*) to hold ② (*zum Bleiben veranlassen*) to stop, to keep ③ (*in Position bringen*) to put; **er hielt die Hand in die Höhe** he put his hand up ④ (*besitzen*) to keep ⑤ (*weiter innehaben*) to hold on to ⑥ (*in einem Zustand erhalten*) to keep ⑦ (*abhalten*) to give; **er hielt eine kurze Rede** he made a short speech ⑧ (*erfüllen*) **der Film hält nicht, was der Titel verspricht** the film doesn't live up to its title ▸WENDUNGEN: **das <u>kannst</u> du ~, wie du willst** that's completely up to you; **nichts/viel <u>davon</u> ~, etw zu tun** to think nothing/a lot of doing sth; **jdn/etw <u>für</u> jdn/etw ~** to take sb/sth for sb/sth; **etw <u>von</u> jdm/etw ~** to think sth of sb/sth **II.** *vi* ① (*festhalten*) to hold ② (*haltbar sein*) to keep ③ (*anhalten*) to stop ▸WENDUNGEN: **<u>an</u> sich** *akk* **~** to control oneself; **<u>zu</u> jdm ~** to stand by sb **III.** *vr* ① (*sich festhalten*) ■ **sich** *akk* **an etw** *dat* **~** to hold on to sth ② METEO (*konstant bleiben*) ■ **sich** *akk* **~** to last ③ (*eine Richtung beibehalten*) ■ **sich** *akk* **irgendwohin/nach ... ~** to keep to somewhere/heading towards ... ④ (*sich richten nach*) ■ **sich** *akk* **an etw** *akk* **~** to stick to sth ⑤ (*eine bestimmte Haltung haben*) ■ **sich** *akk* **irgendwie ~** to carry oneself in a certain manner ▸WENDUNGEN: **sich** *akk* **<u>gut</u> gehalten haben** (*fam*) to have worn well; **sich** *akk* **<u>für</u> jdn/etw ~** to think one is sb/sth

Halter <-s, -> *m* holder

Halterung <-, -en> *f* mounting, support

Haltestelle *f* stop **Halteverbot** *nt kein pl* no stopping; **hier ist ~** this is a no stopping area; **eingeschränktes ~** limited waiting

haltlos *adj* ① (*labil*) weak; *Mensch* unsteady ② (*unbegründet*) groundless, unfounded

Haltung[1] <-, -en> ['haltʊŋ] *f* ① (*Körperhaltung*) posture; (*typische Stellung*) stance ② (*Einstellung*) attitude ③ *kein pl* (*Verhalten*) manner ▸WENDUNGEN: **~ <u>bewahren</u>** to keep one's composure

Haltung[2] <-> ['haltʊŋ] *f kein pl von Tieren* keeping

Haltungsfehler *m* bad posture

Halunke <-n, -n> [ha'lʊŋkə] *m* ① (*pej: Ga-

ner) scoundrel ② (*hum: Schlingel*) rascal

Hamam <-[s], -s> [ha'ma:m] *m* Turkish bath, hamam

Hamburg <-s> ['hambʊrk] *nt* Hamburg

Hamburger <-s, -> ['hambʊrgɐ] *m* hamburger

Hamburger(in) <-s, -> ['hambʊrgɐ] *m(f)* native of Hamburg

hämisch ['hɛːmɪʃ] **I.** *adj* malicious **II.** *adv* maliciously

Hammel <-s, -> ['haml̩] *m* ① (*Tier*) wether ② *kein pl* (*Hammelfleisch*) mutton

Hammelfleisch *nt* mutton

Hammer <-s, Hämmer> ['hamɐ, *pl* 'hɛmɐ] *m* ① (*Werkzeug*) hammer ② SPORT (*Wurfgerät*) hammer ③ (*sl: schwerer Fehler*) howler ④ (*Unverschämtheit*) outrageous thing

hämmern ['hɛmɐn] *vi, vt* ① (*mit dem Hammer arbeiten*) to hammer ② (*wie Hammerschläge ertönen*) to make a hammering noise ③ (*fam: auf dem Klavier spielen*) to hammer away at the piano ④ (*rasch pulsieren*) to pound

Hammerwerfen <-s> *nt kein pl* hammer-throwing

Hämorrhoide, Hämorride <-, -n> [hɛmɔ'riːdə] *f meist pl* haemorrhoids *pl*

Hampelmann <-männer> ['hampl̩man, *pl* -mɛnɐ] *m* ① (*Spielzeug*) jumping jack ② (*pej fam: labiler Mensch*) puppet

hampeln ['hampl̩n] *vi* (*fam*) to fidget

Hamster <-s, -> ['hamstɐ] *m* hamster

Hamsterbacken *pl* (*fam*) chubby cheeks **Hamsterkauf** *m* panic-buying

hamstern ['hamstɐn] *vt, vi* to hoard

Hand <-, Hände> [hant, *pl* 'hɛndə] *f* ① ANAT hand; **Hände hoch!** hands up!; **linker/rechter ~** on the left/right; **jdm etw in die ~ drücken** to press sth into sb's hand; **jdm die ~ geben** to shake sb's hand; **etw in die ~ nehmen** to pick up *sep* sth; **Hände weg!** hands off! ② *kein pl* SPORT (*Handspiel*) handball ③ (*Besitz*) hands; **der Besitz gelangte in fremde Hände** the property passed into foreign hands ▶ WENDUNGEN: **~ und __Fuß__ haben** to be purposeful; **die Hände in den __Schoß__ legen** to sit back and do nothing; **[bei etw** *dat*] **die Hände im __Spiel__ haben** to have a hand in sth; **bei jdm in __besten__ Händen sein** to be in safe hands with sb; **mit der __bloßen__ ~** with one's bare hands; **aus __erster__/__zweiter__ ~** first-hand/second-hand; **in __festen__ Händen sein** (*fam*) to be spoken for; **__freie__ ~ haben** to have a free hand; **jds __rechte__ ~ sein** to be sb's right-hand man; **eine __starke__ ~** a firm hand; **alle Hände __voll__ zu tun haben** to have one's hands full; **etw gegen jdn in der ~ __haben__** to have sth on sb; **zur ~ __sein__** to be at hand; **[klar] auf der ~ __liegen__** (*fam*) to be [perfectly] obvious; **in jds ~ __liegen__** to be in sb's hands; **etw selber in die ~ __nehmen__** to take sth into one's own hands; **eine ~ __wäscht__ die andere** you scratch my back I'll scratch yours; **__an__ ~ einer S.** *gen* with the aid of sth; **[bar] __auf__ die ~** (*fam*) cash in hand; **~ __in__ ~** hand in hand; **__von__ ~** by hand; **__zu__ Händen von jdm** for the attention of sb, attn: sb

Handarbeit *f* ① (*Gegenstand*) handicraft; **~ sein** to be handmade; **in ~** by hand ② *kein pl* (*körperliche Arbeit*) manual labour ③ (*Nähen, Stricken etc.*) sewing and knitting; SCH needlework; (*Gegenstand*) needlework **Handball** *m o fam nt* SPORT handball **Handbewegung** *f* movement of the hand, gesture **Handbreit** <-, -> ['hantbrai̯t] *f* a few centimetres **Handbremse** *f* handbrake **Handbuch** *nt* manual

Händchen <-s, -> ['hɛntçən] *nt dim von* **Hand** little hand; **für etw** *akk* **ein ~ haben** (*fam*) to have a knack for sth; **~ halten** (*fam*) to hold hands

Handcreme [-kreːm] *f* hand cream

Händedruck *m kein pl* handshake

Handel <-s> ['handl̩] *m kein pl* ① (*Wirtschaftszweig der Händler*) commerce ② (*Warenverkehr*) trade ③ (*fam: Abmachung, Geschäft*) deal ④ (*das Handeln*) dealing, trading (**mit** +*dat* in); **[mit etw** *dat*] **~ treiben** to trade [in sth] ⑤ (*Laden*) business; **im ~ sein** to be on the market

handeln ['handl̩n] **I.** *vi* ① (*kaufen und verkaufen*) to trade (**mit** +*dat* with, in); **er soll mit Drogen gehandelt haben** he is supposed to have been trafficking drugs ② (*feilschen*) to haggle (**um** +*akk* over); **über den Preis lasse ich nicht mit mir ~** the price is not open to negotiation ③ (*agieren*) to act ④ (*befassen*) ■**von etw** *dat* **~** to be about sth, to deal with sth **II.** *vr impers* ■**sich** *akk* **um jdn/etw ~** to be a matter of sth, to concern sb/sth; **bei den Tätern soll es sich um Angehörige einer Terrorgruppe ~** the culprits are said to be members of a terrorist group; **worum handelt es sich, bitte?** what's it about, please? **III.** *vt* (*angeboten und verkauft werden*) ■**[für etw** *akk*] **gehandelt werden** to be traded [at sth]

Handelsabkommen *nt* trade agreement **Handelsakademie** *f* ÖSTERR ≈ business school **Handelsartikel** *m s.* **Handels-**

ware **Handelsbank** *f* merchant bank **Handelsbeziehungen** *pl* trade relations **Handelsbilanz** *f* balance of trade; **aktive/passive ~** balance of trade surplus/deficit **Handelsdefizit** *nt* trade deficit **handelseinig** ['handl̩s?ainɪç], **handelseins** ['handl̩s?ains] *adj präd* ■ **~ sein/werden** to agree terms **Handelsflotte** *f* merchant fleet **Handelsfreiheit** *f kein pl* freedom of trade **Handelsgesellschaft** *f* commercial company **Handelsgesetz** *nt* commercial law **Handelskammer** *f* chamber of commerce **Handelsmarke** *f* trademark, brand **Handelspartner(in)** *m(f)* (*Land*) trading partner **Handelsrecht** *nt* commercial law **Handelsregister** *nt* Register of Companies **Handelsschiff** *nt* trading vessel **Handelsschule** *f* business school **handelsüblich** *adj* in accordance with standard commercial practice; **eine ~e Größe** a standard size **Handelsvertrag** *m* JUR trade agreement **Handelsvertreter(in)** *m(f)* commercial agent **Handelsware** *f* commodity **Handelszentrum** *nt* business centre

Handeltreibende(r) *f(m) dekl wie adj* trader

händeringend I. *adj* wringing one's hands **II.** *adv* (*fam: dringend*) desperately **Händetrockner** *m* hand drier

Handfeger <-s, -> *m* hand brush **Handfertigkeit** *f* dexterity **handfest** *adj* ① (*deftig*) substantial ② (*robust*) sturdy ③ (*ordentlich*) proper; **die Affäre wuchs sich zu einem ~en Skandal aus** the affair turned into a full-blown scandal ④ (*hieb- und stichfest*) well-founded; **~e Beweise** solid proof **Handfeuerwaffe** *f* hand-gun **Handfläche** *f* palm of one's hand

Handfunkgerät *nt* walkie-talkie **handgearbeitet** *adj* handmade **Handgelenk** *nt* wrist ▶WENDUNGEN: **etw aus dem ~ schütteln** (*fam*) to do sth straight off **Handgemenge** *nt* scuffle **Handgepäck** *nt* hand luggage **Handgerät** *nt* ① (*handwerkliches Gerät*) small [hand-held] device ② SPORT hand apparatus **handgeschrieben** *adj* handwritten **handgestrickt** *adj* ① (*von Hand gestrickt*) hand-knitted ② (*amateurhaft gemacht*) homespun **Handgranate** *f* hand grenade

handgreiflich ['hantgraiflɪç] *adj* violent; ■ **~ werden** to become violent (**gegen** *+akk* towards)

Handgreiflichkeit <-, -en> *f kein pl* (*Tätlichkeit*) fight *no pl;* **bei dem Streit kam es zu ~en** the argument became violent

Handgriff *m* ① (*Aktion*) movement ② (*Griff*) handle ▶WENDUNGEN: **mit einem ~** with a flick of the wrist

Handhabe *f* tangible evidence

handhaben ['hantha:bn̩] *vt* ① (*bedienen*) to handle; *Maschine a.* to operate ② (*anwenden*) to apply ③ (*verfahren*) to manage

Handhabung <-> *f kein pl* ① (*Bedienung*) operation ② (*Anwendung*) application

Handicap, Handikap <-s, -s> ['hɛndikɛp] *nt* handicap

händisch ['hɛndɪʃ] *adj* ÖSTERR manual

Handkarren *m* handcart **Handkoffer** *m* small suitcase **Handkuss** *m* kiss on the hand

Handlanger(in) <-s, -> ['hantlaŋɐ] *m(f)* ① (*Helfer*) labourer ② (*pej: Erfüllungsgehilfe*) stooge **Handlangerdienst** *m* dirty work

Händler(in) <-s, -> ['hɛndlɐ] *m(f)* dealer ▶WENDUNGEN: **fliegender ~** street trader

handlich ['hantlɪç] *adj* ① (*bequem zu handhaben*) easy to handle, manageable ② (*leicht lenkbar*) manoeuvrable

Handlung <-, -en> ['handlʊŋ] *f* ① (*Tat*) act ② (*im Buch, Film*) action, plot, story; **äußere ~** external action; **fallende ~** falling action; **steigende ~** rising action

Handlungsbedarf *m* need for action **Handlungsbevollmächtigte(r)** *f(m)* authorized agent **handlungsfähig** *adj* capable of acting **Handlungsfreiheit** *f kein pl* freedom of action **Handlungsspielraum** *m* room for manoeuvre **handlungsunfähig** *adj* incapable of acting **Handlungsweise** *f* conduct **Handlungszeit** *f* LIT acting time

Handorgel *f* SCHWEIZ accordion **Handpflege** *f* (*Maniküre*) care of the hands, manicure **Handrücken** *m* back of the hand **Handschelle** *f meist pl* handcuffs *pl;* **jdm ~n anlegen** to handcuff sb **Handschlag** *m* handshake **Handschrift** ['hantʃrɪft] *f* ① (*Schrift*) handwriting ② (*Text*) manuscript **handschriftlich I.** *adj* ① (*von Hand geschrieben*) handwritten ② (*als Handschrift überliefert*) in manuscript form **II.** *adv* (*von Hand*) by hand

Handschuh *m* glove **Handschuhfach** *nt* glove compartment **Handschuhkasten** *m* glove compartment

Handstand *m* handstand; **einen ~ machen** to do a handstand **Handtasche** *f* handbag, purse AM **Handteller** *m* palm **Handtuch** <-tücher> *nt* towel **Handumdrehen** ['hant?ʊmdre:ən] *nt* ▶WENDUNGEN: **im ~** in a jiffy **Handvoll** <-, -> *f* handful **Handwäsche** *f* ① (*Vorgang*) hand-wash

H

❷ *kein pl* (*Wäschestücke*) item for hand-washing

Handwerk *nt* trade ▶WENDUNGEN: **jdm das ~ legen** to put an end to sb's game; **jdm ins ~ pfuschen** to encroach on sb's activities; **sein ~ verstehen** to know one's job

Handwerker(in) <-s, -> *m(f)* tradesman

handwerklich **I.** *adj* relating to a trade; **~es Können** craftsmanship **II.** *adv* concerning craftsmanship

Handwerksbetrieb *m* workshop **Handwerkskammer** *f* Chamber of Handicrafts **Handwerksmeister(in)** *m(f)* ÖKON master craftsman **Handwerkszeug** *nt kein pl* tools of the trade, equipment

Handwurzel *f* carpus

Handy <-s, -s> ['hɛndi] *nt* TELEK mobile [phone]

Handzeichen *nt* gesture, sign **Handzettel** *m* leaflet

hanebüchen *adj* (*veraltend geh*) outrageous

Hanf <-[e]s> [hanf] *m kein pl* hemp

Hang <-[e]s, Hänge> [haŋ, *pl* 'hɛŋə] *m* ❶ (*Abhang*) slope ❷ *kein pl* (*Neigung*) tendency; **sie hat einen ~ zu Übertreibungen** she has a tendency to exaggerate; **den ~ haben, etw zu tun** to be inclined to do sth

Hängebrücke *f* suspension bridge **Hängelampe** *f* hanging lamp **Hängematte** *f* hammock

hängen ['hɛŋən] **I.** *vi* <hing, gehangen> ❶ (*angebracht sein*) *Gegenstand, Verbrecher* to hang (**an** +*dat* on, **über** +*dat* over, **von** +*dat* from) ❷ (*sich neigen*) to lean ❸ (*befestigt sein*) ■**an etw** *dat* ~ *Anhänger, Wohnwagen* to be attached to sth ❹ (*fam: angeschlossen sein*) ■**an etw** *dat* ~ *Patient* to be connected to sth ❺ (*fam: emotional*) ■**an etw/jdm ~** to be attached to sth/sb ❻ (*festhängen*) [**mit etw** *dat*] **an etw** *dat* **~bleiben** to get caught on sth [by sth] ❼ (*fam: sich aufhalten*) **~ bleiben** to be kept down; **er hängt den ganzen Tag vorm Fernseher** he spends all day in front of the television ❽ (*fam: zu erledigen sein*) **etw bleibt an jdm ~** sth is down to sb ❾ (*fam: in der Erinnerung bleiben*) ■[**bei jdm**] **~ bleiben** to stick [in sb's mind] ❿ (*nach unten*) **etw ~ lassen** to dangle sth **II.** *vt* <hängte *o* DIAL hing, gehängt *o* DIAL gehangen> ❶ (*anbringen*) ■**etw an/auf etw** *akk* **~** to hang sth on sth ❷ (*henken*) to hang ❸ (*anschließen*) ■**etw an etw** *akk* **~** to attach sth to sth ❹ (*im Stich lassen*) ■**jdn ~ lassen** to let sb down **III.** *vr* <hängte *o* DIAL hing, gehängt *o* DIAL gehangen> ❶ (*sich festhalten*) ■**sich** *akk* **an jdn/etw ~** to hang on to sb/sth ❷ (*sich gehen lassen*) ■**sich** *akk* **~lassen** to let oneself go

hängend *adj* hanging; **er kam mit ~er Zunge an** he arrived gasping for breath

Hannover <-s> [ha'no:fɐ] *nt* Hanover

Hansdampf <-[e]s, -e> [hans'dampf] *m* Jack-of-all-trades ▶WENDUNGEN: **ein ~ in allen Gassen sein** to be a Jack-of-all-trades

Hanse <-> ['hanzə] *f kein pl* HIST Hanseatic League

> **Land und Leute**
>
> **Die Hanse** (*the Hanseatic League*) was originally an association of towns lying on important trade routes. The aim of these *Hansestädte* was to protect and control trade. The German **Hanse** had a trade monopoly on the Baltic for 200 years. Today, there are still seven north German towns which call themselves *Hansestädte*: Hamburg, Bremen, Lübeck, Greifswald, Rostock, Stralsund and Wismar.

hanseatisch *adj* Hanseatic

Hänselei <-, -en> *f* [relentless] teasing

hänseln ['hɛnzl̩n] *vt* to tease

Hansestadt *f* ❶ (*Bremen, Hamburg und Lübeck*) Hanseatic city ❷ HIST city of the Hanseatic League

Hanswurst <-[e]s, -e *o* -würste> [hans'vʊrst] *m* (*hum fam*) buffoon

Hantel <-, -n> ['hantl̩] *f* SPORT dumb-bell

hantieren* [han'ti:rən] *vi* ❶ (*sich beschäftigen*) to be busy (**mit** +*dat* with); **ich hörte ihn im Keller mit Werkzeug ~** I heard him using tools in the cellar ❷ (*herumwerkeln*) to work (**an** +*dat* on)

hapern ['ha:pɐn] *vi impers* (*fam*) ❶ (*fehlen*) ■**an etw** *dat* **~** to be lacking sth ❷ (*schlecht bestellt sein*) ■**es hapert** [**bei jdm**] **mit etw** *dat* sb has a problem with sth

häppchenweise *adv* (*fam*) in small mouthfuls; (*nach und nach*) bit by bit

Happen <-s, -> ['hapn̩] *m* (*fam: kleine Mahlzeit*) snack

Happening <-s, -s> ['hɛpənɪŋ] *nt* happening; **ein ~ veranstalten** to stage a happening

happig ['hapɪç] *adj* (*fam: hoch*) *Preis* steep

happy ['hɛpi] *adj* (*fam*) happy

Happy-End <-s, -s> *nt*, **Happyend** ['hɛpi'ʔɛnt] *nt* ÖSTERR happy ending **Happy Hour** <-s, -s>, **Happyhour** <-s, -s> ['hɛpi'aʊɐ] *f* happy hour

Haptik <-> ['haptɪk] *f* (*Lehre vom Tastsinn*) haptics

Harddisk <-, -s>, **Hard Disk** <-, -s> ['haːɐ̯tdɪsk] *f* INFORM hard disk **Hardliner(in)** <-s, -> ['haːɐ̯tlajnə] *m(f)* hardliner **Hardrock, Hard Rock** <-, -[s]> ['haːɐ̯trɔk] *m* hard rock **Hardware** <-, -s> ['haːɐ̯tvɛɐ̯] *f* INFORM hardware

Harem <-s, -s> ['haːrɛm] *m* harem

Harfe <-, -n> ['harfə] *f* harp

Harke <-, -n> ['harkə] *f bes* NORDD rake

harken ['harkn̩] *vt bes* NORDD *Beet, Laub* to rake

Harlekin <-s, -e> ['harlekiːn] *m* Harlequin

harmlos **I.** *adj* ① (*ungefährlich*) harmless ② (*arglos*) innocent **II.** *adv* ① (*ungefährlich*) harmlessly ② (*arglos*) innocently

Harmonie <-, -n> [harmo'niː, *pl* -'niːən] *f* harmony

harmonieren* [harmo'niːrən] *vi* ① (*zusammenklingen*) to harmonize ② (*zueinander passen*) to go with ③ (*gut zusammenpassen*) to get on well [with each other]

Harmonika <-, -s *o* Harmoniken> [har'moːnika] *f* accordion

harmonisch [har'moːnɪʃ] **I.** *adj* harmonious **II.** *adv* harmoniously

harmonisieren* [harmoni'ziːrən] *vt* to harmonize

Harmonium <-s, -ien> [har'moːni̯ʊm, *pl* -'moːniən] *nt* harmonium

Harn <-[e]s, -e> [harn] *m* urine

Harnblase *f* bladder **Harnleiter** *m* ureter **Harnröhre** *f* urethra **Harnsäure** *f* uric acid **harntreibend** **I.** *adj* (*geh*) diuretic **II.** *adv* (*geh*) having a diuretic effect **Harnwege** *pl* urinary tract

Harpune <-, -n> [har'puːnə] *f* harpoon

harpunieren* [harpu'niːrən] *vt* to harpoon

harren ['harən] *vi* (*geh*) ■**einer S.** *gen* ~ to await sth

harsch [harʃ] *adj* hard-frozen, hard-packed; *Schnee* frozen

Harsch <-[e]s> [harʃ] *m kein pl* compacted snow

hart <härter, härteste> [hart] **I.** *adj* ① (*nicht weich*) hard; (*straff*) firm ② (*heftig*) *Aufprall, Ruck, Winter* severe ③ *Akzent* harsh ④ *Schnaps* strong; *Drogen* hard; *Pornografie* hard-core ⑤ (*brutal*) *Film, Konflikt* violent ⑥ (*abgehärtet*) *Kerl* tough ⑦ (*streng, unerbittlich*) *Mensch* hard; *Regime* harsh; *Strafe* severe; *Gesetze* harsh; *Worte* harsh; ■~ **mit jdm sein** to be hard on sb ⑧ (*schwer zu ertragen*) cruel; *Zeiten* hard; *Realität* harsh; *Wahrheit* harsh; **der Tod ihres Mannes war für sie ein ~er Schlag** the death of her husband was a cruel blow for her ⑨ (*mühevoll*) hard, tough; **20 Jahre ~er Arbeit** 20 years of hard work ▶WENDUNGEN: [**in etw** *dat*] ~ **bleiben** to remain firm [about sth]; ~ **im Nehmen sein** to be resilient **II.** *adv* ① (*nicht weich*) hard; ~ **gefroren** frozen hard *pred;* ~ **gekocht** hard-boiled ② (*heftig*) **bei dem Sturz ist er ~ gefallen** he had a severe fall ③ (*rau*) harshly; **die Sprache klingt ziemlich ~** the language sounds quite harsh ④ (*mühevoll*) hard; ~ **arbeiten** to work hard ▶WENDUNGEN: **jdn ~ treffen** to hit sb hard

Härte <-, -n> ['hɛrtə] *f* ① (*Härtegrad*) hardness ② *kein pl* (*Wucht*) force ③ *kein pl* (*Robustheit*) robustness ④ *kein pl* (*Stabilität*) stability ⑤ *kein pl* (*Strenge*) severity; (*Unerbittlichkeit*) relentlessness ⑥ (*schwere Erträglichkeit*) cruelty

Härtefall *m* case of hardship

härten ['hɛrtn̩] *vt, vi* to harden

Härtetest *m* endurance test

Hartfaserplatte *f* hardboard BRIT, fiberboard AM **Hartgeld** *nt* coins *pl*

hartgesotten ['hartgəzɔtən] *adj* ① (*unsensibel*) [hard]ened ② (*verstockt*) **ein ~er Sünder** an unrepentant sinner

hartherzig *adj* hard-hearted

hartnäckig **I.** *adj* ① (*beharrlich*) persistent ② (*langwierig*) stubborn **II.** *adv* (*beharrlich*) persistently

Hartnäckigkeit <-> *f kein pl* ① (*Beharrlichkeit*) persistence ② (*Langwierigkeit*) stubbornness

Hartz IV [haːɐ̯ts'fiːɐ̯] *German labour market reform of 2005 that regulates and brings together unemployment and social security benefits*

Harz[1] <-es, -e> [haːɐ̯ts] *nt* resin

Harz[2] <-es> [haːɐ̯ts] *m* ■**der ~** the Harz Mountains

harzig ['haːɐ̯tsɪç] *adj* resinous

Hasch <-[s]> [haʃ] *nt kein pl* (*fam*) hash

Haschee <-s, -s> [ha'ʃeː] *nt* hash

haschen[1] ['haʃn̩] *vi* (*veraltend geh*) ■**nach etw** *dat* ~ ① (*greifen*) to make a grab for sth ② (*streben*) to angle for sth

haschen[2] ['haʃn̩] *vi* (*fam*) to smoke hash

Haschisch <-[s]> ['haʃɪʃ] *nt o m kein pl* hashish

Hase <-n, -n> ['haːzə] *m* ① (*wild lebendes Nagetier*) hare ② (*Hasenbraten*) roast hare ③ (*Kaninchen*) rabbit

Haselnuss ['haːzl̩nʊs] *f* ① (*Nuss*) hazelnut ② (*Hasel*) hazel

Hasenfuß *m* (*fam*) chicken *sl,* coward **Hasenpfeffer** *m* jugged hare BRIT, Hasenpfeffer AM **Hasenscharte** *f* MED harelip

H

Häsin *f* doe, female hare

Hass <-es> [has] *m kein pl* hate, hatred, loathing; **einen ~ auf jdn haben** to be angry with sb; **aus ~** out of hatred

hassen ['hasn̩] *vt* to hate; ■**es ~, etw zu tun** to hate doing sth

hassenswert *adj* hateful, odious

hasserfüllt *adj, adv* full of hate

hässlich ['hɛslɪç] **I.** *adj* ① (*unschön*) ugly, hideous ② (*gemein*) nasty ③ (*unerfreulich*) unpleasant **II.** *adv* (*gemein*) nastily

Hässlichkeit <-, -en> *f* ugliness, nastiness

Hassliebe *f* love-hate relationship **Hasspredigt** *f* (*pej*) hate sermon **hassverzerrt** *adj* twisted with hatred

Hast <-> [hast] *f kein pl* haste

hasten ['hastn̩] *vi sein* (*geh*) to hurry

hastig ['hastɪç] **I.** *adj* hurried, rushed; **nicht so ~!** not so fast! **II.** *adv* hastily, hurriedly

hat *3. pers sing pres von* **haben**

hätscheln ['hɛːtʃl̩n] *vt* ① (*liebkosen*) to cuddle ② (*gut behandeln*) to pamper ③ (*gerne pflegen*) to cherish

hatschi [ha'tʃiː] *interj* atishoo

hatte ['hatə] *imp von* **haben**

Haube <-, -n> ['haubə] *f* ① (*weibliche Kopfbedeckung*) bonnet ② (*Trockenhaube*) hair dryer ③ (*Motorhaube*) bonnet ④ ÖSTERR, SÜDD (*Mütze*) cap

Hauch <-[e]s, -e> [haux] *m* (*geh, poet*) ① (*Atemhauch*) breath ② (*Luftzug*) breath of air ③ (*leichter Duft*) whiff, waft ④ (*Flair*) aura

hauchdünn ['haux'dʏn] *adj* ① (*äußerst dünn*) wafer-thin; **~er Stoff** filmy textile ② (*äußerst knapp*) **eine ~e Mehrheit** a narrow majority

hauchen ['hauxn̩] **I.** *vi* (*sanft blasen*) to breathe **II.** *vt* (*flüstern*) to whisper

Haue <-, -n> ['hauə] *f* ① SÜDD, SCHWEIZ, ÖSTERR (*Hacke*) hoe ② *kein pl* (*fam: Prügel*) thrashing; **~ kriegen** (*fam*) to get a thrashing

hauen <haute, gehauen *o* DIAL gehaut> ['hauən,] **I.** *vt* ① <haute, gehauen> (*fam: schlagen*) to hit ② <haute, gehauen> (*fam: verprügeln*) to hit; ■**sie ~ sich** they are fighting each other ③ <haute, gehauen> (*meißeln*) to carve; **der Künstler hat diese Statue in Marmor ge~** the artist carved this statue in marble **II.** *vr* (*fam: sich setzen, legen*) ■**sich** *akk* **auf/in etw** *akk* **~** to throw oneself onto/into sth

Hauer <-s, -> ['hauɐ] *m* ① (*Eckzahn*) tusk ② (*hum: großer Zahn*) fang

Häufchen <-s, -> ['hɔyfçən] *nt dim von* **Haufen** small pile ▶WENDUNGEN: **ein ~ Elend** (*fam*) a picture of misery

Haufen <-s, -> ['haufn̩] *m* ① (*Anhäufung*) heap, pile ② (*fam: große Menge*) load; **du erzählst da einen ~ Quatsch!** what a load of rubbish! ③ (*Schar*) crowd ④ (*Gruppe, Gemeinschaft*) bunch ▶WENDUNGEN: **jdn über den ~ rennen/fahren** (*fam*) to run over *sep* sb; **etw über den ~ werfen** (*fam*) to mess up *sep* sth; **auf einem ~** (*fam*) in one place

häufen [hɔyfn̩] **I.** *vt* (*aufhäufen*) to pile on **II.** *vr* ■**sich** *akk* **~** ① (*zahlreicher werden*) to become more frequent, to multiply ② (*türmen*) to pile up

haufenweise *adv* ① (*in Haufen*) in heaps ② (*fam*) in great quantities; **etw ~ haben** to have loads of sth

häufig ['hɔyfɪç] **I.** *adj* frequent **II.** *adv* frequently, often

Häufigkeit <-, -en> *f* frequency

Haupt <-[e]s, Häupter> [haupt, *pl* 'hɔyptɐ] *nt* (*geh*) head ▶WENDUNGEN: **gesenkten/erhobenen ~es** with one's head bowed/raised

Hauptaktionär(in) *m(f)* principal [*or* main] shareholder **Hauptaltar** *m* high altar **hauptamtlich** **I.** *adj* full-time **II.** *adv* on a full-time basis **Hauptaspekt** *m eines Experiments* central focus; *eines Romans* main theme **Hauptaufgabe** *f* main duty **Hauptaugenmerk** *f kein pl* **sein ~ auf etw** *akk* **richten** to pay particular attention to sth **Hauptausgang** *m* main exit **Hauptbahnhof** *m* central station **Hauptbelastungszeuge, -zeugin** *m, f* JUR chief witness for the prosecution **hauptberuflich** **I.** *adj* full-time **II.** *adv* on a full-time basis **Hauptbestandteil** *m* main component **Hauptdarsteller(in)** *m(f)* leading man [*or* actor] **Haupteingang** *m* main entrance **Hauptfach** *nt* SCH ① (*Studienfach*) main subject, major AM ② (*wichtigstes Schulfach*) major subject **Hauptfigur** *f* LIT main character **Hauptfilm** *m* main film **Hauptgang** *m* ① (*Hauptgericht*) main course ② (*zentraler Gang*) main corridor ③ (*Waschgang*) main wash **Hauptgebäude** *nt* main building **Hauptgericht** *nt* main course **Hauptgeschäftszeit** *f* peak shopping hours, main business hours **Hauptgewicht** *nt* main emphasis **Hauptgewinn** *m* first prize **Haupthahn** *m* main cock [*or esp* AM tap] **Hauptleitung** *f* mains *pl* **Hauptleute** *pl von* **Hauptmann**

Häuptling <-s, -e> ['hɔyptlɪŋ] *m* chief

Hauptmahlzeit *f* main meal **Hauptmann** <-leute> ['hauptman] *m* captain **Hauptmenü** *nt* INFORM main menu

Hauptmerkmal *nt* main feature **Hauptperson** *f* ① (*wichtigste Person*) central figure, most important person ② (*die tonangebende Person*) centre of attention, main person **Hauptpost** *f*, **Hauptpostamt** *nt* main post office **Hauptproblem** *nt* main problem **Hauptquartier** *nt* headquarters **Hauptrolle** *f* leading role ▸WENDUNGEN: [**bei etw** *dat*] **die ~ spielen** to play a leading part [in sth] **Hauptsache** ['haʊptzaxə] *f* main thing; **~, du bist glücklich!** the main thing is that you're happy!

hauptsächlich ['haʊptszɛçlɪç] **I.** *adj* main, chief **II.** *adv* mainly, especially, above all

Hauptsaison [-zɛzɔŋ] *f* peak season **Hauptsatz** *m* LING main clause **Hauptschalter** *m* main [*or* master] switch **Hauptschlagader** *f* aorta **Hauptschlüssel** *m* master key, passkey **Hauptschulabgänger(in)** *m(f)* SCH graduates from a *Hauptschule* **Hauptschuld** *f kein pl* main blame **Hauptschuldige(r)** *f(m)* person mainly to blame, major offender

Hauptschule *f* ≈ secondary modern school BRIT, ≈ junior high school AM

Land und Leute

The **Hauptschule** (roughly equivalent to the old secondary modern school in the UK) runs from Years 5 to 9 or 10. It caters for pupils whose average mark at the end of primary school does not satisfy the requirements of the *Realschule* or the *Gymnasium.* Given the necessary academic achievement, it is possible for some pupils to progress from the **Hauptschule** to the *Realschule.* School leavers with a *Hauptschulabschluss* (school leaving certificate) go on to apply for further vocational training.

Hauptschüler(in) *m(f)* ≈ secondary modern school pupil BRIT, ≈ junior-high student AM **Hauptschwierigkeit** *f* main problem **Hauptsitz** *m* headquarters *npl*, head office **Hauptspeicher** *m* INFORM main [*or* primary] memory [*or* storage] **Hauptspeise** *f* main course **Hauptstadt** *f* capital [city] **Hauptstraße** *f* main street **Haupttreffer** *m* jackpot; **den ~ erzielen** to hit the jackpot **Hauptursache** *f* main cause **Hauptverhandlung** *f* main hearing

Hauptverkehrsstraße *f* main road, arterial road **Hauptverkehrszeit** *f* rush hour

Hauptversammlung *f* general meeting **Hauptverwaltung** *f* ADMIN head office, headquarters *npl* **Hauptwaschgang** *m* main wash **Hauptwohnsitz** *m* main place of residence **Hauptwort** *nt* noun

Haus <-es, Häuser> [haʊs, *pl* 'hɔyzɐ] *nt* ① (*Gebäude*) house; **das Weiße ~** the White House; **jdn nach ~e bringen** to take sb home; **sich** *akk* **wie zu ~e fühlen** to feel at home; **aus dem ~ gehen** to leave the house; **außer ~ essen** to eat out; [**etw**] **ins ~ liefern** to deliver [sth] to the door; **frei ~ liefern** to deliver free of charge; **jdn nach ~e schicken** to send sb home; **nach ~e** home; **zu ~e** at home; **bei jdm zu ~e** in sb's home ② (*Familie*) household; **er ist ein alter Freund des ~es** he's an old friend of the family; **aus gutem ~e** from a good family ③ (*geh: Unternehmen*) company; **das erste ~ am Platze** the best firm in the area; **im ~e sein** to be in ④ POL (*Kammer*) House ▸WENDUNGEN: **~ halten** to be economical; **von ~e aus** originally

Hausangestellte(r) *f(m)* domestic servant **Hausanzug** *m* leisure suit **Hausapotheke** *f* medicine cabinet **Hausarbeit** *f* ① (*Arbeit im Haushalt*) housework ② SCH (*Schulaufgaben*) homework; (*wissenschaftliche Arbeit*) [academic] assignment **Hausarrest** *m* ① (*elterliche Strafe*) **~ haben** to be grounded ② JUR house arrest **Hausarzt, -ärztin** *m, f* family doctor, GP **Hausaufgabe** *f* piece of homework; ■**~n** homework *no pl*

hausbacken ['haʊsbakn̩] *adj* plain

Hausbar *f* ① (*eine Bar zu Hause*) home bar ② (*Inhalt*) range of drinks at home **Hausbesetzer(in)** <-s, -> *m(f)* squatter **Hausbesetzung** *f* squatting **Hausbesitzer(in)** *m(f)* homeowner; (*Vermieter*) landlord **Hausbesuch** *m* home visit **Hausbewohner(in)** *m(f)* tenant **Hausboot** *nt* houseboat

Häuschen <-s, -> ['hɔysçən] *nt* ① *dim von* **Haus** little house ② SCHWEIZ (*Kästchen auf kariertem Papier*) square

Hausdurchsuchung *f* JUR house search **Hauseingang** *m* entrance

hausen ['haʊzn̩] *vi* ① (*pej fam: erbärmlich wohnen*) to live [in poor conditions] ② (*wüten*) to wreak havoc

Häuserblock *m* block [of houses]

Hausflur *m* entrance hall **Hausfrau** *f* ① (*nicht berufstätige Frau*) housewife ② ÖSTERR, SÜDD (*Zimmerwirtin*) landlady **Hausfreund(in)** *m(f)* ① (*Freund der Familie*) friend of the family ② *nur m* (*euph fam: Liebhaber der Ehefrau*) man-friend **Hausfriedensbruch** *m* trespassing **Hausgebrauch** *m* **für den ~** for domestic use; (*für durchschnittliche Ansprüche*) for

H

average requirements **hausgemacht** *adj* home-made

Haushalt <-[e]s, -e> *m* ❶ (*Hausgemeinschaft*) household ❷ (*Haushaltsführung*) housekeeping; **[jdm] den ~ führen** to keep house [for sb] ❸ MED, BIOL balance ❹ ÖKON budget

haus|halten *vi irreg* to be economical (**mit** +*dat* with)

Haushälter(in) <-s, -> *m(f)* housekeeper

Haushaltsabfall *m* domestic waste **Haushaltsdebatte** *f* budget debate **Haushaltsgeld** *nt* housekeeping money **Haushaltsgerät** *nt* household appliance **Haushaltshilfe** *f* home help **Haushaltsjahr** *nt* financial [*or* fiscal] year **Haushaltsplan** *m* budget

Hausherr(in) <-en, -en> *m(f)* head of the household; (*Gastgeber*) host

haushoch ['haushoːx] **I.** *adj* ❶ (*euph: sehr hoch*) as high as a house; *Flammen* gigantic; *Wellen* mountainous ❷ SPORT (*eindeutig*) clear; *Niederlage* crushing; *Sieg* overwhelming; *Favorit* hot **II.** *adv* (*eindeutig*) clearly

hausieren* [hau'ziːrən] *vi* to hawk; **H~ verboten!** no hawkers!; **mit etw** *dat* **~ gehen** to peddle sth around

Hausierer(in) <-s, -> *m(f)* hawker, peddler

Hauslehrer(in) *m(f)* private tutor

häuslich ['hɔylɪç] **I.** *adj* ❶ (*die Hausgemeinschaft betreffend*) domestic ❷ (*das Zuhause liebend*) homely **II.** *adv* **sich** *akk* **~einrichten** to make oneself at home; **sich** *akk* **~niederlassen** to settle down

Hausmädchen *nt* maid **Hausmann** ['hausman] *m* house husband **Hausmannskost** *f kein pl* KOCHK home cooking

Hausmarke *f* ❶ (*Sekt eines Gastronomiebetriebes*) sparkling house wine ❷ (*bevorzugte Marke*) favourite brand **Hausmeister(in)** *m(f)* caretaker, janitor **Hausmittel** *nt* household remedy **Hausmüll** *m* domestic refuse *no pl, no indef art* **Hausnummer** *f* house number **Hausordnung** *f* house rules *pl*

Hausrat *m kein pl* household contents *pl*

Hausratversicherung *f* household contents insurance *no pl* BRIT, home owner's insurance AM

Hausschlüssel *m* front-door key **Hausschuh** *m* slipper

Hausse <-, -n> ['hoːsə] *f* BÖRSE bull market

Haussegen *m* house blessing ▸ WENDUNGEN: **der ~ hängt schief** (*hum fam*) there is a strained atmosphere

haussieren* [(h)o'siːrən] *vi* FIN (*Markt, Börse*) to boom

Haussuchung <-, -en> *f s.* **Hausdurchsuchung**

Haustier *nt* pet **Haustür** *f* front door **Hausverbot** *nt* **jdm ~ erteilen** to ban sb from entering one's premises **Hauswart(in)** <-s, -e> *m(f)* caretaker, janitor **Hauswirt(in)** *m(f)* landlord *masc*, landlady *fem* **Hauswirtschaft** *f kein pl* home economics + *sing vb* **Hauswirtschafter(in)** <-s, -> *m(f)* housekeeper

Haut <-, Häute> [haut, *pl* 'hɔytə] *f* skin; **nass bis auf die ~** soaked to the skin ▸ WENDUNGEN: **mit ~ und Haar[en]** (*fam*) completely; **nur ~ und Knochen sein** (*fam*) to be nothing but skin and bone; **auf der faulen ~ liegen** (*fam*) to laze around; **mit heiler ~ davonkommen** (*fam*) to escape unscathed; **sich** *akk* **nicht wohl in seiner ~ fühlen** (*fam*) not to feel too good; **aus der ~ fahren** (*fam*) to hit the roof; **etw geht [jdm] unter die ~** (*fam*) sth gets under one's skin; **jd kann nicht aus seiner ~ heraus** (*fam*) a leopard cannot change its spots *prov;* **jd möchte nicht in jds ~ stecken** sb would not like to be in sb's shoes

Hautabschürfung *f* graze **Hautarzt, -ärztin** *m, f* dermatologist **Hautausschlag** *m* [skin] rash **Hautcreme** *f* skin cream

häuten ['hɔytn̩] **I.** *vt* to skin **II.** *vr* ■**sich** *akk* **~** *Schlange* to shed one's skin

hauteng *adj, adv* skintight **Hautfarbe** *f* skin colour **Hautkrankheit** *f* skin disease **Hautkrebs** *m* MED skin cancer *no pl* **hautnah I.** *adj* ❶ (*sehr eng*) very close ❷ (*fam: wirklichkeitsnah*) vivid **II.** *adv* ❶ (*sehr eng*) very closely ❷ (*fam: wirklichkeitsnah*) vividly **Hautpflege** *f* skin care *no pl*

Häutung <-, -en> *f* ❶ (*das Häuten*) skinning ❷ (*das Sichhäuten*) shedding of the skin *no pl*

Havarie <-, -n> [hava'riː, *pl* 'riːən] *f* ❶ (*Schiffsunglück*) accident ❷ ÖSTERR (*Autounfall*) [car] accident

Haxe <-, -n> ['haksə] *f* ❶ KOCHK SÜDD leg ❷ (*fam: Fuß*) foot

Hazienda <-, -s> [ha'tsi̯ɛnda] *f* hacienda

Hbf. *Abk von* **Hauptbahnhof**

h.c. [haː'ʔtseː] *Abk von* **honoris causa** h.c.

HD-Diskette [haː'deːdɪskɛtə] *f* INFORM HD diskette

HDTV <-s> [haːdeːteː'fau] *nt kein pl Abk von* **High Definition Television** HDTV

he [heː] *interj* (*ärgerlicher Ausruf*) oi! BRIT, hey! AM; (*erstaunter Ausruf*) cor!; (*Aufmerksamkeit erregend*) hey!

Headhunter(in) <-s, -> ['hɛthantɐ] *m(f)* ÖKON headhunter

heavy ['hɛvi] *adj präd* (*sl*) unbelievable

Heavymetal, Heavy Metal <-, -> ['hɛvi'mɛtl] *nt kein pl* heavy metal *no pl, no indef art*

Hebamme <-, -n> ['he:pʔamə] *f* midwife

Hebebühne *f* hydraulic lift

Hebel <-s, -> ['he:bl̩] *m* lever ▸ WENDUNGEN: **alle ~ in Bewegung setzen** (*fam*) to move heaven and earth; **am längeren ~ sitzen** (*fam*) to hold the whip hand

heben <hob, gehoben> ['he:bn̩] **I.** *vt* ① (*nach oben bewegen*) to lift; **den Kopf ~** to raise one's head ② (*ans Tageslicht befördern*) to dig up; *Wrack* to raise ③ (*verbessern*) *Stimmung, Niveau* to improve ④ SÜDD (*halten*) to hold **II.** *vr* ■ **sich** *akk* ~ *Vorhang* to rise **III.** *vi* ① (*Lasten hochhieven*) to lift loads; **er musste den ganzen Tag schwer ~** he had to do a lot of heavy lifting all day ② SÜDD (*haltbar sein*) *Lebensmittel* to keep

Hebräer(in) <-s, -> [he'brɛ:ɐ] *m(f)* Hebrew

hebräisch [he'brɛ:ɪʃ] *adj* Hebrew; **auf ~** in Hebrew

Hebung <-, -en> *f* ① (*das Hinaufbefördern*) raising *no pl* ② GEOL elevation *no pl* ③ (*Verbesserung*) improvement

hecheln ['hɛçl̩n] *vi* to pant

Hecht <-[e]s, -e> [hɛçt] *m* pike ▸ WENDUNGEN: **ein toller ~** (*fam*) an incredible bloke [*or* AM guy]

Heck <-[e]s, -e *o* -s> [hɛk] *nt* AUTO rear, back; NAUT stern; LUFT tail

Hecke <-, -n> ['hɛkə] *f* hedge

Heckenrose *f* dog rose **Heckenschere** *f* hedge clippers *npl* **Heckenschütze, -schützin** *m, f* sniper

Heckklappe *f* AUTO tailgate **Heckmotor** *m* AUTO rear engine

Heckscheibe *f* AUTO rear window **Heckscheibenheizung** *f* rear window heater

Heckspoiler *m* rear spoiler

heda ['he:da] *interj* (*veraltet*) hey there

Heer <-[e]s, -e> [he:ɐ̯] *nt* ① (*Armee*) armed forces *npl* ② (*fig: große Anzahl*) ■ **ein ~ von ...** an army of ...

Heerschar *f meist pl* ① (*veraltet: Truppe*) troop[s] ② (*fig: Horde*) horde ③ REL **die himmlischen ~en** the heavenly host

Hefe <-, -n> ['he:fə] *f* yeast

Hefeteig *m* yeast dough

Heft <-[e]s, -e> [hɛft] *nt* ① (*Schreibheft*) exercise book ② (*Zeitschrift*) magazine; (*Ausgabe*) issue ③ (*geheftetes Büchlein*) booklet

heften ['hɛftn̩] *vt* ① (*befestigen*) to pin (**an** +*akk* to) ② (*nähen*) *Naht, Saum* to tack [up *sep*] ③ (*mit Heftklammer*) to staple (**an** +*akk* to)

Hefter <-s, -> *m* ① (*Mappe*) [loose-leaf] file ② (*Heftmaschine*) stapler

heftig ['hɛftɪç] **I.** *adj* ① (*stark*) *Aufprall, Schlag* violent; *Kopfschmerzen* splitting; *Schneefälle* heavy; **~e Kämpfe** fierce fighting *no pl* ② (*intensiv*) *Leidenschaft, Sehnsucht* intense ③ (*scharf*) *Reaktion* vehement; *Kritik* fierce **II.** *adv* violently; **es schneite ~** it snowed heavily; **die Vorwürfe wurden ~ dementiert** the accusations were vehemently denied

Heftigkeit <-> *f kein pl* ① (*Stärke*) violence *no pl* ② (*Intensität*) intensity; *Diskussion* ferocity; *Widerstand* severity ③ (*Schärfe*) *Reaktion* vehemence

Heftklammer *f* staple **Heftpflaster** *nt* [sticking] plaster **Heftzwecke** *f* drawing pin

Hegemonialmacht [hegemo'ni̯a:lmaxt] *f* hegemonic power

Hegemonie <-, -n> [hegemo'ni:, *pl* -'ni:ən] *f* hegemony *no pl*

hegen ['he:gn̩] *vt* ① *Wild* to preserve ② (*sorgsam bewahren*) to look after; **jdn ~ und pflegen** to lavish care and attention on sb ③ (*geh: empfinden, haben*) **Zweifel/Bedenken** [**an etw** *dat*] ~ to have doubts/misgivings [about sth]

Hehl [he:l] *nt o m* ▸ WENDUNGEN: **kein[en] ~ aus etw** *dat* **machen** to make no secret of sth

Hehler(in) <-s, -> *m(f)* receiver [of stolen goods]

Hehlerei <-, -en> [he:lə'rai̯] *f* receiving *no pl* stolen goods

Hehlerin <-, -nen> *f fem form von* **Hehler**

Heide <-, -n> ['hai̯də] *f* ① (*Heideland*) heath, moor ② (*Heidekraut*) heather

Heide, Heidin <-n, -n> ['hai̯də, 'hai̯dɪn] *m, f* heathen, pagan

Heidekraut *nt* heather

Heidelbeere ['hai̯dl̩be:rə] *f* bilberry

Heidenangst *f* mortal fear *no pl;* ■ **eine ~ vor etw** *dat* **haben** to be scared stiff of sth **Heidengeld** *nt kein pl* (*fam*) **ein ~** a hell of a lot of money **Heidenlärm** *m* awful racket **Heidenspaß** *m* (*fam*) terrific fun *no pl*

Heidentum *nt kein pl* ■ **das ~** paganism *no pl;* (*die Heiden*) pagans *pl*

Heidin <-, -nen> *f fem form von* **Heide**

heidnisch ['hai̯dnɪʃ] **I.** *adj* pagan **II.** *adv* in a pagan manner

heikel ['hai̯kl̩] *adj* ① (*schwierig, gefährlich*) delicate; *Frage, Situation a.* tricky ② DIAL ■ **in etw** *dat* **~ sein** to be particular about sth

heil [hail] *adj, adv* ① (*unverletzt*) uninjured ② (*unbeschädigt*) intact; *Tasse* unbroken
Heil [hail] **I.** *nt* <-s> *kein pl* well-being; **sein ~ in etw** *dat* **suchen** to seek one's salvation in sth **II.** *interj* ~ **Hitler!** HIST heil Hitler!; ~ **dem Kaiser!** hail to the emperor!
Heiland <-[e]s, -e> ['hailant] *m* Saviour
Heilanstalt *f* (*veraltet*) ① (*Trinkerheilanstalt*) sanatorium ② (*Irrenanstalt*) mental hospital **Heilbad** *nt* health spa
heilbar *adj* curable
Heilbutt <-s, -e> ['hailbʊt] *m* halibut
heilen ['hailən] **I.** *vi sein* (*gesund werden*) to heal [up] **II.** *vt* ① (*gesund machen*) to cure (**von** +*dat* of) ② (*kurieren*) ■**von jdm/etw geheilt sein** to have got over sb/sth
Heilfasten *nt kein pl* therapeutic fasting *no pl*
heilfroh ['hail'fro:] *adj präd* (*fam*) really glad
Heilgymnastik *f* physiotherapy
heilig ['hailɪç] *adj* ① (*geweiht*) holy; **die ~e Kommunion** Holy Communion ② (*bei Namen von Heiligen*) **der ~e Matthäus/die ~e Katharina** Saint Matthew/Saint Catherine; **die H~e Jungfrau** the Blessed Virgin
Heiligabend [hailɪç'ʔa:bn̩t] *m* Christmas Eve
Heilige(r) ['hailɪgə, -gɐ] *f(m) dekl wie adj* saint
heiligen ['hailɪgn̩] *vt* ① (*weihen*) to hallow; ■**geheiligt** hallowed ② (*heilig halten*) to keep holy
Heiligenschein *m* halo
Heiligkeit <-> *f kein pl* holiness *no pl;* **Eure/Seine ~** Your/His Holiness
heilig|sprechen *vt irreg* ■**jdn ~** to canonize sb
Heiligsprechung <-, -en> *f* canonization
Heiligtum <-[e]s, -tümer> ['hailɪçtu:m, *pl* -ty:mɐ] *nt* shrine; **jds ~ sein** (*fam*) to be sb's sanctuary
Heilkraft *f* healing power **Heilkraut** *nt meist pl* medicinal herb **Heilkunde** *f kein pl* medicine *no pl*
heillos ['haillo:s] **I.** *adj* terrible **II.** *adv* hopelessly
Heilmittel *nt* remedy (**gegen** +*akk* for); (*Präparat*) medicine **Heilpflanze** *f* medicinal plant **Heilpraktiker(in)** *m(f)* non-medical practitioner **Heilquelle** *f* medicinal spring
heilsam ['hailza:m] *adj* salutary
Heilsarmee *f kein pl* Salvation Army
Heilsbringer(in) ['hailsbrɪŋɐ] *m(f)* REL healer
Heilung <-, -en> ['hailʊŋ] *f* ① (*Genesungsprozess*) recovery *no pl* ② (*Krankenbehandlung*) curing *no pl* ③ (*Abheilen einer Wunde*) healing *no pl*
Heilungsprozess *m* healing process
Heilwasser *nt* mineral [spring] water; (*mit angeblich heilender Wirkung*) medicinal water
heim [haim] *adv* DIAL home
Heim <-[e]s, -e> [haim] *nt* ① (*Zuhause*) home ② (*Seniorenheim, Jugendanstalt*) home ③ (*Stätte eines Clubs*) club[house] ④ (*Erholungsheim*) convalescent home
Heimarbeit *f kein indef art* work at home, outwork BRIT; **in ~ angefertigt** manufactured by homeworkers
Heimat <-, -en> ['haima:t] *f* ① (*Gegend, Ort*) native country, home town; (*Heimatland*) home ② BOT, ZOOL (*Herkunftsland*) natural habitat ③ (*fig*) **geistige ~** spiritual home
Heimatfilm *m sentimental film in a regional setting* **Heimatland** *nt* native country
heimatlich *adj* native; *Brauchtum, Lieder* local
heimatlos *adj* homeless; POL stateless
Heimatlose(r) *f(m) dekl wie adj* stateless person; (*durch den Krieg*) displaced person
Heimatort *m* home town [*or* village] **Heimatschein** *m* SCHWEIZ certificate of citizenship **Heimatstadt** *f* home town
heim|bringen *vt irreg* DIAL to take home
Heimchen <-s, -> ['haimçən] *nt* ZOOL cricket
Heimcomputer *f* home computer
heim|fahren *irreg* DIAL **I.** *vi sein* to drive home **II.** *vt haben* ■**jdn ~** to drive sb home **Heimfahrt** *f* journey home **heim|gehen** *vi irreg sein* DIAL to go home
heimisch ['haimɪʃ] *adj* ① (*einheimisch*) indigenous, native; **sich** *akk* **~ fühlen** to feel at home ② (*bewandert*) ■**in etw** *dat* **~ sein** to be at home with sth
Heimkehr <-> *f kein pl* return home *no pl,* homecoming *no pl*
heim|kehren ['haimke:rən] *vi sein* (*geh*) to return home (**aus, von** +*dat* from)
Heimkind *nt* child raised in a home
heim|kommen *vi irreg sein* DIAL to come home
heimlich ['haimlɪç] **I.** *adj* ① (*geheim*) secret ② (*verstohlen*) furtive; **~e Blicke tauschen** to exchange furtive glances **II.** *adv* ① (*unbemerkt*) secretly ② (*verstohlen*) furtively
Heimlichkeit <-, -en> *f* ① *kein pl* (*heimliche Art*) secrecy *no pl* ② (*Geheimnis*) secret; **~en vor jdm haben** to keep something from sb

H

Heimlichtuerei <-, -en> [haimlɪçtuːəˈrai] *f* (*pej*) secrecy *no pl*, secretiveness *no pl*

heim|müssen *vi irreg* DIAL to have to go home **Heimreise** *f* journey home **heim|schicken** *vt* DIAL to send home **Heimspiel** *nt* SPORT home game **heim|suchen** [ˈhaimzuːxn̩] *vt* ① (*überfallen*) to strike; **von Armut/Dürre heimgesucht** poverty-/drought-stricken ② (*bedrängen*) to haunt; **von Albträumen heimgesucht werden** to be haunted by nightmares **Heimtrainer** [trɛːnɐ] *m* home exercise kit **heim|trauen** *vr* DIAL ■**sich ~** to dare to go home **heimtückisch** [ˈhaimtʏkɪʃ] **I.** *adj* ① (*tückisch*) *Aktion* malicious; *Person* insidious ② (*gefährlich*) insidious **II.** *adv* maliciously

heimwärts [ˈhaimvɛrts] *adv* (*geh*) homeward[s]

Heimweg *m* way home; **sich** *akk* **auf den ~ machen** to set out for home **Heimweh** <-[e]s> *nt kein pl* homesickness; *no art, no pl;* **~ haben** to be homesick (**nach** *+dat* for) **Heimwerker(in)** *m(f)* DIY enthusiast BRIT, handyman *esp* AM **heim|wollen** *vi* DIAL to want to go home **heim|zahlen** *vt* ■**jdm etw ~** to pay sb back for sth; **das werd ich dir noch ~!** I'm going to get you for that!

Heirat <-, -en> [ˈhairaːt] *f* marriage

heiraten [ˈhairaːtn̩] **I.** *vt* to marry **II.** *vi* to get married; **wir wollen nächsten Monat ~** we want to get married next month; **sie hat reich geheiratet** she married into money

Heiratsantrag *m* [marriage] proposal; **jdm einen ~ machen** to propose to sb **Heiratsanzeige** *f* ① (*Briefkarte*) announcement of a forthcoming marriage ② (*Annonce für Partnersuche*) lonely-hearts advertisement **Heiratsschwindler(in)** *m(f)* *person who proposes marriage for fraudulent reasons* **Heiratsurkunde** *f* marriage certificate [*or* AM license] **Heiratsvermittlung** *f* marriage bureau

heiser [ˈhaizɐ] **I.** *adj* *Stimme* hoarse; (*rauchig*) husky **II.** *adv* hoarsely, in a hoarse voice

Heiserkeit <-, *selten* -en> *f* hoarseness *no pl*

heiß [hais] **I.** *adj* ① (*sehr warm*) hot; **etw ~ machen** to heat up *sep* sth; ■**jdm ist/wird es ~** sb is/gets hot ② *Debatte* heated; *Kampf* fierce ③ *Liebe* burning; *Wunsch* fervent ④ (*fam: aufreizend*) hot; *Kleid* sexy ⑤ (*fam: gestohlen*) hot ⑥ (*brisant*) **ein ~es Thema** an explosive issue ⑦ (*aufregend*) *Musik, Party* hot ⑧ *attr* (*fam: aussichtsreich*) **die Polizei ist auf einer ~en Fährte** the police are on a hot trail; **ein ~er Tipp** a hot tip ⑨ (*sl: großartig*) fantastic; **echt ~** really cool ⑩ (*fam: brünstig*) on [*or* AM in] heat ⑪ (*fam: neugierig*) ■**auf etw** *akk* **~ sein** to be dying to know about sth **II.** *adv* ① (*sehr warm*) hot; **~ laufen** (*Maschinenteil*) to overheat; (*Debatte, Gespräch*) to become heated ② (*innig*) ardently, fervently; **~ ersehnt** much longed for; **~ geliebt** dearly beloved ③ (*erbittert*) fiercely; **~ umkämpft** fiercely contested; **~ umstritten** hotly disputed

heißblütig [ˈhaisblyːtɪç] *adj* ① (*impulsiv*) hot-tempered ② (*leidenschaftlich*) passionate

heißen <hieß, geheißen> [ˈhaisn̩] **I.** *vi* ① (*den Namen haben*) to be called; **wie ~ Sie?** what's your name? ② (*bedeuten*) to mean; **„ja" heißt auf Japanisch „hai"** 'hai' is Japanese for 'yes'; **was heißt eigentlich „Liebe" auf Russisch?** tell me, what's the Russian for 'love'?; **was soll das [denn] ~?** what's that supposed to mean?; **das heißt, ...** that is to say ...; (*vorausgesetzt*) that is, ...; (*sich verbessernd*) or should I say, ... ③ (*lauten*) **du irrst dich, das Sprichwort heißt anders** you're wrong, the proverb goes something else **II.** *vi impers* ① (*zu lesen sein*) **Auge um Auge, wie es im Alten Testament heißt** an eye for an eye, as it says in the Old Testament ② (*als Gerücht kursieren*) ■**es heißt, dass ...** there is a rumour that ...

Heißhunger *m* ravenous hunger *no pl;* **mit ~** ravenously

Heißluft *f kein pl* hot air *no pl* **Heißluftherd** *m* fan-assisted [*or esp* AM convection] oven **heiß|machen** *vt* ① (*erhitzen*) *s.* **heiß I 1** ② (*fig fam*) ■**jdn [auf etw** *akk***] ~** to get sb really interested [in sth] ▶ WENDUNGEN **was ich nicht weiß, macht mich nicht heiß** (*prov*) what the eye does not see, the heart does not grieve over *prov* **Heißsporn** *m* hothead **Heißwasserspeicher** *m* hot water tank

heiter [ˈhaitɐ] *adj* ① (*fröhlich*) cheerful ② (*fröhlich stimmend*) amusing ③ METEO bright ▶ WENDUNGEN: **das kann ja ~ werden!** (*iron*) that'll be a hoot!

Heiterkeit <-> *f kein pl* ① (*heitere Stimmung*) cheerfulness *no pl* ② (*Belustigung*) amusement *no pl;* **zur allgemeinen ~** to everyone's amusement

Heizanlage *f* heating system, heater *esp* AM **Heizdecke** *f* electric blanket

heizen [ˈhaitsn̩] **I.** *vi* ① (*die Heizung betrei-*

H

ben) **„womit heizt ihr zu Hause?“ – „wir ~ mit Gas“** 'how is your house heated?' – 'it's gas-heated' ② (*Wärme abgeben*) to give off heat **II.** *vt* ① (*beheizen*) to heat ② (*anheizen*) to stoke

Heizkessel *m* boiler **Heizkissen** *nt* heating pad **Heizkörper** *m* radiator **Heizkosten** *pl* heating costs *pl* **Heizlüfter** *m* fan heater **Heizmaterial** *nt* fuel [for heating] **Heizöl** *nt* fuel oil **Heizstrahler** *m* radiant heater

Heizung <-, -en> *f* ① (*Zentralheizung*) heating *no pl* ② (*Heizkörper*) radiator

Heizungskeller *m* boiler room **Heizungsrohr** *nt* heating pipe

Hektar <-s, -e *o bei Maßangaben* -> [hɛkt'aːɐ̯] *nt o m* hectare

Hektare <-, -n> ['hɛktaːrə] *f* SCHWEIZ hectare

Hektik <-> ['hɛktɪk] *f kein pl* hectic pace *no pl;* **nur keine ~!** take it easy!

hektisch ['hɛktɪʃ] **I.** *adj* hectic **II.** *adv* frantically

Hektoliter [hɛkto'liːtɐ] *m o nt* hectolitre

Held(in) <-en, -en> [hɛlt] *m(f)* hero *masc,* heroine *fem;* **der ~/die ~in des Tages sein** to be the hero/heroine of the hour

heldenhaft *adj* heroic

Heldenmut *m* heroic courage *no pl* **Heldensage** *f* heroic saga **Heldentat** *f* heroic deed **Heldentod** *m* (*euph geh*) death in battle; **den ~ sterben** to die in battle

Heldentum <-s> *nt kein pl* heroism *no indef art, no pl*

Heldin <-, -nen> *f fem form von* **Held** heroine

helfen <half, geholfen> ['hɛlfn̩] *vi* ① (*unterstützen*) to help (**bei** +*dat* with); **warte mal, ich helfe dir** wait, I'll help you ② (*dienen, nützen*) ■**jdm ist mit etw** *dat* **geholfen/nicht geholfen** sth is of help/no help to sb; **Knoblauch soll gegen Arteriosklerose ~** garlic is supposed to be good for arteriosclerosis ▶WENDUNGEN: **ich kann mir nicht ~, [aber]** ... I'm sorry, but ...; **man muss sich** *dat* **nur zu ~ wissen** you just have to be resourceful

Helfer(in) <-s, -> ['hɛlfɐ] *m(f)* ① (*unterstützende Person*) helper; (*Komplize*) accomplice ② (*fam: nützliches Gerät*) aid

Helfershelfer(in) *m(f)* accomplice

Helfersyndrom *nt* helpers' syndrome *no pl*

Helgoland ['hɛlgolant] *nt* Heligoland *no pl*

Helikopter <-s, -> [heli'kɔptɐ] *m* helicopter

Helium <-s> ['heːli̯ʊm] *nt kein pl* helium *no pl*

hell [hɛl] **I.** *adj* ① (*nicht dunkel*) light; **~ bleiben** to stay light; **es wird ~** it's getting light ② (*kräftig leuchtend*) bright ③ (*gering gefärbt*) light-coloured; *Haar, Haut* fair ④ *Stimme, Ton* clear ⑤ (*fam: aufgeweckt*) bright; **du bist ein ~es Köpfchen** you've got brains ⑥ *attr* (*rein, pur*) *Freude* sheer, pure **II.** *adv* ① (*licht*) brightly ② (*hoch*) high and clear

hellauf ['hɛl'ʔau̯f] *adv* extremely

hellblau *adj* light-blue **hellblond** *adj, adv* blonde

Helle <-> ['hɛlə] *f kein pl* (*geh*) *s.* **Helligkeit**

Helle(s) ['hɛləs] *nt dekl wie adj* ≈ lager; **ein kleines ~s** half a lager

hellhäutig *adj* fair-skinned

hellhörig ['hɛlhøːrɪç] *adj* badly soundproofed ▶WENDUNGEN: **~ werden** to prick up one's ears

Helligkeit <-, -en> *f* ① *kein pl* (*Lichtfülle*) lightness *no pl;* (*helles Licht*) [bright] light ② (*Lichtstärke*) brightness *no pl* ③ ASTRON (*Leuchtkraft*) luminosity *no pl*

helllicht ['hɛllɪçt] *adj* **am ~en Tag** in broad daylight

Hellraumprojektor *m* SCHWEIZ overhead projector

hellsehen *vi nur infin* **~ können** to be clairvoyant, to have second sight

Hellseher(in) ['hɛlzeːɐ] *m(f)* clairvoyant

hellwach ['hɛl'vax] *adj* wide-awake

Helm <-[e]s, -e> ['hɛlm] *m* helmet

Helmpflicht *f* compulsory wearing of a helmet *no pl*

Helvetien <-s> [hɛl'veːtsi̯ən] *nt* GEOG Helvetia

Hemd <-[e]s, -en> [hɛmt, *pl* 'hɛmdən] *nt* shirt; (*Unterhemd*) vest

hemdsärmelig ['hɛmtsʔɛrməlɪç] *adj* (*fam*) casual

Hemisphäre <-, -n> [hemi'sfɛːrə] *f* hemisphere

hemmen [hɛmən] *vt* ① (*ein Hemmnis sein*) to hinder ② (*bremsen*) to stop ③ PSYCH to inhibit

Hemmnis <-ses, -se> ['hɛmnɪs] *nt* obstacle

Hemmschwelle *f* inhibition level; **seine ~ überschreiten** to overcome one's inhibitions

Hemmung <-, -en> *f* ① *kein pl* (*das Hemmen*) obstruction ② *pl* PSYCH inhibitions *pl* ③ (*Bedenken, Skrupel*) **~en haben** to have scruples; **nur keine ~en!** don't hold back!

hemmungslos **I.** *adj* ① (*zügellos*) unrestrained, uncontrolled ② (*skrupellos*) unscrupulous **II.** *adv* ① (*zügellos*) unrestrainedly, without restraint ② (*skrupellos*) unscrupulously

Hendl <-s, -[n]> ['hɛndl̩] *nt* ÖSTERR roast chicken

Hengst <-[e]s, -e> [hɛŋst] *m* stallion; (*Esel, Kamel*) male

Henkel <-s, -> ['hɛŋkl̩] *m* handle

Henker <-s, -> *m* executioner

Henkersmahl *nt,* **Henkersmahlzeit** *f* ① (*vor der Hinrichtung*) last meal [before one's/sb's execution] ② (*hum fam: vor einem großen Ereignis*) final square meal

Henna <- *o* -[s]> ['hɛna] *f o nt kein pl* henna *no pl*

Henne <-, -n> ['hɛnə] *f* hen

Hepatitis <-, Hepatitiden> [hepa'tiːtɪs, *pl* hepati'tiːdn̩] *f* hepatitis *no pl*

her [heːɐ̯] *adv* ① (*raus*) here, to me; **~ damit!** (*fam*) give it here! ② (*herum*) ■**um jdn ~** all around sb ③ (*von einem Punkt aus*) ■**von etw** *dat* **~** *räumlich* from sth; **wo kommst du so plötzlich ~?** where have you come from so suddenly?; **von weit ~** from a long way away; ■**von ... ~** *zeitlich* from ...; **ich kenne ihn von meiner Studienzeit ~** I know him from my time at university; **lang ~ sein, dass ...** to be long ago since ... ④ (*verfolgen*) ■**hinter etw** *dat* **~ sein** to be after sth

herab [hɛ'rap] *adv* (*geh*) down

herab|blicken *vi* (*geh*) *s.* **herabsehen**

herab|fallen *vi irreg* (*geh*) to fall down (**von** +*dat* from) **herab|lassen** *irreg* **I.** *vt* (*geh: herunterlassen*) to let down [*or* lower] **II.** *vr* ■**sich** *akk* [**zu etw** *dat*] **~** to lower oneself [to sth]; ■**sich** *akk* [**dazu**] **~, etw zu tun** to condescend to do sth **herablassend** **I.** *adj* condescending, patronizing **II.** *adv* condescendingly, patronizingly **herab|sehen** *vi irreg* to look down (**auf** +*akk* on) **herab|setzen** *vt* ① (*reduzieren*) *Geschwindigkeit, Preise* to reduce ② (*schlechtmachen*) to belittle **herab|würdigen** *vt* to belittle

heran [hɛ'ran] *adv verstärkend* close up, near

heran|bringen *vt irreg* ① (*räumlich*) to bring [up] to ② (*vertraut machen*) to introduce to **heran|fahren** *vi irreg sein* to drive up (**an** +*akk* to) **heran|führen** **I.** *vt* ① (*hinbringen*) ■**jdn** [**an etw** *akk*] **~** to bring sb [up to sth] ② (*einweihen in*) ■**jdn ~** to introduce sb (**an** +*akk* to) **II.** *vi* ■**an etw** *akk* **~** to lead to sth **heran|gehen** *vi irreg sein* ① (*zu etw hingehen*) to go up to ② (*in Angriff nehmen*) to tackle

Herangehensweise *f* approach

heran|kommen *vi irreg sein* ① (*herbeikommen*) to approach; (*bis an etw kommen*) to get to ② (*herangelangen können*) to reach ③ (*sich beschaffen können*) to get hold of ④ (*in persönlichen Kontakt kommen*) ■**an jdn ~** to get hold of sb ⑤ (*gleichwertig sein*) to be up to the standard of **heran|machen** *vr* (*fam*) ■**sich** *akk* **an jdn ~** to approach sb **heran|reichen** *vi* ① (*gleichkommen*) to measure up to [the standard of] ② (*bis an etw reichen*) to reach [as far as] **heran|tasten** *vr* ■**sich** *akk* **an jdn/etw ~** ① (*sich tastend nähern*) to feel one's way towards sb/sth ② (*sich vorsichtig heranarbeiten*) to approach sb/sth cautiously **heran|wachsen** [-'vaksn̩] *vi irreg sein* (*geh*) to grow up (**zu** +*dat* into) **Heranwachsende** [-vaksn̩də] *pl* adolescents *pl* **heran|wagen** *vr* ■**sich** *akk* **an etw** *akk* **~** ① (*heranzukommen wagen*) to dare to go near sth ② (*sich zu beschäftigen wagen*) to dare to attempt sth **heran|ziehen** *irreg* **I.** *vt* ① (*näher holen*) to pull (**an** +*akk* to) ② (*einsetzen*) ■**jdn** [**zu etw** *dat*] **~** to use sb [for sth]; **sie wurde in der Firma zu allen möglichen Jobs herangezogen** the company made her do all kinds of jobs ③ (*aufziehen*) **ein Tier** [**zu etw** *dat*] **~** to rear an animal [to be sth]; **den Baum habe ich mir aus einem kleinen Sämling herangezogen** I grew the tree from a seedling **II.** *vi sein* MIL (*näher ziehen*) to advance

herauf [hɛ'rau̯f] **I.** *adv* ■**von ... ~: was, von da unten soll ich den Sack bis oben ~ schleppen?** what, I'm supposed to drag this sack from down here all the way up there? **II.** *präp* +*akk* up; **sie ging die Treppe ~** she went up the stairs

herauf|beschwören* *vt irreg* ① (*wachrufen*) to evoke ② (*herbeiführen*) to cause **herauf|kommen** *vi irreg sein* to come up (**zu** +*dat* to) **herauf|ziehen** *irreg* **I.** *vt haben* to pull up *sep* **II.** *vi sein Gewitter* to approach

heraus [hɛ'rau̯s] *adv* ① (*nach draußen*) out; ■**aus etw** *dat* **~** out of sth ② (*entfernt sein*) ■**~ sein** to have been taken out ③ MEDIA (*veröffentlicht sein*) ■**~ sein** to be out ④ (*entschieden sein*) ■**~ sein** to have been decided ⑤ (*hinter sich haben*) ■**aus etw** *dat* **~ sein** to be out of sth; **aus dem Alter bin ich ~** that's all behind me ⑥ (*gesagt worden sein*) ■**~ sein** to have been said

heraus|bekommen* *vt irreg* ① (*entfernen*) to get out (**aus** +*dat* of) ② (*herausfinden*) to find out *sep* ③ (*ausgezahlt bekommen*) to get back **heraus|bilden** *vr* ■**sich** *akk* [**aus etw** *dat*] **~** to develop [out of sth] **heraus|bringen** *vt irreg* ① (*nach draußen bringen*) to bring sth out ② (*auf den Markt bringen*) to launch ③ (*der*

H

Öffentlichkeit vorstellen) to publish ④ (*sagen*) to utter **heraus|finden** *irreg* **I.** *vt* ① (*dahinterkommen*) to find out, to discover ② (*herauslesen*) to find (**aus** +*dat* from amongst) **II.** *vi* (*den Weg finden*) to find one's way out (**aus** +*dat* of)

Herausforderer, **-forderin** <-s, -> *m, f* challenger

heraus|fordern **I.** *vt* ① (*auffordern*) to challenge (**zu** +*dat* to) ② (*provozieren*) to provoke ③ (*heraufbeschwören*) to invite; *Gefahr* to court; **das Schicksal ~** to tempt fate **II.** *vi* ■**etw fordert zu etw** *dat* **heraus** sth invites sth

herausfordernd **I.** *adj* provocative, challenging, inviting **II.** *adv* provocatively

Herausforderung *f* ① (*Aufforderung*) challenge ② (*Provokation*) provocation ③ (*Bewährungsprobe*) **die ~ annehmen** to accept the challenge

Herausgabe <-, -n> *f* ① MEDIA (*Veröffentlichung*) publication ② (*Rückgabe*) return ③ ADMIN *Banknoten, Briefmarken* issue

heraus|geben *irreg* **I.** *vt* ① (*veröffentlichen*) to publish ② (*zurückgeben*) to return; **Sie haben mir nur 12 statt 22 Euro herausgegeben!** you've only given me [back] 12 euros instead of 22 ③ (*herausreichen*) to pass **II.** *vi* to give change; **falsch ~** to give the wrong change [back]

Herausgeber(in) <-s, -> *m(f)* MEDIA (*Verleger*) publisher; (*editierender Lektor*) editor

heraus|gehen *vi irreg sein* ① (*herauskommen*) to go out (**aus, von** +*dat* of) ② (*entfernt werden können*) to come out (**aus** +*dat* of) ③ (*lebhaft werden*) ■**aus sich** *dat* **~** to come out of one's shell **heraus|greifen** *vt irreg* to pick out *sep* (**aus** +*dat* from) **heraus|haben** *vt irreg* (*fam*) ① (*entfernt haben*) ■**etw** [**aus etw** *dat*] **~** to have got sth out [of sth] ② (*begriffen haben*) to get the knack of ③ (*herausgefunden haben*) to have solved; *Geheimnis, Namen, Ursache* to have found out **heraus|halten** *irreg* **I.** *vt* ① (*nach draußen halten*) to hold out (**aus** +*dat* of) ② (*nicht verwickeln*) to keep out (**aus** +*dat* of) **II.** *vr* ■**sich** *akk* [**aus etw** *dat*] **~** to keep out [of sth] **heraus|hängen** **I.** *vi* to hang out (**aus** +*dat* of) **II.** *vt* ① (*nach außen hängen*) to hang out ② (*herauskehren, zeigen*) to show off **heraus|heben** *vr irreg* ■**sich** *akk* **aus etw** *dat* **~** *Masse, Hintergrund* to stand out from sth **heraus|holen** *vt* to get out (**aus** +*dat* of); **eine Information aus jdm ~** to extract a piece of information from sb **heraus|hören** *vt* ■**etw** [**aus etw** *dat*] **~** ① (*durch Hinhören wahrnehmen*) to hear sth [in sth] ② (*abwägend erkennen*) to detect sth [in sth]

heraus|kommen [hɛˈraus̯kɔmən] *vi irreg sein* ① (*nach draußen kommen*) to come out (**aus** +*dat* of) ② (*etw ablegen können*) ■**aus etw** *dat* **kaum/nicht ~** to hardly/not have sth off ③ (*etw verlassen können*) ■**aus etw** *dat* **~** to get out of sth ④ (*aufhören können*) ■**aus etw** *dat* **kaum/nicht ~** to hardly/not be able to stop doing sth; **da kommt man aus dem Staunen kaum mehr heraus** one can hardly get over one's astonishment ⑤ (*fam: überwinden können*) **aus Schwierigkeiten/Sorgen ~** to get over one's difficulties/worries ⑥ (*auf den Markt kommen*) to be launched; (*erscheinen*) to come out ⑦ (*veröffentlicht werden*) to be published; *Gesetz, Verordnung* to be enacted ⑧ (*bekannt werden*) ■**es kam heraus, dass ...** it came out that ... ⑨ (*zur Sprache bringen*) ■**mit etw** *dat* **~** to come out with sth ⑩ (*als Resultat haben*) ■**bei etw** *dat* **~** to come of sth; **und was soll dabei ~?** and what good will that do?; **auf dasselbe ~** to amount to the same thing ⑪ KARTEN (*die erste Karte ausspielen*) to lead ⑫ (*fam: aus der Übung kommen*) to get out of practice, to get rusty ⑬ (*zur Geltung kommen*) **bei Tageslicht kommt das Muster viel besser heraus** you can see the pattern much better in the daylight ▶ WENDUNGEN: **groß ~** (*fam*) to be a great success **heraus|lesen** *vt irreg* ① (*durch Lesen deuten*) to read (**aus** into) ② (*aussondern*) to pick out (**aus** from) **heraus|nehmen** *irreg* **I.** *vt* ① (*entnehmen*) to take out (**aus** +*dat* of); *Zahn* to pull, to extract ② (*aus einer Umgebung entfernen*) ■**jdn aus etw** *dat* **~** to take sb away from sth **II.** *vr* ① (*pej: frech für sich reklamieren*) ■**sich** *dat* **etw ~** to take liberties; **sich** *dat* **zu viel ~** to go too far ② (*sich erlauben*) ■**sich** *dat* **~, etw zu tun** to have the nerve to do sth **heraus|platzen** *vi sein* (*fam*) ① (*lachen*) to burst out laughing ② (*spontan sagen*) ■**mit etw** *dat* **~** to blurt out sth *sep* **heraus|putzen** *vt* ■**jdn ~** to smarten up *sep* sb; ■**etw ~** to deck out *sep* sth; ■**sich** *akk* **~** to dress oneself up **heraus|ragen** *vi s.* **hervorragen** **heraus|reden** *vr* ■**sich** *akk* [**mit etw** *dat*] **~** to talk one's way out of it [by using sth as an excuse] **heraus|reißen** *vt irreg* ① (*aus etw reißen*) to tear out (**aus** +*dat* of); *Seite a.* to rip out; *Baum, Wurzel* to pull out ② (*ablenken*) **jdn aus seiner**

Arbeit ~ to interrupt sb in their work ③ (*fam: wettmachen*) to save **heraus|rücken** **I.** *vt haben* (*fam*) to hand over *sep* **II.** *vi sein* (*fam*) ■**mit etw** *dat* **~** to come out with sth **heraus|rutschen** *vi sein* ① (*aus etw rutschen*) ■**jdm rutscht etw heraus** sth slips out, sb lets sth slip out ② (*fam: ungewollt entschlüpfen*) ■**etw rutscht jdm heraus** sb lets slip out sth **heraus|schauen** *vi* DIAL ① (*zu sehen sein*) to be showing ② (*nach draußen schauen*) to look out ③ (*fam: als Gewinn zu erwarten sein*) **dabei schaut wenig/nichts heraus** there's not much/nothing in it **heraus|schneiden** *vt irreg* to cut out *sep* (**aus** *+dat* of) **heraus|schreien** *vt irreg* to vent

heraußen *adv* SÜDD, ÖSTERR (*hier draußen*) out here

heraus|springen *vi irreg sein* ① (*aus etw springen*) to jump out (**aus** *+dat* of) ② (*abbrechen*) to chip off ③ ELEK (*den Kontakt unterbrechen*) to blow ④ (*fam*) *s.* **herausschauen 3** **heraus|spritzen** *vi* to squirt out **heraus|stellen** **I.** *vt* ① (*nach draußen stellen*) to put outside ② (*hervorheben*) to emphasize **II.** *vr* ■**sich** *akk* **~** to come to light; ■**sich als etw** *akk* **~** to be shown to be sth; **es stellte sich heraus, dass ...** it turned out that ... **heraus|strecken** *vt* to stick out **heraus|streichen** *vt irreg* ① (*aus etw tilgen*) to cross out *sep* ② (*betonen*) to stress **heraus|suchen** *vt* to pick out *sep* (**aus** *+dat* from) **heraus|treten** *vi irreg sein* ① (*nach außen treten*) to step out (**aus** of) ② (*anschwellen*) to stand out **heraus|wagen** *vr* ■**sich ~** to venture out **heraus|werfen** *vt irreg* ① (*räumlich*) to throw out *sep* ② (*fam: kündigen*) to kick out *sep* **heraus|winden** *vr irreg* ■**sich** [**aus etw** *dat*] **~** to wriggle [*or* AM wiggle] out [of sth] **heraus|ziehen** **I.** *vt irreg haben* ① *Schublade* to pull out; *Stecker* to unplug ② *Truppen* to pull out (**aus** *+dat* of) ③ *Zahn* to extract (**aus** *+dat* from) **II.** *vi irreg sein* (*wegziehen*) to move away

herb [hɛrp] **I.** *adj* ① (*bitter-würzig*) sharp, astringent; *Duft, Parfüm* tangy; *Wein* dry ② (*schmerzlich*) bitter; *Erkenntnis* sobering ③ (*etwas streng*) severe; *Schönheit* austere ④ (*scharf*) *Kritik* harsh **II.** *adv* **~ schmecken** to taste sharp; **~ duften/riechen** to smell tangy

herbei [hɛɐ̯'bai̯] *adv* (*geh*) **~ zu mir!** come [over] here [*or old* hither]!

herbei|eilen *vi sein* to rush over **herbei|führen** [hɛɐ̯'bai̯fy:rən] *vt* ① (*bewirken*) to bring about *sep* ② MED (*verursachen*) to cause, to lead to **herbei|rufen** *vt irreg* (*geh*) ■**jdn ~** to call sb **herbei|sehnen** *vt* (*geh*) to long for **herbei|strömen** *vi sein* to come flocking

her|bekommen* *vt irreg* (*fam*) to get hold of

Herberge <-, -n> ['hɛrbɛrgə] *f* ① (*Jugendherberge*) hostel ② (*veraltet: Gasthaus*) inn

Herbergsmutter *f* [female] [youth] hostel warden **Herbergsvater** *m* [male] [youth] hostel warden

her|bestellen* *vt* to ask to come, to summon

Herbizid <-[e]s, -e> [hɛrbi'tsi:t] *nt* herbicide

her|bringen *vt irreg* to bring [here]

Herbst <-[e]s, -e> [hɛrpst] *m pl selten* autumn, fall AM

herbstlich ['hɛrpstlɪç] *adj* autumn *attr,* autumnal

Herbstmeister *m* FBALL *soccer team at the top of the league rankings at the end of the autumn season*

Herbstzeitlose <-n, -n> *f* BOT meadow saffron

Herd <-[e]s, -e> [he:ɐ̯t, *pl* 'he:ɐ̯də] *m* ① (*Küchenherd*) cooker, stove, range AM ② (*Krankheitsherd*) focus ③ GEOL (*Zentrum*) focus, epicentre

Herde <-, -n> ['he:ɐ̯də] *f* herd; *Schafe* flock

Herdentier *nt* ① (*Tier*) gregarious animal ② (*pej: unselbstständiger Mensch*) sheep

Herdplatte *f* hotplate, [electric] ring, burner

herein [hɛ'rai̯n] *adv* in [here]; **~!** come in!

herein|bekommen* *vt irreg* to get in *sep* **herein|bitten** *vt irreg* to ask [to come] in[to one's office], to invite in[to one's office] **herein|brechen** [hɛ'rai̯nbrɛçn̩] *vi irreg sein* ① (*zusammenstürzen*) to collapse (**über** *+dat* over) ② (*hart treffen*) *Katastrophe, Unglück* to befall; ■**über jdn/etw ~** to befall sb/sth ③ (*geh: anbrechen*) to fall; *Winter* to set in **herein|bringen** *vt irreg* to bring in *sep* **herein|dürfen** *vi irreg* (*fam*) to be allowed [to come] in **herein|fallen** *vi irreg sein* ① (*nach innen fallen*) ■[**in etw** *akk*] **~** to fall in[to sth] ② (*fam: betrogen werden*) to be taken in (**auf** *+akk* by) **herein|holen** *vt* to bring in *sep* **herein|kommen** *vi irreg sein* to come in; **wie bist du hier hereingekommen?** how did you get in here? **herein|lassen** *vt irreg* to let in **herein|legen** *vt* ① (*fam: betrügen*) to cheat, to take sb for a ride (**mit** *+dat* with) ② (*nach drinnen legen*) to put in **herein|platzen** *vi sein* (*fam*)

H

■[**bei jdm**] ~ to burst in [on sb]; ■**bei etw** *dat* ~ to burst into sth **herein|spazieren*** *vi sein* (*fam*) to walk in; ■**hereinspaziert!** come right in!

her|fahren *irreg vi sein* ① (*gefahren kommen*) to drive here ② (*fahrend verfolgen*) ■**hinter jdm/etw ~** to drive behind sb/sth ③ (*entlangfahren*) ■**vor jdm/etw ~** to drive [along] in front of sb/sth

Herfahrt *f* journey here; **auf der ~** on the way here

her|fallen *vi irreg sein* ① (*überfallen*) ■**über jdn ~** to attack; (*kritisieren*) to pull sb to pieces; (*mit Fragen*) to besiege sb (**mit** +*dat* with) ② (*sich stürzen*) ■**über jdn/etw ~** to fall upon sth

her|finden *vi irreg* to find one's way here

Hergang <-[e]s> *m kein pl* course of events

her|geben *irreg* **I.** *vt* ① (*weggeben*) to give away *sep* ② (*aushändigen*) to hand over *sep* [to] ③ (*fam: erbringen*) to say; **der Artikel gibt eine Fülle an Information her** the article contains a lot of information ④ (*leihen*) **seinen guten Namen für etw** *akk* ~ to stake one's name on sth **II.** *vr* ■**sich** *akk* **für etw** *akk* ~ to have something to do with sth

hergebracht *adj s.* **althergebracht**

her|gehen *irreg* **I.** *vi sein* ① (*entlanggehen*) ■**hinter/neben/vor jdm ~** to walk behind/beside/in front of sb ② (*sich erdreisten*) ■~ **und ...** to just go and ... ③ SÜDD, ÖSTERR (*herkommen*) to come [here] **II.** *vi impers sein* (*fam: zugehen*) **bei der Diskussion ging es heiß her** it was a heated discussion

her|haben *vt irreg* (*fam*) **wo haben Sie das her?** where did you get that [from]?

her|halten *irreg* **I.** *vt* to hold out **II.** *vi* ■**als etw ~ müssen** to be used as sth

her|holen *vt* (*fam*) to fetch

her|hören *vi* (*fam*) to listen, to pay attention; **alle mal ~!** listen everybody!

Hering <-s, -e> ['heːrɪŋ] *m* ① (*Fisch*) herring ② (*Zeltpflock*) [tent] peg

herinnen [hɛ'rɪnən] *adv* SÜDD, ÖSTERR (*drinnen*) in here

her|kommen *vi irreg sein* ① (*herbeikommen*) to come here; **von wo kommst du denn so spät noch her?** where have you come from at this late hour? ② (*herstammen*) to come from

herkömmlich *adj* traditional, conventional

Herkunft <-, *selten* Herkünfte> ['heːɐ̯kʊnft, *pl* 'heːrkʏnftə] *f* ① (*Abstammung*) origins *pl*, descent ② (*Ursprung*) origin; **von ... ~ sein** to have a/an ... origin

Herkunftsland *nt* country of origin

her|laufen *vi irreg sein* ① (*gelaufen kommen*) to run over here (**zu** +*dat* to) ② (*begleiten*) ■**hinter/neben/vor jdm ~** to run [along] behind/beside/in front of sb

her|leiten **I.** *vt* ■**etw aus etw** *dat* ~ ① (*ableiten*) to derive sth from sth ② (*folgern*) to deduce sth from sth **II.** *vr* ■**sich** *akk* **von etw** *dat* ~ to derive from sth

her|machen **I.** *vr* (*fam*) ① (*beschäftigen*) ■**sich** *akk* **über etw** *akk* ~ to get stuck into sth ② (*Besitz ergreifen*) ■**sich** *akk* **über etw** *akk* ~ to fall upon sth; **er machte sich über die Kekse her** he fell upon the cookies ③ (*herfallen*) ■**sich** *akk* **über jdn ~** to attack sb **II.** *vt* (*fam*) to be impressive; **das macht doch nicht viel her!** that's not very impressive!

Hermelin <-s, -e> [hɛrmə'liːn] *nt* ZOOL (*braun*) stoat; (*weiß*) ermine

hermetisch [hɛr'meːtɪʃ] **I.** *adj* hermetic **II.** *adv* hermetically, airtight

her|nehmen *vt irreg* ① (*beschaffen*) ■**etw irgendwo ~** to get sth somewhere ② DIAL (*fam: stark fordern*) ■**jdn ~** to overwork sb

Heroin <-s> [hero'iːn] *nt kein pl* heroin

heroisch [he'roːɪʃ] **I.** *adj* (*geh*) heroic **II.** *adv* (*geh*) heroically

Herold <-[e]s, -e> ['heːrɔlt, *pl* -ldə] *m* ① HIST (*Bote eines Fürsten*) herald ② (*Vorbote*) ■**der ~ einer S.** *gen* the harbinger of sth

Herpes <-> ['hɛrpɛs] *m kein pl* herpes

Herr(in) <-n, -en> [hɛr] *m(f)* ① *nur m* (*männliche Anrede*) Mr; **die ~en Schmidt und Müller** Messrs Schmidt and Müller; **sehr geehrter ~ ...** Dear Mr ...; **sehr geehrte ~en!** Dear Sirs! ② *nur m* (*Tanzpartner, Begleiter*) [gentleman] companion, partner ③ *nur m* (*geh: Mann*) gentleman ④ (*Herrscher*) ruler; ■**~/~in über jdn/etw sein** to be ruler of sb/sth; (*Gebieter*) master *masc*, mistress *fem*; **der ~ des Hauses** the master of the house; **~ der Lage sein** to be master of the situation; **sein eigener ~ sein** to be one's own boss ⑤ REL (*Gott*) Lord ▶ WENDUNGEN: **aus aller ~en Länder** from all over the world; **die ~en der Schöpfung** (*hum*) their lordships

Herrenausstatter <-s, -> *m* [gentle]men's outfitters **Herrenbegleitung** *f* (*geh*) **in ~** in the company of a gentleman **Herrenbekanntschaft** *f* gentleman acquaintance **Herrenbekleidung** *f* menswear **Herrenbesuch** *m* ① (*Besucher*) gentleman visitor ② (*Besuch durch einen Herrn*) visit from a

gentleman **Herren(fahr)rad** *nt* men's bicycle **Herrenfriseur, -friseuse** *m, f* barber, men's hairdresser **Herrenhaus** *nt* manor house
herrenlos *adj* abandoned; *Hund, Katze* stray
Herrenmode *f* men's fashion **Herrentoilette** *f* men's toilet[s] [*or* AM restroom], gents BRIT
Herrgott ['hɛrgɔt] *m* SÜDD, ÖSTERR (*fam*) ■**der/unser ~** God, the Lord [God]; **~!** (*fam*) for God's sake!
Herrgottsfrüh ['hɛrgɔtsfry:], **Herrgottsfrühe** ['hɛrgɔtsfry:ə] *f* **in aller ~** (*fam*) at the crack of dawn
her|richten I. *vt* ① (*vorbereiten*) to prepare, to arrange ② (*in Stand setzen, ausbessern*) to repair, to fix **II.** *vr* DIAL (*sich zurechtmachen*) ■**sich** *akk* **~** to get [oneself] ready
Herrin <-, -nen> *f fem form von* **Herr** mistress, lady
herrisch ['hɛrɪʃ] **I.** *adj* domineering, overbearing; *Ton* commanding, peremptory **II.** *adv* imperiously, peremptorily
herrje(h) [hɛr'je:], **herrjemine** [hɛr'je:mine] *interj* goodness gracious!
herrlich I. *adj* ① (*prächtig*) marvellous; *Aussicht* magnificent; *Sonnenschein* glorious; *Urlaub* delightful; **das Wetter ist ~ heute!** we're having gorgeous weather today! ② (*köstlich*) delicious, exquisite **II.** *adv* ① (*prächtig*) **sich** *akk* **~ amüsieren** to have a marvellous time, to have great fun ② (*köstlich*) **~ schmecken** to taste delicious
Herrlichkeit <-, -en> *f kein pl* magnificence; **die ~ Gottes** REL the glory of God
Herrschaft <-, -en> ['hɛrʃaft] *f* ① *kein pl* (*Macht, Kontrolle*) rule, reign; **unter der ~ der/des ...** under the rule of the ... ② *pl* (*Damen und Herren*) ■**die ~en** ladies and gentlemen; **darf ich den ~en sonst noch etwas bringen?** can I bring sir and madam anything else?
herrschaftlich *adj* grand
Herrschaftsinstrument *nt* SOZIOL instrument of power
herrschen ['hɛrʃn̩] **I.** *vi* to rule (**über** +*akk* over); *Meinung* to prevail; *Ruhe, Stille* to reign; *Hunger, Krankheit, Not* to be rampant **II.** *vi impers* **es herrscht Stille** silence reigns; **es herrscht Zweifel, ob ...** there is doubt whether ...
herrschend *adj* ruling, dominant; *Meinung* prevailing; *Mode* current; ■**die H~en** the rulers, those in power
Herrscher(in) <-s, -> *m(f)* ruler, sovereign, monarch; ■**~ über jdn/etw** *akk* ruler of sb/sth
Herrschergeschlecht *nt,* **Herrscherhaus** *nt* [ruling] dynasty
Herrscherin <-, -nen> *f fem form von* **Herrscher**
Herrschsucht *f* thirst for power; PSYCH domineering nature **herrschsüchtig** *adj* domineering
her|rufen *vt irreg* ① (*zu jdm rufen*) to call [over *sep*] ② (*nachrufen*) ■**etw hinter jdm ~** to call sth after sb
her|rühren *vi* (*geh*) ■**von etw** *dat* **~** to come from sth
her|schicken *vt* ① (*zu jdm schicken*) to send [here] ② (*nachschicken*) ■**etw hinter jdm ~** to send sth after sb
her|schieben *irreg* **I.** *vt* (*schieben*) to pull towards oneself **II.** *vr* ■**etw vor sich** *dat* **~** ① (*schieben*) to push sth ② (*fig: verschieben*) to put off
her|stammen *vi* to come from
her|stellen *vt* ① (*erzeugen*) to produce, to manufacture ② (*irgendwohin stellen*) to put here
Hersteller(in) <-s, -> *m(f)* manufacturer, producer
Herstellung *f kein pl* production, manufacturing, making
Herstellungskosten *pl* production [*or* manufacturing] costs *pl* **Herstellungsland** *nt s.* **Herkunftsland**
her|trauen *vr* ■**sich** *akk* **~** to dare to come [here]
Hertz <-, -> [hɛrts] *nt* hertz
herüben *adv* SÜDD, ÖSTERR (*auf dieser Seite*) over here
herüber [hɛ'ry:bɐ] *adv* over here
herum [hɛ'rʊm] *adv* ① (*um etw im Kreis*) ■**um etw** *akk* **~** [a]round sth ② (*überall in jds Nähe*) ■**um jdn ~** [all] around sb ③ (*gegen*) ■**um ... ~** around ...
herum|albern *vi* (*fam*) to fool around **herum|ärgern** *vr* (*fam*) ■**sich** *akk* **mit jdm/etw ~** to keep getting worked up about sb/sth, to have constant trouble with sb/sth **herum|bekommen*** *vt irreg* ■**jdn** [**zu etw** *dat*] **~** to talk sb round [to sth] **herum|brüllen** *vi* (*fam*) to shout one's head off **herum|bummeln** *vi* (*fam*) ① *haben* (*trödeln*) to dawdle ② *sein* (*herumspazieren*) to stroll [a]round
herum|doktern *vi* (*fam*) ■**an jdm/etw ~** ① (*zu kurieren versuchen*) to try treating sb ② (*zu reparieren versuchen*) to tinker about with sth
herum|drehen I. *vt* ① (*um die Achse drehen*) to turn ② (*wenden*) to turn over

H

H

II. *vr* ■**sich** *akk* ~ to turn [a]round **herum|erzählen*** *vt* (*fam*) to spread [a]round **herum|fackeln** *vi* ▶WENDUNGEN: **nicht lange** ~ to not beat around the bush **herum|fahren** *irreg vi, vt* ① *sein* (*umherfahren*) to drive [a]round ② *sein* (*im Kreis darum fahren*) ■**um jdn/etw** ~ to drive [a]round sb/sth ③ *sein* (*sich rasch umdrehen*) to spin [a]round quickly **herum|fuchteln** *vi* (*fam*) ■[**mit etw** *dat*] ~ to wave sth around, to fidget with sth **herum|führen** I. *vt* ■**jdn** ~ to show sb [a]round II. *vi* ■**um etw** *akk* ~ to go [a]round sth **herum|fuhrwerken** *vi* (*fam*) to fiddle about (**mit** with) **herum|fummeln** *vi* (*fam*) ① (*hantieren*) to fiddle about (**an** +*dat* with) ② (*mit sexueller Absicht*) to touch up, to grope **herum|geben** *vt irreg* to pass [a]round, to circulate **herum|gehen** *vi irreg sein* ① (*einen Kreis gehen*) to go [a]round ② (*ziellos umhergehen*) to wander around ③ (*herumgereicht werden*) to be passed [a]round ④ (*weitererzählt werden*) to go [a]round ⑤ (*vorübergehen*) to go by, to pass **herum|geistern** *vi sein* (*fam*) to wander [a]round **herum|hacken** *vi* (*fam*) ■**auf jdm** ~ to pick on sb, to get [on] at sb **herum|hängen** *vi irreg sein* (*sl*) ① (*an einem Ort*) to hang [a]round ② (*untätig sein*) to lounge [a]round, to bum [a]round **herum|irren** *vi sein* to wander [a]round **herum|kommandieren*** I. *vt* (*fam*) to boss about II. *vi* (*fam*) to give orders **herum|kommen** *vi irreg sein* (*fam*) ① (*herumfahren können*) to get [a]round ② (*vermeiden können*) to get out of ③ (*reisen*) to get around; **viel** ~ to do a lot of travelling, to see a great deal

herum|krebsen *vi* (*fam*) to struggle [on]

herum|kriegen *vt* (*fam*) *s.* **herumbekommen** **herum|kutschieren*** *vt* (*fam*) to drive [a]round

herum|laufen *vi irreg sein* ① (*um etw laufen*) to run [a]round ② (*fam: umherlaufen*) to go [a]round; [**noch**] **frei** ~ to be [still] at large **herum|liegen** *vi irreg* (*fam*) to lie about; ■**etw** ~ **lassen** to leave sth lying about **herum|lungern** *vi* (*fam*) to loaf [*or* loiter] [*or* hang] about **herum|machen** I. *vi* (*fam*) ① (*herumtasten*) to fiddle [about], to monkey (**an** with) ② (*herumnörgeln*) to find fault (**an** with), to nag II. *vt* (*fam*) ■**etw um etw** *akk* ~ to put sth [a]round sth **herum|meckern** *vi* (*fam*) to grumble **herum|nörgeln** *vi* (*pej fam*) ■[**an jdm**] ~ to nag [at sb]; ■**an etw** *dat* ~ to find fault with sth **herum|quälen** *vr* (*fam*) ① (*sich befassen*) ■**sich** *akk* **mit jdm/etw** ~ to struggle with sb/sth ② (*leiden*) ■**sich** *akk* [**mit etw** *dat*] ~ to be plagued [by sth] **herum|reden** *vi* (*fam*) ■**um etw** *akk* ~ to talk round [*or* AM around] sth, to dodge the issue, to beat about [*or* AM around] the bush **herum|reichen** *vt* ① (*geh*) *s.* **herumgeben** ② (*fam: allen möglichen Leuten vorstellen*) to introduce to everybody **herum|reiten** *vi irreg sein* ① (*umherreiten*) to ride around ② (*reitend umgehen*) to ride [a]round ③ (*fam: herumhacken*) ■**auf jdm** ~ to get at sb; ■**auf etw** *dat* ~ (*pej*) to harp on about sth, to keep going on about sth **herum|schlagen** *irreg* I. *vt* (*geh*) ■**etw um etw** *akk* ~ to wrap sth [a]round sth II. *vr* (*fam*) ■**sich mit jdm/etw** ~ to struggle with sb/sth **herum|schnüffeln** *vi* (*pej fam: spionieren*) to snoop around (**in** +*dat* in) **herum|schreien** *vi irreg* (*fam*) to scream and shout **herum|sitzen** *vi irreg sein* ① (*fam: untätig dasitzen*) to sit [a]round ② (*sitzend gruppiert sein*) ■**um jdn/etw** ~ to sit [a]round sb/sth **herum|spielen** *vi* to play around **herum|sprechen** *vr irreg* ■**sich** *akk* ~ to get [a]round, to reach sb **herum|stehen** *vi irreg sein* ① (*fam: in der Gegend stehen*) to stand [a]round ② (*stehend gruppiert sein*) ■**um jdn/etw** ~ to stand [a]round sb/sth **herum|suchen** *vi* ■**nach etw** *dat* ~ to rummage around for sth **herum|toben** *vi* (*fam*) ① *sein o haben* (*ausgelassen umherlaufen*) to romp around ② *haben* (*wüst schimpfen*) to rant and rave **herum|treiben** *vr irreg* ■**sich** *akk* **irgendwo** ~ to hang [a]round somewhere; **wo er sich nur wieder herumtreibt?** where's he got to now?

Herumtreiber(in) <-s, -> *m(f)* (*pej*) ① (*Mensch ohne feste Arbeit, Wohnsitz*) down-and-out, tramp, loafer ② (*fam: Streuner*) layabout, good-for-nothing

herum|werfen *irreg vt* ① (*achtlos umherstreuen*) to throw [a]round ② (*herumreißen*) to pull round hard **herum|ziehen** *irreg vi sein* ■**mit jdm** ~ to move about with sb

herunten [hɛˈrʊntn̩] *adv* SÜDD, ÖSTERR (*hier unten*) down here

herunter [hɛˈrʊntɐ] I. *adv* down; **sie liefen den Berg** ~ they ran down the hill II. *präp nachgestellt* ■**etw** ~ down sth

herunter|bringen *vt irreg* ① (*nach unten bringen*) to bring down *sep* ② (*fam*) to get sth off **herunter|fallen** *vi irreg sein* to fall off; **mir ist der Hammer heruntergefallen** I've dropped the hammer

herunter|gehen *vi irreg sein* ① (*nach unten gehen*) to go down; ■ **von etw** *dat* ~ to get off sth ② (*fig: sinken*) *Preise* to drop, to fall, to go down ③ (*Flughöhe verringern*) to descend ④ (*reduzieren*) to reduce, to lower; **mit der Geschwindigkeit** ~ to reduce one's speed, to slow down

heruntergekommen *adj* (*pej*) ① (*abgewohnt*) run-down, dilapidated ② (*verwahrlost*) down-at-[the-]heel BRIT, down-and-out

herunter|handeln *vt* (*fam*) to knock down *sep* **herunter|hängen** *vi irreg* to hang down (**von** +*dat* from, **auf** +*akk* over) **herunter|hauen** *vt irreg* (*fam*) ■ **jdm eine** ~ to slap sb **herunter|kippen** *vt* (*fam*) ■ **etw** ~ *Schnaps, Bier* to down sth in one BRIT, to chug[-a-lug] sth AM **herunter|klappen** *vt* to put down *sep; Kragen* to turn down; *Deckel* to close **herunter|kommen** *vi irreg sein* to come down **herunter|laden** *vt* INFORM to download **herunter|lassen** *vt irreg* to lower **herunter|machen** *vt* (*fam*) ① (*schlechtmachen*) to run down ② (*zurechtweisen*) to tell off **herunter|purzeln** *vt Treppe* to tumble down; (*vom Baum*) to fall out of **herunter|reißen** *vt irreg* ① (*abreißen*) to pull off *sep;* (*von der Wand*) to tear down ② (*sl: absitzen*) to get through **herunter|schlucken** *vt* (*fam*) *s.* **hinunterschlucken** **herunter|spielen** *vt* ■ **etw** ~ (*verharmlosen*) to play down *sep* sth **herunter|springen** *vi irreg* to jump down **herunter|werfen** *vt irreg* to throw down *sep* **herunter|wirtschaften** *vt* (*pej fam*) to ruin

hervor [hɛɐ̯ˈfoːɐ̯] *interj* ■ ~ **mit dir/euch!** (*geh*) out you come!

hervor|bringen *vt irreg* to produce **hervor|gehen** *vi irreg sein* ① (*geh: entstammen*) ■ **aus etw** *dat* ~ to come from sth ② (*sich ergeben*) **aus etw** *dat* **geht hervor ~ ...** it follows from sth ..., sth proves that ... **hervor|gucken** *vi* (*fam*) to peep out (**unter** +*dat* from under) **hervor|heben** *vt irreg* ① (*betonen*) to emphasize, to stress ② (*besonders kennzeichnen*) to make stand out **hervor|holen** *vt* to take out *sep* (**aus** +*dat* from) **hervor|kommen** *vi irreg sein* to come out (**aus** +*dat* of, **hinter** +*dat* from behind), to emerge (**aus** +*dat* from) **hervor|locken** *vt* to entice out *sep* **hervor|ragen** [hɛɐ̯ˈfoːɐ̯raːgn̩] *vi* ① (*sich auszeichnen*) to stand out ② (*vorstehen*) to jut out (**aus** +*dat* from)

hervorragend **I.** *adj* excellent, outstanding, first-rate **II.** *adv* excellently

hervor|rufen *vt irreg* to evoke; [**bei jdm**] **Bestürzung** ~ to cause consternation [in sb] **hervor|treten** *vi irreg sein* ① (*heraustreten*) to step out (**hinter** +*dat* from behind) ② *Wangenknochen, Kinn* to protrude ③ (*erkennbar werden*) to become evident ④ (*in Erscheinung treten*) to distinguish oneself **hervor|tun** *vr irreg* (*fam*) ■ **sich** *akk* ~ ① (*sich auszeichnen*) to distinguish oneself (**mit** +*dat* with) ② (*sich wichtigtun*) to show off **hervor|wagen** *vr* ■ **sich** *akk* ~ to dare to come out, to venture forth

her|wagen *vr* ■ **sich** ~ to dare to come here

Herz <-ens, -en> [hɛrts] *nt* ① ANAT heart; **ihr ~ pochte** her heart was pounding ② (*Gemüt, Gefühl*) heart; **mit ganzem ~en** wholeheartedly; **von ganzem ~en** sincerely; **im Grunde seines ~ens** in his heart of hearts; **leichten ~ens** light-heartedly; **schweren ~ens** with a heavy heart; **ein weiches ~ haben** to have a soft heart; **jds ~ erweichen** to soften up *sep* sb ③ (*Zentrum*) heart ④ (*Schatz, Liebling*) dear, love ⑤ KARTEN hearts *pl* ▶ WENDUNGEN: **jdm schlägt das ~ bis zum <u>Hals</u>** sb's heart is in one's mouth; **jdm ist das ~ in die <u>Hose</u> gerutscht** (*fam*) sb's heart sank in his/her boots BRIT; **ein ~ und eine <u>Seele</u> sein** to be the best of friends; **seinem ~en einen <u>Stoß</u> geben** to [suddenly] pluck up courage; **jds ~ <u>höher</u> schlagen lassen** to make sb's heart beat faster; **jdm sein ~ <u>ausschütten</u>** to pour out one's heart to sb; **alles, was das ~ <u>begehrt</u>** (*geh*) everything one's heart desires; **jdm das ~ <u>brechen</u>** to break sb's heart; **etw nicht übers ~ <u>bringen</u>** not to have the heart to do sth; **etw auf dem ~en <u>haben</u>** to have sth on one's mind; **jds ~ <u>hängt</u> an etw** *dat* sb is attached to sth; **jdm etw ans ~ <u>legen</u>** to entrust sb with sth; **jdm <u>liegt</u> etw am ~en** sth concerns sb; **sich** *dat* **etw zu ~en <u>nehmen</u>** to take sth to heart; **jdn in sein ~ <u>schließen</u>** to take sb to one's heart; **jd <u>wächst</u> jdm ans ~** sb grows fond of sb

Herzanfall *m* heart attack **Herzbeschwerden** *pl* heart trouble **herzbewegend** *adj s.* **herzerweichend**

her|zeigen *vt* to show; **zeig mal her!** let me see!

herzen [ˈhɛrtsn̩] *vt* (*geh*) to cuddle, to embrace

Herzensangelegenheit *f* ① (*wichtiges Anliegen*) matter close to one's heart ② (*Liebe betreffende Angelegenheit*) affair of the heart **Herzensbedürfnis** *nt*

H

jdm ein ~ sein to be a matter very close to sb's heart **Herzensbrecher(in)** *m(f)* heartbreaker, ladykiller *dated* **herzensgut** ['hɛrtsn̩s'guːt] *adj* good-hearted, kind-hearted **Herzenslust** *f kein pl* **nach ~** to one's heart's content **Herzenswunsch** *m* dearest wish, heart's desire

herzergreifend *adj* heart-rending

herzerweichend **I.** *adj* heart-rending **II.** *adv* heart-rendingly

Herzfehler *m* heart defect

herzhaft **I.** *adj* ① (*würzig-kräftig*) tasty, savoury; *Essen, Eintopf* hearty ② (*kräftig*) hearty, substantial **II.** *adv* ① (*würzig-kräftig*) **~ schmecken** to be tasty ② (*kräftig*) heartily; **~ gähnen** to yawn loudly

her|ziehen *irreg* **I.** *vt haben* ① (*heranziehen*) to pull closer ② (*mitschleppen*) ■**etw hinter/neben sich** *dat* **~** to pull sth [along] behind/beside one **II.** *vi* ① *sein* (*hierhin ziehen*) to move here ② *haben* (*fam: sich auslassen*) ■**über jdn/etw ~** to pull sb/sth to pieces, to run sb/sth down

herzig ['hɛrtsɪç] *adj* sweet, cute AM

Herzinfarkt *m* heart attack **Herzkammer** *f* ANAT ventricle **Herzkasper** *m* MED (*sl*) heart attack

Herzklappe *f* heart valve **Herzklappenfehler** *m* valvular [heart] defect

Herzklopfen *nt kein pl* pounding of the heart, palpitations *pl* **herzkrank** *adj* suffering from a heart condition *pred;* ■**~ sein** to have a heart condition **Herz-Kreislauf-Erkrankung** *f* MED cardiovascular disease **Herzleiden** *nt* heart disease

herzlich **I.** *adj* ① (*warmherzig*) warm; *Begrüßung* warm, friendly, cordial; *Lachen* hearty ② (*in Grußformeln*) kind **II.** *adv* ① (*aufrichtig*) warmly, with pleasure; **sich** *akk* **bei jdm ~ bedanken** to thank sb sincerely; **jdn ~ gratulieren** to congratulate sb heartily ② (*recht*) thoroughly, really; **~ wenig** precious little

Herzlichkeit <-> *f kein pl* ① (*herzliches Wesen*) warmth ② (*Aufrichtigkeit*) sincerity, cordiality

herzlos *adj* heartless

Herzlosigkeit <-, -en> *f* heartlessness *no pl*

Herzmuskel *m* heart muscle

Herzog(in) <-s, Herzöge> ['hɛrtsoːk, *pl* 'hɛrtsøːgə] *m(f)* duke *masc,* duchess *fem*

Herzogtum <-s, -tümer> *nt* duchy, dukedom

Herzschlag *m* ① (*Kontraktion des Herzmuskels*) heartbeat ② (*Herzstillstand*) heart failure, cardiac arrest **Herzschrittmacher** *m* pacemaker **Herzstillstand** *m* cardiac arrest **Herzstück** *nt* heart, core **Herztod** *m* MED cardiac death, death by heart failure **Herzton** *m meist pl* heart sound *usu pl* **Herztransplantation** *f* heart transplant **Herzversagen** *nt kein pl* heart failure *no pl* **herzzerreißend** *adj s.* **herzerweichend**

Hesse, Hessin <-n, -n> ['hɛsə, 'hɛsɪn] *m, f* Hessian

Hessen <-s> ['hɛsn̩] *nt* Hesse

Hessin <-, -nen> *f fem form von* **Hesse**

hessisch ['hɛsɪʃ] *adj* Hessian

Hete <-, -n> ['heːtə] *f* (*sl: Heterosexuelle(r)*) het[ero] *sl*

heterogen [hetero'geːn] *adj* (*geh*) heterogeneous

Heterosexualität <-> [heterozɛksu̯ali'tɛːt] *f kein pl* heterosexuality *no pl*

heterosexuell [heterozɛ'ksu̯ɛl] *adj* heterosexual

Hetze <-, -n> ['hɛtsə] *f* ① *kein pl* (*übertriebene Hast*) mad rush ② *pl selten* (*pej: Aufhetzung*) smear campaign; (*gegen Minderheiten*) hate campaign

hetzen ['hɛtsn̩] **I.** *vi* ① *haben* (*sich abhetzen*) to rush about ② *sein* (*eilen*) to rush ③ *haben* (*pej: Hass schüren*) to stir up hatred (**gegen** *+akk* against) **II.** *vt haben* ① (*jagen*) to hunt ② (*losgehen lassen*) ■**jdn/einen Hund auf jdn ~** to set sb/a dog [up]on sb ③ (*fam: antreiben*) to rush ④ (*vertreiben*) to chase (**von** *+dat* off)

Hetzerei <-, -en> *f* ① *kein pl* (*ständige Hetze*) mad rush, rushing around ② (*ständiges Hetzen*) malicious agitation, [continual] stirring up of hatred

hetzerisch *adj* inflammatory, virulent

Hetzjagd *f* ① (*Wildjagd*) hunt ② (*pej: Hetze*) smear campaign; (*auf Minderheiten*) hate campaign ③ (*übertriebene Hast*) mad rush

Hetzkampagne *f* (*pej*) smear campaign **Hetzparole** *f meist pl* (*pej*) inflammatory slogan

Heu <-[e]s> [hɔy] *nt kein pl* hay; **~ machen** to hay ▶ WENDUNGEN: **Geld wie ~ haben** to have heaps of money

Heuboden *m* hayloft

Heuchelei <-, -en> [hɔyçə'lai] *f* (*pej*) ① (*Heucheln*) hypocrisy ② (*heuchlerische Äußerung*) hypocritical remark

heucheln ['hɔyçl̩n] **I.** *vi* to be hypocritical **II.** *vt* ■**etw ~** to feign sth

Heuchler(in) <-s, -> ['hɔyçlɐ] *m(f)* (*pej*) hypocrite

heuchlerisch **I.** *adj* hypocritical **II.** *adv* hypocritically

heuer ['hɔyɐ] *adv* SÜDD, ÖSTERR, SCHWEIZ (*in*

diesem Jahr) this year

Heuhaufen *m* haystack ▶WENDUNGEN: **eine Stecknadel im ~ suchen** to look for a needle in a haystack

heulen ['hɔylən] *vi* ① (*fam: weinen*) to cry; **es ist zum H~** (*fam*) it's enough to make you cry ② *Wolf* to howl; *Motor* to wail; *Motorrad, Flugzeug* to roar; *Sturm* to rage

Heulsuse <-, -n> *f* (*pej fam*) crybaby

heurig ['hɔyrɪç] *adj* SÜDD, ÖSTERR, SCHWEIZ this year's; *Wein, Kartoffeln* new

Heuschnupfen *m* hay fever **Heuschrecke** <-, -n> *f* grasshopper; (*Wanderheuschrecke*) locust

heute ['hɔytə] *adv* ① (*an diesem Tag*) today; **~ Abend** this evening; **~ Nacht** tonight; **~ früh** [early] this morning; **ab ~** from today; **~ in/vor acht Tagen** a week [from] today/ago today ② (*der Gegenwart*) today; **von ~ auf morgen** all of a sudden, overnight ③ (*heutzutage*) nowadays, today

heutig ['hɔytɪç] *adj attr* ① (*heute stattfindend*) today's ② (*von heute*) *Zeitung, Nachrichten* today's; **der ~e Anlass** this occasion ③ (*gegenwärtig*) **die ~e Zeit** nowadays; **der ~e Stand der Technik** today's state of the art

heutzutage ['hɔyttsuta:gə] *adv* nowadays, these days

Hexe <-, -n> ['hɛksə] *f* ① (*böses Fabelwesen*) witch ② (*pej fam: zeternde Frau*) virago, shrew; **eine alte ~** an old crone

hexen ['hɛksn̩] *vi* to cast spells, to perform magic; **ich kann doch nicht ~** (*fig*) I can't work miracles

Hexenschuss *m kein pl* (*fam*) lumbago *no pl* **Hexenverbrennung** *f* burning [at the stake] of a witch/witches

Hexer <-s, -> *m* sorcerer

Hexerei <-, -en> [hɛksə'rai̯] *f* magic, sorcery *pej*, witchcraft *pej*

hg. *Abk von* **herausgegeben** ed.

Hickhack <-s, -s> ['hɪkhak] *m o nt* (*fam*) bickering, squabbling

hieb ['hi:p] *imp von* **hauen**

Hieb <-[e]s, -e> [hi:p *pl* 'hi:bə] *m* ① (*Schlag*) blow; (*Peitschenhieb*) lash ② *pl* (*Prügel*) beating *sing*, hiding *sing*

hieb- und stichfest *adj* conclusive, irrefutable; *Alibi* cast-iron

hielt ['hi:lt] *imp von* **halten**

hier [hi:ɐ̯] *adv* ① here; **er müsste doch schon längst wieder ~ sein!** he should have been back ages ago!; **~ ist/spricht Dr. Günther** [this is] Dr Günther, Dr Günther speaking; **~ draußen/drinnen** out/in here; **~ entlang** this way; **~ oben/unten** up/down here; **~ vorn/hinten** here at the front/at the back; **von ~ aus** from here; **von ~ sein** to be from here ② (*in diesem Moment*) at this point; **von ~ an** from now on ▶WENDUNGEN: **~ und da** (*stellenweise*) here and there; (*gelegentlich*) now and then

hieran ['hi:'ran] *adv* on here; **~ kann es keinen Zweifel geben** there can be no doubt of that; **sich** *akk* **~ erinnern** to remember this

Hierarchie <-, -n> [hierar'çi:, *pl* -'çi:ən] *f* hierarchy

hierarchisch [hie'rarçɪʃ] **I.** *adj* hierarchical **II.** *adv* hierarchically

hierauf ['hi:'rau̯f] *adv* ① (*obendrauf*) [on] here; **setz dich doch einfach ~** just sit yourself down on this ② (*daraufhin*) as a result of this/that, thereupon

hieraus ['hi:'rau̯s] *adv* ① (*aus diesem Gegenstand*) from [*or* out of] here ② (*aus diesem Material*) out of this ③ (*aus dem Genannten*) from this ④ (*aus diesem Werk*) from this

hierbei ['hi:ɐ̯'bai̯] *adv* ① (*währenddessen*) while doing this ② (*nahe bei etw*) in the same place; **~ lag auch das Zeugnis** the certificate was in the same place ③ (*dabei*) here; **~ sind gewisse Punkte zu beachten** particular attention should be paid to certain points here

hier|bleiben *vi irreg sein* to stay here; **hiergeblieben!** you stay here!

hierdurch ['hi:ɐ̯'dʊrç] *adv* ① (*hier hindurch*) through here ② (*dadurch*) in this way

hierfür ['hi:ɐ̯'fy:ɐ̯] *adv* for this

hierher ['hi:ɐ̯'he:ɐ̯] *adv* here; **~ kommen** to come [over] here; **bis ~** up to here; **bis ~ und nicht weiter** this far and no further

hierherum ['hi:ɐ̯hɛ'rʊm] *adv* ① (*in diese Richtung*) round this way ② (*fam: in dieser Gegend*) around here

hierhin ['hi:ɐ̯'hɪn] *adv* here; **~ und dorthin** here and there; **bis ~** up to here

hierin ['hi:'rɪn] *adv* ① (*in diesem Raum*) in here ② (*was das angeht*) in this

hiermit ['hi:ɐ̯'mɪt] *adv* (*geh*) with this; **~ erkläre ich, dass ...** I hereby declare that ...; **~ wird bescheinigt, dass ...** this is to certify that ...; **~ ist die Angelegenheit erledigt** that is the end of the matter

hierüber ['hi:'ry:bɐ] *adv* ① (*über diese Stelle*) over here ② (*geh: über diese Angelegenheit*) about this

hierunter ['hi:'rʊntɐ] *adv* ① (*unter diesem Gegenstand*) under here ② (*in dieser Gruppe*) among it/them; **~ fallen** to fall into this category

hiervon ['hiːɐ̯'fɔn] *adv* ① (*von diesem Gegenstand*) of this/these ② (*über dieses Thema*) about this [*or* it]

hierzu ['hiːɐ̯'tsuː] *adv* ① (*dazu*) with it ② (*zu dieser Kategorie*) **~ gehört ...** this includes ... ③ (*zu diesem Punkt*) to this; **sich** *akk* **~ äußern** to say something about this

hierzulande, hier zu Lande ['hiːɐ̯tsu'landə] *adv* [here] in this country, here in these parts

hiesig ['hiːzɪç] *adj attr* local

Hiesige(r) *f(m) dekl wie adj* local

hieß ['hiːs] *imp von* **heißen**

Hi-Fi-Anlage ['hai̯fi-] *f* stereo system, hi-fi

high [hai̯] *adj präd* (*sl*) ① (*von Drogen berauscht*) high, loaded *fam*, stoned *fig sl* ② (*euphorisch*) euphoric, ecstatic

High Society <-> ['hai̯zo'sai̯iti] *f kein pl* high society

Hightech <-[s]> ['hai̯'tɛk] *nt kein pl* high-tech

hihi [hi'hiː] *interj* hee hee

Hilfe <-, -n> ['hɪlfə] *f* ① *kein pl* (*Beistand, Unterstützung*) help *no pl*, assistance *no pl*; **jdm seine ~ anbieten** to offer sb one's help; **jdn um ~ bitten** to ask sb for help; **jdm zu ~ kommen** to come to sb's assistance; **um ~ rufen** to call for help; **[zu] ~!** help!; **ohne fremde ~** without outside help; **erste ~** first aid ② (*Zuschuss*) **finanzielle ~** financial assistance; (*für Notleidende*) relief; **wirtschaftliche ~** economic aid ③ (*Hilfsmittel*) aid ④ (*Haushaltshilfe*) help **Hilfedatei** *f* help file

Hilfeleistung *f* (*geh*) help, assistance; **unterlassene ~** failure to render assistance in an emergency **Hilfemenü** *nt* INFORM help menu **Hilferuf** *m*, **Hilfeschrei** *m* cry for help **Hilfestellung** *f* **jdm ~ geben** to give sb a hand

hilflos ['hɪlfloːs] **I.** *adj* ① (*auf Hilfe angewiesen*) helpless ② (*ratlos*) at a loss *pred* **II.** *adv* ① (*schutzlos*) helplessly; **jdm/etw ~ ausgeliefert sein** to be at the mercy of sb/sth ② (*ratlos*) at a loss

Hilflosigkeit <-> *f kein pl* ① (*Hilfsbedürftigkeit*) helplessness ② (*Ratlosigkeit*) bafflement, perplexity

hilfreich *adj* ① (*hilfsbereit*) helpful ② (*nützlich*) helpful, useful

Hilfsaktion *f* aid programme **Hilfsarbeiter(in)** *m(f)* (*veraltend*) labourer; (*in einer Fabrik*) unskilled worker **hilfsbedürftig** *adj* ① (*auf Hilfe angewiesen*) in need of help *pred* ② FIN (*bedürftig*) needy, in need *pred* **hilfsbereit** *adj* helpful **Hilfsbereitschaft** *f* helpfulness, willingness to help **Hilfskraft** *f* help *no pl*; **~ im Haus** domestic help; **wissenschaftliche ~** assistant [lecturer] **Hilfsmittel** *nt* ① MED [health] aid ② *pl* (*Geldmittel*) [financial] aid **Hilfsprogramm** *nt* POL, SOZIOL relief programme **Hilfsverb** *nt* auxiliary verb **Hilfswerk** *nt* SOZIOL relief organization

Himbeere ['hɪmbeːrə] *f* raspberry

Himbeergeist *m kein pl schnapps made out of raspberries* **Himbeersaft** *m* raspberry juice

Himmel <-s, *poet* -> ['hɪml̩] *m* ① (*Firmament*) sky; **unter freiem ~** under the open sky ② (*Himmelreich*) heaven; **in den ~ kommen** to go to heaven; **im ~** in heaven ③ (*Baldachin*) canopy ④ AUTO [interior] roof ▶ WENDUNGEN: **aus <u>heiterem</u> ~** out of the blue; **im <u>sieb</u>[en]ten ~ sein** to be in seventh heaven; **<u>um</u> ~s willen** (*fam*) for heaven's sake

himmelangst ['hɪml̩'ʔaŋst] *adj präd* ■ **jdm wird ~** sb is scared to death **Himmelbett** *nt* four-poster [bed] **himmelblau** ['hɪml̩blau̯] *adj* sky-blue, azure [blue] **Himmelfahrt** *f* ascension into heaven; **Christi ~stag** Ascension Day **Himmelreich** *nt kein pl* REL heaven, kingdom of God **himmelschreiend** *adj* ① (*unerhört*) downright *attr* ② (*skandalös*) scandalous

Himmelserscheinung *f* METEO, ASTRON atmospheric phenomenon **Himmelskörper** *m* heavenly body **Himmelsrichtung** *f* direction; **die vier ~en** the four points of the compass

himmelweit **I.** *adj* (*fam*) enormous; *Unterschied* considerable **II.** *adv* **sich** *akk* **~ unterscheiden** to be completely different

himmlisch ['hɪmlɪʃ] **I.** *adj attr* heavenly, divine **II.** *adv* divinely, wonderfully

hin [hɪn] *adv* ① *räumlich* (*dahin*) there; **~ und her laufen** to run to and fro; **der Balkon liegt zur Straße ~** the balcony faces the street; **~ und zurück** there and back ② *zeitlich* (*sich hinziehend*) **über die Jahre ~** over the years ③ (*fig*) **auf jds Bitte/Vorschlag ~** at sb's request/suggestion; **auf jds Rat ~** on sb's advice; **auf die Gefahr ~, dass ich mich wiederhole** at the risk of repeating myself ▶ WENDUNGEN: **nach langem H~ und <u>Her</u>** after a lot of discussion; **~ und <u>wieder</u>** from time to time

hinab [hɪ'nap] *adv* (*geh*) *s.* **hinunter**

hin|arbeiten *vi* ■ **auf etw** *akk* **~** to work [one's way] towards sth

hinauf [hɪ'nau̯f] *adv* up; **[die Treppe] ~gehen** to go up[stairs]; **den Fluss ~** up the river; **bis ~ zu etw** *dat* up to sth

hinauf|fahren *irreg vi sein* to go up **hinauf|führen** *vi* to lead up (**auf** +*akk* to) **hinauf|gehen** *vi irreg sein* ① (*nach oben gehen*) to go up (**auf** +*akk* to) ② (*steigen*) *Preise* to go up, to increase, to rise ③ (*hochgehen*) **mit dem Preis ~** to put the price up **hinauf|steigen** *vi irreg sein* to climb up (**auf** +*akk* onto)

hinaus [hɪ'naʊ̯s] **I.** *interj* (*nach draußen*) get out! **II.** *adv* ① (*von hier nach draußen*) out; **hier/da/dort ~ bitte!** this/that way out, please!; ■**aus etw** *dat* ~ out of sth; **nach hinten/vorne ~ liegen** to be [situated] at the back/front [of a house] ② (*fig*) ■**über etw** *akk* **~ sein** to be past sth; **über etw** *akk* **~ reichen** to include sth ③ (*zeitlich*) **auf Jahre ~** for years to come; ■**über etw** *akk* ~ more than sth, well over sth

hinaus|befördern* *vt* (*fam*) to throw out **hinaus|begleiten** *vt* ■**jdn ~** to see sb out **hinaus|bringen** *vt irreg* ① (*nach draußen begleiten*) ■**jdn ~** to see sb out ② (*nach draußen bringen*) to take out **hinaus|dürfen** *vi irreg* to be allowed to go outside **hinaus|ekeln** *vt* (*fam*) to drive out (**aus** of) **hinaus|finden** *vi irreg* to find one's way out (**aus** +*dat* of); **finden Sie alleine hinaus?** can you find your own way out? **hinaus|fliegen** *vi irreg sein* ① (*nach draußen fliegen*) to fly out ② (*fam: rausfallen*) to fall out ③ (*fam: entlassen werden*) to be kicked out **hinaus|gehen** [hɪ'naʊ̯sgeːən] *irreg* **I.** *vi sein* ① (*nach draußen gehen*) to go out (**aus** +*dat* of); **auf die Straße ~** to go out to the road ② (*abgeschickt werden*) to be sent off ③ (*gerichtet sein*) ■**auf etw** *akk* ~ to look out on/onto sth; **nach Osten ~** to face east ④ (*überschreiten*) ■**[weit] über etw** *akk* ~ to go [far] beyond sth **II.** *vi impers sein* **es geht dort hinaus!** that's the way out! **hinaus|kommen** *vi irreg sein* ① (*nach draußen kommen*) to get out/outside ② (*gelangen*) ■**über etw** *akk* ~ to get beyond sth ③ (*gleichbedeutend mit etw sein*) **das kommt auf dasselbe hinaus** it's all the same **hinaus|lassen** *vt irreg* to let out (**aus** +*dat* of) **hinaus|laufen** *vi irreg sein* ① (*nach draußen laufen*) to run out ② (*gleichbedeutend mit etw sein*) ■**auf etw** *akk* ~ to be [*or* mean] the same as sth; **auf was soll das ~?** what's that supposed to mean?; **auf dasselbe ~** to be the same, to come to the same thing **hinaus|lehnen** *vr* ■**sich** *akk* ~ to lean out **hinaus|posaunen*** *vt* (*fam*) *s.* **ausposaunen** **hinaus|schicken** *vt* to send out **hinaus|schieben** *vt irreg* ① (*nach draußen schieben*) to push out ② (*auf später verschieben*) to put off, to postpone (**bis** until) **hinaus|schmeißen** *vt irreg* (*fam*) to throw out (**aus** +*dat* of) **hinaus|stürmen** *vi sein* to rush out **hinaus|tragen** *vt irreg* ① (*nach draußen tragen*) to carry out (**aus** of) ② (*geh: nach außen verbreiten*) to broadcast **hinaus|wachsen** [-vaksn̩] *vi irreg sein* ① (*durch Leistung übertreffen*) ■**über jdn ~** to surpass sb ② (*überwinden*) ■**über etw** *akk* ~ to rise above sth **hinaus|werfen** *vt irreg* ① (*nach draußen werfen*) to throw out (**aus** +*dat* of) ② (*fam: entlassen*) to sack **hinaus|wollen** *vi* ① (*nach draußen wollen*) **auf den Hof/in den Garten ~** to want to go out into the yard/garden ② (*etw anstreben*) ■**auf etw** *akk* ~ to get at sth; **worauf wollen Sie hinaus?** what are you getting at?, what is your point? **hinaus|zögern** **I.** *vt* to put off *sep*, to delay **II.** *vr* ■**sich** *akk* ~ to be delayed

hin|bekommen* *vt irreg s.* **hinkriegen**

hin|biegen *vt irreg* (*fam*) ① (*bereinigen*) to sort out *sep; Problem a.* to iron out ② (*pej: drehen*) ■**es so ~, dass ...** to manage it so that ... ③ (*beeinflussen*) ■**jdn ~** to lick sb into shape

Hinblick *m* **im ~ auf etw** *akk* (*angesichts*) in view of sth; (*in Bezug auf*) with regard to sth

hin|bringen *vt irreg* ① (*bringen*) ■**[jdm] etw ~** to bring [*or* take] sth [to sb] ② (*begleiten*) ■**jdn ~** to take sb

hin|denken *vi irreg* **wo denkst du hin!** what an idea!

hinderlich ['hɪndɐlɪç] *adj* (*geh*) ① (*behindernd*) ■**~ sein** to be a hindrance, to get in the way ② (*ein Hindernis darstellend*) ■**jdm/für etw** *akk* **~ sein** to be an obstacle for sb/sth

hindern ['hɪndɐn] *vt* ① (*abhalten*) ■**jdn daran ~, etw zu tun** to stop [*or* prevent] sb from doing sth ② (*hemmen*) ■**jdn bei etw** *akk* ~ to hamper sb in sth

Hindernis <-ses, -se> ['hɪndɐnɪs] *nt* obstacle; **jdm ~se in den Weg legen** to put obstacles in sb's way; (*bei Leichtathletik*) hurdle

Hindernislauf *m* hurdle race **Hindernisrennen** *nt* (*Jagdrennen*) steeplechase; (*Hürdenrennen*) hurdles

Hinderungsgrund *m* reason [why sth cannot happen]

hin|deuten *vi* ■**auf etw** *akk* ~ to suggest sth

hin|drehen **I.** *vt* (*fam: ausbügeln*) to sort

H

out *sep;* **wie hat sie das bloß wieder hingedreht?** how on earth did she manage that? **II.** *vr* ■**sich** *akk* [**zu jdm/etw**] ~ to turn [to sb/sth]

Hindu <-[s], -[s]> ['hɪndu] *m* Hindu

Hinduismus <-> [hɪndu'ɪsmʊs] *m kein pl* Hinduism *no art*

hinduistisch [hɪndu'ɪstɪʃ] *adj, adv* Hindu

hindurch [hɪn'dʊrç] *adv* ① *räumlich* through ② *zeitlich* through, throughout; **die ganze Zeit** ~ all the time

hinein [hɪ'nain] *adv* in; ~ **mit dir!** (*fam*) in with you!

hinein|denken *vr irreg* ■**sich** *akk* **in jdn** ~ to put oneself in sb's position; ■**sich** *akk* **in etw** *akk* ~ to think one's way into sth

hinein|fressen *vt irreg* ■**etw in sich** *akk* ~ ① (*fam: verschlingen*) to gobble sth [up], to devour sth, to wolf sth down ② (*unterdrücken*) to bottle up sth, to suppress sth **hinein|gehen** *vi irreg sein* ① (*betreten*) to go in[to], to enter ② (*fam: hineinpassen*) ■**in etw** *akk* ~ to fit into sth **hinein|geraten*** *vi irreg sein* to be drawn in; **in eine Demonstration/Schlägerei/Unannehmlichkeit** ~ to get into a demonstration/a fight/difficulties **hinein|lassen** *vt irreg* to let in[to] **hinein|legen I.** *vt* ① (*in etw legen*) to put in[to] ② (*hineindeuten*) to read into **II.** *vr* ■**sich** *akk* [**in etw** *akk*] ~ to lie down [in sth] **hinein|passen** *vi* to fit in[to] **hinein|pfuschen** *vi* (*fam*) ■**jdm in seine Arbeit** ~ to meddle with sb's work **hinein|reden** *vi* ■**jdm in seine Angelegenheiten** ~ to meddle in sb's affairs

hinein|schlingen *vt irreg* to scoff sth down **hinein|spazieren*** *vi sein* (*fam*) to walk in[to] **hinein|stecken** *vt* ① (*in etw stecken*) to put in[to]; *Nadel* to stick in[to] ② (*investieren*) to put in[to] **hinein|steigern** *vr* ■**sich** *akk* **in etw** *akk* ~ to get into sth **hinein|versetzen*** *vr* ■**sich in jdn** ~ to put oneself in sb's place; ■**sich** *akk* **in etw** *akk* ~ to acquaint oneself with sth **hinein|wachsen** [-vaksn̩] *vi irreg sein* ① (*durch Wachstum*) to grow in[to] ② (*mit etw vertraut werden*) to get used to

hin|fahren *irreg* **I.** *vi sein* ■**irgendwo** ~ to go [*or* drive] somewhere **II.** *vt haben* ■**jdn** ~ to drive sb; **jdn zum Flughafen** ~ to drive sb to the airport

Hinfahrt *f* drive, trip; (*länger*) journey; **auf der** ~ on the way

hin|fallen *vi irreg sein* to fall [over]

hinfällig *adj* ① (*gebrechlich*) frail ② (*ungültig*) invalid

hin|finden *vi irreg* (*fam*) to find one's way

Hinflug *m* flight

hin|führen I. *vt* (*irgendwohin geleiten*) ■**jdn** [**irgendwo**] ~ to take sb [somewhere] **II.** *vi* (*in Richtung auf etw verlaufen*) to lead [to]

hing ['hɪŋ] *imp von* **hängen**

Hingabe *f kein pl* (*rückhaltlose Widmung*) dedication; (*zu einem Mensch*) devotion; **sie spielt die Flöte mit** ~ she plays the flute with passion [*or* all her soul]

hin|geben *irreg* **I.** *vt* (*geh*) to give **II.** *vr* ■**sich** *akk* **etw** *dat* ~ to abandon oneself to sth

Hingebung <-> *f kein pl s.* **Hingabe**

hingebungsvoll I. *adj* dedicated; *Blick, Pflege* devoted **II.** *adv* with dedication

hingegen [hɪn'ge:gn̩] *konj* (*geh*) but, however

hin|gehen *vi irreg sein* ① (*dorthin gehen*) to go ② (*geh: vergehen*) to pass, to go by

hin|gehören* *vi* (*fam*) to belong

hin|geraten* *vi irreg sein* ■**irgendwo** ~ to land somewhere; **wo bin ich denn hier ~?** what am I doing here?

hingerissen I. *adj* spellbound **II.** *adv* raptly, with rapt attention

hin|gucken *vi* (*fam*) to look

hin|halten *vt irreg* ① (*entgegenhalten*) ■**jdm etw** ~ to hold sth out to sb ② (*aufhalten*) to keep waiting

Hinhaltetaktik *f* delaying tactics

hin|hauen *irreg* **I.** *vi* (*fam*) ① (*klappen*) to work ② (*ausreichen*) to be enough ③ (*zuschlagen*) to lash out **II.** *vr* (*sl*) ■**sich** *akk* ~ ① (*schlafen*) to turn in ② (*sich hinflegeln*) to plonk down **III.** *vt* (*fam: schlampig erledigen*) to rush through; (*Schriftstück*) to dash off

hin|hören *vi* to listen; **genau** ~ to listen carefully

hinken ['hɪŋkn̩] *vi* ① *haben* (*das Bein nachziehen*) to limp ② *haben* (*nicht ganz zutreffen*) **der Vergleich hinkt** the comparison doesn't work

hin|knien *vi, vr vi: sein* to kneel down

hin|kommen *vi irreg sein* ① (*irgendwohin gelangen*) ■**irgendwo** ~ to get somewhere ② (*an bestimmten Platz gehören*) ■**etw kommt irgend hin** sth belongs somewhere ③ (*fam: auskommen*) to manage (**mit** +*dat* with) ④ (*fam: stimmen*) to be [about] right

hin|kriegen *vt* (*fam*) ① (*reparieren*) to mend ② (*fertigbringen*) to manage

hinlänglich I. *adj* sufficient, adequate **II.** *adv* sufficiently, adequately

hin|lassen *vt irreg* ■**jdn** ~ to let sb go; (*in die Nähe*) to let sb near

hin|laufen *vi irreg sein* ■[**irgendwo**] ~ ① (*an eine bestimmte Stelle eilen*) to run [somewhere] ② DIAL (*fam: zu Fuß gehen*) to walk somewhere, to go somewhere on foot

hin|legen **I.** *vt* ① (*niederlegen*) to put down ② (*flach lagern*) to lay down ③ (*ins Bett bringen*) to put to bed ④ (*fam: bezahlen*) to pay ⑤ (*fam: eindrucksvoll darbieten*) to do; **eine Solonummer/brillante Rede** ~ to do a solo/brilliant speech **II.** *vr* ■**sich** *akk* ~ ① (*schlafen gehen*) to have a lie-down ② (*fam: hinfallen*) to fall [over]

hin|nehmen *vt irreg* to accept, to put up with; **eine Niederlage/einen Verlust** ~ [**müssen**] to [have to] suffer a defeat/a loss

hinreichend **I.** *adj* sufficient; *Gehalt, Einkommen* adequate **II.** *adv* sufficiently, adequately; ~ **lange/oft** long/often enough

Hinreise *f* trip [somewhere]; (*mit dem Auto*) drive; (*mit dem Schiff*) voyage

hin|reißen *vt irreg* ① (*begeistern*) to enchant ② (*spontan verleiten*) **sich** *akk* **zu etw** *dat* ~**lassen** to allow oneself to be driven to sth

hinreißend **I.** *adj* enchanting, captivating; *Schönheit* striking **II.** *adv* enchantingly; ~ **aussehen** to look enchanting

hin|rennen *vi irreg sein s.* **hinlaufen 1**

hin|richten *vt* to execute

Hinrichtung *f* execution

Hinrichtungskommando *nt* execution squad

hin|schauen *vi* DIAL to look

hin|scheiden *vi irreg* (*geh*) to pass away

hin|schicken *vt* to send [to]

Hinschied <-s, -e> *m* SCHWEIZ (*geh: Tod*) passing *euph*, demise *form*

hin|schmeißen *vt irreg* (*fam*) *s.* **hinwerfen**

hin|sehen *vi irreg* to look

hin|setzen **I.** *vr* ■**sich** *akk* ~ to sit down **II.** *vt* to put down

Hinsicht *f kein pl* **in gewisser** ~ in certain respects

hinsichtlich *präp +gen* (*geh*) with regard to

hin|stellen **I.** *vt* ① (*an einen Platz stellen*) to put ② (*fam: bauen*) to put up ③ *Fahrzeug* to park ④ (*charakterisieren*) ■**jdn als etw** *akk* ~ to make sb out to be sth **II.** *vr* ① (*sich aufrichten*) ■**sich** *akk* ~ to stand up straight ② (*an eine bestimmte Stelle*) ■**sich** *akk* **vor jdn** ~ to plant oneself in front of sb

hinten ['hɪntn̩] *adv* ① (*entfernt*) at the end; ~ **im Buch** at the back of the book; **sich** *akk* ~ **anstellen** to join the back [of a queue [*or* AM line]]; **das wird weiter** ~ **erklärt** that's explained further towards the end ② (*auf der abgewandten Seite*) at the back; **ein Zimmer nach** ~ a room at the back

hintendran ['hɪntn̩'dran] *adv* (*fam*) on the back **hintendrauf** ['hɪntn̩'draʊ̯f] *adv* (*fam*) at the back; **jdm eins** ~ **geben** to smack sb's bottom **hintenherum** ['hɪntn̩hɛ'rʊm], **hintenrum** ['hɪntn̩rʊm] *adv* (*fam: auf Umwegen*) indirectly, in a roundabout way; **ich habe es** ~ **erfahren** a little bird told me *prov*

hinter ['hɪntɐ] **I.** *präp +dat* ① (*dahinter*) behind; **er stand** ~ **dem Baum/Kleiderschrank** he stood behind the tree/wardrobe ② (*jenseits von etw*) behind; ~ **der Grenze** on the other side of the border ③ (*fig*) ~ **etw kommen** to find out about sth; **sich** *akk* ~ **jdn stellen** to back sb up **II.** *präp +akk* ① (*auf die Rückseite von etw*) behind; **etw fällt/rutscht** ~ **ein Sofa/einen Schrank** sth falls/slips behind a sofa/a cupboard ② *zeitlich* after; **etw** ~ **sich** *akk* **bringen** to get sth over with **III.** *part* (*fam*) *s.* **dahinter**

Hinterachse [-aksə] *f* back [*or* rear] axle **Hinterausgang** *m* back exit; (*zu einem privaten Haus*) back door **Hinterbacke** *f meist pl* (*fam*) buttock **Hinterbänkler(in)** <-s, -> ['hɪntɐbɛŋklɐ] *m(f)* POL (*pej*) ≈ backbencher (*insignificant member of parliament*) **Hinterbein** *nt* hind leg

Hinterbliebene(r) [hɪntɐ'bli:bənə, -nɐ] *f(m) dekl wie adj* bereaved [family]; ■**die** ~**n** the surviving dependants

hintere(r, s) ['hɪntərə, -rɐ, -rəs] *adj* ■**der/die/das** ~ **...** the rear ...

hintereinander [hɪntɐʔa̯in'andɐ] *adv* ① *räumlich* (*einer hinter dem anderen*) one behind the other ② *zeitlich* (*aufeinanderfolgend*) one after the other; **mehrere Tage** ~ several days running, on several consecutive days

Hintereingang *m* the rear entrance; (*zu einem privaten Haus*) back door

hinterfotzig ['hɪntɐfɔtsɪç] *adj* DIAL (*derb*) underhand, devious

hinter|fragen* [hɪntɐ'fra:gn̩] *vt* (*geh*) to question, to analyse

Hintergedanke *m* ulterior motive

hintergehen* ['hɪntɐge:ən] *vt irreg* ① (*betrügen*) to deceive, to go behind sb's back; (*betrügen um Profit zu machen*) to cheat, to double-cross ② (*sexuell betrügen*) to be unfaithful, to two-time

Hintergrund *m* ① (*hinterer Teil des Blickfeldes*) background; **der** ~ **eines Raums** the back of a room ② (*Umstände*) ■**der** ~ **einer S.** *gen* the background to sth; **der** ~

einer Geschichte the setting to a story ③ *pl* (*Zusammenhänge*) ■ **die Hintergründe einer S.** *gen* the [true] facts about sth

hintergründig **I.** *adj* enigmatic, mysterious **II.** *adv* enigmatically, mysteriously

Hinterhalt *m* (*pej*) ambush

hinterhältig [ˈhɪntɐhɛltɪç] **I.** *adj* (*pej*) underhand, devious, shifty **II.** *adv* (*pej*) in an underhand manner

Hinterhältigkeit <-, -en> *f* (*pej*) ① *kein pl* (*Heimtücke*) underhandedness, deviousness, shiftiness ② (*heimtückische Tat*) underhand act

hinterher [hɪntɐˈheːɐ̯] *adv* ① *räumlich* behind; ■ **jdm ~ sein** to be after sb ② *zeitlich* after that, afterwards

hinterher|fahren *vi irreg sein* to follow, to drive behind **hinterher|hecheln** *vi* (*pej fam*) to try to catch up with **hinterher|laufen** [hɪntɐˈheːɐ̯laufn̩] *vi irreg sein* to run after

Hinterhof *m* courtyard, back yard; (*Garten*) back garden **Hinterkopf** *m* back of the head ▶ WENDUNGEN: **etw im ~ behalten** to keep sth in mind **Hinterland** *nt kein pl* hinterland

hinterlassen* [hɪntɐˈlasn̩] *vt irreg* to leave; **bei jdm einen Eindruck ~** to make an impression on sb

Hinterlassenschaft <-, -en> *f* ① (*literarisches Vermächtnis*) posthumous works ② (*fam: übrig gelassene Dinge*) leftovers *pl*

hinterlegen* [hɪntɐˈleːgn̩] *vt* ■ **etw** [**bei jdm**] **~** to leave sth [with sb]; *Sicherheitsleistung, Betrag* to supply [sb with] sth

Hinterlist *f kein pl* ① (*Heimtücke*) deceit *no pl, no art,* deception *no pl, no art,* duplicity *no pl, no art* ② (*Trick, List*) trick, ploy, ruse

hinterlistig **I.** *adj* deceitful, deceptive, shifty **II.** *adv* deceitfully, deceptively, shiftily

hinterm [ˈhɪntɐm] = **hinter dem** *s.* **hinter**

Hintermann <-männer> *m* ① (*räumlich*) the person behind ② *pl* (*pej fam: Drahtzieher*) person pulling the strings, brains [behind the operation]

hintern [ˈhɪntɐn] = **hinter den** *s.* **hinter**

Hintern <-s, -> [ˈhɪntɐn] *m* (*fam: Gesäß*) bottom, behind, backside

Hinterrad *nt* rear wheel

Hinterradantrieb *m* rear-wheel drive

hinterrücks [ˈhɪntɐrʏks] *adv* ① (*von hinten*) from behind ② (*im Verborgenen*) behind sb's back

hinters [ˈhɪntɐs] = **hinter das** *s.* **hinter**

hintersinnig *adj* with a deeper meaning; *Bemerkung a.* subtle, profound

Hintersitz *m* (*Rücksitz*) back seat

hinterste(r, s) [ˈhɪntɐstə, -stɐ, -stəs] *adj superl von* **hintere(r, s)** last; (*entlegenste*) farthest

Hinterteil *nt* (*fam*) *s.* **Hintern** **Hintertreffen** *nt kein pl* **im ~ sein** to be at a disadvantage **Hintertreppe** *f* back stairs **Hintertür** *f,* **Hintertürl** <-s, -[n]> *nt* ÖSTERR ① (*hintere Eingangstür*) back entrance; (*zu einem privaten Haus*) back door ② (*fam: Ausweg*) back door, loophole

Hinterwäldler(in) <-s, -> [ˈhɪntɐvɛltlɐ] *m(f)* (*pej fam*) country bumpkin, yokel

hinterwäldlerisch *adj* (*pej fam*) country bumpkin, provincial BRIT

hinterziehen* [hɪntɐˈtsiːən] *vt irreg* **Steuern ~** to evade tax[es]

Hinterzimmer *nt* back room, room at the back

hin|tun *vt irreg* (*fam: hinlegen*) ■ **etw irgendwohin ~** to put sth somewhere

hinüber [hɪˈnyːbɐ] *adv* ① (*nach drüben*) across, over ② (*fam: verdorben*) off, bad ③ (*fam: kaputt*) ■ **etw ist ~** sth has had it; (*erschöpft*) ■ **jd ist ~** sb is done for

Hinundhergerede, Hin-und-Her-Gerede *nt* (*fam*) aimless chatter; (*Streit*) argy-bargy BRIT

hinunter [hɪˈnʊntɐ] *adv* down

hinunter|fahren *irreg* **I.** *vi sein* to go down **II.** *vt* to drive down **hinunter|fallen** *irreg sein* **I.** *vi* to fall down/off **II.** *vt* ■ **etw ~** to fall down sth **hinunter|gehen** [hɪˈnʊntɐgeːən] *irreg sein* **I.** *vi* ① (*nach unten gehen*) to go down ② (*die Flughöhe verringern*) to descend (**auf** +*akk* to) **II.** *vt* ■ **etw ~** to go down sth **hinunter|schlucken** *vt* ① (*schlucken*) to swallow [down *sep*] ② (*fam: sich verkneifen*) to suppress; **eine Antwort ~** to stifle a reply **hinunter|spülen** *vt* ① (*nach unten wegspülen*) to flush down *sep* ② (*mit einem Getränk hinunterschlucken*) to wash down *sep* (**mit** +*dat* with) **hinunter|werfen** *vt irreg* to throw down **hinunter|würgen** *vt* to choke down *sep*

hin|wagen *vr* ■ **sich** *akk* **~** to dare [to] approach

hinweg [hɪnˈvɛk] *adv* (*veraltend geh*) ■ **~!** begone!; **über jdn/etw ~ sein** to have got over sb/sth; **über lange Jahre ~** for [many [long]] years

Hinweg [ˈhɪnveːk] *m* way there

hinweg|gehen [hɪnˈvɛkgeːən] *vi irreg sein* ■ **über etw** *akk* **~** to disregard sth **hinweg|helfen** *vi irreg* ■ **jdm über etw** *akk* **~** to help sb [to] get over sth **hinweg|kommen** *vi irreg sein* ■ **über etw** *akk* **~** to get over sth **hinweg|sehen** *vi irreg* ■**über jdn/etw ~** ① (*darüber sehen*) to see over sb['s head]/sth ② (*nicht wichtig nehmen*) to overlook sb/sth **hinweg|setzen** *vr* ■**sich** *akk* **über etw** *akk* **~** to disregard sth

Hinweis <-es, -e> ['hɪnvajs, *pl* -vajzə] *m* ① (*Rat*) advice *no pl, no art,* tip ② (*Anhaltspunkt*) clue, indication

hin|weisen *irreg* **I.** *vt* ■**jdn darauf ~, dass ...** to point out [to sb] that ... **II.** *vi* ■**auf jdn/etw ~** to point to sb/sth

Hinweisschild *nt* sign

hin|werfen *irreg vt* ① (*zuwerfen*) ■**jdm etw ~** to throw sth to sb ② (*auf den Boden werfen*) to throw down *sep* ③ (*fam: aufgeben*) to give up *sep,* to chuck [in *sep*] ④ *Bemerkung* to drop ⑤ (*flüchtig zu Papier bringen*) to dash off

hin|wollen *vi* (*fam*) to want to go

Hinz [hɪnts] *m* ▶ WENDUNGEN: **~ und Kunz** (*pej fam*) every Tom, Dick and Harry [*or* BRIT Harriet] *pej;* **von ~ zu Kunz** (*pej fam*) in a fruitless manner, from pillar to post BRIT

hin|ziehen *irreg* **I.** *vt haben* ① (*zu sich ziehen*) ■**jdn/etw zu sich** *dat* **~** to pull sb/sth towards one ② (*anziehen*) ■**es zieht jdn zu etw/jdm hin** *dat* sb is attracted to sth/sb ③ (*hinauszögern*) to delay **II.** *vi sein* (*an einen Ort*) to move **III.** *vr* ■**sich** *akk* **~** ① (*sich verzögern*) to drag on ② (*sich erstrecken*) to extend along

hin|zielen *vi* ■**auf etw** *akk* **~** (*zum Ziel haben*) to aim at sth; (*auf etw gerichtet sein*) to be aimed at sth

hinzu [hɪn'tsuː] *adv* in addition, besides

hinzu|fügen *vt* ① (*beilegen*) to enclose ② (*zusätzlich bemerken*) to add ③ (*nachträglich hineingeben*) to add **hinzu|kommen** [hɪn'tsuːkɔmən] *vi irreg sein* ① (*eintreffen*) to arrive; **die anderen Gäste kommen dann später hinzu** the other guests are arriving [*or* coming along] later ② (*sich noch ereignen*) ■**es kommt [noch] hinzu, dass ...** there is also the fact that ... ③ (*dazukommen*) **kommt sonst noch etwas hinzu?** will there be anything else? **hinzu|zählen** *vt* ① (*als dazugehörig ansehen*) to include ② (*hinzurechnen*) ■**etw [mit] ~** to add on sth **hinzu|ziehen** *vt irreg* to consult

Hiobsbotschaft ['hiːops-] *f* bad news *no pl, no indef art*

Hip-Hop <-s> ['hɪphɔp] *m kein pl* MUS, MODE hip-hop *no pl, no art*

Hippie <-s, -s> ['hɪpi] *m* hippie

Hirn <-[e]s, -e> [hɪrn] *nt* ① (*Gehirn*) brain ② (*Hirnmasse*) brains *pl*

Hirngespinst *nt* fantasy

Hirnhaut *f* meninx *spec*

Hirnhautentzündung *f* meningitis

hirnrissig *adj* (*pej fam*) hare-brained

Hirnschlag *m* MED stroke **Hirnstrom** *m meist pl* BIOL, MED brain wave activity **Hirntod** *m* brain death *no pl, no art* **hirnverbrannt** *adj* (*fam*) *s.* **hirnrissig**

Hirsch <-es, -e> [hɪrʃ] *m* ① (*Rothirsch*) deer ② (*Hirschfleisch*) venison *no art, no pl*

Hirschgeweih *nt* antlers *pl* **Hirschkäfer** *m* stag beetle **Hirschkuh** *f* hind

Hirse <-, -n> ['hɪrzə] *f* millet *no pl, no art*

Hirt(in) <-en, -en> ['hɪrt] *m(f)* herdsman *masc;* (*Schafhirt*) shepherd *masc,* shepherdess *fem*

Hirte <-n, -n> ['hɪrtə] *m* ① (*geh*) *s.* **Hirt** ② REL pastor ▶ WENDUNGEN: **der Gute ~** the Good Shepherd

Hirtenbrief *m* REL pastoral letter

his, His <-, -> [hɪs] *nt* MUS B sharp

Hispanist(in) <-en, -en> [hɪspa'nɪst] *m(f)* Hispanist

Hispanistik <-> [hɪspa'nɪstɪk] *f kein pl* SCH Spanish [language and literature] *no pl*

hissen ['hɪsn̩] *vt* to hoist

Histamin <-s> [hɪsta'miːn] *nt kein pl* histamine *no pl, no art*

Historiker(in) <-s, -> [hɪs'toːrikɐ] *m(f)* historian

historisch [hɪs'toːrɪʃ] **I.** *adj* ① (*die Geschichte betreffend*) historical ② (*geschichtlich bedeutsam*) historic **II.** *adv* historically

Hit <-s, -s> [hɪt] *m* (*fam*) ① (*erfolgreicher Schlager*) hit ② (*Umsatzrenner*) roaring success

Hitliste *f* charts *npl* **Hitparade** *f* ① (*Musiksendung*) chart show, top of the pops *no indef art* BRIT ② *s.* **Hitliste**

Hitze <-, *fachspr* -n> ['hɪtsə] *f* heat *no pl, no indef art;* **bei mittlerer ~ backen** to bake in a medium oven

hitzebeständig *adj* heat-resistant **hitzeempfindlich** *adj* heat-sensitive, sensitive to heat *pred* **Hitzewallung** *f meist pl* hot flush **Hitzewelle** *f* heat wave

hitzig ['hɪtsɪç] **I.** *adj* ① (*leicht aufbrausend*) *Mensch* hot-headed, quick-tempered; *Reaktion* heated; *Temperament* fiery ② (*leidenschaftlich*) passionate; *Debatte* heated **II.** *adv* passionately

Hitzkopf *m* (*fam*) hothead

hitzköpfig *adj* (*fam*) hot-headed

Hitzschlag *m* heatstroke; (*von der Sonne*

a.) sunstroke

HIV <-[s]> [haːʔiːˈfau̯] *nt Abk von* **human immunodeficiency virus** HIV *no pl, no art*

HIV-infiziert [haːʔiːˈfau̯-] *adj* HIV-positive **HIV-negativ** [haːʔiːˈfau̯-] *adj* HIV-negative **HIV-positiv** [haːʔiːˈfau̯-ˈpoːzitiːf] *adj* HIV-positive **HIV-Test** [haːʔiːˈfau̯-] *m* HIV test

Hiwi <-s, -s> [ˈhiːvi] *m* (*sl*) assistant

Hl. *Abk von* **Heilige(r)** St

hm *interj* ① (*anerkennendes Brummen*) hm ② (*fragendes Brummen*) er[m]

H-Milch [ˈhaː] *f* long-life milk

h-Moll [ˈhaːˈmɔl] *nt* MUS B minor

HNO-Arzt, -Ärztin [haːʔɛnˈʔoː-] *m, f* ENT specialist

hob [ˈhoːp] *imp von* **heben**

Hobby <-s, -s> [ˈhɔbi] *nt* hobby

Hobel <-s, -> [ˈhoːbl̩] *m* ① (*Werkzeug*) plane ② (*Küchengerät*) slicer

Hobelbank <-bänke> *f* carpenter's bench

hobeln [ˈhoːbl̩n] *vt, vi* ① (*mit dem Hobel glätten*) to plane ② (*mit dem Hobel schneiden*) to slice

hoch [hoːx] **I.** *adj* <*attr* hohe(r, s), höher, *attr* höchste(r, s)> ① (*räumlich*) high, tall; *Baum* tall; **20 Meter ~ sein** to be 20 metres tall/high ② (*beträchtlich, groß*) high, large; *Betrag* large; *Kosten* high; *Druck, Geschwindigkeit, Lebensstandard, Temperatur* high; *Verlust* severe; *Sachschaden* extensive ③ (*bedeutend*) great, high; *Position* senior ▸ WENDUNGEN: **etw <u>ist</u> jdm zu hoch** sth is above sb's head **II.** *adv* <höher, am höchsten> ① (*nach oben*) **etw ~ halten** to hold up *sep* sth ② (*in einiger Höhe*) **~ gelegen** high-lying *attr;* **~ oben** high up ③ (*sehr*) highly; **~ begabt** highly gifted; **~ konzentriert arbeiten** to be completely focused on one's work; **jdm etw ~ anrechnen** to give sb a great credit for sth; **etw/jdn ~ schätzen** to appreciate sth/sb very much ④ (*eine hohe Summe umfassend*) highly; **~ bezahlt/dotiert** highly paid/remunerated; **~ gewinnen** to win a large amount; **~ verschuldet** deep in debt *pred* ⑤ MATH (*Bezeichnung der Potenz*) **2 ~ 4** 2 to the power of 4 ▸ WENDUNGEN: **etw ~ und heilig <u>versprechen</u>** to promise sth faithfully; **wenn es ~ <u>kommt</u>** (*fam*) at the most

Hoch[1] <-s, -s> [hoːx] *nt* cheer

Hoch[2] <-s, -s> [hoːx] *nt* METEO high

Hochachtung *f* deep respect **hochachtungsvoll** *adv* (*geh*) your obedient servant *dated form* **hochaktuell** *adj* ① (*äußerst aktuell*) highly topical ② MODE highly fashionable, all the rage *pred* **Hochaltar** *m* high altar **hochanständig** *adj* very decent **hoch|arbeiten** *vr* ▪**sich** *akk* ~ to work one's way up **Hochbahn** *f* elevated railway **Hochbau** *m kein pl* structural engineering *no pl, no art* **hoch|bekommen*** *vt irreg* to [manage to] lift up **hochberühmt** *adj* very famous **hochbetagt** *adj* (*geh*) aged

Hochbetrieb *m* intense activity *no pl;* **~ haben** to be very busy

Hochburg *f* stronghold

hochdeutsch [ˈhoːxdɔy̯tʃ] *adj* High [*or* standard] German

Land und Leute

The term **Hochdeutsch** describes spoken German free of regional accents or dialects. Although **Hochdeutsch** can be heard in most public institutions, the language spoken around city of Hanover is thought to best represent this kind of German.

Hochdruck *m kein pl* high pressure **Hochebene** *f* plateau **hocherfreut** *adj* overjoyed, delighted **hoch|fahren** *irreg* **I.** *vi sein* ① (*nach oben fahren*) to go up ② (*sich plötzlich aufrichten*) **aus dem Schlaf ~** to start up from one's sleep, to wake up with a start ③ (*aufbrausen*) to flare up **II.** *vt haben* ① (*nach oben fahren*) **können Sie uns nach Hamburg ~?** can you drive us up to Hamburg? ② (*auf volle Leistung bringen*) *Produktion* to raise; *Computer* to boot **Hochform** *f* top form **Hochformat** *nt* portrait [*or* vertical] format **Hochfrequenz** *f* high frequency **Hochgarage** *f* multi-storey car park **Hochgebirge** *nt* high mountains *pl* **Hochgefühl** *nt* elation **hoch|gehen** *irreg sein* **I.** *vi* ① (*hinaufgehen*) to go up ② (*fam: detonieren*) to go off *sep* ③ (*fam: wütend werden*) to blow one's top ④ (*fam*) *Preise* to go up ⑤ (*fam: enttarnt werden*) to get caught **II.** *vt* ▪**etw ~** to go up sth **Hochgenuss** *m* real delight **Hochgeschwindigkeitszug** *m* high-speed train **hochgestochen** **I.** *adj* (*pej fam*) ① (*geschraubt*) highbrow ② (*eingebildet*) conceited, stuck-up **II.** *adv* in a highbrow way

Hochglanz *m* FOTO high gloss **Hochglanzmagazin** *nt* glossy [magazine]

hochgradig **I.** *adj* extreme **II.** *adv* extremely

hochhackig *adj* high-heeled

hoch|halten *vt irreg* (*ehren*) to uphold **Hochhaus** *nt* high-rise [*or* AM multi-story] building **hoch|heben** *vt irreg* ① *Last* to lift up *sep* ② *Arm, Hand, Kind* to put up *sep* **hochintelligent** *adj* highly intelligent **hochinteressant** *adj* most interesting **hoch|jubeln** *vt* to hype

hochkant ['ho:xkant] *adv* on end; **etw ~ stellen** to stand sth on end

hochkantig ['hoxkantɪç] *adv* on end

hoch|kommen *irreg vi sein* ① (*fam: nach oben kommen*) to come up; **kommen Sie doch zu mir ins Büro hoch** come up to my office ② *Taucher* to [re]surface ③ (*fam*) ■**es kommt jdm hoch** it makes sb sick; **wenn ich nur daran denke, kommt es mir schon hoch!** it makes me sick just thinking about it! **Hochkonjunktur** *f* [economic] boom **hoch|krempeln** *vt* to roll up *sep* **hoch|kriegen** *vt* (*fam*) *s.* **hochbekommen** **Hochkultur** *f* [very] advanced civilization **Hochland** ['ho:xlant] *nt* highland *usu pl*

Hochleistung *f* top-class performance **Hochleistungssport** *m* top-level sport

hochmodern **I.** *adj* ultra-modern **II.** *adv* in the latest fashion[s]

Hochmut ['ho:xmu:t] *m* (*pej*) arrogance

hochmütig ['ho:xmy:tɪç] *adj* (*pej*) arrogant

hochnäsig ['ho:xnɛ:zɪç] **I.** *adj* (*pej fam*) conceited, snooty **II.** *adv* (*pej fam*) conceitedly, snootily

Hochnebel *m* METEO [low] stratus *spec* **hoch|nehmen** *vt irreg* ① (*nach oben heben*) to lift up *sep* ② (*fam: auf den Arm nehmen*) ■**jdn ~** to have sb on

hochnotpeinlich *adj* cringeworthy

Hochofen *m* blast furnace **hochprozentig** *adj* ① (*Alkohol enthaltend*) high-proof ② (*konzentriert*) highly concentrated

hochrangig *adj attr* high-ranking

hoch|rechnen *vt* to project **Hochrechnung** *f* projection **hochrot** ['ho:x'ro:t] *adj* bright red **Hochsaison** *f* ① (*Zeit stärksten Betriebes*) the busiest time ② (*Hauptsaison*) high season

Hochschulabschluss *m* degree **Hochschulabsolvent(in)** <-en, -en> *m(f)* college [*or* university] graduate

Hochschule ['ho:xʃu:lə] *f* ① (*Universität*) university ② (*Fachhochschule*) college; **pädagogische ~** teacher training college **Hochschüler(in)** *m(f)* student

Hochschullehrer(in) *m(f)* university/college lecturer **Hochschulreife** *f entrance requirement for higher education* **Hochschulstudium** *nt* university/college education

hochschwanger *adj* in an advanced stage of pregnancy *pred*

Hochsee *f kein pl* high sea[s *npl*]

Hochseefischerei *f* deep-sea fishing *no pl, no art*

hochsensibel *adj* highly sensitive **Hochsitz** *m* (*Jagdwesen*) [raised] hide **Hochsommer** *m* midsummer *no pl, no art,* high summer *no pl, no art*

Hochspannung *f* ① ELEK high voltage ② *kein pl* (*Belastung*) enormous tension

Hochspannungsleitung *f* high-voltage line **Hochspannungsmast** *m* pylon

Hochsprache *f* standard language **Hochsprung** *m* high jump

höchst [hø:çst] **I.** *adj s.* **höchste(r, s)** **II.** *adv* most, extremely

Höchstalter *nt* maximum age

Hochstapler(in) <-s, -> ['ho:xʃta:plɐ] *m(f)* (*pej*) con man

Höchstbetrag *m* maximum amount

höchste(r, s) *attr* **I.** *adj superl von* **hoch** ① (*räumlich*) highest, tallest; *Baum* tallest; *Berg* highest ② (*bedeutendste*) highest; *Profit* biggest; **aufs H~** extremely, most; **der ~ Feiertag** the most important public holiday; **von ~r Bedeutung sein** to be of the utmost importance **II.** *adv* ① (*räumlich*) the highest ② (*in größtem Ausmaß*) the most, most of all ③ (*die größte Summe umfassend*) the most

hoch|steigen *vi irreg Angst, Freude, Wut* to well up

höchstens ['hø:çstn̩s] *adv* ① (*bestenfalls*) at the most, at best ② (*nicht mehr als*) not more than

Höchstfall *m* **im ~** at the most, at best **Höchstform** *f* top form **Höchstgebot** *nt* highest bid **Höchstgeschwindigkeit** *f* ① (*mögliche Geschwindigkeit*) maximum speed ② (*zulässige Geschwindigkeit*) speed limit **Höchstgrenze** *f* upper limit

Hochstimmung *f kein pl* **in ~** in high spirits

Höchstleistung *f* maximum performance *no pl* **Höchstmaß** *nt* maximum amount **höchstpersönlich** *adv* in person, personally **Höchstpreis** *m* maximum price **Höchststand** *m* highest level **Höchststrafe** *f* maximum penalty **höchstwahrscheinlich** ['hø:çstva:ɐ̯'ʃajnlɪç] *adv* most likely **höchstzulässig** *adj attr* maximum [permissible]

Hochtechnologie *f* high technology **Hochtour** *f* ① SPORT (*Hochgebirgstour*) mountain climbing in a high mountain range [*or* area] ② *pl* TECH (*größte Leistungsfähigkeit*) **auf ~en laufen** to operate [*or* work] at full speed; (*fig*) to be in full swing **hochtrabend** (*pej*) **I.** *adj* pompous **II.** *adv* pompously **hoch|treiben** *vt irreg* to drive up

H

sep; Kosten, Löhne, Preise a. to force up *sep* **hochverehrt** *adj attr* highly respected **Hochverrat** *m* high treason *no pl, no art* **Hochwasser** *nt* ① (*Flut*) high tide ② (*überhoher Wasserstand*) high [level of] water ③ (*Überschwemmung*) flood

hochwertig ['ho:xve:ɐ̯tɪç] *adj* ① (*von hoher Qualität*) [of *pred*] high quality ② (*von hohem Nährwert*) highly nutritious

Hochzahl *f* exponent *spec*

Hochzeit[1] <-, -en> ['hɔxtsa̯it] *f* (*Heirat*) wedding

Hochzeit[2] <-, -en> ['ho:xtsa̯it] *f* (*geh: Blütezeit*) golden age

Hochzeitsfeier *f* wedding reception **Hochzeitskleid** *nt* wedding dress **Hochzeitsnacht** *f* wedding night **Hochzeitsreise** *f* honeymoon *no pl* **Hochzeitstag** *m* ① (*Tag der Hochzeit*) wedding day ② (*Jahrestag*) wedding anniversary

hoch|ziehen *irreg vt* ① (*nach oben ziehen*) to pull up *sep* ② (*fam: rasch bauen*) to build [rapidly]

Hocke <-, -n> ['hɔkə] *f* ① (*Körperhaltung*) crouching position; **in die ~ gehen** to crouch down ② (*Turnübung*) squat vault

hocken ['hɔkn̩] *vi* ① *haben* (*kauern*) to crouch, to squat ② *haben* (*fam: sitzen*) to sit ③ *sein* SPORT (*in der Hocke springen*) to squat-vault (**über** +*akk* over)

Hocker <-s, -> *m* stool; (*in einer Kneipe a.*) bar stool

Höcker <-s, -> ['hœkɐ] *m* ① (*Wulst*) hump ② (*kleine Wölbung*) bump

Hockey <-s> ['hɔki] *nt kein pl* hockey *no pl, no art,* field hockey AM *no pl, no art*

Hoden <-s, -> ['ho:dn̩] *m* testicle

Hodensack *m* scrotum

Hof <-[e]s, Höfe> [ho:f, *pl* 'hø:fə] *m* ① (*Innenhof*) courtyard; (*Schulhof*) schoolyard, playground ② (*Bauernhof*) farm ③ HIST (*Fürstensitz, Hofstaat*) court

hoffen ['hɔfn̩] **I.** *vi* to hope (**auf** +*akk* for) **II.** *vt* **das will ich ~** I hope so

hoffentlich ['hɔfn̩tlɪç] *adv* hopefully; ■**~ nicht** I/we hope not

Hoffnung <-, -en> ['hɔfnʊŋ] *f* hope (**auf** +*akk* for, of); **es besteht noch ~** there is still hope; **jds letzte ~ sein** to be sb's last hope; **sich** *dat* **~en machen** to have hopes

hoffnungslos **I.** *adj* hopeless **II.** *adv* ① (*ohne Hoffnung*) without hope ② (*völlig*) hopelessly; **~ veraltet** hopelessly out of date; **sich** *akk* **~ in jdn verlieben** to fall head over heels in love with sb

Hoffnungslosigkeit <-> *f kein pl* hopelessness *no pl, no art;* (*Verzweiflung*) despair *no pl, no art*

Hoffnungsschimmer *m* (*geh*) glimmer of hope **Hoffnungsträger(in)** *m(f)* sb's hope; **sie ist unsere ~in** she's our hope, we've pinned our hopes on her **hoffnungsvoll** **I.** *adj* hopeful; *Karriere* promising **II.** *adv* full of hope

höfisch ['hø:fɪʃ] *adj* courtly

höflich ['hø:flɪç] **I.** *adj* polite, courteous **II.** *adv* politely, courteously

Höflichkeit <-, -en> *f* ① *kein pl* (*höfliche Art*) courtesy *no pl, no art,* politeness *no pl, no art* ② (*höfliche Bemerkung*) compliment

Höflichkeitsfloskel *f* polite phrase

Höfling <-s, -e> ['hø:flɪŋ] *m* HIST courtier

Hofnarr *m* HIST court jester **Hoftor** *nt* courtyard gate

hohe(r, s) ['ho:ə, 'ho:ɐ, 'ho:əs] *adj s.* **hoch**

Höhe <-, -n> ['hø:hə] *f* ① (*Ausdehnung nach oben*) height; **aus der ~** from above; **auf halber ~** halfway up; **in einer ~ von** at a height of ② (*Gipfel*) summit, top ③ (*Ausmaß*) amount, level; **ein Betrag in ~ von ...** an amount of ...; **die ~ des Schadens** the extent of the damage; **in die ~ gehen** *Preise* to rise; **in unbegrenzter ~** of an unlimited amount ▸ WENDUNGEN: **das ist doch die ~!** (*fam*) that's the limit!

Hoheit <-, -en> ['ho:ha̯it] *f* ① (*Mitglied einer fürstlichen Familie*) member of the royal family; **Ihre Königliche ~** Your Royal Highness ② *kein pl* (*oberste Staatsgewalt*) sovereignty *no pl, no art*

Hoheitsgebiet *nt* sovereign territory **Hoheitsgewässer** *pl* territorial waters *npl* **Hoheitsrecht** *nt meist pl* POL sovereign right

Höhenangst *f* fear of heights *no pl* **Höhenmesser** *m* LUFT altimeter **Höhensonne** *f* ① (*im Gebirge*) mountain sun ② (*UV-Strahler*) sun lamp **Höhenunterschied** *m* difference in altitude **höhenverstellbar** *adj* height-adjustable

Höhepunkt *m* ① (*bedeutendster Teil*) high point; *einer Veranstaltung* highlight ② (*Gipfel*) height, peak; **die Krise hatte ihren ~ erreicht** the crisis had reached its climax ③ (*Zenith*) zenith ④ (*Orgasmus*) climax

höher ['hø:ɐ] **I.** *adj komp von* **hoch** ① (*räumlich*) higher, taller ② (*bedeutender, größer*) *Forderungen, Druck, Verlust* greater; *Gewinn, Preis, Temperatur* higher; *Strafe* severer ▸ WENDUNGEN: **sich** *akk* **zu H~em berufen fühlen** to feel destined for higher things **II.** *adv komp von* **hoch** ① (*weiter nach oben*) higher/taller

❷ (*mit gesteigertem Wert*) higher; **sich** *akk* **~versichern** to increase one's insurance
höher|gestellt *adj* more senior
höher|schrauben *vt* **seine Anforderungen ~** to increase one's demands; **Ansprüche/Erwartungen ~** to raise demands/expectations **höher|stufen** *vt* ■**jdn ~** to upgrade sb
hohl [hoːl] *adj, adv* ❶ (*leer*) hollow; **mit der ~en Hand** with cupped hands; **~e Wangen** sunken cheeks ❷ (*pej: nichts sagend*) empty
Höhle <-, -n> [ˈhøːlə] *f* ❶ (*Felshöhle*) cave ❷ (*Tierbehausung*) cave, lair ❸ (*Höhlung*) hollow
Höhlenmalerei *f* cave painting **Höhlenmensch** *m* cave dweller, caveman *masc*, cavewoman *fem*, troglodyte *spec*
Hohlkopf *m* (*pej fam*) blockhead, airhead AM **Hohlkörper** *m* hollow body **Hohlkreuz** *nt* hollow back **Hohlmaß** *nt* ❶ (*Maßeinheit*) measure of capacity, cubic measure *spec* ❷ (*Messgefäß*) dry measure **Hohlraum** *m* cavity, hollow space **Hohlspiegel** *m* concave mirror
Hohn <-[e]s> [hoːn] *m kein pl* scorn *no pl, no art*, mockery *no pl, no art*
höhnen *vi* to sneer
höhnisch [ˈhøːnɪʃ] **I.** *adj* scornful, mocking, sneering **II.** *adv* scornfully, mockingly, sneeringly
hoi [hɔy] *interj* SCHWEIZ hello, hi
Hokuspokus <-> [hoːkʊsˈpoːkʊs] *m kein pl* ❶ (*Zauberformel*) **~ Fidibus!** abracadabra, hey presto BRIT *fam* ❷ (*fam: fauler Zauber*) hocus-pocus ❸ (*fam: Brimborium*) fuss
Holding <-, -s> [ˈhoːldɪŋ] *f*, **Holdinggesellschaft** *f* holding company
holen [ˈhoːlən] **I.** *vt* ❶ (*hervorholen*) to get (**aus** +*dat* out of, **von** +*dat* from) ❷ (*herholen*) **Sie können den Patienten jetzt ~** you can send for the patient now; ■**jdn ~ lassen** to fetch sb; **Hilfe ~** to get help **II.** *vr* (*fam*) ■**sich** *dat* **etw ~** ❶ (*sich nehmen*) to get oneself sth (**aus** +*dat* out of, **von** +*dat* from) ❷ (*sich zuziehen*) to catch sth (**an** +*dat* from, **bei** +*dat* in); **bei dem kalten Wetter holst du dir eine Erkältung** you'll catch a cold in this chilly weather ❸ (*sich einhandeln*) *Abfuhr, Rüge* to get
Holland <-s> [ˈhɔlant] *nt* ❶ (*fam: Niederlande*) the Netherlands *npl*, Holland; *s. a.* **Deutschland** ❷ (*Provinz der Niederlande*) Holland
Holländer <-s> [ˈhɔlɛndɐ] *m kein pl* Dutch cheese *no pl*
Holländer(in) <-s, -> [ˈhɔlɛndɐ] *m(f)* (*fam*) Dutchman *masc*, Dutchwoman *fem*; ■**die ~** the Dutch + *pl vb*; **~ sein** to be Dutch [*or* a Dutchman/Dutchwoman]
holländisch [ˈhɔlɛndɪʃ] *adj* (*fam*) Dutch; *s. a.* **deutsch**
Hölle <-, -n> [ˈhœlə] *f pl selten* hell *no pl, no art*; **in die ~ kommen** to go to hell ▶ WENDUNGEN: **die ~ auf Erden** hell on earth; **jdm die ~ heiß machen** (*fam*) to give sb hell; **die ~ ist los** (*fam*) all hell has broken loose
Höllenangst [ˈhœlənˈʔaŋst] *f* (*fam*) awful fear **Höllenlärm** [ˈhœlənˈlɛrm] *m* hell of a noise *no pl, no def art* **Höllenqual** [ˈhœlənˈkvaːl] *f* (*fam*) agony *no pl, no art*
höllisch [ˈhœlɪʃ] **I.** *adj* ❶ *attr* infernal ❷ (*fam: fürchterlich*) terrible, dreadful, hell *pred*; **ein ~er Lärm** a terrible racket **II.** *adv* (*fam*) dreadfully, terribly; **~ brennen** to burn like hell
Holm <-[e]s, -e> [hɔlm] *m* ❶ SPORT bar ❷ (*Rahmen*) side piece; *einer Leiter* upright ❸ (*Handlauf*) rail ❹ AUTO (*tragende Leiste*) cross member; LUFT spar ❺ (*Stiel*) shaft
Holocaust <-s> [ˈhoːlokaust] *m kein pl* holocaust
Hologramm <-e> [holoˈgram] *nt* hologram
holperig [ˈhɔlpərɪç] *adj* ❶ *Straße* bumpy, uneven ❷ *Sprache, Stil* clumsy
holpern [ˈhɔlpɐn] *vi* ❶ *haben* (*holperig sein*) to bump, to jolt ❷ *sein* (*sich rüttelnd fortbewegen*) to jolt
holprig [ˈhɔlprɪç] *adj s.* **holperig**
Holunder <-s, -> [hoˈlʊndɐ] *m* elder
Holunderbeere *f* elderberry
Holz <-es, Hölzer> [hɔlts, *pl* ˈhœltsɐ] *nt* ❶ *kein pl* (*Material*) wood *no pl, no art*; **~ verarbeitend** wood-processing *attr*; **~ fällen** to cut down *sep* trees; **tropische Hölzer** tropical wood; **aus ~** wooden; **massives ~** solid wood ❷ *pl* (*Bauhölzer*) timber ❸ SPORT *Golf* wood
Holzbein *nt* wooden leg, peg leg *dated fam*
Holzblasinstrument *nt* woodwind instrument
hölzern [ˈhœltsɐn] **I.** *adj* wooden **II.** *adv* woodenly
Holzfäller(in) <-s, -> *m(f)* woodcutter, lumberjack AM **holzfrei** *adj* wood-free **holzgetäfelt** [ˈhɔltsgətɛːflt] *adj Raum, Wand* wood-panelled
Holzhammer *m* mallet **Holzhammermethode** *f* (*fam*) sledgehammer approach
Holzhandel *m* timber [*or* AM lumber] trade
holzig [ˈhɔltsɪç] *adj Spargel, Radieschen* stringy

Holzklotz *m* wooden block **Holzkohle** *f* charcoal *no pl, no art* **Holzschnitt** *m* ❶ *kein pl* (*grafisches Verfahren*) wood engraving *no pl, no art* ❷ (*Abzug*) woodcut **Holzschuh** *m* clog, wooden shoe **Holzschutzmittel** *nt* wood preservative **Holzstich** *m* woodcut **Holzweg** *m* ▶ WENDUNGEN: **auf dem ~ sein** (*fam*) to be barking up the wrong tree, to be on the wrong track **Holzwurm** *m* woodworm

Homecomputer ['ho:m-] *m* home computer **Homepage** <-, -s> ['ho:mpe:tʃ] *f* INFORM home page

Homo <-s, -s> ['ho:mo] *m* (*veraltend fam*) homo

Homo-Ehe *f* (*fam*) gay marriage

homogen [homo'ge:n] *adj* (*geh*) homogeneous

homogenisieren* [homogeni'zi:rən] *vt* to homogenize

Homöopath(in) <-en, -en> [homøo'pa:t] *m(f)* hom[o]eopath

Homöopathie <-> [homøopa'ti:] *f kein pl* hom[o]eopathy *no pl, no art*

homöopathisch [homøo'pa:tɪʃ] *adj* hom[o]eopathic

Homosexualität [homozɛksu̯ali'tɛ:t] *f* homosexuality *no pl, no art*

homosexuell [homozɛ'ksu̯ɛl] *adj* homosexual

Homosexuelle(r) *f(m) dekl wie adj* homosexual

Honduraner(in) <-s, -> [hɔndu'ra:nɐ] *m(f)* Honduran; *s. a.* **Deutsche(r)**

honduranisch [hɔndu'ra:nɪʃ] *adj* Honduran; *s. a.* **deutsch**

Honduras <-> [hɔn'du:ras] *nt* Honduras; *s. a.* **Deutschland**

Honig <-s, -e> ['ho:nɪç] *m* honey *no pl, no art;* **türkischer ~** halva[h] *no pl, no art* ▶ WENDUNGEN: **jdm ~ ums Maul schmieren** (*fam*) to butter up *sep* sb

Honigbiene *f* honeybee

Honigkuchen *m* honey cake

Honigkuchenpferd *nt* simpleton ▶ WENDUNGEN: **wie ein ~ grinsen** (*hum fam*) to grin like a Cheshire cat

Origlecken *nt* ▶ WENDUNGEN: **kein ~ sein** (*fam*) not to be a piece of cake **Honigmelone** *f* honeydew melon **honigsüß** (*pej*) **I.** *adj* honeyed **II.** *adv* as sweet as honey [*or* AM pie] **Honigwabe** *f* honeycomb

Honorar <-s, -e> [hono'ra:ɐ̯] *nt* fee; *eines Autors* royalties *npl;* **gegen ~** on payment of a fee

honorieren* [hono'ri:rən] *vt* ❶ (*würdigen*) to appreciate ❷ (*bezahlen*) to pay ❸ ÖKON (*akzeptieren*) to honour

Hooligan <-s, -s> ['hu:lign̩] *m* hooligan

Hopfen <-s, -> ['hɔpfn̩] *m* hop ▶ WENDUNGEN: **bei jdm ist ~ und Malz verloren** (*fam*) sb is a hopeless case

hopp [hɔp] (*fam*) **I.** *interj* jump to it! **II.** *adv* ▶ WENDUNGEN: **~, ~!** look lively!

hoppeln ['hɔpl̩n] *vi sein* to lollop

hoppla ['hɔpla] *interj* ❶ (*o je!*) [wh]oops! ❷ (*Moment!*) hang on!; **~, wer kommt denn da?** hello, who's this coming?

hopsen ['hɔpsn̩] *vi sein* (*fam*) to skip; (*auf einem Bein*) to hop

hops|gehen *vi irreg sein* (*sl*) ❶ (*umkommen*) to kick the bucket, to snuff it BRIT ❷ (*verloren gehen*) to go missing

hörbar *adj* audible

Hörbuch *nt* audiobook

horchen ['hɔrçn̩] *vi* ❶ (*lauschen*) to listen (**an** *+dat* at); (*heimlich a.*) to eavesdrop ❷ DIAL (*hinhören*) ■**horch!** listen!; ■**auf etw** *akk* **~** to listen [out] for sth

Horde <-, -n> ['hɔrdə] *f* ❶ (*wilde Schar*) horde ❷ HORT rack

hören ['hø:rən] **I.** *vt* ❶ (*mit dem Gehör vernehmen*) to hear; **..., wie ich höre** I hear ...; **wie man hört, ...** word has it ...; **nie gehört!** never heard of him/her/it etc.!; **ich will nichts davon ~!** I don't want to hear anything about it; **das will ich nicht gehört haben** I'll ignore that comment; **etw zu ~ bekommen** to [get to] hear about sth; **sich** *akk* **gern reden ~** to like the sound of one's own voice ❷ (*anhören*) to listen ▶ WENDUNGEN: **etwas [von jdm] zu ~ bekommen** to get a rollicking [from sb] BRIT; **ich kann das nicht mehr ~!** I'm fed up with it!; **etw/nichts von sich** *dat* **~ lassen** to get/not to get in touch **II.** *vi* ❶ (*zuhören*) to listen; **hör mal!/~ Sie mal!** listen! ❷ (*vernehmen*) ■**~, was/wie ...** to hear what/how ...; **gut/schlecht ~** to have good/poor hearing ❸ (*erfahren*) ■**~, dass ...** to hear [that] ...; ■**von jdm/etw ~** to hear of [*or* about] sb/sth ❹ (*gehorchen*) to listen (**auf** *+akk* to); **auf dich hört er!** he listens to you! ▶ WENDUNGEN: **na hör/~ Sie mal!** (*euph*) now look here!; **wer nicht ~ will, muss fühlen** (*prov*) if he/she/you etc. won't listen, he/she/you must suffer the consequences; **lass von dir/lassen Sie von sich ~!** keep in touch!; **man höre und staune!** would you believe it!; **Sie werden noch von mir ~!** you'll be hearing from me!

Hörensagen ['hørənza:gn̩] *nt* **vom ~** from hearsay

Hörer <-s, -> *m* (*Telefonhörer*) receiver; **den ~ auflegen** to replace the receiver

Hörer(in) <-s, -> *m(f)* listener
Hörerschaft <-, -en> *f meist sing* audience; (*Radiohörerschaft*) listeners *pl*
Hörfehler *m* hearing defect **Hörfunk** *m* radio **Hörgerät** *nt* hearing aid
hörig ['hø:rɪç] *adj* ① (*sexuell abhängig*) sexually dependent ② HIST (*an die Scholle gebunden*) in serfdom *pred*
Horizont <-[e]s, -e> [hori'tsɔnt] *m* horizon; **am ~** on the horizon; **einen begrenzten ~ haben** to have a limited horizon; **über jds ~ gehen** to be beyond sb
horizontal [horitsɔn'ta:l] *adj* horizontal
Horizontale [horitsɔn'ta:lə] *f dekl wie adj* horizontal [line]
Hormon <-s, -e> [hɔr'mo:n] *nt* hormone
hormonal [hɔrmo'na:l], **hormonell** [hɔrmo'nɛl] **I.** *adj* hormone *attr*, hormonal **II.** *adv* hormonally; **~ gesteuert** controlled by hormones
Hörmuschel *f* TELEK earpiece
Horn <-[e]s, Hörner> [hɔrn, *pl* 'hœrnɐ] *nt* ① (*Auswuchs*) horn; **das ~ von Afrika** the Horn of Africa; **das Goldene ~** the Golden Horn ② (*Material*) horn ③ MUS horn ④ AUTO (*Hupe*) hooter BRIT, horn; (*Martinshorn*) siren
Hornbrille *f* horn-rimmed glasses *npl*
Hörnchen <-s, -> ['hœrnçən] *nt* ① *dim von* **Horn 1** small horn ② (*Gebäck*) (*horn-shaped bread roll of yeast pastry*); (*aus Blätterteig*) croissant
Horngestell *nt* spectacle frames of horn **Hornhaut** *f* ① (*des Auges*) cornea ② (*der Haut*) hard skin *no pl, no art*, callus
Hornisse <-, -n> [hɔr'nɪsə] *f* hornet
Hornist(in) <-en, -en> [hɔr'nɪst] *m(f)* horn player
Hornochs(e) *m* (*fam*) stupid idiot
Horoskop <-s, -e> [horo'sko:p] *nt* horoscope
horrend [hɔ'rɛnt] *adj Preise* horrendous
Horror <-s> ['hɔro:ɐ̯] *m kein pl* horror; **einen ~ vor etw** *dat* **haben** to have a horror of sth
Horrorfilm *m* horror film [*or* AM movie] **Horrorszenario** *nt* horror scenario **Horrortrip** *m* ① (*grässliches Erlebnis*) nightmare ② (*negativer Drogenrausch*) bad trip
Hörsaal *m* ① (*Räumlichkeit*) lecture hall [*or* BRIT theatre] ② *kein pl* (*Zuhörerschaft*) audience **Hörspiel** *nt* ① *kein pl* (*Gattung*) radio drama ② (*Stück*) radio play
Horst <-[e]s, -e> [hɔrst] *m* ① (*Nest*) nest, eyrie ② MIL (*Fliegerhorst*) military airbase
Hörsturz *m* sudden deafness
Hort <-[e]s, -e> [hɔrt] *m* ① (*Kinderhort*) crèche BRIT, after-school care center AM (*place for school children to stay after school if parents are at work*) ② (*geh: Zufluchtsort*) refuge, shelter
horten ['hɔrtn̩] *vt* to hoard; *Rohstoffe* to stockpile
Hortensie <-, -n> [hɔr'tɛnzi̯ə] *f* hortensia
Hörweite *f* hearing range, earshot; **in/außer ~** within/out of earshot
Höschen <-s, -> ['hø:sçən] *nt* (*Damenslip*) knickers *npl* BRIT, panties *npl*
Hose <-, -n> ['ho:zə] *f* trousers *npl*, pants *npl* AM; **kurze ~[n]** shorts *npl;* **jd hat die ~n voll** (*fam*) sb has pooed [*or* AM *a.* pooped] one's pants *fam a.* ▶WENDUNGEN: **die ~n anhaben** (*fam*) to wear the trousers; **in die ~ gehen** to be a failure; **jdm ist das Herz in die ~ gerutscht** (*fam*) sb's heart was in their mouth; [**sich** *dat*] **in die ~[n] machen** to wet oneself; **tote ~** (*sl*) dead boring; **jd hat die ~n [gestrichen] voll** (*sl*) sb is scared shitless
Hosenanzug *m* trouser suit **Hosenbein** *nt* trouser leg **Hosenboden** *m* (*Gesäßteil der Hose*) seat [of trousers] ▶WENDUNGEN: **sich** *akk* **auf den ~ setzen** (*fam*) to buckle down **Hosenrock** *m* culottes *npl* **Hosensack** <-[e]s, -säcke> *m* DIAL, SCHWEIZ trouser [*or* AM pants] pocket **Hosenscheißer** *m* (*sl*) ① (*hum: kleines Kind*) ankle-biter ② (*pej: Feigling*) chicken, scaredy-cat **Hosenschlitz** *m* flies *npl;* **dein ~ ist offen!** your flies are down! **Hosenstall** *m* (*hum fam*) *s.* **Hosenschlitz** **Hosentasche** *f* trouser [*or* AM pants] pocket **Hosenträger** *pl* [a pair of] braces *npl* BRIT, suspenders *npl* AM
Hospital <-s, -e *o* Hospitäler> [hɔspi'ta:l, *pl* hɔspi'tɛ:lɐ] *nt* ① DIAL hospital ② (*veraltet: Pflegeheim*) old people's home
Hostess <-, -en> ['hɔstɛs] *f* ① (*im Flugzeug*) stewardess, flight attendant; (*auf dem Flughafen*) airline representative ② (*auf Reisen, Messen, in Hotels o.ä.*) [female] tour guide ③ (*euph: Prostituierte*) hostess
Hostie <-, -n> ['hɔsti̯ə] *f* REL host
Hotdog <-s, -s>, **Hot Dog** <-s, -s> ['hɔt'dɔk] *nt o m* hot dog
Hotel <-s, -s> [ho'tɛl] *nt* hotel
Hotelboy *f* page[boy], bellboy AM **Hotelfachschule** *f* school of hotel management **Hotelgewerbe** *nt* hotel trade
Hotelier <-s, -s> [hotə'li̯e:] *m* hotelier
Hotellerie <-> [hotɛlə'ri:] *f kein pl* hospitality
Hotelzimmer *nt* hotel room
Hotline <-, -s> ['hɔtlai̯n] *f* hotline
Hr. *Abk von* **Herr**

H

Hrsg. *Abk von* **Herausgeber** ed.

HTML <-, -> [haːteːʔɛmˈʔɛl] *nt o f kein pl* INFORM *Abk von* **hypertext markup language** HTML

HTTP <-, -> [haːteːteːˈpeː] *nt* INFORM *Abk von* **Hypertext Transport Protokoll** HTTP

Hub <-[e]s, Hübe> [huːp, *pl* ˈhyːbə] *m* ❶ (*das Heben*) lifting capacity ❷ (*Kolbenhub*) [piston] stroke

Hub(b)el <-s, -> [ˈhʊbl̩] *m* DIAL (*fam*) bump

Hubraum *m* cubic capacity

hübsch [hʏpʃ] *adj* ❶ (*Aussehen*) pretty; *Gegend* lovely; **na, ihr zwei H~en?** (*fam*) well, my two lovelies?; **sich** *akk* **~ machen** to get all dressed up ❷ (*fam: beträchtlich*) real, pretty; **ein ~es Sümmchen** a pretty penny ❸ (*fam: sehr angenehm*) nice and ...; **fahr ~ langsam** drive nice and slow[ly]; **das wirst du ~ bleiben lassen** you'll do no such thing

Hubschrauber <-s, -> *m* helicopter

huch [hʊx] *interj* (*Ausruf der Überraschung*) oh!; (*Ausruf bei unangenehmen Empfindungen*) ugh!

Hucke <-, -n> [ˈhʊkə] *f* ▶ WENDUNGEN: **jdm die ~ vollhauen** to beat up *sep* sb; **sich** *dat* **die ~ vollsaufen** to get hammered

huckepack [ˈhʊkəpak] *adv* piggyback; **jdn ~ nehmen** to carry sb piggyback

hudeln [ˈhuːdl̩n] *vi bes* SÜDD, ÖSTERR (*fam: schlampen*) to work sloppily [*or* slipshod]; **nur nicht ~!** don't rush into things!, take your time!

Huf <-[e]s, -e> [huːf] *m* hoof

Hufeisen *nt* horseshoe

hufeisenförmig *adj* horseshoe[-shaped]

Hufnagel *m* horseshoe nail **Hufschmied(in)** *m(f)* blacksmith, farrier

Hüfte <-, -n> [ˈhʏftə] *f* ❶ (*Körperpartie*) hip; **die Arme in die ~n stemmen** to put one's hands on one's hips ❷ *kein pl* KOCHK (*Fleischstück*) topside; (*vom Rind*) top rump

Hüftgelenk *nt* hip joint **Hüfthalter** *m* girdle **Hüftsteak** *nt* top rump

Hügel <-s, -> [ˈhyːgl̩] *m* hill; (*kleiner a.*) hillock; (*Erdhaufen*) mound

hügelig [ˈhyːgəlɪç], **hüglig** [ˈhyːglɪç] *adj* hilly; **eine ~e Landschaft** rolling countryside

Huhn <-[e]s, Hühner> [huːn, *pl* ˈhyːnɐ] *nt* ❶ (*Haushuhn*) hen, chicken; **frei laufende Hühner** free-range chickens ❷ (*Hühnerfleisch*) chicken ❸ (*Person*) **dummes ~!** (*pej fam*) silly idiot!; **ein verrücktes ~** a nutcase, a queer fish BRIT ▶ WENDUNGEN: **ein blindes ~ findet auch einmal ein Korn** (*prov*) every dog has its day *prov;* **da lachen ja die Hühner** (*fam*) you must be joking

Hühnchen <-s, -> [ˈhyːnçən] *nt dim von* **Huhn** spring chicken ▶ WENDUNGEN: **mit jdm ein ~ zu rupfen haben** (*fam*) to have a bone to pick with sb

Hühnerauge *nt* corn **Hühnerbrühe** *f* chicken broth **Hühnerbrust** *f* ❶ (*Fleisch*) chicken breast ❷ (*fig*) **eine ~ haben** to be pigeon-chested **Hühnerei** *nt* chicken egg **Hühnerfarm** *f* chicken farm **Hühnerstall** *m* hen coop **Hühnerstange** *f* chicken roost **Hühnersuppe** *f* chicken soup

huldigen [ˈhʊldɪgn̩] *vi* (*geh*) ❶ (*anhängen*) ■**etw** *dat* **~** to subscribe to sth ❷ (*veraltend: seine Reverenz erweisen*) ■**jdm ~** to pay homage to sb

Huldigung <-, -en> *f* (*veraltet*) homage, tribute

Hülle <-, -n> [ˈhʏlə] *f* cover ▶ WENDUNGEN: **in ~ und Fülle** (*geh*) in abundance

hüllen [ˈhʏlən] *vt* (*geh*) to wrap (**in** +*akk* in); **in Dunkelheit gehüllt** shrouded in darkness; **sich** *akk* **in Schweigen ~** to maintain one's silence, to keep mum

hüllenlos *adj* naked, in one's birthday suit *hum*

Hülse <-, -n> [ˈhʏlzə] *f* ❶ BOT (*Schote*) pod ❷ (*röhrenförmige Hülle*) capsule

Hülsenfrucht [ˈhʏlzn̩-] *f meist pl* pulse

human [huˈmaːn] *adj* ❶ (*menschenwürdig*) humane; *Strafe* lenient ❷ *Chef, Lehrer* considerate (**gegenüber** +*dat* towards) ❸ (*Menschen betreffend*) human

Humanismus <-> [humaˈnɪsmʊs] *m kein pl* humanism *no pl*

humanistisch *adj* ❶ (*im Sinne des Humanismus*) humanistic; **der ~e Geist** the spirit of humanism ❷ HIST (*dem Humanismus angehörend*) humanist ❸ (*altsprachlich*) humanistic, classical; **eine ~e Bildung** a classical education

humanitär [humaniˈtɛːɐ̯] *adj* humanitarian

Humanität [humaniˈtɛːt] *f kein pl* (*geh*) humanity

Humbug <-s> [ˈhʊmbʊk] *m kein pl* (*pej fam*) ❶ (*Unfug*) rubbish *no pl* BRIT, trash *no pl* AM ❷ (*Schwindel*) humbug *no pl*

Hummel <-, -n> [ˈhʊml̩] *f* bumblebee ▶ WENDUNGEN: **~n im Hintern haben** (*fam*) to have ants in one's pants

Hummer <-s, -> [ˈhʊmɐ] *m* lobster

Humor <-s, -e> [huˈmoːɐ̯] *m* (*pl selten*) ❶ (*Laune*) good humour, cheerfulness ❷ (*Witz, Wesensart*) [sense of] humour; **etw mit ~ nehmen** to take sth good-humouredly; [**einen Sinn für**] **~ haben** to have a sense of humour; **schwarzer ~**

black humour

humoristisch *adj* humorous, amusing

humorlos *adj* humourless; **ein ~er Mensch** a cantankerous person, BRIT a crosspatch

humorvoll *adj* humorous

humpeln ['hʊmpl̩n] *vi sein o haben* to limp, to hobble

Humus ['hu:mʊs] *m kein pl* humus

Hund <-[e]s, -e> [hʊnt, *pl* 'hʊndə] *m* ❶ (*Tier*) dog; (*Jagdhund*) hound; **„[Vorsicht,] bissiger ~!"** 'beware of the dog!' ❷ (*Mensch*) swine; **ein armer ~ sein** (*fam*) to be a poor soul; **[du] gemeiner ~** [you] dirty dog ▶WENDUNGEN: **den Letzten beißen die ~e** the last one [out] has to carry the can BRIT; **bekannt sein wie ein bunter ~** (*fam*) to be known far and wide; **das ist ja ein dicker ~** (*sl*) that is absolutely outrageous; **schlafende ~e wecken** (*fam*) to wake sleeping dogs; **da liegt der ~ begraben** (*fam*) that's the crux of the matter; **~e, die bellen, beißen nicht** (*prov*) sb's bark is worse than their bite; **vor die ~e gehen** (*sl*) to go to the dogs; **auf den ~ kommen** (*fam*) to go to the dogs

hundeelend ['hʊndə'ʔe:lɛnt] *adj* (*fam*) **jd fühlt sich** *akk* **~** sb feels awful

Hundefutter *nt* dog food **Hundehütte** *f* [dog] kennel **Hundekuchen** *m* dog biscuit **Hundeleben** *nt* (*pej fam*) dog's life **Hundeleine** *f* dog lead **hundemüde** ['hʊndə'my:də] *adj präd* (*fam*) dog-tired **Hunderasse** *f* breed of dog

hundert ['hʊndɐt] *adj* ❶ (*Zahl*) [a [*or* one]] hundred ❷ (*fam: sehr viele*) a hundred, hundreds; **sie macht ~ Dinge gleichzeitig** she does a hundred things all at the same time ❸ *pl, auch großgeschrieben* (*viele hundert*) hundreds *pl*

Hundert[1] <-s, -e> ['hʊndɐt] *nt* ❶ (*Einheit von 100*) hundred; **mehrere ~** several hundred ❷ *pl, auch kleingeschrieben* (*viele hundert*) hundreds *pl;* **einige/viele ~e ...** a few/several hundred ...; **~e von ...** hundreds of ...; **in die ~e gehen** (*fam*) *Kosten, Schaden* to run into the hundreds; **zu ~en** in [their] hundreds; **~e und aber ~e** hundreds upon hundreds

Hundert[2] <-, -en> ['hʊndɐt] *f* [one [*or* a]] hundred

Hunderter <-s, -> ['hʊndɐtɐ] *m* ❶ (*fam: Banknote zu 100 Euro*) hundred euro note; **es hat mich einen ~ gekostet** it cost me a hundred euros ❷ (*100 als Zahlenbestandteil*) hundred

Hunderteuroschein *m* hundred-euro note

Hundertjahrfeier [hʊndɐt'ja:ɐ̯fa͜iɐ] *f* centenary [celebrations *pl*]

hundertjährig, 100-jährig ['hʊndɐtjɛ:rɪç] *adj* ❶ (*Alter*) hundred-year-old *attr,* one hundred years old *pred; s. a.* **achtjährig 1** ❷ (*Zeitspanne*) hundred-year *attr; s. a.* **achtjährig 2**

Hundertjährige(r), 100-Jährige(r) *f(m)* *dekl wie adj* hundred-year-old [person], centenarian

hundertmal, 100-mal ['hʊndɐtma:l] *adv* a hundred times

hundertprozentig ['hʊndɐtprotsɛntɪç] **I.** *adj* ❶ (*100 % umfassend*) one hundred percent; (*Alkohol*) pure ❷ (*fam: typisch*) through and through; **er ist ein ~er Bayer** he's a Bavarian through and through **II.** *adv* (*fam*) absolutely, completely; **das weiß ich ~** I know that for certain; **du hast ~ Recht** you're absolutely right; **sich** *dat* **~ sicher sein** to be absolutely sure

hundertste(r, s) ['hʊndɐtstə, -tɐ, -təs] *adj* [one] hundredth; *s. a.* **achte(r, s)**

Hundertste(r, s) ['hʊndɐtstə, -tɐ, -təs] *nt* the [one] hundredth ▶WENDUNGEN: **vom ~n ins Tausendste kommen** (*fam*) to get carried away

Hundertstel <-s, -> ['hʊndɐtstl̩] *nt o* SCHWEIZ *m* hundredth

Hundertstelsekunde *f* hundredth of a second

hunderttausend ['hʊndɐt'ta͜uzn̩t] *adj* ❶ (*Zahl*) a [*or* one] hundred thousand ❷ *auch großgeschrieben* (*ungezählte Mengen*) hundreds of thousands

Hundescheiße *f* (*derb*) dog shit **Hundeschlitten** *m* dog sleigh **Hundesohn** *m* (*pej fam*) son of a bitch **Hundesteuer** *f* dog licence [*or esp* AM -se] fee **Hundewetter** *nt* (*fam*) *s.* **Sauwetter**

Hündin ['hʏndɪn] *f* bitch

hundsgemein ['hʊntsgə'ma͜in] *adj* (*fam*) low-down, rotten *fam; Lüge* malicious; **er kann ~ sein** he can be really nasty **hundsmiserabel** ['hʊntsmizə'ra:bl̩] *adj* (*fam*) ❶ (*niederträchtig*) low-down ❷ (*äußerst schlecht*) awful; **sich** *akk* **~ fühlen** to feel really lousy **Hundstage** *pl* dog days *pl*

Hüne <-n, -n> ['hy:nə] *m* giant

hünenhaft *adj* gigantic, colossal

Hunger <-s> ['hʊŋɐ] *m kein pl* ❶ (*Hungergefühl*) hunger; **~ bekommen/haben** to get/be hungry; **~ auf etw** *akk* **haben** to feel like [eating] sth; **~ leiden** (*geh*) to starve, to go hungry; **seinen ~ stillen** to satisfy one's hunger; **~ wie ein Bär haben** to be ravenous[ly hungry]; **vor ~ sterben**

to die of hunger 2 (*Hungersnot*) famine 3 (*geh: großes Verlangen*) ■**jds ~ nach etw** *dat* sb's thirst for sth ▶WENDUNGEN: **~ ist der beste Koch** (*prov*) hunger is the best sauce *prov*

Hungergebiet *nt* famine region **Hungerhilfe** *f kein pl* famine relief **Hungerkur** *f* starvation diet **Hungerlohn** *m* (*pej*) starvation wage; **für einen ~ arbeiten** to work for a pittance

hungern *vi* 1 (*Hunger leiden*) to go hungry, to starve; **jdn ~ lassen** to let sb starve; (*fam: fasten*) to fast 2 (*geh: verlangen*) to thirst, to hunger (**nach** +*dat* after, for)

Hungersnot *f* famine

Hungerstreik *m* hunger strike; **in den ~ treten** to go on hunger strike **Hungertuch** *nt* ▶WENDUNGEN: **am ~ nagen** (*hum fam*) to be starving [*or* on the breadline]

hungrig ['hʊŋrɪç] *adj* hungry; **etw macht ~** sth works up an appetite

Hupe <-, -n> ['hu:pə] *f* horn; **auf die ~ drücken** to beep the horn

hupen ['hu:pn̩] *vi* to beep the horn; ■**das H~** horn-beeping

hüpfen ['hʏpfn̩] *vi sein* to hop; *Lamm, Zicklein* to frisk; *Ball* to bounce; **vor Freude ~** to jump for joy

Hürde <-, -n> ['hʏrdə] *f* 1 SPORT hurdle; **110 Meter ~n laufen** to run the 110 metres hurdles 2 (*tragbare Einzäunung für Tiere*) fold, pen ▶WENDUNGEN: **eine ~ nehmen** to overcome an obstacle

Hürdenlauf *m* hurdling, hurdles *npl*

Hure <-, -n> ['hu:rə] *f* whore

Hurenbock *m* (*pej vulg*) randy bugger BRIT, horny bastard AM **Hurensohn** *m* (*pej vulg*) son of a bitch

hurra [hʊ'ra:] *interj* hurray

Hurrikan <-s, -e> [harikn̩] *m* hurricane

huschen ['hʊʃn̩] *vi sein* to dart, to flit; *Maus* to scurry; *Licht* to flash; **ein Lächeln huschte über ihr Gesicht** a smile flitted across her face

hüsteln ['hy:stl̩n] *vi* to cough [slightly]; **nervös ~** to clear one's throat

husten ['hu:stn̩] **I.** *vi* to cough **II.** *vt* (*auswerfen*) **Schleim/Blut ~** to cough up mucus/blood

Husten <-s> ['hu:stn̩] *m kein pl* cough; **~ stillend** cough-relieving

Hustenanfall *m* coughing fit **Hustenbonbon** *m o nt* cough drop [*or* BRIT sweet] **Hustenreiz** *m* tickly throat **Hustensaft** *m* cough syrup

Hut[1] <-[e]s, Hüte> [hu:t, *pl* 'hy:tə] *m* 1 (*Kopfbedeckung*) hat; **den ~ aufsetzen/abnehmen** to put on/take off one's hat 2 BOT (*von Pilzen*) cap ▶WENDUNGEN: **ein alter ~ sein** (*fam*) to be old hat; **vor jdm/etw den ~ ziehen** to take one's hat off to sb/sth; **~ ab [vor jdm]!** (*fam*) hats off to sb!; **etw unter einen ~ bringen** to reconcile sth; (*Termine*) to fit in sth; **mit etw** *dat* **nichts am ~ haben** (*fam*) not to go in for sth

Hut[2] <-> [hu:t] *f* (*geh*) protection; **auf der ~ [vor etw** *dat*] **sein** to be on one's guard [against sth]

hüten ['hy:tn̩] **I.** *vt* 1 (*beaufsichtigen*) to look after; *Schafe* to mind 2 (*geh: bewahren*) to keep **II.** *vr* (*sich in Acht nehmen*) ■**sich** *akk* **vor etw** *dat* **~** to be on one's guard against sth; ■**sich** *akk* **~, etw zu tun** to take care not to do sth

Hüter(in) <-s, -> *m(f)* (*geh*) guardian; **ein ~ des Gesetzes** (*hum*) a custodian of the law

Hutgeschäft *nt* hat shop; (*für Herren*) hatter's; (*für Damen*) milliner's **Hutkrempe** *f* brim **Hutmacher(in)** *m(f)* hatter; *für Damen* milliner

Hutsche <-, -n> ['hʊtʃə] *f* SÜDD, ÖSTERR (*fam*) 1 (*Schaukel*) swing 2 (*pej sl: alte Schlampe*) old floozie *pej fam*

Hütte <-, -n> ['hʏtə] *f* 1 (*kleines Haus*) hut; (*ärmliches Häuschen*) shack 2 (*Berghütte*) [mountain] hut; (*Holzhütte*) cabin; (*Hundehütte*) kennel

Hüttenindustrie *f* iron and steel industry **Hüttenkäse** *m* cottage cheese

H-Vollmilch ['ha:-] *f* long-life whole milk

Hyäne <-, -n> [hy̆ɛ:nə] *f* hy[a]ena

Hyazinthe <-, -n> [hy̆a'tsɪntə] *f* hyacinth

Hydrant <-en, -en> [hy'drant] *m* hydrant

Hydraulik <-> [hy'drau̯lɪk] *f kein pl* hydraulics *npl*

hydraulisch [hy'drau̯lɪʃ] *adj* hydraulic

Hydrodynamik <-> [hydrody'na:mɪk] *f* hydrodynamics + *sing vb, no art* **Hydrokultur** *f* hydroponics + *sing vb spec* **Hydrotherapie** [hydrotɛra'pi:] *f* hydrotherapy

Hygiene <-> [hy'gi̯e:nə] *f kein pl* hygiene *no pl*

hygienisch [hy'gi̯e:nɪʃ] *adj* hygienic

Hymne <-, -n> ['hʏmnə] *f* hymn

hyperaktiv *adj* hyperactive

Hyperaktivität [hypɐaktivi'tɛt] *f* hyperactivity

Hyperbel <-, -n> [hy'pɛrbl̩] *f* 1 MATH hyperbola 2 LING hyperbole

Hyperinflation [hypɛɪnfla'tsi̯o:n] *f* ÖKON hyperinflation **hyperkorrekt** [hypɐkɔ'rɛkt] *adj* hypercorrect **Hyperlink** <-s, -s> ['hai̯pɐlɪŋk] *m* INFORM hyperlink **Hypermedia**

[haipe'meːdia] *nt* INFORM hypermedia **hypermodern** *adj* (*fam*) ultra-modern **hypersensibel** *adj* hypersensitive **Hypertext** ['haipetɛkst] *m* INFORM hypertext
Hypnose <-, -n> [hʏp'noːzə] *f* hypnosis; **jdn in ~ versetzen** to put sb under hypnosis
hypnotisch [hʏp'noːtɪʃ] *adj* hypnotic
hypnotisieren* *vt* to hypnotize; **wie hypnotisiert** as if hypnotized
Hypochonder <-s, -> [hypo'xɔndɐ] *m* hypochondriac
Hypophyse <-, -n> [hypo'fyːzə] *f* ANAT pituitary gland
Hypothek <-, -en> [hypo'teːk] *f* mortgage; **eine ~ [auf etw** *akk*] **aufnehmen** to take out a mortgage [on sth]
Hypothekenbank <-banken> *f bank dealing primarily with mortgage business* **Hypothekenbrief** *m* mortgage certificate
Hypothese <-, -n> [hypo'teːzə] *f* hypothesis; **eine ~ aufstellen/widerlegen** to advance/refute a hypothesis
hypothetisch [hypo'teːtɪʃ] *adj* hypothetical
Hysterie <-, -n> [hʏste'riː] *f* hysteria
hysterisch [hʏs'teːrɪʃ] *adj* hysterical
Hz *Abk von* **Hertz** Hz

I i

I, i <-, - *o fam* -s, -s> [iː] *nt* I, i; **~ wie Ida** I for Isaac BRIT, I as in Item AM
i [iː] *interj* ① (*fam: Ausdruck von Ablehnung, Ekel*) ugh; **~, wie ekelig** ugh, that's horrible ② (*abwertend*) **~ wo!** no way! *fam*
i.A. *Abk von* **im Auftrag** pp
i.Allg. *Abk von* **im Allgemeinen** in general
iberisch [i'beːrɪʃ] *adj* Iberian
IC <-s, -s> [iː'tseː] *m Abk von* **Intercity**
ICE <-s, -s> [iːtseː'ʔeː] *m Abk von* **Intercity Express** *a high speed train*
ich <*gen* meiner, *dat* mir, *akk* mich> ['ɪç] *pron pers* I, me; **~ bin/war es** it's/it was me; **~ nicht!** not me!; **~ selbst** I myself
Ich <-[s], -s> ['ɪç] *nt* ① (*das Selbst*) self ② PSYCH (*Ego*) ego; **jds anderes ~** sb's alter ego; **jds besseres ~** sb's better self
Ich-AG *f* Me plc BRIT, Me, Inc. AM (*business start-up grant to promote self-employment among the unemployed*) **Ich-Erzähler, Icherzähler, -erzählerin** *m, f* LIT first-person narrator **Icherzählung** *f* first-person narrative **Ichform** *f* first person form; **in der ~** in the first person
Icon <-s, -s> ['aikən] *nt* INFORM icon
ideal [ide'aːl] **I.** *adj* ideal **II.** *adv* ideally
Ideal <-s, -e> [ide'aːl] *nt* ideal
Idealfall *m* ideal case **Idealgewicht** *nt* ideal weight
idealisieren* [ideali'ziːrən] *vt* to idealize
Idealismus <-> [idea'lɪsmʊs] *m kein pl* idealism
Idealist(in) <-en, -en> [idea'lɪst] *m(f)* idealist
idealistisch *adj* idealistic
Ideallösung *f* ideal solution **idealtypisch** *adj* PHILOS (*geh*) idealized **Idealvorstellung** *f* ideal
Idee <-, -n> [i'deː, *pl* i'deːən] *f* ① (*Einfall, Vorstellung*) idea; **eine fixe ~** obsession; **keine ~ haben** to have no idea; **jdn auf eine ~ bringen** to give sb an idea; **jdn auf andere ~n bringen** to take sb's mind off of sth/it; **auf eine ~ kommen** to get an idea; **mir kommt da gerade eine ~** I've just had an idea ② (*Leitbild*) ideal ③ (*fam: ein wenig*) **keine ~ besser sein** to be not one bit better; **eine ~ ...** a tad ...
ideell [ide'ɛl] *adj* spiritual
ideenlos *adj* unimaginative **ideenreich** *adj* imaginative
Ideenreichtum *m kein pl* inventiveness *no pl*
Identifikation <-, -en> [idɛntifika'tsi̯oːn] *f* identification
Identifikationsfigur *f* role model
identifizieren* [idɛntifi'tsiːrən] **I.** *vt* to identify (**mit** +*dat* with) **II.** *vr* ■**sich** *akk* **mit jdm/etw ~** to identify with sb/sth
Identifizierung <-, -en> *f* identification
identisch [i'dɛntɪʃ] *adj* identical (**mit** +*dat* to)
Identität <-> [idɛnti'tɛːt] *f kein pl* ① (*Echtheit*) identity ② (*Übereinstimmung*) identicalness
Identitätskarte *f bes* SCHWEIZ identity card **Identitätskrise** *f* identity crisis
Ideologe, Ideologin <-n, -n> [ideo'loːgə, -loːgɪn] *m, f* ideologue
Ideologie <-, -n> [ideolo'giː, *pl* -'giːən] *f* ideology
Ideologin <-, -nen> *f fem form von* **Ideologe**
ideologisch [ideo'loːgɪʃ] **I.** *adj* ideologic[al] **II.** *adv* ideologically
ideologisieren* [ideologi'ziːrən] *vt* SOZIOL ■**jdn ~** to indoctrinate sb
idiomatisch [idi̯o'maːtɪʃ] **I.** *adj* idiomatic **II.** *adv* idiomatically
Idiot(in) <-en, -en> [i'di̯oːt] *m(f)* (*pej fam*)

idiot

idiotensicher I. *adj* (*hum fam*) foolproof II. *adv* (*fam*) effortlessly

Idiotie <-, -n> [idi̯o'tiː] *f* (*pej fam*) idiocy

Idiotin <-, -nen> *f fem form von* **Idiot**

idiotisch [i'di̯oːtɪʃ] *adj* (*fam*) idiotic

Idol <-s, -e> [i'doːl] *nt* idol

Idylle <-, -n> [i'dʏlə] *f* idyll

idyllisch [i'dʏlɪʃ] I. *adj* idyllic II. *adv* idyllically

Igel <-s, -> ['iːgl̩] *m* hedgehog

igitt(igitt) [i'gɪt(igɪt)] *interj* ugh, yuk

Iglu <-s, -s> ['iːglu] *m o nt* igloo

Ignorant(in) <-en, -en> [ɪgno'rant] *m(f)* (*pej geh*) ignoramus *hum form*

Ignoranz <-> [ɪgno'rants] *f kein pl* (*pej geh*) ignorance *no pl*

ignorieren* [ɪgno'riːrən] *vt* to ignore

Iguana <-, -s> [i'gu̯aːna] *f* iguana

IHK <-, -s> [iːhaː'kaː] *f Abk von* **Industrie- und Handelskammer**

ihm [iːm] *pron pers dat von* **er, es** ❶ (*dem Genannten*) him; **es geht ~ nicht gut** he doesn't feel very well; *nach Präpositionen* him; **ich war gestern bei ~** I was at his place yesterday; **das ist ein Freund von ~** he's a friend of his ❷ *bei Tieren und Dingen* (*dem genannten Tier oder Ding*) it; (*bei Haustieren*) him

ihn ['iːn] *pron pers akk von* **er** ❶ (*den Genannten*) him ❷ *bei Tieren und Dingen* (*das genannte Tier oder Ding*) it; (*bei Haustieren*) him

ihnen ['iːnən] *pron pers dat pl von* **sie** them; *nach Präpositionen* them; **ich war die ganze Zeit bei ~** I was at their place the whole time

Ihnen ['iːnən] *pron pers dat sing o pl von* **Sie** you; *nach Präpositionen* you

ihr[1] <*gen* euer, *dat* euch, *akk* euch> ['iːɐ̯] *pron pers 2. pers pl nomin von* **sie** you

ihr[2] ['iːɐ̯] *pron pers dat sing von* **sie** (*der Genannten*) her

ihr[3] ['iːɐ̯] *pron poss, adjektivisch* ❶ *sing* her ❷ *pl* their

ihre(r, s) *pron poss, substantivisch* ❶ *sing* (*dieser weiblichen Person*) her; **das ist nicht seine Aufgabe, sondern ~** that isn't his task, it's hers; ■**der/die/das ~** hers ❷ *pl* theirs

Ihre(r, s)[1] *pron poss, substantivisch, auf „Sie" bezüglich* ❶ *sing* your; ■**der/die/das ~** yours ❷ *pl* your; ■**der/die/das ~** yours ❸ *sing und pl* (*Angehörige*) ■**die ~n** your loved ones ❹ *sing und pl* (*Eigentum*) ■**das ~** yours; **Sie haben alle das ~ getan** you have all done your bit

Ihre(r, s)[2] *pron poss, substantivisch, auf „sie" sing bezüglich* ❶ (*Angehörige*) ■**der/**[**die**] **~**[**n**] her loved one[s] ❷ (*Eigentum*) ■**das ~** hers

Ihre(r, s)[3] *pron poss, substantivisch, auf „sie" pl bezüglich* ❶ (*Angehörige*) ■**der/**[**die**] **~**[**n**] their loved ones ❷ (*Eigentum*) ■**das ~** their things

ihrer *pron pers gen von* **sie** ❶ *sing* (*geh*) her ❷ *pl* them; **es waren ~ sechs** (*geh*) there were six of them

Ihrer *pron pers* (*geh*) *gen von* **Sie** ❶ *sing* [of] you ❷ *pl* you

ihrerseits ['iːrɐ'zai̯ts] *adv* ❶ *sing* for her [*or* its] part ❷ *pl* for their part

Ihrerseits ['iːrɐ'zai̯ts] *adv sing o pl* (*von Ihrer Seite aus*) for your part

ihresgleichen ['iːrəs'glai̯çn̩] *pron* ❶ *sing* people *npl* like her; (*pej: Leute wie sie*) her [own] kind ❷ *pl* people like them; (*pej: Leute wie sie*) their [own] kind

Ihresgleichen ['iːrəs'glai̯çn̩] *pron* ❶ *sing* people like you; **Sie umgeben sich nur mit ~** you are only surrounded by your own sort ❷ *pl* (*pej: Leute wie Sie*) your [own] kind; **ich kenne** [**Sie und**] **~** I know your kind!

ihretwegen ['iːrət'veːgn̩] *adv* ❶ *fem sing* (*wegen ihr*) as far as she is/was concerned; **~ brauchen wir uns keine Sorgen zu machen** we don't need to worry about her ❷ *pl* (*wegen ihnen*) as far as they are/were concerned; **ich mache mir ~ schon Sorgen** I'm starting to worry about them

Ihretwegen ['iːrət'veːgn̩] *adv sing o pl* because of you, for you

ihretwillen ['iːrət'vɪlən] *adv* ■**etw um ~ tun** (*ihr zuliebe*) to do sth for her [sake]; (*ihnen zuliebe*) to do sth for their sake

Ihretwillen ['iːrət'vɪlən] *adv sing und pl* ■**etw um ~ tun** to do sth for your sake

ihrige(r, s) <-n, -n> ['iːrɪgə, 'iːrɪgɐ, 'iːrɪgəs] *pron poss* (*veraltend geh*) *s.* **ihre(r, s)**

Ihrige(r, s) <-n, -n> ['iːrɪgə, 'iːrɪgɐ, 'iːrɪgəs] *pron poss* (*veraltend geh*) *s.* **Ihre(r, s)**

Ikone <-, -n> [i'koːnə] *f* icon

illegal ['ɪlegaːl] *adj* illegal

Illegale(r) <-n, [-n]> ['ɪlegaːlə, 'ɪlegaːlɐ] *f(m)* illegal immigrant

Illegalität <-, -en> ['ɪlegalitɛːt, ɪlegali'tɛːt] *f* ❶ *kein pl* (*Gesetzwidrigkeit*) illegality ❷ (*illegale Tätigkeit*) something illegal

illegitim ['ɪlegitiːm, ɪlegi'tiːm] *adj* ❶ (*unrechtmäßig*) unlawful ❷ (*unehelich*) illegitimate ❸ (*nicht berechtigt*) wrongful

illoyal ['ɪlo̯ajaːl, ɪlo̯a'jaːl] I. *adj* (*geh*) disloyal (**gegenüber** towards) II. *adv* disloyally

illuminieren* [ɪlumi'niːrən] *vt* (*geh*) to illuminate

Illusion <-, -en> [ɪlu'zi̯o:n] *f* illusion; **sich** *akk* **der ~ hingeben, [dass]** to be under the illusion [that]; **sich** *dat* **[über etw** *akk*] **~en machen** to harbour illusions [about sth]; **sich** *dat* **keine ~en machen** to not have any illusions

illusionär [ɪluzi̯o'nɛ:ɐ̯] *adj* (*geh*) ❶ (*auf Illusionen beruhend*) illusory ❷ KUNST illusionary

illusorisch [ɪlu'zo:rɪʃ] *adj* ❶ (*trügerisch*) illusory ❷ (*zwecklos*) futile

Illustration <-, -en> [ɪlʊstra'tsi̯o:n] *f* illustration

Illustrator(in) <-s, -toren> [ɪlʊs'tra:toɐ̯, *pl* ɪlʊstra'to:rən] *m(f)* illustrator

illustrieren* [ɪlʊs'tri:rən] *vt* to illustrate

Illustrierte <-n, -n> *f* magazine

Iltis <-ses, -se> ['ɪltɪs] *m* polecat

im ['ɪm] = **in dem** ❶ (*sich dort befindend*) in the; **~ Bett** in bed; **~ Haus** at the house; **~ Januar** in January; **~ Begriff sein, etw zu tun** to be about to do sth; **~ Prinzip** in principle; **~ Bau sein** to be under construction ❷ (*dabei seiend, etw zu tun*) while; **etw ist ~ Kommen** sth is coming; **er ist noch ~ Wachsen** he is still growing

Image <-[s], -s> ['ɪmɪtʃ] *nt* image

Imagepflege *f kein pl* image-making *no pl* **Imageschaden** ['ɪmɪtʃ-] *m* damage to sb's [public] image **Imageverlust** *m* blow to one's image

imaginär [imagi'nɛ:ɐ̯] *adj* (*geh*) imaginary

Imbiss <-es, -e> ['ɪmbɪs] *m* ❶ (*kleine Mahlzeit*) snack ❷ (*fam*) *s.* **Imbissstand**

Imbissstand *m* fast food stall **Imbissstube** *f* snack bar

Imitat <-[e]s, -e> [imi'ta:t] *nt* imitation, fake

Imitation <-, -en> [imita'tsi̯o:n] *f* imitation

Imitator(in) <-s, -toren> [imi'ta:to:ɐ̯, *pl* imita'to:rən] *m(f)* imitator; (*von Personen*) impressionist

imitieren* [imi'ti:rən] *vt* to imitate sth; (*im Kabarett*) to impersonate

Imker(in) <-s, -> ['ɪmkɐ] *m(f)* bee-keeper

Immatrikulation <-, -en> [ɪmatrikula'tsi̯o:n] *f* matriculation; (*an der Universität*) registration

immatrikulieren* [ɪmatriku'li:rən] **I.** *vt* ❶ (*einschreiben*) to matriculate [*or* register] ❷ SCHWEIZ (*zulassen*) *Fahrzeug* to register **II.** *vr* (*sich einschreiben*) ■ **sich** *akk* **~** to matriculate, to register

immens [ɪ'mɛns] *adj* (*geh*) immense

immer ['ɪmɐ] **I.** *adv* ❶ (*ständig, jedes Mal*) always, all the time; **für ~** forever; **~ und ewig** for ever and ever; **wie ~** as usual; **~ weiter** just [you] carry on; **~ mit der Ruhe** take it easy; **~ wenn** every time; **~ wieder** again and again; **etw ~ wieder tun** to keep on doing sth ❷ (*zunehmend*) increasingly; **~ häufiger** more and more frequently; **~ mehr** more and more ❸ (*fam: jeweils*) each; **~ am vierten Tag** every fourth day **II.** *part* **[nur] ~ her damit!** (*fam*) hand it/them over!; **~ mal** (*fam*) now and again; **~ noch** still; **~ noch nicht** still not; **wann/was/wer/wie/wo [auch] ~** whenever/whatever/whoever/however/wherever

immerfort ['ɪmɐ'fɔrt] *adv* constantly

immergrün ['ɪmɐgry:n] *adj attr* evergreen

immerhin ['ɪmɐ'hɪn] *adv* ❶ (*wenigstens*) at least ❷ (*schließlich*) after all ❸ (*allerdings, trotz allem*) all the same

immerwährend *adj attr* (*geh*) continuous; *Kampf* perpetual

immerzu ['ɪmɐ'tsu:] *adv s.* **immerfort**

Immigrant(in) <-en, -en> [ɪmi'grant] *m(f)* immigrant

Immigration <-, -en> [ɪmigra'tsi̯o:n] *f* immigration

immigrieren* [ɪmi'gri:rən] *vi sein* to immigrate

Immission <-, -en> [ɪmɪ'si̯o:n] *f* release of pollutants

Immissionsschutz *m* ÖKOL protection against pollution [*or* noxious intrusions]

Immobilie <-, -n> [ɪmo'bi:li̯ə] *f meist pl* real estate *no pl;* ■ **~n** property *no pl*

Immobilienmakler(in) *m(f)* estate agent **Immobilienmarkt** *m* property market

immun [ɪ'mu:n] *adj* (*a. fig*) ■ **~ sein** to be immune (**gegen** *+akk* to)

Immunabwehr *f* immune defence [*or* AM -se] [system]

immunisieren* [ɪmuni'zi:rən] *vt* to immunize (**gegen** against)

Immunisierung <-, -en> *f* immunization

Immunität <-, *selten* -en> [ɪmuni'tɛ:t] *f* immunity (**gegen** *+akk* to)

Immunschwäche *f* immunodeficiency *spec* **Immunschwächekrankheit** *f* immune deficiency syndrome

Immunsystem *nt* immune system

Imperativ <-s, -e> ['ɪmperati:f, *pl* -ti:ve] *m* LING imperative [form] *spec*

Imperator <-s, -en> [ɪmpe'ra:to:ɐ̯, *pl* ɪmpera'to:rən] *m* HIST emperor; MIL general

Imperfekt <-s, -e> ['ɪmpɛrfɛkt] *nt* imperfect [tense] *spec*

Imperialismus <-, *selten* -lismen> [ɪmperi̯a'lɪsmʊs] *m* imperialism

imperialistisch [ɪmperi̯a'lɪstɪʃ] *adj* (*pej*) imperialist[ic]

I

Imperium <-s, -rien> [ɪm'peːri̯ʊm, *pl* -ri̯ən] *nt* ① HIST (*Weltreich, Kaiserreich*) empire ② (*geh: Machtbereich*) imperium *fig*
impertinent [ɪmpɛrti'nɛnt] *adj* (*geh*) impertinent
Impertinenz <-, -en> [ɪmpɛrti'nɛnts] *f* (*geh*) ① *kein pl* (*Unverschämtheit*) impertinence ② (*selten: unverschämte Äußerung*) impertinent remark
impfen ['ɪmpfn̩] *vt* to inoculate (**gegen** +*akk* against)
Impfpass *m* vaccination card **Impfstoff** *m* vaccine
Impfung <-, -en> *f* vaccination
Implantat <-[e]s, -e> [ɪmplan'taːt] *nt* implant
implantieren [ɪmplan'tiːrən] *vt* ■[**jdm**] **etw** ~ to implant sth [into sb]
implizieren* [ɪmpli'tsiːrən] *vt* (*geh*) to imply
implizit [ɪmpli'tsiːt] *adj* (*geh*) implicit
implodieren* [ɪmplo'diːrən] *vi sein* (*fachspr*) to implode
imponieren* [ɪmpo'niːrən] *vi* to impress
imponierend *adj* impressive
Imponiergehabe *nt* ① ZOOL display pattern ② (*fig, pej*) show
Import <-[e]s, -e> [ɪm'pɔrt] *m* import
Importeur(in) <-s, -e> [ɪmpɔr'tøːɐ] *m(f)* importer
importieren* [ɪmpɔr'tiːrən] *vt* to import
imposant [ɪmpo'zant] *adj* impressive; *Stimme* commanding; *Figur* imposing
impotent ['ɪmpotɛnt] *adj* impotent
Impotenz <-> ['ɪmpotɛnts] *f kein pl* impotence
imprägnieren* [ɪmprɛgniːrən] *vt* ① (*wasserabweisend machen*) to waterproof ② (*behandeln*) to impregnate
Impressionismus <-> [ɪmprɛsi̯o'nɪsmʊs] *m* Impressionism
impressionistisch *adj* Impressionist
Impressum <-s, Impressen> [ɪm'prɛsʊm] *nt* imprint
Improvisation <-, -en> [ɪmproviza'tsi̯oːn] *f* improvisation
improvisieren* [ɪmprovi'ziːrən] *vi, vt* to improvise
Impuls <-es, -e> [ɪm'pʊls] *m* ① (*Anstoß, Auftrieb*) impetus; **etw** *akk* **aus einem ~ heraus tun** to do sth on impulse ② ELEK pulse ③ PHYS impulse
impulsiv [ɪmpʊl'ziːf] *adj* impulsive
imstande, im Stande [ɪm'ʃtandə] *adj präd* ■**zu etw** *dat* **~sein** to be capable of doing sth; **~ sein, etw zu tun** to be able to do sth; **zu allem ~ sein** (*fam*) to be capable of anything; **zu nichts mehr ~ sein** (*fam*) to be shattered
in[1] [ɪn] *präp* ① +*dat* (*darin befindlich*) in; **bist du schon mal in New York gewesen?** have you ever been to New York?; **ich arbeite seit einem Jahr ~ dieser Firma** I've been working for this company for a year ② +*akk* (*hin zu einem Ziel*) into; **er warf die Reste ~ den Mülleimer** he threw the leftovers in the bin; **~ die Kirche/Schule gehen** to go to church/school ③ +*dat* (*innerhalb von*) in; **~ diesem Sommer** this summer; **~ diesem Augenblick** at the moment; **~ diesem Jahr/Monat** this year/month; **~ einem Jahr bin ich 18** in a year I'll be 18 ④ +*akk* (*bis zu einer Zeit*) until ⑤ +*dat o akk* (*Verweis auf ein Objekt*) at; **sich** *akk* **~jdm täuschen** to be wrong about sb; **er ist Fachmann ~ seinem Beruf** he is an expert in his field ⑥ +*dat* (*auf eine Art und Weise*) in; **~ Wirklichkeit** in reality
in[2] [ɪn] *adj* (*fam*) in *fam*; ■**~ sein** to be in
inadäquat ['ɪnadɛkvaːt, ɪnadɛ'kvaːt] *adj* (*geh*) inadequate
inaktiv ['ɪnʔaktiːf] *adj* inactive
inakzeptabel ['ɪnʔaktsɛptaːbl̩] *adj* (*geh*) unacceptable
Inanspruchnahme <-> *f kein pl* (*geh*) ① (*Nutzung*) utilization ② (*Belastung, Beanspruchung*) demand
Inbegriff ['ɪnbəgrɪf] *m kein pl* epitome (of)
inbegriffen ['ɪnbəgrɪfn̩] *adj präd* inclusive; ■**in etw** *dat* **~sein** to be included in sth
Inbetriebnahme <-, -n> *f* (*geh*) ① (*erstmalige Nutzung*) opening ② (*Einschaltung*) operation
Inbrunst <-> *f kein pl* (*geh*) ardour
inbrünstig ['ɪnbrʏnstɪç] *adj* (*geh*) ardent
indem [ɪn'deːm] *konj* ① (*dadurch, dass*) by ② (*während*) while
Inder(in) <-s, -> ['ɪndɐ] *m(f)* Indian; *s. a.* **Deutsche(r)**
indes [ɪn'dɛs], **indessen** [ɪn'dɛsn̩] **I.** *adv* ① (*inzwischen*) in the meantime, meanwhile ② (*jedoch*) however **II.** *konj* (*geh*) while
Index <-[es], -e *o* Indizes> ['ɪndɛks, *pl* 'ɪnditseːs] *m* index
Indianer(in) <-s, -> [ɪn'di̯aːnɐ] *m(f)* Indian *esp pej*, Native American
indianisch [ɪn'di̯aːnɪʃ] *adj* Native American, Indian *esp pej*
Indien <-s> ['ɪndi̯ən] *nt* India; *s. a.* **Deutschland**
indigoblau *adj* indigo [blue]
Indikativ <-s, -e> ['ɪndikatiːf, *pl* -tiːvə] *m* indicative [mood] *spec*
Indikator <-s, -toren> [ɪndi'kaːtoːɐ̯, *pl* ɪndi-

ka'toːrən] *m* (*geh*) *a.* TECH, CHEM indicator
Indio <-s, -s> ['ɪndi̯o] *m* Indian (*from Central or Latin America*)
indirekt ['ɪndirɛkt, ɪndi'rɛkt] *adj* indirect
indisch ['ɪndɪʃ] *adj* ① (*Indien betreffend*) Indian; *s. a.* **deutsch 1** ② LING Indian; *s. a.* **deutsch 2**
indiskret ['ɪndɪskreːt, ɪndɪs'kreːt] *adj* indiscreet
Indiskretion <-, -en> [ɪndɪskre'tsi̯oːn, 'ɪndɪskretsi̯oːn] *f* ① (*Mangel an Verschwiegenheit*) indiscretion ② (*Taktlosigkeit*) tactlessness
indiskutabel ['ɪndɪskutaːbl̩] *adj* (*geh*) unworthy of discussion; *Forderung* absurd
Individualisierung [ɪndividu̯ali'ziːrʊŋ] *f* *kein pl* SOZIOL individualization
Individualismus <-> [ɪndividu̯a'lɪsmʊs] *m* *kein pl* individualism *no pl*
Individualist(in) <-en, -en> [ɪndividu̯a'lɪst] *m(f)* (*geh*) individualist
individualistisch *adj* (*geh*) individualistic
Individualität <-, en> [ɪndividu̯ali'tɛːt] *f* ① (*Besonderheit eines Menschen*) individuality *no pl* ② (*Persönlichkeit*) personality
Individualtourist(in) *m(f)* TOURIST independent traveller
individuell [ɪndivi'du̯ɛl] *adj* individual
Individuum <-s, -duen> [ɪndi'viːduʊm, *pl* -du̯ən] *nt* (*a. pej geh*) individual
Indiz <-es, -ien> [ɪn'diːts, *pl* ɪn'diːtsi̯ən] *nt* ① JUR piece of circumstantial evidence ② (*Anzeichen*) ■**ein ~ für etw** *akk* **sein** to be a sign of sth
Indizes *pl von* **Index**
Indochina [ɪndo'çiːna] *nt* Indo-China
indogermanisch [ɪndogɛr'maːnɪʃ] *adj* Indo-European
Indonesien <-s> [ɪndo'neːzi̯ən] *nt* Indonesia; *s. a.* **Deutschland**
Indonesier(in) <-s, -> [ɪndo'neːzi̯ɐ] *m(f)* Indonesian; *s. a.* **Deutsche(r)**
indonesisch [ɪndo'neːzɪʃ] *adj* Indonesian; *s. a.* **deutsch**
industrialisieren* [ɪndʊstriali'ziːrən] *vt* to industrialize
Industrialisierung <-, -en> *f* industrialization
Industrie <-, -n> [ɪndʊs'triː] *f* industry *no art*
Industrieabwasser *nt* industrial effluents *pl* **Industriebetrieb** *m* industrial plant **Industriegebiet** *nt* industrial area **Industriegesellschaft** *f* SOZIOL, ÖKON industrial society **Industriekaufmann, -kauffrau** *m, f* industrial clerk **Industrieland** *nt* POL, ÖKON industrial country
industriell [ɪndʊstri'ɛl] *adj* industrial
Industrielle(r) [ɪndʊstri'ɛlə, ɪndʊstri'ɛlɐ] *f(m)* industrialist
Industriemüll *m* industrial waste **Industriestandort** *m* industrial site **Industrie- und Handelskammer** *f* Chamber of Commerce **Industriezweig** *m* branch of industry
ineffektiv ['ɪnʔɛfɛktiːf] *adj* ineffective
ineffizient ['ɪnʔɛfitsi̯ɛnt] *adj* (*geh*) inefficient
ineinander [ɪnʔai̯'nandɐ] *adv* in each other; **~ verliebt sein** to be in love with one another; **~ greifen** to mesh, to be telescopic; **~ übergehen** to merge
ineinander|greifen *vi irreg* to mesh **ineinander|schieben** *vt irreg* ■**etw ~** to telescope sth; **sich** *akk* **~ lassen** to be telescopic
infam [ɪn'faːm] *adj* (*pej*) ① (*geh: bösartig*) vicious ② (*fam*) *Schmerzen* dreadful
Infanterie <-, -n> [ɪnfantə'riː] *f* infantry
Infanterist(in) <-en, -en> [ɪnfantə'rɪst] *m(f)* infantryman
infantil [ɪnfan'tiːl] *adj* (*pej*) infantile
Infarkt <-[e]s, -e> [ɪn'farkt] *m* ① MED infarction *spec* ② (*Herzinfarkt*) coronary
Infekt <-[e]s, -e> [ɪn'fɛkt] *m* infection; **grippaler ~** influenza
Infektion <-, -en> [ɪnfɛk'tsi̯oːn] *f* ① (*Ansteckung*) infection ② (*fam: Entzündung*) inflammation
Infektionskrankheit *f* infectious disease
Inferno <-s> [ɪn'fɛrno] *nt kein pl* (*geh*) ① (*entsetzliches Geschehen*) calamity ② (*entsetzlicher Zustand*) predicament
infiltrieren* [ɪnfɪl'triːrən] *vt* (*geh*) to infiltrate
Infinitiv <-s, -e> ['ɪnfinitiːf, *pl* -tiːvə] *m* infinitive *spec*
infizieren* [ɪnfi'tsiːrən] **I.** *vt* to infect **II.** *vr* ■**sich** *akk* [**an etw** *dat*/**bei jdm**] **~** to catch an infection [from sth/sb]
in flagranti [ɪn fla'granti] *adv* (*geh*) in flagrante
Inflation <-, -en> [ɪnfla'tsi̯oːn] *f* ① ÖKON inflation ② (*übermäßig häufiges Auftreten*) proliferation
Inflationsrate *f* ÖKON rate of inflation
Info <-s, -s> ['ɪnfo] *f* (*fam*) *kurz für* **Information** info *no pl*
infolge [ɪn'fɔlgə] **I.** *präp* +*gen* owing to **II.** *adv* ■**~ von etw** *dat* as a result of sth
infolgedessen [ɪnfɔlgə'dɛsn̩] *adv* consequently
Informant(in) <-en, -en> [ɪnfɔr'mant] *m(f)* informant
Informatik <-> [ɪnfɔr'maːtɪk] *f kein pl* com-

puting science
Informatiker(in) <-s, -> [ɪnfɔr'maːtikɐ] *m(f)* computer specialist
Information <-, -en> [ɪnfɔrma'tsi̯oːn] *f* ❶ (*Mitteilung, Hinweis*) [a piece of] information *no pl;* **~en liefern/sammeln** to give/collect information ❷ (*das Informieren*) informing; **zu Ihrer ~** for your information ❸ (*Informationsstand*) information desk
Informationsaustausch *m* exchange of information **Informationsfluss** <-es> *m kein pl* flow of information *no pl* **Informationsflut** *f* flood of information **Informationsgesellschaft** *f* information society **Informationsmaterial** *nt* informative material *no pl*
informativ [ɪnfɔrma'tiːf] (*geh*) **I.** *adj* informative **II.** *adv* in an informative manner *pred*
informell ['ɪnfɔrmɛl] *adj* informal
informieren* [ɪnfɔr'miːrən] **I.** *vt* to inform (**über** +*akk* about); **jd ist gut informiert** sb is well-informed **II.** *vr* ■**sich** *akk* [**über etw** *akk*] **~** to find out [about sth]
Infotainment <-s> [ɪnfo'teːnmənt] *nt kein pl* infotainment *no pl*
infrage [ɪn'fraːgə] **~ kommen** to be possible; **nicht ~ kommen** to be out of the question
infrarot ['ɪnfraroːt] *adj* infrared
Infrarotlicht *nt kein pl* infra-red light *no pl* **Infrarotstrahl** <-s, -en> *m* infrared ray
Infrastruktur ['ɪnfraʃtrʊktuːɐ̯] *f* infrastructure
Infusion <-, -en> [ɪnfu'zi̯oːn] *f* infusion; **eine ~ bekommen** to receive a transfusion
Ing. *Abk von* **Ingenieur**
Ingenieur(in) <-s, -e> [ɪnʒe'ni̯øːɐ̯] *m(f)* engineer
Ingenieurbüro *nt* engineering firm
Ingwer <-s> ['ɪŋvɐ] *m kein pl* ginger
Inh. *Abk von* **Inhaber**
Inhaber(in) <-s, -> ['ɪnhaːbɐ] *m(f)* ❶ (*Besitzer*) owner ❷ (*Halter*) holder; *Scheck* bearer
inhaftieren* [ɪnhaf'tiːrən] *vt* ■**jdn ~** to take sb into custody
inhalieren* [ɪnha'liːrən] *vt, vi* to inhale
Inhalt <-[e]s, -e> ['ɪnhalt] *m* ❶ (*enthaltene Gegenstände*) contents *pl* ❷ (*Sinngehalt*) content ❸ (*wesentliche Bedeutung*) meaning ❹ MATH (*Flächeninhalt*) area; (*Volumen*) volume
inhaltlich **I.** *adj* in terms of content **II.** *adv* with regard to content
Inhaltsangabe *f* summary; *Buch, Film, Theaterstück* synopsis
inhaltslos *adj* (*geh*) lacking in content; *Leben, Satz* meaningless
inhaltsreich *adj Leben, Gespräch* full; *Bericht, Ausstellung* comprehensive **Inhaltsstoff** *m* ingredient **Inhaltsverzeichnis** *nt* list of contents *npl*
inhuman ['ɪnhumaːn] *adj* inhumane
Initiale <-, -n> [ini'tsi̯aːlə] *f* (*geh*) initial [letter]
initialisieren [initsi̯ali'ziːrən] *vt* to initialize
Initiation <-, -en> [initsi̯a'tsi̯oːn] *f* initiation
Initiative <-, -n> [initsi̯a'tiːvə] *f* ❶ (*erster Anstoß*) initiative; **aus eigener ~** on one's own initiative; [**in etw** *dat*] **die ~ ergreifen** to take the initiative [in sth]; **auf jds ~ hin** on sb's initiative ❷ *kein pl* (*Unternehmungsgeist*) drive ❸ (*Bürgerinitiative*) pressure group ❹ SCHWEIZ (*Volksbegehren*) demand for a referendum
Initiator(in) <-s, -toren> [ini'tsi̯aːtɔːɐ̯, *pl* initsi̯a'toːrən] *m(f)* (*geh*) initiator
initiieren* [initsi'iːrən] *vt* (*geh*) to initiate
Injektion <-, -en> [ɪnjɛk'tsi̯oːn] *f* injection
injizieren* [ɪnji'tsiːrən] *vt* (*geh*) ■[**jdm**] **etw ~** to inject [sb with] sth
Inka <-[s], -s> ['ɪŋka] *m* Inca
Inkasso <-s, -s *o* ÖSTERR Inkassi> [ɪn'kaso] *nt* FIN collection
inkl. *Abk von* **inklusive** incl.
inklusive [ɪnklu'ziːvə] **I.** *präp* +*gen* inclusive [of] **II.** *adv* including; **bis ~** up to and including; **vom 25. bis zum 28. ~** from 25th to 28th inclusive
Inkognito <-s, -s> [ɪn'kɔgnito] *nt* (*geh*) incognito
inkognito [ɪn'kɔgnito] *adv* (*geh*) incognito
inkompatibel ['ɪnkɔmpatiːbl̩] *adj* incompatible
inkompetent ['ɪmkɔmpetɛnt] *adj* (*geh*) incompetent (**in** in, at)
Inkompetenz ['ɪnkɔmpetɛnts, ɪnkɔmpe'tɛnts] *f* (*geh*) incompetence
inkonsequent ['ɪnkɔnzekvɛnt, ɪnkɔnze'kvɛnt] *adj* (*geh*) inconsistent

Falsche Freunde

Nicht verwechseln mit *inconsequential* — belanglos!

Inkonsequenz ['ɪnkɔnzekvɛnts, ɪnkɔnze'kvɛnts] *f* (*geh*) inconsistency
inkorrekt ['ɪnkɔrɛkt, ɪnkɔ'rɛkt] *adj* (*geh*) incorrect
In-Kraft-Treten <-s>, **Inkrafttreten** <-s> *nt kein pl* coming into effect; **das ~ der neuen Vorschrift wurde für den**

1.1. beschlossen 1st Jan[uary] has been decided as the date on which the new regulation comes into force

Inkubationszeit *f* incubation period

Inland ['ɪnlant] *nt kein pl* ❶ *(das eigene Land)* home ❷ *(Binnenland)* inland

Inlandflug *m* domestic flight

inländisch ['ɪnlɛndɪʃ] *adj* domestic; *Industrie, Produkte* home

Inlandsmarkt *m* home market

inlinen ['ɪnlajnən] *vi* to go inlining

Inliner <-s, -> ['ɪnlajnɐ] *m* in-line skate *usu pl*

inmitten [ɪn'mɪtn̩] **I.** *präp +gen (geh)* in the middle of **II.** *adv (geh)* in the midst of

inne|haben ['ɪnə-] *vt irreg (geh)* to hold

inne|halten ['ɪnə-] *vi irreg (geh)* ■ **[in etw dat]** ~ to pause; **er hielt in seinem Vortrag inne** he paused in the middle of his lecture

innen ['ɪnən] *adv* ❶ *(im Inneren)* on the inside; **das Haus ist ~ ganz mit Holz verkleidet** the interior of the house has wood panelling throughout; **~ und außen** on the inside and outside; **nach ~** inside; **die Tür geht nach ~ auf** the door opens inwards; **von ~** from the inside ❷ *(auf der Innenseite)* on the inside ❸ *bes* ÖSTERR *(drinnen)* inside

Innenansicht *f* interior view **Innenarchitekt(in)** *m(f)* interior designer **Innenarchitektur** *f* interior design **Innenbeleuchtung** *f* interior lighting **Innendienst** *m* office work **Inneneinrichtung** *f* ❶ *(das Einrichten)* interior furnishing *no pl* ❷ *(die Einrichtung)* interior fittings *pl* **Innenhof** *m* inner courtyard **Innenleben** *nt kein pl* ❶ *(fam: Seelenleben)* inner feelings *pl* ❷ *(fam: innere Struktur)* inner workings *pl* **Innenminister(in)** *m(f)* Minister [*or* AM Secretary] of the Interior, Home Secretary BRIT *a.* **Innenministerium** *nt* Ministry [*or* AM Department] of the Interior, Home Office BRIT *a.* **Innenpolitik** *f* home affairs *pl* BRIT, domestic policy AM **innenpolitisch** ['ɪnənpolitɪʃ] **I.** *adj* concerning home affairs [*or* AM domestic policy] **II.** *adv* with regard to home affairs [*or* AM domestic policy] **Innenraum** *m a.* AUTO interior **Innenseite** *f* inside **Innenspiegel** *m* AUTO rear-view mirror **Innenstadt** *f* city/town centre **Innentasche** *f* inside pocket **Innentemperatur** *f* inside temperature **Innenverteidiger, -verteidigerin** *m, f* FBALL central defender

innerbetrieblich **I.** *adj* in-house; *Angelegenheit, Konflikt* internal **II.** *adv* internally

innere(r, s) ['ɪnərə] *adj* ❶ *Tasche* inside ❷ *a.* MED, ANAT inner, internal

Innere(s) ['ɪnərə] *nt* ❶ *(innerer Teil)* inside ❷ GEOL centre ❸ PSYCH heart; **in jds ~n** in sb's soul; **tief in seinem ~n war ihm klar, dass es nur so funktionieren konnte** deep down he knew that it could only work in this way

Innereien [ɪnə'rajən] *pl* KOCHK innards *npl*

innerhalb ['ɪnɐhalp] **I.** *präp +gen* ❶ *(in einem begrenzten Bereich)* inside ❷ *(binnen eines gewissen Zeitraums)* within **II.** *adv* ■ **~ von etw** within sth

innerlich ['ɪnɐlɪç] **I.** *adj* ❶ MED internal ❷ PSYCH inner **II.** *adv* ❶ *(im Inneren des Körpers)* internally ❷ PSYCH inwardly; **~ war er sehr aufgewühlt** he was in inner turmoil

Innerlichkeit <-> *f kein pl (geh)* inwardness

innerorts *adv* SCHWEIZ in a built-up area

innerste(r, s) ['ɪnɐstə] *adj superl von* **innere(r, s)** ❶ GEOL *(am weitesten innen befindlich) Stadtbezirk, Landesteil, etc.* innermost ❷ PSYCH *(jds tiefes Inneres betreffend)* innermost

Innerste(s) ['ɪnɐstə] *nt* core being; **tief in ihrem ~n wusste sie, dass er Recht hatte** deep down inside she knew he was right

innert ['ɪnɐt] *präp +dat o gen* ÖSTERR, SCHWEIZ **~ eines Jahres** within a year; **~ nützlicher Frist** within the usual period

inne|wohnen *vi* ■ **jdm/einer S. ~** to be inherent in sb/a thing

innig ['ɪnɪç] **I.** *adj* ❶ *(tief empfunden)* deep; *Dank* heartfelt ❷ *Beziehung* intimate **II.** *adv* deeply

Innovation <-, -en> [ɪnova'tsi̯o:n] *f* innovation

innovativ [ɪnova'ti:f] **I.** *adj* innovative **II.** *adv* innovatively

Innung <-, -en> ['ɪnʊŋ] *f* guild

inoffiziell *adj* unofficial

inoperabel ['ɪnʔopera:bl̩, ɪnʔope'ra:bl̩] *adj* MED inoperable

in petto [ɪn 'pɛto] *adv* **etw [gegen jdn] ~ haben** *(fam)* to have sth up one's sleeve [for sb]

in puncto [ɪn 'pʊŋkto] *adv (fam)* concerning

Input <-s, -s> ['ɪnpʊt] *m* ❶ INFORM input ❷ *(Anregung)* stimulus; *(Einsatz)* commitment

Inquisition <-> [ɪnkvizi'tsi̯o:n] *f kein pl* Inquisition *no pl*

ins ['ɪns] = **in das** *s.* **in**

Insasse, Insassin <-n, -n> ['ɪnzasə] *m, f* ❶ *(Fahrgast)* passenger ❷ *(Heimbewoh-*

ner) resident ③ (*Bewohner einer Heilanstalt*) patient ④ (*Gefängnis- o Lagerinsasse*) inmate

insbesondere [ɪnsbəˈzɔndərə] *adv* especially

Inschrift [ˈɪnʃrɪft] *f* inscription

Insekt <-[e]s, -en> [ɪnˈzɛkt] *nt* insect

Insektenstich *m* insect sting **Insektenvernichtungsmittel** *nt* insecticide

Insektizid <-s, -e> [ɪnzɛktiˈtsiːt] *nt* insecticide

Insel <-, -n> [ˈɪnzl̩] *f* island

Inselgruppe *f* archipelago

Inserat <-[e]s, -e> [ɪnzeˈraːt] *nt* advertisement

Inserent(in) <-en, -en> [ɪnzeˈrɛnt] *m(f)* advertiser

inserieren* [ɪnzeˈriːrən] *vi, vt* to advertise

insgeheim [ɪnsgəˈhai̯m] *adv* secretly

insgesamt [ɪnsgəˈzamt] *adv* ① (*alles zusammen*) altogether ② (*im Großen und Ganzen*) on the whole

Insider(in) <-s, -> [ˈɪnzai̯dɐ] *m(f)* insider

Insider-Information [ˈɪnsaɪdəɪnfɔrmatsi̯oːn] *f* inside[r] information

Insiderwissen <-s,> [ˈɪnsai̯də-] *nt kein pl* inside knowledge

insistieren* [ɪnzɪsˈtiːrən] *vi* (*geh*) to insist (**auf** +*dat* on); ■**darauf ~, dass** to insist that

inskünftig [ˈɪnskʏnftɪç] *adv* SCHWEIZ *s.* **zukünftig**

insofern [ɪnzoˈfɛrn, ɪnˈzoːfɛrn] **I.** *adv* in this respect; **~ ..., als** in that **II.** *konj* ÖSTERR (*vorausgesetzt, dass*) if; **~ als** in so far as

insoweit [ɪnzoˈvai̯t, ˈɪnzovai̯t, ɪnˈzovai̯t] **I.** *adv* in this respect **II.** *konj bes* ÖSTERR **~ als** if

in spe [ɪn ˈspeː] *adj* (*fam*) future

Inspektion <-, -en> [ɪnspɛkˈtsi̯oːn] *f* ① (*technische Wartung*) service ② (*Überprüfung*) inspection

Inspektor, Inspektorin <-s, -en> [ɪnˈspɛktoːɐ̯, *pl* -ˈtoːrən] *m, f* ① ADMIN executive officer; (*Kriminalpolizei*) inspector ② (*Prüfer*) supervisor

Inspiration <-, -en> [ɪnspiraˈtsi̯oːn] *f* (*geh*) inspiration

Inspirationsquelle *f pl selten* (*geh*) source of inspiration

inspirieren* [ɪnspiˈriːrən] *vt* ■**jdn** [**zu etw** *dat*] **~** to inspire sb [to do sth]; ■**sich** *akk* **von etw** *dat* [**zu etw** *dat*] **~ lassen** to get one's inspiration from sth [to do sth]

inspizieren* [ɪnspiˈtsiːrən] *vt* (*geh*) to inspect

instabil [ˈɪnstabiːl] *adj* (*geh*) unstable

Installateur(in) <-s, -e> [ɪnstalaˈtøːɐ̯] *m(f)* (*Elektroinstallateur*) electrician; (*Klempner*) plumber

Installation <-, -en> [ɪnstalaˈtsi̯oːn] *f* ① *kein pl* (*das Installieren*) installation; (*installierte Leitungen od. Anlage*) installations *pl* ② SCHWEIZ (*Amtseinsetzung*) installation

installieren* [ɪnstaˈliːrən] *vt* ① TECH (*einbauen*) ■[**jdm**] **etw ~** to install sth [for sb]; ■**sich** *dat* **etw ~ lassen** to have sth installed ② INFORM (*einprogrammieren*) ■[**jdm**] **etw** [**auf etw** *akk*] **~** to load sth [for sb] [onto sth]

instand, in Stand [ɪnˈʃtant] *adj* in working order; **etw ~ halten** to keep sth in good condition; **etw ~ setzen** to repair sth

Instandhaltung *f* (*geh*) maintenance

inständig [ˈɪnʃtɛndɪç] **I.** *adj Bitte etc.* urgent **II.** *adv* urgently; **~ um etw** *akk* **bitten** to beg for sth

Instandsetzung <-, -en> *f* (*geh*) repair

Instanz <-, -en> [ɪnˈstants] *f* ① ADMIN authority ② (*Stufe eines Gerichtsverfahrens*) instance; **in erster/zweiter/oberster/letzter ~** trial court/appellate court/supreme court of appeal/court of last instance

Instinkt <-[e]s, -e> [ɪnˈstɪŋkt] *m* instinct

instinktiv [ɪnstɪŋkˈtiːf] *adj* instinctive

Institut <-[e]s, -e> [ɪnstiˈtuːt] *nt* institute

Institution <-, -en> [ɪnstituˈtsi̯oːn] *f* institution

institutionell [ɪnstitutsi̯oˈnɛl] *adj* (*geh*) institutional

instruieren* [ɪnstruˈiːrən] *vt* ① (*in Kenntnis setzen*) to advise (**über** about) ② (*Anweisungen geben*) to instruct

Instruktion <-, -en> [ɪnstrʊkˈtsi̯oːn] *f* (*Anweisung*) instruction; (*Anleitung*) instruction[s] *usu pl;* **laut ~** according to instructions

instruktiv <-er, -ste> [ɪnstrʊkˈtiːf] *adj* instructive

Instrument <-[e]s, -e> [ɪnstruˈmɛnt] *nt* ① MUS instrument; (*Gerät für wissenschaftliche Zwecke*) instrument ② (*a. fig geh: Werkzeug*) tool

instrumental [ɪnstrumɛnˈtaːl] **I.** *adj* instrumental **II.** *adv* instrumentally

instrumentalisieren* [ɪnstrumɛntaliˈziːrən] *vt* (*geh*) to instrumentalize

Instrumentarium <-, -rien> [ɪnstrumɛnˈtaːri̯ʊm, *pl* ɪnstrumɛnˈtaːri̯ən] *nt* (*geh*) ① (*Gesamtheit der Ausrüstung*) instruments *pl;* (*medizinische Instrumente*) equipment ② MUS range of instruments

Insulaner(in) <-s, -> [ɪnzuˈlaːnɐ] *m(f)* islander

Insulin <-s> [ɪnzu'liːn] *nt kein pl* insulin *no pl*
inszenieren* [ɪnstse'niːrən] *vt* ❶ (*dramaturgisch gestalten*) to stage ❷ (*pej*) to stage-manage
Inszenierung <-, -en> *f* ❶ FILM, MUS, THEAT production ❷ (*pej: Bewerkstelligung*) engineering
intakt [ɪn'takt] *adj* ❶ (*unversehrt*) intact ❷ (*voll funktionsfähig*) in working order
integer [ɪn'teːgɐ] **I.** *adj* (*geh*) of integrity; ■**~ sein** to have integrity **II.** *adv* (*geh*) with integrity
Integration <-, -en> [ɪntegra'tsi̯oːn] *f* integration
integrieren* [ɪnte'griːrən] **I.** *vt* (*eingliedern*) to integrate (**in** +*akk* into) **II.** *vr* (*sich einfügen*) ■**sich** *akk* [**in etw** *akk*] **~** to become integrated [into sth]
Integrität <-> [ɪntegri'tɛːt] *f kein pl* (*geh*) integrity
Intellekt <-[e]s> [ɪntɛ'lɛkt] *m kein pl* intellect
intellektuell [ɪntɛlɛk'tu̯ɛl] *adj* intellectual
Intellektuelle(r) *f(m)* intellectual
intelligent [ɪntɛli'gɛnt] *adj* (*mit Verstand begabt*) intelligent; (*strategisch klug*) clever
Intelligenz <-, -en> [ɪntɛli'gɛnts] *f* ❶ *kein pl* (*Verstand*) intelligence *no pl* ❷ *kein pl* (*Gesamtheit der Intellektuellen*) intelligentsia *no pl* ❸ (*vernunftbegabtes Lebewesen*) intelligence ❹ INFORM **künstliche ~** artificial intelligence
Intelligenzbestie *f* (*fam*) brainbox **Intelligenzquotient** *m* intelligence quotient
Intendant(in) <-en, -en> [ɪntɛn'dant] *m(f)* THEAT artistic director; RADIO, TV director-general
Intendanz <-, -en> [ɪntɛn'dants] *f* ❶ THEAT directorship; RADIO, TV director-generalship ❷ (*Büro des Intendanten*) THEAT director's office; RADIO, TV director-general's office
Intensität <-, *selten* -en> [ɪntɛnzi'tɛːt] *f* intensity
intensiv [ɪntɛn'ziːf] **I.** *adj* ❶ (*gründlich*) intensive ❷ (*eindringlich, durchdringend*) intense; *Duft, Schmerz* strong **II.** *adv* ❶ (*gründlich*) intensively; **~ bemüht sein, etw zu tun** to make intense efforts to do sth ❷ (*eindringlich, durchdringend*) strongly
intensivieren* [ɪntɛnzi'viːrən] *vt* to intensify
Intensivierung <-, *selten* -en> *f* intensification
Intensivkurs *m* intensive course **Intensivstation** *f* intensive care unit
Intensivtäter(in) *m(f)* JUR repeat offender
Intention <-, -en> [ɪntɛn'tsi̯oːn] *f* (*geh*) intention
interagieren* [ɪntɐʔa'giːrən] *vi* PSYCH, SOZIOL ■**mit jdm/etw ~** to interact with sb/sth
Interaktion <-, -en> [ɪntɐak'tsi̯oːn] *f* PSYCH, SOZIOL interaction
interaktiv [ɪntɐʔak'tiːf] *adj* interactive
Intercity <-s, -s> [ɪntɐ'sɪti], **Intercityzug** *m* inter-city [train]
Intercityexpress *m* inter-city express
interessant [ɪntərɛ'sant] **I.** *adj* ❶ (*Interesse erweckend*) interesting; **sich** *akk* [**bei jdm**] **~ machen** to attract [sb's] attention; **wie ~!** how interesting! ❷ *Angebot, Gehalt* attractive **II.** *adv* interestingly; **der Vorschlag hört sich ~ an** the proposal sounds interesting
interessanterweise *adv* interestingly enough
Interesse <-s, -n> [ɪntə'rɛsə] *nt* ❶ *kein pl* (*Aufmerksamkeit*) interest; **~ [an jdm/etw] haben** to have an interest [in sb/sth]; **wir haben ~ an Ihrem Angebot** we are interested in your offer; **hätten Sie ~ daran, für uns tätig zu werden?** would you be interested in working for us? ❷ *pl* (*Neigungen*) interests *pl*; **aus ~** out of interest ❸ *pl* (*Belange*) interests *pl* ❹ (*Nutzen*) interest; [**für jdn**] **von ~ sein** to be of interest [to sb]; **in jds ~ liegen** to be in sb's interest
interessehalber *adv* out of interest
interesselos *adj* indifferent
Interessengemeinschaft *f* community of interests
Interessenskonflikt *m* conflict of interests
Interessent(in) <-en, -en> [ɪntərɛ'sɛnt] *m(f)* ❶ (*an einer Teilnahme Interessierter*) interested party ❷ (*an einem Kauf Interessierter*) potential buyer
interessieren* [ɪntərɛ'siːrən] **I.** *vt* ❶ (*jds Interesse hervorrufen*) to interest ❷ (*jds Interesse auf etw lenken*) ■**jdn für etw ~** *akk* to interest sb in sth **II.** *vr* (*mit Interesse verfolgen*) ■**sich** *akk* **für jdn/etw ~** to be interested in sb/sth
interessiert **I.** *adj* ❶ (*Interesse zeigend*) interested; **sie ist politisch ~** she is interested in politics ❷ (*mit ernsthaften Absichten*) ■**an jdm/etw ~ sein** to be interested in sb/sth; ■**daran ~ sein, etw zu tun** to be interested in doing sth **II.** *adv* with interest
Interface <-, -s> ['ɪntɐfeɪs] *nt* interface
Interferenz <-, -en> [ɪntɐfe'rɛnts] *f* interference *no pl*
Interieur <-s, -s *o* -e> [ɛ̃te'ri̯øːɐ̯] *nt* (*geh*) interior

I

Interimslösung *f* (*geh*) interim solution **Interimsregelung** *f* (*geh*) interim regulation **Interimsregierung** *f* (*geh*) interim government

Interjektion <-, -en> [ɪntɐjɛk'tsi̯oːn] *f* interjection

interkontinental [ɪntɐkɔntinɛn'taːl] *adj* intercontinental

interkulturell [ɪntɐkʊltu'rɛl] *adj* intercultural

Intermezzo <-s, -s *o* -mezzi> [ɪntɐ'mɛtso] *nt* ① MUS intermezzo ② (*geh*) incident

intern [ɪn'tɛrn] **I.** *adj* internal **II.** *adv* internally

Interna [ɪn'tɛrna] *pl* (*geh*) internal matters *pl*

Internat <-[e]s, -e> [ɪntɐ'naːt] *nt* boarding-school

international [ɪntɐnatsi̯o'naːl] **I.** *adj* international **II.** *adv* internationally

internationalisieren* [ɪntɐnatsi̯onali'ziːrən] *vt* (*geh*) to internationalize

Internet <-s> ['ɪntɐnɛt] *nt kein pl* Internet; **im ~ surfen** to surf the Internet

Internetadresse *f* INFORM uniform resource locator, URL **Internet-Aktionshaus** ['ɪntɐnɛtaktsi̯oːnshau̯s] *nt* Internet auction site **Internetbrowser** *m* INFORM Internet explorer **Internetcafé** *nt* Internet café **Internetforum** ['ɪntɐnɛtfoːrʊm] *nt* Internet [*or* web] forum **Internetprovider** ['ɪntɐnɛtprovai̯dɐ] *m* Internet provider **Internetserver** *m* INFORM Internet server **Internetsurfer, -surferin** *m, f* INFORM Internet surfer **Internet-Terminal** ['ɪntɐnɛttøːɐ̯minl̩] *nt* Internet terminal **Internetzugang** *m* INFORM Internet access

internieren* [ɪntɐ'niːrən] *vt* ① (*in staatlichen Gewahrsam nehmen*) to intern ② MED to isolate

Internierung <-, -en> *f* ① (*Einsperrung*) internment ② MED isolation

Internierungslager *nt* internment camp

Internist(in) <-en, -en> [ɪntɐ'nɪst] *m(f)* internist

Interpol <-> ['ɪntɐpoːl] *f* Interpol

Interpret(in) <-en, -en> [ɪntɐ'preːt] *m(f)* (*geh*) interpreter

Interpretation <-, -en> [ɪntɐpreta'tsi̯oːn] *f* interpretation

interpretatorisch [ɪntɐpreta'toːrɪʃ] *adj* interpretative

interpretieren* [ɪntɐpre'tiːrən] *vt* to interpret

Interpunktion <-> [ɪntɐpʊŋk'tsi̯oːn] *f kein pl* punctuation

Interpunktionszeichen *nt* punctuation mark

Interregio <-s, -s> [ɪntɐ'reːgi̯o] *m* regional city stopper (*train that travels between regional centres*)

Intervall <-s, -e> [ɪntɐ'val] *nt* (*geh*) interval

intervenieren* [ɪntɐve'niːrən] *vi* (*geh*) *a.* POL to intervene

Intervention <-, -en> [ɪntɐvɛn'tsi̯oːn] *f* (*geh*) *a.* POL intervention

Interview <-s, -s> ['ɪntɐvjuː, ɪntɐ'vjuː] *nt* interview

interviewen* [ɪntɐ'vjuːən, 'ɪntɐvjuːən] *vt* ① (*durch ein Interview befragen*) ■**jdn** [**zu etw** *dat*] **~** to interview sb [about sth]; ■**sich** *akk* [**von jdm**] **~ lassen** to give [sb] an interview ② (*hum fam: befragen*) ■**jdn ~** [**ob/wann/wo etc.**] to consult sb about [whether/when/where etc.]

Interviewer(in) <-s, -> [ɪntɐ'vjuːɐ, 'ɪntɐvjuːɐ] *m(f)* interviewer

intim [ɪn'tiːm] *adj* ① (*innig, persönlich*) intimate; *Freund, Bekannter* close ② (*sexuell liiert*) ■**mit jdm ~ sein/werden** to be/become intimate with sb

Intimbereich *m* ① (*euph: Bereich der Geschlechtsorgane*) private parts *pl* ② *s.* **Intimsphäre**

Intimität <-, -en> [ɪntimi'tɛːt] *f* (*geh*) ① *kein pl* (*Vertrautheit*) intimacy *no pl* ② *pl* (*private Angelegenheit*) intimate affairs *pl* ③ *usu pl* (*sexuelle Handlung o Äußerung*) intimacy ④ *kein pl einer Kneipe* intimacy

Intimleben *nt* [private] sex life **Intimsphäre** *f* (*geh*) private life **Intimverkehr** *m kein pl* (*euph*) intimate relations *pl*

intolerant ['ɪntolerant, ɪntole'rant] **I.** *adj* (*geh*) intolerant **II.** *adv* intolerantly

Intoleranz ['ɪntolerants, ɪntole'rants] *f* (*geh*) intolerance

Intonation <-, -en> [ɪntona'tsi̯oːn] *f* intonation

Intranet <-s, -s> ['ɪntranɛt] *nt* INFORM intranet

intransitiv ['ɪntranzitiːf] *adj* intransitive

intrigant [ɪntri'gant] *adj* (*pej geh*) scheming

Intrigant(in) <-en, -en> [ɪntri'gant] *m(f)* (*pej geh*) schemer

Intrige <-, -n> [ɪn'triːgə] *f* (*pej geh*) conspiracy

intrigieren* [ɪntri'giːrən] *vi* (*pej geh*) to scheme (**gegen** +*akk* against)

Introversion <-> [ɪntrovɛr'zi̯oːn] *f kein pl* PSYCH (*fachspr*) introversion

introvertiert [ɪntrovɛr'tiːɐ̯t] *adj* introverted

Introvertiertheit [ɪntrovɛr'tiːɐ̯thai̯t] *f kein pl* PSYCH introvertedness

Intuition <-, -en> [ɪntui'tsi̯oːn] *f* intuition

intuitiv [ɪntui'tiːf] *adj* intuitive

intus [ˈɪntʊs] *adj* ❶ (*fam*) **etw ~ haben** *Alkohol, Essen* to have had sth ❷ (*verstanden haben*) to have got sth into one's head
invalid [ɪnvaˈliːt], **invalide** [ɪnvaˈliːdə] *adj* invalid
Invalide, Invalidin <-n, -n> [ɪnvaˈliːdə, ɪnvaˈliːdɪn] *m, f* invalid
Invalidenrente *f* disability pension
Invalidität <-> [ɪnvalidiˈtɛːt] *f kein pl* disability
invariabel [ˈɪnvari̯aːbl̩, ɪnvaˈri̯aːbl̩] *adj* invariable
Invasion <-, -en> [ɪnvaˈzi̯oːn] *f* invasion
Inventar <-s, -e> [ɪnvɛnˈtaːɐ̯] *nt* inventory
Inventur <-, -en> [ɪnvɛnˈtuːɐ̯] *f* stocktaking; **~ machen** to stocktake
Inversion <-, -en> [ɪnvɛrˈzi̯oːn] *f* inversion
investieren* [ɪnvɛsˈtiːrən] *vt* to invest
Investition <-, -en> [ɪnvɛstiˈtsi̯oːn] *f* investment
Investitionsgüter *pl* capital equipment *no pl*
Investment <-s, -s> [ɪnˈvɛstmənt] *nt* (*Geldanlage*) investment; (*Geldanlage in Investmentfonds*) investing in investment funds
Investmentfonds *m* investment fund
Investor(in) <-s, -en> [ɪnˈvɛstoːɐ̯, *pl* -ˈtoːrən] *m(f)* investor
involvieren* [ɪnvɔlˈviːrən] *vt* (*geh*) to involve
inwendig [ˈɪnvɛndɪç] **I.** *adv* inside **II.** *adj* (*selten*) inside
inwiefern [ɪnviˈfɛrn] *adv* in what way
inwieweit [ɪnviˈvai̯t] *adv* how far
Inzest <-[e]s, -e> [ɪnˈtsɛst] *m* (*geh*) incest *no pl*
inzestuös [ɪntsɛsˈtu̯øːs] *adj Beziehung, Verhältnis* incestuous
Inzucht [ˈɪntsʊxt] *f* inbreeding
inzwischen [ɪnˈtsvɪʃn̩] *adv* in the meantime
Ion <-s, -en> [i̯oːn] *nt* ion
ionisch [ˈi̯oːnɪʃ] *adj* ❶ ARCHIT, KUNST ionic ❷ MUS Ionian
ionisieren* [i̯oniˈziːrən] *vt* PHYS, MATH to ionize
I-Punkt [ˈiː-] *m* (*I-Tüpfelchen*) dot on the "i" ▶ WENDUNGEN: **bis auf den ~** down to the last detail
IQ <-[s], -[s]> [iːˈkuː] *m Abk von* **Intelligenzquotient** IQ
Irak <-s> [iˈraːk] *m* ■**[der] ~** Iraq; *s. a.* **Deutschland**
Iraker(in) <-s, -> [iˈraːkɐ] *m(f)*, **Iraki** <-s, -s> *m fem form gleich* Iraqi; *s. a.* **Deutsche(r)**
irakisch [iˈraːkɪʃ] *adj* Iraqi; *s. a.* **deutsch**
Iran <-s> [iˈraːn] *m* ■**der ~** Iran; *s. a.* **Deutschland**
Iraner(in) <-s, -> [iˈraːnɐ] *m(f)* Iranian; *s. a.* **Deutsche(r)**
iranisch [iˈraːnɪʃ] *adj* ❶ (*den Iran betreffend*) Iranian; *s. a.* **deutsch 1** ❷ LING Iranian; *s. a.* **deutsch 2**
irden [ˈɪrdn̩] *adj* (*veraltend: aus Ton*) earthenware
irdisch [ˈɪrdɪʃ] *adj* earthly
Ire, Irin <-n, -n> [ˈiːrə] *m, f* Irishman *masc*, Irishwoman *fem*; ■**die ~n** the Irish; **[ein] ~ sein** to be Irish
irgend [ˈɪrgn̩t] *adv* at all; **wenn ~ möglich** if at all possible; **~jemand/etw anderer/anderes** sb else/sth else; **~ etwas** something; **~jemand** somebody *after negation*, anyone; **nicht [einfach] ~jemand/etwas** not just anybody/anything; **„wer war am Apparat?" – „ach, wieder ~ so ein Spinner!"** 'who was that on the phone?' – 'oh, some lunatic or other again'
irgendein [ˈɪrgn̩tˈʔai̯n], **irgendeine(r, s)** [ˈɪrgn̩tʔai̯nə], **irgendeins** [ˈɪrgn̩tʔai̯ns] *pron indef* ❶ *adjektivisch* (*was auch immer für ein*) some; **haben Sie noch irgendeinen Wunsch?** would you like anything else?; **nicht irgendein/e ...** *adjektivisch* not any [old] ... ❷ *substantivisch* (*ein Beliebiger*) any [old] one; **ich werde doch nicht irgendeinen einstellen** I'm not going to appoint just anybody **irgendetwas** [ˈɪrgn̩tˈʔɛtvas] *pron indef s.* **irgendwas**
irgendjemand *pron indef pron* someone, somebody; (*fragend, verneinend*) anyone, anybody **irgendwann** [ˈɪrgn̩tˈvan] *adv* some time or other **irgendwas** [ˈɪrgn̩tˈvas] *pron indef* (*fam*) something; (*bei Fragen*) anything **irgendwelche(r, s)** [ˈɪrgn̩tˈvɛlçə, -ˈvɛlçɐ, -ˈvɛlçəs] *pron indef* ❶ (*welche auch immer*) some; *bei Fragen* any ❷ (*irgendein, beliebig*) some; *substantivisch* anything **irgendwer** [ˈɪrgn̩tˈveːɐ̯] *pron indef* (*fam*) somebody; **hallo! aufmachen! hört mich denn nicht ~?** hallo! open up! can no one hear me?; **nicht [einfach] ~** not just anybody **irgendwie** [ˈɪrgn̩tˈviː] *adv* somehow [or other]; **Sie kommen mir ~ bekannt vor, haben wir uns früher schon mal getroffen?** I seem to know you somehow, have we met before? **irgendwo** [ˈɪrgn̩tˈvoː] *adv* ❶ (*wo auch immer*) somewhere [or other] ❷ (*in irgendeiner Weise*) somehow [or other]; **~ versteh ich das nicht** somehow I don't understand [that] **irgendwoher** [ˈɪrgn̩tvoˈheːɐ̯] *adv* from somewhere [or other]; **von ~** from somewhere [or other] **irgendwohin** [ˈɪrgn̩tvoˈhɪn] *adv* somewhere [or other]
Irin <-, -nen> [ˈiːrɪn] *f fem form von* **Ire** Irishwoman

Iris[1] <-, -> ['iːrɪs] *f* BOT iris
Iris[2] <-, - *o* Iriden> ['iːrɪs, *pl* i'riːdən] *f* ANAT iris
irisch ['iːrɪʃ] *adj* ① (*Irland betreffend*) Irish; *s. a.* **deutsch 1** ② LING Irish; *s. a.* **deutsch 2**
Irland ['ɪrlant] *nt* Ireland, Eire; *s. a.* **Deutschland**
Ironie <-, *selten* -n> [iro'niː, *pl* -'niːən] *f* irony
ironisch [i'roːnɪʃ] **I.** *adj* ironic[al] **II.** *adv* ironically; **~ lächeln** to give an ironic smile
irr [ɪr] *adj s.* **irre**
irrational ['ɪratsi̯onaːl, ɪratsi̯o'naːl] *adj* (*geh*) irrational
Irre[1] <-> ['ɪrə] *f* **jdn in die ~ führen** to mislead sb
Irre(r) ['ɪrə, -rɐ] *f(m)* lunatic
Irre[2] ['ɪrə] *f(m)* lunatic
irre [ɪrə] **I.** *adj* ① (*verrückt*) crazy; **jdn für ~[e] halten** (*fam*) to think sb is mad ② (*verstört*) crazy; **so ein Blödsinn! du redest ~s Zeug!** what nonsense! this is just crazy talk!; **jdn [noch] ganz ~ machen** (*fam*) to drive sb crazy *fam* ③ (*sl: toll*) fantastic **II.** *adv* ① (*verrückt, verstört*) insanely; **was fällt dir ein, mitten in der Nacht so ~ rumzubrüllen!** all this crazy yelling in the middle of the night, what [the hell] do you think you're doing!; **wie ~** (*fam*) like mad ② (*sl: ausgeflippt*) wacky; (*toll*) fantastically *fam* ③ (*sl: äußerst*) incredibly
irreal ['ɪreaːl] *adj* (*geh*) unreal
irre|führen *vt* to mislead; ■**sich** *akk* **von jdm/etw ~ lassen** to be misled by sb/sth **irreführend** *adj* misleading **Irreführung** *f* deception
irregulär ['ɪregulɛːɐ̯] *adj* (*geh*) irregular
irrelevant ['ɪrelevant, ɪrele'vant] *adj* (*geh*) irrelevant
irre|machen *vt* to confuse; ■**sich** *akk* **[durch jdn/etw] nicht ~ lassen** not to be put off [by sb/sth]
irren[1] ['ɪrən] *vi sein* ■**durch/über etw** *akk* **~** to wander through/across sth
irren[2] ['ɪrən] **I.** *vi* (*geh*) (*sich täuschen*) to be wrong ▸WENDUNGEN: **I~ ist menschlich** (*prov*) to err is human **II.** *vr* (*sich täuschen*) ■**sich** *akk* **~** to be wrong (**in** +*dat* about); **da irrst du dich** you're wrong there; **ich irre mich bestimmt nicht** I'm definitely not wrong; **wenn ich mich nicht irre, ...** if I am not mistaken ...
Irrenanstalt *f* (*pej veraltend*) lunatic asylum **Irrenhaus** *nt* (*veraltet o pej*) lunatic asylum; **wie im ~** (*fam*) like a madhouse
irreparabel ['ɪreparaːbl̩, ɪrepa'raːbl̩] **I.** *adj* (*geh*) irreparable **II.** *adv* (*geh*) irreparably
irreversibel ['ɪrevɛrziːbl̩, ɪrevɛr'ziːbl̩] *adj* (*fachspr*) irreversible
Irrfahrt *f* odyssey **Irrgarten** *m* maze **Irrglaube(n)** *m* ① (*irrige Ansicht*) mistaken belief ② (*veraltend: falscher religiöser Glaube*) heretical belief
irrig ['ɪrɪç] *adj* (*geh*) wrong
Irritation <-, -en> [ɪrita'tsi̯oːn] *f* (*geh*) *a.* MED irritation
irritieren* [ɪri'tiːrən] *vt* ① (*verwirren*) to confuse ② (*stören*) to annoy
Irrläufer *m* misdirected item **Irrlehre** *f* false doctrine **Irrlicht** ['ɪrlɪçt] *nt* jack-o'-lantern
Irrsinn ['ɪrzɪn] *m kein pl* ① (*veraltet: psychische Krankheit*) insanity ② (*fam: Unsinn*) madness *no pl*
irrsinnig ['ɪrzɪnɪç] **I.** *adj* ① (*veraltet: psychisch krank*) insane ② (*fam: völlig wirr, absurd*) crazy, mad ③ (*fam: stark, intensiv*) tremendous; *Hitze, Kälte, Verkehr* incredible; *Kopfschmerzen* terrible **II.** *adv* (*fam: äußerst*) terribly; **das schmerzt wie ~!** it's hurting like mad!
Irrtum <-[e]s, Irrtümer> ['ɪrtuːm, *pl* 'ɪrtyːmɐ] *m* ① (*irrige Annahme*) error; **[schwer] im ~ sein** to be [badly] mistaken ② (*fehlerhafte Handlung*) mistake; **einen ~ begehen** to make a mistake
irrtümlich ['ɪrtyːmlɪç] **I.** *adj attr* mistaken **II.** *adv* mistakenly
irrtümlicherweise *adv* by mistake
Irrweg *m* wrong track
ISBN <-, -s> [iːʔɛsbeː'ʔɛn] *f Abk von* **Internationale Standardbuchnummer** ISBN
Ischias <-> ['ɪʃi̯as] *m o nt kein pl* sciatica *no pl*
ISDN <-s> [iːʔɛsdeː'ʔɛn] *nt kein pl Abk von* **Integrated Services Digital Network** ISDN
ISDN-Anschluss *m* ISDN connection
Islam <-s> [ɪs'laːm, 'ɪslam] *m kein pl* Islam; ■**der ~** Islam *no pl*
islamisch [ɪs'laːmɪʃ] *adj* Islamic
Islamist(in) <-en, -en> [ɪsla'mɪst] *m(f)* Islamist
islamistisch [ɪsla'mɪstɪʃ] *adj* Islamist *attr*
Islamophobie <-> *f kein pl* SOZIOL islamophobia
Island ['iːslant] *nt* Iceland; *s. a.* **Deutschland**
Isländer(in) <-s, -> ['iːslɛndɐ] *m(f)* Icelander; **~ sein** to be an Icelander; *s. a.* **Deutsche(r)**
isländisch ['iːslɛndɪʃ] *adj* ① (*Island betreffend*) Icelandic; *s. a.* **deutsch 1** ② LING Icelandic; *s. a.* **deutsch 2**
Isolation <-, -en> [izola'tsi̯oːn] *f* ① (*das

Abdichten) insulation ② (*das Isolieren*) *von Patienten, Häftlingen, etc.* isolation ③ (*Abgeschlossenheit*) isolation (**von** +*dat* from)

Isolationshaft *f* solitary confinement

Isolierband <-bänder> [izo'liːɐ̯-] *nt* insulating tape

isolieren* [izo'liːrən] **I.** *vt* ① TECH to insulate (**gegen** +*akk* against) ② JUR, MED to isolate (**von** +*dat* from) **II.** *vr* (*sich absondern*) ■ **sich** *akk* [**von jdm/etw**] ~ to isolate oneself [from sb/sth]

Isolierkanne *f* thermos flask **Isoliermaterial** *nt* insulating material

isoliert **I.** *adj* (*aus dem Zusammenhang gegriffen*) isolated **II.** *adv* ① (*abgeschlossen, abgesondert*) isolated ② (*aus dem Zusammenhang gegriffen*) in an isolated way

Isolierung <-, -en> *f s.* **Isolation**

Isomatte *f* insulating underlay

Israel <-s> ['ɪsraeːl, 'ɪsraɛl] *nt* Israel; *s. a.* **Deutschland**

Israeli [ɪsra'eːli] *m* <-[s], -[s]>, *f* <-, -[s]> Israeli; *s. a.* **Deutsche(r)**

israelisch [ɪsra'eːlɪʃ] *adj* Israeli; *s. a.* **deutsch**

Israelit(in) <-en, -en> [israe'liːt, ɪsrae'liːt] *m(f)* Israelite; *s. a.* **Deutsche(r)**

israelitisch *adj* Israelite; *s. a.* **deutsch**

isst ['ɪst] *3. pers sing pres von* **essen**

ist ['ɪst] *3. pers sing pres von* **sein**[1]

Ist-Zustand, Istzustand *m* actual state

Italien <-s> [i'taːli̯ən] *nt* Italy; *s. a.* **Deutschland**

Italiener(in) <-s, -> [ita'li̯eːnɐ] *m(f)* Italian; ~ **sein** to be [an] Italian; *s. a.* **Deutsche(r)**

italienisch [ita'li̯eːnɪʃ] *adj* ① (*Italien betreffend*) Italian; *s. a.* **deutsch 1** ② LING Italian; *s. a.* **deutsch 2**

Italowestern ['iːtalo-] *m* spaghetti western

I-Tüpfelchen <-s, -> *nt* finishing touch

i.V. *Abk von* **in Vertretung** p.p.

IWF <-> [iːveː'ʔɛf] *m kein pl Abk von* **Internationaler Währungsfonds** IMF

J j

J, j <-, - *o fam* -s, -s> [jɔt] *nt* J, j; ~ **wie Julius** J for Jack BRIT, J as in Jig AM

ja ['jaː] *part* ① (*bestätigend: so ist es*) yes; **~, bitte?** yes, hallo?; **das sag' ich ~!** (*fam*) that's exactly what I say!; **aber ~!** yes, of course! ② (*fragend: so? tatsächlich?*) really?; **ach ~?** really? ③ (*warnend: bloß*) make sure; **sei ~ vorsichtig mit dem Messer!** do be careful with the knife! ④ (*abschwächend, einschränkend: schließlich*) after all; **ich kann es ~ mal versuchen** I can try it of course ⑤ (*revidierend, steigernd: und zwar*) in fact ⑥ (*anerkennend, triumphierend: doch*) **du bist ~ ein richtiges Schlitzohr!** you really are a crafty devil!; **siehst du, ich habe es ~ immer gesagt!** what did I tell you? I've always said that, you know; **es musste ~ mal so kommen!** it just had to turn out like that!; **wo steckt nur der verfluchte Schlüssel? ach, da ist er ~!** where's the damned key? oh, that's where it's got to! ⑦ (*bekräftigend: allerdings*) **„so war das doch damals, erinnerst du dich?" – „ach ~!"** 'that's how it was in those days, do you remember?' – 'oh yes!'; **was Sie mir da berichten, ist ~ kaum zu glauben!** what you're telling me certainly is scarcely believable!; **ich verstehe das ~, aber trotzdem finde ich's nicht gut** I understand that admittedly, even so, I don't think it's good; **das ist ~ die Höhe!** that's the absolute limit!; **es ist ~ immer dasselbe** it's always the same, you know ⑧ (*na*) well ⑨ (*als Satzabschluss: nicht wahr?*) isn't it?; **es bleibt doch bei unserer Abmachung, ~?** our agreement does stand though, doesn't it? ⑩ (*ratlos: nur*) **ich weiß ~ nicht, wie ich es ihm beibringen soll** I'm sure I don't know how I'm going to get him to understand that ⑪ (*beschwichtigend*) **„he, wo bleibst du denn nur so lange?" – „ich komm ~ schon!"** 'hey, where have you been all this time?' – 'all right! all right! I'm coming!' ▶ WENDUNGEN: **~ und <u>amen</u> zu etw sagen** (*fam*) to give sth one's blessing; **<u>wenn</u> ~** if so

Ja <-s, -[s]> ['jaː] *nt* yes; POL O DIAL aye

Jacht <-, -en> ['jaxt] *f* yacht

Jacke <-, -n> ['jakə] *f* (*Stoffjacke*) jacket; (*Strickjacke*) cardigan

Jackentasche *f* jacket pocket

Jackett <-s, -s> [ʒa'kɛt] *nt* jacket

Jackpot <-s, -s> ['dʒɛkpɔt] *m* ① KARTEN stake [money] ② (*Lottogewinn*) jackpot

Jagd <-, -en> ['jaːkt] *f* ① (*das Jagen*) hunting; **auf der ~ sein** to be [out] hunting; **~ auf jdn/etw machen** (*pej*) to hunt for sb/sth ② (*Revier*) *s.* **Jagdrevier** ③ (*Verfolgung*) hunt (**auf** +*akk* for) ④ (*pej: wildes Streben*) pursuit (**nach** +*dat* of)

Jagdbeute *f* kill **Jagdbomber** *m* fighter-

J

bomber **Jagdflugzeug** *nt* fighter plane **Jagdgewehr** *nt* hunting rifle **Jagdhaus** *nt* hunting lodge **Jagdhund** *m* hound **Jagdrevier** [-reviːɐ̯] *nt* preserve **Jagdschein** *m* hunting licence

jagen [ˈjaːgn̩] **I.** *vt haben* ❶ (*auf der Jagd verfolgen*) to hunt ❷ (*hetzen*) to pursue ❸ (*fam: antreiben, vertreiben*) ■**jdn aus etw** *dat* ~ to drive sb out of sth; **eine Sache jagt die andere** one thing comes after another ❹ (*fam*) **jeden Tag kriegte ich eine Spritze in den Hintern gejagt** I got a syringe stuck in my backside everyday ▸ WENDUNGEN: **jdn mit etw** *dat* ~ **können** (*fam*) to not be able to stand sth **II.** *vi* ❶ *haben* (*auf die Jagd gehen*) to hunt ❷ *sein* (*rasen*) to race (**aus** +*dat* out of, **durch, in** +*akk* through, into); **er kam plötzlich aus dem Haus gejagt** he suddenly came racing out of the house

Jäger(in) <-s, -> [ˈjɛːgɐ] *m(f)* hunter

Jägerschnitzel *nt* KOCHK escalope chasseur (*with mushroom sauce*)

Jaguar <-s, -e> [ˈjaːgu̯aːɐ̯] *m* jaguar

jäh [ˈjɛː] **I.** *adj* (*geh*) ❶ (*abrupt, unvorhergesehen*) abrupt; *Bewegung* sudden ❷ (*steil*) steep **II.** *adv* (*geh*) ❶ (*abrupt, unvorhergesehen*) abruptly ❷ (*steil*) steeply

Jahr <-[e]s, -e> [ˈjaːɐ̯] *nt* ❶ (*Zeitraum von 12 Monaten*) year; **die 20er-/30er-~e etc.** the twenties/thirties etc. + *sing/pl vb;* **anderthalb ~e** a year and a half; **ein dreiviertel ~** nine months; **das ganze ~ über** throughout the whole year; **das neue ~** the new year; **~ für ~** year after year; **ich gehe zweimal im ~ zum Arzt** I go to the doctor's twice a year; **letztes/nächstes ~** last/next year; **in diesem/im nächsten ~** this/next year; **vor einem ~** a year ago; **alle ~e wieder** every year; **dieser Bestseller wurde zum Buch des ~es gekürt** this bestseller was chosen as book of the year ❷ (*Lebensjahre*) **er ist 10 ~e alt** he's 10 years old ▸ WENDUNGEN: **in den besten ~en [sein]** [to be] in one's prime; **in die ~e kommen** (*euph fam*) to be getting on [in years]

jahraus [jaːɐ̯ˈʔaus] *adv* **jahrein, ~** year in, year out

Jahrbuch *nt* yearbook

jahrelang [ˈjaːrəlaŋ] **I.** *adj attr* lasting for years; **das Ergebnis war die Frucht ~er Forschungen** the result was the fruit of years of research **II.** *adv* for years; **ich hoffe, es dauert nicht ~, bis ich an die Reihe komme** I hope it won't take years before it's my turn

jähren [ˈjɛːrən] *vr* (*geh*) ■**sich ~** to be the anniversary of

Jahresanfang, Jahresbeginn *m* beginning of the year; **bei/nach/vor ~** at/after/before the beginning of the year **Jahresbeitrag** *m* annual subscription **Jahresbilanz** *f* ÖKON, BÖRSE annual balance sheet **Jahresdurchschnitt** *m* annual average **Jahreseinkommen** *nt* annual income **Jahresende** *nt* end of the year; **bis zum/vor ~** by/before the end of the year **Jahresetat** *m* annual budget **Jahresfrist** *f* **nach ~** after a period of one year; **vor ~** within a period of one year **Jahresgehalt** *nt* annual salary **Jahresring** *m* annual ring **Jahrestag** *m* anniversary **Jahresurlaub** *m* annual holiday **Jahreswechsel** *m* turn of the year; **zum ~** at the turn of the year **Jahreswende** *f* turn of the year **Jahreszahl** *f* year **Jahreszeit** *f* season **jahreszeitlich** *adj* seasonal

Jahrgang *m* ❶ (*Personen eines Geburtsjahrs*) age-group; (*Gesamtheit der Schüler eines Schuljahres*) [school] year ❷ (*Erntejahr*) vintage; (*Herstellungsjahr*) year

Jahrhundert <-s, -e> [jaːɐ̯ˈhʊndɐt] *nt* century

jahrhundertelang **I.** *adj* [lasting] for centuries *pred;* **es hat einer ~en Entwicklung bedurft** centuries of development were required **II.** *adv* for centuries

Jahrhundertwende *f* turn of the century

jährlich [ˈjɛːɐ̯lɪç] *adj* annual

Jahrmarkt *m* [fun]fair

Jahrtausend <-s, -e> [jaːɐ̯ˈtau̯zn̩t] *nt* millennium

Jahrtausendwende *f* turn of the millennium

Jahrzehnt <-[e]s, -e> [jaːɐ̯ˈtseːnt] *nt* decade

jahrzehntelang **I.** *adj* decades of *attr;* **durch diesen Vertrag wurde der Konflikt nach ~er Dauer beendet** decades of conflict were ended by this treaty **II.** *adv* for decades

Jähzorn [ˈjɛːtsɔrn] *m* outburst of temper

jähzornig *adj* violent-tempered

Jalousie <-, -n> [ʒaluˈziː, *pl* -ˈziːən] *f* venetian blind

Jamaika <-s> [jaˈmai̯ka] *nt* Jamaica

Jammer <-s> [ˈjamɐ] *m kein pl* ❶ (*Kummer*) sorrow; (*fig fam*) **es ist ein ~, wie wenig Zeit wir haben** it's deplorable how little time we have ❷ (*das Wehklagen*) wailing

Jammerlappen *m* (*pej fam*) scaredy-cat

jämmerlich [ˈjɛmɐlɪç] **I.** *adj attr* ❶ (*beklagenswert*) wretched ❷ (*kummervoll*) sorrowful ❸ (*fam*) *Ausrede* pathetic ❹ (*pej*

J

fam: verächtlich) miserable **II.** *adv* ① (*elend*) miserably ② (*fam: erbärmlich*) awfully

jammern ['jamɐn] *vi* ① (*a. pej: lamentieren*) to whine (**über** +*akk* about); **lass das J~** stop moaning ② (*wimmernd verlangen*) to beg (**nach** +*dat* for)

jammerschade ['jamɐ'ʃa:də] *adj* (*fam*) ■ **~ [sein], dass/wenn/wie ...** to be a terrible pity that/if/how ...

Janker <-s, -> ['jaŋkɐ] *m* SÜDD, ÖSTERR ① (*dicke Strickjacke*) thick cardigan ② (*Trachtenjacke*) mountain jacket

Jänner <-s, -> ['jɛnɐ] *m* ÖSTERR January

Januar <-[s], *selten* -e> ['janu̯a:ɐ̯] *m* January; *s. a.* **Februar**

Japan <-s> ['ja:pan] *nt* Japan; *s. a.* **Deutschland**

Japaner(in) <-s, -> [ja'pa:nɐ] *m(f)* Japanese; ■**die ~** the Japanese; *s. a.* **Deutsche(r)**

japanisch [ja'pa:nɪʃ] *adj* ① (*Japan betreffend*) Japanese; *s. a.* **deutsch 1** ② LING Japanese; *s. a.* **deutsch 2**

Jargon <-s, -s> [ʒar'gõ:] *m* ① (*Sondersprache von Gruppen*) jargon ② (*saloppe Sprache*) slang

Jasager(in) <-s, -> *m(f)* (*pej*) yes-man

Jasmin <-s, -e> [jas'mi:n] *m* jasmine

Jastimme *f* yes-vote

jäten ['jɛ:tn̩] **I.** *vt* ① (*aushacken*) to hoe ② (*von Unkraut befreien*) to weed **II.** *vi* to weed

Jauche <-, -n> ['jau̯xə] *f* liquid manure

jauchzen ['jau̯xtsn̩] *vi* (*geh*) to shout with glee

jaulen ['jau̯lən] *vi* to howl

jawohl [ja'vo:l] *adv* yes

Jawort *nt* **jdm das ~ geben** to consent to marry sb; (*bei Trauung*) to say I do

Jazz <-> ['dʒɛs, 'jats] *m kein pl* jazz *no pl*

Jazzgymnastik ['dʒɛsgʏmnastɪk] *f* ≈ jazz dance *no pl*

je ['je:] **I.** *adv* ① (*jemals*) ever ② (*jeweils*) each **II.** *präp* +*akk* (*pro*) per **III.** *konj* **~ öfter du übst, desto besser kannst du dann spielen** the more you practice the better you will be able to play; **~ nachdem!** it [all] depends!; **~ nachdem, ob/wann/wie ...** depending on whether/when/how ...

Jeans <-, -> ['dʒi:nz] *f meist pl* jeans *npl*

Jeanshose ['dʒi:nz-] *f* pair of jeans **Jeansjacke** ['dʒi:nz-] *f* denim jacket **Jeansrock** ['dʒi:nz-] *m* denim skirt

jede(r, s) ['je:də] *pron indef* ① *attr* (*alle einzelnen*) each, every ② *attr* (*jegliche*) any ③ *attr* (*in einem/einer beliebigen*) any; **zu ~r Zeit** at any time ④ *substantivisch* everyone; **ich kann doch nicht ~n meiner Angestellten rund um die Uhr kontrollieren!** I can't supervise each one of my employees round the clock!; **das weiß doch ein ~r!** everybody knows that!; DIAL (*jeweils der/die einzelne*) each [one]; **~e[r, s] zweite/dritte ...** one in two/three ...

jedenfalls ['je:dn̩'fals] *adv* ① (*immerhin*) in any case ② (*auf jeden Fall*) anyhow

jedermann ['je:dɐman] *pron indef, substantivisch* everyone; (*jeder [beliebige]*) anyone

jederzeit ['je:dɐ'tsai̯t] *adv* ① (*zu jeder beliebigen Zeit*) at any time ② (*jeden Augenblick*) at any moment

jedoch [je'dɔx] *konj, adv* however

Jeep® <-s, -s> ['dʒi:p] *m* jeep

jegliche(r, s) ['je:klɪçə, 'je:klɪçɐ, 'je:klɪçəs] *pron indef* any

jeher ['je:hɛr] *adv* **seit ~** (*geh*) always

jemals ['je:ma:ls] *adv* ever

jemand ['je:mant] *pron indef* somebody; (*bei Fragen, Negation, etc.*) anyone

Jemen <-s> ['je:mən] *m* Yemen; *s. a.* **Deutschland**

Jena <-s, -> ['je:na] *nt* Jena

jene(r, s) ['je:nə] *pron dem* (*geh*) ① (*der/die/das Bewusste*) that *sing*, those *pl* ② (*der/die/das dort*) that *sing*, those *pl*

jenseits ['je:nzai̯ts] **I.** *präp* +*gen* (*auf der anderen Seite*) on the other side **II.** *adv* (*über ... hinaus*) ■ **~ von etw** *dat* beyond sth

Jenseits <-> ['je:nzai̯ts] *nt kein pl* hereafter

Jerusalem <-s> [je'ru:zalɛm] *nt* Jerusalem

Jesuit <-en, -en> [jezu'i:t] *m* Jesuit

Jesus <*gen o dat* Jesu, *akk* Jesum> ['je:zʊs] *m* Jesus; **~ Christus** Jesus Christ

Jet <-[s], -s> [dʒɛt] *m* (*fam*) jet

Jetlag <-s, -s> ['dʒɛtlɛg] *m* jet lag

Jetset <-s, *selten* -s> ['dʒɛtsɛt] *m* (*fam*) jet-set

jetten ['dʒɛtn] *vi sein* (*fam*) ■**irgendwohin ~** to jet off somewhere

jetzig ['jɛtsɪç] *adj attr* current

jetzt ['jɛtst] *adv* ① (*zurzeit*) now; **~ gleich** right now; **~ oder nie!** [it's] now or never!; **~ schon?** already?; **bis ~** so far ② (*verstärkend: nun*) now; **habe ich ~ den Brief eingeworfen oder nicht?** now, have I posted the letter or not?; **wer ist das ~ schon wieder?** who on earth is that now? ③ (*heute*) now[adays]

jeweilig ['je:'vai̯lɪç] *adj attr* prevailing

jeweils ['je:'vai̯ls] *adv* ① (*jedes Mal*) each time; **die Miete ist ~ monatlich im**

Voraus fällig the rent is due each month in advance; **die ~ Betroffenen können gegen die Bescheide Einspruch einlegen** each of the persons concerned can lodge an objection to the decisions taken ❷ (*immer zusammengenommen*) each; **~ drei Pfadfinder mussten sich einen Teller Eintopf teilen** in each instance three scouts had to share one plate of stew ❸ (*zur entsprechenden Zeit*) at the time

Jh. *Abk von* **Jahrhundert** century

JH *Abk von* **Jugendherberge** YH

Job <-s, -s> [dʒɔp] *m* (*fam*) job

jobben ['dʒɔbn̩] *vi* (*fam*) to do casual work

Jobbörse ['dʒɔb-] *f* ÖKON job market; (*Veranstaltung für Hochschulabsolventen*) [graduate] job fair **Jobsharing** <-[s]> ['dʒɔbʃɛːrɪŋ] *nt kein pl* job-sharing *no pl, no art* **Jobsuche** ['dʒɔb-] *f kein pl* (*fam*) job-hunting *no pl, no art*

Joch <-[e]s, -e> ['jɔx] *nt* (*a. fig*) yoke

Jockei, Jockey <-s, -s> ['dʒɔke, 'dʒɔki] *m* jockey

Jod <-s> ['joːt] *nt kein pl* iodine

jodeln ['joːdl̩n] *vi* to yodel

Jodler <-s, -> ['joːdlɐ] *m* yodel

Jodsalz ['joːt-] *nt kein pl* iodate; KOCHK, MED, PHARM iodized salt

Joga <-[s]> ['joːga] *m o nt kein pl* yoga *no pl*

joggen ['dʒɔgn̩] *vi* ❶ *haben* (*als Jogger laufen*) to jog ❷ *sein* ■**irgendwohin ~** to jog somewhere

Jogger(in) <-s, -> ['dʒɔgɐ] *m(f)* jogger

Jogging <-s> ['dʒɔgɪŋ] *nt kein pl* jogging *no pl*

Jogginganzug ['dʒɔgɪŋ-] *m* tracksuit

Joghurt, Jogurt <-[s], -[s]> ['joːgʊrt] *m o nt* yog[h]urt

Johannisbeere [jo'hanɪs-] *f* currant; **rote/schwarze ~** redcurrant/blackcurrant

johlen ['joːlən] *vi* to yell

Joint <-s, -s> [dʒɔy̑nt] *m* (*sl*) joint

Jo-Jo <-s, -s> [jo'joː] *nt* yo-yo

Joker <-s, -> ['joːkɐ, 'dʒoːkɐ] *m* joker

Jongleur(in) <-s, -e> [ʒõ'gløːɐ̯, ʒɔŋ'(g)løːɐ̯] *m(f)* juggler

jonglieren* [ʒɔŋ'liːrən] *vi* to juggle

Jordan <-s> ['jɔrdan] *m* Jordan

Jordanien <-s> [jɔr'daːni̯ən] *nt* Jordan; *s. a.* **Deutschland**

Jordanier(in) <-s, -> [jɔr'daːni̯ɐ] *m(f)* Jordanian; *s. a.* **Deutsche(r)**

jordanisch [jɔr'daːnɪʃ] *adj* Jordanian; *s. a.* **deutsch**

Joule <-[s], -> ['ʒuːl] *nt* joule

Journal <-s, -e> [ʒʊr'naːl] *nt* journal

Journalismus <-> [ʒʊrna'lɪsmʊs] *m kein pl* ❶ (*Pressewesen*) press ❷ (*journalistische Berichterstattung*) journalism *no pl*

Journalist(in) <-en, -en> [ʒʊrna'lɪst] *m(f)* journalist

journalistisch [ʒʊrna'lɪstɪʃ] **I.** *adj* journalistic **II.** *adv* journalistically

jovial [jovi'aːl] *adj* (*geh*) jovial

Joystick <-s, -s> ['dʒɔy̑stɪk] *m* joy-stick

jr. *adj Abk von* **junior** j[n]r.

Jubel <-s> ['juːbl̩] *m kein pl* cheering *no pl*

Jubelgeschrei *nt* shouting and cheering

jubeln ['juːbl̩n] *vi* ■[**über etw** *akk*] **~** to celebrate [sth]

Jubelruf *m* cheer

Jubilar(in) <-s, -e> [jubi'laːɐ̯] *m(f) person celebrating an anniversary*

Jubiläum <-s, Jubiläen> [jubi'lɛːʊm, *pl* jubi'lɛːən] *nt* anniversary

jubilieren* [jubi'liːrən] *vi* (*geh*) ■[**über etw** *akk*] **~** ❶ (*jubeln*) to celebrate [sth] ❷ (*frohlocken*) to rejoice *liter*

juchzen ['jʊxtsn̩] *vi* (*fam*) to shout with joy

jucken ['jʊkn̩] **I.** *vi* (*Juckreiz erzeugen*) to itch **II.** *vi impers* to itch; **zeig mir mal genau, wo es juckt!** show me where it's itching! **III.** *vt impers* ❶ (*zum Kratzen reizen*) **mich juckt's am Rücken** my back's itching ❷ (*fam: reizen*) ■**jdn juckt es, etw zu tun** sb's itching to do sth **IV.** *vt* ❶ (*kratzen*) **das Unterhemd juckt mich** the vest makes me itch ❷ *meist verneint* (*fam: kümmern*) **das juckt mich doch nicht** I couldn't care less **V.** *vr* (*fam: sich kratzen*) ■**sich** *akk* [**an etw** *dat*] **~** to scratch [one's sth]

Juckreiz *m* itch[ing *no pl*]

Jude, Jüdin <-n, -n> ['juːdə] *m, f* Jew *masc*, Jewess *fem;* **~ sein** to be a Jew/Jewess, to be Jewish

Judentum <-s> *nt kein pl* Jewry *no pl*, Jews *pl*

Judenverfolgung *f* persecution of [the] Jews **Judenvernichtung** *f kein pl* extermination of the Jews; (*im 3. Reich*) Holocaust *no pl*

Jüdin <-, -nen> ['jyːdɪn] *f fem form von* **Jude**

jüdisch ['jyːdɪʃ] *adj* Jewish

Judo <-s> ['juːdo] *nt kein pl* judo *no pl*

Jugend <-> ['juːgn̩t] *f kein pl* ❶ (*Jugendzeit*) youth *no pl;* **frühe/früheste ~** early/earliest youth; **in jds ~** in sb's youth; **in meiner ~ kostete ein Brötchen sechs Pfennige** when I was young a roll cost six Pfennigs ❷ (*Jungsein*) youthfulness ❸ (*junge Menschen*) **die heutige ~** young people today

Jugendamt *nt government office for youth*

welfare **Jugendarbeit** *f* youth [welfare] work **Jugendarbeitslosigkeit** *f kein pl* youth unemployment *no pl* **Jugendbuch** *nt* book for young readers **jugendfrei** *adj* (*veraltend*) *Film* U-cert[ificate] BRIT, [rated] G AM **Jugendfreund(in)** *m(f)* childhood friend **jugendgefährdend** *adj* morally damaging to juveniles **Jugendgruppe** *f* youth group **Jugendhaft** *f kein pl* JUR juvenile detention **Jugendherberge** *f* youth hostel **Jugendkriminalität** *f kein pl* juvenile delinquency *no pl*

jugendlich ['ju:gn̩tlɪç] **I.** *adj* ❶ (*jung*) young ❷ (*durch jds Jugend bedingt*) youthful ❸ (*jung wirkend*) youthful **II.** *adv* youthfully

Jugendliche(r) *f(m)* young person

Jugendliebe *f* childhood sweetheart **Jugendschutz** *m kein pl* protection of children and young persons

Jugendstil *m* Art Nouveau

Jugendstrafe *f* sentence for young offenders **Jugendsünde** *f* youthful misdeed **Jugendtraum** *m* childhood dream **Jugendzeit** *f kein pl* youth *no pl* **Jugendzentrum** *nt* youth centre

Jugoslawe, Jugoslawin <-n, -n> [jugo'sla:və] *m, f* Yugoslav; *s. a.* **Deutsche(r)**

Jugoslawien <-s> [jugo'sla:vi̯ən] *nt* Yugoslavia; *s. a.* **Deutschland**

Jugoslawin <-, -nen> [jugo'sla:vɪn] *f fem form von* **Jugoslawe**

jugoslawisch [jugo'sla:vɪʃ] *adj* Yugoslav[ian]; *s. a.* **deutsch**

Juli <-[s], -s> ['ju:li] *m* July; *s. a.* **Februar**

jun. *adj Abk von* **junior**

jung <jünger, jüngste> ['jʊŋ] **I.** *adj* ❶ (*noch nicht älter*) young; ■**jünger [als jd] sein** to be younger [than sb] ❷ (*jung wirkend*) youthful; **das hält ~!** it keeps you young! ❸ (*später geboren*) young; ■**der/die Jüngere/der/die Jüngste** the younger/the youngest ❹ (*erst kurz existierend*) new **II.** *adv* (*in jungen Jahren*) young; **~ heiraten/sterben** to marry/die young

Junge <-n, -n> ['jʊŋə] *m* ❶ (*männliches Kind*) boy ❷ (*fam*) ■**Jungs** *pl* (*veraltend fam: Leute*) chaps *pl* BRIT, guys *pl* AM ▸WENDUNGEN: **alter ~** (*fam*) old chap [*or* AM fellow]; **mein ~!** (*fam*) my dear boy!; **~, ~!** (*fam*) boy oh boy!

Junge(s) ['jʊŋə(s)] *nt* ORN, ZOOL young

jünger ['jʏŋɐ] *adj* ❶ *komp von* **jung** younger ❷ (*noch nicht allzu alt*) youngish ❸ (*wenig zurückliegend*) recent

Jünger(in) <-s, -> ['jʏŋɐ] *m(f)* ❶ (*Schüler Jesu*) disciple ❷ (*Anhänger*) disciple

Jungfernfahrt ['jʊŋfɐn-] *f* maiden voyage **Jungfernhäutchen** *nt* hymen

Jungfrau ['jʊŋfrau̯] *f* ❶ (*Frau vor ihrem ersten Koitus*) virgin; **die ~ Maria** the Virgin Mary; **die ~ von Orléans** Joan of Arc ❷ ASTROL Virgo; ■**~ sein** to be a Virgo

jungfräulich ['jʊŋfrɔy̯lɪç] *adj* (*geh*) ❶ (*Zustand*) virgin ❷ (*noch unberührt*) virgin; **~er Schnee** virgin snow

Jungfräulichkeit <-> *f kein pl* (*geh*) virginity *no pl*

Junggeselle, -gesellin ['jʊŋgəzɛlə] *m, f* bachelor

Junggesellin <-, -nen> ['jʊŋgəzɛlɪn] *f fem form von* **Junggeselle** a single woman

Jüngling <-s, -e> ['jʏŋlɪŋ] *m* (*geh*) (*junger Mann*) youth ▸WENDUNGEN: **[auch] kein ~ mehr sein** to be no spring chicken anymore [either]

Jungspund <-s, -e> *m* (*pej fam*) young buck

jüngst ['jʏŋst] *adv* (*geh*) recently

jüngste(r, s) *adj* ❶ *superl von* **jung** youngest; **[auch] nicht mehr der/die Jüngste sein** (*hum*) to be no spring chicken anymore [either] ❷ (*nicht lange zurückliegend*) [most] recent ❸ (*neueste*) latest

Jungtier *nt* young animal

jungverheiratet *adj* newly-wed

Juni <-[s], -s> ['ju:ni] *m* June; *s. a.* **Februar**

junior ['ju:ni̯o:ɐ̯] *adj* (*geh*) junior

Junior, Juniorin <-s, -en> ['ju:ni̯o:ɐ̯, *pl* ju'ni̯o:rən] *m, f* ❶ (*Juniorchef*) son *masc/*daughter *fem* of the boss ❷ (*fam: Sohn*) junior ❸ *pl* (*junge Sportler zwischen 18 und 23*) juniors *npl*

Juniorchef, -chefin *m, f* boss' [*or* owner's] son *masc/*daughter *fem*

Juniorin <-, -nen> [ju'ni̯o:rɪn] *f fem form von* **Junior**

Junkfood <-s> *nt kein pl,* **Junk-food** <-s> ['dʒaŋkfu:d] *nt kein pl* junk food *no pl*

Junkie <-s, -s> ['dʒaŋki] *m* (*sl*) junkie

Jupe <-s, -s> [ʒy:p] *m* SCHWEIZ skirt

Jupiter <-s> ['ju:pitɐ] *m* Jupiter

Jura¹ ['ju:ra] *kein art* SCH law

Jura² <-s> ['ju:ra] *m* GEOL Jurassic [period/system]

Jura³ <-s> ['ju:ra] *m kein pl* GEOG ❶ (*Gebirge in der Ostschweiz*) Jura Mountains *pl* ❷ (*Schweizer Kanton*) Jura

Jurisprudenz <-> [jurɪspru'dɛnts] *f kein pl* (*geh*) jurisprudence *no pl*

Jurist(in) <-en, -en> [ju'rɪst] *m(f)* ❶ (*Akademiker*) jurist ❷ (*fam: Jurastudent*) law student

Juristerei <-> [jurɪstə'rai̯] *f kein pl* law *no pl*

Juristin <-, -nen> [juˈrɪstɪn] *f fem form von* **Jurist**
juristisch [juˈrɪstɪʃ] **I.** *adj* ① (*Jura betreffend*) legal; **~es Studium** law studies ② (*die Rechtsprechung betreffend*) law *attr;* **ein ~es Problem** a juridical problem **II.** *adv* **~ argumentiert/betrachtet** argued/seen from a legal point of view
Juror, Jurorin <-s, -en> [ˈjuːroːɐ̯, *pl* juˈroːrən] *m, f meist pl* juror
Jury <-, -s> [ʒyˈriː, ˈʒyːri, ˈdʒuːri] *f* jury
Jus[1] <-> [ˈjuːs] *nt kein art* ÖSTERR law
Jus[2] <-> [ʒyː] *f o m o nt kein pl* ① SCHWEIZ fruit juice ② (*Bratensaft*) [meat] juices *pl*
just [ˈjʊst] *adv* ① (*veraltet: eben gerade*) just; **da fällt mir ~ ein** I've just remembered ② (*liter: genau*) exactly; **~ in dem Moment** at that very moment
justieren* [jʊsˈtiːrən] *vt* to adjust
Justiz <-> [jʊsˈtiːts] *f kein pl* JUR ① (*Gerichtsbarkeit*) justice *no pl* ② (*Justizbehörden*) legal authorities *pl*
Justizbeamte(r) *f(m)* judicial officer **Justizbehörde** *f* legal authority **Justizgebäude** *nt* court-house **Justizirrtum** *m* miscarriage of justice **Justizminister, -ministerin** *m, f* Minister of Justice BRIT, Attorney General AM **Justizministerium** *nt* Ministry of Justice BRIT, Department of Justice AM **Justizvollzugsanstalt** *f* (*geh*) place of detention
Jute <-> [ˈjuːtə] *f kein pl* jute
Juwel[1] <-s, -en> [juˈveːl] *m o nt* ① (*Schmuckstein*) gem[stone], jewel ② *pl* (*Schmuck*) jewel[le]ry *no pl*
Juwel[2] <-s, -e> [juˈveːl] *nt* ① (*geschätzte Person oder Sache*) gem; **ein ~ von einer Köchin sein** to be a gem of a cook ② (*prachtvoller Ort*) gem, jewel; **der Schwarzwald ist ein ~ unter den deutschen Landschaften** the Black Forest is one of the jewels of the German countryside ③ (*kostbares Exemplar*) gem, jewel; **das ~ der Sammlung** the jewel of the collection
Juwelier(in) <-s, -e> [juveˈliːɐ̯] *m(f)* ① (*Besitzer eines Juweliergeschäftes*) jeweller ② (*Juweliergeschäft*) jeweller's
Juweliergeschäft *nt* jeweller's [*or* AM jeweler's] [shop [*or* AM *usu* store]]
Jux <-es, *selten* -e> [ˈjʊks] *m* (*fam: Scherz*) joke; **aus [lauter] ~ und Tollerei** (*fam*) out of sheer fun; **aus ~** as a joke
JVA <-, -s> [jɔtfaʊ̯ˈaː] *f Abk von* **Justizvollzugsanstalt** JUR prison

K

K k

K, k <-, - *o fam* -s, -s> [kaː] *nt* K, k; **~ wie Kaufmann** K for King
Kabarett <-s, -e *o* -s> [kabaˈrɛt] *nt* cabaret
Kabarettist(in) <-en, -en> [kabarɛˈtɪst] *m(f)* cabaret artist
kabbeln [ˈkabl̩n] *vr* (*fam*) to squabble
Kabel <-s, -> [ˈkaːbl̩] *nt* ① ELEK wire ② TELEK, TV cable
Kabelanschluss *m* cable connection **Kabelfernsehen** *nt* cable TV
Kabeljau <-s, -e *o* -s> [ˈkaːbl̩jaʊ̯] *m* cod
Kabelkanal *m* TV, RADIO cable channel
Kabine <-, -n> [kaˈbiːnə] *f* ① (*Umkleidekabine*) changing room ② NAUT cabin ③ (*Gondel*) cable-car

Falsche Freunde
Nicht verwechseln mit *cabin* — Hütte *f*!

Kabinett <-s, -e> [kabiˈnɛt] *nt* POL cabinet
Kabis <-> [ˈkaːbɪs] *m kein pl* SCHWEIZ white cabbage
Kabrio <-[s], -s> [ˈkaːbrio] *nt,* **Kabriolett** <-s, -s> [kabrioˈlɛt] *nt* convertible
Kachel <-, -n> [ˈkaxl̩] *f* tile
kacheln [ˈkaxl̩n] *vt* to tile
Kachelofen [ˈkaxl̩ʔoːfn̩] *m* tiled stove
Kacke <-> [ˈkakə] *f kein pl* (*derb*) shit
kacken [ˈkakn̩] *vi* (*derb*) to shit
Kadaver <-s, -> [kaˈdaːvɐ] *m* carcass
Kader <-s, -> [ˈkaːdɐ] *m* ① MIL cadre ② SPORT squad
Kadmium <-s> [ˈkatmiʊm] *nt kein pl* cadmium
Käfer <-s, -> [ˈkɛfɐ] *m* ① ZOOL beetle ② (*fam: Volkswagen*) beetle
Kaff <-s, -s *o* -e> [ˈkaf] *nt* (*pej fam*) hole
Kaffee <-s, -s> [ˈkafe] *m* coffee; **~ mit Milch** white coffee; **schwarzer ~** black coffee; **~ trinken** to have [a] coffee
Kaffeeautomat *m* coffee machine **Kaffeebohne** *f* coffee bean **kaffeebraun** *adj* coffee-coloured **Kaffeefilter** *m* ① (*Vorrichtung*) coffee filter ② (*fam: Filterpapier*) filter paper **Kaffeehaus** *nt* ÖSTERR coffee-house **Kaffeekanne** *f* coffeepot **Kaffeeklatsch** *m kein pl* (*fam*) coffee morning BRIT, kaffeeklatsch AM **Kaffeelöffel** *m* coffee spoon **Kaffeemaschine** *f* coffee machine **Kaffeemühle** *f* coffee grinder **Kaffeepause** *f* coffee break **Kaffeesatz** *m* coffee grounds *npl* **Kaffeeservice** *nt* coffee set **Kaffeetasse** *f* coffee cup
Käfig <-s, -e> [ˈkɛːfɪç] *m* cage

Käfighaltung *f* caging
kahl [ka:l] **I.** *adj* ① (*ohne Kopfhaar*) bald; ~ **geschoren** shaven ② *Baum, Wand* bare; *Landschaft* barren **II.** *adv* **etw ~ fressen** to strip sth bare; **jdn ~ scheren** to shave sb's head
Kahlkopf *m* bald head
kahlköpfig *adj* bald-headed
Kahlschlag *m* ① (*abgeholzte Fläche*) clearing ② *kein pl* (*das Abholzen*) deforestation
Kahn <-[e]s, Kähne> [ka:n, *pl* 'kɛ:nə] *m* (*flaches Boot*) small boat; (*Schleppkahn*) barge
Kai <-s, -e *o* -s> [kai̯] *m* quay
Kaiman <-s, -e> ['kai̯man] *m* caiman
Kaiser(in) <-s, -> ['kai̯zɐ] *m(f)* emperor *masc*, empress *fem*
Kaiserkrone *f* ① (*Krone des Kaisers*) imperial crown ② BOT crown imperial
kaiserlich ['kai̯zɐlɪç] *adj* imperial
Kaiserreich *nt* empire
Kaiserschmarr(e)n *m* KOCHK ÖSTERR, SÜDD *shredded pancake-style mixture combined with sugar and dried fruit*
Kaiserschnitt *m* Caesarean [section]
Kajak <-s, -s> ['ka:jak] *m o nt* kayak
Kajal <-[s]> [ka'ja:l] *nt kein pl* kohl
Kajüte <-, -n> [ka'jy:tə] *f* cabin
Kakadu <-s, -s> *m* cockatoo
Kakao <-s, -s> [ka'kau̯] *m* cocoa; (*heiß*) hot chocolate; (*Pulver*) cocoa [powder]
Kakaobohne *f* cocoa bean **Kakaobutter** [ka'kau̯-] *f kein pl* cocoa butter *no pl* **Kakaopulver** *nt* cocoa powder
Kakerlake <-, -n> ['ka:kɐlakə] *f* cockroach
Kaktee <-, -n> [kak'te:ə] *f*, **Kaktus** <-, Kakteen *o fam* -se> ['kaktʊs, *pl* kak'te:ən, -ʊsə] *m* cactus
Kalb <-[e]s, Kälber> [kalp, *pl* 'kɛlbɐ] *nt* calf
kalben ['kalbn̩] *vi* to calve
Kalbfleisch *nt* veal
Kalbsbraten *m* roast veal **Kalbskotelett** *nt* veal cutlet **Kalbsleder** *nt* calfskin **Kalbsschnitzel** *nt* veal cutlet
Kaldaune <-, -n> [kal'dau̯nə] *f meist pl* entrails *npl*
Kaleidoskop <-s, -e> [kalai̯do'sko:p] *nt* kaleidoscope
Kalender <-s, -> ['kalɛndɐ] *m* calendar
Kalenderjahr *nt* calendar year
Kali <-s, -s> ['ka:li] *nt* potash *no pl*
Kaliber <-s, -> [ka'li:bɐ] *nt* calibre
Kalif <-en, -en> [ka'li:f] *m* caliph
Kalifornien <-s> [kali'fɔrni̯ən] *nt* California
Kalium <-s> ['ka:li̯ʊm] *nt kein pl* potassium *no pl*
Kalk <-[e]s, -e> [kalk] *m* ① (*Kalziumkarbonat*) lime *no pl* ② BAU whitewash *no pl* ③ (*Kalzium*) calcium *no pl*
Kalkboden *m* lime soil
kalken ['kalkn̩] *vt* ① (*tünchen*) to whitewash ② (*düngen*) to lime
kalkhaltig *adj* chalky; *Wasser* hard
Kalkstein *m* limestone
Kalkulation <-, -en> [kalkula'tsi̯o:n] *f* calculation
kalkulierbar *adj* calculable
kalkulieren* [klaku'li:rən] *vi, vt* to calculate (**mit** + *dat* with)
Kalorie <-, -n> [kalo'ri:, *pl* -'ri:ən] *f* calorie
kalorienarm **I.** *adj* low-calorie **II.** *adv* ~ **essen** to eat low-calorie food **Kalorienbombe** *f* (*fam*) **eine echte ~** *a food or drink packed with calories* **Kaloriengehalt** *m* calorie content **kalorienreich** **I.** *adj* high-calorie **II.** *adv* ~ **essen** to eat foods high in calories
kalt <kälter, kälteste> [kalt] **I.** *adj* cold; **mir ist ~** I'm cold; ~ **duschen** to have a cold shower; **etw ~ essen** to eat sth cold; **etw ~ stellen** to chill sth; **sich** *akk* **~ waschen** to wash in cold water ▶ WENDUNGEN: **jdn <u>überläuft</u> es ~** cold shivers run down sb's back **II.** *adv* coldly; **etw ~ sagen** to say sth coldly
kaltblütig [kaltbly:tɪç] **I.** *adj* cold-blooded **II.** *adv* cold-bloodedly, unscrupulously; **jdn ~ ermorden** to kill sb cold-bloodedly
Kaltblütigkeit <-> *f kein pl* ① (*Emotionslosigkeit*) coolness *no pl* ② (*Skrupellosigkeit*) unscrupulousness *no pl*; *Mörder* cold-bloodedness *no pl*
Kälte <-> ['kɛltə] *f kein pl* cold *no pl*; **vor ~** with cold; **zehn Grad ~** ten below [zero]
kältebeständig *adj* cold-resistant **Kälteeinbruch** *m* cold spell **kälteempfindlich** *adj* sensitive to cold *pred* **Kältegrad** *m* ① (*Grad der Kälte*) degree of coldness ② (*fam: Minusgrad*) degrees *pl* below zero **Kälteperiode** *f* spell of cold weather
kälter *adj komp von* **kalt**
Kälteschutzmittel *nt* antifreeze **Kältewelle** *f* cold spell
Kaltfront *f* cold front **kaltgepresst** *adj Öl* cold pressed **kalt|lassen** *vt irreg* ■ **jdn ~** to leave sb cold **Kaltluft** *f* cold air **kalt|machen** *vt* (*sl*) ■ **jdn ~** to do sb in **Kaltmiete** *f* rent exclusive of heating costs
kaltschnäuzig (*fam*) **I.** *adj* callous **II.** *adv* callously
Kaltstart *m* cold start
Kalzium <-s> ['kaltsi̯ʊm] *nt kein pl* calcium *no pl*
kam *imp von* **kommen**
Kambodscha <-s> [kam'bɔdʒa] *nt* Cambodia; *s. a.* **Deutschland**

Kamel <-[e]s, -e> [ka'meːl] *nt* camel
Kamelhaar *nt kein pl* camel hair
Kamelie <-, -n> [ka'meːli̯ə] *f* camellia
Kamelle <-, -n> [ka'mɛlə] *f* DIAL boiled sweet BRIT, candy AM ▶WENDUNGEN: **das sind alte** ~ (*fam*) that's old hat
Kamellen [ka'mɛlən] *pl* carnival sweets ▶WENDUNGEN: **das sind alte** ~ (*fam*) that's old hat
Kameltreiber(in) <-s, -> *m(f)* ① (*Kamelbesitzer*) camel-driver ② (*pej fam: Araber*) Arab
Kamera <-, -s> ['kaməra] *f* camera
Kamerad(in) <-en, -en> [kamə'raːt, *pl* -'raːdn̩] *m(f)* comrade
Kameradschaft <-, -en> [kamə'raːtʃaft] *f* camaraderie *no pl*
kameradschaftlich **I.** *adj* friendly **II.** *adv* on a friendly basis
Kameradschaftsgeist *m kein pl* spirit of comradeship *no pl*
Kamerafrau *f* camerawoman **Kameraführung** *f* FILM, TV camera work **Kameramann** *m* cameraman
Kamerun <-s> ['kaməruːn] *nt* Cameroon; *s. a.* **Deutschland**
Kameruner(in) <-s, -> ['kaməruːnɐ] *m(f)* Cameroonian; *s. a.* **Deutsche(r)**
kamerunisch *adj* Cameroonian; *s. a.* **deutsch**
Kamille <-, -n> [ka'mɪlə] *f* camomile
Kamillentee *m* camomile tea
Kamin <-s, -e> [ka'miːn] *m o* DIAL *nt* ① (*offene Feuerstelle*) fireplace ② (*Schornstein*) chimney
Kaminaufsatz *m* chimney pot **Kaminfeger(in)** <-s, -> *m(f)* DIAL, **Kaminkehrer(in)** <-s, -> *m(f)* DIAL (*Schornsteinfeger*) chimney sweep
Kamm <-[e]s, Kämme> [kam, *pl* 'kɛmə] *m* ① (*Frisierkamm*) comb ② *eines Vogels* comb ③ (*Bergrücken*) ridge
kämmen ['kɛmən] *vt* to comb
Kammer <-, -n> ['kamɐ] *f* ① (*kleiner Raum*) small room ② POL, JUR chamber ③ (*Berufsvertretung*) professional association
Kammerdiener *m* valet **Kammerjäger(in)** *m(f)* pest controller **Kammermusik** *f* chamber music **Kammerton** *m kein pl* concert pitch *no pl* **Kammerzofe** *f* chambermaid
Kampagne <-, -n> [kam'panjə] *f* campaign
Kampf <-[e]s, Kämpfe> [kampf, *pl* 'kɛmpfə] *m* ① (*a. fig: Auseinandersetzung*) fight (**gegen** +*akk* against); **der ~ ums Dasein** the struggle for existence ② (*innerlich*) struggle; **innere Kämpfe** inner struggles ③ (*das Ringen*) struggle (**um** +*akk* for); **der ~ ums Dasein** the struggle for existence ④ MIL battle; **im ~ fallen** to be killed in action; **in den ~ [gegen jdn/etw] ziehen** to take up arms [against sb/sth] ⑤ SPORT fight (**um** +*akk* for) ▶WENDUNGEN: **jdm/etw den ~ ansagen** to declare war on sb/sth
Kampfansage *f* declaration of war
Kampfeinsatz *f* ① MIL combat mission ② SPORT (*Kampfgeist*) commitment *no pl*
kämpfen ['kɛmpfn̩] **I.** *vi* ① *a.* MIL, SPORT to fight ② (*ringen*) ■**mit sich** *dat*/**etw** *dat* ~ to struggle with oneself/sth **II.** *vr* ■**sich** *akk* **durch etw** *akk* ~ to struggle through sth
Kämpfer(in) <-s, -> ['kɛmpfɐ] *m(f)* ① (*engagierter Streiter*) *a.* MIL fighter ② SPORT contender
Kampfer <-s> *m kein pl* camphor *no pl*
kämpferisch **I.** *adj* ① SPORT attacking ② (*Kampfgeist aufweisend*) aggressive ③ MIL fighting **II.** *adv* aggressively; ~ **gestimmt** in a fighting mood
Kämpfernatur *f* fighter
kampferprobt *adj* combat-tested
Kampfflugzeug *nt* combat aircraft **Kampfgas** *nt* poison gas **Kampfgeist** *m kein pl* fighting spirit *no pl* **Kampfhandlung** *f meist pl* MIL hostilities *pl* **Kampfhund** *m* fighting dog
kampflos **I.** *adj* peaceful **II.** *adv* peacefully
Kampfplatz *m* SPORT arena **Kampfrichter(in)** *m(f)* referee **Kampfsport** *m kein pl* martial arts *pl* **kampfunfähig** *adj* unable to fight; MIL unfit for battle
kampieren* [kam'piːrən] *vi* to camp [out]
Kanada <-s> ['kanada] *nt* Canada; *s. a.* **Deutschland**
Kanadier(in) <-s, -> [ka'naːdi̯ɐ] *m(f)* Canadian; *s. a.* **Deutsche(r)**
kanadisch [ka'naːdɪʃ] *adj* Canadian; *s. a.* **deutsch**
Kanaille <-, -n> [ka'naljə] *f* (*pej*) scoundrel
Kanake <-n, -n> [ka'naːkə] *m* ① (*Südseeinsulaner*) Kanaka ② (*pej sl: exotischer Asylant*) dago ③ (*pej sl: türkischer Arbeitnehmer*) Turkish immigrant worker
Kanal <-s, Kanäle> [ka'naːl, *pl* ka'nɛlə] *m* ① NAUT, TRANSP canal ② (*Abwasserkanal*) sewer ③ *kein pl* (*Ärmelkanal*) ■**der** ~ the [English] Channel ④ RADIO, TV channel
Kanaldeckel *m* drain cover **Kanalinseln** *pl* ■**die** ~ the Channel Islands *pl*
Kanalisation <-, -en> [kanaliza'tsi̯oːn] *f* (*Abwassernetz*) sewerage system
kanalisieren* [kanali'ziːrən] *vt* ① (*mit einer Kanalisation versehen*) to install a sewer-

age system ② (*geh: in Bahnen lenken*) to channel

Kanaltunnel *m* ■**der ~** the Channel Tunnel

Kanaren [ka'na:rən] *pl* ■**die ~** the Canary Islands *pl*

Kanarienvogel [ka'na:ri̯ənfo:gl̩] *m* canary

Kanarier(in) <-s, -> [ka'na:ri̯ɐ] *m(f)* Canary Islander; *s. a.* **Deutsche(r)**

kanarisch [ka'na:rɪʃ] *adj* Canary

Kanarische Inseln *pl* ■**die ~** the Canary Islands *pl*

Kandare <-, -n> [kan'da:rə] *f* (*Gebissstange*) bit ▶WENDUNGEN: **jdn an die ~ nehmen** to keep a tight rein on sb

Kandidat(in) <-en, -en> [kandi'da:t] *m(f)* candidate; **jdn als ~en [für etw] aufstellen** POL to nominate sb [for sth]

Kandidatur <-, -en> [kandida'tu:ɐ̯] *f* application

kandidieren* [kandi'di:rən] *vi* POL ■**[für etw] ~** to stand [for sth]

kandiert *adj* candied

Kandis <-> *m*, **Kandiszucker** ['kandɪs-] *m kein pl* rock candy *no pl*

Känguru <-s, -s> ['kɛŋguru] *nt* kangaroo

Kaninchen <-s, -> [ka'ni:nçən] *nt* rabbit

Kanister <-s, -> [ka'nɪstɐ] *m* canister

kann *3. pers sing pres von* **können**

Kännchen <-s, -> ['kɛnçən] *nt dim von* **Kanne** ① (*kleine Kanne*) jug ② (*im Café*) pot

Kanne <-, -n> ['kanə] *f* (*Wasserkanne*) jug; (*Kaffee-, Teekanne*) pot; (*Gießkanne*) watering can

Kannibale <-n, -n> [kani'ba:lə] *m* cannibal

Kannibalismus <-> [kaniba'lɪsmʊs] *m kein pl* cannibalism *no pl*

kannte ['kantə] *imp von* **kennen**

Kanon <-s, -s> ['ka:nɔn] *m* canon

Kanone <-, -n> [ka'no:nə] *f* ① (*Geschütz*) cannon ② (*sl: Pistole*) rod ▶WENDUNGEN: **unter aller ~ sein** (*fam*) to be lousy

Kanonenfutter *nt* (*sl*) cannon fodder **Kanonenkugel** *f* cannonball **Kanonenrohr** *nt* gun barrel

Kante <-, -n> ['kantə] *f* (*Rand*) edge ▶WENDUNGEN: **etw auf die hohe ~ legen** (*fam*) to put sth away [for a rainy day]

kantig ['kantɪç] *adj* ① (*Kanten besitzend*) squared ② (*markant*) angular

Kantine <-, -n> [kan'ti:nə] *f* canteen

Kanton <-s, -e> [kan'tɔ:n] *m* canton

Land und Leute

Switzerland consists of 26 **Kantone** of which three are divided into *Halbkantone* (*demicantons*) – Unterwalden, Basel and Appenzell. The cantons elect a total of 46 representatives to the *Ständerat*, one of the two chambers of the Swiss legislature. The largest cantons are Graubünden, Bern and Waadt (*Vaud*).

kantonal [kanto'na:l] *adj* cantonal

Kantonsschule <-, -s> *f* SCHWEIZ cantonal school (≈ *grammar school*)

Kanu <-s, -s> ['ka:nu] *nt* canoe

Kanüle <-, -n> [ka'ny:lə] *f* cannula

Kanzel <-, -n> ['kantsl̩] *f* ① REL pulpit ② (*veraltend: Cockpit*) cockpit

Kanzlei <-, -en> [kants'lai̯] *f* office

Kanzler(in) <-s, -> ['kantslɐ] *m(f)* chancellor

Kanzleramt *nt* POL ① (*Büro*) chancellor's office ② *kein pl* (*Amt*) chancellorship

Kanzlerin <-, -nen> *f fem form von* **Kanzler**

Kanzlerkandidat(in) *m(f)* POL candidate for the position of chancellor **Kanzlermehrheit** *f* POL *parliamentary majority supporting the Chancellor in the German Bundestag*

Kap <-s, -s> [kap] *nt* cape; **~ der Guten Hoffnung** Cape of Good Hope

Kap. *Abk von* **Kapitel** chapter

Kapazität <-, -en> [kapatsi'tɛt] *f* ① *pl selten* (*Fassungsvermögen*) capacity ② (*Leistungsvermögen*) capacity ③ (*kompetente Person*) expert

Kapelle[1] <-, -n> [ka'pɛlə] *f* REL chapel

Kapelle[2] <-, -n> [ka'pɛlə] *f* MUS orchestra

Kapellmeister(in) *m(f)* MUS ① (*Orchesterdirigent*) conductor ② (*Leiter einer Kapelle 2*) director of music; (*Tanzkapelle*) band leader

Kaper <-, -n> ['ka:pɐ] *f* caper

kapern ['ka:pɐn] *vt* HIST to seize

kapieren* [ka'pi:rən] *vt* (*fam*) to get; ■**~, dass/was/wie/wo ...** to understand that/what/how/where ...

Kapital <-s, -e *o* -ien> [kapi'ta:l, *pl* -'ta:liən] *nt* FIN, ÖKON capital ▶WENDUNGEN: **~ aus etw** *dat* **schlagen** to cash in on sth

Kapitalabwanderung *f kein pl* exodus of capital **Kapitalanlage** *f* capital investment **Kapitalanleger(in)** *m(f)* investor **Kapitalaufwand** *m* FIN capital expenditure **Kapitalertrag** *m* FIN yield on capital [*or* return] **Kapitalgesellschaft** *f* joint-stock company

Kapitalismus <-> [kapita'lɪsmʊs] *m kein pl* capitalism

Kapitalist(in) <-en, -en> [kapita'lɪst] *m(f)* capitalist

kapitalistisch *adj* capitalist

K

kapitalkräftig *adj* financially strong
Kapitalverbrechen *nt* capital offence
Kapitän(in) <-s, -e> [kapiˈtɛːn] *m(f)* captain
Kapitel <-s, -> [kaˈpɪtl̩] *nt* chapter
Kapitell <-s, -e> [kapiˈtɛl] *nt* capital
Kapitulation <-, -en> [kapitulaˈtsi̯oːn] *f* capitulation
kapitulieren* [kapituˈliːrən] *vi* ❶ (*sich ergeben*) to capitulate ❷ (*fam: aufgeben*) ■**vor etw** *dat* ~ to give up in the face of sth
Kaplan <-s, Kapläne> [kaˈplaːn, *pl* kaˈplɛːnə] *m* chaplain
Kapo <-s, -s> [ˈkapo] *m* SÜDD (*fam: Vorarbeiter*) gaffer
Kappe <-, -n> [ˈkapə] *f* ❶ (*Mütze*) cap ❷ (*Verschluss*) top
kappen [ˈkapn̩] *vt* ❶ (*durchtrennen*) to cut ❷ (*fam: beschneiden*) to cut back; **Zuschüsse** ~ to cut back subsidies
Kappes <-> [ˈkapəs] *m kein pl* DIAL ❶ (*Weißkohl*) cabbage ❷ (*sl: Unsinn*) rubbish BRIT, nonsense AM
Käppi <-s, -s> [ˈkɛpi] *nt* cap
Kapriole <-, -n> [kapriˈoːlə] *f* caper
kapriziös [kapriˈtsi̯øːs] *adj* capricious
Kapsel <-, -n> [ˈkapsl̩] *f* ❶ PHARM, RAUM capsule ❷ (*kleiner Behälter*) small container
kaputt [kaˈpʊt] *adj* (*fam*) ❶ (*zerbrochen*) broken ❷ (*beschädigt*) damaged; (*Kleidung: zerrissen*) torn ❸ (*erschöpft*) shattered ❹ (*ruiniert*) ruined
kaputt|gehen *vi irreg sein* (*fam*) ❶ (*zerstört werden*) to break; *Gerät* to break down ❷ (*beschädigt werden*) to become damaged ❸ (*ruiniert werden*) ■[**an etw** *dat*] ~ to be ruined [because of sth]; (*Ehe, Partnerschaft*) to break up [because of sth] **kaputt|lachen** *vr* (*fam*) ■**sich** *akk* ~ to die laughing **kaputt|machen** (*fam*) **I.** *vt* ❶ (*zerstören*) to break ❷ (*ruinieren*) to ruin ❸ (*erschöpfen*) ■**jdn** ~ to wear sb out **II.** *vr* ■**sich** *akk* ~ to wear oneself out
Kapuze <-, -n> [kaˈpuːtsə] *f* hood
Kapuzenpulli *m* hoodie **Kapuzenshirt** <-s, -s> [-ʃøːɐ̯t] *nt* MODE (*Sweatshirt mit Kapuze*) hoody *fam*
Kapuziner <-s, -> [kapuˈtsiːnɐ] *m* ÖSTERR (*Milchkaffee*) milk coffee
Karabiner <-s, -> [karaˈbiːnɐ] *m* ❶ (*Gewehr*) carbine ❷ (*Karabinerhaken*) karabiner
Karabinerhaken *m* (*beim Bergsteigen*) karabiner
Karacho [kaˈraxo] *nt* **mit** ~ (*fam*) full tilt; **sie fuhr mit ~ gegen die Hauswand** she drove smack into the wall
Karaffe <-, -n> [kaˈrafə] *f* carafe
Karambolage <-, -n> [karamboˈlaːʒə] *f* pile-up
Karamell <-s> [karaˈmɛl] *m kein pl* caramel
Karaoke <-[s]> [karaˈoːkə] *nt kein pl* karaoke *no pl*
Karat <-[e]s, -e *o* -> [kaˈraːt] *nt* carat
Karate <-[s]> [kaˈraːtə] *nt kein pl* karate *no pl*
Karawane <-, -n> [karaˈvaːnə] *f* caravan
Kardamom <-s> [kardaˈmoːm] *m o nt kein pl* cardamom *no pl*
Kardanwelle *f* propeller shaft
Kardinal <-s, Kardinäle> [kardiˈnaːl, *pl* -ˈnɛːlə] *m* REL, ORN cardinal
Kardinalfrage *f* essential question **Kardinalzahl** *f* cardinal number
Kardiogramm <-s, -gramme> [kardi̯oˈgram] *nt* cardiogram
Kardiologe, Kardiologin <-n, -n> [kardi̯oˈloːgə] *m, f* cardiologist
Kardiologie <-> [kardi̯oloˈgiː] *f kein pl* cardiology *no pl*
Kardiologin <-, -nen> *f* MED *fem form von* **Kardiologe**
kardiovaskulär [kardi̯ovaskuˈlɛɐ̯] *adj* MED cardiovascular
Karenztag *m* day of unpaid sick leave **Karenzzeit** *f* ❶ (*Wartezeit*) waiting period ❷ ÖSTERR (*Mutterschaftsurlaub*) maternity leave
Karfiol <-s> [karˈfi̯oːl] *m kein pl* SÜDD, ÖSTERR (*Blumenkohl*) cauliflower
Karfreitag [kaːɐ̯ˈfrai̯taːk] *m* Good Friday
karg [kark] **I.** *adj* ❶ (*unfruchtbar*) barren ❷ (*dürftig*) sparse; *Einkommen, Mahl* meagre **II.** *adv* sparsely; **die Portionen sind ~ bemessen** they're stingy with the helpings
kärglich [ˈkɛrklɪç] *adj* ❶ (*ärmlich*) shabby; **ein ~es Leben führen** to live a life of poverty ❷ (*sehr dürftig*) meagre; *Mahlzeit* frugal; **der ~e Rest** the last [pathetic] scrap; **ein ~er Lohn** a pittance
Karibik <-> [kaˈriːbɪk] *f* ■**die** ~ the Caribbean
karibisch [kaˈriːbɪʃ] *adj* Caribbean
kariert [kaˈriːrt] *adj* ❶ *Stoff* checked ❷ *Papier* squared
Karies <-> [kaːri̯ɛːs] *f kein pl* tooth decay *no pl*
Karikatur <-, -en> [karikaˈtuːɐ̯] *f* (*a. pej*) caricature
Karikaturist(in) <-en, -en> [karikatuˈrɪst] *m(f)* cartoonist
karikieren* [kariˈkiːrən] *vt* to caricature
kariös [kaˈri̯øːs] *adj* decayed
karitativ [karitaˈtiːf] **I.** *adj* charitable **II.** *adv*

charitably
karmesinrot, karminrot *adj* crimson
Karneval <-s, -e *o* -s> ['karnəval] *m* carnival
Karnickel <-s, -> [kar'nɪkl̩] *nt* (*fam*) bunny [rabbit]
Kärnten <-s> ['kɛrntn̩] *nt* Carinthia
Karo <-s, -s> ['ka:ro] *nt* ① (*Raute*) check ② *kein pl* KARTEN diamonds *pl*
Karolinger(in) <-s, -> ['ka:rolɪŋɐ] *m(f)* Carolingian
Karomuster *nt* checked pattern
Karosse <-, -n> [ka'rɔsə] *f* ① (*Prunkkutsche*) state coach ② (*fam*) *s.* **Karosserie**
Karosserie <-, -n> [karɔsə'ri:, *pl* -'ri:ən] *f* bodywork
Karotte <-, -n> [ka'rɔtə] *f* carrot
Karpaten [kar'pa:tn̩] *pl* ■**die** ~ the Carpathian Mountains *pl*
Karpfen <-s, -> ['karpfn̩] *m* carp
Karre <-, -n> ['karə] *f s.* **Karren**
Karree <-s, -s> [ka're:] *nt* ① (*Quadrat*) square ② (*Häuserblock*) block; **ums** ~ around the block ③ ÖSTERR (*Rippenstück*) loin
Karren <-s, -> ['karən] *m* ① (*fam: Auto*) old banger [*or* AM clunker] ② (*Schubkarre*) wheelbarrow ③ (*offener Pferdewagen*) cart ▶WENDUNGEN: **den** ~ [**für jdn**] **aus dem Dreck ziehen** to get [sb] out of a mess
Karriere <-, -n> [ka'ri̯e:rə] *f* career
Karrierefrau *f* career woman **Karriereleiter** *f kein pl* (*fam*) career ladder; **die** ~ **emporklettern** to climb the career ladder [*or hum* slippery pole] **Karrieremacher(in)** *m(f)* (*pej*) careerist **Karrieresprung** *m* career jump
Karrierist(in) <-en, -en> [kari̯e'rɪst] *m(f)* (*pej*) careerist
Kärrnerarbeit ['kɛrnɐarbai̯t] *f* (*pej*) donkey [*or* AM grunt] work *fam*
Karsamstag [ka:ɐ̯'zamsta:k] *m* Easter Saturday
Karst <-[e]s, -e> [karst] *m* karst
Kartbahn *f* kart[ing] track
Karte <-, -n> ['kartə] *f* ① (*Ansichtskarte*) [post]card ② (*Eintritts-, Fahrkarte*) ticket ③ (*Visitenkarte*) [business] card ④ FBALL **die gelbe/rote** ~ the yellow/red card ⑤ (*Auto-, Landkarte*) map ⑥ (*Speisekarte*) menu ⑦ (*Spielkarte*) card; **die** ~**n mischen** to shuffle the cards ▶WENDUNGEN: **alles auf eine** ~ **setzen** to stake everything on one chance
Kartei <-, -en> [kar'tai̯] *f* card index
Karteikarte *f* index card **Karteikasten** *m* card index box
Kartell <-s, -e> [kar'tɛl] *nt* cartel
Kartellamt *nt* monopolies [*or* AM antitrust] commission
Kartenhaus *nt* ① (*Figur aus Spielkarten*) house of cards ② NAUT (*Raum für Seekarten*) chart room **Kartenlegen** <-s> *nt* fortune telling using cards **Kartenleger(in)** <-s, -> *m(f)* fortune-teller [who uses cards] **Kartenlesegerät** *nt* card reader **Kartenspiel** *nt* ① (*Spiel*) game of cards ② (*Satz Karten*) pack of cards **Kartenspieler(in)** <-s, -> *m(f)* card player **Kartentelefon** *nt* cardphone
Kartenvorverkauf *m* advance ticket sale **Kartenvorverkaufsstelle** *f* [advance] ticket office
kartieren* [kar'ti:rən] *vt* ■**etw** ~ ① GEOG to map sth ② (*in Kartei einordnen*) to file sth
Kartoffel <-, -n> [kar'tɔfl̩] *f* potato ▶WENDUNGEN: **jdn/etw wie eine heiße** ~ **fallen lassen** (*fam*) to drop sb/sth like a hot potato
Kartoffelbrei *m* mashed potatoes *pl* **Kartoffelchips** *pl* [potato] crisps [*or* AM chips] *pl* **Kartoffelkäfer** *m* Colorado beetle **Kartoffelklöße** *pl* potato dumplings *pl* **Kartoffelpuffer** <-s, -> *m* potato fritter **Kartoffelpüree** *nt s.* **Kartoffelbrei** **Kartoffelsalat** *m* potato salad **Kartoffelschale** *f* potato peel **Kartoffelschäler** *m* potato peeler
Karton <-s, -s> [kar'tɔŋ] *m* ① (*Schachtel*) cardboard box ② (*Pappe*) cardboard
kartoniert *adj* paperback
Kartusche <-, -n> [kar'tʊʃə] *f* ① TECH (*Behälter*) cartouche ② (*Tonerpatrone*) cartridge ③ (*Zierornament*) cartouche ④ (*Geschosshülse*) cartridge
Karussell <-s, -s *o* -e> [karʊ'sɛl] *nt* merry-go-round
Karwoche ['ka:ɐ̯vɔxə] *f* Holy Week
Karzinogen <-s, -e> [kartsino'ge:n] *nt* MED carcinogen
Karzinom <-s, -e> [kartsi'no:m] *nt* malignant growth
Kasachstan <-s> ['kazaxsta:n] *nt* Kazakhstan; *s. a.* **Deutschland**
Kaschemme <-, -n> [ka'ʃɛmə] *f* (*pej fam*) dive
kaschieren* [ka'ʃi:rən] *vt* to conceal
Kaschmir[1] <-s> ['kaʃmi:ɐ̯] *nt* GEOG Kashmir
Kaschmir[2] <-s, -e> ['kaʃmi:ɐ̯] *m* cashmere
Käse <-s, -> ['kɛ:zə] *m* ① (*Lebensmittel*) cheese; **weißer** ~ DIAL quark (*low-fat curd cheese*) ② (*pej fam: Quatsch*) rubbish BRIT, nonsense AM
Käseblatt *nt* (*pej fam*) local rag **Käseglocke** *f* cheese cover **Käsekuchen** *m* cheesecake

K

Käserei <-, -en> *f* cheese dairy
Kaserne <-, -n> [ka'zɛrnə] *f* barracks *pl*
Kasernenhof *m* MIL barrack square
käseweiß, käsig ['kɛsɪç] *adj* (*fam*) pasty
Kasino <-s, -s> [ka'zi:no] *nt* ❶ (*Spielkasino*) casino ❷ (*Speiseraum: für Offiziere*) [officers'] mess; (*in einem Betrieb*) cafeteria
Kaskade <-, -n> [kas'ka:də] *f* (*a. fig*) cascade
Kaskoversicherung *f* fully comprehensive insurance
Kasper <-s, -> ['kaspɐ] *m*, **Kasperl** <-s, -[n]> ['kaspɐl] *m o nt* ÖSTERR, SÜDD, **Kasperle** <-s, -> ['kaspɐlə] *m o nt* SÜDD Punch
Kasperletheater *nt* Punch and Judy show
kaspern ['kaspɐn] *vi* (*fam*) to fool around
Kassa <-, Kassen> ['kasa, *pl* 'kasən] *f* ÖSTERR (*Kasse*) till
Kassandraruf [ka'sandra-] *m* (*geh*) prophecy of doom
Kasse <-, -n> ['kasə] *f* ❶ (*Zahlstelle*) till; (*im Supermarkt*) check-out ❷ (*Kartenverkauf*) ticket office ❸ (*Registrierkasse*) cash register ▸ WENDUNGEN: **gut/schlecht bei ~ sein** (*fam*) to be well/badly off; **jdn zur ~ bitten** to ask sb to pay
Kasseler <-s> ['kasəlɐ] *nt kein pl s.* **Kassler**
Kassen *pl von* **Kassa, Kassen**
Kassenarzt, -ärztin *m, f* National Health doctor (*who treats non-privately insured patients*) **Kassenautomat** *m* automatic cash register **Kassenbeleg** *m* [sales] receipt **Kassenbestand** *m* cash balance **Kassenbon** *m* [sales] receipt **Kassengestell** *nt* (*fam*) ≈ National Health glasses BRIT (*spectacles frame paid for by the German equivalent of the National Health Service*) **Kassenpatient(in)** *m(f)* National Health [*or* AM Medicaid] patient **kassenpflichtig** ['kasənpflɪçtɪç] *adj Medikament, Therapie* covered by statutory health insurance **Kassenschlager** *m* (*fam*) ❶ (*erfolgreicher Film*) box-office hit ❷ (*Verkaufsschlager*) best-seller **Kassenstunden** *pl* cash desk opening hours BRIT, business hours AM **Kassensturz** *m* cashing-up BRIT, closing out a [cash] register/the [cash] registers AM **Kassenzettel** *m s.* **Kassenbon**
Kassette <-, -n> [ka'sɛtə] *f* ❶ (*Videokassette*) video tape; (*Musikkassette*) [cassette] tape ❷ (*Kästchen*) case ❸ (*Schutzkarton*) box
Kassettendeck *nt* cassette deck **Kassettenrecorder** *m*, **Kassettenrekorder** *m* cassette recorder
kassieren* [ka'si:rən] **I.** *vt* ❶ (*einziehen*) ■**etw [bei jdm] ~** *Miete* to collect sth [from sb] ❷ (*fam: einstreichen*) *Zinsen, Abfindung* to pick up ❸ (*fam: einbehalten*) to confiscate **II.** *vi* to settle the bill; **darf ich schon [bei Ihnen] ~?** would you mind settling the bill now?
Kassierer(in) <-s, -> [ka'si:rɐ] *m(f) Geschäft* cashier; *Bank* clerk
Kassler <-s> ['kaslɐ] *nt kein pl lightly smoked loin of pork*
Kastagnette <-, -n> [kastan'jɛtə] *f* castanet
Kastanie <-, -n> [kas'ta:ni̯ə] *f* (*Rosskastanie*) [horse]chestnut; (*Esskastanie*) chestnut ▸ WENDUNGEN: **[für jdn] die ~n aus dem Feuer holen** (*fam*) to pull sb's chestnuts out of the fire
Kastanienbaum *m* chestnut tree **kastanienbraun** *adj* maroon
Kästchen <-s, -> ['kɛstçən] *nt dim von* **Kasten** ❶ (*kleiner Kasten*) case ❷ (*Karo*) square
Kaste <-, -n> ['kastə] *f* caste
kasteien* [kas'ta̯jən] *vr* (*veraltend: büßen*) ■**sich ~** to castigate oneself
Kastell <-s, -e> [kas'tɛl] *nt* (*Burg*) castle
Kasten <-s, Kästen> ['kastn̩, *pl* 'kɛstn̩] *m* ❶ (*kantiger Behälter*) box ❷ (*offene Kiste*) crate ❸ ÖSTERR, SCHWEIZ (*Schrank*) cupboard ▸ WENDUNGEN: **etw/nichts auf dem ~ haben** (*fam*) to be/not be on the ball
Kastilien <-s> [kas'ti:li̯ən] *nt* Castile
Kastilier(in) <-s, -> [kas'ti:li̯ɐ] *m(f)* Castilian
kastilisch [kas'ti:lɪʃ] *adj* Castilian
kastrieren* [kas'tri:rən] *vt* to castrate
Kasus <-, -> ['ka:zʊs] *m* LING case
Kat <-s, -s> [kat] *m kurz für* **Katalysator** cat
Katakombe <-, -n> [kata'kɔmbə] *f* catacomb
Katalog <-[e]s, -e> [kata'lo:k, *pl* -'lo:gə] *m* catalogue
katalogisieren* [katalogi'zi:rən] *vt* to catalogue
Katalysator <-s, -toren> [kataly'za:to:ɐ̯, *pl* -'to:rən] *m* ❶ AUTO catalytic converter; **geregelter ~** regulated catalytic converter ❷ CHEM catalyst
Katamaran <-s, -e> [katama'ra:n] *m* NAUT catamaran
Katapult <-[e]s, -e> [kata'pʊlt] *nt o m* catapult
katapultieren* [katapʊl'ti:rən] **I.** *vt* (*a. fam*) to catapult **II.** *vr* ■**sich irgendwohin ~** ❶ (*sich schleudern*) **sich aus einem Flugzeug ~** to eject from an aircraft ❷ (*fam: sich rasch versetzen*) to catapult oneself somewhere
Katarr, Katarrh <-s, -e> [ka'tar] *m* catarrh

K

katastrophal [katastro'fa:l] **I.** *adj* catastrophic **II.** *adv* catastrophically

Katastrophe <-, -n> [kata'stro:fə] *f* catastrophe

Katastrophenalarm *m* emergency alert **Katastrophengebiet** *nt* disaster area **Katastrophenhilfe** *f kein pl* aid for disaster victims **Katastrophenopfer** *nt* disaster victim **Katastrophenschutz** *m* disaster control **Katastrophenstimmung** *f* hysteria *no pl*

Katechismus <-, Katechismen> [katɛ'çɪsmʊs] *m* catechism

Kategorie <-, -n> [katego'ri:, *pl* -'ri:ən] *f* category

kategorisch [kate'go:rɪʃ] (*emph*) **I.** *adj* categorical **II.** *adv* categorically

Kater[1] <-s, -> ['ka:tɐ] *m* tomcat

Kater[2] <-s, -> ['ka:tɐ] *m* (*fam*) hangover; **einen ~ haben** to have a hangover

Katerfrühstück *nt* breakfast which is supposed to cure a hangover

kath. *adj Abk von* **katholisch**

Kathedrale <-, -n> [kate'dra:lə] *f* cathedral

Katheter <-s, -> [ka'te:tɐ] *m* MED catheter

Kathode <-, -n> [ka'to:də] *f* cathode

Katholik(in) <-en, -en> [kato'li:k] *m(f)* [Roman] Catholic

katholisch [ka'to:lɪʃ] **I.** *adj* Roman Catholic **II.** *adv* Catholic

Katholizismus <-> [katoli:'tsɪsmʊs] *m kein pl* Catholicism *no pl*

Katz <-, -e> [kats] *f* SÜDD cat ▶WENDUNGEN: **~ und <u>Maus</u> mit jdm spielen** (*fam*) to play cat and mouse with sb

katzbuckeln ['katsbʊkl̩n] *vi* (*pej fam*) ■**[vor jdm] ~** to grovel [before sb]

Kätzchen[1] <-s, -> ['kɛtsçən] *nt dim von* **Katze** kitten

Kätzchen[2] <-s, -> ['kɛtsçən] *nt* BOT (*Blütenstand*) catkin

Katze <-, -n> ['katsə] *f* cat ▶WENDUNGEN: **die ~ aus dem <u>Sack</u> lassen** (*fam*) to let the cat out of the bag; **die ~ im <u>Sack</u> kaufen** (*fam*) to buy a pig in a poke

Katzenauge *nt* ❶ (*veraltend: Rückstrahler*) reflector ❷ (*Halbedelstein*) cat's-eye ❸ (*Auge einer Katze*) a cat's eye

katzenhaft *adj* cat-like

Katzenjammer *m* (*fam*) the blues + *sing vb* **Katzensprung** *m* (*fam*) **[nur] einen ~ entfernt sein** to be [only] a stone's throw away **Katzenstreu** *f* cat litter **Katzenwäsche** *f* (*hum fam*) cat's lick

Kauderwelsch <-[s]> ['kaʊ̯dɐvɛlʃ] *nt kein pl* (*pej*) ❶ (*Sprachgemisch*) a hotchpotch (*of different languages*) ❷ (*Fachsprache*) jargon

kauen ['kaʊ̯ən] *vt, vi* to chew (**an** + *dat* on)

kauern ['kaʊ̯ɐn] **I.** *vi* to be huddled [up] **II.** *vr* ■**sich** *akk* **hinter etw** *akk* **~** to crouch behind sth; **sich** *akk* **in eine Ecke ~** to cower in a corner

Kauf <-[e]s, Käufe> [kaʊ̯f, *pl* 'kɔʏfə] *m* ❶ (*das Kaufen*) buying *no pl*; **etw zum ~ anbieten** to offer sth for sale ❷ (*Ware*) buy ▶WENDUNGEN: **etw in ~ <u>nehmen</u>** to put up with sth

kaufen ['kaʊ̯fn̩] *vt* ❶ (*einkaufen*) to buy ❷ (*fam: bestechen*) ■**jdn ~** to buy sb [off *sep*], to bribe sb ▶WENDUNGEN: **dafür <u>kann</u> ich mir nichts ~!** (*iron*) a lot of use that is to me!

Käufer(in) <-s, -> ['kɔʏfɐ] *m(f)* buyer

Kauffrau *f* businesswoman

Kaufhaus *nt* department store **Kaufhausdetektiv(in)** *m(f)* store detective

Kaufkraft *f* ❶ (*Geldwert*) purchasing power ❷ (*Finanzkraft*) spending power **Kaufladen** *m* (*Spielzeug*) [child's] toy shop [*or* AM *usu* store] **Kaufleute** *pl s.* **Kaufmann**

käuflich **I.** *adj* ❶ (*zu kaufen*) for sale *pred* ❷ (*bestechlich*) bribable **II.** *adv* **~ erwerben** to purchase

Kaufmann <-leute> ['kaʊ̯fman] *m* businessman

kaufmännisch **I.** *adj* commercial **II.** *adv* commercially

Kaufpreis *m* purchase price **Kaufrausch** *m kein pl* spending spree **Kaufvertrag** *m* contract of sale **Kaufzwang** *m* **ohne ~** without obligation [to buy]

Kaugummi *m* chewing gum

Kaukasus <-> ['kaʊ̯kazʊs] *m* Caucasus

Kaulquappe <-, -n> ['kaʊ̯lkvapə] *f* tadpole

kaum [kaʊ̯m] *adv* hardly; **wir haben ~ noch Zeit** we've hardly got any time left; **~ eine[r]** hardly anyone; **~ eine Rolle spielen** to be scarcely of any importance

kausal [kaʊ̯'za:l] **I.** *adj* causal **II.** *adv* causally

Kausalkette *f* MATH, PHILOS chain of cause and effect **Kausalsatz** *m* LING causal clause **Kausalzusammenhang** *m* causal connection

Kautabak *m* chewing tobacco

Kaution <-, -en> [kaʊ̯'tsi̯o:n] *f* ❶ JUR bail ❷ (*Mietkaution*) deposit

Kautschuk <-s, -e> ['kaʊ̯tʃʊk] *m* caoutchouc

Kauz <-es, Käuze> [kaʊ̯ts, *pl* 'kɔʏtsə] *m* ❶ (*Eulenvogel*) [tawny] owl ❷ (*Sonderling*) [odd] character

kauzig ['kaʊ̯tsɪç] *adj* odd

Kavalier <-s, -e> [kava'li:ɐ̯] *m* gentleman

Kavaliersdelikt *nt* petty offence

Kavalier(s)start *m* racing start

Kavallerie <-, -n> ['kavaləri:, *pl* -'ri:ən] *f* HIST, MIL cavalry

Kaviar <-s, -e> ['ka:vi̯ar] *m* caviar[e]

KB ['ka:'be:] *nt Abk von* **Kilobyte** kbyte

Kebab <-[s], -[s]> [ke'bap] *m* kebab

keck [kɛk] **I.** *adj* cheeky **II.** *adv* cheekily

Kefe <-, -n> ['ke:fə] *f* SCHWEIZ sugar snap pea, mangetout

Kegel <-s, -> ['ke:gl̩] *m* ① (*Spielfigur*) skittle ② MATH, GEOG cone

Kegelbahn *f* ① (*Anlage*) [ninepin/tenpin] bowling alley ② (*einzelne Bahn*) [bowling] lane **kegelförmig** *adj* conical

kegeln ['ke:gl̩n] *vi* to go [ninepin/tenpin] bowling

Kehle <-, -n> ['ke:lə] *f* throat

Kehlkopf *m* larynx **Kehlkopfentzündung** *f* MED laryngitis *no pl, no indef art*

Kehrbesen *m* SÜDD broom **Kehrblech** *nt* SÜDD *s.* **Kehrschaufel**

kehren[1] ['ke:rən] *vt* (*wenden*) ■**etw ~** to turn sth; **jdm/etw den Rücken ~** to turn one's back on sb/sth

kehren[2] ['ke:rən] *vt, vi* DIAL (*fegen*) to sweep

Kehricht <-s> ['ke:rɪçt] *m o nt kein pl* ① (*zusammengefegter Dreck*) sweepings *npl* ② SCHWEIZ (*Müll*) refuse, AM *usu* garbage ▶WENDUNGEN: **jdn einen feuchten ~ angehen** (*fam*) not to be any of sb's [damned] business

Kehrmaschine *f* road-sweeper

Kehrreim *m* LIT refrain

Kehrschaufel *f* dustpan

Kehrseite *f* ① (*veraltend: Rückseite*) back ② (*Schattenseite*) downside ③ (*hum: Rücken, Gesäß*) back ▶WENDUNGEN: **die ~ der Medaille** the other side of the coin

kehrt|machen *vi* to turn [round and go] back

Kehrtwendung *f* (*fig*) about-turn [*or* AM -face], U-turn *fam*

Kehrwoche *f* SÜDD

> **Land und Leute**
>
> **Die Kehrwoche** (the *cleaning*, or literally *sweeping week*) is a Swabian invention. Residents in an apartment block take turns to clean the communal areas in and around their building, such as the stairwell and the pavement.

keifen ['kaifn̩] *vi* (*pej*) to nag

Keil <-[e]s, -e> [kail] *m* TECH wedge

keilen ['kailən] **I.** *vt* FORST ■**etw ~** to split sth with a wedge **II.** *vr* DIAL (*fam: sich prügeln*) ■**sie ~ sich** they are scrapping *sl* **III.** *vi* to kick

Keiler <-s, -> ['kailɐ] *m* wild boar

Keilerei <-, -en> [kailə'rai] *f* (*fam*) scrap *sl*

keilförmig *adj* wedge-shaped; **~e Schriftzeichen** cuneiform characters

Keilriemen *m* AUTO V-belt

Keim <-[e]s, -e> [kaim] *m* ① BOT shoot ② (*befruchtete Eizelle*) embryo ③ (*Erreger*) germ ▶WENDUNGEN: **etw im ~ ersticken** to nip sth in the bud

Keimdrüse *f* gonad

keimen ['kaimən] *vi* ① BOT to germinate ② (*fig*) to stir

keimfrei *adj* sterile; **etw ~ machen** to sterilize sth

Keimling <-s, -e> *m* BOT shoot

keimtötend *adj* germicidal **Keimzelle** *f* ① BIOL germ cell ② (*geh: Ausgangspunkt*) nucleus

kein [kain] **I.** *pron indef, attr* ① (*verneint ein Substantiv*) no, not any; **ich habe kein Geld** I have no money, I don't have any money; **er hat ~e Freunde** he has no friends, he doesn't have any friends; **sie haben ~e Kinder** they have no children, they haven't got any children; **ich habe jetzt wirklich ~e Zeit** I really haven't got any time now; **er sagte ~ Wort** he didn't say a word; **ich habe heute einfach ~e Lust, ins Kino zu gehen** I just don't fancy going to the cinema today ② (*verneint ein Adjektiv*) not; **das ist ~ dummer Gedanke** that's not a bad idea; **das ist ~ großer Unterschied** that's not much of a difference ③ (*vor Zahlwörtern*) less than, not; **er wartete ~e 3 Minuten** he waited [for] less than three minutes; **die Reparatur dauert ~e 5 Minuten** it won't take 5 minutes to repair **II.** *pron indef, substantivisch* ① (*von Menschen*) nobody, no one; **~er von uns** none of us; **ich habe ~en gesehen** I haven't seen anyone; **~e/~er von beiden** neither [of them] ② (*von Gegenständen*) none, any; **ist Saft da? – nein, ich habe keinen gekauft** is there any juice? – no, I didn't buy any; **~s von beiden** neither [of them]; **~s von beiden gefällt mir** I don't like either of them ③ (*nachgestellt*) **Lust habe ich schon, aber Zeit habe ich ~e** I'd like to, it's just that I don't have the time; **ich gehe zu der Verabredung, aber Lust hab ich ~e** I'm going to keep the appointment, but I don't feel like going

keinerlei ['kainɐ'lai] *adj attr* no ... at all [*or* what[so]ever]

keinesfalls ['kainəs'fals] *adv* under no circumstances

keineswegs ['kainəs've:ks] *adv* not at all, by

no means

keinmal ['kaịnma:l] *adv* not once

Keks <-es, -e> [ke:ks] *m* biscuit BRIT, cookie AM ▶ WENDUNGEN: **jdm auf den ~ gehen** (*fam*) to get on someone's wick

Kelch <-[e]s, -e> [kɛlç] *m* ❶ (*Sektkelch*) [champagne] glass ❷ REL chalice ❸ BOT calyx

Kelle <-, -n> ['kɛlə] *f* ❶ (*Schöpflöffel*) ladle ❷ (*Maurerkelle*) trowel ❸ (*Signalstab*) signalling disc

Keller <-s, -> ['kɛlɐ] *m* cellar

Kellerassel *f* woodlouse

Kellerei <-, -en> [kɛlə'raị] *f* winery

Kellerfenster *nt* cellar window

Kellergeschoss *nt* basement

Kellner(in) <-s, -> ['kɛlnɐ] *m(f)* waiter *masc*, waitress *fem*

kellnern ['kɛlnɐn] *vi* (*fam*) to work as a waiter/waitress

Kelte, Keltin <-n, -n> ['kɛltə, 'kɛltɪn] *m, f* Celt

Kelterei <-, -en> [kɛltə'raị] *f* fruit pressing plant

keltern ['kɛltɐn] *vt* to press

Keltin <-, -nen> *f fem form von* **Kelte**

keltisch ['kɛltɪʃ] *adj* Celtic

Kenia <-s> ['ke:ni̯a] *nt* Kenya; *s. a.* **Deutschland**

Kenianer(in) <-s, -> [ke'ni̯a:nɐ] *m(f)* Kenyan; *s. a.* **Deutsche(r)**

kenianisch [ke'ni̯a:nɪʃ] *adj* Kenyan; *s. a.* **deutsch**

kennen <kannte, gekannt> ['kɛnən] *vt* ❶ (*jdm bekannt sein*) ■**jdn/etw ~** to know sb/sth; **du kennst dich doch!** you know what you're like!; **kennst du mich noch?** do you remember me?; **wie ich ihn/sie kenne ...** if I know him/her ...; **so kenne ich dich gar nicht** I've never seen you like this; **jdn ~ lernen** to get to know sb; **sich** *akk* **~lernen** (*erstmals begegnen*) to meet ❷ (*jdm vertraut sein*) ■**etw ~** to be familiar with sth; **kennst du das Buch/diesen Film?** have you read this book/seen this film?; **das ~ wir [schon]** (*iron*) we've heard all that before ▶ WENDUNGEN: **jdn noch ~ lernen** (*fam*) to have sb to reckon with

Kenner(in) <-s, -> ['kɛnɐ] *m(f)* expert, authority

Kennerblick *m* expert eye

Kennerin <-, -nen> *f fem form von* **Kenner**

Kennnummer *f* code [*or* reference] number

kenntlich ['kɛntlɪç] *adj* ■**~ sein** to be recognizable (**an** *+dat* by); **etw [als etw] ~ machen** to identify sth [as sth]

Kenntnis <-, -se> ['kɛntnɪs] *f* ❶ *kein pl* (*Vertrautheit*) knowledge; **etw zur ~ nehmen** to take note of sth; **zur ~ nehmen, dass ...** to note that ...; **jdn von etw** *dat* **in ~ setzen** (*geh*) to inform sb of sth ❷ *pl* (*Wissen*) knowledge *no pl*

Kenntnisnahme <-> *f kein pl* (*geh*) **zur ~** for sb's attention

Kennwort <-wörter> *nt* ❶ (*Codewort*) code name ❷ (*Losungswort*) password

Kennzahl *f* ❶ TELEK (*Ortsnetzkennzahl*) dialling [*or* AM area] code ❷ (*charakteristischer Zahlenwert*) index **Kennzeichen** *nt* ❶ (*Autokennzeichen*) number plate BRIT, license plate AM ❷ (*Merkmal*) mark

kennzeichnen ['kɛntsaịçnən] *vt* ❶ (*markieren*) to mark ❷ (*charakterisieren*) to characterize

kennzeichnend *adj* typical, characteristic

Kennziffer *f* box number

kentern ['kɛntɐn] *vi sein* to capsize

Keramik <-, -en> [ke'ra:mɪk] *f* ❶ *kein pl* (*Töpferwaren*) pottery *no indef art*; **Geschirr aus ~** tableware in ceramic ❷ (*einzelner Gegenstand*) piece of pottery ❸ *kein pl* (*gebrannter Ton*) fired clay

Kerbe <-, -n> ['kɛrbə] *f* notch ▶ WENDUNGEN: **in die gleiche ~ hauen** (*fam*) to take the same line

Kerbholz *nt* ▶ WENDUNGEN: **etw auf dem ~ haben** (*fam*) to have blotted one's copybook

Kerker <-s, -> ['kɛrkɐ] *m* ❶ HIST (*Verlies*) dungeon ❷ ÖSTERR (*Zuchthaus*) prison

Kerl <-s, -e *o* -s> [kɛrl] *m* ❶ (*fam: Bursche*) bloke ❷ (*Mensch*) person; **er/sie ist ein feiner ~** he/she is a fine fellow

Kern <-[e]s, -e> [kɛrn] *m* ❶ *Kernobst* pip; *Steinobst* stone ❷ (*Atom-, Zellkern*) nucleus ❸ (*wichtigster Teil*) core ▶ WENDUNGEN: **in ihr steckt ein guter ~** she's good at heart; **einen wahren ~ haben** to contain a core of truth

Kernarbeitszeit *f* core working hours

Kernenergie *f* nuclear energy **Kernenergieausstieg** *m* POL *policy for reducing dependency on nuclear power and decommissioning nuclear power stations*

Kernexplosion *f* nuclear explosion

Kernforschung *f* nuclear research **Kernforschungszentrum** *nt* nuclear research centre

Kernfrage *f* central issue **Kernfusion** *f* nuclear fusion **Kerngedanke** *m* central idea **Kerngehäuse** *nt* BOT, HORT core **kerngesund** *adj* fit as a fiddle *pred*

kernig ['kɛrnɪç] *adj* ❶ (*voller Obstkerne*) full of pips *pred* ❷ (*urwüchsig*) earthy

Kernkraft *f* nuclear power **Kernkraftbe-**

fürworter(in) *m(f)* supporter of nuclear power **Kernkraftgegner(in)** *m(f)* opponent of nuclear power **Kernkraftwerk** *nt* nuclear power plant
kernlos *adj* pipless; **~e Trauben** seedless grapes
Kernobst *nt* pomaceous fruit **Kernphysik** *f* nuclear physics + *sing vb, no art* **Kernproblem** *nt* central problem **Kernpunkt** *m s.* **Kern 3** **Kernreaktion** *f* nuclear reaction **Kernreaktor** *m* nuclear reactor **Kernseife** *f* washing soap **Kernspaltung** *f* nuclear fission *no pl, no indef art* **Kernstück** *nt* crucial part **Kerntechnik** *f* nuclear engineering **Kernteilung** *f* BIOL nuclear division **Kernverschmelzung** *f* ① PHYS nuclear fusion ② BIOL cell union
Kernwaffe *f meist pl* nuclear weapon **Kernwaffenversuch** *m* nuclear weapons test
Kerosin <-s, -e> [kero'zi:n] *nt* kerosene
Kerze <-, -n> ['kɛrtsə] *f* ① (*Wachskerze*) candle ② AUTO spark plug
kerzengerade **I.** *adj* erect **II.** *adv* as straight as a die **Kerzenhalter** *m* candle-holder **Kerzenleuchter** *m* candlestick **Kerzenlicht** *nt kein pl* candlelight **Kerzenständer** *m* candlestick
kess [kɛs] **I.** *adj* ① (*frech und pfiffig*) cheeky ② (*flott*) jaunty; *Hose* natty **II.** *adv* cheekily
Kessel <-s, -> ['kɛsəl] *m* ① (*Wasserkessel*) kettle ② (*großer Kochtopf*) pot
Kesselstein *m kein pl* scale, fur
Ketchup, Ketschup <-[s], -s> ['kɛtʃap] *m o nt* ketchup
Kette <-, -n> ['kɛtə] *f* ① (*Gliederkette*) chain; (*Fahrradkette*) [bicycle] chain; (*Schmuckkette*) necklace ② (*Serie*) line; **eine ~ von Ereignissen** a chain of events; **eine ~ von Unglücksfällen** a series of accidents
ketten ['kɛtn̩] *vt* ■**jdn/ein Tier an etw ~** to chain sb/an animal to sth; ■**jdn an sich** *akk* **~** (*fig*) to bind sb to oneself
Kettenfahrzeug *nt* tracked vehicle **Kettenglied** *nt* link **Kettenraucher(in)** *m(f)* chain-smoker **Kettenreaktion** *f* chain reaction
Ketzer(in) <-s, -> ['kɛtsɐ] *m(f)* heretic
Ketzerei <-, -en> [kɛtsə'raj] *f* heresy
Ketzerin <-, -nen> *f fem form von* **Ketzer**
ketzerisch *adj* heretical
keuchen ['kɔyçn̩] *vi* to pant
Keuchhusten *m* whooping cough *no art*
Keule <-, -n> ['kɔylə] *f* ① (*Waffe*) club ② KOCHK leg
keusch [kɔyʃ] **I.** *adj* chaste **II.** *adv* **~ leben** to lead a chaste life
Keuschheit <-> *f kein pl* chastity
Keyboard <-s, -s> ['ki:bo:ɐ̯t] *nt* keyboard
Kfz <-[s], -[s]> [ka:ɛf'tsɛt] *nt Abk von* **Kraftfahrzeug**
kg *Abk von* **Kilogramm** kg
kHz *Abk von* **Kilohertz** kHz
KI *f* INFORM *Abk von* **Künstliche Intelligenz** AI
Kichererbse ['kɪçɐʔɛrpsə] *f* chick-pea
kichern ['kɪçɐn] *vi* to giggle
kicken ['kɪkn̩] (*fam*) **I.** *vi* to play football [*or* AM soccer] **II.** *vt* to kick
Kicker(in) <-s, -> ['kɪkɐ] *m(f)* (*fam*) football [*or* AM soccer] player
Kickertisch *m* table football BRIT, foosball table AM
Kickstarter *m* kick-start[er]
Kid <-s, -s> [kɪt] *nt* (*sl*) kid *fam*
kidnappen ['kɪtnɛpn̩] *vt* to kidnap
Kidnapper(in) <-s, -> ['kɪtnɛpɐ] *m(f)* kidnapper
Kidnapping <-s, -s> ['kɪtnɛpɪŋ] *nt* kidnapping
kiebig ['ki:bɪç] *adj* DIAL ① (*frech*) cheeky ② (*aufgebracht*) ■**~ sein/werden** to be/get annoyed
Kiebitz <-es, -e> ['ki:bɪts] *m* lapwing
kiebitzen ['ki:bɪtsn̩] *vi haben* ① (*fam: neugierig beobachten*) to look on curiously ② KARTEN, SCHACH to kibitz (*to look on and offer unwelcome advice*)
Kiefer[1] <-, -n> ['ki:fɐ] *f* BOT pine
Kiefer[2] <-s, -> ['ki:fɐ] *m* ANAT jaw[-bone]
Kiefernnadel *f* pine needle **Kiefernwald** *m* pine wood
Kieferorthopäde, -orthopädin <-n, -n> *m, f* orthodontist
kieken ['ki:kn̩] *vi* NORDD (*gucken*) to look
Kiel <-[e]s, -e> [ki:l] *m* ① (*Schiffskiel*) keel ② (*Federkiel*) quill
Kielraum *m* bilge **Kielwasser** *nt* wake; **in jds ~ segeln** (*fig*) to follow in sb's wake
Kieme <-, -n> ['ki:mə] *f* gill
Kies <-es, -e> [ki:s] *m* ① (*kleines Geröll*) gravel *no pl* ② *kein pl* (*fam: Geld*) dough *no indef art*
Kiesel <-s, -> ['ki:zl̩] *m*, **Kieselstein** *m* pebble
Kieselerde *f* silica
Kiesgrube *f* gravel pit **Kiesweg** *m* gravel path
Kiew <-s> ['ki:ɛf] *nt* Kiev
kiffen ['kɪfn̩] *vi* (*sl*) to smoke grass
Kiffer(in) <-s, -> *m(f)* (*sl*) dope-head
kikeriki [kikəri'ki:] *interj* cock-a-doodle-doo
killen ['kɪlən] *vt* (*sl*) to bump off *sep*
Killer(in) <-s, -> ['kɪlɐ] *m(f)* (*sl*) hit man

K

Killerspiel *nt* (*pej fam*) shoot 'em up [computer] game

Kilo <-s, -[s]> ['ki:lo] *nt* kilo

Kilobyte ['ki:lobait] *nt* kilobyte **Kilogramm** *nt* kilogramme **Kilohertz** *nt* kilohertz **Kilojoule** ['ki:lodʒaul] *nt* kilojoule **Kilokalorie** ['ki:lokalori:] *f* kilocalorie

Kilometer [kilo'me:tɐ] *m* kilometre

Kilometergeld *nt* mil[e]age [allowance]

kilometerlang **I.** *adj* stretching for miles *pred* **II.** *adv* for miles on end **Kilometerstand** *m* mil[e]age [reading] **Kilometerstein** *m* milestone **kilometerweit** *adv* for miles [and miles] **Kilometerzähler** *m* mil[e]age counter

Kilovolt ['kilovɔlt] *nt* kilovolt

Kilowatt ['kilovat] *nt* kilowatt **Kilowattstunde** *f* kilowatt-hour

Kind <-[e]s, -er> [kɪnt, *pl* kɪndɐ] *nt* child; **ihre ~er sind drei und vier Jahre alt** her children are three and four years old; **ein ~ [von jdm] bekommen** to be expecting a baby [by sb]; **von ~ auf** from an early age; **ein großes ~ sein** to be a big baby; **noch ein halbes ~ sein** to be still almost a child ▶ WENDUNGEN: **mit ~ und Kegel** (*hum fam*) with the whole family; **kein ~ von Traurigkeit sein** (*hum*) to be sb who enjoys life; **wir werden das ~ schon schaukeln** (*fam*) we'll manage to sort it out

Falsche Freunde

Nicht verwechseln mit *kind* — Art *f*!

Kinderarbeit *f* child labour **Kinderarmut** *f* child poverty **Kinderarzt, -ärztin** *m, f* paediatrician **Kinderbuch** *nt* children's book **Kinderdorf** *nt* children's village

Kinderei <-, -en> [kɪndə'rai] *f* childishness *no pl, no indef art*

Kindererziehung *f* bringing up children **Kinderfahrkarte** *f* child's ticket **kinderfeindlich** **I.** *adj* anti-children **II.** *adv* with little regard for children **Kinderfreibetrag** *m* child [*or* children's] allowance **kinderfreundlich** **I.** *adj* child-friendly **II.** *adv* with children in mind

Kindergarten *m* nursery school, kindergarten AM

Land und Leute

Kindergärten in Germany are public institutions which are usually run by the local authority. Children of pre-school age are supervised by specially trained teachers for between four and six hours a day. Every 3-year-old in Germany has a basic right to a place in a **Kindergarten**.

Kindergärtner(in) *m(f)* nursery-school [*or* AM kindergarten] teacher **Kindergeburtstag** *m* child's birthday **Kindergeld** *nt* child benefit **Kinderheim** *nt* children's home **Kinderhort** *m* day-nursery **Kinderklinik** *f* children's clinic **Kinderkrankheit** *f* ❶ (*Krankheit*) childhood disease ❷ *meist pl* (*Anfangsproblem*) teething troubles *pl* **Kinderkriegen** <-s> *nt kein pl* (*fam*) giving birth *no art* ▶ WENDUNGEN: **zum ~ sein** (*fam*) to be enough to drive one up the wall **Kinderkrippe** *f* day-nursery **Kinderlähmung** *f* polio **kinderleicht** ['kɪndɐ'laiçt] (*fam*) **I.** *adj* dead easy; ■ **~ sein** to be child's play **II.** *adv* very easily; **etw ist ~ zu bedienen** sth is dead easy to operate **kinderlieb** ['kɪndɐli:p] *adj* fond of children *pred* **Kinderlied** *nt* nursery rhyme

kinderlos *adj* childless

Kindermädchen *f* nanny **Kindermärchen** *nt* (*fam*) fairy-tale **Kinderprogramm** *nt* children's programme **kinderreich** *adj* with many children *pred;* **eine ~e Familie** a large family **Kinderschänder(in)** <-s, -> *m(f)* child molester **Kinderschar** *f* crowd of children **Kinderschreck** *m kein pl* bog[e]yman **Kinderschuh** *m* child's shoe ▶ WENDUNGEN: **etw steckt noch in den ~en** sth is still in its infancy **Kindersicherung** *f* child[proof] safety catch **Kindersitz** *m Auto* child safety seat; *Fahrrad* child-carrier seat **Kinderspiel** *nt* children's game ▶ WENDUNGEN: **[für jdn] ein ~ sein** to be child's play [to sb] **Kinderspielplatz** *m* [children's] playground **Kinderspielzeug** *nt* [children's [*or* child's]] toy **Kindersterblichkeit** *f* infant mortality **Kinderstube** *f* ▶ WENDUNGEN: **eine/keine gute ~ gehabt haben** to have been well/badly brought up **Kindertagesstätte** *f* day-nursery, BRIT *a.* crèche **Kinderteller** *m* child portion **Kinderwagen** *m* pram BRIT, baby carriage AM

Kinderwunschzentrum *nt* MED fertility clinic **Kinderzimmer** *nt* children's room

Kindesalter *nt* **seit frühestem ~** from a very early age; **im ~ sein** to be a child **Kindesbeine** *pl* **von ~n an** from childhood **Kindesentführung** *f* child abduction **Kindesmissbrauch** *m* child abuse *no pl* **Kindesmisshandlung** *f* child abuse **Kindestötung** *f* infanticide

kindgemäß **I.** *adj* suitable for children *pred* **II.** *adv* suitably for children **kindgerecht** *adj* appropriate for children

Kindheit <-> *f kein pl* childhood; **von ~ an** from childhood

Kindheitserinnerung *f* childhood memory

K

usu pl **Kindheitserlebnis** *nt* childhood experience **Kindheitstraum** *m* childhood dream

kindisch ['kɪndɪʃ] **I.** *adj* childish **II.** *adv* childishly

kindlich ['kɪntlɪç] **I.** *adj* childlike **II.** *adv* ~ **scheinen/wirken** to appear/seem childlike

Kindskopf ['kɪntskɔpf] *m* (*fam*) big kid **Kind(s)taufe** *f* christening

King <-s> [kɪŋ] *m* **der ~ sein** (*sl*) to be [the] top dog *fam*

Kinkerlitzchen ['kɪnkɐlɪtsçən] *pl* (*fam*) trifles *pl*

Kinn <-[e]s, -e> [kɪn] *nt* chin

Kinnhaken *m* hook to the chin **Kinnlade** *f* jaw[-bone]

Kino <-s, -s> ['ki:no] *nt* cinema, AM *usu* [movie] theater; **im ~ kommen** to be on [*or* AM playing] at the cinema [*or* AM *usu* [movie] theater]

Kinobesucher(in) *m(f)* cinema-goer **Kinofilm** *m* cinema film BRIT, movie AM **Kinogänger(in)** <-s, -> *m(f)* cinema-goer **Kinoprogramm** *nt* cinema guide **Kinovorstellung** *f* showing [of a film]

Kiosk <-[e]s, -e> ['ki:ɔsk] *m* kiosk

Kipferl <-s, -[n]> ['kɪpfɐl] *nt* KOCHK ÖSTERR (*Hörnchen*) croissant

Kippe <-, -n> ['kɪpə] *f* (*fam*) ❶ (*Deponie*) tip BRIT, dump AM ❷ (*Zigarettenstummel*) cigarette end; (*Zigarette*) fag BRIT *sl*, cigarette AM ▶ WENDUNGEN: **es steht auf der ~, ob ...** it's touch and go whether ...

kippen ['kɪpn̩] **I.** *vt haben* ❶ (*schütten*) to tip ❷ (*schräg stellen*) to tilt ❸ (*fam: scheitern lassen*) ■**jdn/etw ~** to topple sb/to halt sth; *Gesetzesvorlage* to vote down *sep; Urteil* to overturn ▶ WENDUNGEN: **[gerne] einen/ein paar ~** (*fam*) to like a drink [or two] **II.** *vi sein* ❶ (*umfallen*) to topple over ❷ (*fallen*) ■**von etw** *dat* **~** to fall off sth ❸ (*scheitern*) *System* to collapse

Kippfenster *nt* laterally pivoted window **Kippwagen** *m* BAHN tipper wagon

Kirche <-, -n> ['kɪrçə] *f* ❶ (*Gebäude, Gottesdienst*) church ❷ (*Glaubensgemeinschaft*) Church, religion ❸ (*Institution*) Church

Kirchenasyl *nt* religious asylum *no pl* **Kirchenbann** *m* excommunication **Kirchenbesuch** *m* attendance at church **Kirchenbuch** *nt* parish register **Kirchenchor** *m* church choir **Kirchenfenster** *nt* church window **Kirchenfest** *nt* religious festival **Kirchengemeinde** *f* parish **Kirchenglocke** *f* church bell **Kirchenjahr** *nt* ecclesiastical year **Kirchenlied** *nt* hymn **Kirchenmaus** *f* ▶ WENDUNGEN: **arm wie eine ~ sein** (*fam*) to be as poor as a church mouse **Kirchenschiff** *nt* ARCHIT (*Längsschiff*) nave; (*Querschiff*) transept **Kirchenstaat** *m* HIST Papal States *pl*

Kirchensteuer *f* church tax

Land und Leute

Kirchensteuer (*church tax*) is equivalent to about 8% of income tax and is payable, in addition to income tax, by everyone who belongs to the Protestant or Catholic churches. It is usually forwarded directly to the relevant churches by the Inland Revenue. In Austria, the churches themselves collect the contributions in varying amounts and in Switzerland, church tax is regulated by cantonal law.

Kirchenvolk *nt kein pl* church members *pl*

Kirchhof *m* (*veraltend*) church graveyard

kirchlich ['kɪrçlɪç] **I.** *adj* church *attr,* ecclesiastical; **ein ~er Feiertag** a religious holiday **II.** *adv* ~ **bestattet werden** to have a church funeral; **sich** *akk* **~ trauen lassen** to get married in church

Kirchplatz *m* church square **Kirchturm** *m* [church] steeple **Kirchweih** <-, -en> *f,* **Kirchweihe** <-, -n> *f* (*ländlicher Jahrmarkt*) [country] fair

Kirmes <-, -sen> ['kɪrmɛs] *f* fair

kirre ['kɪrə] *adj präd* (*fam*) **jdn ~ machen** to bring sb to heel; **~ werden** to get confused

Kirschbaum ['kɪrʃbau̯m] *m* cherry tree

Kirsche <-, -n> ['kɪrʃə] *f* cherry

Kirschkern *m* cherry stone **Kirschwasser** *nt* kirsch

Kissen <-s, -> ['kɪsn̩] *nt* (*Kopfkissen*) pillow; (*Zierkissen*) cushion

Kissenbezug *m* cushion cover; (*für Kopfkissen*) pillowcase

Kiste <-, -n> ['kɪstə] *f* ❶ (*Behälter*) box, crate ❷ (*fam: Auto*) [old] banger [*or* AM clunker] ❸ (*fam: Fernseher*) the box ❹ (*fam: Bett*) sack; **ab in die ~!** hit the sack!

Kitsch <-es> [kɪtʃ] *m kein pl* kitsch

kitschig ['kɪtʃɪç] *adj* kitschy

Kitt <-[e]s, -e> [kɪt] *m* putty

Kittchen <-s, -> ['kɪtçən] *nt* (*fam*) nick

Kittel <-s, -> ['kɪtl̩] *m* (*Arbeitskittel*) overall; *eines Arztes/Laboranten* white coat

kitten ['kɪtn̩] *vt* ❶ (*verspachteln*) to putty ❷ (*fig: in Ordnung bringen*) to patch up *sep*

Kitz <-es, -e> [kɪts] *nt* kid

K

Kitzel <-s, -> ['kɪts|] *m* ① (*Juckreiz*) tickling feeling ② (*Lust auf Verbotenes*) thrill

kitzelig ['kɪtsəlɪç] *adj* ticklish

kitzeln ['kɪts|n] **I.** *vt* ① ■**jdn irgendwo ~** to tickle sb somewhere ② (*reizen*) to titillate; **den Gaumen ~** to titillate the palate ③ (*anregen*) to arouse **II.** *vi* to tickle; **hör auf, das kitzelt!** stop it, it tickles! **III.** *vt impers* ① (*jucken*) **es kitzelt mich** it's tickling me ② (*reizen*) **es kitzelt mich sehr, da mitzumachen** I'm really itching to join in

Kitzler <-s, -> *m* ANAT clitoris

kitzlig [kɪtslɪç] *adj s.* **kitzelig**

Kiwi <-, -s> ['ki:vi] *f* kiwi [fruit]

kJ *Abk von* **Kilojoule** kJ

KKW <-s, -s> [ka:ka:'ve:] *nt Abk von* **Kernkraftwerk**

Klacks <-es, -e> [klaks] *m* (*fam*) blob ▶ WENDUNGEN: [**für jdn**] **ein ~ sein** (*einfach*) to be a piece of cake [for sb]; (*wenig*) to be nothing [to sb]

klaffen ['klafn̩] *vi* to yawn; *Schnitt, Wunde* to gape

kläffen ['klɛfn̩] *vi* (*pej fam*) to yap

Kläffer <-s, -> *m* (*pej fam*) yapper

Klage <-, -n> ['kla:gə] *f* ① (*geh: Wehklage*) lament[ation] ② (*Beschwerde*) complaint (**über** +*akk* about); **keinen Grund zur ~ haben** to have no reason to complain ③ JUR [legal] action; **eine ~ abweisen** to dismiss a suit; **eine ~ [gegen jdn] einreichen** to take legal action [against sb]; **eine ~ auf Schadenersatz** a claim for compensation

Klagelaut *m* plaintive cry **Klagelied** *nt* **ein ~ [über jdn/etw] anstimmen/singen** to start to moan [about sb/sth]

klagen ['kla:gn̩] **I.** *vi* ① (*jammern*) to moan (**über** +*akk* about); **sie klagt regelmäßig über Kopfschmerzen** she regularly complains of having headaches ② (*sich beklagen*) to complain (**über** +*akk* about); **ich kann nicht ~** I can't complain; **ohne zu ~** without complaining ③ JUR ■[**gegen jdn**] ~ to take legal action [against sb]; **auf Schadenersatz ~** to claim for compensation **II.** *vt* ① (*Bedrückendes erzählen*) ■**jdm etw ~** to pour out one's sth to sb ② ÖSTERR (*verklagen*) ■**jdn ~** to take legal action against sb

klagend *adj* (*jammernd*) moaning

Kläger(in) <-s, -> *m(f)* JUR plaintiff

Klageschrift *f* JUR statement of claim

kläglich ['klɛ:klɪç] **I.** *adj* pathetic; *Anblick* pitiful **II.** *adv* pitifully; **~ scheitern** to fail miserably

klaglos ['kla:klo:s] *adv* uncomplainingly

Klamauk <-s> [kla'mauk] *m kein pl* (*pej fam*) ① (*Getöse*) din ② (*übertriebene Komik*) slapstick

klamm [klam] *adj* ① (*steif vor Kälte*) numb ② (*nass und kalt*) dank ③ (*sl: knapp bei Kasse*) ■**~ sein** to be hard up

Klammer <-, -n> ['klamɐ] *f* ① (*Wäscheklammer*) [clothes-]peg; (*Heftklammer*) staple; (*Haarklammer*) [hair-]grip; MED clip ② (*Zahnklammer*) brace ③ (*grafisches Zeichen*) brackets; **in ~n** in brackets

Klammeraffe *m* ① ZOOL spider monkey ② INET at sign

klammern ['klamɐn] **I.** *vt* ① (*zusammenheften*) to staple (**an** +*akk* to) ② MED to close with clips **II.** *vr* ■**sich** *akk* ~ (*a. fig*) to cling (**an** +*akk* to)

klammheimlich ['klam'haimlɪç] (*fam*) **I.** *adj* on the quiet *pred* **II.** *adv* on the quiet; **sich** *akk* **~ fortstehlen** to slip away [unseen]

Klamotte <-, -n> [kla'mɔtə] *f meist pl* ① (*fam: Kleidung*) clothes *npl* ② (*alte Sachen*) stuff

Klamotten [kla'mɔtn̩] *pl* (*fam*) ① (*Kleidung*) clothes *npl* ② (*alte Sachen*) stuff

Klan <-s, -s> [kla:n] *m* clan

klang [klaŋ] *imp von* **klingen**

Klang <-[e]s, Klänge> [klaŋ, *pl* 'klɛŋə] *m* sound

Klangfarbe *f* MUS timbre

klanglos *adj* toneless

klangvoll *adj* sonorous; *Melodie* tuneful; *Stimme* melodious

Klappbett *nt* folding bed

Klappe <-, -n> ['klapə] *f* ① (*Deckel*) flap ② (*sl: Mund*) trap; **halt die ~!** shut your trap! ▶ WENDUNGEN: **eine große ~ haben** to have a big mouth

klappen ['klapn̩] **I.** *vt* to fold **II.** *vi* (*fam: funktionieren*) to work out; **alles hat geklappt** everything went as planned

Klapper <-, -n> ['klapɐ] *f* rattle

klapperdürr ['klapɐ'dʏr] *adj* (*fam*) [as] thin as a rake *pred* **Klappergestell** *nt* (*hum fam: sehr dünner Mensch*) bag of bones; (*altes, klappriges Fahrzeug*) boneshaker

klapperig ['klapərɪç] *adj* (*fam*) ① (*gebrechlich*) frail ② (*instabil und wacklig*) rickety

Klapperkasten *m* (*fam*) ① *s.* **Klapperkiste** ② (*Klavier*) key basher ③ (*altes Gerät*) old pile of junk **Klapperkiste** *f* (*fam: Auto*) boneshaker

klappern ['klapɐn] *vi* to rattle

Klapperschlange *f* rattlesnake **Klapperstorch** *m* (*Kindersprache*) stork

Klappfahrrad *nt* folding bicycle **Klappmesser** *nt* flick-knife **Klapprad** *nt* folding bicycle

K

klapprig ['klaprɪç] *adj s.* **klapperig**

Klappsitz *m* folding seat **Klappstuhl** *m* folding chair **Klapptisch** *m* folding table

Klaps <-es, -e> [klaps] *m* (*fam*) smack

Klapse <-, -n> ['klapsə] *f* (*sl*), **Klapsmühle** *f* (*sl*) loony-bin, funny farm *hum*

klar [klaːɐ̯] **I.** *adj* ① (*ungetrübt*) clear ② (*unmissverständlich*) clear; *Antwort* straight; *Frage* direct ③ (*eindeutig*) clear; *Ergebnis* clear-cut; **alles ~?** (*fam*) is everything clear?; **na ~!** (*fam*) of course! ④ (*bewusst*) ■**jdm ~ sein** to be clear to sb; ■**sich** *dat* **über etw ~ werden** to get sth clear in one's mind ⑤ (*bereit*) ready **II.** *adv* ① (*deutlich*) clearly; **~ im Nachteil/Vorteil sein** to be at a clear disadvantage/advantage; **jdm etw ~ sagen/zu verstehen geben** to make sth clear to sb; **~ und deutlich** clearly and unambiguously ② (*eindeutig*) **jdn ~ besiegen** to defeat sb soundly; **etw ~ erkennen** to see sth clearly ③ (*ungetrübt*) **~ denkend** clear-thinking; **~ sehen** to see clearly

Kläranlage *f* sewage-works

Klare(r) *m* (*fam*) colourless spirit

klären ['klɛrən] **I.** *vt* ① (*aufklären*) to clear up *sep; Frage* to settle; *Problem* to resolve ② *Abwässer* to treat **II.** *vr* (*sich aufklären*) ■**sich** *akk* **~** to be cleared up

klar|gehen *vi irreg sein* (*fam*) to go OK

Klarheit <-> *f kein pl* ① (*Deutlichkeit*) clarity; **sich** *dat* **~ [über etw** *akk*] **verschaffen** to find out the facts [about sth]; **jdm etw in aller ~ sagen** to make sth perfectly clear to sb ② (*Reinheit*) clearness

Klarinette <-, -n> [klari'nɛtə] *f* clarinet

klar|kommen *vi irreg sein* (*fam*) ① (*bewältigen*) ■**[mit etw** *dat*] **~** to manage [sth] ② (*zurechtkommen*) ■**mit jdm ~** to cope with sb **klar|machen** *vt* ■**jdm etw ~** to make sth clear to sb; ■**sich** *dat* **etw ~** to realize sth

Klärschlamm *m* sludge

Klarsichtfolie [-li̯ə] *f* cling film **Klarsichthülle** *f* transparent folder

klar|stellen *vt* ■**etw ~** to clear up sth *sep;* ■**~, dass ...** to make [it] clear that ... **Klarstellung** *f* clarification **Klartext** *m* ► WENDUNGEN: **mit jdm ~ reden** (*fam*) to give sb a piece of one's mind

Klärung <-, -en> *f* ① (*Aufklärung*) clarification; *Frage* settling; *Problem* resolving ② *von Abwässern* treatment

klasse ['klasə] (*fam*) **I.** *adj* fantastic, great **II.** *adv* fantastically, very well

Klasse <-, -n> ['klasə] *f* ① (*Schulklasse*) class; **eine ~ wiederholen/überspringen** to repeat/skip a year ② (*Klassenraum*) classroom ③ (*Gesellschaftsgruppe*) class ④ (*Güteklasse*) class; **wir fahren immer erster ~** we always travel first-class

Klassenarbeit *f* [written] class test **Klassenbuch** *nt* SCH [class] register **Klassenkamerad(in)** *m(f)* classmate **Klassenkampf** *m* POL class struggle **Klassenlehrer(in)** *m(f)* class teacher

klassenlos *adj* SOZIOL classless

Klassensprecher(in) *m(f)* form captain **Klassenzimmer** *nt* classroom

klassifizieren* [klasifi'tsiːrən] *vt* to classify

Klassik <-> ['klasɪk] *f kein pl* (*fam: klassische Musik*) classical music

Klassiker <-s, -> ['klasikɐ] *m* (*zeitloses Werk*) classic

klassisch ['klasɪʃ] *adj* ① KUNST, LIT, MUS classical ② (*typisch*) classic

Klassizismus <-, -smen> [klasi'tsɪsmʊs] *m* ARCHIT classicism

klassizistisch [klasi'tsɪstɪʃ] *adj* ARCHIT, KUNST classical

Klatsch <-[e]s> [klatʃ] *m kein pl* (*pej fam*) tittle-tattle; **~ und Tratsch** gossip

Klatschbase *f* (*pej fam*) gossip[-monger] **Klatschblatt** *nt* (*Boulevardzeitschrift*) scandal sheet

klatschen ['klatʃn̩] **I.** *vi* ① (*mit den Händen*) to clap; **in die Hände ~** to clap one's hands ② (*Klaps geben*) ■**jdm irgendwohin ~** to smack sb somewhere ③ (*platschen*) ■**auf/in etw** *akk* **~** to land with a splat on/in sth ④ (*applaudieren*) to applaud ⑤ (*fam: tratschen*) to gossip (**über** +*akk* about) **II.** *vt* ① (*fam: werfen*) ■**etw irgendwohin ~** to chuck sth somewhere ② (*applaudieren*) **jdm Beifall ~** to applaud sb

Klatschmaul *nt* (*pej fam*) gossip[-monger]; (*bösartig a.*) scandalmonger *pej* **Klatschmohn** *m* [corn] poppy

klatschnass *adj* (*fam*) soaking wet; ■**~ sein/werden** to be/get soaked

Klatschspalte *f* (*pej fam*) gossip column[s *pl*] **Klatschtante** *f*, **Klatschweib** *nt s.* **Klatschbase**

klauben ['klau̯bn̩] *vt* SÜDD, ÖSTERR, SCHWEIZ ① (*pflücken*) to pick ② (*sammeln*) to collect; *Holz, Pilze* to gather; *Kartoffeln* to dig ③ (*auslesen*) ■**etw aus/von etw** *dat* **~** to pick sth out *sep* of/from sth; **etw vom Boden ~** to pick up *sep* sth [off the floor]

Klaue <-, -n> ['klau̯ə] *f* ① (*Krallen*) claw; *Vogel a.* talon ② (*pej sl: Hand*) mitt *fam!* ③ (*pej sl: Handschrift*) scrawl

klauen ['klau̯ən] (*fam*) **I.** *vt* ■**[jdm] etw ~** to pinch sth [from sb] **II.** *vi* to pinch things

Klausel <-, -n> ['klaʊzl̩] *f eines Vertrags* clause
Klaustrophobie <-, -n> [klaʊstrofo'bi:, *pl* -'bi:ən] *f* claustrophobia *no indef art, no pl spec*
Klausur <-, -en> [klaʊ'zu:ɐ̯] *f* ❶ SCH [written] exam ❷ REL **in ~ gehen** to retreat [from the world]
Klavier <-s, -e> [kla'vi:ɐ̯] *nt* piano
Klavierlehrer(in) *m(f)* piano teacher **Klavierspieler(in)** *m(f)* pianist
Klebeband <-bänder> ['kle:bə-] *nt* adhesive tape
kleben ['kle:bn̩] **I.** *vi* ❶ (*klebrig sein*) to be sticky ❷ (*haften*) to stick (**an** +*dat* to); [**an jdm/etw**] **~ bleiben** to stick [to sb/sth] ❸ (*fig: festhalten*) to cling (**an** +*dat* to) **II.** *vt* ❶ (*reparieren*) to glue ❷ (*befestigen*) to stick (**an** +*akk* to) ▶WENDUNGEN: **jdm eine ~** (*fam*) to clock sb one
Kleber <-s, -> ['kle:bɐ] *m* ❶ (*fam*) glue *no indef art, no pl* ❷ SÜDD, SCHWEIZ (*Aufkleber*) sticker
Klebestift *m* Prittstick® BRIT, UHU® AM
Klebestreifen *m s.* **Klebstreifen**
klebrig ['kle:brɪç] *adj* sticky
Klebstoff *m* adhesive; (*Leim*) glue *no indef art, no pl* **Klebstreifen** *m* adhesive tape
Kleckerbetrag *m meist pl* peanuts *pl fam*
kleckern ['klɛkɐn] (*fam*) **I.** *vt* ■**etw irgendwohin ~** to spill sth somewhere; **ich habe Kaffee auf mein Hemd gekleckert** I spilt coffee on my shirt **II.** *vi* (*beim Essen*) to make a mess; ■**mit etw** *dat* **~** to spill sth ▶WENDUNGEN: **nicht ~, sondern klotzen!** think big!
kleckerweise *adv* in dribs and drabs
Klecks <-es, -e> ['klɛks] *m* ❶ (*Fleck*) stain ❷ (*kleine Menge*) blob; **ein ~ Senf** a dab of mustard
klecksen ['klɛksn̩] **I.** *vi* ❶ *haben* (*Kleckse verursachen*) ■[**mit etw** *dat*] **~** to make a mess [with sth] ❷ *haben* (*tropfen*) to blot; *Farbe* to drip ❸ *sein* (*tropfen*) ■**etw kleckst irgendwohin** sth spills somewhere **II.** *vt haben* ■**etw auf etw ~** to splatter sth on sth
Klee <-s> [kle:] *m kein pl* clover *no indef art, no pl*
Kleeblatt *nt* cloverleaf; **vierblättriges ~** four-leaf clover
Kleid <-[e]s, -er> [klait, *pl* 'klaidɐ] *nt* ❶ (*Damenkleid*) dress ❷ *pl* (*Bekleidungsstücke*) clothes *npl* ▶WENDUNGEN: **~er machen Leute** (*prov*) fine feathers make fine birds
kleiden ['klaidn̩] **I.** *vt, vr* ■[**sich** *akk*] **~** to dress **II.** *vt* (*geh*) **etw in schöne Worte ~** to couch sth in fancy words
Kleiderbügel *m* coat-hanger **Kleiderbürste** *f* clothes brush **Kleiderhaken** *m* coathook **Kleiderkasten** *m* ÖSTERR, SCHWEIZ wardrobe **Kleiderordnung** *f* dress code **Kleiderschrank** *m* wardrobe **Kleiderzwang** *m* [strict] dress code
kleidsam *adj* (*geh*) flattering
Kleidung <-, -en> *f pl selten* clothing *no indef art, no pl*
Kleidungsstück *nt* garment
Kleie <-, -n> ['klaiə] *f* bran *no indef art, no pl*
klein [klain] **I.** *adj* small, little **II.** *adv* **~ gedruckt** *attr* in small print *pred;* **etw ~ hacken** to chop up *sep* sth; **~ gehackte Zwiebeln** finely chopped onions ▶WENDUNGEN: **~ anfangen** (*fam: ganz unten beginnen*) to start at the bottom; (*mit ganz wenig beginnen*) to start off in a small way; **~ beigeben** to give in [quietly]; **von ~ auf** from childhood
Kleinaktionär(in) *m(f)* small shareholder **Kleinanzeige** *f* classified advertisement, small ad *fam* **Kleinarbeit** *f kein pl* detailed work; **in mühevoller ~** with painstaking attention to detail
Kleinasien [klain'ʔa:zi̯ən] *nt* Asia Minor
Kleinbauer, -bäuerin *m, f* smallholder **Kleinbildkamera** *f* 35 mm camera **Kleinbuchstabe** *m* lower-case [letter] **kleinbürgerlich** *adj* ❶ (*pej: spießbürgerlich*) petit bourgeois ❷ (*den unteren Mittelstand betreffend*) lower middle-class **Kleinbürgertum** *nt kein pl* lower middle class **Kleinfamilie** [-li̯ə] *f* nuclear family **Kleinformat** *nt* small format; **im ~** small-format **Kleingedruckte(s)** *nt* small print *no indef art, no pl* **kleingeistig** *adj* (*pej*) small-minded **Kleingeld** *nt* [loose] change *no indef art, no pl* **kleingläubig** *adj* ❶ (*pej*) ■**~ sein** to lack conviction ❷ REL of little faith **Kleinhirn** *nt* cerebellum *spec* **Kleinholz** *nt kein pl* chopped wood *no indef art, no pl* ▶WENDUNGEN: **aus jdm/etw ~ machen** (*fam*) to make mincemeat [out] of sb/to make matchwood of sth
Kleinigkeit <-, -en> ['klainɪçkait] *f* ❶ (*Bagatelle*) small matter; [**für jdn**] **eine/keine ~ sein** to be a/no simple matter [for sb]; **wegen jeder ~** at every opportunity ❷ (*Einzelheit*) minor detail; **muss ich mich um jede ~ kümmern?** do I have to do every little thing myself? ❸ (*ein wenig*) **eine ~ zu hoch/tief** a little too high/low ❹ (*Sache*) little something *no def art, no pl;* **wir brauchen nur ein paar ~en** we only need a few little things; **ich habe dir eine ~ mitgebracht** I've got you a little

K

something; **eine ~ essen** to have a bite to eat ▶WENDUNGEN: **[jdn] eine ~ kosten** (*iron*) to cost [sb] a pretty penny

kleinkariert I. *adj* ① (*mit kleinen Karos*) finely checked ② (*fam: engstirnig*) narrow-minded II. *adv* in a narrow-minded way; **~ denken** to have narrow-minded opinions **Kleinkind** *nt* toddler, rug rat AM *fam* **Kleinkram** *m* (*fam*) ① (*Zeug*) odds and ends ② (*Trivialitäten*) trivialities *pl* **Kleinkrämerei** <-> [klainkrɛːmə'rai] *f kein pl* (*pej*) tinkering around the edges **Kleinkrieg** *m* running battle **klein|kriegen** *vt* (*fam*) ① (*kaputtmachen*) to smash ② (*gefügig machen*) ■**jdn ~** to bring sb into line **Kleinkriminelle(r)** *f(m)* petty criminal **kleinlaut** I. *adj* sheepish; (*gefügig*) subdued II. *adv* sheepishly; **~ fragen** to ask meekly; **etw ~ gestehen** to admit sth shamefacedly

kleinlich ['klainlɪç] *adj* (*pej*) ① (*knauserig*) mean ② (*engstirnig*) petty

Kleinlichkeit <-> *f kein pl* (*pej*) ① (*Knauserigkeit*) meanness *no indef art, no pl* ② (*Engstirnigkeit*) pettiness *no indef art, no pl*

Kleinod <-[e]s, -odien *o* -e> ['klain?oːt, *pl* klain?'oːdiən, 'klain?oːdə,] *nt* <*pl* -ode> (*geh*) jewel, gem; **jds ~ sein** to be sb's pride and joy

klein|schreiben *irreg vt irreg* ① (*mit kleinem Anfangsbuchstaben*) **ein Wort ~** *to begin a word with a lower-case letter* ② (*nicht wichtig nehmen*) ■**etw ~** to set little store by sth; **ganz kleingeschrieben werden** to count for very little **Kleinschreibung** *f* use of small initial letters **Kleinstadt** *f* small town **kleinstädtisch** *adj* small-town *attr;* (*pej*) provincial **Kleinwagen** *m* small car

kleinwüchsig *adj* small, of small stature *pred*

Kleister <-s, -> ['klaistɐ] *m* paste

Klemme <-, -n> ['klɛmə] *f* ① (*Haarklammer*) [hair] clip ② (*fam: schwierige Lage*) fix; **in der ~ sitzen** to be in a fix

klemmen ['klɛmən] I. *vt* to stick II. *vr* **sich** *dat* **den Finger in der Tür ~** to get one's finger caught in the door ▶WENDUNGEN: **sich** *akk* **hinter etw ~** to get on to sth; **ich werde mich mal hinter die Sache ~** I'll get onto it III. *vi* ① (*blockieren*) to jam ② (*angeheftet sein*) to be stuck

Klempner(in) <-s, -> ['klɛmpnɐ] *m(f)* plumber

Klempnerei <-, -en> [klɛmpnə'rai] *f* plumber's workshop

Klempnerin <-, -nen> *f fem form von* **Klempner**

Klepper <-s, -> ['klɛpɐ] *m* (*pej*) [old] nag

Kleriker <-s, -> ['kleːrikɐ] *m* cleric

Klerus <-> ['kleːrʊs] *m kein pl* clergy *no indef art, no pl*

Klette <-, -n> ['klɛtə] *f* ① (*Pflanze*) burdock ② (*pej fam: anhänglicher Mensch*) nuisance; **an jdm wie eine ~ hängen** (*fam*) to cling to sb like a limpet

Kletterer, Kletterin <-s, -> *m, f* climber

klettern ['klɛtɐn] *vi sein* to climb; **auf einen Baum ~** to climb a tree; **aus einem/in ein Auto ~** to climb out of/into a car

Kletterpflanze *f* climbing plant

Klettverschluss *m* Velcro® fastener

klicken [klɪkn̩] *vi* to click

Klient(in) <-en, -en> [kli'ɛnt] *m(f)* client

Klientel <-, -en> [kliɛn'teːl] *f* clientele + *sing/pl vb*

Klientin <-, -nen> *f fem form von* **Klient**

Klima <-s, Klimata> ['kliːma] *nt* climate

Klimaanlage *f* air-conditioning *no indef art, no pl*

klimafreundlich *adj* ÖKOL, METEO *Energieträger, Technologie* climate-friendly

Klimakterium <-s> [klimak'teːri̯ʊm] *nt kein pl* menopause *no indef art, no pl* **Klimaschutz** *m* climate protection

klimatisch [kli'maːtɪʃ] I. *adj attr* climatic II. *adv* climatically

klimatisiert *adj* air-conditioned

Klimaveränderung *f,* **Klimawechsel** *m* change of [*or* in] climate

Klimax <-> ['kliːmaks] *f kein pl* (*geh*) climax **Klimazone** *f* climatic zone

klimmen <klomm *o* klimmte, geklommen *o* geklimmt> ['klɪmən] *vi sein* (*geh*) ■**irgendwohin ~** to clamber up somewhere

Klimmzug *m* pull-up; **Klimmzüge machen** to do pull-ups

klimpern ['klɪmpɐn] *vi Münzen* to chink; *Schlüssel* to jangle; ■**auf etw** *dat* **~** to plonk away on sth *fam;* ■**mit etw** *dat* **~** to jingle with sth

Klinge <-, -n> ['klɪŋə] *f* blade; (*Rasierklinge*) [razor] blade

Klingel <-, -n> ['klɪŋl̩] *f* bell

Klingelknopf *m* bell-button

klingeln ['klɪŋl̩n] *vi* to ring; **an der Tür ~** to ring the doorbell; ■**[nach] jdm ~** to ring for sb ▶WENDUNGEN: **hat es jetzt endlich geklingelt?** has the penny finally dropped? BRIT **Klingelton** *m* TELEK ringtone

Klingelzeichen *nt* ring

klingen <klang, geklungen> ['klɪŋən] *vi* ① (*erklingen*) *Glas* to clink; *Glocke* to ring; **dumpf/hell ~** to have a dull/clear ring ② (*sich anhören*) to sound; **die**

Wand klang hohl the wall sounded hollow; **das klingt gut/interessant** that sounds good/interesting
Klinik <-, -en> ['kli:nɪk] *f* clinic
Klinikum <-s, Klinika *o* Kliniken> ['kli:nikʊm, *pl* 'kli:nika, 'kli:nikən] *nt* ① (*Universitätskrankenhaus*) university hospital ② (*Hauptteil der medizinischen Ausbildung*) clinical training *no indef art, no pl*
klinisch ['kli:nɪʃ] **I.** *adj* clinical **II.** *adv* clinically
Klinke <-, -n> ['klɪnkə] *f* [door-]handle
Klinker <-s, -> ['klɪnkɐ] *m* clinker [brick]
Klinkerstein *m* clinker [brick]
klipp [klɪp] *adv* ▶ WENDUNGEN: **~ und klar** quite clearly
Klippe <-, -n> ['klɪpə] *f* (*Felsklippe*) cliff; (*im Meer*) [coastal] rock
Klips [klɪps] *m* clip-on [ear-ring]
klirren ['klɪrən] *vi* ① *Gläser* to tinkle; *Fensterscheiben* to rattle ② *Lautsprecher, Mikrophon* to crackle ③ *Ketten, Sporen* to jangle; *Waffen* to clash
Klischee <-s, -s> [kli'ʃe:] *nt* stereotype
klischeehaft *adj* (*pej geh*) stereotypical; *Vortrag, Artikel* cliché-ridden
Klistier <-s, -e> [klɪs'ti:ɐ̯] *nt* enema *spec*
Klitoris <-, - *o* Klitorides> ['kli:torɪs, *pl* kli'to:ride:s] *f* clitoris
Klitsche <-, -n> ['klɪtʃə] *f* (*pej fam*) small-time outfit
klitschnass ['klɪtʃ'nas] *adj* (*fam*) *s.* **klatschnass**
klitzeklein ['klɪtsə'klain] *adj* (*fam*) teeny [weeny], AM *a.* itty-bitty
Klo <-s, -s> [klo:] *nt* (*fam*) loo BRIT, john AM
Kloake <-, -n> [klo'a:kə] *f* (*a. fig*) cesspool
klobig ['klo:bɪç] *adj* bulky; *Hände* massive
Klobrille *f* (*fam*) toilet seat **Klobürste** *f* (*fam*) toilet brush **Klodeckel** *m* (*fam*) toilet lid
klomm [klɔm] *imp von* **klimmen**
Klon <-s, -e> [klo:n] *m* clone
klonen ['klo:nən] *vt* to clone
klönen ['klø:nən] *vi* (*fam*) ■ **[mit jdm] ~** to chat [to sb]
Klopapier *nt* (*fam*) toilet paper
klopfen ['klɔpfn̩] **I.** *vi* to knock (**auf** +*akk* on, **gegen** +*akk* against); ■ **jdm auf etw ~** (*mit der flachen Hand*) to pat sb on sth; (*mit dem Finger*) to tap sb on sth **II.** *vt Teppich, Fleisch* to beat
klopffest *adj* TECH antiknock
Klopfzeichen *nt* knock
Kloppe ['klɔpə] *f* DIAL (*fam*) ▶ WENDUNGEN: **[von jdm] ~ kriegen** NORDD to get a walloping [from sb]
Klöppel <-s, -> ['klœpl̩] *m* ① (*Glockenklöppel*) clapper ② (*Spitzenklöppel*) bobbin ③ (*Taktstock*) [drum]stick
klöppeln ['klœpl̩n] *vt* ■ **etw ~** to make sth in pillow lace
kloppen ['klɔpn̩] *vr* DIAL (*fam*) ■ **sich** *akk* **[mit jdm] ~** to fight [with sb]
Klopperei <-, -en> [klɔpə'rai] *f* NORDD (*fam*) fight; (*mit mehreren Personen a.*) brawl
Klops <-es, -e> [klɔps] *m* ① (*Fleischkloß*) meatball ② (*fam: Schnitzer*) howler
Klosett <-s, -e *o* -s> [klo'zɛt] *nt* (*veraltend*) privy *old*
Kloß <-es, Klöße> [klo:s, *pl* 'klø:sə] *m* dumpling ▶ WENDUNGEN: **einen ~ im Hals haben** (*fam*) to have a lump in one's throat
Kloster <-s, Klöster> ['klo:stɐ, *pl* 'klø:stɐ] *nt* (*Mönchskloster*) monastery; (*Nonnenkloster*) convent; **ins ~ gehen** to enter a monastery/convent
Klöten ['klø:tn̩] *pl* NORDD (*sl*) balls *npl fam!*
Klotz <-es, Klötze> [klɔts, *pl* 'klœtsə] *m* ① (*Holzklotz*) block [of wood] ② (*pej fam: hässliches Gebäude*) monstrosity ▶ WENDUNGEN: **[jdm] ein ~ am Bein sein** (*fam*) to be a millstone round sb's neck
klotzen ['klɔtsən] *vi* (*fam*) ① (*hart arbeiten*) to slog [away]; (*schnell arbeiten*) to work like hell ② (*Mittel massiv einsetzen*) ■ **[bei etw** *dat*] **~** to splurge [out] [on sth]
klotzig [klɔtsɪç] (*sl*) **I.** *adj* ① (*ungefüge*) large and ugly; ■ **~ sein** to be bulky ② (*aufwändig*) extravagant **II.** *adv* ① (*überreichlich*) extremely ② (*aufwändig*) lavishly
Klub <-s, -s> [klʊp] *m* club
Kluft[1] <-, Klüfte> [klʊft, *pl* 'klʏftə] *f* ① GEOG cleft ② (*scharfer Gegensatz*) gulf; **tiefe ~** deep rift
Kluft[2] <-, -en> [klʊft] *f* DIAL (*hum*) uniform
klug <klüger, klügste> [klu:k] **I.** *adj* intelligent, clever; (*vernünftig*) wise; *Entscheidung* prudent; *Rat* sound; **es wäre klüger, ...** it would be more sensible ...; **da soll einer draus ~ werden** I can't make head [n]or tail of it; **genauso ~ wie zuvor sein** to be none the wiser **II.** *adv* (*a. iron*) cleverly
klugerweise *adv* [very] cleverly
Klugheit <-, -en> ['klu:khait] *f kein pl* intelligence, cleverness; (*Vernunft*) wisdom
Klugscheißer(in) <-s, -> *m(f)* (*sl*) smart-ass
klügste(r, s) *adj superl von* **klug**
Klumpatsch <-s> *m kein pl* (*fam*) junk *no indef art, no pl*
klumpen ['klʊmpn̩] *vi* to go lumpy; *Salz* to cake
Klumpen <-s, -> ['klʊmpn̩] *m* lump; **~ bilden** to go lumpy

K

Klumpfuß *m* club foot
klumpig ['klʊmpɪç] *adj* lumpy
Klüngel <-s, -> ['klʏŋl̩] *m* (*pej fam*) old boys' network BRIT; (*zwischen Verwandten*) nepotistic web
Klüngelei <-, -en> [klʏŋə'laj] *f* (*pej*) ① (*Vetternwirtschaft*) cronyism ② DIAL (*Trödelei*) dawdling *no pl, no indef art*
Klunker <-s, -> ['klʊŋkɐ] *m* (*sl: Edelstein*) rock
km [ka:'ɛm] *m Abk von* **Kilometer** km
km/h [ka:ɛm'ha:] *m Abk von* **Kilometer pro Stunde** kmph
knabbern ['knabɐn] **I.** *vi* ■**an etw** *dat* ~ ① (*knabbernd verzehren*) to nibble [at] sth ② (*geistig/emotional verarbeiten*) to chew on sth **II.** *vt* to nibble; **etwas zum K~** something to nibble
Knabe <-n, -n> ['kna:bə] *m* (*veraltend geh*) boy; **na, alter ~!** (*fam*) well, old boy!
Knäckebrot *nt* crispbread *no indef art, no pl*
knacken [knakn̩] **I.** *vt* to crack **II.** *vi* ① (*Knacklaut von sich geben*) to crack; *Diele, Knie* to creak; *Zweige* to snap ② (*fam: schlafen*) **eine Runde ~** to have forty winks
Knacker <-s, -> *m* DIAL (*fam*) guy; **ein alter ~** an old codger
Knacki <-s, -s> ['knaki] *m* (*sl*) ex-con
knackig ['knakɪç] **I.** *adj* ① *Gemüse, Obst* crisp ② (*fam: drall*) well-formed ③ (*fam: zünftig*) real; *Typ* natural **II.** *adv* (*fam*) really; **sie kam ~ braun aus dem Urlaub wieder** she came back from holiday really brown
Knacknuss *f* SCHWEIZ (*fam*) puzzle, tricky problem
Knackpunkt *m* (*fam*) crucial point
Knacks <-es, -e> [knaks] *m* ① (*Laut*) crack ② (*Schaden*) problem; **einen ~ haben** *Ehe* to be in difficulties; *Freundschaft* to be suffering; *Mensch* to have a screw loose
Knackwurst *f* knockwurst *spec* (*sausage which is heated in water and whose tight skin makes a cracking noise when bitten*)
Knall <-[e]s, -e> [knal] *m* bang; *vom Korken* pop; *einer Tür* bang ▶ WENDUNGEN: **~ auf Fall** (*fam*) all of a sudden; **einen ~ haben** (*fam*) to be off one's rocker
Knallbonbon *nt* cracker, AM *usu* bonbon **Knalleffekt** *m* (*fam*) surprising twist
knallen ['knalən] **I.** *vi* ① *haben* (*ertönen*) to bang; *Auspuff* to backfire; *Feuerwerkskörper* to [go] bang; *Korken* to [go] pop; *Schuss* to ring out; **mit der Peitsche ~** to crack the whip; **mit der Tür ~** to slam the door [shut] ② *sein* (*fam: stoßen*) ■**auf/gegen etw ~** to bang on/against sth **II.** *vi impers haben* ■**es knallt** there's a bang; **..., sonst knallt's!** (*fam: oder/und es gibt eine Ohrfeige!*) ... or/and you'll get a good clout!; (*oder/und ich schieße!*) ... or/and I'll shoot! **III.** *vt* (*werfen*) to slam ▶ WENDUNGEN: **jdm eine ~** (*fam*) to give sb a clout
knalleng *adj* (*fam*) skin-tight **Knallerbse** *f* cap bomb, toy torpedo AM **Knallfrosch** *m* jumping jack **Knallgas** *nt* oxyhydrogen *no indef art, no pl spec*
knallhart ['knal'hart] (*fam*) **I.** *adj* ① (*rücksichtslos*) really tough, [as] hard as nails *pred* ② *Schuss* fierce; *Schlag* crashing **II.** *adv* quite brutally; **etw ~ sagen** to say sth straight out; **~ verhandeln** to drive a hard bargain
knallig ['knalɪç] *adj* (*fam*) gaudy
Knallkopf *m*, **Knallkopp** *m* (*fam*) idiot **Knallkörper** *m* firecracker **knallrot** ['kna'ro:t] *adj* bright red
knapp [knap] **I.** *adj* ① (*gering*) meagre; *Geld* tight; ■[**mit etw** *dat*] **~ sein** to be short [of sth] ② (*eng* [*sitzend*]) tight[-fitting]; ■[**jdm**] **zu ~ sein** to be too tight [for sb] ③ (*noch genügend*) just enough; *Mehrheit, Sieg* narrow; *Ergebnis* close ④ (*nicht ganz*) almost; **in einer ~en Stunde** in just under an hour ⑤ (*gerafft*) succinct; **in wenigen ~en Worten** in a few brief words; **er gab ihr nur eine ~e Antwort** he replied tersely **II.** *adv* ① (*mäßig*) sparingly; **~ bemessen sein** to be not very generous; **seine Zeit ist ~ bemessen** he only has a limited amount of time ② (*nicht ganz*) almost; **~ eine Stunde** just under an hour ③ (*haarscharf*) narrowly; **die Wahl ist denkbar ~ ausgefallen** the election turned out to be extremely close
Knappe <-n, -n> ['knapə] *m* ① BERGB [qualified] miner ② HIST squire
knapp|halten *vt irreg* ■**jdn** [**mit etw** *dat*] **~** to keep sb short [of sth]
Knappheit <-> *f kein pl* shortage *no pl* (**an** +*dat* of)
Knarre <-, -n> ['knarə] *f* (*sl*) gun, rod AM
knarren ['knarən] *vi* to creak
Knast <-[e]s, Knäste> [knast, *pl* 'knɛstə] *m* (*sl*) prison; ■**im ~** in the slammer [*or* AM *fam* can]; **im ~ sitzen** to do time
Knatsch <-es> [kna:tʃ] *m kein pl* (*fam*) trouble; **ständiger ~ mit den Eltern** constant disagreements with one's parents
knatschig ['kna:tʃɪç] *adj* (*fam: quengelig*) whingy BRIT *pej;* (*brummig*) crotchety
knattern ['knatɐn] *vi* to clatter; *Motorrad* to roar

Knäuel <-s, -> ['knɔyəl] *m o nt* ball

Knauf <-[e]s, Knäufe> [knau̯f, *pl* 'knɔyfə] *m* knob

knauserig ['knau̯zərɪç] *adj* (*pej fam*) stingy

knausern ['knau̯zɐn] *vi* (*pej fam*) ■[**mit etw** *dat*] ~ to be stingy [with sth]

knautschen ['knau̯tʃn̩] **I.** *vi* to crease **II.** *vt* to crumple

Knautschzone *f* crumple zone

Knebel <-s, -> ['kne:bl̩] *m* gag

knebeln ['kne:bl̩n] *vt* (*a. fig*) to gag

Knecht <-[e]s, -e> [knɛçt] *m* ① (*veraltend: Landarbeiter*) farmhand ② (*pej: Untergebener*) minion

Knechtschaft <-, *selten* -en> *f* (*pej*) slavery

kneifen <kniff, gekniffen> ['knai̯fn̩] **I.** *vt* to pinch; ■**jdn in etw** ~ to pinch sb's sth **II.** *vi* ① (*zwicken*) to pinch ② (*fam: zurückscheuen*) ■[**vor etw** *dat*] ~ to chicken out [of sth]; ■**vor jdm** ~ to shy away from sb

Kneifzange *f* pincers *npl*

Kneipe <-, -n> ['knai̯pə] *f* (*fam*) pub BRIT, bar AM *usu*

Kneipenbummel *m*, **Kneipentour** *f* pub crawl BRIT, bar hop AM **Kneipenwirt(in)** *m(f)* barkeeper, [pub] landlord *masc*/landlady *fem* BRIT

Knete <-> ['kne:tə] *f kein pl* ① (*sl: Geld*) dosh BRIT ② (*fam*) *s.* **Knetgummi**

kneten ['kne:tn̩] *vt* ① (*durchwalken*) to knead ② (*formen*) to model

Knetgummi *m o nt*, **Knetmasse** *f* Plasticine®, Play-Doh® AM

Knick <-[e]s, -e *o* -s> [knɪk] *m* [sharp] bend; (*im Schlauch/Draht*) kink; **einen ~ machen** *Straße* to bend [sharply]

knicken ['knɪkn̩] *vt* ① (*falten*) to fold; **„nicht ~!"** '[please] do not bend!' ② (*brechen*) to snap

knick(e)rig ['knɪk(ə)rɪç] *adj* DIAL (*knauserig*) mean

Knicks <-es, -e> [knɪks] *m* curts[e]y

Knie <-s, -> [kni:, *pl* 'kni:ə] *nt* knee; [**vor jdm**] **auf die ~ fallen** (*geh*) to fall on one's knees [before sb]; **jdn übers ~ legen** (*fam*) to put sb across one's knee; **jdm zittern die ~** sb's knees are shaking; (*aus Angst*) sb's knees are knocking ► WENDUNGEN: **weiche ~ bekommen** (*fam*) to go weak at the knees; **etw übers ~ brechen** (*fam*) to rush into sth; **in die ~ gehen** to give in

Kniebeuge *f* knee bend **Kniebundhose** *f* [knee] breeches [*or* AM britches] *npl* **Kniegelenk** *nt* knee joint **Kniekehle** *f* back of the knee

knien [kni:n] **I.** *vi* to kneel **II.** *vr* ■**sich** *akk* ~ ① (*auf die Knie gehen*) to kneel [down] (**auf** +*akk* on) ② (*fam: sich intensiv beschäftigen*) ■**sich** *akk* **in etw** *akk* ~ to get down to sth

Knies <-> [kni:s] *m kein pl* DIAL (*Knatsch*) quarrel; (*schwächer*) tiff *fam*

Kniescheibe *f* kneecap **Knieschützer** *m* kneeguard **Kniestrumpf** *m* knee-length sock

kniff [knɪf] *imp von* **kneifen**

Kniff <-[e]s, -e> [knɪf] *m* ① (*Kunstgriff*) trick ② (*Falte*) fold; (*unabsichtlich a.*) crease

kniff(e)lig ['knɪf(ə)lɪç] *adj* (*fam*) fiddly

Knilch <-s, -e> [knɪlç] *m* (*pej sl: Scheißkerl*) bastard *fam!*; (*Niete*) plonker BRIT *fam*

knipsen ['knɪpsn̩] **I.** *vt* ① (*fam: fotografieren*) ■**jdn/etw** ~ to take a photo of sb/sth ② (*lochen*) to punch **II.** *vi* (*fam*) to take photos; (*wild drauflos*) to snap away

Knirps <-es, -e> [knɪrps] *m* ① (*fam: kleiner Junge*) little fellow ② (*Faltschirm*) folding umbrella

knirschen ['knɪrʃn̩] *vi* to crunch; *Getriebe* to grind

knistern ['knɪstɐn] *vi Feuer* to crackle; *Papier* to rustle; ■**mit etw** *dat* ~ to rustle sth

knitterfrei *adj* non-crease

knittern ['knɪtɐn] *vi, vt* to crease

knitz ['knɪts] *adj* SÜDD (*fam*) slyly humorous

knobeln ['kno:bl̩n] *vi* ① (*würfeln*) to play dice ② (*nachgrübeln*) ■[**an etw** *dat*] ~ to puzzle [over sth]

Knoblauch <-[e]s> *m kein pl* garlic *no indef art, no pl*

Knoblauchpresse *f* garlic press **Knoblauchzehe** *f* clove of garlic

Knöchel <-s, -> ['knœçl̩] *m* ① (*Fußknöchel*) ankle ② (*Fingerknöchel*) knuckle

Knochen <-s, -> ['knɔxn̩] *m* bone; **sich** *dat* **einen ~ brechen** to break a bone ► WENDUNGEN: **bis auf die ~ abgemagert sein** to be all skin and bone[s]; **bis auf die ~ nass werden** to get soaked to the skin

Knochenarbeit *f* (*fam*) backbreaking work *no indef art, no pl* **Knochenbau** *m kein pl* bone structure **Knochenbruch** *m* fracture **Knochengerüst** *nt* skeleton **Knochenjob** ['knɔxn̩dʒɔp] *m* (*fam*) tough job

Knochenmark *nt* bone marrow *no indef art, no pl* **Knochenmarktransplantation** *f* MED bone marrow transplant

Knochenschwund *m* atrophy of the bone[s] **knochentrocken** ['knɔxn̩'trɔkn̩] *adj* (*fam*) bone dry; *Humor, Bemerkung* very dry

knochig ['knɔxɪç] *adj* bony

knock-out, knockout [nɔk'ʔau̯t] *adj* KO *fam*; ■~ **sein** to be knocked out

Knödel <-s, -> ['knø:dl̩] *m* SÜDD, ÖSTERR dumpling

Knöllchen <-s, -> ['knœlçən] *nt* (*fam*) [parking] ticket

Knolle <-, -n> ['knɔlə] *f* ① BOT nodule; *der Kartoffel* tuber ② (*fam: dicke Nase*) bulbous nose, conk BRIT *fam*

Knollenblätterpilz *m* amanita *no indef art, no pl spec* **Knollengemüse** *nt kein pl* tuber vegetables

Knopf <-[e]s, Knöpfe> [knɔpf, *pl* knœpfə] *m* ① (*an Kleidung*) button ② (*an Geräten*) [push]button

knöpfen ['knœpfn̩] *vt* to button

Knopfloch *nt* buttonhole **Knopfzelle** *f* round cell battery

Knorpel <-s, -> ['knɔrpl̩] *m* ANAT cartilage *no indef art, no pl;* KOCHK gristle *no indef art, no pl*

knorp(e)lig ['knɔrp(ə)lɪç] *adj* ANAT cartilaginous *spec;* KOCHK gristly

knorrig ['knɔrɪç] *adj* gnarled

K

Knospe <-, -n> ['knɔspə] *f* bud; **~n treiben** to bud

knospen *vi* to bud

knoten ['kno:tn̩] *vt* to knot

Knoten <-s, -> ['kno:tn̩] *m* ① (*Verschlingung*) knot; ▪**einen ~ in etw machen** to tie a knot in sth ② MED lump ③ (*Haarknoten*) bun

Knotenpunkt *m* AUTO, BAHN junction

knotig ['kno:tɪç] *adj* ① (*Knoten aufweisend*) knotty; ▪**~ sein** *Haar* to be full of knots ② (*knorrig*) *Baum, Holz, Finger* knotty, gnarled ③ MED nodular

Know-how <-s> [no:'hau̯] *nt kein pl* know-how *no indef art, no pl*

Knubbel <-s, -> ['knʊbl̩] *m* DIAL lump

knuddeln ['knʊdl̩n] *vt* ① (*fam*) ▪**jdn ~** to hug and kiss sb ② DIAL (*zerknüllen*) to crumple up *sep*

knülle ['knʏlə] *adj* NORDD (*fam*) ▪**~ sein** to be pie-eyed

knüllen ['knʏlən] **I.** *vt* to crumple [up *sep*] **II.** *vi* to crumple

Knüller <-s, -> ['knʏlɐ] *m* (*fam*) sensation; (*Nachricht*) scoop

knüpfen ['knʏpfn̩] **I.** *vt* ① (*verknoten*) to tie; *Netz* to mesh; *Teppich* to knot ② (*gedanklich verbinden*) **eine Bedingung an etw ~** to attach a condition to sth; **Hoffnungen an etw ~** to pin hopes on sth **II.** *vr* ▪**sich** *akk* **an etw** *akk* **~** to be linked with sth

Knüppel <-s, -> ['knʏpl̩] *m* cudgel, club; (*Polizeiknüppel*) truncheon BRIT, nightstick AM ▸ WENDUNGEN: **jdm [einen] ~ zwischen die Beine werfen** to put a spoke in sb's wheel, to throw a monkey wrench in sth AM

knüppeldick ['knʏpl̩'dɪk] *adv* (*fam*) excessively; **~ auftragen** to lay it on thick; **wenn's mal losgeht, dann kommt's auch gleich ~** it never rains but it pours *prov* **Knüppelschaltung** *f* floor[-mounted] gear change, stick [*or* floor] shift AM

knurren ['knʊrən] *vi, vt* to growl; (*wütend*) to snarl

knurrig ['knʊrɪç] *adj* grumpy

knusp(e)rig ['knʊsp(ə)rɪç] *adj Brot, Braten* crisp[y]; *Brot a.* crusty; *Gebäck, Nüsse* crunchy

knutschen ['knu:tʃn̩] (*fam*) **I.** *vt* to kiss **II.** *vi* ▪**[mit jdm] ~** to smooch [with sb]

Knutschfleck *m* (*fam*) love bite

Koala <-s, -s> [ko'a:la] *m,* **Koalabär** [ko'a:la-] *m* koala [bear]

koalieren* [koʔa'li:rən] *vi* ▪**[mit jdm] ~** to form a coalition [with sb]

Koalition <-, -en> [koʔali'tsi̯o:n] *f* coalition

Koalitionspartner *m* coalition partner **Koalitionsregierung** *f* coalition government

Kobalt <-s> ['ko:balt] *nt kein pl* cobalt *no art, no pl*

Koblenz <-> ['ko:blɛnts] *nt* Koblenz, Coblenz

Kobold <-[e]s, -e> ['ko:bɔlt, *pl* 'ko:bɔldə] *m* imp, goblin

Kobra <-, -s> ['ko:bra] *f* cobra

Koch, Köchin <-s, Köche> [kɔx, 'kœçɪn, *pl* 'kœçə] *m, f* cook; (*Küchenchef*) chef

Kochbuch *nt* cook[ery]book

kochen ['kɔxn̩] **I.** *vi* ① (*Speisen zubereiten*) to cook ② (*brodeln*) to boil; **etw zum K~ bringen** to bring sth to the boil; **~d heiß** boiling hot ③ (*in Aufruhr sein*) to seethe; **vor Wut ~** to seethe with rage **II.** *vt* ① (*zubereiten*) to cook; **Kaffee/Suppe ~** to make [some] coffee/soup ② *Wäsche* to boil

Falsche Freunde

Nicht verwechseln mit *to cook* — zubereiten!

Kocher <-s, -> ['kɔxɐ] *m* cooker

kochfest *adj* suitable for washing at 90° *pred* **Kochgeschirr** *nt bes* MIL mess tin

Köchin <-, -nen> ['kœçɪn] *f fem form von* **Koch**

Kochkunst *f kein pl* art of cooking *no pl* **Kochlöffel** *m* wooden spoon **Kochnische** *f* kitchenette **Kochplatte** *f* ① (*Herdplatte*) hotplate ② (*transportabler Kocher*) small [electric] stove **Kochrezept** *nt* recipe **Kochsalz** *nt kein pl* common salt *no indef art, no pl* **Kochtopf** *m* [cooking] pot; (*mit*

Stiel) saucepan **Kochwäsche** *f* washing that can be boiled

kodderig ['kɔdərɪç] *adj,* **koddrig** ['kɔdrɪç] *adj* NORDD (*fam*) ① (*unverschämt*) impertinent ② (*unwohl*) ■ **jdm ist ~ [zumute]** sb feels queasy

Kode <-s, -s> [ko:t] *m* code

Köder <-s, -> ['kø:dɐ] *m* bait

ködern ['kø:dɐn] *vt* to lure; **jdn [mit etw** *dat*] **zu ~ versuchen** to woo sb [with sth]; **sich** *akk* **von jdm/etw ~ lassen** to be tempted by sb/sth

Kodex <- *o* -es, -e *o* Kodizes> ['ko:dɛks, *pl* 'ko:ditse:s] *m* ① *kein pl* (*Verhaltenskodex*) [moral] code ② HIST (*Handschrift*) codex

kodieren* [ko'di:rən] *vt* to [en]code

Kodierung <-, -en> *f* coding

Koexistenz ['koʔɛksɪstɛnts] *f kein pl* coexistence *no indef art, no pl*

koexistieren* ['ko:ʔɛksɪsti:rən] *vi haben* (*geh*) to coexist

Koffein <-s> [kɔfe'i:n] *nt kein pl* caffeine *no indef art, no pl*

koffeinfrei *adj* decaffeinated

koffeinhaltig *adj* containing caffeine *pred*

Koffer <-s, -> ['kɔfɐ] *m* [suit]case; **den/die ~ packen** to pack [one's bags]

Kofferradio *nt* portable radio **Kofferraum** *m* boot BRIT, trunk AM

Kognak <-s, -s *o* -e> ['kɔnjak] *m* brandy

kohärent [kohɛ'rɛnt] *adj* coherent

Kohärenz <-> [kohɛ'rɛnts] *f kein pl* coherence *no pl*

Kohl <-[e]s, -e> [ko:l] *m* cabbage

Kohldampf *m* (*fam*) ■ **~ haben** to be starving

Kohle <-, -n> ['ko:lə] *f* ① (*Brennstoff*) coal *no indef art, no pl* ② (*sl: Geld*) dosh BRIT *fam* ▶ WENDUNGEN: **wie auf [glühenden] ~n sitzen** to be on tenterhooks

kohlehaltig *adj* carboniferous

Kohlehydrat <-[e]s, -e> *nt s.* **Kohlenhydrat**

Kohlekraftwerk *nt* coal-fired power station

Kohlenbergwerk *nt* coal mine **Kohlendioxid** *nt kein pl* carbon dioxide *no indef art, no pl* **Kohlengrube** *f* coal mine **Kohlenhydrat** <-[e]s, -e> *nt* carbohydrate **Kohlenkeller** *m* coal cellar **Kohlenmonoxid** *nt kein pl* carbon monoxide *no indef art, no pl* **Kohlenofen** *m* [coal-burning] stove **Kohlenpott** *m* (*fam*) ■ **der ~** the Ruhr [area]

Kohlensäure *f* carbonic acid *no indef art, no pl;* **mit ~** fizzy; **ohne ~** still *attr* **kohlensäurehaltig** *adj* carbonated

Kohlenstoff *m* carbon *no indef art, no pl* **Kohlenwasserstoff** *m* hydrocarbon

Kohleofen *m* [coal-burning] stove **Kohlepapier** *nt* carbon paper **Kohlestift** *m* charcoal stick **Kohletablette** *f* charcoal tablet **Kohlezeichnung** *f* charcoal drawing

Kohlkopf *m* [head of] cabbage **Kohlmeise** *f* great titmouse

kohlpechrabenschwarz ['ko:lpɛç'ra:bn̩-'ʃvarts] *adj,* **kohlrabenschwarz** [ko:l-'ra:bn̩'ʃvarts] *adj* jet-black

Kohlrabi <-[s], -[s]> [ko:l'ra:bi] *m* kohlrabi *no indef art, no pl*

Kohlroulade [-rula:də] *f* stuffed cabbage **Kohlsprosse** *f* ÖSTERR Brussels sprout **Kohlweißling** <-s, -e> *m* (*Schmetterlingsart*) cabbage white [butterfly]

Koinzidenz <-, -en> [koɪntsi'dɛnts] *f* (*geh*) coincidence

koitieren* [koi'ti:rən] *vi* (*geh*) to engage in sexual intercourse (**mit** with)

Koitus <-, - *o* -se> ['ko:itʊs] *m* coitus *no art, no pl*

Koje <-, -n> ['ko:jə] *f* ① NAUT bunk ② (*fam: Bett*) bed; **sich** *akk* **in die ~ hauen** to hit the sack

Kojote <-n, -n> [ko'jo:tə] *m* coyote

Kokain <-s> [koka'i:n] *nt kein pl* cocaine *no indef art, no pl*

kokainsüchtig *adj* addicted to cocaine *pred*

kokeln ['ko:kl̩n] *vi* (*fam*) to play with fire

kokett [ko'kɛt] **I.** *adj* flirtatious **II.** *adv* flirtatiously

Koketterie <-, -n> [kokɛtə'ri:, *pl* -ri:ən] *f* coquetry *no indef art, no pl*

kokettieren* [kokɛ'ti:rən] *vi* ① (*flirten*) to flirt ② (*geh: liebäugeln*) **mit einem Gedanken ~** to toy with an idea

Kokolores <-> [koko'lo:rɛs] *m kein pl* (*fam*) nonsense *no indef art, no pl*

Kokon <-s, -s> [ko'kõ:] *m* cocoon

Kokosfett *nt* coconut butter *no indef art, no pl* **Kokosflocken** *pl* desiccated coconut **Kokosmilch** *f* coconut milk *no indef art, no pl* **Kokosnuss** *f* coconut **Kokosöl** *nt* coconut oil *no indef art, no pl* **Kokospalme** *f* coconut palm

Koks[1] <-es, -e> [ko:ks] *m* ① (*Brennstoff*) coke *no indef art, no pl* ② *kein pl* (*sl: Geld*) dosh BRIT *fam*

Koks[2] <-es> [ko:ks] *m o nt kein pl* (*sl: Kokain*) coke *fam*

koksen ['ko:ksn̩] *vi* (*sl*) to snort [*or* take] coke

Kola <-, -> ['ko:la] *f* (*fam*) cola

Kolben <-s, -> ['kɔlbn̩] *m* ① AUTO piston ② (*Gewehrkolben*) butt ③ CHEM retort ④ (*Maiskolben*) cob

Kolbenmotor *m* piston engine **Kolbenstange** *f* piston rod

Kolchose <-, -n> [kɔlço:zə] *f* HIST kolk[h]oz (*Soviet collective farm*)

Kolibakterien ['ko:libakte:ri̯ən] *pl* coli[form bacteria] *pl spec*

Kolibri <-s, -s> [ko:libri] *m* hummingbird

Kolik <-, -en> ['ko:lɪk] *f* colic *no indef art, no pl;* **eine ~ haben** to have colic

kollabieren* [kɔla'bi:rən] *vi sein* to collapse

Kollaborateur(in) <-s, -e> [kɔlabora'tø:ɐ] *m(f)* collaborator

kollaborieren* [kɔlabo'ri:rən] *vi* to collaborate

Kollaps <-es, -e> ['kɔlaps] *m* collapse

Kolleg <-s, -s *o* -ien> [kɔl'e:k, *pl* kɔ'le:gi̯ən] *nt* college

Kollege, Kollegin <-n, -n> [kɔ'le:gə] *m, f* colleague

kollegial [kɔle'gi̯a:l] **I.** *adj* considerate and friendly (*towards one's colleagues*) **II.** *adv* in a considerate and friendly way

Kollegialität <-> [kɔlegi̯ali'tɛ:t] *f kein pl* friendly cooperation *no pl*

Kollegin <-, -nen> *f fem form von* **Kollege**

Kollegium <-s, -gien> [kɔ'le:gi̯ʊm, *pl* -gi̯ən] *nt* group [of colleagues]; (*Lehrkörper*) [teaching] staff + *sing/pl vb*

Kollegmappe *f* document case, portfolio

Kollekte <-, -n> [kɔ'lɛktə] *f* collection

Kollektion <-, -en> [kɔlɛk'tsi̯o:n] *f* collection

Kollektiv <-s, -e> [kɔlɛk'ti:f, *pl* -'ti:və] *nt* collective

Koller <-s, -> ['kɔlɐ] *m* (*fam*) rage; **einen ~ bekommen** to fly into a rage/into one of one's rages

kollidieren* [kɔli'di:rən] *vi* ① *sein* (*zusammenstoßen*) to collide ② *sein o haben* (*unvereinbar sein*) to clash

Kollier <-s, -s> [kɔ'li̯e:] *nt* necklace

Kollision <-, -en> [kɔli'zi̯o:n] *f* collision

Kolloquium <-s, -ien> [kɔ'lo:kvi̯ʊm, *pl* -kvi̯ən] *nt* ÖSTERR (*kleinere Prüfung*) test

Köln <-s> [kœln] *nt* Cologne

Kölnischwasser, Kölnisch Wasser ['kœlnɪʃvasɐ] *nt* [eau de] cologne *no indef art, no pl*

kolonial [kolo'ni̯a:l] *adj* colonial

Kolonialherr *m* HIST colonial master **Kolonialherrschaft** *f* colonial rule *no art, no pl*

Kolonialismus <-> [koloni̯a'lɪsmʊs] *m kein pl* colonialism *no indef art, no pl*

Kolonialmacht *f* colonial power

Kolonie <-, -n> [kolo'ni:, *pl* -'ni:ən] *f* colony

Kolonisation <-, -en> [koloniza'tsi̯o:n] *f* colonization

kolonisieren* [koloni'zi:rən] *vt* ① (*zur Kolonie machen*) to colonize ② (*bevölkern*) ■**etw ~** to settle in sth

Kolonne <-, -n> [ko'lɔnə] *f* ① AUTO queue [of traffic]; (*von Polizei*) convoy ② (*lange Reihe von Menschen*) column ③ (*eingeteilte Arbeitsgruppe*) gang

kolorieren* [kolo'ri:rən] *vt* to colour

Kolorit <-[e]s, -e> [kolo'ri:t] *nt* ① KUNST colouring *no pl* ② MUS [tone] colour

Koloss <-es, -e> [ko'lɔs] *m* ① (*fam: riesiger Mensch*) colossus ② (*gewaltiges Gebilde*) colossal thing

kolossal [kolɔ'sa:l] **I.** *adj* colossal; **eine ~e Dummheit begehen** to do sth incredibly stupid; **sich** *akk* **in einem ~en Irrtum befinden** to be massively mistaken **II.** *adv* tremendously; **sich** *akk* **~ verschätzen** to make a huge miscalculation

Kölsch <-, -> [kœlʃ] *nt* Kölsch (*top-fermented pale beer brewed in Cologne*) *no art, no pl*

Kolumbianer(in) <-s, -> [kolʊm'bi̯anɐ] *m(f)* Colombian; *s. a.* **Deutsche(r)**

kolumbianisch [kolʊm'bi̯anɪʃ] *adj* Colombian; *s. a.* **deutsch**

Kolumbien <-s> [ko'lʊmbi̯ən] *nt* Colombia *no art, no pl; s. a.* **Deutschland**

Kolumbus <-> [ko'lʊmbʊs] *m* HIST Columbus

Kolumne <-, -n> [ko'lʊmnə] *f* column

Kolumnist(in) <-en, -en> [kolʊm'nɪst] *m(f)* columnist

Koma <-s, -s *o* -ta> ['ko:ma] *nt* coma; **im ~ liegen** to lie in a coma

Kombi <-s, -s> ['kɔmbi] *m* (*fam*) estate [car] BRIT, station wagon AM

Kombination <-, -en> [kɔmbina'tsi̯o:n] *f* ① (*Zusammenstellung, Zahlenkombination*) combination ② (*Schlussfolgerung*) deduction ③ MODE combination[s *pl*]; (*Overall*) jumpsuit

Kombinationsgabe *f kein pl* powers *pl* of deduction

kombinieren* [kɔmbi'ni:rən] **I.** *vt* to combine **II.** *vi* to deduce; **gut ~ können** to be good at deducing; **falsch/richtig ~** to come to the wrong/right conclusion

Kombiwagen *m s.* **Kombi**

Kombüse <-, -n> [kɔm'by:zə] *f* galley

Komet <-en, -en> [ko'me:t] *m* comet

Komfort <-s> [kɔm'fo:ɐ̯] *m kein pl* comfort *no indef art, no pl*

komfortabel [kɔmfɔr'ta:bl̩] *adj* ① (*großzügig ausgestattet*) luxurious ② (*bequem*) comfortable

Komik <-> ['ko:mɪk] *f kein pl* comic

Komiker(in) <-s, -> ['ko:mɪkɐ] *m(f)* comic

komisch ['ko:mɪʃ] **I.** *adj* ① (*zum Lachen reizend*) funny ② (*sonderbar*) strange; **etw kommt jdm ~ vor** (*eigenartig*) sth seems funny/strange to sb; (*suspekt*) sth seems fishy to sb; **sich** *akk* **~fühlen** to feel funny **II.** *adv* (*eigenartig*) strangely; **dein Parfüm riecht aber ~** your perfume smells funny

komischerweise *adv* (*fam*) funnily enough

Komitee <-s, -s> [komi'te:] *nt* committee

Komma <-s, -s *o* -ta> ['kɔma, *pl* -ta] *nt* ❶ (*Satzzeichen*) comma ❷ MATH [decimal] point

Kommandant(in) <-en, -en> [kɔman'dant] *m(f)* MIL commanding officer; (*Marine*) captain

kommandieren* [kɔman'di:rən] **I.** *vt* ❶ (*befehligen*) to command ❷ (*befehlen*) ■**jdn irgendwohin ~** to order sb somewhere **II.** *vi* ❶ (*befehlen*) to be in command ❷ (*fam: Anweisungen erteilen*) ■**[gern] ~** [to like] to give [the] orders

Kommanditgesellschaft [kɔman'di:tgəzɛlʃaft] *f* limited partnership

Kommando <-s, -s> [kɔ'mando] *nt* ❶ (*Befehl, Befehlsgewalt*) command; **auf ~** on command; **das ~ haben** to be in command ❷ (*abkommandierte Gruppe*) commando

Kommandobrücke *f* bridge **Kommandoton** *m kein pl* commanding tone

Kommata *pl von* **Komma**

kommen <kam, gekommen> ['kɔmən] **I.** *vi sein* ❶ (*eintreffen, hinkommen*) to come; **ich komme schon!** I'm coming!; **der Zug kommt aus Paris** the train is coming from Paris; **da kommt Anne/der Bus** there's Anne/the bus; **ist Post für mich gekommen?** was there any post for me?; **der Wind kommt von Osten/von der See** the wind is coming from the East/off the sea; **wann soll das Baby ~?** when's the baby due?; **das Schlimmste kommt noch** the worst is yet to come; **als Erster/Letzter ~** to be the first/last to arrive; **mit dem Auto/Fahrrad ~** to come by car/bike; **zu Fuß ~** to come on foot ❷ (*besuchen*) ■**zu jdm ~** to visit sb, to come and see sb ❸ (*gelangen*) ■**irgendwohin ~** to get somewhere; **wie komme ich von hier zum Bahnhof?** how do I get to the station from here?; **zu Fuß kommt man am schnellsten dahin** the quickest way [to get] there is to walk; **ans Ziel ~** to reach the finishing [*or* AM finish] line; **zu der Erkenntnis ~, dass ...** to realize that ...; **zu Geld ~** to come into money; **zu Kräften ~** to gain strength; **zu sich** *dat* **~** to regain consciousness ❹ (*gehen, fahren*) to come; **kommst du mit uns ins Kino?** are you coming to the cinema with us?; **durch einen Ort/Tunnel ~** to pass through sth/a place ❺ (*stammen*) ■**irgendwoher ~** to come from somewhere; **woher kommst du?** where are you from?; **ich komme aus Germersheim** I'm from Germersheim ❻ (*an der Reihe sein*) to come; **wer kommt [jetzt]?** whose turn is it?; **jd kommt an die Reihe ~** it's sb's turn; **ich komme zuerst an die Reihe** I'm first ❼ (*Aufenthalt beginnen*) **ins Gefängnis/Krankenhaus ~** to go to prison/into hospital; **in die Schule/Lehre ~** to start school/an apprenticeship ❽ **den Arzt/ein Taxi ~ lassen** to send for the doctor/a taxi ❾ (*herannahen*) to approach; (*eintreten, geschehen*) to come about; **der Termin kommt etwas ungelegen** the meeting comes at a somewhat inconvenient time; **das kam doch anders als erwartet** it/that turned out differently than expected; **es kam eins zum anderen** one thing led to another; **und so kam es, dass ...** and that's how it came about that ...; **wie kommt es, dass ...?** how come ...?; **es musste ja so ~** it/that was bound to happen; **es hätte viel schlimmer ~ können** it could have been much worse; **was auch immer ~ mag** whatever happens; **so weit ~, dass ...** to get to the stage where ... ❿ (*erfassen*) ■**über jdn ~** *Gefühl* to come over sb; **jdm ~ die Tränen** sb starts to cry; **jdm ~ Zweifel, ob ...** sb doubts whether ... ⓫ (*geraten*) **wir kamen plötzlich ins Schleudern** we suddenly started to skid; **in Gefahr/Not ~** to get into danger/difficulty; **in Verlegenheit ~** to get embarrassed ⓬ (*Grund haben*) **das kommt davon, dass ...** that's because ...; **das kommt davon, wenn ...** that's what happens when ... ⓭ (*sich erinnern*) ■**auf etw** *akk* **~** to remember sth ⓮ (*Idee haben*) ■**auf etw** *akk* **~: wie kommst du darauf?** what makes you think that? ⓯ ■**hinter etw** *akk* **~** *Pläne* to find out *sep* sth; **hinter ein Geheimnis ~** to uncover a secret ⓰ RADIO, TV (*gesendet werden*) to be on ⓱ (*Zeit finden*) ■**zu etw** *dat* **~** to get around to doing sth ⓲ (*fam: ähnlich sein*) ■**nach jdm ~** to take after sb ⓳ (*ansprechen*) **auf etw** *akk* **zu sprechen ~** to get [a]round to [talking about] sth; **ich werde gleich darauf ~** I'll come to that in a moment; **auf einen Punkt/eine Angelegenheit ~** to broach a point/matter ⓴ (*sl: Orgasmus haben*) to come **II.** *vt sein* (*fam*) **die Reparatur kam mich sehr teuer** the repairs cost a lot [of money]

K

kommend *adj* ❶ (*nächste*) coming, next ❷ (*künftig*) future; **in den ~en Jahren** in years to come

Kommentar <-s, -e> [kɔmɛnˈtaːɐ̯] *m* ❶ (*Stellungnahme*) statement; (*Meinung*) opinion; **einen ~ [zu etw** *dat*] **abgeben** to comment [on] sth; **kein ~!** no comment! ❷ (*kommentierendes Werk*) commentary

kommentarlos **I.** *adj* without comment *pred* **II.** *adv* **etw ~ zur Kenntnis nehmen** to note sth without comment

Kommentator(in) <-s, -toren> [kɔmɛnˈtaːtoːɐ̯, kɔmɛntaˈtoːrɪn, *pl* -taˈtoːrən] *m(f)* commentator

kommentieren* [kɔmɛnˈtiːrən] *vt* ❶ (*Stellung nehmen*) ■**etw ~** to comment on sth ❷ (*erläutern*) to annotate

kommerzialisieren [kɔmɛrtsi̯aliˈziːrən] *vt* to commercialize

kommerziell [kɔmɛrˈtsi̯ɛl] **I.** *adj* commercial **II.** *adv* commercially

Kommilitone, Kommilitonin <-n, -n> [kɔmiliˈtoːnə, kɔmiliˈtoːnɪn] *m, f* fellow student

Kommissar(in) <-s, -e> [kɔmɪˈsaːɐ̯] *m(f)* ❶ (*Polizeikommissar*) inspector ❷ POL commissioner

Kommissär(in) <-s, -e> [kɔmɪˈsɛɐ̯] *m(f)* ÖSTERR, SCHWEIZ inspector

Kommissariat <-[e]s, -e> [kɔmɪsaˈri̯aːt] *nt* ❶ (*Amtszimmer des Polizeikommissars*) commissioner's office ❷ ÖSTERR (*Polizeidienststelle*) police station

Kommissarin <-, -nen> *f fem form von* **Kommissar**

Kommissärin <-, -nen> *f fem form von* **Kommissär**

kommissarisch [kɔmɪˈsaːrɪʃ] **I.** *adj* temporary **II.** *adv* temporarily

Kommission <-, -en> [kɔmɪˈsi̯oːn] *f* ❶ (*Gremium, Ausschuss*) committee ❷ (*EU-Kommission*) Commission ❸ (*Auftrag*) commission; **etw in ~ geben** to commission sb to sell sth

Kommode <-, -n> [kɔˈmoːdə] *f* chest of drawers

kommunal [kɔmuˈnaːl] *adj* municipal

Kommunalpolitik *f* local [government] politics *pl* **Kommunalwahl** *f* local [government] elections *pl*

Kommune <-, -n> [kɔˈmuːnə] *f* ❶ (*Gemeinde*) local authority ❷ (*Wohngemeinschaft*) commune

Kommunikation <-, -en> [kɔmunikaˈtsi̯oːn] *f* communication

Kommunikationsmittel *nt* means of communication + *sing vb* **Kommunikationssystem** *nt* communication system **Kommunikationsweg** *m* channel of communication

Kommunikee, Kommuniqué <-s, -s> [kɔmyniˈkeː] *nt* communiqué

Kommunion <-, -en> [kɔmuˈni̯oːn] *f* (*Sakrament der katholischen Kirche*) Holy Communion; (*Erstkommunion*) First Communion

Kommunismus <-> [kɔmuˈnɪsmʊs] *m kein pl* communism

Kommunist(in) <-en, -en> [kɔmuˈnɪst] *m(f)* communist

kommunistisch [kɔmuˈnɪstɪʃ] *adj* communist

kommunizieren* [kɔmuniˈtsiːrən] *vi* ❶ (*sich verständigen*) to communicate ❷ REL to receive/take Holy Communion

Komödiant(in) <-en, -en> [komøˈdi̯ant] *m(f)* ❶ (*pej: jd, der sich verstellt*) play-actor ❷ (*veraltend: Schauspieler*) actor

Komödie <-, -n> [koˈmøːdi̯ə] *f* ❶ (*Bühnenstück*) comedy ❷ (*pej: Verstellung*) play-acting

Kompagnon <-s, -s> [ˈkɔmpanjɔŋ] *m* partner

kompakt [kɔmˈpakt] *adj* compact

Kompanie <-, -n> [kɔmpaˈniː, *pl* -ˈniːən] *f* company

Komparativ <-s, -e> [ˈkɔmparatiːf] *m* comparative

Komparse, Komparsin <-n, -n> [kɔmˈparzə, kɔmˈparzɪn] *m, f* extra

Kompass <-es, -e> [ˈkɔmpas] *m* compass

kompatibel [kɔmpaˈtiːbl̩] *adj* compatible

Kompatibilität <-, -en> [kɔmpatibiliˈtɛt] *f* compatibility *no pl*

Kompensation <-, -en> [kɔmpɛnzaˈtsi̯oːn] *f* compensation *no pl*

kompensieren* [kɔmpɛnˈziːrən] *vt* to compensate

kompetent [kɔmpeˈtɛnt] **I.** *adj* ❶ (*sachverständig*) competent ❷ (*zuständig*) responsible **II.** *adv* competently

Kompetenz <-, -en> [kɔmpeˈtɛnts] *f* ❶ (*Befähigung*) competence ❷ (*Befugnis*) responsibility

Kompetenzstreitigkeiten *pl* dispute over responsibilities **Kompetenzüberschreitung** *f* exceeding of one's area of responsibility

Komplementärfarbe *f* complementary colour

komplett [kɔmˈplɛt] **I.** *adj* complete **II.** *adv* completely

komplettieren* [kɔmplɛˈtiːrən] *vt* (*geh*) to complete

komplex [kɔmˈplɛks] **I.** *adj* complex **II.** *adv*

K

complexly, in a complicated manner *pred;* **~ aufgebaut sein** to have a complex structure
Komplex <-es, -e> [kɔmˈplɛks] *m* complex
Komplexität <-> [kɔmplɛksiˈtɛt] *f kein pl* (*geh*) complexity
Komplikation <-, -en> [kɔmplikaˈtsi̯oːn] *f* complication
Kompliment <-[e]s, -e> [kɔmpliˈmɛnt] *nt* compliment; **jdm ein ~ machen** to pay sb a compliment
Komplize, Komplizin <-n, -n> [kɔmˈpliːtsə] *m, f* accomplice
komplizieren* [kɔmpliˈtsiːrən] **I.** *vt* to complicate **II.** *vr* ■**sich** *akk* **~** to become complicated
kompliziert **I.** *adj* complicated **II.** *adv* in a complicated manner *pred*
Komplizin <-, -nen> *f fem form von* **Komplize**
Komplott <-[e]s, -e> [kɔmˈplɔt] *nt* plot; **ein ~ schmieden** to hatch a plot
Komponente <-, -n> [kɔmpoˈnɛntə] *f* component
komponieren* [kɔmpoˈniːrən] *vt, vi* to compose
Komponist(in) <-en, -en> [kɔmpoˈnɪst] *m(f)* composer
Komposita [kɔmˈpoːzita] *pl von* **Kompositum**
Komposition <-, -en> [kɔmpoziˈtsi̯oːn] *f* composition
Kompositum <-s, Komposita> [kɔmˈpoːzitʊm, *pl* kɔmˈpoːzita] *nt* compound
Kompost <-[e]s, -e> [kɔmˈpɔst] *m* compost *no pl*
Komposthaufen *m* compost heap
Kompostieranlage *f* compost[ing] plant
kompostierbar *adj* ÖKOL degradable
kompostieren* [kɔmpɔsˈtiːrən] *vt* to compost
Kompostierung <-> *f kein pl* composting *no pl*
Kompott <-[e]s, -e> [kɔmˈpɔt] *nt* compote
Kompresse <-, -n> [kɔmprɛsə] *f* compress
komprimieren* [kɔmpriˈmiːrən] *vt* to compress
Kompromiss <-es, -e> [kɔmproˈmɪs] *m* compromise; **fauler ~** false compromise; **[mit jdm] einen ~ schließen** to come to a compromise [with sb]
kompromissbereit *adj* willing to compromise *pred;* **eine ~e Haltung** a willingness to compromise **Kompromissbereitschaft** *f* willingness to compromise
kompromisslos *adj* ❶ (*zu keinem Kompromiss bereit*) uncompromising ❷ (*uneingeschränkt*) unqualified
Kompromisslösung *f* compromise **Kompromissvorschlag** *m* compromise proposal [*or* suggestion]
kompromittieren* [kɔmpromɪˈtiːrən] *vt* ■**jdn ~** to compromise sb; ■**sich** *akk* **~** to compromise oneself
Kondensator <-s, -toren> [kɔndɛnˈzaːtoːɐ̯, *pl* -zaˈtoːrən] *m* condenser; ELEK *a.* capacitor
kondensieren* [kɔndɛnˈziːrən] *vi, vt sein o haben* to condense
Kondensmilch *f* condensed milk **Kondensstreifen** *m* condensation trail **Kondenswasser** *nt kein pl* condensation
Kondition <-, -en> [kɔndiˈtsi̯oːn] *f* ❶ (*Leistungsfähigkeit*) [physical] fitness; **[keine] ~ haben** to [not] be fit ❷ (*Bedingung*) condition
Konditionalsatz [kɔnditsi̯oˈnaːl-] *m* conditional clause
Konditionstraining *nt* fitness training *no pl*
Konditor(in) <-s, -toren> [kɔnˈdiːtoːɐ̯, kɔndiˈtoːrɪn, *pl* -diˈtoːrən] *m(f)* confectioner
Konditorei <-, -en> [kɔnditoˈrai̯] *f* confectioner's
Konditorin <-, -nen> *f fem form von* **Konditor**
Konditorwaren *pl* confections *pl,* [cake and] pastry
Kondolenz <-, -en> [kɔndoˈlɛnts] *f* condolence
Kondolenzschreiben *nt* letter of condolence
kondolieren* [kɔndoˈliːrən] *vi* (*geh*) ■**[jdm] ~** to pay one's condolences [to sb]
Kondom <-s, -e> [kɔnˈdoːm] *m o nt* condom
Kondor <-s, -e> [ˈkɔndoːɐ̯] *m* condor
Kondukteur(in) <-s, -e> [kɔndʊkˈtøːɐ̯] *m(f)* SCHWEIZ conductor
Konfekt <-[e]s, -e> [kɔnˈfɛkt] *nt* confectionery
Konfektion <-, -en> [kɔnfɛkˈtsi̯oːn] *f pl selten* ready-made clothing *no pl*
Konfektionsgröße *f* size **Konfektionskleidung** *f kein pl* ready-to-wear [*or* BRIT *a.* off-the-peg] clothes *npl*
Konferenz <-, -en> [kɔnfeˈrɛnts] *f* ❶ (*Besprechung*) conference; **eine ~ anberaumen** to arrange a meeting ❷ (*Komitee*) committee
Konferenzsaal *m* conference hall **Konferenzschaltung** *f* conference circuit
konferieren* [kɔnfeˈriːrən] *vi* (*geh*) ■**mit jdm ~** to confer with sb (**über** about)
Konfession <-, -en> [kɔnfɛˈsi̯oːn] *f* denomination
konfessionell [kɔnfɛsi̯oˈnɛl] **I.** *adj* denomi-

national **II.** *adv* denominationally

konfessionslos *adj* not belonging to any denomination

Konfetti <-s> [kɔnˈfɛti] *nt kein pl* confetti

Konfiguration [kɔnfiguraˈtsi̯oːn] *f* INFORM configuration

konfigurieren [kɔnfiguˈriːrən] *vt* INFORM to configure

Konfirmand(in) <-en, -en> [kɔnfɪrˈmant, *pl* -ˈmandn̩] *m(f)* confirmand

Konfirmation <-, -en> [kɔnfɪrmaˈtsi̯oːn] *f* confirmation

konfirmieren* [kɔnfɪrˈmiːrən] *vt* to confirm

Konfiserie <-, -n> [kɔnfizəˈriː] *f* SCHWEIZ confectioner's, cake shop

konfiszieren* [kɔnfɪsˈtsiːrən] *vt* to confiscate

Konfitüre <-, -n> [kɔnfiˈtyːrə] *f* preserve

Konflikt <-s, -e> [kɔnˈflɪkt] *m* conflict; **mit dem Gesetz in ~ geraten** to clash with the law

Konfliktherd *m* area of conflict **Konfliktlösung** *f* solution to a/the conflict

Konfliktlotse, -lotsin *m, f* SCH peer mediator (*school pupils trained to mediate in cases of conflict amongst their peers*) **Konfliktstoff** *m* cause of conflict

Konföderation <-, -en> [kɔnfødera'tsi̯oːn] *f* confederation

konform [kɔnˈfɔrm] *adj* concurrent; **mit jdm** [**in etw** *dat*] **~ gehen** to agree with sb [on sth]

konformistisch *adj* conformist

Konfrontation <-, -en> [kɔnfrɔntaˈtsi̯oːn] *f* confrontation

Konfrontationskurs *m* confrontational course; **auf ~** [**mit jdm**] **gehen** to adopt a confrontational course [towards sb]

konfrontativ [kɔnfrɔntaˈtiːf] *adj* confrontational

konfrontieren* [kɔnfrɔnˈtiːrən] *vt* to confront

konfus [kɔnˈfuːs] **I.** *adj* confused **II.** *adv* confusedly; **~ klingen** to sound confused

Konfusion <-, -en> [kɔnfuˈzi̯oːn] *f* confusion

Kongress <-es, -e> [kɔnˈgrɛs] *m* ① (*Fachtagung*) congress ② (*Parlament der USA*) ■**der ~** Congress *no art*

Kongresshalle *f* conference hall

kongruent [kɔngruˈɛnt] *adj* congruent

König <-s, -e> [ˈkøːnɪç] *m* king

Königin <-, -nen> [ˈkøːnɪgɪn] *f fem form von* **König** queen

königlich [ˈkøːnɪklɪç] **I.** *adj* ① (*dem König gehörend*) royal ② (*großzügig*) handsome **II.** *adv* ① (*fam: köstlich*) ■**sich** *akk* **~ amüsieren** to have a whale of a time ② (*großzügig*) handsomely

Königreich [ˈkøːnɪkrai̯ç] *nt* kingdom; **das Vereinigte ~** the United Kingdom

königstreu *adj* loyal to the king *pred*

Königtum <-, -tümer> [ˈkøːnɪçtuːm] *nt* ① *kein pl* (*Monarchie*) monarchy ② (*veraltend*) *s.* **Königreich**

Konjugation <-, -en> [kɔnjugaˈtsi̯oːn] *f* conjugation

konjugieren* [kɔnjuˈgiːrən] *vt* to conjugate

Konjunktion <-, -en> [kɔnjʊnkˈtsi̯oːn] *f* conjunction

Konjunktiv <-s, -e> [ˈkɔnjʊŋktiːf] *m* subjunctive

Konjunktur <-, -en> [kɔnjʊnkˈtuːɐ̯] *f* state of the economy; **steigende/rückläufige ~** [economic] boom/slump

Konjunkturbelebung *f kein pl* economic upturn **Konjunktureinbruch** *m* [economic] slump

konjunkturell [kɔnjʊŋktuˈrɛl] *adj* economic

Konjunkturindex *m* economic index **Konjunkturlage** *f* state of the economy **Konjunkturpolitik** *f* economic policy **Konjunkturspritze** *f* ① ÖKON pump priming ② (*fam*) boost to the economy **Konjunkturtief** *nt* trough

konkav [kɔnˈkaːf] **I.** *adj* concave **II.** *adv* concavely

Konkordanz <-, -en> [kɔnkɔrˈdants] *f* concordance

konkret [kɔnˈkreːt] **I.** *adj* concrete **II.** *adv* specifically; **das kann ich Ihnen noch nicht ~ sagen** I can't tell you for definite yet

konkretisieren* [kɔnkretiˈziːrən] *vt* to clearly define

Konkubine <-, -n> [kɔnkuˈbiːnə] *f* (*geh*) concubine

Konkurrent(in) <-en, -en> [kɔnkʊˈrɛnt] *m(f)* competitor

Konkurrenz <-, -en> [kɔnkʊˈrɛnts] *f* ① (*Konkurrent*) competitor; **keine ~** [**für jdn**] **sein** to be no competition [for sb] ② *kein pl* (*Wettbewerb*) competition; **mit jdm in ~ stehen** to be in competition with sb; **außer ~** unofficially

Konkurrenzdruck *m* pressure of competition **konkurrenzfähig** *adj* competitive **Konkurrenzkampf** *m* competition; (*zwischen Menschen*) rivalry

konkurrenzlos **I.** *adj* ■**~ sein** to have no competition **II.** *adv* incomparably; **mit unseren Preisen sind wir ~ billig** nobody can match our cheap prices

konkurrieren* [kɔnkʊˈriːrən] *vi* to compete

Konkurs <-es, -e> [kɔnˈkʊrs] *m* bankruptcy; **~ machen** (*fam*) to go bankrupt;

~ **anmelden** to declare oneself bankrupt
Konkursmasse *f* bankrupt's estate **Konkursverfahren** *nt* bankruptcy proceedings *pl*
können ['kœnən] **I.** *vt* <kann, konnte, gekonnt> ① (*beherrschen*) ■ **etw** ~ to know sth; **eine Sprache** ~ to speak a language ② (*verantwortlich sein*) **etwas/nichts für etw** *akk* ~ to be able/to not be able to do anything about sth ▶ WENDUNGEN: **du kannst mich mal** (*euph sl*) get lost! *fam*, kiss my ass! AM **II.** *vi* <kann, konnte, gekonnt> to be able; **nicht mehr** ~ (*erschöpft sein*) to not be able to go on; (*überfordert sein*) to have had enough; (*satt sein*) to be full [up]; **noch** ~ (*weitermachen können*) to be able to carry on; (*weiteressen können*) to be able to eat more; **wie konntest du nur!** how could you?! **III.** *modal vb* <kann, konnte, können> ① (*fähig sein*) ■ **etw tun** ~ to be able to do sth ② (*dürfen*) **kann ich das Foto sehen?** can/may I see the photo? ③ (*möglicherweise sein*) **solche Dinge** ~ **eben manchmal passieren** these things [can] happen sometimes; **[ja,] kann sein** [yes,] that's possible; **könnte es nicht sein, dass ...?** could it not be that ...?
Können <-s> ['kœnən] *nt kein pl* ability
Könner(in) <-s, -> *m(f)* skilled person; **ein** ~ **sein** to be skilled
Konnotation <-, -en> [kɔnota'tsi̯o:n] *f* (*fachspr geh*) connotation
konnte ['kɔntə] *imp von* **können**
Konsekutivdolmetschen *nt kein pl* consecutive interpreting *no pl* **Konsekutivsatz** *m* consecutive clause
Konsens <-es, -e> [kɔn'zɛns] *m* (*geh*) consensus *no pl*; **einen** ~ **[in etw** *dat*] **erreichen** to reach a consensus [on sth]
Konsensgespräch *nt discussion leading to a consensus*
konsequent [kɔnze'kvɛnt] **I.** *adj* consistent; ■ ~ **sein** to be consistent (**bei, in** +*dat* in) **II.** *adv* consistently
Konsequenz <-, -en> [kɔnze'kvɛnts] *f* ① (*Folge*) consequence; ~**en [für jdn] haben** to have consequences [for sb]; **die** ~**en tragen** to take the consequences; **[aus etw** *dat*] **die** ~**en ziehen** to take the necessary action [as a result of sth] ② *kein pl* (*Unbeirrbarkeit*) consistency
konservativ ['kɔnzɛrvati:f] **I.** *adj* conservative **II.** *adv* ~ **wählen** to vote Conservative; ~ **eingestellt sein** to have a conservative attitude
Konserve <-, -n> [kɔn'zɛrvə] *f* preserved food *no pl*
Konservenbüchse [kɔn'zɛrvən-] *f*, **Konservendose** *f* tin BRIT, can AM
konservieren* [kɔnzɛr'vi:rən] *vt* to preserve
Konservierung <-, -en> [kɔnzɛr'vi:rʊŋ] *f* preservation *no pl*
Konservierungsmittel *nt* preservative
Konsistenz <-> [kɔnzɪs'tɛnts] *f kein pl* (*geh*) consistency
Konsole <-, -n> [kɔn'zo:lə] *f* ① (*Bord*) shelf ② (*Bedienerkonsole*) console
Konsonant <-en, -en> [kɔnzo'nant] *m* consonant
Konsorten [kɔn'zɔrtn̩] *pl* (*pej*) **Miller und** ~ Miller and his gang
Konsortium <-s, -ien> [kɔn'zɔrtsiʊm, *pl* -'zɔrtsiən] *nt* consortium
konspirativ [kɔnspira'ti:f] *adj* (*geh*) conspiratorial
konstant [kɔnstant] **I.** *adj* constant **II.** *adv* constantly
Konstante <-[n], -n> [kɔn'stantə] *f* constant
konstatieren* [kɔnsta'ti:rən] *vt* (*geh*) to establish
Konstellation <-, -en> [kɔnstɛla'tsi̯o:n] *f* constellation
konsternieren* [kɔnstɛr'ni:rən] *vt* (*geh*) to consternate
konstituieren* [kɔnstitu'i:rən] *vt* (*geh: gründen*) to constitute
Konstitution <-, -en> [kɔnstitu'tsi̯o:n] *f* constitution
konstitutionell [kɔnstitutsi̯o'nɛl] *adj* constitutional; ~**e Monarchie** constitutional monarchy
konstruieren* [kɔnstru'i:rən] *vt* ① (*aufbauen*) to construct; **einen Satz** ~ to construct a sentence ② (*entwerfen*) to design
Konstrukteur(in) <-s, -e> [kɔnstrʊk'tø:ɐ̯] *m(f)* designer
Konstruktion <-, -en> [kɔnstrʊk'tsi̯o:n] *f* ① (*Bauweise*) construction ② (*Entwurf*) design
Konstruktionsfehler *m* ① (*Fehler im Entwurf*) design fault ② (*herstellungsbedingter Fehler*) construction fault
konstruktiv [kɔnstrʊk'ti:f] **I.** *adj* constructive **II.** *adv* constructively
Konsul(in) <-s, -n> ['kɔnzʊl] *m(f)* consul
Konsulat <-[e]s, -e> [kɔnzʊ'la:t] *nt* consulate
Konsulin <-, -nen> *f fem form von* **Konsul**
konsultieren* [kɔnzʊl'ti:rən] *vt* ■ **jdn** ~ to consult sb; ■ **etw** ~ to consult sth
Konsum <-s> [kɔn'zu:m] *m kein pl* consumption
Konsument(in) <-en, -en> [kɔnzu'mɛnt]

m(f) consumer

konsumgeil *adj* (*sl: dem Kaufrausch verfallen*) in shopping fever *pred*

Konsumgesellschaft *f* consumer society **Konsumgüter** *pl* consumer goods

konsumieren* [kɔnzu'mi:rən] *vt* to consume

Konsumismus <-> [kɔnzu'mɪsmʊs] *m kein pl* SOZIOL consumerism

konsumorientiert *adj* consumerist **Konsumverhalten** *nt* consumer behaviour *no pl, no indef art*

Kontakt <-[e]s, -e> [kɔn'takt] *m a.* ELEK contact; **sexuelle ~e** sexual contacts; **mit jdm ~ aufnehmen** to get in contact with sb; [**mit jdm**] **in ~ bleiben** to stay in contact [with sb]; **keinen ~ mehr** [**zu jdm**] **haben** to have lost contact [with sb]; **mit jdm in ~ kommen** to come into contact with sb

Kontaktadresse *f* contact address **Kontaktanzeige** *f* lonely hearts advertisement BRIT, personal [ad] AM **kontaktarm** *adj* ■ **~ sein** to have little contact with other people **Kontaktaufnahme** *f* establishing contact **Kontaktbildschirm** *m* touch screen **kontaktfreudig** *adj* ■ **~ sein** to be sociable **Kontaktlinse** *f* contact lens **Kontaktmann** *m* contact [person] **Kontaktperson** *f* contact [person]

Kontamination <-, -en> [kɔntamina'tsi̯o:n] *f* contamination *no pl*

kontaminieren* [kɔntami'ni:rən] *vt* to contaminate

kontemplativ [kɔntɛmpla'ti:f] *adj* (*geh*) contemplative

Konten ['kɔntn̩] *pl von* **Konto**

Konter <-s, -> ['kɔntɐ] *m* SPORT counter[attack]

Konterfei <-s, -s *o* -e> ['kɔntɐ'fai̯] *nt* (*hum*) picture

kontern ['kɔntɐn] *vt, vi* to counter

Konterrevolution [kɔntɐrevolutsi̯o:n] *f* counter-revolution

Kontext <-[e]s, -e> ['kɔntɛkst] *m* context

Kontinent <-[e]s, -e> ['kɔntinɛnt] *m* continent

kontinental [kɔntinɛn'ta:l] *adj* continental

Kontinentalklima *nt* continental climate

Kontingent <-[e]s, -e> [kɔntɪŋ'gɛnt] *nt* ❶ MIL contingent ❷ (*Teil einer Menge*) quota

kontinuierlich [kɔntinu'i:ɐ̯lɪç] **I.** *adj* continuous **II.** *adv* continuously

Kontinuität <-> [kɔntinui'tɛ:t] *f kein pl* (*geh*) continuity *no pl*

Konto <-s, Konten> ['kɔnto, *pl* 'kɔntn̩] *nt* account ▶ WENDUNGEN: **auf jds ~ gehen** (*fam: verantworten*) to be sb's fault; (*bezahlen*) to be on sb

Kontoauszug *m* bank statement **Kontoführung** *f* account management *no pl* **Kontoinhaber(in)** *m(f)* account holder **Kontonummer** *f* account number **Kontostand** *m* account balance

kontra ['kɔntra] *adv* against

Kontrabass *m* double bass

Kontrahent(in) <-en, -en> [kɔntra'hɛnt] *m(f)* (*geh*) adversary

kontrahieren* [kɔntra'hi:rən] *vi, vr* ■ [**sich** *akk*] ~ to contract

Kontraindikation ['kɔntraʔɪndikatsi̯o:n] *f* contra-indication

Kontraktion <-, -en> [kɔntrak'tsi̯o:n] *f* contraction

kontraproduktiv ['kɔntraprodʊkti:f] *adj* counterproductive **Kontrapunkt** ['kɔntrapʊŋkt] *m* counterpoint

konträr [kɔn'trɛ:ɐ̯] *adj* (*geh*) contrary

Kontrast <-[e]s, -e> [kɔn'trast] *m* contrast; **im ~ zu etw** *dat* **stehen** to contrast with sth

kontrastieren* [kɔntras'ti:rən] *vi* (*geh*) to contrast

Kontrastmittel *nt* contrast medium **Kontrastprogramm** *nt* alternative programme **kontrastreich** *adj* rich in contrast

Kontrollabschnitt *m* stub

Kontrolle <-, -n> [kɔn'trɔlə] *f* ❶ (*Überprüfung*) check; **eine ~ durchführen** to conduct an inspection ❷ (*Überwachung*) monitoring ❸ (*Herrschaft*) control (**über** +*akk* of); **etw unter ~ bringen** to bring sth under control; **jdn/etw unter ~ haben** to have sb/sth under control; **die ~ über etw** *akk* **verlieren** to lose control of sth; **die ~ über sich** *akk* **verlieren** to lose control of oneself

Kontrolleur(in) <-s, -e> [kɔntrɔ'lø:ɐ̯] *m(f)* inspector

Kontrollfunktion *f* supervisory function

kontrollierbar *adj* ❶ (*beherrschbar*) controllable ❷ (*überprüfbar*) verifiable

kontrollieren* [kɔntrɔ'li:rən] *vt* ❶ (*überprüfen*) to check; ■ **etw auf etw ~** to check sth for sth ❷ (*überwachen*) to monitor ❸ (*beherrschen*) to control

Kontrolllampe *f* indicator light **Kontrollturm** *m* control tower

kontrovers [kɔntro'vɛrs] **I.** *adj* ❶ (*gegensätzlich*) *Meinungen* conflicting ❷ (*umstritten*) *Thema* controversial **II.** *adv* in an argumentative manner *pred*

Kontroverse <-, -n> [kɔntro'vɛrzə] *f* conflict

Kontur <-, -en> [kɔn'tu:ɐ̯] *f meist pl* contour; **~ gewinnen** to take shape; **an ~**

verlieren to become less clear

Konvention <-, -en> [kɔnvɛn'tsi̯o:n] *f* convention

Konventionalstrafe *f* fixed penalty

konventionell [kɔnvɛntsi̯o'nɛl] **I.** *adj* conventional **II.** *adv* conventionally

Konvergenz <-, -en> [kɔnvɛr'gɛnts] *f* convergence

Konvergenzkriterium *nt* convergence criterion **Konvergenzphase** *f* EU, POL phase of convergence **Konvergenzpolitik** *f kein pl* EU, POL convergence policy **Konvergenzprogramm** *nt* EU, POL convergence programme

Konversation <-, -en> [kɔnvɛrza'tsi̯o:n] *f* conversation; ~ **machen** to make conversation

Konversion <-, -en> [kɔnvɛr'zi̯o:n] *f* conversion

Konversionskurse *pl* FIN conversion rates *pl*

konvertierbar *adj* INFORM convertible

konvertieren* [kɔnvɛr'ti:rən] *vi sein o haben* to convert (**zu** +*dat* to)

konvex [kɔn'vɛks] **I.** *adj* convex **II.** *adv* convexly

Konvoi <-s, -s> ['kɔnvɔy] *m* convoy; **im ~ fahren** to travel in convoy

Konzentrat <-[e]s, -e> [kɔntsɛn'tra:t] *nt* concentrate

Konzentration <-, -en> [kɔntsɛntra'tsi̯o:n] *f* concentration (**auf** +*akk* on)

Konzentrationsfähigkeit *f kein pl* ability to concentrate **Konzentrationslager** *nt* concentration camp **Konzentrationsschwäche** *f* loss of concentration *no pl* **Konzentrationsstörung** *f* weak concentration

konzentrieren* [kɔntsɛn'tri:rən] **I.** *vr* ■**sich** *akk* ~ to concentrate (**auf** +*akk* on) **II.** *vt* to concentrate

konzentriert **I.** *adj* concentrated **II.** *adv* in a concentrated manner

konzentrisch [kɔn'tsɛntrɪʃ] **I.** *adj* concentric **II.** *adv* concentrically

Konzept <-[e]s, -e> [kɔn'tsɛpt] *nt* ❶(*Entwurf*) draft; **als ~** in draft [form] ❷(*Plan*) plan, concept; **jdn aus dem ~ bringen** to put sb off; **aus dem ~ geraten** to lose one's train of thought; **jdm nicht ins ~ passen** to not fit in with sb's plans; **jdm das ~ verderben** (*fam*) to foil sb's plan

Falsche Freunde

Nicht verwechseln mit *concept* — Begriff *m*!

Konzeption <-, -en> [kɔntsɛp'tsi̯o:n] *f* (*geh*) concept

Konzeptpapier *nt* draft paper

Konzern <-s, -e> [kɔn'tsɛrn] *m* group

Konzert <-[e]s, -e> [kɔn'tsɛrt] *nt* concert

Konzertflügel *m* concert grand **Konzertsaal** *m* concert hall

Konzession <-, -en> [kɔntsɛ'si̯o:n] *f* concession (**an** +*akk* to)

Konzessivsatz [kɔntsɛ'si:f-] *m* concessive clause

Konzil <-s, -e *o* -ien> [kɔn'tsi:l, *pl* -li̯ən] *nt* ❶(*Versammlung höherer Kleriker*) [ecclesiastical] council ❷(*Hochschulgremium*) council

konzipieren* [kɔntsi'pi:rən] *vt* to plan

Kooperation <-, -en> [koʔopera'tsi̯o:n] *f* cooperation *no indef art, no pl*

kooperativ [koʔopera'ti:f] *adj* co-operative

kooperieren* [koʔope'ri:rən] *vi* to cooperate

Koordinate <-, -n> [koʔɔrdi'na:tə] *f* coordinate

Koordination <-, -en> [koʔɔrdina'tsi̯o:n] *f* coordination

Koordinator(in) <-s, -toren> [koʔɔrdi'na:toɐ̯, -na'to:rɪn, *pl* -'to:rən] *m(f)* coordinator

koordinieren* [koʔɔrdi'ni:rən] *vt* to coordinate

Kopenhagen <-s> [ko:pn̩'ha:gn̩] *nt* Copenhagen

Kopf <-[e]s, Köpfe> [kɔpf, *pl* 'kœpfə] *m* ❶(*Haupt*) head; **von ~ bis Fuß** from head to toe; **einen roten ~ bekommen** to go red in the face ❷(*oberer Teil*) head; (*Briefkopf*) letterhead; **~ oder Zahl?** (*bei Münzen*) heads or tails? ❸(*Gedanken*) head; **will das dir denn nicht in den ~?** can't you get that into your head?; **etw will jdm nicht aus dem ~** sb can't get sth out of one's head; **sich** *dat* **etw durch den ~ gehen lassen** to mull sth over; **nichts als Fußball/Arbeit im ~ haben** to think of nothing but football/work; **sich** *dat* **[über etw] den ~ zerbrechen** (*fam*) to rack one's brains [over sth] ❹(*Verstand, Intellekt*) mind; **nicht ganz richtig im ~ sein** (*fam*) to be not quite right in the head ❺(*Wille*) mind; **seinen eigenen ~ haben** (*fam*) to have a mind of one's own; **seinen ~ durchsetzen** to get one's way; **sich** *dat* **etw aus dem ~ schlagen** to get sth out of one's head; **sich** *dat* **in den ~ setzen, etw zu tun** to get it into one's head to do sth ❻(*Person*) head; ■**der ~ einer S.** *gen* the person behind sth; **pro ~** per head ►WENDUNGEN: **[bei etw** *dat***] ~ und Kragen riskieren** (*fam*) to risk life and limb [doing sth]; **den ~ in den Sand**

K

stecken to bury one's head in the sand; **mit dem ~ durch die Wand [rennen] wollen** (*fam*) to be determined to get one's way; **~ hoch!** [keep your] chin up!; **jdn einen ~ kürzer machen** (*sl*) to chop sb's head off; **nicht auf den ~ gefallen sein** (*fam*) to not have been born yesterday; **etw auf den ~ hauen** (*fam*) to spend all of sth; **etw auf den ~ stellen** (*gründlich durchsuchen*) to turn sth upside down; (*ins Gegenteil verkehren*) to turn sth on its head; **jdn vor den ~ stoßen** to offend sb

Kopf-an-Kopf-Rennen *nt* (*a. fig*) neck-and-neck race

Kopfarbeit *f* brain-work **Kopfball** *m* header **Kopfbedeckung** *f* headgear *no indef art, no pl* **Kopfbewegung** *f* movement of the head

Köpfchen ['kœpfçən] *nt* ▶WENDUNGEN: **~ haben** (*fam*) to have brains

köpfen ['kœpfn̩] **I.** *vt* (*fam: enthaupten*) to behead **II.** *vi* SPORT to head the ball

K

Kopfende *nt* head **Kopfgeburt** *f* (*pej fam*) unrealistic proposal **Kopfgeldjäger(in)** *m(f)* bounty hunter **kopfgesteuert** ['kɔpfgəʃtɔyɐt] *adj* (*pej sl*) ruled by one's head [not one's heart] **Kopfhaar** *nt* hair **Kopfhaut** *f* scalp **Kopfhörer** *m* headphones *pl* **Kopfkissen** *nt* pillow **Kopflaus** *f* head louse

kopflos **I.** *adj* ❶ (*ganz verwirrt*) confused ❷ (*enthauptet*) headless **II.** *adv* in a bewildered manner

Kopfmensch *m* (*fam*) cerebral person **Kopfnicken** *nt kein pl* nod [of the head] **Kopfnuss** *f* ❶ (*leichter Schlag*) **Kopfnüsse verteilen** to dish out noogies (*to rap sb lightly on the head with ones knuckles*) ❷ (*Denkaufgabe*) brain teaser **Kopfrechnen** *nt* mental arithmetic *no pl* **Kopfsalat** *m* lettuce **kopfscheu** *adj* ▶WENDUNGEN: **jdn ~ machen** (*fam*) to confuse sb; **~ werden** (*fam*) to get confused

Kopfschmerz *m meist pl* headache; **jdm ~en machen** (*fam*) to give sb a headache; **~en haben** to have a headache **Kopfschmerztablette** *f* headache tablet

Kopfschuppen *pl* MED dandruff *no pl, no indef art* **Kopfschütteln** *nt kein pl* shake of the head **kopfschüttelnd** **I.** *adj* shaking one's head *pred* **II.** *adv* with a shake of the head **Kopfschutz** *m* protective headgear **Kopfsprung** *m* header; **einen ~ machen** to take a header **Kopfstand** *m* headstand; **einen ~ machen** to do a headstand **Kopfsteinpflaster** *nt* cobblestones *pl* **Kopfstimme** *f* head-voice **Kopfstütze** *f* head-rest **Kopftuch** *nt* headscarf **kopfüber** [kɔpfʔy:bɐ] *adv* head first **Kopfweh** *nt s.* **Kopfschmerz** **Kopfzeile** *f* header **Kopfzerbrechen** *nt* ▶WENDUNGEN: **jdm ~ bereiten** to cause sb quite a headache; **sich** *dat* **über jdn/etw ~ machen** to worry about sb/sth

Kopie <-, -n> [ko'pi:, *pl* ko'pi:ən] *f* copy

kopieren* [ko'pi:rən] *vt* to copy

Kopierer <-s, -> *m* (*fam*), **Kopiergerät** *nt* [photo]copier

Kopierschutz *m* copy protection *no pl* **Kopiersperre** *f* anti-copy device

Kopilot(in) ['ko:pilo:t] *m(f)* co-pilot

Koppel <-, -n> ['kɔpl̩] *f* pasture

koppeln ['kɔpl̩n] *vt* ❶ (*anschließen*) to connect (**an** +*akk* to) ❷ (*miteinander verbinden*) to couple (**an** +*akk* onto)

Kopp(e)lung <-, -en> *f* connection

Koproduktion ['ko:prodʊktsi̯o:n] *f* co-production

Kopulation <-, -en> [kopula'tsi̯o:n] *f* copulation

kopulieren* [kopu'li:rən] *vi* to copulate

Koralle <-, -n> [ko'ralə] *f* coral

Korallenriff *nt* coral reef

Koran <-s> [ko'ra:n] *m kein pl* Koran

Koranvers *m* REL Koranic verse, sura

Korb <-[e]s, Körbe> [kɔrp, *pl* 'kœrbə] *m* ❶ *a.* SPORT basket; **einen ~ erzielen** to score a goal ❷ *kein pl* (*Weidengeflecht*) wicker ❸ (*fam: Abfuhr*) rejection; **[von jdm] einen ~ bekommen** to be rejected [by sb]; **jdm einen ~ geben** to turn sb down

Korbball *m kein pl* korfball

Körbchengröße *f* MODE cup size

Korbflasche *f* demijohn **Korbmöbel** *nt* piece of wickerwork furniture **Korbstuhl** *m* wicker chair

Kord <-[e]s, -e> [kɔrt] *m s.* **Cord**

Kordel <-, -n> ['kɔrdl̩] *f* cord

Kordhose *f* cord trousers *pl* BRIT, corduroy pants *pl* AM

Korea <-s> [ko're:a] *nt* Korea; *s. a.* **Deutschland**

Koreaner(in) [kore'a:nɐ] *m(f)* Korean; *s. a.* **Deutsche(r)**

koreanisch [kore'a:nɪʃ] *adj* Korean; *s. a.* **deutsch**

Koriander <-s, -> [ko'ri̯andɐ] *m* coriander *no pl*

Korinthe <-, -n> [ko'rɪntə] *f* currant

Korinthenkacker(in) <-s, -> *m(f)* (*pej fam*) nitpicker

Kork <-[e]s, -e> [kɔrk] *m* cork

Korkeiche *f* cork-oak

Korken <-s, -> ['kɔrkn̩] *m* cork

Korkenzieher <-s, -> *m* corkscrew

Korn[1] <-[e]s, Körner> [kɔrn, *pl* 'kœrnɐ] *nt* ① (*Samenkorn*) grain ② (*Getreide*) corn *no pl*, grain *no pl* ▶ WENDUNGEN: **etw aufs ~ nehmen** to hit out at sth; **jdn aufs ~ nehmen** to have it in for sb

Korn[2] <-[e]s, -> [kɔrn] *m* (*Kornbranntwein*) schnapps

Kornblume *f* cornflower

Körnchen <-s, -> ['kœrnçən] *nt dim von* **Korn**[1] grain; **ein ~ Wahrheit** a grain of truth

Kornfeld ['kɔrnfɛlt] *nt* cornfield

körnig ['kœrnɪç] *adj* granular

Kornkammer *f* (*geh*) granary **Kornkreis** *m* crop circle

Körper <-s, -> ['kœrpɐ] *m* body; **am ganzen ~** all over

Körperbau *m kein pl* physique **Körperbeherrschung** *f kein pl* body control **körperbehindert** *adj* physically disabled [*or* handicapped] **Körperbehinderte(r)** *f(m)* physically disabled person **körperbetont** *adj* clinging **körpereigen** *adj attr* endogenic **Körperfülle** *f* corpulence **Körpergeruch** *m* body odour **Körpergewicht** *nt* weight **Körpergröße** *f* size **Körperhaltung** *f* posture **Körperkontakt** *m* body contact

körperlich **I.** *adj* physical **II.** *adv* physically; **~ arbeiten** to do physical work

Körperlotion *f* body lotion **Körperpflege** *f* personal hygiene

Körperschaft <-, -en> *f* corporation **Körperschaftssteuer** *f* corporation tax

Körpersprache *f* body language **Körperteil** *m* part of the body **Körperverletzung** *f* bodily harm *no indef art, no pl;* **fahrlässige ~** bodily injury caused by negligence; **schwere ~** grievous bodily harm

Korps <-, -> [ko:ɐ̯] *nt* corps

korpulent [kɔrpu'lɛnt] *adj* (*geh*) corpulent

Korpulenz <-> [kɔrpu'lɛnts] *f kein pl* (*geh*) corpulence

korrekt [kɔ'rɛkt] **I.** *adj* correct **II.** *adv* correctly

korrekterweise *adv* properly speaking

Korrektheit <-> *f kein pl* correctness

Korrektor, Korrektorin <-s, -toren> [kɔ'rɛkto:ɐ̯, kɔrɛk'to:rɪn, *pl* kɔrɛk'to:rən] *m, f* ① (*Korrektur lesen*) proof-reader ② (*korrigierender Prüfer*) marker

Korrektur <-, -en> [kɔrɛk'tu:ɐ̯] *f* correction; *von Schularbeiten* marking; **[etw] ~ lesen** to proof-read [sth]

Korrekturtaste *f* correction key **Korrekturzeichen** *nt* proof-readers' mark

Korrespondent(in) <-en, -en> [kɔrɛspɔn'dɛnt] *m(f)* correspondent

Korrespondenz <-, -en> [kɔrɛspɔn'dɛnts] *f* correspondence *no pl*

korrespondieren* *vi* ① (*in Briefwechsel stehen*) to correspond (**mit** +*dat* with) ② (*geh: entsprechen*) ■ **mit etw** *dat* **~** to correspond to sth

Korridor <-s, -e> [kɔrido:ɐ̯] *m* corridor

korrigierbar *adj* correctable

korrigieren* [kɔri'gi:rən] *vt* to correct; *Klassenarbeit, Aufsatz* to mark; *Manuskript* to proofread

korrupt [kɔ'rʊpt] *adj* corrupt

Korruption <-, -en> [kɔrʊp'tsi̯o:n] *f* corruption

Korse, Korsin <-n, -n> ['kɔrzə] *m, f* Corsican; *s. a.* **Deutsche(r)**

Korsett <-s, -s *o* -e> [kɔr'zɛt] *nt* corset

Korsika <-s> ['kɔrzika] *nt kein pl* Corsica

Korsin <-, -nen> *f fem form von* **Korse**

korsisch ['kɔrzɪʃ] *adj* Corsican; *s. a.* **deutsch**

Korvette <-, -n> [kɔr'vɛtə] *f* corvette

Koryphäe <-, -n> [kory'fɛ:ə] *f* (*geh*) leading authority

Kosak(in) <-en, -en> [ko'zak] *m(f)* Cossack

koscher ['ko:ʃɐ] **I.** *adj* kosher ▶ WENDUNGEN: **nicht [ganz] ~ sein** to be not [quite] on the level **II.** *adv* according to kosher requirements

Kosename *m* pet name **Kosewort** *nt* term of endearment

Kosinus <-, -u *o* -se> ['ko:zinʊs] *m* cosine

Kosmetik <-> [kɔs'me:tɪk] *f, kein pl* cosmetics *pl*

Kosmetiker(in) <-s, -> [kɔs'me:tikɐ] *m(f)* beautician

Kosmetikkoffer *m* vanity case **Kosmetiktuch** *nt* tissue

kosmetisch [kɔs'me:tɪʃ] **I.** *adj* cosmetic **II.** *adv* cosmetically

kosmisch ['kɔsmɪʃ] *adj* cosmic

Kosmonaut(in) <-en, -en> [kɔsmo'naut] *m(f)* cosmonaut

Kosmopolit(in) <-en, -en> [kɔsmopo'li:t] *m(f)* (*geh*) cosmopolitan

Kosmos <-> ['kɔsmɔs] *m kein pl* cosmos

Kosovo <-s> ['kɔsɔvɔ] *m* Kosovo

Kost <-> [kɔst] *f kein pl* food; **[freie] ~ und Logis** [free] board and lodging; **geistige ~** intellectual fare

kostbar ['kɔstba:ɐ̯] *adj* valuable, precious; **jdm ~ sein** to mean a lot to sb

Kostbarkeit <-, -en> *f* ① (*wertvoller Gegenstand*) precious object ② *kein pl* (*Erlesenheit*) preciousness

kosten[1] ['kɔstn̩] *vt* ① (*als Preis haben*) to cost ② (*erfordern*) to take [up] ▶ WENDUN-

K

GEN: **koste es, was es wolle** whatever the cost

kosten² ['kɔstn̩] *vt, vi* (*probieren*) to taste; ■**von etw** *dat* ~ to have a taste of sth

Kosten ['kɔstn̩] *pl* costs *pl*, expenses *pl*; ~ **sparend** *adjektivisch* economical; *adverbial* economically; **die ~ tragen** to bear the costs ▸WENDUNGEN: **auf seine ~ kommen** to get one's money's worth; **auf ~ von jdm/etw** *dat* at the expense of sb/sth

Kostenbeteiligung *f* cost sharing *no pl* **kostendeckend** **I.** *adj* cost-effective **II.** *adv* cost-effectively **Kostenersparnis** *f* FIN, ÖKON cost saving **Kostenerstattung** *f* reimbursement of expenses **Kostenfrage** *f* question of cost **kostengünstig** *adj* economical **kostenintensiv** *adj* cost-intensive

kostenlos **I.** *adj* ■~ **sein** to be free [of charge] **II.** *adv* free [of charge]

Kostenvoranschlag *m* quotation; **sich** *dat* **einen ~ machen lassen** to get an estimate

K

Kostgeld *nt* board

köstlich ['kœstlɪç] **I.** *adj* ① (*herrlich*) delicious ② (*fam: amüsant*) priceless **II.** *adv* (*herrlich*) delicious; **sich** *akk* ~ **amüsieren** to have a wonderful time

Kostprobe *f* ① (*etwas zum Probieren*) taste ② (*Vorgeschmack, Beispiel*) sample; **eine ~ seines Könnens** a sample of his skill

kostspielig *adj* expensive

Kostüm <-s, -e> [kɔs'ty:m] *nt* ① MODE suit ② HIST, THEAT costume

Kostümball *m* fancy-dress ball **Kostümfest** *nt* fancy-dress ball

kostümieren* [kɔsty'mi:rən] *vt* ■**sich** *akk* [**als etw**] ~ to dress up [as sth]

Kostümprobe *f* THEAT dress rehearsal

Kot <-[e]s> [ko:t] *m kein pl* excrement

Kotelett <-s, -s> [kɔt'lɛt] *nt* chop

Koteletten [kotə'lɛtn̩] *pl* sideburns *npl*

Köter <-s, -> ['kø:tɐ] *m* (*pej*) mutt

Kotflügel *m* wing

Kotzbrocken *m* (*pej sl*) slimy git BRIT, slimeball AM

Kotze <-> ['kɔtsə] *f kein pl* (*fam*) puke *sl*

kotzen ['kɔtsn̩] *vi* (*fam*) to puke; **das ist zum K~** it makes you sick

kotzübel ['kɔts'ʔy:bl̩] *adj* (*fam*) **mir ist/wird** ~ I feel like I'm going to puke *sl*

KP <-, -s> [ka:'pe:] *f Abk von* **Kommunistische Partei** Communist Party

Krabbe <-, -n> ['krabə] *f* ① ZOOL (*Taschenkrebs*) crab ② KOCHK (*Garnele*) prawn

krabbeln ['krabl̩n] *vi sein* to crawl

Krach <-[e]s, Kräche> [krax, *pl* 'krɛçə] *m* ① *kein pl* (*Lärm*) noise ② (*fam: Streit*) quarrel; ~ [**mit jdm**] **haben** to have a row [with sb]; **sie haben ~** they're not on speaking terms; **mit jdm ~ kriegen** to get into trouble with sb ▸WENDUNGEN: ~ **schlagen** (*fam*) to make a fuss

krachen ['kraxn̩] **I.** *vi* ① *haben* (*laut hallen*) to crash; *Ast* to creak; *Schuss* to ring out ② *sein* (*fam: prallen*) to crash **II.** *vr* (*fam*) ■**sich** *akk* ~ to have a row [*or* AM an argument]

krächzen ['krɛçtsn̩] *vi, vt* ① ORN to caw ② (*fam: heiser sprechen*) to croak

Kraft <-, Kräfte> [kraft, *pl* 'krɛftə] *f* ① ([*körperliche*] *Stärke*) strength; **mit aller ~** with all one's strength; **mit frischer ~** with renewed energy; **mit letzter ~** with one's last ounce of strength; **mit vereinten Kräften** with combined efforts; **aus eigener ~** by oneself; **die treibende ~** the driving force; **wieder zu Kräften kommen** to regain one's strength; **über jds Kräfte gehen** to be more than sb can cope with; **seine Kräfte sammeln** to gather one's strength ② (*Geltung*) power; **in ~ sein** to be in force; **in ~ treten** to come into force; **außer ~ sein** to be no longer in force; **etw außer ~ setzen** to cancel sth ③ PHYS (*Energie*) power ④ *meist pl* (*Einfluss ausübende Gruppe*) force

Falsche Freunde

Nicht verwechseln mit *craft* — Handwerk *nt*!

Kraftakt *m* act of strength **Kraftanstrengung** *f* exertion **Kraftaufwand** *m* effort **Kraftausdruck** *m* swear word

Kräfteverschleiß *m* loss of energy

Kraftfahrer(in) *m(f)* driver

Kraftfahrzeug *nt* motor vehicle **Kraftfahrzeugbrief** *m* vehicle registration document **Kraftfahrzeugkennzeichen** *nt* vehicle registration **Kraftfahrzeugmechaniker(in)** *m(f)* vehicle mechanic **Kraftfahrzeugpapiere** *pl* vehicle registration papers **Kraftfahrzeugschein** *m* vehicle registration document **Kraftfahrzeugsteuer** *f* vehicle tax **Kraftfahrzeugversicherung** *f* car insurance

Kraftfeld *nt* force field **Kraftfutter** *nt* concentrated feed stuff

kräftig ['krɛftɪç] **I.** *adj* ① (*physisch stark*) strong ② (*kraftvoll*) powerful; *Händedruck* firm; *Haarwuchs* healthy; *Stimme* powerful; **ein ~er Biss/Schlag/Tritt** a powerful bite/blow/kick ③ (*intensiv*) strong; *Farbe* rich ④ KOCHK (*nahrhaft*) nourishing **II.** *adv* ① (*angestrengt*) vigorously; **etw ~ rüh-**

ren to give sth a good stir; ~ **niesen** to sneeze violently ② METEO (*stark*) heavily ③ (*deutlich*) substantially; **jdm ~ die Meinung sagen** to strongly express one's opinion

kräftigen ['krɛftɪgn̩] *vt* (*geh*) ① (*die Gesundheit festigen*) ■ **jdn/etw ~** to build up sb's/sth's strength; ■ **gekräftigt** invigorated ② (*stärken*) to strengthen

kraftlos **I.** *adj* weak **II.** *adv* feebly

Kraftlosigkeit <-> *f kein pl* weakness

Kraftprobe *f* test of strength **Kraftprotz** <-es, -e> *m* (*fam*) muscle man **Kraftrad** *nt* motorcycle **Kraftreserven** *pl* reserves *pl* of strength **Kraftstoff** *m* fuel **Krafttraining** *nt* strength training **Kraftübertragung** *f* power transmission **kraftvoll** **I.** *adj* strong; *Stimme* powerful **II.** *adv* forcefully; ~ **zubeißen** to take a hearty bite **Kraftwagen** *m* motor vehicle **Kraftwerk** *nt* power station

Kragen <-s, - *o* Krägen> ['kra:gən, *pl* 'krɛ:gn̩] *m* collar; **jdn am ~ packen** to take sb by the scruff of his neck ▸ WENDUNGEN: **jdm geht es an den ~** (*derb*) sb is in for it; **etw kostet jdn den ~** (*derb*) sth is sb's downfall; **jdm platzt der ~** (*fam*) sb blows his/her top

Kragenknopf *m* collar button **Kragenweite** *f* collar size ▸ WENDUNGEN: **genau/nicht jds ~ sein** (*fam*) to be just/not sb's cup of tea

Krähe <-, -n> ['krɛ:ə] *f* crow

krähen ['krɛ:ən] *vi* ① ORN to crow ② (*fam*) to squeal

Krähenfüße *pl* crow's feet

Krakauer <-, -> *f polish garlic sausage*

Krake <-n, -n> ['kra:kə] *m* octopus

krakeelen* [kra'ke:lən] *vi* (*pej fam*) to make a racket

Krakelei <-, -en> *f* (*pej fam*) scribble

krakelig ['kra:kəlɪç] *adj, adv* (*pej fam*) scrawly

Kralle <-, -n> ['kralə] *f* ORN, ZOOL claw ▸ WENDUNGEN: **jdn in seine ~n bekommen** to get one's claws into sb; [**jdm**] **die ~n zeigen** to show [sb] one's claws

krallen ['kralən] **I.** *vr* ■ **sich** *akk* **an jdn/etw ~** to cling onto sb/sth **II.** *vt* ① (*fest bohren*) ■ **etw in etw ~** to dig sth into sth ② (*sl: klauen*) ■ [**sich** *dat*] **etw ~** to pinch sth *fam*

Kram <-[e]s> [kra:m] *m kein pl* (*fam*) ① (*Krempel*) junk ② (*Angelegenheit*) affairs *pl;* **den ganzen ~ hinschmeißen** to pack the whole thing in; **jdm in den ~ passen** to suit sb fine; **jdm nicht in den ~ passen** to be a real nuisance to sb

kramen ['kra:mən] **I.** *vi* ① (*fam*) ■ [**in etw** *dat*] ~ to rummage around [in sth] (**nach** +*dat* for) ② SCHWEIZ (*Kleinhandel betreiben*) to hawk **II.** *vt* (*fam*) ■ **etw aus etw** *dat* ~ to fish sth out of sth

Krämerseele *f* ▸ WENDUNGEN: **eine ~ sein** (*pej*) to be petty-minded

Kramladen *m* (*pej fam*) ① (*Trödelladen*) junk shop ② (*pej: Ramschladen*) crummy little shop

Krampen <-s, -> *m* ÖSTERR pickaxe

Krampf <-[e]s, Krämpfe> [krampf, *pl* 'krɛmpfə] *m* cramp; **einen ~ bekommen** to get a cramp

Krampfader *f* varicose vein

krampfen ['krampfn̩] *vt* to clench (**um** +*akk* around)

krampfhaft **I.** *adj* ① (*angestrengt*) desperate ② MED convulsive **II.** *adv* desperately

krampflindernd, krampflösend *adj* antispasmodic

Kran <-[e]s, Kräne> [kra:n, *pl* 'krɛ:nə] *m* ① TECH crane ② DIAL (*Wasserhahn*) tap

Kranführer(in) *m(f)* crane operator

Kranich <-s, -e> ['kra:nɪç] *m* crane

krank <kränker, kränkste> [kraŋk] *adj* ill, sick; ■ **~ vor etw** *dat* **sein** to be sick with sth ▸ WENDUNGEN: **du bist wohl ~!** (*iron*) are you out of your mind?; **jdn** [**mit etw** *dat*] **~ machen** to get on sb's nerves [with sth]

Kranke(r) *f(m) dekl wie adj* sick person

kränkeln ['krɛŋkl̩n] *vi* to be unwell

kranken ['kraŋkn̩] *vi* ■ **an etw** *dat* ~ to suffer from sth

kränken ['krɛŋkn̩] *vt* ■ **jdn ~** to hurt sb's feelings; ■ **gekränkt sein** to feel hurt; ■ **es kränkt jdn, dass ...** it hurts sb['s feelings], that ...; ■ **~d** hurtful

Krankenbesuch *m* [patient] visit **Krankenbett** *nt* hospital bed **Krankengeld** *nt* sick pay **Krankengymnastik** *f* physiotherapy

Krankenhaus *nt* hospital, clinic; **ins ~ kommen/müssen** to go/have to go into hospital; **im ~ liegen** to be in hospital **krankenhausreif** *adj* ■ **~ sein** to require hospital treatment; **jdn ~ schlagen** to put sb into hospital

Krankenkasse *f* health insurance company **Krankenkost** *f kein pl* [special] diet **Krankenpflege** *f* nursing **Krankenpfleger(in)** *m(f)* male nurse **Krankenschein** *m* health insurance voucher **Krankenschwester** *f* nurse **Krankentransport** *m* ambulance service **Krankenversichertenkarte** *f* health insurance card

Krankenversicherung *f* health insurance

Krankenwagen *m* ambulance

K

kränker *adj komp von* **krank**
krank|feiern *vi* (*fam*) to skive off work BRIT, to call in sick
krankhaft **I.** *adj* morbid **II.** *adv* morbidly
Krankheit <-, -en> *f* ① MED illness ② FORST, HORT disease
Krankheitsbild *nt* symptoms *pl* **krankheitserregend** *adj* pathogenic **Krankheitserreger** *m* pathogen
krank|lachen *vr* (*fam*) ■**sich** *akk* ~ to almost die laughing (**über** +*akk* about)
kränklich ['krɛŋklɪç] *adj* sickly
krank|machen *vi* (*fam*) *s.* **krankfeiern** **krank|melden** *vr* ■**sich** *akk* ~ to report sick **Krankmeldung** *f* notification of sickness **krank|schreiben** *vt* ■**jdn** ~ to give sb a sick note
kränkste(r, s) *adj superl von* **krank**
Kränkung <-, -en> *f* insult
Kranwagen *m* crane truck
Kranz <-es, Kränze> [krants, *pl* 'krɛntsə] *m* ① (*Ring aus Pflanzen*) wreath ② DIAL (*Hefekranz*) ring (*of white sweet bread*)
Kranzniederlegung *f* wreath laying
Krapfen <-s, -> ['krapfn̩] *m* ① KOCHK fritter ② DIAL (*frittiertes Hefegebäck*) ≈ doughnut
krass [kras] **I.** *adj* ~**es Beispiel** glaring example; ~**e Bemerkung** crass remark; **ein** ~**er Fall/Unterschied** an extreme case/difference; ~**es Fehlurteil** crass error of judgement; ~**er Gegensatz** stark contrast **II.** *adv* (*sl*) crassly; **sich** *akk* ~ **benehmen** to behave crassly; ~ **gesagt** to put it bluntly
Krater <-s, -> ['kra:tɐ] *m* crater
Kratzbürste *f* (*pej fam*) prickly person
kratzbürstig ['kratsbyrstɪç] *adj* (*pej fam*) prickly
Krätze <-> ['krɛtsə] *f kein pl* scabies
kratzen ['kratsn̩] **I.** *vt* ① (*mit den Nägeln ritzen*) to scratch; ■**etw von etw** *dat* ~ to scratch sth off sth ② (*fam: kümmern*) **das kratzt mich nicht** I couldn't care less about that **II.** *vi* ① (*jucken*) to scratch; **das Unterhemd kratzt** the vest is scratchy ② (*scharren, mit den Nägeln ritzen*) to scratch ③ (*beeinträchtigen*) ■**an etw** *dat* ~ to scratch away at sth; **an jds Ehre** ~ to impugn sb's honour; **an jds Stellung** ~ to undermine sb's position
Kratzer <-s, -> ['kratsɐ] *m* scratch
kratzfest *adj* scratch-resistant [*or* -proof], non-scratch
kraulen[1] ['kraulən] *vi sein o haben* (*schwimmen*) to do the crawl
kraulen[2] ['kraulən] *vt* (*streicheln*) to fondle; **einen Hund zwischen den Ohren** ~ to tickle a dog between its ears

K

kraus [kraus] *adj Haare* frizzy; *Stirn* wrinkled; **die Stirn** ~ **ziehen** to knit one's brow, to frown
kräuseln ['krɔyzl̩n] **I.** *vt Haare* to crimp; *Stoff* to ruffle; **die starke Bö kräuselte die Oberfläche des Wassers** the strong gust ruffled the surface of the water **II.** *vr* ■**sich** *akk* ~ *Haare* to frizz; *Wasseroberfläche* to ruffle
Krauskopf *m* (*fam*) ① (*Frisur*) frizzy hairstyle ② (*Mensch*) frizzy head
Kraut <-[e]s, Kräuter> [kraut, *pl* krɔytɐ] *nt* ① BOT herb ② *kein pl* (*grüne Teile von Pflanzen*) foliage ③ *kein pl* DIAL (*Kohl*) cabbage; (*Sauerkraut*) pickled cabbage ④ *kein pl* DIAL (*Sirup*) syrup ▸ WENDUNGEN: **wie** ~ **und Rüben durcheinanderliegen** (*fam*) to lie about all over the place
Kräutermischung *f* herb mixture **Kräutertee** *m* herbal tea **Kräutertherapie** *f* herbal therapy
Krautkopf *m* SÜDD, ÖSTERR (*Kohlkopf*) head of cabbage **Krautsalat** *m* coleslaw (*without carrot*)
Krawall <-s, -e> [kra'val] *m* ① (*Tumult*) riot; ~ **schlagen** to kick up a row [*or* AM an argument] ② *kein pl* (*fam: Lärm*) racket; ~ **machen** to make a racket
krawallig *adj* loutish, rowdy, yobbish
Krawallmacher(in) <-s, -> *m(f)* (*pej fam*) hooligan
Krawatte <-, -n> [kra'vatə] *f* tie
Krawattennadel *f* tiepin
kraxeln ['kraksl̩n] *vi sein* SÜDD, ÖSTERR ■[**auf etw** *akk*] ~ to clamber [onto sth]
Kreation <-, -en> [krea'tsi̯o:n] *f* creation
kreativ [krea'ti:f] **I.** *adj* creative **II.** *adv* creatively
Kreativdirektor(in) *m(f)* creative director
Kreativität <-> [kreativi'tɛt] *f kein pl* creativity
Kreatur <-, -en> [krea'tu:ɐ̯] *f* creature
Krebs <-es, -e> [kre:ps] *m* ① ZOOL crayfish ② *kein pl* KOCHK (*Krebsfleisch*) crab ③ MED cancer ④ *kein pl* ASTROL Cancer
krebserregend *adj* carcinogenic; ~ **wirken** to be carcinogenic **Krebserreger** *m* carcinogen **Krebsforschung** *f kein pl* cancer research *no pl* **Krebsfrüherkennung** *f kein pl* early cancer diagnosis **Krebsgeschwür** *nt* cancerous ulcer **krebskrank** *adj* ■~ **sein** to suffer from cancer **Krebskranke(r)** *f(m)* cancer victim **Krebsoperation** *f operation conducted on cancer patient* **krebsrot** ['kre:psro:t] *adj* red as a lobster
Krebsvorsorge *f kein pl* precautions *pl* against cancer

Krebsvorsorgeuntersuchung *f* cancer check-up
Krebszelle *f* cancer cell
Kredit <-[e]s, -e> [kre'di:t] *m* credit; (*Darlehen*) loan; [**bei jdm**] ~ **haben** to be given credit [by sb]; **einen** ~ [**bei jdm**] **aufnehmen** to take out a loan [with sb]; **auf** ~ on credit
Kreditbrief *m* FIN letter of credit **Kreditgeber(in)** *m(f)* creditor **Kredithai** *m* (*fam*) loan shark
kreditieren* [kredi'ti:rən] *vt* FIN ① (*Kredit gewähren*) to grant credit ② (*gutschreiben*) ■**jdm etw** ~ to credit sb with sth
Kreditinstitut *nt* bank **Kreditkarte** *f* credit card; **mit** ~ **bezahlen** to pay by credit card **kreditwürdig** *adj* creditworthy
Kreide <-, -n> ['kra̯idə] *f* chalk ▶ WENDUNGEN: **bei jdm** [**tief**] **in der** ~ **stehen** (*fam*) to owe sb [a lot of] money
kreidebleich, kreideweiß *adj* as white as a sheet **Kreidefelsen** *m* chalk cliff **Kreidezeichnung** *f* chalk drawing **Kreidezeit** *f* *kein pl* GEOL Cretaceous [period]
kreieren* [kre'i:rən] *vt* to create
Kreis <-es, -e> [kra̯is, *pl* 'kra̯izə] *m* ① MATH circle; **einen** ~ **um jdn bilden** to form a circle around sb; **sich** *akk* **im** ~[**e**] **drehen** to turn round in a circle; **im** ~ **gehen** to go round in circles, in a circle ② (*Personengruppe*) circle; **die Hochzeit fand im engsten** ~ **statt** only close friends and family were invited to the wedding; **im** ~**e seiner Familie** in the bosom of his family ③ ADMIN district
Kreisbahn *f* orbit **Kreisbewegung** *f* circular movement **Kreisbogen** *m* arc
kreischen ['kra̯iʃn̩] *vi* ① ORN to squawk ② (*hysterisch schreien*) to shriek ③ *Bremsen, Reifen* to screech
Kreisel <-s, -> ['kra̯izl̩] *m* ① (*Spielzeug*) spinning top ② TRANSP (*fam*) roundabout
kreisen ['kra̯izn̩] *vi sein o haben* ① ASTRON, RAUM ■**um etw** *akk* ~ to orbit sth ② LUFT, ORN ■[**über etw** *dat*] ~ to circle [over sth] ③ (*in einem Kreislauf sein*) ■[**in etw** *dat*] ~ to circulate [through sth] ④ (*sich ständig drehen*) ■**um jdn/etw** ~ to revolve around sb/sth
Kreisfläche *f* area of a circle
kreisförmig I. *adj* circular II. *adv* in a circle
Kreisinsel *f* TRANSP *central traffic-free area on roundabout*
Kreislauf *m* ① MED circulation ② (*Zirkulation*) cycle **Kreislaufstörungen** *pl* circulatory disorder
Kreissäge *f* circular saw
Kreißsaal *m* delivery room
Kreisstadt *f* district principal town **Kreisumfang** *m* circumference **Kreisverkehr** *m* roundabout
Krematorium <-s, -rien> [kream'to:ri̯ʊm, *pl* -'to:riən] *nt* crematorium
kremig ['kre:mɪç] I. *adj* creamy II. *adv* **etw** ~ **schlagen/rühren** to whip/stir sth until creamy
Kreml <-s> ['krɛ:ml̩] *m* Kremlin
Krempe <-, -n> ['krɛmpə] *f* brim
Krempel <-s> ['krɛmpl̩] *m kein pl* (*pej fam*) ① (*ungeordnete Sachen*) stuff ② (*Ramsch*) junk ▶ WENDUNGEN: **den ganzen** ~ **hinwerfen** to chuck it all in
Kren <-s> [kre:n] *m kein pl* BOT, KOCH SÜDD, ÖSTERR horseradish
krepieren* [kre'pi:rən] *vi sein* (*sl: zugrunde gehen*) to croak; ■**jdm** ~ to die on sb *fam*
Krepp[1] <-s, -e *o* -s> [krɛp] *m* (*Gewebe*) crêpe
Krepp[2] <-s, -s> [krɛp] *m* KOCH crêpe
Kreppapier *nt* crepe paper **Kreppsohle** *f* crepe sole
Kresse <-, -n> ['krɛsə] *f* cress
Kreta <-s> ['kre:ta] *nt* Crete
Kreter(in) <-s, -> ['kre:tɐ] *m(f)* Cretan; *s. a.* **Deutsche(r)**
kretisch ['kre:tɪʃ] *adj* Cretan; *s. a.* **deutsch**
kreuz [krɔ̯yts] ▶ WENDUNGEN: ~ **und quer** all over the place *fam*, all over
Kreuz <-es, -e> [krɔ̯yts] *nt* ① (*Zeichen in Form eines X*) cross; **über** ~ crosswise ② REL cross; (*Kruzifix*) crucifix; **jdn ans** ~ **schlagen** to crucify sb ③ (*Teil des Rückens*) lower back; **es im** ~ **haben** (*fam*) to have back trouble ④ (*Autobahnkreuz*) intersection ⑤ *kein pl* KARTEN clubs *pl* ▶ WENDUNGEN: **das Rote** ~ the Red Cross; **mit jdm/etw ist es ein** ~ it is a constant bother with sb/sth; **zu** ~**e kriechen** to eat humble pie *fam;* **jdn aufs** ~ **legen** (*fam*) to fool sb; **drei** ~**e machen** (*fam*) to be so relieved
kreuzen ['krɔ̯ytsn̩] I. *vt haben a.* BIOL to cross II. *vr haben* ■**sich** *akk* ~ to cross III. *vi sein o haben* NAUT ① *Flugzeug, Schiff* to cruise ② NAUT (*wenden*) to tack
Kreuzer <-s, -> ['krɔ̯ytsɐ] *m* NAUT cruiser
Kreuzfahrt *f* cruise; **eine** ~ **machen** to go on a cruise **Kreuzfeuer** *nt* crossfire ▶ WENDUNGEN: [**von allen Seiten**] **ins** ~ [**der Kritik**] **geraten** to come under fire [from all sides] **Kreuzgang** *m* cloister **Kreuzgewölbe** *nt* cross vault
kreuzigen ['krɔ̯ytsɪgn̩] *vt* to crucify
Kreuzigung <-, -en> *f* crucifixion
Kreuzotter *f* adder **Kreuzschlitzschraube** *f* Phillips screw **Kreuzschlüssel** *m* wheel

brace **Kreuzschmerzen** *pl* backache **Kreuzspinne** *f* cross spider

Kreuzung <-, -en> *f* ❶ (*Straßenkreuzung*) crossroad *usu pl* ❷ *kein pl* BIOL (*das Kreuzen*) cross-breeding ❸ ZOOL, BIOL (*Bastard*) mongrel

Kreuzverhör *nt* cross-examination; **jdn ins ~ nehmen** to cross-examine sb

Kreuzweg ['krɔytsveːk] *m* ▸ WENDUNGEN: **am ~ stehen** to be at the crossroads

kreuzweise *adv* crosswise ▸ WENDUNGEN: **du kannst mich ~!** (*derb*) fuck off! *fam!*

Kreuzworträtsel *nt* crossword [puzzle] **Kreuzzug** *m* crusade

kribbelig ['krɪbəlɪç] *adj* ❶ (*unruhig*) edgy ❷ (*prickelnd*) tingly

kribbeln ['krɪbl̩n] **I.** *vi* ❶ *haben* (*prickeln*) **das kribbelt so schön auf der Haut** it's so nice and tingly on the skin ❷ *sein* (*krabbeln*) **~ und krabbeln** to swarm around **II.** *vi impers haben* **mir kribbelt es im Rücken** my back is itching

kribblig ['krɪblɪç] *adj s.* **kribbelig**

Kricket <-s, -s> ['krɪkət] *nt* SPORT cricket

kriechen <kroch, gekrochen> ['kriːçn̩] *vi* ❶ *sein* (*sich auf dem Bauch bewegen*) to crawl ❷ *sein* (*langsam vergehen*) to creep by ❸ *sein o haben* (*pej: unterwürfig sein*) ■**[vor jdm]** ~ to grovel [before sb]

Kriecher(in) <-s, -> *m(f)* (*pej fam*) bootlicker

kriecherisch *adj* (*pej fam*) grovelling

Kriechspur *f* TRANSP crawler [*or* AM slow] lane **Kriechtier** *nt* reptile

Krieg <-[e]s, -e> [kriːk, *pl* 'kriːgə] *m* war; **jdm/einem Land den ~ erklären** to declare war on sb/a country; **~ [gegen jdn/mit jdm] führen** to wage war [on sb]; **in den ~ ziehen** to go to war

kriegen ['kriːgn̩] **I.** *vt* (*fam*) ❶ (*bekommen*) to get; **den Schrank in den Aufzug ~** to get the cupboard into the lift; **ich kriege noch 20 Euro von dir** you still owe me 20 euros; **das Buch ist nirgends zu ~** you can't get that book anywhere; **hast du die Arbeit auch bezahlt gekriegt?** did you get paid for the work?; **etw zu sehen ~** to get to see sth; **ein Kind ~** to have a baby; **eine Krankheit ~** to get an illness; **Prügel ~** to get a hiding ❷ (*erwischen*) ■**jdn ~** to catch sb; **den Zug ~** to catch the train ❸ (*es schaffen*) ■**jdn dazu ~, etw zu tun** to get sb to do sth; **ich kriege das schon geregelt** I'll get it sorted; **den Satz kriegt er bestimmt nicht übersetzt** he won't manage to translate that sentence ▸ WENDUNGEN: **es mit jdm zu tun ~** to be in trouble with sb; **es nicht über sich** *akk* **~, etw zu tun** to not be able to bring oneself to do sth **II.** *vr* (*fam*) ■**sie ~ sich** they get it together

Krieger(in) <-s, -> ['kriːgɐ] *m(f)* warrior

kriegerisch **I.** *adj* ❶ (*kämpferisch*) warlike ❷ (*militärisch*) military **II.** *adv* belligerently

Kriegführung *f s.* **Kriegsführung**

Kriegsausbruch *m* outbreak of war **Kriegsbeginn** *m* start of the war **Kriegsbeil** *nt* tomahawk ▸ WENDUNGEN: **das ~ begraben** to bury the hatchet **Kriegsbemalung** *f* war paint ▸ WENDUNGEN: **in [voller] ~** (*hum fam: sehr stark geschminkt*) in [full] war paint; (*mit Orden behangen*) decorated like a Christmas tree **Kriegsberichterstatter(in)** *m(f)* war correspondent **Kriegsbeschädigte(r)** *f(m) dekl wie adj* war-disabled person

Kriegsdienstverweigerer <-s, -> *m* conscientious objector

Kriegsende *nt* end of the war **Kriegserklärung** *f* declaration of war **Kriegsfall** *m* event of war **Kriegsfilm** *m* war film **Kriegsflüchtling** *m* war refugee **Kriegsführung** *f* warfare; (*Art*) conduct of war **Kriegsfuß** *m* ▸ WENDUNGEN: **mit jdm auf ~ stehen** (*fam*) to be at loggerheads with sb; **mit etw** *dat* **auf ~ stehen** to be no good with sth **Kriegsgefahr** *f* danger of war **Kriegsgefangene(r)** *f(m)* prisoner of war **Kriegsgefangenschaft** *f* captivity; **in ~ geraten** to become a prisoner of war **Kriegsgegner(in)** *m(f)* ❶ (*Pazifist*) pacifist ❷ (*Feind*) enemy **Kriegsgericht** *nt* court martial **Kriegsindustrie** *f* armaments industry **kriegsmüde** *adj* SOZIOL war-weary **Kriegsopfer** *nt* victim of war **Kriegsschauplatz** *m* theatre of war **Kriegsschiff** *nt* war ship **Kriegsspielzeug** *nt* war toy **Kriegstanz** *m* war dance **Kriegsverbrechen** *nt* war crime **Kriegsverbrecher(in)** *m(f)* war criminal **Kriegsverletzung** *f* war wound **Kriegszustand** *m* state of war

Krimi <-s, -s> ['krɪmi] *m* (*fam*) ❶ (*Buch*) detective novel ❷ (*Film*) [crime] thriller

Kriminalbeamte(r) *f(m)*, **-beamtin** *f* detective **Kriminalfilm** *m* thriller

Kriminalistik <-> [krimina'lɪstɪk] *f kein pl* criminology

kriminalistisch **I.** *adj* criminological **II.** *adv* **~ begabt sein** to be a good detective

Kriminalität <-> [kriminali'tɛːt] *f kein pl* ❶ (*Straffälligkeit*) criminality ❷ (*Rate der Straffälligkeit*) crime rate

Kriminalkommissar(in) *m(f)* detective superintendent BRIT **Kriminalpolizei** *f*

K

Kritik äußern	
kritisieren, negativ bewerten	**criticizing, evaluating negatively**
Das gefällt mir gar nicht.	I don't like this at all.
Das sieht aber nicht gut aus.	This doesn't look good.
Das hätte man aber besser machen können.	That could have been done better.
Dagegen lässt sich einiges sagen.	Several things can be said about that.
Da habe ich so meine Bedenken.	I have my doubts about that.
missbilligen	**disapproving**
Das kann ich nicht gutheißen.	I don't approve of that.
Das finde ich gar nicht gut von dir.	That wasn't very nice of you (at all).
Da bin ich absolut dagegen.	I'm completely opposed to it.

❶ (*Abteilung für Verbrechensbekämpfung*) Criminal Investigation Department BRIT, plainclothes police AM ❷ (*Beamte der Kriminalpolizei*) CID officers *pl* BRIT, plainclothes police officers *pl* AM **Kriminalroman** *m* detective novel

kriminell [krimi'nɛl] *adj* criminal

Kriminelle(r) [krimi'nɛlə, -lɐ] *f(m) dekl wie adj* criminal

Krimskrams <-es> ['krɪmskrams] *m kein pl* (*fam*) junk

Kringel <-s, -> ['krɪŋl̩] *m* ❶ KOCHK ring-shaped biscuit [*or* AM cookie] ❷ (*Schnörkel*) squiggle

kringeln ['krɪŋl̩n] *vr* ❶ (*sich umbiegen*) ■**sich** *akk* ~ to curl [up] ❷ (*fam*) ■**sich** *akk* [**vor Lachen**] ~ to kill oneself [laughing]

Kripo <-, -s> ['kri:po] *f* (*fam*) *kurz für* **Kriminalpolizei**

Krippe <-, -n> ['krɪpə] *f* ❶ (*Futterkrippe*) *a.* REL manger ❷ (*Kinderkrippe*) crèche BRIT, day nursery AM

Krippentod *m* MED cot [*or* AM crib] death

Krise <-, -n> ['kri:zə] *f* crisis

kriseln ['kri:zl̩n] *vi impers* (*fam*) **es kriselt** there's a crisis looming

krisenanfällig *adj* crisis-prone **krisenfest** *adj* crisis-proof **Krisengebiet** *nt* crisis zone **Krisenherd** *m* trouble spot **Krisenmanagement** *nt* crisis management **Krisenprovinz** *f* crisis region **Krisenstab** *m kein pl* action committee **Krisenzeit** *f* period of crisis

Kristall <-s, -e> [krɪs'tal] *m* crystal

kristallen [krɪs'talən] *adj* crystal

Kristallglas *nt* crystal glass

kristallisieren* *vi, vt* to crystallize (**zu** into)

kristallklar *adj* crystal-clear **Kristallnacht** *f kein pl* ■**die** ~ "Crystal night" **Kristallzucker** *m* refined sugar

Kriterium <-s, -rien> [kri'te:riʊm, *pl* -'te:riən] *nt* criterion; [**bei etw** *dat*] **bestimmte Kriterien anlegen** to apply certain criteria [to sth]

Kritik <-, -en> [kri'ti:k] *f* ❶ *kein pl* (*Tadel*) criticism; **an jdm/etw ~ üben** to criticize sb/sth; **ohne jede** ~ uncritically ❷ (*Beurteilung*) critique ❸ MEDIA (*Rezension*) review; **gute/schlechte ~en bekommen** to receive good/bad reviews ▶ WENDUNGEN: **unter aller ~ sein** (*pej fam*) to be beneath contempt

Kritiker(in) <-s, -> ['kri:tikɐ] *m(f)* critic

kritiklos I. *adj* uncritical **II.** *adv* uncritically

kritisch ['kri:tɪʃ] **I.** *adj* critical **II.** *adv* critically

kritisieren* [kriti'zi:rən] *vt* to criticize

kritteln ['krɪtl̩n] *vi* (*pej*) to find fault, to carp

Kritzelei <-, -en> [krɪtsə'lai̯] *f* (*pej fam*) ❶ *kein pl* (*das Kritzeln*) scribbling ❷ (*Gekritzel*) scribble

kritzeln ['krɪtsl̩n] *vi, vt* to scribble

Kroate, Kroatin <-n, -n> [kro'a:tə, kro'a:tɪn] *m, f* Croat; *s. a.* **Deutsche(r)**

Kroatien <-s> [kro'a:tsi̯ən] *nt* Croatia; *s. a.* **Deutschland**

kroatisch [kro'a:tɪʃ] *adj* Croatian; *s. a.* **deutsch**

kroch [krɔx] *imp von* **kriechen**

Krokant <-s> [kro'kant] *m kein pl* KOCHK ❶ (*Masse*) chopped and caramelized nuts ❷ (*gefüllte Praline*) [praline filled with] cracknel

Krokette <-, -n> [kro'kɛtə] *f* croquette

Krokodil <-s, -e> [kroko'di:l] *nt* crocodile

Krokodilstränen *pl* (*fam*) crocodile tears *pl*

Krokoleder *nt* crocodile leather [*or* skin]

Krokus <-, - *o* -se> ['kro:kʊs, *pl* -ʊsə] *m* crocus

Krone <-, -n> ['kro:nə] *f* ① (*Kopfschmuck, Zahnkrone*) crown ② (*Baumkrone*) top ③ (*Währungseinheit: in Skandinavien*) krone; (*in der Tschechei*) crown ▶WENDUNGEN: **etw** *dat* **die ~ aufsetzen** (*fam*) to crown sth; **einen in der ~ haben** (*fam*) to have had one too many; **die ~ sein** (*fam*) to beat everything

krönen ['krø:nən] *vt* to crown

Kron(en)korken *m* crown cap

Kronleuchter *m* chandelier **Kronprinz, -prinzessin** *m, f* crown prince *masc,* crown princess *fem* **Kronprinzessin** <-, -nen> *f fem form von* **Kronprinz** crown princess

Krönung <-, -en> *f* ① (*Höhepunkt*) high point ② (*das Krönen*) coronation

Kronzeuge, -zeugin *m, f* **~ sein** to give King's/Queen's evidence

Kropf <-[e]s, Kröpfe> [krɔpf, *pl* 'krœpfə] *m* ORN crop ▶WENDUNGEN: **so unnötig wie ein ~ sein** (*fam*) to be totally unnecessary

kross [krɔs] **I.** *adj* crusty **II.** *adv* crustily

Krösus <-, -se> ['krø:zʊs] *m* (*reicher Mensch*) Croesus ▶WENDUNGEN: **doch kein ~ sein** (*fam*) to not be made of money

Kröte <-, -n> ['krø:tə] *f* ① ZOOL toad ② *pl* (*sl: Geld*) pennies *pl* ③ (*pej: Kind*) brat

Krötentunnel *m* ÖKOL toad tunnel (*tunnel providing a safe passage for toads and other migrating amphibians near busy roads*)

Krücke <-, -n> ['krʏkə] *f* ① (*Stock*) crutch; **an ~n gehen** to walk on crutches ② (*sl: Nichtskönner*) washout

Krückstock *m* walking stick

Krug <-[e]s, Krüge> [kru:k, *pl* 'kry:gə] *m* ① (*Gefäß*) jug; (*Trinkgefäß*) tankard ② DIAL (*Gasthaus*) inn

Krume <-, -n> ['kru:mə] *f* (*geh: Krümel*) crumb

Krümel <-s, -> ['kry:ml̩] *m* crumb

krümelig ['kry:məlɪç] *adj* crumbly

krümeln ['kry:ml̩n] *vi* ① (*Krümel machen*) to make crumbs ② (*leicht zerbröseln*) to crumble

krumm [krʊm] **I.** *adj* ① (*verbogen*) crooked; **~ und schief** askew ② (*gebogen*) *Nase* hooked; *Rücken* hunched; *Beine* bandy; **etw ~ biegen** to bend sth ③ (*pej fam: unehrlich*) crooked; **ein ~es Ding drehen** to pull off sth crooked; **es auf die ~e Tour versuchen** to try to fiddle sth **II.** *adv* **~ gehen** to walk with a stoop; **~ sitzen/stehen** to slouch ▶WENDUNGEN: **sich** *akk* **~ und schief lachen** (*fam*) to split one's sides laughing

krümmen ['krʏmən] **I.** *vt* to bend; **den Rücken ~** to arch one's back; **die Schultern ~** to slouch one's shoulders **II.** *vr* ① (*eine Biegung machen*) ■**sich** *akk* ~ *Fluss* to wind; *Straße* to bend ② (*sich beugen*) ■**sich** *akk* ~ to bend; **sich** *akk* **vor Schmerzen ~** to writhe in pain; **sich** *akk* **[vor Lachen] ~** to double up [with laughter]

krumm|lachen *vr* (*fam*) ■**sich** *akk* ~ to laugh one's head off (**über** +*akk* at)

krumm|nehmen *vt* (*fam*) ■**[jdm] etw ~** to take offence at sth [sb said or did]; ■**es jdm ~, dass ...** to hold it against sb, that ...

Krümmung <-, -en> *f* ① (*Biegung*) bend; (*Weg*) turn ② MED, SCI curvature

Krüppel <-s, -> ['krʏpl̩] *m* cripple; **jdn zum ~ schlagen/schießen** to cripple sb

Kruste <-, -n> ['krʊstə] *f* crust; *Braten* crackling; *Wunde* scab

Krustentier *nt* crustacean

Kruzifix <-es, -e> ['kru:tsifɪks] *nt* crucifix

Kruzitürken [krutsi'tʏrkn̩] *interj* (*sl*) bloody hell! BRIT, damn it! AM

Krypta <-, Krypten> ['krʏpta, *pl* 'krʏptən] *f* crypt

KSZE <-> [ka:ʔɛsʔtsɛt'ʔe:] *f kein pl Abk von* **Konferenz über Sicherheit und Zusammenarbeit in Europa** CSCE

Kto. *Abk von* **Konto** acc. BRIT, acct. AM, a/c AM

Kuba <-s> ['ku:ba] *nt* Cuba; *s. a.* **Deutschland**

Kubaner(in) <-s, -> [ku'ba:nɐ] *m(f)* Cuban; *s. a.* **Deutsche(r)**

kubanisch [ku'ba:nɪʃ] *adj* Cuban; *s. a.* **deutsch**

Kübel <-s, -> ['ky:bl̩] *m* ① (*großer Eimer*) bucket ② (*Pflanzkübel*) container

Kuben ['ku:bən] *pl von* **Kubus**

Kubikmeter [ku'bi:k-] *m o nt* cubic metre **Kubikwurzel** *f* cube root **Kubikzahl** *f* cube number **Kubikzentimeter** *m* cubic centimetre

kubisch ['ku:bɪʃ] *adj* cubic

Kubismus <-> [ku'bɪsmʊs] *m kein pl* cubism

kubistisch *adj* cubist

Kubus <-, Kuben *o* -> ['ku:bʊs, *pl* ku:bən] *m* (*geh*) cube

Küche <-, -n> ['kʏçə] *f* kitchen

Kuchen <-s, -> ['ku:xn̩] *m* cake

Kuchenblech *nt* baking sheet

Küchenchef(in) *m(f)* chef

Kuchendiagramm *nt* pie chart **Kuchenform** *f* baking tin **Kuchengabel** *f* pastry fork

Kunstgeschichte *f kein pl* art history **Kunstgewerbe** *nt kein pl* ①(*Wirtschaftszweig*) arts and crafts ②(*kunstgewerbliche Gegenstände*) crafts **Kunstgriff** *m* trick **Kunsthandel** *m* art trade **Kunsthändler(in)** *m(f)* art dealer **Kunsthandwerk** *nt kein pl* craft[work] *no pl* **Kunsthistoriker(in)** *m(f)* art historian **Kunstleder** *nt* imitation leather

Künstler(in) <-s, -> ['kʏnstlɐ] *m(f)* [visual] artist

künstlerisch ['kʏnstlərɪʃ] **I.** *adj* artistic **II.** *adv* artistically

Künstlername *m* pseudonym; *Schauspieler* stage name **Künstlerpech** *nt kein pl* (*hum fam*) hard luck *no pl*

künstlich ['kʏnstlɪç] **I.** *adj* artificial **II.** *adv* artificially

kunstlos <-er, -este> *adj* purely functional

Kunstmaler(in) *m(f)* (*geh*) artist, painter **Kunstpause** *f* deliberate pause **Kunstrichtung** *f* trend in art **Kunstsammlung** *f* art collection

Kunstseide *f* imitation silk **Kunststoff** *m* synthetic material **Kunststück** *nt* ①(*artistische Leistung*) trick ②(*schwierige Leistung*) feat; **das ist doch kein ~!** (*fam*) there's nothing to it!

Kunstturnen *nt* gymnastics + *sing vb* **kunstverständig** *adj* appreciative of art **kunstvoll** **I.** *adj* elaborate **II.** *adv* ornately **Kunstwerk** *nt* work of art

kunterbunt ['kʊntɐbʊnt] **I.** *adj* ①(*vielfältig*) varied ②(*sehr bunt*) multi-coloured ③(*wahllos gemischt*) motley; **ein ~es Durcheinander** a jumble **II.** *adv* (*ungeordnet*) **~ durcheinander** completely jumbled up

Kupfer <-s, -> ['kʊpfɐ] *nt* copper *no pl*

Kupferbergwerk *nt* copper mine **Kupferdraht** *m* copper wire

kupferhaltig *adj* containing copper *pred*

kupfern ['kʊpfɐn] *adj* copper

Kupferschmiede *f* coppersmith **Kupferstich** *m* copperplate engraving

Kupon <-s, -s> [ku'põː] *m s.* **Coupon**

Kuppe <-, -n> ['kʊpə] *f* ①(*Bergkuppe*) [rounded] hilltop ②(*Fingerkuppe*) tip

Kuppel <-, -n> ['kʊpl̩] *f* dome

Kuppelei <-, -en> [kʊpə'laj] *f* (*pej veraltend*) match-making

kuppeln ['kʊpl̩n] **I.** *vi* AUTO to operate the clutch **II.** *vt* ■**etw an etw ~** to couple sth to sth

Kuppler(in) <-s, -> ['kʊplɐ] *m(f)* (*pej*) matchmaker

Kupplung <-, -en> ['kʊplʊŋ] *f* ① AUTO clutch ②(*Anhängevorrichtung*) coupling

Kur <-, -en> [kuːɐ̯] *f* course of treatment; **in ~ fahren** to go to a health resort

Kür <-, -en> [kyːɐ̯] *f* free style

Kuratorium <-s, -rien> [kura'toːri̯ʊm, *pl* -ri̯ən] *nt* board of trustees

Kuraufenthalt *m* stay at a health resort

Kurbel <-, -n> ['kʊrbl̩] *f* crank

kurbeln ['kʊrbl̩n] *vi, vt* to wind

Kurbelwelle *f* crankshaft

Kürbis <-ses, -se> ['kʏrbɪs] *m* pumpkin

Kürbiskern *m* pumpkin seed

Kurde, Kurdin <-n, -n> ['kʊrdə] *m, f* Kurd; *s. a.* **Deutsche(r)**

kurdisch ['kʊrdɪʃ] *adj* Kurdish; *s. a.* **deutsch**

Kurdistan <-s> ['kʊrdɪstaːn] *nt* Kurdistan; *s. a.* **Deutschland**

küren <kürte *o selten* kor, gekürt> ['kyːrən] *vt* (*geh*) ■**jdn ~** to elect sb; **sie wurde von der Jury zur besten Eisläuferin gekürt** she was chosen by the judges as the best ice-skater

Kurfürst *m* elector

Kurgast *m* visitor to a health resort **Kurhaus** *nt* assembly rooms [at a health resort]

Kurier <-s, -e> [ku'riːɐ̯] *m* courier

Kurierdienst *m* ①(*Dienstleistung*) courier service ②(*Firma*) courier firm

kurieren* [ku'riːrən] *vt* to cure (**von** + *dat* of)

kurios [ku'ri̯oːs] (*geh*) **I.** *adj* curious **II.** *adv* curiously

Kuriosität <-, -en> [kuri̯ozi'tɛːt] *f* (*geh*) ① *kein pl* (*kuriose Art*) oddity ②(*kurioser Gegenstand*) curiosity

Kurort *m* health resort

Kurpfalz <-> [kuːɐ̯'pfalts] *f* HIST ■**die ~** the Electoral Palatinate

Kurpfuscher(in) <-s, -> *m(f)* (*pej fam*) quack

Kurs <-es, -e> [kʊrs, *pl* 'kʊrzə] *m* ①(*Richtung*) course; **vom ~ abkommen** to deviate from one's/its course ②(*Lehrgang*) course ③(*Wechselkurs*) exchange rate

Kursbuch *nt* [railway] timetable

Kurse ['kʊrzə] *pl von* **Kursus**

Kurseinbruch *f* slump in prices **Kursgewinn** *m* ÖKON gain

kursieren* [kʊr'ziːrən] *vi Falschgeld* to be in circulation; *Gerücht* to circulate

kursiv [kʊr'ziːf] **I.** *adj* italic **II.** *adv* in italics

Kursive <-, -n> [kʊr'ziːvə] *f,* **Kursivschrift** *f* italics

Kursnotierung *f* quoted price

kursorisch [kʊr'zoːrɪʃ] (*geh*) **I.** *adj* cursory **II.** *adv* cursorily

Kursschwankungen *pl* BÖRSE price fluctuations

Kursteilnehmer(in) *m(f)* participant in a

K

Landtag *m* federal state parliament

> **Land und Leute**
> The representative bodies in nearly all the *Länder* (*states of Germany and provinces of Austria*) are called **Landtage** (*state* or *provincial parliaments*). In Hamburg and Bremen they are called *Bürgerschaften* (*city parliaments*) and in Berlin it is known as the *Abgeordnetenhaus* (*house of representatives*). In Switzerland, depending on the canton, they are called either *Kantonsrat* or *Landsrat* (*cantonal council*) or *Großer Rat* (*great council*).

Landung <-, -en> *f a.* MIL landing

Landungsbrücke *f* pier

Landurlaub *m* shore leave **Landvermessung** *f* [land] surveying **Landweg** *m* overland route (**auf** +*dat* by) **Landwein** *m* ordinary wine from the locality **Landwirt(in)** *m(f)* farmer **Landwirtschaft** *f* ① *kein pl* (*Tätigkeit*) agriculture ② (*landwirtschaftlicher Betrieb*) farm **landwirtschaftlich** **I.** *adj* agricultural; *Betrieb* farm **II.** *adv* agriculturally **Landwirtschaftsminister(in)** *m(f)* agriculture minister BRIT, agriculture secretary AM

Landzunge *f* headland

lang <länger, längste> [laŋ] **I.** *adj* ① (*räumlich ausgedehnt*) long ② (*zeitlich ausgedehnt*) long; **noch/schon ~** for a long time; **bleibst du noch ~ in Stuttgart?** are you staying in Stuttgart for long? ③ (*fam: groß gewachsen*) tall **II.** *adv* ① (*eine lange Dauer*) long; **die Verhandlungen ziehen sich schon ~e hin** negotiations have been dragging on for a long time; **wir können hier nicht länger bleiben** we can't stay here any longer; **wo bist du denn so ~e geblieben?** where have you been all this time? ② (*für die Dauer von etw*) **sie hielt einen Moment ~ inne** she paused for a moment ③ (*der Länge nach*) **~ gestreckt** long; **~ gezogen** prolonged

langärm(e)lig *adj* long-sleeved

langatmig *adj* (*pej*) long-winded

langbeinig *adj* long-legged

lange ['laŋə] *adv s.* **lang II 1**

Länge <-, -n> ['lɛŋə] *f* ① (*räumliche Ausdehnung*) length; **der ~ nach** lengthways; **sie fiel der ~ nach hin** she fell flat on her face; **Pfähle von drei Metern ~** posts three metres in length ② (*zeitliche Ausdehnung*) length, duration; **in voller ~** in its entirety; **sich** *akk* **in die ~ ziehen** to drag on ③ (*fam: Größe*) height ④ SPORT length ⑤ (*Abstand vom Nullmeridian*) longitude

langen ['laŋən] **I.** *vi* (*fam*) ① (*ausreichen*) ■[**jdm**] **~** to be enough [for sb] ② (*sich erstrecken*) **der Vorhang langt bis ganz zum Boden** the curtain reaches right down to the floor ③ (*fassen*) to reach; **lange bloß nicht mit der Hand an die Herdplatte** make sure you don't touch the hotplate with your hand ④ DIAL (*auskommen*) **mit dem Brot ~ wir bis morgen** the bread will last us until tomorrow ⑤ *impers* (*fam*) **jetzt langt's aber!** I've just about had enough! **II.** *vt* (*fam*) (*reichen*) ■**jdm etw ~** to hand sb sth ▸ WENDUNGEN: **jdm eine ~** (*fam*) to give sb a clip round the ear [*or* AM on the ears]

Längeneinheit *f* linear measure **Längengrad** *m* degree of longitude **Längenmaß** *nt* linear measure

länger ['lɛŋɐ] *adj, adv s.* **lang**

längerfristig **I.** *adj* fairly long-term **II.** *adv* on a fairly long-term basis

Langeweile <*gen* - *o* Langerweile, *dat* Langenweile> ['laŋəvajlə] *f kein pl* boredom *no pl*

langfädig *adj* SCHWEIZ long-winded *pej*

Langfinger ['laŋfɪŋɐ] *m* (*hum*) pickpocket

langfristig **I.** *adj* long-term **II.** *adv* on a long-term basis

lang|gehen ['laŋge:ən] *vi irreg sein* (*fam*) ■**irgendwo ~** to go along somewhere

langhaarig *adj* long-haired

langjährig *adj* of many years' standing; *Freundschaft* long-standing

Langlauf *m kein pl* cross-country skiing *no pl* **Langlaufski** *m* cross-country ski

langlebig *adj* ① (*lange lebend*) long-lived ② (*lange Zeit zu gebrauchen*) long-lasting ③ (*hartnäckig*) persistent

Langlebigkeit <-> *f kein pl* ① (*Anlage für langes Leben*) longevity ② (*lange Gebrauchsfähigkeit*) durability ③ (*Hartnäckigkeit*) persistence

lang|legen *vr* (*fam*) ■**sich ~** ① (*hinfallen*) to fall flat on one's face ② (*sich niederlegen*) to lie down

länglich ['lɛŋlɪç] *adj* longish

Langmut <-> *f kein pl* (*geh*) forbearance *no pl*

längs [lɛŋs] **I.** *präp* +*gen* ■**~ einer S.** *gen* along sth, alongside [of] sth **II.** *adv* (*der Länge nach*) lengthways; **~ gestreift** with vertical stripes

Längsachse *f* longitudinal axis

langsam ['laŋza:m] **I.** *adj* ① (*nicht schnell*) slow ② (*allmählich*) gradual **II.** *adv* ① (*nicht schnell*) slowly ② (*fam: allmählich*) gradually

Langsamkeit <-> *f kein pl* slowness
Langschläfer(in) *m(f)* late riser **Langspielplatte** *f* long-playing record, LP
Längsschnitt *m* longitudinal section
längst [lɛŋst] *adv* ① (*lange*) long since, for a long time ② (*bei weitem*) ~ **nicht** by no means
längste(r, s) *adj, adv superl von* **lang**
längstens ['lɛŋstn̩s] *adv* ① (*höchstens*) at the most ② (*spätestens*) at the latest
Langstreckenflug *m* long-haul flight **Langstreckenlauf** *m* long-distance race
Languste <-, -n> [laŋ'gʊstə] *f* crayfish
langweilen ['laŋvailən] **I.** *vt* to bore **II.** *vi* (*pej*) to be boring **III.** *vr* ■**sich** *akk* ~ to be bored
Langweiler(in) <-s, -> *m(f)* (*pej fam*) ① (*jd, der langweilt*) bore ② (*langsamer Mensch*) slowcoach BRIT, slowpoke AM
langweilig ['laŋvailɪç] **I.** *adj* boring **II.** *adv* boringly
Langwelle *f* long wave
langwierig ['laŋviːrɪç] *adj* long-drawn-out
Langzeitarbeitslose(r) *f(m) dekl wie adj* long-term unemployed person **Langzeitarbeitslosigkeit** *f* long-term unemployment **Langzeitgedächtnis** *nt* long-term memory **Langzeitmaßnahme** *f* long-term measure **Langzeitstudent(in)** *m(f)* long-term student **Langzeitstudie** *f* long-term study
Lanze <-, -n> ['lantsə] *f* lance
Laos <-> ['laːɔs] *nt* Laos
lapidar [lapi'daːɐ̯] *adj* (*geh*) terse
Lapislazuli <-, -> [lapɪs'laːtsuli] *m* lapis lazuli
Lappalie <-, -n> [la'paːli̯ə] *f* trifle
Lappe, Lappin <-n, -n> ['lapə] *m, f* Laplander; *s. a.* **Deutsche(r)**
Lappen <-s, -> ['lapn̩] *m* rag ▸ WENDUNGEN: **jdm durch die ~ gehen** (*fam*) to slip through sb's fingers
läppern ['lɛpɐn] *vr impers* (*fam*) ■**sich** ~ to add up
lappig ['lapɪç] *adj* ① (*fam: schlaff*) limp ② (*dünn*) flimsy ③ (*fam*) ~**e 10 Euro** a measly 10 euros
läppisch ['lɛpɪʃ] **I.** *adj* ① (*fam: lächerlich*) *Betrag* ridiculous ② (*pej: albern*) silly **II.** *adv* (*pej*) in a silly manner
lappisch ['lapɪʃ] *adj* Lapp; *s. a.* **deutsch**
Lappland <-[e]s> ['laplant] *nt* Lapland; *s. a.* **Deutschland**
Lapsus <-, -> ['lapsʊs] *m* (*geh*) slip
Laptop <-s, -s> ['lɛptɔp] *m* laptop
Lärche <-, -n> ['lɛrçə] *f* larch
Larifari <-s> [lari'faːri] *nt kein pl* (*pej fam*) nonsense *no pl*

Lärm <-[e]s> [lɛrm] *m kein pl* noise; ~ **machen** to make a noise
Lärmbelästigung *f* noise pollution **lärmempfindlich** *adj* sensitive to noise
lärmen ['lɛrmən] *vi* to be noisy
lärmend **I.** *adj* noisy; *Menge* raucous **II.** *adv* noisily
Lärmkulisse *f* background noise **Lärmpegel** *m* noise level
Lärmschutz *m* protection against noise **Lärmschutzwand** *f* noise barrier
Larve <-, -n> ['larfə] *f* larva, grub
las [laːs] *imp von* **lesen**
Lasagne <-, -> [la'zanjə] *f* lasagne, AM *a.* lasagna
lasch [laʃ] **I.** *adj* (*fam*) ① (*schlaff*) feeble; *Händedruck* limp ② (*nachsichtig*) lax **II.** *adv* (*fam: schlaff*) limply
Lasche <-, -n> ['laʃə] *f* flap; (*Kleidung*) loop
Laser <-s, -> ['leːzɐ, 'lɛɪzə] *m* laser
Laserdrucker *m* laser printer **Laserstrahl** *m* laser beam
lassen <lässt, ließ, gelassen> ['lasn̩] **I.** *vt* ① (*unterlassen*) to stop; **wenn du keine Lust dazu hast, dann lass es doch** if you don't feel like it, then don't do it; **er kann es nicht ~** he can't stop it ② (*zurücklassen*) ■**jdn/etw irgendwo ~** to leave sb/sth somewhere ③ (*überlassen, behalten lassen*) ■**jdm etw ~** to let sb have sth; **ich lasse dir das Auto** I let you have the car ④ (*gehen lassen*) **lass den Hund nicht nach draußen** don't let the dog go outside; **lass ihn rein** let him in ⑤ (*in einem Zustand lassen*) **jdn ohne Aufsicht ~** to leave sb unsupervised ⑥ (*fam: loslassen*) ■**jdn/etw ~** to let sb/sth go ⑦ (*in Ruhe lassen*) ■**jdn ~** to leave sb alone ⑧ (*gewähren lassen*) **ich möchte so gerne mit, lässt du mich?** I really want to come along, will you let me? ⑨ (*hineinlassen*) **frische Luft ins Zimmer ~** to let a bit of fresh air into the room ⑩ (*hinauslassen*) **sie haben mir die Luft aus den Reifen gelassen!** they've let my tyres down! ⑪ (*zugestehen*) **eines muss man ihm ~, er versteht sein Handwerk** you've got to give him one thing, he knows his job ▸ WENDUNGEN: **einen ~** (*fam*) to let one rip **II.** *aux vb* <lässt, ließ, lassen> *modal* ① (*veranlassen*) ■**jdn etw tun ~** to have sb do sth; **jdn kommen ~** to send for sb; **sie wollen alle ihre Kinder studieren ~** they want all of their children to study; **~ Sie Herrn Braun hereinkommen** send Mr. Braun in; **der Chef hat es nicht gerne, wenn man ihn warten lässt** the boss doesn't like to be kept waiting; ■**etw**

no pl, no indef art

leichthin ['laiçt'hɪn] *adv* ❶ (*ohne langes Nachdenken*) unthinkingly; **etw ~ versprechen** to promise sth lightly; **das kannst du heute so ~ sagen, aber ...** you might say that today, but ... ❷ (*nebenbei*) easily; **etw ~ sagen** to say sth incidentally

Leichtigkeit <-> *f* ❶ *kein pl* (*Einfachheit*) simplicity *no pl, no indef art;* **mit ~** effortlessly ❷ (*Leichtheit*) lightness *no pl, no indef art*

leichtlebig *adj* happy-go-lucky

leicht|machen *vt impers* ■ **es jdm ~** to make it easy for sb; ■ **es sich** *dat* **~** to make it easy for oneself **Leichtmetall** *nt* light metal **leicht|nehmen** *vt irreg* ■ **etw ~** to take sth lightly

Leichtsinn ['laiçtzɪn] *m kein pl* carelessness *no pl, no indef art*

leichtsinnig ['laiçtzɪnɪç] **I.** *adj* careless **II.** *adv* carelessly

Leichtsinnigkeit <-> *f kein pl s.* **Leichtsinn**

leid [lait] *adj präd* **jdn/etw ~ sein/werden** to have had enough of/grown tired of sb/sth; **ich bin es leid, das immer tun zu müssen** I've had enough of having to do this all the time

Leid <-[e]s> [lait] *nt kein pl* sorrow; **jdm sein ~ klagen** to tell sb one's troubles

leiden <litt, gelitten> ['laidn̩] **I.** *vi* ❶ (*Schmerzen ertragen*) to suffer ❷ (*an einem Leiden erkrankt sein*) ■ **an etw** *dat* **~** to suffer from sth ❸ (*seelischen Schmerz empfinden*) to suffer; ■ **unter jdm ~** to suffer because of sb; ■ **unter etw** *dat* **~** to suffer from sth; ■ **darunter ~, dass ....** to suffer as a result of ... ❹ (*in Mitleidenschaft gezogen werden*) *Beziehung, Gesundheit* to suffer; *Möbelstück, Stoff* to get damaged **II.** *vt* (*erdulden*) ■ **etw ~** to suffer sth ▶ WENDUNGEN: **jdn/etw ~ können** to like sb/sth; **ich kann das nicht ~** I can't stand it

Leiden <-s, -> ['laidn̩] *nt* ❶ (*chronische Krankheit*) ailment ❷ *pl* (*leidvolle Erlebnisse*) suffering *no pl, no indef art*

leidend *adj* ❶ (*geplagt*) mournful ❷ (*geh: chronisch krank*) ■ **~ sein** to be ill

Leidenschaft <-, -en> ['laidn̩ʃaft] *f* passion; **mit [großer/wahrer] ~** passionately; **er ist Maler aus ~** he is passionate about painting

leidenschaftlich **I.** *adj* passionate **II.** *adv* passionately; ■ **etw ~ gern tun** to be passionate about sth; **ich esse ~ gern Himbeereis** I adore raspberry ice-cream

leidenschaftslos **I.** *adj* dispassionate **II.** *adv* dispassionately

Leidensgefährte, -gefährtin *m, f,* **Leidensgenosse, -genossin** *m, f* fellow-sufferer **Leidensmiene** *f* dejected expression

leider ['laidɐ] *adv* unfortunately; **ich habe das ~ vergessen** I'm sorry, I forgot about it; **das ist ~ so** that's just the way it is

leidig ['laidɪç] *adj attr* (*pej*) tedious; **immer das ~e Geld!** it always comes down to money!

leidlich ['laitlɪç] **I.** *adj attr* reasonable, fair, passable **II.** *adv* more or less; **~ davonkommen** to get away more or less unscathed

Leidtragende(r) *f(m)* ■ **der/die ~** the one to suffer

leid|tun *vt irreg* ■ **es tut mir leid** I'm sorry about this; ■ **es tut mir [so] leid, dass ...** I'm [so] sorry that ...; ■ **jd tut jdm leid** sb feels sorry for sb; **tut mir leid!** [I'm] sorry!

leidvoll *adj* (*geh*) sorrowful *liter*

Leidwesen *nt kein pl* ■ **zu jds ~** much to sb's regret

Leier <-, -n> ['laiɐ] *f* MUS lyre ▶ WENDUNGEN: **[es ist] [immer] die alte ~** (*pej fam*) [it's] [always] the same old story

Leierkasten *m* (*fam*) *s.* **Drehorgel**

leiern ['laiɐn] *vt* (*fam*) ❶ (*lustlos aufsagen*) *Gedicht* to drone [out *sep*] ❷ (*kurbeln*) to wind sth

Leihbibliothek *f,* **Leihbücherei** *f* lending library

leihen <lieh, geliehen> ['laiən] *vt* ❶ (*ausleihen*) to lend; ■ **geliehen** borrowed ❷ (*borgen*) ■ **sich** *dat* **etw** *akk* **[von jdm] ~** to borrow sth [from sb]

Leihfrist *f* lending period **Leihgabe** *f* loan **Leihgebühr** *f* hire charge BRIT, rental fee AM; (*für Buch*) lending fee **Leihhaus** *nt* pawn shop **Leihmutter** *f* surrogate mother **Leihwagen** *m* hire [*or* AM rental] car

leihweise *adv* (*geh*) on loan; ■ **jdm etw** *akk* **~ überlassen** to give sb sth on loan

Leim <-[e]s, -e> [laim] *m* glue ▶ WENDUNGEN: **jdm auf den ~ gehen** (*fam*) to fall for sb's tricks; **aus dem ~ gehen** (*fam*) to fall apart

leimen ['laimən] *vt* ❶ (*mit Leim zusammenfügen*) to glue together ❷ (*fam: hereinlegen*) ■ **jdn ~** to take sb for a ride

Leine <-, -n> ['lainə] *f* ❶ (*dünnes Seil*) rope ❷ (*Wäscheleine*) [washing [*or* AM laundry]] line ❸ (*Hundeleine*) lead, leash ❹ **zieh ~!** (*sl*) piss off!

leinen ['lainən] *adj* linen

Leinen <-s, -> ['lainən] *nt* linen; **aus ~** made of linen

Leinsamen *m* linseed **Leintuch** <-tücher>

nt SÜDD, ÖSTERR, SCHWEIZ (*Laken*) sheet

Leinwand *f* ① (*Projektionswand*) screen ② *kein pl* (*Gewebe aus Flachsfasern*) *a.* KUNST canvas

Leinwandheld(in) *m(f)* (*Kinostar*) hero/heroine of the silver screen

Leipzig <-s> ['laiptsɪç] *nt* Leipzig

leise ['laizə] **I.** *adj* ① (*nicht laut*) quiet; **etw ~ stellen** to turn down *sep* sth ② (*gering*) slight; **es fiel ~r Regen** it was raining slightly; *Ahnung, Verdacht* vague **II.** *adv* ① (*nicht laut*) quietly ② (*kaum merklich*) slightly

Leiste <-, -n> ['laistə] *f* ① (*schmale Latte*) strip ② (*Übergang zum Oberschenkel*) groin

leisten ['laistn̩] **I.** *vt* ① (*an Arbeitsleistung erbringen*) **ganze Arbeit ~** to do a good job; **viel ~** to get a lot done ② TECH, PHYS to generate ③ *Funktionsverb* **Hilfe ~** to render assistance *form;* **eine Anzahlung ~** to make a down payment; **gute Dienste ~** to serve sb well **II.** *vr* ① (*sich gönnen*) ■ **sich** *dat* **etw ~** to treat oneself to sth ② (*sich herausnehmen*) **da hast du dir ja was geleistet!** you've really outdone yourself!; **er hat sich eine Dummheit geleistet** he behaved stupidly; (*tragen können*) **tolles Kleid – sie kann es sich ~, bei der Figur!** great dress – she can certainly carry it off with a figure like that! ③ (*finanziell in der Lage sein*) **es sich** *dat* **~ können, etw zu tun** to be able to afford to do sth

Leistenbruch *m* hernia **Leistengegend** *f* groin, inguinal region *spec*

Leistung <-, -en> *f* ① *kein pl* (*das Leisten*) performance ② (*geleistetes Ergebnis*) accomplishment; **eine hervorragende/sportliche ~** an outstanding piece of work/athletic achievement; **schulische ~en** results at school; **ihre ~en lassen zu wünschen übrig** her work leaves a lot to be desired ③ TECH, PHYS power; *einer Fabrik* output ④ FIN (*Entrichtung*) payment

Leistungsdruck *m kein pl* pressure to perform **Leistungsfach** *nt* SCH special subject, subject of concentration **leistungsfähig** *adj* ① (*zu hoher Arbeitsleistung fähig*) efficient ② (*zu hoher Produktionsleistung fähig*) productive ③ (*zur Abgabe großer Energie fähig*) powerful ④ FIN competitive **Leistungsfähigkeit** *f kein pl* ① (*Arbeitsleistung*) performance ② (*Produktionsleistung*) productivity ③ (*Abgabe von Energie*) power ④ FIN competitiveness **Leistungsgesellschaft** *f* meritocracy **Leistungskurs** *m* SCH *main subject in the school leaving exam which seeks to impart additional knowledge to a basic course using a style similar to university teaching* **Leistungsnachweis** *m* SCH evidence of academic achievement **leistungsschwach** *adj* weak; *Maschine, Motor* low-performance **Leistungssport** *m* competitive sport *no art* **leistungsstark** *adj* ① (*große Produktionskapazität besitzend*) [highly-]efficient ② AUTO, ELEK, TECH [very] powerful; *Motor* high-performance **Leistungsträger(in)** *m(f)* SPORT, ÖKON go-to guy *fam* **Leistungsvermögen** *nt kein pl* capability *usu pl*

Leitartikel *m* leader **Leitbild** *nt* [role] model

leiten ['laitn̩] **I.** *vt* ① (*verantwortlich sein*) *Firma* to run; **eine Abteilung/Schule ~** to be head of a department/school ② (*den Vorsitz führen*) to lead; *Sitzung, Debatte* to chair ③ TECH (*transportieren*) to conduct; *Erdöl* to pipe ④ TRANSP **der Zug wurde auf ein Nebengleis geleitet** the train was diverted to a siding ⑤ (*führen*) to lead, to guide; ■ **sich** *akk* **durch etw** *akk* **~ lassen** to [let oneself] be guided by sth; ■ **sich** *akk* **von etw** *dat* **~ lassen** to [let oneself] be governed by sth **II.** *vi* PHYS to conduct; **gut/schlecht ~** to be a good/bad conductor

leitend **I.** *adj* ① (*führend*) leading ② (*in hoher Position*) managerial; **~er Angestellter** executive; **~er Redakteur** editor-in-chief ③ PHYS conductive **II.** *adv* **~ tätig sein** to hold a managerial position

Leiter[1] <-, -n> ['laitɐ] *f* (*Sprossenleiter*) ladder; (*Stehleiter*) step-ladder

Leiter[2] <-s, -> ['laitɐ] *m* PHYS conductor

Leiter(in) <-s, -> ['laitɐ] *m(f)* ① (*leitend Tätiger*) head; *einer Firma, eines Geschäfts* manager; *einer Schule* head[master] ② (*Sprecher*) leader; *einer Delegation* head; **~ einer Diskussion** person chairing a discussion

Leitfaden *m* MEDIA compendium **Leitfähigkeit** *f* PHYS conductivity **Leitgedanke** *m* central idea **Leithammel** *m* (*fig fam*) bellwether **Leitlinie** *f* ① (*Grundsatz*) guideline ② (*Fahrbahnmarkierung*) broken line **Leitmotiv** *nt* ① (*Grundgedanke*) central theme ② (*in der Musik, Literatur*) leitmotiv **Leitplanke** *f* crash barrier **Leitsatz** *m* guiding principle **Leitspruch** *m* motto **Leitstelle** *f* headquarters + *sing/pl vb*

Leitung <-, -en> *f* ① *kein pl* (*Führung*) management; **die ~ einer S. übernehmen** to take over the leadership of sth; **die ~ einer Sitzung haben** to chair a meeting; ■ **unter der ~ von jdm** MUS con-

Maklergebühr *f* brokerage *no pl*

Makrele <-, -n> [ma'kre:lə] *f* mackerel

Makro <-s, -s> ['ma:kro] *m o nt* INFORM *kurz für* **Makrobefehl** macro

Makrone <-, -n> [ma'kro:nə] *f* macaroon

mal[1] ['ma:l] *adv* ① MATH multiplied by; **drei ~ drei ergibt neun** three times three is nine ② *(eben so)* **gerade ~** *(fam)* only

mal[2] [ma:l] *adv (fam) kurz für* **einmal**

Mal[1] <-[e]s, -e *o* nach Zahlwörtern: -> [ma:l] *nt (Zeitpunkt)* time; **einige/etliche ~e** sometimes/very often; **ein/kein einziges ~** once/not once; **das erste ~** the first time; **jedes ~** every time; **zum ersten/letzten ~** for the first/last time; **bis zum nächsten ~!** see you [around]!; **das x-te ~** *(fam)* the millionth time; **er wird von ~ zu ~ besser** he gets better every time; **das eine oder andere ~** now and again; **ein dutzend/Dutzend ~** dozens of times ▶ WENDUNGEN: **ein für alle ~** once and for all; **mit einem ~[e]** all of a sudden

Mal[2] <-[e]s, -e *o* Mäler> ['ma:l, *pl* 'mɛ:lɐ] *nt* mark; *(Muttermal)* birthmark

malad(e) [ma'la:t, ma'la:də] *adj (selten fam)* unwell

Malaise [ma'lɛzə] *f (geh)* malaise

Malaria <-> [ma'la:ri̯a] *f kein pl* malaria *no pl*

Malaysia <-s> [ma'lai̯zi̯a] *nt* Malaysia; *s. a.* **Deutschland**

Malaysier(in) <-s, -> [ma'lai̯zi̯ɐ] *m(f)* Malaysian; *s. a.* **Deutsche(r)**

malaysisch [ma'lai̯zɪʃ] *adj* Malayan; *s. a.* **deutsch**

Malbuch *nt* colouring book

malen ['ma:lən] *vt, vi* ① *(ein Bild herstellen)* to paint; ■**sich** *akk* **~lassen** to have one's portrait painted ② DIAL *(anstreichen)* to paint

Maler(in) <-s, -> ['ma:lɐ] *m(f)* painter

Malerei <-, -en> [malə'rai̯] *f* ① *kein pl (Malkunst)* painting *no pl* ② *meist pl (Gemälde)* picture, painting

malerisch *adj* picturesque

Malheur <-s, -s *o* -e> [ma'lø:ɐ̯] *nt* mishap

Malkasten *m* paint box

Mallorca <-s> [ma'jɔrka] *nt* Mallorca

mal|nehmen ['ma:lne:mən] *vt irreg (fam)* to multiply (**mit** + *dat* by)

Maloche <-> [ma'lo:xə] *f kein pl (sl)* [hard] work *no pl*

malochen* [ma'lo:xn̩] *vi (sl)* to slog away

Malstift *m* crayon

Malta <-s> ['malta] *nt* Malta; *s. a.* **Deutschland**

Malteser(in) <-s, -> [mal'te:zɐ] *m(f)* Maltese; *s. a.* **Deutsche(r)**

maltesisch [mal'te:zɪʃ] *adj* Maltese; *s. a.* **deutsch**

malträtieren* [maltrɛ'ti:rən] *vt (geh)* to maltreat

Malve <-, -n> ['malvə] *f* BOT mallow

Malz <-es> ['malts] *nt kein pl* malt *no pl*

Malzbier *nt* malt beer **Malzkaffee** *m* malted coffee substitute

Mama <-, -s> ['mama] *f,* **Mami** <-, -s> ['mami] *f (fam)* mummy

Mammon <-s> ['mamɔn] *m kein pl (pej o hum)* mammon; **der schnöde ~** filthy lucre

Mammut <-s, -s *o* -e> ['mamʊt, 'mamu:t] *nt* mammoth

Mammutveranstaltung *f* mammoth event

mampfen ['mampfn̩] *vt, vi (sl)* to munch

man[1] <*dat* einem, *akk* einen> ['man] *pron indef* ① *(irgendjemand)* one *form,* you; **das hat ~ mir gesagt** that's what I was told ② *(die Leute)* people; **so etwas tut ~ nicht** that just isn't done ③ *(ich)* **~ versteht sein eigenes Wort nicht** I can't hear myself think

man[2] ['man] *adv* NORDD *(fam: nur [als Bekräftigung])* just; **lass' ~ gut sein** just leave it alone

Management <-s, -s> ['mɛnɪtʃmənt] *nt* management + *sing/pl vb*

managen ['mɛnɪdʒn̩] *vt* to manage

Manager(in) <-s, -> ['mɛnɪdʒɐ] *m(f)* manager

manch ['manç] *pron indef* many [a]; **~ eine(r)** many

manche(r, s) *pron indef* ① + *pl (einige)* some ② + *sing* **~r Mann** many a man; **~ Frau** many a woman

mancherlei ['mançɐ'lai̯] *pron indef, adjektivisch* various

manchmal ['mançma:l] *adv* ① *(gelegentlich)* sometimes ② SCHWEIZ *(oft)* often

Mandant(in) <-en, -en> [man'dant] *m(f)* client

Mandarine <-, -n> [manda'ri:nə] *f* mandarin

Mandat <-[e]s, -e> [man'da:t] *nt* ① *(Abgeordnetensitz)* seat ② *(Auftrag eines Juristen)* mandate

Mandel <-, -n> ['mandl̩] *f* ① *(Frucht)* almond; **gebrannte ~n** sugared almonds ② *meist pl* ANAT tonsils *pl*

Mandelbaum *m* almond tree

Mandelentzündung *f* tonsillitis *no art, no pl*

mandelförmig *adj* almond-shaped

Mandoline <-, -n> [mando'li:nə] *f* mandolin[e]

Manege <-, -n> [ma'ne:ʒə] *f* ring
Mangan <-s> [maŋ'ga:n] *nt kein pl* manganese *no pl*
Mangel[1] <-s, Mängel> ['maŋl̩, *pl* 'mɛŋl̩] *m* ❶ (*Fehler*) flaw ❷ *kein pl* (*Knappheit*) lack (**an** +*dat* of); **ein ~ an Vitamin C** vitamin C deficiency
Mangel[2] ['maŋl̩] *f* ▸ WENDUNGEN: **jdn in die ~ nehmen** (*fam*) to grill sb
Mangelerscheinung *f* deficiency symptom
mangelhaft *adj* ❶ (*unzureichend*) inadequate ❷ (*Mängel aufweisend*) faulty
mangeln ['maŋl̩n] *vi* ■**es mangelt an etw** *dat* there is a shortage of sth; **es mangelt jdm an Ernst** sb is not serious enough
mangelnd *adj* inadequate; **~es Selbstvertrauen** lack of self-confidence
mangels ['maŋl̩s] *präp mit gen* (*geh*) due to the lack of sth
Mangelware *f* scarce commodity
Mango <-, -gonen *o* -s> ['maŋgo, *pl* maŋ'go:nən] *f* mango
Mangold <-[e]s, -e> ['maŋgɔlt, *pl* 'maŋgɔldə] *m* Swiss chard
Manie <-, -n> [ma'ni:, *pl* ma'ni:ən] *f* (*geh*) obsession
Manier <-, -en> [ma'ni:ɐ̯] *f* ❶ *kein pl* (*geh: Art und Weise*) manner; **nach bewährter ~** following a tried and tested method ❷ *pl* (*Umgangsformen*) manners
Manierismus <-> [mani'rɪsmʊs] *m kein pl* mannerism *no art*
manierlich [ma'ni:ɐ̯lɪç] *adj* (*veraltend*) **~ essen** to eat properly
Manifest <-[e]s, -e> [mani'fɛst] *nt* manifesto
Manifestant(in) <-en, -en> [manifɛs'tant] *m(f)* ÖSTERR, SCHWEIZ demonstrator
manifestieren* [manifɛs'ti:rən] *vr* (*geh*) ■**sich in etw** *dat* **~** to manifest itself in sth
Maniküre <-> [mani'ky:rə] *f kein pl* manicure
maniküren* [mani'ky:rən] *vt* ■**jdn ~** to give sb a manicure
Manipulation <-, -en> [manipula'tsi̯o:n] *f* manipulation
manipulierbar *adj* manipulable; **leicht ~ sein** to be easily manipulated; **schwer ~ sein** to be difficult to manipulate
manipulieren* [manipu'li:rən] **I.** *vt* to manipulate **II.** *vi* ■**an etw** *dat* **~** to tamper with sth
manisch ['ma:nɪʃ] *adj* manic
manisch-depressiv *adj* manic-depressive
Manko <-s, -s> ['maŋko] *nt* (*Nachteil*) shortcoming
Mann <-[e]s, Männer> ['man, *pl* 'mɛnɐ] *m* ❶ (*männlicher Mensch*) man; ■**Männer** men; (*im Gegensatz zu den Frauen a.*) males ❷ (*Ehemann*) husband ▸ WENDUNGEN: **der ~ auf der Straße** the man in the street, Joe Bloggs BRIT, John Doe AM; **jd ist ein gemachter ~** sb has got it made
Männchen <-s, -> ['mɛnçən] *nt* (*männliches Tier*) male
Mannen ['manən] *pl* HIST men
Mannequin <-s, -s> ['manəkɛ̃, manə'kɛ̃:] *nt* model
Männer ['mɛnɐ] *pl von* **Mann**
Männerbekanntschaft *f meist pl* male friend **männerdominiert** *adj* male-dominated **Männersache** *f* man's affair; (*Arbeit*) man's job
Mannesalter *nt* manhood *no art;* **im besten ~ sein** to be in one's prime
mannigfach ['manɪçfax] *adj attr* (*geh*) multifarious
mannigfaltig ['manɪçfaltɪç] *adj* (*geh*) diverse
männlich ['mɛnlɪç] *adj* ❶ ANAT male ❷ LING masculine
Männlichkeit <-> *f kein pl* masculinity *no pl*
Männlichkeitsritual *nt* SOZIOL manhood ritual
Mannsbild *nt* SÜDD, ÖSTERR (*fam*) he-man
Mannschaft <-, -en> *f* ❶ SPORT team ❷ (*Schiffs- o Flugzeugbesatzung*) crew ❸ (*Gruppe von Mitarbeitern*) staff + *sing/pl vb*
Mannschaftsführer(in) *m(f)* SPORT team captain
mannshoch *adj* [as] tall as a man *pred*
mannstoll *adj* (*pej*) man-crazy
Mannweib *nt* (*pej*) mannish woman
Manometer[1] <-s, -> [mano'me:tɐ] *nt* TECH pressure gauge
Manometer[2] [mano'me:tɐ] *interj* (*fam*) boy oh boy!
Manöver <-s, -> [ma'nø:vɐ] *nt* ❶ MIL manoeuvre ❷ (*Manövrieren eines Fahrzeugs*) manoeuvre ❸ (*pej: Winkelzug*) trick
manövrieren* [manø'vri:rən] *vi, vt* to manoeuvre
Mansarde <-, -n> [man'zardə] *f* (*Dachzimmer*) mansard
Mansardenwohnung *f* attic flat [*or* AM apartment]
Manschette <-, -n> [man'ʃɛtə] *f* (*Ärmelaufschlag*) [shirt] cuff
Manschettenknopf *m* cuff link
Mantel <-s, Mäntel> ['mantl̩, *pl* 'mɛntl̩] *m* coat
manuell [ma'nu̯ɛl] **I.** *adj* manual **II.** *adv*

manually
Manufaktur <-, -en> [manufak'tu:ɐ̯] *f* (*hist*) manufactory
Manuskript <-[e]s, -e> [manu'skrɪpt] *nt* manuscript; (*geschrieben a.*) MS
Mappe <-, -n> ['mapə] *f* ❶ (*Schnellhefter*) folder ❷ (*Aktenmappe*) briefcase

Falsche Freunde
Nicht verwechseln mit *map* — Landkarte *f*!

Mär <-, -en> ['mɛ:ɐ̯] *f* (*hum*) fairytale
Maracuja <-, -s> [mara'ku:ja] *f* passion fruit
Marathon <-s, -s> ['ma:ratɔn] *m* (*a. fig*) marathon
Marathonlauf *m* marathon
Märchen <-s, -> ['mɛ:ɐ̯çən] *nt* fairytale
Märchenbuch *nt* book of fairytales
märchenhaft **I.** *adj* fabulous **II.** *adv* fabulously
Märchenland *nt kein pl* ■**das ~** fairyland **Märchenprinz, -prinzessin** ['mɛ:ɐ̯çənprɪnts, -prɪntsɛsɪn] *m, f* fairy prince *masc*, fairy princess *fem*
Marder <-s, -> ['mardɐ] *m* marten
Margarine <-, -n> [marga'ri:nə] *f* margarine, BRIT *fam a.* marge
Margerite <-, -n> [margə'ri:tə] *f* marguerite
marginalisieren* [marginali'zi:rən] *vt* SOZIOL (*geh*) to marginalize
Marienkäfer *m* ladybird BRIT, ladybug AM
Marihuana <-s> [mari'hu̯a:na] *nt kein pl* marihuana *no pl*
Marille <-, -n> [ma'rɪlə] *f* ÖSTERR apricot
Marinade <-, -n> [mari'na:də] *f* marinade
Marine <-, -n> [ma'ri:nə] *f* NAUT, MIL navy; ■**bei der ~** in the navy
marineblau *adj* navy blue
marinieren* [mari'ni:rən] *vt* to marinate
Marionette <-, -n> [mari̯o'nɛtə] *f* puppet *a. fig*
Marionettentheater *nt* puppet theatre
Mark[1] <-, - *o hum* Märker> ['mark] *f* (*hist*) mark; **Deutsche ~** German mark
Mark[2] <-[e]s> ['mark] *nt kein pl* marrow ▶ WENDUNGEN: **etw geht jdm durch ~ und Bein** sth sets sb's teeth on edge
markant [mar'kant] *adj* ❶ (*ausgeprägt*) bold ❷ (*auffallend*) striking
markdurchdringend *adj* (*geh*) blood-curdling
Marke <-, -n> ['markə, *pl* 'markn̩] *f* ❶ (*fam: Briefmarke*) stamp; **eine ~ zu 55 Cent** a 55-cent stamp ❷ (*Warensorte*) brand; **das ist ~ Eigenbau** (*hum*) I made it myself
Markenartikel *m* branded article **Markeneinführung** *f* ÖKON brand launch **Markenidentität** *f* ÖKON brand identity **Markenname** *m* brand name **Markenzeichen** *nt* trademark *a. fig*
Marker ['ma:rkɐ] *m* (*Stift*) marker [pen]
markerschütternd *adj* heart-rending
Marketing <-s> ['ma:rkətɪŋ] *nt kein pl* marketing *no pl, no indef art*
markieren* [mar'ki:rən] *vt* ❶ (*kennzeichnen*) to mark ❷ (*fam*) to play; **den Dummen ~** to play the idiot
Markierstift *m* marker pen, highlighter
Markierung <-, -en> *f* marking
Markise <-, -n> [mar'ki:zə] *f* awning
Markstein *m* milestone
Markstück *nt* (*hist*) mark, [one-]mark piece
Markt <-[e]s, Märkte> ['markt, *pl* 'mɛrktə] *m* ❶ (*Wochenmarkt*) market; **auf den/zum ~ gehen** to go to [the] market ❷ (*Marktplatz*) marketplace ❸ ÖKON, FIN market; **etw auf den ~ bringen** to put sth on the market
Marktanalyse *f* market analysis **Marktanteil** *m* market share **Marktbude** *f* market stall
Marktdurchdringung *f kein pl* ÖKON market penetration **Markteinführung** *f* ÖKON [market] launch, introduction on the market **Marktforschung** *f kein pl* market research *no pl* **Marktfrau** *f* [woman] stallholder **Marktführer** *m* market leader **Markthalle** *f* indoor market **Marktlage** *f* state of the market **Marktlücke** *f* gap in the market **Marktplatz** *m* marketplace; ■**auf dem ~** in the marketplace **Marktpreis** *m* ÖKON market price **Marktstand** *m* [market] stall **Marktstellung** *f kein pl* market position **Marktwert** *m* market value **Marktwirtschaft** *f kein pl* **die soziale ~** social market economy
Marmelade <-, -n> [marmə'la:də] *f* jam; (*aus Zitrusfrüchten*) marmalade

Falsche Freunde
Nicht verwechseln mit *marmalade* — Orangenmarmelade *f*!

Marmor <-s, -e> ['marmo:ɐ̯] *m* marble
marmorieren* [marmo'ri:rən] *vt* to marble
marmoriert *adj* marbled
Marmorkuchen *m* marble cake
marmorn ['marmɔrn] *adj* (*aus Marmor*) marble
Marokkaner(in) <-s, -> [marɔ'ka:nɐ] *m(f)* Moroccan; *s. a.* **Deutsche(r)**
marokkanisch [marɔ'ka:nɪʃ] *adj* Moroccan; *s. a.* **deutsch**
Marokko <-s> [ma'rɔko] *nt* Morocco; *s. a.* **Deutschland**

Marone <-, -n> [ma'ro:nə] *f*, **Maroni** <-, -> [ma'ro:ni] *f* SÜDD, ÖSTERR [edible] chestnut
Marotte <-, -n> [ma'rɔtə] *f* quirk
Mars <-> ['mars] *m* ■ **der ~** Mars
Marsch <-[e]s, Märsche> ['marʃ, *pl* 'mɛrʃə] *m a.* MUS march ▸WENDUNGEN: **jdm den ~ blasen** (*fam*) to haul sb over the coals
Marschall <-s, Marschälle> ['marʃal, *pl* 'marʃɛlə] *m* [field] marshal
Marschbefehl *m* marching orders *pl*
marschieren* [mar'ʃi:rən] *vi sein* ① MIL to march ② (*zu Fuß gehen*) to go at a brisk pace
Marschmusik *f* marching music **Marschrichtung** *f* direction of march
Marslandung *f* Mars landing **Marsmensch** *m* Martian
Marter <-, -n> ['martɐ] *f* (*geh*) torture *no pl*
martern ['martɐn] *vt* (*geh*) to torture
Marterpfahl *m* HIST stake
Märtyrer(in) <-s, -> ['mɛrtyrɐ, 'mɛrtyrərɪn] *m(f)* (*a. fig*) martyr
Martyrium <-, -rien> [mar'ty:ri̯ʊm, *pl* mar'ty:ri̯ən] *nt* martyrdom
Marxismus <-> [mar'ksɪsmʊs] *m kein pl* Marxism *no pl*
Marxist(in) <-en, -en> [mar'ksɪst] *m(f)* Marxist
marxistisch [mar'ksɪstɪʃ] *adj* Marxist
März <-[es], -e> ['mɛrts] *m* March; *s. a.* **Februar**
Marzipan <-s, -e> [martsi'pa:n] *nt o m* marzipan
Masche <-, -n> ['maʃə] *f* ① (*Strickmasche*) stitch ② SÜDD, ÖSTERR, SCHWEIZ (*Schleife*) bow ③ (*fam: Trick*) trick
Maschendraht *m* wire netting
Maschinbau *m kein pl* ÖSTERR *s.* **Maschinenbau**
Maschine <-, -n> [ma'ʃi:nə] *f* ① (*Automat*) machine ② (*Motorrad*) bike ③ (*Schreibmaschine*) typewriter; **~ schreiben** to type
maschinell [maʃi'nɛl] **I.** *adj* machine *attr* **II.** *adv* by machine
Maschinenbau *m kein pl* ① (*das Bau*) machine construction ② (*Fachgebiet*) mechanical engineering **Maschinenbauingenieur(in)** <-s, -e> [-ɪnʒeni̯ø:ɐ̯] *m(f)* mechanical engineer
Maschinengewehr *nt* machine gun **Maschinenöl** *nt* machine[ry] oil **Maschinenpistole** *f* submachine gun **Maschinenraum** *m a.* NAUT engine room **Maschinenschlosser(in)** *m(f)* [machine] fitter **Maschinenschrift** *f* type[script] **Maschinenstürmer, -stürmerin** *m, f* (*pej hist*) Luddite *hist*
Maschinerie <-, -n> [maʃinə'ri:, *pl* maʃinə'ri:ən] *f* piece of machinery
Maschinist(in) <-en, -en> [maʃi'nɪst] *m(f)* machinist
Maschinschrift *f* ÖSTERR *s.* **Maschinenschrift**
Masern ['ma:zɐn] *pl* measles
Maserung <-, -en> *f* grain
Maske <-, -n> ['maskə] *f* (*a. fig*) mask
Maskenball *m* masked ball **Maskenbildner(in)** *m(f)* make-up artist
maskenhaft *adj* mask-like
Maskerade <-, -n> [maskə'ra:də] *f* ① (*Verkleidung*) [fancy-dress] costume ② (*pej geh*) pretence
maskieren* [mas'ki:rən] **I.** *vt* to disguise **II.** *vr* ■ **sich** *akk* ~ ① (*sich verkleiden*) to dress up ② (*sich vermummen*) to put on a mask
Maskottchen <-s, -> [mas'kɔtçən] *nt* [lucky] mascot
maskulin [masku'li:n] *adj* masculine
Maskulinum <-s, Maskulina> ['masku-li:nʊm, *pl* 'maskuli:na] *nt* LING masculine noun
Masochismus <-> [mazɔ'xɪsmʊs] *m kein pl* masochism *no pl*
Masochist(in) <-en, -en> [mazɔ'xɪst] *m(f)* masochist
masochistisch *adj* masochistic
maß ['ma:s] *imp von* **messen**
Maß¹ <-es, -e> ['ma:s] *nt* ① (*Maßeinheit*) measure ② *pl* (*gemessene Größe*) measurements; (*Raum*) dimensions; **jds ~e nehmen** to measure sb ③ (*Ausmaß*) extent; **in besonderem ~[e]** especially; **in großem ~[e]** to a great extent; **in zunehmendem ~e** increasingly ▸WENDUNGEN: **das ~ aller Dinge** the measure of all things; **das ~ ist voll** enough is enough; **in ~en** in moderation
Maß² <-, -> ['ma:s] *f* SÜDD litre [tankard] of beer; **eine ~ Bier** a litre of beer
Massage <-, -n> [ma'sa:ʒə] *f* massage
Massaker <-s, -> [ma'sa:kɐ] *nt* massacre
massakrieren* [masa'kri:rən] *vt* to massacre
Maßangabe *f* measurement **Maßanzug** *m* made-to-measure suit **Maßarbeit** *f* ■ **etw in ~** sth made to measure **Maßband** *nt* tape measure
Masse <-, -n> ['masə] *f* ① (*breiiges Material*) mass ② (*Menschenmasse*) crowd; **in ~n** in droves ③ (*große Anzahl*) mass; **eine [ganze] ~** a lot [of]; **~n von Mücken** loads of flies *fam* ④ PHYS mass
Maßeinheit *f* unit of measurement
Massenandrang *m* crush [of people]

Massenarbeitslosigkeit *f* mass unemployment *no art* **Massenartikel** *m* mass-produced article **Massenbewegung** *f* SOZIOL mass movement **Massenentlassung** *f meist pl* mass redundancies *pl* **Massenflucht** *f* mass exodus **Massengrab** *nt* mass grave

massenhaft **I.** *adj* on a huge scale **II.** *adv* (*fam*) in droves

Massenhysterie [-hʏsteri:] *f* mass hysteria **Massenkarambolage** [-karambola:ʒə] *f* pile-up

massenkompatibel *adj* suitable for the masses *pred*, compliant with popular taste *pred* **Massenkundgebung** *f* mass rally **Massenmedien** *pl* mass media + *sing/pl vb* **Massenmord** *m* mass murder **Massenmörder(in)** *m(f)* mass murderer **Massenproduktion** *f* mass production **Massentierhaltung** *f* intensive livestock farming **Massentourismus** *m kein pl* mass tourism *no pl* **Massenveranstaltung** *f* mass event **Massenvernichtungswaffe** *meist pl f* weapon of mass destruction *usu pl*

massenweise *adv* in droves

Masseur(in) <-s, -e> [ma'sø:ɐ̯] *m(f)* masseur *masc*, masseuse *fem*

Masseuse <-, -n> [ma'sø:zə] *f* ❶ (*euph: Prostituierte*) masseuse ❷ (*veraltend*) *fem form von* **Masseur**

Maßgabe <-, -n> *f* (*geh*) ■ **mit der ~, dass ...** on [the] condition that ...

maßgebend, maßgeblich ['ma:sge:plɪç] **I.** *adj* ❶ (*ausschlaggebend*) decisive ❷ (*bedeutend*) significant **II.** *adv* decisively; **an etw** *dat* **~ beteiligt sein** to play a leading role in sth

maßgeschneidert *adj* made-to-measure

massieren* [ma'si:rən] *vt* to massage; ■ **sich** *akk* [**von jdm**] **~ lassen** to be given a massage [by sb]

massig ['masɪç] **I.** *adj* massive **II.** *adv* (*fam*) stacks

mäßig ['mɛ:sɪç] **I.** *adj* ❶ (*maßvoll, gering*) moderate ❷ (*mittelmäßig*) mediocre, indifferent **II.** *adv* ❶ (*in Maßen*) with moderation ❷ (*nicht besonders*) indifferently

mäßigen ['mɛ:sɪgn̩] **I.** *vt* to curb **II.** *vr* ■ **sich** *akk* **~** to restrain oneself

Mäßigung <-> *f kein pl* restraint

massiv [ma'si:f] *adj* ❶ (*solide*) solid *attr* ❷ (*wuchtig*) solid, massive ❸ (*drastisch, heftig*) serious; **~e Kritik** heavy criticism

Massiv <-s, -e> [ma'si:f, *pl* ma'si:və] *nt* massif

Maßkleidung *f kein pl* tailored clothing *no pl*

Maßkrug *m* beer mug

maßlos **I.** *adj* extreme; ■ **~ sein** to be immoderate **II.** *adv* ❶ (*äußerst*) extremely ❷ (*unerhört*) hugely

Maßlosigkeit <-> *f kein pl* ■ **~ in etw** *dat* lack of moderation in sth

Maßnahme <-, -n> ['ma:sna:mə] *f* measure

Maßregel *f meist pl* rule **maßregeln** *vt* to reprimand

Maßstab ['m:sʃta:p] *m* ❶ (*Größenverhältnis*) scale; **im ~ 1:250.000** on a scale of 1:250,000 ❷ (*Kriterium*) criterion; **einen hohen ~ anlegen** to apply a high standard (**an** +*akk* to); **Maßstäbe setzen** to set standards

maßstab(s)gerecht, maßstab(s)getreu *adj* true to scale

maßvoll **I.** *adj* moderate; **~es Verhalten** moderation **II.** *adv* moderately

Mast[1] <-[e]s, -en *o* -e> ['mast] *m* ❶ NAUT mast ❷ (*Stange*) pole

Mast[2] <-, -en> ['mast] *f pl selten* (*das Mästen*) fattening

Mastdarm *m* rectum

mästen ['mɛstn̩] *vt* to fatten

masturbieren* [mastʊr'bi:rən] *vi* to masturbate

Mastvieh *nt* fattened livestock + *pl vb*

Match <-(e)s, -s> [mɛtʃ] *nt o* SCHWEIZ *m* SPORT match

Matchball ['mɛtʃ-] *m* TENNIS match point

Mate <-> ['ma:tə] *m kein pl* maté

Material <-s, -ien> [mate'ri̯a:l, *pl* mate'ri̯a:li̯ən] *nt* material

Materialfehler *m* material defect

Materialismus <-> [materi̯a'lɪsmʊs] *m kein pl* materialism *no pl*

Materialist(in) <-en, -en> [materi̯a'lɪst] *m(f)* materialist

materialistisch [materi̯a'lɪstɪʃ] *adj* materialist[ic]

Materialkosten *pl* material costs *pl*

Materie <-, -n> [ma'te:ri̯ə] *f* ❶ *kein pl* PHYS, CHEM matter *no pl* ❷ (*Thema*) subject

materiell [mate'ri̯ɛl] *adj* ❶ (*stofflich*) material ❷ (*finanziell*) financial

Mathematik <-> [matema'ti:k] *f kein pl* mathematics + *sing vb*, maths + *sing vb* BRIT *fam*, math AM *fam*

Mathematiker(in) <-s, -> [mate'ma:tikɐ] *m(f)* mathematician

mathematisch [mate'ma:tɪʃ] *adj* mathematical

Matjes <-, -> ['matjəs] *m*, **Matjeshering** *m* young herring

Matratze <-, -n> [ma'tratsə] *f* mattress

Mätresse <-, -n> [mɛ'trɛsə] *f* mistress

matriarchalisch [matriar'ça:lɪʃ] *adj* matriarchal

Matriarchat <-[e]s, -e> [matriar'ça:t] *nt* matriarchy

Matrikel <-, -n> [ma'tri:kl̩] *f* ① SCH matriculation register ② ADMIN ÖSTERR register

Matrix <-, Matrizen *o* Matrizes> ['ma:trɪks, *pl* ma'tri:tsən, ma'tri:tse:s] *f* BIOL, MATH matrix

Matrixdrucker *m* INFORM dot-matrix [printer]

Matrize <-, -n> [ma'tri:tsə] *f* stencil

Matrone <-, -n> [ma'tro:nə] *f* matron

Matrose <-n, -n> [ma'tro:zə] *m* sailor

Matsch <-[e]s> ['matʃ] *m kein pl* ① (*schlammige Erde*) mud; (*Schneematsch*) slush ② (*breiige Masse*) mush

matschig ['matʃɪç] *adj* (*fam*) ① *Erde* muddy; *Schnee* slush[y] ② (*breiig*) mushy

matt ['mat] **I.** *adj* ① (*erschöpft, schwach*) weak; *Händedruck* limp; *Lächeln, Stimme* faint; *Licht* dim ② (*glanzlos*) matt[e] BRIT; *Augen* dull; *Farben* pale **II.** *adv* ① (*schwach*) dimly ② (*ohne Nachdruck*) feebly

Matte[1] <-, -n> ['matə] *f* mat

Matte[2] <-, -n> ['matə] *f* SCHWEIZ, ÖSTERR (*Bergwiese*) alpine meadow

Mattscheibe *f* (*fam: Bildschirm*) screen; (*Fernseher*) telly BRIT, tube AM ▶ WENDUNGEN: ~ **haben** (*fam*) to have a mental blank

Matura <-> [ma'tu:ra] *f*, **Maturität** <-> [maturi'tɛ:t] *f kein pl* SCHWEIZ, ÖSTERR ≈ A levels *pl* BRIT, ≈ high-school diploma AM

Land und Leute

The **Matura** or **Maturität** are the school leaving exams taken in Switzerland and Austria which are a prerequisite for entry into higher education. They are comparable to the *Abitur* exams taken by school leavers in Germany.

Mätzchen <-s, -> ['mɛtsçən] *nt meist pl* (*fam*) ① (*Tricks*) trick ② (*Albernheiten*) antics

mau <-er, -[e]ste> ['mau̯] **I.** *adj meist präd* (*fam*) ① (*unwohl*) **mir ist ganz** ~ I feel really queasy ② (*Lage*) bad; *Stimmung* lousy **II.** *adv* badly; **die Geschäfte gehen** ~ business is slack

Mauer <-, -n> ['mau̯ɐ] *f* (*a. fig*) wall

Mauerblümchen *nt* wallflower

mauern ['mau̯ɐn] *vt* to build

Maueröffnung *f kein pl* POL opening of the [Berlin] Wall **Mauersegler** *m* ORN swift **Mauerwerk** *nt kein pl* walls *pl*

Maul <-[e]s, Mäuler> ['mau̯l, *pl* 'mɔy̯lɐ] *nt* ① (*bei Tieren*) mouth; *Raubtier* jaws *pl* ② (*derb: Mund*) trap, BRIT *a.* gob ▶ WENDUNGEN: **halt's** ~! (*vulg*) shut your face!; **jdm das** ~ **stopfen** (*vulg*) to shut sb up

maulen ['mau̯lən] *vi* (*fam*) to moan

Maulesel ['mau̯lʔe:zl̩] *m* mule **maulfaul** *adj* (*fam*) uncommunicative **Maulheld(in)** *m(f)* big-mouth **Maulkorb** *m* muzzle **Maultaschen** *pl* SÜDD KOCHK *large pasta squares filled with meat or cheese* **Maultier** ['mau̯lti:ɐ̯] *nt s.* **Maulesel**

Maulwurf <-[e]s, -würfe> ['mau̯lvʊrf, *pl* -vʏrfə] *m* (*a. fig*) mole **Maulwurfshügel** *m* molehill

Maurer(in) <-s, -> ['mau̯rɐ] *m(f)* bricklayer

Maurerkelle *f* [bricklayer's] trowel

Mauretanien <-s> [mau̯re'ta:ni̯ən] *nt* Mauritania; *s. a.* **Deutschland**

Mauretanier(in) <-s, -> [mau̯re'ta:ni̯ɐ] *m(f)* Mauritanian; *s. a.* **Deutsche(r)**

mauretanisch [mau̯re'ta:nɪʃ] *adj* Mauritanian; *s. a.* **deutsch**

maurisch ['mau̯rɪʃ] *adj* Moorish

Maus <-, Mäuse> ['mau̯s, *pl* 'mɔy̯zə] *f* ① *a.* INFORM mouse ② *pl* (*sl: Geld*) dough *sing*, dosh *sing* BRIT ▶ WENDUNGEN: **weiße Mäuse sehen** (*fam*) to see pink elephants

mauscheln ['mau̯ʃl̩n] *vi* (*pej fam*) to fiddle

Mäuschen <-s, -> ['mɔy̯sçən] *nt dim von* **Maus 1** little mouse

Mäusebussard *m* [common] buzzard **Mausefalle** *f* mousetrap **Mauseloch** *nt* mouse hole

mausen ['mau̯zn̩] *vt* (*hum: stehlen*) to pinch *fam*

Mauser <-> ['mau̯zɐ] *f kein pl* ZOOL moult; **in der** ~ **sein** to be moulting

mausern ['mau̯zɐn] *vr* ■**sich** *akk* ~ to moult; (*fig*) to blossom out

mausetot ['mau̯zə'to:t] *adj* (*fam*) stone-dead

Mausklick [-klɪk] *m* INFORM click of the/a mouse **Mauskursor** [-kø:ɐ̯zɐ, -kœrzɐ] *m* INFORM mouse pointer

Mausoleum <-s, Mausoleen> [mau̯zo'le:ʊm, *pl* mau̯zo'le:ən] *nt* mausoleum

Mauspad <-s, -s> [-pɛt] *m* INFORM mouse pad **Haussteuerung** *f* INFORM mouse control *no art*

Maut <-, -en> ['mau̯t] *f*, **Mautgebühr** *f* toll [charge]

Mautstelle *f* tollgate

Maxima ['maksima] *pl von* **Maximum**

maximal [maksi'ma:l] **I.** *adj* maximum *attr*; (*höchste a.*) highest *attr* **II.** *adv* at maximum; **das** ~ **zulässige Gesamtgewicht** the maximum permissible weight; ~ **25.000 Euro** 25,000 euros at most

Maxime <-, -n> [ma'ksi:mə] *f (geh)* maxim
maximieren* [maksi'mi:rən] *vt* to maximize
Maximum <-s, Maxima> ['maksimʊm, *pl* 'maksima] *nt* maximum (**an** +*dat* of)
Mayonnaise <-, -n> [majɔ'nɛ:zə] *f s.* **Majonäse**
Mazedonien <-s> [matse'do:ni̯ən] *nt* Macedonia; *s. a.* **Deutschland**
Mäzen <-s, -e> [mɛ'tse:n] *m* patron
MB [ɛm'be:] *nt* INFORM *Abk von* **Megabyte** MB
m. E. *Abk von* **meines Erachtens** in my opinion
Mechanik <-, -en> [me'ça:nɪk] *f* mechanics + *sing vb*
Mechaniker(in) <-s, -> [me'ça:nɪkɐ] *m(f)* mechanic
mechanisch [me'ça:nɪʃ] (*a. fig*) **I.** *adj* mechanical **II.** *adv* mechanically
Mechanisierung <-, -en> *f* mechanization
Mechanismus <-, -nismen> [meça'nɪsmʊs, *pl* -'nɪsmən] *m* mechanism
Meckerei <-, -en> *f (pej fam)* moaning
Meckerfritze, Meckerliese <-n, -n> [-frɪtsə, -li:zə] *m, f (pej fam)* bellyacher, moaning minnie BRIT
meckern ['mɛkɐn] *vi* ❶ (*der Ziege*) to bleat ❷ (*fig fam*) to gripe, to bellyache *fam* (**über** +*akk* about)
Mecklenburg <-s> ['mɛklənbʊrk] *nt* Mecklenburg
mecklenburgisch ['mɛklənbʊrgɪʃ] *adj* Mecklenburg *attr*
Mecklenburg-Vorpommern <-s> ['mɛklənbʊrkʔfo:ɐ̯pɔmɐn] *nt* Mecklenburg-West Pomerania
Medaille <-, -n> [me'daljə] *f* medal
Medaillon <-s, -s> [medal'jõ:] *nt* locket
Medien ['me:di̯ən] *pl* ❶ *pl von* **Medium** ❷ (*Informationsträger*) ■**die** ~ the media + *sing/pl vb*
Medienereignis *nt* media event **Medienforschung** *f* media research *no pl* **mediengerecht** *adj* suitable for the media **Mediengesellschaft** *f* ❶ SOZIOL media [dominated] society ❷ (*im Bereich der Medien tätig*) media group **Medienlandschaft** *f* media landscape **Medienmogul** ['me:di̯ənmogu:l] *m* media mogul **Medienriese** *m* media giant **Medienrummel** *m (fam)* media excitement **Medienspektakel** *nt* media spectacle **medienwirksam** *adj* **er weiß, wie er sich am besten ~ inszeniert** he knows how to get maximum publicity [*or* press] coverage
Medienzar *m* MEDIA (*fam*) media mogul [*or* tycoon]
Medikament <-[e]s, -e> [medika'mɛnt] *nt* medicine
Medikamentenmissbrauch *m* drug abuse **Medikamentensucht** *f* drug addiction
medikamentös [medikamɛn'tø:s] **I.** *adj* medicinal **II.** *adv* **jdn ~ behandeln** to give sb medication
Meditation <-, -en> [medita'tsi̯o:n] *f* meditation (**über** +*akk* on)
mediterran [meditɛ'ra:n] *adj* Mediterranean
meditieren* [medi'ti:rən] *vi* to meditate
Medium <-s, Medien> ['me:di̯ʊm, *pl* 'me:di̯ən] *nt* medium
Medizin <-, -en> [medi'tsi:n] *f* ❶ *kein pl* (*Heilkunde*) medicine *no pl* ❷ (*fam: Medikament*) medicine
Mediziner(in) <-s, -> [medi'tsi:nɐ] *m(f)* doctor
medizinisch [medi'tsi:nɪʃ] **I.** *adj* ❶ (*ärztlich*) medical ❷ (*heilend*) medicinal **II.** *adv* medically; **jdn ~ behandeln** to give sb medical treatment
Medizinmann <-männer> [-man, *pl* -mɛnɐ] *m* (*indianisch*) medicine man; (*afrikanisch*) witchdoctor **Medizinstudent(in)** <-en, -en> *m(f)* medical student
Meer <-[e]s, -e> ['me:ɐ̯] *nt* sea; (*Weltmeer*) ocean; **das Schwarze/Tote** ~ the Black/Dead Sea; **ans ~ fahren** to go to the seaside; **am** ~ by the sea
Meerbusen *m* (*veraltend*) bay **Meerenge** *f* strait[s *pl*]
Meeresalge *f* seaweed *no pl,* + *sing vb* **Meeresarm** *m* arm of the sea **Meeresbiologie** *f* marine biology **Meeresforschung** *f* oceanography **Meeresfrüchte** *pl* seafood *no pl,* + *sing vb* **Meeresgrund** *m kein pl* seabed **Meeresspiegel** *m* sea level; [**zehn Meter**] **über/unter dem** ~ [ten metres] above/below sea level
Meerkatze *f* ZOOL meerkat **Meerrettich** *m* horseradish **Meerschweinchen** *nt* guinea pig **Meerwasser** *nt* sea water
Meeting <-s, -s> ['mi:tɪŋ] *nt* meeting
Megabyte [mega'bai̯t, 'me:gabai̯t] *nt* INFORM megabyte
Megafon, Megaphon <-s, -e> [mega'fo:n] *nt* megaphone
Megahertz ['mɛgahɛrts] *nt* PHYS megahertz **Megawatt** *nt* megawatt
Mehl <-[e]s, -e> ['me:l] *nt* flour
mehlig ['me:lɪç] *adj Kartoffeln* floury
Mehlschwitze *f* KOCHK roux **Mehltau** ['me:ltau̯] *m kein pl* BOT mildew **Mehlwurm** *m* mealworm
mehr ['me:ɐ̯] **I.** *pron indef komp von* **viel** more; **immer** ~ more and more; ~ **oder**

M

weniger more or less; **mit ~ oder weniger Erfolg** with modest success **II.** *adv* more; **nicht ~** not any longer; **es war keiner ~ da** there was nobody left; **ich kann nicht ~** I can't bear it any longer; **nie ~** never again; **niemand ~** nobody else

Mehr <-[s]> ['meːɐ̯] *nt kein pl* ❶ (*zusätzlicher Aufwand*) **mit einem [kleinen] ~ an Mühe** with a [little] bit more effort ❷ POL SCHWEIZ majority

Mehraufwand *m* additional expenditure **Mehrausgabe** *f* ❶ ÖKON additional expense ❷ BÖRSE overissue

mehrbändig *adj* multi[-]volume *attr form,* in several volumes *pred*

Mehrbelastung *f* (*fig*) additional burden **Mehrbetrag** *m* ❶ (*zusätzliche Kosten*) additional amount ❷ (*Überschuss*) surplus

mehrdeutig *adj* ambiguous

Mehrdeutigkeit <-> *f kein pl* ambiguity

mehrdimensional *adj* multidimensional

Mehreinnahme *f* additional revenue *no pl*

mehren ['meːrən] (*geh*) **I.** *vt* to increase **II.** *vr* ■ **sich ~** to multiply

mehrere ['meːrərə] *pron indef* ❶ *adjektivisch* (*einige*) several *attr;* (*verschiedene*) various ❷ *substantivisch* (*einige*) several; **~ davon** several [of them]

mehrfach ['meːɐ̯fax] **I.** *adj* numerous, multiple; **eine ~e Medaillengewinnerin** a winner of numerous medals; **ein ~er Meister im Hochsprung** several-times champion in the pole vault **II.** *adv* several times

Mehrfachsteckdose *f* multiple socket **Mehrfachstecker** *f* multiple plug

Mehrfamilienhaus [-liən-] *nt* multiple[-family] dwelling

mehrfarbig *adj* multicoloured

Mehrheit <-, -en> *f a.* POL majority; **in der ~ sein** to be in the majority

mehrheitlich *adv* **~ entscheiden** to reach a majority decision; **wir sind ~ dafür** the majority of us are for it

Mehrheitsbeschluss *m* POL majority decision **Mehrheitswahlrecht** *nt kein pl* majority vote [*or* BRIT *a.* first past the post] system

mehrjährig *adj attr* several years of *attr,* of several years *pred*

Mehrkosten *pl* additional costs *pl*

mehrmalig ['meːɐ̯maːlɪç] *adj attr* repeated

mehrmals ['meːɐ̯maːls] *adv* repeatedly

Mehrparteiensystem *nt* multiparty system

mehrsilbig *adj* polysyllabic *spec*

mehrsprachig *adj* multilingual

mehrstimmig MUS **I.** *adj* polyphonic **II.** *adv* **~ singen** to sing in harmony

mehrstöckig *adj* multi-storey

mehrstündig *adj* of several hours *pred*

mehrtägig *adj* lasting several days *pred*

Mehrverbrauch *m kein pl* additional consumption

Mehrwegflasche *f* returnable bottle **Mehrwegverpackung** *f* re-usable packaging

Mehrwert *m kein pl* FIN added value *no pl* **Mehrwertsteuer** *f* value-added tax, VAT

mehrwöchig *adj* lasting several weeks *pred*

Mehrzahl *f kein pl* ❶ (*Mehrheit*) majority; **die ~ aller Leute** most people ❷ LING plural [form]

meiden <mied, gemieden> ['mai̯dn̩] *vt* to avoid

Meile <-, -n> ['mai̯lə] *f* mile

Meilenstein *m* (*a. fig*) milestone **meilenweit** ['mai̯lənvai̯t] *adv* for miles

Meiler <-s, -> ['mai̯lɐ] *m* (*Atomreaktor*) [nuclear] reactor

mein ['mai̯n] *pron poss, adjektivisch* my

meine(r, s) ['mai̯nə] *pron poss, substantivisch* mine

Meineid ['mai̯nʔai̯t] *m* JUR perjury *no art, no pl;* **einen ~ leisten** to commit perjury

meineidig ['mai̯nʔai̯dɪç] *adj* perjured

meinen ['mai̯nən] *vt, vi* ❶ (*denken, annehmen*) to think; **und was ~ Sie dazu?** and what do you say?; **~ Sie?** [do] you think so? ❷ (*sagen wollen*) **was ~ Sie [damit]?** what do you mean [by that]? ❸ (*ansprechen*) **damit bist du gemeint** that means you ❹ (*beabsichtigen*) to mean, to intend; **ich meine es ernst** I'm serious [about it]; **es gut ~** to mean well; **es gut mit jdm ~** to do one's best for sb; **es nicht böse ~** to mean no harm; **so war das nicht gemeint** I didn't mean it like that

meiner ['mai̯nɐ] *pron pers gen von* **ich: gedenke ~** (*geh*) remember me

meinerseits ['mai̯nɐ'zai̯ts] *adv* as far as I'm concerned; **ganz ~** the pleasure was [all] mine

meines ['mai̯nəs] *pron s.* **meine(r, s)**

meinesgleichen ['mai̯nəs'glai̯çn̩] *pron* people like me; (*pej: Leute meines Standes*) my own kind

meinetwegen ['mai̯nət'veːgn̩] *adv* ❶ (*wegen mir*) because of me ❷ (*mir zuliebe*) for my sake ❸ (*von mir aus*) as far as I'm concerned; **darf ich? – ~!** may I? – if you like! **meinetwillen** ['mai̯nət'vɪlən] *adv* ■ **um ~** for my sake

meinige ['mai̯nɪgə] *pron poss* (*veraltend geh*) *s.* **meine(r, s)**

meins ['mai̯ns] *pron poss, substantivisch* mine

M

Meinungen äußern

Meinungen/Ansichten ausdrücken	expressing opinions/views
Ich finde/meine/denke, sie sollte sich für Ihr Verhalten entschuldigen.	**I think** she should apologize for her behaviour.
Er war **meiner Meinung nach** ein begnadeter Künstler.	**In my opinion** he was a highly gifted artist.
Ich bin der Meinung/Ansicht, dass jeder ein Mindesteinkommen erhalten sollte.	**I believe/am of the opinion/take the view that** everyone should receive a minimum income.
Die Anschaffung weiterer Maschinen ist **meines Erachtens** nicht sinnvoll.	The purchase of more machinery is, **in my opinion**, not a sensible option.
Meinungen erfragen, um Beurteilung bitten	**asking for opinions and assessments**
Was ist Ihre Meinung?	**What's your opinion?**
Was meinen Sie dazu?	**What do you think (about it)?**
Wie sollten wir **Ihrer Meinung nach** vorgehen?	How do **you think** we should proceed?
Was hältst du von der neuen Regierung?	**What do you think/make of** the new government?
Findest du das Spiel langweilig?	**Do you find** this game boring?
Denkst du, so kann ich gehen?	**Do you think** I can go like this?
Was sagst du zu ihrem neuen Freund?	**What do you think of** her new boyfriend?
Wie gefällt dir meine neue Haarfarbe?	**How do you like** my new hair colour?
Kannst du mit dieser Theorie **etwas anfangen?**	**Does** this theory **mean anything to you?**
Wie lautet Ihr Urteil über unser neues Produkt?	**What's your opinion of** our new product?
Wie urteilen Sie darüber?	**What's your opinion of it?**

Meinung <-, -en> ['mainʊŋ] *f* opinion; (*Anschauung a.*) view; **geteilter ~ sein** to have differing opinions; **ähnlicher/anderer ~ sein** to be of a similar/different opinion; **eine eigene ~ haben** to have an opinion of one's own; **die öffentliche ~** public opinion; **nach meiner ~** in my opinion; **jdm die ~ sagen** to give sb a piece of one's mind

Falsche Freunde
Nicht verwechseln mit *meaning* — Bedeutung *f*!

Meinungsäußerung *f* expression of an opinion
Meinungsaustausch *m* exchange of views **Meinungsforschung** *f kein pl* opinion polling *no pl* **Meinungsfreiheit** *f kein pl* free[dom of] speech **Meinungsumfrage** *f* opinion poll **Meinungsverschiedenheit** *f* ❶ (*unterschiedliche Ansichten*) difference of opinion ❷ (*Auseinandersetzung*) argument

Meise <-, -n> ['maizə] *f* ORN tit ►WENDUNGEN: **eine ~ haben** (*fam*) to have a screw loose

Meißel <-s, -> ['maisl̩] *m* chisel

meißeln ['maisl̩n] *vi, vt* to chisel (**in** into); ■**an etw** *dat* **~** to chisel at sth

meist ['maist] *adv s.* **meistens**

meistbietend *adj attr* ÖKON highest-bidding *attr*

meiste(r, s) *pron indef superl von* **viel** ❶ *adjektivisch* most; **das ~ Geld** the most money; (*als Anteil*) most of the money; **die ~ Zeit** [the] most time; (*meistens*) most of the time ❷ *substantivisch* ■**die**

~n most people; **die ~n von uns** most of us; ■**das ~** most of it; (*als Anteil*) the most; ■**das ~ von dem, was ...** most of what ...; ■**am ~n** [the] most

meisten **I.** *adj superl von* **viel** most; **die ~ Leute** most people **II.** *adv superl von* **sehr**: ■**am ~** most of all; **am ~ bekannt** best known

meistens ['maistn̩s] *adv* mostly, more often than not; (*zum größten Teil*) for the most part

meistenteils *adv* (*geh*) *s.* **meistens**

Meister(in) <-s, -> ['maistɐ] *m(f)* ① (*Handwerksmeister*) master [craftsman]; **seinen ~ machen** to take one's master craftsman's diploma ② SPORT champion ▸WENDUNGEN: **es ist noch kein ~ vom Himmel gefallen** (*prov*) practice makes perfect

Meisterbrief *m* master craftsman's diploma

meisterhaft **I.** *adj* masterly; (*geschickt*) masterful **II.** *adv* in a masterly manner; (*geschickt*) masterfully

Meisterin <-, -nen> *f fem form von* **Meister**

Meisterleistung *f* masterly performance; **nicht gerade eine ~** nothing to write home about

meistern ['maistɐn] *vt* to master; **Schwierigkeiten ~** to overcome difficulties

Meisterprüfung *f* examination for the master[craftsman]'s diploma

Meisterschaft <-, -en> *f* ① (*Wettkampf*) championship; (*Veranstaltung*) championships *pl* ② *kein pl* (*Können*) mastery

Meisterstück *nt* ① (*Werkstück*) *work done to qualify as a master craftsman* ② (*Meisterwerk*) masterpiece **Meisterwerk** *nt* masterpiece

Mekka <-s> ['mɛka] *nt* (*a. fig*) Mecca

Melancholie <-, -n> [melaŋko'li:, *pl* -'li:ən] *f* melancholy

melancholisch [melaŋ'ko:lɪʃ] *adj* melancholy

Melanzani [melan'tsa:ni] *pl* ÖSTERR aubergine BRIT, eggplant AM

Meldeamt *nt* (*fam*) registration office **Meldefrist** *f* registration period

melden ['mɛldn̩] **I.** *vt* ① (*anzeigen*) to report; **etw schriftlich ~** to notify sth in writing ② RADIO, TV to report; **für morgen ist Schneefall gemeldet** snow is forecast for tomorrow; **das Wahlergebnis wurde soeben gemeldet** the results of the election have just been announced ▸WENDUNGEN: **nichts zu ~ haben** (*fam*) to have no say **II.** *vr* ① (*sich zur Verfügung stellen*) **sich** *akk* **zur Arbeit ~** to report for work; **sich** *akk* **zu etw** *dat* **freiwillig ~** to volunteer for sth ② **sich** *akk* [**am Telefon**] **~** to answer the telephone; **es meldet sich keiner** there's no reply ③ (*in Kontakt bleiben*) ■**sich** *akk* [**bei jdm**] **~** to get in touch [with sb]

Meldepflicht *f kein pl* obligation to report sth; **polizeiliche ~** compulsory registration [with the police]

meldepflichtig *adj* notifiable

Meldung <-, -en> *f* ① (*Nachricht*) piece of news; **kurze ~en vom Tage** the day's news headlines ② (*offizielle Mitteilung*) report

meliert [me'li:ɐ̯t] *adj* ① (*Haar*) greying ② (*Gewebe*) flecked, mottled

Melisse <-, -n> [me'lɪsə] *f* [lemon] balm

melken <melkte, gemolken *o* gemelkt> ['mɛlkn̩] *vt* ① *Kuh* to milk ② (*fam*) *Person* to fleece

Melkmaschine *f* milking machine

Melodie <-, -n> [melo'di:, *pl* -'di:ən] *f* melody, tune

melodisch [me'lo:dɪʃ] **I.** *adj* melodic **II.** *adv* melodically

Melodram <-s, -en> [melo'dra:m], **Melodrama** [melo'dra:ma] *nt* melodrama

melodramatisch [melodra'ma:tɪʃ] **I.** *adj* melodramatic **II.** *adv* melodramatically

Melone <-, -n> [me'lo:nə] *f* ① (*Frucht*) melon ② (*fam: Hut*) bowler [hat], AM *a.* derby

Membran <-, -e *o* -en> [mɛm'bra:n] *f*, **Membrane** <-, - *o* -n> [mɛm'bra:nə] *f* ① TECH, PHYS diaphragm ② ANAT membrane

Memo <-s, -s> ['me:mo] *nt* (*fam*) memo

Memoiren [me'mo̯a:rən] *pl* memoirs

Memorandum <-s, Memoranden *o* Memoranda> [memo'randʊm, *pl* memo'randən, memo'randa] *nt* memorandum

Menge <-, -n> ['mɛŋə] *f* ① (*bestimmte Anzahl*) amount, quantity; **eine große ~ Kies** a large amount of gravel; **in ausreichender ~** in sufficient quantities ② (*große Anzahl*) **eine ~ Geld** a lot of money; **eine ~ zu sehen** a lot to see; **jede ~ Arbeit** loads of work ③ (*Menschenmenge*) crowd ▸WENDUNGEN: **in rauen ~n** (*fam*) in vast quantities

mengen ['mɛŋən] **I.** *vt* (*geh*) to mix **II.** *vr* (*geh*) ■**sich unter die Leute ~** to mingle

Mengenlehre *f* MATH set theory *no pl, no art*

mengenmäßig *adv* quantitatively

Mengenrabatt *m* bulk discount

Meniskus <-, Menisken> [me'nɪskʊs, *pl* menɪskən] *m* ANAT meniscus

Mensa <-, Mensen> ['mɛnza, *pl* 'mɛnzn̩] *f* canteen

Mensch <-en, -en> ['mɛnʃ] *m* ❶ (*menschliches Lebewesen*) man *no pl, no art;* ■**die ~en** man *sing, no art,* human beings *pl;* **auch nur ein ~ sein** to be only human ❷ (*Person, Persönlichkeit*) person; ■**~en** people; **ein anderer ~ werden** to become a different person; **kein ~** no one; **sie sollte mehr unter ~en gehen** she should get out more ▶ WENDUNGEN: **wie der erste ~** (*fam*) very clumsily

Menschenaffe *m* [anthropoid] ape

Menschenalter *nt* generation **Menschenansammlung** *f* gathering [of people] **Menschenauflauf** *m* crowd [of people] **Menschenfeind(in)** *m(f)* misanthropist **Menschenfresser(in)** <-s, -> *m(f)* cannibal **Menschenfreund(in)** *m(f)* philanthropist **Menschengedenken** ['mɛnʃn̩gədɛŋkn̩] *nt* **seit ~** as long as anyone can remember **Menschenhandel** *m kein pl* trade in human beings **Menschenkenner(in)** <-s, -> *m(f)* judge of character **Menschenkenntnis** *f kein pl* ability to judge character **Menschenkette** *f* human chain **Menschenleben** *nt* ❶ (*Todesopfer*) life ❷ (*Lebenszeit*) lifetime **menschenleer** *adj* ❶ (*unbesiedelt*) uninhabited ❷ (*unbelebt*) deserted **Menschenliebe** *f* **aus reiner ~** out of the sheer goodness of one's heart **Menschenmasse** *f* (*pej*), **Menschenmenge** *f* crowd [of people] **menschenmöglich** ['mɛnʃn̩'mø:klɪç] *adj* humanly possible; **ich werde alles M~e tun** I'll do all that is humanly possible

Menschenrecht *nt meist pl* human right *usu pl* **Menschenrechtsverletzung** *f* violation of human rights

menschenscheu *adj* afraid of people

Menschenschlag *m kein pl* breed [of people] **Menschenseele** ['mɛnʃn̩'ze:lə] *f* human soul; **keine ~** not a [living] soul

Menschenskind ['mɛnʃn̩skɪnt] *interj* (*fam*) good grief

menschenunmöglich *adj* not humanly possible; ■**das M~e** the impossible **menschenunwürdig I.** *adj* inhumane; (*Behausung*) unfit for human habitation **II.** *adv* in an inhumane way, inhumanely **menschenverachtend** *adj* inhuman **Menschenverachtung** *f* contempt for other people **Menschenverstand** *m* **gesunder ~** common sense **Menschenwürde** *f kein pl* human dignity *no pl, no art* **menschenwürdig I.** *adj* humane **II.** *adv* humanely; **~ leben/wohnen** to live in conditions fit for human beings

Menschheit <-> *f kein pl* ■**die ~** mankind *no pl, no def art,* humanity *no pl, no art*

menschlich ['mɛnʃlɪç] **I.** *adj* ❶ (*des Menschen*) human ❷ (*human*) humane; *Vorgesetzter* sympathetic **II.** *adv* ❶ (*human*) humanely ❷ (*fam*) **wieder ~ aussehen** to look presentable again

Menschlichkeit <-> *f kein pl* humanity *no pl, no art*

Mensen *pl von* **Mensa**

Menstruation <-, -en> [mɛnstrua'tsi̯o:n] *f* menstruation *no pl, no art*

menstruieren* [mɛnstru'i:rən] *vi* to menstruate

mental [mɛn'ta:l] **I.** *adj* mental **II.** *adv* mentally

Mentalität <-, -en> [mɛntali'tɛ:t] *f* mentality

Menthol <-s, -e> [mɛn'to:l] *nt* menthol

Menu <-s, -s> *nt* (*geh*), **Menü** <-s, -s> [me'ny:] *nt a.* INFORM menu

menügesteuert *adj* INFORM menu-driven **Menüleiste** *f*, **Menüzeile** *f* INFORM menu bar

merci [mɛr'si:] *interj* (*hum*) ta BRIT *fam*

Meridian <-s, -e> [meri'di̯a:n] *m* meridian

Merkblatt *nt* leaflet

merken ['mɛrkn̩] **I.** *vt, vi* ❶ (*spüren*) to feel; **es war kaum zu ~** it was scarcely noticeable ❷ (*wahrnehmen*) to notice; **ich habe nichts davon gemerkt** I didn't notice a thing; **das merkt keiner!** no one will notice! ❸ (*behalten*) ■**leicht zu ~ sein** to be easy to remember **II.** *vr* ❶ (*im Gedächtnis behalten*) ■**sich** *dat* **etw ~** to remember sth ❷ (*im Auge behalten*) ■**sich** *dat* **jdn/etw ~** to make a mental note of sb/sth

merklich ['mɛrklɪç] **I.** *adj* noticeable **II.** *adv* noticeably

Merkmal <-s, -e> ['mɛrkma:l] *nt* feature

Merksatz *m* mnemonic sentence

Merkur <-s> [mɛr'ku:ɐ̯] *m* ASTRON ■**der ~** Mercury

merkwürdig I. *adj* strange **II.** *adv* strangely; **hier riecht es so ~** there's a very strange smell here

merkwürdigerweise *adv* strangely enough

meschugge [me'ʃʊgə] *adj* (*veraltend fam*) ■**~ sein** to be nuts

Mesner <-s, -> ['mɛsnɐ] *m* DIAL (*Küster*) sexton

messbar *adj* measurable; ■**schwer ~ sein** to be difficult to measure

Messbecher *m* measuring jug **Messdiener(in)** *m(f)* REL server

Messe[1] <-, -n> ['mɛsə] *f* (*Gottesdienst*) mass *no pl;* **in die ~ gehen** to go to mass

Messe[2] <-, -n> ['mɛsə] *f* (*Ausstellung*) [trade] fair; **auf der ~** at the fair

Messegelände *nt* exhibition centre **Mes-**

sehalle *f* exhibition hall
messen <misst, maß, gemessen> ['mɛsn̩] **I.** *vt* ❶ (*Ausmaß oder Größe ermitteln*) to measure; *Blutdruck, Fieber* to take ❷ (*beurteilen nach*) to judge (**an** + *dat* by); ■**gemessen an etw** *dat* judging by sth **II.** *vr* (*geh*) **sich** *akk* **mit jdm ~ können** to be able to compete with sb
Messer <-s, -> ['mɛsɐ] *nt* knife ▸ WENDUNGEN: **bis aufs ~** (*fam*) to the bitter end; **jdn ans ~ liefern** (*fam*) to shop sb
messerscharf ['mɛsɐ'ʃarf] **I.** *adj* razor-sharp *a. fig* **II.** *adv* very astutely **Messerspitze** *f* knife point; **eine ~ Muskat** a pinch of nutmeg **Messerstecherei** <-, -en> *f* knife fight **Messerstich** *m* knife thrust; (*Wunde*) stab wound
Messestand *m* exhibition stand
Messias <-> [mɛ'siːas] *m* REL Messiah
Messing <-s> ['mɛsɪŋ] *nt kein pl* brass *no pl*
Messinstrument *nt* measuring instrument **Messlatte** *f* surveyor's wooden rod **Messtechnik** *f* measurement technology
Messung <-, -en> *f* ❶ (*das Messen*) measuring *no pl* ❷ (*Messwert*) reading
Messwert *m* reading
MESZ <-> *f kein pl Abk von* **mitteleuropäische Sommerzeit** CEST
Metall <-s, -e> [me'tal] *nt* metal
Metallarbeiter(in) *m(f)* metalworker
metallic [me'talɪk] *adj* metallic
metallisch [me'talɪʃ] **I.** *adj* ❶ (*aus Metall*) metal ❷ (*metallartig*) metallic **II.** *adv* like metal
Metallurgie <-> [metalʊr'giː] *f kein pl* metallurgy *no pl, no art*
Metallverarbeitung <-> *f kein pl* metalworking *no pl*
Metamorphose <-, -n> [metamɔr'foːzə] *f* (*geh*) metamorphosis
Metapher <-, -n> [me'tafɐ] *f* metaphor
metaphorisch [meta'foːrɪʃ] *adj* metaphoric[al]
Metaphysik [metafy'ziːk] *f* metaphysics *no art, + sing vb*
metaphysisch [meta'fyːzɪʃ] *adj* metaphysical
Metastase <-, -n> [meta'staːzə] *f* MED metastasis
Meteorit <-en, -en> [meteo'riːt] *m* meteorite
Meteorologe, Meteorologin <-n, -n> [meteoro'loːgə, meteoro'loːgɪn] *m, f* meteorologist; (*im Fernsehen*) weather forecaster
Meteorologie <-> [meteorolo'giː] *f kein pl* meteorology *no pl*
Meteorologin <-, -nen> [meteoro'loːgɪn] *f fem form von* **Meteorologe**
meteorologisch [meteoro'loːgɪʃ] *adj* meteorological
Meter <-s, -> ['meːtɐ] *m o nt* metre
Metermaß *nt* ❶ (*Bandmaß*) tape measure ❷ (*Zollstock*) metre rule
meterweise *adv* by the metre
Methadon <-s> [meta'doːn] *nt kein pl* methadone *no pl*
Methode <-, -n> [me'toːdə] *f* method
Methodik <-, -en> [me'toːdɪk] *f* methodology *no pl*
methodisch [me'toːdɪʃ] **I.** *adj* methodical **II.** *adv* methodically
Methylalkohol *m kein pl* methyl alcohol *no pl*, methanol *no pl*
Metier <-s, -s> [me'ti̯eː] *nt* métier; **sein ~ beherrschen** to know one's job
Metrik <-, -en> ['meːtrɪk] *f* ❶ LIT metrics + *sing vb* ❷ *kein pl* MUS study of rhythm and tempo
metrisch ['meːtrɪʃ] *adj* ❶ (*auf dem Meter aufbauend*) metric ❷ LIT metrical
Metro <-, -s> ['meːtro] *f* metro *no pl*, underground BRIT *no pl*, subway AM *no pl*
Metronom <-s, -e> [metro'noːm] *nt* metronome
Metropole <-, -n> [metro'poːlə] *f* metropolis
metrosexuell *adj* SOZIOL *Mann* metrosexual
Metrum <-s, -tren> ['meːtrʊm, *pl* meːtrən] *nt* metre [*or* AM -er]
Mett <-[e]s> [mɛt] *nt kein pl* KOCHK DIAL (*Schweinegehacktes*) minced pork *no pl*
Mettwurst *f* smoked beef/pork sausage
Metzelei <-, -en> [mɛtsə'la̯i] *f* slaughter *no pl*
Metzger(in) <-s, -> ['mɛtsgɐ] *m(f)* butcher
Metzgerei <-, -en> [mɛtsgə'ra̯i] *f* butcher's [shop] BRIT, butcher shop AM
Metzgerin <-, -nen> *f fem form von* **Metzger**
Meuchelmord *m* insidious murder **Meuchelmörder(in)** *m(f)* insidious murderer
Meute <-, -n> ['mɔytə] *f* ❶ (*pej: Gruppe*) mob ❷ (*Jägersprache*) pack [of hounds]
Meuterei <-, -en> [mɔytə'ra̯i] *f* mutiny
Meuterer <-s, -> *m* mutineer
meutern ['mɔytɐn] *vi* ❶ (*sich auflehnen*) to mutiny ❷ (*fam: meckern*) to moan
Mexikaner(in) <-s, -> [mɛksi'kaːnɐ] *m(f)* Mexican; *s. a.* **Deutsche(r)**
mexikanisch [mɛksi'kaːnɪʃ] *adj* Mexican; *s. a.* **deutsch**
Mexiko <-s> ['mɛksiko] *nt* Mexico; *s. a.* **Deutschland**
MEZ *Abk von* **mitteleuropäische Zeit** CET
mg *Abk von* **Milligramm** mg

M

MHz *Abk von* **Megahertz** MHz
miauen* [mi'a̯uən] *vi* to meow, to miaou
mich ['mɪç] **I.** *pron pers akk von* **ich** me **II.** *pron refl* myself; **ich will ~ da ganz raushalten** I want to keep right out of it; **ich fühle ~ nicht so gut** I don't feel very well
mickerig ['mɪkərɪç], **mickrig** ['mɪkrɪç] *adj* ❶ (*sehr gering*) measly, paltry ❷ (*schwächlich*) puny ❸ (*zurückgeblieben*) stunted
Midlifecrisis, Midlife-Crisis ['mɪtla̯ifkra̯isɪs] *f kein pl* midlife crisis
mied ['mi:t] *imp von* **meiden**
Mieder <-s, -> ['mi:dɐ] *nt* ❶ (*eines Trachtenkleides*) bodice ❷ (*Korsage*) girdle
Miederwaren *pl* corsetry *sing*
Mief <-s> ['mi:f] *m kein pl* (*fam*) fug *no pl*
miefen ['mi:fn̩] *vi* (*fam*) to pong BRIT, to stink; **was mieft denn hier so?** what's that awful pong?
Miene <-, -n> ['mi:nə] *f* expression ▶ WENDUNGEN: **gute ~ zum bösen Spiel machen** to grin and bear it; **ohne eine ~ zu verziehen** without turning a hair
Mienenspiel *nt kein pl* facial expressions *pl*
mies ['mi:s] *adj* (*fam*) lousy, rotten; **~e zehn Euro** a miserable ten euros; **~e Laune haben** to be in a foul mood
Miese ['mi:zə] *pl* (*fam*) **in den ~en sein** to be in the red
Miesepeter <-s, -> ['mi:zəpe:tɐ] *m* (*fam*) misery[-guts] BRIT, sourpuss AM
miesepet(e)rig ['mi:zəpe:t(ə)rɪç] *adj* (*fam*) grumpy
mies|machen *vt* ■**etw/jdn ~** to run down sth/sb *sep*
Miesmacher *m* (*pej fam*) killjoy
Miesmuschel ['mi:smʊʃl̩] *f* [common] mussel
Mietauto *nt* hire car BRIT, rental car AM
Miete <-, -n> ['mi:tə] *f* rent; **zur ~ wohnen** to live in rented accommodation [*or* AM accommodations]
mieten ['mi:tn̩] *vt* to rent; *Boot, Wagen* BRIT *a.* to hire; *Haus, Wohnung, Büro* to lease
Mieter(in) <-s, -> *m(f)* tenant
Mieterhöhung *f* rent increase
Mieterin <-, -nen> *f fem form von* **Mieter**
Mieterschutz *m* tenant protection *no pl*
mietfrei *adj, adv* rent-free **Mietrückstand** *m* rent arrears *pl*
Mietshaus *nt* tenement, block of rented flats BRIT, apartment house AM
Mietspiegel *m* rent table **Mietvertrag** *m* tenancy agreement, lease; (*Wagen etc.*) rental agreement **Mietwagen** *m* hire car BRIT, rental car AM **Mietwohnung** *f* rented flat [*or* AM *a.* apartment]
Miezekatze *f* (*Kindersprache*) pussy-cat
Migräne <-, -n> [mi'grɛ:nə] *f* migraine; **ich habe ~** I've got a migraine
Migration <-, -en> [migra'tsi̯o:n] *f* migration
Mikro <-s, -s> ['mi:kro] *nt* (*fam*) *kurz für* **Mikrofon** mike
Mikrobe <-, -n> [mi'kro:bə] *f* microbe
Mikrobiologie [mikrobiolo'gi] *f kein pl* microbiology *no pl*
Mikrochip [-tʃɪp] *m* microchip **Mikroelektronik** *f* microelectronics *no art, + sing vb* **Mikrofaser** *f* microfibre **Mikrofiche** <-s, -s> [-fiʃ] *m o nt* microfiche **Mikrofilm** [-fɪlm] *m* microfilm
Mikrofon <-s, -e> [mikro'fo:n] *nt* microphone
Mikrokosmos <-> [-kɔsmɔs] *m kein pl* microcosm **Mikroorganismus** ['mi:kroʔɔrganɪsmʊs] *m* micro-organism
Mikrophon <-s, -e> [mikro'fo:n] *nt s.* **Mikrofon**
Mikroprozessor ['mi:kroprotsɛso:ɐ̯] *m* microprocessor
Mikroskop <-s, -e> [mikro'sko:p] *nt* microscope
mikroskopisch **I.** *adj* microscopic **II.** *adv* microscopically; **etw ~ untersuchen** to examine sth under the microscope
Mikrowelle ['mi:krovɛlə] *f* microwave **Mikrowellenherd** *m* microwave oven
Milan <-s, -e> ['mi:lan, mi'la:n] *m* ORN kite
Milbe <-, -n> ['mɪlbə] *f* mite
Milch <-> ['mɪlç] *f kein pl* milk *no pl*
Milchbar *f* milk bar **Milchflasche** *f* milk bottle; (*für Babys*) baby's bottle **Milchglas** *nt* milk glass
milchig ['mɪlçɪç] *adj* milky
Milchkaffee *m* milky coffee **Milchkanne** *f* [milk] churn; (*kleiner*) milk can **Milchkuh** *f* dairy cow **Milchmädchenrechnung** *f* naive miscalculation **Milchprodukt** *nt* milk product **Milchpulver** *nt* powdered milk *no pl* **Milchreis** *m* ❶ (*Gericht*) rice pudding ❷ (*Reis*) pudding rice **Milchsäure** *f* BIOL, CHEM lactic acid *no pl* **Milchschokolade** *f* milk chocolate **Milchstraße** *f* ■**die ~** the Milky Way **Milchtüte** *f* milk carton **Milchzahn** *m* milk tooth
mild ['mɪlt] **I.** *adj* ❶ *a.* METEO, KOCHK mild ❷ (*nachsichtig*) lenient **II.** *adv* ❶ (*nicht würzig*) mild ❷ (*nachsichtig*) leniently
Milde <-> ['mɪldə] *f kein pl* (*Nachsichtigkeit*) leniency *no pl*
mildern ['mɪldɐn] *vt* ❶ (*abschwächen*) to moderate; **das Strafmaß ~** to reduce the sentence; **~de Umstände** mitigating cir-

M

cumstances ② (*weniger schlimm machen*) to alleviate

Milderung <-> *f kein pl* alleviation *no pl;* **eine ~ des Strafmaßes** a reduction in sentence

Milderungsgrund *m* mitigating circumstance

mildtätig *adj* (*geh*) charitable

Mildtätigkeit *f kein pl* (*geh*) charity *no pl, no indef art*

Milieu <-s, -s> [miˈli̯øː] *nt* environment

milieugeschädigt [miˈli̯øː-] *adj* PSYCH maladjusted

militant [miliˈtant] *adj* militant

Militär <-s> [miliˈtɛːɐ̯] *nt kein pl* armed forces *pl,* military *no pl, no indef art;* **beim ~ sein** to be in the forces *pl*

Militärdienst *m kein pl* military service *no pl* **Militärdiktatur** *f* military dictatorship **Militärgericht** *nt* court martial

militärisch [miliˈtɛːrɪʃ] *adj* military

Militarismus <-> [militaˈrɪsmʊs] *m kein pl* (*pej*) militarism *no pl*

militaristisch *adj* (*pej*) militaristic

Militärpolizei *f* military police **Militärputsch** *m* military coup **Militärregierung** *f* military government **Militärstützpunkt** *m* military base **Militärzeit** *f* army days *pl*

Miliz <-, -en> [miˈliːts] *f* ① (*Bürgerwehr*) militia ② (*in sozialistischen Staaten: Polizei*) police

Mille <-, -> [ˈmɪlə] *f* (*sl*) grand

Millennium <-s, -ien> [mɪˈlɛni̯ʊm, *pl* mɪˈlɛni̯ən] *nt* (*geh*) millennium

Milliardär(in) <-s, -e> [mɪli̯arˈdɛːɐ̯] *m(f)* billionaire

Milliarde <-, -n> [mɪˈli̯ardə] *f* billion

Milliardenbetrag *m* amount of a billion **milliardenschwer** *adj* (*Unternehmen, Vermögen*) worth billions

Millibar [ˈmɪlibaːɐ̯] *nt* METEO millibar

Milligramm [ˈmɪligram] *nt* milligram **Milliliter** [ˈmɪliliːtɐ, ˈmɪlilɪtɐ, mɪliˈliːtɐ] *m o nt* millilitre

Millimeter <-s, -> [ˈmɪlimeːtə, mɪliˈmeːtɐ] *m o nt* millimetre **Millimeterpapier** *nt* graph paper

Million <-, -en> [mɪˈli̯oːn] *f* million; **drei ~en Einwohner** three million inhabitants

Millionär(in) <-s, -e> [mɪli̯oˈnɛːɐ̯] *m(f)* millionaire *masc,* millionairess *fem*

Millionengeschäft *nt* deal worth millions **Millionengewinn** *m* prize of a million **millionenschwer** *adj* (*fam*) worth millions *pred* **Millionenstadt** *f* town with over a million inhabitants

Milz <-, -en> [ˈmɪlts] *f* spleen

mimen [ˈmiːmən] **I.** *vt* to fake; **mime hier nicht den Ahnungslosen!** don't act the innocent! **II.** *vi* to pretend

Mimik <-> [ˈmiːmɪk] *f kein pl* [gestures and] facial expression

mimisch [ˈmiːmɪʃ] **I.** *adj* mimic **II.** *adv* by means of [gestures and] facial expressions

Mimose <-, -n> [miˈmoːzə] *f* ① BOT mimosa ② (*fig: sehr empfindlicher Mensch*) sensitive plant

min., Min. *f Abk von* **Minute(n)** min.

minder [ˈmɪndɐ] *adv* less; **nicht ~** no less

minderbegabt *adj* less gifted **minderbemittelt** *adj* (*geh*) less well-off; **geistig ~** (*pej*) mentally deficient

mindere(r, s) *adj attr* lesser; **von ~r Qualität sein** to be of inferior quality

Minderheit <-, -en> *f* minority; **in der ~ sein** to be in the/a minority

Minderheitenschutz *m* protection of minorities

minderjährig [ˈmɪndɐjɛːrɪç] *adj* underage

Minderjährige(r) *f(m) dekl wie adj* minor

mindern [ˈmɪndɐn] *vt* to reduce (**um** +*akk* by)

Minderung <-, -en> *f* reduction

minderwertig *adj* inferior

Minderwertigkeit <-> *f kein pl* inferiority *no pl*

Minderwertigkeitsgefühl *nt* feeling of inferiority **Minderwertigkeitskomplex** *m* inferiority complex

Minderzahl *f kein pl* minority; **in der ~ sein** to be in the minority

Mindestabstand *m* minimum distance **Mindestalter** *nt* minimum age **Mindestanforderung** *f* minimum requirement **Mindestbetrag** *nt* minimum amount

mindeste(r, s) *adj attr* slightest; **das wäre das M~ gewesen** that's the least he/she/you etc. could have done; **nicht im M~n** not in the least

Mindesteinkommen *nt* minimum income

mindestens [ˈmɪndəstn̩s] *adv* at least

Mindestgebot *nt* reserve price **Mindestgeschwindigkeit** *f* minimum speed *no pl* **Mindesthaltbarkeitsdatum** *nt* best-before date **Mindestlohn** *m* ÖKON minimum wage **Mindestmaß** *nt* minimum (**an** +*dat* of) **Mindestreservesystem** *nt* ÖKON minimum reserve system **Mindeststrafe** *f* minimum sentence

Mine <-, -n> [ˈmiːnə] *f* ① *eines Bleistifts* lead *no pl; eines Filz-, Kugelschreibers* refill ② (*Sprengkörper*) mine ③ (*Bergwerk*) mine

Minenfeld *nt* MIL minefield **Minenwerfer** <-s, -> *m* MIL, HIST trench mortar

Mineral <-s, -e *o* -ien> [mine'ra:l, *pl* mine'ra:li̯ən] *nt* mineral
Mineralbad *nt* spa
mineralisch [mine'ra:lɪʃ] *adj* mineral
Mineralogie <-> [mineralo'gi:] *f kein pl* mineralogy *no pl, no art*
Mineralöl *nt* mineral oil **Mineralölsteuer** *f* tax on oil
Mineralstoff *m meist pl* mineral salt **Mineralwasser** *nt* mineral water
Mini <-s, -s> ['mɪni] *m* MODE (*fam*) mini[skirt]
Miniatur <-, -en> [mini̯a'tu:ɐ̯] *f* miniature
Minibar *f* minibar **Minigolf** *nt kein pl* minigolf *no pl* **Minikleid** *nt* minidress
Minima ['mi:nima] *pl von* **Minimum**
minimal [mini'ma:l] **I.** *adj* minimal **II.** *adv* minimally
minimieren* [mini'mi:rən] *vt* to minimize
Minimum <-s, Minima> ['mi:nimʊm, *pl* 'mi:nima] *nt* minimum (**an** +*dat* of); **ein ~ an Respekt** a modicum of respect
Minipille *f* mini-pill **Minirock** *m* miniskirt
Minister(in) <-s, -> [mi'nɪstɐ] *m(f)* POL minister, BRIT *a.* Secretary of State
ministeriell [minɪste'ri̯ɛl] *adj attr* ministerial
Ministerin <-, -nen> *f fem form von* **Minister**
Ministerium <-s, -rien> [minɪs'te:ri̯ʊm, *pl* -'te:ri̯ən] *nt* POL ministry, department
Ministerkonferenz *f* ministerial conference
Ministerpräsident(in) *m(f)* minister-president

Land und Leute

In Germany, the leader of a *Bundesland* (*federal state*) is known as the **Ministerpräsident/-in**. In Austria he/she is called the *Landeshauptmann/-frau* (*prime minister of a province*). The head of the government of a Swiss canton is the *Kantonalpräsident/-in* (*president of a canton*).

Ministerrat *m kein pl* ■**der ~** the [EU] Council of Ministers
Ministrant(in) <-en, -en> [minɪs'trant] *m(f)* REL server
Minnesänger ['mɪnəzɛŋɐ] *m* LIT, HIST Minnesinger
Minorität <-, -en> [minori'tɛ:t] *f* (*geh*) *s.* **Minderheit**
minus ['mi:nʊs] *präp, konj, adv* minus; **20 ~ 10 ist 10** 20 minus 10 are 10; **~ 15 °C** minus 15 °C
Minus <-, -> ['mi:nʊs] *nt* ❶ (*Minuszeichen*) minus ❷ ÖKON (*Fehlbetrag*) deficit; **~ machen** to make a loss; [**mit etw** *dat*] **im ~ sein** to be in the red [with sth] ❸ (*Manko*) bad point
Minuspol *m* negative pole **Minuspunkt** *m* minus point **Minuszeichen** *nt* minus sign
Minute <-, -n> [mi'nu:tə] *f* minute; **in letzter ~** at the last minute; **auf die ~** on the dot ▸WENDUNGEN: **es ist fünf ~n vor zwölf** we've reached crisis point
minutenlang **I.** *adj attr* lasting [for] several minutes *pred* **II.** *adv* for several minutes
Minutenzeiger *m* minute hand
minutiös, minuziös [minu'tsi̯ø:s] **I.** *adj* (*geh*) meticulously exact **II.** *adv* (*geh*) meticulously
Minze <-, -n> ['mɪntsə] *f* mint *no pl*
mir ['mi:ɐ̯] *pron* ❶ *pers dat von* **ich** me; **eine alte Bekannte von ~** an old acquaintance of mine; **komm mit zu ~** come back to my place ❷ *refl dat von* **sich** one's; **ich wünsche ~, dass du ...** I'd like you to ...; **ich wasche ~ die Haare morgen** I'll wash my hair tomorrow ▸WENDUNGEN: **~ nichts, dir nichts** (*fam*) just like that
Mirabelle <-, -n> [mira'bɛlə] *f* mirabelle
Mischbrot *nt* bread made from rye and wheat flour **Mischehe** *f* mixed marriage
mischen ['mɪʃn̩] **I.** *vt* to mix; KARTEN to shuffle **II.** *vr* ❶ (*sich vermengen*) ■**sich ~** to mix (**mit** +*dat* with) ❷ **sich** *akk* **unter die Zuschauer ~** to mingle with the audience ❸ ■**sich** *akk* **in etw ~** to interfere in sth; **sich in ein Gespräch ~** to butt into a conversation
Mischform *f* mixture (**aus** +*dat* of) **Mischgewebe** *nt* mixed fibres *pl* **Mischhaut** *f kein pl* combination skin
Mischling <-s, -e> ['mɪʃlɪŋ] *m* ❶ (*Mensch*) half caste ❷ ZOOL half-breed; (*Hund*) mongrel
Mischlingskind *nt* half-caste child
Mischmasch <-[e]s, -e> ['mɪʃmaʃ] *m* (*fam*) mishmash *no pl*
Mischmaschine *f* [cement] mixer **Mischpult** *nt* FILM, RADIO, TV mixing desk
Mischung <-, -en> *f* mixture; (*Kaffee, Tee, Tabak*) blend
Mischungsverhältnis *nt* ratio
Mischwald *m* mixed forest
miserabel [mizə'ra:bl̩] **I.** *adj* dreadful **II.** *adv* dreadfully; **sich** +*akk* **~ aufführen** to behave abominably; **~ schlafen** to sleep really badly; **~ schmecken** to taste awful
Misere <-, -n> [mi'ze:rə] *f* (*geh*) dreadful state
missachten* [mɪs'ʔaxtn̩] *vt* ❶ (*ignorieren*) to disregard; **eine Vorschrift ~** to flout a regulation ❷ (*gering schätzen*) ■**jdn ~** to

disparage sb; ■ **etw** ~ to disdain sth
Missachtung ['mɪsʔaxtʊŋ] *f* ❶ (*Ignorierung*) disregard *no pl;* **bei ~ dieser Vorschriften** if these regulations are flouted ❷ (*Geringschätzung*) disdain *no pl*
missbehagen* ['mɪsbəha:gn̩] *vi* (*geh*) to displease
Missbehagen <-s> ['mɪsbəha:gn̩] *nt kein pl* (*geh*) ❶ (*Unbehagen*) uneasiness *no pl* ❷ (*Missfallen*) displeasure *no pl*
Missbildung <-, -en> *f* deformity
missbilligen* [mɪs'bɪlɪgn̩] *vt* to disapprove of
missbilligend [mɪs'bɪlɪgn̩t] **I.** *adj* disapproving **II.** *adv* disapprovingly
Missbilligung <-, -en> ['mɪsbɪlɪgʊŋ] *f pl selten* disapproval *no pl*
Missbrauch ['mɪsbrau̯x] *m* abuse; **~ mit etw** *dat* **treiben** to abuse sth
missbrauchen* [mɪs'brau̯xn̩] *vt* to abuse; **jds Vertrauen ~** to abuse sb's trust; **jdn sexuell ~** to sexually abuse sb
missbräuchlich *adj* (*geh*) improper
missdeuten* [mɪs'dɔy̯tn̩] *vt* to misinterpret
Missdeutung ['mɪsdɔy̯tʊŋ] *f* misinterpretation
missen ['mɪsn̩] *vt* **mein Telefon möchte ich nicht ~** I wouldn't want to have to do without my phone
Misserfolg *m* failure
Missernte *f* crop failure
Missetat ['mɪsəta:t] *f* (*hum*) prank **Missetäter(in)** ['mɪsətɛ:tɐ] *m(f)* (*hum*) culprit
missfallen* [mɪs'falən] *vi irreg* **jdm missfällt etw [an jdm]** sb dislikes sth [about sb]
Missfallen <-s> ['mɪsfalən] *nt kein pl* displeasure *no pl*
missgebildet *adj* deformed
Missgeburt ['mɪsgəbu:ɐ̯t] *f* (*pej*) monster
missgelaunt ['mɪsgəlau̯nt] *adj* (*geh*) ill-humoured
Missgeschick <-[e]s, -e> ['mɪsgəʃɪk] *nt* mishap
missgestaltet *adj* (*geh*) misshapen; *Person* deformed
missgestimmt *adj* (*geh*) ill-humoured
missglücken* [mɪs'glʏkn̩] *vi sein* to fail
missgönnen* [mɪs'gœnən] *vt* **jdm seinen Erfolg ~** to resent sb's success
Missgriff *m* mistake
Missgunst ['mɪsgʊnst] *f* envy *no pl*
missgünstig **I.** *adj* envious **II.** *adv* enviously
misshandeln* [mɪs'handl̩n] *vt* to mistreat
Misshandlung [mɪs'handlʊŋ] *f* mistreatment *no indef art, no pl*
missinterpretieren* ['mɪsintɐpreti:rən] *vt* to misinterpret
Mission <-, -en> [mɪ'si̯o:n] *f* mission
Missionar(in) <-s, -e> [mɪsi̯o'na:ɐ̯] *m(f),* **Missionär(in)** <-s, -e> [mɪsi̯o'nɛ:ɐ̯] *m(f)* ÖSTERR missionary
missionarisch [mɪsi̯o'na:rɪʃ] **I.** *adj* (*geh*) missionary **II.** *adv* as a missionary
missionieren* [mɪsi̯o'ni:rən] **I.** *vi* to do missionary work **II.** *vt Menschen, Völker* to convert
Missklang *m* MUS dissonance *no indef art, no pl*
Misskredit *m kein pl* **jdn/etw [bei jdm] in ~ bringen** to bring sb/sth into discredit [with sb]; **in ~ geraten** to become discredited
misslang [mɪs'laŋ] *imp von* **misslingen**
misslich *adj* (*geh*) awkward
missliebig ['mɪsli:bɪç] *adj* unpopular
misslingen <misslang, misslungen> [mɪs'lɪŋən] *vi sein* to fail
Misslingen <-s> [mɪs'lɪŋən] *nt kein pl* failure
misslungen *pp von* **misslingen**
Missmut ['mɪsmu:t] *m* moroseness *no pl*
missmutig *adj* morose, sullen
missraten* [mɪs'ra:tn̩] *vi irreg sein* to go wrong; **ein ~es Kind** a child who has turned out badly
Missstand *m* deplorable state of affairs *no pl;* **soziale Missstände** social evils
Missstimmung ['mɪsʃtɪmʊŋ] *f kein pl* ill humour *no indef art, no pl*
misst ['mɪst] *3. pers sing pres von* **messen**
misstrauen* [mɪs'trau̯ən] *vi* to mistrust
Misstrauen <-s> ['mɪstrau̯ən] *nt kein pl* mistrust *no pl;* **jdm ~ entgegenbringen** to mistrust sb
Misstrauensantrag *m* POL motion of no confidence **Misstrauensvotum** *nt* vote of no confidence
misstrauisch ['mɪstrau̯ɪʃ] **I.** *adj* mistrustful; (*argwöhnisch*) suspicious **II.** *adv* mistrustfully; (*argwöhnisch*) suspiciously
Missverhältnis ['mɪsfɛɐ̯hɛltnɪs] *nt* disproportion *no pl;* **im ~ zu etw** *dat* **stehen** to be disproportionate to sth
missverständlich **I.** *adj* unclear; ■ **[zu] ~ sein** to be [too] liable to be misunderstood **II.** *adv* unclearly
Missverständnis <-ses, -se> ['mɪsfɛɐ̯ʃtɛntnɪs] *nt* misunderstanding *no pl*
missverstehen* ['mɪsfɛɐ̯ʃte:ən] *vt irreg* to misunderstand
Misswahl *f* beauty pageant
Misswirtschaft *f* mismanagement *no pl*
Mist <-es> ['mɪst] *m kein pl* ❶ (*Stalldünger*) dung *no pl* ❷ (*fam: Quatsch*) nonsense *no pl,* BRIT *a.* rubbish *no pl* ❸ (*fam: Schund*) junk *no pl* ▸ WENDUNGEN: **~ bauen**

M

(*fam*) to screw up; **so ein ~!** (*fam*) damn!, BRIT *a.* blast!

Falsche Freunde

Nicht verwechseln mit *mist* — Nebel *m*!

Mistel <-, -n> ['mɪstl̩] *f* mistletoe *no pl*

Mistgabel *f* pitchfork **Misthaufen** *m* dung heap **Mistkäfer** *m* dung beetle **Mistkerl** *m* (*fam*) bastard *fam!* **Miststück** *nt* (*fam*) bastard *masc fam!*, bitch *fam!* **Mistvieh** *nt* (*fam*) damned [*or* BRIT *a.* bloody] animal **Mistwetter** *nt kein pl* (*fam*) lousy weather *no pl, no indef art*

mit ['mɪt] **I.** *präp +dat* ❶ with; **Kaffee ~ Milch** coffee with milk; ■**~ jdm [zusammen]** [together] with sb ❷ (*per*) by; **~ der Bahn/dem Fahrrad/der Post** by train/bicycle/post ❸ **~ 18 [Jahren]** at [the age of] 18 **II.** *adv* too, as well; **~ dabei sein** to be there too

Mitangeklagte(r) *f(m) dekl wie adj* co-defendant

Mitarbeit *f kein pl* ❶ (*Arbeit an etw*) collaboration; **unter ~ von jdm** in collaboration with sb ❷ SCH participation *no pl*

mit|arbeiten ['mɪtʔarbajtn̩] *vi* ❶ (*als Mitarbeiter*) ■**an etw** *dat* **~** to collaborate on sth ❷ SCH to participate (**in** +*dat* in)

Mitarbeiter(in) *m(f)* ❶ (*Mitglied der Belegschaft*) employee; **neue ~ einstellen** to take on new staff; **freier ~** freelance ❷ (*Kollege*) colleague

mit|bekommen* *vt irreg* ❶ (*mitgegeben bekommen*) ■**etw [von jdm] ~** to be given sth [by sb] ❷ (*wahrnehmen*) ■**etw ~** to be aware of sth ❸ (*verstehen*) **hast du etwas davon ~?** did you catch any of it? ❹ (*fam: vererbt bekommen*) ■**etw von jdm ~** to get sth from sb

mit|benutzen*, mit|benützen* *vt* SÜDD to share

mit|bestimmen* **I.** *vi* to have a say (**bei** +*dat* in) **II.** *vt* to have an influence on

Mitbestimmung *f kein pl* participation; **das Recht zur ~ bei ...** the right to participate in ... **Mitbestimmungsrecht** *nt* right of co-determination

Mitbewerber(in) *m(f)* ❶ (*ein weiterer Bewerber*) fellow applicant ❷ (*Konkurrent*) competitor

Mitbewohner(in) *m(f)* flatmate BRIT, housemate AM; (*in einem Zimmer*) roommate

mit|bringen ['mɪtʔbrɪŋən] *vt irreg* ❶ *Gegenstand* to bring ❷ *Begleitung* **hast du denn niemanden mitgebracht?** didn't you bring anyone with you? ❸ *Vorraussetzungen* to meet

Mitbringsel <-s, -> ['mɪtbrɪŋzl̩] *nt* small present

Mitbürger(in) *m(f)* fellow citizen

mit|denken *vi irreg* ■**bei etw** *dat* **~** to follow sth; (*bemerken*) to pick up on sth

mit|dürfen *vi irreg* (*fam*) **darf ich mit dir mit?** can I come with you?

Miteigentümer(in) *m(f)* joint owner

miteinander [mɪtʔaj'nandɐ] *adv* ❶ (*jeder mit dem anderen*) with each other; **~ reden** to talk to each other; **~ verfeindet sein** to be enemies ❷ (*zusammen*) together; **alle ~** all together

Miteinander <-s> [mɪtʔaj'nandɐ] *nt kein pl* cooperation *no pl*

Miterbe, -erbin ['mɪtʔɛrbə, -ɛrbɪn] *m, f* joint heir

mit|erleben* *vt Ereignisse* to live through; *eine Zeit* to witness; *im Fernsehen* to follow

mit|essen *irreg* **I.** *vt* **die Schale ~** to eat the skin as well; **setz dich doch, iss einen Teller Suppe mit!** sit down and have a bowl of soup with us! **II.** *vi irreg* ■**[bei jdm] ~** to share a meal [with sb]

Mitesser <-s, -> *m* blackhead

mit|fahren *vi irreg sein* ❶ (*begleiten*) **bei jdm im [Auto] ~** to go with sb [in his/her car] ❷ (*Mitfahrgelegenheit haben*) **darf ich [bei Ihnen] ~?** can you give me a lift?

Mitfahrer(in) *m(f)* fellow passenger

Mitfahrgelegenheit *f* lift

Mitfahrzentrale *f* lift-arranging [*or* AM ride-sharing] agency

Land und Leute

A **Mitfahrzentrale** is an agency that arranges shared transport in exchange for a fee. Drivers hoping to minimize the cost of their journey inform the agency of the route and the date they intend to travel. The agency then finds potential passengers. Generally passengers have to pay a small commission unless they book online. The driver and the passengers then split the cost of travel. This system is especially popular if other modes of transport are more expensive, travel times are longer or connections are poor.

mit|fühlen **I.** *vt* **etw ~** to feel sth **II.** *vi* ■**mit jdm ~** to sympathize with sb; **ich kann ~, wie dir zu Mute sein muss** I can imagine how you must feel

mitfühlend *adj* sympathetic

mit|führen *vt* ■**etw ~** ❶ (*geh: bei sich haben*) to carry sth ❷ (*transportieren*) to carry sth along

M

mit|geben *vt irreg* ■ **jdm etw ~** to give sb sth; **ich gebe dir einen Apfel für Chris mit** I'll give you an apple to take for Chris
Mitgefangene(r) *f(m) dekl wie adj* fellow prisoner
Mitgefühl *nt kein pl* sympathy *no pl*
mit|gehen *vi irreg sein* ❶ (*begleiten*) ■ **mit jdm ~** to go with sb ❷ (*stehlen*) **etw ~ lassen** to walk off with sth
mitgenommen **I.** *adj* (*fam*) worn-out **II.** *pp von* **mitnehmen**
Mitgift <-, -en> *f* dowry
Mitglied ['mɪtgli:t] *nt* member
Mitgliederversammlung *f* general meeting
Mitgliedsausweis *m* membership card **Mitgliedsbeitrag** *m* membership fee
Mitgliedschaft <-, -en> *f* membership
Mitgliedsland *nt* member country **Mitgliedsstaat** *m* member state
mit|haben *vt irreg* ■ **etw ~** to have got sth [with one]
mit|halten *vi irreg* (*fam*) to keep up (**bei** + *dat* with)
mit|helfen *vi irreg* to help (**bei** + *dat* with)
Mithilfe ['mɪthɪlfə] *f kein pl* assistance *no pl*
mit|hören *vt, vi* to listen in; **ein Gespräch ~** to listen in on a conversation; (*zufällig*) to overhear a conversation
Mitinhaber(in) *m(f)* joint owner
mit|klingen *vi irreg* to sound; **in deinen Worten klingt Enttäuschung mit** there is a note of disappointment in your words
mit|kommen *vi irreg sein* ❶ (*begleiten*) to come too ❷ (*Schritt halten können*) to keep up ❸ (*fam: verstehen*) **da komme ich nicht mit** it's beyond me
mit|können *vi irreg* (*fam*) ❶ (*begleiten dürfen*) **sie kann ruhig mit** she is welcome to come too ❷ (*fam: verstehen*) ■ **bei etw** *dat* **nicht mehr ~** to no longer be able to follow sth
mit|kriegen *vt* (*fam*) *s.* **mitbekommen**
mit|laufen *vi irreg sein* ❶ (*zusammen mit anderen laufen*) to run (**bei** in); **beim Marathonlauf sind über 500 Leute mitgelaufen** over 500 people took part in the marathon ❷ *Band, Stoppuhr* to run
Mitläufer(in) *m(f)* POL (*pej*) fellow traveller
Mitlaut ['mɪtlaut] *m* consonant
Mitleid ['mɪtlait] *nt kein pl* sympathy *no pl* (**mit** + *dat* for), pity; **ein ~ erregender Anblick** a pitiful sight
Mitleidenschaft *f* **jdn in ~ ziehen** to affect sb
mitleiderregend *adj Anblick* pitiful
mitleidig ['mɪtlaidɪç] **I.** *adj* ❶ (*mitfühlend*) sympathetic ❷ (*verächtlich*) pitying **II.** *adv* ❶ (*voller Mitgefühl*) sympathetically ❷ (*verächtlich*) pityingly
mitleid(s)los **I.** *adj* pitiless **II.** *adv* pitilessly, without pity
mitleid(s)voll *adj* (*geh*) *s.* **mitleidig I 1, II 1**
mit|machen **I.** *vi* ❶ (*teilnehmen*) to take part (**bei** + *dat* in) ❷ (*fam: gut funktionieren*) **wenn das Wetter mitmacht** if the weather cooperates; **solange meine Beine ~** as long as my legs hold out **II.** *vt* (*fam*) ❶ (*hinnehmen*) to go along with ❷ (*erleiden*) **viel ~** to go through a lot
Mitmensch *m* fellow man
mitmenschlich *adj attr Beziehungen, Kontakte* interpersonal
mit|mischen *vi* (*fam*) to be involved (**bei** + *dat* in)
mit|müssen *vi irreg* to have to come [*or* go] too
Mitnahmemarkt *m* cash and carry
mit|nehmen *vt irreg* ❶ (*mit sich nehmen*) to take with one ❷ (*transportieren*) take with one; **könnten Sie mich ~?** (*im Auto*) could you give me a lift? ❸ (*erschöpfen*) to take it out of one
mitnichten [mɪt'nɪçtn̩] *adv* (*geh*) by no means
mit|rechnen *vt* to include [in a calculation]
mit|reden *vi* ❶ (*mitbestimmen*) to have a say (**bei** + *dat* in) ❷ (*sich beteiligen*) **bei einer Diskussion ~ können** to be able to join in a discussion; **da kann ich nicht ~** I wouldn't know anything about that
Mitreisende(r) *f(m)* fellow passenger
mit|reißen *vt irreg* ❶ (*mit sich reißen*) to sweep away ❷ (*begeistern*) to get going
mitsamt [mɪt'zamt] *präp* + *dat* complete with
mit|schicken *vt* (*im Brief*) to enclose
mit|schleifen *vt* to drag along
mit|schleppen *vt* (*fam*) to lug [with one]
mit|schreiben *irreg* **I.** *vt* to take down **II.** *vi* to take notes
Mitschuld *f* **eine ~ tragen** to be partly to blame (**an** + *dat* for)
mitschuldig *adj* ■ **an etw** *dat* **~ sein** to be partly to blame for sth
Mitschuldige(r) *f(m)* JUR accomplice
Mitschüler(in) *m(f)* classmate
mit|singen *irreg vi* to sing along
mit|spielen *vi* ❶ SPORT to play (**bei** + *dat* in); **in einer Mannschaft ~** to play for a team ❷ FILM, THEAT to act (**bei, in** + *dat* in) ❸ (*bei Kinderspielen*) to play ❹ (*fam: mitmachen*) to go along with it; **das Wetter spielte nicht mit** the weather wasn't kind to us ❺ (*wichtig sein*) ■ [**bei etw** *dat*] **~** to

M

play a part [in sth] ⑥ **jdm übel ~** to play sb a nasty trick

Mitspieler(in) *m(f)* ① SPORT team-mate ② THEAT member of the cast

Mitsprache *f* say *no def art;* **ein Recht auf ~ haben** to be entitled to have a say **Mitspracherecht** *nt kein pl* right to have a say; **ein ~ bei etw** *dat* **haben** to have a say in sth

mit|sprechen *irreg* **I.** *vt* **das Tischgebet ~** to join in saying grace **II.** *vi* to have a say (**bei, in** in)

Mitstreiter(in) <-s, -> *m(f)* comrade-in-arms

Mittag <-[e]s, -e> ['mɪta:k, *pl* 'mɪta:gə] *m* ① (*zwölf Uhr*) midday, noon; (*Essenszeit*) lunchtime; ■ **gegen ~** around midday; **zu ~ essen** to have lunch; **etw zu ~ essen** to have sth for lunch ② (*fam: Mittagspause*) **~ machen** to take one's lunch break

Mittagessen *nt* lunch

mittäglich ['mɪtɛ:klɪç] *adj attr* midday, lunchtime

mittags ['mɪta:ks] *adv* at midday, at lunchtime

Mittagspause *f* lunch break **Mittagsruhe** *f kein pl* ≈ siesta; **~ halten** to rest after lunch **Mittagsschlaf** *m* after-lunch nap; **einen ~ machen** to take an after-lunch nap **Mittagsstunde** *f* (*geh*) midday; ■ **in der ~** at midday; ■ **um die ~** around midday **Mittagstisch** *m* lunch table **Mittagszeit** *f kein pl* lunchtime; ■ **in der ~** at lunchtime

Mittäter(in) *m(f)* accomplice

Mittäterschaft <-> *f kein pl* complicity *no pl* (**an** in)

Mitte <-, -n> ['mɪtə] *f* ① (*räumlich*) middle; **in der ~ zwischen ...** halfway between ... ② (*Mittelpunkt*) centre ③ (*zur Hälfte*) **~ Januar** mid-January; **~ des Jahres** in the middle of the year; **sie ist ~ dreißig** she's in her mid-thirties ▸ WENDUNGEN: **die goldene ~** the golden mean

mit|teilen ['mɪttajlən] **I.** *vt* to tell **II.** *vr* ■ **sich** *akk* **[jdm] ~** to communicate [with sb]

mitteilsam *adj* talkative

Mitteilung *f* notification; **eine amtliche ~** an official communication

Mitteilungsblatt *nt* newsletter

Mittel <-s, -> ['mɪtl̩] *nt* ① (*Hilfsmittel*) means *sing;* **es gibt ein ~, das herauszufinden** there are ways of finding that out; **mit allen ~n** by every means ② (*Heilmittel*) drug; **ein ~ gegen etw** a remedy for sth ③ *pl* (*Geldmittel*) funds ④ (*Mittelwert*) average; **im ~** on average ▸ WENDUNGEN: **~ und Wege finden** to find ways and means; **ein ~ zum Zweck** a means to an end

Falsche Freunde

Nicht verwechseln mit *middle* — Mitte *f*!

Mittelalter ['mɪtl̩ʔaltɐ] *nt kein pl* ■ **das ~** the Middle Ages *npl*

mittelalterlich ['mɪtl̩ʔaltəlɪç] *adj* medieval

Mittelamerika ['mɪtl̩ʔa'me:rika] *nt* Central America **mittelamerikanisch** *adj* Central American

mittelbar ['mɪtl̩ba:ɐ̯] **I.** *adj* indirect **II.** *adv* indirectly

Mittelding *nt* (*fam*) ■ **ein ~** something in between; **ein ~ zwischen ... und ...** something between ... and ...

Mitteleuropa ['mɪtl̩ʔɔy'ro:pa] *nt* Central Europe **Mitteleuropäer(in)** *m(f)* Central European **mitteleuropäisch** ['mɪtl̩ʔɔyro'pɛ:ɪʃ] *adj* Central European

Mittelfeld *nt kein pl* SPORT midfield **Mittelfinger** *m* middle finger

mittelfristig I. *adj* medium-term *attr* **II.** *adv* **~ planen** to plan for the medium term

Mittelgebirge *nt* low mountain range **Mittelgewicht** *nt kein pl* SPORT middleweight **mittelgroß** ['mɪtl̩gro:s] *adj* medium-sized; *Person* of medium height *pred*

Mittelklasse *f* middle range; **ein Wagen der ~** a mid-range car **Mittelklassewagen** *m* AUTO mid-range car

Mittellinie *f* ① (*Straße*) centre line ② (*Spielfeld*) halfway line

mittellos *adj* destitute

Mittellosigkeit <-> *f kein pl* poverty *no pl*

Mittelmaß *nt kein pl* average

mittelmäßig I. *adj* average; (*pej*) mediocre **II.** *adv* **er spielte nur ~** his performance was mediocre

Mittelmäßigkeit <-> *f kein pl* mediocrity

Mittelmeer ['mɪtl̩me:ɐ̯] *nt* ■ **das ~** the Mediterranean [Sea]

Mittelmeerraum *m* ■ **der ~** the Mediterranean [region]

mittelprächtig I. *adj* (*iron fam*) great **II.** *adv* (*fam*) not particularly good

Mittelpunkt *m* ① (*Zentrum*) centre ② (*zentrale Figur*) **~ sein/im ~ stehen** to be the centre of attention

mittels ['mɪtl̩s] *präp* +*gen* (*geh*) by means of

Mittelschicht *f* SOZIOL middle class **Mittelschiff** *nt* ARCHIT nave **Mittelschule** *f* ① (*Schultyp*) ≈ secondary school ② SCHWEIZ secondary school; **neue ~** ÖSTERR [new] secondary school

Mittelsmann <-männer *o* -leute> *m* middleman **Mittelsperson** *f* (*form*) intermediary

Mittelstand *m* ① SOZIOL middle class ② (*Unternehmen*) small and medium-sized businesses *pl*

mittelständisch *adj* medium-sized

Mittelstreckenrakete *f* MIL medium-range missile

Mittelstreifen *m* TRANSP central reservation **Mittelstufe** *f* SCH ≈ middle school **Mittelstürmer(in)** *m(f)* SPORT centre-forward, striker **Mittelweg** *m* middle course ▶ WENDUNGEN: **der goldene ~** the golden mean **Mittelwelle** *f* RADIO medium wave **Mittelwert** *m* mean [value]

mitten ['mɪtn̩] *adv* ■ **~ auf/in** *dat* in the middle of sth; **~ unter Menschen** in the midst of people

mittendrin [mɪtn̩'drɪn] *adv* right in the middle (**in** +*dat* of) **mittendurch** [mɪtn̩'dʊrç] *adv* right through the middle

Mitternacht ['mɪtɐnaxt] *f kein pl* midnight *no art* **mitternächtlich** *adj attr* midnight *attr*

mittlere(r, s) ['mɪtlərə] *adj attr* ① (*in der Mitte zwischen zweien*) **die ~ Tür** the middle door; **mein ~r Bruder** my second oldest/youngest brother ② (*durchschnittlich*) average *attr or pred* ③ (*mittelgroß*) medium-sized

mittlerweile ['mɪtlɐ'vajlə] *adv* (*unterdessen*) in the mean time; (*seit dem*) since then; (*bis zu diesem Zeitpunkt*) by now

Mittwoch <-s, -e> ['mɪtvɔx] *m* Wednesday; *s. a.* **Dienstag**

mittwochabends *adv* [on] Wednesday evenings

mittwochs ['mɪtvɔxs] *adv* [on] Wednesdays; *s. a.* **dienstags**

mitunter [mɪt'ʔʊntɐ] *adv* now and then

mitverantwortlich *adj* jointly responsible *pred*

mit|verdienen* *vi* to go out to work as well

Mitverfasser(in) *m(f)* co-author

mit|versichern* *vt* ■ **jdn ~** to co-insure sb; ■ **etw ~** to include sth in one's insurance

mit|wirken *vi* ① (*beteiligt sein*) to collaborate (**bei, an** +*dat* on) ② (*wichtig sein*) to play a part ③ FILM, THEAT **in einem Stück ~** to appear in a play

Mitwirkende(r) *f(m)* ① (*mitwirkender Mensch*) participant ② FILM, THEAT actor; **die ~n** the cast + *sing/pl vb*

Mitwirkung *f kein pl* collaboration; **unter ~ von** in collaboration with

Mitwissen *nt kein pl* JUR knowledge of a matter

Mitwisser(in) <-s, -> *m(f)* **~ [einer S.** *gen*] **sein** to be in the know [about sth]; **jdn zum ~ [einer S.** *gen*] **machen** to let sb in [on sth]

mit|wollen ['mɪtvɔlən] *vi* to want to come too

mit|zählen I. *vi* to count **II.** *vt* to include

mit|ziehen *vi irreg* ① *sein* (*in einer Menge mitgehen*) to tag along (**in** with) ② *haben* (*fam: mitmachen*) ■ **bei etw** *dat* **~** to go along with sth

Mix <-, -e> ['mɪks] *m* mix (**aus** +*dat* of)

mixen ['mɪksn̩] *vt* to mix

Mixer <-s, -> ['mɪksɐ] *m* blender

Mixgetränk *nt* mixed drink

Mixtur <-, -en> [mɪks'tuːɐ̯] *f* PHARM mixture

mm *m o nt Abk von* **Millimeter** mm

MMS <-, -> [ɛm'ɛmɛs] *f* MEDIA, TELEK *Abk von* **Multimedia Messaging Service** MMS

mobben *vt* (*sl*) to bully

Mobbing <-s> ['mɔbɪŋ] *nt kein pl* (*sl*) bullying in the workplace *no pl*

Möbel <-s, -> ['møːbl̩] *nt* ① *sing* piece of furniture ② *pl* furniture *no pl*

Möbelpacker(in) *m(f)* removal man BRIT, mover AM **Möbelpolitur** *f* furniture polish **Möbelspedition** *f* [furniture] removal firm BRIT, moving company AM **Möbelstück** *nt* piece of furniture **Möbelwagen** *m* removal [*or* AM moving] van

mobil [mo'biːl] *adj* ① (*beweglich*) mobile ② (*fam: munter*) lively

Mobile <-s, -s> ['moːbilə] *nt* mobile

Mobilfunk *m* mobile communications *pl* **Mobilfunkgerät** *nt* mobile [*or* AM cellular] [tele]phone

Mobiliar <-s> [mobi'li̯aːɐ̯] *nt kein pl* furnishings *npl*

mobilisieren* [mobili'ziːrən] *vt* ① (*aktivieren*) to mobilize; *Kraft* to summon up ② (*verfügbar machen*) to make available

Mobilität <-> [mobili'tɛːt] *f kein pl* mobility *no pl*

Mobilmachung <-, -en> *f* MIL mobilization

Mobiltelefon *nt* mobile [tele]phone

möblieren* [mø'bliːrən] *vt* to furnish

mochte *imp von* **mögen**

Modalität <-, -en> [modali'tɛːt] *f* LING modality *no pl* **Modalverb** *nt* LING modal verb

Mode <-, -n> ['moːdə] *f* fashion; **aus der ~ kommen** to go out of fashion; **in ~ kommen** to come into fashion

Falsche Freunde

Nicht verwechseln mit *mode* — Art *f*!

modebewusst *adj* fashion-conscious **Modedesigner(in)** <-s, -> [-dizajnɐ] *m(f)* fashion designer **Modegeschäft** *nt* fashion store **Modekrankheit** *f* fashionable

M

complaint
Model <-s, -s> ['mɔdl̩] *nt* (*Mannequin*) model
Modell <-s, -e> [mo'dɛl] *nt* model
modellieren* [modɛ'li:rən] *vt* to model
Modellversuch *m* (*geh*) pilot scheme [*or* AM experiment]; TECH model test
modeln ['mɔdl̩n] *vi* MODE to [work as a] model
Modem <-s, -s> ['mo:dɛm] *nt o m* TELEK modem
Modenschau *f* fashion show
Modepüppchen *nt*, **Modepuppe** *f* (*pej fam*) fashion victim
Moder <-s> ['mo:dɐ] *m kein pl* (*geh*) mould *no pl*
moderat <-er, -este> [mode'ra:t] *adj* (*geh*) moderate
Moderation <-, -en> [modera'tsi̯o:n] *f* RADIO, TV presentation
Moderator, **Moderatorin** <-s, -toren> [mode'ra:toɐ̯, modera'to:rɪn, *pl* -'to:rən] *m*, *f* RADIO, TV presenter
moderieren* [mode'ri:rən] *vt* RADIO, TV to present
mod(e)rig ['mo:d(ə)rɪç] *adj* musty
modern[1] ['mo:dɐn] *vi sein o haben* to decay, to go mouldy
modern[2] [mo'dɛrn] **I.** *adj* ❶ (*zeitgemäß*) modern; **~ste Technik** state-of-the-art technology ❷ (*modisch*) fashionable **II.** *adv* ❶ (*modisch*) fashionably ❷ (*fortschrittlich*) progressively; **~ eingestellte Eltern/Lehrer** parents/teachers with progressive ideas
Moderne <-> [mo'dɛrnə] *f kein pl* ■**die ~** the modern age
modernisieren* [modɛrni'zi:rən] *vt* to modernize
Modernisierung <-, -en> *f* modernization *no pl*
Modeschmuck *m* costume jewellery **Modeschöpfer(in)** *m(f)* fashion designer **Modewort** *nt* buzzword **Modezeitschrift** *f* fashion magazine
Modi ['mɔdi] *pl von* **Modus**
modifizieren* [modifi'tsi:rən] *vt* (*geh*) to modify
modisch ['mo:dɪʃ] **I.** *adj* fashionable, trendy **II.** *adv* fashionably, trendily
modrig ['mo:drɪç] *adj* musty
Modul <-s, -e> [mo'du:l] *nt* module
Modus <-, Modi> ['mɔdʊs, *pl* 'mɔdi] *m* INFORM mode
Mofa <-s, -s> ['mo:fa] *nt* moped
mogeln ['mo:gl̩n] *vi* (*fam*) to cheat (**bei** +*dat* at)
Mogelpackung *f* ÖKON deceptive packaging
mögen ['mø:gn̩] **I.** *modal vb* <mag, mochte, mögen> ❶ (*wollen*) **etw tun ~** to want to do sth; **ich möchte gerne kommen** I'd like to come ❷ (*Vermutung*) **sie mag Recht haben** she may be right; **das mag schon stimmen** that might [well] be true; **was mag das wohl bedeuten?** what's that supposed to mean? **II.** *vt* <mag, mochte, gemocht> ❶ (*gernhaben*) to like; (*lieben*) to love ❷ (*Gefallen finden*) **~ Sie Fisch?** do you like fish?; **ich mag lieber Bier** I like beer better; **am liebsten mag ich Eintopf** stew is my favourite [meal] ❸ (*haben wollen*) to want; **möchtest du ein Bier?** would you like a beer?; **ich möchte ein Stück Kuchen** I'd like a slice of cake
möglich ['mø:klɪç] *adj* possible; **alle ~en ...** all kinds of ...; **es für ~ halten, dass ...** to think it possible that ...; **sein M~stes tun** to do everything in one's power; **schon ~** (*fam*) maybe
möglicherweise *adv* possibly
Möglichkeit <-, -en> *f* ❶ (*Gelegenheit*) opportunity ❷ (*Möglichsein*) possibility; **nach ~** if possible
möglichst *adv* **~ bald** as soon as possible
Mohn <-[e]s, -e> ['mo:n] *m* poppy; (*Mohnsamen*) poppy seed
Mohnkuchen *m* poppy-seed cake
Mohr(in) <-en, -en> ['mo:ɐ] *m(f)* (*veraltet: Neger*) negro *pej*
Möhre <-, -n> ['mø:rə] *f*, **Mohrrübe** *f* NORDD carrot
mokieren* [mo'ki:rən] *vr* (*geh*) ■**sich über jdn/etw ~** to mock sb/sth
Mokka <-s, -s> ['mɔka] *m* mocha
Molch <-[e]s, -e> ['mɔlç] *m* newt
Mole <-, -n> ['mo:lə] *f* NAUT mole
Molekül <-s, -e> [molə'ky:l] *nt* molecule
molekular [moləku'la:ɐ̯] *adj* molecular
Molke <-> ['mɔlkə] *f kein pl* whey *no pl*
Molkerei <-, -en> [mɔlkə'rai̯] *f* dairy
Moll <-, -> ['mɔl] *nt* MUS minor [key]; **f-~** F minor
mollig ['mɔlɪç] *adj* (*fam*) ❶ (*rundlich*) plump ❷ (*behaglich*) cosy ❸ (*angenehm warm*) snug
Molotowcocktail ['mɔ:lotɔfkɔkte:l] *m* Molotov cocktail
Moment <-[e]s, -e> [mo'mɛnt] *m* moment; ■**im ~** at the moment; **im ersten ~** at first; **im falschen/letzten ~** at the wrong/last moment; **einen [kleinen] ~!** just a minute!
momentan [momɛn'ta:n] **I.** *adj* ❶ (*derzeitig*) present *attr*, current *attr* ❷ (*vorübergehend*) momentary **II.** *adv* ❶ (*derzeit*) at

M

present ② (*vorübergehend*) momentarily
Momentaufnahme *f* snapshot
Monaco <-s> [mo'nako] *nt* Monaco; *s. a.* **Deutschland**
Monarch(in) <-en, -en> [mo'narç, mo'narçɪn] *m(f)* monarch
Monarchie <-, -n> [monar'çi:, *pl* -'çi:ən] *f* monarchy
Monarchin <-, -nen> *f fem form von* **Monarch**
Monarchist(in) <-en, -en> [monar'çɪst] *m(f)* monarchist
monarchistisch *adj* monarchist
Monat <-[e]s, -e> ['mo:nat] *m* month; **im vierten ~ sein** to be four months pregnant
monatelang ['mo:natəlaŋ] **I.** *adj attr* lasting for months *pred* **II.** *adv* for months
monatlich ['mo:natlɪç] *adj, adv* monthly
Monatsanfang *m* beginning of the month; **am/zum ~** at the beginning of the month **Monatsbinde** *f* sanitary towel [*or* AM napkin] **Monatsblutung** *f s.* **Menstruation** **Monatseinkommen** *nt* monthly income **Monatsende** *nt* end of the month; **am/zum ~** at the end of the month **Monatserste(r)** *m* first of the month **Monatsgehalt** *nt* monthly salary **Monatskarte** *f* ① (*Fahrkarte*) monthly travel card ② (*Berechtigungskarte*) monthly pass **Monatsrate** *f* monthly instalment
Mönch <-[e]s, -e> ['mœnç] *m* monk
Mond <-[e]s, -e> ['mo:nt, *pl* 'mo:ndə] *m* moon; **der ~ nimmt ab/zu** the moon is waning/waxing ▶ WENDUNGEN: **hinter dem ~ leben** to be out of touch
Mondbahn *f* lunar orbit **Mondfinsternis** *f* eclipse of the moon **Mondgesicht** *nt* (*fam*) moon-face **mondhell** *adj* (*geh*) moonlit **Mondlandschaft** *f* lunar landscape **Mondlandung** *f* moon landing **Mondphase** *f* ASTRON phase of the moon **Mondrakete** *f* lunar rocket
Mondschein *m* moonlight *no pl* **Mondscheintarif** *m* TELEK ≈ cheap rate
Mondsichel *f* (*geh*) crescent moon **Mondsonde** *f* RAUM lunar probe **mondsüchtig** *adj* MED sleep-walking *attr;* ■ **~ sein** to be a sleepwalker
Monegasse, Monegassin <-n, -n> [mone'gasə, mone'gasɪn] *m, f* Monégasque; *s. a.* **Deutsche(r)**
Moneten [mo'ne:tn̩] *pl* (*sl*) dough *no pl, no indef art,* dosh BRIT *no pl, no indef art*
Mongole, Mongolin <-n, -n> [mɔŋ'go:lə] *m, f* Mongol, Mongolian; *s. a.* **Deutsche(r)**
Mongolei <-> [mɔŋgo'laj] *f* ■ **die ~** Mongolia; *s. a.* **Deutschland**
Mongolin <-, -nen> *f fem form von* **Mongole**
mongolisch [mɔŋ'go:lɪʃ] *adj* Mongolian; *s. a.* **deutsch**
Mongolismus <-> [mɔŋgo'lɪsmʊs] *m kein pl* MED mongolism
mongoloid [mɔŋgolo'i:t] *adj* MED mongoloid
monieren* [mo'ni:rən] *vt* ■ **etw ~** to find fault with sth
Monitor <-s, -toren *o* -e> ['mo:nito:ɐ̯, *pl* -'to:rən] *m* monitor
mono ['mo:no] *adj* RADIO, TECH *kurz für* **monophon** mono
monochrom [mono'kro:m] *adj* monochrome
monogam [mono'ga:m] *adj* monogamous
Monogamie <-> [monoga'mi:] *f kein pl* monogamy *no pl*
Monografie, Monographie <-, -n> [monogra'fi:, *pl* monogra'fi:ən] *f* monograph
Monogramm <-s, -e> [mono'gram] *nt* monogram
Monokel <-s, -> [mo'nɔkl̩] *nt* monocle
Monokultur ['mɔnokʊltu:ɐ̯] *f* AGR monoculture
Monolog <-[e]s, -e> [mono'lo:k, *pl* -'lo:gə] *m* monologue; **einen ~ halten** to hold a monologue
Monopol <-s, -e> [mono'po:l] *nt* monopoly (**auf** +*akk* on)
Monopolstellung *f* ÖKON monopoly
monotheistisch *adj* REL (*geh*) monotheistic
monoton [mono'to:n] **I.** *adj* monotonous **II.** *adv* monotonously; **~ klingen** to sound monotonous
Monotonie <-, -n> [monoto'ni:, *pl* -'ni:ən] *f* monotony
Monster <-s, -> ['mɔnstɐ] *nt* monster
Monstren ['mɔnstrən] *pl von* **Monstrum**
monströs [mɔn'strø:s] *adj* (*geh*) monstrous
Monstrum <-s, Monstren> ['mɔnstrʊm, *pl* 'mɔnstrən] *nt* monster
Monsun <-s, -e> [mɔn'zu:n] *m* monsoon
Montag <-s, -e> ['mo:nta:k, *pl* 'mo:nta:gə] *m* Monday; *s. a.* **Dienstag**
montagabends *adv* [on] Monday evenings
Montage <-, -n> [mɔn'ta:ʒə] *f* ① (*Zusammenbau*) assembly ② (*fam*) **auf ~ sein** to be away on a job
montags ['mo:nta:ks] *adv* [on] Mondays; *s. a.* **dienstags**
Monteur(in) <-s, -e> [mɔn'tø:ɐ] *m(f)* mechanic, fitter
montieren* [mɔn'ti:rən] *vt* ① (*zusammenbauen*) to assemble ② (*installieren*) to install, to fit (**an, auf** +*akk* to)

M

Montur <-, -en> [mɔn'tuːɐ̯] *f* work clothes *npl*

Monument <-[e]s, -e> [monu'mɛnt] *nt* monument

monumental [monumɛn'taːl] *adj* monumental

Moor <-[e]s, -e> ['moːɐ̯] *nt* swamp

moorig ['moːrɪç] *adj* swampy

Moos <-es, -e> ['moːs, *pl* 'moːzə] *nt* ① (*Pflanze*) moss ② *kein pl* (*fam: Geld*) dough, dosh BRIT

moosig ['moːzɪç] *adj* moss-covered

Moped <-s, -s> ['moːpɛt] *nt* moped

Mopp <-s, -s> ['mɔp] *m* mop

moppelig ['mɔpəlɪç], **mopplig** ['mɔplɪç] *adj* (*hum fam: pummelig*) podgy [*or* AM pudgy]

Mops <-es, Möpse> ['mɔps, *pl* 'mœpsə] *m* ① (*Hund*) pug[-dog] ② (*fam: dicke Person*) podge BRIT, pudge AM ③ *pl* (*fam: Brüste*) boobs *pl sl*, tits *pl vulg*

mopsen ['mɔpsn̩] *vt* DIAL (*fam: klauen*) to pinch [*or* BRIT *a.* nick]

Moral <-> [mo'raːl] *f kein pl* ① (*ethische Grundsätze*) morals *pl;* **eine doppelte ~ haben** to have double standards ② (*einer Geschichte*) moral

Moralapostel *m s.* **Moralprediger**

moralisch [mo'raːlɪʃ] **I.** *adj* moral **II.** *adv* morally; **~ verpflichtet sein** to be duty-bound

Moralprediger(in) *m(f)* (*pej*) moralizer **Moralpredigt** *f* homily; **jdm eine ~ halten** to deliver a homily to sb **Moralvorstellung** *f* ideas on morality

Moräne <-, -n> [mo'rɛːnə] *f* GEOL moraine

Morast <-[e]s> [mo'rast] *pl m kein pl* mud

Morchel <-, -n> ['mɔrçl̩] *f* BOT morel

Mord <-[e]s, -e> ['mɔrt, *pl* 'mɔrdə] *m* murder; **einen ~ begehen** to commit a murder ▶WENDUNGEN: **dann gibt es ~ und Totschlag** there'll be hell to pay

Mordanschlag *m* attempt on sb's life; POL *a.* assassination attempt **Morddrohung** *f* death threat

morden ['mɔrdn̩] *vi* to murder, to kill

Mörder(in) <-s, -> ['mœrdɐ] *m(f)* murderer

mörderisch ['mœrdərɪʃ] (*fam*) **I.** *adj* murderous; *Hitze* terrible **II.** *adv* dreadfully; **~ weh tun** to hurt like hell

Mordfall *m* murder case **Mordkommission** *f* murder squad

Mordsglück *nt* (*fam*) incredibly good luck; **ein ~ haben** to be incredibly lucky **Mordshunger** *m* (*fam*) ravenous hunger; **einen ~ haben** to be incredibly hungry **Mordskerl** ['mɔrts'kɛrl] *m* (*fam*) great guy [*or* BRIT *a.* bloke] **Mordskrach** *m* (*fam*) ① *kein pl* (*Lärm*) terrible din, a hell of a noise ② (*Streit*) big argument **Mordslärm** ['mɔrtslɛrm] *m* (*fam*) terrible din, a hell of a noise

mordsmäßig ['mɔrtsmɛːsɪç] (*fam*) **I.** *adj* terrible; **ich habe einen ~en Hunger** I'm terribly hungry **II.** *adv* terribly

Mordsschrecken *m* (*fam*) one hell of a fright **Mordsspaß** *m* (*fam*) **einen ~ haben** to have a whale of a time **Mordswut** *f* (*fam*) terrible rage

Mordverdacht *m* suspicion of murder; **unter ~ stehen** to be suspected of murder **Mordversuch** *m* attempted murder **Mordwaffe** *f* murder weapon

morgen ['mɔrgn̩] *adv* tomorrow; **~ früh/Mittag** tomorrow morning/lunchtime; **bis ~!** see you tomorrow!

Morgen <-s, -> ['mɔrgn̩] *m* morning; **am ~** in the morning; **eines ~s** one morning; **den ganzen ~ [über]** all morning; **guten ~!** good morning!; **zu ~ essen** SCHWEIZ (*frühstücken*) to have breakfast

Morgenausgabe *f* MEDIA morning edition

Morgendämmerung *f s.* **Morgengrauen**

morgendlich ['mɔrgn̩tlɪç] *adj* ① (*morgens üblich*) morning *attr* ② (*morgens stattfindend*) in the morning *pred*

Morgenessen *nt* SCHWEIZ (*Frühstück*) breakfast **Morgengrauen** <-s, -> *nt* daybreak **Morgenmantel** *m s.* **Morgenrock** **Morgenmuffel** <-s, -> *m* (*fam*) **ein [großer] ~ sein** to be [very] grumpy in the mornings **Morgenrock** *m* dressing gown **Morgenrot** *nt kein pl* red sky [in the morning]

morgens ['mɔrgn̩s] *adv* in the morning

morgig ['mɔrgɪç] *adj attr* tomorrow's; **der ~e Termin** the appointment tomorrow

Morphium <-s> ['mɔrfi̯ʊm] *nt kein pl* morphine

morsch ['mɔrʃ] *adj* rotten; **~es Holz** rotting wood

Morsealphabet *nt* Morse [code]

morsen ['mɔrzn̩] **I.** *vi* to signal in Morse [code] **II.** *vt* to send in Morse [code]

Mörser <-s, -> ['mœrzɐ] *m* mortar

Mörtel <-s, -> ['mœrtl̩] *m* mortar

Mosaik <-s, -e[n]> [moza'iːk] *nt* mosaic

Mosambik <-s> [mozam'biːk] *nt* Mozambique; *s. a.* **Deutschland**

Mosambikaner(in) <-s, -> *m(f)* Mozambican; *s. a.* **Deutsche(r)**

mosambikanisch *adj* Mozambican; *s. a.* **deutsch**

Moschee <-, -n> [mo'ʃeː, *pl* mo'ʃeːən] *f* mosque

Moschus <-> ['mɔʃʊs] *m kein pl* musk *no pl*

Möse <-, -n> ['mø:zə] *f* (*vulg*) cunt
Mosel <-> ['mo:zl̩] *f* ■**die** ~ the Moselle
Moselwein *m* Moselle [wine]
mosern ['mo:zɐn] *vi* (*fam*) to gripe (**über** +*akk* about)
Moskau <-s> ['mɔskau̯] *nt* Moscow
Moskauer(in) <-s, -> ['mɔskau̯ɐ] *m(f)* Muscovite
Moskito <-s, -s> [mos'ki:to] *m* mosquito
Moskitonetz *nt* mosquito net
Moslem, Moslemin <-s, -s> ['mɔslɛm, mɔs'le:mɪn] *m, f* Muslim
moslemisch [mɔs'le:mɪʃ] *adj attr* Muslim
Most <-[e]s> ['mɔst] *m kein pl* ❶ (*Fruchtsaft*) fruit juice ❷ SÜDD, SCHWEIZ, ÖSTERR (*Obstwein*) cider
Motel <-s, -s> [mo'tɛl] *nt* motel
Motiv <-s, -e> [mo'ti:f, *pl* mo'ti:və] *nt* motive
Motivation <-, -en> [motiva'tsi̯o:n] *f* motivation
motivieren* [moti'vi:rən] *vt* to motivate
Motivierung <-, -en> [-'vi:-] *f* (*geh*) motivation
Motor <-s, Motoren> ['mo:to:ɐ̯, *pl* mo'to:rən] *m* (*Verbrennungsmotor*) engine; (*Elektromotor*) motor
Motorboot *nt* motor boat **Motorfahrzeugsteuer** *f* SCHWEIZ motor vehicle [*or* BRIT *a.* road] tax **Motorhaube** *f* bonnet BRIT, hood AM
Motorik <-> [mo'to:rɪk] *f kein pl* ANAT motor activity
motorisch [mo'to:rɪʃ] *adj* ANAT motor *attr*
motorisieren* [motori'zi:rən] *vt* to motorize
Motoröl *nt* motor oil **Motorpumpe** *f* motor-powered pump
Motorrad ['motorat, mo'to:rat] *nt* motorbike *fam* **Motorradfahrer(in)** *m(f)* motorcyclist
Motorroller *m* [motor] scooter **Motorsäge** *f* power saw **Motorschaden** *m* engine breakdown **Motorsport** *m* motor sport *no art*
Motte <-, -n> ['mɔtə] *f* moth
Mottenkugel *f* mothball
Motto <-s, -s> ['mɔto] *nt* motto
motzen ['mɔtsn̩] *vi* (*fam*) to moan (**über** +*akk* about)
Mountainbike <-s, -s> ['mau̯ntn̩bai̯k] *nt* mountain bike
Mountainbiker(in) <-s, -> ['mau̯ntn̩bai̯kɐ] *m(f)* mountain biker
Mousepad ['mau̯spɛd] *nt* INFORM mouse mat
Möwe <-, -n> ['mø:və] *f* [sea]gull
MP3-Player <-s, -> [ɛmpe:'drai̯ˌple:ɐ] *m* MP3 Player
MS [ɛm'ɛs] *f Abk von* **Multiple Sklerose** MS
mtl. *Abk von* **monatlich** monthly
Mücke <-, -n> ['mʏkə] *f* mosquito ▶WENDUNGEN: **aus einer ~ einen <u>Elefanten</u> machen** to make a mountain out of a molehill
mucken ['mʊkn̩] **I.** *vi* (*fam*) to complain; **ohne zu ~** without complaining **II.** *vr* DIAL (*sich regen*) ■**sich ~** to stir
Mucken ['mʊkn̩] *pl* (*fam*) [**seine**] **~ haben** to be acting [*or* BRIT *a.* playing] up; **jdm die ~ austreiben** to sort sb out BRIT
Mückenstich *m* mosquito bite
Mucks ['mʊks] *m* (*fam*) **keinen ~ sagen** to not say a word; **ohne einen ~** without a murmur
mucksmäuschenstill ['mʊksmɔysçən'ʃtɪl] *adj* (*fam*) completely quiet; **~ <u>sein</u>** to not make a sound
müde ['my:də] *adj* ❶ (*schlafbedürftig*) tired; *Arme, Beine* weary ❷ (*überdrüssig*) ■**einer S.** *gen* **~ sein/werden** to be/grow tired of sth; ■**nicht ~ werden, etw zu tun** to never tire of doing sth
Müdigkeit <-> ['my:dɪçkai̯t] *f kein pl* tiredness *no pl*
Muff[1] <-s> ['mʊf] *m kein pl* musty smell
Muff[2] <-[e]s, -e> ['mʊf] *m* MODE muff
Muffe <-, -n> ['mʊfə] *f* TECH sleeve ▶WENDUNGEN: **jdm <u>geht</u> die ~** (*sl*) sb is scared stiff
Muffel <-s, -> ['mʊfl̩] *m* (*fam*) grouch
muffelig ['mʊfəlɪç] *adj* (*fam*) grouchy
Muffensausen *nt* ▶WENDUNGEN: **~ <u>haben</u>/<u>kriegen</u>** (*fam*) to be/get scared stiff
muffig ['mʊfɪç] **I.** *adj* ❶ (*dumpf*) musty ❷ (*schlecht gelaunt*) grumpy **II.** *adv* ❶ (*dumpf*) musty; **~ riechen** to smell musty ❷ (*lustlos*) listlessly
mufflig ['mʊflɪç] *adj s.* **muffelig**
Mühe <-, -n> ['my:ə] *f* trouble; **der ~ wert sein** to be worth the trouble; **sich** *dat* [**große**] **~ geben** [**, etw zu tun**] to take [great] pains [to do sth]; **sich** *dat* **keine ~ geben** [**, etw zu tun**] to make no effort [to do sth]; **~ haben, etw zu tun** to have trouble doing sth; [**jdn**] **~ kosten** to be hard work [for sb]; **machen Sie sich keine ~!** [please] don't go to any trouble! ▶WENDUNGEN: **mit ~ und <u>Not</u>** only just
mühelos I. *adj* easy **II.** *adv* effortlessly
muhen ['mu:ən] *vi* to moo
mühen ['my:ən] *vr* (*geh*) ❶ (*sich bemühen*) ■**sich ~, etw zu tun** to strive to do sth ❷ (*sich abmühen*) ■**sich mit jdm/etw ~** to struggle with sb/sth

M

mühevoll *adj* (*geh*) *s.* **mühsam**
Mühle <-, -n> ['my:lə] *f* ① (*Wasser-, Getreidemühle*) mill ② (*Mühlespiel*) ≈ nine men's morris *no art, no pl*
Mühlrad *nt* mill-wheel **Mühlstein** *m* millstone
Mühsal <-, -e> ['my:za:l] *f* (*geh*) tribulation
mühsam ['my:za:m] **I.** *adj* arduous **II.** *adv* laboriously; **~ verdientes Geld** hard-earned money
mühselig ['my:ze:lɪç] *adj* (*geh*) *s.* **mühsam**
Mulatte, Mulattin <-n, -n> [mu'latə, mu'latɪn] *m, f* mulatto *masc,* mulatta *fem,* mulattress *fem*
Mulde <-, -n> ['mʊldə] *f* ① (*Bodenvertiefung*) hollow ② NORDD (*großer Trog*) skip
Muli <-s, -[s]> ['mu:li] *nt o m* ZOOL mule
Müll <-[e]s> ['mʏl] *m kein pl* rubbish, garbage *esp* AM; **etw in den ~ werfen** to throw sth in the [dust]bin [*or* AM garbage [can]]
Mull <-[e]s, -e> ['mʊl] *m* MED gauze
Müllabfuhr <-, -en> *f* refuse collection BRIT, garbage collection AM
Müllaufbereitung *f* waste treatment *no pl* **Müllaufbereitungsanlage** *f* waste processing plant
Müllberg *m* mountain of rubbish [*or esp* AM garbage] **Müllbeseitigung** *f kein pl* waste [*or esp* AM garbage] collection **Müllbeutel** *m* garbage sack *esp* AM, bin liner BRIT *a.*
Mullbinde *f* MED gauze bandage
Müllcontainer [-kɔnte:nɐ] *m* rubbish [*or esp* AM garbage] container **Mülldeponie** *f* waste disposal site, garbage dump *esp* AM **Mülleimer** *m* dustbin BRIT, garbage can AM
Müller(in) <-s, -> ['mʏlɐ] *m(f)* miller
Müllhalde *f* waste [*or esp* AM garbage] disposal site **Müllhaufen** *m* heap of rubbish [*or esp* AM garbage], rubbish [*or esp* AM garbage] heap **Müllkippe** *f* garbage dump *esp* AM, rubbish tip *esp* BRIT **Müllkompostierung** *f* refuse *form* [*or esp* AM garbage] composting **Müllmann** *m* (*fam*) dustman BRIT, garbage man AM **Müllsortieranlage** *f* refuse separation plant **Mülltonne** *f* dustbin BRIT, garbage can AM
Mülltrennung *nt* waste separation **Mülltrennungssystem** *nt* waste sorting system
Müllverbrennung *f* refuse *form* [*or esp* AM garbage] incineration **Müllverbrennungsanlage** *f* refuse [*or esp* AM garbage] incineration plant
Müllverwertung *f* refuse recycling **Müllwagen** *m* refuse [*or esp* AM garbage] collection vehicle
mulmig ['mʊlmɪç] *adj* (*fam*) ① (*unbehaglich*) uneasy; **jdm ist ~ zumute** sb has an uneasy feeling ② (*brenzlig*) precarious; **es wird ~** it's getting dicey *fam*
Multi <-s, -s> ['mʊlti] *m* (*fam*) multinational [company]
multiethnisch *adj* SOZIOL *Gesellschaft, Schulklasse* multi-ethnic **Multiethnizität** <-> [-ɛtnitsitɛ:t] *f kein pl* SOZIOL (*geh*) multi-ethnicity **multikulturell** *adj* multicultural
Multimediaanwendung *f* INFORM multimedia application **Multimediabereich** *m* INFORM multimedia sector **multimediafähig** *adj* INFORM mediagenic
multimedial ['mʊltimedi̯a:l] *adj* multi-media *attr*
Multimedia-PC *m* multimedia PC **Multimediasystem** *nt* multimedia system
Multimillionär(in) [mʊltimɪli̯o'nɛ:ɐ̯] *m(f)* multimillionaire **multinational** [mʊltinatsi̯o'na:l] *adj* multinational
Multiple Sklerose <-n -> [mʊl'ti:plə skle'ro:zə] *f kein pl* MED multiple sclerosis
Multiplexkino ['mʊltiplɛks-] *nt* multiplex [cinema]
Multiplikation <-, -en> [mʊltiplika'tsi̯o:n] *f* multiplication
multiplizieren* [mʊltipli'tsi:rən] *vt* to multiply (**mit** +*dat* by)
Multitalent *nt* all-round talent
Multitasking <-[s]> [mʌltɪ'ta:skɪŋ] *nt kein pl* INFORM multitasking [system]
Mumie <-, -n> ['mu:mi̯ə] *f* mummy
mumifizieren* [mumifi'tsi:rən] *vt* to mummify
Mumm <-s> ['mʊm] *m kein pl* guts *npl,* bottle BRIT *sl*
Mumpitz <-es> ['mʊmpɪts] *m kein pl* (*veraltend fam*) claptrap
Mumps <-> ['mʊmps] *m kein pl* MED [the] mumps + *sing/pl vb*
München <-s> ['mʏnçn̩] *nt* Munich
Münchener ['mʏnçənɐ], **Münchner** ['mʏnçnɐ] *adj* Munich *attr,* of Munich *after n*
Mund <-[e]s, Münder> ['mʊnt, *pl* 'mʏndɐ] *m* mouth; **etw in den ~ nehmen** to put sth in one's mouth; **mit vollem ~** with one's mouth full ▶ WENDUNGEN: **jdm über den ~ fahren** to cut sb short; **jd ist nicht auf den ~ gefallen** (*fam*) sb is never at a loss for words; **halt den ~!** shut up!; **den ~ [zu] voll nehmen** to talk [too] big
Mundart ['mʊntʔa:ɐ̯t] *f* LING dialect **Munddusche** *f* water jet
Mündel <-s, -> ['mʏndl̩] *nt o m* JUR ward
münden ['mʏndn̩] *vi sein o haben Fluss* to flow (**in** +*akk* into); *Weg* to lead (**in** +*akk* into)

munden ['mʊndn̩] *vi* (*geh*) ■ **sich** *dat* **etw ~ lassen** to enjoy [eating] sth

mundfaul *adj* (*fam*) uncommunicative; **sei doch nicht so ~!** come on, speak up!
mundgerecht I. *adj* bite-sized *attr* II. *adv* **~ zuschneiden** to cut into bite-sized pieces **Mundgeruch** *m* bad breath *no indef art* **Mundharmonika** *f* mouth organ **Mundhöhle** *f* ANAT oral cavity **Mundhygiene** *f kein pl* oral hygiene *no pl, no indef art*

mündig ['mʏndɪç] *adj* ■ **~ sein/werden** to be/come of age

mündlich ['mʏntlɪç] I. *adj* oral II. *adv* orally; **etw ~ abmachen** to agree sth [*or* AM to sth] verbally

Mundpropaganda *f* word of mouth; **durch ~** by word of mouth **Mundraub** *m* petty theft [of food] **Mundstück** *nt a.* MUS mouthpiece **mundtot** *adj* **jdn ~ machen** (*fam*) to silence sb

Mündung <-, -en> ['mʏndʊŋ] *f* ① *eines Flusses* mouth ② *einer Schusswaffe* muzzle

Mundwasser *nt* mouthwash **Mundwerk** *nt* **ein loses ~ haben** to have a loose tongue **Mundwinkel** *m* corner of one's mouth

Mund-zu-Mund-Beatmung *f* mouth-to-mouth resuscitation

Munition <-, -en> [muni'tsi̯oːn] *f* ammunition *no pl*

munkeln ['mʊŋkl̩n] *vt* to rumour; **man munkelt, dass ...** there is a rumour that ...

Münster <-s, -> ['mʏnstɐ] *nt* cathedral, minster *esp* BRIT

munter ['mʊntɐ] *adj* ① (*aufgeweckt*) bright ② (*heiter*) lively ③ (*wach*) ■ **~ sein/werden** to be awake/to wake up

Muntermacher <-s, -> *m* stimulant; (*Getränk bes.*) pick-me-up

Münzautomat *m* vending-machine

Münze <-, -n> ['mʏntsə] *f* coin ► WENDUNGEN: **etw für bare ~ nehmen** to take sth at face value

Münzeinwurf *m* [coin] slot

münzen ['mʏntsn̩] *vt* ■ **auf jdn/etw gemünzt sein** to be aimed at sb/sth

Münzfernsprecher *m* (*geh*) pay phone

Muräne <-, -n> [mu'rɛːnə] *f* moray [eel]

mürb ['mʏrp], **mürbe** ['mʏrbə] *adj* ① (*zart*) tender; *Gebäck* short ② (*brüchig*) worn-out ► WENDUNGEN: **jdn ~ machen** to wear sb down

Mürbeteig *m* short[-crust] pastry

Murks <-es> ['mʊrks] *m kein pl* (*fam*) botch-up; **~ machen** to do a botched job

murksen ['mʊrksn̩] *vi* (*fam*) to do a botched job

Murmel <-, -n> ['mʊrml̩] *f* marble

murmeln ['mʊrml̩n] I. *vi* to murmur II. *vt* to mutter

Murmeltier ['mʊrml̩tiːɐ̯] *nt* marmot ► WENDUNGEN: **wie ein ~ schlafen** to sleep like a log

murren ['mʊrən] *vi* to grumble

mürrisch ['mʏrɪʃ] I. *adj* grumpy II. *adv* grumpily

Mus <-es, -e> ['muːs, *pl* 'muːzə] *nt* KOCHK purée

Muschel <-, -n> ['mʊʃl̩] *f* ① *a.* KOCHK mussel ② (*Muschelschale*) [sea] shell

Muschi <-, -s> ['mʊʃi] *f* (*sl*) pussy *vulg*

Muse <-, -n> ['muːzə] *f* Muse

Museum <-s, Museen> [mu'zeːʊm, *pl* mu'zeːən] *nt* museum

Museumsführer(in) <-s, -> *m(f)* museum guide **museumsreif** *adj* (*hum*) ancient *fam;* ■ **~ sein** to be a museum piece

Musical <-s, -s> ['mjuːzikl̩] *nt* musical

Musik <-, -en> [mu'ziːk] *f* music *no art, no pl;* **~ hören** to listen to music

Musikakademie <-, n> *f* academy of music

musikalisch [muzi'kaːlɪʃ] I. *adj* musical II. *adv* musically; **~ begabt sein** to be musically gifted

Musikant(in) <-en, -en> [muzi'kant] *m(f)* musician

Musikbegleitung *f* musical accompaniment **Musikbox** *f* jukebox

Musiker(in) <-s, -> ['muːzikɐ] *m(f)* musician

Musikhochschule *f* college of music **Musikinstrument** *nt* [musical] instrument **Musikkapelle** *f* band **Musikkassette** *f* tape **Musiklehrer(in)** *m(f)* music teacher **Musikstück** *nt* piece of music **Musikunterricht** *m* music lessons *pl;* SCH music *no art, no pl* **Musikwissenschaft** *f kein pl* musicology *no pl*

musisch ['muːzɪʃ] I. *adj* ① (*künstlerisch begabt*) artistic ② (*die Künste betreffend*) in/of the [fine] arts *pred* II. *adv* artistically; **~ begabt** talented in the arts

musizieren* [muzi'tsiːrən] *vi* to play a musical instrument

Muskat <-[e]s, -e> [mʊs'kaːt] *m* nutmeg *no art, no pl*

Muskatnuss *f* nutmeg *no art, no pl*

Muskel <-s, -n> ['mʊskl̩] *m* muscle

Muskelkater *m kein pl* muscle ache **Muskelkraft** *f* muscular strength *no art, no pl* **Muskelprotz** <-es, -e> *m* (*fam*) muscleman **Muskelzerrung** *f* pulled muscle

Musketier <-s, -e> [mʊskə'tiːɐ̯] *m* musketeer; **„Die drei ~e"** "The Three Musketeers"

Muskulatur <-, -en> [mʊskula'tuːɐ̯] *f* musculature *no indef art, no pl*

muskulös [mʊsku'lø:s] **I.** *adj* muscular **II.** *adv* ~ **gebaut sein** to have muscular build

Müsli <-[s], -s> ['my:sli] *nt* muesli

Muslim, Muslimin <-, -e> ['mʊslɪm, mʊs'li:mɪn] *m, f* Muslim

muslimisch [mʊs'li:mɪʃ] *adj attr* Muslim

muss ['mʊs] *3. pers sing pres von* **müssen**

Muss <-> ['mʊs] *nt kein pl* must *fam*

Muße <-> ['mu:sə] *f kein pl* leisure *no art, no pl*

müssen ['mʏsn̩] **I.** *modal vb* <muss, musste, müssen> ① (*gezwungen sein*) ■**etw tun** ~ to have to do sth ② (*notwendig sein*) ■**etw [nicht] tun** ~ to [not] need to do sth; **warum muss es heute regnen?** why does it have to rain today?; **muss das [denn] sein?** is that really necessary?; **du musst das nicht tun** you don't have to do that ③ (*eigentlich sollen*) ought to; ■**jd müsste etw tun** sb should do sth; **ich hätte es ahnen ~!** I should have known! ④ (*Vermutung*) **es müsste jetzt acht Uhr sein** it must be eight o'clock now; **es müsste bald ein Gewitter geben** there should be a thunderstorm soon; **das muss wohl stimmen** that must be true **II.** *vi* <muss, musste, gemusst> ① (*gehen müssen*) to have to go; **ich muss zur Post** I have to go to the post office ② (*gebracht werden müssen*) ■**irgendwohin** ~ to have to get somewhere; **dieser Brief muss heute noch zur Post** this letter has to be posted today ③ (*euph fam*) **[mal]** ~ to have to go to the loo [*or* AM john]

Mußestunde *f* hour of leisure

müßig ['my:sɪç] *adj* (*geh: zwecklos*) futile, pointless

Müßiggang ['my:sɪçgaŋ] *m kein pl* (*geh*) idleness *no art, no pl*

musste ['mʊstə] *imp von* **müssen**

Muster <-s, -> ['mʊstɐ] *nt* ① (*Warenmuster*) sample ② MODE pattern ③ (*Vorlage*) pattern

Musterbeispiel *nt* prime example **Musterbrief** *m* sample letter **Musterexemplar** *nt* ① (*vorbildlich*) fine specimen ② (*Warenmuster*) sample **mustergültig, musterhaft I.** *adj* exemplary; **ein ~es Beispiel** a perfect example **II.** *adv* exemplary **Musterknabe** *m* (*iron*) paragon of virtue

mustern ['mʊstɐn] *vt* (*eingehend betrachten*) to scrutinize

Musterschüler(in) *m(f)* model pupil

Musterung <-, -en> *f* ① MIL *von Truppen* inspection; *von Wehrdienstpflichtigen* medical [examination] [for military service] ② (*das eingehende Betrachten*) scrutiny *no art, no pl*

Musterungsbescheid *f* MIL, ADMIN summons to attend one's medical examination

Mut <-[e]s> ['mu:t] *m kein pl* courage *no art, no pl*

Mutation <-, -en> [muta'tsi̯o:n] *f* ① (*Missbildung*) mutation ② SCHWEIZ (*Änderungen im Personal*) change of personnel

mutieren* [mu'ti:rən] *vi* (*fam*) ■**zu etw** *dat* ~ to mutate into sb

mutig ['mu:tɪç] **I.** *adj* brave **II.** *adv* bravely

mutlos *adj* discouraged; **jdn ~ machen** to discourage sb

Mutlosigkeit <-> *f kein pl* discouragement *no art, no pl*

mutmaßen ['mu:tma:sn̩] **I.** *vi* to conjecture **II.** *vt* to suspect

mutmaßlich I. *adj attr* presumed, suspected **II.** *adv* presumably

Mutmaßung <-, -en> *f* conjecture

Mutprobe *f* test of courage

Mutter[1] <-, Mütter> ['mʊtɐ, *pl* 'mʏtɐ] *f* mother; **~ werden** to be having a baby

Mutter[2] <-, -n> ['mʊtɐ] *f* TECH nut

Mütterberatungsstelle *f advisory centre for pregnant or nursing women*

Muttergesellschaft *f* ÖKON parent company

Muttergottes <-> [mʊtɐ'gɔtəs] *f kein pl* Mother of God *no indef art, no pl*

Mutterinstinkt *m* maternal instinct **Mutter-Kind-Pass** *m* ÖSTERR *document held by pregnant women with details of the pregnancy* **Mutterkuchen** *m* ANAT placenta **Mutterland** *nt* mother country **Mutterleib** *m* womb

mütterlich ['mʏtɐlɪç] *adj* ① (*von der Mutter*) maternal ② (*umsorgend*) motherly; **ein ~er Typ sein** to be the maternal type

mütterlicherseits *adv* on one's mother's side; **meine Oma ~** my maternal grandmother

Mutterliebe *f* motherly love *no art, no pl* **Muttermal** *nt* birthmark; (*kleiner*) mole **Muttermilch** *f* mother's milk **Muttermund** *m* ANAT cervix

Mutterschaft <-> *f kein pl* (*geh*) motherhood

Mutterschaftsurlaub *m* maternity leave

Mutterschiff *nt* NAUT mother ship; LUFT parent ship **Mutterschutz** *m* JUR *legal protection of working mothers*

mutterseelenallein ['mʊtɐ'ze:ləna'lai̯n] **I.** *adj präd* all alone *pred* **II.** *adv* all on one's own

Muttersöhnchen <-s, -> *nt* (*pej fam*) mummy's [*or* AM mama's] boy *fam*

Muttersprache *f* mother tongue

Muttersprachler(in) <-s, -> [-ʃpraːxlɐ] *m(f)* native speaker **Muttertag** *m* Mother's Day **Muttertier** *nt* ZOOL mother [animal]; *von Vieh a.* dam *spec*

Mutti <-, -s> ['mʊti] *f* (*fam*) mummy BRIT, mommy AM

Mutwille <-ns> *m kein pl* (*Übermut*) mischief; (*Bosart*) malice

mutwillig **I.** *adj* mischievous; (*böswillig*) malicious **II.** *adv* deliberately

Mütze <-, -n> ['mʏtsə] *f* cap ▶WENDUNGEN: **[von jdm] was auf die ~ kriegen** (*fam*) to get smacked [by sb]

MwSt. *f Abk von* **Mehrwertsteuer** VAT, Vat

Myom <-s, -e> [my'oːm] *nt* MED myoma *spec*

Myriade <-, -n> [my'ri̯aːdə] *f meist pl* myriad *no def art*

Myrre <-, -n>, **Myrrhe** <-, -n> ['mʏrə] *f* myrrh *no art, no pl*

Myrte <-, -n> ['mʏrtə] *f* myrtle

Mysterien [mʏs'teːri̯ən] *pl von* **Mysterium**

mysteriös [mʏstə'ri̯øːs] *adj* mysterious

Mysterium <-s, -ien> [mʏs'teːri̯ʊm, *pl* -'teːri̯ən] *nt* (*geh*) mystery

Mystifizierung <-, -en> *f* mystification

Mystik <-> ['mʏstɪk] *f kein pl* mysticism *no pl*

mystisch ['mʏstɪʃ] *adj* ① (*geh*) mysterious ② REL mystic[al]

Mythen *pl von* **Mythos**

mythisch ['myːtɪʃ] *adj* (*geh*) mythical

Mythologie <-> [mytolo'giː] *f kein pl* mythology *no pl*

Mythos <-, Mythen> ['myːtɔs], **Mythus** <-, Mythen> ['myːtʊs] *m* myth

Nn

N, n <-, - *o fam* -s, -s> [ɛn] *nt* N, n; **~ wie Nordpol** N for Nelly BRIT, N as in Nan AM

na [na] *interj* (*fam*) ① (*zweifelnder Ausruf*) well; **~ gut** all right; **~ ja** well ② (*Ausruf der Entrüstung*) well; **~, ~!** now, now! ③ (*Ausruf der Anerkennung*) well; **~ also!** [well,] there you go [then]; **~ so was!** well I never [did]! ▶WENDUNGEN: **~, du?** how's it going?; **~ und ob!** you bet! *fam;* **~ und?** so what?

Nabel <-s, -> ['naːbl̩] *m* navel

Nabelschnur *f* (*a. fig*) umbilical cord

nach [naːx] *präp +dat* ① (*räumlich: bis hin zu*) to; **der Weg führt ~ ...** this is the way to ... ② (*räumlich: hinter*) behind; **du stehst ~ mir auf der Liste** you're after me on the list ③ (*zeitlich: im Anschluss an*) after ④ (*gemäß*) according to; **~ allem, was ich gehört habe** from what I've heard; **~ dem, was wir jetzt wissen** as far as we know ⑤ (*in Anlehnung an*) after ▶WENDUNGEN: **~ und ~** little by little; **~ wie vor** still

nach|äffen *vt* (*pej: zur Belustigung*) to mimic; (*dilettantisch*) to ape

nach|ahmen *vt* ① (*imitieren*) to imitate ② (*kopieren*) to copy

nachahmenswert *adj* exemplary

Nachahmerprodukt *nt* PHARM copycat product

Nachahmung <-, -en> *f* ① *kein pl* (*Imitation*) imitation ② (*Kopie*) copy

nach|arbeiten *vt* ① (*aufholen*) to make up *sep* for ② (*nachträglich bearbeiten*) to touch up *sep*

Nachbar(in) <-n *o* -s, -n> ['naxbaːɐ̯] *m(f)* ① (*der in der Nähe wohnend*) neighbour ② (*nebenan sitzend*) **sie wandte sich ihrer ~in [am Tisch] zu** she turned to the woman [sitting] next to her [at the table]

Nachbarhaus *nt* house next door **Nachbarland** *nt* neighbouring country

nachbarlich *adj* ① (*benachbart*) neighbouring *attr* ② (*unter Nachbarn üblich*) neighbourly

Nachbarschaft <-, -en> *f* ① (*nähere Umgebung*) neighbourhood ② (*die Nachbarn*) neighbours

Nachbau <-[e]s, -ten> *m* replica

Nachbeben *nt* aftershock **nach|bereiten*** *vt* to go through again **nach|bessern** *vt* to retouch; *Produkt* to make improvements to; *Vertrag* to amend **nach|bestellen*** *vt* to reorder, to order some more of **Nachbestellung** *f* (*weitere Bestellung*) repeat order; (*nachträgliche Bestellung*) late order **nach|bezahlen*** *vt* to pay later; **Steuern ~** to pay back tax **nach|bilden** *vt* to reproduce (*+dat* from) **Nachbildung** *f* reproduction; (*exakt*) copy **nach|datieren*** *vt* to backdate

nachdem [naːx'deːm] *konj* ① *zeitlich* after ② (*da*) since

nach|denken *vi irreg* to think (**über** *+akk* about); **laut ~** to think out loud

nachdenklich ['naːxdɛŋklɪç] *adj* pensive; **jdn ~ machen** to make sb think

Nachdenklichkeit <-> *f kein pl* pensiveness *no art, no pl*

Nachdruck[1] *m kein pl* emphasis *no pl;* **~ auf etw** *akk* **legen** to stress sth; **etw mit ~**

N

sagen to say sth emphatically

Nachdruck² <-[e]s, -e> *m* VERLAG ❶ (*nachgedrucktes Werk*) reprint ❷ *kein pl* (*das Nachdrucken*) reprinting *no art, no pl*

nach|drucken *vt* VERLAG to reprint

nachdrücklich ['na:xdrʏklɪç] **I.** *adj* insistent; *Warnung* firm **II.** *adv* firmly

Nachdurst *m* (*nach übermäßigem Alkoholgenuss*) dehydration **nach|eifern** *vi* (*geh*) to emulate **nach|eilen** *vi sein* ■**jdm ~** to hurry after sb

nacheinander [na:xʔai̯'nandɐ] *adv* one after another; **kurz ~** in quick succession

nach|empfinden* *vt irreg* ■**etw ~ können** to empathize with sth; **ich kann Ihnen ~, dass ...** I can understand that ...; **ich kann dir das ~** I know how you must feel **nach|erzählen*** *vt* to retell **Nacherzählung** *f* SCH account; (*geschrieben a.*) written account (*of something heard/read*)

Nachfahr(in) <-en, -en> ['na:xfa:ɐ̯] *m(f)* (*geh*) *s.* **Nachkomme**

nach|fahren *vi irreg sein* ❶ (*hinterherfahren*) to follow ❷ (*im Nachhinein folgen*) to follow on **nach|feiern** *vt* to celebrate later **Nachfolge** *f kein pl* succession (**in** in); **jds ~ antreten** to succeed sb **nachfolgend** *adj* following **Nachfolger(in)** <-s, -> *m(f)* successor **nach|forschen** *vi* to make [further] inquiries (**in** +*dat* about); ■**~, wie/ob ...** to try to find out how/whether ... **Nachforschung** *f* inquiry; (*polizeilich*) investigation; **~en anstellen** to make inquiries/to carry out investigations **Nachfrage** *f* ÖKON demand (**nach** +*dat* for); **die ~ steigt/sinkt** demand is increasing/falling **nach|fragen** *vi* to inquire **nach|fühlen** *vt s.* **nachempfinden nachfüllbar** *adj* refillable **nach|füllen** *vt* ❶ *Behältnis* to refill ❷ (*etw in ein Behältnis*) *Zucker* ~ to put more sugar in

Nachfüllpack <-s, -s> *m*, **Nachfüllpackung** *f* refill pack

nach|geben *irreg vi* ❶ (*einlenken*) to give in (+*dat* to) ❷ (*nicht standhalten*) *Boden, Knie* to give way

Nachgebühr *f* excess postage *no pl* **Nachgeburt** *f* ❶ (*ausgestoßene Plazenta*) afterbirth *no pl* ❷ *kein pl* (*Vorgang der Ausstoßung*) expulsion of the afterbirth

nach|gehen *vi irreg sein* ❶ (*hinterhergehen*) to follow ❷ *Uhr* to be slow ❸ (*fig: verfolgen*) **einem Problem ~** to look into a problem ❹ (*form: ausüben*) to practise; *Interessen* to pursue

Nachgeschmack *m* aftertaste; (*a. fig*) **einen bitteren ~ hinterlassen** to leave a nasty taste

nachgewiesenermaßen *adv* as has been proved

nachgiebig ['na:xgi:bɪç] *adj* accommodating; [**jdm gegenüber**] **zu ~ sein** to be too soft [on sb]

Nachgiebigkeit <-> *f kein pl* softness *no art, no pl*

nach|gießen *irreg vi, vt* ■**jdm ~** to top up [*or* AM off] *sep* sb *fam;* **jdm Wein ~** to give sb some more wine; **darf ich ~?** would you like some more? **nach|grübeln** *vi* to think (**über** +*akk* about) **nach|gucken** *vi* (*fam*) to [take a] look (**in** +*dat* in) **nach|haken** *vi* (*fam*) to dig deeper

Nachhall *m* echo **nach|hallen** *vi Schlussakkord* to reverberate

nachhaltig ['na:xhaltɪç] **I.** *adj* lasting **II.** *adv* **jdn ~ beeindrucken/beeinflussen** to leave a lasting impression/have a lasting influence on sb

nach|hängen *vi irreg* **seinen Gedanken ~** to lose oneself in one's thoughts

Nachhauseweg [na:x'hau̯zəve:k] *m* way home

nach|helfen *vi irreg* ❶ (*zusätzlich beeinflussen*) to help along *sep;* **mit Chemikalien der Natur ~** to help nature along with chemicals ❷ (*auf die Sprünge helfen*) ■**jdm ~** to give sb a helping hand

nachher [na:x'e:ɐ, 'na:xe:ɐ] *adv* ❶ (*danach*) afterwards ❷ (*irgendwann später*) later; **bis ~!** see you later! ❸ (*fam: womöglich*) possibly

Nachhilfe *f* private tuition [*or* AM *usu* tutoring]

Nachhilfestunde *f* private lesson

Nachhinein im ~ looking back; (*nachträglich*) afterwards

Nachholbedarf *m* **großen ~ haben** to have a lot to catch up on

nach|holen *vt* ❶ (*aufholen*) to make up for ❷ (*zu sich holen*) **seine Familie ~** to let one's family join one

Nachhut <-, -en> *f* MIL rearguard BRIT

nach|jagen *vi sein* ❶ (*zu erreichen trachten*) to pursue ❷ (*eilends hinterherlaufen*) to chase after **nach|kaufen** *vt* to buy later

Nachkomme <-n, -n> ['na:xkɔmə] *m* descendant

nach|kommen *vi irreg sein* ❶ (*folgen*) to follow on; ■**jdn ~ lassen** to let sb join one later; **sein Gepäck ~ lassen** to have one's luggage sent on ❷ (*Schritt halten*) to keep up ❸ (*erfüllen*) to fulfil; *Anordnung, Pflicht* to carry out *sep; Forderung* to meet ❹ SCHWEIZ (*verstehen*) to follow

N

Nachkommenschaft <-, -en> *f* (*geh*) descendants *pl*
Nachkömmling <-s, -e> ['na:xkœmlɪŋ] *m* (*Nachzügler*) latecomer; (*Kind*) afterthought *hum;* (*Nachkomme*) descendant
nach|kontrollieren* *vt* to check over *sep* (**auf** +*akk* for); ■**~, ob ...** to check whether ...
Nachkriegszeit *f* post-war period
Nachlass <-es, -e *o* -lässe> *m* ① (*hinterlassene Werke*) unpublished works *npl* ② (*hinterlassener Besitz*) estate ③ (*Rabatt*) discount (**auf** +*akk* on)
nach|lassen *irreg* **I.** *vi* ① (*schwächer werden*) to diminish; *Druck, Schmerz* to ease off; *Gehör, Sehkraft* to deteriorate; *Interesse* to wane; *Nachfrage* to drop [off]; *Sturm* to die down ② (*in der Leistung schlechter werden*) to deteriorate in one's performance **II.** *vt* **[jdm] 10 % vom Preis ~** to give [sb] a 10% discount
nachlässig ['na:xlɛsɪç] **I.** *adj* careless; *Arbeit* slipshod *pej* **II.** *adv* carelessly
Nachlässigkeit <-, -en> *f* ① *kein pl* (*Art*) carelessness *no art, no pl* ② (*Handlung*) negligence *no art, no pl*
nach|laufen *vi irreg sein* (*a. fig*) to run after **nach|lesen** *vt irreg* to look up **nach|liefern** *vt* to deliver at a later date **nach|lösen** *vt* **eine Fahrkarte ~** to buy a ticket on the train **nach|machen** *vt* ① (*imitieren*) to imitate ② (*nachahmen*) ■**jdm etw ~** to copy sth from sb ③ (*fam: nachträglich anfertigen*) to make up *sep* **nach|messen** *irreg vt* to measure again
Nachmieter(in) *m(f)* new tenant *no indef art*
Nachmittag ['na:xmɪta:k] *m* afternoon; **am [frühen] ~** in the [early] afternoon; **im Laufe des ~s** during [the course of] the afternoon
nachmittags *adv* in the afternoon
Nachmittagsvorstellung *f* matinee [performance]
Nachnahme <-, -n> ['na:xna:mə] *f* cash [*or* AM *a.* collect] on delivery *no art, no pl;* **etw per ~ schicken** to send sth COD
Nachnahmegebühr *f* COD charge
Nachname *m* surname, family name; **wie hießen Sie mit ~n?** what's your surname?
nach|plappern *vt* (*fam*) to parrot *pej* **nachprüfbar** *adj* verifiable **nach|prüfen** *vt, vi* to verify **nach|rechnen** *vt, vi* to check
Nachrede *f* **üble ~** defamation [of character] *form,* slander **nach|reden** *vt* ① (*wiederholen*) to repeat ② (*nachsagen*) **jdm übel ~** to speak ill of sb
nach|reichen *vt* to hand in later
Nachricht <-, -en> ['na:xrɪçt] *f* ① MEDIA news *no indef art, + sing vb;* ■**eine ~** a news item; ■**die ~en** the news + *sing vb* ② (*Mitteilung*) message; ■**eine [gute] ~** a piece of [good] news; **jdm ~ geben** to let sb know
Nachrichtenagentur *f* news agency **Nachrichtendienst** *m* ① (*Geheimdienst*) intelligence *no art, no pl* [service] ② *s.* **Nachrichtenagentur** **Nachrichtenmagazin** *nt* news magazine **Nachrichtensendung** *f* news broadcast **Nachrichtensperre** *f* news embargo **Nachrichtensprecher(in)** *m(f)* newscaster, BRIT *a.* newsreader
Nachruf *m* obituary
Nachruhm *m* posthumous fame *no art, no pl form*
nach|rüsten **I.** *vt* to update; *Computer* to upgrade **II.** *vi* MIL to deploy new arms
Nachrüstung *f kein pl* ① TECH modernization ② MIL deployment of new arms
nach|sagen *vt* ① (*von jdm behaupten*) **jdm Schlechtes ~** to say bad things of sb; **es wird ihr nachgesagt, dass ...** she is accused of ...; **ich lasse mir von dir nicht ~, dass ich lüge** I'm not having you say I'm a liar ② (*nachsprechen*) ■**[jdm] etw ~** to repeat sth [after sb]
Nachsaison [-zɛ,zõ:, -zɛ,zɔŋ] *f* off-season
nach|schauen **I.** *vi* ① (*mit Blicken folgen*) to watch ② (*nachschlagen*) to look it up ③ (*prüfen*) to check **II.** *vt* (*nachschlagen*) to look up *sep* (**in** +*dat* in) **nach|schenken** *vi, vt* (*geh*) *s.* **nachgießen** **nach|schicken** *vt* ① (*nachsenden*) to forward ② (*hinterher schicken*) ■**jdm jdn ~** to send sb after sb **nach|schießen** *vt irreg* FIN (*fam*) ■**etw ~** to give sth additionally; *Geld* to pump additional cash into sth
Nachschlag *m von Essen* second helping
nach|schlagen *irreg* **I.** *vt* to look up *sep* (**in** +*dat* in) **II.** *vi* ① *haben* **in einem Wörterbuch ~** to consult a dictionary ② *sein* (*geh: ähneln*) ■**jdm ~** to take after sb
Nachschlagewerk *nt* reference book
Nachschlüssel *m* duplicate key
Nachschub <-[e]s, Nachschübe> ['na:xʃu:p, *pl* 'na:xʃy:bə] *m pl selten* ① MIL [new] supplies *npl* ② (*fam: zusätzlich erbetene Verpflegung*) second helpings *pl*
nach|schwätzen *vt* SÜDD, ÖSTERR (*fam*) ■**[jdm] etw ~** to parrot sth [sb says/said]
nach|sehen *irreg* **I.** *vi* ① (*nachschlagen*) to look it up ② (*prüfen*) to have a look **II.** *vt* ① (*mit Blicken folgen*) to watch ② (*nachschlagen*) to look up *sep* (**in** +*dat* in)

N

③ (*verzeihen*) ▪**jdm etw ~** to forgive sb for sth

Nachsehen *nt* ▶WENDUNGEN: [**bei/in etw** *dat*] **das ~ haben** to come off worse [in sth]; (*leer ausgehen*) to be left empty-handed [in sth]; (*keine Chance haben*) to not get a look-in [in sth]

Nachsendeantrag *f* application to have one's mail forwarded

nach|senden *vt irreg* to forward

Nachsicht <-> *f kein pl* leniency *no art, no pl;* **~ üben** to be lenient; **ohne ~** without mercy

nachsichtig **I.** *adj* lenient; (*verzeihend*) merciful **II.** *adv* leniently

Nachsilbe *f* suffix

nach|sinnen *vi irreg* to ponder (**über** +*akk* over) **nach|sitzen** *vi irreg* SCH ▪**~ müssen** to have detention; ▪**jdn ~ lassen** to give sb detention

Nachspann <-s, -e> *m* FILM, TV credits *npl* **Nachspeise** *f* dessert; ▪**als ~** for dessert **Nachspiel** *nt* (*unangenehme Folgen*) consequences *pl;* **ein ~ haben** to have consequences

nach|spionieren* *vi* (*fam*) to spy on

nach|sprechen *irreg vt* ▪[**jdm**] **etw ~** to repeat sth [after sb]

nächst ['nɛːçst] *präp* +*dat* (*geh*) ▪**~ jdm** (*örtlich am nächsten*) beside [*or* next to] sb; (*außer*) apart [*or esp* AM aside] from sb

nächstbeste(r, s) ['nɛːçst'bɛstə] *adj attr* ▪**der/die/das ~ ...** the first ... one/sb sees; **die ~ Gelegenheit** the first occasion that comes along

nächste(r, s) ['nɛːçstə] *adj superl von* **nahe** ① *räumlich* (*zuerst folgend*) next; **im ~n Haus** next door; **beim ~n Halt** at the next stop; (*nächstgelegen*) nearest ② *Angehörige* close ③ *temporal* (*darauffolgend*) next; **beim ~n Aufenthalt** on the next visit; **bis zum ~n Mal!** till the next time!; **am ~n Tag** the next day; **in den ~n Tagen** in the next few days; **in der ~n Woche** next week; **als N~s** next

nach|stehen *vi irreg* **jdm an Intelligenz nicht ~** to be every bit as intelligent as sb; ▪**jdm in nichts ~** to be sb's equal in every way **nach|stellen** **I.** *vt* ① LING ▪[**etw** *dat*] **nachgestellt werden** to be put after [sth] ② TECH (*neu einstellen*) to adjust; (*wieder einstellen*) to readjust; (*korrigieren*) to correct; *Uhr* to put back *sep* ③ (*nachspielen*) to reconstruct **II.** *vi* ▪**jdm ~** ① (*geh: verfolgen*) to follow sb ② (*umwerben*) to pester sb

Nächstenliebe *f* compassion *no art, no pl*

nächstens ['nɛːçstn̩s] *adv* ① (*bald*) [some time] soon ② (*fam: womöglich*) next

nächstgelegen *adj attr* nearest **nächstliegend** *adj attr* most plausible **Nächstliegende** <-n> *nt kein pl* most obvious thing

nächstmöglich ['nɛːçst'møːklɪç] *adj attr* next possible *attr; Termin a.* earliest possible; *Gelegenheit* next

nach|suchen *vi* (*nachsehen*) to look (**in** +*dat* in)

Nacht <-, Nächte> ['naxt, *pl* 'nɛçtə] *f* night; ▪**~ sein/werden** to be/get dark; **bis weit in die ~** far into the night; **bei ~** at night; **in der ~** at night; **über ~** overnight; **über ~ bleiben** to stay the night; **diese/letzte ~** tonight/last night ▶WENDUNGEN: **bei ~ und Nebel** (*fam*) at dead of night; **die ~ zum Tage machen** to stay up all night; **zu ~ essen** SÜDD, ÖSTERR to have supper [*or* dinner]

nachtaktiv *adj Tier* nocturnal *spec* **Nachtarbeit** *m* nightwork *no art, no pl;* (*Nachtschicht a.*) night shift

nachtblind *adj* suffering from night blindness *pred* **Nachtblindheit** <-> *f kein pl* night blindness *no pl*

Nachtdienst *m* night shift

Nachteil <-[e]s, -e> ['naːxtai̯l] *m* disadvantage; **jdm ~e bringen** to be disadvantageous to sb; **durch etw ~e haben** to lose out by sth; [**jdm gegenüber**] **im ~ sein** to be at a disadvantage [with sb]; **sich** *akk* **zu seinem ~ verändern** to change for the worse

nachteilig ['naːxtai̯lɪç] **I.** *adj* disadvantageous (**für** +*akk* for) **II.** *adv* unfavourably

nächtelang ['nɛçtəlaŋ] *adv* for nights on end

Nachtessen *nt* SÜDD, ÖSTERR, SCHWEIZ (*Abendessen*) supper **Nachteule** *f* (*fam*) night owl **Nachtfalter** *m* moth **Nachtfrost** *m* night frost **Nachthemd** *nt* nightdress, AM *a.* nightgown

Nachtigall <-, -en> ['naxtɪgal] *f* nightingale

nächtigen ['nɛçtɪgn̩] *vi* (*geh*) to stay the night (**bei** +*dat* with)

Nachtisch *m s.* **Nachspeise** **Nachtklub** *m* nightclub **Nachtlager** *nt* (*geh*) place to sleep [for the night] **Nachtleben** *nt* nightlife *no indef art, no pl*

nächtlich ['nɛçtlɪç] *adj attr* nightly

Nachtlokal *nt* nightclub **Nachtmensch** *m* night owl **Nachtportier** [-pɔrti̯eː] *m* night porter **Nachtquartier** *nt* place to sleep [for the night]

Nachtrag <-[e]s, -träge> ['naːxtraːk, *pl* -trɛːgə] *m* ① (*im Brief*) postscript ② *pl* (*Ergänzungen*) supplement

nach|tragen *vt irreg* ① (*hinterhertragen*)

N

to carry after ② (*nachträglich ergänzen*) to add ③ (*nicht verzeihen können*) ■**jdm etw ~** to hold sth against sb; ■**jdm ~, dass ...** to hold it against sb that ...

nachtragend ['na:xtra:gn̩t] *adj* unforgiving

nachträglich ['na:xtrɛ:klɪç] **I.** *adj* later; (*verspätet*) belated **II.** *adv* later, belatedly

nach|trauern *vi* ■**jdm/etw ~** to mourn after sb/sth

Nachtruhe *f* night's rest *no pl*

nachts ['naxts] *adv* at night; **montags ~** [on] Monday nights

Nachtschattengewächs *nt* solanum *spec*

Nachtschicht *f* night shift; **~ haben** to be on night shift **Nachtschwärmer** *m* ZOOL *s.* **Nachtfalter** **Nachtschwärmer(in)** *m(f)* (*veraltend*) night owl *fam* **Nachtschwester** *f* night nurse

nachtsüber ['naxts?y:bɐ] *adv* at night

Nachttarif *m* off-peak rate; *von Verkehrsmittel* night fares *pl* **Nachttisch** *m* bedside table **Nachttopf** *m* chamber pot **Nacht-und-Nebel-Aktion** *f* cloak-and-dagger operation **Nachtwache** *f* night duty *no art, no pl* **Nachtwächter(in)** *m(f)* night guard

Nachuntersuchung *f* follow-up examination

nachvollziehbar *adj* comprehensible; **es ist für mich nicht ganz ~, wie ...** I don't quite understand how ... **nach|vollziehen*** *vt irreg* to understand **nach|wachsen** *vi irreg sein* to grow back

Nachwehen *pl* (*geh: üble Folgen*) painful aftermath

nach|weinen *vi* to mourn after

Nachweis <-es, -e> ['na:xvais, *pl* -vaizə] *m* proof *no art, no pl;* **zum ~ einer S.** *gen* as proof of sth

nachweisbar **I.** *adj* provable; *Giftstoffe* detectable; **Fehler** demonstrable **II.** *adv* provably

nach|weisen *vt irreg* ① (*beweisen*) to establish proof of; **man kann mir nichts ~** nothing can be proved against me ② (*finden*) to detect (**in** +*dat* in)

nachweislich ['na:xvaislɪç] **I.** *adj* provable; **~e Fehler** mistakes that can be proved **II.** *adv* provably

Nachwelt *f kein pl* ■**die ~** posterity **nach|werfen** *vt irreg* (*hinterherwerfen*) ■**jdm etw ~** to throw sth after sb **nach|wirken** *vi* to continue to have an effect **Nachwirkung** *f* after-effect; (*fig*) consequence **Nachwort** <-worte> *nt* epilogue **Nachwuchs** *m kein pl* ① (*fam: Kinder*) offspring ② (*junge Fachkräfte*) young professionals *pl* **nach|zahlen** *vt* ① (*nachträglich*) to pay at a later date ② (*zusätzlich*) to pay extra **nach|zählen** *vt, vi* to check **Nachzahlung** *f* ① (*nachträglich*) back payment ② (*zusätzlich*) additional payment **nach|zeichnen** *vt* to copy **nach|ziehen** *irreg vt* ① *Schraube* to tighten [up *sep*] ② *Bein* to drag ③ *Linie* to go over; **sich** *dat* **die Augenbrauen ~** to pencil in *sep* one's eyebrows; **sich** *dat* **die Lippen ~** to paint over *sep* one's lips

Nachzügler(in) <-s, -> ['na:xtsy:klɐ] *m(f)* late arrival

Nackedei <-[e]s, -e *o* -s> ['nakədai] *m* (*hum fam*) little bare monkey

Nacken <-s, -> ['nakn̩] *m* neck ▶WENDUNGEN: **jdm im ~ sitzen** to breathe down sb's neck

nackend ['naknt] *adj* (*fam*) naked, nude

Nackenhaar *nt meist pl* hair[s *pl*] on the back of one's neck **Nackenstütze** *f* headrest

nackig ['nakɪç] *adj* (*fam*) naked, nude

nackt ['nakt] **I.** *adj* ① (*unbekleidet*) naked, nude; *Haut, Arme* bare ② (*kahl*) *Wand* bare ③ (*unverblümt*) naked; *Tatsachen* bare; *Wahrheit* plain **II.** *adv* naked, in the nude

Nacktbadestrand *m* nudist beach

Nacktheit <-> *f kein pl* nudity *no art, no pl*

Nadel <-, -n> ['na:dl̩] *f* ① (*Nähnadel, Tannennadel*) needle ② (*Zeiger*) needle ▶WENDUNGEN: **an der ~ hängen** (*sl*) to be hooked on heroin

Nadelbaum *m* conifer **Nadeldrucker** *m* dot-matrix printer *spec* **Nadelkissen** *nt* pincushion **Nadelöhr** *nt* ① (*Teil einer Nadel*) eye of a/the needle ② (*fig*) narrow passage **Nadelstich** *m* ① (*Nähen*) stitch ② (*Pieksen*) prick **Nadelstreifenanzug** *m* pinstripe [suit] **Nadelwald** *m* coniferous forest

Nagel <-s, Nägel> ['na:gl̩, *pl* 'nɛ:gl̩] *m* (*Metallstift, Fingernagel*) nail ▶WENDUNGEN: **den ~ auf den Kopf treffen** (*fam*) to hit the nail on the head; **jdm brennt es unter den Nägeln, etw zu tun** (*fam*) sb is dying to do sth; **etw an den ~ hängen** (*fam*) to chuck [in *sep*] sth; **sich** *dat* **etw unter den ~ reißen** (*sl*) to snaffle sth

Nagelbürste *f* nailbrush **Nagelfeile** *f* nail file

Nagellack *m* nail polish **Nagellackentferner** *m* nail polish remover

nageln ['na:gl̩n] *vt* to nail (**an** +*akk* to)

nagelneu ['na:gl̩'nɔy] *adj* (*fam*) brand-new

Nagelschere *f* nail scissors *npl*

nagen ['na:gn̩] **I.** *vi, vt* to gnaw (**an** +*dat* at) **II.** *vi* (*quälen*) ■**an jdm ~** to nag [at] sb

nagend ['na:gn̩t] *adj* nagging; *Hunger*

N

gnawing

Nager <-s, -> *m*, **Nagetier** *nt* rodent

nah ['na:] *adj, adv s.* **nahe** ▶WENDUNGEN: **von ~ und fern** from near and far

Nahaufnahme *f* close-up

nahe <näher, nächste> ['na:ə] **I.** *adj* ① *räumlich* nearby, close [by] *pred;* **von ~m** from close up ② *zeitlich* near, approaching ③ (*eng*) close; ■**jdm ~ sein** to be close to sb **II.** *adv* ① *räumlich* nearby, close [by]; ■**~ an/bei etw** *dat* close to sth; **jdm/etw zu ~ kommen** to get too close to sb/sth ② *zeitlich* close ③ (*fast*) **sie war ~ am Aufgeben** she almost gave up ④ (*eng*) closely; **~ mit jdm verwandt sein** to be a close relative of sb ▶WENDUNGEN: **~ daran sein, etw zu tun** to be close to doing sth; **jdm zu ~ treten** to offend sb **III.** *präp + dat* near to

Nähe <-> ['nɛ:ə] *f kein pl* ① (*geringe Entfernung*) proximity *no pl form;* **aus der ~** from close up; **in der ~** near ② (*Anwesenheit*) closeness; **ich brauche seine ~** I need him to be close to me; **in jds ~** close to sb ③ (*naher Zeitpunkt*) closeness *no pl*

nahebei ['na:ə'bai̯] *adv* nearby

nahe|gehen *vi irreg sein* ■**jdm ~** to upset sb **nahe|kommen** *vi irreg sein* (*fig*) ■**sich** *dat/***einander ~** to become close **nahe|legen** *vt irreg* ■**jdm etw ~** to suggest sth to sb; ■**jdm ~, etw zu tun** to advise sb to do sth **nahe|liegen** *vi irreg* (*fig*) to suggest itself; ■**~d sein** to seem to suggest itself; **aus ~den Gründen** for obvious reasons

nahen ['na:ən] *vi sein* (*geh*) to approach

nähen ['nɛ:ən] *vt* to sew; MED to stitch

näher ['nɛ:ɐ] **I.** *adj komp von* **nahe** ① (*in geringerer Entfernung*) nearer, closer ② (*kürzer bevorstehend*) closer, sooner *pred; Zukunft* near ③ (*detaillierter*) further *attr;* **die ~en Umstände** the precise circumstances ④ (*enger*) closer; *Verwandte* immediate **II.** *adv komp von* **nahe** ① (*in geringeren Abstand*) closer, nearer; **kommen Sie ~!** come closer! ② (*eingehender*) in more detail; **etw ~ untersuchen** to examine sth more closely; **etw ~ ansehen** to have a closer look at sth; **sich** *akk* **~ mit etw** *dat* **befassen** to go into sth in greater detail ③ (*enger*) closer; **jdn/etw ~ kennen** to know sb/sth well; **jdn/etw ~ kennen lernen** to get to know sb/sth better; **mit etw** *dat* **~ vertraut sein** to know more about sth

näher|bringen *vt irreg* ■**jdm etw ~** to bring sth home to sb

Naherholungsgebiet *nt* local holiday spot

näher|kommen *vi, vr irreg sein* (*fig*) ■**etw** *dat* **~** to be nearer the mark of sth; ■**jdm ~** to get closer to sb; ■**sich** *dat* **~** to become closer

nähern ['nɛ:ɐn] *vr* ① (*näher herankommen*) ■**sich** *akk* [**jdm/etw**] **~** to get closer [to sb/sth] ② (*einen Zeitpunkt erreichen*) ■**sich** *akk* **etw** *dat* **~** to get close to sth; **unser Urlaub nähert sich seinem Ende** our holiday is drawing to an end

nahe|stehen *vi, vr irreg sein* ■**jdm ~** to be close to sb, to have close relations to sb/sth; **sich** *dat* **~** to be close; ■**~d** close; **~de Verwandte** close relatives

nahezu ['na:ə'tsu:] *adv* almost, virtually

Nähgarn *nt* cotton

Nahkampf *m* close combat

Nähkästchen *nt* ▶WENDUNGEN: **aus dem ~ plaudern** (*fam*) to give out private gossip **Nähkasten** *m* sewing box

nahm ['na:m] *imp von* **nehmen**

Nähmaschine *f* sewing machine **Nähnadel** *f* [sewing] needle

Nahost [na:'ʔɔst] *m kein art* the Middle East

Nährboden *m* ① BIOL culture medium ② (*Boden*) breeding ground

nähren ['nɛ:ɐn] **I.** *vt* ① (*füttern*) to feed ② *Befürchtungen, Erwartungen, Hoffnungen* to nourish **II.** *vi* to be nourishing

nahrhaft *adj* nutritious

Nährstoff *m* nutrient

Nahrung <-> ['na:rʊŋ] *f kein pl* food; **flüssige/feste ~** liquids/solids *pl*

Nahrungskette *f* food chain

Nahrungsmittel *nt* food

Nahrungsmittelallergie *f* food allergy **Nahrungsmittelindustrie** *f kein pl* food industry **Nahrungsmittelvergiftung** *f s.* **Lebensmittelvergiftung**

Nährwert *m* nutritional value

Nähseide *f* sewing silk BRIT, silk thread AM

Naht <-, Nähte> ['na:t, *pl* 'nɛ:tə] *f* ① (*bei Kleidung*) seam ② MED suture *spec* ③ TECH weld

nahtlos **I.** *adj* ① MODE seamless ② (*lückenlos*) smooth **II.** *adv* smoothly

Nahverkehr *m* local traffic; **der öffentliche ~** local public transport

Nahverkehrsmittel *pl* means of local public transport **Nahverkehrszug** *m* local train

Nähzeug *nt* sewing kit

naiv [na'i:f] *adj* naive

Naivität <-> [nai̯vi'tɛ:t] *f kein pl* naivety

Name <-ns, -n> ['na:mə] *m* name; **in jds ~n** on behalf of sb; **er ist mir nur mit ~n bekannt** I only know him by name; **sich** *dat* **einen ~n als etw** *akk* **machen** to make a name for oneself as sth

namenlos *adj* ① (*anonym*) nameless; *Hel-*

N

fer, Spender anonymous ❷ *(geh: unbeschreiblich)* unspeakable

namens ['na:məns] *adv* by the name of

Namensgedächtnis *nt kein pl* memory for names **Namensschild** *nt* nameplate; *(an Kleidung)* name badge **Namenstag** *m* Saint's day **Namensvetter** *m* namesake

namentlich ['na:məntlɪç] **I.** *adj* by name; **~e Abstimmung** roll call vote **II.** *adv* ❶ *(mit Namen)* by name ❷ *(insbesondere)* in particular

namhaft *adj* famous

nämlich ['nɛ:mlɪç] *adv* namely

nannte ['nantə] *imp von* **nennen**

nanu [na'nu:] *interj* what's this?

Napf <-[e]s, Näpfe> ['napf, *pl* 'nɛpfə] *m* bowl

Napfkuchen *m* pound cake

Narbe <-, -n> ['narbə] *f* scar

narbig ['narbɪç] *adj* scarred

Narkose <-, -n> [nar'ko:zə] *f* anaesthesia BRIT, anesthesia AM

Narkosemittel *nt* anaesthetic BRIT

narkotisieren* [narkoti'zi:rən] *vt* to drug

Narr, Närrin <-en, -en> ['nar, 'nɛrɪn] *m, f* fool ▶ WENDUNGEN: **jdn zum ~en <u>halten</u>** to make a fool of sb; **sich** *akk* **zum ~en <u>machen</u>** to make a fool of oneself

narren ['narən] *vt (veraltend geh)* ❶ *(zum Narren halten)* ■**jdn ~** to make a fool of sb ❷ *(täuschen)* ■**jdn ~** to fool sb

Narrenfreiheit *f* ▶ WENDUNGEN: **~ <u>haben</u>** to have the freedom to do whatever one wants **Narrenhaus** *nt* madhouse **Narrenkappe** *f* ❶ *(Karnevalsmütze) cap worn by carnival office-bearers* ❷ HIST fool's cap **narrensicher** *adj* foolproof

Närrin <-, -nen> ['nɛrɪn] *f fem form von* **Narr**

närrisch ['nɛrɪʃ] *adj (verrückt)* mad; ■**[ganz] ~ auf jdn/etw sein** *(fam)* to be mad about sb/sth

Narzisse <-, -n> [nar'tsɪsə] *f* narcissus

Narzissmus <-> *m kein pl* narcissism

narzisstisch *adj* narcissistic

nasal [na'za:l] *adj* nasal

Nasal <-s, -e> [na'za:l] *m,* **Nasallaut** *m* nasal [sound]

naschen ['naʃn̩] **I.** *vi* **habe ich dich wieder beim N~ erwischt?** did I catch you eating sweets again?; **etwas zum N~** something sweet **II.** *vt (essen)* to nibble

naschhaft *adj* fond of sweet things

Naschkatze *f (fam)* person with a sweet tooth

Nase <-, -n> ['na:zə] *f* nose; **sich** *dat* **die ~ putzen** to blow one's nose ▶ WENDUNGEN: **jdm etw auf die ~ <u>binden</u>** *(fam)* to tell sb sth; **sich** *dat* **an seine <u>eigene</u> ~ fassen** *(fam)* to blame oneself; **auf die ~ <u>fliegen</u>** *(fam)* to fall flat on one's face; **jdm eins auf die ~ <u>geben</u>** *(fam)* to punch sb on the nose; **sich** *dat* **eine <u>goldene</u> ~ verdienen** to earn a fortune; **die ~ vorn <u>haben</u>** to be one step ahead; **jdn an der ~ <u>herumführen</u>** *(fam)* to lead sb on; **jdm auf der ~ <u>herumtanzen</u>** *(fam)* to walk all over sb; **seine ~ in alles <u>hineinstecken</u>** *(fam)* to stick one's nose into everything; **<u>pro</u> ~** *(hum fam)* per head; **jd hat die ~ [von jdm/etw] <u>voll</u>** *(fam)* sb is fed up [with sb/sth]; **jdm etw vor der ~ <u>wegschnappen</u>** *(fam)* to take sth from right under sb's nose; **jdm etw aus der ~ <u>ziehen</u>** *(fam)* to get sth out of sb

näseln ['nɛ:z|n] *vi* to talk through one's nose

Nasenbein *nt* nasal bone **Nasenbluten** <-s> *nt kein pl* nosebleed; **~ haben** to have a nosebleed **Nasenflügel** *m* side of the nose **Nasenlänge** *f* ▶ WENDUNGEN: **<u>mit</u> einer ~** *(Pferdesport)* by a nose; **jdm eine ~ <u>voraus</u> sein** to be a hair's breadth in front of sb **Nasenloch** *nt* nostril **Nasenrücken** *m* bridge of the nose **Nasenschleimhaut** *f* mucous membrane of the nose **Nasenspitze** *f* tip of the nose ▶ WENDUNGEN: **jdm etw an der ~ <u>ansehen</u>** to be able to tell sth from sb's face **Nasenspray** *m o nt* nasal spray **Nasentropfen** *pl* nose drops **Nasenwurzel** *f* bridge [of the nose]

Naseweis <-es, -e> ['na:zəvai̯s] *m* cheeky monkey BRIT *fam; (Besserwisser)* know-all *esp* BRIT *fam,* wise guy AM *fam*

Nashorn *nt* rhino[ceros]

nass <nasser *o* nässer, nasseste *o* nässeste> ['nas] *adj* wet; **~ geschwitzt** soaked with sweat *pred*

Nassauer(in) <-s, -> ['nasau̯ɐ] *m(f) (pej fam)* scrounger

Nässe <-> ['nɛsə] *f kein pl* wetness; **vor ~ triefen** to be dripping wet

nässen ['nɛsn̩] **I.** *vi* to weep **II.** *vt* to wet

nasser, nässer *adj komp von* **nass**

nasseste, nässeste *adj superl von* **nass**

nasskalt *adj* cold and damp **Nassrasur** *f* wet shave

Nastuch *nt* SÜDD, SCHWEIZ handkerchief

Natel® <-s, -s> ['na:tel] *nt* SCHWEIZ mobile phone BRIT, cellphone

Nation <-, -en> [na'tsi̯o:n] *f* nation; **die Vereinten ~en** the United Nations

national [natsi̯o'na:l] **I.** *adj* ❶ national ❷ *(patriotisch)* nationalist **II.** *adv* nationalistic

Nationalfeiertag *m* national holiday **Nationalhymne** *f* national anthem

N

Nationalismus <-> [natsi̯onaˈlɪsmʊs] *m kein pl* nationalism

Nationalist(in) <-en, -en> [natsi̯onaˈlɪst] *m(f)* nationalist

nationalistisch *adj, adv* nationalist[ic]

Nationalität <-, -en> [natsi̯onaliˈtɛːt] *f* ① (*Staatsangehörigkeit*) nationality ② (*Volkszugehörigkeit*) ethnic origin

Nationalmannschaft *f* national team **Nationalpark** *m* national park **Nationalrat** *m kein pl* SCHWEIZ National Council; ÖSTERR National Assembly **Nationalsozialismus** [natsi̯oˈnaːlzotsi̯alɪsmʊs] *m* National Socialism **nationalsozialistisch** *adj* Nazi, National Socialist **Nationalversammlung** *f* National Assembly

NATO, Nato <-> [ˈnaːto] *f kein pl Akr von* **North Atlantic Treaty Organization**: ■**die ~** NATO

Natrium <-s> [ˈnaːtriʊm] *nt kein pl* sodium *no pl*

Natron <-s> [ˈnaːtrɔn] *nt kein pl* sodium bicarbonate *no pl*

Natter <-, -n> [ˈnatɐ] *f* adder

Natur <-, -en> [naˈtuːɐ̯, *pl* naˈtuːrən] *f* ① *kein pl* BIOL nature ② *kein pl* (*Landschaft*) countryside; **in freier ~** in the wild ③ (*Wesensart*) nature; **sie hat eine empfindsame ~** she has a sensitive nature; **von ~ aus** by nature

Naturalien [-li̯ən] *pl* natural produce; **in ~** in kind

Naturalismus <-> [naturaˈlɪsmʊs] *m kein pl* naturalism *no pl*

naturalistisch *adj* ① (*geh: wirklichkeitsgetreu*) naturalistic ② KUNST naturalist

Naturdenkmal *nt* natural monument

Naturell <-s, -e> [natuˈrɛl] *nt* (*geh*) temperament

Naturereignis *nt* natural phenomenon

naturfarben *adj* natural-coloured

Naturfaser *f* natural fibre **Naturforscher(in)** *m(f)* natural scientist **Naturfreund(in)** *m(f)* nature lover **naturgemäß** **I.** *adj* natural **II.** *adv* ① (*natürlich*) naturally ② (*der Natur entsprechend*) in accordance with nature **Naturgesetz** *nt* law of nature **naturgetreu** *adj, adv* true to life **Naturheilkunde** *f* natural healing **Naturheilmittel** *nt* natural medicine **Naturkatastrophe** *f* natural disaster

Naturkost *f kein pl* natural food *no pl* **Naturkostladen** *m* health food shop

Naturkreislauf *m* natural cycle **Naturkunde** *f* SCH (*veraltet*) natural history

natürlich [naˈtyːɐ̯lɪç] **I.** *adj* natural **II.** *adv* ① (*selbstverständlich*) naturally, of course ② (*in der Natur*) naturally

Natürlichkeit <-> *f kein pl* naturalness

Naturpark *m* national park **Naturprodukt** *nt* natural product

Naturschutz *m* [nature] conservation; **unter ~ stehen** to be under conservation **Naturschutzgebiet** *nt* nature reserve

Naturtalent *nt* natural talent **naturverbunden** *adj* nature-loving **naturverträglich** *adj* eco-friendly **Naturvolk** *nt* primitive people **Naturwissenschaft** *f* ① (*Wissenschaft*) natural sciences *pl* ② (*Fach*) natural science **Naturwissenschaftler(in)** *m(f)* natural scientist **naturwissenschaftlich** *adj* natural-scientific

naturwüchsig [naˈtuːɐ̯vyːksɪç] *adj* natural

Nautik <-> [ˈnau̯tɪk] *f kein pl* ① (*Schifffahrtskunde*) nautical science ② (*Navigation*) navigation *no pl*

Navigation <-> [navigaˈtsi̯oːn] *f kein pl* navigation

Nazi <-s, -s> [ˈnaːtsi] *m* Nazi

NC <-[s], -s> [ɛnˈtseː] *m Abk von* **Numerus clausus** numerus clausus

n. Chr. *Abk von* **nach Christus** AD

ne [ˈneː] *adv* (*fam*) no

'ne [ˈnə] *art indef* (*fam*) *kurz für* **eine** a

Neandertaler <-s, -> [neˈandɐtaːlɐ] *m* Neanderthal man

Neapel <-s> *nt* Naples

Nebel <-s, -> [ˈneːbl̩] *m* ① fog; **bei ~** in foggy conditions ② ASTRON nebula

nebelig [ˈneːbəlɪç] *adj* foggy

Nebelscheinwerfer *m* fog-light **Nebelschwaden** *pl* wafts of mist *pl*

neben [ˈneːbn̩] *präp* ① +*akk, dat* (*an der Seite*) beside, next to ② +*dat* (*außer*) apart from ③ +*dat* (*verglichen mit*) compared to

nebenan [neːbn̩ˈʔan] *adv* next-door

Nebenanschluss *m* TELEK extension **Nebenbedeutung** *f* secondary meaning

nebenbei [neːbn̩ˈbai̯] *adv* ① (*neben der Arbeit*) on the side ② (*beiläufig*) incidentally; **~ [bemerkt]** by the way

Nebenbemerkung *f* incidental remark **Nebenberuf** *m* second job **nebenberuflich** **I.** *adj* **eine ~e Tätigkeit** a second job **II.** *adv* as a second job **Nebenbeschäftigung** *f* sideline **Nebenbuhler(in)** <-s, -> *m(f)* rival **Nebeneffekt** *m* side effect

nebeneinander [neːbn̩ʔai̯ˈnandɐ] *adv* ① (*Seite an Seite*) side by side ② (*zugleich*) simultaneously, at the same time

nebeneinander|setzen *vr* ■**sich** *akk* **~** to sit [down] next to each other

Nebeneingang *m* side entrance **Nebenerscheinung** *f* side effect **Nebenfach** *nt* subsidiary [subject] **Nebenfluss** *m* tributary **Nebengebäude** *nt* ❶ outbuilding ❷ (*benachbartes Gebäude*) neighbouring building **Nebengeräusch** *nt* [background] noise **Nebenhandlung** *f* sub-plot

nebenher [neːbn̩ˈheːɐ̯] *adv* in addition

Nebenhoden *m meist pl* epididymis **Nebenhöhle** *f* ANAT sinus **Nebenjob** [-dʒɔp] *m* (*fam*) sideline **Nebenklage** *f* ancillary suit **Nebenkläger(in)** *m(f)* joint plaintiff **Nebenkosten** *pl* additional costs *pl* **Nebenmann** <-es, -männer *o* -leute> *m* neighbour; **mein ~** the person next to me **Nebenprodukt** *nt* CHEM by-product **Nebenraum** *m* next room **Nebenrolle** *f* FILM, THEAT supporting role **Nebensache** *f* trivial matter; **~ sein** to be irrelevant **nebensächlich** *adj* irrelevant **Nebensächlichkeit** <-, -en> *f* triviality **Nebensaison** *f* off-season **Nebensatz** *m* LING subordinate clause ▶ WENDUNGEN: **im ~** in passing **nebenstehend** [ˈneːbn̩ʃteːənt] *adj* opposite **Nebenstelle** *f* ❶ TELEK extension ❷ (*Filiale*) branch **Nebenstraße** *f* side street **Nebenverdienst** *m* additional income **Nebenwirkung** *f* side effect **Nebenzimmer** *nt* next room

neblig [ˈneːblɪç] *adj* foggy

nebst [ˈneːpst] *präp +dat* (*veraltend*) together with

nebulös [nebuˈløːs] **I.** *adj* (*geh*) nebulous **II.** *adv* vaguely

Necessaire <-s, -s> [nesɛˈsɛːɐ̯] *nt* (*für Maniküre*) manicure set

necken [ˈnɛkn̩] *vt* to tease

neckisch *adj* ❶ (*schelmisch*) mischievous ❷ (*fam: kess*) saucy

nee [ˈneː] *adv* (*fam*) no

Neffe <-n, -n> [ˈnɛfə] *m* nephew

negativ [ˈneːgatiːf] **I.** *adj* negative **II.** *adv* negatively

Negativ <-s, -e> [ˈneːgatiːf, *pl* ˈneːgatiːvə] *nt* negative

Neger(in) <-s, -> [ˈneːgɐ] *m(f)* (*pej: Schwarzer*) nigger

Negerkuss *m* (*veraltend*) chocolate marshmallow

negieren* [neˈgiːrən] *vt* ❶ (*geh: leugnen*) to deny ❷ LING to negate

negroid [negroˈiːt] *adj* negroid

nehmen <nimmt, nahm, genommen> [ˈneːmən] *vt* ❶ (*ergreifen, aussuchen*) to take; **nimm dir noch Kuchen** help yourself to more cake ❷ (*wegnehmen*) ■**jdm etw ~** to take sth [away] from sb; **jdm die Furcht/die Hoffnung ~** to take away sb's fear/hope; **jdm die Sicht ~** to block sb's view ❸ (*annehmen*) to accept; **jdn ~, wie er ist** to take sb as he is ❹ (*verlangen*) to ask (**für** *+akk* for); **was nimmst du dafür?** what do you want for it? ❺ (*benutzen*) *Zutaten* to take; **den Bus/die Bahn/ein Taxi ~** to take the bus/the train/a taxi; **sich** *dat* **einen Anwalt nehmen** to get a lawyer ❻ (*einnehmen*) to take; **etw zu sich** *dat* **~** (*geh*) to partake of sth ❼ (*überwinden*) to overcome ▶ WENDUNGEN: **etw auf sich** *akk* **~** to take sth upon oneself; **es sich** *dat* **nicht ~ lassen, etw zu tun** to insist on doing sth

Neid <-[e]s> [ˈnaɪt] *m kein pl* jealousy, envy (**auf** *+akk* of); **jds ~ erregen** to make sb jealous; **grün vor ~** green with envy

neiden [ˈnaidn̩] *vt* ■**jdm etw ~** to envy sb [for] sth

Neider(in) <-s, -> *m(f)* jealous person

neiderfüllt [ˈnaidɛɐ̯fʏlt] **I.** *adj* (*geh*) filled with envy **II.** *adv* enviously

Neiderin <-, -nen> *f fem form von* **Neider**

Neidhammel *m* (*fam*) **du alter ~!** you're just jealous!

neidisch [ˈnaidɪʃ], **neidig** [ˈnaidɪç] SÜDD, ÖSTERR **I.** *adj* jealous, envious (**auf** *+akk* of) **II.** *adv* jealously, enviously

neidlos **I.** *adj* ungrudging, without envy **II.** *adv* without envy

Neige <-, -n> [ˈnaigə] *f* (*Flüssigkeitsrest*) remains; **etw bis zur ~ leeren** to drain sth to the dregs ▶ WENDUNGEN: **zur ~ gehen** (*geh*) to draw to an end

neigen [ˈnaign̩] **I.** *vr* ■**sich** *akk* **~** ❶ (*sich beugen*) ■**sich** *akk* **zu jdm ~** to lean over to sb; **sich** *akk* **nach vorne ~** to lean forwards ❷ (*schräg abfallen*) to slope ❸ (*sich biegen*) *Äste* to bow down ❹ (*kippen*) to tilt **II.** *vt* ❶ (*beugen*) to bend ❷ (*kippen*) to tilt **III.** *vi* ❶ (*anfällig sein für*) ■**zu etw** *dat* **~** *Krankheiten* to be prone to sth ❷ (*tendieren*) ■**zu etw** *dat* **~** to tend to sth; **du neigst zu Übertreibungen** you tend to exaggerate

Neigung <-, -en> *f* ❶ (*Vorliebe*) inclination ❷ (*Tendenz*) tendency; **du hast eine ~ zur Ungeduld** you have a tendency to be impatient ❸ (*Gefälle*) slope

Neigungswinkel *m* angle of inclination

nein [ˈnain] *adv* no

Nein <-s> [ˈnain] *nt kein pl* no

Neinsager(in) <-s, -> [-zaːgɐ] *m(f)* person who always says no **Neinstimme** *f* no[-vote]

Nektar <-s, -e> [ˈnɛktar] *m* nectar

Nektarine <-, -n> [nɛktaˈriːnə] *f* nectarine

Nelke <-, -n> [ˈnɛlkə] *f* ❶ BOT carnation ❷ KOCHK clove

'nen [ˈnən] *art indef* (*fam*) *kurz für* **einen** a

nennen <nannte, genannt> [ˈnɛnən] *vt*

N

① (*benennen, anreden*) to call; **wie nennt man das?** what do you call that? ② (*sagen*) *Namen* to name; *Grund* to give; **ich nenne Ihnen einige Namen** I'll give you a few names; **können Sie mir einen guten Anwalt ~?** can you give me the name of a good lawyer?

nennenswert *adj* considerable; ■**nichts N~es** nothing worth mentioning

Nenner <-s, -> *m* MATH denominator; **der kleinste gemeinsame ~** the lowest common denominator

Nennung <-, -en> *f* naming

Nennwert *m* ① BÖRSE nominal value ② FIN (*von Währung*) denomination

Neofaschismus <-> ['ne:ofaʃɪsmʊs] *m kein pl* neo-fascism *no pl*

Neologismus <-, -gismen> [neolo'gɪsmʊs, *pl* -'gɪsmən] *m* neologism

Neon <-s> ['ne:ɔn] *nt kein pl* neon

Neonazi <-s, -s> ['ne:ona:tsi] *m kurz für* **Neonazist** neo-Nazi **Neonazismus** <-> ['ne:onatsɪsmʊs] *m kein pl* neo-Nazi[i]sm *no pl* **neonazistisch** *adj* POL neo-Nazi

Neonlicht *nt* neon light **Neonreklame** *f* neon sign **Neonröhre** *f* strip light

Nepal <-s> ['ne:pal, ne'pa:l] *nt* Nepal; *s. a.* **Deutschland**

Nepaler(in) <-s, -> [ne'pa:lɐ] *m(f)*, **Nepalese, Nepalesin** <-n, -n> [nepa'le:zə] *m, f* Nepalese; *s. a.* **Deutsche(r)**

nepalesisch [nepa'le:zɪʃ] *adj* Nepalese; *s. a.* **deutsch**

Nepp <-s> ['nɛp] *m kein pl* (*fam*) rip-off

neppen ['nɛpn̩] *vt* (*fam*) to rip off

Nerv <-s *o* -en, -en> ['nɛrf, *pl* 'nɛrfn̩] *m* nerve ▶ WENDUNGEN: **die ~en behalten** to keep calm; **die ~en verlieren** to lose one's cool; **jdm auf die ~en gehen** (*fam*) to get on sb's nerves; **du hast vielleicht ~en!** (*fam*) you've got a nerve!

nerven ['nɛrfn̩] *vt* (*fam*) ■**jdn** [**mit etw** *dat*] **~** to bug sb [with sth]

Nervenarzt, -ärztin *m, f* neurologist **nervenaufreibend** *adj* nerve-racking **Nervenbelastung** *f* nervous strain **Nervenbündel** *nt* (*fam*) bundle of nerves **Nervengas** *nt* nerve gas **Nervenheilanstalt** *f* (*veraltend*) mental hospital **Nervenkitzel** <-s, -> *m* (*fam*) thrill **Nervenkostüm** *nt* (*fam*) nerves *pl* **Nervenkrankheit** *f* (*physisch*) disease of the nervous system; (*psychisch*) mental illness **Nervenkrieg** *m* war of nerves **Nervennahrung** *f* food for the nerves **Nervenprobe** *f* trial of nerves **Nervensache** *f* [**eine/reine**] **~ sein** (*fam*) to be all a question of nerves **Nervensäge** *f* (*fam*) pain in the neck **Nervensystem** *nt* nervous system **Nervenzelle** *f* nerve cell **Nervenzentrum** *nt* nerve centre **Nervenzusammenbruch** *m* nervous breakdown

nervig ['nɛrfɪç] *adj* (*sl: nervenaufreibend*) irritating

nervlich **I.** *adj* nervous *attr* **II.** *adv* **jd ist ~ erschöpft** sb's nerves are at a breaking point; **~ bedingt** nervous

nervös [nɛr'vø:s] *adj* nervous

Nervosität <-> [nɛrvozi'tɛ:t] *f kein pl* nervousness

nervtötend ['nɛrftø:tənt] *adj* (*fam*) nerve-racking

Nerz <-es, -e> ['nɛrts] *m* mink

Nessel <-, -n> ['nɛsl̩] *f* BOT nettle ▶ WENDUNGEN: **sich** *akk* **in die ~n setzen** (*fam*) to put one's foot in it

Nessessär <-s, -s> [nɛsɛ'sɛ:ɐ̯] *nt s.* **Necessaire**

Nest <-[e]s, -er> ['nɛst] *nt* ① nest ② (*fam: Kaff*) hole ▶ WENDUNGEN: **das eigene ~ beschmutzen** to foul one's own nest; **sich** *akk* **ins gemachte ~ setzen** (*fam*) to have got it made

Nesthäkchen <-s, -> *nt* (*fam*) baby of the family **Nestwärme** *f* warmth and security

Netiquette <-, -n> [nɛti'kɛtə] *f* netiquette

nett ['nɛt] *adj* nice; **sei so ~ und ...** would you mind ...; **er war so nett und hat mich nach Hause gebracht** he was so kind as to take me home; **das sind ja ~e Aussichten!** (*iron fam*) what a nice prospect!

netterweise [nɛtɐ'vaizə] *adv* kindly

Nettigkeit <-, -en> ['nɛtɪçkait] *f* ① *kein pl* (*Liebenswürdigkeit*) kindness ② (*liebenswürdige Bemerkung*) kind words *pl* ③ *pl* (*iron fam: boshafte Bemerkung*) insult

netto ['nɛto] *adv* net

Nettoeinkommen *nt* net income **Nettogewicht** *nt* net weight **Nettolohn** *m* net salary [*or* wage], take-home pay

Netz <-es, -e> ['nɛts] *nt* ① net ② (*Einkaufsnetz*) string bag; (*Gepäcknetz*) [luggage] rack ③ SPORT net; **ins ~ gehen** to go into the net; *Tennisball* to hit the net ④ (*Spinnennetz*) web ⑤ ELEK, TELEK network; (*Strom*) [national] grid [*or* AM power supply system] ⑥ *kein pl* INFORM network; ■**das ~** the Net ⑦ TRANSP system ▶ WENDUNGEN: **jdm ins ~ gehen** to fall into sb's trap

Netzanschluss *m* ① (*Anschluss an das Stromnetz*) mains *npl* [*or* AM power] supply ② (*Anschluss an ein Kommunikationsnetz*) telephone line connection

netzartig *adj* netlike

Netzauge *nt* compound eye **Netzgerät** *nt* mains receiver BRIT, power supply unit AM

Netzhaut *f* retina **Netzhemd** *nt* string vest **Netzspannung** *f* line [*or* supply] [*or* BRIT mains] voltage **Netzstecker** *m* mains *npl* [*or* AM power] plug **Netzstrumpf** *m* fish-net stocking **Netzteil** *nt* ELEK mains adapter BRIT, power supply unit; INFORM power pack **Netzwerk** *nt a.* INFORM network **Netzzugang** *m* INET connection to the internet

neu ['nɔy] **I.** *adj* ① (*nicht alt*) new; **die ~este Mode** the latest fashion; **ein ~eres System** a more up to date system; ■**der/die N~e** (*fam*) the newcomer; ■**das N~e** [**an etw** *dat*] the new thing [about sth]; ■**das N~este** the latest [thing]; **was gibt's N~es?** (*fam*) what's new? ② (*abermalig*) new; **einen ~en Anfang machen** to make a fresh start; **einen ~en Anlauf nehmen** to have another go; **einen ~en Versuch machen** to have another try ▶ WENDUNGEN: **jdm ~ sein** to be news to sb; **auf ein N~es!** here's to a fresh start!; **seit ~[e]stem** [since] recently; **von ~em** all over again **II.** *adv* ① (*von vorn*) **~ bearbeitet** MEDIA revised; **~ anfangen** to start all over again; **~ gestalten** to redesign ② (*zusätzlich*) anew; **33 Mitarbeiter ~ einstellen** to employ 33 new employees ③ (*erneut*) again ④ (*seit kurzem da*) **~ entwickelt** newly-developed; **~ eröffnet** newly opened; (*erneut eröffnet*) re-opened ▶ WENDUNGEN: **wie ~ geboren** like a new man/woman

Neuankömmling <-s, -e> *m* newcomer **Neuanschaffung** *f* ① (*Anschaffung von etw Neuem*) new acquisition ② (*neu Angeschafftes*) recent acquisition

neuartig ['nɔyʔa:ɐ̯tɪç] *adj* new, new type of

Neuauflage *f* ① (*unveränderter Nachdruck*) reprint ② (*veränderte Neuausgabe*) new edition

Neubau <-bauten> ['nɔybau̯, *pl* -bau̯tn̩] *m* ① *kein pl* (*neue Errichtung*) [new] building ② (*neu erbautes Gebäude*) new building **Neubaugebiet** *nt* development area; (*schon bebaut*) area of new housing **Neubauwohnung** *f* newly-built flat [*or* AM *a.* apartment]

Neubearbeitung *f* ① MEDIA (*erneutes Bearbeiten*) revision ② MEDIA (*revidierte Fassung*) revised edition ③ MUS, THEAT new version **Neubeginn** *m* new beginning **Neubewertung** *f* re-assessment; ÖKON revaluation **Neubildung** *f* ① (*Umbildung*) reshuffle ② LING neologism ③ MED neoplasm

Neu-Delhi <-s> [nɔy'de:li] *nt* New Delhi

Neueinsteiger *m* ÖKON (*Neuling*) newcomer **Neuentwicklung** *f* new development

neuerdings ['nɔyɐ'dɪŋs] *adv* recently

neuerlich ['nɔyɐlɪç] **I.** *adj* further **II.** *adv* (*selten*) again

Neueröffnung *f* ① new opening ② (*Wiedereröffnung*) re-opening **Neuerscheinung** *f* new publication

Neuerung <-, -en> ['nɔyərʊŋ] *f* reform

Neufassung *f* new version; *eines Films* remake

Neufundland <-s> [nɔy'fʊntlant] *nt* Newfoundland

Neugeborene(s) *nt* newborn

Neugier(de) <-> ['nɔygi:ɐ̯(də)] *f kein pl* curiosity; **aus ~** out of curiosity

neugierig **I.** *adj* curious; **~ sein, ob ...** to be curious to know whether ...; **sei nicht so ~!** don't be so nosy! **II.** *adv* curiously, full of curiosity

Neuguinea <-s> [-gi'ne:a] *nt* New Guinea

Neuheide, -din *m, f* REL Druid

Neuheit <-, -en> ['nɔyhait] *f* ① (*Neusein*) novelty ② ÖKON innovation

Neuigkeit <-, -en> ['nɔyɪçkait] *f* news

Neuinszenierung *f* new production **Neujahr** *nt kein pl* New Year ▶ WENDUNGEN: **prost ~!** here's to the New Year! **Neukaledonien** <-s> [nɔykale'do:ni̯ən] *nt* New Caledonia **Neuland** *nt* ▶ WENDUNGEN: **~ betreten** to enter unknown territory

neulich ['nɔylɪç] *adv* the other day

Neuling <-s, -e> ['nɔylɪŋ] *m* beginner

neumodisch **I.** *adj* ① (*sehr modern*) fashionable ② (*pej: unverständlich neu*) newfangled **II.** *adv* fashionably **Neumond** *m kein pl* new moon

neun ['nɔyn] *adj* nine; *s. a.* **acht**[1]

neunerlei ['nɔyne'lai] *adj attr* nine [different]; *s. a.* **achterlei**

neunfach, 9fach ['nɔynfax] **I.** *adj* **die ~e Menge nehmen** to take nine times the amount **II.** *adv* nine times

neunhundert ['nɔyn'hʊndɐt] *adj* nine hundred

neunmal ['nɔynma:l] *adv* nine times; *s. a.* **achtmal** **neunmalklug** ['nɔynma:lklu:k] *adj* (*iron fam*) smart-aleck *attr*

neuntausend ['nɔyn'tau:zn̩t] *adj* nine thousand

neunte(r, s) ['nɔyntə(ɐ, s)] *adj* ① (*an neunter Stelle*) ninth; *s. a.* **achte(r, s) 1** ② (*Datum*) ninth, 9th; *s. a.* **achte(r, s) 2**

neuntel ['nɔntl̩] *nt* ninth

neuntens ['nɔyntəns] *adv* ninthly; *s. a.* **achtens**

neunzehn ['nɔyntse:n] *adj* nineteen; *s. a.* **acht**[1] **neunzehnte(r, s)** *adj* ① (*an neunzehnter Stelle*) nineteenth; *s. a.* **achte(r, s)**

N

1 ② (*Datum*) nineteenth, 19th; *s. a.* **achte(r, s) 2**
neunzig ['nɔyntsɪç] *adj* ninety; *s. a.* **achtzig 1, 2**
neunzigste(r, s) ['nɔyntsɪgstə] *adj* ninetieth; *s. a.* **achte(r, s) 1**
Neuorientierung *f* (*geh*) reorientation **Neuregelung, Neureglung** *f* revision; *Verkehr* new scheme **neureich** *adj* nouveau riche **Neureiche(r)** *f(m)* nouveau riche
Neurodermitis <-, -dermitiden> [nɔyro-dɛr'miːtɪs, *pl* -dɛrmi'tiːdn̩] *f* neurodermatitis
Neurologe, Neurologin <-n, -n> [nɔy-ro'loːgə] *m, f* neurologist
Neurose <-, -n> [nɔy'roːzə] *f* neurosis
Neurotiker(in) <-s, -> [nɔy'roːtikɐ] *m(f)* neurotic
neurotisch [nɔy'roːtɪʃ] *adj* neurotic
Neuschnee *m* fresh snow
Neuseeland <-s> [nɔy'zeːlant] *nt* New Zealand; *s. a.* **Deutschland**
Neuseeländer(in) <-s, -> [nɔy'zeːlɛndɐ] *m(f)* New Zealander; *s. a.* **Deutsche(r)**
neuseeländisch [nɔy'zeːlɛndɪʃ] *adj* New Zealand *attr,* from New Zealand *pred*
Neustart *m* new start
Neutra ['nɔytra] *pl von* **Neutrum**
neutral [nɔy'traːl] *adj, adv* neutral
neutralisieren* [nɔytrali'ziːrən] *vt* to neutralize
Neutralität <-> [nɔytrali'tɛːt] *f kein pl* neutrality
Neutren ['nɔytrən] *pl von* **Neutrum**
Neutron <-s, -tronen> ['nɔytrɔn, *pl* nɔy'troːnən] *nt* neutron
Neutrum <-s, Neutra *o* Neutren> ['nɔy-trʊm, *pl* 'nɔytra, 'nɔytrən] *nt* LING neuter
Neuverschuldung *f* new borrowing **Neuwahl** *f* re-election **neuwertig** *adj* as new **Neuzeit** *f kein pl* ▪ **die ~** modern times *pl*
Newsgroup <-, -s> ['njuːzgruːp] *f* newsgroup
Nicaragua <-s> [nika'raːgu̯a] *nt* Nicaragua; *s. a.* **Deutschland**
Nicaraguaner(in) <-s, -> [nikara'gu̯aːnɐ] *m(f)* Nicaraguan; *s. a.* **Deutsche(r)**
nicaraguanisch [nikara'gu̯aːnɪʃ] *adj* Nicaraguan; *s. a.* **deutsch**
nicht [nɪçt] *adv* not; **ich weiß ~** I don't know; **ich bin es ~ gewesen** it wasn't me; **~ öffentlich** *attr* not open to the public *pred;* **~ [ein]mal** not even; **~ mehr** not any longer; **~ mehr als ...** no more than ...; **bitte ~!** please don't!
Nichtachtung *f* disregard; **~ des Gerichts** JUR contempt of court **Nichtanerkennung** *f* ① POL non-recognition *no pl* ② JUR repudiation **Nichtangriffspakt** [nɪçt'ʔan-grɪfs,pakt] *m* non-aggression pact
Nichtbeachtung *f,* **Nichtbefolgung** *f* non-compliance
Nichte <-, -n> ['nɪçtə] *f* niece
nichtehelich *adj* illegitimate **Nichterscheinen** <-s> *nt kein pl* failure to appear **Nichteuropäer(in)** *m(f)* non-European
nichtig ['nɪçtɪç] *adj* ① (*ungültig*) invalid ② (*geh: belanglos*) trivial
Nichtigkeit <-, -en> *f* ① *kein pl* (*Ungültigkeit*) invalidity ② *meist pl* (*geh*) triviality
Nichtleiter *m* non-conductor
Nichtraucher(in) *m(f)* non-smoker **Nichtraucherabteil** *nt* BAHN non-smoking area [*or* compartment]
Nichtraucherin <-, -nen> *f fem form von* **Nichtraucher**
nichtrostend [-rɔstn̩d] *adj attr* (*fachspr*) *Stahl* stainless
nichts ['nɪçts] *pron indef* ① (*nicht etwas*) not anything, nothing; **es ist ~** it's nothing; **~ als ...** (*nur*) nothing but ...; **~ mehr** nothing more; **~ wie raus!** let's get out!; **~ ahnend** *adjektivisch* unsuspecting; *adverbial* unsuspectingly; **~ sagend** meaningless; **damit will ich ~ zu tun haben** I don't want anything to do with it; **das geht Sie ~ an!** that's none of your business! ② *vor substantiviertem adj* nothing; **~ anderes [als ...]** nothing other [than ...]; **hoffentlich ist es ~ Ernstes** I hope it's nothing serious ▶ WENDUNGEN: **~ da!** (*fam*) no chance!; **für ~** for nothing; **für ~ und wieder ~** (*fam*) for nothing [at all]
Nichts <-, -e> ['nɪçts] *nt* ① *kein pl* (*leerer Raum*) void ② (*unbedeutender Mensch*) nonentity ▶ WENDUNGEN: **aus dem ~ auftauchen** to show up from out of nowhere; **vor dem ~ stehen** to be left with nothing
Nichtschwimmer(in) *m(f)* non-swimmer
nichtsdestotrotz [nɪçtsdɛsto'trɔts] *adv* nonetheless **nichtsdestoweniger** [nɪçts-dɛsto'veːnɪgɐ] *adv* nevertheless
Nichtsnutz <-es, -e> ['nɪçtsnʊts] *m* (*pej*) good-for-nothing
nichtsnutzig *adj* (*pej*) useless
Nichtstun *nt* ① (*das Faulenzen*) idleness ② (*Untätigkeit*) inactivity
nichtswürdig <-er, -ste> *adj* (*geh*) despicable; *Tat a.* base
Nichtwähler(in) *m(f)* non-voter **Nichtzahlung** *f* non-payment
Nickel <-s> ['nɪkl̩] *nt kein pl* nickel
nicken ['nɪkn̩] *vi* to nod; **zustimmend ~** to nod in agreement
Nickerchen <-s, -> ['nɪkɐçən] *nt* (*fam*) nap; **ein ~ machen** to take a nap

N

nie ['ni:] *adv* never; ~ **mehr** never again; **das hätte ich ~ im Leben gedacht** I never would have thought so ▶WENDUNGEN: ~ **und nimmer** never ever

nieder ['ni:dɐ] *adv* down

nieder|beugen *vr* ■**sich** *akk* [**zu jdm/etw**] ~ to bend down [to sb/sth] **nieder|brennen** *irreg* **I.** *vi sein* to burn down **II.** *vt haben* to burn down **niederdeutsch** ['ni:dɐdɔytʃ] *adj* Low German **nieder|drücken** *vt* (*geh*) ① (*herunterdrücken*) to press [*or* push] down ② (*deprimieren*) to depress; ■~**d** depressing **nieder|fallen** *vi sein* (*geh*) ■**vor jdm/etw** ~ to fall down [on one's knees] before sb/sth **Niederfrequenz** *f* low frequency **Niedergang** <-[e]s> *m kein pl* decline **niedergedrückt** *adj* downcast **nieder|gehen** *vi irreg sein* ① (*fallen*) *Regen* to fall; *Lawine* to descend; *Gewitter* to break ② *Flugzeug* to touch down ③ *Boxer* to go down ④ *Vorhang* to fall **niedergelassen** [-gəlasn̩] *adj* SCHWEIZ resident **niedergeschlagen** [-gəʃla:gn̩] *adj* downcast **Niedergeschlagenheit** <-> *f kein pl* despondency **nieder|knien** **I.** *vi sein* to kneel [down] (**vor** +*dat* before) **II.** *vr haben* ■**sich** *akk* ~ to kneel [down] (**vor** +*dat* before) **nieder|kommen** *vi irreg sein* (*veraltend geh*) ■**mit jdm** ~ to be delivered of sb

Niederkunft <-, -künfte> ['ni:dɐkʊnft, *pl* -kʏnftə] *f* (*veraltet*) delivery

Niederlage *f* defeat

Niederlande ['ni:dɐlandə] *pl* ■**die** ~ the Netherlands; *s. a.* **Deutschland**

Niederländer(in) <-s, -> ['ni:dɐlɛndɐ] *m(f)* Dutchman *masc*, Dutchwoman *fem; s. a.* **Deutsche(r)**

niederländisch ['ni:dɐlɛndɪʃ] *adj* Dutch; *s. a.* **deutsch**

Niederländisch ['ni:dɐlɛndɪʃ] *nt dekl wie adj* Dutch; ■**das** ~**e** Dutch

nieder|lassen *vr irreg* ① (*ansiedeln*) ■**sich** *akk* ~ to settle down ② (*beruflich etablieren*) ■**sich** *akk* [**als etw**] ~ to establish oneself [as sth]; **niedergelassener Arzt** *registered doctor with their own practice* ③ (*geh: hinsetzen*) ■**sich** *akk* [**auf etw** *dat*] ~ to sit down [on sth]; *Vogel* to settle [on sth]

Niederlassung <-, -en> *f* (*Zweigstelle*) branch **Niederlassungsbewilligung** *f* SCHWEIZ residence permit

nieder|legen *vt* ① (*hinlegen*) to put down *sep* ② (*aufgeben*) to give up; *Amt, Mandat* to resign; *Arbeit* to stop ▶WENDUNGEN: **da legst di nieder!** SÜDD (*fam*) I'll be blowed! [*or* AM damned!] **Niederlegung** <-, -en> *f* ① (*das Hinlegen*) laying ② *einer Aufgabe* resignation (+*gen* from) ③ (*schriftliche Fixierung*) writing down ④ (*Deponierung*) submission **nieder|machen** *vt* (*fam*) ① (*kaltblütig töten*) to butcher ② (*heruntermachen*) to run down *fam* **Niederösterreich** ['ni:dɐʔø:stəraiç] *nt* Lower Austria **nieder|reißen** *vt irreg* to pull down *sep* **Niedersachsen** <-s> ['ni:dɐzaksn̩] *nt* Lower Saxony **nieder|schießen** *irreg vt* to shoot down *sep* **Niederschlag** *m* ① (*Regen*) rainfall *no pl;* (*Schnee*) snowfall *no pl;* (*Hagel*) hail *no pl* ② (*Ausdruck*) **seinen ~ in etw** *dat* **finden** to find expression in sth **nieder|schlagen** *irreg* **I.** *vt* ① (*zu Boden schlagen*) to floor ② (*unterdrücken*) to crush; *Streik* to break up; *Unruhen* to suppress ③ *Augen* to lower **II.** *vr* ① (*kondensieren*) ■**sich** *akk* [**an etw** *dat*] ~ to condense [on sth] ② (*zum Ausdruck kommen*) ■**sich** *akk* **in etw** *dat* ~ to find expression in sth

nieder|schmettern *vt* ① (*niederschlagen*) to send crashing to the ground ② (*fig: erschüttern*) to devastate

niederschmetternd ['ni:dɐʃmɛtɐnt] *adj* deeply distressing; *Nachricht* devastating; **ein ~es Wahlergebnis** a crushing electoral defeat

nieder|schreiben *vt irreg* to write down *sep* **Niederschrift** *f* ① (*Protokoll*) record ② *kein pl* (*das Niederschreiben*) writing down **Niederspannung** *f* low voltage **nieder|stoßen** *irreg* **I.** *vt haben* to knock down **II.** *vi sein* **der Vogel stieß auf die Beute nieder** the bird swooped down on its prey **nieder|strecken** (*geh*) **I.** *vt* (*schwer verletzen*) *mit einer Schusswaffe* to shoot down **II.** *vr* (*sich hinlegen*) ■**sich** ~ to lie down, to stretch out

Niedertracht <-> *f kein pl* ① (*Gesinnung*) malice ② (*Tat*) despicable act

niederträchtig *adj* contemptible; *Einstellung, Lüge, Person a.* despicable

Niederträchtigkeit <-, -en> *f* ① (*Tat*) despicable act ② *kein pl* malice

nieder|treten *vt irreg Gras, Blumen* to trample down; *Erde, Schnee* to tread down; *Teppichflor* to wear [down]

Niederung <-, -en> ['ni:dərʊŋ] *f* (*Senke*) lowland; (*Mündungsgebiet*) flats *pl*

nieder|werfen *irreg* **I.** *vr* ■**sich** [**vor jdm**] ~ to throw oneself down [before/in front of sb] **II.** *vt* (*geh*) ① (*niederschlagen*) to crush ② (*besiegen*) to overcome ③ (*erschüttern*) to shatter *fam*

niedlich ['ni:tlɪç] **I.** *adj* cute, sweet **II.** *adv*

N

sweetly

niedrig ['niːdrɪç] **I.** *adj* ❶ (*nicht hoch*) low ❷ (*gering*) low; *Betrag* small **II.** *adv* low

Niedriglohnbereich *m* POL low-wage sector **Niedriglohnsektor** *m* POL, ÖKON low-wage sector

niemals ['niːmaːls] *adv* never

niemand ['niːmant] *pron indef* nobody, no one; **ist denn da ~?** isn't there anyone there?; **ich will ~en sehen** I don't want to see anybody

Niemandsland ['niːmantslant] *nt kein pl* no man's land

Niere <-, -n> ['niːrə] *f* kidney ▸ WENDUNGEN: **jdm an die ~n gehen** (*fam*) to get to sb

Nierenbecken *nt* renal pelvis **nierenförmig** *adj* kidney-shaped **Nierengurt** *m* kidney belt **Nierenleiden** *nt* kidney disease **Nierenstein** *m* kidney stone **Nierenversagen** *nt kein pl* kidney failure *no pl*

nieseln ['niːzl̩n] *vi impers* ■**es nieselt** it's drizzling

Nieselregen ['niːzl̩-] *m* drizzle *no pl*

niesen ['niːzn̩] *vi* to sneeze

Nießbrauch ['niːsbraux] *m kein pl* JUR [right of] usufruct **Nießnutzer(in)** <-s, -> *m(f)* JUR usufructuary

Niete[1] <-, -n> ['niːtə] *f* ❶ (*Nichttreffer*) blank ❷ (*fam: Versager*) loser

Niete[2] <-, -n> ['niːtə] *f* TECH rivet

nieten ['niːtn̩] *vt* to rivet

niet- und nagelfest ['niːtʔʊnt'naːgl̩fɛst] *adj* ▸ WENDUNGEN: **alles, was nicht ~ ist** (*fam*) everything that's not nailed down

Nigeria <-s> [ni'geːri̯a] *nt* Nigeria; *s. a.* **Deutschland**

Nigerianer(in) <-s, -> [nige'ri̯aːnɐ] *m(f)* Nigerian; *s. a.* **Deutsche(r)**

nigerianisch [nige'ri̯aːnɪʃ] *adj* Nigerian; *s. a.* **deutsch**

Nihilismus <-> [nihi'lɪsmʊs] *m kein pl* nihilism *no pl*

nihilistisch *adj* nihilistic

Nikolaus <-, -e *o* -läuse> ['nɪkolaus, *pl* -lɔyzə] *m* ❶ (*verkleidete Gestalt*) St. Nicholas (*figure who brings children presents on 6th December*) ❷ *kein pl* (*6. Dezember*) St. Nicholas' Day

Nikotin <-s> [niko'tiːn] *nt kein pl* nicotine

nikotinarm *adj* low-nicotine *pred* **nikotinfrei** *adj* nicotine-free **Nikotingehalt** *m* nicotine content **Nikotinvergiftung** *f* nicotine poisoning

Nil <-s> ['niːl] *m* ■**der ~** the Nile

Nilpferd *nt* hippopotamus

nimmer ['nɪmɐ] *adv* ❶ (*veraltend geh: niemals*) never ❷ SÜDD, ÖSTERR (*nicht mehr*) no longer

Nimmersatt <-[e]s, -e> ['nɪmɐzat] *m* ❶ (*fam*) glutton ❷ ORN wood ibis **Nimmerwiedersehen** [nɪmɐ'viːdɐzeːən] *nt* **auf ~** (*fam*) never to be seen again

nimmt ['nɪmt] *3. pers sing pres von* **nehmen**

nippen ['nɪpn̩] *vi* to sip (**an** +*dat* at)

Nippes ['nɪpəs, 'nɪps, 'nɪp] *pl* knick-knacks *pl*

nirgends ['nɪrgn̩ts], **nirgendwo** ['nɪrgn̩t'voː] *adv* nowhere; **ich konnte ihn ~ finden** I couldn't find him anywhere

nirgendwohin ['nɪrgn̩tvo'hɪn] *adv* nowhere

Nische <-, -n> ['niːʃə] *f* niche

Nischendasein *nt* BIOL, SOZIOL marginal existence

nisten ['nɪstn̩] *vi* to nest

Nistkasten *m* nesting box **Nistplatz** *m* ORN nesting place

Nitrat <-[e]s, -e> [ni'traːt] *nt* nitrate

Nitrit <-s> [ni'triːt] *nt kein pl* CHEM nitrite

Niveau <-s, -s> [ni'voː] *nt* ❶ (*Anspruch*) calibre; **~ haben** to have class; **kein ~ haben** to be lowbrow; **das ist unter meinem ~** this is beneath me *fig;* **er blieb mit diesem Buch unter seinem [üblichen] ~** this book wasn't up to his usual standard ❷ (*Höhe einer Fläche*) level

niveaulos [ni'voː-] *adj* primitive

niveauvoll *adj* intellectually stimulating

nivellieren* [nivɛ'liːrən] *vt* (*geh: einander angleichen*) to even out *sep*

Nivellierung <-, -en> *f* (*geh*) evening out

nix ['nɪks] *pron indef* (*fam*) *s.* **nichts**

Nixe <-, -n> ['nɪksə] *f* mermaid

Nizza <-s> ['nɪtsa] *nt* Nice

nobel ['noːbl̩] **I.** *adj* ❶ (*edel*) noble ❷ (*luxuriös*) luxurious ❸ (*großzügig*) generous **II.** *adv* ❶ (*edel*) honourably ❷ (*großzügig*) generously

Falsche Freunde

Nicht verwechseln mit *noble* — edel, adlig!

Nobelkarosse ['noːbl̩karɔsə] *f* AUTO (*pej fam*) posh [*or* AM fancy] car

Nobelpreis [no'bɛlprais] *m* Nobel Prize **Nobelpreisträger(in)** *m(f)* Nobel Prize winner

Noblesse <-> [no'blɛs(ə)] *f* (*geh*) noble-mindedness

Nobody <-s, -s> ['noːbodi] *m* nobody

noch ['nɔx] **I.** *adv* ❶ (*bis jetzt*) still; **ein ~ ungelöstes Problem** an as yet unsolved problem; ■**~ immer [nicht]** still [not]; ■**~ nicht** not yet; ■**~ nichts** nothing yet; ■**~ nie** never; **die Luft war klar wie ~**

nie the sky was clearer than ever before; **bisher ist ~ niemand gekommen** nobody has arrived yet ② (*irgendwann*) some time; **er kommt schon ~** he will eventually come ③ (*nicht später als*) by the end of; **~ gestern habe ich davon nichts gewusst** even yesterday I didn't know anything of it; **~ heute** today ④ (*bevor etw anderes geschieht*) **bleib ~ ein wenig** stay a bit longer ⑤ (*womöglich*) **wir kommen ~ zu spät** we're going to end up being late ⑥ (*zusätzlich*) in addition; **bist du satt oder möchtest du ~ etwas essen?** are you full or would you like something more to eat?; **mein Geld ist alle, hast du ~ etwas?** I don't have any money left, do you have any?; **möchten Sie ~ eine Tasse Kaffee?** would you like another cup of coffee?; ■ **~ eine(r, s)** another ⑦ *vor komp* (*mehr als*) even [more] **II.** *konj* ■ **weder ... ~ ...** neither ... nor ...

nochmalig ['nɔxmaːlɪç] *adj attr* further

nochmals ['nɔxmaːls] *adv* again

Nomade, Nomadin <-n, -n> [no'maːdə] *m, f* nomad

Nomadentum <-s> *nt kein pl* nomadism *no pl*

Nomadin <-, -nen> *f fem form von* **Nomade**

Nomen <-s, Nomina> ['noːmən, *pl* 'noːmina] *nt* LING noun

Nomenklatur <-, -en> [nomɛnkla'tuːɐ̯] *f* nomenclature

Nomina ['noːmina] *nt pl von* **Nomen**

Nominativ <-[e]s, -e> ['noːminatiːf, *pl* 'noːminatiːvə] *m* nominative

nominieren* [nomi'niːrən] *vt* to nominate

Nominierung <-, -en> *f* nomination

Nonameprodukt, No-Name-Produkt ['noʊneːm-] *nt* no-name product

nonkonformistisch *adj* (*geh*) nonconformist

Nonne <-, -n> ['nɔnə] *f* nun

Nonnenkloster *nt* convent [of nuns]

Nonplusultra <-> [nɔnplʊs'ʔʊltra] *nt kein pl* (*geh*) ■ **das ~** the ultimate

Non-Profit-Unternehmen [ˌnɒn'prɒfɪt-] *nt* ÖKON not-for-profit organization

Nonsens <-[es]> ['nɔnzɛns] *m kein pl* nonsense

nonstop [nɔn'ʃtɔp, nɔn'stɔp] *adv* non-stop

Nord <-[e]s, -e> ['nɔrt, *pl* 'nɔrdə] *m kein art, kein pl* north; **aus ~** from the north

Nordamerika ['nɔrtʔa'meːrika] *nt* North America **norddeutsch** ['nɔrtdɔy̯tʃ] *adj* North German **Norddeutschland** ['nɔrtdɔy̯tʃlant] *nt* North Germany

Norden <-s> ['nɔrdn̩] *m kein pl, kein indef art* ① (*Himmelsrichtung*) north; **im ~** in the north; **in Richtung ~** to[wards] the north; **nach ~** to the north ② (*nördliche Gegend*) north; **er wohnt im ~ der Stadt** he lives in the northern part of town

Nordeuropa ['nɔrtʔɔy'roːpa] *nt* northern Europe *no pl* **Nordhalbkugel** *f* northern hemisphere **Nordirland** ['nɔrt'ʔɪrlant] *nt* Northern Ireland

nordisch ['nɔrdɪʃ] *adj* Nordic **Nordküste** ['nɔrtkʏstə] *f* north coast

nördlich ['nœrtlɪç] **I.** *adj* ① (*Himmelsrichtung*) northern ② (*im Norden liegend*) northern; **weiter ~ liegen** to lie further [to the] north ③ (*von/nach Norden*) northerly; **in ~e Richtung** northwards **II.** *adv* ■ **~ von ...** north of ... **III.** *präp +gen* **~ der Stadt** [to the] north of the town

Nordlicht *nt* ① (*Polarlicht*) northern lights *pl* ② (*hum o a. pej: Mensch aus Norddeutschland*) North German **Nordosten** [nɔrt'ʔɔstn̩] *m kein indef art* north-east; *s. a.* **Norden** **nordöstlich** [nɔrt'ʔœstlɪç] **I.** *adj* ① (*Himmelsrichtung*) north-eastern ② (*im Nordosten liegend*) north-eastern ③ (*von/nach Nordosten*) north-eastwards **II.** *adv* ■ **~ von ...** north-east of ... **III.** *präp +gen* north-east of; *s. a.* **nördlich** **Nordpol** ['nɔrtpoːl] *m kein pl* ■ **der ~** the North Pole

Nordrhein-Westfalen ['nɔrtrajnvɛst'faːlən] *nt* North Rhine-Westphalia

Nordsee ['nɔrtzeː] *f* ■ **die ~** the North Sea; **an der ~** on the North Sea coast

Nord-Süd-Gefälle *nt* North-South divide

Nordwesten [nɔrt'vɛstn̩] *m kein indef art* north-west; *s. a.* **Norden** **nordwestlich** [nɔrt'vɛstlɪç] **I.** *adj* ① (*Himmelsrichtung*) north-western ② (*im Nordwesten liegend*) north-western ③ (*von/nach Nordwesten*) north-westwards **II.** *adv* ■ **~ von ...** north-west of ... **III.** *präp +gen* north-west of; *s. a.* **nördlich** **Nordwind** *m* north wind

Nörgelei <-, -en> *f* ① (*Äußerung*) moaning ② *kein pl* (*das Nörgeln*) nagging

nörgeln ['nœrgl̩n] *vi* to moan (**über** *+akk* about)

Nörgler(in) <-s, -> ['nœrglɐ] *m(f)* moaner

Norm <-, -en> ['nɔrm] *f* ① (*festgelegte Größe*) standard ② (*verbindliche Regel*) norm ③ (*Durchschnitt*) ■ **die ~** the norm ④ (*festgesetzte Arbeitsleistung*) quota

normal [nɔr'maːl] **I.** *adj* ① (*üblich*) normal ② *meist verneint* (*fam: zurechnungsfähig*) right in the head; **du bist wohl nicht ~!** you are out of your mind! **II.** *adv* normally

Normalbenzin *nt* low-octane petrol [*or* AM

N

gas[oline]]
normalerweise *adv* normally
Normalfall *m* normal case; **im ~** usually **Normalgewicht** *nt* normal weight
normalisieren* [nɔrmali'zi:rən] **I.** *vt* to normalize **II.** *vr* ■**sich** *akk* ~ to normalize
Normalisierung <-, -en> *f* normalization
Normalität <-> [nɔrmali'tɛ:t] *f kein pl* normality
Normalverbraucher(in) *m(f)* average consumer; **Otto ~** (*fam*) the man in the street **Normalzustand** *m kein pl* normal state
Normandie <-> [nɔrman'di:] *f* ■**die ~** Normandy
normen ['nɔrmən] *vt* to standardize
normieren* [nɔr'mi:rən] *vt* (*geh*) to standardize
Normierung <-, -en> *f* (*geh*) standardization *no pl*
Normung <-, -en> *f* standardization
Norwegen <-s> ['nɔrve:gn̩] *nt* Norway; *s. a.* **Deutschland**
Norweger(in) <-s, -> ['nɔrve:gɐ] *m(f)* Norwegian; *s. a.* **Deutsche(r)**
norwegisch ['nɔrve:gɪʃ] *adj* Norwegian; *s. a.* **deutsch**
Norwegisch ['nɔrve:gɪʃ] *nt dekl wie adj* ■**das ~e** [the] Norwegian [language]
Nostalgie <-> [nɔstal'gi:] *f kein pl* (*geh*) nostalgia
nostalgisch [nɔs'talgɪʃ] *adj* (*geh*) nostalgic
Not <-, Nöte> ['no:t, *pl* 'nø:tə] *f* ❶ *kein pl* (*Armut*) poverty ❷ (*Bedrängnis*) distress; **in ~ geraten** to get into difficulties; **jdm seine ~ klagen** to pour out one's troubles to sb ❸ (*Mühe*) **seine [liebe] ~ haben mit jdm/etw** *dat* to have one's work cut out with sb/sth; **mit knapper ~** just ▶WENDUNGEN: **~ macht erfinderisch** (*prov*) necessity is the mother of invention; **wenn ~ am Mann ist** in times of need; **zur ~** if need[s] be
Notar(in) <-s, -e> [no'ta:ɐ̯] *m(f)* notary
Notariat <-[e]s, -e> [nota'ri̯a:t] *nt* (*Kanzlei*) notary's office
notariell [nota'ri̯ɛl] *adj* notarial; **~ beglaubigt** certified by a notary
Notarin <-, -nen> *f fem form von* **Notar**
Notarzt, -ärztin *m, f* ❶ (*bei Unfällen*) casualty [*or* AM emergency] doctor ❷ (*Arzt im Notdienst*) doctor on call **Notaufnahme** *f* ❶ (*eines Kranken*) emergency admission ❷ (*Krankenhausstation*) accident and emergency department, emergency room AM **Notausgang** *m* emergency exit **Notbehelf** *m* stopgap [measure] **Notbremse** *f* emergency brake **Notdienst** *m* **~ haben** to be on duty
Notdurft ['no:tdʊrft] *f* **seine ~ verrichten** (*geh*) to relieve oneself *dated or hum*
notdürftig ['no:tdʏrftɪç] **I.** *adj* makeshift **II.** *adv* in a makeshift manner *pred*
Note <-, -n> ['no:tə] *f* ❶ MUS note; **ganze/halbe ~** semibreve/minim; **~n lesen** to read music ❷ (*Zensur*) grade ❸ (*Banknote*) [bank]note ❹ *kein pl* (*Eigenart*) special character

Falsche Freunde

Nicht verwechseln mit *note* — Benachrichtigung *f*!

Notebook <-s, -s> ['no:tbʊk] *nt* INFORM notebook
Notenbank *f* issuing bank **Notenblatt** *nt* sheet of music **Notenschlüssel** *m* clef **Notenständer** *m* music stand
Notepad-Computer ['no:tpɛd-] *m* notepad [computer]
Notfall *m* emergency
notfalls ['no:tfals] *adv* if needs be
Notfallstation *f* SCHWEIZ casualty
notgedrungen *adv* willy-nilly
Notgroschen *m* savings for a rainy day
notieren* [no'ti:rən] *vt* to write down
Notierung <-, -en> *f* BÖRSE quotation
nötig ['nø:tɪç] *adj* necessary; ■**alles N~e** everything necessary; ■**das N~ste** the essentials; **etw [bitter] ~ haben** to be in [urgent] need of sth; **wir haben es nicht ~, uns so von ihm unter Druck setzen zu lassen** we don't have to put up with him pressurizing us like this; **er hat es nicht ~, sich anzustrengen** he doesn't need to try hard; **der hat es gerade ~, von Treue zu reden** he's a one to tell us about faithfulness
nötigen ['nø:tɪgn̩] *vt* to force
nötigenfalls ['nø:tɪgn̩'fals] *adv* (*form*) if necessary
Nötigung <-, -en> *f* (*Zwang*) coercion
Notiz <-, -en> [no'ti:ts] *f* ❶ (*Vermerk*) note ❷ (*Zeitungsmeldung*) short report ▶WENDUNGEN: **keine ~ [von jdm/etw] nehmen** to take [no] notice [of sb/sth]
Notizblock <-blöcke> *m* notepad **Notizbuch** *nt* notebook **Notizzettel** *m* piece of paper
Notlage *f* desperate situation **notlanden** <notlandete, notgelandet> ['no:tlandn̩] *vi sein* to make an emergency landing **Notlandung** *f* emergency landing **Notlösung** *f* stopgap [solution] **Notlüge** *f* white lie **notoperieren*** *vt* MED to perform emergency surgery
notorisch [no'to:rɪʃ] **I.** *adj* (*geh*) notorious

N

II. *adv* (*geh*) notoriously

Notruf *m* ① (*Anruf*) emergency call ② *s.* **Notrufnummer** **Notrufnummer** *f* emergency number **Notrufsäule** *f* emergency telephone

notschlachten <notschlachtete, notgeschlachtet> *vt* ■**ein Tier** ~ to slaughter an animal out of necessity

Notsignal *nt* emergency signal **Notsitz** *m* spare foldaway seat

Notstand *m* ① (*Notlage*) desperate situation ② JUR [state of] emergency **Notstandsgebiet** *nt* disaster area

Notstromaggregat *nt* emergency generator **Notunterkunft** *f* emergency accommodation **Notwehr** <-> *f kein pl* self-defence *no pl;* **aus** ~ in self-defence

notwendig ['no:tvɛndɪç] **I.** *adj* necessary **II.** *adv* necessarily; **etw ~ brauchen** to absolutely need sth

notwendigerweise ['no:tvɛndɪgɐ'vaj̯zə] *adv* necessarily

Notwendigkeit <-, -en> ['no:tvɛndɪçkaj̯t, not'vɛndɪçkaj̯t] *f* necessity

Notzucht <-> *f kein pl s.* **Vergewaltigung**

Nougat <-s, -s> ['nu:gat] *m o nt* nougat

Novelle <-, -n> [no'vɛlə] *f* ① (*Erzählung*) short novel ② (*novelliertes Gesetz*) amendment

November <-s, -> [no'vɛmbɐ] *m* November; *s. a.* **Februar**

Novize, Novizin <-n, -n> [no'vi:tsə, no'vi:tsɪn] *m, f* novice

Nr. *Abk von* **Nummer** no.

NS [ɛn'ɛs] *Abk von* **Nationalsozialismus** National Socialism

Nu ['nu:] *m* **im** ~ in a flash

Nuance <-, -n> ['nỹã:sə] *f* nuance

nuancenreich ['nỹã:sən-] *adj* highly nuanced

nüchtern ['nʏçtɐn] *adj* ① (*mit leerem Magen*) with an empty stomach ② (*nicht betrunken*) sober ③ (*realitätsbewusst*) down-to-earth ④ *Tatsachen* plain; *Einrichtung* austere

Nüchternheit <-> *f kein pl* ① (*Realitätsbewusstsein*) rationality ② (*nicht alkoholisierter Zustand*) sobriety

Nudel <-, -n> ['nu:dl̩] *f meist pl* pasta + *sing vb, no indef art;* (*Suppennudel*) noodle *usu pl*

Nudelholz *nt* rolling pin **Nudelsuppe** *f* noodle soup

Nudist(in) <-en, -en> [nu'dɪst] *m(f)* (*geh*) nudist

Nugat <-s, -s> *m o nt* nougat

nuklear [nukle'a:ɐ̯] **I.** *adj attr* nuclear **II.** *adv* with nuclear weapons *pred*

Nuklearabfall <-s, -abfälle> *m* nuclear waste **Nuklearaufrüstung** *f* nuclear armament **Nuklearindustrie** *f* nuclear industry **Nuklearprogramm** *nt* nuclear programme [*or* AM program] **Nukleartest** *m* MIL, POL nuclear [*or* atomic] test **Nuklearwaffe** *f* nuclear weapon

null ['nʊl] *adj* zero, nought ▶WENDUNGEN: **<u>gleich</u> ~ sein** to be nil; **in ~ <u>Komma</u> nichts** (*fam*) in a flash; **~ und <u>nichtig</u> sein** to be null and void

Null <-, -en> ['nʊl, *pl* 'nʊlṇ] *f* ① (*Zahl*) zero, null ② (*fam: Versager*) nothing

nullachtfuffzehn [nʊlʔaxt'fʊftse:n], **nullachtfünfzehn** [nʊlʔaxt'fʏnftse:n] *adj* (*fam*) run-of-the-mill

Nulldiät *f* starvation diet **Nulllösung** *f* zero option **Nullpunkt** *m kein pl* freezing point ▶WENDUNGEN: **auf den ~ <u>sinken</u>** to reach rock bottom **Nullrunde** *f round of wage negotiations where demand for a wage rise is dropped* **Nulltarif** *m* ■**zum** ~ for free

Numeri ['nu:meri] *pl von* **Numerus**

numerisch [nu'me:rɪʃ] *adj* numeric[al]

Numerus <-, Numeri> ['nu:merʊs, *pl* 'nu:meri] *m* number; ~ **clausus** restricted entry

Land und Leute

Universities regulate the number of school leavers embarking on the most popular degree courses by means of the **Numerus clausus** or **NC**. Only applicants with an average mark exceeding the **Numerus clausus** – which is usually set at *sehr gut* (*very good*) – are permitted to join their chosen course.

Nummer <-, -n> ['nʊmɐ] *f* ① (*Zahl, Telefonnummer*) number ② MEDIA (*Ausgabe*) issue ③ (*Größe*) size ④ (*derb: Koitus*) fuck; **eine ~ [mit jdm] schieben** (*sl*) to have it off BRIT [*or* AM get it on] [with sb] ▶WENDUNGEN: **auf ~ <u>Sicher</u> gehen** (*fam*) to play it safe

nummerieren* *vt* to number

Nummerierung <-, -en> *f* ① *kein pl* (*das Nummerieren*) numbering ② (*Eintrag einer Zahl*) numbering; **die Blätter haben keine ~** the sheets are not numbered

Nummernkonto *nt* numbered account **Nummernschild** *nt* number [*or* AM license] plate

nun ['nu:n] *adv* now ▶WENDUNGEN: **es ist ~ [ein]mal so** that's the way it is

nunmehr ['nu:n'me:ɐ̯] *adv* (*geh*) now

nur ['nu:ɐ̯] *adv* ① (*lediglich*) only; **sie fährt**

N

gut, ~ zu schnell she drives well but too fast ② (*bloß*) just; **wie konnte ich das ~ vergessen!** how on earth could I forget that! ③ (*ruhig*) just; **~ zu!** go ahead!
Nürnberg <-s> ['nʏrnbɛrk] *nt* Nuremberg
nuscheln ['nʊʃl̩n] *vi, vt* (*fam*) to mumble
Nuss <-, Nüsse> ['nʊs, *pl* 'nʏsə] *f* (*Haselnuss*) hazelnut; (*Walnuss*) walnut ▶WENDUNGEN: **dumme ~** (*fam*) silly twit; **jdm eine harte ~ zu knacken geben** (*fam*) to give sb a tough nut to crack
Nussbaum *m* (*Walnussbaum*) walnut tree
nussig [nʊsɪç] *adj* KOCHK nutty
Nussknacker <-s, -> *m* nutcracker **Nussschale** *f* [nut]shell **Nusstorte** *f* nut gateau BRIT, cream cake with hazelnuts AM
Nüster <-, -n> ['nʏstɐ, 'nyːstɐ] *f* ZOOL nostril
Nut <-, -en> ['nuːt] *f* (*fachspr*), **Nute** <-, -n> ['nuːtə] *f* groove
Nutte <-, -n> ['nʊtə] *f* (*sl*) whore
nutz ['nʊts] *adj präd* SÜDD, ÖSTERR *s.* **nütze**
nutzbar *adj* usable
Nutzbarmachung <-> *f kein pl* utilization; *von Bodenschätzen* exploitation
nutzbringend I. *adj* gainful **II.** *adv* gainfully
nütze ['nʏtsə] *adj präd* ▪**zu etw** *dat* **~ sein** to be useful for sth; ▪**zu nichts ~ sein** to be good for nothing
nutzen ['nʊtsn̩], **nützen** ['nʏtsn̩] **I.** *vi* (*von Nutzen sein*) to be of use; ▪**[jdm] nichts ~** to not do [sb] any good **II.** *vt* ① (*in Gebrauch nehmen*) to use ② (*ausnutzen*) to exploit; **eine Gelegenheit ~** to take advantage of an opportunity
Nutzen <-s> ['nʊtsn̩] *m kein pl* benefit; **welchen ~ versprichst du dir davon?** what do you hope to gain from it?; **[jdm] ~ bringen** to be of advantage [to sb]; **[jdm] von ~ sein** to be of use [to sb]
Nutzerführung *f* INET, INFORM navigation
Nutzfahrzeug *nt* utility vehicle **Nutzfläche** *f* utilizable space of land
nützlich ['nʏtslɪç] *adj* ① (*nutzbringend*) useful ② (*hilfreich*) helpful
Nützlichkeit <-> *f kein pl* advantage
nutzlos I. *adj* useless **II.** *adv* in vain *pred*
Nutzlosigkeit <-> *f kein pl* uselessness
Nutznießer(in) <-s, -> ['nʊtsniːsɐ] *m(f)* JUR usufructuary
Nutzpflanze *f* [economically] useful plant
Nutzung <-, -en> *f* use
Nutzungsrecht *nt* right of use; JUR usufruct
NW *Abk von* **Nordwesten**
Nylon® <-[s]> ['najlɔn] *nt kein pl* nylon
Nymphe <-, -n> ['nʏmfə] *f* nymph
Nymphomanin <-, -nen> *f* nymphomaniac

O o

O, o <-, - *o fam* -s, -s> [oː] *nt* O, o; **~ wie Otto** O for Oliver BRIT, O as in Oboe AM
Oase <-, -n> [o'aːzə] *f* oasis
ob ['ɔp] *konj* whether; **~ er morgen kommt?** I wonder whether he'll come tomorrow?; **sie muss mitgehen, ~ es ihr passt oder nicht** she has to go whether she likes it or not
Obdach <-[e]s> ['ɔpdax] *nt kein pl* (*geh*) shelter
obdachlos *adj* homeless
Obdachlose(r) *f(m)* homeless person
Obdachlosenasyl *nt*, **Obdachlosenheim** *nt* hostel for the homeless
Obduktion <-, -en> [ɔpdʊk'tsi̯oːn] *f* post-mortem [examination]
obduzieren* [ɔpdu'tsiːrən] *vt* ▪**jdn ~** to perform a post-mortem on sb
O-Beine *pl* bandy legs *pl*
oben ['oːbn̩] *adv* ① (*in der Höhe*) top; **ich möchte die Flasche ~ links** I'd like the bottle on the top left; ▪**~ auf etw** *dat o akk* on top of sth; **dort ~** up there; **ganz ~** right at the top; **hier ~** up here; **hoch ~** high; **bis ~ [hin]** up to the top; **nach ~** up; **nach ~ zu** further up; **von ~** (*vom oberen Teil*) from above; **das Licht kam von ~** the light came from above ② (*im oberen Stockwerk*) upstairs; **nach ~** upstairs; **von ~** from upstairs ③ (*fam: auf höherer Ebene*) **sich** *akk* **~ halten** to stay at the top; **der Befehl kommt von ~** the order comes from the top; **solche Dinge werden ~ entschieden** these things are decided by the powers that be ④ (*vorher*) above; **~ erwähnt** above-mentioned ▶WENDUNGEN: **jdn von ~ herab behandeln** to behave in a superior manner toward sb; **dieser Job steht mir bis [hier] ~** (*fam*) I'm fed up with this job *sl;* **ich weiß nicht mehr, wo ~ und unten ist** (*fam*) I don't know whether I'm coming or going *sl;* **~ ohne** (*fam*) topless; **von ~ bis unten** from top to bottom
obenan ['oːbn̩'ʔan] *adv* first
obenauf ['oːbn̩'ʔau̯f] *adv* ① DIAL (*obendrauf*) on top ② ▪**~ sein** (*guter Laune*) to be chirpy; (*im Vorteil*) to be in a strong position
obendrauf ['oːbn̩'drau̯f] *adv* (*fam*) on top
obendrein ['oːbn̩'drai̯n] *adv* on top
obenherum ['oːbn̩hɛ'rʊm] *adv* (*fam*) in the bust
obenhin ['oːbn̩'hɪn] *adv* in passing

O

oben-ohne ['o:bn̩'ʔo:nə] *adj* topless

obenrum ['o:bn̩'rʊm] *adv* (*fam*) *s.* **obenherum**

Ober <-s, -> ['o:bɐ] *m* waiter

Oberarm *m* upper arm **Oberarzt, -ärztin** *m, f* senior consultant

Oberbefehl *m kein pl* supreme command; **den ~ haben** to be in supreme command **Oberbefehlshaber(in)** *m(f)* commander-in-chief

Oberbegriff *m* generic term **Oberbekleidung** *f* outer clothing **Oberbürgermeister(in)** ['o:bɐbʏrgɐmai̯stɐ] *m(f)* mayor, BRIT *a.* ≈ Lord Mayor **obercool** ['o:bɐku:l] *adj* (*sl*) totally cool

obere(r, s) ['o:bərə, 'o:bərɐ, 'o:bərəs] *adj attr* ❶ (*oben befindlich*) top ❷ (*rangmäßig höher*) higher ❸ (*vorhergehend*) previous ❹ (*höher gelegen*) upper

oberfaul ['o:bɐfau̯l] *adj* (*fam*) incredibly lazy

Oberfläche ['o:bɐflɛçə] *f* surface; **an die ~ kommen** to surface

oberflächlich ['o:bɐflɛçlɪç] **I.** *adj* superficial **II.** *adv* superficially; (*flüchtig*) in a slapdash manner *pred*

Oberflächlichkeit <-> *f kein pl* superficiality

Obergeschoss *nt* top floor **Obergrenze** *f* upper limit **Oberguru** *m kein fem* (*hum o pej*) big cheese [*or* boss] *fam*

oberhalb ['o:bɐhalp] **I.** *präp +gen* above **II.** *adv* above

Oberhand ['o:bɐhant] *f* ▶ WENDUNGEN: **die ~ [über jdn] gewinnen** to gain the upper hand [over sb] **Oberhaupt** *nt* head **Oberhaus** *nt* **das britische ~** the House of Lords **Oberhemd** *nt* shirt

Oberin ['o:bərɪn] *f* ❶ (*Oberschwester*) matron ❷ (*Äbtissin*) Mother Superior **oberirdisch** **I.** *adj* above ground; *Leitung* overhead **II.** *adv* overground **Oberkellner(in)** *m(f)* head waiter *masc,* head waitress *fem* **Oberkiefer** *m* upper jaw **Oberkommando** ['o:bɐkɔmando] *nt* MIL supreme command (**über** over) **Oberkörper** *m* torso **Oberleitung** *f* ❶ (*Führung*) overall management ❷ (*Fahrdraht*) overhead cable[s *pl*] (*on trolleybuses and trams/streetcars*) **Oberleutnant** ['o:bɐlɔy̯tnant] *m* ❶ (*im Heer*) lieutenant BRIT, first lieutenant AM ❷ (*bei der Luftwaffe*) flying officer BRIT, first lieutenant AM **Oberlicht** *nt* ❶ (*oberer Fensterteil*) transom ❷ (*Fenster über einer Tür*) fanlight, AM *usu* transom [window] **Oberlippe** *f* upper lip **Obermaterial** *nt eines Schuhs* upper[s] **Oberösterreich** ['o:bɐʔø:stərai̯ç] *nt* Upper Austria

oberpeinlich ['o:bɐpai̯nlɪç] *adj* (*sl*) cringeworthy

Obers <-> ['o:bɐs] *nt kein pl* ÖSTERR whipping cream **Oberschenkel** *m* thigh **Oberschicht** *f* (*der Gesellschaft*) upper class **Oberschule** *f* ❶ (*meist fam*) secondary school ❷ HIST (*in der früheren DDR*) unified comprehensive school **Oberschwester** *f* senior nursing officer BRIT **Oberseite** *f* top

Oberst <-en *o* -s, -e[n]> ['o:bɐst] *m* MIL ❶ (*im Heer*) colonel ❷ (*in der Luftwaffe*) group captain BRIT, colonel AM

Oberstaatsanwalt, -anwältin *m, f* senior public prosecutor BRIT, attorney general AM

oberste(r, s) ['o:bɐstə, 'o:bɐstɐ, 'o:bɐstəs] *adj* ❶ (*räumlich*) top ❷ (*rangmäßig*) highest

Oberstübchen *nt* ▶ WENDUNGEN: **nicht ganz richtig im ~ sein** (*veraltend fam*) to be not quite right in the head **Oberstufe** *f* ≈ sixth form [*or* AM grade] **Oberteil** *nt o m* ❶ (*Aufsatz*) top part ❷ (*von Kleidung*) top **Obertrottel** *m* (*fam*) prize idiot **Oberverwaltungsgericht** [o:bɐfɛɐ̯'valtʊŋsgərɪçt] *nt* Higher Administrative Court **Oberweite** *f* bust size

obgleich [ɔp'glai̯ç] *konj* although

Obhut <-> ['ɔphu:t] *f kein pl* (*geh*) care; **unter jds ~ stehen** to be in sb's care

obige(r, s) ['o:bɪgə] *adj attr* ❶ (*oben genannt*) above-mentioned ❷ (*zuvor abgedruckt*) above

Objekt <-[e]s, -e> [ɔp'jɛkt] *nt* ❶ (*Gegenstand, a. Grammatik*) object ❷ (*Immobilie*) [piece of] property ❸ (*Kunstgegenstand*) objet d'art

objektiv [ɔpjɛk'ti:f] **I.** *adj* objective **II.** *adv* objectively

Objektiv <-s, -e> [ɔpjɛk'ti:f, *pl* ɔpjɛk'ti:və] *nt* lens

Objektivität <-> [ɔpjɛktivi'tɛ:t] *f kein pl* objectivity

Oblate <-, -n> [o'bla:tə] *f* wafer

obliegen* ['ɔpli:gn̩, ɔp'li:gn̩] *vi irreg, impers sein o haben* (*form: verantwortlich sein*) ■**jdm ~** to be sb's responsibility

Obligation <-, -en> [obliga'tsi̯o:n] *f* FIN [debenture] bond

obligatorisch [obliga'to:rɪʃ] *adj* (*geh*) compulsory

Oboe <-, -n> [o'bo:ə] *f* oboe

Obolus <-, -se> ['o:bolʊs, *pl* 'o:bolʊsə] *m* (*geh*) contribution

Obrigkeit <-, -en> ['o:brɪçkai̯t] *f* (*Verwaltung*) ■**die ~** the authorities

obschon [ɔp'ʃo:n] *konj* (*geh*) although

Observatorium <-, -torien> [ɔpzɛrva'to:ri̯ʊm, *pl* ɔpzɛrva'to:ri̯ən] *nt* observatory

observieren* [ɔpzɛr'viːrən] *vt* (*form*) to observe

obskur [ɔps'kuːɐ̯] *adj* (*geh*) ❶ (*unbekannt*) obscure ❷ (*verdächtig*) suspicious

Obst <-[e]s> ['oːpst] *nt kein pl* fruit

Obstanbau <-s> *m,* **Obstbau** *m kein pl* fruit growing **Obstbaum** *m* fruit tree **Obsternte** *f* ❶ *kein pl* (*das Ernten von Obst*) fruit-gathering [*or* fruit-picking] *no pl, no indef art* ❷ (*geerntetes Obst*) fruit crop [*or* harvest] **Obstgarten** *m* orchard **Obsthandlung** *f* fruiterer's BRIT, fruit store AM

obstinat [ɔpsti'naːt] *adj* (*geh*) obstinate

Obstkuchen *m* fruit flan **Obstmesser** *nt* fruit knife **Obstsaft** *m* fruit juice **Obstsalat** *m* fruit salad **Obsttorte** *f* fruit flan [*or* tart]

obszön [ɔps'tsøːn] *adj* obscene

Obszönität <-, -en> [ɔpstsøni'tɛːt] *f* obscenity

obwohl [ɔp'voːl] *konj* although

Ochse <-n, -n> ['ɔksə] *m* ox

Ochsenschwanzsuppe *f* oxtail soup

Ocker <-s, -> ['ɔkɐ] *m o nt* ochre

öde ['øːdə] *adj* ❶ (*verlassen*) desolate ❷ (*fade*) *Landschaft* dull ❸ (*langweilig*) tedious, dreary

Ode <-, -n> ['oːdə] *f* ode

oder ['oːdɐ] *konj* ❶ (*eines oder anderes*) or; ~ **aber** or else; ~ **auch** or [even]; ~ **auch nicht** or [maybe] not ❷ (*stimmt's?*) **der Film hat dir auch gut gefallen, ~?** you liked the film too, didn't you?; **er schuldet dir noch Geld, ~?** he still owes you money, doesn't he?; **du traust mir doch, ~ [etwa] nicht?** you do trust me, don't you?

Ödipuskomplex ['øːdipʊs-] *m* Oedipus complex *no pl*

Ödland ['øːtlant] *nt kein pl* wasteland *no pl*

Odyssee <-, -n> [odʏ'seː, *pl* odʏ'seːən] *f* (*geh*) odyssey

Ofen <-s, Öfen> ['oːfn̩, *pl* 'øːfn̩] *m* ❶ (*Heizofen*) heater; (*Kohle-, Kachel-, Ölofen*) stove ❷ (*Backofen*) oven ❸ DIAL (*Herd*) cooker ▶ WENDUNGEN: **jetzt ist der ~ aus** (*fam*) that does it

ofenfrisch *adj* oven-fresh **Ofenheizung** *f* stove heating *no art, no pl* **Ofenrohr** *nt* stovepipe

offen ['ɔfn̩] **I.** *adj* open; *Punkt* moot; *Problem, Rechnung* unsettled; *Reißverschluss* undone; *Frage* unanswered; **bei ~em Fenster** with the window open; **~er Wein** wine by the glass/carafe; **~ haben** *Laden, Geschäft* to be open; **etw ~ lassen** to leave sth open **II.** *adv* openly; **~ gestanden** to be [perfectly] honest

offenbar [ɔfn̩'baːɐ̯] **I.** *adj* obvious **II.** *adv* obviously

offenbaren <*pp* offenbart *o* geoffenbart> [ɔfn̩'baːrən] (*geh*) **I.** *vt* to reveal **II.** *vr* ❶ ■**sich** *akk* **jdm ~** to confide in sb ❷ (*erweisen*) **es offenbarte sich als Reinfall** it proved to be a failure

Offenbarung <-, -en> [ɔfn̩'baːrʊŋ] *f* revelation

Offenbarungseid *m* JUR oath of disclosure [*or* AM *a.* manifestation]; **den ~ leisten** to swear an oath of disclosure

Offenheit <-> *f kein pl* openness *no art, no pl;* **in aller ~** quite frankly

offenherzig *adj* ❶ (*freimütig*) open ❷ (*hum fam: tief ausgeschnitten*) revealing

offenkundig ['ɔfn̩kʊndɪç] *adj* obvious

offen|lassen *vt irreg* (*fig*) ■**etw ~** to leave sth open; ■**~ lassen, ob ...** to leave it open whether ...

offensichtlich ['ɔfn̩zɪçtlɪç] **I.** *adj* obvious; *Irrtum, Lüge* blatant **II.** *adv* obviously

offensiv [ɔfɛn'ziːf] **I.** *adj* offensive; *Verhalten, Art* aggressive **II.** *adv* offensively, aggressively

Offensive <-, -n> [ɔfən'ziːvə] *f* offensive; **in die ~ gehen** to go on the offensive

öffentlich ['œfn̩tlɪç] **I.** *adj* public **II.** *adv* publicly

Öffentlichkeit <-> *f kein pl* ■**die ~** the [general] public + *sing/pl vb;* **in aller ~** in public; **etw an die ~ bringen** to make sth public

Öffentlichkeitsarbeit *f kein pl* public relations *npl* **öffentlichkeitswirksam** *adj* ■**~ sein** to be good publicity

öffentlich-rechtlich *adj attr* under public law *pred; Anstalt* public; **~e Rundfunkanstalt** public service broadcasting

offerieren* [ɔfe'riːrən] *vt* (*geh*) to offer

Offerte <-, -n> [ɔ'fɛrtə] *f* offer

offiziell [ɔfi'tsi̯ɛl] **I.** *adj* ❶ (*amtlich*) official ❷ (*förmlich*) *Empfang, Feier* formal **II.** *adv* officially; **jdn ~ einladen** to give sb an official invitation

Offizier(in) <-s, -e> [ɔfi'tsiːɐ̯] *m(f)* officer

offline ['ɔfla̯in] *adj* INFORM off-line

Offlinebetrieb <-[e]s> ['ɔfla̯in-] *m kein pl* off-line operation *no pl*

öffnen ['œfnən] **I.** *vt* to open **II.** *vi* ■**[jdm] ~** to open the door [to sb] **III.** *vr* ❶ (*aufgehen*) ■**sich** *akk* **~** *Tür* to open; *Blüte, Fallschirm* to open out ❷ (*sich zuwenden*) ■**sich** *akk* **[jdm/etw] ~** to open up [to sb/sth]

O

Öffner <-s, -> *m* ❶ (*Dosenöffner*) can [*or* BRIT *a.* tin] opener; (*Flaschenöffner*) bottle opener ❷ (*Türöffner*) door opener
Öffnung <-, -en> *f* ❶ (*offene Stelle*) opening ❷ *kein pl* (*das Öffnen*) opening ❸ *kein pl* POL opening up
Öffnungspolitik *f* policy of openness **Öffnungszeiten** *pl* opening times *pl;* (*von Geschäften*) hours of business *pl*
Offroader <-s, -> ['ɔfro:dɐ] *m* TECH offroader
Offsetdruck <-drucke> ['ɔfsɛt-] *m* offset [printing] *no art, no pl*
oft <öfter, am öftesten> ['ɔft] *adv* often
öfter(s) ['œftɐ(s)] *adv* [every] once in a while; **ist dir das schon ~ passiert?** has that happened to you often?
öftesten ['œftəstən] *superl von* **oft**
oftmals *adv* often
oh ['o:] *interj* oh
ohne ['o:nə] **I.** *präp +akk* ❶ (*nicht versehen mit*) without; ~ **Geld** without any money; ~ **Schutz** unprotected ❷ (*nicht eingerechnet*) excluding; ~ **mich!** count me out! **II.** *konj* ■ ~ **etw zu tun** without doing sth; ■ ~ **dass etw geschieht** without sth happening; ■ ~ **dass jd etw tut** without sb doing sth
ohnedies [o:nə'di:s] *adv s.* **ohnehin** **ohnegleichen** [o:nə'glaiçn̩] *adj* ❶ (*unnachahmlich*) unparalleled ❷ (*außergewöhnlich*) [quite] exceptional
ohnehin [o:nə'hɪn] *adv* anyhow, anyway[s AM *fam a.*]
Ohnmacht <-, -en> ['o:nmaxt] *f* ❶ (*Bewusstseinszustand*) faint *no pl;* **in ~ fallen** to faint ❷ (*geh: Machtlosigkeit*) powerlessness *no art, no pl*
ohnmächtig ['o:nmɛçtɪç] **I.** *adj* ❶ (*bewusstlos*) unconscious; ~ **werden** to faint ❷ (*geh: machtlos*) powerless ❸ *attr Wut* helpless **II.** *adv* helplessly
Ohnmachtsanfall *m* fainting fit; **einen ~ bekommen** to have a fainting fit
Ohr <-[e]s, -en> ['o:ɐ̯] *nt* ear ▶ WENDUNGEN: **es faustdick hinter den ~en haben** to be a crafty one; **ganz ~ sein** (*hum fam*) to be all ears; **auf dem ~ taub sein** (*fam*) to be deaf to that sort of thing; **bis über beide ~en verliebt sein** to be head over heels in love; **jdm eins hinter die ~en geben** (*fam*) to give sb a clip round the ear; **viel um die ~en haben** (*fam*) to have a great deal on one's plate; **jdn übers ~ hauen** (*fam*) to pull a fast one on sb; **sich** *akk* **aufs ~ legen** (*fam*) to put one's head down; **jdm [mit etw** *dat*] **in den ~en liegen** to badger sb [with sth]; **die ~en spitzen** (*fam*) to prick up one's ears; **seinen ~en nicht trauen** to not believe one's ears
Öhr <-[e]s, -e> ['ø:ɐ̯] *nt* eye
Ohrenarzt, -ärztin *m, f* ear specialist **ohrenbetäubend** **I.** *adj* deafening **II.** *adv* deafeningly **Ohrenentzündung** *f* ear infection **Ohrenmütze** *f* MODE cap with ear flaps **Ohrensausen** <-s> *nt kein pl* buzzing in the ears **Ohrenschmalz** *nt kein pl* earwax *no art, no pl* **Ohrenschmaus** <-es> *m kein pl* (*fam*) treat for the ear[s] **Ohrenschützer** <-s, -> *m meist pl* earmuff *usu pl* **Ohrentropfen** *pl* eardrops *pl* **Ohrenzeuge, -zeugin** *m, f* witness (*to something heard*)
Ohrfeige <-, -n> *f* box on the ears
ohrfeigen *vt* ■ **jdn ~** to box sb's ears
Ohrläppchen <-s, -> *nt* earlobe **Ohrmuschel** *f* external ear **Ohrring** *m* earring **Ohrstecker** *m* ear stud, stud earring **Ohrstöpsel** *m* earplug **Ohrwurm** *m* (*fam: Lied*) catchy tune
oje [o'je:], **ojemine** [o'je:mine] *interj* (*veraltend*) oh dear
okay, o.k., O.K. [o'ke:] (*fam*) **I.** *adv* okay **II.** *adj präd* okay; **Ihr Termin geht ~!** there'll be no problem with your appointment
Okkultismus <-> [ɔkʊl'tɪsmʊs] *m kein pl* occultism *no art, no pl*
Öko <-[s], -s> ['ø:ko] *m* POL, SOZIOL (*fam*) environmental activist
Ökobauer, -bäuerin *m, f* organic farmer **Ökoladen** ['ø:kola:dn̩] *m* health food shop
Ökologe, Ökologin <-n, -n> [øko'lo:gə] *m, f* ecologist
Ökologie <-> [økolo'gi:] *f kein pl* ecology *no art, no pl*
Ökologiebewegung *f* environmental movement
Ökologin <-, -nen> *f fem form von* **Ökologe**
ökologisch [øko'lo:gɪʃ] **I.** *adj* ecological **II.** *adv* ecologically
Ökonom(in) <-en, -en> [øko'no:m] *m(f)* (*geh*) economist
Ökonomie <-, -n> [økono'mi:, *pl* økono'mi:ən] *f* ❶ *kein pl* (*Wirtschaftlichkeit*) economy ❷ (*Wirtschaft*) economy *no indef art, no pl*
Ökonomin <-, -nen> *f fem form von* **Ökonom**
ökonomisch [øko'no:mɪʃ] **I.** *adj* ❶ (*die Wirtschaft betreffend*) economic ❷ (*sparsam*) economical **II.** *adv* economically
Ökopartei *f* ecology party **Ökosteuer** *f* ❶ (*Abgabe*) environmental tax (*tax which punishes* [*perpetrators of*] *environmental*

O

damage or products which damage the environment) ② *(Steuervergünstigung)* environmentally friendly tax *(tax which rewards the purchase of environmentally friendly products)* **Ökosystem** *nt* ecosystem **Ökotest** *m* eco-test

Oktaeder <-s, -> [ɔkta'ʔe:dɐ] *nt* octahedron *spec*

Oktave <-, -n> [ɔk'ta:və] *f* octave

Oktober <-s, -> [ɔk'to:bɐ] *m* October; *s. a.* **Februar**

Ökumene <-> [øku'me:nə] *f kein pl* ecumenical Christianity *no art, no pl form*

ökumenisch [øku'me:nɪʃ] *adj* ecumenical *form*

Okzident <-s> ['ɔktsidɛnt] *m kein pl (geh)* ■**der ~** the Occident *form o poet*

Öl <-[e]s, -e> ['ø:l] *nt (fette Flüssigkeit, a. Erdöl)* oil; *(Heizöl)* fuel oil; *(Schmieröl)* lubricating oil; *(Sonnenöl)* sun oil ►WENDUNGEN: **~ ins Feuer gießen** to add fuel to the flames

Ölbild *nt s.* **Ölgemälde**

Oldie <-s, -s> ['o:ldi] *m* oldie

Oldtimer <-s, -> ['o:lttaimɐ] *m (Auto)* vintage car; *(Flugzeug)* vintage aeroplane [*or* AM airplane]

Oleander <-s, -> [ole'andɐ] *m* oleander

ölen ['ø:lən] *vt* to oil

Ölfarbe *f* oil-based paint; KUNST oil [paint] **Ölfleck** *m* oil spot **Ölförderung** *f* oil production *no pl* **Ölgemälde** *nt* oil painting **Ölgewinnung** *f kein pl* oil extraction *no pl* **Ölgötze** *m (pej sl)* **dastehen wie ein ~** to stand there like a [stuffed] dummy **ölhaltig** *adj* containing oil **Ölheizung** *f* oil-fired [central] heating

ölig ['ø:lɪç] *adj* oily; *(fettig)* greasy

Oligarchie <-, -n> [oligar'çi:, *pl* oligar'çi:ən] *f (geh)* oligarchy

Olive <-, -n> [o'li:və] *f* olive

Olivenbaum *m* olive tree **Olivenöl** *nt* olive oil

olivgrün *adj* olive-green, olive *attr*

Öljacke *f* oilskin jacket **Ölkännchen** *nt dim von* **Ölkanne** oilcan **Ölkonzern** *m* oil company **Ölkrise** *f* oil crisis **Ölleitung** *f* oil pipe; *(Pipeline)* oil pipeline **Ölpest** *f* oil pollution *no art, no pl* **Ölplattform** *f* oilrig **Ölpumpe** *f* oil pump **Ölquelle** *f* oil well **Ölraffinerie** *f* oil refinery **Ölsardine** *f* sardine [in oil] ►WENDUNGEN: **wie die ~n** *(fam)* like sardines **Ölscheich** *m (pej)* oil sheikh **Ölschicht** *f* film of oil **Ölschinken** *m* KUNST *(pej: großes Ölgemälde)* large pretentious oil painting

Ölstand *m kein pl* oil level

Ölstandsmesser *m* oil pressure gauge

Öltanker *m* oil tanker **Ölteppich** *m* oil slick

Ölung <-, -en> *f* oiling *no art, no pl;* **die Letzte ~** REL extreme unction

Ölverbrauch *m* oil consumption *no indef art, no pl* **Ölvorkommen** *nt* oil deposit **Ölwechsel** *m* oil change

Olympiade <-, -n> [olym'pi̯a:də] *f* Olympic Games *pl*

Olympiamannschaft *f* SPORT Olympic team **Olympiasieger(in)** *m(f)* Olympic champion **Olympiastadion** *nt* Olympic stadium

Olympionike, Olympionikin <-n, -n> [olʏmpi̯o'ni:kə] *m, f* Olympic athlete

olympisch [o'lʏmpɪʃ] *adj* Olympic *attr*

Ölzweig *m* olive branch

Oma <-, -s> ['o:ma] *f (fam)* gran[ny]

Omelett <-[e]s, -e *o* -s> *nt,* **Omelette** <-, -n> [ɔm(ə)'lɛt, *pl* ɔm(ə)'lɛtn̩] *f* SCHWEIZ, ÖSTERR omelette

Omen <-s, - *o* Omina> ['o:mən, *pl* 'o:mina] *nt (geh)* omen

ominös [omi'nø:s] *adj (geh)* ominous

Omnibus ['ɔmnibʊs] *m* bus

Omnibushaltestelle *f* bus stop

onanieren* [ona'ni:rən] *vi* to masturbate

Onkel <-s, -> ['ɔŋkl̩] *m* uncle

online ['ɔnlai̯n] *adj* online

Onlinebank [ɒnlai̯nbaŋk] *f* FIN, INET Internet bank **Onlinebanking** <-[s]> ['ɔnlai̯nbɛŋkɪŋ] *nt kein pl* online banking **Onlinebetrieb** ['ɔnlai̯n-] *m kein pl* online operation *no pl* **Onlinechat** ['ɔnlai̯ntʃɛt] *m* online chat **Onlinedatenbankdienst** [ɔnlai̯n-] *m* online database service **Onlinedienst** ['ɔnlai̯n-] *m* online service **Onlinelernen** ['ɔnlai̯n-] *nt kein pl* e-learning **Onlineshopping** ['ɔnlai̯nʃɔpɪŋ] *nt* online shopping

OP <-s, -s> [o:'pe:] *m Abk von* **Operationssaal** OR *no art* AM

Opa <-s, -s> ['o:pa] *m (fam)* grandad

Oper <-, -n> ['o:pɐ] *f* opera

Operation <-, -en> [opəra'tsi̯o:n] *f* operation

Operationssaal *m* operating theatre [*or* AM room]

operativ [opəra'ti:f] **I.** *adj* MED operative; **~er Eingriff** surgery **II.** *adv* MED surgically

Operette <-, -n> [opə'rɛtə] *f* operetta

operieren* [opə'ri:rən] *vt* ■**jdn/etw ~** to operate on sb/sth; **jdn am Bein ~** to operate on sb's leg; ■**sich** *dat* **etw ~ lassen** to have sth operated on; ■**sich** *akk* **~ lassen** to have an operation

Opernglas *nt* opera glasses *npl* **Opernhaus** *nt* opera house **Opernsänger(in)** *m(f)* opera singer

Opfer <-s, -> ['ɔpfɐ] *nt* ① *(verzichtende*

Hingabe) *a.* REL sacrifice; ~ **bringen** to make sacrifices ❷ (*geschädigte Person*) victim; *von Unfall, Krieg* casualty; **jdm/etw zum ~ fallen** to fall victim to sb/sth

Opferbereitschaft *f kein pl* readiness to make sacrifices **Opfergabe** *f* [sacrificial] offering

opfern ['ɔpfɐn] *vt* to sacrifice; **sein Leben ~** to offer up one's life; **jdm seine Zeit ~** to give up one's time to sb

Opferung <-, -en> *f* sacrifice

Opiat <-[e]s, -e> [o'pi̯aːt] *nt* opiate

Opium <-s> ['oːpi̯ʊm] *nt kein pl* opium *no art, no pl*

Opponent(in) <-en, -en> [ɔpo'nɛnt] *m(f)* (*geh*) opponent

opponieren* [ɔpo'niːrən] *vi* (*geh*) ■**gegen jdn/etw ~** to oppose sb/sth

opportun [ɔpɔr'tuːn] *adj* (*geh*) opportune

Opportunismus <-> [ɔpɔrtu'nɪsmʊs] *m kein pl* (*geh*) opportunism *no art, no pl*

Opportunist(in) <-en, -en> [ɔpɔrtu'nɪst] *m(f)* opportunist

opportunistisch **I.** *adj* opportunist[ic] **II.** *adv* opportunistically

Opposition <-, -en> [ɔpozi'tsi̯oːn] *f* POL ■**die ~** the Opposition

oppositionell [ɔpozitsi̯o'nɛl] *adj* ❶ (*geh: gegnerisch*) opposed, opposing *attr* ❷ POL opposition *attr*

Oppositionsführer(in) *m(f)* Leader of the Opposition **Oppositionspartei** *f* opposition party

OP-Schwester *f* theatre nurse BRIT, operating-room nurse AM

optieren* [ɔp'tiːrən] *vi* to opt (**für** +*akk* for)

Optik <-> ['ɔptɪk] *f kein pl* ❶ PHYS ■**die ~** optics + *sing vb* ❷ (*Eindruck*) appearance *no art, no pl*

Optiker(in) <-s, -> ['ɔptikɐ] *m(f)* [ophthalmic] optician BRIT, *esp* AM optometrist

optimal [ɔpti'maːl] **I.** *adj* optimal **II.** *adv* in the best possible way

optimieren* [ɔpti'miːrən] *vt* (*geh*) to optimize

Optimierung <-, -en> *f* (*geh*) optimization

Optimismus <-> [ɔpti'mɪsmʊs] *m kein pl* optimism *no art, no pl*

Optimist(in) <-en, -en> [ɔpti'mɪst] *m(f)* optimist

optimistisch **I.** *adj* optimistic **II.** *adv* optimistically

Optimum <-s, Optima> ['ɔptimʊm, *pl* 'ɔptima] *nt* (*geh*) optimum *no pl*

Option <-, -en> [ɔp'tsi̯oːn] *f* (*Möglichkeit*) option

optisch ['ɔptɪʃ] **I.** *adj Täuschung, Eindruck* optical; **aus ~en Gründen** for visual effect **II.** *adv* optically, visually

Opus <-, Opera> ['oːpʊs, *pl* 'oːpəra] *nt* ❶ (*künstlerisches Werk*) work, oeuvre; MUS opus ❷ (*hum: Erzeugnis*) opus *form or hum*

Orakel <-s, -> [o'raːkl̩] *nt* oracle; **das ~ befragen** to consult the oracle

oral [o'raːl] **I.** *adj* oral **II.** *adv* orally

Oralverkehr *m kein pl* oral sex

orange [o'rãːʒə, o'raŋʒə] *adj* orange

Orange <-, -n> [o'rãːʒə, o'raŋʒə] *f* orange

orangefarben, orangefarbig [o'raŋʒ-] *adj* orange[-coloured [*or* AM -colored]] **Orangenbaum** [o'rãːʒn̩-, o'raŋʒn̩-] *m* orange tree **orangenfarben, orangenfarbig** *adj* orange[-coloured [*or* AM -colored]] **Orangenhaut** [o'rãːʒn̩-] *f kein pl* MED orange-peel skin *no pl* **Orangenmarmelade** [o'rãːʒn̩-] *f* orange marmalade **Orangensaft** *m* orange juice **Orangenschale** *f* orange peel

Orang-Utan <-s, -s> ['oːraŋ'ʔuːtan] *m* orang-utan BRIT, orangutan AM

Oratorium <-s, -torien> [ora'toːri̯ʊm, *pl* ora'toːri̯ən] *nt* oratorio

Orbit <-s, -s> ['ɔrbɪt] *m* orbit; **im ~** in orbit

Orchester <-s, -> [ɔr'kɛstɐ, ɔr'çɛstɐ] *nt* orchestra

Orchidee <-, -n> [ɔrçi'deː(ə)] *f* orchid

Orden <-s, -> ['ɔrdn̩] *m* ❶ (*Ehrenzeichen*) decoration, medal; **jdm einen ~ [für etw akk] verleihen** to decorate sb [for sth] ❷ (*Gemeinschaft*) [holy] order; **einem ~ beitreten** to join a holy order

ordentlich ['ɔrdn̩tlɪç] **I.** *adj* ❶ (*aufgeräumt*) tidy ❷ (*ordnungsliebend*) *Person* orderly, tidy ❸ (*anständig*) *Leute* respectable; *Benehmen* proper ❹ (*fam: tüchtig*) proper; *Portion* decent **II.** *adv* ❶ (*säuberlich*) neatly ❷ (*anständig*) **sich** *akk* **~ benehmen** to behave properly ❸ (*fam: tüchtig*) properly; **~ essen** to eat well

Order <-, -s *o* -n> ['ɔrdɐ] *f* order

ordern ['ɔrdɐn] *vt* to order

Ordinalzahl [ɔrdi'naːl-] *f* ordinal [number]

ordinär [ɔrdi'nɛːɐ̯] **I.** *adj* ❶ (*vulgär*) vulgar ❷ (*alltäglich*) ordinary **II.** *adv* crudely

> **Falsche Freunde**
>
> Nicht verwechseln mit *ordinary* — gewöhnlich!

ordnen ['ɔrdnən] *vt* to arrange; **neu ~** to rearrange

Ordner <-s, -> *m* file

Ordnung <-> ['ɔrdnʊŋ] *f kein pl* order *no art, no pl;* **die öffentliche ~** public order; **~ halten** to keep things tidy; **~ schaffen**

to tidy things up ▶WENDUNGEN: **etw in ~ bringen** (*aufräumen*) to tidy sth up; (*klären*) to sort sth out; (*reparieren*) to fix sth; **es [ganz] in ~ finden, dass ...** to find it [quite] right that ...; **ich finde es nicht in ~, dass ...** I do not think it's right that ...; **geht in ~!** (*fam*) that's OK; **etw ist mit jdm/etw nicht in ~** there's something wrong with sb/sth; **wieder in ~ kommen** to turn out all right; **in ~ sein** (*fam*) to be OK; **nicht in ~ sein** (*nicht funktionieren*) to not be working properly; (*sich nicht gehören, nicht richtig sein*) to be not right

Ordnungsamt *nt* regulatory agency (*municipal authority responsible for registration, licensing, and regulating public events*) **Ordnungsgeld** *nt* fine **ordnungsgemäß I.** *adj* according to the rules *pred* **II.** *adv* in accordance with the regulations **ordnungshalber** *adv* as a matter of form **Ordnungshüter(in)** *m(f)* (*hum*) custodian of the law **Ordnungsliebe** *f kein pl* love of [good] order **ordnungsliebend** *adj* tidy-minded **Ordnungssinn** *m kein pl* sense of order **Ordnungsstrafe** *f* fine **ordnungswidrig I.** *adj* illegal **II.** *adv* illegally **Ordnungswidrigkeit** *f* infringement [of the regulations/law] **Ordnungszahl** *f s.* **Ordinalzahl**

Oregano <-s> [o'reːgano] *m kein pl* oregano

O

Organ <-s, -e> [ɔr'gaːn] *nt* ❶ ANAT organ ❷ (*fam: Stimme*) voice ❸ (*form: offizielle Zeitschrift/Einrichtung*) organ

Organbank *f* organ bank **Organhandel** *m* [illegal] trade in [body] organs

Organisation <-, -en> [ɔrganiza'tsi̯oːn] *f* organization

Organisationstalent *nt* ❶ *kein pl* (*Eigenschaft*) talent for organization ❷ (*Mensch*) person with a talent for organization

Organisator, Organisatorin <-s, -toren> [ɔrgani'zaːtoːɐ̯, ɔrganiza'toːrɪn, *pl* ɔrganiza'toːrən] *m, f* organizer

organisatorisch [ɔrganiza'toːrɪʃ] **I.** *adj* organizational **II.** *adv* organizationally

organisch [ɔr'gaːnɪʃ] **I.** *adj* organic **II.** *adv* organically

organisieren* [ɔrgani'ziːrən] **I.** *vt, vi* to organize; **er kann ausgezeichnet ~** he's an excellent organizer **II.** *vt* (*fam: beschaffen*) to get hold of **III.** *vr* ■**sich** *akk* **~** to organize

Organismus <-, -nismen> [ɔrga'nɪsmʊs, *pl* ɔrga'nɪsmən] *m* organism

Organist(in) <-en, -en> [ɔrga'nɪst] *m(f)* organist

Organspende *f* organ donation **Organspender(in)** *m(f)* organ donor **Organtransplantation** *f*, **Organverpflanzung** *f* organ transplant

Orgasmus <-, Orgasmen> [ɔr'gasmʊs, *pl* ɔr'gasmən] *m* orgasm

orgastisch [ɔr'gastɪʃ] *adj* orgasmic

Orgel <-, -n> ['ɔrgl̩] *f* organ

Orgelkonzert *nt* MUS (*Musikstück*) organ concerto; (*Konzert*) organ recital **Orgelpfeife** *f* organ pipe

orgiastisch *adj* (*geh*) orgiastic

Orgie <-, -n> ['ɔrgi̯ə] *f* orgy

Orient <-s> ['oːriɛnt, o'riɛnt] *m kein pl* ■**der ~** the Middle East; (*Afrika*) Maghreb; **der Vordere ~** the Middle East

Orientale, Orientalin <-n, -n> [ori̯ɛn'taːlə] *m, f* Middle Easterner

orientalisch [ori̯ɛn'taːlɪʃ] *adj* Middle Eastern

orientieren* [ori̯ɛn'tiːrən] **I.** *vr* ■**sich** *akk* **~** ❶ (*sich zurechtfinden*) **sich an den Sternen orientieren** to get one's bearings by the stars ❷ (*sich ausrichten*) to adapt oneself (**an** *+dat* to); **ich bin eher links/liberal orientiert** I tend more to the left/I am more liberally orientated ❸ (*sich informieren*) to inform oneself (**über** *+akk* about) **II.** *vt* to inform (**über** *+akk* about)

Orientierung <-, -en> [ori̯ɛn'tiːrʊŋ] *f* orientation; **die ~ verlieren** to lose one's bearings

Orientierungshilfe *f* aid to orientation **Orientierungspunkt** *m* point of reference **Orientierungssinn** *m kein pl* sense of direction **Orientierungsstufe**

> **Land und Leute**
>
> The first two years of secondary school are known as the **Orientierungsstufe**. During this time, pupils are monitored to establish whether they are suited to the type of school they are attending. It is common for instance, for pupils to transfer from a *Hauptschule* to a *Realschule* or from a *Gymnasium* to a *Realschule* after the two years.

original [origi'naːl] **I.** *adj* ❶ (*echt*) genuine ❷ (*ursprünglich*) original **II.** *adv* in the original [condition]

Original <-s, -e> [origi'naːl] *nt* ❶ (*Urversion*) original ❷ (*Mensch*) character

Originalaufnahme *f* MUS original recording; FOTO original photograph; FILM original print **Originalfassung** *f* original [version]; **in der englischen ~** in the original English version **originalgetreu I.** *adj* true to the original *pred* **II.** *adv* in a manner true to the original

Originalität <-> [originali'tɛ:t] *f kein pl* (*Einfallsreichtum*) originality *no art, no pl*

originell [origi'nɛl] *adj* original

Orkan <-[e]s, -e> [ɔr'ka:n] *m* hurricane

orkanartig *adj* hurricane-force *attr*

Ornament <-[e]s, -e> [ɔrna'mɛnt] *nt* ornament

ornamental [ɔrnamɛn'ta:l] **I.** *adj* ornamental **II.** *adv* ornamentally

Ornat <-[e]s, -e> [ɔr'na:t] *m* regalia + *sing/pl vb*

Ornithologe, Ornithologin <-n, -n> [ɔrnito'lo:gə] *m, f* ornithologist

Oropax® <-, -> ['o:ropaks] *nt* earplug *usu pl*

Ort[1] <-[e]s, -e> ['ɔrt] *m* ❶ (*Stelle*) place; **der ~ der Handlung** the scene of the action ❷ (*Ortschaft*) place; **am ~** in the place/the village/[the] town; **von ~ zu ~** from place to place ▶WENDUNGEN: **an ~ und Stelle** on the spot, there and then

Ort[2] ['ɔrt] *nt* (*fam*) ▶WENDUNGEN: **vor ~** on the spot

Örtchen <-s, -> ['œrtçən] *nt* ▶WENDUNGEN: **das [stille] ~** (*euph fam*) the smallest room BRIT, the john AM; **ich muss mal schnell aufs ~** I just have to pay a quick visit

orten ['ɔrtn̩] *vt* ❶ (*ausfindig machen*) to locate ❷ (*fam: sehen*) to spot

orthodox [ɔrto'dɔks] **I.** *adj* ❶ REL Orthodox ❷ (*geh: strenggläubig*) orthodox **II.** *adv* REL according to Orthodox ritual

Orthografie, Orthographie <-, -n> [ɔrtogra'fi:, *pl* ɔrtogra'fi:ən] *f* orthography

orthografisch, orthographisch [ɔrto'gra:fɪʃ] **I.** *adj* orthographic[al] *spec* **II.** *adv* orthographically *spec*

Orthopäde, Orthopädin <-n, -n> [ɔrto'pɛ:də] *m, f* orthopaedist BRIT, orthopedist AM

Orthopädie <-> [ɔrtopɛ'di:] *f kein pl* orthopaedics + *sing vb*

orthopädisch [ɔrto'pɛ:dɪʃ] *adj* orthopaedic

örtlich ['œrtlɪç] **I.** *adj* ❶ (*lokal*) local ❷ METEO localized **II.** *adv* locally; **~ verschieden sein** to vary from place to place; **jdn ~ betäuben** to give sb a local anaesthetic

Örtlichkeit <-, -en> *f* area

Ortsangabe *f* (*Standortangabe*) [name of] location; (*in Anschrift*) [name of the] town/city **ortsansässig** *adj* local; ■**~ sein** to live locally **Ortsausgang** *m* end of a village/town **Ortsbestimmung** *f* bearing of position

Ortschaft <-, -en> *f* village/[small] town; **eine geschlossene ~** a built-up area

Ortseingang *m* start of a village/town **ortsfremd** *adj* non-local; ■**~ sein** to be a stranger **Ortsgespräch** *nt* local call **Ortskenntnisse** *pl* local knowledge; **[gute] ~ haben** to know the place [well] **ortskundig** *adj* ■**~ sein** to know one's way around **Ortskundige(r)** *f(m)* person who knows his/her way around **Ortsname** *m* place name

Ortsnetz *nt* ❶ TELEK local exchange network ❷ ELEK local grid **Ortsnetzkennzahl** *f* (*form*) dialling [*or* AM area] code

Ortsschild *nt* place name sign **Ortstarif** *m* local [call] rate **Ortsteil** *m* part of a village/town **Ortswechsel** *m* change of one's place of residence **Ortszeit** *f* local time

Ortung <-, -en> *f* ❶ *kein pl* (*das Orten*) ■**die ~** [**von etw** *dat*] locating [sth] ❷ (*geortetes Objekt*) signal; (*auf Anzeige a.*) reading

O-Saft [o'zaft] *m* (*fam: Orangensaft*) OJ

Öse <-, -n> ['ø:zə] *f* eye[let]

Oslo <-s> ['ɔslo] *nt* Oslo *no pl, no art*

Osmane, Osmanin <-n, -n> [ɔs'ma:nə, ɔs'ma:nɪn] *m, f* Ottoman *hist*

Ossi <-s, -s> ['ɔsi] *m, f* <-, -s> (*fam*) East German

Ost <-[e]s, -e> ['ɔst] *m kein pl, kein art* east; **aus ~** from the east

Ostafrika *nt* East Africa *no pl, no art*

Ostalgiker(in) <-s, -> [ɔs'talgikɐ] *m(f)* SOZIOL, POL (*iron*) *someone who looks back nostalgically on the former GDR*

Ostasien *nt* East[ern] Asia **ostdeutsch** ['ɔstdɔytʃ] *adj* East German **Ostdeutschland** ['ɔstdɔytʃlant] *nt* East[ern] Germany

Osten <-s> ['ɔstn̩] *m kein pl, no indef art* ❶ (*Himmelsrichtung*) east; **der Ferne ~** the Far East; **der Nahe ~** the Middle East; *s. a.* **Norden[1]** ❷ (*östliche Gegend*) east; *s. a.* **Norden[2]**

Osterei *nt* Easter egg **Osterglocke** *f* BOT daffodil

Osterhase *m* Easter bunny

Land und Leute

In German-speaking countries, the **Osterhase** comes on Easter Sunday and hides brightly decorated eggs, chocolate eggs and other presents around the house or garden. The goodies are then hunted by the children.

Osterinsel *f* ■**die ~** Easter Island **Osterlamm** *nt* paschal lamb *spec*

österlich ['ø:stɐlɪç] **I.** *adj* Easter *attr* **II.** *adv* like Easter

Ostermontag ['o:stɐ'mo:nta:k] *m* Easter

O

Monday

Ostern <-, -> ['o:stɐn] *nt* Easter; **frohe ~!** Happy Easter!

Österreich <-s> ['ø:stəraɪ̯ç] *nt* Austria; *s. a.* **Deutschland**

Österreicher(in) <-s, -> ['ø:stəraɪ̯çɐ] *m(f)* Austrian; *s. a.* **Deutsche(r)**

österreichisch ['ø:stəraɪ̯çɪʃ] *adj* Austrian; ■**das Ö~e** Austrian; *s. a.* **deutsch**

Ostersonntag ['o:stɐ'zɔnta:k] *m* Easter Sunday

Osterweiterung *f* eastwards expansion

Osterwoche *f* Holy Week (*week before Easter*)

Osteuropa ['ɔstʔɔy'ro:pa] *nt* East[ern] Europe **Ostfriese, -friesin** <-n, -n> ['ɔst'fri:zə] *m, f* East Frisian **ostfriesisch** ['ɔst'fri:zɪʃ] *adj* East Frisian **Ostfriesland** ['ɔst'fri:slant] *nt* East Friesland

östlich ['œstlɪç] **I.** *adj* ❶ (*Himmelsrichtung*) eastern; *s. a.* **nördlich I 1** ❷ (*im Osten liegend*) eastern; *s. a.* **nördlich I 2** ❸ (*von/nach Osten*) eastwards; *Richtung, Wind* easterly; *s. a.* **nördlich I 3** **II.** *adv* ■**~ von ...** east of ... **III.** *präp* +*gen* [to the] east of

Ostpreußen ['ɔstprɔysn̩] *nt* East Prussia

Östrogen <-s, -e> [œstro'ge:n] *nt* oestrogen *no pl, no art*

Ostsee ['ɔstze:] *f* ■**die ~** the Baltic [Sea] **Oststaaten** *pl* (*in den USA*) Eastern states *pl* **Osttarif** *m pl selten a pay scale applicable in the German states* (*Länder*) *that formerly belonged to the German Democratic Republic* **Ostverträge** *pl* treaties *pl* with the Eastern bloc countries **Ost-West-Beziehungen** ['ɔst'vɛst-] *pl* East-West relations *pl* **Ostwind** *m* east wind

oszillieren* [ɔstsɪ'li:rən] *vi* PHYS to oscillate

Otter¹ <-, -n> ['ɔtɐ] *f* (*Schlangenart*) adder

Otter² <-s, -> ['ɔtɐ] *m* (*Fischotter*) otter

ÖTV <-> [ø:te:'fau̯] *f kein pl Abk von* **Gewerkschaft Öffentliche Dienste, Transport und Verkehr** ≈ TGWU BRIT, ≈ TWU AM

out [au̯t] *adj* (*fam*) ■**~ sein** to be out

outen ['au̯tən] *vt* ■**sich/jdn ~** to out oneself/sb

Outfit <-s, -s> ['au̯tfɪt] *nt* (*sl*) outfit

Outing <-s, -s> ['au̯tɪŋ] *nt* (*fam*) coming out

Output <-s, -s> ['au̯tpʊt] *m o nt* output

Outsourcing <-> ['au̯tso:ɐsɪŋ] *nt kein pl* outsourcing *no pl*

Ouvertüre <-, -n> [uver'ty:rə] *f* overture

oval [o'va:l] *adj* oval

Oval <-s, -e> [o'va:l] *nt* oval

Ovation <-, -en> [ova'tsi̯o:n] *f* (*geh*) ovation; **jdm ~en darbringen** to give sb an ovation

Overall <-s, -s> ['o:vəra:l, -ro:l] *m* (*für schmutzige Arbeit*) overalls *npl*, BRIT *a.* overall; (*bei kaltem Wetter*) jumpsuit

Overheadprojektor ['o:vɐhɛt-] *m* overhead projector

ÖVP <-> [ø:fau̯'pe:] *f Abk von* **Österreichische Volkspartei** Austrian People's Party

Ovulation <-, -en> [ovula'tsi̯o:n] *f* ovulation *no pl, no art*

Ovulationshemmer <-s, -> *m* ovulation inhibitor *form*

Oxid <-[e]s, -e> [ɔ'ksi:t, *pl* ɔ'ksi:də] *nt* oxide

Oxidation <-, -en> [ɔksi:da'tsi̯o:n] *f* oxidation

oxidieren* [ɔksi'di:rən] *vt, vi sein o haben* to oxidize

Oxyd <-[e]s, -e> [ɔ'ksy:t, *pl* ɔ'ksy:də] *nt* oxide

Oxydation <-, -en> [ɔksy:da'tsi̯o:n] *f* oxidation

oxydieren* [ɔksy:'di:rən] *vt, vi* to oxidize

Ozean <-s, -e> ['o:tsea:n] *m* ocean

Ozeandampfer *m* ocean liner

Ozelot <-s, -e> ['o:tselɔt, 'ɔtselɔt] *m* ZOOL ocelot *spec*

Ozon <-s> [o'tso:n] *nt o m kein pl* ozone *no pl, no art*

Ozonalarm *m* ozone warning **Ozonbelastung** *f* METEO, ÖKOL ozone build-up [in the lower atmosphere] *no pl* **Ozongehalt** *m* ozone concentration *no pl* **Ozonloch** *nt* ozone hole **Ozonschicht** *f kein pl* ozone layer **Ozonsmog** [-smɔk] *m* ozone smog

Pp

P, p <-, - *o fam* -s, -s> [pe:] *nt* P, p; **~ wie Paula** P for Peter

paar [pa:ɐ̯] *adj* ■**ein ~ ...** a few ...; **ein ~ Mal** a couple of times; **alle ~ Tage** every few days

Paar <-s, -e> [pa:ɐ̯] *nt* ❶ (*Menschen*) couple ❷ (*Dinge*) pair; **ein ~ Würstchen** a couple of sausages; **ein ~ Socken** a pair of socks

paaren [pa:rən] *vr* ■**sich** *akk* **~** ❶ (*kopulieren*) to mate ❷ (*sich verbinden*) to be coupled

paarig [pa:rɪç] **I.** *adj* paired **II.** *adv* in pairs; BOT *a.* binate *spec;* **~ angeordnet** arranged in pairs

Paarlauf *m* pair-skating, pairs + *sing vb*
Paarung <-, -en> *f* mating
Paarungszeit *f* mating season
paarweise *adv* in pairs
Pacht <-, -en> [paxt] *f* rent[al] *no indef art, no pl*
pachten ['paxtn̩] *vt* to lease
Pächter(in) <-s, -> ['pɛçtɐ] *m(f)* tenant
Pack[1] <-[e]s, -e *o* Päcke> [pak, *pl* 'pakə, 'pɛkə] *m* (*Stapel*) stack; (*zusammengeschnürt*) pack
Pack[2] <-s> [pak] *nt kein pl* (*pej: Pöbel*) riffraff + *pl vb*
Päckchen <-s, -> ['pɛkçən] *nt* ❶ (*Postsendung*) small parcel ❷ (*Packung*) packet ❸ (*kleiner Packen*) pack
Packeis *nt* pack ice *no art, no pl*
packeln ['pakl̩n] *vi* ÖSTERR (*fam*) *s.* **paktieren**
packen ['pakn̩] *vt* ❶ (*ergreifen*) to grab [hold of] (**bei, an** +*dat* by) ❷ (*vollpacken, verstauen*) to pack (**in** +*akk* in[to]); **ein Paket ~** to make up *sep* a parcel; **Gepäck in den Kofferraum ~** to put luggage in the boot ❸ (*überkommen*) to seize; **von Ekel gepackt** seized by revulsion ❹ (*sl: bewältigen*) to manage; *Prüfung* to pass
Packen <-s, -> ['pakn̩] *m* stack; (*unordentlich a.*) pile; (*zusammengeschnürt*) bundle
packend *adj* absorbing; *Buch, Film* thrilling
Packesel *m* pack mule; (*fig*) packhorse **Packpapier** *nt* wrapping paper *no art, no pl*
Packung <-, -en> *f* pack[et]; **eine ~ Pralinen** a box of chocolates
Packungsbeilage *f* PHARM *information leaflet included in medicine packets*
Pad <-s, -s> [pɛt] *nt* ❶ INFORM [mouse] pad ❷ (*Wattepad*) cotton [wool] pad
Pädagoge, Pädagogin <-n, -n> [pɛda'go:gə] *m, f* ❶ (*Lehrer*) teacher ❷ (*Erziehungswissenschaftler*) education[al]ist
Pädagogik <-> [pɛda'go:gɪk] *f kein pl* pedagogy *no art, no pl spec*
Pädagogin <-, -nen> *f fem form von* **Pädagoge**
pädagogisch [pɛda'go:gɪʃ] **I.** *adj* educational *attr;* **~e Fähigkeiten** teaching ability **II.** *adv* educationally
Paddel <-s, -> ['padl̩] *nt* paddle
Paddelboot *nt* canoe
paddeln ['padl̩n] *vi sein o haben* to paddle
Paella <-, -s> [pa'ɛlja] *f* KOCHK paella
paffen ['pafn̩] **I.** *vi* (*fam: rauchen*) to puff away; (*nicht inhalieren*) to puff **II.** *vt* (*fam*) ■**etw ~** to puff away at sth
Page <-n, -n> ['pa:ʒə] *m* page [boy]
Paillette <-, -n> [paj'jɛtə] *f* sequin
Paket <-[e]s, -e> [pa'ke:t] *nt* ❶ (*Postsendung*) parcel ❷ (*umhüllter Packen*) package ❸ (*Packung*) packet ❹ (*Gesamtheit*) package ❺ (*Stapel*) stack
Paketannahme *f* parcels counter **Paketausgabe** *f* parcels counter **Paketbombe** *f* parcel bomb **Paketschalter** *m* parcels counter
Pakistan <-s> ['pa:kɪsta:n] *nt* Pakistan; *s. a.* **Deutschland**
Pakistaner(in) <-s, -> [pakɪs'ta:nɐ] *m(f),* **Pakistani** <-[s], -[s]> [pakɪs'ta:ni] *m* Pakistani; *s. a.* **Deutsche(r)**
pakistanisch [pakɪs'ta:nɪʃ] *adj* Pakistani; *s. a.* **deutsch**
Pakt <-[e]s, -e> [pakt] *m* pact
paktieren* [pak'ti:rən] *vi* ■**mit jdm ~** to make a pact with sb
Palais <-, -> [pa'lɛ:, *pl* -'ɛ:s] *nt* palace
Palast <-[e]s, Paläste> [pa'last, *pl* pa'lɛstə] *m* palace
Palästina <-s> [palɛs'ti:na] *nt* Palestine; *s. a.* **Deutschland**
Palästinenser(in) <-s, -> [palɛsti'nɛnzɐ] *m(f)* Palestinian; *s. a.* **Deutsche(r)**
Palästinenserorganisation *f* Palestinian organization
Palästinensertuch *nt* keffiyeh
palästinensisch [palɛsti'nɛnzɪʃ] *adj* Palestinian
Palaver <-s, -> [pa'la:vɐ] *nt* (*fam*) palaver *no pl*
palavern* [pa'la:vɐn] *vi* (*fam*) to palaver
Palette <-, -n> [pa'lɛtə] *f* ❶ (*Stapelplatte*) pallet ❷ KUNST palette ❸ (*geh: reiche Vielfalt*) range
paletti [pa'lɛti] *adv* ▶ WENDUNGEN: **alles ~** (*sl*) everything's OK *fam*
Palm <-s, -s> [pɑ:m] *m* INFORM palmtop
Palme <-, -n> ['palmə] *f* palm [tree] ▶ WENDUNGEN: **jdn auf die ~ bringen** (*fam*) to drive sb up the wall
Palmsonntag [palm'zɔnta:k] *m* Palm Sunday
Palmtop <-s, -s> ['pa:mtɔp] *nt* INFORM palmtop
Palmwedel *m* palm frond
Pampa <-, -s> ['pampa] *f* pampas + *sing/pl vb* ▶ WENDUNGEN: **[mitten] in der ~** (*fam*) in the middle of nowhere
Pampe <-> ['pampə] *f kein pl* DIAL (*pej fam*) mush; (*klebrig a.*) goo
Pampelmuse <-, -n> ['pampl̩mu:zə, pampl̩'mu:zə] *f* grapefruit
Pampers® <-, -> ['pɛmpɐs] *f* Pampers®
Pamphlet <-[e]s, -e> [pam'fle:t] *nt* (*pej*

P

geh) defamatory pamphlet

pampig ['pampɪç] *adj* (*fam*) ❶ (*frech*) stroppy BRIT, ill-tempered AM ❷ *bes* NORDD (*breiig*) mushy; (*klebrig a.*) gooey

Panade <-, -n> [pa'na:də] *f* breadcrumb coating

Panama <-s> ['panama] *nt* Panama; *s. a.* **Deutschland**

Panamaer(in) <-s, -> ['panamaɐ̯] *m(f)* Panamanian; *s. a.* **Deutsche(r)**

panamaisch [pana'ma:ɪʃ] *adj* Panamanian; *s. a.* **deutsch**

Panda <-s, -s> ['panda] *m* [giant] panda

panieren* [pa'ni:rən] *vt* to bread (*to coat sth in seasoned, whisked egg and breadcrumbs*)

Paniermehl *nt* breadcrumbs *pl*

Panik <-, -en> ['pa:nɪk] *f* panic *no pl;* **in ~ geraten** to panic, to get in[to] a panic

panikartig *adj* panic-stricken

Panikkauf *m* FIN panic buying

Panikmache <-> *f kein pl* (*pej fam*) scaremongering *no pl, no art*

Panikstimmung *f* state of panic **Panikverkauf** *m* BÖRSE panic selling

panisch ['pa:nɪʃ] **I.** *adj attr* panic-stricken **II.** *adv* in panic; **sich** *akk* **~vor etw** *dat* **fürchten** to be terrified of sth

Panne <-, -n> ['panə] *f* ❶ AUTO, TECH breakdown ❷ (*Missgeschick*) mishap

Pannendienst <-es, -e> *m* breakdown [*or* AM towing] service

Panorama <-s, Panoramen> [pano'ra:ma, *pl* -'ra:mən] *nt* panorama

panschen ['panʃn̩] **I.** *vt* to adulterate (*a[n alcoholic] drink*) **II.** *vi* (*fam: planschen*) to splash about

Panter, Panther <-s, -> ['pantɐ] *m* panther

Pantoffel <-s, -n> [pan'tɔfl̩] *m* [backless] slipper

Pantoffelheld *m* (*fam*) henpecked husband **Pantoffeltierchen** *nt* slipper animalcule *spec*

Pantomime <-, -n> [panto'mi:mə] *f* mime *no pl, no art*

pantomimisch [panto'mi:mɪʃ] **I.** *adj* mimed, in mime *pred* **II.** *adv* in mime

pantschen ['pantʃn̩] *vt, vi s.* **panschen**

Panzer <-s, -> ['pantsɐ] *m* ❶ MIL tank ❷ (*Schutzhülle*) shell; *einer Schildkröte, eines Krebses a.* carapace *spec; eines Krokodils* bony plate; *eines Nashorns, Sauriers* armour *no pl, no indef art*

Panzerglas *nt* bullet-proof glass *no pl*

panzern ['pantsɐn] *vt* to armour-plate

Panzerschrank *m* safe

Panzerung <-, -en> *f* (*gepanzertes Gehäuse*) armour-plating *no pl, no indef art; eines Reaktors* shield

Panzerwagen *m* ❶ (*Panzer*) tank ❷ (*Wagen*) armoured vehicle

Papa <-s, -s> ['papa] *m* (*fam*) dad, daddy *esp childspeak*

Papagei <-s, -en> [papa'gai̯] *m* parrot

Paparazzo <-s, -zzi> [papa'ratso] *m* paparazzo

Papaya <-, -s> [pa'pa:ja] *f* papaya

Paperback <-s, -s> ['pe:pɐbɛk] *nt* paperback

Papeterie <-, -n> [papɛtə'ri:, *pl* -'ri:ən] *f* SCHWEIZ (*Schreibwarengeschäft*) stationer's

Papi <-s, -s> ['papi] *m* (*fam*) *s.* **Papa**

Papier <-s, -e> [pa'pi:ɐ̯] *nt* ❶ *kein pl* (*Material*) paper *no pl, no art;* **etw zu ~ bringen** to put down *sep* sth in writing ❷ (*Schriftstück*) paper, document ❸ (*Ausweise*) ▪ **~e** [identity] papers *pl*

Papiereinzug *m* paper feed **Papierfabrik** *f* paper mill **Papierformat** *nt* TYPO ❶ (*Papiergröße*) paper size ❷ (*Druckbereich*) page orientation **Papiergeld** *nt* paper money *no pl, no art* **Papierhandtuch** *nt* paper towel **Papierkorb** *m* [waste]paper basket **Papierkram** *m* (*fam*) [tiresome] paperwork *no pl, no indef art* **Papierkrieg** *m* (*fam: Schreibtischarbeit*) [tiresome] paperwork *no pl, no indef art;* (*Korrespondenz*) tiresome exchange of letters **Papierstau** *m* paper jam **Papiertaschentuch** *nt* paper handkerchief **Papiertüte** *f* paper bag **Papiervorschub** *m* paper feed[er]

Pappbecher *m* paper cup **Pappdeckel** *m* cardboard *no pl, no art*

Pappe <-, -n> ['papə] *f* cardboard *no art, no pl*

Pappel <-, -n> ['papl̩] *f* poplar

pappen ['papn̩] *vt, vi* (*fam*) to stick (**an, auf** +*akk* on[to])

Pappenheimer ['papn̩hai̯mɐ] *pl* ▶ WENDUNGEN: **seine ~ kennen** (*fam*) to know what to expect from that lot **Pappenstiel** *m* ▶ WENDUNGEN: **kein ~ sein** (*fam*) to not be chickenfeed

papperlapapp [papɐla'pap] *interj* (*veraltend fam*) poppycock

pappig ['papɪç] *adj* (*fam*) ❶ (*klebrig*) sticky ❷ (*breiig*) mushy

Pappkarton *m* ❶ (*Pappschachtel*) cardboard box ❷ (*Pappe*) cardboard *no pl, no art* **Pappmaché, Pappmaschee** <-s, -s> ['papmaʃe:] *nt* papier-mâché *no pl, no art* **Pappschachtel** *f* cardboard box **Pappschnee** *m* wet snow *no pl, no art* **Pappteller** *m* paper plate

Paprika <-s, -[s]> ['paprika] *m* ❶ *kein pl*

(*Strauch*) paprika *no pl* ❷(*Schote*) pepper ❸*kein pl* (*Gewürz*) paprika *no pl, no art*

Paprikaschote *f* capsicum, AM *a.* pepper; **rote ~** red pepper; **gefüllte ~n** stuffed peppers

Papst <-[e]s, Päpste> [pa:pst, *pl* 'pɛ:pstə] *m* ■**der ~** the Pope

päpstlich ['pɛ:pstlɪç] *adj* papal *a. pej*

Papstmobil <-s> *nt kein pl* Popemobile

Papsttum <-[e]s> *nt kein pl* papacy

Papyrus <-, Papyri> [pa'py:rʊs, *pl* -ri] *m* ❶(*Schreibmaterial*) papyrus *no art, no pl* ❷(*gerollter Papyrus*) papyrus scroll

Parabel <-, -n> [pa'ra:bl̩] *f* ❶LIT parable ❷MATH parabolic curve

Parabolantenne [para'bo:l-] *f* satellite dish

Parade <-, -n> [pa'ra:də] *f* ❶MIL parade ❷(*beim Ballspiel*) save

Paradebeispiel *nt* perfect example

Paradeiser <-s, -> [para'dajzɐ] *m* ÖSTERR tomato

Paradestück *nt* showpiece

Paradies <-es, -e> [para'di:s, *pl* -'di:zə] *nt* paradise *no def art* ▶WENDUNGEN: **das ~ auf Erden** heaven on earth

paradiesisch [para'di:zɪʃ] **I.** *adj* heavenly **II.** *adv* **~ ruhig sein** to be blissfully quiet; **~ schön sein** to be [like] paradise

Paradiesvogel *m* bird of paradise; (*fig*) flamboyant personality

Paradigma <-s, -ta *o* Paradigmen> [para'dɪgma, *pl* -dɪgmən] *nt* paradigm

paradox [para'dɔks] (*geh*) **I.** *adj* paradoxical **II.** *adv* paradoxically

Paradox <-es, -e> [para'dɔks] *nt*, **Paradoxon** <-s, Paradoxa> [para'dɔks, *pl* pa'radɔksɔn, pa'ra:dɔksa] *nt* (*geh*) paradox

paradoxerweise *adv* paradoxically

Paraffin <-s, -e> [para'fi:n] *nt* paraffin

Paragliding <-s> ['pa:raglajdɪŋ] *nt kein pl* paragliding

Paragraf, **Paragraph** <-en, -en> [para'gra:f] *m* paragraph

Paragrafendschungel, **Paragraphendschungel** *m* (*pej*) officialese *no pl*, jungle of regulations **Paragrafenreiter(in)**, **Paragraphenreiter(in)** *m(f)* (*pej fam*) pedant

Paraguay <-s> ['pa:ragvaj] *nt* Paraguay; *s. a.* **Deutschland**

Paraguayer(in) <-s, -> ['pa:ragvajɐ] *m(f)* Paraguayan; *s. a.* **Deutsche(r)**

paraguayisch ['pa:ragvajɪʃ] *adj* Paraguayan; *s. a.* **deutsch**

parallel [para'le:l] *adj, adv* parallel

Parallele <-, -n> [para'le:lə] *f* ❶MATH parallel [line] ❷(*Entsprechung*) parallel; **eine ~ [zu etw** *dat*] **ziehen** to draw a parallel [with sth]

Parallelität <-, -en> [paraleli'tɛt] *f kein pl* MATH parallelism

Parallelklasse *f* parallel class

Parallelogramm <-s, -e> [paralelo'gram] *nt* parallelogram

Parallelschaltung *f* parallel connection **Parallelstraße** *f* parallel street **Parallelumlauf** *m* FIN dual circulation

Paralympics [para'lʏmpɪks] *pl* SPORT Paralympics

Parameter <-s, -> [pa'rametɐ] *m* parameter

paramilitärisch ['pa:ramilitɛrɪʃ] *adj* paramilitary

Paranoia <-> [para'nɔya] *f kein pl* paranoia

paranoid [parano'i:t] *adj* paranoid

paranoisch [para'no:ɪʃ] *adj* paranoiac

Paranuss *f* Brazil nut

Paraphrase [para'fra:zə] *f* paraphrase

paraphrasieren* [parafra'zi:rən] *vt* to paraphrase

Parapsychologie ['pa:rapsyçologi:] *f* parapsychology

Parasit <-en, -en> [para'zi:t] *m* parasite

parasitär [parazi'tɛɐ̯] **I.** *adj* parasitic **II.** *adv* parasitically

parat [pa'ra:t] *adj* (*geh*) ready; **etw ~ haben** to have sth ready

Pärchen <-s, -> ['pɛ:ɐ̯çən] *nt* ❶(*Liebespaar*) couple ❷(*zwei verbundene Teile*) pair

Pardon <-s> [par'dõ:] *m o nt kein pl* pardon; **kein ~ kennen** (*fam*) to know no mercy

par excellence [pa:ɐ̯ ɛksɛ'lã:s] *adv* (*geh*) par excellence

Parfüm <-s, -e *o* -s> [par'fy:m] *nt* perfume

Parfümerie <-, -n> [parfymə'ri:, *pl* -'ri:ən] *f* perfumery

parfümieren* [parfy'mi:rən] *vt* to perfume; ■**sich** *akk* **~** to put on *sep* perfume

parieren*[1] [pa'ri:rən] *vi* (*geh*) to obey

parieren*[2] [pa'ri:rən] *vt* (*geh*) to parry; (*beim Fußball*) to deflect

Pariser[1] [pa'ri:zɐ] *adj attr* ❶(*in Paris befindlich*) in Paris; **~ Flughafen** Paris airport ❷(*aus Paris stammend*) Parisian

Pariser[2] <-s, -> [pa'ri:zɐ] *m* (*sl*) French letter *dated fam*

Pariserin <-, -nen> *f fem form von* **Pariser** Parisian

paritätisch [pari'tɛ:tɪʃ] **I.** *adj* (*geh*) equal **II.** *adv* (*geh*) equally

Park <-s, -s> [park] *m* park

Parka <-[s], -s> ['parka] *m* parka

Park-and-ride-System ['pa:ɐ̯kʔɛnt'rajt-] *nt* park-and-ride system

Parkbank *f* park bench

P

parken ['parkn̩] *vi, vt* to park
Parkett <-s, -e> [par'kɛt] *nt* ❶ (*Holzfußboden*) parquet [flooring] ❷ (*Tanzfläche*) dance floor
Parkett(fuß)boden *m* parquet flooring
Parkgebühr *f* parking fee **Parkhaus** *nt* multi-storey car park [*or* AM parking lot]
parkieren* [par'ki:rən] *vt, vi* TRANSP SCHWEIZ to park
Parkinson-Krankheit ['parkɪnzɔn-] *f* Parkinson's disease
Parkkralle *f* wheel clamp **Parkleitsystem** *nt system guiding parkers to free spaces* **Parklücke** *f* parking space **Parkmöglichkeit** *f* parking facility
Parkplatz *m* ❶ (*Parkbereich*) car park BRIT, parking lot AM ❷ (*Parklücke*) parking space **Parkplatznot** *f kein pl* dearth [*or* lack] of parking spaces [*or* places to park]
Parkscheibe *f* parking disc (*a plastic dial with a clock face that drivers place in the windscreen to show the time from when the car has been parked*)
Parkschein *m* car park [*or* AM parking lot] ticket **Parkscheinautomat** *m* car park [*or* AM parking lot] ticket machine
Parkstreifen *m* lay-by **Parksünder(in)** *m(f)* parking offender **Parkuhr** *f* parking meter **Parkverbot** *nt* ❶ (*Verbot zu parken*) parking ban ❷ (*Parkverbotszone*) no-parking zone **Parkwächter(in)** *m(f)* car park [*or* AM parking lot] attendant
Parlament <-[e]s, -e> [parla'mɛnt] *nt* parliament
Parlamentarier(in) <-s, -> [parlamɛn'ta:ri̯ɐ] *m(f)* parliamentarian
parlamentarisch [parlamɛn'ta:rɪʃ] *adj* parliamentary
Parlamentarismus <-> [parlamɛnta'rɪsmʊs] *m kein pl* parliamentar[ian]ism *no pl*
Parlamentsausschuss *m* parliamentary committee **Parlamentsbeschluss** *m* parliamentary decision [*or* vote] **Parlamentsgebäude** *nt* parliament building **Parlamentsmitglied** *nt* Member of Parliament **Parlamentssitzung** *f* sitting of parliament **Parlamentswahl** *f* parliamentary election
Parmesan(käse) <-s> [parme'za:n-] *m kein pl* Parmesan [cheese]
Parodie <-, -n> [paro'di:, *pl* -'di:ən] *f* parody
parodieren* [paro'di:rən] *vt* to parody
parodistisch *adj* parodic
Parodontose <-, -n> [parodɔn'to:zə] *f* receding gums, periodontosis *spec*
Parole <-, -n> [pa'ro:lə] *f* ❶ MIL password ❷ (*Leitspruch*) slogan
Paroli [pa'ro:li] *nt* ▸ WENDUNGEN: **jdm/etw ~ bieten** (*geh*) to defy sb/to counter a thing
Parsing <-s, -> ['parzɪŋ] *nt kein pl* INFORM parsing
Part <-s, -s, o -e> [part] *m* ❶ (*Anteil*) share ❷ THEAT, MUS part
Partei <-, -en> [par'tai̯] *f* ❶ POL, JUR party ❷ (*Mietpartei*) tenant ▸ WENDUNGEN: **für/gegen jdn ~ ergreifen** to side with/against sb
Parteibuch *nt* party membership book; **das falsche ~ haben** (*fam*) to belong to the wrong party
Parteienlandschaft *f kein pl* political constellation **Parteienwirtschaft** *f kein pl* (*pej*) political cronyism
Parteifreund(in) *m(f)* fellow party member **Parteiführer(in)** <-s, -> *m(f)* party leader **Parteiführung** *f* party leadership *no pl* **Parteigenosse, -genossin** <-n, -n> *m, f* party member
parteiisch [par'tai̯ɪʃ] **I.** *adj* biased **II.** *adv* in a biased way
parteilich [par'tai̯lɪç] *adj* ❶ (*eine Partei betreffend*) party ❷ (*selten*) *s.* **parteiisch**
parteilos *adj* independent
Parteimitglied *nt* party member **Parteinahme** <-, -n> *f* partisanship **Parteipolitik** *f* party politics + *sing vb* **Parteiprogramm** *nt* [party] manifesto
Parteispende *f* party donation **Parteispendenaffäre** *f* party donations scandal
Parteitag *m* ❶ (*Parteikonferenz*) party conference ❷ (*Beschlussorgan*) party executive **parteiübergreifend** *adj* cross-party **Parteivorsitzende(r)** *f(m)* party chairman *masc* [*or fem* -woman] **Parteizugehörigkeit** *f* party membership
parterre [par'tɛr] *adv* on the ground floor
Parterrewohnung *f* ground-floor flat [*or* AM *a.* apartment]
Partie <-, -n> [par'ti:, *pl* -'ti:ən] *f* ❶ (*Köperbereich*) area ❷ SPORT game; **eine ~ Schach** a game of chess ▸ WENDUNGEN: **eine gute ~ machen** to marry well; **mit von der ~ sein** to be in on it
partiell [par'tsi̯ɛl] (*geh*) **I.** *adj* partial **II.** *adv* partially
Partikel <-, -n> [par'tɪkl̩] *f* particle
Partisan(in) <-s *o* -en, -en> [parti'za:n] *m(f)* partisan
partitionieren *vt* INFORM to partition
Partitur <-, -en> [parti'tu:ɐ̯] *f* score
Partizip <-s, -ien> [parti'tsi:p, *pl* -'tsi:pi̯ən] *nt* participle
partizipieren* [partitsi'pi:rən] *vi* (*geh*) to participate (**an** in)
Partner(in) <-s, -> ['partnɐ] *m(f)* partner

Partnerlook <-s> [-lʊk] *m kein pl* **im ~ gehen** to wear [matching] his-and-hers outfits
Partnerschaft <-, -en> *f* ❶ (*zwischen zwei Personen*) partnership; **in einer ~ leben** to live with somebody ❷ (*Städtepartnerschaft*) twinning
partnerschaftlich **I.** *adj* based on a partnership; **~es Zusammenleben** living together as partners **II.** *adv* as partners
Partnerstadt *f* twin town **Partnertausch** *m* exchange of partners **Partnervermittlung** *f* dating agency
partout [par'tu:] *adv* (*geh*) **etw ~ tun wollen** to insist on doing sth; **er wollte ~ nicht mitkommen** he really did not want to come at all
Party <-, -s> ['pa:ɐ̯ti] *f* party; **eine ~ geben** to have a party
Partymeile *f* (*fam*) clubbing district
Partyservice ['pa:ɐtizø:ɐ̯vɪs] *m* party catering service
Parzelle <-, -n> [par'tsɛlə] *f* plot [of land]
Pasch <-[e]s, -e *o* Päsche> [paʃ, *pl* 'pɛʃə] *m* (*beim Würfelspiel*) doubles *pl*, triplets *pl*
Pascha <-s, -s> ['paʃa] *m nachgestellt* HIST pasha
Pass <Passes, Pässe> [pas, *pl* 'pɛsə] *m* ❶ (*Dokument*) passport ❷ GEOG pass
passabel [pa'sa:bl̩] *adj* (*geh*) reasonable
Passage <-, -n> [pa'sa:ʒə] *f* ❶ LIT, NAUT passage ❷ (*Ladenstraße*) arcade
Passagier(in) <-s, -e> [pasa'ʒi:ɐ̯] *m(f)* passenger ▶ WENDUNGEN: **ein <u>blinder</u> ~** a stowaway
Passagierflugzeug *nt* passenger aircraft **Passagierkontrolle** *f* passenger inspection [*or* control]
Passagierliste *f* passenger list
Passant(in) <-en, -en> [pa'sant] *m(f)* passer-by
Passat(wind) <-s, -e> [pa'sa:t-] *m* trade wind
Passbild *nt* passport photo[graph]
passé, passee [pa'se:] *adj* passé
passen ['pasn̩] *vi* ❶ (*von der Größe/Form her*) to fit ❷ (*harmonieren*) ■**zu jdm ~** to suit sb; ■**zu etw** *dat* **~** to go well with sth; **sie passt einfach nicht in unser Team** she simply doesn't fit in with our team; **gut zueinander ~** to be suited to each other ❸ (*gelegen sein*) ■**jdm ~** to suit sb; **der Termin passt mir zeitlich gar nicht** that date isn't at all convenient for me; **würde Ihnen der Dienstag besser ~?** would the Tuesday be better for you?; **passt es Ihnen, wenn wir uns morgen treffen?** would it be ok to meet up tomorrow?; **das könnte dir so ~!** (*iron fam*) you'd like that wouldn't you! ❹ (*gefallen*) ■**jdm passt etw nicht** sb doesn't like sth; **ihr passt dieser Ton nicht** she doesn't like that tone of voice; ■**jdm passt etw nicht an jdm** sb does not like sth about sb; **passt dir an mir was nicht?** is there something bugging you about me? ❺ (*fam*) ■**[bei etw** *dat*] **~ müssen** (*überfragt sein*) to have to pass [on sth]
passend *adj* ❶ *Größe, Form* fitting; **ein ~er Anzug** a suit that fits ❷ *Farbe, Stil* matching ❸ (*genehm*) convenient ❹ (*richtig*) suitable; (*angemessen*) appropriate; *Bemerkung* fitting; **die ~en Worte finden** to know the right thing to say ❺ (*fam*) **es ~ haben** *Geldbetrag* to have the right money
Passepartout <-s, -s> [paspar'tu:] *nt* passepartout
Passfoto *nt s.* **Passbild**
passierbar *adj Weg* negotiable; *Fluss* navigable
passieren* [pa'si:rən] **I.** *vi sein* to happen; **ist was passiert?** has something happened?; **wie konnte das nur ~?** how could that happen?; **... sonst passiert was!** (*fam*) ... or there'll be trouble!; **so etwas passiert eben** things like that do happen sometimes; **das kann doch jedem mal ~** that can happen to anyone **II.** *vt haben* ❶ (*vorbeigehen, -fahren*) to pass; ■**jdn ~ lassen** to let sb pass ❷ (*überqueren*) to cross
Passierschein *m* permit
Passion <-, -en> [pa'si̯o:n] *f* (*geh: Leidenschaft*) passion
passioniert [pasi̯o'ni:ɐ̯t] *adj* (*geh*) passionate
Passionsblume *f* passion flower
Passionsfrucht *f* passion fruit
passiv ['pasi:f] **I.** *adj* passive **II.** *adv* passively
Passiv <-s, -e> ['pasi:f] *nt* passive
Passiva [pa'si:va] *pl* liabilities *pl*
Passivität <-> [pasivi'tɛ:t] *f kein pl* (*geh*) passivity
Passivrauchen *nt* passive smoking
Passkontrolle *f* ❶ (*das Kontrollieren*) passport control ❷ (*Kontrollstelle*) passport control point **Passstelle** *f* passport office **Passstraße** *f* pass
Passus <-, -> ['pasʊs] *m* (*geh*) passage
Passwort <-es, -wörter> *nt* password
Paste <-, -n> ['pastə] *f* paste
Pastell <-s, -e> [pas'tɛl] *nt* KUNST ❶ *kein pl* (*Malen mit Pastellfarbe*) pastel [drawing];

P

in ~ arbeiten to work in pastels ❷(*Pastellgemälde*) pastel [drawing]
Pastellfarbe *f* pastel colour
Pastete <-, -n> [pas'te:tə] *f* pâté
pasteurisieren* [pastøri'zi:rən] *vt* to pasteurize
Pastille <-, -n> [pas'tɪlə] *f* pastille
Pastor, Pastorin <-s, -toren> ['pasto:ɐ̯, pas'to:rɪn, *pl* -'to:rən] *m, f* NORDD *s.* **Pfarrer**
Pate, Patin <-n, -n> ['pa:tə, 'pa:tɪn] *m, f* godfather *masc*, godmother *fem*
Patenkind *nt* godchild **Patenonkel** *m* godfather
Patenschaft <-, -en> *f* ❶REL godparenthood ❷(*Fürsorgepflicht*) sponsorship
Patenstadt *f* twin town
patent [pa'tɛnt] *adj* ❶(*sehr brauchbar*) ingenious ❷(*fam: tüchtig*) top-notch
Patent <-[e]s, -e> [pa'tɛnt] *nt* ❶(*amtlicher Schutz*) patent; **etw zum ~ anmelden** to apply for a patent on sth ❷(*Ernennungsurkunde*) commission ❸SCHWEIZ (*staatliche Erlaubnis*) permit
Patentamt *nt* Patent Office
Patentante *f* godmother
patentieren* [patɛn'ti:rən] *vt* ■**[jdm] etw ~** to patent sth [for sb]; ■**sich** *dat* **etw ~ lassen** to have sth patented
Patentlösung *f* patent remedy **Patentrecht** *nt* JUR ❶(*gesetzliche Regelungen*) patent law ❷(*Recht auf ein Patent*) patent right **Patentrezept** *nt* patent remedy **Patentverschluss** *m* swing stopper
Pater <-s, - *o* Patres> ['pa:tɐ, *pl* 'patre:s] *m* REL Father
pathetisch [pa'te:tɪʃ] (*geh*) **I.** *adj* impassioned **II.** *adv* [melo]dramatically
Pathologe, Pathologin <-n, -n> [pato'lo:gə] *m, f* pathologist
Pathologie <-, -n> [patolo'gi:, *pl* -'gi:ən] *f* pathology
Pathologin <-, -nen> *f fem form von* **Pathologe**
pathologisch [pato'lo:gɪʃ] **I.** *adj* pathological **II.** *adv* pathologically
Pathos <-> ['pa:tɔs] *nt kein pl* emotiveness
Patient(in) <-en, -en> [pa'tsi̯ɛnt] *m(f)* patient; **stationärer ~** in-patient
Patientenrecht *nt* MED, JUR patients' rights
Patin <-, -nen> *f fem form von* **Pate** godmother
Patina <-> ['pa:tina] *f kein pl* patina
Patisserie <-, -n> [patɪsə'ri:, *pl* -'ri:ən] *f* SCHWEIZ ❶(*Konditorei*) patisserie ❷(*Café*) café ❸(*Gebäck*) pastry
Patriarch <-en, -en> [patri'arç] *m* patriarch
patriarchalisch [patriar'ça:lɪʃ] *adj* patriarchal
Patriarchat <-[e]s, -e> [patriar'ça:t] *nt* patriarchy
Patriot(in) <-en, -en> [patri'o:t] *m(f)* patriot
patriotisch [patri'o:tɪʃ] **I.** *adj* patriotic **II.** *adv* patriotically
Patriotismus <-> [patrio'tɪsmʊs] *m kein pl* patriotism
Patrizier(in) <-s, -> [pa'tri:tsi̯ɐ] *m(f)* patrician
Patron(in) <-s, -e> [pa'tro:n] *m(f)* ❶REL patron saint ❷(*Schirmherr*) patron ❸SCHWEIZ (*Arbeitgeber*) employer
Patrone <-, -n> [pa'tro:nə] *f* cartridge
Patronenhülse *f* cartridge case
Patronin <-, -nen> *f fem form von* **Patron**
Patrouille <-, -n> [pa'trʊljə] *f* patrol; **auf ~ gehen** to patrol
patrouillieren* [patrʊl'ji:rən, patrʊ'li:rən] *vi* to patrol
patsch [patʃ] *interj* splash
Patsche ['patʃə] *f* ▶WENDUNGEN: **jdm aus der ~ helfen** (*fam*) to get sb out of a tight spot; **in der ~ sitzen** (*fam*) to be in a tight spot
patschnass ['patʃnas] *adj* (*fam*) soaking wet
Patt <-s, -s> [pat] *nt* stalemate
Pattsituation *f* stalemate
Patzer <-s, -> *m* ❶(*fam: Fehler*) slip-up ❷ÖSTERR (*Klecks*) blob
patzig ['patsɪç] *adj* (*fam*) snotty
Pauke <-, -n> ['pau̯kə] *f* MUS kettledrum ▶WENDUNGEN: **mit ~n und Trompeten durchfallen** (*fam*) to fail miserably; **auf die ~ hauen** (*fam: angeben*) to blow one's own trumpet; (*ausgelassen feiern*) to paint the town red
pauken ['pau̯kn̩] *vi, vt* (*fam*) to cram; **Vokabeln/Mathe ~** to cram for vocabulary/maths
Paukenschlag *m* beat of a kettledrum
Pauker(in) <-s, -> ['pau̯kɐ] *m(f)* (*fam*) teacher
Pausbacken ['pau̯s-] *pl* chubby cheeks *pl*
pausbäckig ['pau̯sbɛkɪç] *adj* chubby-cheeked
pauschal [pau̯'ʃa:l] **I.** *adj* ❶(*undifferenziert*) sweeping ❷FIN flat-rate *attr*, all-inclusive **II.** *adv* ❶(*allgemein*) **etw ~ beurteilen** to make a wholesale judgement about sth ❷FIN at a flat rate; **~ bezahlen** to pay in a lump sum
Pauschalbetrag *m* lump sum
Pauschale <-, -n> [pau̯'ʃa:lə] *f* flat rate
pauschalisieren* [pauʃali'zi:rən] *vt* to over-simplify
Pauschalpreis *m* all-inclusive price **Pauschalreise** *f* package holiday

P

Pauschalurlaub *m* package holiday **Pauschalurteil** *nt* sweeping statement

Pause <-, -n> ['pau̯zə] *f* ❶ (*Unterbrechung*) break, AM *a.* recess; **die große/kleine ~** SCH long [mid-morning]/short break; [**eine**] ~ **machen** to have a break ❷ (*Sprechpause*) pause ❸ MUS rest

pausen ['pau̯zn̩] *vt* to trace; FOTO to photostat

Pausenbrot *nt* sandwich (*eaten during break*) **Pausenclown** ['pau̯zn̩klau̯n] *m* SOZIOL (*pej fam*) class clown **Pausenfüller** *m* filler **Pausenhof** *m* school yard

pausenlos **I.** *adj attr* continuous **II.** *adv* continuously

Pausenzeichen *nt* ❶ RADIO, TV call sign ❷ MUS rest

pausieren* [pau̯'zi:rən] *vi* (*geh*) to take a break

Pauspapier *nt* ❶ (*durchsichtiges Papier*) tracing paper ❷ (*Kohlepapier*) carbon paper

Pavian <-s, -e> ['pa:vi̯a:n] *m* baboon

Pavillon <-s, -s> ['pavɪljõ, 'pavɪljɔŋ] *m* pavilion

Pay-TV <-s, -s> ['pe:ti:vi:] *nt* Pay-TV

Pazifik <-s> [pa'tsi:fɪk] *m* ■**der** ~ the Pacific

pazifisch [pa'tsi:fɪʃ] *adj* Pacific; ■**der P~e Ozean** the Pacific Ocean

Pazifismus <-> [patsi'fɪsmʊs] *m kein pl* ■**der** ~ pacifism

Pazifist(in) <-en, -en> [patsi'fɪst] *m(f)* pacifist

pazifistisch *adj* pacifist

PC <-s, -s> [pe:'tse:] *m Abk von* **Personal Computer** PC

PC-Station *f* PC-workstation

PDS <-> [pe:de:'ɛs] *f kein pl* POL *Abk von* **Partei des Demokratischen Sozialismus** German Socialist Party

Peanuts ['pi:nʌts] *pl* peanuts *pl*

Pech <-[e]s> [pɛç] *nt kein pl* bad luck; [**bei etw** *dat*] ~ **haben** to be unlucky [in sth]; ~ **gehabt!** (*fam*) tough!

pechschwarz ['pɛç'ʃvarts] *adj* (*fam*) pitch black; *Haar* jet-black **Pechsträhne** *f* (*fam*) run of bad luck **Pechvogel** *m* (*fam*) walking disaster *hum*

Pedal <-s, -e> [pe'da:l] *nt* pedal

Pedant(in) <-en, -en> [pe'dant] *m(f)* pedant

Pedanterie <-, -n> [pedantə'ri:] *f* pedantry

Pedantin <-, -nen> *f fem form von* **Pedant**

pedantisch [pe'dantɪʃ] **I.** *adj* pedantic **II.** *adv* pedantically

Pediküre <-, -n> [pedi'ky:rə] *f* pedicure

peelen [pi:lən] *vi* to exfoliate

Peeling <-s, -s> ['pi:lɪŋ] *nt* exfoliation

Peepshow <-, -s> ['pi:pʃo:] *f* peep show

Pegel <-s, -> ['pe:gl̩] *m* ❶ (*Messlatte*) water level gauge [*or* AM *a.* gage] ❷ *s.* **Pegelstand**

Pegelstand *m* water level

peilen ['pai̯lən] **I.** *vt* NAUT ■**etw** ~ to get a bearing on sth **II.** *vi* (*fam*) to peek

Peilgerät *nt* direction-finder **Peilsender** *m* DF transmitter *spec*

Pein <-> [pai̯n] *f kein pl* (*veraltend geh*) agony

peinigen ['pai̯nɪgn̩] *vt* ■**jdn** ~ ❶ (*zermürben*) to torment sb ❷ (*jdm zusetzen*) to torture sb

Peiniger(in) <-s, -> *m(f)* (*geh*) tormentor

peinlich ['pai̯nlɪç] **I.** *adj* ❶ (*unangenehm*) embarrassing; *Frage, Situation, Lage* awkward; **es war ihr sehr** ~ she was very embarrassed about it ❷ (*äußerst*) painstaking; *Genauigkeit* meticulous; *Sauberkeit* scrupulous **II.** *adv* ❶ (*unangenehm*) **jdn ~ berühren** to be awkward for sb; **auf jdn ~ wirken** to be embarrassing for sb ❷ (*gewissenhaft*) painstakingly; ~ **befolgen** to follow diligently ❸ (*äußerst*) meticulously

Peinlichkeit <-, -en> *f* ❶ *kein pl* (*peinliche Art*) embarrassment ❷ (*Genauigkeit*) meticulousness

Peitsche <-, -n> ['pai̯tʃə] *f* whip

peitschen ['pai̯tʃn̩] **I.** *vt haben* to whip **II.** *vi sein* to lash (**gegen** +*akk* against); **Regen peitscht gegen etw** rain is lashing against sth; **Wellen ~ an etw** waves are beating against sth

Peitschenhieb *m* lash [of the whip]

pejorativ [pejora'ti:f] **I.** *adj* pejorative **II.** *adv* pejoratively

Pekinese <-n, -n> [peki'ne:zə] *m* Pekinese

Peking <-s> ['pe:kɪŋ] *nt* Beijing

Pelikan <-s, -e> ['pe:lika:n] *m* pelican

Pelle <-, -n> ['pɛlə] *f* (*fam: Haut*) skin ▶WENDUNGEN: **jdm auf die ~ rücken** (*fam: sich dicht herandrängen*) to crowd sb; (*jdn bedrängen*) to badger sb

pellen ['pɛlən] *vt* (*fam*) to peel

Pellkartoffeln *pl* potatoes boiled in their jackets

Pelz <-es, -e> [pɛlts] *m* fur

pelzig ['pɛltsɪç] *adj* furry

Pelzkragen *m* fur collar **Pelzmantel** *m* fur coat

Pendant <-s, -s> [pã'dã:] *nt* (*geh*) counterpart (**zu** +*dat* to)

Pendel <-s, -> ['pɛndl̩] *nt* pendulum

pendeln ['pɛndl̩n] *vi* ❶ *haben* (*schwingen*) ■[**hin und her**] ~ to swing [to and fro] ❷ *sein* TRANSP to commute

P

Pendelverkehr *m* ❶ (*Nahverkehrsdienst*) shuttle service ❷ (*Berufsverkehr*) commuter traffic
pendent [pɛn'dɛnt] *adj* SCHWEIZ (*form: anhängig*) pending
Pendenz <-, -en> [pɛn'dɛnts] *f* SCHWEIZ (*form*) pending matter
Pendler(in) <-s, -> ['pɛndlɐ] *m(f)* commuter
Penes ['pe:ne:s] *pl von* **Penis**
penetrant [pene'trant] **I.** *adj* ❶ (*durchdringend*) penetrating; *Geruch* pungent ❷ (*aufdringlich*) overbearing **II.** *adv* penetratingly
peng [pɛŋ] *interj* (*Schussgeräusch*) bang
penibel [pe'ni:bl̩] *adj* (*geh*) *Ordnung* meticulous; *Mensch* fastidious (**in** +*dat* about)
Penicillin <-s, -e> [penitsɪ'li:n] *nt s.* **Penizillin**
Penis <-, -se *o* Penes> ['pe:nɪs, *pl* 'pe:nɪsə, 'pe:ne:s] *m* penis
Penizillin <-s, -e> [penitsɪ'li:n] *nt* penicillin
Pennbruder *m* (*pej fam*) dosser
Penne <-, -n> ['pɛnə] *f* SCH (*sl*) school
pennen ['pɛnən] *vi* (*fam*) ❶ (*schlafen*) to kip BRIT, to sleep AM ❷ (*nicht aufpassen*) to sleep
Penner(in) <-s, -> *m(f)* (*pej fam: Stadtstreicher*) tramp
Pensa ['pɛnza], **Pensen** ['pɛnzən] *pl von* **Pensum**
Pension <-, -en> [pã'zi̯o:n, pɛn'zi̯o:n] *f* ❶ TOURIST guest house ❷ (*Ruhegehalt*) pension; **in ~ gehen** to go into retirement; **in ~ sein** to be retired
Pensionär(in) <-s, -e> [pãzi̯o'nɛ:ɐ, pɛnzi̯o'nɛ:ɐ] *m(f)* ❶ (*Ruheständler*) pensioner ❷ SCHWEIZ boarding house guest
pensionieren* [pãzi̯o'ni:rən, pɛnzi̯o'ni:rən] *vt* ■ **pensioniert werden** to be pensioned off; ■ **sich** *akk* **~ lassen** to retire
pensioniert *adj* retired
Pensionierung <-, -en> *f* retirement
Pensionsalter *nt* retirement age
Pensum <-s, Pensa *o* Pensen> ['pɛnzʊm, *pl* 'pɛnza, 'pɛnzən] *nt* (*geh*) work quota
Pentagon[1] <-s, -e> [pɛnta'go:n] *nt* (*Fünfeck*) pentagon
Pentagon[2] <-s> ['pɛntagɔn] *nt kein pl* (*US-Verteidigungsministerium*) ■ **das ~** the Pentagon
Penthaus, Penthouse <-, -s> ['pɛnthaʊs, *pl* -haʊsɪz] *nt* penthouse
Pep <-[s]> [pɛp] *m kein pl* oomph
Peperoni [pepe'ro:ni] *pl* ❶ (*scharfe Paprikas*) chillies *pl* ❷ SCHWEIZ (*Gemüsepaprikas*) peppers *pl*
peppig ['pɛpɪç] *adj* (*fam*) peppy

per [pɛr] *präp* ❶ (*durch*) by; **~ Post/Bahn** by post [*or* AM mail]/train ❷ **mit jdm ~ du/Sie sein** to address sb with 'du'/'Sie'
perfekt [pɛr'fɛkt] **I.** *adj* ❶ (*vollkommen*) perfect ❷ *präd* (*abgemacht*) ■ **~ sein** to be settled; **etw ~ machen** to settle sth **II.** *adv* perfectly
Perfekt <-s, -e> ['pɛrfɛkt] *nt* perfect [tense]
Perfektion <-> [pɛrfɛk'tsi̯o:n] *f kein pl* perfection; **mit ~** to perfection; **in höchster ~** to the highest perfection
perfektionieren* [pɛrfɛktsio'ni:rən] *vt* (*geh*) to perfect
Perfektionismus <-> [pɛrfɛktsi̯o'nɪsmʊs] *m kein pl* perfectionism
Perfektionist(in) <-en, -en> [pɛrfɛktsi̯o'nɪst] *m(f)* perfectionist
perfide [pɛr'fi:də] **I.** *adj* (*geh*) perfidious **II.** *adv* (*geh*) perfidiously
perforieren* [pɛrfo'ri:rən] *vt* to perforate
Performance <-, -s> [pə'fɔ:məns] *f* performance
Pergament <-[e]s, -e> [pɛrga'mɛnt] *nt* parchment
Pergamentpapier *nt* greaseproof paper
Periode <-, -n> [pe'ri̯o:də] *f a.* BIOL period
Periodensystem *nt* periodic table
periodisch [pe'ri̯o:dɪʃ] **I.** *adj* periodic[al] **II.** *adv* periodically
peripher [peri'fe:ɐ̯] **I.** *adj* (*geh*) *a.* ANAT peripheral **II.** *adv* (*geh*) peripherally, on the periphery
Peripherie <-, -n> [perife'ri:, *pl* -'ri:ən] *f* periphery; INFORM peripheral [device]
Perle <-, -n> ['pɛrlə] *f* ❶ (*Schmuckperle*) pearl ❷ (*Kügelchen, Tropfen*) bead
perlen ['pɛrlən] *vi* ❶ (*sprudeln*) to fizz ❷ (*geh: in Tropfen stehen*) ■ **auf etw** *dat* **~** to form beads on sth ❸ (*geh: in Tropfen rinnen*) ■ **von etw** *dat* **~** to trickle from sth
Perlenkette *f* pearl necklace
Perlhuhn *nt* guinea fowl
Perlmutt <-s> ['pɛrlmʊt] *nt kein pl* mother-of-pearl
Perlon® <-s> ['pɛrlɔn] *nt kein pl* [type of] nylon
Permafrostboden ['pɛrma-] *m* GEOG permafrost
permanent [pɛrma'nɛnt] (*geh*) **I.** *adj* permanent **II.** *adv* permanently
perplex [pɛr'plɛks] *adj* dumbfounded
Perser(in) <-s, -> ['pɛrzɐ] *m(f)* Persian
Perserteppich *m* Persian rug
Persien <-s> ['pɛrzi̯ən] *nt* Persia
Persiflage <-, -n> [pɛrzi'fla:ʒə] *f* (*geh*) satire
persisch ['pɛrzɪʃ] *adj* Persian

P

Person <-, -en> [pɛr'zo:n] *f a.* LING person; **ich für meine ~** I myself

Personal <-s> [pɛrzo'na:l] *nt kein pl* staff

Personalabbau *m* downsizing *no pl, no indef art,* staff cuts *pl* **Personalabteilung** *f* personnel department **Personalakte** *f* personal file

Personalausweis *m* identity card

Land und Leute

In Germany the law states that every German citizen from the age of 16 onwards must be in possession of a **Personalausweis** (an *identity card*). Although people don't have to carry their I.D. on them at all times, they are required to present it to the authorities if requested. The card measures 74 x 105 mm and contains personal data as well as a photo of its carrier. It may be used instead of a passport for travel within the EU.

Personalberater(in) *m(f)* ÖKON personnel consultant **Personalbüro** *nt* personnel office **Personalchef(in)** *m(f)* head of personnel

Personal Computer ['pə:sənəl-] *m* personal computer

Personalien [pɛrzo'na:li̯ən] *pl* particulars *npl*

Personalkosten *pl* personnel costs *npl* **Personalpronomen** *nt* personal pronoun **Personalvermittlung** *f* ÖKON employment agency

personell [pɛrzo'nɛl] **I.** *adj* personnel *attr,* staff *attr* **II.** *adv* as regards personnel

Personenaufzug *m* (*form*) passenger lift BRIT, AM elevator **Personenbeförderung** *f* carriage of passengers **Personenbeschreibung** *f* personal description **Personengedächtnis** *nt* memory for faces **Personenkraftwagen** *m* motorcar **Personenkreis** *m* group of people **Personenkult** *m* personality cult **Personennahverkehr** *m* local passenger transport *no pl* **Personenschaden** *m* personal injury **Personenschutz** *m* personal security **Personenverkehr** *m* passenger transport **Personenwaage** *f* (*form*) scales *npl* (*for weighing persons*) **Personenwagen** *m* (*form*) private car

Personifikation <-, -en> [pɛrzonifika'tsi̯o:n] *f* (*geh*) personification

personifizieren* [pɛrzonifi'tsi:rən] *vt* to personify

persönlich [pɛr'zø:nlɪç] **I.** *adj* ❶ (*jdn selbst betreffend*) personal ❷ **~ werden** to get personal **II.** *adv* personally; **~ erscheinen** to appear in person; **~ befreundet sein** to be personal friends

Persönlichkeit <-, -en> *f* ❶ *kein pl* (*Eigenart*) personality ❷ (*markanter Mensch*) character ❸ (*Prominenter*) celebrity

Persönlichkeitsentfaltung *f kein pl* personality development **Persönlichkeitsstörung** *f* personality disorder **Persönlichkeitstest** *m* PSYCH personality test

Perspektive <-, -n> [pɛrspɛk'ti:və] *f* ❶ (*Blickwinkel*) perspective ❷ (*geh: Zukunftsaussicht*) prospect *usu pl*

perspektivisch [pɛrspɛk'ti:vɪʃ] **I.** *adj* perspective *attr* **II.** *adv* in perspective

perspektivlos *adj* without prospects

Perspektivlosigkeit <-> *f kein pl* hopelessness *no pl*

Peru <-s> [pe'ru:] *nt* Peru; *s. a.* **Deutschland**

Peruaner(in) <-s, -> [pe'ru̯a:nɐ] *m(f)* Peruvian; *s. a.* **Deutsche(r)**

peruanisch [pe'ru̯a:nɪʃ] *adj* Peruvian; *s. a.* **deutsch**

Perücke <-, -n> [pe'rʏkə] *f* wig

pervers [pɛr'vɛrs] **I.** *adj* ❶ (*widernatürlich*) perverted ❷ (*fam: abartig*) perverse **II.** *adv* **~ veranlagt sein** to have a perverted disposition

Perversion <-, -en> [pɛrvɛr'zi̯o:n] *f* perversion

Perversität <-, -en> [pɛrvɛrzi'tɛ:t] *f* perversity

pervertieren* [pɛrvɛr'ti:rən] (*geh*) **I.** *vt haben* to warp **II.** *vi sein* to become perverted (**zu** + *dat* into)

pesen ['pe:zn̩] *vi sein* (*fam*) to dash

Pessar <-s, -e> [pɛ'sa:ɐ̯] *nt* MED diaphragm

Pessimismus <-> [pɛsi'mɪsmʊs] *m kein pl* pessimism

Pessimist(in) <-en, -en> [pɛsi'mɪst] *m(f)* pessimist

pessimistisch [pɛsi'mɪstɪʃ] **I.** *adj* pessimistic **II.** *adv* pessimistically

Pest <-> [pɛst] *f kein pl* ■**die ~** the plague ▶ WENDUNGEN: **jdm die ~ an den Hals wünschen** (*fam*) to wish sb would drop dead; **jdn wie die ~ hassen** (*fam*) to hate sb's guts; **wie die ~ stinken** (*fam*) to stink to high heaven

Pestizid <-s, -e> [pɛsti'tsi:t] *nt* pesticide

Petersilie <-, -n> [petɐ'zi:li̯ə] *f* parsley

Petition <-, -en> [peti'tsi̯o:n] *f* petition

Petroleum <-s> [pe'tro:leʊm] *nt kein pl* paraffin

Falsche Freunde

Nicht verwechseln mit *petrol* — Benzin *nt*!

P

Petroleumlampe *f* paraffin lamp
Petting <-s, -s> ['pɛtɪŋ] *nt* petting
petto ['pɛto] *adv* ▶ WENDUNGEN: **etw in ~ haben** (*fam*) to have sth up one's sleeve
Petze <-, -n> ['pɛtsə] *f* (*pej fam*) telltale
petzen ['pɛtsn̩] **I.** *vt* (*pej fam*) ■ **[jdm] etw ~** to tell [sb] about sth **II.** *vi* (*pej fam*) to tell
Pf *m* (*hist*) *Abk von* **Pfennig**
Pfad <-[e]s, -e> [pfa:t, *pl* 'pfa:də] *m* path
Pfadfinder(in) <-s, -> *m(f)* [boy] scout; (*Mädchen*) [girl] guide
Pfaffe <-n, -n> ['pfafə] *m* (*pej*) cleric
Pfahl <-[e]s, Pfähle> [pfa:l, *pl* 'pfɛ:lə] *m* post, stake
Pfahlbau <-bauten> *m* structure on stilts
Pfalz <-, -en> [pfalts] *f* GEOG palatinate; **Rheinland-~** the Rhineland-Palatinate
Pfälzer(in) <-s, -> ['pfɛltsɐ] *m(f)* sb from the Palatinate
pfälzisch ['pfɛltsɪʃ] *adj* Palatine
Pfand <-[e]s, Pfänder> [pfant, *pl* 'pfɛndɐ] *nt* deposit
pfändbar *adj* JUR distrainable *form*
Pfandbrief *m* mortgage bond
pfänden ['pfɛndn̩] *vt* ① (*beschlagnahmen*) to impound ② (*Pfandsiegel anbringen*) ■ **jdn ~** to seize some of sb's possessions
Pfandflasche *f* returnable bottle **Pfandgeld** *nt* deposit **Pfandhaus** *nt* pawnbroker's **Pfandleihe** <-, -n> *f* pawnshop **Pfandschein** *m* pawn ticket
Pfändung <-, -en> *f* seizure
Pfanne <-, -n> ['pfanə] *f* ① (*Bratpfanne*) [frying] pan ② SCHWEIZ (*Topf*) pot ▶ WENDUNGEN: **jdn in die ~ hauen** (*sl*) to do the dirty on sb [*or* AM to play a mean trick on sb]
Pfannkuchen *m* pancake
Pfarramt *nt* vicarage **Pfarrbezirk** *m* parish
Pfarrei <-, -en> [pfa'rai̯] *f* ① (*Gemeinde*) parish ② *s.* **Pfarramt**
Pfarrer(in) <-s, -> ['pfarɐ] *m(f)* priest
Pfarrgemeinde *f* parish **Pfarrhaus** *nt* (*katholisch*) presbytery; (*anglikanisch*) vicarage **Pfarrkirche** *f* parish church
Pfau <-[e]s *o* -en, -en> [pfau̯] *m* peacock
Pfauenauge *nt* peacock butterfly
Pfeffer <-s, -> ['pfɛfɐ] *m* pepper ▶ WENDUNGEN: **hingehen, wo der ~ wächst** (*fam*) to go to hell
Pfefferkorn ['pfɛfɐkɔrn] *nt* peppercorn
Pfefferminzbonbon *nt* peppermint
Pfefferminze *f kein pl* peppermint
Pfefferminztee *m* peppermint tea
Pfeffermühle *f* pepper mill
pfeffern ['pfɛfɐn] *vt* ① KOCH to season with pepper ② (*fam: schleudern*) ■ **etw irgendwohin ~** to fling sth somewhere ▶ WENDUNGEN: **jdm eine ~** (*fam*) to give sb a smack in the face
Pfefferstreuer <-s, -> *m* pepper pot
Pfeife <-, -n> ['pfai̯fə] *f* ① (*Musikinstrument, Orgelpfeife*) pipe ② (*Trillerpfeife*) whistle ③ (*Tabakpfeife*) pipe; **~ rauchen** to smoke a pipe ④ (*sl: Nichtskönner*) loser ▶ WENDUNGEN: **nach jds ~ tanzen** to dance to sb's tune
pfeifen <pfiff, gepfiffen> ['pfai̯fn̩] **I.** *vi, vt* to whistle **II.** *vi* ■ **auf etw ~** (*fam*) not to give a damn about sth
Pfeifenkopf *m* bowl [of a pipe] **Pfeifenreiniger** *m* pipe-cleaner **Pfeifenstopfer** <-s, -> *m* tamper **Pfeifentabak** *m* pipe tobacco
Pfeifkonzert *nt* chorus of catcalls **Pfeifton** *m* whistle
Pfeil <-s, -e> [pfai̯l] *m* (*a. Richtungspfeil*) arrow; **~ und Bogen** bow and arrow
Pfeiler <-s, -> ['pfai̯lɐ] *m* pillar
pfeilschnell ['pfai̯l'ʃnɛl] *adj* like a shot **Pfeilspitze** *f* arrowhead
Pfennig <-s, -e *o meist nach Zahlenangaben* -> ['pfɛnɪç] *m* (*hist*) pfennig; **keinen ~ [Geld] haben** to be penniless ▶ WENDUNGEN: **keinen ~ wert sein** (*fam*) to be worth nothing; **jeden ~ umdrehen** (*fam*) to think twice about every penny one spends
Pfennigabsatz *m* (*fam*) stiletto heel **Pfennigfuchser(in)** <-s, -> [-fʊksɐ] *m(f)* (*fam*) stinge
pferchen ['pfɛrçn̩] *vt* to cram (**in** +*akk* into)
Pferd <-[e]s, -e> [pfe:ɐ̯t, *pl* -də] *nt* ① (*Tier*) horse ② (*Schachfigur*) knight ▶ WENDUNGEN: **das ~ beim Schwanz[e] aufzäumen** (*fam*) to put the cart before the horse; **die ~e scheu machen** (*fam*) to put people off; **keine zehn ~e könnten mich je dazu bringen** (*fam*) wild horses couldn't make me do that; **mit jdm ~e stehlen können** (*fam*) sb is game for anything; **ich glaub' mich tritt ein ~!** (*fam*) well I'll be blowed! [*or* AM damned!]
Pferdeapfel *m meist pl* horse droppings *npl* **Pferdefuß** *m* ① (*Huf*) cloven hoof ② (*Haken*) catch **Pferderennbahn** *f* racecourse **Pferderennen** *nt* horse-racing **Pferdeschwanz** *m* ① (*vom Pferd*) horse's tail ② (*Frisur*) ponytail **Pferdestall** *m* stable **Pferdestärke** *f* (*veraltend*) horsepower **Pferdewagen** *m* [horse-drawn] carriage; *für Güter* cart **Pferdezucht** *f* horse breeding
pfiff [pfɪf] *imp von* **pfeifen**
Pfiff <-s, -e> [pfɪf] *m* ① (*Pfeifton*) whistle ② (*fam: Reiz*) pizzazz

Pfifferling <-[e]s, -e> ['pfɪfɐlɪŋ] *m* chanterelle ▶ WENDUNGEN: **keinen ~ wert sein** to not be worth a thing

pfiffig ['pfɪfɪç] **I.** *adj* smart **II.** *adv* smartly

Pfiffikus <-[ses], -se> ['pfɪfikʊs] *m* (*hum fam*) smart lad *masc* [*or fem* lass] BRIT

Pfingsten <-, -> ['pfɪŋstn̩] *nt meist ohne art* Whitsun; **an/zu/über ~** at Whitsuntide

Pfingstmontag *m* Whit Monday **Pfingstrose** *f* peony **Pfingstsonntag** *m* Whit Sunday

Pfirsich <-s, -e> ['pfɪrzɪç] *m* peach

Pfirsichbaum *m* peach tree

Pflanze <-, -n> ['pflantsə] *f* plant

pflanzen ['pflantsn̩] **I.** *vt* to plant **II.** *vr* (*fam*) **sich** *akk* **auf das Sofa ~** to plonk [*or* AM *a.* plunk] oneself on the sofa

Pflanzenfaser *f* plant fibre **Pflanzenfett** *nt* vegetable fat **Pflanzenfresser** *m* herbivore **Pflanzenkunde** *f* botany **Pflanzenöl** *nt* vegetable oil **Pflanzenreich** *nt kein pl* plant kingdom *no pl*

Pflanzenschutz *m* pest control **Pflanzenschutzmittel** *nt* pesticide

Pflanzenwelt *f* plant life

pflanzlich **I.** *adj attr* ① (*vegetarisch*) vegetarian ② (*aus Pflanzen gewonnen*) plant-based **II.** *adv* **sich** *akk* **~ ernähren** to eat a vegetarian diet

Pflanzung <-, -en> *f* ① *kein pl* (*das Pflanzen*) planting ② AGR *s.* **Plantage**

Pflaster <-s, -> ['pflastɐ] *nt* ① MED plaster ② BAU road surface ▶ WENDUNGEN: **ein gefährliches ~** (*fam*) a dangerous place

pflastern ['pflastɐn] *vt* to surface; **etw mit Steinplatten ~** to pave sth with flagstones

Pflasterstein *m* paving stone

Pflaume <-, -n> ['pflau̯mə] *f* ① (*Frucht*) plum ② (*fam: Pfeife*) twat *pej*

Pflaumenbaum *m* plum tree **Pflaumenmus** *nt* plum jam

Pflege <-> ['pfle:gə] *f kein pl* ① *eines Kranken* nursing ② *des Körpers* grooming ③ *von Pflanzen, des Gartens* care ④ (*Obhut*) **ein Kind in ~ nehmen** to foster a child

pflegebedürftig *adj* in need of care *pred* **Pflegedienst** *m* nursing service **Pflegeeltern** *pl* foster parents *pl* **Pflegefall** *m* **jd ist ein ~** sb needs constant nursing care **Pflegeheim** *nt* nursing home **Pflegekind** *nt* foster child **pflegeleicht** *adj* easy-care *attr;* **ein ~es Tier/~er Mensch** an animal that/a person who is easy to cope with **Pflegemutter** *f* foster mother

pflegen ['pfle:gn̩] **I.** *vt* ① *Kranke* to care for, to look after ② *Körper* to treat ③ *Pflanzen, Garten* to tend ④ (*gewöhnlich tun*) ■**etw zu tun ~** to usually do sth **II.** *vr* ■**sich** *akk* **~** to take care of one's appearance

Pflegepersonal *nt* nursing staff + *pl vb*

Pfleger(in) <-s, -> *m(f)* [male] nurse *masc,* nurse *fem*

Pflegesatz *m* hospital charges *pl* **Pflegespülung** *f* conditioner **Pflegevater** *m* foster father **Pflegeversicherung** *f* private nursing insurance

pfleglich ['pfle:klɪç] *adv* carefully, with care

Pflegschaft <-, -en> *f* guardianship

Pflicht <-, -en> [pflɪçt] *f* duty; **die ~ ruft** duty calls

pflichtbewusst *adj* conscientious **Pflichtbewusstsein** *nt* sense of duty *no pl* **Pflichtfach** *nt* compulsory subject **Pflichtgefühl** *nt kein pl s.* **Pflichtbewusstsein** **pflichtgemäß** **I.** *adj* dutiful **II.** *adv* dutifully **Pflichtübung** *f* compulsory exercise **Pflichtverteidiger(in)** *m(f)* court-appointed defence counsel

Pflock <-[e]s, Pflöcke> [pflɔk, *pl* 'pflœkə] *m* stake; (*Zeltpflock*) peg

pflücken ['pflʏkn̩] *vt* to pick

Pflücker(in) <-s, -> *m(f)* picker

Pflug <-es, Pflüge> [pflu:k, *pl* 'pfly:gə] *m* plough, *esp* AM plow

pflügen *vi, vt* to plough, *esp* AM to plow

Pflümli <-, -s> *nt* SCHWEIZ plum schnapps

Pforte <-, -n> ['pfɔrtə] *f* gate

Pförtner(in) <-s, -> ['pfœrtnɐ] *m(f)* porter

Pförtnerloge [-lo:ʒə] *f* doorkeeper's office

Pfosten <-s, -> ['pfɔstn̩] *m a.* SPORT post

Pfote <-, -n> ['pfo:tə] *f* ① (*von Tieren*) paw ② (*fam: Hand*) paw ③ (*fam*) **sich** *dat* **die ~n [an etw** *dat*] **verbrennen** to burn one's fingers [on/with sth]

Pfropfen <-s, -> ['pfrɔpfn̩] *m* stopper

Pfründe <-, -n> ['pfrʏndə] *f* sinecure

pfui [pfui] *interj* tut tut; (*Ekel*) yuck

Pfund <-[e]s, -e *o nach Zahlenangaben* -> [pfʊnt, *pl* 'pfʊndə] *nt* ① (*4554 Gramm*) ≈ pound ② (*Währungseinheit*) pound; **in ~** in pounds

pfundig ['pfʊndɪç] *adj* (*fam*) great

Pfundskerl ['pfʊnts'kɛrl] *m* DIAL (*fam*) great guy

Pfusch <-[e]s> [pfʊʃ] *m kein pl* (*fam*), **Pfuscharbeit** *f kein pl* (*fam*) botch-up

pfuschen ['pfʊʃn̩] *vi* ① (*schlampen*) to be sloppy ② DIAL (*mogeln*) to cheat (**bei** + *dat* at, in)

Pfuscher(in) <-s, -> *m(f)* (*fam*) ① SCH cheat ② (*pfuschender Handwerker*) cowboy

Pfuscherei <-, -en> [pfʊʃɛ'rai̯] *f* bungling

Pfütze <-, -n> ['pfʏtsə] *f* puddle

Phallus <-, -se> ['falʊs] *m* (*geh*) phallus

Phänomen <-s, -e> [fɛno'me:n] *nt* phenomenon

phänomenal [fɛnome'naːl] *adj* phenomenal

Phantasie <-, -n> [fanta'ziː, *pl* -'ziːən] *f s.* **Fantasie**

Phantasiegebilde *nt s.* **Fantasiegebilde**

Phantasielosigkeit <-> *f s.* **Fantasielosigkeit**

phantasieren* [fanta'ziːrən] *s.* **fantasieren**

phantasievoll *adj s.* **fantasievoll**

Phantast(in) <-en, -en> [fan'tast] *m(f) s.* **Fantast**

Phantasterei <-, -en> [fantastə'rai̯] *f s.* **Fantasterei**

Phantastin <-, -nen> *f fem form von* **Fantast**

phantastisch [fan'tastɪʃ] *adj, adv s.* **fantastisch**

Phantom <-s, -e> [fan'toːm] *nt* phantom

Phantombild *nt* identikit® [picture] BRIT, composite sketch AM **Phantomschmerz** *m* phantom [limb] pain

Pharao, Pharaonin <-s, Pharaonen> ['faːrao, fara'oːnɪn, *pl* fara'oːnən] *m, f* Pharaoh

Pharisäer <-s, -> [fari'zɛːɐ] *m* ❶ HIST Pharisee ❷ (*Getränk*) coffee with rum

Pharmaindustrie *f* pharmaceutical industry

Pharmakologe, Pharmakologin <-n, -n> [farmako'loːgə, -loːgɪn] *m, f* pharmacologist

Pharmakologie <-> [farmakolo'giː] *f kein pl* pharmacology *no pl, no art*

Pharmakologin <-, -nen> *f fem form von* **Pharmakologe**

pharmakologisch [farmako'loːgɪʃ] *adj* pharmacological

Pharmazeut(in) <-en, -en> [farma'tsɔyt] *m(f)* pharmacist

Pharmazeutik <-> [farma'tsɔytɪk] *f kein pl* pharmaceutics + *sing vb*

pharmazeutisch [farma'tsɔytɪʃ] *adj* pharmaceutical

Pharmazie <-> [farma'tsiː] *f kein pl* pharmacy *no pl, no art*

Phase <-, -n> ['faːzə] *f a.* ELEK phase

Philharmonie <-, -n> [fɪlharmo'niː, *pl* -'niːən] *f* ❶ (*Institution*) Philharmonic [orchestra] ❷ (*Gebäude*) Philharmonic hall

Philharmoniker(in) <-s, -> [fɪlhar'moːnikɐ] *m(f)* member of a/the philharmonic orchestra

Philippinen [fɪlɪ'piːnən] *pl* ■**die** ~ the Philippines *pl*

Philippiner(in) <-s, -> [fɪlɪ'piːnɐ] *m(f)* Filipino; *s. a.* **Deutsche(r)**

philippinisch [fɪlɪ'piːnɪʃ] *adj* Filipino; *s. a.* **deutsch**

Philologe, Philologin <-n, -n> [filo'loːgə] *m, f* philologist

Philologie <-, -n> [filolo'giː, *pl* -'giːən] *f* philology *no pl, no art*

Philologin <-, -nen> *f fem form von* **Philologe**

philologisch [filo'loːgɪʃ] *adj* philological

Philosoph(in) <-en, -en> [filo'zoːf] *m(f)* philosopher

Philosophie <-, -n> [filozo'fiː, *pl* -'fiːən] *f* philosophy

philosophieren* [filozo'fiːrən] *vi* (*geh*) to philosophize (**über** +*akk* about)

Philosophin <-, -nen> *f fem form von* **Philosoph**

philosophisch [filo'zoːfɪʃ] *adj* philosophical

phlegmatisch [flɛg'maːtɪʃ] *adj* (*geh*) phlegmatic

Phobie <-, -n> [fo'biː, *pl* -'biːən] *f* phobia

Phon <-s, -s *o nach Zahlenangabe* -> [foːn] *nt* phon

Phonetik <-> [fo'neːtɪk] *f kein pl* phonetics + *sing vb*

phonetisch [fo'neːtɪʃ] *adj* phonetic

Phönix <-[es], -e> ['føːnɪks] *m* phoenix

Phönizier(in) <-s, -> [fø'niːtsi̯ɐ] *m(f)* Phoenician

Phonotypist(in) <-en, -en> [fonoty'pɪst] *m(f)* audio typist

Phosphat <-[e]s, -e> [fɔs'faːt] *nt* phosphate

Phosphor <-s> ['fɔsfoːɐ̯] *m kein pl* phosphorus *no pl, no indef art*

phosphoreszieren* [fɔsforɛs'tsiːrən] *vi* to phosphoresce

Photo <-s, -s> ['foːto] *nt s.* **Foto**

Photosynthese [fotozʏn'teːzə] *f s.* **Fotosynthese**

Phrase <-, -n> ['fraːzə] *f* (*pej*) empty phrase

pH-Wert [pe'haː-] *m* pH-value

Physik <-> [fy'ziːk] *f kein pl* physics + *sing vb, no art*

physikalisch [fyzi'kaːlɪʃ] *adj* physical

Physiker(in) <-s, -> ['fyːzikɐ] *m(f)* physicist

Falsche Freunde

Nicht verwechseln mit *physician* — Arzt *m*, Ärztin *f*!

Physiognomie <-, -n> [fyzi̯ogno'miː, *pl* -'miːən] *f* (*geh*) physiognomy

Physiologie <-> [fyzi̯olo'giː] *f kein pl* physiology

physiologisch [fyzi̯o'loːgɪʃ] *adj* physiological

Physiotherapeut(in) <-en, -en> [fyzi̯otera'pɔyt] *m(f)* physiotherapist **Physiotherapie** [fyzi̯otera'piː] *f kein pl* physiotherapy

P

physisch ['fy:zɪʃ] *adj* physical

Pi <-[s], -s> [pi:] *nt* pi

Pianist(in) <-en, -en> [pi̯a'nɪst] *m(f)* pianist

Piano <-s, -s> ['pi̯a:no] *nt* (*geh*) piano

picheln ['pɪçl̩n] **I.** *vi* DIAL (*fam*) to booze **II.** *vt* ▶ WENDUNGEN: **einen** ~ DIAL (*fam*) to knock 'em back

Pickel <-s, -> ['pɪkl̩] *m* ① (*Hautunreinheit*) pimple, BRIT *a.* spot, AM zit ② (*Spitzhacke*) pickaxe; (*Eispickel*) ice pick

Falsche Freunde

Nicht verwechseln mit *pickles* — eingelegtes Gemüse

pickelig ['pɪkəlɪç] *adj* spotty BRIT, pimply AM

picken ['pɪkn̩] **I.** *vi* ORN to peck (**nach** +*dat* at) **II.** *vt* ① (*fam*) *Person* to pick; ■**etw aus etw** *dat* ~ to pick sth out of sth ② ÖSTERR (*kleben*) to stick

picklig ['pɪklɪç] *adj s.* **pickelig**

Picknick <-s, -s *o* -e> ['pɪknɪk] *nt* picnic

picknicken ['pɪknɪkn̩] *vi* to [have a] picnic

picobello [piko'bɛlo] *adv* (*fam*) spick and span

piekfein ['pi:k'fai̯n] *adj* (*fam*) posh **pieksauber** *adj* (*fam*) spotless

Piep [pi:p] *m* (*fam*) ▶ WENDUNGEN: **keinen ~ sagen** (*fam*) to not make a sound; **keinen ~ mehr sagen** (*fam*) to have had it

piepe ['pi:pə], **piepegal** ['pi:pʔe'ga:l] *adj präd* (*fam*) ■[**jdm**] ~ **sein** to be all the same [to sb]

piepen ['pi:pn̩] *vi* ① (*leise Pfeiftöne erzeugen*) to peep; (*Maus*) to squeak ② (*hohe Töne erzeugen*) *Gerät* to bleep ③ **bei jdm piept es** (*fam*) sb is off their head

piepsen ['pi:psn̩] **I.** *vi* ① *s.* **piepen 1, 2** ② (*mit hoher Stimme sprechen/singen*) to pipe **II.** *vt* ■**etw** ~ to say/sing sth in a high delicate voice

Piepser <-s, -> *m* (*fam*) bleeper

piepsig ['pi:psɪç] *adj* (*fam*) *Stimme* squeaky

Pier <-s, -s *o* -e> [pi:ɐ̯] *m* pier

Piercing <-s, -s> ['pi:ɐ̯sɪŋ] *nt* piercing

piesacken ['pi:zakn̩] *vt* (*fam*) to pester

pieseln ['pi:zl̩n] *vi* (*fam*) ① (*fein regnen*) to drizzle ② (*urinieren*) to pee

Pietät <-> [pi̯e'tɛ:t] *f kein pl* (*geh*) respect; (*Ehrfurcht*) reverence *no pl*

pietätlos *adj* (*geh*) irreverent

pietistisch [pi̯e'tɪstɪʃ] *adj* pietistic

Pigment <-s, -e> [pɪg'mɛnt] *nt* pigment

Pik¹ [pi:k] *m* (*Bergspitze*) peak

Pik² <-s, -> [pi:k] *nt* KARTEN ① (*Farbe*) spades *pl* ② (*Karte*) spade

pikant [pi'kant] **I.** *adj* ① KOCHK spicy ② (*frivol*) racy **II.** *adv* piquantly

Pike ['pi:kə] *f* ▶ WENDUNGEN: **etw von der ~ auf lernen** (*fam*) to start sth at the bottom

piken ['pi:kn̩] *vt, vi* (*fam*) *s.* **piksen**

pikiert [pi'ki:rt] (*geh*) **I.** *adj* peeved **II.** *adv* peevishly

Pikkolo¹ <-s, -s> ['pɪkolo] *m* ① (*Kellner*) trainee waiter ② (*fam*) mini bottle (*of champagne o sparkling wine*)

Pikkolo² <-s, -s> ['pɪkolo] *nt* MUS piccolo

Pikkoloflöte *f* piccolo [flute]

piksen ['pi:ksn̩] **I.** *vt* (*fam*) to prick (**mit** +*dat* with) **II.** *vi* (*fam*) to prickle

Pilger(in) <-s, -> ['pɪlgɐ] *m(f)* pilgrim

Pilgerfahrt *f* pilgrimage

Pilgerin <-, -nen> *f fem form von* **Pilger**

pilgern ['pɪlgɐn] *vi sein* ① (*fam: gehen, marschieren*) to wend one's way ② (*wallfahren*) to make a pilgrimage (**nach** to)

Pille <-, -n> ['pɪlə] *f* pill; ■**die** ~ (*Antibabypille*) the pill; **die ~ nehmen** to be on the pill; **die ~ danach** the morning-after pill ▶ WENDUNGEN: **eine bittere ~ schlucken müssen** (*fam*) to have to swallow a bitter pill

Pillenknick *m* decline in the birth rate (*due to the pill*)

Pilot(in) <-en, -en> [pi'lo:t] *m(f)* pilot

Pilotfilm *m* pilot film

Pilotin <-, -nen> *f fem form von* **Pilot**

Pilotprojekt *nt* pilot scheme **Pilotversuch** *m* pilot project

Pils <-, -> [pɪls] *nt* pilsner

Pilz <-es, -e> [pɪlts] *m* ① BOT fungus; (*Speisepilz*) mushroom ② MED fungal skin infection ▶ WENDUNGEN: **wie ~e aus dem Boden schießen** to mushroom

Pilzerkrankung *f* fungal disease **Pilzvergiftung** *f* fungus poisoning *no art*

Pimmel <-s, -> ['pɪml̩] *m* (*fam*) willy BRIT, weenie AM

Pimpf <-[e]s, -e> [pɪmpf] *m* (*fam*) squirt

Pin <-, -s> [pɪn] *nt Akr von* **personal identification number** PIN [number]

pingelig ['pɪŋəlɪç] *adj* (*fam*) fussy

Pingpong <-s, -s> ['pɪŋpɔŋ] *nt* ping-pong

Pinguin <-s, -e> ['pɪŋgui:n] *m* penguin

Pinie <-, -n> ['pi:ni̯ə] *f* stone pine

pink [pɪŋk] *adj* pink

Pinkel¹ <-s, -> ['pɪŋkl̩] *m* **ein feiner** ~ (*fam*) a dandy

Pinkel² <-, -n> ['pɪŋkl̩] *f* KOCHK NORDD *spicy, smoked fatty pork/beef sausage* (*eaten with curly kale*)

pinkeln ['pɪŋkl̩n] *vi* (*fam*) to pee

Pinnwand *f* pinboard

Pinscher <-s, -> ['pɪnʃɐ] *m* pinscher

Pinsel <-s, -> ['pɪnzl̩] *m* brush

pinseln ['pɪnzl̩n] **I.** *vt* ① (*streichen*) *a.* MED

P

to paint ❷ (*mit dem Pinsel auftragen*) ■ **etw irgendwohin ~** to daub sth somewhere ❸ (*fam: schreiben*) to pen **II.** *vi* (*fam*) to paint

Pinte <-, -n> ['pɪntə] *f* (*fam*) pub BRIT, bar AM

Pinzette <-, -n> [pɪn'tsɛtə] *f* tweezers *npl*

Pionier(in) <-s, -e> [pi̯o'niːɐ̯] *m(f)* ❶ (*geh: Wegbereiter*) pioneer ❷ MIL sapper

Pionierarbeit *f* pioneering work

Pipapo <-s> [pipa'poː] *nt kein pl* (*fam*) **mit allem ~** with all the frills; **das ganze ~** the whole shebang

Pipeline <-, -s> ['pa͜ɪpla͜ɪn] *f* pipeline

Pipette <-, -n> [pi'pɛtə] *f* pipette

Pipi <-s> [pi'piː] *nt kein pl* (*Kindersprache*) wee BRIT, wee-wee AM; **~ machen** to do a wee[-wee]

Pipifax <-> ['pɪpifaks] *nt kein pl* (*fam*) nonsense

Piranha <-[s], -s> [pi'ranja] *m* piranha

Pirat(in) <-en, -en> [pi'raːt] *m(f)* pirate

Piratensender *m* pirate station

Piratin <-, -nen> *f fem form von* **Pirat**

Pirouette <-n, -n> [pi'ru̯ɛtə] *f* pirouette

Pirsch [pɪrʃ] *f* **auf die ~ gehen** to go stalking

PISA ['piːza] *Akr von* **Programme for International Student Assessment** PISA

PISA-Musterland *nt* top-performing country in the PISA studies **PISA-Schock** *m shock and dismay felt by Germany on account of its bad PISA results in 2002* **PISA-Studie, Pisastudie** *f* PISA study

P

Pisse <-> ['pɪsə] *f kein pl* (*derb*) piss

pissen ['pɪsn̩] *vi* ❶ (*derb: urinieren*) to piss ❷ *impers* (*sl: stark regnen*) **es pisst** it's pissing down

Pissoir <-s, -s *o* -e> [pɪ'so̯aːɐ̯] *nt* urinal

Pistazie <-, -n> [pɪs'taːtsi̯ə] *f* pistachio

Piste <-, -n> ['pɪstə] *f* ❶ (*Skipiste*) piste, ski run ❷ (*Rennstrecke*) track ❸ (*unbefestigter Weg*) track ❹ (*Rollbahn*) runway

Pistole <-, -n> [pɪs'toːlə] *f* pistol ▶ WENDUNGEN: **jdm die ~ auf die Brust setzen** (*fam*) to hold a gun to sb's head; **wie aus der ~ geschossen** (*fam*) like a shot

pittoresk [pɪto'rɛsk] *adj* (*geh*) picturesque

Pixelgrafik *f* INFORM pixel graphics + *sing vb*

Pizza <-, -s> ['pɪtsa] *f* pizza

Pkw <-s, -s> ['peːkaːveː] *m Abk von* **Personenkraftwagen**

Plackerei <-, -en> [plakə'ra͜i] *f* (*fam*) grind *no pl*

plädieren* [plɛ'diːrən] *vi* ❶ JUR ■ **auf etw ~** to plead sth; **auf schuldig ~** to plead guilty ❷ (*fig geh*) ■ **für etw ~** to plead for sth

Plädoyer <-s, -s> [plɛdo̯a'jeː] *nt* ❶ JUR [counsel's] summing-up BRIT, summation AM ❷ (*fig geh*) plea

Plage <-, -n> ['plaːgə] *f* nuisance

Plagegeist *m* (*pej fam*) nuisance

plagen ['plaːgn̩] **I.** *vt* ❶ (*behelligen*) *mit Fragen, Bitten* to pester ❷ (*quälen*) to bother; **Zweifel plagten ihn** he was plagued with doubt **II.** *vr* ■ **sich** *akk* [**mit etw** *dat*] **~** ❶ (*sich abrackern*) to slave away [over sth] ❷ (*sich herumplagen*) to be bothered [by sth]

Plagiat <-[e]s, -e> [pla'gi̯aːt] *nt* plagiarism

Plakat <-[e]s, -e> [pla'kaːt] *nt* poster

plakatieren* [plaka'tiːrən] *vt* to placard

plakativ [plaka'tiːf] *adj* ❶ (*wie ein Plakat wirkend*) poster-like *attr*, like a poster *pred* ❷ (*grell, bunt*) *Farben* bold ❸ (*betont auffällig, einprägsam*) pithy

Plakatträger(in) *m(f)* billboard; (*Person*) man/woman carrying a sandwich board **Plakatwand** *f* [advertising] hoarding BRIT, billboard AM

Plakette <-, -n> [pla'kɛtə] *f* (*Anstecker*) badge; (*Aufkleber*) sticker

Plan <-[e]s, Pläne> [plaːn, *pl* 'plɛːnə] *m* ❶ (*Vorhaben*) plan; **nach ~ laufen** to go according to plan; **jds Pläne durchkreuzen** to thwart sb's plans ❷ GEOG, TRANSP map ❸ (*zeichnerische Darstellung*) plan

Plane <-, -n> ['plaːnə] *f* tarpaulin, tarp *esp* AM *fam*

planen ['plaːnən] *vt* to plan

Planer(in) <-s, -> *m(f)* planner

Planet <-en, -en> [pla'neːt] *m* planet

Planetarium <-s, -tarien> [plane'taːri̯ʊm, *pl* -'taːri̯ən] *nt* planetarium

Planetensystem *nt* planetary system

planieren* [pla'niːrən] *vt* to level [off]

Planierraupe *f* bulldozer

Planke <-, -n> ['plaŋkə] *f* plank

Plankton <-s> ['plaŋktɔn] *nt kein pl* plankton

planlos *adj* ❶ (*ziellos*) aimless ❷ (*ohne System*) unsystematic

planmäßig **I.** *adj* ❶ TRANSP scheduled ❷ (*systematisch*) systematic **II.** *adv* ❶ TRANSP as scheduled, according to schedule ❷ (*systematisch*) systematically

Planschbecken *nt* paddling [*or* AM kiddie] pool

planschen ['planʃn̩] *vi* to splash about

Planstelle *f* post

Plantage <-, -n> [plan'taːʒə] *f* plantation

Planung <-, -en> *f* ❶ (*das Planen*) planning; **in der ~ befindlich** in/at the planning stage ❷ (*Plan*) plan

Planwagen *m* covered wagon **Planwirtschaft** *f kein pl* planned economy

Plappermaul *nt (bes pej fam)* chatterbox
plappern ['plapɐn] *(fam)* **I.** *vi* to chatter **II.** *vt* **Unsinn ~** to babble nonsense
plärren ['plɛrən] *vi (fam)* ❶ *(heulen)* to bawl ❷ *(blechern ertönen)* to blare [out]
Plasma <-s, Plasmen> ['plasma, *pl* 'plasmən] *nt* plasma *no pl, no indef art*
Plastik[1] <-s> ['plastɪk] *nt kein pl* plastic; **aus ~** plastic
Plastik[2] <-, -en> ['plastɪk] *f (Kunstwerk)* sculpture
Plastikbecher *m* plastic cup **Plastikbeutel** *m* plastic bag **Plastikfolie** *f* plastic film **Plastikgeld** *nt (fam)* plastic money **Plastiktüte** *f* plastic bag
plastisch ['plastɪʃ] **I.** *adj (anschaulich)* vivid **II.** *adv (anschaulich)* vividly
Platane <-, -n> [pla'ta:nə] *f* plane tree
Plateau <-s, -s> [pla'to:] *nt* plateau
Platin <-s> ['pla:ti:n] *nt kein pl* platinum *no pl, no indef art*
Platine <-, -n> [pla'ti:nə] *f* ❶ TECH circuit board ❷ INFORM card
platonisch [pla'to:nɪʃ] *adj (geh)* platonic
platsch [platʃ] *interj* splash
plätschern ['plɛtʃɐn] *vi Brunnen* to splash; *Bach* to burble; *Regen* to patter
platt [plat] **I.** *adj* ❶ *(flach)* flat ❷ *(geistlos)* dull ❸ *(fam: verblüfft)* ■**~ sein** to be flabbergasted **II.** *adv* flat; **~ drücken/walzen** to flatten; **jdn ~ fahren** *(sl)* to flatten sb
Platt <-[s]> [plat] *nt kein pl,* **Plattdeutsch** ['platdɔytʃ] *nt* Low German
Platte <-, -n> ['platə] *f* ❶ *(Steinplatte)* slab ❷ *(Metalltafel)* sheet ❸ *(Schallplatte)* record ❹ *(Servierteller, Gericht)* platter ❺ *(Kochplatte)* hotplate ❻ *(fam: Glatze)* bald head; **eine ~ haben** to be bald ▸ WENDUNGEN: **die ~ schon <u>kennen</u>** *(fam)* to have heard that one before
Plätteisen *nt* NORDD [smoothing] iron
Platten einen ~ haben to have a flat tyre [*or* AM tire]
plätten ['plɛtn̩] *vt* DIAL to iron
Plattencover <-s, -> [-kavɐ] *nt* record sleeve **Plattenfirma** *f* record company **Plattenlabel** *nt* MUS ❶ *(Schallplattenetikett)* record label ❷ *(Schallplattenfirma)* record label **Plattenlaufwerk** *nt* disk drive **Plattenspieler** *m* record player **Plattenteller** *m* turntable
Plattform *f a.* INFORM platform **Plattfuß** *m* ❶ MED flat foot ❷ *(fam: platter Reifen)* flat
Platz <-es, Plätze> [plats, *pl* 'plɛtsə] *m* ❶ *(Ort, Stelle)* place ❷ *(öffentlicher Platz)* square ❸ *(Sitzplatz)* seat; **~ nehmen** *(geh)* to take a seat ❹ *(freier Raum)* room; **~ sparend sein** to save space ❺ *(Sportplatz)* playing field; **jdn vom ~ stellen** to send sb off ❻ *(Rang)* place; **die Mannschaft liegt jetzt auf ~ drei** the team is now in third place; **seinen ~ behaupten** to maintain one's place ▸ WENDUNGEN: **<u>fehl</u> am ~ [e] sein** to be out of place
Platzangst *f* ❶ *(fam)* claustrophobia; **~ bekommen** to get claustrophobic ❷ *(Agoraphobie)* agoraphobia **Platzanweiser(in)** <-s, -> *m(f)* usher *masc,* usherette *fem*
Plätzchen <-s, -> ['plɛtsçən] *nt* ❶ *dim von* **Platz** spot ❷ *(Keks)* biscuit BRIT, cookie AM
platzen ['platsn̩] *vi sein* ❶ *(zerplatzen)* to burst ❷ *(aufplatzen)* to split ❸ *(fam: scheitern)* to fall through; **das Fest ist geplatzt** the party is off; ■**etw ~ lassen** to call sth off ❹ **vor Ärger/Neugier ~** to be bursting with anger/curiosity
Platzhalter *m* ❶ LING functor ❷ INFORM free variable parameter
platzieren* [pla'tsi:rən] *vt* to place
Platzierung <-, -en> *f* place; **eine ~ unter den ersten zehn** a place in the top ten
Platzkarte *f* seat reservation **Platzmangel** *m* lack of room
Platzpatrone *f* blank [cartridge]
Platzregen *m* cloudburst
Platzreservierung *f* reservation [of a seat] **Platzverweis** *m* SPORT sending-off BRIT, ejection AM
Platzwunde *f* laceration
Plauderei <-, -en> [plau̯də'rai̯] *f* chat
plaudern ['plau̯dɐn] *vi* ❶ *(sich gemütlich unterhalten)* to [have a] chat ❷ *(fam: ausplaudern)* to gossip
Plauderstündchen *nt* [little] chat **Plauderton** *m kein pl* chatty tone
Plausch <-[e]s, -e> [plau̯ʃ] *m pl selten (fam)* chat
plauschen ['plau̯ʃn̩] *vi (fam)* to [have a] chat
plausibel [plau̯'zi:bl̩] *adj* plausible; **jdm etw ~ machen** to explain sth to sb
Plausibilität <-> [plau̯zibili'tɛ:t] *f kein pl* plausibility
Play-back, Playback <-, -s> ['ple:bɛk] *nt* ❶ *(aufgenommene Musikbegleitung)* backing track ❷ *(komplette Film- o Gesangsaufnahme)* miming track
Playboy <-s, -s> ['ple:bɔy̯] *m* playboy
Plazenta <-, -s *o* Plazenten> [pla'tsɛnta, *pl* pla'tsɛntas, pla'tsɛntən] *f* placenta
Pleite <-, -n> ['plai̯tə] *f (fam)* ❶ *(Bankrott)* bankruptcy; **~ machen** to go bust ❷ *(Reinfall)* flop; **[mit jdm/etw] eine ~ erleben** to suffer a flop [with sb/sth]
pleite|gehen *vi irreg sein (fam)* to go bust

plemplem [plɛm'plɛm] *adj* (*sl*) ■~ **sein** to be nuts

Plenarsaal *m* chamber **Plenarsitzung** *f* plenary session **Plenarversammlung** *f* plenary session

Plenum <-s, Plena> ['ple:nʊm, *pl* ple:na] *nt* plenum

Pleuelstange ['plɔyəl-] *f* TECH connecting rod

Plexiglas® <-es> ['plɛksigla:s] *nt kein pl* Plexiglas®

Plissee <-s, -s> [plɪ'se:] *nt* pleats *pl*

PLO <-> [pe:ʔɛl'ʔo:] *f kein pl Abk von* **Palestine Liberation Organization** PLO

Plombe <-, -n> ['plɔmbə] *f* ❶ MED filling ❷ (*Bleisiegel*) lead seal

plombieren* [plɔm'bi:rən] *vt* ❶ MED to fill ❷ (*amtlich versiegeln*) to seal

Plotter <-s, -> ['plɔtɐ] *m* INFORM plotter

plötzlich ['plœtslɪç] **I.** *adj* sudden **II.** *adv* suddenly, all of a sudden; **das kommt alles etwas/so** ~ it's all happening rather/so suddenly; **aber etwas ~!** (*fam*) [and] hurry up!

Plug-In <-s, -s> ['plagʔɪn] *m* INFORM plug-in

plump [plʊmp] **I.** *adj* ❶ (*massig*) plump ❷ (*schwerfällig*) ungainly ❸ (*dummdreist*) obvious; *Lüge* blatant **II.** *adv* ❶ (*schwerfällig*) clumsily ❷ (*dummdreist*) crassly

plumps [plʊmps] *interj* plop; (*ins Wasser*) splash; ~ **machen** to make a plop/splash

Plumps <-es, -e> [plʊmps] *m* (*fam*) plop; (*ins Wasser*) splash

plumpsen ['plʊmpsn̩] *vi sein* (*fam*) to fall [with a thud]; **sich** *akk* **aufs Bett ~ lassen** to flop down somewhere

Plumpsklo(sett) *nt* (*fam*) earth closet BRIT, outhouse AM

Plunder <-s> ['plʊndɐ] *m kein pl* junk *no pl, no indef art*

plündern ['plʏndɐn] **I.** *vt* ❶ (*ausrauben*) to plunder ❷ (*fam: leeren*) to raid **II.** *vi* to plunder

Plünderung <-, -en> *f* looting *no pl, no indef art*

Plural <-s, -e> ['plu:ra:l] *m* plural

pluralistisch [plura'lɪstɪʃ] *adj* (*geh*) pluralistic

plus [plʊs] *konj, präp, adv* plus; **6 ~ 4 ist 10** 6 plus 4 are 10; **wir haben drei Grad ~** temperatures are around three degrees C

Plus <-, -> [plʊs] *nt* ❶ (*Pluszeichen, -punkt*) plus ❷ ÖKON surplus; ~ **machen** to make a profit; [**mit etw** *dat*] **im ~ sein** to be in the black [with sth]

Plüsch <-[e]s, -e> [plʏʃ, *auch:* ply:ʃ] *m* plush

plüschig ['plʏʃɪç] *adj* ❶ (*weich*) plush ❷ (*pej*) ostentatious

Plüschtier *nt* [furry] soft-toy

Pluspol *m* positive pole **Pluspunkt** *m* ❶ (*Vorteil*) bonus ❷ (*Wertungseinheit*) point

Plusquamperfekt <-s, -e> ['plʊskvampɛrfɛkt] *nt* past perfect

Pluszeichen *nt* plus sign

Pluto <-s> ['plu:to] *m* Pluto

Plutonium <-s> [plu'to:ni̯ʊm] *nt kein pl* plutonium *no pl*

PLZ <-> *f Abk von* **Postleitzahl**

Pneu <-s, -s> [pnɔy̯] *m bes* SCHWEIZ tyre BRIT, tire AM

pneumatisch [pnɔy'ma:tɪʃ] *adj* pneumatic

Po <-s, -s> [po:] *m* (*fam*) bottom

Pöbel <-s> ['pø:bl̩] *m kein pl* (*pej*) rabble

Pöbelei <-, -en> [pø:bə'la̯i] *f* (*fam*) ❶ *kein pl* (*das Pöbeln*) loutishness *no pl* ❷ (*Bemerkung*) swearing *no pl, no indef art*

pöbelhaft *adj* loutish

pöbeln ['pø:bl̩n] *vi* (*ausfallend reden*) to swear; (*sich ausfallend benehmen*) to behave yobbishly [*or* AM loutishly]

pochen ['pɔxn̩] *vi* ❶ (*anklopfen*) to knock (**gegen, auf** *+akk* against, on) ❷ *Herz, Blut* to pound ❸ (*bestehen*) to insist (**auf** *+akk* on)

Pocke <-, -n> ['pɔkə] *f* pock

Pocken *pl* smallpox *no art*

pockennarbig *adj* pockmarked **Pocken(schutz)impfung** *f* smallpox vaccination

Podest <-[e]s, -e> [po'dɛst] *nt o m* rostrum

Podex <-[es], -e> ['po:dɛks] *m* (*fam*) backside

Podium <-s, Podien> ['po:di̯ʊm, *pl* 'po:di̯ən] *nt* rostrum

Podiumsdiskussion *f,* **Podiumsgespräch** *nt* panel discussion

Poesie <-> [poe'zi:] *f kein pl* poetry *no pl*

Poet(in) <-en, -en> [po'e:t] *m(f)* poet *masc o fem*, poetess *fem*

poetisch [po'e:tɪʃ] *adj* poetic[al]

pofen ['po:fn̩] *vi* (*fam*) ❶ (*schlafen*) to kip BRIT, to sleep AM ❷ (*unaufmerksam sein*) to doze

Pogrom <-s, -e> [po'gro:m] *nt o m* pogrom

Pointe <-, -n> ['po̯ɛ̃:tə] *f einer Erzählung* point; *eines Witzes* punch line

pointieren* [po̯ɛ̃'ti:rən] *vt* (*geh: betonen*) to emphasize

pointiert [poɛ̃'ti:ɐt] *adj* (*geh*) pointed

Pokal <-s, -e> [po'ka:l] *m* ❶ (*Trinkbecher*) goblet ❷ SPORT cup

Pokalsieger *m* cup-winners *pl* **Pokalspiel** *nt* cup tie [*or* AM game]

Pökelfleisch *nt* salt[ed] meat

pökeln ['pøːkl̩n] *vt Fleisch* to preserve; *Fisch* to pickle
Poker <-s> ['poːkɐ] *nt kein pl* poker
Pokerface <-, -s> ['poːkɐfeːs] *nt*, **Pokergesicht** *nt*, **Pokermiene** *f* poker face
pokern ['poːkɐn] *vi* ① KARTEN to play poker; ■**um etw** ~ to gamble for sth ② (*viel riskieren*) to stake a lot
Pol <-s, -e> [poːl] *m* GEOG, ELEK, PHYS pole ▸WENDUNGEN: **der ruhende** ~ the calming influence
polar [po'laːɐ̯] *adj* polar
Polarforscher(in) <-s, -> *m(f)* polar explorer
polarisieren* [polari'ziːrən] *vr* (*geh*) ■**sich** *akk* ~ to polarize, to become polarized BRIT
Polarität <-, -en> [polari'tɛt] *f* polarity
Polarkreis *m* polar circle; **nördlicher/südlicher** ~ Arctic/Antarctic circle **Polarlicht** *nt* polar lights *pl* **Polarstern** *m* Pole Star
Pole, Polin <-n, -n> ['poːlə] *m, f* Pole; *s. a.* **Deutsche(r)**
Polemik <-, -en> [po'leːmɪk] *f* (*geh*) ① *kein pl* (*polemischer Gehalt*) polemic ② (*scharfe Attacke*) polemics + *sing vb*
polemisch [po'leːmɪʃ] (*geh*) **I.** *adj* polemical **II.** *adv* **sich** *akk* ~ **äußern** to voice a polemic
polemisieren* [polemi'ziːrən] *vi* (*geh*) to polem[ic]ize; ■**gegen jdn/etw** ~ to inveigh against sb/sth
Polen <-s> ['poːlən] *nt* Poland; *s. a.* **Deutschland**
Police <-, -n> [po'liːsə] *f* policy
polieren* [po'liːrən] *vt* to polish
Poliklinik ['poːlikliːnɪk] *f* outpatients' clinic
Polin <-, -nen> *f fem form von* **Pole**
Politbüro [po'lɪt-] *nt* politburo
Politesse <-, -n> [poli'tɛsə] *f* [female] traffic warden BRIT, meter maid AM
Politgerangel *nt* POL political wrangling [*or* infighting]
Political Correctness [pə'lɪtɪkəl kə'rektnəs] *f* political correctness
Politik <-, -en> [poli'tiːk] *f* ① *kein pl* (*die politische Welt*) politics + *sing vb, no art;* **in die** ~ **gehen** to go into politics ② (*politischer Standpunkt*) politics + *sing vb, no art* ③ (*Strategie*) policy; **eine bestimmte** ~ **verfolgen** to pursue a certain policy
Politika [po'liːtika] *pl von* **Politikum**
Politiker(in) <-s, -> [po'liːtikɐ] *m(f)* politician
Politikum <-s, Politika> [po'liːtikʊm, *pl* po'liːtika] *nt* (*geh: Sache*) political issue; (*Ereignis*) political event
Politikverdrossenheit *f kein pl* political apathy *no pl*
politisch [po'liːtɪʃ] **I.** *adj* ① POL political ② (*klug*) politic **II.** *adv* ① POL politically ② (*klug*) judiciously
politisieren* [politi'ziːrən] **I.** *vi* to talk politics **II.** *vt* ■**etw** ~ to politicize sth; ■**jdn** ~ to make sb politically aware
Politologe, Politologin <-n, -n> [poli-to'loːgə] *m, f* political scientist
Politologie <-> [politolo'giː] *f kein pl* political science *no pl, no art*
Politologin <-, -nen> *f fem form von* **Politologe**
Politur <-, -en> [poli'tuːɐ̯] *f* polish
Polizei <-, -en> [poli'tsai̯] *f pl selten* ① (*Institution*) ■**die** ~ the police + *sing/pl vb;* **zur** ~ **gehen** to go to the police; **bei der** ~ **sein** to be in the police [force] ② *kein pl* (*Dienstgebäude*) police station ▸WENDUNGEN: **dümmer als die** ~ **erlaubt** (*fam*) as thick as two short planks
Polizeiaufgebot *nt* police presence *no pl* **Polizeiaufsicht** <-> *f kein pl* police supervision **Polizeibeamte(r)** *f(m)*, **-beamtin** *f* police officer **Polizeibuße** *f* SCHWEIZ [police] fine **Polizeidienststelle** *f* police station **Polizeifunk** *m* police radio **Polizeihund** *m* police dog
polizeilich **I.** *adj attr* police *attr* **II.** *adv* by the police; ~ **gemeldet sein** to be registered with the police
Polizeiposten *nt* SCHWEIZ ① (*Dienststelle*) police station ② (*Bezirk*) [police] district [*or* AM precinct] **Polizeipräsident(in)** *m(f)* chief constable BRIT, chief of police AM **Polizeipräsidium** *nt* police headquarters + *sing/pl vb* **Polizeirevier** *nt* ① (*Dienststelle*) police station ② (*Bezirk*) [police] district [*or* AM precinct] **Polizeischutz** *m* police protection; **unter** ~ **stehen** to be under police protection **Polizeistaat** *m* police state **Polizeistreife** *f* police patrol **Polizeiwache** *f* police station
Polizist(in) <-en, -en> [poli'tsɪst] *m(f)* policeman *masc*, policewoman *fem*, police officer
Polizze <-, -n> [po'lɪtsə] *f* ÖSTERR [insurance] policy
Polka <-, -s> ['pɔlka] *f* polka
Pollen <-s, -> ['pɔlən] *m* pollen
Pollenallergie *f* pollen allergy
Pollenflug *m kein pl* pollen dispersal *no pl* **Pollenflugvorhersage** *f* pollen count forecast
polnisch ['pɔlnɪʃ] *adj* Polish; *s. a.* **deutsch**
Polo <-s, -s> ['poːlo] *nt* polo
Polohemd *nt* polo shirt
Polonäse <-, -n> *f*, **Polonaise** <-, -n>

[polo'nɛ:zə] *f* polonaise

Polster <-s, -> ['pɔlstɐ] *nt o* ÖSTERR *m* ❶ *von Möbeln* upholstery *no pl, no indef art* ❷ *an Kleidung* pad ❸ (*Rücklage*) cushion; **ein finanzielles** ~ financial reserves *pl* ❹ ÖSTERR (*Kissen*) cushion

Polstergarnitur *f* suite **Polstermöbel** *nt meist pl* upholstered furniture *no pl*

polstern ['pɔlstɐn] *vt* ❶ (*mit Polster versehen*) to upholster ❷ (*hum fam: ziemlich dick sein*) **gut gepolstert sein** to be well upholstered; (*viel Geld haben*) to be comfortably off [*or* AM well-off]

Polstersessel *m* [upholstered] armchair, easy chair

Polsterung <-, -en> *f* ❶ (*Polster*) upholstery *no pl, no indef art* ❷ *kein pl* (*das Polstern*) upholstering *no pl, no indef art*

Polterabend ['pɔltɐ-] *m*

Land und Leute

Celebrated with friends and relatives, a **Polterabend** is a party held by the bridal couple prior to the wedding. Traditionally guests bring crockery, which is smashed to bring good luck and the hosts are left to sweep away the mess.

poltern ['pɔltɐn] *vi* ❶ *haben* (*rumpeln*) to bang ❷ *sein* (*krachend fallen*) **der Schrank polterte die Treppe hinunter** the wardrobe went crashing down the stairs ❸ *sein* (*lärmend gehen*) to stump [*or* AM stomp]

Polyester <-s, -> [poly'ʔɛstɐ] *m* polyester

polygam [pol'ga:m] *adj* polygamous

Polygamie <-> [polyga'mi:] *f kein pl* polygamy *no pl*

polyglott [poly'glɔt] *adj* (*geh*) ❶ (*viele Sprachen sprechend*) polyglot ❷ (*mehrsprachig*) multilingual

Polyp <-en, -en> [po'ly:p] *m* polyp

Polytechnikum <-s, -ka *o* -ken> [poly'tɛçnikʊm, *pl* -ka] *nt* polytechnic

Polytheismus <-> [polyte'ɪsmʊs] *m kein pl* polytheism

Pomade <-, -n> [po'ma:də] *f* pomade

Pommern <-s> ['pɔmɐn] *nt* Pomerania

Pommes ['pɔməs] *pl* (*fam*), **Pommes frites** [pɔm'frɪt] *pl* French fries *pl*, chips BRIT *a. pl*

Pomp <-[e]s> [pɔmp] *m kein pl* pomp *no pl*

pompös [pɔm'pø:s] **I.** *adj* grandiose **II.** *adv* grandiosely

Poncho <-s, -s> ['pɔntʃo] *m* poncho

Pony[1] <-s, -s> ['pɔni] *nt* (*Pferd*) pony

Pony[2] <-s, -s> ['pɔni] *m* fringe BRIT, bangs *npl* AM

Pool <-s, -s> [pu:l] *m* pool

Poolbillard ['pu:lbɪljart] *nt* pool

Pop <-s> [pɔp] *m kein pl* pop

Popcorn <-s> ['pɔpkɔrn] *nt kein pl* popcorn *no pl, no indef art*

Popel <-s, -> ['po:pl̩] *m* (*fam*) bogey BRIT, booger AM

popelig ['po:pəlɪç] *adj* (*fam*) ❶ (*lausig*) lousy ❷ (*gewöhnlich*) crummy

popeln ['po:pl̩n] *vi* (*fam*) to pick one's nose

poplig ['po:plɪç] *adj s.* **popelig**

Popliteratur *f* pop literature

Popmusik *f* pop music

Popo <-s, -s> [po'po:, *auch:* 'popo] *m* (*fam*) bottom, BRIT *fam a.* bum

poppig ['pɔpɪç] *adj* (*fam*) trendy

populär [popu'lɛ:ɐ̯] *adj* popular

popularisieren* [populari'zi:rən] *vt* to popularize

Popularität <-> [populari'tɛ:t] *f kein pl* popularity *no pl*

populärwissenschaftlich **I.** *adj* popular scientific **II.** *adv* in popular scientific terms

Population <-, -en> [popula'tsi̯o:n] *f* population

Pore <-, -n> ['po:rə] *f* pore

Porno <-s, -s> ['pɔrno] *m* (*fam*) porn

porno ['pɔrno] *adj undeklinierbar* (*sl: großartig, prima, cool*) wicked *sl*, phat *sl*, beltin' *sl*

Pornofilm *m* (*fam*) skin flick

Pornografie, **Pornographie** <-> [pɔrnogra'fi:] *f kein pl* pornography *no pl, no indef art*

pornografisch, **pornographisch** *adj* pornographic

porös [po'rø:s] *adj* porous

Porree <-s, -s> ['pɔre] *m* leek

Portal <-s, -e> [pɔr'ta:l] *nt* portal

Portemonnaie <-s, -s> [pɔrtmɔ'ne:] *nt s.* **Portmonee**

Portfolio [pɔrt'fo:li̯o] *nt* portfolio

Porti ['pɔrti] *pl von* **Porto**

Portier <-s, -s> [pɔr'ti̯e:] *m* porter BRIT, doorman AM

Portion <-, -en> [pɔr'tsi̯o:n] *f* ❶ (*beim Essen*) portion ❷ (*fam: Anteil*) amount ▶ WENDUNGEN: **eine halbe** ~ (*fam*) a half-pint

Portmonee <-s, -s> [pɔrtmɔ'ne:] *nt* purse

Porto <-s, -s *o* Porti> ['pɔrto, *pl* 'pɔrtos, 'pɔrti] *nt* postage *no pl, no indef art*

portofrei *adj* postage-prepaid **portopflichtig** *adj* liable to postage *pred*

Porträt <-s, -s> [pɔr'trɛ:] *nt* portrait

porträtieren* [pɔrtrɛ'ti:rən] *vt* to portray

Portugal <-s> ['pɔrtugal] *nt* Portugal; *s. a.*

P

Deutschland

Portugiese, Portugiesin <-n, -n> [pɔrtu'gi:zə] *m, f* Portuguese; *s. a.* **Deutsche(r)**

portugiesisch [pɔrtu'gi:zɪʃ] *adj* Portuguese; *s. a.* **deutsch**

Portugiesisch [pɔrtu'gi:zɪʃ] *nt dekl wie adj* ❶LING Portuguese; *s. a.* **Deutsch 1** ❷(*Fach*) Portuguese; *s. a.* **Deutsch 2**

Portwein ['pɔrtvain] *m* port

Porzellan <-s, -e> [pɔrtsɛ'la:n] *nt* ❶(*Material*) porcelain *no pl, no indef art* ❷*kein pl* (*Geschirr*) china *no pl, no indef art*

Porzellangeschirr *nt* china *no pl, no indef art* **Porzellanladen** *m* china shop ▸WENDUNGEN: **wie ein Elefant im ~** (*prov*) like a bull in a china shop

Posaune <-, -n> [po'zaunə] *f* trombone

Posaunist(in) <-en, -en> [pozau'nɪst] *m(f)* (*form*) trombonist

Pose <-, -n> ['po:zə] *f* pose; **eine bestimmte ~ einnehmen** to take up a certain pose

posieren* [po'zi:rən] *vi* (*geh*) to pose

Position <-, -en> [pozi'tsi̯o:n] *f* position

positionieren* [pozitsi̯o'ni:rən] *vr* (*geh*) to take a stand

Positionslicht *nt* navigation light

positiv ['po:ziti:f] **I.** *adj* positive; ■**~ [für jdn] sein** to be good news [for sb] **II.** *adv* positively; **etw ~ beeinflussen** to have a positive influence on sth; **etw ~ bewerten** to judge sth favourably; **sich** *akk* **~ verändern** to change for the better

Posse <-, -n> ['pɔsə] *f* farce

possenhaft *adj* farcical

Possessivpronomen [pɔsɛ'si:f-] *nt* possessive pronoun

Possessivum <-s, Possessiva> [pɔsɛ'si:vʊm] *nt* possessive pronoun

possierlich [pɔ'si:ɐ̯lɪç] *adj* sweet BRIT, cute AM

Post <-> [pɔst] *f kein pl* ❶(*Institution*) Post Office; **etw mit der/per ~ schicken** to send sth by post [*or* AM mail]; (*Dienststelle*) post office; **auf die/zur ~ gehen** to go to the post office; **etw zur ~ bringen** to take sth to the post office ❷(*Briefsendungen*) mail *no pl, indef art rare;* **heute ist keine ~ für dich da** there's no post for you today; **von jdm viel ~ bekommen** to get a lot of letters from sb; **elektronische ~** electronic mail

postalisch [pɔs'ta:lɪʃ] **I.** *adj* postal; **die Ware wird Ihnen auf ~em Weg zugestellt** the goods will be sent by post **II.** *adv* by post [*or* AM mail]

Postamt *nt* post office **Postanweisung** *f* ❶(*Überweisungsträger*) postal [*or* AM money] order ❷(*angewiesener Betrag*) *money paid in at a post office and delivered to the addressee* **Postauto** *nt* postal [*or* post office] van **Postbank** *f* Post Office Giro Bank BRIT, postal bank AM **Postbeamte(r)** *f(m)*, **-beamtin** *f* post office official **Postbote, -botin** *m, f* postman *masc,* AM *usu* mailman *masc,* postwoman BRIT *fem,* female mail carrier AM

Posten <-s, -> ['pɔstn̩] *m* ❶(*zugewiesene Position*) post ❷(*Anstellung*) position ❸(*Wache*) guard; **~ beziehen** to take up position ❹ÖKON (*Position*) item; (*Menge*) lot ▸WENDUNGEN: **auf verlorenem ~ kämpfen** to be fighting a losing battle; **nicht ganz auf dem ~ sein** (*fam*) to be a bit under the weather

Poster <-s, -[s]> ['po:stɐ] *nt* poster

Postfach *nt* ❶(*Schließfach*) post office [*or* PO] box ❷(*offenes Fach*) pigeonhole

Postgeheimnis *nt* postal secrecy

Postgiroamt [-ʒi:ro-] *nt* Girobank **Postgirokonto** [-ʒi:ro-] *nt* giro [*or* AM postal checking] account

posthum [pɔst'hu:m] *adj* (*geh*) posthumous

postieren* [pɔs'ti:rən] *vt* ■**jdn/sich irgendwo ~** to position sb/oneself somewhere

Postkarte *f* postcard **Postkasten** *m* DIAL postbox BRIT, letterbox BRIT, pillar box BRIT, mailbox AM **Postkutsche** *f* stagecoach

postlagernd *adj* poste restante BRIT, general delivery AM

Postleitzahl *f* postcode BRIT, zip code AM

postmodern ['pɔstmodɛrn] *adj* postmodern **Postmoderne** <-> ['pɔstmodɛrnə] *f kein pl* postmodernism

Postpaket *nt* parcel, [postal] packet **Postscheck** *m* giro cheque [*or* AM check]

Postscriptfile <-s, -s> ['pɔstskrɪptfail] *nt* Postscript file

Postsendung *f* postal [*or* AM mail] item

Postskript <-[e]s, -e> [pɔst'skrɪpt] *nt,* **Postskriptum** <-s, -ta> [pɔst'skrɪptʊm] *nt* (*geh*) postscript

Postsparkasse *f* Post Office Giro [*or* AM postal savings] bank **Poststempel** *m* ❶(*Abdruck*) postmark ❷(*Gerät*) postmark stamp[er]

posttraumatisch [pɔsttrau'ma:tɪʃ] *adj* PSYCH post-traumatic **~e Belastungsstörung** post-traumatic stress disorder

Postüberweisung *f* Girobank transfer

postulieren* [pɔstu'li:rən] *vt* (*geh*) to postulate

postum [pɔs'tu:m] *adj* (*geh*) posthumous

P

Postweg *m* **etw auf dem ~ schicken** to send sth by post [*or* mail] **postwendend** *adv* by return [of post [*or* AM mail]] **Postwertzeichen** *nt* (*form*) postage stamp **Postwurfsendung** *f* mailshot **Postzustellung** *f* postal delivery

potent [po'tɛnt] *adj* ❶ (*sexuell fähig*) potent ❷ (*zahlungskräftig*) affluent

Potential <-s, -e> [potɛn'tsi̯a:l] *nt s.* **Potenzial**

potentiell [potɛn'tsi̯ɛl] *adj* (*geh*) *s.* **potenziell**

Potenz <-, -en> [po'tɛnts] *f* ❶ (*sexuell*) potency ❷ (*Leistungsfähigkeit*) strength

Potenzial <-s, -e> *nt* potential

potenziell *adj* (*geh*) potential

potenzieren* [potɛn'tsi:rən] *vt* (*geh*) to multiply

Potenzstörung *f* potency disorder

Potpourri <-s, -s> ['pɔtpʊri] *nt* potpourri

Potsdam <-s> ['pɔtsdam] *nt* Potsdam

Pott <-[e]s, Pötte> [pɔt, *pl* 'pœtə] *m* (*fam*) ❶ (*Topf*) pot ❷ (*a. pej: Schiff*) tub

potthässlich ['pɔt'hɛslɪç] *adj* (*fam*) plug-ugly

Pottwal ['pɔtva:l] *m* sperm whale

Poulet <-s, -s> [pu'le:] *nt* SCHWEIZ chicken

Power <-> ['pau̯ɐ] *f kein pl* (*sl*) power *no pl, no indef art*

Powerfrau ['pau̯ɐ-] *f* (*fam*) superwoman

powern ['pau̯ɐn] *vi* (*sl: sich voll einsetzen*) to give it all one's got *fam*

Powidl <-s, -> ['pɔvidl̩] *m* ÖSTERR plum jam ▶ WENDUNGEN: **jdm ~ sein** (*fam*) to be all the same to sb

Präambel <-, -n> [prɛ'ambl̩] *f* preamble

PR-Abteilung [pe:'ɛr-] *f* PR department

Pracht <-> [praxt] *f kein pl* splendour ▶ WENDUNGEN: **eine wahre ~ sein** (*fam*) to be [really] great

Prachtexemplar *nt* fine specimen

prächtig ['prɛçtɪç] *adj* ❶ (*prunkvoll*) magnificent ❷ (*großartig*) splendid

Prachtkerl *m* (*fam*) great guy **Prachtstück** *nt s.* **Prachtexemplar** **prachtvoll** *adj* (*geh*) *s.* **prächtig**

prädestinieren* [prɛdɛsti'ni:rən] *vt* (*geh*) to predestine (**für** +*akk* to); **für etw prädestiniert sein** to be made for sth

Prädikat <-[e]s, -e> [prɛdi'ka:t] *nt* (*Auszeichnung*) rating

Prädisposition <-, -en> [prɛdɪspozi'tsi̯o:n] *f* MED predisposition (**zu** toward[s])

Präferenz <-, -en> [prɛfe'rɛnts] *f* (*geh*) preference

Präfix <-es, -e> [prɛ'fɪks, 'prɛ:fɪks] *nt* prefix

Prag <-s> [pra:k] *nt* Prague

prägen ['prɛ:gn̩] *vt* ❶ *Münzen* to mint ❷ *Wort* to coin ❸ (*fig: formen*) ■**jdn ~** to leave its/their mark on sb

pragmatisch [prag'ma:tɪʃ] **I.** *adj* pragmatic **II.** *adv* pragmatically; **~ eingestellt sein** to be pragmatic

prägnant [prɛ'gnant] (*geh*) **I.** *adj* succinct; *Sätze* concise **II.** *adv* **sich** *akk* **~ ausdrücken** to be succinct; **etw ~ beschreiben** to give a succinct description of sth

Prägnanz <-> [prɛ'gnants] *f kein pl* (*geh*) conciseness *no pl*

Prägung <-> *f* ❶ (*Einprägen von Münzen*) minting ❷ (*mit Muster versehen*) embossing; *Einband, Leder a.* tooling ❸ LING coinage

prähistorisch [prɛhɪs'to:rɪʃ] *adj* prehistoric

prahlen ['pra:lən] *vi* to boast (**mit** +*dat* about); ■**damit ~, dass ...** to boast that ...

Prahler(in) <-s, -> *m(f)* boaster

Prahlerei <-, -en> [pra:lə'rai̯] *f* ❶ *kein pl* (*das Prahlen*) boasting ❷ (*Äußerung*) boast

Prahlerin <-, -nen> *f fem form von* **Prahler**

prahlerisch *adj* boastful

Prahlhans <-es, -hänse> *m* (*fam*) show-off

Praktik <-, -en> ['praktɪk] *f meist pl* practice

Praktika ['praktika] *pl von* **Praktikum**

praktikabel [prakti'ka:bl̩] *adj* practicable

Praktikant(in) <-en, -en> [prakti'kant] *m(f)* person doing work experience, intern AM (*student or trainee working at a trade or occupation to gain work experience*)

Praktiker(in) <-s, -> ['praktikɐ] *m(f)* practical person

Praktikum <-s, Praktika> ['praktikʊm, *pl* -ka] *nt* work placement, internship AM

praktisch ['praktɪʃ] **I.** *adj* practical; *Beispiel* concrete; **ein ~er Mensch** a practical person; **~ veranlagt sein** to be practical **II.** *adv* ❶ (*so gut wie*) practically ❷ (*in der Praxis*) in practice ❸ (*praxisbezogen*) **~ arbeiten** to do practical work

praktizieren* [prakti'tsi:rən] *vi, vt* to practise; **~der Arzt** practising doctor; **seinen Glauben ~** to practise one's religion

Praline <-, -n> [pra'li:nə] *f*, **Praliné** <-s, -s> [prali'ne:] *nt* ÖSTERR, SCHWEIZ, **Pralinee** <-s, -s> [prali'ne:] *nt* ÖSTERR, SCHWEIZ chocolate [cream]

prall [pral] *adj* ❶ (*sehr voll*) *Brüste* well-rounded; *Schenkel, Waden* sturdy; *Euter* swollen; **eine ~ gefüllte Brieftasche** a bulging wallet; **etw ~ aufblasen** to inflate sth to bursting point; **etw ~ füllen** to fill sth to bursting ❷ *Sonne* blazing

prallen ['pralən] *vi sein* ❶ (*heftig auftreffen*) to crash; *Ball* to bounce; [**mit dem**

Wagen] **gegen/vor etw** *akk* ~ to crash [one's car] into sth; **mit dem Kopf gegen etw** *akk* ~ to bang one's head on sth ❷ *Sonne* to blaze

prallvoll ['pral'fɔl] *adj* (*fam*) bulging; *Kofferraum* tightly packed

Prämie <-, -n> ['prɛːmi̯ə] *f* ❶ (*zusätzliche Vergütung*) bonus ❷ (*Versicherungsbeitrag*) [insurance] premium ❸ (*staatliche Prämie*) [government] premium

prämieren* [prɛ'miːrən] *vt* **jdn/etw mit Euro 50.000** ~ to award sb/sth a/the prize of 50,000 euros; **ein prämierter Film** an award-winning film

Prämisse <-, -n> [prɛ'mɪsə] *f* (*geh*) condition; **unter der ~, dass ...** on condition that ...

pränatal [prɛna'taːl] *adj* prenatal

prangen [praŋən] *vi* (*auffällig angebracht sein*) to be emblazoned

Pranger <-s, -> ['praŋɐ] *m* HIST pillory ▸ WENDUNGEN: **jdn/etw an den ~ stellen** to severely criticize sb/sth

Pranke <-, -n> ['praŋkə] *f* paw; (*hum a.*) mitt *sl*

Präparat <-[e]s, -e> [prɛpa'raːt] *nt* (*Arzneimittel*) medicament

Präparator(in) <-s, -en> [prɛpa'raːtoːɐ̯, prɛparaː'toːrɪn, *pl* prɛparaː'toːrən] *m(f)* BIOL, SCI laboratory technician

präparieren* [prɛpa'riːrən] *vt* ❶ BIOL, MED (*konservieren*) to preserve ❷ (*vorbereiten*) to prepare

Präposition <-, -en> [prɛpozi'tsi̯oːn] *f* preposition

Prärie <-, -n> [prɛ'riː, *pl* -'riːən] *f* prairie

Präsens <-, Präsentia *o* Präsenzien> ['prɛːzɛns, *pl* prɛ'zɛntsi̯a, prɛ'zɛntsi̯ən] *nt* present tense

präsent [prɛ'zɛnt] *adj* (*geh*) present ▸ WENDUNGEN: **etw ~ haben** to remember sth

Präsent <-[e]s, -e> [prɛ'zɛnt] *nt* (*geh*) gift

Präsentation <-, -en> [prɛzɛnta'tsi̯oːn] *f* presentation *no pl*

Präsentia *pl von* **Präsens**

präsentieren* [prɛzɛn'tiːrən] *vt* to present; ■**jdm etw** *akk* ~ to present sb with sth

Präsentierteller *m* salver ▸ WENDUNGEN: **auf dem ~ sitzen** (*fam*) to be exposed to all and sundry

Präsentkorb *m* gift hamper BRIT, basket of goodies AM

Präsenz <-> [prɛ'zɛnts] *f kein pl* (*geh*) presence

Präsenzbibliothek *f* reference library

Präsenzien *pl von* **Präsens**

Präser <-s, -> ['prɛːzɐ] *m* (*sl*) *kurz für* **Präservativ** johnny BRIT, rubber AM

Präservativ <-s, -e> [prɛzɛrva'tiːf] *nt* condom

Präsident(in) <-en, -en> [prɛzi'dɛnt] *m(f)* president

Präsidentschaft <-, -en> *f* presidency

Präsidentschaftskandidat(in) *m(f)* presidential candidate

Präsidien *pl von* **Präsidium**

präsidieren* [prɛzi'diːrən] **I.** *vi* to preside (+*dat* over) **II.** *vt* SCHWEIZ **einen Verein** ~ to be president of a society

Präsidium <-s, Präsidien> [prɛ'ziːdi̯ʊm, *pl* -di̯ən] *nt* ❶ (*Vorstand, Vorsitz*) chairmanship ❷ (*Führungsgruppe*) committee ❸ (*Polizeipräsidium*) [police] headquarters + *sing/pl vb*

prasseln ['prasl̩n] *vi* ❶ *sein Regen* to drum; (*stärker*) to beat ❷ *haben Feuer* to crackle

prassen ['prasn̩] *vi* to live it up; (*schlemmen*) to pig out *fam*

Präteritum <-s, -ta> [prɛ'teːritʊm, *pl* -ta] *nt* preterite

Prävention <-, -en> [prɛvɛn'tsi̯oːn] *f* prevention

präventiv [prɛvɛn'tiːf] *adj* prevent[at]ive

Praxis <-, Praxen> ['praksɪs, *pl* 'praksən] *f* ❶ (*Arztpraxis*) surgery BRIT, doctor's office AM; (*Anwaltspraxis*) office ❷ *kein pl* (*Erfahrung*) [practical] experience; **langjährige** ~ many years of experience ❸ *kein pl* (*Anwendung*) practice *no art;* **etw in die ~ umsetzen** to put sth into practice

Praxisbezug *m* practical orientation **praxisfern** *adj* impractical

Praxisgebühr *f* ADMIN, MED practice charge (*a quarterly payment that a patient with medical insurance must make for visits to the doctor*)

praxisnah **I.** *adj* practical **II.** *adv* practically

Präzedenzfall [prɛtse'dɛnts-] *m* (*geh*) judicial precedent; **einen ~ schaffen** to set a precedent

präzis [prɛ'tsiːs] *adj* (*geh*), **präzise** [prɛ'tsiːzə] *adj* (*geh*) precise; *Beschreibung* exact

präzisieren* [prɛtsi'ziːrən] *vt* (*geh*) to state more precisely

Präzision <-> [prɛtsi'zi̯oːn] *f kein pl* (*geh*) precision

Präzisionsbombe [prɛtsi'zi̯oːnsbɔmbə] *f* MIL smart bomb

predigen ['preːdɪgn̩] *vt, vi* to preach; ■**jdm etw** *akk* ~ (*fam*) to lecture sb on sth

Prediger(in) <-s, -> *m(f)* preacher *masc,* [woman] preacher *fem*

Predigt <-, -en> ['preːdɪçt] *f* (*a. fam*) sermon; **eine ~ [über etw** *akk*] **halten** to deliver a sermon [on/about sth]

P

Preis <-es, -e> [prai̯s] *m* ① (*Kaufpreis*) price (**für** +*akk* of); **zum halben ~** at half-price ② (*Gewinn*) prize; **der erste ~** [the] first prize ▸WENDUNGEN: **einen hohen ~ für etw zahlen** to pay a high price for sth; **um jeden ~** at all costs

Preisanstieg *m* price increase **Preisaufschlag** *m* supplementary charge **Preisausschreiben** *nt* competition [to win a prize] **Preisauszeichnung** *f* pricing **Preiseinbruch** *m* collapse of prices

Preiselbeere ['prai̯zl̩be:rə] *f* [mountain *spec*] cranberry

Preisempfehlung *f* recommended price

preisen <pries, gepriesen> ['prai̯zn̩] *vt* (*geh*) to praise

Preiserhöhung *f* price increase **Preisermäßigung** *f* price reduction

Preisfrage *f* ① (*Quizfrage*) [prize] question ② (*vom Preis abhängende Entscheidung*) question of price

Preisgabe *f kein pl* (*geh*) ① (*Enthüllung*) divulgence ② (*das Ausliefern, Aussetzen*) abandonment ③ (*Aufgabe*) relinquishment; (*Gebiet*) surrender; **zur ~ einer S.** *gen* **gezwungen werden** to be forced to surrender sth

preis|geben ['prai̯sge:bn̩] *vt irreg* (*geh*) ① *Geheimnis* to divulge; ▪**jdm etw** *akk* ~ to betray sth to sb ② **jdn der Lächerlichkeit ~** to expose sb to ridicule ③ (*aufgeben*) to relinquish; *Gebiet* to surrender

preisgekrönt *adj* award-winning *attr* **Preisgeld** <-[e]s, -er> *nt* prize money *no pl* **Preisgericht** *nt* jury **preisgünstig** *adj* inexpensive, good value *attr;* *Angebot* reasonable; **etw ~ bekommen** to obtain sth at a low price **Preisklasse** *f* price range **Preislage** *f* price bracket **Preis-Leistungs-Verhältnis** *nt,* **Preis-Leistungsverhältnis** *nt kein pl* cost effectiveness

preislich ['prai̯slɪç] *adj attr* price, in price

Preisliste *f* price list **Preisnachlass** *m* discount

Preisrätsel *nt* puzzle competition **Preisrichter(in)** *m(f)* judge [in a competition]

Preisrückgang *m* fall in prices **Preisschild** *nt* price tag **Preisschwankung** *f meist pl* price fluctuation *usu pl* **Preissenkung** *f* reduction in prices **Preissteigerung** *f* price increase

Preisträger(in) *m(f)* prizewinner; (*Auszeichnung*) award winner

Preisunterschied *m* difference in price **Preisvergleich** *m* price comparison

Preisverleihung *f* presentation [of awards/prizes]

preiswert *adj s.* **preisgünstig**

prekär [pre'kɛ:ɐ̯] *adj* (*geh*) precarious

Prellbock *m* BAHN buffer, bumping post AM

prellen ['prɛlən] *vt* ① (*betrügen*) ▪**jdn** [**um etw** *akk*] ~ to cheat sb [out of sth] ② (*verletzen*) **sich** *dat* **das Knie ~** to bruise one's knee

Prellung <-, -en> *f* contusion *spec* (**an** +*dat* to)

Premiere <-, -n> [prə'mi̯e:rə] *f* première

Premierminister(in) *m(f)* prime minister

Presse <-, -n> ['prɛsə] *f* ① (*Gerät*) press; (*Fruchtpresse*) juice extractor ② *kein pl* ▪**die ~** (*Zeitungen und Zeitschriften*) the press

Presseagentur *f* press agency **Presseamt** *nt* press office **Presseausweis** *m* press card [*or* AM ID] **Pressebüro** *nt* press office **Pressechef(in)** *m(f)* chief press officer **Pressedienst** *m* news agency service **Presseerklärung** *f* press release **Pressefotograf(in)** *m(f)* press photographer **Pressefreiheit** *f kein pl* freedom of the press **Pressekonferenz** *f* press conference **Pressemeldung** *f* press report **Pressemitteilung** *f* press release

pressen ['prɛsn̩] *vt* ① (*drücken, glätten, herstellen*) to press ② *Obst* to press; *Saft* to squeeze (**aus** +*dat* out of)

Presserummel *m kein pl* MEDIA (*fam*) feeding-frenzy in the press **Presseschau** *f* press review **pressescheu** *adj* media-shy **Pressespiegel** *m* press review **Pressesprecher(in)** *m(f)* press officer **Pressestelle** *f* press office **Pressestimme** *f* press commentary **Pressewesen** <-s> *nt kein pl* press **Pressezensur** *f kein pl* censorship of the press

pressieren* [prɛ'si:rən] **I.** *vi* SÜDD, ÖSTERR, SCHWEIZ (*dringlich sein*) to be pressing **II.** *vi impers* SÜDD, ÖSTERR, SCHWEIZ ▪**es pressiert** it's urgent; ▪**es pressiert jdm** sb is in a hurry; **es pressiert nicht** there's no hurry

Pressluftbohrer *m* pneumatic drill, jackhammer AM **Presslufthammer** *m* pneumatic hammer

Presswehen *pl* MED second stage contractions *pl*

Prestige <-s> [prɛs'ti:ʒə] *nt kein pl* (*geh*) prestige

Prestigedenken <-s> [prɛs'ti:ʒ-] *nt kein pl* preoccupation with one's prestige **Prestigeobjekt** [prɛs'ti:ʒ-] *nt* object of prestige

Preuße, Preußin <-n, -n> ['prɔy̯sə] *m, f* Prussian

Preußen <-s> ['prɔy̯sn̩] *nt* Prussia

Preußin <-, -nen> *f fem form von* **Preuße**

preußisch ['prɔy̯sɪʃ] *adj* Prussian

prickeln ['prɪkl̩n] *vi* ① (*kribbeln*) to tingle;

ein **P~ in den Beinen** pins and needles in one's legs ❷ (*erregen, reizen*) to thrill

prickelnd *adj Gefühl* tingling; *Humor* piquant; *Champagner* sparkling

Priel <-[e]s, -e> [priːl] *m* narrow channel (*in North Sea shallows*)

pries [priːs] *imp von* **preisen**

Priester(in) <-s, -> [ˈpriːstɐ] *m(f)* priest *masc*, priestess *fem*

Priesteramt *nt* priesthood **Priestergewand** *nt* vestment

Priestertum <-s> *nt kein pl* priesthood

Priesterweihe *f* ordination [to the priesthood]

prima [ˈpriːma] *adj* (*fam*) great; **es läuft alles ~** everything is going really well; **du hast uns ~ geholfen** you have been a great help

Primaballerina [primabaleˈriːna] *f* prima ballerina **Primadonna** <-, -donnen> [primaˈdɔna] *f* prima donna *a. pej*

primär [priˈmɛːɐ̯] (*geh*) **I.** *adj* (*vorrangig*) primary, prime *attr* **II.** *adv* primarily; **die Kritik richtet sich ~ gegen die Politiker** criticism is mainly directed at the politicians

Primarschule *f* SCHWEIZ (*Grundschule*) primary [*or* AM grammar] school

Land und Leute

All Swiss children have to attend a **Primarschule** (*primary school*) from the age of six. Depending on the canton, primary education lasts four to six years but is always free.

Primat[1] <-en, -en> [priˈmaːt] *m* primate

Primat[2] <-[e]s, -e> [priˈmaːt] *m o nt* (*geh*) primacy (**vor** over)

Primel <-, -n> [ˈpriːml̩] *f* primrose

primitiv [primiˈtiːf] *adj* primitive; **ein ~er Kerl** a lout

Primitivität <-> [primitiviˈtɛːt] *f kein pl* primitiveness

Primitivling <-s, -e> *m* (*pej fam*) peasant

Primzahl [ˈpriːm-] *f* prime [number]

Printmedien [ˈprɪnt-] *pl* [print] media

Printout <-s, -s> [ˈprɪntau̯t] *nt* INFORM printout

Prinz <-en, -en> [prɪnts] *m* prince

Prinzessin <-, -nen> [ˈprɪnˈtsɛsɪn] *f* princess

Prinzip <-s, -ien> [prɪnˈtsiːp, *pl* ˈprɪnˈtsiːpi̯ən] *nt* principle; **aus ~** on principle; **im ~** in principle

prinzipiell [prɪntsiˈpi̯ɛl] **I.** *adj* fundamental **II.** *adv* (*aus Prinzip*) on principle; (*im Prinzip*) in principle

Prinzipienreiter(in) *m(f)* (*pej*) stickler for [one's] principles

Priorität <-, -en> [prioriˈtɛːt] *f* (*geh*) priority (**vor** + *dat* over); **~en setzen** to set [one's] priorities

Prise <-, -n> [ˈpriːzə] *f* pinch; **eine ~ Salz** a pinch of salt; **eine ~ Sarkasmus** (*fig*) a touch of sarcasm

Prisma <-s, Prismen> [ˈprɪsma, *pl* -mən] *nt* prism

Pritsche <-, -n> [ˈprɪtʃə] *f* ❶ (*Liege*) plank bed ❷ (*Ladefläche*) platform

pritschen [ˈprɪtʃn̩] *vt* SPORT to set

privat [priˈvaːt] **I.** *adj* private; **eine ~e Schule** a private [*or* BRIT *a.* public] school **II.** *adv* privately; **jdn ~ sprechen** to speak to sb in private; **sich** *akk* **~ versichern** to take out a private insurance

Privatadresse *f* home address **Privatangelegenheit** *f* private matter **Privatbesitz** *m* private property **Privatdetektiv(in)** *m(f)* private investigator **Privateigentum** *nt* private property **Privatfernsehen** *nt* (*fam*) commercial television *no art* **Privatgespräch** *nt* private conversation; (*am Telefon*) private [*or* AM personal] call **Privatgrundstück** *nt* private property *npl* **Privatinitiative** *f* private initiative

privatisieren* [privatiˈziːrən] *vt* to privatize

Privatisierung <-, -en> *f* privatization *no pl*

Privatleben *nt kein pl* private life **Privatlehrer(in)** *m(f)* private tutor **Privatmann** <-leute> *m* private citizen **Privatnummer** *f* private number **Privatpatient(in)** *m(f)* private patient **Privatperson** *f* private person **Privatrecht** *nt* JUR private [*or* civil] law; **internationales ~** law of conflicts **Privatsache** *f* private matter **Privatschule** *f* private [*or* BRIT independent] school **Privatsekretär(in)** *m(f)* private secretary **Privatsphäre** *f kein pl* privacy; **die ~ verletzen** to invade sb's privacy **Privatunterricht** *m kein pl* private tuition *no pl* **Privatvergnügen** *nt* private pleasure **Privatvermögen** *nt* private property **Privatwirtschaft** *f* ■ **die ~** the private sector

Privileg <-[e]s, -ien> [priviˈleːk, *pl* -gi̯ən] *nt* (*geh*) privilege

privilegieren* [privileˈgiːrən] *vt* (*geh*) to grant privileges to

pro [proː] **I.** *präp* per; **~ Kopf** a head; **~ Person** per person; **~ Stück** each **II.** *adv* **sind Sie ~ oder kontra?** are you for or against it?

Pro <-> [proː] *nt kein pl* **[das] ~ und [das] Kontra** (*geh*) the pros and cons *pl*

probat [proˈbaːt] *adj* (*geh*) proven

Probe <-, -n> [ˈproːbə] *f* ❶ (*Warenprobe, Testmenge*) sample ❷ MUS, THEAT rehears-

P

al ③ (*Prüfung*) test ▶WENDUNGEN: **jds Geduld auf eine harte ~ stellen** to sorely try sb's patience; **jdn auf die ~ stellen** to put sb to the test; **auf ~** on probation; **zur ~** for a trial

Probeabzug *m* proof **Probealarm** *m* practice alarm **Probeentnahme** *f* sampling **Probeexemplar** *nt* specimen copy **Probefahrt** *f* test drive **Probelauf** *m* trial run

proben ['pro:bn̩] *vt, vi* to rehearse

probeweise *adv* on a trial basis **Probezeit** *f* probationary period

probieren* [pro'bi:rən] *vt, vi* to try; ■**von etw** *dat* **~** to try some of sth; ■**~, ob ...** to try and see whether ... ▶WENDUNGEN: **P~ geht über Studieren** (*prov*) the proof of the pudding is in the eating

Problem <-s, -e> [pro'ble:m] *nt* problem; **vor einem ~ stehen** to be faced a problem ▶WENDUNGEN: **[nicht] jds ~ sein** to [not] be sb's business

Problematik <-> [proble'ma:tɪk] *f kein pl* (*geh*) problematic nature

problematisch [proble'ma:tɪʃ] *adj* problematic[al]; *Kind* difficult

Problembereich *m* problem area **Problemfall** *m* problem; (*Mensch*) problem case **problemlos** **I.** *adj* problem-free, unproblematic *attr* **II.** *adv* without any problems; **etw ~ meistern** to master sth easily; **~ ablaufen** to run smoothly

Procedere <-, -> [pro'tse:dərə] *nt* (*geh*) procedure

Produkt <-[e]s, -e> [pro'dʊkt] *nt* product

Produkthaftung *f* product liability

Produktion <-, -en> [prodʊk'tsi̯o:n] *f* production

Produktionskosten *pl* production costs **Produktionsmittel** *pl* means of production *no pl* **Produktionsrückgang** *m* fall in output **Produktionssteigerung** *f* rise in production

produktiv [prodʊk'ti:f] *adj* (*geh*) productive; **~ zusammenarbeiten** to work together productively

Produktivität <-> [prodʊktivi'tɛ:t] *f kein pl* productivity

Produktpalette *f* product range **Produktpiraterie** *f* [copyright] piracy

Produzent(in) <-en, -en> [produ'tsɛnt] *m(f)* producer

produzieren* [produ'tsi:rən] **I.** *vt* to produce **II.** *vr* (*pej fam*) ■**sich** *akk* **[vor jdm] ~** to show off [in front of sb]

Prof. [prɔf] *Abk von* **Professor**

profan [pro'fa:n] *adj* (*geh*) ① (*alltäglich*) prosaic; *Probleme* mundane ② (*weltlich*) profane; *Bauwerke, Kunst* secular

P

Professionalität <-> *f kein pl* professionalism *no pl*

professionell [profɛsi̯o'nɛl] *adj* professional

Professor, Professorin <-s, -soren> [pro'fɛso:ɐ̯, profɛ'so:rɪn, *pl* -'so:rən] *m, f* ① (*Universitätsprofessor*) professor ② ÖSTERR (*Gymnasiallehrer*) master *masc*, mistress *fem*

Professur <-, -en> [profɛ'su:ɐ̯] *f* [professor's] chair (**für** in, of)

Profi <-s, -s> ['pro:fi] *m* (*fam*) pro

Profil <-s, -e> [pro'fi:l] *nt* ① *Reifen, Schuhsohlen* tread ② (*Seitenansicht*) profile; **jdn im ~ fotografieren** to photograph sb in profile

profilieren* [profi'li:rən] *vr* **sich** *akk* **politisch ~** to make one's mark as a politician; **sie hat sich als Künstlerin profiliert** she distinguished herself as an artist

Profilneurose *f* image complex

Profit <-[e]s, -e> [pro'fi:t, pro'fɪt] *m* profit; **von etw** *dat* **keinen ~ haben** not to profit from sth; **etw mit ~ verkaufen** to sell sth at a profit

profitabel [profi'ta:bl̩] *adj* profitable; (*stärker*) lucrative

Profiteur(in) <-s, -e> [profi'tø:ɐ̯] *m(f)* (*pej*) profiteer

Profitgier *f* money-grubbing *no pl*

profitieren* [profi'ti:rən] *vi* (*geh*) to make a profit (**von, bei** *+dat* from)

pro forma [pro: 'fɔrma] *adv* pro forma, as a matter of form

Prognose <-, -n> [pro'gno:zə] *f a.* MED prognosis; (*Wetter*) forecast

prognostizieren* [prognɔsti'tsi:rən] *vt* to predict

Programm <-s, -e> [pro'gram] *nt* ① (*geplanter Ablauf*) programme; (*Tagesordnung*) agenda; (*Zeitplan*) schedule; **ein volles ~ haben** to have a full day/week etc. ahead of one; **auf dem ~ stehen** to be on the programme/agenda/schedule; **was steht für heute auf dem ~?** what's the programme/agenda/schedule for today? ② RADIO, TV (*Sender*) channel ③ (*Programmheft*) programme ④ INFORM [computer] program

Programmabbruch *m* INFORM [program] crash

programmatisch [progra'ma:tɪʃ] *adj* (*geh*) ① (*einem Programm gemäß*) programmatic ② (*Richtung weisend*) defining

Programmfehler *m* INFORM programme error **programmgemäß** **I.** *adj* [as *pred*] planned **II.** *adv* [according] to plan; **~ verlaufen** to run according to plan **Programmheft** *nt* programme

programmieren* [progra'miːrən] *vt* INFORM to program

Programmierer(in) <-s, -> *m(f)* programmer

Programmiersprache *f* programming language

Programmierung <-, -en> *f* INFORM programming

Programmkino *nt* arts [*or* AM repertory] cinema **Programmlauf** *m* INFORM program run **Programmpunkt** *m* item on the agenda; *einer Show* act **Programmsteuerung** *f* INFORM program control **Programmvorschau** *f* trailer **Programmzeitschrift** *f* programme guide; (*von Fernsehen a.*) TV guide

progressiv [progrɛ'siːf] *adj* (*geh*) progressive

Projekt <-[e]s, -e> [pro'jɛkt] *nt* project

projektieren* [projɛk'tiːrən] *vt* (*geh*) to draw up [the] plans

Projektil <-s, -e> [projɛk'tiːl] *nt* projectile

Projektion <-, -en> [projɛk'tsi̯oːn] *f* projection

Projektionsfläche [projɛk'tsi̯oːns-] *f* FILM, FOTO screen

Projektleiter(in) <-s, -> *m(f)* project leader

Projektor <-s, -toren> [pro'jɛktoːɐ̯, *pl* -'toːrən] *m* projector

projizieren* [proji'tsiːrən] *vt* (*a. fig*) to project (**auf** +*akk* onto)

proklamieren* [prokla'miːrən] *vt* (*geh*) to proclaim

Pro-Kopf-Einkommen [pro'kɔpf-] *nt* income per person **Pro-Kopf-Verbrauch** *m* per capita consumption *form*

Prokurist(in) <-en, -en> [proku'rɪst] *m(f)* authorized signatory (*of a company*)

Prolet <-en, -en> [pro'leːt] *m* (*pej*) prole *fam*

Proletariat <-[e]s, -e> [proleta'ri̯aːt] *nt* (*veraltend*) ▪**das** ~ the proletariat

Proletarier(in) <-s, -> [prole'taːri̯ɐ] *m(f)* (*veraltend*) proletarian

proletarisch [prole'taːrɪʃ] *adj* (*veraltend*) proletarian

Proll <-s, -s> ['prɔl] *m* (*pej sl*) pleb

prollig [prolɪç] *adj* (*pej sl*) plebby, coarse

Prolo <-s, -s> ['proːlo] *m* (*pej sl*) pleb *pej fam*

Prolog <-[e]s, -e> [pro'loːk, *pl* -'loːgə] *m* prologue

Promenade <-, -n> [promə'naːdə] *f* promenade

Promenadenmischung *f* (*hum fam*) mongrel, mutt AM

promenieren* [promə'niːrən] *vi sein o haben* to promenade

Promi <-s, -s> ['prɔmɪ] *m* (*sl*) *kurz für* **Prominente(r)** VIP

Promille <-[s], -> [pro'mɪlə] *nt* ① (*Tausendstel*) per mill[e]; **nach** ~ in per mill[e] ② *pl* (*fam: Alkoholpegel*) alcohol level; **0,5** ~ 50 millilitres alcohol level

Promillegrenze *f* legal [alcohol] limit

prominent [promi'nɛnt] *adj* prominent

Prominenz <-> [promi'nɛnts] *f kein pl* ① (*die Prominenten*) prominent figures *pl* ② (*geh: das Prominentsein*) fame

promoten* [pro'moːtn̩] *vt* to promote

Promotion[1] <-, -en> [promo'tsi̯oːn] *f* ① (*Verleihung des Doktorgrads*) doctorate, PhD ② SCHWEIZ (*Versetzung*) *moving up* [*into the next class*] ③ ÖSTERR (*offizielle Feier mit Verleihung der Doktorwürde*) *ceremony at which one receives one's doctorate*

Promotion[2] <-> [pro'moːʃn̩] *f kein pl* promotion

promovieren* [promo'viːrən] **I.** *vt* ▪**jdn** ~ to award sb a doctorate **II.** *vi* ① (*eine Dissertation schreiben*) ▪**über etw** *akk*/**jdn** ~ to do a doctorate in sth/the works of sb ② (*den Doktorgrad erwerben*) ▪[**in etw** *dat*] ~ to obtain a doctorate [in sth]

prompt [prɔmpt] **I.** *adj* prompt; **eine ~e Antwort** a prompt [*or* immediate] answer **II.** *adv* ① (*sofort*) promptly ② (*meist iron fam: erwartungsgemäß*) sure enough; **er ist ~ auf den Trick hereingefallen** naturally he fell for the trick

Pronomen <-s, - *o* Pronomina> [pro'noːmən, *pl* -'noːmina] *nt* pronoun

Propaganda <-> [propa'ganda] *f kein pl* ① (*a. pej: manipulierende Verbreitung von Ideen*) propaganda ② (*Werbung*) publicity

propagandistisch *adj* propagandist[ic] *a. pej*

propagieren* [propa'giːrən] *vt* (*geh*) to propagate

Propan <-s> [pro'paːn] *nt kein pl* propane

Propangas *nt kein pl* propane [gas]

Propeller <-s, -> [pro'pɛlɐ] *m* propeller

Prophet(in) <-en, -en> [pro'feːt] *m(f)* prophet *masc*, prophetess *fem*

prophetisch [pro'feːtɪʃ] *adj* prophetic

prophezeien* [profe'tsa̯jən] *vt* to prophesy, to predict

Prophezeiung <-, -en> *f* prophecy

prophylaktisch [profy'laktɪʃ] *adj* ① MED prophylactic ② (*geh: zur Sicherheit*) preventative

Prophylaxe <-, -n> [profy'laksə] *f* MED prophylaxis *spec*

Proportion <-, -en> [propɔr'tsi̯oːn] *f* (*geh*) proportion

proportional [propɔrtsi̯o'na:l] *adj* (*geh*) proportional (**zu** +*dat* to)
proportioniert [propɔrtsi̯o'ni:ɐ̯t] *adj* proportioned
Proporz <-es, -e> [pro'pɔrts] *m* POL proportional representation
proppenvoll ['prɔpn̩'fɔl] *adj* (*fam*) jam-packed
Prosa <-> ['pro:za] *f kein pl* prose
prosaisch [pro'za:ɪʃ] *adj* ❶ (*meist fig geh: nüchtern*) prosaic *form;* (*langweilig*) dull ❷ (*aus Prosa bestehend*) prose *attr,* in prose *pred*
prosit ['pro:zɪt] *interj s.* **prost**
Prospekt <-[e]s, -e> [pros'pɛkt] *m* (*Werbebroschüre*) brochure; (*Werbezettel*) leaflet
prost [pro:st] *interj* cheers
Prostata <-, Prostatae> ['prɔstata, *pl* 'prɔstatɛ] *f* prostate gland
prosten ['pro:stn̩] *vi* ❶ (*prost rufen*) to say cheers ❷ (*ein Prost ausbringen*) ■ **auf jdn/etw** ~ to toast sb/sth
prostituieren* [prostitu'i:rən] *vr* ■ **sich** *akk* ~ to prostitute oneself
Prostituierte(r) [prostitu'i:ɐ̯tə, -tɐ] *f(m)* prostitute
Prostitution <-> [prostitu'tsi̯o:n] *f kein pl* prostitution
Protagonist(in) <-en, -en> [protago'nɪst] *m(f)* (*geh*) protagonist
Protegé <-s, -s> [prote'ʒe:] *m* (*geh*) protégé
protegieren* [prote'ʒi:rən] *vt* (*geh*) to promote
Protein <-s, -e> [prote'i:n] *nt* protein
Protektionismus <-> [protɛktsi̯o'nɪsmʊs] *m kein pl* protectionism
Protest <-[e]s, -e> [pro'tɛst] *m* protest; **aus** ~ in protest
Protestant(in) <-en, -en> [protɛs'tant] *m(f)* Protestant
protestantisch [protɛs'tantɪʃ] *adj* Protestant
Protestantismus <-> [protɛstan'tɪsmʊs] *m kein pl* ■ **der** ~ Protestantism
Protestbewegung *f* protest movement
Protestgeheul *nt kein pl* (*pej fam*) outcry
protestieren* [protɛs'ti:rən] *vi* to protest
Protestkundgebung *f* [protest] rally
Protestler(in) <-s, -> [pro'tɛstlɐ] *m(f)* (*oft pej*) protester **Protestmarsch** *m* protest march **Protestwähler(in)** *m(f)* protest voter
Prothese <-, -n> [pro'te:zə] *f* prosthesis *spec*
Protokoll <-s, -e> [proto'kɔl] *nt* ❶ (*Niederschrift*) record[s *pl*]; (*einer Sitzung*) minutes *npl;* **etw zu ~ geben** (*bei der Polizei*) to make a statement ❷ DIAL (*Strafmandat*) ticket ❸ *kein pl* (*Zeremoniell*) **gegen das ~ verstoßen** to break with protocol
protokollarisch [protokɔ'la:rɪʃ] *adj* (*im Protokoll fixiert*) recorded, on record *pred;* (*von Sitzung*) minuted, entered in the minutes *pred;* **etw ~ festhalten** to take sth down in the minutes
Protokollführer(in) *m(f)* secretary; (*bei Gericht*) clerk [of the court]
protokollieren* [protokɔ'li:rən] **I.** *vt* to record; *Polizist* to take down *sep;* (*bei einer Sitzung*) to enter in the minutes **II.** *vi* to keep the record[s]/the minutes
Proton <-s, Protonen> ['pro:tɔn, *pl* pro'to:nən] *nt* proton
Prototyp ['pro:toty:p] *m* prototype; (*fig*) archetype
protzen ['prɔtsn̩] *vi* (*fam*) ■ [**mit etw** *dat*] ~ to flaunt [sth]
protzig ['prɔtsɪç] *adj* (*fam*) swanky; *Auto* fancy
Proviant <-s, -e> [pro'vi̯ant] *m pl selten* provisions; MIL supplies
Provider <-s, -> [pro'vajdɐ̯] *m* INFORM provider
Provinz <-, -en> [pro'vɪnts] *f* ❶ (*Verwaltungsgebiet*) province ❷ *kein pl* (*rückständige Gegend*) provinces *pl a. pej;* **in der ~ leben** to live [out] in the sticks *fam*
provinziell [provɪn'tsi̯ɛl] *adj* provincial *a. pej*
Provinzler(in) <-s, -> [pro'vɪntslɐ] *m(f)* (*pej fam*) provincial
Provinzstadt *f* provincial town
Provision <-, -en> [provi'zi̯o:n] *f* commission; **auf ~ arbeiten** to work on a commission basis
Provisorien *pl von* **Provisorium**
provisorisch [provi'zo:rɪʃ] **I.** *adj* provisional; *Unterkunft* temporary **II.** *adv* temporarily, for the time being; **etw ~ herrichten** to make makeshift repairs
Provisorium <-s, -rien> [provi'zo:ri̯ʊm, *pl* -ri̯ən] *nt* (*geh*) provisional solution
provokant [provo'kant] *adj* provocative
Provokation <-, -en> [provoka'tsi̯o:n] *f* provocation
provokativ [provoka'ti:f] *adj* provocative
provozieren* [provo'tsi:rən] *vt* to provoke; *Streit* to cause; ■ **jdn zu etw** *dat* ~ to provoke sb into [doing] sth
provozierend *adj* provocative
Prozedere <-, -> [pro'tse:dərə] *nt* (*geh*) procedure
Prozedur <-, -en> [protse'du:ɐ̯] *f* (*geh*) procedure
Prozent <-[e]s, -e> [pro'tsɛnt] *nt* ❶ (*Hundertstel*) per cent *no pl* ❷ (*Alkoholgehalt*) alcohol content ❸ *pl* (*Rabatt*) discount

P

Prozentsatz *m* percentage
prozentual [protsɛn'tu̯a:l] *adj* (*geh*) **etw ~ ausdrücken** to express sth as a percentage
Prozess <-es, -e> [pro'tsɛs] *m* ① (*Gerichtsverfahren*) [court] case; (*Strafverfahren*) trial; **einen ~ [gegen jdn] führen** to take legal action [against sb] ② (*geh: Vorgang*) process ③ (*fig*) **[mit jdm/etw] kurzen ~ machen** (*fam*) to make short work of sb/sth
Prozessgegner *m* adversary
prozessieren* [protsɛ'si:rən] *vi* ■**[gegen jdn] ~** to go to law [with sb]
Prozession <-, -en> [protsɛ'si̯o:n] *f* procession
Prozesskosten *pl* court costs
Prozessor <-s, -soren> [pro'tsɛso:ɐ̯, -'so:rən] *m* processor
Prozessordnung *f* legal procedure
prüde ['pry:də] *adj* (*pej*) prudish
prüfen ['pry:fn̩] *vt* ① (*überprüfen, untersuchen*) to check (**auf** +*akk* for); *Material* to test ② (*Kenntnisse abfragen*) to examine
Prüfer(in) <-s, -> ['pry:fɐ] *m(f)* ① (*Examinator*) examiner ② (*Prüfingenieur*) inspector ③ (*Betriebsprüfer*) auditor
Prüfling <-s, -e> *m* [examination] candidate
Prüfsiegel *nt* ÖKON emblem **Prüfstand** *m* test stand **Prüfstein** *m* (*geh*) touchstone
Prüfung <-, -en> *f* ① (*Examen*) exam[ination]; (*für den Führerschein*) test; **mündliche ~ [in etw** *dat*] oral exam[ination] [in sth] ② (*Überprüfung*) checking; *von Material* test ③ (*geh: Heimsuchung*) trial
Prüfungsangst *f* exam nerves *npl* **Prüfungsaufgabe** *f* exam[ination] question **Prüfungsergebnis** *nt* exam[ination] results *pl* **Prüfungskommission** *f* board of examiners **Prüfungszeugnis** *nt* exam[ination] certificate
Prüfverfahren *nt* test[ing] procedure
Prügel[1] ['pry:gl̩] *pl* thrashing *no pl;* **jdm eine Tracht ~ verabreichen** to give sb a [good] hiding
Prügel[2] <-s, -> ['pry:gl̩] *m* DIAL cudgel
Prügelei <-, -en> [pry:gə'lai̯] *f* (*fam*) punch-up
Prügelknabe *m* whipping boy
prügeln ['pry:gl̩n] **I.** *vt, vi* to beat **II.** *vr* ■**sich** *akk* **~** to fight
Prügelstrafe *f* ■**die ~** corporal punishment
Prunk <-s> [prʊnk] *m kein pl* magnificence
Prunkstück *nt* showpiece; *einer Ausstellung* focal point
prunkvoll *adj* splendid; *Kleidung* magnificent
prusten ['pru:stn̩] *vi* (*fam*) to snort; (*beim Trinken*) to splutter; **vor Lachen ~** to snort with laughter
PS <-, -> [pe'ʔɛs] *nt* ① *Abk von* **Pferdestärke** hp ② *Abk von* **Postskript(um)** PS
Psalm <-s, -en> [psalm] *m* psalm
Pseudonym <-s, -e> [psɔy̯do'ny:m] *nt* pseudonym
pst [pst] *interj* pst
Psyche <-, -n> ['psy:çə] *f* psyche
Psychiater(in) <-s, -> [psy'çi̯a:tɐ] *m(f)* psychiatrist
Psychiatrie <-, -n> [psyçi̯a'tri:, *pl* -'tri:ən] *f* ① *kein pl* (*Fachgebiet*) psychiatry *no art* ② (*fam: psychiatrische Abteilung*) psychiatric ward
psychiatrisch [psy'çi̯a:trɪʃ] *adj* psychiatric
psychisch ['psy:çɪʃ] *adj* psychological, mental
psychoaktiv [psy:çoak'ti:f] *adj* PHARM psychoactive
Psychoanalyse [psyçoʔana'ly:zə] *f* psychoanalysis *no art* **Psychoanalytiker(in)** [psyçoʔana'ly:tikɐ] *m(f)* psychoanalyst
Psychologe, Psychologin <-n -n> [psyço'lo:gə] *m, f* psychologist
Psychologie <-> [psyçolo'gi:] *f kein pl* psychology
Psychologin <-, -nen> *f fem form von* **Psychologe**
psychologisch [psyço'lo:gɪʃ] *adj* psychological
Psychopath(in) <-en, -en> [psyço'pa:t] *m(f)* psychopath
Psychopharmakon <-s, -pharmaka> [psyço'farmakɔn, *pl* -'farmaka] *nt meist pl* psychopharmaceutical [agent]
Psychoschocker ['psy:çoʃɔkɐ] *m* (*fam*) psychothriller
Psychose <-, -n> [psy'ço:zə] *f* psychosis
psychosomatisch [psyçozo'ma:tɪʃ] **I.** *adj* psychosomatic **II.** *adv* psychosomatically
Psychoterror *m* (*fam*) psychological terror
Psychotherapeut(in) [psyçotera'pɔyt] *m(f)* psychotherapist **Psychotherapie** [psyçotera'pi:] *f* psychotherapy
PTT ['pe:te:te:] *pl* SCHWEIZ *Abk von* **Post-, Telefon- und Telegrafenbetriebe**: ■**die ~** the P.T.T. (*Swiss postal, telephone, and telegram services*)
pubertär [pubɛr'tɛ:ɐ̯] *adj* adolescent, of puberty *pred; Störungen* pubescent
Pubertät <-> [pubɛr'tɛ:t] *f kein pl* puberty *no art*
pubertieren* [pubɛr'ti:rən] *vi* (*geh*) to reach puberty
Publicity <-> [pa'blɪsiti] *f kein pl* publicity
Public Relations ['pablɪkri'le:ʃn̩s] *pl* public relations + *sing vb*
publik [pu'bli:k] *adj präd* public; ■**~ sein/**

werden to be/become public knowledge; **etw ~ machen** to publicize sth

Publikation <-, -en> [publika'tsi̯o:n] *f* publication

Publikum <-s> ['pu:blikʊm] *nt kein pl* audience; (*im Theater a.*) house; (*beim Sport*) crowd

Publikumsandrang *m* rush of spectators **Publikumserfolg** *m* hit; (*Film*) box office hit **Publikumsliebling** *m* public's darling **Publikumsmagnet** *m* crowd-puller BRIT, magnet AM **Publikumsverkehr** *m kein pl* **das Amt ist nur morgens für den ~ geöffnet** the office is only open to the public in the morning[s] **publikumswirksam** *adj* with public appeal

publizieren* [publi'tsi:rən] *vt* to publish

Publizist(in) <-en, -en> [publi'tsɪst] *m(f)* journalist, *commentator* [*on current affairs and politics*]

Publizistik <-> [publi'tsɪstɪk] *f kein pl* ■[**die**] ~ the science of the media; (*als Universitätsfach*) media studies *npl*

Publizistin <-, -nen> *f fem form von* **Publizist**

Publizität <-> [publitsi'tɛ:t] *f kein pl* (*geh*) publicity

Puck <-s, -s> [pʊk] *m* puck

Pudding <-s, -s> ['pʊdɪŋ] *m milk based dessert similar to blancmange*

Pudel <-s, -> ['pu:dl̩] *m* poodle

Pudelmütze *f* bobble cap **pudelnass** ['pu:dl̩'nas] *adj* (*fam*) ■~ **sein/werden** to be/get soaking wet **pudelwohl** ['pu:dl̩'vo:l] *adj* (*fam*) **sich** *akk* **~ fühlen** to feel on top of the world

Puder <-s, -> ['pu:dɐ] *m o fam nt* powder

Puderdose *f* [powder] compact

pudern ['pu:dɐn] *vt* to powder

Puderzucker *m* icing sugar

Puerto Rico <-s> ['pu̯ɛrto 'ri:ko] *nt* Puerto Rico

Puff[1] <-[e]s, Püffe> [pʊf, *pl* 'pʏfə] *m* (*fam: Stoß*) thump; (*in die Seite*) prod

Puff[2] <-[e]s, -s> [pʊf] *m* (*fam*) brothel, whorehouse AM

Puffer <-s, -> ['pʊfɐ] *m* ① BAHN buffer, bumper AM ② (*Reibekuchen*) potato fritter

puffern *vt* TECH to buffer

Pufferspeicher *m* buffer memory

Pufferzone *f* buffer zone

pulen ['pu:lən] **I.** *vt esp* NORDD (*fam*) *Krabben, Nüsse, Erbsen* to shell; ■**etw aus etw** *dat* ~ to pick sth out of sth; **ein Etikett von einer Flasche ~** to peel a label off a bottle **II.** *vi esp* NORDD (*fam*) ■**an etw** *dat* ~ to pick at sth; **in der Nase ~** to pick one's nose

Pulle <-, -n> ['pʊlə] *f* (*sl*) bottle ▶WENDUNGEN: **volle ~ fahren** to drive flat out

Pulli <-s, -s> ['pʊli] *m* (*fam*) *kurz für* **Pullover** jumper

Pullover <-s, -s> [pʊ'lo:vɐ] *m* pullover

Pullunder <-s, -> [pʊ'lʊndɐ] *m* tank top

Puls <-es, -e> [pʊls] *m* pulse

Pulsader *f* artery

pulsieren* [pʊl'zi:rən] *vi* to pulsate

Pulsschlag *m* ① (*Puls*) pulse ② (*einzelnes Pochen*) [pulse-]beat

Pult <-[e]s, -e> [pʊlt] *nt* ① (*Rednerpult*) lectern ② (*Schaltpult*) control desk

Pulver <-s, -> ['pʊlvɐ] *nt* powder; (*Schießpulver*) [gun]powder ▶WENDUNGEN: **sein ~ verschossen haben** (*fam*) to have shot one's [last] bolt

Pulverfass *nt* (*a. fig*) powder keg

pulverig ['pʊlvərɪç] *adj* powdery

Pulverkaffee *m* instant coffee **Pulverschnee** *m* powder[y] snow

pulvrig ['pʊlvrɪç] *adj* powdery

Puma <-s, -s> ['pu:ma] *m* puma BRIT, mountain lion AM, cougar AM

pummelig ['pʊməlɪç], **pummlig** ['pʊmlɪç] *adj* (*fam*) chubby

Pump ['pʊmp] *m* ▶WENDUNGEN: **auf ~** (*fam*) on tick

Pumpe <-, -n> ['pʊmpə] *f* ① (*Gerät*) pump ② (*fam: Herz*) heart

pumpen ['pʊmpn̩] *vt* ① (*mittels einer Pumpe*) to pump ② (*fam: investieren*) **Geld in etw** *akk* ~ to pump money in[to] sth ③ (*fam: leihen*) ■**jdm etw** *akk* ~ to lend sb sth; ■**sich** *dat* **etw** *akk* [**bei/von jdm**] ~ to borrow sth [off sb]

Pumphose *f* knickerbockers *npl*

Pumps <-, -> [pœmps] *m* court shoe BRIT, pump AM

Punk <-s> [paŋk] *m kein pl* punk

Punker(in) <-s, -> ['paŋkɐ] *m(f)* punk [rocker]

Punkrock <-s> ['paŋkrɔk] *m kein pl* punk [rock]

Punkt <-[e]s, -e> [pʊŋkt] *m* ① (*runder Fleck*) spot; (*in der Mathematik*) point ② (*Stelle*) spot; (*genauer*) point; **bis zu einem gewissen ~** up to a certain point ③ (*Satzzeichen*) full stop BRIT, period AM; (*auf i, Auslassungszeichen*) dot ④ (*Bewertungseinheit*) point; **einen ~ bekommen** to score a point ⑤ (*Detailpunkt*) point; (*auf der Tagesordnung*) item; **ein strittiger ~** a disputed point ⑥ **um ~ acht** [**Uhr**] on the stroke of eight ▶WENDUNGEN: **ohne ~ und Komma reden** (*fam*) to talk nineteen to the dozen BRIT; **ein dunkler ~** [**in jds Vergangenheit**] a dark chapter [in sb's past];

der springende ~ the crucial point; **ein wunder** ~ a sore point; **nun mach aber mal einen** ~**!** (*fam*) come off it!
Pünktchen <-s, -> ['pʏŋktçən] *nt dim von* **Punkt** little spot
punktgenau **I.** *adj* precise, exact **II.** *adv* precisely, exactly **Punktgewinn** *m* number of points won **punktgleich** *adj* SPORT level on points BRIT; ~ **ausgehen** to end in a draw
pünktlich ['pʏŋktlɪç] **I.** *adj* punctual **II.** *adv* punctually
Pünktlichkeit <-> *f kein pl* punctuality
Punktsieger(in) <-s, -> *m(f)* winner on points
punktuell [pʊŋk'tu̯ɛl] *adj* **1** (*Punkt für Punkt*) ~ **vorgehen** to proceed point by point **2** (*vereinzelt*) *Kontrollen* spot *attr*
Punktzahl *f* SPORT score
Punsch <-es, -e> [pʊnʃ] *m* [hot] punch
Pupille <-, -n> [pu'pɪlə] *f* pupil
Puppe <-, -n> ['pʊpə] *f* (*Spielzeug*) doll ▶WENDUNGEN: **bis in die** ~**n** (*fam*) until the small hours of the morning; **bis in die** ~**n schlafen** (*fam*) to sleep till all hours
Puppenhaus *nt* doll's house BRIT, dollhouse AM **Puppentheater** *nt* puppet theatre **Puppenwagen** *m* doll's pram [*or* AM carriage]
Pups <-es, -e> [pu:ps] *m* (*fam*) fart
pupsen ['pu:psn̩] *vi* (*fam*) to fart
pur [pu:ɐ̯] *adj* **1** (*rein, unverdünnt*) pure; **etw** ~ **anwenden** to apply sth in its pure form; **etw** ~ **trinken** to drink sth neat **2** (*fam: blank, bloß*) sheer, pure; *Wahnsinn* absolute
Püree <-s, -s> [py're:] *nt* **1** (*passiertes Gemüse/Obst*) purée **2** (*Kartoffelbrei*) mashed potatoes *pl*
pürieren [py'ri:rən] *vt* to purée
Pürierstab *m* hand-held blender
Puritaner(in) <-s, -> [puri'ta:nɐ] *m(f)* (*fig*) puritan
puritanisch [puri'ta:nɪʃ] *adj* (*fig*) puritanical
Purpur <-s> ['pʊrpʊr] *m kein pl* **1** (*Farbe*) purple **2** (*geh: purpurner Stoff*) purple material (*used for cardinals' robes*)
purpurfarben, purpurfarbig *adj* purple
purpurn [pʊrpʊrn] *adj* (*geh*), **purpurrot** *adj* scarlet, crimson
Purzelbaum ['pʊrts|-] *m* (*fam*) somersault; **Purzelbäume machen** to do somersaults
purzeln ['pʊrtsl̩n] *vi sein a. Preise* to tumble
pusseln ['pʊsl̩n] *vi* (*fam*) to fiddle
Puste <-> ['pu:stə] *f kein pl* (*fam*) breath; **außer** ~ **sein** to be out of puff; **aus der** ~ **kommen** to get out of breath
Pusteblume *f* (*Kindersprache*) dandelion
Pustekuchen ['pu:stəku:xn̩] *m* **[ja]** ~**!** (*fam*) not a chance!
Pustel <-, -n> ['pʊstl̩] *f* pimple
pusten ['pu:stn̩] *vt, vi* (*fam*) to blow; **die Haare aus dem Gesicht** ~ to blow one's hair out of one's face; **ich musste bei einer Verkehrskontrolle** ~ I had to blow into the little bag when I was stopped by the police
put ['pʊt] *interj* (*Kindersprache*) ~**,** ~**,** ~**!** *the call of a chicken or turkey*
Pute <-, -n> ['pu:tə] *f* **1** (*Tier*) turkey [hen] **2** (*fam: Frau*) cow *pej fam*
Putenfleisch <-[e]s> *nt kein pl* turkey [meat] *no pl*
Puter <-s, -> ['pu:tɐ] *m* turkey [cock]
puterrot ['pu:tɐ'ro:t] *adj* scarlet
Putsch <-[e]s, -e> [pʊtʃ] *m* coup [d'état]
putschen ['pʊtʃn̩] *vi* to revolt (**gegen** against)
Putschist(in) <-en, -en> [pʊt'ʃɪst] *m(f)* rebel
Putte <-, -n> ['pʊtə] *f* KUNST cherub, putto *spec*
Putz <-es> [pʊts] *m kein pl* (*Wandverkleidung*) plaster; (*bei Außenmauern*) rendering; **etw mit** ~ **verkleiden** to plaster sth ▶WENDUNGEN: **auf den** ~ **hauen** (*fam: angeben*) to show off; (*übermütig sein*) to have a wild time [of it]
putzen ['pʊtsn̩] **I.** *vt* to clean; *Gemüse* to prepare; **putz dir den Dreck von den Schuhen!** wipe the mud off your shoes!; **seine Schuhe/die Brille** ~ to clean one's shoes/one's glasses; **die Treppe/Wohnung** ~ to clean the steps/flat; **sich** *dat* **die Nase** ~ to blow one's nose; **sich** *dat* **die Zähne** ~ to clean one's teeth; **Spinat** ~ to wash and prepare spinach **II.** *vi* ~ **gehen** to work as a cleaner
Putzfimmel *m* (*pej*) **einen** ~ **haben** to be cleaning mad **Putzfrau** *f* cleaner
putzig ['pʊtsɪç] *adj* (*fam*) **1** (*niedlich*) sweet; **ein** ~**es Tier** a cute animal **2** (*merkwürdig*) odd; **das ist ja** ~**!** that's really odd
Putzkolonne *f* team of cleaners **Putzlappen** *m* [cleaning] cloth **Putzmittel** *nt* detergent, cleansing agent **putzmunter** *adj* (*fam*) full of beans *pred;* **trink ein paar Tassen Kaffee, dann bist du bald wieder** ~ drink a few cups of coffee, and you'll soon perk up **Putzteufel** *m* (*fam*) housework maniac **Putztuch** *nt* **1** (*Poliertuch*) cloth [for cleaning] **2** *s.* **Putzlappen Putzwolle** *f* cotton waste **putzwütig** *adj* (*fam*) in a cleaning frenzy **Putzzeug** *nt kein pl* (*fam*) cleaning things *pl*
Puzzle <-s, -s> ['pʊzl̩, 'pazl̩] *nt* jigsaw [puz-

P

zle]

PVC <-[s]> [pe:fau̯'tse:] *nt kein pl Abk von* **Polyvinylchlorid** PVC

Pygmäe <-n, -n> [pʏg'mɛ:ə] *m* pygmy

Pyjama <-s, -s> [py'dʒa:ma] *m* pyjamas *npl* BRIT, pajamas *npl* AM; **im ~** in his/her pyjamas

Pyramide <-, -n> [pyra'mi:də] *f* pyramid

pyramidenförmig *adj* pyramid-shaped

Pyrenäen [pyre'nɛ:ən] *pl* ■**die ~** the Pyrenees *npl*

Pyromane, Pyromanin <-n, -n> [pyro'ma:nə] *m, f* pyromaniac

Python <-, -s> ['py:tɔn] *m,* **Pythonschlange** *f* python

Qq

Q, q <-, - *o fam* -s, -s> [ku:] *nt* Q, q; **~ wie Quelle** Q for Queenie BRIT, Q as in Queen AM

q [ku:] SCHWEIZ, ÖSTERR *Abk von* **Zentner** 100 kg

Quacksalber(in) <-s, -> ['kvakzalbɐ] *m(f)* (*pej*) quack [doctor]

Quader <-s, -> ['kva:dɐ] *m* ① ARCHIT, BAU ashlar ② MATH cuboid

Quadrant <-en, -en> [kva'drant] *m* ASTRON, MATH quadrant

Quadrat <-[e]s, -e> [kva'dra:t] *nt* square

quadratisch *adj* square

Quadratkilometer *m* square kilometre **Quadratlatschen** *pl* (*fam*) ① (*Schuhe*) clodhoppers ② (*Füße*) dirty great feet BRIT [*or* AM great big feet] **Quadratmeter** *m* square metre **Quadratschädel** *m* (*fam: kantiger Kopf*) dirty great head BRIT [*or* AM great big head]

Quadratur <-, -en> [kvadra'tu:ɐ̯] *f* quadrature

Quadratwurzel *f* square root **Quadratzahl** *f* square number **Quadratzentimeter** *m* square centimetre

quadrieren* [kva'dri:rən] *vt* to square

Quadrofonie <->, **Quadrophonie** <-> [kvadrofo'ni:] *f kein pl* quadrophony

Quai <-s, -s> [kɛ:, ke:] *m o nt* SCHWEIZ (*Kai*) quay

quaken ['kva:kn̩] **I.** *vi* ① *Frosch* to croak; *Ente* to quack ② (*fam: reden*) to natter **II.** *vt* (*fam*) to waffle on *sep pej* (**über** +*akk* about)

quäken ['kvɛ:kn̩] *vi* (*fam*) to scream, to screech

Quäker(in) <-s, -> ['kvɛ:kɐ] *m(f)* Quaker

Qual <-, -en> ['kva:l] *f* ① (*Quälerei*) struggle ② *meist pl* (*Pein*) agony *no pl* ▸ WENDUNGEN: **die ~ der Wahl haben** (*hum*) to be spoilt for choice

quälen ['kvɛ:lən] **I.** *vt* ① (*misshandeln*) *Mensch, Tier* to be cruel to ② (*peinigen*) *Gedanken, Gefühle* to torment *fig; Schmerzen* to trouble ③ (*belästigen*) to pester **II.** *vr* ① (*leiden*) ■**sich** *akk* ~ to suffer ② (*sich herumquälen*) ■**sich** *akk* **mit etw** *dat* ~ *Gedanken, Gefühle* to torment oneself with sth; *Hausaufgaben, Arbeit* to struggle [hard] with sth ③ (*sich mühsam bewegen*) ■**sich** *akk* ~ to struggle

quälend ['kvɛ:lənt] *adj attr* agonizing; *Gedanken, Gefühle* tormenting; *Schmerzen* excruciating

Quälerei <-, -en> [kvɛ:lə'rai̯] *f* ① (*körperlich, seelisch*) torture ② (*Belästigung*) pestering *no pl*

Quälgeist *m* (*fam*) pest *fig*

Qualifikation <-, -en> [kvalifika'tsi̯o:n] *f* ① (*berufliche Befähigung*) qualifications *pl* ② SPORT qualification *no pl;* (*Wettkampf a.*) qualifier

qualifizieren* [kvalifi'tsi:rən] **I.** *vr* ■**sich** *akk* [**für etw**] ~ to qualify [for sth] **II.** *vt* ■**jdn für etw** *akk* ~ to qualify sb for sth

Qualifizierung <-, *selten* -en> *f* ① (*Erwerben einer Qualifikation*) qualification *no pl* ② (*Ausbildung*) training *no pl*

Qualität <-, -en> [kvali'tɛ:t] *f* ① (*Güte, Beschaffenheit*) quality ② *pl* (*gute Eigenschaften*) qualities *pl*

qualitativ ['kvalitati:f, kvalita'ti:f] **I.** *adj* qualitative **II.** *adv* qualitatively

Qualitätsarbeit *f* high-quality work[manship] *no pl* **Qualitätserzeugnis** *nt* [high-]quality product **Qualitätskontrolle** *f* quality control **Qualitätsmerkmal** *nt* sign of quality **Qualitätssicherung** *f* quality assurance **Qualitätssiegel** *nt* seal of quality **Qualitätsware** *f* quality goods *pl*

Qualle <-, -n> ['kvalə] *f* jellyfish

Qualm <-[e]s> ['kvalm] *m kein pl* [thick] smoke

qualmen ['kvalmən] **I.** *vi* (*a. fam: rauchen*) to smoke **II.** *vt* (*fam*) to puff away at

Qualmerei <-> *f kein pl* (*fam*) smoking

qualmig ['kvalmɪç] *adj* smoke-filled

qualvoll **I.** *adj* agonizing **II.** *adv* **~ sterben** to die in agony

Quant <-s, -en> ['kvant] *nt* quantum

Quäntchen <-s, -> *nt* **ein ~ Glück** a little bit of luck; **ein ~ Hoffnung** a glimmer of hope; **kein ~** not one iota

Quanten ['kvantən] *pl* ❶ *pl von* **Quantum** ❷ (*sl: Füße*) dirty great feet [*or* Am great big feet]
Quantentheorie *f* quantum theory
Quantität <-, -en> [kvanti'tɛ:t] *f* (*geh*) quantity
quantitativ ['kvantitati:f, kvantita'ti:f] *adj* (*geh*) quantitative
Quantum <-s, Quanten> ['kvantʊm, *pl* 'kvantən] *nt* (*geh*) quantum
Quarantäne <-, -n> [karan'tɛ:nə] *f* quarantine *no pl;* **unter ~ stehen** to be in quarantine; **unter ~ stellen** to place under quarantine
Quark <-s> ['kvark] *m kein pl* ❶ KOCHK fromage frais ❷ (*fam: Quatsch*) rubbish, Am *usu* nonsense
Quartal <-s, -e> [kvar'ta:l] *nt* quarter
Quartalssäufer(in) *m(f)* (*fam*) periodic heavy drinker
Quarte <-, -n> ['kvartə] *f* MUS (*vierter Ton*) fourth
Quartett[1] <-[e]s, -e> [kvar'tɛt] *nt* KARTEN ❶ (*Kartensatz*) *set of four matching cards in a game of Quartett* ❷ *kein pl* (*Kartenspiel*) ≈ happy families + *sing vb* (*game of cards in which one tries to collect sets of four matching cards*)
Quartett[2] <-[e]s, -e> [kvar'tɛt] *nt a.* MUS quartet
Quartier <-s, -e> [kvar'ti:ɐ̯] *nt* ❶ (*Unterkunft*) accommodation *no indef art, no pl* ❷ SCHWEIZ (*Stadtviertel*) district
Quarz <-es, -e> ['kva:ɐ̯ts] *m* quartz
Quarzuhr *f* quartz clock [*or* watch]
quasi ['kva:zi] *adv* almost
Quasselei <-, -en> [kvasə'la̯i] *f* (*fam*) babbling *no pl*
quasseln ['kvasl̩n] (*fam*) **I.** *vi* to babble **II.** *vt* **dummes Zeug ~** to babble on about sth
Quasselstrippe <-, -n> *f* (*fam*) ❶ (*hum: Telefon*) **an der ~ hängen** to be on the phone ❷ (*pej: Person*) windbag
Quaste <-, -n> ['kvastə] *f* tassel
Quatsch <-es> ['kvatʃ] *m kein pl* (*fam*) ❶ (*dummes Gerede*) rubbish, Am *usu* nonsense ❷ (*Unfug*) nonsense; **~ machen** to mess around
quatschen ['kvatʃn̩] (*fam*) **I.** *vt* **dummes Zeug ~** to talk nonsense **II.** *vi* (*fam*) ❶ (*viel und dumm reden*) to babble, to spout ❷ (*sich unterhalten*) to natter; ■**von etw** *dat* **~** to talk about sth ❸ (*etw ausplaudern*) to blab
Quatschkopf *m* (*pej fam*) babbling idiot
Quecksilber ['kvɛkzɪlbɐ] *nt* mercury **Quecksilberthermometer** *nt* mercury thermometer

Quell <-[e]s, -e> ['kvɛl] *m* ❶ (*poet*) spring ❷ (*geh: Ursprung*) source
Quelle <-, -n> ['kvɛlə] *f* source
quellen <quillt, quoll, gequollen> ['kvɛlən] *vi sein* ❶ (*herausfließen*) ■[**aus etw** *dat*] **~** to pour out [of sth] ❷ (*aufquellen*) to swell [up]
Quellenangabe *f* reference **Quellenforschung** *f* research into sources **Quellensteuer** *f* tax deducted at source **Quellentext** *m* source text
Quellgebiet *nt* GEOG head **Quellwasser** *nt* spring water
Quengelei <-, -en> *f* whining *no pl*
quengelig ['kvɛŋəlɪç] *adj* (*fam*) whining; **sei nicht so ~** stop [your] whining
quengeln ['kvɛŋl̩n] *vi* (*fam*) ❶ (*weinerlich sein*) to whine ❷ (*nörgeln*) to moan
quenglig ['kvɛŋlɪç] *adj* (*fam*) *s.* **quengelig**
quer ['kve:ɐ̯] *adv* ❶ (*der Breite nach*) diagonally; **~ geht der Schrank nicht durch die Tür, nur längs** the cupboard won't go through the door sideways, only lengthways; **~ gestreift** horizontally striped ❷ **~ durch/über etw** *akk* straight through/across sth
Querachse *f* transverse axis **Querbalken** *m* crossbeam **querbeet** [kve:ɐ̯'be:t] *adv* (*fam*) all over **Querdenker(in)** *m(f)* nonconformist thinker **querdurch** [kve:ɐ̯'dʊrç] *adv* straight through
Quere ['kve:rə] *f* ▶ WENDUNGEN: **jdm in die ~ kommen** to get in sb's way
Querele <-, -n> [kvɛ're:lə] *f* (*geh*) argument
querfeldein [kve:ɐ̯fɛlt'ʔa̯in] *adv* across country
Querflöte *f* transverse flute **Querformat** *nt* landscape format **quer|gehen** *vi irreg sein* (*fig*) ■**jdm ~** to go wrong for sb **Querkopf** *m* (*fam*) awkward customer **quer|legen** *vr* (*fig*) ■**sich** *akk* [**bei etw** *dat*] **~** to make difficulties [concerning sth] **Querleiste** *f* crosspiece; (*einer Tür*) rail **quer|schießen** *vi irreg* (*fig fam*) to throw a spanner in the works **Querschiff** *nt* transept **Querschläger** *m* ricochet [shot]
Querschnitt *m* cross-section
querschnitt(s)gelähmt *adj* paraplegic **Querschnitt(s)lähmung** *f* paraplegia *no pl*
Querstraße *f* side-street **Querstrich** *m* horizontal line **Quersumme** *f* sum of the digits [in a number] **Quertreiber, -treiberin** <-s, -> *m, f* (*fam*) obstructive devil
Querulant(in) <-en, -en> [kveru'lant] *m(f)* (*geh*) querulous person
Querverbindung *f* ❶ TRANSP direct connection ❷ (*gegenseitige Beziehung*) link **Querverweis** *m* cross-reference

Q

quetschen ['kvɛtʃn̩] **I.** *vt* **jdn an/gegen die Mauer ~** to crush sb against the wall; **Kleider in einen Koffer ~** to squeeze clothes into a suitcase **II.** *vr, vt* (*verletzen*) ■**sich** *akk* ~ to bruise oneself; **sich** *dat* **den Fuß ~** to crush one's foot **III.** *vr* (*sich zwängen*) **sich** *akk* **in die U-Bahn ~** to squeeze [oneself] into the tube BRIT; **sich** *akk* **durch die Menge ~** to squeeze [one's way] through the crowd

Quetschung <-, -en> *f* MED (*verletzte Stelle*) bruise

Queue <-s, -s> [kø:] *nt o m* cue

Quickie <-, -s> ['kvɪki] *m* (*sl*) quickie *fam*

quicklebendig ['kvɪkle'bɛndɪç] *adj* (*fam*) full of beans

quieken ['kvi:kn̩] *vi* ❶ *Tier* to squeak ❷ **vor Vergnügen/Schreck ~** to squeal with joy/fright

quietschen ['kvi:tʃn̩] *vi* ❶ *Tür, Bett* to squeak; **der Wagen hielt mit ~den Bremsen/Reifen** the car pulled up with screeching brakes/tyres; **unter lautem Q~ kam das Fahrzeug zum Stehen** the vehicle came to a halt with a loud screech ❷ (*fam*) *s.* **quieken 2**

quietschfidel ['kvi:tʃfi'de:l], **quietschvergnügt** ['kvi:tʃfɛɐ̯'gny:kt] *adj* (*fam*) full of the joys of spring BRIT *pred,* chipper AM *pred*

quillt *3. pers sing pres von* **quellen**

Quinte <-, -n> ['kvɪntə] *f* MUS (*fünfter Ton*) fifth

Quintessenz <-, -en> ['kvɪntɛsɛnts] *f* (*geh*) quintessence *form no pl*

Quintett <-[e]s, -e> [kvɪn'tɛt] *nt a.* MUS quintet

Quirl <-s, -e> ['kvɪrl] *m* KOCHK whisk

quirlen ['kvɪrlən] *vt* to whisk (**zu** into)

quirlig ['kvɪrlɪç] *adj* lively

quitt ['kvɪt] *adj* ■**[mit jdm] ~ sein** (*abgerechnet haben*) to be quits [with sb] *fam;* (*sich getrennt haben*) to be finished [with sb]

Quitte <-, -n> ['kvɪtə] *f* quince

quittieren* [kvɪ'ti:rən] *vt* ❶ (*bestätigen*) ■**etw ~** to acknowledge [the] receipt of sth; **den Erhalt des Geldes ~** to confirm [the] receipt of the money; ■**jdm etw ~** to give sb a receipt for sth; **sich** *dat* **etw ~ lassen** to obtain a receipt for sth ❷ (*reagieren auf*) ■**etw mit etw** *dat* **~** to meet sth with sth; **die Menge quittierte die Rede mit Pfiffen** the crowd greeted the speech with boos and hisses

Falsche Freunde

Nicht verwechseln mit *to quit* — kündigen!

Quittung <-, -en> ['kvɪtʊŋ] *f* ❶ (*Beleg*) receipt; **jdm eine ~ [für etw** *akk*] **ausstellen** to issue sb with a receipt [for sth] ❷ (*Folgen*) **das ist die ~ für deine Faulheit** you've got your just deserts for your laziness

Quiz <-, -> [kvɪs] *nt* quiz

Quizmaster, -masterin <-s, -> ['kvɪsma:stɐ] *m, f* quiz master

quoll ['kvɔl] *imp von* **quellen**

Quorum <-s> ['kvo:rʊm] *nt kein pl* quorum

Quote <-, -n> ['kvo:tə] *f* ❶ (*Anteil*) proportion ❷ (*Rate*) rate, quota; TV ratings *npl*

Quotenfrau *f* (*pej*) ≈ token woman [appointee] (*woman who is appointed to a position simply to increase the proportion of women in an organization*) **Quotenregelung** *f* ≈ quota regulation (*requirement for a sufficient number of female appointees in an organization*)

Quotient <-en, -en> [kvo'tsi̯ɛnt] *m* quotient

Quotierung <-, -en> *f* ❶ BÖRSE quotation ❷ (*Verteilung nach Quoten*) ≈ quota system (*system requiring a certain proportion of a certain number of posts in an organization be reserved for women*)

R r

R, r <-, - *o fam* -s, -s> [ɛr] *nt* R, r; **~ wie Richard** R for Robert BRIT, R as in Roger AM; **das ~ rollen** to roll the r

Rabatt <-[e]s, -e> [ra'bat] *m* discount; **jdm ~ [auf etw** *akk*] **geben** to give sb a discount [on sth]

Rabatz <-es> [ra'bats] *m kein pl* (*sl*) racket *fam;* **~ machen** to kick up a stink

Rabauke <-n, -n> [ra'bau̯kə] *m* (*fam*) lout

Rabbi <-[s], -s *o* Rabbinen> ['rabi, *pl* ra'bi:nən] *m,* **Rabbiner** <-s, -> [ra'bi:nɐ] *m* rabbi

Rabe <-n, -n> ['ra:bə] *m* raven

Rabeneltern *pl* (*pej fam*) ≈ cruel parents *pl* **Rabenmutter** *f* (*pej fam*) ≈ cruel mother **rabenschwarz** ['ra:bn̩'ʃvarts] *adj* jet-black **Rabenvater** *m* (*pej fam*) ≈ cruel father

rabiat [ra'bi̯a:t] **I.** *adj* ❶ (*gewalttätig*) aggressive ❷ (*rigoros*) ruthless **II.** *adv* ruthlessly

Rache <-> ['raxə] *f kein pl* revenge ►WENDUNGEN: **~ ist süß** revenge is sweet

Racheakt *m* act of revenge **Rachefeldzug** *m* (*fig*) campaign of revenge

R

Rachen <-s, -> ['raxn̩] *m* ① (*von Mensch*) throat ② (*von Tier*) jaws *pl* ▶ WENDUNGEN: **den ~ nicht vollkriegen** [*o* **voll genug kriegen**] **können** to not be able to get enough

rächen ['rɛçn̩] **I.** *vt* ■**etw ~** to take revenge for sth; ■**jdn ~** to avenge sb **II.** *vr* ■**sich** *akk* ~ to take [*or* exact] one's revenge (**an** +*dat* on, **für** +*akk* for)

Racheplan *m* plan of revenge

Rächer(in) <-s, -> *m(f)* (*geh*) avenger

Rachitis <-> [ra'xi:tɪs] *f kein pl* rickets *no pl, no art*

Rachsucht *f kein pl* vindictiveness *no pl, no indef art* **rachsüchtig** *adj* vindictive

Rackerei <-> [rakə'rai̯] *f kein pl* (*fam*) slog *no pl*

rackern ['rakɐn] *vi* (*fam*) to slave away

Land und Leute

Raclette is a dish of melted, semi-hard Swiss cheese, served with boiled potatoes in their skins, vegetables and other side dishes. Diners each have a small, trowel-like pan which they load with different ingredients, top with cheese and grill at the table.

Rad <-[e]s, Räder> [ra:t, *pl* 'rɛ:dɐ] *nt* ① (*Fahrrad*) bicycle, bike *fam;* **~ fahren** to cycle, to ride a bike *fam* ② *eines Fahrzeugs* wheel ▶ WENDUNGEN: **ein ~ ab haben** (*sl*) to have a screw loose *hum fam*

Radachse *f* axle

Radar <-s> [ra'da:ɐ̯] *m o nt kein pl* radar

Radargerät *nt* radar [device] **Radarkontrolle** *f* [radar] speed check **Radarschirm** *m* radar screen

Radau <-s> [ra'dau̯] *m kein pl* (*fam*) racket

Radaubruder *m* (*pej*) thug

Radaufhängung *f* AUTO wheel suspension **Raddampfer** *m* paddle steamer

radebrechen ['ra:dəbrɛçn̩] *vi* **auf Deutsch/Englisch ~** to speak [in] broken German/English

radeln ['ra:dl̩n] *vi sein* (*fam*) to cycle

Rädelsführer(in) ['rɛ:dl̩sfy:rɐ] *m(f)* ringleader

Rad|fahren *nt* cycling **Radfahrer(in)** *m(f)* cyclist **Radfahrweg** *m* (*geh*) *s.* **Radweg** **Radfelge** *f* wheel rim

radial [ra'di̯a:l] *adj* radial

Radiator <-s, -toren> [ra'di̯a:to:ɐ̯, *pl* -'to:rən] *m* radiator

Radien *pl von* **Radius**

Radierer <-s, -> *m*, **Radiergummi** <-s, -s> *m* rubber BRIT, eraser AM

Radierung <-, -en> *f* KUNST etching

Radieschen <-s, -> [ra'di:sçən] *nt* radish

radikal [radi'ka:l] **I.** *adj* ① POL radical ② (*völlig*) *Beseitigung, Bruch* complete ③ (*tief greifend*) *Veränderung* drastic **II.** *adv* ① POL radically ② (*völlig*) *brechen, entfernen* completely ③ (*tief greifend*) drastically; **~ gegen jdn vorgehen** to take drastic action against sb

Radikale(r) *f(m) dekl wie adj* POL extremist

Radikalkur *f* ① MED drastic remedy ② (*tief greifende Maßnahmen*) drastic measures *pl*

Radio <-s, -s> ['ra:di̯o] *nt o* SCHWEIZ, SÜDD *m* radio; **~ hören** to listen to the radio; **im ~** on the radio

radioaktiv [radi̯oʔak'ti:f] **I.** *adj* radioactive **II.** *adv* **~ verseucht/verstrahlt** contaminated by radioactivity **Radioaktivität** <-> [radi̯oʔaktivi'tɛ:t] *f kein pl* radioactivity *no pl, no indef art* **Radioapparat** *m* radio [set]

Radiologe, Radiologin <-n, -n> [radi̯o'lo:gə] *m, f* radiologist

Radiologie <-> [radi̯olo'gi:] *f kein pl* radiology *no pl, no art*

Radiorecorder, Radiorekorder <-s, -> ['ra:di̯orekɔrdɐ] *m* radio cassette recorder **Radiosender** *m* radio transmitter **Radiowecker** *m* radio alarm [clock] **Radiowelle** *f* radio wave

Radium <-s> ['ra:di̯ʊm] *nt kein pl* radium *no pl, no art*

Radius <-, Radien> ['ra:di̯ʊs, *pl* 'ra:diən] *m* radius

Radkappe *f* AUTO hub cap **Radlager** *nt* wheel bearing

Radler(in) <-s, -> ['ra:dlɐ] *m(f)* (*fam*) cyclist

Radlerhose *f* cycle shorts *npl*

Radrennbahn *f* cycle [racing] track **Radrennen** *nt* cycle race **Radrennfahrer(in)** *m(f)* racing cyclist

Radscha <-s, -s> *m* rajah

Radsport *m* cycling *no pl* **Radtour** [-tu:ɐ] *f* bicycle [*or fam* bike] ride **Radwandern** *nt* cycling tourism **Radwanderung** *f s.* **Radtour** **Radwechsel** *m* AUTO wheel change **Radweg** *m* cycle path

RAF <-> [ɛrʔa:ʔɛf] *f Abk von* **Rote-Armee-Fraktion**

raffen ['rafn̩] *vt* ① (*eilig greifen*) to grab ② (*in Falten legen*) to gather ③ (*fam: begreifen*) to get *fam*

Raffgier *f* greed *no pl* **raffgierig** *adj* greedy

Raffinerie <-, -n> [rafinə'ri:, *pl* -'ri:ən] *f* refinery

Raffinesse <-, -n> [rafi'nɛsə] *f* ① *kein pl* (*Durchtriebenheit*) cunning ② (*Feinheit*) refinement

raffinieren* [rafiˈniːrən] *vt* to be refined
raffiniert I. *adj* ❶ *Öl, Zucker* refined ❷ (*gerissen*) *Person, Plan* cunning ❸ (*ausgefallen*) *Kleidung* stylish **II.** *adv* ❶ (*durchtrieben*) cunningly ❷ (*ausgefallen*) **ein ~ geschnittenes Kleid** a stylishly-designed dress
Rage <-> [ˈraːʒə] *f kein pl* rage; **in ~ sein** to be furious; **jdn in ~ bringen** to make sb hopping mad; [**über etw** *akk*] **in ~ kommen** to get annoyed [about sth]
ragen [ˈraːgn̩] *vi* ❶ (*in die Höhe*) to rise up (**aus** +*dat* out of); *Gebirge* to tower up; **in den Himmel ~** to tower into the sky ❷ (*aus etw heraus*) to stick out
Ragout <-s, -s> [raˈguː] *nt* ragout
Rahm <-[e]s> [raːm] *m kein pl* SÜDD, SCHWEIZ (*Sahne*) cream; ÖSTERR (*saure Sahne*) sour cream
rahmen [ˈraːmən] *vt* to frame; *Dia* to mount
Rahmen <-s, -> [ˈraːmən] *m* ❶ (*Einfassung*) frame ❷ (*Gestell*) *Fahrrad* frame; *Auto* chassis [frame] ❸ (*begrenzter Umfang o Bereich*) framework; **im ~ des Möglichen** within the bounds of possibility; **sich** *akk* **im ~ halten** to keep within reasonable bounds; [**mit etw** *dat*] **aus dem ~ fallen** to stand out [because of sth]
Rahmenbedingung *f meist pl* basic conditions *pl* **Rahmenhandlung** *f* framework story
Rahmsoße *f* cream[y] sauce
Rain <-[e]s, -e> [rain] *m* boundary [strip]
räkeln [ˈrɛːkl̩n] *vr s.* **rekeln**
Rakete <-, -n> [raˈkeːtə] *f* rocket; MIL missile

Falsche Freunde
Nicht verwechseln mit *racket* — Schläger *m*!

Raketenabschussrampe *f* rocket launching pad **Raketenabwehrsystem** *nt* MIL missile defence system **Raketenflugzeug** *nt* rocket aircraft **Raketenstützpunkt** *m* missile base
Rallye <-, -s> [ˈrali, ˈrɛli] *f* rally
RAM <-, -s> [ram] *nt Akr von* **random access memory** RAM
Rambazamba <-s> *nt kein pl* (*fam*) **~ machen** to kick up a fuss
Rambo <-s, -s> [ˈrambo] *m* (*sl*) Rambo *fam*
rammdösig [ˈramdøːzɪç] *adj* DIAL (*fam*) giddy
rammeln [ˈraml̩n] *vi* ❶ *Tiere* to mate ❷ (*derb*) *Menschen* to screw
rammen [ˈramən] *vt* to ram (**in** +*akk* into)
Rammler <-s, -> [ˈramlɐ] *m* buck
Rampe <-, -n> [ˈrampə] *f* ramp; (*Laderampe*) loading ramp
Rampenlicht *nt* THEAT footlights *pl* ▶ WENDUNGEN: **im ~ [der Öffentlichkeit] stehen** to be in the limelight
ramponieren* [rampoˈniːrən] *vt* (*fam*) to ruin
Ramsch <-[e]s> [ramʃ] *m kein pl* (*fam*) junk *no pl*
Ramschladen *m* (*pej fam*) junk shop
RAM-Speicher *m* RAM memory
ran [ran] *adv* (*fam*) *s.* **heran**
Rand <-es, Ränder> [rant, *pl* ˈrɛndɐ] *m* ❶ (*obere Begrenzung*) *Glas, Tasse* brim; *Wanne* rim ❷ (*äußere Begrenzung*) edge; *Hut* brim ❸ *Blatt Papier* margin ❹ (*Schatten, Spur*) mark; **Ränder um die Augen haben** to have rings [a]round one's eyes ▶ WENDUNGEN: **außer ~ und Band geraten** (*fam*) to be beside oneself; **mit etw** *dat* **zu ~e kommen** to cope [with sth]; **mit jdm zu ~e kommen** to get on with sb; **am ~e** in passing
Randale <-> [ranˈdaːlə] *f kein pl* (*fam*) rioting *no pl;* **~ machen** to riot
randalieren* [randaˈliːrən] *vi* to riot
Randalierer(in) <-s, -> *m(f)* hooligan
Randbemerkung *f* passing comment
Rande <-, -n> [ˈrandə] *f* SCHWEIZ beetroot
Randerscheinung *f* peripheral phenomenon **Randfigur** *f* minor figure **Randgebiet** *nt* ❶ GEOG outlying district ❷ (*Sachgebiet*) fringe area **Randgruppe** *f* fringe group
randlos *adj* rimless
Randphänomen [ˈrantfɛnomeːn] *nt* marginal [*or* fringe] phenomenon **Randproblem** *nt* secondary problem **Randstein** *m s.* **Bordstein Randstreifen** *m* verge; *einer Autobahn* hard shoulder **Randzone** *f s.* **Randgebiet 1**
rang [raŋ] *imp von* **ringen**
Rang <-[e]s, Ränge> [raŋ, *pl* ˈrɛŋə] *m* ❶ (*gesellschaftliche Position*) [social] standing ❷ *kein pl* (*Stellenwert*) status; *einer Entdeckung, Neuerung* importance ❸ MIL rank ▶ WENDUNGEN: **alles, was ~ und Namen hat** everybody who is anybody
Rangabzeichen *nt* MIL insignia *npl* [of rank]
ran|gehen [ˈrangeːən] *vi* (*fam*) ■[**an etw** *akk*] **~** ❶ (*herangehen*) to go up [to sth] ❷ (*in Angriff nehmen*) to get stuck in[to sth]
Rangelei <-, -en> [raŋəˈlai] *f* (*fam*) scrapping *no pl*
rangeln [ˈraŋl̩n] *vi* (*fam*) to scrap
Rangfolge *f* order of priority
Rangierbahnhof [raŋˈʒiːɐ̯-] *m* marshalling

yard
rangieren* [rã'ʒiːrən] *vi* to rank, to be ranked; **an erster/letzter Stelle ~** to come first/last
Rangliste *f* ranking[s] list **Rangordnung** *f* hierarchy
ran|halten *vr irreg* (*fam*) ■ **sich** *akk* **~** to put one's back into it
rank [raŋk] *adj* (*hum*) **~ und schlank** slim and sylphlike
Ranke <-, -n> ['raŋkə] *f* tendril
Ränke ['rɛŋkə] *pl* (*veraltet geh*) intrigues *pl*
ranken ['raŋkn̩] *vr* ① *Pflanze* ■ **sich** *akk* **um etw** *akk* **~** to wind around sth ② *Legende, Sage* ■ **sich um jdn/etw ~** to have grown up around sb/developed around sth
ran|klotzen *vi* (*sl*) to get stuck in [*or* AM *fam* cracking] **ran|kommen** *vi irreg sein* (*fam*) ① (*erreichen*) ■ **an etw** *akk* **~** to [be able to] reach sth ② (*vordringen*) **man kommt an ihn einfach nicht ran** it's impossible to get at him; **an diese Frau kommt keiner ran** nobody has a chance with her **ran|kriegen** *vt* (*fam*) ① (*zu Arbeit verpflichten*) ■ **jdn [zu etw** *dat*] **~** to get sb else to do sth ② (*zur Rechenschaft ziehen*) ■ **jdn ~** to bring sb to account **ran|lassen** *vt irreg* ① (*fam: heranlassen*) ■ **jdn ~** to let sb near ② (*fam: versuchen lassen*) ■ **jdn ~** to let sb have a go ③ (*sl: den Geschlechtsakt gestatten*) **den lasse ich bestimmt nicht an mich ran** I'm definitely not letting him do it [*or hum* have his evil way] with me **ran|machen** *vr* (*fam*) ■ **sich** *akk* **an jdn ~** to make a pass at sb
rann [ran] *imp von* **rinnen**
rannte ['rantə] *imp von* **rennen**
ran|schmeißen *vr irreg* (*fam*) ■ **sich** *akk* **an jdn ~** to throw oneself at sb
Ranzen <-s, -> ['rantsn̩] *m* ① SCH satchel ② (*fam: Bauch*) gut
ranzig ['rantsɪç] *adj* rancid
Rap <-> [rɛp] *m kein pl* MUS rap
rapide [ra'piːdə] **I.** *adj* rapid **II.** *adv* rapidly
Rappe <-n, -n> ['rapə] *m* black [horse]
Rappel <-s, -> ['rapl̩] *m* **einen ~ kriegen** (*fam*) to go completely mad
rappelig ['rapəlɪç] *adj* DIAL (*fam*) jumpy
rappeln ['rapl̩n] *vi* (*fam*) to rattle
rappelvoll *adj* (*fam*) jam-packed
rappen ['rɛpn̩] *vi* MUS to rap
Rappen <-s, -> ['rapn̩] *m* [Swiss] centime
Rapper(in) <-s, -> ['ræpɐ] *m(f)* rapper, rap artist [*or* musician]
rapplig ['raplɪç] *adj s.* **rappelig**
Rapport <-[e]s, -e> [ra'pɔrt] *m* (*geh*) ① (*Bericht*) report ② (*psychischer Kontakt*) rapport
Raps <-es, -e> [raps] *m* rape[seed]
rar [raːɐ̯] *adj* rare; ■ **~ sein/werden** to be/become hard to find
Rarität <-, -en> [rari'tɛːt] *f* rarity
rar|machen *vr* ■ **sich** *akk* **~** to make oneself scarce
rasant [ra'zant] **I.** *adj* fast, rapid; *Tempo* breakneck **II.** *adv* (*schnell*) rapidly; **~ fahren** to drive at breakneck speed; **~ zunehmen** to increase sharply
rasch [raʃ] **I.** *adj* quick **II.** *adv* quickly
rascheln ['raʃl̩n] *vi* to rustle
rasen ['raːzn̩] *vi* ① *sein* (*schnell fahren*) to speed; ■ **gegen/in etw ~** to crash into sth ② *sein Zeit* to fly [by] ③ *haben* **sie raste [vor Wut]** she was beside herself [with rage]
Rasen <-s, -> ['raːzn̩] *m* lawn
rasend I. *adj* ① (*schnell*) breakneck ② (*wütend*) furious; **~ vor Wut sein** to be beside oneself with rage ③ (*furchtbar*) terrible; *Durst* raging; *Schmerz* excruciating; *Wut* blind; **~e Eifersucht** a mad fit of jealousy ④ *Beifall* thunderous **II.** *adv* (*fam*) very; **ich würde das ~ gern tun** I'd love to do it; **~ schnell** incredibly fast
Rasenmäher <-s, -> *m* lawnmower **Rasensprenger** <-s, -> *m* [lawn-]sprinkler
Raser(in) <-s, -> ['raːzɐ] *m(f)* (*fam*) speed merchant
Raserei <-, -en> [raːzə'rai̯] *f* ① (*fam: schnelles Fahren*) speeding *no pl* ② *kein pl* (*Wutanfall*) rage; **jdn zur ~ bringen** to drive sb mad
Raserin <-, -nen> *f fem form von* **Raser**
Rasierapparat *m* ① (*Elektrorasierer*) [electric] shaver ② (*Nassrasierer*) [safety] razor **Rasiercreme** *f* shaving cream
rasieren* [ra'ziːrən] *vt, vr* ■ [**sich** *akk*] **rasieren** to [have a] shave; **sich** *akk* **trocken ~** to use an electric shaver; **sich** *akk* **nass ~** to [have a] wet shave; **sich** *dat* **die Beine ~** to shave one's legs
Rasierer <-s, -> *m* (*fam*) *s.* **Rasierapparat**
Rasierklinge *f* razor blade **Rasiermesser** *nt* cut-throat [*or* AM straight] razor **Rasierpinsel** *m* shaving brush **Rasierschaum** *m* shaving foam **Rasierwasser** *nt* aftershave
Raspel <-, -n> ['raspl̩] *f* KOCHK grater
raspeln ['raspl̩n] *vt* KOCHK to grate
Rasse <-, -n> ['rasə] *f Menschen* race; *Tiere* breed
Rassehund *m* pedigree dog
Rassel <-, -n> ['rasl̩] *f* rattle
rasseln ['rasl̩n] *vi* ① *haben* to rattle; ■ **mit/an etw** *dat* **~** to rattle sth ② *sein* (*fam*) **durch eine Prüfung ~** to fail [*or* AM *a.*

R

flunk] an exam
Rassendiskriminierung *f* racial discrimination *no pl* **Rassenhass** *m* racial hatred *no pl* **Rassentrennung** *f kein pl* racial segregation
rasserein *adj s.* **reinrassig**
rassig ['rasɪç] *adj* vivacious
rassisch ['rasɪʃ] *adj* racial
Rassismus <-> [ra'sɪsmʊs] *m kein pl* racism
Rassist(in) <-en, -en> [ra'sɪst] *m(f)* racist
rassistisch *adj* racist
Rast <-, -en> [rast] *f* break; **~ machen** to stop for a break
rasten ['rastn̩] *vi* to have a break
Raster <-s, -> ['rastɐ] *nt* (*Kategorie*) category
Rasterfahndung *f* ≈ computer search (*search for wanted persons by using computers to assign suspects to certain categories*) **Rastermikroskop** *nt* scanning electron microscope
Rasthaus *nt* roadhouse; *Autobahn* motorway [*or* Am freeway] service area **Rasthof** *m* [motorway [*or* Am freeway]] service area
rastlos *adj* ① (*unermüdlich*) tireless ② (*unruhig*) restless
Rastplatz *m* picnic area **Raststätte** *f s.* **Rasthof**
Rasur <-, -en> [ra'zuːɐ̯] *f* ① (*das Rasieren*) shaving *no pl* ② (*Resultat des Rasierens*) shave
Rat[1] <-[e]s> [raːt] *m kein pl* advice; **jdn um ~ fragen** to ask sb for advice; **jdm einen ~ geben** to give sb some advice; **jdm den ~ geben, etw zu tun** to advise sb to do sth; **sich** *dat* **keinen ~ [mehr] wissen** to be at one's wit's end; **jdn/etw zu ~e ziehen** to consult sb/sth
Rat[2] <-[e]s, Räte> [raːt, *pl* 'rɛːtə] *m* POL council; **Großer ~** SCHWEIZ [Swiss] cantonal parliament; **im ~ sitzen** (*fam*) ≈ to be Councillor (*to be a member of a* [*Swiss*] *cantonal parliament*)
rät *3. pers sing pres von* **raten**
Rate <-, -n> ['raːtə] *f* instalment; **etw in ~n bezahlen** to pay for sth in instalments
raten <rät, riet, geraten> ['raːtn̩] **I.** *vi* ① (*Ratschläge geben*) ■**[jdm] zu etw** *dat* **~** to advise [sb to do] sth ② (*schätzen*) to guess; **mal ~** to have a guess **II.** *vt* ① (*als Ratschlag geben*) ■**jdm etw ~** to advise sb to do sth ② (*erraten*) to guess
Ratenkauf *m* hire purchase Brit, installment plan Am **Ratenzahlung** *f* ① *kein pl* (*Zahlung in Raten*) payment in instalments ② (*einzelne Zahlung*) payment of an instalment
Ratespiel *nt* quiz
Ratgeber <-s, -> *m* ① (*Werk*) manual ② (*beratende Person*) advisor
Rathaus *nt* town hall
ratifizieren* [ratifi'tsiːrən] *vt* to ratify
Ratifizierung <-, -en> *f* ratification *no pl*
Rätin <-, -nen> *f fem form von* **Rat**
Ratio <-> ['raːtsio] *f kein pl* (*geh*) reason *no art*
Ration <-, -en> [ra'tsi̯oːn] *f* ration
rational [ratsi̯o'naːl] **I.** *adj* rational **II.** *adv* rationally
rationalisieren* [ratsi̯onali'ziːrən] *vt, vi* to rationalize, Am *usu* to streamline
Rationalisierung <-, -en> *f* rationalization *no pl*, streamlining Am *usu no pl*
rationell [ratsi̯o'nɛl] **I.** *adj* efficient **II.** *adv* efficiently
rationieren* [ratsi̯o'niːrən] *vt* to ration
Rationierung <-, -en> *f* rationing *no pl*
ratlos **I.** *adj* helpless; **ich bin völlig ~** I'm completely at a loss **II.** *adv* helplessly
Ratlosigkeit <-> *f kein pl* helplessness
Rätoromane, -romanin <-n, -n> [rɛtoro'maːnə, -ro'maːnɪn] *m, f* Rhaetian; *s. a.* **Deutsche(r)** **rätoromanisch** [rɛtoro'maːnɪʃ] *adj* Rhaeto-Romanic; *s. a.* **deutsch**
ratsam ['raːtzaːm] *adj* advisable
Ratsche <-, -n> ['raːtʃə] *f*, **Rätsche** <-, -n> ['rɛːtʃə] *f* MUS SÜDD, ÖSTERR rattle
ratschen ['raːtʃn̩] *vi* SÜDD, ÖSTERR ① (*die Ratsche drehen*) to rattle ② (*fam: schwatzen*) to natter
Ratschlag <-s, Ratschläge> ['raːtʃlaːk, *pl* 'raːtʃlɛːgə] *m* advice; **jdm einen ~ geben** to give sb a piece of advice
Rätsel <-s, -> ['rɛːtsl̩] *nt* ① (*Geheimnis*) mystery; **es ist [jdm] ein ~, warum/wie ...** it is a mystery [to sb] why/how ... ② (*Denkaufgabe*) riddle; **jdm ein ~ aufgeben** to pose a riddle for sb; **vor einem ~ stehen** to be baffled
rätselhaft *adj* mysterious; ■**es ist jdm ~, warum ...** it's a mystery to sb why ...
rätseln ['rɛːtsl̩n] *vi* to rack one's brains
Rätselraten <-s> *nt kein pl* ① (*das Lösen von Rätseln*) [the] solving [of] puzzles ② (*das Mutmaßen*) guessing game
Ratsherr *m* councillor **Ratssitzung** *f* council meeting
Rattan <-s, *selten* -e> ['ratan] *nt* rattan
Ratte <-, -n> ['ratə] *f* (*a. fig*) rat
Rattenfalle *f* rat trap **Rattengift** *nt* rat poison *no pl* **Rattenschwanz** *m* ① (*Schwanz einer Ratte*) rat['s]-tail ② (*fam: verbundene Serie von Ereignissen*) string
rattern ['ratɐn] *vi* ① *haben* (*klappern*) to rattle ② *sein* (*sich fortbewegen*) to rattle

along
ratzekahl ['ratsəˈkaːl] *adv* (*fam*) **alles ~ aufessen** to polish off the whole lot; **den Teller ~ leer essen** to polish off everything on the plate
ratzen ['ratsn̩] *vi* DIAL (*fam: schlafen*) to kip BRIT
ratzeputz *adv* DIAL (*fam*) *s.* **ratzekahl**
ratzfatz ['ratsfats] *adv* (*fam*) lickety-split *fam,* quick as a flash
rau [rau̯] *adj* ① (*spröde*) *Hände, Haut* rough; *Lippen* chapped ② (*heiser*) *Stimme* husky ③ (*unwirtlich*) *Klima, Wetter* harsh; *Gegend* inhospitable ④ (*ungehobelt*) harsh; *Benehmen* uncouth; **~e Sitten** uncouth manners
Raub <-[e]s, -e> [rau̯p] *m pl selten* ① (*das Rauben*) robbery ② (*das Geraubte*) booty
Raubbau *m kein pl* over-exploitation (**an** of) **Raubdruck** *m* pirate[d] edition
Raubein *nt* (*fam*) rough diamond BRIT, diamond in the rough AM
raubeinig *adj* (*fam*) rough-and-ready
rauben ['rau̯bn̩] **I.** *vt* ① (*stehlen*) to rob; **das hat mir viel Zeit geraubt** this has cost me a lot of time ② (*entführen*) to abduct **II.** *vi* to rob
Räuber(in) <-s, -> ['rɔy̯bɐ] *m(f)* robber
Räuberbande *f* bunch of crooks **Räuberhöhle** *f* (*veraltend*) robbers' den
Räuberin <-, -nen> *f fem form von* **Räuber**
räuberisch *adj* ① (*als Räuber lebend*) predatory ② (*einen Raub bezweckend*) **ein ~er Überfall/eine ~e Unternehmung** a raid/robbery
Raubkatze *f* [predatory] big cat **Raubkopie** *f* pirate[d] copy **Raubmord** *m* murder with robbery as a motive **Raubmörder(in)** *m(f)* murderer and robber **Raubritter** *m* robber baron **Raubtier** *nt* predator **Raubüberfall** *m* robbery; (*auf Geldtransport etc. a.*) raid
Raubvogel *m* bird of prey
Rauch <-[e]s> [rau̯x] *m kein pl* smoke ▸WENDUNGEN: **sich in ~ auflösen** to go up in smoke
Rauchabzug *m* smoke outlet
rauchen ['rau̯xn̩] *vi, vt* to smoke; **sehr stark ~** to be a very heavy smoker
Raucher <-s, -> *m* BAHN (*fam*) *s.* **Raucherabteil**
Raucher(in) <-s, -> *m(f)* smoker
Raucherabteil *nt* BAHN smoking compartment [*or* AM car] **Raucherbein** *nt* smoker's leg
Räucherfisch *m* smoked fish
Raucherhusten *m* smoker's cough
Raucherin <-, -nen> *f fem form von* **Raucher**
Räucherlachs *m* smoked salmon *no pl*
räuchern ['rɔy̯çɐn] *vt, vi* to smoke
Räucherspeck *m* smoked bacon **Räucherstäbchen** *nt* joss stick
Raucherzone *f* smoking area
Rauchfang *m* ① (*Abzugshaube*) chimney hood ② ÖSTERR (*Schornstein*) chimney
Rauchfleisch *nt* smoked meat
rauchig ['rau̯xɪç] *adj* smoky
Rauchmelder *m* smoke alarm **Rauchschwaden** <-s, -> *m meist pl* cloud of smoke **Rauchsignal** *nt* smoke signal
Rauchverbot *nt* ban on smoking **Rauchvergiftung** *f* smoke poisoning **Rauchwolke** *f* cloud of smoke
Räude <-, -n> ['rɔy̯də] *f* mange *no pl*
räudig ['rɔy̯dɪç] *adj* mangy
rauf [rau̯f] *adv* (*fam*) *s.* **herauf, hinauf**
Raufaser(tapete) *f* woodchip [wallpaper]
Raufbold <-[e]s, -e> ['rau̯fbɔlt] *m* thug
raufen ['rau̯fn̩] *vi, vr* ■[**sich** *akk*] ~ to fight (**um** +*akk* over)
Rauferei <-, -en> [rau̯fəˈrai̯] *f* fight
Rauheit <-> ['rau̯hai̯t] *f kein pl* ① (*Sprödigkeit*) roughness *no pl* ② (*Unwirtlichkeit*) harshness; *Gegend* bleakness
Raum <-[e]s, Räume> [rau̯m, *pl* 'rɔy̯mə] *m* ① (*Zimmer*) room ② *kein pl* (*Platz*) room *no art,* space *no art;* **auf engstem ~** in a very confined space; **~ [für etw** *akk*] **schaffen** to make room [for sth] ③ GEOG (*Gebiet*) region, area; **im ~ Hamburg** in the Hamburg area ▸WENDUNGEN: **im ~ stehen** to be unresolved; **etw in den ~ stellen** to raise sth; **eine These in den ~ stellen** to put forward a theory
Raumanzug *m* spacesuit
Räumdienst *m* snow-clearing service
räumen ['rɔy̯mən] *vt* ① (*entfernen*) to remove (**aus, von** +*dat* from) ② (*einsortieren*) to put away *sep* (**in** +*akk* in) ③ *Wohnung* to vacate; *Straße* to clear ④ (*evakuieren*) to evacuate
Raumfähre *f* space shuttle **Raumfahrer(in)** *m(f)* (*veraltend*) *s.* **Astronaut**
Raumfahrt *f kein pl* space travel *no art;* (*einzelner Raumflug*) space flight; **bemannte/unbemannte ~** manned/unmanned space travel **Raumfahrtbehörde** *f* space agency
Räumfahrzeug *nt* bulldozer; (*für Schnee*) snowplough
Raumflug *m* ① (*Flug in den Weltraum*) space flight ② *kein pl* (*Raumfahrt*) space travel **Raumforschung** *f kein pl* space research *no pl*
Raumgestaltung *f* interior design
Rauminhalt *m* MATH volume

R

Raumkapsel *f* ① (*Kabine einer Raumfähre*) space capsule ② *s.* **Raumsonde**
räumlich [ˈrɔʏmlɪç] **I.** *adj* ① (*den Raum betreffend*) spatial; **in großer ~er Entfernung** a long way away ② (*dreidimensional*) three-dimensional **II.** *adv* ① (*platzmäßig*) spatially; **~ [sehr] beengt sein** to be [very] cramped for space ② (*dreidimensional*) three-dimensionally
Räumlichkeit <-, -en> *f* ① *kein pl* (*räumliche Wirkung*) spatiality *no pl* ② *pl* (*geh: zusammengehörende Räume*) premises *pl*
Raummangel *m* lack of room [*or* space] *no pl* **Raumparfüm** [ˈraʊ̯mparfyːm] *nt* room scent **Raumpfleger(in)** *m(f)* cleaner
Raumschiff *nt* spaceship **Raumsonde** *f* space probe **Raumstation** *f* space station
Räumung <-, -en> *f* ① (*das Freimachen eines Ortes*) *Kreuzung, Unfallstelle* clearing; *Wohnung* vacation; (*zwangsweise*) eviction ② (*Evakuierung*) evacuation
Räumungsarbeiten *pl* clearance operations *pl* **Räumungsbefehl** *m* eviction order **Räumungsklage** *f* action of ejectment **Räumungsverkauf** *m* clearance sale
raunen [ˈraʊ̯nən] *vi, vt* (*geh*) to murmur
Raupe <-, -n> [ˈraʊ̯pə] *f* ① ZOOL caterpillar ② (*Planierraupe*) bulldozer
Raupenfahrzeug *nt* caterpillar® [vehicle]
Raureif *m kein pl* hoar frost
raus [raʊ̯s] *adv* (*fam*) *s.* **heraus, hinaus**
raus|bekommen* *vt irreg* (*fam*) *s.* **herausbekommen** **raus|bringen** *vt irreg* (*fam*) ① (*äußern*) **kein Wort ~** to not [be able to] utter a word ② *Müll* to take out *sep*
Rausch <-[e]s, Räusche> [raʊ̯ʃ, *pl* ˈrɔʏʃə] *m* ① (*Trunkenheit*) intoxication; **sich** *dat* **einen ~ antrinken** to get drunk; **seinen ~ ausschlafen** to sleep it off; **einen ~ haben** to be drunk ② (*Ekstase*) ecstasy
rauscharm *adj* TECH low-noise
rauschen [ˈraʊ̯ʃn̩] *vi* ① *haben* (*anhaltendes Geräusch erzeugen*) *Wasser, Verkehr* to roar; (*sanft*) to murmur; *Baum, Blätter* to rustle; *Lautsprecher* to hiss; *Rock, Vorhang* to swish ② *sein* (*sich geräuschvoll bewegen*) *Wasser* to rush; *Vogelschwarm* to swoosh ③ *sein* (*fam: zügig gehen*) to sweep (**aus** +*dat* out of, **in** +*akk* into)
rauschfrei *adj* TELEK, MEDIA free of background noise; *CDs* hiss-free
Rauschgift *nt* drug **Rauschgifthandel** *m* drug trafficking **Rauschgifthändler(in)** *m(f)* drug dealer; (*international*) drug trafficker **Rauschgiftsucht** *f* drug addiction **rauschgiftsüchtig** *adj* addicted to drugs *pred* **Rauschgiftsüchtige(r)** *f(m)* drug addict
raus|ekeln [ˈraʊ̯sʔeːkl̩n] *vt* (*fam*) ■**jdn [aus etw** *dat*] **~** to hound sb [out of sth] **raus|fliegen** *vi irreg sein* (*fam*) ① (*hinausgeworfen werden*) **aus der Schule ~** to be chucked [*or* AM kicked] out of school; **aus einem Betrieb ~** to be given the boot ② (*weggeworfen werden*) to get chucked out **raus|geben** *vt irreg* (*fam*) **Geld ~** to give change **raus|gehen** *vi irreg sein* (*fam*) to go out; *Fleck, Korken* to come out **raus|kommen** *vi irreg* (*fam*) *s.* **herauskommen, hinauskommen** **raus|kriegen** *vt* (*fam*) ■**etw ~** to cotton on to sth; *Rätsel* to figure out *sep;* ■**~, was/wer ...** to find out what/who ... **raus|nehmen** *vt, vr irreg* (*fam*) *s.* **herausnehmen**
räuspern [ˈrɔʏspɐn] *vr* ■**sich** *akk* **~** to clear one's throat
raus|rücken *vt s.* **herausrücken** **raus|schmeißen** *vt irreg* (*fam*) to chuck [*or* throw] out
Rausschmeißer <-s, -> *m* (*fam*) bouncer
Rausschmiss <-es, -e> *m* (*fam*) booting [*or* AM *usu* throwing] out; **mit dem ~ hat er rechnen müssen** he had to expect the boot
Raute <-, -n> [ˈraʊ̯tə] *f* rhombus
Rave <-[s], -s> [reːf] *nt* rave
Razzia <-, Razzien> [ˈratsi̯a, *pl* ˈratsiən] *f* raid
Reagenzglas *nt* test tube
reagieren* [reaˈgiːrən] *vi a.* CHEM to react (**auf** +*akk* to, **mit** +*dat* with)
Reaktion <-, -en> [reakˈtsi̯oːn] *f* reaction (**auf** +*dat* to)
reaktionär [reaktsi̯oˈnɛːɐ̯] (*pej*) **I.** *adj* reactionary **II.** *adv* in a reactionary way; **~ eingestellt sein** to be a reactionary
Reaktionsvermögen *nt kein pl* ability to react *no pl* **Reaktionszeit** *f* reaction time
reaktivieren* [reaktiˈviːrən] *vt* to recall
Reaktor <-s, -toren> [reˈaktoːɐ̯, *pl* reakˈtoːrən] *m* reactor
Reaktorkern *m* reactor core **Reaktorsicherheit** *f* reactor safety **Reaktorunglück** *nt* reactor accident
real [reˈaːl] **I.** *adj* real **II.** *adv* **ein ~ denkender Mensch** a realistic thinker
Realeinkommen *nt* real income
realisierbar *adj* realizable; **schwer ~e Pläne/Projekte** plans/projects that are hard to accomplish
realisieren* [realiˈziːrən] *vt* to realize
Realisierung <-, -en> *f pl selten* realization; *Idee, Plan* implementation
Realismus <-> [reaˈlɪsmʊs] *m kein pl* realism *no pl*
Realist(in) <-en, -en> [reaˈlɪst] *m(f)* realist

realistisch [rea'lɪstɪʃ] **I.** *adj* realistic **II.** *adv* realistically
Realität <-, -en> [reali'tɛːt] *f* ❶ (*Wirklichkeit*) reality ❷ *pl* (*Gegebenheiten*) facts ❸ *pl* ÖSTERR (*Immobilien*) real estate *no pl*
realitätsfern *adj* unrealistic; *Person* out of touch with reality **realitätsnah** *adj* realistic; *Person* in touch with reality **Realitätssinn** *m kein pl* sense of reality *no pl*
Reality-TV <-[s]> [ri'ɛliti-] *nt kein pl* reality TV *no pl*
Reallohn *m* real wage
Realschule *f* ≈ secondary modern school BRIT *hist*

Land und Leute

In terms of academic attainment, the **Realschule** lies somewhere between the *Hauptschule* and the *Gymnasium.* The school leaving certificate taken after Year 10 is called the *Mittlere Reife* and is comparable to the GCSE exams taken at British schools. School leavers usually progress to three years of vocational training, however students with very good marks also have the chance to continue their education at a *Gymnasium.*

Reanimation <-, -en> [reʔanima'tsi̯oːn] *f* resuscitation
reanimieren* [reʔani'miːrɛn] *vt* to resuscitate
Rebe <-, -n> ['reːbə] *f* [grape]vine
Rebell(in) <-en, -en> [re'bɛl] *m(f)* rebel
rebellieren* [rebɛ'liːrən] *vi* to rebel (**gegen** +*akk* against)
Rebellin <-, -nen> *f fem form von* **Rebell**
Rebellion <-, -en> [rebɛ'li̯oːn] *f* rebellion; *Studenten* revolt
rebellisch [re'bɛlɪʃ] *adj* rebellious
Rebhuhn ['reːphuːn] *nt* partridge **Rebsorte** *f* type of grape **Rebstock** *m* vine
rechen ['rɛçn̩] *vt* to rake
Rechen <-s, -> ['rɛçn̩] *m* rake
Rechenart *f* type of arithmetic[al] calculation **Rechenaufgabe** *f* arithmetic[al] problem **Rechenbuch** *nt* SCH (*veraltend*) arithmetic book **Rechenfehler** *m* arithmetic[al] error **Rechenmaschine** *f* calculator; (*Abakus*) abacus **Rechenoperation** *f* MATH arithmetic operation
Rechenschaft <-> *f kein pl* account; **jdm** [**über etw** *akk*] **~ schulden** to be accountable to sb [for sth]; **jdn** [**für etw** *akk*] **zur ~ ziehen** to call sb to account [for sth]
Rechenschieber *m* slide rule **Rechenschritt** *m* INFORM calculation **Rechenzentrum** *nt* computer centre
Recherche <-, -n> [re'ʃɛrʃə] *meist pl f* investigation; **~n** [**über jdn/etw**] **anstellen** to investigate [sb/sth]
recherchieren* [reʃɛr'ʃiːrən] *vi, vt* to investigate
rechnen ['rɛçnən] **I.** *vt* ❶ (*mathematisch lösen*) to calculate ❷ (*zählen, messen*) to work out *sep;* **etw in Euro ~** to calculate sth in Euros ❸ (*veranschlagen*) to reckon; **wir müssen mindestens zehn Stunden ~** we must reckon on at least ten hours; **zu hoch/niedrig gerechnet sein** to be an over-/underestimate ❹ (*einbeziehen, miteinrechnen*) to include ❺ (*berücksichtigen*) to take into account ❻ (*einstufen, gehören*) to count (**zu** +*dat* among); **ich rechne sie zu meinen besten Freundinnen** I count her amongst my best [girl]friends **II.** *vi* ❶ (*Rechenaufgaben lösen*) to do arithmetic; **ich konnte noch nie gut ~** I was never any good at arithmetic; **falsch/richtig ~** to make a mistake [in one's calculations]/to calculate correctly ❷ (*sich verlassen*) ■**auf jdn/etw ~** to count on sb/sth ❸ (*einkalkulieren*) ■**mit etw** *dat* **~** to reckon on sth; **wann ~ Sie mit einer Antwort?** when do you expect an answer?; **mit allem/dem Schlimmsten ~** to be prepared for anything/the worst ❹ (*fam: Haus halten*) to economize; **wir müssen mit jedem Cent ~** we have to watch every penny **III.** *vr* (*Gewinn einbringen*) ■**etw rechnet sich** [**nicht**] *akk* sth is [not] profitable
Rechner <-s, -> *m* ❶ (*Taschenrechner*) calculator ❷ INFORM computer
rechnergesteuert *adj* INFORM computer-controlled **rechnergestützt** *adj meist attr* computer-aided
rechnerisch **I.** *adj* arithmetic[al] **II.** *adv* ❶ (*kalkulatorisch*) arithmetically ❷ (*durch Rechnen*) by calculation
Rechnersimulation *f* computer simulation
Rechnung <-, -en> *f* ❶ (*schriftliche Abrechnung*) bill, AM *a.* check; **das geht auf meine ~** I'm paying for this; **etw auf die ~ setzen** to put sth on the bill; [**jdm**] **etw in ~ stellen** to charge [sb] for sth ❷ (*Berechnung*) calculation; **die ~ stimmt nicht** the sum just doesn't work ▶WENDUNGEN: **er hatte die ~ ohne den Wirt gemacht** there was one thing he had failed to reckon with; **mit jdm eine** [**alte**] **~ zu begleichen haben** to have a[n old] score to settle with sb
Rechnungsbuch *nt* account[s] book **Rechnungsdatum** *nt* billing date, date of invoice **Rechnungsführer(in)** <-s, -> *m(f)*

R

① (*Kassenwart*) treasurer ② (*Buchhalter*) bookkeeper **Rechnungsprüfer(in)** <-s, -> *m(f)* auditor **Rechnungswesen** <-s> *nt kein pl* ÖKON accountancy *no pl,* accounting *no pl*

recht [rɛçt] **I.** *adj* ① (*passend*) right ② (*richtig*) right; **ganz ~!** quite right! ③ (*wirklich*) real ④ (*angenehm*) ■ **jdm ist etw ~** sth is all right with sb; **das soll mir ~ sein** that's fine by me; **dieser Kompromiss ist mir durchaus nicht ~** I'm not at all happy with this compromise ⑤ SCHWEIZ, SÜDD (*anständig*) decent; (*angemessen*) appropriate ▸ WENDUNGEN: **nicht mehr als ~ und billig sein** to be only right and proper; **jdm ~ geschehen** to serve sb right; **nach dem R~en sehen** to see that everything's all right **II.** *adv* ① (*richtig*) correctly; **höre ich ~?** am I hearing things?; **ich sehe doch wohl nicht ~** I must be seeing things; **versteh mich bitte ~** please don't misunderstand me ② (*genau*) really; **nicht ~ wissen** to not really know ③ (*ziemlich*) rather; (*gehörig*) properly ④ (*fam: gelegen*) **jdm gerade ~ kommen** to come just in time for sb; (*iron*) to be all sb needs; **man kann es nicht allen ~ machen** you cannot please everyone ▸ WENDUNGEN: **jetzt erst ~** now more than ever

Recht <-[e]s, -e> [rɛçt] *nt* ① *kein pl* (*Rechtsordnung*) law; **das ~ mit Füßen treten** to fly in the face of the law ② (*Anspruch*) right; **jds gutes ~ sein** to be sb's [legal] right; **jdm ~ geben** to agree with sb; **~ haben** to be [in the] right; **ein ~ auf jdn/etw haben** to have a right to sb/sth; **im ~ sein** to be in the right; **von ~s wegen** (*fam*) by rights ③ (*Befugnis*) right; **was gibt Ihnen das ~, ...?** what gives you the right ...?; **mit welchem ~?** by what right?; **mit ~** rightly; **und das mit ~!** and rightly so!

rechte(r, s) *adj attr* ① (*Gegenteil von linke*) right; **die ~ Seite** the right-hand side; **das ~ Fenster/Haus** the window/house on the right ② POL right[-wing] ③ MATH **ein ~r Winkel** a right angle

Rechte <-n, -n> [ˈrɛçtə] *f* ① (*rechte Hand*) right [hand]; **zu jds ~n** (*geh*) to sb's right ② POL right; **ein Vertreter der radikalen ~n** a representative of the extreme right

Rechteck <-[e]s, -e> *nt* rectangle **rechteckig** *adj* rectangular

rechtens [ˈrɛçtn̩s] *adv* (*geh*) ■ **~ sein** to be legal

rechtfertigen **I.** *vt* to justify (**gegenüber** +*dat* to) **II.** *vr* ■ **sich** *akk* **~** to justify oneself

Rechtfertigung *f* justification

rechtgläubig *adj* orthodox

rechthaberisch *adj* (*pej*) dogmatic

rechtlich **I.** *adj* legal **II.** *adv* legally

rechtlos *adj* without rights *pred*

rechtmäßig *adj* ① (*legitim*) lawful ② (*legal*) legal; **nicht ~** illegal

Rechtmäßigkeit <-> *f kein pl* ① (*Legitimität*) legitimacy ② (*Legalität*) legality

rechts [rɛçts] **I.** *adv* ① (*auf der rechten Seite*) on the right; **dein Schlüsselbund liegt ~ neben dir** your keys are just to your right; **etw ~ von etw** *dat* **aufstellen** to put sth to the right of sth; **~ oben/unten** at the top/bottom on the right; **nach ~** to the right; **von ~** from the right ② TRANSP (*nach rechts*) [to the] right; **halte dich ganz ~** keep to the right; **~ abbiegen** to turn [off to the] right; **sich** *akk* **~ einordnen** to get into the right-hand lane; **~ ranfahren** to pull over to the right ③ POL right; **~ eingestellt sein** to lean to the right ▸ WENDUNGEN: **nicht mehr wissen, wo ~ und links ist** (*fam*) to not know whether one is coming or going **II.** *präp* +*gen* to [*or* on] the right of

Rechtsabteilung *f* legal department **Rechtsanwalt, -anwältin** *m, f* lawyer, solicitor BRIT, attorney AM; (*vor Gericht*) barrister BRIT, lawyer AM; **sich** *dat* **einen ~ nehmen** to get a lawyer **Rechtsaußen** <-, -> [rɛçtsˈʔaʊ̯sn̩] *m* ① FBALL right wing[er] ② POL (*fam*) extreme right-winger **Rechtsberatung** *f* ① (*das Beraten*) legal advice *no pl, no indef art* ② (*Rechtsberatungsstelle*) legal advice *no pl, no art* **Rechtsbruch** *m* breach of the law

rechtsbündig TYPO **I.** *adj* right justified **II.** *adv* with right justification

rechtschaffen [ˈrɛçtʃafn̩] **I.** *adj* upright **II.** *adv* honestly

rechtschreiben *vi nur infin* to spell

Rechtschreiben <-s> *nt kein pl* spelling *no pl, no indef art*

Rechtschreibfehler *m* spelling mistake **Rechtschreibreform** *f* spelling reform

Rechtschreibung *f* spelling *no pl, no indef art*

Rechtsempfinden *nt* sense of [what is] right and wrong

rechtsextrem *adj* extreme right-wing **Rechtsextremismus** *m kein pl* right-wing extremism *no pl* **Rechtsextremist(in)** *m(f)* right-wing extremist **rechtsextremistisch** *adj* right-wing extremist

rechtsfähig *adj präd* **~ sein** to have legal capacity

Rechtsfrage *f* question of law

rechtsgerichtet *adj* right-wing
Rechtsgrundlage *f* legal basis **rechtsgültig** *adj* legally valid
Rechtshänder(in) <-s, -> ['rɛçtshɛndɐ] *m(f)* right-hander; **~ sein** to be right-handed
rechtshändig ['rɛçtshɛndɪç] **I.** *adj* right-handed **II.** *adv* right-handed, with one's right hand
rechtsherum *adv* [round] to the right; **etw ~ drehen** to turn sth clockwise
rechtskräftig I. *adj* legally valid; *Urteil* final **II.** *adv* with the force of law; **jdn ~ verurteilen** to pass a final sentence on sb
Rechtskurve *f* right-hand bend; **eine ~ machen** to [make a] bend to the right
Rechtslage *f* legal position
Rechtsmittel *nt* means of legal redress **Rechtsmittelbelehrung** *f* instruction on rights of redress
Rechtsnachfolge *m* legal succession **Rechtsnorm** *f* JUR legal rule, rule of law; **geltende ~en** law of the land **Rechtsordnung** *f* system of laws **Rechtspflege** *f* **Organe der ~** law enforcement officers; **~ ausüben** to administer justice
Rechtsprechung <-, -en> *f pl selten* dispensation of justice
rechtsradikal I. *adj* extreme right-wing **II.** *adv* with extreme right-wing tendencies; **~ eingestellt sein** to have a tendency to the far-right
rechtsrum ['rɛçtsrʊm] *adv* (*fam*) *s.* **rechtsherum**
Rechtsschutz *m* legal protection **Rechtsschutzversicherung** *f* legal costs insurance
rechtsseitig ['rɛçtszaɪ̯tɪç] **I.** *adj* **~e Armamputation** amputation of the right arm; **~e Blindheit/Lähmung** blindness in the right eye/paralysis of the right side **II.** *adv* on the right side; **~ gelähmt sein** to be paralysed down the/one's right side
Rechtssicherheit *f* legal security **Rechtsstaat** *m* state under the rule of law **rechtsstaatlich** *adj* founded on the rule of law *pred* **Rechtsstreit** *m* lawsuit **Rechtsverdreher(in)** <-s, -> *m(f)* (*hum fam: Anwalt*) brief BRIT, legal eagle *fam*
Rechtsverkehr *m* driving on the right *no pl, no indef art*
Rechtsverletzung *f* infringement of the law **Rechtsverordnung** *f* statutory instrument **Rechtsweg** *m kein pl* judicial process; **den ~ beschreiten** (*geh*) to take legal action **rechtswidrig** *adj* unlawful **Rechtswissenschaft** *f kein pl* jurisprudence *no pl*
rechtwink(e)lig *adj* right-angled
rechtzeitig I. *adj* punctual **II.** *adv* on time; **Sie hätten mich ~ informieren müssen** you should have told me in good time; **~ ankommen** to arrive just in time
Reck <-[e]s, -e> [rɛk] *nt* high bar
recken ['rɛkn̩] **I.** *vt* to stretch; **den Hals/Kopf [nach oben] ~** to crane one's neck [upwards] **II.** *vr* ■**sich** *akk* **~** to [have a] stretch
Recorder <-s, -> [re'kɔrdɐ] *m s.* **Rekorder**
recyceln* [ri'saɪ̯kl̩n] *vt* to recycle
recyclebar [ri'saɪ̯kl̩baːɐ̯] *adj* recyclable
Recycling <-s> [ri'saɪ̯klɪŋ] *nt kein pl* recycling
Recyclingpapier [ri'saɪ̯klɪŋ-] *nt* recycled paper
Redakteur(in) <-s, -e> [redak'tøːɐ] *m(f)* editor
Redaktion <-, -en> [redak'tsi̯oːn] *f* ❶ (*redaktionelles Büro*) editorial department ❷ (*Redaktionsmitglieder*) editorial staff ❸ *kein pl* (*das Redigieren*) editing
redaktionell [redaktsi̯o'nɛl] **I.** *adj* editorial; **~e Bearbeitung** editing **II.** *adv* editorially; **etw ~ bearbeiten** to edit sth
Redaktionsschluss *m* time of going to press
Redaktor(in) <-s, -en> [re'daktoːɐ] *m(f)* SCHWEIZ editor
Rede <-, -n> ['reːdə] *f* ❶ (*Ansprache*) speech; **eine ~ halten** to make a speech ❷ (*das Reden, Gespräch*) talk; ■**von jdm/etw ist die ~** there is talk of sb/sth; **wovon ist die ~?** what's it [all] about?; **es war gerade von dir die ~** we/they were just talking about you; **die ~ kam auf jdn/etw** the conversation turned to sb/sth ▶WENDUNGEN: **jdm ~ und Antwort stehen** to account to sb; **davon kann keine ~ sein** that's out of the question; **jdn zur ~ stellen** to take sb to task; **nicht der ~ wert sein** to be not worth mentioning; **das ist doch nicht der ~ wert!** don't mention it!
redefaul *adj* uncommunicative **Redefluss** *m kein pl* flow of words; **ich musste seinen ~ unterbrechen** I had to interrupt him in mid-flow **Redefreiheit** *f kein pl* freedom of speech **redegewandt** *adj* eloquent **Redegewandtheit** <-> *f kein pl* eloquence *no pl* **Redekunst** *f kein pl* rhetoric *no pl*
reden ['reːdn̩] **I.** *vi* ❶ (*sprechen*) to talk (**mit** +*dat* to, **über** +*akk* about); **mit jdm zu ~ haben** to need to speak to sb; **so nicht mit sich** *dat* **~ lassen** to not let oneself be talked to in such a way; **schlecht von jdm ~** to speak ill of sb ❷ (*eine Rede halten*) to speak (**über** +*akk* about, on)

R

③ (*diskutieren*) **darüber lässt sich ~** that's a possibility; **mit sich** *dat* [**über etw** *akk*] **~ lassen** to be willing to discuss [sth]; **nicht mit sich** *dat* [**über etw** *akk*] **~ lassen** to be adamant [about sth] ▸ WENDUNGEN: **du hast gut ~** it's easy for you to talk **II.** *vt* ① (*sagen*) to talk; **ich möchte gerne hören, was ihr redet** I'd like to hear what you're saying ② (*klatschen*) ■**etw** [**über jdn/etw**] **~** to say sth [about sb/sth]; **es wird über uns geredet** we're being talked about **III.** *vr* **sich** *akk* **in Rage/Wut ~** to talk oneself into a rage/fury; **sich** *akk* **in Begeisterung ~** to get carried away with what one is saying; **sich** *akk* **heiser ~** to talk oneself hoarse

Redensart *f* expression; **das ist nur so eine ~** it's just a figure of speech

Rederecht *nt kein pl* right to speak [out]
Redeschwall <-[e]s> *m kein pl* (*pej*) torrent of words **Redeverbot** *nt* ban on speaking **Redeweise** *f* manner of speaking
Redewendung *f* idiom

redigieren* [redi'gi:rən] *vt* to edit

redlich ['re:tlɪç] **I.** *adj* honest **II.** *adv* honestly

Redlichkeit <-> *f kein pl* honesty *no pl*

Redner(in) <-s, -> ['re:dnɐ] *m(f)* speaker

Rednerpult *nt* lectern

redselig ['re:tze:lɪç] *adj* talkative

Redseligkeit <-> *f kein pl* talkativeness *no pl*

Reduktion <-, -en> [redʊk'tsi̯o:n] *f* (*form*) reduction

redundant [redʊn'dant] *adj* (*geh*) redundant

Redundanz <-, -en> [redʊn'dants] *f* LING redundancy *no pl*

reduzierbar *adj* ■**auf etw** *akk* **~ sein** to be reducible to sth

reduzieren* [redu'tsi:rən] *vt* to reduce

Reduzierung <-, -en> *f* reduction; **eine ~ der Kosten** a reduction in costs

Reeder(in) <-s, -> ['re:dɐ] *m(f)* shipowner

Reederei <-, -en> [re:də'rai̯] *f* shipping company

reell [re'ɛl] *adj* ① (*tatsächlich*) real ② (*anständig*) straight; *Angebot, Preis* fair; *Geschäft* sound

Referat¹ <-[e]s, -e> [refe'ra:t] *nt* [seminar] paper; (*in der Schule*) project; **ein ~ [über jdn/etw] halten** to present a paper/project [on sb/sth]

Referat² <-[e]s, -e> [refe'ra:t] *nt* ADMIN department

Referendar(in) <-s, -e> [referɛn'da:ɐ̯] *m(f)* *candidate for a higher post in the civil service who has passed the first set of state examinations* (*Staatsexamen*) *and is undergoing practical training*

Referendariat <-[e]s, -e> [referɛnda'ri̯a:t] *nt* traineeship; SCH teacher training; JUR [time in] articles BRIT

Referendarin <-, -nen> *f fem form von* **Referendar**

Referendum <-s, Referenden *o* Referenda> [refe'rɛndʊm, *pl* refe'rɛnda] *nt* referendum

Referent(in) <-en, -en> [refe'rɛnt] *m(f)* ① (*Berichterstatter*) speaker ② ADMIN head of an advisory department

Referenz <-, -en> [refe'rɛnts] *f* ① *meist pl* (*Beurteilung*) **gute ~en aufzuweisen haben** to have good references ② (*Person*) referee

referieren* [refe'ri:rən] *vi* to present a paper [*or* give a talk] (**über** on)

Reflation <-, -en> [refla'tsi̯o:n] *f* ÖKON reflation

reflektieren* [reflɛk'ti:rən] **I.** *vt* to reflect **II.** *vi* ① (*zurückstrahlen*) to reflect ② (*nachdenken*) to reflect (**über** +*akk* on, upon)

Reflektor <-s, -toren> [re'flɛkto:ɐ̯, *pl* -'to:rən] *m* reflector

Reflex <-es, -e> [re'flɛks] *m* ① (*Nervenreflex*) reflex ② (*Lichtreflex*) reflection

Reflexbewegung *f* reflex [movement]
Reflexhandlung *f* reflex action

Reflexion <-, -en> [reflɛ'ksi̯o:n] *f a.* PHYS reflection

reflexiv [reflɛ'ksi:f] *adj* LING reflexive

Reflexivpronomen *nt* reflexive pronoun
Reflexivverb *nt* reflexive verb

Reform <-, -en> [re'fɔrm] *f* reform

Reformation <-> [refɔrma'tsi̯o:n] *f kein pl* ■**die ~** the Reformation *no pl*

reformatorisch [refɔrma'to:rɪʃ] *adj* reformatory

reformbedürftig *adj* in need of reform *pred*

Reformer(in) <-s, -> [re'fɔrmɐ] *m(f)* reformer

reformerisch [re'fɔrmərɪʃ] *adj* reforming

Reformhaus *nt* health food shop [*or* AM *usu* store]

reformieren* [refɔr'mi:rən] *vt* to reform

reformistisch *adj* POL reformist

Reformkost *f* health food **Reformprozess** *m* reform process, process of reform

Refrain <-s, -s> [re'frɛ̃:, rə-] *m* refrain

Regal <-s, -e> [re'ga:l] *nt* shelves *pl,* shelving *no pl, no indef art,* rack; **etw aus dem ~ nehmen** to take sth off the shelf; **in/auf dem ~ stehen** to stand on the shelf; **etw ins ~ zurückstellen** to put sth back on the shelf

Regatta <-, Regatten> [re'gata, *pl* re'gatən] *f* regatta

rege ['re:gə] **I.** *adj* ❶(*lebhaft*) lively; *Anteilnahme, Beteiligung* active ❷(*wach*) ■**in jdm ~ werden** to be awakened in sb **II.** *adv* actively

Regel <-, -n> ['re:gl̩] *f* ❶(*Grundsatz*) rule; **sich** *dat* **etw zur ~ machen** to make a habit of sth; **in der ~** as a rule ❷(*Menstruation*) period ▸WENDUNGEN: **nach allen ~n der Kunst** with all the tricks of the trade

Regelarbeitszeit *f* core time

regelbar *adj* ❶(*regulierbar*) adjustable ❷(*zu regeln*) able to be sorted out

Regelblutung *f* menstruation **Regelfall** *m kein pl* rule; **im ~** as a rule

regelmäßig **I.** *adj* regular **II.** *adv* ❶(*immer wieder*) regularly; **sich** *akk* **~treffen** to meet regularly ❷(*ständig*) always; **sie kommt ~ zu spät** she is always late

Regelmäßigkeit <-> *f kein pl* regularity

regeln ['re:gl̩n] **I.** *vt* ❶(*in Ordnung bringen*) to settle; *Problem* to resolve ❷(*regulieren*) to regulate **II.** *vr* ■**sich** *akk* **[von selbst] ~** to sort itself out

regelrecht ['regl̩rɛçt] **I.** *adj* real; *Frechheit* downright **II.** *adv* really; **~ betrunken sein** to be well and truly plastered

Regelschmerzen *pl* period pains *pl*

Regelung <-, -en> ['re:gəlʊŋ] *f* ❶(*festgelegte Vereinbarung*) arrangement; (*Bestimmung*) ruling ❷*kein pl* (*das Regulieren*) regulation

Regelwerk *nt* set of rules and regulations **regelwidrig** **I.** *adj* against the rules *pred* **II.** *adv* against the rules

regen ['re:gn̩] *vr* ■**sich** *akk* **~** ❶(*sich bewegen*) to move ❷(*geh*) *Zweifel, Gewissen, Hoffnung* to stir

Regen <-s, -> ['re:gn̩] *m* rain; **saurer ~** acid rain; **bei/in strömendem ~** in [the] pouring rain ▸WENDUNGEN: **vom ~ in die Traufe kommen** (*prov*) to jump out of the frying pan into the fire; **jdn im ~ stehen lassen** (*fam*) to leave sb in the lurch

Regenbö(e) *f* rain squall

Regenbogen *m* rainbow **Regenbogenpresse** *f* gossip magazines *pl*

Regencape ['re:gn̩ke:p] *nt* waterproof poncho

regenerieren* [regene'ri:rən] *vr* ■**sich** *akk* **~** to regenerate; *Mensch* to recuperate

Regenfront *f* band of rain **Regenmantel** *m* raincoat **Regenrinne** *f* gutter **Regenschauer** *m* shower [of rain] **Regenschirm** *m* umbrella

Regent(in) <-en, -en> [re'gɛnt] *m(f)* ruler; (*Vertreter des Herrschers*) regent

Regentropfen *m* raindrop

Regentschaft <-, -en> *f* ❶(*Herrschaft*) reign ❷(*Amtszeit*) regency

Regenwald *m* rainforest **Regenwetter** *nt* rainy weather **Regenwurm** *m* earthworm **Regenzeit** *f* rainy season

Regie <-, -n> [re'ʒi:, *pl* re'ʒi:ən] *f* FILM, THEAT direction; RADIO production; **[bei etw** *dat***] die ~ haben** to direct [sth] ▸WENDUNGEN: **in eigener ~** off one's own bat BRIT, on one's own AM

Regieanweisung [re'ʒi:-] *f* stage direction **Regieassistent(in)** *m(f)* assistant director

regieren* [re'gi:rən] *vi, vt* to rule (**über** +*akk* over); *Monarch a.* to reign

Regierung <-, -en> [re'gi:rʊŋ] *f* POL ❶(*Kabinett*) government ❷(*Herrschaftsgewalt*) rule; **die ~ antreten** to take power [*or* office]; **jdn an die ~ bringen** to put sb into power; **an der ~ sein** to be in power

Regierungsabkommen *nt* governmental agreement **Regierungsbezirk** *m* ≈ region BRIT, ≈ county AM (*primary administrative division of a Land*) **Regierungschef(in)** *m(f)* head of [a/the] government **Regierungserklärung** *f* government statement **Regierungsform** *f* form of government; **parlamentarische ~** parliamentary government **Regierungsfraktion** *f* POL party in government (*where a coalition of parties form the government*) **Regierungskoalition** *f* government coalition **Regierungskrise** *f* government crisis **regierungsnah** [re'gi:rʊŋs-] *adj* close to the government *pred* **Regierungspartei** *f* ruling party **Regierungsrat** *m kein pl* SCHWEIZ canton government **Regierungssprecher(in)** *m(f)* government spokesperson **Regierungswechsel** *m* change of government **Regierungszeit** *f* term of office

Regime <-s, -s> [re'ʒi:m] *nt* (*pej*) regime

Regimekritiker(in) *m(f)* dissident

Regiment[1] <-[e]s, -er> [regi'mɛnt] *nt* MIL regiment

Regiment[2] <-[e]s, -e> [regi'mɛnt] *nt* (*geh: Herrschaft*) rule

regimetreu [re'ʒi:m-] *adj* POL loyal to the regime *pred*

Region <-, -en> [re'gi̯o:n] *f* region

regional [regi̯o'na:l] **I.** *adj* regional **II.** *adv* regionally

Regionalteil [regi̯o'na:l-] *m* MEDIA local news section

Regisseur(in) <-s, -e> [reʒɪ'sø:ɐ̯] *m(f)* FILM, THEAT director; RADIO producer

Register <-s, -> [re'gɪstɐ] *nt* ❶(*alphabeti-*

R

scher Index) index ② (*amtliches Verzeichnis*) register ▶WENDUNGEN: **alle ~ ziehen** to pull out all the stops

Registratur <-, -en> [regɪstra'tu:ɐ̯] *f* ① ADMIN records office ② (*Orgel*) stop

registrieren* [regɪs'tri:rən] *vt* to register

Registrierkasse *f* cash register

Reglement <-s, -s> *nt* ① SPORT rules *pl* ② SCHWEIZ (*Vorschriften*) regulations *pl*

reglementieren* [reglemɛn'ti:rən] *vt* (*geh*) ① (*genau regeln*) to regulate ② (*gängeln*) to regiment

Regler <-s, -> ['re:glɐ] *m* ELEK regulator; AUTO governor

reglos ['re:klo:s] *adj s.* **regungslos**

regnen ['re:gnən] **I.** *vi impers* to rain; ■**es regnet** it's raining **II.** *vt* ■**etw ~** to rain down sth; **es regnet Beschwerden** complaints are pouring in

regnerisch *adj* rainy

Regress <-es, -e> [re'grɛs] *m* recourse

Regression <-, -en> [regrɛ'si̯o:n] *f* regression

regressiv [regrɛ'si:f] *adj* (*geh*) regressive

regresspflichtig *adj* liable for compensation

regulär [regu'lɛ:ɐ̯] **I.** *adj* ① (*vorgeschrieben*) regular ② (*normal*) normal **II.** *adv* normally

regulierbar *adj* adjustable

regulieren* [regu'li:rən] **I.** *vt* ① (*einstellen*) to regulate ② *Bach, Fluss* to straighten **II.** *vr* ■**sich** *akk* [**von selbst**] ~ to regulate itself

Regulierung <-, -en> *f* ① (*Einstellung*) regulation ② (*Begradigung eines Gewässers*) straightening

Regulierungsbehörde [regu'li:rʊŋs-] *f* regulatory authority

Regung <-, -en> *f* ① (*Bewegung*) movement ② (*Empfindung*) feeling; **menschliche ~** human emotion

regungslos *adj* motionless; *Miene* impassive

Reh <-[e]s, -e> [re:] *nt* roe deer

Rehabilitation <-, -en> [rehabilita'tsi̯o:n] *f* rehabilitation

Rehabilitationszentrum *nt* rehabilitation centre

rehabilitieren* [rehabili'ti:rən] *vt* to rehabilitate

Rehbock *m* [roe]buck, stag **Rehbraten** *m* (*Fleisch*) joint of venison; (*gebraten*) roast venison **Rehkeule** *f* haunch of venison **Rehkitz** *nt* roe deer fawn **Rehkuh** *f* doe (*of the roe deer*) **Rehrücken** *m* KOCHK saddle of venison

Reibach <-s> ['rai̯bax] *m kein pl* (*sl*) hefty profit; [**bei etw** *dat*] **einen ~ machen** to make a killing [at sth]

Reibe <-, -n> ['rai̯bə] *f* grater

Reibekuchen *m* KOCHK DIAL (*Kartoffelpuffer*) ≈ potato fritter BRIT, ≈ latke AM (*grated raw potatoes fried into a pancake*)

reiben <rieb, gerieben> ['rai̯bn̩] **I.** *vt* ① (*zerkleinern*) to grate ② (*reibend verteilen*) ■**etw auf/in etw** *akk* ~ to rub sth onto/into sth ③ (*reibend entfernen*) ■**etw aus/von etw** *dat* ~ to rub sth out of/off sth **II.** *vr* **sich** *dat* **die Augen/Hände ~** to rub one's eyes/hands **III.** *vi* to rub (**an** +*dat* on); **die Schuhe ~ an den Zehen** my shoes are rubbing my toes

Reibereien [rai̯bə'rai̯ən] *pl* (*fam*) friction *no pl*

Reibfläche *f Streichholzschachtel* striking surface; *Reibe* scraping surface

Reibung <-, -en> *f* ① *kein pl* PHYS friction ② *pl s.* **Reibereien**

Reibungsfläche *f* ① TECH frictional surface ② (*Grund zur Auseinandersetzung*) source of friction

reibungslos **I.** *adj* smooth **II.** *adv* smoothly

reich [rai̯ç] **I.** *adj* ① (*sehr wohlhabend*) rich, wealthy ② (*in Fülle habend*) rich (**an** +*dat* in); ~ **an Erfahrung sein** to have a wealth of experience ③ (*ergiebig*) rich; *Ernte* abundant; *Ölquelle* productive; *Mahlzeit* lavish; *Erbschaft* substantial ④ (*vielfältig*) wide; *Möglichkeiten* rich; *Auswahl, Wahl* large; *Bestände* copious; *Leben* varied **II.** *adv* ① (*reichlich*) richly; **jdn ~ beschenken** to shower sb with presents ② (*mit viel Gelderwerb verbunden*) ~ **erben/heiraten** to come into/marry into money ③ (*reichhaltig*) richly

Reich <-[e]s, -e> [rai̯ç] *nt* ① (*Imperium*) empire; **das ~ Gottes** the Kingdom of God; **das Dritte ~** HIST the Third Reich; **das Römische ~** HIST the Roman Empire ② (*fig: Bereich*) realm

Reiche(r) *f(m) dekl wie adj* rich man *masc*, rich woman *fem*

reichen ['rai̯çn̩] **I.** *vi* ① (*ausreichen*) to be enough; **die Vorräte ~ noch Monate** the stores will last for months still ② (*überdrüssig sein*) ■**etw reicht jdm** sth is enough for sb; **mir reicht's!** I've had enough!; **langsam reicht es mir, wie du dich immer benimmst!** I'm beginning to get fed up with the way you always behave!; **jetzt reicht's** [**mir**] [**aber**]! [right,] that's enough! ③ (*sich erstrecken*) ■**bis zu etw** *dat* ~ to reach to sth; **von hier bis zum Horizont ~** to stretch from here to the horizon **II.** *vt* (*geh*) ① (*geben*) ■**jdm**

etw ~ to give [*or* pass] sb sth ❷ (*zur Begrüßung*) ▪**jdm die Hand ~** to hold out one's hand to sb; **sich** [*o* **einander**] **die Hand ~** to shake hands

reichhaltig ['rai̯çhaltɪç] *adj* ❶ (*vielfältig*) wide; *Programm* varied ❷ *Bibliothek, Sammlung* well-stocked ❸ (*üppig*) rich

reichlich ['rai̯çlɪç] **I.** *adj* large; *Belohnung* ample; *Trinkgeld* generous; **~ Geld/Zeit haben** to have plenty of money/time **II.** *adv* (*ziemlich*) rather

Reichstag *m* ❶ HIST (*vor 1871*) Imperial Diet ❷ HIST (*1871-1945*) Reichstag ❸ (*Gebäude in Berlin*) Reichstag

Land und Leute

During the years of the German Reich, the **Reichstag** (*sovereign assembly*) was composed of representatives who were elected for four years according to the constitution of the Weimar Republic. After reunification, the parliament in Bonn took the decision to relocate to Berlin and in 1994, the **Reichstag** building in Berlin once again became the seat of federal parliament in Germany.

Reichstagsbrand *m kein pl* HIST burning of the Reichstag

Reichtum <-[e]s, Reichtümer> ['rai̯çtuːm, *pl* -tyːmɐ] *m* ❶ *kein pl* (*große Wohlhabenheit*) wealth; **zu ~ kommen** to get rich ❷ *pl* (*materieller Besitz*) riches *npl* ❸ *kein pl* (*Reichhaltigkeit*) wealth (**an** +*dat* of)

Reichweite *f* range

reif [rai̯f] *adj* ❶ AGR, HORT ripe ❷ (*ausgereift*) *a. Persönlichkeit* mature; **im ~en Alter von ...** at the ripe old age of ... ❸ (*fam*) ▪**~ für etw** *akk* **sein** to be ready for sth

Reif <-[e]s> [rai̯f] *m kein pl* METEO hoar frost

Reife <-> ['rai̯fə] *f kein pl* ❶ AGR, HORT (*das Reifen*) ripening; (*Reifezustand*) ripeness ❷ (*charakterlich*) maturity

reifen ['rai̯fn̩] *vi sein* ❶ AGR, HORT to ripen; BIOL to mature ❷ (*sich entwickeln*) to mature (**zu** +*dat* into)

Reifen <-s, -> ['rai̯fn̩] *m* tyre

Reifendruck *m* tyre pressure **Reifenpanne** *f* flat **Reifenwechsel** *m* tyre change

Reifeprüfung *f* SCH (*geh*) *s.* **Abitur**

reiflich ['rai̯flɪç] **I.** *adj* thorough; **nach ~er Überlegung** after [very] careful consideration **II.** *adv* thoroughly, carefully

Reigen <-s, -> ['rai̯gn̩] *m* (*veraltend*) round dance

Reihe <-, -n> ['rai̯ə] *f* ❶ (*fortlaufende Folge*) row; **außer der ~** out of [the usual] order; **der ~ nach** in order ❷ (*das Drankommen*) ▪**jd ist an der ~** it's sb's turn; **du bist an der ~** it's your turn; **ich war jetzt an der ~!** I was next!; **jeder kommt an die ~** everyone will get a turn ❸ (*Menge*) **eine ~ von zusätzlichen Informationen** a lot of additional information; **eine ganze ~ [von Personen]** a whole lot [of people]; **eine ganze ~ von Beschwerden** a whole string of complaints ❹ (*Linie von Menschen*) line; **sich** *akk* **in ~n aufstellen** to form lines ▸WENDUNGEN: **etw auf die ~ kriegen** (*fam: kapieren*) to get sth into one's head; (*in Ordnung bringen*) to get sth together; **aus der ~ tanzen** to step out of line

reihen ['rai̯ən] **I.** *vr* ▪**sich an etw ~** to follow [after] sth **II.** *vt* to string (**auf** +*akk* on)

Reihenfolge *f* order **Reihenhaus** *nt* terraced [*or* AM row] house

reihenweise *adv* ❶ (*in großer Zahl*) by the dozen ❷ (*nach Reihen*) in rows

Reiher <-s, -> ['rai̯ɐ] *m* heron

reihern ['rai̯ɐn] *vi* (*sl*) to puke [up]

reihum [rai̯'ʔʊm] *adv* in turn; **etw ~ gehen lassen** to pass sth round [*or* AM around]

Reim <-[e]s, -e> [rai̯m] *m* ❶ (*Endreim*) rhyme ❷ *pl* (*Verse*) verse[s] ▸WENDUNGEN: **sich** *dat* **keinen ~ auf etw machen können** to not be able to make head or tail of sth

reimen ['rai̯mən] **I.** *vr, vt* ▪**sich** *akk* **~** to rhyme (**auf** +*akk* with, **mit** +*dat* with) **II.** *vt* ▪**etw ~** to rhyme sth **III.** *vi* to make up rhymes

reimportieren* *vt* to reimport

rein[1] [rai̯n] *adv* (*fam*) *s.* **herein, hinein**

rein[2] [rai̯n] **I.** *adj* ❶ (*unvermischt*) pure; *Wahrheit* plain ❷ (*fam: absolut*) *Zufall, Glück* pure; *Blödsinn* sheer; *Unsinn* utter; **das Kinderzimmer ist der ~ste Schweinestall!** the children's room is an absolute pigsty! ❸ (*sauber*) clean; *Kleidung* fresh ❹ (*makellos*) clear ▸WENDUNGEN: **etw [für jdn] ins R~e bringen** to clear up sth *sep* [for sb]; **mit sich** *dat* **[selbst]/etw ins R~e kommen** to get oneself/sth straightened out; **mit jdm/mit sich selbst im R~en sein** to have got things straightened out with sb/oneself; **etw ins R~e schreiben** to make a fair copy of sth **II.** *adv* ❶ (*ausschließlich*) purely; **eine ~ persönliche Meinung** a purely personal opinion ❷ (*fam: absolut*) absolutely; **~ zufällig** purely by chance

Reinemachefrau *f* cleaner BRIT, AM *a.* cleaning lady; (*in großen Gebäuden*) custodian AM

Reinerlös *m* net profit

R

Reinfall ['rainfal] *m* (*fam*) disaster
rein|fallen *vi irreg sein* (*fam*) ❶ (*eine schwere Enttäuschung erleben*) to be taken in (**mit** +*dat* by) ❷ (*hineinfallen*) to fall in
Reingewinn *m* net profit
Reinhaltung *f kein pl* keeping clean
rein|hauen *vi* (*fig fam*) to stuff oneself, to pig out; **hau rein!** tuck in! BRIT, dig in! AM
Reinheit <-> ['rainhait] *f kein pl* ❶ (*frei von Beimengungen*) purity *no pl* ❷ (*Sauberkeit*) cleanness *no pl*

Land und Leute

The German **Reinheitsgebot** (*beer purity regulation*) is one of the oldest laws governing foodstuffs in Germany. Since 1516 it has stipulated that only grain, hops, water and yeast may be used in the production of beer.

reinigen ['rainɪgn̩] *vt* to clean
Reiniger <-s, -> ['rainɪgɐ] *m* cleanser
Reinigung <-, -en> *f* ❶ *kein pl* (*das Reinigen*) cleaning *no pl* ❷ (*Reinigungsbetrieb*) cleaner's; **die chemische ~** the dry cleaner's
Reinigungskraft *f* (*form*) cleaner **Reinigungsmilch** *f* cleansing milk *no pl* **Reinigungsmittel** *nt* cleansing agent
Reinkarnation [reʔɪnkarna'tsi̯o:n] *f* reincarnation *no pl*
Reinkultur *f* pure culture; **in ~** unadulterated
rein|legen *vt* (*fam*) ❶ (*hineinlegen*) ■**etw in etw** *akk* **~** to put sth in sth ❷ (*hintergehen*) ■**jdn ~** to take sb for a ride
reinlich *adj* clean
Reinmachefrau *f s.* **Reinemachefrau**
reinrassig *adj* thoroughbred
rein|reiten *vt irreg* (*fam*) ■**jdn ~** to drop sb in it **rein|schneien** *vi* (*fam*) ❶ *haben* (*schneien*) **es schneit rein** the snow's coming in ❷ *sein* (*unangemeldet kommen*) to drop in
Reintegration <-, -en> [reʔɪntegratsi̯o:n] *f* (*geh*) reintegration
reinvestieren* [reʔɪnvɛs'ti:rən] *vt* FIN to reinvest **rein|würgen** *vt* (*fam: widerwillig essen*) to force down ▸WENDUNGEN: **jdm eine[n] ~** to teach sb a lesson **rein|ziehen** *vr irreg* (*sl*) ❶ (*konsumieren*) **sich** *dat* **etw ~** *Getränk* to knock sth back; *Essen* to guzzle sth down ❷ **sich** *dat* **einen Film ~** to watch a film
Reis <-es, -e> [rais] *m* AGR, BOT rice *no pl*
Reise <-, -n> ['raizə] *f* journey; **gute ~!** have a good trip!; **auf ~n gehen** to travel; **eine ~ machen** to go on a journey
Reiseandenken *nt* souvenir **Reiseapotheke** *f* first aid kit **Reisebüro** *nt* travel agency **Reisebus** *m* coach **reisefertig** *adj* ready to go **Reisefieber** *nt kein pl* travel nerves *npl* **Reiseführer** *m* travel guide [-book] **Reisegepäck** *nt* luggage **Reisegesellschaft** *f,* **Reisegruppe** *f* party of tourists **Reisekosten** *pl* travelling expenses *pl* **Reisekrankheit** *f kein pl* travel sickness *no pl* **Reiseland** *nt* holiday destination **Reiseleiter(in)** *m(f)* guide **reiselustig** *adj* fond of travelling
reisen ['raizn̩] *vi sein* to travel (**nach** to)
Reisende(r) *f(m) dekl wie adj* passenger
Reisepass *m* passport **Reiseprospekt** *m* travel brochure **Reiseruf** *m SOS call to a motorists' association issued by drivers experiencing problems while on the road* **Reisescheck** *m* traveller's cheque BRIT, traveler's check AM **Reisetasche** *f* holdall **Reiseveranstalter(in)** *m(f)* tour operator
Reiseverkehr *m kein pl* holiday traffic *no pl*
Reiseverkehrskaufmann, -kauffrau *m, f* travel agent
Reiseversicherung *f* travel insurance **Reisewelle** *f* stream of holiday traffic **Reisewetterbericht** *m* holiday weather forecast **Reisezeit** *f* holiday period **Reiseziel** *nt* destination
Reisfeld *nt* paddy [field]
Reisig <-s> ['raizɪç] *nt kein pl* brushwood *no pl*
Reißaus [rais'ʔaus] *m* [**vor jdm/etw**] **~ nehmen** to run away [from sb/sth]
Reißbrett *nt* drawing-board
reißen <riss, gerissen> ['raisn̩] **I.** *vi* ❶ *sein* (*zerreißen*) *Seil, Faden* to break; *Papier, Stoff* to tear ❷ *haben* (*zerren*) to tug, to pull; **an seiner Leine ~** *Hund* to strain at its lead **II.** *vt haben* ❶ **etw in Fetzen/Stücke ~** to tear sth to shreds/pieces ❷ (*abreißen*) ■**etw von etw** *dat* **~** *Ast, Bauteil* to break sth off sth; *Papier, Stoff* to tear sth off sth ❸ (*wegreißen*) **jdm etw aus der Hand ~** to snatch sth from sb's hand ❹ (*stoßen*) **der Wind riss sie zu Boden** the wind threw her to the ground ❺ **jdn aus seinen Gedanken ~** to break in on sb's thoughts ❻ (*sich bemächtigen*) ■**etw an sich** *akk* **~** to seize sth **III.** *vr haben* (*fam*) ■**sich** *akk* **um jdn/etw ~** to scramble to get/see sb/sth; **um diese Arbeit reiße ich mich nicht** I am not keen to get this work
reißend *adj* ❶ (*Fluss*) raging ❷ (*fam*) **die neuen Videospiele finden ~en Absatz** the new video games are selling like hot

R

cakes
Reißer <-s, -> *m* (*fam*) ❶ (*Buch/Film*) thriller ❷ (*Verkaufserfolg*) big seller
reißerisch **I.** *adj* sensational **II.** *adv* sensationally
reißfest *adj* tearproof **Reißleine** *f* ripcord
Reißverschluss *m* zip BRIT, zipper AM **Reißverschlussprinzip** *nt kein pl* principle of alternation
Reißwolf *m* ❶ (*Gerät zum Zerkleinern*) devil ❷ (*Aktenvernichter*) shredder **Reißzwecke** <-, -n> *f* drawing pin
Reitbahn *f* arena
reiten <ritt, geritten> ['rajtn̩] **I.** *vi sein* to ride; **bist du schon mal geritten?** have you ever been riding?; **bist du schon mal auf einem Pony geritten?** have you ever ridden a pony?; **im Galopp/Trab ~** to gallop/trot **II.** *vt haben* to ride
Reiter(in) <-s, -> ['rajtɐ] *m(f)* rider
Reiterstandbild *nt* equestrian statue
Reithose *f* jodhpurs *pl* **Reitpeitsche** *f* riding crop **Reitpferd** *nt* mount **Reitschule** *f* riding school **Reitstiefel** *m* riding-boot **Reittier** *nt* mount **Reitturnier** *nt* show-jumping event **Reitunterricht** *m* riding lessons *pl* **Reitweg** *m* bridle-path
Reiz <-es, -e> [rajts] *m* ❶ (*Verlockung*) appeal; [**auf jdn**] **einen bestimmten ~ ausüben** to hold a particular attraction [for sb]; [**für jdn**] **den ~ verlieren** to lose its appeal [for sb] ❷ (*Stimulus*) stimulus ❸ *pl* (*sl: nackte Haut*) charms *npl*
reizbar *adj* irritable
Reizbarkeit <-> *f kein pl* irritability *no pl*
reizen ['rajtsn̩] **I.** *vt* ❶ (*verlocken*) ■**jdn ~** to appeal to sb; ■**es reizt jdn, etw zu tun** sb is tempted to do sth ❷ MED to irritate ❸ (*provozieren*) to provoke (**zu** +*dat* into); **reize ihn besser nicht!** better not provoke him! **II.** *vi* ❶ (*herausfordern*) ■**zu etw** *dat* **~** to invite sth; **der Anblick reizte zum Lachen** what we saw made us laugh ❷ MED to irritate; **etw reizt jdn zum Husten** sth makes sb cough
reizend **I.** *adj* delightful, charming; **das ist ja ~!** (*iron*) that's charming! *iron* **II.** *adv* charmingly
Reizklima *nt* ❶ MED, METEO bracing climate ❷ (*konfliktgeladene Atmosphäre*) tense atmosphere
reizlos *adj* dull
Reizthema *nt* emotive subject **Reizüberflutung** *f* overstimulation *no pl*
Reizung <-, -en> *f* irritation
reizvoll *adj* attractive **Reizwäsche** *f kein pl* (*fam*) sexy underwear *no pl* **Reizwort** <-wörter> *nt* emotive word

rekapitulieren* [rekapitu'li:rən] *vt* (*geh*) to recapitulate
rekeln ['re:kl̩n] *vr* ■**sich** *akk* **~** to stretch out
Reklamation <-, -en> [reklama'tsi̯o:n] *f* complaint

Falsche Freunde

Nicht verwechseln mit *reclamation* — Wiedergewinnung *f*!

Reklame <-, -n> [re'kla:mə] *f* ❶ (*Werbeprospekt*) advertising brochure ❷ (*Werbung*) advertising *no pl*
Reklameschild *nt* advertising sign **Reklametafel** *f* advertisement hoarding BRIT, billboard AM
reklamieren* [rekla'mi:rən] *vt* ■**etw ~** ❶ (*bemängeln*) to complain about sth ❷ (*beanspruchen*) to claim sth

Falsche Freunde

Nicht verwechseln mit *to reclaim* — wiedergewinnen!

rekonstruieren* [rekɔnstru'i:rən] *vt* to reconstruct
Rekonstruktion [rekɔnstrʊk'tsi̯o:n] *f* ❶ *kein pl* (*a. fig: das Nachbilden*) reconstruction *no pl* ❷ (*Modernisierung*) renovation
Rekonvaleszenz <-> [rekɔnvalɛs'tsɛnts] *f kein pl* (*geh*) convalescence *no pl*
Rekord <-s, -e> [re'kɔrt] *m* record; **einen ~ aufstellen** to set up a record
Rekorder <-s, -> [re'kɔrdɐ] *m* ❶ (*Kassettenrekorder*) cassette recorder ❷ (*Videorekorder*) video [recorder]
Rekordhalter(in) <-s, -> *m(f)* record-holder **Rekordinhaber(in)** *m(f)* record holder **Rekordzeit** *f* record time
Rekrut(in) <-en, -en> [re'kru:t] *m(f)* recruit
rekrutieren* [rekru'ti:rən] **I.** *vt* to recruit **II.** *vr* ■**sich** *akk* **aus etw** *dat* **~** to consist of sth
Rekrutin <-, -nen> *f fem form von* **Rekrut**
Rektor, Rektorin <-s, -toren> ['rɛkto:ɐ̯, rɛk'to:rɪn, *pl* rɛk'to:rən] *m, f* SCH ❶ *einer Hochschule* vice-chancellor BRIT, president AM ❷ *einer Schule* head teacher BRIT, principle AM
Rektorat <-[e]s, -e> [rɛkto'ra:t] *nt* ❶ (*Amtsräume: Universität*) vice-chancellor's [*or* AM vice-president's] office; (*Schule*) head teacher's study BRIT, principle's office AM ❷ (*Amtszeit: Universität*) vice-chancellor's [*or* AM vice-president's] term of office; (*Schule*) headship BRIT
Rektorin <-, -nen> *f fem form von* **Rektor**

R

Rekultivierung <-, -en> *f* recultivation
Relais <-, -> [rəˈlɛː] *nt* ELEK relay
Relation <-, -en> [relaˈtsi̯oːn] *f* ① (*Verhältnismäßigkeit*) proportion; **in ~ zu etw** *dat* **stehen** to be proportional to sth; **in keiner ~ zu etw** *dat* **stehen** to bear no relation to sth ② (*wechselseitige Beziehung*) relationship
relativ [relaˈtiːf] **I.** *adj* relative **II.** *adv* relatively
relativieren* [relatiˈviːrən] (*geh*) **I.** *vt* to qualify **II.** *vi* to think in relative terms
Relativität <-, -en> [relativiˈtɛːt] *meist sing f* (*geh*) relativity
Relativitätstheorie <-> *f kein pl* ■ **die ~** the theory of relativity
Relativpronomen *nt* relative pronoun **Relativsatz** *m* relative clause
relaxed [riˈlɛkst] *adv* chilled [out]
relaxen* [riˈlɛksn̩] *vi* to relax
Relegationsspiel [relegaˈtsi̯oːnsʃpiːl] *nt* SPORT relegation match
relevant [releˈvant] *adj* (*geh*) relevant
Relevanz <-> [releˈvants] *f kein pl* (*geh*) relevance *no pl*
Relief <-s, -s *o* -e> [reˈli̯ɛf] *nt* ① KUNST relief ② (*plastische Nachbildung*) plastic relief model
Religion <-, -en> [reliˈgi̯oːn] *f* religion
Religionsfreiheit *f* freedom *no pl* of worship **Religionsgemeinschaft** *f* religious community
religionslos *adj* unreligious
Religionsunterricht *m* religious education [*or* instruction] **Religionszugehörigkeit** <-, -en> *f meist sing* denomination
religiös [reliˈgi̯øːs] **I.** *adj* religious **II.** *adv* in a religious manner
Religiosität <-> [religi̯oziˈtɛːt] *f kein pl* religiousness *no pl*
Relikt <-[e]s, -e> [reˈlɪkt] *nt* (*geh*) relic
Reling <-, -s *o* -e> [ˈreːlɪŋ] *f* rail
Reliquie <-, -n> [reˈliːkvi̯ə] *f* relic
Remake <-s, -s> [riˈmeːk, ˈriːmeːk] *nt* remake
remis [rəˈmiː] *adj* SCHACH drawn
Remmidemmi <-s> [ˈrɛmiˈdɛmi] *nt kein pl* (*veraltend sl*) racket *no pl*
Remoulade <-, -n> [remuˈlaːdə] *f*, **Remouladensoße** *f* tartar sauce
rempeln [ˈrɛmpl̩n] *vi* (*fam*) to jostle
Renaissance <-, -en> [rənɛˈsãːs] *f* ① *kein pl* KUNST, HIST Renaissance *no pl* ② (*geh: Wiederbelebung*) renaissance
Rendezvous <-, -> [rãdeˈvuː, ˈrãːdevu] *nt* rendezvous *a. hum*
Rendite <-, -n> [rɛnˈdiːtə] *f* return
renitent [reniˈtɛnt] *adj* (*geh*) awkward

R

Rennbahn *f* racetrack
rennen <rannte, gerannt> [ˈrɛnən] *vi sein* ① (*laufen*) to run ② (*stoßen*) ■ **gegen etw** *akk* **~** to bump into sth
Rennen <-s, -> [ˈrɛnən] *nt* race; **gut/schlecht im ~ liegen** to be well/badly placed; (*fig*) to be in a good/bad position
Renner <-s, -> [ˈrɛnɐ] *m* (*fam*) big seller
Rennfahrer(in) *m(f)* ① (*Autorennen*) racing driver BRIT, racecar driver AM ② (*Radrennen*) racing cyclist **Rennpferd** *nt* racehorse **Rennrad** *nt* racing bike **Rennsport** *m* ① (*Motorrennen*) motor racing *no pl* ② (*Radrennsport*) cycle racing ③ (*Pferderennsport*) horse racing **Rennstrecke** *f* racetrack **Rennwagen** *m* racing [*or* AM race] car
Renommee <-s, -s> [renɔˈmeː] *nt* (*geh*) reputation (**von** of)
renommiert *adj* (*geh*) renowned
renovieren* [renoˈviːrən] *vt* to renovate
Renovierung <-, -en> *f* renovation
rentabel [rɛnˈtaːbl̩] **I.** *adj* profitable **II.** *adv* profitably
Rentabilität <-> [rɛntabiliˈtɛːt] *f kein pl* profitability *no pl*
Rente <-, -n> [ˈrɛntə] *f* ① (*Ruhestand*) **in ~ gehen** (*fam*) to retire; **in ~ sein** (*fam*) to be retired ② (*Altersruhegeld*) pension ③ (*Zinseinkünfte*) annuity
Rentenalter *nt* retirement age **Rentenanspruch** *m* right to a pension **Rentenbeitrag** *m* pension contribution **Rentenempfänger(in)** *m(f)* (*geh*) pensioner **Rentenpolitik** *f kein pl* pensions policy, pension plans *pl*
Rentenversicherung *f* pension scheme BRIT, retirement insurance AM
Rentier [ˈrɛntiːɐ̯] *nt* reindeer
rentieren* [rɛnˈtiːrən] *vr* ■ **sich** *akk* **~** to be worthwhile

Falsche Freunde
Nicht verwechseln mit *to rent* — mieten!

Rentner(in) <-s, -> *m(f)* pensioner
Rep <-s, -s> [rɛp] *m kurz für* **Republikaner** republican (*member of the German right-wing Republican Party*)
reparabel [repaˈraːbl̩] *adj* repairable
Reparation <-, -en> [reparaˈtsi̯oːn] *f* reparations *pl*
Reparatur <-, -en> [reparaˈtuːɐ̯] *f* repair; **etw in ~ geben** to have sth repaired
reparaturanfällig *adj* prone to breaking down *pred* **reparaturbedürftig** *adj* in need of repair *pred* **Reparaturkosten** *pl* repair costs *pl* **Reparaturwerkstatt** *f* re-

pair workshop; AUTO garage
reparieren* [repaˈriːrən] *vt* to repair
Repertoire <-s, -s> [repɛrˈto̯aːɐ̯] *nt* repertoire
Report <-[e]s, -e> [reˈpɔrt] *m* report
Reportage <-, -n> [repɔrˈtaːʒə] *f* report; (*live*) live coverage
Reporter(in) <-s, -> [reˈpɔrtɐ] *m(f)* reporter
Repräsentant(in) <-en, -en> [reprɛzɛnˈtant] *m(f)* representative
Repräsentantenhaus <-es> *nt kein pl* (*in den USA*) House of Representatives
Repräsentation <-, -en> [reprɛzɛntaˈtsi̯oːn] *f* representation
repräsentativ [reprɛzɛntaˈtiːf] **I.** *adj* ① (*aussagekräftig*) *Ergebnis, Querschnitt* representative ② (*vorzeigbar*) *Aufmachung, Auftreten* prestigious **II.** *adv* imposingly
Repräsentativumfrage *f* representative survey
repräsentieren* [reprɛzɛnˈtiːrən] **I.** *vt* to represent **II.** *vi* to perform official and social functions
Repressalie <-, -n> [reprɛˈsaːli̯ə] *f* (*geh*) reprisal *usu pl*
repressiv [reprɛˈsiːf] *adj* (*geh*) repressive
Reproduktion <-, -en> [reprodʊkˈtsi̯oːn] *f* reproduction
reproduzieren* [reproduˈtsiːrən] *vt* to reproduce
Reptil <-s, -ien> [rɛpˈtiːl, *pl* -ˈtiːli̯ən] *nt* reptile
Republik <-, -en> [repuˈbliːk] *f* republic
Republikaner(in) <-s, -> [republiˈkaːnɐ] *m(f)* ① (*in den USA*) Republican ② (*in Deutschland*) member of the German Republican Party
republikanisch [republiˈkaːnɪʃ] *adj* republican
Requiem <-s, Requien> [ˈreːkviɛm, *pl* -vi̯ən] *nt* requiem
Requisit <-s, -en> [rekviˈziːt] *nt* ① (*geh: Zubehör*) accessory ② THEAT prop
Requisiteur(in) <-s, -e> [rekviziˈtøːɐ̯] *m(f)* THEAT, FILM props master *masc* [*or fem* mistress]
resch [rɛʃ] *adj* ÖSTERR ① (*knusprig*) crispy; **~e Semmeln** crusty rolls ② (*resolut*) determined
Reservat <-[e]s, -e> [rezɛrˈvaːt] *nt* reservation
Reserve <-, -n> [reˈzɛrvə] *f* ① (*Rücklage*) reserve ② (*Zurückhaltung*) reserve; **jdn [durch etw** *akk*/**mit etw** *dat*] **aus der ~ locken** to bring sb out of his/her shell [with sth]
Reservebank *f* SPORT [substitutes'] bench **Reservekanister** *m* spare can **Reserverad** *nt* spare wheel **Reservereifen** *m* spare tyre **Reservespieler(in)** *m(f)* substitute
reservieren* [rezɛrˈviːrən] *vt* to reserve
Reservierung <-, -en> *f* reservation
Reservist(in) <-en, -en> [rezɛrˈvɪst] *m(f)* reservist
Reservoir <-s, -e> [rezɛrˈvo̯aːɐ̯] *nt* reservoir
Residenz <-, -en> [reziˈdɛnts] *f* residence
residieren* [reziˈdiːrən] *vi* (*geh*) to reside
Resignation <-, *selten* -en> [rezɪgnaˈtsi̯oːn] *f* (*geh*) resignation
resignieren* [rezɪˈgniːrən] *vi* (*geh*) to give up
resistent [rezɪsˈtɛnt] *adj* resistant (**gegen** +*akk* to)
resolut [rezoˈluːt] **I.** *adj* resolute **II.** *adv* resolutely
Resolution <-, -en> [rezoluˈtsi̯oːn] *f* resolution
Resonanz <-, -en> [rezoˈnants] *f* (*Entgegnung*) response (**auf** +*akk* to)
resozialisieren* [rezotsi̯aliˈziːrən] *vt* ■**jdn ~** to reintegrate sb into society
Resozialisierung <-, -en> *f* reintegration *no pl* into society
Respekt <-s> [reˈspɛkt, rɛ-] *m kein pl* respect *no pl* (**vor** +*dat* for); **bei allem ~!** with all due respect!; **voller ~** respectful; **sich** *dat* [**bei jdm**] **~ verschaffen** to earn [sb's] respect
respektabel [respɛkˈtaːbl̩, rɛ-] **I.** *adj* ① (*beachtlich*) *Leistung* considerable ② (*ehrbar*) *Mensch* respectable **II.** *adv* ① (*beachtlich*) considerably ② (*ehrbar*) respectably
respektieren* [respɛkˈtiːrən, rɛ-] *vt* to respect
respektive [respɛkˈtiːvə, rɛ-] *adv* (*geh*) or rather
respektlos **I.** *adj* disrespectful **II.** *adv* disrespectfully
Respektlosigkeit <-, -en> *f* ① *kein pl* (*Art*) disrespect *no pl* ② (*Bemerkung*) disrespectful comment
Respektsperson *f* person commanding respect
respektvoll **I.** *adj* respectful **II.** *adv* respectfully
Ressentiment <-s, -s> [rɛsãtiˈmãː] *nt* (*geh*) resentment *no pl*
Ressort <-s, -s> [rɛˈsoːɐ̯] *nt* ① (*Zuständigkeitsbereich*) area of responsibility ② (*Abteilung*) department
Ressource <-, -n> [rɛˈsʊrsə] *f* ① (*Bestand an Geldmitteln*) resources *npl* ② (*natürlich vorhandener Bestand*) resource; *Energie* reserves *pl*

R

Rest <-[e]s, -e *o* SCHWEIZ *a.* -en> [rɛst] *m* rest; *Essen* leftovers *npl;* **der ~ ist für Sie!** (*beim Bezahlen*) keep the change!; **der letzte ~** the last bit; *Wein* the last drop; **den Kuchen haben wir bis auf den letzten ~ aufgegessen** we ate the whole cake down to the last crumb ▸ WENDUNGEN: **jdm den ~ geben** (*fam*) to be the final straw for sb
Restaurant <-s, -s> [rɛsto'rãː] *nt* restaurant
Restauration[1] <-, -en> [restaura'tsi̯oːn, rɛ-] *f a.* POL restoration
Restauration[2] <-, -en> [rɛstora'tsi̯oːn] *f* ÖSTERR (*veraltet: Gastwirtschaft*) restaurant
Restaurator, Restauratorin <-s, -toren> [restau̯'raːtoːɐ̯, restaura'toːrɪn, *pl* restau̯ra'toːrən] *m, f* restorer
restaurieren* [restau̯'riːrən, rɛ-] *vt* to restore
restlich *adj* remaining; **wo ist das ~e Geld?** where is the rest of the money?
restlos I. *adj* complete **II.** *adv* completely
Restposten *m* remaining stock
restriktiv [restrɪk'tiːf, rɛ-] *adj* (*geh*) restrictive **Restrisiko** *nt* residual risk
Resultat <-[e]s, -e> [rezʊl'taːt] *nt* result
resultieren* [rezʊl'tiːrən] *vi* (*geh*) to result (**aus** +*dat* from, **in** +*dat* in)
Resümee <-s, -s> [rezy'meː] *nt* (*geh*) ① (*Schlussfolgerung*) conclusion ② (*Zusammenfassung*) summary
resümieren* [rezy'miːrən] *vi, vt* (*geh*) to summarize
Retorte <-, -n> [re'tɔrtə] *f* retort ▸ WENDUNGEN: **aus der ~** (*fam*) artificially produced
Retortenbaby [-beːbi] *nt* (*fam*) test-tube baby
retour [re'tuːɐ̯] *adv* SCHWEIZ, ÖSTERR (*geh*) back; **„eine Fahrkarte nach Wien und wieder ~!"** 'a return ticket to Vienna, please'
Retourbillett ['rətuːɐ̯bɪljɛt] *nt* SCHWEIZ (*Rückfahrkarte*) return ticket **Retourgeld** *nt* SCHWEIZ (*Wechselgeld*) change *no pl* **Retourkutsche** *f* (*fam*) retort
retournieren* [retʊr'niːrən] *vt* ① SCHWEIZ to return ② SPORT *Ball* to return
Retrospektive <-, -n> [retro-] *f* (*geh*) retrospective
retten ['rɛtn̩] **I.** *vt* to save (**vor** +*dat* from); **das ist der ~de Einfall!** that's the idea that will save the day! ▸ WENDUNGEN: **bist du noch zu ~?** (*fam*) are you out of your mind? **II.** *vr* ■**sich** *akk* ~ to save oneself (**vor** +*dat* from); **er konnte sich gerade noch ans Ufer ~** he was just able to reach the safety of the bank ▸ WENDUNGEN: **rette sich, wer kann!** run for your lives!; **sich** *akk* **vor etw** *dat* **nicht mehr ~ können** to be swamped by sth
Retter(in) <-s, -> *m(f)* rescuer, saviour *liter*
Rettich <-s, -e> ['rɛtɪç] *m* radish
Rettung <-, -en> *f* ① (*das Retten*) rescue; **für jdn gibt es keine ~ mehr** sb is beyond help ② (*das Erhalten*) preservation *no pl* ▸ WENDUNGEN: **jds [letzte] ~ sein** to be sb's last hope [of being saved]
Rettungsaktion *f* rescue operation **Rettungsanker** *m* sheet-anchor **Rettungsboot** *nt* lifeboat **Rettungsdienst** *m* rescue service **Rettungshubschrauber** *m* emergency rescue helicopter **Rettungsinsel** *f* inflatable life-raft
rettungslos I. *adj* hopeless **II.** *adv* hopelessly
Rettungsmannschaft *f* rescue party **Rettungsring** *m* ① NAUT lifebelt ② (*hum fam: Fettpolster*) spare tyre **Rettungsschwimmer(in)** *m(f)* life-guard **Rettungswagen** *m* ambulance **Rettungsweste** *f* life jacket
Return-Taste [ri'tøːɐ̯n-] *f* INFORM return key
retuschieren* [retu'ʃiːrən] *vt* to retouch
Reue <-> ['rɔy̯ə] *f kein pl* remorse *no pl*
reuig ['rɔy̯ɪç] *adj* remorseful
reumütig ['rɔy̯myːtɪç] **I.** *adj* remorseful; *Sünder* repentant **II.** *adv* remorsefully; **~ zu jdm zurückkommen** to come crawling back to sb *fam*
Revanche <-, -n> [re'vãːʃə, re'vaŋʃə] *f* ① (*Revanchespiel*) return match BRIT, rematch AM ② (*Rache*) revenge *no pl*
revanchieren* [revã'ʃiːrən, revaŋ'ʃiːrən] *vr* ■**sich** *akk* ~ ① (*sich erkenntlich zeigen*) **sich bei jdm für eine Einladung ~** to return sb's invitation ② (*sich rächen*) to get one's revenge (**bei** +*dat* on)
Revers <-, -> [re'veːɐ̯, re'vɛːɐ̯, rə-] *nt o m* MODE lapel
revidieren* [revi'diːrən] *vt* (*geh*) ① (*rückgängig machen*) to reverse ② (*abändern*) to revise
Revier <-s, -e> [re'viːɐ̯] *nt* ① (*Polizeidienststelle*) police station ② (*Jagdrevier*) shoot ③ (*Zuständigkeitsbereich*) area of responsibility
Revision <-, -en> [revi'zi̯oːn] *f* ① FIN, ÖKON audit ② JUR appeal ③ TYPO final proofreading *no pl*
Revolte <-, -n> [re'vɔltə] *f* revolt
revoltieren* [revɔl'tiːrən] *vi* (*geh*) to rebel
Revolution <-, -en> [revolu'tsi̯oːn] *f* revolution
revolutionär [revolutsi̯o'nɛːɐ̯] *adj* revolutionary
Revolutionär(in) <-s, -e> [revolutsi̯o'nɛːɐ̯] *m(f)* ① POL revolutionary ② (*radikaler*

R

Neuerer) revolutionist
revolutionieren* [revolutsi̯o'ni:rən] *vt* to revolutionize
Revolver <-s, -> [re'vɔlvɐ] *m* revolver
Revolverblatt *nt* MEDIA (*fam*) sensationalist newspaper **Revolverheld** *m* (*iron*) gunslinger
Revue <-, -n> [re'vy:, rə'vy:, *pl* -'vy:ən] *f* THEAT revue ▶WENDUNGEN: **jdn/etw ~ passieren lassen** (*geh*) to recall sb/to review sth
Rezensent(in) <-en, -en> [retsɛn'zɛnt] *m(f)* reviewer
rezensieren* [retsɛn'zi:rən] *vt* to review
Rezension <-, -en> [retsɛn'zi̯o:n] *f* review
Rezept <-[e]s, -e> [re'tsɛpt] *nt* ❶KOCHK recipe ❷MED prescription ❸(*fig: Verfahren*) remedy (**gegen** +*akk* for)

Falsche Freunde
Nicht verwechseln mit *receipt* — Quittung *f*!

rezeptfrei **I.** *adj* without prescription *after n;* **~e Medikamente** over-the-counter medicines; ■**~ sein** to be available without prescription **II.** *adv* over-the-counter; **~ zu bekommen sein** to be available without prescription
Rezeption <-, -en> [retsɛp'tsi̯o:n] *f* reception
rezeptpflichtig *adj* requiring a prescription; ■**~ sein** to be available only on prescription
Rezession <-, -en> [retsɛ'si̯o:n] *f* recession
Rezipient(in) <-en, -en> [retsi'pi̯ɛnt] *m(f)* ❶(*geh*) *eines Textes, Musikstücks u.ä.* percipient ❷PHYS vacuum jar
rezitieren* [retsi'ti:rən] *vt, vi* to recite (**aus** from)
R-Gespräch ['ɛr-] *nt* reverse charge [*or* AM collect] call
Rhabarber <-s, -> [ra'barbɐ] *m* rhubarb [plant]
Rhein <-s> [rai̯n] *m* Rhine
Rheinland <-[e]s> ['rai̯nlant] *nt* Rhineland
Rheinländer(in) <-s, -> ['rai̯nlɛndɐ] *m(f)* Rhinelander
Rheinland-Pfalz ['rai̯nlant-'pfalts] *nt* Rhineland-Palatinate
Rhesusfaktor *m* rhesus factor
Rhetorik <-, -en> [re'to:rɪk] *f* rhetoric *no pl*
rhetorisch [re'to:rɪʃ] **I.** *adj* rhetorical **II.** *adv* rhetorically; **rein ~** purely rhetorically
Rheuma <-s> ['rɔy̯ma] *nt kein pl* (*fam*) rheumatism *no pl*
Rheumamittel *nt* preparation for rheumatism
rheumatisch [rɔy̯'ma:tɪʃ] *adj* rheumatic
Rheumatismus <-> [rɔy̯ma'tɪsmʊs] *m kein pl* rheumatism *no pl*
Rhinozeros <-[ses], -se> [ri'no:tserɔs] *nt* ❶(*Nashorn*) rhinoceros ❷(*pej fam: Dummkopf*) twit *pej*
Rhombus <-, Rhomben> ['rɔmbʊs, *pl* 'rɔmbn̩] *m* rhombus
Rhythmen *pl von* **Rhythmus**
rhythmisch ['rʏtmɪʃ] *adj* rhythmic[al]
Rhythmus <-, Rhythmen> ['rʏtmʊs, *pl* 'rʏtmən] *m* rhythm
Ribisel <-, -n> ['ri:bi:zl̩] *f* DIAL, ÖSTERR *rote* redcurrant; *schwarze* blackcurrant
richten ['rɪçtn̩] **I.** *vr* ❶(*bestimmt sein*) ■**sich** *akk* **an jdn ~** to be directed at sb; **dieser Vorwurf richtet sich an dich** this reproach is aimed at you ❷(*herantreten*) ■**sich** *akk* **an jdn/etw ~** to consult sb/sth ❸(*sich orientieren*) ■**sich** *akk* **nach jdm/etw ~** to comply with sb/sth; **wir richten uns ganz nach Ihnen** we'll fit in with you ❹(*abhängen von*) ■**sich** *akk* **nach etw** *dat* **~** to be dependent on sth; **das richtet sich danach, ob ...** that depends on whether ... **II.** *vt* ❶(*lenken*) to direct (**auf** +*akk* towards, at); **seinen Blick auf etw** *akk* **~** to [have a] look at sth; **eine Schusswaffe auf jdn ~** to point a gun at sb ❷(*adressieren*) to address (**an** +*akk* to) ❸(*reparieren*) to fix ❹(*bereiten*) to prepare **III.** *vi* (*geh*) to pass judgement (**über** +*akk* on)
Richter(in) <-s, -> ['rɪçtɐ] *m(f)* judge
richterlich *adj attr* judicial
Richterskala *f kein pl,* **Richter-Skala** *f kein pl* Richter scale *no pl*
Richtfest *nt* topping out [ceremony]
Richtgeschwindigkeit *f* recommended speed limit
richtig ['rɪçtɪç] **I.** *adj* ❶(*korrekt*) right; *Lösung* correct ❷(*angebracht*) right; **es war ~, dass du gegangen bist** you were right to leave ❸(*am richtigen Ort*) ■**irgendwo/bei jdm ~ sein** to be at the right place/address ❹(*echt*) real; **ich bin nicht deine ~e Mutter** I'm not your real mother ❺(*fam: regelrecht*) **du bist ein ~er Idiot!** you're a real idiot! ❻(*passend*) right ❼(*ordentlich*) **es ist lange her, dass wir einen ~en Winter mit viel Schnee hatten** it's been ages since we've had a proper winter with lots of snow ❽(*fam: in Ordnung*) all right **II.** *adv* ❶(*korrekt*) correctly; **Sie haben irgendwie nicht ~ gerechnet** you've miscalculated somehow; **höre ich ~?** did I hear right?; **ich höre doch wohl nicht ~?** you

R

must be joking!; **die Bluse sitzt nicht ~** the blouse doesn't fit properly; **eine ~ gehende Uhr** an accurate watch; **sehr ~!** quite right! ② (*fam: regelrecht*) really; **das schmeckt ~ gut** this is really tasty

richtiggehend **I.** *adj attr* (*fam*) real; **eine ~e Erkältung** a very heavy cold **II.** *adv* (*fam*) totally; **~ betrunken sein** to be well and truly plastered

Richtigkeit <-> *f kein pl* correctness *no pl;* **das wird schon seine ~ haben** I'm sure that'll be right **richtig|liegen** *vi irreg sein* (*fig*) ■[**mit etw** *dat*] ~ to be right [with sth]; ■**bei jdm** ~ to have come to the right person **richtig|stellen** *vt* ■**etw** ~ to correct sth

Richtlinie *f meist pl* guideline *usu pl* **Richtpreis** *m* recommended price **Richtschnur** *f kein pl* (*Grundsatz*) guiding principle

Richtung <-, -en> [ˈrɪçtʊŋ] *f* ① (*Himmelsrichtung*) direction; **aus welcher ~ kam das Geräusch?** which direction did the noise come from?; **eine ~ einschlagen** to go in a direction ② (*Tendenz*) trend; **sie vertritt politisch eine gemäßigte ~** she takes a politically moderate line; **irgendwas in der ~** something along those lines; (*Betrag*) something around that mark

richtungweisend *adj* pointing the way [ahead]

Richtwert *m* guideline

rieb [riːp] *imp von* **reiben**

riechen <roch, gerochen> [ˈriːçn̩] **I.** *vi* ① (*duften*) to smell (**nach** +*dat* of); (*stinken a.*) to stink *pej;* **das riecht hier ja so angebrannt** there's a real smell of burning here ② (*schnuppern*) ■**an jdm/etw ~** to smell sb/sth **II.** *vt* to smell; **riechst du nichts?** can't you smell anything? ▶ WENDUNGEN: **das <u>konnte</u> ich nicht ~!** how was I supposed to know that!; **jdn nicht ~ <u>können</u>** not to be able to stand sb

Riecher <-s, -> [ˈriːçɐ] *m* **einen guten ~ [für etw** *akk*] **haben** to have the right instinct [for sth]

Riechkolben *m* (*hum fam*) conk BRIT, big schnozz AM

Ried <-(e)s, -e> [riːt, *pl* ˈriːdə] *nt* ① (*Schilf*) reeds *pl* ② SÜDD, SCHWEIZ (*Moor*) marsh

Rieddach [riːt-] *nt* thatched roof

rief [riːf] *imp von* **rufen**

Riege <-, -n> [ˈriːgə] *f* ① SPORT team ② (*pej: Gruppe*) clique

Riegel <-s, -> [ˈriːgl̩] *m* ① (*Verschluss*) bolt; **vergiss nicht, den ~ vorzulegen!** don't forget to bolt the door ② (*Schokoriegel*) bar ▶ WENDUNGEN: **etw** *dat* **einen ~ <u>vorschieben</u>** to put a stop to sth

Riemen <-s, -> [ˈriːmən] *m* (*schmaler Streifen*) strap ▶ WENDUNGEN: **den ~ <u>enger</u> schnallen** to tighten one's belt; **sich** *akk* **am ~ <u>reißen</u>** to get a grip on oneself

Riese, Riesin <-n, -n> [ˈriːzə, ˈriːzɪn] *m, f* giant

rieseln [ˈriːzl̩n] *vi sein* ① (*rinnen*) to trickle (**auf** +*akk* onto) ② (*bröckeln*) ■**von etw** *dat* ~ to flake off sth

riesengroß [ˈriːzn̩ˈgroːs] *adj* (*fam*) colossal, enormous; **eine ~e Dummheit** a colossal stupidity; **eine ~e Enttäuschung** a huge disappointment; **eine ~e Überraschung** an enormous surprise **Riesenhunger** *m* (*fam*) enormous appetite **Riesenrad** *nt* Ferris wheel **Riesenschritt** *m* giant stride; **der Termin für die Prüfung nähert sich mit ~en** the date of the exam is fast approaching **Riesenslalom** *m* giant slalom

riesig [ˈriːzɪç] **I.** *adj* ① (*ungeheuer groß*) gigantic ② (*gewaltig*) enormous; *Anstrengung, Enttäuschung* huge ③ *präd* (*fam: gelungen*) great; **die Party war einfach ~** the party was really terrific **II.** *adv* (*fam*) enormously; **das war ~ nett von Ihnen** that was terribly nice of you

Riesin <-, -nen> *f fem form von* **Riese**

Riesling <-s, -e> [ˈriːslɪŋ] *m* Riesling

riet [riːt] *imp von* **raten**

Riff <-[e]s, -e> [rɪf] *nt* reef

rigoros [rigoˈroːs] *adj* rigorous

Rille <-, -n> [ˈrɪlə] *f* groove

Rind <-[e]s, -er> [rɪnt] *nt* ① (*Kuh*) cow ② *kein pl* (*Rindfleisch*) beef *no pl*

Rinde <-, -n> [ˈrɪndə] *f* ① *Baum* bark *no pl* ② *Brot* crust; *Käse* rind *no pl*

Rinderbraten *m* roast beef *no pl* **Rinderfilet** *nt* fillet of beef *no pl* **Rinderwahnsinn** *m kein pl* mad cow disease *no art, no pl fam*

Rindfleisch *nt* beef *no art, no pl* **Rindvieh** <-viecher> *nt* ① *kein pl* (*Rinder*) cattle *no art, + pl vb* ② (*sl: Dummkopf*) ass

Ring <-[e]s, -e> [rɪŋ] *m* ① (*Fingerring, Öse*) ring ② (*Ringstraße*) ring road BRIT, AM *usu* beltway ③ (*Boxring*) ring

Ringbuch *nt* ring binder

Ringelblume *f* marigold

ringeln [ˈrɪŋl̩n] **I.** *vt* to wind (**um** +*akk* around) **II.** *vr* ■**sich** *akk* ~ to coil up

Ringelnatter *f* grass snake **Ringelreihen** <-s, -> *m kein pl* ring-a-ring o' roses **Ringelspiel** *nt* ÖSTERR merry-go-round, BRIT *a.* roundabout, AM *a.* carousel

ringen <rang, gerungen> [ˈrɪŋən] *vi* ① (*im Ringkampf kämpfen*) to wrestle ② (*kämpfen*) ■**mit sich** *dat* ~ to wrestle with oneself; **mit den Tränen** ~ to fight one's tears

R

③ (*schnappen*) **nach Atem ~** to struggle for breath ④ (*sich bemühen*) ■**um etw** *akk* ~ to struggle for sth; **um Worte ~d** struggling for words

Ringen <-s> [ˈrɪŋən] *nt kein pl* wrestling *no art, no pl*

Ringer(in) <-s, -> *m(f)* wrestler

Ringfahndung *f* manhunt [over an extensive area] **Ringfinger** *m* ring finger **ringförmig I.** *adj* ring-like; *Autobahn* circular **II.** *adv* in the shape of a ring; **die Umgehungsstraße führt ~ um die Ortschaft herum** the bypass encircles the town **Ringkampf** *m* wrestling match **Ringkämpfer(in)** *m(f) s.* **Ringer** **Ringordner** *m* ring binder **Ringrichter(in)** *m(f)* referee

rings [rɪŋs] *adv* [all] around

ringsherum [ˈrɪŋshɛˈrʊm] *adv s.* **ringsum**

Ringstraße *f* ring road BRIT, AM *usu* beltway

ringsum [ˈrɪŋsˈʔʊm] *adv* [all] around

ringsumher [ˈrɪŋsʔʊmˈheːɐ̯] *adv* (*geh*) *s.* **ringsum**

Rinne <-, -n> [ˈrɪnə] *f* ① (*Furche*) furrow ② (*Dachrinne, Regenrinne*) gutter

rinnen <rann, geronnen> [ˈrɪnən] *vi sein* ① (*fließen*) to run ② (*sickern*) *Tränen* to trickle

Rinnsal <-[e]s, -e> [ˈrɪnzaːl] *nt* ① (*winziger Wasserlauf*) rivulet *liter* ② (*rinnende Flüssigkeit*) trickle

Rinnstein *m* ① (*Gosse*) gutter ② (*Bordstein*) kerb BRIT, curb AM

Rippchen <-s, -> [ˈrɪpçən] *nt* smoked rib [of pork]

Rippe <-, -n> [ˈrɪpə] *f* ANAT, KOCHK rib

Rippenfell *nt* [costal] pleura **Rippenfellentzündung** *f* pleurisy

Rippli <-s, -> [ˈrɪpli] *nt* KOCHK SCHWEIZ salted rib [of pork]

Risiko <-s, -s *o* Risiken *o* ÖSTERR Risken> [ˈriːziko] *nt* risk; **auf jds ~** at sb's own risk

Risikoabwägung *f* risk assessment **risikobereit** *adj* prepared to take a risk *pred* **Risikobereitschaft** *f* willingness to take [high] risks **Risikofaktor** *m* risk factor **risikofreudig** *adj* prepared to take risks *pred* **Risikogruppe** *f* [high-]risk group **Risikokapital** *nt* FIN venture capital

riskant [rɪsˈkant] *adj* risky

riskieren* [rɪsˈkiːrən] *vt* **ich riskiere es!** I'll chance it!; **seinen Job ~** to put one's job at risk; **sein Leben ~** to risk one's life; ■ **[es] ~, etw zu tun** to risk doing sth

riss [rɪs] *imp von* **reißen**

Riss <-es, -e> [rɪs] *m* (*in Kleidung, Muskel, Wand*) tear

rissig [ˈrɪsɪç] *adj Leder, Wand* cracked; *Hände, Lippen* chapped

Riten *pl von* **Ritus**

ritt [rɪt] *imp von* **reiten**

Ritt <-[e]s, -e> [rɪt] *m* ride

Ritter <-s, -> [ˈrɪtɐ] *m* knight

Ritterburg *f* knight's castle

ritterlich *adj* ① (*höflich zu Damen*) chivalrous ② HIST knightly *liter*

Ritterlichkeit *f kein pl* chivalrousness

Ritterroman *m* tale of courtly love **Ritterrüstung** *f* knight's armour

rittlings [ˈrɪtlɪŋs] *adv* astride

Ritual <-s, -e *o* -ien> [riˈtu̯aːl, *pl* riˈtu̯aːli̯ən] *nt* ritual

rituell [riˈtu̯ɛl] *adj* ritual

Ritus <-, Riten> [ˈriːtʊs, *pl* ˈriːtən] *m* rite

Ritz <-es, -e> [ˈrɪts] *m* ① (*Kratzer*) scratch ② *s.* **Ritze**

Ritze <-, -n> [ˈrɪtsə] *f* crack

ritzen [ˈrɪtsn̩] **I.** *vt* to carve **II.** *vr* ■**sich** *akk* ~ to cut oneself

Rivale, Rivalin <-n, -n> [riˈvaːlə, riˈvaːlɪn] *m, f* rival

rivalisieren* [rivaliˈziːrən] *vi* (*geh*) ■**mit jdm ~** to compete with sb; ■**~d** rival *attr*

Rivalität <-, -en> [rivaliˈtɛːt] *f* (*geh*) rivalry

Riviera <-> [riˈvi̯eːra] *f* riviera; ■**die ~** the Riviera

Rizinus <-, - *o* -se> [ˈriːtsinʊs] *m* ① (*Pflanze*) castor-oil plant ② *kein pl* (*fam: Rizinusöl*) castor oil *no art, no pl*

Rizinusöl *nt* castor oil *no art, no pl*

RNS <-> [ɛrʔɛnˈʔɛs] *f kein pl Abk von* **Ribonukleinsäure** RNA *no art, no pl*

Roastbeef <-s, -s> [ˈroːstbiːf] *nt* roast beef *no indef art, no pl*

Robbe <-, -n> [ˈrɔbə] *f* seal

robben [ˈrɔbn̩] *vi sein* to crawl

Robe <-, -n> [ˈroːbə] *f* ① (*langes Abendkleid*) evening gown ② (*Talar*) robe[s *pl*]

Roboter <-s, -> [ˈrɔbɔtɐ] *m* robot

Robotik <-> [ˈrɔbɔtɪk] *f kein pl* robotics

robust [roˈbʊst] *adj* robust

Robustheit <-> *f kein pl* robustness *no art, no pl*

roch [rɔx] *imp von* **riechen**

röcheln [ˈrœçl̩n] *vi* to breathe stertorously *form; Sterbender* to give the death rattle *liter*

Rochen <-s, -> [ˈrɔxn̩] *m* ray

Rock <-[e]s, Röcke> [rɔk, *pl* ˈrœkə] *m* ① (*Damenrock*) skirt ② DIAL (*Jackett*) jacket ③ SCHWEIZ (*Kleid*) dress

rocken [ˈrɔkn̩] *vi* to rock

Rocker(in) <-s, -> [ˈrɔkɐ] *m(f)* rocker

Rockfestival *nt* rock festival **Rockgruppe** *f* rock group

rockig [ˈrɔkɪç] *adj* MUS rocking

Rodel <-s SÜDD, ÖSTERR -, - *o* SÜDD, ÖSTERR

R

-n> ['ro:dl̩] *m o* SÜDD, ÖSTERR *f* sledge, toboggan

Rodelbahn *f* toboggan run

rodeln ['ro:dl̩n] *vi sein o haben* to sledge, to toboggan

roden ['ro:dn̩] *vt* to clear

Rodung <-, -en> *f* ① *(gerodete Fläche)* clearing ② *kein pl (das Roden)* clearance *no art, no pl*

Rogen <-s, -> ['ro:gn̩] *m* roe *no art, no pl*

Roggen <-s> ['rɔgn̩] *m kein pl* rye *no art, no pl*

Roggenbrot *nt* rye bread *no pl* **Roggenmehl** *nt* rye flour

roh [ro:] **I.** *adj* ① *(nicht zubereitet)* raw; **er schluckte das Ei ~ hinunter** he swallowed the egg raw ② *(unbearbeitet)* crude; *Holzklotz* rough; *Marmorblock* unhewn ③ *(grob)* rough; **mit ~er Gewalt** by brute force **II.** *adv (grob)* roughly

Rohbau <-bauten> *m* shell

Rohgewicht *nt* gross weight **Rohgewinn** *m* ÖKON gross profit

Rohheit <-, -en> ['ro:hait] *f* ① *kein pl (Brutalität)* brutality *no art, no pl* ② *kein pl (Rauheit)* coarseness *no art, no pl* ③ *(brutale Handlung)* brutal act

Rohkost *f* uncooked vegetarian food *no art, no pl*

Rohling <-s, -e> ['ro:lɪŋ] *m (brutaler Kerl)* brute

Rohmaterial *nt* raw material **Rohöl** *nt* crude oil

Rohr <-[e]s, -e> [ro:ɐ̯] *nt* ① *(Röhre)* pipe; *(mit kleinerem Durchmesser, flexibel)* tube ② SÜDD, ÖSTERR *(Backofen)* oven

Rohrbruch *m* burst pipe

Röhrchen <-s, -> ['rø:ɐ̯çən] *nt dim von* **Röhre** ① PHARM small tube ② *(Reagenzglas)* test tube ③ *(für Alkoholtest)* breathalyzer® tube

Röhre <-, -n> ['rø:rə] *f* ① *(Hohlkörper)* tube ② *(Leuchtstoffröhre)* neon tube ③ *(Backofen)* oven ▶ WENDUNGEN: **in die ~ gucken** *(fam)* to be left out

röhren ['rø:rən] *vi* ① *Hirsch* to bellow ② *(fam: heiser grölen)* to bawl ③ *(laut dröhnen)* to roar

Rohrleitung *f* pipe **Rohrmatte** *f* rush mat **Rohrnetz** *nt* network of pipes **Rohrspatz** *m* ▶ WENDUNGEN: **wie ein ~ schimpfen** *(fam)* to swear like a trooper [*or* AM sailor] **Rohrstock** *m* cane **Rohrzange** *f* pipe wrench **Rohrzucker** *m* cane sugar *no art, no pl*

Rohseide *f* raw silk *no art, no pl*

Rohstoff *m* raw material **Rohstoffmangel** *m* shortage [*or* lack] of raw materials **Rohstoffpreis** *m* price of raw materials, commodity price **Rohstoffverknappung** *f* shortage of raw materials

Rohzucker *m* cane sugar **Rohzustand** *m* **im ~** in an/the unfinished state

Rokoko <-[s]> ['rɔkoko, roko'ko] *nt kein pl* ① *(Stil)* rococo *no art, no pl* ② *(Zeitalter)* Rococo period *no indef art, no pl*

Rollbahn *f* LUFT runway **Rollbraten** *m* rolled joint

Rolle <-, -n> ['rɔlə] *f* ① *(Gerolltes)* roll; **eine ~ Draht/Zitronendrops** a roll of wire/lemon drops ② *(Garnrolle)* reel ③ *(Laufrad)* roller; *(Möbelrolle)* caster ④ *(Turnübung)* roll; **eine ~ machen** to do a roll ⑤ FILM, THEAT role, part; **eine ~ spielen** to play a part ⑥ *(Beteiligung, Part)* role, part; **das spielt doch keine ~!** it's of no importance! ⑦ SOZIOL role; **ein Ehe mit streng verteilten ~n** a marriage with strict allocation of roles ▶ WENDUNGEN: **aus der ~ fallen** to behave badly

rollen ['rɔlən] **I.** *vi sein* to roll ▶ WENDUNGEN: **etw ins R~ bringen** to set sth in motion **II.** *vt* ① *(zusammenrollen)* to roll [up *sep*] ② *(rollend fortbewegen)* to roll **III.** *vr* ■ **sich** *akk* ~ to curl up

Rollenmuster *nt* SOZIOL role pattern **Rollenspiel** *nt* role play **Rollentausch** *m kein pl* role reversal **Rollenverhalten** *nt kein pl* role[-specific] behaviour

Roller <-s, -> ['rɔlɐ] *m* ① *(Kinderfahrzeug)* scooter ② *(Motorroller)* [motor] scooter ③ ÖSTERR *(Rollo)* [roller] blind, shade AM

Rollerblader(in) ['roʊləbleɪdɐ] *m(f)* in-line skater

Rollfeld *nt* runway

Rolli <-s, -s> ['rɔlli] *m* MODE *(fam)* skinny polo neck [*or* AM turtleneck]

Rollkragen *m* polo neck **Rollkragenpullover** [-pʊlo:vɐ] *m* polo neck, turtleneck AM *usu*

Rollladen <-s, Rollläden *o* -> *m* shutter *usu pl* **Rollmops** ['rɔlmɔps] *m* rollmop BRIT

Rollo <-s, -s> ['rɔlo, rɔ'lo:] *nt* [roller] blind, shade AM

Rollschuh *m* roller skate; **~ laufen** to roller-skate **Rollschuhläufer(in)** *m(f)* roller skater

Rollstuhl *m* wheelchair **Rollstuhlfahrer(in)** *m(f)* wheelchair user **rollstuhlgerecht** *adj* suitable for wheelchairs

Rolltreppe *f* escalator

Rom <-s> [ro:m] *nt kein pl* Rome *no art, no pl*

Roma [ro:ma] *pl* Roma *pl*

Roman <-s, -e> [ro'ma:n] *m* novel

Romancier <-s, -s> [romã'sie:] *m (geh)*

R

novelist
Romane, Romanin <-n, -n> [ro'ma:nə, ro'ma:nɪn] *m, f* neo-Latin
Romanik <-> [ro'ma:nɪk] *f kein pl* ▪ **die ~** the Romanesque period *spec*
Romanin <-, -nen> *f fem form von* **Romane**
romanisch [ro'ma:nɪʃ] *adj* ❶ LING, GEOG Romance ❷ HIST Romanesque *spec* ❸ SCHWEIZ (*rätoromanisch*) Rhaeto-Romanic
Romanist(in) <-en, -en> [roma'nɪst] *m(f)* scholar/student/teacher of Romance languages and literature
Romanistik <-> [roma'nɪstɪk] *f kein pl* Romance studies
Romanistin <-, -nen> *f fem form von* **Romanist**
Romanschriftsteller(in) *m(f)* novelist
Romantik <-> [ro'mantɪk] *f kein pl* ❶ (*Epoche*) ▪ **die ~** the Romantic period ❷ (*gefühlsbetonte Stimmung*) romanticism *no art, no pl;* **[einen] Sinn für ~ haben** to have a sense of romance
Romantiker(in) <-s, -> [ro'mantikɐ] *m(f)* ❶ (*Künstler der Romantik*) Romantic writer/composer/poet ❷ (*gefühlsbetonter Mensch*) romantic
romantisch [ro'mantɪʃ] **I.** *adj* ❶ (*zur Romantik gehörend*) Romantic ❷ (*gefühlvoll*) romantic ❸ (*malerisch*) picturesque **II.** *adv* picturesquely; **~ gelegen** situated in a picturesque location
Romanze <-, -n> [ro'mantsə] *f* romantic affair
Römer(in) <-s, -> *m(f)* Roman; **die alten ~** the ancient Romans
römisch ['rø:mɪʃ] *adj* Roman
ROM-Speicher *m* ROM [store]
röntgen ['rœntgn̩] *vt* to x-ray; ▪ **sich ~ lassen** to be x-rayed
Röntgenaufnahme *f* X-ray [photograph] **Röntgenbild** *nt* X-ray [photograph], radiograph, roentgenogram **Röntgengerät** *nt* X-ray apparatus
Röntgenstrahlen *pl* X-rays *pl* **Röntgenuntersuchung** *f* X-ray examination
rosa ['ro:za] *adj* pink
rosarot *adj* rose pink
Rose <-, -n> ['ro:zə] *f* ❶ (*Strauch*) rose bush ❷ (*Blüte*) rose
Rosé <-s, -s> [ro'ze:] *m* rosé
Rosenkohl *m* [Brussels] sprouts **Rosenkranz** *m* rosary **Rosenmontag** *m Monday before Shrove Tuesday, climax of the German carnival celebrations* **Rosenstock** <-[e]s, -stöcke> *m* standard rose
Rosette <-, -n> [ro'zɛtə] *f* ❶ (*Fenster*) rose window ❷ (*Schmuckrosette*) rosette

rosig ['ro:zɪç] *adj* rosy
Rosine <-, -n> [ro'zi:nə] *f* raisin
Rosmarin <-s> ['ro:smari:n] *m kein pl* rosemary *no art, no pl*
Ross <-es, -e *o* Rösser> [rɔs, *pl* 'rœsɐ] *nt* ❶ (*liter: Reitpferd*) steed ❷ SÜDD, ÖSTERR, SCHWEIZ (*Pferd*) horse
Rosshaar *nt kein pl* horsehair *no art, no pl* **Rosskastanie** [-kasta:ni̯ə] *f* [horse] chestnut **Rosskur** *f* (*hum*) drastic cure
Rost[1] <-[e]s> [rɔst] *m kein pl* (*auf Eisen, Stahl*) rust *no art, no pl*
Rost[2] <-[e]s, -e> [rɔst] *m* ❶ (*Gitter*) grating ❷ (*Grillrost*) grill ❸ (*Bettrost*) base
Rostbraten *m* roast beef *no art, no pl* **rostbraun** *adj Haar* auburn; *Kleidungsstück, Fell* russet
rosten ['rɔstn̩] *vi sein o haben* to rust
rösten ['rø:stn̩, 'rœstn̩] *vt* to roast; *Brot* to toast
rostfrei *adj* stainless
Rösti ['rø:sti] *pl* SCHWEIZ [sliced] fried potatoes *pl*

Land und Leute

Rösti are a Swiss speciality consisting of finely sliced raw or boiled potatoes fried with onions and herbs.

rostig ['rɔstɪç] *adj* rusty
Röstkartoffeln *pl* fried potatoes *pl*
Rostlaube *f* (*hum fam*) rust bucket
Rostschutzfarbe *f* antirust[ing] paint **Rostschutzmittel** *nt* rust prevention agent
rot <-er *o* röter, -este *o* röteste> [ro:t] **I.** *adj* red; ▪ **~ werden** to go red; (*aus Scham a.*) to blush **II.** *adv* red; **etw ~ unterstreichen** to underline sth in red
Rotation <-, -en> [rota'tsi̯o:n] *f* rotation
Rotationsachse [-aksə] *f* axis of rotation
Rotbarsch *m* rosefish **rotblond** *adj* sandy; **eine ~e Frau** a strawberry blonde; **ein ~er Mann** a sandy-haired man **rotbraun** *adj* reddish brown **Rotbuche** *f* [common] beech
Röte <-> ['rø:tə] *f kein pl* (*geh*) red[ness]
Rote-Armee-Fraktion *f* ▪ **die ~** the Red Army Faction
Rötel <-s, -> ['rø:tl̩] *m* red chalk *no art, no pl*
Röteln ['rø:tl̩n] *pl* rubella *no art, no pl spec*
röten ['rø:tn̩] **I.** *vr* ▪ **sich** *akk* **~** to turn red; *Wangen a.* to flush **II.** *vt* to redden
röter *adj komp von* **rot**
röteste(r, s) *adj superl von* **rot**
Rotfuchs *m* (*Pferd*) chestnut **rothaarig** *adj* red-haired; ▪ **~ sein** to have red hair **Rothaut** *f* (*fam*) redskin *dated or pej*

R

rotieren* [ro'ti:rən] *vi* ① (*sich drehen*) to rotate ② (*fam: hektisch agieren*) to rush around like mad

Rotkäppchen <-s> *nt kein pl* Little Red Ridinghood *no art, no pl* **Rotkehlchen** <-s, -> *nt* robin **Rotkohl** *m,* **Rotkraut** *nt* SÜDD, ÖSTERR red cabbage *no art, no pl*

rötlich ['rø:tlɪç] *adj* reddish

Rotlichtmilieu *nt* demi-monde *liter* **Rotlichtviertel** *nt* red-light district

Rotschopf *m* redhead **rot|sehen** *vi irreg* (*fam*) to see red **Rotstift** *m* red pencil/crayon/pen ▶ WENDUNGEN: [**bei etw** *dat*] **den ~ ansetzen** to make cutbacks [in sth]

Rötung <-, -en> *f* reddening *no pl*

Rotwein *m* red wine **Rotwild** *nt* red deer

Rotz <-es> [rɔts] *m kein pl* snot ▶ WENDUNGEN: **~ und Wasser heulen** (*fam*) to cry one's eyes out

Rotzfahne *f* (*sl*) snot-rag *pej fam* **rotzfrech** ['rɔts'frɛç] (*fam*) **I.** *adj* cocky **II.** *adv* cockily

rotzig ['rɔtsɪç] *adj* ① *Nase, Taschentuch* snotty ② (*unverschämt*) cheeky

Rotzjunge *m* (*pej fam*) snotty little brat **Rotzlümmel** *m* (*sl*) snotty-nosed brat **Rotznase** *f* (*fam*) ① (*schleimige Nase*) snotty nose ② (*freches Kind*) snotty-nosed brat *pej*

Rouge <-s, -s> [ru:ʒ] *nt* rouge *no art, no pl*

Roulade <-, -n> [ru'la:də] *f* roulade *spec*

Roulette <-s, - *o* -s> [ru'lɛt] *nt* roulette *no art, no pl*

Route <-, -n> ['ru:tə] *f* route

Routine <-> [ru'ti:nə] *f kein pl* routine *no pl*

Routinearbeit *f* routine work

routinemäßig **I.** *adj* routine **II.** *adv* as a matter of routine

Routineuntersuchung *f* routine examination

Routinier <-s, -s> [ruti'ni̯e:] *m* experienced person

routiniert [ruti'ni:ɐt] **I.** *adj* experienced **II.** *adv* in a practised manner

Rowdy <-s, -s> ['raudi] *m* hooligan

Royalist(in) <-en, -en> [ro̯aja'lɪst] *m(f)* royalist

rubbeln ['rʊbl̩n] *vi, vt* to rub hard

Rübe <-, -n> ['ry:bə] *f* ① KOCHK, BOT turnip; **Gelbe ~** SÜDD, SCHWEIZ carrot; **Rote ~** beetroot ② (*fam: Kopf*) nut; [**von jdm**] **eins auf die ~ kriegen** to get a clout round the ear [from sb]

Rubel <-s, -> ['ru:bl̩] *m* rouble, Rubel AM

rüber ['ry:bɐ] *adv* (*fam*) *s.* **herüber, hinüber**

rüber|bringen *vt irreg* (*fam*) ■[**jdm**] **etw ~** to get across *sep* sth [to sb] **rüber|kommen** *vi irreg sein* (*sl*) ■[**zu jdm**] **~** to come across [to sb] **rüber|schieben** *vt* (*sl*) **jdm Geld ~** to cough up *sep* [money]

Rubin <-s, -e> [ru'bi:n] *m* ruby

Rubrik <-, -en> [ru'bri:k] *f* ① (*Kategorie*) category ② (*Spalte*) column

ruchlos ['ru:xlo:s] *adj* (*geh*) heinous; (*niederträchtig a.*) dastardly *liter*

Ruck <-[e]s, -e> [rʊk] *m* jolt ▶ WENDUNGEN: **sich** *dat* **einen ~ geben** (*fam*) to pull oneself together

Rückantwort *f* reply, answer

ruckartig **I.** *adj* jerky, jolting *attr* **II.** *adv* with a jerk

Rückbesinnung *f* recollection (**auf** +*akk* of) **Rückbildung** *f* ① (*Abheilung*) regression *no pl* ② (*Verkümmerung*) atrophy *no art, no pl* ③ BIOL degeneration *no pl* **Rückblende** *f* flashback **Rückblick** *m* look back *no pl* (**auf** +*akk* at); **im ~ auf etw** *akk* looking back at sth **rückblickend** **I.** *adj* retrospective **II.** *adv* in retrospect

ruckeln ['rʊkl̩n] *vi* to tug (**an** +*dat* at)

rucken ['rʊkn̩] *vi* to jerk

rücken ['rʏkn̩] **I.** *vi sein* ① (*weiterrücken*) to move; **zur Seite ~** to move aside; (*auf einer Bank a.*) to budge up BRIT *fam,* to slide down AM ② (*gelangen*) **in den Mittelpunkt des Interesses ~** to become the centre of interest **II.** *vt* ① (*schieben*) to move ② (*zurechtrücken*) **er rückte den Hut in die Stirn** he pulled his hat down over his forehead; **seine Krawatte gerade ~** to straighten one's tie

Rücken <-s, -> ['rʏkn̩] *m* ① ANAT back; **jdm den ~ zudrehen** to turn one's back on sb; **~ an ~** back to back; **auf dem ~** on one's back; **hinter jds ~** (*a. fig*) behind sb's back; **mit dem ~ zu jdm/etw** *dat* with one's back to sb/sth ② KOCHK saddle ③ (*Buchrücken*) spine ▶ WENDUNGEN: **mit dem ~ zur Wand stehen** to have one's back to the wall; **jdm läuft es [eis]kalt über den ~** cold shivers run down sb's spine; **jdm in den ~ fallen** to stab sb in the back; **jdm den ~ stärken** to give sb moral support

Rückendeckung *f* backing *no art, no pl;* **finanzielle ~** financial backing **Rückenlehne** *f* back rest BRIT, seat back AM **Rückenmark** *nt* spinal cord *no pl* **Rückenschmerzen** *pl* back pain *no pl,* backache *no pl* **Rückenschwimmen** *nt* backstroke *no pl* **Rückenwind** *m* tail wind

rückerstatten* *vt nur infin und pp* to refund; **jdm seine Verluste ~** to reimburse sb for his/her losses *form*

Rückerstattung *f* refund; *von Verlusten* reimbursement *form*

rückfragen

rückfragen	checking
Meinst du damit, dass ...?	**Do you mean that ...?**
Soll das heißen, dass ...?	**Does that mean that ...?**
Habe ich Sie richtig verstanden, dass ...?	**Have I understood you correctly that ...?**
Wollen Sie damit sagen, dass ...?	**Do you mean to say that ...?**
kontrollieren, ob Inhalt/Zweck eigener Äußerungen verstanden wurde	**ascertaining whether something has been understood**
Kapito? *(sl)*	**Got it?** *(fam)*
Alles klar? *(fam)***/Ist das klar?**	**Everything clear?/Is that clear?**
Verstehst du, was ich (damit) meine?	**Do you understand what I mean?**
Haben Sie verstanden, auf was ich hinaus möchte?	**Have you understood what I'm trying to get at?**
Ich weiß nicht, ob ich mich verständlich machen konnte.	**I don't know if I made myself clear.**

Rückfahrkarte *f* return ticket
Rückfahrt *f* return journey
Rückfall *m* ① MED relapse *form* ② JUR subsequent offence ③ (*geh: erneutes Aufnehmen*) ■ **ein ~ in etw** *akk* a relapse into sth
rückfällig *adj* ① JUR *Täter* recidivist *attr* ② *Alkoholiker, Raucher, Patient* relapsed; **~ werden** to suffer a relapse
Rückfenster *nt* rear window
Rückflug *m* return flight **Rückflugticket** *nt* return air [*or* AM roundtrip plane] ticket
Rückfrage *f* query (**zu** +*dat* regarding)
Rückgabe *f* return
Rückgang *m* drop; **im ~ begriffen sein** to be falling
rückgängig *adj* **etw ~ machen** to cancel sth
Rückgewinnung *f* recovery *no pl*
Rückgrat <-[e]s, -e> *nt* ① (*Wirbelsäule*) spine ② *kein pl* (*fig: Stehvermögen*) backbone; **~ haben** to have guts *fam;* **kein ~ haben** to be gutless *fam*
Rückgriff *m* recourse *no indef art, no pl* (**auf** to)
Rückhalt *m* support *no art, no pl* ▶ WENDUNGEN: **ohne ~** unreservedly
rückhaltlos **I.** *adj* ① (*bedingungslos*) *Unterstützung* unreserved ② (*schonungslos*) unsparing; *Kritik* ruthless; *Offenheit* complete **II.** *adv* unreservedly
Rückhand *f kein pl* SPORT backhand
Rückkehr <-> *f kein pl* return; ■ **bei/nach/vor jds ~** on/after/before sb's return
Rückkopp(e)lung *f* feedback *no pl*
Rücklage *f* ① (*Ersparnisse*) savings *npl* ② FIN (*Reserve*) reserve fund
Rücklauf <-[e]s> *m kein pl* ① TECH return pipe; *Maschine* return stroke ② (*Gegenströmung*) return flow ③ (*bei einem Aufnahmegerät*) rewind ④ (*bei einer Schusswaffe*) recoil
rückläufig ['rʏklɔyfɪç] *adj* declining
Rücklicht *nt* tail light; *eines Fahrrads a.* back light
rücklings ['rʏklɪŋs] *adv* ① (*von hinten*) from behind ② (*verkehrt herum*) the wrong way round ③ (*nach hinten*) backwards ④ (*mit dem Rücken*) ■ **~ an/zu etw** *dat* with one's back against/to sth
Rückmarsch *m* ① (*Rückweg*) march back ② MIL retreat
Rückmeldefrist *f* re-registration period
rück|melden *vr* SCH to re-register BRIT, to register AM (*used of continuing students*)
Rückmeldung *f* ① SCH (*erneute Registrierung*) re-registration ② (*Reaktion*) reaction, response
Rücknahme <-, -n> *f pl selten* taking back
Rückporto *nt* return postage *no indef art, no pl*
Rückreise *f* return journey **Rückreiseverkehr** *m kein pl* homebound traffic
Rückruf *m* ① (*Anruf als Antwort*) return call ② ÖKON (*das Einziehen*) recall
Rucksack ['rʊkzak] *m* rucksack, backpack AM *usu* **Rucksacktourist(in)** [-tʊrɪst] *m(f)*

backpacker

Rückschau <-> *f kein pl* ❶ (*Rückblick*) reflection; **~ auf die letzten Jahre halten** to look back over the last few years ❷ MEDIA review

Rückschlag *m* ❶ (*Verschlechterung*) setback; **einen ~ erleiden** to suffer a setback ❷ (*von Schusswaffe*) recoil *no pl*

Rückschluss *m* conclusion (**aus** +*dat* from); **einen ~ auf etw** *akk* **erlauben** to allow a conclusion to be drawn about sth; [**aus etw** *dat*] **den ~ ziehen, dass ...** to conclude [from sth] that ...; [**aus etw** *dat*] **seine Rückschlüsse ziehen** to draw one's conclusions [from sth]

Rückschritt *m* step backwards

rückschrittlich *adj* ❶ (*einen Rückschritt bedeutend*) retrograde ❷ *s.* **reaktionär**

Rückseite *f* ❶ *Blatt, Buch, Münze* reverse [side] ❷ *Gebäude, Gerät* rear, back

Rücksicht <-, -en> ['rʏkzɪçt] *f* consideration *no art, no pl;* **keine ~ kennen** to be ruthless; **~ [auf jdn] nehmen** to show consideration [for sb]; **~ auf etw** *akk* **nehmen** to take sth into consideration ▸ WENDUNGEN: **ohne ~ auf Verluste** (*fam*) regardless of losses

Rücksichtnahme <-> *f kein pl* consideration *no art, no pl*

rücksichtslos **I.** *adj* inconsiderate; ■**jdm gegenüber ~ sein** to be inconsiderate to sb; **ein ~er Autofahrer** an inconsiderate driver; **mit ~er Offenheit** with ruthless candour; **~es Verhalten** ruthless behaviour **II.** *adv* inconsiderately, ruthlessly

Rücksichtslosigkeit <-> *f kein pl* thoughtlessness *no art, no pl*

rücksichtsvoll **I.** *adj* considerate (**zu** +*dat* towards) **II.** *adv* considerately

Rücksitz *m* rear seat **Rückspiegel** *m* rear [view] mirror

Rückspiel *nt* return match BRIT, rematch AM

Rücksprache *f* consultation; **~ [mit jdm] halten** to consult [with sb]

Rückstand *m* ❶ (*Verzug*) arrears *npl;* **mit der Miete in ~ sein** to be in arrears with the rent ❷ *pl* (*fällige Zahlungen*) outstanding payments *pl* ❸ *von Chemikalien* residue *form*

rückständig ['rʏkʃtɛndɪç] *adj* ❶ (*überfällig*) overdue ❷ (*zurückgeblieben*) backward

Rückständigkeit <-> *f kein pl* backwardness *no art, no pl*

Rückstrahler <-s, -> *m* reflector

Rücktaste *f* backspace [*or* BS] [key] *spec*

Rücktritt *m* ❶ (*Amtsniederlegung*) resignation ❷ *von einem Vertrag* withdrawal (**von** +*dat* from)

Rücktrittbremse *f* back-pedal [*or* coaster] brake

Rücktrittsrecht *nt* right of withdrawal [from a contract]

Rückumschlag *m* self-addressed stamped envelope, s.a.s.e.

rück|vergüten* *vt nur infin und pp* ■**jdm etw ~** to refund sb's sth

rück|versichern* *vr nur infin und pp* ■**sich** *akk* **~** to check [up [*or* back]]

Rückwand *f* ❶ (*rückwärtige Mauer*) back wall ❷ (*rückwärtige Platte*) back [panel]

rückwärtig ['rʏkvɛrtɪç] *adj* back *attr; Ausgang* rear *attr*

rückwärts ['rʏkvɛrts] *adv* ❶ (*rücklings*) backwards; **~ einparken** to reverse into a parking space ❷ (*nach hinten*) backward; **Salto ~** backward somersault ❸ ÖSTERR (*hinten*) at the back; **von ~** SÜDD, ÖSTERR from behind

Rückwärtsfahren *nt* reversing *no art, no pl*

Rückwärtsgang *m* reverse [gear]; **den ~ einlegen** to engage reverse [gear]

Rückweg *m* way back; **sich** *akk* **auf den ~ machen** to head back

ruckweise *adv* jerkily

rückwirkend **I.** *adj* retrospective **II.** *adv* retrospectively

Rückwirkung *f* repercussion

Rückzahlung *f* repayment

Rückzieher <-s, -> *m* **einen ~ machen** (*fam: eine Zusage zurückziehen*) to back out; (*nachgeben*) to climb down

Rückzug *m* ❶ MIL retreat *no pl;* **den ~ antreten** to retreat ❷ SCHWEIZ (*Abhebung von einem Konto*) withdrawal **Rückzugsgebiet** *nt* area of retreat

Rüde <-n, -n> ['ry:də] *m* [male] dog

Rudel <-s, -> ['ru:dl̩] *nt* herd; *Wölfe* pack; *Menschen* swarm

Ruder <-s, -> ['ru:dɐ] *nt* ❶ (*langes Paddel*) oar ❷ (*Steuerruder*) helm; *eines kleineren Bootes a.* rudder

Ruderboot *nt* rowing boat, rowboat AM

Ruderer, Ruderin <-s, -> *m, f* rower

rudern ['ru:dɐn] *vi sein o haben* to row

Ruderregatta *f* rowing regatta

rudimentär [rudimɛn'tɛ:ɐ̯] *adj* rudimentary

Rüebli <-s, -> ['rʏəblɪ] *nt* SCHWEIZ carrot

Ruf <-[e]s, -e> [ru:f] *m* ❶ (*Ausruf*) shout; (*an jdn gerichtet*) call ❷ *kein pl* (*Ansehen*) reputation; **einen guten/schlechten ~ haben** to have a good/bad reputation

rufen <rief, gerufen> ['ru:fn̩] **I.** *vi* ❶ (*schreien*) to cry out ❷ (*a. fig: nach jdm/etw verlangen*) ■**[nach jdm] ~** to call [for sb]; **die Pflicht ruft** duty calls **II.** *vt* ① (*ausrufen*) to shout ② (*herbestellen*) to call; ■**jdn zu sich** *dat* ~ to summon sb [to one]; ■**jdn ~ lassen** to send for sb

Rüffel <-s, -> ['rʏfl̩] *m* (*fam*) telling off

Rufmord *m* character assassination **Rufname** *m* [fore]name **Rufnummer** *f* [tele]phone number **Rufschädigung** *f* JUR disparagement **Rufweite** *f* **außer/in ~** out of/[with]in earshot **Rufzeichen** *nt* ① TELEK ringing tone ② ÖSTERR (*Ausrufungszeichen*) exclamation mark [*or* AM point]

Rugby <-> ['rakbi] *nt kein pl* rugby *no art, no pl*

Rüge <-, -n> ['ry:gə] *f* (*geh*) reprimand; **jdm eine ~ erteilen** to reprimand sb

rügen ['ry:gn̩] *vt* (*geh*) ■**etw ~** to censure sth; ■**jdn ~** to reprimand sb

Ruhe <-> ['ru:ə] *f kein pl* ① (*Stille*) quiet *no art, no pl,* silence *no art, no pl;* **~!** quiet!; **~ geben** to be quiet ② (*Frieden*) peace *no art, no pl;* **jdm keine ~ gönnen** to not give sb a minute's peace; **jdn [mit etw** *dat*] **in ~ lassen** to leave sb in peace [with sth] ③ (*Erholung*) rest; **sich** *dat* **keine ~ gönnen** to not allow oneself any rest; **jdm keine ~ lassen** to not give sb a moment's rest ④ (*Gelassenheit*) calm[ness] *no pl;* [**die**] **~ bewahren** to keep calm; **jdn aus der ~ bringen** to disconcert sb; **sich** *akk* [**von jdm/etw**] **nicht aus der ~ bringen lassen** to not let oneself get worked up [by sb/sth]; **in** [**aller**] **~** [really] calmly; **immer mit der ~!** (*fam*) take things easy! ▶ WENDUNGEN: **die ~ vor dem Sturm** the calm before the storm; **jdn zur letzten ~ betten** (*geh*) to lay sb to rest; **keine ~ geben, bis ...** to not rest until ...; **sich** *akk* **zur ~ setzen** to retire; **die ~ weghaben** (*fam*) to be unflappable

ruhebedürftig *adj* (*geistig*) in need of peace; (*körperlich*) in need of rest

ruhelos I. *adj* restless **II.** *adv* restlessly

Ruhelosigkeit <-> *f kein pl* restlessness *no art, no pl*

ruhen ['ru:ən] *vi* ① (*ausruhen*) to [have a] rest; **nicht eher ~, bis ...** to not rest until ... ② *Blick* to rest (**auf** +*dat* on) ③ (*eingestellt sein*) to be suspended; **am Samstag ruht in den meisten Betrieben die Arbeit** most firms don't work on a Saturday ④ **ein Projekt ~ lassen** to drop a project; **die Vergangenheit ~ lassen** to forget the past

Ruhepause *f* break **Ruhestand** *m kein pl* retirement *no art, no pl;* **in den ~ gehen** to retire; **im ~** retired

Ruheständler(in) <-s, -> ['ru:əʃtɛntlɐ] *m(f)* retired person

Ruhestätte *f* **letzte ~** (*geh*) final resting-place **Ruhestellung** *f* ① *einer Maschine* off position ② *eines Körpers, Pendels* resting position ③ MED **das Bein muss in ~ bleiben** the leg must be kept immobile **Ruhestörung** *f* breach of the peace *no pl* **Ruhetag** *m* (*arbeitsfreier Tag*) day off; (*Feiertag*) day of rest

ruhig ['ru:ɪç] **I.** *adj* ① (*still*) quiet; **sei ~!** (*fam*) be quiet! ② (*geruhsam*) *Abend* quiet ③ (*unbewegt*) *Meer* calm; *Blick, Hand* steady ④ (*gelassen*) *Person, Stimme* calm; *Gewissen* clear; **jd kann ganz ~ sein** sb does not have to worry **II.** *adv* ① (*untätig*) idly; **~ dastehen** to stand idly by ② (*gelassen*) calmly; **~ reagieren** to react calmly **III.** *part* (*fam*) **geh ~, ich komme schon alleine zurecht** don't worry about going, I can manage on my own; **du kannst ~ hierbleiben** feel free to stay here

Ruhm <-es> [ru:m] *m kein pl* fame *no art, no pl*

rühmen ['ry:mən] **I.** *vt* to praise **II.** *vr* ■**sich** *akk* **einer S.** *gen* **~** to boast about sth

Ruhmesblatt *nt* glorious chapter

rühmlich *adj* praiseworthy

ruhmlos *adj* inglorious

ruhmreich *adj* glorious

ruhmvoll *adj* glorious

Ruhr[1] <-> [ru:ɐ̯] *f* ■**die ~** the Ruhr

Ruhr[2] <-> [ru:ɐ̯] *f kein pl* MED ■**die ~** dysentery

Rührei ['ry:ɐ̯ʔaj] *nt* scrambled eggs *pl*

rühren ['ry:rən] **I.** *vt* ① (*umrühren*) to stir ② (*innerlich*) *Herz* to touch; ■**jdn ~** to move sb; **jdn zu Tränen ~** to move sb to tears; **das kann mich nicht ~** that doesn't bother me ③ (*bewegen*) to move **II.** *vi* ① (*umrühren*) to stir ② (*die Rede auf etw bringen*) to touch (**an** +*akk* on) **III.** *vr* (*sich bewegen*) ■**sich** *akk* **~** to move

rührend I. *adj* ① (*ergreifend*) touching, moving ② (*reizend*) ■**~** [**von jdm**] **sein** to be sweet [of sb] **II.** *adv* touchingly

Ruhrgebiet *nt kein pl* the Ruhr [Area]

Rührmichnichtan <-, -> ['ry:ɐ̯mɪçnɪçtʔan] *nt* BOT touch-me-not

rührselig *adj* tear-jerking *fam;* **ein ~er Film/ein ~es Buch** a tear jerker *fam*

Rührteig *m* sponge mixture

Rührung <-> *f kein pl* emotion *no art, no pl*

Ruin <-s> [ru'i:n] *m kein pl* ruin *no pl*

Ruine <-, -n> [ru'i:nə] *f* ruin[s *pl*]

ruinieren* [rui'ni:rən] *vt* to ruin

rülpsen ['rʏlpsn̩] *vi* to belch

Rülpser <-s, -> *m* (*fam*) burp

Rum <-s, -s> [rʊm] *m* rum *no art, no pl*

rum [rʊm] *adv* (*fam*) *s.* **herum**

Rumäne, Rumänin <-n, -n> [ru'mɛ:nə, ru'mɛ:nɪn] *m, f* Romanian; *s. a.* **Deutsche(r)**

Rumänien <-s> [ru'mɛ:ni̯ən] *nt* Romania; *s. a.* **Deutschland**

Rumänin <-, -nen> *f fem form von* **Rumäne**

rumänisch [ru'mɛ:nɪʃ] *adj* Romanian; *s. a.* **deutsch**

Rumba <-s, -s> ['rʊmba] *m* rumba

rum|diskutieren *vi* (*fam*) to blather [on]

rum|kriegen *vt* (*sl*) ① (*zu etw bewegen*) ■**jdn [zu etw** *dat*] ~ to talk sb into sth ② (*verbringen*) **einen Tag irgendwie ~** to get through a day somehow

rum|machen *vi* (*pej sl*) ■**mit jdm ~** to play around with sb

Rummel <-s> ['rʊml̩] *m kein pl* ① (*fam: Aufhebens*) [hustle and] bustle *no art, no pl* ② (*Betriebsamkeit*) commotion *no pl* ③ DIAL (*Rummelplatz*) fair

Rummelplatz *m* fairground

rumoren* [ru'mo:rən] *vi impers* **in meinem Magen rumort es** my stomach's rumbling

Rumpelkammer ['rʊmpl̩-] *f* junk room

rumpeln ['rʊmpl̩n] *vi* ① *haben* to rumble; *Geschirr* to clatter ② *sein* ■**über etw** *akk* ~ *Fahrzeug* to rumble

Rumpf <-[e]s, Rümpfe> [rʊmpf, *pl* 'rʏmpfə] *m* ① (*Torso*) torso ② *eines Flugzeugs* fuselage; *eines Schiffes* hull

rümpfen ['rʏmpfən] *vt* **die Nase [über etw]** ~ to turn up *sep* one's nose [at sth]; (*sehr verächtlich*) to sneer [at sth]

Rumpsteak ['rʊmpste:k, -ʃte:k] *nt* rump steak

Rumtopf *m a rum and sugar mixture with fruit*

rum|treiben *irreg vr* (*fam*) ■**sich** *akk* ~ to hang out

Rumtreiber(in) <-s, -> *m(f)* layabout BRIT, goof-off AM

Run <-s, -s> [ran] *m* run (**auf** +*akk* on)

rund [rʊnt] **I.** *adj* ① (*kreisförmig*) round ② (*rundlich*) plump; *Hüften* well-rounded; *Wangen* chubby ③ (*fam*) **eine ~e Summe** a round sum; **~e fünf Jahre** a good five years ④ *Geschmack* full **II.** *adv* ① ■**~ um ...** around ... ② (*etwa*) around; **~ 100 Euro** approximately 100 euros

Rundbau <-bauten> *m* rotunda **Rundblick** *m* panorama **Rundbrief** *m* circular

Runde <-, -n> ['rʊndə] *f* ① (*Gesellschaft*) company ② (*Rundgang*) rounds *pl; eines Polizisten* beat *no pl; eines Briefträgers* round; **seine ~ machen** to do one's rounds; *Polizist* to be on one's beat ③ SPORT lap; (*im Boxen*) round ④ *von* [*Tarif*]*gesprächen* round ⑤ (*Bestellung*) round; **eine ~ spendieren** to get in a round ▶ WENDUNGEN: **[mit etw** *dat*] **über die ~n kommen** to make ends meet [with sth]

runden ['rʊndn̩] (*geh*) **I.** *vr* ■**sich ~** ① (*rundlich werden*) to become round; (*von Gesicht*) to fill out ② (*konkreter werden*) to take shape **II.** *vt* MATH to round up

Runderneuerung *f* AUTO retread **Rundfahrt** *f* [sightseeing] tour **Rundflug** *m* [short] circular [sightseeing] flight **Rundfrage** *f* survey (**zu** of)

Rundfunk *m* ① (*geh*) radio; **im ~** on the radio ② (*Sendeanstalt*) broadcasting **Rundfunkanstalt** *f* (*geh*) broadcasting corporation **Rundfunkgebühr** *f meist pl* radio licence fee **Rundfunkgerät** *nt* (*geh*) radio [set] **Rundfunksender** *m* radio station **Rundfunksendung** *f* radio programme

Rundgang *m* walk; (*zur Besichtigung*) tour

rund|gehen *irreg* **I.** *vi sein* ① (*herumgereicht werden*) to be passed around; ■**etw ~ lassen** to pass around *sep* sth ② (*fam: herumerzählt werden*) to do the rounds **II.** *vi impers sein* (*fam*) **es geht rund im Büro** it's all happening at the office; **jetzt geht es rund!** (*gibt es Ärger*) now there'll be [all] hell to pay! **rundheraus** *adv* bluntly **rundherum** *adv* ■**~ [um etw** *akk*] all round [sth]

rundlich ['rʊntlɪç] *adj* plump; *Hüften* well-rounded; *Wangen* chubby

Rundreise *f* tour (**durch** +*akk* of) **Rundschreiben** *nt* (*geh*) *s.* **Rundbrief**

rundum ['rʊnt'ʔʊm] *adv* ① (*ringsum*) all round ② (*völlig*) completely

Rundumschlag *m* sweeping blow

Rundung <-, -en> *f* ① (*Wölbung*) curve ② *pl* (*fam*) curves

Rundwanderweg *m* circular walk

rundweg ['rʊnt'vɛk] *adv* flatly

Runkelrübe ['rʊnkl̩-] *f,* **Runkel** <-, -n> *f* ÖSTERR, SCHWEIZ fodderbeet

runter ['rʊntɐ] *adv* (*fam*) *s.* **herunter, hinunter**

runter|hauen *vt* (*fam*) **jdm eine ~** to give sb a clip round the ear BRIT, to slap sb in the kisser AM **runter|holen** *vt* ① (*herunternehmen*) to fetch (**von** +*dat* from) ② (*sl*) ■**sich** *dat* **einen ~** to [have a] wank BRIT, to choke one's chicken AM **runter|kommen** *vi irreg sein* ① (*fam: herunterkommen*) to get [*or* come] down ② (*sl: clean werden*) ■**von etw** *dat* ~ to come off sth

Runzel <-, -n> ['rʊntsl̩] *f* wrinkle

runzelig ['rʊntsəlɪç] *adj* wrinkled

runzeln ['rʊntsl̩n] **I.** *vt* to crease; *Brauen* to knit; *Stirn* to wrinkle **II.** *vr* ■ **sich** *akk* ~ to become wrinkled

runzlig ['rʊntslɪç] *adj s.* **runzelig**

Rüpel <-s, -> ['ry:pl̩] *m* lout

rüpelhaft *adj* loutish; ~**er Kerl** lout

rupfen ['rʊpfn̩] *vt* ① (*Huhn*) to pluck ② (*zupfen*) to pull up *sep* (**aus** +*dat* out of)

ruppig ['rʊpɪç] **I.** *adj* gruff; *Antwort* abrupt **II.** *adv* gruffly; **sich** *akk* ~ **verhalten** to be gruff

Rüsche <-, -n> ['ry:ʃə] *f* frill

Ruß <-es> [ru:s] *m kein pl* soot; *Dieselmotor* particulate; *Kerze* smoke; *Lampe* lampblack

Russe, Russin <-n, -n> ['rʊsə] *m, f* Russian; *s. a.* **Deutsche(r)**

Rüssel <-s, -> ['rʏsl̩] *m* snout; *Elefant a.* trunk

rußen ['ru:sn̩] **I.** *vi* to produce soot; *Fackel, Kerze* to smoke **II.** *vt* SCHWEIZ, SÜDD (*entrußen*) ■ **etw** ~ to clean the soot out of sth; **den Kamin** ~ to sweep the chimney

rußig ['ru:sɪç] *adj* blackened [with soot *pred*]; (*verschmutzt a.*) sooty

Russin <-, -nen> *f fem form von* **Russe**

russisch ['rʊsɪʃ] *adj* Russian; *s. a.* **deutsch**

Russland <-s> ['rʊslant] *nt* Russia; *s. a.* **Deutschland**

Russlanddeutsche(r) *f(m)* ethnic German from Russia; *s. a.* **Deutsche(r)**

rüsten ['rʏstn̩] **I.** *vi* to arm **II.** *vr* (*geh*) ■ **sich** *akk* **zu etw** *dat* ~ to prepare for sth **III.** *vt* SCHWEIZ (*vorbereiten*) ■ **etw** ~ to get together *sep* sth

rüstig ['rʏstɪç] *adj* sprightly

Falsche Freunde

Nicht verwechseln mit *rusty* — rostig!

rustikal [rʊsti'ka:l] **I.** *adj* rustic **II.** *adv* **sich** *akk* ~ **einrichten** to furnish one's home in a farmhouse style

Rüstung <-, -en> ['rʏstʊŋ] *f* ① *kein pl* (*das Rüsten*) [re]armament ② (*Ritterrüstung*) armour

Rüstungsindustrie *f* armament[s] industry **Rüstungsmüll** *m kein pl* arms waste *no pl* **Rüstungsunternehmen** *nt* armaments concern

Rüstzeug *nt kein pl* ① (*Werkzeug*) equipment *no pl, no indef art* ② (*Know-how*) skills *pl;* (*Qualifikationen*) qualifications *pl*

Rute <-, -n> ['ru:tə] *f* ① (*Gerte*) switch ② (*Angelrute*) [fishing] rod

Rutengänger(in) <-s, -> *m(f)* dowser

Rutsch <-es, -e> [rʊtʃ] *m* landslide ▶ WENDUNGEN: **in einem** ~ (*fam*) in one go; **guten** ~! (*fam*) happy New Year!

Rutschbahn *f* ① (*Kinderrutschbahn*) slide ② (*Rummelplatz*) helter-skelter

Rutsche <-, -n> ['rʊtʃə] *f* ① (*Rutschbahn*) slide ② TECH chute

rutschen ['rʊtʃn̩] *vi sein* ① (*ausrutschen*) to slip; *Auto* to skid ② (*fam: rücken*) to move; **auf dem Stuhl hin und her** ~ to fidget on one's chair; **rutsch mal!** move over ③ (*gleiten*) to slide; *Kleidung* to slip down

rutschfest *adj* non-slip **Rutschgefahr** *f kein pl* danger of slipping; (*von Auto*) risk of skidding

rutschig ['rʊtʃɪç] *adj* slippery

rütteln ['rʏtl̩n] **I.** *vt* to shake **II.** *vi* ■ **an etw** *dat* ~ to shake sth; **daran ist nicht zu** ~ (*kein Zweifel*) there's no doubt about it

S s

S, s <-, -> [ɛs] *nt* S, s; (*Mehrzahl*) S['ʼ]s, s's; ~ **wie Siegfried** S for Sugar

s. *Abk von* **siehe**

S. *Abk von* **Seite** p[.]; (*Mehrzahl*) pp[.]

Saal <-[e]s, Säle> [za:l, *pl* 'zɛ:lə] *m* hall

Saar <-> [za:ɐ̯] *f* ■ **die** ~ the Saar

Saargebiet *nt,* **Saarland** ['za:ɐ̯lant] *nt* ■ **das** ~ the Saarland

Saat <-, -en> [za:t] *f* ① *kein pl* (*das Säen*) sowing ② (*Saatgut*) seed[s *pl*]

Saatgut *nt kein pl* seed[s *pl*] **Saatkorn** *nt* seed corn [*or* AM grain]

Sabbat <-s, -e> ['zabat] *m* the Sabbath

sabbern ['zabɐn] *vi* to slaver, to slobber *pej*

Säbel <-s, -> ['zɛ:bl̩] *m* sabre

Sabotage <-, -n> [zabo'ta:ʒə] *f* sabotage

Saboteur(in) <-s, -e> [zabo'tø:ɐ] *m(f)* saboteur

sabotieren* [zabo'ti:rən] **I.** *vt* to sabotage **II.** *vi* to practise sabotage

Saccharin <-s> [zaxa'ri:n] *nt kein pl* saccharin

Saccharose <-, -> [zaxa'ro:zə] *f kein pl* sucrose

Sachbearbeiter(in) *m(f)* specialist; (*in einer Behörde*) official in charge **Sachbeschädigung** *f* vandalism **Sachbuch** *nt* non[-]fiction book **sachdienlich** *adj* relevant

Sache <-, -n> ['zaxə] *f* ① (*Ding*) thing ② (*Angelegenheit*) matter; **eine gute** ~ a good cause; **das ist meine ~** that is my affair; **es ist nicht jedermanns ~** it is not everyone's cup of tea ❸ (*Aufgabe*) **mit jdm gemeinsame ~ machen** to make common cause with sb; **sie macht keine halben ~n** she does not do things by halves; **er macht seine ~ gut** he's doing well ❹ (*Sachlage*) **sich** *dat* **seiner ~ sicher sein** to be sure of one's ground; **zur ~ kommen** to come to the point; **bei der ~ sein** to give one's full attention; **nichts zur ~ tun** to be irrelevant

Sachgebiet *nt* field **sachgemäß** **I.** *adj* proper; **bei ~er Verwendung** when properly used **II.** *adv* properly **Sachkenntnis** *f* expert knowledge *no pl* **Sachkunde** *f kein pl s.* **Sachkenntnis** **sachkundig** **I.** *adj* [well-]informed **II.** *adv* **~ antworten** to give an informed answer **Sachlage** *f kein pl* situation, state of affairs **Sachleistung** *f* payment in kind

sachlich ['zaxlɪç] **I.** *adj* ❶ (*objektiv*) objective ❷ (*inhaltlich*) factual ❸ (*schmucklos*) *Stil* functional **II.** *adv* ❶ (*objektiv*) objectively ❷ (*inhaltlich*) *Fehler* factually

sächlich ['zɛçlɪç] *adj* LING neuter

Sachlichkeit <-> *f kein pl* objectivity

Sachregister *nt* subject index **Sachschaden** *m* damage to property

Sachse, Sächsin <-n, -n> ['zaksə, 'zɛksɪn] *m, f* Saxon

Sachsen <-s> ['zaksn̩] *nt* Saxony

Sachsen-Anhalt <-s> [zaksn̩-'anhalt] *nt* Saxony-Anhalt

Sächsin <-, -nen> *f fem form von* **Sachse**

sächsisch ['zɛksɪʃ] *adj* Saxon, of Saxony *pred*

sacht [zaxt], **sachte** ['zaxtə] **I.** *adj* gentle **II.** *adv* gently

Sachverhalt <-[e]s, -e> *m* facts *pl* **sachverständig** *adj* competent; **~er Zeuge** expert witness **Sachverständige(r)** *f(m) dekl wie adj* expert **Sachwert** *m* commodity value

Sack <-[e]s, Säcke> [zak, *pl* 'zɛkə] *m* ❶ (*großer Beutel*) sack ❷ SÜDD, ÖSTERR, SCHWEIZ (*Hosentasche*) [trouser [*or* AM pants]] pocket ▸ WENDUNGEN: **mit ~ und Pack** with bag and baggage

Sackbahnhof *m station where trains cannot pass through but must enter and exit via the same direction*

sacken ['zakn̩] *vi sein* to subside; (*zur Seite*) to lean

Sackgasse *f* (*a. fig*) dead end *a. fig;* **in einer ~ stecken** to have come to a dead end **Sackhüpfen** *nt kein pl* sack race **Sackmesser** <-s, -> *nt* SCHWEIZ pen knife **Sacktuch** *nt* SÜDD, ÖSTERR, SCHWEIZ (*Taschentuch*) handkerchief

Sadismus <-> [za'dɪsmʊs] *m kein pl* sadism

Sadist(in) <-en, -en> [za'dɪst] *m(f)* sadist

sadistisch **I.** *adj* sadistic **II.** *adv* sadistically

säen ['zɛːən] *vt, vi* to sow

Safari <-, -s> [za'faːri] *f* safari

Safe <-s, -s> [seːf] *m* safe

Safran <-s, -e> ['zafraːn] *m* saffron

Saft <-[e]s, Säfte> [zaft, *pl* 'zɛftə] *m* ❶ (*Fruchtsaft*) [fruit] juice *no pl* ❷ (*Pflanzensaft*) sap *no pl* ❸ (*fam: Strom*) juice

saftig ['zaftɪç] *adj* ❶ (*viel Saft enthaltend*) juicy, succulent ❷ (*üppig*) *Weide* lush ❸ *Rechnung* steep

Saftladen *m* (*pej fam*) dump **Saftpresse** *f* fruit press

Sage <-, -n> ['zaːgə] *f* legend

Säge <-, -n> ['zɛːgə] *f* ❶ (*Werkzeug*) saw ❷ ÖSTERR (*Sägewerk*) sawmill

Sägeblatt *nt* saw blade **Sägemehl** *nt* sawdust

sagen ['zaːgn̩] **I.** *vt* ❶ (*äußern*) to say; **warum haben Sie das nicht gleich gesagt?** why didn't you say so before?; **was ich noch ~ wollte, ...** just one more thing, ... ❷ (*mitteilen*) to tell; **das hätte ich dir gleich ~ können** I could have told you that before; **wem ~ Sie das!** (*fam*) who are you trying to tell that?; **nichts zu ~ haben** to have nothing to say; **das ist nicht gesagt** that is by no means certain ❸ (*meinen*) **was ~ Sie dazu?** what do you think?; **das kann man wohl ~!** you can say that again! ❹ (*bedeuten*) ■**jdm etwas ~** to mean something to sb; **das hat nichts zu ~** it does not mean anything **II.** *vi* ■**sag/~ Sie, ...** tell me, ...; **genauer gesagt** or more precisely; **ich muss schon ~!** I must say!; **unter uns gesagt** between you and me; **sag bloß!** you don't say!; ■**um nicht zu ~ ...** not to say ...

sägen ['zɛːgn̩] *vt, vi* to saw

sagenhaft **I.** *adj* ❶ (*phänomenal*) incredible ❷ (*legendär*) legendary **II.** *adv* incredibly

Sägespäne *pl* wood shavings *pl* **Sägewerk** *nt* sawmill, lumbermill AM

sah [zaː] *imp von* **sehen**

Sahara <-> [za'haːra, 'zaːhara] *f kein pl* ■**die ~** the Sahara

Sahne <-> ['zaːnə] *f kein pl* cream; **süße ~** [fresh] cream; (*Schlagsahne*) whipping cream

Sahnetorte *f* cream gateau

sahnig ['zaːnɪç] *adj* creamy

Saison <-, -s *o* SÜDD, ÖSTERR -en> [zɛ'zõː, zɛ'zɔŋ] *f* season; **außerhalb der ~** in the

off-season
Saisonarbeit [zɛˈzõː-, zɛˈzɔŋ-] *f* seasonal work **Saisonarbeiter(in)** *m(f)* seasonal worker **saisonbedingt** *adj* seasonal
Saite <-, -n> [ˈzaitə] *f* MUS string ▶ WENDUNGEN: **andere ~n aufziehen** to get tough
Saiteninstrument *nt* string instrument
Sakko <-s, -s> [ˈzako] *m o nt* sports jacket
sakral [zaˈkraːl] *adj* sacred
Sakrament <-[e]s, -e> [zakraˈmɛnt] *nt* sacrament
Sakrileg <-s, -e> [zakriˈleːk] *nt* sacrilege
Sakristei <-, -en> [zakrɪsˈtai] *f* sacristy
Salamander <-s, -> [zalaˈmandɐ] *m* salamander
Salami <-, -s> [zaˈlaːmi] *f* salami
Salär <-s, -e> [zaˈlɛːɐ̯] *nt* ÖSTERR, SCHWEIZ (*geh: Honorar*) salary
Salat <-[e]s, -e> [zaˈlaːt] *m* ❶ (*Pflanze*) lettuce ❷ (*Gericht*) salad
Salatbesteck *nt* salad servers *pl* **Salatgurke** *f* cucumber **Salatschleuder** *m* salad drainer **Salatschüssel** *f* salad bowl **Salatsoße** *f* salad dressing
Salbe <-, -n> [ˈzalbə] *f* ointment, salve
Salbei <-s> [ˈzalbai] *m kein pl* sage *no pl*
Salbung <-, -en> *f* anointing, unction
salbungsvoll **I.** *adj* (*pej*) unctuous **II.** *adv* (*pej*) unctuously, with unction
Saldo <-s, -s *o* Saldi *o* Salden> [ˈzaldo, *pl* ˈzaldi, ˈzaldn̩] *m* FIN balance
Säle *pl von* **Saal**
Saline <-, -n> [zaˈliːnə] *f* ❶ (*Gradierwerk*) salt collector ❷ (*Salzwerk*) salt works + *sing/pl vb*
Salm <-[e]s, -e> [zalm] *m* (*Lachs*) salmon
Salmiak <-s> [zalˈmi̯ak, ˈzalmi̯ak] *m o nt kein pl* ammonium chloride
Salmonelle <-, -n> [zalmoˈnɛlə] *f meist pl* salmonella
Salmonellenvergiftung *f* salmonella poisoning
salomonisch [zaloˈmoːnɪʃ] *adj* ❶ GEOG Solomon; *s. a.* **deutsch** ❷ REL [worthy] of Solomon *pred*
Salon <-s, -s> [zaˈlõː, zaˈlɔŋ] *m* salon
salonfähig [zaˈlõː-, zaˈlɔŋ-] *adj* socially acceptable
salopp [zaˈlɔp] **I.** *adj* ❶ (*leger*) casual ❷ (*ungezwungen*) *Ausdrucksweise* slangy **II.** *adv* ❶ (*leger*) casually ❷ (*ungezwungen*) **sich** *akk* **~ausdrücken** to use slang[y] expressions
Salpetersäure *f kein pl* nitric acid *no pl*
Salto <-s, -s *o* Salti> [ˈzalto, *pl* ˈzalti] *m* somersault; **einen ~ machen** to somersault
salü [zaˈlyː, ˈzaly] *interj* SCHWEIZ (*fam*) ❶ (*hallo*) hi ❷ (*tschüs*) bye
Salvadorianer(in) <-s, -> [zalvadoˈri̯aːnɐ] *m(f)* Salvador[e]an; *s. a.* **Deutsche(r)**
salvadorianisch [zalvadoˈri̯aːnɪʃ] *adj* Salvador[e]an; *s. a.* **deutsch**
Salz <-es, -e> [zalts] *nt* salt
Salzburg <-s> [ˈzaltsbʊrk] *nt* Salzburg

Land und Leute

The **Salzburger Festspiele** (*Salzburg Festival*) was initiated in August 1920 and in the early years, Max Reinhardt achieved great acclaim for his productions of Shakespeare. The 'Everyman' performances on the steps of Salzburg cathedral have also become world famous.

salzen <salzte, gesalzen> [ˈzaltsn̩] **I.** *vt* to salt **II.** *vi* to add salt
Salzgehalt *m* salt content
salzhaltig *adj* salty
salzig [ˈzaltsɪç] *adj* salty
Salzkartoffeln *pl* boiled potatoes **Salzsäure** *f kein pl* hydrochloric acid **Salzstange** *f* salt[ed] stick **Salzstreuer** <-s, -> *m* salt cellar BRIT, [salt] shaker AM **Salzwasser** *nt kein pl* salt water
Samariter <-s, -> [zamaˈriːtɐ] *m* Samaritan; **ein barmherziger ~** a good Samaritan
Samba <-s, -s> [ˈzamba] *m* samba
Sambia <-s> [ˈzambi̯a] *nt* Zambia; *s. a.* **Deutschland**
Samen <-s, -> [ˈzaːmən] *m* ❶ (*Pflanzensamen*) seed ❷ *kein pl* (*Sperma*) sperm
Samenbank *f* sperm bank **Samenerguss** *m* ejaculation **Samenflüssigkeit** *f* seminal fluid **Samenspender** *m* sperm donor
Sammelband *m* anthology **Sammelbecken** *nt* collecting tank **Sammelbegriff** *m* collective term **Sammelbehälter** *m* collection bin **Sammelbestellung** *f* collective order **Sammelbüchse** *f* collecting [*or* AM collection] box **Sammelklage** *f* JUR class-action lawsuit **Sammellager** *nt* refugee camp
sammeln [ˈzamln̩] **I.** *vt* ❶ (*pflücken*) to pick ❷ (*aufsammeln*) to gather ❸ *Münzen, Unterschriften* to collect ❹ (*zusammentragen*) to gather; *Belege* to retain ❺ (*um sich scharen*) *Menschen* to gather **II.** *vr* ❶ (*zusammenkommen*) ▪**sich** *akk* ~ to assemble ❷ (*sich anhäufen*) ▪**sich** *akk* ~ to collect [*or* accumulate] **III.** *vi* **Geld für einen guten Zweck ~** to collect money for a good cause
Sammelsurium <-s, -rien> [zamlˈzuːri̯ʊm, *pl* -ri̯ən] *nt* hotchpotch, hodgepodge AM
Sammeltaxi *nt* [collective] taxi
Sammler(in) <-s, -> *m(f)* collector

S

Sammlerstück *nt* collector's item
Sammlung <-, -en> *f* collection
Sample <-s, -s> ['zampl̩] *nt* MUS sample
Samstag <-[e]s, -e> ['zamsta:k] *m* Saturday; *s. a.* **Dienstag**
Samstagabend *m* Saturday evening; *s. a.* **Dienstag** **samstagabends** *adv* [on] Saturday evenings
samstags *adv* [on] Saturdays
Samt <-[e]s, -e> [zamt] *m* velvet
samtartig *adj* velvety, like velvet *pred*
Samthandschuh *m* velvet glove; **jdn mit ~en anfassen** (*fig*) to handle sb with kid gloves
samtig ['zamtɪç] *adj* velvety
sämtlich ['zɛmtlɪç] *adj* all; **~e Unterlagen wurden vernichtet** the documents were all destroyed; **seine ~en Unterlagen** all his documents
Sanatorium <-, -rien> [zana'to:ri̯ʊm, *pl* -ri̯ən] *nt* sanatorium, sanitarium AM
Sand <-[e]s, -e> [zant] *m* sand *no pl* ▶ WENDUNGEN: **das gibt es wie ~ am Meer** there are heaps of them; **im ~e verlaufen** to peter out
Sandale <-, -n> [zan'da:lə] *f* sandal
Sandalette <-, -n> [zanda'lɛtə] *f* high-heeled sandal
Sandbank <-bänke> *f* sandbank **Sanddorn** *m* BOT sea buckthorn
Sandelholz ['zandl̩hɔlts] *nt* sandalwood
sandfarben, sandfarbig *adj* sand-coloured **Sandgrube** *f* sandpit **Sandhaufen** *m* pile of sand
sandig ['zandɪç] *adj* sandy, full of sand *pred*
Sandkasten *m* sandpit BRIT, sandbox AM **Sandkorn** *nt* grain of sand **Sandkuchen** *m* KOCHK ≈ Madeira cake **Sandmann** *m* sandman **Sandmännchen** *nt* ■**das ~** the sandman **Sandpapier** *nt* sandpaper **Sandsack** *m* ① (*zum Boxen*) punchbag ② (*zum Schutz*) sandbag **Sandstein** *m* sandstone **Sandstrand** *m* sandy beach **Sandsturm** *m* sandstorm
sandte ['zantə] *imp von* **senden²**
Sanduhr *f* hourglass
Sandwich <-[s], -[e]s> ['zɛntvɪtʃ] *nt o m* sandwich
sanft [zanft] **I.** *adj* ① *Berührung, Stimme* gentle ② *Farben, Musik* soft **II.** *adv* gently
Sänfte <-, -n> ['zɛnftə] *f* litter
sanftmütig *adj* gentle
sang [zaŋ] *imp von* **singen**
Sänger(in) <-s, -> ['zɛŋɐ] *m(f)* singer
Sangria <-, -s> *f* sangria
sang- und klanglos *adv* (*fam*) unwept and unsung
sanieren* [za'ni:rən] *vt* ① (*renovieren*) to redevelop ② (*wieder rentabel machen*) to rehabilitate
Sanierung <-, -en> *f* ① (*Renovierung*) redevelopment ② (*von Firma, etc.*) rehabilitation
Sanierungsplan *m* ÖKON redevelopment plan
sanitär [zani'tɛ:ɐ̯] *adj attr* sanitary; **~e Anlagen** sanitation *no pl*
Sanität <-, -en> [zani'tɛ:t] *f* ① *kein pl* ÖSTERR (*Gesundheitsdienst*) ■**die ~** the medical service ② SCHWEIZ (*Ambulanz*) ambulance ③ ÖSTERR, SCHWEIZ (*Sanitätstruppe*) medical corps
Sanitäter(in) <-s, -> [zani'tɛ:tɐ] *m(f)* first-aid attendant, paramedic
Sanitätsdienst *m* MIL medical corps **Sanitätswesen** *nt kein pl* medical service[s]
sank [zaŋk] *imp von* **sinken**
Sankt [zaŋkt] *adj* Saint, St[.]
Sanktion <-, -en> [zaŋk'tsi̯o:n] *f* sanction; **~en verhängen** to impose sanctions
sanktionieren* [zaŋktsi̯o'ni:rən] *vt* to sanction
sann [zan] *imp von* **sinnen**
Saphir <-s, -e> ['za:fɪr, 'zafi:ɐ, za'fi:ɐ] *m* sapphire
Sarde, Sardin <-n, -> ['zardə, 'zardɪn] *m, f* Sardinian
Sardelle <-, -n> [zar'dɛlə] *f* anchovy
Sardin <-, -nen> *f fem form von* **Sarde**
Sardine <-, -n> [zar'di:nə] *f* sardine
Sardinien <-s> [zar'di:ni̯ən] *nt* Sardinia
sardinisch [zar'di:nɪʃ], **sardisch** ['zardɪʃ] *adj* Sardinian, of Sardinia *pred*
Sarg <-[e]s, Särge> [zark, *pl* 'zɛrgə] *m* coffin, casket AM
Sarkasmus <-, -men> [zar'kasmʊs, *pl* -'kasmən] *m kein pl* sarcasm
sarkastisch [zar'kastɪʃ] **I.** *adj* sarcastic **II.** *adv* sarcastically
Sarkophag <-[e]s, -e> [zarko'fa:k, *pl* -fa:gə] *m* sarcophagus
saß [za:s] *imp von* **sitzen**
Satan <-s, -e> ['za:tan] *m kein pl* Satan
satanisch [za'ta:nɪʃ] **I.** *adj attr* satanic, diabolical **II.** *adv* diabolically
Satellit <-en, -en> [zatɛ'li:t] *m* satellite
Satellitenantenne *f* satellite dish **Satellitenfernsehen** *nt kein pl* satellite television *no pl* **Satellitenfoto** *nt* satellite photo **Satellitenschüssel** *f* satellite dish **Satellitenstadt** *f* satellite town **Satellitentelefon** *nt* TELEK satellite [tele]phone
Satin <-s, -s> [za'tɛ̃:] *m* satin
Satire <-, -n> [za'ti:rə] *f kein pl* satire (**auf** +*akk* on)
satirisch [za'ti:rɪʃ] *adj* satirical

satt [zat] *adj* ① (*gesättigt*) full [Brit up] *pred fam;* **ich bin ~** I have had enough [to eat], I am full [Brit up] *fam;* **sich** *akk* **[an etw** *dat*] **~ essen** to eat one's fill [of sth]; **Nudeln machen ~** pasta is filling ② (*kräftig*) *Farben* rich, deep ▸Wendungen: **jdn/etw ~ sein** to be fed up with sb/sth

Sattel <-s, Sättel> ['zatl̩, *pl* 'zɛtl̩] *m* saddle

sattelfest *adj* experienced

satteln ['zatl̩n] *vt* to saddle

Sattelschlepper <-s, -> *m* articulated lorry Brit, semi-trailer [truck] Am **Satteltasche** *f* saddlebag

satt|haben *vt irreg* ■**jdn/etw ~** to be fed up with sb/sth

sättigen ['zɛtɪgn̩] **I.** *vt* to satiate; ■**gesättigt sein** to be saturated **II.** *vi* to be filling

sättigend *adj* filling

Sättigung <-, *selten* -en> *f* saturation

Sattler(in) <-s, -> ['zatlɐ] *m(f)* saddler

Saturn <-s> [za'tʊrn] *m kein pl* Saturn

Satz[1] <-es, Sätze> [zats, *pl* 'zɛtsə] *m* ① Ling sentence; **mitten im ~** in mid-sentence ② Mus movement ③ (*Set*) set; **ein ~ Weingläser** a set of wine glasses ④ (*Schriftsatz*) setting; (*das Gesetzte*) type [matter] *no pl* ⑤ Sport set

Satz[2] <-es, Sätze> [zats, *pl* 'zɛtsə] *m* leap, jump; **einen ~ machen** to leap, to jump

Satz[3] <-es> [zats] *m kein pl* dregs *npl;* (*Kaffeesatz*) grounds *npl*

Satzball *m* Sport set point; (*Tischtennis*) game point

Satzbau <-s> *m kein pl* sentence construction **Satzlehre** *f kein pl* Ling syntax **Satzteil** *m* Ling part of a sentence

Satzung <-, -en> ['zatsʊŋ] *f* constitution, statutes *npl*

Satzzeichen *nt* Ling punctuation mark

Sau <-, Säue *o* Sauen> [zau̯, *pl* 'zɔyə, 'zau̯ən] *f* ① *pl a.* (*weibliches Schwein*) sow ② (*sl: schmutziger Mensch*) filthy pig ▸Wendungen: **jdn zur ~ machen** to bawl sb out; **die ~ rauslassen** to let it all hang out; **das ist unter aller ~** it's enough to make you puke; **keine ~** not a single bastard

sauber ['zau̯bɐ] **I.** *adj* ① (*rein*) clean ② (*stubenrein*) ■**~ sein** to be house-trained ③ (*sorgfältig*) neat ④ (*anständig*) honest **II.** *adv* ① (*rein*) **etw ~ halten** to keep sth clean ② (*perfekt*) neatly

Sauberkeit <-> *f kein pl* clean[li]ness

säuberlich ['zɔybɐlɪç] **I.** *adj* neat **II.** *adv* neatly

säubern ['zɔybɐn] *vt* ① (*reinigen*) to clean ② (*euph: befreien*) to purge (**von** +*dat* of)

Säuberung <-, -en> *f* (*euph*) purge; **ethnische ~** ethnic cleansing

saublöd ['zau̯'bløːt], **saublöde** ['zau̯'bløːdə] *adj* (*sl*) damn stupid

Sauce <-, -n> ['zoːsə] *f s.* **Soße**

Saudi-Arabien ['zau̯di-, za'uːdi-] *nt* Saudi Arabia **saudi-arabisch** ['zau̯di- , za'uːdi-] *adj* Saudi, Saudi-Arabian; *s. a.* **deutsch**

saudumm *adj* (*sl*) damn stupid

sauer ['zau̯ɐ] **I.** *adj* ① (*nicht süß*) sour; (*sauer eingelegt*) pickled ② (*Säure enthaltend*) acid[ic] ③ (*übel gelaunt*) mad (**auf** +*akk* at), pissed off *pred* (**auf** +*akk* with) **II.** *adv* (*übel gelaunt*) **~ reagieren** to get mad [*or* Am pissed]

Sauerampfer <-, -n> *m* sorrel **Sauerbraten** *m* sauerbraten Am (*beef roast marinated in vinegar and herbs*)

Sauerei <-, -en> [zau̯ə'rai̯] *f* (*sl*) ① (*schmutziger Zustand*) mess ② (*unmögliches Benehmen*) [downright] disgrace ③ (*Obszönität*) filthy joke/story

Sauerkirsche *f* sour cherry **Sauerkohl** *m*, **Sauerkraut** *nt* sauerkraut **Sauerkraut** *nt* Dial sauerkraut

säuerlich ['zɔyɐlɪç] **I.** *adj* ① (*leicht sauer*) [slightly] sour ② (*übellaunig*) annoyed **II.** *adv* ① (*leicht sauer*) **~ schmecken** to taste sour [*or* tart] ② (*übellaunig*) sourly

Sauermilch *f* sour [*or* curdled] milk **Sauerrahm** *m* sour cream

Sauerstoff ['zau̯ɐʃtɔf] *m kein pl* oxygen *no pl* **Sauerstoffflasche** *f* oxygen cylinder **Sauerstoffgerät** *nt* (*Beatmungsgerät*) respirator **Sauerstoffmangel** *m kein pl* lack of oxygen **Sauerstoffmaske** *f* oxygen mask

Sauerteig *m* sourdough

Saufbold <-[e]s, -e> ['zau̯fbɔlt, *pl* -bɔldə] *m* (*sl*) drunk[ard]

saufen <säuft, soff, gesoffen> ['zau̯fn̩] **I.** *vt* (*sl*) to drink; (*schneller*) to knock back *sep* **II.** *vi* ① (*sl: Alkoholiker sein*) to drink, to take to the bottle ② (*Tiere*) to drink

Säufer(in) <-s, -> ['zɔyfɐ] *m(f)* (*sl*) drunk[ard], boozer

Sauferei <-, -en> [zau̯fə'rai̯] *f* (*sl: Besäufnis*) booze-up; (*übermäßiges Trinken*) boozing *no art, no pl fam*

Säuferin <-, -nen> *f fem form von* **Säufer**

Saufkumpan(in) *m(f)* (*sl*) drinking pal [*or* Am buddy]

säuft [zɔyft] *3. pers sing pres von* **saufen**

saugen <sog *o* saugte, gesogen *o* gesaugt> ['zau̯gn̩] *vi, vt* to suck (**an** +*dat* on)

säugen ['zɔygn̩] *vt* ■**sein Junges ~** to suckle its young

Sauger <-s, -> *m* (*auf Flasche*) teat, nipple

AM

Säuger <-s, -> *m* (*geh*), **Säugetier** *nt* mammal

saugfähig *adj* absorbent

Säugling <-s, -e> ['zɔyklɪŋ] *m* baby

Säuglingsnahrung *f* baby food **Säuglingsschwester** *f* baby nurse

saukalt ['zau̯'kalt] *adj* (*sl*) damn cold **Saukerl** *m* (*sl*) bastard

Säule <-, -n> ['zɔylə] *f* ❶ ARCHIT column ❷ (*a. fig: Stütze*) pillar; **die ~n der Gesellschaft** the pillars of society

Säulengang *m* colonnade

Saum <-[e]s, Säume> [zau̯m, *pl* 'zɔymə] *m* hem

saumäßig **I.** *adj* (*sl*) ❶ (*unerhört*) bastard *attr;* **du hattest ~es Glück** you were damned lucky ❷ (*miserabel*) lousy **II.** *adv* (*sl*) like hell; **~ kalt/schwer** bastard [*or* BRIT bloody] cold/heavy

säumen ['zɔymən] *vt* ❶ (*Kleidung*) to hem ❷ (*fig geh: zu beiden Seiten stehen*) to line

säumig ['zɔymɪç] *adj* **ein ~er Schuldner** a slow debtor

Säumnis <-, -se *o wenn nt* -ses, -se> ['zɔymnɪs] *f o nt* JUR default; **~ im Termin** failure to appear in court

Sauna <-, -s *o* Saunen> ['zau̯na] *f* sauna; **in die ~ gehen** to go for a sauna

saunieren* [zau̯'ni:rən] *vi* to [take a] sauna

Säure <-, -n> ['zɔyrə] *f* ❶ CHEM acid ❷ (*saure Beschaffenheit*) sourness, acidity

Sauregurkenzeit, Saure-Gurken-Zeit [zau̯rə'gʊrkn̩tsai̯t] *f* (*fam*) silly season

säurehaltig *adj* acid[ic]

Saurier <-s, -> ['zau̯ri̯ɐ] *m* dinosaur

Saus [zau̯s] *m* **in ~ und Braus leben** to live it up

säuseln ['zɔyzl̩n] *vi* ❶ (*leise sausen*) to sigh ❷ (*schmeichelnd sprechen*) to purr

sausen ['zau̯zn̩] *vi* ❶ *sein* (*sich schnell bewegen*) to dash; (*schnell fahren*) to roar ❷ *haben* (*von Wind*) to whistle; (*von Sturm*) to roar ❸ (*sein lassen*) **etw ~ lassen** give sth a miss; **lass deine Verabredung doch ~** forget about your date

Saustall *m* pigsty **saustark** *adj* (*sl*) wicked **Sauwetter** *nt* (*sl*) bastard weather *no indef art* **sauwohl** *adj* **ich fühle mich ~** (*sl*) I feel really good [*or* AM like a million bucks]

Savanne <-, -n> [za'vanə] *f* savanna[h]

Saxofon, Saxophon <-[e]s, -e> [zakso'fo:n] *nt* saxophone

Saxofonist(in) <-en, -en> *m(f) s.* **saxophonist**

Saxophonist(in) <-en, -en> [zaksofo'nɪst] *m(f)* saxophone player, saxophonist

SB [ɛs'be:] *Abk von* **Selbstbedienung** self-service

S-Bahn ['ɛs-] *f* suburban train

S-Bahnhof *m* suburban station

SBB ['ɛsbe:be:] *f Abk von* **schweizerische Bundesbahn** ≈ BR BRIT, ≈ Amtrak AM

SB-Bank *f* self-service bank

SB-Tankstelle *f* self-service petrol [*or* AM gas] station

scannen ['skɛnən] *vt* to scan

Scanner <-s, -> ['skɛnɐ] *m* scanner

Scannerkasse *f* electronic checkout

Schabe <-, -n> ['ʃa:bə] *f* cockroach, roach AM

schaben ['ʃa:bn̩] *vt* to scrape

Schabernack <-[e]s, -e> ['ʃa:bɐnak] *m* (*veraltend*) prank; **jdm einen ~ spielen** to play a prank on sb

schäbig ['ʃɛ:bɪç] *adj* ❶ (*unansehnlich*) shabby ❷ (*gemein*) mean ❸ (*dürftig*) paltry

Schablone <-, -n> [ʃa'blo:nə] *f* stencil

Schach <-s> [ʃax] *nt kein pl* (*Spiel*) chess *no art, no pl;* (*Stellung*) check!; **eine Partie ~** a game of chess; **~ und matt!** checkmate!

Schachbrett *nt* chessboard

schachbrettartig *adj* chequered

schachern ['ʃaxɐn] *vi* to haggle (**um** over)

Schachfigur *f* chess piece **schachmatt** [ʃax'mat] *adj* checkmate **Schachspiel** *nt* ❶ (*Brett und Figuren*) chess set ❷ (*das Schachspielen*) chess **Schachspieler(in)** *m(f)* chess player

Schacht <-[e]s, Schächte> [ʃaxt, *pl* 'ʃɛçtə] *m* shaft; *Brunnen* well

Schachtel <-, -n> ['ʃaxtl̩] *f* box; **eine ~ Zigaretten** a packet [*or* AM pack] of cigarettes

Schachzug *m* move

schade ['ʃa:də] *adj präd* ❶ (*bedauerlich*) **wie ~!** what a pity, that's too bad; **ich finde es ~, dass ...** it's a shame [*or* pity] that; **es ist ~ um ihn** it's a shame about him ❷ (*zu gut*) ■ **für etw** *akk* **zu ~ sein** to be too good for sth

Schädel <-s, -> ['ʃɛ:dl̩] *m* skull; **einen dicken ~ haben** (*fam*) to have a hangover; **jdm brummt der ~** (*fam*) sb's head is throbbing

Schädelbruch *m* fractured skull

schaden ['ʃa:dn̩] *vi* ■ **jdm ~** to do harm to sb; ■ **etw** *dat* **~** to damage sth

Schaden <-s, Schäden> ['ʃa:dn̩, *pl* 'ʃɛ:dn̩] *m* damage *no indef art, no pl* (**durch** +*akk* caused by); **einen ~ verursachen** to cause damage; **jdm ~ zufügen** to harm sb

S

Schadenersatz *m s.* **Schadensersatz** **Schadenersatzanspruch** *m* claim for compensation
Schadenfreude *f* malicious joy **schadenfroh** **I.** *adj* malicious, gloating; ■**~ sein** to delight in others' misfortunes **II.** *adv* **~ grinsen** to grin with gloating
Schadensersatz *m kein pl* compensation; **~ fordern** to claim damages; **jdn auf ~ verklagen** to sue sb for damages
schadhaft ['ʃa:thaft] *adj* faulty, defective
schädigen ['ʃɛ:dɪgn̩] *vt* to harm (**durch** *+akk* with)
Schädigung <-, -en> *f* harm *no indef art, no pl* (*+gen* to)
schädlich ['ʃɛ:tlɪç] *adj* harmful; (*giftig*) noxious; ■**~ sein** to be damaging
Schädling <-s, -e> ['ʃɛ:tlɪŋ] *m* pest
Schädlingsbekämpfung *f* pest control **Schädlingsbekämpfungsmittel** *nt* pesticide
schadlos ['ʃa:tlo:s] *adj* **sich an jdm ~ halten** to make sb pay; **sich an etw** *dat* **~ halten** (*hum*) to do justice to sth
Schadstoff *m* harmful substance; (*in der Umwelt*) pollutant **schadstoffarm** *adj* containing a low level of harmful substances *pred; Motor* low-emission **Schadstoffausstoß** *m* [pollution] emissions *pl* **Schadstoffbelastung** *f* pollution
schadstoffhaltig *adj* containing pollutants
Schadstoffkonzentration *f* concentration of harmful substances
Schaf <-[e]s, -e> [ʃa:f] *nt* sheep
Schafbock *m* ram
Schäfchen <-s, -> ['ʃɛ:fçən] *nt dim von* **Schaf** little sheep ▸WENDUNGEN: **sein ~ ins Trockene bringen** to see oneself all right
Schäfchenwolken *pl* fleecy clouds
Schäfer(in) <-s, -> ['ʃɛ:fɐ] *m(f)* shepherd *masc,* shepherdess *fem*
Schäferhund *m* Alsatian, German shepherd AM
Schäferin <-, -nen> *f fem form von* **Schäfer**
Schaffell *nt* sheepskin
schaffen[1] <schaffte, geschafft> ['ʃafn̩] *vt* ① (*bewältigen*) to manage; *Examen* to pass; **einen Termin ~** to make a date; **es ist geschafft** it's done; ■**es ~, etw zu tun** to manage to do sth; **ich habe es nicht mehr geschafft, dich anzurufen** I didn't get round to calling you ② (*gelangen*) **wir müssen es bis zur Grenze ~** we've got to get to the border ③ (*bringen*) *Ordnung* to bring
schaffen[2] <schuf, geschaffen> ['ʃafn̩] *vt* ① (*herstellen*) to create; **dafür bist du wie ge~** you're just made for it ② (*verursachen*) to cause; **Frieden ~** to make peace
schaffen[3] <schaffte, geschafft> ['ʃafn̩] *vi* SÜDD, ÖSTERR, SCHWEIZ (*arbeiten*) to work; **nichts mit jdm/etw zu ~ haben** to have nothing to do with sb/sth; **jdm zu ~ machen** to cause sb trouble
Schaffenskraft *f kein pl* creative power
Schaffner(in) <-s, -> ['ʃafnɐ] *m(f)* guard BRIT, conductor AM
Schaffung <-> *f kein pl* creation
Schafherde *f* flock of sheep
Schafott <-[e]s, -e> [ʃa'fɔt] *nt* scaffold
Schafskäse *m* sheep's milk cheese
Schaft <-[e]s, Schäfte> [ʃaft, *pl* 'ʃɛftə] *m* ① (*lang gestreckter Teil*) shaft ② (*Stiefelschaft*) leg
Schaftstiefel *pl* high boots
Schafwolle *f* sheep's wool **Schafzüchter** *m* sheep breeder, sheep farmer
Schah <-s, -s> [ʃa:] *m* shah
Schakal <-s, -e> [ʃa'ka:l] *m* jackal
schäkern ['ʃɛ:kɐn] *vi* to flirt
schal [ʃa:l] *adj* flat; *Wasser* stale
Schal <-s, -s *o* -e> [ʃa:l] *m* scarf
Schale[1] <-, -n> ['ʃa:lə] *f* ① (*Nussschale*) shell ② (*Fruchtschale*) skin; (*abgeschält*) peel ▸WENDUNGEN: **eine raue ~ haben** to be a rough diamond
Schale[2] <-, -n> ['ʃa:lə] *f* bowl
schälen ['ʃɛ:lən] **I.** *vt* to peel **II.** *vr* ■**sich** *akk* **~** to peel
Schalentier *nt* shellfish
Schalk <-[e]s, -e *o* Schälke> [ʃalk, *pl* 'ʃɛlkə] *m* (*veraltend*) rogue ▸WENDUNGEN: **jdm sitzt der ~ im Nacken** sb is a real rogue
Schall <-s, -e *o* Schälle> [ʃal, *pl* 'ʃɛlə] *m* sound
schalldämmend *adj* noise-reducing, sound-absorbing **Schalldämmung** *f* sound-absorption **Schalldämpfer** <-s, -> *m einer Schusswaffe* silencer; *eines Auspuffs a.* muffler AM **schalldicht** *adj* soundproof
schallen ['ʃalən] *vi* to resound
schallend **I.** *adj* resounding **II.** *adv* resoundingly; **~ lachen** to roar with laughter
Schallgeschwindigkeit *f kein pl* PHYS speed of sound **Schallgrenze** *f s.* **Schallmauer** **Schallisolierung** *f* soundproofing **Schallmauer** *f* sound barrier; **die ~ durchbrechen** to break the sound barrier
Schallplatte *f* record **Schallplattensammlung** *f* record collection
Schallwelle *f* sound wave
Schalotte <-, -n> [ʃa'lɔtə] *f* shallot
schalt [ʃalt] *imp von* **schelten**

S

Schaltanlage ['ʃalt-] *f* switchgear **Schaltbrett** *nt* switchboard, control panel

schalten ['ʃaltn̩] **I.** *vi* ① AUTO to change gear ② (*fam: begreifen*) to get it; (*handeln*) to act ③ (*sich einstellen*) **auf Rot ~** to switch to red **II.** *vt* (*einstellen*) to switch, to turn (**auf** +*akk* to)

Schalter <-s, -> ['ʃaltɐ] *m* ① ELEK switch ② ADMIN, BAHN counter

Schalterbeamte(r), -beamtin *m, f dekl wie adj* clerk **Schalterhalle** *f* main hall; BAHN travel centre **Schalterraum** *m* hall **Schalterstunden** *pl* opening hours *pl*

Schaltgetriebe *nt* manual gearbox [*or* transmission] **Schalthebel** *m* AUTO gear lever **Schaltjahr** *nt* leap year **Schaltknüppel** *m* gearstick **Schaltkreis** *m* circuit **Schaltplan** *m* diagram of a wiring system; INFORM, ELEK circuit diagram **Schalttafel** *f* control panel **Schalttag** *m* leap day

Schaltung <-, -en> *f* ① AUTO gears *pl* ② ELEK circuit

Schalung *f* BAU form[work]

Schaluppe <-, -n> [ʃa'lʊpə] *f* NAUT ① (*hist: kleineres Frachtschiff*) sloop ② (*Beiboot eines Seglers*) dinghy

Scham <-> [ʃaːm] *f kein pl* ① (*Beschämung*) shame; **~ empfinden** to be ashamed ② (*Verlegenheit*) embarrassment

Schamane <-n, -n> [ʃa'maːnə] *m* shaman

Schambein *nt* pubic bone

schämen ['ʃɛːmən] *vr* ■**sich** *akk* **~** to be ashamed; ■**sich** *akk* **vor jdm ~** to be embarrassed in front of sb; **schäm dich!** shame on you!

Schamgefühl *nt kein pl* sense of shame **Schamgegend** *f* pubic region **Schamhaar** *nt* pubic hair

schamhaft *adj* shy, bashful

Schamlippen *pl* labia *pl*

schamlos *adj* shameless, rude; *Lüge* barefaced

Schamröte *f* blush of embarrassment

Schande <-> ['ʃandə] *f kein pl* disgrace, shame; **eine ~ sein** to be a disgrace

schänden ['ʃɛndn̩] *vt Grab, Denkmal* to desecrate

Schandfleck *m* blot [on the landscape]

schändlich ['ʃɛntlɪç] **I.** *adj* ① (*niederträchtig*) disgraceful, shameful; *Verbrechen* despicable ② (*schlecht*) appalling **II.** *adv* shamefully, disgracefully

Schandtat *f* abomination; **zu jeder ~ bereit sein** (*hum*) to be ready for anything

Schändung <-, -en> *f* desecration; (*Vergewaltigung*) violation

Schänke <-, -n> ['ʃɛŋkə] *f* pub; (*auf dem Land*) inn

Schanze <-, -n> ['ʃantsə] *f* ski jump

Schar <-, -en> [ʃaːɐ̯] *f von Vögeln* flock; *von Menschen* crowd

scharen ['ʃaːrən] **I.** *vt* **Dinge/Menschen um sich** *akk* **~** to gather things/people around oneself **II.** *vr* ■**sich** *akk* **um jdn/etw ~** to gather around sb/sth

scharenweise *adv* in hordes

scharf <schärfer, schärfste> [ʃarf] **I.** *adj* ① (*gut geschliffen*) sharp ② (*spitz zulaufend*) sharp; **eine ~e Kurve** a hairpin bend ③ KOCHK hot; (*hochprozentig*) strong ④ (*ätzend*) *Reinigungsmittel* aggressive ⑤ (*schonungslos, heftig*) harsh, severe, tough; *Kontrolle* rigorous; *Konkurrenz* fierce; *Kritik* biting; **eine ~e Zunge haben** to have a sharp tongue ⑥ *Bombe* live ⑦ (*konzentriert, präzise*) careful; *Beobachtung* astute; *Beobachter, Verstand* keen ⑧ *Foto, Umrisse* sharp; *Augen* keen ⑨ (*sl: aufreizend*) spicy; ■**auf jdn ~ sein** to fancy sb, to have the hots for sb AM; ■**auf etw** *akk* **~ sein** to be keen on sth ⑩ (*fam: toll*) fantastic, great **II.** *adv* ① (*intensiv gewürzt*) **ich esse gerne ~** I like eating hot food; **etw ~ würzen** to highly season sth ② (*heftig*) sharply; *kritisieren* harshly; *verurteilen* strongly ③ (*präzise*) **~ beobachten** to observe carefully; **~ sehen** to have keen eyes ④ (*abrupt*) abruptly; **~ links/rechts abbiegen** to take a sharp left/right; **~ bremsen** to brake sharply ⑤ TECH, FOTO (*klar*) sharply; **das Bild ~ einstellen** to sharply focus the picture

Scharfblick *m kein pl* astuteness *no pl*

Schärfe <-, -n> ['ʃɛrfə] *f* ① *von Messer, Degen* sharpness ② (*Heftigkeit*) severity; *von Kritik* sharpness; *von Worten* harshness; *der Augen, des Verstandes* keenness ③ *von Foto, Bild* sharpness; *einer Brille* strength

schärfen ['ʃɛrfn̩] *vt* to sharpen; **das schärft den Verstand** that sharpens the intellect

scharfkantig *adj* sharp-edged **scharf|machen** *vt* ① (*sl: sexuell erregen*) ■**jdn ~** to turn sb on ② (*abrichten*) **einen Hund ~** to incite a dog **Scharfmacher(in)** ['ʃarfmaxɐ] *m(f)* (*pej fam*) hellraiser *fam,* agitator, rabble-rouser **Scharfrichter** *m* executioner **Scharfschütze, -schützin** *m, f* marksman *masc,* markswoman *fem* **scharfsichtig** *adj* sharp-sighted **Scharfsinn** *m kein pl* astuteness *no pl* **scharfsinnig** **I.** *adj* astute, perceptive **II.** *adv* astutely, perceptively

Scharlach <-s> ['ʃarlax] *m kein pl* MED scarlet fever

Scharlatan <-s, -e> ['ʃarlatan] *m* (*Betrüger*) fraud

S

Scharnier <-s, -e> [ʃarˈniːɐ̯] *nt* hinge

Schärpe <-, -n> [ˈʃɛrpə] *f* sash

scharren [ˈʃarən] *vi* to scratch; (*mit der Pfote*) to paw

Scharte <-, -n> [ˈʃartə] *f* ① (*Einschnitt*) nick, notch ② (*Schießscharte*) embrasure

scharwenzeln* [ʃarˈvɛntsl̩n] *vi sein o haben* **[um jdn]** ~ to suck up [to sb]

Schaschlik <-s, -s> [ˈʃaʃlɪk] *nt* [shish] kebab

Schatten <-s, -> [ˈʃatn̩] *m* ① (*schattige Stelle*) shade; **30° im ~** 30 degrees in the shade; **~ spenden** to afford shade ② (*schemenhafte Gestalt, Umriss*) shadow; **lange ~ werfen** to cast long shadows WENDUNGEN: **in jds ~ stehen** to be in sb's shadow; **jdn/etw in den ~ stellen** to put sb/sth in the shade; **einen ~ [auf etw** *akk*] **werfen** to cast a shadow [over sth]

Schattenseite *f* dark side **Schattenspiel** *nt* shadow play

schattieren* [ʃaˈtiːrən] *vt* KUNST to shade [in]

Schattierung <-, -en> *f* KUNST shading

schattig [ˈʃatɪç] *adj* shady

Schatulle <-, -n> [ʃaˈtʊlə] *f* casket

Schatz <-es, Schätze> [ʃats, *pl* ˈʃɛtsə] *m* ① (*kostbare Dinge*) treasure ② (*fam: Liebling*) sweetheart, love

Schätzchen <-s, -> [ˈʃɛtsçən] *nt* (*fam*) *dim von* **Schatz 2**

schätzen [ˈʃɛtsn̩] **I.** *vt* ① (*einschätzen*) to guess; **meistens werde ich jünger geschätzt** people usually think I'm younger; **ich schätze sein Gewicht auf ca. 100 kg** I reckon he weighs about 100 kilos; **grob geschätzt** at a rough guess ② (*wertmäßig einschätzen*) to assess (**auf** +*akk* at) ③ (*würdigen*) to value; **jdn ~** to hold sb in high esteem; **etw ~** to appreciate sth **II.** *vi* to guess

Schatzkammer *f* treasure-house **Schatzmeister(in)** *m(f)* treasurer

Schätzung <-, -en> *f* ① *kein pl* (*wertmäßiges Einschätzen*) valuation ② (*Anschlag*) estimate

schätzungsweise *adv* approximately

Schätzwert *m* estimated value

Schau <-, -en> [ʃau̯] *f* show; **etw zur ~ stellen** to display sth WENDUNGEN: **jdm [mit etw** *dat*] **die ~ stehlen** to steal the show from sb [with sth]

Schaubild *nt* diagram **Schaubude** *f* [show] booth

Schauder <-s, -> [ˈʃau̯dɐ] *m* shudder

schauderhaft *adj* (*grässlich*) ghastly, horrific; (*furchtbar*) awful

schaudern [ˈʃau̯dɐn] **I.** *vt impers* **es schaudert mich bei dem Gedanken** the thought alone makes me shudder **II.** *vi* (*erschauern*) to shudder; *vor Kälte* to shiver

schauen [ˈʃau̯ən] *vi* SÜDD, ÖSTERR, SCHWEIZ ① (*blicken*) to look (**auf** +*akk* at) ② (*darauf achten*) **auf etw** *akk* **~** to pay attention to sth ③ (*sich kümmern*) **nach jdm/etw ~** to look after sb/sth ④ (*suchen*) **[nach etw** *dat*] **~** to look [for sth] WENDUNGEN: **da schaust du aber!** (*fam*) how about that!

Schauer <-s, -> [ˈʃau̯ɐ] *m* ① (*Regenschauer*) shower ② *s.* **Schauder**

Schauergeschichte *f* (*fam*) horror story

schauerlich *adj* (*grässlich*) ghastly, horrific; (*furchtbar*) awful

Schauermärchen *nt* horror story

Schaufel <-, -n> [ˈʃau̯fl̩] *f* shovel; (*für Mehl o. Ä.*) scoop; (*für Kehricht*) dustpan

schaufeln [ˈʃau̯fl̩n] *vi, vt* to shovel, to dig

Schaufenster *nt* shop window **Schaufensterbummel** *m* window-shopping *no pl, no indef art;* **einen ~ machen** to go window-shopping **Schaufensterpuppe** *f* mannequin, shop dummy BRIT

Schaukampf *m* exhibition fight **Schaukasten** *m* showcase

Schaukel <-, -n> [ˈʃau̯kl̩] *f* swing

schaukeln [ˈʃau̯kl̩n] **I.** *vi* to swing; (*auf und ab wippen*) to rock **II.** *vt* to swing; *Baby* to rock

Schaukelpferd *nt* rocking horse **Schaukelstuhl** *m* rocking chair

schaulustig *adj* curious, gawping *pej*

Schaum <-s, Schäume> [ʃau̯m, *pl* ˈʃɔy̯mə] *m* foam; (*auf einer Flüssigkeit*) froth; (*Seifenschaum*) lather

Schaumbad *nt* bubble bath

schäumen [ˈʃɔy̯mən] *vi* to foam; (*aufschäumen*) to froth; *Seife* to lather

Schaumfestiger *m* setting mousse **Schaumgummi** *m* foam rubber

schaumig [ˈʃau̯mɪç] *adj* frothy

Schaumkrone *f* ① (*auf Wellen*) white crest ② (*auf einem Bier*) head **Schaumschläger**[1] *m* (*Schneebesen*) whisk **Schaumschläger(in)**[2] *m(f)* (*pej: Angeber*) boaster **Schaumstoff** *m* foam **Schaumwein** *m* sparkling wine

Schauplatz *m* scene, setting

schaurig [ˈʃau̯rɪç] *adj* ① (*unheimlich*) eerie ② (*gruselig*) macabre, scary

Schauspiel [ˈʃau̯ʃpiːl] *nt* ① THEAT play, drama *no indef art* ② (*geh: Anblick*) spectacle

Schauspieler(in) [ˈʃau̯ʃpiːlɐ] *m(f)* actor *masc,* actress *fem*

Schauspielerin <-, -nen> *f fem form von* **Schauspieler** actress

schauspielern [ˈʃau̯ʃpiːlɐn] *vi* to act

S

Schauspielhaus *nt* theatre, playhouse **Schauspielkunst** *f kein pl* dramatic art, drama **Schauspielschule** *f* drama school **Schauspielunterricht** *m* drama lesson

Schausteller(in) <-s, -> *m(f)* showman **Schautafel** *f* chart

Scheck <-s, -s> [ʃɛk] *m* cheque (**über** +*akk* for); **einen ~ ausstellen** to write a cheque; **mit ~ bezahlen** to pay by cheque; **einen ~ einlösen** to cash a cheque

Scheckbuch *nt* chequebook **Scheckheft** *nt* chequebook

scheckig [ˈʃɛkɪç] *adj* patched

Scheckkarte *f* cheque card **Schecknummer** *f* cheque number

scheffeln [ˈʃɛfl̩n] *vt* to accumulate; **Geld ~** to rake in money

Scheibe <-, -n> [ˈʃaibə] *f* ① (*dünnes Glasstück*) [piece of] glass; (*Fensterscheibe*) window[pane] ② KOCHK slice ③ (*kreisförmiger Gegenstand*) disc

Scheibenbremse *f* disc brake **Scheibenheber** *m* AUTO (*manuell*) window winder; (*elektrisch*) window switch **Scheibenwaschanlage** *f* windscreen [*or* AM windshield] washer system **Scheibenwischer** <-s, -> *m* windscreen wiper

Scheich <-s, -e> [ʃaiç] *m* sheikh

Scheide <-, -n> [ˈʃaidə] *f* ① (*Schwert-/Dolchscheide*) scabbard ② (*Vagina*) vagina

scheiden <schied, geschieden> [ˈʃaidn̩] **I.** *vt haben* to divorce; **die Ehe wurde 2002 geschieden** the marriage was dissolved in 2002; ■**sich** *akk* **~ lassen** to get divorced (**von** +*dat* from); ■**geschieden** divorced **II.** *vi sein* ■**aus etw** *dat* **~** to leave sth; **aus einem Amt ~** to retire from a position

Scheidenzäpfchen *nt* MED vaginal suppository

Scheidewand *f* partition **Scheideweg** *m* **am ~ stehen** (*fig*) to stand at a crossroads

Scheidung <-, -en> *f* divorce; **die ~ einreichen** to start divorce proceedings

Scheidungsgrund *m* grounds *npl* for divorce **Scheidungskind** *nt* SOZIOL child from a broken home

Schein <-[e]s, -e> [ʃain] *m* ① *kein pl* (*Lichtschein*) light ② *kein pl* (*Anschein*) appearance; **der ~ trügt** appearances are deceptive; **den ~ wahren** to keep up appearances ③ (*Banknote*) [bank]note ④ (*fam: Bescheinigung*) certificate

Land und Leute

In German universities, students have to gain **Scheine** (*certificates*) to progress from one semester to the next. Only those students who attain a certain number or type of certificates are allowed to enter for intermediate and later degree, examinations.

scheinbar *adj* apparent, seeming

scheinen <schien, geschienen> [ˈʃainən] *vi* ① (*leuchten*) to shine ② (*den Anschein haben*) to appear, to seem

Scheinfirma *f* bogus company **scheinheilig** [ˈʃainhailɪç] **I.** *adj* hypocritical; **~ tun** to play the innocent **II.** *adv* hypocritically **Scheinschwangerschaft** *f* phantom [*or* AM false] pregnancy **scheintot** *adj* apparently dead

Scheinwerfer *m* ① (*Strahler*) spotlight ② AUTO headlight **Scheinwerferlicht** *nt* spotlight ▶ WENDUNGEN: **im ~ stehen** to be in the public eye

Scheiß <-> [ʃais] *m kein pl* (*sl: Quatsch*) crap; **he, was soll der ~!** hey, what [the bloody hell] are you doing!; **lass doch den ~** [bloody well] stop it; **mach keinen ~!** don't be so bloody stupid!; **so ein ~!** shit!

Scheißdreck *m* (*sl*) crap ▶ WENDUNGEN: **das geht dich einen ~ an** that's none of your business; **wegen jedem ~** for every little thing

Scheiße <-> [ˈʃaisə] *f kein pl* ① (*derb: Darminhalt*) shit ② (*sl: Mist*) **~!** shit!; **~ sein** to be a load of crap; **~ bauen** to make a complete mess ▶ WENDUNGEN: **in der ~ sitzen** (*sl*) to be in the shit

scheißegal [ˈʃaisʔeˈgaːl] *adj* (*sl*) **das ist mir ~** I couldn't give a damn; **es ist ~** it does not matter a damn

scheißen <schiss, geschissen> [ˈʃaisn̩] *vi* ① (*derb*) to shit ② (*vulg: verzichten können*) **ich scheiße auf deine Meinung** I don't give a damn about your opinion

scheißfreundlich [ˈʃaisˈfrɔyntlɪç] *adj* (*sl*) ■**~ sein** to be as nice as pie **Scheißhaus** *nt* (*vulg*) bog BRIT, john AM; **auf dem ~ sitzen** to sit in the bog **Scheißkerl** *m* (*sl*) bastard

Scheit <-[e]s, -e *o* ÖSTERR, SCHWEIZ -er> [ʃait] *m* log [of wood]

Scheitel <-s, -> [ˈʃaitl̩] *m* parting

scheiteln [ˈʃaitl̩n] *vt* to part

Scheiterhaufen *m* pyre; (*für zum Tode Verurteilte*) stake

scheitern [ˈʃaitɐn] *vi sein* to fail (**an** +*dat* because of); **kläglich ~** to fail miserably

Schelle <-, -n> [ˈʃɛlə] *f* clamp

schellen [ˈʃɛlən] *vi* (*klingeln*) to ring

Schellfisch *m* haddock

S

Schelm <-[e]s, -e> [ʃɛlm] *m* rascal
Schelmenroman *m* LIT picaresque novel
schelmisch *adj* mischievous
Schelte <-, -n> ['ʃɛltə] *f* (*Schimpfe*) reprimand *form*, telling-off
schelten <schilt, schalt, gescholten> ['ʃɛltn̩] *vt* to scold
Schema <-s, -ta *o* Schemen> ['ʃe:ma, *pl* 'ʃe:mata, 'ʃe:mən] *nt* ❶ (*Konzept*) scheme; **nach einem ~** according to a scheme ❷ (*Darstellung*) chart, diagram

Falsche Freunde
Nicht verwechseln mit *scheme* — Plan *m*!

schematisch [ʃe'ma:tɪʃ] **I.** *adj* schematic **II.** *adv* schematically; **etw ~ darstellen** to show sth in the form of a chart
schematisieren* [ʃemati'zi:rən] *vt* ❶ (*schematisch darstellen*) to make a chart/diagram of sth; ■**schematisiert** in the form of a chart/diagram ❷ (*stark vereinfachen*) to [over]simplify
Schemel <-s, -> ['ʃe:ml̩] *m* stool
Schemen *pl von* **Schema**
schemenhaft *adj* shadowy
Schenke <-, -n> ['ʃɛŋkə] *f* pub; (*auf dem Land*) inn
Schenkel <-s, -> ['ʃɛŋkl̩] *m* thigh
schenken ['ʃɛŋkn̩] **I.** *vt* ❶ (*als Geschenk geben*) ■**jdm etw ~** to give sb sth [as a present]; **er schenkte ihr ein Auto zum Geburtstag** he gave her a car for her birthday ❷ (*gewähren*) *Freiheit, Mut* to give; **jdm Aufmerksamkeit ~** to pay attention to sb; **jdm Vertrauen ~** to trust sb; **während der Ausbildung wurde ihnen nichts geschenkt** during their training they were spared nothing **II.** *vi* to give presents **III.** *vr* (*sich sparen*) ■**sich** *dat* **etw ~** to give sth a miss *fam*
Schenkung <-, -en> *f* gift
scheppern ['ʃɛpɐn] *vi* to rattle
Scherbe <-, -n> ['ʃɛrbə] *f* [sharp] piece; **von Glas** piece of glass ▶WENDUNGEN: **~n bringen <u>Glück</u>** (*prov*) broken glass/china is lucky
Schere <-, -n> ['ʃe:rə] *f* ❶ (*Werkzeug*) scissors *npl* ❷ ZOOL claw
scheren[1] <schor, geschoren> ['ʃe:rən] *vt Fell* to shear; *Bart* to crop; *Hecke* to prune
scheren[2] ['ʃe:rən] *vr* ❶ (*sich kümmern*) ■**sich** *akk* **um etw** *akk* **~** to care about sth; **sie schert sich wenig um seine Meinung** she does not bother much about his opinion ❷ (*fam: abhauen*) **scher dich weg!** get out of here!

Scherenschleifer(in) <-s, -> *m(f)* knife-grinder **Scherenschnitt** *m* silhouette [out of paper]
Schererei <-, -en> [ʃe:rə'rai̯] *f meist pl* trouble *sing*
Scherz <-es, -e> [ʃɛrts] *m* joke; **sich** *dat* **einen ~ mit jdm erlauben** to have sb on
Scherzartikel *m meist pl* joke article
scherzen ['ʃɛrtsn̩] *vi* (*geh*) to crack a joke/jokes; **mit ihm ist nicht zu ~** he is not to be trifled with
Scherzfrage *f* riddle
scherzhaft I. *adj* (*aus Spaß erfolgend*) jocular, joke *attr* **II.** *adv* jokingly, in a jocular fashion
Scherzkeks *m* (*fam*) [practical] joker
scheu [ʃɔy̯] *adj* shy
Scheu <-> [ʃɔy̯] *f kein pl* shyness *no pl;* **ohne jede ~** without holding back
scheuchen ['ʃɔy̯çn̩] *vt* (*treiben*) to shoo; *Tiere* to drive
scheuen ['ʃɔy̯ən] **I.** *vt* **Auseinandersetzungen ~** to shrink from disputes **II.** *vi Pferd* to shy (**vor** +*dat* at)
Scheuerlappen *m* floorcloth **Scheuermittel** *nt* scouring agent
scheuern ['ʃɔy̯ɐn] **I.** *vt* to scour ▶WENDUNGEN: **jdm <u>eine</u> ~** (*sl*) to give sb a clout BRIT, to hit somebody AM **II.** *vi* to rub, to chafe **III.** *vr* ■**sich** *akk* **an etw** *dat* **~** to rub on sth
Scheuklappe *f* blinkers *pl* BRIT, blinders *pl* AM
Scheune <-, -n> ['ʃɔy̯nə] *f* barn
Scheusal <-s, -e> ['ʃɔy̯za:l] *nt* beast
scheußlich ['ʃɔy̯slɪç] **I.** *adj* ❶ (*ekelhaft*) disgusting, revolting ❷ (*fam*) dreadful, awful, terrible **II.** *adv* ❶ (*widerlich*) in a disgusting manner ❷ (*fam*) terribly; **~ wehtun** to hurt dreadfully
Schi <-s, -er *o* -> [ʃi:, *pl* 'ʃi:ɐ] *m s.* **Ski**
Schicht <-, -en> [ʃɪçt] *f* ❶ (*Lage*) layer; *Farbe* coat ❷ (*Gesellschaftsschicht*) class ❸ (*Arbeitsschicht*) shift; **~ arbeiten** to do shift work
Schichtarbeit *f kein pl* shift work *no pl*
Schichtarbeiter(in) *m(f)* shift worker
schichten ['ʃɪçtn̩] *vt* to stack [up *sep*] (**auf** +*akk* on, on top of)
Schichtwechsel [-vɛksl] *m* change of shift
schichtweise *adv* in layers, layer upon layer
schick [ʃɪk] **I.** *adj* (*modisch elegant*) chic, fashionable; (*gepflegt*) smart **II.** *adv* (*modisch elegant*) fashionably, stylishly; (*gepflegt*) smartly
schicken ['ʃɪkn̩] **I.** *vt* to send; **etw mit der Post ~** to send sth by post [*or* AM mail]; **die Ärztin schickte sie ins Krankenhaus**

S

the doctor sent her to hospital **II.** *vi* ■ **nach jdm ~** to send for sb **III.** *vr* ■ **etw schickt sich** *akk* **nicht [für jdn]** sth is not suitable [for sb]

Schickeria <-> [ʃɪkəˈriːa] *f kein pl* jet set

Schickimicki <-s, -s> [ʃɪkiˈmɪki] *m (fam)* jet-setter

schicklich [ˈʃɪklɪç] *adj* seemly

Schicksal <-s, -e> [ˈʃɪkzaːl] *nt* destiny, fate; **ein hartes ~** a cruel fate; **er überließ ihn seinem ~** he left him to his fate; **etw dem ~ überlassen** to leave sth to fate

schicksalhaft *adj* fateful

schicksalsgebeutelt *adj* plagued by bad luck *pred* **Schicksalsschlag** *m* stroke of fate

Schiebedach *nt* sun-roof **Schiebefenster** *nt* sliding window

schieben <schob, geschoben> [ˈʃiːbn̩] *vt* ① *(vorwärtsbewegen)* to push ② *(stecken)* to put, to stick; **die Pizza in den Ofen ~** to stick the pizza into the oven ③ *(zuweisen)* **die Schuld auf jdn ~** to lay the blame on sb; ■ **etw auf etw/jdn ~** to blame sth/sb for sth ④ *(abweisen)* ■ **etw von sich** *dat* **~** to reject sth

Schieber <-s, -> [ˈʃiːbɐ] *m (Absperrvorrichtung)* bolt

Schiebetür *f* sliding door

Schiebung <-> *f kein pl* ① *(Begünstigung)* pulling strings ② SPORT fixing

schied [ʃiːt] *imp von* **scheiden**

Schiedsgericht *nt* ① JUR arbitration tribunal ② SPORT *highest authority which can rule on a point of dispute* **Schiedsrichter(in)** *m(f)* SPORT referee; *(bei Tennis, Baseball)* umpire **Schiedsspruch** *m* decision of an arbitration tribunal

schief [ʃiːf] **I.** *adj* ① *(schräg)* crooked, not straight *pred,* lopsided *fam* ② *(entstellt, falsch)* distorted **II.** *adv* crooked, not straight, lopsided

Schiefer <-s, -> [ˈʃiːfɐ] *m* slate

Schieferdach *nt* slate roof

schief|gehen *vi irreg sein (fam)* to go wrong **schief|lachen** *vr (fam)* ■ **sich** *akk* **~** to crack up **schief|liegen** *vi irreg haben o sein (fam)* to be on the wrong track

schielen [ˈʃiːlən] *vi* ① MED to squint, to be cross-eyed ② *(haben wollen)* ■ **nach etw** *dat* **~** to steal a glance at sth

schien [ʃiːn] *imp von* **scheinen**

Schienbein [ˈʃiːnbai̯n] *nt* shinbone

Schiene <-, -n> [ˈʃiːnə] *f* ① *(Führungsschiene)* rail *usu pl* ② MED splint

schienen [ˈʃiːnən] *vt* MED to splint

Schienenausbau *m kein pl* extension of a/the railway **Schienenbus** *m* rail bus **Schienenfahrzeug** *nt* BAHN track vehicle **Schienennetz** *nt* BAHN rail network **Schienenverkehr** *m kein pl* rail traffic *no pl*

schier [ʃiːɐ̯] *adv (beinahe)* almost

Schießbefehl *m* order[s] to shoot **Schießbude** *f* shooting gallery

schießen <schoss, geschossen> [ˈʃiːsn̩] *vi, vt* ① *haben (feuern)* to shoot (**auf** + *akk* at) ② *haben* FBALL to shoot; **aufs Tor ~** to shoot [for goal]; **ein Tor ~** to score ③ *sein (schnell bewegen)* **das Auto kam um die Ecke geschossen** the car came flying round the corner; **jdm durch den Kopf ~** to flash through sb's mind

Schießerei <-, -en> [ʃiːsəˈrai̯] *f* shooting

Schießplatz *m* firing range **Schießpulver** *nt* gunpowder **Schießscharte** *f* slit **Schießscheibe** *f* target

Schiff <-[e]s, -e> [ʃɪf] *nt* ship

schiffbar *adj* navigable

Schiffbau *m kein pl* shipbuilding *no indef art, no pl* **Schiffbruch** *m* shipwreck; **~ erleiden** to be shipwrecked **schiffbrüchig** *adj* shipwrecked **Schiffbrüchige(r)** *f(m) dekl wie adj* shipwrecked person

Schiffchen <-s, -> *nt dim von* **Schiff**

schiffen [ˈʃɪfn̩] **I.** *vi (sl: urinieren)* to go for a whizz **II.** *vi impers (sl: regnen)* ■ **es schifft** it's raining cats and dogs

Schiffer(in) <-s, -> [ˈʃɪfɐ] *m(f)* skipper

Schifffahrt [ˈʃɪffaːɐ̯t] *f* shipping *no indef art, no pl* **Schifffahrtsgesellschaft** *f* shipping company

Schiffschaukel *f* swingboat

Schiffsjunge *m* ship['s] boy **Schiffsladung** *f* [ship's] cargo **Schiffsrumpf** *m* [ship's] hull **Schiffsschraube** *f* ship's propeller **Schiffsverkehr** *m* shipping *no indef art, no pl*

Schiit(in) <-en, -en> [ʃiˈiːt] *m(f)* Shiite

schiitisch *adj* Shiite

Schikane <-, -n> [ʃiˈkaːnə] *f* harassment *no indef art*

schikanieren* [ʃikaˈniːrən] *vt* to harass

Schikoree <- *o* -s> [ˈʃɪkore, ʃikoˈreː] *m kein pl s.* **Chicorée**

Schild[1] <-[e]s, -er> [ʃɪlt, *pl* ˈʃɪldɐ] *nt (Hinweisschild)* sign

Schild[2] <-[e]s, -e> [ʃɪlt, *pl* ˈʃɪldə] *m* shield ▸ WENDUNGEN: **etw im ~e führen** to be up to sth

Schilddrüse *f* thyroid [gland]

schildern [ˈʃɪldɐn] *vt* to describe

Schilderung <-, -en> *f* description; *Ereignisse a.* account

Schildkröte [ˈʃɪltkrøːtə] *f* tortoise; *(Seeschildkröte)* turtle **Schildlaus** *f* scale insect

Schilf <-[e]s, -e> [ʃɪlf] *nt* reeds *pl*

Schilfgras *nt* reed **Schilfrohr** *nt s.* **Schilf**

schillern ['ʃɪlɐn] *vi* to shimmer

schillernd *adj* shimmering; *Persönlichkeit* flamboyant

Schilling <-s, -e *o bei Preisangaben* -> ['ʃɪlɪŋ] *m* schilling

schilt [ʃɪlt] *imp sing von* **schelten**

Schimmel[1] <-s> ['ʃɪml̩] *m kein pl* mould

Schimmel[2] <-s, -> ['ʃɪml̩] *m* (*Tier*) white horse

schimmelig ['ʃɪməlɪç] *adj* mouldy; *Leder, Buch* mildewed

schimmeln ['ʃɪml̩n] *vi sein o haben* to go mouldy

Schimmelpilz *m* mould

Schimmer <-s> ['ʃɪmɐ] *m kein pl* shimmer; **ein ~ von Hoffnung** a glimmer of hope ▶ WENDUNGEN: **keinen blassen ~ [von etw** *dat*] **haben** (*fam*) to not have the faintest idea [about sth]

schimmern ['ʃɪmɐn] *vi* to shimmer

schimmlig ['ʃɪmlɪç] *adj s.* **schimmelig**

Schimpanse <-n, -n> [ʃɪm'panzə] *m* chimpanzee

schimpfen ['ʃɪmpfn̩] *vi* ① (*sich ärgerlich äußern*) to grumble (**über, auf** +*akk* about) ② (*fluchen*) to swear ③ (*zurechtweisen*) ■**mit jdm** ~ to scold sb, to tell sb off

Schimpfwort *nt* swear word

Schindel <-, -n> ['ʃɪndl̩] *f* shingle

schinden <schindete, geschunden> ['ʃɪndn̩] **I.** *vr* ■**sich** *akk* ~ to slave [away] **II.** *vt* ① (*grausam antreiben*) ■**jdn** ~ to work sb like a slave; *Tier* to ill-treat ② (*fam*) **Eindruck** ~ to play to the gallery; **Zeit** ~ to play for time

Schinderei <-, -en> [ʃɪndə'rai̯] *f* grind

Schindluder *nt* ▶ WENDUNGEN: **mit jdm/etw ~ treiben** to gravely abuse sb/sth

Schinken <-s, -> ['ʃɪŋkn̩] *m* ham

Schinkenspeck *m* bacon **Schinkenwurst** *f* ham sausage [meat]

Schippe <-, -n> ['ʃɪpə] *f bes* NORDD shovel ▶ WENDUNGEN: **jdn auf die ~ nehmen** to pull sb's leg; **etw auf die ~ nehmen** to make fun of sth

Schirm <-[e]s, -e> [ʃɪrm] *m* (*Regenschirm*) umbrella; (*Sonnenschirm*) sun-shade; (*tragbar*) parasol

Schirmherr(in) *m(f)* patron **Schirmherrschaft** *f* patronage **Schirmmütze** *f* peaked cap **Schirmständer** *m* umbrella stand

Schirokko <-s, -s> [ʃi'rɔko] *m* sirocco

schiss [ʃɪs] *imp von* **scheißen**

Schiss <-es> [ʃɪs] *m kein pl* ~ [**vor jdm/etw**] **haben** (*sl*) to be shit-scared [of sb/sth]

schizophren [ʃitso'fre:n, sçitso'fre:n] *adj* schizophrenic

Schizophrenie <-, *selten* -n> [ʃitsofre'ni:, sçitso-, *pl* -'ni:ən] *f* schizophrenia

Schlabberlook <-s> [-lʊk] *m kein pl* MODE loose-fitting [hippie] clothes

schlabbern ['ʃlabɐn] **I.** *vi* (*fam*) ① (*Essen aussabbern*) to dribble ② *Kleidung* to fit loosely **II.** *vt* (*fam*) to lap [up]

Schlacht <-, -en> [ʃlaxt] *f* battle

Schlachtbank *f* ▶ WENDUNGEN: **jdn zur ~ führen** to lead sb like a lamb to the slaughter

schlachten ['ʃlaxtn̩] *vt, vi* to slaughter

Schlachtenbummler(in) *m(f)* SPORT away supporter

Schlachter(in) <-s, -> *m(f)* ① (*Metzger*) butcher ② (*Schlachthofangestellter*) slaughterer ③ (*Fleischerladen*) butcher's [shop]

Schlachterei <-, -en> [ʃlaxtə'rai̯] *f s.* **Schlachter 3**

Schlachtfeld *nt* battlefield **Schlachtfest** *nt* KOCHK *feast following the home-slaughtering of a farm animal* **Schlachthaus** *nt* slaughterhouse **Schlachthof** *m* slaughterhouse **Schlachtplan** *m* ① MIL plan of battle ② (*Plan für ein Vorhaben*) plan of action; **einen ~ machen** to draw up a plan of action **Schlachtreife** *f kein pl* AGR slaughter age **Schlachtvieh** *nt animals kept for meat production*

Schlacke <-, -n> ['ʃlakə] *f* (*Verbrennungsrückstand*) slag

Schlaf <-[e]s> [ʃla:f] *m kein pl* sleep *no pl;* **einen festen/leichten ~ haben** to be a deep/light sleeper; **versäumten ~ nachholen** to catch up on one's sleep; **jdm den ~ rauben** to keep sb awake ▶ WENDUNGEN: **nicht im ~ an etw** *akk* **denken** to not dream of [doing] sth; **etw im ~ können** (*fam*) to be able to do sth in one's sleep

Schlafanzug *m* pyjamas *npl* **Schlafcouch** *f* sofa bed

Schläfe <-, -n> ['ʃlɛ:fə] *f* temple

schlafen <schlief, geschlafen> ['ʃla:fn̩] *vi* to sleep; **er schläft noch** he is still asleep; **ein Kind ~ legen** to put a child to bed; **~ gehen** to go to bed; **fest/tief ~** to sleep deeply/soundly

Schläfer(in) <-s, -> ['ʃlɛ:fɐ] *m(f)* sleeper

schlaff [ʃlaf] **I.** *adj* ① (*locker fallend*) slack ② (*nicht straff*) sagging; *Händedruck* limp **II.** *adv* ① (*locker fallend*) slackly ② (*kraftlos*) feebly

Schlaffheit <-> *f kein pl* ① *der Haut* slackness; *der Muskulatur* flabbiness ❷ (*fig: Trägheit*) listlessness

Schlafgelegenheit *f* place to sleep **Schlaflied** *nt* lullaby

schlaflos **I.** *adj* sleepless **II.** *adv* sleeplessly

Schlaflosigkeit <-> *f kein pl* insomnia *no pl*

Schlafmittel *nt* sleep-inducing medication **Schlafmütze** *f* (*fam: verschlafene Person*) sleepy head

schläfrig ['ʃlɛːfrɪç] *adj* sleepy, drowsy

Schlafsaal *m* dormitory **Schlafsack** *m* sleeping bag **Schlafstörungen** *pl* insomnia **Schlaftablette** *f* sleeping pill

schlaftrunken **I.** *adj* sleepy **II.** *adv* sleepily

Schlafwagen *m* sleeper **schlafwandeln** *vi sein o haben* to sleepwalk **Schlafwandler(in)** <-s, -> *m(f)* sleepwalker **Schlafzimmer** *nt* bedroom

Schlag <-[e]s, Schläge> [ʃlaːk, *pl* 'ʃlɛːgə] *m* ❶ (*Hieb*) blow, wallop *fam;* (*mit der Faust*) punch; (*mit der Hand*) slap; SPORT stroke; **Schläge bekommen** to get a beating; **jdm einen ~ versetzen** to deal sb a blow ❷ (*dumpfer Hall*) thud; **ein ~ an der Tür** a bang on the door ❸ (*rhythmisches Geräusch*) **die Schläge des Herzens** the beats of the heart; **der ~ einer Uhr** the striking of a clock ❹ (*Schicksalsschlag*) blow; **seine Entlassung war ein schrecklicher ~ für ihn** being made redundant was a terrible blow to him ❺ ÖSTERR (*Schlagsahne*) whipped cream ❻ (*Stromstoß*) shock; **einen ~ kriegen** to get an electric shock ❼ (*Schlaganfall*) stroke; **einen ~ bekommen** to suffer a stroke ❽ MODE **eine Hose mit ~** flared trousers ▸ WENDUNGEN: **ein ~ ins Gesicht** a slap in the face; **jdn trifft der ~** (*fam*) sb is flabbergasted; **etw auf einen ~ tun** to get things done all at once; **~ auf ~** in rapid succession

Schlagabtausch *m* ❶ (*Rededuell*) exchange of words ❷ (*beim Boxen*) exchange of blows **Schlagader** *f* artery **Schlaganfall** *m* stroke

schlagartig **I.** *adj* sudden, abrupt **II.** *adv* suddenly, abruptly

Schlagbaum *m* barrier **Schlagbohrmaschine** *f* hammer drill

Schlägel <-s, -> ['ʃlɛːgl̩] *m* MUS [drum]stick

schlagen <schlug, geschlagen> ['ʃlaːgn̩] **I.** *vt haben* ❶ (*hauen*) to hit; (*mit der Faust*) to punch; (*mit der Hand*) to slap; **die Hände vors Gesicht ~** to cover one's face with one's hands; **jdm [wohlwollend] auf die Schulter ~** to give sb a [friendly] slap on the back; **etw in Stücke ~** to smash sth to pieces ❷ (*prügeln*) to beat; **jdn bewusstlos ~** to beat sb senseless ❸ (*besiegen*) to defeat; SPORT to beat (**in** + *dat* at); **jd ist nicht zu ~** sb is unbeatable; **sich ge~ geben** to admit defeat ❹ (*durch Schläge treiben*) **einen Nagel in die Wand ~** to knock a nail into the wall; **den Ball ins Aus ~** to kick the ball out of play ❺ *Sahne* to whip; **Eier in die Pfanne ~** to crack eggs into the pan ❻ (*hinzufügen*) **die Unkosten auf den Verkaufspreis ~** to add the costs to the retail price ❼ (*legen*) **ein Bein über das andere ~** to cross one's legs; **die Decke zur Seite ~** to throw off the blanket ❽ *Holz* to cut; *Bäume* to fell **II.** *vi* ❶ *haben* (*hauen*) to hit; ■ **[mit etw** *dat*] **um sich** *akk* **~** to lash about [with sth]; ■ **nach jdm ~** to hit out at sb ❷ *sein* (*auftreffen*) ■ **gegen etw** *akk* **~** to strike against sth ❸ *haben* (*pochen*) to beat ❹ *haben* (*läuten*) **die Uhr schlägt** the clock is striking ❺ *sein* (*fam: jdm ähneln*) ■ **nach jdm ~** to take after sb **III.** *vr haben* ■ **sich** *akk* **~** to have a fight; ■ **sich** *akk* **um etw** *akk* **~** to fight over sth

Schlager <-s, -> ['ʃlaːgɐ] *m* MUS ❶ (*Lied*) [pop] song ❷ (*Erfolg*) [big] hit, great success

Schläger <-s, -> ['ʃlɛːgɐ] *m* SPORT ❶ (*Tennisschläger*) racket; (*Tischtennisschläger*) paddle ❷ (*Stock*) stick, bat; (*Golfschläger*) golf club

Schlägerei <-, -en> [ʃlɛːgə'rai̯] *f* fight, brawl

Schlagersänger(in) *m(f)* pop singer

schlagfertig **I.** *adj* quick-witted **II.** *adv* quick-wittedly

Schlagfertigkeit *f kein pl* quick-wittedness

Schlagholz *nt* SPORT bat **Schlaginstrument** *nt* percussion instrument **Schlagkraft** *f kein pl* ❶ MIL strike power ❷ (*Wirksamkeit*) effectiveness **schlagkräftig** *adj* ❶ (*kampfkräftig*) powerful [in combat] ❷ *Argument* forceful; *Beweis* compelling **Schlaglicht** *nt* KUNST, FOTO highlight ▸ WENDUNGEN: **ein ~ auf jdn/etw werfen** to put sb/sth into a characteristic/particular light **Schlagloch** *nt* pothole **Schlagrahm** *m*, **Schlagobers** ['ʃlaːkʔoːbɐs] *nt* SÜDD, ÖSTERR, SCHWEIZ whipping cream **Schlagring** *m* knuckleduster, brass knuckles AM **Schlagsahne** *f* (*flüssig*) whipping cream; (*geschlagen*) whipped cream **Schlagseite** *f kein pl* NAUT list ▸ WENDUNGEN: **~ haben** (*fam*) to be three sheets to the wind **Schlagstock** *m* club; (*Gummiknüppel*) truncheon **Schlagwort** *nt* ❶ <-worte> (*Parole*) slogan ❷ <-wörter> (*Stichwort*) keyword **Schlagzeile** *f* headline

S

Schlagzeug <-[e]s, -e> *nt* drums *pl;* (*im Orchester*) percussion *no pl*
Schlagzeuger(in) <-s, -> *m(f)* drummer; (*im Orchester*) percussionist
Schlagzeugspieler(in) <-s, -> *m(f)* drummer; (*im Orchester*) percussionist
schlaksig ['ʃlaːksɪç] *adj* gangling, lanky
Schlamassel <-s, -> [ʃla'masl̩] *m o nt* mess
Schlamm <-[e]s, -e *o* Schlämme> [ʃlam, *pl* 'ʃlɛmə] *m* mud; (*breiige Rückstände*) sludge *no indef art, no pl*
schlammig ['ʃlamɪç] *adj* muddy
Schlammlawine *f* GEOG mudslide
Schlammschlacht *f* ❶ (*Fußballspiel*) mudbath ❷ (*fig: Streit*) mud-slinging *no pl, no indef art*
Schlampe <-, -n> ['ʃlampə] *f* slut
schlampen ['ʃlampn̩] *vi* (*fam*) ■ [**bei etw** *dat*] ~ to do a sloppy job [of sth] *fam*
Schlamperei <-, -en> [ʃlampə'rai̯] *f* ❶ (*Nachlässigkeit*) sloppiness ❷ (*Unordnung*) mess, untidiness
schlampig ['ʃlampɪç] **I.** *adj* ❶ (*nachlässig*) sloppy; (*liederlich*) slovenly ❷ (*ungepflegt*) unkempt **II.** *adv* ❶ (*nachlässig*) sloppily ❷ (*ungepflegt*) in an unkempt way
schlang [ʃlaŋ] *imp von* **schlingen**
Schlange <-, -n> ['ʃlaŋə] *f* ❶ ZOOL snake ❷ (*lange Reihe*) queue, line AM; ~ **stehen** to queue up, to stand in line AM
schlängeln ['ʃlɛŋl̩n] *vr* ■ **sich** *akk* ~ (*sich winden*) to crawl; *Fluss, Straße* to meander
Schlangenbiss *m* snake bite **Schlangengift** *nt* snake poison **Schlangenleder** *nt* snakeskin **Schlangenlinie** *f* wavy line; **in ~n fahren** to weave [one's way] [from side to side]
schlank ['ʃlaŋk] *adj* slim; *Handgelenk* slender; **du bist ~ geworden** you have lost weight
Schlankheit <-> *f kein pl* slimness
Schlankheitskur *f* diet; **eine ~ machen** to be on a diet
schlapp [ʃlap] *adj* ❶ *präd* (*erschöpft*) worn out ❷ (*ohne Antrieb*) feeble, listless
Schlappe <-, -n> ['ʃlapə] *f* setback
Schlapphut *m* floppy hat **schlapp|machen** *vi* ❶ (*aufgeben*) to give up ❷ (*umkippen*) to pass out **Schlappschwanz** *m* (*pej*) wimp
Schlaraffenland [ʃla'rafn̩-] *nt* ❶ LIT Cockaigne ❷ (*Land des Überflusses*) land of milk and honey
schlau [ʃlau̯] *adj* ❶ (*gescheit*) clever; **ich werde nicht ~ aus der Bedienungsanleitung** I can't make head nor tail of the operating instructions ❷ (*gerissen*) crafty, wily; *Plan* ingenious
Schlauberger(in) <-s, -> ['ʃlau̯bɛrgɐ] *m(f)* (*fam*) ❶ (*pfiffiger Mensch*) clever one ❷ (*iron: Besserwisser*) clever clogs, smart alec
Schlauch <-[e]s, Schläuche> [ʃlau̯x, *pl* 'ʃlɔyçə] *m* ❶ (*biegsame Leitung*) tube; (*für Wasser*) hose ❷ (*Reifenschlauch*) [inner] tube
Schlauchboot *nt* rubber dinghy
schlauchen ['ʃlau̯xn̩] *vt, vi* to take it out of sb; **das schlaucht ganz schön!** that really takes it out of you!
Schlaufe <-, -n> ['ʃlau̯fə] *f* loop; (*aus Leder*) strap
Schlauheit <-> *f kein pl* shrewdness
Schlaukopf *m,* **Schlaumeier** *m s.* **Schlauberger**
Schlawiner(in) <-s, -> [ʃla'viːnɐ] *m(f)* rascal
schlecht [ʃlɛçt] **I.** *adj* ❶ (*nicht gut*) bad; *Leistung, Gehalt, Qualität* poor; *Zeiten* hard; *Augen* weak; **noch zu ~** still not good enough ❷ (*moralisch verkommen*) bad, wicked, evil; **ein ~es Gewissen haben** to have a bad conscience ❸ (*übel*) **mir ist ~** I feel sick ❹ (*verdorben*) bad; **das Fleisch ist ~ geworden** the meat has gone off ▶ WENDUNGEN: **es <u>sieht</u> ~ aus** things don't look good **II.** *adv* ❶ (*nicht gut*) badly, poorly; **so ~ habe ich selten gegessen** I've rarely had such bad food; **die Geschäfte gehen ~** business is bad; **~ gelaunt** bad-tempered ❷ MED **jdm geht es ~** sb feels unwell; **~ hören** to be hard of hearing; **~ sehen** to have poor eyesight; **~ reden über jdn** to say bad things about sb
schlechtgelaunt *adj, adv s.* **schlecht II 1**
schlechthin [ʃlɛçt'hɪn] *adv* ❶ (*in reinster Ausprägung*) **etw ~ sein** to be the epitome of sth ❷ (*geradezu*) just, absolutely
schlechtmachen *vt* ■ **jdn ~** to run sb down
schlecken ['ʃlɛkn̩] **I.** *vt* to lick; (*aufschlecken*) to lap up *sep* **II.** *vi* ❶ SÜDD, ÖSTERR, SCHWEIZ (*naschen*) to nibble ❷ (*lecken*) ■ **an etw** *dat* ~ to lick sth
Schleckermaul *nt* (*fam*) *s.* **Leckermaul**
Schlegel <-s, -> ['ʃleːgl̩] *m* ❶ MUS *s.* **Schlägel** ❷ KOCHK SÜDD, ÖSTERR, SCHWEIZ (*Hinterkeule*) drumstick
Schlehe <-, -n> ['ʃleːə] *f* sloe
schleichen <schlich, geschlichen> ['ʃlai̯çn̩] **I.** *vi sein* ❶ (*leise gehen*) to creep, to sneak ❷ (*langsam gehen/fahren*) to crawl along **II.** *vr haben* ■ **sich** *akk* **in das Zimmer ~** to creep into the room; **sich aus dem Haus ~** to steal away softly

S

schleichend I. *adj attr* insidious II. *adv* insidiously

Schleichweg *m* back way; (*geheimer Weg*) secret path **Schleichwerbung** *f* plug

Schleie <-, -n> ['ʃlaiə] *f* ZOOL tench

Schleier <-s, -> ['ʃlaiɐ] *m* veil

Schleiereule *f* barn owl

schleierhaft *adj* ■~ **sein** to be a mystery

Schleife <-, -n> ['ʃlaifə] *f* ❶ MODE bow ❷ *Fluss* oxbow; *Straße* loop

schleifen[1] ['ʃlaifn̩] I. *vt haben* (*ziehen*) to drag II. *vi* ❶ *haben* (*reiben*) to rub (**an** +*dat* against) ❷ *sein o haben* (*gleiten*) to slide; *Schleppe* to trail

schleifen[2] <schliff, geschliffen> ['ʃlaifn̩] *vt* ❶ (*schärfen*) to sharpen ❷ (*in Form polieren*) to polish; (*mit Sandpapier*) to sand; *Edelsteine* to cut

Schleifmaschine *f* sander **Schleifpapier** *nt* sandpaper

Schleim <-[e]s, -e> [ʃlaim] *m* ❶ MED mucus; (*in Bronchien*) phlegm ❷ (*klebrige Masse*) slime

schleimen ['ʃlaimən] *vi* (*pej fam*) to crawl

Schleimer(in) <-s, -> *m(f)* (*pej fam*) crawler BRIT, brown-noser AM

Schleimhaut *f* mucous membrane

schleimig ['ʃlaimɪç] I. *adj* ❶ MED mucous ❷ (*glitschig*) slimy ❸ (*pej: unterwürfig*) slimy, obsequious II. *adv* (*pej*) in a slimy way, obsequiously

Schleimscheißer(in) <-s, -> *m(f)* (*pej derb*) crawler BRIT, brown-noser AM

schlemmen ['ʃlɛmən] *vi* to have a feast

Schlemmer(in) <-s, -> ['ʃlɛmɐ] *m(f)* gourmet

Schlemmerei <-, -en> [ʃlɛmə'rai] *f* ❶ (*das Schlemmen*) feasting ❷ (*Schmaus*) feast

schlendern ['ʃlɛndɐn] *vi sein* to stroll along

schlenkern ['ʃlɛŋkɐn] *vi* to dangle

Schleppe <-, -n> ['ʃlɛpə] *f* MODE train

schleppen ['ʃlɛpn̩] I. *vt* ❶ (*tragen*) to carry, to lug *fam* ❷ (*zerren*) to drag ❸ (*abschleppen*) to tow II. *vr* (*sich mühselig fortbewegen*) ■**sich** *akk*~ to drag oneself; *Verhandlungen* to drag on

schleppend I. *adj* ❶ (*zögerlich*) slow ❷ (*schwerfällig*) shuffling II. *adv* ❶ (*zögerlich*) slowly; ~ **in Gang kommen** to be slow in getting started ❷ (*schwerfällig*) ~ **gehen** to shuffle along

Schlepper[1] <-s, -> ['ʃlɛpɐ] *m* ❶ NAUT tug ❷ (*Zugmaschine*) tug [and tow]

Schlepper(in)[2] <-s, -> ['ʃlɛpɐ] *m(f)* human trafficker

Schleppkahn *m* lighter **Schlepplift** *m* ski tow **Schleppnetz** *nt* trawl [-net] **Schlepptau** *nt* towline; **im** ~ in tow

Schlesien <-s> ['ʃleːzi̯ən] *nt kein pl* Silesia

Schlesier, Schlesierin <-s, -> ['ʃleːzi̯ɐ, 'ʃleːzi̯ərɪn] *m, f* Silesian

schlesisch ['ʃleːzɪʃ] *adj* Silesian

Schleswig-Holstein <-s> ['ʃleːsvɪç'hɔlʃtain] *nt* Schleswig-Holstein

Schleuder <-, -n> ['ʃlɔydɐ] *f* ❶ (*Waffe*) catapult ❷ (*Wäscheschleuder*) spin drier

Schleudergefahr *f kein pl* risk of skidding

schleudern ['ʃlɔydɐn] I. *vt haben* ❶ (*werfen*) to hurl ❷ *Wäsche* to spin II. *vi sein* to skid; **ins S~ geraten** to go into a skid; (*fig*) to find one is losing control of a situation

Schleuderpreis *m* knock-down price

Schleudersitz *m* ejector seat

schleunigst *adv* straight away, at once

Schleuse <-, -n> ['ʃlɔyzə] *f* lock; (*Tor*) sluice gate

schleusen ['ʃlɔyzn̩] *vt* (*fam*) ❶ (*schmuggeln*) to smuggle (**in** +*akk* into) ❷ (*geleiten*) ■**jdn durch etw** *akk*~ to escort sb through sth ❸ NAUT to take through a lock

Schleuserbande <-, -n> *f* human traffickers *pl*

schlich [ʃlɪç] *imp von* **schleichen**

schlicht [ʃlɪçt] I. *adj* ❶ (*einfach*) simple, plain ❷ (*wenig gebildet*) simple, unsophisticated ❸ *attr* (*bloß*) plain II. *part* (*ganz einfach*) simply

schlichten ['ʃlɪçtn̩] I. *vt* to settle II. *vi* to mediate (**in** in)

Schlichtung <-, -en> *f* mediation, settlement

Schlick <-[e]s, -e> [ʃlɪk] *m* silt

schliddern ['ʃlɪdɐn] *vi sein o haben* NORDD (*schlittern*) to slide

schlief [ʃliːf] *imp von* **schlafen**

Schliere <-, -n> ['ʃliːrə] *f* smear

schließen <schloss, geschlossen> ['ʃliːsn̩] I. *vi* ❶ (*zugehen*) to close; **die Tür schließt nicht richtig** the door doesn't close properly ❷ (*zumachen*) to close, to shut ❸ (*enden*) to close; **der Vorsitzende schloss mit den Worten ...** the chairman closed by saying ... ❹ (*schlussfolgern*) to conclude; **etw lässt auf etw** *akk* ~ sth indicates sth/that sth ... II. *vt* ❶ (*zumachen*) to close ❷ (*geh: beenden*) to close, to wind up ❸ (*eingehen*) **ein Bündnis** ~ to enter into an alliance; **Freundschaft** ~ to become friends; **Frieden** ~ to make peace; **einen Kompromiss** ~ to reach a compromise; **einen Pakt** ~ to make a pact ❹ *Lücke* to fill ❺ (*schlussfolgern*) to conclude (**aus** +*dat* from) ❻ (*umfassen*) **jdn in die Arme** ~ to take sb in one's arms

Schließfach *nt* (*Gepäckschließfach*) locker; (*Bankschließfach*) safe-deposit box;

S

(*Postfach*) post-office box
schließlich ['ʃli:slɪç] *adv* ❶ (*endlich*) at last, finally ❷ (*immerhin*) after all
Schließmuskel *m* sphincter
Schließung <-, -en> *f* closure
schliff [ʃlɪf] *imp von* **schleifen²**
Schliff <-[e]s, -e> [ʃlɪf] *m* ❶ *kein pl* (*das Schleifen*) *von Edelsteinen* cutting; *von Glas* cutting and polishing ❷ (*geschliffener Zustand*) edge; *von Edelsteinen* cut; **einer S.** *dat* **den letzten ~ geben** to put the finishing touches to sth
schlimm [ʃlɪm] **I.** *adj* ❶ (*übel*) bad, dreadful; ■**etwas S~es/S~eres** sth dreadful/worse; ■**das S~ste** the worst; **es gibt nichts S~eres als ...** there's nothing worse than ...; **das ist nicht so ~** that is not so bad ❷ (*ernst*) serious ❸ (*moralisch schlecht*) bad; *Verbrechen* wicked ▶WENDUNGEN: **das ist halb so ~** it's not as bad as all that; **ist nicht ~!** no problem!, don't worry! **II.** *adv* ❶ (*gravierend*) seriously ❷ (*äußerst schlecht*) dreadfully; **jdn ~ zurichten** to give sb a severe beating; **~ dran sein** (*fam*) to be in a bad way; **es hätte ~er kommen können** it could have been worse; **~ genug, dass ...** it's bad enough that ...; **um so ~er** so much the worse
schlimmstenfalls ['ʃlɪmstn̩'fals] *adv* if the worst comes to the worst
Schlinge <-, -n> ['ʃlɪŋə] *f* ❶ (*Schlaufe*) loop; (*um jdn aufzuhängen*) noose ❷ (*Falle*) snare
Schlingel <-s, -> ['ʃlɪŋl̩] *m* (*fam*) [little] rascal
schlingen¹ <schlang, geschlungen> ['ʃlɪŋən] **I.** *vt* to wind (**um** +*akk* about); **die Arme um jdn ~** to wrap one's arms around sb **II.** *vr* ■**sich** *akk* **um etw** *akk* **~** to wind itself around sth
schlingen² <schlang, geschlungen> ['ʃlɪŋən] *vi* (*fam*) to gobble one's food
Schlingerkurs ['ʃlɪŋɐkʊrs] *m kein pl* (*fig sl*) [political] agenda full of U-turns; **die Regierung fährt einen ~** the government's agenda is full of U-turns
schlingern ['ʃlɪŋɐn] *vi* NAUT to roll
Schlingpflanze *f* creeper
Schlips <-es, -e> [ʃlɪps] *m* tie
Schlitten <-s, -> ['ʃlɪtn̩] *m* ❶ (*Rodel*) sledge, sled; (*Rodelschlitten*) toboggan; (*mit Pferden*) sleigh ❷ (*sl: Auto*) wheels *pl*
Schlittenfahrt *f* sleigh ride
schlittern ['ʃlɪtɐn] *vi* ❶ *sein o haben* (*rutschen*) to slide; *Wagen* to skid ❷ *sein* (*fam: unversehens geraten*) ■**in etw** *akk* **~** to slide into sth
Schlittschuh ['ʃlɪtʃu:] *m* skate; **~ laufen** to skate
Schlittschuhbahn *f* ice rink **Schlittschuhläufer(in)** *m(f)* skater
Schlitz <-es, -e> [ʃlɪts] *m* ❶ (*Einsteckschlitz*) slot ❷ (*schmale Öffnung*) *a.* MODE slit
Schlitzauge *nt* ❶ *meist pl* slant eye ❷ (*pej: Person*) Chink *pej*
schlitzen ['ʃlɪtsn̩] *vt* to slit [open]
Schlitzohr *nt* rogue **Schlitzrock** *m* long side slit skirt
Schlögel <-s, -> ['ʃlø:gl̩] *m* ÖSTERR leg; *vom Wild* haunch
schloss [ʃlɔs] *imp von* **schließen**
Schloss <-es, Schlösser> [ʃlɔs, *pl* 'ʃlœsɐ] *nt* ❶ (*Palast*) palace ❷ (*Türschloss*) lock; **ins ~ fallen** to snap shut ❸ (*Verschluss*) catch ▶WENDUNGEN: **jdn hinter ~ und Riegel bringen** to put sb behind bars
Schlosser(in) <-s, -> ['ʃlɔsɐ] *m(f)* locksmith, metalworker
Schlosserei <-, -en> [ʃlɔsə'rai̯] *f* metalworks, smith's shop
Schlosserin <-, -nen> *f fem form von* **Schlosser**
Schlossherr(in) <-en, -en> *m(f)* owner of a/the castle
Schlosspark *m* castle park
Schlot <-[e]s, -e> [ʃlo:t] *m* chimney ▶WENDUNGEN: **rauchen wie ein ~** (*fam*) to smoke like a chimney
schlotterig ['ʃlɔtərɪç] *adj* (*fam*) ❶ (*zittrig*) shaky ❷ (*schlaff herabhängend*) baggy
schlottern ['ʃlɔtɐn] *vi* ❶ (*zittern*) to tremble (**vor** +*dat* with) ❷ (*schlaff herabhängen*) to flap (**um** +*akk* around)
schlottrig ['ʃlɔtrɪç] *adj s.* **schlotterig**
Schlucht <-, -en> [ʃlʊxt] *f* gorge, ravine
schluchzen ['ʃlʊxtsn̩] *vi* to sob
Schluchzer <-s, -> ['ʃlʊxtsɐ] *m* sob
Schluck <-[e]s, -e> [ʃlʊk] *m* mouthful; (*größer*) gulp; (*kleiner*) sip; **einen ~ [von etw** *dat*] **nehmen** to have a sip [of sth]; **in einem ~** in one swallow
Schluckauf <-s> ['ʃlʊkʔau̯f] *m kein pl* hiccup; **den ~ haben** to have hiccups
schlucken ['ʃlʊkn̩] *vt, vi* ❶ (*hinunterschlucken*) to swallow ❷ AUTO (*fam*) **der alte Wagen schluckt 14 Liter** the old car guzzles 14 litres for every 100 km ❸ (*fam: hinnehmen, glauben*) to swallow ❹ (*dämpfen*) to absorb
Schlucker <-s, -> *m* ▶WENDUNGEN: **armer ~** poor blighter
Schluckimpfung *f* oral vaccination
schluckweise *adv* in sips
schluderig ['ʃlu:dərɪç] *adj* (*fam*) *s.* **schlam-**

S

pig

schludern ['ʃluːdɐn] *vi* (*fam*) to do a sloppy job

schludrig ['ʃluːdrɪç] *adj s.* **schlampig**

Schluffi <-s, -s> ['ʃlaffi] *m* (*pej fam*) slacker *sl*

schluffig *adj* (*sl: teilnahmslos, träge*) apathetic

schlug [ʃluːk] *imp von* **schlagen**

Schlummer <-s> ['ʃlʊmɐ] *m kein pl* slumber

schlummern ['ʃlʊmɐn] *vi* to slumber

Schlund <-[e]s, Schlünde> [ʃlʊnt, *pl* 'ʃlʏndə] *m* throat

schlüpfen ['ʃlʏpfn̩] *vi sein* ① ORN, ZOOL to hatch (**aus** +*dat* out) ② (*rasch kleiden*) to slip (**aus** +*dat* out of, **in** +*akk* into) ③ (*rasch bewegen*) to slip; **unter die Decke** ~ to slide under the blanket

Schlüpfer <-s, -> ['ʃlʏpfɐ] *m* panties *npl*

Schlupfloch *nt* ① (*Öffnung*) opening, hole ② (*fig*) loophole

schlüpfrig ['ʃlʏpfrɪç] *adj* ① (*unanständig*) lewd ② (*glitschig*) slippery

Schlupfwinkel *m* (*Versteck*) hiding place; (*von Gangstern*) hideout

schlurfen ['ʃlʊrfn̩] *vi sein* to shuffle; (*absichtlich*) to scuff [one's feet]

schlürfen ['ʃlʏrfn̩] *vt, vi* to slurp

Schluss <-es, Schlüsse> [ʃlʊs, *pl* 'ʃlʏsə] *m* ① *kein pl* (*zeitliches Ende*) end; **zum ~ kommen** to finish; [**mit etw** *dat*] ~ **machen** (*fam*) to stop [sth]; ~ **für heute!** that's enough for today!; ~ **damit!** stop it!; ~ [**jetzt**]! that's enough!; **zum** ~ at the end ② *kein pl* (*hinterster Teil*) end; **am ~ des Zuges** at the back of the train ③ (*abschließender Abschnitt*) end, last part ④ (*Folgerung*) conclusion; **zu dem ~ kommen, dass ...** to come to the conclusion that ... ▶ WENDUNGEN: [**mit jdm**] ~ **machen** to break it off [with sb]

Schlussbemerkung *f* final remark

Schlüssel <-s, -> ['ʃlʏsl̩] *m* key

Schlüsselanhänger *m* [key] fob **Schlüsselbein** *nt* collar bone **Schlüsselblume** *f* cowslip **Schlüsselbund** *m o nt* bunch of keys **Schlüsseldienst** *m* security key service **Schlüsselerlebnis** *nt* crucial experience **schlüsselfertig** *adj* ready to move into **Schlüsselloch** *nt* keyhole **Schlüsselqualifikation** *f* key qualifications *pl*

schlussfolgern *vt* to deduce (**aus** from) **Schlussfolgerung** <-, -en> *f* deduction, conclusion; **eine** ~ [**aus etw** *dat*] **ziehen** to draw a conclusion [from sth]

schlüssig ['ʃlʏsɪç] *adj* ① (*folgerichtig*) logical; *Beweisführung* conclusive ② (*im Klaren*) ■**sich** *dat* ~ **werden** to make up one's mind (**über** +*akk* about)

Schlusslicht *nt* AUTO rear [*or* AM tail] light **Schlusspfiff** *m* final whistle **Schlussstrich** *m* **einen ~ unter etw** *akk* **ziehen** to put an end to sth **Schlussverkauf** *m* sales *pl* **Schlusswort** *nt* final word

Schmach <-> [ʃmaːx] *f kein pl* humiliation

schmachten ['ʃmaxtn̩] *vi* (*geh*) ① (*leiden*) to languish; ■**jdn ~ lassen** to leave sb languishing ② (*sich sehnen*) to crave

schmachtend *adj* soulful

schmächtig ['ʃmɛçtɪç] *adj* slight, weedy BRIT *pej*

schmackhaft *adj* tasty ▶ WENDUNGEN: **jdm etw ~ machen** to make sth tempting to sb

schmal <-er *o* schmäler, -ste *o* schmälste> [ʃmaːl] *adj* narrow; *Mensch* slim

schmälern ['ʃmɛːlɐn] *vt* to belittle

Schmalspur *f* BAHN narrow gauge

Schmalz <-es, -e> [ʃmalts] *nt* KOCHK dripping; (*vom Schwein*) lard

schmalzig ['ʃmaltsɪç] *adj* (*pej fam*) schmaltzy

schmarotzen* [ʃma'rɔtsn̩] *vi* to sponge

Schmarotzer <-s, -> *m* parasite

Schmarren ['ʃmarən], **Schmarrn** <-s, -> [ʃmarn̩] *m* SÜDD, ÖSTERR ① KOCHK *pancake torn into small pieces* ② (*fam: Quatsch*) rubbish, nonsense

schmatzen ['ʃmatsn̩] *vi* to eat/drink noisily; (*mit Genuss*) to smack one's lips; **musst du immer so ~?** do you have to make such a noise when you're eating?

schmausen ['ʃmaʊzn̩] *vi* to eat with relish

schmecken ['ʃmɛkn̩] **I.** *vi* ① (*munden*) **hat es geschmeckt?** did you enjoy it?; **das schmeckt aber gut** that tastes wonderful; **es sich** *dat* ~ **lassen** to enjoy one's food; **lasst es euch ~!** tuck in! ② (*Geschmack haben*) to taste (**nach** +*dat* of) ③ SÜDD, ÖSTERR, SCHWEIZ (*riechen*) smell **II.** *vt* to taste

Schmeichelei <-, -en> [ʃmaɪçə'laɪ] *f* flattery *no pl, no indef art*

schmeichelhaft *adj* flattering

schmeicheln ['ʃmaɪçl̩n] *vi* to flatter; ■**es schmeichelte ihm, dass ...** he was flattered that ...

Schmeichler(in) <-s, -> ['ʃmaɪçlɐ] *m(f)* flatterer

schmeichlerisch *adj* flattering

schmeißen <schmiss, geschmissen> ['ʃmaɪsn̩] **I.** *vt, vi* (*fam*) ① (*werfen*) to throw; (*mit Kraft*) to hurl, to fling; **sie schmiss ihn aus dem Haus** she trew himout ② (*sl: spendieren*) **eine Party** ~ to throw a party; **eine Runde** ~ to stand a round; ■ **mit etw** *dat* **um sich** *akk* ~ to throw sth about [*or* AM around] ③ (*sl: managen*) to run ④ (*fam: abbrechen*) to pack in **II.** *vr* ① (*sich fallen lassen*) ■ **sich** *akk* ~ to throw oneself (**auf** + *akk* onto, **vor** + *akk* in front of) ② (*sich kleiden*) **sich** *akk* **in Schale** ~ to put on one's glad rags

Schmeißfliege *f* blowfly

Schmelz <-[e]s, -e> [ʃmɛlts] *m* ① (*Zahnschmelz*) enamel ② (*Glasur*) glaze

Schmelze <-, -n> ['ʃmɛltsə] *f* ① (*geschmolzenes Metall*) molten metal, melt ② (*Magma*) magma

schmelzen <schmolz, geschmolzen> ['ʃmɛltsn̩] **I.** *vi sein* to melt **II.** *vt haben* to melt; *Metall* to smelt

Schmelzhütte *f* smelting works + *sing/pl vb* **Schmelzkäse** *m* KOCHK ① (*in Scheiben*) processed cheese ② (*streichfähig*) cheese spread **Schmelzofen** *m* smelting furnace **Schmelzpunkt** *m* melting point **Schmelztiegel** *m* melting pot **Schmelzwasser** *nt* meltwater

Schmerz <-es, -en> [ʃmɛrts] *m* ① (*körperliche Empfindung*) pain; (*anhaltend und pochend*) ache; ~**en haben** to be in pain ② *kein pl* (*Kummer*) [mental] anguish *no indef art, no pl*

schmerzempfindlich *adj* sensitive [to pain *pred*]

schmerzen ['ʃmɛrtsn̩] *vi* to hurt; (*anhaltend und pochend*) to ache; ■ ~**d** painful, aching

Schmerzensgeld *nt* compensation

Schmerzgrenze *f* (*fam: absolutes Limit*) bottom line; (*Grenze des Erträglichen*) limit

schmerzhaft *adj* painful

schmerzlich **I.** *adj* (*geh*) painful, distressing **II.** *adv* painfully

schmerzlindernd **I.** *adj* pain-relieving **II.** *adv* ~ **wirken** to relieve pain

schmerzlos *adj* painless ▸ WENDUNGEN: **kurz und** ~ short and sweet

Schmerzmittel *nt* analgesic, painkiller **schmerzstillend** *adj* painkilling; ■ ~ **sein** to be a painkiller **Schmerztablette** *f* painkiller, analgesic [tablet] **schmerzvoll** *adj* (*geh*) *s.* **schmerzlich**

Schmetterling <-s, -e> ['ʃmɛtɐlɪŋ] *m* butterfly

schmettern ['ʃmɛtɐn] *vt* ① (*schleudern*) to fling ② SPORT to smash ③ MUS to blare out; *Lied* to bawl out

Schmied(in) <-[e]s, -e> [ʃmi:t, *pl* 'ʃmi:də] *m(f)* smith; (*Hufschmied*) blacksmith

Schmiede <-, -n> ['ʃmi:də] *f* forge, smithy

schmiedeeisern *adj* wrought-iron

schmieden ['ʃmi:dn̩] *vt* ① (*glühend hämmern*) to forge ② (*aushecken*) *Plan* to make

Schmiedin <-, -nen> *f fem form von* **Schmied**

schmiegen ['ʃmi:gn̩] *vr* to snuggle (**an** + *akk* up to); ■ **sich** *akk* [**an jdn**] ~ to cuddle up close [to sb]

Schmiere <-, -n> ['ʃmi:rə] *f* (*schmierige Masse*) grease; (*schmieriger Schmutz*) ooze ▸ WENDUNGEN: ~ **stehen** to keep watch

schmieren ['ʃmi:rən] **I.** *vt* ① (*streichen*) to spread; *Creme etc.* to rub, to smear; **Salbe auf eine Wunde** ~ to apply cream to a wound ② (*fetten*) to lubricate, to grease ③ (*pej: malen*) to scrawl; **Parolen an die Häuser** ~ to daub slogans on the walls of houses ④ (*fam: bestechen*) ■ **jdn** ~ to grease sb's palm ▸ WENDUNGEN: **jdm eine** ~ (*fam*) to give sb a thump; **wie geschmiert** (*fam*) like clockwork **II.** *vi* (*pej: unsauber schreiben*) to scribble; *Kuli* to smudge

Schmiererei <-, -en> [ʃmi:rə'rai] *f* (*pej fam*) [smudgy] mess

Schmierfink *m* (*pej*) ① (*schmutziges Kind*) mucky pup BRIT, dirty kid AM ② (*Journalist*) muckraker

Schmiergeld *nt* (*fam*) bribe, kickback **Schmiergeldzahlung** *f* POL payment of bribe money

schmierig ['ʃmi:rɪç] *adj* ① (*nass und klebrig*) greasy ② (*pej: schleimig*) slimy; **was für ein** ~**er Typ!** what a smarmy guy!

Schmieröl *nt* lubricating oil **Schmierpapier** *nt* rough paper **Schmierseife** *f* soft soap **Schmierstoff** *m* lubricant **Schmierzettel** *m* piece of scrap paper

Schminke <-, -n> ['ʃmɪŋkə] *f* make-up

schminken ['ʃmɪŋkn̩] *vt* to put make-up on; ■ **sich** *akk* ~ to put on make-up; **stark/dezent geschminkt sein** to be heavily/discreetly made up

Schminkkoffer *m* cosmetic case

schmirgeln ['ʃmɪrgl̩n] *vt, vi* to sand down

Schmirgelpapier ['ʃmɪrgl̩-] *nt* sandpaper

schmiss [ʃmɪs] *imp von* **schmeißen**

Schmöker <-s, -> ['ʃmø:kɐ] *m* (*fam*) *longish escapist book*

schmökern ['ʃmɔ:kɐn] *vi* (*fam*) **in einem Buch** ~ to bury oneself in a book

schmollen ['ʃmɔlən] *vi* to sulk

Schmollmund *m* **einen** ~ **machen** to pout

schmolz [ʃmɔlts] *imp von* **schmelzen**

Schmorbraten ['ʃmo:ɐ̯-] *m* pot roast

schmoren ['ʃmo:rən] *vt, vi* ① KOCHK to braise ② (*fam: schwitzen*) to swelter ▸ WENDUNGEN: **jdn** ~ **lassen** (*fam*) to let sb stew

S

Schmuck <-[e]s> [ʃmʊk] *m kein pl* ❶ (*Schmuckstücke*) jewellery ❷ (*Verzierung*) decoration, ornamentation
schmücken [ˈʃmʏkn̩] **I.** *vt* (*dekorieren*) to decorate, to embellish **II.** *vr* ■**sich** *akk* ~ to wear jewellery
Schmuckkästchen *nt* jewellery box
schmucklos *adj* bare; *Fassade* plain
Schmucksachen *pl* jewellery *no indef art, no pl* **Schmuckstück** *nt* ❶ (*Schmuckgegenstand*) piece of jewellery ❷ (*fam: Prachtstück*) jewel, masterpiece, gem
schmuddelig [ˈʃmʊdəlɪç], **schmuddlig** [ˈʃmʊdlɪç] *adj* grubby
Schmuggel <-s> [ˈʃmʊgl̩] *m kein pl* smuggling *no art, no pl*
schmuggeln [ˈʃmʊgl̩n] *vt* to smuggle
Schmuggelware *f* smuggled goods *pl,* contraband *no pl*
Schmuggler(in) <-s, -> [ˈʃmʊglɐ] *m(f)* smuggler
schmunzeln [ˈʃmʊntsl̩n] *vi* to grin quietly to oneself (**über** +*akk* about)
Schmunzeln <-s> [ˈʃmʊntsl̩n] *nt kein pl* grin
schmusen [ˈʃmuːzn̩] *vi* (*fam*) to cuddle, to neck
Schmutz <-es> [ʃmʊts] *m kein pl* dirt; **jdn/etw in den ~ ziehen** to blacken sb's name/sth's reputation
Schmutzfink *m* (*fam*) ❶ (*pej*) *s.* **Schmierfink 1** ❷ (*unmoralischer Mensch*) dirty bastard **Schmutzfleck** *m* dirt stain
schmutzig [ˈʃmʊtsɪç] *adj* ❶ (*dreckig*) dirty; **sich** *akk* [**bei etw** *dat*] **~ machen** to get dirty [doing sth] ❷ (*obszön*) smutty, lewd; *Witz* dirty ❸ (*pej: unlauter*) dubious, crooked; *Geld* dirty; *Geschäfte* shady
Schmutzkampagne [-kamˈpanjə] *f* smear campaign
Schnabel <-s, Schnäbel> [ˈʃnaːbl̩, *pl* ˈʃnɛːbl̩] *m* ❶ (*Vogelschnabel*) beak ❷ (*lange Tülle*) spout ❸ (*fam: Mund*) trap; **halt den ~!** shut your trap!
schnackseln [ˈʃnaksl̩n] *vi* SÜDD (*fam*) to screw *fam!*
Schnake <-, -n> [ˈʃnaːkə] *f* ❶ (*Weberknecht*) crane fly, daddy-long-legs *fam* ❷ DIAL (*Stechmücke*) midge, gnat
Schnalle <-, -n> [ˈʃnalə] *f* buckle
schnallen [ˈʃnalən] *vt* to buckle up, to fasten; **den Gürtel enger/weiter ~** to tighten/loosen one's belt; **sich** *dat* **etw auf den Rücken ~** to strap sth onto one's back
schnalzen [ˈʃnaltsn̩] *vi* **mit den Fingern ~** to snap one's fingers; **mit der Zunge ~** to click one's tongue
Schnäppchen <-s, -> [ˈʃnɛpçən] *nt* bargain
Schnäppchenjagd *f* bargain hunting **Schnäppchenmarkt** *m* ÖKON (*fam*) bargain basement
schnappen [ˈʃnapn̩] **I.** *vi* ❶ *haben* (*greifen*) to grab (**nach** +*dat* for), to snatch (**nach** +*dat* at) ❷ *haben* (*mit den Zähnen*) to snap (**nach** +*dat* at) **II.** *vt haben* (*fam*) ❶ (*ergreifen*) ■[**sich** *dat*] **etw ~** to grab sth; **etwas frische Luft ~** to get a gulp of fresh air ❷ (*festnehmen*) to catch
Schnappmesser *nt* flick knife BRIT, switchblade AM **Schnappschuss** *m* snapshot
Schnaps <-es, Schnäpse> [ʃnaps, *pl* ˈʃnɛpsə] *m* schnapps
Schnapsflasche *f* bottle of schnapps **Schnapsidee** *f* daft idea
schnarchen [ˈʃnarçn̩] *vi* to snore; ■**das S~** snoring
schnattern [ˈʃnatɐn] *vi* ❶ ORN to cackle ❷ (*fam: schwatzen*) to chatter
schnauben <schnaubte, geschnaubt> [ˈʃnaubn̩] *vi* to snort
schnaufen [ˈʃnaufn̩] *vi* ❶ *haben* (*angestrengt atmen*) to puff, to pant ❷ *haben bes* SÜDD (*atmen*) to breathe
Schnauz <-es, Schnäuze> [ʃnauts, *pl* ˈʃnɔytsə] *m* SCHWEIZ moustache
Schnauzbart *m* large moustache
Schnauze <-, -n> [ˈʃnautsə] *f* ❶ ZOOL snout ❷ (*sl: Mund*) gob BRIT, trap; **eine große ~ haben** to have a big mouth; **die ~ halten** to keep one's trap shut ▸ WENDUNGEN: [**mit etw** *dat*] **auf die ~ fallen** (*sl*) to fall flat on one's face [with sth]; **jd hat die ~** [**von etw** *dat*] **voll** (*sl*) sb is fed up to the teeth [with sth] BRIT
schnauzen [ˈʃnautsn̩] *vi* (*fam: barsch reden*) to bark
schnäuzen [ˈʃnɔytsn̩] *vr* **sich** *akk* ~ to blow one's nose
Schnauzer <-s, -> [ˈʃnautsɐ] *m* ZOOL schnauzer
Schnecke <-, -n> [ˈʃnɛkə] *f* ❶ ZOOL snail; (*Nacktschnecke*) slug ❷ (*Gebäck*) Chelsea bun ▸ WENDUNGEN: **jdn zur ~ machen** to give sb a carpeting
Schneckenhaus *nt* snail shell **Schneckentempo** *nt* **im ~** at a snail's pace
Schnee <-s> [ʃneː] *m kein pl* snow ▸ WENDUNGEN: **~ von gestern** stale [news]
Schneeball *m* snowball **Schneeballeffekt** *m kein pl* snowball effect **Schneeballschlacht** *f* snowball fight; **eine ~ machen** to have a snowball fight **Schneeballsystem** *nt* FIN, ÖKON pyramid selling *no art, no pl*
schneebedeckt *adj* snow-covered **Schneebesen** *m* whisk, blanket of snow

Schneedecke *f* blanket of snow **Schneefall** *m* snowfall **Schneeflocke** *f* snowflake **Schneegestöber** *nt* snowstorm **Schneeglöckchen** <-s, -> *nt* snowdrop **Schneegrenze** *f* snowline **Schneekette** *f meist pl* snow chain[s *pl*] **Schneemann** *m* snowman **Schneematsch** *m* slush **Schneepflug** *m* snowplough **Schneeregen** *m* sleet **Schneeschaufel** *f*, **Schneeschippe** *f* DIAL snow shovel **Schneeschmelze** *f* thaw **Schneesturm** *m* snowstorm **Schneetreiben** *nt* snowstorm **schneeweiß** [ʃne:ˈvais] *adj* as white as snow *pred*, snow-white

Schneewittchen <-s> [ʃne:ˈvɪtçən] *nt* Snow White

Schneid <-[e]s> [ʃnait] *m kein pl* guts *npl*; ~ **haben** to have guts

Schneide <-, -n> [ˈʃnaidə] *f* edge, blade

schneiden <schnitt, geschnitten> [ˈʃnaidn̩] **I.** *vt* ① (*zerteilen*) to cut ② (*kürzen*) to cut, to trim; *Baum* to prune ③ (*knapp einscheren*) *Auto* to cut ④ FILM to edit ⑤ (*meiden*) to snub **II.** *vr* ① (*sich verletzen*) to cut oneself; **sich** *akk* **in den Finger** ~ to cut one's finger ② (*sich kreuzen*) to intersect

schneidend *adj* ① (*durchdringend*) biting ② (*scharf*) sharp

Schneider(in) <-s, -> [ˈʃnaidɐ] *m(f)* tailor ▸WENDUNGEN: **aus dem ~ <u>sein</u>** to be in the clear

Schneiderei <-, -en> [ʃnaidəˈrai] *f* tailor's [shop]

Schneiderin <-, -nen> *f fem form von* **Schneider**

schneidern [ˈʃnaidɐn] **I.** *vi* to work as a tailor; (*als Hobby*) to do [some] dressmaking **II.** *vt* to make; *Anzug* to tailor; **selbst geschneidert** home-made

Schneidersitz *m* **im** ~ cross-legged

Schneidezahn *m* incisor

schneidig [ˈʃnaidɪç] *adj* smart, dashing

schneien [ˈʃnaiən] *vi impers* to snow; **es hat geschneit** it has been snowing

Schneise <-, -n> [ˈʃnaizə] *f* aisle

schnell [ʃnɛl] **I.** *adj* ① (*eine hohe Geschwindigkeit erreichend*) fast ② (*zügig*) prompt, rapid ③ *attr* (*baldig*) swift, speedy **II.** *adv* ① (*mit hoher Geschwindigkeit*) fast; ~/~**er fahren** to drive fast/faster ② (*zügig*) quickly; **es geht ganz** ~ it won't take long; ~ **machen** to hurry up

Schnellboot *nt* speedboat

schnellen [ˈʃnɛlən] *vi sein* **in die Höhe** ~ to shoot up

Schnellhefter *m* loose-leaf binder

Schnelligkeit <-, *selten* -en> *f* ① (*Geschwindigkeit*) speed ② (*Zügigkeit*) speediness; *Ausführung* promptness

Schnellimbiss *m* takeaway **Schnellkochtopf** *m* pressure cooker **Schnellkurs** *m* crash course

schnelllebig *adj* fast-moving

schnellstens *adv* as soon as possible

Schnellstraße *f* expressway **Schnellsuchlauf** <-[e]s> *m kein pl* rapid search **Schnellverfahren** *nt* ① JUR summary trial ② (*fam*) **im** ~ in a rush **Schnellzug** *m* fast train

Schnepfe <-, -n> [ˈʃnɛpfə] *f* ① ORN snipe ② (*pej fam*) stupid cow

Schnickschnack <-s> [ˈʃnɪkʃnak] *m kein pl* (*fam*) ① (*Krimskrams*) junk *no pl* ② (*dummes Geschwätz*) twaddle *no pl*

schniefen [ˈʃni:fn̩] *vi* to sniffle

Schnippchen <-s> [ˈʃnɪpçən] *nt* ▸WENDUNGEN: **jdm ein ~ <u>schlagen</u>** (*fam*) to put one over on sb

schnippeln [ˈʃnɪpl̩n] *vi* to snip (**an** +*dat* at)

schnippen [ˈʃnɪpn̩] **I.** *vi* **mit den Fingern** ~ to snap one's fingers **II.** *vt* ■**etw [von etw** *dat*] ~ to flick sth [off sth]

schnippisch [ˈʃnɪpɪʃ] **I.** *adj* saucy, cocky **II.** *adv* saucily, cockily

Schnipsel <-s, -> [ˈʃnɪpsl̩] *m o nt* shred

schnitt [ʃnɪt] *imp von* **schneiden**

Schnitt <-[e]s, -e> [ʃnɪt] *m* ① (*Schnittwunde*) cut ② (*Haarschnitt*) cut ③ MODE cut ④ FILM editing ⑤ ARCHIT, MATH section; **im** ~ ARCHIT in section; (*durchschnittlich*) on average; **der goldene** ~ the golden section

Schnittblumen *pl* cut flowers *pl*

Schnitte <-, -n> [ˈʃnɪtə] *f* ① KOCHK slice ② (*belegtes Brot*) [open] sandwich

Schnittfläche *f* cut surface

schnittig [ˈʃnɪtɪç] *adj* stylish

Schnittlauch [ˈʃnɪtlaux] *m kein pl* chives *npl*

Schnittmenge *f* intersection **Schnittmuster** *nt* MODE [paper] pattern **Schnittpunkt** *m* [point] of intersection **Schnittstelle** *f* INFORM interface **Schnittverletzung** *f* cut **Schnittwunde** *f* cut

Schnitzel[1] <-s, -> [ˈʃnɪtsl̩] *nt* KOCHK pork escalope; **Wiener** ~ Wiener schnitzel

Schnitzel[2] <-s, -> [ˈʃnɪtsl̩] *nt o m* shred

schnitzen [ˈʃnɪtsn̩] *vt, vi* to carve; ■**das S~** carving

Schnitzer(in) <-s, -> [ˈʃnɪtsɐ] *m(f)* woodcarver

Schnitzer <-s, -> [ˈʃnɪtsɐ] *m* (*fam*) blunder

Schnitzerei <-, -en> [ʃnɪtsəˈrai] *f* woodcarving

Schnitzerin <-, -nen> *f fem form von* **Schnitzer**

S

schnöde ['ʃnøːdə] **I.** *adj* despicable **II.** *adv* despicably
Schnorchel <-s, -> ['ʃnɔrçl̩] *m* snorkel
schnorcheln ['ʃnɔrçl̩n] *vi* to go snorkelling
Schnörkel <-s, -> ['ʃnœrkl̩] *m* scroll
schnorren ['ʃnɔrən] *vi, vt* to scrounge
Schnorrer(in) <-s, -> *m(f)* scrounger
Schnösel <-s, -> ['ʃnøːzl̩] *m* snotty[-nosed] little git
schnuckelig ['ʃnʊkəlɪç] *adj* cute
schnüffeln ['ʃnʏfl̩n] *vi* ① (*schnuppern*) to sniff ② (*fam: spionieren*) to nose around
Schnüffler(in) <-s, -> *m(f)* ① (*Detektiv*) detective, snooper BRIT ② (*sl: Süchtiger*) glue-sniffer
Schnuller <-s, -> ['ʃnʊlɐ] *m* dummy
Schnulze <-, -n> ['ʃnʊltsə] *f* slushy love song
schnulzig ['ʃnʊltsɪç] *adj* schmaltzy
schnupfen ['ʃnʊpfn̩] **I.** *vi* to sniff **II.** *vt* **Tabak ~** to take snuff; **Kokain ~** to snort cocaine
Schnupfen <-s, -> ['ʃnʊpfn̩] *m* cold; **[einen] ~ haben** to have a cold
Schnupftabak *m* snuff
schnuppe ['ʃnʊpə] *adj* **die Ergebnisse waren ihm ~** he couldn't have cared less about the results
schnuppern ['ʃnʊpɐn] *vi, vt* to sniff (**an** *+dat* at)
Schnur <-, Schnüre> [ʃnuːɐ̯, *pl* 'ʃnyːrə] *f* cord
Schnürband <-[e]s, -bänder> *nt* DIAL lace
Schnürchen <-s, -> ['ʃnyːɐ̯çən] *nt dim von* **Schnur** thin cord ▶ WENDUNGEN: **wie am ~** like clockwork
schnüren ['ʃnyːrən] *vt* to tie together (**zu** *+dat* in); *Schuhe* to lace up
schnurgerade ['ʃnuːɐ̯gə'raːdə] **I.** *adj* dead straight **II.** *adv* in a straight line
schnurlos *adj* cordless
Schnurrbart ['ʃnʊrbaːɐ̯t] *m* moustache
schnurren ['ʃnʊrən] *vi* ① (*Katze*) to purr ② (*surren*) to whirr
Schnurrhaare *pl* whiskers *pl*
Schnürschuh *m* lace-up shoe **Schnürsenkel** *m* shoelace **Schnürstiefel** *m* laced boot
schnurstracks ['ʃnuːɐ̯'ʃtraks] *adv* straight; **~ nach Hause gehen** to go straight home
Schnute <-, -n> ['ʃnuːtə] *f* NORDD (*Mündchen*) pout; **eine ~ ziehen** (*fam*) to pout
schob [ʃoːp] *imp von* **schieben**
Schober <-s, -> ['ʃoːbɐ] *m* AGR SÜDD, ÖSTERR (*Heuhaufen*) haystack
Schock <-[e]s, -s> [ʃɔk] *m* shock; **unter ~ stehen** to be in [a state of] shock; **[jdm] einen ~ versetzen** to shock [sb]
schocken ['ʃɔkn̩] *vt* to shock
schockieren* [ʃɔ'kiːrən] *vt* to shock; ■**schockiert sein** to be shocked (**über** *+akk* about)
Schocktherapie *f* shock therapy
Schöffe, Schöffin <-n, -n> ['ʃœfə, 'ʃœfɪn] *m, f* juror
Schokolade <-, -n> [ʃoko'laːdə] *f* (*Kakaomasse*) chocolate; (*Kakaogetränk*) hot chocolate
Schokoriegel *m* chocolate bar
Scholastik <-> [ʃo'lastɪk] *f kein pl* scholasticism *no pl*
Scholle <-, -n> ['ʃɔlə] *f* ① ZOOL plaice ② (*flacher Erdklumpen*) clod [of earth] ③ (*Eisbrocken*) [ice] floe
schon [ʃoːn] **I.** *adv* ① (*bereits*) already, yet; **sind wir ~ da?** are we there yet?; **du willst ~ gehen?** you want to leave already?; **es ist ~ spät** it is already late; **~ damals** even at that time; **~ lange** for a long time; **~ mal** ever; **hast du ~ mal Austern gegessen?** have you ever eaten oysters?; **~ oft** several times already ② (*allein*) **~ aus dem Grund** for that reason alone; **~ die Tatsache, dass ...** the fact alone that ... ③ (*irgendwann*) in the end, one day; **es wird ~ noch klappen** it will work out in the end ④ (*denn*) **was macht das ~** what does it matter ⑤ (*irgendwie*) all right; **danke, es geht ~** thanks, I can manage; **es wird ~ klappen** it will work out all right ⑥ (*ja*) **ich sehe ~, ...** I can see, ...; **~ immer** always; **~ längst** for ages, ages ago; **~ wieder** [once] again; **und wenn ~!** so what? **II.** *part* ① (*auffordernd*) **geh ~!** go on!; **gib ~ her!** come on, give it here!; **mach ~!** hurry up!; **[nun] sag ~!** go on, tell me! ② (*nur*) **wenn ich das ~ rieche/sehe!** the mere smell/sight of that!; **wenn ich das ~ höre!** just hearing about it!
schön [ʃøːn] **I.** *adj* ① (*hübsch*) beautiful; (*ansprechend*) lovely, nice ② (*angenehm*) good, great, nice; *Tag* splendid; **ich wünsche euch ~e Ferien** have a good holiday; **das ist nicht ~ von dir** that's not very nice of you; **[das ist ja alles] ~ und gut, aber ...** that's all very well, but ...; **na ~** all right then ③ (*iron: unschön*) great; **das sind ja ~e Aussichten!** what wonderful prospects!; **das wird ja immer ~er!** things are getting worse and worse!; **das S~ste kommt erst noch** the best of it is yet to come ④ (*beträchtlich*) great, good; **ein ~es Stück Arbeit** quite a bit of work **II.** *adv* ① (*ansprechend*) well; **~ singen** to sing well ② (*fam: genau*)

thoroughly ③ (*fam: besonders*) ~ **groß** nice and big ④ (*iron: ziemlich*) really; **das hat ganz ~ wehgetan!** that really hurt!

schonen ['ʃoːnən] **I.** *vt* ① (*pfleglich behandeln*) to take care of ② (*nicht überbeanspruchen*) to go easy on; **das schont die Gelenke** it is easy on the joints ③ (*verschonen*) to spare **II.** *vr* ■**sich** *akk* ~ to take things easy

schonend **I.** *adj* ① (*nicht strapazierend*) gentle; (*pfleglich*) careful ② (*rücksichtsvoll*) considerate **II.** *adv* ① (*pfleglich*) carefully, with care ② (*rücksichtsvoll*) **jdm etw ~ beibringen** to break sth to sb gently

Schönfärberei <-, -en> [ʃøːnfɛrbəˈraj] *f* whitewash

Schonfrist *f* period of grace **Schongang** *m* ① AUTO, TECH (*Gang*) overdrive ② TECH (*Waschprogramm*) gentle action wash

schöngeistig *adj* aesthetic

Schönheit <-, -en> *f* beauty

Schönheitschirurgie *f* cosmetic surgery **Schönheitsfehler** *m* ① (*kosmetische Beeinträchtigung*) blemish ② (*geringer Makel*) flaw **Schönheitsoperation** *f* cosmetic operation **Schönheitssalon** *m* beauty salon

Schonkost *f* special diet foods *pl*

schön|reden *vt* ■**etw** ~ to play sth down **Schönredner(in)** *m(f)* (*pej*) apologist

Schonung <-> *f kein pl* ① (*das pflegliche Behandeln*) care ② (*Schutz*) protection ③ (*Rücksichtnahme*) consideration

schonungslos **I.** *adj* blunt, merciless; *Kritik* savage; *Offenheit* unabashed **II.** *adv* bluntly, mercilessly

Schonzeit *f* close season

Schopf <-[e]s, Schöpfe> [ʃɔpf, *pl* ˈʃœpfə] *m* ① (*Haarschopf*) shock of hair ② ORN tuft

schöpfen[1] ['ʃœpfn̩] *vt* ① (*mit einem Behältnis entnehmen*) to scoop; *Suppe* to ladle ② (*geh: gewinnen*) to draw; *Kraft* to summon [up]

schöpfen[2] ['ʃœpfn̩] *vt* (*erschaffen*) to create; (*Ausdruck, Wort*) to coin

Schöpfer(in) <-s, -> *m(f)* ① (*Gott*) ■**der ~** the Creator ② (*Erschaffer*) creator

schöpferisch ['ʃœpfərɪʃ] **I.** *adj* creative **II.** *adv* creatively

Schöpfkelle *f* ladle **Schöpflöffel** *m* ladle

Schöpfung <-, -en> *f* ① (*Erschaffung*) creation ② *kein pl* REL ■**die ~** the Creation

Schöpfungsgeschichte *f kein pl* ■**die ~** the story of the Creation

Schoppen <-s, -> ['ʃɔpn̩] *m* ① (*Viertelliter*) quarter-litre ② SÜDD, SCHWEIZ (*Babyfläschchen*) bottle

Schöps <-es, -e> [ʃœps] *m* ÖSTERR mutton

schor [ʃoːɐ̯] *imp von* **scheren**[1]

Schorf <-[e]s, -e> [ʃɔrf] *m* scab

Schorle <-, -n> ['ʃɔrlə] *f* spritzer

Schornstein ['ʃɔrnʃtajn] *m* chimney

Schornsteinfeger(in) <-s, -> *m(f)* chimney sweep

schoss [ʃɔs] *imp von* **schießen**

Schoß <-es, Schöße> [ʃɔs, *pl* ˈʃøːsə] *m* ① ANAT lap ② (*Mutterleib*) womb ▶ WENDUNGEN: **im ~ der Familie** in the bosom of the family; **etw fällt jdm in den ~** sth falls into sb's lap

Schoßhund *m* lapdog

Schössling <-s, -e> ['ʃœslɪŋ] *m* shoot

Schote <-, -n> ['ʃoːtə] *f* pod

Schotte, Schottin <-n, -n> ['ʃɔtə, 'ʃɔtɪn] *m, f* Scot, Scotsman *masc*, Scotswoman *fem*; *s. a.* **Deutsche(r)**

Schottenrock *m* ① (*Rock mit Schottenmuster*) tartan skirt ② (*Kilt*) kilt

Schotter <-s, -> ['ʃɔtɐ] *m* gravel

Schottin <-, -nen> *f fem form von* **Schotte**

schottisch ['ʃɔtɪʃ] *adj* Scottish; *s. a.* **deutsch**

Schottland ['ʃɔtlant] *nt* Scotland; *s. a.* **Deutschland**

schraffieren* [ʃraˈfiːrən] *vt* to hatch

Schraffierung <-, -en> *f kein pl* hatching

Schraffur <-, -en> [ʃraˈfuːɐ̯] *f* hatching

schräg [ʃrɛːk] **I.** *adj* ① (*schief*) sloping; (*Linien*) diagonal, oblique ② (*von der Norm abweichend*) offbeat **II.** *adv* ① (*schief*) at an angle, askew; **einen Hut ~ aufsetzen** to put a hat on at a slant; **das Bild hängt ~** the picture is hanging askew ② (*im schiefen Winkel*) ~ **überqueren** to cross diagonally ▶ WENDUNGEN: **jdn ~ ansehen** to look askance at sb

Schräge <-, -n> ['ʃrɛːgə] *f* (*schräge Fläche*) slope, sloping surface

Schrägstrich *m* oblique

Schramme <-, -n> ['ʃramə] *f* ① (*Schürfwunde*) graze ② (*Kratzer*) scratch

schrammen ['ʃramən] *vi* to scrape (**über** +*akk* across)

Schrank <-[e]s, Schränke> [ʃraŋk, *pl* ˈʃrɛŋkə] *m* cupboard

Schranke <-, -n> ['ʃraŋkə] *f* ① BAHN barrier, gate ② (*Grenze*) limit; **jdn in seine ~n weisen** to put sb in their place

Schranken <-s, -> ['ʃraŋkn̩] *m* BAHN ÖSTERR (*Schranke*) [railway] gate, [railway] barrier

schrankenlos *adj* unlimited, boundless

Schrankwand *f* wall unit

Schraubdeckel *m* screw lid; *Flasche* screw top

Schraube <-, -n> ['ʃraubə] *f* ① TECH screw ② NAUT propeller ③ SPORT twist ▶ WENDUN-

S

GEN: **bei jdm ist eine ~ <u>locker</u>** (*fam*) sb has a screw loose

schrauben ['ʃraubn̩] *vt* ❶ (*mit Schrauben befestigen*) to screw (**an** +*akk* into, **auf** +*akk* onto) ❷ (*drehen*) **etw höher/niedriger ~** to raise/lower sth; **etw fester/loser ~** to tighten/loosen sth

Schraubendreher <-s, -> *m s.* **Schraubenzieher** **Schraubenschlüssel** *m* spanner [*or* AM wrench] **Schraubenzieher** <-s, -> *m* screwdriver

Schrauber <-s, -> ['ʃraubɐ] *m* (*hum fam*) Saturday mechanic

Schraubstock *m* vice **Schraubverschluss** *m* screw top

Schrebergarten ['ʃreːbɐ] *m* allotment

Schreck <-s> [ʃrɛk] *m kein pl* fright *no pl;* **einen ~ bekommen** to get a fright; **jdm einen ~ einjagen** to give sb a fright; **vor ~** with fright

Schrecken <-s, -> ['ʃrɛkn̩] *m* fright, horror; **~ erregend** terrifying; **mit dem ~ davonkommen** to escape with no more than a fright

Schreckensherrschaft *f* reign of terror

Schreckgespenst *nt* bogey

schreckhaft *adj* jumpy

schrecklich ['ʃrɛklɪç] **I.** *adj* terrible, dreadful **II.** *adv* terribly, awfully, dreadfully

Schreckschraube *f* (*pej fam*) old bag

Schreckschuss *m* warning shot **Schreckschusspistole** *f* blank gun

Schrecksekunde *f* moment of shock

Schrei <-[e]s, -e> [ʃrai] *m* scream, cry ▶WENDUNGEN: **der <u>letzte</u> ~** (*fam*) the latest style

Schreibblock <s, -blöcke> *m* writing pad

schreiben <schrieb, geschrieben> ['ʃraibn̩] **I.** *vt* ❶ (*verfassen*) to write ❷ (*schriftlich darstellen*) to spell; **etw falsch/richtig ~** to spell sth wrongly/right letters **II.** *vi* ❶ (*Schrift erzeugen*) to write; ■**etwas zum S~** something to write with ❷ (*schreibend arbeiten*) **sie schreibt an einem Buch** she is writing a book ❸ (*einen Brief schicken*) ■**jdm ~** to write to sb **III.** *vr* (*geschrieben werden*) **wie schreibt sich das Wort?** how do you spell that word?

Schreiben <-s, -> ['ʃraibn̩] *nt* (*geh*) letter

Schreiber <-s, -> ['ʃraibɐ] *m* (*fam*) pen

Schreiberling <-s, -e> ['ʃraibɐlɪŋ] *m* (*pej*) scribbler

schreibfaul *adj* ■**~ sein** to be a bad letter writer **Schreibfehler** *m* spelling mistake **Schreibheft** *nt* exercise book **Schreibkraft** *f* (*geh*) typist **Schreibmappe** *f* writing case **Schreibmaschine** *f* typewriter; **etw auf der ~ schreiben** to type sth [up] **Schreibpapier** *nt* writing paper **Schreibpult** *nt* [writing] desk **Schreibschrift** *f* script, cursive writing

Schreibtisch *m* desk **Schreibtischlampe, Schreibtischleuchte** *f* desk lamp

Schreibung <-, -en> *f* spelling

Schreibunterlage *f* desk pad

Schreibwaren *pl* stationery *no pl*

Schreibwarengeschäft *nt* stationer's **Schreibwarenhändler(in)** *m(f)* stationer **Schreibwarenhandlung** *f* stationer's

Schreibweise *f* ❶ (*Rechtschreibung*) spelling ❷ (*Stil*) style [of writing] **Schreibzeug** *nt* writing utensils *pl*

schreien <schrie, geschrie[e]n> ['ʃraiən] **I.** *vi* ❶ (*brüllen*) to yell ❷ ORN, ZOOL to cry ❸ (*laut rufen*) to shout (**nach** +*dat* for) ❹ (*heftig verlangen*) to cry out; **das Kind schreit nach der Mutter** the child is crying out for its mother **II.** *vt* (*etw brüllen*) to shout [out]

schreiend *adj* ❶ (*grell*) garish, loud ❷ (*flagrant*) flagrant, glaring

Schreierei <-, -en> [ʃraiə'rai] *f* yelling

Schreihals *m* (*fam*) rowdy, bawler BRIT

Schrein <-[e]s, -e> [ʃrain] *m* (*geh*) shrine

Schreiner(in) <-s, -> ['ʃrainɐ] *m(f)* carpenter

Schreinerei <-, -en> [ʃrainə'rai] *f* ❶ (*Tischlerei*) carpenter's workshop ❷ (*das Tischlern*) carpentry

schreinern ['ʃrainɐn] *vi, vt* to do carpentry; ■**etw ~** to make sth

schreiten <schritt, geschritten> ['ʃraitn̩] *vi sein* ❶ (*gehen*) to stride ❷ (*etw in Angriff nehmen*) to proceed (**zu** +*dat* with)

schrie [ʃriː] *imp von* **schreien**

schrieb [ʃriːp] *imp von* **schreiben**

Schrift <-, -en> [ʃrɪft] *f* ❶ (*Handschrift*) [hand]writing ❷ (*Schriftsystem*) script ❸ TYPO (*Druckschrift*) type; (*Computer*) font ❹ (*Abhandlung*) paper; **die Heilige ~** the [Holy] Scriptures *pl*

Schriftart *f* type, typeface **Schriftdeutsch** *nt* standard German **Schriftführer(in)** *m(f)* secretary **Schriftgröße** *f* font size

schriftlich ['ʃrɪftlɪç] **I.** *adj* written; ■**etwas S~es** something in writing **II.** *adv* in writing; **jdm etw ~ geben** to give sb sth in writing

Schriftreligion ['ʃrɪftreligi̯oːn] *f* REL religion based on written scriptures **Schriftsatz** *m* JUR legal document **Schriftsprache** *f* standard language

Schriftsteller(in) <-s, -> ['ʃrɪftʃtɛlɐ] *m(f)* author, writer

Schriftstück *nt* document **Schriftwechsel** *m* correspondence **Schriftzeichen** *nt*

S

character

schrill [ʃrɪl] **I.** *adj* ① (*durchdringend hell*) shrill ② (*nicht moderat*) brash; (*Farbe*) garish **II.** *adv* shrilly

schritt [ʃrɪt] *imp von* **schreiten**

Schritt <-[e]s, -e> [ʃrɪt] *m* ① (*Tritt*) step; **~e machen** to take steps; **seinen ~ beschleunigen** to quicken one's step; **er trat einen ~ zurück** he took a step back; [**mit jdm/etw**] **~ halten** to keep up [with sb/sth]; **~ für ~** step by step; **~e hören** to hear footsteps ② *kein pl* (*Gang*) walk, gait ③ (*Maßnahme*) measure, step; **~e** [**gegen jdn/etw**] **unternehmen** to take steps [against sb/sth] ④ MODE crotch **Schrittgeschwindigkeit** *f* walking speed **Schrittmacher** <-s, -> *m* pacemaker **Schritttempo** *nt* walking speed; **im ~ fahren** to drive at walking speed

schrittweise **I.** *adj* gradual **II.** *adv* gradually

schroff [ʃrɔf] **I.** *adj* ① (*barsch*) curt, brusque ② (*steil*) steep **II.** *adv* ① (*barsch*) curtly, brusquely ② (*steil*) steeply

schröpfen ['ʃrœpfn̩] *vt* (*fam: ausnehmen*) to cheat

Schrot <-[e]s, -e> [ʃroːt] *m o nt* ① *kein pl* AGR coarsely ground wholemeal ② (*aus Blei*) shot

Schrotbrot *nt* [coarse] wholemeal bread **Schrotflinte** *f* shotgun

Schrott <-[e]s> [ʃrɔt] *m kein pl* ① (*Metallmüll*) scrap metal ② (*fam: wertloses Zeug*) rubbish *no pl*, junk *no pl*; **ein Auto zu ~ fahren** (*fam*) to write a car off

Schrotthalde *f* scrap heap **Schrotthändler(in)** *m(f)* scrap dealer **Schrotthaufen** *m* scrap heap **Schrottplatz** *m* scrapyard **schrottreif** *adj* fit for the scrap heap

schrubben ['ʃrʊbn̩] *vt, vi* to scrub

Schrubber <-s, -> ['ʃrʊbɐ] *m* scrubbing brush

schrullig ['ʃrʊlɪç] *adj* (*fam*) quirky

schrumpelig ['ʃrʊmpəlɪç] *adj* (*fam*) wrinkled

schrumpfen ['ʃrʊmpfn̩] *vi sein* to shrink; *Frucht* to shrivel; *Muskeln* to waste

schrumplig ['ʃrʊmplɪç] *adj s.* **schrumpelig**

Schub <-[e]s, Schübe> [ʃuːp, *pl* 'ʃyːbə] *m* ① PHYS (*Vortrieb*) thrust ② MED (*einzelner Anfall*) phase ③ (*Antrieb*) drive

Schubkarre *f*, **Schubkarren** *m* wheelbarrow **Schubkraft** *f* PHYS *s.* **Schub 1** **Schublade** <-, -n> ['ʃuːplaːdə] *f* drawer

Schubs <-es, -e> [ʃʊps] *m* (*fam*) shove

schubsen ['ʃʊpsn̩] *vt* (*fam*) to shove

schubweise *adv* ① MED in phases ② (*in Gruppen*) in batches

schüchtern ['ʃʏçtɐn] *adj* ① (*gehemmt*) shy ② (*zaghaft*) timid; *Versuch* half-hearted

Schüchternheit <-> *f kein pl* shyness

schuf [ʃuːf] *imp von* **schaffen**[2]

Schuft <-[e]s, -e> [ʃʊft] *m* villain

schuften ['ʃʊftn̩] *vi* (*fam*) to slave away

Schufterei <-, -en> [ʃʊftə'rai] *f* (*fam*) drudgery

Schuh <-[e]s, -e> [ʃuː] *m* shoe ▶ WENDUNGEN: **jdm etw in die ~e schieben** (*fam*) to put the blame for sth on sb

Schuhband <-[e]s, -bänder> *nt*, **Schuhbändel** <-s, -> *m* SÜDD, SCHWEIZ (*Schnürsenkel*) shoelace **Schuhbürste** *f* shoe brush **Schuhcreme** *f* shoe polish **Schuhgeschäft** *nt* shoe shop **Schuhgröße** *f* shoe size **Schuhlöffel** *m* shoehorn **Schuhmacher(in)** <-s, -> ['ʃuːmaxɐ] *m(f)* ① (*Hersteller*) shoemaker ② (*für Reparaturen*) cobbler **Schuhputzer(in)** <-s, -> *m(f)* shoeshine boy/girl **Schuhputzmittel** *nt* shoe polish **Schuhsohle** *f* sole [of a/one's shoe] **Schuhspanner** *m* shoetree **Schuhwerk** <-[e]s> *nt kein pl* footwear

Schulabbrecher(in) ['ʃuːl-] *m(f)* high school dropout **Schulabbruch** *m* dropout **Schularbeit** *f*, **Schulaufgabe** *f* ① *meist pl* (*Hausaufgaben*) homework *no pl*; **die/seine ~en machen** to do one's homework ② ÖSTERR (*Klassenarbeit*) [class] test **Schulausflug** *m* school trip [*or* outing] **Schulbank** *f* school desk; **die ~ drücken** (*fam*) to go to school **Schulbildung** *f kein pl* school education *no pl* **Schulbuch** *nt* school book, textbook **Schulbus** *m* school bus

schuld [ʃʊlt] *adj* ■ **~ sein** to be to blame (**an** +*dat* for)

Schuld <-> [ʃʊlt] *f kein pl* ① (*Verschulden*) fault *no pl*, blame *no pl*; **jdm** [**die**] **~ geben** to blame sb; **er hat ~** he is [the one] to blame; **es ist ihre ~, dass/wenn ...** it is their fault that/when ...; **die ~ auf sich nehmen** to take the blame; **ihn trifft keine ~** he is not to blame ② (*verschuldete Missetat*) guilt *no pl*; REL sin; **er ist sich keiner ~ bewusst** he's not aware of having done anything wrong ③ *meist pl* FIN debt; **~en machen** to go into debt

schuldbewusst **I.** *adj* guilty **II.** *adv* guiltily **Schuldbewusstsein** *nt* guilty conscience

schulden ['ʃʊldn̩] *vt* to owe

Schuldenerlass *m* FIN remission of debts **Schuldenfalle** *f* FIN (*fam*) debt trap **schuldenfrei** *adj* free of debt **Schuldenklemme** *f* debt crisis

Schuldfrage *f* question of guilt **Schuldgefühl** *nt* feeling of guilt

schuldhaft **I.** *adj* JUR culpable **II.** *adv* culpably

schuldig ['ʃʊldɪç] *adj* ❶ JUR guilty; **sich ~ bekennen** to plead guilty ❷ **jdm etw ~ sein** *Geld, einen Gefallen etc.* to owe sb sth

Schuldige(r) *f(m) dekl wie adj* guilty person

Schuldigkeit <-> *f kein pl* duty; **seine ~ getan haben** to have met one's obligations

schuldig|sprechen *vt irreg* **jdn ~** to find sb guilty

schuldlos **I.** *adj* blameless **II.** *adv* blamelessly

Schuldner(in) <-s, -> ['ʃʊldnɐ] *m(f)* debtor

Schuldschein *m* promissory note **Schuldzuweisung** *f* accusation

Schule <-, -n> ['ʃu:lə] *f* school; **in die ~ gehen** to go to school; **in die ~ kommen** to start school; **in der ~** at school; **morgen ist keine ~** there is no school tomorrow; **die ~ ist aus** school is out ▶ WENDUNGEN: **~ machen** to catch on

schulen ['ʃu:lən] *vt* to train

Schüler(in) <-s, -> ['ʃy:lɐ] *m(f)* ❶ SCH schoolboy *masc*, schoolgirl *fem* ❷ (*Adept*) pupil

Schüleraustausch *m* school exchange **Schülerausweis** *m* school identity card

Schülerin <-, -nen> *f fem form von* **Schüler**

Schülerlotse, -lotsin *m, f* lollipop man *masc* BRIT, lollipop lady *fem* BRIT, crossing guard AM

Schülerschaft <-, -en> *f* (*geh*) pupils *pl*

Schülerzeitung *f* school newspaper

Schulfach *nt* [school] subject **Schulferien** *pl* school holidays *pl*, summer vacation AM **schulfrei** *adj* **~ haben** not to have school **Schulfreund(in)** *m(f)* school friend **Schulgebäude** *nt* school building **Schulgeld** *nt* school fees *pl* **Schulheft** *nt* exercise book **Schulhof** *m* school playground

schulisch ['ʃu:lɪʃ] *adj* ❶ (*die Schule betreffend*) school *attr* ❷ (*den Unterricht betreffend*) at school

Schuljahr *nt* SCH ❶ (*Zeitraum*) school year ❷ (*Klasse*) year **Schulkamerad(in)** *m(f)* (*veraltend*) school friend **Schulkenntnisse** *pl* SCH school knowledge *no pl* **Schulkind** *nt* schoolchild **Schulklasse** *f* [school] class **Schulleiter(in)** *m(f)* headmaster/headmistress BRIT, principal AM **Schulmedizin** *f* orthodox medicine **Schulpflicht** *f kein pl* compulsory school attendance

schulpflichtig *adj* of school age; **~ sein** to be required to attend school

Schulranzen *m* satchel **Schulrat, -rätin** *m, f* schools inspector **Schulschiff** *nt* NAUT training ship **Schulschluss** *m kein pl* end of school **Schulschwänzer(in)** ['ʃu:lʃvɛntsɐ] *m(f)* SCH (*fam*) truant **Schulsprecher(in)** *m(f)* head boy BRIT **Schulstunde** *f* period, lesson **Schultasche** *f* satchel

Schulter <-, -n> ['ʃʊltɐ] *f* shoulder; **mit den ~n zucken** to shrug one's shoulders ▶ WENDUNGEN: **jdm die kalte ~ zeigen** to give sb the cold shoulder; **jd nimmt etw auf die leichte ~** sb takes sth very lightly

Schulterblatt *nt* shoulder blade **schulterfrei** *adj* off the shoulder *pred* **Schultergelenk** *nt* shoulder joint **schulterlang** *adj* shoulder-length

schultern ['ʃʊltɐn] *vt* to shoulder

Schulterpolster *nt* shoulder pad

Land und Leute

A **Schultüte** is a large, brightly decorated cone which is filled with sweets, chocolates and other treats and given to children on their first day at primary school.

Schulung <-, -en> *f* training

Schuluniform *f* SCH school uniform **Schulunterricht** *m kein pl* school lessons *pl* **Schulverweis** *m* SCH exclusion; (*befristet*) suspension **Schulweg** *m* way to/from school **Schulweisheit** *f* (*pej*) book learning **Schulwesen** *nt kein pl* school system **Schulzeit** *f kein pl* schooldays *pl* **Schulzeugnis** *nt* school report BRIT, report card AM

schummeln ['ʃʊml̩n] *vi* (*fam*) to cheat

schummerig ['ʃʊmərɪç], **schummrig** ['ʃʊmrɪç] *adj* dim

Schund <-[e]s> [ʃʊnt] *m kein pl* (*pej*) trash *no pl*

Schundroman *m* trashy novel

schunkeln ['ʃʊŋkl̩n] *vi* to sway rhythmically with linked arms

Schuppe <-, -n> ['ʃʊpə] *f* ❶ ZOOL scale ❷ *pl* MED dandruff *no pl*

schuppen ['ʃʊpn̩] **I.** *vt* KOCHK to remove the scales **II.** *vr* **sich** *akk* **~** *Haut* to flake

Schuppen <-s, -> ['ʃʊpn̩] *m* ❶ (*Verschlag*) shed ❷ (*fam: Lokal*) joint

Schuppenflechte *f* psoriasis **Schuppentier** *nt* scaly anteater

schuppig ['ʃʊpɪç] *adj Haut* flaky; **~e Haare haben** to have dandruff

schüren ['ʃy:rən] *vt* ❶ (*anfachen*) to poke ❷ (*anstacheln*) **etw ~** to stir sth up

schürfen ['ʃʏrfn̩] **I.** *vi* ❶ (*graben*) to dig (**nach** +*dat* for) ❷ (*schleifen*) to scrape (**über** +*akk* across) **II.** *vt* **etw ~** to mine sth

Schürfwunde *f* graze
Schürhaken *m* poker
Schurke <-n, -n> ['ʃʊrkə] *m* (*veraltend*) scoundrel
Schurkenstaat *m* POL (*pej sl*) rogue state
schurkisch ['ʃʊrkɪʃ] *adj* (*veraltend*) despicable
Schurwolle *f* virgin wool; **„reine ~"** 'pure new wool'
Schürze <-, -n> ['ʃʏrtsə] *f* apron
Schürzenjäger *m* philanderer
Schuss <-es, Schüsse> [ʃʊs, *pl* 'ʃʏsə] *m* ① (*Ab- o Einschuss*) shot ② (*Patrone*) round ③ (*Spritzer*) splash ④ FBALL shot ⑤ (*sl: Drogeninjektion*) shot; **sich** *dat* **einen ~ setzen** to shoot up ▸ WENDUNGEN: **weit vom ~ sein** (*fam*) to be miles away; **in ~** in top shape; **mit ~** with a shot (*of alcohol*)
Schüssel <-, -n> ['ʃʏsl̩] *f* bowl, dish
schusselig ['ʃʊsəlɪç], **schusslig** ['ʃʊslɪç] *adj* (*fam*) scatterbrained
Schusslinie [-li:niə] *f* line of fire **schusssicher** *adj* bulletproof **Schussverletzung** *f* gunshot wound **Schusswaffe** *f* firearm[s *pl*] **Schusswechsel** *m* exchange of fire **Schussweite** *f* range [of fire]; **sich** *akk* **in/außer ~ befinden** to be within/out of range **Schusswunde** *f s.* **Schussverletzung**
Schuster(in) <-s, -> ['ʃu:ste] *m(f)* cobbler
Schutt <-[e]s> [ʃʊt] *m kein pl* rubble *no indef art* ▸ WENDUNGEN: **in ~ und Asche liegen** to be in ruins
Schuttabladeplatz *m* rubbish [*or* AM garbage] dump, tip BRIT
Schüttelfrost *m* [violent] shivering fit
schütteln ['ʃʏtl̩n] **I.** *vt* (*rütteln*) to shake **II.** *vr* **sich** *akk* **vor Kälte ~** to shake with [the] cold **III.** *vi impers* **es schüttelte mich** I shuddered
Schüttelreim *m* ≈ deliberate spoonerism
schütten ['ʃʏtn̩] **I.** *vt* ① (*kippen*) to tip ② (*gießen*) to pour **II.** *vi* ■**es schüttet** *impers* (*fam*) it's pouring [down]
schütter ['ʃʏte] *adj Haar, Stimme* thin
Schutthalde *f* pile of rubble **Schutthaufen** *m* pile of rubble
Schüttstein *m* SCHWEIZ sink
Schutz <-es, -e> [ʃʊts] *m kein pl* (*Sicherheit*) protection (**vor** +*dat* from); **~ suchen** to seek refuge; **im ~[e] der Dunkelheit** under cover of darkness; **zu Ihrem ~** for your own protection; **~ bieten** to offer protection; **jdn [vor etw** *dat*] **in ~ nehmen** to protect sb [from sth]; **unter jds** *dat* **~ stehen** to be under the protection of sb
Schutzanzug *m* protective clothes *npl* **schutzbedürftig** *adj* in need of protection *pred* **Schutzbehauptung** *f* self-serving declaration **Schutzblech** *nt* mudguard **Schutzbrief** *m* [international] travel insurance **Schutzbrille** *f* protective goggles *npl*
Schütze, Schützin <-n, -n> ['ʃʏtsə, 'ʃʏtsɪn] *m, f* ① SPORT marksman *masc*, markswoman *fem;* (*beim Fußball*) scorer ② (*Jagdwesen*) hunter ③ MIL private, rifleman ④ *kein pl* ASTROL Sagittarius
schützen ['ʃʏtsn̩] **I.** *vt* to protect (**vor** +*dat* against, from); **vor Kälte ~!** keep away from cold!; **geschützte Pflanzen** protected plants; **urheberrechtlich geschützt** protected by copyright **II.** *vi* ■**[vor etw** *dat*] **~** to give protection [from sth]
schützend *adj* protective
Schützenfest *nt* rifle club['s] festival
Schutzengel *m* REL guardian angel
Schützengraben *m* trench **Schützenhaus** *nt* rifle club clubhouse **Schützenpanzer** *m* armoured personnel carrier **Schützenverein** *m* rifle club
Schutzfaktor *m* safety factor; *Sonnenmilch* protection factor **Schutzfilm** *m* protective coat **Schutzgebiet** *nt* ① POL protectorate ② (*Naturschutzgebiet*) [nature] reserve **Schutzgebühr** *f* token charge **Schutzgeld** *nt* protection money *no pl* **Schutzhaft** *f* ① POL preventive detention ② JUR protective custody **Schutzhelm** *m* protective helmet, hard hat **Schutzhülle** *f s.* **Schutzumschlag** **Schutzimpfung** *f* vaccination, inoculation
Schützin <-, -nen> *f fem form von* **Schütze**
Schützling <-s, -e> ['ʃʏtslɪŋ] *m* protégé
schutzlos I. *adj* defenceless **II.** *adv* **jdm ~ ausgeliefert sein** to be at the mercy of sb
Schutzmarke *f* trademark **Schutzmaske** *f* protective mask **Schutzmaßnahme** *f* precautionary measure, precaution **Schutzmechanismus** *m* protective mechanism **Schutzpatron(in)** <-s, -e> *m(f)* REL patron saint **Schutzraum** *m* [fallout] shelter **Schutzschicht** *f* protective layer **Schutzumschlag** *m* dust jacket, dust cover **Schutzvereinigung** *f* ÖKON [campaigning] organization **Schutzvorrichtung** *f* safety device **Schutzweg** *m* TRANSP ÖSTERR pedestrian crossing **Schutzweste** *f* bulletproof vest
schwabbelig ['ʃvabəlɪç] *adj* (*fam*) flabby, wobbly
Schwabe, Schwäbin <-n, -n> ['ʃva:bə, 'ʃvɛ:bɪn] *m, f* Swabian
Schwaben <-s> ['ʃva:bn̩] *nt* Swabia
Schwäbin <-, -nen> *f fem form von*

Schwabe

schwäbisch ['ʃvɛːbɪʃ] *adj* Swabian

schwach <schwächer, schwächste> [ʃvax] **I.** *adj* ① (*nicht stark*) weak ② (*wenig leistend*) weak; *Sportler, Schüler* poor; *Batterie* low ③ (*gering*) weak; *Anzeichen* faint, slight; *Beteiligung* poor; **ein ~es Interesse** [very] little interest; **ein ~er Trost** little comfort ④ (*leicht*) *Atmung* faint; *Bewegung* slight; *Druck, Wind, Strömung* light; ■**schwächer werden** to become fainter **II.** *adv* ① (*leicht*) faintly ② (*spärlich*) sparsely; **die Ausstellung war nur ~ besucht** the exhibition was poorly attended ③ (*dürftig*) feebly; **die Mannschaft spielte ~** the team put up a feeble performance; **eine ~e Erinnerung an etw** *akk* **haben** to vaguely remember sth

Schwäche <-, -n> ['ʃvɛçə] *f* ① *kein pl* (*geringe Stärke*) weakness; **jds ~ ausnutzen** to exploit sb's vulnerability ② *kein pl* (*Unwohlsein*) [feeling of] faintness ③ (*Vorliebe*) weakness

Schwächeanfall *m* sudden feeling of faintness

schwächen ['ʃvɛçn̩] **I.** *vt* to weaken; ■**geschwächt** weakened **II.** *vi* to have a weakening effect

Schwachkopf *m* (*fam*) idiot, blockhead

schwächlich ['ʃvɛçlɪç] *adj* weakly, feeble

Schwächling <-s, -e> ['ʃvɛçlɪŋ] *m* weakling

Schwachpunkt *m* weak spot

Schwachsinn *m kein pl* (*fam: Quatsch*) rubbish *no art* BRIT, garbage AM

schwachsinnig *adj* (*fam: blödsinnig*) idiotic, daft

Schwachstelle *f* weak spot **Schwachstrom** *m* weak current

Schwächung <-, -en> *f* weakening

schwach|werden *vi irreg sein* ■**[bei jdm/etw] ~** to be unable to resist [sb/sth]; **nur nicht ~!** (*standhaft bleiben!*) don't weaken!; (*durchhalten!*) don't give in!

Schwaden <-s, -> ['ʃvaːdn̩] *m* cloud

schwafeln ['ʃvaːfl̩n] *vi* (*pej fam: faseln*) to talk drivel

Schwager, Schwägerin <-s, Schwäger> ['ʃvaːgɐ, 'ʃvɛːgərɪn, *pl* 'ʃvɛːgɐ] *m, f* brother-in-law *masc*, sister-in-law *fem*

Schwalbe <-, -n> ['ʃvalbə] *f* ORN swallow

Schwalbennest *nt* ORN swallow's nest

Schwall <-[e]s, -e> [ʃval] *m* torrent

schwamm [ʃvam] *imp von* **schwimmen**

Schwamm <-[e]s, Schwämme> [ʃvam, *pl* 'ʃvɛmə] *m* ① (*zur Reinigung*) sponge ② SÜDD, ÖSTERR, SCHWEIZ (*essbarer Pilz*) mushroom ▶ WENDUNGEN: **~ drüber!** let's forget it!

schwammig ['ʃvamɪç] **I.** *adj* ① (*weich und porös*) spongy ② (*aufgedunsen*) puffy, bloated ③ (*vage*) vague, woolly **II.** *adv* vaguely

Schwan <-[e]s, Schwäne> [ʃvaːn, *pl* 'ʃvɛːnə] *m* swan

schwand [ʃvant] *imp von* **schwinden**

schwang [ʃvaŋ] *imp von* **schwingen**

schwanger ['ʃvaŋɐ] *adj* pregnant (**von** +*dat* by); **sie ist im sechsten Monat ~** she's six months pregnant

Schwangere *f dekl wie adj* pregnant woman

schwängern ['ʃvɛŋɐn] *vt* to get pregnant

Schwangerschaft <-, -en> *f* pregnancy

Schwangerschaftsabbruch *m* abortion **Schwangerschaftsfrühtest** *m* early pregnancy test **Schwangerschaftstest** *m* pregnancy test **Schwangerschaftsverhütung** *f* contraception *no indef art, no pl*

Schwank <-[e]s, Schwänke> [ʃvaŋk, *pl* 'ʃvɛŋkə] *m* ① THEAT farce ② (*Erzählung*) comical tale ③ (*Begebenheit*) amusing story

schwanken ['ʃvaŋkn̩] *vi* ① *haben* (*schwingen*) to sway; **ins S~ geraten** to begin to sway ② *sein* (*wanken*) to stagger ③ *haben* (*nicht stabil sein*) to fluctuate ④ *haben* (*unentschlossen sein*) to be undecided; **zwischen zwei Dingen ~** to be torn between two things

schwankend *adj* ① *Baum* swaying ② *Boot* rocking; (*heftiger*) rolling ③ *Boden* shaking ④ *Charakter* wavering; (*zögernd*) hesitant ⑤ *Schritte* unsteady; *Gang* rolling ⑥ *Kurs, Preis* fluctuating; *Gesundheit* unstable

Schwankung <-, -en> *f* fluctuation, variation

Schwanz <-es, Schwänze> [ʃvants, *pl* 'ʃvɛntsə] *m* ① ZOOL tail ② ORN train, trail ③ (*sl: Penis*) cock, dick, prick ▶ WENDUNGEN: **den ~ einziehen** (*fam*) to climb down

schwänzeln ['ʃvɛntsl̩n] *vi* to wag one's tail

schwänzen ['ʃvɛntsn̩] *vt, vi* SCH (*fam*) to skive off BRIT, to play hooky AM

Schwanzflosse *f* tail fin

schwappen ['ʃvapn̩] *vi* ① *sein* (*sich im Schwall ergießen*) to splash; **das Wasser schwappte über den Rand** the water splashed over the edge ② *haben* (*sich hin und her bewegen*) to slosh around

Schwarm[1] <-[e]s, Schwärme> [ʃvarm, *pl* 'ʃvɛrmə] *m* swarm; *Fische* shoal

Schwarm[2] <-[e]s> [ʃvarm] *m* (*fam: verehrter Mensch*) heart-throb

schwärmen[1] ['ʃvɛrmən] *vi sein* to swarm

schwärmen² ['ʃvɛrmən] *vi* ① *haben* (*begeistert reden*) to go into raptures (**von** +*dat* about) ② (*begeistert verehren*) ■**für jdn** ~ to be mad about sb ③ (*sich begeistern*) ■**für etw** *akk* ~ to have a passion for sth
Schwärmer(in) <-s, -> *m(f)* dreamer
Schwärmerei <-, -en> [ʃvɛrmə'rai] *f* ① (*Wunschtraum*) [pipe] dream ② (*Passion*) passion
Schwärmerin <-, -nen> *f fem form von* **Schwärmer**
schwärmerisch *adj* impassioned; *Leidenschaft* enraptured
Schwarte <-, -n> ['ʃvartə, 'ʃva:ɐ̯tə] *f* KOCHK rind
schwarz <schwärzer, schwärzeste> [ʃvarts] **I.** *adj* ① (*Farbe*) black ② *attr* (*fam: illegal*) illicit; *Geld* untaxed ▶ WENDUNGEN: ~ **auf weiß** in black and white **II.** *adv* ① (*mit schwarzer Farbe*) black ② (*fam: auf illegale Weise*) illicitly
Schwarz <-[es]> [ʃvarts] *nt kein pl* black
Schwarzafrika *nt* Black Africa **Schwarzafrikaner(in)** *m(f)* Black African **schwarzafrikanisch** *adj* Black African **Schwarzarbeit** *f kein pl* illicit work **schwarz|arbeiten** *vi* to do illicit work, to work cash in hand **Schwarzarbeiter(in)** *m(f)* person doing illicit work **schwarz|ärgern** *vr* (*fam*) ■**sich** *akk* ~ to be hopping mad **Schwarzbrot** *nt* brown bread
Schwarze(r) *f(m) dekl wie adj* (*Mensch*) black
Schwärze <-, -n> ['ʃvɛrtsə] *f kein pl* ① (*Dunkelheit*) darkness ② (*Farbe*) black
schwärzen ['ʃvɛrtsn̩] *vt* ① (*schwarz machen*) to blacken ② SÜDD, ÖSTERR (*fam*) to smuggle
schwarz|fahren *vi irreg sein* to dodge paying one's fare **Schwarzfahrer(in)** *m(f)* fare-dodger **Schwarzgeld** <-[e]s, -er> *nt* (*fam*) illegal earnings *npl;* POL illegal contributions **schwarzhaarig** *adj* black-haired; ■~ **sein** to have black hair **Schwarzhandel** *m kein pl* black market (**mit** +*dat* for) **schwarz|hören** *vi* RADIO to use a radio without a licence
Schwarzmarkt *m* black market **Schwarzmarktpreis** *m* ÖKON black market price
schwarz|sehen *irreg vi irreg* ① TV to watch television without a licence ② (*pessimistisch sein*) ■[**für jdn/etw**] ~ to be pessimistic [about sb/sth] **Schwarztee** *m* black tea
Schwärzung <-, -en> *f* blackening *no pl*
Schwarzwald ['ʃvartsvalt] *m* ■**der** ~ the Black Forest
schwarz-weiß, **schwarzweiß** [ʃvarts'vais] *adj, adv* black-and-white *attr,* black and white *pred*
Schwarzweißfernseher *m* black-and-white television [set] **Schwarzweißfilm** *m* FILM, FOTO black-and-white film **Schwarzweißfoto** *nt* black-and-white photograph
Schwarzwurzel *f* black salsify
Schwatz <-es, -e> [ʃvats] *m* (*fam*) chat; **einen ~ halten** to have a chat
schwatzen ['ʃvatsn̩], **schwätzen** ['ʃvɛtsn̩] *vi* SÜDD, ÖSTERR ① (*sich unterhalten*) to chat ② (*etw ausplaudern*) to blab *fam* ③ (*im Unterricht reden*) to talk [out of turn] in class
Schwätzer(in) <-s, -> *m(f)* (*pej: Schwafler*) windbag *fam;* (*Angeber*) boaster; (*Klatschmaul*) gossip, waffler BRIT
schwatzhaft *adj* (*pej*) talkative, garrulous
Schwatzhaftigkeit <-> *f kein pl* talkativeness, garrulousness
Schwebe <-> ['ʃve:bə] *f kein pl* **in der ~ sein** to be in the balance; **etw in der ~ lassen** to leave sth undecided
Schwebebahn *f* ① (*an Schienen*) overhead railway ② *s.* **Seilbahn Schwebebalken** *m* SPORT [balance] beam
schweben ['ʃve:bn̩] *vi haben* to float; *Vogel* to hover; **in Lebensgefahr** ~ to be in danger of one's life; (*Patient*) to be in a critical condition
Schwede, **Schwedin** <-n, -n> ['ʃve:də, 'ʃve:dɪn] *m, f* Swede; *s. a.* **Deutsche(r)**
Schweden <-s> ['ʃve:dn̩] *nt* Sweden; *s. a.* **Deutschland**
Schwedin <-, -nen> *f fem form von* **Schwede**
schwedisch ['ʃve:dɪʃ] *adj* Swedish; *s. a.* **deutsch**
Schwedisch ['ʃve:dɪʃ] *nt dekl wie adj* Swedish; *s. a.* **Deutsch**
Schwefel <-s> ['ʃve:fl̩] *m kein pl* sulphur
Schwefeldioxid *nt* sulphur dioxide
schwefelhaltig *adj* sulphur[e]ous
Schwefelsäure *f* sulphuric acid
Schweif <-[e]s, -e> [ʃvaif] *m* tail
schweifen ['ʃvaifn̩] *vi sein* (*geh*) to roam, to wander; **seine Blicke ~ lassen** to let one's gaze wander
Schweigegeld *nt* hush money **Schweigemarsch** *m* silent [protest] march **Schweigeminute** *f* minute's silence; **eine ~ einlegen** to hold a minute's silence
schweigen <schwieg, geschwiegen> ['ʃvaign̩] *vi* to remain silent [*or* keep quiet] ▶ WENDUNGEN: **ganz zu ~ von etw** *dat* quite apart from sth
Schweigen <-s> ['ʃvaign̩] *nt kein pl* silence;

S

das ~ brechen to break the silence; **jdn zum ~ bringen** to silence sb

Schweigepflicht *f* obligation to [preserve] secrecy; **der ~ unterliegen** to be bound to maintain confidentiality

schweigsam [ˈʃvaikza:m] *adj* ❶ *(wortkarg)* taciturn ❷ *(wenig gesprächig)* ■ **~ sein** to be quiet

Schweigsamkeit <-> *f kein pl* quietness, reticence

Schwein <-s, -e> [ʃvain] *nt* ❶ ZOOL pig ❷ *kein pl (Schweinefleisch)* pork *no indef art, no pl* ❸ *(pej fam: gemeiner Kerl)* bastard ❹ *(fam: unsauberer Mensch)* pig ❺ *(fam: obszöner Mensch)* lewd person, dirty bugger BRIT ❻ *(fam: bedauernswerter Mensch)* **[ein] armes ~** [a] poor devil ▶ WENDUNGEN: **[großes] ~ haben** *(fam)* to be lucky; **kein ~** *(fam)* nobody

Schweinebraten *m* joint of pork **Schweinefleisch** *nt* pork *no indef art, no pl* **Schweinehund** *m (sl)* bastard ▶ WENDUNGEN: **seinen inneren ~ überwinden** *(fam)* to overcome one's weaker self **Schweinekotelett** *nt* pork chop **Schweinepest** *f* swine fever

Schweinerei <-, -en> [ʃvainəˈrai] *f (fam)* ❶ *(Unordnung)* mess ❷ *(Gemeinheit)* mean trick; **~!** what a bummer! ❸ *(Skandal)* scandal ❹ *(Obszönität)* smut

Schweinestall *m* [pig]sty, pigpen

schweinisch **I.** *adj (fam)* smutty, dirty **II.** *adv (fam)* **sich ~ aufführen** to behave like a pig

Schweinkram *m (fam)* smut *no indef art, no pl*

Schweinshachse, **Schweinshaxe** *f* SÜDD knuckle of pork

Schweiß <-es> [ʃvais] *m kein pl* sweat; **jdm bricht der ~ aus** sb breaks out in a sweat; **in ~ gebadet sein** to be bathed in sweat

Schweißausbruch *m* [profuse] sweating *no indef art, no pl*

Schweißbrenner *m* welding torch

Schweißdrüse *f* sweat gland

schweißen [ˈʃvaisn̩] *vt, vi* to weld

Schweißen <-s> [ˈʃvaisn̩] *nt kein pl* welding *no indef art, no pl*

Schweißfuß *m meist pl* sweaty foot **schweißgebadet** *adj* bathed in sweat *pred*

Schweißnaht *f* TECH weld [seam]

schweißnass *adj* dripping with sweat *pred* **schweißtreibend** *adj* MED sudorific; *(fig, hum)* arduous **Schweißtropfen** *m* bead of sweat

Schweiz <-> [ʃvaits] *f* Switzerland; **die französische/italienische ~** French-speaking/Italian-speaking Switzerland; *s. a.* **Deutschland**

Schweizer *adj attr* Swiss

Schweizer(in) <-s, -> [ˈʃvaitsɐ] *m(f)* Swiss; *s. a.* **Deutsche(r)**

schweizerdeutsch [ˈʃvaitsɐdɔytʃ] *adj* LING Swiss-German; *s. a.* **deutsch** **Schweizerdeutsch** <-[s]> [ˈʃvaitsɐdɔytʃ] *nt dekl wie adj* LING Swiss German; *s. a.* **Deutsch**

Schweizerin <-, -nen> *f fem form von* **Schweizer**

schweizerisch [ˈʃvaitsərɪʃ] *adj s.* **Schweizer**

schwelgen [ˈʃvɛlgn̩] *vi (geh)* ❶ *(sich gütlich tun)* to indulge oneself ❷ *(übermäßig verwenden)* ■ **in etw** *dat* **~** to over-indulge in sth; **in Erinnerungen ~** to wallow in memories

schwelgerisch *adj (geh)* sumptuous

Schwelle <-, -n> [ˈʃvɛlə] *f* ❶ *(Türschwelle)* threshold ❷ *(Bahnschwelle)* sleeper

schwellen <schwoll, geschwollen> [ˈʃvɛlən] *vi sein* ❶ MED to swell [up] ❷ *(sich verstärken)* to grow

Schwellenangst *f* PSYCH fear of entering a place **Schwellenland** *nt* threshold country

Schwellkörper *m* ANAT corpus cavernosum

Schwellung <-, -en> *f* swelling

Schwemme <-, -n> [ˈʃvɛmə] *f (Überangebot)* glut

schwemmen [ˈʃvɛmən] *vt* **an Land ~** to wash ashore

Schwengel <-s, -> [ˈʃvɛŋl̩] *m* ❶ *(an Pumpe)* handle ❷ *(Klöppel)* clapper

Schwenk <-[e]s, -s> [ʃvɛŋk] *m* ❶ TV, FILM *(Schwenkbewegung)* pan, panning movement ❷ *(Drehung)* swing

schwenkbar *adj* swivelling; *Kamera* swivel-mounted

schwenken [ˈʃvɛŋkn̩] **I.** *vt haben* ❶ *(wedeln)* to wave ❷ *(die Richtung verändern)* to swivel; *Kamera* to pan ❸ KOCHK to toss **II.** *vi* ❶ *sein (zur Seite bewegen)* to wheel [about] ❷ *haben* TV, FILM *(sich richten)* to pan

schwer <schwerer, schwerste> [ʃveːɐ̯] **I.** *adj* ❶ *(nicht leicht)* heavy; ■ **30 kg ~ sein** to weigh 30 kg ❷ *(beträchtlich)* serious; *Verlust* bitter; **~e Mängel aufweisen** to be badly defective; **~e Verwüstung[en] anrichten** to cause utter devastation ❸ *(hart)* hard; *Schicksal* cruel; *Strafe* harsh ❹ *(körperlich belastend)* serious, grave; *Operation* difficult ❺ *(schwierig)* hard, difficult; *Lektüre* heavy ❻ *attr (heftig) Sturm, Gewitter, Kämpfe* heavy **II.** *adv* ❶ *(hart)* hard; **~ arbeiten** to work hard; **es ~ haben** to have it hard; **jdm ~ zu**

schaffen machen to give sb a hard time ② (*mit schweren Lasten*) heavily; ~ **bepackt sein** to be heavily laden ③ (*fam: sehr*) deeply; ~ **beleidigt sein** to be deeply offended; ~ **betrunken** dead drunk ④ (*mit Mühe*) with [great] difficulty; ~ **erarbeitet** hard-earned; **ein ~ erziehbares Kind** a problem child; ~ **verdaulich** indigestible ⑤ (*ernstlich*) seriously; ~ **behindert** severely disabled; **sich** *akk* **~ erkälten** to catch a bad cold; ~ **verunglückt sein** to have had a bad accident; ~ **wiegend** serious ⑥ (*schwierig*) difficult, not easy; ~ **verständlich** (*kaum nachvollziehbar*) scarcely comprehensible; (*kaum zu verstehen*) hard to understand *pred;* **jdm das Leben ~ machen** to make life difficult for sb

Schwerarbeit *f kein pl* heavy work **Schwerbehinderte(r)** *f(m) dekl wie adj* severely disabled [*or dated* handicapped] person **Schwerbeschädigte(r)** <-n, -n> *f (m) dekl wie adj* MED, ADMIN (*veraltet*) seriously disabled [*or dated* handicapped] person

Schwere <-> [ˈʃveːrə] *f kein pl* ① (*ernste Art*) seriousness; *einer Krankheit, eines Schadens* severity ② (*Gewicht*) heaviness, weight

schwerelos *adj* weightless

Schwerelosigkeit <-> *f kein pl* weightlessness

Schwerenöter <-s, -> [ˈʃveːrənøːtɐ] *m* (*veraltend*) ladykiller

schwer|fallen *vi irreg sein* ■ **etw fällt jdm schwer** sth is difficult for sb

schwerfällig <-er, -ste> **I.** *adj* ① (*ungeschickt*) awkward, clumsy ② (*umständlich*) ponderous **II.** *adv* awkwardly, clumsily

Schwerfälligkeit <-> *f kein pl* ① (*körperlich*) heaviness ② (*geistig*) dullness ③ (*Ungeschicktheit*) clumsiness

Schwergewicht *nt* ① (*Gewichtsklasse*) heavyweight ② (*Schwerpunkt*) emphasis

schwergewichtig *adj* heavy

schwerhörig *adj* hard of hearing *pred*

Schwerhörigkeit *f kein pl* hardness of hearing

Schwerindustrie *f* heavy industry **Schwerkraft** *f kein pl* gravity

schwerlich *adv* hardly, scarcely **Schwermetall** *nt* heavy metal

Schwermut <-> *f kein pl* melancholy

schwermütig <-er, -ste> [ˈʃveːɐ̯myːtɪç] *adj* melancholy

schwer|nehmen *vt irreg* ■ **etw ~** to take sth to heart

Schwerpunkt *m* ① (*Hauptgewicht*) main emphasis; **auf etw** *akk* **den ~ legen** to put the main emphasis on sth; **~e setzen** to establish priorities ② PHYS centre of gravity

schwerpunktmäßig **I.** *adj attr* **ein ~er Streik** a pinpoint strike **II.** *adv* selectively

schwerreich *adj attr* (*fam*) stinking [*or* AM filthy] rich

Schwert <-[e]s, -er> [ʃveːɐ̯t] *nt* sword

Schwertfisch *m* swordfish **Schwertlilie** *f* iris

Schwertransport *m* HANDEL carriage of heavy goods

Schwertwal *m* killer whale

Schwerverbrecher(in) *m(f)* serious offender **Schwerverletzte(r)** *f(m) dekl wie adj* seriously injured person **Schwervermittelbare(r)** <-n, -n> *f(m)* ÖKON difficult-to-place person

Schwester <-, -n> [ˈʃvɛstɐ] *f* ① (*weibliches Geschwisterteil*) sister ② (*Krankenschwester*) nurse ③ (*Nonne*) nun

Schwesterfirma *f* sister [*or* associate] firm [*or* company] **Schwestergesellschaft** *f* sister company

schwesterlich *adj* sisterly

Schwesternhelferin *f* nursing auxiliary BRIT

schwieg [ʃviːk] *imp von* **schweigen**

Schwiegereltern [ˈʃviːgɐ-] *pl* parents-in-law *pl* **Schwiegermutter** *f* mother-in-law **Schwiegersohn** *m* son-in-law **Schwiegertochter** *f* daughter-in-law **Schwiegervater** *m* father-in-law

Schwiele <-, -n> [ˈʃviːlə] *f* callus

schwielig [ˈʃviːlɪç] *adj* callous

schwiemelig [ˈʃviːməlɪç] *adj* (*fam*) nasty

schwierig [ˈʃviːrɪç] **I.** *adj* ① (*nicht einfach*) difficult, hard ② (*verwickelt*) complicated; *Situation* tricky **II.** *adv* with difficulty

Schwierigkeit <-, -en> *f* ① *kein pl* (*Problematik*) difficulty; *eines Falles* problematical nature; *einer Lage, eines Problems* complexity; *einer Situation* trickiness ② *pl* (*Probleme*) problems *pl;* **finanzielle ~en** financial difficulties *pl;* **jdn in ~en bringen** to get sb into trouble; **in ~en geraten** to get into trouble; [**jdm**] **~en machen** to give sb trouble; **ohne ~en** without any difficulty

Schwierigkeitsgrad *m* degree of difficulty; SCH level of difficulty

Schwimmbad *nt* swimming-pool **Schwimmbecken** *nt* [swimming-]pool

schwimmen <schwamm, geschwommen> [ˈʃvɪmən] *vi* ① *sein* (*sich im Wasser fortbewegen*) to swim; ~ **gehen** to go swimming ② *haben* (*fam: sich in Flüssig-*

S

keit bewegen) to float ▶ WENDUNGEN: **mit/gegen den Strom** ~ to swim with/against the current

Schwimmer(in) <-s, -> [ˈʃvɪmɐ] *m(f)* swimmer

Schwimmflosse *f* flipper **Schwimmflügel** *m* water wing **Schwimmhalle** *f* indoor [swimming-]pool **Schwimmlehrer(in)** *m(f)* swimming instructor **Schwimmsport** *m* swimming *no indef art* **Schwimmweste** *f* life jacket

Schwindel <-s> [ˈʃvɪndl̩] *m kein pl* ❶ (*Betrug*) swindle, fraud ❷ MED dizziness, vertigo; ~ **erregend** (*fig*) astronomical

Schwindelanfall *m* MED attack of dizziness

Schwindelei <-, -en> [ʃvɪndəˈlai̯] *f* (*fam*) ❶ (*Lüge*) lying *no indef art, no pl* ❷ (*Betrügerei*) fiddle

schwindelfrei *adj* ■ ~ **sein** to have a [good] head for heights

schwindelig [ˈʃvɪndəlɪç] *adj präd* dizzy, giddy

schwindeln [ˈʃvɪndl̩n] **I.** *vi* to lie **II.** *vi impers* ■ **mir schwindelt [es]** I feel dizzy

schwinden <schwand, geschwunden> [ˈʃvɪndn̩] *vi sein* (*geh*) to run out, to dwindle; *Wirkung* to be wearing off; *Interesse* to be flagging; *Zuversicht* to be failing

Schwindler(in) <-s, -> [ˈʃvɪndlɐ] *m(f)* ❶ (*Betrüger*) swindler ❷ (*Lügner*) liar

schwindlig [ˈʃvɪndlɪç] *adj s.* **schwindelig**

Schwindsucht *f* MED (*veraltend*) consumption **schwindsüchtig** *adj* MED (*veraltend*) consumptive

Schwinge <-, -n> [ˈʃvɪŋə] *f* ❶ (*geh*) wing ❷ TECH (*im Getriebe*) tumbler lever; (*in der Mechanik*) crank

schwingen <schwang, geschwungen> [ˈʃvɪŋən] **I.** *vt haben* ❶ (*mit etw wedeln*) *Fahne* to wave ❷ (*mit etw ausholen*) *Axt* to brandish ❸ (*hin und her bewegen*) to swing **II.** *vi sein o haben* ❶ (*vibrieren*) to vibrate; *Brücke* to sway ❷ (*pendeln*) to swing ❸ SCHWEIZ (*ringen*) wrestle **III.** *vr haben* (*sich schwungvoll bewegen*) ■ **sich** *akk* **auf/in etw** *akk* ~ to jump onto/into sth; **sich** *akk* **aufs Fahrrad** ~ to hop on one's bike

Schwingung <-, -en> *f* oscillation; **[etw] in ~ versetzen** to set [sth] swinging

Schwips <-es, -e> [ʃvɪps] *m* (*fam*) **einen ~ haben** to be tipsy

schwirren [ˈʃvɪrən] *vi sein Mücken* to buzz; *Vogel* to whir[r]

Schwitzbad *nt* sweating bath

schwitzen [ˈʃvɪtsn̩] *vi* to sweat; **nass geschwitzt** drenched with sweat

Schwitzkasten *m* (*Griff*) headlock ▶ WENDUNGEN: **jdn in den ~ nehmen** to get sb in a headlock

schwofen [ˈʃvoːfn̩] *vi* (*fam*) to dance

schwoll [ʃvɔl] *imp von* **schwellen**

schwören <schwor, geschworen> [ˈʃvøːrən] **I.** *vi* to swear; **er schwört auf Vitamin C** he swears by vitamin C **II.** *vt* to promise

schwul [ʃvuːl] *adj* (*fam*) gay

schwül [ʃvyːl] *adj* sultry, muggy *fam*

Schwule(r) *m dekl wie adj* (*fam*) gay

Schwüle <-> [ˈʃvyːlə] *f kein pl* sultriness, closeness

schwülstig [ˈʃvʏlstɪç] **I.** *adj* (*pej*) [over-]ornate, florid; *Stil* bombastic **II.** *adv* (*pej*) bombastically, pompously

schwulstig [ˈʃvʊlstɪç] *adj* ❶ (*geschwollen*) swollen, puffed up ❷ ÖSTERR (*schwülstig*) [over-]ornate, florid

Schwund <-[e]s> [ʃvʊnt] *m kein pl* decline, decrease; *Vorräte* dwindling

Schwung <-[e]s, Schwünge> [ʃvʊŋ, *pl* ˈʃvʏŋə] *m* ❶ (*schwingende Bewegung*) swing[ing movement]; ~ **holen** to build up momentum ❷ *kein pl* (*Antriebskraft*) drive, verve; **in ~ kommen** (*fam*) to get going; **[richtig] in ~ sein** (*fam*) to be in full swing ❸ (*Linienführung*) sweep, curve

Schwungfeder *f* ORN wing feather

schwunghaft **I.** *adj* flourishing **II.** *adv* **sich** *akk* **~ entwickeln** to be booming

schwungvoll **I.** *adj* ❶ (*weit ausholend*) sweeping ❷ (*mitreißend*) lively; *Rede* passionate **II.** *adv* lively

Schwur <-[e]s, Schwüre> [ʃvuːɐ̯, *pl* ˈʃvyːrə] *m* ❶ (*Versprechen*) vow; **einen ~ leisten** to take a vow ❷ (*Eid*) oath

Schwurgericht *nt* court with a jury

Sciencefiction, Science-Fiction <-, -s> [ˈsai̯ənsˈfɪkʃn̩] *f* science fiction, sci-fi *fam*

Sciencefictionfilm *m*, **Science-Fiction-Film** [ˈsai̯ənsˈfɪkʃn̩-] *m* science-fiction film

Scratching <-s, -s> [ˈskrɛtʃɪŋ] *nt graffiti caused by scratching windows on public transport with sharp implements*

sec *f Abk von* **Sekunde** sec

sechs [zɛks] *adj* six; *s. a.* **acht**[1]

Sechs <-, -en> [zɛks] *f* ❶ (*Zahl*) six ❷ SCH (*schlechteste Zensur*) bottom mark [*or* AM grade] ❸ SCHWEIZ (*beste Zensur*) top mark [*or* AM grade]

Sechseck *nt* hexagon **sechseckig** *adj* hexagonal

sechserlei [ˈzɛksɐˈlai̯] *adj* six [different]; *s. a.* **achterlei**

Sechserpack *m* pack of six, six-pack AM

sechsfach, 6fach [ˈzɛksfax] **I.** *adj* sixfold; **die ~e Menge** six times the amount

S

II. *adv* sixfold, six times over

sechshundert ['zɛks'hʊndɐt] *adj* six hundred

sechsjährig, 6-jährig *adj* six-year-old *attr,* six years old *pred*

sechsmal, 6-mal *adv* six times; *s. a.* **achtmal**

Sechstagerennen [zɛks'ta:gərɛnən] *nt* six-day [cycling] race

sechstausend ['zɛks'taʊzn̩t] *adj* six thousand

sechste(r, s) ['zɛkstə, 'zɛkstɐ, 'zɛkstəs] *adj* ① (*an sechster Stelle*) sixth; *s. a.* **achte(r, s) 1** ② (*Datum*) sixth, 6th; *s. a.* **achte(r, s) 2**

sechstel ['zɛkstl̩] *adj* sixth

Sechstel <-s, -> ['zɛkstl̩] *nt* sixth

sechstens ['zɛkstn̩s] *adv* sixthly, in sixth place

sechzehn ['zɛçtse:n] *adj* sixteen; *s. a.* **acht**[1]

sechzehnte(r, s) *adj* ① (*an sechzehnter Stelle*) sixteenth; *s. a.* **achte(r, s) 1** ② (*Datum*) sixteenth, 16th; *s. a.* **achte(r, s) 2**

sechzig ['zɛçtsɪç] *adj* sixty; *s. a.* **achtzig 1, 2**

Sechzigerjahre *pl* ■**die ~** the sixties [*or* 60s] *npl*

sechzigste(r, s) *adj* sixtieth; *s. a.* **achte(r, s) 1**

Secondhandladen *m* second-hand shop

SED <-> [ɛsʔe:'de:] *f* HIST *Abk von* **Sozialistische Einheitspartei Deutschlands** *state party of the former GDR*

sedieren* [ze'di:rən] *vt* MED, PHARM ■**jdn ~** to sedate sb

Sedimentgestein *nt* GEOL sedimentary rock

See[1] <-s, -n> [ze:] *m* lake

See[2] <-, -n> [ze:] *f* ① (*Meer*) sea; **an der ~** by the sea; **auf ~** at sea; **auf hoher ~** on the high seas; **in ~ stechen** to put to sea ② (*Seegang*) heavy sea, swell

Seeadler *m* ORN sea eagle **Seebad** *nt* seaside resort **Seebär** *m* ① (*hum fam: erfahrener Seemann*) sea dog, old salt ② ZOOL fur seal **Seeelefant** *m,* **See-Elefant** *m* ZOOL sea elephant **Seefahrer** *m* seafarer **Seefahrt** *f kein pl* sea travel, seafaring *no art* **Seefisch** *m* saltwater fish, sea fish **Seefrau** *f fem form von* **Seemann** **Seegang** *m kein pl* swell; **schwerer ~** heavy seas **Seegras** *nt* BOT seagrass **Seehafen** *m* seaport **Seehecht** *m* hake **Seehund** *m* seal **Seeigel** *m* sea urchin **Seekarte** *f* sea chart **Seeklima** *nt* maritime climate **seekrank** *adj* seasick **Seekrankheit** *f kein pl* seasickness **Seelachs** *m* coalfish

Seele <-, -n> ['ze:lə] *f* soul; **mit Leib und ~** wholeheartedly; **das tut mir in der ~ weh** it breaks my heart ▶WENDUNGEN: **ein Herz und eine ~ sein** to be inseparable; **eine ~ von Mensch sein** to be a good[-hearted] soul; **sich** *dat* **etw von der ~ reden** to get sth off one's chest; **jdm aus der ~ sprechen** (*fam*) to say exactly what sb is thinking

Seelenfriede(n) *m* peace of mind **Seelenheil** *nt* ■**jds ~** the salvation of sb's soul **Seelenleben** *nt kein pl* inner life **Seelenruhe** *f* **in aller ~** as cool as you please **seelenruhig** ['ze:lən'ru:ɪç] *adv* calmly **seelenverwandt** *adj* kindred; ■**~ sein** to be kindred spirits **Seelenwanderung** *f* REL transmigration of souls

Seeleute *pl von* **Seemann**

seelisch ['ze:lɪʃ] **I.** *adj* psychological, emotional; **~es Gleichgewicht** mental balance **II.** *adv* **~ bedingt sein** to have psychological causes

Seelöwe, -löwin <-n, -n> *m, f* sea lion

Seelsorge *f kein pl* pastoral care **Seelsorger(in)** <-s, -> ['ze:lzɔrgɐ] *m(f)* pastor

Seeluft *f kein pl* sea air **Seemacht** *f* naval power

Seemann <-leute> ['ze:man, *pl* -lɔytə] *m* sailor, seaman **Seemannslied** *nt* [sea] shanty

Seemeile *f* nautical [*or* sea] mile **Seenot** *f kein pl* distress [at sea] *no pl;* **in ~ geraten** to get into difficulties **Seenotruf** *m* nautical distress signal [*or* call] **Seepferd(chen)** *nt* sea horse **Seeräuber(in)** *m(f)* pirate **Seereise** *f* voyage; (*Kreuzfahrt*) cruise **Seerose** *f* water lily **Seeschifffahrt** *f kein pl* maritime shipping **Seeschlacht** *f* sea battle **Seeschlange** *f* sea snake **Seestern** *m* starfish **Seetang** *m* seaweed **Seeteufel** *m* monkfish **seetüchtig** *adj* seaworthy **Seeufer** *nt* lakeside, shore of a lake **Seevogel** *m* seabird **Seewarte** *f* naval [*or* marine] observatory **Seeweg** *m* sea route; **auf dem ~** by sea **Seezunge** *f* sole

Segel <-s, -> ['ze:gl̩] *nt* sail; **die ~ hissen** to hoist the sails; **[die] ~ setzen** to set sail

Segelboot *nt* sailing boat, sailboat AM **segelfliegen** *vi nur infin* to glide; **~ lernen** to learn to fly a glider **Segelfliegen** *nt* gliding **Segelflieger(in)** *m(f)* glider pilot **Segelflug** *m* glider flight **Segelflugzeug** *nt* glider **Segeljacht** *f* [sailing] yacht **Segelklub** *m* sailing club

segeln ['ze:gl̩n] *vi sein* to sail

Segeln <-s> ['ze:gl̩n] *nt kein pl* sailing

Segelohren *pl* (*pej fam*) mug ears **Segelregatta** *f* sailing [*or* yachting] regatta **Segelschiff** *nt* sailing ship **Segeltörn** *m* yacht cruise **Segeltour** *f* sailing cruise

Segeltuch *nt* sailcloth, canvas
Segen <-s, -> ['ze:gn̩] *m no pl* blessing; **den ~ sprechen** to say the benediction; **seinen ~ [zu etw** *dat*] **geben** to give one's blessing [to sth]; **ein ~ für die Menschheit** a benefit for mankind; **ein wahrer ~ sein** to be a real godsend
segensreich *adj* (*geh*) beneficial; *Erfindung* heaven-sent
Segler(in) <-s, -> ['ze:glɐ] *m(f)* yachtsman *masc*, yachtswoman *fem*
Segment <-[e]s, -e> [zɛ'gmɛnt] *nt* segment
segnen ['ze:gnən] *vt* to bless
Segnung <-, -en> *f* ① REL (*das Segnen*) blessing ② *meist pl* (*Vorzüge*) benefits, advantages
sehbehindert *adj* visually impaired **Sehbehinderte(r)** *f(m) dekl wie adj* partially sighted person
sehen <sah, gesehen> ['ze:ən] **I.** *vt* ① (*erblicken, bemerken*) to see; **gut/schlecht zu ~ sein** to be well/badly visible; **etw kommen ~** to see sth coming; **ich kann kein Blut ~** I can't stand the sight of blood; **sich** *akk* **~lassen können** to be something to be proud of; **sich** *akk* **[bei jdm] ~ lassen** (*fam*) to show one's face [at sb's house]; **das muss man ge~ haben** one has to see it to believe it; **das wollen wir [doch] erst mal ~!** (*fam*) [well,] we'll see about that!; **so ge~** from that point of view; **das sehe ich gar nicht gern!** I don't like that at all! ② (*ansehen, zusehen*) to watch ③ (*treffen*) ■**jdn ~** to meet sb ④ (*einschätzen*) **ich sehe das so: ...** the way I see it, ... **II.** *vi* ① (*ansehen*) to look; **lass mal ~** let me see ② (*Sehvermögen haben*) **gut/schlecht ~** to have good/bad eyesight; **mit der neuen Brille sehe ich viel besser** I can see much better with my new glasses ③ (*blicken*) to look; **aus dem Fenster ~** to look out of the window ④ (*bemerken*) **~ Sie!/siehste!** (*fam*) you see! ⑤ (*sich kümmern um*) ■**nach jdm/etw ~** to check on sb/sth; **ich werde ~, was ich für Sie tun kann** I'll see what I can do for you ⑥ (*abwarten*) to wait and see; **wir müssen ~, was die Zukunft bringt** we'll have to wait and see what the future holds **III.** *vr* **sich** *akk* **gezwungen ~, etw zu tun** to feel compelled to do sth
sehenswert *adj* worth seeing
Sehenswürdigkeit <-, -en> *f* sight; **~en besichtigen** to do the sights
Seher(in) <-s, -> *m(f)* (*veraltend*) seer
seherisch *adj attr* prophetic
Sehfehler *m* visual defect **Sehkraft** *f kein pl* [eye]sight

S

Sehne <-, -n> ['ze:nə] *f* ① ANAT tendon, sinew ② (*Bogensehne*) string
sehnen ['ze:nən] *vr* ■**sich** *akk* **nach jdm/etw ~** to long for sb/sth
Sehnenscheidenentzündung *f* inflammation of a/the tendon's sheath
Sehnenzerrung *f* pulled tendon
Sehnerv *m* optic nerve
sehnig ['ze:nɪç] *adj* sinewy, stringy
sehnlich ['ze:nlɪç] *adj* ardent, eager; **etw ~ wünschen** to long for sth
Sehnsucht <-, -süchte> ['ze:nzʊxt, *pl* -zʏçtə] *f* longing, yearning (**nach** + *dat* for); **vor ~** with longing
sehnsüchtig ['ze:nzʏçtɪç] *adj attr* longing, yearning; *Blick* wistful; *Verlangen, Wunsch* ardent
sehnsuchtsvoll *adj* (*geh*) *s.* **sehnsüchtig**
sehr <[noch] mehr, am meisten> ['ze:ɐ̯] *adv* ① *vor vb* (*in hohem Maße*) very much, a lot; **danke ~!** thanks a lot; **bitte ~, bedienen Sie sich** go ahead and help yourself; **das will ich doch ~ hoffen** I very much hope so; **das freut mich ~** I'm very pleased about that ② *vor adj, adv* (*besonders*) very; **jdm ~ dankbar sein** to be very grateful to sb; **das ist aber ~ schade** that's a real shame
Sehschärfe *f* visual acuity **Sehstörung** *f* visual defect **Sehtest** *m* eye test **Sehvermögen** *nt kein pl* sight **Sehweise** *f* way of seeing things
seicht [zai̯çt] *adj* shallow
seid [zai̯t] *2. pers pl pres von* **sein**
Seide <-, -n> ['zai̯də] *f* silk
seiden ['zai̯dn̩] *adj attr* silk
Seidenmalerei *f* silk painting **Seidenpapier** *nt* tissue paper **Seidenraupe** *f* silkworm **Seidenstrumpf** *m* silk stocking **seidenweich** ['zai̯dn̩'vai̯ç] *adj* silky soft; ■**~ sein** to be soft as silk
seidig ['zai̯dɪç] *adj* silky
Seife <-, -n> ['zai̯fə] *f* soap
Seifenblase *f* soap bubble **Seifenoper** *f* TV soap opera **Seifenschale** *f* soap dish **Seifenspender** *m* soap dispenser
seifig ['zai̯fɪç] *adj* soapy
Seil <-[e]s, -e> [zai̯l] *nt* rope; (*Drahtseil*) cable
Seilbahn *f* (*Standseilbahn*) funicular; (*Drahtseilbahn*) cable car **seil|hüpfen** *vi nur infin und pp sein s.* **seilspringen**
Seilschaft <-, -en> *f* ① (*Bergsteiger*) roped party ② (*in der Politik*) working party
seil|springen *vi irreg, nur infin und pp sein* to skip [rope] **Seiltänzer(in)** *m(f)* tightrope acrobat
sein[1] <bin, bist, ist, sind, seid, war, gewe-

sen> [zain] **I.** *vi sein* ① (*existieren, sich befinden*) to be, to exist; ■**[irgendwo] ~** to be [somewhere]; **ich bin wieder da** I'm back again; **ist da jemand?** is somebody there? ② (*Eigenschaft haben*) **böse/klug ~** to be angry/clever; **freundlich/gemein zu jdm ~** to be friendly/mean to sb; **was ist mit dir?** what is the matter with you?; **er war so freundlich und hat das überprüft** he was kind enough to check it out; **sei so lieb und störe mich bitte nicht** I would be grateful if you didn't disturb me; **sie ist Geschäftsführerin** she is a company director; **Deutscher/Däne ~** to be German/Danish ③ (*gehören*) **das Buch ist meins** the book is mine; **er ist mein Cousin** he is my cousin ④ (*ergeben*) **zwei mal zwei ist vier** two times two is four ⑤ (*sich ereignen*) to be, to take place; **was ist [denn schon wieder]?** what is it [now]?; **war was?** (*fam*) did anything happen?; **das wär's dann** that's it ⑥ (*hergestellt sein*) ■**aus etw** *dat* **~** to be [made of] sth ⑦ (*sich fühlen*) **mir ist heiß/kalt** I'm hot/cold; **mir ist übel** I feel sick; **mir ist, als habe ich Stimmen gehört** I thought I heard voices ⑧ (*passieren*) **etw kann/darf/muss ~** sth can/might/must be; **das darf doch nicht wahr ~!** that can't be true!; **etw ~ lassen** (*fam*) to stop [doing sth]; **muss das ~?** do you have to?; **was ~ muss, muss ~** (*fam*) what will be will be; **sie ist nicht zu sehen** she cannot be seen **II.** *vi impers* ① (*bei Zeitangaben*) **es ist Januar/hell/Nacht** it is January/daylight/night; **es ist jetzt 9 Uhr** it is now 9 o'clock ② (*der Fall sein*) **es sei denn, dass ...** unless ...; **wie wäre es mit jdm/etw?** how about sb/sth?; **es war einmal ...** once upon a time ...; **wie dem auch sei** be that as it may, in any case; **mit etw** *dat* **ist es nichts** (*fam*) sth comes to nothing; **mir ist es zu kalt** I'm too cold **III.** *aux vb* ① *zur Bildung des Perfekts* **jd ist gefahren/gegangen/gerannt** sb drove/left/ran ② *zur Bildung des Zustandspassivs* **jd ist gebissen/verurteilt worden** sb has been bitten/convicted

sein[2] [zain] *pron poss, adjektivisch* ① (*einem Mann gehörend*) his; (*zu einem Gegenstand gehörend*) its; (*einer Frau gehörend*) her; (*zu einer Stadt, einem Land gehörend*) its ② *auf „man" bezüglich* one's; *auf „jeder" bezüglich* his, their *fam;* **jeder bekam ~ eigenes Zimmer** everyone got his own room

Sein <-s> [zain] *nt kein pl* existence

seine(r, s) ['zainə, 'zainɐ, 'zainəs] *pron poss, substantivisch* (*geh*) ■**das S~** his [own]; **das S~ tun** (*geh*) to do one's bit; **jedem das S~** each to his own; ■**die S~n** his family

seiner ['zainɐ] *pron pers gen von* **er, es** him; **sich ~ erbarmen** *Person* to have pity on him; *Tier* to have pity on it

seinerseits ['zainɐ'zaits] *adv* (*von ihm aus*) on his part, as far as he is concerned

seinerzeit ['zainɐtsait] *adv* in those days, back then

seinesgleichen ['zainəs'glaiçn̩] *pron* someone like him; (*pej: Leute seines Standes*) people of his [own] kind

seinetwegen ['zainət've:gn̩] *adv* because of him

seinetwillen ['zainət'vɪlən] *adv* **um ~** for his sake

seinige ['zainɪgə] *pron poss* (*veraltend geh*) *s.* **seine(r, s)**

seins *pron poss s.* **seine(r, s)**

Seismograf <-en, -en> [zaismo'gra:f] *m* GEOL seismograph

Seismograph <-en, -en> [zaismo'gra:f] *m* seismograph

seismologisch [zaismo'lo:gɪʃ] *adj* seismological

seit [zait] **I.** *präp +dat* (*Anfangspunkt*) since; (*Zeitspanne*) for; **diese Regelung ist erst ~ kurzem in Kraft** this regulation has only been effective [for] a short while; **~ einiger Zeit** for a while; **~ damals** since then; **~ neuestem** recently; **~ wann?** since when? **II.** *konj* (*seitdem*) since

seitdem [zait'de:m] **I.** *adv* since then; **~ hat sie kein Wort mehr mit ihr gesprochen** she hasn't spoken a word to her since [then] **II.** *konj* since

Seite <-, -n> ['zaitə] *f* ① (*Fläche eines Körpers*) side; **die vordere/hintere/untere/obere ~** the front/back/bottom/top; **alles hat [seine] zwei ~n** there's two sides to everything ② (*rechts oder links der Mitte*) **zur ~ gehen** to step aside; **jdn zur ~ nehmen** to take sb aside; **zur ~** beside ③ (*sparen*) **etw auf die ~ legen** to put sth aside ④ (*Papierblatt*) page; **gelbe ~n** Yellow Pages; **eine ~ aufschlagen** to open at a page; (*Seite eines Blattes*) side ⑤ (*Beistand*) **jdm zur ~ stehen** to stand by sb; **~ an ~** side by side ⑥ (*Aspekt*) **sich von seiner besten ~ zeigen** to show oneself at one's best; **auf der einen ~..., auf der anderen [~] ...** on the one hand, ..., on the other [hand], ...; **das ist ja eine ganz neue ~ an dir** that's a whole new side to you; **jds starke ~ sein** (*fam*) to be sb's forte ⑦ (*Partei, Gruppe*) side; **jdn auf seine ~ bringen** to get sb on one's side; **auf jds ~ stehen** to be on sb's side; **die ~n wechseln** SPORT to change ends; (*zu jdm übergehen*) to change sides; **von allen ~n** from all sides

Seitenairbag [-ærbɛg] *m* AUTO lateral [*or* side] airbag **Seitenangabe** *f* page reference **Seitenansicht** *f* side view **Seitenaufbau** *m* INET page construction; **die Seite hat einen extrem langsamen ~** the page is extremely slow to load **Seitenaufprallschutz** *m kein pl* AUTO side-impact protection **Seitenausgang** *m* side exit **Seitenblick** *m* sidelong glance; **jdm einen ~ zuwerfen** to glance at sb from the side **Seiteneingang** *m* side entrance **Seitenflügel** *m* ARCHIT side wing **Seitengang** *m* ① ARCHIT corridor ② NAUT lateral drift ③ (*beim Reiten*) sidestep **Seitenhieb** *m* sideswipe; **jdm einen ~ versetzen** to sideswipe sb **Seitenlage** *f* side position; **in der ~** on one's side **seitenlang I.** *adj* several pages long **II.** *adv* in several pages **Seitenlinie** *f* ① ZOOL lateral line ② FBALL touchline ③ TENNIS sideline ④ BAHN branch line

seitens ['zaitn̩s] *präp +gen* on the part of

Seitenscheitel *m* side parting **Seitenschiff** *nt* side aisle **Seitensprung** *m* (*fam*) affair **Seitenstechen** *nt kein pl* stitch; **~ haben** to have a stitch **Seitenstraße** *f* side street **Seitenstreifen** *m* hard shoulder **seitenverkehrt** *adj* back to front, the wrong way around **Seitenwechsel** *m* SPORT changeover, change of ends; TYPO page change **Seitenwind** *m* crosswind **Seitenzahl** *f* ① (*Anzahl der Seiten*) number of pages ② (*Ziffer*) page number

seither [zait'heːɐ̯] *adv* since then

seitlich ['zaitlɪç] **I.** *adj* side *attr* **II.** *adv* sideways; **~ gegen etw** *akk* **prallen** to crash sideways into sth **III.** *präp +gen* ■ **~ der Straße** at the side of the road

seitwärts ['zaitvɛrts] *adv* sideways

sek., Sek. *f Abk von* **Sekunde** sec.

Sekante <-, -n> [ze'kantə] *f* secant

Sekret <-[e]s, -e> [ze'kreːt] *nt* secretion

Sekretär(in) <-s, -e> [zekre'tɛːɐ̯] *m(f)* secretary

Sekretariat <-[e]s, -e> [zekreta'ri̯aːt] *nt* secretary's office

Sekretärin <-, -nen> *f fem form von* **Sekretär**

Sekt <-[e]s, -e> [zɛkt] *m* sparkling wine

Sekte <-, -n> ['zɛktə] *f* sect

Sektglas *nt* champagne flute

Sektor <-s, -toren> ['zɛktoːɐ̯, *pl* zɛk'toːrən] *m* sector

sekundär [zekʊn'dɛːɐ̯] *adj* secondary

Sekundarlehrer(in) *m(f)* SCH SCHWEIZ secondary school teacher

Sekundärliteratur *f* secondary literature

Sekundarschule *f* SCHWEIZ secondary school **Sekundarstufe** *f* secondary school level; **~ I** *classes with students aged 10 to 15;* **~ II** *fifth and sixth form classes*

Sekunde <-, -n> [ze'kʊndə] *f* second; **auf die ~ genau** to the second

Sekundenkleber *m* instant adhesive **Sekundenzeiger** *m* second hand

selbe(r, s) ['zɛlbə, 'zɛlbɐ, 'zɛlbəs] *pron* ■ **der/die/das ~ ...** the same ...; **im ~n Haus** in the same house; **an der ~n Stelle** on the [very] same spot; **zur ~n Zeit** at the same time

selber ['zɛlbɐ] *pron dem* (*fam*) myself/yourself/himself etc.; **ich geh lieber ~** I'd better go myself

selbst [zɛlpst] **I.** *pron dem* ① (*persönlich*) myself/yourself/himself etc.; **mit jdm ~ sprechen** to speak to sb oneself ② (*ohne Hilfe, alleine*) by oneself; **etw ~ machen** to do sth by oneself; **von ~** automatically; **das versteht sich von ~** it goes without saying ③ (*verkörpern*) **er ist die Ruhe ~** he is calmness itself **II.** *adv* ① (*eigen*) self; **~ ernannt** self-appointed; **~ gemacht** home-made; **~ gestrickt** hand-knitted ② (*sogar*) even; **~ der Direktor war anwesend** even the director was present; **~ wenn** even if

Selbstachtung *f* self-respect

selbständig ['zɛlpʃtɛndɪç] *adj s.* **selbstständig**

Selbständigkeit <-> *f kein pl s.* **Selbstständigkeit**

Selbstaufgabe *f kein pl* PSYCH mental collapse **Selbstauslöser** *m* delayed-action shutter release

Selbstbedienung *f* self-service **Selbstbedienungsladen** *m* self-service shop

Selbstbefriedigung *f* masturbation **Selbstbeherrschung** *f* self-control **Selbstbestätigung** *f* self-affirmation

Selbstbestimmung *f kein pl* self-determination **Selbstbestimmungsrecht** *nt kein pl* right to self-determination

Selbstbetrug *m kein pl* self-deception **selbstbewusst** *adj* self-confident **Selbstbewusstsein** *nt* self-confidence **Selbstbezogenheit** <-> ['zɛlpstbətsoːgn̩hait] *f kein pl* PSYCH solipsism **Selbstbräunungscreme** *f* self-tanning cream **Selbstdarsteller(in)** *m(f)* showman

Selbsterfahrung *f kein pl* self-awareness

S

Selbsterfahrungsgruppe *f* self-awareness group

Selbsterhaltungstrieb *m* survival instinct **Selbsterkenntnis** *f kein pl* self-knowledge **selbstgefällig** *adj* self-satisfied **selbstgerecht** *adj* (*pej*) self-righteous **Selbstgespräch** *nt* monologue; **Selbstgespräche führen** to talk to oneself **selbstherrlich** *adj* (*pej*) high-handed

Selbsthilfe *f kein pl* self-help; **Hilfe zur ~ leisten** to help sb to help himself/herself **Selbsthilfegruppe** *f* self-help group

Selbstjustiz *f* vigilantism **selbstklebend** *adj* self-adhesive **Selbstkontrolle** *f kein pl* ① PSYCH self-restraint, self-control ② (*eigenverantwortliche Kontrollinstitution*) self-regulation **Selbstkostenpreis** *m* cost price BRIT, cost AM; **zum ~** at cost price **Selbstkritik** *f kein pl* self-criticism; **~ üben** to criticize oneself **selbstkritisch** *adj* self-critical **Selbstlaut** *m* vowel **Selbstliebe** *f* love for oneself

selbstlos *adj* selfless, unselfish

Selbstmedikation *f* MED self-medication **Selbstmitleid** *nt* self-pity **Selbstmord** *m* suicide; **~ begehen** to commit suicide **Selbstmörder(in)** *m(f)* suicidal person **selbstmörderisch** *adj* suicidal

Selbstmordkandidat(in) *m(f)* potential suicide **Selbstmordversuch** *m* suicide attempt

Selbstschutz *m* self-protection; **zum ~** for self-protection **selbstsicher** *adj* self-confident **Selbstsicherheit** *f kein pl* self-confidence

selbstständig ['zɛlpstʃtɛndɪç] *adj* ① (*eigenständig*) independent ② (*beruflich unabhängig*) self-employed; **sich** *akk* **~ machen** to start up one's own business

Selbstständige(r) *f(m) dekl wie adj* self-employed person

Selbstständigkeit <-> *f kein pl* ① (*Eigenständigkeit*) independence ② (*selbstständige Stellung*) self-employment

selbstsüchtig <-er, -ste> *adj* selfish **selbsttätig** **I.** *adj* automatic **II.** *adv* automatically **Selbsttäuschung** *f* self-delusion **Selbstüberschätzung** *f* over-estimation of one's abilities **Selbstüberwindung** *f* self-discipline **Selbstverleugnung** *f kein pl* self-denial **selbstverschuldet** *adj* due to one's [own] fault **Selbstversorger(in)** *m(f)* self-sufficient person

selbstverständlich **I.** *adj* natural; **das ist doch ~** don't mention it; **etw für** *akk* **~ halten** to take sth for granted **II.** *adv* naturally, of course; **wie ~** as if it were the most natural thing in the world; **[aber] ~!** [but] of course! **Selbstverständlichkeit** <-, -en> *f* naturalness; **etw mit der größten ~ tun** to do sth as if it were the most natural thing in the world; **eine ~ sein** to be the least that could be done

Selbstverteidigung *f* self-defence **Selbstvertrauen** *nt* self-confidence **Selbstverwaltung** *f* self-government **Selbstverwirklichung** *f* self-realization **Selbstwahrnehmung** *f* introspection **Selbstwertgefühl** *nt* self-esteem **selbstzerstörerisch** *adj* self-destructive **Selbstzweck** *m kein pl* end in itself

selektieren* [zelɛk'ti:rən] *vt* to select

Selektion <-, -en> [zelɛk'tsi̯o:n] *f* selection

Selen <-s> [ze'le:n] *nt* selenium

selig ['ze:lɪç] *adj* ① (*überglücklich*) overjoyed ② REL **jdn ~ sprechen** to beatify sb ▶ WENDUNGEN: **wer's glaubt, wird ~** (*iron fam*) that's a likely story

Seligkeit <-> *f kein pl* bliss

Sellerie <-s, -[s]> ['zɛləri] *m* (*Knollensellerie*) celeriac; (*Stangensellerie*) celery

selten ['zɛltn̩] *adj* ① (*nicht häufig*) rare ② (*besonders*) exceptional; **ein ~ schönes Exemplar** an exceptionally beautiful specimen

Seltenheit <-, -en> *f* ① *kein pl* (*seltenes Vorkommen*) rare occurrence ② (*seltene Sache*) rarity

Seltenheitswert *m kein pl* rarity value

Selters <-, -> ['zɛltɐs] *nt* (*fam*), **Selterswasser** *nt* DIAL soda [water]

seltsam ['zɛltza:m] *adj* strange; *Mensch a.* odd; *Geschichte, Umstände a.* peculiar; **ein ~es Gefühl haben** to have an odd feeling

seltsamerweise *adv* strangely enough

Seltsamkeit <-, -en> *f* ① *kein pl* (*seltsame Art*) strangeness, peculiarity ② (*seltsame Erscheinung*) oddity

Semester <-s, -> [ze'mɛstɐ] *nt* semester, term (*lasting half of the academic year*)

Semesterferien *pl* [university] vacation

Semifinale ['ze:mifina:lə] *nt* semi-final

Semikolon <-s, -s *o* -kola> [zemi'ko:lɔn, *pl* -'ko:la] *nt* semicolon

Seminar <-s, -e *o* ÖSTERR -ien> [zemi'na:ɐ̯, *pl* zemi'na:ri̯ən] *nt* ① (*Lehrveranstaltung*) seminar ② (*Universitätsinstitut*) department; **das historische ~** the History Department

Seminararbeit *f* seminar paper

Semit(in) <-en, -en> [ze'mi:t] *m(f)* Semite

semitisch [ze'mi:tɪʃ] *adj* Semitic

Semmel <-, -n> [zɛml̩] *f* DIAL [bread] roll ▶ WENDUNGEN: **weggehen wie warme ~n** (*fam*) to go like hot cakes

sen. *adj Abk von* **senior**

Senat <-[e]s, -e> [ze'na:t] *m* senate

Senator, Senatorin <-s, -toren> [ze'na:to:ɐ̯, zena'to:rɪn, *pl* -'to:rən] *m, f* senator

Sendeanstalt *f* broadcasting institution **Sendegebiet** *nt* transmission area

senden[1] ['zɛndn̩] **I.** *vt* to broadcast; *Botschaft* to transmit **II.** *vi* to be on the air

senden[2] <sandte *o* sendete, gesandt *o* gesendet> ['zɛndn̩] *vt* to send; *Truppen* to despatch; ■**jdm einen Brief ~** to send a letter to sb

Sendepause *f* interval; **~ haben** (*fig fam*) to keep silent **Sendeplatz** *m* TV, RADIO slot

Sender <-s, -> ['zɛndɐ] *m* ❶ (*Sendeanstalt*) channel; *Radio* station ❷ (*Sendegerät*) transmitter

Senderaum *m* studio **Sendereihe** *f* series + *sing vb* **Sendeschluss** *m* close down **Sendezeit** *f* broadcasting time; **zur besten ~** at prime time

Sendung[1] <-, -en> *f* TV, RADIO ❶ (*Ausstrahlung*) broadcasting; *Signal* transmission; **auf ~ gehen/sein** to go/be on the air ❷ (*Rundfunk-, Fernsehsendung*) programme

Sendung[2] <-, -en> *f* (*Briefsendung*) letter; (*Paketsendung*) parcel; (*Warensendung*) consignment

Senegal <-s> ['ze:negal] *nt kein pl* ❶ (*Fluss*) Senegal [River] ❷ (*Republik Senegal*) Senegal; *s. a.* **Deutschland**

Senegalese, Senegalesin <-n, -n> [zenega'le:zə, zenega'le:zɪn] *m, f* Senegalese; *s. a.* **Deutsche(r)**

senegalesisch [zenega'le:zɪʃ] *adj* Senegalese; *s. a.* **deutsch**

Senf <-[e]s, -e> [zɛnf] *m* mustard ▶ WENDUNGEN: **seinen ~ dazugeben** *dat* (*fam*) to have your say

Senfgurke *f* gherkin (*pickled with mustard seeds*)

sengen ['zɛŋən] **I.** *vt* ■**etw ~** to singe sth **II.** *vi* to scorch

senil [ze'ni:l] *adj* senile

senior ['ze:ni̯o:ɐ̯] *adj* senior

Senior <-s, Senioren> ['ze:ni̯o:ɐ̯, *pl* ze'ni̯o:rən] *m meist pl* (*ältere Menschen*) senior citizen, OAP BRIT

Seniorchef(in) [-ʃɛf] *m(f)* senior boss

Seniorenheim *nt* old people's home

Senke <-, -n> ['zɛŋkə] *f* depression

senken ['zɛŋkn̩] **I.** *vt* ❶ (*niedriger machen*) to lower; *Fieber* to reduce ❷ (*abwärtsbewegen*) **den Kopf ~** to bow one's head; **die Stimme ~** (*fig*) to lower one's voice **II.** *vr* ❶ (*niedriger werden*) to sink; ■**sich** *akk* ~ to drop (**um** +*akk* by) ❷ (*sich niedersenken*) ■**sich** *akk* ~ to lower itself (**auf** +*akk* onto); *Boden* to subside

Senkfuß *m* MED flat feet *pl* **Senkgrube** *f* cesspit

senkrecht ['zɛŋkrɛçt] *adj* vertical

Senkrechte <-n, -n> *f dekl wie adj* (*senkrechte Linie*) vertical line

Senkrechtstarter *m* LUFT vertical take-off aircraft

Senkung <-, -en> *f* ❶ *kein pl der Preise* reduction; *der Löhne* cut; *der Steuern* decrease ❷ (*das Senken*) drop, subsidence; *der Stimme* lowering

Sensation <-, -en> [zɛnza'tsi̯o:n] *f* sensation

sensationell [zɛnzatsi̯o'nɛl] *adj* sensational

Sensationsblatt *nt* (*pej*) sensationalist newspaper **Sensationsgier** *f kein pl* sensationalism **Sensationslust** *f* desire for sensation **sensationslüstern** *adj* (*fig*) sensation-seeking **Sensationsmache** *f* (*pej*) sensationalism

Sense <-, -n> ['zɛnzə] *f* scythe

Sensenmann <-männer> *m* ■**der ~** the [Grim] Reaper *liter*

sensibel [zɛn'zi:bl̩] *adj* sensitive

Falsche Freunde

Nicht verwechseln mit *sensible* — vernünftig!

Sensibelchen <-s, -> [zɛn'zi:bl̩çən] *nt* (*fam*) softy

sensibilisieren* [zɛnzibili'zi:rən] *vt* (*geh*) ■**jdn [für etw** *akk*] ~ to make sb aware [of sth]

Sensibilität <-, -en> [zɛnzibili'tɛ:t] *f* sensitivity

Sensor <-s, -soren> ['zɛnzo:ɐ̯, *pl* -'zo:rən] *m* sensor

Sensortaste *f* sensor control

sentimental [zɛntimɛn'ta:l] *adj* sentimental

Sentimentalität <-, -en> [zɛntimɛntali'tɛ:t] *f* sentimentality

separat [zepa'ra:t] *adj* separate

Separatismus <-> [zepara'tɪsmʊs] *m kein pl* separatism

Separatist(in) <-en, -en> [zepara'tɪst] *m(f)* separatist

separatistisch *adj* separatist

Séparée <-s, -s> *nt,* **Separee** <-s, -s> [zepa're:] *nt* private room

September <-[s], -> [zɛp'tɛmbɐ] *m* September; *s. a.* **Februar**

sequentiell [zekvɛn'tsi̯ɛl] *adj s.* **sequenziell**

Sequenz <-, -en> [ze'kvɛnts] *f* sequence

S

sequenziell [zekvɛn'ts̯i̯ɛl] *adj* INFORM sequential

Sera *pl von* **Serum**

Serbe, Serbin <-n, -n> ['zɛrbə, 'zɛrbɪn] *m, f* Serb, Serbian; *s. a.* **Deutsche(r)**

Serbien <-s> ['zɛrbi̯ən] *nt* Serbia; *s. a.* **Deutschland**

Serbien und Montenegro *nt* Union of Serbia and Montenegro

Serbin <-, -nen> *f fem form von* **Serbe**

serbisch ['zɛrbɪʃ] *adj* Serbian; *s. a.* **deutsch**

Serbokroatisch [zɛrbokro'a:tɪʃ] *nt dekl wie adj* Serbo-Croat; *s. a.* **Deutsche**

Seren *pl von* **Serum**

Serenade <-, -n> [zere'na:də] *f* serenade

Serie ['ze:ri̯ə] *f* ① (*Reihe*) MEDIA, TV series + *sing vb* ② ÖKON line; **in ~ gehen** to go into production

seriell [ze'ri̯ɛl] *adj* ① (*als Reihe*) series ② INFORM serial

Serienausstattung *f* standard fittings *pl*

serienmäßig *adj* ① (*in Serienfertigung*) mass-produced ② (*bereits eingebaut sein*) standard

Serienmord ['ze:ri̯ən-] *m meist pl* JUR serial killing *usu pl* **Serienmörder(in)** *m(f)* serial killer **Seriennummer** *f* serial number **Serienproduktion** *f* mass production **Serienschaltung** *f* ELEK series connection **Serientäter(in)** *m(f)* repeat offender

serienweise ['ze:riən-] *adv* in series; ■ **etw ~ herstellen** to mass-produce sth

seriös [ze'ri̯ø:s] **I.** *adj* ① *Mensch* respectable; *Angebot* serious ② (*vertrauenswürdig*) respectable; *Unternehmen* reputable **II.** *adv* respectably

Falsche Freunde

Nicht verwechseln mit *serious* — ernst!

Serpentine <-, -n> [zɛrpɛn'ti:nə] *f* winding road

Serum <-s, Seren *o* Sera> ['ze:rʊm, *pl* 'ze:rən, 'ze:ra] *nt* serum

Server <-s, -> ['sœ:rvɐ] *m* INFORM server

Service[1] <-, -s> ['zœrvɪs] *m* ① *kein pl* (*Bedienung*) service ② TENNIS serve

Service[2] <-[s], -> [zɛr'vi:s] *nt* dinner/coffee service

Service-Provider ['sə:vɪsprovaidɐ] *m* TELEK service provider

servieren* [zɛr'vi:rən] *vt* to serve

Serviervorschlag *m* KOCHK serving suggestion

Serviette <-, -n> [zɛr'vi̯ɛtə] *f* napkin

Serviettenring *m* napkin ring

Servobremse ['zɛrvo-] *f* power-assisted brake **Servolenkung** *f* power steering

servus ['zɛrvʊs] *interj* ÖSTERR, SÜDD (*hallo*) hi; (*tschüs*) [good]bye

Sesam <-s, -s> ['ze:zam] *m* BOT sesame ▶ WENDUNGEN: ~ **öffne dich** (*hum fam*) open sesame

Sessel <-s, -> ['zɛsl̩] *m* armchair

Sessellift *m* chairlift

sesshaft ['zɛshaft] *adj* ① (*bodenständig*) settled ② (*ansässig*) **er ist in London ~** he lives in London; **in London ~ werden** to settle in London

Set <-s, -s> [zɛt] *m o nt* set

Setup [sɛt'ap] *nt* INFORM setup

setzen ['zɛtsn̩] **I.** *vt haben* ① (*platzieren*) to put, to place ② (*festlegen*) to set; **eine Frist/ein Ziel ~** to set a deadline/a goal ③ (*bringen*) **etw in Betrieb ~** to set sth in motion; **jdn auf Diät ~** to put sb on a diet ④ (*pflanzen*) to plant ⑤ (*wetten*) **Geld auf jdn/etw ~** to stake money on sb/sth ⑥ TYPO to set **II.** *vr haben* ■ **sich** *akk* ~ ① (*sich niederlassen*) to sit [down]; **sich** *akk* **ins Auto ~** to get into the car; **bitte ~ Sie sich doch!** please sit down!; ■ **sich** *akk* **zu jdm ~** to sit next to sb; **wollen Sie sich nicht zu uns ~?** won't you join us? ② (*sich senken*) *Kaffeesatz* to settle **III.** *vi* ① *haben* (*wetten*) ■ **auf jdn/etw ~** to bet on sb/sth ② *sein o haben* ■ **über etw** *akk* ~ (*springen*) to jump over sth; (*überschiffen*) to cross sth

Setzer(in) <-s, -> *m(f)* typesetter

Setzerei <-, -en> [zɛtsə'rai̯] *f* composing room

Setzerin <-, -nen> *f fem form von* **Setzer**

Setzkasten *m* ① HORT seed box ② TYPO case

Setzling <-s, -e> ['zɛtslɪŋ] *m* HORT seedling

Seuche <-, -n> ['zɔy̯çə] *f* epidemic

Seuchenbekämpfung *f* epidemic control **Seuchengebiet** *nt* epidemic zone **Seuchenherd** *m* centre of an epidemic

seufzen ['zɔy̯ftsn̩] *vi* to sigh

Seufzer <-s, -> *m* sigh; **einen ~ ausstoßen** to heave a sigh

Sex <-[es]> [zɛks] *m kein pl* sex

Sexfilm *m* sex film

Sexismus <-> [zɛ'ksɪsmʊs] *m kein pl* sexism *no pl*

sexistisch *adj, adv* sexist

Sexmuffel <-s, -> ['zɛks-] *m* (*hum sl*) grump [who is] uninterested in sex **Sexshop** <-s, -s> [-ʃɔp] *m* sex shop **Sexsymbol** *nt* sex symbol

Sextant <-en, -en> [zɛks'tant] *m* sextant

Sexualität <-> [zɛksu̯ali'tɛ:t] *f kein pl* sexuality

Sexualkunde *f kein pl* sex education

sexuell [zɛ'ksu̯ɛl] *adj* sexual; **~e Belästi-**

gung sexual harassment

Sezessionismus <-> [zetsɛsi̯o'nɪsmʊs] *m kein pl* POL secessionism

Seziertisch [ze'tsi:r-] *m* MED autopsy table

Shampoo <-s, -s> ['ʃampu, 'ʃampo] *nt* shampoo

Shareware <-, -s> ['ʃɛ:ɐ̯vɛ:ɐ̯] *f* INFORM shareware

Shootingstar <-s, -s> ['ʃu:tɪŋsta:ɐ̯] *m* (*fam*) overnight success, whizz-kid

Shorts [ʃo:ɐ̯ts, ʃɔrts] *pl* pair of shorts, shorts *npl*

Showbusiness, Show-Business <-> ['ʃo:'bɪznɪs] *nt kein pl* show business

Showgeschäft *nt kein pl* show business

Showmaster <-s, -> [-ma:stɐ] *m* compère BRIT

siamesisch [zi̯a'me:zɪʃ] *adj* Siamese

Siamkatze *f* Siamese cat

Sibirer(in) <-s, -> [zi'bi:rɐ] *m(f)* Siberian

Sibirien <-s> [zi'bi:ri̯ən] *nt* Siberia

sibirisch [zi'bi:rɪʃ] *adj* Siberian

sich [zɪç] *pron refl* ① *akk* oneself; ■**er/sie/es ... ~** he/she/it ... himself/herself/itself; ■**Sie ... ~** you ... yourself/yourselves; ■**sie ... ~** they ... themselves; **er sollte ~ da heraushalten** he should keep out of it; **man fragt ~, was das soll** one asks oneself what it's all about; **~ freuen** to be pleased; **~ gedulden** to be patient; **~ schämen** to be ashamed of oneself; **~ wundern** to be surprised ② *dat* one's; **~ etw einbilden** to imagine sth; **~ etw kaufen** to buy sth for oneself; **die Katze leckte ~ die Pfote** the cat licked its paw ③ *pl* (*einander*) each other, one another; **~ lieben** to love each other ④ *unpersönlich* **hier arbeitet es ~ gut** it's good to work here; **das Auto fährt ~ prima** the car drives well ⑤ + *präp* **wieder zu ~ kommen** to come round; **etw von ~ aus tun** to do sth of one's own accord; **er denkt immer nur an ~** he only ever thinks of himself

Sichel <-, -n> ['zɪçl̩] *f* ① (*Werkzeug*) sickle ② (*Gebilde, von Mond*) crescent

sicher ['zɪçɐ] **I.** *adj* ① (*gewiss*) certain, sure; *Zusage* definite; **sind Sie ~?** are you sure?; **es ist nicht ~, dass er kommt** it is not certain that he will come; ■**sich** *dat* **einer S.** *gen* **~ sein** to be sure of sth; **so viel ist ~** that much is certain ② (*ungefährdet*) safe (**vor** + *dat* from); *Anlage, Arbeitsplatz* secure; **~ ist ~** you can't be too careful ③ (*zuverlässig*) reliable; *Methode* foolproof ④ (*geübt*) competent ⑤ (*selbstsicher*) self-assured **II.** *adv* ① (*gewiss*) surely; **du hast ~ Recht** you are certainly right; **es ist ~ nicht das letzte Mal** this is surely not the last time; [**aber**] **~!** (*fam*) sure!; **ich weiß das ganz ~** I know that for sure ② (*ungefährdet*) **sich** *akk* **~ fühlen** to feel safe; **etw ~ aufbewahren** to keep sth in a safe place

sicher|gehen *vi irreg sein* to make sure

Sicherheit <-, -en> *f* ① *kein pl* (*gesicherter Zustand*) safety; **die öffentliche ~** public safety; **soziale ~** social security; **etw in ~ bringen** to get sth to safety; **in ~ sein** to be safe; **der ~ halber** to be on the safe side ② *kein pl* (*Gewissheit*) certainty; **mit ~** for certain ③ *kein pl* (*Gewandtheit*) competence ④ (*Kaution*) surety

Sicherheitsabstand *m* safe distance

Sicherheitsbeamte(r), -beamtin *m, f* security officer **Sicherheitsbindung** *f* safety binding **Sicherheitsgurt** *m* seat belt

sicherheitshalber *adv* to be on the safe side

Sicherheitskopie *f* INFORM back-up **Sicherheitsmaßnahme** *f* safety precaution **Sicherheitsnadel** *f* safety pin **Sicherheitsrat** *m kein pl* Security Council **Sicherheitsschloss** *nt* safety lock **Sicherheitsstandard** *m* safety standard **Sicherheitsvorkehrung** *f* security precaution **Sicherheitsvorschrift** *f meist pl* safety regulation

sicherlich *adv* surely

sichern ['zɪçɐn] *vt* ① (*schützen*) to safeguard (**gegen** + *akk* from) ② *Schusswaffe* to put on a safety catch ③ (*absichern*) to protect; *Bergsteiger, Tatort, Tür* to secure; ■**gesichert sein** to be protected ④ (*sicherstellen*) to secure ⑤ INFORM to save

sicher|stellen *vt* ① (*in Gewahrsam nehmen*) to confiscate ② (*garantieren*) to guarantee

Sicherstellung *f* ① (*das Sicherstellen*) confiscation ② (*das Garantieren*) guarantee

Sicherung <-, -en> *f* ① (*das Sichern*) securing, safeguarding ② ELEK fuse; **die ~ ist durchgebrannt** the fuse has blown ③ (*Schutzvorrichtung*) safety catch ④ INFORM back-up

Sicherungskasten *m* fuse box **Sicherungskopie** *f* INFORM back-up [*or* AM dump] copy

Sicht <-, *selten* -en> [zɪçt] *f* ① (*Aussicht*) view; **eine gute/schlechte ~ haben** to have a good/poor view; **du nimmst mir die ~** you're blocking my view; **die ~ beträgt heute nur 20 Meter** visibility is down to 20 metres today; **auf kurze/mittlere/lange ~** (*fig*) in the short term / midterm /long term; **in ~ sein** to be in sight; **Land in ~!** land ahoy!; **etw ist in ~**

S

(*fig*) sth is on the horizon ❷ (*Meinung*) [point of] view; **aus jds ~** from sb's point of view

sichtbar *adj* (*wahrnehmbar*) visible; (*offensichtlich*) apparent

sichten ['zɪçtn̩] *vt* ❶ (*ausmachen*) to sight ❷ (*durchsehen*) **die Akten ~** to look through the files

Sichtgerät *nt* monitor **Sichtgrenze** *f* limit of visibility **Sichthülle** *f* clear plastic pocket

sichtlich *adv* **~ beeindruckt sein** to be visibly impressed

Sichtung <-, -en> *f* ❶ *kein pl* (*das Sichten*) sighting ❷ (*Durchsicht*) sifting

Sichtverhältnisse *pl* visibility *no pl;* **gute / schlechte ~** good/poor visibility **Sichtvermerk** *m* visa [stamp]; *Wechsel* endorsement **Sichtweite** *f* visibility; **außer/in ~ sein** to be out of/in sight; **die ~ beträgt 100 Meter** visibility is 100 metres

sickern ['zɪkɐn] *vi sein* to seep (**aus** *+dat* from, **durch** *+akk* through)

Sickerwasser *nt kein pl surface water seeping through the ground*

Sideboard <-s, -s> ['zajtbo:ɐ̯t] *nt* sideboard

sie [zi:] *pron pers, 3. pers* ❶ <*gen* ihrer, *dat* ihr, *akk* sie> *sing* she; **~ ist es!** it's her!; (*weibliche Sache bezeichnend*) it; (*Tier bezeichnend*) it; (*bei weiblichen Haustieren*) she ❷ <*gen* ihrer, *dat* ihnen, *akk* sie> *pl* they

Sie[1] <*gen* Ihrer, *dat* Ihnen, *akk* Sie> [zi:] *pron pers, 2. pers sing o pl* (*förmliche Anrede*) you

Sie[2] <-s> [zi:] *nt kein pl* **jdn mit ~ anreden** to address sb in the 'Sie' form

Sieb <-[e]s, -e> [zi:p, *pl* 'zi:bə] *nt* (*Küchensieb*) sieve; (*größer*) colander; (*Kaffeesieb, Teesieb*) strainer

Siebdruck *m* ❶ *kein pl* (*Druckverfahren*) [silk-]screen printing ❷ (*Druckerzeugnis*) [silk-]screen print

sieben[1] ['zi:bn̩] *adj* seven; *s. a.* **acht**[1]

sieben[2] ['zi:bn̩] *vt* to sieve

siebenerlei ['zi:bənɐ'laj] *adj attr* seven [different]; *s. a.* **achterlei**

siebenfach, 7fach ['zi:bn̩fax] **I.** *adj* sevenfold; **die ~e Menge** seven times the amount **II.** *adv* sevenfold, seven times over

Siebengebirge <-s> ['zi:bn̩gəbɪrgə] *nt* Siebengebirge (*range of hills on the Rhine, near Bonn*)

siebenhundert ['zi:bn̩'hʊndɐt] *adj* seven hundred

siebenjährig, 7-jährig ['zi:bn̩jɛ:rɪç] *adj* seven-year-old *attr,* seven years old *pred*

siebenmal ['zi:bn̩ma:l] *adv* seven times; *s. a.* **achtmal**

Siebensachen ['zi:bn̩'zaxn̩] *pl* (*fam*) things, stuff **Siebenschläfer** *m* ZOOL fat dormouse

siebentägig, 7-tägig *adj* seven-day *attr*

siebentausend ['zi:bn̩'tauzn̩t] *adj* seven thousand

siebte(r, s) ['zi:ptə, 'zi:ptɐ, 'zi:ptəs] *adj* ❶ (*an siebter Stelle*) seventh; *s. a.* **achte(r, s) 1** ❷ (*Datum*) seventh, 7th; *s. a.* **achte(r, s) 2**

Siebtel <-s, -> ['zi:ptl̩] *nt* seventh

siebtens ['zi:ptn̩s] *adv* seventhly

siebzehn ['zi:ptse:n] *adj* seventeen; *s. a.* **acht**[1]

siebzehnte(r, s) *adj* ❶ (*an siebzehnter Stelle*) seventeenth; *s. a.* **achte(r, s) 1** ❷ (*Datum*) seventeenth, 17th; *s. a.* **achte(r, s) 2**

Siebzehntel <-s, -> *nt* seventeenth

siebzig ['zi:ptsɪç] *adj* seventy; *s. a.* **achtzig 1, 2**

Siebzigerjahre *pl* **in den ~n** in the seventies

siebzigjährig, 70-jährig *adj attr* ❶ (*Alter*) seventy-year-old *attr,* seventy [years old] *pred* ❷ (*Zeitspanne*) seventy-year

siebzigste(r, s) *adj* seventieth; *s. a.* **achte(r, s) 1**

siedeln ['zi:dl̩n] *vi* to settle

sieden <siedete, gesiedet> ['zi:dn̩] *vi* to boil ▶ WENDUNGEN: **~d heiß** (*fam*) boiling hot

Siedepunkt *m* boiling point

Siedler(in) <-s, -> ['zi:dlɐ] *m(f)* settler

Siedlung <-, -en> ['zi:dlʊŋ] *f* ❶ (*Wohnhausgruppe*) housing estate ❷ (*Ansiedlung*) settlement

Sieg <-[e]s, -e> [zi:k, *pl* 'zi:gə] *m* victory (**über** *+akk* over); **um den ~ kämpfen** to fight for victory

Siegel <-s, -> ['zi:gl̩] *nt* seal; (*privates a.*) signet

Siegellack *m* sealing wax

siegeln ['zi:gl̩n] *vt* ■**etw ~** to affix a seal to sth

Siegelring *m* signet ring

siegen ['zi:gn̩] *vi* to win [sth]; **haushoch ~** to win hands down; **nur knapp ~** to scrape a win

Sieger(in) <-s, -> *m(f)* ❶ MIL victor ❷ SPORT winner; **der zweite ~** the runner-up

Siegerehrung *f* SPORT presentation ceremony

Siegerin <-, -nen> *f fem form von* **Sieger**

Siegerpodest *nt* winners' rostrum **Siegerpose** *f* victory pose **Siegertyp** *m* [natural] winner, one of life's winners **Siegerurkunde** *f* SPORT winner's certificate

siegesbewusst *adj s.* **siegessicher**

S

siegessicher *adj* certain of victory *pred;* **ein ~es Lächeln** a confident smile **Siegeszug** *m* MIL triumphal march; (*fig: gewaltiger Erfolg*) triumph

siegreich I. *adj* ❶ MIL victorious ❷ SPORT winning *attr,* successful **II.** *adv* in triumph

sieh [ziː], **siehe** [ˈziːə] (*geh*) *imp sing von* **sehen**

siezen [ˈziːtsn̩] *vt* ▪**jdn/sich ~** to address sb/each other in the 'Sie' form

Sightseeing <-s> [ˈsaɪtsiːɪŋ] *nt* sightseeing *no art*

Signal <-s, -e> [zɪˈgnaːl] *nt* ❶ (*Zeichen*) signal; **~e aussenden** to transmit signals ❷ BAHN signal; **ein ~ überfahren** to overrun a signal ❸ *pl* (*geh: Ansätze*) signs; **~e setzen** to blaze a trail

Signalanlage *f* signals *pl*

signalisieren* [zɪgnaliˈziːrən] *vt* ❶ (*durch Signale übermitteln*) to signal ❷ (*zu verstehen geben*) to indicate

Signallampe *f* ❶ (*Taschenlampe*) signalling lamp ❷ BAHN signal lamp **Signalwirkung** *f* signal

Signatur <-, -en> [zɪgnaˈtuːɐ̯] *f* signature

signieren* [zɪˈgniːrən] *vt* to sign; (*bei einer Autogrammstunde*) to autograph; ▪**signiert** signed, autographed

Silbe <-, -n> [ˈzɪlbə] *f* syllable

Silbenrätsel *nt word game in which words are made up from a given list of syllables* **Silbentrennung** *f* hyphenation

Silber <-s> [ˈzɪlbɐ] *nt kein pl* silver *no pl*

Silberbesteck *nt* silver cutlery **Silberblick** *m* (*hum fam*) **einen ~ haben** to have a cast **silberfarben, silberfarbig** *adj* silver[-coloured] **Silbergehalt** *m* silver content **Silberhochzeit** *f* silver wedding **Silbermedaille** *f* silver medal; **die ~ holen** to win a silver [medal] **Silbermünze** *f* silver coin

S

silbern [ˈzɪlbɐn] *adj* ❶ (*aus Silber bestehend*) silver ❷ (*Farbe*) silver[y]

Silberstreif, Silberstreifen *m* ▸ WENDUNGEN: **ein ~ am Horizont** (*geh*) a ray of hope

silbrig [ˈzɪlbrɪç] **I.** *adj* silver[y] **II.** *adv* **~ glänzen** to have a silvery lustre

Silhouette <-, -n> [ziˈlu̯ɛtə] *f* silhouette

Silikon <-s, -e> [ziliˈkoːn] *nt* silicone

Silizium <-s> [ziˈliːtsi̯ʊm] *nt kein pl* silicon *no pl*

Silo <-s, -s> [ˈziːlo] *m* silo

Silvester <-s, -> [zɪlˈvɛstɐ] *m o nt* New Year's Eve

Silvesterfeier *f* New Year['s Eve] party **Silvesterparty** *f* New Year's Eve party

Simbabwe <-s> [zɪmˈbapvə] *nt* Zimbabwe; *s. a.* **Deutschland**

simmern [ˈzɪmɐn] *vi* KOCHK to simmer

simpel [ˈzɪmpl̩] **I.** *adj* simple **II.** *adv* simply

Sims <-es, -e> [zɪms] *m o nt* (*Fenstersims*) window sill; (*Kaminsims*) mantelpiece

simsen [ˈzɪmzən] *vt, vi* TELEK (*fam*) to text, AM *usu* to send a text message

Simulant(in) <-en, -en> [zimuˈlant] *m(f)* malingerer

Simulation <-, -en> [zimulaˈtsi̯oːn] *f* simulation

Simulator <-s, -toren> [zimuˈlaːtoɐ̯, *pl* -ˈtoːrən] *m* simulator

simulieren* [zimuˈliːrən] **I.** *vi* to malinger **II.** *vt* ❶ (*vortäuschen*) **eine Krankheit ~** to pretend to be ill ❷ SCI to [computer-]simulate

simultan [zimʊlˈtaːn] **I.** *adj* simultaneous **II.** *adv* simultaneously, at the same time; **~ dolmetschen** to interpret simultaneously

Simultandolmetscher(in) *m(f)* simultaneous interpreter

sind [zɪnt] *1. und 3. pers pl von* **sein**

Sinfonie <-, -n> [zɪnfoˈniː, *pl* -foˈniːən] *f* symphony

Sinfoniekonzert *nt* symphony concert **Sinfonieorchester** *nt* symphony orchestra

Singapur <-s> [ˈzɪŋgapuːɐ̯] *nt* Singapore

singen <sang, gesungen> [ˈzɪŋən] *vi, vt* to sing

Singhalese, Singhalesin <-n, -n> [zɪŋgaˈleːzə, zɪŋgaˈleːzɪn] *m, f* Sin[g]halese

Single¹ <-, -[s]> [ˈzɪŋl̩] *f* (*Schallplatte*) single

Single² <-s, -s> [ˈzɪŋl̩] *m* (*Ledige[r]*) single person

Singleparty *f* singles party

Singsang <-s, -s> [ˈzɪŋzaŋ] *m* [monotonous] singing

Singspiel *nt* Singspiel

Singular <-s, -e> [ˈzɪŋgulaːɐ̯] *m* LING singular

Singvogel *m* songbird

sinken <sank, gesunken> [ˈzɪŋkn̩] *vi sein* ❶ (*versinken*) to sink; *Schiff* to go down ❷ (*herabsinken*) to descend ❸ (*niedersinken*) to drop, to fall; **ins Bett ~** to fall into bed ❹ (*abnehmen*) to go down, to abate; *Fieber, Preis* to fall ❺ (*schwinden*) to diminish, to decline; *Hoffnung* to sink; **den Mut ~ lassen** to lose courage

Sinn <-[e]s, -e> [zɪn] *m* ❶ *meist pl* (*Organ der Wahrnehmung*) sense; **der sechste ~** the sixth sense; **bist du noch bei ~en?** (*geh*) have you taken leave of your senses?; **von ~en sein** to be out of one's mind ❷ *kein pl* (*Bedeutung*) meaning; **im wahrsten ~e des Wortes** in the truest sense of the word; **im übertragenen ~e** in the figurative sense; **~ machen** to make sense; **in diesem ~e** in that respect ❸ (*Zweck*) point; **der ~ des Lebens** the meaning of life; **einen bestimmten ~ haben** to have a particular purpose; **es hat keinen ~[, etw zu tun]** there's no point [in doing sth] ❹ *kein pl* (*Verständnis*) **~ für etw** *akk* **haben** to appreciate sth ❺ (*Intention, Gedanke*) inclination; **in jds** *dat* **~ handeln** to act according to sb's wishes; **was hast du mit ihm im ~?** what do you have in mind with him?; **sich** *dat* **etw aus dem ~ schlagen** (*fam*) to put sth out of one's mind; **jdm in den ~ kommen** to come to sb

Sinnbild *nt* symbol

sinnbildlich **I.** *adj* symbolic **II.** *adv* symbolically

sinnen <sann, gesonnen> ['zɪnən] *vi* ■**auf etw** *akk* **~** think of sth; **auf Rache ~** to plot revenge

sinnentstellend *adj* distorting [the meaning *pred*]

Sinneseindruck *m* sensory impression **Sinnesorgan** *nt* sense organ **Sinnestäuschung** *f* (*Illusion*) illusion; (*Halluzination*) hallucination **Sinneswahrnehmung** *f* sensory perception *no pl* **Sinneswandel** *m* change of heart

sinnfällig *adj* (*geh: einleuchtend*) meaningful

sinngemäß **I.** *adj* **eine ~e Wiedergabe einer Rede** an account giving the gist of a speech **II.** *adv* in the general sense; **etw ~ wiedergeben** to give the gist of sth

sinnieren* [zɪ'ni:rən] *vi* to brood (**über** over)

sinnig ['zɪnɪç] *adj* appropriate

sinnlich **I.** *adj* ❶ (*sexuell*) carnal *form* ❷ (*sexuell verlangend*) sensual; (*stärker*) voluptuous ❸ (*gern genießend*) sensuous, sensual ❹ (*die Sinne ansprechend*) sensory, sensorial **II.** *adv* (*mit den Sinnen*) sensuously

Sinnlichkeit <-> *f kein pl* sensuality *no pl, no art*

sinnlos *adj* ❶ (*unsinnig*) senseless; *Bemühungen* futile; *Geschwätz* meaningless; **das ist doch ~!** that's pointless! ❷ (*pej: maßlos*) frenzied; *Hass, Wut* blind

Sinnlosigkeit <-, -en> *f* senselessness *no pl*, meaninglessness *no pl*, futility *no pl*

sinnreich <-er, -ste> *adj* ❶ (*zweckmäßig*) useful ❷ (*tiefsinnig*) profound **sinnverwandt** *adj* synonymous

sinnvoll **I.** *adj* ❶ (*zweckmäßig*) practical, appropriate ❷ (*Erfüllung bietend*) meaningful ❸ (*eine Bedeutung habend*) meaningful, coherent **II.** *adv* sensibly **sinnwidrig** *adj* nonsensical

Sintflut ['zɪntflu:t] *f* ■**die ~** the Flood ▸ WENDUNGEN: **nach mir die ~** (*fam*) who cares when I'm gone?

Sinti ['zɪnti] *pl* Manush, Sinti

Sippe <-, -n> ['zɪpə] *f* ❶ SOZIOL [extended] family ❷ (*hum fam: Verwandtschaft*) relations *pl*, clan

Sippschaft <-, -en> *f* (*pej fam*) clan, relatives *pl*

Sirene <-, -n> [zi're:nə] *f* siren

Sirenengeheul *nt* wail of a siren

sirren ['zɪrən] *vi* to buzz

Sirup <-s, -e> ['zi:rʊp] *m* syrup

Sitte <-, -n> ['zɪtə] *f* ❶ (*Gepflogenheit*) custom; **es ist bei uns ~, ...** it is our custom ...; **nach alter ~** traditionally ❷ *meist pl* (*Manieren*) manners *npl;* (*moralische Normen*) moral standards *pl* ▸ WENDUNGEN: **andere Länder, andere ~n** other countries, other customs

Sittenlehre *f* ethics + *sing vb*

sittenlos <-er, -este> *adj* immoral

Sittenstrolch *m* (*pej veraltend*) sex fiend **Sittenverfall** *m kein pl* decline in moral standards **Sittenwächter(in)** *m(f)* (*pej*) [self-appointed] guardian of public morals **sittenwidrig** *adj* immoral

Sittich <-s, -e> ['zɪtɪç] *m* parakeet

sittlich *adj* moral

Sittlichkeit <-> *f kein pl* (*veraltend*) morality

Sittlichkeitsverbrechen *nt* sex crime

Situation <-, -en> [zitu̯a'tsi̯o:n] *f* situation; (*persönlich a.*) position

situieren* [zitu'i:rən] **I.** *vt bes* SCHWEIZ (*platzieren*) to situate **II.** *vr* ■**sich situieren** to orientate oneself

Sitz <-es, -e> [zɪts] *m* ❶ (*Sitzgelegenheit*) seat ❷ (*Amtssitz*) seat; *von Verwaltung* headquarters + *sing/pl vb; von Unternehmen* head office

Sitzbad *nt* hipbath

Sitzbank *f* bench **Sitzblockade** *f* sit-in **Sitzecke** *f* seating corner

sitzen <saß, gesessen> ['zɪtsn̩] *vi haben o* SÜDD, ÖSTERR, SCHWEIZ *sein* ❶ (*sich gesetzt haben*) to sit; **gut ~** to be comfortable; ■**das S~** sitting; **im S~** when seated, sitting down; **bitte bleiben Sie ~!** please don't get up!; **bitte setzen Sie sich** please sit down ❷ (*beschäftigt sein*) **an einem Aufsatz ~** to sit over an essay; **er sitzt im Vorstand** he has a seat on the management board ❸ (*fam: inhaftiert sein*) to do time ❹ (*befestigt sein*) to be [installed];

locker/schief ~ to be loose/lopsided ❺ (*Passform haben*) *Hosen, Rock* to fit ❻ (*treffen, wirken*) *Schlag* to hit home ❼ SCH ~ **bleiben** (*fam*) to repeat a year ❽ (*nicht absetzen können*) **auf etw** *dat* ~**bleiben** to be left with sth ▶ WENDUNGEN: **sie hat <u>einen</u>** ~ (*fam*) she's had had one too many; **jdn** ~ **<u>lassen</u>** (*fam: im Stich lassen*) to leave sb in the lurch; (*versetzen*) to stand sb up; (*nicht heiraten*) to jilt sb; **das lasse ich nicht <u>auf</u> mir** ~**!** I'm not taking this!

Sitzgelegenheit *f* seats *pl*, seating [accommodation] **Sitzordnung** *f* seating plan **Sitzplatz** *m* seat **Sitzreihe** *f* row [of seats]; (*in Theater*) tier **Sitzstreik** *m* sit-in

Sitzung <-, -en> *f* ❶ (*Konferenz*) meeting; (*im Parlament*) [parliamentary] session ❷ (*Behandlung*) visit

Sitzungssaal *m* conference hall

Sitzverteilung *f* POL distribution of seats **Sitzwürfel** *m* cube footstool, AM *a.* ottoman

Sixpack <-s, -s> ['zɪkspɛk] *m* six-pack

Sizilianer(in) <-s, -> [zitsi'li̯a:nɐ] *m(f)* Sicilian; *s. a.* **Deutsche(r)**

Sizilien <-s> [zi'tsi:li̯ən] *nt* Sicily; *s. a.* **Deutschland**

Skala <-, Skalen *o* -s> ['ska:la, *pl* 'ska:lən] *f* ❶ (*Maßeinteilung*) scale ❷ (*Palette*) range

Skalp <-s, -e> [skalp] *m* scalp

Skalpell <-s, -e> [skal'pɛl] *nt* scalpel

skalpieren* [skal'pi:rən] *vt* to scalp

Skandal <-s, -e> [skan'da:l] *m* scandal; **einen** ~ **machen** (*fam*) to kick up a fuss

skandalös [skanda'lø:s] **I.** *adj* scandalous, outrageous **II.** *adv* outrageously, shockingly

Skandinavien <-s> [skandi'na:vi̯ən] *nt* Scandinavia

Skandinavier(in) <-s, -> [skandi'na:vi̯ɐ] *m(f)* Scandinavian

skandinavisch [skandi'na:vɪʃ] *adj* Scandinavian

Skat <-[e]s, -e> [ska:t] *m* KARTEN skat

Skateboard <-s, -s> ['ske:tbo:ɐ̯t] *nt* skateboard; ~ **fahren** to skateboard

skaten ['ske:tn̩] *vi* (*fam*) to blade

Skatspiel *nt* pack of skat cards

Skelett <-[e]s, -e> [ske'lɛt] *nt* skeleton

Skepsis <-> ['skɛpsɪs] *f kein pl* scepticism; **etw** *dat* **mit** ~ **begegnen** to be very sceptical about sth

skeptisch ['skɛptɪʃ] **I.** *adj* sceptical **II.** *adv* sceptically

Skeptizismus <-> [skɛpti'tsɪsmʊs] *m kein pl* scepticism *no pl*

Sketch, Sketsch <-[es], -e[s]> [skɛtʃ] *m* sketch

Ski <-s, - *o* -er> [ʃi:, 'ʃi:ɐ] *m* ski; ~ **laufen** to ski

Skianzug *m* ski suit **Skiausrüstung** *f* ski equipment

Skier ['ʃi:ɐ] *pl von* **Ski**

Skifahrer(in) *m(f)* skier **Skihose** *f* ski pants *pl* **Skilauf** <-s> *m*, **Skilaufen** <-s> *nt kein pl* skiing *no pl, no art* **Skiläufer(in)** *m(f)* skier **Skilehrer(in)** *m(f)* ski instructor **Skilift** *m* ski lift

Skinhead <-s, -s> ['skɪnhɛt] *m* skinhead

Skipiste *f* ski run **Skispringen** *nt kein pl* ski jumping *no pl, no art* **Skispringer(in)** *m(f)* ski jumper **Skistiefel** *m* ski boot **Skistock** *m* ski stick

Skizze <-, -n> ['skɪtsə] *f* sketch

skizzenhaft **I.** *adj Zeichnung, Beschreibung* rough **II.** *adv* **etw** ~ **zeichnen** to sketch sth roughly

skizzieren* [skɪ'tsi:rən] *vt* ❶ (*umreißen*) *Plan* to outline ❷ KUNST (*als Skizze darstellen*) to sketch

Sklave, Sklavin <-n, -n> ['skla:və, 'skla:vɪn] *m, f* slave

Sklavenhalter(in) *m(f)* slave keeper **Sklavenhandel** *m kein pl* slave trade *no pl* **Sklaventreiber(in)** *m(f)* (*pej fam*) slave-driver

Sklaverei <-, -en> [skla:və'rai̯] *f* slavery *no art*

Sklavin <-, -nen> *f fem form von* **Sklave**

sklavisch ['skla:vɪʃ] (*pej*) **I.** *adj* slavish, servile **II.** *adv* slavishly, with servility

Sklerose <-, -n> [skle'ro:zə] *f* sclerosis; **multiple** ~ multiple sclerosis

Skonto <-s, -s *o* Skonti> ['skɔnto, *pl* 'skɔnti] *nt o m* [cash] discount

Skorpion <-s, -e> [skɔr'pi̯o:n] *m* ❶ ZOOL scorpion ❷ ASTROL Scorpio

Skript <-[e]s, -en> [skrɪpt] *nt* ❶ SCH lecture notes *pl* ❷ (*schriftliche Vorlage*) transcript ❸ FILM [film] script

Skrupel <-s, -> ['skru:pl̩] *m meist pl* scruple, qualms *pl;* [**keine**] ~ **haben, etw zu tun** to have [no] qualms about doing sth

skrupellos (*pej*) **I.** *adj* unscrupulous **II.** *adv* without scruple

Falsche Freunde

Nicht verwechseln mit *scrupulous* — gewissenhaft!

Skrupellosigkeit <-> *f kein pl* (*pej*) unscrupulousness

Skulptur <-, -en> [skʊlp'tu:ɐ̯] *f* sculpture

skurril [skʊ'ri:l] *adj* bizarre

Skysurfing, Sky Surfing ['skai̯zœrfiŋ] *nt* sky

surfing

Slalom <-s, -s> ['sla:lɔm] *m* slalom; ~ **fahren** to career [from side to side]

Slang <-s> [slɛŋ] *m kein pl* ❶ (*Umgangssprache*) slang *no art* ❷ (*Fachjargon*) jargon

Slawe, Slawin <-n, -n> ['sla:və, 'sla:vɪn] *m, f* Slav; *s. a.* **Deutsche(r)**

slawisch ['sla:vɪʃ] *adj* Slav[on]ic; *s. a.* **deutsch**

Slawistik <-> [sla'vɪstɪk] *f kein pl* Slavonic studies + *sing vb*

Slip <-s, -s> [slɪp] *m* panties *pl*

Falsche Freunde

Nicht verwechseln mit *slip* — Zettel *m*!

Slipeinlage *f* panty liner

Slogan <-s, -s> ['slo:gn̩] *m* slogan

Slowake, Slowakin <-n, -n> [slo'va:kə, slo'va:kɪn] *m, f* Slovak; *s. a.* **Deutsche(r)**

Slowakei <-> [slova'kai̯] *f* ■**die** ~ Slovakia; *s. a.* **Deutschland**

Slowakin <-, -nen> *f fem form von* **Slowake**

slowakisch [slo'va:kɪʃ] *adj* Slovak[ian]; *s. a.* **deutsch**

Slowene, Slowenin <-n, -n> [slo've:nə, slo've:nɪn] *m, f* Slovene; *s. a.* **Deutsche(r)**

Slowenien <-s> [slo've:ni̯ən] *nt* Slovenia; *s. a.* **Deutschland**

Slowenin <-, -nen> *f fem form von* **Slowene**

slowenisch [slo've:nɪʃ] *adj* Slovenian, Slovene; *s. a.* **deutsch**

Slum <-s, -s> [slam] *m* slum

Smalltalk, Small Talk <-> ['smɔ:ltɔ:k] *m kein pl* small talk *no pl*

Smaragd <-[e]s, -e> [sma'rakt] *m* emerald

smaragdgrün I. *adj* emerald [green] **II.** *adv* like emerald

Smiley <-s, -s> ['smaɪli] *m* smiley

Smog <-[s], -s> [smɔk] *m* smog

Smogalarm *m* smog alert

Smoking <-s, -s> ['smo:kɪŋ] *m* dinner jacket, tuxedo Am

Falsche Freunde

Nicht verwechseln mit *smoking* — Rauchen *nt*!

SMS <-, -> [ɛsʔɛm'ɛs] *f* MEDIA, TELEK *Abk von* **Short Message Service** text [message]

Snob <-s, -s> [snɔp] *m* snob

snobistisch [sno'bɪstɪʃ] *adj* snobby, snobbish

Snowboard <-s, -s> ['sno:bo:ɐ̯t] *nt* snowboard

snowboarden ['sno:bo:ɐ̯dn̩] *vi* to snowboard

so [zo:] **I.** *adv* ❶ + *adj und adv* (*derart*) so; ~ **viel** as much; ~ **viel wie** as much as; **das ist ~ weit richtig, aber ...** on the whole that is right, but ...; ~ **weit sein** (*fam*) to be ready; ~ **wenig wie möglich** as little as possible; **es ist ~, wie du sagst** it is [just] as you say ❷ + *vb* (*derart*) **sie hat sich so darauf gefreut** she was so looking forward to it; **ich habe mich ~ über ihn geärgert!** I was so angry with him; ~ **sehr, dass ...** to such a degree that ... ❸ (*auf diese Weise*) like this/that, this/that way, thus *form;* ~ **musst du es machen** this is how you must do it; **es ist besser ~** it's better that way; ~ **ist das nun mal** (*fam*) that's the way things are; ~ **ist es** that's right; ~**, als ob ...** as if ...; ~ **oder ~** either way, in the end; **und ~ weiter [und ~ fort]** et cetera[, et cetera]; ~ **genannt** so-called ❹ (*solch*) ~ **ein Buch haben wir nicht** we don't have such a book; ~ **etwas** such a thing; ~ **etwas sagt man nicht** you shouldn't say such things ❺ (*fam: etwa*) **wir treffen uns ~ gegen 7 Uhr** we'll meet at about 7 o'clock ❻ (*fam*) **und/oder ~** or so; **ich gehe um 5 oder ~** I'm off at 5 or so ❼ (*fam: umsonst*) for nothing; **das können Sie ~ haben** you can have it for nothing **II.** *konj* ❶ (*konsekutiv*) ■~ **dass,** ■**sodass** so that ❷ (*obwohl*) ~ **leid es mir auch tut** as sorry as I am **III.** *interj* ❶ (*also*) so, right; ~**, jetzt gehen wir einkaufen** right, let's go and do the shopping ❷ (*ätsch*) so there! ❸ (*ach*) ~**,** ~**!** (*fam*) [what] you don't say! *a. iron*

s.o. *Abk von* **siehe oben** see above

sobald [zo'balt] *konj* as soon as

Socke <-, -n> ['zɔkə] *f* sock ▶WENDUNGEN: **sich auf die ~n machen** (*fam*) to get a move on; **von den ~n sein** (*fam*) to be flabbergasted

Sockel <-s, -> ['zɔkl̩] *m* ❶ *von Statue* plinth, pedestal ❷ (*von Gebäude*) plinth, base course Am

Soda <-s> ['zo:da] *nt kein pl* ❶ CHEM soda ❷ (*Sodawasser*) soda [water]

sodass [zo'das] *konj* ÖSTERR (*so*) so that

Sodawasser *nt* soda [water]

Sodbrennen [zo:t-] *nt* heartburn

Sodomie <-> [zodo'mi:] *f kein pl* sodomy *no pl, no art*

soeben [zo'ʔe:bn̩] *adv* (*geh*) **er hat ~ das Haus verlassen** he has just left the building

Sofa <-s, -s> ['zo:fa] *nt* sofa

S

Sofakissen *nt* sofa cushion

sofern [zo'fɛrn] *konj* if, provided that

soff [zɔf] *imp von* **saufen**

sofort [zo'fɔrt] *adv* immediately; **sie kam ~** she came at once; **ich sah ~, dass ...** I noticed immediately that ...; **ich mache es ~** I'll do it right now [*or* this instant]

Sofortbildkamera *f* instant camera

Soforthilfe *f* emergency relief [*or* aid] *no art*

sofortig [zo'fɔrtɪç] *adj* immediate; **mit ~er Wirkung** with immediate effect

Sofortmaßnahme *f* immediate measure; **~n ergreifen** to take immediate action

Softdrink <-s, -s> ['zɔft-] *m* soft drink

Softie <-s, -s> ['zɔfti] *m* (*fam*) softie

Softporno ['sɔft-] *m* soft[-core] porn [film]

Software <-, -s> ['sɔftvɛːɐ̯] *f* software

Softwareentwickler ['zɔftvɛːɐ̯-] *m* INFORM software developer **Softwarepaket** *nt* software package

sog [zoːk] *imp von* **saugen**

sog. *adj Abk von* **so genannt** so-called

Sog <-[e]s, -e> [zoːk] *m* suction

sogar [zo'gaːɐ̯] *adv* even

sogleich [zo'glai̯ç] *adv* (*geh*) *s.* **sofort**

Sohle <-, -n> ['zoːlə] *f* sole

Sohn <-[e]s, Söhne> [zoːn, *pl* 'zøːnə] *m* son

Soja <-s, Sojen> ['zoːja, *pl* 'zoːjən] *meist sing f* soy *no pl*

Sojabohne *f* soybean **Sojaöl** *nt* soy oil **Sojasoße** *f* soy sauce **Sojaspross** *m* [soya] bean sprout

solang [zo'laŋ], **solange** [zo'laŋə] *konj* as long as

solar [zo'laːɐ̯] *adj* solar

Solarenergie *f* solar energy

Solarium <-s, -rien> [zo'laːri̯ʊm, *pl* -'lari̯ən] *nt* solarium

Solarkraftwerk *nt* solar power station **Solartechnik** *f* solar [cell] technology **Solarzelle** *f* solar cell

solch [zɔlç] *adj* such; **~ ein Mann** such a man

solche(r, s) *adj* ① *attr* such; **~ Frauen** women like that; **ich machte mir ~ Sorgen** I had such worries; **~n Kuchen mag ich nicht** I don't like such cakes; **sie hatte ~ Angst ...** she was so afraid ... ② *substantivisch* (*solche Menschen*) people like that; (*ein solcher Mensch*) a person like this/that; **als ~(r, s)** as such, in itself; **der Mensch als ~r** man as such; **es gibt ~ und ~ Kunden** there are customers and customers

solcherlei ['zɔlçɐ'lai̯] *adj attr* such; **~ Dinge** such things, things like that

Sold <-[e]s> [zɔlt] *m kein pl* MIL pay

Soldat(in) <-en, -en> [zɔl'daːt] *m(f)* soldier

Söldner(in) <-s, -> ['zœldnɐ] *m(f)* mercenary

Soli ['zoːli] *pl von* **Solo**

solid [zo'liːt] *adj, adv s.* **solide**

Solidarbeitrag [zoli'daːɐ̯-] *m* contribution to social security

solidarisch [zoli'daːrɪʃ] **I.** *adj* **sich** *akk* **[mit jdm/etw] ~ erklären** to declare one's solidarity [with sb/sth] **II.** *adv* in solidarity; **sich** *akk* **~verhalten** to show one's solidarity

solidarisieren* [zolidari'ziːrən] *vr* ■**sich** *akk* **~** to show [one's] solidarity

Solidarität <-> [zolidari'tɛːt] *f kein pl* solidarity; **aus ~** out of solidarity

Solidaritätszuschlag *m* POL *supplementary tax*

Solidarpakt *m* POL solidarity pact, solidarity agreement

solide [zo'liːdə] **I.** *adj* ① (*haltbar, fest*) solid; *Kleidung* durable ② (*fundiert*) *Kenntnisse* sound, thorough ③ (*untadelig*) *Leben* respectable ④ (*seriös*) *Unternehmen* well-established *attr,* sound **II.** *adv* (*haltbar, fest*) solidly

Solist(in) <-en, -en> [zo'lɪst] *m(f)* MUS soloist

Soll <-[s], -[s]> [zɔl] *nt* ① (*Sollseite*) debit side; **~ und Haben** debit and credit ② (*Produktionsnorm*) target; **sein ~ erfüllen** to reach one's target

sollen ['zɔlən] **I.** *aux vb* <sollte, sollen> ① (*etw zu tun haben*) **du sollst herkommen, habe ich gesagt!** I said [you should] come here!; **man hat mir gesagt, ich soll Sie fragen** I was told to ask you; **du sollst morgen anrufen** you're to give her/him a ring tomorrow; **was ~ wir machen?** what shall we do? ② (*falls*) **sollte das passieren, ...** should that happen ... ③ (*eigentlich müssen*) **du sollst dich schämen!** you should be ashamed [of yourself]; **was hätte ich tun ~?** what should I have done?; **das solltest du unbedingt sehen** you have to see this; **so soll es sein** that's how it ought to be ④ (*angeblich sein, tun*) to be supposed to; **sie soll mitgemacht haben** she's supposed to have taken part in it; **sie soll sehr reich sein** she is said to be very rich; **was soll das heißen?** what's that supposed to mean? ⑤ (*dürfen*) **du hättest das nicht tun ~** you should not have done that ⑥ *in der Vergangenheit* **es sollte ganz anders kommen** things were to turn out quite differently **II.** *vi* <sollte, gesollt> ① (*eine Anweisung befolgen*) **soll er reinkommen? – ja, er soll** should he come in? – yes, he should ② (*müssen*)

du sollst sofort nach Hause you should go home at once ③(*bedeuten*) **was soll der Blödsinn?** (*fam*) what's all this nonsense about?; **was soll das?** (*fam*) what's that supposed to mean?; **was soll's?** (*fam*) who cares?

Sollseite *f* ÖKON debit side

Solo <-s, Soli> ['zo:lo, *pl* 'zo:li] *nt* MUS solo

Somalia <-> [zo'ma:li̯a] *nt* Somalia; *s. a.* **Deutschland**

Somalier(in) <-s, -> *m(f)* Somali; *s. a.* **Deutsche(r)**

somalisch *adj* Somali; *s. a.* **deutsch**

somit [zo'mɪt] *adv* therefore, hence *form*

Sommer <-s, -> ['zɔmɐ] *m* summer; **im nächsten ~** next summer

Sommerferien *pl* summer holidays *pl* [*or* AM vacation] **Sommerkleidung** *f* summer clothing

sommerlich **I.** *adj* summer *attr;* **~es Wetter** summer weather **II.** *adv* like in summer; **sich ~ kleiden** to wear summer clothes

Sommerloch *nt* POL (*sl*) silly season BRIT **Sommerpause** *f* POL summer recess **Sommerreifen** *m* normal tyre **Sommerschlussverkauf** *m* summer sale[s *pl*] **Sommersemester** *nt* summer semester, ≈ summer term BRIT **Sommersprosse** *f meist pl* freckle **Sommerurlaub** <-(e)s, -e> *m* summer holiday **Sommerzeit** *f* ①(*Jahreszeit*) summertime ②(*Uhrzeit*) summer time

Sonate <-, -n> [zo'na:tə] *f* sonata

Sonde <-, -n> ['zɔndə] *f* ①MED (*Schlauchsonde*) tube; (*Operationssonde*) probe ②(*Raumsonde*) probe

Sonderangebot *nt* special offer; **etw im ~ haben** to have sth on special offer **Sonderausführung** *f* custom-built [*or* special] model **Sonderausgabe** *f* ①MEDIA special edition ②*kein pl* ÖKON additional expenses *pl*

sonderbar ['zɔndɐba:ɐ̯] **I.** *adj* peculiar, strange, odd **II.** *adv* strangely

Sonderbedingungen *pl* special terms [*or* conditions] **Sonderbeilage** *f* MEDIA, TYPO, VERLAG special supplement **Sonderermittler** *m* special envoy **Sonderfall** *m* special case **Sondergenehmigung** *f* special authorization *no art;* **eine ~ haben** to have special authorization

sondergleichen ['zɔndɐ'glai̯çn̩] *adj* **eine Frechheit ~** the height of cheek BRIT

Sonderkommando *nt* MIL, POL special unit

sonderlich ['zɔndɐlɪç] **I.** *adj* ①*attr* (*besonders*) particular; **ohne ~es Interesse** without any particular interest ②(*seltsam*) peculiar, odd **II.** *adv* particularly; **nicht ~ begeistert** not particularly enthusiastic

Sonderling <-s, -e> ['zɔndɐlɪŋ] *m* queer bird BRIT, oddball

Sondermarke *f* special stamp **Sondermüll** *m* hazardous waste

sondern ['zɔndɐn] *konj* but; **nicht sie war es, ~ er** it wasn't her, but him

Sonderpreis *m* special [reduced] price **Sonderrecht** *nt* [special] privilege **Sonderregelung** *f* special provision

Sonderschule *f* special school

Land und Leute

Sonderschulen (*special schools*) teach pupils with learning difficulties, social problems or physical disabilities. They form part of the general state school system and are staffed by specially trained teachers.

Sonderschullehrer(in) *m(f)* teacher at a special school/a school for the mentally handicapped

Sonderstellung *f* special position **Sonderurlaub** *m* special leave; (*im Todesfall*) compassionate leave BRIT **Sondervergütung** *f* ÖKON fringe [*or* supplementary] benefits *pl* **Sonderzug** *m* special train

sondieren* [zɔn'di:rən] *vt* (*erkunden*) to sound out *sep;* MED to probe

Sonett <-[e]s, -e> [zo'nɛt] *nt* sonnet

Song <-s, -s> [zɔŋ] *m* song

Sonnabend ['zɔnʔa:bn̩t] *m* DIAL (*Samstag*) Saturday

sonnabends *adv* DIAL (*samstags*) on Saturday[s]

Sonne <-, -n> ['zɔnə] *f kein pl* sun; **die ~ geht auf/unter** the sun rises/sets

sonnen ['zɔnən] *vr* ①(*sonnenbaden*) ■**sich** *akk* ~ to sunbathe ②(*genießen*) ■**sich** *akk* **in etw** *dat* ~ to bask in sth

Sonnenaufgang *m* sunrise, sunup AM **Sonnenbad** *nt* sunbathing *no art, no pl;* **ein ~ nehmen** to sunbathe

Sonnenblume *f* sunflower **Sonnenblumenöl** *nt* sunflower oil

Sonnenbrand *m* sunburn *no art;* **einen ~ bekommen** to get sunburnt **Sonnenbrille** *f* sunglasses *npl,* shades *npl* **Sonnencreme** *f* suncream **Sonnendach** *nt* ①(*Sonnenschutz*) awning ②AUTO (*veraltend*) sunroof **Sonneneinstrahlung** *f* insolation **Sonnenenergie** *f* solar energy **Sonnenfinsternis** *f* solar eclipse **sonnenklar** ['zɔnən'kla:ɐ̯] *adj* (*fam*) crystal-clear, clear as daylight *pred* **Sonnenkollektor** *m*

S

solar panel **Sonnenkraftwerk** *nt* solar power station **Sonnenlicht** *nt kein pl* sunlight *no pl* **Sonnenmilch** *f* suntan lotion **Sonnenöl** *nt* suntan oil **Sonnenschein** *m* sunshine; **bei strahlendem ~** in brilliant sunshine **Sonnenschirm** *m* sunshade; (*tragbar*) parasol **Sonnenschutzmittel** *nt* sun protection product **Sonnenseite** *f* side facing the sun, sunny side **Sonnenstich** *m* sunstroke *no art;* **einen ~ haben** to have sunstroke **Sonnenstrahl** *m* sunbeam **Sonnensystem** *nt* solar system **Sonnenuhr** *f* sundial **Sonnenuntergang** *m* sunset, sundown AM **Sonnenwende** *f* solstice

sonnig ['zɔnɪç] *adj* sunny

Sonntag ['zɔnta:k] *m* Sunday; *s. a.* **Dienstag**

sonntäglich *adj* [regular] Sunday *attr*

Sonntagnachmittag *m* Sunday afternoon; *s. a.* **Dienstag**

sonntags *adv* on Sundays, on a Sunday

Sonntagsarbeit *f* Sunday working **Sonntagsdienst** *m* (*von Polizist*) Sunday duty; (*von Apotheker*) opening on Sundays *no art* **Sonntagsredner(in)** *m(f)* SOZIOL, POL (*pej*) speechifier *hum*

Sonn- und Feiertage *pl* Sundays and bank [*or* public] holidays *pl*

sonst [zɔnst] *adv* ❶ (*andernfalls*) or [else], otherwise ❷ (*gewöhnlich*) usually; **du hast doch ~ keine Bedenken** you don't usually have any doubts; **kälter als ~** colder than usual ❸ (*außerdem*) **wer war ~ anwesend?** who else was present?; **~ noch Fragen?** any more questions?; **gibt es ~ noch etwas?** is there something else?; ■**~ keine(r,s)** nothing/nobody else; **~ nichts** nothing else; **~ was** whatever

sonstig ['zɔnstɪç] *adj attr* (*weitere[s]*) other; **„Sonstiges"** 'miscellaneous'; **und wie sind ihre ~en Leistungen?** and how is her performance otherwise?

sooft [zo'ʔɔft] *konj* whenever

Sopran <-s, -e> [zo'pra:n] *m kein pl* soprano

Sorbet <-s, -s> ['zɔrbɛt, zɔr'be:] *m o nt* sherbe[r]t

Sorge <-, -n> ['zɔrgə] *f* worry; **das ist meine geringste ~** that's the least of my worries; **~n haben** to have problems; **jdm ~n machen** to cause sb a lot of worry; **es macht mir ~n, dass ...** it worries me that ...; **wir haben uns solche ~n gemacht!** we were so worried; **machen Sie sich deswegen keine ~n!** don't worry about that; **lassen Sie das meine ~ sein!** let me worry about that; **keine ~!** (*fam*) don't [you] worry

sorgen ['zɔrgn̩] **I.** *vi* ❶ (*sich kümmern*) ■**für jdn ~** to provide for sb, to look after sb ❷ (*besorgen*) **für etw** *akk* **~** to get sth; **für die Musik ~** to attend to the music; **ich sorge dafür, dass ...** I'll see to it that ...; **dafür ist gesorgt** that's taken care of ❸ (*bewirken*) **für Aufsehen ~** to cause a sensation **II.** *vr* ■**sich** *akk* **um jdn/etw ~** to be worried about sb/sth

sorgenfrei **I.** *adj* carefree, free of care *pred* **II.** *adv* free of care **Sorgenkind** *nt* problem child **sorgenvoll** **I.** *adj* (*besorgt*) worried **II.** *adv* worriedly, anxiously

Sorgerecht *nt kein pl* custody

Sorgfalt <-> ['zɔrkfalt] *f kein pl* care

sorgfältig **I.** *adj* careful **II.** *adv* carefully, with care

sorglos ['zɔrklo:s] **I.** *adj* ❶ (*achtlos*) careless ❷ *s.* **sorgenfrei** **II.** *adv* ❶ (*achtlos*) carelessly ❷ (*sorgenfrei*) free of care

Sorglosigkeit <-> *f kein pl* carelessness; (*ohne Sorge*) carefreeness

sorgsam ['zɔrkza:m] *adj s.* **sorgfältig**

Sorte <-, -n> ['zɔrtə] *f* ❶ (*Art*) kind, variety ❷ (*Marke*) brand

sortieren* [zɔr'ti:rən] *vt* to sort; **etw nach Farbe ~** to sort sth according to colour; **gestern habe ich meine Unterlagen sortiert** yesterday I've sorted out my documents

Sortiment <-[e]s, -e> [zɔrti'mɛnt] *nt* range [of goods]

SOS <-, -> [ɛsʔo:'ʔɛs] *nt Abk von* **save our souls** SOS; **~ funken** to put out an SOS

sosehr [zo'ze:ɐ̯] *konj* ■**~ [... auch]** however much ..., no matter how much ...

Soße <-, -n> ['zo:sə] *f* sauce; (*Bratensoße*) gravy

Soßenlöffel *m* sauce spoon

sott [zɔt] (*veraltend*) *imp von* **sieden**

Soufflé, Soufflee <-s, -s> [zu'fle:] *nt* KOCHK soufflé

Souffleur <-s, -e> [zu'flø:ɐ̯] *m,* **Souffleuse** <-, -n> [zu'flø:zə] *f* THEAT prompter

soufflieren* [zu'fli:rən] *vi* THEAT to prompt

Sound <-s, -s> [saʊnd] *m* MUS sound

Soundkarte ['zaʊnt-] *f* INFORM sound board

soundso ['zo:ʔʊntzo:] **I.** *adv* (*fam*) such and such; **~ breit/groß** of such and such a width/size; **~ viele** so and so many **II.** *adj* so-and-so; **auf Seite ~** on page so-and-so

soundsovielte(r, s) ['zo:ʔʊntzo'fi:ltə, -'fi:ltɐ, -'fi:ltəs] *adj* (*fam*) such and such; **am ~n August** on such and such a date in August

Souterrain <-s, -s> [sutɛ'rɛ̃:, 'zu:tɛrɛ̃] *nt* basement

Souvenir <-s, -s> [zuvə'ni:ɐ̯] *nt* souvenir

Souvenirladen *m* souvenir shop

souverän [zuvəˈrɛːn] **I.** *adj* ❶ (*unabhängig*) sovereign *attr* ❷ (*überlegen*) superior **II.** *adv* with superior ease; **etw ~ machen** to do sth with with great confidence
Souveränität <-> [zuvərɛniˈtɛːt] *f kein pl* sovereignty *no pl;* (*Überlegenheit*) superior ease
soviel [zoˈfiːl] *konj* as far as; **~ ich weiß ...** as far as I know ...; **~ ich auch trinke ...** no matter how much I drink ...
soweit [zoˈvai̯t] *konj* as far as; **~ ich weiß ...** as far as I know ...
sowenig [zoˈveːnɪç] *konj* ■ **~ ... auch** however little ...
sowie [zoˈviː] *konj* ❶ (*sobald*) as soon as, the moment [that] ❷ (*und auch*) as well as
sowieso [zoviˈzoː] *adv* anyway, anyhow
Sowjet <-s, -s> *m* soviet
Sowjetbürger(in) *m(f)* (*hist*) Soviet citizen
sowjetisch [zɔˈvjɛtɪʃ, zɔˈvjeːtɪʃ] *adj* Soviet
Sowjetunion [zɔˈvjɛtʔuni̯oːn] *f* (*hist*) ■ **die ~** the Soviet Union
sowohl [zoˈvoːl] *konj* ■ **~ ... als auch ...** both ... and ..., ... as well as ...
Sozi <-s, -s> [ˈzoːtsi] *m* (*fam*) *s.* **Sozialdemokrat** Socialist, pinko *pej*
Sozia <-, -s> *f fem form von* **Sozius**
sozial [zoˈtsi̯aːl] **I.** *adj* ❶ (*gesellschaftlich*) social ❷ (*für Hilfsbedürftige gedacht*) social security *attr;* **~e Leistungen** social welfare benefits ❸ (*gesellschaftlich verantwortlich*) public-spirited **II.** *adv* **~ schwache Familien** low-income families; **~ denken** to be social-minded
Sozialabbau *m kein pl* cuts in social services
Sozialabgaben *pl* social security contributions
Sozialamt *nt* social security office BRIT, social welfare department AM **Sozialarbeiter(in)** *m(f)* social worker **Sozialausgaben** *pl* public expenditure **Sozialbeiträge** *pl* social contributions
Sozialbetrüger(in) *m(f)* JUR (*pej fam*) person committing benefit fraud **Sozialdemokrat(in)** *m(f)* social democrat **Sozialdemokratie** *f kein pl* social democracy *no pl, no art* **Sozialdemokratin** *f fem form von* **Sozialdemokrat** **sozialdemokratisch** *adj* social-democratic **Sozialfall** *m* welfare case **Sozialgefüge** [zoˈtsi̯aːl-] *nt* SOZIOL social welfare net
Sozialhilfe *f kein pl* income support, [social] welfare AM **Sozialhilfeempfänger(in)** *m(f)* person receiving income support
Sozialisation <-> [zotsi̯alizaˈtsi̯oːn] *f kein pl* SOZIOL, PSYCH socialization
sozialisieren* [zotsi̯aliˈziːrən] *vt* ❶ POL (*verstaatlichen*) to nationalize ❷ SOZIOL, PSYCH to socialize
Sozialismus <-> [zotsi̯aˈlɪsmʊs] *m kein pl* socialism
Sozialist(in) <-en, -en> [zotsi̯aˈlɪst] *m(f)* socialist
sozialistisch [zotsi̯aˈlɪstɪʃ] *adj* ❶ (*Sozialismus betreffend*) socialist ❷ ÖSTERR (*sozialdemokratisch*) social-democratic
Sozialkompetenz [zoˈtsi̯aːlkɔmpetɛnts] *f* PSYCH, SOZIOL (*fachspr*) social competence **Sozialleistungen** *pl* social security benefit **Sozialpädagogik** *f* social education **Sozialplan** *m* redundancy payments scheme BRIT, severance scheme AM **Sozialpolitik** *f kein pl* social policy **Sozialprodukt** *nt* ÖKON [gross] national product **Sozialstaat** *m* welfare state
Sozialversicherung *f* National Insurance BRIT, Social Security AM **Sozialversicherungsausweis** *m* National Insurance card BRIT
Sozialwissenschaften *pl* social sciences **Sozialwohnung** *f* council house/flat BRIT, [housing] project AM
Soziologe, Soziologin <-n, -n> [zotsi̯oˈloːgə, -ˈloːgɪn] *m, f* sociologist
Soziologie <-> [zotsi̯oloˈgiː] *f kein pl* sociology **Soziologin** <-, -nen> *f fem form von* **Soziologe**
soziologisch [zotsi̯oˈloːgɪʃ] *adj* sociological
Sozius, Sozia[1] <-, Sozii> [ˈzoːtsi̯ʊs, ˈzoːtsi̯a, *pl* ˈzoːtsii] *m, f* (*Teilhaber*) partner
Sozius, Sozia[2] <-, -se> [ˈzoːtsi̯ʊs, ˈzoːtsi̯a, *pl* ˈzoːtsi̯ʊsə] *m, f* (*Beifahrer*) pillion rider; **als ~ mitfahren** to ride pillion
sozusagen [zoːtsuˈzaːgn̩] *adv* as it were, so to speak
Spachtel <-s, -> [ˈʃpaxtl̩] *m* spatula
spachteln [ˈʃpaxtl̩n] *vi* ❶ (*mit Spachtel arbeiten*) to do some filling ❷ DIAL (*fam: reichlich essen*) to tuck in
Spagat <-[e]s, -e> [ʃpaˈgaːt] *m o nt* the splits *npl*
Spagetti, Spaghetti [ʃpaˈgɛti] *pl* spaghetti + *sing vb*
spähen [ˈʃpɛːən] *vi* ❶ (*suchend blicken*) **aus dem Fenster ~** to peer out of the window; ■ **durch etw** *akk* **~** to peep through sth ❷ (*Ausschau halten*) to look out (**nach** + *dat* for)
Späher(in) <-s, -> [ˈʃpɛːɐ] *m(f)* MIL scout
Spähtrupp [ˈʃpɛː-] *m* MIL reconnaissance party
Spalier <-s, -e> [ʃpaˈliːɐ̯] *nt* ❶ (*Gittergestell*) trellis ❷ (*Gasse aus Menschen*) row, line; **~ stehen** to form a line; (*Ehrenformation*) to form a guard of honour

S

Spalt <-[e]s, -e> [ʃpalt] *m* gap; (*Riss*) crack; (*Felsspalt*) crevice; **die Tür einen ~ öffnen/offen lassen** to open the door slightly/leave the door ajar

spaltbar *adj* PHYS fissionable

Spalte <-, -n> [ˈʃpaltə] *f* ① (*Öffnung*) fissure; (*Felsspalte a.*) crevice ② TYPO, MEDIA column

spalten [ˈʃpaltn̩] **I.** *vt* <*pp* gespalten *o* gespaltet> ① (*zerteilen*) to split; *Holz* to chop ② (*trennen*) to rend, to divide **II.** *vr* <*pp* gespalten> ■**sich** *akk* ~ ① (*der Länge nach reißen*) to split ② (*sich teilen*) to divide

Spaltung <-, -en> *f* ① (*Kernphysik*) splitting, fission ② (*Aufspaltung in Fraktionen*) division; (*von Partei a.*) split

Spam-Mail, Spammail <-, -s> [ˈspɛmmeːl] *f* INET (*pej*) spam [mail]

Span <-[e]s, Späne> [ʃpaːn, *pl* ˈʃpɛːnə] *m* (*Holzspan*) shaving; (*Bohrspan*) boring

Spanferkel [ˈʃpaːnfɛrkl̩] *nt* sucking pig

Spange <-, -n> [ˈʃpaŋə] *f* ① (*Haarspange*) hairslide BRIT, barrette AM ② (*Zahnspange*) [dental] brace

Spanien <-s> [ˈʃpaːni̯ən] *nt* Spain; *s. a.* **Deutschland**

Spanier(in) <-s, -> [ˈʃpaːni̯ɐ] *m(f)* Spaniard; ■**die ~** the Spanish; *s. a.* **Deutsche(r)**

spanisch [ˈʃpaːnɪʃ] *adj* Spanish; *s. a.* **deutsch**

Spanisch [ˈʃpaːnɪʃ] *nt dekl wie adj* Spanish; **auf S~** in Spanish; *s. a.* **Deutsch**

spann [ʃpan] *imp von* **spinnen**

Spannbetttuch *nt* fitted sheet **Spannbreite** *f kein pl* spectrum

Spanne <-, -n> [ˈʃpanə] *f* ① (*Gewinnspanne*) [profit] margin ② (*Zeitspanne*) span

spannen [ˈʃpanən] **I.** *vt* ① (*straffen*) to tighten ② (*aufspannen*) to put up; **ein Seil zwischen etw** *akk* **~** to stretch a rope between sth ③ (*anspannen*) ■**ein Tier vor etw** *akk* **~** to harness an animal to sth **II.** *vr* ■**sich** *akk* ~ *Seil* to become taut **III.** *vi* (*zu eng sitzen*) *Hose* to be [too] tight

spannend **I.** *adj* exciting; (*stärker*) thrilling; **mach's nicht so ~!** don't keep us/me in suspense **II.** *adv* **~ schreiben** to write in an exciting manner

Spanner(in) <-s, -> *m(f)* (*sl: Voyeur*) peeping Tom

Spannkraft *f kein pl* buoyancy; (*von Haar*) elasticity; PHYS tension force **Spannteppich** *m* SCHWEIZ [wall-to-wall] carpet

Spannung <-, -en> *f* ① *kein pl* (*gespannte Erwartung*) suspense; **etw mit ~ erwarten** to await sth full of suspense ② *meist pl* (*Anspannung*) tension ③ *kein pl* (*straffe Beschaffenheit*) tension, tautness ④ ELEK voltage; **unter ~ stehen** to be live

Spannungsgebiet *nt* area of tension **Spannungsmesser** <-s, -> *m* ELEK voltmeter

Spannweite *f* ① ORN, ZOOL wingspan ② BAU span

Spanplatte *f* chipboard *no pl*

Sparbuch *nt* savings book **Sparbüchse** *f* piggy bank

sparen [ˈʃpaːrən] **I.** *vt* ① (*einsparen*) to save ② (*ersparen*) ■**jdm/sich etw ~** to spare sb/oneself sth; **den Weg hätten wir uns ~ können** we could have saved ourselves that journey; **deine Ratschläge kannst du dir ~** you can keep your advice to yourself **II.** *vi* ① FIN (*Geld zurücklegen*) to save; ■**für etw** *akk* **~** to save up for sth ② (*sparsam sein*) to economize (**an** +*dat* on)

Sparer(in) <-s, -> *m(f)* saver

Sparflamme *f* ▶ WENDUNGEN: __**auf**__ **~** just ticking over BRIT

Spargel <-s, -> [ˈʃpargl̩] *m* asparagus *no pl*

Sparguthaben *nt* savings *npl* **Sparheft** *nt* SCHWEIZ savings account **Sparkasse** *f* bank (*supported publicly by the commune or district*) **Sparkonto** *nt* savings account

spärlich [ˈʃpɛːɐ̯lɪç] **I.** *adj Haarwuchs, Vegetation* sparse; *Ausbeute, Reste* meagre **II.** *adv* sparsely; **~ bekleidet** scantily clad; **~ besucht** poorly attended

Sparmaßnahme *f* cost-cutting measure **Sparpackung** *f* economy pack **Sparpreis** *m* budget price

sparsam [ˈʃpaːɐ̯zaːm] **I.** *adj* ① (*wenig verbrauchend*) thrifty ② (*ökonomisch*) economical **II.** *adv* ① (*wenig verbrauchend*) thriftily; **damit sollte man ~ umgehen** this should be used sparingly ② (*ökonomisch*) sparingly

Sparsamkeit <-> *f kein pl* thriftiness *no pl*

Sparschwein *nt* piggy bank **Spartarif** *m* TELEK, INET, TRANSP budget tariff BRIT, budget rate AM

Sparte <-, -n> [ˈʃpartə] *f* ① (*Branche*) line of business ② (*Spezialbereich*) area, branch ③ (*Rubrik*) section, column

Sparvertrag *m* savings agreement **Sparwut** *f kein pl* (*pej fam*) obsessive thrift

Spaß <-es, Späße> [ʃpaːs, *pl* ˈʃpɛːsə] *m* ① *kein pl* (*Vergnügen*) fun *no pl;* **es macht mir ~, das zu tun** I enjoy doing that; **jdm den ~ verderben** to spoil sb's fun; **„viel ~!"** 'have fun!', 'enjoy yourself/yourselves!' ② (*Scherz*) joke; **da hört der ~ auf** that's going beyond a joke; **~ muss**

S

sein (*fam*) there's no harm in a joke; **keinen ~ verstehen** to not stand for any nonsense; ~ **beiseite** joking apart; [**nur**] ~ **machen** to be [just] kidding ▶WENDUNGEN: **ein teurer ~ sein** to be an expensive business

Spaßbad *nt* waterpark

spaßen ['ʃpa:sn̩] *vi* to joke; **mit etw** *dat* **ist nicht zu ~** sth is no joking matter

spaßeshalber *adv* for the fun of it

Spaßgesellschaft *f* SOZIOL (*pej*) hedonistic society

spaßhaft I. *adj* joking **II.** *adv* jokingly

spaßig ['ʃpa:sɪç] *adj* funny

Spaßverderber(in) <-s, -> *m(f)* spoilsport **Spaßvogel** *m* joker

Spastiker(in) <-s, -> ['ʃpastikɐ] *m(f)* spastic

spastisch ['ʃpastɪʃ] *adj* spastic

spät [ʃpɛ:t] **I.** *adj* late; **am ~en Abend** in the late evening; **es ist schon ~** it's getting late **II.** *adv* late; **du kommst zu ~** you're too late; **~ dran sein** to be late ▶WENDUNGEN: **wie ~ ist es?** what time is it?; **wie ~ kommst du heute nach Hause?** what time are you coming home today?

Spätaussiedler(in) *m(f) German emigrant who returned to Germany long after the end of World War II* **Spätbucher(in)** *m(f)* holidaymaker with a late booking **Spätdienst** <-(e)s, -> *m kein pl* late shift

Spaten <-s, -> ['ʃpa:tn̩] *m* spade

später ['ʃpɛ:tɐ] **I.** *adj* later **II.** *adv* ❶ (*zeitlich danach*) later [on]; **bis ~!** see you later!; **nicht ~ als** not later than ❷ (*die Zukunft*) the future; **jeder sollte für ~ vorsorgen** everybody should make provisions for the future; **jdn auf ~ vertrösten** to put sb off; **~ [ein]mal** at a later date

spätestens ['ʃpɛ:təstn̩s] *adv* at the latest

Spätfolge <-, -n> *f meist pl* delayed effect **Spätgotik** <-> *f* ARCHIT late Gothic **Spätlese** *f* AGR late vintage **Spätschicht** *f* late shift **Spätsommer** *m* late summer *no pl* **Spätvorstellung** *f* late show[ing]

Spatz <-en *o* -es, -en> [ʃpats] *m* ORN sparrow

Spätzle ['ʃpɛtslə] *pl* SÜDD spaetzle + *sing/pl vb, small dough dumplings*

Spätzündung *f* retarded ignition *no pl*

spazieren* [ʃpa'tsi:rən] *vi sein* to stroll [*or* walk]; **den Hund ~ führen** to take the dog for a walk; **~ fahren** to go for a drive; **~ gehen** to go for a walk

Spazierfahrt *f* drive; **eine ~ machen** to go for a drive **Spaziergang** <-gänge> *m* walk, stroll; **einen ~ machen** to go for a walk **Spaziergänger(in)** <-s, -> *m(f)* stroller **Spazierstock** *m* walking stick

SPD <-> [ɛspe:'de:] *f kein pl* POL *Abk von* **Sozialdemokratische Partei Deutschlands**

> **Land und Leute**
>
> The **SPD** is one of the two main political parties in Germany. It is traditionally a party of the workers, committed to social justice and a strong welfare state.

Specht <-[e]s, -e> [ʃpɛçt] *m* woodpecker

Speck <-[e]s, -e> [ʃpɛk] *m* bacon *no pl*

speckig ['ʃpɛkɪç] *adj* greasy

Speckrolle *f* (*hum fam*) roll of fat, BRIT *a.* spare tyre **Speckschwarte** *f* bacon rind *no pl*

Spediteur(in) <-s, -e> [ʃpedi'tø:ɐ̯] *m(f)* haulage [*or* AM shipping] contractor

Spedition <-, -en> [ʃpedi'tsi̯o:n] *f* (*Transportunternehmen*) haulage company; (*Umzugsunternehmen*) removal firm **Speditionskosten** *pl* haulage costs *pl*

speditiv [ʃpedi'ti:f] *adj* SCHWEIZ (*geh: zügig*) speedy, swift

Speed <-s, -s> [spi:t] *nt* speed

Speer <-[e]s, -e> [ʃpe:ɐ̯] *m* ❶ SPORT javelin ❷ (*Waffe*) spear

Speerwerfen *nt kein pl* SPORT the javelin *no pl* **Speerwerfer(in)** *m(f)* ❶ SPORT javelin thrower ❷ HIST spear carrier

Speiche <-, -n> ['ʃpai̯çə] *f* spoke

Speichel <-s> ['ʃpai̯çl̩] *m kein pl* saliva *no pl*

Speicheldrüse *f* salivary gland **Speichelprobe** *f* MED, JUR saliva sample **Speicheltest** *m* JUR, MED saliva test

Speicher <-s, -> ['ʃpai̯çɐ] *m* ❶ (*Dachboden*) attic, loft; **auf dem ~** in the attic ❷ (*Lagerhaus*) storehouse ❸ INFORM memory

Speicherfunktion *f* INFORM memory function **Speicherkapazität** *f* INFORM memory capacity

speichern ['ʃpai̯çɐn] *vt, vi* ❶ INFORM to save; **etw unter ... ~** to save sth as ...; *Nummern in Handy* to store ❷ (*aufbewahren*) to store

Speicherplatz *m* INFORM memory space; (*auf Festplatte*) disk space **Speicherschutz** *m* INFORM memory protection

Speicherung <-, -en> *f* INFORM storage *no pl*

speien <spie, gespie[e]n> ['ʃpai̯ən] *vt* ❶ (*ausspeien*) to spew ❷ (*spucken*) to spit

Speise <-, -n> ['ʃpai̯zə] *f meist pl* meal

Speiseeis *nt* (*geh*) ice cream **Speisekammer** *f* larder, pantry **Speisekarte** *f* menu

speisen ['ʃpai̯zn̩] *vi* to dine, to eat

S

Speiseöl *nt* culinary oil **Speiseröhre** *f* gullet **Speisesaal** *m* dining room **Speisewagen** *m* restaurant car
Spektakel[1] <-s, -> [ʃpɛkˈta:kl̩] *m* (*fam*) ❶ (*Lärm*) racket *no pl* ❷ (*Ärger*) palaver *no pl*
Spektakel[2] <-s, -> [ʃpɛkˈta:kl̩] *nt* (*Schauspiel*) spectacle
spektakulär [ʃpɛktakuˈlɛ:ɐ̯] *adj* spectacular
Spektra *pl von* **Spektrum**
Spektralfarbe *f* colour of the spectrum
Spektrum <-s, Spektren *o* Spektra> [ˈʃpɛktrʊm, *pl* ˈʃpɛktrən, *pl* ˈʃpɛktra] *nt* spectrum
Spekulant(in) <-en, -en> [ʃpekuˈlant] *m(f)* speculator
Spekulation <-, -en> [ʃpekulaˈtsi̯o:n] *f* speculation; [**über etw** *akk*] **~en anstellen** to speculate [about sth]
Spekulationsblase [ʃpekulaˈtsi̯o:ns-] *f* BÖRSE speculative bubble
spekulieren* [ʃpekuˈli:rən] *vi* to speculate (**mit** *+dat* in, **auf** *+akk* on sth)
Spelunke <-, -n> [ʃpeˈlʊŋkə] *f* (*pej*) dive
spendabel [ʃpɛnˈda:bl̩] *adj* generous
Spende <-, -n> [ˈʃpɛndə] *f* donation
spenden [ˈʃpɛndn̩] *vt, vi* to donate; *Blut* to give; **wir haben für die Flutopfer gespendet** we gave a donation to help the flood victims

Falsche Freunde
Nicht verwechseln mit *to spend* — ausgeben!

Spendenaffäre *f scandal involving undeclared donations* **Spendenkonto** *nt* donations account
Spender <-s, -> [ˈʃpɛndɐ] *m* (*Dosierer*) dispenser
Spender(in) <-s, -> [ˈʃpɛndɐ] *m(f)* ❶ (*jd, der spendet*) donator ❷ MED donor
Spenderausweis *m* donor card
spendieren* [ʃpɛnˈdi:rən] *vt* (*fam*) ■[**jdm**] **etw ~** to buy [sb] sth; **das Essen spendiere ich** the dinner's on me
Sperber <-s, -> [ˈʃpɛrbɐ] *m* sparrowhawk
Sperling <-s, -e> [ˈʃpɛrlɪŋ] *m* sparrow
Sperma <-s, Spermen *o* -ta> [ˈʃpɛrma, ˈspɛrma, *pl* -mata] *nt* sperm
sperrangelweit [ˈʃpɛrˈʔaŋl̩ˈvai̯t] *adv* **~ offen stehen** to be wide open
Sperrbezirk *m area of town where prostitution is prohibited*
Sperre <-, -n> [ˈʃpɛrə] *f* ❶ (*Sperrvorrichtung*) barrier ❷ (*Spielverbot*) ban
sperren [ˈʃpɛrən] **I.** *vt* ❶ SÜDD, ÖSTERR (*schließen*) to close off (**für** *+akk* to) ❷ (*blockieren*) to block; *Konto* to freeze; *Scheck* to stop ❸ (*einschließen*) **jdn in ein Zimmer ~** to lock sb up in a room ❹ (*ein Spielverbot verhängen*) to ban **II.** *vr* ■**sich** *akk* **~** to back away (**gegen** *+akk* from)
Sperrfrist *f* JUR, FIN qualifying [*or* blocking] period **Sperrgebiet** *nt* prohibited area **Sperrgut** *nt* (*geh*) bulky freight *no pl* **Sperrholz** *nt* plywood *no pl*
sperrig [ˈʃpɛrɪç] *adj* unwieldy, bulky
Sperrmüll *m bulky items for a special refuse collection* **Sperrmüllabfuhr** *f* skip collection
Sperrsitz *m kein pl* THEAT back seats *pl* **Sperrstunde** *f* closing time
Sperrung <-, -en> *f* ❶ (*Schließung*) closing off *no pl* ❷ (*Blockierung*) blocking *no pl*
Sperrvermerk *m* restriction notice
Spesen [ˈʃpe:zn̩] *pl* expenses *npl;* **auf ~** on expenses
Spezi[1] <-s, -s> [ˈʃpe:tsi] *m* SÜDD (*fam: Kumpel*) mate BRIT
Spezi[2] <-, -s> [ˈʃpe:tsi] *nt* (*Mixlimonade*) cola and orangeade
Spezialausbildung *f* special[ized] training **Spezialeffekt** *m* special effect **Spezialgebiet** *nt* special field
spezialisieren* [ʃpetsi̯aliˈzi:rən] *vr* ■**sich** *akk* **~** to specialize (**auf** *+akk* in)
Spezialisierung <-, -en> *f* specialization
Spezialist(in) <-en, -en> [ʃpetsi̯aˈlɪst] *m(f)* specialist
Spezialität <-, -en> [ʃpetsi̯aliˈtɛ:t] *f* speciality
speziell [ʃpeˈtsi̯ɛl] **I.** *adj* special **II.** *adv* especially, specially
Spezies <-, -> [ˈʃpe:tsi̯ɛs, ˈsp-] *f* species *+ sing vb*
spezifisch [ʃpeˈtsi:fɪʃ] **I.** *adj* specific **II.** *adv* typically
spezifizieren* [ʃpetsifiˈtsi:rən] *vt* to specify
Spezifizierung <-, -en> *f* (*geh*) specification
Sphäre <-, -n> [ˈsfɛ:rə] *f* sphere ▶ WENDUNGEN: **in <u>höheren</u> ~n schweben** to have one's head in the clouds
sphärisch [ˈsfɛ:rɪʃ] *adj* spherical
Sphinx <-, -e *o* Sphingen> [sfɪŋks, *pl* ˈsfɪŋən] *f* sphinx
spicken [ˈʃpɪkn̩] *vt* ❶ KOCH (*durchsetzen*) to lard; ■**gespickt** larded ❷ (*fam: abschreiben*) to crib
Spickzettel *m* crib
spie [ʃpi:] *imp von* **speien**
Spiegel <-s, -> [ˈʃpi:gl̩] *m* mirror
Spiegelbild *nt* mirror image **spiegelblank** *adj* shining **Spiegelei** *nt* fried egg **spiegelglatt** [ˈʃpi:gl̩ˈglat] *adj* smooth as glass
spiegeln [ˈʃpi:gl̩n] **I.** *vi* to reflect **II.** *vr* ■**sich**

S

akk **in etw** *dat* ~ to be reflected in sth
Spiegelreflexkamera *f* reflex camera
Spiegelschrank *m* mirrored cupboard **Spiegelschrift** *f* mirror writing
Spiegelung <-, -en> ['ʃpi:gəlʊŋ] *f* ❶ MED endoscopy ❷ (*Abbild*) reflection
spiegelverkehrt *adj* mirror-image
Spiel <-[e]s, -e> [ʃpi:l] *nt* ❶ (*Gesellschafts-, Kinder-, Glücksspiel*) game ❷ SPORT match; **die Olympischen ~e** the Olympic Games ▸ WENDUNGEN: **ein abgekartetes ~** (*fam*) a set-up; **leichtes ~ haben** to have an easy job of it; **etw [mit] ins ~ bringen** to bring sth up; **das ~ ist aus** the game is up; [**bei etw**] **im ~ sein** to be involved [in sth]; **jdn/etw aus dem ~ lassen** to keep sb/sth out of it; **etw aufs ~ setzen** to put sth on the line; **auf dem ~ stehen** to be at stake; **jdm das ~ verderben** (*fam*) to ruin sb's plans
Spielautomat *m* gambling machine, fruit machine BRIT **Spielball** *m* TENNIS game point ▸ WENDUNGEN: **ein ~ einer S. sein** *gen* (*geh*) to be at the mercy of sth **Spielbank** *f* casino **Spielbrett** *nt* game board **Spielcomputer** [-kɔmpju:tɐ] *m* PlayStation® (*computer designed primarily for playing computer games*)
spielen ['ʃpi:lən] **I.** *vt* to play; **Lotto ~** to play the lottery ▸ WENDUNGEN: **was wird hier gespielt?** what's going on here? **II.** *vi* ❶ (*ein Spiel machen*) to play ❷ (*auftreten*) **in einem Stück ~** to star in a play; **gut/schlecht ~** to play well/badly ❸ (*als Szenario haben*) **in Schottland/im Mittelalter ~** to be set in Scotland/in the Middle Ages ❹ SPORT to play ❺ (*Glücksspiel betreiben*) to gamble
spielend *adv* easily
Spieler(in) <-s, -> ['ʃpi:lɐ] *m(f)* ❶ (*Mitspieler*) player ❷ (*Glücksspieler*) gambler
Spielerei <-, -en> [ʃpi:lə'rai̯] *f* ❶ *kein pl* (*leichte Beschäftigung*) doddle *no pl* BRIT ❷ *meist pl* (*Kinkerlitzchen*) knick-knacks *pl*
Spielerin <-, -nen> *f fem form von* **Spieler**
spielerisch **I.** *adj* playful **II.** *adv* playfully; **~ war unsere Mannschaft weit überlegen** our team outshone in terms of playing skill
Spielerwechsel *m* SPORT substitution
Spielfeld ['ʃpi:lfɛlt] *nt* playing field; FBALL *a.* pitch **Spielfilm** *m* feature film **Spielhalle** *f* amusement arcade **Spielhölle** *f* (*fam*) gambling den **Spielkamerad(in)** *m(f)* playmate **Spielkarte** *f* playing card **Spielkasino** *nt* casino **Spielleiter(in)** <-s, -> *m(f)* ❶ TV, FILM, THEAT director ❷ SPORT organizer
Spielothek [ʃpilo'te:k] *f* (*Spielhalle*) amusement arcade
Spielplan *m* THEAT programme **Spielplatz** *m* playground **Spielraum** *m* scope *no pl* **Spielregel** *f meist pl* rules *pl* **Spielsachen** *pl* toys *pl* **Spielsucht** *f* compulsive gambling *no pl* **Spielsüchtige(r)** *dekl wie adj f (m)* compulsive gambler **Spieluhr** *f* musical box **Spielverbot** *nt* SPORT ban; **~ haben** to be banned **Spielverderber(in)** <-s, -> *m(f)* spoilsport
Spielwaren *pl* toys *pl* **Spielwarengeschäft** *nt* toy shop
Spielzeit *f* ❶ THEAT season ❷ SPORT playing time **Spielzeug** *nt* toy *usu pl*
Spieß <-es, -e> [ʃpi:s] *m* ❶ (*Bratspieß*) spit; (*kleiner*) skewer ❷ MIL (*sl*) sarge ❸ (*Stoßwaffe*) spike ▸ WENDUNGEN: **wie am ~ brüllen** to squeal like a stuck pig; **den ~ umdrehen** to turn the tables
Spießbürger(in) *m(f)* *s.* **Spießer** **spießbürgerlich** *adj s.* **spießig**
spießen ['ʃpi:sn̩] *vt* ■**etw auf etw** *akk* ~ to skewer sth on sth
Spießer(in) <-s, -> ['ʃpi:sɐ] *m(f)* (*fam*) narrow-minded person
spießig ['ʃpi:sɪç] *adj* (*fam*) narrow-minded
Spießigkeit <-> *f kein pl* (*pej fam*) narrow-mindedness
Spießrute *f* ▸ WENDUNGEN: **~n laufen** to run the gauntlet
Spikes [ʃpai̯ks, sp-] *pl* (*an Schuhen*) spikes *pl;* (*an Reifen*) studs *pl*
Spinat <-[e]s> [ʃpi'na:t] *m kein pl* spinach *no pl*
Spind <-[e]s, -e> [ʃpɪnt, *pl* 'ʃpɪndə] *m* locker
Spindel <-, -n> ['ʃpɪndl̩] *f* spindle
spindeldürr ['ʃpɪndl̩'dʏr] *adj* (*fam*) thin as a rake
Spinett <-s, -e> [ʃpi'nɛt] *nt* MUS spinet
Spinne <-, -n> ['ʃpɪnə] *f* spider
spinnen <spann, gesponnen> ['ʃpɪnən] **I.** *vt* ❶ *Wolle* to spin ❷ *Geschichte* to invent **II.** *vi* (*fam: nicht bei Trost sein*) to be mad; **sag mal, spinnt der?** is he off his head?; **du spinnst wohl!** you must be mad!
Spinnennetz *nt* spider's web
Spinner(in) <-s, -> ['ʃpɪnɐ] *m(f)* (*fam*) nutcase
Spinnerei <-, -en> [ʃpɪnə'rai̯] *f* ❶ (*Betrieb*) spinning mill ❷ *kein pl* (*fam: Blödsinn*) nonsense *no pl*
Spinnerin <-, -nen> *f fem form von* **Spinner**
Spinngewebe *nt* spider's web **Spinnrad** *nt*

S

spinning wheel
Spinnwebe <-, -n> *f* cobweb
Spion(in) <-s, -e> [ʃpi̯oːn] *m(f)* spy
Spionage <-> [ʃpi̯oˈnaːʒə] *f kein pl* espionage *no pl*
Spionageabwehr *f* counter-intelligence service
spionieren* [ʃpi̯oˈniːrən] *vi* to spy
Spionin <-, -nen> *f fem form von* **Spion**
Spiralblock *m* spiral-bound notebook
Spirale <-, -n> [ʃpiˈraːlə] *f* ❶ (*gewundene Linie*) spiral ❷ MED coil
Spiritismus <-> [ʃpiriˈtɪsmʊs, sp-] *m kein pl* spiritualism *no pl*
spiritistisch *adj* spiritualistic
spirituell [ʃpiriˈtu̯ɛl, sp-] *adj* spiritual
Spirituosen [ʃpiriˈtu̯oːzn̩, sp-] *pl* spirits *pl*
Spiritus <-> [ʃpiːritʊs] *m kein pl* spirit *no pl*
Spirituskocher *m* spirit stove
Spital <-s, Spitäler> [ʃpiˈtaːl, *pl* -ˈtɛːlɐ] *nt* ÖSTERR, SCHWEIZ hospital
spitz [ʃpɪts] **I.** *adj* ❶ (*mit einer Spitze*) pointed; *Bleistift, Messer* sharp ❷ (*spitz zulaufend*) tapered; *Nase, Kinn* pointy ❸ *Bemerkung* sharp **II.** *adv* ❶ (*V-förmig*) tapered ❷ (*spitzzüngig*) sharply
Spitzbart *m* goatee **spitz|bekommen*** *vt irreg* (*sl*) ■**etw ~** to cotton [*or* catch] on to sth *fam;* ■**~, dass ...** to cotton on to the fact that ... **Spitzbogen** *m* ARCHIT pointed arch **Spitzbube** *m* scallywag **spitzbübisch** **I.** *adj* cheeky **II.** *adv* cheekily
Spitze <-, -n> [ˈʃpɪtsə] *f* ❶ (*spitzes Ende*) point ❷ (*vorderster Teil*) front ❸ (*erster Platz, höchste Stelle eines Turms, Berges*) top ❹ (*Höchstwert*) peak ❺ *pl* (*führende Leute*) *der Gesellschaft* the top; *eines Unternehmen* the heads ❻ MODE lace *no pl* ▶ WENDUNGEN: **nur die ~ des Eisbergs sein** to be only the tip of the iceberg; **~ sein** (*fam*) to be great; **etw auf die ~ treiben** to take sth to extremes
Spitzel <-s, -> [ˈʃpɪtsl̩] *m* informer
spitzeln [ˈʃpɪtsl̩n] *vi* to spy
spitzen [ˈʃpɪtsn̩] *vt* to sharpen
Spitzengeschwindigkeit *f* top speed **Spitzenkandidat(in)** *m(f)* POL top candidate **Spitzenklasse** *f* top-class **Spitzenleistung** *f* top performance
spitzenmäßig **I.** *adj* (*sl*) brilliant **II.** *adv* (*sl*) brilliantly
Spitzenqualität *f* top quality *no pl* **Spitzenreiter** *m* top seller **Spitzensportler(in)** *m(f)* top sportsman *masc,* top sportswoman *fem* **Spitzentechnologie** *f* state-of-the-art technology
Spitzer <-s, -> [ˈʃpɪtsɐ] *m* sharpener
spitzfindig *adj* hair-splitting
Spitzfindigkeit <-, -en> *f* ❶ (*spitzfindige Art*) hair-splitting nature ❷ (*spitzfindige Äußerung*) hair-splitting *no pl*
spitz|kriegen *vt* (*fam*) to cotton [*or* AM catch] on to **Spitzmaus** *f* shrew **Spitzname** *m* nickname **spitzwinkelig, spitzwinklig** *adj Dreieck* acute-angled
spitzzüngig [ʃpɪtsˈtsʏŋɪç] *adj* sharp-tongued
Spleen <-s, -s> [ʃpliːn, sp-] *m* (*fam*) eccentricity
Splitter <-s, -> [ˈʃplɪtɐ] *m* splinter
splitterfasernackt [ˈʃplɪtɐˈfaːzɐˈnakt] *adj* stark naked
splittern *vi sein o haben* to splinter
splitternackt [ˈʃplɪtɐˈnakt] *adj* stark naked
Splitterpartei *f* splinter group
Splitting <-s, -s> [ˈʃplɪtɪŋ, ˈsp-] *nt* ❶ FIN, ADMIN *separate taxing of husband and wife* ❷ POL splitting *no pl*
SPÖ <-> [ɛspeːˈʔøː] *f kein pl* POL *Abk von* **Sozialdemokratische Partei Österreichs:** ■**die ~** the Austrian Socialist Party
Spoiler <-s, -> [ˈʃpɔy̯lɐ, ˈsp-] *m* spoiler
sponsern [ˈʃpɔnzɐn, ˈsp-] *vt* to sponsor

Land und Leute

The **Sponsion** is an academic ceremony in Austria at which master's degrees are awarded.

Sponsor, Sponsorin <-s, -soren> [ˈʃpɔnzɐ, ˈsp-, ʃpɔnˈzoːrɪn, *pl* -ˈzoːrən] *m, f* sponsor
Sponsoring <-s> [ˈʃpɔnzorɪŋ, ˈsp-] *nt kein pl* sponsoring *no pl*
spontan [ʃpɔnˈtaːn, sp-] *adj* spontaneous
Spontaneität <-> [ʃpɔntaneiˈtɛːt, sp-] *f kein pl* spontaneity *no pl*
sporadisch [ʃpoˈraːdɪʃ, sp-] *adj* sporadic
Spore <-, -n> [ˈʃpoːrə] *f* BIOL spore
Sport <-[e]s, *selten* -e> [ʃpɔrt] *m* ❶ SPORT sport *no pl;* **~ treiben** to do sport ❷ SCH games *pl* ❸ MEDIA sports news; **~ sehen** to watch [the] sport
Sportabzeichen *nt* sports certificate **Sportanzug** *m* tracksuit **Sportart** *f* discipline, kind of sport **Sportbericht** *m* sports report **Sportgeschäft** *nt* sports shop **Sporthalle** *f* sports hall **Sportlehrer(in)** *m(f)* PE teacher
Sportler(in) <-s, -> [ˈʃpɔrtlɐ] *m(f)* sportsman *masc,* sportswoman *fem*
sportlich [ˈʃpɔrtlɪç] **I.** *adj* ❶ (*den Sport betreffend*) sporting ❷ (*trainiert*) *Figur* athletic; *Mensch* sporty ❸ MODE casual **II.** *adv* ❶ SPORT (*in einer Sportart*) in sports; **sich** *akk* **~ betätigen** to do sport ❷ (*flott*) casually
Sportnachrichten *pl* sports news **Sport-**

S

platz *m* sports field **Sportreporter(in)** *m(f)* MEDIA, SPORT sports journalist **Sportunfall** *m* sporting accident **Sportveranstaltung** *f* sports event **Sportverein** *m* sports club **Sportwagen** *m* AUTO sports car

Spot <-s, -s> [spɔt, ʃp-] *m* ① MEDIA commercial, ad *fam* ② ELEK spot

Spott <-[e]s> [ʃpɔt] *m kein pl* mockery *no pl*

spottbillig [ˈʃpɔtˈbɪlɪç] *adj* dirt cheap

Spöttelei <-, -en> [ʃpœtəˈlai] *f* teasing *no pl*

spötteln [ˈʃpœtl̩n] *vi* to make fun (**über** of)

spotten [ˈʃpɔtn̩] *vi* to mock; ■[**über jdn/etw**] ~ to make fun [of sb/sth]

Falsche Freunde

Nicht verwechseln mit *to spot* — entdecken!

Spötter(in) <-s, -> [ˈʃpœte] *m(f)* mocker

spöttisch [ˈʃpœtɪʃ] *adj* mocking

Spottpreis *m* snip BRIT

sprach [ʃpraːx] *imp von* **sprechen**

sprachbegabt *adj* linguistically talented; ■~ **sein** to be good at languages **Sprachcomputer** *m* voice computer

Sprache <-, -n> [ˈʃpraːxə] *f* ① (*Kommunikationssystem*) language ② *kein pl* (*Sprechweise*) way of speaking ③ *kein pl* (*das Sprechen*) speech *no pl;* **etw zur ~ bringen** to bring sth up; **zur ~ kommen** to come up ▶ WENDUNGEN: **mit der ~ herausrücken** (*fam*) to come out with it; **jdm die ~ verschlagen** to leave sb speechless; **heraus mit der ~!** (*fam*) out with it!

Sprachebene *f* LING stylistic level

Spracherkennung *f* INFORM voice recognition *no pl* **Sprachfehler** *m* speech impediment **Sprachführer** *m* phrase book **Sprachgebrauch** *m* language usage *no pl* **Sprachgefühl** *nt kein pl* feel for language *no pl* **Sprachkenntnisse** *pl* language skills *pl* **Sprachkurs** *m* language course **Sprachlabor** *nt* language laboratory **Sprachlehre** *f* grammar **Sprachlehrer(in)** <-s, -> *m(f)* language teacher

sprachlich **I.** *adj* linguistic **II.** *adv* ① LING grammatically ② (*stilistisch*) stylistically

sprachlos *adj* speechless

Sprachraum *m* LING language area **Sprachrohr** *nt* megaphone **Sprachschule** *f* language school **Sprachstörung** *f* speech disorder **Sprachstudium** *nt* course of study in languages **Sprachtherapeut(in)** *m(f)* speech therapist **Sprachtherapie** *f* speech therapy **Sprachurlaub** *m* language-learning holiday **Sprachwissenschaft** *f* linguistics + *sing vb* **Sprachwissenschaftler(in)** *m(f)* linguist **Sprachwitz** *m kein pl* way with words **Sprachzentrum** *nt* ① MED, PSYCH speech centre ② (*Sprachschule*) language centre

sprang [ʃpraŋ] *imp von* **springen**

Spray <-s, -s> [ʃpreː, spreː] *m o nt* spray

Spraydose [ˈʃpreː-, ˈspreː-] *f* aerosol, spray

sprayen *vi, vt* to spray

Sprechanlage *f* intercom

sprechen <spricht, sprach, gesprochen> [ˈʃprɛçn̩] **I.** *vi* ① (*reden*) to speak, to talk; **sprich nicht so laut** don't talk so loud; **sprich nicht in diesem Ton mit mir!** don't speak to me like that!; **wovon ~ Sie eigentlich?** what are you talking about?; **sein Benehmen spricht für sich [selbst]** his behaviour speaks for itself; **darüber spricht man nicht** that is not talked about; **mit sich selbst ~** to talk to oneself; **„hallo, wer spricht denn da?"** 'hello, who's speaking?' ② (*empfehlen*) ■**für jdn/etw ~** to be in favour of sb/sth; ■**gegen jdn/etw ~** to speak against sb/sth **II.** *vt* ① (*können*) to speak; **~ Sie Chinesisch?** can you speak Chinese? ② (*sich unterreden*) ■**jdn ~** to speak to sb; **ich möchte meinen Anwalt ~** I want to speak to my solicitor ▶ WENDUNGEN: **nicht gut auf jdn zu ~ sein** to be on bad terms with sb; **für jdn/niemanden zu ~ sein** to be available for sb/not be available for anyone; **wir ~ uns noch!** you haven't heard the last of this!

Sprecher(in) <-s, -> *m(f)* ① (*Wortführer*) spokesperson ② (*Beauftragter*) speaker ③ RADIO, TV announcer; (*Nachrichtensprecher*) newsreader

Sprechfunkgerät *nt* walkie-talkie

Sprechstunde *f* surgery **Sprechstundenhilfe** *f* receptionist

Sprechübung *f* elocution exercise **Sprechweise** *f* way of speaking **Sprechzimmer** *nt* consultation room

spreizen [ˈʃpraitsn̩] *vt* to spread

Spreizfuß *m* spread-foot

Sprengbombe *f* high-explosive bomb

sprengen[1] [ˈʃprɛŋən] **I.** *vt* ① (*zur Explosion bringen*) to blow up ② (*bersten lassen*) to burst ③ (*gewaltsam auflösen*) to break up **II.** *vi* to blast

sprengen[2] [ˈʃprɛŋən] *vt Rasen* to water

Sprengkopf *m* warhead **Sprengkörper** *m* explosive device **Sprengkraft** *f kein pl* explosive force *no pl* **Sprengladung** *f* explosive charge **Sprengsatz** *m* explosive device

Sprengstoff *m* explosive

Sprengstoffanschlag *m* bomb attack

Sprengstoffgürtel *m* explosive belt
Sprengung <-, -en> *f* blasting
Spreu <-> [ʃprɔy] *f kein pl* AGR chaff *no pl*
Sprichwort <-wörter> [ˈʃprɪçvɔrt, *pl* -vœrtɐ] *nt* proverb **sprichwörtlich** *adj* proverbial
sprießen <spross *o* sprießte, gesprossen> [ˈʃpriːsn̩] *vi sein* BOT to sprout; *Haare* to grow
Springbrunnen *m* fountain
springen[1] <sprang, gesprungen> [ˈʃprɪŋən] *vi sein* to shatter; (*einen Sprung bekommen*) to crack
springen[2] <sprang, gesprungen> [ˈʃprɪŋən] *vi sein* to jump; (*in Sprüngen*) to leap; **er sprang hin und her** he leapt about ▶WENDUNGEN: **etw ~ lassen** (*fam*) to fork out sth
springend *adj* **der ~e Punkt** the crucial [*or* salient] point
Springer <-s, -> [ˈʃprɪŋɐ] *m* SCHACH knight
Springflut *f* spring tide **Springreiten** *nt* show jumping *no pl*
Sprit <-[e]s> [ʃprɪt] *m kein pl* ❶ (*Benzin*) petrol *no pl* ❷ (*Schnaps*) booze *no pl*
Spritze <-, -n> [ˈʃprɪtsə] *f* ❶ (*Injektionsspritze*) syringe ❷ (*Injektion*) injection, jab *fam;* **eine ~ bekommen** to have an injection [*or fam* a jab]
spritzen [ˈʃprɪtsn̩] **I.** *vi* ❶ *haben* (*in Tropfen*) to spray; *Fett* to spit; *Farbe* to splash ❷ *sein* (*im Strahl*) to spurt **II.** *vt haben* ❶ (*im Strahl verteilen*) to squirt ❷ (*bewässern*) to sprinkle ❸ (*injizieren*) to inject ❹ (*mit Bekämpfungsmittel besprühen*) to spray (**gegen** +*akk* against)
Spritzer <-s, -> *m* splash
spritzig [ˈʃprɪtsɪç] *adj* ❶ (*prickelnd*) tangy ❷ (*flott*) sparkling
Spritzkuchen *m* KOCHK doughnut **Spritzpistole** *f* spray gun **Spritztour** *f* spin
spröde [ˈʃprøːdə] *adj* ❶ (*unelastisch*) brittle ❷ (*rau*) rough; *Haar* brittle; *Lippen* chapped ❸ (*abweisend*) aloof
spross [ʃprɔs] *imp von* **sprießen**
Spross <-es, -e> [ʃprɔs] *m* ❶ (*Schössling*) shoot ❷ (*Nachkomme*) scion
Sprosse <-, -n> [ˈʃprɔsə] *f* step
Sprossenwand *f* SPORT wall bars *pl*
Sprössling <-s, -e> [ˈʃprœslɪŋ] *m* offspring
Spruch <-[e]s, Sprüche> [ʃprʊx, *pl* ˈʃprʏçə] *m* ❶ (*Ausspruch*) saying; (*Parole*) slogan ❷ (*Richterspruch*) verdict ▶WENDUNGEN: **Sprüche klopfen** (*fam*) to drivel
Spruchband <-bänder> *nt* banner
spruchreif *adj* (*fam*) ■**~/noch nicht ~ sein** to be/not be definite
Sprudel <-s, -> [ˈʃpruːdl̩] *m* ❶ (*Mineralwasser*) sparkling mineral water ❷ ÖSTERR (*Erfrischungsgetränk*) fizzy drink
sprudeln [ˈʃpruːdl̩n] *vi* ❶ *haben* (*aufschäumen*) to fizz, to be fizzy ❷ *sein* (*heraussprudeln*) to bubble
Sprühdose *f* aerosol
sprühen [ˈʃpryːən] **I.** *vt* to spray **II.** *vi* ❶ (*spritzen*) to spray ❷ (*lebhaft sein*) to sparkle; **vor Begeisterung ~** to bubble with excitement
sprühend *adj* sparkling
Sprühregen *m* drizzle *no pl*
Sprung <-[e]s, Sprünge> [ʃprʊŋ, *pl* ˈʃprʏŋə] *m* ❶ (*Riss*) crack ❷ (*Satz*) leap, jump; **einen ~ machen** to leap [*or* jump]; **zum ~ ansetzen** to get ready to jump ▶WENDUNGEN: **ein großer ~ nach vorn** a giant leap forwards; [**mit etw** *dat*] **keine großen Sprünge machen können** (*fam*) to not be able to live it up [with sth]; **mir 100 Euros kann man keine großen Sprünge machen** you can't live it up with 100 Euros; **jdm auf die Sprünge helfen** to give sb a helping hand; **auf dem ~ sein** to be in a rush; **auf einen ~** [**bei jdm**] **vorbeikommen** (*fam*) to pop in [to see sb]
Sprungbrett *nt* ❶ (*ins Wasser*) diving board ❷ (*Turngerät*) springboard **Sprungfeder** *f* spring
sprunghaft **I.** *adj* ❶ (*in Schüben erfolgend*) rapid; (*abrupt*) sudden ❷ (*unstet*) volatile, fickle **II.** *adv* in leaps and bounds; **~ ansteigen** to rise sharply
Sprungschanze *f* ski jump **Sprungtuch** *nt* jumping blanket **Sprungturm** *m* diving platform
Spucke <-> [ˈʃpʊkə] *f kein pl* (*fam*) spit *no pl* ▶WENDUNGEN: **jdm bleibt die ~ weg** sb is flabbergasted
spucken [ˈʃpʊkn̩] **I.** *vi* to spit **II.** *vt* to spit out
Spucknapf *m* spittoon
Spuk <-[e]s, -e> [ʃpuːk] *m* spook
spuken [ˈʃpuːkn̩] *vi impers* to haunt; **hier spukt es** this place is haunted
Spukgeschichte *f* ghost story
Spülbecken *nt* sink
Spule <-, -n> [ˈʃpuːlə] *f* (*Garnrolle*) bobbin; FILM spool; ELEK coil
Spüle <-, -n> [ˈʃpyːlə] *f* [kitchen] sink
spulen [ˈʃpuːlən] *vt, vi* to wind [on]
spülen [ˈʃpyːlən] **I.** *vi* ❶ *Geschirr* to wash up ❷ *Toilette* to flush **II.** *vt* ❶ (*abspülen*) to wash up *sep* ❷ (*schwemmen*) to wash
Spülkasten *m* cistern **Spüllappen** *m* dishcloth
Spülmaschine *f* dishwasher **spülmaschinenfest** *adj* dishwasher-safe
Spülmittel *nt* washing-up liquid, dish soap AM **Spülstein** *m* sink **Spültrog** *m* <-(e)s,

S

-tröge> SCHWEIZ sink [unit]

Spülung <-, -en> *f* ① (*Wasserspülung*) flush ② (*Haarspülung*) conditioner

Spülwasser *nt* dishwater, washing-up water BRIT

Spulwurm *m* roundworm

Spur <-, -en> [ʃpuːɐ̯] *f* ① (*Anzeichen*) trace; **~en der Verwüstung** signs of devastation; **~en hinterlassen** to leave traces; *Schicksal a.* to leave its mark; *Verbrecher a.* to leave clues; **jdm auf der ~ sein** to be on sb's trail; **auf der falschen/richtigen ~ sein** to be on the wrong/right track; **eine heiße ~** a firm lead; **jdm auf die ~ kommen** to get onto sb ② (*Fußspuren*) track[s *pl*], trail *no pl* ③ (*kleine Menge*) trace; *Knoblauch, etc.* touch; **eine ~ zu scharf** a touch too hot; **eine ~ von Mitleid** a hint of pity ④ (*Fahrstreifen*) lane; **aus der ~ geraten** to move out of lane; **~ halten** to keep in lane

spürbar *adj* perceptible, noticeable

spüren [ˈʃpyːrən] **I.** *vt* ① (*körperlich wahrnehmen*) to feel ② (*merken*) to sense; **jdn seine Verärgerung ~ lassen** to let sb feel one's annoyance; **etw zu ~ bekommen** to feel the force of sth **II.** *vi* ■ **~, dass ...** to sense that ...; ■ **jdn ~ lassen, dass ...** to leave sb in no doubt that ...

Spurenelement *nt* trace element **Spurensicherung** *f* securing of evidence *no pl, no indef art*

Spürhund *m* tracker dog

spurlos **I.** *adj* without [a] trace *pred* **II.** *adv* without [leaving a] trace; **die Scheidung ging nicht ~ an ihm vorüber** the divorce left its mark on him

Spürnase *f* flair *no pl,* intuition *no pl* **Spürpanzer** *m* MIL nuclear, biological, chemical [*or* NBC] reconnaissance vehicle **Spürsinn** *m kein pl* nose; **einen ~ für etw** *akk* **haben** to have a nose for sth

Spurt <-s, -s *o* -e> [ʃpʊrt] *m* spurt; **zum ~ ansetzen** to make a final spurt

spurten [ˈʃpʊrtn̩] *vi sein* to spurt

Spurweite <-, -n> *f* AUTO track; BAHN gauge

Squash <-> [skvɔʃ] *nt* squash

Squashhalle *f* squash courts *pl*

Sri Lanka <-s> [ˈsriː ˈlaŋka] *nt* Sri Lanka

Sri-Lanker(in) <-s, -> [sriˈlaŋkɐ] *m(f)* Sri Lankan; *s. a.* **Deutsche(r)**

sri-lankisch [sriˈlaŋkɪʃ] *adj* Sri Lankan; *s. a.* **deutsch**

SSV <-[s], -s> *m Abk von* **Sommerschlussverkauf** summer sales

St. ① *Abk von* **Stück** pce[.], pcs[.] *pl* ② *Abk von* **Sankt** St, SS *pl*

Staat <-[e]s, -en> [ʃtaːt] *m* ① (*Land*) country ② (*staatliche Institutionen*) state ③ *pl* (*USA*) ■ **die ~en** the States ▶ WENDUNGEN: **damit ist kein ~ zu <u>machen</u>** that's nothing to write home about *fam*

Staatenbund <-bünde> *m* confederation [of states]

staatenlos *adj* stateless

Staatenlose(r) *f(m) dekl wie adj* stateless person

staatlich **I.** *adj* ① (*staatseigen*) state-owned; (*staatlich geführt*) state-run; **~e Einrichtungen** state facilities ② (*den Staat betreffend*) state *attr,* national ③ (*aus dem Staatshaushalt stammend*) government *attr,* state *attr* **II.** *adv* **~ anerkannt** state-approved; **~ gefördert** government-sponsored; **~ geprüft** [state-]certified; **~ subventioniert** state-subsidized, subsidized by the state *pred*

Staatsakt *m* state ceremony

Staatsangehörige(r) *f(m) dekl wie adj* citizen **Staatsangehörigkeit** *f* nationality **Staatsanwalt, -anwältin** *m, f* public prosecutor BRIT, District Attorney AM **Staatsanwaltschaft** <-, -en> *f* public prosecutor's office, prosecuting attorney's office AM **Staatsausgaben** *pl* public expenditure *no pl* **Staatsbeamte(r), -beamtin** *m, f* civil servant **Staatsbegräbnis** *nt* state [*or* AM national] funeral **Staatsbesuch** *m* state visit **Staatsbürger(in)** *m(f)* citizen **staatsbürgerlich** *adj attr* civic; **~e Rechte** civil rights **Staatsbürgerschaft** *f* nationality; **doppelte ~** dual nationality **Staatschef(in)** [-ʃɛf] *m(f)* head of state **Staatsdienst** *m* civil service **Staatseigentum** *nt* state ownership

Staatsexamen *nt* state exam[ination]; (*zur Übernahme in den Staatsdienst*) civil service examination

Land und Leute

German degree courses in teaching and law combine two sets of **Staatsexamen** (*final examinations*). The first set of examinations is taken by students who have fulfilled all the requirements of their preliminary degree programme. Successful candidates must then complete an extensive period of practical work (*Referendariat*) before being permitted to register for the second set of **Staatsexamen.**

Staatsfeind(in) *m(f)* enemy of the state **Staatsfinanzen** *pl* public finances *pl* **Staatsflagge** *f* national flag **Staatsform** *f* form of government **Staatsgebiet** *nt* national territory **Staatsgeheimnis** *nt* state

S

secret **Staatsgewalt** *f kein pl* state authority **Staatsgrenze** *f* [national] border **Staatshaushalt** *m* national budget **Staatskasse** *f* treasury, public purse BRIT **Staatskosten** *pl* public expenses **Staatsmann** *m* statesman

staatsmännisch *adj* statesmanlike

Staatsminister(in) <-s, -> *m(f)* secretary of state **Staatsoberhaupt** *nt* head of state **Staatspräsident(in)** *m(f)* president [of a/the state] **staatsrechtlich** *adj attr* constitutional **Staatsreligion** *f* POL, REL state religion **Staatssäckel** <-s, -> *m* POL, FIN (*hum fam*) state coffer *usu pl* **Staatsschuld** *f* FIN, POL national debt **Staatssekretär(in)** *m(f)* state secretary BRIT, undersecretary AM **Staatsstreich** *m* coup [d'état] **Staatstheater** *nt* national theatre **Staatsverschuldung** *f* national debt *no pl, no indef art*

Stab <-[e]s, Stäbe> [ʃtaːp, *pl* 'ʃtɛːbə] *m* ① (*runde Holzlatte*) rod; (*Gitterstab*) bar ② (*Stabhochsprungstab*) pole; (*Staffelstab*) baton ③ (*beigeordnete Gruppe*) staff; *von Experten* panel

Stäbchen <-s, -> ['ʃtɛːpçən] *nt* (*Essstäbchen*) chopstick

Stabhochsprung *m* pole vault

stabil [ʃta'biːl, st-] *adj* ① (*strapazierfähig*) sturdy ② (*beständig*) *Preise, Zustand, Währung* stable ③ (*nicht labil*) steady; *Gesundheit* sound

stabilisieren [ʃtabili'ziːrən] *vt* to stabilize

Stabilisierung <-, -en> *f* stabilization

Stabilität <-> [ʃtabili'tɛːt, st-] *f kein pl* stability, solidity

Stabilitätspakt *m* ÖKON stability pact

Stabmixer *m* hand-held blender **Stabreim** *m* alliteration

Stabschef, -chefin [-ʃɛf, -ʃɛfɪn] *m, f* chief of staff

S

stach [ʃtaːx] *imp von* **stechen**

Stachel <-s, -n> ['ʃtaxl̩] *m* ① (*von Rose*) thorn; (*von Kakteen, von Igel*) spine ② (*Giftstachel*) sting

Stachelbeere *f* gooseberry

Stacheldraht *m* barbed wire **Stacheldrahtzaun** *m* barbed wire fence

stachelig ['ʃtaxəlɪç] *adj* prickly; *Rosen* thorny; *Kakteen, Tier* spiny

Stachelschwein *nt* porcupine

stachlig ['ʃtaxlɪç] *adj s.* **stachelig**

Stadel <-s, -> ['ʃtaːdl̩] *m* SÜDD, ÖSTERR, SCHWEIZ barn

Stadion <-s, Stadien> ['ʃtaːdi̯ɔn, *pl* 'ʃtaːdi̯ən] *nt* stadium, AM *a.* bowl

Stadium <-s, Stadien> ['ʃtaːdi̯ʊm, *pl* 'ʃtaːdi̯ən] *nt* stage; **im letzten ~** MED at a terminal stage

Stadt <-, Städte> [ʃtat, *pl* 'ʃtɛːtə] *f* ① (*Ort*) town; (*Großstadt*) city; **am Rande der ~** on the edge of [the] town ② (*Stadtverwaltung*) [city/town] council

Stadtautobahn *f* urban motorway [*or* AM freeway] **stadtbekannt** *adj* well-known, known all over town *pred* **Stadtbezirk** *m* municipal district **Stadtbibliothek** *f* town/city library

Städtchen <-s, -> ['ʃtɛːtçən] *nt dim von* **Stadt** small town

Städtebau *m kein pl* urban development *no pl* **städtebaulich** **I.** *adj* in/of urban development *pred* **II.** *adv* in terms of urban development **Städtepartnerschaft** *f* town twinning BRIT

Städter(in) <-s, -> ['ʃtɛːtɐ] *m(f)* city/town dweller

Stadtflucht *f kein pl* exodus from the cities, urban outmigration **Stadtführer(in)** <-s, -> *m(f)* ① (*Person*) town/city guide ② (*Buch*) town/city guidebook **Stadtgebiet** *nt* municipal area **Stadthalle** *f* city hall

städtisch ['ʃtɛːtɪʃ] *adj* ① (*kommunal*) municipal, city/town *attr* ② (*urban*) urban

Stadtkern *m* city/town centre **Stadtmauer** *f* city/town wall **Stadtmitte** *f* city/town centre **Stadtplan** *m* [street] map **Stadtrand** *m* edge of [the] town, outskirts *npl* of the city **Stadtrat** *m* [city/town] council **Stadtrundfahrt** *f* sightseeing tour **Stadtstaat** *m* city state **Stadtstreicher(in)** *m(f)* city/town tramp [*or esp* AM vagrant] **Stadtteil** *m* district **Stadttor** *nt* city/town gate **Stadtväter** *pl* city fathers *pl* **Stadtverkehr** *m* city/town traffic **Stadtverwaltung** *f* [city/town] council **Stadtviertel** *nt* district **Stadtwerke** *pl* municipal services *pl* **Stadtzentrum** *nt* city/town centre

Staffel <-, -n> ['ʃtafl̩] *f* ① (*Luftwaffeneinheit*) squadron; (*Formation*) echelon ② SPORT relay team ③ TV season

Staffelei <-, -en> [ʃtafə'la̯i] *f* easel

Staffellauf *m* relay [race] **Staffelläufer(in)** <-s, -> *m(f)* relay runner; SKI relay skier

staffeln ['ʃtafl̩n] *vt* ① (*einteilen*) to grade ② (*formieren*) to stack [up *sep*]

Staffelung, Stafflung <-, -en> *f* ① (*Einteilung*) graduation ② SPORT *von Startzeiten* staggering *no pl, no indef art*

Stagnation <-, -en> [ʃtagna'tsi̯oːn, st-] *f* stagnation, stagnancy

stagnieren* [ʃta'gniːrən, st-] *vi* to stagnate

stahl [ʃtaːl] *imp von* **stehlen**

Stahl <-[e]s, -e *o* Stähle> [ʃtaːl, *pl* 'ʃtɛːlə] *m*

steel

Stahlbeton *m* reinforced concrete **Stahlblech** *nt* steel sheet

stählern [ˈʃtɛːlɐn] *adj* ① (*aus Stahl hergestellt*) steel, of steel *pred* ② (*fig*) iron *attr,* of iron *pred*

Stahlfeder *f* ① (*Schreibfeder*) steel nib ② (*Sprungfeder*) steel spring **Stahlgerüst** *nt* [tubular] steel scaffolding *no pl, no indef art* **stahlhart** [ˈʃtaːlˈhart] *adj* (*a. fig*) [as] hard as steel *pred,* iron-hard *fig* **Stahlhelm** *m* steel helmet **Stahlindustrie** *f kein pl* steel industry **Stahlträger** *m* steel girder **Stahlwerk** *nt* steel mill

stak [ʃtaːk] *imp von* **stecken**

Staken <-s, -> [ˈʃtaːkn̩] *m* DIAL [punt] pole, bargepole

staken [ˈʃtaːkn̩] **I.** *vt Floß, Kahn* to pole, to punt **II.** *vi sein* (*staksen*) to stalk

staksen [ˈʃtaːksn̩] *vi sein* (*fam*) to stalk; (*mühselig*) to hobble; (*unsicher*) to teeter

staksig [ˈʃtaːksɪç] **I.** *adj* awkward, clumsy **II.** *adv* ~ **gehen** to hobble; (*unsicher*) to teeter

Stalagmit <-en *o* -s, -en> [ʃtalaˈgmiːt, st-] *m* stalagmite

Stalinismus <-> [ʃtaliˈnɪsmʊs, st-] *m kein pl* Stalinism *no art*

stalinistisch *adj* Stalinist

Stall <-[e]s, Ställe> [ʃtal, *pl* ˈʃtɛlə] *m* (*Hühnerstall*) coop; (*Kaninchenstall*) hutch; (*Kuhstall*) cowshed, [cow] barn AM; (*Pferdestall*) stable; (*Schweinestall*) [pig]sty, [pig]pen AM

Stallbursche *m* groom **Stallknecht** *m* (*veraltend: für Pferde*) stable hand; (*für Kühe*) cow hand

Stallung <-, -en> *f meist pl* stables *pl*

Stamm <-[e]s, Stämme> [ʃtam, *pl* ˈʃtɛmə] *m* ① (*Baumstamm*) [tree] trunk ② LING stem ③ (*Volksstamm*) tribe

Stammaktie [-aktsi̯ə] *f* ordinary share, common stock AM **Stammbaum** *m* family tree **Stammbuch** *nt* family register

stammeln [ˈʃtaml̩n] *vi, vt* to stammer

stammen [ˈʃtamən] *vi* ① (*gebürtig sein*) **aus Berlin** ~ to come from Berlin; **woher ~ Sie?** where are you from [originally]? ② (*herrühren*) **aus dem 16. Jahrhundert** ~ to date from the 16th century; **diese Unterschrift stammt nicht von mir** this signature isn't mine

Stammform *f* LING base form **Stammgast** *m* regular [guest] **Stammhalter** *m* son and heir **Stammhaus** *nt* ÖKON parent company

stämmig [ˈʃtɛmɪç] *adj* sturdy

Stammkapital *nt* ordinary [*or* equity] share capital **Stammkneipe** *f* local pub [*or* AM bar] **Stammkunde, -kundin** *m, f* regular [customer] **Stammlokal** *nt* local café/restaurant/bar **Stammplatz** *m* regular seat

Stammtisch *m*

Land und Leute

Der Stammtisch (a table reserved for regulars) can be found in most pubs and restaurants.

Stammwähler(in) *m(f)* loyal voter

stampfen [ˈʃtampfn̩] **I.** *vi* ① *haben* (*aufstampfen*) to stamp [one's foot] ② *sein* ■ **irgendwohin ~** to stamp off somewhere **II.** *vt haben* ① (*feststampfen*) to tamp [down *sep*] ② (*zerstampfen*) to mash

Stampfer <-s, -> *m* ① (*Kartoffelstampfer*) [potato] masher ② (*für Sand/Schotter*) tamper

stand [ʃtant] *imp von* **stehen**

Stand <-[e]s, Stände> [ʃtant, *pl* ˈʃtɛndə] *m* ① (*das Stehen*) **aus dem ~** from a standing position ② (*Verkaufsstand*) stand; (*Marktstand*) stall ③ (*Anzeige*) reading; **laut ~ des Barometers** according to the barometer [reading] ④ *kein pl* (*Zustand*) state; **der ~ der Forschung** the level of research; **der neueste ~ der Technik** state of the art; **der ~ der Dinge** the [present] state of affairs; **sich auf dem neuesten ~ befinden** to be up-to-date ⑤ (*Spielstand*) score ⑥ SCHWEIZ (*Kanton*) canton

Standard <-s, -s> [ˈʃtandart, ˈst-] *m* standard

Standardausführung *f* standard design

standardisieren* [ʃtandardiˈziːrən, st-] *vt* to standardize

Standardisierung <-, -en> *f* standardization

Standbein *m* support leg; SPORT (*beim Basketball*) pivot leg; (*Eislauf*) tracing leg; (*Fechten*) rear leg **Standbild** *nt* statue

Ständchen <-s, -> [ˈʃtɛntçən] *nt* serenade; **jdm ein ~ bringen** to serenade sb

Ständer <-s, -> [ˈʃtɛndɐ] *m* ① (*Gestell*) stand ② (*sl: erigierter Penis*) hard-on

Ständerat *m* SCHWEIZ upper chamber (*of the Swiss parliament*)

Standesamt *nt* registry office *esp* BRIT

standesamtlich *adv* **sich ~ trauen lassen** to get married in a registry office, to be married by the Justice of the Peace AM **Standesbeamte(r), -beamtin** *m, f* registrar

standesgemäß **I.** *adj* befitting one's social status *pred* **II.** *adv* ~ **heiraten** to marry within one's social class

standfest *adj* steady **Standfestigkeit** *f kein pl* ① (*Stabilität*) stability *no pl* ② *s.* **Stand-**

haftigkeit
standhaft **I.** *adj* steadfast **II.** *adv* steadfastly
Standhaftigkeit <-> *f kein pl* steadfastness
stand|halten ['ʃtanthaltn̩] *vi irreg* ■ **[einer S.** *dat*] ~ to hold out against sth **Standheizung** *f* parking heater
ständig ['ʃtɛndɪç] **I.** *adj* constant, permanent **II.** *adv* constantly, all the time
Standlicht *nt kein pl* sidelights *pl* BRIT, parking lights *pl* AM
Standort <-[e]s, -e> *m* ① (*Unternehmenssitz*) location ② (*Standpunkt*) position ③ MIL garrison
Standortfaktor *m* locational factor **Standortsicherung** *f kein pl eines Betriebs* protection of a location
Standpauke *f* (*fam*) **jdm eine ~ halten** to give sb a telling-off **Standpunkt** *m* ① (*Meinung*) [point of] view, standpoint; [**in etw** *dat*] **einen anderen ~ vertreten** to take a different [point of] view [of sth]; **den ~ vertreten, dass ...** to take the view that ... ② (*Beobachtungsplatz*) vantage point, viewpoint **Standrecht** <-[e]s> *nt kein pl* MIL martial law **standrechtlich** *adv* summarily **Standspur** *f* hard shoulder BRIT, shoulder AM **Standuhr** *f* grandfather clock
Stange <-, -n> ['ʃtaŋə] *f* ① (*Stab*) pole; (*kürzer*) rod ② (*Metallstange*) bar ③ *Zigaretten* carton ▸ WENDUNGEN: **bei der ~ bleiben** (*fam*) to stick at it; **eine [schöne] ~ Geld kosten** (*fam*) to cost a pretty penny; **von der ~** (*fam*) off the peg [*or* AM rack]
Stängel <-s, -> ['ʃtɛŋl̩] *m* stalk, stem
Stangenbrot *nt* French loaf **Stangenware** *f kein pl* off-the-peg clothing
stank [ʃtaŋk] *imp von* **stinken**
stänkern ['ʃtɛŋkɐn] *vi* to stir things up
Stanniol <-s, -e> [ʃta'ni̯oːl, st-] *nt* silver foil
Stanniolpapier *nt* silver paper
stanzen ['ʃtantsn̩] *vt* ① (*ausstanzen*) to press ② (*einstanzen*) **Löcher in etw** *akk* ~ to punch holes in sth
Stapel <-s, -> ['ʃtaːpl̩] *m* ① (*geschichteter Haufen*) stack; (*unordentlicher Haufen*) pile; *Wäsche* mound ② NAUT **vom ~ laufen** to be launched
Stapellauf *m* NAUT launch[ing]
stapeln ['ʃtaːpl̩n] **I.** *vt* to stack **II.** *vr* ■ **sich** *akk* ~ to pile up
stapfen ['ʃtapfn̩] *vi sein* ■ **durch etw** *akk* ~ to tramp through sth
Star[1] <-[e]s, -e> [ʃtaːɐ̯] *m* ① (*Vogel*) starling ② MED cataract; **grauer ~** grey cataract; **grüner ~** glaucoma
Star[2] <-s, -s> [ʃtaːɐ̯, st-] *m* (*berühmte Person*) star
starb [ʃtarp] *imp von* **sterben**

S

stark <stärker, stärkste> [ʃtark] **I.** *adj* ① (*kräftig*) strong ② (*mächtig*) powerful, strong ③ (*dick*) thick ④ *Hitze, Kälte* severe; *Regen* heavy; *Strömung* strong; *Sturm* violent ⑤ *Erkältung, Fieber* bad ⑥ *Schlag* hard; *Druck* high ⑦ *Gefühle, Schmerzen* intense; *Bedenken* considerable; *Liebe* deep ⑧ (*leistungsfähig*) powerful ⑨ *Medikamente, Schnaps* strong **II.** *adv* ① (*heftig*) a lot; ~ **regnen** to rain heavily ② (*erheblich*) ~ **beschädigt** badly damaged; ~ **bluten** to bleed profusely; ~ **erkältet sein** to have a bad cold; ~ **gewürzt** highly spiced ③ (*in höherem Maße*) greatly, a lot; ~ **übertreiben** to greatly exaggerate; ~ **vertreten** strongly represented
Stärke <-, -n> ['ʃtɛrkə] *f* ① (*Kraft*) strength ② (*Macht, von Motor*) power ③ (*Dicke*) thickness ④ (*zahlenmäßiges Ausmaß*) size; *Armee* strength ⑤ (*Fähigkeit*) **jds ~ sein** to be sb's strong point ⑥ CHEM starch
stärken ['ʃtɛrkn̩] **I.** *vt* to strengthen **II.** *vi* ■ **~d** fortifying **III.** *vr* ■ **sich** *akk* ~ to take some refreshment
stark|machen *vr* ■ **sich** *akk* **für jdn/etw ~** to stand up for sb/sth
Starkstrom *m* heavy current **Starkstromkabel** *nt* power cable **Starkstromleitung** *f* power line
Stärkung <-, -en> *f kein pl* strengthening *no pl*
Stärkungsmittel *nt* tonic
starr [ʃtar] **I.** *adj* ① (*steif*) rigid ② (*erstarrt*) stiff; ~ **vor Angst** paralyzed with fear; ~ **vor Kälte** numb with cold; ~ **er Blick** [fixed] stare ③ (*rigide*) inflexible; *Haltung* unbending **II.** *adv* ~ **an etw** *dat* **festhalten** to hold rigidly to sth
Starre <-> ['ʃtarə] *f kein pl* immovability *no pl; Leiche* stiffness *no pl*
starren ['ʃtarən] *vi* ① (*starr blicken*) to stare ② (*bedeckt sein*) **vor Dreck ~** to be thick with dirt
Starrheit <-> *f kein pl* intransigence *no pl*
Starrsinn *m* stubbornness *no pl*
starrsinnig *adj* stubborn
Start <-s, -s> [ʃtart, start] *m* ① LUFT take-off; RAUM lift-off, launch ② SPORT start; **am ~ sein** (*von Läufern*) to be on the starting line; (*von Rennwagen*) to be on the starting grid ③ (*Beginn*) start; *Projekt* launch[ing]
Startbahn *f* LUFT [take-off] runway **startbereit** *adj* ① LUFT ready for take-off *pred* ② SPORT ready to go *pred*
starten ['ʃtartn̩, 'st-] **I.** *vi sein* ① LUFT to take off; RAUM to lift off ② SPORT to start; ■ **für**

jdn/etw ~ to participate for sb/sth ③ (*beginnen*) to start; *Projekt* to be launched **II.** *vt haben* ① *Auto* to start; *Computer* to initialize, to boot [up *sep*]; INFORM *Programm* to run ② (*beginnen lassen*) to launch, to start
Starterlaubnis *f* clearance for take-off
Starthilfe *f* ① (*Zuschuss*) initial aid ② AUTO **jdm ~ geben** to give sb a jump start **Starthilfekabel** *nt* jump leads *pl*, jumper cables *pl* AM
Startkapital *nt* starting capital **startklar** *adj s.* **startbereit** **Startlinie** *f* starting line **Startnummer** *f* [starting] number **Startphase** *f* start-up phase **Startschuss** *m* starting signal **Startsignal** *nt* starting signal
Startup <-s, -s> ['sta:tʌp] *nt* INET, ÖKON start-up
Stasi <-> ['ʃta:zi] *f kein pl kurz für* **Staatssicherheit(sdienst)** (*hist*) *state security service of the former GDR*
Statik <-> ['ʃta:tɪk, 'st-] *f* ① *kein pl* (*Stabilität*) stability *no pl* ② *kein pl* PHYS statics + *sing vb*
Station <-, -en> [ʃta'tsi̯o:n] *f* ① (*Haltestelle*) stop ② (*Aufenthalt*) stopover; **~ machen** to have a rest ③ (*Klinikabteilung*) ward ④ (*Sender*) station ⑤ METEO, SCI station
stationär [ʃtatsi̯o'nɛ:ɐ̯] **I.** *adj* MED in-patient *attr;* **ein ~er Aufenthalt** a stay in [AM the] hospital **II.** *adv* MED in [AM the] hospital; **jdn ~ behandeln** to treat sb in hospital
stationieren* [ʃtatsi̯o'ni:rən] *vt* ① (*installieren*) to station ② (*aufstellen*) to deploy
Stationierung <-, -en> *f* ① (*das Installieren*) stationing, posting ② (*Aufstellung*) deployment
Stationsarzt, -ärztin *m, f* ward doctor **Stationsschwester** *f* ward sister BRIT, senior nurse AM
statisch ['ʃta:tɪʃ, 'st-] *adj* ① BAU, ELEK static ② (*keine Entwicklung aufweisend*) in abeyance *pred*
Statist(in) <-en, -en> [ʃta'tɪst] *m(f)* extra
Statistik <-, -en> [ʃta'tɪstɪk] *f* statistics + *sing vb*
Statistiker(in) <-s, -> [ʃta'tɪstikɐ] *m(f)* statistician
Statistin <-, -nen> *f fem form von* **Statist**
statistisch [ʃta'tɪstɪʃ] **I.** *adj* statistical; **~e Zahlen** statistics **II.** *adv* statistically; **etw ~ erfassen** to make a statistical survey of sth
Stativ <-s, -e> [ʃta'ti:f, *pl* ʃta'ti:və] *nt* tripod
statt [ʃtat] **I.** *präp +gen* instead of **II.** *konj* (*anstatt*) instead of
stattdessen *adv* instead

Stätte <-, -n> ['ʃtɛtə] *f* place
statt|finden ['ʃtatfɪndn̩] *vi irreg* to take place; *Veranstaltung a.* to be held **statt|geben** *vi irreg* (*geh*) **einem Antrag/Einspruch ~/nicht ~** to sustain/overrule a motion/an objection
Statthalter(in) ['ʃtathaltɐ] *m(f)* HIST governor
stattlich ['ʃtatlɪç] *adj* ① (*imposant*) imposing ② (*beträchtlich*) considerable
Statue <-, -n> ['ʃta:tu̯ə, 'st-] *f* statue
Statur <-, -en> [ʃta'tu:ɐ̯] *f* build; **von kräftiger ~ sein** to be of powerful stature
Status <-, -> ['ʃta:tʊs, 'st-] *m* status, position
Statussymbol *nt* status symbol **Statuszeile** *f* INFORM status line
Statut <-[e]s, -en> [ʃta'tu:t] *nt meist pl* statute; *Verein a.* standing rules *pl*
Stau <-[e]s, -e *o* -s> [ʃtau̯] *m* ① (*Verkehrsstau*) traffic jam ② (*von Wasser etc.*) build-up
Staub <-[e]s, -e *o* Stäube> [ʃtau̯p, *pl* 'ʃtɔy̯bə] *m kein pl* dust *no pl, no indef art;* **~ saugen** to vacuum, to hoover BRIT; **~ wischen** to dust ▸ WENDUNGEN: **~ aufwirbeln** (*fam*) to kick up a lot of dust; **sich aus dem ~[e] machen** (*fam*) to clear off
Staubecken *nt* [catchment] reservoir [*or* AM basin]
stauben ['ʃtau̯bn̩] *vi impers* **bei etw** *dat* **staubt es sehr** sth makes a lot of dust
Staubfänger <-s, -> *m* dust collector **Staubgefäß** *nt* BOT stamen
staubig ['ʃtau̯bɪç] *adj* dusty
Staubkorn <-körner> *nt* speck of dust **Staubpartikel** *f meist pl* dust particle **staubsaugen** <*pp* staubgesaugt>, **Staub saugen** <*pp* Staub gesaugt> *vi, vt* to vacuum, to hoover BRIT **Staubsauger** *m* vacuum [cleaner], hoover BRIT **Staubtuch** *nt* duster **Staubwolke** *f* cloud of dust
Staudamm *m* dam
Staude <-, -n> ['ʃtau̯də] *f* HORT perennial [plant]
Staudensellerie *m kein pl* celery *no pl, no indef art*
stauen ['ʃtau̯ən] **I.** *vt* to dam [up *sep*] **II.** *vr* ▪**sich** *akk* **~** ① (*sich anstauen*) to collect; (*von Wasser a.*) to rise ② (*Schlange bilden*) *Autos* to pile up
Staugefahr *f* risk of congestion; **„~"** "delays likely" **Staumauer** *f* dam wall **Staumeldung** *f* traffic news + *sing vb*
staunen ['ʃtau̯nən] *vi* to be astonished (**über** +*akk* at); **da staunst du, was?** you weren't expecting that, were you?
Stauraum *m* cargo space, storage capacity

S

Stausee *m* reservoir

Stauung <-, -en> *f* ❶ (*Verkehrsstau*) traffic jam ❷ *kein pl* (*das Anstauen*) build-up

Steak <-s, -s> [ste:k, ʃte:k] *nt* steak

stechen <sticht, stach, gestochen> [ˈʃtɛçn̩] **I.** *vi* ❶ (*pieksen*) to prick ❷ (*von Insekten*) to sting; *Mücken* to bite ❸ (*mit spitzem Gegenstand eindringen*) to stab ❹ KARTEN to take the trick **II.** *vt* to stab; (*von Insekt*) to sting **III.** *vr* ■ **sich** *akk* ~ to prick oneself

stechend *adj* ❶ (*scharf*) sharp ❷ (*durchdringend*) *Schmerzen* stabbing ❸ (*beißend*) *Geruch* acrid

Stechginster *m* BOT gorse, furze **Stechkarte** *f* time [*or* BRIT clocking] card **Stechmücke** *f* gnat, midge; ([*sub*]*tropisch*) mosquito **Stechpalme** *f* holly **Stechuhr** *f* time clock, telltale BRIT **Steckbrief** *m* 'wanted' poster **steckbrieflich** *adv* ~ **gesucht werden** to be wanted [by the police] **Steckdose** *f* [wall] socket, electrical outlet AM

stecken [ˈʃtɛkn̩] **I.** *vi* <steckte *o geh* stak, gesteckt> ❶ (*festsitzen*) ■ **in etw** *dat* ~ to be stuck in sth; ~ **bleiben** to get stuck ❷ (*eingesteckt sein*) ■ **hinter/in/zwischen etw** *dat* ~ to be behind/in/among sth; **den Schlüssel ~ lassen** to leave the key in the lock ❸ (*verborgen sein*) **wo hast du denn gesteckt?** (*fam*) where have you been [hiding]?; **wo steckt er denn bloß wieder?** (*fam*) where has he got to again? ❹ (*verwickelt sein*) **[tief] in der Arbeit** ~ to be bogged down in [one's] work; **in einer Krise** ~ to be in the throes of a crisis; **in Schwierigkeiten** ~ to be in difficulties ❺ (*stocken*) ~ **bleiben** *in einer Rede* to falter; *im Verkehr* to get stuck **II.** *vt* <steckte, gesteckt> ❶ (*schieben*) ■ **etw hinter/in/unter etw** *akk* ~ to put sth behind/in[to]/under sth ❷ (*fam: befördern*) **jdn ins Bett** ~ to put sb to bed; **jdn ins Gefängnis** ~ to stick sb in prison ❸ (*fam: investieren*) **Geld in eine Firma** ~ to put money into a company; **viel Zeit in etw** *akk* ~ to devote a lot of time to sth

Steckenpferd *nt* (*fig a.*) hobby horse

Stecker <-s, -> *m* plug

Steckling <-s, -e> [ˈʃtɛklɪŋ] *m* HORT cutting

Stecknadel *f* pin **Steckrübe** *f* swede, rutabaga AM **Steckschlüssel** *m* box spanner [*or* wrench]

Steg <-[e]s, -e> [ʃte:k] *m* ❶ (*schmale Holzbrücke*) footbridge ❷ (*Bootssteg*) landing stage, jetty

Stegreif [ˈʃte:kraif] *m* ■ **etw aus dem ~ tun** to do sth off the cuff

Stehaufmännchen [ˈʃte:ʔaufmɛnçən] *nt* tumbler

Stehcafé *nt* stand-up cafe

stehen <stand, gestanden> [ˈʃte:ən] **I.** *vi haben o* SÜDD, ÖSTERR, SCHWEIZ *sein* ❶ (*in aufrechter Stellung sein*) to stand ❷ (*hingestellt sein*) to be; ~ **bleiben** to be left [behind]; ~ **lassen** to leave; (*nicht anfassen*) to leave sth where it is; (*vergessen*) to leave sth behind; **alles ~ und liegen lassen** to drop everything ❸ (*gedruckt sein*) **in einem Buch** ~ to be in a book; **das steht auf Seite sechs** that's on page six; **wo steht das?** where does it say that?; **was steht in seinem Brief?** what does his letter say? ❹ (*nicht mehr in Betrieb sein*) to have stopped; (*von Maschine a.*) to be at a standstill; **zum S~ kommen** to come to a stop ❺ (*anhalten*) ~ **bleiben** to stop; **wo steht das Auto?** where did you park the car? ❻ (*nicht verzehren*) **das Essen ~ lassen** to leave the food untouched ❼ (*von etw betroffen sein*) **unter Drogen** ~ to be under the influence of drugs; **unter Schock** ~ to be in a state of shock ❽ (*passen zu*) **jdm [gut]** ~ to suit sb [well]; **das steht dir nicht** it doesn't suit you ❾ (*einen bestimmten Spielstand haben*) **wie steht das Spiel?** what's the score? ❿ (*allein lassen*) **jdn einfach ~ lassen** to walk out on sb ⓫ (*fam: fest sein*) *Termin, Abmachung* to be finally settled; (*fertig sein*) to be ready ⓬ (*unterstützen*) ■ **zu jdm/etw** ~ to stand by sb/sth ⓭ (*eingestellt sein*) **wie ~ Sie dazu?** what are your views on it? ⓮ (*unterstützen*) ■ **hinter jdm/etw** ~ to be behind sb/sth ⓯ (*anzeigen*) ■ **auf etw** *dat* ~ to be at sth; **die Ampel steht auf Rot** the traffic light is red ⓰ (*sl: gut finden*) ■ **auf jdn** ~ to be mad about sb; **stehst du auf Techno?** are you into techno? ▸ WENDUNGEN: **jdm steht etw bis hier** (*fam*) sb is fed up with sth **II.** *vi impers* ❶ (*sich darstellen*) **es steht gut/schlecht** it's looking good/bad ❷ (*bestellt sein*) **es steht gut/schlecht um jdn/etw** things look good/bad for sb/sth; (*gesundheitlich*) sb is doing well/badly

Falsche Freunde

Nicht verwechseln mit *to stay* — bleiben!

stehend *adj attr* stagnant

Stehkragen *m* stand-up collar **Stehlampe** *f* standard lamp BRIT, floor lamp AM **Stehleiter** *f* stepladder

stehlen <stahl, gestohlen> [ˈʃte:lən] **I.** *vt, vi*

to steal; **es wird dort viel gestohlen** there's a lot of stealing there; ■**das S~** stealing ▸WENDUNGEN: **jdm die Zeit ~** to take up sb's time; **das kann mir gestohlen bleiben!** (*fam*) to hell with it! **II.** *vr* to sneak; ■**sich** *akk* **von etw** *dat* ~ to steal away from sth

Stehplatz *m* **24 Stehplätze** standing room for 24; **es gab nur noch Stehplätze** there was standing room only **Stehvermögen** *nt kein pl* staying power *no pl, no indef art*

Steiermark <-> [ˈʃtai̯ɐmark] *f* ■**die** ~ Styria

steif [ʃtai̯f] *adj* ① (*starr*) stiff; *Begrüßung* formal ② (*erigiert*) erect ▸WENDUNGEN: **etw ~ und fest behaupten** to maintain sth obstinately

steif|halten *vt irreg* ▸WENDUNGEN: **die Ohren ~** to keep one's chin up

Steifheit <-, -> *f kein pl* ① (*Festigkeit, Unbeweglichkeit*) stiffness *no pl* ② (*fig: Förmlichkeit*) formality

Steigbügel [ˈʃtai̯k-] *m* stirrup

Steige <-, -n> [ˈʃtai̯gə] *f* DIAL ① (*steile Straße*) steep track ② *s.* **Stiege**

Steigeisen *nt* ① (*für Schuhe*) climbing iron; (*Bergsteigen*) crampon ② (*an Mauern*) step iron, rung [set into a wall]

steigen <stieg, gestiegen> [ˈʃtai̯gn̩] **I.** *vi sein* ① (*klettern*) to climb; **durchs Fenster ~** to climb through the window; ■**auf etw** *akk* ~ to climb [up] sth ② (*besteigen*) ■**auf etw** *akk* ~ to get on[to] sth ③ (*einsteigen*) ■**in etw** *akk* ~ to get into sth; **in einen Zug ~** to get on a train ④ (*aussteigen*) ■**aus etw** *dat* ~ to get out of sth; **aus einem Bus ~** to get off a bus ⑤ (*absteigen*) ■**von etw** *dat* ~ to get off sth ⑥ (*sich aufwärtsbewegen*) to rise [up]; **das Blut stieg ihm ins Gesicht** the blood rushed to his face; **der Sekt ist mir zu Kopf gestiegen** the sparkling wine has gone to my head; **einen Drachen ~ lassen** to fly a kite ⑦ *Achtung* to rise; *Flut* to swell; *Preis, Wert* to increase; *Temperatur* to climb ⑧ (*sich intensivieren*) to increase; (*von Spannung, Ungeduld, a.*) to mount **II.** *vt sein* ■**Treppen ~** to climb [up] stairs

steigend *adj* ① (*sich erhöhend*) *Preise, Löhne* rising ② (*sich intensivierend*) *Spannung, Ungeduld* mounting

steigern [ˈʃtai̯gɐn] **I.** *vt* ① (*erhöhen*) to increase (**auf** +*akk* to, **um** +*akk* by) ② (*verbessern*) to improve **II.** *vr* ① (*sich intensivieren*) ■**sich** *akk* ~ to increase; *Spannung a.* to mount ② (*seine Leistung verbessern*) ■**sich** *akk* ~ to improve

Steigerung <-, -en> *f* ① (*Erhöhung*) increase (+*gen* in), rise (+*gen* in) ② (*Verbesserung*) improvement (+*gen* to)

Steigung <-, -en> *f* ① (*ansteigende Strecke*) ascent ② (*Anstieg*) slope; **eine ~ von 10 %** a gradient of 10%

steil [ʃtai̯l] **I.** *adj* ① (*stark abfallend/ansteigend*) steep ② (*sehr rasch*) rapid; **ein ~er Aufstieg** a rapid rise **II.** *adv* steeply

Steilhang *m* steep slope **Steilküste** *f* steep coast **Steilufer** *nt* steep bank

Stein <-[e]s, -e> [ʃtai̯n] *m* ① (*Gesteinsstück*) stone, rock AM ② (*Obstkern*) stone ▸WENDUNGEN: **bei jdm einen ~ im Brett haben** (*fam*) to be well in with sb; **mir fällt ein ~ vom Herzen!** that's [taken] a load off my mind!; **den ~ ins Rollen bringen** (*fam*) to start the ball rolling; **jdm ~e in den Weg legen** to put a spoke in sb's wheel BRIT

Steinadler *m* golden eagle **steinalt** [ˈʃtai̯nˈʔalt] *adj* ancient; ■**~ sein** to be as old as Methuselah **Steinbock** *m* ① ZOOL ibex ② ASTROL Capricorn **Steinbruch** *m* quarry **Steinbutt** *m* turbot **Steineiche** *f* holm oak

steinern [ˈʃtai̯nɐn] *adj* stone *attr,* [made] of stone *pred*

Steinewerfer(in) *m(f)* JUR (*fam*) stone-thrower

Steinfrucht *f* stone fruit **Steinfußboden** *m* stone floor **Steingut** *nt kein pl* earthenware *no pl, no indef art* **steinhart** [ˈʃtai̯nˈhart] *adj* rock-hard, [as] hard as [a] rock *pred*

steinig [ˈʃtai̯nɪç] *adj* stony

steinigen [ˈʃtai̯nɪgn̩] *vt* to stone

Steinkohle *f kein pl* hard coal **Steinkohlenbergwerk** *nt* coal mine

Steinmarder *m* ZOOL stone marten

Steinmetz(in) <-en, -en> [ˈʃtai̯nmɛts] *m(f)* stonemason

Steinobst *nt* stone fruit[s *pl*] **Steinpilz** *m* cep **steinreich** [ˈʃtai̯nˈrai̯ç] *adj* stinking rich **Steinschlag** *m* rockfall[s *pl*]

Steinzeit *f kein pl* ■**die ~** the Stone Age **Steinzeitmensch** *m* BIOL, ARCHÄOL Stone Age man

Steiß <-es, -e> [ʃtai̯s] *m* ANAT coccyx

Steißbein *nt* ANAT coccyx **Steißlage** *f* MED breech presentation

Stellage <-, -n> [ʃtɛˈlaːʒə] *f* BÖRSE put and call

Stelldichein <-[s], -[s]> [ˈʃtɛldɪçʔai̯n] *nt* **sich** *dat* **ein ~ geben** to come together

Stelle <-, -n> [ˈʃtɛlə] *f* ① (*Platz*) place; (*genauer*) spot; **an dieser ~** in this place; (*fig*) at this point; **auf der ~ laufen** to run on the spot; **sich nicht von der ~ rühren** to not move; **schwache ~** (*fig*) weak

S

point; **an anderer** ~ elsewhere; **an erster/zweiter** ~ in the first/second place ② (*umrissener Bereich*) spot; **fettige/rostige** ~ grease/rust spot ③ (*Abschnitt im Buch*) passage ④ MATH digit; **eine Zahl mit sieben ~n** a seven-digit number ⑤ (*Posten*) place; **an jds ~ treten** to take sb's place; **ich gehe an Ihrer** ~ I'll go in your place; **an ~ von etw** *dat* instead of sth; **an deiner ~ würde ich ...** if I were you I would ... ⑥ (*Arbeitsplatz*) job; **eine freie** ~ a vacancy ▸ WENDUNGEN: **zur ~ sein** to be on the spot; **auf der ~ treten** to not make any progress; **auf der** ~ at once; **er war auf der ~ tot** he died immediately

stellen [ˈʃtɛlən] **I.** *vt* ① (*hin-, abstellen*) to put; **das Auto in die Garage** ~ to put the car in the garage; **den Wein kalt** ~ to chill the wine ② (*aufrecht hinstellen*) to stand [up] ③ (*einstellen*) **die Heizung höher/kleiner** ~ to turn up/down *sep* the heating [*or* AM heater]; **den Fernseher lauter/leiser** ~ to turn the television up/down; **etw auf volle Lautstärke** ~ to turn sth up [at] full blast; **den Wecker auf 7 Uhr** ~ to set the alarm for 7 o'clock ④ (*zur Aufgabe zwingen*) ■**jdn** ~ to hunt down *sep* sb ⑤ (*vorgeben*) *Aufgabe* to set; *Bedingungen* to make; **[jdm] eine Frage** ~ to ask [sb] a question ⑥ (*richten*) **einen Antrag** ~ to put forward a motion; **Forderungen** ~ to make demands ⑦ (*konfrontieren*) ■**jdn vor etw** *akk* ~ to confront sb with sth ⑧ (*zur Verfügung stellen*) ■**[jdm] etw** ~ to provide [sb with] sth ▸ WENDUNGEN: **auf sich** *akk* **selbst gestellt sein** to have to fend for oneself **II.** *vr* ① (*sich hinstellen*) ■**sich** *akk* ~ to take up position ② (*entgegentreten*) ■**sich** *akk* **jdm/einer S.** ~ to face sb/sth ③ (*sich melden*) **sich** *akk* **der Polizei** ~ to turn oneself in to the police ④ (*etw vorgeben*) **sich** *akk* **ahnungslos** ~ to play the innocent; **sich** *akk* **dumm** ~ to act stupid AM; **sich** *akk* **tot** ~ to pretend to be dead

Stellenabbau *m* downsizing *no pl,* personnel cutbacks *pl,* job cuts *pl* **Stellenangebot** *nt* job offer; **„~e"** 'situations vacant' **Stellenanzeige** *f* job advertisement [*or fam* ad] **Stellenausschreibung** *f* job advertisement **Stellenbeschreibung** *f* job description **Stellengesuch** *nt* 'employment wanted' advertisement **Stellensuche** *f kein pl* job search; **auf ~ sein** to be looking for a job **Stellenvermittlung** *f* ① (*das Vermitteln einer Arbeitsstelle*) finding of jobs ② (*Einrichtung zur Vermittlung von Arbeitsstellen*) employment agency

stellenweise *adv* in [some] places

Stellenwert *m* status *no art, no pl;* **[für jdn] einen bestimmten ~ haben** to be of particular importance to sb

Stellplatz *m* parking space

Stellung <-, -en> *f* ① (*Arbeitsplatz*) job ② (*Rang, Körperhaltung, Position*) position; **in ~ gehen** to take up position; **die ~ halten** to hold the fort ③ (*Standpunkt*) **~ zu etw** *dat* **beziehen** to take a stand on sth; **~ zu etw** *dat* **nehmen** to express an opinion on sth

Stellungnahme <-, -n> *f* statement; **eine ~ [zu etw** *dat*] **abgeben** to make a statement [about sth]

stellvertretend **I.** *adj attr* (*vorübergehend*) acting *attr;* (*an zweiter Stelle stehen*) deputy *attr* **II.** *adv* ■**~ für jdn** on sb's behalf

Stellvertreter(in) *m(f)* deputy

Stellvertretung *f* (*Stellvertreter*) deputy; **die ~ von jdm übernehmen** to deputize for sb

Stellwerk *nt* BAHN signal box [*or* AM tower]

Stelze <-, -n> [ˈʃtɛltsə] *f* ① (*hölzerne Stelze*) stilt ② ORN wagtail

stelzen [ˈʃtɛltsn̩] *vi sein* (*auf Stelzen gehen*) to walk on stilts; (*staksen*) to stalk

Stelzvogel *m* ORN wader

Stemmeisen *nt* chisel

stemmen [ˈʃtɛmən] **I.** *vt* ① (*hochdrücken*) to lift ② (*stützen*) **die Arme in die Seiten** ~ to put one's hands on one's hips **II.** *vr* ■**sich** *akk* **gegen etw** *akk* ~ to brace oneself against sth

Stempel <-s, -> [ˈʃtɛmpl̩] *m* ① (*Gummistempel*) [rubber-] stamp ② (*Stempelabdruck*) stamp ③ (*Punzierung*) hallmark

Stempelfarbe *f* [stamp-pad] ink **Stempelkissen** *nt* stamp pad

stempeln [ˈʃtɛmpl̩n] *vt, vi* to stamp

Stempeluhr *f* time clock

Steno <-> [ˈʃteːno] *f kein pl* (*fam*) *Abk von* **Stenografie**

Stenograf(in) <-en, -en> [ʃtenoˈgraːf] *m(f)* shorthand typist BRIT, stenographer AM

Stenografie <-, -n> [ʃtenograˈfiː] *f* shorthand *no art, no pl,* stenography *no art, no pl* AM

stenografieren* [ʃtenograˈfiːrən] **I.** *vt* to take down sth *sep* in shorthand **II.** *vi* to do shorthand

Stenografin <-, -nen> *f fem form von* **Stenograf**

Stenogramm <-gramme> [ʃtenoˈgram] *nt* text in shorthand

Stenograph(in) <-en, -en> [ʃtenoˈgraːf]

m(f) s. **Stenograf**

Stenographie <-, -n> [ʃtenogra'fi:] *f s.* **Stenografie**

stenographieren* [ʃtenogra'fi:rən] *vt, vi s.* **stenografieren**

Stenographin <-, -nen> *f fem form von* **Stenograph**

Stenotypist(in) <-en, -en> [ʃtenoty'pɪst] *m(f)* shorthand typist BRIT, stenographer AM

Stepp <-s, -s> [ʃtɛp, stɛp] *m* tap [dance]

Steppdecke *f* duvet *esp* BRIT, comforter AM

Steppe <-, -n> ['ʃtɛpə] *f* steppe

steppen[1] ['ʃtɛpn̩, 'st-] *vt* (*nähen*) to backstitch

steppen[2] ['ʃtɛpn̩, 'st-] *vi* (*Stepp tanzen*) to tap-dance

Stepptanz ['ʃt-, 'st-] *m* tap dance

Sterbebegleiter(in) <-s, -> *m(f)* carer for the terminally ill **Sterbebegleitung** *f kein pl* care for the terminally ill, hospice care **Sterbebett** *nt* deathbed **Sterbefall** *m* fatality **Sterbehilfe** *f kein pl* euthanasia *no art, no pl*

sterben <starb, gestorben> ['ʃtɛrbn̩] *vi sein* to die (**an** +*dat* of); **daran wirst du [schon] nicht ~!** (*hum fam*) it won't kill you!; **ich sterbe vor Durst** (*fig*) I'm dying of thirst ▸ WENDUNGEN: **für jdn ist jd/etw gestorben** sb is finished with sb/sth; **er ist für mich gestorben** I'm finished with him

sterbenselend ['ʃtɛrbn̩s'ʔe:lɛnt] *adj präd* (*fam*) ■**jd fühlt sich ~** sb feels wretched **sterbenskrank** ['ʃtɛrbn̩s'kraŋk] *adj* mortally ill **Sterbenswort** ['ʃtɛrbn̩s'vɔrt] *nt*, **Sterbenswörtchen** ['ʃtɛrbn̩s'vœrtçən] *nt* **kein ~** not a [single] word

Sterberate *f* death rate **Sterbesakramente** *pl* last rites *pl* **Sterbeurkunde** *f* death certificate

sterblich ['ʃtɛrplɪç] *adj* (*geh*) mortal

Sterblichkeit <-> *f kein pl* mortality

Sterblichkeitsrate *f* mortality rate **Sterblichkeitsziffer** *f* mortality rate

Stereo <-> ['ʃte:reo, 'st-] *nt kein pl* stereo *no art, no pl*

Stereoanlage *f* stereo [system]

Stereoskop <-s, -e> [ʃtereosko:p, st-] *nt* stereoscope

stereotyp [ʃtereo'ty:p, st-] **I.** *adj* stereotype *attr*, stereotypical **II.** *adv* stereotypically

Stereotyp <-s, -e> [ʃtereo'ty:p, st-] *nt* stereotype

steril [ʃte'ri:l, st-] *adj* ❶ (*keimfrei*) sterile ❷ (*unfruchtbar*) infertile

Sterilisation <-, -en> [ʃteriliza'tsi̯o:n, st-] *f* sterilization

sterilisieren* [ʃterili'zi:rən] *vt* to sterilize; ■**sich** *akk* **~ lassen** to get sterilized

Sterilität <-> [ʃterili'tɛ:t, st-] *f kein pl* ❶ (*Keimfreiheit*) sterility *no art, no pl* ❷ (*Unfruchtbarkeit*) infertility *no art, no pl*

Stern <-[e]s, -e> [ʃtɛrn] *m* star ▸ WENDUNGEN: **~e sehen** (*fam*) to see stars; **in den ~en stehen** to be written in the stars

Sternbild *nt* constellation

Sternchen <-s, -> *nt* TYPO asterisk, star

Sternenbanner *nt* ■**das ~** the Star-spangled Banner, the Stars and Stripes + *sing vb* **Sternenhimmel** *m* starry sky **sternenklar** *adj* starry *attr*, starlit

sternförmig *adj* star-shaped, stellate *spec* **Sternfrucht** *f* star-fruit **Sterngucker(in)** *m(f)* (*hum fam*) star-gazer **sternhagelblau, sternhagelvoll** ['ʃtɛrn'ha:gl̩'fɔl] *adj* (*sl*) plastered *fam*, pissed BRIT **sternhell** *adj* (*geh*) starlit, starry **sternklar** ['ʃtɛrnkla:ɐ̯] *adj* starlit, starry **Sternschnuppe** <-, -n> *f* shooting star **Sternsinger(in)** *m(f)* carol singer **Sternstunde** *f* ■**jds ~** sb's great moment **Sternwarte** *f* observatory **Sternzeichen** *nt* [star] sign

stet [ʃte:t] *adj attr s.* **stetig**

Stethoskop <-s, -e> [ʃteto'sko:p] *nt* stethoscope

stetig ['ʃte:tɪç] *adj* steady

Stetigkeit <-> *f kein pl* ❶ (*Beständigkeit*) steadiness *no pl* ❷ MATH continuousness *no pl*

stets [ʃte:ts] *adv* at all times

Steuer[1] <-s, -> ['ʃtɔy̯ɐ] *nt* ❶ AUTO [steering] wheel; **hinterm ~ sitzen** (*fam*) to be behind the wheel ❷ NAUT helm; **am ~ stehen** to be at the helm

Steuer[2] <-, -n> ['ʃtɔy̯ɐ] *f* ÖKON tax; **etw von der ~ absetzen** to set off sth *sep* against tax

steuerbegünstigt *adj* with tax privileges *pred* **Steuerbelastung** *meist sing f* tax burden **Steuerberater(in)** *m(f)* tax consultant **Steuerbescheid** *m* tax assessment **Steuerbetrug** *m kein pl* tax evasion

Steuerbord ['ʃtɔy̯ɐbɔrt] *nt kein pl* starboard *no art, no pl*

Steuereinnahmen *pl* FIN taxation revenue **Steuererhöhung** *f* tax increase **Steuererklärung** *f* tax return **Steuererlass** *m* FIN remission of tax **Steuerermäßigung** *f* FIN tax reduction **Steuererstattung** *f* FIN tax refund **Steuerfahndung** *f* (*Verfahren*) tax investigation; (*Abteilung*) office for tax investigation **Steuerflüchtling** *m sb who avoids tax by transferring assets abroad* **steuerfrei** **I.** *adj* tax-exempt *attr*, exempt

S

from tax *pred* **II.** *adv* without paying tax **Steuerfreibetrag** *m* tax-free allowance [*or* amount] **Steuerfreiheit** *f* tax exemption **Steuerfuß** *m* SCHWEIZ tax rate **Steuergelder** *pl* taxes *pl*, tax revenue[s *pl*]

Steuergerät *nt* ① TECH control unit ② RADIO receiver

Steuerhinterziehung *f* tax evasion *no art, no pl* **Steuerkarte** *f* tax card **Steuerklasse** *f* tax category

Steuerknüppel *m* joystick

steuerlich **I.** *adj* tax *attr* **II.** *adv* ~ **absetzbar** tax-deductible; **etw ~ berücksichtigen** to provide tax allowance on sth; ~ **vorteilhaft** tax-incentive *attr*, carrying tax benefits *pred*

Steuermann <-männer *o* -leute> ['ʃtɔyɐman, *pl* -mɛnɐ, -lɔytə] *m* NAUT helmsman

Steuermarke *f* stamp BRIT, [revenue] stamp AM

steuern ['ʃtɔyɐn] **I.** *vt* ① (*lenken*) to steer ② LUFT to fly ③ (*regulieren*) to control **II.** *vi* AUTO to drive

Steuerparadies *nt* tax haven

steuerpflichtig *adj* ① (*zu versteuern*) taxable ② (*zur Steuerzahlung verpflichtet*) liable to [pay] tax *pred* **Steuerprüfer(in)** *m(f)* tax inspector [*or* AM auditor] **Steuerprüfung** *f* tax inspection [*or* AM audit]

Steuerpult *nt* control desk **Steuerrad** *nt* wheel, helm

Steuerreform *f* tax reform

Steuerruder *nt* rudder

Steuersatz *m* tax rate **Steuerschuld** *f* tax[es *pl*] owing *no indef art*, AM *a.* tax delinquency *no art, no pl* **Steuersenkung** *f* tax cut **Steuersünder, -sünderin** *m, f* tax evader **Steuersystem** *nt* tax[ation] system **Steuertopf** *m* POL, FIN (*fam*) tax [*or* revenue] coffers *pl*

Steuerung <-> *f kein pl* (*Regulierung*) control; (*das Lenken*) steering *no art*

Steuervergünstigung *f* tax concession **Steuerzahler(in)** *m(f)* taxpayer **Steuerzeichen** *nt* ① INFORM control character ② (*form: Banderole*) revenue stamp

Steward <-s, -s> ['stjuːɐt, 'ʃt(j)uːɐt] *m* steward

Stewardess <-, -en> ['stjuːɐdɛs, stjuːɐ'dɛs] *f* *fem form von* **Steward** steward/stewardess

StGB <-[s]> [ɛsteːgeː'beː] *nt Abk von* **Strafgesetzbuch**

stibitzen* [ʃti'bɪtsn̩] *vt* to nick [*or* pinch]

Stich <-[e]s, -e> [ʃtɪç] *m* ① (*Messerstich*) stab; (*Stichwunde*) stab wound ② (*Insektenstich*) sting; (*Mückenstich*) bite ③ (*stechender Schmerz*) stabbing pain ④ (*Nadelstich*) stitch ⑤ KUNST engraving ⑥ (*Farbschattierung*) **ein ~ ins Rote** a tinge of red ▶ WENDUNGEN: **einen ~ haben** (*fam: verdorben sein*) to have gone off; (*übergeschnappt sein*) to be nuts; **jdn im ~ lassen** to let sb down

Stichelei <-, -en> [ʃtɪçə'laj] *f* ① (*das Sticheln*) needling *no art, no pl* ② (*Bemerkung*) jibe

sticheln ['ʃtɪçl̩n] *vi* to make nasty remarks

Stichentscheid *m* SCHWEIZ [president's] casting vote **Stichflamme** *f* jet of flame

stichhaltig *adj*, **stichhältig** *adj* ÖSTERR *Alibi* unassailable; *Argumentation* sound; *Beweis* conclusive; ■ **[nicht] ~ sein** to [not] hold water

Stichling <-s, -e> ['ʃtɪçlɪŋ] *m* ZOOL stickleback

Stichprobe *f* spot check; **~n machen** to carry out a spot check **Stichpunkt** *m* note **Stichtag** *m* (*maßgeblicher Termin*) fixed date; (*letzte Möglichkeit*) deadline **Stichwaffe** *f* stabbing weapon **Stichwahl** *f* final ballot, run-off AM

Stichwort ['ʃtɪçvɔrt] *nt* ① (*Haupteintrag*) reference ② *meist pl* (*Wort als Gedächtnisstütze*) cue; (*Schlüsselwort*) keyword; **jdm das ~ geben** to give sb the lead-in; THEAT to cue in *sep* sb **stichwortartig** *adv* briefly **Stichwortkatalog** *m* classified catalogue

Stichwunde *f* stab wound

sticken ['ʃtɪkn̩] *vt, vi* to embroider

Stickerei <-, -en> [ʃtɪkə'raj] *f* embroidery *no art, no pl*

stickig ['ʃtɪkɪç] *adj* stuffy; *Luft* stale

Sticknadel *f* embroidery needle

Stickoxid, Stickoxyd *nt* CHEM nitrogen oxide [*or spec* nitric oxide] *no art, no pl* **Stickstoff** ['ʃtɪkʃtɔf] *m kein pl* nitrogen *no art, no pl*

stieben <stob *o* stiebte, gestoben *o* gestiebt> ['ʃtiːbn̩] *vi* **nach allen Seiten ~** to scatter in all directions

Stiefbruder ['ʃtiːf-] *m* stepbrother

Stiefel <-s, -> ['ʃtiːfl̩] *m* boot; **ein Paar ~** a pair of boots

Stiefelette <-, -n> [ʃtiːfə'lɛtə] *f* ankle boot

Stiefeltern *pl* step-parents *pl* **Stiefkind** *nt* stepchild **Stiefmutter** *f* stepmother **Stiefmütterchen** *nt* BOT pansy **stiefmütterlich** *adv* **jdn/etw ~ behandeln** to pay little attention to sb/sth **Stiefschwester** *f* stepsister **Stiefsohn** *m* stepson **Stieftochter** *f* stepdaughter **Stiefvater** *m* stepfather

stieg [ʃtiːk] *imp von* **steigen**

Stiege <-, -n> ['ʃtiːgə] *f* narrow staircase

Stiegenhaus *nt* SÜDD, ÖSTERR staircase

Stieglitz <-es, -e> ['ʃti:glɪts] *m* ORN goldfinch
Stiel <-[e]s, -e> [ʃti:l] *m* ❶ (*Handgriff*) handle; (*Besenstiel*) broomstick ❷ (*Blumenstiel*) stem, stalk
Stielaugen *pl* ▶ WENDUNGEN: ~ **machen** to look goggle-eyed
Stier <-[e]s, -e> [ʃti:ɐ̯] *m* ❶ (*Bulle*) bull ❷ ASTROL Taurus ▶ WENDUNGEN: **den ~ bei den Hörnern packen** to get the bull by the horns
stieren ['ʃti:rən] *vi* to stare
Stierkampf *m* bullfight **Stierkampfarena** *f* bullring
Stierkämpfer(in) *m(f)* bullfighter
stieß [ʃti:s] *imp von* **stoßen**
Stift <-[e]s, -e> [ʃtɪft] *m* ❶ (*Stahlstift*) tack, pin ❷ (*zum Schreiben*) pen, pencil
stiften ['ʃtɪftn̩] *vt* ❶ (*spenden*) to donate ❷ (*verursachen*) to cause; **Unruhe ~** to create unrest
Stifter(in) <-s, -> ['ʃtɪftɐ] *m(f)* ❶ (*Spender*) don[at]or ❷ (*Gründer*) founder
Stiftskirche *f* collegiate church
Stiftung <-, -en> *f* ❶ (*Organisation*) foundation ❷ (*Schenkung*) donation
Stiftzahn *m* post crown
stigmatisieren [ʃtɪgmati'zi:rən] *vt* SOZIOL (*geh*) to stigmatize
Stigmatisierung [ʃtɪgmati'zi:rʊŋ] *f* SOZIOL (*geh*) stigmatization
Stil <-[e]s, -e> [ʃti:l, st-] *m* ❶ (*Ausdrucksform*) style ❷ (*Verhaltensweise*) ■**jds ~** sb's conduct; **das ist nicht unser ~** that's not the way we do things [here] ▶ WENDUNGEN: **im großen ~** on a grand scale
stilbildend *adj* SOZIOL, KUNST trendsetting **Stilbruch** *m* inconsistency in style; KUNST, LING stylistic incongruity **stilecht** **I.** *adj* period *usu attr* **II.** *adv* in period style **stilgetreu** *adj* true to the original style
stilisieren* [ʃtili'zi:rən, st-] *vt* to stylize
Stilistik <-, -en> [ʃti'lɪstɪk] *f kein pl* (*Stilkunde*) stylistics + *sing vb, no art*
stilistisch **I.** *adj* stylistic **II.** *adv* stylistically
still [ʃtɪl] *adj* ❶ (*ruhig*) quiet, peaceful; **sei ~!** be quiet!; **in einer ~en Stunde** in a quiet moment ❷ (*geräuschlos*) silent; **es wurde ~ im Raum** there was silence in the room ❸ (*verschwiegen*) *Vorwurf* silent ❹ (*unbewegt*) still; **etw ~ halten** to keep sth still ❺ (*heimlich*) **im S~en** in secret; **im S~en hoffen** to secretly hope ▶ WENDUNGEN: **es ist um ihn ~ geworden** you don't hear much about him anymore
Stille <-> ['ʃtɪlə] *f kein pl* ❶ (*Ruhe*) quiet *no art, no pl;* (*ohne Geräusch*) silence *no art, no pl;* **es herrschte ~** there was silence; **in aller ~** quietly ❷ (*Abgeschiedenheit*) peace *no art, no pl*
stillen ['ʃtɪlən] *vt* ❶ (*säugen*) to breastfeed ❷ (*befriedigen*) to satisfy; **den Durst ~** to quench sb's thirst ❸ (*aufhören lassen*) to stop; *Blutverlust* to staunch
still|halten *vi irreg* to keep still
Stillleben ['ʃtɪlle:bn̩] *nt* still life **still|legen** <stillgelegt> *vt* to close [down *sep*]; ■**stillgelegt** closed [down] **Stilllegung** <-, -en> *f* closure **still|liegen** <stillgelegen> *vi sein o haben* to be closed [down]
stillos *adj* lacking any definite style *pred*
Stillschweigen *nt* silence *no art, no pl;* **über etw** *akk* **~ bewahren** to keep quiet about sth **stillschweigend** ['ʃtɪlʃvaignt] **I.** *adj* tacit **II.** *adv* tacitly; **etw ~ billigen** to give sth one's tacit approval **still|sitzen** *vi irreg sein o haben* to sit still **Stillstand** *m kein pl* standstill *no pl;* **zum ~ kommen** (*zum Erliegen*) to come to a standstill; (*aufhören*) to stop **still|stehen** *vi irreg sein o haben* ❶ (*außer Betrieb sein*) to stand idle; *Verkehr, Verhandlungen* to be at a standstill ❷ (*sich nicht bewegen, a. fig*) to stand still
Stilmöbel *nt meist pl* period furniture *no pl* **stilvoll** *adj* stylish
Stimmabgabe *f* POL vote, voting *no art, no pl* **Stimmband** *nt meist pl* vocal c[h]ord **stimmberechtigt** *adj* entitled to vote *pred* **Stimmberechtigte(r)** *f(m) dekl wie adj* person entitled to vote; ■**die ~n** the voters *pl* **Stimmbeteiligung** *f* SCHWEIZ poll **Stimmbruch** *m* **er war mit 12 im ~** his voice broke when he was 12 **Stimmbürger(in)** *m(f)* POL SCHWEIZ voter; **die gesamten ~** the electorate + *sing/pl vb*
Stimme <-, -n> ['ʃtɪmə] *f* ❶ (*Art des Sprechens*) voice; **mit leiser ~ sprechen** to speak in a quiet voice ❷ POL vote; **sich** *akk* **der ~ enthalten** to abstain ❸ (*Meinungsäußerung*) voice; **es werden ~n laut, die sich gegen das Projekt aussprechen** voices are being raised against the project
stimmen[1] ['ʃtɪmən] *vi* ❶ (*zutreffen*) to be right; ■**es stimmt, dass ...** it is true that ...; **stimmt!** right! ❷ (*korrekt sein*) to be correct; **diese Rechnung stimmt nicht!** there's something wrong with this bill!; **da stimmt was nicht!** there's something wrong here!; **stimmt so!** keep the change!
stimmen[2] ['ʃtɪmən] *vt* MUS to tune
Stimmenauszählung *f* vote count **Stimmengewirr** *nt* babble of voices **Stimmengleichheit** *f* tie **Stimmenmehrheit** *f* majority of votes; **jdn durch ~ besiegen** to outvote sb
Stimmenthaltung *f* abstention

Stimmenverlust *m* loss of votes
Stimmgabel *f* tuning fork
stimmhaft *adj* LING voiced
stimmig ['ʃtɪmɪç] *adj* ■[**in sich** *dat*] **~ sein** to be consistent
Stimmlage *f* voice
stimmlos *adj* LING voiceless
Stimmrecht *nt* right to vote
Stimmung <-, -en> *f* ① (*Gemütslage*) mood; ■**in der ~ sein** to be in the mood (**zu** +*dat* for); **in ~ kommen** to get in the [right] mood ② (*Atmosphäre*) atmosphere; **eine geladene ~** a tense atmosphere ③ (*öffentliche Einstellung*) public opinion *no art, no pl;* **~ für/gegen etw** *akk* **machen** to stir up [public] opinion for/against sth
Stimmungskanone *f* (*fam*) entertainer; **eine ~ sein** to be the life and soul of the party **Stimmungslage** *f* mood, atmosphere **Stimmungstief** <-s, -s> *nt* PSYCH, POL (*fam*) low [period] **Stimmungsumschwung** *m* change of mood [*or* atmosphere] **stimmungsvoll** *adj* sentimental *usu pej*
Stimmzettel *m* voting slip
Stimulation <-, -en> [ʃtimula'tsi̯o:n] *f* stimulation
stimulieren* [ʃtimu'li:rən] *vt* to stimulate
Stinkbombe *f* stink bomb
Stinkefinger *m* (*fam*) **jdm den ~ zeigen** to tell sb to fuck off, to flip sb the bird AM
stinken <stank, gestunken> ['ʃtɪŋkn̩] *vi* ① (*unangenehm riechen*) to stink (**nach** +*dat* of) ② (*verdächtig sein*) **die Sache stinkt** the whole business stinks ③ (*sl: zuwider sein*) ■**jdm stinkt etw** sb is fed up with sth; **mir stinkt's!** I'm fed up with it!
stinkfaul ['ʃtɪŋk'fau̯l] *adj* bone idle **stinklangweilig** *adj* dead boring **stinknormal** ['ʃtɪŋknɔr'ma:l] *adj* (*fam*) perfectly ordinary **stinkreich** ['ʃtɪŋk'rai̯ç] *adj* (*fam*) rolling in it *pred* **stinksauer** ['ʃtɪŋk'zau̯ɐ] *adj* **~ auf jdn sein** to be pissed off with sb **Stinktier** *nt* skunk **Stinkwut** ['ʃtɪŋk'vu:t] *f* towering rage *no pl;* ■**eine ~ haben** to seethe with rage; ■**eine ~ auf jdn haben** to be livid with sb
Stipendiat(in) <-en, -en> [ʃtipɛn'di̯a:t] *m(f)* person receiving a scholarship
Stipendium <-s, -dien> [ʃti'pɛndi̯ʊm, *pl* -di̯ən] *nt* scholarship
Stippvisite ['ʃtɪpvi'zi:tə] *f* (*fam*) quick [*or* BRIT flying] visit; **bei jdm eine ~ machen** to pay sb a flying visit
Stirn <-, -en> [ʃtɪrn] *f* forehead; **die ~ runzeln** to frown ▶WENDUNGEN: **jdm die ~ bieten** to face up to sb
Stirnband <-bänder> *nt* headband
Stirnhöhle *f* sinus **Stirnhöhlenentzündung** *f* sinusitis *no art, no pl* **Stirnhöhlenvereiterung** *f* MED sinusitis *no art, no pl spec*
Stirnrunzeln <-s> *nt kein pl* frown **Stirnseite** *f* [narrow] side; *eines Hauses* end wall
stob [ʃto:p] *imp von* **stieben**
stöbern ['ʃtø:bɐn] *vi* ■**in etw** *dat* **~** to rummage in sth
stochern ['ʃtɔxɐn] *vi* ■**in etw** *dat* **~** to poke [around in] sth
Stock[1] <-[e]s, Stöcke> [ʃtɔk, *pl* 'ʃtœkə] *m* ① (*Holzstange*) stick ② (*Topfpflanze*) plant
Stock[2] <-[e]s, -> [ʃtɔk] *m* floor, storey; **der 1. ~** the ground [*or* AM first] floor
stockbesoffen ['ʃtɔkbə'zɔfn̩] *adj* (*fam*) stinking drunk
Stockbett *nt* bunk bed
stockdunkel ['ʃtɔk'dʊŋkl̩] *adj* pitch-dark
Stöckelabsatz *m* high heel **Stöckelschuh** *m* high heel
stocken ['ʃtɔkn̩] *vi* ① (*innehalten*) to falter ② (*zeitweilig stillstehen*) to come to a halt
stockend *adj* ① *Unterhaltung* flagging ② *Verkehr* stop-start
stockfinster *adj s.* **stockdunkel**
Stockfisch *m* dried cod
Stockholm <-s> ['ʃtɔkhɔlm] *nt* Stockholm *no art, no pl*
stockkonservativ ['ʃtɔkkɔnzɛrva'ti:f] *adj* (*fam*) diehard **stocksauer** ['ʃtɔk'zau̯ɐ] *adj* (*fam*) ■**~ sein** to be pissed off **stocksteif** ['ʃtɔk'ʃtai̯f] *adj, adv* [as] stiff as a poker *pred*
Stockung <-, -en> *f* hold-up (+*gen* in)
Stockwerk *nt s.* **Stock**[2]
Stockzahn <-[e]s, -zähne> *m* ÖSTERR, SCHWEIZ, SÜDD back tooth, molar
Stoff <-[e]s, -e> [ʃtɔf] *m* ① (*Textil*) material, fabric ② (*Material*) material ③ CHEM substance ④ (*thematisches Material*) material *no indef art, no pl* ⑤ (*Lehrstoff*) subject material *no indef art, no pl* ⑥ *kein pl* (*sl: Rauschgift*) dope *no art, no pl*
Stofffetzen *m* scrap of material
stoffgebunden *adj* MED, PSYCH (*fachspr*) substance-related; **~e Süchte** substance addictions
Stofftier *nt* soft [*or* BRIT *a.* cuddly] toy
Stoffwechsel [-vɛksl̩] *m* metabolism *no art, no pl*
stöhnen ['ʃtø:nən] *vi* to moan; (*vor Schmerz*) to groan
stoisch ['ʃto:ɪʃ, 'st-] *adj* stoic[al]
Stola <-, Stolen> ['ʃto:la, 'st-] *f* ① MODE

shawl; (*aus Pelz*) stole ② REL stole

Stollen <-s, -> [ˈʃtɔlən] *m* ① BERGB tunnel ② KOCHK stollen (*sweet bread made with dried fruit often with marzipan in the centre, eaten at Christmas*)

stolpern [ˈʃtɔlpɐn] *vi sein* to trip, to stumble

Stolperstein *m* stumbling block

stolz [ʃtɔlts] *adj* proud

Stolz <-es> [ʃtɔlts] *m kein pl* pride *no art, no pl;* **jds ganzer ~ sein** to be sb's pride and joy

stolzieren* [ʃtɔlˈtsiːrən] *vi sein* to strut

Stop-and-go(-Verkehr) <-s> [ˈstɔp-ʔəndˈgoː-] *nt kein pl* stop-and-go traffic *no art, no pl*

stopfen [ˈʃtɔpfn̩] **I.** *vt* ① (*hineinzwängen*) to stuff; *Loch* to fill a hole ② (*mit Nadel und Faden*) to darn **II.** *vi* (*die Verdauung hemmen*) to cause constipation

Stopfgarn *nt* darning thread **Stopfnadel** *f* darning needle

Stopp <-s, -s> [ʃtɔp] *m* stop; **ohne ~** without stopping

Stoppel <-, -n> [ˈʃtɔpl̩] *f meist pl* stubble *no art, no pl*

Stoppelbart *m* stubbly beard **Stoppelfeld** *nt* stubble field

stoppelig [ˈʃtɔpəlɪç] *adj* stubbly

stoppen [ˈʃtɔpn̩] *vt, vi* ① (*anhalten*) to stop ② (*Zeit nehmen*) to time

stopplig [ˈʃtɔplɪç] *adj s.* **stoppelig**

Stoppschild <-schilder> *nt* stop [*or* BRIT *a.* halt] sign **Stoppuhr** *f* stopwatch

Stöpsel <-s, -> [ˈʃtœpsl̩] *m* stopper; (*für Badewanne*) plug

Stör <-[e]s, -e> [ʃtøːɐ̯] *m* ZOOL sturgeon

Storch <-[e]s, Störche> [ʃtɔrç, *pl* ˈʃtœrçə] *m* stork

Storchennest *nt* stork's nest

Störchin [ˈʃtœrçɪn] *f fem form von* **Storch**

stören [ˈʃtøːrən] **I.** *vt* ① (*unterbrechen*) to disturb; **jdn bei der Arbeit ~** to disturb sb at his/her work; **entschuldigen Sie, wenn ich Sie störe** I'm sorry to bother you ② (*beeinträchtigen*) **jds Pläne ~** to interfere with sb's plans ③ (*unangenehm berühren*) **stört es Sie, wenn ich ...?** do you mind if I ...?; **das stört mich nicht** that doesn't bother me; **das stört mich!** that's annoying me! **II.** *vi* ① (*bei etw unterbrechen*) to disturb; **ich will nicht ~, aber ...** I hate to disturb you, but ... ② (*lästig sein*) to be irritating; **etw als ~d empfinden** to find sth irritating **III.** *vr* **er stört sich aber auch an allem** he lets absolutely everything bother him

Störenfried <-[e]s, -e> *m* troublemaker

Störfall *m* (*technischer Defekt*) fault; (*Fehlfunktion*) malfunction; **im ~** in case of malfunction **Störgeräusch** *nt* interference *no art, no pl*

Storni *pl s.* **Storno**

stornieren* [ʃtɔrˈniːrən] *vt* to cancel

Stornierung <-, -en> *f* ① HANDEL *eines Auftrags* cancellation ② FIN *einer Buchung* reversal, correcting entry

Storno <-s, Storni> [ˈʃtɔrno, *pl* ˈʃtɔrni] *m o nt* reversal

störrisch [ˈʃtœrɪʃ] **I.** *adj* obstinate, stubborn **II.** *adv* obstinately, stubbornly

Störung <-, -en> *f* ① (*Unterbrechung*) interruption, disruption, disturbance ② (*Störsignale*) interference *no art, no pl* ③ (*technischer Defekt*) fault; (*Fehlfunktion*) malfunction

Störungsdienst *m* TELEK faults service BRIT, repair service AM **störungsfrei** *adj* TV, RADIO free from interference; **~er Empfang** distortion-free reception **Störungsstelle** *f* TELEK customer hotline

Story <-, -s> [ˈstoːri, ˈstɔri] *f* story

Stoß <-es, Stöße> [ʃtoːs, *pl* ˈʃtøːsə] *m* ① (*Schubs*) push; (*mit dem Ellbogen*) dig; (*mit der Faust*) punch; (*mit dem Fuß*) kick; **jdm einen ~ versetzen** to give sb a push etc. ② *einer Waffe* thrust ③ (*Erschütterung*) bump ④ (*Stapel*) pile, stack ▸ WENDUNGEN: **sich** *dat* **einen ~ geben** to pull oneself together

Stoßdämpfer *m* shock absorber

Stößel <-s, -> [ˈʃtøːsl̩] *m* pestle

stoßen <stößt, stieß, gestoßen> [ˈʃtoːsn̩] **I.** *vt* (*schubsen*) to push, to shove (**aus** +*dat* out of, **von** +*dat* off) **II.** *vr* ▪**sich** *akk* [**an etw** *dat*] **~** to hurt oneself [on sth]; [**sich** *dat*] **den Kopf ~** to bang one's head **III.** *vi* ① *sein* (*aufschlagen*) ▪**an etw** *akk* **~** to knock against sth; **mit dem Kopf an etw** *akk* **~** to bang one's head on sth; ▪**gegen etw** *akk* **~** to knock into sth ② *sein* (*grenzen*) ▪**an etw** *akk* **~** to be bordered by sth ③ *sein* (*treffen*) ▪**zu jdm ~** to join sb ④ *sein* (*finden*) ▪**auf etw** *akk* **~** to find sth; **auf Erdöl ~** to strike oil; **ich stieß auf ein interessantes Gebäude in der Altstadt** I came across an interesting building in the old part of town ⑤ *sein* (*konfrontiert werden*) **auf Ablehnung/Zustimmung ~** to meet with disapproval/approval ⑥ SCHWEIZ (*schieben*) to push, to shove

Stoßgebet *nt* [quick] prayer; **ein ~ zum Himmel schicken** to send up a [quick] prayer **Stoßseufzer** *m* deep sigh **Stoßstange** *f* bumper **Stoßverkehr** *m* rush hour [traffic] *no art, no pl*

stoßweise *adv* ❶ (*ruckartig*) in fits and starts ❷ (*in Stapeln*) in piles
Stoßzahn *m* tusk **Stoßzeit** *f* ❶ (*Hauptverkehrszeit*) rush hour *no art, no pl* ❷ (*Hauptgeschäftszeit*) peak time
Stotterer, Stotterin <-s, -> *m, f* stutterer
stottern ['ʃtɔtɐn] *vi* ❶ (*stockend sprechen*) to stutter ❷ *Motor* to splutter
Stövchen <-s, -> ['ʃtøːfçən] *nt* [teapot/coffee pot] warmer
Str. *Abk von* **Straße** St
stracks [ʃtraks] *adv* straight; **jetzt aber ~ nach Hause!** home with you, straight away!
Strafandrohung *f* JUR warning of criminal proceedings, commination **Strafanstalt** *f* penal institution **Strafantrag** *m* petition (*for a particular penalty or sentence*) **Strafanzeige** *f* [criminal] charge; **~ gegen jdn erstatten** to bring a criminal charge against sb **Strafarbeit** *f* SCH lines *pl* BRIT, extra work AM; **jdm eine ~ aufgeben** to punish sb/to give sb lines **Strafbank** *f* SPORT penalty bench
strafbar *adj* punishable [by law]; **sich** *akk* **~ machen** to make oneself liable to prosecution
Strafbefehl *m* order of summary punishment (*on the application of the public prosecutor's office*)
Strafe <-, -n> ['ʃtraːfə] *f* ❶ (*Bestrafung*) punishment *no pl;* JUR penalty; **~ muss sein!** discipline is necessary!; **zur ~** as a punishment ❷ (*Geldstrafe*) fine; **~ zahlen** to pay a fine; (*Haftstrafe*) sentence; **seine ~ absitzen** to serve [out] one's sentence
strafen ['ʃtraːfn̩] *vt* ❶ (*bestrafen*) to punish; **mit dieser Arbeit/Frau bin ich wirklich gestraft** this work/woman is a real pain *fam* ❷ (*behandeln*) **jdn mit Verachtung ~** to treat sb with contempt
Straferlass *m* remission [of a/the sentence]
straff [ʃtraf] **I.** *adj* ❶ (*fest gespannt*) taut, tight ❷ (*nicht schlaff*) firm **II.** *adv* tightly
straffällig *adj* JUR punishable, criminal *attr;* **ein ~er Jugendlicher** a young offender; ■ **~ werden** to become a criminal
Straffälligkeit *f kein pl* JUR (*fachspr*) delinquency, criminal activity
straffen ['ʃtrafn̩] *vt* ❶ (*straff anziehen*) to tighten ❷ (*kürzen*) *Artikel, Text* to shorten; (*präziser machen*) to tighten up *sep*
Straffheit <-> *f kein pl* ❶ *der Haut* firmness; *eines Seils* tautness ❷ (*fig*) *einer Ordnung* strictness
straffrei *adj* unpunished; **~ bleiben** to go unpunished **Straffreiheit** *f kein pl* immunity from criminal prosecution **Strafgefangene(r)** *f(m) dekl wie adj* prisoner **Strafgericht** *nt* punishment; **ein ~ abhalten** to hold a trial **Strafgesetz** *nt* criminal law **Strafgesetzbuch** *nt* penal code **Strafjustiz** *f kein pl* criminal justice *no pl, no art*
sträflich ['ʃtrɛːflɪç] *adj* criminal *attr*
Sträfling <-s, -e> ['ʃtrɛːflɪŋ] *m* prisoner
straflos *adj* unpunished
Strafmaß *nt* sentence **strafmildernd** *adj* mitigating **strafmündig** *adj* of the age of criminal responsibility **Strafporto** *nt* excess postage **Strafpredigt** *f* sermon; **jdm eine ~ halten** to lecture sb **Strafprozess** *m* trial **Strafprozessordnung** *f* code of criminal procedure **Strafpunkt** *m* SPORT penalty spot **Strafraum** *m* FBALL penalty area **Strafrecht** *nt* criminal law *no art, no pl* **strafrechtlich** *adj* criminal *attr;* **eine ~e Frage** a question concerning criminal law **Strafregister** *nt* criminal records *pl* **Strafstoß** *m* SPORT penalty [kick] **Straftat** *f* [criminal] offence **Straftäter(in)** *m(f)* criminal, offender **Strafverfahren** *nt* criminal proceedings *pl* **Strafverfolger(in)** *m(f)* public prosecutor BRIT, district attorney AM **Strafversetzung** *f* disciplinary transfer **Strafverteidiger(in)** *m(f)* counsel for the defence BRIT, defending counsel AM
Strafvollzug *m* penal system **Strafvollzugsanstalt** *f* penal institution
Strafwurf *m* SPORT penalty throw **Strafzettel** *m* ticket
Strahl <-[e]s, -en> [ʃtraːl] *m* ❶ (*Lichtstrahl*) ray [of light]; (*Sonnenstrahl*) sunbeam BRIT, sunray AM; (*konzentriertes Licht*) beam ❷ (*Wasserstrahl*) jet
strahlen ['ʃtraːlən] *vi* ❶ (*leuchten*) to shine ❷ (*Radioaktivität abgeben*) to be radioactive ❸ (*ein freudiges Gesicht machen*) to beam (**vor** +*dat* with); **über das ganze Gesicht ~** to beam all over one's face ❹ (*glänzen*) to shine
Strahlenbehandlung *f* radiotherapy *no art, no pl* **Strahlenbelastung** *f* radiation *no art, no pl,* radioactive contamination *no pl*
strahlend **I.** *adj* ❶ (*sonnig*) glorious ❷ (*freudestrahlend*) beaming ❸ (*radioaktiv verseucht*) radioactive **II.** *adv* **jdn ~ ansehen** to beam [*or* smile happily] at sb
Strahlendosis *f* MED dose of radiation **strahlengeschädigt** *adj* suffering from radiation sickness, damaged by radiation **Strahlenrisiko** *nt* risk of radiation **Strahlenschutz** *m kein pl* radiation protection *no art, no pl* **Strahlentherapie** *f* radiotherapy *no art no pl* **strahlenverseucht**

adj contaminated with radioactivity *pred*
Strahler <-s, -> *m* (*Leuchte*) spotlight, spot *fam*
Strahlung <-, -en> *f* PHYS radiation *no art, no pl;* **radioaktive** ~ radioactivity
strahlungsarm *adj* low-radiation
Strähnchen <-s, -> *nt meist pl* streak, streaks *pl;* ~ **machen lassen** to have highlights put in
Strähne <-, -n> ['ʃtrɛːnə] *f* strand; **eine weiße** ~ a white streak
strähnig ['ʃtrɛːnɪç] *adj* straggly
stramm [ʃtram] **I.** *adj* ① (*straff*) tight; **etw** ~ **ziehen** to tighten sth ② (*kräftig*) strong, brawny, strapping *hum fam* ③ (*drall*) taut; *Beine* sturdy ④ *Marsch* brisk **II.** *adv* ① (*eng anliegend*) tightly ② (*fam: intensiv*) intensively; ~ **marschieren** to march briskly
stramm|stehen *vi irreg* to stand to attention
Strampelanzug *m* romper suit **Strampelhöschen** [-høːsçən] *nt* romper suit, Babygro® BRIT
strampeln ['ʃtrampl̩n] *vi* ① *haben* (*heftig treten*) to kick about ② *haben* (*fam: sich abmühen*) to struggle
Strand <-[e]s, Strände> [ʃtrant, *pl* 'ʃtrɛndə] *m* beach; **am** ~ on the beach

Falsche Freunde

Nicht verwechseln mit *strand* — Strähne *f*!

Strandbad *nt* bathing beach
stranden ['ʃtrandn̩] *vi sein* (*auf Grund laufen*) to run aground ▸ WENDUNGEN: **irgendwo gestrandet sein** to be stranded somewhere
Strandgut *nt kein pl* flotsam and jetsam + *sing vb*
Strandkorb *m* beach chair

Land und Leute

Strandkörbe are a characteristic of the beaches on the North and Baltic Sea coasts. They are large, stable, two-seater wicker chairs with a hood and sides of wickerwork to protect the occupants from the north wind, rain or powerful sunshine.

Strandläufer *m* ORN sandpiper **Strandpromenade** *f* promenade
Strang <-[e]s, Stränge> [ʃtraŋ, *pl* 'ʃtrɛŋə] *m* ① (*dicker Strick*) rope ② (*Bündel von Fäden*) hank ▸ WENDUNGEN: **am gleichen** ~ **ziehen** to [all] pull together; **über die Stränge schlagen** (*fam*) to run riot
strangulieren* [ʃtraŋgu'liːrən] *vt* to strangle
Strapaze <-, -n> [ʃtra'paːtsə] *f* stress *no art, no pl,* strain *no art, no pl*
strapazieren* [ʃtrapa'tsiːrən] **I.** *vt* ① (*stark beanspruchen*) to wear; (*abnutzen*) to wear out *sep* ② (*überbeanspruchen*) **jds Geduld** ~ to tax sb's patience; **jds Nerven** ~ to get on sb's nerves **II.** *vr* ▪ **sich** *akk* [**bei etw** *dat*] ~ to overdo it [when doing sth]; **ich habe mich beim Umzug zu sehr strapaziert** I overdid it when we were moving
strapazierfähig *adj* hard-wearing
strapaziert *adj* ~**e Haut** stressed skin
strapaziös [ʃtrapa'tsi̯øːs] *adj* strenuous
Straps <-es, -e> [ʃtraps] *m meist pl* suspender[s *pl*] BRIT, garter AM
Straßburg <-s> ['ʃtraːsbʊrk] *nt* Strasbourg
Straße <-, -n> ['ʃtraːsə] *f* (*Verkehrsweg*) road; (*bewohnte Straße*) street; (*enge Straße auf dem Land*) lane ▸ WENDUNGEN: **auf die** ~ **gehen** to demonstrate; **auf der** ~ **sitzen** (*fam*) to be [out] on the streets; **auf offener** ~ in broad daylight; **jdn auf die** ~ **setzen** (*fam*) to throw sb out
Straßenarbeiten *pl* roadworks *pl* BRIT, roadwork *no art, no pl* **Straßenarbeiter(in)** *m(f)* [road] construction worker
Straßenbahn *f* tram[car] BRIT, streetcar AM; **mit der** ~ **fahren** to go by tram
Straßenbahnhaltestelle *f* tram stop **Straßenbahnlinie** *f* tram route BRIT, streetcar line AM **Straßenbahnnetz** *nt* tram network
Straßenbau *m kein pl* road construction *no art* **Straßenbelag** *m* road surface **Straßenbeleuchtung** *f* street lighting **Straßenbenutzungsgebühr** *f* FIN road toll **Straßenblock** <-s, -s *o* -blöcke> *m* block **Straßencafé** *nt* pavement [*or* AM sidewalk] cafe **Straßenecke** *f* street corner **Straßenfeger(in)** <-s, -> *m(f)* road sweeper, street cleaner AM **Straßenfest** *nt* street party **Straßenführung** *f* route **Straßengraben** *m* [roadside] ditch **Straßenjunge** *m* (*pej*) street urchin **Straßenkampf** *m meist pl* street fight[ing] **Straßenkarte** *f* road map **Straßenkehrer(in)** <-s, -> *m(f)* road sweeper **Straßenkind** *nt* street urchin **Straßenkreuzer** <-s, -> *m* (*fam*) limousine **Straßenkreuzung** *f* crossroads + *sing vb,* intersection AM **Straßenlärm** *m* street [*or* road] noise **Straßenlaterne** *f* street lamp, street light **Straßenmarkierung** *f* road markings *pl* **Straßenmusikant(in)** *m(f)* busker BRIT **Straßenrand** *m* roadside **Straßenreinigung** *f* street [*or* road] cleaning **Straßenschild** *nt* street

S

sign **Straßenschlacht** *f* street riot **Straßenschlucht** *f* street (*between high-rise buildings*) **Straßenseite** *f* (*einer Straße*) roadside; (*eines Gebäudes*) side next to the road/street **Straßensperre** *f* roadblock **Straßenstrich** *m* (*fam*) kerb-crawling area **Straßenüberführung** *f für Fußgänger* footbridge; *für Fahrzeuge* flyover BRIT, overpass AM **Straßenunterführung** *f für Fahrzeuge* underpass; *für Fußgänger* [pedestrian] subway, underpass *esp* AM **Straßenverhältnisse** *pl* road conditions *pl*

Straßenverkehr *m* [road] traffic **Straßenverkehrsordnung** *f* road traffic act

Straßenverzeichnis *nt* street index

Stratege, Strategin <-n, -n> [ʃtraˈteːgə, st-, ʃtraˈteːgɪn] *m, f* strategist

Strategie <-, -en> [ʃtrateˈgiː, st-, *pl* -ˈgiːən] *f* strategy

Strategin <-, -nen> *f fem form von* **Stratege**

strategisch [ʃtraˈteːgɪʃ, st-] *adj* strategic

Stratosphäre [ʃtratoˈsfɛːrə, st-] *f kein pl* stratosphere

sträuben [ˈʃtrɔybn̩] *vr* ① (*sich widersetzen*) ■**sich** *akk* [**gegen etw** *akk*] ~ to resist [sth] ② (*sich aufrichten*) *Fell, Haar* to stand on end

Strauch <-[e]s, Sträucher> [ʃtraux, *pl* ˈʃtrɔyçɐ] *m* shrub, bush

straucheln [ˈʃtrauxl̩n] *vi sein* (*geh*) ① (*stolpern*) to stumble ② (*straffällig werden*) to go astray

Strauß[1] <-es, Sträuße> [ʃtraus, *pl* ˈʃtrɔysə] *m* bunch [of flowers]

Strauß[2] <-es, -e> [ʃtraus] *m* ostrich

Strebe <-, -n> [ˈʃtreːbə] *f* brace, strut

streben [ˈʃtreːbn̩] *vi* ① *haben* (*sich bemühen*) to strive (**nach** +*dat* for) ② *sein* (*geh: sich hinbewegen*) **zum Ausgang** ~ to make for the exit

Strebepfeiler *m* ARCHIT buttress

Streber(in) <-s, -> [ˈʃtreːbɐ] *m(f)* (*pej fam*) swot BRIT, grind AM

strebsam [ˈʃtreːpzaːm] *adj* assiduous

Strebsamkeit <-> *f kein pl* assiduousness

Strecke <-, -n> [ˈʃtrɛkə] *f* ① (*Wegstrecke*) distance; **eine ~ von zehn Kilometern zurücklegen** to cover a distance of ten kilometres; **ich habe auf der ganzen ~ geschlafen** I slept the whole way; **auf halber ~** halfway; **über weite ~n** for long stretches ② BAHN [section of] line; **auf freier ~** on the open line ▸ WENDUNGEN: **auf der ~ bleiben** *dat* (*fam*) to fall by the wayside; **jdn zur ~ bringen** to hunt sb down

strecken [ˈʃtrɛkn̩] **I.** *vt* ① (*recken*) to stretch; **den Arm/die Beine ~** to stretch one's arm/legs; **den Finger ~** to raise one's finger ② (*ergiebiger machen*) to stretch; *Drogen etc.* to thin down **II.** *vr* ■**sich** *akk* ~ to [have a] stretch

Streckenabschnitt *m* BAHN section of the line **Streckennetz** *nt* BAHN rail network **Streckenstilllegung** *f* BAHN line closure

streckenweise *adv* in parts

Streckmuskel *m* ANAT extensor [muscle] **Streckverband** *m* MED extension [*or* traction] bandage

Streetworker(in) <-s, -> [ˈstriːtwœrkɐ] *m(f)* street worker

Streich <-[e]s, -e> [ʃtraiç] *m* ① (*Schabernack*) prank; **ein böser ~** a nasty trick; **jdm einen ~ spielen** to play a trick on sb ② (*geh: Schlag*) blow

Streicheleinheiten *pl* (*Zärtlichkeit*) tender loving care, TLC *fam;* **ein paar ~** a bit of tender loving care; (*Lob*) praise and appreciation

streicheln [ˈʃtraiçl̩n] *vt* to stroke, to caress

streichen <strich, gestrichen> [ˈʃtraiçn̩] **I.** *vt haben* ① (*anmalen*) to paint ② (*schmieren*) to spread ③ (*ausstreichen*) to delete ④ (*zurückziehen*) *Auftrag, Projekt* to cancel; *Zuschüsse* to withdraw **II.** *vi* ① *haben* (*darüberfahren*) ■**über etw** *akk* ~ to stroke sth ② *sein* (*streifen*) to prowl

Streicher(in) <-s, -> [ˈʃtraiçɐ] *m(f)* MUS string player

Streichholz *nt* match **Streichholzschachtel** *f* matchbox

Streichinstrument *nt* string[ed] instrument **Streichkäse** *m* cheese spread **Streichmusik** *f* string music **Streichorchester** *nt* string orchestra **Streichquartett** *nt* string quartet

Streichung <-, -en> *f* ① (*das Streichen*) deletion ② (*das Zurückziehen*) *von Auftrag, Projekt* cancellation; *von Zuschüssen* withdrawal

Streichwurst *f* sausage for spreading

Streife <-, -n> [ˈʃtraifə] *f* patrol; **auf ~ sein** to be on patrol

streifen [ˈʃtraifn̩] **I.** *vt haben* ① (*flüchtig berühren*) to touch; **der Schuss streifte ihn nur** the shot just grazed him ② (*flüchtig erwähnen*) **ein Thema nur ~** to just touch on a subject ③ (*überziehen*) ■**etw auf/über etw** *akk* ~ to slip sth on/over sth ④ (*abstreifen*) ■**etw von etw** *dat* ~ to slip sth off sth **II.** *vi sein* (*geh*) to roam

Streifen <-s, -> [ˈʃtraifn̩] *m* ① (*schmaler Abschnitt*) stripe ② (*schmales Stück*) strip

Streifendienst *m* patrol duty **Streifenpoli-**

S

zist(in) *m(f)* policeman/policewoman on patrol **Streifenwagen** *m* patrol car
Streifschuss *m* graze **Streifzug** *m* ❶ (*Bummel*) expedition; **einen ~ durch etw** *akk* **machen** to take a wander through sth ❷ (*Raubzug*) raid ❸ (*Exkurs*) digression
Streik <-[e]s, -s> [ʃtrai̯k] *m* strike; **mit ~ drohen** to threaten strike action; **in den ~ treten** to come out on strike
Streikaufruf *m* strike call, call for strike action **Streikbrecher(in)** *m(f)* strike-breaker
streiken ['ʃtrai̯kn̩] *vi* ❶ (*nicht arbeiten*) to be on strike, to strike ❷ (*hum fam: nicht funktionieren*) to pack up ❸ (*fam: sich weigern*) to go on strike
Streikende(r) *f(m) dekl wie adj* striker
Streikposten *m* picket; **~ aufstellen** to mount a picket **Streikrecht** *nt kein pl* right to strike
Streit <-[e]s, -e> [ʃtrai̯t] *m* argument, dispute, quarrel, row BRIT; [**mit jdm**] **~** [**wegen etw** *dat*] **bekommen** to get into an argument [with sb] [about sth]; **~ haben** to have an argument; **~ suchen** to be looking for an argument; **im ~** during an argument
streiten <stritt, gestritten> ['ʃtrai̯tn̩] *vi, vr* to argue, to quarrel (**über** *+akk* about); ■**sich** *akk* **um etw** *akk* **~** to argue [*or* fight] over sth
Streiterei <-, -en> [ʃtrai̯tə'rai̯] *f* (*fam*) arguing *no indef art, no pl*
Streitfall *m* dispute, conflict; **im ~** in case of dispute **Streitfrage** *f* [disputed] issue **Streitgespräch** *nt* debate
streitig ['ʃtrai̯tɪç] *adj* disputed; JUR contentious; **jdm eine Stellung ~ machen** to challenge sb's position
Streitigkeit *f meist pl* dispute, quarrel
Streitkräfte *pl* [armed] forces *pl* **streitlustig** *adj* pugnacious **Streitpunkt** *m* POL contentious issue **streitsüchtig** *adj* quarrelsome **Streitwert** *m* JUR sum [*or* amount] in dispute
streng [ʃtrɛŋ] **I.** *adj* ❶ (*auf Disziplin achtend*) strict ❷ (*unnachsichtig*) severe; *Kontrolle* strict ❸ *Geruch* pungent ❹ *Winter* severe ❺ (*konsequent*) strict; **ich bin ~er Vegetarier/Moslem** I am a strict vegetarian/Muslim ❻ SCHWEIZ (*anstrengend*) strenuous **II.** *adv* ❶ (*unnachsichtig*) strictly; **wir wurden sehr ~ erzogen** we were brought up very strictly; **~ durchgreifen** to take rigorous action ❷ (*durchdringend*) pungently; **was riecht hier so ~?** what's that strong smell?
Strenge <-> ['ʃtrɛŋə] *f kein pl* ❶ (*Unnachsichtigkeit*) strictness *no pl* ❷ (*Härte*) severity ❸ *von Geschmack* sharpness; *von Geruch* pungency
strenggläubig *adj* strict; ■**~ sein** to be strictly religious
Stress <-es, -e> [ʃtrɛs, st-] *m* stress; **~ haben** to experience stress; **im ~ sein/unter ~ stehen** to be under stress; **ich bin voll im ~** I am completely stressed out
stressen ['ʃtrɛsn̩] *vt* to put under stress
stressfrei *adj* stress-free
stressig ['ʃtrɛsɪç] *adj* stressful
Stressor <-s, -en> ['ʃtrɛsoːɐ̯] *m* PSYCH stressor
Stresssituation *f* stress situation
Stretching <-, -> ['strɛtʃɪŋ] *nt* stretching
Streu <-> [ʃtrɔy̯] *f kein pl* litter
Streubombe ['ʃtrɔy̯bɔmbə] *f* MIL cluster bomb
streuen ['ʃtrɔy̯ən] **I.** *vt* ❶ (*hinstreuen*) to scatter, to spread ❷ (*verbreiten*) to spread **II.** *vi* (*Streumittel anwenden*) to grit BRIT; *Salz* to put down salt
Streufahrzeug *nt* gritter BRIT **Streugut** *nt* grit BRIT
streunen *vi* ❶ *sein o haben* (*umherstreifen*) to roam about; **~de Hunde/Katzen** stray dogs/cats ❷ *sein* (*ziellos umherziehen*) to wander around; **durch die Straßen ~** to roam the streets
Streusalz *nt* road salt **Streusand** <-[e]s> *m kein pl* ❶ (*für Straße*) grit *no pl, no indef art* ❷ (*veraltet: feiner Sand*) fine sand *no pl, no indef art*
Streusel <-s, -> ['ʃtrɔy̯zl̩] *nt* crumble [topping]
Streuselkuchen *m* crumble
Streuung <-, -en> *f* ❶ MIL (*Abweichung*) dispersion ❷ MEDIA (*Verbreitung*) distribution ❸ (*Verteilung*) spread[ing]
strich [ʃtrɪç] *imp von* **streichen**
Strich <-[e]s, -e> [ʃtrɪç] *m* ❶ (*gezogene Linie*) line; **einen ~** [**unter etw** *akk*] **ziehen** to draw a line [under sth] ❷ (*fam: Prostitution*) **auf den ~ gehen** to go on the game BRIT, to become a streetwalker AM ▸ WENDUNGEN: **nach ~ und Faden** (*fam*) good and proper; **jd/etw macht jdm einen ~ durch die Rechnung** sb/sth messes up sb's plans; **jdm gegen den ~ gehen** (*fam*) to go against the grain; **einen ~ unter etw** *akk* **ziehen** to put sth behind one; **unterm ~** (*fam*) at the end of the day
Strichcode [-koːt] *m* bar code
stricheln ['ʃtrɪçl̩n] *vt* to sketch in; ■**gestrichelte Linie** dotted line; *auf Straße* broken line
Stricher <-s, -> *m* (*sl*) rent boy BRIT, young

male prostitute AM

Strichjunge *m* (*fam*) rent boy *fam* **Strichkode** [-ko:t] *f s.* **Strichcode** **Strichliste** *f* list **Strichmädchen** *nt* (*fam*) streetwalker, hooker AM **Strichmännchen** <-s, -> *nt* matchstick man **Strichpunkt** *m* semicolon

strichweise *adv* METEO here and there, in places

Strick <-[e]s, -e> [ʃtrɪk] *m* rope ▸ WENDUNGEN: **wenn alle ~e reißen** (*fam*) if all else fails

stricken [ˈʃtrɪkn̩] *vi, vt* to knit

Strickgarn *nt* knitting wool **Strickjacke** *f* cardigan **Strickleiter** *f* rope ladder **Stricknadel** *f* knitting needle **Strickwaren** *pl* knitwear *no pl* **Strickweste** *f* cardigan **Strickzeug** *nt* knitting

striegeln [ˈʃtri:gl̩n] *vt* to groom

Strieme <-, -n> [ˈʃtri:mə] *f* (*selten*) weal

Striemen <-s, -> [ˈʃtri:mən] *m* weal

strikt [ʃtrɪkt, st-] **I.** *adj* strict; *Weigerung* point-blank **II.** *adv* strictly; ~ **gegen etw** *akk* **sein** to be totally against sth

Strip <-s, -s> [ʃtrɪp, st-] *m* (*sl*) strip[tease]

Striplokal [ˈstrɪploka:l] *nt* (*fam*) strip joint

Strippe <-, -n> [ˈʃtrɪpə] *f* (*fam: Telefonleitung*) line; **jdn an der ~ haben** to have sb on the line

strippen [ˈʃtrɪpn̩, ˈst-] *vi* to strip

Stripper(in) <-s, -> [ˈʃtrɪpɐ, ˈst-] *m(f)* (*fam*) stripper

Striptease <-> [ˈʃtrɪpti:s, ˈst-] *m o nt kein pl* striptease

stritt [ʃtrɪt] *imp von* **streiten**

strittig [ˈʃtrɪtɪç] *adj* contentious; *Fall* controversial; *Grenze* disputed; **der ~e Punkt** the point at issue; ■ **~ sein** to be in dispute

Stroh <-[e]s> [ʃtro:] *nt kein pl* straw ▸ WENDUNGEN: **wie ~ brennen** to go up like dry tinder

strohblond *adj Mensch* flaxen-haired; *Haare* straw-coloured **Strohblume** *f* strawflower **Strohdach** *nt* thatched roof, roof thatched with straw **strohdumm** *adj* (*fam*) brainless, thick **Strohfeuer** *nt* ▸ WENDUNGEN: **nur ein ~ sein** to be a flash in the pan **Strohfrau** *f fem form von* **Strohmann** **Strohhalm** *m* straw **Strohhut** *m* straw hat **Strohmann** *m* front man **Strohwitwer, -witwe** *m, f* (*hum fam*) grass widower *masc*, grass widow *fem*

Strolch <-[e]s, -e> [ʃtrɔlç] *m* rascal

Strom <-[e]s, Ströme> [ʃtro:m, *pl* ˈʃtrø:mə] *m* ❶ ELEK electricity *no indef art, no pl;* **elektrischer ~** electric current; **unter ~ stehen** (*elektrisch geladen sein*) to be live; (*überaus aktiv sein*) to be a live wire *fig* ❷ (*großer Fluss*) [large] river ❸ (*Schwarm*) stream; **Ströme von Besuchern** streams of visitors ▸ WENDUNGEN: **in Strömen gießen** to pour [down] [with rain]; **mit dem/gegen den ~ schwimmen** to swim with/against the current

Stromabnehmer(in) <-s, -> *m(f)* ❶ TECH current collector ❷ (*Verbraucher*) electricity user

stromabwärts [ʃtro:mˈʔapvɛrts] *adv* downstream **stromaufwärts** [ʃtro:mˈʔaufvɛrts] *adv* upstream

Stromausfall *m* power cut [*or* AM outage]

strömen [ˈʃtrø:mən] *vi sein* ❶ (*in Mengen fließen*) to pour (**aus** +*dat* out of) ❷ (*in Scharen eilen*) to stream (**aus** +*dat* out of); **die Touristen strömten zum Palast** the tourists flocked to the palace

Stromerzeugung *f* generation of electricity **Stromkabel** *nt* electric[ity] [*or* power] cable **Stromkreis** *m* [electric] circuit **Stromleitung** *f* electric cable

stromlinienförmig [-li:niən-] *adj* streamlined

Strommast *m* pylon **Stromnetz** *nt* electricity supply system **Stromquelle** *f* power source, source of electricity **Stromrechnung** *f* electricity [*or* AM electric] bill

Stromschnelle *f meist pl* rapids *npl*

Stromstärke *f* current [strength] **Stromstoß** *m* electric shock

Strömung <-, -en> *f* ❶ (*fließendes Wasser*) current ❷ (*Tendenz*) trend

Stromverbrauch *m* electricity consumption **Stromversorgung** *f* electricity supply **Stromzähler** *m* electricity meter

Strophe <-, -n> [ˈʃtro:fə] *f* verse

strotzen [ˈʃtrɔtsn̩] *vi* ■**vor etw** *dat* ~ to be full of sth

strubbelig [ˈʃtrʊbəlɪç], **strubblig** [ˈʃtrʊblɪç] *adj* (*fam*) tousled; *Fell* tangled

Strudel <-s, -> [ˈʃtru:dl̩] *m* ❶ (*Wasserwirbel*) whirlpool; (*kleiner*) eddy ❷ (*Gebäck*) strudel

Struktur [ʃtrʊkˈtu:ɐ̯, strʊ-] *f* ❶ (*Aufbau*) structure ❷ (*von Stoff etc.*) texture

strukturell [ʃtrʊktuˈrɛl] *adj* structural

strukturieren* [ʃtrʊktuˈri:rən, st-] *vt* to structure

Strukturierung <-, -en> *f* ❶ *kein pl* (*das Strukturieren*) structuring ❷ (*Struktur*) structure; (*von Stoff etc.*) texture

strukturschwach *adj* economically underdeveloped **Strukturwandel** *m* structural change

Strumpf <-[e]s, Strümpfe> [ʃtrʊmpf, *pl* ˈʃtrʏmpfə] *m* ❶ (*Kniestrumpf*) knee-high; (*Socke*) sock ❷ (*Damenstrumpf*) stocking **Strumpfband** <-bänder> *nt,*

S

Strumpfhalter <-s, -> *m* suspender, garter AM **Strumpfhose** *f* tights *npl,* pantyhose AM; ■ **eine ~** a pair of tights **Strumpfwaren** *pl* hosiery *no pl*

strunzdoof, strunzendoof *adj* (*pej sl*) dense

struppig ['ʃtrʊpɪç] *adj Haare* tousled; *Fell* shaggy

Stube <-, -n> ['ʃtu:bə] *f* DIAL (*Wohnzimmer*) living room; **die gute ~** the front room

Stubenarrest *m* **~ haben** (*fam*) to be confined to one's room **Stubenfliege** *f* housefly **Stubenhocker(in)** <-s, -> *m(f)* (*pej fam*) house mouse **stubenrein** *adj* house-trained, housebroken AM

Stuck <-[e]s> [ʃtʊk] *m kein pl* stucco, cornices *pl*

Stück <-[e]s, -e *o nach Zahlenangaben* -> [ʃtʏk] *nt* ① (*einzelnes Teil*) piece; **ein ~ Kuchen** a piece of cake; **etw in ~e reißen** to tear sth to pieces; **aus einem ~** from one piece; **~ für ~** bit by bit; **am ~** in one piece; **geschnitten oder am ~?** sliced or unsliced?; **das** [*o* **pro**] **~** each ② (*besonderer Gegenstand*) piece, item ③ (*Abschnitt*) part; **ich begleite dich noch ein ~** I'll come part of the way with you; **ein ~ Acker/Land** part of a field/a plot of land ④ THEAT play ⑤ MUS piece ⑥ **ein ziemliches ~ Arbeit** quite a job; **jds <u>bestes</u> ~** (*hum fam*) sb's pride and joy; **aus <u>freien</u> ~en** of one's own free will; **<u>große</u> ~e auf jdn halten** (*fam*) to think highly of sb

Stuckateur(in) <-s, -e> [ʃtʊka'tø:ɐ̯] *m(f)* stucco plasterer

Stückchen <-s, -> *nt* little piece [*or* bit]

stückeln ['ʃtʏkl̩n] *vt* FIN to split into denominations

Stückgut *nt* single item **Stückpreis** *m* unit price

stückweise *adv* individually, separately

Stückzahl *f* number of units

Student(in) <-en, -en> [ʃtu'dɛnt] *m(f)* student

Studentenausweis *m* student card **Studentenfutter** *nt* nuts and raisins **Studentenheim** *nt* student hostel; (*auf dem Campus*) hall of residence **Studentenverbindung** *f* students' society; *für Männer* fraternity AM; *für Frauen* sorority AM

Studentenwerk *nt* student union

Land und Leute

The **Studentenwerk** (*student administration*) forms part of a university and is responsible for the social, economic and cultural interests of the students. Its functions include running canteens, administration of halls of residence, administration of student grants and loans, counselling services and the organization of cultural events.

Studentenwohnheim *nt* hall of residence, student hostel BRIT, residence hall AM

Studentin <-, -nen> *f fem form von* **Student**

studentisch *adj attr* student *attr*

Studie <-, -n> ['ʃtu:di̯ə] *f* study

Studien ['ʃtu:di̯ən] *pl von* **Studium**

Studienabbrecher(in) <-s, -> *m(f)* dropout *fam* (*student who fails to complete his/her course of study*) **Studienabschluss** *m* degree **Studienanfänger(in)** *m(f)* first-year student, fresher BRIT, freshman **Studienbeihilfe** *f* educational [*or* study] grant **Studienberatung** *f* course guidance and counselling service **Studiendirektor(in)** *m(f)* deputy head teacher, vice-principal AM **Studienfach** *nt* subject **Studienfahrt** *f* study trip **Studiengang** *m* course [of study] **Studiengebühren** *pl* tuition fees *pl* **Studienplatz** *m* university/college place **Studienrat, -rätin** *m, f* secondary-school teacher (*with the status of a civil servant*) **Studienreise** *f* study trip

studieren* [ʃtu'di:rən] *vi, vt* to study; **sie studiert noch** she is still a student; **ich will ~** I want to go to [AM a] university/college

studiert *adj* (*fam*) educated

Studio <-s, -s> ['ʃtu:di̯o] *nt* studio

Studium <-, Studien> ['ʃtu:di̯ʊm, *pl* 'ʃtu:di̯ən] *nt* ① *an Universität* studies *pl;* **ein ~ aufnehmen** to begin one's studies ② (*eingehende Beschäftigung*) study ③ *kein pl* (*genaues Durchlesen*) study; **das ~ der Akten ist noch nicht abgeschlossen** the files are still being studied

Stufe <-, -n> ['ʃtu:fə] *f* ① (*Treppenabschnitt*) step; **~ um ~** step by step ② (*geh: Niveau*) level; **auf der gleichen ~ stehen** to be on the same level ③ (*Abschnitt*) stage, phase

Stufenbarren *m* asymmetric bars *pl*

stufenförmig *adj* terraced

stufenlos **I.** *adj* continuously variable **II.** *adv* smoothly

Stufenschnitt *m* (*Frisur*) layered cut

stufenweise **I.** *adj* phased **II.** *adv* step by step

stufig ['ʃtu:fɪç] **I.** *adj Haarschnitt* layered **II.** *adv* in layers; **~ schneiden** to layer

Stuhl <-[e]s, Stühle> [ʃtu:l, *pl* 'ʃty:lə] *m* chair ▶ WENDUNGEN: **jdn vom ~ <u>hauen</u>** (*sl*)

S

to knock sb sideways; **sich zwischen zwei Stühle setzen** to fall between two stools

Falsche Freunde

Nicht verwechseln mit *stool* — Hocker *m*!

Stuhlbein *nt* chair leg **Stuhlgang** *m kein pl* MED (*geh*) bowel movement[s] **Stuhllehne** *f* chair back

Stukkateur(in) <-s, -e> [ʃtʊka'tøːɐ̯] *m(f)* stucco plasterer

Stulle <-, -n> ['ʃtʊlə] *f* NORDD piece of bread and butter; (*belegt*) sandwich

stülpen ['ʃtʏlpn̩] *vt* ① (*überziehen*) to put (**auf** on, **über** over) ② (*wenden*) to turn [inside] out

stumm [ʃtʊm] **I.** *adj* ① (*nicht sprechen können*) dumb ② (*schweigend*) silent; ■ ~ **werden** to go silent ③ LING mute, silent **II.** *adv* silently

Stummel <-s, -> ['ʃtʊml̩] *m Glied* stump; *Bleistift, Kerze* stub

Stummfilm *m* silent film [*or* movie]

Stümper(in) <-s, -> ['ʃtʏmpɐ] *m(f)* (*pej*) bungler

stümperhaft **I.** *adj* (*pej*) amateurish; **eine ~e Arbeit/Leistung** a botched job/botch-up **II.** *adv* incompetently

Stümperin <-, -nen> *f fem form von* **Stümper**

stumpf [ʃtʊmpf] *adj* ① (*nicht scharf*) blunt; ■ ~ **werden** to go blunt ② (*glanzlos*) dull ③ (*abgestumpft*) apathetic

Stumpfheit *f kein pl* ① (*Nichtscharfsein*) bluntness ② (*Abgestumpftheit*) apathy, impassiveness

Stumpfsinn *m kein pl* ① (*geistige Trägheit*) apathy ② (*Stupidität*) mindlessness, tedium

stumpfsinnig *adj* ① (*geistig träge*) apathetic ② (*stupide*) mindless, tedious

S

Stunde <-, -n> ['ʃtʊndə] *f* ① (*60 Minuten*) hour; **nur noch eine knappe** ~ just under an hour to go; **zu später** ~ at a late hour; **in einer stillen** ~ in a quiet moment; **eine Viertel~** a quarter of an hour; **eine halbe** ~ half an hour; **eine Dreiviertel~** three-quarters of an hour; **anderthalb ~n** an hour and a half; **volle** ~ on the hour; **der Zug fährt jede volle** ~ the train departs every hour on the hour; **alle [halbe]** ~ every [half an] hour ② *kein pl* (*festgesetzter Zeitpunkt*) time, hour *form;* **bis zur** ~ up to the present moment, as yet; **zur gewohnten** ~ at the usual time ③ (*Unterrichtsstunde*) lesson, period ④ *meist pl* (*Zeitraum von kurzer Dauer*) times *pl;* **sich nur an die angenehmen ~n erinnern** to remember only the pleasant times ⑤ **die ~ der Wahrheit** the moment of truth; **jds große ~** sb's big moment; **jds letzte ~ hat geschlagen** sb's hour has come; **die ~ Null** zero hour, the new beginning

stunden ['ʃtʊndn̩] *vt* ■ **jdm etw ~** to give sb time to pay sth

Stundengeschwindigkeit *f* speed per hour; **bei einer ~ von 80 km** at a speed of 80 kph **Stundenhotel** *nt* sleazy hotel (*where rooms are rented by the hour*) **Stundenkilometer** *pl* kilometres *pl* per hour **stundenlang** **I.** *adj* lasting several hours *pred;* **nach ~em Warten** after hours of waiting **II.** *adv* for hours **Stundenlohn** *m* hourly wage **Stundenplan** *m* timetable, schedule AM **Stundensatz** *m* hourly rate **Stundentakt** *m* ■ **im ~** at hourly intervals

stundenweise **I.** *adv* for an hour or two [at a time] **II.** *adj* for a few hours *pred*

Stundenzeiger *m* hour hand

stündlich ['ʃtʏntlɪç] **I.** *adj* hourly **II.** *adv* hourly, every hour

Stunk <-s> [ʃtʊŋk] *m kein pl* (*fam*) trouble; ~ **machen** to make a stink *fam*

Stuntman, -woman <-s, -men> ['stantmɛn, -vʊmən] *m, f* stuntman *masc,* stuntwoman *fem*

stupend [ʃtu'pɛnt, st-] *adj* (*geh*) amazing

stupid [ʃtu'piːt, st-] *adj,* **stupide** [ʃtu'piːdə, st-] *adj* (*pej geh*) mindless

Stups <-es, -e> [ʃtʊps] *m* (*fam*) nudge

stupsen ['ʃtʊpsn̩] *vt* to nudge

Stupsnase *f* snub nose

stur [ʃtuːɐ̯] **I.** *adj* stubborn, obstinate **II.** *adv* ① (*ohne abzuweichen*) doggedly; ~ **nach Vorschrift arbeiten** to work strictly to [the] regulations ② (*uneinsichtig*) obstinately; **sich** *akk* **~stellen** (*fam*) to dig one's heels in

Sturheit <-> *f kein pl* stubbornness, obstinacy

Sturm <-[e]s, Stürme> [ʃtʊrm, *pl* 'ʃtʏrmə] *m* ① (*starker Wind*) storm ② FBALL forward line; **im ~ spielen** to play in attack ③ (*heftiger Andrang*) rush (**auf** +*akk* for) ▶ WENDUNGEN: **die Herzen im ~ erobern** to capture people's hearts; **gegen etw** *akk* **~ laufen** to be up in arms against sth; **~ läuten** to lean on the [door]bell

Sturmangriff *m* MIL assault

Sturmbö *f* squall

stürmen ['ʃtʏrmən] **I.** *vi impers haben* ■ **es stürmt** a gale is blowing **II.** *vi* ① *haben*

SPORT to attack ② *sein* (*rennen*) to storm; **aus dem Haus ~** to storm out of the house **III.** *vt haben* ① (*erobern*) to storm ② (*fam: auf, in etw eindringen*) to storm; **die Bühne ~** to storm the stage

Stürmer(in) <-s, -> ['ʃtʏrmɐ] *m(f)* forward; FBALL striker

Sturmflut *f* storm tide

stürmisch ['ʃtʏrmɪʃ] **I.** *adj* ① METEO blustery; (*mit Regen*) stormy; **~e See** rough sea ② (*vehement*) tumultuous; *Mensch* impetuous; *Beziehung* passionate; **nicht so ~!** take it easy! **II.** *adv* tumultuously

Sturmschaden *m meist pl* storm damage *no indef art, no pl* **Sturmtief** *nt* storm front **Sturmvogel** *m* ORN fulmar **Sturmwarnung** *f* gale warning

Sturz <-es, Stürze> [ʃtʊrts, *pl* 'ʃtʏrtsə] *m* ① (*Fall*) fall; **ein ~ aus dem fünften Stock** a fall from the fifth floor; **ein ~ der Temperatur** a drop in temperature ② **einer Regierung, eines Diktators** downfall

sturzbesoffen *adj,* **sturzbetrunken** *adj* (*fam*) completely hammered, drunk as a skunk

stürzen ['ʃtʏrtsn̩] **I.** *vi sein* ① (*fallen*) to fall; **vom Dach/Fahrrad ~** to fall off the roof/bicycle ② (*rennen*) to rush; **ins Zimmer ~** to burst into the room **II.** *vt haben* ① (*werfen*) **jdn/sich aus dem Fenster ~** to throw sb/oneself out of the window ② POL (*absetzen*) ■**jdn/etw ~** to bring sb/sth down; *Minister* to make resign; *Diktator* to overthrow; *Regierung* to topple ③ KOCHK (*aus der Form kippen*) to turn upside down **III.** *vr* ① (*sich werfen*) ■**sich** *akk* **auf jdn ~** to pounce on sb; **die Gäste stürzten sich aufs kalte Büfett** the guests fell on the cold buffet ② (*sich mit etw belasten*) ■**sich** *akk* **in etw** *akk* **~** to plunge into sth; **sich in große Unkosten ~** to go to great expense

Sturzflug *m* LUFT nosedive; ORN steep dive **Sturzhelm** *m* crash helmet

Stuss <-es> [ʃtʊs] *m kein pl* (*fam*) rubbish, garbage AM

Stute <-, -n> ['ʃtuːtə] *f* mare

Stütze <-, -n> ['ʃtʏtsə] *f* ① (*Stützpfeiler*) support [pillar] ② (*Halt*) support, prop ③ (*Unterstützung*) support ④ (*sl: finanzielle Hilfe vom Staat*) dole BRIT, welfare *esp* AM

stutzen[1] ['ʃtʊtsn̩] *vi* to hesitate, to stop short

stutzen[2] ['ʃtʊtsn̩] *vt* ① HORT to prune ② ZOOL to clip; **gestutzte Flügel** clipped wings ③ (*kürzen*) to trim

stützen ['ʃtʏtsn̩] **I.** *vt* ① (*Halt geben*) to support ② (*aufstützen*) ■**etw auf etw** *akk* **~** to rest sth on sth; **die Ellbogen auf den Tisch ~** to rest one's elbows on the table ③ (*gründen*) ■**etw auf etw** *akk* **~** to base sth on sth ④ (*untermauern*) to back up; *Theorie* to support **II.** *vr* ① (*sich aufstützen*) ■**sich** *akk* **auf jdn/etw ~** to lean on sb/sth ② (*basieren*) ■**sich** *akk* **auf etw** *akk* **~** to be based on sth

stutzig ['ʃtʊtsɪç] *adj* **jdn ~ machen** to make sb suspicious; **~ werden** to get suspicious

Stützmauer *f* retaining [*or* supporting] wall **Stützpfeiler** *m* supporting pillar; (*einer Brücke*) pier **Stützpunkt** *m* MIL base

stylen ['staɪlən] *vt* to design; *Haar* to style

Styling <-s> ['staɪlɪŋ] *nt kein pl* styling

Styropor® <-s> [ʃtyro'poːɐ̯] *nt kein pl* polystyrene

s.u. *Abk von* **siehe unten** see below

Subjekt <-[e]s, -e> [zʊp'jɛkt] *nt* subject

subjektiv [zʊpjɛk'tiːf, 'zʊp-] *adj* subjective

Subjektivität <-> [zʊpjɛktivi'tɛːt] *f kein pl* subjectivity *no pl*

Subkultur ['zʊpkʊltuːɐ̯] *f* subculture

Substantiv <-s, -e> ['zʊpstantiːf] *nt* noun

Substanz <-, -en> [zʊp'stants] *f* ① (*Material*) substance ② *kein pl* (*geh: Essenz*) essence

substituieren* [zʊpstitu'iːrən] *vt* ■**etw ~** to substitute sth (**durch** for)

Substitut(in) <-en, -en> [zʊpsti'tuːt] *m(f)* SCHWEIZ assistant manager

subtil [zʊp'tiːl] *adj* subtle

subtrahieren* [zʊptra'hiːrən] *vt, vi* to subtract (**von** +*dat* from)

Subtraktion <-, -en> [zʊptrak'tsi̯oːn] *f* subtraction

Subtropen ['zʊptroːpn̩] *pl* ■**die ~** the subtropics *pl*

subtropisch ['zʊptroːpɪʃ] *adj* subtropical

Subunternehmer(in) <-s, -> ['zʊpʔʊntɐneːmɐ] *m(f)* subcontractor

Subvention <-, -en> [zʊpvɛn'tsi̯oːn] *f* subsidy

subventionieren* [zʊpvɛntsi̯o'niːrən] *vt* to subsidize

subversiv [zʊpvɛr'ziːf] **I.** *adj* subversive **II.** *adv* subversively

Suchaktion *f* organized search **Suchbegriff** *m* target word; INFORM search key **Suchdienst** *m* missing persons tracing service

Suche <-, -n> ['zuːxə] *f* search (**nach** +*dat* for); **sich** *akk* **auf die ~ [nach jdm/etw] machen** to go in search [of sb/sth]; **auf der ~ [nach jdm/etw] sein** to be looking [for sb/sth]

suchen ['zuːxn̩] **I.** *vt* ① (*zu finden versuchen*) ■**etw ~** to look for sth; (*intensiver*)

S

to search for sth; **du hast hier nichts zu ~!** you have no right to be here! ② (*nach etw trachten*) to seek; **den Nervenkitzel ~** to be looking for thrills **II.** *vi* to search [*or* be looking] (**nach** +*dat* for); **such!** find!

Sucher <-s, -> *m* viewfinder

Suchfunktion *f* INFORM search function **Suchgerät** *nt* locating equipment **Suchlauf** *m* search process **Suchmannschaft** *f* search party **Suchmaschine** *f* search engine **Suchscheinwerfer** *m* searchlight

Sucht <-, Süchte> [zʊxt, *pl* 'zʏçtə] *f* ① (*Abhängigkeit*) addiction; **~ erzeugend** addictive ② (*Verlangen*) obsession; ■**jds ~ nach etw** *dat* sb's craving for sth

Suchtgefahr *f* danger of addiction

süchtig ['zʏçtɪç] *adj* ① (*abhängig*) addicted *pred;* **~ machen** to be addictive ② (*begierig*) ■**~ sein** to be hooked (**nach** +*dat* on)

Süchtige(r) *f(m) dekl wie adj* addict

Suchtklinik *f* MED addiction clinic **Suchtkranke(r)** <-n, -n> *f (m) dekl wie adj* addict **Suchtmittel** *nt* PSYCH addictive substance

Süd <-[e]s, -e> [zy:t] *m kein pl, kein art* south; **aus ~** from the south

Sud <-[e]s, -e> [zu:t] *m* ① KOCHK stock ② PHARM decoction

Südafrika ['zy:tʔa:frika] *nt* South Africa; *s. a.* **Deutschland Südafrikaner(in)** *m(f)* South African; *s. a.* **Deutsche(r) südafrikanisch** ['zy:tʔafri'ka:nɪʃ] *adj* South African; *s. a.* **deutsch**

Südamerika ['zy:tʔa'me:rika] *nt* South America; *s. a.* **Deutschland Südamerikaner(in)** *m(f)* South American; *s. a.* **Deutsche(r) südamerikanisch** *adj* South American; *s. a.* **deutsch**

Sudan <-> [zu'da:n] *m* [the] Sudan; *s. a.* **Deutschland**

Sudaner(in) <-s, -> [zu'da:nɐ] *m(f)*, **Sudanese, Sudanesin** <-n, -n> [zuda'ne:zə, zuda'ne:zɪn] *m, f* Sudanese; *s. a.* **Deutsche(r)**

sudanesisch [zuda'ne:zɪʃ] *adj* Sudanese; *s. a.* **deutsch**

süddeutsch ['zy:tdɔytʃ] *adj* South German; *s. a.* **deutsch Süddeutsche(r)** *f(m) dekl wie adj* South German; *s. a.* **Deutsche(r) Süddeutschland** ['zy:tdɔytʃlant] *nt* South[ern] Germany; *s. a.* **Deutschland**

Sudelei <-, -en> [zu:də'la̯i] *f* (*fam*) ① (*Schmiererei*) making a mess ② (*Schlamperei*) botch[-up]

sudeln ['zu:dl̩n] *vi* ① (*schmieren*) ■**[mit etw** *dat*] **~** to make a mess; **mit Farbe ~** to daub with paint ② (*nachlässig schreiben*) to scribble

Süden <-s> ['zy:dn̩] *m kein pl, kein indef art* ① (*Himmelsrichtung*) south; *s. a.* **Norden 1** ② (*südliche Gegend*) south; **gen ~ ziehen** to fly south; *s. a.* **Norden 2**

Südengland *nt* southern England, the south of England **Südeuropa** <-s> ['zy:tʔɔy'ro:pa] *nt* southern Europe **Südfrankreich** *nt* southern France, the south of France **Südfrucht** *f* [sub]tropical fruit **Südhalbkugel** *f* southern hemisphere **Südkorea** ['zy:tko're:a], *nt* (*fam*) South Korea; *s. a.* **Deutschland Südküste** *f* south[ern] coast

Südländer(in) <-s, -> ['zy:tlɛndɐ] *m(f)* Southern European

südländisch *adj* Southern European

südlich ['zy:tlɪç] **I.** *adj* ① (*Himmelsrichtung*) southern; *s. a.* **nördlich I 1** ② (*im Süden liegend*) southern; *s. a.* **nördlich I 2** ③ (*von/nach Süden*) southwards, southerly; *s. a.* **nördlich I 3 II.** *adv* ■**~ von ...** south of ... **III.** *präp* +*gen* **~ der Stadt** [to the] south of the town

Südostasien [zy:tʔɔst'ʔa:zi̯ən] *nt* South-East Asia **Südosten** [zy:t'ʔɔstn̩] *m kein pl, kein indef art* south east **südöstlich** [zy:t'ʔœstlɪç] **I.** *adj* ① (*im Südosten gelegen*) south-eastern ② (*von/nach Südosten*) south-eastwards, south-easterly **II.** *adv* southeast **III.** *präp* +*gen* [to the] southeast of sth **Südpol** ['zy:tpo:l] *m* ■**der ~** the South Pole **Südsee** ['zy:tze:] *f kein pl* ■**die ~** the South Seas *pl,* the South Pacific **Südspanien** <-s, -> *nt* southern Spain **Südstaaten** ['zy:tʃta:tn̩] *pl* (*in den USA*) ■**die ~** Southern States **Südstaatler(in)** <-s, -> *m(f)* (*in USA*) Southerner **Südtirol** ['zy:ttiro:l] *nt* South Tyrol **Südtiroler(in)** ['zy:ttiro:lɐ] *m(f)* South Tyrolean

südwärts ['zy:tvɛrts] *adv* southwards

Südwesten [zy:t'vɛstn̩] *m kein pl, kein indef art* south west **südwestlich** [zy:t'vɛstlɪç] **I.** *adj* ① (*im Südwesten liegend*) south-western ② (*von/nach Südwesten*) south-westwards **II.** *adv* [to the] south-west **III.** *präp* +*gen* [to the] south-west of sth **Südwind** *m* south wind

Sueskanal ['zu:ɛskana:l] *m* ■**der ~** the Suez Canal

Suff <-[e]s> [zʊf] *m kein pl* (*fam*) boozing *no pl, no indef art;* **im ~** while under the influence

süffeln ['zʏfl̩n] *vt* (*fam*) ■**etw ~** to sip on sth

süffig ['zʏfɪç] *adj* very drinkable

Suffix <-es, -e> [zʊ'fɪks, 'zʊ-] *nt* suffix

suggerieren* [zʊge'ri:rən] *vt* to suggest

Suggestion <-, -en> [zʊgɛs'ti̯o:n] *f kein pl*

S

suggestion
suggestiv [zʊgɛs'ti:f] *adj* suggestive
Suggestivfrage *f* (*geh*) leading question
suhlen ['zu:lən] *vr* ■ **sich** ~ to wallow (**in** in)
Sühne <-, -n> ['zy:nə] *f* atonement
sühnen ['zy:nən] *vt* ■ **etw** ~ to atone for sth
Suite <-, -n> ['svi:tə, zu'i:tə] *f* suite
suizidgefährdet *adj* PSYCH ~**e Menschen** people at risk of suicide
Sujet <-s, -s> [zy'ʒe:] *nt* subject
sukzessiv [zʊktsɛ'si:f] *adj* (*geh*) gradual
Sulfat <-[e]s, -e> [zʊl'fa:t] *nt* sulphate
Sultan, Sultanin <-s, -e> ['zʊlta:n, 'zʊltanɪn, zʊl'ta:nɪn] *m, f* sultan *masc,* sultana *fem*
Sultanine <-, -n> [zʊlta'ni:nə] *f* sultana
Sülze <-, -n> ['zʏltsə] *f* ❶ (*Fleisch*) brawn ❷ (*Aspik*) aspic
sülzen ['zʏltsn̩] **I.** *vi* (*fam*) to rabbit [*or* AM ramble] on [about sth] **II.** *vt* (*fam*) ■ **etw** ~ to spout sth *fam;* **was sülzt der da?** what's he spouting on about?
summa cum laude ['zʊma kʊm 'laʊdə] *adv* summa cum laude (*with the utmost distinction*)
summarisch [zʊ'ma:rɪʃ] **I.** *adj* summary **II.** *adv* summarily
Sümmchen <-s> ['zʏmçən] *nt* **ein hübsches** ~ (*hum fam*) a tidy little sum *fam*
Summe <-, -n> ['zʊmə] *f* ❶ (*Additionsergebnis*) sum, total ❷ (*Betrag*) sum, amount
summen ['zʊmən] *vi, vt* to hum; *Biene* to buzz
summieren* [zʊ'mi:rən] **I.** *vt* to add up **II.** *vr* ■ **sich** *akk* **auf etw** *akk* ~ to amount to sth
Sumpf <-[e]s, Sümpfe> [zʊmpf, *pl* 'zʏmpfə] *m* marsh; (*Moor*) bog; (*in den Tropen*) swamp
Sumpffieber *nt* malaria **Sumpfgebiet** *nt* marsh[land]; *in den Tropen* swamp[land]
sumpfig ['zʊmpfɪç] *adj* marshy, boggy; (*in den Tropen*) swampy
Sumpfpflanze *f* marsh plant
Sünde <-, -n> ['zʏndə] *f* sin; **eine ~ begehen** to commit a sin
Sündenbock *m* scapegoat **Sündenfall** *m kein pl* ■ **der** ~ the Fall [of Man]
Sünder(in) <-s, -> *m(f)* sinner
sündhaft ['zʏnthaft] *adj* ❶ (*exorbitant hoch*) outrageous ❷ (*unmoralisch*) sinful
sündig ['zʏndɪç] *adj* ❶ REL sinful ❷ (*lasterhaft*) dissolute
sündigen ['zʏndɪgn̩] *vi* to sin
super ['zu:pɐ] **I.** *adj* super **II.** *adv* great; **sie kann ~ singen** she's a great singer
Super <-s> ['zu:pɐ] *nt kein pl* AUTO four-star BRIT, premium AM
Super-8-Film [zu:pɐ'ʔaxt-] *m* super-8-film
Superbenzin *nt* super, AM *a.* premium **Superchip** *m* superchip **Super-GAU** *m kein pl* (*fam*) ultimate MCA
Superlativ <-[e]s, -e> ['zu:pɐlati:f] *m* superlative
superleicht ['zu:pɐlaɪçt] *adj* (*fam*) dead easy BRIT *fam,* super easy AM
Supermacht *f* superpower **Supermann** *m kein pl* (*Comicfigur*) Superman *no pl*
Supermarkt ['zu:pɐmarkt] *m* supermarket **Supermarktkette** ['zu:pɐ-] *f* supermarket chain
superreich ['zu:pɐ-] *adj* (*pej*) super-rich **Superstar** *m* superstar
Suppe <-, -n> ['zʊpə] *f* soup; **klare ~** consommé ▶ WENDUNGEN: **die ~ auslöffeln müssen** (*fam*) to have to face the music
Suppenfleisch *nt* meat for making soup/ stews **Suppengemüse** *nt* vegetables for making soup **Suppengrün** *nt* herbs and vegetables for making soup **Suppenhuhn** *nt* boiling chicken **Suppenlöffel** *m* soup spoon **Suppenschüssel** *f* soup tureen **Suppenteller** *m* soup plate **Suppenwürfel** *m* stock cube
Supraleiter ['zu:pra'laɪtɐ] *m* PHYS superconductor
Surfbrett ['zœɐ̯f-] *nt* ❶ (*zum Windsurfen*) windsurfer ❷ (*zum Wellensurfen*) surfboard
Surfen <-s> ['zø:ɐ̯fn̩] *nt kein pl* surfing *no pl, no indef art*
surfen ['zœrfn̩, 'zø:ɐ̯fn̩] *vi* to surf; **im Internet** ~ to surf the Internet
Surfer(in) <-s, -> *m(f)* surfer
Surrealismus <-> [zʊrea'lɪsmʊs, zʏr-] *m kein pl* surrealism
surrealistisch [zʊrea'lɪstɪʃ, zʏr-] *adj Autor, Maler* surrealist; *Film, Buch* surrealistic
surren ['zʊrən] *vi Insekt* to buzz; *Motor* to hum
suspekt *adj* (*geh*) suspicious; ■ **jdm ~ sein** to look suspicious to sb
suspendieren* [zʊspɛn'di:rən] *vt* to suspend (**von** +*dat* from)
süß [zy:s] **I.** *adj* sweet **II.** *adv* ❶ (*mit Zucker zubereitet*) with sugar; **ich trinke meinen Kaffee nie** ~ I never take sugar in coffee ❷ (*lieblich*) sweetly
süßen ['zy:sn̩] *vt* to sweeten
Süßholz *nt kein pl* liquorice [root] ▶ WENDUNGEN: **~ raspeln** to be full of sweet talk
Süßigkeit <-, -en> ['zy:sɪçkaɪt] *f meist pl* sweet, candy AM
Süßkirsche *f* sweet cherry
süßlich *adj* sickly sweet; *Parfüm* cloying
süßsauer ['zy:s'zaʊɐ] *adj* sweet-and-sour

S

Süßspeise *f* sweet, dessert **Süßstoff** *m* sweetener

Süßwaren *pl* confectionery *no pl* **Süßwarengeschäft** *nt* confectionery shop

Süßwasser *nt* fresh water

SW [ɛs'veː] *Abk von* **Südwesten**

Sweatshirt <-s, -s> ['svɛtʃœrt] *nt* sweatshirt

Sweatshop <-s, -s> ['svɛtʃɔp] *m* ÖKON, SOZIOL sweatshop

Swimmingpool <-s, -s> ['svɪmɪŋpuːl] *m* swimming pool

Symbiose <-, -n> [zʏm'bi̯oːzə] *f* symbiosis; **eine ~ eingehen** to form a symbiotic relationship

Symbol <-s, -e> [zʏmboːl] *nt* symbol

Symbolfigur *f* symbol[ic figure]

symbolisch [zʏm'boːlɪʃ] *adj* symbolic

symbolisieren* [zʏmboli'ziːrən] *vt* to symbolize

Symbolleiste *f* INFORM toolbar

Symmetrie <-, -n> [zʏme'triː, *pl* -'triːən] *f* symmetry

symmetrisch [zʏ'meːtrɪʃ] *adj* symmetrical

Sympathie <-, -en> [zʏmpa'tiː, *pl* -'tiːən] *f* liking

Sympathisant(in) <-en, -en> [zʏmpati'zant] *m(f)* sympathizer

sympathisch [zʏm'paːtɪʃ] *adj* nice, likeable; **sie war mir gleich ~** I liked her at once; **er war ihr nicht ~** she did not like him

sympathisieren* [zʏmpati'ziːrən] *vi* to sympathize

Symphonie <-, -en> [zʏmfo'niː, *pl* -'niːən] *f* symphony

Symposium <-s, -ien> [zʏm'poːzi̯ʊm, *pl* -i̯ən] *nt* symposium

Symptom <-s, -e> *nt* symptom (**für** +*akk* of)

symptomatisch *adj* symptomatic (**für** of)

Synagoge <-, -n> [zyna'goːgə] *f* synagogue

synchron [zʏn'kroːn] **I.** *adj* synchronous **II.** *adv* synchronously

Synchronisation <-, -en> [zʏnkroniza'tsi̯oːn] *f* ① FILM, TV dubbing ② (*Abstimmung*) synchronization

synchronisieren* [zʏnkroni'ziːrən] *vt* ① FILM, TV to dub ② (*zeitlich abstimmen*) to synchronize

Syndikat <-[e]s, -e> [zʏndi'kaːt] *nt* syndicate

Syndrom <-s, -e> [zʏn'droːm] *nt* syndrome

Synergieeffekt *m* synergetic effect

Synode <-, -n> [zy'noːdə] *f* REL synod

synonym [zyno'nyːm] *adj* synonym

Synonym <-s, -e> [zyno'nyːm] *nt* synonym

syntaktisch [zʏn'taktɪʃ] *adj* syntactic

Syntax <-, -en> ['zʏntaks] *f* syntax

Synthese <-, -n> [zʏn'teːzə] *f* synthesis

Synthesizer <-s, -> ['zʏntəsa̯ize] *m* synthesizer

Synthetik <-> [zʏn'teːtɪk] *nt kein pl* synthetic fibre; **das Hemd ist aus ~** the shirt is made of artificial fibres

synthetisch [zʏn'teːtɪʃ] *adj* synthetic; **eine ~e Faser** a man-made fibre

synthetisieren* [zʏnteti'ziːrən] *vt* CHEM to synthesize

Syphilis <-> ['zyːfilɪs] *f kein pl* syphilis *no pl*

Syrer(in) <-s, -> ['zyːrɐ] *m(f)* Syrian; *s. a.* **Deutsche(r)**

Syrien <-s> ['zyːri̯ən] *nt* Syria; *s. a.* **Deutschland**

Syrier(in) <-s, -> ['zyːri̯ɐ] *m(f)* Syrian; *s. a.* **Deutsche(r)**

syrisch ['zyːrɪʃ] *adj* Syrian; *s. a.* **deutsch**

System <-s, -e> [zʏs'teːm] *nt* system; **~ in etw** *akk* **bringen** to bring some order into sth; **mit ~** systematically

Systematik <-, -en> [zʏste'maːtɪk] *f* system

systematisch [zʏste'maːtɪʃ] *adj* systematic

systematisieren* [zʏstemati'ziːrən] *vt* to systemize

Systemfehler *m* system error **Systemkritiker(in)** *m(f)* critic of the system

Szenario <-s, -s> [stse'naːri̯o] *nt* (*a. geh*) scenario

Szenarium <-s, -ien> [stse'naːri̯ʊm, *pl* -i̯ən] *nt* (*a. fig*) scenario

Szene <-, -n> ['stseːnə] *f* ① THEAT, FILM scene; **etw in ~ setzen** (*a. fig*) to stage sth; **sich** *akk* **in ~ setzen** (*fig*) to play to the gallery ② (*Krach*) scene; **eine ~ machen** to make a scene ③ *kein pl* (*Milieu*) scene; ■**die ~** the scene; **sich in der ~ auskennen** to know one's way around the scene

Szeneladen *m* (*fam: Kneipe*) trendy bar; (*Disco oder Club*) trendy club **Szenenwechsel** *m* change of scene

Szenerie <-, -n> [stsenə'riː, *pl* -'riːən] *f* ① (*Umgebung*) scenery ② FILM, LIT setting

T t

T, t <-, - *o fam* -s, -s> [teː] *nt* T, t; **~ wie Theodor** T for Tommy BRIT, T as in Tare AM

t *Abk von* **Tonne**

Tabak <-s, -e> ['taːbak, 'tabak] *m* tobacco

Tabakindustrie *f* tobacco industry **Tabakladen** *m* tobacconist's

Tabaksdose *f* tobacco tin

Tabaksteuer *f* duty on tobacco **Tabakwaren** *pl* tobacco products *pl*

tabellarisch [tabɛ'la:rɪʃ] **I.** *adj* tabular **II.** *adv* in tabular form

Tabelle <-, -n> [ta'bɛlə] *f* table; FBALL *a.* league [table]

Tabellenform *f* **in ~** in the form of a table [*or* chart] **Tabellenführer(in)** *m(f)* SPORT top of the league **Tabellenkalkulation** *f* spreadsheet **Tabellenplatz** *m* SPORT league position, position in the league **Tabellenstand** <-[e]s> *m kein pl* SPORT [sport]league-position

Tabernakel <-s, -> [tabɛr'na:kl] *nt o m* tabernacle

Tablar <-s, -e> [ta'bla:ɐ̯] *nt* SCHWEIZ shelf

Tablett <-[e]s, -s *o* -e> [ta'blɛt] *nt* tray

Tablette <-, -n> [ta'blɛtə] *f* pill

Tablettensucht *f kein pl* addiction to pills **tablettensüchtig** *adj* addicted to pills

tabu [ta'bu:] *adj* taboo

Tabubruch [ta'bu:-] *m* breaking of a taboo

tabuisieren* [tabui'zi:rən] *vt* ■**etw ~** to make sth a taboo subject

Tabula rasa ['ta:bula 'ra:za] *f kein pl* ▶ WENDUNGEN: **~ ~ machen** (*fam*) to make a clean sweep of sth

Tabulator <-s, -toren> [tabu'la:to:ɐ̯] *m* tabulator

Tach(e)les ['tax(ə)ləs] ▶ WENDUNGEN: **[mit jdm] ~ reden** (*fam*) to do some straight talking [to sb]

Tacho <-s, -s> ['taxo] *m* (*fam*) *kurz für* **Tachometer** speedometer

Tachometer *m o nt* speedometer

Tadel <-s, -> ['ta:dl̩] *m* (1) (*Verweis*) reprimand; **jdm wegen einer S.** *gen* **einen ~ erteilen** to reproach sb for sth (2) (*Makel*) **ohne ~** faultless

tadellos **I.** *adj* (*einwandfrei*) perfect **II.** *adv* perfectly

tadeln *vt* (1) (*zurechtweisen*) to reprimand (2) (*missbilligen*) ■**etw ~** to express one's disapproval

tadelnd *adj Blick, Worte* reproachful

tadelnswert *adj* reprehensible

Tadschikistan <-s> [ta'dʒi:kista:n] *nt* Tajikistan; *s. a.* **Deutschland**

Tafel <-, -n> ['ta:fl̩] *f* (1) (*Platte*) board; **eine ~ Schokolade** a bar of chocolate; (*Anzeigetafel*) board; (*Gedenktafel*) plaque; SCH [black]board (2) (*Bildtafel*) plate (3) (*geh: festlicher Esstisch*) table

Tafelberg *m kein pl* Table Mountain

täfeln [tɛ:fl̩n] *vt* to panel

tafeln ['ta:fl̩n] *vi* (*geh*) to feast

Tafelobst *nt kein pl* dessert fruit **Tafelrunde** *f* (*geh*) company at a table

Täfelung <-, -en> *f* panelling

Tafelwasser *nt* (*geh*) table water **Tafelwein** *m* (*geh*) table wine

Taft <-[e]s, -e> [taft] *m* taffeta

Tag <-[e]s, -e> ['ta:k, *pl* 'ta:gə] *m* (1) (*Abschnitt von 24 Stunden*) day; **ein freier ~** a day off; **den ganzen ~ [lang]** the whole day; **guten ~!** hello!, good afternoon/morning!; **~ für ~** every day; **von einem ~ auf den anderen** overnight; **von ~ zu ~** from day to day; **eines [schönen] ~es** one day; **der Brief muss jeden ~ kommen** the letter should arrive any day now (2) (*Datum*) day; **~ der offenen Tür** open day; **der ~ X** D-day; **bis zum heutigen ~** up to the present day; **auf den ~ [genau]** [exactly] to the day (3) (*Tageslicht*) light; **es ist noch nicht ~** it's not light yet; **am ~** during the day; **bei ~[e]** while it's light (4) *pl* (*fam: Menstruation*) period ▶ WENDUNGEN: **es ist noch nicht aller ~e Abend** it's not all over yet; **man soll den ~ nicht vor dem Abend loben** (*prov*) one shouldn't count one's chickens before they're hatched; **etw kommt an den ~** sth comes to light; **in den ~ hinein leben** to live from day to day; **über/unter ~e** above/below ground

tagaus [ta:k'ʔaus] *adv* **~, tagein** day in, day out

Tagebau *m kein pl* open-cast mining **Tagebuch** *nt* (1) (*tägliche Aufzeichnungen*) diary; **ein ~ führen** to keep a diary (2) (*Terminkalender*) appointments diary **Tagedieb(in)** *m(f)* (*pej veraltet*) idler **Tagegeld** *nt* (1) (*tägliches Krankengeld*) daily invalidity pay (2) (*tägliche Spesenpauschale*) daily allowance

tagein [ta:k'ʔain] *adv s.* **tagaus**

tagelang **I.** *adj* lasting for days; **nach ~em Warten** after days of waiting **II.** *adv* for days

Tagelöhner(in) <-s, -> ['ta:gəlø:nɐ] *m(f)* (*veraltend*) day labourer

tagen[1] ['ta:gn̩] *vi impers* (*geh*) **es tagt!** day is breaking!

tagen[2] *vi* to meet; **das Parlament tagt** the parliament is in session

Tagesablauf *m* daily routine **Tagesanbruch** *m* daybreak (**bei, nach, vor** at, after, before) **Tagescreme** *f* day cream **Tageseinnahmen** *pl* day's takings *npl* **Tagesfahrt** *f* day-trip **Tagesgericht** *nt* dish of the day **Tagesgeschäft** *nt* BÖRSE day order **Tagesgeschehen** *nt* daily events *pl* **Tagesgespräch** *nt* talking point of the day **Tageskarte** *f* (1) (*Speisekarte*) menu of the day ② (*einen Tag gültige Eintrittskarte*) day ticket **Tageskurs** *m* FIN current rate

Tageslicht *nt kein pl* daylight *no pl* (**bei** by, in); (*vor Einbruch der Dunkelheit*) before dark ▸WENDUNGEN: **etw ans ~ bringen** to bring sth to light **Tageslichtprojektor** *m* overhead projector

Tagesmutter *f* childminder **Tagesordnung** *f* agenda; **etw auf die ~ setzen** to put sth on the agenda; **auf der ~ stehen** to be on the agenda ▸WENDUNGEN: [**wieder**] **zur ~ übergehen** to carry on as usual **Tagesration** *f* daily ration **Tagesschau** *f kein pl* TV news + *sing vb* (*daily TV news show of the ARD*) **Tagesumsatz** *m* daily sales returns *pl* **Tageszeit** *f* time [of day] **Tageszeitung** *f* daily [paper]

tageweise *adv* on a daily basis

taghell ['ta:k'hɛl] *adj* as bright as day

täglich ['tɛ:klɪç] **I.** *adj attr* daily **II.** *adv* daily

Tagschicht *f* ① (*Arbeitszeitraum*) day shift ② (*personelle Besetzung*) day shift workers *pl*

tagsüber ['ta:ksʔy:bɐ] *adv* during the day

tagtäglich ['ta:k'tɛ:klɪç] **I.** *adj* daily **II.** *adv* on a daily basis

Tagung <-, -en> *f* ① (*Fachtagung*) conference ② (*Sitzung*) meeting

Tagungsteilnehmer(in) *m(f)* participant in a conference

Taifun <-s, -e> [tai̯'fu:n] *m* typhoon

Taiga <-> ['tai̯ga] *f kein pl* ■**die ~** the taiga

Taille <-, -n> ['taljə] *f* waist

tailliert [ta(l)'ji:ɐt] *adj* fitted at the waist

Taiwan <-s> [tai̯'va:n] *nt* Taiwan

Taiwaner(in) <-s, -> [tai̯'va:nɐ] *m(f)* Taiwanese

taiwanisch [tai̯'va:nɪʃ] *adj* Taiwanese; *s. a.* **deutsch**

Takt <-[e]s, -e> ['takt] *m* ① MUS bar ② *kein pl* (*Rhythmus*) rhythm; **den ~ angeben** to beat time; **jdn aus dem ~ bringen** to make sb lose their rhythm; **im ~** in time to sth ③ *kein pl* (*Taktgefühl*) tact

Taktgefühl *nt* ① (*Feingefühl*) sense of tact ② MUS sense of rhythm

taktieren* [tak'ti:rən] *vi* to use tactics

Taktik <-, -en> ['taktɪk] *f* tactics *pl*

Taktiker(in) <-s, -> ['taktikɐ] *m(f)* tactician

taktisch ['taktɪʃ] **I.** *adj* tactical **II.** *adv* tactically

taktlos *adj* tactless

Taktlosigkeit <-, -en> *f* ① *kein pl* (*taktlose Art*) tactlessness ② (*taktlose Aktion*) piece of tactlessness

Taktstock *m* baton

taktvoll *adj* tactful

Tal <-[e]s, Täler> [ta:l, *pl* tɛ:lɐ] *nt* valley

Talar <-s, -e> [ta'la:ɐ̯] *m* JUR robe; REL cassock; SCH gown

Talent <-[e]s, -e> [ta:'lɛnt] *nt* talent

talentiert [talɛn'ti:ɐ̯t] **I.** *adj* talented **II.** *adv* in a talented way

Taler <-s, -> ['ta:lɐ] *m* thaler

Talfahrt *f* ① (*Fahrt ins Tal*) descent [into the valley] ② (*fig: starke Verluste*) steep decline

Talg <-[e]s, -e> ['talk, *pl* 'talgə] *m* ① (*festes Fett*) suet ② (*Absonderung der Talgdrüsen*) sebum

Talgdrüse *f* sebaceous gland

Talisman <-s, -e> ['ta:lɪsman] *m* lucky charm

Talkessel *m* basin

Talkmaster(in) <-s, -> ['to:kma:stɐ] *m(f)* chat show host BRIT, talk show host AM

Talkshow <-, -s>, **Talk-Show** <-, -s> ['to:kʃo:] *f* chat show BRIT, talk show AM

Talsperre *f* TECH *s.* **Staudamm** **Talstation** *f* valley station

talwärts ['ta:lʔvɛrts] *adv* down to the valley

Tamburin <-s, -e> [tambu'ri:n, 'tamburi:n] *nt* tambourine

Tampon <-s, -s> ['tampɔn, tam'po:n, tã'põ:] *m* tampon

Tandem <-s, -s> ['tandɛm] *nt* tandem; **~ fahren** to ride a tandem

Tandler(in) <-s, -> ['tandlɐ] *m(f)* ÖSTERR (*fam*) ① (*Trödler*) junk dealer ② (*Charmeur*) flirt, philanderer

Tang <-[e]s, -e> ['taŋ] *m* seaweed

Tanga <-s, -s> ['taŋga] *m* tanga

Tangens <-, -> ['taŋgɛns] *m* tangent

Tangente <-, -n> [taŋ'gɛntə] *f* MATH tangent

tangieren* [taŋ'gi:rən] *vt* ① (*geh: streifen*) to touch upon ② (*geh: betreffen*) to affect; **jdn nicht ~** (*fam*) not to bother sb ③ MATH ■**etw ~** to be tangent to

Tango <-s, -s> ['taŋgo] *m* tango

Tank <-s, -s> [taŋk] *m* tank

Tankdeckel *m* fuel [*or* BRIT *a.* filler] cap [*or* BRIT *a.* petrol]

tanken ['taŋkn̩] **I.** *vi* (*Auto*) to fill up with petrol [*or* AM gas]; (*Flugzeug*) to refuel **II.** *vt* ① (*als Tankfüllung*) ■**etw ~** to fill up with sth ② (*fam: in sich aufnehmen*) **frische Luft/Sonne ~** to get some fresh air/sun ▸WENDUNGEN: [**ganz schön**] **getankt haben** (*fam*) to have downed a fair amount

Tanker <-s, -> ['taŋkɐ] *m* tanker

Tankfüllung *f* a tankful **Tanklastzug** *m* tanker **Tanksäule** *f* petrol [*or* AM gas] pump **Tankstelle** *f* garage, filling [*or* AM gas] station **Tankwart(in)** *m(f)* petrol pump attendant BRIT, gas station attendant AM

Tanne <-, -n> ['tanə] *f* fir

Tannenbaum *m* ❶ (*Weihnachtsbaum*) Christmas tree ❷ (*fam: Tanne*) fir-tree **Tannennadel** *f* fir needle **Tannenwald** *m* pine forest **Tannenzapfen** *m* fir cone

Tansania <-> [tanza'ni:a] *nt* Tanzania

Tansanier(in) <-s, -> [tan'za:ni̯ɐ] *m(f)* Tanzanian

tansanisch [tan'za:nɪʃ] *adj* Tanzanian

Tante <-, -n> ['tantə] *f* aunt

Tante-Emma-Laden [-'ɛma-] *m* (*fam*) corner shop

Tantieme <-, -n> [tã'ti̯e:mə] *f* ❶ (*Absatzhonorar*) royalty ❷ *meist pl* (*Gewinnbeteiligung*) percentage of the profits

Tanz <-es, Tänze> ['tants, *pl* 'tɛntsə] *m* dance; **jdn zum ~ auffordern** to ask sb to dance

Tanzbein *nt* **das ~ schwingen** (*hum fam*) to take to the floor

tänzeln ['tɛntsl̩n] *vi* ❶ *haben* (*auf und ab federn*) *Boxer* to dance; *Pferd* to prance ❷ *sein* (*sich leichtfüßig fortbewegen*) to skip

tanzen ['tantsn̩] **I.** *vi* ❶ *haben* (*einen Tanz ausführen*) to dance ❷ *sein* (*sich tanzend fortbewegen*) to dance ❸ *haben* (*hüpfen*) *Gläser, Würfel* to jump in the air; **das kleine Boot tanzte auf den Wellen** the little boat bobbed up and down on the waves; **ihm tanzte alles vor den Augen** the room was spinning before his eyes **II.** *vt haben* to dance

Tänzer(in) <-s, -> ['tɛntsɐ] *m(f)* dancer

tänzerisch **I.** *adj* dancing **II.** *adv* in terms of dancing

Tanzfläche *f* dance floor **Tanzkurs** *m,* **Tanzkursus** *m* dance class **Tanzlehrer(in)** *m(f)* dance teacher **Tanzlokal** *nt* café with a dance floor **Tanzmusik** *f* dance music **Tanzpartner(in)** *m(f)* dancing partner **Tanzschule** *f* dancing school **Tanzstunde** *f* ❶ *kein pl* (*Kurs*) dancing class ❷ (*Unterrichtsstunde*) dancing lesson; **~n nehmen** to have dancing lessons **Tanzturnier** *nt* dance tournament

Tapete <-, -n> [ta'pe:tə] *f* wallpaper *no pl*

Tapetenwechsel *m* (*fam*) change of scene

tapezieren* [tape'tsi:rən] *vt* to wallpaper

Tapezierer(in) <-s, -> *m(f)* decorator

Tapeziertisch *m* wallpapering-table

tapfer ['tapfɐ] *adj* brave

Tapferkeit <-> *f kein pl* courage

Tapir <-s, -e> ['ta:pi̯ɐ] *m* tapir

tappen ['tapn̩] *vi* ❶ *sein* (*schwerfällig gehen*) **schlaftrunken tappte er zum Telefon** he shuffled drowsily to the phone ❷ *haben* (*tasten*) ■[**nach etw** *dat*] ~ to grope [for sth]

tapsen ['tapsn̩] *vi sein* (*fam*) *Kleinkind* to toddle; *Bär* to lumber

Tarantel <-, -n> [ta'rantl̩] *f* tarantula

Tarif <-[e]s, -e> [ta'ri:f] *m* ❶ (*gewerkschaftliche Gehaltsvereinbarung*) pay scale ❷ (*festgesetzter Einheitspreis*) charge

Tarifabschluss *m* wage agreement **Tarifgruppe** *f* wage group **Tarifkampf** [ta'ri:f-] *m* [tense] wage negotiations *pl*

tariflich **I.** *adj* negotiated **II.** *adv* by negotiation

Tariflohn *m* standard wage **Tarifpartner(in)** *m(f)* party to a wage agreement **Tarifrunde** *f* pay round **Tarifverhandlung** *f meist pl* collective wage negotiations *pl* **Tarifvertrag** *m* collective wage agreement **Tarifzone** *f* fare zone

tarnen ['tarnən] *vt* ❶ MIL to camouflage (**gegen** +*akk* against) ❷ (*Identität wechseln*) ■**etw** [**durch etw** *akk*] ~ to disguise sth [by doing sth]; ■**sich** *akk* [**als jd**] ~ to disguise oneself [as sb]

Tarnfarbe *f* camouflage paint **Tarnname** *m* cover name

Tarnung <-, -en> *f* ❶ *kein pl* (*das Tarnen*) *a.* MIL camouflage ❷ (*tarnende Identität*) cover

Tasche <-, -n> ['taʃə] *f* ❶ (*Handtasche*) [hand]bag; (*Einkaufstasche*) [shopping] bag; (*Aktentasche*) briefcase ❷ (*in Kleidungsstücken*) pocket ►WENDUNGEN: **tief in die ~ greifen müssen** (*fam*) to have to dig deep into one's pocket; [**etw**] **aus der eigenen ~ bezahlen** (*fam*) to pay [for sth] out of one's own pocket; **jdm auf der ~ liegen** (*fam*) to live off sb; **jdn in die ~ stecken** (*fam*) to be head and shoulders above sb; **in die eigene ~ wirtschaften** (*fam*) to line one's own pocket[s]

Taschenausgabe *f* pocket edition

Taschenbuch *nt* paperback **Taschenbuchausgabe** *f* paperback edition

Taschencomputer *m* hand-held computer **Taschendieb(in)** *m(f)* pickpocket **Taschengeld** *nt* pocket money **Taschenkrebs** *m* [common] crab **Taschenlampe** *f* torch **Taschenmesser** *nt* penknife **Taschenrechner** *m* pocket calculator **Taschenschirm** *m* telescopic [*or* collapsible] umbrella **Taschenspiegel** *m* pocket mirror **Taschentuch** *nt* handkerchief **Taschenuhr** *f* pocket watch **Taschenwörterbuch** *nt* pocket dictionary

Tasse <-, -n> ['tasə] *f* cup; **eine ~ Tee** a cup of tea ►WENDUNGEN: **nicht alle ~n im**

T

Schrank haben (*fam*) not to be right in the head

Tastatur <-, -en> [tasta'tu:ɐ̯] *f* keyboard

Taste <-, -n> ['tastə] *f* (*Schreibmaschine*) key; (*Telefon*) button

Falsche Freunde
Nicht verwechseln mit *taste* — Geschmack *m*!

tasten ['tastn̩] **I.** *vi* (*fühlend suchen*) to feel (**nach** +*dat* for) **II.** *vr* (*sich vortasten*) ■**sich** *akk* **irgendwohin** ~ to grope one's way to somewhere **III.** *vt* ① (*fühlend wahrnehmen*) to feel ② (*per Tastendruck eingeben*) to enter; **taste eine 9** press 9

Tasteninstrument *nt* keyboard instrument **Tastentelefon** *nt* push-button telephone

Tastsinn *m kein pl* sense of touch

tat ['ta:t] *imp von* **tun**

Tat <-, -en> ['ta:t] *f* ① (*Handlung*) act; **eine gute ~** a good deed; **zur ~ schreiten** (*geh*) to proceed to action; **etw in die ~ umsetzen** to put sth into effect ② (*Straftat*) crime; **jdn auf frischer ~ ertappen** to catch sb red-handed *fig* ▸ WENDUNGEN: **in der ~** indeed

Tatbestand *m* ① (*Sachlage*) facts [of the matter] ② JUR elements of an offence **Tatbeteiligte(r)** *f(m)* JUR accomplice

Tatendrang *m kein pl* (*geh*) thirst for action **tatendurstig** [ta:tən'dʊrstɪç] *adj* (*geh*) eager for action *pred*

tatenlos *adj* idle; **~ zusehen** to stand idly by

Täter(in) <-s, -> ['tɛ:tɐ] *m(f)* perpetrator

tätig ['tɛ:tiç] *adj* ① (*beschäftigt*) employed; ■[**irgendwo**] **~ sein** to work [somewhere] ② *attr* (*tatkräftig*) active ③ (*aktiv*) active; ■[**in etw** *dat*] **~ werden** (*geh*) to take action [in sth]

tätigen ['tɛ:tign̩] *vt* (*geh*) to effect; *Abschluss* to conclude

Tätigkeit <-, -en> *f* ① (*Beschäftigung*) occupation ② *kein pl* (*Aktivität*) activity; **in ~ sein** to be operating; **in ~ treten** to intervene

Tätigkeitsbereich *m* field of activity

Tatkraft *f kein pl* drive *no pl*

tatkräftig *adj* active

tätlich ['tɛ:tlɪç] *adj* violent (**gegen** +*akk* towards)

Tatmotiv *nt* motive

Tatort *m* scene of the crime

Tatortspur *f* sample taken from a crime scene

tätowieren* [tɛto'vi:rən] *vt* to tattoo

Tätowierung <-, -en> *f* ① (*eingeritztes Motiv*) tattoo ② *kein pl* (*das Tätowieren*) tattooing

Tatsache ['ta:tzaxə] *f* fact; **~ ist [aber], dass ...** the fact of the matter is [however] that ... ▸ WENDUNGEN: **den ~n ins Auge sehen** to face the facts

Tatsachenbericht *m* factual report

tatsächlich ['ta:tzɛçlɪç, ta:t'zɛçlɪç] **I.** *adj* (*wirklich*) actual *attr*, real **II.** *adv* ① (*in Wirklichkeit*) actually ② (*in der Tat*) really

tätscheln ['tɛ:tʃl̩n] *vt* to pat

tatt(e)rig ['tat(ə)rɪç] *adj* (*fam*) doddery BRIT, shaky AM

Tatverdacht *m* suspicion **tatverdächtig** *adj* under suspicion **Tatverdächtige(r)** *f(m)* suspect **Tatwaffe** *f* murder weapon

Tatze <-, -n> ['tatsə] *f* (*a. pej fam*) paw

Tatzeit *f* time of the crime **Tatzeuge, -zeugin** *m, f* JUR incident-witness

Tau[1] <-[e]s> ['tau̯] *m kein pl* (*Tautropfen*) dew

Tau[2] <-[e]s, -e> ['tau̯] *nt* rope

taub ['tau̯p] *adj* ① (*gehörlos*) deaf; **sich** *akk* **~ stellen** to turn a deaf ear ② (*gefühllos*) numb ③ *Nuss* empty; *Boden* barren; *Metall* dull

Taube <-, -n> ['tau̯bə] *f* pigeon

Taubenschlag *m* pigeon loft

Tauberich ['tau̯bərɪç], **Täuberich** <-s, -e> ['tɔybərɪç] *m* male dove

Taubheit <-> *f kein pl* ① (*Gehörlosigkeit*) deafness *no pl* ② (*Gefühllosigkeit*) numbness *no pl*

taubstumm *adj* deaf and dumb

Taubstumme(r) *f(m)* deaf mute **Taubstummensprache** *f* language for deaf-mutes

tauchen ['tau̯xn̩] **I.** *vi* ① *haben o sein* (*untertauchen*) to dive (**nach** +*dat* for) ② *sein* (*auftauchen*) ■[**aus etw** *dat*] ~ to emerge **II.** *vt haben* ① (*eintauchen*) to dip; **in [gleißendes] Licht getaucht** bathed in [glistening] light ② (*untertauchen*) to duck

Tauchen <-s> ['tau̯xn̩] *nt kein pl* diving

Taucher(in) <-s, -> ['tau̯xɐ] *m(f)* *a.* ORN diver

Taucheranzug *m* diving suit **Taucherausrüstung** *f* diving equipment **Taucherbrille** *f* diving goggles *npl* **Taucherflosse** *f* flipper

Taucherin <-, -nen> *f fem form von* **Taucher**

Taucherkrankheit *f* deep-sea sickness **Tauchermaske** *f* diving mask

Tauchsieder <-s, -> *m* immersion heater **Tauchstation** *f* **auf ~ gehen** (*fam*) to make oneself scarce

tauen ['tau̯ən] **I.** *vi* ① *haben* (*Tauwetter setzt ein*) ■**es taut** it is thawing ② *sein*

T

([*ab*]*schmelzen*) to melt **II.** *vt* to melt

Taufbecken *nt* font

Taufe <-, -n> ['taufə] *f* (*christliches Aufnahmeritual*) baptism ▶ WENDUNGEN: **etw aus der ~ heben** (*hum fam*) to launch sth

taufen ['taufn̩] *vt* ① (*die Taufe vollziehen*) to baptize ② (*in der Taufe benennen*) to christen ③ (*fam: benennen*) to christen

Täufling <-s, -e> *m* person to be baptized

Taufname *m* Christian name **Taufpate, -patin** *m, f* godfather *masc,* godmother *fem*

taufrisch *adj* dewy; *Blumen* fresh

taugen ['taugn̩] *vi* ① (*wert sein*) ■**etw/viel/nichts ~** to be useful/very useful/useless ② (*geeignet sein*) to be suitable (**zu, für** for)

Taugenichts <-[es], -e> ['taugənɪçts] *m* (*veraltend*) good-for-nothing

tauglich ['tauklɪç] *adj* ① (*geeignet*) suitable ② MIL fit [for military service]

Tauglichkeit <-> *f kein pl* ① (*Eignung für einen Zweck*) suitability ② MIL fitness [for military service]

Taumel <-s> ['tauml̩] *m kein pl* (*geh*) ① (*Schwindelgefühl*) dizziness ② (*geh: Überschwang*) frenzy

taumeln ['tauml̩n] *vi sein* to stagger

Tausch <-[e]s, *selten* -e> [tauʃ] *m* swap; **im ~ gegen** [**etw** *akk*] in exchange for [sth]

tauschen ['tauʃn̩] **I.** *vt* ① (*gegeneinander einwechseln*) to swap (**mit, gegen** +*dat* with, for, **gegen** +*akk* for) ② (*geh: austauschen*) to exchange **II.** *vi* to swap ▶ WENDUNGEN: **mit niemandem ~ wollen** not to wish to change places with sb

täuschen ['tɔyʃn̩] **I.** *vt* (*irreführen*) to deceive; ■**sich** *akk* [**von jdm/etw**] **nicht ~ lassen** not to be fooled [by sb/sth]; **wenn mich nicht alles täuscht ....** if I'm not completely mistaken ... **II.** *vr* (*sich irren*) ■**sich** *akk* **~** to be mistaken (**in** +*dat* about); **darin täuschst du dich** you're wrong about that **III.** *vi* (*irreführen*) to be deceptive

täuschend **I.** *adj* (*trügerisch*) deceptive; *Ähnlichkeit* striking **II.** *adv* (*trügerisch*) deceptively; **sie sieht ihrer Mutter ~ ähnlich** she bears a striking resemblance to her mother

Tauschgeschäft *nt* exchange **Tauschobjekt** *nt* **ein begehrtes ~** a sought after object for bartering

Täuschung <-, -en> ['tɔyʃʊŋ] *f* ① (*Betrug*) deception ② (*Irrtum*) error; **optische ~** optical illusion

Täuschungsmanöver *nt* ploy

Tauschwert *m* exchange value

tausend ['tauzn̩t] *adj* ① (*Zahl*) a [*or* one] thousand; **einige ~ Euro** several thousand euros ② (*fam: sehr viele*) thousands of ...

Tausend[1] <-s, -e *o* -> ['tauzn̩t, *pl* -n̩də] *nt* ① (*Einheit von 1000 Dingen*) a thousand; [**zehn/zwanzig etc**] **von ~** [ten/twenty etc] out of every thousand ② *pl, auch kleingeschrieben* (*viele tausend*) thousands *pl* (**von** +*dat* of); **einige ~e ...** several thousand ...; **einer von ~** one in a thousand; **in die ~e gehen** *Kosten, Schaden* to run into the thousands; **zu ~en** by the thousands

Tausend[2] <-, -en> ['tauzn̩t, *pl* -n̩dn̩] *f* thousand

Tausender <-s, -> ['tauzn̩dɐ] *m* ① (*fam: Tausendmarkschein*) thousand-mark note *hist* ② (*1000 als Bestandteil einer Zahl*) thousands

tausendfach, 1000fach ['tauzn̩tfax] **I.** *adj* thousandfold **II.** *adv* thousandfold, a thousand times over

Tausendfüßler <-s, -> ['tauzn̩tfy:slɐ] *m* centipede

tausendjährig, 1000-jährig ['tauzn̩tjɛ:rɪç] *adj* ① (*Alter*) thousand-year-old *attr,* one thousand years old *pred; s. a.* **achtjährig 1** ② (*Zeitspanne*) thousand year *attr; s. a.* **achtjährig 2**

tausendmal, 1000-mal ['tauzn̩tma:l] *adv* ① a thousand times; *s. a.* **achtmal** ② (*fam: sehr viel, sehr oft*) a thousand times; **bitte ~ um Entschuldigung!** (*fam*) a thousand apologies!

Tausendstel ['tauzn̩tstl̩] *nt o* SCHWEIZ *m* thousandth

Tautropfen *m* dewdrop **Tauwasser** *nt* melt water **Tauwetter** *nt* thaw

Tauziehen *nt kein pl* (*a. fig*) tug-of-war

Taxameter <-s, -> [taksa'me:tɐ] *m* taximeter, clock *fam*

Taxcard <-, -s> *f* SCHWEIZ telephone card

Taxe <-, -n> ['taksə] *f* ① (*Kurtaxe*) charge ② (*Schätzwert*) estimate ③ DIAL (*Taxi*) taxi

Taxi <-s, -s> ['taksi] *nt* cab, taxi

Taxifahrer(in) *m(f)* taxi [*or* cab] driver **Taxifahrt** *f* taxi [*or* cab] journey **Taxistand** *m* taxi [*or* cab] rank

Tb <-, -s> [te:'be:] *f,* **Tbc** <-, -s> [te:be:'tse:] *f Abk von* **Tuberkulose** TB

Team <-s, -s> [ti:m] *nt* team

Teamarbeit ['ti:m-] *f* teamwork **teamfähig** ['ti:m-] *adj* able to work in a team **Teamgeist** *m kein pl* team spirit **Teamwork** <-s> *nt kein pl s.* **Teamarbeit**

Technik <-, -en> ['tɛçnɪk] *f* ① *kein pl* (*Technologie*) technology ② *kein pl* (*technische Ausstattung*) technical equipment ③ *kein*

T

pl (*technische Konstruktion*) technology (4) (*besondere Methode*) technique (5) ÖSTERR (*technische Hochschule*) college of technology

Techniker(in) <-s, -> ['tɛçnɪkɐ] *m(f)* (*Fachmann der Technik*) engineer; *in der Kunst* technician

Technikfreak <-s, -s> ['tɛçnɪkfriːk] *m* (*fam*) technogeek *pej sl*

Technikum <-s, Technika> ['tɛçnɪkʊm, *pl* -ka] *nt* college of technology

technisch ['tɛçnɪʃ] **I.** *adj* (1) *attr* (*technologisch*) technical (2) (*technisches Wissen vermittelnd*) technical; **~e Hochschule** college of technology (3) *Können, Probleme* technical **II.** *adv* technically

technisieren* [tɛçni'ziːrən] *vt* to mechanize

Technisierung <-, -en> *f* mechanization

Techno <-[s]> ['tɛçno] *m o nt kein pl* techno

Technologie <-, -n> [tɛçnolo'giː] *f* technology

Technologiepark *m* technology park **Technologiezentrum** *nt* technology centre

technologisch [tɛçno'loːgɪʃ] *adj* technological

Techtelmechtel <-s, -> [tɛçtl̩'mɛçtl̩] *nt* (*fam*) affair

Teddybär ['tɛdi-] *m* teddy [bear]

Tee <-s, -s> [teː] *m* (*Getränk*) tea; (*aus Heilkräutern*) herbal tea; **eine Tasse ~** a cup of tea; **grüner/schwarzer ~** green/black tea; **~ kochen** to make some tea ▶ WENDUNGEN: **abwarten und ~ trinken** (*fam*) to wait and see

Teebeutel *m* tea bag **Teeei, Tee-Ei** *nt* tea infuser **Teefilter** *m* tea-strainer **Teekanne** *f* teapot **Teelicht** *nt* tea warmer candle **Teelöffel** *m* (1) (*Löffel*) teaspoon (2) (*Menge*) teaspoon[ful]

Teen <-s, -s> [tiːn] *m*, **Teenager** <-s, -> ['tiːneːdʒɐ] *m* teenager

Teenie <-s, -s> ['tiːni], **Teeny** <-s, -s> *m* (*fam*) young teenager

Teer <-[e]s, -e> [teːɐ̯] *m* tar

teeren ['teːrən] *vt* to tar

Teeservice *nt* tea service **Teesieb** *nt* tea strainer **Teestube** *f* tea-room **Teewurst** *f* *smoked sausage spread*

Teflon® <-s> ['tɛfloːn] *nt kein pl* teflon®

Teich <-[e]s, -e> [taiç] *m* pond

Teig <-[e]s, -e> [taik] *m* (*Hefe-, Rühr-, Nudelteig*) dough; (*Mürbe-, Blätterteig*) pastry; (*flüssig*) batter; (*in Rezepten*) mixture

teigig [taigɪç] *adj* (1) (*nicht ausgebacken*) doughy (2) (*mit Teig bedeckt*) covered in dough (3) *Teint* pasty

Teigwaren *pl* (*geh*) pasta + *sing vb*

Teil[1] <-[e]s, -e> [tail] *m* (1) (*Bruchteil*) part; **in zwei ~e zerbrechen** to break in two; **sie waren zum größten ~ einverstanden** for the most part they were in agreement; **zum ~** partly; (*gelegentlich*) on occasion (2) (*Anteil*) share; **zu gleichen ~en** equally (3) (*Bereich*) *einer Stadt* district; (*einer Strecke*) stretch; (*eines Gebäudes, einer Zeitung, eines Buches*) section ▶ WENDUNGEN: **sich** *dat* **seinen ~ denken** (*fam*) to draw one's own conclusions; **ich für meinen ~** I, for my part

Teil[2] <-[e]s, -e> [tail] *nt* (1) (*Einzelteil*) component (2) (*sl: Ding*) thing

Teilabschnitt *m* section **Teilansicht** *f* partial view

teilbar *adj* (1) (*aufzuteilen*) ■**[in etw** *akk*] **~ sein** which can be divided [into sth] (2) MATH (*dividierbar*) ■**[durch etw** *akk*] **~ sein** to be divisible [by sth]

Teilbereich *m* section **Teilbetrag** *m* instalment

Teilchen <-s, -> *nt dim von* **Teil[1] 1** (1) (*Partikel*) particle (2) (*Kernphysik*) nuclear particle (3) KOCHK DIAL pastries *pl*

teilen ['tailən] **I.** *vt* (1) (*aufteilen*) to share (2) MATH (*dividieren*) to divide (**durch** +*akk* by) (3) (*trennen*) to separate **II.** *vr* (1) (*sich aufteilen*) ■**sich [in etw** *akk*] **~** to split up [into sth] (2) (*sich gabeln*) ■**sich [in etw** *akk*] **~** to fork [into sth] (3) (*unter sich aufteilen*) ■**sich** *dat* **etw [mit jdm] ~** to share sth [with sb] (4) (*gemeinsam benutzen*) ■**sich** *dat* **etw ~** to share sth **III.** *vi* (*abgeben*) to share

Teilerfolg *m* partial success

teil|haben *vi irreg* (*geh*) to participate (**an** in)

Teilhaber(in) <-s, -> *m(f)* partner

Teilkaskoversicherung *f* partially comprehensive insurance

Teilnahme <-, -en> ['tailnaːmə] *f* (1) (*Beteiligung*) participation (**an** +*dat* in) (2) (*geh: Mitgefühl*) sympathy (3) (*geh: Interesse*) interest

teilnahmslos *adj* apathetic

Teilnahmslosigkeit <-> *f kein pl* apathy

teilnahmsvoll *adv* compassionately

teil|nehmen *vi irreg* (1) (*anwesend sein*) ■**[an etw** *dat*] **~** to attend [sth] (2) (*sich beteiligen*) to participate (**an** +*dat* in); *Wettbewerb* to take part; *Kurs* to attend

Teilnehmer(in) <-s, -> *m(f)* (1) (*Anwesender*) person present (2) (*Beteiligter*) participant (**an** +*dat* in); **~ an einem Kurs** student (3) (*Telefoninhaber*) subscriber

Teilnehmergebühr *f* attendance fee **Teilnehmerwährung** *f* FIN participating currency

teils ['tails] *adv* partly; ~, ~ *(fam)* yes and no

Teilstück *nt* part

Teilung <-, -en> *f* division

teilweise ['tailvaizə] **I.** *adv* partly **II.** *adj attr* partial

Teilzahlung *f* instalment

Teilzeitarbeit *f* part-time work **Teilzeitbeschäftigte(r)** *f(m) dekl wie adj* part-time worker **Teilzeitbeschäftigung** *f* part-time employment **Teilzeitkraft** *f* ÖKON part-timer

Teint <-s, -s> ['tɛ̃:] *m* complexion

Telearbeit ['te:lə-] *f kein pl* telework **Telearbeiter(in)** ['te:lə-] *m(f)* telecommuter **Telebanking** ['te:ləbɛŋɪŋ] *nt* home banking **Telebrief** *m* telemessage **Telefax** ['te:ləfaks] *nt* fax **telefaxen** ['te:ləfaksn̩] *vt, vi (geh) s.* **faxen**

Telefon <-s, -e> [tele'fo:n, 'te:lefo:n] *nt* telephone, phone *fam*

Telefonanruf *m* telephone call **Telefonanschluss** *m* telephone connection

Telefonat <-[e]s, -e> [telefo'na:t] *nt (geh)* telephone call

Telefonauskunft *f* directory enquiries *pl* **Telefonbuch** *nt* telephone book **Telefonbuchse** [tele'fo:n-] *f* telephone point [*or* AM jack] **Telefongebühr** *f meist pl* telephone charge[s *pl*] **Telefongesellschaft** *f* [tele]phone company **Telefongespräch** *nt* telephone call; **ein ~ führen** to make a telephone call **Telefonhörer** *m* telephone receiver

telefonieren* [telefo'ni:rən] *vi* ■[**mit jdm**] ~ to telephone [sb]

telefonisch **I.** *adj* telephone **II.** *adv* by telephone

Telefonist(in) <-en, -en> [telefo'nɪst] *m(f)* switchboard operator, telephonist

Telefonkarte *f* phonecard **Telefonkette** *f* telephone chain **Telefonleitung** *f* telephone line **Telefonmarketing** *nt* telephone marketing **Telefonnetz** *nt* telephone network **Telefonnummer** *f* telephone number **Telefonrechnung** *f* [tele]phone bill **Telefonseelsorge** *f* Samaritans *pl* **Telefonsex** *m* telephone sex **Telefonverbindung** *f* telephone connection **Telefonzelle** *f* pay phone **Telefonzentrale** *f* switchboard

Telegraf <-en, -en> [tele'gra:f] *m* telegraph

Telegrafenamt *nt* telegraph office **Telegrafenmast** *m* telegraph pole

telegrafieren* [telegra:'fi:rən] *vi, vt* to telegraph

telegrafisch *adj* telegraphic

Telegramm <-s, -e> [tele'gram] *nt* telegram

Telegrammstil *m kein pl* abrupt style

Telegraph <-s, -en> *m s.* **Telegraf**

telegraphieren *vi, vt s.* **telegrafieren**

Teleheimarbeit *f* teleworking [from home]

Telekolleg ['te:ləkɔle:k] *nt* Open University BRIT

Telekom <-> ['te:ləkɔm] *f kein pl kurz für* **Deutsche Telekom AG:** ■**die** ~ *German Telecommunications Company*

Telekommunikation *f* telecommunication

Telemarketing ['te:ləmarkətɪŋ] *nt* telesales *pl*

Telenovela <-, -s> *f* TV *long-running drama series, similar in format to a soap opera, but with a set number of episodes*

Teleobjektiv *nt* telephoto lens

Telepathie <-> [telepa'ti:] *f kein pl* telepathy

Teleprompter <-s, -> *m* autocue, teleprompter AM

Teleshopping <-s> ['te:leʃɔpɪŋ] *nt kein pl* teleshopping

Teleskop <-s, -e> [tele'sko:p] *nt* telescope

Telespiel *nt (veraltend)* video game

Teletex <-> ['teletɛks] *nt kein pl* teletex *no pl*

Telex <-, -e> ['te:lɛks] *nt* telex

telexen ['te:lɛksn̩] *vt* to telex

Teller <-s, -> ['tɛlɐ] *m* ❶ *(Geschirrteil)* plate; **flacher** ~ dinner plate; **tiefer** ~ soup plate ❷ *(Menge)* plateful; **ein ~ Spaghetti** a plateful of spaghetti

Tellergericht *nt* KOCHK one-course meal **Tellerrand** *m* ▶ WENDUNGEN: **über den ~ hinausschauen** *(fam)* to not be restricted in one's thinking; **über den ~ nicht hinausschauen** *(fam)* to not see further than [the end of] one's nose **Tellerwäscher(in)** *m(f)* dishwasher

Tempel <-s, -> ['tɛmpl̩] *m* temple

Temperafarbe *f* tempera colour

Temperament <-[e]s, -e> [tɛmpəra'mɛnt] *nt* ❶ *(Wesensart)* temperament ❷ *kein pl (Lebhaftigkeit)* vivacity; ~ **haben** to be very lively

temperamentvoll **I.** *adj* lively, vivacious **II.** *adv* vivaciously

Temperatur <-, -en> [tɛmpəra'tu:ɐ̯] *f* ❶ *(Wärmegrad)* temperature ❷ *(Körpertemperatur)* temperature; [**seine/die**] ~ **messen** to take one's temperature; [**erhöhte**] ~ **haben** to have a temperature

Temperaturanstieg *m* rise in temperature **Temperaturrückgang** *m* drop in temperature **Temperaturschwankung** *f* fluctuation in temperature **Temperatursturz** *m* sudden drop in temperature

T

Tempo[1] <-s, -s> ['tɛmpo] *nt* ❶ (*Geschwindigkeit*) speed; **mit hohem ~** at high speed ❷ (*musikalisches Zeitmaß*) tempo; **das ~ angeben** to set the tempo

Tempo®[2] <-s, -s> *nt* (*fam: Papiertaschentuch*) [paper] tissue

Tempolimit *nt* speed limit

temporär [tɛmpo'rɛːɐ̯] *adj* (*geh*) temporarily

Temposünder(in) <-s, -> *m(f)* speeder

Tempotaschentuch® *nt* paper-handkerchief, tissue

Tendenz <-, -en> [tɛn'dɛnts] *f* ❶ (*Trend*) trend ❷ (*Neigung*) tendency (**zu** +*dat* to); **die ~ haben, [etw zu tun]** to have a tendency [to do sth]

tendenziell [tɛndɛn'tsi̯ɛl] *adj* **es zeichnet sich eine ~e Entwicklung zum Besseren ab** trends indicate a change for the better

tendenziös <-er, -este> [tɛndɛn'tsi̯øːs] *adj* (*pej*) tendentious

tendieren* [tɛn'diːrən] *vi* ❶ (*hinneigen*) to tend (**zu** +*dat* towards); ■**dazu ~, etw zu tun** to tend to do sth ❷ (*sich entwickeln*) ■**[irgendwohin]** ~ to have a tendency [to move in a certain direction]

Teneriffa [tene'rɪfa] *nt* Tenerife

Tennis <-> ['tɛnɪs] *nt kein pl* tennis

Tennisball *m* tennis ball **Tennishalle** *f* indoor tennis court **Tennisklub** *m* tennis club **Tennisplatz** *m* ❶ (*Spielfeld*) tennis court ❷ (*Anlage*) outdoor tennis complex **Tennisschläger** *m* tennis racket **Tennisspiel** *nt* ❶ (*Sportart*) tennis ❷ (*Einzelspiel*) game of tennis **Tennisspieler(in)** *m(f)* tennis player **Tennisturnier** *nt* tennis tournament

Tenor <-s, Tenöre> [te'noːɐ̯, *pl* te'nøːrə] *m* MUS tenor

Tentakel <-s, -> [tɛn'takl̩] *m o nt* tentacle

Teppich <-s, -e> ['tɛpɪç] *m* (*Fußbodenbedeckung*) carpet; (*Wandteppich*) tapestry ▶ WENDUNGEN: **etw unter den ~ kehren** (*fam*) to sweep sth under the carpet

Teppichboden *m* fitted carpet **Teppichklopfer** <-s, -> *m* carpet-beater **Teppichreiniger** *m* carpet cleaner

Termin <-s, -e> [tɛr'miːn] *m* ❶ (*verabredeter Zeitpunkt*) appointment; **sich** *dat* **einen ~ [für etw** *akk*] **geben lassen** to make an appointment [for sth]; **einen ~ vereinbaren** to arrange an appointment; **einen ~ verpassen** to miss an appointment ❷ (*festgelegter Zeitpunkt*) deadline

Terminal[1] <-s-, -s> ['tøːɐ̯minl̩] *nt* INFORM terminal

Terminal[2] <-s, -s> ['tøːɐ̯minl̩] *m o nt* LUFT, TRANSP terminal

Terminbörse *f* FIN futures market **Termindruck** *m kein pl* time pressure **termingerecht** **I.** *adj* according to schedule **II.** *adv* on time

Termini *pl von* **Terminus**

Terminkalender *m* [appointments] diary [*or* AM calendar]

Terminologie <-, -n> [tɛrminolo'giː, *pl* -'giːən] *f* terminology

Terminplan *m* schedule **Terminplaner** <-s, -> *m* ❶ (*Kalender*) schedule, diary BRIT ❷ TECH, INFORM electronic diary [*or* AM organizer] **Terminplanung** *f* scheduling

Terminus <-, Termini> ['tɛrminʊs, *pl* -ni] *m* term

Termite <-, -n> [tɛr'miːtə] *f* termite

Terpentin <-s, -e> [tɛrpɛn'tiːn] *nt o* ÖSTERR *m* ❶ (*flüssiges Harz*) turpentine ❷ (*Terpentinöl*) oil of turpentine

Terrain <-s, -s> [tɛ'rɛ̃ː] *nt* ❶ (*Gelände*) terrain ❷ (*a. fig: [Bau]grundstück*) site

Terrarium <-s, -rien> [tɛ'raːri̯ʊm, *pl* -ri̯ən] *nt* terrarium

Terrasse <-, -n> [tɛ'rasə] *f* ❶ (*Freisitz*) terrace; (*Balkon*) [large] balcony ❷ (*Geländestufe*) terrace

terrassenförmig *adj* terraced

Terrier <-s, -> ['tɛri̯ɐ] *m* terrier

Terrine <-, -n> [tɛ'riːnə] *f* tureen

territorial [tɛrito'ri̯aːl] *adj* territorial

Territorium <-s, -rien> [tɛri'toːri̯ʊm, *pl* -ri̯ən] *nt* territory

Terror <-s> ['tɛroːɐ̯] *m kein pl* ❶ (*terroristische Aktivitäten*) terrorism ❷ (*Furcht und Schrecken*) terror ❸ (*fam: Stunk*) huge fuss

Terrorabwehr *f kein pl* counterterrorism **Terrorakt** *m* act of terrorism **Terroranschlag** *m* terror[ist] attack

terrorisieren* [tɛrori'ziːrən] *vt* ❶ (*fam: schikanieren*) to intimidate ❷ (*in Angst und Schrecken versetzen*) to terrorize

Terrorismus <-> [tɛro'rɪsmʊs] *m kein pl* terrorism

Terrorismusbekämpfung *f* counterterrorism

Terrorist(in) <-en, -en> [tɛro'rɪst] *m(f)* terrorist

terroristisch *adj* terrorist *attr*

Terroropfer *nt* victim of terror[ism] **Terrorpate** *m* terror chief **Terrorschutz** *m* POL protection against terrorism **Terrorzelle** *f* terrorist cell

Terz <-, -en> ['tɛrts] *f* MUS third

Terzett <-[e]s, -e> [tɛr'tsɛt] *nt* MUS trio

Tesafilm® ['teːzafɪlm] *m* Sellotape® BRIT, Scotch tape® AM

Tessin <-s> [tɛ'siːn] *nt* ■**das ~** Ticino

Test <-[e]s, -s *o* -e> [tɛst] *m* test
Testament <-[e]s, -e> [tɛsta'mɛnt] *nt* ① JUR will ② REL **Altes/Neues ~** Old/New Testament
testamentarisch [tɛstamɛn'ta:rɪʃ] **I.** *adj* testamentary **II.** *adv* in the will
Testamentseröffnung *f* reading of the will **Testamentsvollstrecker(in)** *m(f)* executor
Testbild *nt* TV test card BRIT, test pattern AM
testen ['tɛstn̩] *vt* to test (**auf** +*akk* for)
Testergebnis *nt* test result **Testperson** *f* subject **Testreihe** *f* series of tests
Tetanus <-> ['te:tanʊs] *m kein pl* tetanus *no pl*
Tetanusschutzimpfung *f* tetanus vaccination
Tete-a-tete <-, -s> *nt*, **Tête-à-tête** <-, -s> [tɛta'tɛ:t] *nt* tête-à-tête
Tetraeder <-s, -> [tetra'ʔe:dɐ] *nt* MATH tetrahedron
teuer ['tɔyɐ] **I.** *adj* ① (*viel kostend*) expensive ② (*geh: geschätzt*) dear **II.** *adv* (*zu einem hohen Preis*) expensively; **das hast du aber zu ~ eingekauft** you paid too much for that; **sich** *dat* **etw** *akk* **~ bezahlen lassen** to demand a high price for sth ▸ WENDUNGEN: **etw** *akk* **~ bezahlen müssen** to pay a high price for sth; **~ erkauft** dearly bought; **jdn ~ zu stehen kommen** to cost sb dear
Teuerungsrate *f* rate of price increase
Teufel <-s, -> [tɔyfl̩] *m* ① *kein pl* (*Satan*) ■ **der ~** the Devil ② (*teuflischer Mensch*) devil ▸ WENDUNGEN: **in ~s Küche kommen** (*fam*) to get into a hell of a mess; **den ~ an die Wand malen** to imagine the worst; **geh zum ~!** (*fam*) go to hell!; **soll jdn [doch] der ~ holen** (*fam*) to hell with sb; **irgendwo ist der ~ los** (*fam*) all hell is breaking loose somewhere; **weiß der ~** (*fam*) who the hell knows
Teufelskreis *m* vicious circle **Teufelszeug** *nt* (*fam: Substanz*) evil [*or* nasty] stuff; (*Sache*) devilish thing
teuflisch ['tɔyflɪʃ] **I.** *adj* diabolical **II.** *adv* ① (*diabolisch*) diabolically ② (*fam: höllisch*) like hell
Teuro <-s, -[s]> ['tɔyro] *m meist sing* (*pej*) expensive euro (*amalgamation of teuer and Euro; used pejoratively in reference to the Euro*)
Text <-[e]s, -e> [tɛkst] *m* ① (*schriftliche Darstellung*) text ② (*Lied*) lyrics ③ (*Wortlaut*) text; *einer Rede* script ▸ WENDUNGEN: **jdn aus dem ~ bringen** (*fam*) to confuse sb
Textaufgabe *f* problem **Textbaustein** *m* text block **Textbuch** *nt* libretto
texten ['tɛkstn̩] **I.** *vt* to write **II.** *vi* to write songs; (*in der Werbung*) to write copy
Texter(in) <-s, -> *m(f)* songwriter; (*in der Werbung*) copywriter
Textilfabrik *f* textile factory **Textilgeschäft** *nt* (*fam*) *shop that sells linen and clothing*
Textilien [tɛks'ti:li̯ən] *pl* fabrics *pl*
Textilindustrie *f* textile industry
Textstelle *f* passage
Textverarbeitung *f* word processing
Textverarbeitungsprogramm *nt* word processing programme **Textverarbeitungssystem** *nt* word processing system
TH <-, -s> [te'ha] *f Abk von* **Technische Hochschule** *training college providing degree courses in technical and scientific subjects*
Thai ['ta̯i] *nt* Thai; *s. a.* **Deutsch**
Thailand ['ta̯ilant] *nt* Thailand
Thailänder(in) <-s, -> ['ta̯ilɛndɐ] *m(f)* Thai
thailändisch ['ta̯ilɛndɪʃ] *adj* Thai; *s. a.* **deutsch**
Theater <-s, -> [te'a:tɐ] *nt* ① (*Gebäude*) theatre ② *kein pl* (*Schauspielkunst*) theatre; **zum ~ gehen** to go on the stage; **~ spielen** to act; **nur ~ sein** (*fam*) to be only an act ③ *kein pl* (*fam: Umstände*) fuss; **[ein] ~ machen** to make a fuss
Theateraufführung *f* theatre performance **Theaterbesuch** *m* theatre visit **Theaterbesucher(in)** *m(f)* theatregoer **Theaterkarte** *f* theatre ticket **Theaterkasse** *f* theatre box office **Theaterprobe** *f* rehearsal **Theaterstück** *nt* play **Theatervorstellung** *f* theatre performance
theatralisch [tea'tra:lɪʃ] *adj* theatrical
Theke <-, -n> ['te:kə] *f* counter; (*in einem Lokal*) bar
Thema <-s, Themen *o* -ta> ['te:ma, *pl* -mən, -ta] *nt* ① (*Gesprächsthema*) topic; **jdn vom ~ abbringen** to get sb off the subject; **beim ~ bleiben** to stick to the subject; **ein ~ ist [für jdn] erledigt** (*fam*) a matter is closed [as far as sb is concerned] ② (*schriftliches Thema*) subject ③ (*Bereich*) subject area ④ MUS theme ▸ WENDUNGEN: **ein/kein ~ sein** to be/not be an issue
Thematik <-> [te'ma:tɪk] *f kein pl* topic
thematisieren* [temati'zi:rən] *vt* to discuss
Themen ['te:mən] *pl von* **Thema**
Themenpark ['te:mən-] *m* TOURIST theme [*or* amusement] park
Theologe, Theologin <-n, -n> [teo'lo:gə] *m, f* theologian
Theologie <-, -n> [teolo'gi:, *pl* -'gi:ən] *f* theology

T

Theologin <-,-nen> *f fem form von* **Theologe**

theologisch [teo'lo:gɪʃ] **I.** *adj* theological **II.** *adv* ❶ (*in der Theologie*) in theological matters ❷ (*für die Theologie*) theologically

Theoretiker(in) <-s, -> [teo're:tikɐ] *m(f)* theorist

theoretisch [teo're:tɪʃ] **I.** *adj* theoretical **II.** *adv* theoretically

theoretisieren* [teoreti'zi:rən] *vi* to theorize

Theorie <-, -n> [teo'ri:, *pl* -'ri:ən] *f* theory

Therapeut(in) <-en, -en> [tera'pɔyt] *m(f)* therapist

therapeutisch [tera'pɔytɪʃ] **I.** *adj* therapeutic **II.** *adv* as therapy

Therapie <-, -n> [tera'pi:, *pl* -'pi:ən] *f* therapy

therapieren [tera'pi:rən] *vt* to treat

Thermalbad [tɛr'ma:l-] *nt* ❶ (*Hallenbad*) thermal baths *pl* ❷ (*Heilbad*) hot springs *npl* ❸ (*Kurort*) spa resort **Thermalquelle** [tɛr'ma:l-] *f* thermal spring

thermisch ['tɛrmɪʃ] *adj attr* thermal

Thermometer <-s, -> [tɛrmo'me:tɐ] *nt* thermometer

Thermometerstand *m* temperature

Thermosflasche® ['tɛrmosflaʃə] *f* Thermos® [flask]

Thermoskanne ['tɛrmɔs-] *f* Thermos® flask

Thermostat <-[e]s *o* -en, -e[n]> [tɛrmo'sta:t] *m* thermostat

These <-, -n> ['te:zə] *f* (*geh*) thesis

Thesenpapier *nt* theory paper

Thinktank <-s, -s> ['θɪŋktɛŋk] *m* POL, ÖKON (*sl*) think tank

Thon <-s> [to:n] *m kein pl* SCHWEIZ tuna [fish] *no pl*

Thriller <-s, -> [θrɪlɐ] *m* thriller

Thrombose <-, -n> [trɔm'bo:sə] *f* thrombosis

Thron <-[e]s, -e> ['tro:n] *m* throne

thronen ['tro:nən] *vi* to sit enthroned

Thronfolge *f* line of succession

Thronfolger(in) <-s, -> *m(f)* heir to the throne

Thunfisch ['tu:nfɪʃ] *m* tuna [fish]

Thüringen <-s> ['ty:rɪŋən] *nt* Thuringia

Thüringer(in) <-s, -> ['ty:rɪŋɐ] *m(f)* Thuringian

thüringisch ['ty:rɪŋɪʃ] *adj* Thuringian

THW <-[s], -s> [te:ha:'ve:] *nt Abk von* **Technisches Hilfswerk** technical support/breakdown service

Thymian <-s, -e> ['ty:mi̯a:n] *m* thyme

Tibet <-s> ['ti:bɛt, ti'be:t] *nt* Tibet; *s. a.* **Deutschland**

Tick <-[e]s, -s> [tɪk] *m* (*fam*) ❶ (*Marotte*) quirk ❷ (*geringe Menge*) tad

ticken ['tɪkn̩] *vi* (*ein klickendes Geräusch machen*) to tick ▶ WENDUNGEN: **nicht richtig** ~ (*sl*) to be off one's head

Tiebreak <-s, -s> *m o nt*, **Tie-Break** <-s, -s> ['tajbre:k] *m o nt* tie-break

tief ['ti:f] **I.** *adj* ❶ (*eine große Tiefe aufweisend*) deep; **ein Meter** ~ one metre deep ❷ (*eine große Dicke aufweisend*) deep; **drei Meter** ~ three metres deep ❸ (*niedrig*) low ❹ MUS (*tief klingend*) low; *Stimme* deep ❺ (*intensiv empfunden*) intense ❻ (*tiefgründig*) profound ❼ (*mitten in etw liegend*) deep; **im ~sten Winter** in the depths of winter ❽ (*weit hineinreichend*) deep; *Ausschnitt* low **II.** *adv* ❶ (*weit eindringend*) deep; ~ **greifend** far-reaching ❷ (*vertikal weit hinunter*) deep; **er stürzte 350 Meter** ~ he fell 350 metres [deep] ❸ (*dumpf tönend*) low; **zu ~ singen** to sing flat; ~ **sprechen** to talk in a deep voice ❹ (*zutiefst*) deeply; **etw ~ bedauern** to regret sth profoundly; **jdn ~ erschrecken** to frighten sb terribly ❺ (*intensiv*) deeply; ~ **schlafen** to sleep soundly ❻ (*niedrig*) low; ~ **liegend** low-lying; ~ **stehend** (*fig*) low-level

Tief <-[e]s, -s> ['ti:f] *nt* ❶ METEO low ❷ (*depressive Phase*) low [point]

Tiefbau *m kein pl* civil engineering *no pl* **tiefblau** *adj* deep blue

Tiefdruck *m kein pl* METEO low pressure *no pl* **Tiefdruckgebiet** *nt* low pressure area

Tiefe <-, -n> ['ti:fə] *f* ❶ (*Wassertiefe*) depth ❷ (*vertikal hinabreichende Ausdehnung*) depth; **der Schacht führt hinab bis in 1200 Meter** ~ the shaft goes 1200 metres deep ❸ (*horizontal hineinreichende Ausdehnung*) depth ❹ *kein pl* (*Intensität*) intensity; *einer Farbe* depth ❺ (*Tiefgründigkeit*) depth ❻ (*dunkler Klang*) deepness

Tiefebene *f* lowland plain

Tiefenpsychologie *f* psychoanalysis **Tiefenschärfe** *f kein pl* depth of field *no pl* **Tiefenwirkung** *f eines Kosmetikums* deep action; ■**mit** ~ deep-acting

Tiefflieger *m* low-flying aircraft **Tiefgang** *m* NAUT draught BRIT, draft AM ▶ WENDUNGEN: ~ **haben** to have depth **Tiefgarage** *f* underground car park BRIT, underground parking lot AM **tiefgefroren, tiefgekühlt** *adj* frozen **tiefgreifend** *adj s.* **tief II, 1**

tiefgründig ['ti:fgrʏndɪç] **I.** *adj* ❶ *Gedanken* profound ❷ *Boden* deep **II.** *adv diskutieren, untersuchen* in depth

Tiefkühlfach *nt* freezer compartment **Tiefkühlkost** *f* frozen foods *pl* **Tiefkühlschrank** *m* freezer **Tiefkühltruhe** *f* freez-

T

er chest

Tiefland ['tiːflant] *nt* lowlands *pl* **Tiefpunkt** *m* low point **Tiefschlaf** *m kein pl* deep sleep *no pl* **Tiefschlag** *m* ① (*schwerer Schicksalsschlag*) body blow ② SPORT hit below the belt **tiefschwarz** *adj Haar* jet black; *Nacht* pitch-black **Tiefsee** *f* deep sea **Tiefsinn** <-[e]s> *m kein pl* profundity; **in ~ verfallen** to become depressed

tiefsinnig *adj* profound

Tiefstand *m* low **tief|stapeln** *vi* to be modest

Tiefsttemperatur *f* lowest temperature

Tiegel <-s, -> ['tiːgl̩] *m* ① (*flacher Kochtopf*) [sauce] pan ② (*Cremebehälter*) jar ③ (*Schmelztiegel*) pot

Tier <-[e]s, -e> ['tiːɐ̯] *nt* animal

Tierart *f* animal species + *sing vb* **Tierarzt, -ärztin** *m, f* vet

Tierchen <-s, -> *nt dim von* **Tier** little creature

Tierfabrik *f* AGR (*pej fam*) factory farm **Tiergarten** *m* zoo **Tierhandlung** *f* pet shop **Tierheim** *nt* animal home

tierisch ['tiːrɪʃ] **I.** *adj* ① (*bei Tieren anzutreffend*) animal *attr* ② (*sl: gewaltig*) **einen ~en Durst/Hunger haben** to be thirsty/hungry as hell ③ (*grässlich*) bestial **II.** *adv* (*sl*) **~ schuften/schwitzen** to work/sweat like hell; **~ wehtun** to hurt like hell

Tierklinik *f* animal hospital

Tierkreis *m kein pl* zodiac **Tierkreiszeichen** *nt* sign of the zodiac

Tierkunde *f* zoology **tierlieb** *adj* animal-loving *attr;* ▪**~ sein** to be fond of animals **Tiermedizin** *f* veterinary medicine **Tiermehl** *nt* meat and bone meal *spec,* animal feed **Tiernahrung** *f* animal food **Tierpark** *m* zoo **Tierpfleger(in)** *m(f)* zoo-keeper **Tierquäler(in)** <-s, -> *m(f)* person who is cruel to animals **Tierquälerei** [tiːɐ̯kvɛːlə'raj] *f* cruelty to animals **Tierreich** *nt kein pl* animal kingdom **Tierschutz** *m* protection of animals **Tierschützer(in)** *m(f)* animal welfare activist **Tierschutzverein** *m* society for the prevention of cruelty to animals **Tierversuch** *m* animal experiment **Tierzucht** *f kein pl* live-stock breeding *no pl,* animal husbandry *no pl*

Tiger <-s, -> [tiːgɐ] *m* tiger

tigern ['tiːgɐn] *vi sein* (*fam*) to mooch [about] BRIT, to loiter AM

Tigerstaat *m* ÖKON, POL tiger economy

Tilde <-, -n> ['tɪldə] *f* tilde

tilgen ['tɪlgn̩] *vt* (*geh*) ① FIN (*abtragen*) to pay off ② (*beseitigen*) to wipe out *sep;* ▪**etw** *akk* **von etw** *dat* **~** to erase sth from sth

Tilgung <-, -en> *f* (*geh*) ① FIN (*das Tilgen*) repayment ② (*Beseitigung*) deletion

Tilgungsrate *f* FIN repayment instalment

timen ['tajmən] *vt* to time

Timesharing <-s> ['tajmʃɛːrɪŋ] *nt kein pl* ① INFORM (*gemeinsame Benutzung eines Großrechners*) time-sharing ② (*gemeinsamer Besitz von Ferienwohnungen*) time share

Timing <-s> ['tajmɪŋ] *nt* timing

Tinktur <-, -en> [tɪŋk'tuːɐ] *f* tincture

Tinte <-, -n> ['tɪntə] *f* ink ▸WENDUNGEN: **in der ~ <u>sitzen</u>** (*fam*) to be in a scrape

Tintenfass *nt* inkpot **Tintenfisch** *m* squid **Tintenfleck** *m* ink blot; (*auf Kleidung*) ink stain

Tintenstrahldrucker *m* ink-jet printer

Tipp <-s, -s> ['tɪp] *m a.* SPORT tip

tippeln ['tɪpl̩n] *vi sein* (*fam*) ① (*zu Fuß gehen*) to foot it ② (*kleine Schritte machen*) to trip

tippen[1] [tɪpn̩] **I.** *vi* ① (*Wettscheine ausfüllen*) to fill in one's coupon; **im Lotto/Toto ~** to play the lottery/pools ② (*fam: etw vorhersagen*) to guess; ▪**auf jdn/etw ~** to put one's money on sb/sth; ▪**darauf ~, dass jd etw tut/dass etw geschieht** to bet that sb does sth/that sth happens **II.** *vt* **eine Zahl ~** to play a number

tippen[2] [tɪpn̩] **I.** *vi* ① (*fam: Schreibmaschine schreiben*) to type ② (*kurz anstoßen*) to tap **(an, auf, gegen** +*akk* on,against) **II.** *vt* (*fam*) to type

Tipp-Ex® <-> ['tipɛks] *nt kein pl* Tipp-Ex® BRIT, Liquid Paper® AM

Tippfehler *m* typing mistake **Tippschein** *m* lottery coupon

Tippse <-, -n> ['tɪpsə] *f* (*pej fam*) typist

tipptopp ['tɪp'tɔp] (*fam*) **I.** *adj* tip-top **II.** *adv* immaculately

Tirol <-s> [ti'roːl] *nt* Tyrol

Tiroler(in) <-s, -> [ti'roːlɐ] *m(f)* Tyrolean

Tisch <-[e]s, -e> [tɪʃ] *m* table; **am ~ sitzen** to sit at the table ▸WENDUNGEN: **<u>reinen</u> ~ machen** to sort things out; **unter den ~ <u>fallen</u>** (*fam*) to go by the board; **jdn unter den ~ <u>trinken</u>** to drink sb under the table; **vom ~ <u>sein</u>** to be cleared up; **sich** *akk* **[mit jdm] an einen ~ <u>setzen</u>** to get round the table [with sb]; **jdn über den ~ <u>ziehen</u>** (*fam*) to lead sb up the garden path

Tischbein ['tɪʃbajn] *nt* table-leg **Tischdecke** *f* tablecloth **Tischfußball** *nt* table football **Tischgebet** *nt* grace **Tischgesellschaft** *f* dinner party **Tischgespräch** *nt* table talk **Tischkante** *f* table-edge **Tischlampe** *f* table lamp

T

Tischler(in) <-s -> ['tɪʃlɐ] *m(f)* carpenter

Tischlerei <-, -en> [tɪʃlə'raj] *f* carpenter's workshop

Tischlerin <-, -nen> *f fem form von* **Tischler**

tischlern ['tɪʃlɐn] **I.** *vi* (*fam*) to do woodwork **II.** *vt* ■**etw ~** to make sth from wood

Tischmanieren ['tɪʃmaniːrən] *pl* table manners *pl* **Tischnachbar(in)** <-n, -n> *m(f)* *immediate neighbour when sat at a [dinner] table* **Tischplatte** *f* tabletop **Tischrede** *f* after-dinner speech

Tischtennis *nt* table tennis **Tischtennisball** *m* table-tennis ball **Tischtennisplatte** *f* table-tennis table **Tischtennisschläger** *m* table-tennis bat

Tischtuch <-tücher> *nt* tablecloth

Titel <-s, -> ['tiːtl̩] *m* ① (*Überschrift*) heading ② (*Namenszusatz*) [academic] title ③ (*Adelstitel*) title ④ MEDIA, SPORT title

Titelanwärter(in) *m(f)* contender for the title **Titelbild** *nt* cover [picture] **Titelblatt** *nt* ① (*Buchseite mit dem Titel*) title page ② *einer Zeitung* front page; *einer Zeitschrift* cover **Titelmädchen** *nt* cover girl

titeln ['tiːtl̩n] *vt* to headline

Titelrolle *f* title role **Titelseite** *f* front page; (*einer Zeitschrift*) cover **Titelsong** ['tiːtl̩sɔŋ, 'tɪtl̩sɔŋ] *m* title song **Titelverteidiger(in)** *m(f)* title holder

Titte <-, -n> ['tɪtə] *f* (*derb*) tit

tja [tja] *interj* well

TNT <-[s]> ['teː'ʔɛn'ʔteː] *nt kein pl Abk von* **Trinitrotoluol** TNT

Toast[1] <-[e]s, -e *o* -s> ['toːst] *m* ① *kein pl* (*Toastbrot*) toast ② (*Scheibe Toastbrot*) ■**ein ~** a slice of toast

Toast[2] <-[e]s, -e *o* -s> ['toːst] *m* toast; **einen ~ auf jdn/etw ausbringen** to propose a toast to sb/sth

Toastbrot ['toːst-] *nt* toasting bread

toasten [toːstn̩] *vt* ■**etw ~** to toast sth

Toaster <-s, -> ['toːstɐ] *m* toaster

Tobel <-s, -> ['toːbl̩] *nt* GEOL ÖSTERR, SCHWEIZ, SÜDD ravine

toben ['toːbn̩] *vi* ① *haben* (*wüten*) ■[**vor etw** *dat*] **~** to be raging [with sth] ② *haben* (*ausgelassen spielen*) to romp [around] ③ *sein* (*fam: sich ausgelassen fortbewegen*) ■**irgendwohin ~** to romp somewhere

Tobsucht *f kein pl* rage

tobsüchtig *adj* raving mad

Tobsuchtsanfall *m* (*fam*) fit of rage

Tochter <-, Töchter> ['tɔxtɐ, *pl* 'tœçtɐ] *f* ① (*weibliches Kind*) daughter ② (*Tochterfirma*) subsidiary

Tochterfirma *f s.* **Tochtergesellschaft**

Tochtergesellschaft *f* subsidiary [firm]

Tod <-[e]s, -e> ['toːt] *m* death; **~ durch Ertrinken** death by drowning; **eines friedlichen ~es sterben** to die a peaceful death; **etw mit dem ~e bezahlen** *akk* (*geh*) to pay for sth with one's life ▸ WENDUNGEN: **jdn/etw auf den ~ nicht ausstehen können** (*fam*) to be unable to stand sb/sth; **sich** *dat* **den ~ holen** (*fam*) to catch one's death [of cold]; **sich** *akk* **zu ~e langweilen** (*fam*) to be bored to death; **sich** *akk* **zu ~e schämen** (*fam*) to be utterly ashamed; **zu ~e betrübt sein** (*fam*) to be deeply despaired

todernst ['toːt'ʔɛrnst] **I.** *adj* deadly serious **II.** *adv* in a deadly serious manner

Todesangst *f* ① (*fam: entsetzliche Angst*) mortal fear; **Todesängste ausstehen** (*fam*) to be scared to death ② (*Angst vor dem Sterben*) fear of death **Todesanzeige** *f* obituary **Todesfall** *m* death **Todesfolge** *f kein pl* JUR **Körperverletzung mit ~** physical injury resulting in death **Todesgefahr** *f* mortal danger **Todeskampf** *m* death throes **Todeskandidat(in)** *m(f)* goner *sl* **todesmutig** **I.** *adj* [completely] fearless **II.** *adv* fearlessly **Todesopfer** *nt* casualty **Todesschuss** *m* **gezielter ~** JUR shot to kill **Todesschütze, -schützin** *m, f* assassin **Todesspritze** *f* lethal injection **Todesstoß** *m* deathblow; **einer S.** *dat* **den ~ versetzen** (*fig*) to deal the deathblow to sth **Todesstrafe** *f* death penalty; **auf etw** *akk* **steht die ~** sth is punishable by death **Todestag** *m* anniversary of sb's death **Todesursache** *f* cause of death **Todesurteil** *nt* death sentence **Todeszelle** *f* death cell

Todfeind(in) ['toːtfajnt] *m(f)* mortal enemy **todkrank** ['toːt'kraŋk] *adj* terminally ill **todlangweilig** ['toːt'laŋvajlɪç] *adj* deadly boring

tödlich ['tøːtlɪç] **I.** *adj* ① (*den Tod verursachend*) deadly ② (*fam: absolut*) deadly; **das ist mein ~er Ernst** I'm deadly serious **II.** *adv* ① (*mit dem Tod als Folge*) **~ verunglücken** to be killed in an accident ② (*fam: entsetzlich*) **sich** *akk* **~ langweilen** to be bored to death; **jdm ist ~ übel** sb feels dead sick BRIT

todmüde ['toːt'myːdə] *adj* (*fam*) dead tired **todschick** *adj* (*fam*) dead smart BRIT, snazzy **todsicher** ['toːt'zɪçɐ] **I.** *adj* (*fam*) dead certain; *Methode* sure-fire *fam* **II.** *adv* (*fam*) for sure **Todsünde** *f* deadly sin **todunglücklich** ['toːt'ʔʊnglʏklɪç] *adj* (*fam*) deeply unhappy

Tohuwabohu <-[s], -s> [toːhuva'boːhu] *nt*

chaos

toi, toi, toi ['tɔy 'tɔy 'tɔy] *interj* (*fam*) ① (*ich drücke die Daumen*) good luck ② (*hoffentlich auch weiterhin*) touch [*or* AM knock on] wood

Toilette <-, -n> [to̯a'lɛtə] *f* toilet; **ich muss mal auf die ~** I need to go to the toilet; **öffentliche ~** public toilet

Toilettenartikel *pl* toiletries *pl* **Toilettenfrau** *f* toilet attendant **Toilettenpapier** *nt* toilet paper

Tokio <-s> ['toki̯o] *nt* Tokyo

tolerant [tole'rant] *adj* tolerant (**gegen, gegenüber** +*dat* of, towards)

Toleranz <-, en> [tole'rants] *f kein pl* (*geh*) tolerance (**gegen, gegenüber** +*dat* of, towards)

Toleranzbereich *m* range of tolerance

tolerieren* [tole'ri:rən] *vt* (*geh*) to tolerate

toll ['tɔl] **I.** *adj* (*fam*) great **II.** *adv* ① (*wild*) wild; **ihr treibt es manchmal wirklich zu ~!** you really go too far sometimes! ② (*fam: sehr gut*) very well

Tolle <-, -n> ['tɔlə] *f* quiff

tollen ['tɔlən] *vi* ① *haben* (*umhertoben*) to romp around ② *sein* (*ausgelassen laufen*) to charge about

Tollkirsche *f* deadly nightshade

tollkühn ['tɔlky:n] *adj* daring

Tollkühnheit *f kein pl* daring *no pl*

Tollpatsch <-es, -e> ['tɔlpatʃ] *m* (*fam*) clumsy fool

tollpatschig ['tɔlpatʃɪç] **I.** *adj* clumsy **II.** *adv* **sich** *akk* **~ anstellen** to act clumsily

Tollwut *f* rabies

tollwütig *adj* ▪ **~ sein** ① ZOOL to have rabies ② (*rasend*) to be raving mad

Tölpel <-s, -> ['tœlpl̩] *m* (*fam*) fool

Tomate <-, -n> [to'ma:tə] *f* (*Frucht o Strauch*) tomato ▶WENDUNGEN: **~n auf den Augen haben** (*fam*) to be blind; **du treulose ~!** (*fam*) you're a fine friend! *iron*

Tomatenketschup, Tomatenketchup *nt* [tomato] ketchup [*or* AM *a.* catsup] **Tomatenmark** *nt* tomato puree **Tomatensauce** *f* tomato sauce **Tomatensuppe** *f* tomato soup

Tombola <-, -s *o* Tombolen> ['tɔmbola, *pl* 'tɔmbolən] *f* raffle

Tomografie, Tomographie <-, -n> [tomogra'fi:] *f* tomography

Ton[1] <-[e]s, -e> ['to:n] *m* clay

Ton[2] <-[e]s, Töne> ['to:n, *pl* 'tø:nə] *m* ① (*hörbare Schwingung*) sound; **halber/ganzer ~** semitone/tone ② FILM, RADIO, TV sound ③ (*fam: Wort*) sound; **ich will keinen ~ mehr hören!** not another sound!; **große Töne spucken** (*sl*) to brag about *fam;* **keinen ~ herausbringen** to not be able to utter a word ④ (*Tonfall*) tone; **einen ~ am Leibe haben** (*fam*) to be [very] rude; **einen anderen ~ anschlagen** to change one's tune; **ich verbitte mir diesen ~!** I will not be spoken to like that! ⑤ (*Farbton*) tone ▶WENDUNGEN: **der ~ macht die Musik** (*prov*) it's not what you say but the way you say it; **jdn/etw in den höchsten Tönen loben** (*fam*) to praise sb/sth to the skies; **den ~ angeben** to set the tone; **hast du Töne!** (*fam*) you're not serious!

tonangebend *adj* setting the tone *pred;* ▪ **~ sein** to set the tone **Tonarm** *m* pick-up arm **Tonart** *f* ① MUS key ② (*Typ von Ton*[1]) type of clay **Tonaufnahme** *f* sound recording

Tonband *nt* tape; **etw** *akk* **auf ~ aufnehmen** to tape sth **Tonbandaufnahme** *f* tape recording **Tonbandgerät** *nt* tape recorder

tönen ['tø:nən] *vt* to tint; *Haare* to colour

Tonerde *f kein pl* alumina

tönern ['tø:nɐn] *adj attr* clay

Tonfall *m* tone of voice **Tonfilm** *m* sound film

Tongefäß *nt* earthenware vessel **Tongeschirr** *nt* earthenware

Tonhöhe *f* pitch

Tonic <-[s], -s> ['tɔnɪk] *nt* tonic

Toningenieur, -ingenieurin [-ɪnʒeni̯ø:ɐ̯] *m, f* sound engineer **Tonkopf** *m* recording head

Tonkrug *m* earthenware jug

Tonlage *f* pitch **Tonleiter** *f* scale

tonlos *adj* flat

Tonnage <-, -n> [tɔ'naʒə] *f* tonnage

Tonne <-, -n> ['tɔnə] *f* ① (*zylindrischer Behälter*) barrel ② (*Mülltonne*) bin BRIT, can AM *usu;* **grüne ~** recycling bin for paper ③ (*Gewichtseinheit*) ton ④ (*fam: fetter Mensch*) fatty

Tonnengewölbe *nt* ARCHIT barrel vaulting

tonnenweise *adv* by the tonne [*or* ton]

Tonsignal *nt* TELEK dial tone **Tonspur** *f s.* **Tonstreifen** **Tonstörung** *f* sound interference **Tonstreifen** *m* soundtrack

Tonsur <-, -en> [tɔn'zu:ɐ̯] *f* tonsure

Tontaube *f* clay pigeon **Tontaubenschießen** *nt* clay pigeon shooting

Tontechniker(in) *m(f)* sound technician

Tonträger *m* sound carrier

Tönung <-, -en> *f* ① (*das Tönen*) tinting ② (*Produkt für Haare*) hair colour ③ (*Farbton*) shade

Tool <-s, -s> [tu:l] *nt* INFORM tool

T

Toolbox <-en> ['tu:lbɔks] *f* INFORM toolbox
Top <-s, -s> [tɔp] *nt* top
Topact <-s, -s> ['tɔpɛkt] *m* MUS headline act
Topas <-es, -e> [to'pa:s] *m* topaz
Topf <-[e]s, Töpfe> ['tɔpf, *pl* 'tœpfə] *m* ① (*Kochtopf*) pot, sauce pan ② (*Nachttopf*) bedpan ③ (*Topf für Kleinkinder*) potty *fam* ▶ WENDUNGEN: **alles in einen ~ werfen** to lump everything together
Topfen <-s, -> ['tɔpfn̩] *m* SÜDD, ÖSTERR quark (*soft cheese made from skimmed milk*)
Töpfer(in) <-s, -> ['tœpfɐ] *m(f)* potter
Töpferei <-, -en> [tœpfə'rai̯] *f* pottery
Töpferin <-, -nen> *f fem form von* **Töpfer**
töpfern ['tœpfɐn] **I.** *vi* to do pottery **II.** *vt* ■ **etw ~** to make sth from clay
Töpferscheibe *f* potter's wheel **Töpferwaren** *pl* pottery
topfit ['tɔp'fit] *adj* (*fam*) ■ **~ sein** to be as fit as a fiddle
Topflappen *m* oven cloth BRIT, pot holder AM **Topfpflanze** *f* potted plant
Topmodel ['tɔpmɔdl̩] *nt* supermodel
Topografie <-, -n>, **Topographie** <-, -n> *f* topography
topografisch *adj*, **topographisch** *adj* topographic[al]
Tor <-[e]s, -e> ['to:ɐ̯] *nt* ① (*breite Tür*) gate; *Garage* door ② (*Torbau*) gateway ③ SPORT goal; **ein ~ schießen** to score a goal; **im ~ stehen** to be goalkeeper
Torbogen *m* archway
Torero <-[s], -s> [to're:ro] *m* torero
Torf <-[e]s, -e> ['tɔrf] *m* peat
Torheit <-, -en> *f* (*geh*) ① *kein pl* (*Unvernunft*) foolishness ② (*unvernünftige Handlung*) foolish action
Torhüter(in) *m(f) s.* **Torwart**
töricht ['tœrɪçt] **I.** *adj* (*geh*) foolish **II.** *adv* (*geh*) foolishly
Torjäger *m* [on form] striker [*or* goalscorer]
torkeln ['tɔrkl̩n] *vi sein* ① (*taumeln*) to reel ② (*irgendwohin taumeln*) to stagger
Torlinie *f* goal-line
Törn <-s, -s> [tœrn] *m* NAUT cruise
Tornado <-s, -s> [tɔr'na:do] *m* tornado, twister AM *a.*
Tornister <-s, -> [tɔr'nɪstɐ] *m* ① MIL knapsack ② DIAL (*Schulranzen*) satchel
torpedieren* [tɔrpe'di:rən] *vt* ① NAUT to torpedo ② (*geh: zu Fall bringen*) to sabotage
Torpedo <-s, -s> [tɔr'pe:do] *m* torpedo
Torpfosten *m* goalpost **Torraum** *m* goalmouth
Torschlusspanik *f* (*fam*) **~ haben** to be afraid of missing the boat
Torschütze, -schützin *m, f* scorer **Torschützenkönig, -königin** *m, f* top [goal] scorer
Torso <-s, -s *o* Torsi> ['tɔrzo, *pl* -zi] *m* KUNST torso
Torte <-, -n> ['tɔrtə] *f* gateau; (*Obstkuchen*) flan
Tortenboden *m* flan case **Tortenheber** <-s, -> *m* cake slice
Tortur <-, -en> [tɔr'tu:ɐ̯] *f* (*geh*) torture
Torwart(in) *m(f)* goalkeeper
tosen ['to:zn̩] *vi sein o haben* to roar; *Wasserfall* to foam; *Sturm* to rage
Toskana <-> [tɔs'ka:na] *f* Tuscany
tot ['to:t] *adj* ① (*gestorben*) dead; **sich** *akk* **~ stellen** to play dead; **~ umfallen** to drop dead ② (*abgestorben*) dead ③ (*nicht mehr genutzt*) disused
total [to'ta:l] *adj* total
Totalausverkauf *m* clearance sale
totalitär [totali'tɛ:ɐ̯] **I.** *adj* totalitarian **II.** *adv* in a totalitarian manner
Totalität <-, -en> [totali'tɛ:t] *f* totality
Totalschaden *m* write-off
tot|arbeiten *vr* (*fam*) ■ **sich ~** to work oneself to death **tot|ärgern** *vr* (*fam*) ■ **sich ~** to be hopping mad (**über** with)
Tote(r) ['to:tə] *f(m)* (*toter Mensch*) dead person; (*Todesopfer*) fatality
töten ['tø:tn̩] *vt* to kill
Totenbett *nt s.* **Sterbebett** **totenblass** ['to:tn̩'blas] *adj s.* **leichenblass** **Totenfeier** *f* funeral [*or* burial] ceremony **Totenglocke** *f* knell **Totengräber(in)** <-s, -> *m(f)* gravedigger **Totenkopf** *m* ① ANAT skull ② (*Zeichen*) skull and crossbones **Totenmaske** *f* death mask **Totenmesse** *f* requiem mass **Totenschädel** *m s.* **Totenkopf 1** **Totenschein** *m* death certificate **Totensonntag** *m protestant church holiday on the last Sunday of the church year commemorating the dead* **Totenstarre** *f* rigor mortis **totenstill** ['to:tn̩'ʃtɪl] *adj* ■ **es/alles ist ~** it/everything is deadly silent **Totenstille** ['to:tn̩'ʃtɪlə] *f* dead[ly] silence **Totentanz** *m* dance of death **Totenwache** *f* **die ~ halten** to hold the wake
tot|fahren *irreg vt* (*fam*) ■ **jdn/etw ~** to run over and kill sb/sth **Totgeburt** *f* stillbirth **tot|kriegen** *vt* (*fam*) **jd ist nicht totzukriegen** you can't get the better of sb; (*äußerst strapazierfähig*) sb can go on for ever **tot|lachen** *vr* (*fam*) ■ **sich** *akk* [**über etw/jdn**] **~** to kill oneself laughing [about sth/sb]
Toto <-s, -s> ['to:to] *nt o m* pools *npl* BRIT, pool AM
Totoschein *m* pool[BRIT -s] ticket
tot|sagen *vt* ■ **jdn/etw ~** to declare sb/sth

as dead **totǀschießen** *vt irreg* (*fam*) ■**jdn/etw** ~ to shoot sb/sth dead
Totschlag *m kein pl* manslaughter *no pl* **Totschlagargument** *nt* (*pej fam*) dead-end argument
totǀschlagen *vt irreg* (*fam*) ■**jdn/etw** ~ to beat sb/sth to death **Totschläger** *m* cosh BRIT, blackjack AM **totǀschweigen** *vt irreg* ❶ (*über etw nicht sprechen*) to hush up ❷ (*über jdn nicht sprechen*) ■**jdn** ~ to keep quiet about sb
Tötung <-, *selten* -en> *f* killing; **fahrlässige** ~ culpable manslaughter
Tötungsversuch *m* JUR attempted murder
Touchscreen <-s, -s> ['tatʃskriːn] *m* touch screen
Toupet <-s, -s> [tu'peː] *nt* toupee
toupieren* [tu'piːrən] *vt* ■**jdm/sich die Haare** ~ to backcomb sb's/one's hair
Tour <-, -en> [tuːɐ̯] *f* ❶ (*Geschäftsfahrt*) trip ❷ (*Ausflugsfahrt*) tour; **eine ~ machen** to go on a tour ❸ (*fam: Vorhaben*) wheeling and dealing; **jdm auf die dumme ~ kommen** to try to cheat sb ▶WENDUNGEN: **auf ~en kommen** (*fam*) to get into top gear; **in einer ~** (*fam*) non-stop
touren [tuːrən] *vi* to [be on] tour
Tourenzahl *f* number of revolutions
Touri <-s, -s> ['tuːri] *m* (*fam o pej*) [mass] tourist
Tourismus <-> [tu'rɪsmʊs] *m kein pl* tourism *no pl*
Tourist(in) <-en, -en> [tu'rɪst] *m(f)* tourist
Touristenklasse *f* tourist class **Touristennepper, -nepperin** *m, f rip-off merchant who preys on tourists* **Touristenvisum** *nt* tourist visa **Touristenzentrum** *nt* tourist centre
Touristik <-> [tu'rɪstɪk] *f kein pl* tourism *no pl*
Touristin <-, -nen> *f fem form von* **Tourist**
touristisch *adj* touristic *attr*
Tournee <-, -n *o* -s> [tʊr'neː, *pl* -'neːən] *f* tour; **auf ~ gehen/sein** to go/be on tour
Tower <-s, -> ['taʊə] *m* control tower
toxisch ['tɔksɪʃ] *adj* toxic
Trab <-[e]s> [traːp] *m kein pl* trot; **im ~** at a trot ▶WENDUNGEN: **jdn auf ~ bringen** (*fam*) to make sb get a move on
Trabant <-en, -en> [tra'bant] *m* satellite
Trabantenstadt *f* satellite town
traben ['traːbn̩] *vi* ❶ *haben o sein* (*im Trab laufen o reiten*) to trot ❷ *sein* (*sich im Trab irgendwohin bewegen*) to trot
Trabrennbahn *f* trotting course
Tracht <-, -en> [traxt] *f* ❶ (*Volkstracht*) [national] costume ❷ (*Berufskleidung*) uniform ▶WENDUNGEN: **eine ~ Prügel** (*fam*) a good hiding

Land und Leute

Tracht is the traditional costume or uniform worn in particular regions or professions.

trachten ['traxtn̩] *vi* (*geh*) to strive (**nach** for); ■**danach ~, etw zu tun** to strive to do sth
trächtig ['trɛçtɪç] *adj Tier* pregnant
Track <-s, -s> [trɛk] *m* MUS (*sl: Song*) track
Tradition <-, -en> [tradi'tsi̯oːn] *f* tradition; **aus ~** traditionally
traditionell [traditsi̯on'ɛl] *adj meist attr* traditional
traditionsbewusst *adj* traditional
traf [traːf] *imp von* **treffen**
Trafik <-, -en> [tra'fɪk] *f* ÖSTERR tobacconist's [shop], tobacco shop
Trafikant(in) <-en, -en> [trafi'kant] *m(f)* ÖSTERR tobacconist
Trafo <-[s], -s> ['traːfo] *m* (*fam*) *kurz für* **Transformator** transformer
Trafostation ['traːfoʃtatsi̯oːn] *f* substation
Tragbahre *f* stretcher
tragbar *adj* ❶ (*portabel konstruiert*) portable ❷ (*akzeptabel*) acceptable
träge ['trɛːgə] **I.** *adj* ❶ (*schwerfällig*) lethargic ❷ PHYS, CHEM inert **II.** *adv* lethargically
tragen <trägt, trug, getragen> ['traːgn̩] **I.** *vt* ❶ (*schleppen*) to carry ❷ (*mit sich führen*) ■**etw bei sich** *dat* ~ to have sth on one ❸ (*anhaben*) to wear ❹ (*in bestimmter Weise frisiert sein*) **einen Bart ~** to have a beard; **das Haar kurz/lang ~** to have short/long hair ❺ (*stützen*) to support ❻ AGR, HORT to produce ❼ (*ertragen*) to bear ❽ (*für etw aufkommen*) to bear **II.** *vi* ❶ AGR, HORT to crop ❷ (*trächtig sein*) to be pregnant ❸ (*das Begehen aushalten*) to withstand weight ❹ MODE to wear; **sie trägt lieber kurz** she likes to wear short clothes ▶WENDUNGEN: **an etw** *dat* **schwer zu ~ haben** to have a heavy cross to bear with sth; **zum T~ kommen** to come into effect **III.** *vr* ❶ (*sich schleppen lassen*) **sich leicht/schwer ~** to be light/heavy to carry ❷ MODE **die Hose trägt sich bequem** the pants are comfortable ❸ (*geh: in Erwägung ziehen*) ■**sich** *akk* **mit etw** *dat* ~ to contemplate sth ❹ FIN ■**sich ~** to pay for itself
Träger <-s, -> *m* ❶ *meist pl* MODE strap; *Hose* braces *npl* BRIT, suspenders *npl* AM ❷ BAU girder
Trägerkleid *nt* pinafore dress
trägerlos *adj* strapless

T

Trägerrakete *f* booster
Tragetasche *f* [carrier] bag
tragfähig *adj* ■ **~ sein** to be able to take weight
Tragfähigkeit *f kein pl* load-bearing capacity
Tragfläche *f* wing
Trägheit <-, *selten* -en> *f* ① *kein pl* (*Schwerfälligkeit*) sluggishness; (*Faulheit*) laziness ② PHYS inertia
Tragik <-> ['tra:gɪk] *f kein pl* tragedy
tragikomisch ['tra:giko:mɪʃ] *adj* tragicomic **Tragikomödie** [tra:giko:m'ø:di̯ə] *f* tragicomedy
tragisch ['tra:gɪʃ] **I.** *adj* tragic; **es ist nicht [so] ~** (*fam*) it's not the end of the world **II.** *adv* tragically; **nimm's nicht so ~!** (*fam*) don't take it to heart!
Tragkraft *f kein pl* weight-bearing capacity **Traglast** *f* load
Tragödie <-, -n> [tra'gø:di̯ə] *f a.* LIT, THEAT tragedy
Tragweite *f* scale; (*einer Entscheidung, Handlung*) consequence
Trailer <-s, -> ['tre:lɐ] *m* FILM trailer
Trainer <-s, -> ['trɛ:nɐ] *m* SCHWEIZ track-suit
Trainer(in) <-s, -> ['trɛ:nɐ] *m(f)* trainer
trainieren* [trɛ'ni:rən] **I.** *vt* ① (*durch Training üben*) to practice ② (*auf Wettkämpfe vorbereiten*) ■ **jdn ~** to coach sb **II.** *vi* ① (*üben*) to practice ② (*sich auf Wettkämpfe vorbereiten*) to train
Training <-s, -s> ['trɛ:nɪŋ] *nt* training
Trainingsanzug ['trɛ:nɪŋs-] *m* tracksuit **Trainingshose** *f* track-suit trousers *npl*, track pants *npl* AM **Trainingsjacke** *f* track-suit top
Trakt <-[e]s, -e> ['trakt] *m* ARCHIT wing
Traktandenliste *f* SCHWEIZ agenda
Traktandum <-s, -den> [trak'tandʊm] *nt* SCHWEIZ agenda item
Traktor <-s, -toren> ['trakto:ɐ̯, *pl* -'to:rən] *m* tractor
trällern ['trɛlɐn] *vi, vt* to warble
Tram <-, -s *o* -s, -s> ['tram] *f o nt* SCHWEIZ tramway
Trambahn *f* SÜDD tram BRIT, streetcar AM
Trampel <-s, -> ['trampl̩] *m o nt* (*fam*) clumsy oaf
trampeln ['trampl̩n] **I.** *vi* ① *haben* (*stampfen*) **mit den Füßen ~** to stamp one's feet ② *sein* (*sich trampelnd bewegen*) to stomp along; **sie trampelten die Treppe hinunter** they stomped down the stairs **II.** *vt haben* ① (*durch Trampeln entfernen*) ■ **etw** *akk* **von etw** *dat* **~** to stamp sth from sth ② (*durch Trampeln herstellen*) to trample
Trampelpfad *m* track **Trampeltier** *nt* ① ZOOL camel ② (*fam: unbeholfener Mensch*) clumsy oaf
trampen [trɛmpn̩] *vi sein* to hitch-hike
Tramper(in) <-s, -> ['trɛmpɐ] *m(f)* hitch-hiker
Trampolin <-s, -e> ['trampoli:n] *nt* trampoline
Tramway <-, -s> ['tramva̯i] *f* ÖSTERR (*Straßenbahn*) tram[way]
Tran <-[e]s, -e> [tra:n] *m* (*vom Wal*) train oil; (*von Fischen*) fish oil ▸ WENDUNGEN: **wie im ~** (*fam*) in a daze
Trance <-, -n> ['trã:s(ə)] *f* trance
tranchieren* [trã'ʃi:rən] *vt* to carve
Tranchiermesser *nt* carving-knife
Träne <-, -n> ['trɛ:nə] *f* tear; **in ~n aufgelöst** in tears; **den ~n nahe sein** to be close to tears; **jdm kommen die ~n** sb is starting to cry; **~n lachen** to laugh until one cries
tränen ['trɛ:nən] *vi* to water
Tränendrüse *f meist pl* lachrymal gland **Tränengas** *nt* tear gas **Tränensack** *m* lachrymal sac
trank [traŋk] *imp von* **trinken**
Tränke <-, -n> ['trɛŋkə] *f* watering place
tränken ['trɛŋkn̩] *vt* ① (*durchnässen*) to soak ② *Tier* to water
Transaktion [trans?ak'tsi̯o:n] *f* transaction
Transaktionskosten *pl* transaction costs *pl*
transatlantisch [trans?at'lantɪʃ] *adj* (*geh*) transatlantic
transchieren* [tran'ʃi:rən] *vt* ÖSTERR *s.* **tranchieren**
Transchiermesser [tran'ʃi:r-] *nt* ÖSTERR *s.* **Tranchiermesser**
Transfer <-s, -s> [trans'fe:ɐ̯] *m* transfer
Transformator <-s, -en> [transfɔr'ma:to:ɐ̯, *pl* -ma'to:rən] *m* transformer
Transfusion <-, -en> [transfu'zi̯o:n] *f* transfusion
Transistor <-s, -en> [tran'zɪsto:ɐ̯, *pl* -'to:rən] *m* transistor
Transistorradio *nt* transistor radio
Transit <-s, -e> [tran'zi:t] *m* transit
Transitgüter *pl* transit goods *pl*
transitiv ['tranziti:f] *adj* LING transitive
Transitreisende(r) *f(m) dekl wie adj* transit passenger
Transitverkehr [tran'zɪt-] *m* transit traffic **Transitvisum** *nt* transit visa
transkribieren* [transkri'bi:rən] *vt* ① (*in andere Schrift umschreiben*) to transcribe ② MUS to arrange
Transkription <-, -en> [transkrɪp'tsi̯o:n] *f* LING, MUS transcription
transparent [transpa'rɛnt] *adj* transparent

Transparent <-[e]s, -e> [transpa'rɛnt] *nt* banner

Transparenz <-> [transpa'rɛnts] *f kein pl* (*geh*) transparency *no pl*

transpirieren* [transpi'ri:rən] *vi* (*geh*) to perspire

Transplantation <-, -en> [transplanta'tsi̯o:n] *f* transplant; (*Haut*) graft

transplantieren* [transplan'ti:rən] *vt* to transplant

Transport <-[e]s, -e> [trans'pɔrt] *m* transport

transportabel [transpɔr'ta:bl̩] *adj* (*geh*) transportable

Transportband *nt* conveyer belt

Transporter <-s, -> [trans'pɔrtɐ] *m* ① (*Lieferwagen*) van ② LUFT transport plane

transportfähig *adj* transportable **Transportflugzeug** *nt* transport plane

transportieren* [transpɔr'ti:rən] *vt* ① (*befördern*) to transport; (*Person*) to move ② FOTO to wind

Transportkosten *pl* transport[ation] costs *pl* **Transportmittel** *nt* means of transport[ation] **Transportunternehmen** *nt* haulage contractor **Transportunternehmer** *m* haulage contractor **Transportweg** *m* HANDEL (*Route*) transport route; (*Entfernung*) distance, haul

transsexuell [transzɛ'ksu̯ɛl] *adj* transsexual

Transsexuelle(r) *f(m)* transsexual

Transvestit <-en, -en> [transvɛs'ti:t] *m* transvestite

transzendental [transtsɛndɛn'ta:l] *adj* transcendental

Trapez <-es, -e> [tra'pe:ts] *nt* ① MATH trapezium BRIT, trapezoid AM ② (*Artistenschaukel*) trapeze

Trasse <-, -n> ['trasə] *f* ① (*abgesteckter Verkehrsweg*) marked route ② (*Bahntrasse*) railway line

trat [tra:t] *imp von* **treten**

Tratsch <-[e]s> [tra:tʃ] *m kein pl* (*fam*) gossip *no pl*

tratschen ['tra:tʃn̩] *vi* (*fam*) to gossip (**über** +*akk* about)

Traualtar *m* altar; [**mit jdm**] **vor den ~ treten** (*geh*) to walk down the aisle [with sb]

Traube <-, -n> ['trau̯bə] *f* ① *meist pl* (*Weintraube*) grape *usu pl* ② (*Ansammlung*) cluster

Traubensaft *m* grape juice **Traubenzucker** *m* glucose

trauen¹ ['trau̯ən] *vt* ■**jdn ~** to join sb in marriage; ■**sich** *akk* **~ lassen** to marry

trauen² ['trau̯ən] **I.** *vi* (*vertrauen*) to trust **II.** *vr* ■**sich** *akk* **~, etw** *akk* **zu tun** to dare to do sth

Trauer <-> ['trau̯ɐ] *f kein pl* grief *no pl*

Traueranzeige *f* obituary, death notice **Traueressen** *nt* SCHWEIZ funeral meal **Trauerfall** *m* bereavement **Trauerfamilie** *f* SCHWEIZ bereaved family **Trauerfeier** *f* funeral service **Trauergottesdienst** *m* funeral service **Trauerkleidung** *f* mourning **Trauerkloß** *m* (*fam*) wet blanket **Trauermiene** *f* (*fam*) long face

trauern ['trau̯ɐn] *vi* to mourn (**um** +*akk* for)

Trauerspiel *nt* fiasco **Trauerweide** *f* weeping willow **Trauerzirkular** <-[e]s, -e> *f* SCHWEIZ obituary

Traufe <-, -n> ['trau̯fə] *f* eaves *npl*

träufeln ['trɔyfl̩n] **I.** *vt haben* ■**etw ~** to drip sth **II.** *vi sein o haben* (*geh*) to trickle

Traum <-[e]s, Träume> ['trau̯m, *pl* 'trɔymə] *m* dream; **es war immer mein ~, mal so eine Luxuslimousine zu fahren** I've always dreamed of being able to drive a limousine like that ▶WENDUNGEN: **etw <u>fällt</u> jdm im ~ nicht ein** sb wouldn't dream of it; **<u>aus</u> der ~!** so much for that!

Trauma <-s, Traumen *o* -ta> ['trau̯ma, *pl* 'trau̯mən, -ta] *nt* trauma

traumatisch [trau̯'ma:tɪʃ] *adj* traumatic

traumatisieren [trau̯ma:ti'si:rən] *vt* to traumatize

Traumberuf *m* dream job

Traumen *pl von* **Trauma**

träumen ['trɔymən] **I.** *vi* ① (*Träume haben*) to dream; **schlecht ~** to have bad dreams ② (*Wünsche*) ■**von jdm/etw ~** to dream about sb/sth; **jd hätte sich** *dat* **etw** *akk* **nie ~ lassen** sb would never have dreamed of sth; **jd hätte sich** *dat* **nie ~ lassen, dass ...** sb would never have thought it possible, that ... ③ (*abwesend sein*) to daydream **II.** *vt* to dream

Träumer(in) <-s, -> ['trɔymɐ] *m(f)* [day]dreamer

Träumerei <-, -en> [trɔymə'rai̯] *f meist pl* dream *usu pl*

Träumerin <-, -nen> *f fem form von* **Träumer**

träumerisch *adj* dreamy

traumhaft *adj* (*fam*) dreamlike

Traumnote *f* SCH, SPORT (*euph fam*) perfect score **Traumpaar** *nt* perfect couple **Traumprinz** *m* (*iron fam*) handsome prince **Traumtänzer(in)** *m(f)* (*pej*) person living in a dream world

traurig ['trau̯rɪç] **I.** *adj* ① (*betrübt*) sad ② (*betrüblich*) sorry; **die ~e Tatsache ist, dass ...** it's a sad fact that ...; **in ~en Verhältnissen leben** to live in a sorry state ③ (*sehr bedauerlich*) ■[**es ist**] **~, dass ...** it's unfortunate that ... **II.** *adv* (*betrübt*) sadly ▶ WENDUNGEN: **mit etw** *dat* **sieht es ~ aus** sth doesn't look too good

Traurigkeit <-> *f kein pl* sadness *no pl*

Trauring *m* wedding ring [*or* AM *a.* band]

Trauschein *m* marriage certificate

Trauung <-, -en> ['traʊʊŋ] *f* marriage ceremony

Trauzeuge, -zeugin *m, f* best man, [marriage] witness

Treck <-s, -s> [trɛk] *m* trail, trek

Trecking <-s, -s> ['trɛkɪŋ] *nt s.* **Trekking**

Treff <-s, -s> [trɛf] *m* (*fam*) ① (*Treffen*) get-together ② (*Treffpunkt*) meeting point

treffen <trifft, traf, getroffen> [trɛfn̩] **I.** *vt haben* ① (*mit jdm zusammenkommen*) to meet ② (*antreffen*) to find; **ich habe ihn zufällig in der Stadt getroffen** I bumped into him in town ③ (*mit einem Wurf, Schlag etc. erreichen*) to hit ④ (*innerlich bewegen*) ■ **jdn mit etw** *dat* ~ to hit a sore spot with sth; ■ **jdn** ~ to affect sb; **sich** *akk* **durch etw** *akk* **getroffen fühlen** to take sth personally ⑤ *Maßnahmen, Vorkehrungen* to take ⑥ *Entscheidung* to make; **eine Abmachung** ~ to have an agreement ⑦ (*wählen*) **den richtigen Ton** ~ to strike the right note; **damit hast du genau meinen Geschmack getroffen** that's exactly my taste; **auf dem Foto bis du wirklich gut getroffen** that's a good photo of you; **mit seinem Chef hat er es wirklich gut getroffen** he's really fortunate to have a boss like that; **du hättest es auch schlechter ~ können** you could have been worse off **II.** *vi* ① *sein* (*antreffen*) ■ **auf jdn** ~ to meet sb ② *haben* (*sein Ziel erreichen*) to hit ③ *haben* (*verletzen*) to hurt **III.** *vr haben* ■ **sich** *akk* [**mit jdm**] ~ to meet [sb]; **das trifft sich** [**gut**] that's [very] convenient

Treffen <-s, -> [trɛfn̩] *nt* meeting

treffend *adj* appropriate

Treffer <-s, -> *m* ① (*ins Ziel gegangener Schuss*) hit ② (*Tor*) goal ③ (*Gewinnlos*) winner

Trefferquote *f* hit rate

trefflich <-er, -ste> **I.** *adj attr* (*veraltend*) splendid **II.** *adv* (*veraltend*) splendidly

Treffpunkt *m* meeting point **treffsicher** *adj* accurate; *Bemerkung* apt

Treibeis *nt* drift ice

treiben <trieb, getrieben> ['traibn̩] **I.** *vt haben* ① (*durch Antreiben drängen*) to drive ② (*fortbewegen*) ■ **jdn/etw** [**irgendwohin**] ~ (*durch Wasser*) to wash sb/sth [somewhere]; (*durch Wind*) to blow sb/sth [somewhere] ③ (*bringen*) ■ **jdn zu etw** *dat* ~ to drive sb to sth; **jdn in den Wahnsinn** ~ to drive sb mad ④ *Nagel* to drive (**in** +*akk* into) ⑤ TECH to propel ⑥ (*zum schnellen Handeln antreiben*) **jdn zur Eile** ~ to rush sb ⑦ (*fam: anstellen*) ■ **etw** ~ to be up to sth; **dass ihr mir bloß keinen Blödsinn treibt!** don't you get up to any nonsense! ⑧ *Tiere* to drive ⑨ BOT to sprout ⑩ (*betreiben*) *Gewerbe* to carry out; *Handel* to trade ⑪ (*fam*) **es zu bunt/wild** ~ to go too far ⑫ (*sl: Sex haben*) **es** [**mit jdm**] ~ to do it [with sb] **II.** *vi* ① *sein* (*sich fortbewegen*) to drift; ■ **sich** *akk* [**von etw** *dat*] ~ **lassen** to drift [with sth] ② *haben* BOT to sprout ③ *haben* KOCHK to rise ④ *haben* (*diuretisch wirken*) to have a diuretic effect ▶ WENDUNGEN: **sich** *akk* ~ **lassen** to drift

Treiben <-s> ['traibn̩] *nt kein pl* ① (*pej: üble Aktivität*) dirty tricks ② (*geschäftige Aktivität*) hustle and bustle

treibend **I.** *part pres von* **treiben** **II.** *adj* driving; **die ~e Kraft bei einer Sache sein** to be the driving force behind sth

Treibgas *nt* propellant **Treibgut** *nt kein pl* flotsam and jetsam *pl*

Treibhaus *nt* greenhouse **Treibhauseffekt** *m kein pl* ■ **der** ~ the greenhouse effect **Treibhausklima** *nt* global warming

Treibholz *nt kein pl* driftwood *no pl* **Treibjagd** *f* battue **Treibnetz** *nt* drift-net **Treibsand** *m kein pl* quicksand

Treibstoff *m* fuel **Treibstoffverbrauch** *m kein pl* fuel consumption

Trekking <-s, -s> ['trɛkɪŋ] *nt* trekking

Trenchcoat <-[s], -s> ['trɛntʃko:t] *m* trench coat

Trend <-s, -s> ['trɛnt] *m* trend; **das Buch liegt voll im** ~ the book is very of the moment

Trendforscher(in) *m(f)* trend analyst

trendig *adj* (*fam*) trendy

Trendscout <-s, -s> ['trɛntskaʊt] *m* trend-spotter

Trendsetter(in) <-s, -> *m(f)* trendsetter

Trendsport ['trɛnt-] *m* trendy sport

Trendwende *f* change [of direction]

trendy ['trɛndi] *adj* (*fam*) trendy

trennbar *adj* ① LING separable ② (*voneinander zu trennen*) ■ [**voneinander**] ~ **sein** to be detachable [from each other]

trennen ['trɛnən] **I.** *vt* ① (*abtrennen*) ■ **etw von etw** *dat* ~ to cut sth off sth; (*bei einem Unfall*) to sever sth from sth ② (*ablösen*) **die Knöpfe von etw** *dat* ~ to remove the buttons from sth ③ (*auseinanderbringen*) to separate (**von** +*dat* from) ④ (*teilen*) to separate (**von** +*dat* from) ⑤ LING to divide **II.** *vr* ① (*getrennt weitergehen*) ■ **sich**

T

akk ~ to part company; **hier ~ wir uns** this is where we part company ② (*die Beziehung lösen*) ■**sich** *akk* **von jdm** ~ to split up with sb ③ (*von etw lassen*) ■**sich** *akk* **von etw** *dat* ~ to part with sth **III.** *vi* ■**[zwischen ihnen]** ~ to differentiate [between them]

Trennlinie *f* dividing line

Trennung <-, -en> *f* ① (*Scheidung*) separation; **in ~ leben** to be separated ② (*Unterscheidung*) distinction ③ LING division

Trennungsstrich *m* hyphen

Trennwand *f* partition [wall]

treppab [trɛpˈʔap] *adv* downstairs; **treppauf,** ~ up and down the stairs

treppauf [trɛpˈʔau̯f] *adv* upstairs; **~, treppab** up and down stairs

Treppe <-, -n> [ˈtrɛpə] *f* stairs *pl*

Treppenabsatz *m* landing **Treppengeländer** *nt* ban[n]ister[s *pl*] **Treppenhaus** *nt* stairwell **Treppenstufe** *f* step

Tresen <-s, -> [ˈtreːzn̩] *m* ① (*Theke*) bar ② (*Ladentisch*) counter

Tresor <-s, -e> [treˈzoːɐ̯] *m* ① (*Safe*) safe ② (*Tresorraum*) strongroom

Tretboot *nt* pedal-boat

treten <tritt, trat, getreten> [ˈtreːtn̩] **I.** *vt haben* ① (*mit dem Fuß stoßen*) to kick ② (*mit dem Fuß betätigen*) to step on; **die Bremse ~** to brake **II.** *vi* ① *haben* (*mit dem Fuß stoßen*) to kick; ■**nach jdm ~** to kick out at sb; **sie trat ihm in den Bauch** she kicked him in the stomach ② *sein* (*einen Schritt machen*) to step; **~ Sie bitte zur Seite** please step aside; **pass auf, wohin du trittst** watch where you step ③ *sein o haben* (*den Fuß setzen*) to tread (**auf** +*akk* on) ④ *sein o haben* (*betätigen*) to step (**auf** +*akk* on); **auf die Bremse ~** to brake ⑤ *sein* (*hervorkommen*) ■**aus etw** *dat* ~ to come out of sth; **aus der undichten Stelle im Rohr trat Gas** gas was escaping from the leak in the pipe; **der Fluss trat über seine Ufer** the river broke its banks; **Schweiß trat ihm auf die Stirn** sweat appeared on his forehead **III.** *vr* **sie trat sich einen Nagel in den Fuß** she ran a nail into her foot

Tretmine *f* anti-personnel mine **Tretmühle** *f* (*fam*) treadmill

treu [ˈtrɔy̯] **I.** *adj* ① (*loyal*) loyal; **sich** *dat* **selbst ~ bleiben** to remain true to oneself ② (*verlässlich*) loyal ③ (*keinen Seitensprung machend*) faithful ④ (*fig*) **der Erfolg blieb ihm ~** his success continued **II.** *adv* ① (*loyal*) loyally ② (*treuherzig*) trustingly

Treue <-> [ˈtrɔy̯ə] *f kein pl* ① (*Loyalität*) loyalty ② (*Verlässlichkeit*) loyalty ③ (*monogames Verhalten*) fidelity *no pl;* **jdm die ~ halten** to be faithful to sb

Treueprämie *f* loyalty bonus **Treueschwur** *m* ① (*Schwur, jdm treu zu sein*) vow to be faithful ② HIST (*Eid*) oath of allegiance

Treuhänder(in) <-s, -> [ˈtrɔy̯hɛndɐ] *m(f)* trustee

Treuhandgesellschaft *f* trust company

treuherzig I. *adj* trustful **II.** *adv* trustingly

Treuherzigkeit <-> *f kein pl* **sie ist von großer ~** she's very trusting

treulos I. *adj* ① *Ehemann* unfaithful ② (*ungetreu*) disloyal **II.** *adv* disloyally

Treulosigkeit <-> *f kein pl* disloyalty, unfaithfulness *no pl*

Triangel <-s, -> [ˈtriːaŋl̩] *m o* ÖSTERR *nt* triangle

Triathlon <-n, -s> [ˈtriːatlɔn] *m* triathlon

Tribunal <-s, -e> [tribuˈnaːl] *nt* (*geh*) tribunal

Tribüne <-, -n> [triˈbyːnə] *f* stand

Tribut <-[e]s, -e> [triˈbuːt] *m* HIST tribute; **einer S.** *dat* **~ zollen** (*fig*) to pay tribute to a thing

tributpflichtig *adj* obliged to pay tribute

Trichter <-s, -> [ˈtrɪçtɐ] *m* ① (*Einfülltrichter*) funnel ② (*Explosionskrater*) crater

trichterförmig *adj* funnel-shaped

Trick <-s, -s> [ˈtrɪk] *m* ① (*Täuschungsmanöver*) trick; **keine faulen ~s!** (*fam*) no funny business! ② (*Kunstgriff*) trick; **den ~ raushaben[, wie etw gemacht wird]** (*fam*) to have [got] the knack [of doing sth]

Trickaufnahme *f* FILM special effect **Trickbetrug** *m* confidence trick **Trickbetrüger(in)** *m(f)* confidence trickster **Trickfilm** *m* cartoon [film] **Trickkiste** *f* box of tricks **trickreich** *adj* (*fam*) cunning

tricksen [ˈtrɪksn̩] **I.** *vi* to do a bit of wangling **II.** *vt* to wangle

trieb [ˈtriːp] *imp von* **treiben**

Trieb[1] <-[e]s, -e> [ˈtriːp, *pl* ˈtriːbə] *m* BOT shoot

Trieb[2] <-[e]s, -e> [ˈtriːp, *pl* ˈtriːbə] *m* ① (*innerer Antrieb*) drive ② (*Sexualtrieb*) sex[ual] drive

Triebfeder *f* motivating force **triebgesteuert** [triːpgəˈʃtɔy̯ɐt] *adj* (*pej*) PSYCH driven by desire *pred*

triebhaft *adj* driven by physical urges *pred*

Triebkraft *f* ① (*fig*) driving force ② BOT germinating power **Triebtäter(in)** *m(f)* sex[ual] offender **Triebverbrechen** *nt* sex[ual] crime **Triebwagen** *m* railcar **Triebwerk** *nt* engine

triefen <triefte *o geh* troff, getrieft> [ˈtriːfn̩] *vi* ① (*rinnen*) to run; (*Auge*) to water;

T

■ **aus etw** *dat* ~ to pour from sth ② **vor Nässe** ~ to be dripping wet ③ (*geh: strotzen*) ■ **vor etw** *dat* ~ to be dripping with sth *fig*

triezen ['tri:tsn̩] *vt* (*fam*) ■ **jdn** ~ to crack the whip over sb

trifft ['trɪft] *3. pers sing pres von* **treffen**

triftig ['trɪftɪç] **I.** *adj* good; *Argument, Grund* convincing **II.** *adv* convincingly; [**jdm etw** *akk*] ~ **begründen** to make a valid case [for sth to sb]

Trigonometrie <-> [trigonome'tri:] *f kein pl* trigonometry *no indef art*

Trikot[1] <-s> [tri'ko:, 'trɪko] *m o nt kein pl* (*dehnbares Gewebe*) tricot

Trikot[2] <-s, -s> [tri'ko:, 'trɪko] *nt* MODE, SPORT jersey

trillern ['trɪlɐn] *vi a.* ORN to trill

Trillerpfeife ['trɪlɐ-] *f* [shrill-sounding] whistle

Trilogie <-, -n> [trilo'gi:, *pl* -'gi:ən] *f* trilogy

Trimm-dich-Pfad *m* keep-fit trail

trimmen ['trɪmən] **I.** *vt* ① (*trainieren*) to train (**auf** +*akk* for) ② (*scheren*) to clip **II.** *vr* ■ **sich** *akk* [**durch etw** *akk*] ~ to keep fit [with sth]

trinkbar *adj* drinkable

trinken <trank, getrunken> ['trɪŋkn̩] **I.** *vt* ① (*Flüssigkeit schlucken*) to drink; **möchten Sie lieber Kaffee oder Tee ~?** would you prefer coffee or tea [to drink]?; **ich trinke gerne Orangensaft** I like drinking orange juice; ■ **etw zu** ~ sth to drink; [**mit jdm**] **einen ~ gehen** (*fam*) to go for a drink [with sb] ② (*anstoßen*) ■ **auf jdn/etw** ~ to drink to sb/sth **II.** *vi* to drink

Trinker(in) <-s, -> *m(f)* drunkard; (*Alkoholiker*) alcoholic

Trinkerheilanstalt *f* (*veraltet*) detoxification centre

trinkfest *adj* ■ ~ **sein** to be able to hold one's drink **Trinkflasche** *f* sports bottle **Trinkgefäß** *nt* drinking-vessel

Trinkgeld *nt* tip; ~ **geben** to give a tip

Trinkglas *nt* [drinking-]glass **Trinkhalm** *m* [drinking-]straw **Trinkspruch** *m* toast; **einen ~ auf jdn/etw ausbringen** to propose a toast to sb/sth

Trinkwasser *nt* drinking-water

Trinkwasseraufbereitung *f* drinking-water purification **Trinkwasseraufbereitungsanlage** *f* drinking water treatment plant **Trinkwasserknappheit** *f* drinking-water shortage **Trinkwasserversorgung** *f* drinking-water supply

Trio <-s, -s> ['tri:o] *nt* trio

Trip <-s, -s> [trɪp] *m* ① (*fam: Ausflug*) trip ② (*sl: Drogenrausch*) trip *fam;* **auf einem ~ sein** to be tripping *fam*

trippeln ['trɪpl̩n] *vi sein* to patter

Tripper <-s, -> ['trɪpɐ] *m* MED gonorrhoea *no art*

Tristesse <-, *selten* -n> [trɪs'tɛs, *pl* -sn̩] *f* (*geh*) dreariness

tritt [trɪt] *3. pers sing pres von* **treten**

Tritt <-[e]s, -e> [trɪt] *m* ① (*Fußtritt*) kick; **jdm/etw einen ~ geben** to kick sb/sth ② *kein pl* (*Gang*) step ③ (*Stufe*) step

Trittbrett *nt* step **Trittbrettfahrer(in)** *m(f)* (*fam*) fare-dodger BRIT, freerider AM; (*fig: Nachahmer*) copycat

Trittleiter *f* stepladder

Triumph <-[e]s, -e> [tri'ʊmf] *m* triumph

Triumphbogen *m* triumphal arch

triumphieren* [triʊm'fi:rən] *vi* (*geh*) ① (*frohlocken*) to rejoice; **höhnisch** ~ to gloat ② (*erfolgreich sein*) to triumph (**über** +*akk* over)

triumphierend **I.** *adj* triumphant **II.** *adv* triumphantly

Triumphzug *m* triumphal procession

trivial [tri'vi̯a:l] *adj* banal

Trivialliteratur *f kein pl* light fiction

trocken ['trɔkn̩] **I.** *adj* ① (*ausgetrocknet*) dry ② (*nicht mehr nass*) dry; **im T~en** in the dry ③ *a.* METEO *Gebiet* dry ④ *Wein* dry ⑤ *Buch* dull; *Zahlen* dry ▸ WENDUNGEN: **auf dem T~en sitzen** (*fam*) to be broke **II.** *adv* ~ **aufbewahren** to keep in a dry place; **sich** *akk* ~ **rasieren** to use an electric razor

Trockeneis *nt* dry ice **Trockenhaube** *f* [salon] hair-dryer

Trockenheit <-, *selten* -en> *f* ① (*Dürreperiode*) drought ② (*trockene Beschaffenheit*) *a. eines Gebietes* dryness *no pl*

trocken|legen *vt* ① (*windeln*) **ein Baby** ~ to change a baby's nappy [*or* AM diaper] ② (*entwässern*) to drain **Trockenmilch** *f* dried milk **Trockenobst** *nt kein pl* dried fruit **Trockenperiode** ['trɔkn̩peri̯o:də] *f* METEO dry spell **Trockenrasur** *f* dry shave **trocken|reiben** *vt irreg* ■ **jdn/etw** ~ to rub sb/sth dry **Trockenzeit** *f* dry season

trocknen ['trɔknən] **I.** *vi sein* to dry **II.** *vt haben* ① (*trocken machen*) *a.* KOCHK to dry ② (*abtupfen*) **sie trocknete ihm den Schweiß von der Stirn** she dabbed up the sweat from his brow; **komm, ich trockne dir die Tränen** come and let me dry your tears

Trockner <-s, -> *m* drier

Trödel <-s> ['trø:dl̩] *m kein pl* (*fam*) junk *no indef art, no pl*

Trödelei <-, -en> [trø:də'la̯i] *f* (*fam*) dawdling *no pl, no indef art*

T

Trödelmarkt *m s.* **Flohmarkt**
trödeln ['trø:dl̩n] *vi* ① *haben* (*langsam sein*) to dawdle ② *sein* (*langsam schlendern*) to [take a] stroll
Trödler(in) <-s, -> ['trø:dlɐ] *m(f)* ① (*Altwarenhändler*) second-hand dealer ② (*fam: trödelnder Mensch*) dawdler
troff ['trɔf] *imp von* **triefen**
trog ['tro:k] *imp von* **trügen**
Trog <-[e]s, Tröge> ['tro:k, *pl* 'trø:gə] *m* trough
Trojaner [tro'ja:nɐ] *m* INFORM Trojan [horse]
Troll <-s, -e> ['trɔl] *m* troll
Trolleybus ['trɔlibʊs] *m bes* SCHWEIZ trolley bus
Trommel <-, -n> ['trɔml̩] *f* MUS, TECH, INFORM drum
Trommelfell *nt* ear-drum
trommeln ['trɔml̩n] **I.** *vi* to drum **II.** *vt* MUS to beat out *sep*
Trommelwirbel *m* MUS drum-roll
Trommler(in) <-s, -> *m(f)* drummer
Trompete <-, -n> [trɔm'pe:tə] *f* trumpet
trompeten* [trɔm'pe:tn̩] **I.** *vi* ① MUS (*Trompete spielen*) to play the trumpet ② (*trompetenähnliche Laute hervorbringen*) to trumpet **II.** *vt* (*fam*) ■**etw ~** to shout sth from the roof-tops
Trompeter(in) <-s, -> *m(f)* trumpeter
Tropen ['tro:pn̩] *pl* ■**die ~** the tropics *pl*
Tropenhelm *m* sun-helmet **Tropenholz** *nt* wood from tropical trees *pl* **Tropenkrankheit** *f* tropical disease **Tropenwald** *m* tropical rain forest
Tropf <-[e]s, -e> ['trɔpf] *m* MED drip
tröpfeln ['trœpfl̩n] **I.** *vi* ① *haben* (*ständig tropfen*) to drip ② *sein* (*rinnen*) to drip (**aus** +*dat* from) **II.** *vi impers* to spit [with rain] **III.** *vt* ■**etw auf/in etw** *akk* **~** to put sth onto/into sth
tropfen ['trɔpfn̩] *vi* ① *haben* (*Tropfen fallen lassen*) to drip; (*Nase*) to run ② *sein* (*tropfenweise gelangen*) ■**aus etw** *dat* [**irgendwohin**] **~** to drip [somewhere] from sth
Tropfen <-s, -> ['trɔpfn̩] *m* ① (*kleine Menge Flüssigkeit*) drop; **bis auf den letzten ~** [down] to the last drop ② *pl* PHARM, MED drops *pl* ▶ WENDUNGEN: **ein ~ auf den heißen Stein** (*fam*) a [mere] drop in the ocean; **ein guter ~** (*fam*) a good drop [of wine]
tropfenweise *adv* in drops
tropfnass *adj* dripping wet
Tropfstein *m* ① (*Stalaktit*) stalactite ② (*Stalagmit*) stalagmite **Tropfsteinhöhle** *f* stalactite cave
Trophäe <-, -n> [tro'fɛ:ə] *f* trophy
tropisch ['tro:pɪʃ] *adj* tropical
Trost <-[e]s> ['tro:st] *m kein pl* ① (*Linderung*) consolation; **ein schwacher ~ sein** to be of little consolation; **das ist ein schöner ~** (*iron*) some comfort that is; **als ~** as a consolation ② (*Zuspruch*) words of comfort; **jdm ~ spenden** to comfort sb ▶ WENDUNGEN: **nicht** [**ganz**] **bei ~ sein** (*fam*) to have taken leave of one's senses
trösten ['trø:stn̩] **I.** *vt* (*jds Kummer lindern*) to comfort; **sie war von nichts und niemandem zu ~** she was utterly inconsolable; ■**etw tröstet jdn** sth is of consolation to sb **II.** *vr* ■**sich** *akk* [**mit jdm/etw**] **~** to find consolation [with sb]/console oneself [with sth]
tröstlich *adj* comforting
trostlos *adj* ① (*deprimierend*) miserable ② (*öde und hässlich*) desolate; *Landschaft* bleak
Trostlosigkeit <-> *f kein pl* ① (*deprimierende Art*) miserableness *no pl* ② (*triste Beschaffenheit*) desolateness *no pl*
Trostpflaster *nt* **als ~** as a consolation
Trostpreis *m* consolation prize
Trott <-s> ['trɔt] *m kein pl* routine
Trottel <-s, -> ['trɔtl̩] *m* (*fam*) bonehead *sl*
trottelig ['trɔtəlɪç] (*fam*) **I.** *adj* stupid **II.** *adv* **sich ~ anstellen** to act stupidly
trotten ['trɔtn̩] *vi sein* to trudge [along]
Trottinett <-s, -e> ['trɔtinɛt] *nt* SCHWEIZ [children's] scooter
Trottoir <-s, -s *o* -e> [trɔ'to̯a:ɐ̯] *nt* SÜDD, ÖSTERR, SCHWEIZ pavement
trotz ['trɔts] *präp* +*gen* despite
Trotz <-es> ['trɔts] *m kein pl* defiance; **aus ~** [**gegen jdn/etw**] out of spite [for sb/sth]; **jdm/einer S. zum ~** in defiance of sb/a thing
Trotzalter *nt* difficult age
trotzdem ['trɔtsde:m] *adv* nevertheless; (*aber*) still
trotzen ['trɔtsn̩] *vi* ■**jdm/einer S. ~** (*die Stirn bieten*) to resist sb/brave a thing; (*sich widersetzen*) to defy sb/a thing; **einer Herausforderung ~** to meet a challenge
trotzig ['trɔtsɪç] *adj* awkward
Trotzkopf *m* (*fam: trotziges Kind*) awkward little so-and-so **Trotzreaktion** *f* act of defiance
trübe ['try:bə] *adj* ① (*unklar*) murky; *Saft, Urin* cloudy; *Glas, Spiegel* dull ② (*matt*) dim ③ *Himmel* dull ④ (*deprimierend*) bleak; *Stimmung* gloomy ▶ WENDUNGEN: **mit etw** *dat* **sieht es ~ aus** the prospects are [looking] bleak for sth
Trubel <-s> ['tru:bl̩] *m kein pl* hustle and

T

bustle

trüben ['try:bn̩] **I.** *vt* ■**etw** ~ ❶ (*unklar machen*) to make sth murky ❷ (*beeinträchtigen*) to cast a cloud over sth; *Beziehungen, ein Verhältnis* to strain **II.** *vr* ❶ (*unklar werden*) ■**sich** *akk* ~ to go murky ❷ (*geh*) **sein Gedächtnis trübte sich im Alter** his memory deteriorated in his old age

Trübsal ['try:pza:l] *f kein pl* (*geh*) ❶ (*Betrübtheit*) grief ❷ (*Leid*) suffering ▶WENDUNGEN: ~ **blasen** (*fam*) to mope

trübselig *adj* ❶ (*betrübt*) miserable; *Miene* gloomy ❷ (*trostlos*) bleak

Trübsinn *m kein pl* gloom[iness *no pl*]

trübsinnig *adj* miserable; *Miene* gloomy

Trübung <-, -en> *f* ❶ (*Veränderung zum Unklaren*) clouding ❷ (*Beeinträchtigung*) straining

trudeln ['tru:dl̩n] *vi sein o haben* to spin

Trüffel[1] <-, -n> ['tryfl̩] *f* (*Pilz*) truffle

Trüffel[2] <-, -n> ['tryfl̩] *f* (*gefüllte Praline*) truffle

trug [':k] *imp von* **tragen**

Trug <-[e]s> [':k] *m kein pl* (*Betrug*) delusion; **Lug und** ~ lies and deception

Trugbild *nt* (*veraltend geh*) illusion

trügen <trog, getrogen> ['try:gn̩] **I.** *vt* **wenn mich nicht alles trügt** unless I'm very much mistaken **II.** *vi* to be deceptive

trügerisch ['try:gərɪʃ] *adj* deceptive

Trugschluss *m* fallacy

Truhe <-, -n> ['tru:ə] *f* chest

Trümmer ['trʏmɐ] *pl* rubble; *eines Flugzeugs* wreckage; **in ~n liegen** to lie in ruins *pl*

Trümmerfeld *nt* expanse of rubble **Trümmerfrau** *f* HIST *woman who helped clear debris after WWII* **Trümmerhaufen** *m* pile of rubble

Trumpf <-[e]s, Trümpfe> ['trʊmpf, *pl* 'trʏmpfə] *m* ❶ KARTEN trump [card]; ~ **sein** to be trumps ❷ (*fig: entscheidender Vorteil*) trump card; **noch einen ~ in der Hand haben** to have another ace up one's sleeve; **seinen letzten ~ ausspielen** to play one's last trump card

Trunk <-[e]s, Trünke> ['trʊŋk, *pl* 'trʏŋkə] *m* (*geh*) beverage

trunken ['trʊŋkn̩] *adj* (*geh*) ■~ **vor etw** *dat* **sein** to be intoxicated with sth

Trunkenbold <-[e]s, -e> *m* (*pej*) drunkard

Trunkenheit <-> *f kein pl* drunkenness *no pl*; ~ **am Steuer** drunken driving

Trunksucht <-> *f kein pl* (*geh*) alcoholism *no indef art* **trunksüchtig** *adj* (*geh*) ■~ **sein** to be an alcoholic

Truppe <-, -n> ['trʊpə] *f* ❶ *kein pl* (*Soldaten an der Front*) combat unit ❷ (*Soldatenverband mit bestimmter Aufgabe*) squad ❸ (*gemeinsam auftretende Gruppe*) company

Truppenabbau *m* reduction of troops **Truppenabzug** *m* withdrawal of troops **Truppentransporter** *m* MIL troop carrier

Truppenübung *f* military exercise **Truppenübungsplatz** *m* military training area

Trute <-, -n> *f* SCHWEIZ turkey[hen]

Truthahn ['tru:tha:n] *m* turkey

Truthenne *f* turkey[hen]

Tschad <-s> ['tʃat] *nt* Chad; *s. a.* **Deutschland**

Tscheche, Tschechin <-n, -n> ['tʃɛçə] *m, f* Czech; *s. a.* **Deutsche(r)**

Tschechien <-s> ['tʃɛçi̯ən] *nt* Czech Republic; *s. a.* **Deutschland**

Tschechin <-, -nen> *f fem form von* **Tscheche**

tschechisch ['tʃɛçɪʃ] *adj* ❶ GEOG Czech; *s. a.* **deutsch 1** ❷ LING Czech; *s. a.* **deutsch 2**

Tschechische Republik *f* Czech Republic; *s. a.* **Deutschland**

Tschechoslowake, Tschechoslowakin <-n, -n> [tʃɛçoslo'va:kə, -slo'va:kɪn] *m, f* (*hist*) Czechoslovak(ian)

Tschechoslowakei [tʃɛçoslova'kai̯] *f* (*hist*) ■**die** ~ Czechoslovakia

tschechoslowakisch [tʃɛçoslo'va:kɪʃ] *adj* (*hist*) Czechoslovak(ian)

tschüs, tschüss ['tʃʏs] *interj* (*fam*) bye; **jdm ~ sagen** to say bye to sb

T-Shirt <-s, -s> ['ti:ʃø:ɐ̯t] *nt* T-shirt

Tsunami <-, -s> [tsu'na:mi] *m* tsunami

TU <-, -s> [te:'ʔu:] *f Abk von* **technische Universität** technical university

Tuba <-, Tuben> ['tu:ba, *pl* 'tu:bn̩] *f* tuba

Tube <-, -n> ['tu:bə] *f* tube ▶WENDUNGEN: **auf die ~ drücken** (*fam*) to step on it

Tuberkulose <-, -n> [tubɛrku'lo:zə] *f* tuberculosis *no indef art, no pl*

Tübingen <-s> ['ty:bɪŋən] *nt* Tübingen

Tuch[1] <-[e]s, Tücher> ['tu:x, *pl* 'ty:çɐ] *nt* ❶ (*Kopftuch*) [head]scarf; (*Halstuch*) scarf ❷ (*dünne Decke*) cloth

Tuch[2] <-[e]s, -e> ['tu:x] *nt* (*textiles Gewebe*) cloth

Tuchfühlung *f* ▶WENDUNGEN: **mit jdm auf ~ sein** (*fam*) to sit close to sb

tüchtig ['tʏçtɪç] **I.** *adj* ❶ (*fähig*) capable ❷ (*fam: groß*) big; **eine ~e Tracht Prügel** a good hiding **II.** *adv* (*fam*) ❶ (*viel*) ~ **anpacken** to muck in BRIT; ~ **essen** to eat heartily ❷ (*stark*) ~ **regnen/schneien** to rain/snow hard

Tüchtigkeit <-> *f kein pl* efficiency

Tücke <-, -n> ['tʏkə] *f* ❶ *kein pl* (*Heimtü-*

T

cke) malice; (*einer Tat*) maliciousness ② *kein pl* (*Gefährlichkeit*) dangerousness; (*von Krankheiten*) perniciousness ③ (*Unwägbarkeiten*) ■**~n** *pl* vagaries *pl;* **seine ~n haben** to be temperamental ▶WENDUNGEN: **das ist die ~ des Objekts** these things have a will of their own!

tuckern ['tukɐn] *vi sein o haben* to chug

tückisch ['tykɪʃ] *adj* ① (*hinterhältig*) malicious ② (*heimtückisch*) pernicious ③ (*gefährlich*) treacherous

tüfteln ['tyftl̩n] *vi* (*fam*) to fiddle about; ■**an etw** *dat* **~** to fiddle about with sth

Tüftler(in) <-s, -> ['tʏftlɐ] *m(f)* (*fam*) person who likes fiddly [*or* AM *usu* picky] work [*or* projects]

Tugend <-, -en> ['tu:gn̩t, *pl* -n̩dən] *f* virtue

tugendhaft *adj* virtuous

Tüll <-s, -e> [tʏl] *m* tulle

Tulpe <-, -n> ['tʊlpə] *f* tulip

tummeln ['tʊml̩n] *vr* ■**sich** *akk* **~** ① (*froh umherbewegen*) to romp [about] ② (*sich beeilen*) to hurry [up]

Tumor <-s, -en> ['tu:mo:ɐ̯, tu'mo:ɐ̯, *pl* tu'mo:rən] *m* tumour

Tümpel <-s, -> ['tʏmpl̩] *m* [small] pond

Tumult <-[e]s, -e> [tu'mʊlt] *m* ① *kein pl* (*lärmendes Durcheinander*) commotion ② *meist pl* (*Aufruhr*) disturbance

tun <tat, getan> ['tu:n] **I.** *vt* ① + *unbestimmtem Objekt* (*machen*) to do; **was sollen wir bloß ~?** whatever shall we do?; **was tust du [da]?** what are you doing [there]?; **was tut er nur den ganzen Tag?** what does he do all day?; **noch viel ~ müssen** to have still got a lot to do; **etw aus Liebe ~** to do sth out of love; **er tut nichts, als sich zu beklagen** he does nothing but complain; **~ und lassen können, was man will** to do as one pleases; **~, was man nicht lassen kann** (*fam*) to do sth if one must; **so etwas tut man nicht!** you just don't do things like that! ② (*unternehmen*) ■**etw/nichts/einiges für jdn ~** to do something/nothing/quite a lot for sb; **was tut man nicht alles für seine Nichten und Neffen!** the things we do for our nephews and nieces!; **etw gegen etw** *akk* **~** *Beschwerden, Pickel, Belästigungen, Unrecht* to do sth about sth; **etwas für jdn ~ können** to be able to do something for sb; **ich will versuchen, was sich da ~ lässt** I'll see what I can do [about it] ③ (*fam: legen o stecken*) ■**etw irgendwohin ~** to put sth somewhere ④ (*fam*) **tut es dein altes Tonbandgerät eigentlich noch?** is your old tape recorder still working? ⑤ (*fam: ausmachen*) **das tut nichts** it doesn't matter ⑥ (*fam*) **für heute tut's das** that'll do for today ▶WENDUNGEN: **was kann ich für Sie ~?** ÖKON can I help you?; **man tut, was man kann** one does what one can; **es [mit jdm] ~** (*sl*) to do it [with sb] **II.** *vr impers* ■**etw/nichts/einiges tut sich** something/nothing/quite a lot is happening **III.** *vi* ① (*sich benehmen*) to act; **albern/dumm ~** to play dumb; **informiert/kompetent ~** to pretend to be well-informed/competent; **so ~, als ob** to pretend that; **er ist doch gar nicht wütend, er tut nur so** he's not angry at all, he's [just] pretending [to be] ② (*Dinge erledigen*) ■**zu ~ haben** to be busy ▶WENDUNGEN: **es mit jdm zu ~ bekommen** (*fam*) to get into trouble with sb; **es mit jdm zu ~ haben** to be dealing with sb; **etw/nichts mit jdm/etw zu ~ haben** to have something/nothing to do with sb/sth; **mit jdm/etw nichts zu ~ haben wollen** to want to have nothing to do with sb/sth **IV.** *aux vb modal* ① + *vorgestelltem infin* **singen tut sie ja gut** she's a good singer ② + *nachgestelltem infin* DIAL **ich tu nur schnell den Braten anbraten** I'll just brown the joint [off]; **tust du die Kinder ins Bett bringen?** will you put the children to bed?; **er tut sich schrecklich ärgern** he's really getting worked up ③ *konjunktivisch, + vorgestelltem infin* DIAL **deine Gründe täten mich schon interessieren** I would be interested to hear your reasons; **er täte zu gerne wissen, warum ich das nicht gemacht habe** he would love to know why I didn't do it

Tun <-s> ['tu:n] *nt kein pl* action; **ihr ganzes ~ und Trachten** everything she does

Tünche <-, -n> ['tʏnçə] *f* whitewash *no pl*

tünchen ['tʏnçn̩] *vt* to whitewash

Tundra <-, Tundren> ['tʊndra] *f* tundra *no pl*

tunen ['tju:nən] *vt* to tune

Tuner <-s, -> ['tju:nɐ] *m* tuner

Tunesien <-s> [tu'ne:ziən] *nt* Tunisia; *s. a.* **Deutschland**

Tunesier(in) <-s, -> [tu'ne:ziɐ] *m(f)* Tunisian; *s. a.* **Deutsche(r)**

tunesisch [tu'ne:zɪʃ] *adj* ① (*Tunesien betreffend*) Tunisian; *s. a.* **deutsch 1** ② LING Tunisian; *s. a.* **deutsch 2**

Tunfisch *m s.* **Thunfisch**

Tunichtgut <-[e]s, -e> ['tu:nɪçtgu:t] *m* good-for-nothing, ne'er-do-well *dated*

Tunke <-, -n> ['tʊŋkə] *f* KOCHK sauce; (*Braten~*) gravy

tunken ['tʊŋkən] *vt* to dip (**in** into)

tunlichst *adv* if possible

Tunnel <-s, - *o* -s> ['tʊnl̩] *m* tunnel; (*für Fußgänger*) subway

Tunte <-, -n> ['tʊntə] *f* (*fam*) queen

tuntig ['tʊntɪç] *adj* (*pej fam*) sissy

Tüpfelchen <-s, -> *nt* dot ▸WENDUNGEN: **das ~ auf dem i** the final touch

tüpfeln ['tʏpfl̩n] *vt* ■**etw ~** to spot sth

tupfen ['tʊpfn̩] *vt* ■**etw von etw** *dat* **~** to dab sth from sth; ■**sich** *dat* **etw ~** to dab one's sth

Tupfer <-s, -> *m* MED swab

Tür <-, -en> ['ty:ɐ̯] *f* door; **an die ~ gehen** to go to the door ▸WENDUNGEN: **zwischen ~ und Angel** (*fam*) in passing; **mit der ~ ins Haus fallen** (*fam*) to blurt it [straight] out; **jdm die ~ vor der Nase zuschlagen** (*fam*) to slam the door in sb's face; [**bei jdm**] [**mit etw** *dat*] **offene ~en einrennen** to be preaching to the converted [with sth]; **jdm** [**fast**] **die ~ einrennen** (*fam*) to pester sb constantly; **vor der ~ sein** to be just [a]round the corner; **jdn vor die ~ setzen** (*fam*) to kick sb out

Türangel *f* [door-]hinge

Turban <-s, -e> ['tʊrba:n] *m* turban

Turbine <-, -n> [tʊrbi:nə] *f* turbine

Turbinenantrieb *m* turbine drive

Turbo <-s, -s> ['tʊrbo] *m* AUTO ❶ (*Turbolader*) turbocharger ❷ (*Auto mit Turbomotor*) car with a turbocharged engine

Turbokapitalismus *m kein pl* (*pej fam*) unbridled capitalism

turbulent [tʊrbu'lɛnt] **I.** *adj* turbulent; *Wochenende* tumultuous; **die Wochen vor Weihnachten waren reichlich ~** the weeks leading up to Christmas were really chaotic **II.** *adv* turbulently; **~ verlaufen** to be turbulent

Turbulenz <-, -en> [tʊrbu'lɛnts] *f a.* METEO turbulence *no pl*

Türflügel *m* one of the doors in a double door

Türgriff *m* door-handle

Türke(in) <-n, -n> ['tʏrkə] *m(f)* Turk; *s. a.* **Deutsche(r)**

Türkei <-> [tʏr'kai̯] *f* ■**die ~** Turkey; *s. a.* **Deutschland**

türken ['tʏrkn̩] *vt* (*sl*) to fabricate

Türkin <-, -nen> *f fem form von* **Türke**

türkis [tʏr'ki:s] *adj* turquoise

türkisch ['tʏrkɪʃ] *adj* ❶ (*die Türkei betreffend*) Turkish; *s. a.* **deutsch 1** ❷ LING Turkish; *s. a.* **deutsch 2**

türkisfarben *adj* turquoise

Türklinke *f* door-handle **Türknauf** *m* door-knob

Turm <-[e]s, Türme> ['tʊrm, *pl* 'tʏrmə] *m* ❶ ARCHIT tower; (*spitzer Kirchturm*) spire ❷ SPORT (*Sprungturm*) diving-platform ❸ (*Schachfigur*) castle

türmen[1] ['tʏrmən] **I.** *vt haben* ■**etw** [**auf etw** *akk*] **~** to pile up sth *sep* [on sth] **II.** *vr* ■**sich** *akk* [**auf etw** *dat*] **~** to pile up [on sth]

türmen[2] ['tʏrmən] *vi sein* (*fam*) ■[**aus etw** *dat*/**irgendwohin**] **~** to clear off [from sth/somewhere]; **aus dem Knast ~** to break out of jail

Turmspringen *nt kein pl* high diving *no indef art, no pl* **Turmspringer(in)** *m(f)* SPORT BASE jumper (*Building, Antenna, Span, Earth*) **Turmuhr** *f* [tower] clock

Turnanzug *m* leotard

turnen ['tʊrnən] **I.** *vi haben* ❶ SPORT to do gymnastics; **am Balken/Boden/Pferd ~** to do exercises on the beam/floor/horse ❷ *sein* (*fam: sich flink bewegen*) to dash **II.** *vt haben* SPORT ■**etw ~** to do sth; **für diese fehlerfrei geturnte Übung erhielt er 9,9 Punkte** he received 9.9 points for this flawlessly performed exercise

Turnen <-s> ['tʊrnən] *nt kein pl* ❶ SPORT gymnastics + *sing vb* ❷ SCH physical education *no pl, no art*

Turner(in) <-s, -> ['tʊrnɐ] *m(f)* gymnast

Turngerät *nt* gymnastic apparatus **Turnhalle** *f* gymnasium **Turnhose** *f* gym shorts

Turnier <-s, -e> [tʊr'ni:ɐ̯] *nt* ❶ SPORT (*längerer Wettbewerb*) tournament; *der Springreiter* show-jumping competition ❷ HIST tournament

Turnierpferd *nt* show horse **Turnierreiter(in)** *m(f)* show-jumper

Turnlehrer(in) *m(f)* SCH PE [*or* gym] teacher **Turnschuh** *m* trainer **Turnstunde** *f* PE [*or* Physical Education] [*or* gym] lesson **Turnübung** *f* gymnastic exercise **Turnunterricht** *m kein pl* gymnastics + *sing vb*

Turnus <-, -se> ['tʊrnʊs, *pl* -ʊsə] *m* ❶ (*regelmäßige Abfolge*) regular cycle; **für die Kontrollgänge gibt es einen festgesetzten ~** there is a set rota for the tours of inspection; **im** [**regelmäßigen**] **~** [**von etw** *dat*] at regular intervals [of sth] ❷ ÖSTERR MED residency

Turnverein *m* gymnastics club **Turnzeug** *nt* gym [*or* PE] kit

Türöffner *m* automatic door-opener **Türpfosten** *m* doorpost **Türrahmen** *m* door-frame **Türschild** *nt* name-plate **Türschloss** *nt* door-lock **Türschnalle** *f* ÖSTERR door-handle **Türschwelle** *f* threshold **Türspalt** *m space between door frame and door* **Türsteher** *m* doorman

turteln ['tʊrtl̩n] *vi* ■[**miteinander**] **~** to

whisper sweet nothings [to one another]

Tusch <-es, -e> [tʊʃ] *m* flourish

Tusche <-, -n> ['tʊʃə] *f* Indian ink

tuscheln ['tʊʃl̩n] *vi* (*heimlich reden*) ■**[über jdn/etw] ~** to gossip secretly [about sb/sth]

Tuschzeichnung *f* pen-and-ink drawing

Tussi <-, -s> ['tʊsi] *f* (*pej sl*) chick; (*Freundin*) bird

Tüte <-, -n> ['ty:tə] *f* bag; **ich esse heute eine Suppe aus der ~** I'm going to eat a packet soup today; **eine ~ Popcorn** a bag of popcorn ►WENDUNGEN: **[das] kommt nicht in die ~!** (*fam*) no way!

tuten ['tu:tn̩] *vi* to hoot; **es hat getutet, das Taxi ist da** I heard a hoot, the taxi is here; *Schiff* to sound its fog-horn ►WENDUNGEN: **von T~ und Blasen keine Ahnung haben** not to have a clue

Tutor, Tutorin <-s, Tutoren> ['tu:to:ɐ̯, *pl* tu'to:rən] *m, f* ① (*Leiter eines Universitätstutoriums*) *seminar conducted by a post-graduate student* ② (*Mentor*) tutor

TÜV <-s, -s> [tʏf] *m Akr von* **Technischer Überwachungsverein** Technical Inspection Agency (*also performing MOTs on vehicles*)*;* **jds/der ~ läuft ab** sb's/the MOT is about to run out; **durch den ~ kommen** to get [a vehicle] through its MOT

Land und Leute

Der TÜV is comparable to the British MOT. Every vehicle licensed to drive on a public highway must first undergo a **TÜV** inspection. If no defects are reported, a *TÜV-Plakette* (*disc*) valid for two years is attached to the vehicle's rear number plate.

TÜV-Plakette *f* MOT certificate BRIT (*disc on the number plate showing that a car has a technical seal of approval*)

TV <-[s], -s> [te:'fau̯, ti:'vi:] *nt Abk von* **Television** tv

TV-Moderator(in) *m(f)* TV presenter

Twen <-[s], -s> [tvɛn] *m* (*veraltend*) person in their twenties

Twist <-s, -s> [tvɪst] *m* (*Tanz*) twist *no pl*

Typ <-s, -en> ['ty:p] *m* ① (*Ausführung*) model; **dieser ~ Computer** this model of computer; **dieser ~ Sportwagen** this sports car model ② (*Art Mensch*) type [of person] *fam;* **was ist er für ein ~, dein neuer Chef?** what type of person is your new boss?; **jds ~ sein** (*fam*) to be sb's type; ■**der ~ ... sein, der ...** to be the type of ... who ...; **dein ~ ist nicht gefragt** (*fam*) we don't want your sort here; **dein ~ wird verlangt** (*fam*) you're wanted ③ (*sl: Kerl*) guy ④ (*sl: Freund*) guy

Type <-, -n> ['ty:pə] *f* ① TYPO (*Drucktype*) type ② (*fam: merkwürdiger Mensch*) character; **was ist denn das für eine ~?** what a weirdo!

Typen ['ty:pn̩] *pl von* **Typus**

Typenbezeichnung *f* TECH model designation

Typhus <-> ['ty:fʊs] *m kein pl* typhoid [fever] *no pl*

typisch ['ty:pɪʃ] **I.** *adj* typical; ■**~ für jdn sein** to be typical of sb; **[das ist] ~!** (*fam*) [that's] [just] typical! **II.** *adv* ■**~ jd** [that's] typical of sb; **~ Frau/Mann!** typical woman/man!; ■**~ etw** typically sth; **~ britisch/deutsch** typically British/German; **sein unterkühlter Humor ist ~ hamburgisch** his dry humour is typical of a person from Hamburg

Typografie <-, -n> [typogra'fi:] *f* typography

typografisch [typo'gra:fɪʃ] *adj* typographic[al]

Typographie <-, -n> *f s.* **Typografie**

typographisch *adj s.* **typografisch**

Typologie <-, -ien> [typolo'gi:] *f* PSYCH typology

typologisch [typo'lo:gɪʃ] *adj* PSYCH typologic[al]

Typus <-, Typen> ['ty:pʊs, *pl* 'ty:pn̩] *m* ① (*Menschenschlag*) race [*or* breed] [of people] ② (*geh: Typ 2*) type

Tyrann(in) <-en, -en> [ty'ran] *m(f)* tyrant

Tyrannei <-, -en> [tyran'nai̯] *f* tyranny

Tyrannin <-, -nen> *f fem form von* **Tyrann**

tyrannisch [ty'ranɪʃ] **I.** *adj* tyrannical **II.** *adv* **sich** *akk* **~ aufführen** to behave tyrannically; **~ herrschen** to rule tyrannically

tyrannisieren* [tyrani'zi:rən] *vt* ■**jdn ~** to tyrannize sb; ■**sich** *akk* **[von jdm/etw] ~ lassen** to [allow oneself to] be tyrannized [by sb/sth]

U u

U, u <-, - *o fam* -s, -s> [u:] *nt* U, u; **~ wie Ulrich** U for Uncle

u. *konj Abk von* **und**

u. a. ① *Abk von* **und andere(s)** and other things ② *Abk von* **unter anderem** among other things

U

U-Bahn [uː-] *f* ❶ (*Untergrundbahn*) underground BRIT *fam,* subway AM; **mit der ~ fahren** to go on the [*or* by] underground ❷ (*U-Bahn-Zug*) [underground] train

U-Bahnhof [uː-] *m* underground [*or* BRIT *fam* tube] [*or* AM subway] station

U-Bahn-Station *f* underground [*or* AM subway] station

übel [ˈyːbl̩] **I.** *adj* ❶ (*schlimm*) bad, nasty; *Affäre* ugly ❷ (*unangenehm*) nasty ❸ (*ungut*) bad ❹ (*verkommen*) low; *Stadtviertel* bad ❺ (*schlecht*) ■**jdm ist/wird ~** sb feels sick **II.** *adv* ❶ (*unangenehm*) **was riecht hier so ~?** what's that nasty smell [in] here?; **nicht ~** not so bad [at all]; **ihr wohnt ja gar nicht mal so ~** you live quite comfortably ❷ (*schlecht*) badly; **sich** *akk* **~ fühlen** to feel bad; **jdn ~ behandeln** to treat sb badly; **~ über jdn reden** to speak badly of sb ❸ (*nachteilig*) **jdm etw ~ auslegen** to hold sth against sb

Übel <-s, -> [ˈyːbl̩] *nt* evil ▸ WENDUNGEN: **das <u>kleinere</u> ~** the lesser evil; **ein <u>notwendiges</u> ~** a necessary evil

Übelkeit <-, -en> *f* nausea

Übeltat *f* (*geh*) wicked deed

Übeltäter(in) *m(f)* wrongdoer

üben [ˈyːbn̩] **I.** *vt, vi a.* SPORT, MUS to practise **II.** *vr* ■**sich** *akk* **in etw** *dat* **~** to practise sth

über [ˈyːbɐ] **I.** *präp* ❶ +*dat* (*oberhalb von*) above ❷ +*akk* (*quer hinüber*) over ❸ +*akk* (*höher als*) above, over; **bis ~ die Knöchel im Dreck versinken** to sink ankle-deep in mud ❹ +*akk* (*etw erfassend*) over; **ein Überblick ~ etw** an overview of sth ❺ +*akk* (*quer darüber*) over; **er strich ihr ~ das Haar/die Wange** he stroked her hair/cheek ❻ +*akk* (*jdn/etw betreffend*) about ❼ +*dat* (*zahlenmäßig größer als*) above ❽ +*dat* (*in Beschäftigung mit*) in; **irgendwie muss ich ~ diesem Gedanken wohl eingeschlafen sein** I must have somehow fallen asleep [whilst] thinking about it ❾ (*durch jdn/etw*) through ❿ (*via*) via ⓫ (*während*) over; **habt ihr ~ die Feiertage/das Wochenende schon was vor?** have you got anything planned for the holiday/weekend? ▸ WENDUNGEN: **~ <u>alles</u>** more than anything **II.** *adv* ❶ (*älter als*) over ❷ (*mehr als*) more than ▸ WENDUNGEN: **~ <u>und</u> ~** completely **III.** *adj* (*fam*) ❶ (*übrig*) ■**~ sein** to be left; *Essen* to be left [over] ❷ (*überlegen*) **jdm auf einem bestimmten Gebiet ~ sein** to be better than sb in a certain field

überall [yːbɐˈʔal] *adv* ❶ (*an allen Orten*) everywhere; (*an jeder Stelle*) all over [the place]; **~ wo** wherever ❷ (*wer weiß wo*) anywhere ❸ (*in allen Dingen*) everything; **er kennt sich** *akk* **~ aus** he knows a bit about everything ❹ (*bei jedermann*) everyone; **er ist ~ beliebt** everyone likes him

überallher [yːbɐʔalˈheːɐ̯] *adv* ■**von ~** from all over **überallhin** [yːbɐʔalˈhɪn] *adv* all over; **sie kann ~ verschwunden sein** she could have disappeared anywhere

Überalterung <-> [yːbɐˈʔaltərʊŋ] *f kein pl* increase in the percentage of elderly people

Überangebot *nt* surplus (**an** +*dat* of)

überängstlich *adj* over-anxious

überanstrengen* [yːbɐˈʔanʃtrɛŋən] **I.** *vt* ■**etw ~** to put too great a strain on sth **II.** *vr* ■**sich** *akk* **~** to over-exert oneself **Überanstrengung** *f* ❶ *kein pl* (*das Überbeanspruchen*) overstraining *no pl* ❷ (*zu große Beanspruchung*) overexertion

überarbeiten* [yːbɐˈʔarbaɪ̯tn̩] **I.** *vt* to revise **II.** *vr* ■**sich** *akk* **~** to overwork oneself

Überarbeitung <-, -en> [yːbɐˈʔarbaɪ̯tʊŋ] *f* MEDIA ❶ *kein pl* (*das Bearbeiten*) revision, reworking ❷ (*bearbeitete Fassung*) revised version [*or* edition]

überaus [ˈyːbɐʔaʊ̯s] *adv* extremely

überbacken* [yːbɐˈbakn̩] *vt irreg* **etw mit Käse ~** to top sth with cheese and brown it

Überbau <-[e]s, -ten *o* -e> [ˈyːbɐbaʊ̯] *m* ❶ *meist sing* POL (*fachspr: Gesamtheit von Vorstellungen*) superstructure ❷ BAU superstructure

überbelasten* *vt* to overload **Überbelegung** *f kein pl* overcrowding *no pl* **überbelichten*** *vt* to overexpose **überbetonen*** *vt* ❶ (*zu große Bedeutung beimessen*) to overemphasize ❷ MODE to overaccentuate **überbevölkert** *adj* overpopulated **Überbevölkerung** *f kein pl* overpopulation *no pl* **überbewerten*** *vt* ❶ (*zu gut bewerten*) to overvalue ❷ (*überbetonen*) to overestimate; **du überbewertest diese Äußerung** you're attaching too much importance to this comment **überbezahlen*** *f* to overpay **Überbezahlung** *f* overpayment

überbieten* [yːbɐˈbiːtn̩] *irreg vt* ❶ SPORT to better (**um** +*akk* by); *Rekord* to break ❷ (*durch höheres Gebot übertreffen*) to outbid (**um** +*akk* by)

Überbiss *m kein pl* MED (*fam*) overbite

Überbleibsel <-s, -> [ˈyːbɐblaɪ̯psl̩] *nt* (*fam*) ❶ (*Relikt*) relic ❷ (*Rest*) remnant

Überblick [ˈyːbɐblɪk] *m* view (**über** +*akk* of) ▸ WENDUNGEN: **einen ~ [über etw** *akk*] **<u>haben</u>** to have an overview [of sth]; **den ~**

U

[**über etw** *akk*] **verlieren** to lose track [of sth]; **sich** *dat* **einen** ~ [**über etw** *akk*] **verschaffen** to gain an overview [of sth]
überblicken* [y:bɐ'blɪkn̩] *vt* ① (*überschauen*) to look out over ② (*in der Gesamtheit einschätzen*) to have an overview of
überboten [y:bɐ'bo:tn̩] *pp von* **überbieten**
überbracht [y:bɐ'braxt] *pp von* **überbringen**
überbringen* [y:bɐ'brɪŋən] *vt irreg* to deliver
überbrücken* [y:bɐ'brʏkn̩] *vt* ① (*notdürftig bewältigen*) to get through; *Krise* to ride out ② (*ausgleichen*) to reconcile
Überbrückung <-, -en> *f* ① (*das Überbrücken*) getting through ② (*das Ausgleichen*) reconciliation
überdachen* [y:bɐ'daxn̩] *vt* to roof over *sep;* ■**überdacht** covered
überdacht [y:bɐ'daxt] *pp von* **überdachen**
überdauern* *vt* to survive
über|decken[1] ['y:bɐdɛkn̩] *vt* (*fam: auflegen*) to cover [up *sep*]
überdecken*[2] [y:bɐ'dɛkn̩] *vt* (*verdecken*) to cover [over] *sep; Gestank, Geschmack* to mask, to cover up *sep*
überdenken* [y:bɐ'dɛŋkn̩] *vt irreg* to think over *sep*
überdies [y:bɐdi:s] *adv* (*geh*) furthermore
überdimensional *adj* colossal
Überdosis *f* overdose (**an** +*dat* of)
überdreht *adj* (*fam*) over-excited
Überdruck *m* excess pressure *no pl*
Überdruss <-es> ['y:bɐdrʊs] *m kein pl* aversion; **aus** ~ [**an etw** *dat*] out of an aversion [to sth]; **ich habe das nun schon bis zum** ~ **gehört** I've heard that ad nauseam [by now]
überdrüssig ['y:bɐdrʏsɪç] *adj* ■**jds/einer S.** *gen* ~ **sein/werden** to be/grow tired of sb/a thing
überdurchschnittlich **I.** *adj* above-average *attr,* above average *pred* **II.** *adv* above average **übereifrig** *adj* (*pej*) overzealous
übereilen* *vt* to rush
übereilt **I.** *adj* rash **II.** *adv* rashly
übereinander [y:bɐʔai̯'nandɐ] *adv* ① (*eins über dem anderen/das andere*) on top of each other ② (*über sich*) about each other
übereinander|schlagen *vt irreg* **die Beine** ~ to cross one's legs
überein|kommen [y:bɐ'ʔai̯nkɔmən] *vi irreg sein* to agree
Übereinkommen [y:bɐ'ʔai̯nkɔmən] *nt* agreement; **ein** ~ **erzielen** to reach an agreement (**in** +*dat* on)
Übereinkunft <-, -künfte> [y:bɐ'ʔai̯nkʊnft, *pl* -kʏnftə] *f* agreement, arrangement, understanding *no pl*
überein|stimmen [y:bɐ'ʔai̯nʃtɪmən] *vi* ① (*der gleichen Meinung sein*) to agree (**in** +*dat* on) ② (*sich gleichen*) ■[**mit etw** *dat*] ~ to match [sth]
übereinstimmend **I.** *adj* ① (*einhellig*) unanimous ② (*sich gleichend*) corresponding **II.** *adv* ① (*einhellig*) unanimously ② (*in gleicher Weise*) concurrently
Übereinstimmung *f* agreement (**in** +*dat* on)
überempfindlich **I.** *adj* over-sensitive; MED hypersensitive (**gegen** +*akk* to) **II.** *adv* over-sensitively; MED hypersensitively
überfahren* [y:bɐ'fa:rən] *vt irreg* ① (*niederfahren*) to run over *sep* ② (*nicht beachten*) **eine rote Ampel** ~ to go through a red light ③ (*fam: übertölpeln*) ■**jdn** ~ to railroad sb
Überfahrt *f* NAUT crossing
Überfall *m* attack; (*Raubüberfall*) robbery; *auf eine Bank* raid
überfallen* [y:bɐ'falən] *vt irreg* ① (*angreifen*) to mug; *Bank* to rob; *Land* to attack; MIL to raid ② (*überkommen*) **Heimweh überfiel sie** she was overcome by homesickness ③ (*überraschend besuchen*) to descend (+*akk* [up]on) ④ (*bestürmen*) to bombard (**mit** +*dat* with)
überfällig *adj* ① TRANSP delayed; **der Zug ist seit 20 Minuten** ~ the train is 20 minutes late ② (*längst zu tätigen*) overdue
Überfallkommando, Überfallskommando *nt* ÖSTERR (*fam*) flying squad
überfliegen* [y:bɐ'fli:gn̩] *vt irreg* ① LUFT to fly over ② (*flüchtig ansehen*) to take a quick look at; *Text a.* to skim through
über|fließen ['y:bɐfli:sn̩] *vi irreg sein* to overflow
überflogen [y:bɐ'flo:gn̩] *pp von* **überfliegen**
Überfluss *m kein pl* abundance; **im** ~ **vorhanden sein** to be in plentiful supply; **etw im** ~ **haben** to have plenty of sth ▶ WENDUNGEN: **zu allem** ~ to cap it all **Überflussgesellschaft** *f* affluent society
überflüssig *adj* superfluous; *Anschaffungen, Bemerkung* unnecessary
überfluten* [y:bɐ'flu:tn̩] *vt* (*a. fig*) to flood
Überflutung <-, -en> [y:bɐ'flu:tʊŋ] *f* flooding *no pl*
überfordern* [y:bɐ'fɔrdɐn] *vt* to overtax; ■**überfordert sein** to be out of one's depth
überfragen* [y:bɐ'fra:gn̩] *vt* to not know the answer; **da bin ich überfragt** I don't know [the answer to that]

U

überfragt [yːbɐˈfraːkt] *vt* **da bin ich ~** I don't know [the answer to that]

Überfremdung <-, -en> *f* (*pej*) domination by foreign influences

überführen*[1] [yːbɐˈfyːrən] *vt* (*woandershin transportieren*) to transfer; *Leiche* to transport

überführen*[2] [yːbɐˈfyːrən] *vt* JUR to convict; **jdn des Mordes ~** to convict sb of murder

Überführung[1] [yːbɐˈfyːrʊŋ] *f* TRANSP (*überquerende Brücke*) bridge; (*über eine Straße*) bridge, overpass; (*für Fußgänger*) [foot-]bridge

Überführung[2] [yːbɐˈfyːrʊŋ] *f* (*das Überführen*) transferring *no pl*, transferral; (*einer Leiche*) transportation *no pl*

Überführung[3] [yːbɐˈfyːrʊŋ] *f* JUR (*Überlisten*) conviction

überfüllt *adj* overcrowded; *Kurs* oversubscribed

Überfunktion *f* MED hyperactivity

Übergabe *f* ① (*das Übergeben*) handing over *no pl* ② MIL surrender

Übergang *m* ① (*an der Grenze*) border crossing[-point] ② (*Wechsel*) transition ③ *kein pl* (*Übergangszeit*) interim ④ *kein pl* (*Zwischenlösung*) interim solution

Übergangsfrist *f* transition period **Übergangsgeld** *nt* retirement bonus

übergangslos *adv* seamless

Übergangslösung *f* temporary solution **Übergangsphase** <-, -n> *f* transitional phase **Übergangsstadium** *nt* transitional stage **Übergangszeit** *f* ① (*Zeit zwischen zwei Phasen*) transition ② (*Zeit zwischen Jahreszeiten*) in-between [*or* AM off] season

übergeben* [yːbɐˈgeːbn̩] *irreg* **I.** *vt* ① (*überreichen*) ■**[jdm] etw ~** to hand over *sep* sth [to sb] ② (*ausliefern*) ■**jdn jdm ~** to hand over *sep* sb to sb ③ MIL (*überlassen*) to surrender **II.** *vr* ■**sich** *akk* ~ to vomit

über|gehen[1] [ˈyːbɐgeːən] *vi irreg sein* ① (*überwechseln*) to move on (**zu** +*dat* to); ■**dazu ~, etw zu tun** to go over to doing sth ② (*übertragen werden*) **in anderen Besitz ~** to become sb else's property ③ (*einen anderen Zustand erreichen*) **in Fäulnis/Gärung/Verwesung ~** to begin to rot/ferment/decay ④ (*verschwimmen*) ■**ineinander ~** to merge into one another

übergehen*[2] [yːbɐˈgeːən] *vt irreg* ① (*nicht berücksichtigen*) to pass over *sep* ② (*nicht beachten*) to ignore ③ (*auslassen*) to skip [over *sep*]

übergeordnet *adj* ① (*vorrangig*) paramount ② (*vorgesetzt*) higher

Übergepäck *nt* excess luggage

übergeschnappt *adj* (*fam*) crazy

Übergewicht *nt kein pl* ① (*zu hohes Körpergewicht*) overweight *no pl;* **~ haben** to be overweight ② (*vorrangige Bedeutung*) predominance

übergewichtig *adj* overweight

überglücklich **I.** *adj* extremely happy, overjoyed *pred* **II.** *adv* **~ lächeln** to smile blissfully

über|greifen *vi irreg* to spread (**auf** +*akk* to)

Übergriff *m* infringement of [one's/sb's] rights

Übergröße *f* outsize

überhand|nehmen [yːbɐˈhant-] *vi irreg* to get out of hand

über|hängen[1] [ˈyːbɐhɛŋən] *vt* ■**jdm/sich** *dat* **etw ~** to put sth round sb's/one's shoulders; **sich eine Tasche ~** to hang a bag over one's shoulder

über|hängen[2] [ˈyːbɐhɛŋən] *vi irreg* ① (*hinausragen*) to hang over ② (*vorragen*) to project

überhäufen* [yːbɐˈhɔyfn̩] *vt* ■**jdn mit etw** *dat* ~ (*a. fig*) to heap sth [up]on sb; **jdn mit Beschwerden ~** to inundate sb with complaints

überhaupt [yːbɐˈhaupt] **I.** *adv* ① (*zudem*) **„das ist ~ die Höhe!"** 'this is insufferable!' ② (*in Verneinungen*) ■**~ kein(e, r)** nobody/nothing/none at all; **~ kein Geld haben** to have no money at all; ■**~ nicht** not at all; ■**~ nichts** nothing at all; ■**~ [noch] nie** never [at all]; ■**und ~, ...?** and anyway, ...?; **Sie bekommen nicht mehr als 4.200 Euro, wenn ~** you'll get no more than 4,200 euros, if that **II.** *part* (*eigentlich*) **was soll das ~?** what's that supposed to mean?; **wissen Sie ~, wer ich bin?** do[n't] you know who I am?

überheblich [yːbɐˈheːplɪç] **I.** *adj* arrogant **II.** *adv* arrogantly; **~ lächeln** to smile superciliously

Überheblichkeit <-> *f kein pl* arrogance *no pl*

überhitzen* [yːbɐˈhɪtsn̩] *vt* to overheat

überhöht *adj* excessive; **mit ~er Geschwindigkeit fahren** to drive over the speed limit

überholen* [yːbɐˈhoːln̩] *vt* ① (*schneller vorbeifahren*) to overtake ② (*übertreffen*) to surpass ③ *Motor, Gerät* to overhaul

Überholspur *f* fast [*or* BRIT overtaking] lane

überholt *adj* outdated

Überholverbot *nt* restriction on passing [*or* BRIT overtaking]; (*Strecke*) no passing [*or* BRIT overtaking] zone

überhören* [yːbɐˈhøːrən] *vt* ① (*nicht*

hören) to not hear ② (*nicht hören wollen*) to ignore

Falsche Freunde

Nicht verwechseln mit *to overhear* — zufällig hören!

Überich *nt,* **Über-Ich** <-[s], -[s]> ['y:bɐʔɪç] *nt* PSYCH superego
überinterpretieren* *vt* to overinterpret
überirdisch ['y:bɐʔɪrdɪʃ] *adj* celestial *poet; Schönheit* divine
über|kochen ['y:bɐkɔxn̩] *vi sein* to boil over
überkommen* [y:bɐ'kɔmən] *irreg vt* **es überkam mich plötzlich** it suddenly overcame me
überkreuzen* [y:bɐ'krɔytsn̩] **I.** *vt* (*verschränken*) **die Arme ~** to fold one's arms **II.** *vr* **sich ~de Linien** intersecting lines
überladen*[1] [y:bɐ'la:dn̩] *vt irreg* to overload
überladen[2] [y:bɐ'la:dn̩] *adj* ① (*zu stark beladen*) overloaded ② (*geh: überreich ausgestattet*) over-ornate; *Stil* florid
Überlandbus ['y:bɐlant-] *m* country bus
Überlänge *f* extra length; *Film* exceptional length
überlappen* [y:bɐ'lapn̩] **I.** *vi* to overlap; **einen Zentimeter ~** to overlap by one centimetre **II.** *vr* ■ **sich ~** to overlap
überlassen* [y:bɐ'lasn̩] *vt irreg* ① (*zur Verfügung stellen, verkaufen*) ■ **jdm etw ~** to let sb have sth ② (*lassen*) ■ **jdm etw ~** to leave sth to sb; **ich überlasse dir die Wahl** it's your choice; **jdm ~ sein** to be up to sb; **das müssen Sie schon mir ~** you must leave that to me ③ (*preisgeben*) ■ **jdn jdm/etw ~** to leave sb to sb/sth; **sich** *dat* **selbst ~ sein** to be left to one's own devices
überlasten* [y:bɐ'lastn̩] *vt* ① (*zu stark in Anspruch nehmen*) ■ **jdn ~** to overburden sb; ■ **etw ~** to overstrain sth ② (*zu stark belasten*) ■ **etw ~** to overload sth
Überlastung <-, -en> *f* ① (*zu starke Inanspruchnahme*) overstrain *no pl* ② (*zu starke Belastung*) overloading *no pl*
Überlauf *m* TECH (*Bereichsüberschreitung*) overflow
überlaufen*[1] [y:bɐ'laufn̩] *vt irreg* ■ **etw überläuft jdn** sb is seized with sth; **es überlief mich kalt** a cold shiver ran down my back
über|laufen[2] ['y:bɐlaufn̩] *vi irreg sein* ① (*über den Rand fließen*) to overflow; *Tasse a.* to run over *a. poet* ② (*überkochen*) to boil over ③ MIL to desert
überlaufen[3] [y:bɐ'laufn̩] *adj* overrun
Überläufer(in) *m(f)* MIL deserter
überleben* [y:bɐ'le:bn̩] **I.** *vt* ① (*lebend überstehen*) to survive ② (*lebend überdauern*) ■ **etw ~** to last sth ③ (*über jds Tod hinaus leben*) ■ **jdn ~** to outlive sb **II.** *vi* to survive
Überlebende(r) *f(m) dekl wie adj* survivor
Überlebenschance *f* chance of survival
überlebensgroß ['y:bɐle:bn̩sgro:s] **I.** *adj* larger-than-life **II.** *adv* larger than life
Überlebenskünstler, -künstlerin *m, f* (*euph fam*) [born] survivor
überlegen*[1] [y:bɐ'le:gn̩] **I.** *vi, vt* to think [about it]; **nach kurzem/langem Ü~** after a short time of thinking/after long deliberation; **was gibt es denn da zu ~?** what's there to think about?; **ohne zu ~** without thinking; **das wäre zu ~** it is worth considering; **überleg [doch] mal!** just [stop and] think about it! **II.** *vr* ■ **sich** *dat* **etw ~** to consider sth; **sich etw reiflich ~** to give serious thought to sth; **ich will es mir noch einmal ~** I'll think it over again; **es sich [anders] ~** to change one's mind; **wenn man es sich recht überlegt** on second thoughts
über|legen[2] ['y:bɐle:gn̩] *vt* ■ **jdm etw ~** to put sth over sb; **sich** *dat* **etw ~** to put on *sep* sth
überlegen[3] [y:bɐ'le:gn̩] **I.** *adj* ① (*jdn weit übertreffend*) superior; *Sieg* convincing; ■ **jdm ~ sein** to be superior to sb (**auf, in** +*dat* in) ② (*herablassend*) superior **II.** *adv* ① (*mit großem Vorsprung*) convincingly ② (*herablassend*) superciliously *pej*
Überlegenheit <-> *f kein pl* superiority *no pl*
überlegt [y:bɐ'le:kt] **I.** *adj* [well-]considered **II.** *adv* with consideration, in a considered way
Überlegung <-, -en> *f* ① *kein pl* (*das Überlegen*) consideration *no pl, no indef art,* thought *no pl, no indef art;* **nach eingehender ~** after close reflection ② *pl* (*Erwägungen*) considerations *pl;* (*Bemerkungen*) observations *pl*
über|leiten *vi* to lead (**zu** +*dat* to)
Überleitung *f* transition
überliefern* [y:bɐ'li:fɐn] *vt* to hand down *sep;* ■ **überliefert sein** to have come down
Überlieferung *f* tradition; **mündliche ~** oral tradition
überlisten* [y:bɐ'lɪstn̩] *vt* to outwit
überm ['y:bɐm] (*fam*) = **über dem** *s.* **über**
Übermacht *f kein pl* superiority *no pl;* **in der ~ sein** to have the greater strength

U

übermächtig *adj* ❶ (*die Übermacht besitzend*) superior ❷ (*geh: alles beherrschend*) overpowering; *Verlangen* overwhelming
übermalen* [y:bɐˈma:lən] *vt* to paint over
Übermaß *nt kein pl* ■ **das ~ einer S.** *gen* the excess[ive amount] of sth; **unter dem ~ der Verantwortung** under the burden of excessive responsibility; ■ **ein ~ an/von etw** *dat* an excess[ive amount] of sth
übermäßig **I.** *adj* excessive; *Freude, Trauer* intense; *Schmerz* violent **II.** *adv* ❶ (*in zu hohem Maße*) excessively; **sich** *akk* **~ anstrengen** to try too hard ❷ (*unmäßig*) too much
Übermensch *m* PHILOS superman **übermenschlich** *adj* superhuman
übermitteln* [y:bɐˈmɪtl̩n] *vt* ❶ (*überbringen*) ■ **jdm etw ~** to bring sth to sb ❷ (*zukommen lassen*) ■ **[jdm] etw ~** to convey sth [to sb] *form*
übermorgen [ˈy:bɐmɔrgn̩] *adv* the day after tomorrow, in two days' time; ■ **~ Abend/früh** the day after tomorrow in the evening/morning, in the evening/morning in two days' time
übermüdet [y:bɐˈmy:dət] *adj* overtired; (*erschöpft a.*) overfatigued *form*
Übermüdung <-> *f kein pl* overtiredness *no pl;* (*Erschöpfung a.*) overfatigue *no pl form*
Übermut *m* high spirits *npl;* **aus ~** just for the hell of it *fam*
übermütig [ˈy:bɐmy:tɪç] **I.** *adj* high-spirited; (*zu dreist*) cocky *fam* **II.** *adv* boisterously
übern [ˈy:bɐn] (*fam*) = **über den** *s.* **über**
übernächste(r, s) [ˈy:bɐnɛ:çstə, -tɐ, -təs] *adj attr* **~s Jahr/~ Woche** the year/week after next, in two years'/weeks' time; **die ~ Tür** the next door but one
übernachten* [y:bɐˈnaxtn̩] *vi* ■ **[bei jdm] ~** to stay the night [at sb's place]
übernächtigt [y:bɐˈnɛçtɪçt] *adj,* **übernächtig** [y:bɐˈnɛçtɪç] *adj* ÖSTERR worn out [from lack of sleep] *pred;* (*a. mit trüben Augen*) bleary-eyed
Übernachtung <-, -en> *f* ❶ *kein pl* (*das Übernachten*) spending the/a night ❷ (*verbrachte Nacht*) overnight stay; **mit zwei ~en in Bangkok** with two nights in Bangkok; **~ mit Frühstück** bed and breakfast
Übernahme <-, -n> [ˈy:bɐna:mə] *f* ❶ (*Inbesitznahme*) taking possession *no pl* ❷ (*das Übernehmen*) assumption *no pl; von Verantwortung a.* acceptance *no pl* ❸ ÖKON takeover
übernatürlich *adj* supernatural
übernehmen* [y:bɐˈne:mən] *irreg* **I.** *vt* ❶ (*in Besitz nehmen*) to take; (*kaufen*) to buy; *Geschäft* to take over *sep* ❷ (*auf sich nehmen, annehmen*) to accept; *Auftrag, Verantwortung* to take on *sep; Kosten* to pay; *Verpflichtungen* to assume ❸ (*fortführen*) to take over *sep* ❹ (*verwenden*) to take; **eine Sendung in sein Abendprogramm ~** to include a broadcast in one's evening programmes ❺ (*weiterbeschäftigen*) to take over *sep;* **jdn ins Angestelltenverhältnis ~** to employ sb on a permanent basis **II.** *vr* ■ **sich** *akk* **~** to take on too much
über|ordnen *vt* ■ **jdn jdm ~** to place sb over sb; ■ **etw einer S.** *dat* **~** to give sth precedence over sth
überparteilich *adj* non-partisan
überprüfbar *adj* verifiable
überprüfen* [y:bɐˈpry:fn̩] *vt* ❶ (*durchchecken*) to vet; *Papiere, Rechnung* to check (**auf** *+akk* for) ❷ (*die Funktion von etw nachprüfen*) to examine ❸ (*erneut bedenken*) to examine
Überprüfung *f* ❶ *kein pl* (*das Durchchecken*) vetting *no pl;* (*das Kontrollieren*) check ❷ (*Funktionsprüfung*) check ❸ (*erneutes Bedenken*) review
überqueren* [y:bɐˈkve:rən] *vt* ❶ (*sich über etw hinweg bewegen*) to cross [over] ❷ (*über etw hinwegführen*) to lead over
überragen*¹ [y:bɐˈra:gn̩] *vt* ❶ (*größer sein*) to tower above (**um** *+akk* by); (*um ein kleineres Maß*) to be taller than ❷ (*übertreffen*) to outclass
über|ragen² [ˈy:bɐra:gn̩] *vi* (*überstehen*) to project
überragend *adj* outstanding; *Bedeutung* paramount; *Qualität* superior
überraschen* [y:bɐˈraʃn̩] *vt* ❶ (*unerwartet erscheinen*) to surprise (**mit** *+dat* with) ❷ (*ertappen*) ■ **jdn bei etw** *dat* **~** to surprise sb doing sth; ■ **jdn dabei ~, wie er etw tut** to catch sb doing sth ❸ (*überraschend erfreuen*) to surprise (**mit** *+dat* with); **lassen wir uns ~!** (*fam*) let's wait and see [what happens] ❹ (*erstaunen*) to surprise; (*stärker*) to astound (**mit** *+dat* with) ❺ (*unerwartet überfallen*) ■ **jdn ~** to take sb by surprise; **vom Regen überrascht werden** to get caught in the rain
überraschend **I.** *adj* unexpected **II.** *adv* unexpectedly
überraschenderweise *adv* surprisingly
Überraschung <-, -en> *f* ❶ *kein pl* (*Erstaunen*) surprise *no pl;* (*stärker*) astonishment *no pl* ❷ (*etwas Unerwartetes*) surprise

U

Überraschungseffekt *m* surprise effect; *von Plan* element of surprise
Überreaktion *f* overreaction *no pl*
überreden* [yːbɐˈreːdn̩] *vt* to persuade; ■**jdn zu etw** *dat* ~ to talk sb into sth
überregional *adj* national
überreichen* [yːbɐˈrai̯çn̩] *vt* ■**jdm etw** ~ to hand over *sep* sth to sb; (*feierlich*) to present sth to sb
Überrest *m meist pl* remains *npl;* **jds sterbliche** ~**e** sb's [mortal] remains
überrumpeln* [yːbɐˈrʊmpl̩n] *vt* ■**jdn** ~ to take sb by surprise
überrunden* [yːbɐˈrʊndn̩] *vt* ① SPORT to lap ② (*leistungsmäßig übertreffen*) to outstrip; *Schüler* to run rings round
übers [ˈyːbɐs] (*fam*) = **über das** *s.* **über**
übersät [yːbɐˈzɛːt] *adj* covered
über|säuern* *vt* to overacidify
Überschallflugzeug *nt* supersonic aircraft
Überschallgeschwindigkeit *f kein pl* supersonic speed
überschatten* [yːbɐˈʃatn̩] *vt* to cast a shadow over
überschätzen* [yːbɐˈʃɛtsn̩] **I.** *vt* to overestimate **II.** *vr* ■**sich** *akk* ~ to think too highly of oneself
überschaubar *adj* ① (*abschätzbar*) *Größe* manageable; *Kosten, Preis* clear; *Risiko* contained ② (*einen begrenzten Rahmen habend*) tightly structured
Überschaubarkeit <-> *f kein pl* comprehensibility *no pl*
überschauen* [yːbɐˈʃau̯ən] *vt* (*geh*) *s.* **überblicken**
über|schäumen [ˈyːbɐʃɔymən] *vi sein* ① (*mit Schaum überlaufen*) to foam over ② (*fig: ganz ausgelassen sein*) ■**vor etw** *dat* ~ to brim [over] with sth
überschlafen* [yːbɐˈʃlaːfn̩] *vt irreg* ■**etw** ~ *Frage, Problem* to sleep on sth
Überschlag *m* ① SPORT handspring; **einen** ~ **machen** to do a handspring ② (*überschlägliche Berechnung*) [rough] estimate
überschlagen*[1] [yːbɐˈʃlaːgn̩] *irreg* **I.** *vt* ① (*beim Lesen auslassen*) to skip [over] ② (*überschläglich berechnen*) to [roughly] estimate **II.** *vr* ① (*eine vertikale Drehung ausführen*) ■**sich** *akk* ~ *Mensch* to fall head over heels; *Fahrzeug* to overturn ② (*rasend schnell aufeinander folgen*) ■**sich** ~ to come thick and fast ③ (*besonders beflissen sein*) **sich** *akk* [**vor Freundlichkeit/Hilfsbereitschaft**] ~ to fall over oneself [to be friendly/helpful] ④ (*schrill werden*) ■**sich** ~ to crack
über|schlagen[2] [ˈyːbɐʃlaːgn̩] *irreg* **I.** *vt haben* **die Beine** ~ to cross one's legs; **mit übergeschlagenen Beinen sitzen** to sit cross-legged **II.** *vi sein* ① (*fig*) ■**in etw** *akk* ~ to turn into sth ② (*brechen*) to overturn; **die Wellen schlugen über** the waves broke ③ (*übergreifen*) to spread (**auf** +*akk* to)
über|schnappen *vi sein* (*fam*) to crack [up]
überschneiden* [yːbɐˈʃnai̯dn̩] *vr irreg* ■**sich** ~ ① (*sich zeitlich überlappen*) to overlap (**um** +*akk* by) ② (*sich mehrfach kreuzen*) to intersect
überschreiben* [yːbɐˈʃrai̯bn̩] *vt irreg* ① (*betiteln*) to head ② (*darüberschreiben*) to write over; INFORM to overwrite ③ (*übertragen*) ■**jdm etw** ~ to sign over sth to sb
überschreiten* [yːbɐˈʃrai̯tn̩] *vt irreg* ① (*geh: zu Fuß überqueren*) to cross [over] ② (*über etw hinausgehen*) to exceed (**um** +*akk* by) ③ (*sich nicht im Rahmen von etw halten*) to overstep
Überschreitung <-, -en> *f* ① (*Überquerung*) crossing ② (*das Überschreiten*) exceeding
Überschrift *f* title; *Zeitung* headline
Überschuss *m* ① (*Reingewinn*) profit ② (*überschüssige Menge*) surplus *no pl* (**an** +*dat* of)
überschüssig [ˈyːbɐʃʏsɪç] *adj* surplus *attr*
überschütten* [yːbɐˈʃʏtn̩] *vt* ① (*übergießen*) ■**etw mit etw** *dat* ~ to pour sth over sth ② (*bedecken*) to cover ③ (*überhäufen*) to inundate; **jdn mit Geschenken/Komplimenten** ~ to shower sb with presents/compliments; **jdn mit Vorwürfen** ~ to heap accusations on sb
überschwänglich **I.** *adj* effusive **II.** *adv* effusively
überschwemmen* [yːbɐˈʃvɛmən] *vt* ① (*überfluten*) to flood ② (*in Mengen hineinströmen*) to pour into ③ (*mit großen Mengen eindecken*) to flood
Überschwemmung <-, -en> *f* flood[ing *no pl*]
Überschwemmungsgebiet *nt* flood area
Überschwemmungskatastrophe *f* flood disaster
Übersee [ˈyːbɐzeː] *kein art* ■**aus** ~ from overseas; ■**in** ~ overseas; ■**nach** ~ overseas
Überseehandel *m* overseas trade
übersehbar [yːbɐˈzeːbaːɐ̯] *adj* ① (*abschätzbar*) *Auswirkungen* containable; *Dauer, Kosten, Schäden* assessable; *Konsequenzen* clear; ■**etw ist/ist noch nicht** ~ sth is in sight/sth is still not known ② (*mit Blicken zu erfassen*) visible
übersehen* [yːbɐˈzeːən] *vt irreg* ① (*versehentlich nicht erkennen*) to overlook

❷ (*abschätzen*) to assess ❸ (*mit Blicken erfassen*) to have a view of

Falsche Freunde

Nicht verwechseln mit *to oversee* — überwachen!

übersetzen*[1] [y:bɐˈzɛtsn̩] *vt, vi* to translate; **etw [aus dem Polnischen] [ins Französische]** ~ to translate sth [from Polish] [into French]; **aus dem Deutschen ins Englische** ~ to translate from German to English

über|setzen[2] [ˈy:bɐzɛtsn̩] **I.** *vt haben* ■**jdn** ~ to ferry across *sep* sb **II.** *vi sein* to cross [over]

Übersetzer(in) <-s, -> *m(f)* translator

Übersetzung <-, -en> *f* ❶ (*übersetzter Text*) translation ❷ *pl selten* (*das Übersetzen*) translation *no pl* ❸ TECH transmission ratio

Übersetzungsbüro *nt* translation agency

Übersicht <-, -en> *f* ❶ *kein pl* (*Überblick*) overall view ❷ (*knappe Darstellung*) outline

Falsche Freunde

Nicht verwechseln mit *oversight* — Versehen *nt*!

übersichtlich **I.** *adj* ❶ (*rasch erfassbar*) clear ❷ (*gut zu überschauen*) open *attr;* ■~ **sein** to offer a clear view [on all sides]; (*wenig Deckung bietend*) to be exposed; ■**nicht** ~ **sein** to impede the/one's view [on all sides] **II.** *adv* ❶ (*rasch erfassbar*) clearly ❷ (*gut überschaubar*) **etw** ~ **anlegen** to give sth an open layout

Übersichtlichkeit <-> *f kein pl* ❶ (*rasche Erfassbarkeit*) clarity *no pl* ❷ (*übersichtliche Anlage*) openness *no pl*

über|siedeln [ˈy:bɐzi:dl̩n] *vi sein* to move (**in** +*akk* to, **nach** +*dat* to)

Übersiedler(in) *m(f)* migrant; (*Einwanderer*) immigrant; (*Auswanderer*) emigrant

übersinnlich *adj* paranormal

überspannt *adj* ❶ (*übertrieben*) extravagant ❷ (*exaltiert*) eccentric ❸ (*überanstrengt*) overwrought

überspielen* [y:bɐˈʃpi:lən] *vt* ❶ (*audiovisuell übertragen*) to record (**auf** +*akk* on[to]); **etw auf Kassette** ~ to tape sth ❷ (*verdecken*) to cover up *sep* (**durch** +*akk* with)

überspitzt **I.** *adj* exaggerated **II.** *adv* in an exaggerated fashion

überspringen*[1] [y:bɐˈʃprɪŋən] *vt irreg* ❶ (*über etw hinwegspringen*) to jump; *Mauer* to vault ❷ (*auslassen*) to skip [over] ❸ SCH *Klasse* to skip

über|springen[2] [ˈy:bɐʃprɪŋən] *vi irreg sein* ❶ (*sich übertragen*) *a.* MED to spread (**auf** +*akk* to) ❷ (*plötzlich übergreifen*) to spread quickly

überstehen*[1] [y:bɐˈʃte:ən] *vt irreg* (*durchstehen*) to come through; *Krankheit, Operation* to get over; **die Belastung** ~ to hold out under the stress; **die nächsten Tage** ~ to live through the next few days

über|stehen[2] [ˈy:bɐʃte:ən] *vi irreg sein o haben* (*herausragen*) to jut out, to project

übersteigen* [y:bɐˈʃtai̯gn̩] *vt irreg* ❶ (*über etw klettern*) to climb over; *Mauer* to scale ❷ (*über etw hinausgehen*) to exceed

überstimmen* [y:bɐˈʃtɪmən] *vt* ❶ (*mit Stimmenmehrheit besiegen*) to outvote ❷ (*mit Stimmenmehrheit ablehnen*) to defeat

überstrapazieren* *vt* ❶ (*zu sehr ausnutzen*) to abuse ❷ (*zu oft verwenden*) to wear out *sep*

über|stülpen *vt* ■**jdm/sich etw** ~ to slip sth over sb's/one's head

Überstunde *f* hour of overtime; ■~**n** overtime *no pl;* ~**n machen** to do overtime

überstürzen* [y:bɐˈʃtʏrtsn̩] **I.** *vt* ■**etw** ~ to rush into sth **II.** *vr* ■**sich** ~ to follow in quick succession; *Nachrichten a.* to come thick and fast

überstürzt **I.** *adj* overhasty, rash, precipitate *form* **II.** *adv* overhastily, rashly, precipitately *form;* ~ **handeln** to go off at half cock *fam,* to go off half-cocked *fam*

übertariflich *adj, adv* above the agreed rate

überteuert [y:bɐˈtɔyɐt] *adj* overexpensive

übertölpeln* [y:bɐˈtœlpl̩n] *vt* ■**jdn** ~ to dupe sb

übertönen* *vt* to drown [out *sep*]

Übertopf *m* flower pot holder

Übertrag <-[e]s, Überträge> [ˈy:bɐtra:k, *pl* -trɛ:gə] *m* FIN carryover

übertragbar [y:bɐˈtra:kba:ɐ̯] *adj* ❶ (*durch Infektion weiterzugeben*) communicable *form* (**auf** +*akk* to); (*durch Berührung*) contagious ❷ (*anderweitig anwendbar*) to be applicable (**auf** +*akk* to) ❸ (*von anderen zu benutzen*) ■~ **sein** to be transferable

übertragen*[1] [y:bɐˈtra:gn̩] *irreg* **I.** *vt* ❶ (*senden*) to broadcast ❷ (*geh: übersetzen*) to translate ❸ (*infizieren*) to communicate (**auf** +*akk* to) ❹ (*woanders eintragen*) to transfer (**auf** +*akk* to, **in** +*akk* into) ❺ (*übergeben*) *Besitz* to transfer (**auf** +*akk* to); ■**jdm die Verantwortung** ~ to entrust sb with the responsibility; ■**jdm ein Recht** ~ to assign sb a right ❻ (*über-*

spielen) to record (**auf** +*akk* on) ⑦ (*anwenden*) to apply (**auf** +*akk* to) ⑧ TECH to transmit (**auf** +*akk* to) **II.** *vr* ① MED ■**sich** [**auf jdn**] ~ to be communicated [to sb] ② (*ebenfalls beeinflussen*) ■**sich auf jdn** ~ to spread to sb

übertragen² [y:bɐˈtra:gn̩] **I.** *adj* figurative **II.** *adv* figuratively

Übertragung <-, -en> *f* ① (*das Senden*) transmission *no pl;* (*übertragene Sendung*) broadcast ② (*geh: das Übersetzen*) translation *no pl* ③ (*das Infizieren*) transmission *no pl* ④ (*das Eintragen an anderer Stelle*) carryover ⑤ *von Verantwortung* entrusting *no pl* ⑥ JUR transfer; *von Rechten a.* assignment *no pl* ⑦ (*das Anwenden*) application *no pl* (**auf** +*akk* to) ⑧ *kein pl* TECH transmission *no pl* (**auf** +*akk* to)

übertreffen* [y:bɐˈtrɛfn̩] *vt irreg* ① (*besser/größer sein*) to surpass (**an, in** +*dat* in) ② (*über etw hinausgehen*) to exceed (**um** +*akk* by)

übertreiben* [y:bɐˈtrajbn̩] *irreg* **I.** *vi* to exaggerate **II.** *vt* to overdo; ■**ohne zu ~** I'm not joking

Übertreibung <-, -en> *f* exaggeration

über|treten¹ [ˈy:bɐtre:tn̩] *vi irreg sein* ① (*konvertieren*) to convert (**zu** +*dat* to) ② SPORT to overstep

übertreten*² [y:bɐˈtre:tn̩] *vt irreg Gesetz, Vorschrift* to break

Übertretung <-, -en> [y:bɐˈtre:tʊŋ] *f* ① (*das Übertreten*) violation *no pl* ② (*strafbare Handlung*) misdemeanour

übertrieben **I.** *adj* exaggerated; (*zu stark*) excessive **II.** *adv* excessively

übertrumpfen* [y:bɐˈtrʊmpfn̩] *vt* ■**jdn/etw** ~ to outdo sb/surpass sth

über|tünchen* *vt* ■**etw** ~ (*fig*) to whitewash sth; *Problem* to cover up sth *sep*

übervölkert [y:bɐˈfœlkɐt] *adj* overpopulated

Übervölkerung <-> [y:bɐˈfœlkərʊŋ] *f kein pl* overpopulation

übervorsichtig *adj* over[ly] cautious

überwachen* [y:bɐˈva:xn̩] *vt* ① (*heimlich kontrollieren*) to keep under surveillance; *Telefon* to bug ② (*durch Kontrollen sicherstellen*) to supervise; (*durch eine Kamera*) to monitor

Überwachung <-, -en> *f* ① (*das heimliche Kontrollieren*) surveillance *no pl; eines Telefons* bugging *no pl* ② (*das Überwachen*) supervision *no pl;* (*durch eine Kamera*) monitoring *no pl*

Überwachungskamera *f* security camera **Überwachungsstaat** *m* police state **Überwachungssystem** *nt* surveillance system

überwältigen* [y:bɐˈvɛltɪgn̩] *vt* ① (*bezwingen*) to overpower ② (*geh: übermannen*) ■**etw überwältigt jdn** sth overwhelms sb

überwältigend *adj* overwhelming; *Schönheit* stunning; *Sieg* crushing

über|wechseln [ˈy:bɐvɛksl̩n] *vi sein* ① (*sich jd anderem anschließen*) to go over (**zu** +*dat* to); ■**zu jdm** ~ to go over to sb's side ② (*ausscheren*) ■**auf etw** *akk* ~ to move [in]to sth ③ (*umsatteln*) ■**von etw** *dat* **zu etw** *dat* ~ to change from sth to sth

überweisen* [y:bɐˈvajzn̩] *vt irreg* ① *Geld* to transfer ② *Patienten* to refer (**an** +*akk* to)

Überweisung <-, -en> *f* ① *von Geld* transfer ② *eines Patienten* referral (**an** +*akk* to); (*Überweisungsformular*) referral form

Überweisungsauftrag *m* banker's order **Überweisungsformular** *nt* transfer form

überwiegen* [y:bɐˈvi:gn̩] *irreg* **I.** *vi* to be predominant **II.** *vt* to outweigh

überwiegend [ˈy:bɐvi:gn̩t] **I.** *adj* predominant; *Mehrheit* vast **II.** *adv* mainly

überwinden* [y:bɐˈvɪndn̩] *irreg* **I.** *vt* ① (*nicht länger an etw festhalten*) to overcome ② (*im Kampf besiegen*) to defeat ③ (*ersteigen*) to surmount **II.** *vr* ■**sich** *akk* ~ to overcome one's feelings/inclinations etc.; ■**sich** *akk* **zu etw** *dat* ~ to force oneself to do sth

Überwindung <-> *f kein pl* ① (*das Überwinden*) overcoming *no pl; Minenfeld* negotiation *no pl* ② (*Selbstüberwindung*) conscious effort; **jdn ~ kosten**[**, etw zu tun**] to take sb a lot of will power [to do sth]

überwintern* [y:bɐˈvɪntɐn] *vi* to [spend the] winter; *Pflanzen* to overwinter

überwuchern* [y:bɐˈvu:xɐn] *vt* ■**etw** ~ to overgrow sth; **Blumen** ~ to choke flowers

Überzahl *f kein pl* the greatest number; ■**in der ~ sein** to be in the majority; *Feind* to be superior in number

überzählig *adj* (*überschüssig*) surplus *attr;* (*übrig*) spare

überzeichnen* [y:bɐˈtsajçnən] *vt* (*geh*) to overdraw

überzeugen* [y:bɐˈtsɔygn̩] **I.** *vt* to convince (**von** +*dat* of); (*umstimmen a.*) to persuade **II.** *vi* ① (*überzeugend sein*) to be convincing ② (*eine überzeugende Leistung zeigen*) ■**bei etw** *dat* ~ to prove oneself in sth **III.** *vr* ■**sich** *akk* [**selbst**] ~ to convince oneself; ~ **Sie sich selbst!** [go and] see for yourself

überzeugend **I.** *adj* convincing; (*umstimmend a.*) persuasive **II.** *adv* convincingly

überzeugt *adj* convinced (**von** +*dat* of); [**sehr**] **von sich** *dat* ~ **sein** to be [very] sure

U

of oneself

Überzeugung <-, -en> [yːbɐˈtsɔygʊŋ] *f* convictions *npl;* **zu der ~ gelangen, dass ...** to become convinced that ...

Überzeugungskraft *f kein pl* persuasiveness *no pl*

überziehen*[1] [yːbɐˈtsiːən] *irreg vt* ① (*bedecken*) to cover; *Belag* to coat ② *Konto* to overdraw (**um** +*akk* by) ③ (*überbeanspruchen*) to overrun (**um** +*akk* by) ④ (*zu weit treiben*) ■ **etw ~** to carry sth too far; ■ **überzogen** exaggerated

überǀziehen[2] [ˈyːbɐtsiːən] *vt irreg* ① (*anlegen*) ■ [**sich** *dat*] **etw ~** to put on *sep* sth ② (*fam: schlagen*) **jdm eins** [**mit etw** *dat*] **~** to give sb a clout [with sth]

Überziehung <-, -en> *f* overdraft

Überziehungskredit *m* overdraft provision

überzüchtet [yːbɐˈtsʏçtət] *adj* overbred; AUTO overdeveloped

Überzug *m* ① (*überziehende Schicht*) coat[ing]; (*dünner*) film; (*Zuckerguss*) icing, frosting AM ② (*Hülle*) cover

üblich [ˈyːplɪç] *adj* usual; **es ist bei uns hier** [**so**] **~** that's the custom with us here; **wie ~** as usual

üblicherweise *adv* usually

U-Boot [ˈuːboːt] *nt* submarine

übrig [ˈyːbrɪç] *adj* remaining, rest of *attr;* (*andere a.*) other *attr;* ■ **die Ü~en** the remaining ones; ■ **das Ü~e** the rest; **es wird ihm nichts anderes ~ bleiben** he won't have any choice; [**jdm**] **etw ~ lassen** to leave sth [for sb]; ■ **~ sein** to be left [over]

übrigens [ˈyːbrɪgn̩s] *adv* by the way

übrigǀhaben *vt irreg* (*fig*) **für jdn/etw nichts/viel ~** to be not at all/very interested in sb/sth

Übung <-, -en> [ˈyːbʊŋ] *f* ① *kein pl* (*das Üben*) practice *no pl;* **aus der ~ sein** to be out of practice; **das ist alles nur ~** it [all] comes with practice; **zur ~** for practice ② (*Übungsstück*) exercise ③ SPORT exercise ④ (*Probe für den Ernstfall*) drill ⑤ (*Lehrveranstaltung*) seminar (**zu** +*dat* on) ▶ WENDUNGEN: **~ macht den Meister** (*prov*) practice makes perfect

Übungsaufgabe *f* exercise **Übungsbuch** *nt* book of exercises

UdSSR <-> [uːdeːʔɛsʔɛsˈʔɛr] *f Abk von* **Union der Sozialistischen Sowjetrepubliken** HIST ■ **die ~** the USSR

UEFA-Cup <-s, -s> [uˈeːfakap] *m,* **UEFA-Pokal** [uˈeːfa-] *m* ■ **der ~** the UEFA Cup

Ufer <-s, -> [ˈuːfɐ] *nt* (*Flussufer*) bank; (*Seeufer*) shore; **am ~** on the waterfront; **ans ~ schwimmen** to swim ashore/to the bank

uferlos *adj* endless; **ins U~e gehen** (*zu keinem Ende führen*) to go on forever; (*jeden Rahmen übersteigen*) to go up and up

Uferpromenade *f* [riverside/seaside] promenade

Ufo, UFO <-[s], -s> [ˈuːfo] *nt Abk von* **Unbekanntes Flugobjekt** UFO

Uganda <-> [uˈganda] *nt* Uganda; *s. a.* **Deutschland**

Ugander(in) <-s, -> [uˈgandɐ] *m(f)* Ugandan; *s. a.* **Deutsche**(**r**)

ugandisch [uˈgandɪʃ] *adj* Ugandan; *s. a.* **deutsch**

U-Haft [ˈuː-] *f* (*fam*) *s.* **Untersuchungshaft**

Uhr <-, -en> [uːɐ̯] *f* ① (*Instrument zur Zeitanzeige*) clock; (*Armbanduhr*) watch; ■ **nach jds ~** by sb's watch; **auf die ~ sehen** to look at the clock/one's watch; **die ~** [**auf Sommer-/Winterzeit**] **umstellen** to set the clock/one's watch [to summer/winter time]; **diese ~ geht nach/vor** this watch is slow/fast; ■ **rund um die ~** round the clock ② (*Zeitangabe*) o'clock; **15 ~** 3 o'clock [in the afternoon], 3 pm; **7 ~ 30** half past 7 [in the morning/evening], seven thirty [am/pm]; **8 ~ 23** 23 minutes past 8 [in the morning/evening], eight twenty-three [am/pm]; **10 ~ früh/abends/nachts** ten [o'clock] in the morning/in the evening/at night; **wie viel ~ ist es?** what time is it?; **um wie viel ~?** [at] what time?; **um 10 ~** at ten [o'clock] [in the morning/evening]

Uhrmacher(in) <-s, -> *m(f)* watchmaker/clockmaker **Uhrwerk** *nt* clockwork mechanism

Uhrzeiger *m* hand [of a clock/watch]; **der große/kleine ~** the big [*or* minute]/small [*or* hour] hand **Uhrzeigersinn** *m* ■ **im ~** clockwise; ■ **gegen den ~** anticlockwise, counterclockwise AM

Uhrzeit *f* time [of day]

Uhu <-s, -s> [ˈuːhu] *m* eagle owl

Ukraine <-> [ukraˈiːnə] *f* ■ **die ~** [the] Ukraine; *s. a.* **Deutschland**

Ukrainer(in) <-s, -> [ukraˈiːnɐ] *m(f)* Ukrainian; *s. a.* **Deutsche**(**r**)

ukrainisch [ukraˈiːnɪʃ] *adj* Ukrainian; *s. a.* **deutsch**

UKW <-> [uːkaːˈveː] *f kein pl, ohne art Abk von* **Ultrakurzwelle** ≈ VHF *no pl*

Ulk <-[e]s, -e> [ʊlk] *m* (*fam*) joke; **aus ~** for a lark

ulkig [ˈʊlkɪç] *adj* ① (*lustig*) funny ② (*seltsam*) odd

Ulme <-, -n> [ˈʊlmə] *f* elm

Ultimaten *pl von* **Ultimatum**

ultimativ [ʊltima'tiːf] **I.** *adj* ■**eine ~e Forderung** an ultimatum **II.** *adv* in the form of an ultimatum; **jdn ~ auffordern, etw zu tun** to give sb an ultimatum to do sth

Ultimatum <-s, -s *o* Ultimaten> [ʊlti'maːtʊm, *pl* ʊlti'maːtən] *nt* ultimatum; **jdm ein ~ stellen** to give sb an ultimatum

Ultrakurzwelle [ʊltra'kʊrtsvɛlə] *f* ① (*elektromagnetische Welle*) ultrashort wave ② (*Empfangsbereich*) ≈ very high frequency

Ultraschall ['ʊltraʃal] *m* ultrasound *no pl*

Ultraschallbild *nt* ultrasound picture
Ultraschallgerät *nt* [ultrasound] scanner
Ultraschalluntersuchung *f* ultrasound

ultraviolett [ʊltravi̯o'lɛt] *adj* ultraviolet

um [ʊm] **I.** *präp* +*akk* ① (*etw umgebend*) ■**~ etw [herum]** around sth; **ganz um etw [herum]** all around sth ② (*gegen*) **~ Ostern/den 15./die Mitte des Monats [herum]** around Easter/the 15th/the middle of the month ③ (*über*) **~ etw streiten** to argue about sth ④ *Unterschiede im Vergleich ausdrückend* **~ einiges besser** quite a bit better; **~ einen Kopf größer/kleiner** a head taller/shorter by a head; **~ 10 cm länger/kürzer** 10 cm longer/shorter ⑤ (*wegen*) ■**~ jdn/etw** for sb/sth; ■**~ jds/einer S. *gen* willen** for sb's sake/for the sake of sth; **~ meinetwillen** for my sake ⑥ (*für*) **Minute ~ Minute** minute by minute ⑦ (*nach allen Richtungen*) **~ sich *akk* schlagen/treten** to hit/kick out in all directions ⑧ (*vorüber*) ■**~ sein** to be over; *Zeit* to be up; *Frist* to expire **II.** *konj* ■**~ etw zu tun** [in order] to do sth **III.** *adv* **~ die 80 Meter** about 80 metres

um|ändern *vt* to alter

umarmen* [ʊm'ʔarmən] *vt* to embrace; (*fester*) to hug

Umarmung <-, -en> *f* embrace, hug

Umbau *m kein pl* rebuilding *no pl*, renovation *no pl*; (*zu etw anderem a.*) conversion *no pl*

um|bauen ['ʊmba̯uən] **I.** *vt* to convert **II.** *vi* to renovate

um|benennen* *vt irreg* to rename

Umbenennung *f* renaming

um|besetzen* *vt* ① FILM, THEAT to recast ② POL to reassign

um|bestellen* *vt, vi* to change the order

um|biegen *irreg* **I.** *vt haben* ① (*durch Biegen krümmen*) to bend ② (*auf den Rücken biegen*) **jdm den Arm ~** to twist sb's arm [behind sb's back] **II.** *vi sein* ① (*kehrtmachen*) to turn back ② (*abbiegen*) **nach links/rechts ~** to take the left/right road/path/etc.; *Pfad, Straße* to bend to the left/right

um|bilden *vt* to reshuffle

Umbildung *f* reshuffle

um|binden ['ʊmbɪndn̩] *vt irreg* ■**jdm ein Tuch ~** to put a scarf around sb's neck; (*mit Knoten a.*) to tie a scarf around sb's neck; ■**sich** *dat* **etw ~** to put on *sep* sth; (*mit Knoten a.*) to tie on *sep* sth

um|blättern *vi* to turn over

um|blicken *vr* ① (*nach hinten blicken*) ■**sich** *akk* **~** to look back; ■**sich** *akk* **nach jdm/etw ~** to turn round to look at sb/sth ② (*zur Seite blicken*) **sich** *akk* **nach links/rechts ~** to look to the left/right; (*vor Straßenüberquerung a.*) to look left/right; **sich** *akk* **nach allen Seiten ~** to look in all directions

um|bringen *irreg* **I.** *vt* to kill; (*vorsätzlich a.*) to murder (**durch** +*akk* with); **jdn mit einem Messer ~** to stab sb to death **II.** *vr* ① ■**sich** *akk* **~** to kill oneself ② **sich** *akk* **vor Freundlichkeit/Höflichkeit [fast] ~** to [practically] fall over oneself to be friendly/polite

Umbruch ['ʊmbrʊx] *m* radical change

um|buchen *vt* ① *Reise* to alter one's booking/reservation (+*akk* for, **auf** +*akk* to); **den Flug auf einen anderen Tag ~** to change one's flight reservation to another day ② *Geld* to transfer (**auf** +*akk* to)

um|definieren* *vt* to redefine

um|denken *vi irreg* ■**[in etw** *dat*] **~** to change one's ideas/views [of sth]

um|disponieren* *vi* to change one's plans

um|drehen **I.** *vt haben* ① (*auf die andere Seite drehen*) to turn over *sep* ② (*herumdrehen*) to turn **II.** *vr haben* ■**sich** *akk* **~** to turn round **III.** *vi sein o haben* to turn round; *Mensch a.* to turn back

Umdrehung [ʊm'dreːʊŋ] *f* AUTO revs *pl*

Umdrehungszahl *f* number of revolutions per minute/second

umeinander [ʊmʔa̯i'nandɐ] *adv* about each other; **wir haben uns nie groß ~ gekümmert** we never really had much to do with each other

um|erziehen* ['ʊmɛɐ̯tsiːən] *vt irreg* to re-educate

um|fahren[1] ['ʊmfaːrən] *irreg vt* (*fam*) ① (*überfahren*) to run over *sep* ② *Baum etc.* to hit

umfahren*[2] [ʊm'faːrən] *vt irreg* (*vor etw ausweichen*) to circumvent *form; Auto a.* to drive around

Umfahrung <-, -en> [ʊm'faːrʊŋ] *f* ÖSTERR, SCHWEIZ bypass

um|fallen *vi irreg sein* ① (*umkippen*) to

topple over; *Baum a.* to fall [down] ② (*zu Boden fallen*) to fall over; (*schwerfällig*) to slump to the floor/ground; **tot** ~ to drop [down] dead ③ (*fam: die Aussage widerrufen*) to retract one's statement

Umfang <-[e]s, Umfänge> *m* ① (*Perimeter*) circumference; *eines Baums a.* girth ② (*Ausdehnung*) area ③ (*Ausmaß*) **in großem** ~ on a large scale; **in vollem** ~ completely

umfangreich *adj* extensive; *Buch* thick

umfassen* [ʊm'fasn̩] *vt* ① (*umschließen*) to clasp; (*umarmen*) to embrace ② (*aus etw bestehen*) to comprise

umfassend [ʊm'fasn̩t] **I.** *adj* ① (*weitgehend*) extensive ② (*alles enthaltend*) full **II.** *adv* ~ **über etw berichten** to report all the details of sth; **jdn** ~ **informieren** to keep sb informed of everything

Umfeld *nt* sphere

um|formen *vt* to transform

Umfrage *f* survey; POL [opinion] poll; **eine** ~ **machen** to hold a survey (**zu** +*dat* on, **über** +*akk* on)

um|füllen *vt* **Wein in eine Karaffe** ~ to decant wine

um|funktionieren* *vt* to turn (**zu** into)

Umgang *m* ① (*gesellschaftlicher Verkehr*) dealings *pl;* **kein** ~ **für jdn sein** to be not fit company for sb ② (*Beschäftigung*) ■**jds** ~ **mit etw** *dat* sb's having to do with sth

umgänglich ['ʊmgɛŋlɪç] *adj* friendly; (*entgegenkommend*) obliging

Umgangsformen *pl* [social] manners *pl*

Umgangssprache *f* ① LING colloquial speech *no pl;* **die griechische** ~ colloquial Greek ② (*übliche Sprache*) **in dieser Schule ist Französisch die** ~ the language spoken at this school is French **umgangssprachlich** *adj* colloquial **Umgangston** *m* tone

umgarnen* [ʊm'garnən] *vt* (*geh*) to ensnare

umgeben* [ʊm'ge:bn̩] *irreg* **I.** *vt* ① (*einfassen*) to surround ② (*sich rings erstrecken*) **etw von drei Seiten** ~ to lie to three sides of sth **II.** *vr* ■**sich** *akk* **mit jdm/etw** ~ to surround oneself with sb/sth

Umgebung <-, -en> [ʊm'ge:bʊŋ] *f* ① (*umgebende Landschaft*) environment, surroundings *pl; einer Stadt a.* environs *npl;* (*Nachbarschaft*) vicinity ② (*jdn umgebender Kreis*) people around one

um|gehen[1] ['ʊmge:ən] *vi irreg sein* ① (*behandeln*) to treat; **mit jdm nicht** ~ **können** to not know how to handle sb; **mit etw** *dat* **gleichgültig/vorsichtig** ~ to handle sth indifferently/carefully ② *Gerücht* to circulate

umgehen*[2] [ʊm'ge:ən] *vt irreg* (*vermeiden*) to avoid

umgehend ['ʊmge:ənt] **I.** *adj* immediate **II.** *adv* immediately

Umgehung <-, -en> [ʊm'ge:ʊŋ] *f*, **Umgehungsstraße** *f* bypass

umgekehrt **I.** *adj* reverse *attr; Richtung* opposite; **in** ~**er Reihenfolge** in reverse order; (*rückwärts*) backwards; **[es ist] gerade** ~**!** just the opposite! **II.** *adv* the other way round

Umgestaltung <-, -en> *f* reorganization *no pl; von Gesetzeswerk, Verfassung* reformation *no pl; eines Parks, Schaufensters* redesign *no pl; Anordnung* rearrangement *no pl*

um|gewöhnen* *vr* ■**sich** *akk* ~ to readapt

um|graben *vt irreg* to dig over *sep*

umgucken *vr* (*fam*) *s.* **umsehen**

Umhang *m* cape

um|hängen ['ʊmhɛŋən] *vt* ① (*umlegen*) ■**sich** *dat* **etw** ~ to put on *sep* sth; ■**jdm etw** ~ to wrap sth around sb ② (*woanders hinhängen*) ■**etw** ~ to rehang sth, to hang sth somewhere else

Umhängetasche *f* shoulder bag

um|hauen ['ʊmhau̯ən] *vt irreg* (*fam*) ① (*fällen*) to chop down *sep; Bäume* to fell ② (*völlig verblüffen*) to stagger ③ (*lähmen*) to knock out *sep*

umher [ʊm'he:ɐ̯] *adv* around; **überall** ~ everywhere; **weit** ~ all around

umher|blicken [ʊm'he:ɐ̯blɪkn̩] *vi* to glance around **umher|gehen** *vi irreg sein* ■**in etw** *dat* ~ to walk about sth **umher|irren** *vi sein* to wander about **umher|laufen** *vi irreg sein* ■**[in etw** *dat***]** ~ to walk around [sth]; (*rennen*) to run around [sth]

umhin|können [ʊm'hɪnkœnən] *vi irreg* **jd kann nicht umhin, etw zu tun** sb cannot avoid doing sth

um|hören *vr* ■**sich** *akk* ~ to ask around

umjubelt *adj* extremely popular

umkämpft [ʊm'kɛmpft] *adj* disputed

Umkehr <-> ['ʊmke:ɐ̯] *f kein pl* turning back

umkehrbar *adj* reversible; ■**nicht** ~ irreversible

um|kehren **I.** *vi sein* to turn back **II.** *vt haben* to reverse

um|kippen **I.** *vi sein* ① (*seitlich umfallen*) to tip over; *Stuhl, Fahrrad* to fall over ② (*fam: bewusstlos zu Boden fallen*) to pass out ③ (*sl: die Meinung ändern*) to come round ④ ÖKOL to become polluted ⑤ (*ins Gegenteil umschlagen*) ■**in etw**

akk ~ to turn into sth; **seine Laune kann von einer Minute auf die andere ~** his mood can blow hot and cold from one minute to the next **II.** *vt haben* to tip over *sep*

umklammern* [ʊm'klamɐn] *vt* ■**jdn ~** to cling [on] to sb; ■**etw ~** to hold sth tight

Umklammerung <-, -en> *f* ① *kein pl* (*Umarmung*) embrace ② (*umklammernder Griff*) clutch; SPORT clinch

um|klappen *vt* to fold down *sep*

Umkleidekabine *f* changing cubicle [*or* AM stall] **Umkleideraum** *m* changing room

um|knicken **I.** *vi sein* ① (*brechen*) *Stab, Zweig* to snap ② (*zur Seite knicken*) [**mit dem Fuß**] ~ to twist one's ankle **II.** *vt haben* to snap; *Papier, Pappe* to fold over; *Pflanze, Trinkhalm* to bend [over]

um|kommen *vi irreg sein* ① (*sterben*) to be killed (**bei, in** +*dat* in) ② (*fam: verderben*) to go off ③ (*fam: es nicht mehr aushalten*) **vor Hunger/Durst ~** to be dying of hunger/thirst; **vor Langeweile ~** to be bored to death

Umkreis *m* vicinity; **im ~ von 100 Metern** within a radius of 100 metres

umkreisen* [ʊm'kraizn̩] *vt* ASTRON, RAUM to orbit

um|krempeln *vt* ① (*aufkrempeln*) ■**sich** *dat* **etw** *akk* ~ to roll up *sep* sth; *Hosenbein* to turn up *sep* sth ② (*gründlich durchsuchen*) ■**etw ~** to turn sth upside down ③ (*grundlegend umgestalten*) ■**etw/jdn ~** to give sth/sb a good shake up

um|laden *vt irreg* to reload

Umlage *f* ① FIN share of the cost ② KOCHK garnish

umlagern* [ʊm'la:gɐn] *vt* to surround

Umland *nt kein pl* surrounding area

Umlauf ['ʊmlauf, *pl* 'ʊmlɔyfə] *m* ① ASTRON rotation ② (*internes Rundschreiben*) circular ③ (*Weitergabe von Person zu Person*) **etw in ~ bringen** to circulate sth; *Gerücht, Lüge* to spread sth; (*etw kursieren lassen*) *Geld* to put into circulation

Umlaufbahn *f* orbit

Umlaut *m* umlaut

um|legen ['ʊmle:gn̩] *vt* ① *Schalter* to turn ② (*um Körperteil legen*) ■**jdm/sich** *dat* **etw ~** to put sth around sb/oneself ③ (*flachdrücken*) to flatten ④ (*fällen*) to bring down *sep* ⑤ (*sl: umbringen*) ■**jdn ~** to do in *sep* sb; (*mit Pistole*) to bump off *sep* sb ⑥ ([*auf einen anderen Zeitpunkt*] *verlegen*) to reschedule (**auf** +*akk* for)

um|leiten *vt* to divert

Umleitung *f* diversion

um|lernen *vi* to rethink, to change one's attitudes

umliegend ['ʊmli:gn̩t] *adj* surrounding

um|melden *vt, vr* **jdn/sich** *akk* ~ to register sb's/one's change of address

um|münzen *vt* (*pej fam*) to convert (**zu** +*dat* into)

umnachtet [ʊm'naxtət] *adj* **geistig ~** [**sein**] (*geh*) [to be] mentally deranged

um|organisieren* *vt* to reorganize

um|packen[1] *vt* to repack

umpacken*[2] *vt* (*umfassen*) ■**jdn/etw ~** to embrace sb/sth

um|pflügen ['ʊmpfly:gn̩] *vt* to plough up *sep*

um|programmieren* *vt* INFORM to reprogram

umrahmen* [ʊm'ra:mən] *vt* ① (*einrahmen*) to frame ② HORT to border

umranden* [ʊm'randn̩] *vt* to circle

um|räumen **I.** *vi* to rearrange **II.** *vt* ① (*woandershin räumen*) ■**etw** [**irgendwohin**] ~ to move sth [somewhere] ② *Möbel, Zimmer* to rearrange

um|rechnen *vt* to convert (**in** +*akk* into)

Umrechnung *f* conversion

Umrechnungskurs *m* exchange rate

umreißen* [ʊm'raisn̩] *vt irreg Situation, Lage* to outline; *Ausmaß, Kosten* to estimate

um|rennen *vt irreg* to [run into and] knock over

Umriss *m meist pl* contour[s *pl*], outline[s *pl*]; **in ~en** in outline

umrissen *adj* well defined; **fest ~e Vorstellungen** clear-cut impressions

um|rühren *vi, vt* to stir

ums [ʊms] (*fam*) = **um das** *s.* **um**

um|satteln *vi* (*fam*) [**auf einen anderen Beruf**] ~ to change jobs

Umsatz *m* turnover

Umsatzbeteiligung *f* ÖKON commission **Umsatzrückgang** *m* HANDEL decline in sales, drop in turnover **Umsatzsteigerung** *f* increase in turnover **Umsatzsteuer** *f* sales tax

um|schalten **I.** *vi* ① RADIO, TV to switch over; **auf einen anderen Kanal/Sender ~** change the channel/station ② *Ampel* to change; **auf Rot/Gelb/Grün ~** to turn red/amber [*or* AM yellow]/green ③ (*fam: sich einstellen*) to adapt (**auf** +*akk* to) **II.** *vt* RADIO, TV to switch (**auf** +*akk* to); **das Fernsehgerät/Radio ~** to change the television channel/radio station

Umschalttaste *f* INFORM case change, shift key

U

Umschau *f* **nach jdm/etw ~ halten** to look out for sb/sth

um|schauen *vr s.* **umsehen**

Umschlag *m* ❶ (*Briefumschlag*) envelope ❷ (*Schutzumschlag*) jacket ❸ MED compress ❹ *kein pl* ÖKON transfer

Umschlagbahnhof *m* trade station

um|schlagen ['ʊmʃla:gn̩] *irreg* **I.** *vt haben* ❶ *Kragen* to turn down *sep; Ärmel* to turn up *sep* ❷ (*umladen*) to transfer **II.** *vi sein* METEO to change

Umschlagplatz *m* place of transshipment

umschließen* [ʊm'ʃli:sn̩] *vt irreg* ❶ (*umgeben, umzingeln*) to enclose ❷ (*umarmen*) **jdn/etw mit den Armen ~** to take sb/sth in one's arms ❸ (*eng anliegen*) ■**jdn/etw ~** to fit sb/sth closely ❹ (*einschließen*) to include

umschlingen* [ʊm'ʃlɪŋən] *vt irreg* ❶ (*eng umfassen*) to embrace; **jdn mit den Armen ~** to hold sb tightly in one's arms ❷ BOT to twine around

umschlungen *adj* **eng ~** with one's arms tightly around one another; **jdn [fest] ~ halten** to hold sb [tightly] in one's arms

um|schnallen *vt* to buckle on *sep*

um|schreiben[1] ['ʊmʃrajbn̩] *vt irreg* ❶ (*grundlegend umarbeiten*) to rewrite ❷ (*im Grundbuch übertragen*) to transfer (**auf** +*akk* to)

umschreiben*[2] [ʊm'ʃrajbn̩] *vt irreg* ❶ (*indirekt ausdrücken*) to talk around ❷ (*beschreiben*) to outline; (*in andere Worten fassen*) to paraphrase

Umschrift *f* LING transcription

Umschuldung <-, -en> *f* FIN funding *no pl*

um|schulen *vt* ❶ (*für andere Tätigkeit ausbilden*) to retrain (**zu** +*dat* as); ■**sich** *akk* **~ lassen** to undergo retraining ❷ (*auf andere Schule schicken*) to transfer to another school

Umschulung *f* ❶ (*Ausbildung für andere Tätigkeit*) retraining ❷ SCH transfer

Umschulungskurs *m* SCH, ÖKON retraining course

um|schütten *vt* ❶ (*verschütten*) to spill ❷ (*umwerfen*) to upset

umschwärmen* [ʊmʃvɛrmən] *vt* to idolize; (*bedrängen*) to swarm around

Umschweife ['ʊmʃvajfə] *pl* **ohne ~** without mincing one's words; **keine ~!** stop beating about the bush!

Umschwung *m* ❶ (*plötzliche Veränderung*) drastic change ❷ SCHWEIZ (*umgebendes Gelände*) surrounding property

umsegeln* [ʊm'ze:gl̩n] *vt* to sail around

um|sehen *vr irreg* ❶ (*in Augenschein nehmen*) ■**sich** *akk* **irgendwo/bei jdm ~** to have a look around somewhere/in sb's home ❷ (*nach hinten blicken*) ■**sich** *akk* **~** to look back [*or* BRIT round] ❸ (*suchen*) ■**sich** *akk* **nach jdm/etw ~** to look around for sb/sth

umseitig ['ʊmzajtɪç] *adj, adv* overleaf

um|setzen ['ʊmzɛtsn̩] *vt* ❶ (*an anderen Platz setzen*) to move ❷ (*umwandeln*) to convert (**in** +*akk* to); **etw in die Praxis ~** to put sth to practice ❸ (*verkaufen*) to turn over

Umsicht *f kein pl* prudence

umsichtig **I.** *adj* prudent **II.** *adv* prudently

um|siedeln **I.** *vt haben* to resettle **II.** *vi sein* ■**irgendwohin ~** to resettle somewhere

Umsiedler(in) *m(f)* resettler, resettled person

umsonst [ʊm'zɔnst] *adv* ❶ (*gratis*) for free, free of charge ❷ (*vergebens*) in vain; ■**~ sein** to be pointless; **nicht ~** not without reason

umsorgen* [ʊm'zɔrgn̩] *vt* to look after

Umspanner *m* ELEK [voltage] transformer

um|springen ['ʊmʃprɪŋən] *vi irreg sein* ❶ (*grob behandeln*) ■**mit jdm grob ~** to treat sb roughly ❷ METEO to veer round ❸ *Ampel* to change (**auf** +*akk* to)

umspülen* [ʊm'ʃpy:lən] *vt* (*geh*) to wash around [*or* BRIT round]

Umstand *m* ❶ (*wichtige Tatsache*) fact; **mildernde Umstände** JUR mitigating circumstances; **den Umständen entsprechend [gut]** [as good] as can be expected under the circumstances; **unter Umständen** possibly; **unter diesen Umständen hätte ich das nie unterschrieben** I would never have signed this under these circumstances ❷ *pl* (*Schwierigkeiten*) trouble; **ohne [große] Umstände** without any [great deal of] fuss; **bitte keine Umstände!** please don't put yourself out! ▸ WENDUNGEN: **in <u>anderen</u> Umständen sein** to be expecting

umständehalber *adv* due to circumstances

umständlich ['ʊmʃtɛntlɪç] **I.** *adj* ❶ (*mit großem Aufwand verbunden*) laborious; *Anweisung, Beschreibung* elaborate; *Aufgabe, Reise* complicated; *Erklärung, Anleitung* long-winded; ■**~ sein** to be inconvenient ❷ (*unpraktisch veranlagt*) ■**~ sein** to be awkward **II.** *adv* ❶ (*weitschweifig*) long-windedly ❷ (*mühselig und aufwändig*) laboriously

Umstandskleid *nt* maternity dress

Umstandswort *nt s.* **Adverb**

umstehend ['ʊmʃte:ənt] *adj attr* ❶ (*ringsum stehend*) surrounding ❷ (*geh*) *s.* **umseitig**

U

um|steigen *vi irreg sein* ① TRANSP to change ② (*überwechseln*) to switch [over] (**auf** +*akk* to)

um|stellen[1] ['ʊmʃtɛlən] **I.** *vt* ① (*anders hinstellen*) to move ② (*anders anordnen*) to reorder ③ (*anders einstellen*) to switch over *sep* (**auf** +*akk* to); **die Uhr ~** to turn the clock back/forward ④ (*zu etw anderem übergehen*) to convert (**auf** +*akk* to); **die Ernährung ~** to change one's diet **II.** *vi* (*zu etw anderem übergehen*) ■**auf etw** *akk* ~ to change over to sth **III.** *vr* (*sich anpassen*) ■**sich** *akk* ~ to adapt (**auf** +*akk* to)

umstellen*[2] [ʊm'ʃtɛlən] *vt* (*umringen*) ■**jdn/etw** ~ to surround sb/sth

Umstellung *f* ① (*Übergang*) change (**auf** +*akk* to); *Beheizung, Ernährung* conversion ② (*Anpassung*) adjustment

um|stimmen *vt* ■**jdn** ~ to change sb's mind; ■**sich** *akk* **[von jdm] ~ lassen** to let oneself be persuaded [by sb]

um|stoßen *vt irreg* ① (*umkippen*) to knock over *sep* ② (*rückgängig machen*) to change; (*Plan*) to upset

umstritten [ʊm'ʃtrɪtn̩] *adj* ① (*noch nicht entschieden*) disputed ② (*in Frage gestellt*) controversial

um|strukturieren* *vt* to restructure

Umstrukturierung *f* restructuring

um|stülpen ['ʊmʃtʏlpn̩] *vt* ① (*das Innere nach außen kehren*) to turn out *sep* ② (*auf den Kopf stellen*) to turn upside down *sep*

Umsturz *m* coup [d'état]

um|stürzen **I.** *vi sein* to fall **II.** *vt haben* to knock over *sep; politisches Regime etc.* to overthrow

Umtausch *m a.* FIN exchange

um|tauschen *vt* to exchange (**in, gegen** +*akk* for); *Währung* to change (**in** +*akk* into); ■**jdm etw** ~ to exchange sth for sb

um|topfen *vt* to repot

umtriebig *adj* dynamic, go-getting

Umwälzung <-, -en> *f* ① *kein pl* TECH circulation ② (*grundlegende Veränderung*) revolution

um|wandeln ['ʊmvandl̩n] *vt* to convert (**in** +*akk* into); **wie umgewandelt sein** to be a changed person

Umwandlung *f* conversion

um|wechseln [-ks-] *vt* to change sth; **können Sie mir wohl 5.000 Euro in Dollar ~?** could you give me 5,000 euros in dollars please?

Umweg *m* detour

Umwelt ['ʊmvɛlt] *f kein pl* environment

Umweltbedingungen *pl* environmental conditions *pl* **umweltbelastend** *adj* damaging to the environment *pred,* environmentally harmful **Umweltbelastung** *f* environmental damage **umweltbewusst** *adj* environmentally aware **Umweltbewusstsein** *nt kein pl* environmental consciousness **Umwelteinfluss** *m* environmental impact **Umwelteinflüsse** *pl* environmental influences *pl* **Umwelterziehung** *f kein pl* education on environmental issues **Umweltfaktor** *m* environmental factor **umweltfeindlich** *adj* harmful to the environment **umweltfreundlich** *adj* environmentally friendly **Umweltgefahr** *f* environmental hazards *pl* **Umweltgefährdung** *f* environmental threat **umweltgerecht** *adj* environmentally suitable **Umweltgift** *nt* environmental pollution **Umweltkatastrophe** *f* ecological disaster **Umweltkriminalität** *f* environmental crime **Umweltminister(in)** *m(f)* Minister for the Environment BRIT, Environmental Secretary AM **Umweltpolitik** *f* environmental policy **Umweltschäden** *pl* environmental damage **Umweltschutz** *m* environmental protection **Umweltschützer(in)** *m(f)* environmentalist

Umweltschutzgesetz *nt* environmental protection law **Umweltschutzpapier** *nt* recycled paper **Umweltschutztechnik** *f* conservation technology

Umweltsteuer *f* ecology tax **Umweltsünde** *f* (*fam*) crime against the environment, violation of the environment **Umweltsünder(in)** *m(f)* (*fam*) *s.* **Umweltverschmutzer 1** **Umwelttechnologie** ['ʊmvɛlttɛçnologi:] *f* ① (*zum Schutz der Umwelt*) environmental technology ② (*umweltschonend*) green technology **Umweltvergiftung** *f* pollution [of the environment] **Umweltverschmutzer(in)** <-s, -> *m(f)* ① (*die Umwelt verschmutzender Mensch*) **ein ~ sein** to be environmentally irresponsible ② (*Quelle der Umweltverschmutzung*) pollutant **Umweltverschmutzung** *f* pollution **umweltverträglich** *adj* environmentally friendly

Umweltverträglichkeit *f kein pl* environmental tolerance **Umweltverträglichkeitsprüfung** *f* environmental assessment

Umweltvorschrift *f* environmental regulation *usu pl* **Umweltzerstörung** *f* destruction of the environment

umwerben* [ʊm'vɛrbn̩] *vt irreg* to woo

um|werfen *vt irreg* ① (*zum Umfallen bringen*) to knock over *sep* ② (*fam: fassungslos machen*) to bowl over *sep* ③ (*zunichtemachen*) *Ordnung, Plan* to upset; *Vorha-*

ben to knock on the head ④ (*rasch umlegen*) ■**jdm etw ~** to throw sth on sb; **er warf seinen Mantel um** he threw on his coat

umwerfend *adj* incredible

umwickeln* [ʊmˈvɪkl̩n] *vt* ■**etw mit etw** *dat* ~ to wrap sth around sth

umzäunen* *vt* to fence in *sep*

um|ziehen [ˈʊmtsiːən] *irreg* **I.** *vi sein* to move [house] **II.** *vr* ■**sich** *akk* ~ to get changed

umzingeln* [ʊmˈtsɪŋl̩n] *vt* to surround; (*durch die Polizei*) to cordon off *sep*

Umzug *m* ① (*Wohnungswechsel*) move ② (*Parade*) parade

Umzugskarton *m* removal [*or* AM moving] box

UN <-> [uːˈʔɛn] *pl Abk von* **Vereinte Nationen** UN

unabhängig [ˈʊnʔaphɛŋɪç] *adj* ① (*von niemandem abhängig*) independent (**von** +*dat* of) ② (*ungeachtet*) ■~ **von etw** *dat* regardless of sth; **~ davon, ob/wann ...** regardless of whether/when ...; **~ voneinander** separately

Unabhängigkeit *f kein pl a.* POL independence (**von** +*dat* of)

Unabhängigkeitserklärung *f* declaration of independence

unabkömmlich [ʊnʔapkœmlɪç] *adj* unavailable

unablässig [ʊnʔapˈlɛsɪç] **I.** *adj* unremitting; (*Lärm*) incessant; (*Versuche, Bemühungen*) unceasing **II.** *adv* incessantly

unabsehbar [ʊnʔapˈzeːbaːɐ̯] *adj* unforeseeable; (*Schäden*) incalculable

unabsichtlich [ˈʊnʔapzɪçtlɪç] **I.** *adj* unintentional; *Beschädigung* accidental **II.** *adv* accidentally

unachtsam [ˈʊnʔaxtzaːm] *adj* careless; (*unsorgsam*) thoughtless; (*unaufmerksam*) inattentive

Unachtsamkeit *f* carelessness

unähnlich [ˈʊnʔɛːnlɪç] *adj* dissimilar

unanfechtbar [ʊnʔanˈfɛçtbaːɐ̯] *adj* ① JUR incontestable ② (*unbestreitbar*) irrefutable; (*Tatsache*) indisputable

unangebracht [ˈʊnʔangəbraxt] *adj* ① (*nicht angebracht*) misplaced ② (*unpassend*) inappropriate

unangefochten [ˈʊnʔangəfɔxtn̩] **I.** *adj* unchallenged **II.** *adv* without challenger; **er liegt ~ an der Spitze** he remains unchallenged at the top

unangemeldet [ˈʊnʔangəmɛldət] *adj, adv* unannounced; (*Patient*) without an appointment

unangemessen [ˈʊnʔangəmɛsn̩] **I.** *adj* ① (*überhöht*) unreasonable ② (*nicht angemessen*) inappropriate **II.** *adv* unreasonably

unangenehm [ˈʊnʔangəneːm] **I.** *adj* ① (*nicht angenehm*) unpleasant ② (*peinlich*) ■**jdm ist etw ~** sb feels bad about sth ③ (*unsympathisch*) unpleasant; **sie kann ganz schön ~ werden** she can get quite nasty **II.** *adv* unpleasantly

unangetastet [ˈʊnʔangətastət] *adj* untouched

unannehmbar [ʊnʔanˈneːmbaːɐ̯] *adj* unacceptable

Unannehmlichkeit [ˈʊnʔanneːmlɪçkait] *f meist pl* trouble *no pl*; **~en bekommen/haben** to get into/be in trouble

unanschaulich [ʊnanˈʃaulɪç] *adj* abstract

unansehnlich [ˈʊnʔanzeːnlɪç] *adj* ① (*unscheinbar*) unprepossessing ② (*heruntergekommen*) shabby

unanständig [ˈʊnʔanʃtɛndɪç] **I.** *adj* ① (*obszön*) dirty ② (*rüpelhaft*) rude **II.** *adv* rudely

unantastbar [ʊnʔanˈtastbaːɐ̯] *adj* sacrosanct

unappetitlich [ˈʊnʔapetiːtlɪç] *adj* ① (*nicht appetitlich*) unappetizing ② (*ekelhaft*) disgusting

Unart [ˈʊnʔaːɐ̯t] *f* terrible habit

unartig [ˈʊnʔaːɐ̯tɪç] *adj* naughty

unästhetisch [ˈʊnʔɛsteːtɪʃ] *adj* unappetizing

unaufdringlich [ˈʊnʔaufdrɪŋlɪç] *adj* ① (*dezent*) unobtrusive ② (*nicht aufdringlich*) discrete

unauffällig [ˈʊnʔauffɛlɪç] **I.** *adj* discrete **II.** *adv* discretely

unauffindbar [ʊnʔauffɪntbaːɐ̯] *adj* nowhere to be found; (*Person*) untraceable

unaufgefordert [ˈʊnʔaufgəfɔrdɐt] **I.** *adj* unsolicited; *Kommentar, Bemerkung* uncalled-for **II.** *adv* without having been asked; **~ eingesandte Manuskripte** unsolicited manuscripts

unaufhaltsam [ʊnʔaufˈhaltzaːm] **I.** *adj* unstoppable **II.** *adv* without being able to be stopped

unaufhörlich [ʊnʔaufˈhøːɐ̯lɪç] **I.** *adj* constant **II.** *adv* ① (*fortwährend*) constantly ② (*ununterbrochen*) incessantly

unauflöslich [ʊnʔaufløːslɪç] *adj* ① CHEM indissoluble ② MATH insoluble ③ *Widerspruch, Bindung* insoluble

unaufmerksam [ˈʊnʔaufmɛrkzaːm] *adj* ① (*nicht aufmerksam*) inattentive ② (*nicht zuvorkommend*) thoughtless

Unaufmerksamkeit *f kein pl* ① (*unaufmerksames Verhalten*) inattentiveness ② (*unzuvorkommende Art*) thoughtlessness

unaufrichtig ['ʊnʔaufrɪçtɪç] *adj* insincere (**gegen[über]** towards)

unaufschiebbar [ʊnʔaufʃi:pba:ɐ̯] *adj* urgent

unausgefüllt ['ʊnʔausgəfʏlt] *adj* ❶ (*nicht ausgefüllt*) blank ❷ (*nicht voll beansprucht*) unfulfilled

unausgeglichen ['ʊnʔausgəglɪçn̩] *adj* unbalanced; *Mensch* moody; *Wesensart* uneven

Unausgeglichenheit *f* moodiness

unausgeschlafen ['ʊnʔausgəʃla:fn̩] **I.** *adj* tired **II.** *adv* not having slept long enough

unausgesprochen *adj* unspoken; ~ **bleiben** to be left unsaid

unausgewogen *adj* unbalanced

unauslöschlich [ʊnʔaus'lœʃlɪç] *adj* (*geh*) indelible

unaussprechbar [ʊnʔaus'ʃprɛçba:ɐ̯] *adj* unpronounceable

unaussprechlich [ʊnʔaus'ʃprɛçlɪç] *adj* ❶ (*unsagbar*) inexpressible ❷ *s.* **unaussprechbar**

unausstehlich [ʊnʔaus'ʃte:lɪç] *adj* intolerable; *Mensch, Art a.* insufferable

unausweichlich [ʊnʔaus'vaiçlɪç] **I.** *adj* inevitable **II.** *adv* inevitably

unbändig ['ʊnbɛndɪç] **I.** *adj* ❶ (*ungestüm*) boisterous ❷ (*heftig*) enormous; (*Hunger*) huge; (*Wut*) unbridled **II.** *adv* ❶ (*ungestüm*) boisterously ❷ (*überaus*) enormously

unbarmherzig ['ʊnbarmhɛrtsɪç] **I.** *adj* merciless **II.** *adv* mercilessly

Unbarmherzigkeit *f* mercilessness

unbeabsichtigt **I.** *adj* (*versehentlich*) accidental; (*nicht beabsichtigt*) unintentional **II.** *adv* accidentally

unbeachtet ['ʊnbəʔaxtət] **I.** *adj* overlooked *pred,* unnoticed **II.** *adv* without any notice

unbeaufsichtigt *adj* unattended

unbedarft ['ʊnbədarft] *adj* simple-minded

unbedenklich ['ʊnbədɛŋklɪç] **I.** *adj* harmless; *Situation, Vorhaben* acceptable **II.** *adv* quite safely

unbedeutend ['ʊnbədɔytn̩t] **I.** *adj* ❶ (*nicht bedeutend*) insignificant ❷ (*geringfügig*) minimal; *Änderung, Modifikation* minor **II.** *adv* insignificantly

unbedingt ['ʊnbədɪŋt] **I.** *adj attr* absolute **II.** *adv* (*auf jeden Fall*) really; **erinnere mich ~ daran, sie anzurufen** you mustn't forget to remind me to call her; **nicht ~** not necessarily; **~!** absolutely!

unbefangen ['ʊnbəfaŋən] **I.** *adj* ❶ (*unvoreingenommen*) objective; *Ansicht* unbiased ❷ (*nicht gehemmt*) uninhibited **II.** *adv* ❶ (*unvoreingenommen*) objectively; **etw ~ beurteilen** to judge sth impartially ❷ (*nicht gehemmt*) uninhibitedly

Unbefangenheit *f kein pl* ❶ (*Unvoreingenommenheit*) objectiveness ❷ (*ungehemmte Art*) uninhibitedness

unbefriedigend ['ʊnbəfri:dɪgn̩t] **I.** *adj* unsatisfactory **II.** *adv* in an unsatisfactory way

unbefriedigt ['ʊnbəfri:dɪçt] *adj* unsatisfied; *Gefühl, Mensch* dissatisfied

unbefristet ['ʊnbəfrɪstət] **I.** *adj* lasting for an indefinite period; *Aufenthaltserlaubnis, Visum* permanent; ▪ **~ sein** to be [valid] for an indefinite period **II.** *adv* indefinitely

unbefugt ['ʊnbəfu:kt] **I.** *adj* unauthorized **II.** *adv* without authorization

Unbefugte(r) *f(m) dekl wie adj* unauthorized person

unbegabt ['ʊnbəga:pt] *adj* untalented; **für Mathematik bin ich einfach ~** I'm absolutely useless at maths

unbegreiflich ['ʊnbəgraiflɪç] *adj* incomprehensible; (*Dummheit, Leichtsinn*) inconceivable

unbegrenzt ['ʊnbəgrɛntst] **I.** *adj* unlimited; *Vertrauen* boundless **II.** *adv* indefinitely

unbegründet ['ʊnbəgrʏndət] *adj* ❶ (*grundlos*) unfounded; *Kritik, Maßnahme* unwarranted ❷ JUR unfounded

unbehaart ['ʊnbəha:ɐ̯t] *adj* hairless; (*Kopf*) bald

Unbehagen ['ʊnbəha:gn̩] *nt* apprehension

unbehaglich ['ʊnbəha:klɪç] **I.** *adj* uneasy **II.** *adv* uneasily

unbeherrscht ['ʊnbəhɛrʃt] **I.** *adj* uncontrolled; ▪ **~ sein** to lack self-control **II.** *adv* ❶ (*ohne Selbstbeherrschung*) without self-control ❷ (*gierig*) greedily

unbeholfen ['ʊnbəhɔlfn̩] **I.** *adj* (*schwerfällig*) clumsy; (*wenig gewandt*) awkward **II.** *adv* clumsily

Unbeholfenheit <-> *f kein pl* clumsiness

unbeirrbar [ʊnbə'ʔɪrba:ɐ̯] **I.** *adj* unwavering **II.** *adv* perseveringly

unbeirrt [ʊnbə'ʔɪrt] *adv s.* **unbeirrbar**

unbekannt ['ʊnbəkant] *adj* unknown; ▪**jdm ~ sein** to be unknown to sb; *Gesicht, Name, Wort* to be unfamiliar to sb; **~ verzogen** moved – address unknown

Unbekannte(r) *f(m)* stranger

Unbekannte <-n, -n> *f* MATH unknown

unbekleidet ['ʊnbəklaidət] **I.** *adj* (*geh*) unclothed; ▪ **~ sein** to have no clothes on **II.** *adv* (*geh*) without any clothes on

unbekümmert ['ʊnbəkʏmɐt] **I.** *adj* carefree **II.** *adv* in a carefree manner

unbelastet ['ʊnbəlastət] **I.** *adj* ❶ (*frei*)

U

■ **von etw** *dat* ~ **[sein]** [to be] free of sth ❷ FIN unencumbered **II.** *adv* freely; **er fühlt sich** *akk* **wieder frei und** ~ he feels free and easy again

unbelehrbar ['ʊnbəle:ɐ̯ba:ɐ̯] *adj* obstinate

unbeleuchtet ['ʊnbəlɔy̯çtət] *adj* unlit

unbeliebt ['ʊnbəli:pt] *adj* unpopular

Unbeliebtheit *f kein pl* unpopularity

unbemannt ['ʊnbəmant] *adj* RAUM unmanned

unbemerkt ['ʊnbemɛrkt] *adj, adv* unnoticed

unbenommen *adj präd* (*geh*) **es bleibt jdm ~, etw zu tun** sb's free to do sth

unbenutzt ['ʊnbənʊtst] *adj* unused; *Bett* not slept in; *Kleidung* unworn

unbeobachtet ['ʊnbəʔo:baxtət] *adj* unnoticed; *Gebäude, Platz* unwatched

unbequem ['ʊnbəkve:m] **I.** *adj* ❶ *Stuhl, Sofa* uncomfortable ❷ *Frage* awkward **II.** *adv* ❶ (*nicht bequem*) uncomfortably ❷ (*lästig*) awkwardly

unberechenbar [ʊnbə'rɛçn̩ba:ɐ̯] *adj* ❶ (*nicht einschätzbar*) *Gegner, Mensch* unpredictable ❷ (*nicht vorhersehbar*) unforeseeable

Unberechenbarkeit *f kein pl* unpredictability

unberechtigt ['ʊnbərɛçtɪçt] *adj* unfounded; *Vorwurf* unwarranted

unberücksichtigt ['ʊnbərʏkzɪçtɪçt] *adj* unconsidered

unberührt ['ʊnbəry:ɐ̯t] *adj* ❶ (*im Naturzustand erhalten*) unspoiled ❷ (*nicht benutzt*) untouched

unbeschadet ['ʊnbəʃa:dət] *präp* +*gen* (*geh*) disregarding

unbeschädigt *adj, adv* undamaged

unbescholten ['ʊnbəʃɔltn̩] *adj* upstanding

unbeschränkt ['ʊnbəʃrɛŋkt] *adj* unrestricted; *Macht* limitless; *Möglichkeiten* unlimited

unbeschrankt ['ʊnbəʃraŋkt] *adj* BAHN without barriers

unbeschreiblich ['ʊnbɛʃrai̯plɪç] **I.** *adj* ❶ (*maßlos*) tremendous ❷ (*nicht zu beschreiben*) indescribable **II.** *adv* **sich** *akk* **~freuen** to be enormously happy; **sich** *akk* **~ärgern** to be terribly angry

unbeschrieben [ʊnbəʃri:bn̩] *adj* blank

unbeschwert ['ʊnbəʃve:ɐ̯t] *adj* carefree

unbesiegbar [ʊnbə'zi:kba:ɐ̯] *adj* ❶ MIL (*a. fig*) invincible ❷ SPORT unbeatable

unbesonnen ['ʊnbəzɔnən] *adj Entschluss* rash; *Wesensart* impulsive

unbesorgt ['ʊnbəzɔrkt] **I.** *adj* unconcerned **II.** *adv* without worrying; **die Pilze kannst du ~ essen** you needn't worry about eating the mushrooms

unbeständig ['ʊnbəʃtɛndɪç] *adj* ❶ METEO unsettled ❷ (*wankelmütig*) fickle

unbestechlich ['ʊnbɛʃtɛçlɪç] *adj* ❶ (*nicht bestechlich*) incorruptible ❷ (*nicht zu täuschen*) unerring

Unbestechlichkeit *f* incorruptibility

unbestimmt ['ʊnbəʃtɪmt] *adj* ❶ (*unklar*) vague ❷ (*nicht festlegbar*) indefinite; *Alter* uncertain; *Anzahl, Menge* indeterminate; *Grund, Zeitspanne* unspecified

unbestreitbar ['ʊnbəʃtrai̯tba:ɐ̯] **I.** *adj* unquestionable **II.** *adv* unquestionably

unbestritten ['ʊnbɛʃtrɪtn̩] **I.** *adj* ❶ (*nicht bestritten*) undisputed; *Argument* irrefutable ❷ JUR uncontested **II.** *adv* ❶ (*wie nicht bestritten wird*) unquestionably ❷ (*unstreitig*) unarguably

unbeteiligt ['ʊnbətai̯lɪçt] *adj* ❶ (*an etw nicht beteiligt*) uninvolved ❷ (*desinteressiert*) indifferent; (*in einem Gespräch*) uninterested

unbetont ['ʊnbəto:nt] *adj* unstressed

unbeträchtlich ['ʊnbətrɛçtlɪç] *adj* insignificant; (*Problem*) minor; (*Preisänderung*) slight

unbewacht ['ʊnbəvaxt] *adj Person* unguarded; *Parkplatz* unattended; *Gepäck* unattended

unbewaffnet ['ʊnbəvafnət] *adj* unarmed

unbeweglich ['ʊnbɛve:klɪç] *adj* ❶ (*starr*) fixed; *Konstruktion, Teil* immovable ❷ (*unveränderlich*) inflexible; *Gesichtsausdruck* rigid; (*fig*) unmoved

unbewohnbar [ʊnbə'vo:nba:ɐ̯] *adj* uninhabitable

unbewohnt *adj* ❶ (*nicht besiedelt*) uninhabited ❷ (*nicht bewohnt*) unoccupied

unbewusst ['ʊnbəvʊst] **I.** *adj a.* PSYCH unconscious **II.** *adv* unconsciously

Unbewusste(s) *nt kein pl* ■ **das** ~ the unconscious

unbezahlbar [ʊnbə'tsa:lba:ɐ̯] *adj* ❶ (*nicht aufzubringen*) totally unaffordable ❷ (*äußerst nützlich*) invaluable ❸ (*immens wertvoll*) priceless

unbezahlt *adj* ❶ (*noch nicht beglichen*) unsettled, outstanding ❷ (*nicht entlohnt*) unpaid

unbezwingbar [ʊnbə'tsvɪŋlɪç] *adj*, **unbezwinglich** [ʊnbə'tsvɪŋlɪç] *adj* (*geh*) ❶ (*uneinnehmbar: Festung*) impregnable ❷ (*unbezähmbar*) uncontrollable ❸ *s.* **unüberwindlich**

unblutig ['ʊnblu:tɪç] **I.** *adj* bloodless **II.** *adv* without bloodshed

unbrauchbar ['ʊnbrau̯xba:ɐ̯] *adj* useless

unbürokratisch ['ʊnbyrokra:tɪʃ] **I.** *adj* unbureaucratic **II.** *adv* unbureaucratically

U

und [ʊnt] *konj* and; ~ **dann?** then what?; (*nun*) well?; **na ~?** so what?
Undank ['ʊndaŋk] *m* (*geh*) ingratitude
undankbar ['ʊndaŋkba:ɐ̯] *adj* ❶ (*nicht dankbar*) ungrateful ❷ (*nicht lohnend*) thankless
Undankbarkeit *f* ungratefulness, ingratitude *form*
undatiert ['ʊndati:ɐ̯t] *adj* undated
undefinierbar ['ʊndefini:ɐ̯ba:ɐ̯] *adj* indefinable
undemokratisch ['ʊndemokra:tɪʃ] *adj* undemocratic
undenkbar [ʊn'dɛŋkba:ɐ̯] *adj* unthinkable
undenklich [ʊn'dɛŋklɪç] *adj* **seit ~en Zeiten** since time immemorial
undeutlich ['ʊndɔytlɪç] **I.** *adj* ❶ (*nicht deutlich vernehmbar*) unclear ❷ (*nicht klar sichtbar*) blurred; *Schrift* illegible ❸ (*vage*) vague **II.** *adv* ❶ (*nicht deutlich vernehmbar*) unclearly; ~ **sprechen** to mumble ❷ (*nicht klar*) unclearly ❸ (*vage*) vaguely
undicht ['ʊndɪçt] *adj* (*luftdurchlässig*) not airtight; (*wasserdurchlässig*) not watertight
Unding ['ʊndɪŋ] *nt kein pl* **ein ~ sein [etw zu tun]** to be absurd [to do sth]
undiszipliniert ['ʊndɪstsiplini:ɐ̯t] **I.** *adj* undisciplined **II.** *adv* in an undisciplined manner
undurchdacht [ʊn'dʊrçdaxt] *adj* ill thought out
undurchdringlich ['ʊndʊrçdrɪŋlɪç] *adj* ❶ (*kein Durchdringen ermöglichend*) impenetrable ❷ (*verschlossen*) inscrutable
undurchlässig ['ʊndʊrçlɛsɪç] *adj* impermeable
undurchschaubar [ʊndʊrç'ʃaʊ̯ba:ɐ̯] *adj* unfathomable; *Verbrechen* baffling; *Wesensart, Miene* enigmatic
undurchsichtig ['ʊndʊrçzɪçtɪç] *adj* ❶ (*nicht transparent*) non-transparent; *Glas* opaque ❷ (*fig*) *Geschäfte* shadowy ❸ (*fig: zweifelhaft*) obscure
uneben ['ʊnʔe:bn̩] *adj* uneven; *Straße* bumpy
Unebenheit <-, -en> *f* ❶ *kein pl* (*unebene Beschaffenheit*) unevenness ❷ (*unebene Stelle*) bump
unecht ['ʊnʔɛçt] *adj* ❶ (*imitiert*) fake *usu pej; Haar* artificial; *Zähne* false ❷ (*unaufrichtig*) false
unehelich ['ʊnʔe:əlɪç] *adj Kind* illegitimate
unehrenhaft ['ʊnʔe:rənhaft] **I.** *adj* (*geh: unlauter*) *a.* MIL dishonourable **II.** *adv* ❶ (*unlauter*) dishonourably ❷ MIL dishonourably; **jdn ~ entlassen** to discharge sb for dishonourable conduct
unehrlich ['ʊnʔe:ɐ̯lɪç] **I.** *adj* dishonest **II.** *adv* dishonestly
Unehrlichkeit *f* dishonesty
uneigennützig ['ʊnʔaɪ̯gn̩nʏtsɪç] *adj* selfless
uneingeschränkt ['ʊnʔaɪ̯ngəʃrɛŋkt] **I.** *adj* absolute; *Handel* free; *Lob* unreserved **II.** *adv* absolutely, unreservedly
uneinheitlich *adj* varied
uneinig ['ʊnʔaɪ̯nɪç] *adj* disagreeing; ■ **~ sein** to disagree (**in** on); ■ **[sich** *dat*] **mit jdm ~ sein** to disagree with sb
Uneinigkeit *f* disagreement; **[über etw** *akk*] **herrscht ~** there are sharp divisions [over sth]
uneins ['ʊnʔaɪ̯ns] *adj präd s.* **uneinig**
uneinsichtig ['ʊnʔaɪ̯nzɪçtɪç] *adj* unreasonable
unempfänglich ['ʊnʔɛmpfɛŋlɪç] *adj* impervious (**für** to)
unempfindlich ['ʊnʔɛmpfɪntlɪç] *adj* insensitive (**gegen** +*akk* to); (*durch Erfahrung*) inured; *Pflanze* hardy; *Material* practical
unendlich [ʊn'ʔɛntlɪç] *adj* ❶ (*nicht überschaubar*) infinite ❷ (*unbegrenzt*) endless ❸ (*überaus groß*) infinite; *Strapazen* endless
Unendlichkeit <-> *f kein pl* infinity
unentbehrlich ['ʊnʔɛntbe:ɐ̯lɪç] *adj* ❶ (*unbedingt erforderlich*) essential ❷ (*unverzichtbar*) indispensable; **sich** *akk* **~ machen** to make oneself indispensable
unentgeltlich ['ʊnʔɛntgɛltlɪç] **I.** *adj* free of charge; **die ~e Benutzung von etw** *dat* the free use of sth **II.** *adv* for free
unentschieden ['ʊnʔɛntʃi:dn̩] **I.** *adj* ❶ SPORT drawn ❷ (*noch nicht entschieden*) undecided **II.** *adv* SPORT **~ ausgehen** to end in a draw; **~ spielen** to draw
Unentschieden <-s, -> ['ʊnʔɛntʃi:dn̩] *nt* SPORT draw
unentschlossen ['ʊnʔɛntʃlɔsn̩] **I.** *adj* indecisive **II.** *adv* indecisively
Unentschlossenheit *f* indecision
unentschuldbar ['ʊnʔɛnt'ʃʊltba:ɐ̯] *adj* inexcusable
unentschuldigt ['ʊnʔɛntʃʊldɪçt] **I.** *adj* unexcused **II.** *adv* unexcused; **~ fehlen** to play truant, to cut class AM
unentwegt [ʊnʔɛnt've:kt] **I.** *adj* persevering; *Einsatz, Fleiß* untiring **II.** *adv* incessantly
unerbittlich [ʊnʔɛɐ̯'bɪtlɪç] *adj* ❶ (*nicht umzustimmen*) unrelenting ❷ (*gnadenlos*) pitiless
unerfahren ['ʊnʔɛɐ̯fa:rən] *adj* inexperienced
Unerfahrenheit *f* lack of experience
unerfindlich ['ʊnʔɛɐ̯fɪntlɪç] *adj* (*geh*) incomprehensible

U

unerfreulich ['ʊnʔɛɐ̯frɔylɪç] **I.** *adj* unpleasant; *Neuigkeiten, Nachrichten* bad; *Zwischenfall* unfortunate **II.** *adv* unpleasantly

unergründbar [ʊnʔɛɐ̯'grʏntbaːɐ̯], **unergründlich** [ʊnʔɛɐ̯'grʏntlɪç] *adj* puzzling; *Blick, Lächeln* enigmatic

unerheblich ['ʊnʔɛɐ̯heːplɪç] **I.** *adj* insignificant; ■**~ sein, ob ...** to be irrelevant whether ... **II.** *adv* insignificantly

unerhört ['ʊnɛɐ̯'høːɐ̯t] **I.** *adj attr* ① (*pej: skandalös*) outrageous ② (*außerordentlich*) incredible **II.** *adv* ① (*pej: skandalös*) outrageously ② (*außerordentlich*) incredibly

unerkannt ['ʊnʔɛɐ̯kant] *adv* unrecognized

unerklärbar [ʊnʔɛɐ̯'klɛːɐ̯baːɐ̯], **unerklärlich** [ʊnʔɛɐ̯'klɛːɐ̯lɪç] *adj* inexplicable; ■**jdm ist ~, warum/wie ...** sb cannot understand why/how ...

unerlässlich [ʊnʔɛɐ̯'lɛslɪç] *adj* essential

unerlaubt ['ʊnʔɛɐ̯laupt] **I.** *adj* unauthorized; JUR illegal **II.** *adv* without permission

unerledigt ['ʊnʔɛɐ̯leːdɪçt] **I.** *adj* unfinished; *Antrag* incomplete; *Post* unanswered **II.** *adv* unfinished; **~ liegen bleiben** to be left unfinished

unermesslich [ʊnʔɛɐ̯'mɛslɪç] **I.** *adj* (*geh*) ① (*schier unendlich*) immeasurable ② (*gewaltig*) immense; (*Wert, Wichtigkeit*) inestimable; (*Zerstörung*) untold **II.** *adv* (*geh*) immensely

unermüdlich [ʊnʔɛɐ̯'myːtlɪç] **I.** *adj* tireless **II.** *adv* tirelessly

unerreichbar [ʊnʔɛɐ̯'raiçbaːɐ̯] *adj* unattainable; (*telefonisch*) unavailable

unersättlich [ʊnʔɛɐ̯'zɛtlɪç] *adj* insatiable; *Wissensdurst* unquenchable

unerschöpflich [ʊnʔɛɐ̯'ʃœpflɪç] *adj* inexhaustible

unerschrocken ['ʊnʔɛɐ̯ʃrɔkn̩] **I.** *adj* fearless **II.** *adv* fearlessly

unerschütterlich [ʊnʔɛɐ̯'ʃʏtɐlɪç] **I.** *adj* unshakable **II.** *adv* unshakably

unerschwinglich [ʊnʔɛɐ̯'ʃvɪŋlɪç] *adj* exorbitant; ■**für jdn ~ sein** to be beyond sb's means

unersetzlich [ʊnʔɛɐ̯'zɛtslɪç] *adj* indispensable; *Wertgegenstand* irreplaceable; *Schaden* irreparable

unerträglich [ʊnʔɛɐ̯'trɛːklɪç] **I.** *adj* ① (*nicht auszuhalten*) unbearable ② (*pej: unmöglich*) impossible **II.** *adv* ① (*nicht auszuhalten*) unbearably ② (*pej: unmöglich*) impossibly

unerwartet ['ʊnʔɛɐ̯vartət] **I.** *adj* unexpected **II.** *adv* unexpectedly

unerwünscht ['ʊnʔɛɐ̯vʏnʃt] *adj* ① (*nicht willkommen*) unwelcome ② (*lästig*) undesirable

unerzogen ['ʊnʔɛɐ̯tsoːgn̩] *adj* badly behaved

UNESCO <-> [u'nɛsko] *f Akr von* **United Nations Educational, Scientific and Cultural Organization** UNESCO; ■**die ~** UNESCO

unfähig ['ʊnfɛːɪç] *adj* ① (*inkompetent*) incompetent ② (*nicht imstande*) incapable (**zu** +*dat* of)

Unfähigkeit *f kein pl* incompetence

unfair ['ʊnfɛːɐ̯] **I.** *adj* unfair (**gegenüber** +*dat* to[wards]) **II.** *adv* unfairly

Unfall ['ʊnfal] *m* accident

Unfallarzt, -ärztin *m, f* [medical] specialist for accident injuries **Unfallbeteiligte(r)** <-n, -n> *f (m)* person involved in an accident **Unfallchirurgie** *f* casualty surgery **Unfallflucht** *f* failure to stop after being involved in an accident; (*mit Verletzten*) hit-and-run [driving] **Unfallopfer** *nt* accident victim **Unfallort** *m* scene of an/the accident **Unfallquote** *f* accident quota **Unfallschaden** *m* accident damage *no pl* **Unfallschutz** *m kein pl* accident prevention **Unfallstation** *f* casualty [ward] BRIT, emergency room AM **Unfallstelle** *f* place of the accident **Unfallursache** *f* cause of an/the accident **Unfallversicherung** *f* accident insurance **Unfallwagen** *m* car involved in an accident

unfassbar [ʊn'fasbaːɐ̯] *adj*, **unfasslich** [ʊn'faslɪç] *adj* ① (*unbegreiflich*) incomprehensible; *Phänomen* incredible ② (*unerhört*) outrageous

unfehlbar [ʊn'feːlbaːɐ̯] **I.** *adj* infallible; *Geschmack* impeccable; *Gespür, Instinkt* unerring **II.** *adv* without fail

Unfehlbarkeit <-> *f kein pl* infallibility

unfein ['ʊnfain] *adj* unrefined

unförmig ['ʊnfœrmɪç] **I.** *adj* shapeless; (*groß*) cumbersome; *Gesicht* misshapen; *Bein* unshapely **II.** *adv* shapelessly

unfrankiert ['ʊnfraŋkiːɐ̯t] **I.** *adj* unstamped **II.** *adv* without a stamp

unfreiwillig ['ʊnfraivɪlɪç] **I.** *adj* ① (*gezwungen*) compulsory ② (*unbeabsichtigt*) unintentional **II.** *adv* ■**etw ~ tun** to be forced to do sth

unfreundlich ['ʊnfrɔyntlɪç] **I.** *adj* ① (*nicht liebenswürdig*) unfriendly ② (*unangenehm*) unpleasant; *Klima* inhospitable; *Jahreszeit, Tag* dreary; *Raum* cheerless **II.** *adv* **jdn ~ behandeln** to be unfriendly to sb

Unfriede(n) ['ʊnfriːdə] *m kein pl* trouble; **~n stiften** to cause trouble

unfruchtbar ['ʊnfrʊxtbaːɐ̯] *adj* ① MED infertile ❷ AGR infertile, barren

Unfruchtbarkeit *f kein pl* ❶ MED infertility ❷ AGR barrenness

Unfug <-s> ['ʊnfuːk] *m kein pl* nonsense; **~ machen** to get up to mischief; **hör auf mit dem ~!** stop that nonsense!

Ungar(in) <-n, -n> ['ʊŋgar] *m(f)* Hungarian; *s. a.* **Deutsche(r)**

ungarisch ['ʊŋgarɪʃ] *adj* Hungarian; *s. a.* **deutsch**

Ungarn <-s> ['ʊŋgarn] *nt* Hungary; *s. a.* **Deutschland**

ungeachtet ['ʊngəʔaxtət] *präp +gen (geh)* despite sth; ▪ **~ dessen, dass ...** in spite of the fact that ...

ungeahnt ['ʊngəʔaːnt] *adj* undreamed of

ungebeten ['ʊngəbeːtn̩] **I.** *adj* unwelcome **II.** *adv* ❶ *(ohne eingeladen zu sein)* without being invited ❷ *(ohne aufgefordert zu sein)* without an invitation

ungebildet ['ʊngəbɪldət] *adj* uneducated

ungeboren ['ʊngəboːrən] *adj* unborn

ungebräuchlich ['ʊngəbrɔy̯çlɪç] *adj* uncommon, not in use *pred*

ungebunden ['ʊngəbʊndn̩] *adj* unattached

ungedeckt ['ʊngədɛkt] *adj* ❶ FIN uncovered ❷ *(noch nicht gedeckt)* unlaid

Ungeduld ['ʊngədʊlt] *f* impatience

ungeduldig ['ʊngədʊldɪç] **I.** *adj* impatient **II.** *adv* impatiently

ungeeignet ['ʊngəʔa̯ignət] *adj* unsuitable; ▪ **~ sein** to be unsuited (**für** *+akk* to)

ungefähr ['ʊngəfɛːɐ̯] **I.** *adv* ❶ *(zirka)* approximately, about *fam;* **um ~ ...** *Zeit* at about ... ❷ *(etwa)* **~ da** around there, *esp* BRIT thereabouts; **~ hier** around here; **~ so** something like this/that ❸ *(in etwa)* more or less **II.** *adj attr* approximate

ungefährlich ['ʊngəfɛːɐ̯lɪç] *adj* harmless; ▪ **~ sein, etw zu tun** to be safe to do sth

ungehalten ['ʊngəhaltn̩] **I.** *adj (geh)* indignant **II.** *adv (geh)* indignantly

ungehemmt ['ʊngəhɛmt] **I.** *adj* uninhibited **II.** *adv* uninhibitedly

ungeheuer ['ʊngəhɔyɐ] **I.** *adj* ❶ *(ein gewaltiges Ausmaß besitzend)* enormous ❷ *(größte Intensität besitzend)* tremendous; *Schmerz, Leiden* dreadful ❸ *(größte Bedeutung besitzend)* tremendous **II.** *adv* ❶ *(äußerst)* terribly ❷ *(ganz besonders)* enormously

Ungeheuer <-s, -> ['ʊngəhɔyɐ] *nt* monster

ungeheuerlich [ʊngə'hɔy̯ɐlɪç] *adj* outrageous

ungehindert ['ʊngəhɪndɐt] **I.** *adj* unhindered **II.** *adv* without hindrance

Ungehörigkeit <-, -en> *f kein pl* impertinence *no pl*

ungehorsam ['ʊngəhoːɐ̯zaːm] *adj* disobedient (**gegenüber** *+dat* towards)

Ungehorsam ['ʊngəhoːɐ̯zaːm] *m* disobedience

ungeklärt ['ʊngəklɛːɐ̯t] *adj, adv* ❶ *(nicht aufgeklärt)* unsolved ❷ *Abwässer* untreated

ungekündigt ['ʊngəkʏndɪçt] *adj* ▪ **~ sein** to not be under notice of resignation

ungekürzt ['ʊngəkʏrtst] **I.** *adj* MEDIA unabridged; FILM uncut **II.** *adv* in its unabridged version; FILM in its uncut version

ungeladen ['ʊngəlaːdn̩] *adj* ❶ *(nicht geladen)* unloaded ❷ *(nicht eingeladen)* uninvited

ungelegen ['ʊngəleːgn̩] *adj* inconvenient; **[jdm] ~ kommen** to be inconvenient [for sb]; *(zeitlich)* to be an inconvenient time [for sb]

ungelenkig ['ʊngəlɛŋkɪç] *adj* inflexible

ungelernt ['ʊngəlɛrnt] *adj attr* unskilled

ungeliebt ['ʊngəliːpt] *adj* ❶ *(nicht geliebt)* unloved ❷ *(nicht gemocht)* loathed

ungelöst ['ʊngəløːst] *adj* unsolved; *Frage* unresolved

ungemein ['ʊngəma̯in] **I.** *adj* immense **II.** *adv* immensely

ungemütlich ['ʊngəmyːtlɪç] *adj* ❶ *(nicht gemütlich)* uninviting ❷ *(unerfreulich)* uncomfortable ▸WENDUNGEN: **~ werden** *(fam)* to become nasty

ungenannt ['ʊngənant] *adj* unnamed

ungenau ['ʊngəna̯u] **I.** *adj* ❶ *(nicht exakt)* vague ❷ *(nicht korrekt)* inaccurate **II.** *adv* ❶ *(nicht exakt)* vaguely ❷ *(nicht korrekt)* incorrectly

Ungenauigkeit <-, -en> *f* ❶ *kein pl (nicht exakte Beschaffenheit)* vagueness ❷ *(mangelnde Korrektheit)* inaccuracy

ungeniert ['ʊnʒeniːɐ̯t] **I.** *adj* unconcerned **II.** *adv* freely

ungenießbar ['ʊngəniːsbaːɐ] *adj* ❶ *(nicht zum Genuss geeignet)* inedible; *Getränke* undrinkable ❷ *(schlecht schmeckend)* unpalatable ❸ *(fam: unausstehlich)* unbearable

ungenügend ['ʊngənyːgn̩t] **I.** *adj* ❶ *(nicht ausreichend)* insufficient; *Information* inadequate ❷ SCH unsatisfactory *(the lowest mark)* **II.** *adv* insufficiently, inadequately

ungenutzt ['ʊngənʊtst] **I.** *adj* unused; *materielle/personelle Ressourcen* unexploited; *Gelegenheit* missed **II.** *adv* **eine Chance ~ verstreichen lassen** to miss a chance

ungepflegt ['ʊngəpfleːkt] *adj Haus, Garten* neglected; *Person* unkempt

ungerade ['ʊngəraːdə] *adj* odd

ungerecht [ˈʊngərɛçt] **I.** *adj* unjust; ■ ~ **sein** to be unfair (**gegen** +*akk* to); ~**e Behandlung** unjust treatment; **ein** ~**er Richter** a partial judge **II.** *adv* unjustly, unfairly

ungerechterweise *adv* unfairly

ungerechtfertigt [ˈʊngərɛçtfɛrtɪçt] *adj* unjustified

Ungerechtigkeit <-, -en> *f* injustice

ungeregelt [ˈʊngəre:glt] *adj* unsettled

ungern [ˈʊngɛrn] *adv* reluctantly

ungerührt [ˈʊngəry:ɐ̯t] *adj, adv* unmoved

ungesalzen [ˈʊngezaltsn̩] *adj* unsalted

ungeschehen [ˈʊngəʃe:ən] *adj* undone; **etw** ~ **machen** to undo sth

Ungeschick <-[e]s> [ˈʊngɛʃɪk] *nt kein pl* (*geh*) clumsiness

ungeschickt [ˈʊngəʃɪkt] *adj* ① (*unbeholfen*) clumsy; (*unbedacht*) careless ② DIAL, SÜDD (*unhandlich*) unwieldy; (*ungelegen*) awkward

ungeschlechtlich *adj* asexual

ungeschliffen [ˈʊngəʃlɪfn̩] *adj* ① (*nicht geschliffen*) uncut; *Messer, Klinge* blunt ② (*pej: grob, ohne Manieren*) uncouth

ungeschminkt [ˈʊngəʃmɪŋkt] *adj* ① (*nicht geschminkt*) without make-up ② (*unbeschönigt*) unvarnished

ungeschoren [ˈʊngəʃo:rən] **I.** *adj* unshorn **II.** *adv* unscathed; ~ **davonkommen** to get away with it

ungesehen [ˈʊngəze:ən] *adv* unseen, without being seen

ungesellig [ˈʊngəzɛlɪç] *adj* unsociable

ungesetzlich [ˈʊngəzɛtslɪç] *adj* unlawful

ungestört [ˈʊngəʃtø:ɐ̯t] **I.** *adj* undisturbed; ~ **sein wollen** to want to be left alone **II.** *adv* without being disturbed

ungestraft [ˈʊngəʃtra:ft] *adv* with impunity; ~ **davonkommen** to get away scot-free

ungestüm [ˈʊngəʃty:m] **I.** *adj Art, Temperament* impetuous; *Wind* gusty; *Begrüßung* enthusiastic **II.** *adv* enthusiastically

ungesund [ˈʊngəzʊnt] **I.** *adj* unhealthy **II.** *adv* unhealthily; **sich** *akk* ~**ernähren** to not have a healthy diet

ungeteilt [ˈʊngətai̯lt] *adj* ① (*vollständig*) complete ② (*ganz*) **mit** ~**er Freude** with total pleasure

ungetrübt [ˈʊngətry:pt] *adj Freude, Glück* unclouded; *Tage, Zeit* perfect

Ungetüm <-[e]s, -e> [ˈʊngəty:m] *nt* monster

ungeübt [ˈʊngəʔy:pt] *adj* unpractised; *Lehrlinge* inexperienced; ■ **in etw** *dat* ~**sein** to lack practice in sth

ungewiss [ˈʊngəvɪs] *adj* uncertain

Ungewissheit <-, -en> *f* uncertainty

ungewöhnlich [ˈʊngəvø:nlɪç] **I.** *adj* ① (*vom Üblichen abweichend*) unusual ② (*außergewöhnlich*) remarkable **II.** *adv* ① (*äußerst*) exceptionally ② (*in nicht üblicher Weise*) unusually

ungewohnt [ˈʊngəvo:nt] *adj* unusual

ungewollt [ˈʊngəvɔlt] **I.** *adj* unintentional; *Schwangerschaft* unwanted **II.** *adv* unintentionally; **ich musste** ~ **grinsen** I couldn't help grinning

Ungeziefer <-s> [ˈʊngətsi:fɐ] *nt kein pl* pests *pl*

ungezogen [ˈʊngətso:gn̩] **I.** *adj Kind* naughty; *Bemerkung* impertinent; ■ ~ **sein** to be ill-mannered **II.** *adv* impertinently; **sich** *akk* ~**benehmen** to behave badly

ungezügelt [ˈʊngətsy:glt] *adj* unbridled

ungezwungen [ˈʊngətsvʊŋən] *adj* informal

Unglaube [ˈʊnglau̯bə] *m* ① (*Zweifel*) disbelief ② (*Gottlosigkeit*) unbelief

unglaubhaft [ˈʊnglau̯phaft] **I.** *adj* unbelievable; ~ **wirken** to appear to be implausible **II.** *adv* unbelievably

ungläubig [ˈʊnglɔybɪç] *adj* ① (*etw nicht glauben wollend*) disbelieving; **ein** ~**es Kopfschütteln** an incredulous shake of the head ② (*gottlos*) unbelieving

unglaublich [ˈʊnglau̯plɪç] **I.** *adj* ① (*nicht glaubhaft*) unbelievable ② (*unerhört*) outrageous **II.** *adv* (*fam: überaus*) incredibly

unglaubwürdig [ˈʊnglau̯pvʏrdɪç] **I.** *adj* implausible; *Zeuge* unreliable **II.** *adv* implausibly; **seine Aussage klingt** ~ his statement sounds dubious

ungleich [ˈʊnglai̯ç] **I.** *adj* ① (*unterschiedlich*) *Bezahlung* unequal; *Belastung* uneven; *Paar* odd; *Gegenstände* dissimilar ② (*unterschiedliche Voraussetzungen*) unequal **II.** *adv* ① (*unterschiedlich*) unequally ② *vor komp* (*weitaus*) far **III.** *präp* +*dat* (*geh*) unlike

Ungleichgewicht *nt* imbalance

Ungleichheit <-, -en> *f* dissimilarity

ungleichmäßig **I.** *adj* ① (*unregelmäßig*) irregular ② (*nicht zu gleichen Teilen*) uneven **II.** *adv* ① (*unregelmäßig*) irregularly ② (*ungleich*) unevenly

Unglück <-glücke> [ˈʊnglʏk] *nt* ① *kein pl* (*Pech*) bad luck; **zu allem** ~ to make matters worse ② (*katastrophales Ereignis*) disaster ③ *kein pl* (*Elend*) unhappiness ▸ WENDUNGEN: **ein** ~ **kommt selten allein** (*prov*) it never rains but it pours

unglücklich [ˈʊnglʏklɪç] **I.** *adj* ① (*betrübt*) unhappy ② (*ungünstig*) unfortunate ③ (*ungeschickt*) unfortunate **II.** *adv* unfortunately; ~ **verliebt sein** to be crossed in love

unglücklicherweise *adv* unfortunately

Unglücksfall *m* ① (*Unfall*) accident ② (*unglückliche Begebenheit*) mishap

Unglücksrabe *m* (*fam*) unlucky person

Ungnade ['ʊngna:də] *f* disgrace; [**bei jdm**] **in ~ fallen** to be out of favour [with sb]

ungnädig ['ʊngnɛ:dɪç] **I.** *adj* ① (*gereizt, unfreundlich*) ungracious ② (*geh: verhängnisvoll*) fated; *Schicksal* cruel **II.** *adv* ungraciously

ungültig ['ʊngʏltɪç] *adj* ① (*nicht mehr gültig*) invalid; *Tor* disallowed ② (*nichtig*) void; **etw für ~ erklären** to declare sth null and void

Ungültigkeit *f* invalidity

Ungunst *f* ① (*geh: Unwillen*) disgrace ② (*Nachteil*) **zu jds ~en** to sb's disadvantage

ungünstig ['ʊngʏnstɪç] *adj Zeit*[*punkt*] inconvenient; *Wetter* inclement

ungut ['ʊngu:t] *adj* bad; *Verhältnis* strained ▸ WENDUNGEN: **nichts für ~!** no offence!

unhaltbar ['ʊnhaltba:ɐ̯] *adj* ① (*haltlos*) untenable ② (*unerträglich*) intolerable ③ SPORT unstoppable

unhandlich ['ʊnhantlɪç] *adj* unwieldy

Unheil ['ʊnhai̯l] *nt* disaster; **großes/viel ~ anrichten** to wreak havoc

unheilbar ['ʊnhai̯lba:ɐ̯] **I.** *adj* incurable **II.** *adv* incurably

unheilvoll ['ʊnhai̯lfɔl] *adj* fateful; *Blick* ominous

unheimlich ['ʊnhai̯mlɪç] **I.** *adj* ① (*Grauen erregend*) eerie ② (*fam: unglaublich, sehr*) incredible ③ (*fam: sehr groß, sehr viel*) terrific *fig* **II.** *adv* (*fam*) incredibly

unhöflich ['ʊnhø:flɪç] **I.** *adj* impolite **II.** *adv* impolitely

Unhöflichkeit *f* ① *kein pl* impoliteness ② (*unhöfliche Bemerkung*) discourteous remark; (*unhöfliche Handlung*) rudeness

unhygienisch ['ʊnhygi̯e:nɪʃ] *adj* unhygienic

Uni <-, -s> ['ʊni] *f* (*fam*) *kurz für* **Universität** uni BRIT

UNICEF <-> ['u:nitsɛf] *f Akr von* **United Nations International Children's Emergency Fund** UNICEF

unifarben ['yni-] *adj* plain

Uniform <-, -en> [uni'fɔrm, 'unifɔrm] *f* uniform

uniformiert [unifɔr'mi:ɐ̯t] *adj* uniformed; ■ **~ sein** to be in uniform

Unikat <-[e]s, -e> [uni'ka:t] *nt* ① (*einzigartiges Exemplar*) unique specimen ② (*einzigartiges Schriftstück*) unicum

uninteressant ['ʊnʔɪntərɛsant] *adj* uninteresting; **ein ~es Angebot** an offer that is of no interest

uninteressiert ['ʊnʔɪntərɛsi:ɐ̯t] *adj* disinterested

Union <-, -en> [u'ni̯o:n] *f* union

universal [univɛr'za:l], **universell** [univɛr'zɛl] **I.** *adj* universal **II.** *adv* universally; **das Gerät ist ~ verwendbar** the appliance can be used for all purposes

Universen *pl von* **Universum**

Universität <-, -en> [univɛrzi'tɛ:t] *f* university

Universitätsbibliothek *f* university library

Universitätsstadt *f* university town

Universum <-s, Universen> [uni'vɛrzʊm] *nt* universe

Unke <-, -n> ['ʊŋkə] *f* ① (*Kröte*) toad ② (*fam: Schwarzseher*) prophet of doom

unkenntlich ['ʊnkɛntlɪç] *adj* unrecognizable; *Eintragung* indecipherable

Unkenntlichkeit <-> *f* unrecognizable state, indecipherability

Unkenntnis ['ʊnkɛntnɪs] *f kein pl* ignorance

unklar ['ʊnkla:ɐ̯] **I.** *adj* ① (*unverständlich*) unclear ② (*ungeklärt*) unclear; [**sich** *dat*] **im U~en sein** to be uncertain (**über** +*akk* about); **jdn im U~en lassen** to leave sb in the dark (**über** +*akk* about) ③ (*verschwommen*) indistinct; *Wetter* hazy; *Umrisse* blurred; *Erinnerungen* vague **II.** *adv* (*unverständlich*) unclearly

Unklarheit <-, -en> *f* ① *kein pl* (*Ungewissheit*) uncertainty ② (*Undeutlichkeit*) lack of clarity

unklug ['ʊnklu:k] *adj* unwise

unkompliziert ['ʊnkɔmplitsi:ɐ̯t] *adj* straightforward; *Fall* simple; *Mensch* uncomplicated

unkontrollierbar ['ʊnkɔntrɔli:ɐ̯ba:ɐ̯] *adj* uncontrollable

unkonventionell ['ʊnkɔnvɛntsi̯onɛl] *adj* (*geh*) unconventional

unkonzentriert ['ʊnkɔntsɛntri:ɐ̯t] *adj* distracted

Unkosten ['ʊnkɔstn̩] *pl* costs *npl*

Unkostenbeitrag *m* contribution towards expenses

Unkraut ['ʊnkrau̯t] *nt* weed

Unkrautbekämpfungsmittel *nt*, **Unkrautvertilgungsmittel** *nt* herbicide

unkritisch ['ʊnkri:tɪʃ] **I.** *adj Denken, Meinung* uncritical **II.** *adv* uncritically

unkündbar ['ʊnkʏntba:ɐ̯] *adj Stellung* not subject to notice; *Vertrag* not subject to termination

unlängst ['ʊnlɛŋst] *adv* (*geh*) recently

unlauter ['ʊnlau̯tɐ] *adj* dishonest

unleserlich ['ʊnle:zɐlɪç] **I.** *adj Schrift* illegible **II.** *adv* ~ **schreiben** to write illegibly

unliebsam ['ʊnli:pza:m] **I.** *adj* unpleasant **II.** *adv* ~ **auffallen** to make a bad impression

unlogisch **I.** *adj* illogical **II.** *adv* illogically

unlösbar [ʊn'lø:sba:ɐ̯], **unlöslich** [ʊn'lø:slɪç] *adj* ❶ (*nicht zu lösen*) insoluble; *Problem* unsolvable; *Widerspruch* irreconcilable ❷ CHEM insoluble

Unlust ['ʊnlʊst] *f kein pl* reluctance

unmäßig ['ʊnmɛ:sɪç] **I.** *adj* excessive **II.** *adv* excessively

Unmenge ['ʊnmɛŋə] *f* enormous amount (**an** +*dat* of)

Unmensch ['ʊnmɛnʃ] *m* monster

unmenschlich ['ʊnmɛnʃlɪç] **I.** *adj* ❶ *Bedingungen, Verhältnisse* appalling, inhuman[e]; *Diktator, Grausamkeit* brutal ❷ *Hitze, Leid* tremendous **II.** *adv* ❶ (*grausam*) in an inhuman manner ❷ (*entsetzlich*) appallingly

Unmenschlichkeit <-, -en> *f* ❶ *kein pl* (*Art*) inhumanity ❷ (*Tat*) inhuman act

unmerklich ['ʊnmɛrklɪç] **I.** *adj* imperceptible **II.** *adv* imperceptibly

unmissverständlich ['ʊnmɪsfɛɐ̯ʃtɛntlɪç] **I.** *adj* unequivocal; *Antwort* blunt **II.** *adv* unequivocally

unmittelbar ['ʊnmɪt|ba:ɐ̯] **I.** *adj* ❶ (*direkt*) direct ❷ (*räumlich/zeitlich nicht getrennt*) immediate; **ein ~er Nachbar** a next-door neighbour **II.** *adv* ❶ (*sofort*) immediately ❷ (*ohne Umweg*) directly ❸ (*direkt*) imminently; **etw ~ erleben** to experience sth at first hand

unmodern ['ʊnmodɛrn] **I.** *adj* old-fashioned **II.** *adv* in an old-fashioned way

unmöglich ['ʊnmø:klɪç] **I.** *adj* ❶ (*nicht machbar*) impossible; *Vorhaben* unfeasible ❷ (*pej fam: nicht tragbar, lächerlich*) impossible **II.** *adv* (*fam*) not possibly

Unmöglichkeit *f kein pl* impossibility

unmoralisch ['ʊnmora:lɪʃ] *adj* immoral

unmotiviert ['ʊnmotivi:ɐ̯t] **I.** *adj* *Person, Wutausbruch, Angriff* unmotivated, unprovoked **II.** *adv* without motivation; ~ **loslachen** to start laughing for no reason

unmündig ['ʊnmʏndɪç] *adj* ❶ (*noch nicht volljährig*) underage; **jdn für ~ erklären** to declare sb to be a minor ❷ (*geistig unselbstständig*) dependent

unmusikalisch ['ʊnmuzika:lɪʃ] *adj* unmusical

Unmut ['ʊnmu:t] *m* (*geh*) displeasure

unnachahmlich ['ʊnna:xʔa:mlɪç] *adj* inimitable

unnachgiebig ['ʊnna:xgi:bɪç] **I.** *adj* intransigent **II.** *adv* in an intransigent way

unnachsichtig ['ʊnna:xzɪçtɪç] **I.** *adj* *Chef(in)* strict; *Kritiker(in)* severe **II.** *adv* mercilessly

unnahbar [ʊn'na:ba:ɐ̯] *adj* unapproachable

unnatürlich ['ʊnnaty:ɐ̯lɪç] *adj* ❶ (*nicht natürlich*) unnatural; (*abnorm*) abnormal ❷ (*gekünstelt*) artificial

unnormal ['ʊnnɔrma:l] *adj* abnormal

unnötig ['ʊnnø:tɪç] *adj* unnecessary

unnötigerweise *adv* unnecessarily

unnütz ['ʊnnʏts] **I.** *adj* useless **II.** *adv* needlessly

UNO <-> ['u:no] *f Akr von* **United Nations Organisation** UN

UNO-Friedenstruppen *pl* UN peacekeeping forces *npl*

unordentlich ['ʊnʔɔrdn̩tlɪç] **I.** *adj* untidy **II.** *adv* untidily; ~ **arbeiten** to work carelessly

Unordnung ['ʊnʔɔrdnʊŋ] *f kein pl* mess

unparteiisch ['ʊnpartaɪɪʃ] **I.** *adj* impartial **II.** *adv* impartially

unpassend ['ʊnpasn̩t] *adj* ❶ (*unangebracht*) inappropriate ❷ (*ungelegen*) inconvenient; *Augenblick* inopportune

unpassierbar ['ʊnpasi:ɐ̯ba:ɐ̯] *adj* impassable

unpersönlich ['ʊnpɛrzø:nlɪç] *adj* ❶ (*distanziert*) *Mensch* distant; *Gespräch, Art* impersonal ❷ LING impersonal

unpolitisch ['ʊnpoli:tɪʃ] *adj* unpolitical

unpopulär ['ʊnpopulɛ:ɐ̯] *adj* unpopular

unpraktisch ['ʊnpraktɪʃ] *adj* ❶ (*nicht handwerklich veranlagt*) unpractical ❷ (*nicht praxisgerecht*) impractical

unproblematisch ['ʊnproblema:tɪʃ] **I.** *adj* unproblematic **II.** *adv* without problem

unproduktiv ['ʊnprodʊkti:f] *adj* unproductive

unpünktlich ['ʊnpʏŋktlɪç] **I.** *adj* ❶ (*generell nicht pünktlich*) unpunctual ❷ (*verspätet*) late **II.** *adv* late

Unpünktlichkeit *f* ❶ (*unpünktliche Art*) unpunctuality ❷ (*verspätetes Eintreffen*) late arrival

unrasiert ['ʊnrazi:ɐ̯t] *adj* unshaven

Unrat <-[e]s> ['ʊnra:t] *m kein pl* (*geh*) refuse

unrealistisch ['ʊnrealɪstɪʃ] **I.** *adj* unrealistic **II.** *adv* unrealistically

Unrecht ['ʊnrɛçt] *nt kein pl* ❶ (*unrechte Handlung*) wrong; **jdm ein ~ antun** to do sb an injustice ❷ (*dem Recht entgegengesetztes Prinzip*) **im ~ sein** to be [in the] wrong; **zu ~** wrongly; **jdm ~ geben** to disagree with sb

unrechtmäßig ['ʊnrɛçtmɛ:sɪç] **I.** *adj* illegal **II.** *adv* illegally

U

unregelmäßig ['ʊnreːgl̩mɛːsɪç] **I.** *adj* irregular **II.** *adv* irregularly

Unregelmäßigkeit <-, -en> *f* irregularity

unreif ['ʊnra͜if] **I.** *adj* ① AGR, HORT unripe ② *Person* immature **II.** *adv* AGR, HORT unripe

unrein ['ʊnra͜in] *adj* impure; *Haut* bad; *Teint* poor

unrentabel ['ʊnrɛntaːbl̩] *adj* unprofitable

unrichtig ['ʊnrɪçtɪç] *adj* incorrect

Unruhe ['ʊnruːə] *f* ① (*Ruhelosigkeit*) restlessness *no pl* ② (*ständige Bewegung*) agitation ③ (*erregte Stimmung*) agitation *no pl;* **~ stiften** to cause trouble ④ (*Aufstand*) ■ **~n** *pl* riots *pl*

Unruhestifter(in) <-s, -> *m(f)* (*pej*) troublemaker

unruhig ['ʊnruːɪç] **I.** *adj* ① (*ständig gestört*) restless; *Zeit* troubled; (*ungleichmäßig*) uneven; *Herzschlag* irregular ② (*laut*) noisy ③ (*ruhelos*) agitated; *Leben* eventful; *Geist* restless; *Schlaf* fitful **II.** *adv* ① (*ruhelos*) anxiously ② (*unter ständigen Störungen*) restlessly; **~ schlafen** to sleep fitfully

uns [ʊns] **I.** *pron pers* ① *dat von* **wir** [to/for] us; ■ **bei ~** at our house; **er hat den Tag mit ~ verbracht** he spent the day with us ② *akk von* **wir** us **II.** *pron refl* ① *akk o dat von* **wir** ourselves ② (*einander*) each other

unsachgemäß ['ʊnzaxgəmɛːs] **I.** *adj* improper **II.** *adv* improperly

unsachlich ['ʊnzaxlɪç] *adj* unobjective

unsagbar [ʊn'zaːkbaːɐ̯] *adj,* **unsäglich** [ʊn'zɛːklɪç] *adj* (*geh*) ① (*unbeschreiblich, sehr groß/stark*) indescribable ② (*übel, albern*) awful

unsanft ['ʊnzanft] **I.** *adj* rough; *Erwachen* rude **II.** *adv* roughly

unsauber ['ʊnza͜ubɐ] **I.** *adj* ① (*schmutzig*) dirty ② (*unordentlich, nachlässig*) careless; (*unpräzise*) unclear **II.** *adv* carelessly

unschädlich ['ʊnʃɛːtlɪç] *adj* harmless

unscharf ['ʊnʃarf] **I.** *adj* ① (*ohne klare Konturen*) blurred ② (*nicht scharf*) out of focus ③ (*nicht präzise*) imprecise **II.** *adv* ① (*nicht präzise*) out of focus ② (*nicht exakt*) imprecisely

unschätzbar [ʊn'ʃɛtsbaːɐ̯] *adj* inestimable; **etw ist von ~em Wert** sth is priceless

unscheinbar ['ʊnʃa͜inbaːɐ̯] *adj* inconspicuous

unschlagbar [ʊn'ʃlaːkbaːɐ̯] *adj* unbeatable (**in** +*dat* at)

unschlüssig ['ʊnʃlʏsɪç] *adj* ① (*unentschlossen*) indecisive ② (*selten: nicht schlüssig*) undecided

Unschuld ['ʊnʃʊlt] *f* ① (*Schuldlosigkeit*) innocence ② (*Reinheit*) purity; (*Naivität*) innocence ③ (*veraltend: Jungfräulichkeit*) virginity

unschuldig ['ʊnʃʊldɪç] **I.** *adj* innocent **II.** *adv* ① JUR despite sb's/one's innocence ② (*arglos*) innocently

Unschuldsmiene *f kein pl* innocent expression

unselbständig ['ʊnzɛlpʃtɛndɪç], **unselbstständig** ['ʊnzɛlpstʃtɛndɪç] *adj* (*von anderen abhängig*) dependent on others; (*angestellt*) employed

unselig ['ʊnzeːlɪç] *adj* (*geh*) ① (*beklagenswert*) **ein ~es Schicksal** a cruel fate ② (*verhängnisvoll*) ill-fated

unser ['ʊnzɐ] **I.** *pron poss, adjektivisch* our **II.** *pron pers gen von* **wir** (*geh*) of us

unsere(r, s) ['ʊnzərə, -zərɐ, -zərəs] *pron poss, substantivisch* (*geh*) ours

unsereiner ['ʊnzeʔa͜inɐ] *pron indef,* **unsereins** ['ʊnzeʔa͜ins] *pron indef* (*fam*) ① (*jemand, wie wir*) the likes of us ② (*ich*) people like me

unsererseits ['ʊnzərɐ'za͜its] *adv* (*von uns aus*) on our part; **~ bestehen keinerlei Bedenken** there are no misgivings whatsoever on our part

unseresgleichen ['ʊnzɐs'gla͜içn̩] *pron* people *npl* like us

unseretwegen ['ʊnzərət'veːgn̩] *adv s.* **unsertwegen**

unseretwillen ['ʊnzərət'vɪlən] *adv s.* **unsertwillen**

unserige(r, s) ['ʊnzərɪgə, -zərɪgɐ, -zərɪgəs] *pron poss* ① (*veraltend*) ■ **der/die/das U~** ours ② (*geh: unsere Familie*) ■ **die U~n** our family

unseriös ['ʊnzeri̯øːs] *adj Firma, Geschäftsmann* untrustworthy; *Angebot* dubious

unsertwegen ['ʊnzɐt'veːgn̩] *adv* ① (*wegen uns*) because of us ② (*von uns aus*) as far as we are concerned

unsertwillen ['ʊnzɐt'vɪlən] *adv* **um ~** for our sake

unsicher ['ʊnzɪçɐ] **I.** *adj* ① (*gefährlich*) unsafe; *Gegend* dangerous ② (*gefährdet*) insecure, at risk *pred* ③ (*nicht selbstsicher*) unsure; *Blick* uncertain ④ (*unerfahren, ungeübt*) **sich** *akk* **~ fühlen** to feel unsure of oneself ⑤ (*schwankend*) unsteady; *Hand* shaky ⑥ (*ungewiss*) uncertain ⑦ (*nicht verlässlich*) unreliable *fam* **II.** *adv* ① (*schwankend*) unsteadily ② (*nicht selbstsicher*) **~ fahren** to drive with little confidence

Unsicherheit *f* ① *kein pl* (*mangelnde Selbstsicherheit*) insecurity ② *kein pl*

(*mangelnde Verlässlichkeit*) unreliability ③ *kein pl* (*Ungewissheit*) uncertainty ④ (*Gefährlichkeit*) dangers *pl* ⑤ *meist pl* (*Unwägbarkeit*) uncertainty

Unsicherheitsfaktor *m* uncertainty factor

unsichtbar ['ʊnzɪçtbaːɐ̯] *adj* invisible

Unsinn ['ʊnzɪn] *m kein pl* nonsense; ~ **machen** to mess about

unsinnig ['ʊnzɪnɪç] **I.** *adj* absurd; *Plan* ridiculous **II.** *adv* (*fam: unerhört*) terribly

Unsitte ['ʊnzɪtə] *f* bad habit

unsittlich ['ʊnzɪtlɪç] **I.** *adj* indecent **II.** *adv* indecently

unsolide ['ʊnzoliːdə] *adj* dissolute; *Arbeit* shoddy; *Bildung* superficial; *Möbel* flimsy

unsozial ['ʊnzotsi̯aːl] **I.** *adj Arbeitszeit* unsocial; *Benehmen* anti-social **II.** *adv* unsocially; **sich ~ verhalten** to behave anti-socially

unsportlich ['ʊnʃpɔrtlɪç] **I.** *adj* ① *Person* unathletic ② (*nicht fair*) unsporting **II.** *adv* (*nicht fair*) **sich ~ verhalten** to behave in an unsporting way

unsre(r, s) ['ʊnzrə, -zrɐ, -zrəs] *pron s.* **unser**

unsrerseits ['ʊnzrɐ'zai̯ts] *adv s.* **unsererseits**

unsresgleichen ['ʊnzrəs'glai̯çn̩] *pron indef s.* **unseresgleichen**

unsretwegen *adv s.* **unsertwegen**

unsrige(r, s) ['ʊnzrɪgə, -zrɪgɐ, -zrɪgəs] *pron s.* **unserige(r, s)**

unsterblich ['ʊnʃtɛrplɪç] **I.** *adj* ① (*ewig lebend*) immortal ② (*unvergänglich*) *Liebe* undying **II.** *adv* (*fam: über alle Maßen*) incredibly

Unsterblichkeit <-> *f kein pl* immortality

Unstimmigkeit <-, -en> ['ʊnʃtɪmɪçkai̯t] *f* ① *meist pl* (*Differenz*) differences *pl* ② (*Ungenauigkeit*) discrepancy

Unsummen ['ʊnzʊmən] *pl* vast sums *pl* [of money]

unsymmetrisch ['ʊnzymeːtrɪʃ] *adj* asymmetric

unsympathisch ['ʊnzympaːtɪʃ] *adj* unpleasant

untadelig ['ʊntaːdəlɪç], **untadlig** ['ʊntaːdlɪç] **I.** *adj* impeccable **II.** *adv* impeccably

Untat ['ʊntaːt] *f* atrocity

untätig ['ʊntɛːtɪç] **I.** *adj* idle **II.** *adv* idly

untauglich ['ʊntau̯klɪç] *adj* unsuitable; MIL unfit

Untauglichkeit *f kein pl* unsuitability

unteilbar [ʊn'tai̯lbaːɐ̯] *adj* indivisible

unten ['ʊntn̩] *adv* ① (*an einer tieferen Stelle*) down; **dort ~** down there; **weiter ~** further down; **ich habe die Bücher ~ ins Regal gelegt** I've put the books down below on the shelf; **~ links/rechts** [at the] bottom left/right ② (*Unterseite*) bottom ③ (*in einem tieferen Stockwerk*) downstairs; **der Aufzug fährt nach ~** the lift is going down ④ (*in sozial niedriger Position*) bottom ⑤ (*hinten im Text*) **siehe ~** see below ⑥ (*am hinteren Ende*) at the bottom

unter ['ʊntɐ] **I.** *präp* ① *+dat* (*unterhalb von etw*) under, underneath; **~ freiem Himmel** in the open air ② *+akk* (*unterhalb von etw*) under; ■**sich** *akk* **~ einen Baum stellen** to stand under a tree ③ *+dat* (*weniger, niedriger*) less; **~ dem Durchschnitt liegen** to be below average ④ *+dat* (*zwischen*) among[st]; (*von*) among; **~ uns gesagt** between you and me; **~ anderem** amongst other things ⑤ *+dat* (*begleitet von, hervorgerufen durch*) under; **~ Zwang** under duress; **~ Lebensgefahr** at risk to one's life; **~ der Bedingung, dass ...** on condition that ...; **~ Umständen** possibly ⑥ *+dat* (*in einem Zustand*) under; **~ Druck stehen** to be under pressure; **~ einer Krankheit leiden** to suffer from an illness ⑦ *+dat* SÜDD (*während*) during; **~ der Woche** during the week **II.** *adv* ① (*jünger als*) under ② (*weniger als*) less than

Unterarm ['ʊntɐʔarm] *m* forearm **unterbelichten*** *vt* to underexpose **unterbelichtet** ['ʊntɐbəlɪçtət] *adj* (*hum fam*) dim[-witted] **unterbewerten*** *vt* to undervalue **unterbewusst** *adj* subconscious **Unterbewusstsein** ['ʊntɐbəvʊstzai̯n] *nt* ■**das/jds ~** the/sb's subconscious; **im ~** subconsciously **unterbezahlt** *adj* underpaid

unterbieten* [ʊntɐ'biːtn̩] *vt irreg* ① (*billiger sein*) to undercut (**um** *+akk* by) ② SPORT **einen Rekord ~** to beat a record

unterbinden* [ʊntɐ'bɪndn̩] *vt irreg* (*geh*) to stop

unterbleiben* *vi irreg sein* (*geh*) ① (*aufhören*) to stop ② (*nicht geschehen*) not to happen

unterbrechen* [ʊntɐ'brɛçn̩] *vt irreg* ① (*vorübergehend beenden*) to interrupt ② (*räumlich auflockern*) to break up *sep*

Unterbrechung <-, -en> *f* interruption; **mit ~en** with breaks

unterbreiten* [ʊntɐ'brai̯tn̩] *vt* (*geh*) ① (*vorlegen*) ■**jdm etw ~** to present sth to sb ② (*informieren*) ■**jdm ~, dass ...** to advise sb that ...

unter|bringen *vt irreg* ① (*Unterkunft verschaffen*) ■**jdn ~** to put sb up; **die Kinder sind gut untergebracht** (*fig*) the children are being well looked after ② (*abstellen*)

unterbrechen	
jemanden unterbrechen	**interrupting someone**
Entschuldigen Sie bitte, dass ich Sie unterbreche, …	Sorry for interrupting, …
Wenn ich Sie einmal kurz unterbrechen dürfte: …	If I may interrupt you for a moment …
anzeigen, dass man weitersprechen will	**indicating that you wish to continue speaking**
Moment, ich bin noch nicht fertig.	Just a moment, I haven't finished.
Lässt du mich bitte ausreden?/ Könntest du mich bitte ausreden lassen?	Will you please let me finish?/ Could you please let me finish?
Lassen Sie mich bitte ausreden!	Please let me finish!
Lassen Sie mich bitte diesen Punkt noch zu Ende führen.	Please let me finish my point.
ums Wort bitten	**asking to speak**
Darf ich dazu etwas sagen?	May I comment on that?
Wenn ich dazu noch etwas sagen dürfte: …	If I may add to that …

■**etw** ~ to put sth somewhere ③ (*fam: eine Anstellung verschaffen*) ■**jdn** ~ to get sb a job

Unterbringung <-, -en> *f* ① (*das Unterbringen*) accommodation ② (*Unterkunft*) accommodation *no indef art*

Unterbruch ['ʊntɐbrʊx] *m* SCHWEIZ interruption

unterdessen [ʊntɐ'dɛsn̩] *adv* (*geh*) meanwhile

Unterdruck <-drücke> *m* ① PHYS vacuum ② *kein pl* (*niedriger Blutdruck*) low blood pressure

unterdrücken* [ʊntɐ'drʏkn̩] *vt* ① (*niederhalten*) ■**jdn** ~ to oppress sb; ■**etw** ~ to suppress sth ② (*zurückhalten*) to suppress

Unterdrückung <-, -en> *f* ① *kein pl* (*das Unterdrücken*) *Bürger, Einwohner, Volk* oppression; *Aufstand, Unruhen* suppression ② (*das Unterdrücktsein*) oppression

untere(r, s) ['ʊntərə, -tәre, -tərəs] *adj attr* lower

untereinander [ʊntɐʔai̯'nandɐ] *adv* ① (*miteinander*) among yourselves/themselves etc.; **sich ~ helfen** to help each other ② (*eines unterhalb des anderen*) one below the other

unterentwickelt *adj* underdeveloped **unterernährt** *adj* undernourished **Unterernährung** *f* malnutrition

Unterführung [ʊntɐ'fyːrʊŋ] *f* underpass; *Fußgänger* subway

Unterfunktion *f* MED hypofunction

Untergang *m* ① *Schiff* sinking ② *Sonne* setting ③ (*Zerstörung*) destruction; **der ~ einer Zivilisation** the decline of a civilization

Untergebene(r) *f(m) dekl wie adj* subordinate

unter|gehen *vi irreg sein* ① (*versinken*) to sink; **im Lärm ~** (*fig*) to be drowned in the noise ② *Sonne* to set ③ (*zugrunde gehen*) to be destroyed

untergeordnet *adj* ① (*zweitrangig*) secondary ② (*subaltern*) subordinate

Untergeschoss *nt* basement **Untergewicht** *nt kein pl* underweight; **~ haben** to be underweight

untergewichtig *adj* underweight

untergliedern* *vt* to subdivide (**in** +*akk* into)

Untergrund ['ʊntɐgrʊnt] *m* ① GEOL subsoil ② *kein pl* (*politische Illegalität*) underground; **in den ~ gehen** to go underground; **im ~** underground ③ KUNST (*unterste Farbschicht*) undercoat

Untergrundbahn *f* underground **Untergrundorganisation** *f* POL underground organization

unterhalb ['ʊntɐhalp] **I.** *präp* +*gen* (*darun-*

U

ter befindlich) below **II.** *adv* (*tiefer gelegen*) below; *Fluss* downstream; ■~ **von etw** *dat* below sth

Unterhalt <-[e]s> ['ʊntɐhalt] *m kein pl* ① (*Lebensunterhalt*) keep; (*Unterhaltsgeld*) maintenance ② (*Instandhaltung*) upkeep

unterhalten* [ʊntɐ'haltn̩] *irreg* **I.** *vt* ① (*für jds Lebensunterhalt sorgen*) to support ② (*instand halten, pflegen*) to maintain ③ (*betreiben*) to run ④ (*die Zeit vertreiben*) to entertain **II.** *vr* ① (*sich vergnügen*) ■**sich** *akk* ~ to keep oneself amused ② (*sprechen*) ■**sich** *akk* [**mit jdm**] ~ to talk [to sb] (**über** +*akk* about); **wir müssen uns mal** ~ we must have a talk

unterhaltend [ʊntɐ'haltn̩t], **unterhaltsam** [ʊntɐ'haltza:m] *adj* entertaining

Unterhaltsanspruch *m* entitlement to maintenance **unterhaltsberechtigt** *adj* entitled to maintenance **Unterhaltsberechtigte(r)** *f(m) dekl wie adj* person entitled to maintenance payments **Unterhaltskosten** *pl* ① JUR maintenance ② (*Instandhaltungskosten*) maintenance costs *npl* ③ (*Betriebskosten*) running costs *pl* **Unterhaltspflicht** *f kein pl* obligation to pay maintenance **unterhaltspflichtig** *adj* under obligation to provide maintenance **Unterhaltszahlung** *f* maintenance payment

Unterhaltung <-, -en> *f* ① *kein pl* (*Instandhaltung*) maintenance ② *kein pl* (*Betrieb*) running ③ (*Gespräch*) conversation ④ *kein pl* (*Zeitvertreib*) entertainment; **gute ~!** enjoy yourselves!

Unterhaltungsindustrie *f* entertainment industry

Unterhändler(in) ['ʊntɐhɛndlɐ] *m(f)* negotiator

Unterhaus ['ʊntɐhaus] *nt* **das britische** ~ the House of Commons **Unterhemd** ['ʊntɐhɛmt] *nt* vest **Unterholz** *nt kein pl* undergrowth **Unterhose** ['ʊntɐho:zə] *f* [under]pants **unterirdisch** ['ʊntɐʔɪrdɪʃ] **I.** *adj* underground; *Fluss* subterranean **II.** *adv* underground

unter|jubeln *vt* (*sl*) ① (*andrehen*) ■**jdm etw** ~ to palm sth off on sb ② (*anlasten*) ■**jdm etw** ~ to pin sth on sb

Unterkiefer ['ʊntɐki:fɐ] *m* lower jaw

unter|kommen *vi irreg sein* ① (*eine Unterkunft finden*) ■**bei jdm/irgendwo** ~ to find accommodation at sb's house/somewhere ② (*fam: eine Anstellung bekommen*) ■[**als etw**] ~ to find a job [as sth]

Unterkörper *m* lower part of the body

unter|kriegen *vt* (*fam*) ■**sich** [**von jdm/etw**] ~ **lassen** to allow sb/sth to get one down; **von einem kleinen Rückschlag darf man sich nicht ~ lassen** you shouldn't allow a trivial setback to get you down wn

unterkühlen* [ʊntɐ'ky:lən] **I.** *vt* ■**jdn** ~ to reduce sb's body temperature **II.** *vr* (*fam*) ■**sich** ~ to get cold

unterkühlt *adj* ① (*mit niedriger Körpertemperatur*) suffering from hypothermia ② (*betont kühl, distanziert*) cool

Unterkühlung *f* hypothermia

Unterkunft <-, Unterkünfte> ['ʊntɐkʊnft, *pl* 'ʊntɐkʏnftə] *f* accommodation; **eine ~ suchen** to look for accommodation; **~ mit Frühstück** bed and breakfast; **~ und Verpflegung** board and lodging

Unterlage ['ʊntɐla:gə] *f* ① (*etw zum Unterlegen*) mat; **eine Decke diente für den Patienten als** ~ a blanket was used for the patient to lie on ② *meist pl* (*Dokument*) document *usu pl*

Unterlass ['ʊntɐlas] *m* **ohne** ~ (*geh*) incessantly

unterlassen* [ʊntɐ'lasn̩] *vt irreg* ① (*nicht ausführen*) ■**etw** ~ to omit to do sth; **warum haben Sie es ~, mich zu benachrichtigen?** why did you fail to inform me? ② (*mit etw aufhören*) ■**etw** ~ to refrain from doing sth

Unterlassung <-, -en> [ʊntɐ'lasʊŋ] *f* ① (*das Unterlassen*) omission, failure [to do sth] ② JUR failure, negligence; **fahrlässige** ~ passive negligence; **auf ~ klagen** to apply for an injunction

unterlaufen* [ʊntɐ'laufn̩] *irreg* **I.** *vt haben* (*umgehen*) to evade **II.** *vi sein* ① (*versehentlich vorkommen*) ■**jdm unterläuft etw** sth happens to sb; **da muss mir ein Fehler ~ sein** I must have made a mistake ② (*fam: passieren*) ■**jdm** ~ to happen to sb

unter|legen[1] ['ʊntɐle:gn̩] *vt* (*darunter platzieren*) to put under[neath]

unterlegen*[2] [ʊntɐ'le:gn̩] *vt* ① (*mit einer Unterlage versehen*) to underlay ② **einen Film mit Musik** ~ to put music to a film

unterlegen[3] [ʊntɐ'le:gn̩] *adj* ① (*schwächer als andere*) inferior; ■**jdm ~ sein** to be inferior to sb; **zahlenmäßig ~ sein** to be outnumbered ② SPORT ■**jdm ~ sein** to be defeated by sb

Unterlegenheit <-, -en> *f pl selten* inferiority

Unterleib *m* [lower] abdomen

unterliegen* ['ʊntɐli:gn̩] *vi irreg* ① *sein* (*besiegt werden*) ■[**jdm**] ~ to lose [to sb] ② *haben* (*unterworfen sein*) **einer Täu-**

schung ~ to be the victim of a deception; **der Schweigepflicht** ~ to be bound to maintain confidentiality

Unterlippe *f* bottom lip

unterm ['ʊntɐm] (*fam*) = **unter dem** *s.* **unter**

untermauern* [ʊntɐ'maʊɐn] *vt* ❶ *These, Behauptung* to support ❷ BAU to underpin

Untermenü *nt* INFORM submenu

Untermiete ['ʊntɐmi:tə] *f* ❶ (*Mieten eines Zimmers*) subtenancy; **zur** ~ **wohnen** *to rent a room from an existing tenant* ❷ (*das Untervermieten*) sublease; **jdn in** ~ **nehmen** to take in sb as a lodger

Untermieter(in) *m(f)* subtenant

unter|mischen ['ʊntɐmɪʃn̩] *vt* to add

untern ['ʊntɐn] (*fam*) = **unter den** *s.* **unter**

unternehmen* [ʊntɐ'ne:mən] *vt irreg* ❶ (*in die Wege leiten*) ■**etw/nichts** ~ to take action/no action (**gegen** +*akk* against) ❷ (*Vergnügliches durchführen*) **wollen wir nicht etwas zusammen** ~**?** why don't we do something together? ❸ (*geh: machen*) **einen Ausflug** ~ to go on an outing; **einen Versuch** ~ to make an attempt

Unternehmen <-s, -> [ʊntɐ'ne:mən] *nt* ❶ ÖKON firm ❷ (*Vorhaben*) venture

Unternehmensberater(in) *m(f)* management consultant

Unternehmensberatung *f* ÖKON ❶ *kein pl* (*Consulting, Betriebsberatung*) business consultancy *no pl* ❷ (*Firma*) management consultancy firm **Unternehmensgründung** *f* HANDEL business start-up **Unternehmensgruppe** *f* group [of companies], consortium **Unternehmensspitze** *f* top management

Unternehmer(in) <-s, -> [ʊntɐ'ne:mɐ] *m(f)* entrepreneur

> **Falsche Freunde**
>
> Nicht verwechseln mit *undertaker* — Leichenbestatter(in) *m(f)*!

unternehmerisch [ʊntɐ'ne:mərɪʃ] *adj* entrepreneurial

Unternehmerverband *m* employer's association

Unternehmung <-, -en> [ʊntɐ'ne:mʊŋ] *f* (*geh*) *s.* **Unternehmen 2**

Unternehmungsgeist *m kein pl* entrepreneurial spirit **unternehmungslustig** *adj* enterprising

Unteroffizier ['ʊntɐʔɔfitsi:ɐ̯] *m* non-commissioned officer

unter|ordnen **I.** *vt* ❶ (*hintanstellen*) ■**etw einer S.** *dat* ~ to put sth before sth ❷ (*jdm/einer Institution unterstellen*) ■**jdm/einer S.** *dat* **untergeordnet sein** to be [made] subordinate to sb/sth **II.** *vr* ■**sich** *akk* [**jdm**] ~ to take on a subordinate role [to sb]

unterprivilegiert ['ʊntɐprivilegi:ɐ̯t] *adj* (*geh*) underprivileged

Unterpunkt *m* sub-point

Unterredung <-, -en> *f* discussion

unterrepräsentiert *adj* under-represented

Unterricht <-[e]s, -e> ['ʊntɐrɪçt] *m pl selten* lesson; **theoretischer/praktischer** ~ theoretical/practical classes; **im Sommer beginnt der** ~ **um zehn vor acht** in summer lessons begin at ten to eight; **bei wem haben wir nächste Stunde** ~**?** who's our next lesson with?; **im** ~ **sein** to be in a lesson; **heute fällt der** ~ **in Mathe aus** there will be no maths lesson today

unterrichten* [ʊntɐ'rɪçtn̩] **I.** *vt* ❶ (*lehren*) to teach; **Chemie** ~ to teach Chemistry ❷ (*informieren*) to inform (**über** +*akk* about) **II.** *vi* (*als Lehrer tätig sein*) **in einem Fach** ~ to teach a subject; **an welcher Schule** ~ **Sie?** which school do you teach at?

Unterrichtsfach *nt* subject **Unterrichtsstoff** *m* SCH subject matter **Unterrichtsstunde** *f* lesson

Unterrock ['ʊntɐrɔk] *m* petticoat

unters ['ʊntɐs] (*fam*) = **unter das** *s.* **unter**

untersagen* [ʊntɐ'za:gn̩] *vt* ■**jdm etw** ~ to forbid sb to do sth; **das Rauchen ist in diesen Räumen untersagt** smoking is prohibited in these rooms

Untersatz ['ʊntɐzats] *m* mat

unterschätzen* [ʊntɐ'ʃɛtsn̩] *vt* to underestimate

unterscheiden* [ʊntɐ'ʃaɪdn̩] *irreg* **I.** *vt* ❶ (*differenzieren*) to distinguish (**zwischen** +*dat* between); ■**etw von etw** *dat* ~ to tell sth from sth; **was sie von ihrer Schwester unterscheidet, ist ihre musikalische Begabung** what distinguishes her from her sister is her musical talent ❷ (*auseinanderhalten*) **ich kann die beiden nie** ~ I can never tell the difference between the two; **Ulmen und Linden kann man leicht** ~ you can easily tell elm trees from lime trees; **er kann ein Schneeglöckchen nicht von einer Schlüsselblume** ~ he can't tell the difference between a snowdrop and a cowslip **II.** *vi* [**zwischen Dingen**] ~ to differentiate [between things] **III.** *vr* ■**sich** *akk* **von jdm/etw** ~ to differ from sb/sth

Unterscheidung *f* distinction

Unterschenkel *m* lower leg; *Hähnchen* [chicken] drumstick **Unterschicht** *f* lower class

unterschieben*¹ [ʊntɐˈʃiːbn̩] *vt irreg* (*fam*) ■**jdm etw ~** to attribute sth falsely to sb

unter|schieben² [ˈʊntɐʃiːbn̩] *vt irreg* ■**jdm etw ~** to push sth under[neath] sb; **schiebst du mir noch ein Kissen unter?** will you push another cushion under me?

Unterschied <-[e]s, -e> [ˈʊntɐʃiːt] *m* difference; **einen/keinen ~ [zwischen Dingen] machen** to draw a/no distinction [between things]; **im ~ zu dir bin ich vorsichtiger** unlike you I'm more careful; **ohne ~** indiscriminately

unterschiedlich [ˈʊntɐʃiːtlɪç] **I.** *adj* different; **~er Auffassung sein** to have different views **II.** *adv* differently

unterschlagen* [ʊntɐˈʃlaːgn̩] *vt irreg* ❶ (*unrechtmäßig für sich behalten*) to misappropriate; *Geld* to embezzle; *Brief, Beweise* to withhold; **eine Nachricht ~** to keep quiet about sth ❷ (*vorenthalten*) ■**jdm etw ~** to withhold sth from sb

Unterschlagung <-, -en> [ʊntɐˈʃlaːgʊŋ] *f* embezzlement

Unterschlupf <-[e]s, -e> [ˈʊntɐʃlʊpf] *m* hideout; **bei jdm ~ suchen/finden** to look for/find shelter with sb

unterschreiben* [ʊntɐˈʃraibn̩] *irreg vt, vi* to sign

Unterschrift [ˈʊntɐʃrɪft] *f* ❶ (*eigene Signatur*) signature ❷ (*Bildunterschrift*) caption

Unterschriftenliste *f* petition **Unterschriftensammlung** *f* collection of signatures

unterschwellig [ˈʊntɐʃvɛlɪç] *adj* subliminal

Unterseeboot [ˈʊntɐzeːboːt] *nt* submarine

Unterseite *f* underside

Untersetzer <-s, -> [ˈʊntɐzɛtsɐ] *m* mat

untersetzt [ʊntɐˈzɛtst] *adj* stocky

unter|spritzen* *vt* MED **Falten ~** to treat with anti-wrinkle injections

unterste(r, s) [ˈʊntɐstə, -tɐste, -tɐstəs] *adj superl von* **untere(r, s)** ▸ WENDUNGEN: **das U~ zuoberst kehren** (*fam*) to turn everything upside down

U

unterstehen*¹ [ʊntɐˈʃteːən] *irreg* **I.** *vi* ■**jdm/einer S.** *dat* **~** to be subordinate to sb/sth; **der Abteilungsleiterin ~ 17 Mitarbeiter** seventeen employees report to the departmental head; **jds Befehl ~** to be under sb's command **II.** *vr* ■**sich** *akk* **~ etw zu tun** to have the audacity to do sth; **untersteh dich!** don't you dare!

unter|stehen² [ˈʊntɐʃteːən] *vi irreg haben* SÜDD, ÖSTERR, SCHWEIZ (*Schutz suchen*) to take shelter

unterstellen*¹ [ʊntɐˈʃtɛlən] *vt* ❶ (*unterordnen*) ■**jdm jdn/etw ~** to put sb in charge of sb/sth; **Sie sind ab sofort der Redaktion III unterstellt** as from now you report to editorial department III ❷ (*unterschieben*) ■**jdm etw ~** to imply that sb has said/done sth ❸ (*annehmen*) to suppose

unter|stellen² [ˈʊntɐʃtɛlən] **I.** *vt* ❶ (*abstellen*) ■**etw irgendwo/bei jdm ~** to store sth somewhere/at sb's house; **ein Auto bei jdm ~** to leave one's car at sb's house ❷ (*darunterstellen*) **einen Eimer ~** to put a bucket underneath **II.** *vr* ■**sich** *akk* **~** to take shelter

Unterstellung *f* ❶ (*falsche Behauptung*) insinuation ❷ *kein pl* (*Unterordnung*) subordination

unterstreichen* [ʊntɐˈʃtraiçn̩] *vt irreg* ❶ (*markieren*) to underline ❷ (*betonen*) to emphasize

Unterstufe *f* lower school

unterstützen* [ʊntɐˈʃtʏtsn̩] *vt* ❶ (*helfen*) to support (**bei, in** +*dat* in) ❷ (*sich dafür einsetzen*) to back

Unterstützung *f* ❶ *kein pl* (*Hilfe*) support; **ich möchte Sie um Ihre ~ bitten** I should like to ask you for your support ❷ (*finanzielle Hilfe*) income support; (*Arbeitslosenunterstützung*) benefit

Untersuch <-s, -e> [ʊntɐˈzuːx] *m* SCHWEIZ examination, investigation

untersuchen* [ʊntɐˈzuːxn̩] *vt* ❶ (*den Gesundheitszustand überprüfen*) to examine (**auf** +*akk* for) ❷ (*überprüfen*) to investigate; *Fahrzeug* to check ❸ (*genau betrachten*) to scrutinize ❹ (*durchsuchen*) to search (**auf** +*akk* for) ❺ (*aufzuklären suchen*) to investigate

Untersuchung <-, -en> *f* ❶ (*Überprüfung des Gesundheitszustandes*) examination; **sich** *akk* **einer ~ unterziehen** (*geh*) to undergo a medical examination ❷ (*Durchsuchung*) search ❸ (*Überprüfung*) investigation ❹ (*analysierende Arbeit*) investigation

Untersuchungsausschuss *m* committee of inquiry **Untersuchungsergebnis** *nt* ❶ JUR findings *pl* ❷ MED results *pl* **Untersuchungshaft** *f* custody; **in ~ sein** to be on remand **Untersuchungsrichter(in)** *m(f)* examining magistrate

Untertan(in) <-en, -en> [ˈʊntɐtaːn] *m(f)* subject

untertänig <-er, -ste> [ˈʊntɐtɛːnɪç] *adj* (*pej*) submissive

Untertasse *f* saucer

unter|tauchen [ˈʊntɐtauxn̩] **I.** *vt haben* ■**jdn ~** to duck [*or* AM dunk] sb's head under water **II.** *vi sein* ① (*tauchen*) to dive [under]; *U-Boot* to submerge ② (*sich verstecken*) to go underground; ■**bei jdm ~** to hide out at sb's place; **im Ausland ~** to go underground abroad ③ (*verschwinden*) ■**irgendwo ~** to disappear somewhere

Unterteil ['ʊntɐtail] *nt o m* bottom part

unterteilen* [ʊntɐ'tailən] *vt* ① (*einteilen*) to subdivide (**in** *+akk* into) ② (*aufteilen*) to partition (**in** *+akk* into)

Unterteilung <-, -en> *f* subdivision

Unterteller *m* SCHWEIZ, SÜDD saucer

Untertitel ['ʊntɐti:tl̩] *m* ① (*eingeblendete Übersetzung*) subtitle ② (*zusätzlich erläuternder Titel*) subheading

Unterton *m* undertone

untertreiben* [ʊntɐ'traibn̩] *irreg* **I.** *vt* to understate **II.** *vi* to play sth down

Untertreibung <-, -en> *f* understatement

untervermieten* *vt, vi* to sublet

unterversorgt *adj* undersupplied

Unterversorgung *f kein pl* shortage

Unterwalden <-s> ['ʊntɐvaldən] *nt* Unterwalden (*Swiss Canton*)

Unterwäsche <-> ['ʊntɐvɛʃə] *f kein pl* underwear *no pl*

unterwegs [ʊntɐ've:ks] *adv* on the way; **Herr Müller ist gerade nach München ~** Mr. Müller is on his way to Munich at the moment; **für ~** for the journey; **wir haben ein paar Blumen von ~ mitgebracht** we've brought a few flowers back from our outing; **er hat mich von ~ angerufen** he phoned me while he was on his way

unterweisen* [ʊntɐ'vaizn̩] *vt irreg* (*geh*) to instruct

Unterwelt ['ʊntɐvɛlt] *f kein pl* underworld

unterwerfen* [ʊntɐ'vɛrfn̩] *irreg* **I.** *vt* ① (*unterjochen*) to subjugate ② (*unterziehen*) ■**jdn einer S.** *dat* **~** to subject sb to sth **II.** *vr* ① (*sich fügen*) **sich** *akk* **jds Willkür ~** to bow to sb's will; **sich** *akk* **einem Herrscher ~** to obey a ruler ② (*sich unterziehen*) ■**sich** *akk* **einer S.** *dat* **~** to submit to sth

Unterwerfung <-, -en> *f* subjugation

unterworfen *adj* ■**jdm/einer S.** *dat* **~ sein** to be subject to sb/sth

unterwürfig [ʊntɐ'vʏrfɪç] *adj* (*pej*) servile

unterzeichnen* [ʊntɐ'tsaiçnən] *vt* to sign

Unterzeichner(in) [ʊntɐ'tsaiçnɐ] *m(f)* (*geh*) signatory

unterziehen*[1] [ʊntɐ'tsi:ən] *irreg* **I.** *vt* ■**jdn/etw einer S.** *dat* **~** to subject sb/sth to sth; **das Fahrzeug muss noch einer Generalinspektion unterzogen werden** the vehicle still has to undergo a general inspection **II.** *vr* ■**sich** *akk* **einer S.** *dat* **~** to undergo sth; **sich einer Operation ~** to have an operation

unter|ziehen[2] ['ʊntɐtsi:ən] *vt irreg sep* to put on underneath; **Sie sollten sich** *dat* **einen Pullover ~** you ought to put a pullover on underneath

Untiefe ['ʊnti:fə] *f* ① (*seichte Stelle*) shallow *usu pl* ② (*geh: große Tiefe*) depth *usu pl*

Untier ['ʊnti:ɐ̯] *nt* monster

untragbar [ʊn'tra:kba:ɐ̯] *adj* ① (*unerträglich*) unbearable ② (*nicht tolerabel*) intolerable

untrennbar [ʊn'trɛnba:ɐ̯] *adj* inseparable

untreu ['ʊntrɔy] *adj* unfaithful; ■**jdm ~ sein** to be unfaithful to sb; **sich** *dat* **~ werden** (*geh*) to be untrue to oneself; **einer S.** *dat* **~ werden** to be disloyal to sth

Untreue *f* ① (*untreues Verhalten*) unfaithfulness ② JUR embezzlement

untröstlich [ʊn'trø:stlɪç] *adj* inconsolable

Untugend ['ʊntu:gn̩t] *f* bad habit

untypisch *adj* untypical

unüberlegt ['ʊnʔy:bɐle:kt] **I.** *adj* rash **II.** *adv* rashly

unübersehbar [ʊnʔy:bɐ'ze:ba:ɐ̯] *adj* ① (*nicht zu übersehen*) obvious ② (*nicht abschätzbar*) incalculable; *Konsequenzen* unforeseeable

unübersichtlich ['ʊnʔy:bɐzɪçtlɪç] *adj* ① (*nicht übersichtlich*) confusing ② (*schwer zu überblicken*) unclear

unübertrefflich [ʊnʔy:bɐ'trɛflɪç] **I.** *adj* unsurpassable; *Rekord* unbeatable **II.** *adv* superbly, magnificently

unübertroffen [ʊnʔy:bɐ'trɔfn̩] *adj* unsurpassed; *Rekord* unbroken

unüberwindlich [ʊnʔy:bɐ'vɪntlɪç] *adj* ① (*nicht abzulegen*) deep[-rooted] ② (*nicht zu meistern*) insurmountable ③ (*unbesiegbar*) invincible

unüblich ['ʊnʔy:plɪç] **I.** *adj* uncustomary **II.** *adv* unusually

unumgänglich [ʊnʔʊm'gɛŋlɪç] *adj* inevitable

unumschränkt [ʊnʔʊm'ʃrɛŋkt] **I.** *adj* absolute **II.** *adv* **~ herrschen** to have absolute rule

unumstößlich [ʊnʔʊm'ʃtø:slɪç] **I.** *adj* irrefutable; *Entschluss* irrevocable **II.** *adv* irrefutably

unumstritten [ʊnʔʊm'ʃtrɪtn̩] **I.** *adj* undisputed **II.** *adv* undisputedly

ununterbrochen ['ʊnʔʊntɐbrɔxn̩] **I.** *adj* ① (*unaufhörlich andauernd*) incessant ② (*nicht unterbrochen*) uninterrupted

U

II. *adv* incessantly

unveränderlich [ʊnfɛɐ̯ˈʔɛndɐlɪç] *adj* unchanging

unverändert [ˈʊnfɛɐ̯ʔɛndɐt] **I.** *adj* ① (*keine Änderungen aufweisend*) unrevised ② (*gleich bleibend*) unchanged; *Einsatz, Fleiß* unchanging **II.** *adv* **auch morgen ist es wieder ~ kalt** it will remain [just as] cold tomorrow

unverantwortlich [ʊnfɛɐ̯ˈʔantvɔrtlɪç] **I.** *adj* irresponsible **II.** *adv* irresponsibly

unverbesserlich [ʊnfɛɐ̯ˈbɛsɐlɪç] *adj* incorrigible; *Optimist* incurable

unverbindlich [ˈʊnfɛɐ̯bɪntlɪç] **I.** *adj* ① (*nicht verpflichtend*) not binding *pred* ② (*distanziert*) detached **II.** *adv* without obligation

unverbleit [ˈʊnfɛɐ̯blait] *adj* unleaded

unverblümt [ʊnfɛɐ̯ˈblyːmt] **I.** *adj* blunt **II.** *adv* bluntly

unverdaulich [ˈʊnfɛɐ̯daulɪç] *adj* indigestible

unverdorben [ˈʊnfɛɐ̯dɔrbn̩] *adj* unspoilt

unverdrossen [ˈʊnfɛɐ̯drɔsn̩] *adv* undauntedly

unverdünnt [ˈʊnfɛɐ̯dʏnt] **I.** *adj* undiluted; *Alkohol* neat **II.** *adv* **etw ~ anwenden** to use sth in an undiluted state; **ich trinke meinen Whisky ~** I like [to drink] my whisky neat

unvereinbar [ʊnfɛɐ̯ˈʔainbaːɐ̯] *adj* incompatible; *Gegensätze* irreconcilable

unverfälscht [ˈʊnfɛɐ̯fɛlʃt] *adj* unadulterated

unverfänglich [ˈʊnfɛɐ̯fɛŋlɪç] *adj* harmless; **auf die Trickfragen hat er mit ~en Antworten reagiert** he gave non-committal answers to the trick questions

unverfroren [ˈʊnfɛɐ̯froːrən] *adj* insolent

unvergänglich [ˈʊnfɛɐ̯gɛŋlɪç] *adj* ① (*bleibend*) abiding; *Eindruck* lasting ② (*nicht vergänglich*) immortal

unvergesslich [ʊnfɛɐ̯ˈgɛslɪç] *adj* unforgettable

unvergleichlich [ʊnfɛɐ̯ˈglaiçlɪç] **I.** *adj* incomparable **II.** *adv* incomparably

unverhältnismäßig [ˈʊnfɛɐ̯hɛltnɪsmɛːsɪç] *adv* excessively

unverheiratet [ˈʊnfɛɐ̯hairaːtət] *adj* unmarried

unverhofft [ˈʊnfɛɐ̯hɔft] **I.** *adj* unexpected **II.** *adv* unexpectedly; **sie besuchten uns ~** they paid us an unexpected visit

unverhohlen [ˈʊnfɛɐ̯hoːlən] **I.** *adj* undisguised, unconcealed **II.** *adv* openly

unverhüllt [ˈʊnfɛɐ̯hʏlt] *adj* undisguised

unverkäuflich [ˈʊnfɛɐ̯kɔyflɪç] *adj* not for sale *pred*

unverkennbar [ʊnfɛɐ̯ˈkɛnbaːɐ̯] *adj* unmistakable; ■ **~ sein/werden, dass ...** to be/become clear that ...

Unverletzlichkeit [ʊnfɛɐ̯ˈlɛtslɪçkait] *f* JUR inviolability; **~ der Wohnung** inviolability of the home

unverletzt [ˈʊnfɛɐ̯lɛtst] *adj* unhurt

unvermeidbar [ʊnfɛɐ̯ˈmaitbaːɐ̯] *adj* unavoidable

unvermeidlich [ʊnfɛɐ̯ˈmaitlɪç] *adj* unavoidable

unvermindert [ˈʊnfɛɐ̯mɪndɐt] **I.** *adj* undiminished **II.** *adv* unabated

unvermittelt [ˈʊnfɛɐ̯mɪtl̩t] **I.** *adj* sudden **II.** *adv* suddenly

Unvermögen [ˈʊnfɛɐ̯møːgn̩] *nt kein pl* powerlessness; ■ **jds ~, etw zu tun** sb's inability to do sth

unvermutet [ˈʊnfɛɐ̯muːtət] **I.** *adj* unexpected **II.** *adv* unexpectedly

Unvernunft [ˈʊnfɛɐ̯nʊnft] *f* stupidity

unvernünftig [ˈʊnfɛɐ̯nʏnftɪç] *adj* stupid

unveröffentlicht [ˈʊnfɛɐ̯ʔœfn̩tlɪçt] *adj* unpublished

unverrichtet [ˈʊnfɛɐ̯rɪçtət] *adj* **~er Dinge** without having achieved anything

unverschämt [ˈʊnfɛɐ̯ʃɛːmt] **I.** *adj* ① (*dreist*) impudent ② (*fam: unerhört*) outrageous **II.** *adv* ① (*dreist*) insolently; **~ lügen** to tell barefaced lies ② (*fam: unerhört*) outrageously

Unverschämtheit <-, -en> *f* ① *kein pl* (*Dreistigkeit*) insolence ② (*Bemerkung*) impertinent remark; **[das ist eine] ~!** that's outrageous! ③ (*Handlung*) impertinence *no pl*

unverschuldet [ˈʊnfɛɐ̯ʃʊldət] *adj, adv* through no fault of one's own

unversehens [ˈʊnfɛɐ̯zeːəns] *adv* unexpectedly

unversehrt [ˈʊnfɛɐ̯zeːɐ̯t] *adj* undamaged; *Mensch* unscathed

unversöhnlich [ˈʊnfɛɐ̯zøːnlɪç] *adj* irreconcilable

unverständlich [ˈʊnfɛɐ̯ʃtɛntlɪç] *adj* ① (*akustisch nicht zu verstehen*) unintelligible ② (*unbegreifbar*) incomprehensible; ■ **~ sein, warum/wie ...** to be incomprehensible why/how ...

Unverständnis *nt kein pl* lack of understanding

unversucht [ˈʊnfɛɐ̯zuːxt] *adj* **nichts ~ lassen** to leave no stone unturned

unverträglich [ˈʊnfɛɐ̯trɛːklɪç] *adj* ① (*sich mit keinem vertragend*) cantankerous ② (*nicht gut bekömmlich*) indigestible

Unverträglichkeit *f* <-> *kein pl* ① (*Streitsucht*) cantankerousness ② MED intolerance ③ (*Unvereinbarkeit*) incompatibility

unverwechselbar [ʊnfɛɐ̯ˈvɛkslbaːɐ̯] *adj* unmistakable

U

unverwundbar [ʊnfɛɐ̯ˈvʊntbaːɐ̯] *adj* invulnerable
unverwüstlich [ʊnfɛɐ̯ˈvyːstlɪç] *adj* tough; *Gesundheit* robust
unverzeihlich [ʊnfɛɐ̯ˈtsai̯lɪç] *adj* inexcusable
unverzollt [ˈʊnfɛɐ̯tsɔlt] *adj* duty-free
unverzüglich [ʊnfɛɐ̯ˈtsyːklɪç] **I.** *adj* immediate **II.** *adv* immediately; **~ gegen jdn vorgehen** to take immediate action against sb
unvollendet [ˈʊnfɔlʔɛndət] *adj* unfinished
unvollkommen [ˈʊnfɔlkɔmən] *adj* incomplete
Unvollkommenheit *f* imperfection
unvollständig [ˈʊnfɔlʃtɛndɪç] **I.** *adj* incomplete **II.** *adv* incompletely
Unvollständigkeit *f* incompleteness
unvorbereitet [ˈʊnfoːɐ̯bərai̯tət] **I.** *adj* unprepared **II.** *adv* ① (*ohne sich vorbereitet zu haben*) without any preparation ② (*unerwartet*) unexpectedly
unvoreingenommen [ˈʊnfoːɐ̯ʔai̯ngənɔmən] **I.** *adj* unbiased **II.** *adv* impartially
Unvoreingenommenheit *f* impartiality
unvorhergesehen [ˈʊnfoːɐ̯heːɐ̯gəzeːən] **I.** *adj* unforeseen; *Besuch* unexpected **II.** *adv* unexpectedly; **jdn ~ besuchen** to pay sb an unexpected visit
unvorsichtig [ˈʊnfoːɐ̯zɪçtɪç] **I.** *adj* ① (*unbedacht*) rash ② (*nicht vorsichtig*) careless **II.** *adv* ① (*unbedacht*) rashly; **sich** *akk* **~ äußern** to make a rash comment ② (*nicht vorsichtig*) carelessly
unvorsichtigerweise *adv* carelessly; **dieses Wort ist mir ~ entschlüpft** this word just [kind of] slipped out
Unvorsichtigkeit <-, -en> *f* ① *kein pl* (*unbedachte Art*) rashness ② (*Bemerkung*) rash comment ③ (*Handlung*) rash act
unvorstellbar [ʊnfoːɐ̯ˈʃtɛlbaːɐ̯] **I.** *adj* inconceivable **II.** *adv* inconceivably
unvorteilhaft [ˈʊnfɔrtai̯lhaft] **I.** *adj* ① (*nicht vorteilhaft aussehend*) unflattering ② (*nachteilig*) disadvantageous **II.** *adv* unflatteringly; **sich** *akk* **~ kleiden** to not dress in a very flattering way
Unwägbarkeit <-, -en> *f* unpredictability
unwahr [ˈʊnvaːɐ̯] *adj* untrue, false
unwahrscheinlich [ˈʊnvaːɐ̯ʃai̯nlɪç] **I.** *adj* ① (*kaum denkbar*) unlikely; *Zufall* remarkable ② (*fam: unerhört*) incredible; *Mistkerl* absolute **II.** *adv* (*fam*) incredibly; **ich habe mich ~ darüber gefreut** I was really pleased about it; **letzten Winter haben wir ~ gefroren** we were incredibly cold last winter; **du hast ja ~ abgenommen!** you've lost a hell of a lot of weight!
Unwahrscheinlichkeit <-, -en> *f* improbability
unwegsam [ˈʊnveːkzaːm] *adj* [almost] impassable
unweigerlich [ˈʊnvai̯gɐlɪç] **I.** *adj attr* inevitable **II.** *adv* inevitably
unweit [ˈʊnvai̯t] *adv* ■ **~ von etw** *dat* not far from sth
Unwesen [ˈʊnveːzn̩] *nt kein pl* dreadful state of affairs; **sein ~ treiben** to ply one's dreadful trade
unwesentlich [ˈʊnveːzn̩tlɪç] **I.** *adj* insignificant **II.** *adv* slightly
Unwetter <-s, -> [ˈʊnvɛtɐ] *nt* violent [thunder]storm
unwichtig [ˈʊnvɪçtɪç] *adj* unimportant
unwiderruflich [ʊnviːdɐˈruːflɪç] **I.** *adj* irrevocable **II.** *adv* irrevocably
unwiderstehlich [ʊnviːdɐˈʃteːlɪç] *adj* irresistible
unwiederbringlich [ʊnviːdɐˈbrɪŋlɪç] *adj* (*geh*) irretrievable
Unwille [ˈʊnvɪlə] *m* displeasure
unwillig [ˈʊnvɪlɪç] **I.** *adj* ① (*verärgert*) angry ② (*widerwillig*) reluctant **II.** *adv* reluctantly
unwillkommen [ˈʊnvɪlkɔmən] *adj* unwelcome
unwillkürlich [ˈʊnvɪlkyːɐ̯lɪç] **I.** *adj* involuntary **II.** *adv* involuntarily
unwirklich [ˈʊnvɪrklɪç] *adj* unreal
unwirksam [ˈʊnvɪrkzaːm] *adj* ineffective
unwirsch [ˈʊnvɪrʃ] *adj* curt, *esp* BRIT brusque
unwirtschaftlich [ˈʊnvɪrtʃaftlɪç] *adj* uneconomic[al]
Unwissen *nt s.* **Unwissenheit**
unwissend [ˈʊnvɪsn̩t] *adj* (*über kein Wissen verfügend*) ignorant; (*ahnungslos*) unsuspecting
Unwissenheit <-> [ˈʊnvɪsn̩hai̯t] *f kein pl* ignorance
unwissentlich [ˈʊnvɪsn̩tlɪç] *adv* unwittingly
unwohl [ˈʊnvoːl] *adj* ■ **jdm ist ~** ① (*gesundheitlich nicht gut*) sb feels unwell [*or* AM *usu* sick] ② (*unbehaglich*) sb feels uneasy
Unwohlsein <-s> [ˈʊnvoːlzai̯n] *nt kein pl* [slight] nausea
Unwort *nt* **~ des Jahres** taboo [*or* worst] word of the year
unwürdig [ˈʊnvʏrdɪç] *adj* ① (*nicht würdig*) unworthy ② (*schändlich*) disgraceful
Unzahl [ˈʊntsaːl] *f* ■ **eine ~** a huge number (**von** of)
unzählig [ʊnˈtsɛːlɪç] *adj* countless; **~e Anhänger** huge numbers of supporters
Unze <-, -n> [ˈʊntsə] *f* ounce

unzeitgemäß ['ʊntsaitgəmɛ:s] *adj* old-fashioned
unzerbrechlich ['ʊntsɛɐ̯brɛçlɪç] *adj* unbreakable
unzerkaut *adj* unchewed
unzertrennlich [ʊntsɛɐ̯'trɛnlɪç] *adj* inseparable
Unzucht ['ʊntsʊxt] *f kein pl* (*veraltend*) illicit sexual relations *pl*
unzüchtig ['ʊntsʏçtɪç] *adj* ① (*veraltend: unsittlich*) indecent ② JUR (*pornografisch*) obscene
unzufrieden ['ʊntsufri:dn̩] *adj* dissatisfied
Unzufriedenheit *f* dissatisfaction
unzugänglich ['ʊntsu:gɛŋlɪç] *adj* ① (*schwer erreichbar*) inaccessible ② (*nicht aufgeschlossen*) unapproachable
unzulänglich ['ʊntsu:lɛŋlɪç] **I.** *adj* inadequate; *Erfahrungen, Kenntnisse* insufficient **II.** *adv* inadequately
unzulässig ['ʊntsu:lɛsɪç] *adj* inadmissible
unzumutbar ['ʊntsu:mu:tba:ɐ̯] *adj* unreasonable
unzurechnungsfähig ['ʊntsu:rɛçnʊŋsfɛ:ɪç] *adj* of unsound mind *pred;* **jdn für ~ erklären** to certify sb insane
unzureichend ['ʊntsu:raiçn̩t] *adj s.* **unzulänglich**
unzusammenhängend ['ʊntsuzamənhɛŋənt] *adj* incoherent
unzustellbar ['ʊntsu:ʃtɛlba:ɐ̯] *adj* undeliverable
unzutreffend ['ʊntsu:trɛfn̩t] *adj* incorrect
unzuverlässig ['ʊntsu:fɛɐ̯lɛsɪç] *adj* unreliable
Unzuverlässigkeit *f* unreliability
unzweideutig ['ʊntsvaidɔytɪç] **I.** *adj* unambiguous **II.** *adv* unambiguously
unzweifelhaft ['ʊntsvaifl̩haft] *adj* (*geh*) unquestionable, undoubted
Update <-s, -s> ['apde:t] *m* INFORM update
updaten ['apde:tən] *vt* INFORM to update
üppig ['ʏpɪç] *adj* ① (*schwellend*) voluptuous ② (*reichhaltig*) sumptuous ③ (*geh: in großer Fülle vorhanden*) luxuriant
Urabstimmung *f* ballot [vote]
Urahn, Urahne <-en, -en> ['u:ɐ̯ʔa:n] *m, f* ancestor
Ural <-s> [u'ra:l] *m* ■**der ~** ① (*Gebirge*) the Urals *pl* ② (*Fluss*) the [river] Ural
uralt ['u:ɐ̯ʔalt] *adj* ① (*sehr alt*) very old ② (*schon lange existent*) ancient ③ (*fam: schon lange bekannt*) ancient; *Problem* perennial
Uran <-s> [u'ra:n] *nt kein pl* uranium
Uranus <-s> ['u:ranʊs] *m kein pl* Uranus *no art*
uraufführen ['u:ɐ̯ʔauffy:rən] *vt nur infin und pp* to première
Uraufführung *f* first night; *Film* première
Urbild *nt* ① (*Prototyp*) original transcript ② (*Inbegriff*) **ein ~ an Kraft** an epitome of vigour **ureigen** ['u:ɐ̯'ʔaign̩] *adj* very own; **es ist in Ihrem ~en Interesse** it's in your own best interests
Ureinwohner(in) *m(f)* native inhabitant
Urenkel(in) ['u:ɐ̯ʔɛŋkl̩] *m(f)* great-grandchild, great-grandson *masc,* great-granddaughter *fem*
Urgeschichte ['u:ɐ̯gəʃɪçtə] *f kein pl* prehistory
Urgroßeltern ['u:ɐ̯gro:sʔɛltɐn] *pl* great-grandparents *pl*
Urgroßmutter ['u:ɐ̯gro:smʊtɐ] *f* great-grandmother
Urgroßvater *m* great-grandfather
Urheber(in) <-s, -> ['u:ɐ̯he:bɐ] *m(f)* ① (*Autor*) author ② (*Initiator*) originator
Urheberrecht *nt* ① (*Recht des Autors*) copyright (**an** +*dat* on) ② (*urheberrechtliche Bestimmungen*) copyright law **urheberrechtlich** **I.** *adj* copyright *attr* **II.** *adv* **~ geschützt** copyright[ed]
Uri <-s> ['u:ri] *nt* Uri
urig ['u:rɪç] *adj* (*fam*) ① (*originell*) eccentric ② (*Lokalkolorit besitzend*) with a local flavour *pred;* **dieses Lokal ist besonders ~** this pub has a real local flavour
Urin <-s, -e> [u'ri:n] *m* urine
urinieren* [uri'ni:rən] *vi* (*geh*) to urinate
Urinprobe *f* urine sample **Urintest** *m* urine test
Urknall *m* big bang
urkomisch ['u:ɐ̯'ko:mɪʃ] *adj* hilarious
Urkunde <-, -n> ['u:ɐ̯kʊndə] *f* document
Urkundenfälschung *f* forgery of a document
urkundlich ['u:ɐ̯kʊntlɪç] **I.** *adj* documentary **II.** *adv* **~ belegen** to prove by documents
URL <-, -s> [u:ʔɛr'ʔɛl] *f o m kein pl* INET *Abk von* **Uniform Resource Locator** URL
Urlaub <-[e]s, -e> ['u:ɐ̯laup] *m* holiday BRIT, vacation AM; **~ machen** to go on holiday [*or* AM vacation]; **in ~ sein** to be on holiday [*or* AM vacation]
urlauben* ['u:ɐ̯laubən] *vi* (*fam*) to [go on] holiday [*or* AM vacation]
Urlauber(in) <-s, -> *m(f)* holiday-maker BRIT, vacationer AM
Urlaubsgeld *nt* holiday pay **urlaubsreif** *adj* ■**~ sein** to be ready for a holiday **Urlaubsreise** *f* holiday [trip] **Urlaubszeit** *f* holiday season [*or* period]
Urne <-, -n> ['ʊrnə] *f* ① (*Graburne*) urn ② (*Wahlurne*) ballot-box; **zu den ~n gehen** to go to the polls

Urnengang *m* election
Urologie <-> [urolo'giː] *f kein pl* urology
Uroma *f* (*fam*) great-grandma **Uropa** *m* (*fam*) great-granddad
urplötzlich **I.** *adj attr* very sudden **II.** *adv* very suddenly
Ursache *f* reason; **ich suche immer noch die ~ für das Flackern der Lampen** I'm still trying to find out why the lights are flickering; **defekte Bremsen waren die ~ für den Unfall** the accident was caused by faulty brakes ▸WENDUNGEN: **keine ~!** you're welcome
ursächlich ['uːɐ̯zɛçlɪç] *adj* causal
Ursprung ['uːɐ̯ʃprʊŋ] *m* origin
ursprünglich ['uːɐ̯ʃprʏŋlɪç] **I.** *adj* ❶ *attr* (*anfänglich*) original ❷ (*im Urzustand befindlich*) unspoiled ❸ (*urtümlich*) ancient **II.** *adv* originally
Urteil <-s, -e> ['ʊrt̮ail] *nt* ❶ JUR judgement, verdict; **ein ~ fällen** to pass a judgement ❷ (*Meinung*) opinion; **sich** *dat* **ein ~ bilden** to form an opinion (**über** +*akk* about)
urteilen ['ʊrt̮ailən] *vi* to pass judgement (**über** +*akk* on)
Urteilsbegründung *f* reasons for [a/the] judgement *pl* **Urteilskraft** *f kein pl* faculty of judgement **Urteilsspruch** *m* verdict
urtümlich ['uːɐ̯tyːmlɪç] *adj* ancient
Uruguay <-s> ['uːrugu̯ai] *nt* Uruguay; *s. a.* **Deutschland**
Uruguayer(in) <-s, -> ['uːrugu̯aiɐ] *m(f)* Uruguayan; *s. a.* **Deutsche(r)**
uruguayisch ['uːrugu̯aiɪʃ] *adj* Uruguayan; *s. a.* **deutsch**
Ururenkel(in) ['uːɐ̯'ʔuːɐ̯-] *m(f)* great-great-grandchild, great-great-grandson *masc,* great-great-granddaughter *fem* **Ururgroßmutter** *f* great-great-grandmother **Ururgroßvater** *m* great-great-grandfather
Urwald ['uːɐ̯valt] *m* primeval forest
urwüchsig *adj* ❶ (*im Urzustand erhalten*) unspoiled ❷ (*unverbildet*) earthy ❸ (*ursprünglich*) original
Urzeit *f* ■**die ~** primeval times *pl* ▸WENDUNGEN: **seit ~en** for donkey's years; **vor ~en** donkey's years ago
urzeitlich *adj* primeval
Urzustand *m kein pl* original state
USA [uːʔɛs'ʔaː] *pl Abk von* **United States of America**: ■**die ~** the USA + *sing vb,* the US + *sing vb*
US-amerikanisch [uː'ʔɛsʔamerikaːnɪʃ] *adj* American, US
Usbeke, Usbekin <-n, -n> [ʊs'beːkə, ʊs'beːkɪn] *m, f* Uzbek[istani]; *s. a.* **Deutsche(r)**
usbekisch [ʊs'beːkɪʃ] *adj* Uzbek, AM *a.* Uzbekistani; *s. a.* **deutsch**
Usbekistan <-s> [ʊs'beːkistaːn] *nt* Uzbekistan; *s. a.* **Deutschland**
User <-s, -> ['juːzɐ] *m* INFORM user
usw. *Abk von* **und so weiter** etc.
Utensil <-s, Utensilien> [utɛn'ziːl, *pl* utɛn'ziːli̯ən] *nt meist pl* utensil
Uterus <-, Uteri> ['uːterʊs, *pl* -ri] *m* uterus
Utopie <-, -n> [uto'piː, *pl* -'piːən] *f* Utopia
utopisch [u'toːpɪʃ] *adj* utopian
u. U. *Abk von* **unter Umständen** possibly
u.v.a.(m.) *Abk von* **und vieles andere [mehr]** and much [more] besides
UV-Strahlen *pl* UV-rays *pl*
Ü-Wagen *m* OB vehicle

Vv

V, v <-, - *o fam* -s, -s> [fau̯] *nt* V, v; **~ wie Viktor** V for Victor
V *Abk von* **Volt** V
Vagabund(in) <-en, -en> [vaga'bʊnt] *m(f)* vagabond
vage ['vaːgə] **I.** *adj* vague **II.** *adv* vaguely
Vagina <-, Vaginen> [va'giːna, 'vaːgina] *f* vagina
vaginal [vagi'naːl] **I.** *adj* vaginal **II.** *adv* vaginally
Vakuum <-s, Vakuen *o* Vakua> ['vaːkuʊm, *pl* 'vaːkuən, 'vaːkua] *nt* vacuum
Vakuumkammer ['vaːkuʊm-] *f* TECH vacuum chamber **vakuumverpackt** *adj* vacuum-packed
Valentinstag ['vaːlɛntiːns-] *m* Valentine's Day
Valuta <-, Valuten> [va'luːta, *pl* -tən] *f* FIN ❶ (*ausländische Währung*) foreign currency ❷ (*Wertstellung*) value date
Vamp <-s, -s> [vɛmp] *m* vamp
Vampir <-s, -e> [vam'piːɐ̯] *m* vampire
Vandale, Vandalin <-n, -n> [van'daːlə, van'daːlɪn] *m, f* vandal
Vandalismus <-> [vanda'lɪsmʊs] *m kein pl* vandalism
Vanille <-, -en> [va'nɪlə] *f* vanilla
Vanilleeis [va'nɪlə-] *nt* vanilla ice-cream
Vanillepudding *m* vanilla pudding **Vanillesauce** *f* vanilla sauce; (*mit Ei*) custard
Vanillezucker *m* vanilla sugar
variabel [va'ri̯aːbl̩] *adj* variable
Variable <-n, -n> [va'ri̯aːblə] *dekl wie adj f* variable

Variante <-, -n> [vaˈri̯antə] *f* ① (*Abwandlung*) variation ② (*veränderte Ausführung*) variant

Variation <-, -en> [variaˈtsi̯oːn] *f* variation

Varieté <-s, -s>, **Varietee** <-s, -s> [vari̯eˈteː] *nt* variety show

variieren* [variˈiːrən] *vi* to vary

Vasall <-en, -en> [vaˈzal] *m* HIST vassal

Vase <-, -n> [ˈvaːzə] *f* vase

Vater <-s, Väter> [ˈfaːtɐ, *pl* ˈfɛtɐ] *m* father

Vaterland *nt* fatherland, motherland BRIT

väterlich [ˈfɛtɐlɪç] **I.** *adj* ① (*dem Vater gehörend*) **das ~e Geschäft** his/her father's business ② (*zum Vater gehörend*) paternal ③ (*fürsorglich*) fatherly **II.** *adv* like a father

väterlicherseits *adv* on sb's father's side

Vatermord *m* patricide

Vaterschaft <-, -en> *f* paternity

Vaterschaftsklage *f* paternity suit **Vaterschaftstest** *m* paternity test

Vatertag *m* Father's Day

Vaterunser <-s, -> [faːtɐˈʔʊnzɐ] *nt* REL ■**das ~** the Lord's Prayer

Vati <-s, -s> [ˈfaːti] *m* (*fam*) daddy

Vatikan <-s> [vatiˈkaːn] *m* Vatican

V-Ausschnitt [ˈfau̯-] *m* V-neck; **ein Pullover mit ~** a V-neck jumper

v.Chr. *Abk von* **vor Christus** BC

Veganer(in) <-s, -> [veˈgaːnɐ] *m(f)* vegan

Vegetarier(in) <-s, -> [vegeˈtaːri̯ɐ] *m(f)* vegetarian

vegetarisch [vegeˈtarɪʃ] **I.** *adj* vegetarian **II.** *adv* **sich** *akk* **~ ernähren** to be a vegetarian

Vegetation <-, -en> [vegetaˈtsi̯oːn] *f* vegetation

vegetativ [vegetaˈtiːf] *adj* vegetative

vegetieren* [vegeˈtiːrən] *vi* to vegetate

Vehikel <-s, -> [veˈhiːkl̩] *nt* (*fam*) vehicle

Veilchen <-s, -> [ˈfai̯lçən] *nt* violet

Vektor <-s, -toren> [ˈvɛktoːɐ̯, *pl* -ˈtoːrən] *m* MATH vector

Velo <-s, -s> [ˈveːlo] *nt* SCHWEIZ (*Fahrrad*) bicycle, bike *fam*

Velours <-, -> [vəˈluːɐ̯] *nt*, **Veloursleder** *nt* suede

Vene <-, -n> [ˈveːnə] *f* vein

Venedig <-s> [veˈneːdɪç] *nt kein pl* Venice; *s. a.* **Deutschland**

Venenentzündung [ˈveː-] *f* phlebitis *no pl*

venezianisch [veneˈtsi̯aːnɪʃ] *adj* Venetian; *s. a.* **Deutsch**

Venezolaner(in) <-s, -> [venetsoˈlaːnɐ] *m(f)* Venezuelan; *s. a.* **Deutsche(r)**

venezolanisch [venetsoˈlaːnɪʃ] *adj* Venezuelan; *s. a.* **deutsch**

Venezuela <-s> [veneˈtsu̯eːla] *nt* Venezuela; *s. a.* **Deutschland**

Ventil <-s, -e> [vɛnˈtiːl] *nt* valve

Ventilator <-s, -toren> [vɛntiˈlaːtoːɐ̯, *pl* -ˈtoːrən] *m* ventilator, fan

Venus <-s> [ˈveːnʊs] *f kein pl* Venus

verabreden* **I.** *vr* ■**sich** *akk* **[mit jdm] ~** to arrange to meet [sb]; ■**[mit jdm] verabredet sein** to have arranged to meet [sb] **II.** *vt* ■**etw [mit jdm] ~** to arrange sth [with sb]; ■**verabredet** agreed

Verabredung <-, -en> *f* ① (*Treffen*) meeting; (*Rendezvous*) date ② (*Vereinbarung*) arrangement

verabreichen* *vt* ■**[jdm] etw ~** to administer sth [to sb]

verabscheuen* *vt* to detest, to loathe

verabschieden* **I.** *vr* ■**sich** *akk* **~** to say goodbye (**von** *+dat* to) **II.** *vt Gesetz* to pass

verachten* *vt* ① (*verächtlich finden*) to despise ② (*nicht achten*) to scorn; **nicht zu ~ sein** not to be sneezed at

verächtlich [fɛɐ̯ˈʔɛçtlɪç] **I.** *adj* ① (*Verachtung zeigend*) contemptuous, scornful ② (*verabscheuungswürdig*) despicable **II.** *adv* contemptuously, scornfully

Verachtung *f* contempt, scorn

verallgemeinern* **I.** *vt* ■**etw ~** to generalize about sth **II.** *vi* to generalize

Verallgemeinerung <-, -en> *f* generalization

veralten* [fɛɐ̯ˈʔaltn̩] *vi sein* to become obsolete; *Ansichten, Methoden* to become outdated; ■**veraltet** obsolete; *Reiseführer, Stadtplan* out-of-date

veraltet **I.** *pp von* **veralten** **II.** *adj* old; *Ausdruck* antiquated

Veranda <-, Veranden> [veˈranda, *pl* veˈrandən] *f* veranda

veränderlich *adj* ① (*variierbar*) variable ② METEO changeable

verändern* *vt, vr* to change

Veränderung *f* change; (*leicht*) alteration, modification

verängstigen* *vt* to frighten; ■**verängstigt** frightened, scared

verängstigt **I.** *pp von* **verängstigen** **II.** *adj* frightened, scared; **völlig ~** terrified

verankern* *vt* to anchor (**in** in)

veranlagt [fɛɐ̯ˈʔanlaːkt] *adj* **ein künstlerisch ~er Mensch** a person with an artistic disposition; **er ist praktisch ~** he is practically minded

Veranlagung <-, -en> *f* disposition; **eine ~ zu etw** *dat* **haben** to have a tendency towards sth

veranlassen* **I.** *vt* ① (*in die Wege leiten*) to arrange ② (*dazu bringen*) ■**jdn zu etw** *dat* **~** to induce sb to do sth **II.** *vi* ■**~, dass**

etw geschieht to see to it that sth happens

Veranlassung <-, -en> *f* ① (*Einleitung*) **auf jds ~** at sb's instigation ② (*Anlass*) cause, reason

veranschaulichen* [fɛɐ̯ˈʔanʃau̯lɪçn̩] *vt* to illustrate

veranschlagen* *vt* to estimate (**mit** +*dat* at)

veranstalten* [fɛɐ̯ˈʔanʃtaltn̩] *vt* to organize

Veranstalter(in) <-s, -> *m(f)* organizer

Veranstaltung <-, -en> *f* ① *kein pl* (*das Durchführen*) organizing ② (*Ereignis*) event

Veranstaltungskalender *m* calendar of events **Veranstaltungsort** *m* venue

verantworten* **I.** *vt* ■**etw ~** to take responsibility for sth **II.** *vr* ■**sich** *akk* [**vor jdm**] **~** to answer [to sb] (**für** +*akk* for)

verantwortlich *adj* responsible

Verantwortliche(r) *f(m) dekl wie adj* person responsible

Verantwortung <-, -en> *f* responsibility; **die ~ [für etw] tragen** to be responsible [for sth]; **die ~ [für etw] übernehmen** to take responsibility [for sth]; **auf eigene ~** on one's own responsibility

verantwortungsbewusst **I.** *adj* responsible **II.** *adv* **~ handeln** to act responsibly **Verantwortungsbewusstsein** *nt* sense of responsibility

verantwortungslos **I.** *adj* irresponsible **II.** *adv* **~ handeln** to act irresponsibly

Verantwortungsträger(in) *m(f)* POL, SOZIOL responsible party

verantwortungsvoll *adj* responsible

verarbeiten* *vt* ① (*verwenden*) to use; *Lebensmittel, Rohstoffe* to process; ■**etw zu etw** *dat* **~** to make sth into sth ② PSYCH to assimilate; **eine Enttäuschung ~** to come to terms with a disappointment

Verarbeitung <-, -en> *f* ① (*das Verarbeiten*) processing ② (*Fertigungsqualität*) workmanship *no pl, no indef art*

verärgern* *vt* to annoy

Verärgerung <-, -en> *f* annoyance

verarmen* [fɛɐ̯ˈʔarmən] *vi sein* to become poor; ■**verarmt** impoverished

Verarmung <-, -en> *f* impoverishment *no pl*

verarschen* [fɛɐ̯ˈʔarʃn̩] *vt* (*derb*) ■**jdn ~** to mess around with sb, to take the piss out of sb BRIT *vulg*

verarzten* [fɛɐ̯ˈʔaːɐ̯tstn̩] *vt* (*fam*) to treat

Verästelung <-, -en> *f* branching; (*fig*) ramifications *pl*

Verätzung <-, -en> *f* ① *kein pl* (*das Verätzen*) cauterization; (*Metall*) corrosion ② (*Beschädigung*) burn

verausgaben* [fɛɐ̯ˈʔau̯sgaːbn̩] *vr* ■**sich** *akk* **~** (*körperlich*) to overexert; (*finanziell*) to overspend

veräußern* *vt* to sell

Verb <-s, -en> [vɛrp] *nt* verb

verbal [vɛrˈbaːl] **I.** *adj* verbal **II.** *adv* verbally

Verband <-[e]s, Verbände> [fɛɐ̯ˈbant, *pl* fɛɐ̯ˈbɛndə] *m* ① (*Bund*) association ② MED bandage, dressing *no pl*

Verband(s)kasten *m* first-aid box **Verband(s)zeug** *nt* dressing material

verbannen* *vt* ① (*ins Exil schicken*) to banish ② (*ausmerzen*) to ban (**aus** +*dat* from)

Verbannung <-, -en> *f* exile, banishment

verbarrikadieren* **I.** *vt* to barricade **II.** *vr* ■**sich** *akk* **~** to barricade oneself (**in** in)

verbauen* *vt* ① (*verderben*) to spoil, to ruin *a. fig* ② (*versperren*) *Aussicht* to block

verbergen* *vt irreg* to hide, to conceal (**vor** +*dat* from)

verbessern* **I.** *vt* ① (*besser machen*) to improve ② (*korrigieren*) to correct **II.** *vr* ■**sich** *akk* **~** to improve

Verbesserung <-, -en> *f* ① (*qualitative Anhebung*) improvement ② (*Korrektur*) correction

verbesserungsfähig *adj* improvable **Verbesserungsvorschlag** *m* suggestion for improvement

verbeugen* *vr* ■**sich** *akk* **~** to bow

Verbeugung *f* bow

verbiegen* *irreg vt, vr* to bend; ■**verbogen** bent

verbieten <verbot, verboten> *vt* to forbid [*or* ban]; (*offiziell*) to outlaw; ■**jdm ~, etw zu tun** to forbid sb to do sth; **ich habe es dir doch verboten** I forbade you to do this

verbildlichen* [fɛɐ̯ˈbɪltlɪçn̩] *vt* (*geh*) ■**etw ~** to illustrate sth

verbilligen* *vt* to reduce [in price] (**um** +*akk* by)

verbilligt *adj* reduced

verbinden*[1] *vt irreg* (*einen Verband anlegen*) ■**jdn ~** to dress sb's wound[s]; ■**etw ~** to dress sth

verbinden*[2] *irreg vt* ① (*zusammenfügen*) to join (**mit** +*dat* to) ② TELEK ■**jdn [mit jdm] ~** to put sb through [*or* AM *usu* connect sb] [to sb]; **falsch verbunden!** wrong number! ③ TRANSP to connect ④ (*verknüpfen*) to combine; **das Nützliche mit dem Angenehmen ~** to combine business with pleasure ⑤ (*assoziieren*) ■**etw [mit etw**

dat] ~ to associate sth with sth

verbindlich [fɛɐ̯'bɪntlɪç] **I.** *adj* ① (*bindend*) binding ② (*entgegenkommend*) friendly **II.** *adv* ① (*bindend*) ~ **zusagen** to make a binding commitment ② (*entgegenkommend*) in a friendly manner

Verbindung *f* ① (*direkte Beziehung*) contact; **in ~ bleiben** to keep in touch; **~en zu jdm/etw haben** to have connections *pl* with sb/sth; **sich** *akk* **mit jdm in ~ setzen** to contact sb ② TELEK connection ③ TRANSP connection (**nach** +*dat* to) ④ (*Verknüpfung*) combining; **in ~ mit etw** *dat* in conjunction with sth ⑤ (*Zusammenhang*) **jdn mit etw** *dat* **in ~ bringen** to connect sb with sth; **in ~ mit** in connection with ⑥ CHEM compound ⑦ (*Korporation*) [student] society BRIT; (*für Männer*) fraternity AM; (*für Frauen*) sorority AM

Verbindungsmann, -frau *m, f* intermediary **Verbindungsstück** *nt* connecting piece **Verbindungstür** *f* connecting door

verbissen **I.** *adj* ① (*hartnäckig*) dogged ② (*verkrampft*) grim **II.** *adv* doggedly

Verbissenheit <-> *f kein pl* doggedness

verbitten* *vr irreg* ■**sich** *dat* **etw** ~ not to tolerate sth; **ich verbitte mir diesen Ton!** I won't be spoken to like that!

verbittern* [fɛɐ̯'bɪtɐn] *vt* to embitter

verbittert **I.** *adj* embittered, bitter **II.** *adv* bitterly

Verbitterung <-, *selten* -en> *f* bitterness

verblassen* *vi sein* ① (*blasser werden*) to pale ② (*schwächer werden*) to fade

Verbleib <-[e]s> [fɛɐ̯'blaip] *m kein pl* (*geh*) whereabouts *npl*

verbleiben* *vi irreg sein* ① (*eine Vereinbarung treffen*) ~ **wir so, dass ...** let's agree that ... ② (*geh: bleiben*) to remain

verbleichen *vi irreg sein* to fade

verbleit *adj* leaded

verblenden* *vt* to blind; ■**verblendet sein** to be blinded

Verblendung *f* blindness

verblichen [fɛɐ̯'blɪçn̩] **I.** *pp von* **verbleichen** **II.** *adj Farbe* faded

verblöden* [fɛɐ̯'bløːdn̩] *vi sein* (*fam*) to turn into a zombie

verblüffen* [fɛɐ̯'blʏfn̩] *vt* to astonish

verblühen* *vi sein* to wilt

verbluten* *vi sein* to bleed to death

verbohrt *adj* obstinate

Verbohrtheit <-, -en> *f* obstinacy

verborgen *adj* hidden, concealed

Verborgenheit <-> *f kein pl* seclusion

Verbot <-[e]s, -e> [fɛɐ̯'boːt] *nt* ban

verboten [fɛɐ̯'boːtn̩] *adj* prohibited, forbidden; **hier ist das Parken ~!** this is a 'no parking' area!; **mir ist es ~, das zu tun** I am not allowed to do that

Verbotsschild *nt* sign [prohibiting something]

verbraten* *vt irreg* (*sl: vergeuden*) ■**etw ~** to blow sth

Verbrauch *m kein pl* consumption (**an** +*dat* of); **sparsam im ~ sein** to be economical

verbrauchen* *vt Vorräte* to use up *sep*, to consume *form*

Verbraucher(in) <-s, -> *m(f)* consumer

Verbraucherberatung *f* ÖKON *kein pl* consumer advice **verbraucherfeindlich** *adj* not in the interests of the consumer *pred* **verbraucherfreundlich** *adj* consumer-friendly

Verbraucherin <-n, -nen> *f fem form von* **Verbraucher**

Verbraucherministerium [fɛɐ̯'brauxɐminɪsteːri̯ʊm] *nt* POL *German ministry of consumer affairs, food and agriculture* **Verbraucherschutz** *m* consumer protection *no pl* **Verbraucherzentrale** *f* consumer advice centre

Verbrauchsgüter *pl* HANDEL consumer [*or* non-durable] goods *npl;* **kurzlebige/langlebige ~** perishables/[consumer] durables

verbraucht *adj* (*aufgebraucht*) exhausted; (*Mensch a.*) burnt-out *fam*

verbrechen <verbrach, verbrochen> *vt* (*fam*) to be up to; **was hast du denn da wieder verbrochen!** what have you been up to now?

Verbrechen <-s, -> *nt* crime

Verbrechensbekämpfung *f no pl* crime fighting *no pl, no indef art*

Verbrecher(in) <-s, -> *m(f)* criminal

verbrecherisch *adj* criminal

verbreiten* *vt, vr* to spread; **eine gute Stimmung ~** to radiate a good atmosphere

verbreitern* [fɛɐ̯'braitɐn] *vt* to widen

verbreitet *adj* popular; ■**[weit] ~ sein** to be [very] widespread

Verbreitung <-, -en> *f* ① *kein pl* (*das Verbreiten*) spreading ② MEDIA sale *no pl* ③ MED spread

Verbreitungsgebiet *nt* distribution area

verbrennen* *irreg* **I.** *vt haben* ① (*in Flammen aufgehen lassen*) to burn ② (*versengen*) to scorch **II.** *vr haben* ① (*sich verbrühen*) **sich** *dat* **die Zunge ~** to scald one's tongue ② (*sich ansengen*) **sich** *dat* **die Finger** [**an etw** *dat*] ~ to burn one's fingers [on sth] **III.** *vi sein* to burn; ■**verbrannt** burnt

Verbrennung <-, -en> *f* ① *kein pl* (*das Ver-*

brennen) burning ② MED burn

Verbrennungsmotor *m* [internal] combustion engine **Verbrennungsofen** *m* furnace

verbringen* *vt irreg* to spend; **ich verbringe den ganzen Tag mit Arbeiten** I spend all day working

verbrochen *pp von* **verbrechen**

verbrüdern* [fɛɐ̯'bryːdɐn] *vr* ■**sich ~** to fraternize (**mit** with)

Verbrüderung <-, -en> *f* fraternization

verbrühen* *vt* to scald

verbuchen* *vt* to mark up *sep*

verbummeln* *vt* (*fam*) ① (*vertrödeln*) to waste ② (*verlieren*) to mislay

Verbund <-bunde> [fɛɐ̯'bʊnt, *pl* -'bʏndə] *m* ÖKON combine

verbünden* [fɛɐ̯'bʏndn̩] *vr* ■**sich** *akk* **~** to form an alliance

verbunden *adj* (*geh*) ■**jdm ~ sein** to be obliged to sb

Verbundenheit <-> *f kein pl* closeness

Verbündete(r) *f(m) dekl wie adj* ally

Verbundnetz *nt* ① TECH, ELEK grid system ② TRANSP public transport [*or* AM transportation] network **Verbundsystem** *nt* TRANSP public transport [*or* AM transportation] system

verbürgen* **I.** *vr* ■**sich** *akk* **für jdn/etw ~** to vouch for sb/sth **II.** *vt* to guarantee

verbüßen* *vt* JUR to serve

verchromt *adj* chrome-plated

Verdacht <-[e]s> [fɛɐ̯'daxt] *m kein pl* suspicion; **~ erregen** to arouse suspicion; **jdn im ~ haben** to suspect sb; [**gegen jdn**] **~ schöpfen** to become suspicious [of sb]

verdächtig [fɛɐ̯'dɛçtɪç] **I.** *adj* suspicious; **jdm ~ vorkommen** to seem suspicious to sb; **sich** *akk* **~ machen** to arouse suspicion **II.** *adv* suspiciously

Verdächtige(r) *f(m) dekl wie adj* suspect

verdächtigen* [fɛɐ̯'dɛçtɪgn̩] *vt* to suspect; ■**jdn ~, etw getan zu haben** to suspect sb of having done sth

Verdächtigung <-, -en> *f* suspicion

Verdachtsmoment *nt* JUR [piece of] circumstantial evidence

verdammen* [fɛɐ̯'damən] *vt* to condemn

verdammt *adj* ① (*sl: Ärger ausdrückend*) damned, bloody BRIT; **~!** damn! ② (*sehr groß*) **wir hatten ~ es Glück!** we were damn lucky!

verdampfen* *vi sein* to evaporate

verdanken* *vt* ① (*durch etw erhalten*) **diesen Erfolg verdanke ich dir** I have to thank you for this success; **es ist ihnen zu ~, dass/wenn ...** it is thanks to them that/if ... ② SCHWEIZ (*Dank aussprechen*) ■[**jdm**] **etw ~** to express one's thanks [to sb]

Verdankung <-, -en> *f* SCHWEIZ (*geh*) [official] expression of thanks

verdarb [fɛɐ̯'darp] *imp von* **verderben**

verdattert [fɛɐ̯'datɐt] **I.** *adj* (*fam*) flabbergasted **II.** *adv* (*fam*) in a daze

verdauen* [fɛɐ̯'daʊ̯ən] *vt* ① *Nahrung* to digest ② *Niederlage etc.* to get over

verdaulich *adj* digestible; **gut/schwer ~** easy/difficult to digest

Verdauung <-> *f kein pl* digestion

Verdauungsapparat *m* digestive system **Verdauungsmittel** *nt* substance to aid digestion **Verdauungsstörung** *f meist pl* indigestion

Verdeck <-[e]s, -e> *nt* hood, convertible top

verdecken* *vt* ① (*die Sicht nehmen*) to cover [up *sep*] ② (*maskieren*) to conceal

verdeckt *adj* ① (*geheim*) undercover ② (*verborgen*) hidden

verdenken* *vt irreg* ■**es jdm nicht ~ können, dass/wenn jd etw tut** not to be able to blame sb for doing/if sb does sth

verderben <verdarb, verdorben> [fɛɐ̯'dɛrbn̩] **I.** *vt haben* ① (*moralisch korrumpieren*) to corrupt ② (*ruinieren*) to ruin ③ (*zunichtemachen*) *Spaß* to spoil ④ (*verscherzen*) **sie will es mit niemandem ~** she wants to keep in with [*or* please] everybody **II.** *vi sein* to spoil; *Lebensmittel* to go off *esp* BRIT, to go bad *esp* AM

Verderben <-s> [fɛɐ̯'dɛrbn̩] *nt kein pl* doom

verderblich [fɛɐ̯'dɛrplɪç] *adj* ① (*nicht lange haltbar*) perishable ② (*unheilvoll*) corrupting

verdeutlichen* [fɛɐ̯'dɔytlɪçn̩] *vt* to explain

verdichten* **I.** *vt* PHYS to compress **II.** *vr* ■**sich** *akk* **~** *Eindruck, Gefühl* to intensify; *Verdacht* to grow

Verdichtung <-, -en> *f* ① (*Zunahme*) **~ der städtischen Siedlung** urbanization ② INFORM (*Komprimierung*) compression ③ PHYS (*Kondensation*) condensation

Verdichtungsraum *m* ADMIN densely-populated space

verdienen* **I.** *vt* ① (*als Verdienst bekommen*) to earn; **seinen Lebensunterhalt ~** to earn one's living ② (*Gewinn machen*) to make (**an** + *dat* on) ③ (*zustehen*) to deserve; **du verdienst es nicht besser** you don't deserve anything better **II.** *vi* ① (*einen Verdienst bekommen*) to earn [a wage]; **du verdienst viel zu wenig** you earn far too little ② (*Gewinn machen*) to make a profit (**an** + *dat* on)

Verdienst[1] <-[e]s, -e> [fɛɐ̯'diːnst] *m* FIN income, earnings *npl*

Verdienst[2] <-[e]s, -e> [fɛɐ̯'di:nst] *nt* merit; **es ist sein ~, dass ...** it's thanks to him [*or* to his credit] that ...

Verdienstausfall *m* loss of earnings *pl* **Verdienstspanne** *f* profit margin **verdienstvoll** *adj* ❶ (*anerkennenswert*) commendable ❷ *s.* **verdient 2**

verdient [fɛɐ̯'di:nt] **I.** *adj* ❶ (*zustehend*) well-deserved; *Strafe* rightful ❷ (*Verdienste aufweisend*) of outstanding merit **II.** *adv* (*leistungsgemäß*) deservedly

verdirbt [fɛɐ̯'dɪrpt] *3. pers sing pres von* **verderben**

verdonnern* *vt* (*fam*) ■**jdn [zu etw** *dat*] **~** ❶ (*verurteilen*) to sentence sb [to sth] ❷ (*anweisen*) to order sb [to do sth]

verdoppeln* **I.** *vt* ❶ (*auf das Doppelte erhöhen*) to double ❷ (*deutlich verstärken*) to redouble **II.** *vr* ■**sich** *akk* **~** to double

Verdoppelung, Verdopplung <-, -en> *f* doubling

verdorben [fɛɐ̯'dɔrbn̩] **I.** *pp von* **verderben II.** *adj* ❶ (*ungenießbar*) bad, off *pred* BRIT ❷ (*moralisch korrumpiert*) corrupt ❸ MED **einen ~en Magen haben** to have an upset stomach

verdorren* [fɛɐ̯'dɔrən] *vi sein* to wither

verdrahten* *vt* ■**etw ~** to wire up sth *sep*

verdrängen* *vt* ❶ (*vertreiben*) to drive out ❷ (*unterdrücken*) *Erinnerung, Gefühl* to suppress

Verdrängung <-, -en> *f* ❶ (*Vertreibung*) driving out ❷ (*Unterdrückung*) suppression

verdrecken* **I.** *vi sein* (*dreckig werden*) to get filthy; ■**etw ~ lassen** to let sth get filthy **II.** *vt haben* (*dreckig machen*) to make filthy

verdreckt *adj* filthy

verdrehen* *vt* ❶ (*wenden*) to twist; *Augen* to roll ❷ *Tatsachen* to distort ▶WENDUNGEN: **jdm den Kopf ~** to turn sb's head

verdreifachen* [fɛɐ̯'draifaxn̩] **I.** *vt* to treble [*or* triple] **II.** *vr* ■**sich** *akk* **~** to treble [*or* triple]

verdreschen* *vt irreg* (*fam*) to beat up *sep*

verdrießen <verdross, verdrossen> [fɛɐ̯'dri:sn̩] *vt* (*geh*) ■**jdn ~** to irritate sb

verdrießlich [fɛɐ̯'dri:slɪç] *adj* (*geh*) ❶ *Gesicht* sullen; *Stimmung* morose ❷ (*misslich*) tiresome

verdrossen [fɛɐ̯'drɔsn̩] *adj* sullen, morose

Verdrossenheit <-> *f kein pl* sullenness *no pl*, moroseness *no pl*

verdrücken* **I.** *vt* (*fam: verzehren*) to polish off *sep* **II.** *vr* (*fam: verschwinden*) ■**sich** *akk* **~** to slip away

verdruckst [fɛɐ̯'drʊkst] *adj* (*pej fam*) close-minded, hidebound

Verdruss <-es, -e> [fɛɐ̯'drʊs] *m meist sing* annoyance; **jdm ~ bereiten** to annoy sb

verduften* *vi sein* (*fam*) to clear off

Verdummung <-> *f kein pl* dulling of sb's mind *no pl*

verdunkeln* **I.** *vt* ❶ (*abdunkeln*) to black out ❷ (*verdüstern*) to darken **II.** *vr* (*dunkler werden*) ■**sich** *akk* **~** to darken

Verdunk(e)lung <-, -en> *f* black-out

Verdunk(e)lungsgefahr *f* JUR danger of suppression of evidence

verdünnen* [fɛɐ̯'dʏnən] *vt* to dilute; ■**verdünnt** diluted

Verdünner <-s, -> *m* thinner

Verdünnungsmittel *nt* thinning agent

verdunsten* *vi sein* to evaporate

Verdunster <-s, -> *m* humidifier

Verdunstung <-> *f kein pl* evaporation *no pl*

verdursten* *vi sein* to die of thirst

verdutzt [fɛɐ̯'dʊtst] **I.** *adj* (*fam*) ❶ (*verwirrt*) baffled, confused; **ein ~es Gesicht machen** to appear baffled ❷ (*überrascht*) taken aback *pred* **II.** *adv* in a baffled manner

veredeln* [fɛɐ̯'ʔe:dl̩n] *vt* to refine; ■**veredelt** refined

Vered(e)lung <-, -en> *f* refinement

verehren* *vt* ❶ (*bewundernd*) to admire ❷ REL to worship

Verehrer(in) <-s, -> *m(f)* admirer

Verehrung *f kein pl* ❶ (*Bewunderung*) admiration *no pl* ❷ REL worship *no pl*

vereidigen* [fɛɐ̯'ʔaidɪgn̩] *vt* to swear in *sep*

vereidigt [fɛɐ̯'ʔaidɪçt] *adj* sworn; **gerichtlich ~** certified before the court

Vereidigung <-, -en> *f* swearing in

Verein <-[e]s, -e> [fɛɐ̯'ʔain] *m* club, association; **in einen ~ eintreten** to join a club; **eingetragener ~** registered society; **gemeinnütziger ~** charitable organization

vereinbar *adj* compatible (**mit** +*dat* with)

vereinbaren* [fɛɐ̯'ʔainba:rən] *vt* ❶ (*absprechen*) ■**etw [mit jdm] ~** to agree sth [with sb]; **wir hatten 20 Uhr vereinbart** we had agreed eight o'clock ❷ (*in Einklang bringen*) to reconcile; ■**sich** *akk* **~ lassen** to be compatible

vereinbart *adj* agreed

Vereinbarung <-, -en> *f* ❶ *kein pl* (*das Vereinbaren*) arranging *no pl* ❷ (*Abmachung*) agreement; **laut ~** as agreed; **nach ~** by arrangement

vereinen* *vt* to unite

vereinfachen* [fɛɐ̯'ʔainfaxn̩] *vt* to simplify

Vereinfachung <-, -en> *f* simplification
vereinheitlichen* [fɛɐ̯'ʔa̯inha̯itlɪçn̩] *vt* to standardize
vereinigen* **I.** *vt* to unite; *Firmen, Organisationen* to merge **II.** *vr* ■**sich** *akk* ~ to merge
vereinigt *adj* united
Vereinigung <-, -en> *f* ① (*Organisation*) organization ② *kein pl* (*Zusammenschluss*) amalgamation
vereinnahmen* [fɛɐ̯'ʔa̯inna:mən] *vt* ■**jdn** ~ to take up sb's time, to monopolize sb
vereinsamen* [fɛɐ̯'ʔa̯inza:mən] *vi sein* to become lonely
vereinsamt *adj* ① (*einsam*) lonely ② (*abgeschieden*) isolated
Vereinsamung <-> *f kein pl* loneliness *no pl*
Vereinslokal *nt* pub [*or* AM bar] belonging to a club or society **Vereinsmitglied** *nt* club member **Vereinssatzung** *f* club rules *pl,* a society's constitution
vereint *adj* united
vereinzelt [fɛɐ̯'ʔa̯intsl̩t] *adj* occasional
vereisen* **I.** *vi sein* to ice up; **eine vereiste Fahrbahn** an icy road **II.** *vt haben* (*lokal anästhesieren*) to freeze
vereiteln* [fɛɐ̯'ʔa̯itl̩n] *vt* to thwart
vereitern* *vi sein* to go septic; ■**vereitert sein** to be septic
verenden* *vi sein* to perish
verengen* [fɛɐ̯'ʔɛŋən] *vr* ■**sich** *akk* ~ *Pupillen* to contract; *Gefäße* to become constricted
vererben* **I.** *vt* ■[**jdm**] **etw** ~ ① (*hinterlassen*) to leave [sb] sth ② (*durch Vererbung weitergeben*) to pass on sth *sep* [to sb]; (*schenken*) to hand on sth *sep* [to sb] **II.** *vr* ■**sich** *akk* ~ to be hereditary
vererblich *adj* hereditary
Vererbung <-, *selten* -en> *f* BIOL heredity *no pl, no art*
verewigen* [fɛɐ̯'ʔe:vɪgn̩] **I.** *vr* ■**sich** *akk* ~ to leave one's mark for posterity **II.** *vt* (*unsterblich machen*) to immortalize
verfahren*[1] [fɛɐ̯'ʔfa:rən] *vi irreg sein* ① (*vorgehen*) to proceed ② (*umgehen*) ■**mit jdm** ~ to deal with sb
verfahren*[2] [fɛɐ̯'ʔfa:rən] *irreg* **I.** *vt Benzin* to use up *sep* **II.** *vr* ■**sich** *akk* ~ to lose one's way
verfahren[3] [fɛɐ̯'ʔfa:rən] *adj* muddled; **die Situation ist völlig** ~ the situation is a total mess
Verfahren <-s, -> [fɛɐ̯'ʔfa:rən] *nt* ① (*Methode*) process ② (*Gerichtsverfahren*) proceedings *npl;* **gegen jdn läuft ein** ~ proceedings are being brought against sb

Verfahrenstechnik *f* TECH process engineering **Verfahrensweise** *f* procedure
Verfall [fɛɐ̯'fal] *m kein pl* ① (*das Verfallen*) dilapidation *no pl, no indef art* ② (*das Ungültigwerden*) expiry *no pl, no indef art* ③ (*geh: Niedergang*) decline *no pl;* **der** ~ **der Moral** the decline in morals *npl*
Verfalldatum *nt s.* **Verfallsdatum**
verfallen*[1] *vi irreg sein* ① (*zerfallen*) to decay ② (*immer schwächer werden*) to deteriorate ③ (*ungültig werden*) *Ticket, Gutschein* to expire; *Anspruch* to lapse ④ (*erliegen*) ■**jdm** ~ to be captivated by sb; ■**einer S.** *dat* ~ to become addicted to sth
verfallen[2] *adj* ① (*völlig baufällig*) dilapidated ② (*abgelaufen*) expired
Verfallsdatum *nt* ÖKON ① (*der Haltbarkeit*) use-by date ② (*der Gültigkeit*) expiry date
verfälschen* *vt* ① (*falsch darstellen*) to distort ② (*in der Qualität mindern*) to adulterate (**durch** + *akk* with)
Verfälschung *f* ① (*das Verfälschen*) distortion ② (*Qualitätsminderung*) adulteration
verfangen* *irreg vr* ■**sich** ~ ① (*hängen bleiben*) to get caught ② (*sich verstricken*) to become entangled
verfänglich [fɛɐ̯'fɛŋlɪç] *adj* embarrassing
verfärben* **I.** *vr* ■**sich** *akk* ~ to change colour; *Wäsche* to discolour **II.** *vt* to discolour
Verfärbung *f* ① *kein pl* (*Wechsel der Farbe*) change of colour ② (*abweichende Färbung*) discolouration *no pl, no indef art*
verfassen* *vt* to write; *Gesetz, Urkunde* to draw up
Verfasser(in) <-s, -> [fɛɐ̯'fasɐ] *m(f)* author
Verfassung *f* ① *kein pl* (*Zustand*) condition *no pl;* (*körperlich*) state [of health]; (*seelisch*) state [of mind]; **in guter** ~ in good form ② POL constitution
verfassunggebend *adj attr* **die** ~**e Versammlung** the constituent assembly
Verfassungsbeschwerde *f* complaint about constitutional infringements *pl* **Verfassungsgericht** *nt* constitutional court **Verfassungsklage** *f formal complaint about unconstitutional decision made by the courts*
verfassungsmäßig *adj* constitutional
Verfassungsschutz *m* ① (*Schutz*) protection of the constitution ② (*fam: Amt*) Office for the Protection of the Constitution **verfassungswidrig** *adj* unconstitutional
verfaulen* *vi sein* to rot; ■**verfault** rotten
verfechten* *vt irreg* to champion
Verfechter(in) *m(f)* advocate, champion
verfehlen* *vt* ① (*nicht treffen, verpassen*)

to miss; ■**nicht zu ~ sein** to be impossible to miss ② (*nicht erreichen*) not to achieve; **das Thema ~** to go completely off the subject; **seinen Beruf ~** to miss one's vocation

verfehlt *adj* ① (*misslungen*) unsuccessful ② (*unangebracht*) inappropriate

verfeinden* [fɛɐ̯'fajndn̩] *vr* ■**sich** *akk* **~** to fall out; ■**verfeindet sein** to be enemies; **verfeindete Staaten** enemy states

verfeinern* [fɛɐ̯'fajnɐn] *vt* ① KOCHK to improve ② (*raffinierter gestalten*) to refine

Verfeinerung <-, -en> *f* ① KOCHK improvement ② (*raffiniertere Gestaltung*) refinement

verfilmen* *vt* to film, to make a film of

Verfilmung <-, -en> *f* ① *kein pl* (*das Verfilmen*) filming *no pl, no indef art* ② (*Film*) film

verfilzen* *vi sein Kleidungsstück* to become felted; *Kopfhaar* to become matted; ■**verfilzt** felted, matted

verfilzt *adj* (*fam*) interconnected; ■**[miteinander] ~ sein** to be inextricably linked

verfinstern* [fɛɐ̯'fɪnstɐn] *vr* ■**sich** *akk* **~** to darken

Verflechtung <-, -en> *f* interconnection

verfliegen* *irreg* **I.** *vi sein* ① *Zorn* to pass; *Kummer* to vanish ② *Geruch* to evaporate **II.** *vr haben* ■**sich** *akk* **~** *Pilot* to lose one's bearings *pl; Flugzeug* to stray off course

verflixt [fɛɐ̯'flɪkst] **I.** *adj* (*fam*) ① (*verdammt*) blasted ② (*ärgerlich*) unpleasant **II.** *adv* (*fam: ziemlich*) damn[ed]

verfluchen* *vt* to curse

verflucht **I.** *adj* (*fam: verdammt*) damn[ed], bloody BRIT **II.** *adv* (*fam: äußerst*) damn[ed]

verflüchtigen* [fɛɐ̯'flʏçtɪgn̩] *vr* ■**sich** *akk* **~** to evaporate

verflüssigen* [fɛɐ̯'flʏsɪgn̩] *vt, vr* to liquefy

verfolgen* *vt* ① (*nachgehen*) to follow ② (*aus politischen etc. Gründen*) to persecute ③ (*zu erreichen suchen*) to pursue; **eine Absicht ~** to have sth in mind ④ (*belasten*) ■**jdn ~** to dog sb; **vom Pech verfolgt sein** to be dogged by bad luck

Verfolger(in) <-s, -> *m(f)* pursuer

Verfolgte(r) [fɛɐ̯'fɔlktə, -tɐ] *f(m) dekl wie adj* victim of persecution

Verfolgung <-, -en> *f* ① (*das Verfolgen*) pursuit *no pl, no indef art;* **die ~ [von jdm] aufnehmen** to start in pursuit [of sb] ② (*aus politischen etc. Gründen*) persecution *no pl, no indef art* ③ JUR prosecution

Verfolgungsjagd *f* pursuit, chase **Verfolgungswahn** *m* persecution mania

verformen* **I.** *vt* to distort **II.** *vr* ■**sich** *akk* **~** to become distorted, to go out of shape

verfrachten* [fɛɐ̯'fraxtn̩] *vt* ① (*fam: bringen*) ■**jdn ~** to bundle sb off; ■**etw irgendwohin ~** to put sth somewhere ② ÖKON to ship, to transport

verfremden *vt* to make [appear] unfamiliar

Verfremdung <-, -en> *f* alienation

verfressen* *adj* (*pej sl*) [piggishly] greedy

verfrühen* [fɛɐ̯'fry:ən] *vr* ■**sich ~** to arrive too early

verfrüht *adj* premature; **etw für ~ halten** to consider sth to be premature

verfügbar *adj* available

verfügen* **I.** *vi* ■**über etw** *akk* **~** to have sth at one's disposal **II.** *vt* (*anordnen*) to order

Verfügung <-, -en> *f* ① (*Anordnung*) order; **einstweilige ~** JUR temporary injunction ② (*Disposition*) ■**etw zur ~ haben** to have sth at one's disposal; ■**jdm zur ~ stehen** to be available to sb; ■**[jdm] etw zur ~ stellen** to make sth available [to sb]

verführen* *vt* ① (*verleiten*) to entice; (*sexuell*) to seduce ② (*hum: verlocken*) to tempt

Verführer(in) *m(f)* seducer *masc,* seductress *fem*

verführerisch [fɛɐ̯'fy:rərɪʃ] *adj* ① (*verlockend*) tempting ② (*aufreizend*) seductive

Verführung *f* ① (*Verleitung*) seduction; **~ Minderjähriger** *pl* JUR seduction of minors *pl* ② (*Verlockung*) temptation

verfüttern* *vt* ■**etw [an Tiere] ~** to feed sth to animals

Verfütterung [fɛɐ̯'fʏtərʊŋ] *f* AGR feeding

Vergabe [fɛɐ̯'ga:bə] *f von Arbeit, Studienplätzen* allocation; *eines Auftrags, Preises* award

vergammeln* *vi sein Essen* to go bad

vergammelt <-er, -este> *adj* (*fam*) scruffy, tatty

vergangen *adj* past, former

Vergangenheit <-, *selten* -en> [fɛɐ̯'gaŋənhajt] *f* ① *kein pl* (*Vergangenes*) past; **die jüngste ~** the recent past; **der ~ angehören** to belong to the past ② LING past [tense]

Vergangenheitsbewältigung *f* coming to terms with the past

vergänglich [fɛɐ̯'gɛŋlɪç] *adj* transient

Vergänglichkeit <-> *f kein pl* transience *no pl*

vergasen* *vt* to gas

Vergaser <-s, -> *m* AUTO carburettor

vergaß [fɛɐ̯'ga:s] *imp von* **vergessen**

vergeben* *irreg* **I.** *vi* to forgive **II.** *vt* ① (*verzeihen*) to forgive ② (*zuteilen*) to allocate sth (**an** +*akk* to); *Preis, Auftrag* to award

vergebens [fɛɐ̯ge:bn̩s] **I.** *adj präd* in vain

sich vergewissern/versichern

sich vergewissern	making sure
Alles in Ordnung?	**Everything OK?**
Habe ich das so richtig gemacht?	**Have I done that right?**
Hat es Ihnen geschmeckt?	**Did you like it?**
Ist das der Bus nach Frankfurt?	**Is that/this** the bus to Frankfurt?
(am Telefon): **Bin ich hier richtig beim** Standesamt?	*(on the phone):* **Is that the** registry office?
Ist das der Film, von dem du so geschwärmt hast?	**Is that** the film you were raving about? *(fam)*
Bist du dir sicher, dass die Hausnummer stimmt?	**Are you sure** you've got the right door number?
jemandem etwas versichern, beteuern	**assuring someone of something**
Der Zug hatte **wirklich** Verspätung gehabt.	The train **really was** late.
Wirklich! Ich habe nichts davon gewusst.	**Honestly!** I didn't know anything about it.
Ob du es nun glaubst oder nicht: Sie haben sich **tatsächlich** getrennt.	**Believe it or not**; they **really** have split up.
Ich kann Ihnen versichern, dass das Auto noch einige Jahre fahren wird.	**I assure you (that)** the car will go on running for several more years.
Glaub mir, das Konzert wird ein Riesenerfolg.	**Believe/Trust me,** the concert is going to be a huge success.
Du kannst ganz sicher sein, er hat nichts gemerkt.	**You can be sure/certain** he didn't notice a thing.
Ich garantiere Ihnen, dass die Mehrheit dagegen stimmen wird.	**I guarantee (you) (that)** the majority will vote against (it).
Die Einnahmen sind ordnungsgemäß versteuert, **dafür lege ich meine Hand ins Feuer.**	The takings have been properly declared, **I'd swear to it/vouch for it.**

pred **II.** *adv s.* **vergeblich**

vergeblich [fɛɐ̯'geːplɪç] **I.** *adj* (*erfolglos bleibend*) futile **II.** *adv* (*umsonst*) in vain

Vergeblichkeit <-> *f kein pl* futility *no pl, no indef art*

Vergebung <-, -en> *f* forgiveness *no pl, no indef art;* [**jdn**] **um ~ bitten** to ask for [sb's] forgiveness

vergegenwärtigen* [fɛɐ̯'geːgn̩vɛrtɪgn̩] *vt* ■**sich** *dat* **etw ~** to realize sth

vergehen* [fɛɐ̯'geːən] *irreg* **I.** *vi sein* ① (*verstreichen*) to go by, to pass ② (*schwinden*) to wear off; **igitt! da vergeht einem ja der Appetit** yuk! it's enough to make you lose your appetite ③ (*sich zermürben*) to die (**vor** +*dat* of); **vor Sehnsucht ~** to pine away **II.** *vr haben* ■**sich** *akk* **an jdm ~** to indecently assault sb

Vergehen <-s, -> [fɛɐ̯'geːən] *nt* offence

vergelten *vt irreg* ■[**jdm**] **etw ~** to repay sb for sth

Vergeltung <-, -en> *f* revenge; **~ üben** to take revenge

Vergeltungsmaßnahme *f* reprisal **Vergeltungsschlag** *m* retaliatory strike

vergessen <vergisst, vergaß, vergessen> [fɛɐ̯'gɛsn̩] **I.** *vt* ① (*nicht mehr daran denken*) to forget; **das werde ich dir nie ~** I won't forget what you did; **nicht zu ~ ...** not forgetting ... ② (*liegen lassen*) to leave behind **II.** *vr* (*die Beherrschung verlieren*) ■**sich** *akk* **~** to forget oneself

Vergessenheit <-> *f kein pl* oblivion *no pl, no art;* **in ~ geraten** to fall into oblivion

vergesslich [fɛɐ̯'gɛslɪç] *adj* forgetful

Vergesslichkeit <-> *f kein pl* forgetfulness

no pl

vergeuden* [fɛɐ̯ˈgɔydn̩] *vt* to waste

Vergeudung <-, -en> *f* waste *no pl*, squandering *no pl*

vergewaltigen* [fɛɐ̯gəˈvaltɪgn̩] *vt* to rape

Vergewaltigung <-, -en> *f* rape

vergewissern* [fɛɐ̯gəˈvɪsɐn] *vr* ■**sich** *akk* **~, dass ...** to make sure that ...

vergießen* *vt irreg* ① (*danebengießen*) to spill ② *Tränen, Blut* to shed

vergiften* *vt* to poison

Vergiftung <-, -en> *f kein pl* poisoning *no pl, no indef art*

vergilbt *adj* yellowed

Vergissmeinnicht <-[e]s, -[e]> [fɛɐ̯ˈgɪsmainnɪçt] *nt* forget-me-not

vergisst [fɛɐ̯ˈgɪst] *3. pers sing pres von* **vergessen**

verglasen* *vt* to glaze; ■**verglast** glazed

Vergleich <-[e]s, -e> [fɛɐ̯ˈglaiç] *m* comparison; **im ~ [zu jdm/etw]** in comparison [with sb/sth]; **in keinem ~ [zu etw** *dat*] **stehen** to be out of all proportion [to sth] ► WENDUNGEN: **der ~ hinkt** that's a poor [*or* weak] comparison

vergleichbar *adj* comparable (**mit** +*dat* to)

vergleichen* *irreg vt* to compare (**mit** +*dat* with, to)

Vergleichsgruppe *f* control group

vergleichsweise *adv* comparatively; **das ist ~ wenig/viel** that is a little/a lot in comparison

verglühen* *vi sein* ① (*verglimmen*) to die away ② (*glühend zerfallen*) to burn up

vergnügen* [fɛɐ̯ˈgny:gn̩] *vr* ■**sich** *akk* ~ to amuse [*or* enjoy] oneself

Vergnügen <-s, -> [fɛɐ̯ˈgny:gn̩] *nt* (*Freude*) enjoyment *no pl;* (*Genuss*) pleasure *no pl;* **~ an etw** *dat* **finden** to find pleasure in sth; **es ist kein ~ ihn zu interviewen** it is not exactly a pleasure to interview him; **jdm ~ bereiten** to give sb pleasure ► WENDUNGEN: **viel ~!** have a good time!

vergnügt [fɛɐ̯ˈgny:kt] **I.** *adj* happy, cheerful **II.** *adv* happily, cheerfully

Vergnügung <-, -en> *f* pleasure

Vergnügungspark *m* amusement park

Vergnügungsviertel *nt* entertainment quarter

vergolden* [fɛɐ̯ˈgɔldn̩] *vt* to gold-plate

vergöttern* [fɛɐ̯ˈgœtɐn] *vt* to idolize

vergraben* *irreg* **I.** *vt* to bury **II.** *vr* ■**sich** *akk* **in Arbeit ~** to bury oneself in work

vergrämt *adj* troubled

vergrätzen* [fɛɐ̯ˈgrɛtsn̩] *vt* (*fam*) to vex

vergraulen* *vt* (*fam*) to scare away

vergreifen* *vr irreg* ① (*stehlen*) ■**sich** *akk* **an etw** *dat* ~ to steal sth ② (*Gewalt antun*) ■**sich** *akk* **an jdm** ~ to assault sb ③ (*sich unpassend ausdrücken*) ■**sich** *akk* **im Ton ~** to adopt the wrong tone

vergreisen [fɛɐ̯ˈgraizn̩] *vi sein* ① (*senil werden*) to become senile ② *Bevölkerung* to age

vergriffen *adj Buch* out of print *pred; Ware* unavailable

vergrößern [fɛɐ̯ˈgrø:sɐn] **I.** *vt* ① *Fläche, Umfang* to extend, to enlarge (**um** +*akk* by, **auf** +*akk* to) ② *Distanz* to increase ③ *Firma* to expand ④ (*größer erscheinen lassen*) to magnify ⑤ FOTO to enlarge [*or sep* blow up] **II.** *vr* ■**sich** *akk* ~ (*anschwellen*) to become enlarged

Vergrößerung <-, -en> *f* ① (*das Vergrößern*) enlargement, increase; *einer Firma* expansion; (*technisch*) magnification ② (*vergrößertes Foto*) enlargement, blow-up ③ (*Anschwellung*) enlargement

Vergrößerungsglas *m* magnifying glass

vergucken* *vr* (*fam*) ① (*nicht richtig sehen*) to see wrong ② (*verlieben*) ■**sich in jdn ~** to fall for sb

vergünstigt [fɛɐ̯ˈgʏnstɪçt] *adj* cheaper

Vergünstigung <-, -en> *f* ① (*finanzieller Vorteil*) perk ② (*Ermäßigung*) reduction, concession

vergüten* [fɛɐ̯ˈgy:tn̩] *vt* ■[**jdm**] **etw ~** ① (*ersetzen*) to reimburse sb for sth ② (*bezahlen*) to pay sb for sth

Vergütung <-, -en> *f* ① (*das Ersetzen*) refunding *no pl*, reimbursement *no pl* ② (*Geldsumme*) payment, remuneration; (*Honorar*) fee

verhaften* *vt* to arrest; **Sie sind verhaftet!** you are under arrest!

Verhaftete(r) *f(m) dekl wie adj* person under arrest

Verhaftung <-, -en> *f* arrest

verhallen* *vi sein* to die away

verhalten*[1] [fɛɐ̯ˈhaltn̩] *vr irreg* ■**sich** *akk* ~ ① (*sich benehmen*) to behave ② (*beschaffen sein*) to be; **die Sache verhält sich anders, als du denkst** the matter is not as you think

verhalten[2] [fɛɐ̯ˈhaltn̩] **I.** *adj* ① (*zurückhaltend*) restrained ② (*unterdrückt*) suppressed **II.** *adv* in a restrained manner

Verhalten <-s> [fɛɐ̯ˈhaltn̩] *nt kein pl* behaviour *no pl*

verhaltensauffällig *adj* PSYCH displaying behavioural problems **Verhaltensauffälligkeit** *f* PSYCH display[s] of behavioural problems **Verhaltensforschung** *f kein pl* behavioural research *no pl* **verhaltensgestört** *adj* disturbed **Verhaltenskodex** [fɛɐ̯ˈhaltn̩sko:dɛks] *m* SOZIOL (*geh*) code of behaviour **Verhaltensstörung** *f meist pl* behavioural disturbance **Verhaltensweise** *f* behaviour

Verhältnis <-ses, -se> [fɛɐ̯'hɛltnɪs] *nt* ① (*Relation*) ratio; **in keinem ~ zu etw** *dat* **stehen** to bear no relation to sth; **im ~** in a ratio (**von** +*dat* of, **zu** +*dat* to); **im ~ [zu jdm]** in comparison [with sb] ② (*persönliche Beziehung*) relationship (**zu** +*dat* with); (*Affäre*) affair ③ *pl* (*Bedingungen*) conditions *pl;* **räumliche ~se** physical conditions ④ *pl* (*Lebensumstände*) circumstances *pl;* **über seine ~se** *pl* **leben** to live beyond one's means *pl;* **in bescheidenen ~sen leben** to live in modest circumstances; **klare ~se schaffen** to get things straightened out; **unter anderen ~sen** under different circumstances

verhältnismäßig *adv* relatively

Verhältniswahlrecht *nt* [system of] proportional representation **Verhältniswort** *nt* LING preposition

verhandeln* **I.** *vi* to negotiate **II.** *vt* ① (*aushandeln*) to negotiate ② JUR to hear

Verhandlung *f* ① *meist pl* (*das Verhandeln*) negotiation; **~en aufnehmen** to enter into negotiations; **in ~en stehen** to be engaged in negotiations ② JUR trial, hearing

Verhandlungsbasis *f* basis for negotiation[s]; *Preis* or near offer, o.n.o. BRIT, or best offer AM, o.b.o. AM **verhandlungsbereit** *adj* prepared to negotiate *pred* **verhandlungsfähig** *adj* JUR able to stand trial *pred* **Verhandlungsmarathon** [fɛɐ̯'handlʊŋsmaːratɔn] *m* POL marathon negotiations *pl* **Verhandlungspartner(in)** *m(f)* negotiating party **Verhandlungssache** *f* matter of negotiation **Verhandlungstisch** *m* negotiating table

verhängen* *vt* ① (*zuhängen*) to cover (**mit** +*dat* with) ② SPORT (*aussprechen*) to award ③ (*verfügen*) to impose; *Ausnahmezustand* to declare

verhangen *adj* overcast

Verhängnis <-, -se> [fɛɐ̯'hɛŋnɪs] *nt* disaster; **jdm zum ~ werden** to be sb's undoing

verhängnisvoll *adj* disastrous, fatal

verharmlosen* [fɛɐ̯'harmloːzn̩] *vt* to play down *sep*

Verharmlosung <-, -en> *f* playing down

verharren* *vi sein o haben* (*geh*) to pause

verhärten* **I.** *vt* to harden **II.** *vr* ▪**sich** *akk* ~ to become hardened

Verhärtung *f* ① *kein pl* (*Erstarrung*) hardening *no pl* ② (*verhärtete Stelle*) induration

verhaspeln* *vr* ▪**sich** *akk* ~ to get into a muddle

verhasst [fɛɐ̯'hast] *adj* hated; **dieser Beruf wurde mir immer ~er** I hated this profession more and more

verhätscheln *vt* to spoil, to pamper

Verhau <-[e]s, -e> [fɛɐ̯'hau̯] *m* MIL entanglement

verhauen* <verhaute, verhauen> **I.** *vt* (*fam*) ① (*verprügeln*) to beat up *sep* ② SCH **ich habe den Aufsatz [gründlich] ~!** I've made a [complete] mess of the essay! **II.** *vr* (*fam: sich verkalkulieren*) ▪**sich** *akk* ~ to slip up

verheddern* [fɛɐ̯'hɛdɐn] *vr* ▪**sich** *akk* ~ ① (*sich verfangen*) to get tangled up ② (*sich versprechen*) to get into a muddle

verheerend **I.** *adj* devastating **II.** *adv* devastatingly; **sich** *akk* **~auswirken** to have a devastating effect; **~ aussehen** (*fam*) to look dreadful

verhehlen* *vt* (*geh*) ▪**etw [jdm gegenüber]** ~ to conceal sth [from sb]; ▪**nicht ~, dass ...** to not hide the fact that ...

verheilen* *vi sein* to heal [up]

verheimlichen* [fɛɐ̯'hai̯mlɪçn̩] *vt* ▪**[jdm] etw** ~ to conceal sth [from sb], to keep sth secret [from sb]; ▪**jdm ~, dass ...** to conceal from sb the fact that ...; **ich habe nichts zu ~** I have nothing to hide

verheiraten* *vr* ▪**sich [mit jdm]** ~ to marry [sb]; ▪**verheiratet** married

verheiratet *adj* married; ▪**[mit jdm] ~ sein** to be married [to sb]

verheißen* *vt irreg* to promise

Verheißung <-, -en> *f* promise

verheißungsvoll **I.** *adj* promising; **wenig ~** unpromising **II.** *adv* full of promise

verhelfen* *vi irreg* ▪**jdm zu etw** *dat* ~ to help sb to achieve sth; **sie verhalf ihm zu einem Stipendium** she helped him to get a grant

verherrlichen* [fɛɐ̯'hɛrlɪçn̩] *vt* to glorify

Verherrlichung <-, -en> *f* glorification *no pl*

verheult *adj* puffy from crying

verhexen* *vt* to bewitch; **wie verhext sein** to be jinxed

verhindern* *vt* to prevent; ▪**~, dass jd etw tut** to prevent sb from doing sth

verhindert *adj* ▪**~ sein** to be unable to come

verhöhnen* *vt* to mock

verhökern* *vt* (*fam*) to flog [off]

Verhör <-[e]s, -e> [fɛɐ̯'høːɐ̯] *nt* questioning *no pl, no art,* interrogation; **jdn einem ~ unterziehen** to subject sb to questioning

verhören* **I.** *vt* (*offiziell befragen*) to question, to interrogate **II.** *vr* (*falsch hören*) ▪**sich** *akk* ~ to mishear

V

verhüllen* *vt* to cover
verhungern* *vi sein* to starve [to death]; **am V~ sein** to be starving
verhüten* *vt* to prevent; *Schwangerschaft* to use contraception
Verhütung <-, -en> *f* ① (*das Verhindern*) prevention *no pl, no indef art* ② (*Empfängnisverhütung*) contraception *no pl, no art*
Verhütungsmittel *nt* contraceptive
verifizieren* [verifi'tsi:rən] *vt* to verify
verinnerlichen* [fɛɐ̯'ʔɪnɐlɪçn̩] *vt* to internalize
verirren* *vr* ■**sich** *akk*~ to get lost
verjagen* *vt* to chase away *sep*
verjähren* *vi sein* to become statute-barred; ■**verjährt** statute-barred
Verjährung <-, -en> *f* limitation
Verjährungsfrist *f* [statutory] period of limitation
verjubeln* *vt* to blow
verjüngen* [fɛɐ̯'jʏŋən] **I.** *vi* (*vitalisieren*) to make one feel younger **II.** *vt Haut* to rejuvenate **III.** *vr* ■**sich** *akk* ~ (*schmaler werden*) to narrow
Verjüngung <-, -en> *f* rejuvenation
verkabeln* *vt* to connect to the cable network
Verkabelung <-, -en> *f* connecting *no pl* to the cable network
verkalken* *vi sein* ① (*Kalk einlagern*) to fur [*or* AM clog] up; ■**verkalkt** furred up ② *Arterien* to become hardened
verkalkulieren* *vr* ■**sich** *akk* ~ ① (*sich verrechnen*) to miscalculate ② (*sich irren*) to be mistaken
Verkalkung <-, -en> *f* ① (*das Verkalken*) furring *no pl* BRIT, clogging AM ② *von Arterien* hardening *no pl*
verkannt *adj* unrecognized
verkappt *adj attr* disguised; **ein ~er Kommunist** a communist in disguise
verkatert [fɛɐ̯'ka:tɐt] *adj* (*fam*) hung-over *pred*
Verkauf <-s, Verkäufe> [fɛɐ̯'kaʊ̯f, *pl* fɛɐ̯'kɔyfə] *m* ① (*das Verkaufen*) sale, selling *no pl*; **etw zum ~ anbieten** to offer sth for sale; **zum ~ stehen** to be up for sale ② *kein pl* (*Verkaufsabteilung*) sales *no art, + sing/pl vb*
verkaufen* **I.** *vt* to sell (**an** +*akk* to); **zu ~ sein** to be for sale; **„zu ~"** 'for sale' **II.** *vr* ■**sich** *akk*~ to sell; **das Buch verkauft sich gut** the book is selling well
Verkäufer(in) [fɛɐ̯'kɔyfɐ] *m(f)* ① (*in Geschäft*) sales [*or* shop] assistant ② (*verkaufender Eigentümer*) seller; JUR vendor
verkäuflich *adj* for sale *pred*
Verkaufsabteilung *f* sales department **Verkaufsangebot** *nt* ① HANDEL sales offer ② BÖRSE offer for sale **Verkaufsbedingungen** *pl* HANDEL terms and conditions **Verkaufserlös** *m* ÖKON sales revenue **Verkaufsleiter(in)** *m(f)* sales manager [*or* executive] **verkaufsoffen** *adj* open for business **Verkaufspreis** *m* retail price **Verkaufsschlager** *m* best-seller **verkaufsträchtig** *adj* ÖKON *Ware* marketable **Verkaufszahlen** *pl* sales figures *pl*
Verkehr <-[e]s> [fɛɐ̯'ke:ɐ̯] *m kein pl* ① (*Straßenverkehr*) traffic *no pl, no indef art* ② (*Umgang*) contact, dealings *pl* ③ (*Handel*) **etw aus dem ~ ziehen** to withdraw sth from circulation ④ (*Geschlechtsverkehr*) intercourse
verkehren* **I.** *vi* ① *sein o haben* (*fahren*) to run; **der Zug verkehrt nur zweimal am Tag** the train only runs twice a day ② *haben* (*häufiger Gast sein*) to visit regularly ③ *haben* (*Umgang pflegen*) ■[**mit jdm**] ~ to associate [with sb] **II.** *vr haben* (*sich umkehren*) ■**sich** *akk* **in etw** *akk* ~ to turn into sth
Verkehrsampel *f* traffic lights *pl* **Verkehrsamt** *nt* tourist information office **Verkehrsanbindung** *f* transport link BRIT *usu pl*, transportation connection AM *usu pl* **Verkehrsaufkommen** *nt* volume of traffic **verkehrsberuhigt** *adj* traffic-calmed **Verkehrschaos** *nt* road chaos **Verkehrsdichte** *f kein pl* traffic density **Verkehrsdurchsage** *f* traffic announcement **Verkehrserziehung** *f* road safety training **Verkehrsflugzeug** *nt* commercial aircraft **Verkehrsfunk** *m* radio traffic service **verkehrsgünstig** *adj* close to public transport **Verkehrshindernis** *nt* obstruction to traffic **Verkehrshinweis** *m* traffic announcement **Verkehrsinsel** *f* traffic island **Verkehrsknotenpunkt** *m* traffic junction **Verkehrskontrolle** *f* spot check on the traffic **Verkehrslage** *f* traffic [conditions *pl*] **Verkehrsminister(in)** *m(f)* transport minister BRIT, Minister of Transport BRIT, Secretary of Transportation AM **Verkehrsmittel** *nt* means + *sing/pl vb* of transport; **öffentliches/privates** ~ public/private transport **Verkehrsnetz** *nt* transport system **Verkehrsordnung** *f kein pl* Road Traffic Act **Verkehrsplanung** *f* traffic planning **Verkehrspolizei** *f* traffic police **Verkehrspolizist(in)** *m(f)* traffic policeman *masc*, policewoman *fem* **Verkehrsregel** *f* traffic regulation **Verkehrsregelung** *f* traffic control **verkehrsreich** *adj* **~e Straße** busy street **Verkehrsschild** *nt* road sign **ver-**

kehrssicher *adj Fahrzeug* safe; (*bes. Auto*) roadworthy **Verkehrssicherheit** *f kein pl* road safety **Verkehrsstraße** *f* road open to traffic **Verkehrssünder(in)** *m(f)* (*fam*) traffic offender **Verkehrsteilnehmer(in)** *m(f)* road-user **Verkehrstote(r)** *f(m) dekl wie adj* road fatality **Verkehrsunfall** *m* road accident **Verkehrsverbindung** *f* (*durch Verkehrswege*) route; (*durch Verkehrsmittel*) connection, [transport] link **Verkehrsverbund** *m* association of transport companies *pl* **Verkehrsverein** *m* tourist promotion agency **Verkehrsweg** *m* [traffic] route, communication **Verkehrswesen** <-s> *nt kein pl* communications *pl* [system] **verkehrswidrig** *adj* contrary to road traffic regulations *pl* **Verkehrszeichen** *nt s.* **Verkehrsschild**

verkehrt **I.** *adj* (*falsch*) wrong; **die ~e Richtung** the wrong direction; ■**der V~e** the wrong person; ■**etwas V~es** the wrong thing **II.** *adv* wrongly; **du machst ja doch wieder alles ~!** you're doing everything wrong again!; **~ herum** the wrong way round

verkeilen* *vt* ❶ (*befestigen*) to wedge tight ❷ DIAL ■**jdn ~** to thrash sb

verkeilt *adj* gridlocked

verkennen* *vt irreg* (*falsch einschätzen*) to misjudge

verketten* **I.** *vt* ❶ (*verbinden*) to chain (**mit** to) ❷ (*verschließen*) to put a chain on **II.** *vr* ■**sich ~** ❶ *Ereignisse* to follow close on one another ❷ *Moleküle* to combine

verklagen* *vt* ■**jdn ~** to take proceedings against sb; **jdn auf Schadenersatz ~** to sue sb for damages

verklappen* *vt* to dump [in the sea]

verklärt <-er, -este> *adj* transfigured

verkleben* **I.** *vt haben* ❶ (*zukleben*) to cover ❷ (*zusammenkleben*) ■**etw ~** to stick sth together **II.** *vi sein* **verklebte Hände** sticky hands

verkleiden* **I.** *vt* ❶ (*kostümieren*) to dress up *sep* ❷ (*überdecken*) to cover; (*innen*) to line **II.** *vr* ■**sich** *akk* **~** to dress up

Verkleidung *f* ❶ (*zur Tarnung*) disguise; (*Kostüm*) fancy dress ❷ (*Auskleidung*) lining

verkleinern* [fɛɐ̯ˈklainɐn] **I.** *vt* ❶ (*verringern*) to reduce ❷ FOTO to reduce; INFORM to scale down **II.** *vr* ■**sich** *akk* **~** ❶ (*sich verringern*) to be reduced in size ❷ (*schrumpfen*) to shrink

verkleinert **I.** *pp von* **verkleinern** **II.** *adj* reduced

Verkleinerung <-, -en> *f* reduction *no pl*

Verkleinerungsform *f* LING diminutive [form]

verklemmen* *vr* ■**sich ~** to jam, to get stuck

verklemmt *adj* uptight [about sex *pred*]

Verklemmtheit [fɛɐ̯ˈklɛmthait] *f* PSYCH (*fam*) uptightness

verklingen* *vi irreg sein* to fade away

verknacken* *vt* (*fam*) ■**jdn ~** to put sb away; **jdn zu einer Geldstrafe ~** to fine sb; ■[**für etw** *akk*] **verknackt werden** to get done [for sth]

verknacksen* *vt* **sich** *akk* **den Fuß ~** to sprain one's ankle

verknallen* *vr* (*fam*) ■**sich** *akk* **~** to fall head over heels in love (**in** +*akk* with)

Verknappung *f* shortage

verkneifen* *vr irreg* (*fam*) ■**sich** *dat* **etw ~** ❶ (*nicht offen zeigen*) to repress sth; **ich konnte mir ein Grinsen nicht ~** I couldn't help grinning ❷ (*sich versagen*) to do without sth

verkniffen *adj Miene* a pinched; **etw ~ sehen** to take a narrow view of sth

verknittern* *vt* to crumple

verknoten* *vt* ■**etw miteinander ~** to knot together *sep* sth

verknüpfen* *vt* ❶ (*verknoten*) to tie [together *sep*] ❷ (*verbinden*) to combine ❸ (*in Zusammenhang bringen*) to link (**mit** +*dat* to)

Verknüpfung <-, -en> *f* ❶ (*Verbindung*) combination ❷ (*Zusammenhang*) link, connection

verkochen* *vi sein* to go mushy *fam*

verkohlen*[1] *vi sein* to turn to charcoal

verkohlen*[2] *vt* (*fam: veräppeln*) ■**jdn ~** to pull sb's leg

verkokst [fɛɐ̯ˈkoːkst] *adj* (*pej sl*) coked-up

verkommen*[1] *vi irreg sein* ❶ (*verwahrlosen*) to decay; *Mensch* to go to rack and ruin ❷ (*herunterkommen*) to go to the dogs; ■**zu etw** *dat* **~** to degenerate into sth

verkommen[2] *adj* ❶ (*verwahrlost*) degenerate ❷ (*im Verfall begriffen*) decayed, dilapidated

verkorksen* [fɛɐ̯ˈkɔrksn̩] *vt* (*fam*) ■**etw/jdn ~** to screw up sb/sth

verkorkst <-er, -este> *adj* screwed-up; *Magen* upset

verkörpern* [fɛɐ̯ˈkœrpɐn] *vt* ❶ FILM, THEAT to play [the part of] ❷ (*personifizieren*) to personify

Verkörperung <-, -en> *f* ❶ *kein pl* FILM, THEAT portrayal ❷ (*Inbegriff*) personification ❸ (*Abbild*) embodiment

verköstigen* [fɛɐ̯ˈkœstɪgn̩] *vt bes* ÖSTERR ■**jdn ~** to cater for sb

V

verkrachen* *vr* (*fam*) ■**sich** *akk* ~ to fall out

verkracht *adj* (*fam*) failed

verkraften* [fɛɐ̯'kraftn̩] *vt* ■**etw** ~ to cope with sth

verkrampfen* *vr* ■**sich** *akk* ~ ① (*zusammenkrümmen*) to be/get cramped ② (*sich anspannen*) to tense [up]

verkrampft **I.** *adj* tense **II.** *adv* tensely; ~ **wirken** to seem unnatural

verkriechen* *vr irreg* ■**sich** *akk* ~ to creep away

verkrümmen* *vt* to bend

verkrüppeln* **I.** *vt* to cripple **II.** *vi sein* to be/grow stunted

verkrüppelt <-er, -este> *adj* ① *Pflanzen* stunted ② *Mensch, Körperteil* crippled

verkrustet *adj* time-honoured, set *attr*

verkühlen* *vr* DIAL, BES ÖSTERR (*fam*) ■**sich** ~ to catch a cold; **sich die Blase** ~ to get a chill on the bladder

verkümmern* *vi sein* ① (*eingehen*) to [shrivel and] die ② (*verloren gehen*) to wither away, to waste away

verkünden* *vt* to announce; **ein Urteil** ~ to pronounce sentence; **Gutes/Unheil** ~ to augur/to not augur well *form*

verkündigen* *vt* to proclaim

Verkündigung *f* (*geh*) ① (*das Verkündigen*) announcement *no art, no pl* ② (*Proklamation*) proclamation

Verkündung <-, -en> *f* announcement; *von Urteil* pronouncement

verkuppeln* *vt* to pair off *sep*

verkürzen* **I.** *vt* ① (*kürzer machen*) to shorten (**auf** +*akk* to, **um** +*akk* by) ② (*zeitlich vermindern*) to reduce (**auf** +*akk* to, **um** +*akk* by); **die Arbeitszeit** ~ to reduce working hours; *Urlaub* to cut short *sep* **II.** *vr* ■**sich** *akk* ~ to become shorter

Verkürzung *f* ① (*das Verkürzen*) shortening, cutting short ② (*zeitliche Verminderung*) reduction

verladen* *vt irreg* to load

Verladerampe *f* loading ramp; (*für Autos*) loading bay

Verladung *f* loading *no art, no pl*

Verlag <-[e]s, -e> [fɛɐ̯'la:k, *pl* -'la:gə] *m* publisher's, publishing house *form*

verlagern* *vt* to move; **den Schwerpunkt** ~ to shift the emphasis

Verlagerung *f* **die ~ der Kunstgegenstände diente dem Schutz vor Bombenangriffen** the works of art were moved to protect them from bombs

Verlagsbuchhandlung *f publishing house purveying its own booksellers* **Verlagshaus** *nt* publishing house **Verlagskaufmann, -kauffrau** *m, f* publishing manager **Verlagsredakteur(in)** *m(f)* [publishing] editor **Verlagswesen** *nt* publishing

verlangen* **I.** *vt* ① (*fordern*) to demand (**von** +*dat* of); *Preis* to ask ② (*erfordern*) to require ③ (*erwarten*) to expect; **das ist ein bisschen viel verlangt** that's a bit much; **das ist nicht zu viel verlangt** that is not too much to expect **II.** *vi* ■**nach etw** *dat* ~ ① (*fordern*) to demand sth ② (*um etw bitten*) to ask for sth

Verlangen <-s, -> *nt* ① (*dringender Wunsch*) desire (**nach** +*dat* for) ② (*Forderung*) demand; **auf** ~ on demand; **auf ihr ~ [hin]** at her request

verlängern* [fɛɐ̯'lɛŋɐn] **I.** *vt* ① (*länger machen*) to lengthen, to extend (**um** +*akk* by) ② (*länger dauern lassen*) to extend; *Leben* to prolong; *Vertrag* to renew **II.** *vr* ■**sich** *akk* ~ to be longer (**um** +*akk* by); *Leben, Leid* to be prolonged

Verlängerung <-, -en> *f* ① *kein pl* (*räumlich*) lengthening; (*durch ein Zusatzteil*) extension ② *kein pl* (*zeitliche*) extension ③ SPORT extra time *no art, no pl*

Verlängerungskabel *nt*, **Verlängerungsschnur** *f* extension [cable]

verlangsamen* [fɛɐ̯'laŋza:mən] **I.** *vt* to slow down *sep* **II.** *vr* ■**sich** *akk* ~ to slow [down]

Verlass <-es> [fɛɐ̯'las] *m kein pl* ■**auf jdn ist/ist kein** ~ you can/cannot rely on sb

verlassen*[1] *irreg* **I.** *vt* ① (*im Stich lassen*) to abandon ② (*hinausgehen, fortgehen*) to leave ③ (*verloren gehen*) ■**jdn** ~ to desert sb; **der Mut verließ ihn** he lost courage **II.** *vr* ■**sich** *akk* **auf jdn/etw** ~ to rely [up]on sb/sth; **worauf du dich ~ kannst!** you bet!

verlassen[2] *adj* deserted; (*verwahrlost*) desolate

verlässlich [fɛɐ̯'lɛslɪç] *adj* reliable

Verlässlichkeit <-> *f kein pl* reliability *no art, no pl*

Verlaub [fɛɐ̯'laup] *m* ■**mit** ~ with respect

Verlauf [fɛɐ̯'lauf] *m* course; **im ~ der nächsten Monate** in the course of the next few months; **der Prozess nahm einen guten** ~ the case went well

verlaufen* *irreg* **I.** *vi sein* ① (*ablaufen*) **das Gespräch verlief nicht wie erhofft** the discussion didn't go as hoped ② (*sich erstrecken*) to run **II.** *vr* ■**sich** *akk* ~ ① (*sich verirren*) to get lost ② (*auseinandergehen*) to disperse; (*panisch*) to scatter

Verlaufsform *f* LING continuous form

verlautbaren* [fɛɐ̯'lauba:rən] *vt* (*geh*)

■**etw ~ lassen** to let sth be announced

verlauten* *vt sein* ■**etw ~ lassen** to say sth

verleben* *vt* to spend; **eine schöne Zeit ~** to have a nice time

verlebt *adj* ruined, raddled

verlegen*¹ [fɛɐ̯ˈleːgn̩] *vt* ① *Schlüssel etc.* to mislay ② *Termin* to postpone (**auf** *+akk* until) ③ *Gleise, Teppich, Kabel* to lay ④ *Buch* to publish ⑤ *Patient, Abteilung* to transfer

verlegen² [fɛɐ̯ˈleːgn̩] **I.** *adj* embarrassed; **er ist nie um eine Entschuldigung ~** he's never lost for an excuse **II.** *adv* in embarrassment

Verlegenheit <-, -en> *f kein pl* embarrassment *no pl;* **jdn in ~ bringen** to put sb in an embarrassing situation

Verleger(in) <-s, -> *m(f)* publisher

Verlegung <-, -en> *f* ① (*Verschiebung*) rescheduling *no art, no pl;* (*auf einen späteren Zeitpunkt*) postponement ② TECH installation, laying *no art, no pl* ③ (*Ortswechsel*) transfer

verleiden* *vt* (*die Freude verderben*) ■**jdm etw ~** to spoil [*or* ruin] sth for sb

Verleih <-[e]s, -e> [fɛɐ̯ˈlai̯] *m* ① (*Unternehmen*) rental [*or* BRIT hire] company ② *kein pl* (*das Verleihen*) renting [*or* BRIT hiring] out *no art, no pl*

verleihen* *vt irreg* ① (*verborgen*) to lend (**an** *+akk* to); (*gegen Geld*) to rent [*or* BRIT hire] out *sep* ② (*jdn mit etw auszeichnen*) **jdm einen Preis ~** to award sb a prize ③ (*geben*) to give; **die Wut verlieh ihm neue Kräfte** anger gave him new strength

Verleihung <-, -en> *f* ① (*das Verleihen*) lending *no art, no pl;* (*für Geld*) renting [*or* BRIT hiring] out *no art, no pl* ② (*Zuerkennung*) award

verleiten* *vt* ■**jdn [zu etw** *dat*] ~ ① (*dazu bringen*) to persuade sb [to do sth] ② (*verführen*) to entice sb [to do sth]

verlernen* *vt* to forget; **das Tanzen ~** to forget how to dance

verlesen*¹ *irreg* **I.** *vt* (*vorlesen*) to read [aloud *sep*] **II.** *vr* ■**sich** *akk* ~ to read sth wrongly

verlesen*² *vt irreg* (*aussortieren*) to sort

verletzbar *adj s.* **verletzlich**

verletzen* [fɛɐ̯ˈlɛtsn̩] *vt* ① (*verwunden*) to injure, to hurt; ■**sich** *akk* ~ to injure [*or* hurt] oneself ② (*kränken*) to offend; *Gefühle* to hurt; **jdn in seinem Stolz ~** to hurt sb's pride ③ (*übertreten*) to violate

verletzend *adj* hurtful

verletzlich *adj* vulnerable

Verletzte(r) *f(m) dekl wie adj* injured person; (*Opfer*) casualty; ■**die ~n** the injured *+ pl vb*

Verletzung <-, -en> *f* ① MED injury ② *kein pl* (*Übertretung*) violation

verleugnen* *vt* to deny

verleumden* [fɛɐ̯ˈlɔy̯mdn̩] *vt* to slander; (*schriftlich*) to libel

Verleumdung <-, -en> *f* slander *no art, no pl,* libel *no art, no pl*

Verleumdungskampagne *f* smear campaign

verlieben* *vr* ■**sich** *akk* ~ to fall in love (**in** *+akk* with); (*für jdn schwärmen*) to have a crush on sb

verliebt *adj* infatuated; ■**~ sein** to be in love (**in** *+akk* with)

verlieren <verlor, verloren> [fɛɐ̯ˈliːrən] **I.** *vt* to lose; **beim letzten Spiel hat er gegen ihn verloren** at the last match he lost to him ▶ WENDUNGEN: **du hast hier nichts verloren** (*fam*) you have no business being here **II.** *vr* ■**sich** *akk* ~ to disappear; **sich in der Ferne ~** to disappear into the distance

Verlierer(in) <-s, -> *m(f)* loser

Verlies <-es, -e> [fɛɐ̯ˈliːs, *pl* ˈliːzə] *nt* dungeon

verlinken* [fɛɐ̯ˈlɪŋkən] *vt* ■**etw mit etw** *dat* ~ INET to link sth to sth

verloben* *vr* ■**sich** *akk* ~ to get engaged (**mit** *+dat* to)

Verlobte(r) *f(m) dekl wie adj* fiancé *masc,* fiancée *fem*

Verlobung <-, -en> *f* engagement

verlocken* *vi* to tempt

verlockend *adj* tempting

Verlockung <-, -en> *f* temptation

verlogen [fɛɐ̯ˈloːgn̩] *adj* ① (*lügnerisch*) lying *attr;* **~ sein** *Behauptung* to be a lie; *Mensch* to be a liar ② (*heuchlerisch*) insincere, phoney

Verlogenheit <-> *f kein pl* untruthfulness *no art, no pl*

verlor [fɛɐ̯ˈloːɐ̯] *imp von* **verlieren**

verloren [fɛɐ̯ˈloːrən] **I.** *pp von* **verlieren** **II.** *adj* ■**~ sein** to be finished; **sich ~ fühlen** to feel lost; **~ gehen** to get lost

verlosen* *vt* to raffle

Verlosung *f* raffle, draw

verlottert *adj* (*pej*) run-down, scruffy; *Gebäude* dilapidated

verludern* (*fam*) **I.** *vt Geld* to squander **II.** *vi* to go to the bad

Verlust <-[e]s, -e> [fɛɐ̯ˈlʊst] *m* loss; **~e machen** to make losses

Verlustmeldung *f* ① (*Anzeige*) report of the loss ② MIL casualty report

verlustreich *adj* ① FIN loss-making ② MIL *Schlacht*

V

involving heavy losses

vermachen* *vt* to bequeath

Vermächtnis <-ses, -se> [fɛɐ̯ˈmɛçtnɪs] *nt* legacy

vermählen* [fɛɐ̯ˈmɛːlən] *vr* ■**sich** *akk* [**mit jdm**] ~ to marry [sb] *attr*

Vermählung <-, -en> *f* (*geh*) marriage, wedding

vermarkten* *vt* to market

Vermarktung <-, -en> *f* marketing

vermasseln* [fɛɐ̯ˈmasl̩n] *vt* to mess up *sep*

vermehren* *vr* ■**sich** *akk* ~ ❶ (*sich fortpflanzen*) to reproduce; (*stärker*) to multiply ❷ (*zunehmen*) to increase (**um** +*akk* by)

Vermehrung <-, -en> *f* ❶ (*Fortpflanzung*) reproduction *no art, no pl;* (*stärker*) multiplying *no art, no pl* ❷ (*das Anwachsen*) increase

vermeidbar *adj* avoidable

vermeiden* *vt irreg* to avoid; **sich nicht ~ lassen** to be inevitable

vermeintlich [fɛɐ̯ˈmaintlɪç] **I.** *adj attr* supposed *attr* **II.** *adv* supposedly

vermelden* *vt* **etw zu ~ haben** to have sth to announce

Vermerk <-[e]s, -e> [fɛɐ̯ˈmɛrk] *m* note

vermerken* *vt* to note [down *sep*]

vermessen*[1] [fɛɐ̯ˈmɛsn̩] *irreg* **I.** *vt* to measure; *Grundstück, Gebäude* to survey **II.** *vr* ■**sich** *akk* ~ to measure [sth] wrongly

vermessen[2] [fɛɐ̯ˈmɛsn̩] *adj* presumptuous

Vermessenheit <-, -en> *f* presumption *no art, no pl*

Vermessung *f* measurement; (*bei einem Katasteramt*) survey

Vermessungsingenieur(in) *m(f)* [land] surveyor

vermiesen* [fɛɐ̯ˈmiːzn̩] *vt* (*fam*) ■[**jdm**] **etw** ~ to spoil sth [for sb]

vermieten* *vt* to rent [*or* BRIT hire] out *sep; Haus, Wohnung* to let (**an** +*akk* to); **„zu ~“** 'to let'

Vermieter(in) *m(f)* landlord *masc,* landlady *fem*

Vermietung <-, -en> *f* letting *no art, no pl,* renting out *no art, no pl; Auto, Boot* renting [*or* BRIT hiring] [out] *no art, no pl*

vermindern* **I.** *vt* to reduce **II.** *vr* ■**sich** *akk* ~ to decrease, to diminish

Verminderung *f* reduction, decrease

vermischen* **I.** *vt* to mix; (*um eine bestimmte Qualität zu erreichen*) to blend **II.** *vr* ■**sich** *akk* [**miteinander**] ~ to mix

Vermischung *f* mixing *no art, no pl*

vermissen* *vt* ❶ (*das Fehlen bemerken*) ■**etw** ~ to have lost sth ❷ (*jds Abwesenheit bedauern*) ■**jdn** ~ to miss sb ❸ (*jds Abwesenheit feststellen*) **wir ~ unsere Tochter** our daughter is missing ❹ (*das Fehlen von etw bedauern*) **was ich an den jungen Menschen vermisse, ist Höflichkeit** what I think young people lack is politeness

Vermisstenanzeige, Vermisstenmeldung *f* **eine ~ aufgeben** to report sb as missing

Vermisste(r) *f(m) dekl wie adj* missing person

vermittelbar *adj* employable; **ältere Arbeitnehmer sind kaum mehr ~** it is almost impossible to find jobs for older people

vermitteln* **I.** *vt* ❶ (*beschaffen*) **jdm eine Stellung ~** to find sb a job; **jdn an eine Firma ~** to place sb with a firm ❷ (*weitergeben*) to pass on *sep;* **jdm ein schönes Gefühl ~** to give sb a good feeling ❸ (*arrangieren*) to arrange **II.** *vi* to mediate

Vermittler(in) <-s, -> *m(f)* ❶ (*Schlichter*) mediator ❷ (*Unterhändler*) negotiator ❸ (*Makler*) agent

Vermittlung <-, -en> *f* ❶ (*Vermitteln*) *einer Stelle, Wohnung* finding *no art, no pl* ❷ (*Schlichtung*) mediation ❸ (*Telefonzentrale*) operator ❹ (*das Weitergeben*) imparting *no art, no pl*

Vermittlungsagentur *f* HANDEL agency **Vermittlungsgebühr** *f* commission

vermöbeln* [fɛɐ̯ˈmøːbl̩n] *vt* (*fam*) ■**jdn** ~ to beat up sb *sep*

vermodern* *vi sein* to rot, to decay

Vermögen <-s, -> [fɛɐ̯ˈmøːgn̩] *nt* ❶ FIN assets *pl;* (*Geld*) capital *no art, no pl;* (*Eigentum*) property *no art, no pl;* (*Reichtum*) fortune, wealth ❷ *kein pl* (*geh: Fähigkeit*) ability

vermögend [fɛɐ̯ˈmøːgn̩t] *adj* wealthy

Vermögensberater(in) *m(f)* FIN financial consultant **Vermögenssteuer** *f* net worth tax **vermögenswirksam** *adj* asset-creating *attr;* **~e Leistungen** wealth creation benefits

vermüllen* [fɛɐ̯ˈmʏlən] *vt* ■**etw** ~ to trash sth

vermummen* [fɛɐ̯ˈmʊmən] **I.** *vt* to wrap up *sep* **II.** *vr* ■**sich** ~ to wear a mask

vermummt *adj* masked

Vermummungsverbot *nt law which forbids demonstrators to wear masks at a demonstration*

vermuten* *vt* to suspect; **er wird in Paris vermutet** he is thought to be in Paris

vermutlich **I.** *adj attr* probable, likely **II.** *adv* probably

Vermutung <-, -en> *f* assumption

vernachlässigen* [fɛɐ̯ˈnaxlɛsɪgn̩] *vt* ❶ (*sich

V

nicht genügend kümmern) to neglect; **sich vernachlässigt fühlen** to feel neglected; ■**sich** *akk* ~ to be neglectful of oneself ② (*unberücksichtigt lassen*) to ignore

Vernachlässigung <-, -en> *f* ① *kein pl* (*das Vernachlässigen*) neglect *no art, no pl* ② (*die Nichtberücksichtigung*) disregard *no pl*

vernageln* *vt* to nail up *sep;* (*Fenster, Tür*) to board up *sep*

vernagelt *adj* (*fam*) **wie ~ sein** to not get through to sb

vernähen* *vt* to sew together *sep*

vernarben* *vi sein* to form a scar; ■**vernarbt** scarred

vernarren* *vr* (*fam*) ■**in jdn/etw vernarrt sein** to be besotted by sb/sth

vernarrt *adj* ■**in jdn/etw ~ sein** to be crazy about sb/sth

vernaschen* *vt* ① (*fam*) ■**etw ~** to like to eat sth ② (*sl: mit jdm Sex haben*) ■**jdn ~** to lay sb

vernehmen* *vt irreg* ① JUR to question ② (*geh: hören*) to hear

Vernehmen *nt* **dem ~ nach** from what one hears

Vernehmlassung <-, -en> *f* SCHWEIZ announcement

vernehmlich [fɛɐ̯ˈneːmlɪç] (*geh*) **I.** *adj* [clearly] audible **II.** *adv* audibly; **laut und ~** loud and clear

Vernehmung <-, -en> *f* questioning

vernehmungsfähig *adj* in a fit state to be questioned

verneigen* *vr* ■**sich** *akk* ~ to bow

Verneigung *f* bow; **eine ~ [vor jdm] machen** to bow [to sb]

verneinen* [fɛɐ̯ˈnaɪ̯nən] *vt* ① (*negieren*) to say no; **eine Frage ~** to answer a question in the negative ② (*leugnen*) to deny

Verneinung <-, -en> *f* LING negative

vernetzen *vt* ① INFORM to network, to link up *sep* ② (*fig: verknüpfen*) ■**[mit etw** *dat*] **vernetzt sein** to be linked [up] [to sth]

vernetzt *adj* networked

Vernetzung <-, -en> *f* ① INFORM networking *no art, no pl* ② (*Verflechtung*) network

vernichten* [fɛɐ̯ˈnɪçtn̩] *vt* ① (*zerstören*) to destroy ② (*ausrotten*) to exterminate

vernichtend **I.** *adj* devastating; *Niederlage* crushing **II.** *adv* **jdn ~ schlagen** to inflict a crushing defeat on sb

Vernichtung <-, -en> *f* ① (*Zerstörung*) destruction ② (*Ausrottung*) extermination

Vernichtungslager *nt* extermination camp

Vernichtungswaffe *f* destructive weapon

verniedlichen* [fɛɐ̯ˈniːtlɪçn̩] *vt* to play down *sep*

vernieten* *vt* to rivet

Vernissage <-, -n> [vɛrnɪˈsaːʒə] *f* private view

Vernunft <-> [fɛɐ̯ˈnʊnft] *f kein pl* reason *no art, no pl,* common sense *no art, no pl;* **jdn zur ~ bringen** to make sb see sense; **zur ~ kommen** to see sense

vernünftig [fɛɐ̯ˈnʏnftɪç] **I.** *adj* ① (*klug*) reasonable, sensible ② (*fam: ordentlich*) proper; (*anständig, gut*) decent; **~e Preise** decent prices **II.** *adv* (*fam*) properly, decently

Vernunftmensch *m* rational human being

veröden* **I.** *vt haben* MED **[jdm] die Krampfadern ~** to treat sb's varicose veins by injection **II.** *vi sein* ① (*sich entvölkern*) to be deserted ② (*stumpfsinnig werden*) to become tedious

veröffentlichen* [fɛɐ̯ˈʔœfn̩tlɪçn̩] *vt* to publish

Veröffentlichung <-, -en> *f* publication

verordnen* *vt* ① (*verschreiben*) to prescribe ② (*geh: anordnen*) to decree

Verordnung <-, -en> *f* ① (*Verschreibung*) prescribing *no art, no pl* ② (*geh: Anordnung*) order, enforcement

verpachten* *vt* to lease (**an** +*akk* to)

Verpachtung <-, -en> *f* leasing

verpacken* *vt* to pack [up *sep*]; (*als Geschenk*) to wrap [up *sep*]

Verpackung <-, -en> *f* ① *kein pl* (*das Verpacken*) packing *no art, no pl* ② (*Hülle*) packaging *no art, no pl*

Verpackungskosten *pl* HANDEL packaging charges **Verpackungsmaterial** *nt* packaging *no art, no pl* [material] **Verpackungsmüll** *m* waste packaging

verpassen* *vt* ① (*versäumen*) to miss ② (*fam: aufzwingen*) ■**jdm etw ~** to give sb sth; **jdm einen Denkzettel ~** to give sb a warning

verpatzen* *vt* ■**etw ~** to make a mess of sth

verpennen* (*fam*) **I.** *vt* to miss **II.** *vi* to oversleep

verpesten* [fɛɐ̯ˈpɛstn̩] *vt* to pollute

verpetzen* *vt* (*fam*) ■**jdn ~** to tell on sb

verpfänden* *vt* to pawn; *Grundstück, Haus* to mortgage

verpfeifen* *vt irreg* ■**jdn ~** to inform on sb

verpflanzen* *vt* ① (*umpflanzen*) to replant ② MED ■**jdm ein Organ ~** to give sb an organ transplant

verpflegen* *vt* ■**jdn ~** to cater for sb

Verpflegung <-, *selten* -en> *f* ① *kein pl*

V

(*das Verpflegen*) catering *no art, no pl;* **mit voller ~** with full board ② (*Nahrung*) food *no art, no pl*

Verpflegungskosten *pl* cost of food *no pl*

verpflichten* [fɛɐ̯ˈpflɪçtn̩] **I.** *vt* ① (*eine Pflicht auferlegen*) ■**jdn [zu etw** *dat*] **~** to oblige sb to do sth ② (*einstellen*) ■**jdn [für etw** *akk*] **~** to engage sb [for sth] **II.** *vr* ■**sich** *akk* **zu etw** *dat* **~** to commit oneself to doing sth

Verpflichtung <-, -en> *f* ① *meist pl* (*Pflichten*) duty *usu pl;* **seinen ~en nachkommen** to do one's duties; **finanzielle ~en** financial commitments ② *kein pl* (*das Engagieren*) engagement *no pl*

verpfuschen* *vt* ■**etw ~** to make a mess of sth

verpissen *vr* (*vulg*) ■**sich** *akk* **~** to piss off

verplanen* *vt* ① (*falsch planen*) to plan badly ② (*fam*) ■**verplant sein** to be booked up

verplappern* *vr* ■**sich** *akk* **~** to blab

verplempern* *vt* (*fam*) to waste

verplomben* [fɛɐ̯ˈplɔmbn̩] *vt* ■**etw ~** to seal [up *sep*] sth; ■**verplombt** sealed

verpönt [fɛɐ̯ˈpøːnt] *adj* deprecated

verprassen* *vt* to squander

verprügeln* *vt* to beat up *sep;* (*als Strafe*) to thrash

verpuffen* *vi sein* ① (*plötzlich abbrennen*) to go phut [*or* Am pop] ② (*ohne Wirkung bleiben*) to fizzle out

Verputz *m* plaster *no pl;* (*Rauputz*) roughcast *no pl*

verputzen* *vt* ① (*mit Putz versehen*) to plaster ② (*fam: aufessen*) to polish off *sep*

verqualmen* *vt* to fill with smoke; ■**verqualmt** smoke-filled *attr,* full of smoke *pred*

verqualmt <-er, -este> *adj* smoke-filled *attr,* full of smoke *pred*

verquatschen* *vr* (*fam*) ① (*lange plaudern*) to chat away ② (*Geheimnis verraten*) to blab

verquollen *adj* swollen

verrammeln* *vt* (*fam*) to barricade

verramschen* *vt* to sell dirt cheap

Verrat <-[e]s> [fɛɐ̯ˈraːt] *m* ① *kein pl* betrayal *no art, no pl* (**an** +*dat* of) ② JUR treason *no art, no pl*

verraten <verriet, verraten> **I.** *vt* ① (*ausplaudern*) to give away *sep;* **nichts ~!** keep it to yourself! ② (*Verrat üben, preisgeben*) to betray ③ (*erkennen lassen*) to show **II.** *vr* ■**sich** *akk* **~** to give oneself away

Verräter(in) <-s, -> [fɛɐ̯ˈrɛːtɐ] *m(f)* traitor

verräterisch **I.** *adj* ① (*auf Verrat zielend*) treacherous ② (*etw andeutend*) meaningful, tell-tale *attr* **II.** *adv* meaningfully

verrechnen* **I.** *vr* ■**sich** *akk* **~** to miscalculate **II.** *vt* ■**etw mit etw** *dat* **~** to set off sth *sep* against sth

Verrechnung *f* ① (*rechnerische Gegenüberstellung*) settlement ② (*Gutschrift*) credit (*on an account*)

Verrechnungsscheck *m* crossed cheque Brit, voucher check Am

verrecken* *vi sein* (*sl*) to die a miserable death ▸ Wendungen: **nicht <u>ums</u> V~!** (*sl*) not on your life!

verregnet <-er, -este> *adj* spoiled by rain; *Tag* rainy

verreiben* *vt irreg* to rub in *sep*

verreisen* *vi sein* to go away; **geschäftlich verreist sein** to be away on business

verreißen* *vt irreg* to tear apart

verrenken* *vt* to twist; **sich** *dat* **ein Gelenk ~** to dislocate a joint

Verrenkung <-, -en> *f* distortion; *Gelenk* dislocation

verrennen* *vr irreg* ■**sich ~** to get on the wrong track; ■**sich in eine Idee ~** to be obsessed with an idea

verrichten* *vt* to perform

verriegeln* *vt* to bolt

verringern* [fɛɐ̯ˈrɪŋɐn] **I.** *vt* to reduce (**um** +*akk* by) **II.** *vr* ■**sich** *akk* **~** to decrease

Verringerung <-> *f kein pl* reduction

verrinnen* *vi irreg sein* ① (*geh: vergehen*) to pass *form, liter* ② (*versickern*) ■**in etw** *dat* **~** to seep into sth

Verriss *m* damning criticism *no art, no pl*

verrohen* [fɛɐ̯ˈroːən] **I.** *vi sein* to become brutal[ized] **II.** *vt* ■**jdn ~** to brutalize sb

verrosten* *vi sein* to rust; ■**verrostet** rusty

verrostet <-er, -este> *adj* rusty

verrotten* [fɛɐ̯ˈrɔtn̩] *vi sein* ① (*faulen*) to rot ② (*verwahrlosen*) to decay

verrottet <-er, -este> *adj* ① (*faul*) rotted ② (*verwahrlost*) decayed

verrucht [fɛɐ̯ˈruːxt] *adj* ① (*anstößig*) despicable, wicked ② (*lasterhaft*) depraved; *Lokal, Viertel* a disreputable

verrücken* *vt* to move

verrückt [fɛɐ̯ˈrʏkt] *adj* ① (*wahnsinnig*) nuts, mad; ■**~ sein/werden** to be/go nuts; **bist du ~?** are you out of your mind?; **jdn ~ machen** to drive sb crazy ② (*in starkem Maße*) **wie ~** like crazy ③ (*ausgefallen*) crazy, wild ④ (*versessen*) ■**~ nach etw/jdm sein** to be crazy about sth/sb

Verrückte(r) *f(m) dekl wie adj* lunatic

Verrücktheit <-, -en> *f* (*fam*) craziness *no art, no pl,* madness *no art, no pl*

Verrücktwerden *nt* **es ist zum ~** (*fam*) it's

enough to drive you mad
Verruf *m kein pl* **in ~ kommen** to fall into disrepute
verrufen *adj* disreputable
verrühren* *vt* to stir
verrußt *adj* sooted, sooty
verrutschen* *vi sein* to slip
Vers <-es, -e> [fɛrs, *pl* 'fɛrzə] *m* verse, lines *pl*
versachlichen* [fɛɐ̯'zaxlɪçn̩] *vt* to objectify
versagen* **I.** *vi* to fail **II.** *vt* ■**jdm etw ~** to refuse sb sth
Versagen <-s> *nt kein pl* failure *no art, no pl;* **menschliches ~** human error
Versager(in) <-s, -> *m(f)* failure
versalzen* *vt irreg* to put too much salt in/on
versammeln* **I.** *vr* ■**sich** *akk* ~ to gather, to assemble **II.** *vt* (*zusammenkommen lassen*) to call together; *Truppen* to rally
Versammlung *f* ❶ (*Zusammenkunft*) meeting ❷ (*versammelte Menschen*) assembly
Versammlungsfreiheit *f kein pl* JUR freedom of assembly
Versand <-[e]s> [fɛɐ̯'zant] *m kein pl* ❶ (*das Versenden*) despatch ❷ (*Versandabteilung*) despatch, distribution
Versandabteilung *f* despatch department **Versandhandel** *m* mail-order *no art* **Versandhaus** *nt* mail-order company **Versandhauskatalog** *m* mail-order catalogue **Versandkosten** *pl* shipping charges *pl* **Versandtasche** *f* large envelope
versauen* *vt* (*sl*) ❶ (*verdrecken*) to make filthy ❷ (*verderben*) **jdm den Urlaub ~** to ruin sb's holiday
versäumen* *vt* to miss
Versäumnis <-ses, -se> [fɛɐ̯'zɔymnɪs] *nt* omission
verschachern* *vt* (*fam*) to sell off (**an** to)
verschaffen* *vt* ❶ (*beschaffen*) ■**jdm/sich etw ~** to get [hold of] sth for sb/oneself ❷ (*vermitteln*) to earn; **jdm Respekt ~** to earn sb respect; **jdm eine Stellung ~** to get sb a job; **sich** *dat* **Gewissheit ~** to make certain
Verschalung <-, -en> *f* TECH planking *no art, no pl*
verschämt [fɛɐ̯'ʃɛːmt] *adj* shy, bashful
verschandeln* [fɛɐ̯'ʃandl̩n] *vt* to ruin
Verschandelung, Verschandlung <-, -en> *f* disfigurement *no art, no pl; Landschaft* ruination *no art, no pl*
verschanzen* **I.** *vt* MIL to fortify **II.** *vr* ■**sich** *akk* ~ ❶ MIL to take up a fortified position ❷ (*verstecken*) to take refuge
verschärfen* **I.** *vr* ■**sich** *akk* ~ to get worse; *Krise* to intensify **II.** *vt* ❶ (*rigoroser machen*) to make more rigorous; *Strafe* to make more severe ❷ (*zuspitzen*) *Situation* to aggravate
Verschärfung <-, -en> *f* ❶ (*Zuspitzung*) intensification, worsening *no art, no pl* ❷ (*das Verschärfen*) tightening up *no art, no pl*
verschätzen* *vr* ■**sich** *akk* ~ to misjudge
verschaukeln* *vt* ■**jdn** ~ to fool sb
verschenken* *vt* ❶ (*schenken*) to give (**an** +*akk* to) ❷ (*ungenutzt lassen*) to waste
verscherbeln* *vt* to sell [off *sep*]
verscherzen* *vr* ■**sich** *dat* **etw ~** to lose sth; ■**es sich** *dat* **mit jdm ~** to fall out with sb
verscheuchen* *vt* to chase away *sep*
verschicken* *vt* to send
verschieben* *irreg* **I.** *vt* ❶ *Gegenstand* to move (**um** +*akk* by) ❷ *Termin* to postpone (**auf** +*akk* until, **um** +*akk* by) **II.** *vr* ■**sich** *akk* ~ ❶ (*später stattfinden*) to be postponed ❷ (*verrutschen*) to slip
Verschiebung *f* postponement
verschieden [fɛɐ̯'ʃiːdn̩] **I.** *adj* ❶ (*unterschiedlich*) different; (*mehrere*) various ❷ *attr* (*einige*) several *attr,* a few *attr;* ■**V~es** various things *pl* **II.** *adv* differently; **~ lang** of different lengths
verschiedenartig *adj* different kinds of *attr,* diverse
Verschiedenheit <-, -en> *f* (*Unterschiedlichkeit*) difference; (*Unähnlichkeit*) dissimilarity
verschiedentlich [fɛɐ̯'ʃiːdn̩tlɪç] *adv* ❶ (*mehrmals*) several times, on several occasions ❷ (*vereinzelt*) occasionally
verschießen* *irreg vt* ❶ (*durch Abfeuern verbrauchen*) ■**etw ~** to use up *sep* all of sth ❷ (*abschießen*) to fire ❸ FBALL **einen Elfmeter ~** to shoot wide
verschiffen* *vt* to ship
verschimmeln* *vi sein* to go mouldy; ■**verschimmelt** mouldy
verschissen *adj* (*sl*) **du hast bei mir ~!** I'm finished with you
verschlafen*[1] *irreg* **I.** *vi* to oversleep **II.** *vt* ❶ (*fam*) to miss ❷ (*schlafend verbringen*) to sleep through
verschlafen[2] *adj* sleepy
Verschlag <-[e]s, -schläge> *m* shed
verschlagen*[1] *vt irreg* ❶ (*nehmen*) **jdm die Sprache ~** to leave sb speechless ❷ (*geraten*) **es hatte mich nach Argentinien ~** I ended up in Argentina
verschlagen[2] **I.** *adj* devious, sly *pej;* **ein ~er Blick** a furtive look **II.** *adv* slyly; (*verdächtig*) shiftily
verschlampen* *vt* ■**etw ~** to manage to

V

lose sth
verschlechtern* [fɛɐ̯ˈʃlɛçtɐn] **I.** *vt* to make worse **II.** *vr* ■**sich** *akk* ~ to get worse, to worsen
Verschlechterung <-, -en> *f* worsening *no art, no pl* (+*gen* of)
verschleiern* [fɛɐ̯ˈʃlaiɐn] *vt* ① (*mit einem Schleier bedecken*) to cover with a veil ② (*verdecken*) to cover up *sep*
verschleiert *adj Gesicht* veiled
Verschleiß <-es, -e> [fɛɐ̯ˈʃlais] *m* wear [and tear] *no art, no pl*
verschleißen <verschliss, verschlissen> *vi, vt sein* to wear out
Verschleißerscheinung *f* sign of wear [and tear] **Verschleißteil** *nt* working part
verschleppen* *vt* ① (*deportieren*) to take away *sep* ② (*hinauszögern*) to prolong ③ MED to delay treatment
Verschleppung <-, -en> *f* ① (*Deportation*) taking away *sep, no art, no pl* ② (*Hinauszögerung*) prolonging *no art, no pl*
verschleudern* *vt* to sell [off *sep*] cheaply, to flog [off *sep*] BRIT
verschließbar *adj* lockable
verschließen* *irreg* **I.** *vt* ① (*zumachen*) to close ② (*zuschließen*) to lock ③ (*wegschließen*) to lock away *sep* ④ (*versagt bleiben*) ■**jdm verschlossen bleiben** to be closed off to sb **II.** *vr* ■**sich** *akk* **einer S.** *dat* ~ to ignore sth
verschlimmern* **I.** *vt* to make worse **II.** *vr* ■**sich** *akk* ~ to get worse; *Zustand, Lage a.* to deteriorate
Verschlimmerung <-, -en> *f* deterioration *no pl* (+*gen* in)
verschlingen* *vt irreg Essen, Buch* to devour
verschliss *imp von* **verschleißen**
verschlissen I. *pp von* **verschleißen II.** *adj* worn-out
verschlossen [fɛɐ̯ˈʃlɔsn̩] *adj* ① (*zugemacht*) closed ② (*abgeschlossen*) locked ③ (*zurückhaltend*) reserved; (*schweigsam*) taciturn
Verschlossenheit <-> *f kein pl* (*verschlossenes Wesen*) reservedness *no art, no pl;* (*Schweigsamkeit*) taciturnity *no art, no pl*
verschlucken* **I.** *vt* ① (*hinunterschlucken*) to swallow ② (*undeutlich aussprechen*) to slur; (*nicht aussprechen*) to bite back on **II.** *vr* ■**sich** *akk* ~ to choke (**an** +*dat* on)
verschlungen I. *pp von* **verschlingen II.** *adj* entwined
Verschluss *m* ① *von Tasche, Brosche* clasp; **etw unter ~ halten** to keep sth under lock and key ② (*Deckel*) lid; *Flasche* top
verschlüsseln* [fɛɐ̯ˈʃlʏsl̩n] *vt* to [en]code
Verschlüsselung, Verschlüsslung <-, -en> *f* ① (*Verschlüsseln*) [en]coding *no art, no pl* ② (*Kode*) cipher, encryption
Verschlüsselungstechnik *f* INFORM encryption technology
Verschlusskappe *f* sealable cap
verschmähen* *vt* to reject; (*stärker*) to scorn
verschmelzen* *irreg* **I.** *vi sein* to melt together **II.** *vt* (*löten*) to solder; (*verschweißen*) to weld
Verschmelzung <-, -en> *f* ① (*das Verschmelzen*) fusing *no art, no pl* ② ÖKON merger
verschmerzen* *vt* to get over
verschmieren* **I.** *vt* ① (*verstreichen*) to apply; *Creme etc.* to spread ② (*verwischen*) to smear; **den Boden mit Blut ~** to smear blood over the floor ③ (*beschmieren*) to make dirty **II.** *vi* to smear, to get smeared
verschmitzt [fɛɐ̯ˈʃmɪtst] **I.** *adj* mischievous, roguish **II.** *adv* ~ **lächeln** to smile mischievously, to give a sly smile
verschmoren* *vi sein* (*fam*) to burn
verschmort *adj* smudged; *Kabel* smouldered
verschmutzen* **I.** *vt* ① (*schmutzig machen*) to make dirty ② ÖKOL to pollute **II.** *vi sein* ① (*schmutzig werden*) to get dirty ② ÖKOL to get polluted
verschmutzt *adj* dirty, soiled; **stark ~** heavily soiled; **~e Fahrbahn!** mud on road
Verschmutzung <-, -en> *f* ① *kein pl* soiling *no art, no pl* ② ÖKOL pollution *no art, no pl*
verschnarcht [fɛɐ̯ˈʃnarçt] *adj* (*pej sl*) stuffy, uptight
verschnaufen* *vi, vr* to have a breather
Verschnaufpause *f* breather; **eine ~ einlegen** to have a breather
verschneit *adj* snow-covered *attr;* ■**~ sein** to be covered in snow
verschnörkelt *adj* adorned with flourishes
verschnupft [fɛɐ̯ˈʃnʊpft] *adj* (*fam*) ■**~ sein** ① (*erkältet*) to have a cold ② (*indigniert*) to be in a huff
verschnüren* *vt* to tie up *sep* [with a string]
verschollen [fɛɐ̯ˈʃɔlən] *adj* missing; ■**~ sein** to have gone missing [*or* AM *usu* have disappeared]
verschonen* *vt* to spare; **verschone mich mit den Einzelheiten!** spare me the details!; **von etw** *dat* **verschont bleiben** to escape sth
verschönern* [fɛɐ̯ˈʃøːnɐn] *vt* to brighten up *sep*
Verschönerung <-, -en> *f* ① *kein pl* (*das Verschönern*) brightening up ② (*verschö-*

nernder Faktor) improvement

verschränken* *vt* **die Arme/Beine ~** to fold one's arms/cross one's legs

verschreiben* *irreg* **I.** *vt* ■**jdm etw ~** to prescribe sb sth (**gegen** +*akk* for) **II.** *vr* ① (*falsch schreiben*) ■**sich** *akk* **~** to make a mistake ② (*sich widmen*) ■**sich** *akk* **einer S.** *dat* ~ to devote oneself to sth

verschreibungspflichtig *adj* available only on prescription *pred*

verschrieen [fɛɐ̯'ʃriːən], **verschrien** [fɛɐ̯'ʃriːn] *adj* notorious

verschroben [fɛɐ̯'ʃroːbn̩] *adj* eccentric, cranky *fam*

verschrotten* *vt* to scrap

Verschrottung <-, -en> *f* scrapping

verschrumpelt <-er, -este> *adj* shrivelled

verschüchtert *adj* intimidated

verschulden* **I.** *vt* ■**etw ~** to be to blame for sth **II.** *vi sein* ■**verschuldet sein** to be in debt **III.** *vr* ■**sich** *akk* ~ to get into debt

Verschulden <-s> *nt kein pl* fault *no indef art, no pl;* **ohne sein ~** through no fault of his [own]

verschuldet *adj* indebted; **hoch ~ sein** to be deep in debt

Verschuldung <-, -en> *f* (*Schulden*) debts *pl*

verschütten* [fɛɐ̯'ʃʏtən] *vt* ① (*danebenschütten*) to spill ② (*unter etw begraben*) to bury

verschwägert [fɛɐ̯'ʃvɛːgɐt] *adj* related by marriage *pred*

verschweigen* *vt irreg* to hide (**vor** +*dat* from); *Informationen* to withhold; ■**jdm ~, dass ...** to keep from sb the fact that ...

verschweißen* *vt* ■**etw ~** to weld sth together

verschwenden* *vt* to waste

Verschwender(in) <-s, -> *m(f)* wasteful person; *Geld a.* spendthrift

verschwenderisch **I.** *adj* ① (*sinnlos ausgebend*) wasteful ② (*sehr üppig*) extravagant, sumptuous **II.** *adv* wastefully

Verschwendung <-, -en> *f* waste *no pl;* **so eine ~!** what a waste!

Verschwendungssucht *f kein pl* prodigality *no art, no pl form*

verschwiegen [fɛɐ̯'ʃviːgn̩] *adj* discreet

Verschwiegenheit <-> *f kein pl* discretion *no art, no pl*

verschwimmen* *vi irreg sein* to become blurred

verschwinden* *vi irreg sein* ① (*nicht mehr da sein*) to disappear; ■**verschwunden [sein]** [to be] missing; **etw in etw** *dat* **~ lassen** to slip sth into sth ② (*sich auflösen*) to vanish ③ (*fam: sich davonmachen*) to disappear; **verschwinde!** clear off!

Verschwinden <-s> *nt kein pl* disappearance (+*gen* of)

verschwitzen* *vt* ① (*mit Schweiß durchtränken*) to make sweaty; ■**ganz verschwitzt sein** to be all sweaty ② (*fam: vergessen*) **etw völlig ~** to forget all about sth

verschwitzt <-er, -este> *adj* ① (*mit Schweiß durchsetzt*) sweaty ② (*fam: vergessen*) forgotten

verschwommen *adj* ① (*undeutlich*) blurred ② (*unklar*) hazy, vague

verschwören* *vr irreg* ■**sich** *akk* ~ to conspire [*or* plot] (**gegen** +*akk* against)

verschworen *adj attr* sworn *attr;* (*verschwörerisch*) conspiratorial; (*heimlichtuend*) secretive

Verschwörer(in) <-s, -> *m(f)* conspirator

Verschwörung <-, -en> *f* conspiracy, plot

Verschwörungstheorie *f* conspiracy theory

versehen* [fɛɐ̯'zeːən] *irreg vt* to provide; **etw mit einem Vermerk ~** to add a note to sth ▶ WENDUNGEN: **ehe man sich's versieht** before you know where you are

Versehen <-s, -> [fɛɐ̯'zeːən] *nt* (*Irrtum*) mistake; (*Unachtsamkeit*) oversight; **aus ~** inadvertently; (*aufgrund einer Verwechslung a.*) by mistake

versehentlich [fɛɐ̯'zeːəntlɪç] *adv* inadvertently; (*aufgrund einer Verwechslung a.*) by mistake

verselbständigen* [fɛɐ̯'zɛlpʃtɛndɪgn̩], **verselbstständigen*** [fɛɐ̯'zɛlpstʃtɛndɪgn̩] *vr* ■**sich ~** ① (*sich selbstständig machen*) to become self-employed ② (*hum fam: verschwinden*) to go AWOL

versenden* *vt irreg o reg* to send

versengen* *vt* to singe

versenken* *vt* ① (*sinken lassen*) to sink ② (*einklappen, hinunterlassen*) to lower

Versenkung *f* (*das Versenken*) sinking, lowering ▶ WENDUNGEN: **aus der ~ auftauchen** (*fam*) to re[-]emerge on the scene; **in der ~ verschwinden** to vanish from the scene

versessen [fɛɐ̯'zɛsn̩] *adj* ■**auf etw** *akk* **~ sein** to be crazy about sth; **auf[s] Geld ~ sein** to be obsessed with money

Versessenheit <-> *f kein pl* keenness *no art, no pl* (**auf** +*akk* on); **seine ~ aufs Geld** one's obsession with money

versetzen* **I.** *vt* ① (*an eine andere Stelle*) to move; (*aus Berufsgründen*) to transfer ② SCH **einen Schüler ~** to move up *sep* a pupil, to promote a student AM ❸ (*bringen*) **jdn in Begeisterung ~** to fill sb with enthusiasm; **eine Maschine in Bewegung ~** to set a machine in motion; **jdn in Panik/Wut ~** to send sb into a panic/a rage ❹ (*verpfänden*) to pawn ❺ (*warten lassen*) ■**jdn ~** to stand up *sep* sb ❻ (*mischen*) ■**etw mit etw** *dat* **~** to mix sth with sth **II.** *vr* (*sich hineindenken*) ■**sich** *akk* **in jdn ~** to put oneself in sb's place

Versetzung <-, -en> *f* ❶ (*beruflich*) transfer ❷ SCH moving up *no art, no pl,* AM *a.* promotion *no art, no pl*

Versetzungszeugnis *nt* SCH end-of-year report, report card AM

verseuchen* [fɛɐ̯ˈzɔyçn̩] *vt* to contaminate; *Umwelt* to pollute

Verseuchung <-, -en> *f* contamination, pollution *no art, no pl*

versichern*[1] *vt* to insure

versichern*[2] *vt* ■**jdm ~, [dass]** ... to assure sb [that] ...

Versicherte(r) *f(m) dekl wie adj* insured

Versichertenkarte *f* medical insurance card

Versicherung[1] *f* ❶ (*Versicherungsvertrag*) insurance *no pl;* (*Lebensversicherung a.*) assurance *no pl* BRIT ❷ (*Versicherungsgesellschaft*) insurance company

Versicherung[2] *f* (*Beteuerung*) assurance

Versicherungsanspruch *m* insurance claim **Versicherungsbeitrag** *m* insurance premium **Versicherungsbetrug** *m* insurance fraud **Versicherungsdauer** *f* term of an insurance policy **Versicherungsfall** *m* insurance job **Versicherungsgesellschaft** *f* insurance company **Versicherungskaufmann, -kauffrau** *m, f* insurance salesman *masc* [*or fem* saleswoman] **Versicherungspflicht** *f* compulsory insurance *no art, no pl* **versicherungspflichtig** *adj* **eine ~e Person** a person liable to pay compulsory insurance **Versicherungspolice** *f* insurance policy **Versicherungsprämie** *f* insurance premium **Versicherungsschutz** *m kein pl* insurance cover **Versicherungssumme** *f* sum insured **Versicherungsvertreter(in)** *m(f)* insurance agent

V

versickern* *vi sein* to seep away

versiegeln* *vt* to seal [up *sep*]

versiegen* *vi sein* to dry up

versiert [vɛrˈziːrt] *adj* experienced (**in** in)

versilbern* [fɛɐ̯ˈzɪlbɐn] *vt* to silver-plate

versinken *vi irreg sein* to sink; ■**versunken** sunken *attr*

versinnbildlichen* [fɛɐ̯ˈzɪnbɪltlɪçn̩] *vt* to symbolize

Version <-, -en> [vɛrˈzi̯oːn] *f* version

versklaven* [fɛɐ̯ˈsklaːvn̩] *vt* ■**jdn ~** to enslave sb

Versklavung <-, -en> *f* enslavement *no art, no pl*

Versmaß *nt* metre

versöhnen* [fɛɐ̯ˈzøːnən] **I.** *vr* ■**sich** *akk* **mit jdm ~** to make it up with sb **II.** *vt* ❶ (*aussöhnen*) to reconcile ❷ (*besänftigen*) to mollify

versöhnlich [fɛɐ̯ˈzøːnlɪç] *adj* conciliatory; **jdn ~ stimmen** to appease sb

Versöhnung <-, -en> *f* reconciliation *no art, no pl;* **zur ~** in reconciliation

versorgen* *vt* ❶ (*betreuen*) ■**jdn ~** to take care of sb, to look after sb ❷ (*versehen*) to supply; ■**sich** *akk* **mit etw** *dat* **~** to provide oneself with sth; **sich** *akk* **selbst ~** to look after oneself

Versorgung <-> *f kein pl* ❶ (*das Versorgen*) care *no art, no pl;* **medizinische ~** provision of medical care ❷ (*das Ausstatten*) supply *no pl*

versorgungsberechtigt *adj* entitled to benefit **Versorgungslücke** *f* gap in supplies **Versorgungsnetz** *nt* ❶ ÖKON *von Waren* supply network ❷ (*mit Wasser*) supply grid

verspachteln* *vt* ❶ BAU (*ausfüllen*) to fill in ❷ (*fam: aufessen*) to put away

verspannen* **I.** *vr* ■**sich ~** to tense up **II.** *vt* ■**etw ~** to brace sth

Verspannung *f* tenseness *no art, no pl;* **eine ~ der Schultern** shoulder tension

verspäten* [fɛɐ̯ˈʃpɛːtn̩] *vr* ■**sich** *akk* **~** to be late

verspätet I. *adj* ❶ (*zu spät eintreffend*) delayed ❷ (*zu spät erfolgend*) late **II.** *adv* late; (*nachträglich*) belatedly

Verspätung <-, -en> *f* delay; **entschuldigen Sie bitte meine ~** I'm sorry I'm late; **~ haben** to be late; **mit einer Stunde ~ ankommen** to arrive an hour late

verspeisen* *vt* to consume

versperren* *vt* to block; **jdm den Weg ~** to bar sb's way

verspielen* **I.** *vt* ❶ (*beim Glücksspiel verlieren*) to gamble away *sep* ❷ (*sich um etw bringen*) to squander **II.** *vr* ■**sich** *akk* **~** to play a bum note

verspielt *adj* playful

verspotten* *vt* to mock

versprechen* *irreg* **I.** *vt* to promise; **das Wetter verspricht schön zu werden** the weather looks promising **II.** *vr* ❶ (*sich erhoffen*) ■**sich** *dat* **etw von jdm/etw ~** to hope for sth from sb/sth; **ich versprach mir nicht viel davon** I did not expect

much ② (*falsch sprechen*) ■**sich** *akk* ~ to make a slip of the tongue
Versprechen <-s, -> *nt* promise
Versprecher <-s, -> *m* slip of the tongue
Versprechung <-, -en> *f meist pl* promise
versprengt *adj* isolated
verspritzen* *vt* to spray
versprühen* *vt* to spray; *Optimismus* to dispense
verspüren* *vt* to feel; **keinerlei Reue ~** to feel no remorse at all
verstaatlichen* [fɛɐ̯'ʃta:tlɪçn̩] *vt* to nationalize; ■**verstaatlicht** nationalized
Verstaatlichung <-, -en> *f* nationalization *no art, no pl*
Verstädterung <-> [fɛɐ̯'ʃtɛtərʊŋ] *f kein pl* urbanization
verstand [fɛɐ̯'ʃtant] *imp von* **verstehen**
Verstand <-[e]s> [fɛɐ̯'ʃtant] *m kein pl* reason *no art, no pl;* **bei klarem ~ sein** to be in full possession of one's faculties; **jdn um den ~ bringen** to drive sb out of his/her mind; **du bist wohl nicht bei ~!** you are not in your right mind!; **den ~ verlieren** to lose one's mind
verstanden *pp von* **verstehen**
verstandesmäßig *adj* rational
Verstandesmensch *m* rational human being
verständig [fɛɐ̯'ʃtɛndɪç] *adj* (*vernünftig*) sensible; (*einsichtig*) cooperative; **sich ~ zeigen** to show cooperation
verständigen* [fɛɐ̯'ʃtɛndɪgn̩] **I.** *vt* to notify (**von** +*dat* of) **II.** *vr* ■**sich** *akk* ~ ① (*sich verständlich machen*) to communicate ② (*sich einigen*) to reach an agreement
Verständigung <-, *selten* -en> *f* ① (*Benachrichtigung*) notification *no art, no pl* ② (*Kommunikation*) communication *no art, no pl* ③ (*Einigung*) agreement *no pl,* understanding *no pl*
Verständigungsschwierigkeiten *pl* communication difficulties *pl*
verständlich [fɛɐ̯'ʃtɛntlɪç] **I.** *adj* ① (*begreiflich*) understandable; **jdm etw ~ machen** to make sb understand sth; **sich ~ machen** to make oneself understood ② (*gut zu hören*) clear, intelligible ③ (*leicht zu verstehen*) clear, comprehensible **II.** *adv* ① (*vernehmbar*) clearly ② (*verstehbar*) comprehensibly
verständlicherweise *adv* understandably
Verständlichkeit <-> *f kein pl* ① (*Begreiflichkeit*) understandability *no art, no pl* ② (*Hörbarkeit*) audibility *no art, no pl* ③ (*Klarheit*) clarity *no art, no pl,* comprehensibility *no art, no pl*
Verständnis <-ses, *selten* -se> [fɛɐ̯'ʃtɛntnɪs] *nt* ① (*Einfühlungsvermögen*) understanding *no art, no pl;* **für etw** *akk* **~ haben** to have sympathy for sth ② (*das Verstehen*) comprehension *no art, no pl,* understanding *no art, no pl*
verständnislos **I.** *adj* uncomprehending; **ein ~er Blick** a blank look **II.** *adv* uncomprehendingly, blankly **verständnisvoll** *adj* understanding, sympathetic
verstärken* *vt* ① (*stärker machen*) to strengthen; (*durch stärkeres Material a.*) to reinforce ② (*intensivieren*) *Gefühle* to intensify ③ (*erhöhen*) to increase
Verstärker <-s, -> *m* TECH amplifier, amp *fam*
Verstärkung *f* ① (*das Verstärken*) strengthening *no art, no pl* ② (*Vergrößerung*) reinforcement *no art, no pl* ③ (*Erhöhung*) increase
verstauben* *vi sein* (*staubig werden*) to get dusty; (*unberührt liegen*) to gather dust; ■**verstaubt** dusty
verstaubt *adj* dusty; (*fig*) outmoded
verstauchen* *vt* ■**sich** *dat* **das Handgelenk ~** to sprain one's wrist
Verstauchung <-, -en> *f* sprain
verstauen* *vt* to pack [away *sep*]
Versteck <-[e]s, -e> [fɛɐ̯'ʃtɛk] *nt* hiding place
verstecken* *vt* to hide (**vor** +*dat* from)
Versteckspiel *nt* [game of] hide-and-seek
versteckt *adj* ① (*verborgen*) hidden; (*vorsätzlich a.*) concealed ② (*abgelegen*) secluded ③ (*unausgesprochen*) veiled
verstehen <verstand verstanden> **I.** *vt* ① (*hören*) to hear; **~ Sie mich gut?** can you hear me properly? ② (*begreifen*) to understand; **haben Sie das jetzt verstanden?** have you got it now? ③ (*können*) to understand; **ich verstehe kein Französisch** I don't know any French; **sie ~ es zu kochen** they know how to cook; **er versteht nichts von Musik** he doesn't know anything about music ④ (*auslegen*) **was verstehst du unter teuer?** what do you understand by expensive?; **wie darf ich das ~?** how am I to interpret that?; **dieser Brief ist als Drohung zu ~** this letter is to be taken as a threat **II.** *vr* ① (*auskommen*) ■**sich** *akk* **mit jdm ~** to get on [*or* AM along] with sb; **wir ~ uns** we understand one another ② (*beherrschen*) ■**sich** *akk* **auf etw** *akk* **~** to know all about sth ③ (*zu verstehen sein*) **etw versteht sich von selbst** sth goes without saying **III.** *vi* **verstehst du?** [do you] understand?, you know?, [you] see?
versteifen* *vr* ■**sich** *akk* ~ ① (*auf etw*

V

beharren) to insist (**auf** +*akk* on) ② MED to stiffen [up]

versteigern* *vt* to auction [off]

Versteigerung *f* auction

versteinert *adj* (*zu Stein geworden*) fossilized; **~es Holz** petrified wood

Versteinerung <-, -en> *f* fossil

verstellbar *adj* adjustable

verstellen* **I.** *vt* ① (*anders einstellen*) to adjust ② (*woandershin stellen*) to move ③ (*unzugänglich machen*) to block ④ (*verändern*) to disguise **II.** *vr* ■ **sich** *akk* **~** to put on an act

Verstellung *f* ① (*das Verstellen*) adjustment ② *kein pl* (*Heuchelei*) pretence *no pl*

versteuern* *vt* ■ **etw ~** to pay tax on sth

Versteuerung *f* payment of tax

verstimmen* *vt* ① MUS to put out of tune ② (*verärgern*) to put out

verstimmt *adj* ① MUS out of tune ② (*verärgert*) ■ **~ sein** to be put out ③ *Magen* upset

verstockt *adj* obstinate

verstohlen [fɛɐ̯ˈʃtoːlən] **I.** *adj* furtive **II.** *adv* furtively; **jdn ~ ansehen** to give sb a furtive look

verstopfen* **I.** *vt* to block up *sep* **II.** *vi sein* to get blocked [up]

verstopft *adj* blocked, congested

Verstopfung <-, -en> *f* MED constipation *no art, no pl;* **~ haben** to be constipated

verstorben [fɛɐ̯ˈʃtɔrbn̩] *adj* deceased, late *attr*

Verstorbene(r) *f(m) dekl wie adj* deceased

verstört [fɛɐ̯ˈʃtøːɐ̯t] **I.** *adj* distraught **II.** *adv* in distress

Verstoß [fɛɐ̯ˈʃtoːs] *m* violation (**gegen** +*akk* of); JUR offence

verstoßen* *irreg* **I.** *vi* ■ **gegen etw** *akk* **~** to violate sth; **gegen das Gesetz ~** to contravene the law **II.** *vt* ■ **jdn ~** to expel sb

verstrahlen *vt* to contaminate with radiation

verstrahlt <-er, -este> *adj* contaminated [by radiation]

verstreichen* *irreg* **I.** *vt Farbe* to apply; *Butter* to spread **II.** *vi sein Zeit* to pass [by]; *Zeitspanne a.* to elapse

verstreuen* *vt* ① (*ausstreuen*) to scatter; **Salz/Vogelfutter ~** to put down *sep* salt/bird feed ② (*versehentlich verschütten*) to spill

verstreut *adj* (*einzeln liegend*) isolated; (*verteilt*) scattered

verstricken* **I.** *vt* ■ **jdn in etw** *akk* **~** to involve sb in sth **II.** *vr* ■ **sich** *akk* **in etw** *akk* **~** to get entangled in sth

verstümmeln* [fɛɐ̯ˈʃtʏmln̩] *vt* to mutilate; (*verkrüppeln*) to maim

Verstümmelung <-, -en> *f* mutilation

verstummen* [fɛɐ̯ˈʃtʊmən] *vi sein* to fall silent

Versuch <-[e]s, -e> [fɛɐ̯ˈzuːx] *m* ① (*Bemühen*) attempt; **es auf einen ~ ankommen lassen** to give it a try ② (*Experiment*) experiment; **einen ~ machen** to carry out an experiment

versuchen* **I.** *vt* ① (*probieren*) to try; ■ **es mit jdm/etw ~** to give sb/sth a try ② (*neugierig*) ■ **versucht sein, etw zu tun** to be tempted to do sth **II.** *vi* ■ **~, etw zu tun** to try doing/to do sth **III.** *vr* ■ **sich** *akk* **an/in etw** *dat* **~** to try one's hand at sth

Versuchsanlage *f* ① (*Prüffeld*) testing plant ② (*Erprobungsanlage*) experimental plant

Versuchskaninchen *nt* guinea pig **Versuchsperson** *f* test subject **Versuchsreihe** *f* series of experiments **Versuchstier** *nt* laboratory animal

versuchsweise *adv* on a trial basis

Versuchszweck *m* **zu ~en** for experimental purposes

Versuchung <-, -en> *f* temptation *no art, no pl;* **jdn in ~ führen** to lead sb into temptation; **in ~ geraten** to be tempted

versumpfen* *vi sein* (*sumpfig werden*) to become marshy

versunken [fɛɐ̯ˈzʊŋkn̩] *adj* ① (*untergegangen*) sunken *attr; Kultur* submerged ② (*vertieft*) ■ **in etw** *akk* **~ sein** to be absorbed in sth; **in Gedanken ~ sein** to be lost in thought

versüßen* *vt* to sweeten

Vertäfelung <-, -en> *f* panelling

vertagen* *vt* to adjourn (**auf** +*akk* until); *Entscheidung* to postpone

Vertagung *f* adjournment

vertauschen* *vt* to switch; (*unabsichtlich*) to mix up *sep;* ■ **etw mit etw** *dat* **~** to exchange sth for sth

verteidigen* [fɛɐ̯ˈtaidɪgn̩] *vt, vi* to defend

Verteidiger(in) <-s, -> *m(f)* ① JUR defence counsel ② SPORT defender

Verteidigung <-, -en> *f* defence

Verteidigungsminister(in) *m(f)* minister of defence BRIT, defence minister BRIT, secretary of defense AM **Verteidigungsministerium** *nt* Ministry of Defence BRIT, Department of Defense AM **Verteidigungszweck** *m* **zu ~en** for purposes of defence

verteilen* **I.** *vt* ① (*austeilen*) to distribute (**an** +*akk* to) ② (*platzieren*) to place ③ (*ausstreuen, verstreichen*) to spread (**auf** +*dat* on) **II.** *vr* (*sich verbreiten*) ■**sich** *akk*~ to spread out

Verteiler *m* AUTO distributor

Verteilerkasten *m* ELEK distribution box

Verteilung *f* distribution *no pl*

Verteilungskampf *m* **einen ~ um etw** *akk* **führen** to battle for a share of sth

verteuern* [fɛɐ̯'tɔyɐn] **I.** *vt* to increase the price (**um** +*akk* by) **II.** *vr* ■**sich** *akk* ~ to become more expensive

Verteuerung *f* increase in price

verteufeln* [fɛɐ̯'tɔyfl̩n] *vt* to demonize, to condemn

verteufelt (*fam*) **I.** *adj* devilish[ly tricky] **II.** *adv* damned *fam,* devilishly

vertiefen* [fɛɐ̯'tiːfn̩] **I.** *vt* ① (*tiefer machen*) to deepen ② (*verschlimmern, festigen*) *Kluft, Wissen* to deepen **II.** *vr* ■**sich** *akk* **in etw** *akk* ~ to become absorbed in sth; **in Gedanken vertieft sein** to be deep in thought

Vertiefung <-, -en> *f* ① (*vertiefte Stelle*) depression; (*Boden a.*) hollow ② *kein pl* (*das Vertiefen*) deepening ③ (*Festigung*) consolidation *no art, no pl*

vertikal [vɛrti'kaːl] **I.** *adj* vertical **II.** *adv* vertically

Vertikale <-, -n> [vɛrti-] *f* vertical [line]; ■**in der ~n** vertically

vertilgen* *vt* ■**etw** ~ ① (*aufessen*) to demolish ② (*ausrotten*) to eradicate

Vertilgungsmittel *nt gegen Unkraut* weed-killer; *gegen Ungeziefer* pesticide

vertippen* *vr* (*fam*) ■**sich** *akk*~ to make a typing [*or fam* typo] error

vertonen* *vt* to set to music

vertrackt [fɛɐ̯'trakt] *adj* tricky

Vertrag <-[e]s, Verträge> [fɛɐ̯'traːk, *pl* -'trɛːgə] *m* contract; (*international*) treaty; **jdn unter ~ nehmen** to contract sb

vertragen* *irreg* **I.** *vt* ① (*aushalten*) to bear, to stand ② (*gegen etw widerstandsfähig sein*) to tolerate ③ (*fam: zu sich nehmen können*) **ich vertrage keinen Alkohol** alcohol doesn't agree with me ④ (*fam: benötigen*) **das Haus könnte einen neuen Anstrich ~** the house could do with a new coat of paint ⑤ SCHWEIZ (*austragen*) to deliver **II.** *vr* ① (*auskommen*) ■**sich** *akk* **mit jdm** ~ to get on with sb ② (*zusammenpassen*) ■**sich** *akk* **mit etw** *dat*~ to go with sth

vertraglich [fɛɐ̯'traːklɪç] **I.** *adj* contractual **II.** *adv* contractually, by contract; **~ festgelegt werden** to be laid down in a contract

verträglich [fɛɐ̯'trɛːklɪç] *adj* ① (*umgänglich*) good-natured; **sie ist sehr ~** she is easy to get on with ② (*bekömmlich*) **gut/schwer ~** easily digestible/indigestible; *Medikament* well tolerated

Verträglichkeit <-> *f kein pl* digestibility *no art, no pl*

Vertragsabschluss *m* completion of [a/the] contract **Vertragsbedingungen** *pl* JUR terms of contract; **vereinbarte ~** agreed terms **Vertragsbruch** *m* breach of contract **vertragsbrüchig** *adj* in breach of contract *pred*

vertragschließend *adj attr* **die ~en Parteien** the contracted parties

Vertragsdauer *f* ÖKON term [*or* life] of a contract **Vertragspartner(in)** *m(f)* party to a/the contract **Vertragsvereinbarung** *f meist pl* JUR contractual term **Vertragsverletzung** *f* breach of contract **Vertragswerkstatt** *f* authorized garage **vertragswidrig** **I.** *adj* contrary to the contract *pred* **II.** *adv* in breach of contract

vertrauen* *vi* ■**jdm ~** to trust sb; ■**auf jdn ~** to trust in sb; **auf sein Glück ~** to trust to luck; **auf Gott ~** to put one's trust in God; ■**darauf ~, dass ...** to be confident that ...

Vertrauen <-s> *nt kein pl* trust *no art, no pl,* confidence *no art, no pl;* **einen ~ erweckenden Eindruck auf jdn machen** to make a trustworthy impression on sb; **~ erweckend sein** to inspire confidence; **~ [zu jdm] haben** to have confidence [in sb]; **jdn ins ~ ziehen** to take sb into one's confidence; **im ~ [gesagt]** [strictly] in confidence

vertrauenerweckend *adj s.* **Vertrauen**

Vertrauensarzt, -ärztin *m, f* independent examining doctor **Vertrauensbasis** *f kein pl* basis of trust **Vertrauensbruch** *m* breach of confidence **Vertrauensfrage** *f* **es ist eine ~, ob ...** it is a question of trust whether ...; **die ~ stellen** POL to ask for a vote of confidence **Vertrauenskrise** *f* lack of [mutual] trust **Vertrauenssache** *f* ① (*vertrauliche Angelegenheit*) confidential matter ② *s.* **Vertrauensfrage** **vertrauensselig** *adj* [too] trusting; (*leichtgläubig*) credulous **Vertrauensverhältnis** *nt* trusting relationship **vertrauensvoll** **I.** *adj* trusting, trustful, based on trust *pred* **II.** *adv* trustingly **Vertrauensvotum** *nt* POL vote of confidence **vertrauenswürdig** *adj* trustworthy

vertraulich **I.** *adj* ① (*geheim*) confidential; **streng ~** strictly confidential ② (*freundschaftlich*) familiar, chummy *fam* **II.** *adv* confidentially

Vertraulichkeit <-, -en> *f* ① *kein pl* (*das Vertraulichsein*) confidentiality *no art, no*

V

pl ② *pl* (*Zudringlichkeit*) familiarity *no art, no pl*

verträumt *adj* ① (*idyllisch*) sleepy ② (*realitätsfern*) dreamy

vertraut *adj* ① (*wohlbekannt*) familiar; **sich** *akk* **mit etw** *dat* **~machen** to familiarize oneself with sth; ■**mit etw** *dat* **~ sein** to be familiar with sth; **sich mit dem Gedanken ~ machen, dass ...** to get used to the idea that ... ② (*eng verbunden*) close, intimate

Vertraute(r) *f(m) dekl wie adj* confidant *masc,* confidante *fem*

Vertrautheit <-, -en> *f* ① *kein pl* (*gute Kenntnis*) familiarity ② (*Verbundenheit*) closeness *no art, no pl,* intimacy *no art, no pl*

vertreiben*[1] *vt irreg* (*verjagen*) to drive away [*or* out] *sep*

vertreiben*[2] *vt irreg* (*verkaufen*) to sell

Vertreibung <-, -en> *f* driving out [*or* away] *no art, no pl*

vertretbar *adj* ① (*zu vertreten*) tenable; ■**nicht ~** untenable ② (*akzeptabel*) justifiable; ■**nicht ~** unjustifiable

vertreten*[1] *vt irreg* ① (*jdn vorübergehend ersetzen*) ■**jdn ~** to stand in for sb; **durch jdn ~ werden** to be replaced by sb ② (*repräsentieren*) to represent ③ (*verfechten*) to support; *Ansicht* to take; *Meinung* to hold; *Theorie* to advocate

vertreten*[2] *vr irreg* (*verstauchen*) **sich** *dat* **den Fuß ~** to twist one's ankle ▶ WENDUNGEN: **sich** *dat* **die Beine ~** to stretch one's legs

Vertreter(in) <-s, -> *m(f)* ① (*Stellvertreter*) deputy, stand-in ② (*Handelsvertreter*) sales representative ③ (*Repräsentant*) representative

Vertretung <-, -en> *f* ① (*das Vertreten*) deputizing *no art, no pl;* **die ~ von jdm übernehmen** to stand in for sb ② (*Stellvertreter*) deputy, stand-in; **eine diplomatische ~** a diplomatic mission ③ (*Handelsvertretung*) agency, branch

Vertrieb <-[e]s, -e> *m* ① *kein pl* (*das Vertreiben*) sale[s *pl*] ② (*Vertriebsabteilung*) sales *pl* [department]

Vertriebene(r) *f(m) dekl wie adj* deportee, displaced person

Vertriebsabteilung *f* sales department **Vertriebsgesellschaft** *f* sales company **Vertriebskosten** *pl* marketing [*or* distribution] costs **Vertriebsleiter(in)** *m(f)* sales manager **Vertriebsnetz** *nt* ÖKON network of distributors, distribution [*or* marketing] network

vertrocknen* *vi sein Vegetation* to dry out

vertrocknet *adj* dried

vertrödeln* *vt* to idle away *sep*

vertrösten* *vt* to put off *sep* (**auf** +*akk* until)

vertrottelt *adj* (*fam*) senile

vertun* *irreg vr* ■**sich** *akk* **~** to make a mistake

vertuschen* *vt* to hush up *sep*

verübeln* [fɛɐ̯ˈʔyːbl̩n] *vt* ■**jdm etw ~** to hold sth against sb

verüben* *vt* to commit; **einen Anschlag auf jdn ~** to make an attempt on sb's life; **ein Attentat auf jdn ~** to assassinate sb

verulken* *vt* ■**jdn ~** to make fun of sb

verunfallen* [fɛɐ̯ˈʊnfalən] *vi sein* SCHWEIZ to have an accident; **der verunfallte Skifahrer** the skier involved in the accident

verunglimpfen* [fɛɐ̯ˈʔʊnglɪmpfn̩] *vt* to denigrate

verunglücken* [fɛɐ̯ˈʔʊnglʏkn̩] *vi sein* to have an accident; **tödlich ~** to be killed in an accident

verunmöglichen* [fɛɐ̯ˈʔʊnmøːklɪçn̩] *vt* SCHWEIZ ■[**jdm**] **etw ~** to make sth impossible [for sb]

verunreinigen* *vt* (*mit schädlichen Stoffen*) to contaminate; *Umwelt* to pollute

verunsichern* [fɛɐ̯ˈʔʊnzɪçɐn] *vt* to unsettle

verunsichert <-er, -este> *adj* insecure

Verunsicherung <-, -en> *f* ① (*das Verunsichern*) unsettling *no art, no pl* ② (*verunsicherte Stimmung*) [feeling of] uncertainty

verunstalten* [fɛɐ̯ˈʔʊnʃtaltn̩] *vt* to disfigure

Verunstaltung <-, -en> *f* disfigurement

veruntreuen* [fɛɐ̯ˈʔʊntrɔ͜yən] *vt* to embezzle

Veruntreuung <-, -en> *f* embezzlement *no art, no pl*

verursachen* [fɛɐ̯ˈʔuːɐ̯zaxn̩] *vt* to cause; [**jdm**] **Schwierigkeiten ~** to create difficulties [for sb]

Verursacher(in) <-s, -> *m(f)* cause; (*Person*) person responsible

verurteilen* *vt* ① (*für schuldig befinden*) to convict; ■**jdn zu etw** *dat* **~** to sentence sb to sth ② (*verdammen*) to condemn ③ (*bestimmt sein*) ■**zu etw** *dat* **verurteilt sein** to be condemned to sth; **zum Scheitern verurteilt sein** to be bound to fail

Verurteilte(r) *f(m) dekl wie adj* convicted man *masc* [*or fem* woman]

Verurteilung <-, -en> *f* conviction *no art, no pl,* sentencing *no art, no pl*

vervielfachen* [fɛɐ̯ˈfiːlfaxn̩] **I.** *vt* to increase greatly **II.** *vr* ■**sich** *akk* **~** to multiply

vervielfältigen* [fɛɐ̯ˈfiːlfɛltɪgn̩] *vt* to duplicate; (*fotokopieren*) to photocopy

Vervielfältigung <-, -en> *f* duplication
vervierfachen* [fɛɐ̯ˈfiːɐ̯faxn̩] *vt, vr* to quadruple
vervollkommnen* [fɛɐ̯ˈfɔlkɔmnən] *vt* to perfect
vervollständigen* [fɛɐ̯ˈfɔlʃtɛndɪgn̩] *vt* to complete
Vervollständigung <-, -en> *f* completion *no art, no pl*
verwackeln* *vt* FOTO (*fam*) ■**etw** ~ to make sth blurred
verwählen* *vr* TELEK ■**sich** *akk* ~ to dial the wrong number
verwahren* [fɛɐ̯ˈvaːrən] **I.** *vt* to keep safe **II.** *vr* ■**sich** *akk* **gegen etw** *akk* ~ to protest against sth
verwahrlosen* [fɛɐ̯ˈvaːɐ̯loːzn̩] *vi sein* to get into a bad state; *Gebäude* to fall into disrepair; *Mensch* to go to pot; ■**etw ~ lassen** to let sth fall into disrepair
verwahrlost <-er, -este> *adj* neglected
Verwahrlosung <-> *f kein pl Grundstück, Gebäude* dilapidation *no art, no pl; Mensch* neglect *no art, no pl*
Verwahrung <-> *f kein pl* ❶ (*das Verwahren*) [safe]keeping *no art, no pl* ❷ (*zwangsweise Unterbringung*) detention *no art, no pl;* **jdn in ~** *akk* **nehmen** to take sb into custody
verwaisen* [fɛɐ̯ˈvaɪ̯zn̩] *vi sein* ❶ (*zur Waise werden*) to become an orphan; ■**verwaist** orphaned ❷ (*verlassen werden*) to become deserted; ■**verwaist** deserted
verwaist *adj* orphaned; (*fig: verlassen*) deserted, abandoned
verwalten* *vt* ❶ FIN, ADMIN to administer; *Besitz* to manage ❷ INFORM to manage
Verwalter(in) <-s, -> *m(f)* administrator; *Gut* manager; *Nachlass* trustee
Verwaltung <-, -en> *f* ❶ *kein pl* (*das Verwalten*) administration *no art, no pl,* management *no art, no pl* ❷ (*Verwaltungsabteilung*) administration *no pl,* admin *no pl fam;* **städtische ~** municipal authority
Verwaltungsapparat *m* administrative machine[ry] *no pl* **Verwaltungsbeamte(r)** *f(m)* admin[istration] official **Verwaltungsbezirk** *m* administrative district, precinct AM **Verwaltungsgericht** *nt* administrative court **Verwaltungskosten** *pl* admin[istrative] costs [*or* expenses] *pl*
verwandeln* **I.** *vt* ❶ (*umwandeln*) ■**jdn in etw** *akk* ~ to turn sb into sth; **er ist wie verwandelt** he is a changed person ❷ TECH to convert ❸ (*anders erscheinen lassen*) to transform **II.** *vr* ■**sich** *akk* **in etw** *akk* ~ to turn into sth
Verwandlung *f* ❶ (*Umformung*) transformation ❷ TECH conversion
verwandt[1] [fɛɐ̯ˈvant] *adj* related (**mit** +*dat* to); *Methoden* similar
verwandt[2] [fɛɐ̯ˈvant] *pp von* **verwenden**
verwandte *imp von* **verwenden**
Verwandte(r) *f(m) dekl wie adj* relation, relative; **ein entfernter ~r von mir** a distant relation of mine
Verwandtschaft <-, -en> *f* ❶ (*die Verwandten*) relations *pl,* relatives *pl;* **die nähere ~** close relatives *pl* ❷ (*gemeinsamer Ursprung*) affinity
verwandtschaftlich *adj* family *attr*
verwarnen* *vt* to warn
Verwarnung *f* warning, caution
Verwarnungsgeld *nt* exemplary fine
verwaschen *adj* faded
verwechseln* [-ˈvɛksln] *vt* ■**etw** ~ to get sth mixed up; ■**jdn mit jdm** ~ to confuse sb with sb; **jdm zum V~ ähnlich sehen** to be the spitting image of sb
Verwechslung <-, -en> [-ˈvɛksluŋ] *f* mix-up, confusion *no art, no pl*
verwegen [fɛɐ̯ˈveːgn̩] *adj* daring, bold
verwehen* *vt* ❶ (*auseinandertreiben*) to scatter ❷ (*verwischen*) to cover [over *sep*]
verwehren* *vt* ■**jdm etw** ~ to refuse sb sth
Verwehung <-, -en> *f* ❶ *kein pl* (*das Verwehen*) covering over *no art, no pl* ❷ (*Schneeverwehung*) [snow]drift; (*Sandverwehung*) [sand]drift
Verweichlichung <-> *f kein pl* softening *no art, no pl*
Verweigerer, Verweigerin <-s, -> *m, f* ❶ (*allgemein*) objector ❷ (*Kriegsdienstverweigerer*) conscientious objector
verweigern* *vt, vi* to refuse; **jede Auskunft ~** to refuse to give any information; **einen Befehl ~** to refuse to obey an order; **den Kriegsdienst ~** to refuse to do military service
Verweigerung *f* refusal
verweilen* *vi* (*geh*) to stay; **vor einem Gemälde ~** to linger in front of a painting; **bei einem Gedanken ~** to dwell on a thought
verweint *adj Augen* red from crying; *Gesicht* tear-stained
Verweis <-es, -e> [fɛɐ̯ˈvaɪ̯s] *m* ❶ (*Tadel*) reprimand; **jdm einen ~ erteilen** to reprimand sb ❷ (*Hinweis*) reference (**auf** +*akk* to); (*Querverweis*) cross-reference
verweisen* *irreg vt, vi* to refer (**an, auf** +*akk* to)
verwelken* *vi sein* to wilt
verweltlicht [fɛɐ̯ˈvɛltlɪçt] *adj* REL, SOZIOL secularized
verwendbar *adj* usable

verwenden <verwendete *o* verwandte, verwendet *o* verwandt> *vt* to use (**für** +*akk* for)
Verwendung <-, -en> *f* use; **keine ~ für etw** *akk* **haben** to have no use for sth
Verwendungsmöglichkeit *f* [possible] use
Verwendungszweck *m* purpose
verwerfen* *irreg vt Plan, Vorschlag* to reject; *Gedanken* to dismiss
verwerflich *adj* reprehensible
verwertbar *adj* usable
verwerten* *vt* ❶ (*ausnutzen, heranziehen*) to use; **etw erneut ~** to reuse sth ❷ (*nutzbringend anwenden*) to exploit
Verwertung <-, -en> *f* use
Verwertungsgesellschaft *f* exploitation company
verwesen* [fɛɐ̯'ve:zn̩] *vi sein* to rot, to decompose; ■**verwest** decomposed
Verwestlichung <-> [fɛɐ̯'vɛstlɪçʊŋ] *f* SOZIOL Westernization
Verwesung <-> *f kein pl* decomposition *no art, no pl*
verwetten* *vt* to gamble away *sep*
verwickeln* **I.** *vt* ■**jdn in etw** *akk* **~** to involve sb in sth; **jdn in ein Gespräch ~** to engage sb in conversation; ■**in etw** *akk* **verwickelt sein** to be involved in sth **II.** *vr* ■**sich** *akk* **~** to get tangled up
verwickelt *adj* complicated, intricate
Verwickelung <-, -en>, **Verwicklung** <-, -en> *f* ❶ (*Verstrickung*) entanglement ❷ *pl* (*Komplikationen*) complications *pl*
verwildern* *vi sein* ❶ *Garten* to become overgrown ❷ *Tier* to go wild
verwildert *adj* ❶ *Garten* overgrown ❷ *Tier* feral
verwinkelt [fɛɐ̯'vɪŋkl̩t] *adj* twisting, winding; *Gebäude* full of nooks and crannies
verwirklichen* [fɛɐ̯'vɪrklɪçn̩] **I.** *vt* to realize; *Idee, Plan* to put into practice; *Projekt* to carry out *sep* **II.** *vr* ■**sich** *akk* **~** to fulfil oneself
Verwirklichung <-, -en> *f* realization
verwirren* *vt* to confuse
verwirrend <-er, -este> *adj* confusing
verwirrt <-er, -este> *adj* confused
Verwirrung <-, -en> *f* ❶ (*Verstörtheit*) confusion *no art, no pl* ❷ (*Chaos*) chaos *no art, no pl*
verwischen* **I.** *vt* ❶ (*verschmieren*) to smudge; *Farbe* to smear ❷ (*unkenntlich machen*) to cover [up *sep*]; **seine Spur ~** to cover one's tracks **II.** *vr* ■**sich** *akk* **~** to become blurred; (*Erinnerung*) to fade
verwittern* *vi sein* to weather
verwittert **I.** *pp von* **verwittern** **II.** *adj* weathered
verwitwet [fɛɐ̯'vɪtvət] *adj* widowed
verwöhnen* [fɛɐ̯'vø:nən] *vt* to spoil
verwöhnt *adj* (*anspruchsvoll*) discriminating
verworfen **I.** *adj* degenerate; (*stärker*) depraved **II.** *adv* degenerately
verworren [fɛɐ̯'vɔrən] *adj* confused, muddled
verwundbar *adj* vulnerable
verwunden* [fɛɐ̯'vʊndn̩] *vt* to wound; **schwer verwundet** seriously wounded
verwunderlich *adj* odd, strange; **das ist nicht ~** that's not surprising
verwundern* *vt* to surprise; ■**es verwundert jdn, dass ...** sb is surprised that ...
verwundert **I.** *adj* astonished, surprised (**über** +*akk* at) **II.** *adv* in amazement
Verwunderung <-> *f kein pl* amazement *no art, no pl*
verwundet *adj* (*fig a.*) wounded, hurt
Verwundete(r) *f(m) dekl wie adj* casualty, wounded person
Verwundung <-, -en> *f* wound
verwünschen* *vt* ❶ (*verfluchen*) to curse ❷ (*verzaubern*) to cast a spell on
verwunschen [fɛɐ̯'vʊndn̩] *adj* enchanted
Verwünschung <-, -en> *f* curse
verwurzelt *adj* rooted
verwüsten* *vt* to devastate; *Wohnung* to wreck; *Land* to ravage
Verwüstung <-, -en> *f meist pl* devastation *no art, no pl;* **die ~en des Krieges** the ravages of war
verzagt **I.** *adj* despondent, disheartened **II.** *adv* despondently
verzählen* *vr* ■**sich** *akk* **~** to miscount
verzahnen* *vt* ❶ TECH to dovetail ❷ (*fig: eng verbinden*) ■**etw mit etw** *dat* **~** to link sth to sth
verzahnt *adj* **ineinander ~ sein** to mesh [together]
Verzahnung <-, -en> *f* ❶ *von Balken* dovetailing ❷ *von Rädern* gearing
verzaubern* *vt* ❶ (*verhexen*) ■**jdn ~** to put a spell on sb; **jdn in einen Vogel ~** to turn sb into a bird ❷ (*betören*) to enchant
Verzauberung <-, -en> *f* enchantment
verzehnfachen* [fɛɐ̯'tse:nfaxn̩] *vt, vr* to increase tenfold
Verzehr <-[e]s> [fɛɐ̯'tse:ɐ̯] *m kein pl* consumption
verzehren* **I.** *vt* ❶ (*essen*) to consume ❷ (*verbrauchen*) to use up **II.** *vr* ■**sich** *akk* **nach jdm ~** to pine for sb
verzeichnen* *vt* to list; **einen Erfolg ~** to score a success
Verzeichnis <-ses, -se> *nt* list; (*Tabelle*) table; (*Computer*) directory

verzeigen* *vt* SCHWEIZ to report sb [to the police]

verzeihen <verzieh, verziehen> **I.** *vt* to forgive **II.** *vi* to excuse; *Unrecht, Sünde* to forgive; **~ Sie!** I beg your pardon!, AM *usu* excuse me!; **~ Sie, dass ich störe** excuse me for interrupting

verzeihlich *adj* excusable, forgivable

Verzeihung <-> *f kein pl* forgiveness; **[jdn] um ~ bitten** to apologize [to sb]; **~!** sorry!; **~, darf ich mal hier vorbei?** excuse me, may I get past?

verzerren* **I.** *vt* ① (*verziehen, entstellen*) to distort ② *Muskel* to pull; *Sehne* to strain **II.** *vr* (*sich verziehen*) ■**sich** *akk* **~** to become contorted

verzerrt <-er, -este> *adj* ① (*verzogen, verändert*) distorted; **ein ~es Gesicht** a contorted face; (*fig*) a distorted face ② MED (*durch zu starke Dehnung verletzt*) strained, pulled

Verzerrung *f* distortion

verzetteln* *vr* ■**sich** *akk* **~** to take on too much at once

Verzicht <-[e]s, -e> [fɛɐ̯'tsɪçt] *m* renunciation (**auf** +*akk* of); *auf ein Amt, auf Eigentum* relinquishment

verzichten* [fɛɐ̯'tsɪçtn̩] *vi* to go without, to relinquish; ■**auf etw** *akk* **~** to do without sth; **auf sein Recht ~** to renounce one's right; **ich möchte im Urlaub auf nichts ~** on holiday I don't want to miss out on anything

verzieh *imp von* **verzeihen**

verziehen*[1] *irreg* **I.** *vi sein* (*umziehen*) to move **II.** *vr haben* (*verschwinden*) ■**sich** *akk* **~** to disappear; **verzieh dich!** clear off!; **das Gewitter verzieht sich** the storm is passing

verziehen*[2] *irreg* **I.** *vt* to twist, to screw up *sep;* **das Gesicht [vor Schmerz] ~** to pull a face [with pain] **II.** *vr* ■**sich** *akk* **~** ① (*verzerren*) to contort, to twist ② (*verformen*) to go out of shape

verziehen[3] *pp von* **verzeihen**

verzieren* *vt* to decorate

Verzierung <-, -en> *f* decoration; (*an Gebäuden*) ornamentation

verzinsen* *vt* ■**etw ~** to pay interest on sth; **die Bank verzinst dein Erspartes mit 3 Prozent** the bank pays three percent on your savings

verzinslich *adj Darlehen* interest-bearing

verzocken *vt* to gamble away *sep*

verzogen [fɛɐ̯'tsoːgn̩] *adj* badly brought up; **die Kinder sind völlig ~** the children are completely spoilt

verzögern* **I.** *vt* ① (*später erfolgen lassen*) to delay (**um** +*akk* by) ② (*verlangsamen*) to slow down **II.** *vr* (*später erfolgen*) ■**sich** *akk* **~** to be delayed (**um** +*akk* by)

Verzögerung <-, -en> *f* delay, hold-up *fam;* (*Verlangsamung*) slowing down

Verzögerungstaktik *f* delaying tactics *pl*

verzollen* *vt* ■**etw ~** to pay duty on sth; **haben Sie etwas zu ~?** have you anything to declare?

Verzückung <-, -en> *f* (*geh*) ecstasy; **in ~ geraten** to go into raptures *pl* (**über** over, about)

Verzug <-[e]s> *m kein pl* delay; **[mit etw** *dat*] **in ~ geraten** to fall behind [with sth]

verzweifeln* *vi sein* to despair (**an** +*dat* of); **es ist zum V~ mit dir!** you drive me to despair

verzweifelt **I.** *adj* ① (*völlig verzagt*) despairing; **ein ~es Gesicht machen** to look despairingly; **ich bin völlig ~** I'm at my wits' end ② (*hoffnungslos*) desperate; **ein ~er Kampf ums Überleben** a desperate struggle for survival **II.** *adv* (*völlig verzagt*) despairingly; **sie rief ~ nach ihrer Mutter** she called out desperately for her mother

Verzweiflung <-> *f kein pl* (*Gemütszustand*) despair; (*Ratlosigkeit*) desperation; **jdn zur ~ bringen** to drive sb to despair; **etw aus ~ tun** to do sth out of desperation

Verzweiflungstat *f* act of desperation

verzweigen* [fɛɐ̯'tsvaign̩] *vr* ■**sich** *akk* **~** to branch out; *Straße* to branch off

verzweigt [fɛɐ̯'tsvaikt] *adj* branched; *Familie* extended

Verzweigung <-, -en> *f* ① (*verzweigtes Astwerk*) branches *pl;* (*verzweigter Teil*) fork ② (*weite Ausbreitung*) intricate network ③ SCHWEIZ (*Kreuzung*) crossroads *sing o pl,* intersection AM

verzwickt [fɛɐ̯'tsvɪkt] *adj* tricky

Vesper <-s, -> ['fɛspɐ] *f o nt* DIAL snack

Vesperbrot *nt* SÜDD (*Pausenbrot*) sandwich

Vesuv <-[s]> [ve'zuːf] *m* Vesuvius

Veteran <-en, -en> [vete'raːn] *m* veteran

Veterinär(in) <-s, -e> [veteri'nɛːɐ̯] *m(f)* vet *fam,* veterinary surgeon BRIT, veterinarian AM

Veto <-s, -s> ['veːto] *nt* veto; **sein ~ einlegen** to exercise one's veto

Vetorecht *nt* right of veto

Vetter <-s, -n> ['fɛtɐ] *m* cousin

Vetternwirtschaft *f kein pl* nepotism *no pl*

V-Frau ['fau̯-] *f fem form von* **Verbindungsmann**

vgl. *interj Abk von* **vergleiche** cf.

VHS <-> [fau̯haː'ʔɛs] *f Abk von* **Volkshochschule**

via ['vi:a] *präp* +*akk* ① (*über*) via ② (*durch*) by
Viadukt <-[e]s, -e> [via'dʊkt] *m o nt* viaduct
Vibration <-, -en> [vibra'tsi̯o:n] *f* vibration
Vibrator <-s, -toren> [vi'bra:to:ɐ̯, *pl* -'to:rən] *m* vibrator
vibrieren* [vi'bri:rən] *vi* to vibrate
Video <-s, -s> ['vi:deo] *nt* video
Videoaufzeichnung *f* video recording **Videoclip** <-s, -s> *m* video clip **Videofilm** *m* video film **Videogerät** *nt* video [recorder], AM *usu* VCR **Videokamera** *f* video camera
Videokassette *f* video cassette **Videokassettenrecorder** [-rekɔrdɐ] *m* video recorder
Videokonferenz *f* video conference **Videorecorder, Videorekorder** <-s, -> *m* video [recorder], AM *usu* VCR **Videoschaltung** ['vi:deo-] *f* TELEK video link **Videospiel** *nt* video game **Videotext** *m kein pl* teletext *no pl*
Videothek <-, -en> [video'te:k] *f* video shop [*or* AM *usu* store]; (*Sammlung*) video library
Videoüberwachung *f* monitoring by closed circuit TV **Videoverleih** *m* video library
Viech <-[e]s, -er> [fi:ç] *nt* (*fam*) creature
Vieh <-[e]s> [fi:] *nt kein pl* ① AGR livestock; (*Rinder*) cattle ② (*fam: Tier*) animal, beast
Viehbestand *m* livestock **Viehfutter** *nt* cattle feed [*or* fodder] **Viehhalter(in)** <-s, -> *m(f)* cattle farmer **Viehhaltung** <-> *f kein pl* animal husbandry **Viehherde** *f* livestock herd **Viehmarkt** *m* cattle market **Viehzucht** *f* cattle [*or* livestock] breeding **Viehzüchter(in)** *m(f)* cattle [*or* livestock] breeder
viel [fi:l] **I.** *adj* <mehr, meiste> ① *sing, adjektivisch* a lot of; **er braucht ~ Geld** he needs a lot of money; **~ Erfolg!** good luck!; **~ Spaß!** enjoy yourself/yourselves! ② *sing,* + *art, poss* **das ~e Essen ist mir nicht bekommen** all that food hasn't done me any good; **sein ~es Geld nützt ihm wenig** all his money is no good to him ③ *substantivisch* a lot, much; **ich habe zu ~ zu tun** I have too much to do; **obwohl er ~ weiß, ...** although he knows a lot, ... ④ *pl, adjektivisch* ▪**~e** a lot of, a great number of, many; **und ~e andere** and many others; **~e deiner Bücher kenne ich schon** I know many of your books already; **wir haben gleich ~e Dienstjahre** we've been working here for the same number of years ⑤ + *pl, substantivisch* (*eine große Anzahl von Menschen*) ▪**~e** a lot, many; **diese Ansicht wird von ~en vertreten** this view is held by many people; (*eine große Anzahl von Dingen*) a lot; **es gibt noch einige Fehler, aber ~e haben wir bereits verbessert** there are still some errors, but we've already corrected a lot **II.** *adv* <mehr, am meisten> ① (*häufig*) a lot; **sie hat ihre Mutter immer ~ besucht** she used to visit her mother a lot; **~ diskutiert** much discussed; **eine ~ befahrene Straße** a [very] busy street ② (*wesentlich*) a lot; **die Mütze ist ~ zu groß** the cap is far too big
vieldeutig *adj* ambiguous
Vieleck ['fi:lʔɛk] *nt* polygon
vielerlei *adj* all kinds of, many different
vielerorts ['fi:lɐʔɔrts] *adv* in many places
vielfach ['fi:lfax] **I.** *adj* ① (*mehrere Male so groß*) many times ② (*mehrfach*) multiple **II.** *adv* (*häufig*) frequently, in many cases; (*mehrfach*) many times
Vielfache(s) *nt dekl wie adj* multiple; **um ein ~s** many times over
Vielfalt <-> ['fi:lfalt] *f* diversity, [great] variety (**an** +*dat* of)
vielfältig ['fi:lfɛltɪç] *adj* diverse, varied
Vielfraß <-es, -e> ['fi:lfra:s] *m* glutton
vielleicht [fi'lai̯çt] **I.** *adv* ① (*eventuell*) perhaps, maybe ② (*ungefähr*) about; **er ist ~ 30 Jahre alt** he is about 30 years old **II.** *part* ① (*bitte* [*mahnend*]) please; **würdest du mich ~ einmal ausreden lassen?** would you please let me finish for once? ② (*etwa*) by any chance; **erwarten Sie ~, dass ich Ihnen das Geld gebe?** you don't, by any chance, expect me to give you the money? ③ (*wirklich*) really; **du erzählst ~ einen Quatsch** you're really talking rubbish
vielmals ['fi:lma:ls] *adv* **danke ~!** thank you very much
vielmehr ['fi:lme:ɐ̯] *adv* rather; **ich bin ~ der Meinung, dass ...** I rather think that ...
vielseitig ['fi:lzai̯tɪç] **I.** *adj Mensch, Maschine* versatile; *Angebot, Arbeit* varied **II.** *adv* ① (*in vieler Hinsicht*) widely ② (*in verschiedener Weise*) **eine Küchenmaschine ist ~ anwendbar** a food processor has a variety of uses
vielsprachig *adj* multilingual
Vielzahl *f kein pl* ▪**eine ~ von etw** *dat* a large number of sth
vier [fi:ɐ̯] *adj* four; *s. a.* **acht**[1] ▶WENDUNGEN: **ein Gespräch unter ~ Augen führen** to have a private conversation
Vier <-, -en> [fi:ɐ̯] *f* ① (*Zahl*) four ② (*Zeug-*

nisnote) **er hat in Deutsch eine ~** he got a D in German ▶WENDUNGEN: **auf allen ~en** on all fours
vierbändig *adj* four-volume *attr*
Vierbeiner <-s, -> *m* four-legged friend *hum*
vierblätterig *adj,* **vierblättrig** *adj* four-leaf *attr,* four-leaved
Viereck ['fi:ɐ̯ʔɛk] *nt* four-sided figure; MATH quadrilateral
viereckig ['fi:ɐ̯ʔɛkɪç] *adj* rectangular
viereinhalb ['fi:ɐ̯ʔa̯in'halp] *adj* four and a half
Viererbob *m* four-man bob
viererlei ['fi:rɐ'la̯i] *adj attr* four [different]; *s. a.* **achterlei**
vierfach, 4fach I. *adj* fourfold; **die ~e Menge** four times the amount **II.** *adv* fourfold, four times over
vierhändig ['fi:ɐ̯hɛndɪç] **I.** *adj* four-handed **II.** *adv* as a duet
vierhundert ['fi:ɐ̯'hʊndɐt] *adj* four hundred
vierjährig, 4-jährig *adj* **1** (*Alter*) four-year-old *attr,* four years old *pred; s. a.* **achtjährig 1** **2** (*Zeitspanne*) four-year *attr; s. a.* **achtjährig 2**
vierkantig *adj* square
Vierkantschlüssel *m* square spanner
vierköpfig *adj* four-person *attr*
Vierling <-s, -e> ['fi:ɐ̯lɪŋ] *m* quadruplet
viermal, 4-mal ['fi:ɐ̯ma:l] *adv* four times; *s. a.* **achtmal**
viermotorig *adj* four-engined
Vierradantrieb *m* four-wheel drive
vierspurig *adj* four-lane *attr*
vierstellig *adj* **eine ~e Zahl** a four-figure number; ■**~ sein** to be four figures
Viersternehotel *nt* 4-star hotel
vierstöckig *adj* four-storey *attr*
viert ['fi:ɐ̯t] *adv* **zu ~ sein** to be a party of four; **wir waren zu ~** there were four of us
Viertaktmotor *m* four-stroke engine
viertausend ['fi:ɐ̯ta̯uzn̩t] *adj* four thousand
vierte(r, s) ['fi:ɐ̯tə -tɐ -təs] *adj* **1** (*an vierter Stelle*) fourth; *s. a.* **achte(r, s) 1** **2** (*Datum*) fourth, 4th; *s. a.* **achte(r, s) 2**
vierteilen *vt* HIST to quarter
vierteilig, 4-teilig *adj Film* four-part; *Besteck* four-piece
viertel ['fɪrtl̩] *adj* quarter; **drei ~** three-quarters
Viertel[1] <-s, -> ['fɪrtl̩] *nt* district, quarter
Viertel[2] <-s, -> ['fɪrtl̩] *nt o* SCHWEIZ *m* **1** (*der vierte Teil*) quarter **2** (*15 Minuten*) **~ vor/nach drei** [a] quarter to/past [*or* AM *a.* after] three
Viertelfinale *nt* quarter-final **Vierteljahr** [fɪrtl̩'ja:ɐ̯] *nt* three months, quarter *spec*
vierteljährig [fɪrtl̩ja:ɐ̯jɛ:rɪç] *adj attr* three-month
vierteljährlich ['fɪrtl̩jɛ:ɐ̯lɪç] *adj, adv* quarterly **Viertelliter** *m o nt* quarter of a litre
vierteln ['fɪrtl̩n] *vt* to divide into quarters
Viertelnote *f* MUS crotchet **Viertelstunde** [fɪrtl̩'ʃtʊndə] *f* quarter of an hour
viertelstündig ['fɪrtl̩ʃtʏndɪç] *adj attr* lasting [*or* of] a quarter of an hour; **eine ~e Verspätung** a delay of a quarter of an hour
viertelstündlich ['fɪrtl̩ʃtʏndlɪç] **I.** *adj attr* quarter-hour, of a quarter of an hour **II.** *adv* every quarter of an hour, quarter-hourly
viertens ['fi:ɐ̯tn̩s] *adv* fourth[ly], in the fourth place
Viertürer <-s, -> *m* four-door model
Viervierteltakt [-'fɪrtl̩-] *m* four-four time
vierzehn ['fɪrtse:n] *adj* fourteen; **~ Tage** a fortnight *esp* BRIT; *s. a.* **acht**[1]
vierzehntägig ['fɪrtse:n-] *adj* two-week *attr;* **eine ~e Reise** a two-week journey
vierzehntäglich *adj, adv* every two weeks
vierzehnte(r, s) *adj* **1** (*an vierzehnter Stelle*) fourteenth; *s. a.* **achte(r, s) 1** **2** (*Datum*) fourteenth, 14th; *s. a.* **achte(r, s) 2**
vierzig ['fɪrtsɪç] *adj* forty; *s. a.* **achtzig 1, 2**
vierziger, 40er ['fɪrtsɪgɐ] *adj attr* the forties, the 40s
vierzigste(r, s) *adj* fortieth; *s. a.* **achte(r, s) 1**
Vierzigstundenwoche *f* 40-hour week
Vierzimmerwohnung *f* four-room flat [*or* AM apartment]
Vietnam <-s> [vi̯ɛt'nam] *nt* Vietnam; *s. a.* **Deutschland**
Vietnamese, Vietnamesin <-n, -n> [vi̯ɛtna'me:zə, vi̯ɛtna'me:zɪn] *m, f* Vietnamese; *s. a.* **Deutsche(r)**
vietnamesisch [vi̯ɛtna'me:zɪʃ] *adj* Vietnamese; *s. a.* **deutsch**
Vignette <-, -n> [vɪn'jɛtə] *f* (*Gebührenmarke*) *sticker showing fees paid*
Vikar(in) <-s, -e> [vi'ka:ɐ̯] *m(f)* curate
Villa <-, Villen> ['vɪla, *pl* 'vɪlən] *f* villa
Villenviertel ['vɪlənfɪrtl] *nt exclusive residential area with many mansions*
violett [vi̯o'lɛt] *adj* violet, purple
Violine <-, -n> [vi̯o'li:nə] *f* violin
Violinist(in) <-en, -en> [vi̯oli'nɪst] *m(f)* violinist
Violinschlüssel *m* treble clef
Violoncello <-s, -celli> [vi̯olɔn'tʃɛlo] *nt* violoncello
VIP <-, -s> [vɪp] *m Abk von* **very important person** VIP
Viper <-, -n> ['vi:pɐ] *f* viper

V

Viren ['viːrən] *pl von* **Virus**

Virensuchprogramm *nt* INFORM antivirus software **Virenwarnung** *f* INET, INFORM virus warning

virtuell [vɪr'tuɛl] *adj* virtual

virtuos [vɪr'tu̯oːs] **I.** *adj* virtuoso **II.** *adv* in a virtuoso manner

Virus <-, Viren> ['viːrʊs, *pl* 'viːrən] *nt o m* virus

Virusgrippe *f* virus of influenza **Virusinfektion** *f* viral infection **Viruskrankheit** *f* viral disease

Visa ['viːza], **Visen** ['viːzen] *pl von* **Visum**

Visagist(in) <-en, -en> [viza'ʒɪst] *m(f)* make-up artist

vis-à-vis, vis-a-vis [viza'viː] *adv* opposite

Visier <-s, -e> [vi'ziːɐ̯] *nt* ① (*Zielvorrichtung*) sight ② (*Klappe am Helm*) visor ▶ WENDUNGEN: **jdn/etw im ~ haben** to keep tabs on sb/sth

Vision <-, -en> [vi'zi̯oːn] *f* vision; **~en haben** to see things

Visite <-, -n> [vi'ziːtə] *f* (*Arztbesuch*) round; **~ machen** to do one's round

Visitenkarte [vi'ziːtən-] *f* business card

Viskose <-> [vɪs'koːzə] *f kein pl* viscose *no pl*

visuell [vi'zu̯ɛl] *adj* visual

Visum <-s, Visa *o* Visen> ['viːzʊm, *pl* 'viːza, 'viːzən] *nt* visa

vital [vi'taːl] *adj* (*geh*) ① (*Lebenskraft besitzend*) lively, vigorous ② (*lebenswichtig*) vital

Vitalität <-> [vitali'tɛt] *f kein pl* vitality, vigour

Vitamin <-s, -e> [vita'miːn] *nt* vitamin

Vitaminmangel *m* vitamin deficiency **Vitaminpräparat** *nt* vitamin supplement **vitaminreich** *adj* rich in vitamins **Vitamintablette** *f* vitamin tablet [*or* AM *usu* pill]

Vitrine <-, -n> [vi'triːnə] *f* (*Schaukasten*) display case; (*Glasvitrine*) glass cabinet

Vize <-s, -s> ['fiːtsə] *m* (*fam*) second-in-command, number two *fam*

Vizekanzler(in) *m(f)* vice-chancellor **Vizepräsident(in)** *m(f)* vice president

Vlies <-es, -e> [fliːs, *pl* 'fliːzə] *nt* fleece

V-Mann <-leute> ['fau̯-] *m s.* **Verbindungsmann** intermediary

Vogel <-s, Vögel> ['foːgl̩, *pl* 'føːgl̩] *m* ① (*Tier*) bird ② (*fam: auffallender Mensch*) **ein lustiger ~** a bit of a joker; **ein seltsamer ~** a queer [*or* AM strange] bird ▶ WENDUNGEN: **einen ~ haben** to have a screw loose

Vogelbauer *nt o m* birdcage

Vogelbeerbaum *m* rowan [tree]

Vogelbeere *f* rowan berry **vogelfrei** *adj* HIST outlawed **Vogelfutter** *nt* bird food **Vogelgrippe** *f* MED bird flu *fam*, avian influenza *spec* **Vogelhaus** *nt* bird house **Vogelkäfig** *m* birdcage **Vogelkirsche** *f* gean

vögeln ['føːgl̩n] *vi* (*derb*) to screw

Vogelnest *nt* bird's nest **Vogelperspektive** *f* bird's eye view **Vogelscheuche** <-, -n> *f* scarecrow **Vogelschutzgebiet** *nt* bird sanctuary [*or* AM reserve] **Vogel-Strauß-Politik** [foːgl̩'ʃtrau̯spolitiːk] *f kein pl* (*fam*) head-in-the-sand policy **Vogelwarte** *f* ornithological station

Vogerlsalat *m* ÖSTERR lamb's lettuce *no pl*

Vogesen <-> [vo'geːzn̩] *pl* Vosges *pl*

Vokabel <-, -n> [vo'kaːbl̩] *f* word; **~n** *pl* **lernen** to learn vocabulary *sing*

Vokabular <-s, -e> [vokabu'laːɐ̯] *nt* vocabulary

Vokal <-s, -e> [vo'kaːl] *m* vowel

Volk <-[e]s, Völker> [fɔlk, *pl* 'fœlkɐ] *nt* ① (*Nation*) nation, people; **ein Volk unbekannter Herkunft** a people of unknown origin ② *kein pl* (*fam: Menschenmenge*) masses *pl*; **das ~ aufwiegeln** to incite the masses; **sich unters ~ mischen** to mingle with the people ③ *kein pl* (*untere Bevölkerungsschicht*) people *npl*; **ein Mann aus dem ~** a man of the people

Völkerball *m kein pl* SPORT *game played by two teams who try to eliminate the members of the opposing team by hitting them with a ball* **Völkerbund** *m kein pl* HIST League of Nations **Völkergemeinschaft** *f* international community

Völkerkunde <-> *f kein pl* ethnology **Völkerkundemuseum** *nt* museum of ethnology

Völkermord *m* genocide **Völkerrecht** *nt kein pl* international law **völkerrechtlich** **I.** *adj* of international law **II.** *adv* under international law **Völkerverständigung** *f kein pl* international understanding **Völkerwanderung** *f* ① HIST migration of peoples ② (*fam*) mass exodus

Volksabstimmung *f* referendum **Volksbank** *f* people's bank **Volksbefragung** *f* referendum **Volksbegehren** *nt* petition for a referendum **volkseigen** *adj* ① (*in Namen*) People's Own ② HIST (*in der ehemaligen DDR*) nationally-owned **Volksentscheid** *m* referendum

Volksfest *nt* fair

Land und Leute

A **Volksfest** is a traditional fair lasting several days with various attractions such as a big wheel, roller coaster and beer tents.

One of the most famous is the *Oktoberfest* in Munich.

Volksfront *f* POL popular front **Volksheld(in)** *m(f)* national hero

Volkshochschule *f* adult education centre

Land und Leute

Volkshochschulen are autonomous, public institutions of further education. Their range of courses covers fields such as computing, languages, philosophy and dancing. They are intended for people from all walks of life and every age group, and are becoming increasingly recognized as providers of further vocational training.

Volksinitiative *f* SCHWEIZ (*Volksbegehren*) petition for a referendum **Volkskrankheit** *f* common illness **Volkskunde** *f* folklore

volkskundlich ['fɔlkskʊntlɪç] *adj* folkloric

Volkslied *nt* folk song **Volksmärchen** *nt* folktale **Volksmund** *m kein pl* vernacular; **im ~** in the vernacular **Volksmusik** *f* folk music **Volksnähe** *f* approachability **Volksrepublik** *f* People's Republic **Volksschauspieler(in)** *m(f)* FILM, THEAT crowd-pleasing actor **Volksschule** *f* ÖSTERR (*Grundschule*) primary school **Volkssport** *m* national sport **Volksstamm** *m* tribe **Volkstanz** *m* folk dance **Volkstracht** *f* traditional costume

volkstümlich ['fɔlksty:mlɪç] *adj* traditional

Volksverdummung <-> *f kein pl* stupefaction of the people **Volksverhetzung** *f* incitement of the people **Volksvertreter(in)** *m(f)* representative [*or* delegate] of the people **Volkswirt(in)** *m(f)* economist **Volkswirtschaft** *f* national economy **volkswirtschaftlich** **I.** *adj* economic **II.** *adv* economically **Volkswirtschaftslehre** *f* economics *nsing* **Volkszählung** *f* [national] census **Volkszorn** *m kein pl* SOZIOL public anger

voll [fɔl] **I.** *adj* ① (*gefüllt*) full; **das Glas ist ~ Wasser** the glass is full of water; **eine Hand ~ Reis** a handful of rice; **~ sein** (*fam: satt*) to be full up ② (*vollständig*) full, whole; **den ~en Preis bezahlen** to pay the full price; **~ tanken** fill it up; **etw in ~en Zügen genießen** to enjoy sth to the full; **ein ~er Erfolg** a total success; **ich musste ein ~es Jahr warten** I had to wait a whole year; **jede ~e Stunde** every hour on the hour; **in ~er Größe** full-size; **bei ~em Bewusstsein** fully conscious ③ (*kräftig*) *Stimme* rich; *Haar* thick ④ (*sl: betrunken*) ■ **~ sein** to be plastered ▸WENDUNGEN: **sie <u>nimmt</u> ihn nicht für ~** she doesn't take him seriously; **aus dem V~en <u>schöpfen</u>** to draw on plentiful resources **II.** *adv* ① (*vollkommen*) completely; **ihr Sehvermögen wurde wieder ~ hergestellt** her sight was completely restored ② (*uneingeschränkt*) fully; **~ und ganz** totally; **wir standen ~ hinter dieser Entscheidung** we were fully behind this decision; **etw ~ ausnutzen** to take full advantage of sth; **er war nicht ~ da** he was not quite with it ③ (*mit aller Wucht*) right, smack; **der Wagen war ~ gegen den Pfeiler geprallt** the car ran smack into the pillar

vollauf ['fɔlʔau̯f] *adv* fully, completely; **~ zufrieden sein** to be absolutely satisfied

vollautomatisch **I.** *adj* fully automatic **II.** *adv* fully automatically **Vollbad** *nt* bath **Vollbart** *m* full beard **Vollbeschäftigung** *f kein pl* full employment **Vollbesitz** *m* **im ~ seiner Kräfte sein** to be in full possession of one's strength *sing* **Vollblut** *nt*, **Vollblüter** <-s, -> *m* thoroughbred

Vollbremsung *f* emergency stop

vollbringen* *vt irreg* to accomplish; *Wunder* to perform

vollbusig *adj* buxom, busty **Volldampf** *m* ▸WENDUNGEN: **<u>mit</u> ~** flat out; **~ <u>voraus</u>** full steam ahead

Völlegefühl <-[e]s> *nt kein pl* unpleasant feeling of fullness

vollenden* [fɔl'ʔɛndn̩] *vt* to complete; **jdn vor ~e Tatsachen stellen** to present sb with a fait accompli

vollendet *adj Redner* accomplished; *Schönheit* perfect

vollends ['fɔlɛnts] *adv* (*völlig*) completely, totally

Vollendung <-, -en> [fɔl'ʔɛndʊŋ] *f* ① (*das Vollenden*) completion; **mit ~ des 50. Lebensjahres** on completion of his/her fiftieth year ② *kein pl* (*Perfektion*) perfection

voller *adj* ① (*voll bedeckt*) **ein Hemd ~ Flecken** a shirt covered in stains ② (*erfüllt*) full of; **ein Leben ~ Schmerzen** a life full of pain

Völlerei <-, -en> [fœlə'rai̯] *f* gluttony

Volleyball ['vɔli-] *m* volleyball

vollführen* [fɔl'fy:rən] *vt* to perform

Vollgas *nt kein pl* full speed; **~ geben** to put one's foot down; **mit ~** at full throttle **vollgestopft** *adj Koffer* stuffed full **voll|gießen** *vt irreg* ■ **etw ~** to fill [up *sep*] sth **Vollidiot(in)** *m(f)* complete idiot

völlig ['fœlɪç] **I.** *adj* complete **II.** *adv* completely; **Sie haben ~ recht** you're abso-

V

lutely right

volljährig [ˈfɔljɛːrɪç] *adj* of age; ■~ **werden** to come of age

Volljährigkeit <-> *f kein pl* majority

Volljurist(in) *m(f)* fully qualified lawyer

vollkaskoversichert *adj* comprehensively insured; **ist Ihr Auto ~?** is your car fully comp? *fam* **Vollkaskoversicherung** *f* fully comprehensive insurance

vollklimatisiert *adj* fully air-conditioned

vollkommen [fɔlˈkɔmən] **I.** *adj* ① (*perfekt*) perfect ② (*völlig*) complete **II.** *adv* completely; **~ unmöglich sein** to be absolutely impossible

Vollkommenheit <-> *f kein pl* perfection

Vollkornbrot *nt* wholemeal [*or* AM wholegrain] bread

Vollmacht <-, -en> [ˈfɔlmaxt] *f* ① (*Ermächtigung*) authorization; **jdm [die] ~ für etw** *akk* **geben** to authorize sb to do sth ② (*Schriftstück*) power of attorney; **eine ~ haben** to have power of attorney

Vollmilch *f* full-cream milk BRIT, whole milk AM **Vollmilchschokolade** *f* full-cream [*or* AM whole] milk chocolate

Vollmitglied *nt* full member **Vollmond** *m kein pl* full moon; **bei ~** when the moon is full **Vollnarkose** *f* general anaesthetic **Vollpension** *f kein pl* full board; **mit ~** full board **Vollplayback** <-s, -s> [-ˈpleɪbæk] *nt* MUS, MEDIA full playback **Vollrausch** *m* drunken stupor **vollschlank** *adj* plump

vollständig [ˈfɔlʃtɛndɪç] **I.** *adj* complete, entire; **nicht ~** incomplete **II.** *adv* completely

Vollständigkeit <-> *f kein pl* completeness *no pl;* **der ~ halber** for the sake of completeness

vollstrecken* [fɔlˈʃtrɛkn̩] *vt* to carry out; *Testament* to execute

Vollstreckung <-, -en> *f* execution

Vollstreckungsbefehl *m* enforcement order

Volltreffer *m* ① (*direkter Treffer*) direct hit, bull's eye *fig fam;* **einen ~ landen** to land a good punch ② (*fam: voller Erfolg*) complete success **Vollversammlung** *f* general meeting **Vollwaise** *f* orphan **Vollwaschmittel** *nt laundry detergent that can be used for all temperatures*

vollwertig *adj* ① **~e Kost** wholefoods ② *Ersatz* fully adequate

Vollwertkost *f kein pl* wholefoods *pl*

vollzählig [ˈfɔltsɛːlɪç] **I.** *adj* (*komplett*) complete, whole; ■~ **sein** to be all present **II.** *adv* at full strength

vollziehen* [fɔlˈtsiːən] *irreg* **I.** *vt* to carry out *sep; Urteil* to execute; *Ehe* consummate **II.** *vr* ■**sich** *akk* **~** to take place

Vollzug [fɔlˈtsuːk] *m kein pl* ① (*das Vollziehen*) execution ② (*Strafvollzug*) imprisonment

Vollzugsanstalt *f* penal institution **Vollzugsbeamte(r)** *f(m) dekl wie adj* [prison] warden

Volontär(in) <-s, -e> [volɔnˈtɛːɐ̯] *m(f)* trainee, intern AM

Volontariat <-[e]s, -e> [volɔntaˈri̯aːt] *nt* ① (*Ausbildungszeit*) period of training, internship AM ② (*Stelle*) trainee position, internship AM

Volt <-[e]s, -> [vɔlt] *nt* volt

Volumen <-s, - *o* Volumina> [voˈluːmən, *pl* voˈluːmina] *nt* volume

voluminös [volumiˈnøːs] *adj* voluminous

vom [fɔm] = **von dem** from

von [fɔn] *präp +dat* ① *räumlich* (*ab, herkommend*) from; **~ woher...?** where ... from?, from where...?; **~ rechts** from the right; **~ diesem Fenster kann man alles sehen** you can see everything from this window; **diese Eier sind ~ unserem eigenen Hof** these eggs are from our own farm; (*aus ... herab/heraus*) off; **er fiel ~ der Leiter** he fell off the ladder ② *räumlich* (*etw entfernend*) from, off; **die Wäsche ~ der Leine nehmen** to take the washing off the line; **Schweiß ~ der Stirn wischen** to wipe sweat from one's brow ③ *zeitlich* (*stammend*) from; **die Zeitung ~ gestern** yesterday's paper; **ich kenne sie ~ früher** I knew her a long time ago; **~ jetzt an** from now on; **~ wann ist der Brief?** when is the letter from? ④ (*Urheber, Ursache*) **~ jdm gelobt werden** to be praised by sb; **müde ~ der Arbeit** tired of work; **~ wem ist dieses Geschenk?** who is this present from?; **~ wem weißt du das?** who told you that?; **~ wem ist dieser Roman?** who is this novel by?; **das war nicht nett ~ dir!** that was not nice of you! ⑤ *statt gen* (*Zugehörigkeit*) of; **die Königin ~ England** the Queen of England; **die Musik ~ Beethoven** Beethoven's music ⑥ (*Gruppenangabe*) of; **einer ~ vielen** one of many; **keiner ~ uns wusste Bescheid** none of us knew about it; **ein Student ~ mir** a student of mine ⑦ (*bei Maßangaben*) of; **eine Pause ~ zehn Minuten** a ten minute break; **ein Abstand ~ zwei Metern** a distance of two metres ▸WENDUNGEN: **~ wegen!** no way!

voneinander [fɔnʔaɪ̯ˈnandɐ] *adv* from each other, from one another; **die beiden Städte sind 20 Kilometer ~ entfernt** the two towns are twenty kilometres apart

vonstatten|gehen [fɔnˈʃtatn̩-] *vi irreg sein* ■[**irgendwie**] ~ to take place [in a certain manner]

vor [foːɐ̯] **I.** *präp* ❶ (*davor befindlich*) in front of; **sie ließ ihn ~ sich her gehen** she let him go in front of her; **~ sich hin summen** (*fam*) to hum to oneself; **2 km ~ der Stadt** 2 km outside the town; **~ etw** *dat* **davonlaufen** (*fig*) to run away from sth; **sich** *akk* **~jdm schämen** to feel ashamed in front of sb; **etw ~ sich** *dat* **haben** to have sth ahead of you ❷ (*in Bezug auf*) regarding, with regards to; **jdn ~ jdm warnen** to warn sb about sb ❸ (*eher*) before; **vor kurzem/hundert Jahren** a short time/hundred years ago; **es ist zehn ~ zwölf** it is ten to twelve; **~ jdm am Ziel sein** to get somewhere before sb else; **ich war ~ dir dran** I was before you ❹ (*bedingt durch*) with; **starr ~ Schreck** rigid with horror; **~ Kälte zittern** to shake with cold **II.** *adv* forward; **~ und zurück** backwards and forwards; **Freiwillige ~!** volunteers one step forward!

vorab [foːɐ̯ˈʔap] *adv* first, to begin with; **~ einige Informationen** let me first give you some information

Vorabend <-s, -e> [ˈfoːɐ̯ʔaːbn̩t] *m* **am ~** [**einer S.** *gen*] on the evening before [sth], on the eve [of sth] **Vorahnung** *f* premonition

voran [foˈran] *adv* first; **der Lehrer geht ~** the teacher goes first

voran|bringen [foˈranbrɪŋən] *vt irreg* to advance **voran|gehen** *vi irreg sein* ❶ (*an der Spitze gehen*) ■**jdm ~** to go ahead of sb ❷ *a. impers* (*Fortschritte machen*) to make progress; **die Arbeiten gehen zügig voran** rapid progress is being made with the work ❸ (*einer Sache vorausgehen*) to precede; **dem Projekt gingen lange Planungsphasen voran** the project was preceded by long phases of planning **voran|kommen** *vi irreg sein* ❶ (*vorwärtskommen*) to make headway ❷ (*Fortschritte machen*) to make progress; **wie kommt ihr voran mit der Arbeit?** how are you getting along with the work?

Vorankündigung *f* advance notice

Voranmeldung [ˈfoːɐ̯ʔanmɛldʊŋ] *f* appointment, booking

Voranschlag *m* estimate

voran|treiben *vt irreg* to push ahead

Voranzeige *f* advance notice

Vorarbeiter(in) *m(f)* foreman *masc*, forewoman *fem*

Vorarlberg [ˈfoːɐ̯ʔarlbɛrk] Vorarlberg (*federal state of Austria*)

voraus [foˈraus] *adv* in front, ahead; **jdm ~ sein** to be ahead of sb; **im V~** in advance

voraus|ahnen *vt* ■**etw ~** to anticipate sth **voraus|fahren** *vi irreg sein* to drive on ahead **voraus|gehen** [foˈrausgeːən] *vi irreg sein* to go on ahead; **einem Unwetter geht meistens ein Sturm voraus** bad weather is usually preceded by a storm

vorausgesetzt *adj* ■**~,** [**dass**] ... provided [that] ...

voraus|haben *vt irreg* ■[**jdm**] **etw ~** to have the advantage of sth [over sb]

Voraussage <-, -en> *f* prediction

voraus|sagen *vt* to predict **vorausschauend** **I.** *adj* foresighted **II.** *adv* foresightedly; **bei diesem Projekten muss ~ geplant werden** with this project planning must be conducted with an eye to the future **voraus|schicken** *vt* ❶ (*vor jdm losschicken*) to send on ahead ❷ (*vorher sagen*) to say in advance

voraussehbar *adj* foreseeable, predictable

voraus|sehen *vt irreg* to foresee; **das war vorauszusehen!** that was to be expected! **voraus|setzen** *vt* ❶ (*als selbstverständlich erachten*) to assume; **gewisse Fakten muss ich als bekannt ~** I have to assume that certain facts are known ❷ (*erfordern*) to require

Voraussetzung <-, -en> *f* ❶ (*Vorbedingung*) condition; **unter der ~, dass ...** on condition that ...; **unter bestimmten ~en** under certain conditions; **er hat für diesen Job nicht die richtigen ~en** he hasn't got the right qualifications for this job ❷ (*Annahme*) assumption, premise

Voraussicht *f kein pl* foresight; **in weiser ~** (*hum*) with great foresight; **aller ~ nach** in all probability

voraussichtlich [foˈrausʒɪçtlɪç] **I.** *adj* (*erwartet*) expected **II.** *adv* (*wahrscheinlich*) probably

voraus|zahlen *vt* to pay in advance **Vorauszahlung** *f* advance payment

Vorbau <-[e]s, -bauten> [ˈfoːɐ̯bau, *pl* -bautən] *m* porch

Vorbedacht [ˈfoːɐ̯bədaxt] *m* **mit ~** intentionally; **ohne ~** unintentionally

Vorbehalt <-[e]s, -e> [ˈfoːɐ̯bəhalt] *m* reservation; **~e gegen etw** *akk* **haben** to have reservations about sth; **ohne ~** without reservation; **unter ~** with reservations *pl*

vor|behalten* *vt irreg* ■**sich** *dat* [**etw**] **~** to reserve [sth] for oneself; **Änderungen ~** subject to alterations; **alle Rechte ~** all rights reserved

vorbehaltlich **I.** *präp* ■**~ einer S.** *gen* subject to sth **II.** *adj* **eine ~e Genehmigung**

V

conditional approval
vorbehaltlos **I.** *adj* unreserved **II.** *adv* unreservedly, without reservation
Vorbehandlung *f* pre-treatment
vorbei [foːɐ̯'bai̯] *adv* ❶ (*vorüber*) ■ **an etw** *dat* ~ past sth; **wir sind schon an München** ~ we have already passed Munich; **schon wieder ~, ich treffe nie** missed again, I never score ❷ (*vergangen*) ■ **~ sein** to be over; **es ist drei Uhr** ~ it's gone three o'clock; **aus und** ~ over and finished
vorbei|bringen *vt irreg* to drop off **vorbei|fahren** *irreg vi sein* ❶ (*vorüberfahren*) to drive past; **im V~** in passing ❷ (*kurz aufsuchen*) **ich fahre noch beim Supermarkt vorbei** I'm going to call in at the supermarket **vorbei|führen** *vi* ■ **an etw** *dat* ~ to lead past sth **vorbei|gehen** [foːɐ̯'bai̯geːən] *vi irreg sein* ❶ (*vorübergehen*) to go past; ■ **im V~** in passing; (*überholen*) to overtake; (*danebengehen*) *Schuss* to miss; **sie ging dicht an uns vorbei** she walked right past us ❷ (*aufsuchen*) to call in; **gehe doch bitte bei der Apotheke vorbei** please could you drop in at the chemist's ❸ (*vergehen*) **die Ferien gingen schnell** ~ the holiday passed quickly **vorbei|kommen** *vi irreg sein* ❶ (*passieren*) to pass; **wir kamen an einer Telefonzelle** ~ we passed a telephone box ❷ (*besuchen*) to drop in (**bei** +*dat* at) ❸ (*vorbeigehen können*) to get past **vorbei|lassen** *vt irreg* to let past; **lassen Sie uns bitte vorbei!** let us through please! **vorbei|reden** *vi* **am Thema** ~ to miss the point; **aneinander** ~ to be talking at cross purposes *pl* **vorbei|schießen** *vi irreg* ❶ *haben* (*danebenschießen*) to miss ❷ *sein* (*eilig vorbeilaufen*) ■ [**an jdm/etw**] ~ to shoot past [sb/sth]
vorbelastet *adj* at a disadvantage; **erblich ~ sein** to have an inherited defect
Vorbemerkung *f* preface, foreword
vor|bereiten* **I.** *vt* to prepare **II.** *vr* ■ **sich** *akk* ~ to prepare oneself
Vorbereitung <-, -en> *f* preparation; **~en treffen** to make preparations
Vorbesitzer(in) <-s, -> *m(f)* previous owner
vor|bestellen* *vt* to order in advance; **ich möchte zwei Karten** ~ I'd like to book two tickets
Vorbestellung *f* advance booking
Vorbestimmung <-, -en> *f* fate
vorbestraft *adj* previously convicted; **mehrfach ~ sein** to have several previous convictions; **nicht ~ sein** to not have a criminal record
Vorbestrafte(r) *f(m) dekl wie adj* person with a previous conviction
vor|beugen **I.** *vt* (*nach vorne beugen*) to bend forward **II.** *vi* (*Prophylaxe betreiben*) **einer Krankheit/Gefahr** ~ to prevent an illness/danger **III.** *vr* ■ **sich** *akk* ~ to lean forward
vorbeugend **I.** *adj* preventive; **eine ~e Maßnahme** a preventive measure **II.** *adv* as a precautionary measure; **sich ~ impfen lassen** to be vaccinated as a precaution
Vorbeugung <-, -en> *f* prevention; **zur ~ [gegen etw** *akk*] as a prevention [against sth]
Vorbild <-[e]s, -er> ['foːɐ̯bɪlt] *nt* example; **nach dem ~ von ...** following the example set by ...; [**jdm**] **als ~ dienen** to serve as an example [for sb]
vorbildlich **I.** *adj* exemplary **II.** *adv* in an exemplary manner
Vorbildung *f kein pl* educational background
Vorbote *m* harbinger, herald
vor|bringen *vt irreg Argument* to put forward; *Bedenken* to express; *Einwand* to raise
vorchristlich *adj attr* **in ~er Zeit** in pre-Christian times
Vordach *nt* canopy
vor|datieren* [foːɐ̯datiːrən] *vt* to post-date
Vordenker(in) *m(f)* progressive thinker
Vorderachse *f* front axle **Vorderansicht** *f* front view **Vorderasien** <-s> *nt* Near East **Vorderbein** *nt* ZOOL foreleg
vordere(r, s) ['fɔrdərə, -rɐ, -rəs] *adj* front; **der ~ Bereich des Gebäudes** the front [section] of the building
Vorderfront *f* frontage **Vordergrund** *m a.* KUNST, FOTO foreground; **etw in den ~ stellen** to give priority to sth; **im ~ stehen** to be the centre of attention; **in den ~ treten** to come to the fore
vordergründig **I.** *adj* superficial **II.** *adv* at first glance
Vordermann *m* ■ **mein** ~ the person in front of me
Vorderrad *nt* front wheel **Vorderradantrieb** *m* front-wheel drive
Vorderschinken *m* shoulder ham *no indef art, no pl* **Vorderseite** *f* front [side] **Vordersitz** *m* front seat
vorderste(r, s) ['fɔrdɐstə, -stɐ, -stəs] *adj superl von* **vordere(r, s)** foremost; **die ~n Plätze** the seats at the very front
Vorderteil ['fɔrdɐtai̯l] *m o nt* front [part]
Vordiplom *nt* intermediate diploma (*first part of the final exams towards a diploma*)
vor|drängeln, vor|drängen *vr* ■ **sich** *akk* ~

V

to push to the front
vor|dringen *vi irreg sein* to reach, to get as far as
Vordruck <-drucke> *m* form
vorehelich *adj attr* pre-marital
voreilig ['foːɐ̯ʔaịlɪç] **I.** *adj* rash, over-hasty **II.** *adv* rashly, hastily
voreinander [foːɐ̯ʔaị'nandɐ] *adv* in front of each other; **Angst ~ haben** to be afraid of each other; **Geheimnisse ~ haben** to have secrets from each other
voreingenommen ['foːɐ̯ʔaịngənɔmən] *adj* prejudiced (**gegenüber** +*dat* against)
Voreinstellung *f* INFORM previously installed setting
vor|enthalten* ['foːɐ̯ʔɛnthaltn̩] *vt irreg* ■[**jdm**] **etw ~** to withhold sth [from sb]
Vorentscheidung *f* preliminary decision
Vorentscheidungsrunde *f* preliminary round
vorerst ['foːɐ̯ʔeːɐ̯st] *adv* for the time being, for the present
Vorfahr(in) <-en, -en> ['foːɐ̯faːɐ̯] *m(f)* ancestor
vor|fahren *irreg* **I.** *vi sein* ① (*vor ein Gebäude fahren*) to drive up ② (*ein Stück weiterfahren*) to move up ③ (*früher fahren*) to drive on ahead **II.** *vt haben* (*vor ein Gebäude fahren*) *Wagen* to bring around
Vorfahrt ['foːɐ̯faːɐ̯t] *f kein pl* right of way; **~ haben** to have [the] right of way; **jdm die ~ nehmen** to fail to give way to sb
vorfahrtsberechtigt *adj* having the right of way **Vorfahrtsschild** *nt* right of way sign **Vorfahrtsstraße** *f* main road
Vorfall *m* incident, occurrence
vor|fallen *vi irreg sein* to happen, to occur *form*
Vorfeld *nt* ▶ WENDUNGEN: **im ~ von etw** *dat* in the run-up to sth
vor|finden *vt irreg* to find
Vorfreude *f* [excited] anticipation (**auf** +*akk* of)
vor|fühlen *vi* to put out a few feelers; ■**bei jdm ~** to sound out *sep* sb
vor|führen *vt* ① (*präsentieren*) *Gerät* to demonstrate; MODE to model ② (*darbieten*) to perform ③ JUR **jdn dem Richter ~** to bring sb before the judge
Vorführung *f* ① demonstration ② FILM screening
Vorgabe *f* ① *meist pl* (*Richtwert*) guideline ② SPORT [head] start
Vorgang <-gänge> *m* ① (*Geschehnis*) event ② (*Prozess*) process
Vorgänger(in) <-s, -> *m(f)* predecessor
Vorgängerregierung *f* previous government

Vorgarten *m* front garden
vor|gaukeln *vt* ■**jdm etw ~** to lead sb to believe in sth
vor|geben *irreg* **I.** *vt* ① (*vorschützen*) to use as an excuse ② (*nach vorn geben*) to pass forward ③ (*festlegen*) to set in advance **II.** *vi* ■**~** [**, dass ...**] to pretend [that ...]
Vorgebirge *nt* foothills *pl*
vorgefasst *adj* preconceived
vorgefertigt *adj* prefabricated
vorgeheizt **I.** *pp von* **vorheizen** **II.** *adj* **im ~en Backofen** in the preheated oven
vor|gehen *vi irreg sein* ① (*vorausgehen*) to go on ahead ② (*zu schnell gehen*) to be fast; **meine Uhr geht fünf Minuten vor** my watch is five minutes fast ③ (*Priorität haben*) to have priority, to come first ④ (*Schritte ergreifen*) to take action ⑤ (*sich abspielen*) **was geht hier vor?** what's going on here?; **was ging in ihr vor?** what was going on inside her? ⑥ (*verfahren*) to proceed (**bei** +*dat* in)
Vorgehensweise *f* procedure
vorgelagert *adj* GEOG offshore
Vorgeplänkel *nt* preliminary skirmish
Vorgeschichte *f* ① (*vorausgegangener Verlauf*) [past] history ② *kein pl* (*Prähistorie*) prehistory
Vorgeschmack *m kein pl* foretaste
Vorgesetzte(r) *f(m) dekl wie adj* superior
Vorgespräch *nt* first interview
vorgestern ['foːɐ̯gɛstɐn] *adv* the day before yesterday; **~ Abend**//**Mittag** the evening before last/ the day before yesterday at midday; **~ Morgen/Nacht** the morning/ night before last
vor|greifen *vi irreg* to anticipate; **aber fahren Sie doch fort, ich will Ihnen nicht ~** do continue, I didn't mean to jump in ahead of you
vor|haben ['foːɐ̯haːbn̩] *vt irreg* to have planned; **wir haben große Dinge mit Ihnen vor** we've got great plans for you; **hast du etwa vor, noch weiterzuarbeiten?** do you intend to carry on working?
Vorhaben <-s, -> ['foːɐ̯haːbn̩] *nt* plan, project
Vorhalle *f* entrance hall; (*eines Hotels/ Theaters*) foyer
vor|halten *irreg* **I.** *vt* ■**jdm etw ~** ① (*vorwerfen*) to reproach sb for sth ② (*davorhalten*) *Spiegel* to hold sth in front of sb **II.** *vi* to last
Vorhaltung *f meist pl* reproach; **jdm ~en machen** to reproach sb
Vorhand <-> ['foːɐ̯hant] *f kein pl* forehand
vorhanden [foːɐ̯'handn̩] *adj* ① (*verfügbar*)

available; ■~ **sein** to be left ② (*existierend*) which exist *pred,* existing

Vorhandensein <-s> *nt kein pl* availability

Vorhang <-s, Vorhänge> ['fo:ɐ̯haŋ, *pl* 'fo:ɐ̯hɛŋə] *m* curtain

Vorhängeschloss *nt* padlock

Vorhaut *f* ANAT foreskin

vorheizen *vt* **den Backofen** ~ to preheat the oven

vorher [fo:ɐ̯'he:ɐ̯] *adv* beforehand; **kurz** ~ just before; **ich muss** ~ **noch essen** I have to eat first

vorher|bestimmen* *vt* to predetermine; ■**vorherbestimmt sein** to be predestined **vorherbestimmt** *adj* ■~ **sein** to be predestined **vorher|gehen** [fo:ɐ̯'he:ɐ̯ge:ən] *vi sein irreg* to precede **vorhergehend** *adj* previous *attr,* preceding

vorherig [fo:ɐ̯'he:rɪç] *adj attr* prior; *Abmachung, Vereinbarung* previous

Vorherrschaft *f* POL hegemony, [pre]dominance

vor|herrschen *vi* to predominate

vorherrschend *adj* predominant, prevailing; (*weitverbreitet*) prevalent; ~**e Marktlage** prevailing market conditions; **nach** ~**er Meinung** according to the prevailing opinion

Vorhersage [fo:ɐ̯'he:ɐ̯za:gə] *f* ① METEO forecast ② (*Voraussage*) prediction

vorher|sagen *vt* to predict

vorhersehbar *adj* foreseeable

vorher|sehen *vt irreg* to foresee

vor|heucheln *vt* to feign

vorhin [fo:ɐ̯'hɪn] *adv* a moment ago, just [now]

Vorhof *m* ARCHIT forecourt

Vorhut <-, -en> *f* MIL vanguard

vorig ['fo:rɪç] *adj attr* last, previous; **diese Konferenz war genauso langweilig wie die** ~**e** this conference was just as boring as the previous one

Vorjahr *nt* last year

vor|jammern *vt* ■**jdm etw** ~ to moan to sb

Vorkämpfer(in) *m(f)* pioneer

Vorkaufsrecht *nt* right of first refusal

Vorkehr <-, -en> *f* SCHWEIZ precaution, precautionary measure

Vorkehrung <-, -en> *f* precaution; ~**en treffen** to take precautions

Vorkenntnis *f meist pl* previous experience *no pl, no indef art*

vor|knöpfen *vt* ■**sich** *dat* **jdn** ~ to give sb a good talking-to, to take sb to task

vor|kochen *vt* KOCHK to partially cook

vor|kommen *vi irreg sein* ① (*passieren*) to happen; ■**es kommt vor, dass ...** it can happen that ...; **das kann [schon mal]** ~ these things [can] happen; **das soll nicht wieder** ~ it won't happen again ② (*vorhanden sein*) to be found, to occur ③ (*erscheinen*) to seem; **du kommst dir wohl sehr schlau vor?** you think you're very clever, don't you?; **das Lied kommt mir bekannt vor** this song sounds familiar to me ④ (*nach vorn kommen*) to come to the front ⑤ (*zum Vorschein kommen*) to come out; **hinter etw** *dat* ~ to come out from behind sth

Vorkommen <-s, -> *nt* ① *kein pl* (*Auftreten*) incidence ② *meist pl* GEOL deposit

Vorkommnis <-ses, -se> ['fo:ɐ̯kɔmnɪs] *nt* incident, occurrence; **keine besonderen** ~**se** nothing out of the ordinary

Vorkriegszeit *f* pre-war period

vor|laden *vt irreg* JUR to summon

Vorladung *f* JUR ① (*das Vorladen*) summoning ② (*Schreiben*) summons

Vorlage *f* ① *kein pl* (*das Vorlegen*) presentation; **ohne** ~ **von Beweisen können wir der Sache nicht nachgehen** if you can't produce any evidence we can't look into the matter ② (*Muster*) pattern ③ SCHWEIZ (*Vorleger*) mat

vor|lassen *vt irreg* ① (*den Vortritt lassen*) to let go first ② (*nach vorn durchlassen*) to let past

Vorläufer(in) *m(f)* precursor

vorläufig ['fo:ɐ̯lɔyfɪç] **I.** *adj* temporary; *Ergebnis* provisional; *Regelung* interim **II.** *adv* for the time being

vorlaut ['fo:ɐ̯laut] *adj* cheeky, impertinent

Vorleben *nt kein pl* ■**jds** ~ sb's past [life]

vor|legen *vt* (*einreichen*) ■**[jdm] etw** ~ to present sth [to sb]; **[jdm] Beweise** ~ to produce evidence [for sb] **vor|lehnen** *vr* ■**sich** ~ to lean forward

vor|lesen *irreg* **I.** *vt* to read out *sep*; **soll ich dir den Artikel** ~**?** shall I read you the article? **II.** *vi* to read aloud (**aus** +*dat* from)

Vorlesung *f* lecture; **eine** ~ **halten** *akk* to give a lecture (**über** +*akk* on)

Vorlesungsverzeichnis *nt* lecture timetable

vorletzte(r, s) ['fo:ɐ̯lɛtstə, -stɐ, -stəs] *adj* ① (*vor dem Letzten liegend*) before last *pred;* **das** ~ **Treffen** the meeting before last ② (*in einer Aufstellung*) penultimate, last but one BRIT, next to last AM; **sie ging als** ~ **durchs Ziel** she was the second last to finish

Vorliebe [fo:ɐ̯'li:bə] *f* preference; **eine** ~ **[für jdn/etw] haben** to have a particular liking [of sb/sth]

vorlieb|nehmen [fo:ɐ̯'li:p-] *vi irreg* ■**[mit jdm/etw]** ~ to make do [with sb/sth]

vor|liegen *vi irreg* ① (*eingereicht sein*) ■**jdm** ~ to have been received by sb; **uns liegen keine Beweise vor** we have no proof ② (*bestehen*) to be; **hier muss ein Irrtum** ~ there must be some mistake here

vorliegend *adj attr* available; **die ~en Tatsachen/Unterlagen** the available facts/documents

vor|lügen *vt irreg* ■**jdm etw** ~ to lie to sb

vor|machen *vt* ① (*täuschen*) ■**jdm etw** ~ to fool sb; ■**sich** *dat* **etw** ~ to fool oneself; **machen wir uns doch nichts vor** let's not kid ourselves ② (*demonstrieren*) ■**jdm etw** ~ to show sb [how to do] sth

Vormachtstellung *f kein pl* POL hegemony, supremacy

vormalig ['fo:ɐ̯ma:lɪç] *adj attr* former

vormals ['fo:ɐ̯ma:ls] *adv* (*geh*) in former times *form*, formerly

Vormann <-[e]s, -männer> *m* ① (*Vorarbeiter*) foreman ② (*Vorgänger*) previous incumbent

Vormarsch *m a.* MIL advance; **auf dem ~ sein** to be advancing; (*fig*) to be gaining ground

vor|merken *vt* **lassen Sie bitte zwei Zimmer** ~ please book two rooms for me; **ich habe mir den Termin vorgemerkt** I've made a note of the appointment

Vormittag ['foɐ̯mɪta:k] *m* morning; **am [frühen/späten]** ~ [early/late] in the morning

vormittags ['foɐ̯mɪta:ks] *adv* in the morning

Vormund <-[e]s, -e *o* Vormünder> ['foɐ̯mʊnt, *pl* 'foɐ̯mʏndɐ] *m* guardian

Vormundschaft <-, -en> ['foɐ̯mʊntʃaft] *f* guardianship

vorn [fɔrn] *adv* at the front; ~ **im Bus** at the front of the bus; **nach** ~ to the front; **nach ~ fallen** to fall forward; **von** ~ (*von der Vorderseite her*) from the front; (*von Anfang an*) from the beginning; **von ~ bis hinten** (*fam*) from beginning to end; **jetzt kann ich wieder von ~ anfangen** now I'll have to start again from scratch

Vorname *m* first [*or* Christian] name

vorne *adv s.* **vorn**

vornehm ['fo:ɐ̯ne:m] *adj* ① (*elegant*) elegant; *Mensch, Benehmen* distinguished ② (*luxuriös*) *Gegend, Restaurant* exclusive *fam*, posh ▸ WENDUNGEN: ~ <u>**tun**</u> (*pej*) to put on airs [and graces]

vor|nehmen *vt irreg* ① (*einplanen*) ■**sich** *dat* **etw** ~ to plan sth; **für morgen haben wir uns viel vorgenommen** we've got a lot planned for tomorrow ② (*sich eingehend beschäftigen*) ■**sich** *dat* **etw** ~ to get to work on sth ③ (*fam: sich vorknöpfen*) ■**sich** *dat* **jdn** ~ to give sb a good talking-to, to take sb to task ④ (*ausführen*) to carry out *sep;* **Änderungen** ~ to make changes

vornehmlich *adv* primarily

vor|neigen **I.** *vt* ■**etw** ~ to bend sth forward **II.** *vr* ■**sich** ~ to lean forward

vornherein ['fɔrnhɛrain] *adv* ■**von** ~ from the start

vornüber [fɔrn'ʔy:bɐ] *adv* forwards

Vorort ['fo:ɐ̯ʔɔrt] *m* suburb

Vorplatz *m* forecourt

vorprogrammiert *adj* pre-programmed; (*vorbestimmt*) predetermined

Vorrang *m kein pl* ① (*Priorität*) priority (**vor** +*dat* over); **mit** ~ as a matter of priority ② ÖSTERR (*Vorfahrt*) right of way

vorrangig **I.** *adj* priority *attr,* of prime importance *pred;* ■~ **sein** to have priority **II.** *adv* as a matter of priority

Vorrangstellung *f* pre-eminence *no pl, no indef art*

Vorrat <-[e]s, Vorräte> ['fo:ɐ̯ra:t, *pl* 'fo:ɐ̯rɛtə] *m* stock, supply (**an** +*dat* of); **etw auf ~ kaufen** to stock up on sth; **Vorräte anlegen** to lay in stock[s *pl*]; **so lange der ~ reicht** while stocks last

vorrätig ['fo:ɐ̯rɛtɪç] *adj* in stock *pred;* **etw ~ haben** to have sth in stock

Vorratskammer *f* larder, pantry **Vorratsraum** *m* store room

Vorraum *m* anteroom

vor|rechnen *vt* ■**etw** ~ to calculate sth

Vorrecht *nt* privilege

Vorredner(in) *m(f)* ■**jds** ~ the previous speaker

Vorreiter(in) *m(f)* pioneer

Vorrichtung <-, -en> *f* device, gadget

vor|rücken **I.** *vi sein* ① MIL to advance (**gegen** +*akk* on) ② (*nach vorn rücken*) to move forward **II.** *vt haben* to move forward

Vorruhestand *m* early retirement

Vorrunde *f* SPORT preliminary round

vor|sagen *vt* ■**etw** ~ to whisper sth

Vorsaison *f* low season

Vorsatz <-[e]s, Vorsätze> ['fo:ɐ̯zats, *pl* fo:ɐ̯zɛtsə] *m* resolution; **den ~ fassen, etw zu tun** to resolve to do sth

vorsätzlich ['fo:ɐ̯zɛtslɪç] **I.** *adj* deliberate, intentional **II.** *adv* deliberately, intentionally

Vorschau <-, -en> *f* FILM, TV trailer (**auf** +*akk* for)

Vorschein *m* **etw zum ~ bringen** (*finden*) to find sth; (*zeigen*) to produce sth; **zum ~ kommen** (*sich bei Suche zeigen*) to turn up; (*offenbar werden*) to come to light

vor|schicken *vt* ■**jdn** ~ to send sb [on] ahead **vor|schieben** *vt irreg* ① (*vorschützen*) to use as an excuse ② (*für sich agie-*

vorschlagen

vorschlagen	suggesting
Wie wär's, wenn wir heute mal ins Kino gehen würden?	**How about** going to the cinema today?
Wie wär's mit einer Tasse Tee?	**How about** a cup of tea?
Was hältst du davon, wenn wir mal eine Pause machen würden?	**What do you think about** having a break now?
Hättest du Lust, spazieren zu gehen?	**Would you like** to go for a walk?
Ich schlage vor, wir vertagen die Sitzung.	**I suggest** we postpone the meeting.

ren lassen) ■**jdn ~** to use sb as a front man/woman ③ (*nach vorn schieben*) to push forward ④ (*vor etw schieben*) *Riegel* to push across **vor|schießen** *vt irreg Geld* to advance

Vorschlag *m* proposal, suggestion; [**jdm**] **einen ~ machen** to make a suggestion [to sb]; **auf jds ~** [**hin**] on sb's recommendation

vor|schlagen *vt irreg* ① (*als Vorschlag unterbreiten*) to suggest; **ich schlug ihm vor auszuziehen** I suggested that he moved out ② (*empfehlen*) to recommend

Vorschlaghammer *m* sledgehammer

vorschnell *adj s.* **voreilig**

vor|schreiben *vt irreg* ■**jdm etw ~** to stipulate sth to sb; **schreib mir nicht vor, was ich machen soll!** don't tell me what to do!

Vorschrift *f* ADMIN regulation, rule; (*Anweisung*) instructions *pl;* (*polizeilich*) orders *pl;* **~ sein** to be the regulation[s]; **jdm ~en machen** to tell sb what to do; **von Ihnen lasse ich mir keine ~en machen!** I won't be told what to do by you!

vorschriftsmäßig *adj, adv* according to the regulations **vorschriftswidrig** *adj, adv* against the regulations *pred*

Vorschub *m* **einer S.** *dat* **~leisten** to encourage sth

Vorschulalter *nt kein pl* pre-school age; **im ~ sein** to be of pre-school age

Vorschule *f* pre-school

Land und Leute

In Switzerland, every child has the right to spend at least one or two years at **Vorschule** which is voluntary and free. In most cantons the children are supervised for 4–5 hours a day and prepared for primary school.

Vorschuss <-es, Vorschüsse> ['fo:ɐ̯ʃʊs] *m* advance

vor|schützen *vt* to use as an excuse; ■**~,** [**dass ...**] to pretend [that ...]

vor|schweben *vi* to have in mind; **was schwebt dir da genau vor?** what exactly is it that you have in mind?

vor|schwindeln *vt* (*fam*) *s.* **vorlügen**

vor|sehen *irreg* **I.** *vr* ■**sich** *akk* **~** to watch out (**vor** *+dat* for); **sieh dich vor!** watch it! **II.** *vt* ① (*eingeplant haben*) **das Geld war für den Urlaub vorgesehen** the money was intended for the holiday; ■**jdn ~** to designate sb; **Sie hatte ich für eine andere Aufgabe ~** I had you in mind for a different task ② (*bestimmen*) to call for; (*in Gesetz, Vertrag*) to provide for **III.** *vi* (*bestimmen*) **es ist vorgesehen,** [**dass ...**] it is planned [that ...]

Vorsehung <-> ['fo:ɐ̯ze:ʊŋ] *f kein pl* providence

vor|setzen *vt* (*auftischen*) ■**etw ~** to serve up *sep* sth

Vorsicht <-> ['fo:ɐ̯zɪçt] *f kein pl* care; **etw ist mit ~ zu genießen** (*fam*) sth should be taken with a pinch of salt; **mit ~** carefully; **zur ~** as a precaution; **~!** watch out!

vorsichtig **I.** *adj* ① (*umsichtig*) careful ② (*zurückhaltend*) cautious **II.** *adv* ① (*umsichtig*) carefully ② (*zurückhaltend*) cautiously

vorsichtshalber *adv* as a precaution, just to be on the safe side

Vorsichtsmaßnahme *f* precaution; **~n treffen** to take precautions

Vorsilbe *f* prefix

vor|singen *irreg vt* to sing

vorsintflutlich ['fo:ɐ̯zɪntflu:tlɪç] *adj* (*fam*) ancient

Vorsitz ['fo:ɐ̯zɪts] *m* chairmanship; **den ~ haben** to be chairman/-woman/-person; **den ~ bei etw** *dat* **haben** to chair sth; **unter dem ~ von jdm** under the chairmanship of sb

Vorsitzende(r) *f(m) dekl wie adj* chairman/-woman/-person

Vorsorge *f* provisions *pl;* ~ **für etw** *akk* **treffen** to make provisions for sth
vor|sorgen *vi* to provide
Vorsorgeuntersuchung *f* medical check-up
vorsorglich I. *adj* precautionary **II.** *adv* as a precaution
Vorspann <-[e]s, -e> [ˈfoːɐ̯ʃpan] *m* FILM, TV opening credits *npl*
Vorspeise *f* starter
Vorspiegelung *f* feigning; *einer Notlage* pretence; **unter ~ von etw** *dat* under the pretence of sth
Vorspiel *nt* ❶ MUS prelude; (*zur Probe*) audition ❷ (*vor dem Liebesakt*) foreplay *no pl, no indef art*
vor|spielen I. *vt* ❶ MUS to play ❷ (*vorheucheln*) to put on **II.** *vi* MUS to play
vor|sprechen *irreg* **I.** *vt* ■ **jdm etw** ~ to say sth for sb first **II.** *vi* (*offiziell aufsuchen*) ■ **bei jdm/etw** ~ to call on sb/at sth
vor|springen *vi irreg sein Fels* to project; *Nase* to be prominent
vorspringend *adj* prominent, protruding; (*Backenknochen*) prominent, high
Vorsprung *m* lead; **sie haben einen beträchtlichen** ~ they have got a considerable start
Vorstadium *nt* early stage
Vorstadt *f* suburb
Vorstand *m* ❶ (*Geschäftsführung*) board [of management]; (*einer Partei*) executive; (*eines Vereins*) [executive] committee ❷ (*Vorstandsmitglied*) director, board member; (*einer Partei*) executive; (*eines Vereins*) [member of the] executive [committee]
Vorstandssitzung *f* board meeting
vor|stehen *vi irreg sein o haben* ❶ (*hervorragen*) to be prominent [*or* protrude] ❷ (*Vorsteher sein*) ■ **einer S.** *dat* ~ to be the head of sth
vorstehend *adj attr* ❶ (*hervorstehend*) *Zähne* protruding; *Kinn, Backenknochen* prominent ❷ (*vorausgehend*) *Bemerkung* stated before, aforementioned
Vorsteher(in) <-s, -> [ˈfoːɐ̯ʃteːɐ] *m(f)* head
vorstellbar *adj* conceivable, imaginable; **kaum** ~ almost inconceivable
vor|stellen I. *vt* ❶ (*gedanklich sehen*) ■ **sich** *dat* **etw** ~ to imagine sth; **das muss man sich mal ~!** just imagine [it]!; **unter dem Namen Schlüter kann ich mir nichts** ~ the name Schlüter doesn't mean anything to me ❷ (*als angemessen betrachten*) ■ **sich** *dat* **etw** ~ to have sth in mind ❸ (*bekannt machen*) ■ **jdm jdn** ~ to introduce sb to sb ❹ (*präsentieren*) ■ **jdm etw** ~ to present sth to sb ❺ (*vorrücken*) *Uhr* to move forward **II.** *vr* ■ **sich** *akk* ~ ❶ (*bekannt machen*) to introduce oneself ❷ *bei Arbeitgeber* to go for an interview
Vorstellung *f* ❶ (*gedankliches Bild*) idea; **in jds** ~ in sb's mind; **das Gehalt entspricht nicht ganz meinen ~en** the salary doesn't quite match [up to] my expectations; **bestimmte ~en haben** to have certain ideas; **falsche ~en haben** to have false hopes; **sich** *dat* **keine ~ machen, was/wie ...** to have no idea what/how ... ❷ THEAT performance; FILM screening ❸ (*Präsentation*) presentation
Vorstellungsgespräch *nt* interview **Vorstellungskraft** *f kein pl,* **Vorstellungsvermögen** *nt kein pl* [powers *npl* of] imagination
Vorsteuer *f* FIN prior [turnover] tax, input tax BRIT
vor|stoßen *irreg vi sein* to venture; *Truppen* to advance
Vorstrafe *f* previous conviction
Vorstrafenregister *nt* criminal record
vor|strecken *vt* ❶ (*leihen*) **jdm einen Geldbetrag** ~ to advance sb a sum of money ❷ (*nach vorn strecken*) to stretch forward; **den Arm/die Hand** ~ to stretch out one's arm/hand
Vorstufe *f* preliminary stage
Vortag *m* **am** ~ the day before; **vom** ~ from yesterday
vor|täuschen *vt Unfall* to fake; *Interesse* to feign
Vortäuschung *f* pretence, faking; **unter ~ falscher Tatsachen** under false pretences
Vorteil <-s, -e> [ˈfoːɐ̯tail] *m* advantage; **er ist nur auf seinen ~ bedacht** he only ever thinks of his own interests; **im ~ sein** to have an advantage (**gegenüber** +*dat* over); **von ~ sein** to be advantageous (**für** +*akk* to)
vorteilhaft *adj* favourable (**für** +*akk* for); *Geschäft* lucrative, profitable
Vortrag <-[e]s, Vorträge> [ˈfoːɐ̯traːk, *pl* ˈfoːɐ̯trɛːgə] *m* lecture; **einen ~ halten** to give a lecture (**über** +*akk* on)
vor|tragen *vt irreg* ❶ (*berichten*) to present; *Wunsch* to express ❷ (*rezitieren*) to recite; *Lied* to sing
Vortragsreihe *f* course of lectures *npl*
vortrefflich [foːɐ̯ˈtrɛflɪç] **I.** *adj* excellent; (*Gedanke, Idee a.*) splendid **II.** *adv* excellently
vor|treten *vi irreg sein* ❶ (*nach vorn treten*) to step forward ❷ (*vorstehen*) to jut out

Vortritt[1] *m* precedence, priority; ▪**jdm den ~ lassen** to let sb go first

Vortritt[2] *m kein pl* SCHWEIZ (*Vorfahrt*) right of way

vorüber [fo'ry:bɐ] *adv* ▪**~ sein** ① *räumlich* to have gone past; **wir sind an dem Geschäft sicher schon ~** we must have already passed the shop ② *zeitlich* to be over; *Schmerz* to be gone

vorüber|gehen [fo'ry:bɐge:ən] *vi irreg sein* to pass; *Schmerz* to go **vorübergehend** **I.** *adj* temporary **II.** *adv* for a short time; **~ geschlossen** temporarily closed

Vorübung *f* preliminary exercise

Vor- und Zuname *m* Christian [*or* first] name and surname

Voruntersuchung *f* JUR preliminary investigation

Vorurteil ['fo:ɐ̯ʔʊrtai̯l] *nt* prejudice; **~e haben** to be prejudiced (**gegenüber** +*dat* against)

vorurteilsfrei *adj* unbiased; (*Gutachter*) unprejudiced

vorurteilslos **I.** *adj* unprejudiced **II.** *adv* without prejudice

vorvergangen *adj* (*vorletzt*) last but one; **in der ~en Woche** [in] the week before last

Vorvergangenheit *f* LING pluperfect

Vorverkauf *m* advance sale *no pl*

Vorverkaufsstelle *f* advance ticket office

vor|verlegen* *vt* to bring forward (**auf** +*akk* to)

Vorverstärker *f* TECH pre-amplifier

Vorverurteilung *f* SOZIOL, JUR rush to judgement; **~ durch die Medien** trial by media

vorvorgestern ['fo:ɐ̯fo:ɐ̯gɛstɐn] *adv* three days ago **vorvorletzte(r, s)** *adj* third last, third to last AM

vor|wagen *vr* ▪**sich ~** to venture out

Vorwahl *f* ① (*vorherige Auswahl*) pre-selection [process] ② POL preliminary election, primary AM ③ TELEK area code

vor|wählen *vt* TELEK to dial first

Vorwand <-[e]s, Vorwände> ['fo:ɐ̯vant, *pl* 'fo:ɐ̯vɛndə] *m* pretext, excuse; **unter einem ~** on a pretext

vor|warnen *vt* to warn [in advance]

Vorwarnung *f* [advance] warning; **ohne ~** without warning

vorwärts ['fo:ɐ̯vɛrts] *adv* forward; **~!** onwards! [*or esp* AM onward!], move!

vorwärts|bringen *vt irreg* ▪**jdn ~** to help sb to make progress **Vorwärtsgang** <-gänge> *m* forward gear **vorwärts|kommen** *vi irreg sein* to get on

Vorwäsche <-, -n> *f* pre-wash

vor|waschen *vt irreg* to pre-wash

vorweg [fo:ɐ̯'vɛk] *adv* ① (*zuvor*) beforehand ② (*an der Spitze*) in front

Vorwegnahme <-, -n> [fo:ɐ̯'vɛkna:mə] *f* indication

vorweg|nehmen [fo:ɐ̯'vɛkne:mən] *vt irreg* to anticipate

vorweihnachtlich *adj* pre-Christmas

vor|weisen *vt irreg* ① (*nachweisen*) **Erfahrung ~ können** to have experience; **er kann einen mehrjährigen Auslandsaufenthalt ~** he has [the experience of having] spent a number of years abroad ② (*vorzeigen*) to show

vor|werfen *vt irreg* ① (*als Vorwurf vorhalten*) ▪**jdm etw ~** to reproach sb for sth; **sich** *dat* **nichts vorzuwerfen haben** to have a clear conscience ② (*als Futter hinwerfen*) ▪**einem Tier etw ~** to throw sth to an animal

vorwiegend *adv* predominantly, mainly

vorwitzig *adj* cheeky

Vorwort <-worte> *nt* foreword, preface

Vorwurf <-[e]s, Vorwürfe> *m* reproach; ▪**jdm Vorwürfe machen** to reproach sb

vorwurfsvoll **I.** *adj* reproachful **II.** *adv* reproachfully

Vorzeichen *nt* ① (*Omen*) omen ② (*Anzeichen*) sign

vorzeigbar *adj* presentable

Vorzeigefrau *f* shining example of a woman

vor|zeigen *vt* to show

Vorzeigeobjekt *nt* showpiece

Vorzeit ['fo:ɐ̯tsai̯t] *f* prehistoric times ►WENDUNGEN: **in <u>grauer</u> ~** in the dim and distant past

vorzeitig ['fo:ɐ̯tsai̯tɪç] *adj* early; *Tod* untimely

vorzeitlich ['fo:ɐ̯tsai̯tlɪç] *adj* prehistoric

vor|ziehen *vt irreg* ① (*bevorzugen*) to prefer; **ich ziehe es vor spazieren zu gehen** I'd rather go for a walk ② (*zuerst erfolgen lassen*) *Termin* to bring forward ③ (*nach vorn ziehen*) to pull forward

Vorzimmer *nt* ① (*Sekretariat*) secretariat, secretary's office ② ÖSTERR (*Diele*) hall

Vorzimmerdame *f* (*fam*) secretary

Vorzug <-[e]s, Vorzüge> ['fo:ɐ̯tsu:k, *pl* 'fo:ɐ̯tsy:gə] *m* ① (*gute Eigenschaft*) asset, merit; **seine Vorzüge haben** to have one's assets ② (*Vorteil*) advantage ③ (*Bevorzugung*) **einer S. den ~ geben** to prefer sth

vorzüglich [fo:ɐ̯'tsy:glɪç] **I.** *adj* excellent, first-rate **II.** *adv* excellently; **~ speisen** to have a sumptuous meal

Vorzugsbehandlung *f* preferential treatment *no pl, no indef art* **Vorzugspreis** *m*

V

concessionary [*or* AM discount] fare
vorzugsweise *adv* primarily
Votum <-s, Voten *o* Vota> ['vo:tʊm, *pl* 'vo:tən, 'vo:ta] *nt* ① (*Entscheidung*) decision ② POL vote
Voyeur <-s, -e> [vo̯a'jø:ɐ̯] *m* voyeur
Voyeurismus <-> [vo̯a'jø:rɪsmʊs] *m kein pl* voyeurism
voyeuristisch *adj* voyeuristic
vulgär [vʊl'gɛ:ɐ̯] **I.** *adj* vulgar **II.** *adv* ~ **aussehen** to look vulgar; **sich ~ ausdrücken** to use vulgar language
Vulkan <-[e]s, -e> [vʊl'ka:n] *m* volcano
Vulkanausbruch [vʊ-] *m* volcanic eruption
vulkanisch [vʊl'ka:nɪʃ] *adj* volcanic

W w

W, w <-, - *o fam* -s, -s> [ve:] *nt* W, w; ~ **wie Wilhelm** W for William
Waadt <-> [va:t] *f* Vaud
Waage <-, -n> ['va:gə] *f* ① TECH scales *npl* ② *kein pl* ASTROL Libra
waagerecht ['va:gərɛçt] **I.** *adj* horizontal **II.** *adv* horizontally
Waagerechte <-n, -n> *f* horizontal [line]; **in der ~n** level
waagrecht ['va:krɛçt] *s.* **waagerecht**
Waagschale *f* [scale-]pan
wabbelig ['vabəlɪç], **wabblig** ['vablɪç] *adj* wobbly
Wabe <-, -n> ['va:bə] *f* honeycomb
wabenförmig *adj* honeycombed
wach [vax] *adj* awake; ■ ~ **werden** to wake up
Wache <-, -n> ['vaxə] *f* ① *kein pl* (*Wachdienst*) guard duty; ~ **stehen** to be on guard duty ② (*Wachposten*) guard ③ (*Polizeiwache*) police station
wachen ['vaxn̩] *vi* ① (*Wache halten*) to keep watch ② ■ **über etw** *akk* ~ to ensure that sth is done
Wachhund *m* watchdog **wachküssen** *vt* to wake up *sep* with a kiss; (*fig*) ■ **jdn/etw** ~ to breathe new life into sb/sth **Wachmann** <-leute *o* -männer> *m* ① (*Wächter*) [night-]watchman ② ÖSTERR (*Polizist*) policeman
Wacholder <-s, -> [va'xɔldɐ] *m* juniper
Wacholderbeere *f* juniper berry
Wachposten *m s.* **Wachtposten** **wach|rufen** *vt irreg Erinnerungen* to evoke
Wachs <-es, -e> [vaks] *nt* wax
wachsam ['vaxza:m] **I.** *adj* vigilant, watchful **II.** *adv* vigilantly, watchfully
Wachsamkeit <-> *f kein pl* vigilance *no indef art, no pl*
wachsen[1] <wächst, wuchs, gewachsen> ['vaksn̩] *vi sein* to grow (**um** +*akk* by); **in die Breite/Höhe** ~ to grow broader/taller
wachsen[2] ['vaksn̩] *vt* (*mit Wachs einreiben*) to wax
wächsern ['vɛksɐn] *adj* waxen
Wachsfigur *f* wax figure **Wachsfigurenkabinett** *nt* waxworks *npl* [museum *nsing*]
Wachsmalkreide *f,* **Wachsmalstift** *m* wax crayon
wächst *3. pers sing pres von* **wachsen**[1]
Wachstuch *nt* oilcloth
Wachstum <-[e]s> ['vakstu:m] *nt kein pl* growth
wachstumsfördernd *adj* ① BIOL growth-promoting ② ÖKON boosting economic growth **wachstumshemmend** *adj* growth-inhibiting **Wachstumshormon** *nt* growth hormone **Wachstumsmarkt** *m* growth market **Wachstumsrate** *f* growth rate
Wachtel <-, -n> ['vaxtl̩] *f* quail
Wächter(in) <-s, -> ['vɛçtɐ] *m(f)* ① (*einer Anstalt*) guard; (*Wachmann*) [night-]watchman ② ([*moralischer*] *Hüter*) guardian
Wachtmeister(in) *m(f)* [police] constable BRIT, police officer AM **Wachtposten** *m* guard
Wach(t)turm *m* watchtower
Wach- und Schließgesellschaft *f kein pl* ■ **die** ~ the security corps BRIT
Wachzustand *m* **im** ~ awake
wackelig ['vakəlɪç] *adj Konstruktion* rickety; *Stuhl* unsteady
Wackelkontakt *m* loose connection
wackeln ['vakl̩n] *vi* ① (*wackelig sein*) to wobble; *Konstruktion* to shake ② (*hin und her bewegen*) **mit dem Stuhl** ~ to rock on one's chair; **mit dem Kopf** ~ to shake one's head; **mit den Ohren** ~ to wiggle one's ears
Wackelpudding *m* (*fam*) jelly BRIT, jello AM
wacker ['vakɐ] *adj* (*veraltend*) *Bürger* upright; *Soldat* valiant; **sich ~ halten/schlagen** (*fam*) to put up a good show
wacklig ['vaklɪç] *adj s.* **wackelig**
Wade <-, -n> ['va:də] *f* calf
Wadenbein *nt* fibula **Wadenkrampf** *m* cramp in the calf **Wadenwickel** *m* MED leg compress
Waffe <-, -n> ['vafə] *f* weapon, arm; **zu den ~n greifen** to take up arms ▶ WENDUNGEN: **jdn mit seinen eigenen ~n schla-**

gen to beat sb at his own game

Waffel <-, -n> ['vafl̩] *f* waffle

Waffeleisen *nt* waffle iron

Waffenbesitz *m* possession of firearms **Waffenbrüderschaft** *f* MIL (*geh*) band of brothers **Waffenembargo** *nt* arms embargo **Waffengang** *m* MIL (*geh*) military action **Waffengewalt** *f kein pl* armed force; **mit ~** by force of arms **Waffenhandel** *m* arms trade **Waffenhändler** *m* arms dealer **Waffenhilfe** *f* MIL, POL arms shipments **Waffeninspektor, -inspektorin** *m, f* weapons inspector **Waffenlager** *nt* arsenal **Waffenlieferung** *f* arms supply **Waffenruhe** *f* ceasefire **Waffenschein** *m* firearms licence **waffenstarrend** ['vafənʃtarənd] *adj* (*geh*) heavily armed **Waffenstillstand** *m* armistice

Wagemut *m* daring *no indef art, no pl* **wagemutig** *adj* daring

wagen ['va:gn̩] **I.** *vt* ① (*riskieren*) to risk ② (*sich trauen*) ■**es ~, etw zu tun** to dare [to] do sth ▸WENDUNGEN: **wer nicht wagt, der nicht gewinnt** (*prov*) nothing ventured, nothing gained **II.** *vr* ■**sich** *akk* **irgendwohin ~** to venture [out] to somewhere; ■**sich** *akk* **an etw** *akk* **~** to venture to tackle sth

wägen <wog *o* wägte, gewogen *o* gewägt> ['vɛ:gn̩] *vt* (*geh*) to weigh

Wagen <-s, - *o* SÜDD, ÖSTERR Wägen> ['va:gn̩] *m* ① (*Auto*) car ② (*Waggon*) carriage, coach

Wagenführer(in) *m(f)* [tram] driver **Wagenheber** <-s, -> *m* jack **Wagenladung** *f* truckload, BRIT *a.* lorryload **Wagenrennen** *nt* chariot race

Waggon <-s, -s> [va'gõ, va'gɔŋ] *m* [goods] wag[g]on

waghalsig ['va:khalzɪç] *adj* daring

Wagnis <-ses, -se> ['va:knɪs] *nt* ① (*riskantes Vorhaben*) risky venture ② (*Risiko*) risk

Wagniskapital *nt* FIN, ÖKON venture capital

Wagon <-s, -s> [va'gõ, va'gɔŋ] *m s.* **Waggon**

Wahl <-, -en> [va:l] *f* ① POL election; **zur ~ gehen** to vote ② (*Auswahl*) choice; **eine ~ treffen** to make a choice; **jdm die ~ lassen** to let sb choose; **jdm keine ~ lassen** to leave sb [with] no alternative ▸WENDUNGEN: **wer die ~ hat, hat die Qual** (*prov*) to be spoilt for choice

Wählautomatik *f* TELEK automatic dialling

wählbar *adj* POL eligible

Wahlbenachrichtigung *f* polling card **wahlberechtigt** *adj* entitled to vote *pred* **Wahlberechtigte(r)** <-n, -n> *f (m) dekl wie adj* person entitled to vote **Wahlbeteiligung** *f* turnout **Wahlbetrug** *m* ballot [*or* vote] rigging **Wahlbezirk** *m* ward

wählen ['vɛ:lən] *vi, vt* ① (*auswählen*) to choose ② POL to vote; ■**jdn ~** to vote for sb; ■**jdn zu etw** *dat* **~** to elect sb as sth ③ TELEK to dial

Wähler(in) <-s, -> *m(f)* voter

Wählergebnis *nt* election result

Wählerin <-, -nen> *f fem form von* **Wähler**

wählerisch ['vɛ:lərɪʃ] *adj* particular, choos[e]y *fam;* (*Kunde*) discerning

Wählerschaft <-, -en> *f* electorate *no indef art, no pl*

Wählerstimme *f* vote

Wahlfach *nt* SCH option[al subject] **wahlfrei** *adj kein pl* SCH optional **Wahlgang** *m* ballot **Wahlgeheimnis** *nt kein pl* secrecy of the ballot **Wahlheimat** *f* ■**jds ~** sb's adopted place of residence [*or* country] **Wahlhelfer(in)** *m(f)* POL ① (*Helfer eines Kandidaten*) election assistant ② (*amtlich bestellte Aufsicht*) polling officer **Wahlkabine** *f* polling booth **Wahlkampf** *m* election campaign **Wahlkommission** *f* Electoral Commission BRIT, Federal Election Commission AM **Wahlkreis** *m* constituency **Wahllokal** *nt* polling station [*or* AM place]

wahllos ['va:llo:s] **I.** *adj* indiscriminate **II.** *adv* indiscriminately

Wahlmöglichkeit *f* choice, option, possibility **Wahlniederlage** *f* electoral defeat **Wahlparole** *f* election slogan **Wahlplakat** *nt* election poster **Wahlprogramm** *nt* election manifesto, BRIT *a.* platform, AM *a.* ticket **Wahlrecht** *nt kein pl* [right to] vote; **das allgemeine ~** universal suffrage

Wählscheibe *f* TELEK dial

Wahlschein *m* postal vote form BRIT, absentee ballot AM **Wahlsieg** *m* election victory **Wahlspruch** *m* motto, slogan **Wahlsystem** *nt* electoral system

Wählton *m* TELEK dialling [*or* AM dial] tone

Wahlurne *f* ballot box **Wahlverlierer(in)** *m(f)* POL election loser **Wahlvolk** *nt* POL (*fam*) voting masses

wahlweise *adv* as desired

Wahlwiederholung *f* TELEK automatic redial **Wahlzettel** *m* ballot paper

Wahn <-[e]s> [va:n] *m kein pl* ① (*irrige Vorstellung*) delusion; **in einem ~ leben** to labour under a delusion ② (*Manie*) mania

Wahnsinn *m kein pl* ① (*Geisteskrankheit*) insanity ② (*fam: Unsinn*) madness; **heller ~ sein** to be sheer madness

wahnsinnig I. *adj* ① (*geisteskrank*) insane,

W

mad; **jdn ~ machen** (*fam*) to drive sb mad ❷ (*fam: unsinnig*) crazy ❸ *attr* (*fam: gewaltig*) terrible, dreadful **II.** *adv* (*fam: sehr*) terribly, dreadfully; **~ viel** a heck of a lot

Wahnsinnige(r) *f(m) dekl wie adj* madman *masc,* madwoman *fem*

Wahnvorstellung *f* delusion

wahr [vaːɐ̯] *adj* ❶ (*zutreffend*) true ❷ *attr* (*wirklich*) real; **~ werden** to become a reality ▶ WENDUNGEN: **das darf doch nicht ~ sein!** (*verärgert*) I don't believe this!; (*entsetzt*) it can't be true!; **da ist etwas W~es dran** there's some truth in it; (*als Antwort*) you're not wrong there; **etw ist [auch] nicht das W~e** sth is not quite the thing; **etw ~ machen** to carry out sth

wahren [ˈvaːrən] *vt* ❶ (*erhalten*) to maintain; **die Form ~** (*geh*) to observe the decencies ❷ (*schützen*) to protect; **jds Interessen ~** to look after sb's interests

währen [ˈvɛːrən] *vi* (*geh*) **über einen gewissen Zeitraum ~** to last a certain period of time

während [ˈvɛːrənt] **I.** *präp +gen* during **II.** *konj* ❶ (*zur selben Zeit*) while ❷ (*wohingegen*) whereas

währenddessen [vɛːrəntˈdɛsn̩] *adv* meanwhile, in the meantime

wahrhaben *vt* ■ **etw nicht ~ wollen** not to want to admit sth

wahrhaft [ˈvaːɐ̯haft] *adj attr* real, true

wahrhaftig [vaːɐ̯ˈhaftɪç] *adv* really

Wahrheit <-, -en> [ˈvaːɐ̯hait] *f* truth *no pl;* **die ~ sagen** to tell the truth; **es mit der ~ nicht so genau nehmen** to stretch the truth

Wahrheitsgehalt *m* truth; *einer Behauptung* validity **wahrheitsgetreu I.** *adj* truthful; *Darstellung* accurate **II.** *adv berichten* truthfully; *darstellen* accurately

wahrlich [ˈvaːɐ̯lɪç] *adv* really

wahrnehmbar *adj* perceptible; *Geräusch* audible

wahr|nehmen [ˈvaːɐ̯neːmən] *vt irreg* ❶ (*merken*) to perceive; *Geräusch, Geschmack* to detect ❷ (*nutzen*) *Gelegenheit* to take advantage of; *Interessen* to look after; *Termin* to keep

Wahrnehmung <-, -en> *f Geräusch* detection *no pl; Geruch* perception *no pl*

wahr|sagen [ˈvaːɐ̯zaːgn̩] *vi* to tell fortunes

Wahrsager(in) <-s, -> [ˈvaːɐ̯zaːgɐ] *m(f)* fortune teller

Wahrsagung <-, -en> *f* prediction

währschaft [ˈvɛːɐ̯ʃaft] *adj* SCHWEIZ ❶ (*solide*) well-made; **eine ~e Arbeit** a sound piece of work ❷ (*tüchtig*) competent ❸ (*deftig*) **~es Essen** good food

wahrscheinlich [vaːɐ̯ˈʃainlɪç] **I.** *adj* probable, likely **II.** *adv* probably

Wahrscheinlichkeit <-, -en> *f* probability; **aller ~ nach** in all probability

Wahrscheinlichkeitsrechnung *f kein pl* MATH probability calculus, theory of probability

Währung <-, -en> [ˈvɛːrʊŋ] *f* currency

Wahrung <-> [ˈvaːrʊŋ] *f kein pl* protection *no pl*

Währungsbuchhaltung *f* currency accounting **Währungseinheit** *f* currency unit **Währungsfonds** *m* monetary fund **Währungspolitik** *f* monetary policy **Währungsreform** *f* currency reform **Währungssystem** *nt* monetary system **Währungsunion** *f* monetary union

Wahrzeichen [ˈvaːɐ̯tsaiçn̩] *nt* landmark

Waise <-, -n> [ˈvaizə] *f* orphan

Waisenhaus *nt* orphanage **Waisenkind** *nt* orphan **Waisenrente** *f* orphan's allowance

Wal <-[e]s, -e> [vaːl] *m* whale

Wald <-[e]s, Wälder> [valt, *pl* ˈvɛldɐ] *m* wood, forest

Waldbrand *m* forest fire **Walderdbeere** *f* wild strawberry **Waldhorn** *nt* MUS French horn **Waldlauf** *m* cross-country run **Waldlehrpfad** *m* woodland nature trail **Waldmeister** *m* woodruff

Waldorfschule [ˈvaldɔrf-] *f* Rudolf Steiner School

Waldrand *m* edge of the forest **waldreich** *adj* densely wooded **Waldschaden** *m* damage to forests **Waldsterben** *nt* death of the forest[s] as a result of pollution **Waldweg** *m* forest path

Wales <-> [weɪlz] *nt* Wales *no pl; s. a.* **Deutschland**

Walfang [ˈvaːlfaŋ] *m kein pl* whaling **Walfänger(in)** <-s, -> *m(f)* whaler

Waliser(in) <-s, -> [vaˈliːzɐ] *m(f)* Welshman *masc,* Welsh woman *fem; s. a.* **Deutsche(r)**

walisisch [vaˈliːzɪʃ] *adj* Welsh; *s. a.* **deutsch**

Walisische <-n> [vaˈliːzɪʃə] *nt* ■ **das ~** Welsh, the Welsh language; *s. a.* **Deutsche**

Walkie-Talkie <-[s], -s> [ˈvɔːkiˈtɔːki] *nt* walkie-talkie

Walkman <-s, -men> [ˈvɔːkmɛn] *m* walkman®

Wall <-[e]s, Wälle> [val, *pl* ˈvɛlə] *m* embankment; *Burg* rampart

Wallach <-[e]s, -e> [ˈvalax] *m* gelding

wallen [ˈvalən] *vi Wasser* to bubble

wallend *adj* (*geh*) flowing; **ein ~er Bart** a flowing beard

Wallfahrer(in) *m(f)* pilgrim

Wallfahrt ['valfa:ɐ̯t] *f* pilgrimage **Wallfahrtsort** *m* place of pilgrimage

Wallis <-> ['valɪs] *nt* Valais (*Swiss Canton*)

Walliser(in) <-s, -> ['valizɐ] *m(f)* inhabitant of Valais (*in Switzerland*)

Wallung <-, -en> *f* (*Hitzewallung*) [hot] flush *usu pl* ▸ WENDUNGEN: **jdn in ~ bringen** to make sb's blood surge

Wallungswert *m* (*oft iron geh*) emotional punch

Walnuss ['valnʊs] *f* walnut

Walnussbaum *m* walnut [tree] **Walnussholz** *nt* walnut

Walpurgisnacht [val'pʊrgɪs-] *f* ■ **die ~** Walpurgis night

Walross <-es, -e> ['valrɔs] *nt* walrus

walten ['valtn̩] *vi* (*geh*) ❶ (*herrschen*) to reign ❷ (*üben*) **Nachsicht ~ lassen** to show leniency

Walze <-, -n> ['valtsə] *f* roller

wälzen ['vɛltsn̩] **I.** *vt* ❶ (*rollen*) to roll ❷ *Probleme* to turn over in one's mind ❸ *Bücher* to pore over **II.** *vr* ■ **sich ~** to roll (**in** + *dat* in); **sie wälzte sich im Bett hin und her** she tossed and turned in bed

walzen ['valtsn̩] *vt* to roll

walzenförmig *adj* cylindrical

Walzer <-s, -> ['valtsɐ] *m* waltz

Wälzer <-s, -> ['vɛltsɐ] *m* (*fam*) heavy tome *form*

Wampe <-, -n> ['vampə] *f* (*fam*) paunch

wand *imp von* **winden**[1]

Wand <-, Wände> [vant, *pl* 'vɛndə] *f* wall; **da könnte ich die Wände hochgehen!** (*fig fam*) that drives me up the wall! ▸ WENDUNGEN: **die eigenen vier Wände** (*fam*) one's own four walls

Wandalismus <-> [vanda'lɪsmʊs] *m kein pl s.* **Vandalismus**

Wandbehang *m* tapestry

Wandel <-s> ['vandl̩] *m kein pl* change; **einem ~ unterliegen** to be subject to change

wandelbar *adj* ❶ (*geh*) changeable ❷ FIN convertible

wandeln ['vandl̩n] *vt, vr* ■ **[sich] ~** to change

Wanderausstellung *f* travelling exhibition **Wanderbühne** *f* THEAT touring company

Wanderer, Wanderin <-s, -> ['vandərɐ] *m, f* hiker

Wanderkarte *f* map of walks

wandern ['vandɐn] *vi sein* ❶ (*eine Wanderung machen*) to hike ❷ ZOOL to migrate ❸ (*fam*) **in den Müll ~** to be thrown in the bin

Wanderpokal *m* challenge cup

Wanderschaft <-> *f kein pl* travels *npl;* **auf ~ sein** to be on one's travels

Wandersmann <-[e]s, -leute> *m* (*veraltet*) wayfarer

Wanderung <-, -en> ['vandərʊŋ] *f* hike; **eine ~ machen** to go on a hike

Wandervogel *m* ❶ (*Zugvogel*) migratory bird ❷ (*hum*) keen hiker **Wanderweg** *m* walk, trail **Wanderzirkus** *m* travelling circus

Wandgemälde *nt* mural, wall painting **Wandkarte** *f* wall map

Wandlung <-, -en> ['vandlʊŋ] *f* change

wandlungsfähig *adj* adaptable; *Schauspieler* versatile

Wandschrank *m* built-in cupboard

wandte ['vantə] *imp von* **wenden**

Wandteppich *m* tapestry **Wanduhr** *f* wall clock **Wandverkleidung** *f* ❶ (*Paneel*) panelling [*or* AM paneling] *no pl* ❷ (*Plattierung*) facing, wall covering

Wange <-, -n> ['vaŋə] *f* cheek

wankelmütig ['vaŋkl̩my:tɪç] *adj* inconsistent

wanken ['vaŋkn̩] *vi* ❶ *haben* (*schwanken*) to sway ❷ *sein* (*wankend gehen*) to stagger

wann [van] *adv* when; **seit ~** since when; **~ [auch] immer** whenever

Wanne <-, -n> ['vanə] *f* tub

Wanst <-[e]s, Wänste> [vanst, *pl* 'vɛnstə] *m* paunch

Wanze <-, -n> ['vantsə] *f* bug

WAP-Handy *nt* WAP phone

Wappen <-s, -> ['vapn̩] *nt* coat of arms

Wappenschild *m o nt* shield

wappnen ['vapnən] *vr* ■ **sich** *akk* **[gegen etw] ~** to prepare oneself [for sth]

war [va:ɐ̯] *imp von* **sein**[1]

warb [varp] *imp von* **werben**

Ware <-, -n> ['va:rə] *f* article, product ▸ WENDUNGEN: **heiße ~** (*sl*) hot goods

Warenangebot *nt* range of goods on offer **Warenautomat** *m* vending machine **Warenbestand** *m* stock *no pl* **Warenbörse** *f* commodity exchange **Wareneingang** *m* ÖKON ❶ *kein pl* (*Abteilung*) incoming goods department ❷ *meist pl* (*eingehende, gelieferte Waren*) goods received **Warenhaus** *nt* department store

Falsche Freunde

Nicht verwechseln mit *warehouse* — Lagerhaus *nt*!

Warenkorb *m* basket of goods **Warenlager** *nt* goods depot **Warenprobe** *f* HANDEL commercial sample, sample of goods; **~ ohne Handelswert** samples **Warenumsatzsteuer** *f* SCHWEIZ value added tax

W

Warenverkehr *m kein pl* movement of goods **Warenzeichen** *nt* trade mark

warf [varf] *imp von* **werfen**

Warlord <-s, -s> ['voːlɔrd] *m* MIL (*sl*) warlord

warm <wärmer, wärmste> [varm] *adj* warm; **etw ~ halten** to keep sth warm; **etw ~ machen** to heat sth up; **sich** *akk* **~ laufen** to warm up; **den Motor ~ laufen lassen** to let the engine warm up; **mir ist zu ~** I'm too hot ▶WENDUNGEN: **etw wärmstens empfehlen** to recommend sth most warmly

Warmblüter <-s, -> *m* warm-blooded animal **Warmduscher** <s, -> *m* (*pej sl*) wimp

Wärme <-> ['vɛrmə] *f kein pl* warmth *no pl*

Wärmeaustausch *m kein pl* heat exchange **Wärmebelastung** *f kein pl* ① ÖKOL thermal pollution ② TECH thermal stress **wärmebeständig** *adj* heat-resistant **Wärmedämmung** *f* heat insulation **Wärmeenergie** *f* thermal energy **Wärmehaushalt** *m* heat regulation **Wärmeisolierung** *f* thermal insulation **Wärmekraftwerk** *nt* thermal power station **Wärmelehre** *f kein pl* theory of heat

wärmen ['vɛrmən] **I.** *vt* to warm up; ■**sich [gegenseitig] ~** to keep each other warm **II.** *vi* to be warm

wärmer *adj komp von* **warm**

Wärmeregler *m* thermostat **Wärmespeicher** *m* thermal store **Wärmestrahlung** *f* thermal radiation *no pl* **Wärmetechnik** *f kein pl* heat technology

Wärmflasche *f* hot-water bottle

Warmfront *f* METEO warm front

Warmhaltekanne *f* thermos

warm|halten *vt irreg* (*fig fam*) ■**sich** *dat* **jdn ~** to keep sb warm

Warmhalteplatte *f* hotplate

warmherzig *adj* warm-hearted

Warmluft *f* warm air *no pl* **Warmmiete** *f* rent including heating [*or* AM heat] **Warmstart** *m* INFORM soft reset

wärmste(r, s) *adj superl von* **warm**

Warmwasserbereiter <-s, -> [varm'vasɐbəraitɐ] *m* water heater **Warmwasserspeicher** *m* hot-water tank **Warmwasserversorgung** *f* hot-water supply

warm|werden *vi irreg sein* (*fig fam*) ■**mit jdm ~** to warm to sb

Warnblinkanlage *f* hazard warning lights *pl* **Warndreieck** *nt* hazard warning triangle

warnen ['varnən] *vt* to warn (**vor** +*dat* about)

Warnhinweis *m* warning label **Warnkreuz** *nt* BAHN warning cross

Warnlicht *nt* AUTO hazard warning light **Warnlichtschalter** *m* hazard warning switch [*or* hazard flasher]

Warnschild *nt* warning sign **Warnschuss** *m* warning shot **Warnsignal** *nt* warning signal **Warnstreik** *m* token strike

Warnung <-, -en> *f* warning (**vor** +*dat* about)

Warnzeichen *nt* warning sign

Warschau <-s> ['varʃau̯] *nt* Warsaw

Wartehalle *f* waiting room **Warteliste** *f* waiting list

warten ['vartn̩] **I.** *vi* to wait (**auf** +*akk* for); **mit dem Essen [auf jdn] ~** to wait [for sb] before starting to eat; **auf sich ~ lassen** to be a long time [in] coming; **warte mal!** hold on!; **na warte!** just you wait! **II.** *vt Gerät* to service

Wärter(in) <-s, -> ['vɛrtɐ] *m(f)* ① (*Gefängniswärter*) prison officer [*or* AM guard], warder BRIT ② (*Tierpfleger*) keeper

Warteraum *m* waiting room

Wärterin <-, -nen> *f fem form von* **Wärter**

Wartesaal *m* waiting room **Warteschlange** *f* queue, line AM **Warteschleife** *f* ① LUFT holding pattern; ■**in der ~ sein** to be stacked ② INFORM wait [*or* holding] loop **Wartezeit** *f* wait *no pl* **Wartezimmer** *nt* waiting room

Wartung <-, -en> *f* service, maintenance *no pl*

wartungsarm *adj* low-maintenance; **~e Batterie** AUTO low-maintenance battery

warum [va'rʊm] *adv* why

Warze <-, -n> ['vartsə] *f* wart

was [vas] **I.** *pron interrog* what; **~ bedeutet das?** what does that mean?; **~ kostet das?** how much does that cost?; **~ ist?** what's up?; **~ für ein ...** what sort of ...; **~ für ein Glück!** what a stroke of luck! **II.** *pron rel* what; **alles, ~ du willst** everything you want; **alles, ~ ich weiß** all [that] I know **III.** *pron indef* (*fam: etwas*) something; (*in Fragesätzen*) anything; **ist ~?** is anything wrong?; **gibt es ~ Neues?** is there any news?; **kann ich ~ helfen?** is there anything I can do to help?

Waschanlage *f* car wash **Waschanleitung** *f* washing instructions *pl*

waschbar *adj* washable

Waschbär *m* racoon **Waschbecken** *nt* washbasin

Wäsche <-> *f kein pl* ① (*das Waschen, Schmutzwäsche*) washing *no pl*; **etw in die ~ tun** to put sth in the wash ② (*Unterwäsche*) underwear *no pl* ③ (*Haushaltswäsche*) linen *no pl*

waschecht *adj* ① (*typisch*) genuine, real

② (*nicht verbleichend*) colourfast
Wäscheklammer *f* [clothes]peg **Wäschekorb** *m* laundry basket **Wäscheleine** *f* [clothes]line
waschen <wäscht, wusch, gewaschen> ['vaʃn̩] *vt* to wash
Wäscherei <-, -en> [vɛʃə'raj] *f* laundry
Wäscheschleuder *f* spin dryer **Wäscheschrank** *m* linen cupboard **Wäscheständer** *m* clothes horse **Wäschetrockner** <-s, -> *m* drier
Waschgang <-gänge> *m* wash (*stage of a washing programme*) **Waschküche** *f* wash house **Waschlappen** *m* ① (*Lappen*) flannel ② (*fam: Feigling*) sissy **Waschmaschine** *f* washing machine **Waschmittel** *nt* detergent **Waschpulver** *nt* washing powder **Waschraum** *m* washroom **Waschsalon** *m* launderette Brit, laundromat Am **Waschschüssel** *f* washtub **Waschstraße** *f* car wash
wäscht *3. pers sing pres von* **waschen**
Waschung <-, -en> *f* ① MED washing *no pl* ② REL ablution *no pl*
Waschweib *nt* (*fam*) gossip **Waschzeug** *nt* washing things *pl*
Wasser <-s, - *o* Wässer> ['vasɐ, *pl* 'vɛsɐ] *nt* water *no pl;* ~ **abweisend** water-repellent; **etw unter ~ setzen** to flood sth; **unter ~ stehen** to be flooded ▸ WENDUNGEN: **ins ~ fallen** to fall through; **mit allen ~n gewaschen sein** (*fam*) to know every trick in the book; **das ~ bis zum Hals stehen haben** to be up to one's ears in debt; **sich über ~ halten** to keep oneself above water; **jdm läuft das ~ im Mund zusammen** (*fam*) sb's mouth is watering
Wasserader *f* subterranean watercourse **Wasseranschluss** *m* mains hose Brit, water main connection Am
Wasseraufbereitung *f* water treatment **Wasseraufbereitungsanlage** *f* water treatment plant
Wasserbad *nt* ① KOCHK bain-marie ② FOTO water bath **Wasserball** *m* ① *kein pl* (*Sport*) water polo *no pl* ② (*Ball*) beach ball **Wasserbehälter** *m* water container **Wasserbett** *nt* waterbed **Wasserdampf** *m* steam *no pl* **wasserdicht** *adj* watertight; *Uhr* water-resistant **Wasserfall** *m* waterfall **Wasserfarbe** *f* watercolour **wasserfest** *adj* waterproof, water-resistant **Wasserfloh** *m* water flea **Wasserflugzeug** *nt* seaplane **Wasserglas** *nt* glass, tumbler **Wassergraben** *m* ditch **Wasserhahn** *m* [water] tap [*or* Am faucet] **Wasserhärte** *f* hardness of the water **Wasserhaushalt** <-[e]s> *m kein pl* ① MED, BIOL water balance ② ÖKOL hydrologic balance
wässerig ['vɛsərɪç] *adj s.* **wässrig**
Wasserkessel *m* KOCHK kettle; TECH boiler **Wasserkopf** *m* MED hydrocephalus **Wasserkraft** *f kein pl* water power *no pl* **Wasserkraftwerk** *nt* hydroelectric power station **Wasserlauf** *m* watercourse **Wasserleiche** *f* corpse found in water **Wasserleitung** *f* water pipe **Wasserlilie** *f* water lily **wasserlöslich** *adj* soluble in water **Wassermangel** *m* water shortage **Wassermann** ['vasɐman] *m* ASTROL Aquarius *no pl, no def art* **Wassermelone** *f* watermelon **Wassermühle** *f* watermill
wässern ['vɛsɐn] *vt* to water
Wasserpfeife *f* hookah **Wasserpflanze** *f* aquatic plant **Wasserpistole** *f* water pistol **Wasserrad** *nt* water wheel **Wasserratte** *f* ① (*Schermaus*) water rat ② (*gerne badender Mensch*) keen swimmer **Wasserrohr** *nt* water pipe **Wasserschaden** *m* water damage *no pl* **wasserscheu** *adj* scared of water
Wasserschutzgebiet *nt* water protection area **Wasserschutzpolizei** *f* river police
Wasserski *m* ① *kein pl* (*Sportart*) waterskiing *no pl* ② (*Sportgerät*) waterski **Wasserspeicher** *m* reservoir **Wasserspeier** <-s, -> *m* gargoyle **Wasserspiegel** *m* water level **Wassersport** *m* water sports *pl* **Wassersportler(in)** *m(f)* water sports enthusiast **Wasserspülung** *f* flush **Wasserstand** *m* water level
Wasserstoff *m* hydrogen *no pl* **Wasserstoffblondine** *f* (*hum fam*) peroxide blonde **Wasserstoffbombe** *f* hydrogen bomb **Wasserstoffperoxyd** *nt* hydrogen peroxide **Wasserstoffverbrennungsmotor** *m* AUTO hydrogen[-fuelled] internal combustion engine
Wasserstrahl *m* jet of water **Wasserstraße** *f* waterway **Wassertemperatur** *f* water temperature **Wassertropfen** *m* water drop **Wasserturm** *m* water tower **Wasseruhr** *f* water meter **Wasserverbrauch** *m* water consumption **Wasserverschmutzung** *f* water pollution **Wasserversorgung** *f* water supply **Wasservogel** *m* aquatic bird **Wasserwaage** *f* spirit level **Wasserweg** *m* waterway; **auf dem ~** by water **Wasserwelle** *f* MODE shampoo and set **Wasserwerfer** *m* water cannon **Wasserwerk** *nt* waterworks + *sing/pl vb* **Wasserzähler** *m* water meter **Wasserzeichen** *nt* watermark
wässrig ['vɛsrɪç] *adj Suppe* watery
waten ['va:tn̩] *vi sein* to wade
Watsche <-, -n> ['va:tʃə] *f* (*fam*) clip round

the ear
watscheln ['va:tʃl̩n] *vi sein* to waddle
Watschen <-, -> ['va:tʃn̩] *f* (*fam*) clip round the ear
Watt[1] <-s, -> [vat] *nt* PHYS watt
Watt[2] <-[e]s, -en> [vat] *nt* mudflats *pl*

Land und Leute

Das Watt is a large area of tidal mudflats on the North Sea coast. At low tide it is possible to walk on the sandy seabed; at high tide it lies several metres underwater and flat-bottomed coastal ships sail over it.

Watte <-, -n> ['vatə] *f* cotton wool *no pl*
Wattebausch *m* wad of cotton wool
Wattenmeer *nt kein pl* mud-flats *pl*
Wattestäbchen *nt* cotton bud
wattieren* [va'ti:rən] *vt* to pad
wau wau ['vau̯ 'vau̯] *interj* woof-woof
WC <-s, -s> [ve:'tse:] *nt* WC BRIT, bathroom AM
Web <-[s]> [wɛb] *nt kein pl* INET web, Web
Webcam <-, -s> ['wɛbkɛm] *f* webcam
weben <webte *o geh* wob, gewebt *o geh* gewoben> ['ve:bn̩] *vt, vi* to weave
Weber(in) <-s, -> ['ve:bɐ] *m(f)* weaver
Weberei <-, -en> [ve:bə'rai̯] *f* weaving mill
Weberin <-, -nen> *f fem form von* **Weber**
Weberknecht *m* ZOOL daddy-long-legs
Weblog <-s, -s> [wɛb'lɔk] *m* INET blog
Webseite *f* INET web page **Webserver** *m* INET web server **Website** <-, -s> ['wɛbˌsai̯t] *f* INET web site **Web-Soap** <-, -s> [wɛb'soʊp] *f* TV, INET websoap
Webstuhl *m* loom
Wechsel <-s, -> ['vɛksl̩] *m* ❶ (*Änderung*) change; **in stündlichem ~** in hourly rotation ❷ SPORT (*Spielerwechsel*) changeover
Wechselbad *nt* alternating hot and cold water baths *pl;* **das ~ der Gefühle** emotional roller coaster **Wechselbeziehung** *f* correlation, interrelation **Wechselfälle** *pl* vicissitudes *pl,* ups and downs *fam* **Wechselgeld** *nt kein pl* change *no pl, no indef art*
wechselhaft ['vɛksl̩-] *adj* changeable
Wechseljahre *pl* menopause *no pl;* **in die ~ kommen** to reach the menopause
Wechselkurs *m* exchange rate **Wechselkursmechanismus** *m* exchange rate mechanism **Wechselkursrisiko** *nt* exchange rate risk **Wechselkursschwankung** *f* fluctuation in the exchange rate **Wechselkurssystem** *nt* exchange rate system
wechseln ['vɛksl̩n] *vt, vi* to change
wechselnd *adj* changing; **mit ~em Erfolg** with varying [degrees of] success
wechselseitig *adj* mutual
Wechselspiel *nt* interplay **Wechselstrom** *m* alternating current **Wechselstube** *f* exchange booth **Wechselwähler(in)** *m(f)* floating [*or* AM undecided] voter
wechselweise *adv* alternately
Wechselwirkung *f* interaction
wecken ['vɛkn̩] *vt* ❶ (*aufwecken*) to wake [up] ❷ (*hervorrufen*) to bring back *sep; Assoziationen* to create; *Interesse, Verdacht* to arouse
Wecken <-s, -> ['vɛkn̩] *m* ÖSTERR, SÜDD (*Brötchen*) long roll
Wecker <-s, -> ['vɛkɐ] *m* alarm clock
wedeln ['ve:dl̩n] *vi* ■**mit etw** *dat* **~** to wave sth; *Schwanz* to wag
weder ['ve:dɐ] *konj* **~ ... noch ...** neither ... nor ...; **~ du noch er** neither you nor him; **~ noch** neither
weg [vɛk] *adv* ❶ (*fort*) ■**~ sein** to have gone; **~ mit dir!** away with you!; **nichts wie ~ hier!** let's get out of here!; **~ da!** [get] out of the way! ❷ (*fam: hinweggekommen*) ■**über etw** *akk* **~ sein** to have got over sth
Weg <-[e]s, -e> [ve:k, *pl* 've:gə] *m* ❶ (*Pfad*) path ❷ (*unbefestigte Straße*) track ❸ (*Strecke*) way; **auf dem ~ sein** to be on one's way; **auf jds ~ liegen** to be on sb's way; **sich** *akk* **auf den ~ machen** to set off ❹ (*Methode*) way ▶ WENDUNGEN: **auf dem ~e der Besserung sein** to be on the road to recovery; **auf dem besten ~e sein etw zu tun** to be well on the way to doing sth; **auf friedlichem ~e** by peaceful means; **jdm auf halbem ~e entgegenkommen** to meet sb halfway; **jdm/etw aus dem ~ gehen** to avoid sb/sth; **jdm über den ~ laufen** to run into sb; **etw in die ~e leiten** to arrange sth; **etw aus dem ~ räumen** to remove sth; **sich** *akk* **jdm in den ~ stellen** to bar sb's way; **jdm nicht über den ~ trauen** not to trust sb an inch
weg|bekommen* *vt irreg* (*fam*) ❶ (*entfernen können*) to remove ❷ (*fortbewegen können*) to move away
Wegbereiter(in) <-s, -> *m(f)* forerunner, precursor
weg|blasen *vt irreg* to blow away ▶ WENDUNGEN: **von etw** *dat* **völlig weggeblasen sein** (*fam*) to be completely blown away by sth **weg|bleiben** *vi irreg sein* to stay away; **bleib nicht so lange weg!** don't stay out too long **weg|bringen** *vt irreg* to take away **weg|denken** *vt irreg* ■**sich** *dat* **etw ~** to imagine sth without sth

W

weg|drehen *vt* to turn away *sep* **weg|drücken** *vt* ① (*move aside*) to push away ② (*fam*) *Angst, Gefühl* to repress **weg|dürfen** *vi irreg* (*fam*) to be allowed to go out

wegen ['ve:gn̩] *präp +gen* ① (*aufgrund von*) because of, due to; ■ **~ ihm** (*fam*) because of him ② (*bezüglich*) regarding

weg|fahren *irreg* **I.** *vi sein* ① (*abfahren*) to leave ② (*verreisen*) go away **II.** *vt haben* (*wegbringen*) to take away **weg|fallen** *vi irreg sein* to cease to apply **weg|fegen** **I.** *vt* to sweep away **II.** *vi sein* (*fam*) ■ **über etw ~** *Sturm* to sweep over sth *sep* **weg|fliegen** *vi irreg sein* ① *Vogel* to fly away ② *Hut, Blätter* to be blown away, to fly off **weg|führen** *vt, vi* to lead away **weg|geben** *vt irreg* to give away *sep*

Weggefährte, -gefährtin *m, f* fellow traveller

weg|gehen *vi irreg sein* ① (*fortgehen*) to leave; (*fam: ausgehen*) to go out ② (*fam: sich entfernen lassen*) to go away; **der Fleck geht nicht weg** the stain won't come out

weggetreten *adj* **~ sein** to be miles away

weg|gießen *vt irreg* to pour away *sep* **weg|gucken** *vi* (*fam*) *s.* **wegsehen** **weg|haben** *vt irreg* (*fam*) ① (*entfernt haben*) ■ **etw ~** to have got rid of sth ② (*entfernt wissen wollen*) ■ **jdn ~ wollen** to want to get rid of sb ③ (*fam*) **er hat seine Strafe weg** he has had his punishment **weg|holen** **I.** *vt* to take away *sep* **II.** *vr* (*fam*) **sich** *dat* **eine Grippe ~** to catch flu **weg|hören** *vi* to stop listening **weg|jagen** *vt* to drive away *sep* **weg|kommen** *vi irreg sein* (*fam*) ① (*weggehen können*) to get away ② **mach, dass du wegkommst!** clear off! ③ (*abhandenkommen*) to disappear ④ (*fam: abschneiden*) [**bei etw** *dat*] **gut/schlecht ~** to come off well/badly [in sth]

Wegkreuzung *f* crossroads

weg|kriegen *vt* (*fam*) *s.* **wegbekommen** **weg|lassen** *vt irreg* ① (*auslassen*) to leave out *sep* ② (*weggehen lassen*) to let go **weg|laufen** *vi irreg sein* to run away (**vor** *+dat* from) **weg|legen** *vt* ① (*beiseitelegen*) to put down *sep* ② (*aufbewahren*) to put aside *sep* **weg|machen** *vt* to get rid of **weg|müssen** *vi irreg* to have to go **weg|nehmen** *vt irreg* ■ **jdm etw ~** to take away sth *sep* from sb; ■ **etw** [**von etw** *dat*] **~** to take sth *sep* [off sth]

Wegrand *m* side of the road

weg|rationalisieren* *vt* ■ **jdn/etw ~** to get rid of sb/sth as part of a rationalization programme **weg|räumen** *vt* to clear away *sep* **weg|rennen** *vi irreg sein* (*fam*) *s.* **weglaufen** **weg|rutschen** *vi sein* to slip away **weg|schaffen** *vt* to remove **weg|schauen** *vi s.* **wegsehen** **weg|scheren** *vr* (*fam*) ■ **sich ~** to clear off *fam* **weg|schicken** *vt* ① *Person* to send away ② *Brief* to send off *sep* **weg|schieben** *vt irreg* to push away *sep* **weg|schleppen** *vt* to drag away *sep* **weg|schließen** *vt irreg* to lock away *sep* (**vor** *+dat* from) **weg|schmeißen** *vt irreg* (*fam*) *s.* **wegwerfen** **weg|schnappen** *vt* ■ **jdm etw ~** to take sth from sb **weg|schütten** *vt s.* **weggießen** **weg|sehen** *vi irreg* to look away **weg|setzen** *vr* ■ **sich ~** to move away **weg|stecken** *vt* ① (*einstecken*) to put away *sep* ② (*verkraften*) to get over **weg|stehlen** *vr irreg* (*verschwinden*) to steal away **weg|stellen** *vt* to move out of the way **weg|stoßen** *vt irreg* to push away *sep;* (*mit dem Fuß*) to kick away *sep*

Wegstrecke *f* stretch of road

weg|tragen *vt irreg* to carry away *sep* **weg|treten** *vi irreg sein* MIL to fall out; ■ **jdn ~ lassen** to dismiss sb ▸ WENDUNGEN: **weggetreten <u>sein</u>** to be miles away **weg|tun** *vt irreg* ① (*wegwerfen*) to throw away *sep* ② (*weglegen*) to put down *sep*

wegweisend *adj Taten* pioneering; *Erfindung* revolutionary

Wegweiser <-s, -> *m* signpost

weg|werfen *vt irreg* to throw away *sep*

Wegwerfgesellschaft *f* throwaway society **Wegwerfpackung** *f* disposable packaging **Wegwerfwindel** *f* disposable nappy [*or* AM diaper]

weg|wischen *vt* to wipe away *sep* **weg|ziehen** *irreg* **I.** *vi sein* to move away; **aus Köln ~** to move from Cologne **II.** *vt haben* **die Hand ~** to pull away one's hand

Wegzoll *m* TRANSP, ADMIN [highway] toll

weh [ve:] *adj* sore

Wehe[1] <-, -n> ['ve:ə] *f* (*Schnee-, Sandwehe*) drift

Wehe[2] <-, -n> ['ve:ə] *f meist pl* (*Geburtswehe*) labour pains; **in den ~n liegen** to be in labour

wehen ['ve:ən] *vi* ① *Wind* to blow ② *Haare* to blow about; *Fahne* to flutter

Wehenmittel *nt* MED ecbolic

wehklagen ['ve:kla:gn̩] *vi* to lament

wehleidig *adj* oversensitive

Wehmut <-> ['ve:mu:t] *f kein pl* wistfulness *no pl;* **voller ~** melancholy

wehmütig ['ve:my:tɪç] *adj* (*geh*) melancholy; *Erinnerung* nostalgic

Wehr [ve:ɐ̯] *f* **sich zur ~ setzen** to defend

oneself
Wehrbeauftragte(r) *f(m) dekl wie adj* parliamentary commissioner for the armed forces
Wehrdienst *m kein pl* military service *no pl;* **den ~ verweigern** to refuse to do military service
wehrdiensttauglich *adj* fit for military service **Wehrdienstverweigerer** *m* conscientious objector **Wehrdienstverweigerung** *f* refusal to do military service
wehren ['veːrən] *vr* ① (*sich widersetzen*) ■ **sich** *akk* **gegen etw ~** to fight against sth ② (*sich sträuben*) ■ **sich** *akk* **dagegen ~, etw zu tun** to resist doing sth
Wehrersatzdienst *m* alternative to national service
wehrlos I. *adj* defenceless (**gegen** *+akk* against) **II.** *adv* in a defenceless state; **etw** *dat* **~ gegenüberstehen** to be defenceless against sth
Wehrmacht *f* armed forces; HIST ■ **die ~** the Wehrmacht
Wehrmann *m* SCHWEIZ soldier
Wehrpflicht *f kein pl* compulsory military service *no pl*
wehrpflichtig *adj* liable for military service
Wehrpflichtige(r) *f(m) dekl wie adj* person liable for military service
Wehrsportübung *f* POL militia training
wehrtauglich *adj* fit for military service
weh|tun *vt* to hurt
Weib <-[e]s, -er> [vaip, *pl* 'vaibɐ] *nt* woman
Weibchen <-s, -> ['vaipçən] *nt* female
Weiberheld *m* (*pej*) ladykiller
weibisch ['vaibɪʃ] *adj* effeminate
weiblich ['vaiplɪç] *adj* ① (*fraulich*) feminine ② ANAT female ③ LING feminine
Weiblichkeit <-> *f kein pl* femininity *no pl*
weich [vaiç] **I.** *adj* soft ▶ WENDUNGEN: **~ werden** to weaken **II.** *adv* softly
Weiche <-, -n> ['vaiçə] *f* BAHN points *pl* ▶ WENDUNGEN: **die ~n [für etw** *akk***] stellen** to determine the course [for sth]
weichen <wich, gewichen> ['vaiçn̩] *vi sein* (*weggehen*) to go; **jdm nicht von der Seite ~** to not leave sb's side; **er wich nicht von der Stelle** he didn't budge from the spot
Weichheit <-, *selten* -en> *f* softness *no pl*
weichherzig *adj* soft-hearted **Weichkäse** *m* soft cheese
weichlich *adj* weak
Weichling <-s, -e> ['vaiçlɪŋ] *m* (*pej*) weakling
Weichsel <-> ['vaiksl̩] *f* GEOG ■ **die ~** the Vistula
Weichspüler <-s, -> *m* fabric softener **Weichteile** *pl* ① (*knochenlose Körperteile*) soft parts *pl* ② (*fam: männliche Geschlechtsteile*) private parts *pl* **Weichtier** *nt* mollusc
Weide <-, -n> ['vaidə] *f* ① BOT willow ② AGR meadow
Weideland *nt* pastureland *no pl*
weiden ['vaidn̩] **I.** *vi* (*grasen*) to graze **II.** *vr* ■ **sich an etw** *dat* **~** to feast one's eyes on sth; (*schadenfroh*) to revel in sth
Weidengeflecht *nt* wickerwork *no pl* **Weidenkätzchen** *nt* willow catkin **Weidenrute** *f* willow rod
weigern ['vaigɐn] *vr* ■ **sich ~** to refuse
Weigerung <-, -en> *f* refusal
Weihbischof [vai-] *m* suffragan bishop
Weihe <-, -n> ['vaiə] *f* REL consecration *no pl;* **die ~n empfangen** to take orders
weihen ['vaiən] *vt* ① REL to consecrate ② (*widmen*) ■ **jdm geweiht sein** to be dedicated to sb
Weiher <-s, -> ['vaiɐ] *m* pond
Weihnachten <-, -> ['vainaxtn̩] *nt* Christmas, Xmas *fam;* **fröhliche ~!** merry Christmas!
weihnachtlich I. *adj* Christmassy, festive **II.** *adv* festively
Weihnachtsabend *m* Christmas Eve **Weihnachtsbaum** *m* Christmas tree **Weihnachtsfeier** *f* Christmas celebrations *pl* **Weihnachtsfeiertag** *m* ■ **der erste ~** Christmas Day; ■ **der zweite ~** Boxing Day **Weihnachtsfest** *nt* Christmas **Weihnachtsgeld** *nt* Christmas bonus **Weihnachtsgeschenk** *nt* Christmas present **Weihnachtslied** *nt* [Christmas] carol **Weihnachtsmann** *m* Father Christmas, Santa Claus
Weihnachtsmarkt *m* Christmas fair

Land und Leute

The most famous **Weihnachtsmarkt** in Germany can be found in Nuremberg, but similar markets are held in most towns during the weeks of Advent. They sell Christmas presents, Christmas decorations, special types of food and *Glühwein.*

Weihrauch ['vairaux] *m* incense **Weihwasser** *nt* holy water
weil [vail] *konj* because, as, cos *sl*
Weilchen <-s> *nt kein pl* ■ **ein ~** a little while
Weile <-> ['vailə] *f kein pl* while *no pl;* **eine ganze ~** quite a while
weilen ['vailən] *vi* (*geh*) ■ **irgendwo ~** to stay somewhere ▶ WENDUNGEN: **nicht mehr**

W

unter uns ~ (*euph*) to be no longer with us *euph*

Weiler <-s, -> ['vajlɐ] *m* hamlet

Wein <-[e]s, -e> [vajn] *m* ❶ (*Getränk*) wine ❷ *kein pl* (*Weinrebe*) vines *pl* ▶ WENDUNGEN: **jdm reinen ~ einschenken** to tell sb the truth

Weinbau *m kein pl* wine-growing *no pl* **Weinbauer(in)** *m(f) s.* **Winzer**

Weinbaugebiet *nt* wine-growing area

Weinbeere *f* ❶ (*Traube*) grape ❷ SÜDD, ÖSTERR, SCHWEIZ (*Rosine*) raisin

Weinberg *m* vineyard **Weinbergschnecke** *f* edible snail

Weinbrand *m* brandy

weinen ['vajnən] *vi* to cry (**um** +*akk* for); **vor Freude** ~ to cry with joy

weinerlich **I.** *adj* tearful **II.** *adv* tearfully

Weinernte *f* grape harvest **Weinessig** *m* wine vinegar **Weinfass** *nt* wine cask **Weinflasche** *f* wine bottle **Weingeist** *m kein pl* ethyl alcohol *no pl* **Weinglas** *nt* wine glass **Weingut** *nt* wine-growing estate **Weinhandlung** *f* wine merchant's **Weinjahr** *nt* vintage **Weinkarte** *f* wine list **Weinkeller** *m* wine cellar **Weinkrampf** *m* crying fit **Weinlese** *f* grape harvest **Weinprobe** *f* wine-tasting **Weinrebe** *f* grape[vine] **weinrot** *adj* claret **Weinsorte** *f* type of wine **Weinstock** *m* grape[vine] **Weinstube** *f* wine bar **Weintraube** *f* grape

weise ['vajzə] **I.** *adj* wise **II.** *adv* wisely

Weise(r) ['vajzə, -zɐ] *f(m) dekl wie adj* wise man ▶ WENDUNGEN: **die [drei] ~n aus dem Morgenland** the three Wise Men from the East

Weise <-, -n> ['vajzə] *f* way; **auf bestimmte** ~ in a certain way; **auf diese** ~ in this way; **in gewisser** ~ in certain respects

weisen <wies, gewiesen> ['vajzn̩] **I.** *vt* ❶ **jdm den Weg** ~ to show sb the way ❷ **jdn aus dem Zimmer** ~ to send sb out of the room ❸ **etw von sich** *dat* ~ to reject sth **II.** *vi* ■ **irgendwohin** ~ to point somewhere

Weisheit <-, -en> ['vajshajt] *f* ❶ *kein pl* (*Klugheit*) wisdom ❷ *meist pl* (*weiser Rat*) word *usu pl* of wisdom; **eine alte ~ sein** to be a wise old saying ▶ WENDUNGEN: **mit seiner ~ am Ende sein** to be at one's wits' end

Weisheitszahn *m* wisdom tooth

weis|machen *vt* ■ **jdm etw** ~ to have sb believe sth; ■ **jdm ~, dass** to lead sb to believe, that

weiß[1] [vajs] *adj* white

weiß[2] [vajs] *3. pers sing pres von* **wissen**

weissagen **I.** *vi* ■ **jdm** ~ to tell sb's fortune **II.** *vt* ■ **[jdm] etw** ~ to prophesy sth [to sb]

Weissagung <-, -en> *f* prophecy

Weißbier *nt* weissbier (*light, top-fermented beer*) **Weißblech** *nt* tin plate **Weißbrot** *nt* white bread **Weißdorn** *m* hawthorn

Weiße(r) *f(m) dekl wie adj* white, white man/woman; ■ **die ~n** white people

weißeln ['vajsl̩n] *vt* SÜDD, **weißen** ['vajsn̩] *vt* to whitewash

weißglühend *adj* white-hot **Weißglut** *f* ▶ WENDUNGEN: **jdn zur ~ bringen** to make sb livid with rage **Weißgold** *nt* white gold

weißhaarig *adj* white-haired

Weißkohl *m,* **Weißkraut** *nt* SÜDD, ÖSTERR white cabbage **Weißrussland** *nt* White Russia; *s. a.* **Deutschland** **Weißwein** *m* white wine **Weißwurst** *f* Bavarian veal sausage (*cooked in hot water and served mid-morning with sweet mustard*)

Weisung <-, -en> *f* instruction, direction; ■ **auf ~ [von jdm]** on [sb's] instructions

weisungsberechtigt *adj* JUR authorized to give instructions

weit [vajt] **I.** *adj* ❶ (*räumlich/zeitlich ausgedehnt*) long; **bis dahin ist es noch** ~ it will be a long time yet before we get there ❷ (*breit*) wide, vast; (*Meer, Wüste*) open; (*Kleidung*) baggy; **~er werden** to widen **II.** *adv* ❶ (*eine große Strecke*) far, a long way; **3 km ~er** 3 km further on; **am ~esten** furthest, farthest; **es noch ~ haben** to have a long way to go; **~ weg** far away; **von ~ her** from far away ❷ **etw ~ öffnen** to open sth wide ❸ (*erheblich*) far; **~ besser** far better; **~ schöner** far more beautiful ❹ **~ reichend** extensive; **~ verbreitet** widespread ❺ (*zeitlich lang*) **~ nach etw** *dat* well after sth; **~ zurückliegen** to be a long time ago ▶ WENDUNGEN: **bei ~em** by far; **bei ~em nicht** not nearly; **~ und breit** for miles around; **jdn so ~ bringen, dass er etw tut** to bring sb to the point where he does sth; **es ~ [im Leben] bringen** to go far [in life]; **es ~ gebracht haben** to have come a long way; **zu ~ gehen** to go too far; **~ hergeholt** far-fetched; **mit etw** *dat* **ist es nicht ~ her** sth is nothing much to write home about; **von ~em** from afar

weitab ['vajt'ʔap] *adv* far away; ■ **~ von etw** *dat* far from sth

weitaus ['vajtʔaus] *adv* ❶ *vor komp* (*erheblich*) far, much; **~ schlechter sein** to be far [*or* much] worse ❷ *vor superl* (*bei weitem*) [by] far; **die ~ beste Lösung** far and away the best solution

W

Weitblick *m kein pl* (*Voraussicht*) far-sightedness, vision **weitblickend** *adj* visionary

Weite¹ <-, -n> ['vaitə] *f* ❶ (*weite Ausdehnung*) expanse, vastness ❷ (*Breite*) width

Weite² ['vaitə] *nt* ▶ WENDUNGEN: **das ~ suchen** to take to one's heels

weiten ['vaitn̩] **I.** *vt* MODE to widen **II.** *vr* ■**sich** *akk* ~ to widen; (*Pupille*) to dilate

weiter ['vaitɐ] *adv* ❶ (*sonst*) **wenn es ~ nichts ist, ...** well, if that's all ... ❷ (*weiterhin*) ~ **bestehen** to continue to exist

weiter|arbeiten ['vaitɐʔarbaitn̩] *vi* to carry on working (**an** +*dat* on) **weiter|bilden** *vr* ■**sich** *akk* **in etw** *dat* ~ to develop one's knowledge of sth **Weiterbildung** *f* further education **weiter|bringen** *vt irreg* to help along

weitere(r, s) *adj* (*zusätzlich*) further, additional; **alles W~** everything else ▶ WENDUNGEN: **bis auf ~s** until further notice, for the time being; **ohne ~s** easily, just like that

weiter|empfehlen* *vt irreg* to recommend **weiter|entwickeln*** *vt, vr* ■[**sich** *akk*] ~ to develop further **Weiterentwicklung** *f* further development **weiter|erzählen*** *vt* to pass on *sep* **weiter|fahren** *irreg vi sein* to continue driving; **nach Köln ~** to drive on Cologne **Weiterfahrt** *f kein pl* continuation of the journey **weiter|führen** *vt* (*fortsetzen*) to continue **Weitergabe** *f* transmission **weiter|geben** *vt irreg* to pass on *sep* (**an** +*akk* to) **weiter|gehen** *vi irreg sein* ❶ (*seinen Weg fortsetzen*) to walk on ❷ (*seinen Fortgang nehmen*) to go on; **so kann es nicht ~** things can't go on like this **weiter|helfen** *vi irreg* to help further; (*auf die Sprünge helfen*) to help along

weiterhin ['vaitɐ'hɪn] *adv* ❶ (*immer noch*) still ❷ (*außerdem*) furthermore, in addition

weiter|kommen *vi irreg sein* to get further **weiter|leben** *vi* to live on **weiter|leiten** *vt* to pass on *sep* (**an** +*akk* to) **weiter|machen** *vi* to carry on, to continue **Weiterreise** *f kein pl* continuation of the/one's journey, onward journey; **gute ~!** have a pleasant [onward] journey **weiter|sagen** *vt* to pass on *sep;* **nicht ~!** don't tell anyone! **weiter|verarbeiten*** *vt* to process (**zu** +*dat* into)

Weiterverarbeitung *f* [re]processing

weitestgehend **I.** *adj* most extensive **II.** *adv* to the greatest possible extent

weitgehend **I.** *adj* (*umfassend*) extensive **II.** *adv* extensively, to a large extent

weither ['vait'heːɐ̯] *adv* (*geh*) from far away, from afar *form*

weitherzig ['vaithɛrtsɪç] *adj* generous

weithin ['vait'hɪn] *adv* to a large extent; ~ **bekannt/beliebt** widely known/popular

weitläufig ['vaitlɔyfɪç] **I.** *adj* ❶ (*ausgedehnt*) extensive ❷ (*entfernt*) distant **II.** *adv* extensively, distantly

weiträumig **I.** *adj* spacious **II.** *adv* spaciously; **den Verkehr ~ umleiten** to divert the traffic around a wide area

weitreichend *adj* extensive

weitschweifig ['vaitʃvaifɪç] **I.** *adj* long-winded **II.** *adv* long-windedly, at great length

Weitsicht ['vaitzɪçt] *f* far-sightedness, vision

weitsichtig ['vaitzɪçtɪç] *adj* ❶ MED long-sighted BRIT, farsighted AM ❷ (*weitblickend*) ■ ~ **sein** to be far-sighted

Weitsichtigkeit <-> *f kein pl* MED long-sightedness BRIT, far-sight AM

Weitspringer(in) *m(f)* long-jumper **Weitsprung** *m kein pl* long-jump

Weitwinkelobjektiv *nt* wide-angle lens

Weizen <-s, -> ['vaitsn̩] *m* wheat

Weizenbier *nt* weissbier (*light, top fermented beer*)

Weizenkeimöl *nt* wheatgerm oil

Weizenmehl *nt* wheat flour

welch [vɛlç] *pron* ■ ~ [**ein**] ... what [a] ...

welche(r, s) **I.** *pron interrog* which **II.** *pron rel* (*der, die, das: Mensch*) who; (*Sache*) which **III.** *pron indef* ❶ (*etwas*) some; **wenn du Geld brauchst, kann ich dir ~s leihen** if you need money, I can lend you some ❷ *pl* (*einige*) some; ■ **~, die ...** some [people], who

welk [vɛlk] *adj* ❶ (*verwelkt*) wilted ❷ (*schlaff*) worn-out

welken ['vɛlkn̩] *vi sein* to wilt

Wellblech *nt* corrugated iron

Welle <-, -n> ['vɛlə] *f* wave

wellen ['vɛlən] *vr* ■**sich** ~ to be/become wavy; (*Papier*) to crinkle

Wellenbad *nt* wave pool **Wellenbrecher** <-s, -> *m* breakwater, groyne BRIT, groin AM **wellenförmig** **I.** *adj* wavy **II.** *adv* **sich ~ verziehen** to crinkle **Wellengang** <-[e]s> *m kein pl* waves *pl;* **starker ~** heavy seas *pl* **Wellenlänge** *f* PHYS wavelength ▶ WENDUNGEN: **die gleiche ~ haben** to be on the same wavelength **Wellenlinie** *f* wavy line **Wellenreiten** *nt* surfing

Wellensittich *m* budgerigar, budgie *fam*

wellig ['vɛlɪç] *adj* ❶ (*gewellt*) wavy ❷ (*wellenförmig*) uneven

Wellpappe *f* corrugated cardboard

Welpe <-n, -n> ['vɛlpə] *m* pup, whelp

Wels <-es, -e> [vɛls] *m* catfish

W

welsch [vɛlʃ] *adj* SCHWEIZ Romance-speaking
Welschschweiz *f* SCHWEIZ ■**die** ~ French Switzerland **Welschschweizer(in)** *m(f)* French Swiss **welschschweizerisch** *adj* French Swiss
Welt <-, -en> [vɛlt] *f* world; **auf der** ~ in the world; **die** ~ **des Films** the world of film ▶WENDUNGEN: **alle** ~ (*fam*) the whole world; **in aller** ~ all over the world; **jdn zur** ~ **bringen** to bring sb into the world; **die Dritte** ~ the Third World; **auf die** ~ **kommen** to be born; **in einer anderen** ~ **leben** to live on another planet; **um nichts in der** ~ not for the world; **für jdn bricht eine** ~ **zusammen** sb's whole world collapses about sb
weltabgewandt *adj* SOZIOL insular, inward-looking **Weltall** *nt* universe **Weltanschauung** *f* philosophy of life **Weltausstellung** *f* world exhibition **Weltbank** *f kein pl* ■**die** ~ the World Bank **weltberühmt** *adj* world-famous **Weltbevölkerung** *f kein pl* world population **weltbewegend** *adj* earth-shaking **Weltbild** *nt* world view **Weltbürger(in)** *m(f)* citizen of the world **Weltcup** <-s, -s> [-kap] *m* World Cup
Weltenbummler(in) <-s, -> *m(f)* globetrotter
Welterfolg *m* world[-wide] success **Weltflucht** *f kein pl* SOZIOL escape from reality **Weltformel** *f* PHYS grand unified theory **weltfremd** *adj* unworldly **Weltgeschichte** *f kein pl* world history ▶WENDUNGEN: **in der** ~ all over the place **weltgeschichtlich** *adj* **von** ~**er Bedeutung sein** to be of great significance in world history **Welthandel** *m* world trade **Weltkarte** *f* world map **Weltklima** *nt kein pl* METEO global climate **Weltkrieg** *m* world war; **der Erste/Zweite** ~ World War One/Two **Weltkugel** *f* globe
Weltläufigkeit ['vɛltlɔyfɪgkait] *f kein pl* SOZIOL global adaptability
weltlich ['vɛltlɪç] *adj* ❶ (*irdisch*) worldly ❷ (*profan*) mundane
Weltliteratur *f kein pl* world literature **Weltmacht** *f* world power
weltmännisch *adj* sophisticated
Weltmarkt *m* world market **Weltmarktpreis** *m* world market price
Weltmeer *nt* ocean **Weltmeister(in)** *m(f)* world champion (**in** +*dat* at) **Weltmeisterschaft** *f* world championship **Weltmusik** *f* world music *no indef art, no pl* **weltoffen** *adj* cosmopolitan **Weltoffenheit** *f kein pl* cultural openness **Weltordnung** *f* world order **Weltpremiere** *f* world premiere
Weltrang *m* world status; ■**von** ~ world-famous **Weltrangliste** *f* world rankings *pl*
Weltraum *m kein pl* [outer] space
Weltraumbehörde *f* space agency **Weltraumfähre** *f* space shuttle **Weltraumfahrt** *f kein pl* space journey, journey into space **Weltraumforschung** *f kein pl* space research **Weltraummüll** *m* cosmic debris **Weltraumspaziergang** *m* space walk **Weltraumstation** *f* space station
Weltreich *nt* empire **Weltreise** *f* world trip; **eine** ~ **machen** to go on a journey around the world **Weltrekord** *m* world record **Weltreligion** *f* world religion **Weltruhm** *m* world[wide] fame **Weltschmerz** *m kein pl* world-weariness **Weltsicherheitsrat** *m* [United Nations] Security Council **Weltsprache** *f* world language **Weltstadt** *f* international city **Weltstar** *m* international star **Welttournee** *f* world tour
Weltuntergang *m* end of the world **Weltuntergangsstimmung** *f* apocalyptic mood
Weltverbesserer, -verbesserin *m, f* (*pej*) sb who thinks they can cure the world's ills
weltweit **I.** *adj* global, world-wide **II.** *adv* globally
Weltwirtschaft *f* world economy
Weltwirtschaftsforum *nt* world economic forum **Weltwirtschaftsgipfel** *m* World Economic Summit **Weltwirtschaftskrise** *f* world economic crisis
Weltwunder *nt* **die sieben** ~ the Seven Wonders of the World **Weltzeit** *f kein pl* world time, universal time
wem [ve:m] **I.** *pron indef dat von* **wer** (*fam*) to/for somebody **II.** *pron interrog* who ... to, to whom *form;* ~ **gehört dieser Schlüssel?** who does this key belong to?; **mit/von** ~ with/from whom **III.** *pron rel* ■ ~ **...,** [**der**] ... the person to whom ..., the person who ... to
wen [ve:n] **I.** *pron indef akk von* **wer** (*fam*) somebody **II.** *pron interrog* who, whom; **an** ~ to whom *form,* who ... to; **für** ~ for whom *form,* who ... for **III.** *pron rel* ■ ~ **...,** [**der**] ... the person who [*or* whom] ...; **an** ~ to whom *form,* who ... to; **für** ~ for whom *form,* who ... for
Wende <-, -n> ['vɛndə] *f* change, turn
Wendefläche *f* turning area **Wendekreis** *m* AUTO turning circle
Wendeltreppe *f* spiral staircase
wenden ['vɛndn̩] **I.** *vr* <wendete *o geh* wandte, gewendet *o geh* gewandt> ❶ (*sich drehen*) ■**sich irgendwohin** ~ to turn to somewhere ❷ (*kontaktieren*)

■ **sich [in etw** *dat*] **an jdn ~** to turn to sb [regarding sth] ③ (*zielen*) ■ **sich an jdn ~** to be directed at sb ④ (*entgegentreten*) ■ **sich gegen jdn ~** to turn against sb; ■ **sich gegen etw ~** to oppose sth ⑤ (*sich verkehren*) **sich zum Besseren ~** to take a turn for the better **II.** *vt* <wendete, gewendet> (*umdrehen*) to turn over *sep* **III.** *vi* <wendete, gewendet> AUTO to turn

Wendeplatz *m* turning area **Wendepunkt** *m* turning point

wendig ['vɛndɪç] *adj* manoeuvrable

Wendung <-, -en> *f* ① (*Veränderung*) turn; **eine bestimmte ~ nehmen** to take a certain turn ② (*Redewendung*) expression

wenig ['veːnɪç] **I.** *pron indef* ① *sing* (*nicht viel*) little; **~ Zeit/Geld haben** to have little time/money; **zu ~ Freizeit** to not have enough leisure; **ein ~ Salz** a little salt; ■ **~ sein** to be not [very] much ② *pl* (*nicht viele*) ■ **~e** a few; **~e Stunden später** a few hours later; **das wissen nur ~e** only a few know about it **II.** *adv* little; **~ interessant** of little interest; **zu ~ schlafen** to not get enough sleep

weniger ['veːnɪgɐ] **I.** *adj komp von* **wenig**: ■ **~ als ...** less ... than **II.** *pron indef* ① (*unzählbar*) *Zeit, Geld* less ② (*zählbar*) *Menschen, Bücher* fewer **III.** *adv* less; **~ bekannt sein** to be less known; **das ist ~ angenehm** that is not very pleasant

wenigste(r, s) **I.** *pron* ■ **die ~n** very few; ■ **das ~, was ...** the least that ... **II.** *adv* least; *pl* fewest; **am ~n** least of all

wenigstens ['veːnɪçstn̩s] *adv* at least

wenn [vɛn] *konj* ① (*falls*) if; **~ das so ist** if that's the way it is ② (*sobald*) as soon as

wenngleich [vɛn'glaiç] *konj* although

wennschon [vɛn'ʃoːn] *adv* ▸ WENDUNGEN: **~, dennschon!** I/you etc. may as well go the whole hog [*or* AM the whole nine yards]; **[na,] ~!** so what?

wer <*gen* wessen, *dat* wem, *akk* wen> [veːɐ̯] **I.** *pron interrog* who; **~ von beiden?** which of the two? **II.** *pron rel* **~ das sagt, [der] lügt** the person who says that is lying, whoever says that is lying **III.** *pron indef* (*fam*) somebody; (*in Fragesätzen*) someone, somebody; *fragend, verneinend* anyone, anybody; **da ist ~ für dich an der Tür** there's somebody at the door for you; **ist da ~?** is anyone there? ▸ WENDUNGEN: **~ sein** to be somebody *fam*

Werbeabteilung *f* advertising department **Werbeagentur** *f* advertising agency **Werbeanzeige** *f* advertisement **Werbebanner** *nt* INFORM banner ad **Werbeblock** *nt* advertising block **Werbebranche** *f* advertising **Werbebroschüre** *f* promotional brochure **Werbefachmann, -fachfrau** *m, f* publicity expert, adman *fam* **Werbefernsehen** *nt* commercials *pl* **Werbefilm** *m* promotional film **Werbefläche** *f* advertising space **Werbefritz** <-en, -en> ['vɛrbəfrɪts] *m* (*pej sl*) adman *fam* **Werbegeschenk** *nt* promotional gift **Werbekampagne** *f* advertising campaign **Werbekonzept** *nt* ÖKON advertising concept **Werbematerial** *nt* advertising [*or* publicity] material, sales literature

werben <wirbt, warb, geworben> ['vɛrbn̩] **I.** *vt* ■ **jdn [für etw] ~** to recruit sb [for sth] **II.** *vi* ① (*Reklame machen*) ■ **für etw ~** to advertise sth ② (*zu erhalten suchen*) **um eine Frau ~** to woo a woman; **um neue Wähler ~** to try to attract new voters

Werbeprospekt *m* promotional brochure **Werberummel** *m* (*oft pej fam*) advertising blitz **Werbeseite** *f* full-page ad[vertisement] **Werbeslogan** *m* advertising slogan **Werbespot** *m* commercial **Werbestrategie** *f* ÖKON advertising strategy **Werbetext** *m* publicity copy *no pl, no indef art* **Werbeträger** *m* advertising medium **Werbetrommel** *f* ▸ WENDUNGEN: **die ~ für jdn/etw rühren** to beat the drum for sb/sth **Werbeunterbrechung** *f* TV commercial break **werbewirksam** *adj* promotionally effective

Werbung <-> *f kein pl* ① (*Reklame*) advertisement; **~ für etw machen** to advertise sth ② (*Werbespot*) commercial; (*Werbeprospekt*) advertising brochure ③ (*Branche*) advertising

Werdegang *m* career

werden ['veːɐ̯dn̩] **I.** *vi* <wird, wurde, geworden> *sein* ① (*seinen Zustand ändern*) to become, to get; **alt/älter ~** to get old/older; **verrückt ~** to go mad; **kalt ~** to go cold; **es wird dunkel** it is getting dark; **es wird besser ~** it is going to get better; **es wird Sommer** summer is coming; **jdm wird heiß/übel** sb feels hot/sick; **sie ist gerade 98 geworden** she has just turned 98 ② (*eine Ausbildung machen*) ■ **etw ~** to become sth; **sie will Ärztin werden** she wants to become a doctor; **was möchtest du einmal ~?** what do you want to be? ③ (*sich entwickeln*) **Wirklichkeit/Mode ~** to become reality/fashionable; ■ **zu etw** *dat* **~** to turn into sth; **aus etw** *dat* **wird etwas/nichts** sth will turn into sth/nothing is going to come of sth; **es wird schon [wieder] ~** it'll turn out okay in the end **II.** *aux vb* ① *zur Bildung des Futurs* ■ **etw tun ~** to

W

be going to do sth; ■ **es wird etw geschehen** sth is going to happen; ■ **jd wird etw getan haben** sb will have done sth ② *zur Bildung des Konjunktivs* ■ **jd würde etw tun** sb would do sth ③ *mutmaßend* **es wird gegen 20 Uhr sein** it's probably getting on for 8 o'clock **III.** *aux vb* <wird, wurde, worden> *sein zur Bildung des Passivs* **du wirst gerufen** you are being called; **gebissen** ~ to be bitten; **sie wurde entlassen** she was dismissed; ■ **etw wird ...** sth is ...; **das wird bei uns häufig gemacht** that is often done in our house

werfen <wirft, warf, geworfen> ['vɛrfn̩] *vt, vi* ① (*schleudern*) to throw (**nach** + *dat* at) ② (*Junge gebären*) to throw *spec*, to give birth

Werft <-, -en> [vɛrft] *f* shipyard

Werftarbeiter(in) *m(f)* shipyard worker

Werk <-[e]s, -e> [vɛrk] *nt* ① (*Buch, Kunstwerk*) work ② (*Gesamtwerk*) works *pl* ③ **ans ~ gehen** to go to work; **am ~ sein** to be at work ④ (*Fabrik*) factory ▶ WENDUNGEN: **ein gutes ~ tun** to do a good deed

Werkbank <-bänke> *f* workbench **werkgetreu** *adj* **eine ~e Wiedergabe** a faithful reproduction **Werkhalle** *f* factory building **Werkmeister(in)** *m(f)* foreman

Werk(s)angehörige(r) *f(m) dekl wie adj* factory employee

Werksarzt, -ärztin *m, f* company doctor

Werkschutz *m* ① (*Schutzmaßnahmen*) factory security ② (*Personal*) factory security service

werkseigen *adj* company[-owned] **Werksgelände** *nt* works premises *npl*

Werkstatt *f* ① (*Arbeitsraum*) workshop ② AUTO garage

Werkstoff *m* material **Werkstück** *nt* workpiece **Werktag** *m* workday, working day *esp* BRIT

werktags *adv* on workdays, on working days *esp* BRIT

werktätig ['vɛrktɛːtɪç] *adj* **die ~e Bevölkerung** the working population **Werktätige(r)** *f(m) dekl wie adj* working person

Werktreue *f kein pl* FILM, THEAT, MUS faithfulness to the original [version]

Werkunterricht *m* woodwork/metalwork class

Werkvertrag *m* service contract

Werkzeug <-[e]s, -e> *nt* tool *usu pl*

Werkzeugkasten *m* toolbox **Werkzeugmacher(in)** *m(f)* toolmaker **Werkzeugmaschine** *f* machine tool **Werkzeugschrank** *m* tool cabinet

Wermut <-[e]s> ['veːɐ̯muːt] *m kein pl* ① BOT wormwood ② (*aromatisierter Wein*) vermouth

Wermutstropfen *m* (*geh*) a bitter pill

wert [veːɐ̯t] *adj* ① (*einen Wert besitzen*) ■ [**jdm**] **etw ~ sein** to be worth sth [to sb] ② (*verdienen*) ■ **einer S.** *gen* **~ sein** to be worthy of a thing

Wert <-[e]s, -e> [veːɐ̯t] *m* ① (*Preis*) value; **im ~ steigen** to increase in value; **an ~ verlieren** to decrease in value; **im ~e von etw** worth sth ② *pl* (*Daten*) results *pl* ③ (*Wichtigkeit*) **~ auf etw** *akk* **legen** to attach value to sth; **~ darauf legen, etw zu tun** to find it important to do sth ④ (*Wertvorstellung*) value ▶ WENDUNGEN: **das hat keinen ~** (*fam*) it's useless

Wertarbeit *f* first-class workmanship **wertbeständig** *adj* stable in value *pred* **Wertbrief** *m* registered letter (*with valuable content*)

Wertegemeinschaft *f* POL community of [shared] values **Wertekanon** ['veːɐ̯təkaːnɔn] *m* SOZIOL (*geh*) core values

werten *vt* to rate

Wertesystem *nt* system of values **Wertewandel** *m* change in values

wertfrei *adj* impartial **Wertgegenstand** *m* valuable object; ■ **Wertgegenstände** valuables

Wertigkeit <-, -en> [veːɐ̯tɪç-] *f* valency

Wertkartenhandy [-hɛndi] *nt* TELEK *mobile phone using a payment card*

wertlos *adj* worthless

Wertmaßstab *m* standard **Wertminderung** *f* depreciation, decrease in value; **eine ~ erfahren** to fall in value

Wertpapier *nt* bond **Wertpapierhandel** *m kein pl* BÖRSE stockbroking *no pl* **Wertpapiermarkt** *m* stock market

Wertsache *f meist pl* valuable object; ■ **~n** valuables **Wertschätzung** *f* esteem **Wertschöpfung** *f* ÖKON increase in value, added value; **volkswirtschaftliche ~** net domestic product **Wertschrift** *f meist pl* SCHWEIZ bond, security

Wertstoff *m* recyclable material **Wertstoffcontainer** *m* recycling container

Wertung <-, -en> *f* ① SPORT rating, score ② (*das Werten*) grading ③ (*Bewertung*) evaluation, assessment

Wertverlust *m* depreciation **wertvoll** *adj* valuable **Wertvorstellung** *f meist pl* moral concept *usu pl* **Wertzeichen** *nt* (*form*) stamp **Wertzuwachs** *m* ÖKON appreciation in value, capital appreciation

Werwolf ['veːɐ̯vɔlf] *m* werewolf

Wesen <-s, -> ['veːzn̩] *nt* ① (*Geschöpf*) being; (*tierisch*) creature ② *kein pl* (*Grund-*

W

züge) nature

wesenhaft *adj* (*veraltet geh*) ① (*im Wesen begründet*) intrinsic ② (*real*) real

Wesensart *f* nature **Wesenszug** *m* characteristic

wesentlich ['ve:zn̩tlɪç] **I.** *adj* ① (*erheblich*) considerable ② (*wichtig*) essential; ■ **das W~e** the essential part; **im W~en** essentially **II.** *adv* considerably

Weser <-> ['ve:zɐ] *f* Weser (*river in northwest Germany*)

weshalb [vɛs'halp] *adv* why

Wespe <-, -n> ['vɛspə] *f* wasp

Wespennest *nt* wasp's nest **Wespenstich** *m* wasp sting

wessen ['vɛsn̩] *pron interrog gen von* **wer** whose

Wessi <-s, -s> ['vɛsi] *m, f* <-, -s> (*fam*) West German

West <-[e]s, -e> [vɛst] *m kein pl, kein art* west; **aus ~** from the west

westdeutsch ['vɛstdɔytʃ] *adj* West German, in West Germany **Westdeutschland** ['vɛstdɔytʃlant] *nt* West Germany

Weste <-, -n> ['vɛstə] *f* waistcoat

Westen <-s> ['vɛstn̩] *m kein indef art, kein pl* ① (*Himmelsrichtung*) west; *s. a.* **Norden**[1] ② (*westliche Gegend*) west; **der Wilde ~** the Wild West; *s. a.* **Norden**[2]

Westentasche *f* waistcoat pocket ▶ WENDUNGEN: **etw wie seine ~ kennen** to know sth like the back of one's hand

Western <-[s], -> ['vɛstɐn] *m* western

Westeuropa ['vɛstʔɔy'ro:pa] *nt* Western Europe **westeuropäisch** ['vɛstʔɔyro'pɛ:ɪʃ] *adj* West European

Westfale, Westfälin <-n, -n> [vɛst'fa:lə, vɛst'fɛ:lɪn] *m, f* Westphalian

Westfalen <-s> [vɛst'fa:lən] *nt* Westphalia

Westfälin <-, -nen> *f fem form von* **Westfale**

westfälisch [vɛst'fɛ:lɪʃ] *adj* Westphalian

Westküste *f* west coast

westlich ['vɛstlɪç] **I.** *adj* ① (*Himmelsrichtung*) western; *s. a.* **nördlich I 1** ② (*im Westen liegend*) western; *s. a.* **nördlich I 2** ③ (*von/nach Westen*) westwards, westerly; *s. a.* **nördlich I 3 II.** *adv* ■ **~ von** to the west of **III.** *präp +gen* [to the] west of

Westmächte *pl* western powers

westwärts ['vɛstvɛrts] *adv* westwards, to the west

Westwind *m* west wind

weswegen [vɛs've:gn̩] *adv* why

Wettannahme *f* betting office, bookmaker's

Wettbewerb <-[e]s, -e> ['vɛtbəvɛrp] *m* competition

Wettbewerber(in) *m(f)* competitor

wettbewerbsfähig *adj* competitive **Wettbewerbsfähigkeit** *f kein pl* ÖKON competitiveness *no pl* **wettbewerbsfeindlich** *adj* anticompetitive **Wettbewerbshüter(in)** *m(f)* ADMIN competition [enforcement] official

Wettbüro *nt* bookmaker's

Wette <-, -n> ['vɛtə] *f* bet; ■ **jede ~ eingehen, dass** to bet anything that; **die ~ gilt!** you're on!; **um die ~ essen** to race each other eating; **um die ~ laufen** to race each other

Wetteifer <-s> ['vɛtʔaifɐ] *m kein pl* competitiveness **wetteifern** *vi* ■ **miteinander ~** to contend with each other

wetten ['vɛtn̩] *vi, vt* to bet (**auf** *+akk* on); ■ [**mit jdm**] **um etw ~** to bet [sb] sth; **um was wollen wir ~?** what shall we bet?; [**wollen wir**] **~?** [do you] want to bet?

Wetter <-s> ['vɛtɐ] *nt kein pl* weather; **bei jedem ~** in all kinds of weather

Wetteramt *nt* met[eorological] office **Wetteraussichten** *pl* weather outlook **Wetterbericht** *m* weather report **Wetterdienst** *m* weather service **Wetterfahne** *f* weather vane **wetterfest** *adj* weatherproof **Wetterfrosch** *m* ① (*Frosch*) tree frog ② (*hum fam: Meteorologe*) weatherman **wetterfühlig** *adj* sensitive to weather changes *pred* **Wetterhahn** *m* weathercock **Wetterkarte** *f* weather chart **Wetterlage** *f* weather situation **Wetterleuchten** ['vɛtɐlɔyçtn̩] *nt kein pl* sheet lightning

wettern ['vɛtɐn] *vi* ■ [**gegen jdn/etw**] **~** to curse [sb/sth]

Wetterprognose *f* weather forecast **Wettersatellit** *m* weather satellite **Wetterstation** *f* weather station **Wetterumschwung** *m* sudden change in the weather **Wettervoraussage** *f*, **Wettervorhersage** *f* weather forecast

Wettkampf *m* competition **Wettkämpfer(in)** *m(f)* competitor, contestant **Wettlauf** *m* race ▶ WENDUNGEN: **ein ~ gegen die Zeit** a race against time **Wettläufer(in)** *m(f)* runner [in a/the] race **wett|machen** ['vɛtmaxn̩] *vt* ① (*aufholen*) to make up ② (*gutmachen*) to make up for **Wettrennen** *nt* race **Wettrüsten** <-s> *nt kein pl* arms race; **das atomare ~** the nuclear arms race **Wettstreit** ['vɛtʃtrait] *m* competition

wetzen ['vɛtsn̩] **I.** *vt haben* ① (*schleifen*) to whet ② (*reiben*) to rub (**an** *+dat* on) **II.** *vi sein* (*fam: rennen*) to scoot [off]

Wetzstein ['vɛtsʃtain] *m* whetstone

WG <-, -s> [ve:'ge:] *f Abk von* **Wohnge-**

W

meinschaft

Whirlpool <-s, -s> ['vøːɐ̯lpuːl] *m* whirlpool

Whisky <-s, -s> ['vɪski] *m* whisky; **irischer Whiskey** [Irish] whiskey; **schottischer ~** Scotch

wich [vɪç] *imp von* **weichen**

Wichse <-, -n> ['vɪksə] *f* (*veraltend*) ❶ (*Schuhcreme*) shoe polish ❷ *kein pl* (*fam*) **~ beziehen** to get a good hiding

wichsen ['viksn̩] **I.** *vi* (*vulg*) to jack off, to wank BRIT **II.** *vt Schuhe* to polish

Wichser <-s, -> *m* (*vulg*) jack-off, wanker BRIT

Wicht <-[e]s, -e> [vɪçt] *m* ❶ (*schmächtiger Kerl*) wimp *pej fam* ❷ (*Kobold*) goblin; (*Zwerg*) dwarf

Wichtel <-s, -> ['vɪçtl̩] *m* goblin

Wichtelmännchen <-s, -> ['vɪçtl̩mɛnçən] *nt* (*Zwerg*) gnome; (*Kobold*) goblin

wichtig ['vɪçtɪç] *adj* important; **W~eres zu tun haben** to have more important things to do; ■**das W~ste** the most important thing; **sich** *dat* **~vorkommen** to be full of oneself

Wichtigkeit <-> *f kein pl* importance, significance

wichtig|machen *vr* ■**sich** *akk* **~** to be full of one's own importance

Wichtigmacher(in) <-s, -> *m(f)* ÖSTERR, **Wichtigtuer(in)** <-s, -> [-tuːɐ] *m(f)* stuffed shirt

wichtig|tun *vr irreg* ■**sich** *akk* **~** to act important

Wickel <-s, -> ['vɪkl̩] *m* (*Umschlag*) compress ▶ WENDUNGEN: **jdn beim ~ packen** (*fam*) to grab sb by the scruff of the neck

Wickelkommode *f* [baby] changing table

wickeln ['vɪkl̩n] *vt* ❶ (*binden*) to wrap (**um** +*akk* round, **in** +*akk* in); ■**etw von etw** *dat* **~** to unwrap sth from sth ❷ *Baby* to change

Widder <-s, -> ['vɪdɐ] *m* ❶ ZOOL ram ❷ *kein pl* ASTROL Aries

wider ['viːdɐ] *präp* +*akk* (*geh*) against

widerborstig ['viːdɐbɔrstɪç] *adj Mensch* contrary, unruly; *Kind* rebellious; *Haare* unmanageable

widerfahren* [viːdɐ'faːrən] *vi irreg sein* to happen, to befall

Widerhaken *m* barb **Widerhall** <-s, -e> ['viːdɐhal] *m* echo **widerlegen*** [viːdɐ'leːgn̩] *vt* to refute

widerlich ['viːdɐlɪç] **I.** *adj* ❶ (*ekelhaft*) disgusting, revolting ❷ (*unsympathisch*) repulsive **II.** *adv* (*überaus*) *süß, kalt* awfully

widernatürlich ['viːdɐnatyːɐ̯lɪç] *adj* perverted, unnatural **Widerpart** <-[e]s, -e> *m* (*geh*) opponent, foe *liter* **widerrechtlich** **I.** *adj* unlawful **II.** *adv* unlawfully **Widerrede** ['viːdɐreːdə] *f* **ohne ~** without protest; **keine ~!** don't argue! **Widerruf** ['viːdɐruːf] *m* revocation **widerrufen*** [viːdɐ'ruːfn̩] *irreg vt* ❶ (*für ungültig erklären*) to revoke ❷ (*zurücknehmen*) to retract

Widersacher(in) <-s, -> ['viːdɐzaxɐ] *m(f)* antagonist

widersetzen* [viːdɐ'zɛtsn̩] *vr* ■**sich** *akk* **jdm ~** to resist sb; ■**sich** *akk* **etw** *dat* **~** to refuse to comply with a thing

widerspenstig ['viːdɐʃpɛnstɪç] *adj* unruly; *Mensch, Pferd* stubborn; *Haar* unmanageable

wider|spiegeln ['viːdɐʃpiːgl̩n] **I.** *vt* to mirror, to reflect **II.** *vr* **sich ~** to be reflected **widersprechen*** [viːdɐ'ʃprɛçn̩] *irreg* **I.** *vi* to contradict **II.** *vr* ■**sich** *dat* **~** *Aussage, Angaben* to be contradictory **Widerspruch** ['viːdɐʃprʊx] *m* ❶ *kein pl* (*das Widersprechen*) contradiction; **auf ~ stoßen** meet with opposition ❷ (*Unvereinbarkeit*) inconsistency; **in ~ zu etw** *dat* **stehen** to conflict with sth

widersprüchlich ['viːdɐʃprʏçlɪç] *adj* inconsistent; ■**~ sein** to be contradictory

widerspruchslos *adv* without protest

Widerstand <-[e]s, -stände> ['viːdɐʃtant, *pl* -ʃtɛndə] *m* ❶ *kein pl* (*Gegenwehr*) opposition, resistance; **~ leisten** to put up resistance ❷ ELEK (*Schaltelement*) resistor

widerständig *adj* SOZIOL, POL opposing

Widerständler(in) ['viːdɐʃtɛndlə] *m(f)* SOZIOL, POL opposer

Widerstandsbewegung *f* resistance movement; (*bewaffnet*) partisan movement **widerstandsfähig** *adj* resistant (**gegen** +*akk* to) **Widerstandsfähigkeit** *f kein pl* robustness; ■**jds ~ gegen etw** sb's resistance to sth **Widerstandskämpfer(in)** *m(f)* partisan **Widerstandskraft** *f s.* **Widerstandsfähigkeit**

widerstandslos *adv* without resistance

widerstehen* [viːdɐ'ʃteːən] *vi irreg* ❶ (*standhalten*) to withstand ❷ (*nicht nachgeben*) *Person, Versuchung* to resist **widerstreben*** [viːdɐ'ʃtreːbn̩] *vi* ■**jdm widerstrebt es, etw zu tun** sb is reluctant to do sth **Widerstreben** <-s> [viːdɐ'ʃtreːbn̩] *nt kein pl* reluctance

widerwärtig ['viːdɐvɛrtɪç] **I.** *adj* disgusting; (*Kerl*) nasty **II.** *adv* disgustingly

Widerwille ['viːdɐvɪlə] *m* distaste (**gegen** +*akk* for) **widerwillig** **I.** *adj* reluctant **II.** *adv* reluctantly

widmen ['vɪtmən] **I.** *vt* to dedicate to **II.** *vr* ❶ (*sich kümmern*) ■**sich** *akk* **jdm ~** to attend to sb ❷ (*sich beschäftigen*) ■ **sich** *akk* **etw** *dat* ~ to devote oneself to sth

Widmung <-, -en> ['vɪtmʊŋ] *f* dedication

widrig ['vi:drɪç] *adj* adverse; *Umstände, Verhältnisse* unfavourable

wie [vi:] **I.** *adv* how; ~ **geht es Ihnen?** how do you do?; ~ **geht es dir?** how are you?; ~ **heißt er?** what's his name?; ~ **war das Wetter?** what was the weather like?; ~ **viel** how much; ~ **viele** how many; ~ **sehr** how much; ~ **wär's mit ...?** how about ...? **II.** *konj* ❶ (*vergleichend*) **so alt/groß** ~ **...** as big/old as ...; **er ist genau** ~ **du** he's just like you ❷ (*beispielsweise*) like

Wiedehopf <-[e]s, -e> ['vi:dəhɔpf] *m* ORN hoopoe

wieder ['vi:dɐ] *adv* again, once more; ~ **mal** again; **Verhandlungen** ~ **aufnehmen** to resume negotiations; **Kontakte** ~ **aufnehmen** to re-establish contacts; **etw** ~ **einführen** to reintroduce sth

Wiederaufbau [vi:dɐ'ʔaufbau] *m kein pl* reconstruction **Wiederaufbereitung** <-, -en> *f* recycling; (*von Atommüll*) reprocessing **Wiederaufnahme** [vi:dɐ'ʔaufna:mə] *f von Verhandlungen* resumption; *von Kontakten* re-establishment **wieder|bekommen*** *vt irreg* to get back **wieder|beleben*** *vt* to revive

Wiederbelebung *f* MED resuscitation **Wiederbelebungsversuch** *m meist pl* MED attempt at resuscitation

Wiederbeschaffung *f* (*Wiederauffindung*) recovery; (*Ersetzung*) replacement **wiederbeschreibbar** *adj CD* rewritable **wieder|bringen** ['vi:dɐbrɪŋən] *vt irreg* to bring back *sep* **wieder|entdecken*** *vt* to rediscover **wieder|erkennen*** *vt irreg* to recognize; **nicht wiederzuerkennen sein** to be unrecognizable **Wiedererkennungswert** *m kein pl* ÖKON Q rating, recognition factor **wieder|eröffnen*** *vt* ÖKON to reopen **Wiedereröffnung** *f* reopening **wieder|erstatten*** ['vi:dɐʔɛɐ̯ʃtatn̩] *vt* to refund; ■ **jdm etw** ~ to reimburse sb for sth

wieder|finden *irreg* **I.** *vt* ❶ (*auffinden*) to find again ❷ *Fassung* to regain **II.** *vr* ■ **sich** *akk* ~ to turn up again; **der Schlüssel findet sich bestimmt wieder** the key is sure to turn up again

Wiedergabe <-, -n> ['vi:dɐga:bə] *f* ❶ (*Schilderung*) account, report ❷ PHOTO, TYPO reproduction

wieder|geben ['vi:dɐge:bn̩] *vt irreg* ❶ (*zurückgeben*) to give back ❷ (*zitieren*) to quote **Wiedergeburt** ['vi:dɐgəbu:ɐ̯t] *f* reincarnation **wieder|gewinnen*** ['vi:dɐgəvɪnən] *vt irreg* ❶ (*zurückgewinnen*) to reclaim ❷ (*wiedererlangen*) to regain **Wiedergewinnung** *f* retrieval **Wiedergutmachung** <-, -en> *f* compensation **wieder|haben** ['vi:dɐha:bn̩] *vt irreg* (*fam*) ■ **jdn/etw** ~ to have sb/sth back **wieder|her|stellen** [vi:dɐ'he:ɐ̯ʃtɛlən] *vt* ❶ (*restaurieren*) ■ **etw** ~ to restore sth ❷ *Ordnung, Kontakt* ■ **etw** ~ to re-establish sth ❸ (*wieder gesund machen*) ■ **jdn** ~ to restore sb to health **Wiederherstellung** *f* ❶ (*Restaurierung*) restoration ❷ (*das Wiederherstellen*) re-establishment

wiederholen*[1] [vi:dɐ'ho:lən] **I.** *vt* ❶ (*erneut sagen/machen*) to repeat ❷ *Lernstoff* to revise **II.** *vr* ■ **sich** ~ *Ereignis* to happen again; *Person* to repeat oneself

wieder|holen[2] ['vi:dɐho:lən] *vt* ■ **jdn** ~ to get sb back; ■ **[jdm] etw** ~ to bring sth back [for sb]

wiederholt I. *adj* repeated **II.** *adv* repeatedly

Wiederholung <-, -en> [vi:dɐ'ho:lʊŋ] *f* ❶ (*erneutes Tun*) repetition ❷ (*im Radio/TV*) repeat ❸ *von Lernstoff* revision

Wiederholungstäter(in) *m(f)* persistent offender

Wiederhören ['vi:dɐhø:rən] *nt* **[auf]** ~**!** goodbye!

wieder|käuen ['vi:dɐkɔyən] *vt, vi* ZOOL to ruminate

Wiederkäuer <-s, -> *m* ZOOL ruminant

Wiederkehr <-> ['vi:dɐke:ɐ̯] *f kein pl* (*geh*) return

wieder|kehren ['vi:dɐke:rən] *vi sein* ❶ *Mensch* to return ❷ *Problem* to reoccur **wieder|kommen** ['vi:dɐkɔmən] *vi irreg sein* ❶ (*zurückkommen*) to come back ❷ (*erneut kommen*) to come again; *Gelegenheit* to reoccur **wieder|sehen** ['vi:dɐze:ən] *vt irreg* ❶ ■ **jdn** ~ to see sb again ❷ ■ **sich** *akk* ~ to meet again

Wiedersehen <-s, -> ['vi:dɐze:ən] *nt* [another] meeting; (*nach längerer Zeit*) reunion; **[auf]** ~ **sagen** to say goodbye

wiederum ['vi:dərʊm] *adv* ❶ (*abermals*) again ❷ (*andererseits*) on the other hand, though ❸ (*für jds Teil*) in turn

wieder|vereinigen* *vt* POL to reunify **Wiedervereinigung** ['vi:dɐfɛɐ̯ʔainɪgʊn] *f* POL reunification **wiederverwendbar** *adj* reusable **Wiederverwendung** *f* reuse **wieder|verwerten*** *vt* ■ **etw** ~ to recycle sth **Wiederverwertung** *f* recycling **Wiederwahl** ['vi:dɐva:l] *f* POL re-election **Wiederzulassung** *f* readmission; AUTO relicensing

Wiege <-, -n> ['vi:gə] *f* cradle

Wiegemesser *nt* chopping knife

W

wiegen[1] <wog, gewogen> ['vi:gn̩] *vt, vi* to weigh

wiegen[2] ['vi:gn̩] *vt* (*hin und her bewegen*) to rock; *Hüften* to sway

Wiegenlied *nt* lullaby

wiehern ['vi:ɐn] *vi* to neigh

Wien <-s> [vi:n] *nt* Vienna

Wiener ['vi:nɐ] *adj attr* Viennese

wienern ['vi:nɐn] *vt* to polish

wies [vi:s] *imp von* **weisen**

Wiese <-, -n> [vi:zə] *f* meadow

Wiesel <-s, -> ['vi:zl̩] *nt* weasel ▶ WENDUNGEN: **flink wie ein ~ sein** to be as quick as a flash

wieso [vi'zo:] *adv* why

wievielmal [vifi:l'ma:l] *adv* how many times

wievielte(r, s) ['vi:fi:ltə, -tɐ, -təs] *adj* ■ **der/die/das ~ ...?** how many ...?; **den W~n haben wir heute?** what's the date today?

Wikinger(in) <-s, -> ['vi:kɪŋɐ] *m(f)* Viking

wild [vɪlt] **I.** *adj* ① BOT, ZOOL wild ② *Kampf* frenzied ③ (*illegal*) illegal ④ (*sehr gereizt*) furious; **jdn ~ machen** to drive sb wild; **~ werden** to go wild ▶ WENDUNGEN: **halb so ~ sein** (*fam*) to not be important; **~ auf jdn/etw sein** (*fam*) to be crazy about sb/sth; **wie ~** (*fam*) wildly **II.** *adv* ① (*ungeordnet*) strewn around ② (*hemmungslos*) wildly, furiously ③ (*in freier Natur*) wild *pred;* **~ wachsen** to grow wild

Wild <-[e]s> [vɪlt] *nt kein pl* ① KOCHK game ② ZOOL wild animals

Wildbahn *f* **in freier ~ leben** to live in the wild

Wilde(r) ['vɪldə -dɐ] *f(m) dekl wie adj* savage

Wilderer, Wilderin <-s, -> ['vɪldərɐ] *m, f* poacher

wildern ['vɪldɐn] *vi* to poach

wildfremd ['vɪlt'frɛmt] *adj* completely strange

Wildheit <-, -en> *f kein pl* savagery

Wildhüter(in) <-s, -> *m(f)* gamekeeper **Wildkatze** *f* wildcat **Wildleder** *nt* suede

Wildnis <-, -se> ['vɪltnɪs] *f* wilderness

Wildpark *m* game park **Wildsau** *f* wild sow **Wildschwein** *nt* wild boar

Wildwestfilm [vɪlt'vɛst-] *m* western

Wildwuchs *m* rank growth

will *3. pers sing pres von* **wollen**[2]

Wille <-ns> ['vɪlə] *m kein pl* will *no pl;* **seinen eigenen ~n haben** to have a mind of one's own; **guter/schlechter ~** good/ill will; **seinen ~n durchsetzen** to get one's own way ▶ WENDUNGEN: **sein/ihr letzter ~** his/her last will and testament; **wo ein ~ ist, ist auch ein Weg** (*prov*) where there is a will there is a way

willen ['vɪlən] *präp +gen* **um jds/einer S. ~** for the sake of sb/a thing

willenlos *adj* spineless

willens ['vɪləns] *adj* ■ **~ sein, etw zu tun** to be willing to do sth

Willenskraft *f kein pl* willpower **willensstark** *adj* strong-willed

willentlich ['vɪləntlɪç] *adj s.* **absichtlich**

willig ['vɪlɪç] *adj* willing

willkommen [vɪl'kɔmən] *adj* welcome; ■ **[jdm] ~ sein** to be welcome [to sb]; **jdn ~ heißen** to welcome sb

Willkommen <-s, -> [vɪl'kɔmən] *nt* welcome; **ein herzliches ~** a warm welcome

Willkür <-> ['vɪlky:ɐ̯] *f kein pl* arbitrariness; (*politisch*) despotism

willkürlich ['vɪlky:ɐ̯lɪç] **I.** *adj* arbitrary **II.** *adv* arbitrarily

wimmeln ['vɪml̩n] *vi impers* ■ **es wimmelt von etw** *dat* it is teeming with sth; *Menschen* it is swarming with

wimmern ['vɪmɐn] *vi* to whimper

Wimpel <-s, -> ['vɪmpl̩] *m* pennant

Wimper <-, -n> ['vɪmpɐ] *f* [eye]lash ▶ WENDUNGEN: **ohne mit der ~ zu zucken** without batting an eyelid

Wimperntusche *f* mascara

Wind <-[e]s, -e> [vɪnt, *pl* 'vɪndə] *m* wind ▶ WENDUNGEN: **~ von etw** *dat* **bekommen** to get wind of sth; **viel ~ um etw machen** to make a fuss about sth; **bei ~ und Wetter** in all weathers

Windbeutel *m* KOCHK cream puff **Windböe** *f* gust of wind

Winde <-, -n> ['vɪndə] *f* TECH winch

Windel <-, -n> ['vɪndl̩] *f* napkin BRIT, diaper AM

Windelhöschen *nt,* **Windelhose** *f* nappy [*or* AM diaper] pants *pl* **windelweich** *adv* **jdn ~ schlagen** to beat sb black and blue

winden[1] <wand, gewunden> ['vɪndn̩] **I.** *vr* ■ **sich** *akk* **~** ① (*nach Ausflüchten suchen*) to attempt to wriggle out ② (*sich krümmen*) to writhe (**vor** *+dat* in); **sich vor Schmerzen ~** to writhe in pain ③ *Weg* to wind its way; *Bach* to meander ④ BOT to wind [itself] (**um** *+akk* around) **II.** *vt* ■ **etw um etw ~** to wind sth around sth

winden[2] ['vɪndn̩] *vi impers* ■ **es windet** it's windy

Windenergie *f* wind energy **Windenergieanlage** *f* wind energy plant

windgeschützt **I.** *adj* sheltered [from the wind] **II.** *adv* in a sheltered place **Windgeschwindigkeit** *f* wind speed **Windhauch** *m* breath of wind **Windhose** *f* vortex **Windhund** *m* greyhound

windig ['vɪndɪç] *adj* windy

Windjacke *f* windcheater BRIT, windbreaker AM

Windkraftanlage *f,* **Windkraftwerk** *nt* wind[-driven] power station

Windmühle *f* windmill **Windpark** *m* wind park [*or* farm] **Windpocken** *pl* chickenpox *sing* **Windrad** *nt* wind turbine **Windrichtung** *f* wind direction **Windrose** *f* wind rose **Windschatten** *m* slipstream **windschief** *adj* crooked **Windschutzscheibe** *f* windscreen BRIT, windshield AM **Windseite** *f* windward side **Windstärke** *f* wind force **windstill** *adj* windless; ■~ **sein** to be calm **Windstille** *f* calm **Windstoß** *m* gust of wind **windsurfen** ['vɪntzøːɐ̯fn̩] *vi* to windsurf **Windsurfer(in)** *m(f)* windsurfer **Windsurfing** ['vɪntzøːɐ̯fɪŋ] *nt* windsurfing

Windung <-, -en> *f* ❶ (*Mäander*) meander ❷ (*Serpentine*) bend, curve

Wink <-[e]s, -e> [vɪŋk] *m* ❶ (*Hinweis*) hint; **einen ~ bekommen** to receive a tip-off ❷ (*Handbewegung*) signal ▶WENDUNGEN: **ein ~ mit dem <u>Zaunpfahl</u>** a broad hint

Winkel <-s, -> ['vɪŋkl̩] *m* ❶ MATH angle; **rechter ~** right angle ❷ (*Ecke*) corner ❸ (*Bereich*) place, spot ▶WENDUNGEN: **<u>toter</u>** ~ blind spot

Winkeladvokat(in) *m(f)* (*pej*) incompetent lawyer

winkelig ['vɪŋkəlɪç] *adj s.* **winklig**

Winkelmesser *m* protractor

winken <gewinkt *o* DIAL gewunken> ['vɪŋkn̩] **I.** *vi* to wave; ■**mit etw** *dat* ~ to wave sth; **einem Taxi** ~ to hail a taxi **II.** *vt* ■**jdn zu sich** *dat* ~ to beckon sb over to one

winklig ['vɪŋklɪç] *adj* full of nooks and crannies; *Gasse* twisty

winseln ['vɪnzl̩n] *vi* to whimper; ■**um etw** ~ to plead for sth

Winter <-s, -> ['vɪntɐ] *m* winter

Winteranfang *m* beginning of winter **Wintereinbruch** *m* onset of winter **Winterfell** *nt* winter coat **Winterferien** *pl* winter holidays *pl* **winterfest** *adj* suitable for winter; **ein Auto ~ machen** to get a car ready for winter **Wintergarten** *m* winter garden **Winterkleidung** *f* winter clothing **Winterlandschaft** *f* winter landscape

winterlich ['vɪntɐlɪç] **I.** *adj* wintry; **~e Temperaturen** winter temperatures **II.** *adv* **~ gekleidet** dressed for winter

Wintermantel *m* winter coat **Winterreifen** *m* winter tyre **Wintersaison** *f* winter season **Winterschlaf** *m* hibernation; **~ halten** to hibernate **Winterschlussverkauf** *m* winter sale **Wintersemester** *nt* winter semester **Winterspeck** *m kein pl* (*hum*) winter fat **Wintersport** *m* winter sport

Winter(s)zeit *f kein pl* wintertime *no pl, no indef art*

Winterurlaub *m* winter holiday

Winzer(in) <-s, -> ['vɪntsɐ] *m(f)* wine-grower

winzig ['vɪntsɪç] *adj* tiny; **~ klein** minute

Winzling <-s, -e> ['vɪntslɪŋ] *m* tiny thing

Wipfel <-s, -> ['vɪpfl̩] *m* treetop

Wippe <-, -n> ['vɪpə] *f* seesaw

wippen ['vɪpn̩] *vi* to bob up and down (**auf** +*dat* on); (*auf einer Wippe*) to seesaw

wir <*gen* unser, *dat* uns, *akk* uns> [viːɐ̯] *pron pers* we; ~ **nicht** not us

Wirbel <-s, -> ['vɪrbl̩] *m* ❶ (*Rückenwirbel*) vertebra ❷ (*Haarwirbel*) crown ❸ (*fam: Trubel*) turmoil

wirbeln ['vɪrbl̩n] *vi, vt* ❶ *sein* (*sich drehend wehen*) to swirl ❷ *sein* (*sich drehend bewegen*) to whirl

Wirbelsäule *f* spinal column **Wirbelsturm** *m* whirlwind **Wirbeltier** *nt* vertebrate **Wirbelwind** *m* whirlwind

wirbt *3. pers sing pres von* **werben**

wird *3. pers sing pres von* **werden**

wirft *3. pers sing pres von* **werfen**

wirken ['vɪrkn̩] *vi* ❶ (*Wirkung haben*) to have an effect; (*beabsichtigten Effekt haben*) to work; **dieses Medikament wirkt sofort** this medicine takes effect immediately; **etw auf sich** *akk* **~ lassen** to take sth in ❷ (*erscheinen*) to seem, to appear

wirklich ['vɪrklɪç] **I.** *adj* real **II.** *adv* really

Wirklichkeit <-, -en> *f* reality; ~ **werden** to come true

wirklichkeitsgetreu **I.** *adj* realistic **II.** *adv* realistically, in a realistic way

wirksam ['vɪrkzaːm] **I.** *adj* effective **II.** *adv* effectively

Wirksamkeit <-> *f kein pl* effectiveness

Wirkstoff *m* active substance

Wirkung <-, -en> ['vɪrkʊŋ] *f* effect

Wirkungsgrad *m* [degree of] effectiveness **Wirkungskreis** *m* sphere of activity

wirkungslos *adj* ineffective

wirkungsvoll *adj* effective

Wirkungsweise *f* [mode of] action, way sth works

wirr [vɪr] *adj* ❶ (*unordentlich*) tangled ❷ (*verworren*) weird ❸ (*durcheinander*) confused, muddled

Wirren ['vɪrən] *pl* confusion *sing*

Wirrkopf *m* (*pej*) scatterbrain

Wirrwarr <-s> ['vɪrvar] *m kein pl* ❶ (*Durcheinander*) confusion ❷ (*Unordnung*) tangle

nicht wissen

Nichtwissen ausdrücken	expressing ignorance
Das weiß ich (auch) nicht./Weiß nicht. *(fam)*	**I don't know (either)./Don't know./ Dunno.**
Keine Ahnung. *(fam)*	**No idea.**
Hab keinen blassen Schimmer. *(fam)*	**Haven't the foggiest/faintest (idea).** *(fam)*
Ich kenne mich da leider nicht aus.	**I'm afraid I don't know anything about that.**
Da bin ich überfragt.	**You've got me there.**
Darüber weiß ich nicht Bescheid.	**That's new to me.**
Die genaue Anzahl **entzieht sich meiner Kenntnis.** *(geh)*	**I have no knowledge of** the exact number. *(form)*
Woher soll ich das wissen?	**How should I know?**

Wirsing <-s> ['vɪrzɪŋ] *m kein pl*, **Wirsingkohl** *m* savoy cabbage

Wirt(in) <-[e]s, -e> [vɪrt] *m(f)* landlord *masc*, landlady *fem*

Wirtschaft <-, -en> ['vɪrtʃaft] *f* ❶ ÖKON economy ❷ (*Gastwirtschaft*) pub BRIT, bar AM

wirtschaften ['vɪrtʃaftn̩] *vi* to keep house; **sparsam ~** to economize

Wirtschafter(in) <-s, -> *m(f)* housekeeper

wirtschaftlich ['vɪrtʃaftlɪç] **I.** *adj* ❶ ÖKON economic ❷ (*sparsam*) economical **II.** *adv* economically

Wirtschaftlichkeit <-> *f kein pl* economy

Wirtschaftsabkommen *nt* economic agreement **Wirtschaftsaufschwung** *m* economic upturn **Wirtschaftsbeziehungen** *pl* ÖKON economic relations *pl;* **internationale ~** international economic relations **Wirtschaftsdelikt** *nt* economic crime **Wirtschaftsembargo** *nt* economic embargo **Wirtschaftsentwicklung** *f* ÖKON economic development; **rückläufige ~** economic downturn; **ungünstige ~** sluggish economy **Wirtschaftsexperte, -expertin** *m, f* economic expert **Wirtschaftsfaktor** *m* economic factor **Wirtschaftsflüchtling** *m* economic refugee **Wirtschaftsgeld** *nt* housekeeping money *no pl, no indef art* **Wirtschaftsgymnasium** *nt* SCH *grammar school where the emphasis is on business studies, economics and law* **Wirtschaftshilfe** *f* economic aid *no pl, no indef art* **Wirtschaftskriminalität** *f* white-collar crime **wirtschaftskriminell** *adj* economic criminal *attr* **Wirtschaftskrise** *f* economic crisis **Wirtschaftslage** *f* economic situation **Wirtschaftsmacht** *f* economic power **Wirtschaftsminister(in)** *m(f)* Minister for Economic Affairs BRIT, Secretary of Commerce AM **Wirtschaftsministerium** *nt* Ministry of Economic Affairs [*or* of Trade and Commerce] BRIT, Department of Trade and Industry [*or* AM of Commerce] **Wirtschaftspolitik** *f* economic policy **Wirtschaftsprüfer(in)** *m(f)* accountant **Wirtschaftssanktionen** *pl* economic sanctions *pl* **Wirtschaftsteil** *m* MEDIA business section **Wirtschafts- und Währungsunion** *f* economic and monetary union **Wirtschaftswachstum** *nt* economic growth **Wirtschaftswissenschaft** *f meist pl* economics *sing* **Wirtschaftswissenschaftler(in)** *m(f)* economist **Wirtschaftswunder** *nt* economic miracle **Wirtschaftszweig** *m* branch of industry

Wirtshaus *nt* pub BRIT, bar AM, inn *dated*

Wirtsleute *pl* landlord and landlady

Wisch <-[e]s, -e> [vɪʃ] *m* (*pej fam*) piece of bumph

wischen ['vɪʃn̩] *vt* ❶ (*abwischen*) to wipe ❷ SCHWEIZ (*fegen*) to sweep ▶ WENDUNGEN: [**von jdm**] **eine gewischt bekommen** (*fam*) to get a clout [from sb]

Wischiwaschi <-s> [vɪʃi'vaʃi] *nt kein pl* (*fam*) drivel

Wischlappen *m* cloth

Wisent <-s, -e> ['viːzɛnt] *nt* ZOOL bison

wispern ['vɪspɐn] *vt, vi* to whisper

Wissbegier(de) <-> ['vɪsbəgiːɐ̯(də)] *f kein pl* thirst for knowledge **wissbegierig** *adj* eager to learn

wissen <weiß, wusste, gewusst> ['vɪsn̩] *vt, vi* ❶ (*Kenntnis haben*) to know; **man kann nie ~!** you never know!; **jdn etw ~**

W

lassen to let sb know sth; **woher soll ich das ~?** how should I know that?; **davon weiß ich nichts** I don't know anything about it; **wenn ich nur wüsste, ...** if only I knew ...; **soviel** [*o* **soweit**] **ich weiß** as far as I know ② (*sich erinnern*) **weißt du noch?** do you remember? ③ (*können*) **etw zu schätzen ~** to appreciate sth; **sich** *dat* **zu helfen ~** to be resourceful ▶ WENDUNGEN: **nicht mehr aus noch ein ~** to be at one's wits' end; **von jdm/etw nichts** [**mehr**] **~ wollen** (*fam*) to not want to have anything [more] to do with sb/sth

Wissen <-s> ['vɪsn̩] *nt kein pl* knowledge *no pl*

Wissenschaft <-, -en> ['vɪsn̩ʃaft] *f* science

Wissenschaftler(in) <-s, -> *m(f)* scientist

wissenschaftlich ['vɪsn̩ʃaftlɪç] **I.** *adj* scientific; (*akademisch*) academic **II.** *adv* scientifically; (*akademisch*) academically

Wissensdrang *m*, **Wissensdurst** *m* thirst for knowledge **Wissensgebiet** *nt* field of knowledge **Wissenslücke** *f* gap in sb's knowledge **wissenswert** *adj* worth knowing

wissentlich ['vɪsn̩tlɪç] **I.** *adj* deliberate **II.** *adv* deliberately, knowingly

Witfrau ['vɪtfrau̯] *f* SCHWEIZ (*veraltet: Witwe*) widow

wittern ['vɪtɐn] *vt* (*ahnen*) to suspect

Witterung <-, -en> *f* METEO weather

Witterungsverhältnisse *pl* weather conditions *pl*

Witwe <-, -n> ['vɪtvə] *f fem form von* **Witwer** widow *fem;* **~ werden** to be widowed

Witwer <-s, -> ['vɪtvɐ] *m* widower *masc;* **~ werden** to be widowed

Witz <-es, -e> [vɪts] *m* ① (*Scherz*) joke; **einen ~ machen** to make a joke ② *kein pl* (*Esprit*) wit

Witzbold <-[e]s, -e> *m* joker

witzeln ['vɪts|n] *vi* to joke (**über** +*akk* about)

Witzfigur *f* figure of fun

witzig ['vɪtsɪç] *adj* funny

witzlos *adj* pointless

WM <-, -s> *f Abk von* **Weltmeisterschaft** world championship; (*im Fußball*) World Cup

wo [voː] **I.** *adv* ① (*räumlich*) where; **pass auf, ~ du hintrittst!** look where you are going! ② (*zeitlich*) when; **zu dem Zeitpunkt, ~ ...** when ... **II.** *konj* (*zumal*) when, as; **~ er doch wusste, dass ich keine Zeit hatte** when he knew that I had no time

woanders [vo'ʔandɐs] *adv* somewhere else, elsewhere

woandershin [vo'ʔandɐs'hɪn] *adv* somewhere else

wob *imp von* **weben**

wobei [vo'bai̯] *adv* ① *interrog* how; **~ ist das passiert?** how did that happen? ② *rel* in which; **~ mir gerade einfällt ...** which reminds me ...

Woche <-, -n> ['vɔxə] *f* week

Wochenarbeitszeit *f* working week **Wochenbett** *nt* ■ **im ~ liegen** to be lying in **Wochenblatt** *nt* weekly

Wochenendbeziehung *f* weekend relationship

Wochenende ['vɔxn̩ʔɛndə] *nt* weekend; **schönes ~!** have a nice weekend!; **am ~** at the weekend

Wochenendhaus ['vɔxn̩ʔɛnthau̯s] *nt* weekend home **Wochenendticket** [-tɪkət] *nt* TRANSP weekend [discount] ticket

Wochenkarte *f* TRANSP weekly season ticket **wochenlang** ['vɔxn̩laŋ] *adj, adv* for weeks **Wochenlohn** *m* weekly wage **Wochenmarkt** *m* weekly market **Wochentag** *m* weekday; **was ist heute für ein ~?** what day of the week is it today?

wochentags ['vɔxn̩taːks] *adv* on weekdays

wöchentlich ['vœçn̩tlɪç] *adj, adv* weekly

Wochenzeitschrift *f* MEDIA weekly [magazine] [*or* [periodical]] **Wochenzeitung** *f* weekly [newspaper]

Wöchnerin <-, -nen> ['vœçnərɪn] *f* MED *woman who has recently given birth*

Wodka <-s, -s> ['vɔtka] *m* vodka

wodurch [vo'dʊrç] *adv* ① *interrog* how ② *rel* which

wofür [vo'fyːɐ̯] *adv* ① *interrog* for what, what ... for; **~ hast du denn so viel Geld bezahlt?** what did you pay so much money for? ② *rel* for which

wog [voːk] *imp von* **wiegen**[1]

Woge <-, -n> ['voːgə] *f* wave ▶ WENDUNGEN: **wenn sich die ~n geglättet haben** when things have calmed down

wogegen [vo'geːgn̩] *adv* ① *interrog* against what; **~ hilft dieses Mittel?** what is this medicine for? ② *rel* against what/which

wogen ['voːgn̩] *vi* to surge

woher [vo'heːɐ̯] *adv* ① *interrog* where ... from; **~ hast du dieses Buch?** where did you get this book [from]? ② *rel* from ... which, where ... from

wohin [vo'hɪn] *adv* ① *interrog* where [to]; **~ damit?** where shall I put it? ② *rel* where

wohingegen [vohɪn'geːgn̩] *konj* while, whereas

wohl [voːl] *adv* ① (*gut, gesund*) well; **sich** *akk* **~ fühlen** to feel well; **sich** *akk*

W

irgendwo ~ fühlen to feel at home somewhere ❷ (*gut*) **jdm ~ bekannt sein** to be well-known to sb; **~ geformt** well-formed; *Körperteil* shapely; **~ genährt** well-fed; **~ überlegt** well thought out ❸ (*wahrscheinlich*) probably; **~ kaum** hardly ❹ ■ **jdm ist ~ bei etw** *dat* sb is comfortable with sth; ■ **jdm ist nicht ~ bei etw** *dat* sb is uneasy about sth ❺ (*zirka*) about ▶ WENDUNGEN: **~ oder übel** whether you like it or not

Wohl <-[e]s> [voːl] *nt kein pl* welfare, well-being; **auf jds ~ trinken** to drink to sb's health; **zum ~!** cheers!

wohlauf [voːlˈʔau̯f] *adj präd* ■ **~ sein** to be well

Wohlbefinden <-s> *nt kein pl* well-being **Wohlbehagen** <-s> *nt kein pl* feeling of well-being **wohlbehalten** *adv* safe and sound **Wohlergehen** <-s> *nt kein pl* welfare *no pl* **wohlerzogen** <besser erzogen, besterzogen> *adj* well-bred

Wohlfahrt [ˈvoːlfaːɐ̯t] *f kein pl* welfare **Wohlfahrtsstaat** *m* welfare state

Wohlgefallen [ˈvoːlgəfalən] *nt* ▶ WENDUNGEN: **sich in ~ auflösen** (*fam*) to vanish into thin air **wohlgemerkt** [ˈvoːlgəmɛrkt] *adv* mind you **wohlgeraten** *adj* ❶ (*gut gelungen*) successful ❷ (*gut entwickelt*) well turned-out *pred*, well-adjusted *attr* **wohlgesinnt** <wohlgesinnter, wohlgesinnteste> *adj* ■ **jdm ~ sein** to be well-disposed towards sb

wohlhabend <wohlhabender, wohlhabendste> *adj* well-to-do

wohlig [ˈvoːlɪç] **I.** *adj* (*behaglich*) pleasant **II.** *adv* (*genießerisch*) luxuriously

wohlklingend <wohlklingender, wohlklingendste> *adj* melodious **wohlmeinend** <wohlmeinender, wohlmeinendste> *adj* well-meaning **wohlriechend** <wohlriechender, wohlriechendste> *adj* fragrant **wohlschmeckend** <wohlschmeckender, wohlschmeckendste> *adj* palatable

Wohlstand *m kein pl* affluence, prosperity

Wohlstandsgesellschaft *f* affluent society **Wohlstandsmüll** *m* refuse of the affluent society

Wohltat *f* ❶ *kein pl* (*Erleichterung*) relief; **eine ~ sein** to be a relief ❷ (*Unterstützung*) good deed **Wohltäter(in)** *m(f)* benefactor *masc*, benefactress *fem*; **ein ~ der Menschheit** a champion of mankind **wohltätig** *adj* charitable

Wohltätigkeit *f kein pl* charity

Wohltätigkeitsveranstaltung *f* charity event **Wohltätigkeitsverein** *m* charity

wohltuend <wohltuender, wohltuendste> *adj* agreeable **wohlverdient** *adj* well-earned; **seine ~e Strafe erhalten** to get one's just deserts

wohlweislich [ˈvoːlvai̯slɪç] *adv* very wisely

Wohlwollen <-s> [ˈvoːlvɔlən] *nt kein pl* goodwill; **auf jds ~ angewiesen sein** to rely on sb's goodwill **wohlwollend** <wohlwollender, wohlwollendste> **I.** *adj* benevolent; ■ **jdm gegenüber ~ sein** to be kindly disposed towards sb **II.** *adv* benevolently

Wohnanhänger *m* caravan BRIT, trailer AM **Wohnanlage** *f* housing development **Wohnbezirk** *m* residential district **Wohnblock** *m* block of flats BRIT, apartment building AM

wohnen [ˈvoːnən] *vi* to live; (*im Hotel*) to stay

Wohnfläche *f* living space **Wohngebiet** *nt* residential area **Wohngegend** *f* residential area; **eine gute ~ sein** to be a nice area to live in **Wohngeld** *nt* housing benefit **Wohngemeinschaft** *f* communal residence, house- [*or* flat-] [*or* AM apartment-] share; **in einer ~ leben** to share a house/flat with sb

wohnhaft [ˈvoːnhaft] *adj* (*geh*) resident; ■ **irgendwo ~ sein** to live somewhere

Wohnhaus *nt* residential building **Wohnheim** *nt* (*Studentenwohnheim*) hall of residence BRIT, residence hall AM, dormitory AM; (*Arbeiterwohnheim*) hostel **Wohnküche** *f* kitchen-cum-living room **Wohnlage** *f* residential area

wohnlich [ˈvoːnlɪç] *adj* cosy BRIT, cozy AM

Wohnmobil <-s, -e> *nt* camper **Wohnort** *m* place of residence **Wohnraum** *m kein pl* living space **Wohnrecht** *nt* JUR right of abode [*or* residence] **Wohnsilo** *m o nt* (*pej*) concrete monolith **Wohnsitz** *m* ADMIN domicile; **erster ~** main place of residence; **ohne festen ~** of no fixed abode

Wohnung <-, -en> *f* flat, apartment

Wohnungsbau *m kein pl* house building; **sozialer ~** council houses **Wohnungsbesetzer(in)** <-s, -> *m(f)* squatter **Wohnungseigentümer(in)** *m(f)* property owner **Wohnungseinrichtung** *f* furnishings *pl* **Wohnungsmangel** *m kein pl* housing shortage **Wohnungsmarkt** *m* housing market **Wohnungsnot** *f kein pl* serious housing shortage **Wohnungsschlüssel** *m* key to the flat [*or* AM apartment] **Wohnungssuche** *f* flat- [*or* apartment-] hunting; **auf ~ sein** to be flat-hunting **Wohnungstür** *f* front door

Wohnviertel *nt* residential area **Wohnwagen** *m* (*zum Campen*) caravan BRIT, trailer

AM **Wohnzimmer** *nt* living room, lounge
Wok <-, -s> [vɔk] *m* wok
wölben ['vœlbn̩] *vr* ■**sich** ~ ① (*sich biegen*) to bend ② ■**sich über etw** *akk* ~ to arch over sth
Wölbung <-, -en> *f* (*Rundung*) bulge
Wolf <-[e]s, Wölfe> [vɔlf, *pl* 'vœlfə] *m* wolf
Wölfin <-, -nen> ['vœlfɪn] *f* she-wolf
Wolfram <-s> ['vɔlfram] *nt kein pl* CHEM tungsten, wolfram
Wolfshunger ['vɔlfs'hʊŋɐ] *m kein pl* (*fam*) ravenous hunger
Wolke <-, -n> ['vɔlkə] *f* cloud ▶ WENDUNGEN: **aus allen ~n <u>fallen</u>** (*fam*) to be flabbergasted
Wolkenbruch *m* cloudburst **Wolkendecke** *f* cloud cover **Wolkenkratzer** *m* skyscraper **Wolkenkuckucksheim** *nt* (*iron*) cloud-cuckoo-land BRIT, fantasyland
wolkenlos *adj* cloudless
wolkig ['vɔlkɪç] *adj* cloudy
Wolldecke *f* [woollen] blanket
Wolle <-, -n> ['vɔlə] *f* wool
wollen[1] ['vɔlən] *adj attr* (*aus Wolle*) woollen
wollen[2] ['vɔlən] **I.** *aux vb* <will, wollte, wollen> *modal* ① (*zu tun beabsichtigen*) ■**etw tun ~** to want to do sth; ■**etw gerade tun ~** to be [just] about to do sth; **etw schon lange tun ~** to have been wanting to do sth for ages; ■**etw haben ~** to want [to have] sth; **~ wir uns nicht setzen?** why don't we sit down? ② (*behaupten*) ■**etw getan haben ~** to claim to have done sth; **und so jemand will Arzt sein!** and he calls himself a doctor! ③ *passivisch* **diese Aktion will gut vorbereitet sein** this operation has to be well prepared **II.** *vi* <will, wollte, gewollt> ① (*den Willen haben*) to want; **ob du willst oder nicht** whether you like it or not; **wenn du willst** if you like; **[ganz] wie du willst** just as you like ② (*gehen wollen*) ■**irgendwohin ~** to want to go somewhere; **zu wem ~ Sie?** who[m] do you wish to see? **III.** *vt* <will, wollte, gewollt> ① (*haben wollen*) ■**etw [von jdm] ~** to want sth [from sb]; **willst du lieber Tee oder Kaffee?** would you prefer tea or coffee?; **was willst du mehr!** what more do you want!; **ich will, dass du jetzt sofort gehst!** I want you to go immediately ② (*bezwecken*) ■**etw mit etw** *dat* **~** to want sth with [*or* for] sth; **ohne es zu ~** without wanting to
Wolljacke *f* woollen cardigan **Wollknäuel** *nt* ball of wool **Wollsiegel** *nt* Woolmark®
Wollust <-, Wollüste> ['vɔlʊst, *pl* 'vɔlʏstə] *f* lust
wollüstig ['vɔlʏstɪç] *adj* lascivious
womit [vo'mɪt] *adv* ① *interrog* with what, what ... with; **~ reinigt man Seidenhemden?** what do you use to clean silk shirts with ?; **~ habe ich das verdient?** what did I do to deserve this? ② *rel* with which
womöglich [vo'mø:klɪç] *adv* possibly
wonach [vo'na:x] *adv* ① *interrog* what ... for, what ... of; **~ suchst du?** what are you looking for?; **~ riecht das hier?** what's that smell in here? ② *rel* which [*or* what] ... for, of which
Wonne <-, -n> ['vɔnə] *f* joy, delight
woran [vo'ran] *adv* ① *interrog* (*an welchem/welchen Gegenstand*) what ... on, on what; **~ soll ich das befestigen?** what should I fasten this to? ② *interrog* (*an welchem/welchen Umstand*) what ... of, of what; **~ haben Sie ihn erkannt?** how did you recognize him?; **~ können Sie sich erinnern?** what can you remember?; **~ denkst du?** what are you thinking of?; **~ ist sie gestorben?** what did she die of? ③ *rel* (*an welchem/welchen Gegenstand*) on which; **das Seil, ~ der Kübel befestigt war, riss** the rope on which the pail was fastened broke ④ *rel* (*an welchem/welchen Umstand*) by which; **das ist das einzige, ~ ich mich noch erinnere** that's the only thing I can remember; **es gibt einige Punkte, ~ man echte Banknoten von Blüten unterscheiden kann** there are a few points by which you can distinguish real bank notes from counterfeits
worauf [vo'rau̯f] *adv* ① *interrog* on what ..., what ... on; **~ wartest du noch?** what are you waiting for?; **~ stützen sich deine Behauptungen?** what are your claims based on? ② *rel* on which; **das Bett, ~ wir liegen, gehörte meinen Großeltern** the bed we're lying on belonged to my grandparents
woraufhin *adv* ① *interrog* for what reason ② *rel* whereupon, after which
woraus [vo'rau̯s] *adv* ① *interrog* what ... out of, out of what; **~ bestehen Rubine?** what are rubies made out of?; **und ~ schließen Sie das?** and from what do you deduce that? ② *rel* from which, what ... out of, out of which; **das Material, ~ die Socken bestehen, kratzt** the material the socks are made of is itchy
worden *pp von* **werden**
worin [vo'rɪn] *adv* ① *interrog* in what, what ... in; **~ besteht der Unterschied?** where is the difference? ② *rel* in which; **es gibt etwas, ~ sich Original und Fälschung unterscheiden** there is one point in

W

which the original and the copy differ

Workaholic <-s, -s> [vøːɐ̯kaˈhɔlɪk] *m* workaholic

Workshop <-s, -s> [ˈvøːɐ̯kʃɔp] *m* workshop

World Wide Web <-> [ˈwœː(ɐ)lt waɪd wɛb] *nt kein pl* World Wide Web

Wort <-[e]s, Wörter *o* -e> [vɔrt] *nt* ① LING word; **im wahrsten Sinne des ~es** in the true sense of the word ② *meist pl* (*Äußerung*) word *usu pl;* **mit anderen ~en** in other words; **etw in ~e fassen** to put sth into words; **jdm fehlen die ~e** sb is speechless; **jdm kein ~ glauben** to not believe a word sb says; **kein ~ herausbringen** to not get a word out; **ein ernstes ~ mit jdm reden** to have a serious talk with sb; **kein ~ verstehen** to not understand a word; (*hören*) to be unable to hear a word ③ *kein pl* (*Ehrenwort*) **jdm sein ~ geben** to give sb one's word; **sein ~ brechen/halten** to break/keep one's word; **jdn beim ~ nehmen** to take sb's word for it; **das glaube ich dir aufs ~** I can well believe it ④ *kein pl* (*Rede[erlaubnis]*) **jdm das ~ abschneiden** to cut sb short; **jdm ins ~ fallen** to interrupt sb; **zu ~ kommen** to get a chance to speak; **das ~ an jdn richten** to address sb ▶ WENDUNGEN: **[bei jdm] ein gutes ~ für jdn einlegen** to put in a good word for sb [with sb]; **das ist ein ~!** [that's a] deal!; **jdm das ~ im Munde herumdrehen** to twist sb's words

Wortart *f* part of speech

wortbrüchig *adj* treacherous

Wörtchen [ˈvœrtçən] *nt* ▶ WENDUNGEN: **ein ~ mitzureden haben** (*fam*) to have a say in sth; **da habe ich [noch] ein ~ mitzureden** I think I have something to say about that; **mit jdm noch ein ~ zu reden haben** (*fam*) to have a bone to pick with sb

Wörterbuch *nt* dictionary **Wörterbuchcomputer** *m* dictionary computer

Worterkennung *f* INFORM word recognition

Wörterverzeichnis *nt* ① (*Vokabular*) glossary ② (*Wortindex*) index

Wortfetzen *pl* scraps of conversation *pl* **Wortführer(in)** *m(f)* spokesperson, spokesman *masc,* spokeswoman *fem* **Wortgefecht** *nt* battle of words **Wortgeklingel** <-s> *nt kein pl* (*pej fam*) empty rhetoric **wortgetreu** I. *adj* verbatim *form; Übersetzung* faithful II. *adv* verbatim; **etw ~ wiedergeben** to repeat sth word for word **wortgewandt** *adj* eloquent **Worthülse** *f* (*pej*) empty word **wortkarg** *adj* taciturn

Wortklauberei <-, -en> [vɔrtklaubəˈraj] *f* (*pej*) hair-splitting *no pl*

Wortlaut *m kein pl* wording; **folgenden ~ haben** to read as follows

wörtlich [ˈvœrtlɪç] I. *adj* ① *Wiedergabe* word-for-word, verbatim ② *Übersetzung* literal II. *adv* ① *wiedergeben* word for word ② *übersetzen* literally; **etw ~ nehmen** to take sth literally

wortlos I. *adj* silent II. *adv* silently, without saying a word

Wortmeldung *f* request to speak **Wortschatz** *m* vocabulary **Wortschwall** <-[e]s> *m kein pl* torrent of words **Wortspiel** *nt* pun **Wortstamm** *m* LING stem [of a/the word] **Wortstellung** *f* word order **Wortwechsel** *m* verbal exchange **Wortwitz** *m* pun, wordplay **wortwörtlich** [ˈvɔrtˈvœrtlɪç] *adj, adv* word-for-word

worüber [voˈryːbɐ] *adv* what ... about, about what; **~ habt ihr euch unterhalten?** what was it you talked about?

worum [voˈrʊm] *adv* what ... about; **~ handelt es sich?** what is this about?

worunter [voˈrʊntɐ] *adv* what ... from; **~ leidet Ihre Frau?** what is your wife suffering from?

wovon [voˈfɔn] *adv* what ... about; **~ redet sie?** what is she talking about?; **~ bist du denn so müde?** what has made you so tired?; **~ soll ich leben?** what am I supposed to live on?

wovor [voˈfoːɐ̯] *adv* what ... of; **~ fürchtest du dich denn?** what are you afraid of?

wozu [voˈtsuː] *adv* why, how come, what ... for; **~ soll das gut sein?** what's the purpose of that?; **~ hast du das gemacht?** what did you do that for?

Wrack <-[e]s, -s> [vrak] *nt* ① (*Schiffswrack*) wreck; (*Flugzeug-, Autowrack*) wreckage ② (*pej: Mensch*) wreck

wringen <wrang, gewrungen> [ˈvrɪŋən] *vt* to wring

Wucher <-s> [ˈvuːxɐ] *m kein pl* extortion *no pl;* (*Zinsen*) usury; **das ist ~!** that's daylight [*or* AM highway] robbery!

Wucherer, Wucherin <-s, -> [ˈvuːxərɐ] *m, f* (*pej*) profiteer, usurer

wucherisch [ˈvuːxərɪʃ] *adj* extortionate

wuchern [ˈvuːxɐn] *vi sein o haben* ① *Pflanze* to grow rampant ② *Geschwür* to proliferate

Wucherpreis *m* (*pej*) extortionate price

Wucherung <-, -en> *f* ① (*Gewebevermehrung*) proliferation ② (*Geschwulst*) growth

wuchs [vuːks] *imp von* **wachsen**[1]

Wucht <-> [vʊxt] *f kein pl* force; *eines Schlags* brunt; **mit voller ~** with full force ▶ WENDUNGEN: **eine ~ sein** (*fam*) to be

smashing
wuchtig ['vʊxtɪç] *adj* ❶ (*mit großer Wucht*) forceful; *Schlag* powerful ❷ (*massig*) massive
wühlen ['vy:lən] **I.** *vi* ■ **in etw** *dat* **[nach etw** *dat*] ~ ❶ (*kramen*) to rummage through sth [for sth] ❷ (*graben, aufwühlen*) to root through sth [for sth]; **in jds Haaren** ~ to tousle sb's hair **II.** *vr* ■ **sich** *akk* **durch etw** ~ ❶ (*sich vorwärts arbeiten*) to burrow one's way through sth ❷ (*fam: sich durcharbeiten*) to slog through sth
Wühlmaus *f* vole
Wühltisch *m* bargain counter
Wulst [vʊlst, *pl* 'vʏlstə] *m* <-[e]s, Wülste>, *f* <-, Wülste> bulge
wulstig ['vʊlstɪç] *adj* bulging; (*Lippen*) thick
wummern ['vʊmɐn] *vi* to boom
wund [vʊnt] **I.** *adj* sore **II.** *adv* **sich** *akk* ~ **liegen** to get bedsores; **sich** *dat* **die Füße** ~ **laufen** to walk until one's feet are sore
Wundbrand *m kein pl* gangrene *no pl*
Wunde <-, -n> ['vʊndə] *f* wound
Wunder <-s, -> ['vʊndɐ] *nt* miracle; **wie durch ein** ~ miraculously; **die** ~ **der Natur** the wonders of nature; **ein** ~ **an Präzision** a miracle of precision ▸ WENDUNGEN: **sein <u>blaues</u>** ~ **erleben** (*fam*) to be in for a nasty surprise; **es <u>ist</u> kein** ~**, dass ...** (*fam*) it is no wonder, that ...; ~ **<u>wirken</u>** (*fam*) to work wonders
wunderbar ['vʊndɐba:ɐ̯] **I.** *adj* ❶ (*herrlich*) wonderful, marvellous ❷ (*wie ein Wunder*) miraculous **II.** *adv* (*fam*) wonderfully
Wunderheiler(in) <-s, -> *m(f)* miracle healer **Wunderkerze** *f* sparkler **Wunderkind** *nt* child prodigy
wunderlich ['vʊndɐlɪç] *adj* odd, strange
Wundermittel *nt* miracle cure; (*Zaubertrank*) magic potion
wundern ['vʊndɐn] **I.** *vt* ■ **jdn** ~ to surprise sb; **das wundert mich [nicht]** I'm [not] surprised at that; **es wundert mich, dass ...** I am surprised that ... **II.** *vr* ■ **sich** *akk* ~ to be surprised (**über** +*akk* at); **du wirst dich** ~**!** you're in for a surprise!
wunderschön ['vʊndɐ'ʃø:n] *adj* wonderful
wundervoll *adj, adv s.* **wunderbar**
Wundsalbe *f* ointment
Wundstarrkrampf *m kein pl* tetanus *no pl*
Wunsch <-[e]s, Wünsche> [vʊnʃ, *pl* 'vʏnʃə] *m* ❶ (*Verlangen*) wish; (*stärker*) desire; (*Bitte*) request; **jdm jeden** ~ **erfüllen** to grant sb's every wish; **ihr sehnlichster** ~ **ging in Erfüllung** her most ardent desire was fulfilled; **auf jds** ~ **[hin]** at/on sb's request ❷ *meist pl* (*Glückwunsch*) wish; **mit besten Wünschen** best wishes
Wunschbild *nt* ideal **Wunschdenken** <-s> *nt kein pl* wishful thinking *no pl*
Wünschelrute ['vʏnʃlru:tə] *f* divining rod
wünschen ['vʏnʃn̩] *vt* ❶ (*als Geschenk erbitten*) ■ **sich** *dat* **etw [von jdm]** ~ to ask for sth [from sb]; **was wünschst du dir?** what would you like?; **nun darfst du dir etwas** ~ now you can say what you'd like for a present ❷ (*erhoffen*) to wish; **ich wünschte, der Regen würde aufhören** I wish the rain would stop; ■ **jdm etw** ~ to wish sb sth; **jdm zum Geburtstag alles Gute** ~ to wish sb a happy birthday; **jdm eine gute Nacht** ~ to wish sb good night; **ich will dir ja nichts Böses** ~ I don't mean to wish you any harm; ■ ~**, dass** to hope for ❸ (*haben wollen*) ■ **sich** *dat* **etw** ~ to want sth; **man hätte sich kein besseres Wetter** ~ **können** one couldn't have wished for better weather ▸ WENDUNGEN: **nichts/viel zu** ~ **<u>übrig</u> lassen** to leave nothing/much to be desired
wünschenswert *adj* desirable
Wunschkind *nt* planned child **Wunschkonzert** *nt* RADIO musical request programme
wunschlos *adj* ~ **glücklich sein** to be perfectly happy
Wunschtraum *m* dream **Wunschzettel** *m* wish list
wurde ['vʊrdə] *imp von* **werden**
Würde <-> ['vʏrdə] *f kein pl* dignity
würdelos I. *adj* undignified **II.** *adv* without dignity
Würdenträger(in) *m(f)* dignitary
würdevoll *adj* dignified
würdig ['vʏrdɪç] **I.** *adj* ❶ (*ehrbar*) dignified ❷ (*wert, angemessen*) worthy; **ein** ~**er Vertreter** a worthy replacement; **einer S.** *gen* **[nicht]** ~ **sein** to be [not] worthy of sth **II.** *adv* (*mit Würde*) with dignity; (*gebührend*) worthy
würdigen ['vʏrdɪgn̩] *vt* ❶ (*anerkennend erwähnen*) to acknowledge ❷ (*schätzen*) **etw zu** ~ **wissen** to appreciate sth
Würdigung <-, -en> *f* appreciation, acknowledgement
Wurf <-[e]s, Würfe> [vʊrf, *pl* 'vʏrfə] *m* ❶ (*das Werfen*) throw; (*gezielter Wurf*) shot; (*Baseball*) pitch; (*Kegeln*) bowl; (*Würfel*) throw; **zum** ~ **ausholen** to get ready to throw ❷ (*Tierjunge*) litter
Würfel <-s, -> ['vʏrfl̩] *m* ❶ (*Spielwürfel*) dice, die ❷ (*Kubus*) cube; **etw in** ~ **schneiden** to dice sth ▸ WENDUNGEN: **die** ~ **sind <u>gefallen</u>** the dice is cast

Würfelbecher *m* shaker
würfelförmig *adj* cube-shaped, cubic, cuboid
würfeln ['vʏrfl̩n] **I.** *vi* to play dice; ■ **um etw** *akk* ~ to throw dice for sth **II.** *vt* ① (*Würfel werfen*) **eine Sechs** ~ to throw a six ② (*in Würfel schneiden*) to dice
Würfelspiel *nt* game of dice **Würfelzucker** *m kein pl* sugar cube[s]
Wurfgeschoss *nt* missile **Wurfsendung** *f* direct mail item **Wurfspieß** *m* spear
würgen ['vʏrgn̩] **I.** *vt* ■ **jdn** ~ to throttle sb **II.** *vi* ■ **an etw** *dat* ~ to choke on sth
Wurm <-[e]s, Würmer> [vʊrm, *pl* 'vʏrmɐ] *m* worm ▶ WENDUNGEN: **da ist der** ~ **drin** (*fam*) there's something fishy about it
wurmen ['vʊrmən] *vt* (*fam*) to bug; **das wurmt mich sehr** that really bugs me
Wurmfortsatz *m* appendix
wurmstichig ['vʊrmʃtɪçɪç] *adj Apfel* maggoty; *Holz* full of woodworm
wurscht, **wurst** *adj* ■ **jdm** ~ **sein** (*fam*) to be all the same to sb
Wurst <-, Würste> [vʊrst, *pl* 'vʏrstə] *f* sausage; (*Brotauflage*) sliced, cold sausage BRIT, cold cuts *pl* AM ▶ WENDUNGEN: **jetzt geht es um die** ~ (*fam*) the moment of truth has come
Wurstbrot *nt open sandwich with slices of sausage*
Würstchen <-s, -> ['vʏrstçən] *nt dim von* **Wurst** little sausage; **Frankfurter/Wiener** ~ frankfurter/wiener sausages BRIT, hot dog AM
Würstchenbude *f*, **Würstchenstand** *m* hot dog stand
wursteln ['vʊrstl̩n] *vi* (*fam*) ■ [**vor sich** *akk* **hin**] ~ to muddle [along]
Wurstsalat *m* sausage salad **Wurstwaren** *pl* sausages and cold meats *pl*, cold cuts AM *pl*
Würzburg <-s> ['vʏrtsbʊrk] *nt* Würzburg
Würze <-, -n> ['vʏrtsə] *f* seasoning
Wurzel <-, -n> ['vʊrtsl̩] *f* (*a. fig*) root; **die** ~ **allen Übels** the root of all evil; ~**n schlagen** (*a. fig*) to put down roots
Wurzelbehandlung *f* root treatment **Wurzelgemüse** *nt* root vegetables *pl*
wurzeln ['vʊrtsl̩n] *vi* ■ **in etw** *dat* ~ to be rooted in sth
Wurzelzeichen *nt* MATH radical sign
würzen ['vʏrtsn̩] *vt* to season
würzig ['vʏrtsɪç] **I.** *adj* tasty **II.** *adv* tastily
Würzstoff *m* flavouring BRIT, flavoring AM
wusch [vu:ʃ] *imp von* **waschen**
wuschelig ['vʊʃəlɪç] *adj* (*fam*) woolly, fuzzy *fam*; *Tier* shaggy
Wuschelkopf *m* (*fam*) mop of curls, fuzz
wuschlig ['vʊʃlɪç] *adj s.* **wuschelig**
wuseln ['vu:zl̩n] *vi* to bustle about
wusste *imp von* **wissen**
Wust <-[e]s> [vʊst] *m kein pl* (*fam*) pile; **ein** ~ **von Papieren** a pile of papers; **ein** ~ **von Problemen** a load of problems
wüst [vy:st] **I.** *adj* ① (*öde*) waste, desolate ② (*fig: wild, derb*) vile, rude ③ (*unordentlich*) hopeless, terrible **II.** *adv* vilely, terribly; **jdn** ~ **beschimpfen** to use vile language to sb
Wüste <-, -n> ['vy:stə] *f* desert, wasteland *fig*; **die** ~ **Gobi** the Gobi Desert
Wüstenklima *nt kein pl* desert climate
Wüstling <-s, -e> ['vy:stlɪŋ] *m* (*pej*) lecher
Wut <-> [vu:t] *f kein pl* fury, rage; **seine** ~ **an jdm/etw auslassen** to take one's anger out on sb/sth; **eine** ~ **bekommen** to get into a rage; **eine** ~ [**auf jdn**] **haben** to be furious [with sb]; **vor** ~ **kochen** to seethe with rage
Wutanfall *m* fit of rage; (*Kind*) tantrum; **einen** ~ **bekommen** to throw a tantrum **Wutausbruch** *m* tantrum
wüten ['vy:tn̩] *vi* to rage; *Sturm* to cause havoc
wütend **I.** *adj* furious, enraged; **auf jdn** ~ **sein** to be furious with sb **II.** *adv* furiously, in a rage
wutentbrannt *adv* in a fury **wutschnaubend** **I.** *adj* snorting with rage **II.** *adv* in a mad fury
WWF <-> [ve:ve:'ɛf] *m Abk von* **World Wide Fund for Nature** WWF
WWU <-> [ve:ve:ʔu:] *f kein pl Abk von* **Wirtschafts- und Währungsunion** EMU
WWW <-[s]> [ve:ve:'ve:] *nt* INET *Abk von* **World Wide Web** WWW
WWW-Client <-, -s> [ve:ve:'ve:klaiənt] *m* WWW client **WWW-Server** <-s, -> [ve:ve:'ve:sə:və] *m* WWW server
Wz *nt Abk von* **Warenzeichen** TM

X x

X, x <-, -> [ɪks] *nt* ① (*Buchstabe*) X, x; ~ **wie Xanthippe** X for Xmas BRIT, X as in X AM ② (*eine unbestimmte Zahl*) x amount of; ~ **Bücher** x number of books
x-Achse *f* x-axis
Xanthippe <-, -n> [ksan'tɪpə] *f* (*pej fam*) shrew *dated*
X-Beine ['ɪksbainə] *pl* knock-knees *pl*;

~ **haben** to be knock-kneed
x-beinig *adj* knock-kneed
x-beliebig [ɪksbəˈliːbɪç] **I.** *adj* (*fam*) any old; **jeder ~e Ort** any old place **II.** *adv* (*fam*) as often as one likes
xenophob [ksenoˈfoːp] *adj* (*geh*) xenophobic
Xenophobie [ksenofoˈbiː] *f kein pl* (*geh*) xenophobia
x-fach [ˈɪksfax] **I.** *adj* (*fam*) umpteen; **die ~e Menge** n times the amount **II.** *adv* (*fam*) umpteen times
x-förmig *adj* X-shaped *pred*
x-mal [ˈɪksmaːl] *adv* (*fam*) umpteen times
x-te(r, s) [ˈɪkstə, ˈɪkstɐ, ˈɪkstəs] *adj* (*fam*) ▪**der/die/das ~** the umpteenth; **beim ~n Mal** after the umpteenth time; **zum ~n Mal** for the umpteenth time
Xylofon, Xylophon <-s, -e> [ksyloˈfoːn] *nt* xylophone

Y y

Y, y <-, - *o fam* -s, -s> [ˈʏpsilɔn] *nt* Y, y; ~ **wie Ypsilon** Y for Yellow BRIT, Y as in Yoke AM
y-Achse [ˈʏpsilɔnʔaksə] *f* y-axis
Yacht <-, -en> [jaxt] *f* yacht
Yak <-s, -s> [jak] *nt* yak
Yankee <-s, -s> [ˈjɛŋki] *m* (*pej*) Yankee
Yen <-[s], -[s]> [jɛn] *m* yen
Yeti <-s, -s> [ˈjeːti] *m* yeti
Yoga <-[s]> [ˈjoːga] *m o nt* yoga
Yogasitz *m* lotus position
Yoghurt <-s, -s> [ˈjoːgʊrt] *m o nt s.* **Joghurt**
Yorkshire Terrier <-s, -> [ˈjɔːkʃə-] *m* Yorkshire terrier
Yo-Yo <-s, -s> [joˈjoː] *nt* yo-yo
Ypsilon <-[s], -s> [ˈʏpsilɔn] *nt* ① (*Buchstabe*) upsilon ② *s.* **Y**
Yucca <-, -s> [ˈjʊka] *f* yucca
Yuppie <-s, -s> [ˈjʊpi] *m* yuppie

Z z

Z, z <-, -> [tsɛt] *nt* Z, z; ~ **wie Zacharias** Z for Zebra
zack [tsak] *interj* (*fam*) zap; **~, ~!** chop-chop!
Zacke <-, -n> [ˈtsakə] *f* point; *eines Kamms* tooth; *eines Berges* peak; *einer Gabel* prong
Zacken <-s, -> [ˈtsakn̩] *m* DIAL *s.* **Zacke** ▸WENDUNGEN: **sich** *dat* **keinen ~ aus der Krone brechen** (*fam*) to not lose face by doing sth
zackig [ˈtsakɪç] *adj* ① (*gezackt*) jagged; *Stern* pointed ② (*schnell*) *Bewegungen* brisk; *Musik* upbeat
zaghaft [ˈtsaːkhaft] *adj* timid
Zaghaftigkeit *f* timidity
zäh [tsɛː] **I.** *adj* ① (*eine feste Konsistenz aufweisend*) tough ② (*zähflüssig*) glutinous ③ (*hartnäckig*) tenacious; *Gespräch* dragging; *Verhandlungen* tough **II.** *adv* tenaciously
zähflüssig *adj* thick; (*fig*) *Verkehr* slow-moving
Zähigkeit <-> [ˈtsɛːɪçkait] *f kein pl* tenacity *no pl*
Zahl <-, -en> [tsaːl] *f* ① MATH number, figure; **ganze/gerade/ungerade ~** whole/even/odd number; **eine vierstellige ~** a four figure number ② *pl* (*Zahlenangaben*) numbers; (*Verkaufszahlen*) figures; **arabische/römische ~en** Arabic/Roman numerals ③ *kein pl* (*Anzahl*) number
zählbar *adj* countable
zahlbar *adj* (*geh*) payable
zahlen [ˈtsaːlən] *vt, vi* to pay; **[bitte] ~!** the bill please!
zählen [ˈtsɛːlən] **I.** *vt* ① (*addieren*) to count ② (*geh: dazurechnen*) ▪**jdn/sich zu etw** *dat* ~ to regard sb/oneself as belonging to sth **II.** *vi* ① (*Zahlen aufsagen*) **bis zehn ~** to count to ten ② (*addieren*) to count; **falsch ~** to miscount ③ (*gehören*) to belong (**zu** +*dat* to) ④ (*sich verlassen*) to count (**auf** +*akk* on) ⑤ (*gültig sein*) to count; **der Sprung zählte nicht** that jump didn't count
Zahlenfolge *f* numerical sequence **Zahlenkombination** *f* combination of numbers
zahlenmäßig **I.** *adj* numerical **II.** *adv* (*an Anzahl*) in number
Zahlenschloss *nt* combination lock **Zahlenverhältnis** *nt* [numerical] ratio
Zähler <-s, -> *m* ① TECH meter ② MATH numerator
Zahler(in) <-s, -> *m(f)* payer
Zählerstand *m* meter reading
Zahlkarte *f* giro transfer form
zahllos *adj* countless
zahlreich **I.** *adj* ① (*sehr viele*) numerous ② (*eine große Anzahl*) large **II.** *adv* (*in großer Anzahl*) ~ **erscheinen** to appear in

large numbers
Zahltag *m* payday
Zahlung <-, -en> *f* payment
Zählung <-, -en> *f* count
Zahlungsanweisung *f* giro transfer order **Zahlungsaufforderung** *f* request for payment **Zahlungsauftrag** *m* payment order **Zahlungsbefehl** *m* JUR (*veraltet*) order to pay **zahlungsfähig** *adj* solvent **Zahlungsfrist** *f* deadline (*period allowed for payment*) **zahlungskräftig** *adj* wealthy **Zahlungsmittel** *nt* means of payment + *sing vb* **Zahlungsmoral** *f kein pl* paying habits *pl* **zahlungspflichtig** *adj* JUR obliged [*or* liable] to pay *pred* **zahlungsunfähig** *adj* insolvent **Zahlungsverkehr** *m* payment transactions *pl*
Zählwerk *nt* counter
Zahlwort <-wörter> *nt* numeral
zahm [tsa:m] *adj* tame
zähmen ['tsɛ:mən] *vt* to tame
Zähmung <-, -en> *f* taming
Zahn <-[e]s, Zähne> [tsa:n, *pl* tsɛ:nə] *m* ❶ (*Teil des Gebisses*) tooth; **fauler ~** rotten tooth; **die zweiten Zähne** one's second set of teeth; **Zähne bekommen** to be teething; **sich** *dat* **die Zähne putzen** to brush one's teeth; **sich** *dat* **einen ~ ziehen lassen** to have a tooth pulled; **jdm einen ~ ziehen** to pull sb's tooth ❷ (*fam: Tempo*) **einen ~ draufhaben** to drive at a breakneck speed; **einen ~ zulegen** to step on it ▶ WENDUNGEN: **sich** *dat* **an jdm/etw die Zähne ausbeißen** (*fam*) to have a tough time of it with sb/sth; **jdm auf den ~ fühlen** (*fam*) to grill sb
Zahnarzt, -ärztin *m, f* dentist **Zahnarztbesuch** *m* dentist appointment
zahnärztlich **I.** *adj* dental *attr* **II.** *adv* **~ behandelt werden** to have dental treatment **Zahnbehandlung** *f* dental treatment **Zahnbelag** *m kein pl* plaque *no pl* **Zahnbürste** *f* toothbrush **Zahncreme** *f* toothpaste
Zähneknirschen *nt kein pl* grinding of one's teeth **zähneknirschend** *adv* gnashing one's teeth
zahnen ['tsa:nən] *vi Baby* to teethe
Zahnersatz *m* dentures *pl* **Zahnfäule** *f kein pl* tooth decay *no pl*
Zahnfleisch *nt* gum[s *pl*] **Zahnfleischbluten** *nt kein pl* bleeding of the gums
Zahnfüllung *f* filling **Zahngold** *nt* dental gold **Zahnklinik** *f* dental clinic **Zahnlücke** *f* gap between the teeth **Zahnpasta** *f* toothpaste **Zahnpflege** *f kein pl* dental hygiene **Zahnprothese** *f* dentures *pl* **Zahnputzglas** *nt* toothbrush glass
Zahnrad *nt* AUTO gearwheel; TECH cogwheel **Zahnradbahn** *f* rack railway
Zahnschmelz *m* [tooth] enamel **Zahnschmerzen** *pl* toothache *no pl* **Zahnseide** *f* dental floss **Zahnspange** *f* braces *pl* **Zahnstein** *m kein pl* tartar *no pl* **Zahnstocher** <-s, -> *m* toothpick **Zahntechniker(in)** *m(f)* dental technician **Zahnweh** *nt kein pl* (*fam*) toothache *no pl*
Zaire <-s> [za'i:ɐ] *nt* Zaire; *s. a.* **Deutschland**
Zander <-s, -> ['tsandɐ] *m* pikeperch
Zange <-, -n> ['tsaŋə] *f* pliers *npl*, a pair of pliers; *Hummer, Krebs* pincer; MED forceps *npl*; (*für Zucker*) tongs *npl* ▶ WENDUNGEN: **jdn in die ~ nehmen** (*fam*) to give sb the third degree
Zangengeburt *f* MED forceps delivery *spec*
Zank <-[e]s> [tsaŋk] *m kein pl* quarrel
zanken ['tsaŋkn̩] **I.** *vi* to quarrel **II.** *vr* ■ **sich ~** to quarrel (**um** +*akk* over)
zänkisch ['tsɛŋkɪʃ] *adj* quarrelsome
Zäpfchen <-s, -> ['tsɛpfçən] *nt* MED suppository
zapfen ['tsapfn̩] *vt Bier* to draw
Zapfen <-s, -> ['tsapfn̩] *m* ❶ BOT, ANAT cone ❷ (*Eiszapfen*) icicle
Zapfenstreich *m* (*Signal*) last post BRIT, taps AM
Zapfhahn *m* tap **Zapfsäule** *f* petrol [*or* AM gas] pump
zappelig ['tsapəlɪç] *adj* ❶ (*sich unruhig bewegend*) fidgety ❷ (*voller Unruhe*) ■ **[ganz] ~ sein** to be [all] restless
zappeln ['tsapl̩n] *vi* to fidget; **an der Angel ~** to wriggle on the fishing rod ▶ WENDUNGEN: **jdn ~ lassen** (*fam*) to keep sb in suspense
Zappelphilipp <-s, -e *o* -s> ['tsapl̩filɪp] *m* (*fig fam*) fidget
zappen ['tsapn̩] *vi* TV (*sl*) to channel-hop, AM *a.* to zap
Zapping <-s> ['tsapɪŋ, 'zɛpɪŋ] *nt kein pl* TV (*sl*) channel-hopping *no pl*, AM *a.* zapping *no pl*
zapplig ['tsaplɪç] *adj s.* **zappelig**
Zar(in) <-en, -en> [tsa:ɐ̯] *m(f)* tsar *masc*, tsarina *fem*
zart [tsa:ɐ̯t] *adj* ❶ (*mürbe*) tender; *Gebäck* delicate ❷ (*weich*) delicate; *Haut* soft ❸ (*leicht*) mild; *Berührung, Andeutung* gentle; *Farbe, Duft* delicate
zartbitter *adj* (*Schokolade*) dark **zartfühlend** *adj* ❶ (*taktvoll*) tactful ❷ (*empfindlich*) sensitive; **~e Gemüter** sensitive souls **Zartgefühl** <-[e]> *nt kein pl* (*geh*) ❶ (*Taktgefühl*) delicacy ❷ (*selten: Empfindlichkeit*) sensitivity

Z

zartgliederig ['tsa:ɐtgli:dərɪç], **zartgliedrig** ['tsa:ɐtgli:drɪç] *adj* (*fein*) dainty; (*zerbrechlich*) delicate

zärtlich ['tsɛ:ɐ̯tlɪç] **I.** *adj* tender, affectionate **II.** *adv* tenderly, affectionately

Zärtlichkeit <-, -en> *f* ① *kein pl* (*zärtliches Wesen*) tenderness *no pl* ② *pl* (*Liebkosung*) caresses *pl;* (*zärtliche Worte*) tender words *pl*

Zaster <-s> ['tsastɐ] *m kein pl* (*sl*) dough

Zäsur <-, -en> [tsɛ'zu:ɐ̯] *f* ① (*geh: Einschnitt*) break [with tradition] ② LIT, MUS caesura

Zauber <-s, -> ['tsaubɐ] *m* ① (*magische Handlung*) magic; **einen ~ anwenden/aufheben** to cast/break a spell; (*magische Wirkung*) spell ② *kein pl* (*Faszination, Reiz*) charm; **einen großen ~ auf jdn ausüben** to have a great fascination for sb

Zauberei <-, -en> [tsaubə'rai] *f kein pl* magic

Zauberer, Zauberin <-s, -> ['tsaubərɐ, 'tsaubərɪn] *m, f* ① (*Magier*) sorcerer *masc,* sorceress *fem,* wizard ② (*Zauberkünstler*) magician

Zauberformel *f* magic formula

zauberhaft *adj* enchanting; *Kleid* gorgeous; *Abend, Urlaub* splendid

Zauberin <-, -nen> *f fem form von* **Zauberer**

Zauberkünstler(in) *m(f)* magician **Zauberkunststück** *nt* magic trick

zaubern ['tsaubɐn] **I.** *vt* ① (*erscheinen lassen*) to conjure (**aus** *+dat* from); **einen Hasen aus einem Hut ~** to pull a rabbit out of a hat ② (*a. fam: schaffen*) ■**etw ~** to conjure up sth **II.** *vi* (*Magie anwenden*) to perform magic; (*Zauberkunststücke vorführen*) to do magic tricks

Zauberspruch *m* magic spell **Zauberstab** *m* magic wand **Zaubertrank** *m* magic potion **Zaubertrick** *m* magic trick **Zauberwort** *nt* magic word

zaudern ['tsaudɐn] *vi* to hesitate

Zaum <-[e]s, Zäume> [tsaum, *pl* 'tsɔymə] *m* bridle; **etw/jdn/sich in ~ halten** (*fig*) to keep sth/sb/oneself in check

zäumen ['tsɔymən] *vt* ■**ein Tier ~** to bridle an animal

Zaun <-[e]s, Zäune> [tsaun, *pl* 'tsɔynə] *m* fence ▶ WENDUNGEN: **einen Streit vom ~ brechen** to provoke a quarrel

Zaungast <-gäste> *m* onlooker **Zaunkönig** *m* wren **Zaunpfahl** *m* fence post

zausen ['tsauzn̩] *vt Haar* to tousle

z.B. *Abk von* **zum Beispiel** e.g.

Land und Leute

The **ZDF** (*Zweites Deutsches Fernsehen*) was founded in 1961. With its headquarters in Mainz, it broadcasts a standard programme in all of Germany's federal states. The television company is financed by a combination of license fees and a limited amount of advertising.

Zebra <-s, -s> ['tse:bra] *nt* zebra

Zebrastreifen *m* zebra [*or* AM *a.* pedestrian] crossing

Zeche[1] <-, -n> ['tsɛçə] *f* BERGB coal mine

Zeche[2] <-, -n> ['tsɛçə] *f* (*Rechnung für Verzehr*) bill

zechen ['tsɛçn̩] *vi* to booze

Zechkumpan(in) *m(f)* (*fam*) drinking-mate BRIT, drinking-buddy AM **Zechpreller(in)** <-s, -> *m(f)* walk-out (*person who leaves without paying the bill*) **Zechtour** *f* pub crawl BRIT *fam,* bar hopping AM

Zecke <-, -n> ['tsɛkə] *f,* **Zeck** <-[e]s, -en> [tsɛk] *m* ÖSTERR (*fam*) tick

Zeckenbiss *m* tick bite **Zeckenimpfung** *f* vaccination for tick bites

Zedernholz *nt* cedar wood

Zeh <-s, -en> [tse:] *m,* **Zehe** <-, -n> ['tse:ə] *f* ① ANAT toe; **großer/kleiner ~** big/little toe; **sich auf die ~en stellen** to stand on tiptoes ② (*Knoblauchzehe*) clove

Zehennagel *m* toenail **Zehenspitze** *f* tip of the toe; ■**auf den ~n** on tiptoe

zehn [tse:n] *adj* ten; *s. a.* **acht**[1]

Zehn <-, -en> [tse:n] *f* ① (*Zahl*) ten ② KARTEN ten; *s. a.* **Acht**[1] ③ (*Verkehrslinie*) ■**die ~** the [number] ten

Zehner <-s, -> ['tse:nɐ] *m* (*Zahl zwischen 10 und 90*) ten

Zehnerkarte *f* TRANSP ten-journey ticket; TOURIST ten-visit ticket

zehnerlei ['tse:nɐ'lai] *adj attr* ten [different]; *s. a.* **achterlei**

Zehnerpackung *f* packet of ten

zehnfach, 10fach ['tse:nfax] **I.** *adj* tenfold; **die ~e Menge** ten times the amount **II.** *adv* tenfold, ten times over

zehnjährig, 10-jährig *adj* ten-year-old *attr,* ten years old *pred*

Zehnkampf ['tse:nkampf] *m* decathlon **Zehnkämpfer(in)** *m(f)* decathlete

zehnmal, 10-mal ['tse:nma:l] *adv* ten times; *s. a.* **achtmal**

zehnt [tse:nt] *adv* ■**zu ~ sein** to be a party of ten

zehntausend ['tse:n'tauznt] *adj* ① (*Zahl*) ten thousand ② (*sehr viele*) ■**Z~e von ...** tens of thousands of ...

zehnte(r, s) ['tse:ntə, 'tse:ntɐ, 'tse:ntəs] *adj*

① (*nach dem neunten kommend*) tenth; *s. a.* **achte(r, s) 1** ② (*Datum*) tenth, 10th; *s. a.* **achte(r, s) 2**

zehntel ['tseːntl̩] *adj* tenth

Zehntel <-s, -> ['tseːntl̩] *nt* ■**ein ~** a tenth

zehntens ['tseːntn̩s] *adv* in [the] tenth place

zehren ['tseːrən] *vi* ① (*erschöpfen, schwächen*) ■**an jdm/etw ~** to wear sb/sth out; **an jds Gesundheit ~** to ruin sb's health ② (*sich ernähren*) ■**von etw** *dat* **~** to live on sth

Zeichen <-s, -> ['tsai̯çn̩] *nt* ① (*Symbol*) symbol; (*Schriftzeichen*) character; (*Satzzeichen*) punctuation mark ② (*Markierung*) sign; **ein ~ auf etw** *akk* **machen** to make a mark on sth ③ (*Hinweis*) sign; (*Symptom*) symptom ④ (*Signal*) signal; **jdm ein ~ geben** to give sb a signal; **sich durch ~ verständigen** to communicate using signs; **das ~ zu etw** *dat* **geben** to give the signal to do sth; **ein ~ setzen** to set an example; **zum ~, dass ...** to show that ... ⑤ ASTROL sign; **im ~ einer S.** *gen* **geboren sein** to be born under the sign of sth

Zeichenblock <-blöcke *o* -blocks> *m* sketch pad **Zeichenbrett** *nt* drawing board **Zeichendreieck** *nt* setsquare BRIT, triangle AM **Zeichenerklärung** *f* key; (*Landkarte*) legend **Zeichenkunst** *f* [art of] drawing **Zeichenlehrer(in)** *m(f)* art teacher **Zeichenpapier** *nt* drawing paper **Zeichensetzung** <-> *f kein pl* punctuation **Zeichensprache** *f* sign language **Zeichenstunde** *f* drawing lesson **Zeichentisch** *m* drawing table **Zeichentrickfilm** *m* cartoon **Zeichenunterricht** *m* art [lesson]

zeichnen ['tsai̯çnən] **I.** *vt* ① KUNST, ARCHIT to draw ② (*schriftlich anerkennen*) **einen Scheck ~** to validate a cheque ③ (*mit Zeichen versehen*) to mark **II.** *vi* ① KUNST ■**an etw** *dat* **~** to draw sth ② (*geh: verantwortlich sein*) **für etw** *akk* **[verantwortlich] ~** to be responsible for sth

Zeichner(in) <-s, -> *m(f)* ① KUNST draughtsman *masc*, draughtswoman *fem* ② FIN subscriber

zeichnerisch **I.** *adj* graphic; **~e Begabung** talent for drawing **II.** *adv* graphically

Zeichnung <-, -en> *f* ① KUNST drawing ② BOT, ZOOL markings *pl* ③ FIN subscription

Zeigefinger *m* index finger

zeigen ['tsai̯gn̩] **I.** *vt* ① (*deutlich machen*) to show ② (*vorführen*) to show; **sich** *dat* **von jdm ~ lassen, wie etw gemacht wird** to get sb to show one how to do sth; **zeig mal, was du kannst!** (*fam*) let's see what you can do!; **es jdm ~** (*fam*) to show sb **II.** *vi* ① (*deuten*) to point (**auf** +*akk* at); **nach rechts/hinten ~** to point right/to the back ② (*erkennen lassen*) ■**~, dass ...** to show that ... **III.** *vr* ① (*sich sehen lassen*) ■**sich [jdm] ~** to show oneself [to sb]; **komm, zeig dich mal!** let me see what you look like; **sich von seiner besten Seite ~** to show oneself at one's best ② (*erkennbar werden*) ■**sich ~** to appear

Zeiger <-s, -> ['tsai̯gɐ] *m* (*Uhrzeiger*) hand

Zeigestock *m* pointer

Zeile <-, -n> ['tsai̯lə] *f* ① (*geschriebene Reihe*) line; **jdm ein paar ~n schrieben** (*fam*) to drop sb a line; **zwischen den ~n lesen** to read between the lines ② (*Reihe*) row

Zeilenabstand *m* line spacing **Zeilenlänge** *f* TYPO line length, length of a line

Zeisig <-s, -e> ['tsai̯zɪç] *m* siskin

zeit [tsai̯t] *präp* +*gen* **~ meines Lebens** all my life

Zeit <-, -en> [tsai̯t] *f* ① *kein pl* (*verstrichener zeitlicher Ablauf*) time; **mit der ~** in time; **~ raubend** time-consuming; **~ sparend** time-saving ② (*Zeitraum*) time; ■**eine ~ lang** for a while; **die ganze ~ [über]** the whole time; **in letzter ~** lately; **in nächster ~** in the near future; **auf unbestimmte ~** for an indefinite period; **eine ganze ~ dauern** to take quite some; **~ gewinnen** to gain time; **zwei Tage ~ haben [, etw zu tun]** to have two days [to do sth]; **haben Sie einen Augenblick ~?** have you got a moment to spare?; **das hat noch ~** that can wait; **sich [mit etw** *dat***] ~ lassen** to take one's time [with sth]; **sich** *dat* **~ für jdn/etw nehmen** to devote time to sb/sth; **jdm die ~ stehlen** to waste sb's time; **jdn auf ~ beschäftigen** to employ sb on a temporary basis ③ (*Zeitpunkt*) time; **es ist höchste Zeit, dass wir die Tickets kaufen** it's high time we bought the tickets; **seit dieser ~** since then; **von ~ zu ~** from time to time; **zur ~** at the moment; **zu jeder ~** at any time ④ (*Epoche, Lebensabschnitt*) time, age; **die ~ der Aufklärung** the age of enlightenment; **für alle ~en** for ever; **zu jener ~** at that time ⑤ LING tense ⑥ SPORT time; **eine gute ~ laufen** to run a good time ▸ WENDUNGEN: **die ~ heilt alle Wunden** (*prov*) time heals all wounds

Zeitabschnitt *m* period [of time] **Zeitalter** *nt* age; **in unserem ~** nowadays **Zeitangabe** *f* ① (*Angabe der Uhrzeit*) time; (*Angabe des Zeitpunktes*) date ② LING temporal adverb **Zeitansage** *f* TELEK speaking clock; RADIO time check

Zeitarbeit *f kein pl* temporary work *no pl* **Zeitarbeitsfirma** *f* temporary employment agency

Zeitaufwand *m* expenditure of time; **mit großem ~ verbunden sein** to be extremely time-consuming **zeitaufwändig** *adj* time-consuming **Zeitbombe** *f* time bomb **Zeitdruck** *m kein pl* time pressure **Zeiteinteilung** *f* time management **Zeitfrage** *f* ❶ *kein pl* (*Frage der Zeit*) question of time ❷ (*Problem der Zeit*) contemporary concern **Zeitgefühl** *nt kein pl* sense of time **Zeitgeist** *m kein pl* Zeitgeist **zeitgemäß** *adj, adv* up-to-date, modern **Zeitgenosse, -genossin** ['tsajtgənɔsə, -gənɔsɪn] *m, f* contemporary **zeitgenössisch** ['tsajtgənœsɪʃ] *adj* contemporary **Zeitgeschehen** *nt kein pl* events of the day **Zeitgeschichte** *f kein pl* contemporary history *no art, no pl* **Zeitgeschmack** *m kein pl* prevailing taste **Zeitgewinn** *m* time-saving **zeitgleich I.** *adj* contemporaneous **II.** *adv* at the same time

zeitig ['tsajtɪç] *adj, adv* early

Zeitkarte *f* TRANSP monthly/weekly/weekend etc. ticket **Zeitlang** *f s.* **Zeit 2**

zeitlebens [tsajt'le:bn̩s] *adv* all one's life

zeitlich I. *adj* chronological **II.** *adv* ❶ (*terminlich*) timewise *fam;* **~ zusammenfallen** to coincide; **etw ~ abstimmen** to synchronize sth ❷ (*vom Zeitraum her*) **~ begrenzt** for a limited time

zeitlos *adj* timeless; *Kleidung* classic; **~er Stil** style that doesn't date

Zeitlupe *f kein pl* slow motion *no art*

Zeitlupentempo *nt* **im ~** in slow motion **Zeitlupenwiederholung** *f* slow-motion replay

Zeitmangel *m kein pl* lack of time **Zeitnot** *f kein pl* shortage of time; **in ~ sein** to be short of time **Zeitplan** *m* schedule **Zeitpunkt** *m* time; **zum jetzigen ~** at this moment in time **Zeitraffer** <-s> *m kein pl* time-lapse photography **Zeitraum** *m* period of time **Zeitrechnung** *f* calendar; **vor unserer ~** before Christ, BC; **unserer ~** Anno Domini, AD **Zeitreise** *f* travel through time **Zeitschaltuhr** *f* time switch

Zeitschrift ['tsajtʃrɪft] *f* magazine; (*wissenschaftlich*) journal

Zeitschriftenabonnement *nt* magazine subscription **Zeitschriftenbeilage** *f* pull-out section

Zeitspanne *f* period of time **Zeittafel** *f* chronological table **Zeittakt** *m* unit length; **in einem ~ von drei Minuten** every three minutes **Zeitumstellung** *f* changing the clocks

Zeitung <-, -en> ['tsajtʊŋ] *f* newspaper

Zeitungsabonnement *nt* newspaper subscription **Zeitungsannonce** *f* newspaper advertisement; (*Geburt, Tod, Ehe*) announcement **Zeitungsanzeige** *f* newspaper advertisement **Zeitungsartikel** *m* newspaper article **Zeitungsausschnitt** *m* newspaper cutting **Zeitungsausträger(in)** *m(f)* paper boy *masc,* paper girl *fem* **Zeitungsbeilage** *f* newspaper supplement **Zeitungsbericht** *m* newspaper article **Zeitungsjargon** [-ʒar'gõ:] *m* journalese **Zeitungsmeldung** *f* newspaper report **Zeitungspapier** *nt* newspaper **Zeitungsverkäufer(in)** *m(f)* person selling newspapers

Zeitverlust *m* loss of time; **ohne ~** without losing any time **Zeitverschiebung** *f* time difference **Zeitverschwendung** *f kein pl* waste of time **Zeitvertrag** *m* temporary contract **Zeitvertreib** <-[e]s, -e> *m* pastime; **zum ~** to pass the time **Zeitverzögerung** *f* delay

zeitweilig ['tsajtvajlɪç] **I.** *adj* ❶ (*gelegentlich*) occasional ❷ (*vorübergehend*) temporary **II.** *adv s.* **zeitweise**

zeitweise *adv* ❶ (*gelegentlich*) occasionally ❷ (*vorübergehend*) temporarily

Zeitwort *nt* verb **Zeitzeichen** *nt* time signal **Zeitzeuge, -zeugin** *m, f* contemporary witness **Zeitzone** *f* time zone **Zeitzünder** *m* time fuse

zelebrieren* [tsele'bri:rən] *vt* to celebrate

Zelle <-, -n> ['tsɛlə] *f* cell

Zellgewebe *nt* cell tissue **Zellkern** *m* nucleus [of a/the cell] **Zellkultur** *f* cell culture

Zellophan <-s> [tsɛlo'fa:n] *nt kein pl s.* **Cellophan**

Zellstoff ['tsɛlʃtɔf] *m s.* **Zellulose**

Zellteilung *f* cell division

Zellulitis <-, Zellulitiden> [tsɛlu'li:tɪs, *pl* -'ti:dn̩] *f meist sing* MED cellulitis

Zelluloid <-[e]s> [tsɛlu'lɔyt] *nt kein pl* celluloid *no pl*

Zellulose <-, -n> [tsɛlu'lo:zə] *f* cellulose

Zellwucherung *f* rampant cell growth

Zelt <-[e]s, -e> [tsɛlt] *nt* tent; (*Festzelt*) marquee; (*Zirkuszelt*) big top; **ein ~ aufschlagen** to pitch a tent

zelten ['tsɛltn̩] *vi* to camp [somewhere]

Zeltlager *nt* camp **Zeltpflock** *m* tent peg **Zeltplane** *f* tarpaulin **Zeltplatz** *m* campsite **Zeltstange** *f* tent pole

Zement <-[e]s, -e> [tse'mɛnt] *m* cement

zementieren* [tsemɛn'ti:rən] *vt* (*a. fig*) to cement

Zenit <-[e]s> [tse'ni:t] *m kein pl* zenith

zensieren* [tsɛn'ziːrən] *vt* ① SCH to mark [*or* AM *usu* grade] ② (*der Zensur unterwerfen*) to censor

Zensor, Zensorin <-s, Zensoren> ['tsɛnzoːɐ̯, tsɛn'zoːrɪn, *pl* tsɛn'zoːrən] *m, f* censor

Zensur <-, -en> [tsɛn'zuːɐ̯] *f* ① SCH mark ② *kein pl* (*prüfende Kontrolle*) censorship

zensurieren* [tsɛnzu'riːrən] *vt* ÖSTERR, SCHWEIZ *s.* **zensieren**

Zentiliter [tsɛnti'liːtɐ] *m o nt* centilitre

Zentimeter [tsɛnti'meːtɐ] *m o nt* centimetre **Zentimetermaß** *nt* [metric] tape measure

Zentner <-s, -> ['tsɛntnɐ] *m* [metric] hundredweight; ÖSTERR, SCHWEIZ 100kg

zentnerweise *adv* by the hundredweight

zentral [tsɛn'traːl] **I.** *adj* central **II.** *adv* centrally

Zentralafrika *nt* Central Africa **Zentralamerika** <-s> *nt* Central America

Zentralbank *f* FIN central bank **Zentralbankstatut** *nt* central bank statute

Zentrale <-, -n> [tsɛn'traːlə] *f* ① (*Hauptgeschäftsstelle: Bank, Firma*) head office; (*Militär, Polizei, Taxiunternehmen*) headquarters + *sing/pl vb;* (*Busse*) depot ② TELEK exchange; *Firma* switchboard

Zentraleinheit *f* INFORM CPU, central processing unit **Zentralheizung** *f* central heating

zentralisieren* [tsɛntrali'ziːrən] *vt* to centralize

Zentralismus <-> [tsɛntra'lɪsmʊs] *m kein pl* centralism

Zentralkomitee *nt* central committee **Zentralnervensystem** *nt* central nervous system **Zentralrat** *m* central committee **Zentralrechner** *m* mainframe **Zentralregierung** *f* central government **Zentralstelle** *f* central point **Zentralverriegelung** <-, -en> *f* central [door] locking

Zentren *pl von* **Zentrum**

zentrieren* [tsɛn'triːrən] *vt* to centre

Zentrifugalkraft *f* centrifugal force

Zentrifuge <-, -n> [tsɛntri'fuːgə] *f* centrifuge

Zentripetalkraft *f kein pl* centripetal force

zentrisch ['tsɛntrɪʃ] *adj* ① (*einen Mittelpunkt besitzend*) centric ② (*im/durch den Mittelpunkt*) central

Zentrum <-s, Zentren> ['tsɛntrʊm, *pl* 'tsɛntrən] *nt* centre

Zeppelin <-s, -e> ['tsɛpəliːn] *m* zeppelin

Zepter <-s, -> ['tsɛptɐ] *nt* sceptre

zerbeißen* [tsɛɐ̯'bajsn̩] *vt irreg* ① (*kaputtbeißen*) to chew; *Bonbon* to crunch ② (*überall stechen*) to bite

zerbeulen* *vt* to dent

zerbomben* *vt* ■**etw** ~ to bomb sth to smithereens

zerbrechen* *irreg* **I.** *vt haben* (*in Stücke zerbrechen*) ■**etw** ~ to break sth into pieces; *Glas, Teller* to smash; *Kette* to break **II.** *vi sein* ① (*entzweibrechen*) to break into pieces ② (*in die Brüche gehen*) to be destroyed; *Partnerschaft* to break up ③ (*seelisch zugrunde gehen*) ■**an etw** *dat* ~ to be destroyed by sth

zerbrechlich *adj* ① (*leicht zerbrechend*) fragile ② (*geh: zart*) frail

zerbröckeln* **I.** *vt haben* to crumble **II.** *vi sein* to crumble

zerdrücken* *vt* ① (*zu einer Masse pressen*) to crush; *Kartoffeln* to mash ② *Zigarette* to stub out *sep* ③ *Stoff* to crease

Zeremonie <-, -n> [tseremo'niː, *pl* -'niːən] *f* ceremony

zeremoniell [tseremo'ni̯ɛl] **I.** *adj* (*geh*) ceremonial **II.** *adv* (*geh*) ceremonially

Zeremoniell <-s, -e> [tseremo'ni̯ɛl] *nt* (*geh*) ceremonial

Zerfall *m* ① *kein pl* (*das Auflösen*) disintegration *no pl; Fassade, Gebäude* decay; *Leiche, Holz* decomposition ② *Land, Kultur* decline

zerfallen* *vi irreg sein* ① (*sich zersetzen*) *Fassade, Gebäude* to disintegrate; *Körper, Materie* to decompose; *Gesundheit* to decline ② (*auseinanderbrechen*) *Reich, Sitte* to decline ③ (*sich gliedern*) ■**in etw** *akk* ~ to fall into sth

Zerfallsprodukt *nt* SCI daughter product **Zerfallsprozess** *m kein pl* decomposition

zerfetzen* *vt* ① (*klein reißen*) ■**etw** ~ to tear sth up [into tiny pieces] ② (*zerreißen*) ■**jdn/etw** ~ to tear sb/sth to pieces

zerfetzt *adj* ragged, torn [apart]

zerfleddern*, zerfledern* [tsɛɐ̯'fleːdɐn] *vt* (*fam*) ■**etw** ~ to get sth tatty

zerfleischen* [tsɛɐ̯'flajʃn̩] **I.** *vt* ■**jdn/ein Tier** ~ to tear sb/an animal to pieces **II.** *vr* ■**sich** ~ to torture oneself

zerfließen* *vi irreg sein* ① (*sich verflüssigen*) *Butter, Make-up, Salbe* to run; *Eis* to melt ② (*fig*) **vor Mitleid** ~ to be overcome with compassion

zerfranst *adj* frayed

zerfressen* *vt irreg* ① (*korrodieren*) to corrode ② (*durch Fraß zerstören*) to eat ③ MED (*durch Wuchern zerstören*) to eat

zergehen* *vi irreg sein* to melt (**auf** +*dat* on)

zergliedern* *vt* ① (*auseinandernehmen*) to dismember; BIOL to dissect ② LING *Satz* to parse

zerhacken* *vt* ■**etw** [**in etw** *akk*] ~ to

chop sth up [into sth]

zerkauen* *vt* ① (*durch Kauen zerkleinern*) to chew ② (*durch Kauen beschädigen*) to chew up *sep*

zerkleinern* [tsɛɐ̯ˈklainɐn] *vt* to cut up *sep; Holz* to chop; *Pfefferkörner* to crush

zerknirscht [tsɛɐ̯ˈknɪrʃt] *adj* remorseful

zerknittern* *vt* to crease

zerknüllen* *vt* to crumple up *sep*

zerkochen* *vi sein* to overcook

zerkratzen* *vt* to scratch

zerkrümeln* *vt* to crumble; *Erde* to loosen

zerlassen* *vt irreg Butter* to melt

zerlaufen* *vi irreg sein s.* **zerfließen 1**

zerlegbar *adj* able to be dismantled

zerlegen* *vt* ① KOCHK to cut [up *sep*]; *Braten* to carve ② (*auseinandernehmen*) to take apart *sep; Maschine* to dismantle; *Getriebe, Motor* to strip down *sep*

Zerlegung <-, -en> *f* ① KOCHK carving ② (*das Zerlegen*) dismantling

zerlumpt *adj* tattered; ~ **sein** to be in tatters

zermalmen* *vt* to crush

zermartern *vt* to torment ▸WENDUNGEN: **sich** *dat* **den Kopf** [*o* **das Hirn**] ~ to rack one's brain

zermürben* [tsɛɐ̯ˈmʏrbn̩] *vt* to wear down *sep*

zerquetschen* *vt* ① (*zermalmen*) to squash ② (*zerdrücken*) *Kartoffeln* to mash

Zerrbild *nt* distorted picture

zerreden* *vt* ■**etw** ~ to flog sth to death *fig fam*

zerreiben* *vt irreg* to crush

zerreißen* *irreg* **I.** *vt haben* ① (*in Stücke reißen*) ■**etw** ~ to tear sth to pieces ② (*durchreißen*) to tear; *Brief, Scheck* to tear up *sep* ③ (*durchreißen*) to tear apart *sep* **II.** *vi sein* to tear; *Seil, Faden* to break

Zerreißprobe *f* real test

zerren [ˈtsɛrən] **I.** *vt* to drag **II.** *vi* to tug (**an** +*dat* at); **an den Nerven** ~ to be nerve-racking **III.** *vr* MED ■**sich** *dat* **einen Muskel** ~ to pull a muscle

zerrinnen* *vi irreg sein* to melt away

zerrissen *adj Mensch* [inwardly] torn; *Partei, Volk* disunited

Zerrung <-, -en> *f* MED (*Muskelzerrung*) pulled muscle; (*Sehnenzerrung*) pulled tendon

zerrütten* [tsɛɐ̯ˈrʏtn̩] *vt* to destroy; *Ehe* to ruin

zersägen* *vt* to saw up *sep*

zerschellen* *vi sein* to be smashed to pieces

zerschlagen*[1] *irreg* **I.** *vt* ① ■**etw** ~ *Glas, Teller etc.* to smash sth to pieces ② (*zerstören*) to break up *sep; Angriff* to crush; *Plan* to shatter **II.** *vr* ■**sich** ~ *Plan* to fall through

zerschlagen[2] *adj präd* shattered

zerschlissen *adj s.* **verschlissen**

zerschmettern* *vt* to shatter

zerschneiden* *vt irreg* ① (*in Stücke schneiden*) to cut up *sep* ② (*durchschneiden*) ■**etw** ~ to cut sth in two

zersetzen* **I.** *vt Metall* to corrode **II.** *vr* (*sich auflösen*) ■**sich** ~ to decompose

zersetzend *adj* (*pej*) subversive

Zersetzungsprozess *m* decomposition; (*fig*) decline, decay

zerspalten* *vt* to split

zersplittern* **I.** *vt haben* to shatter; *Gruppe, Partei* to fragment **II.** *vi sein* to shatter; *Holz, Knochen* to splinter

zerspringen* *vi irreg sein* ① (*zerbrechen*) to shatter ② (*einen Sprung bekommen*) to crack

zerstampfen* *vt* ① (*zerkleinern*) to crush; *Kartoffeln* to mash ② (*zertreten*) to stamp on *sep*

zerstäuben* *vt* to spray

Zerstäuber <-s, -> *m* atomizer

zerstechen* *vt irreg* ① (*beschädigen*) ■**etw** ~ to lay into sth with a knife ② *Mücken, Moskitos* ■**jdn/etw** ~ to bite sb/sth [all over]; *Bienen* to sting sb/sth [all over]

zerstören* *vt* ① (*kaputtmachen*) to destroy ② (*zugrunde richten*) *Plan, Gesundheit* to ruin

zerstörerisch **I.** *adj* destructive **II.** *adv* destructively

Zerstörung <-, -en> *f* ① *kein pl* destruction *no pl* ② (*Verwüstung*) devastation *no pl*

Zerstörungswut *f kein pl* destructive frenzy

zerstreuen* **I.** *vt* ① (*auseinandertreiben*) to disperse ② (*unterhalten*) ■**jdn** ~ to take sb's mind off sth ③ *Ängste, Sorgen* to dispel **II.** *vr* ■**sich** ~ ① *Menge* to disperse ② (*sich auflösen*) to be dispelled

zerstreut *adj* ① (*gedankenlos*) absent-minded ② (*weit verteilt*) scattered

Zerstreutheit <-> *f kein pl* absent-mindedness *no pl*

Zerstreuung <-, -en> *f* (*Unterhaltung*) diversion

zerstückeln* *vt* to cut up *sep; Leiche* to dismember; *Land* to carve up *sep*

Zerstückelung <-, -en> *f* dismemberment

zerteilen* *vt* to cut up *sep* (**in** +*akk* into)

Zertifikat <-[e]s, -e> [tsɛrtifiˈkaːt] *nt* certificate

zertrampeln* *vt* ■**etw** ~ to trample on sth

zertreten* *vt irreg* to crush

zertrümmern* [tsɛɐ̯ˈtrʏmɐn] *vt* to smash

Z

zerwühlen* *vt Haare* to tousle; *Bett* to rumple
zerzausen* *vt Haare* to ruffle
zerzaust *adj* dishevelled, tousled
zetern ['tseːtɐn] *vi* (*pej*) to nag
Zettel <-s, -> ['tsɛtl̩] *m* piece of paper
Zettelkasten *m* (*Kasten für Zettel*) file-card box; (*Zettelkartei*) card index
Zeug <-[e]s> [tsɔyk] *nt kein pl* (*fam*) ❶ (*Sachen*) stuff *no pl, no indef art;* **altes ~** junk ❷ (*Quatsch*) crap; **dummes ~ reden** to talk a load of nonsense ▶ WENDUNGEN: **was das ~ hält** (*fam*) for all one is worth; **lügen, was das ~ hält** to lie one's head off; **sich ins ~ legen** (*fam*) to work flat out
Zeuge, Zeugin <-n, -n> ['tsɔygə, 'tsɔygɪn] *m, f* witness
zeugen[1] ['tsɔygn̩] *vt* ■**jdn ~** to father sb
zeugen[2] ['tsɔygn̩] *vi* ❶ (*auf etw schließen lassen*) ■**von etw** *dat* **~** to show sth ❷ JUR to testify
Zeugenaussage *f* testimony **Zeugenstand** *m* witness box [*or* AM stand] **Zeugenvernehmung** *f* examination of the witness[es]
Zeugin <-, -nen> *f fem form von* **Zeuge**
Zeugnis <-ses, -se> ['tsɔyknɪs] *nt* ❶ SCH report ❷ (*Empfehlung*) certificate; (*Arbeitszeugnis*) reference
Zeugung <-, -en> *f* fathering
zeugungsfähig *adj* fertile **zeugungsunfähig** *adj* sterile
z.H(d). *Abk von* **zu Händen** attn.
Zicke <-, -n> ['tsɪkə] *f* ❶ (*weibliche Ziege*) nanny goat ❷ (*pej fam: launische Frau*) bitch
zicken ['tsɪkən] *vi* (*sl*) to kick up a fuss
zickig ['tsɪkɪç] *adj* uptight
Zickzack ['tsɪktsak] *m* zigzag; **im ~ gehen/fahren** to zigzag
Ziege <-, -n> ['tsiːgə] *f* goat
Ziegel <-s, -> ['tsiːgl̩] *m* ❶ (*Ziegelstein*) brick ❷ (*Dachziegel*) tile
Ziegeldach *nt* tiled roof
Ziegelei <-, -en> [tsiːgə'laj] *f* brickworks + *sing/pl vb;* (*für Dachziegel*) tile-making works + *sing/pl vb*
Ziegelstein *m* brick
Ziegenbart *m* goat's beard; (*hum fam: Spitzbart*) goatee **Ziegenbock** *m* billy goat **Ziegenkäse** *m* goat's cheese **Ziegenleder** *nt* kidskin **Ziegenmilch** *f* goat's milk
Ziegenpeter <-s, -> ['tsiːgn̩peːtɐ] *m* (*fam: Mumps*) mumps + *sing/pl vb*
ziehen <zog, gezogen> ['tsiːən] **I.** *vt haben* ❶ (*hinter sich her schleppen, zerren*) to pull; **das Kind zog mich an der Hand zum Karussell** the child dragged me by the hand to the carousel; **warum ziehst du mich denn am Ärmel?** why are you tugging at my sleeve? ❷ (*bewegen*) *Choke, Starter* to pull out *sep; Handbremse* to put on *sep;* **die Knie in die Höhe ~** to raise one's knees; **die Stirn in Falten ~** to knit one's brow; **zieh bitte die Vorhänge vor die Fenster** please draw the curtains; **die Rollläden nach oben ~** to pull up the blinds ❸ (*herausziehen*) *Fäden, Zahn* to take out *sep; Revolver, Spielkarte* to draw; **sie zog ein Feuerzeug aus der Tasche** she took a lighter out of her pocket/bag ❹ (*züchten*) *Pflanzen* to grow; *Tiere* to breed ❺ *Kreis, Linie* to draw ❻ (*anziehen*) ■**etw auf sich** *akk* **~** to attract sth; **jdn ins Gespräch ~** to draw sb into the conversation ❼ (*zur Folge haben*) ■**etw nach sich** *dat* **~** to have consequences **II.** *vi* ❶ *haben* (*zerren*) to pull (**an** +*dat* on) ❷ *sein* (*umziehen*) **nach München ~** to move to Munich; **sie zog zu ihrem Freund** she moved in with her boyfriend ❸ *sein* (*einen bestimmten Weg einschlagen*) *Menschenmenge* to march; *Wanderer* to wander; *Rauch, Wolke* to drift; *Gewitter* to move; **durch die Stadt ~** to wander through the town/city; **in den Krieg ~** to go to war ❹ *haben* (*saugen*) **an einer Zigarette ~** to pull on *sep* a cigarette ❺ *haben Tee* to brew **III.** *vi impers haben* **es zieht** there is a draught **IV.** *vt impers haben* **es zog ihn in die weite Welt** the big wide world lured him away; **was zieht dich hierhin?** what brings you here? **V.** *vr haben* ■**sich ~** *Gespräch, Verhandlungen* to drag on
Ziehen <-s> ['tsiːən] *nt kein pl* ache
Ziehharmonika *f* concertina
Ziehung <-, -en> *f* draw
Ziel <-[e]s, -e> [tsiːl] *nt* ❶ (*angestrebtes Ergebnis*) goal, aim; **am ~ sein** to be at one's destination; **sich** *dat* **ein ~ setzen** to set oneself a goal ❷ SPORT, MIL target; **ins ~ treffen** to hit the target ❸ (*Rennen*) finish; **durchs ~ gehen** to cross the finishing line ❹ (*Reiseziel*) destination ▶ WENDUNGEN: **über das ~ hinausschießen** (*fam*) to overshoot the mark
Zielbahnhof *m* destination **zielbewusst** **I.** *adj* purposeful **II.** *adv* purposefully
zielen ['tsiːlən] *vi* ❶ (*anvisieren*) to aim (**auf** +*akk* at) ❷ (*gerichtet sein*) ■**auf jdn/etw ~** to be aimed at sb/sth
Zielfernrohr *nt* scope **Zielgerade** *f* finishing straight **zielgerichtet** *adj* well

mapped-out, purposeful **Zielgruppe** *f* target group **Ziellinie** *f* finishing [*or* AM finish] line

ziellos **I.** *adj* aimless **II.** *adv* aimlessly

Zielort *m* destination **Zielperson** *f* target **Zielscheibe** *f* target

Zielsetzung <-, -en> *f* target

zielsicher *adj* unerring **Zielsprache** *f* target language

zielstrebig ['tsiːlʃtreːbɪç] **I.** *adj* single-minded **II.** *adv* single-mindedly

Zielstrebigkeit <-> *f kein pl* single-mindedness

ziemlich ['tsiːmlɪç] **I.** *adj attr* (*beträchtlich*) considerable **II.** *adv* ① (*weitgehend*) quite ② (*beinahe*) almost; **so ~** more or less; **so ~ alles** just about everything; **so ~ dasselbe** pretty much the same

Zierde <-, -n> ['tsiːɐ̯də] *f* decoration

zieren ['tsiːrən] **I.** *vr* ■**sich ~** to make a fuss; *Mädchen* to act coyly; **ohne sich zu ~** without having to be pressed **II.** *vt* to adorn

Zierfisch *m* ornamental fish **Ziergarten** *m* ornamental garden **Zierleiste** *f* border; AUTO trim; *Möbel* edging; *Wand* moulding

zierlich ['tsiːɐ̯lɪç] *adj* dainty

Ziernaht *f* decorative stitching *no pl, no indef art* **Zierpflanze** *f* ornamental plant **Ziervogel** *m* caged bird

Ziffer <-, -n> ['tsɪfɐ] *f* (*Zahlzeichen*) digit; (*Zahl*) figure; **römische/arabische ~n** roman/arabic numerals

Zifferblatt *nt* face

zig [tsɪç] *adj* (*fam*) umpteen; **~mal** umpteen times

Zigarette <-, -n> [tsiga'rɛtə] *f* cigarette

Zigarettenautomat *m* cigarette machine **Zigarettenetui** *nt* cigarette case **Zigarettenpackung** *f* cigarette packet [*or* AM pack] **Zigarettenpapier** *nt* cigarette paper **Zigarettenpause** *f* fag break **Zigarettenschachtel** *f* cigarette packet [*or* AM pack] **Zigarettenspitze** *f* cigarette holder **Zigarettenstummel** *m* cigarette butt

Zigarillo <-s, -s> [tsiga'rɪlo] *m o nt* cigarillo

Zigarre <-, -n> [tsi'garə] *f* cigar

Zigeuner(in) <-s, -> [tsi'gɔynɐ] *m(f)* Gypsy

Zigeunermusik *f kein pl* gypsy music **Zigeunerschnitzel** *nt pork escalope served in spicy sauce with red and green peppers*

zigmal ['tsɪçmaːl] *adv* (*fam*) umpteen times

zigste(r, s) ['tsɪçstə] *adj* (*fam*) **zum ~n Mal!** for the umpteenth time!

Zikade <-, -n> [tsi'kaːdə] *f* cicada

Zimbabwe <-s> [tsɪm'bapvə] *nt* SCHWEIZ *s.* **Simbabwe**

Zimmer <-s, -> ['tsɪmɐ] *nt* room; **~ frei haben** to have vacancies

Zimmerantenne *f* indoor aerial [*or* AM *a.* antenna] **Zimmerdecke** *f* ceiling **Zimmerkellner(in)** *m(f)* room service waiter [*or fem* waitress] **Zimmerlautstärke** *f* low volume; **etw auf ~ stellen** to turn sth down **Zimmermädchen** *nt* chambermaid

Zimmermann <-leute> *m* carpenter

zimmern ['tsɪmɐn] *vt* ■**etw ~** to make sth from wood

Zimmerpflanze *f* house plant **Zimmerservice** *m* room service **Zimmertemperatur** *f* room temperature **Zimmervermittlung** *f* accommodation [*or* AM accommodations] service

zimperlich ['tsɪmpɐlɪç] *adj* prim, squeamish; (*empfindlich*) [hyper]sensitive; **sei nicht so ~** don't be such a sissy

Zimt <-[e]s, -e> [tsɪmt] *m* cinnamon

Zimtstange *f* stick of cinnamon

Zink <-[e]s> [tsɪŋk] *nt kein pl* zinc

Zinke <-, -n> ['tsɪŋkə] *f eines Kamms, Rechens* tooth; *einer Gabel* prong

zinken ['tsɪŋkn̩] *vt* KARTEN to mark

Zinn <-[e]s> [tsɪn] *nt kein pl* tin *no pl*

Zinnbecher *m* pewter tankard

zinnern ['tsɪnɐn] *adj attr* pewter

Zinnober[1] <-s> [tsɪ'noːbɐ] *nt kein pl* (*gelblichrote Farbe*) vermilion *no pl*

Zinnober[2] <-s> [tsɪ'noːbɐ] *m kein pl* cinnabar

zinnoberrot *adj* vermilion

Zinnsoldat *m* tin soldier

Zins[1] <-es, -en> [tsɪns] *m* FIN interest *no pl;* **~en bringen** to earn interest; **zu hohen/niedrigen ~en** at a high/low rate of interest

Zins[2] <-es, -e> [tsɪns] *m* SÜDD, ÖSTERR, SCHWEIZ (*Miete*) rent

Zinsabschlagsteuer *f tax paid on interest earned* **Zinserhöhung** *f* rise in interest rates **Zinsertrag** *m* interest yield

Zinseszins *m* compound interest

Zinsfuß *m* JUR rate of interest

zinslos *adj* interest free

Zinssatz *m* rate of interest; (*Darlehen*) lending rate

Zipfel <-s, -> ['tsɪpfl̩] *m* corner; *Hemd, Jacke* tail

Zipfelmütze *f* pointed cap

Zipperlein <-s> ['tsɪpɐlai̯n] *nt* (*veraltet fam*) gout

zirka ['tsɪrka] *adv* about

Zirkel <-s, -> ['tsɪrkl̩] *m* ① (*Gerät*) pair of compasses ② (*Gruppe*) group

Zirkulation <-, -en> [tsɪrkula'tsi̯oːn] *f* circulation

zirkulieren* [tsɪrku'liːrən] *vi* to circulate

Zirkus <-, -se> ['tsɪrkʊs] *m* ❶ (*Unterhaltung*) circus ❷ (*fam*) **mach nicht so einen ~!** don't make such a fuss!
Zirkuszelt *nt* big top
zirpen ['tsɪrpn̩] *vi* ZOOL to chirp
zisch [tsɪʃ] *interj* hiss
zischeln ['tsɪʃl̩n] *vi* (*pej*) ■[**über jdn**] ~ to whisper [about sb]
zischen ['tsɪʃn̩] *vi haben* to hiss; *Fett* to sizzle
Zischen <-s> ['tsɪʃn̩] *nt kein pl* hiss
Zischlaut *m* sibilant
Zisterne <-, -n> [tsɪs'tɛrnə] *f* cistern
Zitadelle <-, -n> [tsita'dɛlə] *f* citadel
Zitat <-[e]s, -e> [tsi'ta:t] *nt* quotation
Zither <-, -n> ['tsɪtɐ] *f* zither
zitieren* [tsi'ti:rən] *vt* to quote
Zitronat <-[e]s, -e> [tsitro'na:t] *nt* KOCHK candied lemon peel
Zitrone <-, -n> [tsi'tro:nə] *f* lemon ▶ WENDUNGEN: **jdn ausquetschen wie eine ~** (*fam*) to squeeze sb dry
Zitronenbaum *m* lemon tree **Zitronenfalter** *m* brimstone butterfly **zitronengelb** *adj* lemon yellow **Zitronenlimonade** *f* lemonade **Zitronensaft** *m* citrus fruit **Zitronensäure** *f kein pl* citric acid **Zitronenschale** *f* lemon peel
Zitrusfrucht ['tsi:trʊs-] *f* citrus fruit
Zitteraal ['tsɪtɐ-] *m* electric eel
zitterig ['tsɪtərɪç] *adj* shaky
zittern ['tsɪtɐn] *vi* ❶ (*hin und her bewegen*) to shake (**vor** +*dat* with); **vor Angst ~** to quake with fear; *Blätter, Gräser, Lippen* to tremble ❷ (*fig*) ■[**vor jdm/etw**] ~ to be terrified [of sb/sth]
Zitterpappel *f* aspen
zittrig ['tsɪtrɪç] *adj s.* **zitterig**
Zitze <-, -n> ['tsɪtsə] *f* teat
Zivi <-s, -s> ['tsi:vi] *m* (*fam*) *kurz für* **Zivildienstleistender**
zivil [tsi'vi:l] *adj* civilian
Zivil <-s> [tsi'vi:l] *nt kein pl* civilian clothes *npl*
Zivilbevölkerung *f* civilian population **Zivilcourage** *f* courage [of one's convictions]
Zivildienst *m kein pl community service as an alternative to military service*

Land und Leute

In Germany, young male adults are required to participate in *Wehrdienst* (military service) for a period of nine months. Those who object to military service for moral reasons may choose instead to do **Zivildienst** for the same period of time. Community service is usually undertaken in the field of healthcare; however a *Zivi*, short for *Zivildienstleistender*, might also act as a carer for the aged, an assistant in a nursery school, a driver for the disabled, or a helper in a youth hostel. Conscientious objectors in Austria and Switzerland may also choose to do **Zivildienst**, however in Switzerland, the period of service may last for up to 13 months.

Zivildienstleistender *m young man doing community service as alternative to military service*
Zivilfahnder(in) *m(f)* plain-clothes policeman **Zivilgericht** *nt* civil court **Zivilgesellschaft** *f* civil society **Zivilgesetzbuch** *nt* SCHWEIZ (*Bürgerliches Gesetzbuch*) code of civil law
Zivilisation <-, -en> [tsiviliza'tsi̯o:n] *f* civilization
Zivilisationskrankheit *f illness caused by civilization* **zivilisationsmüde** *adj* tired of modern-day society
zivilisatorisch [tsiviliza'to:rɪʃ] *adj* with regard to civilization
zivilisieren* [tsivili'zi:rən] *vt* to civilize
zivilisiert **I.** *adj* civilized **II.** *adv* civilly
Zivilist(in) <-en, -en> [tsivi'lɪst] *m(f)* civilian
Zivilkleidung *f s.* **Zivil** **Zivilperson** *f* (*geh*) *s.* **Zivilist** **Zivilprozess** *m* civil action **Zivilrecht** *nt* civil law **Zivilschutz** *m* civil defence
Zobel <-s, -> ['tso:bl̩] *m* sable
zocken ['tsɔkn̩] *vi* (*sl*) to gamble
Zofe <-, -n> ['tso:fə] *f* lady-in-waiting
Zoff <-s> [tsɔf] *m kein pl* (*sl*) trouble
zog [tso:k] *imp von* **ziehen**
zögerlich ['tsø:gɐlɪç] **I.** *adj* hesitant **II.** *adv* hesitantly
zögern ['tsø:gɐn] *vi* to hesitate; ■**~, etw zu tun** to hesitate before doing sth; **ohne zu ~** without hesitation
Zögling <-s, -e> ['tsø:klɪŋ] *m* (*veraltend*) pupil
Zölibat <-[e]s, -e> [tsøli'ba:t] *nt o m* celibacy *no pl*
Zoll[1] <-[e]s, -> [tsɔl] *m* (*Maß*) inch
Zoll[2] <-[e]s, Zölle> [tsɔl, *pl* 'tsœlə] *m* ❶ ÖKON customs duty; ■**für etw** *akk* **~ bezahlen** to pay duty on sth; **durch den ~ kommen** to come through customs ❷ *kein pl* (*Zollverwaltung*) customs *npl*
Zollabfertigung *f* customs clearance **Zollamt** *nt* customs office **Zollbeamte(r)**, **-beamtin** *m, f* customs officer **Zollbegleitpapiere** *pl* customs documents *pl* **Zollbehörde** *f* customs [authority]

Z

zollen ['tsɔlən] *vt* (*geh*) to give; **jdm Anerkennung ~** to appreciate sb
Zollerklärung *f* ÖKON customs declaration; **Zoll- und Devisenerklärung** currency and customs declaration **Zollfahnder(in)** <-s, -> *m(f)* customs investigator **Zollfahndung** *f* customs investigation department **zollfrei** *adj, adv* duty-free **Zollgebühren** *pl* customs duty **Zollgrenze** *f* customs [area] border **Zollinhaltserklärung** *f* customs declaration **Zollkontrolle** *f* customs check
Zöllner <-s, -> ['tsœlnɐ] *m* customs officer
zollpflichtig *adj* dutiable **Zollschranke** *f* customs barrier
Zollstock *m* ruler
Zombie <-[s], -s> ['tsɔmbi] *m* zombie
Zone <-, -n> ['tso:nə] *f* zone
Zonengrenze *f* (*hist*) **die ~** the East German border
Zoo <-s, -s> [tso:] *m* zoo
Zoologie <-> [tsoolo'gi:] *f kein pl* zoology
zoologisch [tsoo'lo:gɪʃ] **I.** *adj* zoological **II.** *adv* zoologically
Zoom <-s, -s> [zu:m, tso:m] *nt* zoom lens
zoomen ['zu:mən, 'tso:mən] *vt* ■**jdn/etw ~** to zoom in on sb/sth
Zoomobjektiv *nt* FOTO zoom lens
Zopf <-[e]s, Zöpfe> [tsɔpf, *pl* tsœpfə] *m* plait, AM *usu* braid
Zorn <-[e]s> [tsɔrn] *m kein pl* anger; **im ~** in anger
Zornesausbruch *m* fit of anger [*or* rage]
zornig ['tsɔrnɪç] *adj* angry; ■**~ auf jdn sein** to be angry with sb
Zote <-, -n> ['tso:tə] *f* dirty joke
zottelig ['tsɔtəlɪç] *adj* (*fam*) shaggy
zotteln ['tsɔtl̩n] *vi sein* (*fam*) to amble
zottig ['tsɔtɪç] *adj s.* **zottelig**
z.T. *Abk von* **zum Teil** partly
zu [tsu:] **I.** *präp +dat* ❶ (*wohin*) to; **ich muss ~m Arzt** I must go to the doctor's; **wie weit ist es ~m Bahnhof?** how far is it to the train station?; **~ Fuß/Pferd** on foot/horseback; **~ Fuß gehen Sie etwa 20 Minuten** it will take you about 20 minutes on foot ❷ (*örtlich: Richtung*) **~m Meer/~r Stadtmitte hin** towards the sea/city centre; **~r Tür herein/hinaus** in/out the door; **das Zimmer liegt ~r Straße hin** the room looks out onto the street ❸ (*neben*) ■**~ jdm/etw** next to sb/sth; **setz dich ~ uns** [come and] sit with us ❹ *zeitlich* at; **~ Ostern/Weihnachten** at Easter/Christmas; **[bis] ~m Montag** until Monday; **~m Wochenende fahren wir weg** we are going away at [*or* AM on] the weekend ❺ (*anlässlich*) **etw ~m Geburtstag/~ Weihnachten bekommen** to get sth for one's birthday/for Christmas; ■**jdm ~ etw gratulieren** to congratulate sb on sth; **jdn ~m Essen einladen** to invite sb for a meal; **~ dieser Frage möchte ich Folgendes sagen** to this question I should like to say the following ❻ (*für etw bestimmt*) **Wasser ~m Trinken** drinking water; **das Zeichen ~m Aufbruch** the signal to leave; **mögen Sie Zucker ~m Kaffee?** do you take your coffee with sugar?; **~m Frühstück trinkt sie immer Tee** she always has tea at breakfast ❼ (*um etw herbeizuführen*) **~r Entschuldigung** in apology; **~ was soll das gut sein?** what is that for? ❽ + *substantiviertem infin* **wir haben nichts ~m Essen** we have nothing to eat; **etwas ~m Spielen** something to play with; **das ist ja ~m Lachen** that's ridiculous ❾ (*Veränderung*) **~ etw werden** to turn into sth; ■**jdn/etw ~ etw machen** to make sb/sth into sth; **~m Vorsitzenden gewählt werden** to be elected to the post of chairman ❿ (*Beziehung*) **Liebe ~ jdm** love for sb; **aus Freundschaft ~ jdm** because of one's friendship with sb; **meine Beziehung ~ ihr** my relationship with her ⓫ (*Verhältnis*) **im Verhältnis 1 ~ 4** in the ratio of one to four; **unsere Chancen stehen 50 ~ 50** our chances are fifty-fifty; SPORT **sie gewannen mit 5 ~ 1** they won five-one ⓬ (*Zugehörigkeit*) **wo ist der Korken ~ der Flasche?** where is the cork for this bottle?; **der Schlüssel ~ dieser Tür** the key to this door ⓭ *bei Mengenangaben* **~ drei Prozent** at three percent; **sechs [Stück] ~ fünfzig Cent** six for fifty cents; **~m halben Preis** at half price; **~m ersten Mal** for the first time ⓮ (*örtlich: Lage*) in; **~ Hause** at home; **~ seiner Rechten/Linken** on his right/left [hand side] ⓯ (*in Wendungen*) **~m Beispiel** for example; **~r Belohnung** as a reward; **~m Glück** luckily; **jdm ~ Hilfe kommen** to come to sb's aid; **~r Probe** as a trial; **~r Strafe** as a punishment; SCHWEIZ **~r Hauptsache** mainly **II.** *adv* ❶ (*allzu*) too; **~ sehr** too much; **ich wäre ~ gern mitgefahren** I would have loved to have gone along ❷ (*geschlossen*) shut, closed; **Tür ~!** shut the door!; **mach die Augen ~** close your eyes; **die Geschäfte haben sonntags ~** stores are closed on Sundays ❸ (*fam: betrunken sein*) ■**~ sein** to be pissed ❹ (*in Wendungen*) **nur ~!** go ahead; **mach ~** hurry up **III.** *konj* ❶ + *infin* to; ■**etw ~ essen** sth to eat; **sie hat ~**

Z

gehorchen she has to obey; **die Rechnung ist bis Freitag ~ bezahlen** the bill has to be paid by Friday; **ohne es ~ wissen** without knowing it ② + *part* ~ **bezahlende Rechnungen** outstanding bills; **nicht ~ unterschätzende Probleme** problems [that are] not to be underestimated

zuallererst [tsu'ʔaleʔeːɐ̯st] *adv* first of all

zuallerletzt [tsu'ʔalelɛtst] *adv* last of all

zu|bauen *vt* to fill in *sep*

Zubehör <-[e]s, *selten* -e> ['tsuːbəhøːɐ̯] *nt o m* equipment *no pl;* (*zusätzliche Accessoires*) accessories *pl*

Zubehörteil *nt* accessory

zu|beißen *vi irreg* to bite

zu|bereiten* *vt* ■**etw ~** to prepare sth

Zubereitung <-, -en> *f* preparation

zu|billigen *vt* ■**jdm etw ~** to grant sb sth

zu|binden *vt irreg* to tie; **sich die Schuhe ~** to lace up shoes

zu|bleiben *vi irreg sein* (*fam*) **kann die Tür nicht ~?** can't we keep the door shut?; **wegen Inventur wird unser Geschäft am 3. Januar ~** our shop will be closed for stocktaking on January 3rd

zu|blinzeln *vi* ■**jdm ~** to wink at sb

zu|bringen *vt irreg Zeit* to spend

Zubringer <-s, -> *m* TRANSP (*Bus, Zug*) shuttle

Zubringerdienst *m* shuttle service

Zucchini <-, -> [tsʊ'kiːni] *f meist pl* courgette BRIT, zucchini AM

Zucht <-, -en> [tsʊxt] *f kein pl* (*Pflanzenzucht*) cultivation; (*Tierzucht*) breeding

Zuchtbulle *m* breeding bull

züchten ['tsʏçtn̩] *vt Pflanzen* to grow; *Tiere* to breed

Züchter(in) <-s, -> *m(f) Tierzüchter* breeder; *Pflanzenzüchter* grower

Zuchthaus *nt* HIST prison

Zuchthengst *m* stud horse

züchtigen ['tsʏçtɪɡn̩] *vt* (*geh*) to beat

Züchtigung <-, -en> *f* beating

Zuchtperle *f* cultured pearl **Zuchttier** *nt* breeding animal

Züchtung <-, -en> *f kein pl* (*Pflanzenzüchtung*) cultivation; (*Tierzüchtung*) breeding

zucken ['tsʊkn̩] *vi* ① *haben* (*ruckartig bewegen*) *Augenlid* to flutter; *Mundwinkel* to twitch; **mit den Achseln ~** to shrug one's shoulders; **ohne mit der Wimper zu ~** without batting an eyelid ② *haben Blitz* to flash

zücken ['tsʏkn̩] *vt Messer* to draw

Zucker[1] <-s, -> ['tsʊke] *m* sugar *no art, no pl*

Zucker[2] <-s> ['tsʊke] *m kein pl* MED diabetes *no art, no pl*

Zuckerbrot *nt* ▶WENDUNGEN: **mit ~ und Peitsche** (*prov*) with the carrot and the stick **Zuckerdose** *f* sugar bowl **Zuckerguss** *m* icing *no art, no pl*

zuckerhaltig <-er, -[e]ste> *adj* containing sugar

Zuckerhut ['tsʊkehuːt] *m* GEOL sugarloaf

zuckerig ['tsʊkərɪç] *adj* sugary

zuckerkrank *adj* diabetic **Zuckerkranke(r)** *f(m)* diabetic **Zuckerkrankheit** *f* diabetes *no art, no pl* **Zuckerlecken** *nt* ▶WENDUNGEN: **kein ~ sein** to be no picnic

zuckern ['tsʊken] *vt* to sugar

Zuckerrohr *nt* sugar cane *no art, no pl* **Zuckerrübe** *f* sugar beet *no art, no pl* **Zuckerstreuer** *m* sugar sprinkler **zuckersüß** ['tsʊke'zyːs] *adj* as sweet as sugar *pred* **Zuckerwatte** *f* candy floss BRIT, cotton candy AM

zuckrig ['tsʊkrɪç] *adj s.* **zuckerig**

Zuckung <-, -en> *f meist pl* twitch

Zudecke *f* DIAL cover

zu|decken *vt* to cover [up *sep*]

zudem [tsu'deːm] *adv* (*geh*) furthermore

zu|drehen *vt* ① (*verschließen*) to screw on *sep* ② (*abstellen*) to turn off *sep* ③ (*festdrehen*) to tighten ④ (*zuwenden*) **jdm den Rücken ~** to turn one's back on sb

zudringlich ['tsuːdrɪŋlɪç] *adj* pushy

Zudringlichkeit <-, -en> *f* ① *kein pl* (*zudringliche Art*) pushiness *no art, no pl pej* ② *meist pl* (*zudringliche Handlung*) advances *pl*

zu|dröhnen *vr* (*sl*) ■**sich ~** to be/become intoxicated; **sich mit Rauschgift ~** to get high [on drugs]

zu|drücken *vt* to press shut *sep*

zueinander [tsuʔai̯'nande] *adv* to each other; **~ passen** *Menschen* to suit each other; *Farben, Kleider* to go well together

zu|erkennen* *vt irreg* (*geh*) ■**jdm etw ~** to award sth to sb; **das Kind wurde dem Vater zuerkannt** the father was given custody of the child

zuerst [tsu'ʔeːɐ̯st] *adv* ① (*als erster*) the first; (*als erstes*) first ② (*anfangs*) at first ③ (*zum ersten Mal*) for the first time

zu|fächeln *vt* ■**jdm/sich Luft ~** to fan sb/oneself

Zufahrt ['tsuːfaːɐ̯t] *f* entrance

Zufahrtsstraße *f* access road; (*zur Autobahn*) approach road

Zufall *m* coincidence; (*Schicksal*) chance; **das ist ~** that's a coincidence; **etw dem ~ überlassen** to leave sth to chance; **etw durch ~ erfahren** to happen to learn of sth; **welch ein ~!** what a coincidence!

Z

zu|fallen *vi irreg sein* ① *Tür* to close ② (*zuteilwerden*) ■ **jdm ~** to go to sb

zufällig **I.** *adj* chance *attr* **II.** *adv* by chance; **rein ~** by pure chance; **jdn ~ treffen** to happen to meet sb; **wissen Sie ~, ob ...?** do you happen to know whether ...?

zufälligerweise *adv s.* **zufällig II**

Zufälligkeit <-, -en> *f* coincidence

Zufallsbekanntschaft *f* chance acquaintance; **eine ~ machen** to make a chance acquaintance **Zufallstreffer** *m* fluke *fam*

zu|fliegen *vi irreg sein* (*in eine bestimmte Richtung fliegen*) ■ **auf etw** *akk* **~** to fly towards sth; **der Wellensittich ist uns zugeflogen** the budgie flew into our house

Zuflucht <-, -en> ['tsu:flʊxt] *f* refuge ▶ WENDUNGEN: **jds letzte ~ sein** to be sb's last resort

Zufluchtsort *m* place of refuge

Zufluss *m* ① *kein pl* (*das Zufließen*) inflow ② (*Nebenfluss*) tributary

zu|flüstern *vt* ■ **jdm etw ~** to whisper sth to sb

zufolge [tsu'fɔlgə] *präp +dat* (*geh*) according to

zufrieden [tsu'fri:dn̩] **I.** *adj* (*befriedigt*) satisfied (**mit** *+dat* with); **danke, ich bin sehr ~** thanks, everything's fine; (*glücklich*) contented (**mit** *+dat* with) **II.** *adv* with satisfaction; (*glücklich*) contentedly; **~ lächeln** to smile with satisfaction; **jdn ~ lassen** to leave sb alone

zufrieden|geben *vr irreg* ■ **sich** *akk* [**mit etw** *dat*] **~** to be satisfied/contented [with sth]

Zufriedenheit <-> *f kein pl* satisfaction *no art, no pl*; (*Glücklichsein*) contentedness *no art, no pl*

zufriedenstellend *adj* satisfactory

zu|frieren *vi irreg sein* to freeze [over]

zu|fügen *vt* to cause; **jdm Schaden ~** to harm sb; **jdm Unrecht ~** to do sb an injustice

Zufuhr <-, -en> ['tsu:fu:ɐ̯] *f* supply

zu|führen **I.** *vt* ① (*verschaffen*) to supply ② (*fam: werden lassen*) to devote **II.** *vi* ■ **auf etw** *akk* **~** to lead to sth

Zug[1] <-[e]s, Züge> [tsu:k, *pl* 'tsy:gə] *m* train ▶ WENDUNGEN: **der ~ ist abgefahren** (*fam*) you've missed the boat

Zug[2] <-[e]s, Züge> [tsu:k, *pl* 'tsy:gə] *m* ① (*inhalierte Menge*) puff (**an** *+dat* on, at); **einen ~ machen** to have a puff ② (*Schluck*) gulp ③ *kein pl* (*Luftzug*) draught ④ (*Spielzug*) move; **am ~ sein** to be sb's move ⑤ (*Kolonne*) procession ⑥ (*Gesichtszug*) feature ⑦ (*Charakterzug*) characteristic ⑧ (*Schritt*) ■ **~ um ~** step by step; ■ **in einem ~** in one stroke ⑨ (*Umriss*) **in groben Zügen** in broad terms ▶ WENDUNGEN: **etw in vollen Zügen genießen** to enjoy sth to the full

Zugabe ['tsu:ga:bə] *f* MUS encore

Zugabteil *nt* train compartment

Zugang <-[e]s, Zugänge> ['tsu:gaŋ, *pl* 'tsu:gɛŋə] *m* ① (*Eingang*) entrance ② *kein pl* (*Zutritt, Zugriff*) access *no art, no pl* (**zu** *+dat* to)

zugange [tsu'gaŋə] *adj* NORDD ■ **irgendwo ~ sein** to be busy somewhere (**mit** with)

zugänglich ['tsu:gɛŋlɪç] *adj* ① (*erreichbar*) accessible; ■ **nicht ~** inaccessible ② *Mensch* approachable; ■ **für etw** *akk* **~ sein** to be receptive to sth

Zugbegleiter(in) *m(f)* BAHN guard BRIT, conductor AM

Zugbrücke *f* drawbridge

zu|geben *vt irreg* to admit

zugegen [tsu'ge:gn̩] *adj* (*geh*) ■ **bei etw** *dat* **~ sein** to be present at sth

zu|gehen *irreg* **I.** *vi sein* ① *Tür* to shut ② (*zubewegen*) ■ **auf jdn/etw ~** to approach sb/sth ③ (*sich versöhnen*) ■ **aufeinander ~** to become reconciled **II.** *vi impers sein* **auf ihren Partys geht es immer sehr lustig zu** her parties are always great fun

zu|gehören* *vi* (*geh*) ■ **jdm/etw ~** to belong to sb/sth

zugehörig ['tsu:gəhø:rɪç] *adj attr* accompanying *attr*

Zugehörigkeit <-> *f kein pl* (*Verbundenheit*) affiliation *no art, no pl* (**zu** *+dat* to); **ein Gefühl der ~** a sense of belonging

zugekifft ['tsu:gəkɪft] *adj* (*sl*) high [on hash or marijuana]

zugeknöpft *adj* ① *Hemd* buttoned-up ② *Mensch* reserved

Zügel <-s, -> ['tsy:gl̩] *m* reins *npl* ▶ WENDUNGEN: **die ~ [fest] in der Hand [be]halten** to keep a firm grip on things

zugelassen **I.** *pp von* **zulassen** **II.** *adj* authorized; *Kfz* licensed; *Arzt* licensed, registered

zügellos *adj* unrestrained

Zügellosigkeit *f* lack of restraint; POL anarchy

zügeln ['tsy:gl̩n] **I.** *vt* ① (*im Zaum halten*) to rein in *sep* ② (*beherrschen*) to curb ③ (*zurückhalten*) ■ **jdn/sich ~** to restrain sb/oneself **II.** *vi sein* SCHWEIZ (*umziehen*) ■ [**irgendwohin**] **~** to move [somewhere]

Zugeständnis ['tsu:gəʃtɛntnɪs] *nt* concession

zu|gestehen* *vt irreg* to grant

Z

zugetan ['tsu:gəta:n] *adj* (*geh*) ■**jdm/etw ~ sein** to be taken with sb/sth
Zugfahrkarte *f* train ticket **Zugfahrt** *f* train journey **Zugführer(in)** *m(f)* BAHN guard BRIT, conductor AM
zugig ['tsu:gɪç] *adj* draughty
zügig ['tsy:gɪç] **I.** *adj* ❶ (*rasch erfolgend*) speedy ❷ SCHWEIZ (*eingängig*) catchy **II.** *adv* rapidly
Zugkraft *f* ❶ PHYS tensile force *spec* ❷ *kein pl* (*Anziehungskraft*) appeal *no art, no pl*
zugkräftig *adj* appealing
zugleich [tsu'glaiç] *adv* ❶ (*ebenso*) both ❷ (*gleichzeitig*) at the same time
Zugluft *f kein pl* draught
Zugmaschine *f* AUTO traction engine
Zugpersonal *nt* train staff
Zugpferd *nt* ❶ (*Tier*) draught horse ❷ (*besondere Attraktion*) crowd-puller
zu|greifen *vi irreg* ❶ (*sich bedienen*) to help oneself ❷ INFORM ■**auf etw** *akk* ~ to access sth
Zugrestaurant *nt* dining car
Zugriff *m* INFORM access *no art, no pl* (**auf** +*akk* to)
Zugriffsberechtigung *f* INFORM access authorization **Zugriffsgeschwindigkeit** *f* INFORM access speed **Zugriffsrecht** *nt* INFORM access rights *pl* **Zugriffszeit** *f* INFORM access speed
zugrunde, zu Grunde [tsu'grʊndə] *adv* [**an etw** *dat*] ~ **gehen** to be destroyed [by sth]; **einer S.** *dat* ~ **liegen** to form the basis of sth; **jdn/etw ~ richten** to destroy sb/sth
Zugschaffner(in) *m(f)* train conductor
Zugtier *nt* draught animal
zu|gucken *vi* (*fam*) *s.* **zusehen**
Zugunglück *nt* railway accident; (*Zusammenstoß a.*) train crash
zugunsten, zu Gunsten [tsu'gʊnstn̩] *präp* +*gen* in favour of
zugute|halten [tsu'gu:tə-] *vt irreg* ■**jdm etw ~** to make allowances for sb's sth
zugute|kommen [tsu'gu:tə-] *vi irreg sein* ■**jdm/etw** ~ to be for the benefit of sb/sth
Zugverbindung *f* train connection **Zugverkehr** *m* train services *pl*
Zugvogel *m* migratory bird
Zugzwang *m* pressure to act
zu|haben *irreg vi* (*fam*) to be closed
zu|halten *irreg vt* ■**etw ~** to hold sth closed; ■**jdm/sich den Mund ~** to hold one's hand over sb's/one's mouth; **sich** *dat* **die Nase** ~ to hold one's nose
Zuhälter(in) <-s, -> ['tsu:hɛltɐ] *m(f)* pimp
Zuhälterei <-> [tsu:hɛltə'rai] *f kein pl* pimping *no art, no pl*
zu|hauen *irreg vt* ■**etw ~** ❶ (*behauen*) to hew sth into shape ❷ (*fam: zuschlagen*) to slam sth shut
Zuhause <-s> [tsu'hauzə] *nt kein pl* home *no art, no pl*
Zuhilfenahme <-> [tsu'hɪlfəna:mə] *f* ■**unter ~ einer S.** *gen* with the aid of sth
zu|hören *vi* to listen (+*dat* to)
Zuhörer(in) *m(f)* listener; ■**die ~** (*Publikum*) the audience + *sing/pl vb;* (*Radiozuhörer a.*) the listeners
Zuhörerschaft *f kein pl* audience
zu|jubeln *vi* to cheer
zu|kehren *vt* **jdm den Rücken ~** to turn one's back on sb
zu|klappen *vt, vi* to snap shut
zu|kleben *vt* to stick down *sep*
zu|knallen *vt, vi* (*fam*) to slam shut
zu|kneifen *vt irreg* ■**etw ~** to shut sth tight[ly]; **die Augen ~** to screw up one's eyes
zu|knöpfen *vt* ■**etw** ~ to button up *sep* sth
zu|kommen *vi irreg sein* ❶ (*sich nähern*) ■**auf jdn/etw ~** to come towards sb/sth ❷ (*bevorstehen*) ■**auf jdn** ~ to be in store for sb; **alles auf sich ~ lassen** to take things as they come ❸ (*geben*) **jdm etw ~ lassen** (*geh*) to send sb sth
Zukunft <-> ['tsu:kʊnft] *f kein pl* ❶ (*das Bevorstehende*) future *no pl;* **in ferner/naher ~** in the distant/near future; **in die ~ schauen** to look into the future ❷ LING future [tense]
zukünftig ['tsu:kʏnftɪç] **I.** *adj* future *attr* **II.** *adv* in future
Zukunftsaussichten *pl* future prospects *pl* **Zukunftsbranche** *f* new industry **Zukunftsfähigkeit** *f* forward compatibility **Zukunftsforschung** *f kein pl* futurology *no art, no pl* **Zukunftsmusik** *f* ▶ WENDUNGEN: ~ sein (*fam*) to be a long way off **Zukunftsperspektive** *f meist pl* future prospects *pl* **Zukunftspläne** *pl* plans *pl* for the future **Zukunftstechnologie** *f* new technology **zukunftsträchtig** *adj* with a promising future *pred;* ■~ **sein** to have a promising future
zukunft(s)weisend *adj* forward-looking
zu|lächeln *vi* ■**jdm** ~ to smile at sb
Zulage <-, -n> ['tsu:la:gə] *f* bonus [payment]
zu|langen *vi* (*fam*) ❶ (*zugreifen*) to help oneself ❷ *Händler* to ask a fortune
zu|lassen *vt irreg* ❶ (*dulden*) to allow ❷ (*fam*) *Tür* to keep shut *sep* ❸ (*die Genehmigung erteilen*) ■**jdn ~** to admit sb (**zu** +*dat* to) ❹ (*anmelden*) to register
zulässig ['tsu:lɛsɪç] *adj* permissible
Zulassung <-, -en> *f* ❶ *kein pl* (*Genehmi-*

Z

gung) authorization *no pl;* (*Lizenz*) licence; **die ~ entziehen** to revoke sb's licence ❷ (*Anmeldung*) registration ❸ (*Fahrzeugschein*) vehicle registration document

Zulassungsbedingungen *pl* conditions of admission **Zulassungsbeschränkung** *f* restriction on admission[s] **Zulassungspapier** *nt meist pl* vehicle registration document **zulassungspflichtig** *adj* (*geh*) requiring licensing **Zulassungsprüfung** *f* ADMIN, SCH entrance exam **Zulassungsstelle** *f* registration office

Zulauf ['tsu:lau̯f] *m* inlet

zu|laufen *vi irreg sein* ❶ (*zubewegen*) ■**auf jdn/etw ~** to run towards sb/sth; (*direkt*) to run up to sb/sth ❷ *Haustier* ■**jdm ~** to stray into sb's home; **ein zugelaufener Hund/eine zugelaufene Katze** a stray [dog/cat]

zu|legen **I.** *vt* (*fam: zunehmen*) to put on *sep* ▸ WENDUNGEN: **einen Zahn ~** (*fam*) to step on it **II.** *vi* ❶ (*fam: zunehmen*) to put on weight ❷ (*fam: das Tempo steigern*) to get a move on; *Läufer* to increase the pace **III.** *vr* (*fam*) ■**sich** *dat* **jdn/etw ~** to get oneself sb/sth

zuleide, zu Leide [tsu'lai̯də] *adv* **jdm etw/nichts ~ tun** (*veraltend*) to harm/to not harm sb

zu|leiten *vt* (*geh: übermitteln*) ■**jdm etw ~** to forward sth to sb

Zuleitung *f* ❶ *kein pl* (*geh: das Übermitteln*) forwarding *no art, no pl* ❷ (*zuleitendes Rohr*) supply pipe

zuletzt [tsu'lɛtst] *adv* ❶ (*als Letzte[r]*) **~ eingetroffen** to be the last to arrive; **~ durchs Ziel gehen** to finish last ❷ (*zum Schluss*) **bis ~** until the end; **ganz ~** right at the end ❸ (*letztmalig*) last; **nicht ~** not least [of all]

zuliebe [tsu'li:bə] *adv* ■**jdm/etw ~** for sb['s sake]

Zulieferbetrieb *m*, **Zulieferer** <-s, -> *m* supplier **Zulieferindustrie** *f* HANDEL component supplying industry

zu|liefern *vi* to supply

zum [tsʊm] = **zu dem** *s.* **zu**

zu|machen *vt, vi* ❶ (*verschließen*) to close; **eine Flasche/ein Glas ~** to put the top on a bottle/jar ❷ (*zukleben*) *Brief* to seal ❸ (*zuknöpfen*) ■**etw ~** to button [up *sep*] sth ❹ (*den Betrieb einstellen*) to close [down *sep*]; **den Laden ~** to shut up shop

zumal [tsu'ma:l] **I.** *konj* particularly as **II.** *adv* particularly

zu|mauern *vt* to brick up *sep*

zumeist [tsu'mai̯st] *adv* (*geh*) mostly

zumindest [tsu'mɪndəst] *adv* at least

zumutbar *adj* reasonable

zumute, zu Mute [tsu'mu:tə] *adv* **mir ist so merkwürdig ~** I feel so strange; **mir ist nicht zum Scherzen ~** I'm not in a joking mood

zu|muten ['tsu:mu:tn̩] *vt* ■**jdm etw ~** to expect sth of sb; **jdm zu viel ~** to expect too much of sb; ■**sich** *dat* **etw ~** to undertake sth; **sich zu viel ~** to overtax oneself

Zumutung *f* unreasonable demand; **das ist eine ~!** it's just too much!

zunächst [tsu'nɛçst] *adv* ❶ (*anfangs*) initially ❷ (*vorerst*) for the moment

zu|nageln *vt* to nail up *sep;* **einen Sarg ~** to nail down *sep* a coffin

zu|nähen *vt* to sew up *sep; Wunde* to stitch

Zunahme <-, -n> ['tsu:na:mə] *f* increase

Zuname ['tsu:na:mə] *m* (*geh*) surname

zündeln ['tsʏndl̩n] *vi* to play [around] with fire

zünden ['tsʏndn̩] *vi, vt* ❶ TECH to fire *spec* ❷ (*zu brennen anfangen*) to catch fire; *Streichholz* to light ▸ WENDUNGEN: **hat es bei dir endlich gezündet?** (*fam*) have you cottoned on?

zündend *adj Rede* stirring; *Idee* great

Zünder <-s, -> ['tsʏndɐ] *m* detonator

Zunder ['tsʊndɐ] *m* tinder *no art, no pl*

Zündflamme *f* pilot light

Zündholz <-es, -hölzer> *nt bes* SÜDD, ÖSTERR match **Zündholzschachtel** *f* matchbox

Zündkabel *nt* [spark] plug lead **Zündkerze** *f* spark plug **Zündschloss** *nt* ignition lock **Zündschlüssel** *m* ignition key **Zündschnur** *f* fuse **Zündstoff** *m kein pl* inflammatory stuff *no art, no pl*

Zündung <-, -en> *f* ❶ AUTO ignition *no pl* ❷ TECH firing *no art, no pl*

Zündvorrichtung *f* detonator

zu|nehmen *irreg vi* ❶ *Gewicht* to gain weight ❷ (*sich verstärken*) to increase; *Schmerzen* to intensify

zunehmend **I.** *adj* increasing *attr; Verbesserung* growing *attr* **II.** *adv* increasingly

zu|neigen **I.** *vi* ■**einer S.** *dat* **~** to be inclined towards sth; **der Ansicht ~, dass ...** to be inclined to think that ... **II.** *vr* **sich dem Ende ~** to draw to a close

Zuneigung *f* affection *no pl*

Zunft <-, Zünfte> [tsʊnft, *pl* 'tsʏnftə] *f* HIST guild

zünftig ['tsʏnftɪç] *adj* (*veraltend fam*) proper

Zunge <-, -n> ['tsʊŋə] *f* tongue; **die ~ herausstrecken** to stick out one's tongue; **auf der ~ zergehen** to melt in one's mouth ▸ WENDUNGEN: **eine böse ~ haben** to have a malicious tongue; **etw liegt jdm**

Z

auf der ~ sth is on the tip of sb's tongue

züngeln ['tsʏŋl̩n] *vi* ① *Schlange* to dart its tongue in and out ② (*hin und her bewegen*) to dart

Zungenbrecher <-s, -> *m* (*fam*) tongue twister **Zungenkuss** *m* French kiss **Zungenspitze** *f* tip of the tongue

Zünglein ['tsʏŋlain] *nt* pointer ► WENDUNGEN: **das ~ an der Waage sein** POL to hold the balance of power

zunichte|machen [tsu'nɪçtə-] *vt* ■**etw ~** to wreck sth; **jds Hoffnungen ~** to dash sb's hopes

zu|nicken *vi* ■**jdm ~** to nod to sb

zunutze, zu Nutze [tsu'nʊtsə] *adv* **sich** *dat* **etw ~ machen** to make use of sth

zu|ordnen ['tsu:ʔɔrdnən] *vt* ■**etw einer S.** *dat* **~** to assign sth to sth

Zuordnung *f* assignment

zu|packen *vi* ① (*zufassen*) to grip; (*schneller*) to make a grab ② (*mithelfen*) ■[**mit**] ~ to lend a [helping] hand

zupfen ['tsʊpfn̩] *vt* ① (*ziehen*) ■**jdn an etw** *dat* **~** to pluck at sb's sth; (*stärker*) to tug at sb's sth ② (*herausziehen*) ■**etw aus/von etw** *dat* **~** to pull sth out of/off sth; **sich die Augenbrauen ~** to pluck one's eyebrows

Zupfinstrument *nt* plucked string instrument

zu|prosten *vi* ■**jdm ~** to drink [to] sb's health

zur [tsu:ɐ̯, tsʊr] = **zu der** *s.* **zu**

Zürcher ['tsʏrçɐ] *adj* Zurich *attr*

zurechnungsfähig *adj* JUR responsible for one's actions *pred*

zurecht|biegen *vt irreg* ① (*in Form biegen*) to bend into shape ② (*fam*) ■**jdn ~** to lick sb into shape; **etw wieder ~** to get sth straightened out **zurecht|finden** [tsu'rɛçt-fɪndn̩] *vr irreg* ■**sich irgendwo ~** to get used to somewhere; **sich in einer Großstadt ~** to find one's way around a city **zurecht|kommen** *vi irreg sein* ① (*auskommen*) to get on (**mit** +*dat* with) ② (*klarkommen*) to cope (**mit** +*dat* with) **zurecht|legen** *vr* ■**sich** *dat* **etw ~** (*sich etw griffbereit hinlegen*) to get sth ready; (*sich im Voraus überlegen*) to work out *sep* sth **zurecht|machen** *vt* (*fam*) ① (*vorbereiten*) ■**etw ~** to get sth ready ② (*zubereiten*) ■**etw ~** to prepare sth ③ (*schminken*) ■**sich ~** to put on *sep* one's make-up ④ (*schick machen*) ■**sich ~** to get ready; ■**jdn ~** to dress up *sep* sb **zurecht|weisen** *vt irreg* to reprimand

zu|reden ['tsu:re:dn̩] *vi* ■**jdm** [**gut**] ~ to encourage sb

zu|reiten *irreg* **I.** *vt* ■**ein Tier ~** to break in *sep* an animal **II.** *vi sein* ■**auf jdn/etw ~** to ride towards sb/sth; (*direkt*) to ride up to sb/sth

Zürich <-s> ['tsy:rɪç] *nt* Zurich *no art, no pl*

zu|richten ['tsu:rɪçtn̩] *vt* **jdn übel ~** to beat up *sep* sb badly; **etw übel ~** to make a terrible mess of sth

Zurschaustellung *f* (*meist pej*) flaunting

zurück [tsu'rʏk] *adv* ① (*wieder da*) back; ■**~ sein** to be back (**von** +*dat* from) ② (*Rückfahrt, -flug*) return; **hin und ~ oder einfach?** single or return? ► WENDUNGEN: **~!** go back!

zurück|bekommen* *vt irreg* to get back *sep* **zurück|beugen I.** *vt* to lean back *sep* **II.** *vr* ■**sich ~** to lean back **zurück|bezahlen*** *vt* to repay **zurück|bilden** *vr* ■**sich ~** to recede **zurück|bleiben** *vi irreg sein* ① (*nicht mitkommen*) to stay behind ② (*zurückgelassen werden*) to be left [behind] ③ (*nicht mithalten können*) to fall behind **zurück|blicken** [tsu'rʏkblɪkn̩] *vi* to look back (**auf** +*akk* on) **zurück|bringen** *vt irreg* to bring back *sep* **zurück|datieren*** *vt* to backdate **zurück|denken** *vi irreg* to think back (**an** +*akk* to) **zurück|drängen** *vt* to force back *sep* **zurück|erhalten*** *vt irreg* (*geh*) *s.* **zurückbekommen** **zurück|erobern*** *vt* ① MIL to recapture ② POL (*erneut gewinnen*) to win back *sep* **zurück|erstatten*** *vt* ■[**jdm**] **etw ~** to refund [sb's] sth **zurück|fahren** *irreg* **I.** *vi sein* (*zum Ausgangspunkt fahren*) to go/come back **II.** *vt* ① (*rückwärtsfahren*) to reverse ② (*mit dem Auto*) to drive back *sep* ③ (*reduzieren*) to cut back *sep* **zurück|fallen** *vi irreg sein* ① SPORT to fall behind ② (*zurückkehren*) ■**in etw** *akk* **~** to lapse back into sth ③ (*darunterbleiben*) ■**hinter etw** *akk* **~** to fall short of sth ④ (*angelastet werden*) ■**auf jdn ~** to reflect on sb **zurück|finden** *vi irreg* to find one's way back **zurück|fordern** *vt* ■**etw ~** to demand sth back (**von** +*dat* from) **zurück|führen** *vt* ① (*Ursache bestimmen*) ■**etw auf etw** *akk* **~** to attribute sth to sth; ■**das ist darauf zurückzuführen, dass ...** that is attributable to the fact that ... ② (*zum Ausgangsort zurückbringen*) ■**jdn irgendwohin ~** to lead sb back somewhere **zurück|geben** *vt irreg* ① (*wiedergeben*) to return ② (*erwidern*) **ein Kompliment ~** to return a compliment **zurückgeblieben** *adj* slow **zurück|gehen** *vi irreg sein* ① (*zurückkehren*) to return ② (*abnehmen*) to go down

3 MED (*sich zurückbilden*) to go down; *Geschwulst* to be in recession 4 (*stammen*) **die Sache geht auf seine Initiative zurück** the matter was born of his initiative **zurück|gewinnen*** *vt irreg* to win back **zurückgezogen** *adj, adv* secluded **zurück|greifen** *vi irreg* ■**auf etw** *akk* ~ to fall back [up]on sth **zurück|halten** *irreg* **I.** *vr* ■**sich** ~ 1 (*sich beherrschen*) to restrain oneself 2 (*reserviert sein*) to be reserved **II.** *vt* 1 (*aufhalten*) to hold up *sep* 2 (*abhalten*) ■**jdn [von etw** *dat*] ~ to keep sb from doing sth

zurückhaltend I. *adj* 1 (*reserviert*) reserved 2 (*vorsichtig*) cautious **II.** *adv* cautiously

Zurückhaltung *f kein pl* reserve *no art, no pl*

zurück|holen *vt* 1 (*zurückbringen*) to fetch back *sep* 2 (*in seinen Besitz zurückbringen*) to get back *sep* **zurück|kehren** *vi sein* to return (**zu** +*dat* to); **nach Hause** ~ to return home **zurück|kommen** *vi irreg sein* 1 (*erneut zum Ausgangsort kommen*) to return; **aus dem Ausland** ~ to return from abroad; **nach Hause** ~ to return home 2 (*erneut aufgreifen*) ■**auf etw** *akk* ~ to come back to sth; ■**auf jdn** ~ to get back to sb **zurück|kriegen** *vt* (*fam*) *s.* **zurückbekommen** **zurück|lassen** *vt irreg* to leave behind *sep* **zurück|legen** *vt* 1 (*wieder hinlegen*) to put back *sep* 2 (*reservieren*) ■**jdm etw** ~ to put sth aside for sb 3 (*hinter sich bringen*) **35 Kilometer kann man pro Tag leicht zu Fuß** ~ you can easily do 35 kilometres a day on foot 4 (*sparen*) to put away *sep* **zurück|lehnen** *vr* ■**sich** ~ to lean back **zurück|liegen** *vi irreg* **sein Examen liegt vier Jahre zurück** it's four years since his exam **zurück|melden** *vr* ■**sich** ~ to be back

Zurücknahme <-, -n> [tsu'rʏknaːmə] *f* withdrawal; *eines Angebots* revocation; *einer Beschuldigung* retraction

zurück|nehmen *vt irreg* 1 (*als Retour annehmen*) to take back *sep* 2 (*widerrufen*) to take back *sep* 3 (*rückgängig machen*) to withdraw; **ich nehme alles zurück** I take it all back **zurück|prallen** *vi sein* ■**von etw** *dat* ~ to bounce off sth **zurück|reichen** *vi* ■**irgendwohin** ~ to go back to sth; **ins 16. Jahrhundert** ~ to go back to the 16th century **zurück|reisen** *vi sein* to travel back **zurück|rufen** *irreg* **I.** *vt* 1 (*zurück telefonieren*) to call back *sep* 2 (*zurückbeordern*) to recall **II.** *vi* to call back **zurück|schalten** *vi* AUTO **in den ersten Gang** ~ to change down into 1st gear **zurück|schauen** *vi* to look back (**auf** +*akk* on) **zurück|schicken** *vt* to send back *sep* **zurück|schlagen** *irreg* **I.** *vt* 1 SPORT to return 2 (*umschlagen*) to turn back *sep* **II.** *vi* ■**auf jdn/etw** ~ to have an effect on sb/sth **zurück|schrauben** *vt* (*fam*) to lower (**auf** +*akk* to); **seine Ansprüche** ~ to lower one's sights **zurück|schrecken** *vi irreg sein* 1 (*Bedenken vor etw haben*) to shrink (**vor** +*dat* from); **vor nichts** ~ (*völlig skrupellos sein*) to stop at nothing; (*keine Angst haben*) to not flinch from anything 2 (*erschrecken*) to start back **zurück|schreiben** *vt* to write back **zurück|sehnen** *vr* **sich nach Hause** ~ to long to return home **zurück|senden** *vt irreg* (*geh*) to send back **zurück|setzen** **I.** *vt* 1 (*zurückstellen*) to put back *sep* 2 (*zurückfahren*) to reverse 3 (*benachteiligen*) to neglect; **sich zurückgesetzt fühlen** to feel neglected **II.** *vr* ■**sich** ~ 1 (*sich zurücklehnen*) to sit back 2 (*den Platz wechseln*) **setzen wir uns einige Reihen zurück** let's sit a few rows back **III.** *vi* (*zurückfahren*) ■**[mit etw** *dat*] ~ to reverse [sth] **zurück|spulen** *vt* to rewind **zurück|stecken** **I.** *vt* to put back *sep* **II.** *vi* to back down; ~ **müssen** to have to back down **zurück|stehen** *vi irreg* 1 (*weiter entfernt stehen*) to stand back 2 (*hintangesetzt werden*) ■**[hinter jdm]** ~ to be behind [sb] **zurück|stellen** *vt* 1 (*wieder hinstellen*) to put back *sep* 2 (*nach hinten stellen*) to move back *sep* 3 *Heizung* to turn down *sep* 4 (*aufschieben*) to put back *sep;* (*verschieben*) to postpone; **die Uhr** ~ to turn back *sep* the clock 5 *Wünsche* to put aside 6 ÖSTERR (*zurückgeben*) to return **zurück|stoßen** *vt irreg* to push away *sep* **zurück|stufen** *vt* to downgrade **zurück|treiben** *vt irreg* ■**jdn/etw** ~ *Vieh* to drive back sb/sth *sep* **zurück|treten** *vi irreg sein* 1 (*nach hinten treten*) to step back (**von** +*dat* from) 2 (*von einem Amt*) to resign **zurück|verfolgen*** *vt* to trace back *sep* **zurück|verlangen*** *vt* ■**etw** ~ to demand sth back **zurück|versetzen*** **I.** *vt* ■**jdn** ~ to transfer sb back **II.** *vr* ■**sich** ~ to be transported back **zurück|weichen** *vi irreg sein* to draw back (**vor** +*dat* from); **vor einem Anblick** ~ to shrink back from a sight **zurück|weisen** *vt irreg* ■**jdn** ~ to turn away *sep* sb; ■**etw** ~ to reject sth

Zurückweisung *f* rejection *no art, no pl*

zurück|werfen *vt irreg* 1 (*jdm etw wieder zuwerfen*) ■**etw** ~ to throw back *sep* sth

② (*Position verschlechtern*) **das wirft uns um Jahre zurück** that will set us back years **zurück|wirken** *vi* ■**auf jdn/etw ~** to react [up]on sb/sth **zurück|wollen** **I.** *vi* (*fam*) to want to return; **nach Hause ~** to want to return home **II.** *vi* ■**etw ~** to want sth back **zurück|zahlen** *vt* ■**[jdm] etw ~** to repay [sb] sth **zurück|ziehen** *irreg* **I.** *vt* ① (*nach hinten ziehen*) to pull back *sep; Vorhang* to draw back *sep* ② (*widerrufen*) to withdraw **II.** *vr* ■**sich ~** to withdraw (**aus** +*dat* from) **III.** *vi sein* **nach Hamburg ~** to move back to Hamburg

Zuruf ['tsu:ru:f] *m* call; (*nach Hilfe*) cry

zu|rufen *vt irreg* ■**jdm etw ~** to shout sth to sb

zurzeit [tsʊr'tsai̯t] *adv* at present

Zusage ['tsu:za:gə] *f* assurance

zu|sagen **I.** *vt* ■**[jdm] ~** to promise **II.** *vi* ■**[jdm] ~** ① (*die Teilnahme versichern*) to accept sb ② (*gefallen*) to appeal to sb

zusammen [tsu'zamən] *adv* ① (*gemeinsam*) together (**mit** +*dat* with); ■**~ sein** (*beieinander sein*) to be together; ■**mit jdm ~ sein** to be with sb ② (*ein Paar sein*) ■**~ sein** to be going out [with each other] ③ (*insgesamt*) altogether

Zusammenarbeit *f kein pl* cooperation *no art, no pl* **zusammen|arbeiten** *vi* ■**mit jdm ~** to work [together] with sb **zusammen|bauen** *vt* to assemble **zusammen|beißen** *vt* **die Zähne ~** to grit one's teeth **zusammen|binden** *vt irreg* to tie together *sep* **zusammen|bleiben** *vi irreg sein* to stay together; ■**mit jdm ~** to stay with sb **zusammen|brechen** *vi irreg sein* to collapse **zusammen|bringen** *vt irreg* ① (*in Kontakt bringen*) ■**jdn [mit jdm] ~** to introduce sb [to sb] ② (*anhäufen*) to amass

Zusammenbruch *m* collapse

zusammen|drängen **I.** *vr* ■**sich ~** to crowd [together] **II.** *vt* to concentrate; **die Menschenmenge wurde von den Polizeikräften zusammengedrängt** the crowd was herded together by the police **zusammen|drücken** *vt* ① (*zerdrücken*) to crush ② (*aneinanderdrücken*) to press together **zusammen|fahren** *vi irreg sein* to start; (*vor Schmerzen*) to flinch **zusammen|fallen** *vi irreg sein* ① (*einstürzen*) to collapse; *Gebäude a.* to cave in; ■**in sich ~** to collapse ② *Ereignisse* to coincide **zusammen|falten** *vt* to fold [up *sep*] **zusammen|fassen** **I.** *vt* ① (*resümieren*) to summarize; **etw in wenigen Worten ~** to put sth in a nutshell ② (*vereinigen*) **die Bewerber in Gruppen ~** to divide the applicants into groups; ■**jdn/etw in etw** *dat* **~** to unite sb/sth into sth; ■**etw unter etw** *dat* **~** to class[ify] sth under sth **II.** *vi* to summarize; **..., wenn ich kurz ~ darf** just to sum up, ...

Zusammenfassung *f* summary

zusammen|fließen *vi irreg sein* to flow together **zusammen|fügen** **I.** *vt* to assemble; **die Teile eines Puzzles ~** to piece together a jigsaw puzzle **II.** *vr* **die Teile fügen sich nahtlos zusammen** the parts fit together seamlessly **zusammen|führen** *vt* to bring together *sep;* **eine Familie ~** to reunite a family

zusammen|gehören* *vi* ① (*zueinander gehören*) to belong together ② (*ein Ganzes bilden*) to go together; *Socken* to form a pair

zusammengehörig *adj präd* ① (*eng verbunden*) close ② (*zusammengehörend*) matching

Zusammengehörigkeit <-> *f kein pl* unity

Zusammengehörigkeitsgefühl *nt kein pl* sense of togetherness

zusammengesetzt *adj* compound *attr*

zusammengestöpselt [tsu'zamənɡəʃtœps|t] *adj* (*pej fam*) [hastily] thrown together

zusammengewürfelt *adj* mismatched

Zusammenhalt *m kein pl* solidarity

zusammen|halten *irreg* **I.** *vi* to stick together **II.** *vt* ① (*beisammenhalten*) **seine Gedanken ~** to keep one's thoughts together; **sein Geld ~ müssen** to have to be careful with one's money ② (*verbinden*) **die Schnur hält das Paket zusammen** the packet is held together by a string

Zusammenhang <-[e]s, -hänge> *m* connection; (*Verbindung*) link (**zwischen** +*dat* between); **keinen ~ sehen** to see no connection; **jdn/etw mit etw** *dat* **in ~ bringen** to connect sb/sth with sth; **etw aus dem ~ reißen** to take sth out of [its] context; **im ~ mit etw** *dat* in connection with sth; **im ~ mit etw** *dat* **stehen** to be connected with sth; **nicht im ~ mit etw** *dat* **stehen** to have no connection with sth

zusammen|hängen *vi irreg* ① (*in Zusammenhang stehen*) ■**mit etw** *dat* **~** to be connected with sth ② (*verbunden sein*) to be joined [together]

zusammenhängend **I.** *adj* ① (*kohärent*) coherent ② (*betreffend*) ■**mit etw** *dat* **~** connected with sth **II.** *adv* coherently; **etw ~ berichten** to give a coherent account of sth

zusammenhang(s)los **I.** *adj* incoherent

II. *adv* incoherently; **etw ~ darstellen** to give an incoherent account of sth

zusammen|heften *vt* to clip together *sep;* (*mit einem Hefter*) to staple together *sep* **zusammenklappbar** *adj* folding *attr; Stuhl, Tisch* collapsible; ■**~ sein** to fold **zusammen|klappen I.** *vt haben* to fold up *sep* **II.** *vi sein* (*a. fig fam*) to collapse **zusammen|kleben** *vt, vi haben* to stick together **zusammen|knoten** *vt* to tie together *sep* **zusammen|knüllen** *vt* to crumple [*or* screw] up **zusammen|kommen** *vi irreg sein* ① (*sich treffen*) to come together; ■**mit jdm ~** to meet sb; **zu einer Besprechung ~** to get together for a discussion ② (*sich akkumulieren*) to combine; **heute kommt wieder alles zusammen!** it's another of those days! ③ *Schulden* to mount up; *Spenden* to be collected **zusammen|krachen** *vi sein* (*fam*) ① (*einstürzen*) *Brücke* to crash down; *Bett, Stuhl* to collapse with a crash; *Börse, Wirtschaft* to crash ② (*zusammenstoßen*) to smash together; *Auto a.* to crash [into each other] **zusammen|kratzen** *vt* (*fam*) to scrape together *sep*

Zusammenkunft <-, -künfte> [tsu'zamənkʊnft, *pl* -kʏnftə] *f* meeting

zusammen|läppern *vr* (*fam*) ■**sich ~** to add up **zusammen|laufen** *vi irreg sein* ① (*aufeinander treffen*) to meet (**in** +*dat* at), to converge (**in** +*dat* at); *Flüsse* to flow together ② *Menschen* to gather **zusammen|leben** *vi* to live together **Zusammenleben** *nt kein pl* living together *no art* **zusammen|legen I.** *vt* ① (*zusammenfalten*) to fold [up *sep*] ② (*vereinigen*) to combine (**mit** +*dat* into), to join **II.** *vi* (*Geld sammeln*) to club together **zusammen|nehmen** *irreg* **I.** *vt* to summon [up *sep*]; **seinen ganzen Mut ~** to summon up all one's courage; **den Verstand ~** to get one's thoughts together; ■**alles zusammengenommen** all in all **II.** *vr* ■**sich ~** to control oneself **zusammen|packen** *vt* (*packen*) to pack; (*abräumen*) to pack away **zusammen|passen** *vi* *Menschen* to suit each other; **gut/schlecht ~** to be well-suited/ill-suited; *Farben* to go together; *Kleidungsstücke* to match **zusammen|pferchen** *vt* to herd together *sep* **Zusammenprall** *m* collision **zusammen|prallen** *vi sein* to collide **zusammen|pressen** *vt* to press together *sep;* **die Faust ~** to clench one's fist; **zusammengepresste Lippen** pinched lips **zusammen|raufen** *vr* (*fam*) ■**sich ~** to get it together **zusammen|rechnen** *vt* to add up *sep;* **alles zusammengerechnet** all in all **zusammen|reimen** *vr* ■**sich** *dat* **etw ~** to put two and two together from sth; **ich kann es mir einfach nicht ~** I can't make head or tail of it **zusammen|reißen** *irreg vr* (*fam*) ■**sich ~** to pull oneself together **zusammen|rücken I.** *vi sein* (*enger aneinanderrücken*) to move up closer; (*enger zusammenhalten*) to join in common cause **II.** *vt haben* ■**etw ~** to move sth closer together **zusammen|rufen** *vt irreg* to call together *sep;* **die Mitglieder ~** to convene [a meeting of] the members *form* **zusammen|sacken** *vi sein* to collapse **zusammen|scheißen** *vt irreg* (*derb*) ■**jdn ~** to give sb a bollocking **zusammen|schlagen** *irreg vt irreg haben* ① (*verprügeln*) to beat up *sep* ② (*zertrümmern*) to smash [up *sep*] **zusammen|schließen** *irreg* **I.** *vt* to lock together *sep* **II.** *vr* ■**sich ~** ① (*sich vereinigen*) to join together ② (*sich verbinden*) to join forces

Zusammenschluss *m* union; *Firmen* merger

zusammen|schrauben *vt* to screw together **zusammen|schreiben** *vt irreg* ■**etw ~** to write sth as one word **zusammen|schrumpfen** *vi sein* ① *Äpfel* to shrivel [up] ② (*sich stark vermindern*) to dwindle **zusammen|schustern** *vt* (*pej fam*) to cobble together *sep*

Zusammensein <-s> *nt kein pl* meeting; (*zwanglos*) get-together

zusammen|setzen I. *vt* ① (*aus Teilen herstellen*) to assemble ② (*nebeneinandersetzen*) **Schüler/Tischgäste ~** to put pupils/guests beside each other **II.** *vr* ① (*sich zueinandersetzen*) ■**sich ~** to sit together; (*um etw zu besprechen*) to get together ② (*bestehen*) ■**sich aus etw** *dat* **~** to be composed of sth

Zusammensetzung <-, -en> *f* ① (*Struktur*) composition; *Mannschaft* line-up ② (*Kombination der Bestandteile*) ingredients *pl; Rezeptur, Präparat* composition; *Teile* assembly

Zusammenspiel *nt kein pl* ① SPORT teamwork ② MUS ensemble playing ③ (*fig*) interplay **zusammen|stauchen** *vt* (*fam*) ① (*maßregeln*) ■**jdn ~** to give sb a dressing-down ② (*zusammendrücken*) ■**etw ist zusammengestaucht** sth is crushed **zusammen|stecken I.** *vt* to pin together *sep* **II.** *vi* (*fam*) **die beiden stecken aber auch immer zusammen!** the two of them are quite inseparable! **zusammen|stellen** *vt* ① (*auf einen Fleck stellen*)

die Betten ~ to place the beds side by side ❷ (*aufstellen*) to compile; *Delegation* to assemble

Zusammenstellung *f* compilation; (*Liste*) list

Zusammenstoß *m* ❶ (*Zusammenprall*) collision ❷ (*Auseinandersetzung*) clash

zusammen|stoßen *vi irreg sein* ❶ (*kollidieren*) to collide; ■ **mit jdm** ~ to bump into sb ❷ (*aneinandergrenzen*) to adjoin

zusammen|strömen *vi sein* to flock together **zusammen|stürzen** *vi sein* to collapse **zusammen|tragen** *vt irreg* to collect **zusammen|treffen** *vi irreg sein* ❶ (*sich treffen*) to meet; ■ **mit jdm** ~ to meet sb; (*unverhofft*) to encounter ❷ *Umstände* to coincide **Zusammentreffen** *nt* ❶ (*Treffen*) meeting ❷ *von Umständen* coincidence **zusammen|treiben** *vt* **Menschen/Tiere** ~ to drive people/animals together **zusammen|trommeln** *vt* (*fam*) **Anhänger/Mitglieder** ~ to rally supporters/members **zusammen|tun** *irreg* **I.** *vt* (*fam*) to put together **II.** *vr* (*fam*) ■ **sich** ~ to get together **zusammen|wachsen** *vi irreg sein* ❶ (*zusammenheilen*) to knit [together]; *Wunde* to heal [up] ❷ (*sich verbinden*) to grow together **zusammen|wirken** *vi* (*geh*) ❶ (*gemeinsam tätig sein*) to work together ❷ (*vereint wirken*) to combine **Zusammenwirken** *nt kein pl* interaction **zusammen|zählen** *vt* to add up *sep;* **alles zusammengezählt** all in all **zusammen|ziehen** *irreg* **I.** *vi sein* to move in together **II.** *vr* ■ **sich** ~ ❶ (*sich verengen*) to contract; *Schlinge* to tighten ❷ *Sturm, Unheil* to be brewing; *Wolken* to gather **III.** *vt* **die Augenbrauen** ~ to knit one's brows **zusammen|zucken** *vi sein* to start; (*vor Schmerz*) to flinch

Zusatz ['tsu:zats] *m* ❶ (*zugefügter Teil*) appendix ❷ (*Nahrungszusatz*) additive; **ohne** ~ **von Farbstoffen** without the addition of artificial colouring

Zusatzgerät *nt* attachment; INFORM peripheral [device] **Zusatzklausel** *f* additional clause, rider BRIT **Zusatzkosten** *pl* additional costs *pl*

zusätzlich ['tsu:zɛtslɪç] **I.** *adj* further *attr; Kosten* additional **II.** *adv* in addition; **ich will sie nicht noch** ~ **belasten** I don't want to put any extra pressure on her

Zusatzstoff *m* additive

zu|schauen *vi s.* **zusehen**

Zuschauer(in) <-s, -> *m(f)* ❶ SPORT spectator; TV viewer ❷ FILM, THEAT ■ **die** ~ the audience

Zuschauerraum *m* auditorium **Zuschauertribüne** *f* stands *pl* **Zuschauerzahl** *f* THEAT, SPORT attendance figures *pl;* TV viewing figures *pl*

zu|schicken *vt* to send; ■ **sich** *dat* **etw** ~ **lassen** to send for sth

zu|schießen *irreg vt haben* ❶ FBALL **jdm den Ball** ~ to pass sb the ball ❷ (*zusätzlich zur Verfügung stellen*) to contribute

Zuschlag <-[e]s, Zuschläge> *m* ❶ (*Preisaufschlag*) supplementary charge ❷ (*zusätzlicher Fahrpreis*) extra fare ❸ (*zusätzliches Entgelt*) bonus

zu|schlagen *irreg* **I.** *vt haben* ❶ (*schließen*) to bang shut *sep; Buch* to close ❷ (*zuspielen*) **jdm den Ball** ~ to kick the ball to sb **II.** *vi* ❶ *haben* (*einen Hieb versetzen*) to strike; **das Schicksal hat erbarmungslos zugeschlagen** fate has dealt a terrible blow ❷ *sein Tür* to slam shut

zu|schließen *irreg vt* to lock

zu|schnappen *vi* ❶ *haben* to snap ❷ *sein* to snap shut

zu|schneiden *vt irreg* ❶ MODE ■ **etw** ~ to cut sth to size; **Stoff** ~ to cut out *sep* material ❷ (*fig*) ■ **auf jdn** [**genau**] **zugeschnitten sein** to be cut out for sb

zu|schnüren *vt* ❶ (*durch Schnüren verschließen*) to lace up *sep* ❷ (*abschnüren*) **die Angst schnürte ihr die Kehle zu** she was choked with fear

zu|schrauben *vt* to screw on *sep*

zu|schreiben *vt irreg* ❶ (*beimessen*) ■ **jdm etw** ~ to ascribe sth to sb; **jdm übernatürliche Kräfte** ~ to attribute supernatural powers to sb ❷ (*zur Last legen*) **jdm/etw die Schuld an etw** *dat* ~ to blame sb/sth for sth

Zuschrift *f* (*geh*) reply

zuschulden, zu Schulden [tsu'ʃʊldn̩] *adv* **sich** *dat* **etwas/nichts** ~ **kommen lassen** to do something/nothing wrong

Zuschuss <-es, Zuschüsse> ['tsu:ʃʊs, *pl* 'tsu:ʃʏsə] *m* subsidy

zu|schütten **I.** *vt* to fill in *sep* **II.** *vr* (*fam*) ■ **sich** ~ to get pissed [*or* AM drunk]

zu|sehen *vi irreg* ❶ (*mit Blicken verfolgen*) to watch ❷ (*etw geschehen lassen*) ■ **einer S.** *dat* ~ to sit back and watch sth; **tatenlos musste er ~, wie ...** he could only stand and watch, while ... ❸ (*dafür sorgen*) ■ **~, dass ...** to see [to it] that ...; **sieh mal zu, was du machen kannst!** (*fam*) see what you can do!

zusehends ['tsu:ze:ənts] *adv* noticeably

zu|senden *vt irreg s.* **zuschicken**

zu|setzen **I.** *vt* ■ [**einer S.** *dat*] **etw** ~ to add sth [to sth] **II.** *vi* (*bedrängen*) ■ **jdm** ~ to badger sb

Zuständigkeit ausdrücken

nach Zuständigkeit fragen	asking about responsibility
Sind Sie die behandelnde Ärztin?	**Are you the doctor in attendance?**
Sind Sie dafür zuständig?	**Is it your responsibility?/Are you in charge?**
Zuständigkeit ausdrücken	**expressing responsibility**
Ja, bei mir sind Sie richtig.	**Yes, you've come to the right person.**
Ich bin für die Organisation des Festes **verantwortlich/zuständig.**	**I am responsible for** organizing the party.
Nicht-Zuständigkeit ausdrücken	**expressing non-responsibility**
Da sind Sie bei mir an der falschen Adresse. *(fam)*	**You've come to the wrong person.**
Dafür bin ich (leider) nicht zuständig.	**I'm not responsible for that (I'm afraid).**
Dazu bin ich (leider) nicht berechtigt/befugt.	**(I'm sorry,) I'm not entitled/authorized to do that.**
Das fällt nicht in unseren Zuständigkeitsbereich. *(form)*	**That isn't our responsibility.**

zu|sichern *vt* ■**jdm etw ~** to assure sb of sth; **jdm seine Hilfe ~** to promise sb one's help

zu|sperren *vt* to lock

Zuspiel *nt kein pl* SPORT passing

zu|spielen *vt* ① SPORT ■**jdm den Ball ~** to pass the ball to sb ② (*zukommen lassen*) **etw der Presse ~** to leak sth [to the press]

zu|spitzen I. *vr* ■**sich ~** to come to a head **II.** *vt* to sharpen

zu|sprechen *irreg* **I.** *vt* ① (*offiziell zugestehen*) ■**jdm etw ~** to award sth to sb ② (*geh*) **jdm Mut/Trost ~** to encourage/comfort sb ③ (*zuerkennen*) ■**jdm/einer S. etw ~** to attribute sth to sb/sth **II.** *vi* (*geh*) **jdm ermutigend ~** to encourage sb

Zuspruch *m kein pl* (*geh*) ① (*Popularität, Anklang*) **sich großen ~s erfreuen** to be very popular; **wir rechnen mit starkem ~** (*viele Besucher*) we're expecting a lot of visitors; (*starkem Anklang*) we're expecting this to be very popular ② (*Worte*) **ermutigender ~** words of encouragement

Zustand <-[e]s, Zustände> ['tsu:ʃtant, *pl* 'tsu:ʃtɛndə] *m* ① (*Verfassung*) state, condition; **im wachen ~** while awake ② *pl* (*Verhältnisse*) conditions; **das ist doch kein ~!** it's a disgrace!

zustande, zu Stande [tsu'ʃtandə] *adv* **etw ~ bringen** to manage sth; **die Arbeit ~ bringen** to get the work done; **eine Einigung ~ bringen** to reach an agreement; **es ~ bringen, dass jd etw tut** to [manage to] get sb to do sth; **~ kommen** to materialize; (*stattfinden*) to take place; **nicht ~ kommen** to fail

Zustandekommen <-s> *nt kein pl* realization

zuständig ['tsu:ʃtɛndɪç] *adj* responsible; **der ~e Beamte** the official in charge; **dafür ist er ~** that's his responsibility

Zuständigkeit <-, -en> *f* competence

Zuständigkeitsbereich *m* area of responsibility

zu|stecken *vt* ■**jdm etw ~** to slip sb sth

zu|stehen *vi irreg* ① (*gehören*) ■**etw steht jdm zu** sb is entitled to sth ② (*zukommen*) **es steht dir nicht zu, so über ihn zu reden** it's not for you to speak of him like that

zu|steigen *vi irreg sein* to get on; **noch jemand zugestiegen?** (*im Bus*) any more fares, please?; (*im Zug*) tickets please!

Zustellbezirk *m* postal district **Zustelldienst** *m* delivery service

zu|stellen *vt* ① (*form: überbringen*) ■[**jdm**] **etw ~** to deliver sth [to sb] ② (*fam: blockieren*) to block

Zusteller(in) <-s, -> *m(f)* postman *masc*, postwoman *fem*, AM *usu* mailman [*or fem* -woman]

Zustellgebühr *f* delivery charge, portage *spec*

Zustellung <-, -en> *f* delivery

zu|stimmen *vi* ■**jdm** ~ to agree [with sb]; ■**[einer S.** *dat*] ~ to agree [to sth]

zustimmend **I.** *adj* affirmative; **ein ~es Nicken** a nod of assent **II.** *adv* in agreement

Zustimmung *f* agreement; (*Einwilligung*) consent

zustimmungspflichtig *adj* (*geh*) *Gesetzesantrag, Reform* requiring approval (**in** from)

zu|stoßen *irreg* **I.** *vi sein* ■**jdm** ~ to happen to sb; **hoffentlich ist ihr kein Unglück zugestoßen!** I hope she hasn't had an accident! **II.** *vt* **die Tür mit dem Fuß** ~ to push the door shut with one's foot

Zustrom *m kein pl* ❶ METEO inflow ❷ *von Menschen* influx, stream

zutage, zu Tage [tsu'ta:gə] *adj* **etw ~ bringen** to bring sth to light; **~ treten** to come to light

Zutat <-, -en> ['tsu:ta:t] *f meist pl* ❶ (*Bestandteil*) ingredients *pl* ❷ (*benötigte Dinge*) necessaries *pl*

zu|teilen *vt* to allocate; **jdm eine Aufgabe/Rolle** ~ to assign a task/role to sb

Zuteilung *f* allocation; *von Mitarbeitern* assignment

zuteil|werden [tsu'tail-] *vi irreg sein* (*geh*) ■**jdm wird etw zuteil** sb is given sth; **jdm etw ~ lassen** to grant sb sth

zutiefst [tsu'ti:fst] *adv* deeply; **~ verärgert** furious

zu|tragen *irreg* **I.** *vt* (*geh*) ■**jdm etw** ~ ❶ (*übermitteln*) to report sth to sb ❷ (*hintragen*) to carry sth to sb **II.** *vr* (*geh*) ■**sich** ~ to happen

zu|trauen *vt* **jdm viel Mut** ~ to believe sb has great courage; **sich** *dat* **nichts** ~ to have no self-confidence; **sich** *dat* **zu viel** ~ to take on too much; **das hätte ich dir nie zugetraut!** I would never have expected that from you!

Zutrauen <-s> *nt kein pl* confidence (**zu** +*dat* in)

zutraulich ['tsu:traulɪç] *adj* trusting; *Hund* friendly

zu|treffen *vi irreg* ❶ (*richtig sein*) to be correct; (*wahr sein*) to be true; ■**es trifft zu, dass ...** it is true that ... ❷ (*anwendbar sein*) ■**auf jdn [nicht]** ~ to [not] apply to sb; **genau auf jdn** ~ *Beschreibung* to fit sb['s description] perfectly

zutreffend **I.** *adj* ❶ (*richtig*) correct; **Z~es bitte ankreuzen** tick [*or* AM mark] where applicable ❷ (*anwendbar*) **eine auf jdn ~e Beschreibung** a description fitting that of sb **II.** *adv* correctly

Zutritt *m kein pl* admission (**zu** +*dat* to); (*Zugang*) access; **[keinen] ~ zu etw** *dat* **haben** to [not] be admitted to sth; **~ verboten!** [*o* **kein ~!**] no admittance

Zutun *nt* **ohne jds** ~ (*ohne jds Hilfe*) without sb's help; (*ohne jds Schuld*) through no fault of sb's own

zuungunsten [tsu'ʔʊngʊnstn̩] **I.** *präp* +*gen* to the disadvantage of **II.** *adv* **~ einer S.** *gen*/**von jdm** to the disadvantage of sth/sb

zuunterst [tsu'ʔʊntɐst] *adv* right at the bottom; **ganz** ~ at the very bottom

zuverlässig ['tsu:fɛɐ̯lɛsɪç] *adj* reliable

Zuverlässigkeit <-> *f kein pl* reliability

Zuversicht <-> ['tsu:fɛɐ̯zɪçt] *f kein pl* confidence; **voller** ~ full of confidence

zuversichtlich *adj* confident

zuvor [tsu'fo:ɐ̯] *adv* before; (*zunächst*) beforehand; **im Jahr** ~ the year before; **noch nie** ~ never before

zuvor|kommen *vi irreg sein* ❶ (*schneller handeln*) ■**jdm** ~ to beat sb to it ❷ (*verhindern*) ■**einer S.** *dat* ~ to forestall

zuvorkommend **I.** *adj* (*gefällig*) accommodating; (*höflich*) courteous **II.** *adv* (*gefällig*) obligingly; (*höflich*) courteously

Zuvorkommenheit <-> *f kein pl* courtesy

Zuwachs <-es, Zuwächse> ['tsu:vaks, *pl* 'tsu:vɛksə] *m* increase

zu|wachsen *vi irreg sein* ❶ (*überwuchert werden*) to become overgrown ❷ *Wunde* to heal [over [*or* up]]

Zuwachsrate *f* growth rate

Zuwanderer, Zuwanderin *m, f* immigrant

zu|wandern *vi sein* to immigrate

Zuwanderung *f* immigration

zuwege, zu Wege [tsu've:gə] *adv* **gut ~ sein** to be in good health; **etw ~ bringen** to achieve sth

zuweilen [tsu'vailən] *adv* (*geh*) occasionally; (*öfter*) sometimes

zu|weisen *vt irreg* ■**jdm etw** ~ *Aufgabe* to assign sth to sb

Zuweisung <-, -en> *f* allocation

zu|wenden *irreg* **I.** *vt* **jdm das Gesicht** ~ to turn one's face towards sb; **jdm den Rücken** ~ to turn one's back on sb; **einer S.** *dat* **seine Aufmerksamkeit** ~ to turn one's attention to sth **II.** *vr* ■**sich jdm/einer S.** ~ to devote oneself to sb/sth; **wollen wir uns dem nächsten Thema ~?** shall we go on to the next topic?

Zuwendung *f* ❶ *kein pl* (*intensive Hinwendung*) love and care ❷ (*Geld*) [financial] contribution

zu|werfen *vt irreg* ① (*hinwerfen*) ■ **jdm/einem Tier etw ~** to throw sth to sb/an animal; **jdm einen Blick ~** to cast a glance at sb ② (*zuschlagen*) *eine Tür* to slam [shut]

zuwider[1] [tsuˈviːdɐ] *adv* ■ **jdm ist jd/etw ~** sb finds sb/sth unpleasant; (*stärker*) sb loathes sb/sth

zuwider[2] [tsuˈviːdɐ] *präp* ■ **einer S.** *dat* **~** contrary to sth; **allen Verboten ~** in defiance of all bans

zuwider|handeln [tsuˈviːdɐhandl̩n] *vi* (*geh*) ■ **einer S.** *dat* **~** to act against sth

zu|winken *vi* ■ **jdm ~** to wave to sb

zu|ziehen *irreg* **I.** *vt haben* ① *Schnur* to tighten ② *Gardinen* to draw; *Tür* to pull ③ *Experten, Gutachter* to consult **II.** *vr haben* ① (*erleiden*) **sich** *dat* **eine Krankheit ~** to catch an illness; **sich** *dat* **eine Verletzung ~** to sustain an injury *form* ② (*einhandeln*) **sich** *dat* **jds Zorn ~** to incur sb's wrath *form* ③ (*sich eng zusammenziehen*) ■ **sich ~** to tighten **III.** *vi sein* to move into the area

zuzüglich [ˈtsuːtsyːglɪç] *präp* ■ **~ einer S.** *gen* plus sth

zu|zwinkern *vi* ■ **jdm ~** to wink at sb

zwang [tsvaŋ] *imp von* **zwingen**

Zwang <-[e]s, Zwänge> [tsvaŋ, *pl* ˈtsvɛŋə] *m* ① (*Gewalt*) force; (*Druck*) pressure; **gesellschaftliche Zwänge** social constraints; **~ auf jdn ausüben** to exert pressure on sb ② (*Notwendigkeit*) compulsion; **aus ~** out of necessity ▸ WENDUNGEN: **tu dir keinen ~ an** (*fam*) feel free [to do sth]

zwängen [ˈtsvɛŋən] *vt* **Sachen in einen Koffer ~** to cram things into a case; **sich durch die Menge ~** to force one's way through the crowd

zwanghaft *adj* compulsive; (*besessen*) obsessive

zwanglos **I.** *adj* (*ungezwungen*) casual; (*ohne Förmlichkeit*) informal **II.** *adv* (*ungezwungen*) casually; (*ohne Förmlichkeit*) informally

Zwangsarbeit *f kein pl* hard labour **Zwangseinweisung** *f* compulsory hospitalization **Zwangsernährung** *f* force-feeding *no indef art* **Zwangshandlung** *f* compulsive act **Zwangsjacke** *f* strai[gh]tjacket **Zwangslage** *f* predicament; **in eine ~ geraten** to get into a predicament

zwangsläufig **I.** *adj* inevitable **II.** *adv* inevitably; **dazu musste es ja ~ kommen** it had to happen

Zwangsmaßnahme *f* compulsory measure **Zwangsräumung** *f* eviction **zwangsverordnet** [tsvaŋsfɛɐ̯ˈɔrdnət] *adj* decreed by law **Zwangsversteigerung** *f* compulsory sale **Zwangsvorstellung** *f* obsession

zwangsweise **I.** *adj* compulsory **II.** *adv* compulsorily

zwanzig [ˈtsvantsɪç] *adj* twenty; *s. a.* **achtzig 1, 2**

Zwanziger[1] <-s, -> [ˈtsvantsɪgɐ] *m* ① (*fam*) twenty-euro note ② SCHWEIZ twenty-rappen coin

Zwanziger[2] [ˈtsvantsɪgɐ] *pl* ■ **die ~** the twenties; (*geschrieben a.*) the 20[']s; **in den ~n sein** to be in one's twenties

Zwanzigerjahre *pl* ■ **die ~** the twenties; (*geschrieben a.*) the 20[']s

zwanzigfach *adj* twentyfold, twenty times

zwanzigjährig, 20-jährig [ˈtsvantsɪçjɛːrɪç] *adj* twenty-year-old *attr,* twenty years old *pred*

zwanzigste(r, s) [ˈtsvantsɪçstə, -stɐ, -stəs] *adj* ① (*an zwanzigster Stelle*) twentieth; *s. a.* **achte(r, s) 1** ② (*Datum*) twentieth, 20th; *s. a.* **achte(r, s) 2**

zwar [tsvaːɐ̯] *adv* (*einschränkend*) **sie ist ~ 47, sieht aber wie 30 aus** although she's 47, she looks like 30; **das mag ~ stimmen, aber ...** that may be true, but ...; ■ **und ~** namely

Zweck <-[e]s, -e> [tsvɛk] *m* ① (*Verwendungszweck*) purpose; **ein guter ~** a good cause; **seinen ~ erfüllen** to serve its/one's purpose ② (*Absicht*) aim; **seinen ~ verfehlen** to fail to achieve its/one's object; **einem bestimmten ~ dienen** to serve a particular aim; **zu welchem ~?** for what purpose? ③ (*Sinn*) point; **das hat doch alles keinen ~!** there's no point in any of that ▸ WENDUNGEN: **der ~ heiligt die Mittel** (*prov*) the end justifies the means

zweckdienlich *adj* (*nützlich*) useful; (*angebracht*) appropriate

Zwecke <-, -n> [ˈtsvɛkə] *f* DIAL (*Nagel*) nail; (*Reißzwecke*) drawing pin BRIT, thumbtack AM

zweckentfremden* *vt* to use for another purpose **Zweckgemeinschaft** *f* partnership of convenience

zwecklos *adj* futile

Zwecklosigkeit <-> *f kein pl* futility

zweckmäßig *adj* ① (*geeignet*) suitable ② (*sinnvoll*) appropriate

Zweckmäßigkeit <-, -en> *f* usefulness

zwecks [tsvɛks] *präp* (*geh*) ■ **~ einer S.** *gen* for the purpose of sth

zweckwidrig *adj* inappropriate

zwei [tsvai̯] *adj* two; *s. a.* **acht**[1]

zweibändig *adj* two-volume *attr,* in two volumes *pred*

zweifeln

Zweifel ausdrücken	expressing doubt
Ich bin mir da nicht so sicher.	**I'm not so sure about that.**
Es fällt mir schwer, das zu glauben.	**I find that hard to believe.**
Das kaufe ich ihm nicht ganz ab. *(fam)*	**I don't quite buy his story.** *(fam)*
So ganz kann ich da nicht dran glauben.	**I cannot really believe that.**
Ich weiß nicht so recht.	**I don't really know.**
Ob die Kampagne die gewünschten Ziele erreichen wird, **ist (mehr als) zweifelhaft.**	**It is (more than) doubtful** whether the campaign will achieve the desired aims.
Ich hab da so meine Zweifel, ob er es wirklich ernst gemeint hat.	**I have my doubts as to whether** he really was serious about it/that.
Ich glaube kaum, dass wir noch diese Woche damit fertig werden.	**I very much doubt (that)** we will finish this week.

Zweibettzimmer *nt* double room

zweideutig ['tsvaidɔytɪç] **I.** *adj* ambiguous; (*anrüchig*) suggestive **II.** *adv* ambiguously; (*anrüchig*) suggestively

Zweideutigkeit <-, -en> *f* ambiguity

zweidimensional **I.** *adj* two-dimensional **II.** *adv* in two dimensions

Zweidrittelmehrheit *f* two-thirds majority; **mit ~** with a two-thirds majority

zweieinhalb ['tsvaiʔain'halp] *adj* two-and-a-half

Zweier <-s, -> ['tsvaiɐ] *m* (*fam*) ❶ (*Zweicentstück*) two-cent coin ❷ SCH (*Note gut*) ≈ B

Zweierbeziehung *f* relationship **Zweierbob** *m* two-man bob

zweierlei ['tsvaiɐ'lai] *adj attr* two [different]; **mit ~ Maß messen** to apply double standards; *s. a.* **achterlei**

Zweieurostück *nt* two-euro coin

zweifach, 2fach ['tsvaifax] **I.** *adj* **die ~e Menge** twice as much; **in ~er Ausfertigung** in duplicate **II.** *adv* **etw ~ ausfertigen** to issue sth in duplicate

Zweifamilienhaus [tsvaifa'mi:li̯ənhaus] *nt* two-family house

zweifarbig ['tsvaifarbɪç] **I.** *adj* two-colour [*or* AM -or]; **eine ~e Lackierung** two-tone paint **II.** *adv* **etw ~ drucken** to print sth in two colours [*or* AM -ors]; **etw ~ lackieren** to give sth a coat of two-tone paint

Zweifel <-s, -> ['tsvaifl̩] *m* doubt; **darüber besteht kein ~** there can be no doubt about that; **da habe ich meine ~!** I'm not sure about that!; **jdm kommen ~** sb begins to doubt; **es steht außer ~, dass ...** it is beyond [all] doubt that ...

zweifelhaft *adj* ❶ (*anzuzweifeln*) doubtful ❷ (*pej*) dubious

zweifellos ['tsvaifl̩lo:s] *adv* undoubtedly

zweifeln ['tsvaifl̩n] *vi* ■ **an jdm/etw ~** to doubt sb/sth; ■ **[daran] ~, ob ...** to doubt whether ...; **ich habe keine Minute gezweifelt, dass ...** I did not doubt for a minute that ...

Zweifelsfall *m* ■ **im ~** if in doubt **zweifelsfrei** *adj* without doubt *pred*, unambiguous

zweifelsohne [tsvaifl̩s'ʔo:nə] *adv* (*geh*) *s.* **zweifellos**

Zweig <-[e]s, -e> [tsvaik] *m* ❶ (*Ast*) branch; (*kleiner*) twig ❷ (*Sparte*) branch ▸ WENDUNGEN: **auf keinen <u>grünen</u> ~ kommen** (*fam*) to get nowhere

zweigleisig ['tsvaiglaizɪç] **I.** *adj* double-track *attr* **II.** *adv* ❶ on two tracks ❷ (*fig*) **~ fahren** to follow a dual-track policy

Zweigniederlassung *f* subsidiary **Zweigstelle** *f* branch office

zweihändig ['tsvaihɛndɪç] *adj* two-handed

zweihundert ['tsvai'hʊndɐt] *adj* two hundred

zweijährig, 2-jährig *adj* ❶ (*Alter*) two-year-old *attr*, two years old *pred*; *s. a.* **achtjährig 1** ❷ (*Zeitspanne*) two-year *attr*, two years *pred*; *s. a.* **achtjährig 2**

Zweikammersystem [tsvai'kamɐzʏste:m] *nt* JUR two-chamber system

Zweikampf *m* duel

Zweiklassengesellschaft *f* SOZIOL, POL divided society

zweimal, 2-mal ['tsvaima:l] *adv* twice, two times; **sich** *dat* **etw nicht ~ sagen lassen** to not need telling twice; **sich** *dat* **etw ~**

überlegen to think over *sep* sth carefully; *s. a.* **achtmal**

zweimalig ['tsva͜imaːlɪç] *adj* two times over

zweimotorig *adj* twin-engined; **~ sein** to have twin engines

Zweiparteiensystem *nt* two-party system

zweipolig *adj* bipolar

Zweirad *nt* (*Fahrrad*) [bi]cycle; (*Motorfahrrad*) motorcycle

zweireihig ['tsva͜ira͜iɪç] *adj Anzug* double-breasted

Zweisamkeit <-, -en> ['tsva͜izaːm-] *f* (*geh*) togetherness

zweischneidig ['tsva͜iʃna͜idɪç] *adj* two-edged ▶WENDUNGEN: **ein ~es Schwert** a double-edged sword

zweiseitig *adj* two-page *attr*, of two pages *pred*; **~ sein** to be two pages

zweispaltig *adj* double-column[ed] *attr*, in two columns *pred*

zweisprachig ['tsva͜iʃpraːxɪç] **I.** *adj* bilingual **II.** *adv* **~ erzogen sein** to be brought up speaking two languages

Zweisprachigkeit <-> *f kein pl* bilingualism *form*

zweispurig *adj* two-lane *attr*; ■**~ sein** to have two lanes

zweistellig *adj* two-digit *attr*, with two digits *pred*

zweistimmig **I.** *adj* two-part *attr*, for two voices *pred* **II.** *adv* **etw ~ singen** to sing sth in two parts

Zweistromland *nt kein pl* ■**das ~** Mesopotamia

zweistündig, 2-stündig ['tsva͜iʃtʏndɪç] *adj* two-hour *attr*, lasting two hours *pred*

zweit [tsva͜it] *adv* **wir sind zu ~** there are two of us

zweitägig, 2-tägig *adj* two-day *attr*

Zweitaktmotor *m* two-stroke engine

zweitälteste(r, s) *adj attr* second oldest [*or* eldest]

zweitausend ['tsva͜i'ta͜uzn̩t] *adj* two thousand

Zweitausender *m* mountain over 2,000 metres

Zweitausfertigung <-, -en> *f* ① *kein pl* (*das Ausfertigen*) duplication ② (*Ausgefertigtes*) duplicate

zweitbeste(r, s) ['tsva͜it'bɛstə, -'bɛstɐ, -'bɛstəs] *adj* second best; ■**Z~[r] werden** to come second best

zweite(r, s) ['tsva͜itə, 'tsva͜itɐ, 'tsva͜itəs] *adj* ① (*an zweiter Stelle*) second; *s. a.* **achte(r, s) 1** ② (*Datum*) second, 2nd; *s. a.* **achte(r, s) 2**

Zweiteiler <-s, -> *m* ① MODE two-piece; (*Badeanzug a.*) bikini ② TV, RADIO two-parter

zweiteilig ['tsva͜ita͜ilɪç] *adj* in two parts

zweitens ['tsva͜itn̩s] *adv* secondly; (*bei Aufzählung a.*) second

zweitgrößte(r, s) *adj attr* second-biggest; *Mensch a.* second-tallest

zweitklassig *adj* (*pej*) second-rate

zweitletzte(r, s) ['tsva͜itlɛtstə] *adj* penultimate

zweitrangig *adj s.* **zweitklassig**

Zweitschlüssel *m* duplicate key **Zweitstimme** *f* second vote

Zweitürer *m* two-door car

Zweitwagen *m* second car **Zweitwohnung** *f* second home

zweiwöchig *adj* two-week *attr*, of two weeks *pred*; **von ~er Dauer sein** to last/take two weeks

Zweizeiler *m* ① (*Gedicht*) couplet ② (*Text aus zwei Zeilen*) two-line text

zweizeilig *adj* ① (*aus zwei Zeilen bestehend*) two-line *attr*, of two lines *pred*; ■**~ sein** to have two lines ② TYPO **mit ~em Abstand** double-spaced

Zweizimmerwohnung *f apartment with two rooms excluding kitchen and bathroom*

Zwerchfell ['tsvɛrçfɛl] *nt* diaphragm

Zwerg(in) <-[e]s, -e> [tsvɛrk, *pl* 'tsvɛrgə] *m(f)* dwarf

zwergenhaft *adj* dwarfish; (*auffallend klein*) tiny

Zwerghuhn *nt* bantam

Zwergin <-, -nen> ['tsvɛrgɪn] *f fem form von* **Zwerg**

Zwergwuchs *m* dwarfism

Zwetschge <-, -n> ['tsvɛtʃgə] *f* damson

Zwetschgenmus *nt* plum jam **Zwetschgenwasser** *nt* plum brandy

Zwickel <-s, -> ['tsvɪkl̩] *m* MODE gusset

zwicken ['tsvɪkn̩] *vi, vt* to pinch

Zwicker <-s, -> ['tsvɪkɐ] *m* ÖSTERR, SÜDD (*Kneifer*) pince-nez

Zwickmühle *f* ▶WENDUNGEN: **in der ~ sein** (*fam*) to be in a dilemma

Zwieback <-[e]s, -e *o* -bäcke> ['tsviːbak, *pl* -bɛkə] *m* rusk

Zwiebel <-, -n> ['tsviːbl̩] *f* ① (*Gemüse*) onion ② (*Blumenzwiebel*) bulb

zwiebelförmig *adj* onion-shaped

Zwiebelgewächs *nt* bulbiferous plant **Zwiebelkuchen** *m* onion tart **Zwiebelring** *m* onion ring **Zwiebelsuppe** *f* onion soup **Zwiebelturm** *m* cupola

Zwiegespräch *nt* (*geh*) tête-à-tête

Zwielicht ['tsviːlɪçt] *nt kein pl* twilight

zwielichtig *adj* (*pej*) dubious

Zwiespalt ['tsviːʃpalt] *m kein pl* (*geh*) conflict

zwiespältig ['tsviːʃpɛltɪç] *adj* conflicting; *Charakter* ambivalent; *Gefühle* mixed

Zwietracht <-> ['tsviːtraxt] *f kein pl* (*geh*) discord

Zwilling <-s, -e> ['tsvɪlɪŋ] *m* ❶ (*meist pl*) twin ❷ *pl* ASTROL Gemini; **[ein] ~ sein** to be [a] Gemini

Zwillingsbruder *m* twin brother **Zwillingspaar** *nt* twins *pl* **Zwillingsschwester** *f* twin sister

Zwinge <-, -n> ['tsvɪŋə] *f* TECH [screw] clamp

zwingen <zwang, gezwungen> ['tsvɪŋən] **I.** *vt* to force; **ich lasse mich nicht [dazu] ~** I won't be forced [into [doing] it]; ■**gezwungen sein, etw zu tun** to be forced into [doing] sth **II.** *vr* ■**sich zu etw** *dat* **~** to force oneself to do sth

zwingend **I.** *adj* urgent; *Gründe* compelling **II.** *adv* **sich ~ ergeben** to follow conclusively

Zwinger <-s, -> ['tsvɪŋɐ] *m* cage

zwinkern ['tsvɪŋkɐn] *vi* to blink; **[mit einem Auge] ~** to wink; **freundlich ~** to give [sb] a friendly wink

zwirbeln ['tsvɪrbl̩n] *vt* ■**etw ~** to twirl sth [between one's finger and thumb]

Zwirn <-s, -e> [tsvɪrn] *m* thread

zwischen ['tsvɪʃn̩] *präp* ❶ +*dat* (*räumlich: zwischen 2 Personen, Dingen*) between; (*zwischen mehreren: unter*) among[st] ❷ +*dat* (*zeitlich*) between; **~ Weihnachten und Neujahr** between Christmas and New Year ❸ +*dat* (*Beziehung*) **~ dir und mir** between you and me

Zwischenaufenthalt *m* stopover **Zwischenbemerkung** *f* interruption **Zwischenbericht** *m* interim report **Zwischenbilanz** *f* FIN interim balance **Zwischendeck** *nt* 'tween decks *pl* **Zwischending** *nt s.* **Mittelding**

zwischendrin [tsvɪʃn̩'drɪn] *adv* ❶ (*räumlich*) amongst ❷ (*fam: zeitlich*) in between [times]

zwischendurch [tsvɪʃn̩'dʊrç] *adv* ❶ *zeitlich* in between times ❷ *örtlich* in between [them]

Zwischenergebnis *nt* interim result; *Untersuchung a.* interim findings *pl* **Zwischenfall** *m* ❶ (*unerwartetes Ereignis*) incident ❷ *pl* (*Ausschreitungen*) serious incidents **Zwischenfrage** *f* question [thrown in] **Zwischengröße** *f* in-between size **Zwischenhalt** *m* SCHWEIZ stopover **Zwischenhändler(in)** *m(f)* middleman **Zwischenlager** *nt* temporary store; (*für Produkte*) intermediate store **zwischenlagern** *vt* to store [temporarily] **Zwischenlagerung** *f* temporary storage; TYPO buffer [*or* intermediate] storage **zwischenlanden** *vi sein* to stop over **Zwischenlandung** *f* stopover **Zwischenmahlzeit** *f* snack [between meals] **zwischenmenschlich** *adj* interpersonal **Zwischenprüfung** *f* intermediate exam[ination *form*] (*on completion of an obligatory set of studies*) **Zwischenraum** *m* ❶ (*Lücke*) gap ❷ (*zeitlicher Intervall*) interval **Zwischenruf** *m* interruption; ■**~e** heckling **Zwischenrunde** *f* SPORT intermediate round **zwischenspeichern** *vt* INFORM to buffer **Zwischenspiel** *nt* ❶ MUS (*Interludium*) interlude ❷ MUS (*instrumentale Überleitung zwischen Strophen*) intermezzo ❸ LIT (*Episode*) interlude **zwischenstaatlich** *adj attr* international; (*bundesstaatlich*) interstate **Zwischenstadium** *nt* intermediate stage **Zwischenstation** *f* stop; **in einer Stadt ~ machen** to stop off in a town **Zwischenstecker** *m* ELEK adapter [plug] **Zwischenstopp** *m* <-s, -s> AUTO stop-off **Zwischenstück** *nt* connecting piece **Zwischensumme** *f* subtotal **Zwischenwand** *f* dividing wall; (*Stellwand*) partition **Zwischenzeit** *f* ■**in der ~** [in the] meantime **zwischenzeitlich** *adv* meanwhile **Zwischenzeugnis** *nt* ❶ (*vorläufiges Arbeitszeugnis*) interim reference ❷ (*vorläufiges Schulzeugnis*) end of term report

Zwist <-es, -e> [tsvɪst] *m* (*geh*) discord

zwitschern ['tsvɪtʃɐn] *vi, vt* to twitter, to chir[ru]p

Zwitter <-s, -> ['tsvɪtɐ] *m* hermaphrodite

zwitterhaft *adj* hermaphroditic

zwo [tsvoː] *adj* (*fam*) two

zwölf [tsvœlf] *adj* twelve; *s. a.* **acht**[1]

Zwölffingerdarm [tsvœlf'fɪŋɐdarm] *m* duodenum

Zwölfkampf *m* SPORT twelve-exercise event

zwölfte(r, s) ['tsvœlftə, 'tsvœlftɐ, 'tsvœlftəs] *adj attr* ❶ (*an zwölfter Stelle*) twelfth; *s. a.* **achte(r, s) 1** ❷ (*Datum*) twelfth, 12th; *s. a.* **achte(r, s) 2**

Zwölftonmusik ['tsvœlftoːnmuziːk] *f* twelve-tone music

Zyanid <-s, -e> [tsy̆a'niːt] *nt* cyanide

Zyankali <-s> [tsy̆aːnkaːli] *nt kein pl* potassium cyanide

zyklisch ['tsyːklɪʃ] *adj* cyclical

Zyklon <-s, -e> [tsy'kloːn] *m* cyclone

Zyklop <-en, -en> [tsy'kloːp] *m* Cyclops

Zyklus <-, Zyklen> ['tsyːklʊs, *pl* 'tsyːklən] *m* cycle; *von Vorträgen* series

Zylinder <-s, -> [tsi'lɪndɐ] *m* ❶ MATH, TECH

cylinder ❷ (*Hut*) top hat

zylinderförmig *adj s.* **zylindrisch**

Zylinderkopf *m* cylinder head **Zylinderkopfdichtung** *f* [cylinder] head gasket

zylindrisch [tsiˈlɪndrɪʃ] *adj* cylindrical

Zyniker(in) <-s, -> [ˈtsyːnikɐ] *m(f)* cynic

zynisch [ˈtsyːnɪʃ] **I.** *adj* cynical **II.** *adv* cynically; ~ **grinsen** to give a cynical grin

Zynismus <-, -ismen> [tsyˈnɪsmʊs, *pl* -ˈnɪsmən] *m* ❶ *kein pl* (*zynische Art*) cynicism ❷ (*zynische Bemerkung*) cynical remark

Zypern [ˈtsyːpɐn] *nt* Cyprus; *s. a.* **Deutschland**

Zyprer(in) <-s, -> [ˈtsyːprɐ] *m(f)* Cypriot; *s. a.* **Deutsche(r)**

Zypresse <-, -n> [tsyˈprɛsə] *f* cypress

Zyprier(in) <-s, -> [ˈtsyːpriɐ] *m(f) s.* **Zyprer**

zyprisch [ˈtsyːprɪʃ] *adj* Cypriot; *s. a.* **deutsch**

Zyste <-, -n> [ˈtsʏstə] *f* cyst

z.Z(t). *Abk von* **zur Zeit** at the moment

Anhang

Appendix

Anhang

Appendix

Englische Kurzgrammatik
Brief guide to English grammar

Englische Kurzgrammatik
Brief guide to English grammar

1. Substantiv (Hauptwort)

Das Geschlecht der Substantive

Im Englischen gibt es, wie im Deutschen, drei grammatische Geschlechter:

- Männliche Personen heißen **maskulin**.
- Weibliche Personen heißen **feminin**.
- Alles andere heißt **sächlich**.

Da es jedoch nur einen Artikel gibt (***a/an, the***), erkennt man das Geschlecht nur am Pronomen (persönliches Fürwort):

a/the girl	**she/her**
a/the boy	**he/him**
a/the CD	**it**

The girl bought **a new CD**. **She** played **it** for **a boy**. **The boy** thought **it** was cool. **He** bought **it** too.

Babys und Tiere werden als sächlich behandelt, es sei denn, man kennt ihr Geschlecht:

A strange **dog** came into the garden and I chased **it** out.	*Ein fremder Hund kam in den Garten, und ich habe ihn rausgejagt.*
I called my **dog, Rex,** and **he** came running.	*Ich habe meinen Hund, Rex, gerufen, und er kam angelaufen.*
I made a funny face at **a baby** and **it** smiled at me.	*Ich habe vor dem Baby Gesichter geschnitten, und es hat mich angelächelt.*
We have **a** new **baby** – **she**'s called Karen.	*Wir haben ein neugeborenes Baby, sie heißt Karen.*

Die Pluralbildung der Substantive

Im **Plural** (Mehrzahl) wird an das Hauptwort ein ***-s*** angehängt:

cloud – cloud**s**	*Wolke – Wolken*
dog – dog**s**	*Hund – Hunde*
shoe – shoe**s**	*Schuh – Schuhe*
play – play**s**	*Spiel – Spiele*
book – book**s**	*Buch – Bücher*
cake – cake**s**	*Kuchen – Kuchen*
cat – cat**s**	*Katze – Katzen*

Bei Wörtern die mit ***-s, -ss, -sh, -ch, -x, -z*** enden, wird ***-es angehängt***.

bus – bus**es**	*Bus – Busse*
boss – boss**es**	*Boss – Bosse*
brush – brush**es**	*Bürste – Bürsten*
church – church**es**	*Kirche – Kirchen*
box – box**es**	*Schachtel – Schachteln*

Endet ein Wort mit *-y* nach einem Konsonanten, so wird diese Endung umgewandelt zu *-ies:*

bod**y** – bod**ies**	*Körper – Körper*
fl**y** – fl**ies**	*Fliege – Fliegen*
lad**y** – lad**ies**	*Dame – Damen*
stor**y** – stor**ies**	*Geschichte – Geschichten*

Ausnahmen:

boy – boy**s**	*Junge – Jungen*
monkey – monkey**s**	*Affe – Affen*
day – day**s**	*Tag – Tage*
play – play**s**	*Spiel – Spiele*
way – way**s**	*Weg – Wege*

Wörter die mit *-o* nach einem Konsonanten enden, erhalten oft *-es* am Ende:

hero – her**oes**	*Held – Helden*
potato – potat**oes**	*Kartoffel – Kartoffeln*
tomato – tomat**oes**	*Tomate – Tomaten*
volcano – volcan**oes**	*Vulkan – Vulkane*

Bei manchen Wörtern ist *-es* oder *-s* möglich:

mosquito – mosquit**oes** or mosquit**os**	*Fliege – Fliegen*
zero – zer**oes** or zer**os**	*Null – Nullen*

Aber die meisten bekommen einfach ein zusätzliches *-s*:

radio – radi**os**	*Radio – Radios*
studio – studi**os**	*Studio – Studios*
video – vide**os**	*Video – Videos*

Einige auf *-f* oder *-fe* endende Wörter erhalten im Plural die Endung *-ves*:

hal**f** – hal**ves**	*Hälfte – Hälften*
lea**f** – lea**ves**	*Blatt – Blätter*
shel**f** – shel**ves**	*Regal – Regale*
wi**fe** – wi**ves**	*Frau – Frauen*
kni**fe** – kni**ves**	*Messer – Messer*
thie**f** – thie**ves**	*Dieb – Diebe*
wol**f** – wol**ves**	*Wolf – Wölfe*

Manche Wörter ändern beim Übergang vom Singular zum Plural ihre Vokale:

child – children	*Kind – Kinder*
man – men	*Mann – Männer*
goose – geese	*Gans – Gänse*
woman – women	*Frau – Frauen*
mouse – mice	*Maus – Mäuse*
foot – feet	*Fuß – Füße*

Viele Tierbezeichnungen bleiben in der Mehrzahl unverändert:

a bison	two **bison**	*ein Bison*	*zwei Bisons*
a deer	three **deer**	*ein Reh*	*drei Rehe*
a sheep	four **sheep**	*ein Schaf*	*vier Schafe*
salmon	five **salmon**	*ein Lachs*	*fünf Lachse*

Die vier Fälle (Nominativ, Akkusativ, Dativ, Genitiv)

Nominativ und Akkusativ (*direct object*) haben dieselbe Form:

The song is totally cool.	*Der Song ist total cool.*
The story was weird.	*Die Geschichte war unheimlich.*
He petted **the dog.**	*Er streichelte den Hund.*
Please pass **the ketchup.**	*Bitte gib mal den Ketchup rüber.*
We need **a break.**	*Wir brauchen eine Pause.*
Give **the cat** its dinner.	*Gib der Katze ihr abendliches Futter.*

Der Dativ (*indirect object*) kann mit oder ohne ***to*** gebildet werden:

I sent an email to Barbara. *oder* I sent Barbara an email.	*Ich habe eine E-Mail an Barbara geschickt.* *oder* *Ich habe Barbara eine E-Mail geschickt.*

Der Genitiv kann gebildet werden mit ***of*** oder mit ***'s*** (sächsischer Genitiv); im Allgemeinen wird die Form mit ***of*** für Gegenstände verwendet und der Genitiv mit ***'s*** für Personen:

What is the name **of** the hotel?	*Wie ist der Name des Hotels/von dem Hotel?*
What is George**'s** sister doing?	*Was macht Georgs Schwester?*
What is the baby**'s** name?	*Wie ist der Name des Babys/von dem Baby?*

Im Unterschied zum Deutschen wird bei Ausdrücken wie den Folgenden immer ***of*** verwendet:

a glass **of** water	*ein Glas Wasser*
a pair **of** jeans	*eine Jeans*
the city **of** London	*die Stadt London*
a piece **of** paper	*ein Stück Papier*
a herd **of** cattle	*eine Viehherde*
the Isle **of** Wight	*die Insel Wight*

Wörter wie ***shop, surgery, church, cathedral, house*** werden nach dem sächsischen Genitiv oft weggelassen:

at the grocer**'s** (*anstatt:* at the grocer's shop)	*beim Lebensmittelhändler*
at the dentist**'s** (*anstatt:* at the dentist's surgery)	*beim Zahnarzt*
a visit to St. Paul**'s** (*anstatt:* St. Paul's Cathedral)	*ein Besuch der St. Pauls Kathedrale*
at John**'s** (*anstatt:* John's house)	*bei John zu Hause*

2. Adjektiv (Eigenschaftswort)

Der Adjektiv bleibt nach Geschlecht und Zahl immer unverändert:

a **nice** postman	*ein netter Postbote*
a **cool** song	*ein cooler Song*
three **nice** postmen	*drei nette Postboten*
some **cool** songs	*ein paar coole Songs*

Steigerung von Adjektiven

Einsilbige Adjektive steigert man durch das Anhängen von -***er*** oder -***est:***

clean, clean**er**, clean**est**	*sauber, sauberer, am saubersten*

Einsilbige Adjektive, die mit -***e*** enden, werden mit -***r*** und -***st*** gesteigert:

saf**e**, safe**r**, safe**st**	*sicher, sicherer, am sichersten*

Bei einsilbigen Adjektiven mit Endbuchstaben ***-d, -g, -n, -t*** werden diese bei der Steigerung verdoppelt, wenn ihnen ein kurzes, betontes ***a, e, i, o*** vorausgeht:

big, bi**gger**, bi**ggest**	*groß, größer, am größten*
hot, ho**tter**, ho**ttest**	*heiß, heißer, am heißesten*
hi**p**, hi**pper**, hi**ppest**	*hip, hipper, am hippsten*

Bei zweisilbigen Adjektiven, die mit -***y*** enden, wird dieses zu -***ier*** und -***iest:***

happ**y**, happ**ier**, happ**iest**	*glücklich, glücklicher, am glücklichsten*

Einige zweisilbige Adjektive, die mit -***le*** enden, erhalten zur Steigerung ein -***r*** und -***st:***

gent**le**, gent**ler**, gent**lest**	*sanft, sanfter, am sanftesten*
simp**le**, simp**ler**, simp**lest**	*einfach, einfacher, am einfachsten*

Einige andere zweisilbige Adjektive bekommen zur Steigerung -***er*** und -***est***.

clever, clever**er**, clever**est**	*klug, klüger, am klügsten*
common, common**er**, common**est**	*häufig, häufiger, am häufigsten*
narrow, narrow**er**, narrow**est**	*eng, enger, am engsten*
loud, loud**er**, loud**est**	*laut, lauter, am lautesten*
quiet, quiet**er**, quiet**est**	*ruhig, ruhiger, am ruhigsten*

Andere zweisilbige und alle mehrsilbigen Adjektive werden mit **more** und **most** gesteigert:

comfortable, **more** comfortable, **most** comfortable	*bequem, bequemer, am bequemsten*
The sofa is **more** comfortable than the chair, and the bed is **the most** comfortable of all.	*Das Sofa ist bequemer als der Stuhl, und das Bett ist am bequemsten.*

Es gibt auch Adjektive mit unregelmäßiger Steigerung:

good, **better, best**	*gut, besser, am besten*
bad, **worse, worst**	*schlecht, schlechter, am schlechtesten*
far, **farther** or **further**	*weit, weiter, am weitesten*
much/many, **more, most**	*viel/viele, mehr, am meisten*
little, **less, least**	*wenig, weniger, am wenigsten*

3. Adverb (Umstandswort)

Adverbien werden gebildet, indem man an ein Adjektiv -***ly*** anhängt:

That rhymes perfect**ly**.	*Das reimt sich perfekt.*
We were total**ly** surprised.	*Wir waren völlig überrascht.*
He did his homework careful**ly**.	*Er hat seine Hausaufgaben mit Sorgfalt gemacht.*
She smiled confident**ly**.	*Sie lächelte zuversichtlich.*

Ein Sonderfall ist ***well***, das Adverb zu ***good***:

She speaks English **well**.	*Sie spricht gut Englisch.*

Adjektive mit der Endung -***y*** bekommen -***ily*** angehängt:

They rushed about happ**ily**, shouting nois**ily**.	*Sie liefen fröhlich herum und riefen sich laut etwas zu.*

Adjektive mit der Endung -***le*** bekommen die Endung -***ly***:

Are you sitting comfortab**ly**?	*Sitzt du bequem?*
You are simp**ly** great!	*Du bist einfach großartig!*

An die Endung -***ic***, wird -***ally*** angehängt:

Josh is phys**ically** fit.	*Josh ist körperlich fit.*
He was mag**ically** transformed into a spider.	*Er wurde durch einen Zauber in eine Spinne verwandelt.*

Es gibt jedoch auch Adverbien die nicht mit -***ly*** gebildet werden:

How **far** can you jump?	*Wie weit kannst du springen?*
How **fast** can you walk?	*Wie schnell kannst du gehen?*
You're doing **fine**.	*Du machst es gut.*
Pull **hard**!	*Zieh kräftig!*
I've **just** missed the bus.	*Ich habe gerade den Bus verpasst.*
You've arrived too **late**.	*Du bist zu spät angekommen.*
Money matters very **little**.	*Geld ist kaum wichtig.*
Have you been waiting **long**?	*Wartest du schon lange?*
You exercise too **much**.	*Du trainierst zu viel.*
The train drew **near**.	*Der Zug kam näher.*
See you **soon**!	*Bis bald!*

Steigerung von Adverbien

Adverbien, die mit -***ly*** enden, werden mit ***more*** und ***most*** gesteigert:

slowly, **more** slowly, **most** slowly	*langsam, langsamer, am langsamsten*

Adverbien, die nicht mit -***ly*** enden, werden mit -***er*** und -***est*** gesteigert:

fast, fast**er**, fast**est**	*schnell, schneller, am schnellsten*

Manche Adverbien besitzen unregelmäßige Steigerungsformen:

badly, **worse, worst**	*schlecht, schlechter, am schlechtesten*
far, **farther** or **further, farthest** or **farthest**	*weit, weiter, am weitesten*
little, **less, least**	*wenig, weniger, am wenigsten*
much, **more, most**	*viel, mehr, am meisten*
well, **better, best**	*gut, besser, am besten*

4. Verb (Zeitwort)

Präsens (einfache Gegenwart)

I	*ich*	knock	hide	stay	go	wash	study
you	*du, Sie*	knock	hide	stay	go	wash	study
he **she** **it**	*er* *sie* *es*	knock**s**	hid**es**	stay**s**	go**es**	wash**es**	stud**ies**
we	*wir*	knock	hide	stay	go	wash	study
you	*ihr, Sie*	knock	hide	stay	go	wash	study
they	*sie*	knock	hide	stay	go	wash	study

- An die 3. Person Singular (***he, she, it***) wird ***-s*** angehängt. Die anderen Formen bleiben unverändert.

- Ein ***-y*** nach einem Konsonanten wird zu ***-ies***:

she stud**ies**	*sie lernt*
he tr**ies**	*er versucht*

- Den Endungen ***-s, -ch, -sh, -x, -z*** wird ***-es*** angehängt:

he wash**es**	*er wäscht*
she pass**es**	*sie geht vorbei*
it fizz**es**	*es sprudelt*

- Der Endung ***-o*** folgt ***-es***:

he go**es**	*er geht*
it echo**es**	*es schallt*

Die einfache Gegenwart wird verwendet für:

- Tatsachen:

The earth **goes** round the sun.	*Die Erde dreht sich um die Sonne.*
I **like** cycling.	*Ich fahre gerne Rad.*

- Gewohnheiten:

I **brush** my teeth after breakfast.	*Ich putze mir nach dem Frühstück die Zähne.*

- Vorhaben:

We **leave** for London next Friday.	*Wir fahren nächsten Freitag nach London.*

Verlaufsform der Gegenwart

Die Verlaufsform gibt an, was gerade geschieht. Sie wird gebildet aus:

am, are, is + Partizip Präsens (Mittelwort der Gegenwart)

Singular (Einzahl)		**Plural** (Mehrzahl)	
I **am** (I'**m**)	*ich bin*	we **are** (we'**re**)	*wir sind*
you **are** (you'**re**)	*du bist*	you **are** (you'**re**)	*ihr seid*
he, she, it **is** (he'**s**, she'**s**, it'**s**)	*er, sie, es ist*	they **are** (they'**re**)	*sie sind*

I **am staying**.	*Ich bleibe (noch).*
You **are smiling**.	*Du lächelst gerade.*
He **is reading**.	*Er liest gerade.*

Das Partizip Präsens entsteht durch Anhängen von ***-ing*** an die Grundform:

walk**ing**	*gehend*
step**ping**	*schreitend*
danc**ing**	*tanzend*
lying	*liegend*
flee**ing**	*flüchtend*
travel**ling**	*reisend*

- Eine Endung mit ***-e*** wird gestrichen:

arriv**e**, arriv**ing**	*ankommen, ankommend*

- Die Endung ***-ie*** ändert sich in ***-y***:

tie, tying	*binden, bindend*

- Bei den meisten einsilbigen Verben wird ein Endkonsonant verdoppelt:

sto**p**, stop**ping**	*halten, haltend*

Die Verlaufsform wird verwendet für:

- Augenblickliches Geschehen:

I'**m watching** TV.	*Ich gucke gerade fern.*
You **are talking** too loudly.	*Du sprichst zu laut.*

- Fortdauerndes Geschehen:

I **am learning** how to drive.	*Ich lerne gerade Autofahren.*
They'**re taking** English in school.	*Sie haben in der Schule Englisch.*

- Geplante Vorhaben:

We **are having** a barbecue tomorrow.	*Wir wollen morgen grillen.*
Sally **is buying** the sausages for it and I **am bringing** the drinks.	*Sally kauft die Würstchen, und ich bringe die Getränke mit.*

Präteritum (einfache Vergangenheit)

Bei den meisten Verben wird die einfache Vergangenheit gebildet, indem man zur Grundform -***ed*** hinzufügt.

I	open**ed**	arrive**d**	stopp**ed**	carr**ied**
you	open**ed**	arrive**d**	stopp**ed**	carr**ied**
he	open**ed**	arrive**d**	stopp**ed**	carr**ied**
she	open**ed**	arrive**d**	stopp**ed**	carr**ied**
it	open**ed**	arrive**d**	stopp**ed**	carr**ied**
we	open**ed**	arrive**d**	stopp**ed**	carr**ied**
you	open**ed**	arrive**d**	stopp**ed**	carr**ied**
they	open**ed**	arrive**d**	stopp**ed**	carr**ied**

- Zur Endung -***e*** wird nur -***d*** angefügt:

agree**d**	*stimmte zu*
arrive**d**	*kam an*

- Ein -***y*** am Ende wird zu ***–ied:***

carr**ied**	*trug*
cr**ied**	*weinte*

- Bei den meisten einsilbigen Zeitwörtern wird der Endkonsonant verdoppelt:

he stop**ped**	*er hielt an*
we drag**ged**	*wir zogen*
she hum**med**	*sie summte*

Die einfache Vergangenheit wird verwendet für:

- vergangene Ereignisse:

They **arrived yesterday**.	*Sie sind gestern angekommen/kamen gestern an.*
We **moved** house **last year**.	*Wir sind letztes Jahr umgezogen/zogen letztes Jahr um.*
Who **invented** the telephone?	*Wer hat das Telefon erfunden/erfand das Telefon?*

- Erzählungen:

Then he **planted** the magic beans.	*Dann pflanzte er die magischen Bohnen.*

Verlaufsform der Vergangenheit

Die Verlaufsform der Vergangenheit wird gebildet mit:
was, were + Partizip Präsens (Mittelwort der Gegenwart)

Singular (Einzahl)		**Plural** (Mehrzahl)	
I **was**	*ich war*	we **were**	*wir waren*
you **were**	*du warst*	you **were**	*ihr wart*
he, she, it **was**	*er, sie, es war*	they **were**	*sie waren*

I **was staying.**	*Ich blieb.*
You **were eating.**	*Du warst beim Essen.*
He **was listening.**	*Er hörte zu.*

Die Verlaufsform der Vergangenheit wird für Tätigkeiten zu einem bestimmten Zeitpunkt in der Vergangenheit verwendet:

What **were** you **doing** at midnight on New Year's Eve?	*Was hast Du an Silvester um Mitternacht gemacht?*
I **was** just **copying** a file when my computer crashed.	*Ich war gerade dabei, eine Datei zu kopieren, als mein Computer abstürzte.*
'You **weren't listening** to me, **were** you?' 'No, sorry, I **wasn't**.'	*‚Du hast mir nicht zugehört, stimmt's?'* *‚Nein, tut mir Leid, hab ich nicht.'*
While he **was eating** lunch, his friends came over.	*Er war gerade beim Mittagessen, als seine Freunde vorbeikamen.*

Perfekt (vollendete Gegenwart)

Das Perfekt wird gebildet mit:
has, have + Partizip Perfekt

Singular (Einzahl)		**Plural** (Mehrzahl)	
I **have** (I'**ve**)	*ich habe*	we **have** (we'**ve**)	*wir haben*
you **have** (you'**ve**)	*du hast*	you **have** (you'**ve**)	*ihr habt*
he, she, it **has** (he'**s**, she'**s**, it's)	*er, sie, es hat*	they **have** (they'**ve**)	*sie haben*

*I **have stayed.***	
*He **has left.***	

Im Gegensatz zum Deutschen wird das **Perfekt** immer mit ***have*** gebildet:

I **have** been busy lately.	*In letzter Zeit war ich sehr beschäftigt.*
Our guests **have** arrived!	*Unsere Gäste sind eingetroffen!*
Joan **has** gone already.	*Joan ist schon gegangen.*

Das Perfekt wird verwendet:

- für Erläuterungen:

I can't pay – I'**ve lost** my purse.	*Ich kann nicht bezahlen – ich habe mein Portemonnaie verloren.*
I'm staying home today – I'**ve caught** a cold.	*Ich bleibe heute zu Hause – ich habe mir eine Erkältung geholt.*

- in Folgerungen:

Jack **has arrived**, so we can begin.	*Jack ist angekommen, also können wir anfangen.*

- mit ***already, just, yet, ever, never, before:***

I'**ve already collected** the mail.	*Ich habe die Post schon geholt.*
We'**ve just finished** our breakfast.	*Wir sind gerade mit dem Frühstück fertig.*
I **haven't finished** my breakfast **yet**.	*Ich habe noch nicht zu Ende gefrühstückt.*
Have you **ever seen** the band live?	*Hast du die Band schon mal live gesehen?*
I'**ve never surfed** the web.	*Ich habe noch nie im Internet gesurft.*
He'**s done** that **before**.	*Er hat das schon mal gemacht.*

Plusquamperfekt (vollendete Vergangenheit)

Das Plusquamperfekt wird gebildet mit:
had + Partizip Perfekt

Singular (Einzahl)		**Plural** (Mehrzahl)	
I **had** (I'**d**)	*ich hatte*	we **had** (we'**d**)	*wir hatten*
you **had** (you'**d**)	*du hattest*	you **had** (you'**d**)	*ihr hattet*
he, she, it **had** (he'**d**, she'**d**, it'**d**)	*er, sie, es hatte*	they **had** (they'**d**)	*sie hatten*

I **had stayed.**	*Ich war geblieben.*
She **had eaten.**	*Sie hatte gegessen.*

Im Gegensatz zum Deutschen wird das Plusquamperfekt stets mit ***had*** gebildet:

I **had** been there before.	*Ich war da schon mal gewesen.*
She **had** gone already by the time you showed up.	*Sie war schon gegangen, als du aufgetaucht bist.*
We **had** just arrived when the film started.	*Wir waren gerade angekommen, als der Film anfing.*

Die Form des Plusquamperfekt benutzt man, um über Ereignisse zu sprechen, die *vor* einem bestimmten Zeitpunkt in der Vergangenheit stattfanden:

'When I **arrived** at the bus stop the bus **had** already **gone**.' – '**Had** it? Bad luck!'	*‚Als ich an der Bushaltestelle ankam, war der Bus schon weg.' -‚Tatsächlich? Pech!'*
I **broke** my new CD player yesterday because I **hadn't read** the instructions.	*Ich habe gestern meinen neuen CD-Player ruiniert, weil ich die Bedienungsanweisung nicht gelesen hatte.*

Futur (Zukunft)

Das Futur wird gebildet mit:
will (***shall*** – nur zusammen mit ***I*** und ***we***) + Grundform des Verbs.

Singular (Einzahl)		**Plural** (Mehrzahl)	
I **will/shall** (I'**ll**)	*ich werde*	we **will/shall** (we'**ll**)	*wir werden*
you **will** (you'**ll**)	*du wirst*	you **will** (you'**ll**)	*ihr werdet*
he, she, it **will** (he'**ll**, she'**ll**, it'**ll**)	*er, sie, es wird*	they **will** (they'**ll**)	*sie werden*

I **shall be staying** overnight.	*Ich werde über Nacht bleiben.*
He **will be arriving** soon.	*Er wird bald ankommen.*
I **shall be working** at home all day tomorrow.	*Ich werde morgen den ganzen Tag zu Hause arbeiten.*
You'**ll be sunbathing** on a beach this time tomorrow.	*Du wirst morgen um diese Zeit auf einem Strand in der Sonne liegen.*
The new sports centre **will be opening** soon.	*Das neue Sportzentrum wird bald öffnen.*

Man verwendet die Verlaufsform von ***go*** + ***to*** + **Grundform,** um über Absichten oder wahrscheinliche Ereignisse zu sprechen:

I'**m going to learn** how to ski.	*Ich werde Skifahren lernen.*
We **are going to go** to France for our vacation.	*Wir fahren im Urlaub nach Frankreich.*
I think it'**s going to rain.**	*Ich denke, es wird regnen.*

Verlaufsform

Die Verlaufsform wird mit ***be*** und dem Partizip Präsens (***-ing***) gebildet. Mit der Verlaufsform wird eine Handlung ausgedrückt, die gerade abläuft, noch andauert oder noch nicht abgeschlossen ist, war oder sein wird:

I **am working.**	*Ich bin beim Arbeiten.*
It **is raining.**	*Es regnet gerade.*
I **have been staying** at a hotel.	*Ich habe in einem Hotel gewohnt.*
I **have been trying** to call her for the last two hours, but it's no good.	*Ich versuche seit zwei Stunden, sie anzurufen, aber es klappt nicht.*
How long **have** you **been living** in Stuttgart?	*Wie lange wohnst du schon in Stuttgart?*
She'**s been listening** to rap lately.	*Neuerdings hört sie Rap.*
I **had been thinking** about going on holiday.	*Ich hatte dran gedacht, in Urlaub zu fahren.*
It had **been raining** during the night.	*Es hat während der Nacht geregnet.*
She **had been having** driving lessons for 5 months and felt ready for the test.	*Sie hatte seit 5 Monaten Fahrstunden gehabt und fühlte sich bereit zur Prüfung.*

5. Modalverben

Die Verben ***will, shall, can, could, would, should, may, might, must*** und ***need not*** werden zusammen mit der Grundform anderer Verben benutzt. Sie ändern ihre Form in der 3. Person Singular nie (→ es wird kein ***-s*** angehängt).

will/shall

Singular (Einzahl)	**Plural** (Mehrzahl)
I **will/shall** (I'**ll**)	we **will/shall** (we'**ll**)
you **will** (you'**ll**)	you **will** (you'**ll**)
he, she, it **will** (he'**ll**, she'**ll**, it'**ll**)	they **will** (they'**ll**)

Die verneinte Kurzform: **won't, shan't** (would **not,** shall **not**)

will und ***shall*** werden in den folgenden Bedeutungen benutzt:

- Vorhaben:

OK, we **shall** (or we'**ll**) **see** you tomorrow.	*Gut, wir sehen uns dann morgen.*
I **shall** (or I'**ll**) **make** a list of everything I need.	*Ich werde eine Liste von allem, was ich brauche, machen.*

- Versprechen:

I **will remember** to buy milk.	*Ich werde daran denken, Milch zu kaufen.*
I **won't forget**.	*Ich werde es nicht vergessen.*

- Abwägen („sollen"):

Shall we **tell** her or **shan't** we?	*Sollen wir es ihr sagen oder nicht?*

- Konsequenz:

We'**ll be** late if we don't hurry.	*Wir werden zu spät kommen, wenn wir uns nicht beeilen.*
I **shan't** (or **won't**) **need** these books any more.	*Ich werde diese Bücher nicht mehr brauchen.*

- Entschiedenheit:

No, I **won't go** mountain climbing.	*Nein, ich werde nicht zum Bergsteigen gehen.*

- Vorhersage:

You'**ll love** Scotland.	*Es wird dir in Schottland gut gefallen.*
It'**ll be** dark soon.	*Es wird bald dunkel sein.*
Your dad **will be** pleased with your marks, **won't** he?	*Dein Vater wird sich über deine Noten freuen, was meinst du?*

- Erinnerung:

You **will water** the flowers, **won't** you?	*Du wirst doch die Blumen gießen?*

- Vorschläge und Einladungen:

You **must read** this book!	*Dieses Buch musst du einfach lesen!*
You **must come round** one evening.	*Du musst mal abends vorbeikommen.*

- Wahrscheinlichkeit und Bestimmtheit:

Their children **must be** grown up by now.	*Ihre Kinder müssten inzwischen erwachsen sein.*
It **must be** nice to live in the country.	*Es muss nett sein, auf dem Land zu leben.*
There **must be** a mistake somewhere!	*Da muss irgendwo ein Fehler sein!*

need not

Singular (Einzahl)	**Plural** (Mehrzahl)
I **need not**	we **need not**
you **need not**	you **need not**
he, she, it **need not**	they **need not**

Die Kurzform: need**n't** (need **not**)

need not bedeutet „etwas nicht brauchen":

We **needn't get up** yet – it's only 6 o'clock.	*Wir brauchen noch nicht aufzustehen, es ist erst 6 Uhr.*
You **needn't go** to the trouble – I'll be okay.	*Du brauchst dir die Mühe nicht zu machen, es geht schon in Ordnung.*

6. Pronomen (Fürwort)

Personalpronomen (persönliches Fürwort)

Singular (Einzahl)				**Plural** (Mehrzahl)			
Subjekt		**Objekt**		**Subjekt**		**Objekt**	
I	*ich*	**me**	*mich, mir*	***we***	*wir*	***us***	*uns*
you	*du/Sie*	**you**	*dich, dir/ Sie, Ihnen*	***you***	*ihr/Sie*	**you**	*euch/Sie, Ihnen*
he	*er*	**him**	*ihn, ihm*	**they**	*sie*	**them**	*sie, ihnen*
she	*sie*	**her**	*sie, ihr*				
it	*es*	**it**	*es, ihm*				

Subjekt	
I saw a concert last night.	*Ich habe gestern Abend ein Konzert gesehen.*
You are a fast runner!	*Du bist aber ein schneller Läufer!*
He doesn't enjoy dancing.	*Er tanzt nicht gerne.*
She was late as usual.	*Sie war wie immer zu spät.*
It's raining.	*Es regnet gerade.*
We want our lunch.	*Wir wollen unser Mittagessen.*
You are all welcome.	*Du bist willkommen.*
They rushed off to the gym.	*Sie machten sich eilig auf zum Fitnessstudio.*

Objekt	
Watch **me**!	*Guck* ***mich*** *an!*
Show **me** the photo.	*Zeig* ***mir*** *das Photo.*
I've chosen **you** as captain.	*Ich habe* ***dich*** *als Kapitän ausgewählt.*
I'm giving **you** the job.	*Ich gebe* ***dir*** *den Job.*
Mum likes **him**.	*Mama mag* ***ihn.***
She baked **him** a cake.	*Sie hat* ***ihm*** *einen Kuchen gebacken.*
Dad scolded **her**.	*Papa hat* ***sie*** *gescholten.*
Send **her** a present.	*Schick* ***ihr*** *ein Geschenk.*
Do you like **it**?	*Magst du* ***es?***
Give **it** some milk.	*Gib* ***ihm*** *etwas Milch.*
He took **us** to the airport.	*Er hat* ***uns*** *zum Flughafen gebracht.*
He bought **us** tickets.	*Er hat* ***uns*** *Tickets gekauft.*
I love **you** all.	*Ich liebe* ***euch*** *alle.*
We've kept **you** some seats.	*Wir haben* ***euch*** *ein paar Sitze freigehalten.*
I occasionally write **them** a letter.	*Ich schreibe* ***ihnen*** *ab und zu einen Brief.*
I miss **them**.	*Ich vermisse sie.*

Die Präpositionen ***to*** oder ***for*** können verwendet werden, wenn das Pronomen besonders hervorgehoben werden soll:

Send the document directly **to me.**	*Schicken Sie das Dokument direkt an mich.*
I've found just the right present **for you.**	*Ich habe genau das richtige Geschenk für dich gefunden.*

Possessivpronomen (besitzanzeigendes Fürwort)

Possessivpronomen werden zusammen mit Substantiven verwendet. Sie sind im Singular und Plural gleich:

my book	*mein Buch*	**my** books	*meine Bücher*
your book	*dein/Ihr Buch*	**your** books	*deine/Ihre Bücher*
his book	*sein Buch*	**his** books	*seine Bücher*
her book	*ihr Buch*	**her** books	*ihre Bücher*
its ear	*sein Ohr*	**its** ears	*seine Ohren*
our car	*unser Auto*	**our** cars	*unsere Autos*
your car	*euer/Ihr Auto*	**your** cars	*eure/Ihre Autos*
their car	*ihr Auto*	**their** cars	*ihre Autos*

Possessivpronomen werden auch allein stehend benutzt:

mine	That book is **mine**!	*Das ist mein Buch!*
yours	I'll go my way and you go **yours**.	*Ich gehe meinen Weg, und du gehst deinen.*
his	If it's **his**, give it to him.	*Wenn es seins ist, gib es ihm.*
hers	That purse is **hers** – I saw her with it yesterday.	*Das ist ihr Portemonnaie, ich habe sie gestern damit gesehen.*
ours	You got your share and we want **ours**.	*Du hast deinen Teil, und wir wollen unseren.*
yours	Hey kids, are these things **yours**?	*Hey Kinder, sind das eure Sachen?*
theirs	It isn't my car – it's **theirs**.	*Es ist nicht mein Auto, es ist ihres.*

Demonstrativpronomen (hinweisendes Fürwort)

Singular (Einzahl)		**Plural** (Mehrzahl)	
this	*dieser, diese, dieses*	**these**	*diese*
that	*jener, jene, jenes*	**those**	*jene*

This, that, these und ***those*** können vor Substantiven oder allein stehend verwendet werden:

These jeans fit better than **those**. **Those ones** are too tight.	*Diese Jeans passt besser als die andere. Die andere ist zu eng.*
This is an English book and **that** is a German book.	*Das hier ist ein englisches Buch, und das dort ein deutsches.*
These are wild flowers and **those** are garden flowers.	*Diese Blumen hier sind wildwachsend, die dort aus dem Garten.*
'Hallo! Who's **that**?' 'Hi, Sam, **this** is Peter.'	*‚Hallo! Wer ist da?' – ‚Hi, Sam, hier ist Peter.'*
That was a long time ago.	*Das war vor langer Zeit.*
This has been a very long day.	*Das war heute ein sehr langer Tag.*

Reflexivpronomen (rückbezügliches Fürwort)

myself	**I** enjoyed **myself** at the party.	*Ich habe mich bei der Party gut amüsiert.*
yourself	Are **you** talking to **yourself**?	*Sprichst du mit dir selbst?*
himself, herself, itself	**He** helped **himself** to more potatoes.	*Er nahm sich noch ein paar Kartoffeln.*
ourselves	**We**'ve made **ourselves** at home.	*Wir haben es uns gemütlich gemacht.*
yourselves	Give **yourselves** a rest after that long trip.	*Ruht euch nach der langen Reise erst mal aus.*
themselves	**They** congratulated **themselves** on a good job.	*Sie beglückwünschten sich zu der guten Arbeit.*

Relativpronomen (bezügliches Fürwort)

Relativpronomen haben im Singular und im Plural dieselbe Form:

	Personen		Dinge		Personen oder Dinge	
Nominativ	**who**	*der, die, das*	**which**	der, *die, das*	**that**	*der, die, das*
Genitiv	**whose**	*dessen, deren*	**of which/ whose**	*dessen, deren*		
Dativ	**to/for whom**	*dem, deren, denen*	**to/for which**	*dem, deren, denen*		
Akkusativ	**who/ whom**	*den, die, das*	**which**	*den, die, das*	**that**	*den, die, das*

the lady **who/that** entered;	*die Frau, die hereinkam;*
people **who/that** love animals;	*Leute, die Tiere lieben;*
the things **that/which** interest me;	*die Dinge, die mich interessieren;*
children **whose** parents both work;	*Kinder, deren Eltern beide arbeiten;*
the man to **whom** I spoke *or* the man **that** I spoke to;	*der Mann, mit dem ich gesprochen habe;*
the girl **whom/who/that** I love;	*das Mädchen, das ich liebe;*
the subject **that/which** I hate;	*das Thema, das ich hasse;*

Das Relativpronomen kann entfallen, wenn es das Objekt eines Verbs oder einer Präposition ist:

the girl I love;	*das Mädchen, das ich liebe;*
the skates I want;	*die Schlittschuhe, die ich möchte;*
the man I spoke to;	*der Mann, mit dem ich gesprochen habe;*
the girls I go out with;	*die Mädchen, mit denen ich ausgehe;*

Interrogativpronomen (Fragefürwort)

who?	*wer?*	**Who** said that?	*Wer hat das gesagt?*
whose?	*wessen?*	**Whose** mobile phone is ringing?	*Wessen Handy klingelt?*
whom?/ who?	*wem?*	**Whom/Who** did you help?	*Wem hast du geholfen?*
whom?/ who?	*wen?*	**Whom/Who** did you see?	*Wen hast du gesehen?*
what?	*was?*	**What** do you want?	*Was willst du?*
		What caused the delay?	*Was hat die Verzögerung verursacht?*
which?	*welche, welcher, welches?*	**Which** video game has the best graphics?	*Welches Videospiel hat die besten Grafiken?*
		Which of them is your boyfriend?	*Welcher von ihnen ist dein Freund?*

Man verwendet ***who/whose/whom*** um nach Personen zu fragen, ***what*** um nach Dingen zu fragen, und ***which*** um nach Personen oder Dingen innerhalb einer Gruppe zu fragen:

What colour shall I paint the walls?	*In welcher Farbe soll ich die Wände streichen?*
What English songs do you know?	*Welche englischen Lieder kennst du?*
Which subject do you like best?	*Welches Thema magst du am liebsten?*

Beachte: Wenn das **wh**-Fragewort das Subjekt eines Verbs ist, benutzt man *nicht* ***do*** um die Frage zu bilden:

Who made that noise?	*Wer hat den Lärm gemacht?*
What goes 'miaow?'	*Was macht ‚miau'?*

Präpositionen stehen bei einer Frage normalerweise am Ende:

Where do you come **from**?	*Wo kommst du her?*
What are you looking **for**?	*Was suchst du?*
What do you want this **for**?	*Wofür willst du das?*
What are you laughing **at**?	*Worüber lachst du?*
Who are you speaking **to**?	*Mit wem sprichst du?*

Die unbestimmten Pronomen *some* und *any*

Man verwendet ***some*** und seine Verbindungen (***someone/somebody, something***)

- in positiven Sätzen:

I'd better buy **some** flowers for her.	*Ich würde besser ein paar Blumen für sie kaufen.*
There's **some** food in the fridge.	*Im Kühlschrank ist was zu essen.*
Wear **something** cool.	*Zieh was Cooles an.*
Somebody is knocking at the door.	*Jemand klopft an der Tür.*
'Is that strawberry jam?' 'Yes, do have **some**.'	*‚Ist das Erdbeermarmelade?' – ‚Ja, nimm dir davon.'*

- in Fragen, auf die man positive Antworten erwartet:

'Could I have **some** more tea?' 'Yes, help yourself.'	*‚Könnte ich noch etwas Tee haben?' – ‚Ja, bedien dich.'*

Man verwendet ***any*** und seine Verbindungen (***anyone/anybody, anything***)

- in negativen Sätzen und Sätzen mit negativen Adverbien wie z. B.

hardly, seldom, barely, rarely:

I have**n't** got **any** friends in London	*Ich habe überhaupt keine Freunde in London.*
I **hardly** know **anybody** there.	*Ich kenne dort kaum jemanden.*

- in Fragen, bei denen die Antwort unbestimmt ist:

Does **anybody** here speak Japanese?	*Spricht hier irgendjemand Japanisch?*
Are there **any** chocolates left?	*Sind noch ein paar Pralinen übrig?*
Can I do **anything** for you?	*Kann ich irgendwas für dich tun?*

- in Konditionalsätzen:

I've probably eaten all the chocolates, but **if** you can find **any,** you're welcome to them.	*Es kann sein, dass ich alle Pralinen gegessen habe, aber wenn du welche findest, dann kannst du sie gerne nehmen.*

Die unbestimmten Pronomen ***somebody/someone, anybody/anyone, nobody/no-one*** und ***everybody/everyone*** sind zwar Singular, man nimmt aber mit dem Plural ***they, them*** auf sie Bezug:

Phone **everybody** and tell **them** about the change of plan.	*Ruf jeden an und informiere sie über die Änderung des Plans.*

7. Präpositionen (Verhältniswörter)

above

Your nose is **above** your mouth.	*Deine Nase ist über deinem Mund.*
Our plane flew **above** the clouds.	*Unser Flugzeug flog über den Wolken.*

across

A fallen tree was lying **across** the path.	*Ein umgestürzter Baum lag quer über den Weg.*
Can you swim right **across** the river?	*Kannst du über den Fluss schwimmen?*
The post office is just **across** the street.	*Die Post ist auf der anderen Straßenseite.*

after

The dog is running **after** the cat.	*Der Hund läuft der Katze hinterher.*
Which letter comes **after** T in the alphabet?	*Welcher Buchstabe kommt im Alphabet nach T?*

against

Peter is leaning **against** the wall.	*Peter lehnt an der Wand.*
Jean and Kate are playing **against** each other in the finals.	*Jean und Kate spielen im Endspiel gegeneinander.*

ahead of

There are three people **ahead of** me in the queue.	*Es sind drei Leute vor mir in der Schlange.*
Jane is well **ahead of** the other runners.	*Jane ist den anderen Läufern weit voraus.*

along

There are cars parked all **along** the road.	*Entlang der ganzen Straße sind Autos geparkt.*
Sue is jogging **along** the track.	*Sue joggt den Weg entlang.*
The barges moved slowly **along** the canal.	*Die Lastkähne bewegten sich langsam den Kanal entlang.*

among

There's a wolf **among** the sheep.	*Es ist ein Wolf unter den Schafen.*
You can share these sweets **among** you.	*Ihr könnt diese Süßigkeiten unter euch aufteilen.*

around, round, about

We sat **around** (or **round**) the table.	*Wir saßen um den Tisch.*
Don't leave your books lying **around** (or **about**) the room.	*Lass deine Bücher nicht im Zimmer herumliegen.*
I don't know my way **about** (or **around**) the school yet.	*Ich kenne mich in der Schule noch nicht aus.*

as

Sam is nearly **as** tall **as** his Dad.	*Sam ist fast so groß wie sein Vater.*

at

Three people are waiting **at** the bus stop.	*Es warten drei Leute an der Bushaltestelle.*
Mum is not **at** home.	*Mama ist nicht zu Hause.*
She is **at** a meeting.	*Sie ist in einer Besprechung.*
I live **at** 56 Market Street.	*Ich wohne in der Market Street 56.*
Four people are sitting **at** the table.	*Es sitzen vier Leute am Tisch.*
Tony threw a snowball **at** me.	*Tony warf einen Schneeball nach mir.*
You're very good **at** skateboarding!	*Du fährst sehr gut Skateboard!*
The CDs are on sale **at** £4.50 each.	*Die CDs sind im Sonderangebot für je £4.50.*
She's driving **at** 100 km per hour.	*Sie fährt 100 km/h.*

behind

The sun disappeared **behind** a cloud.	*Die Sonne verschwand hinter einer Wolke.*
I'm standing **behind** Emma, and Susan is standing **behind** me.	*Ich stehe hinter Emma, und Susan steht hinter mir.*

below

Your chin is **below** your mouth.	*Dein Kinn ist unter deinem Mund.*
The sun sank **below** the horizon.	*Die Sonne verschwand hinter dem Horizont.*

beneath, underneath, under

There are two stools **beneath** (or **underneath** or **under**) the table.	*Es sind zwei Hocker unter dem Tisch.*
Place a mat **beneath** (or **underneath** or **under**) the mug.	*Leg einen Untersetzer unter die Tasse.*

beside

Sally is sitting on the sofa with Ben **beside** her.	*Sally sitzt auf dem Sofa mit Ben neben sich.*
The railway runs **beside** the road.	*Die Eisenbahnlinie verläuft neben der Straße.*

between, in between

A truck is parked **between** the two cars.	*Ein Lastwagen parkt zwischen den beiden Autos.*
Food sometimes gets stuck **in between** your teeth.	*Essen bleibt manchmal zwischen den Zähnen hängen.*

by

It's nice to sit **by** the fire in winter.	*Es ist schön, im Winter am Feuer zu sitzen.*
Granny lives **by** the sea.	*Oma wohnt am Meer.*
Sue travels to work **by** train.	*Susan fährt mit dem Zug zur Arbeit.*
Do you prefer to travel **by** sea or **by** air?	*Reist du lieber mit dem Schiff oder mit dem Flugzeug?*
A lot of litter was left **by** the tourists.	*Die Touristen hinterließen viel Müll.*
Did you build that model **by** yourself?	*Hast du dieses Model selbst gebaut?*

close to

Don't stand so **close to** me!	*Steh nicht so dicht neben mir!*

down

Dave jumped **down** the steps two at a time.	*Dave sprang, zwei auf einmal nehmend, die Stufen hinunter.*
Please don't drop litter **down** the lift shaft.	*Bitte keinen Müll in den Aufzugschacht werfen.*

except

I like all kinds of fruit **except** grapefruits.	*Ich mag alle Früchte außer Grapefruits.*
Everyone **except** Peter is working hard.	*Alle außer Peter arbeiten hart.*

for

Here's a present **for** you.	*Hier ist ein Geschenk für dich.*
I got a computer game **for** my birthday.	*Ich habe zum Geburtstag ein Computerspiel bekommen.*
I'm going to Scotland **for** my holidays.	*Ich fahre in meinen Ferien nach Schottland.*
What is this tool **for**?	*Wofür ist dieses Werkzeug?*
I asked her **for** a packet of crisps.	*Ich habe sie um einer Packung Chips gebeten.*

from

Here's a letter **from** Peter.	*Hier ist ein Brief von Peter.*
How far is it **from** Oxford to Cambridge?	*Wie weit ist es von Oxford nach Cambridge?*
Your bike is different **from** mine.	*Dein Fahrrad ist anders als meins.*

in

Jenny is sitting **in** the big armchair.	*Jenny sitzt im großen Sessel.*
What is **in** this box?	*Was ist in dieser Kiste?*
Dave and Fred are **in** the football team.	*Dave und Fred sind in der Fußballmannschaft.*
This computer was made **in** Taiwan.	*Dieser Computer wurde in Taiwan hergestellt.*
I saw the advertisement **in** a newspaper.	*Ich habe die Anzeige in einer Zeitung gesehen.*

Are you **in** this photograph?	*Bist du auf diesem Foto?*

in front of

This is a picture of me **in front of** our house.	*Das ist ein Bild von mir vor unserem Haus.*
I had to stand up **in front of** the class and tell a story.	*Ich musste mich vor die Klasse stellen und eine Geschichte erzählen.*
I talked to the boy **in front of** me at the checkout.	*Ich sprach mit dem Jungen vor mir an der Kasse.*

inside

How did that fly get **inside** the balloon?	*Wie ist diese Fliege in den Luftballon gekommen?*

instead of

Try using a pen **instead of** a pencil.	*Versuch einen Füller statt eines Bleistifts zu benutzen.*

into

I cut the tart **into** eight pieces.	*Ich schneide den Kuchen in acht Stücke.*
He got **into** bed and fell asleep right away.	*Er ging ins Bett und schlief sofort ein.*
The bird dived **into** the water.	*Der Vogel tauchte ins Wasser ein.*

like

I have a bike **like** that.	*Ich habe ein Fahrrad wie dieses.*
George is very **like** his Dad.	*George ist seinem Vater sehr ähnlich.*

near, close to

Our new flat is very **near** (or **close to**) the shopping centre.	*Unsere neue Wohnung ist sehr nahe beim Einkaufszentrum.*

of

Would you like a cup **of** tea and a slice **of** cake?	*Möchtest du eine Tasse Tee und ein Stück Kuchen?*
The bucket is full **of** water.	*Der Eimer ist voll Wasser.*
I'm afraid **of** spiders.	*Ich habe Angst vor Spinnen.*

off

Fred fell **off** his stool.	*Fred fiel von seinem Hocker.*
Two people got **off** the train.	*Zwei Leute stiegen aus dem Zug aus.*

A buckle has come **off** my shoe.	*Mir ist der Schuh aufgegangen.*
Please keep **off** the flowerbeds.	*Bitte die Blumenbeete nicht betreten.*

on

There's a jug of juice **on** the table.	*Es ist ein Krug mit Saft auf dem Tisch.*
You've got a dirty mark **on** your face.	*Du hast einen Schmutzfleck im Gesicht.*
That's a nice picture **on** the wall.	*Das ist ein hübsches Bild an der Wand.*
The diagram you want is **on** page 24.	*Das Schaubild, das du möchtest, ist auf Seite 24.*
There's a good film **on** television tonight.	*Sie zeigen heute Abend einen guten Film im Fernsehen.*
Dad is **on** the phone.	*Papa ist am Telefon.*
I write all my letters **on** my computer.	*Ich schreibe alle meine Briefe auf meinem Computer.*
Our neighbours are away **on** holiday.	*Unsere Nachbarn sind im Urlaub.*

onto

The dog is not allowed to climb onto the bed.	*Der Hund darf nicht aufs Bett klettern.*
Sally is getting **onto** the bus.	*Sally steigt in den Bus.*

on top of

The dirty dishes are piled one **on top of** another in the sink.	*Das schmutzige Geschirr stapelt sich im Waschbecken.*
Your spectacles are **on top of** the bookcase.	*Deine Brille ist auf dem Bücherschrank.*

opposite

Jack is sitting **opposite** Milly.	*Jack sitzt Milly gegenüber.*
The school is **opposite** the public library.	*Die Schule ist gegenüber der Bücherei.*

out of

George is looking **out of** the window.	*George schaut aus dem Fenster.*
Zoë is climbing **out of** the swimming pool.	*Zoë steigt aus dem Schwimmbecken.*
Steve took some plates **out of** the cupboard.	*Steve nahm Teller aus dem Schrank.*

outside

I'll wait **outside** the gate for you.	*Ich werde vor dem Tor auf dich warten.*
Don't go **outside** the school grounds.	*Verlasst das Schulgelände nicht.*

over, all over

The horse jumped **over** the gate.	*Das Pferd sprang über das Gatter.*
We are now flying **over** the Alps.	*Wir fliegen gerade über die Alpen.*
You've got paint **all over** your shirt.	*Du hast überall Farbe auf dem Hemd.*
Children **over** 5 must have a ticket.	*Kinder über 5 brauchen einen Fahrschein.*

past

Harry waved as I walked **past** his house.	*Harry hat gewinkt, als ich an seinem Haus vorbei ging.*

through

There's a train coming **through** the tunnel.	*Es kommt ein Zug durch den Tunnel.*
The window is so dirty you can't see **through** it.	*Das Fenster ist so schmutzig, dass man nicht hindurchsehen kann.*

than

Dave is already taller **than** his Dad.	*Dave ist schon größer als sein Vater.*

to

Give it **to** me.	*Gib es mir.*
I must write **to** Uncle Robert.	*Ich muss Onkel Robert schreiben.*
Who is Mum talking **to**?	*Mit wem spricht Mama?*
Does this train go **to** Edinburgh?	*Fährt dieser Zug nach Edinburgh?*
Sally has just been **to** the hairdresser.	*Sally war gerade beim Frisör.*
I usually walk **to** school in the mornings.	*Normalerweise gehe ich morgens zu Fuß zur Schule.*
Peter pinned the badge **to** his pullover.	*Peter steckte das Abzeichen an seinen Pullover.*
Do these gloves belong **to** you?	*Gehören diese Handschuhe dir?*
Where is the key **to** this cupboard?	*Wo ist der Schlüssel zu diesem Schrank?*

towards

The cat is crawling **towards** the bird.	*Die Katze kriecht auf den Vogel zu.*

under

The key is **under** the doormat.	*Der Schlüssel ist unter der Fußmatte.*
How long can you stay **under** the water?	*Wie lange kannst du unter Wasser bleiben?*
Children **under** 5 travel free.	*Kinder unter 5 fahren umsonst.*

up

The cat climbed **up** the tree.	*Die Katze kletterte auf den Baum.*
Jane ran **up** the stairs two at a time.	*Jane rannte die Treppe hinauf, zwei Stufen auf einmal nehmend.*

with

I'm eating my lunch **with** a fork.	*Ich esse mein Mittagessen mit einer Gabel.*
Susan is dancing **with** Frank.	*Susan tanzt mit Frank.*
The furniture is covered **with** dust.	*Die Möbel sind mit Staub bedeckt.*
What's wrong **with** my computer?	*Was stimmt nicht mit meinem Computer?*
Dad is very angry **with** us!	*Papa ist sehr wütend auf uns!*

within

The ball has to land **within** this circle.	*Der Ball muss innerhalb dieses Kreises aufkommen.*

without

A Manx cat is a cat **without** a tail.	*Eine Manxkatze ist eine Katze ohne Schwanz.*
I cannot see very well **without** my glasses.	*Ich kann ohne meine Brille nicht sehr gut sehen.*

Präpositionen der Zeit

about, around

I'll call you **about** (or **around**) 11 o'clock.	*Ich rufe dich gegen 11 Uhr an.*

after

Carol arrived **after** 11 o'clock.	*Carol kam nach 11 Uhr an.*
After lunch I'll go shopping.	*Nach dem Mittagessen werde ich einkaufen gehen.*

at

The lesson starts **at** 9 o'clock.	*Die Unterrichtsstunde beginnt um 9 Uhr.*
Some animals are active only **at** night.	*Manche Tiere sind nur nachts aktiv.*
In Britain children start school **at** the age of five.	*In Großbritannien gehen die Kinder mit 5 Jahren in die Schule.*

before

You must be home **before** 11 o'clock.	*Du musst vor 11 Uhr zu Hause sein.*
Always wash your hands **before** eating.	*Wasche immer deine Hände vor dem Essen.*

between ... and

The office is open **between** 9 o'clock **and** 11 o'clock today.	*Das Büro ist heute zwischen 9 Uhr und 11 Uhr geöffnet.*

by

Please hand in your work **by** 11 o'clock.	*Bitte geben Sie ihre Arbeit bis 11 Uhr ab.*
We hope the house will be finished **by** the end of May.	*Wir hoffen, das Haus wird Ende Mai fertig sein.*
Animals that hunt **by** (or **at**) night are called nocturnal animals.	*Tiere die nachts jagen, nennt man Nachttiere.*

for

I've been waiting at this bus stop **for** a quarter of an hour.	*Ich habe an dieser Bushaltestelle eine Viertelstunde gewartet.*
Dad's going abroad **for** three weeks.	*Papa geht für drei Wochen ins Ausland.*

from ... to, till, until

The shop is open **from** 9 o'clock **to** (or **till** or **until**) 11 o'clock today.	*Das Geschäft ist heute von 9 Uhr bis 11 Uhr geöffnet.*

during

Pupils only attend school **during** the morning.	*Die Schüler besuchen die Schule nur am Vormittag.*
I visited the Tower of London **during** my holiday.	*Während meiner Ferien habe ich den Tower in London besichtigt.*

in

I must leave **in** ten minutes.	*Ich muss in zehn Minuten gehen.*
Pupils do their homework **in** the afternoon.	*Die Schüler machen Ihre Hausaufgaben am Nachmittag.*
We always go abroad **in** the summer.	*Wir fahren im Sommer immer ins Ausland.*
We moved to Surrey **in** 1998.	*Wir sind 1998 nach Surrey gezogen.*

on

I was born **on** 24th February 1990.	*Ich bin am 24. Februar 1990 geboren.*
Do you go to school **on** Saturdays?	*Gehst du samstags in die Schule?*
I had an exam **on** Friday.	*Ich hatte am Freitag eine Prüfung.*
We open our presents **on** Christmas Eve.	*Wir öffnen unsere Geschenke am Weihnachtsabend.*

past

The time is a quarter **past** eleven.	*Es ist Viertel nach elf.*
Get up! It's half **past** eight!	*Steh auf! Es ist halb neun.*
The bus leaves at twenty-five **past** six.	*Der Bus fährt fünfundzwanzig nach sechs.*

since

Mum has been talking to her friend ever **since** 10 o'clock.	*Mama redet schon seit 10 Uhr mit ihrer Freundin.*
We have lived in London **since** 2001.	*Wir wohnen seit 2001 in London.*

to

The time is a quarter **to** eleven.	*Es ist Viertel vor elf.*
Hurry up! It's ten **to** nine!	*Beeil dich! Es ist zehn vor neun!*

until, till

The doctor will be in her surgery **until** (or **till**) 1 o'clock.	*Der Arzt wird bis 1 Uhr in der Praxis sein.*

8. Konjunktionen (Bindewörter)

Konjunktionen sind Wörter wie **and, or** und **but**, die verwendet werden um Wörter, Wendungen oder Sätze miteinander zu verbinden.

Dogs **and** cats are the most popular household pets.	*Hunde **und** Katzen sind die beliebtesten Haustiere.*
Would you like tea **or** coffee?	*Möchten Sie Tee **oder** Kaffee?*
Our holiday was short **but** enjoyable.	*Unser Urlaub war zwar kurz, **aber** nett.*
I tried to open the door **but** it was locked.	*Ich versuchte die Tür zu öffnen, **aber** sie war abgeschlossen.*
Both Kate **and** Emma want to go to university.	***Sowohl** Kate **als auch** Emma wollen studieren.*
Simon was **both** a good footballer **and** an expert swimmer.	*Simon war **sowohl** ein guter Fußballspieler **als auch** ein erfahrener Schwimmer.*
George **both** looks like his Dad **and** behaves like him.	*George sieht aus wie sein Vater **und** benimmt sich auch wie er.*
There's **either** jelly **or** ice cream for dessert.	*Es gibt **entweder** Wackelpudding **oder** Eis zum Nachtisch.*
My keys are **either** somewhere in my bag **or** in the car.	*Meine Schlüssel sind **entweder** irgendwo in meiner Tasche **oder** im Auto.*
My keys were **neither** in my bag **nor** in the car.	*Meine Schlüssel waren **weder** in meiner Tasche **noch** im Auto.*
He **neither** likes sport **nor** takes any kind of exercise.	*Er mag **weder** Sport **noch** hält er sich auf irgendeine Weise fit.*

Konjunktionen der Zeit

Remember to water the flowers, **while** you are staying in the apartment.	*Denk daran die Blumen zu gießen, **solange** du in der Wohnung bist.*
Call me **as soon as** you arrive.	*Ruf mich an, **sobald** du ankommst.*
I hurt my ankle **when** I fell down the stairs.	*Ich habe mir den Knöchel verletzt, **als** ich die Treppe hinunter fiel.*
He whistled **as** he walked along the road.	*Er ging pfeifend die Straße entlangging.*
Read the document carefully **before** you sign it!	*Lesen Sie das Dokument genau durch, **bevor** Sie es unterschreiben!*

After you have signed it, return it in the envelope provided.	*Schicken Sie es im beigefügten Umschlag zurück,* ***nachdem*** *Sie es unterschrieben haben.*
Once you have read the instructions properly, you may use the machine.	***Wenn*** *du die Anweisungen gründlich gelesen hast, kannst du die Maschine benutzen.*
You've grown a lot **since** I last saw you.	*Du bist groß geworden,* ***seit*** *ich dich das letzte Mal gesehen habe.*
Wait here **until** I call you.	*Warte hier,* ***bis*** *ich dich rufe.*

Konjunktionen des Ortes

This is **where** we live.	*Hier wohnen wir.*
These plants will grow **wherever** the soil is sandy.	*Diese Pflanzen wachsen* ***überall dort, wo*** *der Boden sandig ist.*

Konjunktionen des Grundes

Barbara went out for a walk **because** she needed some exercise.	*Barbara ging nach draußen spazieren,* ***weil*** *sie etwas Bewegung brauchte.*
Seeing the weather is so bad, we shall have to cancel the match.	***Da*** *das Wetter so schlecht ist, werden wir das Spiel absagen müssen.*
You can stay up late tonight, **since** it's your birthday.	*Du darfst heute lange aufbleiben,* ***weil*** *du Geburtstag hast.*
As I didn't have his home telephone number, I rang his mobile.	***Da*** *ich seine Festnetznummer nicht hatte, rief ich ihn auf dem Handy an.*
Take an umbrella **in case** it rains.	*Nimm einen Schirm mit,* ***falls*** *es regnet.*

Konjunktionen des Zwecks

Wait for an hour or two, **so that** the paint has time to dry.	*Warte eine oder zwei Stunden,* ***damit*** *die Farbe trocknen kann.*
Keep your comments brief, **in order that** everyone gets a chance to speak.	*Halten Sie Ihre Kommentare kurz,* ***so dass*** *jeder die Chance bekommt etwas zu sagen.*
Get there early, **in order** to be sure of a seat.	*Sei früh da,* ***um*** *sicher einen Platz zu bekommen.*

Konjunktionen des Zugeständnisses

Although I didn't have a map, I found the right street easily.	***Obwohl*** *ich keine Karte hatte, habe ich die richtige Straße leicht gefunden.*
We completed our walk in good time, **though** the weather was not ideal.	*Wir lagen bei unserer Tour gut in der Zeit,* ***obwohl*** *das Wetter nicht optimal war.*
I enjoyed the Italian play, **even though** I didn't understand very much.	*Ich habe das italienische Theaterstück genossen,* ***auch wenn*** *ich nicht viel verstanden habe.*
The spoons are lovely, **even if** they aren't real silver.	*Die Löffel sind sehr hübsch,* ***auch wenn*** *sie nicht echt Silber sind.*

Konjunktionen der Art und Weise

Fred stared at the numbers, **as if** he was trying to memorize them.	*Fred starrte auf die Zahlen,* ***als ob*** *er versuchte, sie sich einzuprägen.*
It was raining **as though** it would never stop.	*Es regnete,* ***als ob*** *es nie mehr aufhören würde.*
Andrew laid the table **the way** his mother always did it.	*Andrew deckte den Tisch* ***so, wie*** *es seine Mutter immer getan hatte.*
Jim shrieked **like** he had seen a ghost.	*Jim schrie,* ***als*** *hätte er einen Geist gesehen.*

Konjunktionen des Vergleichs

I can't walk **as** fast **as** you can.	*Ich kann nicht* ***so*** *schnell gehen* ***wie*** *du.*
Their television has a clearer picture **than** ours does.	*Ihr Fernseher hat ein klareres Bild* ***als*** *unserer.*

Konjunktionen der Folge

It started to rain, **so** we couldn't finish our game.	*Es fing an zu regnen,* ***so dass*** *wir unser Spiel nicht beenden konnten.*
The moon went behind a cloud, **so that** we could no longer see our way.	*Der Mond verschwand hinter einer Wolke,* ***so dass*** *wir unseren Weg nicht mehr sehen konnten.*
Charley cycled so fast **that** he got home before the bus.	*Charley fuhr mit dem Rad so schnell,* ***dass*** *er vor dem Bus zu Hause war.*

Konjunktionen der Bedingung

If you know the answer, put your hand up.	***Wenn*** *ihr die Antwort wisst, hebt die Hand.*

You may go out **as long as** you tell me where you are going.	*Du kannst ausgehen,* ***wenn*** *du mir sagst, wo du hingehst.*

You'll never get to university **unless** you work hard now.	*Du wirst nie studieren können,* ***wenn*** *du jetzt* ***nicht*** *hart arbeitest.*

Indirekte Rede

Dave told me **that** he was moving to London.	*Dave erzählte mir,* ***dass*** *er nach London zieht.*

We wondered **whether** we'd get our exam results before the end of the week.	*Wir haben uns gefragt,* ***ob*** *wir unsere Prüfungsergebnisse noch vor Ende der Woche bekommen würden.*

Englische unregelmäßige Verben
English irregular verbs

Infinitiv Infinitive	Präteritum Preterite	Partizip Perfekt Past Participle
arise	arose	arisen
awake	awoke	awaked, awoken
be	was *sing*, were *pl*	been
bear	bore	borne
beat	beat	beaten
become	became	become
begin	began	begun
bend	bent	bent
beseech	besought	besought
bet	bet, betted	bet, betted
bid	bid	bid
bind	bound	bound
bite	bit	bitten
bleed	bled	bled
blow	blew	blown
break	broke	broken
breed	bred	bred
bring	brought	brought
build	built	built
burst	burst	burst
buy	bought	bought
can	could	–
cast	cast	cast
catch	caught	caught
choose	chose	chosen
cling	clung	clung
come	came	come
cost	cost	cost
creep	crept	crept
cut	cut	cut
deal	dealt	dealt
dig	dug	dug
do	did	done
draw	drew	drawn
dream	dreamed, dreamt	dreamed, dreamt
drink	drank	drunk
drive	drove	driven
dwell	dwelt	dwelt
eat	ate	eaten
fall	fell	fallen
feed	fed	fed
feel	felt	felt
fight	fought	fought

Infinitiv Infinitive	Präteritum Preterite	Partizip Perfekt Past Participle
find	found	found
flee	fled	fled
fling	flung	flung
fly	flew	flown
forbid	forbad(e)	forbidden
forget	forgot	forgotten
forsake	forsook	forsaken
freeze	froze	frozen
get	got	got, AM gotten
give	gave	given
go	went	gone
grind	ground	ground
grow	grew	grown
hang	hung, *jur* hanged	hung, *jur* hanged
have	had	had
hear	heard	heard
heave	heaved, hove	heaved, hove
hide	hid	hidden
hit	hit	hit
hold	held	held
hurt	hurt	hurt
keep	kept	kept
kneel	knelt	knelt
know	knew	known
lay	laid	laid
lead	led	led
lean	leaned, leant	leaned, leant
leap	leaped, leapt	leaped, leapt
learn	learned, learnt	learned, learnt
leave	left	left
lend	lent	lent
let	let	let
lie	lay	lain
light	lit, lighted	lit, lighted
lose	lost	lost
make	made	made
may	might	–
mean	meant	meant
meet	met	met
mistake	mistook	mistaken
mow	mowed	mown, mowed
pay	paid	paid
put	put	put
quit	quit, quitted	quit, quitted
read	read	read
rend	rent	rent
rid	rid	rid

Infinitiv Infinitive	Präteritum Preterite	Partizip Perfekt Past Participle
ride	rode	ridden
ring	rang	rung
rise	rose	risen
run	ran	run
saw	sawed	sawed, sawn
say	said	said
see	saw	seen
seek	sought	sought
sell	sold	sold
send	sent	sent
set	set	set
sew	sewed	sewed, sewn
shake	shook	shaken
shave	shaved	shaved, shaven
shear	sheared	sheared, shorn
shed	shed	shed
shine	shone	shone
shit *vulg*	shit, shat *vulg*	shit, shat *vulg*
shoot	shot	shot
show	showed	shown
shrink	shrank	shrunk
shut	shut	shut
sing	sang	sung
sink	sank	sunk
sit	sat	sat
sleep	slept	slept
slide	slid	slid
sling	slung	slung
slink	slunk	slunk
slit	slit	slit
smell	smelled, smelt	smelled, smelt
sow	sowed	sowed, sown
speak	spoke	spoken
speed	speeded, sped	speeded, sped
spell	spelled, spelt	spelled, spelt
spend	spent	spent
stand	stood	stood
steal	stole	stolen
swell	swelled	swollen
swim	swam	swum
swing	swung	swung
take	took	taken
teach	taught	taught
tear	tore	torn
tell	told	told
think	thought	thought
thrive	throve, thrived	thriven, thrived

Infinitiv Infinitive	Präteritum Preterite	Partizip Perfekt Past Participle
throw	threw	thrown
thrust	thrust	thrust
tread	trod	trodden
wake	woke, waked	woken, waked
wear	wore	worn
weave	wove	woven
weep	wept	wept
win	won	won
wind	wound	wound
wring	wrung	wrung
write	wrote	written

Deutsche unregelmäßige Verben
German irregular verbs

Ableitungen und Zusammensetzungen sind unter dem Grundverb nachzuschlagen; **ab|brechen** unter **brechen**.

The preterite forms and past participles of compound verbs and derivations can be found by referring to the simple verb. In the case of **ab|brechen** for instance, see **brechen**.

Infinitiv infinitive	Präteritum preterite	Partizip Perfekt past participle
backen	backte *o alt* buk	gebacken
befehlen	befahl	befohlen
beginnen	begann	begonnen
beißen	biss	gebissen
bergen	barg	geborgen
bersten	barst	geborsten
bewegen	bewog	bewogen
biegen	bog	gebogen
bieten	bot	geboten
binden	band	gebunden
bitten	bat	gebeten
blasen	blies	geblasen
bleiben	blieb	geblieben
bleichen	bleichte *o alt* blich	gebleicht *o alt* geblichen
braten	briet	gebraten
brechen	brach	gebrochen
brennen	brannte	gebrannt
bringen	brachte	gebracht
denken	dachte	gedacht
dreschen	drosch	gedroschen
dringen	drang	gedrungen
dürfen	durfte	dürfen, gedurft
empfangen	empfing	empfangen
empfehlen	empfahl	empfohlen
empfinden	empfand	empfunden
essen	aß	gegessen
fahren	fuhr	gefahren
fallen	fiel	gefallen
fangen	fing	gefangen
fechten	focht	gefochten
finden	fand	gefunden
flechten	flocht	geflochten
fliegen	flog	geflogen
fliehen	floh	geflohen
fließen	floss	geflossen
fressen	fraß	gefressen
frieren	fror	gefroren
gären	gärte *o* gor	gegärt *o* gegoren
gebären	gebar	geboren

Infinitiv infinitive	Präteritum preterite	Partizip Perfekt past participle
geben	gab	gegeben
gedeihen	gedieh	gediehen
gefallen	gefiel	gefallen
gehen	ging	gegangen
gelingen	gelang	gelungen
gelten	galt	gegolten
genesen	genas	genesen
genießen	genoss	genossen
geraten	geriet	geraten
geschehen	geschah	geschehen
gestehen	gestand	gestanden
gewinnen	gewann	gewonnen
gießen	goss	gegossen
gleichen	glich	geglichen
gleiten	glitt	geglitten
glimmen	glimmte *o selten* glomm	geglimmt *o selten* geglommen
graben	grub	gegraben
greifen	griff	gegriffen
haben	hatte	gehabt
halten	hielt	gehalten
hangen	hing	gehangen
hängen	hing (hängte)	gehangen, (gehängt)
heben	hob	gehoben
heißen	hieß	geheißen
helfen	half	geholfen
kennen	kannte	gekannt
klimmen	klimmte *o* klomm	geklommen *o* geklimmt
klingen	klang	geklungen
kneifen	kniff	gekniffen
kommen	kam	gekommen
können	konnte	können, gekonnt
kriechen	kroch	gekrochen
laden	lud	geladen
lassen	ließ	gelassen *nach Infinitiv* lassen
laufen	lief	gelaufen
leiden	litt	gelitten
leihen	lieh	geliehen
lesen	las	gelesen
liegen	lag	gelegen
lügen	log	gelogen
mahlen	mahlte	gemahlen
meiden	mied	gemieden
melken	melkte *o veraltend* molk	gemolken
messen	maß	gemessen
misslingen	misslang	misslungen

Infinitiv infinitive	Präteritum preterite	Partizip Perfekt past participle
mögen	mochte	mögen, gemocht
nehmen	nahm	genommen
nennen	nannte	genannt
pfeifen	pfiff	gepfiffen
preisen	pries	gepriesen
quellen	quoll	gequollen
raten	riet	geraten
reiben	rieb	gerieben
reißen	riss	gerissen
reiten	ritt	geritten
rennen	rannte	gerannt
riechen	roch	gerochen
ringen	rang	gerungen
rinnen	rann	geronnen
rufen	rief	gerufen
salzen	salzte	gesalzen *o selten* gesalzt
saufen	soff	gesoffen
saugen	sog *o* saugte	gesogen *o* gesaugt
schaffen	schuf	geschaffen
schallen	schallte *o* scholl	geschallt
scheiden	schied	geschieden
scheinen	schien	geschienen
scheißen	schiss	geschissen
schelten	schalt	gescholten
scheren	schor	geschoren
schieben	schob	geschoben
schießen	schoss	geschossen
schinden	schindete	geschunden
schlafen	schlief	geschlafen
schlagen	schlug	geschlagen
schleichen	schlich	geschlichen
schleifen	schliff	geschliffen
schließen	schloss	geschlossen
schlingen	schlang	geschlungen
schmeißen	schmiss	geschmissen
schmelzen	schmolz	geschmolzen
schnauben	schnaubte *o veraltet* schnob	geschnaubt *o veraltet* geschnoben
schneiden	schnitt	geschnitten
schrecken *vt*	schreckte	geschreckt
vi	schrak	geschrocken
schreiben	schrieb	geschrieben
schreien	schrie	geschrie[e]n
schreiten	schritt	geschritten
schweigen	schwieg	geschwiegen
schwellen	schwoll	geschwollen
schwimmen	schwamm	geschwommen

Infinitiv **infinitive**	**Präteritum** **preterite**	**Partizip Perfekt** **past participle**
schwinden	schwand	geschwunden
schwingen	schwang	geschwungen
schwören	schwor	geschworen
sehen	sah	gesehen
senden	sandte *o* sendete	gesandt *o* gesendet
sieden	siedete *o* sott	gesiedet *o* gesotten
singen	sang	gesungen
sinken	sank	gesunken
sinnen	sann	gesonnen
sitzen	saß	gesessen
sollen	sollte	sollen, gesollt
spalten	spaltete	gespalten *o* gespaltet
speien	spie	gespie[e]n
spinnen	spann	gesponnen
sprechen	sprach	gesprochen
sprießen	spross *o* sprießte	gesprossen
springen	sprang	gesprungen
stechen	stach	gestochen
stecken	steckte *o geh* stak	gesteckt
stehen	stand	gestanden
stehlen	stahl	gestohlen
steigen	stieg	gestiegen
sterben	starb	gestorben
stieben	stob *o* stiebte	gestoben *o* gestiebt
stinken	stank	gestunken
stoßen	stieß	gestoßen
streichen	strich	gestrichen
streiten	stritt	gestritten
tragen	trug	getragen
treffen	traf	getroffen
treiben	trieb	getrieben
treten	trat	getreten
triefen	triefte *o geh* troff	getrieft *o geh* getroffen
trinken	trank	getrunken
trügen	trog	getrogen
tun	tat	getan
verbieten	verbot	verboten
verbrechen	verbrach	verbrochen
verderben	verdarb	verdorben
vergessen	vergaß	vergessen
verlieren	verlor	verloren
verraten	verriet	verraten
verstehen	verstand	verstanden
verwenden	verwendete *o* verwandte	verwendet *o* verwandt
verzeihen	verzieh	verziehen
wachsen	wuchs	gewachsen
waschen	wusch	gewaschen

Infinitiv **infinitive**	**Präteritum** **preterite**	**Partizip Perfekt** **past participle**
weben	webte *o geh* wob	gewebt *o geh* gewoben
weichen	wich	gewichen
weisen	wies	gewiesen
wenden	wendete *o geh* gewandt	gewendet *o geh* gewandt
werben	warb	geworben
werden	wurde	worden, geworden
werfen	warf	geworfen
wiegen	wog	gewogen
winden	wand	gewunden
winken	winkte	gewinkt *o dial* gewunken
wissen	wusste	gewusst
wollen	wollte	wollen, gewollt
wringen	wrang	gewrungen
ziehen	zog	gezogen
zwingen	zwang	gezwungen

Gegenüberstellung: Amerikanisches und britisches Englisch American and British English – A brief comparison

Amerikanisches Englisch (AM) **American English** (AM)	**Britisches Englisch** (BRIT) **British English** (BRIT)	**Deutsch German**
airplane	aeroplane	Flugzeug *nt*
antenna	aerial	Antenne *f*
apartment	flat	(Miets)wohnung *f*
apartment house	block of flats	Mietshaus *nt*
attorney	lawyer, solicitor, barrister	Rechtsanwalt, -anwältin *m, f*
baby carriage	pram	Kinderwagen *m*
baby-stroller	pushchair, buggy	(*für Babys*) Sportwagen *m*
backpack	rucksack, backpack	Rucksack *m*
baggage car	luggage van	Gepäckwagen *m*
band-aid	plaster, elastoplast	Pflaster *nt*
bangs	fringe	Pony *m* (*Frisur*)
bathroom	toilet	Toilette *f*
bill	(bank)note	Geldschein *m*
billfold	wallet	Brieftasche *f*
bleachers	uncovered stand (seats)	Zuschauersitze (*im Freien*)
blow away (*sl*)	hammer (*sl*)	vernichtend schlagen
bookstore	bookshop	Buchhandlung *f*
buck (*sl: $*)	quid (*sl: £*)	Dollar *m*/Pfund *nt*
buddy (*fam*)	mate (*fam*)	Kumpel *m*
bulletin board	notice board	schwarzes Brett
burglarize	burgle	einbrechen in
busy TELEC	engaged	besetzt TELEK
candy, a piece of	sweet	Bonbon *nt*
candy store	sweet shop	Süßwarenladen *m*
car	carriage	Waggon *m*
car, freight car	(goods) waggon	(Güter)wagen *m*
carnival	funfair	Jahrmarkt *m*
casket, coffin	coffin	Sarg *m*
catchall	junk room	Rumpelkammer *f*
checkbook	cheque-book	Scheckheft *nt*
checkers	draughts	Damespiel *nt*
checking account	current account	Girokonto *nt*
chips, potato chips	crisps	Kartoffelchips *pl*
clothes-dryer	tumble-dryer	Wäschetrockner *m*
coat check	cloakroom	Garderobe *f*
collect call	reverse-charge call	R-Gespräch *nt*
condo(minium)	owner-occupied flat	Eigentumswohnung *f*
conductor	chief guard	Zugführer(in) *m(f)*
cookie	biscuit	Keks *m*
cot	folding bed	Klappbett *nt*
counterclockwise	anticlockwise	gegen den Uhrzeigersinn
crossing guard	lollipop man/lady	Schülerlotse, -lotsin *m, f*

Amerikanisches Englisch (AM) **American English** (AM)	**Britisches Englisch** (BRIT) **British English** (BRIT)	**Deutsch German**
crosswalk	pedestrian crossing	Fußgängerüberweg *m*
curb(stone)	kerb(stone)	Bordstein *m*
custom-made clothes	made-to-measure clothes	Maßkleidung *f*
diaper	nappy	Windel *f*
dishtowel, tea towel	tea towel	Geschirrtuch *nt*
divided highway	dual carriageway	vierspurige Schnellstraße
dorm(itory)	hall of residence	Studentenwohnheim *nt*
downtown	city/town centre	Stadtzentrum *nt*
dresser	dressing table	(Frisier)Kommode *f*
driver's license	driving licence	Führerschein *m*
duplex	semi-detached house	Doppelhaushälfte *f*
efficiency (apartment)	bedsit	Einzimmerapartment *nt*
eggplant	aubergine	Aubergine *f*
elective	option	Wahlfach *nt*
elementary school	primary school	Grundschule *f*
elevator	lift	Aufzug *m*
emergency room	casualty	Notaufnahme *f*
exclamation point	exclamation mark	Ausrufezeichen *nt*
fall, autumn	autumn	Herbst *m*
fanny pack	bum bag	Gürteltasche *f*
faucet, tap	tap	Wasserhahn *m*
fender	wing	Kotflügel *m*
fire department	fire brigade	Feuerwehr *f*
first floor	ground floor	Erdgeschoss *nt*
flashlight	torch	Taschenlampe *f*
freeway	motorway	Autobahn *f*
french fries	chips	Pommes frites *pl*
galoshes	Wellingtons	Gummistiefel *pl*
garbage	rubbish	Müll *m*
garbage can	rubbbish bin	Mülleimer *m*
garbageman	dustman, bin man (*fam*)	Müllmann *m*
garbage truck	dustcart, bin lorry (*fam*)	Müllwagen *m*
gas(oline)	petrol	Benzin *nt*
gas station	petrol station	Tankstelle *f*
gawker (*pej*)	gawper (*fam*)	Gaffer(in) *m(f)*
general delivery	poste restante	postlagernd
German shepherd	Alsatian	Schäferhund *m*
girl scout	girl guide	Pfadfinderin *f*
godawful (*fam*)	terrible	fürchterlich
goddam(ned) (*sl*)	bloody awful (*sl*)	beschissen (*sl*)
gotten	got	bekommen (haben)
grade	1. class; 2. mark	1. Klasse *f*; 2. Note *f*
grade school	primary school	Grundschule *f*
green thumb	green fingers	grüner Daumen
ground ELEC	earth	Erde, erden ELEK
guy (*fam*)	bloke (*fam*), guy (*fam*)	Kerl *m*
high school	secondary school	weiterführende Schule

Amerikanisches Englisch (AM) **American English** (AM)	**Britisches Englisch** (BRIT) **British English** (BRIT)	**Deutsch** **German**
hightail it (*fam*)	clear off (*fam*)	abhauen (*fam*)
highway	motorway	Autobahn *f*
hood	bonnet	Motorhaube *f*
hooky, play hooky (*fam*)	play truant, bunk off (*fam*)	(die Schule) schwänzen (*fam*)
house-break *(an animal)*	house-train	(ein Tier) stubenrein machen
housing development	housing estate	Wohnsiedlung *f*
ice pop, popsicle	ice lolly	Eis *nt* am Stiel
John Doe	Joe Bloggs	Otto Normalverbraucher
jumper	pinafore dress	Trägerkleid *nt*
jumper cables	jump leads	Starthilfekabel *nt*
know-it-all (*fam*)	know-all (*fam*)	Besserwisser(in) *m(f)*
ladybug	ladybird	Marienkäfer *m*
last name	surname	Nachname *m*
layover, stopover	stopover	Zwischenlandung *f*
license plate	number plate	Autokennzeichen *nt*
life preserver	lifebelt	Rettungsring *m*
line	queue	(Menschen-)schlange *f*
line up, stand in line	queue	Schlange stehen
liquor store	off-licence	Wein- und Spirituosen-handlung *f*
lunchroom	canteen	Kantine *f*
lush (*sl pej*)	piss artist (*sl pej*)	Säufer(in) *m(f)* (*pej*)
mailbox	letter box	Briefkasten *m*
mailman	postman	Briefträger *m*
major	main subject	Hauptfach *nt*
math	maths	Mathe *f*
men's room	Gents	Herrentoilette *f*
metermaid	traffic warden	Politesse *f*
movie	film	Film *m*
natality, birthrate	birthrate	Geburtenziffer *f*
neat (*fam*)	ace (*fam*)	super (*fam*)
newsdealer	newsagent	Zeitungshändler(in) *m(f)*
nightstick	truncheon	Schlagstock *m*
notebook	exercise book	Übungsheft *nt*
odometer	mileage indicator, mile-ometer	Kilometerzähler *m*
on-ramp, off-ramp	slip road	Zubringer *m*; Auffahrt, Ausfahrt *f*
pacifier	dummy	Schnuller *m*
pack (*of cigarettes*)	packet	Schachtel *f* (*Zigaretten*)
panhandle	scrounge	schnorren
panhandler	scrounger	Schnorrer(in) *m(f)*
pants	trousers	Hose *f*
pantsuit	trouser suit	Hosenanzug *m*
pantyhose	tights	Strumpfhose *f*

Amerikanisches Englisch (AM) **American English** (AM)	**Britisches Englisch** (BRIT) **British English** (BRIT)	**Deutsch German**
parentheses	brackets	(runde) Klammern *pl*
parking lot	car park	Parkplatz *m*
parochial school	denominational school	Konfessionsschule *f*
part (*in hair*)	parting	Scheitel *m*
patrolman	policeman on patrol	Streifenpolizist *m*
pavement	road surface	Fahrbahn *f*
paycheck	pay packet	Gehalt *m*
pen pal	penfriend	Brieffreund(in) *m(f)*
period	full stop	Punkt *m*
pharmacist	chemist	Drogist(in) *m(f)*/ Apotheker(in) *m(f)*
phone booth	phone box, phone booth	Telefonzelle *f*
pickle	gherkin	Essigurke *f*
plastic wrap	cling film	Frischhaltefolie *f*
principal	headteacher	Rektor(in) *m(f)*
pry (open)	prize (open)	aufbrechen
public school	state school	staatliche Schule
purse, pocketbook	handbag	Handtasche *f*
quiz	short test	kurze Prüfung
railroad	railway	Eisenbahn *f*
railroad crossing	level crossing	Bahnübergang *m*
realtor, real estate agent	estate agent	Grundstücksmakler(in) *m(f)*
recreational vehicle, RV	camper van	Wohnmobil *nt*
regular, normal	normal	normal
rent, to	rent, hire	mieten
rent (out)	rent out, let; hire out	vermieten
re-run TV	repeat	Wiederholung *f* TV
restroom	toilet	Toilette *f*
résumé	CV	Lebenslauf *m*
review	revision	Wiederholung *f* (*von Stoff*)
robe, bathrobe	dressing gown	Morgenmantel *m*
round-trip ticket	return ticket	Rückfahrkarte *f*
rowboat	rowing boat	Ruderboot *nt*
rowhouse	terraced house	Reihenhaus *nt*
rumpus room	playroom	Spielzimmer *nt*
run (*in stocking*)	ladder	Laufmasche *f*
sailboat	sailing boat	Segelschiff *nt*
sales clerk, salesperson	shop assistant	Verkäufer(in) *m(f)*
sales tax	value-added tax	Mehrwertsteuer *f*
schedule	timetable	Stundenplan *m*
school principal	headteacher; headmaster, headmistress	Rektor(in) *m(f)*
second floor	first floor	erster Stock
Secretary of the Interior	Home Secretary	Innenminister(in) *m(f)*
sedan	saloon	Limousine *f*
semi(trailer)	articulated lorry	Sattelschlepper *m*
shopping cart	shopping trolley	Einkaufswagen *m*

Amerikanisches Englisch (AM) **American English** (AM)	**Britisches Englisch** (BRIT) **British English** (BRIT)	**Deutsch** **German**
sick	ill	krank
sidewalk	pavement	Gehweg *m*
silent partner	sleeping partner	stiller Gesellschafter
squad car	patrol car	Streifenwagen *m*
station wagon	estate (car)	Kombi(wagen) *m*
store	shop	Laden *m*
storekeeper	shopkeeper	Ladenbesitzer(in) *m(f)*
strip mining	open-cast mining	Tagebau *m*
stroller	pushchair, buggy	(*für Babys*) Sportwagen *m*
student	pupil	Schüler(in) *m(f)*
subway	underground, tube (*fam*)	U-Bahn *f*
sunroom	conservatory	Wintergarten *m*
suspenders	braces	Hosenträger *pl*
switch	points	Weiche *f*
switchblade (knife)	flick knife	Schnappmesser *nt*
tailpipe, exhaust pipe	exhaust pipe	Auspuffrohr *nt*
third-class mail, printed matter	printed matter	Drucksache *f*
thumb-tack	drawing pin	Reißnagel *m*
tideland	mud-flats	Watt *nt*
toiletries bag	sponge bag	Kulturbeutel *m*
toll-free	free of charge	gebührenfrei
tow-truck	breakdown vehicle	Abschleppwagen *m*
tractor-trailer	articulated lorry	Sattelschlepper *m*
traffic circle	roundabout	Kreisverkehr *m*
training wheels	stabilisers	Stützräder *pl*
trainman	railway man	Eisenbahner *m*
trash	rubbish	Abfall *m*
trash can	rubbish bin	Abfalleimer *m*
Treasury Secretary	Chancellor of the Exchequer	Finanzminister(in) *m(f)*
truck	lorry	Lastwagen *m*
trucker	lorry driver	Lastwagenfahrer(in) *m(f)*
trucking	road haulage	Spedition *f*
trunk	boot	Kofferraum *m*
turn signal	indicator	Blinker *m*
tuxedo	dinner-jacket	Smoking *m*
undershirt	vest	Unterhemd *nt*
underwear	pants	Unterhose *f*
upgrade	upward slope	Steigung *f* (*im Gelände*)
vacation	holiday	Ferien *pl*
vacationer	holiday-maker	Urlauber(in) *m(f)*
vendue, auction	auction	Auktion *f*
vest	waistcoat	(Herren)weste *f*
vocational school	technical college	Berufsschule *f*
wallet	purse	Geldbeutel *m*
washcloth, wash-rag	flannel	Waschlappen *m*
windshield	windscreen	Windschutzscheibe *f*

Amerikanisches Englisch (AM) **American English** (AM)	**Britisches Englisch** (BRIT) **British English** (BRIT)	**Deutsch** **German**
workweek	working week	Arbeitswoche *f*
wrecker	breakdown vehicle	Abschleppwagen *m*
wrench	spanner	Schraubenschlüssel *m*
yard	garden	Garten *m*
yellow (*color of traffic light*)	amber	gelb (*Ampelfarbe*)
yellow jacket	wasp	Wespe *f*
zip code, ZIP code	postcode, postal code	Postleitzahl *f*
zipper	zip (fastener)	Reißverschluss *m*
zucchini	courgette	Zucchini *f*

Die Zahlwörter
Numerals

null	0	nought, zero
eins	1	one
zwei	2	two
drei	3	three
vier	4	four
fünf	5	five
sechs	6	six
sieben	7	seven
acht	8	eight
neun	9	nine
zehn	10	ten
elf	11	eleven
zwölf	12	twelve
dreizehn	13	thirteen
vierzehn	14	fourteen
fünfzehn	15	fifteen
sechzehn	16	sixteen
siebzehn	17	seventeen
achtzehn	18	eighteen
neunzehn	19	nineteen
zwanzig	20	twenty
einundzwanzig	21	twenty-one
zweiundzwanzig	22	twenty-two
dreiundzwanzig	23	twenty-three
dreißig	30	thirty
einunddreißig	31	thirty-one
zweiunddreißig	32	thirty-two
vierzig	40	forty
einundvierzig	41	forty-one
fünfzig	50	fifty
einundfünfzig	51	fifty-one
sechzig	60	sixty
einundsechzig	61	sixty-one
siebzig	70	seventy
einundsiebzig	71	seventy-one
achtzig	80	eighty
einundachtzig	81	eighty-one
neunzig	90	ninety
einundneunzig	91	ninety-one
hundert	100	a [*o* one] hundred
hundert(und)eins	101	hundred and one
hundert(und)zwei	102	hundred and two
hundert(und)zehn	110	hundred and ten
zweihundert	200	two hundred
dreihundert	300	three hundred
vierhundert(und)einundfünfzig	451	four hundred and fifty-one

tausend	1000	a [*o* one] thousand
zweitausend	2000	two thousand
zehntausend	10 000	ten thousand
eine Million	1 000 000	a [*o* one] million
zwei Millionen	2 000 000	two million
eine Milliarde	1 000 000 000	a [*o* one] billion
eine Billion	1 000 000 000 000	a [*o* one] trillion

Die Ordnungszahlen
Ordinal numbers

erste	1.	1st	first
zweite	2.	2nd	second
dritte	3.	3rd	third
vierte	4.	4th	fourth
fünfte	5.	5th	fifth
sechste	6.	6th	sixth
siebente	7.	7th	seventh
achte	8.	8th	eighth
neunte	9.	9th	ninth
zehnte	10.	10th	tenth
elfte	11.	11th	eleventh
zwölfte	12.	12th	twelfth
dreizehnte	13.	13th	thirteenth
vierzehnte	14.	14th	fourteenth
fünfzehnte	15.	15th	fifteenth
sechzehnte	16.	16th	sixteenth
siebzehnte	17.	17th	seventeenth
achtzehnte	18.	18th	eighteenth
neunzehnte	19.	19th	nineteenth
zwanzigste	20.	20th	twentieth
einundzwanzigste	21.	21st	twenty-first
zweiundzwanzigste	22.	22nd	twenty-second
dreiundzwanzigste	23.	23rd	twenty-third
dreißigste	30.	30th	thirtieth
einunddreißigste	31.	31st	thirty-first
vierzigste	40.	40th	fortieth
einundvierzigste	41.	41st	forty-first
fünfzigste	50.	50th	fiftieth
einundfünfzigste	51.	51st	fifty-first
sechzigste	60.	60th	sixtieth
einundsechzigste	61.	61st	sixty-first
siebzigste	70.	70th	seventieth
einundsiebzigste	71.	71st	seventy-first
achtzigste	80.	80th	eightieth
einundachtzigste	81.	81st	eighty-first
neunzigste	90.	90th	ninetieth
hundertste	100.	100th	(one) hundredth
hundertunderste	101.	101st	hundred and first

zweihundertste	200.	200th	two hundredth
dreihundertste	300.	300th	three hundredth
vierhundert(und)einund-fünfzigste	451.	451st	four hundred and fifty-first
tausendste	1000.	1000th	(one) thousandth
tausend(und)einhun-dertste	1100.	1100th	thousand and (one) hundredth
zweitausendste	2000.	200th	two thousandth
einhunderttausendste	100 000.	$100\,000^{th}$	(one) hundred thousandth
millionste	1 000 000.	$1\,000\,000^{th}$	millionth
zehnmillionste	10 000 000.	$10\,000\,000^{th}$	ten millionth

Die Bruchzahlen
Fractions

ein halb	$^{1}/_{2}$		one [*o* a] half
ein Drittel	$^{1}/_{3}$		one [*o* a] third
ein Viertel	$^{1}/_{4}$		one [*o* a] quarter
ein Fünftel	$^{1}/_{5}$		one [*o* a] fifth
ein Zehntel	$^{1}/_{10}$		one [*o* a] tenth
ein Hundertstel	$^{1}/_{100}$		one hundredth
ein Tausendstel	$^{1}/_{1000}$		one thousandth
ein Millionstel	$^{1}/_{1\,000\,000}$		one millionth
zwei Drittel	$^{2}/_{3}$		two thirds
drei Viertel	$^{3}/_{4}$		three quarters
zwei Fünftel	$^{2}/_{5}$		two fifths
drei Zehntel	$^{3}/_{10}$		three tenths
anderthalb	$1^{1}/_{2}$		one and a half
zwei(und)einhalb	$2^{1}/_{2}$		two and a half
fünf drei achtel	$5^{3}/_{8}$		five and three eighths
eins Komma eins	1,1	1.1	one point one
zwei Komma drei	2,3	2.3	two point three

Vervielfältigungszahlen
Multiples

einfach	single
zweifach	double
dreifach	threefold, treble, triple
vierfach	fourfold, quadruple
fünffach	fivefold
hundertfach	(one) hundredfold

Britische und amerikanische Maße und Gewichte
British and American weights and measures

Längenmaße
Linear measures

1 inch (in) 1″		= 2,54 cm
1 foot (ft) 1′	= 12 inches	= 30,48 cm
1 yard (yd)	= 3 feet	= 91,44 cm
1 furlong (fur)	= 220 yards	= 201,17 m
1 mile (m)	= 1760 yards	= 1,609 km
1 league	= 3 miles	= 4,828 km

Nautische Maße
Nautical measures

1 fathom	= 6 feet	= 1,829 m
1 cable	= 608 feet	= 185,31 m
1 nautical, sea mile	= 10 cables	= 1,853 km
1 sea league	= 3 nautical miles	= 5,550 km

Feldmaße
Surveyors' measures

1 link	= 7,92 inches	= 20,12 cm
1 rod, perch, pole	= 25 links	= 5,029 mb
1 chain	= 4 rods	= 20,12 m

Flächenmaße
Square measures

1 square inch		= 6,452 cm^2
1 square foot	= 144 sq inches	= 929,029 cm^2
1 square yard	= 9 sq feet	= 0,836 m^2
1 square rod	= 30,25 sq yards	= 25,29 m^2
1 acre	= 4840 sq yards	= 40,47 Ar
1 square mile	= 640 acres	= 2,59 km^2

Britische Hohlmaße
British measures of capacity

Flüssigkeitsmaße
Liquid measures of capacity

1 gill		= 0,142 l
1 pint (pt)	= 4 gills	= 0,568 l
1 quart (qt)	= 2 pints	= 1,136 l
1 gallon (gal)	= 4 quarts	= 4,546 l
1 barrel	= *(für Öl)* 35 gallons *(Bierbrauerei)* 36 gallons	= 159,106 l = 163,656 l

Trockenmaße
Dry measures of capacity

1 peck	= 2 gallons	= 9,092 l
1 bushel	= 4 pecks	= 36,368 l
1 quarter	= 8 bushels	= 290,935 l

Amerikanische Hohlmaße
American measures of capacity

Flüssigkeitsmaße
Liquid measures of capacity

1 gill		= 0,118 l
1 pint	= 4 gills	= 0,473 l
1 quart	= 2 pints	= 0,946 l
1 gallon	= 4 quarts	= 3,785 l
1 barrel	= *(für Öl)* 42 gallons	= 159,106 l

Handelsgewichte
Avoirdupois weights

1 grain (gr)		= 0,0648 g
1 dram (dr)	= 27,3438 grains	= 1,772 g
1 ounce (oz)	= 16 drams	= 28,35 g
1 pound (lb)	= 16 ounces	= 453,59 g
1 stone	= 14 pounds	= 6,348 kg
1 quarter	= 28 pounds	= 12,701 kg
1 hundredweight (cwt)	= *(Br long cwt)* 112 pounds *(Am short cwt)* 100 pounds	= 50,8 kg = 45,36 kg
1 ton	= *(Br long ton)* 20 cwt *(Am short ton)* 2000 pounds	= 1016 kg = 907,185 kg

Deutsche Maße und Gewichte
German weights and measures

Längenmaße
Linear measures

		Zeichen	Vielfaches der Einheit
Seemeile	*nautical mile*	sm	1852 m
Kilometer	*kilometre*	km	1000 m
Meter	*metre*	m	Grundeinheit
Dezimeter	*decimetre*	dm	0,1 m
Zentimeter	*centimetre*	cm	0,01 m
Millimeter	*millimeter*	mm	0,001 m

Flächenmaße
Square measures

		Zeichen	Vielfaches der Einheit
Quadratkilometer	*square kilometre*	km^2	1 000 000 m^2
Hektar	*hectare*	ha	10 000 m^2
Ar	*are*	a	100 m^2
Quadratmeter	*square metre*	m^2	1 m^2
Quadratdezimeter	*square decimetre*	dm^2	0,01 m^2
Quadratzentimeter	*square centimetre*	cm^2	0,0001 m^2
Quadratmillimeter	*square millimetre*	mm^2	0,000 001 m^2

Kubik- und Hohlmaße
Measures of capacity

		Zeichen	Vielfaches der Einheit
Kubikmeter	*cubic metre*	m^3	1 m^3
Hektoliter	*hectolitre*	hl	0,1 m^3
Kubikdezimeter	*cubic decimetre*	dm^3	0,001 m^3
Liter	*litre*	l	
Kubikzentimeter	*cubic centimetre*	cm^3	0,000 001 m^3

Gewichte
Weights

		Zeichen	Vielfaches der Einheit
Tonne	*ton*	t	1000 kg
Doppelzentner	–	dz	100 kg
Kilogramm	*kilogramme*	kg	1000 g
Gramm	*gramme*	g	1 g
Milligramm	*milligramme*	mg	0,001 g

Temperaturumrechnung
Temperature conversion table

°F	°C	°C	°F
0	–17,8	–10	14
32	0	0	32
50	10	10	50
70	21,1	20	68
90	32,2	30	86
98.4	37	37	98.4
212	100	100	212

zur Umrechnung 32 abziehen und durch 1,8 teilen

to convert, subtract 32 and divide by 1.8

zur Umrechnung mit 1,8 multiplizieren und 32 addieren

to convert, multiply by 1.8 and add 32

Die Uhrzeit
Telling the time

	Four o'clock. 4 a.m. (nachts) 4 p.m. (nachmittags)
	Ten past four. BRIT Ten after four. AM Four ten./Sixteen ten. (*p.m.*)
	Quarter past four. BRIT Quarter after four. AM Four fifteen./Sixteen fifteen. (*p.m.*)
	Twenty-five [minutes] past four. BRIT Twenty-five after four. AM Four twenty-five./Sixteen twenty-five. (*p.m.*)
	Half past four. Half four. *(fam)* Four thirty./Sixteen thirty. (*p.m.*)
	Twenty-five [minutes] to five. BRIT Twenty-five before/of/till five. AM Four thirty-five./Sixteen thirty-five. (*p.m.*)
	Quarter to five. BRIT Quarter before/of/till five. AM Four forty-five./Sixteen forty-five. (*p.m.*)
	Ten [minutes] to five. BRIT Ten before/of/till five. AM Four fifty./Sixteen fifty. (*p.m.*)
	Midnight. 12 a.m.
	Noon. Midday. 12 p.m.

Gesetzliche Feiertage in der englischsprachigen Welt
Public Holidays in the English-speaking world

January	1st: New Year's Day (AUS, CAN, NZ, SING, UK, USA) 2nd: Day After New Year's Day (AUS, NZ, SCOT) 15th: Martin Luther King's Birthday (USA) 26th: Australia Day (AUS)
February	Chinese New Year (SING) 6th: Waitangi Day (NZ) President's Day (USA – 3rd Monday in February)
March	17th: St Patrick's Day (IRELAND)
April	Good Friday (AUS, CAN, NZ, SING, UK) Easter Saturday (AUS) Easter Monday (AUS, NZ, UK) 25th: Anzac Day (AUS, NZ)
May	1st: May Day/Labour Day (UK) 24th: Victoria Day (CAN – Monday the 24th or Monday *before* the 24th) Memorial Day (USA – last Monday in May) Spring Bank Holiday (UK – last Monday in May)
June	Queen's Birthday (AUS – 2nd Monday in all states except Western Australia)
July	1st: Canada Day (CAN) 4th: Independence Day (USA)
August	Summer Bank Holiday (UK – last Monday, in Scotland – 1st Monday)
September	Labor Day (CAN, USA, NZ – first Monday in September) Queen's Birthday (AUS – last Monday, WA only)
October	12th: Columbus Day (USA – 2nd Monday in October) Thanksgiving (Day) (CAN – 2nd Monday in October)
November	Thanksgiving (Day) (USA – 4th Thursday in November) 11th: Veterans' Day (USA)
December	25th: Christmas Day (AUS, CAN, NZ, SING, UK, USA) 26th: Boxing Day (AUS, NZ, UK – if on a Saturday/Sunday then the Monday/Tuesday will be a Bank Holiday)

Andere, nicht gesetzliche Feiertage
Popular or Religious Holidays (not Public Holidays)

February	2nd: Groundhog Day (CAN, USA) 14th: Valentine's Day Shrove Tuesday, Pancake Day (= *Faschingsdienstag*) (UK) Ash Wednesday (= *Aschermittwoch*)
March	1st: St. David's Day (WALES) Commonwealth Day (2nd Monday in March) (not USA) 17th: St Patrick's Day (for Irish ex-pats worldwide)
March/April	Mother's Day, Mothering Sunday (UK – 4th Sunday of Lent)
April	Maundy Thursday (= *Gründonnerstag*) 23rd: St George's Day (ENGLAND)
May	Mother's Day (USA, AUS, NZ, CAN, SA, SING – 2nd Sunday)

June	Father's Day (UK, USA, CAN, SA – 3rd Sunday)
September	Father's Day (AUS, NZ – 1st Sunday)
September/ October	Jewish New Year/Rosh Hashana(h) Yom Kippur/Day of Atonement (10 days after Rosh Hashanah)
October	31st: Halloween
November	1st: All Saints' Day 5th: Guy Fawkes Day (BRIT) Remembrance Day/Poppy Day (CAN, UK – Sunday nearest 11th) 30th: St Andrew's Day (SCOTLAND)
December	Hanuk(k)ah/Jewish Feast of Lights (USA) 31st: New Year's Eve/Hogmanay in Scotland

Gesetzliche Feiertage in den deutschsprachigen Ländern
Public holidays in German-speaking countries

Januar	1: Neujahrstag 2: Berchtoldstag (SCHWEIZ) 6: Heilige Drei Könige (ÖSTERR, SCHWEIZ, BRD: *nur Baden-Württemberg, Bayern, Sachsen-Anhalt*)
März/April	Karfreitag (BRD, SCHWEIZ, ÖSTERR*) Ostermontag
Mai	1: Tag der Arbeit Christi Himmelfahrt
Mai/Juni	Pfingstmontag Fronleichnam (ÖSTERR, BRD: *nur Baden-Württemberg, Bayern, Hessen, Nordrhein-Westfalen, Rheinland-Pfalz, Saarland und in Gemeinden mit überw. katholischer Bevölkerung in Sachsen, Thüringen*; SCHWEIZ: *katholische Gebiete*)
August	1: Bundesfeier (SCHWEIZ) 15: Mariä Himmelfahrt (ÖSTERR, BRD: *nur Saarland, und in Gemeinden mit überw. katholischer Bevölkerung in Bayern*; SCHWEIZ: *katholische Gebiete*)
September	Dank-, Buss- und Bettag (SCHWEIZ – *3. Sonntag*)
Oktober	3: Tag der deutschen Einheit (BRD) 26: Nationalfeiertag (ÖSTERR) 31: Reformationstag (BRD: *nur Brandenburg, Mecklenburg-Vorpommern, Sachsen, Sachsen-Anhalt, Thüringen*)
November	1: Allerheiligen (ÖSTERR, BRD: *nur Baden-Württemberg, Bayern, Nordrhein-Westfalen, Rheinland-Pfalz, Saarland;* SCHWEIZ: katholische Gebiete) Buß- und Bettag (BRD: *nur Sachsen – Mittwoch vor Totensonntag*)
Dezember	8: Mariä Empfängnis (ÖSTERR, SCHWEIZ) 25: 1. Weihnachtstag 26: 2. Weihnachtstag

Andere, nicht generell arbeitsfreie Fest- oder Feiertage
Popular or religious holidays (not public holidays)

Februar/ März	Schmutziger Donnerstag (*6 Tage vor Aschermittwoch*) Rosenmontag/Fasnachtsmontag (*Montag vor Aschermittwoch*) Fasnachtsdienstag (*Dienstag vor Aschermittwoch*) Aschermittwoch
März	19: Josefstag* (ÖSTERR, SCHWEIZ)
März/April	Gründonnerstag (*Donnerstag vor Karfreitag*)
Mai	Muttertag (*2. Sonntag*) Vatertag (*fällt zusammen mit Christi Himmelfahrt*)
September	24: Rupertstag* (ÖSTERR)
November	2: Allerseelen (ÖSTERR) 11: Martinstag (BRD, ÖSTERR*) 15: Leopoldstag* (ÖSTERR)
Dezember	6: Nikolaus 24: Heiligabend 31: Silvester

* Feiertage, die nicht generell arbeitsfrei sind, sondern an denen z. B. nur Schulen, Behörden oder Ämter in bestimmten Ländern bzw. Kantonen geschlossen haben

Vereinigtes Königreich
United Kingdom

England

Grafschaft County	Abkürzung Abbreviation	Hauptstadt Administrative centre
Bedfordshire	Beds	Bedford
Berkshire	Berks	Reading
Buckinghamshire	Bucks	Aylesbury
Cambridgeshire	Cambs	Cambridge
Cheshire	Ches	Chester
Cornwall	Corn	Truro
Cumbria		Carlisle
Derbyshire	Derbs	Matlock
Devon		Exeter
Dorset		Dorchester
Durham	Dur	Durham
East Sussex	E. Sussex	Lewes
Essex		Chelmsford
Gloucestershire	Glos	Gloucester
Greater London		**London**
Greater Manchester		Manchester
Hampshire	Hants	Winchester
Hertfordshire	Herts	Hertford
Kent		Maidstone
Lancashire	Lancs	Preston
Leicestershire	Leics	Leicester
Lincolnshire	Lincs	Lincoln
Merseyside		Liverpool
Norfolk		Norwich
Northamptonshire	Northants	Northampton
Northumberland	Northd	Morpeth
North Yorkshire	N. Yorks	Northallerton
Nottinghamshire	Notts	Nottingham
Oxfordshire	Oxon	Oxford
Shropshire	Salop	Shrewsbury
Somerset	Som	Taunton
South Yorkshire	S. Yorks	Barnsley
Staffordshire	Staffs	Stafford
Suffolk	Suff	Ipswich
Surrey		Kingston upon Thames
Tyne and Wear		Newcastle upon Tyne
Warwickshire	Warks	Warwick
West Midlands	W. Midlands	Birmingham
West Sussex	W. Sussex	Chichester
West Yorkshire	W. Yorks	Wakefield
Wiltshire	Wilts	Trowbridge
Worcestershire	Worcs	Worcester

Wales
Wales, Welsh: Cymru

Verwaltungsregion Unitary authority	Hauptstadt Administrative centre
Anglesey	Llangefni
Blaenau Gwent	Ebbw Vale
Bridgend	Bridgend
Caerphilly	Hengoed
Cardiff	**Cardiff**
Carmarthenshire	Carmarthen
Ceredigion	Aberaeron
Conwy	Conwy
Denbighshire	Ruthin
Flintshire	Mold
Gwynedd	Caernarfon
Merthyr Tydfil	Merthyr Tydfil
Monmouthshire	Cwmbran
Neath Port Talbot	Port Talbot
Newport	Newport
Pembrokeshire	Haverfordwest
Powys	Llandrindod Wells
Rhondda Cynon Taff	Clydach Vale
Swansea	Swansea
Torfaen	Pontypool
Vale of Glamorgan	Barry
Wrexham	Wrexham

Schottland
Scotland

Grafschaft County	Hauptstadt Administrative centre
Aberdeen City	
Aberdeenshire	Aberdeen
Angus	Forfar
Argyll and Bute	Lochgilphead
Clackmannanshire	Alloa
Dumfries and Galloway	Dumfries
Dundee City	
East Ayrshire	Kilmarnock
East Dunbartonshire	Kirkintilloch
East Lothian	Haddington
East Renfrewshire	Giffnock
Edinburgh City	
Falkirk	Falkirk
Fife	Glenrothes
Glasgow City	
Highland	Inverness

Grafschaft County	Hauptstadt Administrative centre
Inverclyde	Greenock
Midlothian	Dalkeith
Moray	Elgin
North Ayrshire	Irvine
North Lanarkshire	Motherwell
Orkney Islands	Kirkwall
Perth and Kinross	Perth
Renfrewshire	Paisley
Scottish Borders	Melrose
Shetland Islands	Lerwick
South Ayrshire	Ayr
South Lanarkshire	Hamilton
Stirling	Stirling
West Dunbartonshire	Dunbarton
Western Isles	Stornoway
West Lothian	Livingston

Nordirland
Northern Ireland

Grafschaft County	Hauptstadt Principal town
Antrim	**Belfast**
Armagh	Armagh
Down	Downpatrick
Fermanagh	Enniskillen
Londonderry	Londonderry
Tyrone	Omagh

Republik Irland
Republik of Ireland

Provinz und Grafschaften Province and counties	Hauptstadt Principal town
Connacht, *formerly:* **Connaught**	
Galway, *Gaelic:* Gaillimh	Galway
Leitrim, *Gaelic:* Liathdroma	Carrick-on-Shannon
Mayo, *Gaelic:* Mhuigheo	Castlebar
Roscommon, *Gaelic:* Ros Comáin	Roscommon
Sligo, *Gaelic:* Sligeach	Sligo
Leinster	
Carlow, *Gaelic:* Cheatharlach	Carlow
Dublin, *Gaelic:* Baile Átha Cliath	**Dublin**
Kildare, *Gaelic:* Chill Dara	Naas
Kilkenny, *Gaelic:* Chill Choinnigh	Kilkenny
Laois/Laoighis/Leix	Portlaoise
Longford, *Gaelic:* Longphuirt	Longford
Louth, *Gaelic:* Lughbhaidh	Dundalk
Meath, *Gaelic:* na Midhe	Navan
Offaly, *Gaelic:* Ua bhFailghe	Tullamore
Westmeath, *Gaelic:* na h-Iarmhidhe	Mullingar
Wexford, *Gaelic:* Loch Garman	Wexford
Wicklow, *Gaelic:* Cill Mhantáin	Wicklow
Munster	
Clare, *Gaelic:* An Cláir	Ennis
Cork, *Gaelic:* Chorcaigh	Cork
Kerry, *Gaelic:* Chiarraighe	Tralee
Limerick, *Gaelic:* Luimneach	Limerick
Tipperary, *Gaelic:* Thiobrad Árann	Clonmel
Waterford, *Gaelic:* Phort Láirge	Waterford
Ulster	
Cavan, *Gaelic:* Cabhάin	Cavan
Donegal, *Gaelic:* Dún na nGall	Lifford
Monaghan, *Gaelic:* Mhuineachain	Monaghan

Vereinigte Staaten von Amerika
United States of America

Bundesstaat **Federal state**	**Hauptstadt** **Capital**
Alabama	Montgomery
Alaska	Juneau
Arizona	Phoenix
Arkansas	Little Rock
California	Sacramento
Colorado	Denver
Connecticut	Hartford
Delaware	Dover
Florida	Tallahassee
Georgia	Atlanta
Hawaii	Honolulu
Idaho	Boise
Illinois	Springfield
Indiana	Indianapolis
Iowa	Des Moines
Kansas	Topeka
Kentucky	Frankfort
Louisiana	Baton Rouge
Maine	Augusta
Maryland	Annapolis
Massachusetts	Boston
Michigan	Lansing
Minnesota	Saint Paul
Mississippi	Jackson
Missouri	Jefferson City
Montana	Helena
Nebraska	Lincoln
Nevada	Carson City
New Hampshire	Concord
New Jersey	Trenton
New Mexico	Santa Fe
New York	Albany
North Carolina	Raleigh
North Dakota	Bismarck
Ohio	Columbus
Oklahoma	Oklahoma City
Oregon	Salem
Pennsylvania	Harrisburg
Rhode Island	Providence
South Carolina	Columbia
South Dakota	Pierre
Tennessee	Nashville
Texas	Austin

Bundesstaat **Federal state**	**Hauptstadt** **Capital**
Utah	Salt Lake City
Vermont	Montpelier
Virginia	Richmond
Washington	Olympia
West Virginia	Charleston
Wisconsin	Madison
Wyoming	Cheyenne

Kanada
Canada

Provinz **Province**	**Hauptstadt** **Capital**
Alberta	Edmonton
British Columbia	Victoria
Manitoba	Winnipeg
New Brunswick	Fredericton
Newfoundland	Saint John's
Novia Scotia	Halifax
Ontario	Toronto
Prince Edward Island	Charlottetown
Québec	Québec
Saskatchewan	Regina
Territorium **Territory**	**Hauptstadt** **Capital**
Northwest Territories	Yellowknife
Nunavut Territory (*since 1st April 1999*)	Iqaluit
Yukon Territory	Whitehorse

Australien
Australia

Staat State	Hauptstadt Capital
New South Wales	Sydney
Queensland	Brisbane
South Australia	Adelaide
Tasmania	Hobart
Victoria	Melbourne
Western Australia	Perth
Territorium Territory	**Hauptstadt Capital**
Australian Capital Territory	Canberra
Northern Territory	Darwin

Neuseeland
New Zealand

North Island
South Island
Weitere Inseln Small outlying islands
Auckland Islands
Kermadec Islands
Campbell Island
the Antipodes
Three Kings Islands
Bounty Island
Snares Island
Solander Island
Stewart Island
Chatham Islands
Schutzgebiete Dependencies
Tokelau Islands
Ross Dependency
Niue Island (free associate)
Cook Islands (free associates)

Bundesrepublik Deutschland
Federal Republic of Germany

Bundesländer (und ihre Hauptstädte)	**Federal states (and their capitals)**
Baden-Württemberg (Stuttgart)	Baden-Württemberg (Stuttgart)
Bayern (München)	Bavaria (Munich)
Berlin (Berlin)	Berlin (Berlin)
Brandenburg (Potsdam)	Brandenburg (Potsdam)
Bremen (Bremen)	Bremen (Bremen)
Hamburg (Hamburg)	Hamburg (Hamburg)
Hessen (Wiesbaden)	Hesse (Wiesbaden)
Mecklenburg-Vorpommern (Schwerin)	Mecklenburg-West Pomerania (Schwerin)
Niedersachsen (Hannover)	Lower Saxony (Hanover)
Nordrhein-Westfalen (Düsseldorf)	North Rhine-Westphalia (Düsseldorf)
Rheinland-Pfalz (Mainz)	Rhineland-Palatinate (Mainz)
Saarland (Saarbrücken)	Saarland (Saarbrücken)
Sachsen (Dresden)	Saxony (Dresden)
Sachsen-Anhalt (Magdeburg)	Saxony-Anhalt (Magdeburg)
Schleswig-Holstein (Kiel)	Schleswig-Holstein (Kiel)
Thüringen (Erfurt)	Thuringia (Erfurt)

Österreich
Austria

Bundesländer (und Hauptstädte)	**Provinces (and capitals)**
Burgenland (Eisenstadt)	Burgenland (Eisenstadt)
Kärnten (Klagenfurt)	Carinthia (Klagenfurt)
Niederösterreich (St. Pölten)	Lower Austria (St. Pölten)
Oberösterreich (Linz)	Upper Austria (Linz)
Salzburg (Salzburg)	Salzburg (Salzburg)
Steiermark (Graz)	Styria (Graz)
Tirol (Innsbruck)	Tyrol (Innsbruck)
Vorarlberg (Bregenz)	Vorarlberg (Bregenz)
Wien (Wien)	Vienna (Vienna)

Die Schweiz
Switzerland

Kantone (und Hauptorte)	**Cantons (and capitals)**
Aargau (Aarau)	Aargau (Aarau)
Appenzell Außerrhoden (Herisau)	Appenzell Outer Rhodes (Herisau)
Appenzell Innerrhoden (Appenzell)	Appenzell Inner Rhodes (Appenzell)
Basel-Landschaft (Liestal)	Basel-Land (Liestal)
Basel-Stadt (Basel)	Basel-Stadt (Basel, Basle)
Bern (Bern)	Bern (Bern)
Freiburg (Freiburg)	Fribourg (Fribourg)
Genf (Genf)	Geneva (Geneva)
Glarus (Glarus)	Glarus (Glarus)
Graubünden (Chur)	Graubünden, Grisons (Chur)

Kantone (und Hauptorte)	**Cantons (and capitals)**
Jura (Delémont)	Jura (Delémont)
Luzern (Luzern)	Lucerne (Lucerne)
Neuenburg (Neuenburg)	Neuchâtel (Neuchâtel)
Nidwalden (Stans)	Nidwalden (Stans)
Obwalden (Sarnen)	Obwalden (Sarnen)
Sankt Gallen (Sankt Gallen)	St. Gall(en) (St. Gall(en))
Schaffhausen (Schaffhausen)	Schaffhausen (Schaffhausen)
Schwyz (Schwyz)	Schwyz (Schwyz)
Solothurn (Solothurn)	Solothurn (Solothurn)
Tessin (Bellinzona)	Ticino (Bellinzona)
Thurgau (Frauenfeld)	Thurgau (Frauenfeld)
Uri (Altdorf)	Uri (Altdorf)
Waadt (Lausanne)	Vaud (Lausanne)
Wallis (Sitten)	Valais (Sion)
Zug (Zug)	Zug (Zug)
Zürich (Zürich)	Zürich (Zürich)

Korrespondenz und Kommunikation
Correspondence and communication

1. E-Mail und Internet
Email and internet

Kommunizieren per E-Mail
Communicating by email

E-Mail-Adresse	email address
eine Nachricht/Mail empfangen/senden/ weiterleiten	to receive/send/forward an email
eine Nachricht/Mail beantworten	to reply to an email
Falls Sie weitere Informationen wünschen, zögern Sie nicht, uns eine E-Mail zu schreiben.	If you need further information, don't hesitate to contact us by email.
Meine E-Mail -Adresse ist: sara.schmidt@abc-online.de (*sara punkt schmidt at a b c binde(strich) online punkt d e*)	My email address is: sara.schmidt@abc-online.de (*sara dot schmidt at a b c dash online dot d e*)

Sich im Internet bewegen
Surfing the internet

Internetadresse	internet address
einen Internetzugang beantragen	to apply for internet access
[im Internet] surfen	to surf the internet
Internetbenutzer/in	internet user
eine Verbindung ins Internet herstellen	to connect to the internet
die Verbindung zum Internet trennen	to disconnect from the internet
sich anmelden, sich einloggen	to log on
sich abmelden	to log off
Besuchen Sie unsere Webseite www. ...!	Visit our website www. ...!
jdn spammen (*jdn mit E-Mail-Werbung überhäufen*)	to spam sb

URLs angeben
Giving URLs

/	Schrägstrich	forward slash
\	Backslash	backslash
:	Doppelpunkt	colon
@	Klammeraffe, at	at (sign)
-	(Binde)strich	dash, hyphen
_	Unterstrich	underscore

2. Telefonieren On the telephone

Anrufbeantworter Answerphone

Guten Tag. Sie sind verbunden mit der Mailbox/dem Anrufbeantworter von ...	Hello. You've reached ...'s mailbox/answerphone.
Leider bin ich zurzeit nicht erreichbar.	I can't take your call right now.
Bitte hinterlassen Sie nach dem Signalton eine Nachricht, ich rufe Sie baldmöglichst zurück.	Please leave a message after the tone [*or fam* beep]. I'll get back to you as soon as possible.

Eine Nachricht auf dem Anrufbeantworter hinterlassen Leaving a message on an answerphone

Guten Tag, mein Name ist Richard Baker.	Hello, my name is Richard Baker.
Ich wäre Ihnen dankbar, wenn Sie mich unter 123456 zurückrufen würden.	I would be grateful if you would call me back on 123456.
Vielen Dank, auf Wiederhören.	Thank you, goodbye.
Hallo, hier ist die Cathy.	Hi, it's Cathy.
Kannst du mich zurückrufen?	Can you call me back?
Danke, tschüss!	Thanks, bye!

Handy Mobile [phone] BRIT/Cellphone AM

Sie können Herrn/Frau ... auf seinem/ihrem Handy erreichen.	You can reach Mr/Ms ... on his/her mobile.
Können Sie mir bitte seine/ihre Handynummer geben?	Could you give me his/her mobile number, please?
Sein/Ihr Handy ist nicht an.	He/she hasn't got his/her mobile switched on.
Hinterlassen Sie ihm/ihr eine Nachricht auf der Mailbox oder schicken Sie ihm/ihr eine SMS.	Leave a message on his/her mailbox or send him/her a text [message].
Hast du meine SMS bekommen?	Did you get my text [message]?
Mein Akku ist fast leer, ich rufe später noch einmal an.	My battery's almost flat, I'll call you again later.
Die Verbindung wird gleich weg sein, ich fahre gerade in einen Tunnel.	I'm going to lose you in a moment, I'm about to go into a tunnel.

Englische SMS-Abkürzungen
English text message abbreviations

B4	before	[be]vor
BTW	by the way	übrigens
CU **CU L8R** **CU 2MORO**	see you see you later see you tomorrow	mach's gut bis bald bis morgen
F2F	face to face	von Angesicht zu Angesicht
FYI	for your information	als Info[rmation]
GBH	great big hug	sei umarmt
GR8	great	klasse
ILU	I love you	ich liebe dich
IMO	in my opinion	meiner Meinung nach
L8R	later	später
LOL	lots of love	ganz liebe Grüße
M8 **M8s**	mate mates	Kumpel Kumpels
MSG	message	Nachricht
NRG	energy	Energie
OIC	oh, I see	aha [, ich verstehe]
OTT	over the top	zu viel des Guten
OXOX	hugs and kisses	tausend Küsse
PLS	please	bitte
TGIF	thank God it's Friday	endlich Wochenende
THX, TX	thanks	danke
2MORO	tomorrow	morgen
2NITE	tonight	heute Abend
U **U2?**	you you too?	du du auch?
WKEND	weekend	Wochenende
X	kiss	Kuss

3. Floskeln für den Beginn und den Schluss eines Briefes
Phrases for the beginning and end of letters

An Freunde und Bekannte:
To friends and acquaintances:

Hallo ...!	Hi ...!
Liebe(r) ...,	Dear ...,
vielen Dank für deinen Brief.	Many thanks for your letter.
Ich habe mich sehr gefreut von dir zu hören.	I was really glad/delighted to hear from you.
Entschuldige/es tut mir Leid, dass ich so lange nicht geschrieben habe.	I apologize/I'm sorry for not having written for so long.
Viele herzliche Grüße an euch alle, auch von ...	... sends his/her fondest regards to you all, too.
Bitte grüße auch ... von mir.	Please also give my regards to ...
Ich würde mich freuen bald wieder von dir zu hören.	I'd love to hear from you again soon.
Grüß' ... von mir.	Give ... my love.
Schreib doch mal wieder.	Write again soon.
Hoffentlich höre ich bald wieder etwas von dir.	Look forward to hearing from you again soon.
Dein(e) ...	Yours, ...
Viele liebe Grüße ...	Love, .../Lots of love, ...
Ciao ...	Cheers, ...

An Firmen oder Organisationen:
To firms or organizations:

Sehr geehrte Damen und Herren,	Dear Sir or Madam,
Sehr geehrte Frau ...,/ Sehr geehrter Herr ...,	Dear Mrs ...,/Dear Mr ...,
Ich möchte mich erkundigen, ob ...	I wonder if you could let me know whether ...
Ich möchte nachfragen, ob ...	I would like to enquire whether ...
Würden Sie mir bitte ... schicken?	Would you be so kind as to/please send me ...?
In Erwartung Ihrer Antwort verbleibe ich ...	In anticipation of your reply I remain ...
Mit freundlichen Grüßen	Yours sincerely,/Yours faithfully,

Glückwünsche zu verschiedenen Anlässen
Congratulations for various occasions

Herzlichen Glückwunsch!	Congratulations!
Viel Erfolg!	Good luck!
Viel Glück!	Best of luck!/Good luck!
Gute Besserung!	(Hope you) get well soon!
Schöne Ferien!	Have a nice holiday!
Frohe Ostern!	Happy Easter!
Frohe Weihnachten und ein gutes neues Jahr!	Merry Christmas and a Happy New Year!
Alles Gute zum Geburtstag!	Happy Birthday!
Meine besten Wünsche zum Geburtstag!	Many happy returns of the day!
Ich drücke dir die Daumen.	I'll keep my fingers crossed for you.

Die Anrede
Beginnings

Sie schreiben:	**You are writing:**
an einen guten Bekannten oder Freund	**to a good acquaintance or friend**
Liebe Daniela,	Dear Daniela,
Lieber Christian,	Dear Christian,
Hallo, Markus!	Hi, Markus!

an jemanden, den Sie gut kennen	**to somebody you know well**
Liebe Frau Mayer,	Dear Mrs Mayer,
Liebe Kolleginnen, liebe Kollegen,	Dear colleagues,

an jemanden, den Sie persönlich oder geschäftlich kennen	**to somebody you know personally or through work**
Sehr geehrte Frau Meiser,	Dear Mrs Meiser,
Sehr geehrter Herr Fischer,	Dear Mr Fischer,

an eine Firma oder Person, deren Namen Sie nicht kennen	**to a firm or person whose name you don't know**
Sehr geehrte Damen und Herren,	Dear Sir or Madam,

an eine Person, deren Titel Sie kennen	**to a person whose title you know**
Sehr geehrter Herr Dr. Schmidt,	Dear Dr. Smith,
Sehr geehrte Frau Professor (Schmidt),	Dear Professor (Smith),

Die Grussformel
Endings

Informell:	**Informal:**
Mach's gut!	Cheerio!/All the best!
Bis bald!	See you soon!
Viele liebe Grüße	With love from/With lots of love,
Viele Grüße	Best wishes,
Herzliche Grüße	Kind regards,
Mit besten Grüßen	Yours,
Alles Liebe	With love,
Alles Gute, Dein(e)	All the best, love,
Tschüs!	Bye!

Formell:	**Formal:**
Mit freundlichen Grüßen	Yours sincerely,
verbleibe ich mit freundlichen Grüßen	I remain, Yours faithfully/sincerely,

Sehr respektvoll:	**Very respectful:**
Hochachtungsvoll	Yours faithfully,

einen Dankesbrief an seine Gastfamilie schreiben

Stuttgart, den 12.8.2007

Liebe Mrs Seaton, lieber Mr Seaton und lieber John,

ich möchte mich noch einmal recht herzlich für die schönen Tage bei Ihnen bedanken. Ich bin ein bisschen traurig, dass die Zeit bei Ihnen so schnell vergangen ist.

Mir hat unser gemeinsames Wochenende in Ihrem Ferienhaus besonders gut gefallen. Ein paar von den Fotos, die ich dort gemacht habe, schicke ich mit.

Meine Englischlehrerin hat gesagt, ich hätte in den zwei Wochen wirklich große Fortschritte gemacht. Sie hat den anderen in der Klasse geraten, auch einmal an so einem Austausch teilzunehmen.

Jetzt freue ich mich schon auf April, wenn John nach Stuttgart kommt. Meine Eltern und ich haben schon Pläne gemacht, was wir mit ihm unternehmen wollen. Ich hoffe, dass es ihm hier genauso gut gefällt, wie mir bei Ihnen.

Bitte grüßen Sie auch besonders Jenny und Kate von mir. Ich hoffe, dass ich Sie schon bald wieder sehe.

Viele liebe Grüße

Thomas

a thank-you letter to the host family

Schulstr. 14
70372 Stuttgart

12th August 2007

Dear Mr and Mrs Seaton, dear John,

I'd like to thank you once again for the really lovely time I spent with you. I am a little sad that it all went so quickly.

I especially liked the weekend we spent together at your holiday home. I enclose a few of the photos I took there.

My English teacher said that I had really made great progress in those two weeks. She suggested the rest of the class should go on an exchange too.

I'm already looking forward to April, when John comes over to Stuttgart. My parents and I have already planned where we want to go with him. I hope he will like it here as much as I did with you.

Please give my regards to Jenny and Kate too. I hope to see you again soon.

With love from,

Thomas

eine Bewerbung für ein Praktikum schreiben

Michael Müller
Schulstr. 14
85011 Ingolstadt
Germany

Tel.: +49 841 123456
E-Mail: michael.müller@xyz.de

GD Metal Ltd.
z.H. Frau R. Burton
21–27 Stafford Street
Birmingham
B12 3AB
England

Ingolstadt, 12.12.2007

Bewerbung um eine Praktikumsstelle

Sehr geehrte Frau Burton,

hiermit bewerbe mich um eine Stelle in Ihrem Werk in Birmingham.

Ich besuche die 11. Klasse des Schiller-Gymnasiums in Ingolstadt mit den Leistungskursen Englisch und Mathematik. Nach meinem Abitur möchte ich Maschinenbau studieren.

Die Sommerferien, vom 20. Juli bis 30. August 2008, vor der 12. Klasse und den Abiturprüfungen möchte ich dazu nutzen, meine Englischkenntnisse zu vertiefen und gleichzeitig die Arbeitswelt kennen zu lernen.

Im Falle Ihrer Zusage würde ich mich sehr freuen, wenn Sie mir bei der Wohnungssuche behilflich sein könnten.

Vielen Dank im Voraus für Ihre wohlwollende Prüfung meiner Bewerbung.

Mit freundlichen Grüßen

Michael Müller

Anlagen: Lebenslauf
Beglaubigte Zeugniskopien

application for work experience

Schulstr. 14
85011 Ingolstadt
Germany

Tel.: +49 841 123456
Email: michael.müller@xyz.de

12th December 2007

GD Metal Ltd.
Attn. Ms R. Burton
21–27 Stafford Street
Birmingham
B12 3AB
England

Application for work experience

Dear Ms Burton,

I am interested in undertaking a period of work experience at your plant in Birmingham.

I am currently in Year 11 at the Schiller Secondary School in Ingolstadt, specialising in English and mathematics. Following the completion of my Abtitur (equivalent to A levels), I hope to study mechanical engineering at university.

During the summer holidays of 2008, I would like to use the period from 20th July to 30th August to experience a little of the world of work and improve my English before commencing Year 12 and studying for my exams.

Should you offer me a place, I would be very grateful if you could help me find accommodation for the duration of my stay.

Thank you for taking the time to read my application. I look forward to hearing from you.

Yours sincerely,

Michael Müller

Encl.: CV
Certified copies of reports

Lebenslauf

Michael Müller
Schulstr. 14
85011 Ingolstadt
Deutschland

Tel: +49 841 123456
E-Mail: michael.müller@xyz.de

Lebenslauf

PERSÖNLICHE DATEN

Geburtstag:	02.03.1990
Geburtsort:	Ingolstadt

SCHULBILDUNG

1996–2000	Grundschule in Ingolstadt
Seit 2000	Schiller-Gymnasium, Ingolstadt. Abitur voraussichtlich Juli 2009 Leistungskurse: Englisch, Mathematik

KENNTNISSE

Fremdsprachen:	Englisch in Wort und Schrift (fließend) Französisch (gute Kenntnisse) Spanisch (Grundkenntnisse)
EDV-Kenntnisse:	Windows XP, MS-Office Anwendungen

INTERESSEN

Automobilsport, Reisen, Fremdsprachen

Curriculum vitae

PERSONAL INFORMATION

Name:	Michael Müller
Address:	Schulstr. 14, 85011 Ingolstadt, Germany
Telephone:	+49 841 123456
Email:	michael.müller@xyz.de
Date of birth:	02.03.1990
Place of birth:	Ingolstadt, Germany

EDUCATION

1996–2000	Primary school in Ingolstadt
Since 2000	Schiller Secondary School, Ingolstadt. Abitur (comparable to A levels) to be taken in July 2009
	Specialist subjects: English, mathematics

SKILLS AND INTERESTS

Foreign languages:	Fluent written and spoken Englisch, adequate French, basic Spanish
PC skills:	Windows XP, MS Office applications
Other interests:	Motor racing, travelling, languages

sich als Aupairmädchen bewerben

Marion Schuster
Breite Straße 75
71234 Stuttgart
Germany

Tel.: +49 711 654321
E-Mail: m.schuster@abc.de

den 8.11.2007

Mr. and Mrs. Smith
33 Park Road
Stoke Newington
London
N16 0XZ
England

Bewerbung als Aupairmädchen

Sehr geehrte Mr und Mrs Smith,

ich habe Ihre Anzeige in der Stuttgarter Zeitung vom 4. 11. 2007 gelesen und bewerbe mich hiermit um die Stelle als Aupairmädchen in Ihrem Hause.

Zurzeit besuche ich die 10. Klasse der Schlossrealschule in Stuttgart und lerne seit fünf Jahren Englisch. Im Juli werde ich hoffentlich die Schule mit der Mittleren Reife abschließen. Deshalb würde ich mich freuen, wenn ich ab dem 1. August für einen Monat auf Ihre beiden Kinder aufpassen dürfte.

Ich habe zwei jüngere Geschwister, einen Bruder (10 Jahre), und eine Schwester (6 Jahre) auf die ich regelmäßig aufpassen muss, weil unsere Eltern beide berufstätig sind.

Ich würde mich sehr freuen, wenn ich auf Ihre Kinder aufpassen dürfte und dabei mehr über die britische Lebensart, die mir wirklich sehr gefällt, lernen könnte.

Bitte schreiben Sie mir bald.

Mit freundlichen Grüßen

Marion Schuster

application for an au-pair job

Breite Straße 75
71234 Stuttgart
Germany

Tel.: +49 711 654321
Email: m.schuster@xyz.de

8th November 2007

Mr. and Mrs. Smith
33 Park Road
Stoke Newington
London
N16 0XZ
England

Application for the post of au pair

Dear Mr and Mrs Smith,

I read your advertisement in the 4/11/07 edition of the Stuttgarter Zeitung and would like to apply for the post of au pair with you.

At present I am in Year 10 of the Schloss Secondary School in Stuttgart and have been learning English for five years. I expect to leave school in July with my school leaving certificate (equivalent of GCSEs). I would therefore be delighted to be allowed to look after your two children for one month from 1st August.

I have one younger brother (10) and one sister (6) whom I regularly have to look after because our parents both work.

I would be thrilled by the oppurtunity to look after your children and hope that in doing so, I might learn more about the British way of life, which I find most interesting.

I look forward to hearing from you.

Yours sincerely,

Marion Schuster

Informationen über einen Feriensprachkurs einholen
finding out about a holiday language course

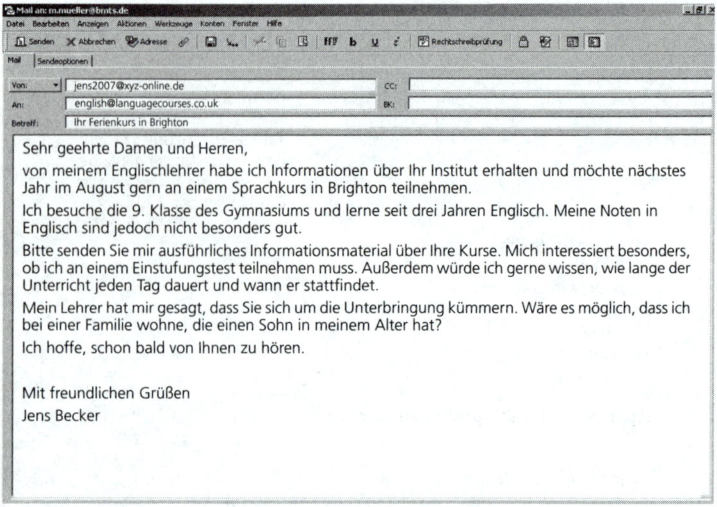

Mail an: m.mueller@bmts.de

Von: jens2007@xyz-online.de

An: english@languagecourses.co.uk

Betreff: Ihr Ferienkurs in Brighton

Sehr geehrte Damen und Herren,

von meinem Englischlehrer habe ich Informationen über Ihr Institut erhalten und möchte nächstes Jahr im August gern an einem Sprachkurs in Brighton teilnehmen.

Ich besuche die 9. Klasse des Gymnasiums und lerne seit drei Jahren Englisch. Meine Noten in Englisch sind jedoch nicht besonders gut.

Bitte senden Sie mir ausführliches Informationsmaterial über Ihre Kurse. Mich interessiert besonders, ob ich an einem Einstufungstest teilnehmen muss. Außerdem würde ich gerne wissen, wie lange der Unterricht jeden Tag dauert und wann er stattfindet.

Mein Lehrer hat mir gesagt, dass Sie sich um die Unterbringung kümmern. Wäre es möglich, dass ich bei einer Familie wohne, die einen Sohn in meinem Alter hat?

Ich hoffe, schon bald von Ihnen zu hören.

Mit freundlichen Grüßen

Jens Becker

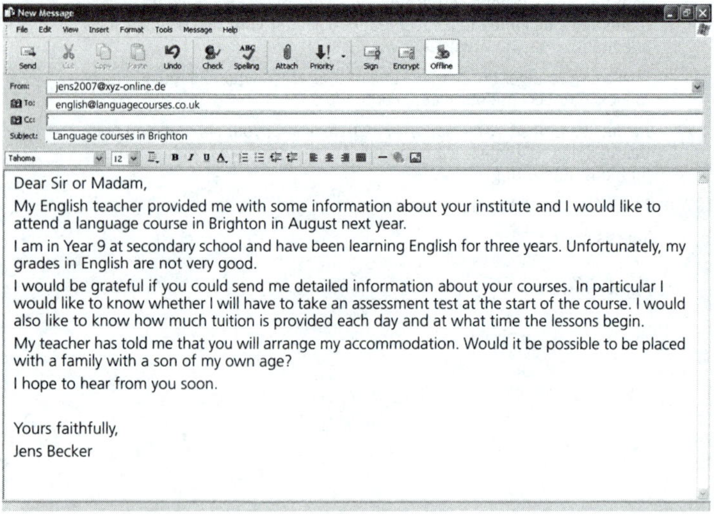

New Message

From: jens2007@xyz-online.de

To: english@languagecourses.co.uk

Cc:

Subject: Language courses in Brighton

Dear Sir or Madam,

My English teacher provided me with some information about your institute and I would like to attend a language course in Brighton in August next year.

I am in Year 9 at secondary school and have been learning English for three years. Unfortunately, my grades in English are not very good.

I would be grateful if you could send me detailed information about your courses. In particular I would like to know whether I will have to take an assessment test at the start of the course. I would also like to know how much tuition is provided each day and at what time the lessons begin.

My teacher has told me that you will arrange my accommodation. Would it be possible to be placed with a family with a son of my own age?

I hope to hear from you soon.

Yours faithfully,

Jens Becker

einer Schüleraustauschpartnerin zum ersten Mal mailen
contacting your school exchange partner for the first time

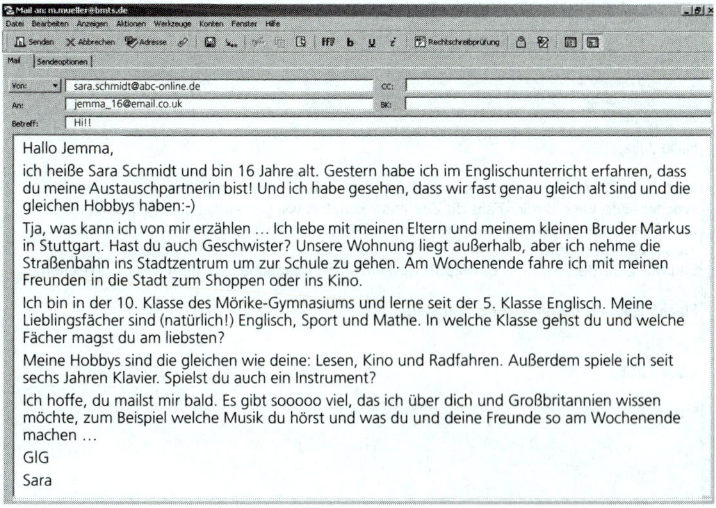
Von: sara.schmidt@abc-online.de
An: jemma_16@email.co.uk
Betreff: Hi!!

Hallo Jemma,

ich heiße Sara Schmidt und bin 16 Jahre alt. Gestern habe ich im Englischunterricht erfahren, dass du meine Austauschpartnerin bist! Und ich habe gesehen, dass wir fast genau gleich alt sind und die gleichen Hobbys haben:-)

Tja, was kann ich von mir erzählen ... Ich lebe mit meinen Eltern und meinem kleinen Bruder Markus in Stuttgart. Hast du auch Geschwister? Unsere Wohnung liegt außerhalb, aber ich nehme die Straßenbahn ins Stadtzentrum um zur Schule zu gehen. Am Wochenende fahre ich mit meinen Freunden in die Stadt zum Shoppen oder ins Kino.

Ich bin in der 10. Klasse des Mörike-Gymnasiums und lerne seit der 5. Klasse Englisch. Meine Lieblingsfächer sind (natürlich!) Englisch, Sport und Mathe. In welche Klasse gehst du und welche Fächer magst du am liebsten?

Meine Hobbys sind die gleichen wie deine: Lesen, Kino und Radfahren. Außerdem spiele ich seit sechs Jahren Klavier. Spielst du auch ein Instrument?

Ich hoffe, du mailst mir bald. Es gibt sooooo viel, das ich über dich und Großbritannien wissen möchte, zum Beispiel welche Musik du hörst und was du und deine Freunde so am Wochenende machen ...

GlG

Sara

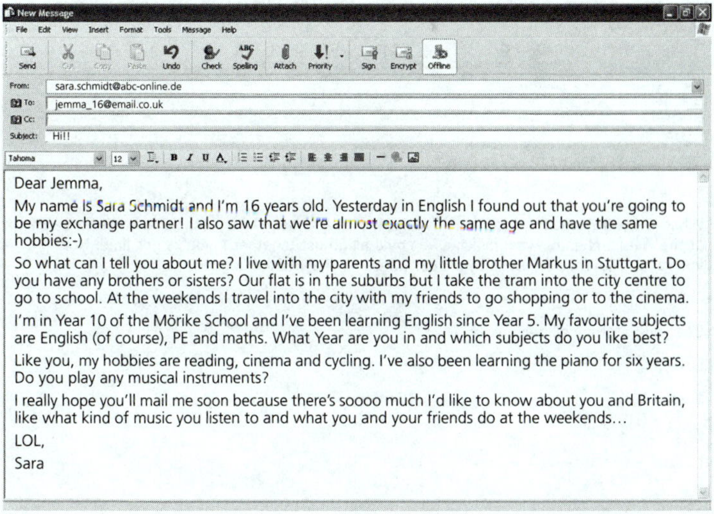
From: sara.schmidt@abc-online.de
To: jemma_16@email.co.uk
Subject: Hi!!

Dear Jemma,

My name is Sara Schmidt and I'm 16 years old. Yesterday in English I found out that you're going to be my exchange partner! I also saw that we're almost exactly the same age and have the same hobbies:-)

So what can I tell you about me? I live with my parents and my little brother Markus in Stuttgart. Do you have any brothers or sisters? Our flat is in the suburbs but I take the tram into the city centre to go to school. At the weekends I travel into the city with my friends to go shopping or to the cinema.

I'm in Year 10 of the Mörike School and I've been learning English since Year 5. My favourite subjects are English (of course), PE and maths. What Year are you in and which subjects do you like best?

Like you, my hobbies are reading, cinema and cycling. I've also been learning the piano for six years. Do you play any musical instruments?

I really hope you'll mail me soon because there's soooo much I'd like to know about you and Britain, like what kind of music you listen to and what you and your friends do at the weekends...

LOL,

Sara

eine E-Mail an eine Freundin schreiben
an EMail to a friend

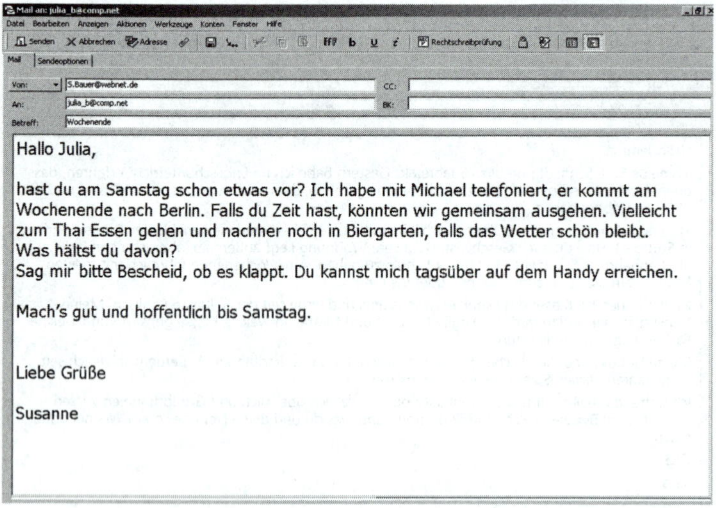

Mail an: julia_b@comp.net

Von: S.Bauer@webnet.de

An: julia_b@comp.net

Betreff: Wochenende

Hallo Julia,

hast du am Samstag schon etwas vor? Ich habe mit Michael telefoniert, er kommt am Wochenende nach Berlin. Falls du Zeit hast, könnten wir gemeinsam ausgehen. Vielleicht zum Thai Essen gehen und nachher noch in Biergarten, falls das Wetter schön bleibt. Was hältst du davon?
Sag mir bitte Bescheid, ob es klappt. Du kannst mich tagsüber auf dem Handy erreichen.

Mach's gut und hoffentlich bis Samstag.

Liebe Grüße

Susanne

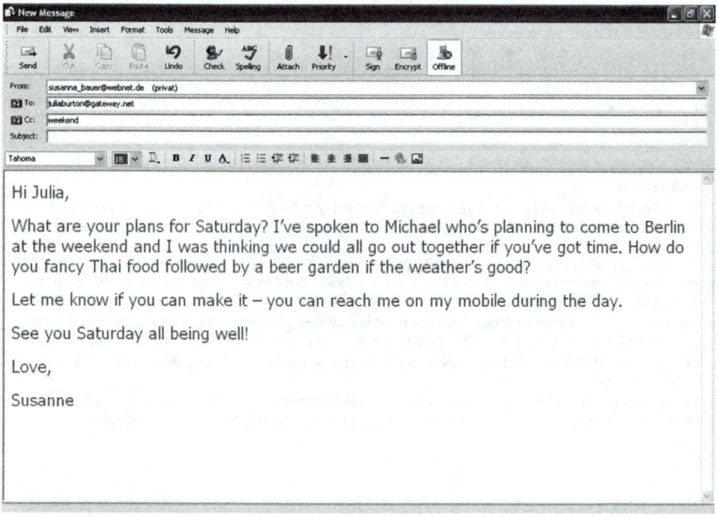

New Message

From: susanna_bauer@webnet.de (privat)

To: juliaburton@gateway.net

Cc: weekend

Subject:

Hi Julia,

What are your plans for Saturday? I've spoken to Michael who's planning to come to Berlin at the weekend and I was thinking we could all go out together if you've got time. How do you fancy Thai food followed by a beer garden if the weather's good?

Let me know if you can make it – you can reach me on my mobile during the day.

See you Saturday all being well!

Love,

Susanne

Essays und Aufsätze
Essay writing

1 Einleitung
Introduction

This essay will discuss the role played by literature and film in representing the difficulties faced by immigrants.	**Dieses Essay wird sich damit auseinandersetzen,** welche Rolle Literatur und Film mit ihrer Darstellung der Schwierigkeiten, denen sich Einwanderer gegenübersahen spielen.
This paper will present the arguments for outlawing smoking in public places **and will discuss** the feasibility of introducing such a law in Germany.	**Dieses Essay wird Gründe für** ein Rauchverbot an öffentlichen Plätzen **aufzeigen und** die Möglichkeit, ein solches Gesetz in Deutschland einzuführen, **diskutieren.**
Before the extent of Lady Macbeth's ambition **is examined, it is necessary to consider** the nature of her loyalty towards her husband.	**Bevor** das Ausmaß von Lady Macbeths Ehrgeiz **untersucht werden kann, ist es notwendig,** ihre Loyalität gegenüber ihrem Ehemann **zu berücksichtigen.**
I shall start by considering the statistics surrounding this issue.	**Zu Beginn werde ich** die das Thema betreffenden Statistiken **in Betracht ziehen.**
The increasing use of security cameras in public places **raises fundamental questions concerning** the liberty of the individual.	Der zunehmende Gebrauch von Überwachungskameras an öffentlichen Plätzen **wirft grundlegende Fragen** die Freiheit des Einzelnen betreffend **auf.**
Research indicates that many children will fail to outlive their parents as rates of obesity in the young continue to rise.	**Studien zeigen, dass** viele Kinder ihre Eltern nicht überleben werden, da die Fettleibigkeit unter Jugendlichen stetig zunimmt.
It cannot be denied that air travel is the fastest-growing source of greenhouse gas emissions.	**Es kann nicht bestritten werden, dass** der Luftverkehr die am schnellsten anwachsende Ursache für den Treibhauseffekt ist.
Loneliness **is a central theme** in Steinbeck's novel.	Einsamkeit **ist ein zentrales Thema** in Steinbecks Roman.

2 Argumente
Arguments

In her criticism of Austin's novels **she maintains that** "Pride and Prejudice" has no relevance in the 21st century.	**In ihrer Kritik zu** Austins Roman **vertritt sie den Standpunkt**, dass „Stolz und Vorurteil“ im 21. Jahrhundert keine Bedeutung mehr hat.
It is frequently argued that crime can only be tackled by the introduction of harsher penalties.	**Es wird oft behauptet, dass** Kriminalität nur durch die Einführung härterer Strafen in den Griff zu bekommen ist.
It is possible to suggest that intervention by student mediators would counter classroom bullying. **Indeed,** a number of studies **appear to support this view.**	**Es ist davon auszugehen, dass** das Einschreiten von Schülervermittlern dem Drangsalieren und Einschüchtern im Klassenzimmer entgegenwirken würde. **Tatsächlich scheint** eine Reihe von Studien **diese Ansicht zu unterstützen.**
In Blyton's view, a woman's place is in the home.	**Nach Ansicht von Blyton** ist der Platz einer Frau das Zuhause.
Many critics **have drawn parallels between** the author's use of symbolism and his own religious beliefs. **However it is possible to interpret** these symbols **in a number of ways.**	Viele Kritiker **haben Parallelen zwischen** dem Gebrauch von Symbolismus und den eigenen religiösen Überzeugungen des Autors **gezogen. Man kann** diese Symbole **jedoch auf unterschiedliche Weise interpretieren.**
This is a matter which has been disputed for some time, despite the fact that lower speed limits have been successfully introduced in other areas.	**Es handelt sich hierbei um eine Angelegenheit, die schon seit einiger Zeit diskutiert wird, trotz der Tatsache, dass** niedrigere Geschwindigkeitsbegrenzungen in anderen Gebieten erfolgreich eingeführt wurden.
Despite this, it has been proven that the play was actually written by Shakespeare.	**Ungeachtet dessen wurde nachgewiesen, dass** das Stück in Wirklichkeit von Shakespeare geschrieben wurde.
Although the leading character is portrayed in a positive light, **one could argue that** she is not entirely innocent.	**Obwohl** die Hauptfigur in einem positiven Licht dargestellt wird, **könnte man behaupten, dass** sie nicht völlig unschuldig ist.
In actual fact, scientists have since abandoned this theory.	**Tatsächlich** haben Wissenschaftler diese Theorie seitdem aufgegeben.
However, this fails to explain the root causes of the problem.	**Dies erklärt jedoch nicht** die Hauptursachen des Problems.
However, all the indications are that this is not the case.	**Es deutet jedoch alles darauf hin, dass** dies nicht der Fall ist.

3 Beispiele und Zitate
Examples and quotes

This is illustrated by the repeated allusion to certain themes in his novel.	**Dies wird durch** die wiederholten Anspielungen auf bestimmte Themen in seinem Roman **veranschaulicht.**
Take for instance the notorious case of Jack the Ripper.	**Ein Beispiel hierfür ist** der berüchtigte Fall von Jack the Ripper.
The change of government policy **manifests itself in** the introduction of tuition fees for university students.	Der Wechsel in der Regierungspolitik **zeigt sich in** der Einführung von Studiengebühren für Universitätsstudenten.
As Charles Dickens **once observed,** "..."	**Wie** Charles Dickens **einst bemerkte:** „..."
She supported her theory with **the following statement:** "..."	Sie untermauerte ihre Theorie mit **folgender Erklärung:** "..."
At the height of the scandal **he claimed that** he had "never done anything of the sort".	Auf dem Höhepunkt des Skandals **behauptete er,** er habe „so etwas nie getan".
His guilt is revealed in act 4 **with the words,** "..."	Seine Schuld wird im 4. Akt offenbart, **mit den Worten:** „..."
In the words of one local newspaper, "The council would be mad not to press forward with the plans".	**Mit den Worten** einer lokalen Zeitung: „Der Stadtrat wäre verrückt die Pläne nicht voranzutreiben."
He states/claims/observes that ...	**Er erklärt/behauptet/bemerkt, dass ...**

4 Verbindende Elemente
Linking elements

The failure can be attributed to three main factors. **Firstly** the financial resources were not available, **secondly** the factory was already working at full capacity and **thirdly** local residents opposed the plans.	Der Misserfolg kann drei Hauptfaktoren zugeschrieben werden. **Erstens** waren keine finanziellen Mittel verfügbar, **zweitens** waren die Kapazitäten der Fabrik schon voll ausgeschöpft und **drittens** waren die Anwohner gegen die Pläne.
The former was a great beauty **while the latter** was known for her intelligence.	**Erstere** war eine große Schönheit während **letztere** für ihre Klugheit bekannt war.
On the one hand school uniform is practical and smart. **On the other hand** it prevents pupils from expressing themselves through their clothes.	**Einerseits** ist eine Schuluniform praktisch und schick. **Andererseits** verhindert sie, dass Schüler sich in ihrer Kleidung selbst verwirklichen.
In this context it is important to reflect upon the role played by slavery in the Southern States.	**In diesem Zusammenhang ist es wichtig,** die Rolle der Sklaverei in den Südstaaten **in Betracht zu ziehen.**
In addition, it is necessary to consider the effect this would have on the local environment.	**Außerdem muss berücksichtigt werden,** welche Auswirkungen dies auf die lokale Umgebung hätte.
Furthermore he even incorporated his personal experiences into his novels.	**Außerdem** verarbeitete er sogar seine persönlichen Erfahrungen in seinem Roman.
Indeed, his theory is supported by a growing body of evidence.	**Tatsächlich** wird seine Theorie von einer wachsenden Anzahl von Beweisen gestützt.
This is particularly true of teenagers under 16 years of age.	**Dies trifft besonders auf** Teenager unter 16 Jahren **zu.**
What is more, her novels are still popular today.	**Überdies** sind ihre Romane auch heute noch beliebt.

5 Schlussfolgerung
Conclusion

In conclusion, one might argue that Lady Macbeth is truly evil.	**Abschließend** könnte man feststellen, dass Lady Macbeth wirklich böse ist.
It might therefore be concluded that the introduction of a school uniform would be wholly inappropriate.	**Man kann daher zu dem Schluss gelangen**, dass die Einführung einer Schuluniform völlig unangebracht ist.
Despite many arguments to the contrary, it would appear that the problem has arisen through a lack of funding.	**Trotz vieler Gegenargumente**, ist das Problem scheinbar durch eine mangelnde Finanzierung entstanden.
It cannot be denied that du Maurier's portrayal of Rebecca is powerful and menacing.	**Es kann nicht bestritten werden, dass** du Mauriers Darstellung von Rebecca stark und bedrohlich ist.
As we have seen, the theory is supported by a great deal of evidence. **However, to draw one conclusion would be to ignore a number of important factors.**	**Es wurde gezeigt, dass** die Theorie durch eine große Anzahl von Belegen gestützt wird. **Nur eine Schlussfolgerung zu ziehen würde jedoch bedeuten, eine Reihe wichtiger Faktoren außer Acht zu lassen.**
On reflection, one is forced to conclude that more must be done to help young people choose the right career.	**Nach reiflicher Überlegung, kommt man zu dem Schluss, dass** mehr dafür getan werden muss jungen Leuten bei der Wahl der richtigen Karriere zu helfen.

Bildquellen
Photo sources

Modern Communication – Moderne Kommunikation
Bilder 1–17: iStock International Inc.

My Desk – Mein Schreibtisch
Bilder 1, 3, 4, 5, 6, 7, 8, 9, 10, 11, 12, 13, 14, 15, 17, 18, 19, 20: iStock International Inc.
Bilder: 2, 16: Klett Mediendatenbank

Kitchen Appliances – Küchengeräte
Bilder 1, 5, 6, 8, 9, 13: iStock International Inc.
Bild 3: Klett Mediendatenbank
Bilder 2, 4, 7, 10, 11, 12: Otto (GmbH & Co KG)

Crockery, Cutlery and Utensils – Geschirr, Besteck und Utensilien
Bilder 1, 3, 5, 6, 7: iStock International Inc.
Bilder 2, 4, 8, 9, 10, 11, 12, 13, 14, 15, 16, 17, 18: Klett Mediendatenbank

Fruit – Obst
Bilder 7, 11, 20: iStock International Inc.
Bilder 1, 2, 3, 4, 5, 6, 8,.9, 10, 12, 13, 14, 15, 16, 17, 18, 19, 21, 22, 23: Klett Mediendatenbank

Vegetables – Gemüse
Bilder 10, 14, 16, 21: iStock International Inc.
Bilder 1, 2, 3, 4, 5, 6, 7, 8, 9, 11, 12, 13, 15, 17, 18, 19, 20, 22, 23, 24, 25: Klett Mediendatenbank

Visual Aids and Appliances – Optische Hilfsmittel und Geräte
Bilder 1, 2, 4, 6, 8, 9, 10: iStock International Inc.
Bilder 3, 5, 7, 11, 12, 13, 14: Klett Mediendatenbank

Sports Equipment – Sportartikel
Bilder 5, 6, 7, 8, 15, 18, 20, 21, 25: iStock International Inc.
Bilder 1, 2, 3, 4, 9, 10, 11, 12, 13, 14, 16, 17, 19, 22, 23, 24, 26: Klett Mediendatenbank

Notizen

Notizen

Notizen

Notizen

Notizen

Notizen

Notizen

Notizen

Notizen

Notizen

Notizen

Notizen

Notizen

Notizen

Notizen

British Isles
Britische Inseln
1 : 6 000 000
0 50 100 150 200 km
0 50 100 150 mi
Shetland Islands
Shetland-Inseln
Orkney Islands
Orkney-Inseln
Outer Hebrides
Äußere Hebriden
Spey
Scotland
Schottland
Tay
ATLANTIC
OCEAN
ATLANTISCHER
OZEAN
North Sea
Nordsee
Glasgow
Edinburgh
Tweed
North Channel/Nordkanal
UNITED KINGDOM
VEREINIGTES
KÖNIGREICH
Northern Ireland
Nordirland
Belfast
Isle of Man
England
Irish Sea
Irische See
IRELAND
IRLAND
Dublin
Manchester
Liverpool
Trent
Shannon
Barrow
Suir
Wales
Birmingham
Ouse
St George's Channel
St.-Georgs-Kanal
Severn
Thames
Themse
Oxford
Cardiff
London
Isle of Wight
English Channel
Ärmelkanal
Scilly Isles
Scilly-Inseln
Channel Is. (U. K.)
Kanalinseln
Alderney
Guernsey
Sark
Jersey
FRANCE
FRANKREICH
Seine
6
3
0
3
60
57
54
51
9
6

RUSSIA
RUSSLAND
Greenland (Denm.)
Grönland (Dän.)
ICELAND
ISLAND
Bering Sea
Beringmeer
Beaufort Sea
Beaufortsee
UNITED STATES
VEREINIGTE STAATEN
Alaska
Yukon
Baffin Bay
Arctic Circle
Nördlicher Polarkreis
Yukon Territory
Yukon-territorium
Mackenzie
Gt. Bear L.
Gr. Bärensee
Iqaluit
Labrador Sea
Labradorsee
Gulf of Alaska
Golf von Alaska
Whitehorse
Northwest Territories
Nordwestterritorien
Nunavut
ATLANTIC OCEAN
ATLANTISCHER OZEAN
Yellowknife
Gt. Slave L.
Gr. Sklavensee
Newfoundland
Neufundland
Hudson Bay
Peace R.
Peace
Athabasca
L. Athabasca
Athabascasee
PACIFIC OCEAN
PAZIFISCHER OZEAN
British Columbia
Britisch Kolumbien
Alberta
Edmonton
Nelson
Manitoba
L. Winnipeg
Winnipegsee
Québec
St. John's
St. Lawrence R.
St.-Lorenz-Strom
St. Pierre and Miquelon (Fr.)
St. Pierre und Miquelon (Fr.)
Saskatchewan
Regina
Columbia
Victoria
Ontario
N. B.
P. E. I.
Charlottetown
Québec
Fredericton
Halifax
N. S.
Winnipeg
Missouri
L. Superior
Oberer See
Canada
Kanada
1 : 51 400 000
0 500 1000 1500
0 500 1000 mi
UNITED STATES OF AMERICA
VEREINIGTE STAATEN VON AMERIKA
Ottawa
Toronto
L. Ontario
Ontariosee
Huron
Huronsee
Mississippi
L. Michigan
Michigansee
L. Erie
Eriesee
N. B. New Brunswick
Neubraunschweig
N. S. Nova Scotia
Neuschottland
P. E. I. Prince Edward Island
Prinz-Eduard-Insel

C. Connecticut
D. C. District of Columbia
M. Maryland
Ma. Massachusetts
N. H. New Hampshire
R. I. Rhode Island
S. C. South Carolina
Südkarolina
V. Vermont
W. V. West Virginia
Westvirginia
CANADA
KANADA
L. Superior
Oberer See
St Lawrence R.
St.-Lorenz-Strom
Maine
Augusta
Olympia
Washington
Montana
Helena
Missouri
North Dakota
Norddakota
Bismarck
Minnesota
Salem
Oregon
Boise
Idaho
South Dakota
Süddakota
Pierre
St. Paul
Wisconsin
Michigan
Huron
Huronsee
Michigan
Michigansee
Ontario
Ontariosee
Albany
New York
Boston
Hartford
Madison
Lansing
L. Erie
Eriesee
Pennsylvania
Harrisburg
Trenton
New Jersey
Dover
Delaware
Washington D.C.
Richmond
Wyoming
Cheyenne
Nebraska
Iowa
Des Moines
Mississippi
Nevada
Sacramento
Carson City
Salt Lake City
Utah
Colorado
Denver
Lincoln
Illinois
Springfield
Indiana
Indianapolis
Ohio
Columbus
W. V.
Charleston
Virginia
Frankfort
Kentucky
PACIFIC OCEAN
PAZIFISCHER OZEAN
California
Kalifornien
Rio Grande
Arkansas
Kansas
Topeka
Jefferson City
Missouri
Raleigh
North Carolina
Nordkarolina
Nashville
Tennessee
S. C.
Columbia
ATLANTIC OCEAN
ATLANTISCHER OZEAN
A. Annapolis
C. Concord
J. Jackson
M. Montpelier
P. Providence
Arizona
Phoenix
New Mexico
Santa Fe
Oklahoma
Oklahoma City
Arkansas
Little Rock
Mississippi
Atlanta
Georgia
Alabama
Montgomery
Louisiana
J.
Tallahassee
Florida
Midway (USA)
Hawaii (USA)
PACIFIC OCEAN
Tropic of Cancer
Nördl. Wendekreis
PAZIFISCHER OZEAN
Honolulu
0 500 1000 km
Texas
Austin
Baton Rouge
Rio Grande
RUSSIA
RUSSLAND
Alaska (USA)
Yukon
CANADA
KANADA
Bering Sea
Beringmeer
Juneau
0 500 1000 km
MEXICO
MEXIKO
Gulf of Mexico
Golf von Mexiko
BAHAMAS
Straits of Florida
Floridastraße
1 : 35 100 000
0 200 400 600 km
0 200 400 mi
Tropic of Cancer
Nördlicher Wendekreis
United States of America
Vereinigte Staaten von Amerika

Australia and New Zealand
Australien und Neuseeland
1 : 45 000 000
0 500 1000 1500 2000 km
0 500 1000 miles
INDONESIA
INDONESIEN
PAPUA NEW GUINEA
PAPUA-NEUGUINEA
SOLOMON ISLANDS
SALOMONEN
TUVALU
VANUATU
FIJI
FIDSCHI
Ashmore and Cartier Is. (Austr.)
Ashmore und Cartier-In. (Austr.)
Darwin
INDIAN OCEAN
INDISCHER OZEAN
Coral Sea
Korallenmeer
Coral Sea Is. (Austr.)
Korallenmeerinseln (Austr.)
New Caledonia (Fr.)
Neukaledonien (Fr.)
Tropic of Capricorn
Südlicher Wendekreis
PACIFIC OCEAN
PAZIFISCHER OZEAN
Norfolk I. (Austr.)
Norfolk-I. (Austr.)
AUSTRALIA
AUSTRALIEN
Northern Territory
Nordterritorium
Queensland
Western Australia
Westaustralien
South Australia
Südaustralien
New South Wales
Neusüdwales
Australian Capital Territory
Victoria
Cooper
Darling
Murray
Brisbane
Sydney
Canberra
Melbourne
Adelaide
Perth
Tasman Sea
Tasmansee
Tasmania
Tasmanien
Hobart
NEW ZEALAND
NEUSEELAND
Wellington
120
130
140
150
160
170
180
190
10
20
30
40

The English-Speaking World
Die englischsprachige Welt

1 : 127 000 000

0 1000 2000 3000 km

0 1000 2000 miles

Countries where English is the official language
Staaten, in denen Englisch die offizielle Landessprache ist

Countries where English is one of the official languages
Staaten, in denen Englisch eine der offiziellen Landessprachen ist

. BOTSWANA
BOTSUANA
r. V. British Virgin Islands
Britische Jungferninseln (U. K.)
. CAMEROON
KAMERUN
. THE GAMBIA
GAMBIA
i. Gibraltar (U. K.)
u. Guam (USA)
. Northern Mariana Is.
Nördliche Marianen (USA)

P. PAPUA NEW GUINEA
PAPUA NEUGUINEA
P. R. Puerto Rico (USA)
S. SINGAPORE
SINGAPUR
S. A. SOUTH AFRICA
SÜDAFRIKA
S. I. SOLOMON ISLANDS
SALOMONEN
S. L. SIERRA LEONE
ST K. ST KITTS AND NEVIS
ST. KITTS UND NEVIS

ST V. ST VINCENT AND THE GRENADINES
ST. VINCENT UND DIE GRENADINEN
U. UGANDA
U. A. E. UNITED ARAB EMIRATES
VEREINIGTE ARABISCHE EMIRATE
Z. ZAMBIA
SAMBIA
ZI. ZIMBABWE
SIMBABWE

Countries in the Pacific Ocean:
Staaten im Pazifischen Ozean:

1. Midway (USA)
2. Hawaii (USA)
3. MARSHALL ISLANDS
MARSHALLINSELN
4. NAURU
5. KIRIBATI
6. TUVALU
7. Western Samoa
Samoa-West
8. FIJI
FIDSCHI
9. TONGA
10. Cook Islands
Cookinseln

DÄNEMARK
DENMARK
Nordsee
North Sea
Ostsee
Baltic Sea
Nordfriesische Inseln
North Frisian Islands
Ostfriesische Inseln
East Frisian Islands
(zu/to Hamburg)
(zu/to Bremen)
Rügen
Kiel
Schleswig-Holstein
Hamburg
Hamburg
Mecklenburg-Vorpommern
Mecklenburg-West Pomerania
Schwerin
Bremen
Bremen
Elbe
POLEN
POLAND
Oder
NIEDERLANDE
NETHERLANDS
Niedersachsen
Lower Saxony
Hannover
Hanover
Weser
Sachsen-Anhalt
Magdeburg
Saxony-Anhalt
Branden-burg
Berlin
Berlin
Potsdam
Nordrhein-Westfalen
North Rhine-Westphalia
Düsseldorf
Köln
Cologne
Sachsen
Saxony
Dresden
Erfurt
Thüringen
Thuringia
Hessen
Hesse
BEL.
Rhein
Rhine
Rheinland-Pfalz
Rhineland-Palatinate
Wiesbaden
Mainz
Frankfurt
LUX.
Saarland
Saarbrücken
TSCHECHISCHE REPUBLIK
CZECH REPUBLIC
Bayern
Bavaria
Nürnberg
Nuremberg
Donau
Danube
FRANKREICH
FRANCE
Baden-Württemberg
Stuttgart
München
Munich
Bodensee
Lake Constance
SCHWEIZ
SWITZERLAND
L.
ÖSTERREICH
AUSTRIA
6
9
12
15
54
51
48
Deutschland
Germany
1 : 6 400 000
0 50 100 150 200 km
0 50 100 150 miles
BELG. BELGIEN BELGIUM
L. LIECHTENSTEIN
LUX. LUXEMBURG LUXEMBOURG

Österreich
Austria
1 : 5 000 000
0 25 50 75 km
0 25 50 mi
L. LIECHTENSTEIN
TSCHECHISCHE REP.
CZECH REP.
SLOWAKEI
SLOVAKIA
DEUTSCHLAND
GERMANY
Donau
Danube
Inn
Niederösterreich
Lower Austria
Wien
Vienna
St. Pölten
Linz
Oberösterreich
Upper Austria
Eisenstadt
Burgenland
Salzburg
Enns
Steiermark
Styria
UNGARN
HUNGARY
Graz
Mur
Bregenz
Vorarlberg
Tirol
Tyrol
Innsbruck
Salzach
Kärnten
Carinthia
Drau
Drava
Klagenfurt
SCHWEIZ
SWITZERLAND
ITALIEN
ITALY
SLOWENIEN
SLOVENIA
KROATIEN
CROATIA

A. A.-R. Appenzell Ausser-Rhoden
Appenzell Outer Rhodes
A. I.-R. Appenzell Inner-Rhoden
Appenzell Inner Rhodes
B.-L. Basel-Landschaft
Basel District
B.-St. Basel-Stadt
Basel City
N. Neuenburg
Neuchâtel
Nidw. Nidwalden
Obw. Obwalden
S. Solothurn
Sch. Schaffhausen
DEUTSCHLAND
GERMANY
Rhein
Rhine
Sch.
Schaffhausen
Basel
B.-St.
Liestal
B.-L.
Thurgau
Frauenfeld
Bodensee
Lake Constance
Jura
Delémont
Doubs
S.
Aare
Aarau
Aargau
Zürich
Zurich
St. Gallen
Herisau
A. A.-R.
Appenzell
A. I.-R.
Solothurn
ÖSTERREICH
AUSTRIA
LIECHTENSTEIN
Luzern
Lucerne
Zug
Schwyz
Glarus
Neuenburg
Neuchâtel
N.
Vierwaldstätter See
Lake Lucerne
Neuenburger See
Lake Neuchâtel
Bern
Stans
Nidw.
Sarnen
Obw.
Altdorf
Chur
Coire
FRANKREICH
FRANCE
Freiburg
Fribourg
Uri
Graubünden
Grisons
Waadt
Vaud
Lausanne
Genfer See
Lake Geneva
Tessin
Ticino
Sion
Rhône
Bellinzona
Genf
Geneva
Wallis
Valais
Lago Maggiore
Lake Maggiore
Luganer See
Lake Lugano
Die Schweiz
Switzerland
1 : 3 450 000
ITALIEN
ITALY
0 25 50 75 km
0 25 50 mi

1	printer	Drucker
2	headphones	Kopfhörer
3	scanner	Scanner
4	webcam	Webcam
5	monitor	Bildschirm, Monitor
6	CD-ROMs	CD-ROMs
7	[floppy] discs	Disketten
8	computer	Computer, Rechner
9	disk drive	Diskettenlaufwerk
10	CD-ROM drive	CD-ROM-Laufwerk
11	keyboard	Tastatur
12	mobile phone BRIT, cell phone AM	Handy
13	CD-ROMs	CD-ROMs
14	MP3 player	MP3-Player
15	mouse	Maus
16	laptop	Laptop
17	USB stick	USB-Stick

1	stapler	Heftgerät, Hefter
2	Sellotape® BRIT, Scotch tape® AM	Tesa[film]®
3	hole punch	Locher
4	set square BRIT, triangle AM	[Zeichen]dreieck
5	compass	Zirkel
6	paper clips	Büroklammern
7	scissors	Schere
8	protractor	Winkelmesser
9	compass	Zirkel
10	felt-tip pens	Filzstifte
11	pencil sharpener	Bleistiftspitzer
12	eraser	Radiergummi
13	highlighter [pen]	Marker, Leuchtstift
14	pencil	Bleistift
15	coloured [or colored] AM pencils	Farbstifte
16	fountain pen	Füller
17	ballpoint [pen]	Kuli, Kugelschreiber
18	pencil case	Federmäppchen
19	ruler	Lineal
20	Biro®	Kuli, Kugelschreiber

Küchengeräte – kitchen appliances

1	microwave	Mikrowelle
2	grater	Reibe
3	fridge, refrigerator	Kühlschrank
4	deep-fat fryer	Fritteuse
5	toaster	Toaster
6	kettle	Wasserkocher

7	blender	Mixgerät
8	stove	Herd
9	oven	[Back]ofen
10	hand whisk	Handrührgerät
11	whisk	Rührgerät
12	frying pan	Bratpfanne
13	saucepan	Kochtopf

Geschirr, Besteck und Küchenutensilien – crockery, cutlery and utensils

1	mug	Becher
2	champagne glass	Sektglas
3	wine glass	Weinglas
4	tumbler	[Trink]glas
5	plate	Teller
6	cup and saucer	Tasse und Untertasse
7	bowl, dish	Schüssel, Schale
8	bottle opener	Flaschenöffner
9	tin opener	Dosenöffner
10	corkscrew	Korkenzieher
11	ladle	Schöpfkelle
12	knife	Messer
13	fork	Gabel
14	dessert spoon	Esslöffel
15	teaspoon	Teelöffel
16	bread knife	Brotmesser
17	vegetable knife	Gemüsemesser
18	wooden spoons	Kochlöffel

1	apple	Apfel
2	lemon	Zitrone
3	banana	Banane
4	strawberry	Erdbeere
5	cherries	Kirschen
6	orange	Orange
7	blackberries	Brombeeren
8	kiwi	Kiwi
9	grapes	Trauben
10	pineapple	Ananas
11	lychee	Litschi
12	raspberries	Himbeeren
13	blueberries	Blaubeeren
14	walnut	Walnuss
15	hazelnut	Haselnuss
16	pear	Birne
17	avocado	Avocado
18	pomegranate	Granatapfel
19	almonds	Mandeln
20	starfruit	Sternfrucht
21	coconut	Kokosnuss
22	apricots	Aprikosen, Marillen ÖSTERR
23	grapefruit	Grapefruit

1	Cabbage	Kohl, Kabis CH
2	• beetroot • white turnip • swede BRIT, rutabaga AM	Rote Rübe, Rande CH Weiße Rübe, Kohlrübe
3	French beans	Gartenbohnen, Fisolen ÖSTERR
4	cucumber	Gurke
5	[Brussels] sprouts	Rosenkohl, Kohlsprossen ÖSTERR
6	courgette BRIT, zucchini AM	Zucchini
7	radishes	Radieschen
8	garlic	Knoblauch
9	peppers	Paprika[s]
10	aubergine BRIT, eggplant AM	Aubergine, Melanzani ÖSTERR
11	celery	Stangensellerie
12	pumpkin	Kürbis
13	potatoes	Kartoffeln, Erdäpfel ÖSTERR
14	corncob	Mais, Kukuruz ÖSTERR
15	asparagus	Spargel
16	chicory	Chicorée, Schikoree
17	leek	Lauch, Porree
18	tomato	Tomate, Paradeiser ÖSTERR
19	fennel	Fenchel
20	artichoke	Artischocke
21	lettuce	Blattsalat
22	cauliflower	Blumenkohl, Karfiol ÖSTERR
23	carrots	Karotten, Rüebli CH
24	parsley	Petersilie
25	onions	Zwiebeln

Optische Geräte und Hilfsmittel – visual aids and appliances

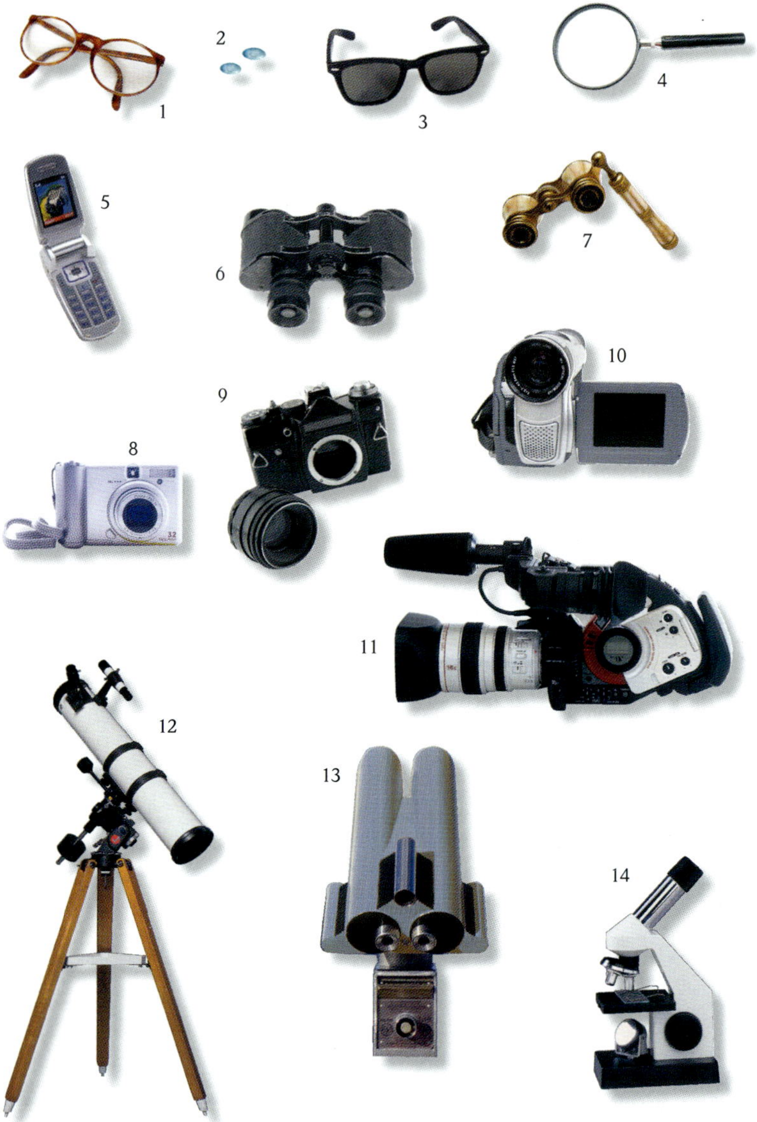

1	[pair of] glasses	Brille
2	contact lenses	Kontaktlinsen
3	[pair of] sunglasses	Sonnenbrille
4	magnifying glass	Lupe
5	camera phone	Fotohandy
6	[pair of] binoculars	Fernglas
7	opera glasses	Operglas

8	digital camera	Digitalcamera
9	reflex camera	Spiegelreflexkamera
10	video camera	Videokamera
11	professional video camera	professionelle Videokamera
12	telescope	Teleskop
13	telescope	Aussichtsfernrohr
14	microscope	Mikroskop

1	table-tennis bats	Tischtennisschläger
2	table-tennis ball	Tischtennisball
3	shuttlecock	Federball
4	badminton racket	Badmintonschläger
5	tennis ball	Tennisball
6	tennis racket	Tennisschläger
7	baseball	Baseball
8	baseball bat	Baseballschläger
9	golf club	Golfschläger
10	golf ball	Golfball
11	hockey stick	Hockeyschläger
12	basketball	Basketball
13	football BRIT, soccer ball AM	Fußball
14	rugby ball	Rugbyball
15	American football BRIT, football AM	Football
16	ski sticks	Skistöcke
17	flippers	Taucherflossen
18	snorkel	Taucherbrille mit Schnorchel
19	in-liners	Inliner, Inlineskates
20	goggles	Schwimmbrille
21	skateboard	Skateboard
22	snowboard	Snowboard
23	skis	Skier
24	ski boots	Skistiefel
25	ski goggles	Skibrille
26	ice skates	Schlittschuhe

Englische und deutsche Phonetik
English and German phonetic symbols

c**a**t	[æ]	
	[a]	h**a**t
	[aː]	B**ah**n
f**a**ther, c**ar**d	[ɑː]	
p**o**t, b**o**ttom	[ɒ] (BRIT)	
	[ɐ]	bitt**er**
	[ɐ̯]	Uh**r**
	[ã]	Ch**an**son
	[ãː]	Gourm**and**
croiss**ant**	[ɑ̃ː]	
	[a͜i]	h**ei**ß
r**i**de, m**y**	[aɪ]	
	[a͜u]	H**au**s
h**ou**se, ab**ou**t	[aʊ]	
big	[b]	**B**all
	[ç]	i**ch**
da**d**	[d]	**d**icht
e**dge**, **j**uice	[dʒ]	**G**in, **J**ob
p**e**t, b**e**st	[e]	**E**tage
	[eː]	B**ee**t, M**eh**l
	[ɛ]	N**e**st, W**ä**sche
	[ɛː]	w**äh**len
b**ir**d, c**ur**, b**er**th	[ɜː]	
	[ɛ̃]	t**im**brieren
f**in** de siècle	[ɛ̃ː]	T**ein**t
Afric**a**, p**o**tato	[ə]	halt**e**
sudd**e**n	[ᵊ]	
b**u**st, m**u**lti	[ʌ]	
r**a**te	[eɪ]	
th**ere**, h**air**	[eə] (BRIT)	
fast	[f]	**F**ett, **v**iel
gold	[g]	**G**eld
hello	[h]	**H**ut
s**i**t	[ɪ]	B**i**tte
abb**ey**	[i]	V**i**tamin
r**ea**d, m**ee**t	[iː]	B**ie**r
	[i̯]	Stud**i**e
h**ere**, b**eer**	[ɪə] (BRIT)	
yellow	[j]	**j**a
cat, **k**ing	[k]	**K**ohl, **C**omputer
	[kv]	**Qu**adrat
queen	[kw]	
little	[l]	**L**ast
litt**le**	[l̩]	Neb**el**
mo**m**	[m]	**M**eister
	[m̩]	groß**em**
nice	[n]	**n**ett
	[n̩]	sprech**en**
ri**ng**, ri**n**k, bi**ng**o	[ŋ]	Ri**ng**, bli**n**ken

	[ɲ]	Gasco**gne**
	[o]	**O**ase
	[oː]	B**oo**t, dr**oh**en
	[o̯]	l**o**yal
	[ɔ]	P**o**st
c**au**ght, **ou**ght	[ɔː]	
b**oa**t, r**o**de	[əʊ] (BRIT)	
b**oa**t, r**o**de	[oʊ] (AM)	
	[õ]	F**on**due
	[õː]	F**on**ds
restaur**ant**	[ɔ̃ː]	
	[ø]	**Ö**konomie
	[øː]	**Ö**l
	[œ]	G**ö**tter
	[œ̃]	L**un**dist
	[œ̃ː]	Parf**um**
b**oy**, n**oi**se	[ɔɪ]	
	[ɔ͜y]	M**äu**se
pat	[p]	**P**a**p**st
right	[r]	**R**ad
bi**tt**er	[ɾ] (BRIT)	
bitt**er**	[ɚ] (AM)	
soft	[s]	Ra**s**t, be**ss**er, hei**ß**
shift	[ʃ]	**Sch**aum, **s**prechen, **Ch**ef
take	[t]	**T**es**t**, **t**reu
be**tt**er	[t̬] (AM)	
chip, pa**tch**	[tʃ]	Ma**tsch**, **Tsch**üss
think, ba**th**	[θ]	
fa**th**er, ba**the**	[ð]	
	[u]	z**u**nächst
m**oo**se, l**o**se	[uː]	H**u**t
	[u̯]	akt**u**ell
b**oo**k, p**u**t	[ʊ]	M**u**tter
all**ure**	[ʊə] (BRIT)	
vitamin	[v]	**w**ann
wish	[w]	
lo**ch**	[x] (SCOT)	Schlau**ch**
fi**x**	[ks]	Fi**x**, A**x**t, La**chs**
	[y]	M**y**kene
	[yː]	T**y**p
	[y̆]	H**y**äne
	[ʏ]	f**ü**llen
	[ɣ]	**G**elderland
zebra, ja**zz**	[z]	Ha**s**e, **s**auer
plea**s**ure	[ʒ]	**G**enie
	ʔ	Knacklaut
	ˈ	Hauptbetonung
	ˌ	Nebenbetonung

Zeichen und Abkürzungen

Symbols and abbreviations

▶	phraseologischer Block	phrase block
|	trennbares Verb	separable verb
=	Kontraktion	contraction
*	Partizip ohne *ge-*	German past participle formed without *ge-*
≈	entspricht etwa	comparable to
–	Sprecherwechsel in einem Dialog	change of speaker in a dialogue
■	zeigt eine grammatische Konstruktion auf	grammatical construction
⟲	zeigt variable Stellung des Objektes und der Ergänzung bei Phrasal Verbs auf	indicates the variable position of the object in phrasal verb sentences
®	Warenzeichen	trade mark
a.	auch	also
Abk, abbrev	Abkürzung	abbreviation
acr	Akronym	acronym
adj	Adjektiv	adjective
ADMIN	Verwaltung	administration
adv	Adverb	adverb
AEROSP	Raum- und Luftfahrt	aerospace
AGR	Landwirtschaft	agriculture
akk	Akkusativ	accusative
Akr	Akronym	acronym
AM	amerikanisches Englisch	American English
ANAT	Anatomie	anatomy
approv	aufwertend	approving
ARCHÄOL, ARCHEOL	Archäologie	archaeology
ARCHIT	Architektur	architecture
art	Artikel	article
ART	Kunst	art
ASTROL	Astrologie	astrology
ASTRON	Astronomie	astronomy
attr	attributiv	attributive

AUS	australisches Englisch	Australian English
AUTO	Auto	automobile
aux	Hilfsverb	auxiliary
AVIAT	Luftfahrt	aviation
BAHN	Eisenbahnwesen	railway
BAU	Bauwesen	construction
BERGB	Bergbau	mining
bes	besonders	especially
BIOL	Biologie	biology
BÖRSE	Börse	stock exchange
BOT	Botanik	botany
BOXING	Boxen	boxing
BRD	Binnendeutsch	German of Germany
BRIT	britisches Englisch	British English
CAN	kanadisches Englisch	Canadian English
CARDS	Karten	cards
CHEM	Chemie	chemistry
CHESS	Schach	chess
childspeak	Kindersprache	language of children
COMM	Handel	commerce
comp	komparativ	comparative
COMPUT	Informatik	computing
conj	Konjunktion	conjunction
dat	Dativ	dative
dated	veraltend	dated
def	bestimmt	definite
dekl	dekliniert	declined
dem	demonstrativ	demonstrative
derb	derb	coarse language
det	Bestimmungswort	determiner
DIAL	dialektal	dialect
dim	Diminutiv	diminutive
ECOL	Ökologie	ecology
ECON	Wirtschaft	economy
ELEC, ELEK	Elektrizität	electricity
emph	emphatisch	emphatic
esp	besonders	especially
etw	etwas	something

Zeichen und Abkürzungen Symbols and abbreviations

EU	Europäische Union	European Union
euph	euphemistisch	euphemistic
f	Femininum	feminine
fachspr	fachsprachlich	specialist term
fam	umgangssprachlich	informal
fam!	stark umgangssprachlich	very informal
FASHION	Mode	fashion
FBALL	Fußball	football
fem	feminine Form	feminine form
fig	bildlich	figurative
FILM	Film, Kino	film, cinema
FIN	Finanzen	finance
FOOD	Kochkunst	food and cooking
form	förmlicher Sprachgebrauch	formal
FORST	Forstwirtschaft	forestry
FOTO	Fotografie	photography
geh	gehobener Sprachgebrauch	formal
gen	Genitiv	genitive
GEOG	Geographie	geography
GEOL	Geologie	geology
HANDEL	Handel	commerce
hist	historisch	historical
HIST	Geschichte	history
HORT	Gartenbau	gardening
hum	scherzhaft	humorous
HUNT	Jagd	hunting
imp	Imperfekt	imperfect
imper	Imperativ	imperative
impers	unpersönliches Verb	impersonal use
indef	unbestimmt	indefinite
INET	Internet	internet
infin	Infinitiv	infinitive
INFORM	Informatik	computing
interj	Interjektion	interjection
interrog	fragend	interrogative
inv	unveränderlich	invariable
iron	ironisch	ironic
irreg	unregelmäßig	irregular
jd	jemand	somebody *(nominative)*
jdm	jemandem	somebody *(dative)*
jdn	jemanden	somebody *(accusative)*
jds	jemandes	somebody's *(genitive)*
JOURN	Journalismus	journalism
JUR	Jura	law
KARTEN	Karten	cards
kindersprache	Kindersprache	language of children
KOCHK	Kochkunst	food and cooking
konj	Konjunktion	conjunction
KUNST	Kunst	art
LAW	Jura	law
LING	Linguistik	linguistics
LIT	Literatur	literature
liter	literarisch	literary
LUFT	Luftfahrt	aviation
m	Maskulinum	masculine
masc	maskuline Form	masculine form
MATH	Mathematik	mathematics
MECH	Mechanik	mechanics
MED	Medizin	medicine
MEDIA	Medien	media
METEO	Meteorologie	meteorology
MIL	Militär	military
MIN	Bergbau	mining
MODE	Mode	fashion
MUS	Musik	music
n	Substantiv	noun
NAUT	Seefahrt	navigation
NENG	Nordenglisch	Northern English
neg	verneinend, Verneinung	negative, negation
nomin	Nominativ	nominative
NORDD	Norddeutsch	Northern German
nt	Neutrum	neuter
NZ	Englisch aus Neuseeland	New Zealand English

Englische und deutsche Phonetik
English and German phonetic symbols

c**a**t	[æ]	
	[a]	h**a**t
	[aː]	B**ah**n
f**a**ther, c**ar**d	[ɑː]	
p**o**t, b**o**ttom	[ɒ] (BRIT)	
	[ɐ]	bitt**er**
	[ɐ̯]	Uh**r**
	[ã]	Ch**an**son
	[ãː]	Gourm**and**
croiss**ant**	[ɑ̃ː]	
	[ai̯]	h**ei**ß
r**i**de, m**y**	[aɪ]	
	[au̯]	H**au**s
h**ou**se, ab**ou**t	[aʊ]	
big	[b]	**B**all
	[ç]	i**ch**
da**d**	[d]	**d**icht
e**dg**e, **j**uice	[dʒ]	**G**in, **J**ob
p**e**t, b**e**st	[e]	**E**tage
	[eː]	B**ee**t, M**eh**l
	[ɛ]	N**e**st, W**ä**sche
	[ɛː]	w**äh**len
b**ir**d, c**ur**, b**er**th	[ɜː]	
	[ɛ̃]	t**im**brieren
f**in** de siècle	[ɛ̃ː]	T**ein**t
Afric**a**, p**o**tato	[ə]	halt**e**
sudd**e**n	[ᵊ]	
b**u**st, m**u**lti	[ʌ]	
r**a**te	[eɪ]	
th**ere**, h**air**	[eə] (BRIT)	
fast	[f]	**F**ett, **v**iel
gold	[g]	**G**eld
hello	[h]	**H**ut
s**i**t	[ɪ]	B**i**tte
abb**ey**	[i]	V**i**tamin
r**ea**d, m**ee**t	[iː]	B**ie**r
	[i̯]	Stud**i**e
h**ere**, b**eer**	[ɪə] (BRIT)	
yellow	[j]	**j**a
cat, **k**ing	[k]	**K**ohl, **C**omputer
	[kv]	**Qu**adrat
queen	[kw]	
little	[l]	**L**ast
litt**le**	[l̩]	Neb**el**
mo**m**	[m]	**M**eister
	[m̩]	groß**em**
nice	[n]	**n**ett
	[n̩]	sprech**en**
ri**ng**, ri**n**k, bi**ng**o	[ŋ]	Ri**ng**, bli**n**ken

	[ɲ]	Gasco**gne**
	[o]	**O**ase
	[oː]	B**oo**t, dr**oh**en
	[o̯]	l**o**yal
	[ɔ]	P**o**st
c**augh**t, **ough**t	[ɔː]	
b**oa**t, r**o**de	[əʊ] (BRIT)	
b**oa**t, r**o**de	[oʊ] (AM)	
	[õ]	F**on**due
	[õː]	F**on**ds
restaur**ant**	[ɔ̃ː]	
	[ø]	**Ö**konomie
	[øː]	**Ö**l
	[œ]	G**ö**tter
	[œ̃]	L**un**dist
	[œ̃ː]	Parf**um**
b**oy**, n**oi**se	[ɔɪ]	
	[ɔy]	M**äu**se
pat	[p]	**P**a**p**st
right	[r]	**R**ad
bi**tt**er	[ɾ] (BRIT)	
bitt**er**	[ɚ] (AM)	
soft	[s]	Ra**s**t, be**ss**er, hei**ß**
shift	[ʃ]	**Sch**aum, **s**prechen, **Ch**ef
take	[t]	**T**es**t**, **t**reu
be**tt**er	[t̬] (AM)	
chip, pa**tch**	[tʃ]	Ma**tsch**, **Tsch**üss
think, ba**th**	[θ]	
fa**th**er, ba**the**	[ð]	
	[u]	z**u**nächst
m**oo**se, l**o**se	[uː]	H**u**t
	[u̯]	akt**u**ell
b**oo**k, p**u**t	[ʊ]	M**u**tter
all**ure**	[ʊə] (BRIT)	
vitamin	[v]	**w**ann
wish	[w]	
lo**ch**	[x] (SCOT)	Schlau**ch**
fi**x**	[ks]	Fi**x**, A**x**t, La**chs**
	[y]	M**y**kene
	[yː]	T**y**p
	[y̆]	H**y**äne
	[ʏ]	f**ü**llen
	[ɣ]	**G**elderland
zebra, ja**zz**	[z]	Ha**s**e, **s**auer
plea**s**ure	[ʒ]	**G**enie
	ʔ	Knacklaut
	ˈ	Hauptbetonung
	ˌ	Nebenbetonung

Deutsch – Englisch

- Verschiedene Schreibweisen eines Stichwortes
- Angabe der Aussprache in internationaler Lautschrift
- Der feine Strich kennzeichnet den abtrennbaren Teil bei trennbaren Verben
- Das hochgestellte Sternchen zeigt an, dass das Partizip Perfekt des Verbs ohne *ge-* gebildet wird
- Kennzeichnung gleich geschriebener Wörter mit unterschiedlichen Bedeutungen
- Unregelmäßige Pluralformen, Verb- und Steigerungsformen werden in spitzen Klammern angegeben
- Grammatische Gliederung des Eintrags durch römische Ziffern
- Arabische Ziffern kennzeichnen die unterschiedlichen Bedeutungen des Stichworts
- Wiederholungszeichen (~) für das Stichwort in seiner unveränderten Form
- Kennzeichnung von grammatischen Konstruktionen mit Kästchensymbol
- Einleitung eines Abschnitts mit den idiomatischen Wendungen

Inhalt und Aufbau der Einträge
Treatment of the dictionary entries

an·es·thet·ic *n* AM *see* **anaesthetic**

busi·ness <*pl* -es> ['bɪznɪs] *n* ❶ *no pl* (*commerce*) Handel *m;* **to do ~ with sb** mit jdm Geschäfte machen; …

'busi·ness ad·dress *n* Geschäftsadresse *f*

'busi·ness card *n* Visitenkarte *f*

com·pound¹ [kəm'paʊnd, AM *esp* kɑːm'-] *vt* verschlimmern
com·pound² ['kɒmpaʊnd, AM 'kɑːm-] **I.** *n* ❶ (*combination*) Mischung *f* …

exit ['eksɪt, 'egz-] **I.** *n* ❶ (*way out*) Ausgang *m* ❷ (*departure*) Weggehen *nt kein pl,* Abgang *m;* (*from room*) Hinausgehen *nt kein pl* ❸ (*road*) Ausfahrt *f,* Abfahrt *f* **II.** *vt* verlassen **III.** *vi* ❶ (*leave*) hinausgehen ❷ (*in car*) eine Ausfahrt nehmen

get <got, got *or* AM *usu* gotten> [get] **I.** *vt* ❶ (*obtain*) erhalten; …

ice [aɪs] **I.** *n no pl* Eis *nt* ▸ PHRASES: **to break the ~** das Eis zum Schmelzen bringen; **to put sth on ~** etw auf Eis legen **II.** *vt* glasieren …

mor·al·ize ['mɒrəlaɪz, AM 'mɔːr-] *vi* moralisieren; ■**to ~ about sth** über etw *akk* Moral predigen

pol·ish ['pɒlɪʃ, AM 'pɑː-] **I.** *n* ❶ (*substance*) Politur *f;* **shoe ~** Schuhcreme *f* …
◆**polish off** *vt* ❶ *food* verdrücken *fam* ❷ (*deal with*) ■**to ~ off** ⟳ **sth** etw schnell erledigen ◆**polish up** *vt* aufpolieren; (*fig*) auffrischen

Büfett <-[e]s, -s *o* -e> [bʏ'fɛt, bʏ'feː] *nt,* **Buffet** <-s, -s> [bʏ'feː] *nt bes* ÖSTERR, SCHWEIZ ❶ (*Essen*) buffet ❷ (*Anrichte*) sideboard ❸ SCHWEIZ (*Bahnhofsgaststätte*) station restaurant

daneben|benehmen* *vr irreg* (*fam*) ■**sich** *akk* **~** to make an exhibition of oneself

dichten¹ ['dɪçtn̩] **I.** *vt* **ein Sonett ~** to write a sonnet **II.** *vi* (*Gedichte verfassen*) to write poetry
dichten² ['dɪçtn̩] *vt* (*dicht machen*) to seal

geschehen <geschah, geschehen> [gə'ʃeːən] *vi sein* ❶ (*stattfinden*) to happen; **es muss etwas ~** something's got to be done …

interessant [ɪntərɛ'sant] **I.** *adj* ❶ (*Interesse erweckend*) interesting; **sich** *akk* **[bei jdm] ~ machen** to attract [sb's] attention; **wie ~!** how interesting! ❷ *Angebot, Gehalt* attractive **II.** *adv* interestingly; **der Vorschlag hört sich ~ an** the proposal sounds interesting

leid|tun *vt irreg* ■**es tut mir leid** I'm sorry about this; ■**es tut mir [so] leid, dass …** I'm [so] sorry that …; ■**jd tut jdm leid** sb feels sorry for sb; **tut mir leid!** [I'm] sorry!

Riemen <-s, -> ['riːmən] *m* (*schmaler Streifen*) strap ▸ WENDUNGEN: **den ~ enger schnallen** to tighten one's belt; **sich** *akk* **am ~ reißen** to get a grip on oneself